Strategische Unternehmungsplanung
Strategische Unternehmungsführung

Prof. Dr. Dr. h.c. DIETGER HAHN arbeitet seit vielen Jahren besonders intensiv auf dem Gebiet des Controlling und insbesondere auch auf den Gebieten der strategischen Planung und strategischen Führung. Er ist Autor des Controllingstandardwerkes über integrierte Planungs- und Kontrollsysteme mit integrierter Planungs- und Kontrollrechnung (PuK) und vieler weiterer einschlägiger Veröffentlichungen. Nach seinem Studium des Wirtschaftsingenieurwesens und Eisenhüttenwesens und mehrjähriger Konzernpraxis erhielt er Rufe an die Universitäten bzw. Technischen Hochschulen in Gießen, Aachen, Berlin und Kiel und absolvierte Gastdozententätigkeiten im Ausland. Zusammen mit Prof. Dr. Dr. h.c. Knut Bleicher gründete er 1975 das Institut für Unternehmungsplanung (IUP), das seinen Sitz in Gießen und Berlin hat. In Personalunion mit der geschäftsführenden Leitung des IUP hat er einen Lehrstuhl für Industrielles Management und Controlling an der Justus-Liebig-Universität Gießen und eine Honorarprofessur an der Technischen Universität Berlin inne. Er ist Mitglied in mehreren Aufsichtsräten/Beiräten in der Industrie und in Forschungs- und Weiterbildungsinstitutionen sowie wissenschaftlicher Leiter des Arbeitskreises Führungsorganisation der Schmalenbach-Gesellschaft/Deutsche Gesellschaft für Betriebswirtschaftslehre, deren Vorstand er angehört.

Professor BERNARD TAYLOR has been closely associated with the development of Corporate Planning in Britain. He is Editor of Long Range Planning Journal, Director of the European Council on Corporate Strategy, a Fellow of the Institute of Directors and of the Chartered Institute of Bankers and a director of the Scientific Advisory Board of SmithKline Beecham Pharmaceuticals. He has produced twenty books dealing with various aspects of business strategy and planning and has lectured widely in Britain, North America, on the Continent of Europe and in Japan, South East Asia and Australia. He has held responsible positions in marketing with Procter & Gamble and in education and training with Rank Xerox and the Institute of Marketing. He founded the Post-Experience Programme at the University of Bradford Management Centre and is now Professor of Business Policy at Henley Management College. He has wide experience as a consultant to companies and government organisations internationally.

Strategische Unternehmungsplanung

Strategische Unternehmungsführung

Stand und Entwicklungstendenzen

Siebte, völlig neu bearbeitete
und erweiterte Auflage

Herausgegeben von
Dietger Hahn und Bernard Taylor

Physica-Verlag
Ein Unternehmen des Springer-Verlags

Prof. Dr. Dr. h.c. DIETGER HAHN
Institut für Unternehmungsplanung – Gießen/Berlin, Universität Gießen,
Licher Str. 62, 35394 Gießen, Technische Universität Berlin,
Hardenbergstraße 4–5, 10623 Berlin, Bundesrepublik Deutschland

Prof. Dr. BERNARD TAYLOR
Henley Management College, Greenlands, Henley-on-Thames,
Oxfordshire RG9 3AU, England

Mit 372 Abbildungen

Die Deutsche Bibliothek - CIP-Einheitsaufnahme

Strategische Unternehmungsplanung - strategische Unternehmungsführung : Stand und Entwicklungstendenzen / hrsg. von Dietger Hahn und Bernard Taylor. - 7., völlig neu bearb. und erw. Aufl. - Heidelberg : Physica-Verl., 1997
ISBN 3-7908-0934-9
NE: Hahn, Dietger [Hrsg.]

ISBN 3-7908-0934-9 Physica-Verlag Heidelberg
ISBN 3-7908-0613-7 6. Auflage Physica-Verlag Heidelberg

SPIN 10535421 88/2202-5 4 3 2 1 0 – Gedruckt auf säurefreiem Papier

Vorwort zur 7., völlig neu bearbeiteten und erweiterten Auflage

Nach wie vor besteht in Wirtschaftspraxis und Wirtschaftstheorie ein großes Interesse an Fragen und Lösungsansätzen auf dem Gebiet der strategischen Planung. Hierbei vollzieht sich in jüngerer Zeit eine Weiterentwicklung des strategischen Denkens von der strategischen Planung hin zur strategischen Führung. Die strategische Führung repräsentiert die dritte Phase in der Entwicklung vom langfristigen zum nunmehr strategischen Denken in Unternehmungen. Sie geht über in die vierte Phase des Global Strategic Management (siehe Abbildung A).

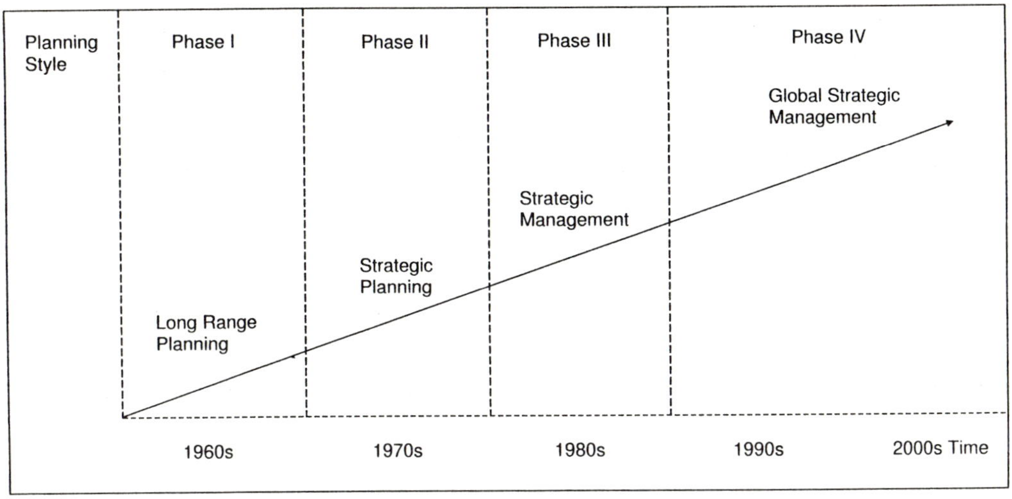

Abb. A: Entwicklungsstufen zur strategischen Führung
(weiterentwickelt nach Taylor, B., Harrison, J., The Manager's Casebook of Business Strategy, Oxford 1990, S. XIV)

Die Träger der strategischen Führung entsprechen denen der strategischen Planung. Die Aufgaben der strategischen Führung obliegen der obersten internen und z.T. externen Unternehmungsführung. Strategische Führung stellt hierbei allerdings sowohl in inhaltlicher als auch in prozessualer Hinsicht eine Erweiterung der strategischen Planung dar. So beinhaltet die strategische Führung nicht nur Entscheidungs- bzw. Planungsprozesse, sondern im Rahmen strategischer Aufgaben auch Steuerungs- und Kontrollprozesse. Strategische Führungsprozesse beziehen sich zudem nicht nur auf die Kerngegenstände der strategischen Planung, sondern auch auf die übergeordneten Fragen der Unternehmungspolitik sowie in erweiterter Sicht auch auf die Unternehmungsphilosophie und Unternehmungskultur (siehe Abbildung B).

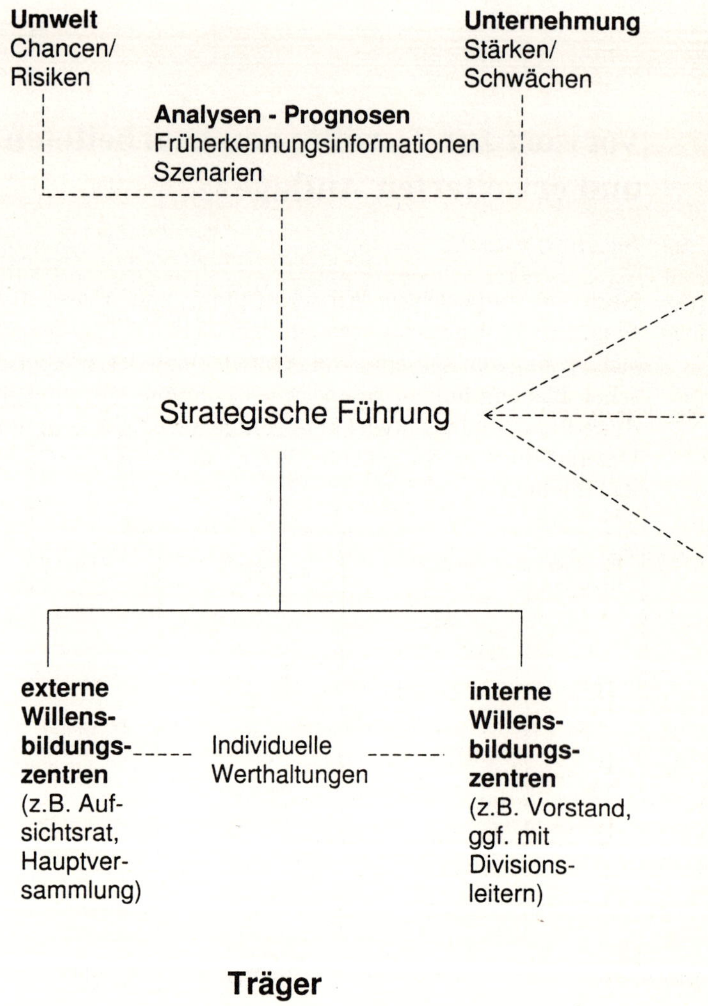

Abb. B: Träger, Prozeß und Gegenstände strategischer Führung

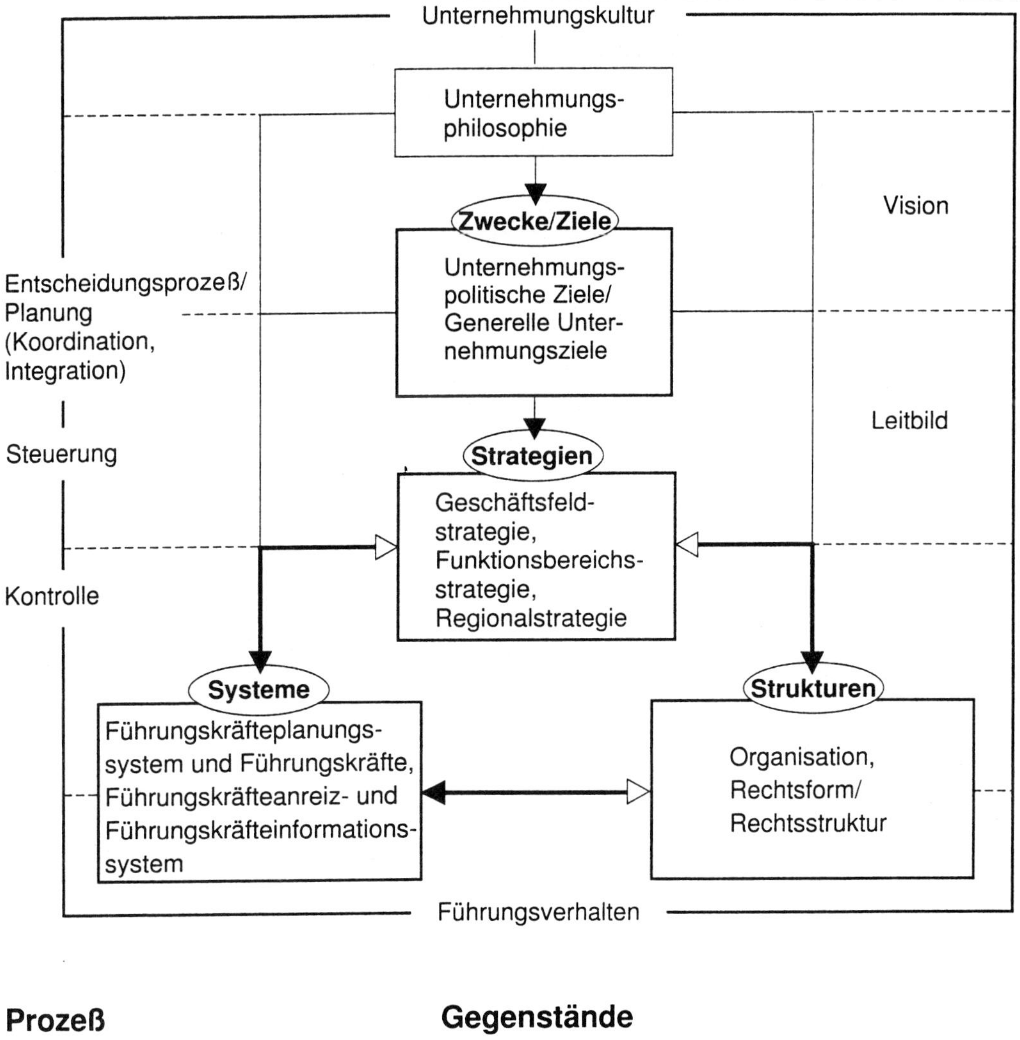
Unternehmungskultur
Unternehmungs-philosophie
Vision
Zwecke/Ziele
Unternehmungs-politische Ziele/ Generelle Unter-nehmungsziele
Entscheidungsprozeß/ Planung (Koordination, Integration)
Leitbild
Steuerung
Strategien
Geschäftsfeld-strategie, Funktionsbereichs-strategie, Regionalstrategie
Kontrolle
Systeme
Führungskräfteplanungs-system und Führungskräfte, Führungskräfteanreiz- und Führungskräfteinformations-system
Strukturen
Organisation, Rechtsform/ Rechtsstruktur
Führungsverhalten
Prozeß
Gegenstände

Bei der Neuauflage dieses Readers haben wir versucht, diesen Entwicklungen des strategischen Denkens zu entsprechen. Die vorliegende siebte Auflage wurde daher um 17 neue Beiträge erweitert, die Kernprobleme vertiefen und neuere Ansätze aufgreifen. Bisherige Beiträge wurden aktualisiert und überarbeitet, soweit dies notwendig und zweckmäßig erschien. Dieser Reader enthält daher nach wie vor einige Aufsätze in Ursprungsform. Einige Beiträge mit verringerter Aktualität wurden von der sechsten in die siebte Auflage nicht übernommen.
Der Aufbau des Buches orientiert sich an dem in Abbildung B wiedergegebenen Grundkonzept der strategischen Unternehmungsführung.

Bei der Behandlung der Teilkomplexe haben wir vor allem folgende Änderungen vorgenommen:

In Teil A werden neben dem Grundkonzept der strategischen Planung ausführlich Grundkonzepte der strategischen Führung aus dem europäischen und US-amerikanischen Raum vorgestellt und Weiterentwicklungen aufgezeigt.

Teil B widmet sich ausschließlich den grundlegenden Fragen strategischer Unternehmungsführung. Die Unternehmungsphilosophie und -kultur, ethische Fragen der Unternehmungsführung, sowie Vision und generelle Unternehmungsziele, hier insbesondere die Kapitalwertmaximierung stehen im Mittelpunkt.

Die Teile C und D sind weiterhin den Kerngebieten der strategischen Planung, der Geschäftsfeldplanung sowie der Organisations- und Führungskräftesystemplanung, vorbehalten. Hierbei haben wir in Teil C die Darstellung der kapitalwertorientierten Geschäftsfeldplanung vertieft. In Teil D werden Konzepte der Informations- und Führungskräftesystemplanung diskutiert und insbesondere Weiterentwicklungen der Anreizsystemplanung auf der Basis von Planungs- und Kontrollsystemen aufgezeigt.

Die Teile E und F behandeln die Thematik der Träger, Organisation, Implementierung und Kontrolle. Im Rahmen der Trägerschaft der strategischen Führung wird infolge zunehmender Internationalisierung der strategischen Rolle des Boards besondere Bedeutung eingeräumt. Bezogen auf die prozessuale Erweiterung der strategischen Planung erfahren Aspekte der Implementierung und Kontrolle weiterhin besondere Beachtung, auch im Rahmen des Wandlungsmanagement.

In Teil G ist ein in der Praxis erprobtes, EDV-gestütztes Gesamtunternehmungssimulationsmodell zur Beurteilung von strategischen Großprojekten neu aufgenommen worden.

Teil H des Readers – neue Perspektiven und Rahmenbedingungen – vertieft die in Diskussion stehende markt- und ressourcenorientierte Sichtweise strategischer Führung. Zudem werden Turnaround-Management und strategische Kernprobleme bei Generationswechsel in Familienunternehmungen, die in jüngerer Zeit immer mehr an Bedeutung gewinnen, als strategische Aufgaben behandelt.

Teil I enthält weiterhin die Auswertung einer umfangreichen empirischen Erhebung zur strategischen Unternehmungsplanung und Unternehmungsführung in der Bundesrepublik Deutschland aus dem Jahre 1989. Diese Veröffentlichung ist Ergebnis einer Untersuchung, die vom ifo-Institut, München, in Kooperation mit dem Institut für Unternehmungsplanung – IUP Gießen/Berlin durchgeführt worden ist.

Abbildung C zeigt die nunmehr relevante Gesamtkonzeption des Readers.

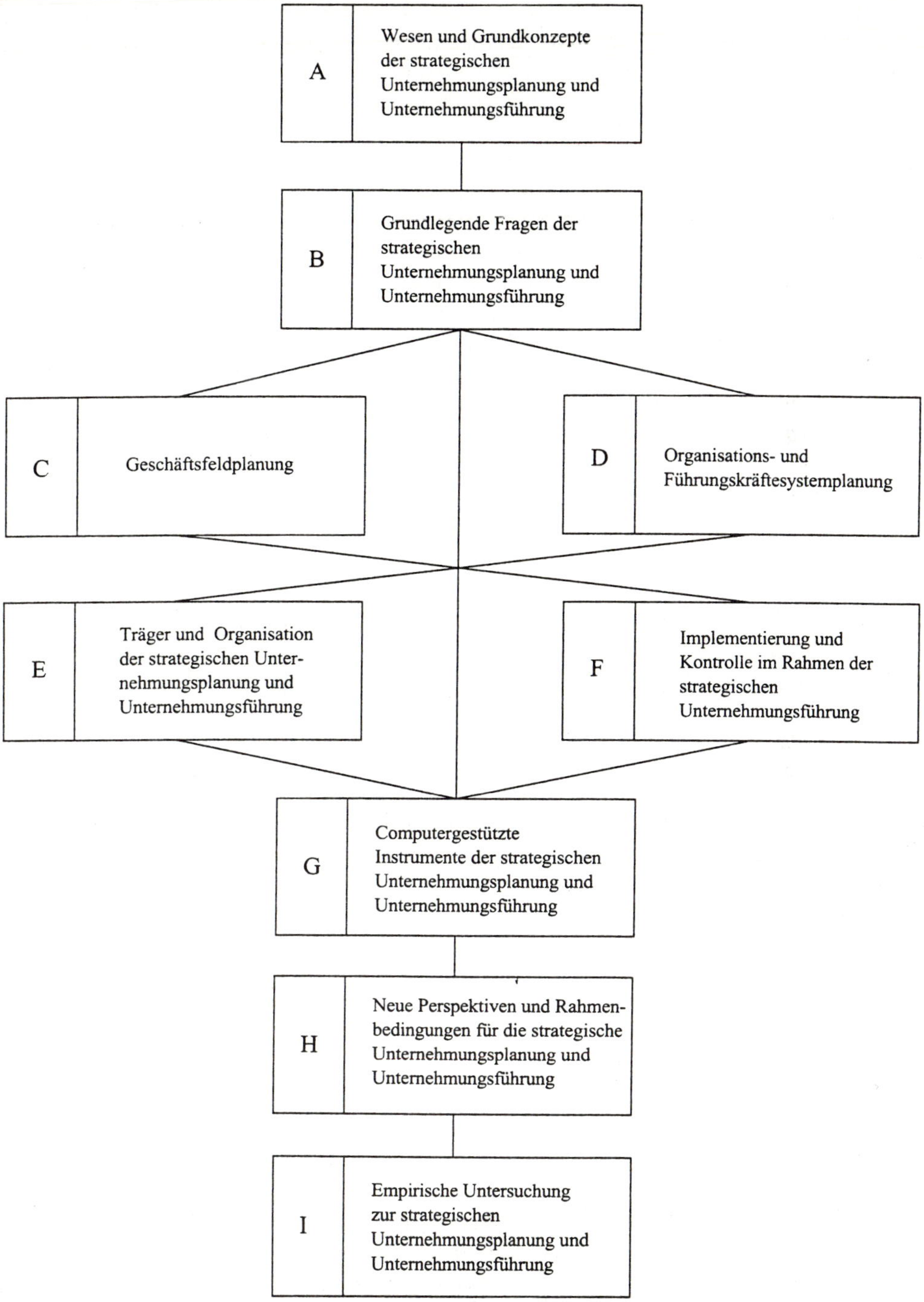

Abb. C: Gesamtkonzeption des Readers 'Strategische Unternehmungsführung'

Die Beiträge bauen in loser Koppelung inhaltlich aufeinander auf, jeder Beitrag bildet jedoch für sich eine abgeschlossene Bearbeitung des jeweiligen Themas. Gegenüber einer Monographie erhält diese Zusammenstellung von Aufsätzen ihren besonderen Wert durch die zum Teil unterschiedlichen Schwerpunktbildungen und Sichtweisen der einzelnen Autoren bei der Behandlung von Fragen der strategischen Planung und Führung.

Die Aufsatzauswahl gibt einen systematischen Überblick über den Gesamtkomplex und die wichtigsten Teilgebiete, die Träger sowie spezifische Instrumente und Entwicklungstendenzen der strategischen Unternehmungsplanung und Unternehmungsführung. Die Beiträge stammen von Autoren, die sich bisher in Europa und in den USA besonders und originär mit Fragen der strategischen Planung und Führung beschäftigt haben.

Zusätzlich zu den aktualisierten und neu aufgenommenen Aufsätzen wurde die Auswertung von Monographien, Sammelbänden und führenden Zeitschriften auf den Gebieten der strategischen Unternehmungsplanung und Unternehmungsführung bis einschließlich September 1996 fortgeführt und in einem umfassenden Literaturverzeichnis zusammengefaßt.

Das Buch wendet sich mit dieser Konzeption – wie in den vorherigen Auflagen – an Führungskräfte der Wirtschaft, an Hochschullehrer und an Studenten höherer Semester primär im deutschsprachigen Raum. Auf eine Übersetzung der englischsprachigen Beiträge konnte damit – auch mit dem Vorteil der Vermeidung von Übertragungsungenauigkeiten – verzichtet werden. Das Buch soll Anregungen all jenen geben, die sich mit dem Aufbau, dem Ausbau und der Anwendung der strategischen Unternehmungsführung befassen.

Wir danken der Geschäftsführung des Physica-Verlags für die wiederum sehr sorgfältige und auch sehr schnelle Drucklegung sowie die vertriebliche Betreuung.

The Crisis in Strategic Planning

As we go to press at the end of 1996 with the seventh edition of this book, it is apparent that Strategic Planning is going through a sea-change. The North American Strategic Planning Society, the Planning Forum has changed its name to the Society for Strategic Leadership, and its professional journal *Planning Review* is now known as the *Journal of Strategy and Leadership*. Henry Mintzberg, a leading American writer on management, recently produced a book entitled *The Rise and Fall of Strategic Planning*. To academics, consultants and practitioners it seems that the traditional planning models are not working well in the 1990's.

The Reconfiguration of Industries

One of the reasons why companies are having problems is that their industries are in a process of transition. Whole industries are in a state of turmoil because the "rules of the game" are being changed by the emergence of new technologies, changes in markets and regulatory systems. With this level of turbulence, Strategic Planning takes too long, and the field is left to the entrepreneurs, the opportunists and the deal-makers.

Multi-media is bringing together companies involved in very different markets and technologies:

- media (radio and television),
- telecommunications (telephone and cable),
- computers (hardware and software), and
- entertainment (films, music and theatre).

In the struggle for dominance, we are seeing the formation of global conglomerates which can combine a number of technologies and provide world-wide distribution. These mega corporations include Time Warner, Disney, Viacom and Newscorp. In the "second division" are Sony, Matsushita, Philips, General Electric and Westinghouse.

The Pharmaceutical Industry, too, is in a state of flux as traditional drug companies arrange mergers, strategic alliances and partnerships in an attempt to establish a leading position in

1. the technologies which are transforming the business:
   - genetics—the study of human and animal genes
   - bioinformatics—the use of information technology to manipulate research data
   - robotics—the application of robots in the laboratory
   - biotechnology—the use of gene technology for diagnostics and treatment
2. the key regions of North America, Western Europe and Asia Pacific
3. the major customer markets for:
   - ethical drugs—branded and generic
   - over-the-counter products
   - diagnostics and clinical testing, and
   - distributors who can assess the efficiency of various treatments e.g. Health Management Organisations (HMO's)

Glaxo-Wellcome, SmithKline Beecham, Merck Sharpe & Dohme, Upjohn Pharmacia and Hoffman La Roche are all vying for leadership in this new global business game.

The World Airline Industry is also going through a transformation as the major European and US companies attempt to build alliances which will enable them to offer flights which span the world. This has resulted in international alliances such as KLM-Northwestern, British Airways-Quantas-US Air and United Airlines-Lufthansa.

New Markets in Former Communist Countries

The collapse of communism in Eastern Europe and Russia and the opening up of China, Vietnam and other communist countries in Asia has transformed the world markets for power stations, locomotives, telecommunications and other capital goods, leading to the establishment of joint ventures between Western companies and companies in Eastern Europe and South East Asia.

Downsizing and Restructuring

The most popular management techniques today are concerned with implementation—getting things done. The techniques all carry a similar message: "Sweat the assets", increase productivity, produce more from less.

1. **Shareholder Value and the Balanced Business Scorecard** are designed to focus management efforts more narrowly on delivering value to the shareholders and stakeholders.
2. **Outsourcing and Insourcing** are based on the theory that industrial and commercial companies should close their central service departments and instead buy in their support services (even Information Technology and Logistics) because this will enable companies to focus their energies on a few core businesses where they can achieve world-class performance.
3. **Competitive Benchmarking and Business Process Re-engineering** are also used to wring ever higher performance from the existing assets, e.g. new products developed and launched more frequently, products manufactured to higher quality specifications and customer service always delivered on time.
4. **Restructuring and Rationalisation** is about stripping the organisation down to its essential elements:
   - divesting or closing non-performing businesses or branches
   - concentrating administrative production and distribution operations in a few large centres
   - "de-layering" the organisation to reduce the number of levels in the hierarchy
   - eliminating supervisors by forming "self-managed work teams"
   - cutting out staff positions in personnel, marketing or manufacturing and replacing them with interdepartmental project teams
   - reducing the number of secretaries and assistants and providing executives with professional work stations so that they can produce their own reports and communicate electronically.
5. **Producing Off-Shore** is possible to a greater extent than ever before because text, graphics, video and audio materials can now be transmitted across the world in a matter of seconds by computer. As a consequence jobs which previously had to be done in Western Europe or North America can now be done at a tenth of the cost in India, China or Korea.

Gary Hamel and C.K. Prahalad, in their book *Competing for the Future* heavily criticise top executives in leading US companies for being preoccupied with cost cutting and "downsizing" and for neglecting strategies for growth and innovation. Looking at this list of today's popular techniques, their reaction is not surprising.

Strategic Planning in the Downsized Organisation

In the longer term the impact of this downsizing on Strategic Planning could be disastrous. Consider the situation of Strategic Planning in a corporation which has been through a radical restructuring:

1. The Group Corporate Planning department has been reduced to a handful—say two or three professionals and one or two assistants.
2. Many of the Strategic Planning services—e.g. forecasts and scenarios, competitive analysis, the appraisal of new markets, acquisition studies, etc.—are being outsourced to strategy consultancies.
3. The other headquarters staff in Human Resources, Marketing, Manufacturing and Information Technology has also been cut back to small teams of "brokers" who now buy in services.
4. The cumbersome five-year plan has probably been replaced by a series of conferences between the executive team and the managing directors of the main product divisions and national companies.
5. These senior managers are also trying to cope with rapidly changing technologies and dynamic markets, and they are usually travelling the world to arrange and maintain alliances, joint ventures and partnerships.
6. They must continue to keep the company competitive by promoting programmes for continuous improvement and business process re-engineering. In the new leaner organisations, with more people reporting to them and fewer staff to assist them, there is a real danger that they will not be able to find time for strategy.

There is also evidence from recent studies that:

1. staff often notice a gap between the rhetoric of "mission statements" and the reality of cutbacks;
2. managers and staff at all levels are showing signs of stress—insecurity, sickness and low morale;
3. they also feel that there is a lack of direction in the organisation. They are suffering from the frequent changes in strategy.

These problems arise from two mistakes on the part of management:

1. The full process of "transforming" an organisation includes four steps:
   a) **Refocusing** the business portfolio—by closing or selling non-performing companies and buying or growing other parts of the core business.
   b) **Restucturing** the organisation—by reducing the work force, rationalising production, taking out levels, etc.

   This is where many managers stop the process, but they should go on to redress the damage to morale and to rebuild staff confidence and redevelop their skills. The next stages are:

c) **Revitalising** the company culture—by formulating and communicating a new strategy for growth.
d) **Renewing** the people, the products and the assets—this involves reinvesting in the business.

2. The second mistake which top managements make is linked to the first. Having saved a huge amount of money by reducing the work force, closing branches and selling businesses, the top executives often do not re-invest sufficient money in the business. Instead they use the money to acquire new businesses, to raise the dividends to the shareholders or to increase their own salaries.
   British Gas is a classic case which became a national scandal in Britain. After closing down many showrooms, laying off thousands of staff and holding down the wages of the survivors, the Board of Directors raised their own salaries and awarded the Chief Executive a 75% increase (including share options). This year he decided to retire, and the Board voted him a £250,000 per annum pension and a one-year consultancy with an office and a car. This kind of behaviour by business leaders in Britain and the USA has caused deep resentment among company work forces and in society generally.

Strategic Leadership for the 1990's

The process of Strategic Leadership, as it is practised by top management, has changed to a great extend in this rapidly changing environment. In some ways the process is simpler—less concerned with detailed planning and more focused on essentials. Also, it is no longer thought of in terms of an annual discussion about the Strategic Plan, involving just the top teams. Rather it is a continuous dialogue about the future of the company which goes on throughout the year and involves middle and senior management in all parts of the business.

There are three main areas for debate:

1. **Strategy Analysis and Formulation**
   This involves setting objectives and goals, appraising the company's performance compared with its main competitors, assessing the driving forces in the business environment and evaluating the company's financial, technical and human resources.
   This is an iterative process: the resources may turn out to be too small to achieve the objectives, or the analysis of the environment may reveal unexpected threats. However, these discussions should produce a variety of alternative strategies, producing a new "strategic vision" of the shape of the company in the future.
2. **Strategy Implementation**
   All too often strategies remain "on the page" and are not implemented. A series of major breakthroughs occurred in the 1980's and early 1990's as with the help of consultants companies learned to turn their strategies into action programmes. These initiatives occured in four main areas:
   a) **Restructuring the Organisation**—making it leaner, fitter and simpler.
   b) **Re-engineering Business Processes**—simplifying and speeding up the company's key processes such as product development, delivery, etc.

c) **Company Culture**—making the company's mission, values and beliefs more explicit and emphasising the need to produce value for customers, shareholders and other stakeholders.

d) **Human Resource Management**—rethinking the contract with employees e.g. to allow more flexible working, to hold staff more accountable and to link rewards more directly to performance.

3. **Changing the Industry—the dominant strategic approach of the 1990's**
The 1990's have seen a crucial change in company structures with the emergence of the Boundaryless Organisation. Companies are forming partnerships with their major customers and preferred suppliers. They are entering new markets in Eastern Europe and Asia Pacific using joint ventures, and they are gaining access to the latest technologies by outsourcing or forming strategic alliances. In some cases where international standards are required, they are working on joint research projects with their direct competitors, just as Sony and Philips collaborated to develop the Compact Disk, and ICL and Fujitsu co-operated to promote open computer systems.
Using these new approaches, companies can in fact change the rules of the game in their industry. They can open up new markets, bring forward new products and process technologies and pioneer new distribution systems. The main ways to change the rules of the game are:

a) **Alliances and Mergers**
Alliances and joint ventures are designed to give a company access to an asset, typically a new technology, a range of products, a production system or a number of sales outlets, by offering to supply complementary resources in exchange. The alliance may of course lead in time to a merger or acquisition when there is a change in ownership.

b) **Customer-Supplier Partnerships**
Many Western companies are now reducing the number of their suppliers and forming closer partnerships with them. This often results in lower unit costs, higher quality and faster delivery.

c) **Political Strategies**
Companies also work in coalitions when they need to influence government agencies on social, regulatory or environmental issues.

d) **New Ventures**
The fourth way to change the industry is by pioneering new technologies, new distribution channels and new marketing approaches.

This is the process of Strategic Leadership which companies today need to take on board to deal with the business environment of the 1990's.

Wir danken Herrn Dipl.-Kfm. Dr. Andreas Bausch und Frau Dipl.-Kffr. Dr. Christina Ulber M.B.A. für die engagierte Unterstützung bei der Überarbeitung und Ergänzung dieses Readers.

Dietger Hahn, Gießen
Bernard Taylor, Henley-on-Thames, Herbst 1996

Vorwort zur 1. Auflage

Zweck und Konzeption der Aufsatzsammlung zum Thema strategische Unternehmungsplanung

Aufgrund der zunehmenden Dynamik der ökonomischen und sozialen Umwelt sind für die Führung vieler Unternehmungen in den letzten Jahren Fragen der langfristigen Zukunftssicherung ihrer zu verantwortenden Wirtschaftseinheit in den Mittelpunkt des Interesses getreten. Zur systematischen Behandlung dieser grundlegenden Aufgabe der Zukunftssicherung einer Unternehmung sind von verschiedenen Großunternehmungen, Unternehmungsberatern und seitens der Wissenschaft Konzepte der strategischen Planung entwickelt worden. Diese umfassen im Schwerpunkt Fragen der Geschäftsfeldplanung, der Planung der künftigen Tätigkeitsfelder einer Unternehmung, zum Teil in Verbindung mit der hiermit einhergehenden Investitions- und Desinvestitionsplanung sowie Organisations- und Führungskräfteplanung.
Auf der Basis eines theoretisch fundierten Gesamtplanungssystems mit den Komplexen

- generelle Zielplanung,
- strategische Planung,
- operative Planung und
- Ergebnis- und Finanzplanung

werden in der vorliegenden Sammlung ausgewählte Aufsätze vorgestellt, die grundlegende und spezielle Fragen der strategischen Planung behandeln.

Die Aufsatzauswahl gibt einen systematischen Überblick über den Gesamtkomplex und die wichtigsten Teilgebiete, die Träger sowie spezifische Instrumente und Entwicklungstendenzen der strategischen Unternehmungsplanung. Die Beiträge stammen von Autoren, die sich bisher in Europa und in den USA besonders und originär mit Fragen der strategischen Planung beschäftigt haben. Die Beiträge bauen in loser Koppelung inhaltlich aufeinander auf, jeder Beitrag bildet jedoch für sich eine abgeschlossene Bearbeitung des jeweiligen Themas. Gegenüber einer Monographie erhält diese Zusammenstellung von Aufsätzen ihren besonderen Wert durch die zum Teil unterschiedlichen Schwerpunktbildungen und Sichtweisen der einzelnen Autoren bei der Behandlung von Fragen der strategischen Planung.

Zur Charakterisierung von Stand und Entwicklungstendenzen der strategischen Planung – verstanden als zukunftssichernde Produktprogramm- und Potentialplanung – werden die folgenden Teilkomplexe behandelt:

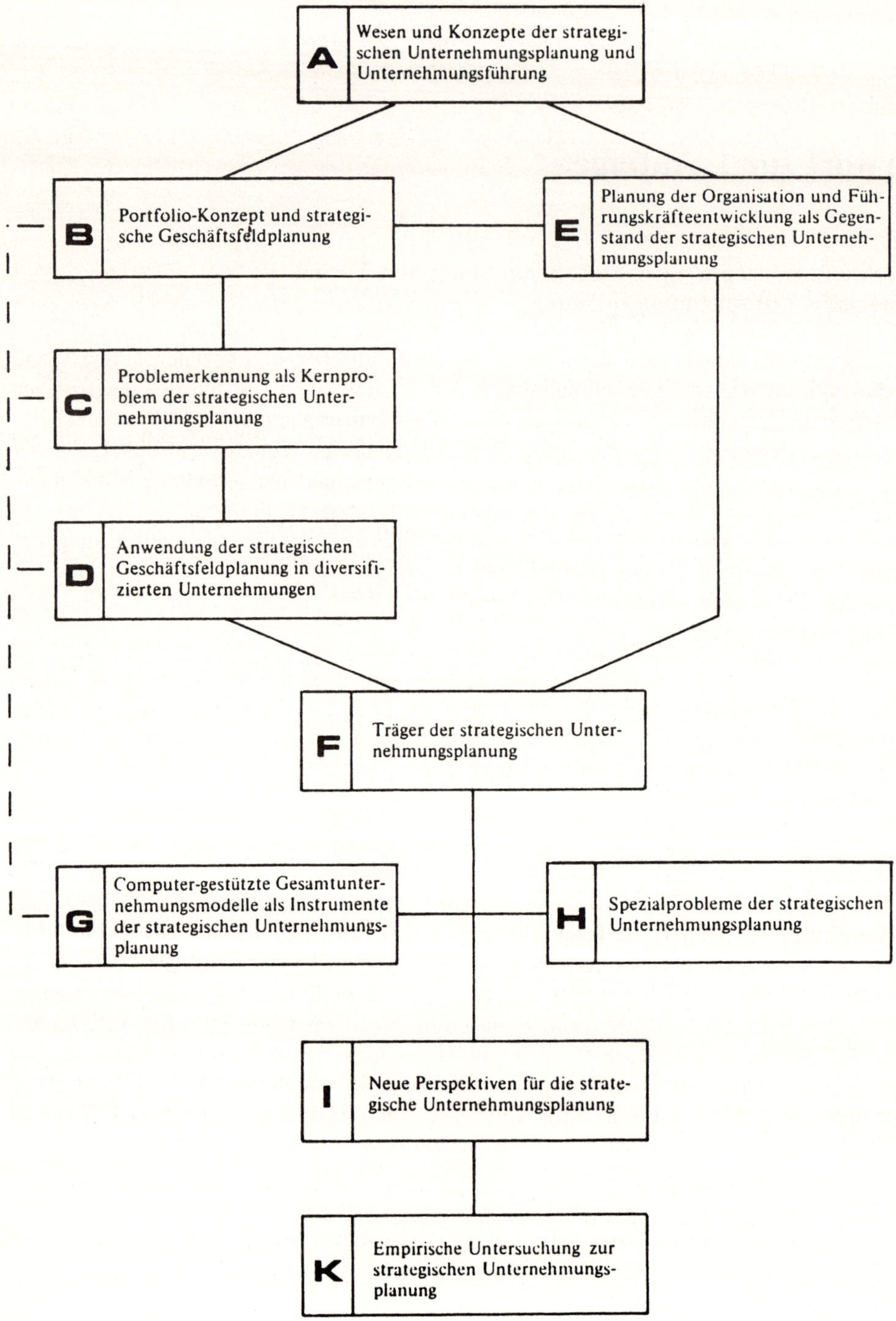
A
Wesen und Konzepte der strategischen Unternehmungsplanung und Unternehmungsführung
B
Portfolio-Konzept und strategische Geschäftsfeldplanung
E
Planung der Organisation und Führungskräfteentwicklung als Gegenstand der strategischen Unternehmungsplanung
C
Problemerkennung als Kernproblem der strategischen Unternehmungsplanung
D
Anwendung der strategischen Geschäftsfeldplanung in diversifizierten Unternehmungen
F
Träger der strategischen Unternehmungsplanung
G
Computer-gestützte Gesamtunternehmungsmodelle als Instrumente der strategischen Unternehmungsplanung
H
Spezialprobleme der strategischen Unternehmungsplanung
I
Neue Perspektiven für die strategische Unternehmungsplanung
K
Empirische Untersuchung zur strategischen Unternehmungsplanung

Das Buch wendet sich mit dieser Konzeption an Führungskräfte der Wirtschaft, an Hochschullehrer und an Studenten höherer Semester primär im deutschsprachigen Raum. Auf eine Übersetzung der englischsprachigen Beiträge konnte damit – auch mit dem Vorteil der Vermeidung von Übertragungsungenauigkeiten – verzichtet werden. Das Buch soll Anregungen all jenen geben, die sich mit dem Aufbau, dem Ausbau und dem Einsatz der strategischen Unternehmungsplanung befassen.

Importance and Future Aspects of Strategic Planning

The environment of the 1980's offers the prospect of increasing uncertainty, more intense competition and even more dramatic change.

1. At the root of our uncertainty is the unstable political environment in the middle east and the threat to the world's oil supplies.
2. Partly as a result of recurrent oil crises, and the huge transfers of funds to the oil producers, we may expect continuous problems with inflation and fluctuations in the value of major currencies.
3. At the same time, European business will have to cope with low economic growth, depression in the world markets, and the collapse of traditional industries (shipbuilding, steel, textiles, etc.) under the onslaught of competition from the newly developing countries.
4. Also western societies will have to adapt—in the office, the factory and the home—to make way for a new industrial revolution based on microprocessor technology.
5. As a consequence of these changes we may expect a period of industrial and social conflict in western societies as people face conditions which resemble the 1930's—a period of high unemployment, reductions in real wages and cuts in public services.

Strategic Management

During the 1970's leading international companies, like General Electric, Texas Instruments and Shell, began to move towards a new concept of Strategic Management—a process whereby planning becomes indistinguishable from management but adds a new dimension of strategic thinking, strategic decicion-making and strategic behaviour.

The approach has been variously called "strategic thinking", "strategic management" and "corporate renewal". But everywhere the goals are the same: to establish "strategic change" as an organisation-wide process: to make staff at all levels more aware of the need to keep ahead of a rapidly-changing environment: to encourage management to be more innovative and more entrepreneurial. This may involve widespread changes to the way an organisation is managed:

1. Retiring some managers, recruiting or promoting others, to provide the right skills and abilities to match particular business opportunities.
2. Improving management information and control systems to provide data relating to external trends, scenarios, assessment of competitors, profitability and market share by customer group, productivity by unit etc.

3. Extending management training, the development of work teams and task forces to involve more managers in strategy formulation and implementation.
4. Changing organisation structures, management authority and relationships to enable managers at different levels and in various divisions or countries to coordinate strategies for particular parts of the business.
5. Changing the basis of management appraisal and rewards to encourage managers to develop new staff, new products and new systems.
6. Establishing Public Affairs Departments to monitor social and political trends and to deal with governments, social pressure groups and the media.

The Crisis in Planning

The supporters and the critics of Corporate Planning both agree on one point—that operational plans and budgets are insufficiently flexible to cope with the turbulent environment of the 1980's.

Corporate Planning as practised in the 1960's and early 1970's now appears to us as a first generation planning system, based on a comprehensive rational model and lacking important dimensions.

Among the criticisms of conventional planning systems are the following:

1. They project present operations into the future and make it difficult to foster new ventures and cutback mature operations.
2. They view planning as a detailed budgeting process rather than providing a broad framework for organisational change and innovation.
3. They build a pattern of forecasts and targets based on extrapolation of past trends rather than an exploration of alternative futures.
4. They assume that decision-making is the sole prerogative of management whereas in fact many decisions are the result of complex interactions with governments, trade unions, and social interest groups.
5. They are structured around the annual planning cycle whereas strategies and plans need to be up-dated continuously through various informal processes.
6. They consider the external environment in terms of national economic trends whereas the important factors for the organisation are frequently socio-political, technological and international.
7. They tend to direct organisations towards eye-catching but risky ventures—acquisitions, diversification and international expansion, based on dubious notions of synergy, thus diverting management from the more important task of getting higher productivity from existing operations. Establishing structures and programmes for work organisation, employee consultation and communication, in an attempt to involve the work force in important changes at an early stage.

These moves towards Strategic Management tend to be piecemeal, ad hoc and evolutionary and the process takes different forms in different organisations, depending on, for example:

- the power structure, the leadership style and the sophistication of management
- the company's range of products and geographical spread
- the rate of change in the economic, socio-political and technological environment
- the company's market position vis à vis competition and the stage in the product lifecycle.

Implications for Management

In general Strategic Management implies a delegation and decentralisation of operational decision-making to the local level and a sharing of strategic decision-making among a wider group of managers.

At top level it implies that the Chief Executive and Board have to free themselves of operational tasks to become more concerned in strategic issues, e.g.

- managing external relations
- setting broad corporate objectives and guidelines
- fostering organisational change in various parts of the enterprise
- and evolving new board structures involving employees, etc.

Divisional or Departmental Management frequently find that they are taking on additional responsibilities for Strategic Management as head of a Strategic Business Unit, or as Director of Project Team or Task Force.

Operational Management are likely to find themselves assessing their business in new ways according to new priorities, e.g. by Customer Group and by Market Segment. They will also be called upon to take a longer term and a wider more coporate view of their responsibilities.

Prof. Dr. D. Hahn, Gießen
Prof. B. Taylor, Henley-on-Thames, Herbst 1980

Inhaltsverzeichnis

C Geschäftsfeldplanung

D Organisations- und Führungskräftesystemplanung

E Träger und Organisation der strategischen Unternehmungsplanung und Unternehmungsführung

I Empirische Untersuchung zur strategischen Unternehmungsplanung und Unternehmungsführung

Autorenverzeichnis

Prof. Dr. H.I. Ansoff
Professor, United States International University, San Diego/California
Prof. Dr. Dr. h.c. K. Bleicher
em. Professor für Betriebswirtschaftslehre, Universität St. Gallen (HSG)
J. Buddenkotte
Kreditanstalt für Wiederaufbau, Frankfurt/M.
R.P. Declerck
ehem. Lecturer, Economic Development Institute, World Bank, Washington, D.C.
Prof. Dr. R. Dögl
Professur für Marketing und Innovationsmanagement, Fachhochschule in Schweinfurt
W. Faisst
Wissenschaftlicher Mitarbeiter an der Professur für Wirtschaftsinformatik, Universität Erlangen-Nürnberg
St.A. Friedrich
Wissenschaftlicher Mitarbeiter am Institut für Unternehmungsführung, Universität Innsbruck
Prof. Dr. A. Gälweiler †
Generalbevollmächtigter Direktor der BBC AG, Mannheim
Prof. Dr. H. Geschka
Professur für Betriebswirtschaftslehre an der Technischen Universität Darmstadt
Prof. Dr. P. Gomez
Professur für Betriebswirtschaft an der Universität St. Gallen (HSG)
Prof. Dr. Dr. h.c. D. Hahn
Professur für Industrial Management und Controlling, Universität Gießen/Honorarprofessor an der Technischen Universität Berlin
Prof. G. Hamel
Professor, London Business School, London
Prof. Dr. R. Hammer
Professor, Institut für Unternehmensführung, Universität Innsbruck
Prof. A.C. Hax
Professor, Alfred P. Sloan School of Management - MIT, Cambridge, Massachusetts
Prof. R.L. Hayes
Professor, Graduate School of Management, Vanderbilt University, Nashville, Texas

B. Hedley
Chairman, Braxton Associates Ltd., London
Prof. Dr. H.A. Henzler
Chairman, McKinsey & Company Inc., München/Honorarprofessor an der Universität München
Prof. Dr. H.H. Hinterhuber
Direktor des Instituts für Unternehmungsführung, Universität Innsbruck und Professor für Internationales Management, Wirtschaftsuniversität Bocconi, Mailand
Prof. Dr. H. Hungenberg
Professur für Strategisches Management und Organisation, Handelshochschule Leipzig
Prof. Dr. H. Kreikebaum
Professur für Betriebswirtschaftslehre, insbes. Industriebetriebslehre, Universität Frankfurt/Main
Prof. Dr. W. Krüger
Professur für Organisation, Führung und Personalwirtschaft, Universität Gießen
Prof. Dr. U. Krystek
Professor für Rechnungswesen, Unternehmungsplanung und Controlling, Fachhochschule des Landes Rheinland-Pfalz, Worms
Prof. Dr. J. Link
Professor für Controlling und Organisation, Universität GH Kassel
Prof. P. Lorange
Professor of Management, Wharton School, University of Pennsylvania/Norwegian School of Management, Oslo/Norway
Prof. N.S. Majluf
Catholic University of Chile, Santiago de Chile
Prof. Dr. h.c. mult. P. Mertens
Professur für Wirtschaftsinformatik, Universität Erlangen-Nürnberg
Dr. M. Mirow
Leiter Hauptabteilung Unternehmungsplanung, Siemens AG
Prof. Dr. G. Müller-Stewens
Institut für Betriebswirtschaft, Universität St. Gallen (HSG)
Prof. Dr. S. Munari
Professor für Betriebswirtschaftslehre, Universitäten Lausanne u. Freiburg, Schweiz
Dr. C. Naumann
geschäftsführender Gesellschafter der Firmen E.M.F. GmbH, CCLizenzfilm GmbH, Wiesbaden und Hillwood Entertainment Film Group, Los Angeles
Dr. F.F. Neubauer
Professor, International Institute for Management Development (IMD), Lausanne und Assistant Professor, Division of Administration and Business, Pennsylvania State University
U. Ohls
Kreditanstalt für Wiederaufbau, Frankfurt/M.

Prof. Dr. K.H. Oppenländer
Präsident des ifo - Instituts für Wirtschaftsforschung, München
Prof. Dr. W. Pfeiffer
Professur für Industriebetriebslehre, Universität Erlangen-Nürnberg
A.C. Pfeil
Bereichsleiter Strategische Planung, VEBA AG
Prof. Dr. W. Popp
Insitut für Operations Research und Planung,Universität Bern
Prof. Dr. G.J.B. Probst
Professur für Betriebswirtschaftslehre, Universität Genf
Prof. C.K. Prahalad
University of Michigan, Ann Arbor/Michigan
Dr. W. Rall
Director, McKinsey & Company Inc., Stuttgart
Dr. L. Scholz
Abteilungsleiter, ifo - Institut für Wirtschaftsforschung, München
Dr. G. Schwarz
Geschäftsführer, Boston Consulting Group
Dr. T. Siegert
Vorstandsmitglied, ZA Finanzen, Franz Haniel & Cie., GmbH, Duisburg
P. Stiles
Lead Tutor in Strategic Management, Henley Management College, Henley on Thames
Prof. B. Taylor
Professor of Business Policy, Henley Management College, Henley on Thames
Prof. Dr. H. Ulrich
em. Professor für Betriebswirtschaft, Universität St. Gallen (HSG)
Prof. R.F. Vancil
Professor of Business Administration, Harvard Business School, Boston, MA
Prof. Dr. H.G. Willers
Aufsichtsratsmitglied, Franz Haniel & Cie. GmbH, Duisburg/Honorarprofessor an der Universität Gießen
Prof. Dr. E. Zwicker
Institut für Betriebswirtschaftslehre, insbes. System- und Planungstheorie, Technische Universität Berlin

A Wesen und Grundkonzepte der strategischen Unternehmungsplanung und Unternehmungsführung

Stand und Entwicklungstendenzen der strategischen Planung*

D. Hahn

1. Wandel des Unternehmungsumfeldes und der strategischen Planung

Die *Planung* in der Unternehmung – die systematische Gestaltung ihrer Zukunft – hängt weitgehend von der *Situation der Unternehmung* und von der *Entwicklung ihres Umfeldes ab.*

Binnen- und außenwirtschaftliche Entwicklungen, sozio-kulturelle Entwicklungen mit Änderungen der Bevölkerung und ihrer Wertvorstellungen, politische, sich z.T. gesetzlich artikulierende Entwicklungen sowie vor allem technologische Entwicklungen haben zu starken Änderungen auf den Absatz-, Transport-, Rohstoff-, Arbeits-, Informations- und Kapitalmärkten der Unternehmungen geführt (vgl. Abb. 1).

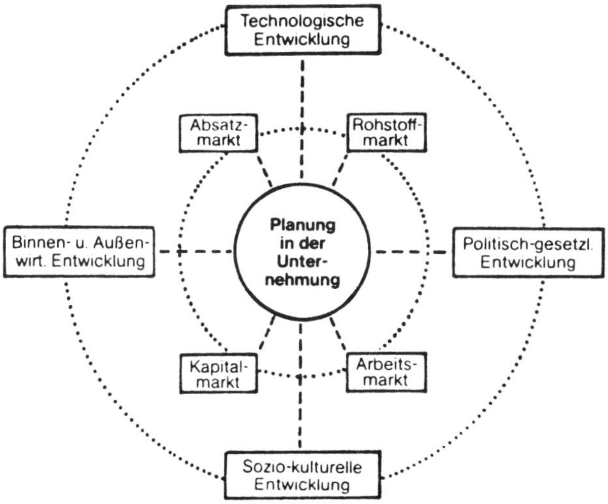

Abb. 1: Umfeld der strategischen Planung

* Eröffnungsvortrag anläßlich der Schmalenbach-Tagung am 13. Mai 1982 in Düsseldorf. Tagungsthema: Unternehmensstrategien und strategische Planung – Erfahrungen und Folgerungen.

Die *strategische Planung*, die Richtung, Ausmaß und Struktur der Unternehmungsentwicklung bestimmt, sieht sich auf vielen Absatzmärkten mit dem *Problem niedriger Wachstumsraten*, z.T. mit dem *Problem der Stagnation und Schrumpfung* konfrontiert.

Bei weltmarktabhängigen, schwer prognostizierbaren Rohstoffkosten sowie bei vergleichsweise hohen Energie-, Arbeits- und Fremdkapitalkosten bedarf es in unseren Unternehmungen immer größerer Anstrengungen, um national und international langfristig wettbewerbsfähig zu bleiben. Bei starker Konkurrenz aus Japan, aus den USA und den europäischen Nachbarstaaten und bei zunehmender Konkurrenz aus den sog. Aufhol- und Schwellenländern in Südamerika, Südeuropa und Asien wird es für viele Unternehmungen immer schwieriger, überzeugende Überlebens- und Zukunftsstrategien zu entwickeln und vor allem auch erfolgreich durchzusetzen. [1] Aber nur wenn dies gelingt, werden wir Kapital und Arbeitsfelder und letztlich Wohlstand und Freiheit sichern. Die Dynamik unseres Umfeldes zwingt uns zu Innovationen und Spitzenleistungen sowie höchster Flexibilität bei der Geschäftsfeldplanung, Organisation und Führung. [2]

Der *Stellenwert der strategischen Planung als wohl wichtigster Führungsaufgabe* ist damit deutlich umrissen. Bevor Stand und mögliche Entwicklungstendenzen dieser Führungsaufgabe mit ihren spezifischen Führungsinstrumenten näher analysiert werden, sind hierzu einleitend zwei Punkte hervorzuheben:

1. Nahezu alleiniger *Aufgabenschwerpunkt der strategischen Planung* ist bisher in Wirtschaftspraxis und Wirtschaftstheorie die *Geschäftsfeldplanung* – mit großer Verbreitung in Industrie und Handel.
2. *Konzepte, Methoden und Verfahren der strategischen Planung* sind in unterschiedlicher Weise und Ausprägung weiterentwickelt worden – bezogen auf die Bestandsaufnahmen zum Thema Planung in der Schmalenbach-Gesellschaft im Jahre 1975. [3] Hierbei ist diese *Weiterentwicklung durch drei Personengruppen* in z.T. gegenseitiger Befruchtung geschehen:
   - Durch Führungskräfte und -stäbe in Unternehmungen,
   - durch deutsche und insbesondere amerikanische Unternehmungsberater und
   - durch Wissenschaftler an Hochschulen und in Forschungsinstituten.

Damit wird aber auch deutlich, daß sich ein *generell gültiger Stand der strategischen Planung* nicht beschreiben läßt und auch *Entwicklungstendenzen unterschiedlich* gesehen werden können und sicher auch gesehen werden müssen.

Wenn hier dennoch der *Versuch* unternommen wird, etwas zum *Stand* und zu *möglichen Entwicklungstendenzen* einerseits *im Hinblick auf inhaltliche Probleme*, andererseits *im Hinblick auf Konzepte und Verfahren* der strategischen Planung auszusagen, so geschieht dies aus der Sicht des anwendungsbezogen arbeitenden Hochschullehrers. *Zur Charakterisierung des Aufgabenkomplexes der strategischen Planung* wird dabei das Konzept eines *theoretisch fundierten Planungssystems* zugrunde gelegt (vgl. Abb. 2), das bereits vor Jahren auf der Betriebswirtetagung der Hochschullehrer in Augsburg vorgestellt worden ist.

Hierbei wird die *Unternehmung* als *zielorientiertes Aktionszentrum* – mit ziel- bzw. programmorientierter Potential- und Aktionsstruktur – interpretiert. Dieses in vielen Ar-

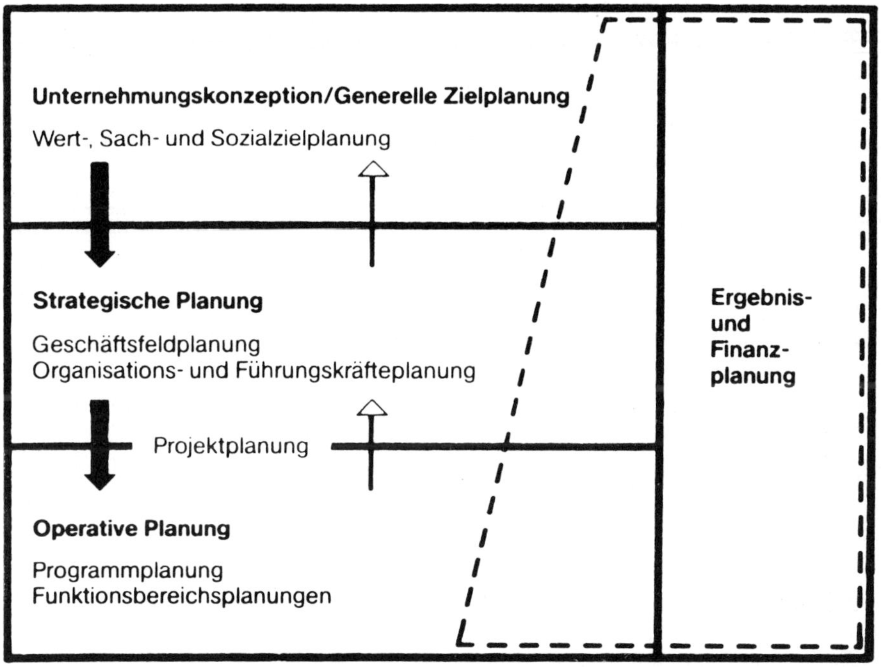

Abb. 2: Strategische Planung im Planungssystem

beitskreissitzungen der Schmalenbach-Gesellschaft und der AGPLAN diskutierte und in vielen Unternehmungen implementierte System umfaßt vier Teilplanungskomplexe [4]:

1. Die *generelle Zielplanung* legt die *Unternehmungskonzeption* fest und enthält Aussagen über den Unternehmungszweck, über Gewinnerwirtschaftung und -verwendung, über die Branchenzugehörigkeit und über das Verhalten gegenüber Mitarbeitern, Marktpartnern sowie Öffentlichkeit und Gesellschaft.
2. Die *strategische Planung* als Programm- und Potentialplanung umfaßt im Kern die *Geschäftsfeldplanung* als Produkt- und Produktprogrammplanung mit dazugehöriger Investitions-/Desinvestitionsplanung sowie die Potentialstrukturplanung, insbesondere die *Planung der Aufbauorganisation* mit dazugehöriger *Informationssystemplanung* sowie die *Führungskräfteplanung*.
3. Die *operative Planung* bezieht sich auf die kurzfristige Programmplanung und die Funktionsbereichsplanungen und wird wie die strategische Planung z.T. auch als Projektplanung durchgeführt.
4. Die *Ergebnis- und Finanzplanung* ist monetäres Abbild der ersten drei Planungskomplexe und als mehrperiodige Planungsrechnung aufzubauen, in der sich generelle Wertziele und die monetären Wirkungen von strategischen und operativen Maßnahmen darstellen lassen und in der originär die Bilanzpolitik und die Außenfinanzierung geplant werden.

Diese Planungskomplexe gehören zum Planungssystem, sei die Unternehmung funktional oder divisional organisiert, national oder international tätig.

2. Generelle Unternehmungsziele und strategische Planung

Fragt man nach *Entwicklungstendenzen* der strategischen Planung im Hinblick auf Aufgabenschwerpunkte und Verfahren, so muß man sich zunächst einmal verdeutlichen, daß aufgrund *veränderter Wertvorstellungen* und damit auch *veränderter Zweckinterpretation der Unternehmung* die Begründung und damit auch die Formulierung der Ziele in der Unternehmung einem umweltbedingten Wandel unterliegen. Spezifisch ausgeprägte Ziele und Grundsätze sind wiederum bestimmend für die Wahl der einzuschlagenden Strategien. Andererseits werden generelle Ziele – z.B. Branchenwahl und Gewinnverwendung – auch durch die beabsichtigten Strategien beeinflußt.

Ebenfalls determiniert nicht nur die strategische Planung die operative Planung, sondern operative Gegebenheiten und Planungen begrenzen vielfach strategische Handlungsspielräume.

Zur *Ableitung der generellen Ziele*, die durch und in der Unternehmung verfolgt werden sollen, wird die *Unternehmung* heute *als ein Instrument* interpretiert, das es zu erhalten und weiterzuentwickeln gilt, um die *Ziele der an ihr interessierten Gruppen* in der Gesellschaft *erfüllen* zu können. [5]

Erhaltung und erfolgreiche Weiterentwicklung der Unternehmung werden als *Hauptzweck bzw. Hauptziel in der Unternehmung* formuliert, um die Ziele der an ihr interessierten Gruppen erfüllen zu können. Diese Ziele lassen sich dann als Grundsätze im Rahmen der Unternehmungskonzeption charakterisieren (vgl. Abb. 3).

Die *Kapitalgeber* geben der Unternehmung Finanzierungsmittel und fordern Kapitalerhaltung und (mindestens) angemessene Verzinsung. Von der Unternehmung sind als Ziel marktgerechte Dividenden und Zinsen zu erwirtschaften und Kapitalerhaltung, Risikoprämie und Kapitalrückzahlung zu sichern.

Die *Mitarbeiter* stellen der Unternehmung ihre Leistungskraft zur Verfügung und fordern Arbeitsfelderhaltung und angemessene Löhne und Gehälter.

Von der Unternehmung sind als Ziel angemessene, an Tarifvereinbarungen orientierte Löhne und Gehälter zu erwirtschaften sowie Arbeitsfelder und Leistungsanerkennung zu gewähren.

Die *Abnehmer* ermöglichen der Unternehmung Absatz und Umsatz für die Bereitstellung bedarfsorientiert erstellter Güter. Von der Unternehmung sind bedarfsorientiert Produkte und Dienstleistungen spezifischer Art mit einem definierten Qualitäts- und Preisniveau für gekennzeichnete Abnehmergruppen und -regionen kostengünstig zu produzieren und anzubieten.

Die *Lieferanten* bieten Materialien, Energie und andere Einsatzgüter und fordern entsprechende Preise.

Der *Staat* schließlich erbringt Rechts- und Gesetzesordnung sowie Infrastruktur und benötigt Steuern und Abgaben von der Unternehmung.

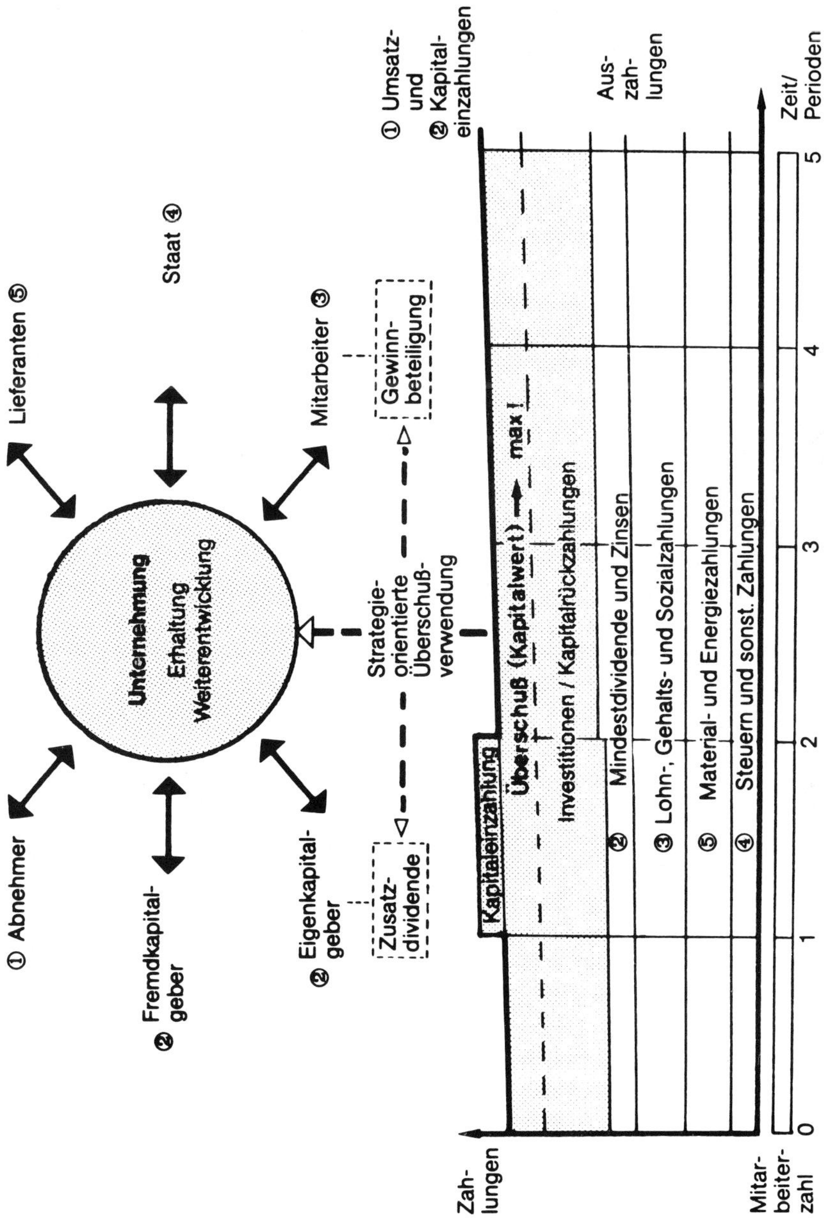

Abb. 3: Interessengruppen und generelle Ziele/Grundsätze in der Unternehmung

Von der Unternehmung sind Verhaltensgrundsätze gegenüber Lieferanten sowie Staat und Gesellschaft zu formulieren.

In dem Rechenwerk der Unternehmung schlägt sich der Grad der Befriedigung der *Interessen dieser Gruppen* in den *Erlösen und Kosten* bzw. letztlich in *Einzahlungen* und in *Auszahlungen pro Periode* nieder. Hierbei wird – bei einem Vergleich real existierender Wirtschaftssysteme – *bei Streben* nach *maximalem Kapitalwert* bzw. ersatzweise nach *maximalem kalkulatorischen Gewinn* in der Wettbewerbswirtschaft auf nahezu allen Sektoren eine *bestmögliche bedarfsorientierte Abnehmerversorgung erreicht.* Das Anstreben und Erwirtschaften eines maximalen Überschusses sind zugleich Voraussetzung für die Erhaltung und Weiterentwicklung der Unternehmung. Das *Überschuß- bzw. Gewinnstreben dient damit den Interessen aller Gruppen* – nicht nur den Interessen der Kapitalgeber. Dies läßt sich bei dieser pluralistischen Zielableitung gegenüber allen Seiten nicht nur im Hörsaal, sondern auch von den Unternehmungen aus mit Überzeugungs-, Ausstrahlungs- und Motivationskraft vertreten und verkünden.

Von allen gesellschaftlichen Gruppen gewünschte *Sozialziele* genereller Art erhöhen bei ihrer gesetzlichen Kodifizierung in Form von Umweltschutzvorschriften, Arbeitslosenversicherungskosten u.a. den Gesamtkostenblock, der durch den Erlös für bedarfsorientiert produzierte Güter abgedeckt werden muß. Hierdurch wird die Erwirtschaftung von Gewinnen, die für Investitionen und damit auch zur Arbeitsplatz- und Kapitalsicherung benötigt werden, erschwert. Die Höhe der Einzahlungen und Auszahlungen wird primär durch die eigenen Leistungen und durch Angebot und Nachfrage im internationalen Verbund bestimmt, natürlich auch durch Verhandlungsstärke und Zielkonzeption. Letzteres gilt auch für die Gewinnverwendung.

Die Gewinnverwendung richtet sich bei dieser Zielkonzeption primär nach dem Hauptziel aller Gruppen: *Nach dem Ziel der Erhaltung und Weiterentwicklung der Unternehmung.* Erst nach *Einstellung strategisch notwendiger Rücklagen*, d.h. nach Reservierung strategisch erforderlicher Finanzmittel, sind aus dem Überschuß ein Bonus bzw. eine *Zusatzdividende an Eigenkapitalgeber* und ein Bonus bzw. eine *Gewinnbeteiligung an die Mitarbeiter* zu zahlen. Dieses Gewinnverwendungskonzept fördert auch Identifikation mit und Loyalität zur Unternehmung bei Eigenkapitalgebern und Mitarbeitern – in guten und in schlechten Zeiten. Sicherheit, dynamische Fortentwicklung sowie Risiko- und Leistungsanerkennung stehen im Vordergrund. In diesem Zusammenhang verdient auch ein Vorschlag der DAG aus jüngster Zeit besondere Beachtung, nämlich auf gewinn- und wettbewerbsfähigkeitsmindernde Lohnerhöhungen z.T. zu verzichten – und zwar zu verzichten zugunsten von Gewinnbeteiligungen in Form von *Vermögensbeteiligungen.* Hierdurch lassen sich in der Tat einzel- und gesamtwirtschaftliche Probleme besser lösen. [6]

Gewinne werden benötigt für geplantes Wachstum, geplante Umstrukturierung und Schrumpfung. Verluste können letztlich zur Unternehmungsaufgabe zwingen – mit Arbeitsplatz- und Kapitalverlust oder möglicher Umlenkung in andere Betriebe oder Branchen. Auch die Planung von Stillegungen mit Liquidation gehört zum Funktionieren unserer Wettbewerbswirtschaft.

Der *Ausprägung des Sachziels* der Unternehmung, der strategischen *Geschäfts- bzw. Geschäftsfeldbestimmung*, kommt herausragende *Bedeutung* zu. Abbildung 4 zeigt die

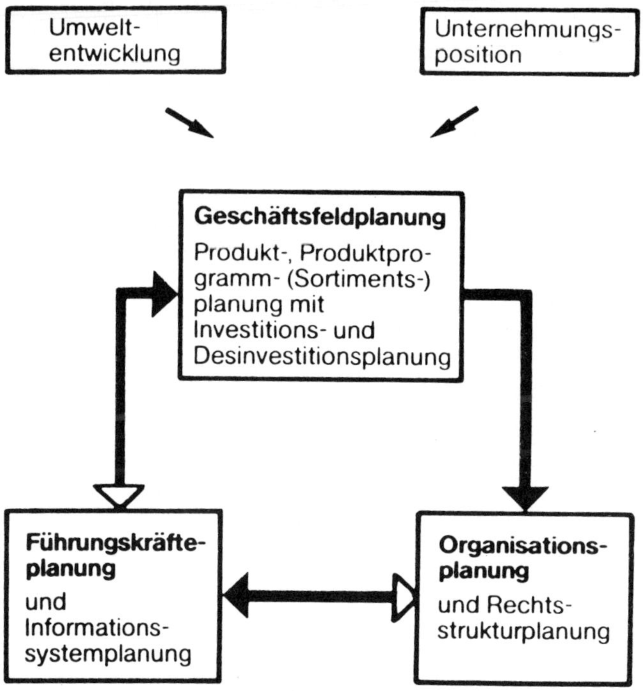

Abb. 4: Aufgabenkomplexe strategischer Planung und Kontrolle

Hauptaufgabenkomplexe der strategischen Planung. Die *Geschäftsfeldplanung* mit der Produkt- und Programmplanung sowie Investitions- und Desinvestitionsplanung einschließlich dazugehöriger Personalplanung bestimmt Größe, Programm- und Standortstruktur der Unternehmung. Durch die Resultate der Geschäftsfeldplanung wird maßgeblich die *Planung der Aufbauorganisation* und der Rechtsstruktur bestimmt. Die Struktur der Aufbauorganisation bestimmt wiederum weitgehend die *Führungskräfteplanung* und das *Informationssystem.* Von der Qualität der Führungskräfte hängen wieder Art und Erfolg der Geschäftsfeldplanung ab.

Aber auch umgekehrte Einflüsse bestehen. So werden Führungskräfte in Abhängigkeit von künftigen Tätigkeitsfeldern gesucht und geschult. Vorhandene Führungskräfte bestimmen mit die Organisation. Eine rechtzeitige Organisationsänderung – z.B. die Bildung einer Holding – sichert vielleicht den Erfolg einer beabsichtigten Diversifikation.

Verdeutlicht man sich bezüglich dieser Hauptaufgaben den Stand der strategischen Planung – z.B. an Hand von relevanten Veröffentlichungen [7] –, so muß man feststellen, daß die Geschäftsfeldplanung als Wachstumsplanung mit Produktlebenszyklusplanung und Portfolio-Instrumentarium sehr weit vertieft zur Anwendung gekommen ist. Die *Integration der Organisations- und Führungskräfteplanung* sowie die Zielorientierung lassen jedoch bisher zu wünschen übrig.

3. Entwicklungstendenzen zielorientierter Geschäftsfeldplanung

Aufgrund von z.T. gravierenden Umfeldveränderungen und der jeweiligen eigenen Situation sehen sich in jüngerer Zeit viele Unternehmungen nur noch in der Lage, mit ihrer Geschäftsfeldstrategie eine stagnierende oder gar sinkende Umsatzentwicklung zu erreichen (vgl. Abb. 5). Immer schwieriger lassen sich wachsende Umsatzraten real oder auch nur nominal erreichen. Je nach Konkurrenzlage und Unternehmungsposition

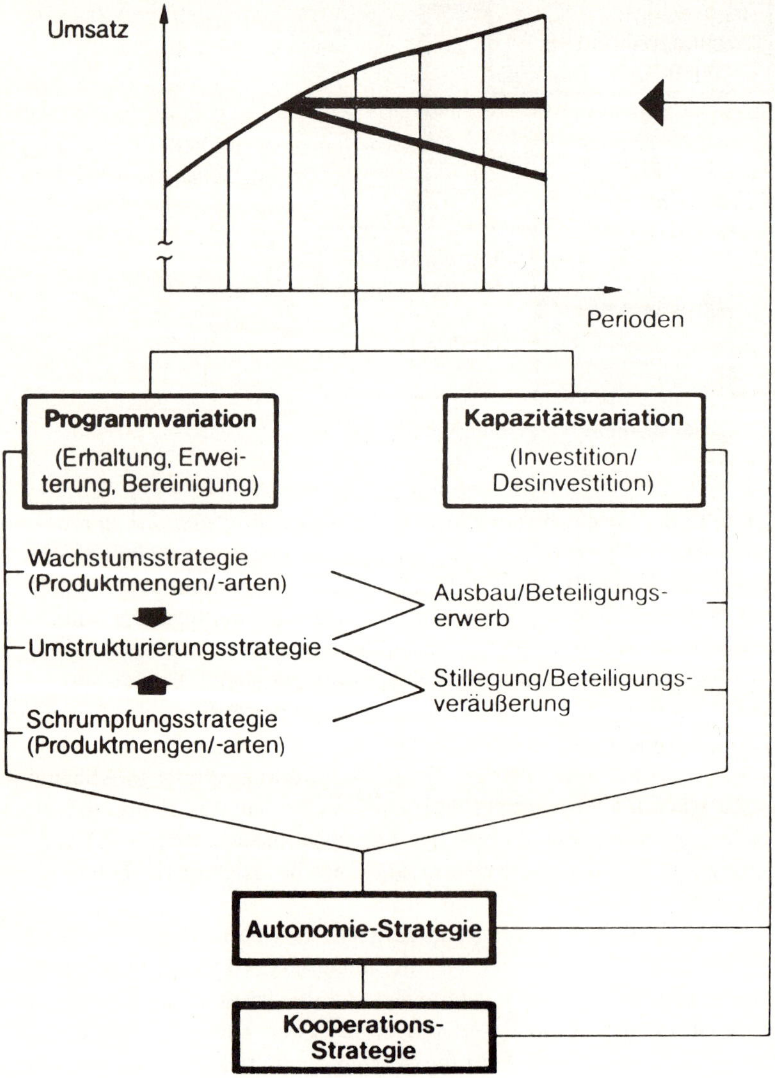

Abb. 5: Globalzielorientierte Geschäftsfeldplanung

gilt dies für einzelne Produktarten oder -gruppen parallel oder auch abweichend zur jeweiligen Marktentwicklung.

Ergebnismäßig interessante *Wachstumsstrategien* zur Marktintensivierung und -erschließung setzen letztlich *Produktinnovationen und Prozeßinnovationen* voraus und erfordern qualitative Spitzenleistungen. Kapazitätserweiterungen durch Ausbau und ggf. Personalzuwachs oder durch Beteiligungserwerb werden jedoch immer vorsichtiger vorgenommen, um Modernisierungs-, Marktanteils- und Größeneffekte oder Marktnischeneffekte wahrnehmen zu können. Wachstum erfolgt hierbei vielfach im Dienstleistungsbereich, wie Beispiele aus dem Wartungs-, Software- und Engineering-Geschäft sowie aus dem Versicherungsgeschäft zeigen. Aber auch in der Industrie erfolgt noch Wachstum, hier allerdings vielfach in Verbindung mit Standortkonzentration und Standortverlagerung – oft auch in das Ausland.

Kommunikationstechnik, Unterhaltungselektronik und Automobilbau seien hier als Beispiele genannt. Die Konzentration auf Geschäftsbereiche mit angestammtem Know-how ist augenfällig, die Rückbildung von produkt- und länderbezogener Diversifikation wird zum strategischen Entscheidungsproblem.

Immer mehr Gewicht erhalten im Rahmen der Geschäftsfeldplanung die *Schrumpfungsstrategien*. Produktmengenreduzierungen und Programmbereinigungen mit Produktaufgaben führen zu geplanten Stillegungen oder Betriebsveräußerungen, letztere vielfach auch erst nach Ausgliederung und rechtlicher Verselbständigung von Geschäftsbereichen. Die vom Einzelschicksal und aus gesamtwirtschaftlicher und gesellschaftspolitischer Sicht her gravierenden Humanprobleme lassen sich aus der Sicht der einzelnen, auf Weiterentwicklung bedachten Unternehmung vielfach nicht oder nur durch *Umstrukturierungen* mildern oder vermeiden.

Zu einem immer gewichtigeren Entscheidungsproblem der strategischen *Geschäftsfeldplanung* wird dabei die Frage, ob unsere Unternehmungen in Zukunft noch *autonom* oder zunehmend nur *in Kooperation* mit anderen Unternehmungen Programm- und Kapazitätsänderungen vornehmen werden können.

Natürlich versucht jede Unternehmung, sich zunächst autonom weiterzuentwickeln, wenn Know-how, Ergebnis- und Finanzkraft dies gestatten. Zunehmend werden aber Produkt- und Prozeßinnovationen, Markterhaltung und -erweiterung, kostengünstige Forschung, Produktion und Rohstoffbeschaffung nur durch Kooperationen im nationalen und internationalen Raum zu erreichen sein, nicht nur zum Wachstum, auch zur gezielten Umstrukturierung und Schrumpfung. Kooperationen durch Gründung von Gemeinschaftsunternehmungen – gerade auch mit 50% zu 50% oder darunter liegenden Anteilsbeteiligungen – sind Zukunftslösungen. Von den Aufholländern werden sie uns zunehmend aufgezwungen werden. Hierbei sind sicher in der Wirtschaftspraxis und in der Theorie – und beim Staat bezüglich der Rahmenbedingungen – noch z.T. erhebliche Lernprozesse zu durchlaufen. Dies gilt insbesondere bei internationalen Kooperationen.

Im folgenden sei nun ein Blick auf den *Stand und die Entwicklungstendenzen des Instrumentariums* der strategischen Geschäftsfeldplanung geworfen.

Hier seien

- Produktinnovationsverfahren,
- Portfoliotechnik,
- Szenarien und Frühwarnsysteme und
- EDV-gestützte Gesamtunternehmungsmodelle

aus der großen Zahl der Entscheidungshilfen sowie umfeld- und unternehmungsbezogenen Analyse- und Prognoseverfahren betrachtet.

Produktinnovationen und *Verfahrensinnovationen* haben von vorhandenen oder potentiellen Kunden- bzw. Anwenderanforderungen auszugehen (vgl. Abb. 6). Die angebotenen Funktionen müssen möglichst genau den geforderten Gebrauchs- und Geltungsfunktionen bei Produkten und Verfahren entsprechen. Innovationen setzen in der Regel besondere Forschungs- und Entwicklungsarbeiten voraus. Davor liegen

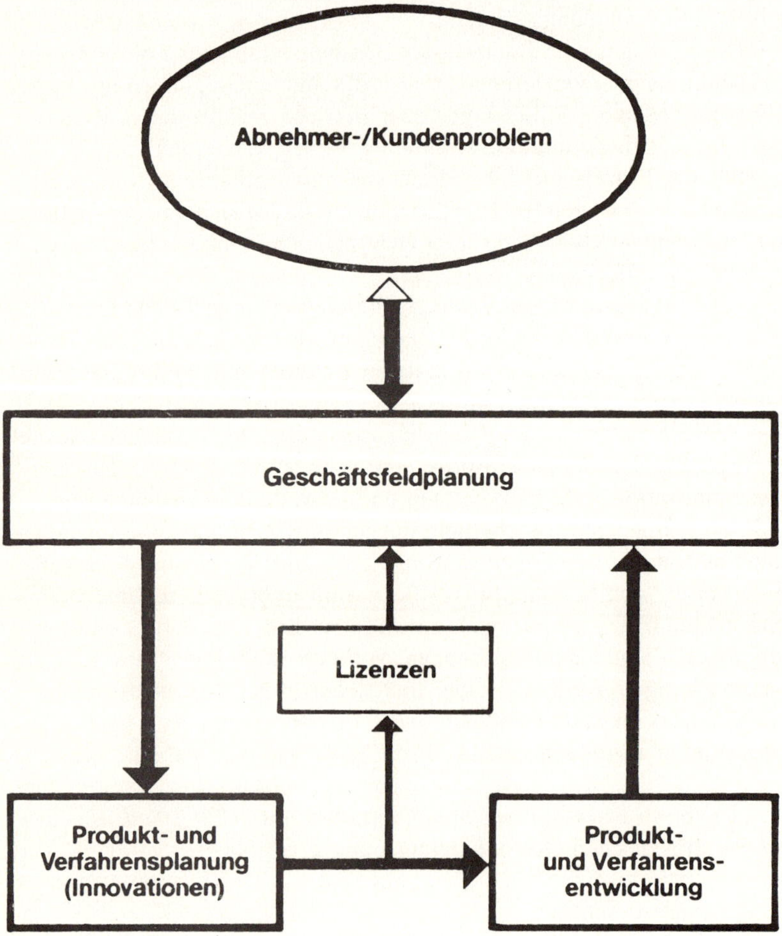

Abb. 6: Strategieorientierte Produktplanung

vielfach Prozesse der Ideenfindung, die über Produkt- und Verfahrensvorschläge zu Entwicklungsaufträgen und dann erst zur Suche nach technischen Lösungen führen. Vom Brainstorming bis zur systematischen Kombinationstechnik sind hier Kreativitätstechniken entwickelt worden, die es problemorientiert einzusetzen gilt. [8] Man sollte diese Verfahren – die sicher keine „Wunderdrogen" darstellen, aber geeignet erscheinen, systematisch neue Wege zu finden – verstärkt nutzen, insbesondere auch in mittelgroßen Unternehmungen. Auch hier lassen sich Wertanalysen im Team, innerbetriebliches Vorschlagswesen mit Ideenprämierung, Quality Circles und problemorientierte Expertengruppen einsetzen – ggf. auch unter Beteiligung unternehmungsexterner Kräfte. [9]

Die *Portfoliokonzepte* werden in der Praxis sehr häufig verwendet und sind in der Literatur hinreichend beschrieben und kritisch gewürdigt worden. [10] Sie liegen in unterschiedlicher Ausprägung vor und dienen letztlich als *einfaches Hilfsmittel zur Beurteilung der Absatzmarktentwicklung, der Unternehmungsposition* und zur *Ableitung von Hinweisen für Entwicklungsstrategien* einer Unternehmung. Genannt seien:

- das Erfahrungskurven-Konzept mit Marktwachstums-/Marktanteils-Portfolio,
- das Multifaktoren-Konzept mit Branchenattraktivitäts-/Geschäftsfeldstärken-Portfolio,
- das Lebenszyklus-Konzept mit Produktlebenszyklus-/Wettbewerbspositions-Portfolio sowie
- das Ressourcen- und Länder-Produkt-Portfolio.

Es handelt sich bei diesen Portfolio-Darstellungen um einfache Hilfsmittel, die unternehmungsindividuell abgewandelt werden können. Da eine exakte Positionierung in der Matrix nur in wenigen Fällen möglich ist, kann man unscharfe Bereichspositionierungen vornehmen, um Unsicherheiten Rechnung zu tragen und auch kontroverse Auffassungen zum Ausdruck bringen zu können. [11] In jedem Fall trägt die Beschäftigung mit Portfolios dazu bei, die Diskussion von Führungs- und Stabskräften sowie auch von internen und externen Experten unterschiedlichster Aufgabenbereiche und Ausbildung anzuregen. Dies sollte es letztlich erleichtern, möglichst zahlreiche Hinweise für potentielle Wachstums-, Schrumpfungs- und Umstrukturierungsstrategien zu erhalten und entsprechend berücksichtigen zu können.

So wird – wie Abbildung 7 zeigt [12] – die *Absatzmarktentwicklung* beeinflußt durch die Abnehmerproblementwicklung (z.B. aufgrund der Freizeitzunahme), durch die Technologieentwicklung (z.B. aufgrund der Mikroprozessorentechnik), durch die Beschaffungsmarktentwicklung (z.B. aufgrund der Stromkostenverteuerung) und durch die Gesellschaftsentwicklung (z.B. aufgrund der Zunahme des Ökologiebewußtseins).

Die *Unternehmungsstärken oder -schwächen* werden vielfach durch den relativen Marktanteil und die Positionierung der eigenen Unternehmung in bezug auf jeweils spezifische Funktionsbereiche im Vergleich zum größten Konkurrenten charakterisierbar. Ist z.B. in einer *Industrieunternehmung* die *relative Technologieposition* bei einem Geschäftsfeld sehr gut, die *relative Marktposition* hingegen sehr schlecht, so ist zu prüfen, ob eine Marktentwicklungsstrategie unter Beachtung der übrigen Ressourcen in Betracht kommt. Umgekehrt kann eine relativ schlechte Technologiepositionierung einen drohenden Schrumpfungsprozeß signalisieren. Auch muß man sich bei einer re-

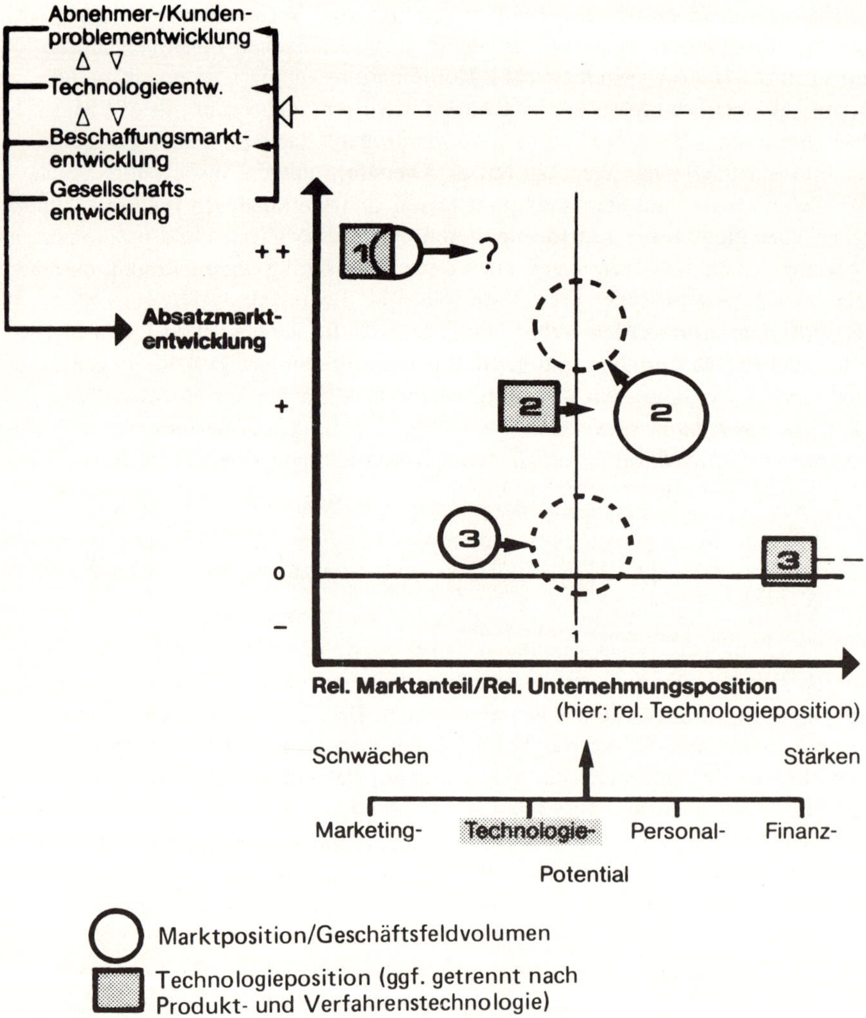

Abb. 7: Dynamisches Portfolio Marktentwicklung und Unternehmungsposition

lativ schlechten Marktanteils- und Technologieposition trotz großen Marktwachstums fragen, ob eine erfolgreiche Expansion hier überhaupt noch möglich ist. Analog zur relativen Technologieposition kann z.B. in einem Handelshaus die relative Logistikposition für einzuschlagende Dienstleistungsstrategien ausschlaggebend sein. Natürlich handelt es sich bei dieser zweidimensionalen Betrachtung um Vereinfachungen, die Fehlschlüsse zulassen. [13] Gewichtete Aggregationen von Einflußfaktoren helfen auch nicht weiter. *Im Mittelpunkt* muß die *qualitative Diskussion der wichtigsten Einflußfaktoren* stehen. Besitzt die Unternehmung eine starke Position, ist auch zu beachten, daß eigene Stärken, z.B. auf dem Gebiet der Technologie oder des Marketing, die Marktentwicklung insgesamt beeinflussen können (in Abb. 7 gestrichelt angedeutet).

Um rechtzeitig wichtige Änderungen im Umfeld oder in der Unternehmung signalisiert zu erhalten, deren Wirkungen für die Weiterentwicklung der Unternehmung oder eines Unternehmungsbereiches von großer Bedeutung sind, wurden in Praxis und Theorie *Frühwarnsysteme* bzw. *Früherkennungssysteme* entwickelt. [14] Auf dem besonders interessanten Gebiet strategischer Frühwarnsysteme mit überbetrieblicher und internationaler Ausrichtung ist jedoch noch erhebliche Arbeit zu leisten.

Während Frühwarninformationen die voraussichtlichen Wirkungen bereits existenter, jedoch nur verdeckt vorhandener Ereignisse bzw. Entwicklungen aufzeigen, geht es bei der Erarbeitung von *Szenarien* um die Beschreibung von potentiellen (d.h. möglichen) zukünftigen Situationen und um das nachvollziehbare Aufzeigen des Entwicklungsverlaufs, der zu dieser künftigen Situation führen könnte (vgl. Abb. 8).

So sind z.B. *allgemeine Szenarien* über Schlüsseltechnologien, Welthandel, die politische, technische, wirtschaftliche und soziale Entwicklung der USA – jeweils in den 80er Jahren – vom Battelle-Institut entwickelt worden. [15] Große Unternehmungen haben z.B. Szenarien über die Welt-Energieentwicklung und Verkehrsentwicklung in den 80er Jahren und danach erarbeitet. Szenarien sind offensichtlich sowohl für die Erarbeitung als auch für die Überprüfung von strategischen Planungen – und von generellen Zielen – von außerordentlicher Bedeutung. Auch wenn dieses zeitaufwendige Hilfsmittel nur problemspezifisch eingesetzt und mit seinen Resultaten verarbeitet werden kann, ist hier die Tendenz zu einer weiteren methodischen Entwicklung und Verbreitung sicher richtig gesehen.

Geschäftsfeldänderungen, also *Wachstums-, Schrumpfungs- oder Umstrukturierungsprojekte*, werden heute herkömmlich im Hinblick auf das Ergebnisziel auf der Basis von *Investitionsrechnungen und Desinvestitionsrechnungen* beurteilt, ggf. in Verbindung mit dem Entscheidungsbaumverfahren. [16] Die Beurteilung strategischer Alternativen

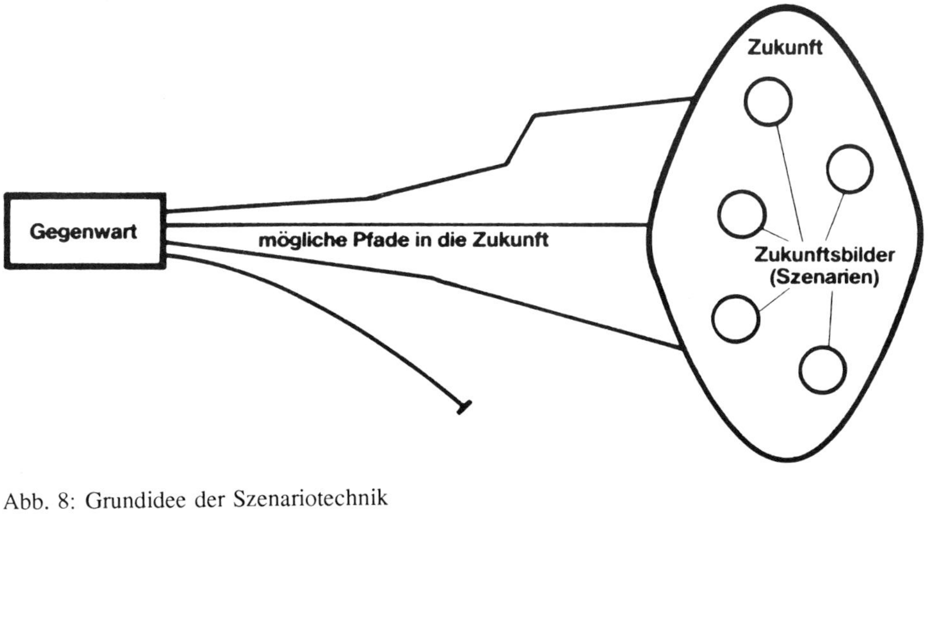

Abb. 8: Grundidee der Szenariotechnik

muß aber in dynamischer und ganzheitlicher Betrachtung erfolgen. Für die Beurteilung der Wirkung von strategischen Wachstums-, Schrumpfungs- oder Umstrukturierungsalternativen auf die *mehrperiodige Ergebnis-, Bilanz- und Finanzplanung* sowie *Kapazitäts- und Arbeitsplatzziele* (vgl. Abb. 9) kommen daher in Großunternehmungen zunehmend auch *EDV-gestützte Simulationsmodelle* zur Anwendung. [17]

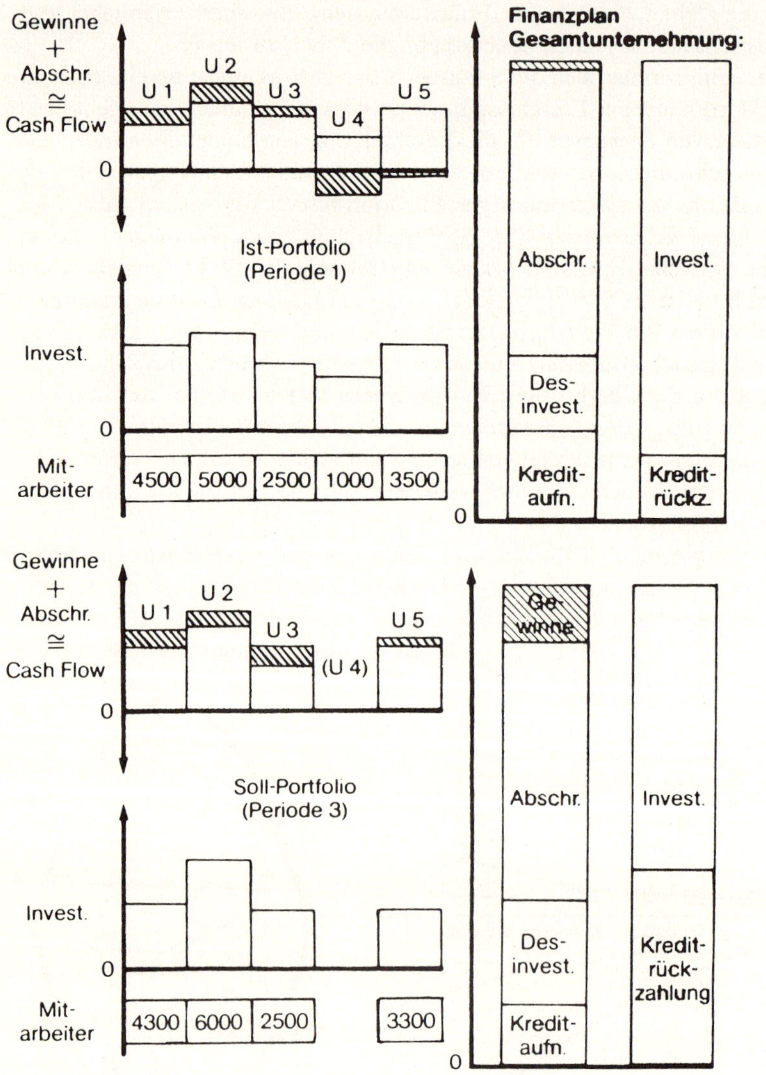

Abb. 9: Wirkungen von Geschäftsfeld-Strategien auf die mehrperiodige Unternehmungsplanung

In einer bestehenden Unternehmung sollten die *Führungskräfte für ihre jeweils zu verantwortende organisatorische Einheit* nicht nur *operative*, sondern auch *strategische Aufgaben* wahrnehmen und entsprechende Kompetenzen und Verantwortlichkeiten haben (vgl. Abb. 10). Geschäftsfeldentwicklung, Aufbauorganisation und Führungskräftewahl für die Gesamtunternehmung haben ohnehin nur die Führungskräfte der Führungsspitze und ggf. vorgelagerte Willensbildungszentren zu bestimmen.

Für alternative Geschäftsfeldstrategien oder Großprojekte – z.B. im Anlagenbau – werden hiermit auch Risiko- und Sensitivitätsanalysen durchgeführt. Man versucht hier, Funktionsbereichsmodelle zu integrieren und Marktmodelle vorzuschalten. Diese einfachen oder komplexen Modelle erleichtern die Verbindung zwischen projektbezogener strategischer und rollender operativer Planung, vor allem der rollenden Ergebnis- und Finanzplanung sowie Wertschöpfungsrechnung. Schließlich gestatten sie zusätzlich die *Ermittlung* jeweils des *Kapitalwertes der ganzen Unternehmung bei Zugrundelegung alternativer Strategien* durch Diskontierung entsprechender Einzahlungs- und Auszahlungsreihen. Damit wird eine alte, berechtigte Forderung der Theorie nach rationaler, ganzheitlicher Strategiebeurteilung erfüllt [18] – es verbleibt allerdings die Unsicherheit bei den Eingabeinformationen für künftige Perioden.

Auf der 10. Jahrestagung der DGOR – der Deutschen Gesellschaft für Operations Research – wurde im vergangenen Frühjahr auch deutlich, daß man mit Hilfe der

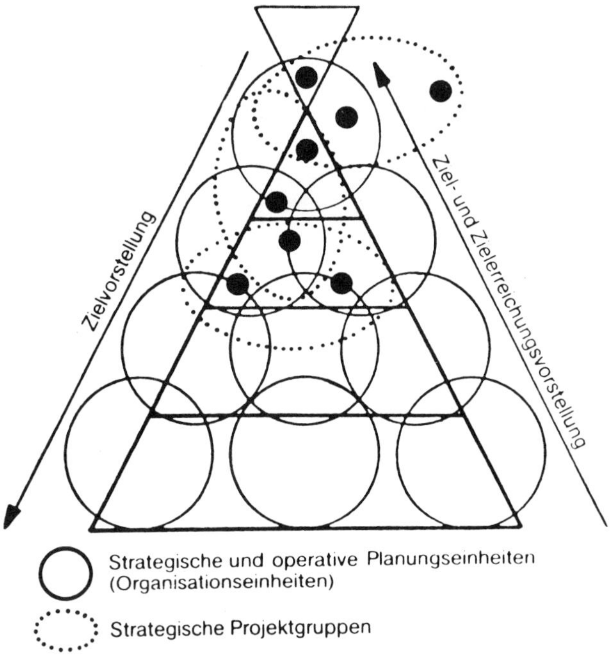

Abb. 10: Organisationsprinzip periodischer und fallweiser strategischer Planung

gemischt-ganzzahligen Programmierung gewinnoptimale mehrperiodige Programm-, Investitions- und Finanzierungsplanungen unter Beachtung von Nebenzielen errechnen kann. [19] Ihre Verbindung mit Simulationsmodellen wird der nächste anwendungsbezogene Schritt sein.

Der Einsatz von (Gesamtunternehmungs-)Modellen, die Erarbeitung von Szenarien, Konkurrenzanalysen und Planungsprämissen geschieht weitgehend durch Führungsstäbe. Die *Durchführung der Geschäftsfeld-, Organisations- und Führungskräfteplanung* ist hingegen *originäre Aufgabe der Führungskräfte.*

Damit ist die viel diskutierte Frage der *Organisation der Geschäftsfeldplanung* angeschnitten. [20]

In darunterliegenden Funktions- und Geschäftsbereichen sollten ebenso *operative und strategische Planungseinheiten möglichst deckungsgleich* sein, natürlich mit Ausnahmen für Übergangsperioden zur Durchsetzung von übergreifenden und grundlegenden Änderungen – z.B. von Neu-Strukturierungen. Andernfalls überfordert man schnell auch gute Führungskräfte, insbesondere sofern schon eine Matrix- oder gar Tensor-Organisation vorliegt.

Übergreifende strategische Probleme mit dem Charakter der Einmaligkeit sollte man als *Projekte* mit *Projektorganisation* behandeln – bei Konzentration auf die sog. critical issues. Solche Probleme sind z.B. die Vorbereitung einer Diversifikation, die Zusammenlegung von Geschäftsbereichen, eine Ausgliederung mit partieller Reorganisation, der Aufbau des USA-Marktes usw. *Laufende übergreifende strategische Aufgaben* werden in *Kommissionen* bearbeitet, z.B. in der Produktstrategie-Kommission. Während die Gesamtverantwortung für die strategische Planung letztlich bei dem Vorsitzenden der Führungsspitze liegt, ist je Projekt und Kommission jeweils ein bestimmtes Führungsmitglied als Verantwortlicher zu benennen. Probleme, die nur von der obersten Führungsspitze oder dem Vorsitzenden behandelt werden können, werden vielfach mit Unterstützung externer Experten vorbereitet und müssen i.d.R. mit dem Betriebsrat und dem Aufsichtsrat oder Beirat bzw. Aufsichts- oder Beiratsausschuß abgestimmt werden. [21] *Überzeugungskraft* und *richtiges Timing* werden hier oft zu den wichtigsten Erfolgsfaktoren der strategischen Planung. Dies gilt auch für den zweiten großen Aufgabenkomplex der strategischen Planung, die Planung der Entwicklung der Aufbauorganisation der Unternehmung.

4. Entwicklungstendenzen geschäftsfeldorientierter Organisationsplanung

Die zentrale organisatorische Aufgabe, die *Bestimmung der optimalen geschäftsfeldorientierten Aufbauorganisation*, wurde bisher in der Wirtschaftspraxis und -theorie fast ausschließlich *unter Wachstumsaspekten* gesehen (vgl. Abb. 11). Die *Gestaltungsalternativen und Probleme* bei der Erweiterung der funktionalen Organisation und bei dem Übergang zur einstufigen sowie mehrstufigen produkt- und/oder regionalorientierten divisionalen Organisation sind bekannt. Die Führungsorganisation reicht hierbei vom Stammhaus-Konzept über die Aufnahme der Division-Leiter in die Führungsspitze bis zum Holding-Konzept. Man arbeitet z.T. mit Matrix- oder Tensorverantwortung und z.T. mit Mehrfachaufgaben für Führungskräfte, z.B. der Verantwortung in Personalunion für Unternehmungsbereiche und Regionen oder für Funktionsbereiche und

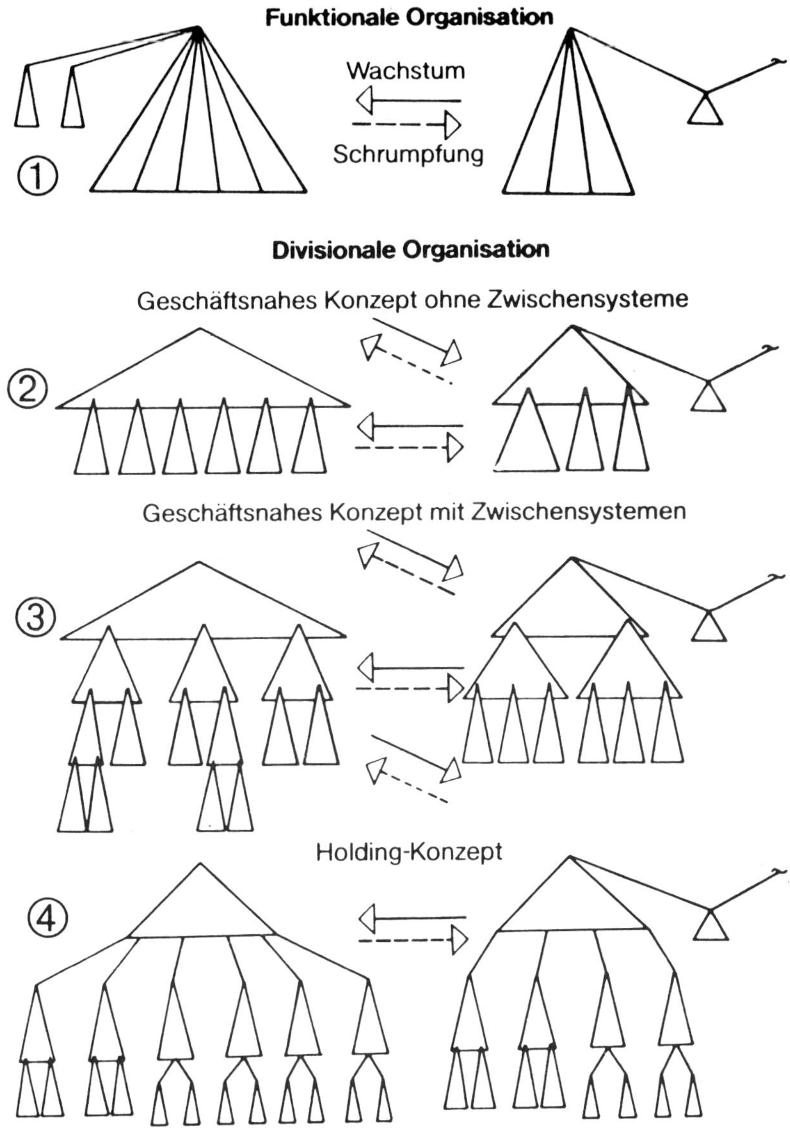

Abb. 11: Geschäftsfeldorientierte Organisationsplanung bei Wachstum und Schrumpfung

Regionen. [22] Mit einer solchen Doppelfunktion für Vorstände scheint gerade auch ein interessantes Konzept für die Führung von Auslandsgesellschaften gegeben zu sein, welches wohl vielfach besser ist als die Führung aller großen Tochtergesellschaften durch ein Vorstandsmitglied für Beteiligungen.

Bei *Umstrukturierungs- und Schrumpfungsstrategien* sind die *Organisationsmodelle innerhalb einer Stufe* relativ *flexibel*. So gestattet das Holding-Konzept – Stufe 4 – eine flexible Anpassung an Schrumpfungs- und Umstrukturierungsprozesse – natürlich auch an Wachstumsprozesse. Diese Aussage gilt auch für die divisionalen Organisationsmodelle innerhalb der Stufen 3 und 2 und mit Einschränkungen auch für die Anpassung der funktionalen Organisation durch Aufgabenzusammenfassungen und -wegfall, dargestellt auf Stufe 1 (vgl. dazu nochmals Abb. 11).

Organisationsanpassungen innerhalb der Stufe 1 als Folge von Rationalisierungs- oder Schrumpfungsprozessen werden gegenwärtig in manchem Betrieb mittlerer Größe vollzogen oder geplant, z.B. durch Zusammenlegung von Einkaufs- und Produktionsfunktion oder durch Aufgabe eines Geschäftsführungsressorts für Beteiligungen.

Probleme ergeben sich jedoch insbesondere *bei Schrumpfung und Organisationsänderungen mit Stufenübergängen.*

Der Übergang von Stufe 4 nach Stufe 3, der *Übergang vom klassischen Holding-Konzept zum geschäftsnahen Führungskonzept* durch Aufnahme der Division-Leiter bzw. Vorsitzenden der Tochtergesellschaften in das oberste Führungsgremium, bietet sich bei zunehmendem Abstimmungszwang und der Möglichkeit des Verbleibens oder der Bildung nicht zu vieler Zwischensysteme (bzw. Unternehmungsbereiche) an.

Der Übergang von Stufe 3 nach Stufe 2 – die *Auflösung von Zwischensystemen*, z.B. die Zerlegung von zu großen Unternehmungsbereichen und die direkte Unterstellung von Geschäftsbereichen unter die oberste Führungsspitze – ist ein Schritt, der in immer mehr Unternehmungen zur Erreichung geschäftsnaher Organisation überlegt wird und dessen Verwirklichung auch bei einer großen Zahl von Geschäftsbereichen möglich ist. Gerade dann wird dieser Schritt von Stufe 3 nach Stufe 2 allerdings nur in Verbindung mit einer starken Dezentralisierung möglich sein – ähnlich dem Holding-Konzept – ergänzt durch ein wirkungsvolles Planungssystem zum Zwecke der Koordinierung. Hier liegt eine große Chance zur Verstärkung der Flexibilität, zur Mobilisierung von Unternehmertum auch in großen mehrgliedrigen Unternehmungen. Der Übergang von Stufe 2 nach Stufe 1 bietet sich an, wenn nach einem Schrumpfungsprozeß *nur ein größerer Geschäftsbereich* neben kleineren übrig bleibt, wobei letztere als Beteiligungen geführt werden können.

Kooperationen – in Abbildung 11 jeweils rechts im Bild angedeutet – lassen sich mit Organisationsmodellen auf allen Stufen verwirklichen, ebenfalls Ausgliederungen und rechtliche Verselbständigungen von Verwaltungs- und sonstigen Dienstleistungsfunktionen, um hierdurch flexibler zu werden und gleichzeitig Overhead-Kosten zu reduzieren.

Zur *Erhöhung der Flexibilität* muß man vor allem bereit sein, mehr *Aufgaben, Kompetenzen und Verantwortung* zu *delegieren*, z.B. auch bezüglich der Frage der Gestaltung der Organisation innerhalb der einzelnen Bereiche (Funktionsbereiche, Divisions) und der dortigen Führungskräftewahl. Dies bedingt allerdings den *Ausbau des Controlling und der strategischen Planung* nach dem *kooperativen Führungsprinzip*, dem Führen über Zielvereinbarungen mit minimalem Instrumentarium und minimalen organisatorischen Regelungen. *Nicht* die *Regelung eines Konzerns* bezüglich Organisation und Planungssystem *nach einem Schema*, sondern *geschäftsorientierte Organisation und Planung* nach den jeweiligen Erfordernissen schaffen Flexibilität und Erfolg. Organisation und Führungsinstrumente sehen nun einmal unterschiedlich aus im Anlagenbau, im Dienstleistungsgeschäft, in der Serienproduktion für den staatlichen Abnehmer und bei der Massenproduktion für den anonymen Markt. Flexibilität der Organisation bedingt *Anwendung der Projektorganisation, Pflege auch der informellen Organisation* und *Mut zur Organisation ad Personam.* [23]

Die Führungskräfteplanung wird damit wohl zum wichtigsten Aufgabenkomplex der strategischen Planung.

5. Entwicklungstendenzen geschäftsfeld- und organisationsorientierter Führungskräfteplanung

Jede Unternehmung ist letztlich so gut oder so schlecht wie ihre Führung. Der *geschäftsfeld- und organisationsorientierten Führungskräfteplanung* kommt daher primäre Bedeutung zu (vgl. Abb. 12). Hierfür sind klare *Konzepte* entwickelt worden, die auch vielfach zumindest auf der mittleren und unteren Führungsebene erfolgreich zur Anwendung kommen. Aufbauend auf den Geschäftsfeld- und Organisationsplanungen erfolgen die *Schritte:*

- Beurteilung der verfügbaren Mitarbeiter,
- Prognose des Mitarbeiterbedarfs,
- Festlegung potentieller Führungskräfte und Führungskräftebeförderungen,
- Durchführung von Weiterbildungsmaßnahmen und
- Einführung zielorientierter Vergütungssysteme. [24]

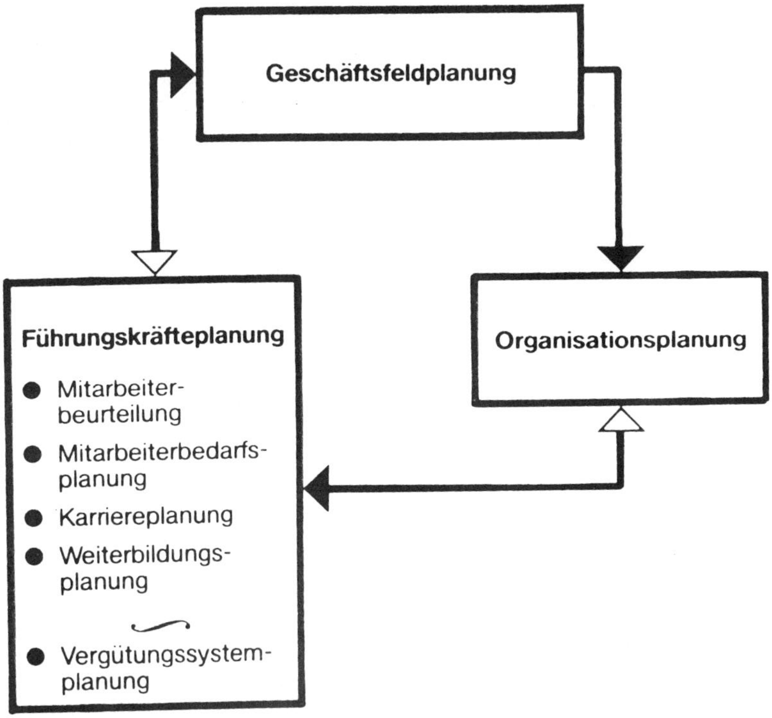

Abb. 12: Geschäftsfeld- und organisationsorientierte Führungskräfteplanung

In vielen Unternehmungen reicht die *Karriereplanung* – auch mit ‚job-rotation' – bis in die Vorstands- bzw. Geschäftsführungsebene. Hierdurch wird in der obersten Führungsebene eine geplante Führungskräftenachfolge aus dem internen Kräftereservoir zumindest möglich. Es verbleibt das Wahlproblem, die Frage der Berufung und ggf. Abberufung. Dieser besonders wichtige Aufgabenkomplex, die Verdeutlichung der Einflußfaktoren und der Mechanismen für die *Berufung und Abberufung von Vorstandsmitgliedern bzw. Geschäftsführungsmitgliedern* ist jedoch bisher von Theorie und Praxis kaum behandelt worden, ja diese Fragen sind selbst bei anonymen Kapitalgesellschaften geradezu tabu.

Hier sind *Forschungen und Gedankenaustausch* dringend erforderlich, sonst werden vielleicht eines Tages nicht mehr genügend Kräfte bereit sein, diese kräfteverzehrenden Positionen auch anzustreben. Es lassen sich sicher z.B. auch für Vorstands- bzw. Geschäftsführungsmitglieder je nach vorgesehenem Aufgabenbereich *Anforderungsprofile* entwerfen und Berufungen transparenter sowie vielleicht auch etwas weniger zufällig gestalten. [25] – Abbildung 13 verdeutlicht ein solches Anforderungsprofil für den Finanzchef eines Konzerns. Mit Hilfe der Entscheidungsmatrix – einer Scoring Methode – können mögliche Bewerber verglichen werden. Ein solches Anforderungsprofil kann natürlich auch für andere Aufgabenbereiche entworfen werden und ist in jeder Branche anwendbar, von einer Industrieunternehmung bis zu einer Luftfahrtgesellschaft. Ferner ist z.B. auch über die *Stellung des Vorstandes bei der Berufung und Abberufung von Kollegen* dieses Gremiums nachzudenken, was vielleicht auch zur Erarbeitung von Anregungen in bezug auf eine Neugestaltung des Unternehmungsverfassungsrechts führen könnte. So wäre etwa vorstellbar, daß dem Vorstand bei der Berufung von Vorstandskollegen ein *Vorschlagsrecht nach dem Kooptationsprinzip* [26] – ähnlich der Berufung von Hochschullehrern – eingeräumt wird. Als Novum müßte man allerdings auch über ein Vorschlagsrecht zur Abberufung nachdenken – vielleicht auch im Hochschulbereich. In der Praxis steht allerdings nicht die Forderung nach Unabhängigkeit, sondern die Forderung nach bester Zusammenarbeit im Vordergrund. Eine *Ausschreibungsmöglichkeit* für obere Führungspositionen besteht bereits. [27]

Auf dem Gebiet der *Führungskräfteweiterentwicklung* werden umfangreiche Weiterbildungsprogramme von Unternehmungen durchgeführt, intern aber auch in Kooperation mit entsprechenden externen Kräften aus Instituten im internationalen und nationalen Raum. So sei auf die Veranstaltungen des MIT in Boston bis zu denen des USW in Köln hingewiesen. Auch werden z.B. im Giessener Führungskräfteseminar seit über 6 Jahren zweimal pro Jahr jeweils 14-tägig Auslandsführungskräfte unserer größten Chemieunternehmung – in Kooperation mit Dozenten bzw. Führungskräften aus diesem Hause – exklusiv und erfolgreich trainiert.

Im Hinblick auf den zuletzt aufgeführten Komplex der Führungskräfteplanung, die *Vergütungssysteme von Führungskräften*, wurde in jüngster Zeit in Kooperation zwischen Theorie und Praxis ein interessantes Konzept entwickelt, das die *Verbindung zwischen Planung und zielorientierter Führung* stärkt (vgl. Abb. 14). [28] So wird die Höhe des variablen Teils der Vergütung, die Tantiemen- oder Bonushöhe, von der Erreichung vereinbarter operativer und von der Erreichung vereinbarter strategischer

IUP	Anforderungskatalog Finanzchef (Controller/Treasurer)									
	Verhalten			Kenntnisse						
	Führungseigenschaften	Verhandlungsgeschick, Auftreten	Teamfähigkeit	Unternehmungsplanung	Kosten- und Investitionsrechnung	Finanz- und Bankwesen	Buchhaltung und Steuern	Branchenkenntnisse	Auslandserfahrung	$\sum$
Bewerber A	gut (3)	sehr gut (4)	sehr gut (4)	befr. (2)	befr. (2)	ausr. (1)	befr. (2)	ausr. (1)	befr. (2)	21
Bewerber B	gut (3)	befr. (2)	gut (3)	gut (3)	befr. (2)	gut (3)	befr. (2)	gut (3)	sehr gut (4)	25
Bewerber C	ausr. (1)	befr. (2)	befr. (2)	gut (3)	sehr gut (4)	gut (3)	gut (3)	befr. (2)	befr. (2)	22

Abb. 13: Anforderungsorientierte Führungskräfteauswahl

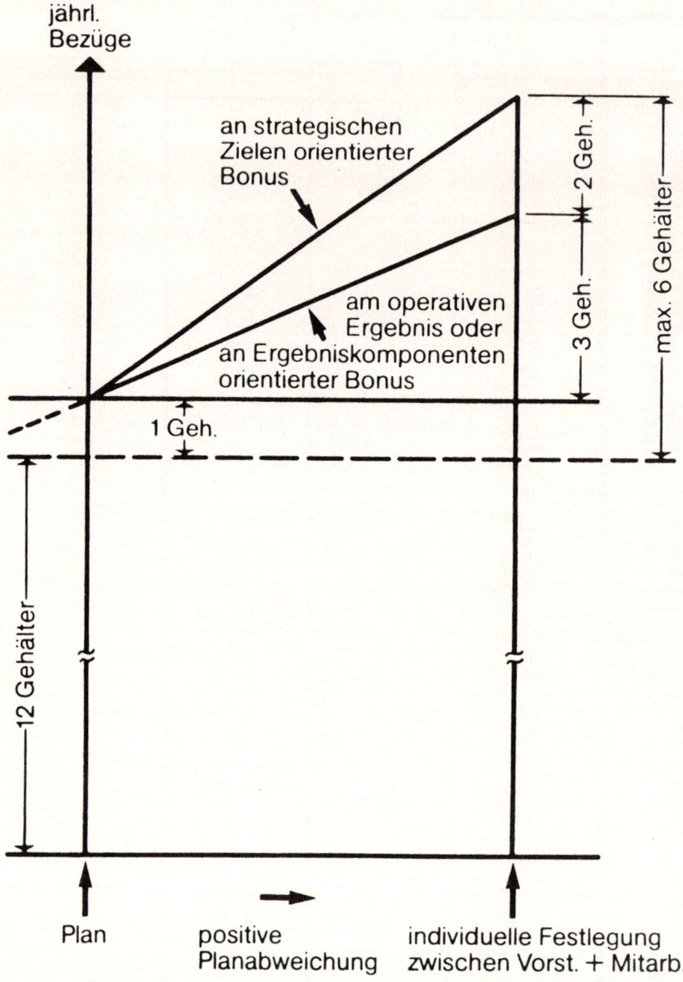

Abb. 14: Vergütung von Führungskräften in Abhängigkeit von der Zielerreichung (Planabweichung)

Ziele und Maßnahmen abhängig gemacht. Die *Tantieme* steigt nicht nur *in Abhängigkeit vom Überschreitungsgrad des vereinbarten Jahresergebnisses* (bzw. der Erreichung von Komponenten des geplanten Jahresergebnisses – wie Umsatz, Lohnkosten usw.), sondern auch in Abhängigkeit von der *Erfüllung* der für das Planjahr relevanten *strategischen Ziele und Maßnahmen*. Solche *Zielvereinbarungen mit strategischem Charakter* beinhalten z.B.:

- Vorbereitung der Übernahme der Firma X,
- Schließung der Niederlassung Y durch Umsetzung der Mitarbeiter,

- Neubesetzung des Geschäftsführerpostens in der Auslandsgesellschaft Z oder
- Erarbeitung einer neuen Vertriebsorganisation für das Auslandsgeschäft in den USA.

Mit der Hierarchiehöhe steigt i.d.R. die Höhe der Tantieme, aber auch der Anteil der strategischen Aufgaben, die es zu planen, durchzuführen und bezüglich ihrer Erfüllung zu kontrollieren gilt. Das Vergütungssystem kann entsprechend ausgebildet werden (vgl. Abb. 15). [29] Wichtig erscheint, daß die Führungskräfte durch dieses System noch mehr zur *strategischen Planung* und vor allem zur *Durchführung von strategischen Aufgaben motiviert* werden.

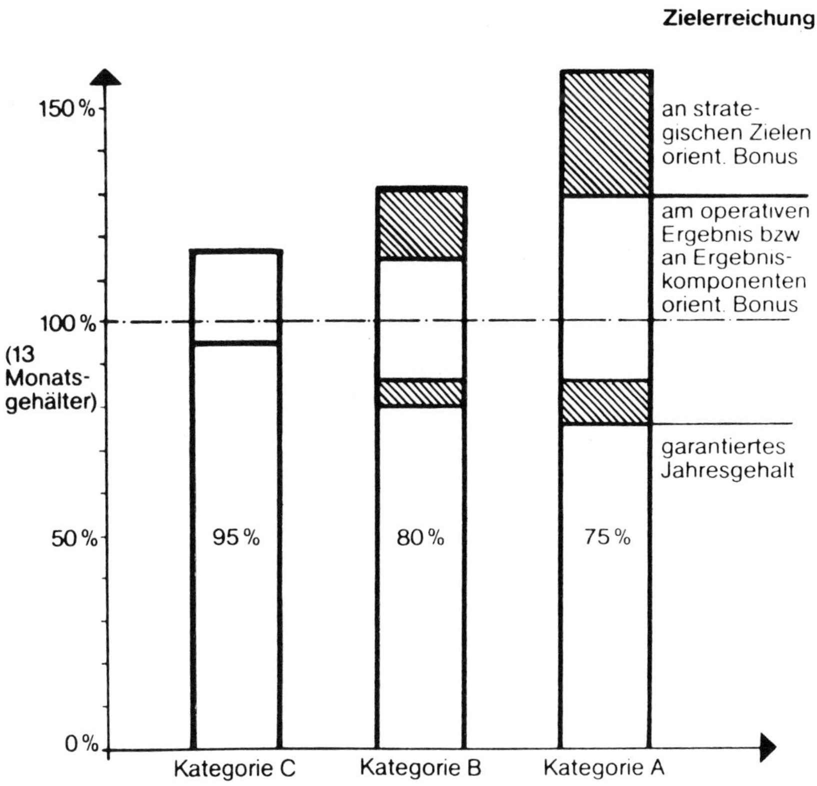

Abb. 15: Vergütung von Führungskräften in Abhängigkeit von der Erreichung
- vereinbarter Ergebnisziele und
- vereinbarter strategischer Ziele

6. Strategische Planung und Rahmenbedingungen

Ein erfolgreiches *operatives und strategisches Management* wird man in der Bundesrepublik Deutschland in Unternehmungen vieler Branchen nur betreiben können, wenn die *Rahmenbedingungen* Spielraum und Unterstützung für Strategien zur Sicherung der Erhaltung und Weiterentwicklung der Unternehmungen gewähren (vgl. Abb. 16).

- So hat die *Wissenschaft* für mehr hochqualifizierte Nachwuchskräfte und Forschungsergebnisse zu sorgen sowie beratend mitzuarbeiten. Notwendig ist vor allem mehr Eliteförderung in den Schulen aller Stufen.
- So haben die *Medien* den wirtschaftlichen und politischen Stellenwert der Unternehmungen, die letztlich Arbeit, Kapitalerhaltung und Lebensstandard sichern, wieder mehr positiv zu würdigen, bei aller Kritikfunktion, die ihnen in einer Demokratie zukommt. Auch sollte man in den Medien neben dem Sozialprinzip wieder stärker das Leistungs- sowie Gewinn- und Vermögensbildungsprinzip als Wirtschaftsmotor herausstellen.
- So hat der *Staat* Sozial- und Steuergesetze sowie andere Gesetze mit Augenmaß auch im Hinblick auf internationale Vergleiche und Eingebundenheit zu setzen und

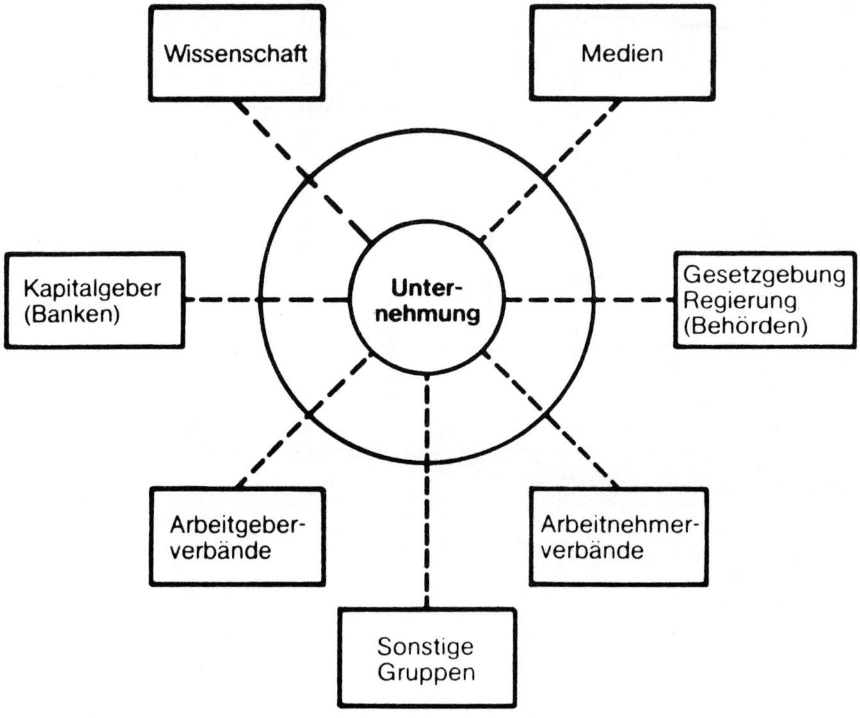

Abb. 16: Träger der Rahmenbedingungen der strategischen Planung

klare Rahmenpläne und -arbeitsmöglichkeiten zu erarbeiten, z.B. auf dem Energiesektor, dem Rüstungssektor, dem Umweltschutzsektor und dem Wohnungsbausektor. Dies erfordert klare konsensfähige Konzeptionen der Regierung und koordinierte mehrjährige Programm- und Finanzplanungen der Ressorts. Eine Industrienation braucht heute auch eine *Industriepolitik!*

- So haben hiermit verbunden die *Banken und die Regierung* vor allem im internationalen Geschäft für unsere Unternehmungen konkurrenzfähige Positionen (Finanzierungsangebote) zu ermöglichen.
- So haben schließlich *Arbeitgeber und Arbeitnehmervertreter* für tragbare Personalkostensteigerungen Sorge zu tragen.
- *Kapitalgeber* (in großen Kapitalgesellschaften in der Bundesrepublik Deutschland auch Arbeitnehmervertreter) haben die besten Kräfte in die Führungsspitzen zu berufen – orientiert am Können und Verhalten.

Die Besten müssen unsere Zukunft sichern – auch und gerade in den Unternehmungen – durch Wahl und Durchsetzung entsprechender Strategien.

Anmerkungen

[1] Vgl. *Giersch, H.*: Risiken und Chancen unserer Wirtschaft in den 80er Jahren. Versicherungswirtschaft 36, 1981, 896–902; ferner *Schwenter, J.J.*: Die japanische Herausforderung – Kapitulation oder Annahme? Management-Zeitschrift IO 51, 1982, 75–78.

[2] Vgl. *Zahn, E.*: Entwicklungstendenzen und Problemfelder der strategischen Planung. Planung und Rechnungswesen in der Betriebswirtschaftslehre, Festgabe für G.v. Kortzfleisch. Hrsg. v. H. Bergner. Berlin 1981, 145–190, hier S. 147; *Sammet, R.*: Moderne Unternehmensstrategien zur Sicherung von Ertrag und Wachstum. ZfbF 34, 1982, 225–234.

[3] Vgl. *Agthe, K.*: Aktuelle Planungsprobleme eines internationalen Unternehmens. ZfbF 28, 1976, 352–361; *Gälweller, A.*: Unternehmenssicherung und strategische Planung. ZfbF 28, 1976, 362–379; *Koch, H.*: Wirtschaftsunruhe und Unternehmensplanung. ZfbF 28, 1976, 330–341.

[4] Vgl. *Hahn, D.*: Planungs- und Kontrollrechnung – PuK. Wiesbaden 1974, S. 53ff.; *Hahn, D.*: Integrierte ergebnis- und liquiditätsorientierte Planungs- und Kontrollrechnung als Instrument der Unternehmensführung. Unternehmensplanung. Hrsg. v. H. Ulrich. Wiesbaden 1975, 49–81; Arbeitskreis „Langfristige Unternehmensplanung" der Schmalenbach-Gesellschaft: Strategische Planung. ZfbF 29, 1977, 1–20, hier S. 1ff.

[5] Vgl. *Hahn* [1974, S. 163ff.]; *Rühli, E.*: Beiträge zur Unternehmungsführung und Unternehmungspolitik. 2. Aufl., Bern-Stuttgart 1975; *Ulrich, P.*, und *E. Fiuri*: Management. Bern-Stuttgart 1975, S. 16ff.; *Schmidt, R.-B.*: Wirtschaftslehre der Unternehmung, Band 3: Erfolgsverwendung. Stuttgart 1978, S. 1ff.; *Ulrich, H.*: Unternehmungspolitik. Bern-Stuttgart 1978, S. 99ff.

[6] Vgl. *Gaugler, E.*: Die Zurechnungsproblematik bei der Ertragsbeteiligung. ZfbF 18, 1966, 786–802; ferner *Esser, E.*, und *K. Falthauser*: Beteiligungsmodelle. München 1974; *Guski, H.-G.*, und *H.J. Schneider:* Betriebliche Vermögensbeteiligung in der Bundesrepublik Deutschland. Köln 1977; *Scheid, R.*: Lohnpolitik ohne Ausweg. Frankfurter Allgemeine Zeitung vom 17. 4. 1982, S. 15.

[7] Vgl. *Hill, W.*: Unternehmungsplanung. 2. Aufl., Stuttgart 1971; *Gälweiler, A.*: Unternehmensplanung. Frankfurt 1974; *Wild, J.* (Hrsg.): Unternehmungsplanung. Reinbek 1975; *Koch, H.*: Aufbau der Unternehmensplanung. Wiesbaden 1977; *Lorange, P.*, and *R.F. Van-*

cil: Strategic Planning Systems. Englewood Cliffs 1977; *Gabele, E.*: Neuere Entwicklungen der betriebswirtschaftlichen Planung. Die Unternehmung 32, 1978, 115–135; *Ansoff, H. I.*: Strategic Management. London 1979; *Hahn, D.*, und *B. Taylor* (Hrsg.): Strategische Unternehmungsplanung. Würzburg–Wien 1980, *Szyperski, N.*, und *U. Winand*: Grundbegriffe der Unternehmungsplanung. Stuttgart 1980; *Kirsch, W.* (Hrsg.): Unternehmenspolitik: Von der Zielforschung zum strategischen Management. München 1981; *Kreikebaum, H.*: Strategische Unternehmensplanung. Stuttgart u.a. 1981; *Kreikebaum, H.*, und *W. Suffel*: Der Entwicklungsprozeß der strategischen Planung. Frankfurt 1981.

[8] Vgl. *Michael, M.*: Produktidee und „Ideenproduktion". Wiesbaden 1973; *Kotler, P.*: Marketing-Management. Stuttgart 1977, S. 456ff.; *Meffert, H.*: Marketing. 5. Aufl., Wiesbaden 1980, S. 351ff. Vgl. zur Produktplanung insgesamt z.B. *Geyer, E.*: Marktgerechte Produktplanung und Produktentwicklung, Teil I: Produkt und Markt. Heidelberg 1968; Teil II: Produkt und Betrieb. Heidelberg 1972.

[9] Vgl. u.a. *Shingo, S.*: Study of 'Toyota' Production System from Industrial Engineering Viewpoint. Tokio 1981; zur Wertanalyse auch *VDI* (Hrsg.): Wertanalyse '77. VDI-Berichte 293, 1977; zu quality circles auch *Brinkmann, E.P.*: Arbeitskreise zur Qualitätssteigerung (Quality Circles). REFA-Nachrichten 34, 1981, 7–11.

[10] Vgl. *Albach, H.*: Strategische Unternehmensplanung bei erhöhter Unsicherheit. ZfB 48, 1978, 702–715; *Roventa, P.*: Portfolio-Analyse und strategisches Management. München 1979; *Hahn, D.*: Zweck und Standort des Portfolio-Konzeptes in der strategischen Unternehmungsplanung. Strategische Unternehmungsplanung. Hrsg. v. D. Hahn und B. Taylor. Würzburg–Wien 1980, 114–134; *Hinterhuber, H.H.*: Strategische Unternehmungsführung. 2. Aufl., Berlin–New York 1980.

[11] Vgl. *Ansoff, H.I.*, *W. Kirsch* und *D. Roventa*: Unschärfenpositionierung in der strategischen Portfolio-Analyse. ZfB 51, 1981, 953–988.

[12] Das hier vorliegende Konzept wurde in Zusammenarbeit mit der Abteilung „Strategische Planung" der AEG-Telefunken AG, Frankfurt, entwickelt.

[13] Vgl. *Lange, B.*: Bestimmung strategischer Erfolgsfaktoren und Grenzen ihrer empirischen Fundierung. Die Unternehmung 36, 1982, 27–41.

[14] Vgl. *Ansoff, H.I.*: Managing Surprise and Discontinuity – Strategic Response Weak Signals. ZfbF 28, 1976, 129–152; *Hahn, D.*: Frühwarnsysteme, Krisenmanagement und Unternehmungsplanung. Frühwarnsysteme. Hrsg. v. H. Albach, D. Hahn und P. Mertens. Ergänzungsheft 2 der ZfB 49, 1979, 25–46; *Hahn, D.*, und *W. Klausmann*: Indikatoren im Rahmen betrieblicher Frühwarnsysteme. Ifo-Schnelldienst 27 (35/36), 1979, 63–69.

[15] Vgl. *Oberkampf, V.*: Szenario-Technik – Darstellung der Methode. Frankfurt (RKW) 1976; *Geschka, H.*, und *U. v. Reibnitz*: Die Szenario-Technik als Grundlage von Planungen. Frankfurt 1981; sowie allgemein z.B. *Gabus, A.*, und *F. Escher*: Rahmen-Szenarien für ihre strategische Planung. Management-Zeitschrift IO 51, 1982, 1–6.

[16] Vgl. *Schwarz, H.*: Optimale Investitionsentscheidung. München 1967; *Blohm, H.*, und *K. Lüder*: Investition. 4. Aufl., München 1978; zum Entscheidungsbaumverfahren speziell *Müller-Merbach, H.*: Operations-Research. 3. Aufl., München 1973, S. 325ff.

[17] Vgl. *Hahn, D.*, und *D. Steinmetz*: Gesamtunternehmungsmodelle als Entscheidungshilfe im Rahmen der Zielplanung, strategischen und operativen Planung. Computergestützte Unternehmensplanung. Hrsg. v. H.D. Plötzeneder. Stuttgart 1977, 23–54; *Buchinger, G.*: Computergestützte Unternehmensplanungsmodelle für die Konzernführung. Angewandte Planung 2, 1978, 43–52.

[18] Vgl. z.B. *Hahn, D.*: Planungs- und Kontrollrechnung – PuK. Wiesbaden 1974, S. 186ff.; *Schneider, D.*: Investition und Finanzierung. 5. Aufl., Wiesbaden 1980, S. 351ff.

[19] Vgl. die Vorträge im Rahmen der 10. Jahrestagung der Deutschen Gesellschaft für Operations Research e.V. (DGOR) vom 30.9.–2.10.1981 in Göttingen: *Schmidt, R.*: Strategische Unternehmensplanung und Operations Research (Übersichtsvortrag); *Hanssmann,*

F.: Strategische Planung und quantitative Modellierung – Stand und Ausblick; *Popp, W.*: Multinationale Programmplanung.

[20] Vgl. *Dunst, K. H.*: Portfolio Management. Berlin–New York 1979, S. 148ff.; *Gälweiler, A.*: Strategische Geschäftseinheiten (SGE) und Aufbau-Organisation der Unternehmung. ZfO 48, 1979, 252–260, *Szyperski, N.*, und *U. Winand*: Duale Organisation – Ein Konzept zur organisatorischen Integration der strategischen Geschäftsfeldplanung. ZfbF – Kontaktstudium 31, 1979, 195–205; *Gerl, K.*, und *P. Roventa*: Strategische Geschäftseinheiten – Perspektiven aus der Sicht des Strategischen Managements. ZfbF 33, 1981, 843–858, *Suffel, W.*: Widerstand von Geschäftsbereichsleitern im Entwicklungsprozeß der strategischen Planung. Thun–Frankfurt 1981.

[21] Vgl. *Hahn, D.*: Strategische Planung und Mitbestimmung. Führungsprobleme industrieller Unternehmungen, Festschrift für F. Thomée zum 60. Geburtstag. Hrsg. v. D. Hahn. Berlin–New York 1980, 47–74; *Kirsch, W.* (Hrsg.): Unternehmenspolitik. Von der Zielforschung zum strategischen Management. München 1981.

[22] Vgl. *Grochla, E.*: Unternehmungsorganisation. Reinbek 1972, S. 205ff.; *Hoffmann, F.*: Entwicklung der Organisationsforschung, Wiesbaden 1973, S. 262ff.; *Bleicher, K.*: Organisation – Formen und Modelle. Wiesbaden 1981, S. 114ff.

[23] Vgl. *Bleicher, K.*: Entbürokratisierung – Chance für die Organisatoren. Blick durch die Wirtschaft 25 (54), 1982, S. 3; *Bleicher, K.*: Vor dem Ende der Mißtrauensorganisation? Office Management 30, 1982, 400–404. Vgl. zum Projektmanagement z.B. *Verlag Industrielle Organisation* (Hrsg.): Projekt-Management. Zürich 1972; *Zogg, A.*: Systemorientiertes Projekt-Management. Zürich 1974; *Solaro, D.* et al.: Projekt-Controlling. Stuttgart 1979; *Frese, E.*: Projektorganisation. Handwörterbuch der Organisation. Hrsg. v. E. Grochla. 2. Aufl., Stuttgart 1980, Sp. 1960–1974.

[24] Vgl. *Kirsch, W.*, *W. Bruder* und *E. Gabele*: Personalschulung. München 1976; *Gaugler, E.* et al.: Leistungsbeurteilung in der Wirtschaft. Baden-Baden 1978; *Hinterhuber, H. H.*: Planung der Führungskräfteentwicklung als Gegenstand der strategischen Unternehmungsplanung. Strategische Unternehmungsplanung. Hrsg. v. D. Hahn und B. Taylor. Würzburg–Wien 1980, 237–255.

[25] Vgl. zur Ableitung der Aufgaben des Finanzchefs z.B. *Hahn, D.*: „Finanzchef" – Aufgaben und Ausbildung. Der Betrieb 34, 1981, 381–386.

[26] Vgl. erste Anregungen bei *Cassier, S.*: Wer bestimmt die Geschäftspolitik der Großunternehmen? Frankfurt 1962.

[27] Eine umfangreiche vergleichende Untersuchung über die Organisation der oberen Führung nach dem deutschen Vorstands-/Aufsichtsratskonzept und dem amerikanischen Boardkonzept erfolgt z.Zt. als DFG-gefördertes Forschungsprojekt durch Prof. Dr. K. Bleicher in Gießen. Zudem werden solche Untersuchungen von Prof. Dr. F. Hoffmann, Augsburg, fortgeführt (vgl. *Hoffmann, F.*: Führungsorganisation in Zusammenarbeit mit den Mitarbeitern. Bd. 1: Stand der Forschung und Konzeption. Tübingen 1980).

[28] Dieses Konzept ist in Zusammenarbeit mit Herrn Dr. H. G. Willers, Vorsitzender des Vorstandes der Franz Haniel + Cie. GmbH, Duisburg, entwickelt worden.

[29] Die Führungskräfte einer Ergebniseinheit können auch mit einem bestimmten Anteil ihrer Tantieme an die Ergebniserreichung der jeweils höheren hierarchischen Einheit bzw. der Gesamtunternehmung gekoppelt werden. Vgl. zur Ausgestaltung eines zielorientierten Vergütungssystems auch den Spezialbeitrag hierzu in Kapitel D dieses Buches.

Strategische Unternehmungsführung – Grundkonzept

D. Hahn

1. Problemstellung

Führen heißt verändern. Veränderungen in unseren Umfeldern müssen Veränderungen in unseren Unternehmungen folgen. Entwicklungen mit Langfristwirkung und Vernetzung in den

- sozio-kulturellen,
- binnen- und außenwirtschaftlichen,
- technologischen und
- natürlichen Umfeldern

bilden geradezu ein Konzentrat neuer Herausforderungen und Aufgaben für die Führung unserer Unternehmungen. Sie gilt es zu bewältigen, um auch in Zukunft im internationalen Wettbewerb bestehen zu können. Europäisierung und Globalisierung verbunden mit einem Zwang zu technischer Perfektionierung und verstärkter Ökologisierung sowie Bevölkerungswachstum mit Wertewandel und auch zunehmender Demokratisierung verdeutlichen gravierende Entwicklungen in unseren Umfeldern (Abb. 1).

Offene und globale Märkte erzwingen den Wettbewerb zwischen Unternehmungen aller Kontinente, auf allen Wertschöpfungsstufen. Die internationale Wettbewerbsfähigkeit wird zur überlebenskritischen Anforderung beim Streben nach erfolgreicher Weiterentwicklung unserer Unternehmungen, beim Streben nach Erfolg unter zunehmendem Zeitdruck.

Veränderungen in unseren Umfeldern stellen neue Herausforderungen an unsere Führungskräfte und Führungskonzepte. So brauchen wir mehr denn je den Entrepreneur als Führungskraft. So benötigen wir auch mehr denn je Führungskonzepte, die nicht nur vernetzte, visionsorientierte und dialogische Planung, sondern vor allem auch schnelle und wirksame Durchsetzung gewährleisten. Dies aufzuzeigen – die notwendige Entwicklung von der strategischen Planung hin zu strategischer Führung – sei im folgenden versucht.

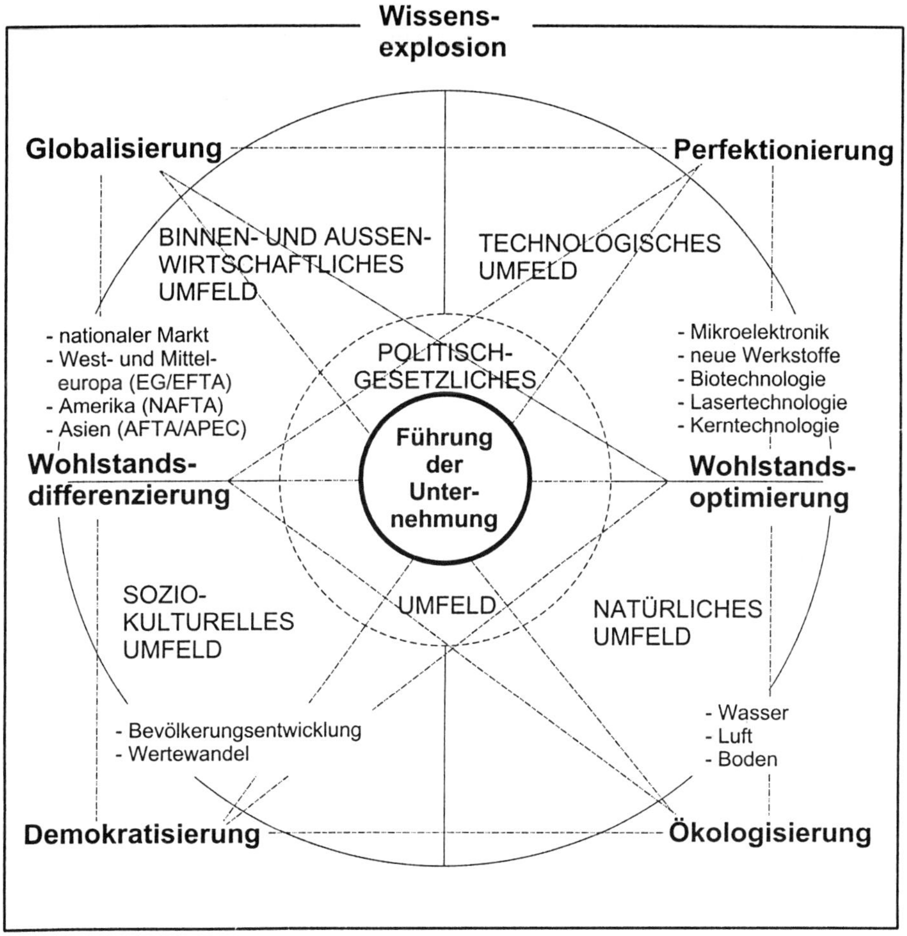

Abb. 1: Umfelder der Unternehmung

2. Charakterisierung von Prozeß, Trägern und Gegenständen strategischer Führung

Führung ist stets ein Prozeß der Willensbildung und Willensdurchsetzung spezifischer Person(en) gegenüber anderen Personen zur Erreichung eines oder mehrerer Ziele – unter Übernahme der hiermit verbundenen Verantwortung (Abb. 2). Die Verantwortung, das Einstehen für ein Tun oder Lassen, das Rechtfertigen und Vertreten des unternehmerischen Entscheidens und Handelns, hat durch die Führungskraft in Zukunft nicht nur gegenüber sich selbst, gegenüber Kapitalgebern und Mitarbeitern, sondern gegenüber allen an der Unternehmung interessierten Gruppen und damit letztlich auch

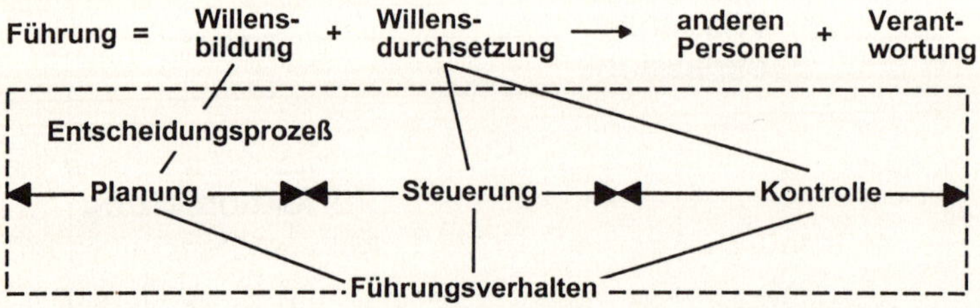

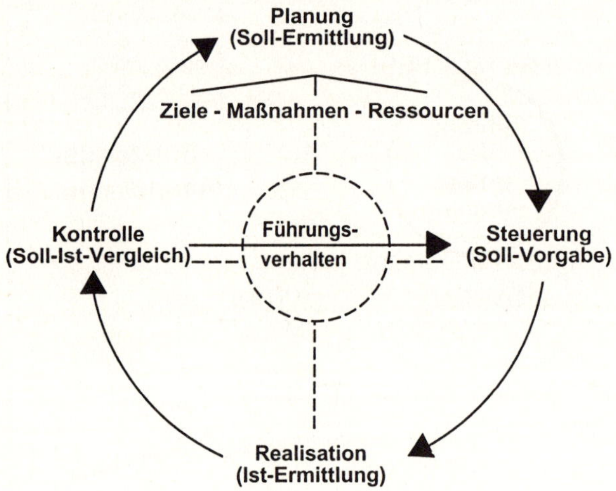

Abb. 2: Grundschema des Führungs- und Realisationsprozesses

gegenüber der Öffentlichkeit zu geschehen. Vornehmlich hierdurch dokumentiert der Unternehmer seine Verantwortung gegenüber der Gesellschaft [1].

Führung beinhaltet einen Entscheidungs- bzw. Planungsprozeß sowie einen Steuerungs- und Kontrollprozeß – stets verbunden mit einem spezifischen Führungsverhalten. Es geht um die Erarbeitung, Vorgabe und Überwachung von Zielen, Maßnahmen und Ressourcen, stets verbunden mit einem nicht nur rationalen, sondern auch geforderten und gewollten emotionalen Führungsverhalten.

Führung – verstanden als ein System vermaschter Entscheidungs-, Steuerungs- und Kontrollprozesse – ist stets ein multipersonaler, mehrstufiger, zum Teil nach dem Regelkreisprinzip ablaufender Prozeß; ein Informationsverarbeitungsprozeß mit einer Vielzahl notwendiger Abstimmungsprozesse strategischer und operativer Art (Abb. 3). Innovative Prozesse bedingen hierbei ein Innovationen förderndes Verhalten, ein kooperatives Führungsverhalten. Trotz erhöhten Zeitdrucks benötigt gerade dies mehr Zeit – mehr Zeit als jedes andere Führungsverhalten. Nicht mehr Zielsetzung, sondern Zielvereinbarung, nicht mehr primär Fremdkontrolle, sondern primär Selbstkontrolle,

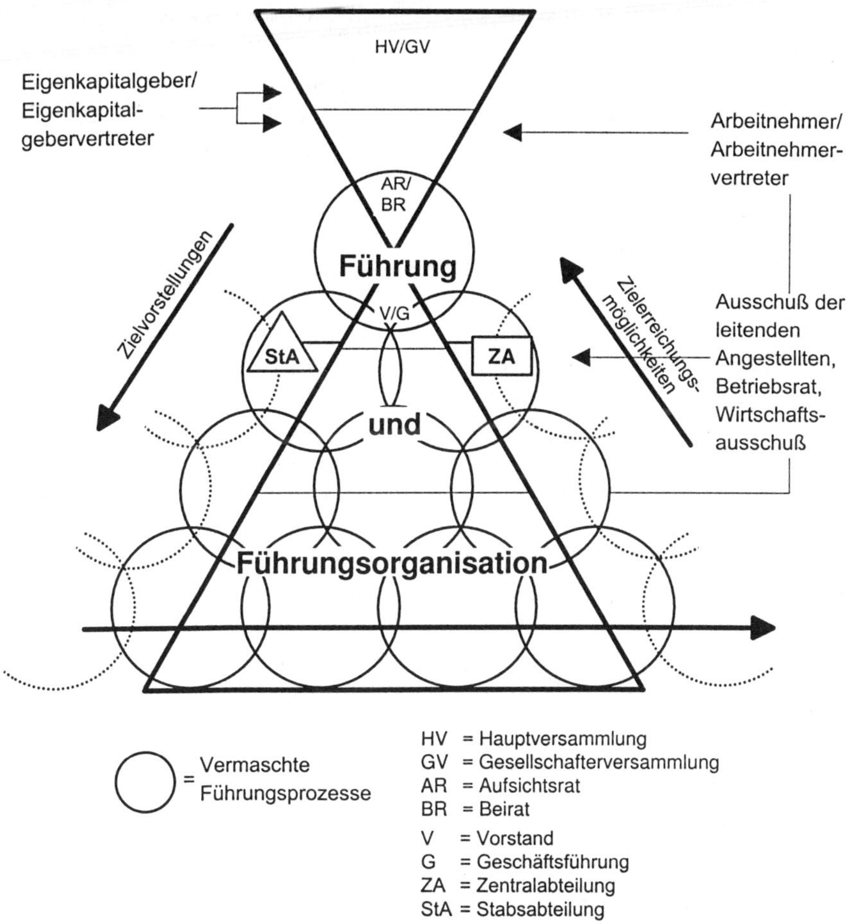

Abb. 3: Mehrstufiger Führungsprozeß und Führungsorganisation

nicht mehr primär Einzelarbeit, sondern primär Teamarbeit, nicht mehr streng rhythmische, strukturierte, sondern vornehmlich weitgehend frei gestaltbare Arbeit sichern den gewünschten Erfolg – berücksichtigen das veränderte Selbstverständnis insbesondere der jüngeren Generation. Schaffung unternehmerischer Entscheidungs- und Handlungsspielräume und damit auch erhöhter Motivation zwingen uns offensichtlich zu einem kooperativen Führungsstil und vor allem zu verstärkter Dezentralisation und Delegation, wollen wir dem Zeitdilemma entrinnen und unsere Chancen und Potentiale voll nutzen. Dezentralisation wiederum zwingt zur Integration – vornehmlich über entsprechende Planungs-, Steuerungs- und Kontrollsysteme zur Zielvereinbarung, zum Zwecke der Entscheidungs- und Handlungskoordination. Zielorientierte, motivierende Dezentralisation aber erfordert strategische Führung: eine bezüglich Richtung, Ausmaß, Struktur und

Träger langfristig festgelegte Unternehmungsentwicklung – bei weitgehenden Freiräumen im operativen Bereich.

Fragt man nun nach dem Wesen strategischer Führung, ist zunächst ein Blick auf die klassischen und auch die neu hinzugetretenen Kernaufgaben der Führung zu werfen:

- Festlegung von unternehmungspolitischen Zielen bzw. generelle Zielplanung,
- Strategische und operative Planung,
- umsetzende Steuerung und Kontrolle
- und die den Führungsprozeß prägende Unternehmungsphilosophie und -kultur (Abb. 4).

Geht man vom Wesen des Strategie- und Führungsbegriffes aus, wird deutlich, daß strategische Führung zwar nicht im Hinblick auf die Träger, wohl aber im Hinblick auf Prozeß und Gegenstände einen weit umfassenderen Aufgabenkomplex als nur die strategische Planung umfaßt [2]. So beinhaltet strategische Führung nicht nur Entscheidungs- bzw. Planungsprozesse, sondern vor allem auch Steuerungs- und Kontrollprozesse, also Strategieplanung und Strategieumsetzung. Strategien bilden dabei grundsätzliche Vorgehensweisen zur Gestaltung von Richtung, Ausmaß, Struktur und Trägern der Unternehmungsentwicklung, wobei von bereits formulierten unternehmungspolitischen Zielen ausgegangen wird oder die Zielfestlegung im Rahmen des Strategiefindungsprozesses erfolgen kann. Die Festlegung der Unternehmungsziele kann wiederum nur auf der Basis der gemeinsamen bzw. abgestimmten Werte beziehungsweise Werthaltungen der obersten Willensbildungszentren erfolgen, also auf der Basis einer Unternehmungsphilosophie. Die Unternehmungsphilosophie ihrerseits bildet zugleich die Basis für die Unternehmungskultur: die unternehmungsgeschichtlich gewachsenen, gelebten und zumindest partiell gestaltbaren Denk-, Entscheidungs- und Verhaltensmuster der Mitarbeiter einer Unternehmung, primär durch die (gemeinsamen) Werthaltungen der obersten Führungskräfte geprägt und in spezifischen Erscheinungsformen und auch Symbolen zum Ausdruck kommend. Damit wird deutlich, daß strategische Führung im weitesten Sinne die Gestaltung und Umsetzung der Unternehmungspolitik und der strategischen Planung wie auch der dazugehörigen Unternehmungsphilosophie und -kultur umfaßt. Strategische Führung beinhaltet danach Planung, Steuerung und Überwachung von Richtung, Ausmaß, Struktur und Trägern der Unternehmungsentwicklung auf der Basis abgestimmter Werte und Ziele ihrer obersten Willensbildungszentren.

Prozeß und Gegenstände und damit auch Aufgabenkomplexe strategischer Führung lassen sich dabei anhand spezifischer Wesensmerkmale konstitutiver Entscheidungen näher charakterisieren (Abb. 5). Sie bestimmen auch deren Träger. So sind strategische Entscheidungen durch folgende Merkmale gekennzeichnet:

- Sie sind von besonderer Bedeutung für die Vermögens- und/oder Erfolgsentwicklung der Unternehmung;

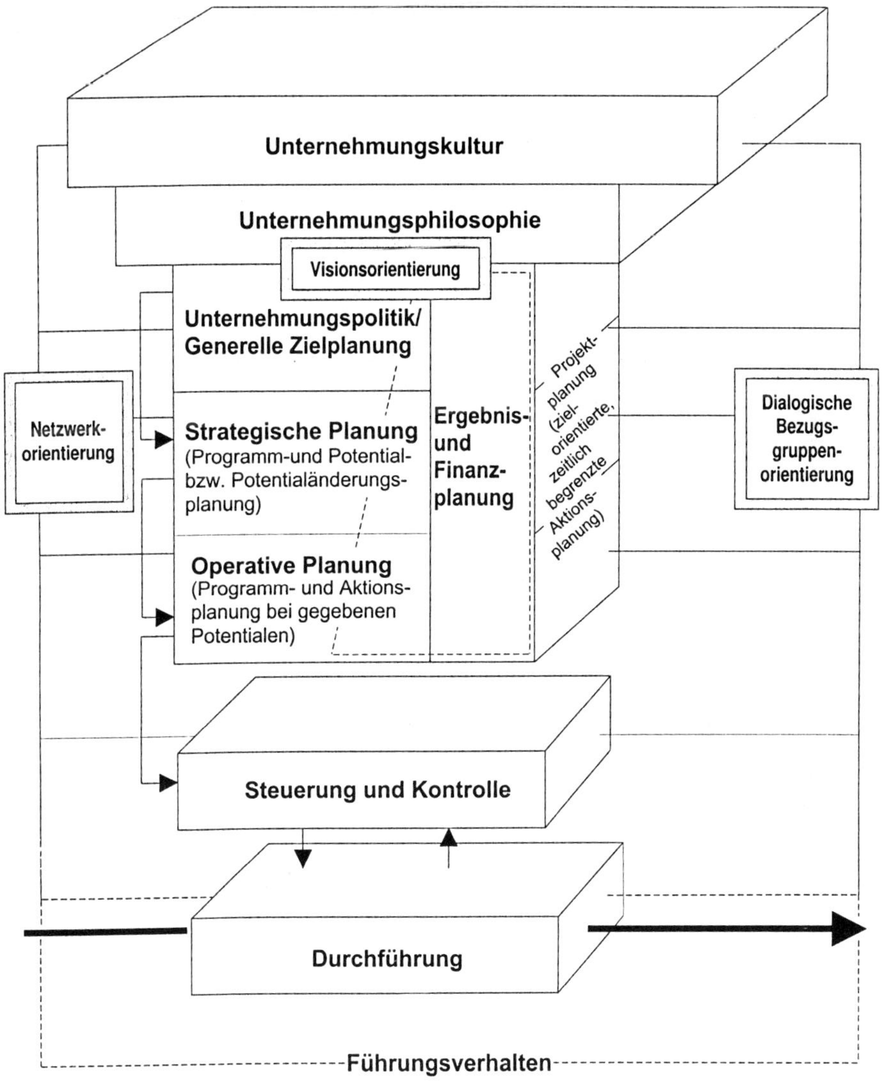

Abb. 4: Führungsaufgaben in der Unternehmung

- Sie können nur aus der besonderen Verantwortung für die gesamte Unternehmung und ggf. auch spezielle Unternehmungsbereiche aus dem Gesamtzusammenhang heraus getroffen werden;
- Sie sind grundsätzlich nur von der obersten (internen) Unternehmungsführung und/oder den dieser vorgeschalteten (externen) Zentren der Willensbildung der Unternehmung (z. B. Aufsichtsrat) wahrzunehmen, zu veranlassen und auch zu über-

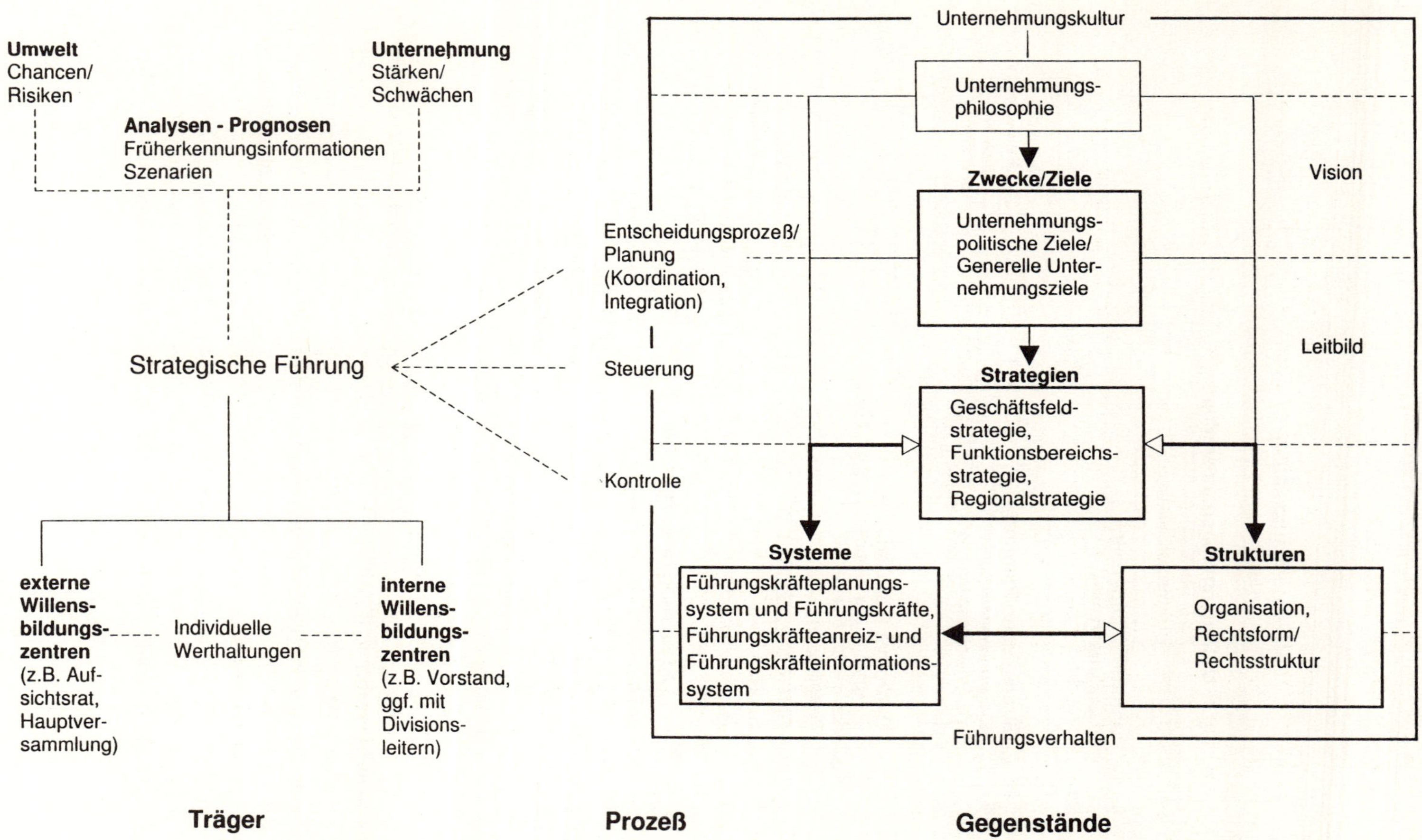

Abb. 5: Träger, Prozeß und Gegenstände strategischer Unternehmungsführung

wachen, wobei in der mehrgliedrigen Unternehmung bzw. Konzern i.d.R. mehrere Entscheidungsebenen gegeben sind;
- Sie gelten auf lange Sicht und sind von relativ geringer Häufigkeit;
- Sie sind unter besonderer Beachtung der Werthaltungen der oberen Willensbildungszentren und unter Beachtung der bereits bestehenden Unternehmungsphilosophie und Unternehmungskultur zu fällen.

Aufgabenkomplexe strategischer Unternehmungsführung sind hiernach die

- Festlegung der Unternehmungsphilosophie,
- Festlegung unternehmungspolitischer Ziele,
- Geschäftsfeld- sowie grundlegende Funktionsbereichs- und Regionalstrategieplanung,
- Organisations-, Rechtsform- und Rechtsstrukturplanung,
- Führungskräftesystemplanung mit
  - Planung des Führungskräfteplanungssystems und darauf aufbauender personenbezogener Führungskräfteplanung (Nachfolge- und Karriereplanung),
  - Planung des Führungskräfteanreizsystems und
  - Planung des Führungskräfteinformationssystems sowie
- die zu deren Umsetzung erforderlichen Steuerungs- und Kontrollprozesse und die
- angestrebte Gestaltung der Unternehmungskultur.

Die Resultate dieser Aufgabenkomplexe strategischer Führung spiegeln sich wider in der Vision der obersten (internen) Willensbildungszentren, also in deren Zukunftsbild über Zweck, Ziele und Selbstverständnis der Unternehmung [3], im Leitbild sowie detailliert in den Unternehmungs- und Führungsgrundsätzen. Ihnen kommt eine Orientierungs-, Ordnungs- und Integrationsfunktion zu, der Vision zudem eine „impulsgebende Funktion" [4].

Bei einer etwas engeren Begriffsfassung der strategischen Führung können Unternehmungskultur und Unternehmungsphilosophie auch als Rahmenbedingungen jeglichen unternehmerischen Entscheidens und Handelns interpretiert werden, die nur schwer einer bewußten Gestaltung zugänglich sind. Zusammen mit der Festlegung bzw. Setzung der generellen Ziele der Unternehmung werden sie in der Literatur auch als Aufgaben der sog. normativen Führung bzw. als Aufgaben des normativen Management gesehen, so z.B. im St. Galler Management Konzept [5].

Der Prozeß strategischer Führung im Hinblick auf diese Gestaltungs- und Umsetzungsaufgaben läßt sich formalisieren (Abb. 6). Er folgt den generellen Phasen des Führungsprozesses sowohl als einmaliger, projektbezogener strategischer Führungsprozeß als auch im Hinblick auf periodisch wiederkehrende strategische Führungsaufgaben. Probleme sind auch hier durch Alternativensuche, -bewertung und -auswahl und auch entsprechende Umsetzungsverantwortung zu lösen. Sorgfältige Analysen und Prognosen unserer Umfelder werden hierbei durch den internationalen Konkurrenzdruck immer wichtiger.

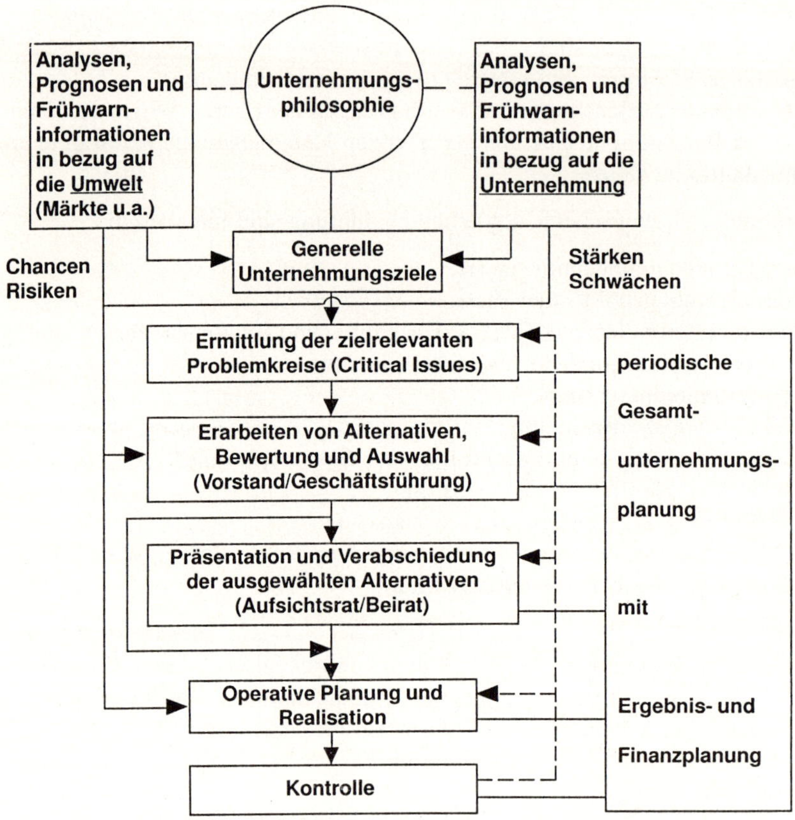

Abb. 6: Genereller Prozeß der strategischen Unternehmungsführung

3. Schwerpunktentwicklungen bei den Kernaufgaben strategischer Führung

Wenden wir uns nun den Gegenständen und damit Kernaufgaben der strategischen Führung zu, um ausgehend von Veränderungen in den Umfeldern unserer Unternehmungen einige Aussagen über die mögliche Gestaltung und Bedeutung dieser Kernaufgaben machen zu können. Unternehmungen erfahren den Wandel in ihren Umfeldern zunächst in den Beziehungen zu ihren Interessengruppen. Hierbei wird vor allem auch durch die Mitarbeiter Wandel in die Unternehmungen hineingetragen. Veränderungen der menschlichen Werte führen zu veränderten Denk- und Verhaltensweisen der Menschen, die naturgemäß auch deren Entscheiden und Handeln innerhalb der Unternehmung prägen [6]. Gesellschaftlicher Wandel läßt somit die Unternehmungsphilosophie und die Unternehmungskultur nicht unberührt, sondern beeinflußt diese maßgeblich. Trendaussagen zur Unternehmungskultur betreffen vornehmlich Aussagen über den künftig gewünschten Führungsstil und das erforderliche Führungskräfteprofil. Immer wichtiger werden hierbei im Führungsverhalten: Vorbildfunktion und Offenheit, Verantwortungsklarheit und Initiative, Werteverständnis und auch menschliche Wärme – Führungstypen, die sich auszeichnen vor allem durch Leidenschaft und Veränderungslust, Visionskraft und auch Gestaltungsdrang [7]. Dezentrale Führung erfordert hierbei zudem Vertrauensmanagement [8].

Da Kultur und Philosophie aber die Basis für alles Entscheiden und Handeln in der Unternehmung bilden und damit auch das Fundament für die Entscheidungen über die grundlegenden Ziele der Unternehmung bilden, bewirkt der Wandel in den Umfeldern letzlich auch eine veränderte Zielbildung in den Unternehmungen. Das oberste Ziel aller Gruppen, die mit einer Unternehmung bestimmte Interessen verbinden, ist die Erhaltung und erfolgreiche Weiterentwicklung der Unternehmung. In einer wettbewerblich organisierten Wirtschaft gilt es, dieses Ziel durch das Streben nach maximalem Überschuß beziehungsweise Kapitalwert, hilfsweise kalkulatorischen Gewinn, auf der Basis spezifischer Produkte und/oder Dienstleistungen unter Beachtung von Sozialzielen zu erwirtschaften. Nur hierdurch lassen sich die Interessen aller an der Unternehmung interessierten Gruppen im Wettbewerb bestmöglich verwirklichen (Abb. 7). Bezogen auf die langfristige Zukunftssicherung vn Unternehmungen erlangt der Kapitalwert als Zielgröße zentrale Bedeutung. Den Ansprüchen der Eigenkapitalgeber wird dabei durch Anwendung des Shareholder Value Konzeptes stärkere Beachtung geschenkt. Sieht man allerdings Eigenkapitalgeber und obere Führungskräfte als gleich wichtige Hauptträger der Unternehmung, sollte über den Shareholder Value hinaus der residuale Unternehmungskapitalwert als zentrale monetäre Zielgröße treten. Sie ergibt sich nach Berücksichtigung der Mindestansprüche der Eigen- und Fremdkapitalgeber und auch aller sonstigen Anspruchsgruppen [9].

Neben den mitarbeiterbezogenen Sozialzielen, die die interne soziale Verantwortung einer Unternehmung kennzeichnen, stehen gesellschafts- und umweltbezogene Sozialziele als Ausdruck unserer in den letzten Jahren deutlich gewachsenen externen sozialen Verantwortung. So sollten wir die lebensnotwendigen Rahmenbedingungen unserer Unternehmungen mit zu unseren obersten Zielen erheben und damit in unsere Führungs- und Unternehmungsgrundsätze aufnehmen. Dies gilt gleichermaßen im Hinblick auf die Forderungen nach

- Umweltschutz und Umweltverbesserung,
- innovativen, aber beherrschbaren Technologien,
- Erhalt der sozialen Marktwirtschaft als Wettbewerbswirtschaft und
- Sicherung unserer freiheitlich demokratischen Gesellschaftsordnung.

Wenden wir uns nun der strategischen Geschäftsfeldplanung zu, in der die Zielsetzungen zur langfristigen Zukunftssicherung umgesetzt werden (Abb. 8) [10,11,12]. Eine visionsorientierte Geschäftsfeldstrategie verlangt nach entsprechenden Programmen und Potentialen, vor allem nach möglichen zukunftssichernden Programm- und Kapazitätsvariationen, die einer Visionserfülllung dienen. Die Konzentration auf Kerngeschäfte steht hier als Forderung im Mittelpunkt. Im Extremfall bedeutet dies die Aufgabe von

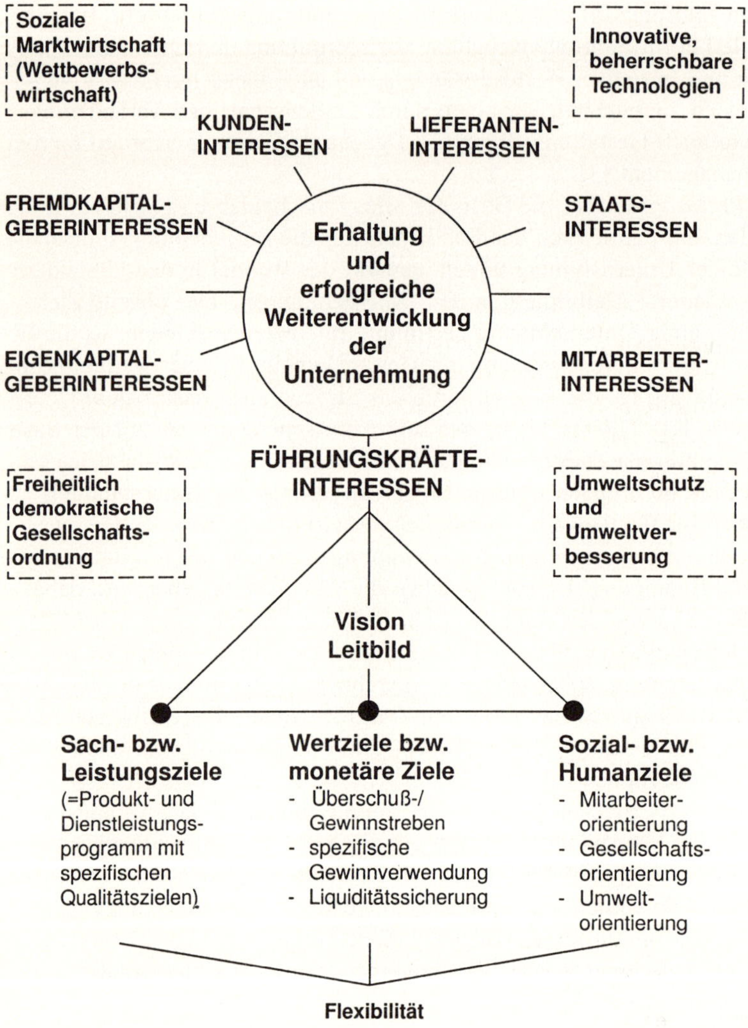

Abb. 7: Ziele und Rahmenbedingungen der Unternehmung als gesellschaftliche Institution

Rand- bzw. Spezialgeschäften, wenn diese nicht als Nucleus für neue Geschäftsschwerpunkte vorgesehen sind.

Geschäftsfeldstrategien konzentrieren sich in immer stärkerem Maße auf die Generierung verketteter Produkte und Dienstleistungen, also auf ganzheitliche Systemlösungen, möglichst verbunden auch mit Systemführerschaft.

Neben dem internen Wachstum durch Ausbau bestehender Unternehmungseinheiten kommt hierbei dem externen Wachstum durch Beteiligungserwerb – speziell zum Aufbau neuartiger Geschäftsfelder – immer stärkere Bedeutung zu. Der Fragenkomplex

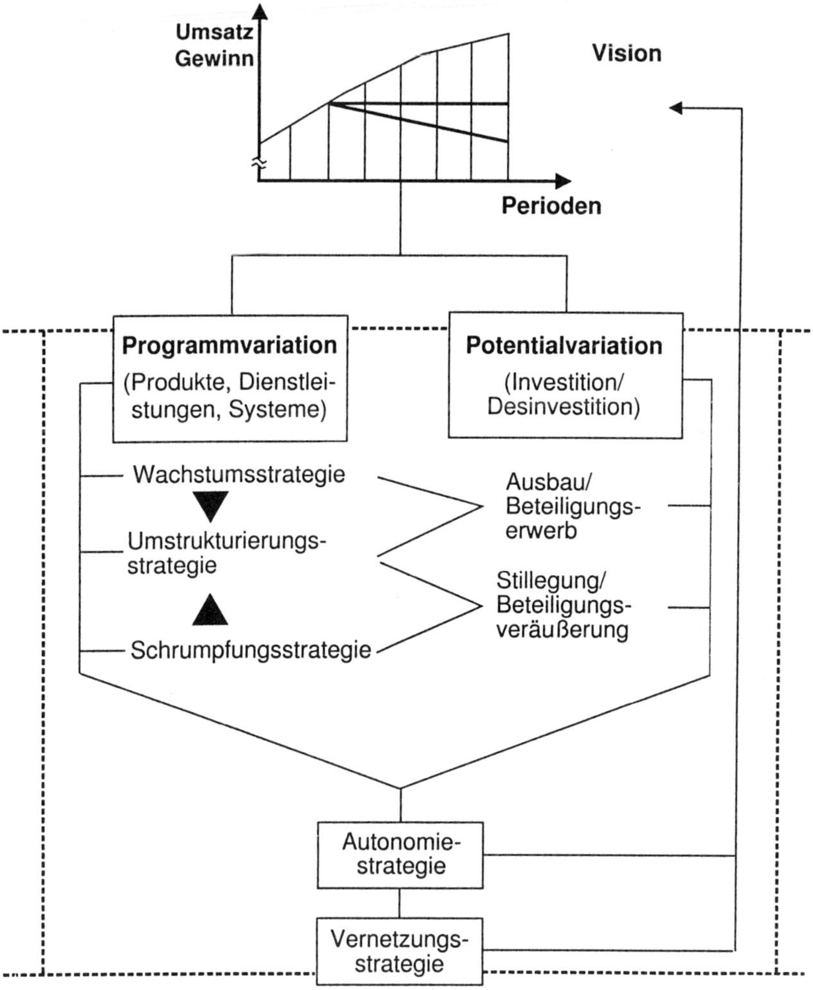

Abb. 8: Geschäftsfeldstrategien

des Merger und der Akquisition entwickelt sich in diesem Zusammenhang zu einer zentralen Aufgabe strategischer Führung. Der Suchraum für Erwerbsobjekte erstreckt sich dabei längst nicht mehr nur auf Europa; erfolgreiches externes Wachstum zwingt immer mehr zu Kooperations-Strategien, zu „Joint Ventures" und Allianzen weltweit.

Entwicklungschancen auszuschöpfen erfordert heute allerdings mehr als nur Geschäftsfeldstrategien. Es bedarf vor allem der Entwicklung synchroner, innovativer Funktionsbereichsstrategien und auch der Entwicklung spezifischer Regionalstrategien oder sogar auch einer Globalstrategie. So müssen sich zum Beispiel unsere FuE-, Produktions- und Vermarktungsstrategien heute auch auf die Verwendungs- und Ent-

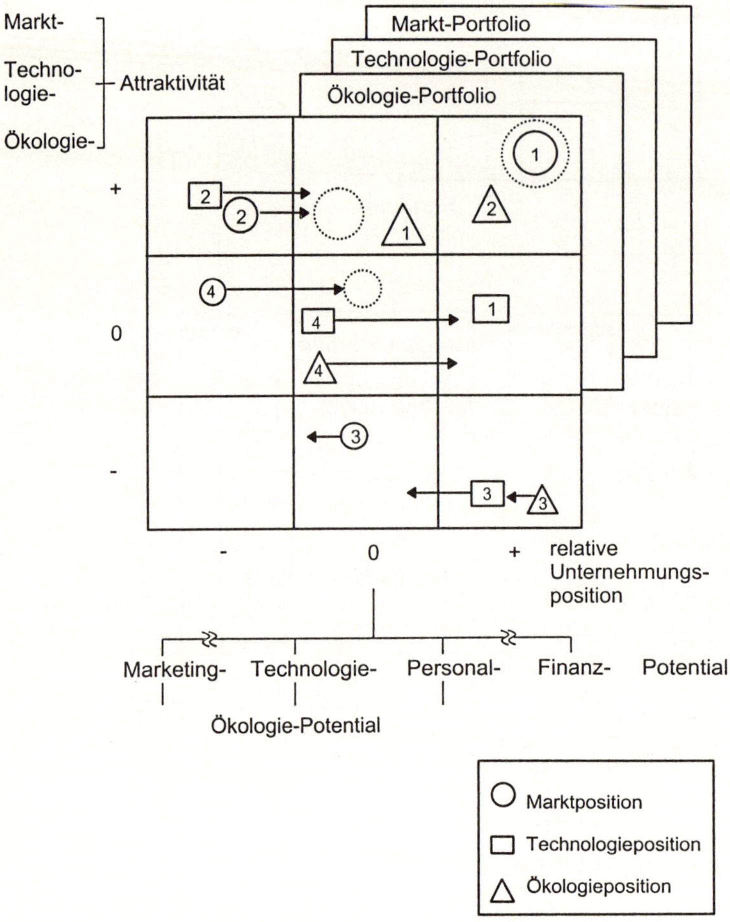

Abb. 9: Dynamisches Markt-, Technologie- und Ökologieportfolio

sorgungsphase unserer Produkte beziehen (Abb. 10). Erhöhte FuE-Auszahlungen für eine verbesserte Entsorgung ermöglichen erhöhte Recyclinganteile und günstiger durchführbare Entsorgung, also tendenziell eine Senkung der Fremd- oder auch Eigenentsorgungskosten bei all unseren nicht mehr in der Anwendung befindlichen Produkten. Verkäufe dieser entsorgungsfreundlichen Produkte gestatten vielfach höhere Preise am Markt, oft begleitet von erhöhten Absatzmengen infolge einer ökologieorientierten Imageverbesserung – in der Tendenz dann auch Erlös- beziehungsweise Einzahlungserhöhungen über die vermehrten FuE-Auszahlungen hinaus.

Die Erarbeitung verketteter Funktionsbereichsstrategien bildet unseres Erachtens ein bei weitem noch nicht ausgeschöpftes Potential an Ergebnisverbesserungen. Erwähnt sei hier zum Beispiel

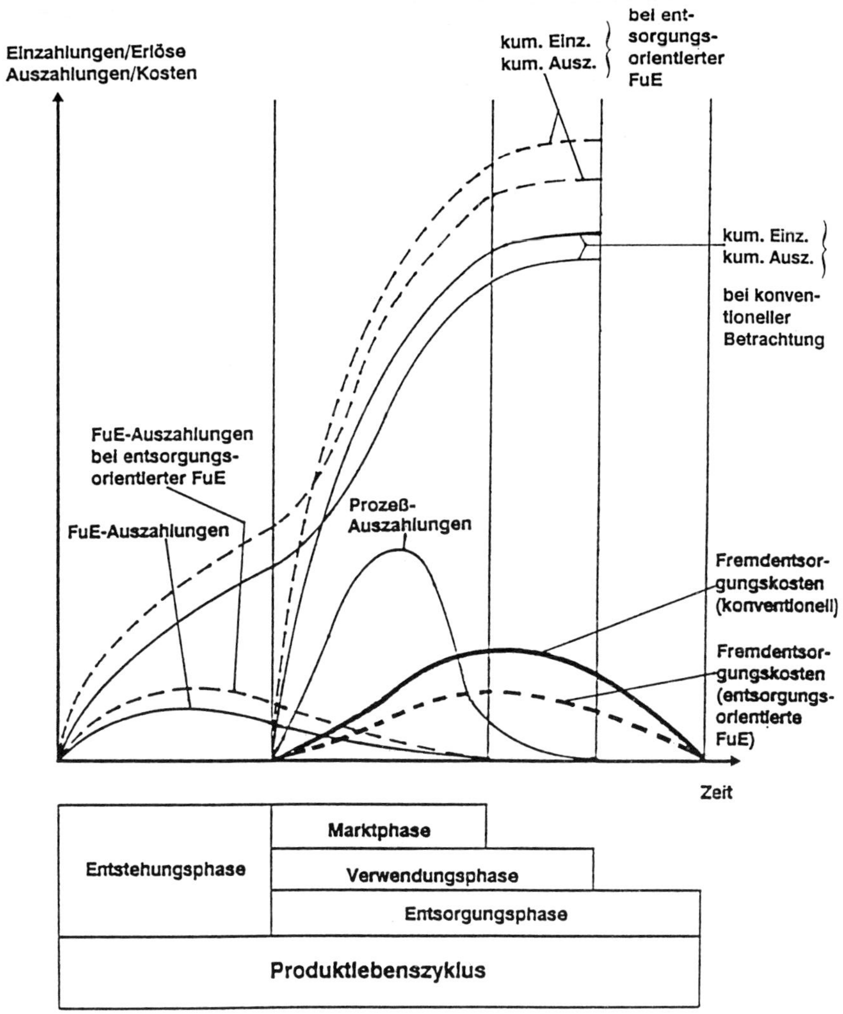

Abb. 10: Integrierte FuE-, Produkt- und Entsorgungsplanung

- die informationstechnologische Verkettung des FuE-, Produktions-, Qualitäts- und nunmehr auch Controllingbereiches im Rahmen von CIM – letzlich koordiniert über ein Auftragsabwicklungszentrum [13];
- der Aufbau von Logistiksystemen mit auch überbetrieblich verketteten PPS-Systemen im Rahmen einer integrierten Produktions- sowie Informations- und Kommunikationsstrategie;
- die Neufindung der Produktions- und Entwicklungstiefe, das heißt des Entscheidungskomplexes über Eigen- und/oder Fremdfertigung mit jeweils dabei möglicher Eigen- und/oder Fremdentwicklung von Produkten und Prozessen.

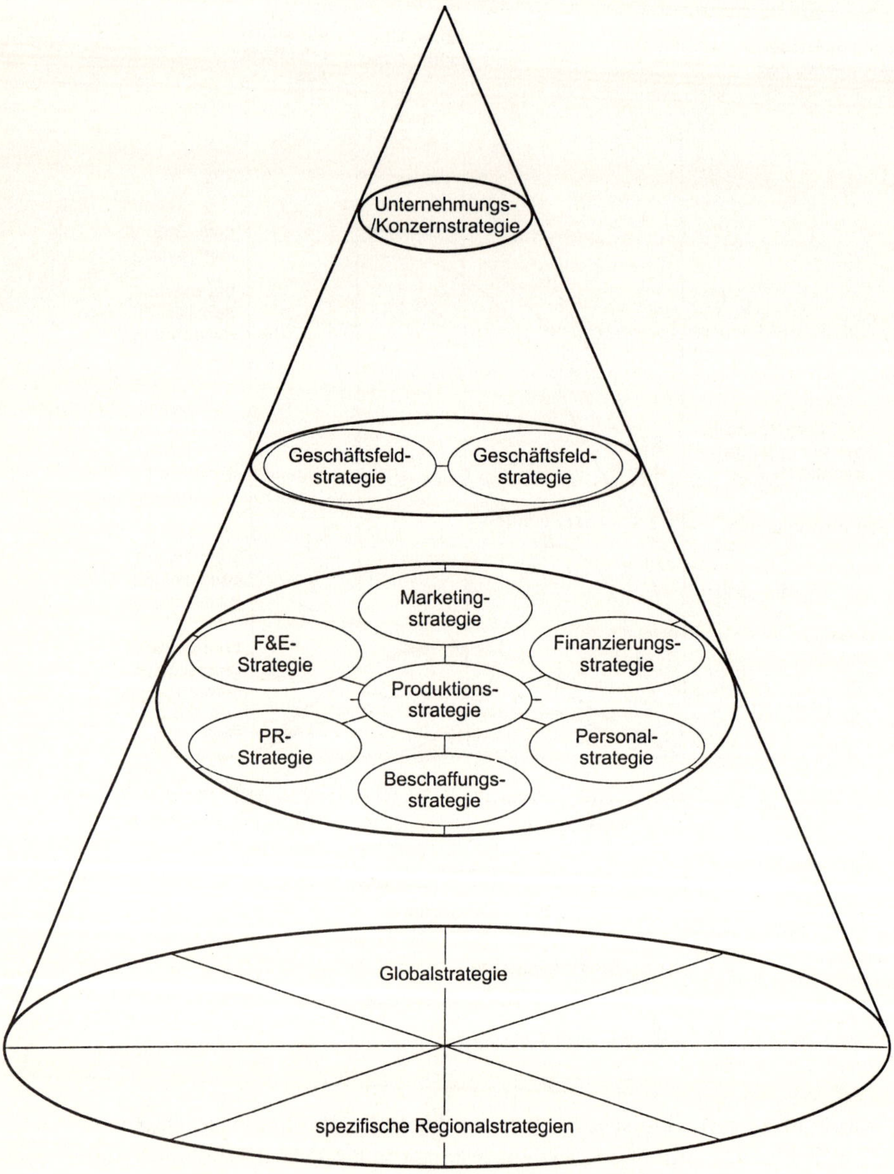

Abb. 11: Geschäftsfeld-, Funktionsbereichs- und Regionalstrategien

Verkettete Funktionsbereichsstrategien müssen hierbei stets in enger Verbindung gesehen werden zu Geschäftsfeld- und auch Regionalstrategien (Abb. 11). Während die Entwicklung von Global- oder Regionalstrategien heute in unseren Großunternehmungen in der Regel erfolgreich bewältigt wird, stellt sich das Internationalisierungsproblem insbesondere für mittelgroße Unternehmungen vielfach als die schwierigste Wachstumsbarriere dar [14]. Gerade sie ist häufig nur in Kooperation überwindbar. Dies zeigt auch eine Studie unseres Instituts für Unternehmungsplanung, des IUP – Gießen/Berlin, über Erfolgsfaktoren und Wachstumsstrategien mittelständischer Unternehmungen.

Als Ergebnisse dieser Studie stellten sich für besonders erfolgreiche, innovative mittelständische Unternehmungen als wichtige Wachsstumsstrategien heraus:

1. Frühzeitiger Markteintritt in Wachstumsmärkte.
2. Spezialisierung – das heißt Konzentration der Aktivitäten auf Problemstrukturen ausgewählter Kundengruppen im Sinne einer Marktnischen-Strategie.
3. Entwicklung und Implementierung neuartiger Produktkonzeptionen, um Trendsetter zu sein und die Preisführerschaft übernehmen zu können.
4. Frühzeitige Anwendung neuer, insbesondere flexibler Produktionstechnologien zur umfassenden Qualitätssicherung, verbunden mit Produktivitätssteigerung und Kostenführerschaft.
5. Flexible, kundengruppenspezifische Service-Orientierung.
6. Programmerweiterung im angestammten Geschäft, um vorhandene Stärken bestmöglich nutzen zu können; bei Internationalisierung durch schrittweisen Aufbau der Aktivitäten, meist in Kooperation mit anderen mittelgroßen und großen Unternehmungen.
7. Motivationsfördernde Führung mit klarer Vision und Mission auf der Basis einfacher und flexibler Organisation sowie konzentrierter, empfängerorientierter Information und schließlich
8. Sicherung von qualifizierten Mitarbeitern in generellen und fachspezifischen Schlüsselpositionen.

Vernetzte Probleme, Aufgabenkomplexe und Wirkungen erfordern auch vernetzte, visionsorientierte Führungsinstrumente, hier Techniken und Verfahren zur Beurteilung von integrierten Strategiealternativen. Eine permanente strategische Aufgabe bleibt es, Produktportfolios zu überprüfen und neu zu gestalten – zum einen auf der Basis von Umweltanalysen und -prognosen zur Charakterisierung der Markt-, Technologie- und auch Ökologieattraktivität von Produkten und der zu ihrer Erstellung erforderlichen Prozesse; zum anderen zur Charakterisierung des relativen Unternehmungspotentials, das heißt der Stärken und Schwächen in allen Funktionsbereichen einer Unternehmung im Vergleich zum größten Konkurrenten. Neben dynamischer Investitionsrechnung und damit zusammenhängend aufgestellter Langfristkalkulation dienen zudem vor allem Nutzwertanalysen zur Beurteilung von alternativen strategischen Vorhaben. Mehrperiodige Ergebnis- und Finanzpläne bleiben dabei unentbehrlich zur Überprüfung der Umsetzbarkeit von Strategiealternativen. In jüngster Zeit setzt sich zudem immer mehr

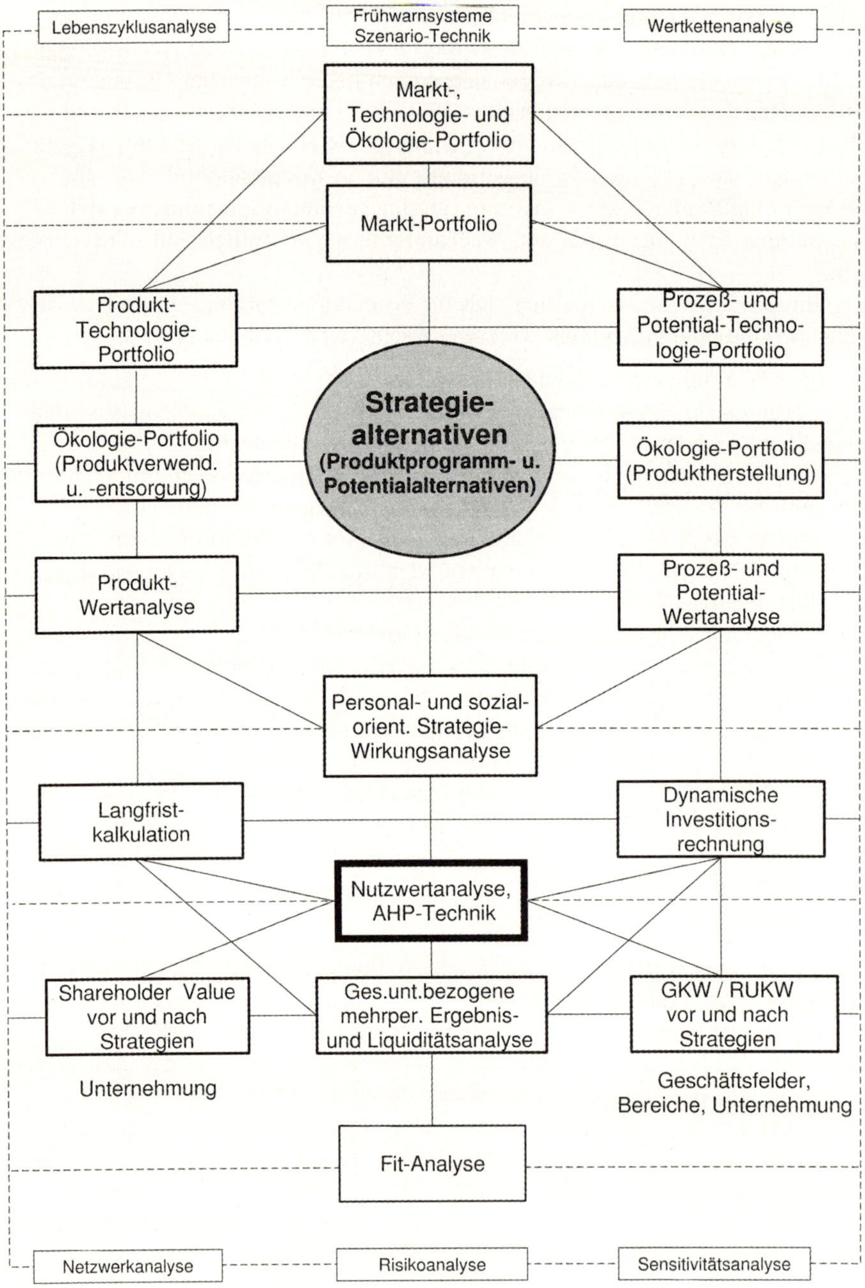

Abb. 12: Beurteilung von Strategiealternativen

der Trend durch, zur ergebnisorientierten Beurteilung der Entwicklung ganzer Unternehmungsbereiche oder der Unternehmung als Ganzes ihren jeweiligen Kapitalwert vor und nach möglichen Strategieänderungen zu ermitteln. Es gilt den kapitalwertmaximalen Entwicklungspfad der Unternehmung zu erkunden.

„Structure follows strategy": Strategie- und Strukturentwicklung sollten sich entsprechen (Abb. 13). Bei der Entwicklung der Führungsorganisation ist in vielen Unternehmungen ein klarer Trend zu erkennen – vom Stammhausprinzip hin zum geschäftsnahen oder reinen Holdingprinzip, ein Trend vom Dominanz- zum Integrations-, ja Delegationsprinzip. Hier bringen personelle und informationelle Vernetzung in der geschäftsnahen Holding bzw. Management-Holding Komplexitätsreduktion in der Führung, die bei heterogenen Geschäftsfeldern nur noch stärker durch Anwendung des reinen Holding-Konzeptes zu erreichen ist. Bei diesem Konzept werden vertikale und horizontale Koordination im Führungsprozeß verbessert.

Auch versucht man, Komplexitätsreduktion, Flexibilitätserhöhung und Erhöhung von Kooperationsfähigkeit durch Auslagerung und organisatorische und auch rechtliche Verselbständigung von Dienstleistungsfunktionen zu erreichen. Ausgegliederte Funktionen in Form von Servicegesellschaften bilden dabei vielfach auch strategisch gewollte Keimzellen für künftige Kerngeschäfte.

Dezentrale Einheiten als Tochtergesellschaften oder Unternehmungsbereiche, deren Träger im Rahmen gesamtunternehmungsbezogener Zielsetzung und Strategie weitgehend autonome Produkt- und Ergebnisverantwortung tragen, erfordern unternehmerische Führung, erfordern Führungsnaturen mit Visionskraft und strategischem Willen. Nur wenn wir diese sichern, wird es gelingen, Vorteile bestgeführter mittelständischer Unternehmungen auch in unseren großen Häusern zum Tragen zu bringen.

Noch schwieriger als in der Unternehmung gestaltet sich eine systemübergreifende, vernetzte Führung. Eine Führung von strategischen und operativen Kooperationen oder eine Zusammenarbeit bei sog. strategischen Allianzen ist eine besondere Herausforderung für die Unternehmungsführung. Kooperationen erfordern nicht nur ein Anpassen in den Managementsystemen und Strukturen, sondern vor allem ein Verstehen und Angleichen der Unternehmungskulturen.

Sowohl im Joint Venture als auch bei der Zusammenarbeit in gemeinsamen, systemübergreifenden Projekten, bei Kooperationen zwischen einzelnen Funktionsbereichen oder ganzen Geschäftsbereichen brauchen wir systemübergreifend besetzte Projektgruppen, Ausschüsse und Vernetzung in Führungsgremien – in Geschäftsführungen, Boards, Beiräten und Aufsichtsräten. Hierbei werden die Anforderungen an unsere Führungs- und Führungsnachwuchskräfte in größer werdenden Wirtschaftsräumen immer weiter steigen – die Anforderungen an Verhalten, Wissen und Sprachen der Euro- und Globalmanager.

Sach- und vor allem humanorientierte Führungskräfteentwicklung wird damit zum zentralen strategischen Führungsproblem (Abb. 14). Führungskräfte und Führungskräftesicherung bestimmen den Erfolg unserer Unternehmungen. Systematische Nachfolgeplanung und individuelle Karriereplanung, bezogen vor allem auf die Besten, sind die wichtigsten Aufgaben, die wir bewältigen müssen. Immer mehr bedarf es im technischen, wirtschaftlichen und auch sozialen Bereich intensiver Weiterbildungsmaßnah-

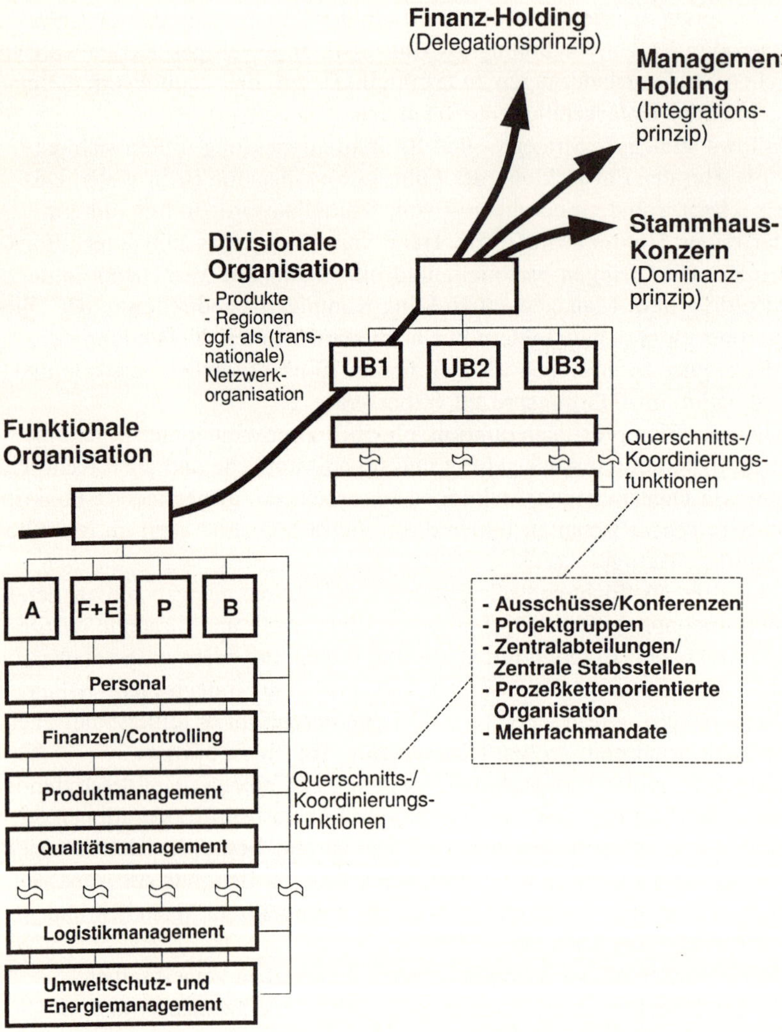

Abb. 13: Organisationsentwicklung als Aufgabe strategischer Führung

men, der internationalen Ausschuß- und Projektmitarbeit, der „Job-Rotation" (von der Zentrale zur Peripherie, vom Inland ins Ausland und umgekehrt), auch von Mandatsübertragungen an jüngere Führungskräfte und der Übernahme von Mehrfachmandaten, um eine Profilierung im Führungsverhalten zu erreichen und vernetzte Führungsprobleme und -prozesse zu bewältigen [15].

Die gravierenden Veränderungen in unseren Unternehmungen setzen für erfolgreiches Führen hochleistungsfähige Informationssysteme, insbesondere gut ausgebaute, auf das Organisations- und Führungskonzept zugeschnittene Planungs- und Kontrollsysteme

	Aufgaben	Grundlagen
Nachfolgeplanung	• Führungskräfteerfassung • Bedarfsermittlung • Prüfung interner und externer Deckungsmöglichkeiten	• Ist-Organisation • Geschäftsfeldplanung • Soll-Organisation • Personal(markt)information
Karriereplanung	• Entwicklungsmaßnahmen	• Weiterbildungsmaßnahmen • Ausschuß-Mitarbeit • Projekt-Mitarbeit • Mandatsübernahmen • Job-Rotation

Abb. 14: Führungskräfteentwicklung als Aufgabe strategischer Führung

voraus. Vor allem aber werden Führungskräfte mit einem hoch motivierten, zielorientierten Führungsverhalten zur Bewältigung des Wandels benötigt. Nur hierdurch werden erstrebte bestmögliche Ergebnisse erzielt (Abb. 15).

Motiviertes Führungsverhalten wird durch eine Vielzahl von soziopsychologischen Variablen bestimmt. Dabei sind die gewährten Anreize zur Erreichung von Zielen der Unternehmung und von persönlichen Zielen der Führungskräfte von besonderer Bedeutung. Über die Bereitstellung entsprechender, unterschiedlich wahrgenommener

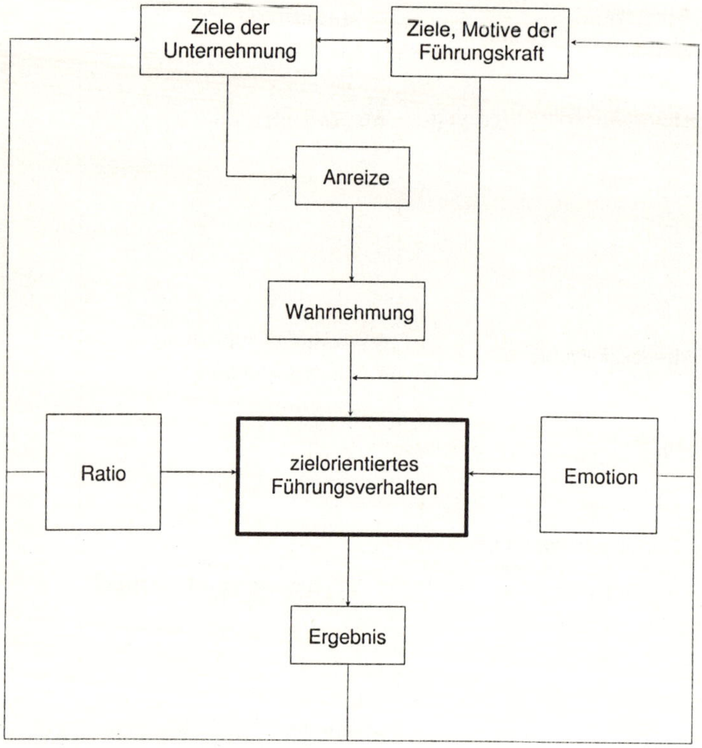

Abb. 15: Einflußfaktoren auf das Führungsverhalten

und gewichteter Anreize kann Motivation erzeugt werden. Wir sehen daher gerade in der Konzipierung von Anreizsystemen für Führungskräfte ein außerordentlich wichtiges strategisches Instrument.

Ein Anreizsystem sollte im Idealfall die Gesamtheit der in Form von materiellen und immateriellen Stimuli gestalteten Arbeitsbedingungen umfassen.

So reichen heute willkürlich festgelegte oder allein an die Dividende gekoppelte Tantiemen als materielle Anreize zur erhöhten Motivation unserer Führungskräfte offensichtlich nicht mehr aus. Neben einem fixen Gehalt sollte ein an Ziele und Zielerreichungen gekoppeltes variables Entgelt treten, in der Höhe von der Erreichung persönlicher sowie beeinflußbarer operativer und strategischer Ziele abhängig. Führungskräfte unterschiedlicher Generationsstufen haben verständlicherweise Anerkennungswünsche unterschiedlicher Art. Anreizsysteme sollten dann auch Wahlmöglichkeiten gewähren zwischen Entgelterhöhungen sowie sachlichen und sozialen Zusatzleistungen unterschiedlichster Art.

Eine erst in Ansätzen ausgeschöpfte, aber vielleicht besonders wichtige Form materieller Anreizgewährung sehen wir schließlich in der Beteiligung von Manager-Unternehmern am Kapital der Unternehmung. So kann man zumindest auf Zeit sowohl

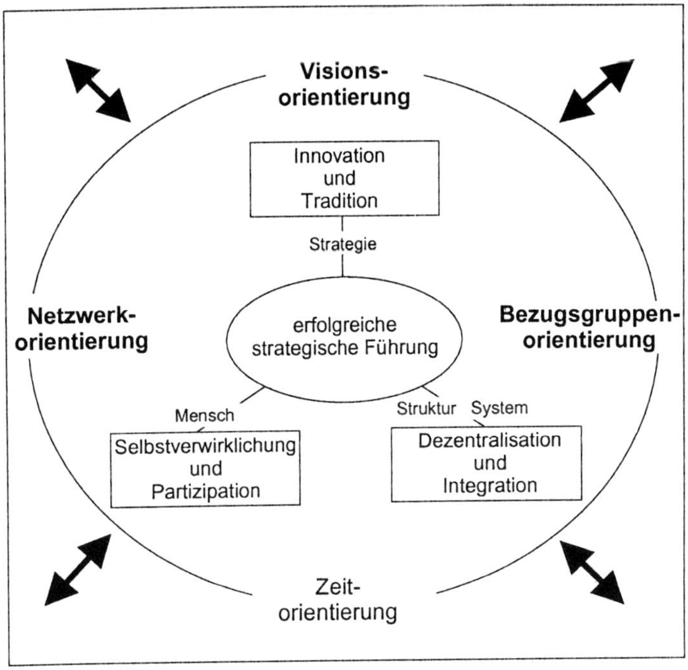

Abb. 16: Kardinale Anforderungen an die Unternehmungsführung

in Familien- als auch in Publikumsgesellschaften und deren Tochtergesellschaften obersten Führungskräften vorhandene oder zu schaffende Anteile am Gesellschafts- oder Aktienkapital übertragen. Will man bei Manager-Unternehmern mehr Eigentümer-Verhalten, sollten Eigentümer mehr Mut zu Schritten in diese Richtung haben. So erscheinen uns zum Beispiel bei rechtlich selbständigen Servicegesellschaften gerade im Software-Bereich die Bindung und Motivation von Spitzenkräften über diese Art der Anreizgewährung in Zukunft nahezu unentbehrlich.

Ganz offensichtlich gewinnen immaterielle Anreize immer mehr an Bedeutung. Gewandeltes Selbstverständnis mit einem Drang nach interessanter und lohnender, nicht nur entlohnender Arbeit geben dem Aufgabenfeld und Entscheidungsraum, der Identifikationsmöglichkeit und dem sozialem Status, vor allem der sozialen Einbindung in Zukunft ein besonderes Gewicht.

Wenn wir nicht nur geschriebene, sondern bewußt gestaltete und auch gelebte Visionen haben, Leitbilder, Unternehmungs- und Führungsgrundsätze, die unser strategisches Wollen widerspiegeln, dann wird es uns gelingen, unsere Unternehmungen erfolgreich zu führen – durch Verbindung von (Abb. 16)

- Innovation und Tradition,
- Selbstverwirklichung und Partizipation sowie

- Dezentralisation und Integration mit zielgerichteten und umfassend aufeinander abgestimmten
  - Strategien,
  - Strukturen, Systemen und
  - motivierten Menschen – motivierten Mitarbeitern in der Unternehmung.

Literatur

[1] Vgl. *Reuter, E.*, Die künftige Rolle des Managements in der Gesellschaft, in: *Henzler, H. A.* (Hrsg.), Handbuch Strategische Führung, Wiesbaden 1989, S. 47 ff.

[2] Vgl. *Hahn, D.*, US-amerikanische Konzepte strategischer Unternehmungsführung, Beitrag in diesem Reader.

[3] Vgl. *Henzler, H.A.*, Vision und Führung, in: *Henzler, H.A.* (Hrsg.), Handbuch Strategische Führung, Wiesbaden 1989, S. 17 ff.

[4] *Rühli, E.*, Visionen, in: Die Unternehmung, 40 Jg., 1990, S. 112 ff.

[5] *Bleicher, K.*, Das Konzept integriertes Management, 2. Aufl., Frankfurt/M.-New York 1992, S. 68 ff.

[6] *Rosenstiel, L.v., Molt, W., Rüttinger, B.*, Organisationspsychologie, 7. Aufl., Stuttgart u.a. 1988.

[7] Vgl. *Höhler, G.*, Offener Horizont. Junge Strategien verändern die Welt, Düsseldorf 1989, S. 13 ff.

[8] *Krystek, U., Zumbrock, S.*, Planung und Vertrauen: die Bedeutung von Vertrauen und Mißtrauen für die Qualität von Planungs- und Kontrollsystemen, Stuttgart 1993.

[9] Vgl. *Hahn, D.*, Unternehmungsziele im Wandel, in: Unternehmerischer Wandel: Konzepte zur organisatorischen Erneuerung; Knut Bleicher zum 65. Geburtstag, *Gomez, P., Hahn, D., Müller-Stewens, G., Wunderer, R.* (Hrsg.), Wiesbaden 1994, S. 59 ff.

[10] Vgl. *Hahn, D.*, PuK, Controllingkonzepte, 5. Aufl., Wiesbaden 1996, S. 269 ff.

[11] Vgl. *Hahn, D.*, Zweck und Standort des Portfolio-Konzeptes in der strategischen Unternehmungsplanung, Beitrag in diesem Reader.

[12] Vgl. *Pfeiffer, W., Dögl, R.*, Das Technologie-Portfolio-Konzept zur Beherrschung der Schnittstelle Technik und Unternehmensstrategie, Beitrag in diesem Reader.

[13] Vgl. *Scheer, A.-W.*, CIM – Der computergesteuerte Industriebetrieb, 4. Aufl., Berlin u.a. 1990.

[14] Vgl. hierzu *Harrigan, K.R.*, Strategies for Declining Businesses, 5. Aufl., Lexington 1985, S. 14 ff.

[15] Vgl. *Arbeitskreis „Integrierte Unternehmungsplanung"* der Schmalenbach-Gesellschaft, Integrierte Führungskräfteplanung. in: *Coenenberg, A.G.* (Hrsg.), Betriebliche Aus- und Weiterbildung von Führungskräften, ZfbF-Sonderheft 24, Düsseldorf 1989, S. 121 ff.

Struktur und Dynamik der strategischen Unternehmungsführung*

H.H. Hinterhuber

Die Person oder die Gruppe von Personen, die die langfristige Ausrichtung einer Unternehmung bestimmt, aber auch Wirtschaftspolitiker und Vertreter von Interessenverbänden, rufen heute vermehrt nach strategischer Unternehmungsführung. Die Bedeutung der strategischen Unternehmungsführung für die Lösung vieler wirtschaftlicher und gesellschaftlicher Probleme rechtfertigt es, Struktur und Dynamik dieser Führungskonzeption sorgfältig zu analysieren. Dies soll hier in sechs Abschnitten geschehen. Erstens werden die Entwicklungsstufen untersucht, die zum heutigen Stand der strategischen Unternehmungsführung geführt haben. Zweitens werden die sieben Komponenten dieser Führungskonzeption dargestellt. Drittens wird der Begriff der Strategie erörtert. Der Erfolg einer Unternehmung hängt nicht nur von der ganzheitlichen Sicht und der Qualität der Strategien ab, sondern auch von intangiblen Faktoren, die man unter dem Begriff strategische Führungskompetenz zusammenfaßt; dieser ist der vierte Abschnitt gewidmet. Fünftens wird die These entwickelt, daß in der strategischen Unternehmungsführung sich Wissenschaft und Kunst zu einer operativen Synthese ergänzen. Abschließend wird gezeigt, daß die strategisch geführte Unternehmung eine Konföderation von Unternehmern ist.

1. Die Entwicklungsstufen der strategischen Unternehmungsführung

Worauf des Menschen Sinn gerichtet ist, das bestimmt seinen Wert.
Arabisches Sprichwort

Überblickt man in großen Linien die Hauptprobleme der Führung einer Unternehmung und die entsprechenden Lösungsansätze (Abb. 1) [1], die in den vergangenen vierzig Jahren erarbeitet worden sind, verstärkt sich nicht nur der Eindruck, daß die Beschleunigung der Veränderung ein neues Kapitel in der Geschichte des Menschen eröffnet hat, sondern es zeigt sich auch, daß sich erst jetzt die wichtigsten Auswirkungen dieser Entwicklung auf die Führung abzuzeichnen beginnen.

In der Phase des Wiederaufbaus nach dem 2. Weltkrieg stehen naturgemäß die Rationalisierung und Organisation der Produktion im Vordergrund. Der in der Folge

---

* Überarbeitete und erweiterte Fassung des gleichnamigen Beitrages aus der 6. Auflage dieses Readers.

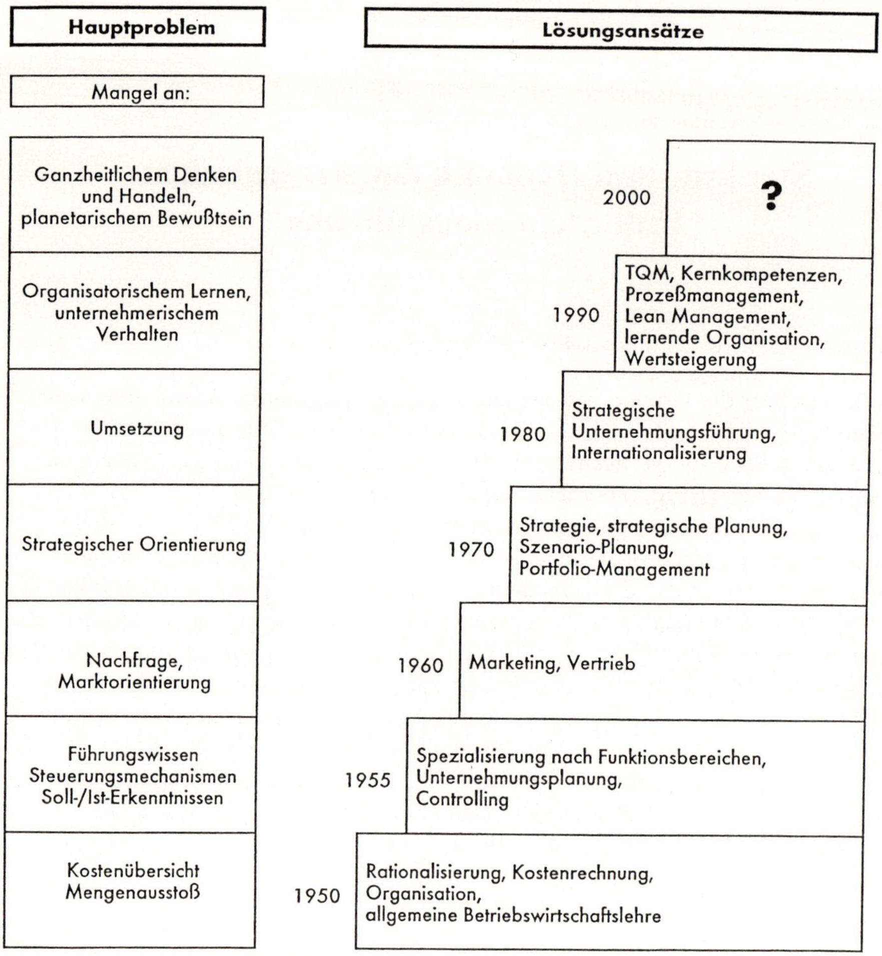

Abb. 1: Die Entwicklungsstufen der Unternehmungsführungslehre

auftretende Mangel an Kostenübersicht ist der Grund, weshalb in den 50er Jahren vermehrte Aufmerksamkeit der Kostenrechnung/Betriebswirtschaft gewidmet wird. Die Führung einer Unternehmung verlangt jedoch nicht nur die Übersicht über die Kosten, sondern auch die Kontrolle der Produktivität und geeignete Steuerungsmechanismen, damit rechtzeitig die notwendigen Entscheidungen getroffen und in ihren Auswirkungen erfaßt werden können. Diesen beiden Herausforderungen tragen das Controlling und die Unternehmungsplanung Rechnung; die Mitte der 50er Jahre sich rasch ausbreitende Unternehmungsplanung ist im wesentlichen eine in die Zukunft fortgeschriebene Gewinn- und Verlustrechnung. Der Mangel an Nachfrage führt zur Betonung der Marktorientierung der Unternehmung in den 60er Jahren. Eine auch kurzfristig zunehmend unsichere Zukunft, Entscheidungen, die sich auf eine entferntere Zukunft erstrecken und Produktionsstrukturen, die sich nur mit Schwierigkeit dem Wandel anpassen lassen, führen in den 70er Jahren zur Einführung von Strategie und strategischer Planung; damit soll die Unternehmung vor dem Risiko geschützt werden, daß Ziele verfolgt werden, die lediglich durch Trendextrapolationen der Vergangenheit und nicht durch die Formulierung von Szenarios ermittelt werden. Die strategische Unternehmungsführung der 80er Jahre ist die Antwort auf die ungenügende Umsetzung vieler Strategien und strategischer Pläne in der Praxis. Mit der strategischen Unternehmungsführung vollzieht sich ein „Quantensprung" in der Gesamtheit der Kenntnisse, Einstellungen und Instrumente, die in der Führung komplexer Organismen eingesetzt werden.

Die Art des industriellen Fortschritts scheint es nicht mehr zu erlauben, bestimmte Lösungsansätze bestimmten Hauptproblemen unserer Zeit zuzuordnen. Die Unternehmungen bewegen sich heute auf ganz anderen Linien als in der Vergangenheit. Die Globalisierung der Märkte, der Verdrängungswettbewerb, der heute viele Branchen kennzeichnet, die Verzerrung der Wettbewerbsbedingungen durch staatliche Eingriffe in die Wirtschaft, die Beschleunigung des technischen Fortschritts und der Wertewandel in unserer Gesellschaft sind Faktoren, die zur Erhöhung der Komplexität der Führung einer Unternehmung beigetragen haben.

Die Jahrzehnte, die seit dem Ende des 2. Weltkrieges vergangen sind, müssen als eine bewegte Übergangsperiode von der Phase des Wiederaufbaues zum technisch-wissenschaftlichen Zeitalter angesehen werden; im Laufe dieser Übergangsperiode wurden Forschungslinien und Technologien entwickelt sowie Führungssysteme und Lösungsansätze erarbeitet, deren gemeinsame Anwendung heute auf eine beeindruckende Weise alle ihre Auswirkungen zeigt. Wenn man die Ideen und Lösungsansätze dieser bewegten Übergangsperiode jedoch mit den Problemen vergleicht, die wir heute zu erfassen beginnen, dann wird klar, daß der Engpaßfaktor der Zukunft voraussichtlich in einem Mangel an unternehmerischem Verhalten und qualifizierten Führungskräften liegen wird. Es erscheint sinnvoll, darüber nachzudenken, welcher Lösungsansatz in Zukunft diesem menschlichen Faktor entsprechen wird.

2. Die Gesamtkonzeption der strategischen Unternehmungsführung

> Die ersten Schritte sind wertlos, wenn
> der Weg nicht zu Ende gegangen wird.
> Indisches Sprichtwort.

In Abb. 2 ist ein integrierendes Gesamtkonzept für die strategische Führung einer Unternehmung dargestellt; es besteht aus sieben Komponenten, die durch Rückkoppelungsmechanismen verbunden sind.

Das Modell beruht auf drei Säulen: (1) dem systemtheoretischen, (2) dem konstruktivistischen und (3) dem anthropologischen Ansatz.

Nach dem ersten Ansatz sind Unternehmungen synreferentielle, soziale Systeme; die Unternehmungsmitglieder sind Komponenten des Systems, die gleiche Wirklichkeitskonstrukionen ausgebildet haben und im Hinblick auf diese interagieren.

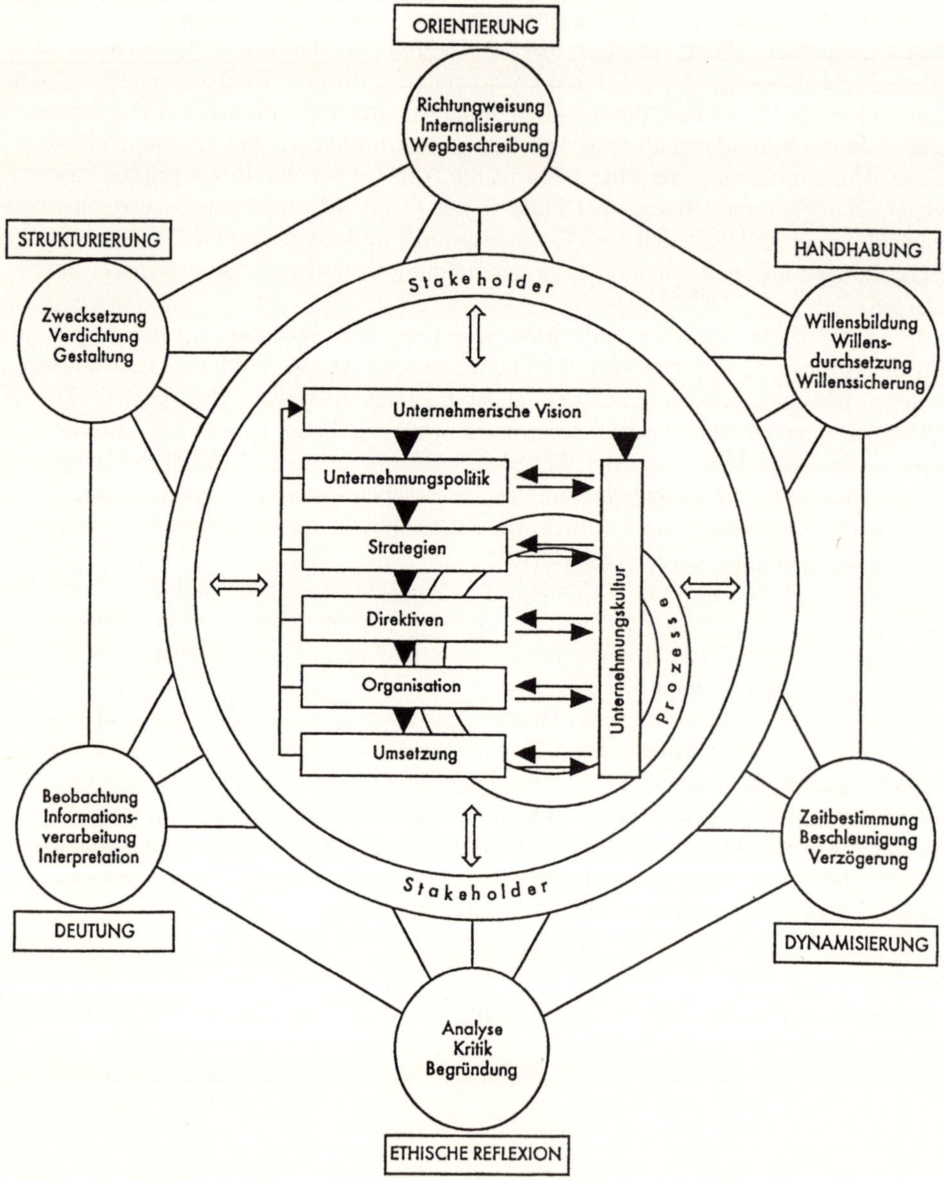

Abb. 2: Das Modell der strategischen Unternehmungsführung

Nach dem konstruktivistischen Ansatz ist die Umwelt eine Konstruktion, die die Unternehmungsmitglieder durch parallele Interaktionen erzeugen und erproben. Die Unternehmung wird so zur Deutungsgemeinschaft [2].

Der anthropologische Ansatz stellt den Menschen in seiner Ganzheit, mit seiner Lebensgeschichte, seinem kognitiven und emotionalen Bereich in den Mittelpunkt.

Im folgenden werden die sieben Komponenten der strategischen Führung kurz beschrieben [3].

2.1 Die unternehmerische Vision

> Tu nie im Leben was andere tun. Entweder tue nichts – geh einfach zur Schule – oder tue etwas, was sonst niemand anderer tut.
> Ratschlag einer Großmutter an ihren Enkel

Am Anfang einer jeden unternehmerischen Tätigkeit steht wie bei jeder schöpferischen Tätigkeit eine *Vision*. Die Vision ist das Bild einer wünschenswerten und richtungsweisenden Zukunft. Den Erfindern des PC schwebte als Vision die „Demokratisierung des Computers" vor. Die Vision einer bekannten Dienstleistungsunternehmung im Tourismussektor ist, Menschen im Urlaub zu bezaubern sowie deren Wünsche und Träume durch die Perfektion und Schnelligkeit ihrer Dienstleistungen zu verwirklichen. Der Rektor einer Technischen Universität sieht seine Vision darin, die Bedingungen zu schaffen, die es einem Mitglied des Lehrkörpers erlauben, den Nobelpreis zu gewinnen.

Das Wesen der unternehmerischen Vision liegt mehr in den Richtungen, die sie weist, und weniger in den Grenzen, die sie setzt, mehr in dem, was sie ins Leben ruft, und weniger in dem, was sie abschließt, mehr in den Fragen, die sie aufwirft und weniger in den Antworten, die sie für diese findet. Die Ergebnisse, zu denen die Vision gelangt, sind zeitlich und vergänglich.

Vision gelingt durch die Synthese von Offenheit, Spontaneität und Realitätssinn. Offenheit ist nach außen gerichtet, Spontaneität nach innen. Offenheit ist die Empfänglichkeit für Eindrücke – gleich welcher Art, gleich wieviel und auf welchem Wege. Wir müssen jedoch Eigenes hinzutun, spontan, aus eigenen Kräften, „eine Welt zur Welt tragen", wie Goethe sagt, um überhaupt zu einer Vision zu gelangen. Spontaneität ist die Fähigkeit, verschiedene Blickpunkte einzunehmen, von denen aus die Dinge betrachtet werden. Die Erfinder der elektronischen Schreibmaschine haben diese nicht aus der mechanischen Schreibmaschine weiterentwickelt, sondern umgekehrt, sie veränderten die Spielregeln, setzten spontan neue Voraussetzungen und Grundannahmen und leiteten ihr System von diesen ab. In den meisten Fällen, wo der Unternehmer neue Bahnen betritt und innovative Produkte am Markt einführt oder innovative Verfahren anwendet, entwickelt er nicht aus dem Gegebenen weiter, sondern umgekehrt, er geht von ganz neuen Voraussetzungen aus und verändert dadurch die Spielregeln am Markt.

Es gibt aber auch Wahnvorstellungen, Irrtümer, falsche Schlüsse, Einbildungen, bei denen diese Ergänzung von Offenheit und Spontaneität gerade so zutrifft wie in den obigen Fällen und die gleichwohl keine Vision bedeuten. Viele Unternehmungen sind durch „Visionäre" in den Abgrund geführt worden. Diese „Visionäre", die den Zusammenbruch oft wunderbarer Organisationen verursacht haben, sind jedoch in Wirklichkeit „Illusionäre". Aber auch hier wirken beide Pole zusammen, aber die Art ihres Zusammenhangs ist offenbar eine andere als dort, wo das Resultat positiv erscheint. Ein im Bereich des Industrieanlagenbaus erfolgreicher Unternehmer versagt im Bereich der Elektronik, ein in Saudiarabien durch seine hohe Fündigkeitswahrscheinlichkeit bekannter Erdölgeologe trägt im Golf von Mexiko wenig zur Erschließung neuer Lagerstätten bei, Goethe verstand nichts von der physikalischen Optik, und Newton war ein mittelmäßiger Deuter der Apokalypse. Selbst begabteste Unternehmer, Dichter und Wissenschaftler finden sich nicht überall zurecht, und eine Vision kommt eben nicht zustande, wenn Offenheit, Spontaneität und Realitätssinn sich nicht wahrhaft ergänzen. Die Vision ist eine heuristische Anlage, die sich naturgemäß erst in der Zukunft als realistisch oder illusionistisch erweisen kann.

2.2 Die Unternehmungspolitik

Das Glück besteht darin, in dem zur
Maßlosigkeit neigenden Leben das rechte
Maß zu finden.
Leonardo da Vinci

Aufgabe der Unternehmungspolitik ist es, die Vision des Unternehmers oder der obersten Führungskräfte so auszudrücken, daß alle Mitarbeiter „an einem Strick" und „gemeinsam in eine Richtung ziehen". Die Unternehmungspolitik ist die Gesamtheit von Unternehmungsgrundsätzen, die in einem Leitbild festgehalten, oft aber auch mündlich weitergegeben werden. Sie regeln das Verhalten der Unternehmung nach innen und nach außen und geben an, was die Unternehmung für alle „Stakeholder" sein will. Das Leitbild ist mit einer Haus- oder Hüttenordnung vergleichbar.

Die Unternehmungspolitik gibt u. a. an, in welchen Märkten die Unternehmung tätig oder nicht tätig sein will, wie die Ergebnisse der Strategien verwertet und der Gewinn verteilt werden, welche Rolle Familienmitglieder in der Führung spielen sollen und dgl. mehr.

Zum natürlichen Glauben der Unternehmer und/oder Führungskräfte gehört die Überzeugung, daß die Unternehmung zu guten Zwecken tätig sein kann, d. h. neue Arbeitsplätze schaffen und alte erhalten sowie Menschen das Gefühl vermitteln kann, daß sie gebraucht werden. Sollten sie wirklich den Gewinn für etwas Schlechtes halten, so hätten sie auf jede ideale Seite ihres Berufes Verzicht geleistet, und sie müßten, wenn sie edel gesinnte Menschen sind, den Beruf überhaupt aufgeben. Aus diesen Gründen enthält jede Unternehmungspolitik ein Bekenntnis zur Wertsteigerung der Unternehmung, zur fairen Behandlung der Mitarbeiter und so fort; sie verteidigt somit die ideale Seite des unternehmerischen Berufes.

Die Unternehmungspolitik darf kein starres System von Unternehmungsgrundsätzen sein. Sie muß zu einer *Denkmethode* werden, mit deren Hilfe man unternehmungsexterne und -interne Entwicklungen erfassen, ihrer Bedeutung für Motivation und Engagement der Mitarbeiter nach ordnen und entsprechend die Strategie festlegen und überprüfen kann. Die irrationalen Elemente, die in der Unternehmungspolitik eine erhebliche Rolle spielen müssen rational betrachtet werden, wenn ihr Primat über die Strategien allgemein verbindlich sein soll.

2.3 Die Formulierung der Strategien

Die Strategie ist die Anwendung des
gesunden Menschenverstandes, und der
läßt sich nicht lehren.
Moltke

In einer Zeit, in der die Beschleunigung der Veränderung und die zunehmende Komplexität aller menschlichen Einrichtungen die einzigen Konstanten zu sein scheinen, braucht jede Unternehmung eine Strategie, um dank einer guten Ökonomie der Kräfte ihren Handlungsspielraum zu wahren und Werte für alle „Stakeholder" zu schaffen.

Die Formulierung der Strategien erfolgt auf zwei Ebenen:

a. auf der Ebene der strategischen Geschäftseinheiten, und
b. auf Unternehmungsebene.

Auf der Ebene der strategischen Geschäftseinheiten ist die Strategie, um mit Moltke zu reden, die „Fortbildung des ursprünglich leitenden Gedankens entsprechend den stets sich ändernden Verhältnissen". Der leitende Gedanke ist, in jedem Marktsegment, in dem die Unternehmung mit einer Geschäftseinheit tätig ist oder sein will, mit Hilfe ihrer Kernkompetenzen [4] auf Dauer haltbare Wettbewerbsvorteile aufzubauen und dadurch zu den führenden Wettbewerbern zu zählen (Abb.3) [5]. Das folgende Beispiel zeigt, um was es geht:

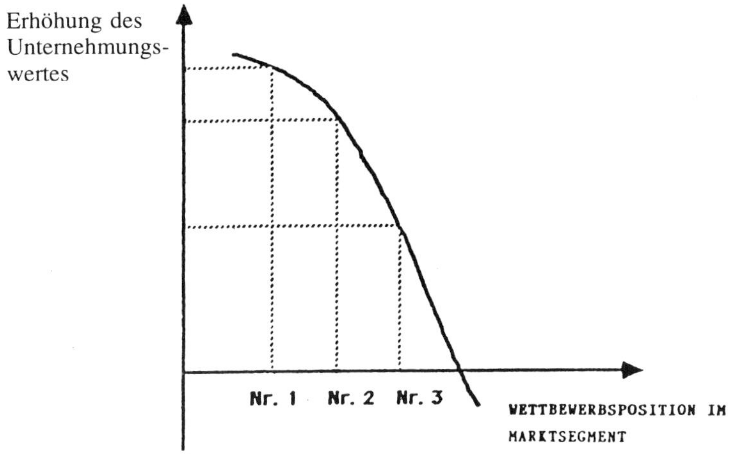

Abb. 3: Der leitende Gedanke der Strategie ist, mit Hilfe der Kernkompetenzen in jedem Marktsegment ein führender Wettbewerber zu sein oder zu werden (in Anlehnung an PIMS)

Anzahl der strategischen Geschäftseinheiten:	Wettbewerbsposition der strategischen Geschäftseinheiten:	Anteil an der Wertsteigerung der Unternehmung:
5	Nr. 1	51 %
5	Nr. 2	21 %
5	Nr. 3	9 %
	mit	81 %

Die restlichen 15 strategischen Geschäftseinheiten, die in dieser Unternehmung als Zentren für integrierte Maßnahmen eingerichtet sind und keine führende Marktposition einnehmen, tragen lediglich mit 19 % zur Wertsteigerung der Unternehmung bei. Auf Unternehmungsebene werden die Strategien der Geschäftseinheiten so koordiniert und integriert, daß Synergieeffekte erzielt, untragbare Risikosituationen abgebaut, eine ausgewogene Cash-flow-Entwicklung erzielt und eine angemessene Wertsteigerung der Unternehmung verwirklicht werden.

2.4 Direktiven für die Funktionsbereiche und regionalen Einheiten

Unreife Taktik schlägt tiefe Wunden
Japanisches Sprichtwort

Direktiven sind leitende Gesichtspunkte, die den Leitern der Funktionsbereiche – Marketing, Forschung und Entwicklung, Produktion usw. – und den Leitern der regionalen Einheiten als Richtschnur für selbständig zu treffende Entscheidungen im Hinblick auf die Zufriedenstellung der „Stakeholder" dienen. Eine Unternehmung ist umso erfolgreicher, je besser und initiativer die Führungskräfte die Handlungsfreiheit, über die sie verfügen, im Sinne der Strategien der Geschäftseinheiten nutzen.

Es ist Aufgabe der Unternehmungsleitung, den für die einzelnen Funktionsbreiche verantwortlichen Führungskräften die beschlossenen Strategien, zu deren Formulierung sie beigetragen haben, bekanntzugeben und sie durch die Kenntnis des Gesamtrahmens in die Lage zu versetzen, initiativ und kreativ die Maßnahmen im einzelnen auszuarbeiten und zu koordinieren, die in ihren Bereichen für die Umsetzung der einzelnen Strategien erforderlich sind.

Führen mit Direktiven ist eine Methode, mit der die Leiter der strategischen Geschäftseinheiten den für die Funktionsbereiche, Kompetenzzentren oder regionalen Einheiten verantwortlichen Führungskräften einen Ausschnitt aus den eigenen strategischen Absichten und Gedankengängen geben, durch den diese zur geistigen Mitarbeit und Mitverantwortung bei der Umsetzung der Strategien aufgefordert werden. Die übergeordneten Stellen halten sich vor jedem Eingehen in Details fern, vereinbaren Ziele, definieren gemeinsam Randbedingungen und überlassen die Wahl der Mittel und Wege den Mitarbeitern.

Diese Methode darf die Unternehmungsleitung allerdings nicht abhalten, da wo die Situation es erfordert, wo es an Zeit fehlt oder wo das Verhalten der Mitarbeiter die Erreichung der Ziele zu gefährden droht, Weisungen an die Führungskräfte oder Mitarbeiter zu erteilen. Die Unternehmungsleitung soll aber von diesem Recht so wenig Gebrauch machen als nur irgendwie möglich ist; ihre Aufgabe ist, die Unternehmungsmitglieder zu der in richtigen Grenzen sich entfaltenden Selbsttätigkeit und Verantwortungsfreude zu erziehen [6].

Es ist Aufgabe der Leiter der Funktionsbereiche und regionalen Einheiten, die Strategien im Detail auszuarbeiten, integrierende und/oder Korrekturmaßnahmen durchzuführen und sich für die Umsetzung möglichst viele Möglichkeiten offenzulassen, dabei jedoch das Ziel der Strategie klar und entschlossen zu verfolgen [7].

Die Kunst der Strategie und der Direktive scheint in der Verbindung von Leitung und Gewährenlassen in der Behandlung der Führungskräfte sowie in der Kombination des Berechenbaren mit dem Unberechenbaren zu liegen. Nur eine tiefe Einsicht in die allgemeinen Lebensbeziehungen und eine selbstlose Sachlichkeit können diese doppelte Aufgabe erfüllen. Auf diese Verbindung von Leitung und Gewährenlassen, von Berechenbarem und Unberechenbarem muß die Ausbildungsarbeit, soweit sie Schulung in strategischen Denken ist, ausgehen. Von ihr aus gewinnen die obersten Führungskräfte die Überzeugung, Aufgaben stellen und Direktiven formulieren zu können, deren Erfüllung auf jeden Fall in die gewünschte Richtung geht, mag sie auch unter Umständen nicht ganz das treffen, was sie sich gedacht haben. Persönlich müssen sie sich aber immer imstande fühlen, nötigenfalls durch unmittelbares Eingreifen für den erforderlichen Ausgleich zu sorgen, begangene Fehler wiedergutzumachen und Abhilfe zu schaffen, je nachdem die Aktionen und Reaktionen der Konkurrenten Geplantes unausführbar machen oder die Marktsituation neue Möglichkeiten eröffnete.

2.5 Die Organisation

> Strategy follows people; the right
> person leads to the right strategy.
> John F. Welch

Jede Änderung in den Strategien der Unternehmung und in den Schwerpunkten ihrer Funktionsbereiche und regionalen Einheiten verlangt eine entsprechende Anpassung der Organisation. Alle auf Dauer erfolgreichen Unternehmungen haben ein Merkmal gemeinsam: Die Organisation stimmt sowohl mit den Strategien als auch mit den Bedürfnissen, Wünschen und Vorstellungen der Mitarbeiter überein. Je besser diese Übereinstimmung ist, die eine nie endende Arbeit an der Organisation voraussetzt, desto nachhaltiger kann eine Unternehmung ihren Wert steigern und desto kleiner ist das Risiko, das mit jeder unternehmerischen Tätigkeit verbunden ist.

Die Bezugspunkte der organisatorischen Tätigkeit sind:

1. die Qualität der verfügbaren Mitarbeiter,
2. die strategischen Geschäftseinheiten, in die die Unternehmung gegliedert ist,
3. die Geschäftsprozesse, die in der Unternehmung ablaufen,
4. die Unternehmungsgröße,
5. das Erbe der Vergangenheit.

Die organisatorische Tätigkeit beginnt in der Tat beim Menschen; sie erschöpft sich nicht in der Bestimmung eines abstrakten Systems von Aufgaben, Verantwortlichkeiten und Befugnissen; Stellenbeschreibungen und leistungsorientierte Entgeltsysteme sind wichtig, die Ablauforganisation muß den Strategien Rechnung tragen, alle organisatorischen Maßnahmen nützen jedoch nichts, wenn nicht die *Personen* verfügbar sind, die bereit und fähig sind, die vorgesehenen Rollen einzunehmen. Sind keine Mitarbeiter verfügbar, um bestimmte Rollen (Führung einer Geschäftseinheit, eines Funktionsbereiches oder einer regionalen Tochtergesellschaft) auszuführen, müssen:

1. die Aufgaben so in neue Rollen aufgeteilt werden, daß sie auch von den verfügbaren Personen übernommen werden können, oder
2. die Unternehmungstätigkeiten so abgeändert werden, daß auch ohne diese Rollen ausgekommen werden kann.

Alle Reorganisationsprozesse von Unternehmungen in Krisensituationen zeigen, daß gleichzeitige Maßnahmen in drei Richtungen erforderlich sind:

1. Ersatz von Mitarbeitern und Führungskräften,
2. Änderung der Organisation und
3. Neuformulierung der Strategien und Aktionspläne im Rahmen einer neuen Vision.

Die Organisationsstruktur reflektiert die Anzahl, Größe und Komplexität der *strategischen Geschäftseinheiten* der Unternehmung. Die Geschäftseinheit, die individuelle Problemlösungen in einem engen Marktsegment anbietet, braucht eine andere Organisation als die Geschäftseinheit, die als Zulieferer für wenige Großunternehmungen der kostengünstigste Hersteller von qualitativ hochwertigen Produkten sein will.

Geschäftsprozesse sind auf den Abbau von Barrieren zwischen Individuen, Verantwortungsebenen, Abteilungen und regionalen Einheiten gerichtet und optimieren die Organisation als Ganzes; sie dienen: (1) der besseren und schnelleren Zufriedenstellung der „Stakeholder", insbesondere der internen und externen Kunden, (2) der Absicherung und Weiterentwicklung der Kernkompetenzen und (3) der Erhöhung der Produktivität.

Die vierte Determinante der Organisationsstruktur ist die *Unternehmungsgröße*. Große Unternehmungen können ihre Flexibilität und Stoßkraft dadurch erhöhen, daß sie in relativ autonome strategische Geschäftseinheiten mit eigener Führungsverantwortung gegliedert werden, die auf die Ressourcen einer großen Unternehmung zurückgreifen.

Die vier Bestimmungsgrößen der Organisationsstruktur – verfügbare Mitarbeiter, strategische Geschäftseinheiten, Geschäftsprozesse, Unternehmungsgröße – ändern sich im Lauf der Zeit. Befugnisse und Verantwortlichkeiten können nicht kurzfristig widerrufen werden; abgesehen vom Widerstand der Personen, die betroffen sind oder sich betroffen fühlen, wirken sich die Entscheidungen der oberen und obersten Führungskräfte graduell und langfristig aus; man muß deshalb vermeiden, daß durch häufige Änderungen der Aufgaben, Befugnisse und Verantwortlichkeiten diese Auswirkungen nicht die Zeit finden, konkrete Ergebnisse hervorzubringen. Jede organisatorische Änderung ist mit Kosten verbunden, die von den erwarteten Vorteilen der Reorganisation aufgewogen werden müssen. Da dies nicht immer der Fall ist, spiegelt die Organisationsstruktur einer Unternehmung auch ihre *Geschichte* wider.

2.6 Aktionspläne, Fortschrittskontrolle und Strategieüberwachung

Sei allezeit wie ein anhebender
Mensch
Meister Eckehart

Die Umsetzung der Strategien unterscheidet sich wesentlich von ihrer Formulierung. Die Formulierung der Strategie ist eine unternehmerische, ihre Umsetzung mehr eine administrative Angelegenheit. Bei der Formulierung der Strategien ist ein „kreatives Chaos" häufig förderlich, für ihre Umsetzung sind jedoch Disziplin, Planung, Fortschrittskontrolle und Strategieüberwachung entscheidend. Die Umsetzung der Strategie verlangt in der Regel viel mehr Energie und Zeit als Ihre Formulierung.

Es sind vor allem vier Aufgaben, die von der Unternehmungsleitung zu erfüllen sind, um den Erfolg der Strategien sicherzustellen:

1. die Mitarbeiter auf allen Verantwortungsebenen dazu bewegen, engagiert ihren Beitrag für die Zufriedenstellung der Kunden und der übrigen „Stakeholder" zu leisten,
2. ein einfaches, aber wirkungsvolles operatives Planungssystem einrichten, und
3. darauf aufbauend, ein Kontrollsystem entwickelm, das konstruktiv hilft, itegrierende und/oder Korrekturmaßnahmen rechtzeitig einzuleiten, wenn Abweichungen zwischen den Zielen und erreichten oder erreichbaren Ergebnissen sichtbar werden; es handelst sich darum, die Fortschritte in der Ausführung der Strategien zu überwachen und auch zu überprüfen, ob die Strategien selbst noch zweckmäßig sind.
4. Es wäre naiv anzunehmen, eine Strategie ließe sich ohne Berücksichtigung unternehmungsinterner „politischer" Erwägungen wirksam umsetzen. Es zählt zu den Aufgaben der Unternehmungsleitung, die wichtigsten Entscheidungszentren in der Organisation für die Umsetzung der Strategien zu gewinnen. Zu diesem Zweck muß sie vorausschauend den Widerstand seitens der Führungskräfte überwinden, deren Verantwortungsbereiche durch die Ausführung der Aktionspläne eingeengt oder umstrukturiert werden.

2.7 Die Unternehmungskultur

Jeder ist sein eigener Gefängniswärter
F. Attar

Viele gut konzipierte Strategien und Aktionspläne scheitern in der Praxis, weil sie nicht mit der in der Unternehumung vorherrschenden Unternehmungskultur übereinstimmen. In jeder Unternehmung gibt es viele Individuen, die fähig und bereit wären, im Sinne der Strategien innovativ zu wirken, die Organisation zwar nicht im Ganzen, aber an Ort und Stelle in kleinen Schritten zu verbessern. Wenn die Organisation aber so geschlossen ist, daß sich an Ort und Stelle nichts verändern läßt, sehen viele Mitarbeiter nur die Möglichkeit, das Gesamtsystem zu kritisieren, zu resignieren, auszusteigen, in die innere Emigration zu gehen oder sich außerhalb der Unternehmung zu engagieren [8].

Die Unternehmungskultur ist die Gesamtheit der in der Unternehmung vorherrschenden Wertvorstellungen, Traditionen, Überlieferungen, Mythen, Normen und Denkhaltungen, die den Mitarbeitern auf allen Verantwortungsebenen Sinn und Richtlinien für ihr Verhalten vermitteln. Die Unternehmungskultur ist etwas in der Zeit Gewachsenes, das in einem langen Zeitraum aufgebaut, in kurzer Zeit jedoch zerstört werden kann; sie ist ganz wesentlich durch die Vision und durch das Vorbild der Unternehmungsleitung geprägt.

Die Ergebnisse, die sich mit einer bestimmten Unternehmungskultur erzielen lassen, sind, zusammenfassend, in der Regel umso günstiger, je besser es der Unternehmungsleitung gelingt, (a) die Strategien im Einklang mit der Unternehmungskultur zu formulieren oder (b) die Unternehmungskultur den Strategien anzupassen. Im günstigsten Fall, wenn sich Strategie und Unternehmungskultur gegenseitig stützen und ergänzen, entsteht ein führender Wettbewerber.

Jede Unternehmung hat nicht eine, sondern verkörpert mehrere Kulturen: Offensivstrategien verlangen eine andere Unternehmungskultur als Defensivstrategien und letztere wiederum eine andere als Desinvestitionsstrategien. Das eigenständige Mitdenken, das initiative Handeln und Wollen im Sinne der Strategien, die Einsatzbereitschaft, Disziplin, Hingebung und Ausdauer bedürfen einer gezielten Vorgehensweise und behutsamen Entwicklung. Die Unternehmungskultur kann nicht einexerziert werden, sie will vorgelebt sein; sie ist dieses gewisse Etwas, das die Mitarbeiter in allen Verantwortungsbereichen ermutigt, die Handlungsfreiheit, über die sie verfügen, im Interesse der Strategien zu nutzen, zu deren Konzeption sie einen Beitrag geleistet haben [9].

2.8 Die ganzheitliche Sicht der Unternehmung

Man muß das Ganze vor seinen Teilen sehen
Scharnhorst

Die langfristigen Erfolgsaussichten der Unternehmung steigen in dem Maße, in dem systematisch und gleichzeitig alle Komponenten der Führung entwickelt werden; die erfolgreiche Unternehmung ist nicht nur führend in den Kernkompetenzen oder in bestimmten kritischen Elementen der Wertschöpfungskette; sie besitzt eine unternehmerische Vision, die in einer klaren Unternehmungspolitik und vorgelebten Unternehmungskultur ihren Niederschlag findet, verfolgt kohärente Strategien mit ihren Geschäftseinheiten, fördert die Handlungsfreiheit der Führungskräfte mit Hilfe von aus den Strategien abgeleiteten Direktiven und gestaltet die Organisation und Geschäftsprozesse so, daß sich die Mitarbeiter motiviert und engagiert einsetzen sowie in der Umsetzung rasche Antworten auf nicht vorhergesehene Ereignisse finden.

Diese sieben Komponenten der strategischen Führung sind untereinander verbunden und bilden eine Ganzheit, deren Qualität vom schwächsten Element des Systems bestimmt wird. Eine aktive Forschungs- und Entwicklungsabteilung nutzt z.B. wenig, wenn die Marketingpolitik mittelmäßig ist, die Einrichtung von strategischen Geschäftseinheiten trägt nicht zum Erfolg der Unternehmung bei, wenn keine klaren Führungsverantwortlichkeiten eingerichtet sind oder das *Human Resource Management* nicht auf die Strategien ausgerichtet ist. Empirische Forschungen zeigen, daß keine signifikante Korrelation zwischen der Anzahl der von der Unternehmung hervorgebrachten Inovationen und ihrer langfristigen *Performance* besteht. Es kommt auf das harmonische Verhältnis aller Komponenten der Führung an, die den Innovationsprozeß beeinflussen [10].

Die Unternehmungsleitung muß, zusammenfassend, alle sieben Komponenten der Führung beherrschen und zu einem kohärenten Ganzen integrieren. Die Intensität und die Kombination der Komponenten und ihrer Elemente – der Produktpolitik, Ausbildungspolitik, Finanzierungspolitik usw. – hängen von den Strategien ab, die die einzelnen Geschäftseinheiten und die Unternehmung als Ganzes verfolgen; es ist jedoch notwendig, sie alle zu verstehen, um sie entsprechend den Strategien gestalten zu können.

Der Erfolg der Unternehmung wird schließlich wesentlich durch die qualitativen, intangiblen Elemente, wie Verhaltensweisen und Motivationen der Mitarbeiter und Führungskräfte, Machtspiele, Einstellungen gegenüber dem Wandel und Risikoneigung der Unternehmungsleitung bestimmt.

Eines der signifikantesten Ergebnisse der empirischen Forschung ist, daß die Bedingungen der langfristigen *Performance* einer Unternehmung unabhängig sind von der Branche, von der Unternehmungsgröße, von der Nachfrageentwicklung, von der Intensität des technischen Fortschritts, von der Art der Kapitalzusammensetzung oder vom Ursprungsland der Unternehmung. Es gibt eine Art zu führen und eine Weise, die Komponenten der Führung zu integrieren, die unabhängig von der Branche, der Größe oder Nationalität der Unternehmung sind. Der Erfolg der Unternehmung beruht, mit anderen Worten, auf Methoden und Verhaltensweisen, die generalisierbar sind. Eine dieser Methoden ist die Strategie; ihr ist der nächste Abschnitt gewidmet.

3. Die Strategie als Problemfindungs- und -lösungspfad in turbulenten und komplexen Situationen

Die Strategie ist ein System von Aushilfen
Moltke

Der Begriff der Strategie ist ein äußerst komplexer und vielschichtiger Begriff [11]; er wird in unserer Zeit weit über seinen angestammten oder modernisierten Bereich hinaus gebraucht. Man spricht heute für alle erdenklichen Planungs- und Handlungsgebiete von „Strategien“ – von der Abstimmungsstrategie über die Umweltschutzstrategie bis zur Finanzstrategie. Dies hat zu einer Begriffsverwirrung geführt, in der der wahre Begriff nicht mehr feststeht.

Eine einwandfreie und erschöpfende Definition der Strategie gibt es nicht und wird sich auch kaum finden lassen, weil in der Praxis Strategie und Aktionspläne vielfach ineinander übergreifen und sich dauernd zwingend beeinflussen. Strategie ist ihrem Wesen nach keine theoretische, sondern eine vitale und praktische Angelegenheit.

Am kürzesten und daher für die meisten Fälle ausreichend ist die Wiedergabe der Strategie nach Moltke: „Die Strategie ist die Fortbildung des ursprünglich leitenden

Gedankens entsprechend den stets sich ändernden Verhältnissen" [12]. Der leitende Gedanke im wirtschaftlichen Bereich ist, durch die optimale Beherrschung einer oder mehrerer Kernkompetenzen die Kunden und die übrigen „Stakeholder" besser und/oder schneller zufriedenzustellen als dies die Konkurrenten oder andere Referenzunternehmungen zu tun in der Lage sind. Das Ziel ist, in jedem Marktsegment, in dem die Unternehmung tätig ist oder sein will, eine führende Wettbewerbsposition einzunehmen.

Die Strategie ist die Kunst und die Wissenschaft, die Ressourcen der Unternehmung – die Information eingeschlossen – zur Erreichung der von der Unternehmungspolitik festgelegten Zwecke – Zufriedenstellung aller „Stakeholder" – einzusetzen. Die Strategie ist ein Mittel, denn die Definition der Ziele, die die Strategie zu erreichen versucht, fällt in den Aufgabenbereich der Unternehmunspolitik. Wie die Strategie das Mittel zur Umsetzung der Unternehmungspolitik ist, ist die Taktik das Mittel zur Umsetzung der Strategie.

Im Wettbewerb zählen nicht nur der entgegengesetzte Wille oder die ausgleichende Vernunft der Konkurrenten, sondern auch der Einfluß der Umwelt – der Abnehmer, Kapitalgeber, Mitarbeiter, Lieferanten, Institutionen, verbündeten Unternehmungen und Meinung der repräsentativen Öffentlichkeit. In dieser und mit Hilfe der Umwelt versuchen die Wettbewerber, sich gegenseitig zu beeinflussen. Die Konkurrenten

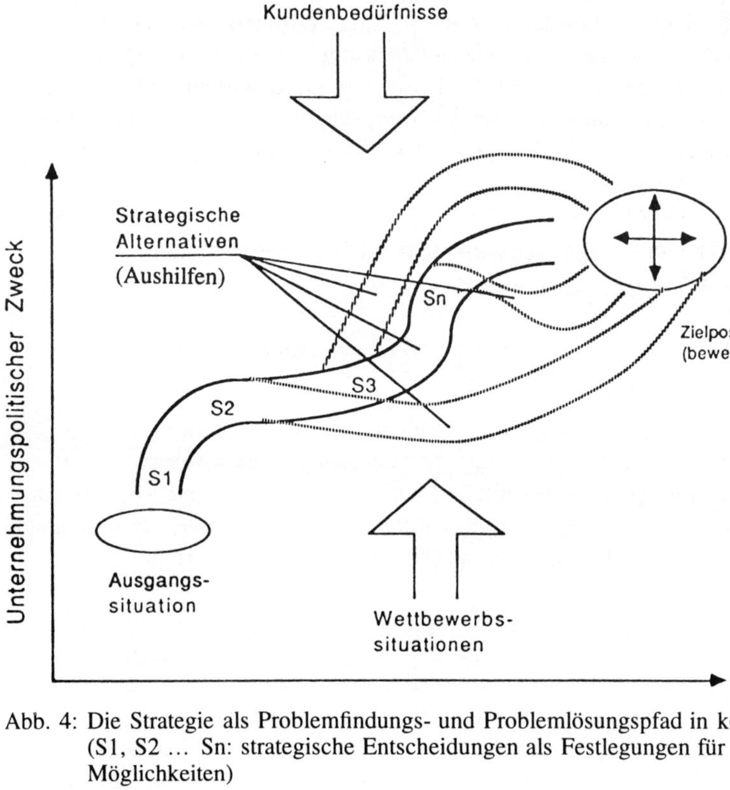

Abb. 4: Die Strategie als Problemfindungs- und Problemlösungspfad in komplexen Situationen (S1, S2 … Sn: strategische Entscheidungen als Festlegungen für eine unter mehreren Möglichkeiten)

interagieren nicht nur unmittelbar (direkte Strategie), sondern auch über die Umwelt (indirekte Strategie), die einer eigenen und in der Regel unabhängigen Logik folgt [13].

Die strategische Führung ist nicht nur darauf ausgerichtet, Wettbewerbsvorteile zu erzielen, die Konkurrenten zu beeinflussen und mit ihnen zu kommunizieren, indem man ihnen wahre oder manipulierte Absichten zukommen läßt oder sie entmutigt, in einen bestimmten Markt einzudringen; sie ist auch bestrebt, die Umwelt zu beeinflussen, mit ihr zu kommunizieren und schließlich auch sich selbst zu beeinflussen.

Die Strategie ist jedoch nicht nur gegen die Konkurrenz und/oder Umwelt gerichtet; sie dient häufig auch dazu, einen Verbündeten oder einen Kunden zu gewinnen. Eine Strategie kann auch im Hinblick auf die Umwelt sowie auf die Unsicherheit der Bedingungen und Naturzustände notwendig sein, unter denen die Unternehmung – z.B. in der Erdölexploration – operiert.

Die Strategie ist, abschließend, wie die Unternehmungspolitik nicht nur nach außen, sondern auch *nach innen* gerichtet. Die nach innen gerichtete Strategie betrifft nicht nur die Beschaffung und den Einsatz der Ressourcen, sondern auch deren Kontrolle; sie kann häufig wichtiger sein als die nach außen gerichtete Strategie.

Ziel der Strategie einer Geschäftseinheit ist in der Regel die Einnahme und/oder Verteidigung einer führenden Wettbewerbsposition. Die Gesamtstrategie kann jedoch auf einen *Kompromiß* gerichtet sein, der es oft zweckmäßig erscheinen läßt, bestimmte Opfer und Beschränkungen im Hinblick auf eine zukünftige Situation zu akzeptieren.

In diesem Sinne orientiert sich die Strategie am juridischen Begriff des Vergleichs [14]. Ein Vergleich läuft auf eine Überwindung eines Streites hinaus, wobei eine Situation angestrebt wird, die durch ein gegenseitiges Nachgeben und entsprechende Gegenleistungen gekennzeichnet ist; das neue Gleichgewicht, das durch den Vergleich geschaffen wird, ersetzt die ursprünglichen Beziehungen. Man verzichtet auf bestimmte eigene und/oder fremde Interessen, um langfristige, strategische Ziele zu erreichen („aliquid dando, aliquid retinendo"). Im Vergleichsprozeß und häufig auch im strategischen Prozeß steht nicht die dominierende Position im Vordergrund, die oft nicht notwendig ist; man blickt darüber hinaus auf die Optionen, die in der Zukunft offen sind, im Bewußtsein, daß den Konkurrenten ein akzeptabler Handlungsspielraum gewährt werden muß. In der Strategie wie im Leben muß man auf manches verzichten, um etwas zu erreichen.

Das Ziel der Strategie ist oft weniger ein abgeschlossenes Ergebnis – eine führende Wettbewerbsposition -, das es innerhalb bestimmter Zeiten und Kosten zu erreichen gilt, sondern eine zukünftige Handlungsfähigkeit, das Erreichen eines bestimmten Grades von Kontrolle der Situation oder die Einnahme einer Position, die eine Vielzahl von Optionen offenläßt, und zwar mehr als heute bestehen. Das Ziel der Strategie ist, mit anderen Worten, die Suche nach einem neuen *dynamischen Gleichgewicht*; dieses dynamische Gleichgewicht wird nicht auf einen bestimmten Zeitpunkt sondern auf eine bestimmte Zeitspanne bezogen und ist das Ergebnis gegenseitigen Nachgebens und des Aufgebens übertriebener Forderungen im Interesse der langfristigen Wertsteigerung der Gesamtunternehmung.

Das Ziel der Strategie ist somit in vielen Fällen die *dynamische Neustrukturierung des Marktes*; die Strategie ist darauf gerichtet, eine Marktstruktur aufzubauen, die für die Unternehmung günstiger als die bisherige ist. Es ist deshalb die erste Aufgabe der Strategie, die Marktstruktur zu ermitteln, die sich als Ergebnis der entsprechenden Aktionspläne voraussichtlich einstellen wird. Der Stratege darf, zusammenfassend, die Marktstruktur und Wettbewerbssituation nicht aus den Augen verlieren, die sich in der Zukunft aufgrund der geplanten Maßnahmen einstellen werden. Es kommt also nicht nur darauf an, die Nummer 1 im Marktsegment zu werden oder eine führende Wettbewerbsposition zu verteidigen, sondern auch und vor allem darauf an, wie die neue Marktsituation nach der Umsetzung der Strategie beschaffen sein wird, welche Optionen sie offen läßt und welche langfristigen Gewinnaussichten sie bietet.

Dem Konkurrenten muß die Möglichkeit gewahrt werden, unter Umständen in Zukunft die Rolle eines Verbündeten in einem strategischen Netzwerk einzunehmen. Unter diesem Aspekt beruht die Strategie auf einer kontinuierlichen Revisionsfähigkeit der Aktionspläne und Handlungslinien. Die Strategie ist, um mit Moltke zu reden, ein „System von Aushilfen".

Für die Strategie gelten die folgenden *allgemeinen Grundsätze* [15]:

A) *für die Strategieformulierung*:

1. Bestimme die angestrebte Marktstruktur, in der
   a) die zweckmäßigsten Lösungen für unsere Unternehmung mit den Interessen der Konkurrenten verbunden sind,
   b) die Bedürfnisse der Abnehmer besser und/oder schneller erfüllt werden als durch vergleichbare Produkte und Dienstleistungen der Konkurrenten, und
   c) die Grundlagen für eine wirkliche Verbesserung der Zufriedenstellung der übrigen „Stakeholder" gegeben sind;
2. formuliere den strategischen Plan auf der Basis von Annahmen:
   a) über die verfügbaren personellen, materiellen und finanziellen Ressourcen sowie die Kernkompetenzen der Unternehmung und
   b) über die Ziele;
3. harmonisiere die strategischen Ziele mit der Unternehmungspolitik und der Unternehmungskultur;

B) *für die Strategieumsetzung*:

Positive Leitsätze:

1. schaffe Kommunikationsmöglichkeiten, die in Konfliktsituationen die Möglichkeit eines „Vergleichs" zu prüfen erlauben;
2. gib kurzfristige und naheliegende Vorteile zugunsten langfristiger und dauerhafter Vorteile auf;
3. leite die langfristigen und dauerhaften Vorteile aus der angestrebten Marktstruktur ab, die auch den Konkurrenten Handlungsspielraum gewährt;
4. sei unbeeinflußt von unmittelbaren und vorübergehenden Vorteilen, die nicht in Einklang stehen mit der zukünftigen angestrebten Marktstruktur und weniger Optionen offen lassen als heute bestehen;
5. vermeide extreme Reaktionen, die zur Bildung von Koalitionen seitens der Konkurrenten führen könnten;

6. erwäge die Möglichkeit, die eigene Strategie zu ändern und durchdenke die Bedingungen für mögliche Kooperationen, Joint Ventures und Allianzen sowie für die Einbindung der Unternehmung in strategische Netzwerke;

Negative Leitsätze:

1. strebe nicht eine Wettbewerbsposition an, die nicht haltbar ist;
2. gib keinen Anlaß für Situationen, die präjudizieren, daß die Konkurrenten von heute die Verbündeten von morgen sind.

Die Strategie ist nicht nur auf die Beherrschung der anderen gerichtet; ihr Ziel ist auch die Herrschaft über sich selbst.

Die Strategie hilft, zusammenfassend, die „großen Manöver" oder die „Quantensprünge" zu machen, die die Unternehmung braucht, um sich nicht von ihren Konkurrenten distanzieren zu lassen; sie ist ein Problemfindungs- und -lösungspfad in turbulenten und komplexen Situationen (Abb. 4). In einer Welt, in der es nur zwei Konstanten zu geben scheint – die Beschleunigung der Veränderung und die zunehmende Komplexität aller menschlichen Einrichtungen – muß die Unternehmung *immer vorbereitet sein*; die Unternehmungsleitung muß wissen, in welche Richtungen die einzelnen Geschäftseinheiten und die Unternehmung als Ganzes gehen sollen, „Aushilfen" bereit haben und im vornhinein die Ressourcen (Mitarbeiter, Kernkompetenzen, Allianzen, Beziehungen und dgl. mehr) schaffen, die sie rechtzeitig mobilisieren kann, um unvorhergesehene Möglichkeiten zu nutzen und/oder unerwartete Risiken abzuwenden. In einer guten Strategie verstärken sich die verfügbaren Ressourcen, die Aktions- und Reaktionsgeschwindigkeit sowie der Geist der Mitarbeiter („das moralische Element") gegenseitig. Wo die Gechwindigkeit nicht den verfügbaren Ressourcen und der Geist der Mitarbeiter nicht der unternehmerischen Vision entspricht, beginnt die Unternehmung einen Wettlauf auf Gedeih oder Verderben mit Bleischuhen, wie viele Beispiele großer bürokratischer Organisationen zeigen, die nicht in flexible, unternehmerisch geführte strategische Geschäfsteinheiten gegliedert sind.

Strategie ist Antizipierung, Wahrung der Handlungsfreiheit, Reaktionsfähigkeit, Anpassung an die Umwelt sowie Abschätzung von Möglicheiten und Risiken. Erfolgreiche Unternehmungen sind nie fertig und in einem permanenten Anpassungsprozeß; sie sind *Konföderationen von Unternehmern*, die selbständig und initiativ strategische Geschäftseinheiten leiten und dabei auf die Ressourcen einer oft weltweit operierenden Organisation zurückgreifen können. In diesen Konföderationen von Unternehmern liegt heute die unternehmerische Tätigkeit, die in der dynamischen Unternehmung nicht den individuellen Charakter hat, der in der ursprünglichen Figur des Schumpeter'schen Unternehmers impliziert wird. Die Unternehmungen, denen es gelingt, trotz ihrer Erfolge dynamisch zu bleiben, sich laufend zu erneuern und ihre Vitalität in den Geschäftseinheiten, Funktionsbereichen und regionalen Tochtergesellschaften zu erhalten, bewegen sich in einem kumulativen, evolutionären Prozeß und halten ihre Position in der Spitzengruppe der Wettbewerber [16].

Die Unternehmungen, die keine Strategie haben, weil sie z.B. in einer protektionistischen Umwelt operieren, entwickeln auch keine strategischen Fähigkeiten. In einer solchen Situation wird eine Neuorientierung schwierig; je später man mit ihr beginnt, desto besser konsolidieren die Konkurrenten ihre Wettbewerbsposition und desto schwieriger wird es, zur Spitzengruppe vorzustoßen.

4. Die strategische Führungskompetenz

Die ganze Schwierigkeit besteht darin:
den Grundsätzen, welche man sich gemacht hat,
in der Ausführung treu zu bleiben.
Clausewitz

Das Handeln im Wettbewerb bestimmt sich nicht nur nach der Sicht der Unternehmung als Ganzheit und nach der Strategie, sondern auch und vor allem nach der Persönlichkeit und dem Wesenskern des Handelnden. Es handelt sich um die Persönlichkeit des Unternehmers und/oder der obersten Führungskraft, um ihre Einstellungen und Wertesysteme sowie um das „Klima", das sie schaffen. Diese intangiblen Elemente sind noch wenig erforscht; zusammen mit der ganzheitlichen Qualität der Unternehmung und ihren Strategien sind diese intangiblen Elemente, die wir unter den Begriff strategische Führungskompetenz zusammenfassen, für die *Performance* der Unternehmung verantwortlich. Wie lassen sich die persönliche Autorität des Unternehmers oder einer Führungskraft, seine Fähigkeit, eine unternehmerische Vision zu entwickeln und dem aktiven Verständnis gleichgesinnter Mitarbeiter nahezubringen oder seine Kraft der Motivation bestimmen?

Die nicht-delegierbaren Aufgaben des Unternehmers und/oder der obersten Führungskräfte (Abb. 5) lassen sich lange im voraus planen; sie dienen der Vorbereitung „großer Manöver"; die Entscheidung, diese „Manöver" zu beginnen und nach einem strategischen Konzept zu führen sowie die Wahl des Zeitpunktes hängen von der Persönlichkeit und dem Wesenskern des Handelnden ab; seine Risikoneigung, seine Sicht eines möglichen Fortschritts und günstigen Zeitpunkts, seine Sicherheit, sein Schwung, sein Bruch mit der Vergangenheit, diese und ähnliche Elemente sind nicht meßbar, sondern nur *ex post* feststellbar. Ohne diese Elemente führt keine Strategie zum Erfolg [17].

„Strategie ist nichts weiter als die Anwendung des gesunden Menschenverstandes, und der läßt sich nicht lehren", sagt Moltke. Gesunden Menschenverstand, Fähigkeit, die naheliegenden Dinge in der richtigen Perspektive zu sehen, Vorsicht, Sinn für Proportionen, Gefühl für das Mögliche, Urteilsfähigkeit, Überzeugungskraft, Glück – all das brauchen Unternehmer und Führungskräfte. Ihre Glaubwürdigkeit hängt von der Hingabe an einen gemeinsamen Zweck, Personifizierung einer Gemeinschaft, Kommunikationsfähigkeit, Professionalität, Übereinstimmung zwischen deklariertem und vorgelebtem Wertesystem, kurz von Faktoren ab, die sehr subtil un individuell sind und sich einer Analyse weitgehend entziehen.

Die Bedeutung der qualitativen Faktoren im Verhältnis zu unserem geringen diesbezüglichen Wissensstand macht uns bescheiden, was unsere Fähigkeiten anbelangt, die *Performance* der Unternehmung zu erklären und die Führungskräfte auszubilden, die sie in Zukunft führen werden.

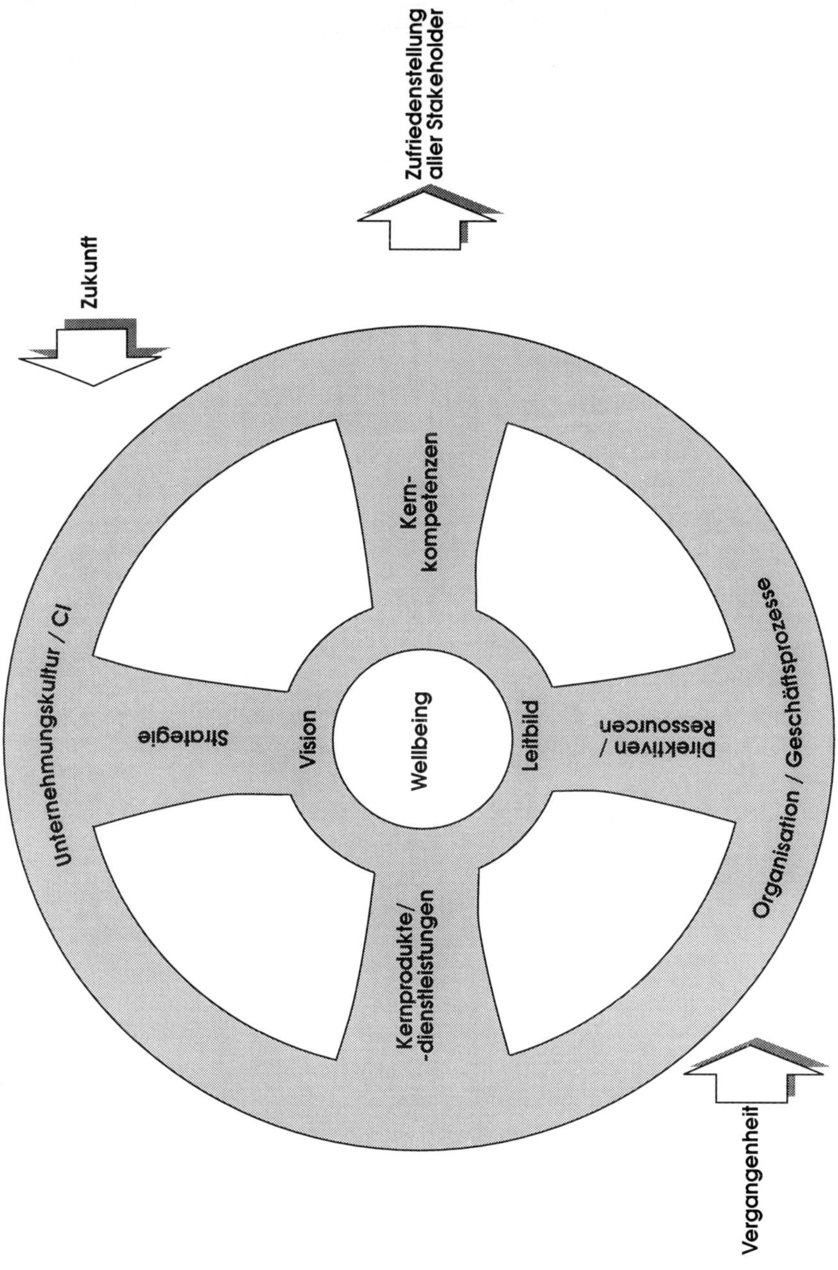

Abb. 5: Die nicht-delegierbaren Führungsaufgaben des Unternehmers und/oder der obersten Führungskräfte

5. Strategische Führung als Kunst und Wissenschaft

> Die Heerführer sind mehr zu beklagen als man meint. Ohne sie anzuhören, verurteilt sie alle Welt, die Zeitungen geben sie dem Spott preis, und von den Tausenden, die sie verdammen, versteht vielleicht nicht einer selbst nur die Führung des kleinsten Truppenteils.
> Friedrich der Große

„Es liegt indessen auf der Hand“, sagt Moltke, „daß theoretisches Wissen für den Feldherrn nicht ausreicht, sondern daß bei seiner Tätigkeit die Eigenschaften des Geistes und des Charakters zur freien praktischen, zur *künstlerischen* Entfaltung gelangen, geschult freilich durch militärische Vorbildung und geleitet durch Erfahrungen, sei es aus der Kriegsgeschichte, sei es aus dem Leben selbst“ [18].

Die Strategie als Handeln unter großen Gesichtspunkten läßt sich nicht in ein System von Regeln fassen. Die obersten Führungskräfte müssen bestrebt sein, die Gefahr einer Schulbildung zu vermeiden; sie müssen in anderer Weise „Schule“ machen: Schule zur Selbständigkeit und zur Entschlußkraft, zur Verantwortung und nicht zum Schwören auf bestimmte Lehren oder Personen.

Die Grundsätze der Strategie sind einfach und auch dem Laien einleuchtend, ihre Anwendung unter den erschwerenden Bedingungen des Wettbewerbs stellt an Wissen und Können wie insbesondere an das Sein der Führungskräfte die höchsten Anforderungen. So kommt es, daß die Strategie in ihrer Ausübung sich weniger als eine Wissenschaft und mehr als eine Kunst darstellt, deren Meister die Industriegeschichte nicht viele aufweist.

Die Strategie ist, um mit Clausewitz zu reden, unter gewissen Aspekten eine Kunst, unter anderen eine Wissenschaft; sie läßt sich keiner der beiden Kategorien ohne Unsicherheit zuordnen. Die Strategie ist eine „Wissenschaft, wo bloßes Wissen der Zweck ist“; sie ist eine „Kunst, wo ein hervorbringendes Können der Zweck ist“ [19].

Die Theorie der Praxis der Führung ist eine notwendige, aber keine hinreichende Bedingung für den Erfolg; unter diesem Gesichtspunkt kann die Strategie mit der Kunst, z.B. der Architektur oder Skulptur, verglichen werden. Der Vergleich kennzeichnet allerdings nicht das Wesen der Strategie: Der Wille des Strategen richtet sich nicht gegen einen toten Stoff, sondern gegen einen der mehrere andere, unabhängige Willen; in dieser Auseinandersetzung mit den Konkurrenten sind einige Elemente vorhersehbar und einer Quantifizierung zugänglich, andere die denkende, handelnde und fühlende Individuen betreffen, dagegen nicht quantifizierbar und auch nicht vorhersehbar [20].

Gleichwohl kann die Strategie als Kunst bezeichnet werden, wenn man darunter sowohl die Praxis als auch die Theorie dieser Kunst versteht.

Zusammenfassend lassen sich zwei wichtige Aspekte der strategischen Führung unterscheiden:

1. die *Praxis einer Kunst*, deren Akteure, im wirtschaftlichen Bereich, einerseits die für die strategischen Geschäftseinheiten, anderersetis die für die Gesamtstrategie der Unternehmung verantwortlichen Führungskräfte sind;
2. die *Theorie einer Kunst*, die laufend angereichert und weiterentwickelt wird durch die Theoretiker der Strategie; die Theorie der Strategie umfaßt die Gesamtheit der Kenntnisse, die für die strategische Führung der Unternehmung notwendig sind.

Strategische Unternehmungsführung – wie jede Kunst – erlernt sich nicht, um im Sinne Moltkes zu sprechen, auf rationalistischem, sondern auf empirischem Wege. Die Wissenschaft gibt keine Grundregel und keine Formel, die über alle Schwierigkeiten hinweghelfen. „Es kommt darauf an", wir folgen Moltke, „in lauter Spezialfällen die in den Nebel der Ungewißheit gehüllte Sachlage zu durchschauen, das Gegebene richtig zu würdigen, das Unbekannte zu erraten, einen Entschluß schnell zu fassen und dann kräftig und unbeirrt durchzuführen" [21]. So wird die Führung einer Unternehmung zu einer Kunst, der viele Wissenschaften dienen. Die Kunst aber ist der höchste, lebendigste Ausdruck des Lebens. Strategische Unternehmungsführung ist nur in dem Sinne Wissenschaft, wie dies jede Kunst ist: als Meisterschaft der Vision und Unternehmungspolitik, Beherrschung der Kernkompetenzen, Kommunikation und Kenntnis der Menschen. Strategische Unternehmungsführung ist deshalb Führung mit Herz und Verstand. Wenn die Strategie eine Kunst ist, dann eignet sie sich von allen Künsten am wenigsten für Dilettanten.

Der Unternehmer als Verkörperung der ihn treibenden Vision und Personifizierung einer Gemeinschaft kann seine Führungsaufgabe auf der Grundlage angesammelten und organisierten Führungswissens wirksamer bewältigen. Wissenschaft und Kunst sind keine Gegensätze, sondern ergänzen sich, wenn der Strategie als der Praxis und Theorie einer Kunst eine gute Theorie (Wissenschaft) zugrunde liegt. „Es gibt nichts Praktischeres als eine gute Theorie", sagt Kant.

Die Strategie ist kein Handeln nach dem Schema, nach der Regel, sondern immer nach den gegebenen Verhältnissen des konkreten Augenblicks, wobei man sich das Ziel bei jedem Schritt, den man tut, vor Augen halten muß. Das aber ist, wie die Bedingung jedes unternehmerischen Erfolges, die Grundlage allen tätigen Lebens überhaupt.

6. Die strategisch geführte Unternehmung als Konföderation von Unternehmern

Eitelkeit und Egoismus sind die
Hauptagenten des Teufels
G.I. Gußdjieff

Die großen Unternehmungen sind heute fast ohne Ausnahmen in *strategische Geschäftseinheiten* gegliedert; auch viele mittlere Unternehmungen haben ihre verschiedenen Produktlinien in strategischen Geschäftseinheiten zusammengefaßt. So besteht eine mittelständische Maschinenbauunternehmung z.B. aus drei strategischen Geschäftseinheiten: Seilförderanlagen, Pistenpräparierer und Umweltschutzanlagen. Strategische Geschäftseinheiten sind nichts anderes als Zentren für integrierte Maßnahmen, die eine bestimmte Produktlinie oder ein bestimmtes Arbeitsgebiet betreffen; sie sind gleichsam „Mikrounternehmungen“ in der Unternehmung mit eigener Führungsverantwortung, die auf spezifischen Märkten operieren, die Bedürfnisse bestimmter Kundengruppen erfüllen und mit geneau identifizierbaren Konkurrenten im Wettbewerb stehen. Eine Division oder eine Tochtergesellschaft in einer Holding kann z.B. eine strategische Geschäftseinheit sein; in der Regel umfaßt jedoch eine Division oder eine Tochtergesellschaft mehrere strategische Geschäftseinheiten, so daß die bevorzugte Organisationsform die Matrix-Organisation ist; die Koordination der strategischen Geschäftseinheiten kann jedoch auch über eine Strategiekommission erfolgen.

Die Führungskraft, die für eine strategische Geschäftseinheit verantwortlich ist, operiert wie ein *Unternehmer*, der die Ressourcen der Unternehmung (Vertriebskanäle, Forschung und Entwicklung, Fertigungskapazitäten usw. aber auch intangible Faktoren wie das Image, die Beziehungen der Unternehmung zu bestimmten Interessengruppen) dazu benutzt, um eine Position der Einzigartigkeit in seinem Marktsegment aufzubauen und auf Dauer zu halten. Der Leiter einer strategischen Geschäftseinheit vereinbart die Strategie mit der Unternehmungsleitung, erhält von dieser die notwendigen Ressourcen sowie die Unterstützung der Funktionsbereiche und regionalen Tochtergesellschaften, ist verpflichtet, Synergien mit anderen Geschäftseinheiten zu nutzen und trägt die Ergebnisverantwortung.

Die strategisch geführte Unternehmung, die in strategische Geschäftseinheiten mit eigener Führungsverantwortung gegliedert ist, kann somit als *„Konföderation von Unternehmern“* [22] bezeichnet werden. Die großen Unternehmungen, deren strategische Geschäftseinheiten auf die Kernkompetenzen und Ressourcen einer oft weltweiten Organisation zurückgreifen können und von unternehmerischen Führungskräften geführt werden, verlieren dadurch weitgehend ihre bürokratische Struktur und erlangen die Flexibilität und Stoßkraft der kleineren Einheiten; sie werden zu gefährlichen Konkurrenten für kleine und mittlere Unternehmungen, die keine Synergieeffekte nutzen und auch nicht die Ressourcen einer großen Organisation einsetzen können. Im Wettbewerb zählt nicht die Größe einer Unternehmung, sondern die Art und Weise, wie es der Unternehmungsleitung gelungen ist, ein Gleichgewicht einzurichten zwischen:

a. der vollen Nutzung von Individuen, die die Macht und die Pflicht haben, in ihren Geschäftseinheiten bestimmte Arten von Entscheidungen zu treffen, und
b. der Koordination dieser Individuen im Hinblick auf ein Gesamtergebnis, das größer sein soll als die Summe der Teilergebnisse.

Wenn man davon ausgeht, daß in Zukunft die strategisch geführte Unternehmung eine „Konföderation von Unternehmern“ sein wird, dann wird in der Tat die Auswahl, der Einsatz und *die Entwicklung von Führungskräften* mit unternehmerischen Fähigkeiten zur zentralen Aufgabe der Unternehmungsleitung. Diese Entwicklung ist bereits im Gange, und Unternehmungen, wie z.B. General Electric, IBM, Hewlett Packard, Texas Instruments, Magna International, Siemens und Montedison, befinden sich auf dem Wege zu flexiblen, dezentralisierten Systemen, die aus einer Vielzahl von strategischen Geschäftseinheiten mit eigener Führungsverantwortung bestehen und auf die Kernkompetenzen der Gesamtunternehmung zurückgreifen. Diese Evolution fortschrittlicher Unternehmungen in Richtung organischer Netzwerke von relativ autonomen strategischen Geschäftseinheiten ist eine Entwicklung, über die nachzudenken sich auch für kleine und mittlere Unternehmungen lohnen dürfte [23].

Anmerkungen

[1] Vgl. hierzu *H.H. Hinterhuber*, Strategische Unternehmungsführung, 6. Aufl., Bd. I, Berlin–New York 1996, S. 39 ff.

[2] Vgl. hierzu *H.H. Hinterhuber* u. *H.K. Stahl*, Die Unternehmung als Deutungsgemeinschaft, in: Technologie & Management 45, Heft 1, S. 8–13 (1996).

[3] Vgl. hierzu ausführlich *H.H. Hinterhuber*, Strategische Unternehmungsführung, a.a.O., S. 83 ff.

[4] Vgl. hierzu *H.H. Hinterhuber*, *St.A. Friedrich*, *G. Handlbauer*, *U. Stuhec*; Die Unternehmung als kognitives System von Kernkompetenzen und strategischen Geschäftseinheiten, in: H. Wildemann (Hrsg.), Produktions- und Zuliefernetzwerke, München 1996, S. 67–104.

[5] Vgl. hierzu *H.H. Hinterhuber* u. *W. Popp*, Are You A Strategist Or Just A Manager?, in: Harvard Business Rewiew 70, Nr. 1, S. 105–113 (1992).

[6] Vgl. hierzu *H.H. Hinterhuber*, Strategische Unternehmungsführung, 6. Aufl., Bd. II, Berlin–New York 1996, Abschnitt 1.

[7] Siehe hierzu *W.H. Newman*, *J.P. Logan* und *W.H. Hegarty*, Strategy, Cincinnati 1989, S. 342 ff.

[8] Vgl. hierzu *H.H. Hinterhuber* u. *G. Handlbauer*, Strategieorientiertes Human Resource Managemeint, in: U. Krystek u. J. Link (Hrsg.), Führungskräfte und Führungserfolg, Wiesbaden 1995, S. 353–380.

[9] Vgl. hierzu *H.K. Stahl*, Zero Migration, Wiesbaden 1996, S. 344 ff.

[10] New York–London 1987, S. 17 f.; siehe auch *R. Hammer*, Unternehmungsplanung, 5. Aufl., München–Wien 1995 und *Ph. de Woot* u. *X. Desclee Maredsous*, Le Management Stratégique des Groupes Industriels, Paris 1984, S. 15 ff.

[11] Zum Begriff der Strategie siehe ausführlich *H.H. Hinterhuber*, Wettbewerbsstrategie, 2. Aufl., Berlin–New York 1990.

[12] Zu den Moltke-Zitaten siehe *H.H. Hinterhuber*, Wettbewerbsstrategie, a.a.O.

[13] Vgl. zur direkten und indirekten Strategie *H.H. Hinterhuber*, Wettbewerbsstrategie, a.a.O.

[14] Vgl. hierzu *F. Accame*, Il significato di strategia. In: „Rivista Militare“ (1978), Nr. 3, S. 2–9.

[15] Vgl. hierzu auch *F. Accame*, Il significato di strategia, a.a.O., S. 7.
[16] Vgl. *Ph. de Woot*, Les entreprises de haute technologie et l'Europe. Paris 1988, S. 28 ff.
[17] Zur strategischen Führungskompetenz siehe *H.H. Hinterhuber*, Strategische Unternehmungsführung a.a.O., 2. Bd., Abschnitt 6.
[18] Zu den Zitaten siehe *H.H. Hinterhuber*, Wettbewerbsstrategie, a.a.O.
[19] *C.v. Clausewitz*, Vom Kriege. 19. Aufl, Bonn 1980, S. 301.
[20] Vgl. hierzu *H.H. Hinterhuber*, *G. Handlbauer* u. *K. Matzler*, Kundenzufriedenheit und Kernkompetenzen, München 1996.
[21] Zu den Zitaten siehe *H.H. Hinterhuber*, Wettbewerbsstrategie, a.a.O.
[22] Vgl. hierzu *W.E. Halal*, The New Capitalism. New York 1986, S. 135 ff.
[23] Vgl. hierzu *H.H. Hinterhuber* u. *B. Levin*, Strategie Networks – The Organization of the Future, in: Long Range Planning 27, Nr. 3, S. 43–53 (1994).

Strategische Stimmigkeit von Erfolgsfaktoren und Erfolgspotentialen*

W. Krüger und *G. Schwarz*

1. Konzeptionelle Grundlagen

1.1 Komplexitätsbeherrschung als Ziel der strategischen Stimmigkeit

In Theorie und Praxis der strategischen Unternehmungsführung hat in den letzten Jahren die Diskussion von „kritischen Erfolgsfaktoren" breiten Raum eingenommen. Aus theoretischer Sicht sind „Erfolgsfaktoren" als *Ursachen* für die Entstehung von (positivem und negativem) Unternehmungserfolg zu begreifen. Die Ausprägung der vorhandenen Erfolgsfaktoren liefert die Grundlage des *Erfolgspotentials* einer Unternehmung. Dessen Stärke wird allerdings nicht nur von der Ausprägung einzelner Erfolgsfaktoren bestimmt, sondern auch von deren wechselseitiger Abgestimmtheit. „Kritische" Faktoren sind dann solche von besonders starker Wirkung auf den Erfolg. Das Identifizieren und Entwickeln der Erfolgsfaktoren und ihrer Stimmigkeit stehen letztlich im Mittelpunkt des strategischen Managements.

Es besteht kein Zweifel daran, daß es sich dabei um Probleme handelt, die hochkomplex sind und deren Komplexität tendenziell weiter wächst. Die Komplexität besteht in der Vielfalt interner und externer Entstehungsgründe für die Erfolgsposition der Unternehmung und deren Verflechtungen untereinander. So gesehen ist die Reduktion bzw. – besser ausgedrückt – die *Beherrschung von Komplexität* ein zentrales Thema für die Theorie und Praxis des strategischen Managements.

Nur wenige Redeweisen sind so sehr in den allgemeinen Sprachgebrauch eingedrungen und werden so sehr worthülsenartig und phrasenhaft verwendet wie die Begriffe „komplex" und „Komplexität". Dies, obwohl eine explizite, theoretisch befriedigende Auseinandersetzung mit Fragen der Komplexitätsbeherrschung bisher nicht stattgefunden hat, auch nicht im Rahmen des strategischen Managements. Man kann die verschiedenen Ansätze daher lediglich darauf überprüfen, welcher *implizite* Umgang

---

* Überarbeitete und ergänzte Fassung von: KRÜGER, W. und SCHWARZ, G.: Konzeptionelle Analyse und praktische Bestimmung von Erfolgsfaktoren und Erfolgskomponenten, in: Zukunftsperspektiven der Organisation (Festschrift für Prof. Robert Staerkle zur Vollendung des 65. Lebensjahres), hrsg. von K. BLEICHER, P. GOMEZ, Bern 1990, S. 179–209.

mit Komplexität in ihnen zum Ausdruck kommt. Im wesentlichen lassen sich dabei drei verschiedene Vorgehensweisen ausmachen:

1. *Isolierende Differenzierung:* Im Bemühen um analytische Vollständigkeit werden möglichst viele Einzelheiten erfaßt und behandelt und z.B. in umfangreichen Prüflisten oder Faktorenkatalogen niedergelegt. Die Abhängigkeiten der Faktoren bzw. Faktorgruppen untereinander bleiben in aller Regel außer Ansatz. Die Analyse ist dadurch zwar differenzierend, aber zugleich auch *faktorisolierend.* Je nach Umfang der Kataloge entsteht auch rasch der Eindruck der *Überkomplizierung.* Komplexität wird zwar zum großen Teil erfaßt, aber nicht verdichtend verarbeitet und somit bewältigt.
2. *Beschränkende Extrahierung:* Das Gegenstück dazu kann man in den teils sehr populären Versuchen erblicken, die Komplexität der Erfolgsentstehung auf wenige Faktoren zu reduzieren (z.B. 7-S-Modell von PETERS/WATERMAN 1984). Diese Extrahierung des vermeintlich Wesentlichen kommt dem Bedürfnis nach Einfachheit und Klarheit sehr entgegen. Im rigorosen Prozeß des „Eindampfens" gehen jedoch zwangsläufig viele Bestandteile der Problemsituation verloren. Die Gefahr für den Anwender liegt in einer *Übervereinfachung* der Problemsicht und damit in einer falschen oder ungenügenden Problembewältigung. Dieses Risiko wird noch dadurch verstärkt, daß in aller Regel relativierende Hinweise auf die Anwendungssituation fehlen.
3. *Appellierende Verallgemeinerung:* Die letzte der hier unterschiedenen Formen der Komplexitätsbewältigung besteht darin, daß pointiert auf die Vernetzung von Problemen hingewiesen wird, insbesondere im Zusammenhang mit Regelkreisanalogien, und daß die Notwendigkeit ganzheitlichen, systemischen Denkens und Handelns betont wird. Damit wird zwar zu Recht auf den im Rahmen der „isolierenden Differenzierung" fehlenden Aspekt der Wechselwirkungen aufmerksam gemacht, aber die Aussagen sind oft so allgemein gehalten, daß dem Anwender die inhaltliche Auffüllung der Vorstellungsmodelle weitgehend selbst überlassen bleibt. Appelle sind mit Sicherheit notwendig, sie verlieren aber an Schwungkraft, wenn die Hilfe zur Umsetzung fehlt. Es droht die Gefahr der *Banalisierung* der Aussagen.

Um die beschriebenen Schwächen zu vermeiden, sollten sich Versuche zur Entwicklung von Konzepten der Komplexitätsbewältigung insbesondere an drei Prinzipien orientieren. Sie werden hier auf das Beispiel der „Erfolgsfaktoren" bezogen, sind aber allgemein anwendbar:

1. *Stufenweise Detaillierung und Aggregation der Erfolgsfaktoren.* Die einzelnen Subsysteme bzw. Elemente des Aussagensystems sind über mehrere Analyseebenen hinweg abwärtsgerichtet zu detaillieren. Umgekehrt muß es möglich sein, Einzelaussagen bzw. Einzelfaktoren aufwärtsgerichtet zu Faktorgruppen zu bündeln und damit zu verdichteten, aggregierten Größen (Erfolgssegmenten) zu gelangen. Es genügt also z.B. nicht, großflächige Kategorien wie „Struktur", „Systeme", „Kultur" als Erfolgsursachen zu benennen, wenn sie nicht in handhabbare Einzelfaktoren aufgelöst werden.

2. *Sachliche Abstimmung der Erfolgsfaktoren.* Die Abhängigkeiten und Wechselwirkungen einzelner Faktoren oder Faktorbündel untereinander sind ebenfalls zum Gegenstand der Analyse zu machen. Nur so wird die notwendige sachliche Abstimmung erreicht, ein Sachverhalt, der in der Praxis u.a. in dem Problem der „Synergienutzung" auftritt. Es nutzt z.B. wenig, isoliert einzelne Erfolgssegmente wie „Strategie" zu betrachten, wenn nicht die Voraussetzungen und Folgen in Bereichen wie „Systeme" und „Struktur" geklärt sind.
3. *Zeitliche Abstimmung der Erfolgsfaktoren.* Die sachliche Abstimmung der Erfolgsfaktoren betrifft die statische Sicht der Interdependenzen, die Wechselwirkungen sind „zeitlich-vertikal". Daneben gilt es, die zeitlich-horizontalen Beziehungen der Faktoren zu analysieren. Die Frage ist, in welcher Reihenfolge einzelne Faktoren verändert oder neu gestaltet werden sollen, eine Frage, die für die praktische Gestaltung in dem Maße von Bedeutung ist, wie Probleme nicht parallel, sondern nur sequentiell bearbeitet werden können. Soll z.B. zuerst die „Strategie" geändert werden und die „Kultur" paßt sich dem an, oder ist umgekehrt vorzugehen?

Die folgenden Überlegungen richten sich nicht darauf zu prüfen, welche Erfolgsfaktoren zu unterscheiden und wie sie mehrstufig zu differenzieren sind (vgl. hierzu KRÜGER 1988, 1989a, 1989b, KRÜGER/THEISSEN/OLEMOTZ 1992). Vielmehr sollen konzeptionelle und anwendungsbezogene Überlegungen das stark vernachlässigte Problem der *Abhängigkeiten* der Erfolgsfaktoren klären helfen, also Fragen ihrer sachlichen und zeitlichen Abstimmung. Erst die Beachtung und Nutzung des *sachlichen* und *zeitlichen Wirkungsverbunds* von Erfolgsfaktoren führt zu nachhaltigen Verbesserungen. Der in der Unternehmung damit angestrebte Zustand läßt sich, weitgehend synonym, mit „Harmonisation" (BLEICHER 1979), „Stimmigkeit" (SCHOLZ 1987) oder „Adäquanz" (KRÜGER 1994) bezeichnen. Dies sind die mehr oder minder sperrigen Ausdrücke für den Sachverhalt, der in der amerikanischen Strategie-Literatur schlicht „fit" genannt wird und der hier *strategische Stimmigkeit* heißen soll. Mit dem Attribut „strategisch" soll hier gesagt werden, daß der so bezeichnete Sachverhalt Relevanz für die Erfolgsposition der Unternehmung besitzt.

Lediglich ausgewählte Probleme eines solchen Wirkungsverbunds sind in anderem Zusammenhang in der Literatur bereits diskutiert worden, so insbesondere die Beziehungen zwischen „Strategie und Struktur". Schon die Erweiterung dieser Betrachtung um Wechselwirkungen zur „Kultur" fehlt weitgehend. Eine der wenigen Ausnahmen bildet die Veröffentlichung von STAERKLE 1985.

Um die Phänomene der strategischen Stimmigkeit vom Grundsatz her zu behandeln, sollen hier drei Fragen diskutiert werden:

1. Welche *Formen* der strategischen Stimmigkeit sind zu unterscheiden und wie hängen sie zusammen?
2. Wie läßt sich die Stimmigkeit *bestimmen*?
3. Wie läßt sich durch eine Analyse der Erfolgsfaktoren und ihrer Stimmigkeit das *Erfolgspotential* der Unternehmung ermitteln?

In die Beantwortung dieser Fragen fließen gleichermaßen analytische Überlegungen, eigene empirische Untersuchungen und praktische Erfahrungen der Autoren ein. Im

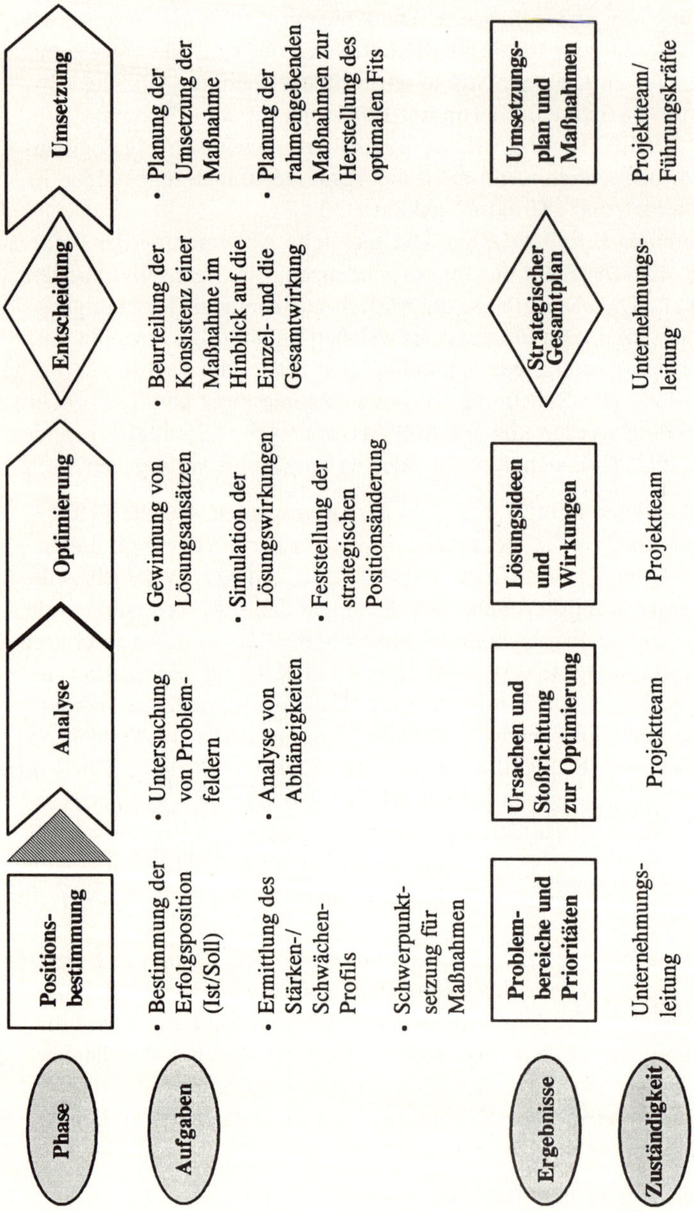

Abb. 1: Ablauf eines Strategieprojekts

Ergebnis entsteht ein weitreichendes Konzept der strategischen Stimmigkeit, das zur Klärung einiger bedeutsamer Probleme der Theorie und Praxis des strategischen Managements beitragen kann. So bedingen z.B. aktuelle Ansätze wie das „Management von Kernkompetenzen" (vgl. HAMEL/PRAHALAD 1994) eine gesamthafte Betrachtung der Unternehmung und damit eine Analyse der Interdependenzen von Erfolgsfaktoren und Kernfähigkeiten innerhalb der Unternehmung sowie zu den Umfeldgegebenheiten.

Unabhängig von diesem Strategiekonzept ergeben sich Hilfen insbesondere für folgende Aufgaben im Strategieprozeß:

- Diagnose der strategischen Position
- Darstellung der unternehmungsweiten Stärken und Schwächen
- Bewertung von Maßnahmen auf der Ebene der Unternehmungsleitung
- Implementierung der Ergebnisse des Strategieprozesses.

Wie diese Aufgabenübersicht bereits andeutet, durchzieht das Problem der strategischen Stimmigkeit letztlich den gesamten Strategieprozeß. Diesen Gedanken führt Abb. 1 näher aus. Dort sind anhand eines Strategieprojekts die Fragestellungen bzw. Aufgaben des strategischen Managements veranschaulicht, zu deren Bewältigung eine Betrachtung der strategischen Stimmigkeit gehört. Gezeigt werden außerdem die Zuordnung zu den Phasen des Strategieprozesses sowie die Zuständigkeiten für die Phasenergebnisse.

1.2 Stimmigkeit als Problem der Ausgestaltung und sachlichen Abstimmung von Erfolgssegmenten

Aus der konzeptionellen Auseinandersetzung mit vorhandenen Ansätzen, vor allem aber aus der Analyse von 100 Fallstudien besonders erfolgreicher und erfolgloser Unternehmungen ergab sich im KOMPASS-Projekt (**Ko**nzept zur **m**ehrdimensionalen **P**lanung und **A**nalyse **S**trategischer Erfolgs-**S**egmente, vgl. zum Konzept KRÜGER 1988) eine mehrstufige Analyse von Erfolgsfaktoren. Aufbauend auf zahlreichen Indikatoren wurden 21 Erfolgskomponenten ermittelt. Diese Einzelursachen erfuhren eine Bündelung zu sechs Ursachenbündeln, die als *Erfolgssegmente* bezeichnet werden (vgl. im einzelnen KRÜGER 1988):

1. *Träger.* Diejenigen Personen beziehungsweise Gruppen, die maßgeblichen Einfluß auf die Unternehmungspolitik ausüben, verkörpern ein erstes Erfolgssegment. Zu denken ist hier vor allem an die Führungsspitze, doch gegebenenfalls auch an das mittlere Management; Qualifikation, Motivation und Führungsverhalten („Stil") zählen hier zu den wichtigen Komponenten.
2. *Philosophie und Kultur.* Das Wertesystem der Unternehmung sowie die darüber hinausgehenden Komponenten der Unternehmungskultur (z.B. Symbole, Mythen, Verhaltensmuster) bilden ein eigenes Segment.
3. *Strategie.* Gemeint sind hier vor allem Markt- und Wettbewerbsstrategien, mit denen das Aktionsfeld der Unternehmung festgelegt und auf Ziele ausgerichtet wird sowie einzelne Geschäftsfelder bestimmt werden. Zu den Komponenten gehören

nicht nur Produkt-/Markt-Konzepte, Anpassungsfähigkeit und Innovationsbereitschaft, sondern auch Kosten- und Ertragsorientierung.

4. *Struktur.* Die Regelungen der Organisation sowie der rechtlichen Verfassung machen in ihrer Gesamtheit das Segment Struktur aus. Probleme der Gestaltung der Unternehmungsspitze tauchen hier ebenso auf wie Fragen der vertikalen und horizontalen Gliederung und Koordination der Unternehmung.
5. *Systeme.* Damit werden vorhandene Führungsmodelle und Anreizsysteme sowie Planungs-, Steuerungs- und Kontrollsysteme erfaßt. Auch Informations- und Rechnungssysteme sowie die Sachmittel des Informations- und Kommunikationssystems zählen hierzu. Systeme unterstützen das Formulieren von Strategien, aber auch ihre Umsetzung und Kontrolle.
6. *Realisationspotential.* Die mit der Ausführung von Strategien sowie mit den Beiträgen der Funktionsbereiche zusammenhängenden Fragen werden diesem Segment zugeordnet. Aspekte wie Verfügbarkeit oder optimale Ausgestaltung und Ausnutzung der Produktionsfaktoren finden hier Berücksichtigung. Dabei spielt der Facharbeiterstamm zum Beispiel ebenso eine Rolle wie das Finanzpotential oder die Fertigungstechnik („Ausgestaltung" als Basis des Erfolgspotentials).

Bezogen auf die genannten Erfolgssegmente lassen sich drei aufeinander aufbauende Ebenen des strategischen Fit unterscheiden, die den Charakter von *Erfolgsdimensionen* tragen (vgl. Abb. 2, nach KRÜGER 1989a, S. 14).

Den inneren Kern prägen Qualitätsstandard und interne Konsistenz der einzelnen Erfolgssegmente *(Intra-Segment-Fit)*. Er entsteht auf der Basis der Stärken und Schwächen einzelner Komponenten durch die Abstimmung dieser Einzelursachen *innerhalb* der Segmente, also z.B. durch Abstimmung von Kompetenzen, Aufgaben und Verantwortung innerhalb des Segments „Struktur". Traditionelle Gestaltungsprinzipien wie das damit angesprochene *Kongruenzprinzip* (vgl. BLEICHER 1980, KRÜGER 1994) lassen sich auf diese Weise auch als Teil der strategischen Stimmigkeit interpretieren.

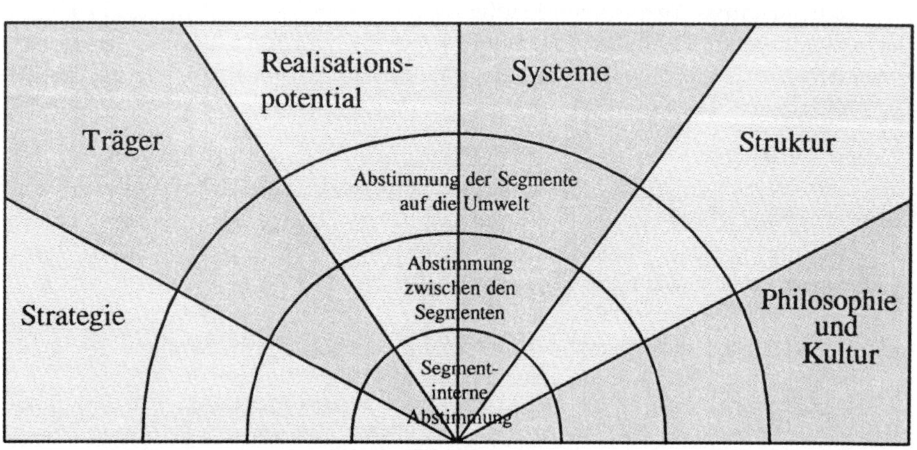

Abb. 2: Erfolgssegmente und Erfolgsdimensionen

Die nächste Dimension prüft die wechselseitige Abstimmung *zwischen* den Segmenten, also die Angemessenheit der Segmente untereinander *(Inter-Segment-Fit)*. Die erwähnte Diskussion über den Zusammenhang „Strategie/Struktur" bzw. „Strategie/Struktur/Kultur" betrifft i.S. von KOMPASS diese zweite Erfolgsdimension. So ist etwa eine innovationsorientierte Strategie zum Scheitern verurteilt, wenn die strukturellen Voraussetzungen und eine innovationsfördernde Kultur fehlen.

Schließlich müssen die Bedingungen der Unternehmungsumwelt beachtet, und es muß eine Abstimmung der Erfolgssegmente auf die Umwelt *(Segment-Umwelt-Fit)* vorgenommen werden. Dazu gehört die Situation der Unternehmung am Markt und im Wettbewerb, aber auch die Stimmigkeit zur gesellschaftlichen und politisch-rechtlichen Sphäre. In turbulenten Umwelten sind andere Strategien, Strukturen und Systeme angemessen als bei stabilen Verhältnissen.

Die Stärken und Schwächen einer Unternehmung lassen sich mit diesen drei „Ebenen der Stimmigkeit" differenziert erfassen. Zu den segmentinternen Stärken und Schwächen tritt die Stimmigkeit der Segmente untereinander. Beide Dimensionen werden ergänzt und überlagert durch den Segment-Umwelt-Fit. Die gedankliche Summe aller Stärken und Schwächen einer Unternehmung in den drei Erfolgsdimensionen macht ihr strategisches *Erfolgspotential* aus. Das strategische Erfolgspotential ist eine dem monetär erfaßbaren und bewertbaren Unternehmungserfolg vorgelagerte qualitative Maßgröße.

1.3 Stimmigkeit als Problem der zeitlichen Abstimmung von Erfolgssegmenten

Der Wirkungsverbund der Erfolgsfaktoren hat auch eine zeitliche Komponente. Sie ist für die praktische Gestaltung insofern von besonderer Bedeutung, als jedes System nur über eine begrenzte Kapazität der Problembewältigung verfügt. Das Management ist in aller Regel außerstande, sämtliche Teilprobleme gleichzeitig zu verfolgen. Die Frage, welche Probleme *zuerst* gelöst werden müssen und welche zeitlich nachgelagert sind, kann daher von existenzieller Bedeutung sein.

Um sie zu beantworten, müssen einzelfallspezifisch die Ursache-Wirkungsbeziehungen zwischen den in der strategischen Analyse erkannten Einzelfaktoren bzw. Faktorbündeln erarbeitet werden. Als praktische Hilfe für eine solche „Cross-Impact-Analyse" haben sich Matrizen bewährt (vgl. GOMEZ/PROBST 1987, S. 65). Zur allgemeinen Orientierung für derartige Analysen kann zum einen an die Logik von Kausalbeziehungen angeknüpft werden, zum anderen können empirische Ergebnisse des KOMPASS-Projektes herangezogen werden.

Einzelfaktoren können untereinander sachlogisch folgende Beziehungen aufweisen:

1. *Unabhängigkeit:* Die Veränderung eines Faktors hat keine Auswirkung auf den oder die betrachteten anderen Faktoren.
2. *Einseitige Abhängigkeit* (Dependenz): Ein Faktor hängt von anderen ab, die er seinerseits nicht beeinflussen kann. *Aktive Faktoren* sind dann solche, die vorwiegend *auf* andere wirken, *passive* solche, die vorwiegend *von* anderen geprägt werden.

In einem Netz einseitiger Abhängigkeiten sind die aktiven Faktoren zugleich die *kritischen* Faktoren, da von ihnen die größte Erfolgswirkung ausgeht.

3. *Wechselseitige Abhängigkeit (Interdependenz):* Die Faktoren beeinflussen sich gegenseitig. Ursache, Wirkung und Rückwirkung lösen einander ab, ein Sachverhalt der sich auch in Regelkreisdarstellungen ausdrückt. Faktoren, die sowohl stark beeinflussen als auch stark beeinflußt werden, bündeln in sich viele Ursachen-Wirkungsbeziehungen. Sie sind im Netz der Wechselwirkungen die „kritischen" Faktoren.

Der Fall *einseitiger Abhängigkeit* taucht in der Planungstheorie in anderem Zusammenhang als Engpaßproblem auf. Der Engpaß bestimmt die *Dringlichkeit* von Faktoren und dementsprechenden Maßnahmen, der Engpaßsektor ist dominant. Selbstverständlich kann jeder beliebige Faktor oder Bereich Engpaßcharakter annehmen und damit den zeitlichen Beginn der Gestaltung markieren. Aus der Sicht der KOMPASS-Ergebnisse zeichnet sich allerdings ab, daß die Erfolgs- und die Mißerfolgssituation typischerweise eine unterschiedliche Dringlichkeit der Erfolgssegmente aufweisen.

In *Mißerfolgssituationen* geht es regelmäßig zunächst darum, akute Krisenerscheinungen zu bekämpfen. Die finanzielle Lage muß stabilisiert werden (betrifft: *Realisationspotential*), organisatorische Mängel im Aufbau und Ablauf sind abzubauen (betrifft: *Struktur*). Außerdem ist oft eine Verbesserung im Finanz- und Rechnungswesen erforderlich, um aussagefähige Planungs- und Kontrollunterlagen zu erhalten (betrifft: *Systeme*). Erst wenn die vordringlichen, instrumentellen Probleme gelöst worden sind, die teilweise nur Symptomcharakter tragen, kann an den tieferliegenden Ursachen gearbeitet werden. Die Frage ist z.B., ob die Qualifikation und Motivation des Managements zu verändern ist (betrifft: *Träger*), oder ob die Leitbilder und Werte der Unternehmung noch zeitgemäß sind (betrifft: *Kultur* und *Philosophie*). Die Unternehmungskultur hängt sehr stark von den Unternehmungsträgern ab, sie wird wesentlich von den Werten der Träger geprägt. Im Lichte der hier vertretenen Konzeption wird der Maßstab für die erforderlichen Kulturausprägungen, aber auch die notwendigen Trägereigenschaften, von der Strategie der Unternehmung gebildet. Die Kultur hängt also von der Strategie ab bzw. sollte von ihr abhängig gemacht werden. Eine betont auf Flexibilität und Innovation abzielende strategische Stoßrichtung verlangt z.B. andere Werte und Verhaltensmuster sowie andere Persönlichkeitsmerkmale als ein auf vorsichtiges Agieren und Festhalten am Bewährten ausgelegtes Programm. Selbstverständlich können Strategie- und Kulturwandel parallel zu Änderungen der Strukturen, Systeme und Realisationspotentiale begonnen werden. In Mißerfolgssituationen ist ein grundlegender Strategiewechsel allerdings oft mit einem Revirement im Bereich der Unternehmungsträger verbunden. Die strategische Neuorientierung *folgt* also der personalen Neubesetzung.

In *Erfolgssituationen* existieren kaum kurzfristig zu verändernde Engpaßbereiche. Über mangelndes Realisationspotential (z.B. Humankapital, Technologie, Finanzen) kann nicht geklagt werden. Es besteht kein unmittelbarer Zwang, über neue Strukturen oder Systeme nachzudenken. Die Abhängigkeiten, die es zu bedenken gilt, sind daher eher langfristiger Natur. Der Ansatzpunkt für Veränderungen müßte im Bereich der Strategie liegen. Ehe äußere Umstände es nahelegen oder erzwingen und ohne

Zeitdruck wäre über denkbare Veränderungen der Strategie nachzudenken. Veränderte Träger, Systeme und Strukturen sind dann Ausdruck von aktiver strategischer Umorientierung und nicht von Krisenmanagement. Das aktive, innovative Gestalten und Gewinnen neuer Märkte, z.B. durch Transfer von Kernfähigkeiten, statt des reaktiven Verteidigens vorhandener Positionen, z.B. durch Kostensenkung, sollte das Leitbild für den Strategen sein. Die Praxis lehrt freilich, besonders in Deutschland, daß ein aktives, freiwilliges Umsteuern i.S. einer Neuorientierung der Unternehmung die Ausnahme ist. Im Normalfall ist erheblicher Problem- und Leidensdruck erforderlich, um einen Strategiewechsel auszulösen. Ursächlich hierfür sind mangelnde Strategiecourage und fehlendes Unternehmertum im Management ebenso wie vielfältige gesellschaftliche, regulative, strukturelle und personelle Wandlungsbarrieren (vgl. KRÜGER 1994, S. 361).

Wie diese exemplarischen Überlegungen zeigen, sind *einseitige* Abhängigkeiten nur für bestimmte Situationen und bestimmte Erfolgssegmente typisch. Zu einem erheblichen Teil herrschen zwischen den Erfolgsfaktoren mehr oder minder deutliche *Wechselwirkungen* vor. In einer Cross-Impact-Matrix drückt sich dies darin aus, daß es viele Faktoren gibt, die sowohl beeinflussen als auch beeinflußt werden. In diesen Fällen ist eine zeitliche Priorität *analytisch* nicht begründbar. In rückgekoppelten Beziehungen ist es beziehungslogisch gleichgültig, an welcher Stelle ein Eingriff erfolgt. Woran soll sich die Reihenfolge des Vorgehens also orientieren?

Es erscheint plausibel, in derartigen Situationen die *sachliche Bedeutung* von Erfolgsfaktoren bzw. Erfolgssegmenten zum Maßstab des strategischen Managements zu erheben. Getreu dem Motto „first things first" bestimmt die *Wichtigkeit* der Probleme das praktische Vorgehen bei ihrer Bewältigung. Wie wichtig bzw. wie „kritisch" ein Faktor ist, ist nur empirisch entscheidbar. Die Frage ist daher, wie oft in erfolgreichen bzw. erfolglosen Unternehmungen bestimmte Faktoren auftreten. Die Häufigkeit des Auftretens steht dann stellvertretend für ihre Bedeutung. Im KOMPASS-Projekt wurden in der ersten Stufe 100 Fälle auffallend erfolgreicher und erfolgloser Unternehmungen aller Branchen und Größenklassen untersucht. Die Ergebnisse dieser explorativen Studie lassen sich zu einer Gesamtaussage über die durchschnittliche Bedeutung der 21 Erfolgskomponenten und der sechs Segmente für den Erfolgs- und den Mißerfolgsfall bündeln. In graphischer Umsetzung ergibt sich daraus eine *Erfolgshierarchie*, die von oben nach unten zu betrachten ist (vgl. Abb. 3). Die sechs Segmente des Erfolgs sind entsprechend ihrer Bedeutung angeordnet. Das bedeutungsvollste Segment bildet also die Spitze der Pyramide.

Aus dieser Anordnung lassen sich vier Schritte im Sinne eines *Top-down-Vorgehens* ableiten, die den Weg des strategischen Managements kennzeichnen (vgl. KRÜGER 1989a, S. 17 f.).

1. *Impulsgebung für den Unternehmungsprozeß: Strategie.* Die Spitze der Erfolgshierarchie bildet das Segment Strategie. Die Entwicklung und Veränderung der anderen Erfolgssegmente und die daraus folgende Ausschöpfung des Erfolgspotentials bedarf der strategischen Orientierung.

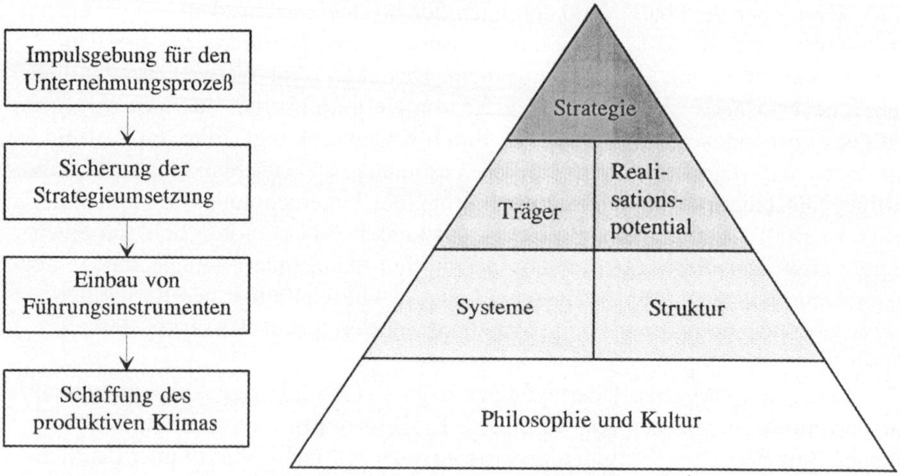

Abb. 3: Hierarchie der Erfolgssegmente und Top-down-Vorgehen

2. *Sicherung der Strategieumsetzung: Träger und Realisationspotential.* Im zweiten Schritt müssen die Verantwortlichen die Voraussetzungen dafür schaffen, daß die strategischen Absichten auch erreichbar werden. Zu diesem Zweck sind Komponenten wie Qualifikation, Motivation und Stil des Managements im Bereich des Trägersegments auf ihren strategischen Fit hin zu überprüfen. Sodann gilt es, die personellen, finanziellen und technischen Ressourcen zu stärken. Die übrigen drei Erfolgssegmente können ihre spezifische Stärke erst dann entwickeln, wenn die Grundlagen hierfür im Bereich Träger und Realisationspotential geschaffen worden sind.
3. Einbau von Führungsinstrumenten: Systeme und Struktur. Träger und Realisationspotential sind notwendig, aber nicht hinreichend für das Erreichen von Erfolg beziehungsweise Eindämmen von Mißerfolg. Auf der durch die ersten Schritte bereiteten Grundlage aufbauend, hat die Unternehmungsspitze vielfältige Aufgaben der Kommunikation und Koordination, der Steuerung und Kontrolle zu erfüllen. Unverzichtbare Unterstützungsleistungen liefern hierfür die Systeme, zum Beispiel Informationssysteme, sowie Planungs- und Kontrollprozeduren. Die strukturelle Absicherung, etwa mittels Aufgaben- und Kompetenzregelungen, aber auch durch straffe Ablauforganisation, darf ebenfalls nicht vernachlässigt werden.
4. *Schaffung des produktiven Klimas: Philosophie und Kultur.* Die maßgeblich wertbasierte Unternehmungsphilosophie muß von möglichst vielen Mitarbeitern geteilt werden. Die Unternehmungskultur enthält darüber hinaus einiges an Artefakten, Mythen, Ritualen, Symbolen und tradierten Verhaltensmustern. Solche Elemente entwickeln sich nicht nur aufgrund sozialer Prozesse, sondern sie beruhen auch auf Veränderungen im Bereich der Systeme und der Strukturen (z.B. Besprechungsriten). Das Segment Philosophie und Kultur repräsentiert also die mittel- bis lang-

fristigen Wandlungen, die in anderen Segmenten ausgelöst wurden. Aus diesem Grunde können die gemeinsamen Werte und das von ihnen erzeugte Klima nicht am Anfang, sondern erst am Ende des Prozesses stehen. Sie bilden daher die unterste Stufe der Erfolgshierarchie. Die Unternehmungskultur ist insbesondere kein Ersatz für die Unternehmungsstrategie. Im Gegenteil: Welche Kultur benötigt wird, ist nur auf der Basis der strategischen Stoßrichtung zu klären. „Kostenführerschaft" z.B. verlangt andere Kulturelemente als „Innovationsorientierung".

1.4 Business Reengineering als Anwendungsbeispiel

Relevanz und Aktualität der strategischen Stimmigkeit lassen sich anhand des derzeit (1994) besonders aktuellen Konzepts des „Business Reengineering" demonstrieren. Es zeichnet sich u.a. dadurch aus, daß grundlegende Veränderungen und Verbesserungen erreicht werden sollen, indem der Ist-Zustand der Unternehmung außer Ansatz bleibt und eine vollständige Neuorientierung und Neukonzipierung der Geschäfte und Geschäftsprozesse erfolgt (vgl. HAMMER/CHAMPY 1994).

MICHAEL HAMMER selbst erklärt, daß in ca. 70% der Reengineering-Projekte Fehler auftreten und die gewünschten Ergebnisse verfehlt werden. Dies resultiert nach unseren Beobachtungen nicht zuletzt daraus, daß Reengineering-Maßnahmen häufig verkürzt als ein Mittel der operativen Optimierung, d.h. der Rationalisierung und Kostensenkung, eingesetzt werden. Verändert werden primär oder ausschließlich zwei der erläuterten sechs Erfolgssegmente. Die „Struktur" wandelt sich, insbesondere durch Abflachung der Hierarchie und Prozeßbeschleunigung im Bereich der Ablauforganisation. Die „Systeme" verbessern sich, vor allem durch massiven Einsatz der Informations- und Kommunikationstechnik.

Versäumt oder vernachlässigt werden dagegen die Berücksichtigung grundlegender Umfeldveränderungen (betr.: Segment-Umwelt-Fit) sowie die strategische Neuausrichtung der Unternehmung (betr.: Strategie und Träger) und die Entwicklung bzw. Veränderung der erforderlichen internen Fähigkeiten (betr.: Träger, Philosophie/Kultur, Realisationspotential). Das Scheitern von Projekten bzw. das Verfehlen der Ziele, teils bereits in der Konzeptions-, teils in der Umsetzungsphase, kann bei einer derartig eingeschränkten Perspektive nicht verwundern. Erfolgreiche Reengineering-Programme zeichnen sich dagegen durch eine explizite Berücksichtigung *aller* Erfolgssegmente sowie ihres Fits aus. Im Projektablauf drückt sich dies in verschiedenen Vorgehensprinzipien aus, die den Anforderungen der „Strategischen Stimmigkeit" genügen.

1. *Klar definierte strategische Stoßrichtung (Segment „Strategie")*. Den Ausgangspunkt bildet die explizite Vorgabe einer strategischen Stoßrichtung durch die Unternehmungsleitung. Das branchenweite Anstreben der Kostenführerschaft repräsentiert einen anderen Orientierungsrahmen als bspw. die Differenzierung in einem spezifischen Marktsegment.
2. *Klarer Bezug zum Unternehmungsumfeld (Segment-Umwelt-Fit)*. Die weithin übliche Vorgehensweise beschränkt sich auf eine vorwiegend interne Sicht. Fortschreiben der Vergangenheit, Festhalten am Bewährten, Verteidigen des Erreichten mit

den Gefahren des Nichtwahrhabenwollens und Nichtmithaltenkönnens bei notwendigen Änderungen signalisieren mangelnden Segment-Umwelt-Fit. Um mithalten zu können, sollte, aufbauend auf einer *„outside-in"*-Betrachtung der strategischen Stoßrichtung, eine herausfordernde Zielsetzung anhand folgender Eckpfeiler definiert werden:

- Kundenanforderungen und deren Änderungen
- Konkurrenzvergleich („best practices" der Branche)
- Änderungsbedarf und -potential aufgrund von Umweltänderungen in den nächsten Jahren
- Interne Einschätzung von Veränderungspotential.

Die *„outside-in"*-Perspektive bewirkt vorwiegend eine Anpassung an die Umwelt. Möglich ist jedoch auch deren Beeinflussung und Gestaltung. Hierfür kann eine intelligente *„inside-out"*-Perspektive hilfreich sein, die um die Kernfähigkeiten der Unternehmung kreist. Dabei wären u.a. folgende Fragen zu beantworten:

- Entwicklung von (neuen) Kernfähigkeiten
- Transfer vorhandener Kernfähigkeiten
- Identifikation neuer Abnehmer
- Entwicklung neuer Produkte/Problemlösungen.

In dieser Phase sollte „das Wünschenswerte zur Norm" erhoben werden, ohne den Blick für die spätere Umsetzungsfähigkeit zu verlieren. Auf diesen Gedanken konzentrieren sich HAMEL/PRAHALAD als die wichtigsten Vertreter des neuen *„inside-out"*-Denkens, die in diesem Zusammenhang von „strategic stretch" sprechen (vgl. 1994, S. 146 f.).

3. *Volles Commitment der Entscheidungsträger (Segment „Träger").* Die Entscheidungsträger sind von Anfang an in die Maßnahme involviert und vermitteln unmißverständlich, daß Veränderungen gefordert und gefördert werden. Die Unternehmungsspitze unterstützt das Projekt mit ganzer Kraft („strong leadership").
4. *Breite Mitwirkung (Segmente „Realisationspotential" und „Philosophie/Kultur").* Das Einbeziehen der Mitarbeiter und ihrer Ideen in die Entwicklung von Maßnahmen schafft deutliche Zeichen für den Aufbruch sowie eine produktive und der Umsetzung von Veränderungen förderliche Atmosphäre.
5. *Intensive Kommunikation (Segment „Philosophie/Kultur").* Das Aufbrechen von Ritualen und Verhaltensmustern muß frühzeitig begonnen und permanent durch kommunikative Maßnahmen begleitet werden. Ursachen von Problemen werden hier ebenso erläutert wie Erfolge durch eingeleitete Veränderungen.
6. *Berücksichtigung aller Segmente bei der Umsetzung.* Die Umsetzung von Reengineering-Programmen tangiert nur bei oberflächlicher Betrachtung lediglich eines oder zwei der Erfolgssegmente, z.B. Struktur und Systeme. Die eigentliche Herausforderung der erfolgreichen Umsetzung besteht in der systematischen Abprüfung der *Interdependenzen* aller Segmente. So sind insbesondere die Konsequenzen und Adaptionsnotwendigkeiten im Hinblick auf die Kultur (Veränderung von Werten und Verhaltensmustern), das Realisationspotential (Veränderungen im Bereich der Personalqualifikation und -motivation) und schließlich sogar im Hinblick auf die Strategie (notwendige Richtungsänderungen oder Ausbruch aus bestehenden Grenzen) zu berücksichtigen.

2. Ermittlung der strategischen Stimmigkeit und des strategischen Erfolgspotentials

2.1 Grundprinzip und Vorgehensweise

Die Analyse der Stimmigkeitsproblematik hat gezeigt, daß die Stärken und Schwächen in den drei Dimensionen der Stimmigkeit das Erfolgspotential der Unternehmung ausmachen. Die Beurteilung des Erfolgspotentials erfordert also die Untersuchung der *strategischen Stimmigkeit*. Zu ihrer Ermittlung ist eine, im KOMPASS-Modell bereits angelegte, mehrstufige Vorgehensweise erforderlich (vgl. SCHWARZ 1989a, S. 197, 1989b, S. 40). Ermittelt werden (vgl. Abb. 4):

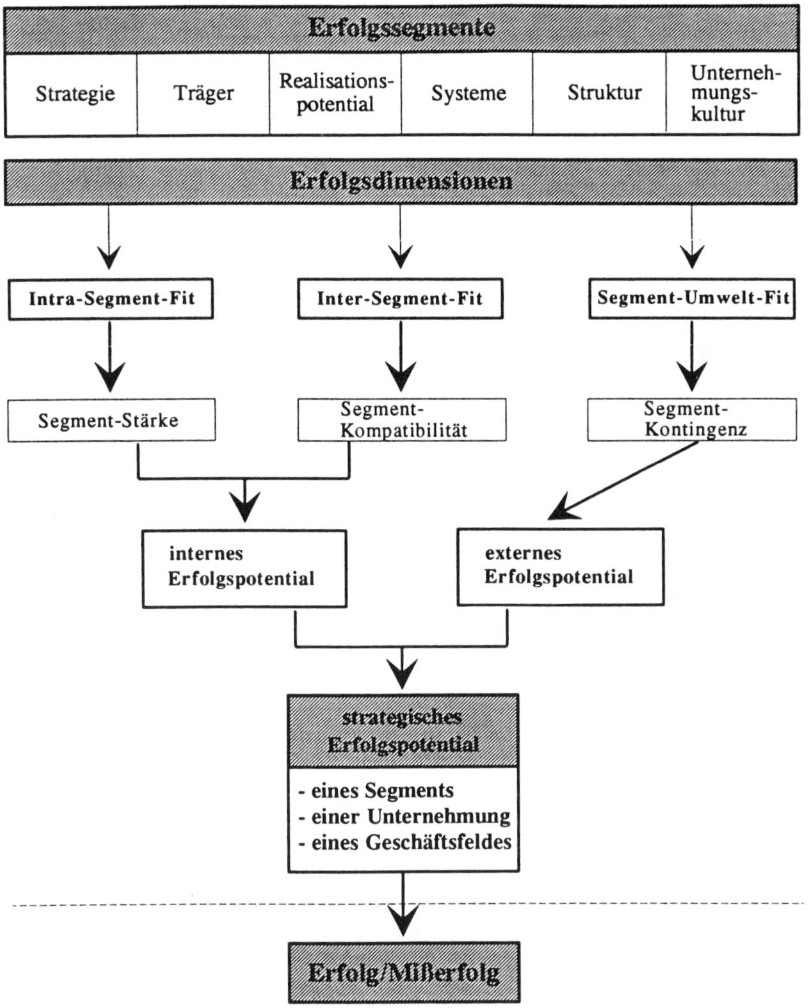

Abb. 4: Schritte der Erfolgspotentialbestimmung

- als Ergebnis der Analyse des Intra-Segment-Fit die *Segment-Stärke*
- als Ergebnis der Analyse des Inter-Segment-Fit die *Segment-Kompatibilität*
- in der Zusammenführung von Segment-Stärke und -Kompatibilität das *interne Potential* eines Segmentes bzw. *interne Erfolgspotential* der Unternehmung
- als Ergebnis der Analyse des Segment-Umwelt-Fit die *Segment-Kontingenz* im Sinne des *externen Potentials* eines Segments
- in der Zusammenführung von internem und externem Potential das *strategische Erfolgspotential* als Zielgröße.

Die Einzelbeurteilung eines Segments ist um die Beurteilung der anderen Segmente zu ergänzen und führt dann zu einer Gesamtbeurteilung. Während die Einzelbeurteilung mit vergleichsweise einfachen Mitteln vorgenommen werden kann, ist die Gesamtbeurteilung relativ schwierig und bislang methodisch nicht endgültig gelöst.

Komponentenausgestaltung / Komponentenabstimmung	gut	mittel	schlecht
hoch	"Geballte Kraft" 1	2	"Geschickte Kräftenutzung" 3
mittel	4	5	6
niedrig	"Ungenutzte Energie" 7	8	"Durchgehende Schwäche" 9

Segmentstärke		
hoch	mittel	niedrig
1,2,4	**3,5,7**	**6,8,9**

Abb. 5: Bestimmung der Segment-Stärke

2.2 Ermittlung der Segment-Stärke

Zur Analyse des Intra-Segment-Fit sind die Erfolgssegmente unabhängig voneinander auf ihre Ausgestaltung und Konsistenz zu untersuchen. Als Ergebnis wird die jeweilige *Segment-Stärke* ermittelt. Die Stärkeposition eines Erfolgssegments ist dann aus der Gegenüberstellung von Ausgestaltung und Abstimmung seiner Komponenten abzuleiten (vgl. Abb. 5). Dabei zeigt sich, daß in sich widersprüchliche bzw. schlecht abgestimmte Segmente trotz insgesamt hoher Ausprägung bestenfalls eine mittlere Stoßkraft ergeben („ungenutzte Energie") und daß umgekehrt eine hohe Konsistenz der Komponenten bei nur geringer Ausprägung bereits zum gleichen Ergebnis führt („Geschickte Kräftenutzung").

Um zu einer solchen Positionierung zu gelangen, ist eine Aufschlüsselung der Segmente in die jeweiligen Komponenten und ihre Indikatoren erforderlich. Im Einzelfall kann eine Auffächerung in „Subsegmente" sinnvoll sein. Das Segment „Philosophie/Kultur" z.B. kann Subkulturen enthalten, das Segment „Strategie" Teilstrategien für unterschiedliche Geschäftsbereiche.

Die Ermittlung der Segment-Stärke wird im folgenden exemplarisch, allerdings ohne diese Auffächerung, für das Segment „Philosophie/Kultur" demonstriert (vgl. im einzelnen SCHWARZ 1989a, S. 197 ff. und die dort angegebene Lit.).

Die Untersuchung der internen Ausgestaltung einer Kultur sowie deren Visualisierung wird in der Literatur durchgehend mittels semantischer Differentiale vorgenommen (vgl. bspw. PÜMPIN/KOBI/WÜTHRICH 1985, S. 35, 41 ff.; RASCHE 1986, S. 50 ff., insbes. S. 53 ff.). Hierbei wird für jedes Element der Kultur ein Kontinuum zur Beschreibung seiner Ausprägungen entwickelt und in Befragungen von Schlüsselpersonen und/oder in Workshops mit breiter Beteiligung die Häufigkeit des Auftretens der Elemente sowie deren Bedeutung ermittelt. Die Verbindung der so entstehenden Punkte ergibt das charakteristische Profil der Kultur einer Unternehmung (vgl. Abb. 6, nach SCHWARZ 1989a, S. 200). Zur rechnerischen Ermittlung des „Ausprägungsgrades" einer Kultur erfolgt eine komponentenweise Gewichtung, die die relative Bedeutung der Kultur-Komponenten untereinander wiedergibt.

Zur Ermittlung der *Widerspruchsfreiheit* sind alle Komponenten des Segments in einer Fit-Matrix (vgl. SCHOLZ 1987, S. 72 ff.) in Beziehung zu setzen. Die Bewertung der Stimmigkeit kann ordinal erfolgen (vgl. Abb. 7). Wenn auf der einen Seite z.B. Geschichten über erfolgreiche Innovationen kursieren („Symbole") und auf der anderen Seite im aktuellen Tagesgeschäft strikte Normierungen („Richtlinie") und das Festhalten an gewohnten Verfahrensweisen („Verhaltensmuster") dominieren, dann werden Bruchstellen in einer Kultur sichtbar. Sie lassen sich ebenso wie Übereinstimmungen in der Fit-Matrix erfassen. Die überwiegende Kompatibilität der Komponenten (+) wird als *hohe* Widerspruchsfreiheit gewertet. Solange die Summe aus positiven und unbestimmten Beziehungen größer ist als die Anzahl der Misfits, liegt eine *mittlere* Konsistenz vor. Dominieren negative Beziehungen, ist die segmentinterne Widerspruchsfreiheit als *gering* einzustufen.

Komponente	Gewichtung	Elemente	5	4	3	2	1
UK-Basis	30%	Grundannahmen	übereinstimmend	gefestigt	vorhanden	uneinheitlich	nicht vorhanden
		Mission	ausgeprägt	akzeptiert	vage Vorstellung	nicht akzeptiert	nicht vorhanden
		Vision	ausgeprägt	akzeptiert	vage Vorstellung	nicht akzeptiert	nicht vorhanden
UK-Leitlinie	30%	Mitarbeiterorientierung	hohe Bedeutung	ausgeprägt			unbedeutend
				stark	mittel	gering	
		Gemeinschafts-/Integrationsorientierung	hohe Bedeutung	ausgeprägt			unbedeutend
				stark	mittel	gering	
		Individualitätsorientierung	hohe Bedeutung	ausgeprägt			unbedeutend
				stark	mittel	gering	
		Produkt-/aufgabenorientierung	hohe Bedeutung	ausgeprägt			unbedeutend
				stark	mittel	gering	
		Kostenorientierung	hohe Bedeutung	ausgeprägt			unbedeutend
				stark	mittel	gering	
		Individuelle Leistungsorientierung	hohe Bedeutung	ausgeprägt			unbedeutend
				stark	mittel	gering	
		Kundenorientierung	hohe Bedeutung	ausgeprägt			unbedeutend
				stark	mittel	gering	
		Konkurrenzorientierung	hohe Bedeutung	ausgeprägt			unbedeutend
				stark	mittel	gering	
UL-Symbole	20%	Aktionssymbole	stark ausgeprägt	Verbreitungsgrad			unbedeutend
				häufig	mittel	vereinzelt	
		Stilsymbole	stark ausgeprägt	Bedeutsamkeit			unbedeutend
				hoch	mittel	gering	
		Bezugssymbole	verhaltensleidend	bedeutsam	bekannt	geringe Bedeutung	unbedeutend
		Historische Symbole	verhaltensleidend	bedeutsam	bekannt	geringe Bedeutung	unbedeutend
UK-Richtlinie	10%	Verhaltensnormierung	dominierend	ausgeprägt			unbedeutend
				hoch	mittel	gering	
		Leistungsnormierung	dominierend	ausgeprägt			unbedeutend
				hoch	mittel	gering	
		Sanktionsmechanismen	kollektiv	überwieg. kollektiv	Mischform	überwieg. individual.	individualistisch
UK-Verhaltensmuster	10%	Charakteristische Verhaltensweisen	stark ausgeprägt	häufig	verbreitet	vereinzelt	nicht erkennbar
		Gewohnheiten/Gebräuche	stark ausgeprägt	häufig	verbreitet	vereinzelt	nicht erkennbar
		Vorgehensweisen/Verfahren	stark ausgeprägt	häufig	verbreitet	vereinzelt	nicht erkennbar

Ausprägungsgrad		
hoch 23,5 - 16,6	mittel 16,5 - 9,5	gering 9,4 - 2,5

Abb. 6: Ausprägungsgrad einer Unternehmungskultur

UK-Komponenten	Basis	Leitlinie	Symbole	Richtlinie	Verhaltensmuster
Basis		+	+	+	o
Leitlinie			+	o/—	—
Symbole				—	—
Richtlinie					—
Verhaltensmuster					

Grad der Widerspruchsfreiheit

hoch	mittel	gering
+ > o, -	+, o > -	- > +, o

Legende: + = kompatibel
o = unbestimmt
— = widersprüchlich

Abb. 7: Analyse der Widerspruchsfreiheit einer Unternehmungskultur

2.3 Ermittlung der Segment-Kompatibilität

Die Segment-Kompatibilität prüft die Abgestimmtheit der Segmente untereinander. Dabei gilt, wie erläutert, daß die „Stärke" eines Segments umso mehr zum Unternehmungserfolg beitragen kann, je besser die Abstimmung mit den anderen Segmenten gestaltet ist bzw. je geringer die Reibungsverluste sind. Das unternehmungsinterne Erfolgspotential hängt also nicht nur von der Stärke der einzelnen Segmente, sondern auch von deren wirkungsvoller Integration ab. Die Methoden dieser Inter-Segment-Fit-Analyse sowie die daraus folgenden Implikationen für den „optimalen Fit" werden im folgenden beleuchtet.

Die in der Literatur bisher behandelten Kompatibilitätsprobleme beschränken sich auf die Gegenüberstellung ausgewählter Erfolgssegmente. Besondere Bedeutung hat bereits früh der Zusammenhang von Strategie und Struktur gefunden (vgl. CHANDLER 1966). In den Publikationen zum strategischen Management wird zudem regelmäßig auf die bedeutsame Stellung der Kultur hingewiesen (vgl. HAX/MAJLUF 1986, S. 127; SCHOLZ 1987, S. 159 f., 204 f.; KOBI/WÜTHRICH 1985, S. 130 ff.; PORTER 1986, S. 47 f.).

Die Problematik der Ermittlung des „optimalen Fit" bereits auf der Ebene zweier Segmente läßt sich an dem Verhältnis von Struktur und Kultur besonders gut erläutern. Unter Stichworten wie „Deregulation" und „Entbürokratisierung" findet in jüngster Zeit eine Diskussion über die Ersetzbarkeit struktureller durch kulturelle Regelungen statt.

Durch den Abbau struktureller Regelungen bei gleichzeitiger Stärkung der Kultur erfolgt jedoch *keine* Reduzierung des Regelungsumfangs, da lediglich eine Regelungsart durch eine andere ersetzt wird. Insofern findet eine Deregulierung nicht statt. Strukturelle und kulturelle Regelungen sollten sich daher zu einem Regelungsumfang ergänzen, der in der Summe dem Umfang der wesentlichen situativen und strategischen Anforderungen (wie z.B. Anpassung und Stabilität) gerecht wird.

Weiterführende Überlegungen behandeln die Wechselwirkungen von jeweils *drei* Segmenten. Die Vorgehensweise ist dabei i.d.R. durch ein sukzessives Abtesten der Segmente untereinander gekennzeichnet. Besonders zu erwähnen sind hierbei die Ansätze von Staerkle, der den Zusammenhang von Strategie, Struktur und Kultur untersucht (vgl. STAERKLE 1985; BLEICHER 1990), sowie die Analyse der Segmente Strategie, Systeme und Kultur von SCHOLZ (vgl. SCHOLZ 1987).

In letzter Konsequenz bleibt der theoretischen Analyse und der praktischen Gestaltung allerdings ein *vollständiger* Abgleich aller Erfolgssegmente nicht erspart. Für praktische Zwecke wird i.d.R. eine gesamthafte Beurteilung der Segmente untereinander ohne Rückgriff auf deren Komponenten genügen, da die segmentinternen Eigenarten aus der Analyse der Segment-Stärke hinreichend bekannt sind. Dazu ist wiederum eine besondere Form der Fit-Matrix aufzubauen (vgl. Abb. 8). Sie läßt die Stimmigkeit einzelner Segmente erkennen *(Einzelkompatibilität)* und ergibt in der Gesamtbewertung ein Urteil über das Abgestimmtsein aller Erfolgssegmente einer Unternehmung *(Gesamt-Kompatibilität)*.

Die überwiegende Übereinstimmung der Segmente (+) wird als *hohe* Segment-Kompatibilität gewertet. Solange die Summe der positiven und indifferenten Beziehungen größer ist als die Anzahl der Misfits, liegt ein *mittlerer* Fit vor.

Dominieren schließlich die Misfits, ist die Segment-Kompatibilität als *gering* einzustufen.

Die Ergebnisse der Kompatibilitätsanalyse lassen sich in zweifacher Weise verwenden. Sie zeigen zum einen, welche Änderungsnotwendigkeiten im Ist-Zustand existieren. Zum anderen kann man die möglichen Auswirkungen entsprechender Maßnahmen mit Hilfe der Matrix durchprüfen, also den Soll-Zustand analysieren. Je stärker sich die Bewertung dem maximalen Fit (maximal sind 15 Übereinstimmungen möglich) nähert, desto schwieriger gestalten sich Eingriffe in das System, desto mühevoller wird mithin auch die Anpassung an externe Veränderungen, da die Änderung nur eines Segments eine Kettenreaktion in den anderen Segmenten hervorruft und auch dort jeweils Änderungsmaßnahmen induziert. Bei einer grundlegenden Neuausrichtung einer Unternehmung stellt ein ausgeprägter Fit der Vergangenheit insofern eine Änderungsbarriere dar. Dies u.a. erklärt die besondere Gefährdung und das Abrutschen von ehemaligen Erfolgsunternehmungen („nothing fails like success").

Für die Anwendung der Kompatibilitätsmatrix (Abb. 8) wie der Potentialmatrizen (Abb. 9/10) resultiert daraus die Notwendigkeit sorgfältiger Interpretation im Einzelfall. Schematisches Vorgehen kann in die Irre führen. Das Optimum der strategischen Stimmigkeit, der „optimale Fit", ist nicht unbedingt mit der maximalen Kompatibilität gleichzusetzen. Zumindest für Phasen der Umorientierung einer Unternehmung ist eine

	Strategie	Kultur	Träger	Systeme	Struktur	Realisationspotential
Strategie		+	+	○	+	○
Kultur			○	○	+	○
Träger				○	○	–
Systeme					+	○
Struktur						–
Realisationspotential						

Einzelkompatibilitäten	+	○	–
Strategie	3	2	0
Kultur	2	3	0
Träger	1	3	1
Systeme	1	4	0
Struktur	3	1	1
Realisationspotential	0	3	2

Gesamtbewertung

+	5
○	8
–	2

Gesamt-Kompatibilität		
hoch + > ○ , -	mittel +,○ > -	gering - > +,○

Legende	+ = Fit	○ = Indifferent	– = Misfit

Abb. 8: Ermittlung der Segmentkompatibilität

„lockere“ Stimmigkeit günstiger zu beurteilen. Andererseits bedeutet in Normalphasen das Vorliegen von Misfits und damit eine mittlere oder gar geringe Kompatibilität, daß die Stärken einzelner Segmente durch die Unvereinbarkeit mit anderen Segmenten gar nicht oder nur in vermindertem Umfang erfolgswirksam werden können.

2.4 Aggregation zum internen Erfolgspotential

Zur Ermittlung des internen Erfolgspotentials erfolgt die Zusammenführung der bisher ermittelten Größen „Segment-Stärke“ und „Segment-Kompatibilität“ zu einem Gesamtwert. Die Bezeichnung *internes* Erfolgspotential wird hier gewählt, da im Rahmen der Intra- und Inter-Segment-Analyse ausschließlich interne Faktoren der Unternehmung abgeprüft wurden, die externe Abstimmung somit bislang nicht berücksichtigt wurde. Das interne Erfolgspotential gibt Auskunft über den aufgrund der internen Stärke und der Abgestimmtheit zu erwartenden Erfolgsbeitrag eines Segments bzw. bei Berücksichtigung aller Segmente über die Gesamtbewertung der internen Stärken und Schwächen eines Geschäftsfeldes oder einer ganzen Unternehmung. Das interne Erfolgspotential wird zunächst für jedes Segment einzeln ermittelt (vgl. Abb. 9).

Segment-Stärke und -Kompatibilität bilden die Achsen eines diesbezüglichen Portfolios, in dem die einzelnen Segmente positioniert werden. Die Aggregation der inter-

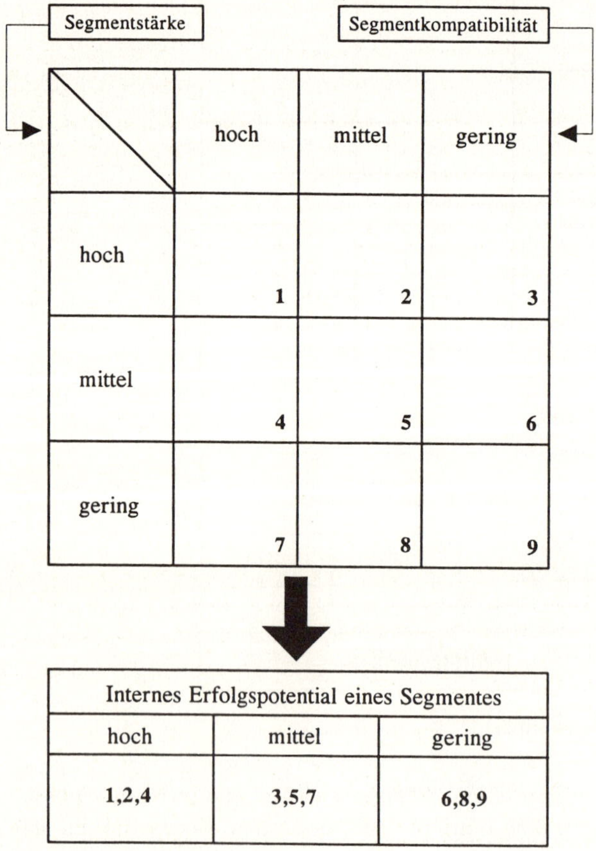

Abb. 9: Ermittlung des internen Erfolgspotentials eines Erfolgssegments

nen Erfolgspotentiale aller Segmente kann im einfachsten Fall summarisch erfolgen. Dabei richtet sich der Gesamtwert des internen Erfolgspotentials nach der Häufigkeit, mit der die segmentbezogenen Erfolgspotentiale als hoch, mittel oder gering eingeschätzt werden. Bei diesem Vorgehen werden alle Segmente gleichgewichtig behandelt. Wesentlich bessere Ergebnisse lassen sich bei einer Berücksichtigung des unterschiedlichen Gewichts der Erfolgssegmente erreichen. Zum einen können hierfür die Ergebnisse der oben dargestellten Cross-Impact-Analyse im Einzelfall herangezogen werden. Das Ausmaß, in dem sich eine Erfolgskomponente bzw. ein Erfolgssegment dabei als kritisch herausstellt, kann als Gewichtungskennzahl Verwendung finden. Diese Kennzahl wäre in die Zeile „Gewichtung" des Tableaus von Abb. 10 einzutragen, das den Ansatz der *Nutzwertanalyse* auf die Erfolgspotentialbestimmung überträgt. Die-

Segment	Strategie	Träger	Realisationspotential	Systeme	Struktur	Kultur
Gewichtung	**5**	**2**	**3**	**3**	**2**	**3**
Internes Erfolgspotential des Segments	hoch	mittel	niedrig	hoch	niedrig	mittel
Punktwert	**3**	**2**	**1**	**3**	**1**	**2**
Punkte x Gewicht	**15**	**4**	**3**	**9**	**2**	**6**
Gesamtwert des internen Erfolgspotentials	**39**					

Internes Erfolgspotential (Gesamt)		
hoch	mittel	gering
54 → 42	**42 → 30**	**30 → 18**

Abb. 10: Ermittlung des gesamten internen Erfolgspotentials

ses Vorgehen erscheint zweckmäßig und praktikabel. Es ist ohne unnötigen Aufwand durchführbar und überfordert nicht das Urteilsvermögen der Beteiligten.

Zum anderen können auch die dargestellten empirischen Ergebnisse Verwendung finden. Die für den Erfolgs- und/oder Mißerfolgsfall ermittelten Durchschnittswerte (vgl. KRÜGER 1988, 1989a) können zu einer ordinalen Gewichtungskennzahl umgeformt werden. In dem Schema von Abb. 10 wird eine gerundete Verhältniszahl verwendet, die auf der relativen Bedeutung der Erfolgssegmente bei *erfolgreichen* Unternehmungen beruht (Strategie 48 %, Träger 21 %, Realisationspotential 31 %, Systeme 30 %, Struktur 21 %, Philosophie und Kultur 28 %). Bei der Anwendung dieser Zahlen ist allerdings zu berücksichtigen, daß sie einen Querschnitt durch unterschiedliche Unternehmungssituationen bilden.

Das interne Erfolgspotential eines Segments ist aus dem Potentialportfolio (Abb. 9) zu übernehmen. Die Bewertung in „hoch/mittel/niedrig“ drückt sich in einem entsprechenden Punktwert aus. Durch Addition der gewichteten Punktwerte errechnet sich eine Kennzahl für das gesamte interne Erfolgspotential der Unternehmung. Dieser Punktwert kann sich innerhalb eines Kontinuums von 18 (niedriges internes Erfolgspotential aller Segmente) und 54 Punkten bewegen (hohes internes Erfolgspotential aller Segmente).

2.5 Ermittlung der Umwelt-Kontingenz der Segmente und des externen Erfolgspotentials

Die letzte zu untersuchende Erfolgsdimension ist die Abstimmung der Erfolgssegmente mit den Umweltanforderungen (Umwelt-Kontingenz der Segmente). Die Bewertung dieses Zusammenhangs wird als externes Erfolgspotential bezeichnet. Sie ist Ausdruck für die Fähigkeit eines Segments bzw. des gesamten Systems, den Umweltanforderungen zu entsprechen.

Die Analyse umfaßt drei Schritte. Zunächst sind die *Anforderungen* aus der Umwelt zu ermitteln und bewerten, denen sich eine Unternehmung gegenübersieht. Zur Orientierung kann auf externe Faktoren zurückgegriffen werden, wie sie z.B. zur Beurteilung der Branchenattraktivität in der Portfolio-Analyse oder zur Beurteilung von Organisationsstrukturen (vgl. KRÜGER 1994, S. 14) Verwendung finden. Die Faktoren lassen sich zu Umweltsegmenten bündeln, z.B. ökonomische oder rechtlich-politische Umwelt. Zur Operationalisierung der *Umweltanforderungen* genügt es nicht, die Art der Einflüsse zu erfassen und den unterschiedlichen Umweltsegmenten (z.B. ökonomische, soziokulturelle, ökologische Umwelt) zuzuordnen. Zu beurteilen ist vielmehr die *Intensität* dieser Anforderungen, um eine Maßgröße für die Bestimmung der Umwelt-Kontingenz der Segmente und damit für die externen Stärken und Schwächen einer Unternehmung zu erlangen. Für eine Grobanalyse ist ebenfalls eine summarische Vorgehensweise denkbar, die auf ein generelles, ordinales Urteil über die Günstigkeit oder Ungünstigkeit externer Faktoren abzielt. Dabei wären externe Faktoren auch gegeneinander zu gewichten, ein Verfahren, das sich im praktischen Einsatz durchaus bewährt hat.

Für eine differenziertere Vorgehensweise ist an die bekannten Umwelteigenschaften „Komplexität“ und „Dynamik“ zu denken (vgl. DIESCH 1986, S. 54 ff.). Kennzeichnend für die Umweltdynamik sind dabei die Häufigkeit, die Intensität und die Regel-

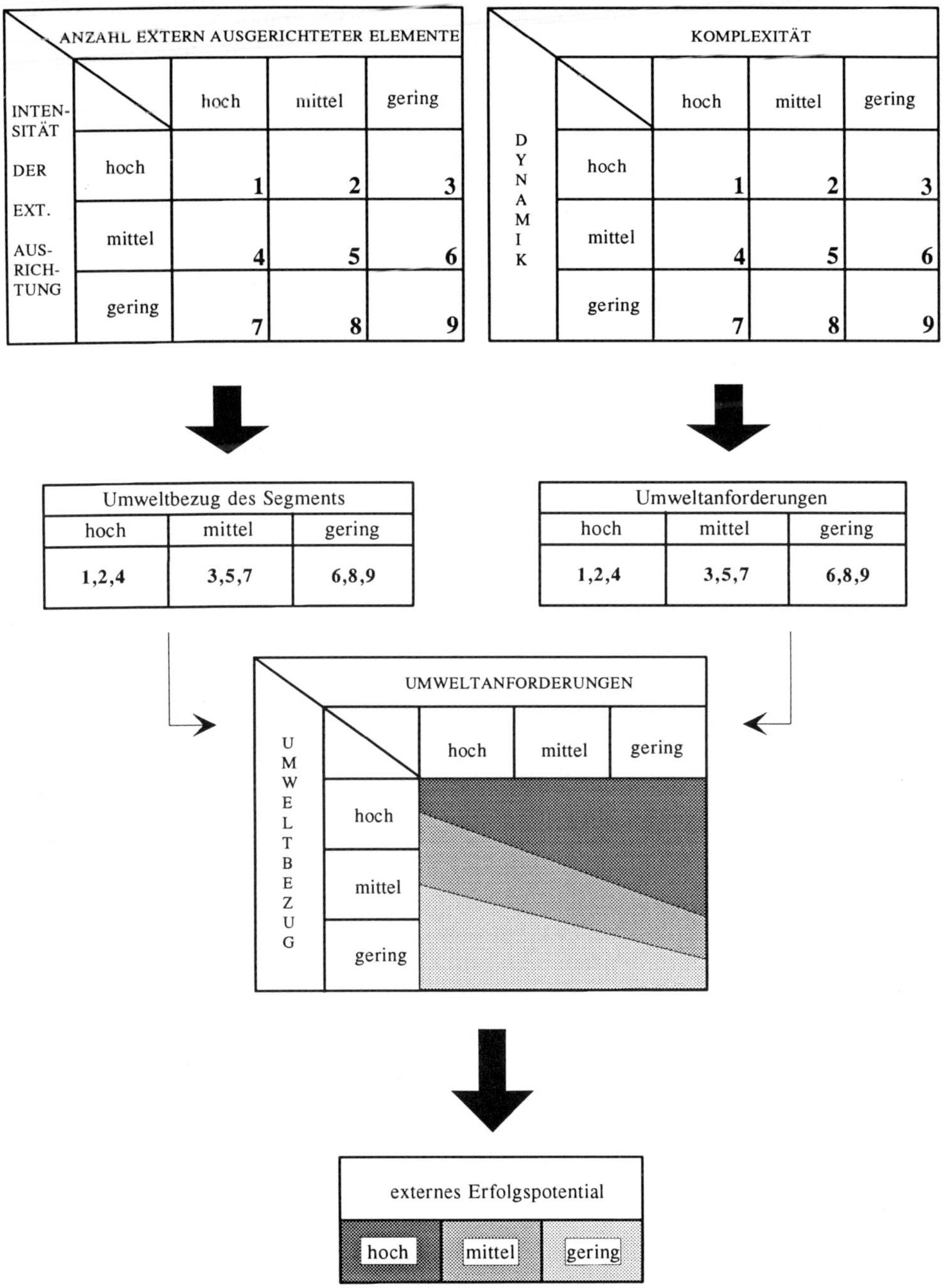

Abb. 11: Ermittlung des externen Erfolgspotentials eines Erfolgssegments

mäßigkeit von Änderungen in den Umweltsegmenten. Die Komplexität wird dagegen durch die Anzahl und Verschiedenartigkeit der Umweltelemente und ihrer Beziehungen beschrieben.

Unabhängig davon wird der *Umweltbezug* der Segmente ermittelt. Schließlich wird das externe Erfolgspotential der Segmente als jeweiliger Beitrag zur Anpassungsfähigkeit einer Unternehmung an die Umweltbedingungen ermittelt, indem Umweltbezug und Umweltanforderungen gegenübergestellt werden. Die Zusammenfassung der Ergebnisse der einzelnen Segmente ergibt das gesamte externe Erfolgspotential der Unternehmung.

Die Bestimmung des externen Potentials erfolgt in Anlehnung an die Portfolio-Technik (vgl. Abb. 11). Die Beurteilung des Umweltbezugs eines Segments kann summarisch für ein Segment insgesamt oder wiederum auf Komponentenebene erfolgen. Für die Ausprägung des *Umweltbezugs* ist dann die Anzahl und die Intensität der Komponenten bzw. der Elemente mit externem Bezug zu ermitteln.

Beispielsweise ist der Einsatz bestimmter „Managertypen" für Geschäftsfelder, die sich in unterschiedlichen Wettbewerbspositionen befinden, ein Indiz für die externe Ausrichtung im Trägersegment (vgl. hierzu LAUKAMM/WALSH 1985, S. 95 ff.). Leitbilder wie „Konkurrenz überflügeln" oder die Kundenorientierung nach dem Prinzip „client first" sind Beispiele aus dem Segment „Kultur".

In der Zusammenführung von Umweltbezug und Umweltanforderungen zum externen Erfolgspotential sind drei unterschiedliche Positionen zu beschreiben. Ein geringes externes Potential liegt vor, wenn der Umweltbezug in Relation zu den Anforderungen als unterdurchschnittlich zu bewerten ist. Eine weitgehende Angepaßtheit an die Umweltbedingungen ist als mittleres externes Erfolgspotential zu beurteilen, wogegen eine völlige Übereinstimmung sowie ein über die gegenwärtigen Umweltanforderungen hinausgehender Umweltbezug („externer slack") als hohes externes Potential zu bezeichnen ist. Letzteres kann zur aktiven Gestaltung der Umweltbedingungen und/oder zur Bewältigung zukünftig möglicherweise erhöhter Umweltanforderungen genutzt werden. Nicht auszuschließen ist aber auch, daß es sich dabei um „überschüssige Kraft" handelt. Die Aggregation der Segment-Umwelt-Analyse über alle Segmente zu einem Gesamtwert des externen Erfolgspotentials erfolgt analog zu der Vorgehensweise bei der Inter-Segment-Analyse.

2.6 Aggregation zum strategischen Erfolgspotential

Der letzte Schritt der Analyse besteht in der Bestimmung des gesamten strategischen Erfolgspotentials durch die Zusammenführung der beiden ermittelten Größen „internes Erfolgspotential" und „externes Erfolgspotential". Die Positionierung in einem abschließenden Portfolio (vgl. Abb. 12) macht die internen und externen Stärken und Schwächen sichtbar. In der praktischen Anwendung dieser Vorgehensweise hat sich übrigens gezeigt, daß es sehr erhellend für das Management ist, zunächst die wichtigsten Erfolgsfaktoren der Unternehmung bzw. des Geschäftsfeldes zu positionieren. Man kann daraus die Hauptstärken und Hauptmängel erkennen, die dann die besondere Aufmerksamkeit erfordern („strategic issues").

		EXTERNES ERFOLGSPOTENTIAL		
		hoch	mittel	gering
INTERNES ERFOLGSPOTENTIAL	hoch	1	2	3
	mittel	4	5	6
	gering	7	8	9

Strategisches Erfolgspotential				
1,2,4 umfassendes strategisches Erfolgspotential	**3** partiell intern hohes strateg. Erfolgspotential	**7** partiell extern hohes strateg. Erfolgspotential	**5** mittleres strategisches Erfolgspotential	**6,8,9** schwaches strategisches Erfolgspotential

Charakteristik der Unternehmungsposition				
"Stars"	"Der gefährdete Introvertierte"	"Der gefährdete Kundenorientierte"	"Der Profillose"	"Turnaround-Kandidaten"

Strategische Stoßrichtung				
"Weiter-entwickeln"	"Aufbruch initiieren"	"Interne Basis aufbauen"	"Entwicklungs-pfad definieren"	"Radikaler Neubeginn"

Abb. 12: Das strategische Erfolgspotential und seine Strategiekonsequenzen

Wird die Eintragung für ein einzelnes Segment vorgenommen, ist das Ergebnis als der mögliche Beitrag dieses Segments zum Unternehmungserfolg zu interpretieren.

Bei einer umfassenden Analyse schließlich, die sich auf alle Segmente bezieht, werden die Gesamtwerte zum strategischen Erfolgspotential aggregiert. Es läßt sich somit eine Gesamtbeurteilung des Erfolgspotentials einer Unternehmung oder eines Geschäftsbereichs vornehmen. Als Hilfsmittel wird hierzu wiederum die Portfolio-

Darstellung gewählt (vgl. Abb. 12). Zusammenfassend ist damit eine umfassende und integrierte Stärken-/Schwächen-Analyse der Unternehmung unter Berücksichtigung aller wesentlichen Erfolgssegmente abgeschlossen. Unsere interpretierenden Kennzeichnungen des gesamten strategischen Erfolgspotentials in Abb. 12 (z.B. „Die Stars", „Die Turnaround-Kandidaten") sowie der strategischen Stoßrichtungen sind *Hinweise* zur Beurteilung im Einzelfall, sollten allerdings keinesfalls schematisch umgesetzt werden, etwa i.S. von „Normstrategien".

2.7 Strategische Stimmigkeit und Unternehmungsentwicklung

Im Zusammenspiel interner Potentialstärke und externer Stimmigkeit zeigen sich in besonderem Maße strategische Probleme der Unternehmungsentwicklung und des Wandlungsmanagements. Starke interne Erfolgspotentiale sind nur solange von Nutzen, wie sie den externen Anforderungen entsprechen. Grundlegende Veränderungen der Aufgabenumwelt, aber auch der generellen Umwelt (z.B die Gesetzgebung zur Deregulierung im Versicherungs- und Telekommunikationssektor) machen frühere Stärken obsolet, lassen sie im ungünstigsten Fall sogar zu Bremsklötzen der Unternehmungsentwicklung werden. Abb. 13 (nach KRÜGER 1994, S. 315) zeigt am Beispiel des Segments „Kultur/Philosophie" die Zusammenhänge. Eine *stark ausgeprägte* Kultur (hohes internes Erfolgspotential) wirkt nur dann positiv („Schwungrad"), wenn sie *zeitgerecht* ist (hohe Umwelt-Kontingenz.) Bei mangelnder Umwelt-Stimmigkeit dagegen kommt es zu Effekten, die sich als „Versteinerung" bezeichnen lassen.

An diesem Beispiel wird die bereits erläuterte Problematik des „optimalen Fit" deutlich. In „Normalphasen" der Unternehmung, also einer stabilen Situation ohne größere Änderungen, wird eine möglichst innige Abstimmung der Erfolgssegmente besonders effektiv sein. Der „optimale Fit" ist bei einer hohen Stimmigkeit erreicht. (vgl. Abb. 14)

Die Unternehmungskultur ist:	zeitgerecht	nicht zeitgerecht
stark ausgeprägt	**"Schwungrad"**	**"Versteinerung"**
schwach ausgeprägt	**"laues Lüftchen"**	**"Hemmschuh"**

Abb. 13: Stärke und Stimmigkeit der Unternehmungskultur

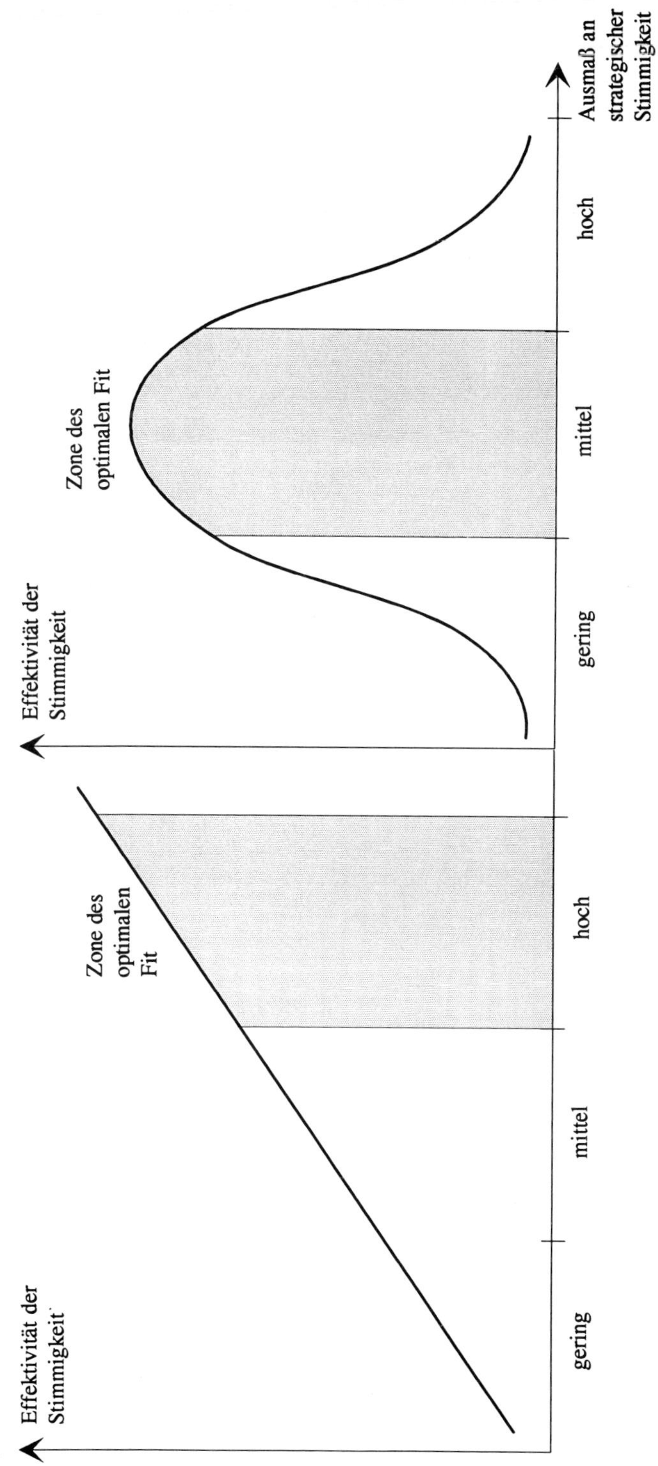

Abb. 14: Der optimale Fit in wechselnden Situationen

Anders liegen die Verhältnisse, wenn größere Anpassungen oder gar tiefgreifende Wandlungsprozesse erforderlich sind. Stark ausgeprägte Stimmigkeit kann dann zu Hemmschuheffekten führen. Andererseits ist ein Mindestmaß an Fit erforderlich, um Veränderungsprozesse in Gang zu setzen. Die Zone des „optimalen Fit“ ist in solchen Phasen tendenziell im Bereich mittlerer Stimmigkeit zu suchen.

Die besondere Herausforderung für das Management besteht darin, einen in einer Normalphase erreichten hohen strategischen Fit ständig auf Änderungsbedarfe zu überprüfen und ihn rechtzeitig zu ändern, um auf Wandlungsphasen einschwenken zu können. Nur so läßt sich ein „nothing fails like success“ vermeiden.

Das Konzept der strategischen Stimmigkeit ist also nicht statisch zu sehen, sondern zum Gegenstand einer *strategischen Entwicklungsplanung* zu machen, bei der es darauf ankommt, auch zukünftige Erfolgspositionen und Erfolgspotentiale zu bestimmen, um entsprechende Entwicklungsbedarfe zu erkennnen und Entwicklungsaktivitäten einzuleiten.

Dies gilt zunächst für die traditionell im Vordergrund stehende Betrachtung, die von einer (reaktiven) *Anpassung* der Unternehmung an Umfeldveränderungen ausgeht. Entstehende Misfits sind dabei Folge von externen Entwicklungen, bilden also unfreiwillige Ungleichgewichte. Sie sind möglichst frühzeitig zu erkennen, um rechtzeitige Anpassungsmaßnahmen einleiten zu können.

Eine dynamisierte Betrachtung der Umwelt-Kontingenz stellt sodann eine besondere Herausforderung für den Fall dar, daß man nicht auf reaktive Anpassung, sondern auf *aktive Beeinflussung* der Unternehmungsumwelt abzielt. Elemente davon sind vor allem in solchen Wettbewerbsstrategien enthalten, die einer „resource-based view of strategy“ entsprechen, also auf Ressourcen und Fähigkeiten der Unternehmung beruhen. Die entscheidende Frage lautet dabei, welche internen Erfolgspotentiale *Kernkompetenzen* bilden und in welche neuen Produkte, Märkte, Geschäftsfelder sie transferiert werden können. Die Unternehmung definiert also aktiv gewünschte Umweltzustände und erzeugt dabei – zumindest analytisch – zunächst einen externen Misfit. Es entsteht ein bewußt herbeigeführter Spannungszustand zwischen den derzeitigen eigenen Möglichkeiten und der zukünftig angestrebten Position. Diese strategische Spannung wird aktiv gestaltet und nicht passiv erduldet.

HAMEL/PRAHALAD (vgl. 1994) verwenden, wie erwähnt, für diesen Gedankengang den Ausdruck „Stretch“ (S. 146 f.). Das erläuterte Konzept der strategischen Stimmigkeit umschließt, richtig angewendet, mithin auch derartige Fälle. „Stretch“ und „Fit“ sind hier keine Gegensätze, sondern Teil einer übergreifenden Fragestellung, nämlich der nach der sachlichen und zeitlichen Ausgestaltung der *„optimalen Stimmigkeit“*.

3. Schlußbetrachtung

Die hier vorgestellte Methode der Analyse des strategischen Erfolgspotentials ist ein praktikables Instrument der Positionsbestimmung im Strategischen Management. Sie hat sich im Einsatz bei Strategiesitzungen und Workshops hervorragend bewährt. Sie ist zum einen theoretisch untermauert und trägt den eingangs beschriebenen Prinzipien der Komplexitätsbeherrschung Rechnung. Sie ist zum anderen nicht für die schematische Anwendung, sondern für den unternehmungsindividuellen Einsatz gedacht. Sie liefert keine generellen „Normstrategien", sondern sie leitet das individuelle Nachdenken über die eigene Position und die „maßgeschneiderte" Entwicklung von Strategien als unverzichtbare Kernaufgaben des Top Managements an.

Eine konsequente Weiterentwicklung des vorliegenden Konzeptes erfordert eine Unterlegung aller Erfolgssegmente mit operationalen Kriterien. Als Zielsetzung wäre beispielsweise ein wissensbasiertes System anzustreben. Dieses sollte als methodisches *Hilfsmittel* zu einer stärker standardisierten und objektivierten Wahrnehmung wichtiger Aufgaben im Strategieprozeß verstanden werden. Die unternehmungsindividuelle Identifizierung und Priorisierung von Kernfähigkeiten, das Denken über bestehende Firmen- und Branchengrenzen hinaus und schlußendlich die verantwortungsvolle strategische Entscheidung bleiben unternehmerische Kernaufgaben, die durch unser Konzept unterstützt, aber nicht ersetzt werden.

Literaturverzeichnis

BCG (Hrsg.) (1994): Reengineering and beyond, Boston Mass. 1994.

Bleicher, K. (1979): Unternehmungsentwicklung und organisatorische Gestaltung, Stuttgart/NewYork 1979.

Bleicher, K. (1980): Kompetenz, in: Grochla, E. (Hrsg.): Handwörterbuch der Organisation, 2. Aufl., Stuttgart 1980, Sp. 1056–1064.

Bleicher, K. (1990): Unternehmungskultur und strategische Unternehmungsführung, in: *Hahn, D./Taylor, B. (Hrsg.):* Strategische Unternehmungsplanung, Stand und Entwicklungstendenzen, 5., neu bearbeitete und erweiterte Aufl., Heidelberg/New York 1990, S. 852–902.

Chandler, A.D.: Strategy and Stucture, Chapters in the History of Industrial Enterprise, 3. Aufl., Cambridge u.a. 1966.

Diesch, P. (1986): Strategisches Management und strategischer Erfolg. Theoretische Grundlagen, Konzeption und Grundzüge der Anwendung des Korrespondenzgrades als einer Dimension strategischen Unternehmungserfolgs, Frankfurt a.M./Berlin/New York 1986.

Gomez, P./Probst G.J.B. (1987): Vernetztes Denken im Management, in: Die Orientierung, Nr. 89, Bern 1987.

Hamel, G./Prahalad, C.K. (1994), Competing for the future, Boston Mass. 1994.

Hammer/Champy (1994): Business Reengineering. Die Radikalkur für das Unternehmen. Frankfurt a.M./New York 1994.

Hax, A.C./Majluf N.S. (1988): Strategisches Management. Frankfurt a.M./New York 1988.

Kobi, J.M./Wüthrich, H.A. (1985): So beurteilen und gestalten wir die Unternehmenskultur, in: IO, 54 Jg., (Sondernummer), Nr. 1, 1985, S. 9–18.

Krüger, W. (1988): Die Erklärung von Unternehmungserfolg: Theoretischer Ansatz und empirische Ergebnisse, in: DBW, 48. Jg., Heft 1, 1988, S. 27–43.

Krüger, W. (1989a): Hier irrten Peters und Waterman, in: HARVARDmanager, Heft 1, 1989, S. 13–18.

Krüger, W. (1989b): Patterns Of Success In German Businesses, in: Long Range Planning, Vol. 22, No. 2, 1989, S. 106–113.

Krüger, W/Theissen, E./Olemotz, T. (1992): Erfolgsfaktoren im Bankenbereich, in: Die Bank, Heft 5, 1992, S. 254–261.

Krüger, W. (1994): Organisation der Unternehmung, 3., verbesserte Auflage, Stuttgart u.a. 1994.

Laukamm, Th./Walsh, I. (1985): Strategisches Management von Human-Ressourcen – Die Einbeziehung der Human-Ressourcen in das Strategische Management, in: Arthur D. Little

International (Hrsg.): Management im Zeitalter der strategischen Führung, Wiesbaden 1985, S. 78–100.

Peters, T.J./Waterman, R.H.jr. (1984): Auf der Suche nach Spitzenleistungen: Was man von den bestgeführten US-Unternehmen lernen kann, 10. Auflage, Landsberg a. L. 1984.

Porter, M.E. (1986): Wettbewerbsvorteile (Competitive Advantage). Spitzenleistungen erreichen und behaupten, Frankfurt a.M./New York 1986.

Pümpin, C./Kobi, J.-M./Wüthrich, H.A. (1985): Unternehmenskultur. Basis strategischer Profilierung erfolgreicher Unternehmen, in: Die Orientierung, Nr. 85, Bern 1985.

Rasche, H.O. (1986): Unternehmens-Kultur als neuer Erfolgsfaktor. Ein Werte- und Normen-System als notwendige Ergänzung zu den Instrumenten der Betriebswirtschaft und des Marketing, 2. Auflage, Heiligenhaus 1986.

Scholz, Ch. (1987): Strategisches Management. Ein integrativer Ansatz, Berlin/New York 1987.

Schwarz, G. (1989a): Unternehmungskultur als Element des Strategischen Managements. Theoretische Grundlagen und empirische Ergebnisse zur Analyse und integrativen Gestaltung eines Segments des Unternehmungserfolgs, Diss., Berlin 1989.

Schwarz, G. (1989b): Strategien und personalwirtschaftliche Maßnahmen der Gestaltung der Unternehmungskultur, in: Zeitschrift für Personalforschung, 3. Jg., Heft 1, 1989, S. 35–59.

Staerkle, R. (1985): Wechselwirkungen zwischen Organisationskultur und Organisationsstruktur, in: Probst, G.J.B./Siegwart, H. (Hrsg.): Integriertes Management, Bern/Stuttgart 1985, S. 529–543.

From Strategic Planning to Strategic Management*

H.I. Ansoff, R.P. Declerck and *R.L. Hayes*

1. A Historical Perspective

1.1 The Problem

In the middle fifties many American firms were confronted with disturbing symptoms which could not be readily remedied by available management techniques and which had no precedent in recent experience. For some firms the market demand began to level off and could not be restimulated by even the most energetic marketing and promotion. For others the demand began to decline in the face of substitute products offered by new technologies. Still others saw their traditional markets invaded by vigorous foreign competitors [1].

The managerial techniques of long-term budgeting, financial control, even the then popular long-term planning, appeared inadequate for dealing with the new symptoms. In the inventive tradition of American business, firms turned their energies to development of new management approaches to the new perplexing problems. A number of leading firms and consulting companies, working independently, found themselves converging on a new approach towards the end of the fifties. The result, which developed through trial, error and exchange of experiences, became known as *strategic planning*.

The technology of strategic planning has now been around for some 15 years. Its actual application to practice has lagged. Today only a handful of leading firms employ genuine strategic planning to manage their forward growth thrusts. A majority still employ the simpler and earlier long range planning techniques based on extrapolation of the past and lacking the systematic generation and analysis of alternatives required in strategic planning [2, 3].

Experience in companies has shown that precepts of strategic planning are difficult to translate into practice. Not only is the translation difficult, but attempts to install rigorous strategic discipline typically run into 'resistance to planning' an organizational inertia which appears to frustrate the efforts, reject planning efforts as a 'foreign antibody' [4].

---

* This article is reprinted by permission of John Wiley & Sons Ltd. from *Ansoff. H.I. et al.* (ed.): From Strategic Planning to Strategic Management, London–New York–Sydney–Toronto 1976.

Again, in its typical inventive fashion, management started a search for an antidote to organizational resistance which would make strategic planning acceptable and palatable. The answer was found in the commitment of top management: strategic planning should work if it originates with top management and if it receives continuing attention and support from the corporate office.

Experience has shown this to be a workable, but a temporary, solution. Indeed, in some recorded cases, the initial enthusiasm of the chief executive has been instrumental in launching a firm on the road to strategic planning. But, more frequently, organizationwide involvement waned as soon as the chief executive shifted his interest to other priorities.

The impermanence of the antidote was dramatically illustrated by Robert McNamara's efforts to install PPBS (an advanced version of the strategic planning system) in the Department of Defense. So long as Mr. McNamara was able to overcome resistance to planning by force of his personality and enthusiastic support from Presidents Kennedy and Johnson, PPBS was used, albeit reluctantly, throughout the Department. As soon as Mr. McNamara departed, the pent-up inertia and resistance began to transform planning into the previous political, incremental process, which does not even vaguely resemble strategic planning [5, 6].

In any case, use of coercive top management authority is paradoxical. In the first place, the technology of strategic planning was developed to help organizations do their work better. The technology was not perceived as helpful, as evidenced by resistance to planning. The next step was to coerce the organization into using it. This is reminiscent of a famous line from 'You Can't Take It With You'... 'comes the revolution we (will) all eat strawberries and cream *and like it!'*

The paradox can be illustrated through a manufacturing analogy. If an industrial engineer had designed an automotive assembly line which produced cars with a 'resistance to running', the obvious solution would have been to redesign the technology. Only in an extreme emergency would anyone think of building a shack at the end of the line dedicated towards 'overcoming resistance to running'. But, when a planning technologist finds his system socially malfunctioning, he reaches for help from the top manager at the end of the planning assemblyline! An understanding of this apparently strange behaviour can be gained from the history of American management technology.

1.2 Perspective on Management Technology

The history of American business is one of a succession of new challenges, problems, and opportunities. As these arose, thoughtful managers continuously experimented with new responses, some failed and some repeatedly succeeded. The latter became recognized as good practice, were imitated by other managers and became codified as standard management techniques. Out of this trial and error grew a body of approaches to managerial problems: financial ratio analysis, management by objectivbes, capital budgeting, profit planning, long-range planning, strategic planning, PPBS, issue analysis and, most recently, strategic portfolio analysis. Each approach emerged in response to specific needs: growing complexity of operations led the DuPont company to invent financial ratio analysis; the need for coordination and motivation in complex organizations led to management by objectives; increasing lead times and size of fixed asset investments gave rise to capital budgeting; inadequacy of extrapolation used in long-range planning created a demand for strategic planning. Characteristically, each of the approaches was heralded as a definitive and complete solution superseding all others.

In retrospect, it is now clear that the respective approaches were neither mutually exclusive nor comprehensive. Each addressed a particular facet of managerial problems, each complemented the other, and their development followed a logical historical sequence [7].

All of the approaches shared a shortcomming of experience-derived technology. They sought to remedy specific symptoms rather than the problems which created them. When each remedy was proposed, an understanding of the underlying problems was typically missing [8]. The solutions were like 'medicine man' potions aimed at alleviating superficial aches and pains caused by a mysterious illness.

If the cure removed the symptoms, superficially all was well again until the next symptoms appeard. Until they did, the management techniques could claim cure-all properties. Thus, budgetung was the cure for the firm's problems until profit planning came along, only to be succeeded by long-range planning which, in turn, was succeeded by strategic planning, etc., etc.

If the cure did not work, lack of an understanding of the underlying problems left no alternative but to try another cure. If strategic planning encountered resistance, a technique was needed for overcoming resistance (coercion from top management); if even with management support strategic planning still remained a disembodied set of documents, the 'total system' PPBS approach was invented and tried.

Without doubt, the trial and error method of experientially based technology produced results. It was a natural method to flourish in the pragmatic environment of American management culture and for a period of time it gave American managements a commanding advantage over their European competitors, who lacked the frontier-like spirit for bold learning from successes and failures. It was the only route to progress in the absence of deeper knowledge of the problems and their underlying causes. But, as management developed its own technology through trial and error, the systematic method of science began to contribute insights into behaviour of firms and managers [9]. These insights made possible potentially more efficient approaches which seek to understand the underlying problems before treating the symptoms. In place of experimental trial and error, the method examines the effect produced by different solutions and selects the solution which promises the best results. Thus science expedites, improves and reduces the cost of solution.

In this chapter, we shall apply this method to identifying the problem which caused strategic planning to come into being. We shall then show that strategic planning is only one, and frequently not the first, of a series of steps which need to be taken to enable a firm to respond to the new challenges. As a first step, we need to establish some concepts and definitions.

1.3 A Perspective on Interaction with Environment

The firm relates to its environment in two distinctive ways. (1) Through *competitive* (or operating) behaviour in which it seeks to make profitable the goods/rewards exchange with the environment. It does this by attempting to produce as efficiently as possible and to secure the highest possible price and market share. (2) Through *entrepreneurial* (or *strategic)* behaviour in which it replaces obsolete products/markets with new ones which offer higher potential for future profits. The firm does this by identifying areas of new demand, developing responsive products, developing appropriate manufacturing and marketing capabilities, market testing and introducing new products to the markets.

Since the competitive mode is profit-producing and the entrepreneurial profit-absorbing, it is to be expected that the firm would gravitate towards the former, so long as the potential of its existing markets is perceived adequate for satisfying growth and profit objectives.

Analysis of historical behaviour confirms this expectation. The period from 1820 until roughly 1900, the Industrial Revolution, witnessed the birth of the firm. Farsighted entrepreneurs linked new technologies to the emerging demands. The linking body was a new social entity — the business firm. The emphasis of the Industrial Revolution was entrepreneurial activity — creation of profit potential where none existed before.

By the 1900's firms had staked out their technological and product positions and established linkages with profitable and growing national markets. For the time being, the entrepreneurial work was substantially done, and focus began to shift to competitive behaviour, where it remained for the next 50 years. The entrepreneurial behaviour did not disappear, but it substantially changed its shape and importance. Early in the century 56 leading firms, notably The Bell System, General Electric, Dupont and Westinghouse, *internalized* technological innovation by establishing research and development laboratories. These began to spawn new products and processes which enabled firms to better satisfy customers and extend market horizons. But even in the most active firms this remained a secondary activity. In a majority of firms competitive behaviour dominated the entrepreneurial. The environmental linkages changed slowly through logical extrapolation of the past position. The original basic linkages were viewed as the natural boundaries on the firm's relation with the environment. Steel companies were in the steel business, petroleum ones in 'petroleum', etc. The growth prospects and opportunities seemed bright enough to justify this position.

The focus on competitive behaviour was enhanced by neglect of other linkages with environment. As modern industry grew in the second half of the nineteenth century, society's attitudes towards the private sector evolved in parallel. The goal of national wealth and affluence loomed attractive and compelling, and the private sector promised to lead society to this goal. The political philosophy of the founding fathers, a philosophy of selfreliance and individual freedoms, found a congenial companion in the contemporary 'invisible hand' theory of Adam Smith. The result was social acceptance of the *'laisser faire'* doctrine: the hypothesis that the greatest social good will ultimately result if independent entrepreneurs are allowed to maximize their profits under minimal constraints from society. Thus, it was possible for a leading industrialist to say that 'what is good for General Motors is good for the country'. It was also possible for firms to focus single-mindedly on competitive exploitation of their market linkages. The result was the American 'economic miracle' which, within the short space of a half-century, helped win two major wars and placed affluence within the reach of every citizen.

As suggested in the opening paragraph of this chapter, by the mid-fifties difficulties began to accumulate on two distinctive fronts. (1) Aggressive pursuit of competition could not arrest slowdown of growth in some industries and decline in others. Industrial leadership began to shift from 'first-generation' industries to technology and affluenceborn newcomers: computers, Xerography, pharmaceuticals, etc. — (2) Single minded pursuit of profit caused a multitude of undesirable side-effects. Neglect by the firm of the environment and of changing social values became progressively unacceptable to society. Anti-trust legislation, safety legislation, consumer pressures, pollution constraints, price and wage controls — all increasingly showed that the firm was losing both its immunity from outside influence and its privileged position as the principal instrument of social progress.

The first set of symptoms was the first one to be diagnosed. As early as in the mid-fifties, sometimes through foresight and more often through crisis, many firms realized that the problem lay in the impending exhaustion and vulnerability of their traditional product-markets, that competitive behaviour, no matter how aggressive, could not cure this in adequacy. It was increasingly recognized that focus must shift to large-scale entrepreneurial behaviour — to development of major new commercial linkages with the environment.

The second set of symptoms was slower to coalesce and to be recognized. The increasing disenchantment with the firm has left some managements puzzled, but convinced that 'explaining' the firm to the public will resolve the problem [10]. More widely, the problem of social responsibility of the firm became of major concern to both outside observers and insiders. Assumption of 'social objectives', conflict between profitability and contribution to social welfare, the 'enlightened self-interest' doctrine, the interaction between internal and societal values and culture — all were analysed and debated. The specific resolution is not yet clear, it is clear that a redefinition of the firm's role in society is under way and that the new definition will replace the *'laisser faire'* doctrine. It will also lead to the activation of new types of linkages between the firm and the environment: legal, cultural, and informational. The understanding and the technology for even thinking about these linkages constructively is yet to develop.

Thus, today not only must the firm shift its attention to realignment of its business posture, but it must also cope with the new dimensions of cross-impact and interdependence with the larger society. Attention must shift from the competitive mode to the entrepreneurial mode, but the latter needs to be much wider in scope than the historical business entrepreneurship. It is because of the need for such drastic reorientation that the emerging era has been called the 'Age of Discontinuity' [11] or the Post-Industrial Era [1, 12].

1.4 The Strategic Problem

The technology invented for dealing with the newly important entrepreneurial problem was strategic planning. It is a rational approach to redefining the firm's strategic posture: It entails an identification of the firm's objectives and analysis of adequacy of the current product markets for meeting them. Then, determination of the firm's capabilities, search for alternative growth thrusts and evaluation of the latters' potential for objectives, as well as of the firm's capabilities for taking advantage of potential. The result is a proposed new strategic posture. It is assumed in strategic planning that, given the new posture, the firm would muster and allocate its energies to effecting the realignment from old to new. At the time of its invention, this seemed a perfectly reasonable and adequate assumption [13].

In the test of the last 20 years, the strategic planning process continued reasonable. No new logic has been advanced for deciding 'What business we want to be in'. But time and again the following mustering of energy proved inadequate for moving the firm to a new posture *vis-à-vis* the environment. It is to this element of the problems that we must now turn.

2. Diagnosis of Strategic Posture

2.1 Modes of Organizational Behaviour

At first glance the problem appears to require a transition of emphasis from the competitive to the entrepreneurial mode of behaviour. To gain insight into the inherent difficulties, we need a definition of the respective modes.

1. Through existing linkages to the environment, *competitive behaviour* conducts advertising, selling, distributing and purchasing. Internally it is focused on the efficient production of goods/services.
2. *Entrepreneurial* behaviour changes the pattern of environmental linkages. It identifies areas of opportunity, develops product/services, measures the market potential, tests markets, introduces new products to the customers and divests obsolete products. In the future it will increasingly involve concern with non-business societal linkage to the environment: surveillance of social and political trends, assessment of their impact on the firm, selection of areas of societal opportunities and development of programmes for relating to societies and of programmes of social service.

While the concern of competitive behaviour is with extracting profits from the existing environmental linkages, entrepreneurial behaviour seeks to build up and maintain profitable linkages. As the definitions suggest, the two modes pose distinctive and different challenges to the firm. These differences have been explored in detail elsewhere [1, 7].

We shall summarize them briefly through a series of tables.

Table 1 illustrates the principal dimensions of the respective challenges. Competitive challenges are seen to relate to the historical experience of the firm, while the entrepreneurial introduce novelties, discontinuities and greater risks.

Table 1: Competitive entrepreneurial challenges

Attribute	Competitive	Entrepreneurial
Occurrence	Serial and continual	Random and episodic
Shift in objectives	Magnitude	New objectives and new priorities
Direction of change	Continuation of history	Discontinuity
Size of change relative to asset	Small	Large
Duration of negative cash flow	$\simeq$ Budget cycle	$\gg$ Budget cycle
Relevance of capabilities	High	Small
Nature of problem		
Familiarity	Related to experience	Novel
Cost of information	Low	High
Structurability	Well structured	Ill structured
Variability	Risk and uncertainty	Partial and total ignorance
Probability of catastrophe	Low-medium	Medium-very high
Outcome	Increased efficiency	Enhanced potential effectiveness

The challenges, to be successfully met, require distinctive managerial behaviours within the firm. These are illustrated in Table 2. The table suggests that an organization committed to one mode would look and act differently from an organization engaged in the other. The table also suggests that the skills, the knowledge, the attitudes and the values of managers would also differ. This is further illustrated in Table 3.

The overall impression to be gained from the tables is that, when a firm transforms itself from a focus on competitive behaviour to an emphasis on the entrepreneurial, a fundamental transformation takes place in each of its major characteristics: its objectives, its value systems, its managers, its processes, its systems, its structures. it is not an exaggeration to call this a *cultural transformation.*

Viewed in this perspective, strategic planning can be seen as only one, and not necessarily the most important, element of the cultural transformation. It is a rational approach to assessing and redefining the linkages of the firm with both its business and societal environments. It systematizes the managerial problem-solving approach essential to entrepreneurial behaviour and can be seen, therefore, as a systematic treatment of the lower right hand part of Table 2.

But the outcome of strategic planning is only a set of plans and intentions. By itself, strategic planning produces no actions, no visible changes in the firm. To effect the changes the firm needs appropriated capabilities: trained and motivated managers, strategic information, fluid and responsive systems and structure. Lacking these, the firm will appear to resist implementation of the plans. The resistance will be real enough, but it will not be due to some inner perversities, but rather due to a lack of requisite capabilities and motivations, reluctance of people to abandon tried and fami-

Table 2: Comparison of response challenges

Attribute \ Mode	Competitive	Entrepreneurial
Objective	Optimize profitability	Optimize profitability potential
Goals	Extrapolation of past goals modulated	Determined through interaction of opportunities and capabilities
Constraints	(1) Environmental	(1) Limitations on ability to affects change in environment
	(2) Internal capability	(2) Ability to acquire or develop requisite skills
		(3) Ability to accommodate differing modes of behaviour
Reward and penalty system	(1) Rewards for stability, efficiency	(1) Rewards for creativity and initiative
	(2) Rewards for past performance	(2) Penalties for lack of initiative
	(3) Penalties for deviance	
Information space	(1) Internal performance	(1) Internal: capabilities
	(2) External: historical opportunity space	(2) Global opportunity space
Problem space	Repetitive, familiar	Non-repetitive, novel
Leadership style	(1) Popularity	(1) Charisma
	(2) Skill to develop consensus	(2) Skill to inspire people to accept change
Organizational structure	(1) Stable or expanding	(1) Fluid, structurally changing
	(2) Activities grouped according to resource conversion process	(2) Activities grouped according to problems
	(3) Search for economies of scale	(3) Activities closely coupled
	(4) Activities loosely coupled	
Management problem-solving		
(a) Recognition of action need	(1) Reactive in response to problems	(1) Active search for opportunities
	(2) Time-lagged behind occurrence of problems	(2) Anticipatory
(b) Search for alternatives	(1) Reliance on past experience	(1) Creative search
	(2) Increment departures from *status quo*	(2) Wide ranging from *status quo*
	(3) Single alternative generated	(3) Multiple alternative generated
(c) Evaluation of alternatives	(1) Satisficing — first satisfactory accepted	(1) Optimizing — best of a set of alternatives is selected
(d) Risk attitude	(1) Minimize risk	(1) Risk propensive
	(2) Consistency with past experience	(2) Risk portfolio

Table 3: Comparison of the managers' profiles

Competitive		Entrepreneurial
World outlook		
Intra-film	→	Environmental
Intra-industry	→	Multi-industry
Intra-national (regional)	→	Multi-national
Intra-cultural	→	Cross-cultural
Economic	→	Economic
Technological	→	Technological
		Social, Political
Social values		
Surrogate owner	→	Professional
Committed to *laissez faire*	→	Committed to social value of free enterprise
Profit optimizer	→	Social value optimizer
Personal values		
Economic rewards + power	+	Self-actualization
Stability	+	Change
Conformity	+	Deviance
Skills		
Experientially required	+	Acquired through career-long education
Popular leader	+	Charismatic + political leader
Participative	+	Political + charismatic
Goal-setter	+	Objectives-setter
Familiar problem-solver	+	Novel problem-solver
Intuitive problem-solver	+	Analytic problem-solver
Conservative risk-taker	+	Entrepreneurial risk-taker
Convergent diagnostician	+	Divergent diagnostician
Lag-controller	+	Lead-controller
Extrapolative planner	+	Entrepreneurial planner
Skill profile		
Generalist	→	Generalist-specialist + professional-specialist
World perspective		
Surrounding environment		Global environment
Semi-open system		Open system

liar activities in favour of unknown and risky ones. This resistance will be reinforced because, when strategic crises arise, the competitive activity typically doesn't slacken, but becomes more intense. People who previously were trained, succeeded in and rewarded for competitive activity will feel justified and more secure in pursuing it in lieu of entrepreneurial work.

Thus, it is reasonable to predict that strategic planning will evoke all the symptoms of a foreign organ transplant. The individuals will lack the motivation, the skills and the risk propensities not only to plan but to follow planning with appropriate actions. The system and the structure will be geared for competitive activities and not capable of rapid entrepreneurial response. The available information will be totally inadequate for generating the needed strategic alternatives. The reward and value system will actually punish, rather than reward, entrepreneurial risk tactics.

In this perspective, the wonder is not that competitively competent organizations will resist strategic planning; the wonder is that top management coercion can sometimes force planning to take root in the organization. More likely is the stubborn resistance encountered by Mr. McNamara.

2.2 Intensities of Behaviour

So far we have discussed the entrepreneurial and the competitive behaviour, as if they were clear alternatives. However, in practice one finds variation of behaviour within each mode: competitive behaviour varies from no-holds-barred, all-out, aggressive competition to bureaucratic unresponsiveness to customers of established monopolies; entrepreneurial behaviour ranges from reluctant imitation of competitors' new products to a continuing stream of innovations.

The average *intensity* of behaviour of firms in an industry is basically determined by the turbulence of the environment: the threats, the opportunities, the vigour of competition, the pressures and demands from customers, public and government. But around the average there is usually found a distribution of behaviour. Some firms take full advantage of available opportunities, others lag behind. Thus in a given industry, for either the competitive, or entrepreneurial mode, one would expect to find a range of *intensities* of behaviour, as illustrated in Figure 1. The factors which contribute to the differentiation among firms are their past history, size, the accumulated organizational inertia, the relevance of their skills to the environmental needs and, particularly, the ambitions, the drive and the capabilities of management.

It is reasonable to expect to find a relationship between the intensity with which the firm is responding in the marketplace and the capabilities found inside the firm. This is illustrated in Figure 2, where the horizontal axis is the same as that of Figure 1 but the vertical axis measures the *internal capability* within the firm. We are now dealing with two related dimensions. The first is the intensity with which the firm can be observed to behave: its aggressiveness in competition, its responsiveness to customers, its product leadership, its penetration of new markets. The second, the internal responsiveness, is determined by the time perspective of decision-making, the skills of managers and workers, by the capacities of the organization, by responsiveness to problems, the flexibility of structure, etc., etc.

Figure 2 is constructed to illustrate a wide variety of observable situations. The vertical broken line identifies the average environmental intensity in a given industry and corresponds to the survival level of Figure 1. Firms which respond on this level will enjoy average growth and average profit.

The 'line of balanced behaviour' suggests that, whatever behaviour the firm chooses to pursue, there is a level of internal capability adequate to support this behaviour. Thus, for example, the 'laggard' firm, which invests less in promotion, selling and advertising, does not need as strong or well-trained a marketing department as the 'leader' firm, which seeks to be the aggressive innovator.

On the other hand, a firm which is seen as an average competitor/innovator by others in the industry may be 'overdeveloped': it has the potential for being much more

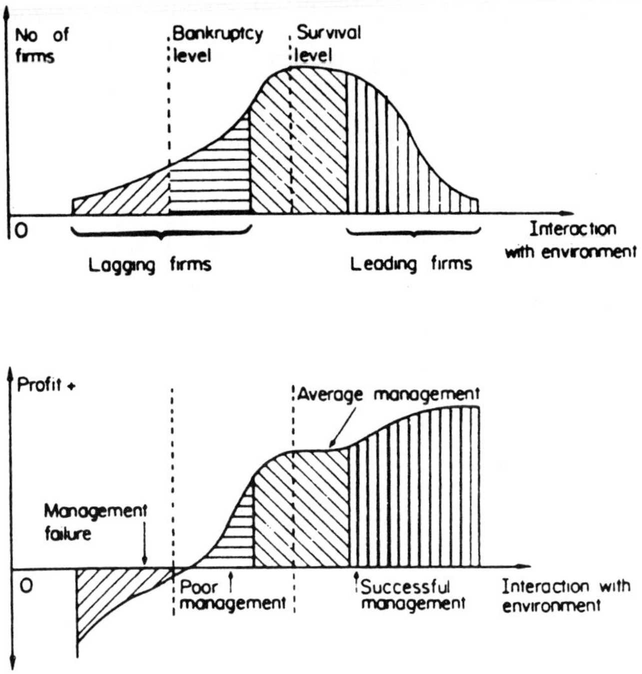

Fig. 1: Typical distribution of behaviour

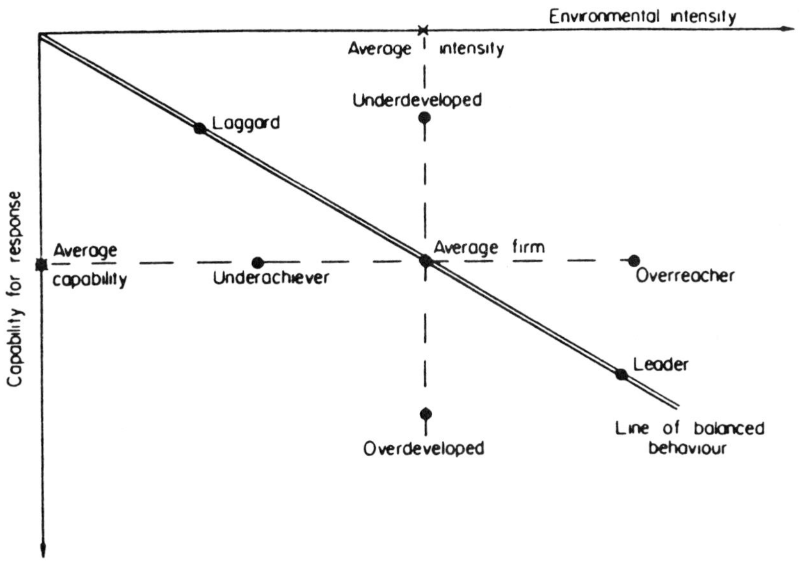

Fig. 2: Capability and environment

aggressive, but the potential is not realized and 'locked in the firm' by the complacent management. The opposite description applies to 'underdeveloped' firms in which the management and the organization are stretched in an effort to behave above their means.

The horizontal broken line illustrates another type of unbalanced behaviour in which the market place activity is either below or above average, but the capabilities are adequate for balanced average success.

The varieties of behaviour illustrated in Figure 2 suggest both an explanation and an approach to the strategic problem. When a firm finds itself 'out of tune' with the environment one possible explanation is in the intensity of its environmental behaviour: it needs to become more aggressive, either to catch up with competition (when the environment is still potentially promising) or align the firm with more promising fields of opportunity (when the present fields of opportunity are in the process of becoming unpromising, like an exhausted oil-well). This is the problem which has been tackled by strategic planning.

But another explanation of the maladjustment may lie inside the firm. The environment may still be promising but the firm's capabilities are out of tune with the opportunities.

A third explanation is the furthest reaching: both the strategic position in the environment *and* the capabilities need to change. When this occurs and the firm focuses on strategic planning alone, it is neglecting the potentially more important need to change the internal culture in a way which prepares it to live in the new type of environment.

While the planning of the external strategic position has been extensively explored both in theory and practice, the planning of the *capability transformation* has received minimal attention. In fact in most conceptual approaches the assumption is made that the capability is essentially to be preserved: that in the process of strategic change the positive aspects of the existing capability ('strengths') are to be emphasized and the negative ('weaknesses') minimized.

What is now needed is a methodology for a deliberate redesign of both strategy and capability of the firm in response to the demands of a strategic posture transformation.

In the following pages we shall develop such a methodology.

2.3 Environmental Diagnosis

We shall develop such an approach in several steps. First we shall turn our attention to the environment. For diagnostic purposes we shall deal separately with the competitive and the entrepreneurial modes. This is to say that the firm's position in Figure 2 would look differently depending on whether we deal with its ability to innovate. The firm's capabilities to behave in the respective mode will also differ.

The columns of Table 4 show four distinctive types of the competitive environment, which correspond to four selected points on the horizontal axis of Figure 2. The lines identify 11 key attributes which in general correlate with different levels of competitive intensity. But, in individual cases, they will not necessarily vary together. Therefore a diagnostic procedure for establishing intensity would be to circle the values of attributes which apply to a particular competitive environment and then determine a mean position on the intensity scale which averages the circled estimates [14].

This procedure needs to be followed twice for two distinctive purposes.

Table 4: Types of competitive environment

	Attributes / Environmental Intensity Scale	Stable (1)	Reactive (2)	Anticipatory (3)	Initiative (4)
(1)	Market structure	Monopoly	Oligopoly	Oligopoly	Multi-compet
(2)	Customer pressure	None	Weak	Strong	Very strong
(3)	Growth rate	Slow an stable	Increasing/stable	Declining/oscillating	Fast/oscillating
(4)	Stages in industry life-cycle	Maturity	Early growth	Late growth	Emergence
(5)	Profitability	High	High	Moderate	Low
(6)	Product differentiation	None	Low	Moderate	High
(7)	Product life-cycles	Long	Long	Short	Short
(8)	Frequency of new products	Very low	Low	Moderate	High
(9)	Economies of scale	High	High	Moderate	Low
(10)	Capital intensity	High	High	Moderate	Low
(11)	Critical success factors	Market control	Market share Productions costs	Customer perception Distribution service	Anticipation of needs and opportunities

1. To determine the *competitive climate* in the firm's environment.
2. To determine the firm's *own competitive behaviour.* For example, how does it react to customer pressures, what is its profitability, its product differentiation, frequency of new product introduction, etc., etc.

Line four of Table 4 refers to industry life-cycle, which is becoming an increasingly useful tool in management decision-making. A detailed discussion of life-cycles is beyond the scope of this paper. However, for purposes of analysis, we are showing in Table 5 typical characteristics of industrial life-cycles which can serve as an aid in making decisions about the competitive climate of the firm.

Table 5 becomes central in the use of Table 6. Attention now shifts from the competitive diagnosis of Table 4 to a diagnosis of the entrepreneurial environment. The same four levels of intensity are used, but the lines identify the characteristics which describe strategic change in the environment. In addition to life-cycle stage, the determinants of entrepreneurial intensity include technological rates of change, societal pressures and growth rates. Again, in order to diagnose an environment, the applicable intensities of the line items are circled with the expectation that in general they will all tend to fall in one or, at most, two adjacent columns. The firm's environment is then labelled appropriately.

Again, a dual diagnosis should be performed, first of the entrepreneurial climate of the firm's environment and, secondarily, of the firm's own entrepreneurial behaviour.

The results of the competitive and entrepreneurial diagnoses can now be consolidated as illustrated in Figure 3. The firm's behaviour is shown at point S_1, point E identifies the environmental climate. The shaded area is significant for managerial purposes, because it defines the *region of managerial discretion* within which management is free to position the firm and still assure continued survival. If, on the other hand, the management tries to position the firm outside the region, it will place the firm in danger of falling behind competition. At best, this will lead to below-average performance; at worst, as Figure 1 suggests, the firm may be courting bankruptcy.

The decision on where the firm wishes to be within the region may be arrived at by judgement, reflecting preferences of influential managers, or it may be determined by analysis. There is now a considerable literature on strategy formulation and strategy planning which addresses this task (see, for example [12]). Rather than repeat it here, we proceed to the much less explored problem of internal capability.

Table 5: Typical characteristics of life-cycle stages

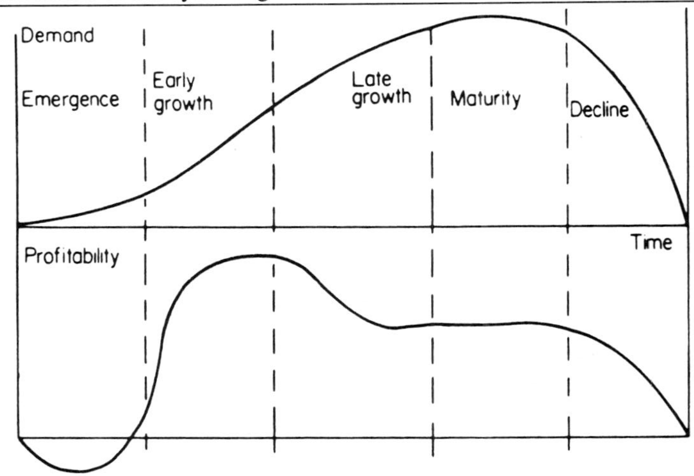

Growth	Take-off	Accelerating	Decelerating	Correlated to population	Declining
Profitability	Negative	Excellent	Good	Good/fair	Declining
Demand for capital	Great	Great	Declining	Growth of liquidity	–
Growth method	Market creation	Market penetration	Market — product differentiation Geographic expansion	Artificial obsolescence Geographic abroad	Diversification Distinctive strategies abroad
Managerial focus	Competition	Production	Marketing	Customer influence	Orderly divestment
Products	Highly differentiated	Standardized	Related differentiated	Annual model change	Stable
Markets	Local	Domestic	International	Multi-national	–
Technology	Highly differentiated	Standardized	Improved	Appearance of substitutes	Substitutes take over

Table 6: Types of entrepreneurial environment

Attributes \ Environmental Intensity Scale		Stable (1)	Reactive (2)	Anticipatory (3)	Initiative (4)
(1)	Stage in life-cycle	Late growth or maturity	Early growth	Late growth	Emergence or decline
(2)	Growth rate	Slow	Accelerating	Decelerating	Fast (±) acceleration
(3)	Change in technology	Slow	Slow	Fast	Discontinuous
(4)	Change in market structure	Slow	Moderate	Slow	Discontinuous
(5)	Likelihood of breakthroughs	Low	Low	Moderate	High
(6)	Societal pressures	None	Moderate	Strong	Very strong
(7)	Diversity of technologies	None	Low	Moderate	High
(8)	Demand for growth capital	Low	High	Moderate	Very high
(9)	Profitability	High	High	Moderate	Low
(10)	Rate of technological obsolescence	Low	Low	High	Discontinuous
(11)	Techological intensity	Low	Low	High	High

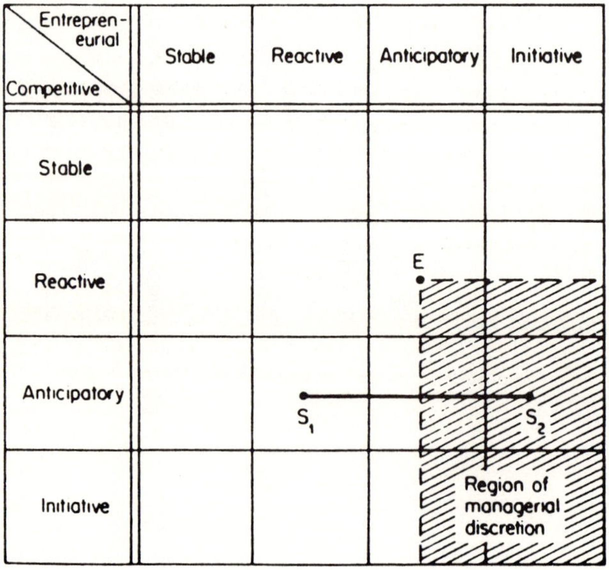

Fig. 3: Diagnosis of environment

2.4 Capability Diagnosis

Tables 7a) and 7b) are offered as a means for diagnosing the firm's internal capabilities for response. Table 7a) approaches the diagnosis through observation of internal attributes of behaviour: the values that prevail, the focus of management attention, reaction to change, etc. These are shown to vary from the least responsive *stable* mode, which is found in many bureaucracies, to the active *initiative* mode, observed in the behaviour of entrepreneurs. It should be noted that, for later purposes, we are using in Table 7 the same column headings as we did in assessing the environment, but the labels now apply to the *internal* characteristics of the firm.

Lines (8), (9) and (10) are of considerable importance. They show the effectiveness of the respective modes along three common measures of performance:

1. The cost-efficiency of its purchasing, production and distribution activities
2. The efficiency of marketing in generating sales and
3. The effectiveness of the innovative organs in generating continuously promising profit potential: new profitable products, markets and technology.

As Table 7a) shows the different types of performance are best attained in different modes. Best unit costs are obtained in the stable mode, which permits economies of scale, benefits of learning and automation of processes. Best competitive efficiency lies in the region of reactive-anticipating modes, where marketing does not 'oversell', where it responds to existing and emerging needs but does not untertake excessive risks and costs of continual changes. On the other hand, where the criterion is the development of profit potential of the future, continuously generated forward-looking attention to the environment provided by the initiative mode will produce best results.

Table 7b) offers an alternative and complementary approach to diagnosis of capabilities through analysis of the various elements of structure and systems, such as distribution of power, organizational structure, management systems, etc. It is intended to be used together with Table 7a) to accumulate the weight of evidence on the type of organizational capabilities found in the firm.

Typically, the average level of capability will not be the same for the competitive and entrepreneurial modes. For example, the firm may have highly developed and responsive marketing and manufacturing capabilities which qualify it as a competitive initiator, but it may have a poor R & D department and lack new-venture skills.

Therefore, for the purposes of analysis, Tables 7a) and 7b) should be used at least twice: once to assess the responsiveness in the competitive mode and once again in the entrepreneurial mode.

Table 7a): Types of organizational behaviour

Types of organizational behaviour	Stable	Reactive	Anticipatory	Initiative
(1) Management values	'Don't rock the boat'	'Roll with the punches'	'Plan ahead'	'Dream ahead'
(2) Focus of behaviour	On repetitive operations	On the efficiency	On synergistic effectiveness	On global effectiveness
(3) Trigger for organizational response to change	Crisis	Unsatisfactory history of performance	Anticipation of threats and opportunities	Continued search
(4) Reaction to change	Reject	Adapt	Anticipate	Seek
(5) Source of alternatives	Random	Past experience	Past experience and extrapolation into the future	Totality of future opportunities including those unrelated to past experience
(6) Risk preference	Reject	Accept familiar risk	Seek familiar risk	Seek tradeoff between risk and gain
(7) Goals of response	*Restore status quo*	Minimize disturbance of organizational efficiency	Improve on past performance	Best possible performance potential
(8) Productive efficiency	High	Medium	Medium	Low
(9) Competitive efficiency	Low	High	Medium	Low
(10) Entrepreneurial efficiency	Low	Low	Medium	High

Table 7b): Types of organizational capability

Types of organizational capability		Stable	Reactive	Anticipatory	Initiative
(a)	Problem solving	Problem triggered trial and error	Problem triggered diagnostic	Anticipatory well-structured optimization	Ill-structured creativity
(b)	Power focus	Production	Production-marketing	Marketing — R & D	Entrepreneurial managers
(c)	Organization structure	Functional	Functional	Divisional Multi-national	Divisional, multi-national project structure, new venture
(d)	Management system	Policy and procedure manuals	Control, capital budgeting	Long-range planning Budgeting	Strategic planning PPBS, venture planning
(e)	Management information system	Informal precedents	Formal, based on past performance	Potential future in the historical environment	Global future potential
(f)	Environmental surveillance	None	None	Extrapolative forcasting	Trend analysis, techno-socio-demographic forecasts
(g)	Management technology	Industrial engineering	Ratio analysis Capital investment analysis	Operations research Computerized trans-action analysis	'What if modelling', acquisitions analysis, impact analysis, Delphi, scenarios

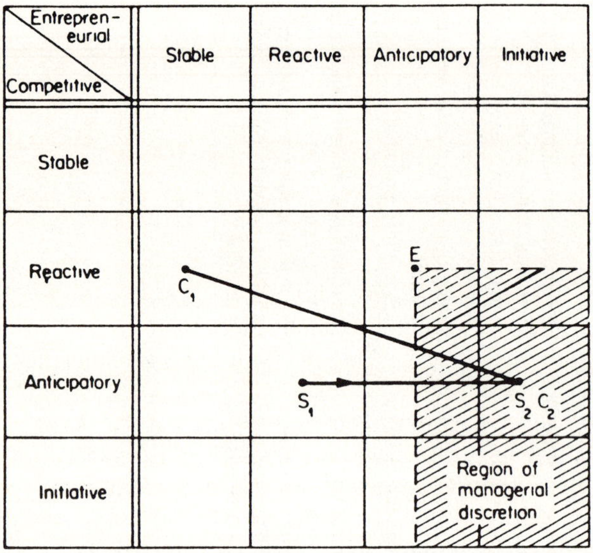

Fig. 4: Diagnosis of strategic posture. C_1, current responsiveness; S_1, current behaviour; E, environmental climate; S_2C_2, target posture

2.5 Consolidated Diagnosis

It will be recalled that unless the firm is 'balanced' (see Figure 2) the results of internal capability analysis will not fall into the same columns as did the environmental intensity analysis. Therefore, when the respective evaluations are added in Figure 3, the result is likely to look like Figure 4. The figure can be intrepreted as follows.

This firm is reactive innovatively but has a history of being vigorous, if not the leading, competitor. Thus, its current strategy places it at point S_1. The capabilities for competition are underdeveloped (the firm lives on 'nervous energy') and virtually non-existent for innovation (Point C_1).

An analysis of the environment shows that the firm is safe in its competitive behaviour, because the bulk of its competitors are reactive — the industry is competitively quiescent. On the other hand, the strategic intensity is high. Apparently, rapid technological and/or structural changes are taking place in the industry. Either firms are introducing new products, or new technology is emerging, or there is an exodus from the industry because of impending stagnation (point E).

It is suggested in Figure 4 that the firm, through a process of strategy formulation, decides to move to point S_2C_2. There is no clear way to preserve 'strengths' and minimize 'weaknesses' because the capabilities are too far out of tune with the environment. Thus a dual strategic posture transformation is in the offing. Two questions arise: (1) How to effect the transformation from C_1 to C_2 and (2) how to coordinate this with the change in strategy from S_1 to S_2. We turn to these questions next.

3. Planning of Strategic Posture Transformation

3.1 Capability Transformation

Reference to Table 8 shows that the transformation of capability is a complex process involving mutually consistent changes in a number of attributes of the firm's culture. The five attributes which we have chosen for this discussion are:
Organizational values and norms;
Managerial skills, knowledge and risk propensities.
Structural relationships: authority, responsibility, information, power, task.
Process relationships: problem-solving, communication, motivation, control.
Technology: formalized systems, information acquisition, decision analysis, computer applications.

These attributes apply equally to managerial work and to the work of the 'doers' on the 'shop floor'. For purposes of this chapter we focus attention on managerial capabilities. The same analysis is applicable (more simply) to the transformation of the logistic capabilities of the firm.

In Table 8 each of the above attributes is further subdivided into a number of controllable components, a total of 29. It is through changing these components that management can bring about change in its own capability.

The first step is to determine the change needed in each individual component. Although Figure 4 has diagnosed the overall state of the capability, individual components will be in different states. Thus, for example, a firm which is on the whole reactive, may have, as a result of recent personnel turnover, a cadre of managers capable of doing work in the anticipation ('long-range planning') mode.

Thus, the first step is to construct a profile of the current capabilities, using the results of the diagnosis in Tables 7a) and 7b). The next step, using point C_2 in Figure 4, is to construct the desired profile. The two profiles thus describe C_1 and C_2 in detail.

The results are illustrated in Table 8 for two different cases. The first, denoted by dots, describes the condition in the U.S. Department of Defense after Mr. McNamara introduced PPBS. It suggests the analogy of a rubber band firmly anchored in the stable bureaucratic mode and stretched in four or five points to the extreme of the initiative mode by the force of Mr. McNamara's authority. It also suggests that the band will snap back (as it did) once the coercive authority is removed.

The second example shows a profile of a firm which could be typically encountered in the late 1960's, in which we called 'first-generation industries'. In the example shown, the firm needs to make a transition to entrepreneurial initiative. The terminal profile is indicated by the vertical line in the last column of Table 8. The amount of movement for the various components is indicated by the horizontal lines.

A firm analysing its own capability transformation would of course start with a blank set of forms. The diagnosis in Figure 4 will be performed first to determine the *average* values of the starting and of the terminal capability will have been determined.

Table 8: Diagnosis of managerial capability

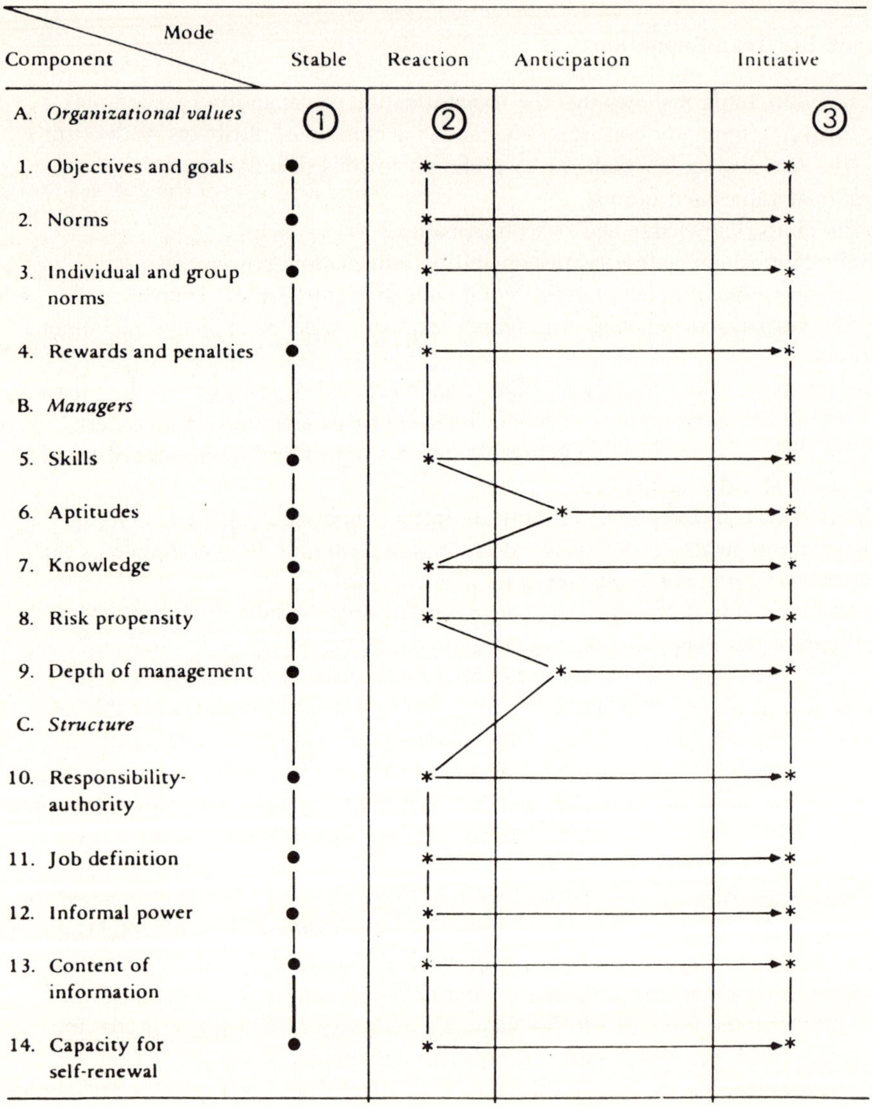

The next step would be to analyse the capability components, one by one, determining their present status and the desirable terminal points. The result would be very similar to our two examples shown in Table 8.

Table 8: Continued

Component \ Mode	Stable	Reaction	Anticipation	Initiative
D. *Process*	(1)	(2)		
15. Problem recognition	●	*		→ *
16. Problem analysis	●	*		→ *
17. Decision-making	●		*	→ *
18. Communication	●	*		→ *
19. Motivation	●	*		→ *
20. Follow-up	●		*	→ *
E. *Technology*				
21. *Ad-hoc* decision-making	●		*	→ *
22. Systems and procedures	●	*		→ *
23. Environmental surveillance and forecasting		*		●
24. Planning		*		● → *
25. Delegation	●		*	→ *
26. Participation	●		*	→ *
27. Control	●	*		→ *
28. Management science		*		● → *
29. Computer applications		*		→ *

Illustrative examples: (1) dots indicate the capability of the Department of Defense after introduction of PPBS; (2) crosses indicate a frequently encountered profile of a firm in a first-generation industry.

3.2 Phasing of Strategies and Capability Transformation

We now turn to the second of two questions posed earlier: how to relate the processes of change in strategy (changes in the industries, countries and technologies in which the firm competes, and in the manner in which it competes) to the change in capability (in values, systems, structure, skills, power and technology). It will be recalled from the opening part of this chapter that in the earlier conceptions of strategic planning this was not a serious problem, because the emphasis was on preserving the capability intact and using its applicable attributes (strengths) to support strategic action. Thus the bulk of the concern was with strategy change. In the present conception we provide for the more likely possibility that *both* inside configuration and outside linkages have to undergo substantial changes. Both will be costly and both will lay claim on the same organizational resources, particularly in the typically score management. Therefore an orderly set of priorities is needed.

Determination of priorities is illustrated in Figure 5. The analysis presented in Figure 4 leads to one of the three outcomes indicated: need for strategic change alone (STRATEGY NOK), need for capability transformation alone (CAPABILITY NOK) or need for both (BOTH NOK). Procedures to be followed in the first case have been described elsewhere [12]. In the second case, if the transformation is of some magnitude, the procedure of Table 8 needs to be carried out and then transformed into a plan which will phase the change over time.

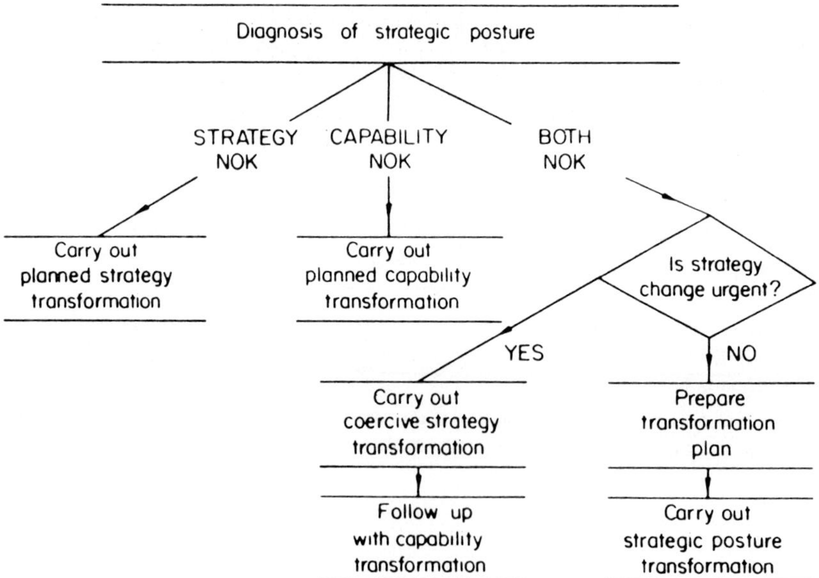

Fig. 5: Alternatives for strategic posture transformation

The phasing is of particular importance, since there is a certain *natural precedence* among components which, if observed, will assure efficient transition. Thus motivation and information are natural precedents to all other change activities, managerial skills should precede installation of formal systems requiring the skills, etc. An example of a plan-phased capability transformation (constructed with a realistic timetable) is shown in Table 9.

Turning to the third alternative, in which both strategy and capability need change, the first question is one about urgency. Frequently, the need for a transformation is recognized late, in reaction to an impending crisis. Therefore the first question confronting the firm is whether there is the time needed to effect an orderly capability transformation before the profitability deteriorates beyond repair.

If the answer is that there is not sufficient time, a coercive (McNamara's type) transformation is indicated which puts total emphasis on strategy. Capabilities will change adaptively in response to different patterns of work but no special effort or delays for orderly development can be made. Frequently missing capabilities will be sought from outside, say by engaging a consulting firm. Unavoidably, the work of changing strategy will require strong support and guidance from top management. Certain vital capabilities such as strategic planning will be implanted coercively, against resistance. As in DOD positive but temporary results will be obtained unless top management continues to contribute its energies and authority until the organizational culture has become stabilized at a higher level.

The coercive transformation is likely to be costly, inefficient and disruptive, but it responds to the pressing need. Frustrations, dissatisfactions, outward and covert resistance must be anticipated and coped with. As the new strategy takes shape, however, it is possible to turn attention to matters of capability, as indicated in Table 8.

The final alternative shown in Table 5 calls for simultaneous and parallel attack on both strategic position and capability. A sample plan for the strategic posture transformation is presented in Figure 6 and shows changing priorities over time. In the lower

Table 9: Capability development plan

YEARS	1	2	3	4	5	6	7	8	9	10
1. Development of plan	—	—								
2. Organizational development	—	—	—	—	—	—				
3. Reward system		—		—						
4. Training	—	—	—	—	—	—	—			
5. *Ad boc* planning		—	—	—	—	—	—			
6. Information system	—	—	—	—	—	—	—	—	—	—
7. Structure		—		—						
8. Plan planning	—	—								
9. Operation plans		—	—	—	—	—	—	—		
10. Control system			—	—	—	—	—	—	—	—
11. Strategic plans			—	—	—	—	—	—	—	—

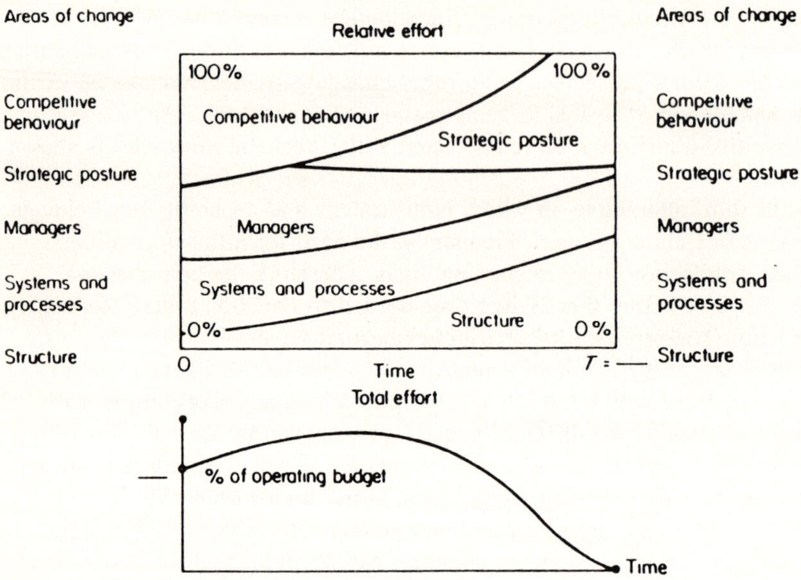

Fig. 6: Plan for strategic posture transformation

part, the total posture transformation effort is given as a percentage of the annual operating budget of the firm, to give an idea of the relative magnitude of the effort. The upper part illustrates time-phased division of effort among strategy-changing (competitive behaviour plus strategy posture) and capability-changing activities (managers plus systems and processes plus technology plus structure).

A major emphasis in the transformation plan must be on the interrelation of the strategy and capability processes. Certain elements of the transformation can be the natural outcome of strategy-changing activities (personal skill, team work, information). Thus an approach of changing capabilities by doing strategic work is attractive, particularly since it combines and interrelates the cognitive process of planning with the socio-dynamics of 'implementation'.

We shall deal with the dynamics of this approach in the last part of this chapter on a somewhat theoretical level, and thereby a key feature of a successful planned-learning transformation is emphasized. This is the need to deal with the frustrations which are typically set up when a planning process goes on for too long a period of time without producing concrete organizational results. Therefore, the strategic posture transformation needs to be carried out in phases, with each phase 'throwing off' projects which lead to immediate action.

By dealing with this approach, we need to emphasize that while 'changing by doing' can affect a number of important capability components, it does not address them all. Thus a formal planning system, new rewards and new structure will not be automatically spun off by strategy formulation and implementation activities. They need therefore to be provided in the overall plan, over and above the 'changing by doing' activities.

3.3 Conflict of Cultures

In the example shown in Table 8, we chose the initiative mode as the terminal culture for the entire firm. But reference to the example illustrated in Figure 4 shows that generally the terminal condition of the competitive mode will be different from the entrepreneurial mode. Thus, ideally, different parts of the firm should have different terminal capabilities, depending on whether their mission is to support competitive or entrepreneurial activities.

This is further supported by the last three lines of Table 7a), which show that different modes of behaviour result in different performance on the respective criteria of effectiveness and efficiency. As we defined them earlier, the competitive mode is focused on *efficient* (profitable) exploitation of existing linkages to the environment while the entrepreneurial mode seeks *effectiveness* (profitability potential) through new linkages. From Table 7a) it appears that maximum results will occur in different modes of behaviour.

How is the conflict between efficiency and effectiveness to be resolved? There are three possible solutions.

1. Dominant culture
2. Average culture
3. Cultural coexistence

Under the first solution the organizational capability supports a dominant culture. Thus, during the mass-production era the competitive culture dominated the entrepreneurial culture. Hence the capability has evolved in the reaction anticipation region. As illustrated in the upper half of Figure 7, optimum profitability was to be obtained by focusing organizational energies on the competitive mode. 'R & D' activities, while significant, were a minor part of the energy and budgets and had to operate in spite of (rather than because) the existing structure, systems and values. Innovation was a necessary nuisance which interfered with making profits. The problems were graphically described as 'harnessing the R & D monster' [15].

As the post-industrial era emerged, increasing energies had to be devoted to entrepreneurial activities which would no longer be 'harnessed'. As the lower part of Figure 7 shows, the importance of entrepreneurial activity began to equal the competitive model in contribution to the firm. Thus a conflict arose: a design for optimal competitive performance would degrade entrepreneurship, and *vice versa.*

Two solutions have evolved, so far neither as yet fully developed or satisfactory. The first, referred to above as the 'average culture', is a compromise capability pattern which lies between the two maxima, say between anticipative and initiative modes. The second, 'cultural coexistence', is a new organizational form called the *innovative form* which attempts to accommodate two separate cultures within the same organization. This form has been described earlier by *Ansoff/Brandenburg* [16].

If one examines the lower part of Table 5, which describes differences in the characteristics among different phases of a life-cycle, it becomes evident that an 'ideal' solution for a multi-life-cycle firm is to have not two but a number of capability patterns each attuned to the particular needs of the environment. For example, the firm

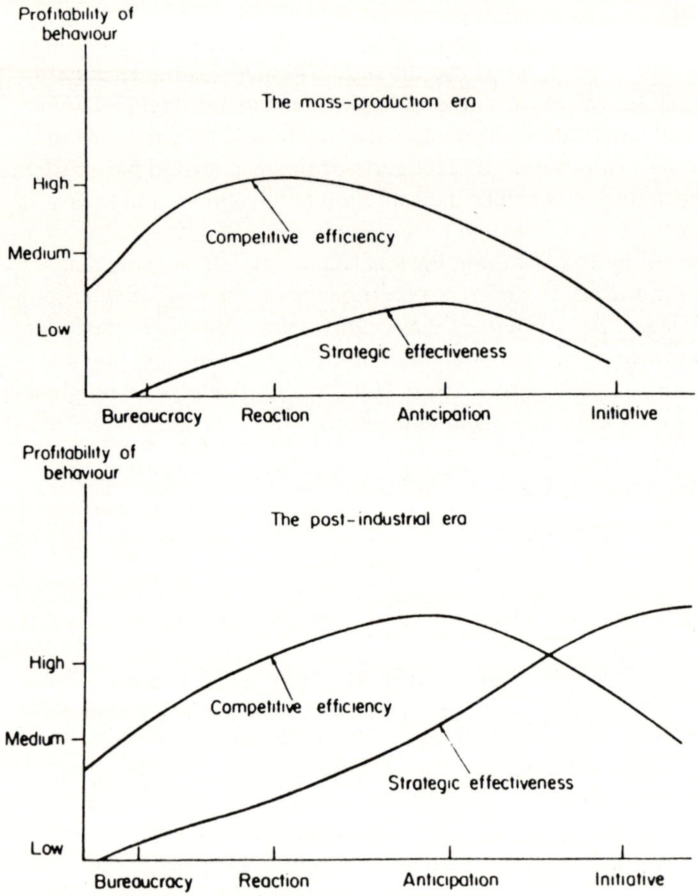

Fig. 7: The post-industrial shift

may need to have a part of the organization attuned to horizon-exploring activities which provide emerging industries, another part with aggressive market expansion capabilities, yet another with prudent management of cash-rich maturity, and another geared for effective divestment. Thus dual-culture form appears to be but a first step in the development of new organizational forms which accommodate within the envelope of a single firm, a variety of cultures (or capability patterns), each responsive to the different environment. The need for such forms already exists in multi-national, multi-industry firms [17].

In the current single-culture management such variety in internal structures, values and systems skills may appear confusing and unmanageable. But equally confusing and unmanageable must have appeared in the 1900's the prospect of the transformation from a single-product, single-market firm to the complex firms of today.

A consequence of great importance (on which we can dwell only briefly in this chapter) is the already observable emergence of a new domain of general management activity which concerns itself with a 'peaceful co-existence' of several cultural/capabilities patterns within the boundaries of a single firm. We shall call it *integrative management.*

3.4 Integrative Management

Anthropologists find that most cultures will tolerate the existence in their midst of small deviant sub-cultures, but when the sub-culture grows beyond a certain threshold problems of coexistence will arise. As described in this chapter, the entrepreneurial activity was a deviant sub-culture during the mass production era. The competitive activity dominated because the environment offered apparently boundless opportunities for competitive success with only a moderate support from product and market development. As the post-industrial era approached, entrepreneurial activity rose both in volume and importance; from a subordinate status, it began to move to the position of a coequal culture. A number of previously secondary problems moved to the forefront of managerial attention:

a. the allocation of scare resources between on-going competitive operations and the innovative profit-generating activities;
b. the disruption of existing on-going operations by introduction of new products;
c. the resulting tendency to reject new ventures before they have reached a self-sustaining state;
d. the need to redesign the organization along lines discussed at length in the preceding section;
e. the conflicts which typically arise between manufacturing, marketing and R & D during transition of a product or technology from developmental to operational status;
f. the problem of day-to-day management of two or more competing cultures.

The new set problems can be viewed from three complementary aspects. The first concerns the short-term dynamics of interaction between a set of competitive and entrepreneurial activities within each major industry life-cycle in which the firm participates. This is illustrated by reference to the lower part of Table 5, which shows that each major lifecycle stage calls for a special mixture of entrepreneurship and competition.

The second aspect concerns the longer term dynamics of transition between stages of a life-cycle in which emphasis on respective modes, and hence the ways of doing business, had to be changed and adjusted to suit new characteristics of the environment.

The third and the 'global' viewpoint concerns the balance among the different lifecycles in which the firm is involved and which, at a given time, are typically in different phases of growth, thus presenting the management with a life-cycle *portfolio-balancing* problem.

All three of these aspects are increasingly important to the firm's success. As a result, integrative mariagement will become increasingly important.

4. Dynamics of Posture Transformation [18]

4.1 Limitations of Cognitive Technology

Having recognized early in the chapter that concern with the external linkages alone is inadequate for coping with strategic transformation, we have developed a practically useable approach to planning the total transformation which provides for both strategy and capability. Historically, capabilities (as well as strategy) developed through trial and error, a process which requires time as well as 'blood, sweat and tears' of learning. Our assertion is that the planning has become essential during the post-industrial era because neither the time delays nor the inefficiencies of trial or error are acceptable when environment changes rapidly and the firm is forced to devote major energies to entrepreneurial work.

Having said this, we have to recognize that original objections and resistance to change occurred typically not because there was not enough, but rather in cases when there was too much, planning! To be sure, planned approach to capability can anticipate certain psychological and sociological obstacles. But to anticipate is not necessarily to overcome; change is not only a cognitive-logical problem, but also a psychological-social process.

Furthermore, strategic change poses personal threats and challenges to individuals. In the historical strategy-structure adaptation the process of incremental trial and error has served as a mechanism for working out personal and interpersonal threats and problems.

It is not surprising, therefore, that replacement of this vital mechanism by the alternative of strategic planning would tend to swing the pendulum from one extreme to another. While the firm's logic was improved, its social adaptation mechanism was suppressed. The result was the 'resistance to planning'. If strategic change is to be handled effectively it is necessary to develop an approach which combines the desirable elements of both cognitive, logic and social-psychological dynamics. We next turn to the development of such an approach.

4.2 Adaptive Learning

Numerous observers in sociology, political science and information sciences, each forming his own disciplinary viewpoint, have reached very similar conclusions on the manner in which complex organizations have historically adapted to major changes. A model of these observations, applied to the evolution of new structural form, is illustrated in Figure 8.

The trigger for action typically comes from the environment, but not in an unambiguous directly recognizable way. The firm, as all other organizations, continuously

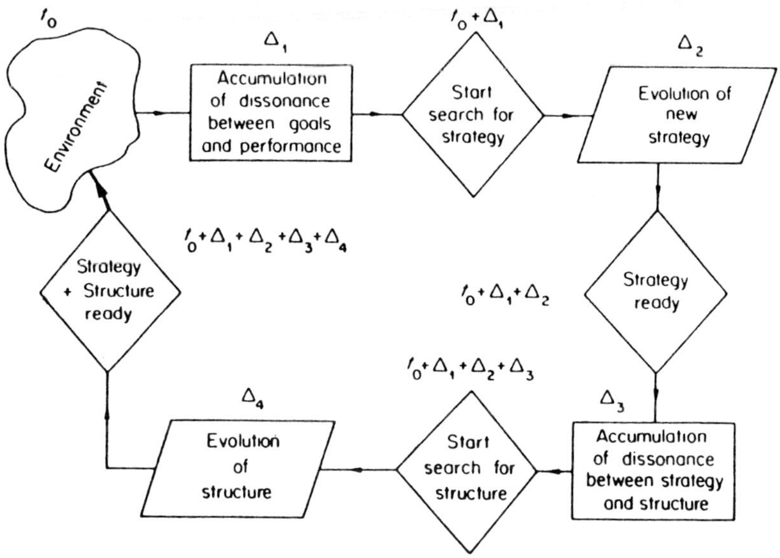

Fig. 8: Adaptive-learning organization change

receives both positive and negative signals from the environment which call for responses through incremental adjustments. The evidence that a major change is needed is hidden among these other voluminous signals; it is not loud, clear and unambiguous, like the voice of doom, and it is not welcome information anyway.

Thus, the initial response is to reject the voice of doom and respond to signals in traditional ways: to reduce costs, to sell more aggressively, to replace an unsuccessful manager. But the new signals persist, and cumulate and stubbornly resist treatment. Gradually a conviction grows that a major response is in order. In the meantime a substantial period of time, labelled Δ_1 on Figure 8 and measured in years, has passed.

Thus at time $t_0 + \Delta_1$ a decision is made to start a search for major alternatives. Figure 8 overstates the usual situation by giving the impression of discontinuous triggering events.

More likely, $t_0 + \Delta_1$ signals the beginning of a period in which untraditional solutions, still frequently incremental, begin to be proposed, discussed, tried and eventually implemented. In some firms the solution is sought in the realm of structure; in others in new product-making technology [2,19]. In Figure 8, we have chosen to illustrate the latter case.

Another substantial period Δ_2, again measured in years, is spent in locating new fields of opportunity, developing new products and penetrating new markets. By $t_0 + \Delta_1 + \Delta_2$ the firm has established linkages to the environment, but, if the new strategic posture is significantly different from the old one, new adverse signals appear: difficulties are encountered in making the new strategy profitable. The situation is illustrated by the famous statement of the DuPont Company's management in the 1920's: 'The more paint we sell the more money we lose'.

Another time delay, Δ_3, occurs until the new signals are recognized as serious and due to the inability of the old structure to support the new strategy. At $t_0 + \Delta_1 + \Delta_2 + \Delta_3$ a search begins for a new structural form; it culminates at $t_0 + \Delta_1 + \Delta_2 + \Delta_3 + \Delta_4$ when both new strategy and new structure are in place. Seen in retrospect, the resulting shifts in both strategy and structure are significant and discontinuous: the firm has moved into competitive-technological domains which were alien to it before the shift; the new structure is based on a new organizing principle and is supported by a changed internal culture. But during the change process much step-wise cutting and filling goes on. The process still tends to be incremental, the significant difference from the past being that unfamiliar solutions are being explored. If the increments accumulate favourably, the final form emerges gradually. But more frequently the firm finds no accumulation of increments which results in the desired response. When this occurs, frustrations mount and a crisis occurs which brings about a discontinuous solution.

The merits of adaptive-learning process have been variously interpreted by different observers. Some have argued that it is a natural organic process, that it provides for learning and mutual adjustment in complex organizations, that it is 'self-designing', similarly to biological adaptation. As a result the final form meets the needs of both the organization and its participants and is, therefore, stable and accepted within the firm. It has been further argued on occasion [20] that adaptive learning is the only feasible method for changing complex organizations.

4.3 Planned Change

An opposing point of view, held by the planning profession and by scientists whose roots are in mathematics and logic, is that adaptive learning is an evolutionary and historical accident which was the best available until rational planning technology came along. But it is inefficient, time-consuming and interferes with ongoing operations. The most telling argument offered by the proponents of planning is that the adaptive-learning method is always in danger of being too late. While the new strategy-structure is being worked out, the outside world is likely to change enough to make them obsolete even before the adaption is completed. As a result, the firm is always in an inefficient structure, trying to catch up with itself, like a squirrel in a cage.

Historical evidence supports this argument. For example, the DuPont Company had completed the development of the functional structure around 1915 only to discover the need for its successor, which took another six years to perfect. This successor, the divisional form, was responsive to the competitive climate of the 1920–1940's, and yet its adoption by other firms was gradual. It was not until the early post-war years that it was widely adopted in the U.S., and not until the 1960's in Western Europe [18]. But by that time, in a climate of multi-national competition, the divisional form was already close to obsolescence.

The planners' answer is to prepare structure in advance of the need. Figure 9 illustrates this answer. The diagram, which should be clear after our detailed discussion of the preceding one, shows that the key step is the anticipation of new strategy and structure at time t_0, ahead of the need. If, in fact, the time horizon is long enough, so that

$$\Delta_1 = \Delta_2 + \Delta_4 + \Delta_5$$

the firm will always be ready in time to meet the challenges of the changing environment.

Since the 1950's planning has been widely applied in industry and government throughout the developed world. On the whole it appears to have had a positive and beneficial effect [2]; but it has also revealed major shortcomings and failures. A Belgian newspaper correspondent who attended the recent International Congress on Long Range Planning in Brussels, in 1973, which featured a veritable 'Who is Who in Planning', captured the spirit of the meeting as one of self-doubt, a crisis of self-identity.

If one studies the record of successes and failures, one is drawn back to the assertions of the proponents of the organic evolution: planning has been most successful when it deals with extrapolation of the past dynamics of the firm and least successful when applied to non-incremental major departures from the historical growth trends of the firm.

Thus, while extrapolative long-range planning is prevalent in industry today, genuine 'strategic' planning is found only in isolated instances. So long as planning merely attempted to shift the firm's attention from the familiar past-present to the familiar future, it had a reasonable record of success. Whenever it attempted to focus attention on unfamiliar, radically different future alternatives, it typically ran into the phenomenon of 'resistance to planning' [5].

An analysis of the origins of this resistance suggests an overswing of the pendulum between the extremes of the cognitive-rational and the socio-existential approaches to

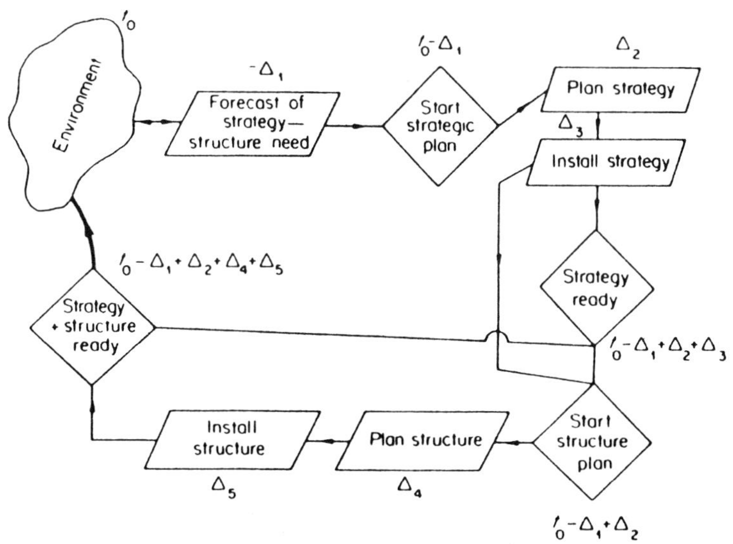

Fig. 9: Planned organization change

managing change. The planning philosophy swung the pendulum: from a focus on the human variables in adaptive learning to the logical prescriptions of planned change; from a philosophy that 'organizations are built by and around people' to one that 'reasonable people will implement logical designs' (once these are clearly and carefully explained to them).

4.4 Planned Learning

There is now growing evidence of a gradual convergence of the adaptive-existential and planned-rational approaches to organizational change. We shall refer to the merged approach as the *planning-learning* process. It is illustrated in Figure 10. The figure, which combines the philosophical viewpoints of the two preceding ones, also implies three further developments. The first is a departure from the assumption which underlies all cognitive-rational approaches to the effect to paraphrase Descartes *'Je pense donc je fais'* (I think, therefore I do), that planning must always precede action. The view of the amended approach is that excessive overplanning can be as unproductive as impulsive recourse to trial and error. Therefore a way of managing must be found which blends the two.

The ultimate shape of the learning-planning management is not clear, but examples are readily given. At one extreme, typical management by crisis, which triggers 'pro-

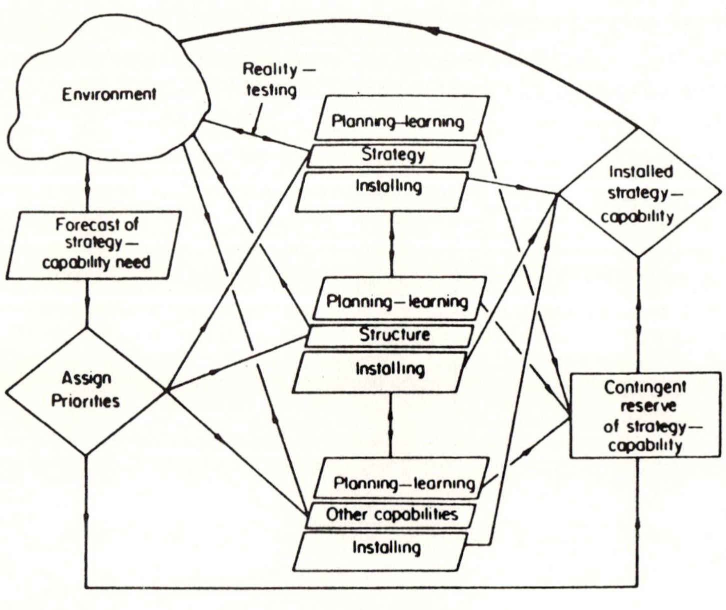

Fig. 10: Planned-learned organization change

blemistic', 'local' search for the best historical precedent [21], will be replaced by a thinking pause at the moment of crisis, [22] devoted to a careful weighing of a set of alternatives both familiar and novel.

At the other extreme, today's laborious planning-budgeting, which is reviewed and revised annually, will be replaced by more supple procedures which involve continual attention to planning and which are responsive to major environmental changes and to unforeseen results, whenever they occur.

This leads us to the second departure from current practice, which concerns the manner and the use of environmental surveillance and forecasting. Conceptually it will be recognized that the very best forecasting efforts cannot foresee all of the important events and consequences, that uncertainty about the future cannot be reduced to certainty at any cost. Further, it will be recognized that the residual uncertainty (which is sometimes ignorance) usually contains events and consequences of the greatest importance to the firm.

The responses will be dual. First, through built-in flexibility in the firm's position and structure [17]. As shown in Figure 10, the firm will have a reserve of strategy-capability responses implementable of short notice.

Second, the process of design of new strategies capabilities will include testing of new designs, before installing them in the firm, or accumulating them in the contingency reserve. It is this 'reality-testing' process of deliberate closely coupled planning-trial-error-planning-etc. that is at the conceptual core of the planned-learning organizational change.

The third departure from the preceding approaches is illustrated in Figure 10 by the 'priority assignment' box. The choice of the sequence of changes in strategy-structure is neither left to chance, as in adaptive learning, nor to arbitrary priorities, as in long-range planning. A diagnosis determines both the relative needs and the relative distance which the firm has to travel. The needs are determined by the dynamics of the environment, the current capabilities of the firm and by the ambitions of the management. The 'distance' is measured by the readiness of the firm's total culture to cope with the new strategic challenges.

At one extreme, when survival is imminently threatened, the change will be paced by the needs of new strategy; at the other extreme, when the environment is benign, and strategic change is not immediately imperative, the reorganizational capability for future change in strategy. In most cases, parallel mutually interacting paths will be followed. The pacing element will be the critical barrier which must be overcome to assure orderly progress to the new form. Sometimes this may be the need for a new assignment of authority, sometimes for opening of channels of communication ('organizational development'); sometimes the next step will be to act upon the external world — to develop a product, test-market it or advertise it. Thus the sequence and relation of activities will be a part of an overall design for effective social action by the firm.

As shown in Figure 10, as the design activity proceeds, only a part of it is 'installed' and becomes a part of the on-line operating reality of the firm. Another part, in the manner described in the preceding section, becomes a part of an inventory of responses, labelled 'contingency reserve' in the Figure.

Two major forces of different origin are going to determine the shape and the pace of progress towards the planned-learning technology. The first, discussed above, is the need for efficiency in purposive societal organizations. In the firm the drive for efficient ways to deliver goods and services to society has been built in its basic terms of reference (the dependence for survival on the competitive market test) under which the firm was created in the so-called capitalist countries. As a result, with all of the historical distortions and imperfections, the firm has on the whole remained in the forefront of efficient organizations. As we discussed earlier, new complexities born of technology, geographic span, size, and turbulent environment have overtaxed the responsiveness limits of adaptive learning organizational change. Cognitive planned change also increasingly appears limited as a change mechanism. Thus the pressure is evident for a new technology.

In other societal purposive organizations the tradition of search for effectiveness does not exist, nor was it important in the days of 'small government'. But in the era of 'big government', an evergrowing volume of social services and the threat of natural resource limitations have already given birth to a demand for effectiveness in government and this demand will continue to grow. Thus the planned-learning technology will find applications in a wide range of social structures.

But there is another force which provides a drive for new technology. This is the increasing demand for participation by organizational members and by society in the design and management of organizations. This demand, which at the moment, is much stronger in Europe than in the United States, involves approaches from the opposite levels of the firm. The first, named 'Industrial Democracy', involves bottom up participation in the design of work. The second, 'Co-determination', involves sharing of power in decisions affecting the overall policies and strategies of the firm. The two trends are as yet so new that their specific purposes, nature, advantages and limitations still appear to be imperfectly understood and articulated. But it is clear that the general thrust is two-fold: a) to make the working life of individuals more fulfilling and satisfying; and b) to make the firm more responsive to the values and needs of Industrial Society.

Both Co-determination and Industrial Democracy reinforce the 'learning' aspect of organizational change, because learning implies involvement and participation. It is less clear whether these concepts will evolve to accept the 'planning' as an instrument of organizational change; partly because, in very complex organizations, certain key aspects of planning (such as strategy-setting in a turbulent environment) cannot be made totally participative without becoming self-defeating and ineffective; partly because the requirement of consensus on common goals necessary in planning may not be attainable in politically polarized decision settings. (The history of the LIP watch factory in France is a dramatic example.)

This suggests that, complicated as it is, the planned-learning approach to organizational change will only meet the needs of those organizations which remain essentially 'purposive' in the sense of having a substantial measure of common agreement on the objectives and goals of the enterprise. More complex approaches will be needed in organizations which are more 'political' than 'purposive', in which decision-making is based on bargaining and power play. But this is a subject to be treated on another occasion, outside of this already too lengthy chapter.

5. Summary

We started in search of an explanation for the failure of strategic planning to resolve the problem of the firm in the post-industrial era. We traced the problem as being one of a basic transformation of behaviour from a predominantly competitive mode to a combination of competitive and entrepreneurial modes. We then argued that transformation of the firm's linkages must be accomplished by a corresponding transformation in the firm's internal capability, particularly managerial capability, and that capability for entrepreneurial activity is distinct from that for the competitive activity. This two-phase process constitutes a strategic posture transformation as illustrated in Figure 11. Strategic planning was shown to be only a component of the total capability vector needed for entrepreneurial activity.

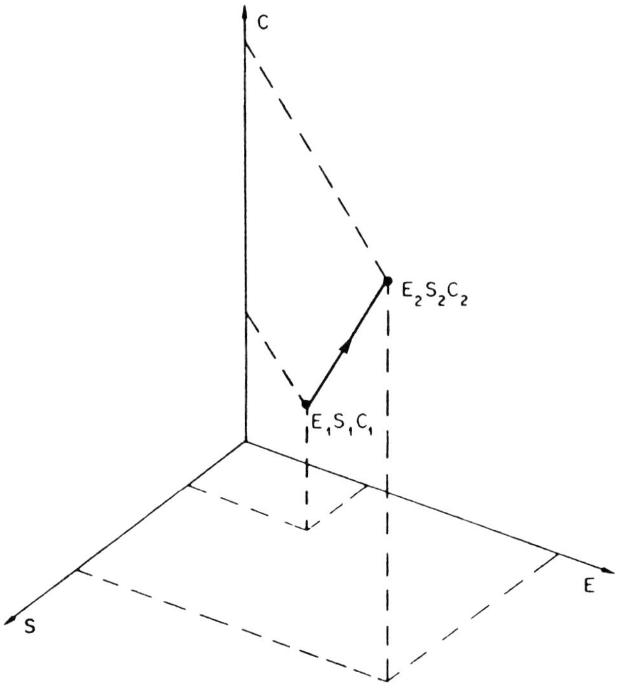

Fig. 11: Strategic posture transformation. E, environmental turbulence; S, intensity of external linkages; C, responsiveness of internal configuration.

Using these concepts, we have presented a methodology for planning the transformation of the firm's capability to a new environmentally responsive culture. We have had numerous opportunities to test this methodology in the class room with practicing managers and in consulting situations. A series of semi-programmed exercises was developed and tested which takes a group of managers, previously inexperienced in strategic posture analysis, through a complete strategic posture planning cycle [23]. Therefore we feel comfortable in recommending this approach to managers who are confronting the strategic change problem.

The methodology recognizes that competitive and entrepreneurial modes can have different intensities depending on the environment and on managerial objectives. We suggested an intensity classification scheme which permits a direct comparison between the two modes. Using this, we hypothesized that optimal behaviour in the two modes occur at different intensities. A firm which has to behave in both modes has to solve the problem of accommodating and reconciling two conflicting capability 'cultures'. This gives rise to a new and important top management challenge — the integration and coordination of multi-cultural 107 the multi-model operations. We suggested that the new scope of post-industrial management should be called *strategic management.* This includes:

1. operations management of the competitive mode;
2. entrepreneurial management of the entrepreneurial mode;
3. integrative management of the coexistence of the two modes.

Finally, we recognized that, within strategic management the rational process of planning is only a component of a much more complex socio-dynamic process which brings about strategic change. We have argued that, to focus exclusively either on rational planning processes or on adaptive psycho-socio-political processes, as has been done in much of the literature, is to swing a pendulum between two inefficient extremes. Having examined the advantages and limitations of the purely adaptive and purely planned approaches we have suggested that the eventual approach will combine the two in a process of planned learning.

References

[1] *Ansoff, H.I.*: Management on the threshold of the Post-Industrial Era. Challenge to Leadership, Managing in a Changing World, the Conference Board, New York 1973a.

[2] *Ansoff, H.I.*: Toward a strategic theory of firms. Business Strategy. Ed. by H.I. Ansoff. Harmondsworth 1970.

[3] *Ringbakk, L.A.*: Organized planning in major U.S. companies. Long-Range Planning Journal 2 (2), December 1969.

[4] A typical experience was encountered by one of the authors in a billion-dollar American company, which prepared some five years ago a six-inch thick Corporate Strategic Plan. The planning Effort so exhausted the planning staff, and so depleted its goodwill with operating managers, that no effort was made at subsequent revision. Some four years later

the chairman said at a top management meeting 'I suppose we should do something about strategic planning. But, let's not revise that damned thing again'.

[5] *Schick, A.*: Systems politics and systems budgeting. Public Administration Review 29 (2), March/April 1969.

[6] *Schick, A.*: A death in the bureaucracy: the demise of Federal PPB. Public Administration Review (146), March/April 1973.

[7] *Ansoff, H.I.*: The next twenty years in management education. The Library Quarterly, Chicago, University of Chicago Press 43 (4), October 1973b.

[8] *Ansoff H.I.*: Managerial problem-solving. Management Science in Planning and Control. Ed. by Jr. Blook. The Technical Association Publication No. 5, New York 1969.

[9] *Ansoff, H.I.*, and *R.L. Hayes*: Role of models in corporate decision-making. Operational Research. Ed. by M. Ross. Amsterdam.

[10] *Cordtz, D.*: Face in the Mirror at GM. Fortune 74 (116), August 1966.

[11] *Drucker, P.*: The Age of Discontinuity. New York 1969.

[12] *Toffler, A.*: Future Shock. New York 1970.

[13] *Ansoff, H.I.*: Corporate Strategy. New York 1965.

[14] It should be made clear that for most firms there will not be one but many competitive environments. The analysis would be performed for each. This issue is discussed in a later section.

[15] 'Harnessing the R & D monster'. Fortune LXXXI (1), 1965.

[16] *Ansoff, H.I.*, and *R.G. Brandenburg*: A language for organization design. Management Science 17 (12), August 1971.

[17] *Ansoff, H.I.*: Corporate structure present and future. Paper presented at the International Congress of Corporate Planers. Brussels 1974.

[18] This section is adapted from *Ansoff* [16].

[19] *Chandler, A.D.*: Strategy and Structure. Cambridge, Mass., 1969.

[20] *Lindbloom, C.E.*: The science of muddling through. Business strategy. Ed. by H.I. Ansoff. Harmondsworth 1970.

[21] *Cyert, R.*, and *J.G. March*: The Behavioral Theory of the Firm. Englewood Cliffs 1963.

[22] Which is typical of successful crisis managers and which was recently described by a famous politician struggling for personal survival by the words: 'The hotter it gets the cooler I get'.

[23] *Ansoff, H.I.*: Strategic Posture Analysis Exercises. 1972.

US-amerikanische Konzepte strategischer Unternehmungsführung

D. Hahn

1. Evolution strategischer Führungskonzepte

In der amerikanischen Managementliteratur hat seit jeher die Diskussion strategischer Fragen der Unternehmungsführung im Vordergrund gestanden. Grundsätzlich lassen sich *drei Gruppen von Beiträgen* differenzieren, die diese Diskussion befruchtet haben und auch noch weiter tragen:

- Textbücher mit einer *Darstellung strukturierter strategischer Konzepte und dazugehöriger Instrumente*, die umfassend durch (zumeist echte) Fallstudien ergänzt werden. In diesen werden die wichtigsten Aspekte der strategischen Führung im Überblick verdeutlicht. Diese Beiträge sind primär für den Hochschulunterricht und als theoretische Fundierung für die Wirtschaftspraxis relevant.
- *Detailanalysen im Kerngebiet der strategischen Führung* – meist in Form von Arbeitspapieren oder Zeitschriftenveröffentlichungen. Gemeinsam ist diesen Arbeiten, daß primär Spezialaspekte und weniger übergreifende Konzepte interessieren. Sie wenden sich in erster Linie an wissenschaftliche Interessenten.
- Anders die dritte Gruppe von Literaturbeiträgen, vielfach aus der Unternehmungsberatung hervorgegangen, deren Gegenstand die Darstellung (mehr oder weniger populärwissenschaftlicher) *normativ-hypothetischer Konzepte strategischer Führung* ist – vielfach durch die Empfehlung normativer Verhaltensgrundsätze komprimiert. Sie basieren i.d.R. auf einer unstrukturierten bzw. kasuistischen empirischen Grundlage und wenden sich primär an die Zielgruppe der Unternehmungspraktiker.

Auch in den USA hat das strategische Denken – haben Konzepte strategischer Führung – einen längeren *evolutorischen Prozeß* durchlaufen müssen, ehe der Stand heutiger Konzepte erreicht worden ist. Dieser Prozeß kann im Kern durch folgende Entwicklungsschritte bzw. -stufen charakterisiert werden [1]:

1.1 General Management

Die erste Phase strategischer Führung, die die fünfziger und sechziger Jahre umfaßte, kann als die „General Management-Ära" der strategischen Führung bezeichnet werden. Betont wurden die eher informalen und impliziten Aspekte strategischer Führung: Führungsqualifikationen, die besondere Rolle des CEO und anderer Top-Manager, interpersonelle Beziehungen, sowie die Bedeutung von internen Werten, Systemen und Strukturen zur Unterstützung der Unternehmungsstrategie. Die zentrale Hypothese der hier einzuordnenden Beiträge ist, daß erfolgreiches Führen im Kern von der Qualifikation der Top-Manager abhängt – mit anderen Worten, daß umfassend qualifizierte, konzeptionell denkende Top-Manager (General Manager) die wichtigste Erfolgsvoraussetzung für eine Unternehmung sind [2]. Dieser Aspekt der Notwendigkeit einer qualifizierten und motivierten Führung stellt die dauerhafte Verbindung der „General Management-Ära" mit der aktuellen Phase strategischer Unternehmungsführung dar.

1.2 Strategic Planning

Zu Ende der sechziger Jahre begannen neue Konzepte der Unternehmungsführung an Interesse zu gewinnen, die in ihrer Gesamtheit eine eigene Entwicklungsstufe darstellen und in den siebziger Jahren die dominante Form strategischen Denkens und Entscheidens bildeten: Konzepte der strategischen Planung. Die formale und explizite Seite der Unternehmungsführung – Analyse und Systematik – trat in den Vordergrund. Insbesondere die Entwicklung von Instrumenten und Hilfsmitteln wie Erfahrungskurve, Portfolio-Konzepte und PIMS-Analysen, durch die strategische Führungsprozesse unterstützt werden sollten, wurde vorangetrieben [3]. Der Charakter dieser Ansätze wird auch durch die Bereitschaft zur Adaption übergreifender Theorien verdeutlicht, wie es wohl am erfolgreichsten Michael E. Porter gelang, der die Erkenntnisse der „Industrial Organization" als theoretische Grundlage einer Wettbewerbsanalyse im Rahmen des strategischen Management verwendet hat [4].

1.3 Strategic Management

Gegen Anfang der achtziger Jahre begannen dann notwendige Erweiterungen der Konzepte strategischer Planung immer größere Bedeutung und Beachtung zu erlangen, die schließlich zur vorerst letzten Entwicklungsphase strategischer Unternehmungsführung in den USA geführt haben: dem „Strategic Management". Es verbindet Aspekte des „General Management" und des „Strategic Planning" mit neuartigen Konzepten, indem es insbesondere die Notwendigkeit der Verbindung der divergierenden unternehmerischen Teileinheiten, der Beachtung von Implementierungsfragen sowie die Bedeutung der Unternehmungswerte und -kultur und vor allem die strategische Rolle der Führungskräfte für eine erfolgreiche strategische Unternehmungsführung betont.

Die Bedeutung der Human Resources kommt auch in einer neueren Definition der strategischen Führung als „Management of Change" zum Ausdruck. Im Mittelpunkt steht die lernfähige Unternehmung, die sich flexibel an externen und internen Wandel anpaßt [5].

2. Träger, Prozeß und Gegenstände der strategischen Führung

In der amerikanischen Management-Literatur werden als Kern der strategischen Führung – des Strategic Management – weitgehend einheitlich die beiden Komplexe der *„Strategy Formulation“* und *„Strategy Implementation“* differenziert [6]. Hierbei wird jedoch stets betont, daß Formulierung und Implementierung der Unternehmungsstrategie in Form eines integrierten, abgestimmten und rückgekoppelten Prozesses vorzunehmen sind.

Zur Sicherstellung dieser Abstimmung wird deutlicher als in deutschsprachigen Veröffentlichungen den oberen Führungskräften einer Unternehmung und hier insbesondere der obersten internen Führungskraft – dem Chief Executive Officer (CEO) – besondere Bedeutung zugesprochen [7]. Die Tätigkeit des Board of Directors – eines partiell externen Willensbildungszentrums – und der Leitung von Unternehmungs- bzw. Geschäftsbereichen kann sich deshalb nicht nur auf die Formulierung der Unternehmungsstrategie beschränken, sondern diesen *Trägern der strategischen Führung* kommt auch besondere Wichtigkeit für die Umsetzung einer verabschiedeten Strategie – für ihre Implementierung – zu [8].

Trotz dieser grundsätzlichen Zweiteilung der strategischen Führung bestehen aber im Hinblick auf vor- und nachgelagerte Aufgaben sowie bezogen auf die einzelnen Tätigkeiten innerhalb von Strategy Formulation und Strategy Implementation teilweise unterschiedliche Ansätze. Hierbei sind nicht nur prozessuale Unterschiedlichkeiten festzustellen – d.h., daß Phasen und Phasenfolgen innerhalb von Strategieformulierung und -implementierung variieren –, sondern auch die grundsätzlichen Gegenstände der strategischen Führung werden teilweise unterschiedlich gesehen. So wird beispielsweise die *Planung der generellen Unternehmungsziele* nicht immer als Gegenstand der Strategieformulierung, sondern teilweise auch als dieser vorgeschaltet verstanden. Und auch *Steuerungs- und Kontrolltätigkeiten* werden unterschiedlich – einerseits als Bestandteil der Implementierungsphase und andererseits als teilweise eigenständiger Aufgabenkomplex strategischer Führung – charakterisiert [9].

3. Ausgewählte Konzepte strategischer Führung

3.1 Konzept von Wheelen/Hunger

So umfaßt z.B. der *Prozeß der strategischen Führung* nach dem Konzept von Thomas L. Wheelen und J. David Hunger [10] (University of South Florida bzw. Iowa State University) neben den Teilkomplexen der Strategieformulierung und Strategieimplementierung eine vorgelagerte Unternehmungs- und Umweltanalyse und -prognose. Tätigkeiten der Kontrolle der strategischen Entwicklung werden als eigenständiger Komplex strategischer Führung gesehen, der durch eine permanente Rückkopplung die einzelnen Phasen des strategischen Führungsprozesses verbindet (siehe Abbildung 1).

Die *Strategieformulierung* stellt nach Wheelen und Hunger den Prozeß der Entwicklung langfristig gültiger Vorgehensweisen dar, die vor dem Hintergrund der Um-

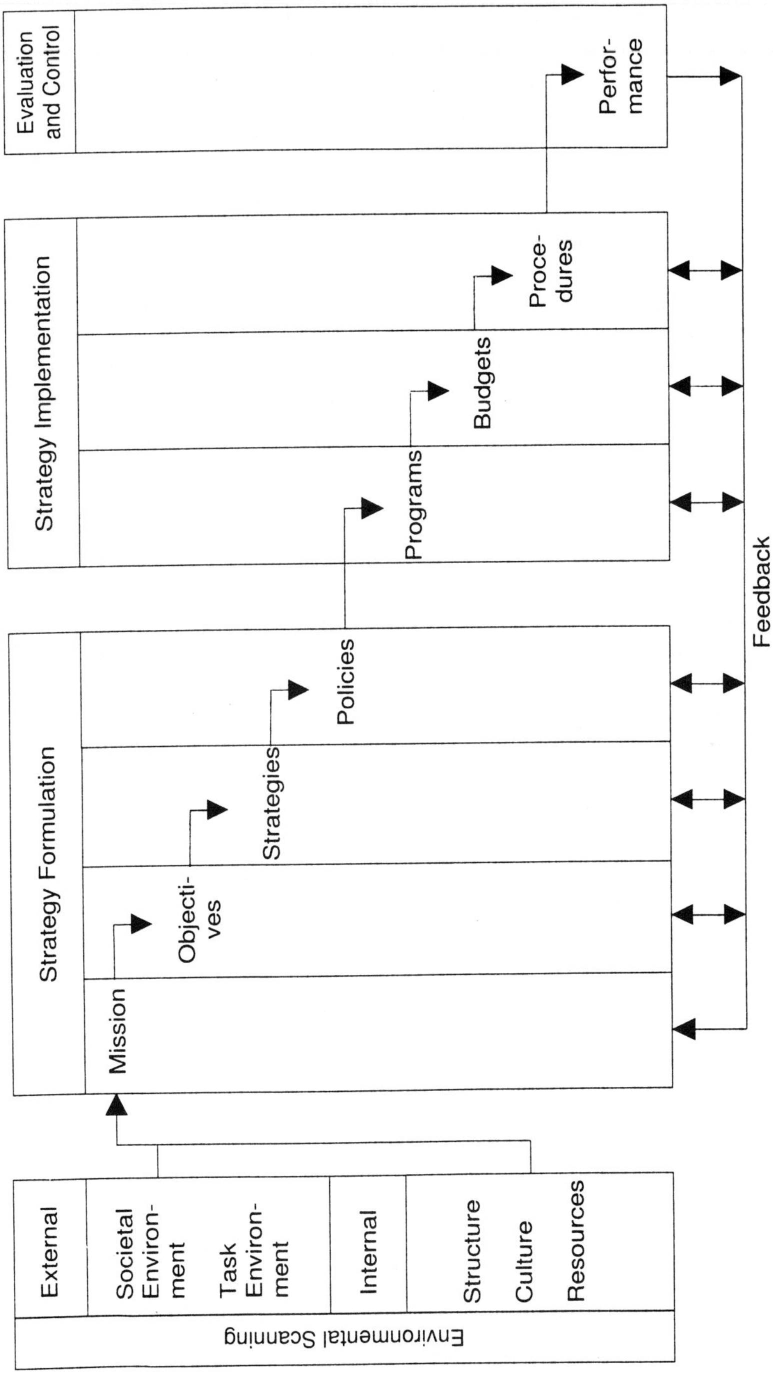

Abb. 1: Strategisches Management nach Wheelen und Hunger
(aus: Wheelen, T.L., Hunger, J.D., Strategic Management, 4. Aufl., Reading 1992, S. 4)

weltchancen und -risiken und der Unternehmungsstärken und -schwächen eine erfolgreiche Unternehmungsentwicklung ermöglichen sollen. Dieser Prozeß beinhaltet in vier Einzelphasen die Definition von:

- *Mission*: der Unternehmungszweck bzw. der Grund der Unternehmungsexistenz;
- *Objectives*: die obersten generellen Unternehmungsziele;
- *Strategies*: die umfassenden Vorgehensweisen, durch die die Unternehmungsmission und -ziele erreicht werden sollen;
- *Policies*: die aus der Strategie abgeleiteten, übergreifenden Richtlinien für die Entscheidungsfindung.

Die *Strategieimplementierung* beinhaltet den Prozeß der Umsetzung von verabschiedeten Strategien. Sie umfaßt im Konzept von Wheelen und Hunger die Festlegung von:

- *Programs*: die zur Erfüllung einzelner Pläne bzw. Aufgabengesamtheiten durchzuführenden Maßnahmen;
- *Budgets*: die kurzfristigen Wertpläne für die unternehmerischen Teilbereiche;
- *Procedures*: die festgelegten Vorgehensweisen zur Erfüllung einzelner Aufgaben.

Dieser Komplex der Implementierung wird auch als operative Planung bezeichnet. Neben dieser Planung werden die Entwicklung einer strategieorientierten Organisationsstruktur, die Personalplanung und die Veranlassung der Durchführung zu den Implementierungsaufgaben gezählt.

Als *strategische Auswertung und Kontrolle* definieren sie Tätigkeiten der Ermittlung von Soll/Ist-Abweichungen sowie Ursachen- und Wirkungsanalysen mit anschließenden korrektiven Eingriffen.

3.2 Konzept von Pearce/Robinson

Anders als im Konzept von Wheelen und Hunger charakterisieren z.B. John A. Pearce und Richard B. Robinson [11] (Villanova University bzw. University of South Carolina) nur Strategieformulierung und -implementierung als Gegenstand strategischer Führung. Allerdings werden die Inhalte dieser Komplexe im Konzept von Pearce und Robinson sehr weit gefaßt. So zählen sie zur *Strategieformulierung*:

- *Definition der Unternehmungsmission*; im Kern die Festlegung von Unternehmungsphilosophie, -zweck und generellen Sachzielen.
- *Analyse und Prognose der Unternehmungsumwelten*; also der generellen Umwelten sowie von Industrie und Wettbewerbern, insb. auch im multinationalen Umfeld.
- *Unternehmungsanalyse*; d.h. Erarbeitung eines Stärken- und Schwächenprofils der Unternehmung.
- *Planung langfristiger Ziele*, die durch eine zu formulierende Strategie erreicht werden sollen.
- *Festlegung der Unternehmungsstrategie* (grand strategy).

Die *Strategieimplementierung* beinhaltet Tätigkeiten, die zur Umsetzung der verabschiedeten Strategie erforderlich sind. Sie umfaßt damit:

- *Operationalisierung der Strategie*. Hierunter sind genannt kurzfristige Ziele sachlicher und finanzieller Art, Funktionsbereichsstrategien – also Aktionspläne für Funktionsbereiche – und sogenannte Politiken, die den Führungskräften im operativen Bereich und den ausführenden Mitarbeitern als Richtlinien dienen.
- *Institutionalisierung der Strategie* durch Organisationsstruktur, Führungskräfteauswahl und -einsatz, Unternehmungskultur sowie entsprechende Anreizsysteme.
- *Kontrolle der Strategie* durch Gestaltung eines strategischen Kontrollsystems mit Prämissen-, Durchführungskontrolle, strategischer Überwachung und einer spezifischen Kontrolle für unerwartete Ereignisse. Die Kontrolle der Strategie wird durch ein operatives Kontrollsystem ergänzt.

3.3 Konzept von Andrews

Ähnlich sieht auch Kenneth R. Andrews [12] – ein führender Vertreter der Harvard Business School – strategische Führung nur aus den Teilkomplexen Strategieformulierung und Strategieimplementierung bestehend (siehe Abbildung 2). Im Rahmen der

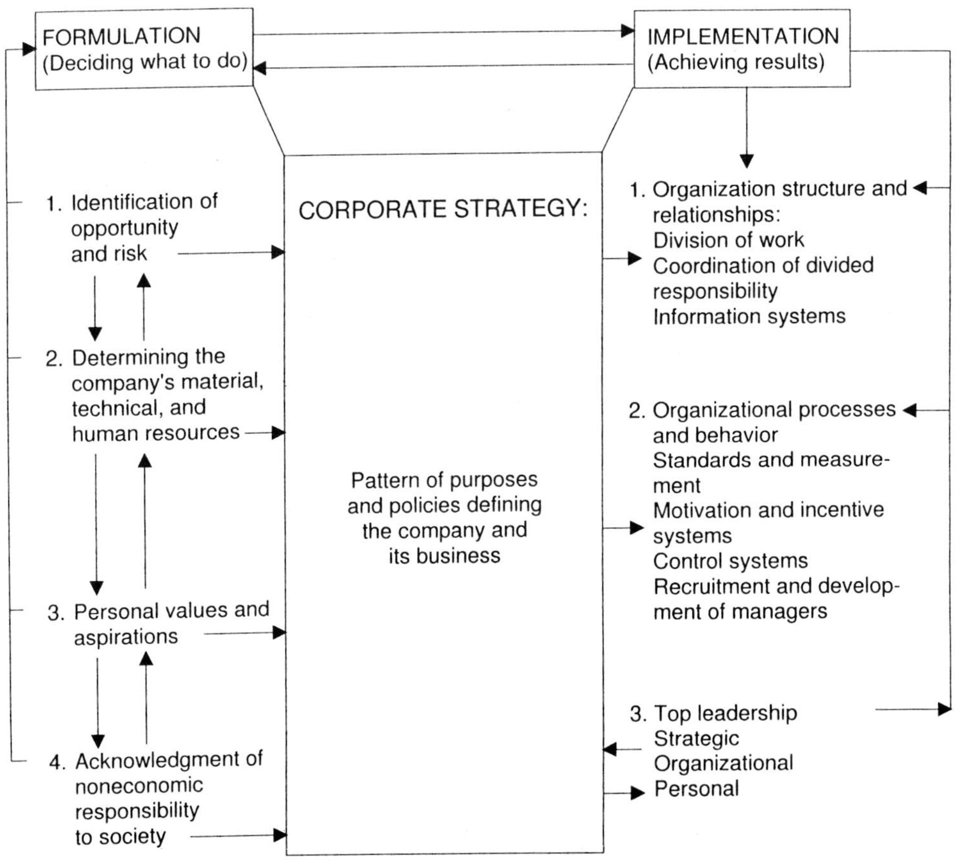

Abb. 2: „Harvard Approach" der strategischen Führung
(aus: Andrews, K.R., The Concept of Corporate Strategy, 3. Aufl., Homewood 1987, S. 21)

Strategieformulierung sind hiernach die folgenden Aufgabenkomplexe und Einflußgrößen relevant:

- *Analyse und Prognose der unternehmerischen Umfelder* zur Aufdeckung von Chancen und Risiken.
- *Bestimmung der Unternehmungsstärken und -schwächen.*
- *Wertvorstellungen und Absichten* der oberen Führungskräfte.
- *Außerökonomische Verantwortung* gegenüber der Gesellschaft.

Auf der Grundlage dieser Einflußgrößen und durchzuführenden Tätigkeiten erfolgt dann die unternehmungsspezifische *Ableitung einer Unternehmungsstrategie.* Diese charakterisiert Andrews als ein Muster von generellen Aussagen über Zweck und Zielsetzungen, die letztlich eine Unternehmung und ihre Geschäftsfelder definieren.

Die *Strategieimplementierung* umfaßt im Konzept von Andrews drei Komponenten:

- Die Gestaltung von *Aufbauorganisation* und hiermit verbundenem *Informationssystem,*
- *organisatorische Systeme der Verhaltensbeeinflussung* wie Leistungsbeurteilungs-, Motivations- und Anreizsysteme, Kontrollmechanismen, Führungskräftebeschaffungs- und -entwicklungssysteme,
- *personelle Zusammensetzung und organisatorische Strukturierung der obersten Unternehmungsführung.*

3.4 Konzept von Tichy/Fombrun/Devanna

Unseres Erachtens wegweisend für die neueren Entwicklungen in der US-amerikanischen Literatur zum Strategic Management ist der Ansatz von Noel M. Tichy, Charles J. Fombrun und Mary Anne Devanna [13]. Diese gehen im Rahmen der strategischen Führung ebenfalls von der Unternehmungsstrategie aus und sehen die Organisation sowie das Human Resource Management als wichtigste Aufgaben der Strategieimplementierung. Das Human Resource Management umfaßt dabei im Kern die Planung von Führungskräftebedarf, -selektion und -einsatz sowie die Planung der Führungskräftebeurteilungs-, Führungskräfteanreiz- und Führungskräfteentwicklungssysteme. Der wesentliche Aspekt dieses Ansatzes ist jedoch, daß keine dieser drei Komponenten strategischer Führung isoliert von den anderen gesehen werden kann, sondern daß alle in einem *integrierten Ansatz aus Zielplanung und Geschäftsfeldplanung, Organisationsplanung und Führungskräftesystemplanung* zu entwickeln sind (siehe Abbildung 3).

Tichy, Fombrun und Devanna drücken damit implizit eine Idee aus, die als *Kerngedanke jüngster Ansätze der strategischen Führung in den USA* gesehen werden kann: die Idee des durch eine umfassende – möglichst simultane – Gesamtabstimmung strategischer Komponenten zu erreichenden „fits" aller strategisch relevanten Komponenten. Es geht hierbei nicht mehr nur um die sogenannte externe Abstimmung, d.h. einen *„fit" im Rahmen der Strategieformulierung* durch die Ausrichtung der Unternehmungsstrategie auf die Umweltchancen und -risiken, sondern auch um eine Erweiterung durch

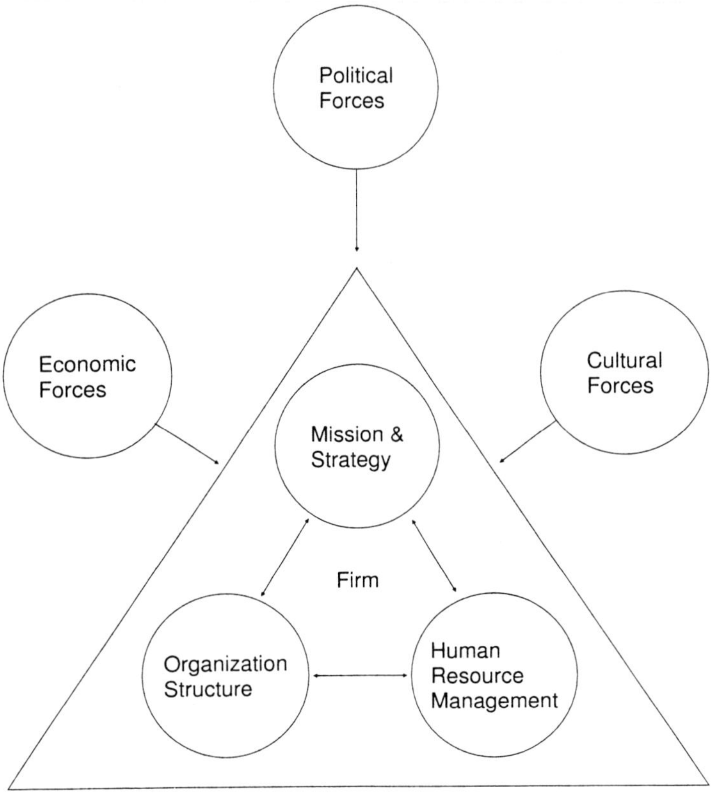

Abb. 3: Strategic Management
(aus: Tichy, N.M., Fombrun, C.J., Devanna, M.A., Strategic Human Resource Management, in: Sloan Management Review, Winter 1982, S. 48)

eine interne Abstimmung, d.h. einen *„fit" in der Strategieimplementierung* durch die Ausrichtung der übrigen strategischen Komponenten auf die Unternehmungsstrategie [14]. Im Konzept von Tichy, Fombrun und Devanna erfordert dies eine Gesamtabstimmung von Unternehmungsstrategie, Organisationsstruktur und Führungskräftesystemplanung [15]. Zunehmend finden sich in der neueren amerikanischen Literatur auch Forderungen zur *Überprüfung der Kongruenz von Unternehmungsstrategie und Unternehmungskultur* [16].

4. Differenzierung strategischer Aufgaben in Strategieebenen

Die prozessuale Strukturierung strategischer Aufgaben wird in den meisten Ansätzen zum strategischen Management ergänzt durch eine zusätzliche Differenzierung in *Strategieebenen* (siehe Abbildung 4) [17]. Die drei relevanten Strategieebenen (bei divisionalisierten Unternehmungen) sind:

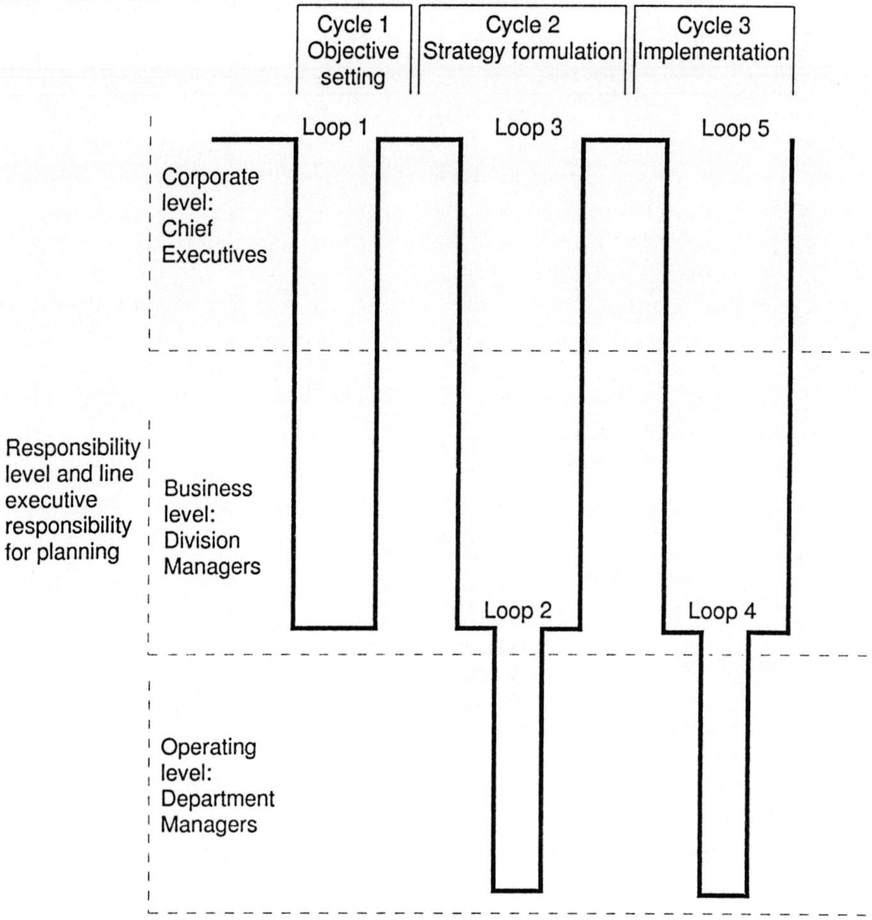

Abb. 4: Strategic Planning Process Cycle
(aus: Vancil, R.F., Lorange, P., Strategic Planning in Diversified Companies, in: Harvard Business Review, 1/1975, S. 84 f.)

Corporate Strategy (Gesamtunternehmungsstrategie),
Business Strategy (Geschäftsbereichsstrategie) und
Functional Strategy (Funktionsbereichsstrategie).

Auf der Ebene der *Gesamtunternehmungsstrategie* erfolgt primär die Festlegung der grundsätzlichen Tätigkeitsbereiche einer Unternehmung durch Bestimmung ihrer Geschäftsfelder/Geschäftsbereiche im Kontext eines Portfolios strategischer Geschäftseinheiten. Die bekannten Portfolio-Konzepte sind die wichtigsten Hilfsmittel der strategischen Führung auf Gesamtunternehmungsebene.

Eine *Geschäftsbereichsstrategie* ist demgegenüber auf einzelne Geschäftseinheiten bezogen. Im Kern geht es um die Festlegung, wie diese zukünftig innerhalb ihrer

Wettbewerbsumfelder agieren sollen, um langfristig erfolgreiche Wettbewerbspositionen aufbauen und erhalten zu können. Auf der Ebene der Geschäftsbereichsstrategien, z.T. auch auf Gesamtunternehmungsebene, sind z.B. die drei generischen Strategien von Michael E. Porter (Kostenführerschaft, Differenzierung und Marktnischenstrategie) einzuordnen [18]. Auch die Formulierung von lebenszyklusphasenabhängigen Strategietypen – nicht nur für Wachstums-, sondern auch für Schrumpfungsmärkte [19] – bezieht sich primär auf die Ebene der Geschäftsbereichsstrategie.

Funktionsbereichsstrategien stellen als dritte Strategieebene grundsätzliche Vorgehensweisen innerhalb einzelner Funktionsbereiche dar. Sie können beispielsweise im Produktionsbereich das angestrebte Technologieniveau betreffen. Die integrierten Funktionen in einer Unternehmung lassen sich als Reihe wertschaffender Aktivitäten – als Wertkette – interpretieren. Als prozeßkettenorientiertes Analyseinstrument entwickelte hierzu Michael M. Porter die Wertkettenanalyse (siehe Abbildung 8). Er unterscheidet hierbei unmittelbar wertschöpfende (primäre) Aktivitäten sowie mittelbar wertschöpfende (unterstützende) Aktivitäten [20].

4.1 Konzept von Vancil/Lorange

Auf der Grundlage dieser Differenzierung von Strategieebenen haben Richard F. Vancil (Harvard Business School) und Peter Lorange (Norwegian School of Management) Prozeß, Träger und Ebenen der strategischen Planung in einer Form dargestellt, die vielfach zur Kennzeichnung der Organisation strategischer Führung verwendet worden ist und heute sogar als charakteristisch für die US-amerikanischen Ansätze strategischer Führung angesehen werden kann [21] (siehe Abbildung 4). Deutlich wird hierbei der interaktive Planungsprozeß, wiederholt abgestimmt unter Einbeziehung der obersten internen Führungskräfte, der Führungskräfte der Geschäftsbereiche und der Funktionsbereiche über alle Phasen strategischer Unternehmungsführung:

- Phase 1: Festlegung der generellen Unternehmungsziele durch die oberste Unternehmungsleitung, Erarbeitung und Verabschiedung von Geschäftsbereichszielen und -strategien;
- Phase 2: Erarbeitung von Aktionsprogrammen durch die Geschäftsbereichsleiter und Funktionsbereichsleiter, Rückkopplung mit der obersten Unternehmungsleitung zur Sicherstellung des angestrebten Portfolios;
- Phase 3: Während der Implementierungsphase steht die detaillierte Allokation der Ressourcen durch jährliche Budgetplanung im Rahmen eines Abstimmungsprozesses zwischen Geschäftsbereichsleitung und Funktionsbereichsleitung sowie auch der obersten Unternehmungsleitung im Vordergrund.

4.2 Konzept von Hax/Majluf

Auf Basis dieses formalen Planungsprozesses, der über die verschiedenen Unternehmungsebenen verläuft, entwickelten Arnoldo C. Hax (Sloan Management School/ Massachusetts Institute of Technology) und Nicolas S. Majluf (Catholic University of

Chile) ihr Konzept der Unternehmungsführung [22]. Hierbei steht die *Einbindung der Führungskräfte aller Unternehmungsebenen in den Planungsablauf* im Mittelpunkt des Konzeptes. So kann durch die Sammlung von Informationen auf allen relevanten Ebenen eine breite Fundierung der zu entwickelnden Strategien erreicht werden und die Identifikation der beteiligten Führungskräfte mit den erstellten Strategien fördert den Umsetzungsprozeß.

Der *Prozeß der strategischen Planung* nach Hax/Majluf *umfaßt 12 Stufen* und zeigt den Planungsablauf, der von der Feststellung der unternehmerischen *Vision* bis zur Budgetierung operativer Aktionsprogramme reicht (siehe Abbildung 5). Hierbei werden zwei Aufgabenbereiche vorangestellt, die nicht jährlich durchgeführt werden müssen. Es handelt sich um die Erarbeitung bzw. Überarbeitung der Unternehmungsvision und der Mission für die einzelnen Geschäftsfelder als strukturelle Vorbedingungen.

Die Aufgaben im Planungszyklus umfassen die *Strategieformulierung*, die *Formulierung von strategischen Programmen* sowie auch die strategische und operative *Budgetierung*. Die interaktive Planerstellung erfordert den engen Einbezug der obersten internen Führungskräfte auf Gesamtunternehmungs-, Geschäftsbereichs- und Funktionsbereichsebene.

Entsprechend den drei Planungsebenen werden die Strategietypen der Corporate Strategy, Business Strategy und Functional Strategy unterschieden:

Das Aufgabengebiet der *Corporate Strategy* liegt in der Formulierung einer strategischen Stoßrichtung für die gesamte Unternehmung und in der Koordination der strategischen Ausrichtungen der einzelnen Divisionen. Im Rahmen der Corporate Strategy erfolgt eine Konsolidierung der Geschäftsbereichs- und Funktionsbereichsstrategien und eine erste Festlegung der Prioritäten der Ressourcenvergabe. Verbunden mit der Strategieformulierung wird die Gestaltung der Managerial Infrastructure hervorgehoben.

Neben dem Planungssystem rechnen Hax/Majluf zur Infrastruktur des Strategic Management die Gegenstände der Organisationsstruktur, der Führungskräfteplanung, der Anreizsysteme sowie der Informations- und Kontrollsysteme.

Auf der Ebene der *Business Strategy* wird ausgehend von der Mission für die einzelne Geschäftseinheit und ausgehend von den Ergebnissen der internen und externen Analysen und Prognosen die Strategie für das Geschäftsfeld bestimmt. Diese umfaßt mehrperiodige grobe Aktionsprogramme, die in kurzfristigen Aktionsprogrammen sowie Budgets spezifiziert werden. Abschließendes Element der Definition einer Business Strategy ist die Festlegung von Maßstäben für die Kontrolle.

Die *Functional Strategy* baut auf der Business Strategy auf, die die funktionalen Anforderungen an die Strategic Functional Units vorgibt. Für diese funktionalen Bereiche werden – gemäß der Vorgehensweise bei der Formulierung einer Business Strategy – jeweils eine Funktionsbereichsstrategie und die dazugehörigen strategischen Programme sowie Budgets verabschiedet.

Neben dem formal-analytischen Management-Ansatz, der von dem rationalen Menschenbild ausgeht, werden in dem Konzept von Hax/Majluf die verhaltenswissenschaftlichen Aspekte der politischen Prozesse, die informalen Organisationsstrukturen und die psychologischen Mechanismen beleuchtet. Hierbei erhält die Unternehmungskultur einen besonderen Stellenwert, da sie die Übereinstimmung von individuellen Zielen, Gruppenzielen und Gesamtunternehmungszielen fördert (siehe Abbildung 6).

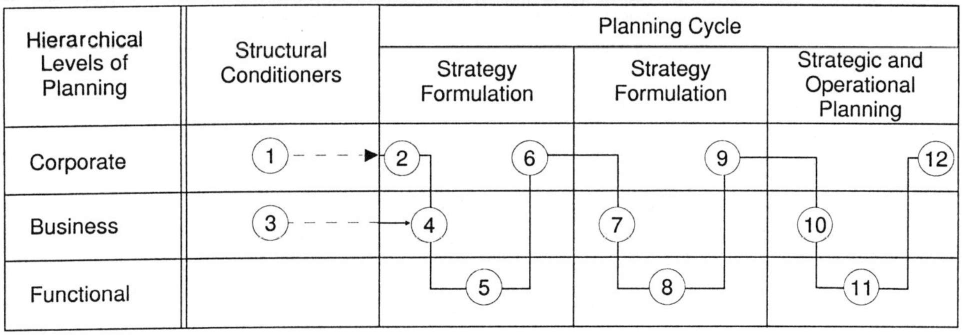

(1) (a) Vision of the firm: mission of the firm, business segmentation, horizontal and vertical integration, corporate philosophy, special strategic issues

(b) Managerial infrastructure, corporate culture, and management of key personnel

(2) Strategic posture and planning guidelines: corporate strategic thrusts, planning challenges at corporate, business, and functional levels, and corporate performance objectives

(3) The mission of the business: business scope, ways to compete, and identification of product - market segments

(4) Formulation of business strategy and broad action programs

(5) Formulation of functional strategy: participation of business planning, concurrence or non-concurrence to business strategy proposals, broad action programs

(6) Consolidation of business and functional strategies, portfolio management, and assignment of resource allocation priorities

(7) Definition and evaluation of specific action programs at the business level

(8) Definition and evaluation of specific action programs at the functional level

(9) Resource allocation and definition of performance measurements for management control

(10) Budgeting at the business level

(11) Budgeting at the functional level

(12) Budgeting consolidations, and approval of strategic and operational funds

Abb. 5: Ablauf der Planung in zwölf Schritten nach Hax/Majluf
(aus: Hax, A. C., Majluf, N. S., The Strategy Concept and Process, Englewood Cliffs 1991, S. 334)

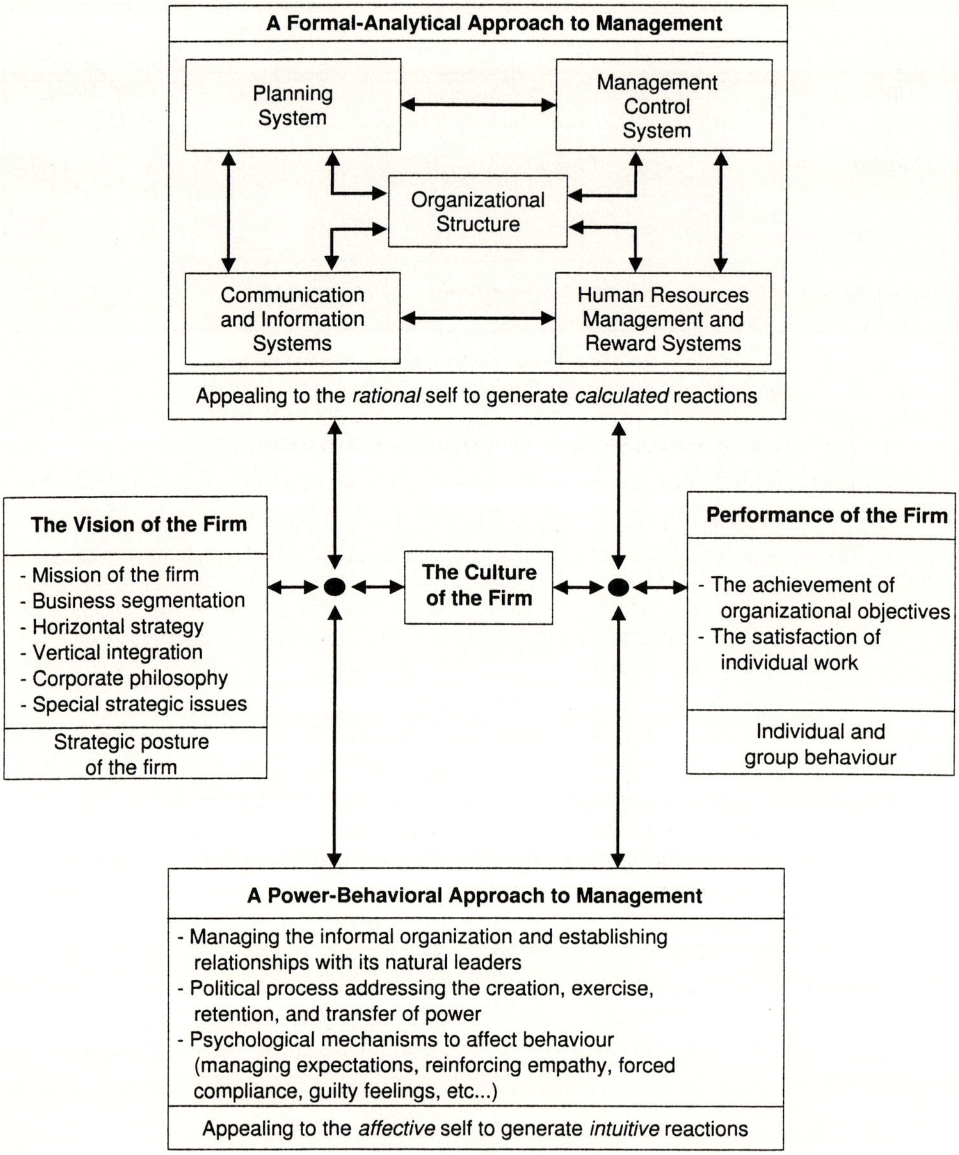

Abb. 6: Die fundamentalen Elemente des strategischen Management nach Hax/Majluf (aus: Hax, A. C., Majluf, N. S., The Strategy Concept and Process, Englewood Cliffs 1991, S. 206)

5. Entwicklungstendenzen der strategischen Führung

Innerhalb der Teilkomplexe des Prozesses strategischer Führung hat in der Vergangenheit zumeist die *Strategieformulierung* und hierin die Geschäftsfeldplanung, primär marktorientiert, im Vordergrund des Interesses gestanden. Kennzeichnend für diese *marktorientierte Ausrichtung der strategischen Führung* sind die Grundstrategien von Porter [23].

5.1 Marktorientierung – Konzept der Kunden-, Lieferanten- und Wettbewerbsanalyse

Grundlegend für das *Strategiekonzept von Michael E. Porter* (Harvard University, Cambridge/Massachusetts) ist das Five-Forces-Model, das eine *Branchenstrukturanalyse* ermöglicht. Porter unterscheidet fünf Wettbewerbskräfte, die Einfluß auf die Rentabilität der Branche und damit die Marktattraktivität nehmen. Er untersucht im Rahmen der Branchenstrukturanalyse die Verhandlungsstärke der Lieferanten, die Bedrohung durch neue Konkurrenten, die Verhandlungsmacht der Abnehmer, die Bedrohung durch Substitutionsprodukte sowie die Rivalität unter den bestehenden Wettbewerbern.

Die *Analyse der Unternehmung* selber erfolgt anhand der Aktivitäten der *Wertkette*, die in ein System von vor- und nachgelagerten Wertketten von Lieferanten und Abnehmern eingebettet ist. Porter unterscheidet unmittelbar wertschaffende, primäre Wertaktivitäten, die sich mit der physischen Herstellung des Produkts, seinem Verkauf sowie dem Kundendienst befassen. Neben den primär wertschaffenden Aktivitäten unterscheidet Porter mittelbar wertschaffende, unterstützende Aktivitäten (siehe Abbildung 7).

Die Quellen möglicher *Wettbewerbsvorteile* liegen in den Kostenwirkungen und im Differenzierungspotential der Wertaktivitäten. Die grundsätzlich marktorientiert abgeleitete Wertkette betont aber auch bereits deutlich die Notwendigkeit der Ressourcengestaltung für den Erfolg der Unternehmung.

Aufbauend auf der Branchenstrukturanalyse und Unternehmungsanalyse differenziert Porter *drei grundlegende Strategietypen* zur Erreichung von Wettbewerbsvorteilen: Kostenführerschaft, Differenzierung und Konzentration auf Schwerpunkte [24]. Der Herausarbeitung von Basis-Erfolgsstrategien liegt somit eine starke Orientierung am Wettbewerbsumfeld sowie an den Gestaltungsmöglichkeiten der Wertschöpfungsprozesse zugrunde.

5.2 Ressourcenorientierung – Konzept der Kernkompetenzen

Neben der *Marktorientierung* der Unternehmung wird heute verstärkt eine *Ressourcenorientierung* gefordert, um den strategischen Erfolg zu sichern. So ist ein *Konzept des Resource-based Management* von Gary Hamel (London Business School) und C. K. Prahalad (University of Michigan) entwickelt worden [25]. Die Unternehmung soll materielle und/oder immaterielle Ressourcen, die einzigartig oder von begrenzter Verfügbarkeit im Markt sind, so kombinieren, daß Ressourcenbündel und somit sogenannte *Kernkompetenzen* entstehen. Hierbei wird der Bedarf an Ressourcen jedoch nicht von

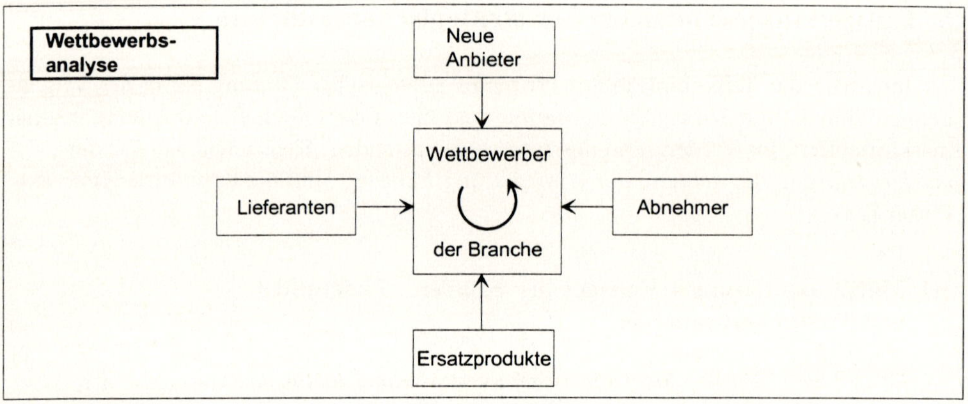

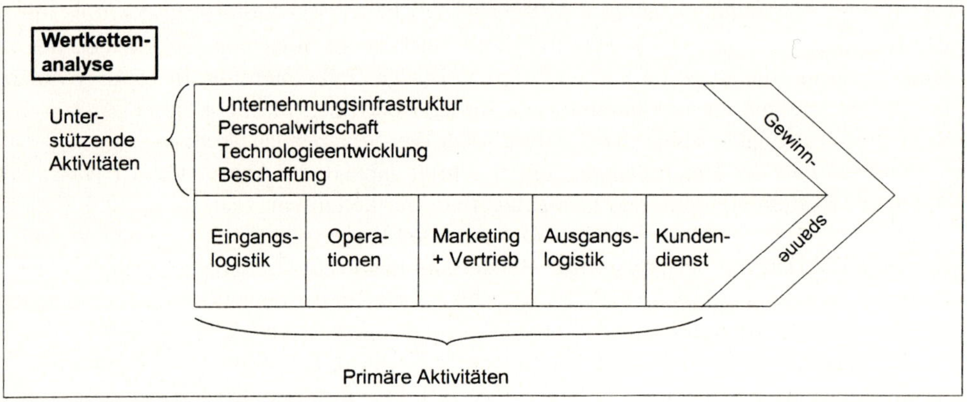

Abb. 7: Wettbewerbs- und Wertkettenanalyse im Konzept Porters
(aus: Porter, M. E., Wettbewerbsvorteile, 3. Aufl., Frankfurt/M.-New York 1992, S. 23, 26, 62.)

den Erfordernissen der Märkte abgeleitet, sondern ausgehend von den bereits in der Unternehmung vorhandenen Fähigkeiten und Potentialen festgelegt. Die Kombination der Ressourcen hat in der Weise zu erfolgen, daß ein nachhaltiger Wettbewerbsvorteil für die Unternehmung im Markt entsteht. Um diesen nachhaltigen Wettbewerbsvorteil zu erlangen, haben die Core Competencies die Charakteristika der Einzigartigkeit, der Verteidigungsfähigkeit und des Nutzenvorteils für den Kunden aufzuweisen.

5.3 Wertorientierung – Konzept des Wertsteigerungsmanagements/ Konzept des Shareholder Value

Eine Synthese des ressourcenorientierten und marktorientierten Ansatzes ist in dem wert-orientierten Ansatz zu erwarten. Der Ansatz des Wertsteigerungsmanagements geht auf die Konzeption von *Rappaport* zurück [26]. Basis des wertorientierten Ansat-

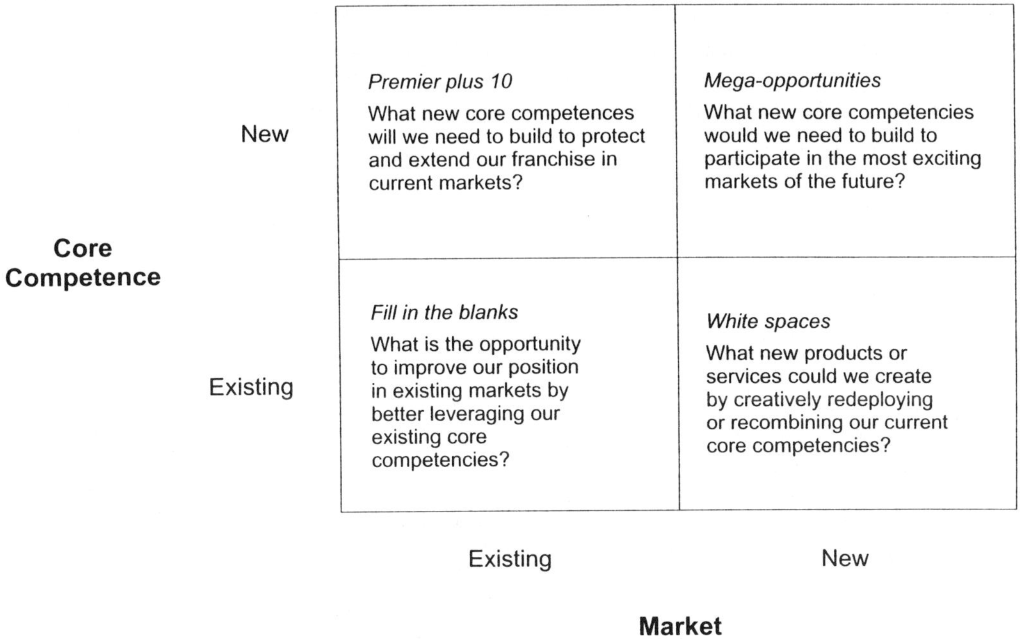

Abb. 8: Aufbau und Einsatz von Kernkompetenzen
(aus: Hamel, G., Prahalad, C. K., Competing for the Future, Boston 1994, S. 227)

zes bilden spezifische Managemententscheidungen (Operating, Investment, Financing). Ziel ist eine systematische Wertsteigerung der Unternehmung als Ganzes. Betont wird im Konzept von Alfred Rappaport der *Zuwachs des Eigenkapitalwertes/Shareholder Value*, der Differenz zwischen Gesamtkapitalwert und Fremdkapitalwert (siehe Abbildung 9). Beim Shareholder Value Ansatz geht man davon aus, daß abgezinste Überschüsse/Cash Flows, nach Abzug von Rückzahlungsansprüchen von Fremdkapitalgebern, nur den Eigenkapitalgebern zustehen.

Die zielorientierte, integrierte Anwendung der Erkenntnisse des marktorientierten und ressourcenorientierten Ansatzes der Unternehmungsführung wird durch den Shareholder Value als zentrale monetäre Zielgröße der Unternehmung möglich. Der Shareholder Value gestattet zielorientiert die Auswahl unterschiedlichster Kombinationen markt- und ressourcenorientierter Strategien. Ein Wertzuwachs beruht hierbei stets auf einer optimalen Kombination von Marktchancen und Kernkompetenzen. Die *Ansätze des markt- und ressourcenorientierten Managements* lassen sich im Hinblick auf das Ziel Wertzuwachs *über den Ansatz des Wertsteigerungsmanagements integrieren*.

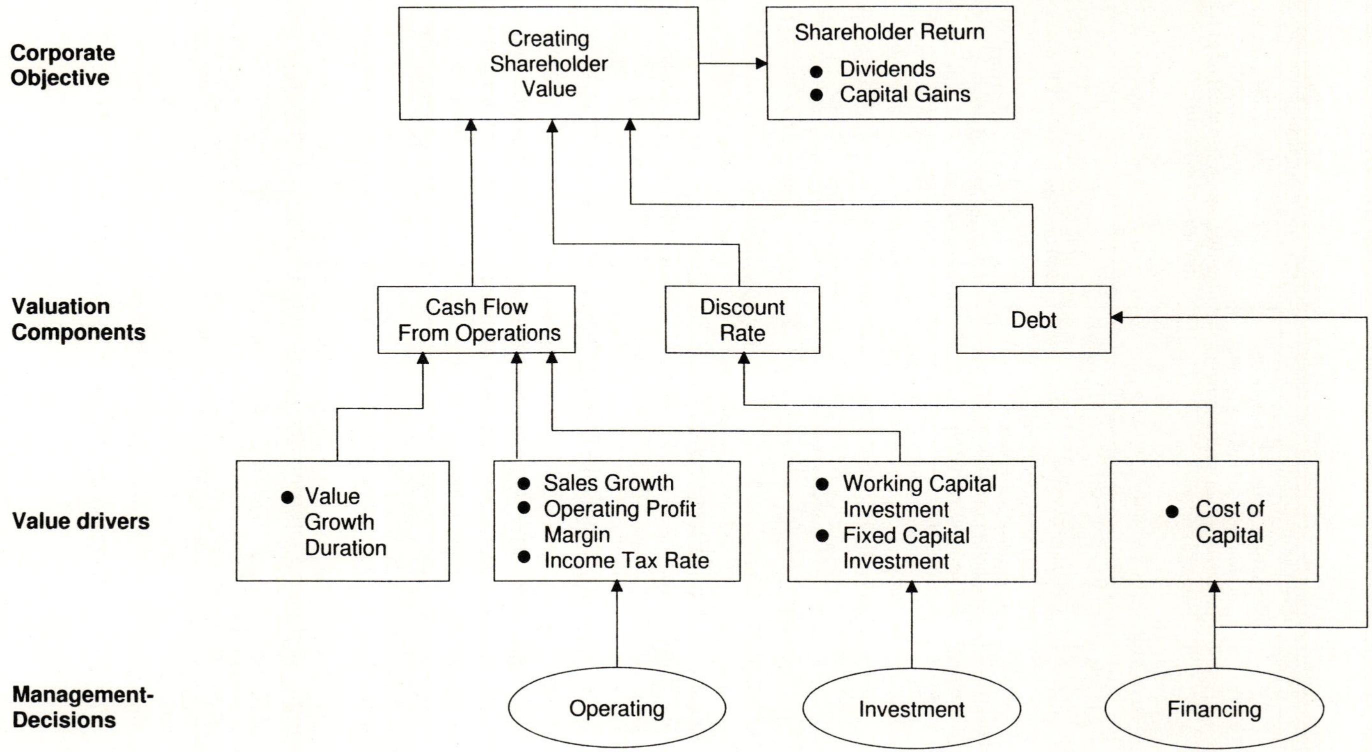

Abb. 9: The Shareholder Value Network
(aus: Rappaport, A., Creating Shareholder Value, New York et al 1986, S. 76.)

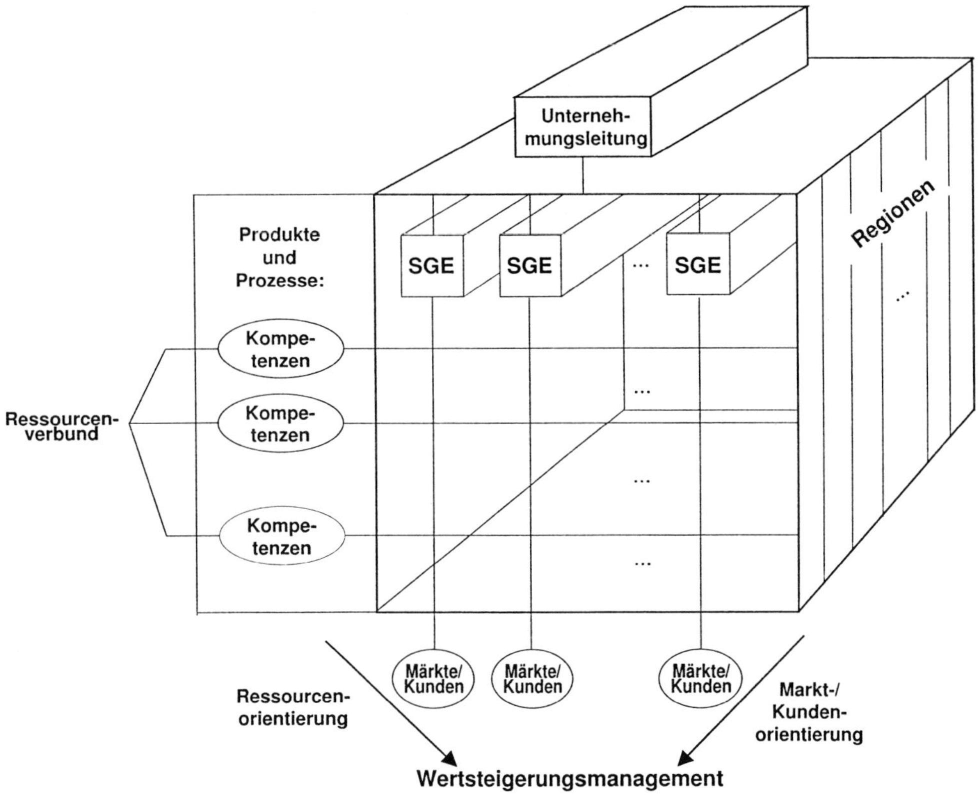

Abb. 10: Markt- und ressourcenorientiertes Wertsteigerungsmanagement
(vgl. ähnlich Hinterhuber, H. H., Friedrich, S. A., Markt- und ressourcenorientierte Sichtweise zur Steigerung des Unternehmungswertes, Beitrag in diesem Reader.)

5.4 Werteorientierung

Innerhalb bzw. verbunden mit der *Strategieformulierung* gewinnen zunehmend die Festlegung der *Unternehmungsphilosophie* sowie die Gestaltung der *Unternehmungskultur* und damit verhaltenswissenschaftliche Aspekte an Beachtung. Die hiermit zusammenhängenden primär qualitativen Aufgaben werden immer stärker ebenfalls als Gegenstand strategischer Führung gesehen [27].

6. Zusammenfassung, Vergleich, Interpretationsmöglichkeiten strategischer Führung

Zusammenfassend können wir nach Skizzierung der ausgewählten Beispiele der US-amerikanischen Literatur gegenüber unserem Konzept der strategischen Führung wesentliche Gemeinsamkeiten, aber auch wesentliche Unterschiede festhalten. Diese betreffen vor allem die folgenden Punkte:

- Den US-amerikanischen Konzepten liegt in der Regel kein umfassendes theoretisches Modell der Führung zugrunde. Die *Ableitung der Aufgaben und Prozeßschritte strategischer Führung* folgt in der Regel pragmatischen Überlegungen.
- Stets werden *Umwelt- und Unternehmungsanalysen und -prognosen* als Voraussetzung der strategischen Führung genannt.
- In jüngerer Zeit erfolgt in den USA mit Ausstrahlung auf Europa eine konsequente Betonung der Maximierung des *Shareholder Value als oberstes monetäres Ziel* der Unternehmung. Das Wertsteigerungsmanagement erhält zentrale Bedeutung.
- Die überwiegende Zahl der untersuchten US-amerikanischen Konzepte betont – wie in unserem Konzept – *Mission bzw. Leitbild, generelle Zielsetzung und strategische Geschäftsfeldplanung als Kerngebiete* der strategischen Führung. Hierbei finden sich in den USA Ableitungen und Empfehlungen normativer Strategietypen für spezifische Entscheidungssituationen. Zudem wird neben Marktaspekten vermehrt die Ressourcenorientierung betont.
- In jüngerer Zeit wird auch in den USA die *geschäftsfeldorientierte integrierte Organisations- und Führungskräftesystemplanung* – insbesondere auch Führungskräfteplanung – als weiteres *Kerngebiet der strategischen Führung* gesehen. Allerdings wurde schon seit jeher in den USA die Bedeutung der obersten Führungskräfte für den Erfolg der strategischen Führung besonders hervorgehoben.
- Stärker als bisher bei uns erfolgt in den USA seit jeher eine Betonung der *Implementierung* als wichtige Aufgabe der strategischen Führung.
- Primär in Europa werden im Rahmen der obersten unternehmerischen Zielsetzung die Erhaltung und Verbesserung der *ökologischen Umwelt* als auch unabdingbare Unternehmungsziele hervorgehoben – als Ausdruck einer ethisch-moralischen Verantwortung der Unternehmungsführung gegenüber der Gesellschaft, insbesondere den kommenden Generationen.
- Zunehmend erfolgt in fast allen untersuchten Konzepten in der jüngeren Zeit eine besondere Hervorhebung der Bedeutung von *Unternehmungsphilosophie und -kultur* für die strategische Unternehmungsführung [28].

Nach Vergleich unseres Konzeptes der strategischen Führung mit den diskutierten US-amerikanischen Konzepten lassen sich zudem drei grundlegende Interpretationsmöglichkeiten strategischer Führung erkennen:

Bei einer engen Objekt- bzw. *Gegenstandsabgrenzung* zählt zu der strategischen Führung allein der Aufgabenkomplex der *strategischen Planung, ergänzt um notwendige Steuerungs- und Kontrollprozesse* der Umsetzung. Aufgabenkomplexe der strategischen Planung bilden die Geschäftsfeld- sowie die grundlegende Funktionsbereichs- und Regionalstrategieplanung, die Organisations-, Rechtsform- und Rechtsstrukturplanung sowie die Führungskräftesystemplanung mit Führungskräfteplanungssystem- und Führungskräfteplanung, Führungskräfteanreiz- und Führungskräfteinformationssystemplanung.

In einer *erweiterten Sicht* gehören zu den Aufgaben der strategischen Führung auch die *Festlegung bzw. Planung der unternehmungspolitischen Ziele*, der generellen Ziele einer Unternehmung sowie die *dazugehörige Umsetzungsverantwortung*.

Verdeutlicht man sich, daß die oberen Zielsetzungen einer Unternehmung weitgehend durch die individuellen Werthaltungen und die abgestimmten Werthaltungen der oberen Führungskräfte bestimmt werden, durch die auch die Denk- und Verhaltensmuster in der Unternehmung geprägt werden, so können *ergänzend Unternehmungsphilosophie und Unternehmungskultur* als Gegenstände strategischer Führung angesehen werden.

Anmerkungen

[1] Vgl. *Horwitch, M.*, The Emergence of Post-Modern Strategic Management, Working Paper No. 1901–87, *Alfred P. Sloan* School of Management, Massachusetts Institute of Technology – M.I.T., Cambridge 1987 S. 2 ff. Siehe auch *Ansoff, H. I., Declerck, R. P., Hayes, R. L.*, From Strategic Planning to Strategic Management, in: From Strategic Planning to Strategic Management, Hrsg. *H. I. Ansoff, R. P. Declerck, R. L. Hayes*, London 1976, S. 39 ff.

[2] Vgl. z.B. *Barnard, C. I.*, The Functions of the Executive, 3. Aufl., Cambridge 1972; Selznick, P., Leadership in Administration: A Sociological Interpretation, Evanston 1957.

[3] Vgl. zu diesen Konzepten z.B. *Boston Consulting Group* (Hrsg.), Perspectives on Experience, Boston 1972; *Schoeffler, S., Buzzel, R. D., Heany, D. F.*, Impact of Strategic Planning on Profit Performance, in: Harvard Business Review, 52. Jg. (1974), Nr. 2, S. 137 ff.; *Arthur D. Little* (Hrsg.), A System for Managing Diversity, Cambridge 1974; *Buzzel, R. D., Gale, B. T., Sultan, R. G.*, Market Share – A Key to Profitability, in: Harvard Business Review, 53. Jg. (1975) Nr. 1, S. 97 ff.; *Wind, Y., Mahajan, V.*, Designing Product and Business Portfolios, in: Harvard Business Review, 59. Jg. (1981) Nr. 1, S. 155 ff.; *Haspeslagh, P.*, Portfolio Planning: Uses and Limits, in: Harvard Business Review, 60. Jg. (1982), Nr. 2, S. 59 ff.; Ghemawat, P., Building Strategy on the Experience Curve, in: Harvard Business Review, 63. Jg. (1985) Nr. 2, S. 143 ff. Vgl. zu einer kritischen Analyse der Konzeption strategischer Planung *Mintzberg, H.*, The Rise and Fall of Strategic Planning, New York u.a. 1994.

[4] Vgl. *Porter, M. E.*, Competitive Strategy, New York 1980.

[5] Vgl. *Tichy, N. M.*, Managing Strategic Change, New York u.a. 1983; *Senge, P. M.*, The Fifth Discipline, New York 1990.

[6] Vgl. so insbesondere *Andrews, K. R.*, The Concept of Corporate Strategy, 3. Aufl., Homewood 1987, S. 18 ff. Vielfach findet man in der amerikanischen Literatur auch (noch) den Begriff der Business Policy, welcher durch den umfassenderen Begriff des Strategic Management ersetzt bzw. erweitert worden ist: „business policy ... tends to look inward by focusing on the efficient utilization of a corporation's assets (...) strategic management incorporates the concerns of business policy with a heavier environmental and strategic emphasis“ (*Wheelen, T. L., Hunger, J. D.*, Strategic Management, 4. Aufl., Reading 1992, S. 7 f.). Vgl. auch *Leontiades, M.*, The Confusing Words of Business Policy, in: Academy of Management Review, 2. Jg. (1982), S. 45 ff.

[7] Die Notwendigkeit der Integration von Strategieformulierung und -implementierung als Aufgabe der oberen Führungskräfte wird insbesondere bei strategischer Neuausrichtung der Unternehmung betont (vgl. *Paulson, R. D.*, The Cief Executive as Change Agent, in: Readings in Strategic Management, Hrsg. *A. A. Thompson, A. J. Strickland, W. E. Fulmer*, 4. Aufl., Plano 1992, S. 274).

[8] Vgl. *Andrews, K. R.*, The Concept of Corporate Strategy, 3. Aufl., Homewood 1987, S. 1 ff.

[9] Siehe hierzu die Übersicht bei *Hofer, C. W., Schendel, D.*, Strategy Formulation: Analytical Concepts, St. Paul 1978, S. 18 f.

[10] Vgl. *Wheelen, T. L., Hunger, J. D.*, Strategic Management, 4. Aufl., Reading 1992. Vgl. ähnlich z.B. *Hattan, K. J., Hattan, M. L.*, Strategic Management, Englewood Cliffs 1987.

[11] Vgl. *Pearce, J. A., Robinson, R. B.*, Strategic Management: Formulation and Implementation and Control, 4. Aufl., Homewood 1991, S. 53 ff. Vgl. ähnlich z.B. *Sharplin, A.*, Strategic Management, New York 1985; *Steiner, G. A., Miner, J. B., Gray E. R.*, Management Policy

and Strategy New York 1986; *Byars, L. L., Rue, L. W., Zahra, S. A.*, Strategic Management, Chicago u.a. 1996; *Jauch, L. R., Glueck, W. F.*, Business Policy and Strategic Management, 5. Aufl., New York 1988; *Rue, L. W., Holland, P. G.*, Strategic Management, New York 1986; *Thompson, A. A., Strickland, A. J.*, Crafting and Implementing Strategy, Chicago u.a. 1995.

[12] Vgl. *Andrews, K. R.*, The Concept of Corporate Strategy, 3. Aufl., Homewood 1987, S. 13 ff. sowie *Christensen, C. R., Andrews, K. R., Bower, J. L., Hamermesh, R. G., Porter M. E.*, Business Policy, 6. Aufl., Homewood 1987, S. 113 ff. Vgl. ähnlich auch *Hax, A. C., Majluf, N. S.*, Strategic Management, Englewood Cliffs 1984.

[13] Vgl. *Tichy, N. M., Fombrun, C. J., Devanna, M. A.*, Strategic Human Resource Management, in: Sloan Management Review, 23. Jg. (1982), Winter, S. 47 ff.; *Fombrun, C. J., Tichy, N. M., Devanna, M. A.* (Hrsg.), Strategic Human Ressource Management, New York 1984.

[14] Vgl. grundlegend *Venkatraman, N., Camillus, J. C.*, Exploring the Concept of „Fit" in Strategic Management, in: Academy of Management Review, 9. Jg. (1984), S. 513 ff.

[15] Die Idee des strategischen „fit" findet sich auch in verschiedenen normativen Erfolgskonzepten wie z.B. dem „7-S-Modell" nach Peters und Waterman (Vgl. *Peters, T. J., Waterman, R. H.*, In Search of Excellence, New York 1982), wobei die Zusammensetzung der abzustimmenden Variablen durchaus variiert.

[16] Vgl. *Schwartz, H., Davis, S. M.*, Matching Corporate Culture and Business Strategy, in: Organizational Dynamics, 10. Jg., 1981, *Summer, S.* 30 ff.

[17] Vgl. *Wheelen, T. L., Hunger, J. D.*, Strategic Management, 4. Aufl., Reading 1992, S. 19. Vgl. auch *Vancil, R. F., Lorange, P.*, Strategic Planning in Diversified Companies, in: Harvard Business Review, 53. Jg. (1975), Nr. 1, S. 84 ff.; *Hofer, C. W., Schendel, D.*, Strategy Formulation: Analytical Concepts, St. Paul 1978, S. 27 ff.; *Hax, A. C., Majluf, N. S.*, The Strategy Concept and Process, Englewood Cliffs 1991, S. 15 ff.

[18] Vgl. *Porter, M. E.*, Competitive Strategy, New York 1980, S. 35 ff.

[19] Vgl. hierzu *Harrigan, K. R.*, Strategies for Declining Businesses, 5. Aufl., Lexington 1985, S. 14 ff.

[20] Vgl. *Porter, M. E.*, Competitive Advantage, New York 1985, S. 36.

[21] Vgl. *Vancil, R. F., Lorange, P.*, Strategic Planning in Diversified Companies, in: Strategic Planning and Control, Cambridge 1993, S. 6 ff. (S. 6–20); *Vancil, R. F., Lorange, P.*, Strategic Planning Systems, Englewood Cliffs 1977.

[22] Vgl. *Hax, A. C., Majluf, N. S.*, The Strategy Concept and Process, Englewood Cliffs 1991; *Hax, A. C., Majluf, N. S.*, Strategic Management, Englewood Cliffs 1984.

[23] Vgl. *Porter, M. E.*, Competitive Strategy, New York 1980; *Porter, M. E.*, Competitive Advantage, New York 1985; *Porter, M. E.*, Towards a Dynamic Theory of Strategy, in: Strategic Management Journal, Vol. 12 – Special Issue, 1991, S. 95–117.

[24] Vgl. *Porter, M. E.*, Competitive Strategy, New York 1980 bzw. *Porter, M. E.*, Wettbewerbsstrategie, 7. Aufl., Frankfurt/M.-New York 1992; *Porter, M. E.*, Competitive Advantage, New York 1985 bzw. *Porter, M. E.*, Wettbewerbsvorteile, 3. Aufl., Frankfurt/M.-New York 1992.

[25] Vgl. *Prahalad, C. K., Hamel, G.*, The Core Competence of the Corporation, in: Harvard Business Review, 3/1990, S. 79–91; *Hamel, G., Prahalad, C. K.*, Strategy as Stretch and Leverage, in: Harvard Business Review, 2/1993, S. 75–84; *Hamel, G., Prahalad, C. K.*, Competing for the Future, Boston 1994 sowie die deutsche Übersetzung *Hamel, G., Prahalad, C. K.*, Wettlauf um die Zukunft, Wien 1995.

[26] Vgl. *Rappaport, A.*, Creating Shareholder Value, New York-London 1986 und auch *Copeland, T. E., Koller, T., Murrin, J.*, Valuation – Measuring and Managing the Value of Companies, New York u.a. 1990.

[27] Vgl. z.B. *Byars, L. L.*, Strategic Management, 3. Aufl., New York 1991; *Jauch, L. R., Glueck, W. F.*, Business Policy and Strategic Management, 5. Aufl., New York 1988.

[28] Vgl. *Bleicher, K.*, Unternehmungskultur und strategische Unternehmungsführung, Beitrag in diesem Reader.

Corporate Strategy: The Core Concepts

A.C. Hax and *N.S. Majluf*

1. Strategic Tasks at the Corporate Level

In a formal strategic planning process, we distinguish three perspectives — corporate, business, and functional. These perspectives are different both in term of the nature of the decisions they address, as well as the organizational units and managers involved in formulating and implementing the corresponding action programs generated by the strategy formation process.

At the corporate level we deal with the tasks that can not be delegated downward in the organization, because they need the broadest possible scope — involving the whole firm — to be properly addressed. At the business level we face those decisions that are critical to establish a sustainable competitive advantage, leading toward superior economic returns in the industry where the business competes. At the functional level we attempt to develop and nurture the core competencies of the firm — the capabilities that are the sources of the competitive advantages.

This chapter deals exclusively with corporate strategic tasks [1]. There are three different imperatives — leadership, economic, and managerial — that are useful to characterize these tasks, depending on whether we are concerned with shaping the vision of the firm, extracting the highest profitability levels, or assuring proper coordination and managerial capabilities.

1.1 The Leadership Imperative

This imperative is commonly associated with the person of the CEO, who is expected to define a vision for the firm, and communicate it in a way that generates contagious enthusiasm.

The CEO's vision provides a sense of purpose to the organization, poses a significant but yet attainable challenge, and draws the basic direction to the pursuit of that challenge. Successful organizations invariable seem to have competent leaders who are able to define and transmit a creative vision, that generates a spirit of success. In other words, success breeds success.

Hamel and Prahalad [2] argue that the vision of the firm should carry with it an 'obsession' that they refer to as 'Strategic Intent'. It implies a sizable stretch for the organization that requires leveraging resources to reach seemingly unattainable goals.

Much has been written and said about leadership including the controversy on 'nature or nurture' — whether leaders are born or made —, and on the existence of common characteristics to describe successful leaders. [3] We will not review this literature here, since we will be concentrating in the economic and managerial imperatives of the corporate strategic tasks. Nonetheless, the set of corporate tasks that will be the subject of this chapter — dealing with the economic and managerial imperatives — are the critical instruments to imprint the vision of the firm. The leadership capabilities are expressed and made tangible through the tasks that are discussed herein. [4]

1.2 The Economic Imperative

This imperative is concerned with creating value at the corporate level. The acid test is whether the businesses of the firm are benefiting from being together, or if they would be better off as separate and autonomous units. From this point of view, the essence of corporate strategy is to assure that the value of the whole firm is bigger than the sum of the contributions of its businesses as independent units.

The economic imperative involves three central issues: the definition of the businesses of the firm; the identification and exploitation of interrelationships across those businesses, and the coordination of the business activities that allow sharing assets and skills. [5]

There are eight corporate tasks that we associate with the economic imperative of corporate strategy. The first one is the Environmental Scan at the Corporate Level, which allow us to start the reflection of the firm's competitive position by a thorough understanding of the external forces that it is facing. One of the principal objectives of strategy is to seek a proper alignment between the firm and its environment. Therefore, it seems logical to start the corporate strategic planning process with a rigorous examination of the external environment.

The seven additional tasks imply critical strategic decisions seeking the attainment of corporate competitive advantages. They are mission of the firm, business segmentation, horizontal strategy, vertical integration, corporate philosophy, strategic posture of the firm, and portfolio management. We comment now on the essence of these tasks.

1.2.1 Environmental Scan at the Corporate Level: Understanding the External Forces Impacting the Firm

The Environmental Scan provides an assessment of the distinct business opportunities offered by the geographical regions in which the firms operate. It also examines the general trends of the various industrial sectors related to the portfolio of businesses of the corporation. Finally, it describes the favorable and unfavorable impacts to the firm from technological trends, supply of human resources; and political, social, and legal factors. The output of the Environmental Scan is the identification of key opportunities and threats resulting from the impact of external factors.

1.2.2 The Mission of the Firm: Choosing Competitive Domains and the Way to Compete

The mission of the firm defines the business scope — products, markets, and geographical locations — as well as the unique competencies that determine its capabilities.

The level of aggregation used to express this mission statement is very broad, because we need to encompass all the critical activities and capabilities of the corporation.

The mission of the firm defines the overall portfolio of businesses. It selects the businesses in which the firm will enter or exit, as well as the discretionary allocation of tangible and intangible resources assigned to them. The selection of a business scope at the level of the firm is often very hard to reverse without incurring in significant or prohibitive costs. The development of unique competencies shape the *corporate advantage*, namely, the capabilities that will be transferred across the portfolio of businesses.

The mission of the firm involves two of the most essential decisions of corporate strategy: selecting the businesses of the firm, and integrating the business strategies to create additional economic value. Mistakes in these two categories of decisions could be painful, because the stakes that are assigned to the resulting bets are very high indeed.

1.2.3 Business Segmentation: Selecting Planning and Organizational Focuses

The mission of the firm defines its business scope, namely the products and services it generates, the markets it serves, and the geographical locations in which it operates. The business segmentation defines the perspectives or dimensions that will be used to group these activities in a way that will be managed most effectively. It adds a planning and organizational focuses, which are central for both the strategic analysis and the implementation of the business strategies. This concept is of great importance in the conduct of a formal strategic planning process, since the resulting businesses are the most relevant units of analysis in that process.

1.2.4 Horizontal Strategy: Pursuing Synergistic Linkages Across Business Units

One could argue that horizontal strategies are the primary sources for corporate advantage of a diversified firm. It is through the detection and realization of the existing synergy across the various businesses that significant additional economic value can be created. The value chain is the basic framework that is used to detect opportunities for sharing resources and activities across businesses. [6] The resulting degree of linkages among businesses determines their relative autonomy and independence.

The mission of the firm defines the business scope; business segmentation organizes the businesses into planning and managerial units; horizontal strategies determine their degree of interdependence. Consequently, these tasks are highly linked. Moreover, the mission of the firm also defines the current and future corporate core competencies, which are the basis that supports the relationship among the various businesses, and the role to be played by horizontal strategy.

1.2.5 Vertical Integration: Defining the Boundaries of the Firm

Vertical integration determines the breadth of the value chain, as well as the intensity of each of the activities performed internally by the firm. It specifies the firm's boundaries, and establishes the relationship of the firm with its primary outside constituencies — suppliers, distributors, and customers.

The major benefits of vertical integration are realized through: cost reductions from economies of scale and scope; creation of defensive market power against suppliers and clients; and creation of offensive market power to profit from new business opportunities. The main deterrents of vertical integration are: diseconomies of scale from increases in overhead and capital investments; loss of flexibility; and administrative penalties stemming from more complex managerial activities. [7]

1.2.6 Corporate Philosophy: Defining the Relationship between the Firm and its Stakeholders

The corporate philosophy provides a unifying theme and a statement of basic principles for the organization. First, it addresses the relationship between the firm and its employees, customers, suppliers, communities, and shareholders. Second, it specifies broad objectives for the firm's growth and profitability. Third, it defines the basic corporate policies; and finally, it comments on issues of ethics, beliefs, and rules of personal and corporate conduct.

The corporate philosophy is the task that is most closely related to the leadership imperative, insofar as bringing a capability to articulate key elements of the CEO's vision.

1.2.7 Strategic Posture of the Firm: Identifying the Strategic Thrusts, and Corporate Performance Objectives

The strategic posture of the firm is a set of pragmatic requirements developed at the corporate level to guide the formulation of corporate, business, and functional strategies. The strategic thrusts characterize the strategic agenda of the firm. They identify all of the key strategic issues, and signal the organizational units responsible to respond to them. The corporate performance objectives define the key indicators used to evaluate the managerial results, and assign numerical targets as an expression of the strategic intent of the firm. The strategic posture captures the outputs of all of the previous tasks and use them as challenges to be recognized and dealt with in terms of action-driven issues.

1.2.8 Portfolio Management: Assigning Priorities for Resource Allocation and Identifying Opportunities for Diversification and Divestment

Portfolio management and resource allocation have always been recognized as responsibilities that reside squarely at the corporate level. We already have commented that the development of core competencies shared by the various businesses of the firm constitute a critical source of corporate advantage. Those competencies are borne from resources that the firm should be able to nurture and deploy effectively, including: physical assets, like plant and equipment; intangible assets, like highly-recognized brands; and capabilities, like skills associated with product design and development.

The heart of an effective resource allocation process is the capacity to create economic value. Sometimes, this value emerges from internal activities of the firm, other times it is acquired from external sources through mergers, acquisitions, joint ventures, and other forms of alliances. Even, on occasions, value can be created by divesting businesses that are not earning their cost of capital — i.e. they are destroying instead of adding value to the firm. Portfolio management deals with all of these critical issues.

In the last decade, most of developed economies have been facing periods of stagnation which have forced firms to implement drastic restructuring policies. Restructuring leads to the realignment of physical assets — including divestment —, human resources, and organizational boundaries of the various businesses with the intent of reshaping their structure and performance. Restructuring decisions are also part of portfolio management. [8]

1.3 The Managerial Imperative

This imperative is the major determinant for a successful implementation of corporate strategy. It involves two additional important corporate tasks: the design of the firm managerial infrastructure, and the management of its key personnel.

1.3.1 Managerial Infrastructure: Designing and Adjusting the Organizational Structure, Managerial Processes, and Systems in Consonance with the Culture of the Firm to Facilitate the Implementation of Strategy

Organizational structure and administrative systems constitute the managerial infrastructure of the firm. An effective managerial infrastructure is critical for the successful implementation of the strategies of the firm. Its ultimate objective is the development of corporate values, managerial capabilities, organizational responsibilities, and managerial processes to create a self-sustaining set of rules that allow the decentralization of the activities of the firm.

Today, the term organizational architecture is commonly used to designate the design efforts that produce an alignment between the environment, the organizational resources, the culture of the firm, and its strategy. [9]

1.3.2 Human Resources Management of Key Personnel: Selection, Development, Appraisal, Rewards, and Promotion

Regardless how large a corporation is, it will be always managed by a few key individuals. Percy Barnevik, the CEO of Asea Brown-Boveri, a successful global company, stated that one of ABB's biggest priority and crucial bottleneck is to create global managers. However, he immediately added that a global company does not need thousands of them. At ABB, five hundred out of a total of fifteen thousand managers are enough to make ABB work well. [10]

Tom MacAvoy, the former President of Corning Glass-Works used to talk, in a rather colorful way, about the need for "one hundred centurions" to run an organization. These are huge corporations, with operations in over one hundred countries. When it comes to identify the key personnel they need, the numbers are surprisingly small; yet, the process of identifying, developing, promoting, rewarding, and retaining them, is one of the toughest challenges that an organization faces.

2. The Fundamental Elements in the Definition of Corporate Strategy

We can organize the corporate strategic tasks in a strategic planning framework that we label `The Fundamental Elements in the Definition of Corporate Strategy: The Ten Tasks' (Figure 1).

The first element of the framework — The Central Focus of Corporate Strategy — consists in identifying the entity that is going to be part of the corporate strategic analysis. As opposed to the case of business strategy, where the unit of analysis is the Strategic Business Unit (SBU), corporate strategy can be applied at different levels in a large diversified organization. The amplest possible scope is the firm as a whole. However, there are circumstances under which we want to narrow the scope of the analysis to a sector, group or division of a given organization. These entities should encompass a number of different business units to be the subject of a meaningful corporate strategic analysis.

Next, there are two important set of issues that we have labeled Corporate Environmental Scan and Corporate Internal Scrutiny. Before we address the set of tasks associated with these issues, we need to define the Time Frame to be used. There is an underlying time frame which has to be spelled out at the beginning of the planning process. Throughout the corporate strategic analysis, we are contrasting existing conditions with future ones.

In the case of the Environmental Scan, there are two different treatments of the future. When we are dealing with completely uncontrollable factors, we need to forecast their most likely trends to be able to understand their potential impacts. However, there are cases in which we would like to influence future events, when we can exercise some degree of control that will allow us to shape the future in our advantage.

By contrast, in all of the tasks that are part of the Internal Scrutiny, the future represents a state that we are aiming at through a set of controllable decisions.

The Corporate Environmental Scan should be conducted first in the planning process, because it serves to frame the impacts resulting from the external environment. It has also the important role of transferring a common set of assumptions to the various businesses and functional managers of the firm, to serve as inputs in their own strategic planning efforts. It gives a sense of uniformity to the strategic planning thinking across all the key organizational units of the firm. This task culminates with

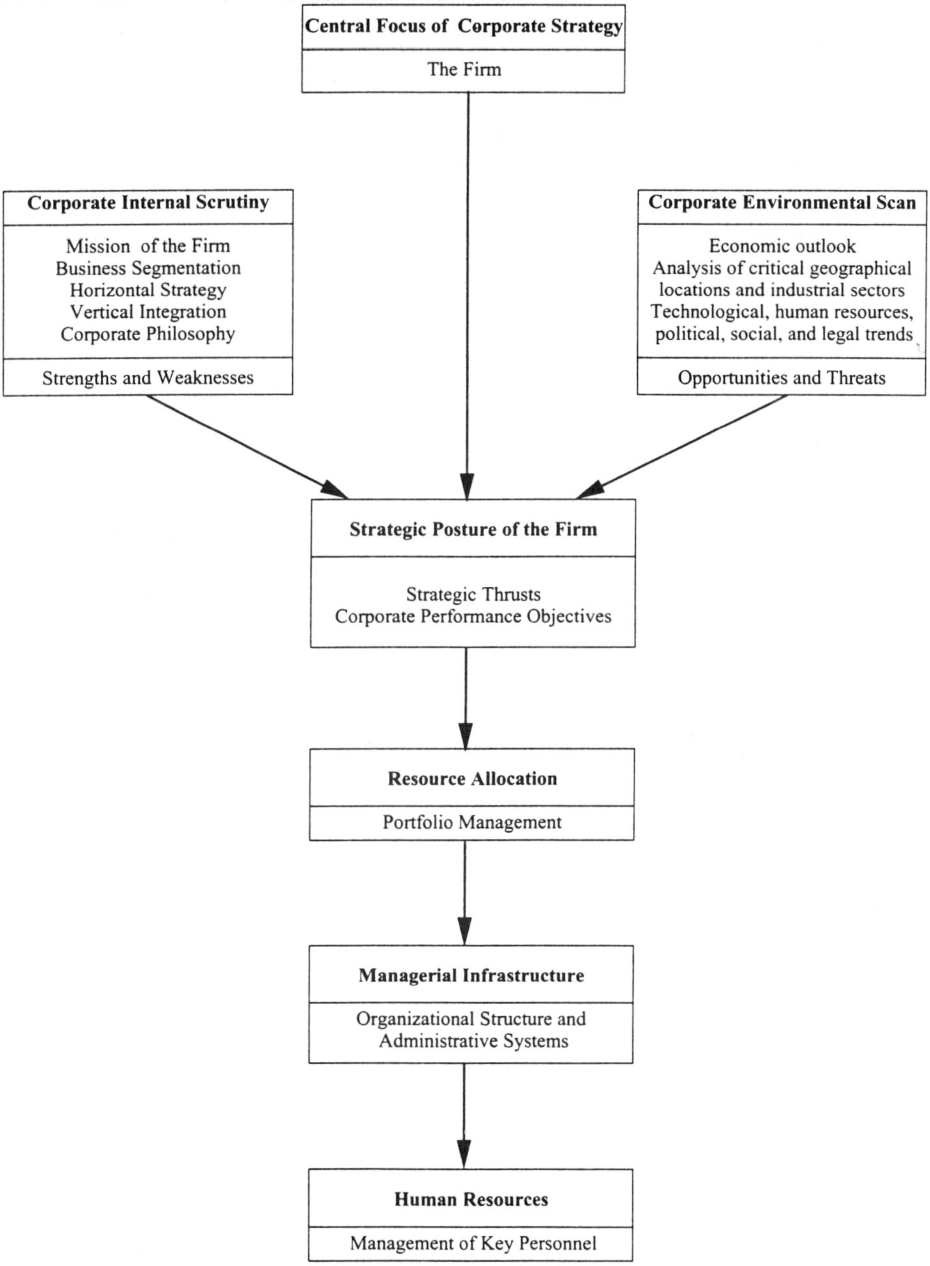

Fig. 1: The Fundamental Elements in the Definition of Corporate Strategy: The Ten Tasks

the recognition of opportunities — the favorable impacts of the external environment which we would like to seize — and threats — the unfavorable impacts which we would like to neutralize.

The Corporate Internal Scrutiny captures the key actions and decisions the corporation has to address to gain a competitive position that is in line with the challenges generated by the external environment, and conducive to the development of a sustainable corporate advantage. As we have indicated before, this advantage is transferable to the various business units of the firm, and enhances its resources and capabilities. The tasks which are part of the Internal Scrutiny in our framework are:

- Mission of the Firm
- Business Segmentation
- Horizontal Strategy
- Vertical Integration
- Corporate Philosophy

In all of these decisions we contrast the current state with a desirable future one, and we proceed to define the challenges those changes generate for the formulation of corporate strategy. The Internal Scrutiny concludes with an overall statement of corporate strengths — that the firm wishes to maintain and reinforce — as well as a statement of corporate weaknesses — that the firm wishes to correct or eliminate.

The Corporate Environmental Scan and the Corporate Internal Scrutiny provide the basic inputs that will define the Strategic Posture of the firm. This task serves as a synthesis of the analysis conducted so far, and captures the strategic agenda of the firm. The strategic thrusts are a powerful expression of all of the issues that, from the perspective of the firm, need to be addressed to come out with an integrative strategy. The Corporate Performance Objectives define the key indicators that will be used to detect the operational and strategic effectiveness of the firm. The Strategic Posture is the essence of the formulation of the corporate strategy, and as such, it is a task that should receive the utmost attention. When properly conducted, the firm is able to frame the activities, responsibilities and performance measurements that are critical for its superior strategic position.

The subsequent task — Resource Allocation and Portfolio Management — permits to backup the strategic actions implicit in the Strategic Posture of the firm with the necessary resources needed for their deployment. We are entering now into the realm of strategy implementation. These implementation efforts are going to be strongly reinforced by the remaining two corporate tasks: Managerial Infrastructure, and Human Resources Management of Key Personnel.

Notes

[1] For a comprehensive review of the concepts and methodologies associated with the three strategic perspectives — corporate, business, and functional — see *Arnoldo C. Hax*, and *Nicolas S. Majluf*, The Strategy Concept and Process: A Pragmatic Approach, (Englewood Cliffs, NJ, Prentice Hall, 1991).

[2] *Gary Hamel* and *C.K. Prahalad* "Strategic Intent", Harvard Business Review (May–June 1989) 63–76.

[3] *Edgar E. Schein*, Organizational Culture and Leadership, 2nd ed. (San Francisco, CA, 1992); *John P. Kotter*, The Leadership Factor (New York, NY, The Free Press, 1988).

[4] A related important topic to leadership is the issue of power. From this point of view, management is perceived as a political process addressing the creation, exercise, retention, and transfer of power. Power plays the central role in the implementation of strategy by influencing people's behavior, making them to do things that otherwise would not do, and changing the course of events. For an excellent treatment of the subject, see *Jeffrey Pfeffer*, Managing with Power: Politics and Influence in Organizations (Boston, MA, Harvard Business School Press, 1992).

[5] For two different typologies on corporate strategy and managerial tasks, see *Michael E. Porter*, "From Competitive Advantage to Corporate Strategy", Harvard Business Review (May–June 1987, Vol. 65, No. 3) 43–59; and *Andrall E. Pearson*, "Six Basics for General Managers", Harvard Business Review (July–August 1989, Vol. 67, No. 4) 94–101.

[6] For a treatment of the role of the value chain in obtaining competitive advantage, as well as the use of the value chain as a unit of analysis in achieving horizontal integration, see *Michael E. Porter*, Competitive Advantage (New York, NY, The Free Press, 1985).

[7] Some sources for the topic of vertical integration are: *John Stuckey*, and *David White*, "When and When Not to Vertically Integrate", Sloan Management Review (Spring 1993) 71–83; *Kathryn Rudie Harrigan*, Strategic Flexibility: A Management Guide for Changing Times (Lexington, MA, Lexington Books, 1985); *Gordon Walker*, "Strategic Sourcing, Vertical Integration and Transaction Costs.", Interfaces, 19 (May–June 1988) 62–73; and *David J. Teece*, "Profiting from Technological Innovations: Implications for Integration, Collaboration, Licensing, and Public Policy," *David J. Teece*, ed., The Competitive Challenge: Strategies for Industrial Innovations and Renewal (Cambridge, MA, Ballinger Publishing Co., 1987).

[8] For an excellent presentation on the nature, process and management of restructuring, see *Gordon Donaldson*, Corporate Restructuring, Managing the Change Process from Within (Boston, MA, Harvard Business School Press, 1994).

[9] For a discussion of `organizational architecture', see *David A. Nadler*, *Marc S. Gerstein*, *Robert B. Shaw, and Associates*, Organizational Architecture: Designs for Changing Organizations (San Francisco, CA, Jossey-Bass, 1992).

[10] *William Taylor*, "The Logic of Global Business: An Interview with ABB's Percy Barnevik", Harvard Business Review (March–April 1991, Vol. 69, No. 2) 91–105.

The New Strategic Leadership — Driving Change, Getting Results*

B. Taylor

This chapter adresses the issue of how to develop and implement strategies for organizations which are in a turbulent environment. In this situation strategic leadership is about managing radical change to achieve a dramatic improvement in performance, and business strategy is the simple business logic which management use to explain to shareholds and other stakeholders how they see the environment changing and how their organizations will survive and grow.

For companies which are experiencing rapid change, traditional approaches to corporate planning are too bureaucratic. They need to be supplemented with new approaches which enable management to take charge of strategy and to develop strategies for implementation.

This chapter was prompted when I received an invitation to speak at a national conference on the subject of "Planning in Chaotic Times". The conference was well attended. Many of the participants said that their organisations, and in some cases their whole industries, were in turmoil. They also felt that conventional management approaches such as planning and budgeting provided no help in the kinds of crises which they were experiencing.

The problem was well-defined by Richard Pascale of Stanford University in his book *Managing on the Edge:*

> The incremental approach to change is effective when what you want is more of what you've already got... But when the competitive environment pushes an organisation to its limits, the old mind-set no longer holds... A discontinuous improvement in capability is needed, and that entails transformation... The ultimate, and largely ignored task of management is one of creating and breaking paradigms. The trouble is, 99% of managerial attention today is devoted to techniques that squeeze more out of the existing paradigm — and it's killing us [1].

For the purpose of this article I would like to propose two definitions:

- Strategic Management, or more accurately, Strategic Leadership is about managing radical change to achieve a dramatic improvement in performance.
- Business Strategy is the 'Business Logic'. Management use their Strategy to explain to their 'stakeholders' (and themselves) why theirs is a good business to be associated with, what they are aiming to do, and how they will succeed in achieving their objectives.

---

* This chapter also appears in *Führungskräfte und Führungserfolg*, Ulrich Krystek & Jörg Link (eds), Gabler Verlag, Wiesbaden (1995) and in *Long Range Planning*, Vol. 28 (5), 1995, pp. 71–81.

The 'stakeholders' will include everybody who is important to the business — the managers, staff, customers, shareholders, banks, suppliers, distributors and partners.

If a management team does not have a Business Logic — just a budget and an operational plan — then it should not be surprised if its stakeholders are poorly motivated or even disloyal. If a company cannot convince its stakeholders that it has a game plan which will enable it to win, then it should expect them to be worried. On the other hand there is ample evidence to show that when a board of directors or a management team have a clear and credible strategy, the value of their shares goes up, employee morale improves and banks are more willing to lend to the company.

It is on this foundation that I wish to build my argument that *Strategic Leadership is the key to survival in a chaotic, or turbulent business environment.*

1. Companies in Turnaround

A dramatic illustration of Strategic leadership in action can be seen in companies going through the process of turnaround and recovery. British industry has led the way in this area. We were the first country to go into the industrial revolution, and (with the USA) the first country to see our "smoke-stack" industries collapse when we entered the post-industrial society.

We have been leaders in decline, and pioneers in disaster. At one time in the early 1980's virtually every one of our major industries was in trouble: steel, textiles, clothing, shipbuilding, automobiles, machine tools, motorbikes, fibres, petrochemicals, aerospace, computers, shipping, airlines and even retailing.

Turning around mature industries has become a British speciality and a whole generation of British business leaders have made their reputations by re-organising and restructuring large companies: Lord Hanson of Hanson Trust, Lord Weinstock of GEC, Sir Christopher Hogg of Courtaulds, Sir John Harvey Jones of ICI, Sir Ian McGregor of British Steel and British Coal, Sir Graham Day of Rover and British Aerospace — and many more.

During the present recession some of the companies which survived the crisis of the early eighties like Rolls Royce, Lucas, and ICL, have had to cope with a 'second wave' — having already used up their reserves, and cut back to the bone. In many cases it is the turn of the white collar workers to feel the axe, as central staff functions are pruned and organisations are de-layered (see Figure 1).

Some famous companies still in crisis include: IBM, General Motors, BP, British Aerospace and Philips. Whole industries engaged in re-structuring include: computers, oil exploration and production (with the oil price at around $14 a barrel), the British insurance industry including Lloyds of London, the European automobile and truck businesses, and the European steel business. Figure 2 lists some major companies which are at various stages of turnaround, recovery and growth.

Banks

NatWest — 19,000; Barclays — 11,800 + 5,000 to go
TSB — 1,857

Retailers

J Sainsbury — 650; W H Smith — 600; Tesco — 800

Industry

BT — 5,900 senior & middle managers;
BP — 400 senior managers;
British Gas — 3,875 (+ 2,625 industrial staff);
Guinness — 464;
Unilever — 1,926 (30% of total)

Source: *The Sunday Times*, 20 March 1994.

Fig. 1: White collar redundancies in Britain (1993)

Steel	British Steel, Krupp & Hoesch
Chemicals	ICI
Oil	BP
Engineeering	Sulzer, TI Group, Lucas,
	British Aerospace, John Brown,
Tyres	Goodyear, Pirelli, Michelin
Automobiles	Volvo, Saab, Jaguar,
	General Motors, Ford, Renault,
	Porsche
Computers	IBM, Compaq, Sun Microsystems,
Airlines	ICL, Groupe Bull
Banks	SAS, British Airways, Lufthansa
Insurance	TSB, Midland, Credit Lyonnais
Retailing	Prudential, Royal, GRE
Electronics	Storehouse, Burton, Next, Sears
Construction	Blue Circle
Trucks	Leyland Daf Vans

Fig. 2: Companies in turnaround and recovery: 1993–1994

- The management of ICI, have been navigating their way through major structural and cultural changes for over a decade. Having unloaded 50,000 staff in the early 1980's and arranged a swop of their Fibre business with Du Pont, they recently de-merged into two companies and spun off their pharmaceutical and biotechnology activities as Zeneca.
- Jaguar, which was turned around in the early 1980's when productivity was trebled, is now being re-structured again as part of Ford.
- British Airways, having endured thirteen years of re-structuring, re-engineering, and cultural change has become a world class performer in profitability, productivity and customer service. Now, in their fourth or fifth change programme, the management are trying to arrange a series of strategic alliances with other airlines in order to compete with the U.S. mega-carriers.
- ICL which was turned around, re-focused and de-layered by Rob Wilmot and Peter Bonfield in the early 1980's, was later bought by STC, and is now a European division of Fujitsu.
- BP Chemicals was turned around by Bob Horton in the early eighties. He then went to the U.S.A. to re-structure SOHIO, and returned as Chief Executive of the parent company. The management there rebelled, and he was removed by the Board. However, the process is continuing. The non-core activities like Minerals and Nutrition have been sold off. Costs at the international headquarters have been trimmed by 40%, and now the European retail business is being rationalised.

No industry seems able to escape the winds of change. The British banks for a long time seemed insulated from the pressures of competition. Now it is widely expected that the number of staff in banks and building societies will be reduced from around 500,000 to 400,000 and the number of bank branches will be cut by 25%.

The pharmaceutical industry has a proud history of growth and high profitability but Western governments are now using their buying power to bring down drug prices, and to extend the use of generic drugs. As a result, the major companies are having to re-focus their business portfolios and re-direct their investments in research to produce over-the-counter products, to develop highly innovative drugs or to acquire distribution companies.

These structural changes seem likely to continue after the year 2000 — in Europe at least. There is too much spare industrial capacity, and too many competitors. Percy Barnevik made this point to the delegates at a recent international conference when he said: "In the U.S.A. there are 2 producers of locomotives. In Japan there are 3 producers of locomotives. But in Western Europe we have 13 producers of locomotives." Jack Welch, Chairman and CEO of General Electric made a similar point in his annual speech to shareholders in 1992: "Ahead of us are Darwinian shakeouts in every major marketplace with no consolation prizes for losing companies and nations."

1.1 Deconstructing the Computer Industry 1986–1991

A recent example of the chaos which can be caused when an industry has a 'shakeout' is the sea-change which has occurred in the computer industry.

In the five year period from 1986 to 1991 the industry changed from an oligopoly, dominated by a few large players, into a highly fragmented industry with hundreds of specialist firms operating in different product areas and market segments. The change was caused by the rapid decline of the large vertically-integrated manufacturers making large computers who have been under pressure from micro-based systems — personal computers operating individually and in networks.

This competition has transformed the distribution of profits across the industry. According to a McKinsey study, in 1986 80% of the computer industry profits went to IBM, DEC and other firms making big computers. Their customers were locked in to their systems by their proprietary software and they were obliged to pay high prices.

During the late eighties, however, the growth of open systems turned the industry into a free market. Computer equipment prices to customers fell by 49% and they paid more for better microchips and software. As a consequence, the large systems producers saw their share of industry profits collapse from 80% in 1986 to 20% in 1991.

1.2 The Resurrection of Compaq

The case of Compaq shows what Strategic Leadership can achieve in a crisis. Compaq was born in 1982 from the innovative idea of creating a PC-compatible portable and it became the first U.S. company to achieve sales of over $100 million in 1983 in its first year of operation. By 1991 Compaq had $3 billion in sales. But, in the late 1980's the company's profits were hit by price wars in personal computers and the company lost sales to the low priced 'clones'. Rod Canion, the co-founder and CEO refused to cut his prices and the Board under Chairman Ben Rosen, replaced him with Eckhard Pfeiffer, the head of Compaq Europe.

At the end of 1991 Pfeiffer embarked on one of the most courageous manoeuvres in business history. In effect he turned Compaq from a premium-priced niche player into a full-line large volume competitor. Within a year — i.e. by June 1992 he had the new strategy in place. This involved a complete overhaul of the company:

- His goal was to cut costs to what the market would pay (less the profit margin). In fact the customers were prepared to pay 15% more than the price of the low-cost clones. To meet this goal, production costs and product prices had to come down by 50%.
- In June 1992 he launched a complete line of portables and desk-top PC's (45 new models).
- At the same time he introduced a new distribution strategy which doubled the number of outlets to 9,000 world-wide.
- Also he introduced a new marketing campaign and increased the advertising budget by 60% to $90 million.

Pfeiffer's leadership style was designed to achieve a quick transformation. He said:

"We had to recognise what had gone wrong and name the problems early. Only by asking for dramatic change can people see their way out of old habits. Sometimes it is more difficult to achieve a 10% cost reduction than it is to tell people they have to achieve 50%. Small incremental steps block your view of doing something fundamentally different."

He had a list of 7 key problem areas and he stated them in "one clear crisp message".

- He held weekly meetings of the company's top 125 managers because he said "I knew if I didn't capture the imagination of this group we were lost."
- He wanted to preserve the company culture which stood for quality, service, and innovation. He said "I was 100% in the culture. I said 'let us keep the culture but let us solve our problems.'"
- He also offered company employees a new vision. He said "I think we have an opportunity to be the market share leader of this industry by mid decade."

The results have been spectacular. Compaq is now the world's largest producer of personal computers with 14% market share. In the course of two years the company has taken its world-wide computer revenues from $4.1bn in 1992 to $10.9bn in 1994. Over the same period the company's profits rose from $213m to $867m and in 1994 Eckard Pfeiffer was voted the Top Computer Executive for his success in making Compaq the Number One PC Company.

1.3 The New Leaders

During the recessions of 1980–1983, and 1990–1993 we have seen a number of business leaders like Eckard Pfeiffer. Some like Lee Iacocca of Chrysler, Jan Carlzon of Scandinavian Airlines, Sir John Harvey-Jones of ICI, and Sir Michael Edwardes of British Leyland, have written books describing their experiences. Other stories are told in newspaper articles and television programmes.

It is not surprising to find that they exhibit some common features:

- they emerged in a crisis,
- they achieved a dramatic improvement in performance,
- they changed the *total* business — the strategy, the organisation structure, the financing and the company culture,
- often they also changed the industry structure and the market rules — opening up new segments, forming new alliances, making new deals with employees, and governments.
- they are *visible* leaders. They communicate internally and externally. They often have an open management style and they try to build a 'new culture' in which the staff can feel more involved.

They are clearly 'strategic leaders' by my definition. They have a strategy, i.e. a 'business logic' and they are 'managing radical change to achieve a dramatic improvement in performance'.

They practice strategic leadership and they manage strategic change. However, with leaders in a turnaround situation we see strategic leadership in sharp focus because they must achieve radical changes quickly — usually in 1 or 2 years. Yet they want to change the entire system, and they are aiming for a *step increase* in performance. Usually even strategic leaders are looking for evolutionary change over 3 to 5 years. Turnaround leaders are looking for *revolutionary* change.

Whilst researching turnaround and working with companies in turnaround situations I looked for a theory of revolution which might describe their approaches, and I found the best fit with Marxism (see Figure 3).

In recent years Marxism has become suspect following the collapse of the communist governments in Eastern Europe. However, when managers who are involved in turnaround situations check this list they normally agree to 6 out of 8 points.

Later I will describe strategic leadership in more normal situations where the companies are not in a crisis, but the leader has the vision to see that a crisis might occur. Because the companies are not in a crisis the employees often do not see the need for radical change. The leaders therefore have to 'manufacture' a crisis. This involves three phases.

- They must first demonstrate that the company results are unsatisfactory
  - using 'competitive benchmarks' and
  - showing the need for investment in new facilities, new equipment, new products, etc.
- Next, raise the performance targets significantly (e.g. in terms of profits, productivity, quality, sales or market share).
- Then they can organise the revolution.

This process has been called a 'pre-emptive turnaround'.

1. Get rid of the old guard
2. Build a new team
3. Explain the new reality
4. Develop a new philosophy and culture
5. Implement a new strategy
6. Work through project teams
7. Declare a general mobilization
8. Keep the revolution going

Source: Marx, Lenin, Mao, etc.

Fig. 3: How to organize a revolution

2. The Revolution in Corporate Planning

Over the past thirty years the practice of Corporate Planning has evolved through four phases in response to new challenges in the environment, as managements have learned from experience, and as new techniques have been developed. At the same time Corporate Planning has been applied to large and small businesses, public service and non-profit organisations in various parts of the world. Figure 4 describes the four phases which have appeared, each process adding new dimensions to those developed previously.

Phase 1. Long Range Planning
Extended budgeting
Extrapolative forecasting

Phase 2. Strategic Planning
Two-phase process
Business unit strategy
Operational plan & budget

Phase 3. Strategic Management
Management takes charge of strategy
Transformation of structure, culture, processes, human resources management

Phase 4. Collaborative Strategy
Partnerships & networks with suppliers & distributors
Alliances to access markets & technologies

Fig. 4: The revolution in corporate planning

2.1 Phase 1 — Long Range Planning

The function of Corporate Planning began as an annual planning round which produced a co-ordinated five-year operational plan, an extended budget and forecasts which extrapolated past sales into the future.

The forecasts of sales and profits were then compared with the company's objectives, and there was typically a discussion on what strategies would be needed to fill the planning gap.

2.2 Phase 2 — Strategic Planning

The main problem with Long Range Planning is the 'hockey-stick'. Top management sets a target return on investment of say 20%. Management teams in divisions and subsidiaries use this figure as their five-year goal. Then, year after year they achieve 7% to 10%. This brings Corporate Planning into disrepute. In effect, the business is being managed on a one-year budget and the operating managers ignore the five-year plan.

To remedy the 'hockey-stick' effect and to stop line managers from simply extrapolating from the present situation, companies introduced a two-phase process known as Strategic Planning. Using this procedure, in the early part of the year, management teams in various parts of the business were invited to engage in a dialogue with the next level in the hierarchy about their Divisional or Business Unit Strategies.

The aim was to have these Business Strategies agreed by about June, so that they could be used as a basis for producing the 3-year or 5-year operational plans which would appear in the autumn. Later in November or December the annual budget could be produced as a 'one year slice' of the operational plan.

The process was also intended to give top management a 'strategic control' system. When a divisional project was submitted for approval, before checking the financial estimates, the chief executive could ask "Is this in line with the Divisional Strategy?".

Diversified companies also produced Corporate Strategies which placed their business units in a Business Portfolio — giving each of them a priority for investment or disinvestment, e.g. in line with their 'market attractiveness' and their 'competitive strength'.

2.3 Phase 3 — Strategic Management

In the early 1980's the senior management of General Electric, Shell, ICI, and other companies which had pioneered the development of Strategic Planning found that the process had become a cumbersome bureaucratic routine with large central planning teams 'second-guessing' the line managers who knew their businesses best. So, in these and other large corporations, the top managers dismantled their Corporate Planning departments.

In addition to the paperwork and endless debates, top management complained of other problems with Strategic Planning.

- *Implementation*
  A major concern was what a team of managers in BP called the 'Cliff Effect'. This was a phenomenon which they observed after holding strategy workshops when operating managers came together to discuss their strategies. After the meeting the top management waited for something to happen — and what happened? *Nothing happened.* No action was taken. A key problem with Strategic Planning was *how to turn the strategies into action.*

- *Rapid Change*
  Another problem with Strategic Planning was the length of time it took to produce a plan. In recent years, IBM Europe scrapped their 5-year plan. It took hundreds of man-years to produce but when the plans arrived at the factories with details of all the components required, the Plant Manager found the plan was 6 months out of date and the market had often changed out of all recognition. In the PC business where the product life-cycles are 18 months to 2 years, an annual planning cycle is sometimes a liability.

Uncertainty and Unpredictability
As we discussed in Section 1, for many businesses the future environment is uncertain because of quickly changing technologies, new situations created by government, volatile financial markets, the actions of competitors, and political instability around the world. As Henry Mintzberg reminds us in his recent history of Strategic Planning, formalised planning is not an appropriate system for steering an organisation in a volatile environment. "Planning" he writes "works best when it extrapolates the present or deals with incremental change within the existing strategic perspective; it deals less well with unstable unpredictable situations or quantum change in the organisation". [2]

Strategic Management was devised to deal with the obvious limitations which had appeared in Strategic Planning. The protagonists of Strategic Management recognised that Strategic Planning was too narrow in its focus. Working only through formal planning processes, how could Planning alone possibly change behaviour? To implement their strategies, management must surely get involved in changing people, organisation structures, and management systems.

This kind of thinking has given rise to a wide range of new initiatives aimed at achieving radical change along a broad front and the focus has now shifted from strategy formulation to implementation. The diagram in Figure 5 shows the four main elements in Strategy Implementation. [3]

- *Organisation Structure* — e.g. initiatives concerned with: decentralisation, delayering, out-sourcing and autonomous work groups.
- *Company Culture* — e.g. company-wide communication programmes: promoting corporate mission statements, and training programmes focused on Customer Care, Total Quality and Innovation.
- *Business Process Re-engineering* — e.g. attempts to accelerate new product development, to introduce Just-In-Time production and speed-up the order-to-delivery process.
- *Human Resource Management* — i.e. managing people as a 'strategic resource' with tighter measurement of performance and performance-related pay.

Three other important changes have occurred with this new commitment to Strategic Management:

1. Management Takes Charge of Strategy

At ICI, when John Harvey Jones took over as Chief Executive, he reduced the size of the Corporate Planning Department, but he also reorganised the Board of Directors so that they could speak on behalf of the Company as a whole, and he required the chief executives of the Divisions to meet the Executive Committee to argue through their divisional strategies at least once a year at Hever Castle in Kent in what came to be known as "Hell Fortnight" [4].

When Jack Welch took over as Chief Executive of General Electric he also cut back the 200 strong Planning staff but he then formulated a new Corporate Strategy and required the chief executives of the major 13 G.E. businesses to present their business strategies to him and his colleagues in the Office of the CEO. They usually met for a half day in mid-summer. He also arranged to meet the business heads for three hours each Spring and Fall to review their plans for human resources [5].

2. Issue Management

In order to enable the Chief Executives and the boards at different levels in a corporation to deal with strategy in a rapidly changing situation they increasingly focus their dialogue around a few, — say 5 or 6, strategic issues — such as a closure and rationalisation programme, introducing a new information system or developing a new product.

Then Task Forces or Project Teams are formed, each sponsored by a main board director, a Diversification Task Force, or a Total Quality Management Group to deal with the issue and to report back to the board.

3. Planning for Risk and Uncertainty

Faced with a more difficult environment, major companies have adopted new strategies and used new techniques to identify, assess and manage the risks, and to keep their organisations more flexible and better informed. Among the more obvious adaptations are:

- The growing use of Scenarios, Competitive Intelligence and Risk Management [6].
- The divestment or closure of businesses in areas of high risk (e.g. unrelated diversifications, and operations in developing countries).
- the establishment of small pilot operations, or joint ventures in Eastern Europe and China.
- the appearance of flexible organisations with a small group of full-time staff at the centre, managing a much larger number of part-time and short-term employees and subcontractors.
- more extensive use of databases and real-time systems which provide staff with instant information on their operations and their markets.

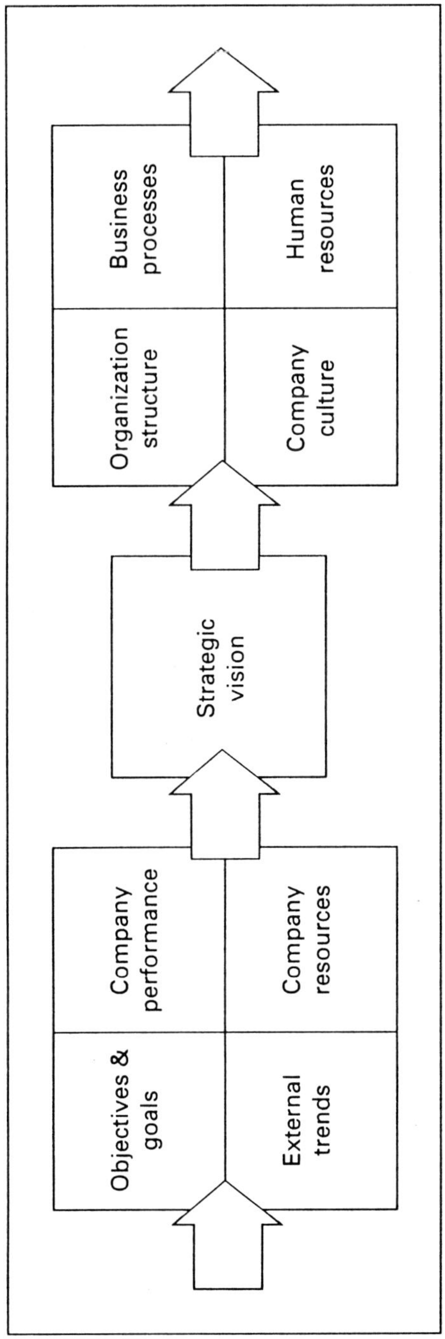

Fig. 5: Strategic management in practise

2.4 Phase 4 — Strategic Alliances

Another change is taking place which will require major adaptation of the Strategic Management process i.e. the formation of strategic alliances, partnerships and networks. Increasingly, competition is forcing suppliers and customers to work more closely together to integrate their logistic processes and information systems to develop new products and services, and to enter new markets.

Internationally, as companies try to offer a regional or global service, they are also obliged to forge alliances and consortia to reach local markets, and to share the costs of developing new technologies. International companies then encourage links between their suppliers so that they can produce to world standards.

Even the largest multinationals are finding it impossible to finance these 'global networks' as wholly-owned subsidiaries. A major challenge for top management in the next decade will be: how to develop federal organisations which will operate not on the basis of ownership and control, but through partnership and trust.

The most effective systems seem to be forms of co-ownership like the 'federal partnerships' of professional firms and the retail franchises of petroleum and fast-food companies.

The challenge for many companies, in electronics, automobiles, telecommunications, and airlines, is how to build common corporate cultures, and common management and logistic systems to deliver seamless services world-wide. The situation in the airline industry illustrates the problem.

The European airlines are now forming alliances in order to meet the challenge of the mega carriers from the USA. American Airlines, United Airlines and Delta each have sales of over $10bn. In addition, United has formed an alliance with Lufthansa, Japan Airlines and Varig which has a total turnover of $34bn and a total of 140 million passengers.

In the face of this kind of threat, the European airlines are coming together but this causes horrendous problems in integration. The most ambitious example was Alcazar, an alliance which involved airlines from 8 countries. Not surprisingly the task of integrating the information systems, re-negotiating the political arrangements and harmonising the different employment policies proved impossible.

3. Leading in the 1990's

In this article, we set out to examine the task of Strategic Leadership in the turbulent environment of the 1990's. In Part I we examined the task of Strategic Leadership in turnaround situations and Part II reviewed the changing shape of Corporate Planning — in particular the changeover from Strategic Planning to Strategic Management. Part III is concerned with how Strategic Leadership is being implemented in companies which are not in crises.

First, let me re-state two points which I made about Strategic Leadership earlier in the article:

- Strategic Leadership is about 'managing radical change to achieve a dramatic improvement in performance.'
- Strategic Planning was about managing a formal planning process, and it was managed largely by planners. With Strategic Leadership *top management and line management take charge*, and they are concerned not just to formulate a strategy but to *implement* the strategy through changes in organisation structure, corporate culture, business process re-engineering, and human resource management.

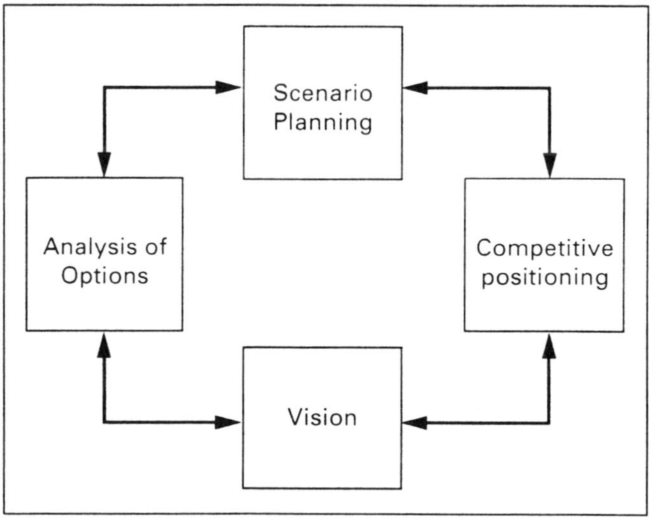

Fig. 6: The strategic cycle

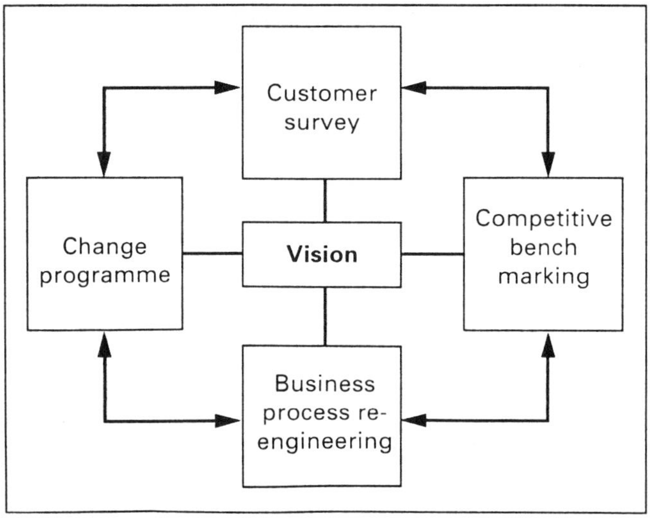

Fig. 7: The continuous improvement cycle

Figures 6 and 7 show how these aspects of Strategic Leadership — creating and implementing the vision — can be integrated in practice.

Figure 6, The Strategic Cycle, was developed by Shell in the mid-1980's. It incorporates four key processes:

- *Scenario Planning* — in their case alternative futures for the energy market,
- *Competitive Positioning* — a review of the industry 'chessboard' and the strategies of the main competitors;
- *Vision* — an attempt to define the future for the company and how it might exploit its opportunities;
- *Analysis of Options* — the assessment of the projects which might be used to reach these opportunities — acquisitions, new products, expansion into overseas markets, etc.

Figure 7 shows how the top management teams in various companies (like Rank Xerox for example), turn their vision into a practical reality using a number of complementary approaches.

- *Customer Survey* — periodic consumer research enables management to check whether their vision is in line with the customers' requirements.
- *Competitive Bench-marking* — by comparing the company's operational performance with the results achieved by other leading companies, management can check whether the company is on-course to achieve the vision which is usually a position of leadership in specific market segments.
- *Business Process Re-engineering* This involves the use of cross-functional teams to raise the company's performance in a few key processes, e.g. by offering the customer same-day delivery, or raising the level of product quality.
- *Change Programme* – Company-wide communication and training programmes, such as Total Quality or Customer Care, are used to motivate employees to achieve the company vision.

3.1 Case 1 — General Electric

In the past decade one of the most admired and successful business leaders in the U.S.A. has been Jack Welch, the Chairman and Chief Executive Officer of General Electric. His full story is told in a recent book [7]. Here I just want to emphasise his two-part approach.

He has a strategic vision, but he also promotes organisational change programmes to achieve his vision. In the early eighties he became famous as Neutron Jack. The unions said he was like the neutron bomb. When he arrived the buildings were left standing but the people disappeared. He was also known for reducing the General Electric portfolio of over 200 businesses into just 13. The rule he used to choose the businesses he thought they should keep was: "Number one or number two", i.e. they should be in a position to dominate the market.

In the early 1990's the re-structuring was completed and like many other Chief Executives he determined to change the emphasis to implementation. At the shareholders' meeting in 1992 he declared:

Just as 'number one or number two' in every market was the formula we used to construct the hardware of our company in the 1980's, the key ingredients of the software with which we guide it in the 90's will be 'speed, simplicity and self confidence'".

This was not mere rhetoric. He also established three company-wide change programmes called: Work-Out, Best Practices and Process Mapping.

- *Work-Out* is designed 'to drive out bureaucracy'. By 1994 200,000 employees had participated in Work-Out programmes. To quote Len Schlesinger of Harvard, "Work-Out is one of the biggest planned efforts to alter people's behaviour since Mao's cultural revolution". The process is to hold a 'New England Town Meeting' of around 100 to 120 employees from different levels in the hierarchy where everyone can have a say. The meeting is chaired by an internal or external consultant and the task is to review the company vision and then break into 5 or 6 teams and discuss "what is stopping us from reaching our vision?" Then the groups come back to the main meeting and present their proposals to the boss, e.g. the Plant Manager. The boss is then obliged to respond. So it is a way of giving the senior managers "upward feedback" — and it is deliberately confrontational.
- *Best Practices* is a programme which aims to enable General Electric's businesses to learn from other companies inside and outside the Group. The process involved:
  - an investigation to find the world's most admired companies, in each field of management (excluding direct competitors),
  - negotiations to arrange an exchange of Best Practices.
  - sending teams of GE's operating managers to the 'benchmark' companies, (e.g. Citicorp and Ford), to learn how to implement their systems, and receiving in exchange teams of their managers on visits to GE's operations.
- *Process Mapping* The aim of this programme is to re-design General Electric's key business processes. The approach usually involves GE employees, and also staff from suppliers and customers. For example, the aero-engine company used an entire wall to produce a flow-chart of the process of making turbine shafts for jet engines. Then teams of workers analysed the process to simplify it in order to eliminate wasted time, and to reduce costs.

Like Ekhard Pfeiffer, the Chief Executive of Compaq, Jack Welch believes in radical change. He says: "Incremental change doesn't work very well in the type of transformation General Electric has gone through. If your change isn't big enough, revolutionary enough, the bureaucracy can beat you. When you get leaders who confuse popularity with leadership, who just nibble away at things, nothing changes" [8].

Another common (but not universal) feature of Strategic Leaders in the U.S.A. and Britain, is their emphasis on "creating shareholder value". Under Jack Welch's leadership between 1980 and 1994, General Electric's shareholders saw *the company's market capitalisation increase eight-fold from $12bn to $94bn* and GE was the leader of the Fortune 500 in stockmarket value.

3.2 Case 2: Lloyds Bank

In Britain, and on a world-wide basis, one of the most profitable banks is Lloyds. Under the leadership of the Chief Executive, Brian Pitman, *Lloyds Bank's market capitalisation has increased eight times from £770m in 1982 to £6,760m in 1992.* In 1994 the bank's market capitalisation was over £7bn, nearly ten times the 1982 figure.

The Lloyds approach to Strategic Leadership also ties strategy to performance (see Figure 8).

1. Goals

The process starts at Board level with an agreement on the Corporate Goal expressed in terms of shareholder value, i.e. an increase in market capitalisation. To quote Brian Pitman: "The planning team is the Executive Committee". They agree a clear and measurable company objective. They then agree "stretch goals" with their key managers in terms of product or customer profitability, and Unit or Section managers agree goals with individual members of staff at branch level (e.g. expressed as sales or service levels).

2. Strategy

The Executive Committee also asks the management teams of the main Business Units to formulate their strategies. The Business Unit Strategies are then given a value in terms of market capitalisation. The internal businesses (which are no longer integrated), also sign written service contracts with the Business Units.

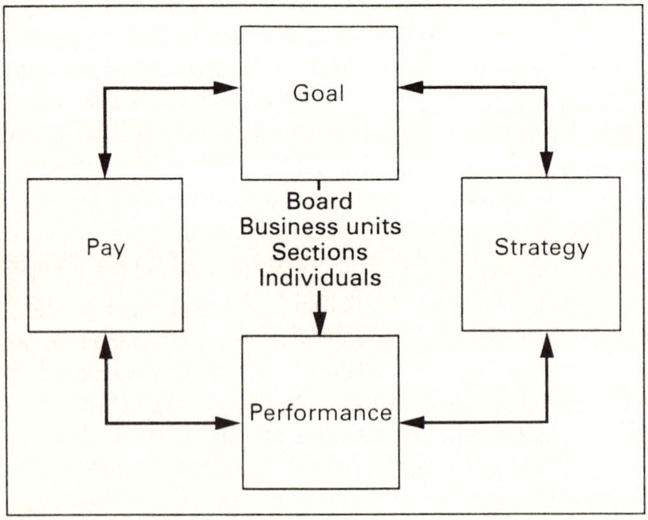

Fig. 8: Making strategy happen

3. Performance

Once the strategies and the service contracts are agreed, the Executive Committee holds key managers responsible for their performance, and monitors their progress, against targets.

4. Pay

To quote Brian Pitman, again, "The Chief Executive is the Chief Personnel Officer".

Pay systems are linked to performance. Operating managers deal with pay and personnel issues, and it is their responsibility to convince the staff that their pay increases will depend on their performance.

5. Risk Management

Bad debts are a strategic issue for all British banks, and at Lloyds a key change programme is concerned with tightening credit control. This is part of a much wider programme of Risk Management which includes procedures to identify and control country risk, exchange rate risk and the risks associated with lending and dealing.

4. Conclusion

In this article I have argued that:

- Strategic Leadership — i.e. "managing radical change to achieve a dramatic improvement in performance" is the key to survival in a turbulent business environment.
- A dramatic illustration of Strategic Leadership in action can be seen where business leaders are dealing with turnaround situations. During the recession of 1990-1993, more industries moved into crises and this kind of leadership became more common:
  - They had to achieve a *step* improvement in performance in order to bring their companies out of crisis.
  - They usually had to change the *total* business — the strategy, the organisation structure, the financing and the company culture, in one or two years.
  - They had to be *visible* leaders who communicated their business philosophy and their programme of action, externally and to all levels of the business.
- In response to the uncertain and highly competitive business environment, companies have been forced to change the way they plan — and to switch from Strategic Planning — which relies on formal planning processes — to Strategic Management — which attempts not only to develop strategies and plans, but also to manage the implementation of these plans through company-wide programmes. These implementation programmes typically involve changes in four areas:
  - organisation structure,
  - company culture,
  - business processes, and
  - human resources management.

- Companies have also responded to the rapidly-changing environment by using new management techniques such as Issue Management, Multiple Scenarios and Contingency Planning, Business Intelligence, and Risk Management.
- Strategic Leadership involves management at all levels in both strategic and operations management:
  - *The Strategy Cycle* involves four phases: developing scenarios for the industry, assessing the competitive situation, developing a company vision, and analysing strategic options.
  - *The Operating Cycle* — or Continuous Improvement Cycle is concerned with implementing the corporate vision through the use of customer surveys, competitive bench-marking, business process re-engineering, and company-wide communication and training programmes.
- General Electric in the U.S.A., and Lloyds Bank in Britain are two companies where the chief executives have developed their own styles of Strategic Leadership over the last decade. In these two companies:
  - top management and line management have taken charge of strategy,
  - they have formulated clear objectives and strategies and they also implement their strategies through company-wide change programmes
  - they are looking for radical change and a dramatic improvement in performance.

Over the last decade they both achieved an exceptional financial performance: in General Electric an eight-fold and in Lloyds Bank a ten-fold increase in market capitalisation.

References

[1] *Richard Pascale, Managing on the Edge*, pp. 12–14, Penguin, Harmondsworth (1992).

[2] *Henry Mintzberg, The Rise and Fall of Strategic Planning*, Prentice Hall International, Hemel Hempstead (1994)

[3] This analysis of strategy implementation was developed by the Managament Analysis Center, and is described in their book: *Paul J. Stonich, Implementing Strategy: Making Strategy Happen*, Ballinger Publishing, Cambridge, Mass. (1982)

[4] See *Alan I.H. Pink*, Strategic leadership through corporate planning at ICI, In *Bernard Taylor* and *John Harrison, The Managers's Casebook of Business Strategy*, Heinmann, Oxford (1990).

[5] See *Francis J. Aguilar et al.*, General Electric, 1984, case no. 9-385-315, Harvard Business School, Boston, Mass. (1985); see also *Kenton W. Elderkin and Christopher A. Bartlett*, General Electric: Jack Welch's Second Wave (A) & (B), cases nos. 9-391-248 and 9-392-113, Harvard Business School, Boston, Mass. (1993).

[6] See *Bernard Taylor et al., Environmental Management Handbook*, Pitman, London (1994), especially Part IV on managing environmental risks.

[7] *Noel M. Tichy & Stratford Sherman, Control Your Destiny or Someone Else Will*, Doubleday, New York (1993).

[8] *Jack Welch's Lessons for Success, Fortune*, January 25, 71 (1993).

B Grundlegende Fragen der strategischen Unternehmungsplanung und strategischen Unternehmungsführung

Management-Philosophie in einer sich wandelnden Gesellschaft*

H. Ulrich

1. Vorbemerkungen zum Thema

Unter „Management-Philosophie" werden im folgenden die grundlegenden Einstellungen, Überzeugungen, Werthaltungen verstanden, welche das Denken und Handeln der maßgeblichen Führungskräfte in einem Unternehmen beeinflussen. Bei diesen Grundhaltungen handelt es sich stets um Normen, um Werturteile, die aus den verschiedensten Quellen stammen und ebenso geprägt sein können durch ethische und religiöse Überzeugungen wie auch durch die Erfahrungen in der bisherigen Laufbahn einer Führungskraft. Nicht die persönliche Lebensphilosophie an sich interessiert uns jedoch hier, sondern die sich daraus ergebende unternehmensbezogene Einstellung; es geht also um Werthaltungen, welche für das Handeln der Führungskraft im Unternehmen relevant sind und nicht um solche, die sein Verhalten in anderen Lebenssphären bestimmen.

Diese unternehmungsrelevanten Werthaltungen spielen in der Unternehmungsführung eine im wörtlichen Sinn entscheidende Rolle, die oft den Führungskräften selbst nicht bewußt ist. Solche Vor-Urteile haben die Funktion von Entscheidungskriterien; ohne sie können Entscheide überhaupt nicht getroffen werden. Aus noch so vielen Analysen und Prognosen allein können noch keine Entscheide abgeleitet werden; immer müssen dazu normative Festlegungen kommen, die letztlich bestimmen, welche der Alternativen als „gut" und welche als „schlecht" bezeichnet werden. Die in einem Unternehmen bestehende Management-Philosophie ist daher von größter Bedeutung für die Zukunft dieses Unternehmens.

Trotz ihrer tiefen und unbewußten Basis sind solche Werthaltungen keine uns angeborenen Instinkte, denen wir hilflos ausgeliefert sind, sondern der menschlichen Vernunft zugängliche, kritisierbare und veränderbare Normen. Es muß geradezu gefordert werden, daß Führungskräfte, von deren Entscheidungen andere Menschen abhängig sind, nicht stur an bestimmten Einstellungen festhalten, sondern sich intensiv bemühen, „richtige" Werthaltungen zu entwickeln. Hier liegt meines Erachtens die erste und wichtigste Verantwortung der Führungskräfte in einer demokratischen Gesellschaft:

---

* Dieser Beitrag wird wiederabgedruckt mit Genehmigung des Verlages W. de Gruyter aus: Führungsprobleme industrieller Unternehmungen, hrsg. v. D. Hahn, Berlin-New York 1980.

Nicht nur das unter unkritischer Übernahme fremder oder eigener Werthaltungen und unter Berücksichtigung aller Sachzwänge Zweckmäßige zu tun, sondern das aufgrund eigener Einsichten Richtige zu wollen.

Was aber ist das Richtige? Zu dieser Frage sollen im folgenden einige Überlegungen angestellt werden. Es ist klar, daß diese Erörterungen selbst nicht wertfrei sein können, sondern letztlich auf persönlichen Überzeugungen des Verfassers beruhen.

2. Die Unternehmung als gesellschaftsbezogene Institution

Die Aufgaben und Probleme der Unternehmungsführung von heute und morgen können meines Erachtens nur verstanden werden, wenn wir das Unternehmen als ein offenes soziales System verstehen, das in einem kontinuierlichen Austausch von Materie, Energie und Information mit seiner Umwelt begriffen ist. Aus Distanz betrachtet ist das einzelne Unternehmen ein kleines Element in einem großen und vielschichtigen System der menschlichen Gesellschaft, das davon lebt, daß es für irgendwelche anderen Elemente nützliche Funktionen ausübt. Es ist durchaus richtig, wenn die Hauptfunktion des Unternehmens in der Erbringung wirtschaftlicher Leistungen für Dritte gesehen wird; es ist aber falsch, die Unternehmung lediglich als Bestandteil der Gesamtwirtschaft aufzufassen, ganz einfach deshalb, weil es keine von anderen gesellschaftlichen Bereichen isolierbare Gesamtwirtschaft gibt. Die Gesellschaft und damit die unternehmerische Umwelt muß vielmehr als eine komplexe Ganzheit angesehen werden, in der sich in vielfältiger Weise menschliche Bestrebungen aller Art manifestieren und sich auch auf die Unternehmungen auswirken. Mehr noch: die Unternehmungen selbst sind als kleine komplexe Gesamtheiten aufzufassen, weil sie aus Menschen bestehen, die sich in ihrem Denken, Fühlen und Tun nicht auf eine wirtschaftliche Dimension reduzieren lassen.

Die einzelne Unternehmung hat kaum je die Macht, die das gesellschaftliche Geschehen bestimmenden Faktoren wesentlich zu beeinflussen; sie muß sich ihnen anpassen. Es ist aber andererseits auch nicht so, daß das Unternehmungsgeschehen einfach durch äußere Faktoren determiniert wird; in einer marktwirtschaftlichen Ordnung verfügt die Unternehmung vielmehr über einen erheblichen Freiheitsraum zur Selbstbestimmung des eigenen Verhaltens. Dieser muß so ausgenützt werden, daß daraus eine Anpassung resultiert. Da alle von der Unternehmungsleitung getroffenen Entscheide bis zu ihrer Verwirklichung Zeit benötigen, ist es Aufgabe der Führung, zukünftige Umweltveränderungen gedanklich vorwegzunehmen. Aufgrund des oben Gesagten ist es klar, daß sich diese zukunftsbezogene Umweltanalyse nicht nur auf Wirtschafts- und Marktdaten beziehen darf, sondern alle relevanten Aspekte der Gesellschaft erfassen muß. Es geht daraus aber auch hervor, daß auch das eigene Unternehmen nicht nur als technisch-wirtschaftlicher Apparat erfaßt werden kann, sondern als ein soziales System, in das durch die Mitarbeiter zahlreiche menschliche Werte und Bestrebungen einbezogen werden. Da Mitarbeiter keine von der Gesellschaft isolierten Arbeitskräfte sind, sondern gleichzeitig Konsumenten, Staatsbürger, Familienmitglieder, politisch und weltanschaulich denkende Wesen usw., verändert sich auch die Unternehmung mit der Gesellschaft ohne Zutun der Unternehmungsführung; sowohl die Umwelt wie die Unternehmung selbst sind dynamische Systeme, die sich ungeplant und von niemandem kontrollierbar stets verändern.

Diese Vorstellung der Unternehmung als eines kleinen offenen Systems innerhalb des großen komplexen Systems Gesellschaft führt uns auch zur Einsicht, daß das Schicksal der Unternehmung unlösbar verknüpft ist mit demjenigen der Gesellschaft, in die sie eingebettet ist. Gefahren für das Überleben einer Nation, einer Zivilisation oder gar der Menschheit bedrohen selbstverständlich auch die Existenz des einzelnen Unternehmens; in Zeiten zunehmender Gefahren dieser Art hat dies erhebliche Konsequenzen für die Management-Philosophie, auf die weiter unten eingegangen werden soll.

3. Veränderungen der Werthaltungen in der Gesellschaft

Ich gehe im folgenden von der These aus, daß die Management-Philosophie der Unternehmungsführung auf die Dauer nicht grundsätzlich von den Werthaltungen eines großen Teils der Bevölkerung abweichen darf, wenn nicht schwere gesellschaftliche Konflikte entstehen sollen; auch in dieser geistigen Beziehung besteht also das geschilderte Problem einer prospektiven Anpassung.

Betrachten wir die in unserer westlichen, wirtschaftlich hochentwickelten Gesellschaft vertretenen Werthaltungen, so stoßen wir auf ein Bild bunter Vielfalt. Früher lange Zeit stabile Grundeinstellungen sind abgelöst worden durch rascher wechselnde Auffassungen, die jeweils auch nicht von allen Menschen geteilt werden. Dieser Pluralismus und ständige Wechsel selbst wird von den einen als Befreiung einer sich emanzipierenden Menschheit von Fesseln einer sinnlos gewordenen Sitte und Moral, von den anderen als drohende Gefahr eines Weges ins Chaos empfunden. Trotz dieser „Auflösung aller Werte“ lassen sich meines Erachtens rückblickend zwei gesellschaftspolitische Grundhaltungen erkennen, die die Entwicklung der westlichen Gesellschaften in den letzten Jahrzehnten wesentlich geprägt haben: Eine „liberale“, individualistische und eine „sozialistische“, kollektivistische Einstellung zu den Gestaltungsproblemen in Gesellschaft, Staat und Wirtschaft. Abb. 1 enthält Stichworte, welche diese beiden Haltungen andeutungsweise charakterisieren.

LIBERAL	SOZIALISTISCH
Individuelle Freiheit	Kollektive Sicherheit
Privateigentum	Gemeineigentum
Selbstregelung der Wirtschaft	Staatliche Lenkung der Wirtschaft
Dezentralisation	Zentralisation
Leistungsprinzip	Bedürfnisprinzip
Ungleichheit	Gleichheit

Abb. 1: Liberale und sozialistische Werthaltungen

Die Auseinandersetzungen zwischen diesen so konträr scheinenden Grundströmungen haben jedoch in den westlichen Demokratien nicht zu unlösbaren Konflikten, sondern zu ständig neu ausgehandelten Kompromissen geführt; nicht ein extremes „Entweder-Oder", sondern ein „Mehr-oder-Weniger" steht jeweils zur Diskussion. *Dahrendorf* vertritt die Auffassung, daß die große Mehrheit der Stimmbürger einem solchen „sozialdemokratischen Konsens" zustimmt und es sich deshalb keine große Volkspartei leisten kann, eine der Extrempositionen zu vertreten [1]. Lange Zeit schien es, daß die sozialistische Grundhaltung in diesem Aushandlungsprozeß immer mehr die Überhand gewinnen werde; so stellte Frau *Noelle-Neumann* aufgrund ihrer demoskopischen Umfragen in der Bundesrepublik einen wesentlichen Rückgang der liberalen, „bürgerlichen" Werthaltungen in den letzten 10 Jahren fest [2]. Meines Erachtens kann man jedoch auch feststellen, daß das sozialistische Gedankengut mehr und mehr ebenfalls an Überzeugungskraft und Attraktivität verliert.

Die Auseinandersetzung zwischen „links" und „rechts" dominiert den gesellschaftspolitischen Alltag auch heute noch derart, daß wir geneigt sind, alle Werthaltungen in dieses einfache Denkschema einzuordnen. Wie aber immer deutlicher wird, artikulieren sich in rasch zunehmendem Maße Einstellungen, für welche dies nicht gelingt. Es sind dies Auffassungen, welche sich an Zielvorstellungen orientieren, die grundsätzlich von den kompromißfähigen Absichten liberaler und sozialistischer Prägung abweichen, also dem „Sowohl-als-Auch" eine wesentlich andere Alternative entgegensetzen. Grenzen des Wachstums, Lebensqualität, Umweltschutz, alternative Technologie sind Schlagworte, die dies andeuten. Konnte die Studentenbewegung Ende der 60er Jahre noch teilweise zu Recht als „sozialistisch" etikettiert werden, so stimmt eine solche Zuordnung der „grünen" Bewegung Ende der 70er Jahre mit Sicherheit nicht mehr.

Nun verfügt heute – nüchtern betrachtet – wohl niemand über eine konkrete und realisierbare Vorstellung einer solchen „alternativen Gesellschaft". Alle Vorschläge zeigen bei näherem Zusehen, daß ihre konsequente und rasche Realisierung derart viel an Bestehendem und Geschätztem in Frage stellen würde, daß der Mut zur Veränderung rasch schwindet, wenn jemand dafür auch die Verantwortung auf sich nehmen muß. Trotzdem bin ich der Meinung, daß es sich dabei nicht um eine vorübergehende romantische Welle handelt, sondern um das sukzessive Vordringen von Werthaltungen, die bisher im „sozialdemokratischen Kompromiß" nicht zum Zuge kommen konnten. Ihr Gewicht stammt nicht von sektiererischem Eifer, mit dem sie teilweise vertreten werden, sondern beruht auf Einsichten in die komplexen Zusammenhänge von Natur und Gesellschaft, wie sie in zunehmendem Maße von den modernen Wissenschaften vermittelt werden. Diese zeigen auf, daß wir die großen soziotechnischen Systeme, die wir geschaffen haben, nicht wirklich unter Kontrolle haben, daß wir ungewollt die natürlichen Lebensgrundlagen in immer größerem Maßstab zerstören und daß eine weitere wirtschaftliche Expansion in der bisherigen Richtung zu immer größeren Schwierigkeiten führen muß. In der weniger rationalistischen Sicht des Normalbürgers dürfte das Empfinden maßgebend sein, daß eine stets weitergehende Zunahme von Konsumgütern kein erstrebenswertes Ziel mehr darstellt, wenn sie mit weitergehendem Leistungsdruck, Streß und Verlust an Naturerlebnis erkauft werden muß.

Beziehen wir, wenn auch nur sehr oberflächlich, die wirtschaftlich weniger entwickelten Länder in unsere Betrachtungen ein, so können wir feststellen, daß in den letzten Jahren die liberalen und sozialistischen Ideologien der entwickelten Industriestaaten des Nordens immer mehr in diese Gebiete exportiert worden sind, obwohl sie kaum vereinbar sind mit Kulturen ganz anderer Tradition und Geschichte. Immer deutlicher stellen wir aber auch fest, daß der Widerstand gegen „Kapitalismus" und „Sozialismus" in diesen Ländern gleichermaßen wächst; der Aufstand des Islams ist eine in ihren Konsequenzen noch kaum absehbare Illustration dieser Abkehr von europäischen, amerikanischen und russischen Wirtschafts- und Gesellschaftsauffassungen.

4. Die Turbulenz der Umwelt

Die zu Beginn eines neuen Jahrzehnts üblichen Prognosen über die zukünftige Entwicklung von Wirtschaft und Gesellschaft unterscheiden sich 1980 in doppelter Hinsicht von denjenigen von 1970: Sie sind einerseits pessimistischer geworden, andererseits aber werden sie auch nur noch zögernd und mit vielen Vorbehalten geäußert. Beide Merkmale sind auf Erfahrungen der 70er Jahre zurückzuführen, haben diese doch einerseits gezeigt, daß weiteres Wachstum immer stärker auf Knappheit von Ressourcen und Widerstände aller Art stößt, und andererseits jedermann drastisch vor Augen geführt, wie viele wesentliche Ereignisse nicht vorausgesehen werden konnten.

Wenn *eine* Prognose eine große Wahrscheinlichkeit für sich hat, dann ist es diejenige nach abnehmender Voraussagbarkeit der Zukunft. Die von *Drucker* schon vor Jahren vorausgesagte Diskontinuität der Entwicklung ist heute für alle sichtbar geworden; leider spricht sehr wenig dafür, daß es der Menschheit in absehbarer Zeit gelingen wird, sie wieder in kontrollierbare, kontinuierliche Richtungen zu lenken [3]. Die Ursachen dafür liegen nämlich nicht in erster Linie in einzelnen Fehlleistungen, die man in Zukunft vermeiden kann, sondern im nicht vorgesehenen und unerwünschten Verhalten ganzer Systeme. Das durch viele Faktoren wie z.B. das Bevölkerungswachstum, den Abbau der Handelsschranken, die Entwicklung des Flugverkehrs und der Kommunikationstechnik usw. geförderte „Zusammenwachsen der Welt" hat zu weltweiten Verknüpfungen geführt, welche bewirken, daß Störungen sich in ihren Auswirkungen kaum mehr isolieren lassen, sondern sich unkontrollierbar auf das ganze System übertragen und irgendwo nicht voraussagbare Änderungen zur Folge haben. Dieses „intuitionswidrige Verhalten komplexer Systeme", wie dies *Ashby* genannt hat [4], ist seit langem bekannt; aber wir beginnen erst heute, die Gesetze zu erkennen, welche das Funktionieren, Überleben oder Sterben großer dynamischer Systeme bestimmen. Hat man auch nur ein bescheidenes Wissen über diese neuen naturwissenschaftlichen Erkenntnisse *[5]*, so kann man den verzweifelten Bemühungen von Regierungen und internationalen Organisationen, mit gänzlich ungeeigneten Mitteln und Verfahren die Geschehnisse unter Kontrolle zu halten, keine Erfolgschancen einräumen; im Gegenteil muß erwartet werden, daß aufgrund unzulänglicher Maßnahmen immer mehr Instabilitäten eintreten werden.

Mit einigem Recht kann dagegen eingewendet werden, daß die freie *Marktwirtschaft* ein sich selbst regelndes System mit hoher Fähigkeit zu Selbstorganisation und zu dynamischer Stabilisierung sei. Geht man jedoch davon aus, daß „die Wirtschaft" immer weniger ein autonomes System darstellt, sondern unlösbar sowohl mit der Natur, in die sie eingreift, wie auch mit den Politiksystemen aller Staaten verbunden ist, wird deutlich, daß immer weniger erwartet werden kann, daß die Selbstregulierungsfähigkeit der Märkte ausreicht, um die Störungen durch sogenannte „exogene Faktoren" zu bewältigen. Die durch das Wirtschaften selbst produzierten Störungen natürlicher Gleichgewichte wie auch die Turbulenz politischer Veränderungen müssen sich zwangsläufig auf die Wirtschaft übertragen; volkswirtschaftliche Prognosen, die von stabilen exogenen Faktoren ausgehen, verlieren deshalb immer mehr an praktischer Aussagekraft.

Im Gegensatz zur mangelnden Voraussagbarkeit bestimmter politischer Ereignisse sind Ergebnisse *technologischer Entwicklungen* relativ gut prognostizierbar, da sich diese rational geplant, kontinuierlich und relativ langsam vollziehen. Wenn Unternehmungen sich von neuen Produkten und Verfahren der Konkurrenz überraschen lassen, so beruht dies auf mangelhaftem eigenen Wissen und Können und ungenügender Informationsbeschaffung. Viel schwieriger vorauszuerkennen sind jedoch die gesellschaftlichen und gesamtwirtschaftlichen Konsequenzen neuer technischer Entwicklungen, insbesondere wenn es sich um eine neue universelle Technologie handelt, wie dies bei der Mikroelektronik der Fall ist. Die massive Vergrößerung der Innovationskraft und der Produktivität in zahlreichen Wirtschaftszweigen muß notwendigerweise auf zahlreichen Märkten und in Ausmaß und Struktur der Beschäftigung zu wesentlichen Änderungen führen, wobei im Zusammenwirken mit anderen Faktoren eine starke Erhöhung der Arbeitslosigkeit nicht ausgeschlossen werden kann.

Auch an diesem Beispiel zeigt sich, daß es in der Regel nicht ein einzelnes Ereignis ist, das zu kaum zu bewältigenden Störungen führt, sondern das gleichzeitige Eintreten von Entwicklungen, die sich gegenseitig verstärken. Insgesamt muß deshalb mit einer turbulenten, langfristig nicht prognostizierbaren Umweltentwicklung und mit einer zunehmenden Krisen- und Katastrophenanfälligkeit der Gesellschaft gerechnet werden.

Zwischen den in Abschnitt 3 skizzierten Wandlungen in den Werthaltungen der Gesellschaft und den hier angedeuteten Turbulenzen besteht ein enger Zusammenhang. Wenn der übliche Lauf der Dinge gestört ist, sich Erwartungen nicht erfüllen und unerwartete Ereignisse aufgrund nicht verständlicher Ursachen eintreten, muß sich notwendigerweise Unsicherheit und Unzufriedenheit verbreiten und der Ruf nach etwas Neuem laut werden, was wiederum den gesellschaftlichen Wandel in zahlreichen Teilgebieten beschleunigen kann; andererseits könnte eine Häufung von politischen Krisen, Umweltzerstörungen, raschen technologisch bedingten Veränderungen usw. Auffassungen, die heute erst von einem kleinen Teil der Bevölkerung akzeptiert werden, sehr rasch zu einer breiten, politisch stark ins Gewicht fallenden Grundströmung anschwellen lassen.

5. Konsequenzen für die Unternehmungsführung

Vorstehend haben wir das Bild einer Gesellschaft gezeichnet, die sich rasch in allen Bereichen und Aspekten und in kaum vorhersehbarer Weise ändert. Wenn wir diese These akzeptieren, so stellt sich die Frage, wie sich die Unternehmungsführung auf diesen ständigen Wandel und diesen Zustand der Ungewißheit einstellen soll.

Man könnte die Frage dahingehend beantworten, daß unternehmerisches Handeln zu jeder Zeit Inkaufnahme von Risiken und Ungewißheiten bedeute, sich also nichts Grundlegendes geändert habe, und weiterhin auf Tatkraft, Risikobereitschaft und Erfindungsgabe des Unternehmers vertrauen. Dabei wird jedoch übersehen, daß sich unternehmerisches Handeln in den letzten Jahrzehnten im allgemeinen doch unter günstigen, kontinuierlich verlaufenden Rahmenbedingungen vollzog, daß sich die Unternehmungen an diese relative Konstanz gewöhnt haben und daß sich auch das Führungsinstrumentarium diesen relativ gut überschaubaren und prognostizierbaren Entwicklungen angepaßt hat. Tatsache ist auch, daß die früher übliche Anpassung an Nachfrageschwankungen durch kurzfristige Einstellung oder Entlassung von Mitarbeitern heute kaum mehr möglich ist und daß auch die teuren technischen Anlagen nach einer konstanten Beschäftigung rufen. Die Unternehmungen haben also an rascher Anpassungsfähigkeit verloren, so daß zwischen dem beschleunigten Wandel von Umweltfaktoren einerseits und der verlangsamten Änderungsgeschwindigkeit von Unternehmungsfaktoren andererseits eine gefährliche Diskrepanz entstehen kann.

Die Unternehmungen sollten also meines Erachtens eine konsequente *Politik der Flexibilitätssteigerung* betreiben, die es ihnen erlaubt, sich in Zukunft kurzfristig an rasch eintretende Umweltänderungen anzupassen. Eine solche Politik muß sich auf sämtliche Unternehmensbereiche und -aspekte beziehen; während die einzelne Maßnahme für sich allein genommen eher bescheiden wirkt, kann sich durch gegenseitige Verstärkungseffekte ein bedeutendes Gesamtresultat ergeben. Wesentlich ist, daß zu den üblichen Kriterien wie Wirtschaftlichkeit und Rentabilität, anhand derer Pläne und Maßnahmen beurteilt werden, stets das Kriterium der Flexibilität hinzukommen sollte, und daß immer auch nach Alternativen gesucht werden sollte, die für die Zukunft noch möglichst viel Handlungsspielraum offen lassen. Liquiditätserhöhung, Selbstfinanzierung und konservative Fremdfinanzierung erhalten auf finanziellem Gebiet gegenüber einer Rentabilitätsmaximierung ein größeres Gewicht, da auch mit Verlustperioden gerechnet werden muß.

Noch mehr als bisher wird es für jedes Unternehmen von entscheidender Bedeutung sein, ein seinen Möglichkeiten und Stärken angemessenes *Produkt-Markt-Konzept* zu haben. Dabei kann in unseren Ländern mit hohen Produktionskosten wohl nach wie vor jenen Firmen die größte Zukunftschance eingeräumt werden, die Produkte und Dienstleistungen mit hoher geistiger Wertschöpfung erzeugen, also in der Lage sind, auf einem speziellen Gebiet besonders qualifizierte Leistungen zu erbringen, und Unternehmungen, die ihr Marktrisiko durch geographische Streuung vermindern können. Konkret aber können diese Produkt-Markt-Strategien nur für das einzelne Unternehmen und von diesem selbst bestimmt werden. Besonders wichtig scheint mir zu sein, daß das gesamte *Führungskonzept* des Unternehmens daraufhin überprüft wird, ob es auf die Anforderungen einer sich rasch wandelnden Umwelt ausgerichtet ist [6]. Namentlich in größeren Unternehmungen dürften in den Jahrzehnten der Hochkonjunktur auch im Führungsbereich Bürokratisierungstendenzen wirksam geworden sein, die mehr zu einer äußerlichen Perfektionierung des Führungsinstrumentariums als zu einer Erhöhung seiner Schlagkraft in turbulenten Zeiten geführt haben. Geht man davon aus, daß in Zukunft von Führungskräften aller Stufen und zahlreichen Sachbearbeitern eine Bereitschaft zu raschen Umstellungen, zur Übernahme neuartiger Aufgaben und Arbeitsverfahren und zum selbständigen Handeln in ungewissen Situationen gefordert werden wird, so muß der ganze Führungsapparat daraufhin überprüft werden, ob er ein solches flexibles Verhalten erleichtert oder nicht vielmehr erschwert. Beispielsweise dürfte eine eindimensionale Organisationsstruktur mit ausgebauten Stellenbeschreibungen kaum die geeigneten Rahmenbedingungen für eine rasche Anpassung der ganzen Unternehmung an veränderte Gegebenheiten abgeben.

Nach wie vor wird ein ausgebautes *Planungssystem* für das Unternehmen von zentraler Bedeutung sein. Auch hier sollte jedoch vorurteilsfrei überprüft werden, ob die Planungsverfahren der erhöhten Ungewißheit und der Turbulenz der Umweltentwicklungen angepaßt sind. Computerisierung und Quantifizierung der Planung schließen die Gefahr der Reduktion auf das Meßbare und des Vortäuschens einer in Wirklichkeit nicht gegebenen Sicherheit der Voraussicht ein, was zu Illusionen über die Machbarkeit der Zukunft führen kann. Möglichkeiten, die Planung besser dem gesellschaftlichen Wandel anzupassen, sind etwa: Die Ausarbeitung mehrerer umfassender Szenarien über „mögliche Zukünfte“ anstelle von isolierenden Prognosen über einzelne Umweltfaktoren [7], die bewußte Aufnahme von „schwachen Signalen“ in die Basisinformationen [8], die verstärkte Besinnung und Konzentration auf eigene Stärken bei der Unternehmungsanalyse, die Bereitstellung alternativer Pläne für verschiedene Umweltentwicklungen und die stärkere Betonung von Projektplänen gegenüber der bloßen Periodenplanung. Meines Erachtens ist es auch angebracht, die Abgrenzung zwischen Unternehmungspolitik und Unternehmungsplanung neu zu überdenken. Zweifellos erhält durch die skizzierten Entwicklungen das strategische Denken der obersten Führungsorgane ein verstärktes Gewicht. Dieses ständige Sichbefassen mit den grundsätzlichen und langfristigen Existenzbedingungen und Erfolgspotentialen des Unternehmens sollte nicht durch den Formalismus eines Planungssystems eingeengt sein; es stellt notwendigerweise ein schöpferisches Denken dar, in dem qualitative Informationen, subjektive Wertungen und konstruktive Phantasie eine wesentliche Rolle spielen und für das nicht exakte analytische Verfahren, sondern allgemeine Heuristiken die geeigneten Methoden darstellen.

Von größter Bedeutung ist naturgemäß der *personelle Aspekt* der Führung, zeigt doch die Erfahrung, daß der sehr große Zeitbedarf für wesentliche Neuerungen in erheblichem Ausmaß auf bewußte oder unbewußte Widerstände der daran beteiligten Menschen zurückzuführen ist. Nicht nur Arbeiter, sondern in zunehmendem Maße auch Führungskräfte fühlen sich durch den raschen gesellschaftlichen und wirtschaftlichen Wandel verunsichert und durch mögliche Veränderungen im Unternehmen selbst bedroht. Es ist auch möglich, daß das Wissen und Können verschiedener Führungskräfte mit den rasch steigenden Anforderungen nicht Schritt gehalten hat und sie aus diesem Grunde neuen Aufgaben und Problemen nicht gewachsen sind. Daran ist oftmals die oberste Unternehmungsleitung nicht unschuldig, werden doch in vielen Unternehmungen untere und mittlere Führungskräfte immer noch zu wenig in Planungs- und Entscheidungsprozesse einbezogen und auch zu wenig intensiv in ihren Führungsfähigkeiten weitergebildet. Die Zeit, die damit vermeintlich durch eine raschere Willensbildung im kleinen Kreis oder durch Delegation von Problemen an Spezialisten gewonnen wird, geht in der Regel bei weitem wieder verloren durch die Zeitverluste beim um so mühsameren Prozeß der Willensverwirklichung und auch der Anpassung der „oben" getroffenen Entscheide an die tatsächlichen Verhältnisse.

Gerade auf personellem Gebiet wird deutlich, daß das Streben nach vermehrter Flexibilität keineswegs einen Verzicht auf langfristiges Denken bedeutet. Meines Erachtens verschiebt sich das langfristige Planen lediglich auf eine grundsätzlichere, abstraktere Ebene: Wenn es aufgrund diskontinuierlicher Umweltentwicklungen nicht mehr möglich ist, relativ konkrete langfristige Pläne festzulegen, so ist es um so wichtiger, langfristig und dauerhaft dafür zu sorgen, daß das Unternehmen auf möglichst vielen Gebieten kurzfristig aktionsbereit ist. Es scheint mir deshalb außerordentlich wichtig zu sein, daß die obersten Unternehmungsleitungen versuchen, eine langfristig gezielte, umfassende Politik einer integrierten Unternehmungs- und Management-Entwicklung zu konzipieren, welche auf dieses Ziel gerichtet ist [9].

6. Das Konzept der gesellschaftlichen Verantwortung der Unternehmung

In Abschnitt 3 wurde die These vertreten, daß in einer demokratischen Gesellschaft die Management-Philosophie der Führungskräfte der Unternehmungen auf die Dauer nicht grundlegend von den Überzeugungen abweichen sollten, wie sie von weiten Kreisen der Bevölkerung vertreten werden. Stimmen wir dieser These zu, dann müssen die Unternehmungsleitungen bereit sein, eine Verantwortung zu übernehmen, die über das Erbringen wirtschaftlicher Leistungen in einer marktwirtschaftlichen Ordnung hinausgeht, ist es doch immer weniger so, daß sich Außenstehende mit einer derart eindimensional-wirtschaftlichen Betrachtungsweise begnügen.

Eine soziale, sich nicht in wirtschaftlichen Leistungen erschöpfende *Verantwortung gegenüber den Mitarbeitern* haben die meisten Unternehmungsleitungen durchaus anerkannt und damit nicht nur Bemühungen zur „Humanisierung der Arbeitswelt" aktiv gefördert, sondern auch wesentlich zur Vermeidung sozialer Konflikte in der Zeit nach dem zweiten Weltkrieg beigetragen. Wesentlich umstrittener ist das Konzept einer externen sozialen Verantwortung des Unternehmens, d.h. einer bewußten Akzeptierung nicht-wirtschaftlicher Anforderungen an Leistungen und Verhaltensweisen der Unternehmung.

In Abb. 2 sind einige der am häufigsten geäußerten Argumente pro und kontra Übernahme einer solchen gesellschaftlichen Verantwortung durch die Unternehmungen einander gegenübergestellt. Zweifellos dürfen die Gegenargumente nicht leicht genommen werden, doch wiegen meines Erachtens die Gründe, die dafür sprechen, bedeutend schwerer. Die Vorstellung, daß die Wirtschaft „etwas für sich" sei, das man

KONTRA Übernahme gesellschaftlicher Verantwortung	PRO Übernahme gesellschaftlicher Verantwortung
1. rechtlich Unternehmungen gehören den Eigenkapitalgebern; das Management ist rechtlich gar nicht befugt, Kapital anders als im Investitionsinteresse der Eigentümer einzusetzen.	1. *rechtlich* a) Das Recht verbietet soziales Verhalten auch nicht; im übrigen hinkt das positive Recht nicht nur in dieser Beziehung hinter der gesellschaftlichen Entwicklung her. b) Das ausschließliche Abstellen auf staatliche Gesetze führt zur Inflation der Rechtsnormen und zur Allmacht des Staates; eine freiheitliche Gesellschaftsordnung setzt das Bestehen auch anderer Verhaltensnormen, die freiwillig eingehalten werden, voraus.
2. volkswirtschaftlich Das marktwirtschaftliche System beruht auf rein privatwirtschaftlich orientiertem Verhalten der Unternehmen; die Ausrichtung der Unternehmungen nach anderen Werthaltungen beeinträchtigt das Funktionieren des Systems und senkt die volkswirtschaftliche Produktivität.	*2. volkswirtschaftlich* Die homo-oeconomicus-Prämisse der klassischen Nationalökonomie ist ohnehin eine Fiktion; praktisch besteht schon eine soziale Marktwirtschaft. Die Maximierung volkswirtschaftlicher Produktivität ist in hochentwickelten Gesellschaften kein erstrebenswertes Ziel.
3. privatwirtschaftich Selbst wenn sich Unternehmungen sozial verhalten wollen, ist ihnen das faktisch im Rahmen der Marktwirtschaft kaum möglich, da der unsozial handelnde Konkurrent bevorzugt ist.	*3. privatwirtschaftlich* Die einzelnen Unternehmungsleitungen müssen dahin wirken, daß sich alle an das Konzept gesellschaftlicher Verantwortung halten; es gibt auch andere Möglichkeiten der Bestrafung unsozialen Verhaltens.
4. gesellschaftspolitisch Die Wahrnehmung gesellschaftlicher Interessen ist nicht Sache der Unternehmungen; die Übernahme gesellschaftlicher Verantwortung durch die Unternehmer fördert privatwirtschaftliche Machtstellungen und ist gesellschaftlich unerwünscht.	*4. gesellschaftspolitisch* Die Übernahme gesellschaftlicher Verantwortung durch die zahllosen Unternehmungen wirkt der Machtkonzentration beim Staat entgegen und entspricht der Idee einer föderalistischen Machtdezentralisation.
5. faktisch Mit der explizieten Übernahme gesellschaftlicher Verantwortung beschwören Großunternehmen die Gefahr ihrer Vergemeinschaftung herauf.	*5. faktisch* Wenn sich Großunternehmungen nicht gesellschaftlich verantwortlich verhalten, wächst die Abneigung gegen die privaten „Großen" und die Neigung, sie zu verstaatlichen.

Abb. 2: Argumente pro und kontra Übernahme gesellschaftlicher Verantwortung

möglichst unabhängig nach Konkurrenz- und Effizienzkriterien funktionieren lassen sollte, stehen für jedermann sichtbare Tatbestände einer allseitigen Verflechtung von Natur, Gesellschaft, Staat und Wirtschaft gegenüber. Mit dem Nützlichen erzeugt die Wirtschaft in zunehmendem Maße auch offensichtlich Schädliches; wenn wir die Verantwortung für die Vermeidung solcher Schäden ausschließlich dem Staat zuordnen, muß zwangsläufig die Macht des Staates damit gefördert werden. Die Einstellung also, daß in der Wirtschaft alles erlaubt sei, was vom Staat nicht ausdrücklich verboten ist, muß zwangsläufig dazu führen, daß der Staat immer mehr verbieten wird, – wie wir gesehen haben, ohne daß erwartet werden kann, daß damit die grundlegenden gesellschaftlichen Probleme tatsächlich gelöst werden. Wenn die Unternehmungen einer solchen Entwicklung – die bereits in vollem Gange ist – entgegenwirken wollen, dann gibt es meines Erachtens keine andere Lösung als die, daß sie sich freiwillig, aufgrund eigener Einsichten und eigener gesellschaftlicher und moralischer Maßstäbe an selbstgesetzte Regeln halten.

Damit wird ein Verhalten gefordert, das Realisten unter den Politikern und Wirtschaftsführern immer wieder als illusionär und nicht durchführbar erklären, nämlich eine freiwillige Beschränkung in der Verfolgung egoistischer Ziele zugunsten des Allgemeinwohls. Dazu muß gesagt werden, daß es auch aus der egoistischen Sicht des einzelnen Unternehmens oder auch Staates teilweise um die Wahl zwischen kurzfristiger Interessenmaximierung und langfristiger Existenzsicherung geht. Was nützt uns die Erzielung von Gewinnen in der Gegenwart, wenn wir mit unserem heutigen Verhalten zu unserem späteren Untergang beitragen? Diese Frage ist vielleicht nicht so übertreibend und polemisch, wie sie auf den ersten Blick erscheint, sobald wir dramatische Veränderungen und Katastrophen nicht mehr ausschließen. Bekanntlich hat schon Lenin die These vertreten, daß die Kapitalisten die Stricke liefern werden, mit denen sie aufgehängt würden. Aber auch ohne Katastrophe eines dritten Weltkrieges spricht vieles dafür, daß zunehmende Instabilität das Weiterbestehen einer freiheitlichen Gesellschaftsordnung in zunehmendem Ausmaß bedroht. Eine zeitliche Häufung von offensichtlichen Fehlleistungen unserer Systeme, wie etwa steigende Inflationsraten, instabile Währungsverhältnisse, steigende Arbeitslosigkeit, Streiks in öffentlichen Diensten, Energieversorgungsschwierigkeiten, massive Umweltverschmutzungen, Pannen in Atomkraftwerken, zunehmende Wirtschaftskriminalität, Terrorismus usw. könnte durchaus ein Umkippen der öffentlichen Meinung bewirken und Kräfte verstärken, die Ordnung und Sicherheit durch radikale Maßnahmen auf Kosten der Freiheit wiederherstellen wollen.

Rückblickend kann man feststellen, daß in der Zeit von 1945 bis 1975 in der Bundesrepublik Deutschland und in der Schweiz eine recht große Übereinstimmung zwischen den Bestrebungen und Werthaltungen eines großen Teils der Bevölkerung und den Zielen und der Philosophie der Unternehmungsleitungen bestand. Wiederaufbau, technischer Fortschritt, Produktivitätssteigerung und Expansion der Unternehmungen standen sichtbar im Dienste des Strebens der Bürger nach mehr materiellem Wohlstand. Die positive Mitwirkung von Unternehmerverbänden und Gewerkschaften am politischen Spiel der laufenden Kompromißbildung zwischen liberalen und sozialistischen Tendenzen bei Konsens über die demokratische Grundordnung hat die Entstehung akuter Konflikte verhindert. Die Anerkennung der sozialen Komponente der freien Marktwirtschaft durch die Unternehmer und die Übernahme sozialer Verantwortung gegenüber den Mitarbeitern stellten weitere Anpassungen an sich verändernde Werthaltungen in der Gesellschaft dar. Wenn es auch zum politischen Spiel des Aushandelns gehörte, daß Meinungsverschiedenheiten über Tariflöhne, Arbeitszeit und Dividendenhöhe dramatisiert wurden, so konnte dies doch nicht darüber hinwegtäuschen, daß in bezug auf die großen Zielrichtungen durchaus ein weitgehender Konsens bestand. Kontinuierlich steigender individueller Wohlstand, geringe „Sterberate" von Unternehmungen und sehr stabile politische Verhältnisse waren das sichtbare Ergebnis.

Die in den voranstehenden Abschnitten skizzierten Entwicklungen zeigen nun aber, daß diese relativ große Übereinstimmung in Zielen und Werthaltungen innerhalb unserer Gesellschaft im Laufe der 70er Jahre abgenommen hat. Die feststellbare Verhärtung der Positionen von Arbeitgebern und Arbeitnehmern, von Links und Rechts im politischen Willensbildungsprozeß, ist dabei viel weniger bedeutsam als die geschilderte Zunahme von Einstellungen und Überzeugungen, die gerade das in Frage stellen, was die Konsens- und Kompromißfähigkeit bisheriger Positionen ausmachte: Der Glaube an den Nutzen von Wissenschaft und Technik, an die Möglichkeit eines kontinuierlichen wirtschaftlichen Wachstums und an die Machbarkeit der Zukunft. Sollten tatsächlich immer mehr Menschen es vorziehen, weniger zu konsumieren, weniger wegzuwerfen, weniger zu arbeiten, um dafür andere Bedürfnisse zu befriedigen, dann könnte dies zu ganz erheblichen Veränderungen führen. Die größte Wahrscheinlichkeit spricht wohl dafür, daß eine solche geistige Umstellung zwar zunehmend an Gewicht gewinnt, ohne daß aber deswegen bisherige Werthaltungen verschwinden. Dieses Nebeneinanderbestehen von Grundhaltungen, die miteinander nicht vereinbar sind, stellt meines Erachtens das größe Konfliktpotential in der Gesellschaft dar, da sich auch zeigen könnte, daß unsere Mechanismen der demokratischen Kompromißbildung dieser Entwicklung nicht gewachsen sind.

Gehen wir von diesem Bild einer Situation aus, in der sich gegensätzliche Werthaltungen in der Gesellschaft mehr oder weniger unversöhnlich gegenüberstehen, dann zeigt sich, daß eine bloß passive Anpassung der Management-Philosophie an dominierende Überzeugungen der Umwelt nicht mehr genügt; die Führungskräfte müssen sich zumindest entscheiden, welche von verschiedenen vertretenen Positionen sie selbst einnehmen wollen. Hier wird deutlich, daß von Führungskräften mehr erwartet werden darf als eine bloße opportunistische Übernahme der Auffassung anderer Menschen; nichts ist – auch in einer Demokratie – so peinlich wie die eilfertige Anpassung der „eigenen" Meinung an das, was gerade populär ist. Je instabiler die Verhältnisse werden und je ungewisser die Zukunft ist, um so weniger können Führungskräfte bloße Sprecher und Willensvollstrecker von Mehrheiten sein, um so mehr muß von ihnen auch eine richtungsweisende Kraft ausgehen, um so deutlicher müssen sie auch die Verantwortung für die anzustrebenden Ziele übernehmen; kein Führer kann sich im Falle einer Katastrophe darauf berufen, daß er ja nur das getan hat, was andere wollten.

Führungskräfte in allen Bereichen der Gesellschaft gehören funktions- und machtmäßig zur Elite, von der gefordert werden kann, daß sie besser und früher als andere erkennt, welche Ziele und Verhaltensweisen für die Sicherung der Zukunft richtig oder falsch sind. Die Übernahme einer gesellschaftlichen Verantwortung durch die Unternehmungsführung bedeutet, daß sie sich intensiv darum bemüht, nicht nur das im Interesse des zu führenden Unternehmens Zweckmäßige, sondern auch das für die umfassendere Gesellschaft Richtige zu tun. In diesem Sinne bedeutet Führung nicht nur Anpassung, sondern auch Widerstand gegen Bestrebungen und Entwicklungen, die man nach eigenem Urteil für verhängnisvoll hält. In Zeiten eines raschen und tiefgreifenden Wandels können dabei für Führungskräfte schwere Gewissenskonflikte entstehen, falls das, was für das eigene Unternehmen gut zu sein scheint, nicht mit dem übereinstimmt, was man aufgrund der Einsicht in größere Zusammenhänge für die Gesellschaft für richtig hält.

„Systemphilosophisch" ausgedrückt kommt man nicht um die Feststellung herum: Wer für das Verhalten eines Teils verantwortlich ist, muß in seinen Entscheiden auch die Bedürfnisse des Ganzen berücksichtigen. Vieles spricht dafür, daß der sich beschleunigende Wandel einen „Evolutionsschub" der Gesellschaft bedeutet, der noch nicht voraussehbare neue Strukturen hervorbringen wird. So gesehen bedeuten die sich verstärkenden Instabilitäten eine notwendige Phase der Auflösung bestehender, für die Sicherung einer akzeptablen Zukunft aber nicht mehr ausreichender Strukturen. So verständlich und auch berechtigt die Sorge der Verantwortlichen dafür ist, daß diese Prozesse der Destabilisierung und Innovation nicht außer Kontrolle geraten und im Chaos enden, so wichtig ist auch die Erkenntnis, daß ein bloßes Festhalten an bestehenden Zielen und Strukturen keine ausreichende Lösung darstellt.

Deutlicher als je ist heute sichtbar, daß Fortschritt nicht nur ein ständiges Fortschreiten auf bisherigen Wegen bedeutet, sondern auch Richtungsänderungen in sich schließt; diese zu bewirken stellt die eigentliche strategische Führungsaufgabe dar. Gut geführte Unternehmungen stellen hochentwickelte Institutionen zur rationellen Erstellung von Leistungen dar, die die Fähigkeit zur schöpferischen Innovation eindrücklich bewiesen haben. Diese Innovationskraft in den Dienst neuer gesellschaftlicher Ziele und Bedürfnisse zu stellen, ist meines Erachtens die zentrale Aufgabe der Unternehmensführung in den kommenden Jahren. Unternehmungen sind aus meiner Sicht die einzigen bestehenden Institutionen der Gesellschaft, die fähig sind, die Lösung äußerst schwieriger und neuartiger Probleme rasch, zielgerichtet und auf breiter Front in Angriff zu nehmen. Dazu ist es notwendig, daß sich die Management-Philosophie löst von der Vorstellung, eine erfolgreiche Unternehmungsführung sei nur bei Festhalten an den bisherigen Zielen einer konsumorientierten Gesellschaft möglich. Unternehmungen sind seit langem Zentren wirtschaftlicher und technischer Innovationen; nichts spricht dagegen, daß sie auch gesellschaftlich innovativ sein können. Das Vertrauen in die Problemlösungsfähigkeit des eigenen Unternehmens sollte der Unternehmungsführung auch den Mut geben, an den in Gang befindlichen Prozessen gesellschaftlichen Wandels aktiv gestaltend mitzuwirken.

Anmerkungen

[1] Vgl. *Dahrendorf, R.*: Widersprüche der Modernität und die Zukunft der Freiheit. St. Gallen 1979.
[2] Vgl. *Noelle-Neumann, E.*: Werden wir alle Proletarier? Wertewandel in unserer Gesellschaft. Zürich 1978
[3] Vgl. *Drucker, P.*: The Age of Discontinuity. New York 1978.
[4] *Asbhy, R.*: Einführung in die Kybernetik. Frankfurt 1974.
[5] Vgl. *Jantsch, E.*: Die Selbstorganisation des Universums. München 1979.
[6] Vgl. *Ulrich, H.*: Unternehmungspolitik. Bern 1978.
[7] Vgl. *Blecke, U.*: Plausible Pfade in die Zukunft. Manager Magazin 12, 1978, 120–125.
[8] Vgl. *Ansoff, H.I.*: Die Bewältigung von Überraschungen – Strategische Reaktionen auf schwache Signale. ZfbF 28, 1976, 129–152.
[9] Vgl. *Malik, F.*: Systemorientierte Management-Entwicklung. Praxis des Systemorientierten Managements. Hrsg. v. F. Malik. Bern 1979, 25–42.

Unternehmensethik und strategische Planung

H. Kreikebaum

1. Problemstellung

In der Standardliteratur zu Instrumenten und Hilfsmitteln der strategischen Unternehmensplanung (SUP) werden selten ethische Fragen angesprochen. Ansatzpunkte finden sich allenfalls bei der Analyse der Rahmenbedingungen und des Umweltbewußtseins. Von Ausnahmen abgesehen werden ebenfalls kaum ethische Aspekte im Rahmen der konzeptionellen Unternehmensplanung behandelt, d.h. bei der Formulierung von Absichten/Zielen und Strategien/Maßnahmen.

Eine kritische Bestandsaufnahme zeigt zudem, daß der Zusammenhang von Unternehmensethik und Unternehmensplanung außerordentlich kontrovers ist. Dies gilt vor allem dann, wenn man die wirtschaftliche Realität mit (idealistischen) Vorstellungen konfrontiert. Gerade die bestehenden Konflikte reizen allerdings auch zu einer Behandlung des gestellten Themas, das in Zukunft noch stärker an Einfluß gewinnen wird. Darauf deuten jedenfalls Beobachtungen aus jüngster Zeit in den USA hin, wo die Unternehmensethik in Theorie und Praxis zunehmend wichtiger wird.

Die Problemstellung legt es nahe, zuerst auf die Schwerpunktaussagen einer Unternehmensethik einzugehen. Es kann davon ausgegangen werden, daß trotz der zunehmenden Bedeutung ethischer Aspekte des unternehmerischen Handelns das Wissen um deren Inhalte weniger verbreitet ist als die inzwischen zum gesicherten Bestand betriebswirtschaftlicher Aussagen zählenden Kenntnisse über die strategische Planung des Unternehmens. Diese Situation rechtfertigt es, zunächst die begrifflichen Grundlagen der Unternehmensethik zu behandeln und dabei insbesondere Leitlinien eines ethischen Verhaltens im Unternehmen herauszuarbeiten.

Weitgehend ungeklärt ist ferner die Frage, in welcher Weise ethische Überlegungen im Unternehmen implementiert werden können und welche Voraussetzungen dazu erforderlich sind. Zu untersuchen ist also, wie die notwendigen Bewußtseinsänderungen bei den Entscheidungsträgern herbeigeführt und in welcher Weise Beteiligte und Betroffene in strategische Planungsprozesse einbezogen werden können.

2. Begriff und Gegenstand der Unternehmensethik

Unter „Ethik" verstehen wir die Lehre vom verantwortlichen Handeln in der menschlichen Gesellschaft (siehe dazu van Oyen 1986, Sp. 708). Der Begriff leitet sich aus dem Griechischen = Sitte, Gewohnheit, Gesinnung ab. Es erscheint sinnvoll, zwischen den der Ethik vorausgehenden Begriffen „Moral" und „Ethos" zu unterscheiden. Ethos und Moral lassen sich in folgender Weise abgrenzen: Moralische Regeln erwachsen aus den Konventionen von Sitte und Brauchtum, das Ethos bezeichnet dagegen das individuelle Bewußtsein und die innerliche Verpflichtung zur Befolgung bestimmter Normen und Regeln (siehe dazu Krings 1986, S. 397 und Enderle 1989, S. 174).

„Ethik" und „Morallehre" lassen sich als synonyme Begriffe verwenden, da es in beiden Disziplinen um eine wissenschaftliche Reflexion moralischer Vorstellungen und Maßstäbe geht (so auch Lorenzen 1989, S. 27). „Wissenschaftlich" bedeutet stets ein rationales Argumentieren, das einer bestimmten Methodik folgt. Vorausgesetzt wird dabei, daß die zur Diskussion stehenden Handlungsbereiche einer Argumentation zugänglich sind, daß also die handelnden Personen über Entscheidungsfreiheit verfügen (siehe dazu Kötter 1989, S. 116).

Über die deskriptive Beschreibung moralischer Wertvorstellungen hinaus umfaßt die Ethik auch Aussagen präskriptiver Art. Jede Ethik macht m.a.W. Angaben über Ziele und Inhalte eines für wünschenswert gehaltenen Verhaltens. Was als erstrebenswert gilt, wird durch weltanschauliche Basisurteile geprägt, wie sie in der Philosophie und Theologie entwickelt worden sind. Die Erkenntisse dieser Disziplinen dienen dazu, ethische Leitlinien zu entwickeln, die das praktische Handeln direkt oder mittelbar gestalten helfen.

Wie die folgende Abbildung erkennen läßt, versteht sich die Unternehmensethik als ein selbständiges Teilgebiet der Sozial- und Wirtschaftsethik.

Es ist eine offene Frage, ob Unternehmensethik als „genitivus objectivus oder genitivus subjectivus" (Hesse 1988, S. 8) zu verstehen sei. Im ersten Falle werden bestimmte ethische Prinzipien auf das Unternehmen übertragen und im Sinne einer „Regionalethik" angewendet (Enderle 1989, S. 167 f.). Problematisch an diesem Vorgehen ist einmal, daß man leicht in die Gefahr gerät, die Ethik dem Unternehmen anzupassen und dann zwischen privater Moral und Geschäftsmoral zu unterscheiden. Im umgekehrten Fall besteht dagegen die Möglichkeit, daß die Sachgesetzlichkeiten des Unternehmens übersehen werden. Gerade diese Gefahr versucht eine Betrachtung der Unternehmensethik als „genitivus subjektivus" zu überwinden, welche die Zwänge und Konflikte des Unternehmens ernst nimmt und diese in systematischer Weise in ethische Überlegungen einbezieht.

Im Unterschied zur „Unternehmenskultur", welche die vorhandenen Werte und Strukturen deskriptiv beschreibt und zu beeinflussen versucht, beschäftigt sich Unternehmensethik mit den Begründungen des Handelns im Unternehmen durch Normen und Wertvorstellungen der Entscheidungsträger. Sie geht von der Voraussetzung aus, daß die verantwortlichen Personen über gewisse Entscheidungsspielräume verfügen, die ihnen von der marktwirtschaftlichen Wettbewerbsordnung eingeräumt werden: Es hätte keinen Sinn, bei vollständiger Determiniertheit des unternehmerischen Handelns von einer selbständigen Unternehmensethik zu reden.

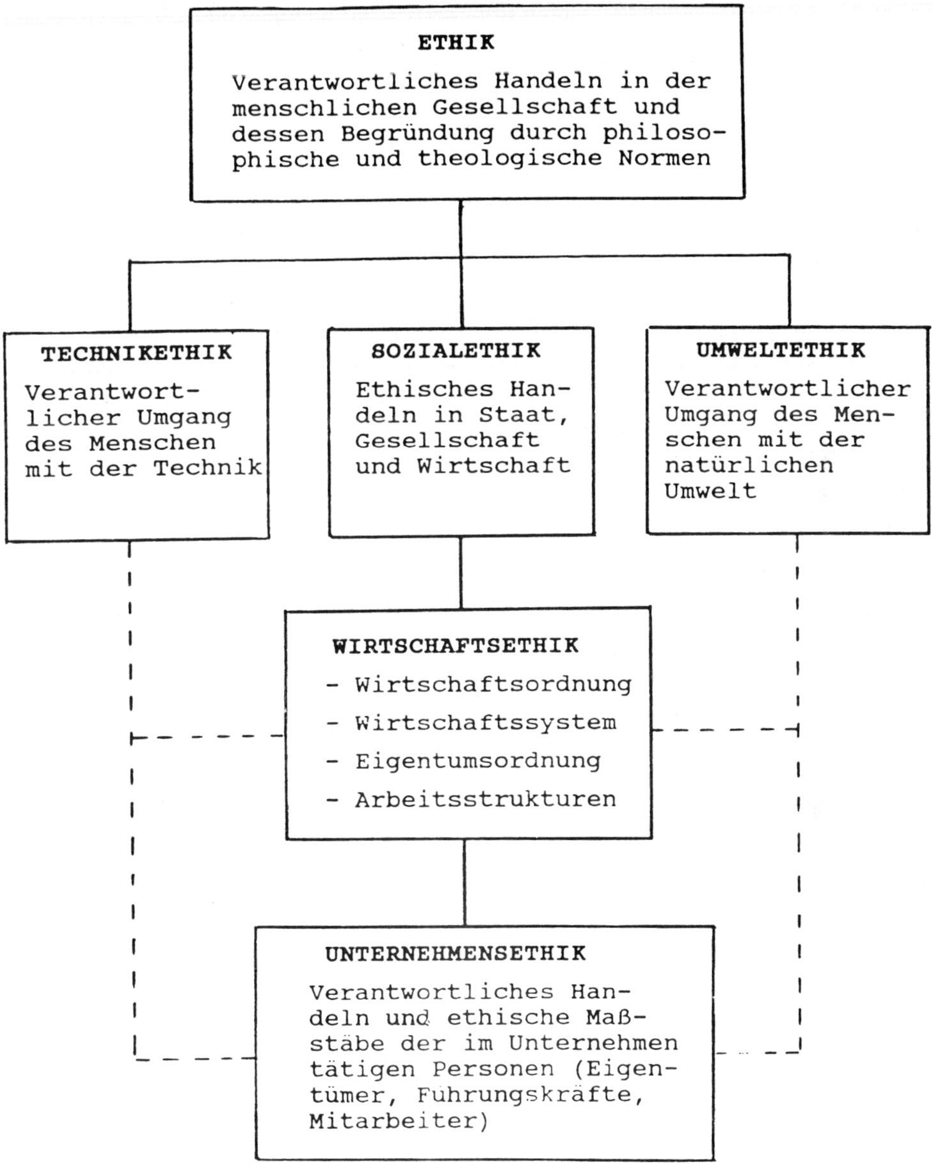

Abb. 1: Gegenstände ethischer Reflexionen

Entscheidungsspielräume beinhalten bestimmte Konfliktzonen und verursachen ein Dilemma des Handelns. Die nachstehende Abbildung läßt mögliche Konfliktzonen erkennen und zeigt gleichzeitig, daß diese bereits bei der Formulierung von grundlegenden strategischen Absichten beginnen.

Die in Abbildung 2 skizzierten Konfliktzonen durchdringen nahezu alle Verantwortungsbereiche. Ein besonders häufig in der Praxis erwähntes und in der Literatur diskutiertes ethisches Dilemma besteht zwischen der Verfolgung des Gewinnziels und ethischen Zielsetzungen, sofern diese das Gewinnziel beeinträchtigten (siehe dazu auch Küpper 1988).

Es ist zunächst hervorzuheben, daß die langfristige Erzielung eines Überschusses der Erlöse über die Kosten für ein Unternehmen eine Lebensnotwendigkeit darstellt, die durch ethische Orientierungen nicht ad absurdum geführt werden darf. Allerdings erscheint es unter ethischen Gesichtspunkten nicht unerheblich, auf welche Weise und mit welchen Mitteln der Gewinn erzielt wird bzw. ob das Verfolgen des Gewinnprinzips ethisch unerwünschte Auswirkungen nach sich zieht. Aus diesem Grund beziehen deshalb auch Steinmann und Löhr bei prinzipiellem Festhalten am Steuerungsprinzip des Gewinns in ihre Definition der Unternehmensethik die Forderung ein, die „konfliktrelevanten Auswirkungen des Gewinnprinzips bei der Steuerung der konkreten Unternehmensaktivitäten zu begrenzen“ (Steinmann/Löhr 1989, S. 10).

Die ethischen Bedenken richten sich nicht auf das „einfache Gewinnprinzip“ (Lorenzen 1989, S. 52 f.), sondern auf die ausschließliche Verfolgung des Gewinnmaximierungsziels. Ein solches Handeln widerspricht nicht nur der Rolle von Unternehmen als

Grundkonflikt:	Sachgerechtigkeit/ Zweckrationalität	⟷	Ethos/Moral
Personelle Ebene:	Gewinnstreben	⟷	Menschengerechtigkeit (Humanisierung der Arbeit)
Umweltebene:	Technisch/ wirtschaftliche Effizienz	⟷	Ökologische Ziele (betrieblicher Umweltschutz)

Abb. 2: Konfliktzonen unternehmerischer Verantwortung

gesellschaftlich-politische Gebilde, sondern läßt auch die Reflexion über den Sinngehalt unternehmerischen Handelns unberücksichtigt. So nützlich der heuristische Wert der homo oeconomicus-Fiktion und das Axiom des rationalen Eigeninteresses für Zwecke der Theoriebildung sein mögen, so schädlich erweist sich unter ethischen Gesichtspunkten der empirische Mißbrauch dieser Annahmen. Die Suche nach individuellen Vorteilen entsprechend dem Rationalprinzip darf nicht dazu verleiten, die inhaltlichen Sinnfragen auszuklammern (siehe dazu Sautter 1988, S. 16–18).

Einen Kernpunkt innerhalb der Unternehmensethik bildet der Begriff der Verantwortung. Auch dieser vermeintlich klare Begriff ist nicht gegen Mißdeutungen gefeit (siehe dazu Wagner 1990).

So zeigt z.B. die empirische Untersuchung Gabeles über die Werthaltungen von Führungskräften mittelständischer Unternehmen einen außerordentlich weiten und damit auch inhaltsleeren Begriff der geschäftspolitischen Verantwortung in der Praxis (siehe Gabele 1989, S. 629). Wir wollen deshalb versuchen, diesen zentralen Begriff so konkret wie möglich zu fassen und dessen Bedeutung für die strategische Planung im Unternehmen herauszuarbeiten.

Verantwortliches Handeln umschließt einen Doppelaspekt (siehe dazu Picht 1980): Ein Verantwortungsträger hat sich für sein Handeln gegenüber anderen Personen oder einer Instanz zu verantworten und fühlt sich dafür auch verantwortlich.

Sieht man einmal von der Selbstverantwortung (gegenüber dem eigenen Gewissen) und der religiösen Verantwortung (gegenüber Gott) ab, so lassen sich die in Abb. 3 wiedergegebenen Legitimationsgrundlagen der Verantwortung im Unternehmen unterscheiden.

Hier soll nicht näher auf die in den unterschiedlichen Verantwortungszonen enthaltenen Konfliktpotentiale eingegangen, sondern nur auf den veränderten Zeitbezug unternehmerischer Verantwortung aufmerksam gemacht werden. Die extrem langfristigen Auswirkungen umweltzerstörender Seiteneffekte machen es z.B. notwendig, die zeitlichen Konsequenzen des Handelns zu „verräumlichen“ und dadurch bewußt zu machen (siehe dazu Dörner 1989, S. 47).

3. Entwicklung von ethischen Leitlinien

Jedes Wirtschaften ist nicht nur unmittelbar auf die Befriedigung von Bedürfnissen bzw. die Deckung von Bedarf ausgerichtet, sondern beeinflußt auch die Bedingungen der menschlichen Daseinsverwirklichung generell. In den Unternehmen wird deshalb u.a. über die Verteilung von „Lebenslagen“ (Weisser) entschieden und damit über grundlegende Aspekte der individuellen und gesellschaftlichen Lebensgestaltung. Dies gilt sowohl für die außerhalb des Unternehmens Stehenden als auch für die Lebens- und Arbeitsbedingungen der Unternehmensmitarbeiter.

Insbesondere größere Unternehmen stellen einen bedeutenden Machtfaktor dar, sie beeinflussen die Wissenschaft und Forschung in einer Gesellschaft und letztlich die gesamte kulturelle Entwicklung und natürliche Lebenswelt. Die Frage ist also nicht so

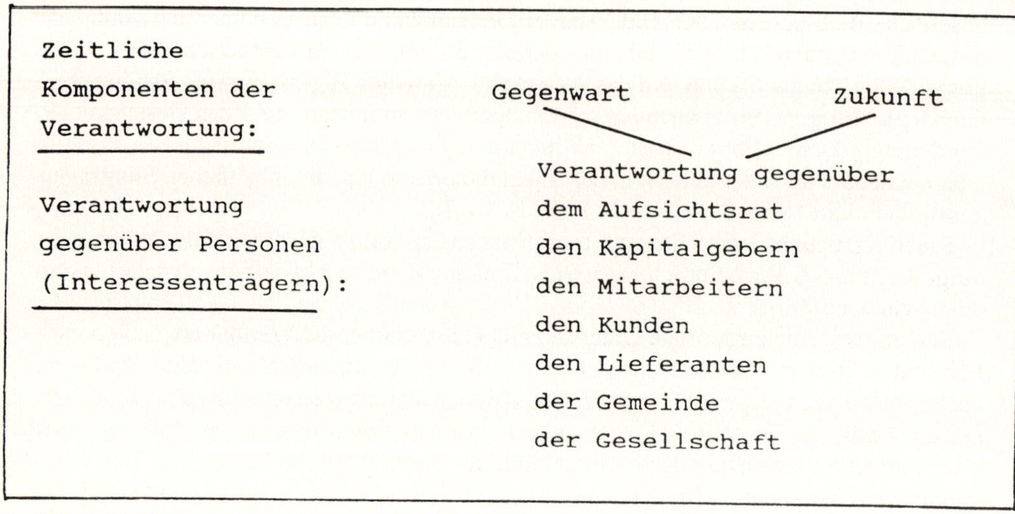

Abb. 3: Legitimationsgrundlagen unternehmerischer Verantwortung

sehr die der Notwendigkeit einer Berücksichtigung ethischer Aspekte, sie lautet vielmehr: In welcher Weise kann die ethische Dimension des unternehmerischen Handelns unter den Bedingungen einer wettbewerbsorientierten Marktwirtschaft sichtbar gemacht werden? Wie sehen die ethischen Leitlinien einer Unternehmensplanung und -politik aus, die an den Problemen der Umweltverschmutzung, der Dritten Welt, der Arbeitslosigkeit usw. nicht vorbeigehen?

Ebenso wie der Markt auf ein moralisches Fundament und einen ethischen Rahmen angewiesen ist, den er nicht selbst schaffen kann, bedarf auch die strategische Planung einer ethischen Fundierung. Eine solche Rückbesinnung ist notwendig, um die Gegenwart realistisch zu sehen und konkrete Änderungen für morgen zu bewirken. Dazu sind ethische Kriterien notwendig, die nicht als Summe von idealistischen Wunschvorstellungen bzw. Maximen definiert werden, sondern aus einer engen Verzahnung mit der ökonomischen Vernunft und Praxis entstehen.

Philosophische Begründungen der Ethik gehen zurück auf die Idee des Guten, wie sie z.B. in Platons Lehre von den kardinalen Tugenden (Weisheit, Tapferkeit, Gerechtigkeit, Selbstbeherrschung) zum Ausdruck kommen, auf die Evidenz von Werten und Wertstufen (Wertethik), wie sie von Scheler oder Hertmann vertreten wird, oder auf ein a priori der Vernunft im Sinne Kants (daran orientiert sich z.B. der Ansatz von Müller-Merbach 1989, S. 3–25). Als Leitlinien, die einer an der Vernunftethik ausgerichteten philosophischen Orientierung entsprechen, lassen sich z.B. das Streben nach einem guten Leben, die Achtung vor dem Gesetz, eine gerechte Einkommensverteilung, das Recht auf volle Entfaltung der eigenen Persönlichkeit und die Verpflichtung zur Leistung bestimmter Gemeinschaftsaufgaben nennen.

In der theologischen Ethik bezieht man sich auf die in Wort und Geschichte zum Ausdruck kommenden Weisungen Gottes an das Bundesvolk Israel (AT) und die ganze Menschheit (NT). Dem Menschen werden hier Orientierungen zugemutet, die über den Drang nach Selbstverwirklichung hinausgehen. Sie kommen in prägnanter Weise im Doppelgebot der Liebe zum Ausdruck (Gottes- und Menschenliebe). Nach christlichem Verständis können der Mensch und seine Aufgaben in dieser Welt nur richtig verstanden werden, wenn sie von der Bindung an den Schöpfer ausgehen. Das christliche Menschenbild ist das der imago dei. Danach ist der Mensch als geschaffenes Wesen von Gott abhängig, der ihn durch Christus aus selbstverschuldeten Bedingungen befreit und ihn zu einem Ziel unterwegs sein läßt (zum christlichen Menschenbild und dessen Bedeutung für die ökonomische Theoriebildung siehe Sautter 1988). Die Unfreiheit des Menschen zeigt sich z.B. darin, daß er sein Herz an die selbstgeschaffenen Güter hängt („Götzen") und diesen Macht über sich einräumt, anstatt das Gute von Gott zu erwarten. „Seine Präferenzordnung ist verzerrt, so daß auch ein uneingeschränkt rationales Handeln nicht zur Lebenserfüllung führen kann" (Sautter 1988, S. 13 f.).

Ethische Leitlinien, die dieser theologischen Ausgangsgrundlage folgen, sind z.B. (siehe Ruh 1988, S. 85–91):

- mitmenschliche Solidarität als Hilfeleistung an Notleidende, brüderliches Teilen und Recht auf Mitsprache;
- Dienst am Nächsten, verstanden als Auftrag, die Mitmenschen bei der Bewältigung ihres Lebenskampfes durch Daseinsvorsorge und Dienstleistungen zu unterstützen, und als Verbot, ihre eventuelle Notlage für eigene Zwecke auszunutzen;
- tätige Verantwortlichkeit, d.h. die Verpflichtung, durch Arbeit den eigenen Lebensunterhalt zu bestreiten und um anderer willen tätig zu sein, deren Möglichkeiten geringer oder beschränkter sind;
- geschöpfliche Einfachheit in der bescheidenen Einordnung in das Ganze der Schöpfung.

Ethische Leitlinien sollten unabhängig von ihrer weltanschaulichen Begründung konkret genug sein, um von den Planungs- und Entscheidungsträgern verstanden und auf praktische Entscheidungsprobleme übertragen werden zu können. Sie werden als zentrales Element den Verantwortungsaspekt enthalten müssen, falls sie in das Leben anderer Menschen eingreifen und deren Interessenssphäre berühren. Philosophische und theologische Begründungsansätze berühren sich in der sogenannten Goldenen Regel, die das Wohl des Nächsten zum Maßstab des eigenen Verhaltens macht (zu deren Verbreitung und Ausprägung in unterschiedlichen Kulturen und Religionen siehe Enderle 1988, S. 132–137).

In zunehmendem Maße wird deutlich, daß die gegenwärtigen Entscheidungen in den Unternehmen weitreichende Konsequenzen für die Zukunft unserer Nachkommen in den Industrieländern und in der Dritten Welt haben (zur Verantwortung im internationalen Management vgl. Dülfer 1989, S. 45–63). Die Entwicklung ökologieorientierter Leitlinien gewinnt damit einen hohen Stellenwert für unternehmerisches Handeln.

Wie die vorstehende Abbildung beispielhaft erkennen läßt, sind an die Formulierung

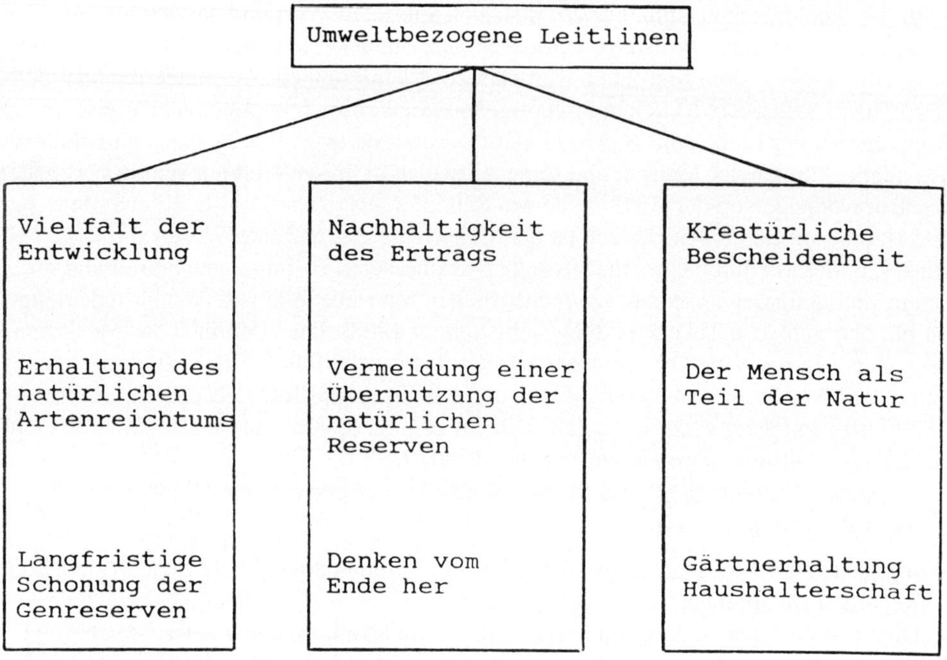

Abb. 4: Ökologieorientierte Leitlinien

von Leitbildern des ethischen Verhaltens im Unternehmen die Forderungen der Praktikabilität und Einfachheit zu stellen. Leitbilder wie „Dem Guten dienen" sind deshalb weniger hilfreich als konkrete Aussagen.

Im Hinblick auf die Internationalisierungspolitik multinationaler Unternehmen kann man sich z.B. an folgenden Leitlinien orientieren:

(1) Förderung der einheimischen Wirtschaft,
(2) Bevorzugung einheimischer Rohstofflieferanten und Zulieferer,
(3) Aufbau eines einheimischen Managements und Förderung unternehmerischen Denkens,
(4) Geeignete Personalentwicklungsmaßnahmen und Programme einer Humanisierung der Arbeit,
(5) Verzicht auf restlose Ausbeutung von Ressourcen und Schutz der natürlichen Umwelt,
(6) Verzicht auf Mißbrauch politischer Macht und Korruption,
(7) Redlichkeit im Umgang mit den lokalen Geschäftspartnern.

Die Zusammenstellung läßt erkennen, welche Forderungen ethische Leitlinien erfüllen müssen, um als Grundlage für unternehmerische Entscheidungen zu dienen. Je konkreter sie formuliert sind, um so größer ist die Chance, daß sie in die Formulierung von Absichten/Zielen sowie Strategien/Maßnahmen einbezogen werden können.

4. Voraussetzungen für das Eindringen ethischer Überlegungen in die strategische Planung

4.1 Bewußtseinsänderungen bei den Planungs- und Entscheidungsträgern

Neuere empirische Untersuchungen zur Ausprägung unternehmerischer Zielsysteme lassen erkennen, daß der Stellenwert des Gewinnziels tendenziell abnimmt und das Leistungsziel „umweltfreundliche Produkte“ an Gewicht zunimmt (siehe dazu die vergleichende Gegenüberstellung bei Fritz/Förster/Wiedmann/Raffée 1988, S. 571–583). Die von diesen Autoren gezogenen Schlußfolgerungen zeigen aber gleichzeitig, daß trotz des nachweislich verstärkten Verantwortungsbewußtseins der Unternehmen gegenüber der Umwelt die mit der Verfolgung ökologischer Ziele verknüpften Chancen nur ungenügend ausgenutzt werden. Insbesondere wird bisher kaum wahrgenommen, daß ökologische Ziele wie der Einsatz umweltfreundlicher Produktionsverfahren oder ein sparsamer Energie- und Rohstoffverbrauch für die Realisierung von Markt- und Gewinnzielen bedeutungsvoll sind (siehe dazu Kreikebaum 1990, S. 45–55). Zu fördern ist folglich eine kognitive und emotionale Einstellungsänderung bei den Führungskräften, um die Einführung umweltfreundlicher Produkte stärker als bisher auch als eine Profilierungschance im Wettbewerb zu begreifen (siehe dazu auch Stitzel 1988, S. 298–302).

In diesem Zusammenhang ist noch auf eine weitere Schwierigkeit aufmerksam zu machen. Ethische und insbesondere umweltpolitische Entscheidungen sind durch Komplexität und Unsicherheit gekennzeichnet. Sie erfordern eine langfristige Orientierung, die Bereitschaft zu einem interdisziplinären Vorgehen und die Fähigkeit, die enge Vernetzung eines hochkomplexen Systems zu erkennen. Nach den vorliegenden Untersuchungsbefunden überschätzen Menschen offensichtlich ihre Fähigkeit zum Umgang mit hochkomplexen sozio-ökologischen Strukturen. Es wird deshalb darauf ankommen, die Voraussetzungen für ein lernorientiertes Experimentieren mit solchen Strukturen zu schaffen und in Zukunft stärker als bisher die Problemlösungsfähigkeit der Entscheidungsträger zu steigern (siehe dazu Fietkau 1988). Dies bedingt allerdings eine radikale Änderung der individuellen Lebensprioritäten (vgl. Kreikebaum 1988, S. 71–88).

4.2 Einbeziehung der Beteiligten und Betroffenen in strategische Entscheidungen

Die oben vogenommene Begriffsabgrenzung macht deutlich, daß Unternehmensethik nicht nur die Führungskräfte auf der obersten Ebene des Unternehmens betrifft, sondern im Prinzip alle Angehörigen des Unternehmens einbezieht. Die folgende Übersicht zeigt, welche konkreten Verantwortungsinhalte aus diesem weiten Verständnis ethischen Handelns resultieren können.

Eine solche Konzeption legt es nahe, bei der Zuweisung von Kompetenzen analog zu verfahren und damit der organisatorischen Forderung nach Übereinstimmung von Aufgaben, Kompetenzen und Verantwortung zu entsprechen. Die von Steinmann und Löhr in ihrer Definition der Unternehmensethik aufgestellte Forderung nach der Begrün-

Gegenstand der Verantwortung / verantwortliche Personen	Individuelle Verantwortung	Verantwortung für andere Menschen	Verantwortung für die natürliche Umwelt	Verantwortung für die gesellschaftliche Umwelt
Unternehmer/ Vorstand	Nutzung der eigenen Fähigkeiten/psychophysische Regeneration durch Rhythmus von Arbeit und Muße/ Ausbildung	Auswahl/Kommunikation/ Information von Führungskräften	ökologische Verantwortung durch passiven/ aktiven Umweltschutz	Orientierung am Gemeinwohl und eigenes gesellschaftliches Engagement
Andere Führungskräfte		Fähigkeitsgerechter Mitarbeitereinsatz		
Eigentümer/ Kapitalgeber		Auswahl der geeigneten Führungskräfte	Umweltgerechtes Investitionsverhalten	Förderung der sozialen Verantwortlichkeit
Mitarbeiter		Engagement für Kollegen	Praktischer Umweltschutz am Arbeitsplatz	Privates Engagement (Gemeinde; Bürgerinitiativen usw.)

Abb. 5: Verantwortungsträger und Verantwortungsinhalte

dung von Normen durch „dialogische Verständigung mit den Betroffenen“ (Steinmann/ Löhr 1989, S. 10) setzt ebenfalls an diesem Punkt an. Es geht um eine kooperative Willensbildung, in die auch externe Interessenträger einzubeziehen sind (z.B. Konsumenten oder deren Vertreter, betroffene Bürger aus der Gemeinde, externe Sachverständige usw.). Der Vorschlag zur Etablierung von sogenannten Ethik-Kommissionen greift diesen Gedanken auf (siehe Steinmann/Löhr 1989a, S. 259). Die Kommunikation der Unternehmensspitze mit nachgeordneten Führungskräften und Mitarbeitern zum Zwecke der Formulierung unternehmerischer Ziele ist sicherlich bereits stärker ausgeprägt als die Diskussion mit externen Vertretern über ethische Zielinhalte. Von der Idee des Unternehmens als einer fortschritts- und lernfähigen Organisation her gesehen liegt es nahe, diese Entwicklung durch geeignete Anreizsysteme für alle Unternehmensangehörigen zu verstärken. Auf diese Weise sind die vielfach beklagte Einseitigkeit und Rigidität im Prozeß der Zielbildung zu vermeiden (siehe dazu Schreyögg 1989, S. 249–252).

5. Umsetzung der Unternehmensethik in die strategische Planung

Ethische Überlegungen werden nur dann die langfristige Entwicklung des Unternehmens beeinflussen, wenn sie Eingang finden in den strategischen Planungsprozeß selbst, d.h. in die Formulierung unternehmerischer Absichten, Strategien, Maßnahmen und Ziele (siehe zu diesem Ansatz im einzelnen Kreikebaum 1989, S. 46–58).

Strategische Entscheidungen setzen eine analytische Beschäftigung mit den externen Umweltbedingungen des Unternehmens voraus (siehe dazu auch Bebermeyer 1986). Erste Ansatzpunkte einer Verknüpfung mit ethischen Problemen ergeben sich in dieser Planungsphase dann, wenn die ökologischen Voraussetzungen und Grenzen der unternehmerischen Entscheidungen und das gesellschaftliche Umfeld i.w.S. näher untersucht und zum Gegenstand eines Frühwarnsystems (siehe dazu Hahn und Klausmann 1986, S. 264–280, sowie Krystek 1986, S. 281–305) oder eines „stakeholder scanning“ (Scholz 1987, S. 25–30) gemacht werden.

Die folgenden Ausführungen sollen am Beispiel des betrieblichen Umweltschutzes zeigen, wie sich ökologische Vorstellungen in der strategischen Planung verwirklichen lassen.

Es wird zunächst darauf ankommen, ökologische (ethische) Überlegungen auf der Ebene des Top-Managements in die langfristige Ausrichtung der Unternehmenspolitik (die generellen Absichten) und in qualitative Aussagen über den Zielinhalt (die speziellen Absichten) einzubringen. Der Wille zu einer langfristigen Erhaltung der natürlichen Umwelt des Unternehmens wäre als eine generelle Absichtserklärung der Unternehmensspitze ein wichtiger Ausgangspunkt, dem die verstärkte Herstellung umweltschonender Produkte als spezielle Absicht (Leistungsziel) entsprechen würde.

Solche Verlautbarungen finden sich inzwischen als „code of ethics“ in zahlreichen Unternehmen (vgl. dazu Andrews 1989). Insbesondere in den USA beginnt die Öffentlichkeit immer stärker darauf zu achten, ob ethische „issues“ in der strategischen Planung von Unternehmen eine Rolle spielen und in der Managementphilosophie verankert werden (siehe z.B. Lydenberg et al. 1986).

Strategien zeigen, wie die bestehenden und potentiellen Stärken der Unternehmung zur Anpassung an die Umweltbedingungen eingesetzt werden, um die von der Unternehmensleitung formulierten Absichten zu erfüllen. Als ökologische Beispiele dazu lassen sich nennen:

– die Reduzierung des Ressourcenverbrauchs;
– eine Strategie der Rezyklierung;
– der Einsatz umweltschonender Technologien;
– integrierter Umweltschutz sowie eine
– ökologische Produktpolitik (siehe dazu Türck 1990).

Maßnahmen konkretisieren die Strategien auf der operativen Ebene. Sie sind zur Durchführung der Strategien notwendig. Ökologische Beispiele für solche Maßnahmen wären:

– die Entwicklung benzinsparender Motoren;
– der verstärkte Einsatz von Altglas;
– emissionsarme Entsorgungstechnologien;
– der Austausch der Heißwalzanlage durch eine Kaltwalzanlage;
– der Einbau von Kontrollgeräten, Filter- und Reinigungsanlagen usw.

Nach der hier vertretenen Auffassung werden unter Zielen quantitative Angaben über das Zielausmaß (den Zielerreichungsgrad) verstanden. Als Beispiele aus dem Umweltschutzbereich lassen sich nennen:

– die Reduzierung des Anteils nicht-erneuerbarer Ressourcen von heute 60% auf unter 20% in den nächsten fünf Jahren;
– die Erhöhung der Recyclingquote von 10% auf 35% in 1990;
– die Verlängerung der Lebensdauer bei der Produktkategorie X.

Eine strategische Unternehmensplanung, die sich in ihrer inhaltlichen Konzeption an ethischen Leitlinien ausrichtet, wird daraus auch Konsequenzen für den Einsatz geeigneter Instrumente und Entscheidungshilfen ziehen. Die Verwendung ökologie-orientierter Informationstechniken (Senn 1986), eines Ökologie-Portfolios (Meffert 1988) und eines umfassenden „Umweltmanagements“ (Steger 1988) weisen in diese Richtung.

Literaturverzeichnis

Andrews, K.R. (Hrsg.), Ethics in Practice. Managing the Moral Corporation, Boston, Mass. 1989.
Bebermyer, H., Politische Planung und strategische Unternehmungsplanung, in: Hahn, D./Taylor, B. (Hrsg.), Strategische Unternehmungsplanung, 4. Aufl., Heidelberg/Wien 1986, S. 833–854.
Dörner, D., Unser Denken: Katastrophal?, in: Psychologie heute, 16. Jg., 1989, Nr. 9, S. 47–55.
Dülfer, E., Art und Zuordnung von „Verantwortung“ im Internationalen Management, in: Jokisch, J./Rettig, L./Ringle, G. (Hrsg.), Finanz-, Bank- und Kooperationsmanagement, Frankfurt a.M. 1989, S. 45–63.

Enderle, G., Die goldene Regel für Manager?, in: Lattmann, Ch. (Hrsg.), Ethik und Unternehmensführung, Heidelberg 1988, S. 130–148.
Enderle, G., Zum Zusammenhang von Wirtschaftsethik, Unternehmensethik und Führungsethik, in: Steinmann, H./Löhr, A. (Hrsg.), Unternehmensethik, Stuttgart 1989, S. 163–177.
Fietkau, H.-J., Vom Umgang mit ökologischer Komplexität aus Sicht der humanistischen Psychologie, in: Glaser, B. (Hrsg.), Humanökologie – Grundlagen präventiver Umweltpolitik, Opladen 1988.
Fritz, W./Förster, F./Wiedmann, K.-P./Raffée, H., Unternehmensziele und strategische Unternehmensführung. Neuere Resultate der empirischen Zielforschung und ihre Bedeutung für das strategische Management und die Managementlehre, in: Die Betriebswirtschaft, 48. Jg., 1988, S. 567–586.
Gabele, E., Die Rolle der Werthaltungen von Führungskräften mittelständischer Unternehmen bei der Erringung strategischer Wettbewerbsvorteile. Empirische Ergebnisse eines europäischen Forschungsprojektes, in: Die Betriebswirtschaft, 49. Jg., 1989, S. 623–637.
Hahn, D./Taylor, B. (Hrsg.), Strategische Unternehmungsplanung. Stand und Entwicklungstendenzen, 4. Aufl., Heidelberg/Wien 1986.
Hahn, D./Klausmann, W., Frühwarnsysteme und strategische Unternehmungsplanung, in: Hahn, D./Taylor, B., Strategische Unternehmungsplanung, a.a.O., S. 264–280.
Hesse, H. (Hrsg.), Wirtschaftswissenschaft und Ethik, Göttingen 1988.
Kötter, R., Fundierungsprobleme einer Unternehmensethik im Rahmen der neoklassischen Gleichgewichtstheorie, in: Steinmann, H./Löhr, A. (Hrsg.), Unternehmensethik, Stuttgart 1989, S. 115–128.
Kreikebaum, H., Kehrtwende zur Zukunft, Neuhausen-Stuttgart 1988.
Kreikebaum, H., Strategische Unternehmensplanung, 3. Aufl., Stuttgart/Berlin/Köln 1989.
Kreikebaum, H. (Hrsg.), Integrierter Umweltschutz, Wiesbaden 1990.
Krings, H., Ethik, Ethos, in: Görres-Gesellschaft (Hrsg.), Staatslexikon. Recht-Wirtschaft-Gesellschaft, Bd. 2, Freiburg 1986, S. 397–403.
Krystek, U., FuE und Frühwarnsysteme, in: Hahn, D./Taylor, B. (Hrsg.), Strategische Unternehmungsplanung, a.a.O., S. 281–305.
Küpper, H.U., Verantwortung in der Wirtschaftswissenschaft, in: Zeitschrift für betriebswirtschaftliche Forschung, 40. Jg., 1988, S. 318–339.
Lorenzen, P., Philosophische Fundierungsprobleme einer Wirtschafts- und Unternehmensethik, in: Steinmann, H./Löhr, A. (Hrsg.),Unternehmensethik, a.a.O., S. 25–57.
Lydenberg, S.D./Marlin, A.T./Strub, S.O., Rating America's Corporate Conscience, Reading, Mass. et al 1986.
Meffert, H., Strategische Unternehmensführung und Marketing, Wiesbaden 1988.
Müller-Merbach, H., Zur Ethik ökonomischen Handelns, in: Deppe, H.-D. (Hrsg.), Geldwirtschaft und Rechnungswesen, Göttingen 1989, S. 3–25.
van Oyen, Ethik, in: Galling, K. (Hrsg.), Religion in Geschichte und Gegenwart, 3. Aufl., Tübingen 1986, Bd. 2, Sp. 708–715.
Picht, G., Hier und Jetzt. Philosophieren nach Auschwitz und Hiroshima, Bd. I, Stuttgart 1980, S. 202 ff.
Ruh, H., Unternehmungspolitik und Ethik, in: Lattmann, Ch. (Hrsg.), Ethik und Unternehmensführung, Heidelberg 1988, S. 79–95.
Sautter, H., Die Funktion des christlichen Menschenbildes für die ökonomische Theoriebildung, Diskussionsbeitrag, Johann Wolfgang Goethe-Universität, Frankfurt a.M., Juni 1988.
Scholz, Ch., Strategisches Management. Ein integrativer Ansatz, Berlin/New York 1987.
Schreyögg, G., Implementation einer Unternehmensethik in Planungs- und Entscheidungsprozessen, in: Steinmann, H./Löhr, A. (Hrsg.), Unternehmensethik, a.a.O., S. 247–258.
Senn, J.F., Ökologieorientierte Unternehmensführung, Frankfurt a.M. 1986.
Steger, U., Umweltmanagement, Frankfurt a.M./Wiesbaden 1988.
Steinmann, H./Löhr, A., Der Beitrag von Ethik-Kommissionen zur Legitimation der Unternehmens-

führung, in: Steinmann, H./Löhr, A. (Hrsg.), Unternehmensethik, a.a.O., S. 259–269 (zitiert als 1989a).

Steinmann, H./Löhr, A. (Hrsg.), Unternehmensethik, Stuttgart 1989.

Stitzel, M., Ökologisches Management oder ist eine umweltverträgliche Unternehmenspolitik realisierbar?, in: Simonis, U.E. (Hrsg.), Lernen von der Umwelt – Lernen für die Umwelt. Theoretische Herausforderungen und praktische Probleme einer qualitativen Umweltpolitik, Berlin 1988, S. 287–305.

Türck, R., Das ökologische Produkt – Ansatzpunkte seiner Beschreibung und Erfassung, in: Kreikebaum, H. (Hrsg.), Integrierter Umweltschutz, Wiesbaden 1990, S. 57–72.

Wagner, G.R., „Unternehmensethik" im Lichte der ökologischen Herausforderung, in: Czap, H. (Hrsg.), Unternehmensstrategien im sozio-ökonomischen Wandel, Berlin 1990.

Unternehmungskultur und strategische Unternehmungsführung

K. Bleicher

Der *strategischen* Untemehmungsführung ist der Vorwurf gemacht worden, dass sie hochkomplexe Probleme in Unternehmungen weitgehend *technokratisch* zu lösen versuche und damit den spezifischen Anforderungen ihres Charakters als *soziale* Systeme nur bedingt gerecht werde [1]. Die Suche nach kritischen Erfolgsfaktoren hat zudem enthüllt, dass neben den *lenkenden* Eingriffen durch *„harte"* ökonomische *Gestaltungs*faktoren, wie Strategien, Strukturen und Systemen, *„weiche"* Faktoren hinzutreten müssen [2], die sich in der sozialen Dimension einer Unternehmung entwickeln, wie Selbstverständnis, Spezialkenntnisse, Stil und Stammpersonal. Diese sozialen Faktoren, die sich in der Unternehmungsgeschichte entwickeln und nur bedingt der willentlichen Lenkung und Gestaltung durch das Management unterliegen [3], sind Elemente einer umfassend zu verstehenden *Unternehmungskultur.*

Damit rückt das *Verhältnis von strategischer Unternehmungsführung und Unternehmungskultur* in den Mittelpunkt des Interesses. Hierbei ist es entschieden zu einfach, in der Unternehmungskultur lediglich eine Determinante für ein erfolgreiches oder gescheitertes *Implementieren* von Unternehmungsstrategien zu erblicken: Die Unternehmungskultur bestimmt vielmehr auch die Perzeptionen und Präferenzen von Entscheidungsträgern bei der *Wahl* zu verfolgender Strategien.

Der folgende Beitrag problematisiert nach einer Vorstellung des Konzeptes der Unternehmungskultur den grundsätzlichen *Beziehungszusammenhang von strategischer Unternehmungsführung und Unternehmungskulturen.* Im Rahmen eines gegebenen Unternehmungskonzeptes und einer Unternehmungsverfassung ist dabei vor allem dem Verhältnis von *ökonomischer* Potentialplanung (Geschäftsfeldplanung), der *humanen* Potentialplanung im Management (Führungskräfte- oder Kaderplanung), den *Strukturplanungen der Organisation* (Organisationsplanung) und von *Managementsystemen* nachzugehen. Eine nur in Grenzen mögliche Veränderung dysfunktionaler Unternehmungskulturen im Sinne einer intentionalen *Kulturpolitik* muss an allen vier Bereichen ansetzen, wobei dem Einstellen von Rahmenbedingungen für die kulturelle Evolution in der Management-Potentialplanung eine herausragende Bedeutung zukommt.

1. Die Entdeckung der Unternehmungskultur als relevante Grösse für die strategische Unternehmungsführung

Obwohl dem Phänomen kultureller Prägung in sozialen Systemen schon seit langer Zeit im Schrifttum eine gewisse Aufmerksamkeit zukam [4], wurde dieses Thema für die Wirtschaftspraxis erst nach dem „Japan-Schock" interessant. Auf der Suche nach den Ursachen für die Stärke japanischer Unternehmungen auf dem Weltmarkt wurden kulturbedingte Verhaltensweisen als wesentliche Bestimmungsgründe für den Erfolg von Unternehmungen „entdeckt" [5]. Vergleichende Untersuchungen japanischer und nordamerikanischer Unternehmungen enthüllten, dass es sich hierbei nicht nur um – kaum nachahmbare – Einflüsse nationaler Umkulturen handelt, sondern um starke, kohäsive Inkulturen von Unternehmungen, die das ökonomische Handeln im Wesentlichen mitbestimmen [6].

1.1 Unternehmungskultur-Kognitives und Affektives in der sozialen Evolution

1.1.1 Zum Begriff der Unternehmungskultur

Ist bereits der allgemeine Begriff der Kultur vieldimensional und aus unterschiedlicher Sicht definier- und interpretierbar [7], so gilt dies in besonderer Weise für den Begriff der Unternehmungskultur. Unter Kultur lässt sich allgemein ein System von Wertvorstellungen, Verhaltensnormen sowie Denk- und Handlungsweisen verstehen, das von einem Kollektiv von Menschen erlernt und akzeptiert worden ist und bewirkt, dass sich eine soziale Gruppe deutlich von anderen Gruppen unterscheidet [8].

Der Begriff der Unternehmungskultur projiziert die Vorstellung des Entstehens von Werten und Normen und ihres Einflusses auf menschliche Verhaltensweisen auf die „produktiven sozialen Systeme" [9], die durch sie ihre soziale Identität finden. In ihnen bewirkt die Unternehmungskultur eine *informale Integration* von *Tradition* und *Gegenwart* des Systems und schafft damit die Grundlage für *zukünftige Innovationen* [10]. *Erfahrungen*, die eine Unternehmung in der Vergangenheit mit gelungenen und misslungenen Problemlösungen gesammelt hat *(kognitive Dimension der Kultur)* werden in ungeschriebenen Gesetzen in die *Gegenwart* übertragen: „they anchor the present in the past". Hinzu treten *Werte und Einstellungen*, die das Verhalten der Systemmitglieder prägen *(affektive Dimension der Kultur)*. Sie bilden „an organized body of conventional understandings" [11]. Dieses *grundlgegende Muster von nicht mehr hinterfragten, selbstverständlichen Voraussetzungen des Verhaltens und Handelns* der Systemmitglieder führt letztlich zu einer „kollektiven Programmierung des menschlichen Denkens" [12], die über ein *System von Symbolen, Mythen, Zeremonien, Ritualen und Erzählungen kommuniziert und sichtbar* wird.

1.1.2 Unternehmungskultur und Betriebsklima

Eng verwandt mit dem Begriff der Unternehmungskultur ist der des *Betriebsklimas*. Während die Unternehmungskultur sich langfristig entwickelt und konstitutiv manifest wird, handelt es sich beim Betriebsklima um einen situativen Tatbestand, der zum Ausdruck bringt, inwieweit die Ansprüche und Erwartungen der Systemmitglieder durch die Unternehmung aktuell abgedeckt werden [13]. „So, while climate measures whether expectations are being met, culture is concerned with the nature of these expectations themselves" [14]. Das Betriebsklima wird somit aus einer Nachfrage/Angebotsrelation bestimmbar. *Nachfrage*seitig gehen in sie die Bedürfnisse der Mitarbeiter, die nachhaltig mit ihren Teilnahme- und Leistungsentscheidungen verbunden sind, ein. *Angebots*seitig sind es *konstitutive* Tatbestände, die diese Relation bestimmen, wie die implizite Unternehmungskultur und die explizit geregelten Strukturen und Systeme sowie die Unternehmungspolitik und das *situative* aktuelle Verhalten innerhalb des konstitutiven Rahmens. Wird die Nachfrage durch Konstitution und Situation des Angebots aktuell befriedigt, ergibt sich ein gutes, wird sie nicht befriedigt, ein schlechtes Betriebsklima.

1.1.3 Ebenen kultureller Sichtbarkeit

Dabei ist es nicht einfach, hinter die *„Oberflächenstruktur"* einer kulturellen Prägung von Unternehmungen zu schauen. Zwar enthüllen sich dem kritischen Beobachter sehr schnell greifbare Unterschiede etwa zwischen Unternehmungen gleicher Branche, er gewinnt Eindrücke über Äußerlichkeiten, dennoch bleibt das Erkennen der hinter ihnen stehenden Werte und Normen weitgehend problembehaftet. Edgar Schein hat darauf aufmerksam gemacht, dass Unternehmungskulturen in drei Ebenen manifest werden (vgl. Abb. 1) [15]: was sich oberflächlich enthüllt, sind [1] *Artefakte* von Systemmitgliedern entwickelte und gepflegte Verhaltensweisen, wie Sitten und Gebräuche, tägliche Umgangsformen aber auch Bekleidungsgewohnheiten, statusbezogene Büroeinrichtungen, aufwendige Verwaltungsbauten und ihr architektonischer Stil. Hinter dieser Oberflächenschicht steht jedoch die weit weniger offensichtliche Schicht, die ebenfalls auf gemeinsamen Annahmen beruht, in denen sich jedoch das Spezifische und Andersartige deutlicher manifestiert: in den [2] *Werthaltungen* kommen Präferenzen für bestimmte Ziele und Zustände zum Ausdruck. Stärker zeigt sich der Sollcharakter in den *Normen*, die Handlungsmaximen und Verhaltensvorschriften ausdrücken [16]. Die am schwersten zu erschliessende Schicht einer Unternehmungskultur wird schliesslich durch die [3] *grundlegenden Annahmen* über den Sinn und die Realitäten einer Unternehmung gebildet, die von allen Beteiligten weitgehend als *selbstverständlich* vorausgesetzt und nicht mehr bewusst hinterfragt werden.

1.1.4 Kulturelle Evolution

Mit dem Begriff der Unternehmungskultur verbindet sich zugleich die Vorstellung einer evolutorischen Prägung von Werten und Normen über Generationen hinweg. Wesentliche Einflüsse auf eine derartige Entwicklung lassen sich in Merkmalen der Unternehmungsentwicklung allgemein und im Führungsverhalten im speziellen erkennen.

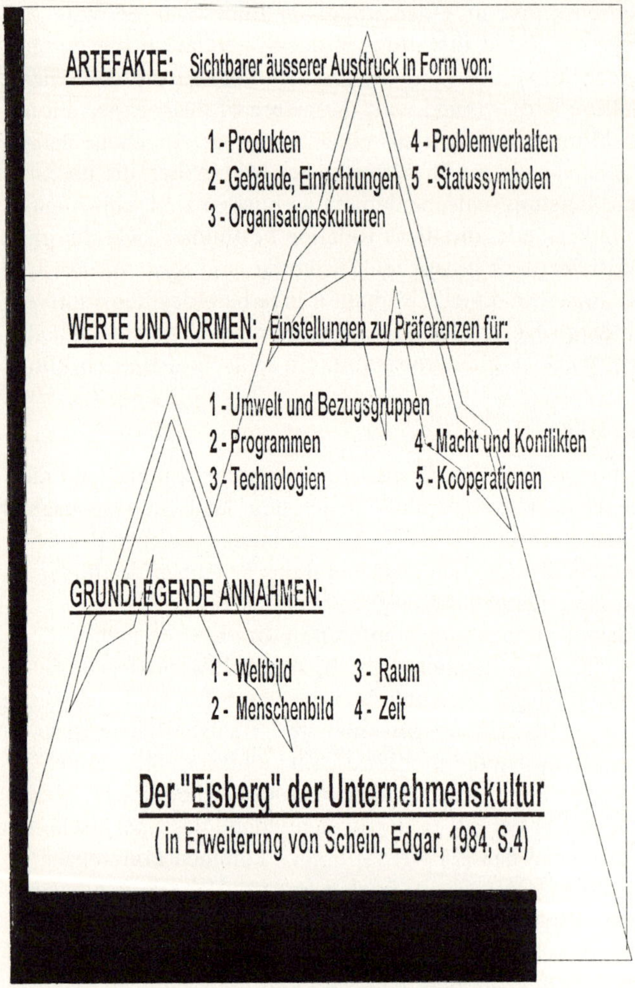

Abb. 1: Der „Eisberg" der Unternehmenskultur

(a) Unternehmungsentwicklung und kulturelle Evolution

(1) Umwelt und Vorwelt beeinflussen das Werden einer Unternehmungskultur

Unternehmungen entwickeln sich ebenso wie andere soziale Systeme durch *Interaktionen mit ihrer Umwelt* in die sie eingebettet sind. Dementsprechend ist die Erfolgswirksamkeit einzelner Aktionen, mit denen die Unternehmung an ihre Umwelt herantritt, von der besonderen, situativen Beschaffenheit eben dieser Umwelt abhängig. Diese Grundaussage des *situativen* Organisationssatzes bleibt in ihrer Ausfüllung allerdings weitgehend *ahistorisch* und ergänzungsbedürftig. Vor dem Hintergrund einer nationalen Kultur kommt im Laufe der Entwicklung auch der *Vorwelt* eine besondere

Bedeutung zu, indem sie der Unternehmung eine arteigene Unternehmungskultur gibt. Diese „informalen Erscheinungen", die zwar Einfluss auf die formalen Regelungen des Systems nehmen, aber selbst nicht formalisiert sind, bilden aus der besonderen Historie einer Unternehmung die *Basis für ihre zukünftige Evolution.*

(2) Die zentrale Rolle der Führungskräfte beim Werden einer Unternehmungskultur

Das unmittelbare persönliche Erleben vorbildhafter Führer und die mittelbare Überlieferung ihrer Werte in vielfältigen Geschichten, die – nicht selten ihres Realitätsgehaltes beraubt – auch nach dem Tod der Akteure in einer Unternehmung weiterleben, scheinen beim Werden einer Unternehmungskultur und ihrer intergenerativen Weiterentwicklung eine wesentliche Rolle zu spielen. Thomas Peters/Robert Watermann behaupten sogar, dass der Aufbau eines klaren Wertesystems eine der grössten Leistungen ist, die ein Führer überhaupt zu vollbringen vermag [17]. Dieser Meinung schliesst sich auch Ulrich A. Wever an, für den die Führungskräfte eine zentrale Rolle im Prozess der Kulturbildung spielen [18].

Alle Mitarbeiter glauben an die subtil vermittelten Werte und richten implizit ihr Verhalten an ihnen aus. Verstösse gegen sie finden eine Ahndung durch andere Mitarbeiter. Neu Eingetretene bekommen solche Werte von älteren Mitarbeitern übermittelt, adoptieren sie und geben diese ihrerseits weiter [19]. Rituale sind jene Schauspiele und Zeremonien, in denen die Werte verstärkt, eventuell aber auch langsam und behutsam verschoben werden [20]. Terrence E. Deal/AIlan A. Kennedy verweisen darauf, dass Unternehmungen mit starken Kulturen über viele solche Rituale verfügen, die tief im Unterbewusstsein der Menschen festgesetzt sind und diese auch aktiv fördern [21]. Sie nennen die Träger der Prägung von Unternehmungskulturen Helden, die Schlüsselfiguren einer starken Kultur sind. Manager werden als Routiniers betrachtet, Helden dagegen wird der Charakter von Visionären und Experimentieren zugeschrieben. „Helden müssen jedoch wissen, dass man in Unternehmungen mit einer schon lange implementierten, nicht optimalen kulturellen Struktur als Änderer sehr behutsam ans Werk gehen muss. Wie Rituale in der Religion sitzen auch solche in Unternehmungen oft sehr tief und haben ihre harten geistigen Verfechter" [22].

Auch Robert Donnelly weist auf den beherrschenden Einfluss von herausragenden Führern auf die Unternehmungskultur hin:

„Corporate cultures represent the influence that the leaders, or senior managers, and especially the chief executive has on the organization that tends to permeate the daily work environment and create a climate for the employees and an image for the enterprise. In other words, the attitudes, values, ethics, life styles, and to a great extent the personality of the chief executive and the immediate subordinates creates the culture of every organization. It then naturally follows that every organization has its own customized culture, or personality" [23].

(3) Situative Erlebnistiefe und Intensität wie Dauerhaftigkeit der sozialen Interaktion als Einflussgrössen auf das Werden einer Unternehmungskultur

Unternehmungen durchwandern ihre Geschichte mit durchaus unterschiedlichen situativen Ereignissen, auf die in jeweils anderer Weise reagiert wird. Erfolg und Misserfolg der Ereignisbewältigung werden von den Systemmitgliedern zudem verschiedenartig erlebt. Die Gemeinsamkeit des Erlebnisses besonderer Situationen – Vitay Sathe spricht in diesem Zusammenhang von „thickness" gemeinsamen Erlebens – ist geeignet, das Werden einer Unternehmungskultur wesentlich zu prägen. Hier werden fordernde Ansprüche an das Improvisationsvermögen von Systemmitgliedern gestellt, die besonders intensiv wahrgenommen werden und die situativ dem Entstehen von Heldenfiguren und der Verbreitung von Sagen über ihre Heldentaten ausserordentlich förderlich sind [24]. Dabei darf jedoch nicht übersehen werden, dass jede situative Herausforderung auf strukturell Verfestigtes trifft, sie somit aus den strukturellen Gegebenheiten heraus bewältigt werden muss.

Edgar Schein hat in diesem Zusammenhang darauf aufmerksam gemacht, dass sich das Werden einer Unternehmungskultur dann besonders intensiv vollzieht, wenn sie von grosser *Homogenität und Dauer* der Gruppenzugehörigkeit getragen wird [25]. Die *Interaktionsdichte in der Zeit* scheint neben der *Intensität des persönlichen Erlebens von Situationen* eine Hauptdeterminante von Unternehmungskulturen zu sein. Aus dieser Erkenntnis lassen sich zugleich wesentliche Ansatzpunkte für gestalterische Massnahmen zur Entwicklung von Unternehmungskulturen entnehmen [26], wie die, dass

- kleinere räumlich zusammenhängende Organisationseinheiten
- kontinuierlich zusammenarbeitende Gruppen mit geringer Fluktuation
- eine Beförderung aus den eigenen Reihen
- eine Kontinuität starker Führerschaft

einer Formierung starker Unternehmungs- bzw. Subkulturen förderlich sind [27].

(b) Gestaltung von Rahmenbedingungen für die kulturelle Evolution durch die Führung

Ansatzpunkte für eine Beeinflussung der kulturellen Evolution durch die Führung bieten sich über die in Abb. 2 aufgeführten *primären* – auf die Entstehung von *Sub*kulturen – *sekundären* – auf die Entwicklung von *Unternehmungs*kulturen – einwirkenden Elemente.

1.2 Extensionen von Kulturen in der Unternehmung

1.2.1 Umkulturen, Unternehmungskulturen, Subkulturen

Steht von betriebswirtschaftlicher Warte die Betrachtung der *Kulturen von Unternehmungen* im Mittelpunkt, darf dabei nicht übersehen werden, dass diese nicht ohne ihre Einbindung in die sie umgebenden *Umkulturen* nationaler oder landsmannschaftlicher Provenienz und vor allem der Branche gedacht werden können, von der vielfältige Einflüsse auf sie ausgehen. Umgekehrt ist die Unternehmungskultur mehr oder weniger

* *PRIMÄRE ELEMENTE:*

1. Aspekte, die von der Führung beachtet, gesteuert und kontrolliert werden
2. Reaktionen der Führung auf kritische Ereignisse und Unternehmenskrisen
3. Anstrengungen zur Formung des Mitarbeiterverhaltens durch Unterweisung und helfende Unterstützung seitens der Führung
4. Kriterien für die Zuweisung von Ressourcen und Status
5. Kriterien für die Selektion, Einstellung und Beförderung und das Ausscheiden von Mitarbeitern

* *SEKUNDÄRE ELEMENTE:*

1. Organisationskonzept und -struktur
2. Managementsysteme und -verfahren
3. Gebäude und räumliche Anordnung und Ausgestaltung
4. Geschichten, Legenden, Mythen und Parabeln über bedeutende Ereignisse und Personen
5. Formelle Erklärungen zur Unternehmungsphilosophie

Abb. 2: Elemente der Entwicklung von Subkulturen und Unternehmungskulturen (nach Edgar Schein)

wesentlicher Bestandteil der Umkultur, indem sie diese beeinflusst und prägt. Innerhalb einer Unternehmung zerfällt das, was als identitätsbestimmende Kultur erkennbar wird, in vielfältige Teilkulturen einzelner Bereiche, Abteilungen und Arbeitsteams, informaler sozialer Neigungsgruppen und örtlich bedingter Interaktionsgemeinschaften an einzelnen Standorten. Abb. 3 [28] zeigt die prinzipiellen extentionalen Unterschiede in drei relevanten Bezugskulturen. Im Spannungsverhältnis von Unternehmungs- und Subkulturen lassen sich die unterschiedlichsten Verhältnisse einer Differenzierung oder Harmonisation mit funktionalen oder dysfunktionalen Wirkungen auf die Unternehmungskultur denken.

(a) Das Verhältnis von Umkulturen zu Unternehmungskulturen

Im *Verhältnis von Um- zu Unternehmungskulturen* ist zwischen Unternehmungskulturen zu unterscheiden, die sich in weitgehender Harmonie mit ihren, sie umgebenden Umkulturen bewegen und solchen, die ein hohes Mass an Differenzierung, an Unterschiedlichkeit und Eigenständigkeit aufweisen. Lässt die erste Situation ein minimales Spannungsverhältnis umkulturgerechten Unternehmungsverhaltens erwarten, ist im zweiten Fall mit Spannungen und Konflikten in den Werthaltungen und Verhaltensweisen zu rechnen, die sich entweder funktional oder dysfunktional auswirken können.

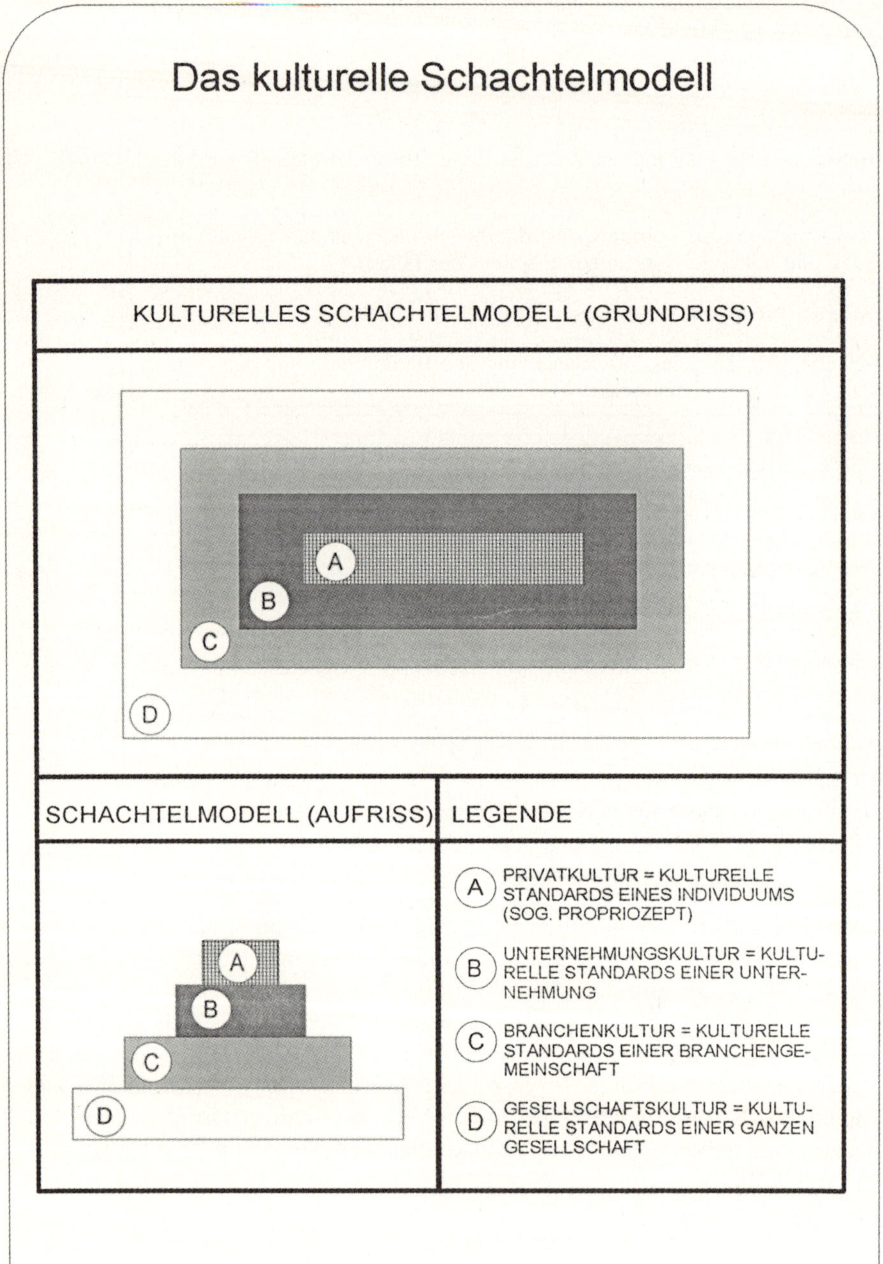

Abb. 3: Das Schachtelmodell der institutionellen Kultur

(b) Das Verhältnis von Unternehmungskultur zu Subkulturen

In einer Unternehmungskultur selbst sind wiederum vielfältige *Subkulturen* anzutreffen, die sich in unterschiedlichem Masse *funktional oder dysfunktional* untereinander und zur Systemkultur verhalten können. Dabei ist es „ungemein schwierig, in der realen Unternehmung den Kern, die Ausbreitung und die Grenzen von Subkulturen zu erkennen. Oft kann auf das Vorhandensein von Subkulturen erst geschlossen werden, wenn auseinandergehende Wertvorstellungen und Überzeugungen durch offene Auseinandersetzungen und Konflikte wahrgenommen werden. Die Problematik der Subkultur-Erkennung ergibt sich zudem aus der Tatsache, dass viele verschiedene Kulturmerkmale Anstoss zur Entwicklung geben können" [29]. Eine Identifikation von Subkulturen im Rahmen einer Unternehmungskultur ist dort besonders leicht, wo sie mit der formal-organisatorischen Subsystembildung einhergeht [30].

Die *Interaktion* in „face to face"-Gruppen im Rahmen spezifischer *Kontexte* bei der Lösung unterschiedlich dramatischer *Situationen* prägt im Rahmen einer Unternehmung ungewollt *Subkulturen* aus, denn Kontext, Situation und die Art der Interaktion unterscheiden sich in einzelnen Subsystemen. Damit stellt sich die Frage, in wieweit in Unternehmungen, deren Grösse die Existenz mehrerer oder vieler Subsysteme mit eigener kultureller Prägung ermöglicht oder sogar notwendig macht, überhaupt ein Spielraum für die Prägung einer *gesamthaften Unternehmungskultur* verbleibt. Dabei ist davon auszugehen, dass auf unterschiedlichsten Abstraktionsebenen dem Spannungsfeld von Subkulturen zur Unternehmungskultur Rechnung getragen werden kann. Das Verhältnis von Subkulturen zur Unternehmungskultur kann grundsätzlich folgende Beziehungen aufweisen:

- *komplementär* (J. Martin/C. Siehl kennzeichnen es als *„enhancing"*): der Glaube der Mitarbeiter an die eigenen subkulturellen Werte prägt zugleich und weitgehend konfliktabgleichend die Werte der Unternehmungskultur.
- *indifferent* (bei J. Martin/C. Siehl als *„orthogonal"* bezeichnet): Subkulturelle und gesamtkulturelle Werte beschreiben eigene Verhaltensansätze, die sich jedoch weder fördern noch widersprechen.
- *konfliktär* (*„countercultural"* bei J. Martin/C. Siehl): Subkulturelle und gesamtkulturelle Werte widersprechen sich und ringen um ihre Durchsetzung und geraten bewusst oder unbewusst in Konflikt zueinander [31].

Damit ist das Problem nach dem anzustrebenden idealen Grad der Harmonie von Sub- und Unternehmungskulturen angesprochen. Unter *stabilen Verhältnissen* dürfte dem Wunsche nach einer in sich *schliessenden, harmonischen, konfliktfreien Unternehmungskultur* argumentativ kaum etwas entgegen zu setzen sein. Der zum gegenseitigen Verständnis minimale Aufwand an Integration und Koordination, die unbürokratische implizite Steuerung von Verhaltensweisen entlasten das Sozialsystem. Leider gilt diese Unterstellung der Statik und Stabilität in unserer Gesellschaft nicht, sie wird im Gegenteil zunehmend von Dynamik und Instabilität geprägt. Hier kann ein an sich kulturell harmonisiertes System schnell Züge der Dysfunktionalität gegenüber den Ansprüchen der Umwelt annehmen, die seine Überlebensfähigkeit ernsthaft gefährden können. Zwar entlastet die in sich harmonisierte Unternehmungskultur, aber sie tut dies nur, indem sie sich an den erfolgreichen (Über-)Lebensregeln von gestern orientiert, denn ihre Werte sind immer aus der Vergangenheit heraus und selten im Hinblick auf die Zukunft entwickelt worden.

(c) Das Verhältnis von Subkulturen untereinander

Im *Verhältnis von Subkulturen untereinander* wird im allgemeinen die Unterschiedlichkeit von *mechanistischen und organischen Subkulturen* deutlich beobachtbar [32]. Erstere bewältigen vorrangig einen hoch programmierten, standardisierten, arbeitsteiligen Arbeitsprozess, der in eine weitgehend organisationstechnisch reglementierte und hierarchische Ordnung gestellt ist, was relativ disziplinierte Verhaltensweisen bei innerer Entfremdung von der Unternehmung erzeugt. Organische Subkulturen entwickeln sich bei wenig determinierten, standardisierten Aufgaben in interdisziplinären Teams in lateraler Zusammenarbeit bei weit offenen Kommunikationsstrukturen. Sie verbinden sich mit generalisierten Einstellungen zur Problembewältigung durch Neues unter Einsatz persönlicher Kreativität.

Stossen beide Subkulturen in einer Unternehmung aufeinander, etwa zwischen Forschern und Entwicklern einerseits und Produktions- oder Controlling-Abteilungen andererseits, wird die unterschiedliche Subkulturprägung meist deutlich beobachtbar. Unterschiede in den Subkulturen werden durch die Präzisierung der organisatorischen Systemdifferenzierung in ihrer Dokumentation, wie in Stellenbeschreibungen und Funktionsdiagrammen, durch das Ausmass der Entscheidungs-Dezentralisation und regionalen Dekonzentration und durch die Funktionalisierung spezialisierter Karrierewege aus bestimmten Berufsgruppen heraus verstärkt. Die Zahl der an dieser *kritischen Subkulturschwelle gescheiterten Innovationen* ist Legion. Gewinnt die Innovationssubkultur die Oberhand, sind dysfunktionale Folgen für die Produktivität und Effizienz des Operationssystems zu befürchten: Kreatives Chaos kann dem Hervorbringen von Inventionen durchaus dienlich sein, bei der Herstellung und dem Vertrieb von Erzeugnissen, die kostenminimal an den Verbraucher gebracht werden müssen, kann es jedoch das „Aus“ für eine Unternehmung bedeuten. Die Industriegeschichte ist reich an derartigen Beispielen von Erfinder-Unternehmungen, die im Operationssystem chaotische Strukturen zu verantworten hatten. Umgekehrt kann die Dominanz einer mechanistischen Produktionssubkultur über eine organische Forschungs- und Entwicklungssubkultur sehr schnell dazu führen, dass grundlegend neue Produktideen erstickt werden, weil der konstruktiven Verbesserung bestehender Produkte und der Rationalisierung des Fertigungsprozesses Vorrang gegeben werden.

Die Ausdifferenzierung von Subkulturen hat – wie jede subsystemische Profilierung durch das Schaffen eigener Identitäten allgemein – ein Problem zu bewältigen: die Harmonisierung von Schnittstellen zwischen ihnen. Innen muss besondere Aufmerksamkeit gewidmet werden, wenn die Differenzierung als akzeptierter Bestandteil der gesamten Unternehmungskultur gelten soll.

(d) Harmonisation von Subkulturen, Unternehmungskulturen und Umkulturen als Funktion der Unternehmungsführung

Der strategischen Unternehmungsführung kommt bei der Harmonisation von Subkulturen, Unternehmungskulturen und Umkulturen eine wesentliche Funktion zu. Zwar sollte die Unternehmungskultur ein einheitliches und möglichst konkretes Bezugsband für das Zusammengehörigkeitsgefühl und die Identifikation der Mitarbeiter darstellen, das die Identität einer Unternehmung auch im Umfeld nationaler Umkulturen deutlich profiliert. Eine Einebnung der subkulturellen Unterschiede ist dabei jedoch zu vermeiden.

Für die Gestaltung der Rahmenbedingungen, innerhalb derer sich die gesamthafte Unternehmungskultur entwickelt, ist vor allem die Spitzenführung einer Unternehmung verantwortlich, die durch ihr Vorbild und Vorleben selbst den wesentlichsten Beitrag für die Profilierung einer Unternehmungskultur leisten muss. Den Wechselwirkungen zwischen Unternehmungskultur und Subkulturen sollte dagegen die mittlere Führungsschicht ihre besondere Aufmerksamkeit schenken. Bei aller Diskussion über die durch das Vordringen der informatik-gestützten Informationssysteme heraufbeschworene sog. „Middle Management Crisis", sollte in einer Zeit, die durch das organisatorische Streben nach Dezentralisation über die Bildung von teil-autonomen Einheiten geprägt ist, nicht übersehen werden, dass die mittlere Führungsschicht den entscheidenden „Transmissionsriemen" zwischen den vielfältigen und differenzierten Formen von Subkulturen und der ganzheitlichen Unternehmung darstellt. Ohne die Erfüllung dieser kritischen „interlink"-Funktion von Teilen und Ganzheit ist das zentrifugale Auseinanderlaufen unternehmungspolitischer und strategischer Bemühungen vorprogrammiert.

1.2.2 Elemente und Typen von Unternehmungskulturen

Die Vielfältigkeit möglicher und tatsächlicher Prägungen von Unternehmungs- und Subkulturen lässt eine typologische Ordnung erstrebenswert erscheinen. Dabei ist zwischen *zwei- und multidimensionalen Ansätzen für Kulturtypologien* zu unterscheiden.

(a) Ein zweidimensionaler Ansatz einer Kulturtypologie

Terrence D. Deal und Allan A. Kennedy [33] haben einen zweidimensionalen Ansatz einer Kulturtypologie entwickelt, der von den folgenden Kulturelementen ausgeht:

- Risikobereitschaft (low/high-risk)
- Zeitkonstanten (unmittelbar bis mittelbar in Jahrzehnten) des Feedbacks

Die Kulturwirkung ist von diesen Elementen in ihrer unterschiedlichen Ausprägung vor dem Hintergrund des gegenwärtigen und im Hinblick auf zukünftige Kontexte hypothetisch zu beurteilen. Sie ergibt sich aus diesem Kontext und dem situationsgeprägten Zustimmungsspiel der Kulturelemente. Die Kulturprägung kann dabei in ihren Inhalten sowie intentional (Stärke) und extentional (Breite) unterschiedlich sein.

Terrence E. Deal und Allan Kennedy entwickeln aus ihren Kulturelementen vier Kulturtypen [34]:

1. *„The tough guy, macho culture"*
   Hohes Einzelrisiko ist gepaart mit schnellem und eindeutigem Feedback bei individueller Fokussierung.
2. *„The work hard, play hard culture"*
   Geringes Einzelrisiko verbindet sich mit schnellem und eindeutigem Feedback bei kollektiver Fokussierung.

3. *„The bet your company culture"*
   Das Risiko umfasst die gesamte Unternehmung, das Feedback erfolgt bei kollektiver Systemorientierung langsam und mehrdeutig.
4. *„The process culture"*
   Das Risiko ist gering, das Feedback bleibt bei kollektiver Systemfokussierung aus; die Regel zählt mehr als Personen und Gruppen.

Nach den Merkmalen *„Entscheidungsrisiko"* und *„Schnelligkeit des Feedbacks"* lassen sie sich, wie in Abb. 4 dargestellt, ordnen.

Bei aller Eingängigkeit solcher Typologien bleibt jedoch davor zu warnen, das Kulturphänomen, das die Einzigartigkeit einer Unternehmung belegt, auf einige wenige „Standardkulturen" reduzieren und jede Unternehmung in das jeweils unterstellte Typenraster ‚hineinpressen' zu wollen. Allerdings bieten solche griffigen Vereinfachungen einen ersten Anhaltspunkt für eine eingehende Analyse der jeweiligen unternehmungskulturellen Tatbestände.

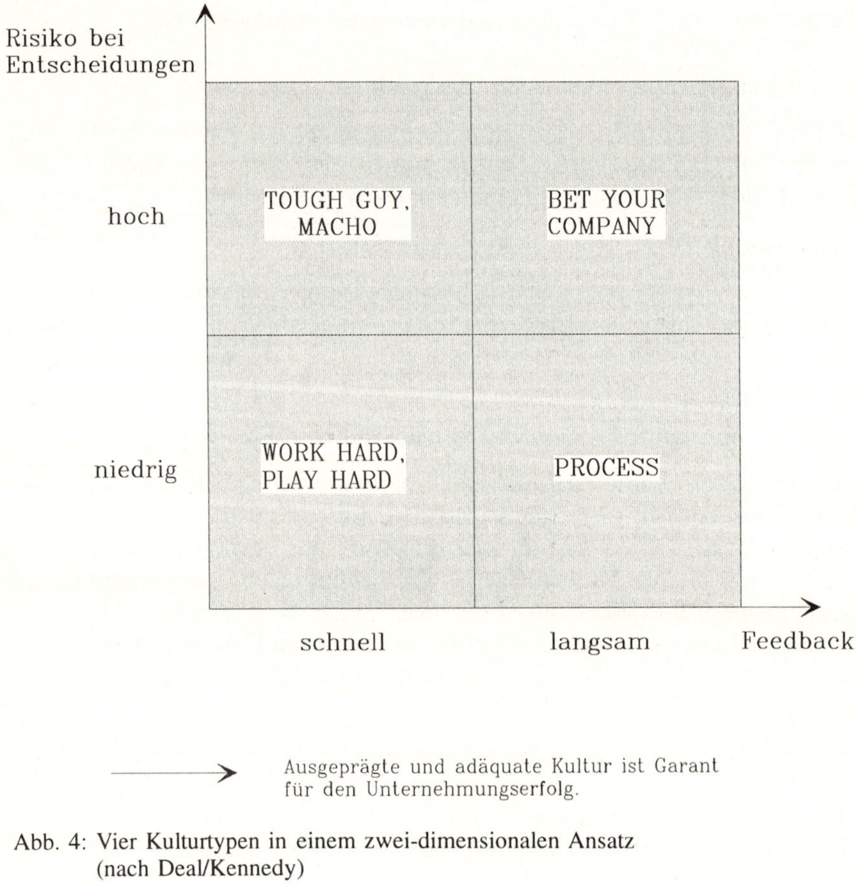

Abb. 4: Vier Kulturtypen in einem zwei-dimensionalen Ansatz (nach Deal/Kennedy)

(b) Mehrdimensionale Typologie der Unternehmungskultur

Analyse und Diagnose gewachsener Unternehmungskulturen erfordern eine Orientierung an grundsätzlichen, „denkbaren" deskriptiven Merkmalen, die eine multidimensionale Betrachtung ermöglichen soll. Dabei ist über die bisher in der Literatur übliche zweidimensionale oder eher kursorisch erfolgende Beschreibung hinauszugehen.

Als Dimensionen und Profilierungsmöglichkeiten einer Unternehmungskultur bieten sich gemäss Abb. 5 sowohl Eigenschaften, wie die Offenheit und Differenziertheit einer Unternehmungskultur als auch von ihren Trägern – der Führung und den Mitarbeitern – verarbeitete Einstellungen und Verhaltensweisen an, die ihnen ein spezifisches Gepräge verleihen.

(I) *Die Offenheit von Unternehmungskulturen*
- (1) Geschlossene, binnenorientierte vs. offene und aussenorientierte Unternehmungskultur
- (2) Änderungsfeindliche vs. änderungsfreundliche Unternehmungskulturen

(II) *Die Differenziertheit von Unternehmungskulturen*
- (3) Spitzen- vs. Basisorientierung
- (4) Einheits- vs. subkulturelle Prägung

(III) *Kulturprägende Rolle der Führung*
- (5) Instrumentelle vs. entwicklungsorientierte Kulturprägung
- (6) Kosten- vs. nutzenorientierte Kulturprägung

(IV) *Kulturprägende Rolle der Mitarbeiter*
- (7) Mitarbeiter als Mitglieder oder Akteure
- (8) Kollektive oder individuelle Kulturprägung

Abb. 5: Prinzipielle Dimensionierung von Unternehmungskulturen

(I) Die Offenheit von Unternehmungskulturen

Die Offenheit einer Unternehmungskultur lässt sich anhand ihrer Aussen- und Innenorientierung, wie an ihrer Änderungsbereitschaft und -haltung, erfassen.

(1) Geschlossen, binnenorientierte vs. offene und aussenorientierte Unternehmungskulturen

In einem Extrem der Spannungsreihe dominiert die *Binnenstruktur* das Denken und Handeln der Mitarbeiter. In der täglichen Arbeit werden die Aussenbeziehungen der Unternehmung kaum wahrgenommen. Zwischen Innen und Aussen besteht eine klare Grenzziehung. Nur wenig Mitarbeiter sind für die Pflege der Aussenbeziehungen vor allem zu Kunden und Lieferanten zuständig, damit der Innenbetrieb ungestört nach eigenen Gesetzmässigkeiten ablaufen kann. Dieser relativ geschlossenen Unternehmungskultur stehen *offene, aussen vernetzte Wert- und Normenstrukturen* gegenüber. Man sieht sich in einer fortwährenden Leistungssituation gegenüber Dritten. Bedürfnisveränderungen im Umfeld werden hoch-sensitiv von allen Mitarbeitern wahrgenommen und in eigenes Handeln umgesetzt.

Geschlossen mit Binnenorientierung	*Offenheit mit Aussenorientierung*
o Die vorwiegende Beschäftigung der Mitarbeiter ist auf interne Abstimmungsvorgänge gerichtet, bei denen der Kundenwunsch eher als Störfaktor begriffen wird	o Ausgehend vom Kunden werden retrograd Probleme in der Unternehmung definiert
o Die Auseinandersetzung mit Kundenproblemen wird Spezialabteilungen überlassen	o Die gesamte Organisation wird von dem Bedürfnis getrieben, Leistungen für Kunden zu erbringen
o Umweltveränderungen werden eher spät erkannt und durchdringen nur mühsam das organisatorische Gefüge	o Die Sensorik für das Erfassen von Umweltveränderungen ist in allen Bereichen und Stufen der Organisation hoch entwickelt
o Die überwiegende Beschäftigung mit internen Abstimmungsproblemen führt zum Abbau der geistigen Auseinandersetzung mit Zukunftsfragestellungen und zu eher reaktiven Verhaltensweisen	o Denkbare Auswirkungen von Umweltveränderung werden präsituativ aufgegriffen und in strategische Überlegungen eingebracht

(2) Änderungsfeindliche vs. änderungsfreundliche Unternehmungskulturen

Unternehmungskulturen können änderungsfeindlich eingestellt sein. Ein Eingehen auf Veränderungsvorschläge stört die betriebliche Ordnung, verlangt einen hohen Anpassungsaufwand und stört vermeintlich den effizienten Arbeitsvollzug. Änderungsfreundliche Unternehmungskulturen ergreifen dagegen die Möglichkeit, über eine Erneuerung immer wieder die Nase vorn zu haben, denn das einzig Beständige ist der Wandel, dem man sich gern stellt, ihn sogar als Herausforderung begreift.

Verbinden sich Einstellungen der *Änderungsfeindlichkeit* mit Systemeigenschaften, die Vorstellungen einer *Binnenorientierung* über eine systemische Geschlossenheit repräsentieren, dann verlagert sich ein derart kulturgeprägter Blick von den Aussen- und hier vor allem den Kundenverhältnissen weg nach Innen: Man bemüht sich, im internen Überlebenskampf die bewährte Tradition zu wahren. Kulturwerte werden eher vom „Bremsen" als vom „Treiben" getragen. Es bildet sich im Extrem eine *traditionsbestimmte insulare* Unternehmungskultur aus.

Ist dagegen die unternehmungskulturelle Grundhaltung eher chancenorientiert und *änderungsfreundlich* wie auch offen und *aussenorientiert*, ergibt sich im Gegenteil das Muster einer *vernetzten und zukunftsorientierten* Unternehmungskultur.

Änderungsfeindlich	*Änderungsfreundlich*
o Suche nach regelgebundener Sicherheit	o Suche nach spontaner Herausforderung
o Gleichgewichtsstreben, Vermeiden von Ungleichgewichten	o Nutzen und Initiieren von Ungleichgewichten
o Risikovermeidend	o Suche nach Chancen
o Orientierung an Formalien	o Orientierung an Inhalten
o Bewahrungsstreben	o Unternehmerisches Denken und Handeln

(II) Die Differenziertheit von Unternehmungskulturen

Die Differenziertheit von Unternehmungskulturen lässt sich sowohl *vertikal* im Spannungsverhältnis von Basis- und Spitzenorientierung als auch *horizontal* in der Unterschiedlichkeit einzelner funktional oder regional geprägter Subsysteme erfassen.

(3) Spitzen- vs. Basisorientierung

In einer Unternehmungskultur kann eine weitgehende Orientierung an der Führungsspitze zu verzeichnen sein. Alles wartet auf Anweisungen von oben, bittet um Genehmigung von Vorhaben und lässt sich von der Spitze her auf Kurs bringen. Dem steht eine Basisorientierung von Unternehmungskulturen entgegen, bei der die bewegenden Kräfte zur Entwicklung der Unternehmung von unten her greifen. Die Spitze hat dann eher die Aufgabe einer Konsolidierung und Bündelung dieser Kräfte, um eine Stosskraft für das Ganze zu erreichen.

(4) Einheits- vs. subkulturelle Prägung

Im horizontalen Verhältnis einzelner funktionaler (Fach-)Gruppen und/oder regionaler (Standort-)Bereiche besteht eine unterschiedliche Differenziertheit in der Werthaltung. Zeichnet sich eine Unternehmungskultur durch eine Werteintegration aus, so sind in der Unternehmung kaum subkulturelle Unterschiede feststellbar. Die gesamte Unternehmung wird durch ein gemeinsam akzeptiertes Wertemuster durchzogen, das das Verhalten der Mitarbeiter aller Bereiche und Ebenen in die gleiche Richtung lenkt. Dem steht ein differenziertes Wertemuster einer Unternehmungskultur gegenüber, das eine grosse Unterschiedlichkeit des Verhaltens in einzelnen Bereichen und Ebenen prägt. Das gemeinsame Band „der" Unternehmungskultur ist kaum erkennbar. Mitarbeiter identifizieren sich mit ihrer Arbeitsgruppe, ihrem Bereich, oder Teilbetrieb. Die Unternehmung als Ganzes wird als ein wenig handlungsleitendes Abstraktum erlebt.

Erfolgt in der Unternehmungskultur eine hohe *Werteintegration* durch Sozialisationsprozesse, die zu einem impliziten Verfolgen gleicher Werthaltungen führt, so geht dieser Prozess zumeist mit einer ausgeprägten Orientierung an der *Unternehmungsspitze* und einer verbreiteten Imitation der „vorbildlichen" und erfolgreichen Einstellungen

Spitzenorientiert	*Basisorientiert*
o Stab-Linienorganisation „top down" dominiert	o Operationsnahe Einheiten „bottom up" stehen im Mittelpunkt der Verhaltensorientie rung
o Zentralabteilungen in den Hauptverwaltungen übernehmen wesentliche Koordinationsaufgaben zur Unterstützung einer breit gefächerten Spitzenführung	o Eine schlanke Spitzeniührung, unterstützt mit wenigen Stäben, beschränkt sich auf die finan zielle und personelle Steuerung (obere Führungskräfte) und die Vorgabe von Grundsätzen der Unternehmungspolitik und tritt gegenüber den Mitarbeitern nicht im Einzelnen in Erschein nung
o Autoritative Kooperation bei hierarchischer Kommunikationsstruktur (Dienstwegprinzip)	o Laterale Kooperation bei offenen Kommunikationsstrukturen

und Verhaltensweisen des Unternehmers oder einiger wenigen Spitzen-Führungskräfte einher. Dieses Phänomen wird vor allem an der kulturprägenden Rolle des Gründer-Unternehmers festgemacht. Im Ergebnis stellt sich eine starke Konsensorientierung heraus, die in Richtung einer *werteintegrierten Einheitskultur* weist. Dies ist insbesondere dann zu erwarten, wenn das national-kulturelle Umfeld ebenfalls auf eine prestigegeprägte Bindung an eine Unternehmung ausgerichtet ist.

Ist dagegen eine Unternehmungskultur eher von *differenzierten Werthaltungen* einzelner informaler Gruppen geprägt, deren Struktur sich mit der formalen Organisationsgliederung parallel entwickelt haben, was sehr häufig bei einer aufgefächerten Standortstruktur einer Unternehmung der Fall ist, oder sich aber von diesen formalen Aspekten gelöst hat, kann eher ein Gleichklang mit einer *Basisorientierung* vorliegen. Die Einflüsse der Spitzenleitung werden kaum wahrgenommen, der Wertekonsens vollzieht sich gruppenspezifisch und führt zu deren hoher Kohäsion über ihre Auseinandersetzung mit dem Andersartigsein der Werthaltungen anderer Gruppen in der gleichen Unternehmung. Insgesamt ergibt sich die Kultur einer Unternehmung in diesem Fall als ein Konglomerat differenzierter Subkulturen mit einem nur bedingten, unternehmungsweit getragenen Konsens über Gemeinsamkeiten in den Werthaltungen im Gegensatz zu anderen Unternehmungen.

Gesamtkulturelle Prägung	*Subkulturelle Differenzierung*
o Ganzheitliche Ausrichtung auf die Unternehmung als relevante Bezugseinheit	o Subkulturen sind Träger der Unternehmungsentwicklung. Sie weisen nur auf sehr abstrakter Ebene Gemeinsamkeiten auf
o Subkultur-Unterschiede sind weitgehend eingeebnet, eine Gleichschaltung des Denkens und Handelns hat sich eingestellt.	o Spartendenken und Ressortegoismus. Zwischen den einzelnen Subkulturen bestehen Verständnisschwierigkeiten, Konflikte und Wettbewerb
o Gleichgerichtetes Verhalten eliminiert notwendige Anstrengungen zur Koordination	o Grosse Anstrengungen müssen unternommen werden, um über die Koordination von Subsystemen generelle Entscheidungen herbeiführen zu können
o Ein starkes „Wir-Gefühl" durchzieht die sozialen Beziehungen in der Unternehmung	o Identifikation ist auf die Gruppe und das mittelbare Arbeitsumfeld bezogen

(III) Kulturprägende Rolle der Führung

Die Führung übt durch ihre Betonung bestimmter Facetten des beachteten und beurteilten Verhaltens eine prägende Rolle auf die Entwicklung der Unternehmungskultur aus.

(5) Instrumentelle vs. entwicklungsorientierte Kulturprägung

Getragen von einer „Macher"vorstellung prägt die Führung die Unternehmungskultur durch eine instrumentale Vorstellung von der Wirksamkeit des Einsatzes von Werkzeugen des Managements. Es entstehen *technokratische* Strukturen und Prozesse, die das Verhalten der Mitarbeiter in ihrer Bedienung dieser Instrumente formen. Dem steht ein eher vom Gedanken der Suche nach zukunftsorientierten Möglichkeiten getragener *evolutorischer* Prozess gegenüber, der weniger die Regelbefolgung als das kreative Einbringen und Verfolgen neuer Entwicklungspfade sucht und belohnt.

instrumentelle Kulturprägung	*entwicklungsorientierte Kulturprägung*
o Neigung zu Perfektion: Suchen nach Systemoptimierung	o Improvisationsneigung: flexible Nutzung der Systemstrukturen
o „Macher" einer technokratischen Ordnung	o „Kultivierer" einer evolutorischen Ordnung
o Bestrafungskultur: Angst vor Fehlern	o Belohnungskultur: Toleranz gegenüber Fehlern
o Instrument- und Verfahrensorientierung	o Sinn- und Zielorientierung

(6) Kosten- vs. nutzenorientierte Kulturprägung

Die Aufmerksamkeit, welche die Führung auf bestimmte Aspekte des Wertschöpfungsprozesses richtet, ist ebenfalls geeignet, die Unternehmungskultur zu prägen. Dabei ist ein Unterschied in der ausgeprägten Kosten- oder Nutzenorientierung der Führung feststellbar. Während sich einige Unternehmungskulturen über den Einfluss einer fortwährenden Beschäftigung mit einer Reduzierung des mengen- und wertmässigen Einsatzes von Inputfaktoren und in Schwerpunkten (Kostensenkungsprogramme) auseinandersetzen, sind andere Unternehmungskulturen eher durch eine Suche nach neuen Nutzenspotentialen geprägt.

Kostenorientierung	*Nutzenorientierung*
o Rationalisierungsdenken	o „Organizational slack"
o Dominanz von Rechnungswesen und Controlling	o Dominanz des Kundennutzens
o Investition als Kapitaloptimierung	o Investition als Potential und Werteaufbau
o „economies of scale"	o „economies of scope"

Beide Aspekte ergeben zusammengenommen wieder tpyische Muster der Prägung von Unternehmungskulturen. Steht am einen Ende beider Skalen, die vorwiegend nach *quantitativer* und instrumenteller Steuerung aller betrieblichen Vorgänge suchende Unternehmungskultur einer Technokratie, so steht ihr im anderen Extrem im Interesse am *Oualitativen* eine entwicklungsorientierte, neuen Nutzen generierende *unternehmerische Führungskultur* gegenüber.

(IV) Kulturprägende Rolle der Mitarbeiter

Die kritische Verarbeitung von Ereignissen und Entwicklungen und deren Gestaltungs- und Lenkungsversuche durch die Führung erfolgt letztlich im Rahmen der sozialen Interaktion der Mitarbeiter. Ihr selbstverstandenes Rollenbild ist Ausdruck der Unternehmungskultur.

(7) Mitarbeiter als Mitglieder oder Akteure

In dem einen Extrem bildet sich eine *Mitgliedschaftsorientierung*: Die Unternehmung honoriert Loyalität zum System und seinen Zwecken (Betriebszugehörigkeit und Angepasstheit). Im anderen Extrem steht der *Leistungs*beitrag, den jeder einzelne erbringt, im Mittelpunkt der Beurteilung und Honorierung.

Mitgliedschaftsrolle	*Akteursrolle*
o Der Bezug zur Unternehmung ist durch ein Zugehörigkeitsgefühl der Mitarbeiter hergestellt, wobei unterstellt wird, dass jeder im Rahmen seiner Möglichkeiten zur Erhaltung des Ganzen beiträgt	o Der Mitarbeiter ist eigentlicher Träger der Handlung
o Ein Geist des gegenseitigen Sich-Aufeinander-Verlassens und der Erwartung von Impulsen durch die Führung durchzieht die Unternehmung. Verantwortung ist vor allem Rechtfertigung gegenüber anderen (Fremdverantwortung für die erwartete, fremdbestimmte Aufgabenerfüllung)	o Der Mitarbeiter ist in die Unternehmung als Stätte, die Leistungen fordert und anerkennt, eingeordnet. Verantwortung erwächst aus der zweckgerechten eigenen Auseinandersetzung mit chancen- und risikoreichen Problemen, für die hohe Freiheitsgrade bestehen.
o Regelbeförderung bei erwiesener Firmentreue und Normalleistung	o Die Gratifikation des Mitarbeiters einschliesslich seines Aufstiegs ist leistungsabhängig

(8) Individuelle oder kollektive Kulturprägung

Die Unternehmungskultur kann stark auf der Rolle des Einzelnen aufbauen. Erfolge und Misserfolge werden personalisiert. Es entsteht eine stark *individualistische* Unternehmungskultur. Ihr steht die Betonung des Teamgedankens als tragende Säule unternehmungskultureller Entwicklung gegenüber. Statt einer individualistischen entsteht eine *kollektivistische* Kulturprägung mit einem starken „Wir"-Gefühl.

Kollektives Rollenverständnis	*Individuelles Rollenverständnis*
o Gruppenkompetenz und -verantwortung	o Selbstzugeschriebene Kompetenz und Verantwortung
o Indirekte, mittelbare Erfolgszurechnung	o direkte, unmittelbare, personifizierte Erfolgszurechnung
o Hohe Konformitätsneigung durch kollektive Vorgaben und Zwänge	o An Zwecksetzung orientierte Selbstbestimmung des Einzelnen
o fremdbestimmt verinnerlicht	o selbstbestimmt und „self-motivated"

Beide Skalen lassen sich an ihrem jeweiligen Ende zu typischen Mustern mitarbeitergeprägter Unternehmungkulturen verdichten. An einem Ende entsteht das Muster einer von der Mitgliedschaftsrolle geprägten kollektiven *Teamkultur*. Ihr steht am anderen Ende das Profil einer auf das Individuum als Akteur betrieblicher Innovations- und Integrationsprozesse bauenden Kultur der Unternehmung gegenüber.

(c) Unternehmungskulturen im Spannungsfeld von Opportunismus und Verpflichtung

Werden alle vier Dimensionen in ihren jeweiligen Profilen der Kultur einer Unternehmung zu einem Gesamtzusammenhang zusammengefasst, ergeben sich in Abb. 6 die typologischen Muster einer *opportunistischen* und einer *verpflichteten Unternehmungskultur.*

Eine *opportunistische* Verhaltensgrundlage wird dabei gekennzeichnet durch eine geschlossene, traditionsbestimmte, insulare Unternehmungskultur, deren kohäsiver Zusammenhalt durch eine Werteintegration getragen wird, welche über eine starke Spitzenorientierung zu einer Einheitskultur führt. Um diese zentrale und kohäsive Ausrichtung sicherstellen zu können, bietet sich eine weitgehende Reduzierung der hochgradigen Komplexität über die an sich gegebene Differenzierung an. Sie wird für die Spitzenführung dadurch möglich, dass sie den Glauben an ihre Allmacht des Machers verbreitet und selbst der Illusion erliegt, mit einer Quantifizierung aller Vorgänge in der Unternehmung und ihrer Verdichtung über den Einsatz von Managementinstrumenten diesem Anspruch gerecht werden zu können. Dabei sind Nutzenerwartungen ex ante weit weniger quantifizierbar als ex post-Ergebnisse des Einsatzes von Leistungsfaktoren. Eine Fokusverengung auf die Kostenreduzierung zulasten eines Engagements für die Entwicklung neuer, zukünftiger Nutzenspotentiale reduziert die Verhaltensoptik weiter, so dass sich schliesslich eine technokratische Kulturprägung einstellt, die dem Mitarbeiter die Rolle eines reglementierten Aufgabenträgers zuweist, der nicht nur standardisierte Leistungsbeiträge kostenminimal erbringen, sondern vor allem auch die systemtragenden Managementsysteme zu bedienen hat. Die Unternehmungskultur gleitet damit zunehmend auf eine Ebene der opportunistischen Werteverfolgung [35] durch Kollektive ab, auf der sachlich und sozial Notwendiges durch die Priorität des zeitlich Dringlichen verdrängt wird.

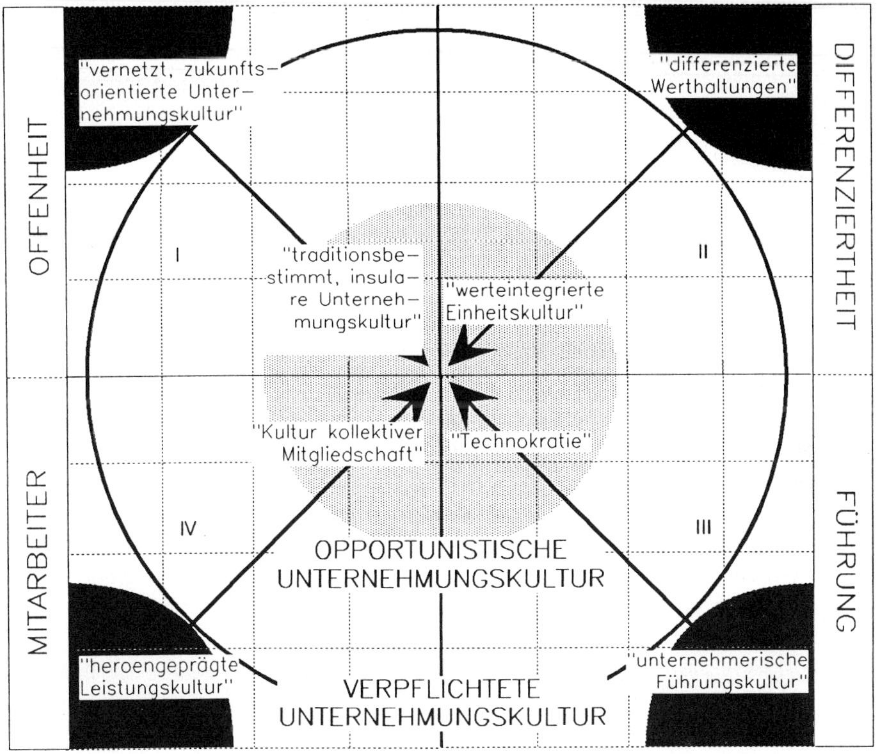

Abb. 6: Gesamtzusammenhang der unternehmungskulturellen Grundorientierung

Eine dem Sachlichen und Sozialen *verpflichtete* Kultur einer Unternehmung muss sich dagegen gegenüber den unterschiedlichen und differenzierten Interessen als offen und änderungsbereit erweisen. Zukünftige Entwicklungen in Interessenkonstellationen sind zu antizipieren, was nur durch eine sensitiv auf Trends im Wandel ausgerichtete Unternehmungkultur möglich wird. Da die Komplexität, die sich mit einem differenzierten Eingehen auf vielfältige Veränderungen in Teilen des Umsystems verbindet, eine zentralistische Lenkung hoffnungslos überfordern würde, lässt sich die Umweltvernetzung nur über ein präsituatives Agieren vielfältiger Subsysteme an der Peripherie des eigenen Systems erreichen. Dies verlangt eine wertedifferenzierende subkulturelle Basisorientierung der Kultur einer Unternehmung. Eine derartige Verpflichtungshaltung ist mit einem technokratisch-instrumentellen Verständnis der Unternehmungsführung nicht zu erreichen. Das sich im Quantitativen ausdrückende Kostenbewusstsein ist zwar für die wirtschaftliche Entwicklung der Unternehmung nicht unwesentlich, es muss jedoch im Mitarbeiterverhalten hinter einer breiten Orientierung an möglichem Nutzen für Dritte, dem unternehmerisch nachgegangen wird, zurücktreten. Dies verlangt weniger eine Mitgliedschaftsorientierung als vielmehr eine Orientierung am aktiven, individuell zu erbringenden Leistungseinsatz. Er stellt die Notwendigkeit von sozialer Kombination und Kooperation nicht infrage. Sie ist im Gegenteil als Korrelat zum individuellen Agieren unternehmerischer Persönlichkeiten im Innovieren und Implementieren zu sehen, deren Erfolge „heroisch" beispielhaft auf andere abstrahlen, zu Verhaltensimitationen Anlass geben und in der Folge eine der Nutzengewinnung für Dritte *verpflichtete* Unternehmungskultur gestalten lassen.

1.3 Intensität von Kulturen in der Unternehmung

1.3.1 Absolute und relative Bestimmung der Stärke von von Kulturen in der Unternehmung

In diesem Zusammenhang wird mit der Frage nach den Wirkungen von Unternehmungskulturen im Hinblick auf die Wettbewerbsfähigkeit vor allem das Problem der *Kulturstärke* aufgegriffen. Sie spricht die unterschiedliche *Intensität und Extention der Verhaltensprägung* der Systemmitglieder durch die Kultur und die *Stärke einer Kultur als dem herausragenden Wettbewerbsfaktor* besonders erfolgreicher Unternehmungen an. Das *Bestimmen* der Kulturstärke ist dabei ausserordentlich schwierig, besonders aber das Erkennen von *funktionalen und dysfunktionalen* Elementen einer solchen Kultur. „Balancing the legitimate differences of subcultures with the legitimate and desirable elements of a company's culture as a whole is one of the trickiest parts of diagnosing and managing culture" [36].

Unter *formalen* Gesichtspunkten sind die realisierte *Organisations*struktur, die Ausgestaltung der *Informations*kanäle, der *Status* der Systemmitglieder sowie die Konstruktion des *Belohnungs*systems für den Ablauf intragruppaler Prozesse von Bedeutung. *Inhaltlich* dürften gemeinschaftlich durchlebte, für die gesamte Unternehmung oder zumindest ihre wesentlichen, massgebenden Teile ausserordentlich bedeutsame Situationen – z.B. existentielle *Krisen*, herausragende *Markterfolge*, besondere *Technologieschübe* – prägend auf die Stärke der gewachsenen Unternehmungskultur einwirken. Die Stärke einer Unternehmungskultur lässt sich zusammenfassend als Funktion der Ereignis*dramatik* Interaktions*dichte*, *Konnektivität* des Systems sowie Wert*transparenz* begreifen.

Das Ausmass der Kulturprägung in einem System, die Einheitlichkeit und der Verbindlichkeitscharakter der wert- und erfahrungsgebundenen Ausrichtung des Systemverhaltens wird jedoch häufig vorschnell per se als vorteilhaft bewertet – nach dem Muster: Je stärker die Unternehmungskultur, um so erfolgreicher die Unternehmung! Leider lassen sich diese Zusammenhänge nicht auf derart einfache, eingängige Rezepte reduzieren. Vielmehr kann eine durchaus als an sich stark zu beurteilenden Unternehmungskultur die unternehmungspolitisch notwendige Entwicklung der Unternehmung verstellen. Dies trifft für das *Auffinden von Zielen und Strategien* durch die kulturgeprägte Perzeption und Präferenz des Managements zu, wodurch traditionell erfolgversprechende Lösungen notwendige Neuerungen schon im Ansatz blockieren. Ähnliches gilt auch für die Implementation von Problemlösungen, die mit dem bisherigen Wertesystem kollidieren und entsprechende Akzeptanzwiderstände der betroffenen Systemmitglieder induzieren. Daher muss die Einsicht gewonnen werden, dass sich die *Stärke bzw. Schwäche* einer bestehenden Unternehmungskultur nur *in Relation zur intendierten strategischen Entwicklung* – als unterstützend oder hemmend – beurteilen lässt.

1.3.2 Unternehmungskulturen in der Unternehmungsentwicklung

Für die Kenntnis treibender Kräfte der Unternehmungsentwicklung ist das Spannungsverhältnis von *Subkulturen zu der sie umfassenden Unternehmungskultur* wesentlich. Eine „Einheits"-Kultur schafft die Voraussetzung für eine gute Führbarkeit, da *explizite* Regelungen weitgehende verzichtbar sind. Ein hohes *implizites* Einverständnis lässt alle Beteiligten in gleichen Kategorien und in gleicher Richtung denken. Damit substituiert die implizite Unternehmungskultur gleichsam die explizite Unternehmungsorganisation. Eine harmonisierte Unternehmungskultur wird jedoch im Laufe der Zeit langweilig: Man bewegt sich voll abgestimmt im Gleichschritt, aber es fehlen die spannungsreichen Impulse, die Auslöser für zukunftsweisende Innovationen sein können. Am anderen Ende der Spannungsreihe dagegen stehen stark in Auflösung befindliche Unternehmungskulturen, die nur noch über ihre einzelnen Subkulturen identifizierbar werden: *Kulturelle Desintegration* kann dann die Wurzel künftiger Unternehmungskrisen sein. Die Auseinandersetzung zwischen unterschiedlichen Erlebnis- und Erfahrungskreisen sollte, wenn sie entsprechend kanalisiert verläuft, zu einem *fruchtbaren Lernprozess* aller Beteiligten und zu einer *höherwertigen Problemlösung* in der Sache führen. Wird diese Auseinandersetzung vor dem Hintergrund einer gemeinsamen Verpflichtung für die mehrere Subkulturen umfassende Institution – für „unsere Unternehmung" – vollzogen, ist die Gefahr eines irrational geführten Machtkampfes von Subkulturen untereinander kaum gegeben. Ist die *Identifikation* mit der Unternehmung dagegen schwach, zieht der Appell an das Gemeinwohl nicht (mehr), dann allerdings können starke Subkulturen auch eine angesehene Unternehmung in den Ruin treiben.

Eine Desintegration kann jedoch auch ihre Wurzeln in einer grundsätzlichen Unangepasstheit der Unternehmungskultur an die Wert- und Normenstrukturen der Umwelt haben. Veränderungen, die sich in der Umwelt vollziehen, werden von den Subkulturen – insbesondere denen der Grenzsubsysteme – eher aufgegriffen und führen zu einer Ausdifferenzierung von Umweltsegmenten folgenden Auseinanderentwicklung von Subkulturen. Wie bereits erwähnt, weisen J. Martin/C. Siehl in diesem Zusammenhang auf die Möglichkeit des Entstehens einer eigentlichen *Alternativ- oder Gegenkultur* hin, die gegenüber einer Systemzerstörung zu einer langfristigen Systemerneuerung führen kann [37].

In einer *dynamischen und instabilen Umwelt* muss der Wunsch nach in sich harmonisierten Unternehmungskulturen jedoch prinzipiell in Frage gestellt werden. Ist es bereits eine Illusion, auf der Ebene der Subkulturen, bei aller Unterschiedlichkeit von Kontexten, Situationen und Interaktionen von einer Harmonie mehr organischer und mechanistischer Subkulturprägungen ausgehen zu wollen, wird dies im Verhältnis von Subkulturen zur Unternehmungskultur noch weit deutlicher. Letztlich kann eine Beantwortung der Frage nach der relativen Stärke von Unternehmungs- zu Subkulturen nur in Abhängigkeit vom Kontext der Umwelt vorgenommen werden: Differenzierte Umkulturen können in Subsystemen differenzierte Unternehmungskulturen verlangen. Umgekehrt können Argumente dafür gefunden werden, dass es überlebenskritisch sein kann, einer einheitlichen Umkultur mit differenzierten Unternehmungskulturen zu begegnen. In einer Zeit starken gesellschaftlichen und damit auch kulturellen Wandels ist darüber hinaus jedoch dem Verhältnis von Stabilität und Anpassungsfähigkeit von Unternehmungskulturen besondere Beachtung zu schenken.

Im Lebenszyklus von Unternehmungen wird das Verhältnis von Unternehmungskulturen und Subkulturen einem ständigen Wandel unterzogen. Unternehmungen beginnen ihren *Lebenszyklus* zumeist mit einer minimalen Prägung von Sub- und Gesamtkulturen. Sind sie dabei in der glücklichen Lage, dass sie über eine ungewöhnliche „Gründer"-Persönlichkeit verfügen, wachsen sie, wie viele historische Beispiele, aber auch jüngere „start-up"-Companies belegen, die bereits in einem Jahrzehnt Weltgeltung erlangen konnten, in Abb. 7 schnell vom *Ouadranten I* in den *Ouadranten II* über. Die Subkulturdifferenzierung ist über schwache Prägungen kaum vorhanden, es regiert weitgehend noch die „Hemdsärmeligkeit" der Gründungsjahre, obwohl man längst aus einer Grösse herausgewachsen ist, in der dies noch tolerabel wäre. Die Identifikation mit der Unternehmung wird hierbei noch weitgehend durch ein persönlich erlebtes Verhältnis zum Gründer verkörpert. Der Spitzenpersönlichkeit wird damit nicht nur eine hohe Identifikation entgegengebracht, sondern sie muss auch durch ihren eigenen Willen und ihre eigene Stärke die Schwäche der Subkulturen kompensieren. Nicht jede Persönlichkeit hat die Einsicht und die Kraft hierzu, womit sich eine kritische Facette des Operierens im Kulturfeld II enthüllt, welche unter Umständen bereits den Keim des Untergangs einer noch jungen Unternehmung in sich trägt.

Gelingt es, diese kritische Kultur-„schwelle" in Richtung auf den *Ouadranten IV* zu überwinden, bilden sich mit Grösse und Wachstum zunehmend eigene Subkulturen. Im Kampf um die Durchsetzung ihrer spezifischen Anliegen gewinnen die verschiedenen Subkulturen zunehmend an Profil, die Mitglieder schweissen sich zu Teams mit hoher Kohäsion zusammen, weil jedes allein zu schwach ist, um in der Auseinandersetzung mit den anderen sich bildenden Subkulturen Einfluss ausüben zu können. Liegt dabei eine hohe Identifikation mit Unternehmer oder Unternehmung vor, dürfte die starke Kulturprägung einen nicht zu unterschätzenden Motor für die weitere Unternehmungsentwicklung darstellen. Dies ist sozusagen ein Idealbild einer realisierten Kulturpolitik. Die Gefahren liegen jedoch hier darin, dass mit weiterem Wachstum die Eigenkomplexität derart zunimmt, dass immer mehr ordnungsgebende Instrumente eingesetzt werden müssen, um Erscheinungen der Desintegration Herr werden zu können. Die Ordnungs-

UNTERNEHMUNGS-KULTUR / SUBKULTUREN		AUSPRÄGUNG SCHWACH	AUSPRÄGUNG STARK
AUSPRÄGUNG	SCHWACH	I	II
	STARK	III	IV

Abb. 7: Möglichkeiten einer Kulturprägung

Subkulturen gewinnen dann die Oberhand, sie beginnen Denken und Handeln zunehmend zu prägen, der kurze Weg zur Bürokratisierung eines Systems hat begonnen.

Gibt es inzwischen den Gründungsunternehmer nur noch als geschichtlichen „Heroen" ohne persönliches Begegnungserlebnis und hat die Unternehmung institutionell wenig Sinngebendes getan, um die Identifikation der Mitarbeiter mit ihr als Gegengewicht zu den erstarkenden Subkulturen zu erhalten, beginnen sich im *III. Ouadranten* Auflösungserscheinungen zu zeigen: Die einzelnen Subkulturen verlagern ihr Interesse zunehmend auf Absicherungsstrategien gegenüber anderen Subkulturen. Der Weg zurück zum *I. Ouadranten* hat begonnen: Eine doppelt schwache Kulturprägung am Ende eines nicht unwirklichen Lebenszyklus einer Unternehmungs- und Kulturentwicklung. Aus dieser sehr holzschnittartigen Betrachtung eines gedachten Lebenszyklus lässt sich generell die Einsicht gewinnen, dass sich die *Stärke* bzw. *Schwäche* einer bestehenden Unternehmungskultur im Verhältnis zu ihren Subkulturen in unterschiedlicher Abhängigkeit zur intendierten strategischen Entwicklung unterstützend oder hemmend auswirkt, wobei im Qualitativen dem *Flexibilitätsgrad* der Systemkultur hochrangige Bedeutung zuzumessen ist.

2. Kulturgeprägtes und kulturprägendes strategisches Management

Das Verhältnis von Unternehmungskultur und strategischem Management ist wechselseitig geprägt: Zum einen ist die Gestaltung der Unternehmungsentwicklung von der Unternehmungskultur geprägt. Zum anderen prägen Konzeptionen, Realisationen und Ergebnisse strategischen Managements im Verlauf der Unternehmungsentwicklung die Kultur einer Unternehmung.

2.1 Die Kulturabhängigkeit und -verträglichkeit der strategischen Gestaltung

Ausgangspunkt einer Betrachtung des Bedingungsverhältnisses von strategischer Gestaltung und kultureller Entwicklung ist die Einsicht der gegenseitigen Interdependenzen dieser beiden die Unternehmungsentwicklung bestimmenden Grössen (vgl. Abb. 8). Die Unternehmungskultur lenkt einerseits *implizit* die Wahl und Implementierung von Strategien der Unternehmungsführung. Die gewählten und mit Erfolg oder Misserfolg durchgesetzten Strategien gewinnen andererseits den Charakter geschichtlicher Ereignisse, die zum Bestandteil der Unternehmungskultur werden und in Einstellungs- und Verhaltensregeln wiederum die Wahl ähnlicher oder verschiedener Strategien in der Zukunft, wie ihrer Implementierungschancen und -risiken beeinflussen. Versuche, über Strategien die Kultur *explizit* zu verändern, wurzeln gleichfalls im kulturellen Erbe einer Unternehmung und beeinflussen sie über ihren Erfolg und Misserfolg in der weiteren Entwicklung.

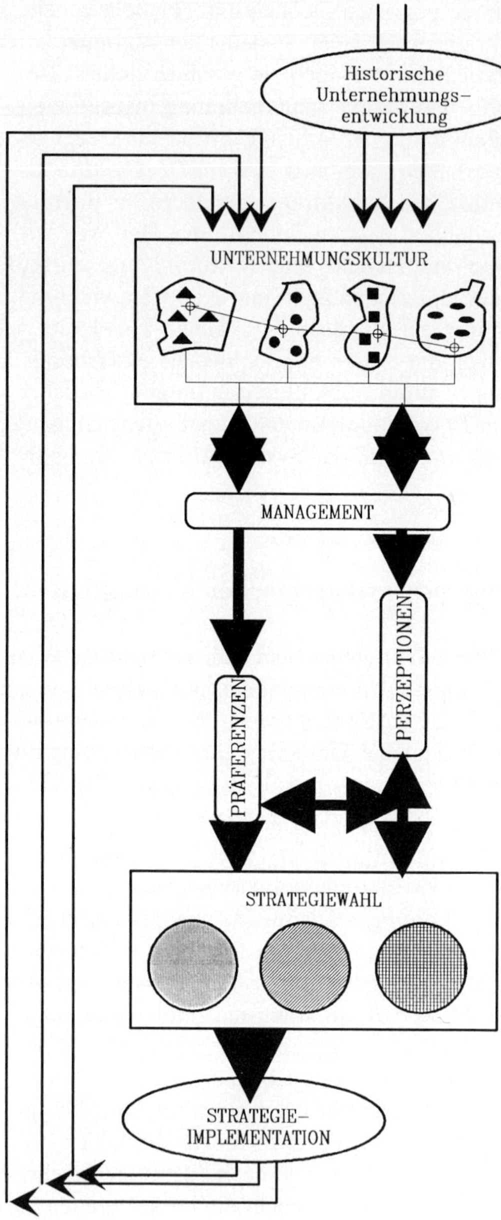

Abb. 8: Beziehungszusammenhang von Strategien und Kulturen

2.1.1 Die Kulturabhängigkeit von Strategien: Die strategische Wahl aufgrund kultureller Bedingungen

Über die Perzeptionen und Präferenzen von Trägern der strategischen Unternehmungsführung gehen *implizit* Werte und Normen in den Prozess der Strategiewahl ein. Sie werden mit *expliziten* Definitionen für das Verhalten der Mitarbeiter verbunden. Verhaltenserwartungen werden definiert, Ergebnisse beurteilt und lenkend Korrekturen an der Entwicklung vorgenommen.

(a) Kulturgeprägte Perzeptionen steuern die Erfassung der Problemlandschaft durch das Management als Ausgangspunkt strategischer Überlegungen

Die strategische Unternehmungsführung trifft weitreichende Entscheidungen unter Unsicherheit. Damit eröffnet sich bei ihr ein weites Feld unterschiedlicher Einschätzungen vergangener Unternehmungsentwicklung, der gegenwärtigen Problemlandschaft und des Zukunftsfeldes möglicher Chancen und Risiken. Die daraus folgenden Beurteilungen klaffen unter einzelnen Mitgliedern der Führungsgruppe nicht selten erheblich auseinander, und sie können mehr oder weniger weit von den tatsächlichen Gegebenheiten entfernt sein. Mit L. Festinger [38] liesse sich hierbei eine Art „Kognitives Dissonanz-Syndrom", mit Gregory Bateson [39] eine „Dissonance between reality und false beliefs" vermuten, deren Änderung allerdings auf erhebliche Schwierigkeiten stossen kann:

„For a man to change his basic perception determining beliefs... he must first become aware that reality is not necessarily as he beliefes to be" [40].

Damit wird die grundlegende und vom Verfasser kaum zu beantwortende Frage aufgeworfen, inwieweit die Unternehmung als lernendes soziales System Variationen der Perzeptionen der strategischen Unternehmungsführung im Impliziten erreichen kann, die letztlich Voraussetzungen für Veränderungen im Expliziten sind.

Perzeptionen spielen aber nicht nur eine Rolle beim Finden eines strategischen Fokus, sondern sie haben auch eine wesentliche *verhaltens- und handlungssteuernde Wirkung* bei der Definition erstrebenswerter Problemlösungen im arbeitsteiligen System Unternehmung.

- Durch die Fokussierung auf bestimmte Fragestellungen und erstrebte Antworten im Findungsprozess einer Strategie wird für die Mitglieder eines Systems in ihrer *begrenzten Perzeptibilität* die Erfassung der *Gesamtkomplexität* einer Problemlandschaft auf ein für sie angemessenes, erträgliches Mass *reduziert*.
  „Strategies are built on management's assumptions about many external factors. But a corporation's culture filters top management's perspective, often limiting the strategic options they are prepared to consider seriously. Defining the central values of a company's culture can remove old taboos that have unnecessarily constrained past strategic decision making" [41].

- Dies gilt in gleicher Weise für die *Dynamik*, die sich auf diesem Wege fassbar und beherrschbar machen lässt An sich höchst ungewisse Zukunftsentwicklungen können im arbeitsteiligen System Unternehmung unter dem *Diktum von Annahmen* die als Prämissen in die strategische Planung eingehen („Wir unterstellen, dass sich die Rahmenbedingungen wie folgt darbieten"), zum Planungs- und Entscheidungs*faktum* werden. Im Sinne Niklas Luhmanns [42] geht es bei der unternehmerischen Verantwortung um das *Schaffen von Sicherheitsäquivalenten* im System bei gegebener objektiver Unsicherheit.

Die kulturgeprägte *Perzeptionsrichtung* einer Unternehmung kann nach *aussen* oder nach *innen* gerichtet sein. Die Spannweite reicht hierbei von Unternehmungen, die „ihr Ohr" ständig an der Umwelt, am Markt haben und dafür im Laufe der Zeit hochsensible Sensorien entwickelt haben, während innerorganisatorische Vorgänge nur gedämpft wahrgenommen werden, bis hin zu Unternehmungen, die im Laufe der Zeit bürokratische Strukturen und Kulturen entwickelt haben, welche die Perzeptionen ihrer Mitglieder vor allem auf die Lösung von Binnenproblemen richten („Vorsicht, Kunde droht mit Auftrag!").

(b) Kulturgeprägte Präferenzen des Managements steuern die Wahl von Strategien

Das Management als Teil der Unternehmungskultur ist selbst kulturgeprägt, seine Perzeption von Vergangenheit, Gegenwart und Zukunft bestimmt die Präferenzen für die zukünftige Unternehmungsentwicklung und Strategien zu ihrer Gestaltung. Einzelne Präferenzobjekte lassen sich, wie in Abb. 9 gezeigt, in der Ausprägung von Spannungsreihen zur Verdeutlichung der Auswirkungen von Präferenzen auf die strategische Wahl heranziehen.

Im Hinblick auf *Potentialpräferenzen* ist es die Neigung, Potentiale, die in der Vergangenheit aufgebaut wurden, rational zu nutzen und auszubeuten. Dem stehen Präferenzen gegenüber, die auf den Aufbau und die Entwicklung von Zukunftspotentialen gerichtet sind. So wird beispielsweise einer Reihe amerikanischer Unternehmungen der Vorwurf gemacht, sie hätten über Jahrzehnte hinweg rigoros ein technologisches Know-how, die vorhandene Anlagenausstattung und den Mitarbeiterstamm rigoros nach der Devise „milking the cash and profit-cows" ausgebeutet, ohne etwas für die Zukunftsentwicklung dieser Ressourcen zu tun. Dabei hätten sie mit Priorität an den finanziellen Ressourcen ausgerichtete Strategien betrieben, um die Kapitalrentabilität jeweils kurzfristig besonders attraktiv ausweisen zu können [43]. Derartige Behauptungen lassen beispielhaft im Hinblick auf die Potentiale auf Präferenzen für Ausbeutungs- statt für Entwicklungsstrategien schliessen.

Bei der *Verfolgung einzelner Strategien* ist ebenfalls eine kulturgeprägte Präferenz des Managements zu unterstellen. Unternehmungen, die sich in ihrer Tradition auf eine erfolgreiche Vergangenheit abstützen und eher konservativ in die Zukunft voranschreiten, sind in ihren Präferenzen eher *vergangenheitsbestimmt*: Erfolgreiche Gefahrenabwehr und Krisenbewältigung in der Historie prägt deren heutige Präferenzen. Dies mögen Produktions- und Absatzprobleme gewesen sein, vielleicht eine erfolgreich überstandene Finanzkrise, aus denen heraus spezifische Informations- und

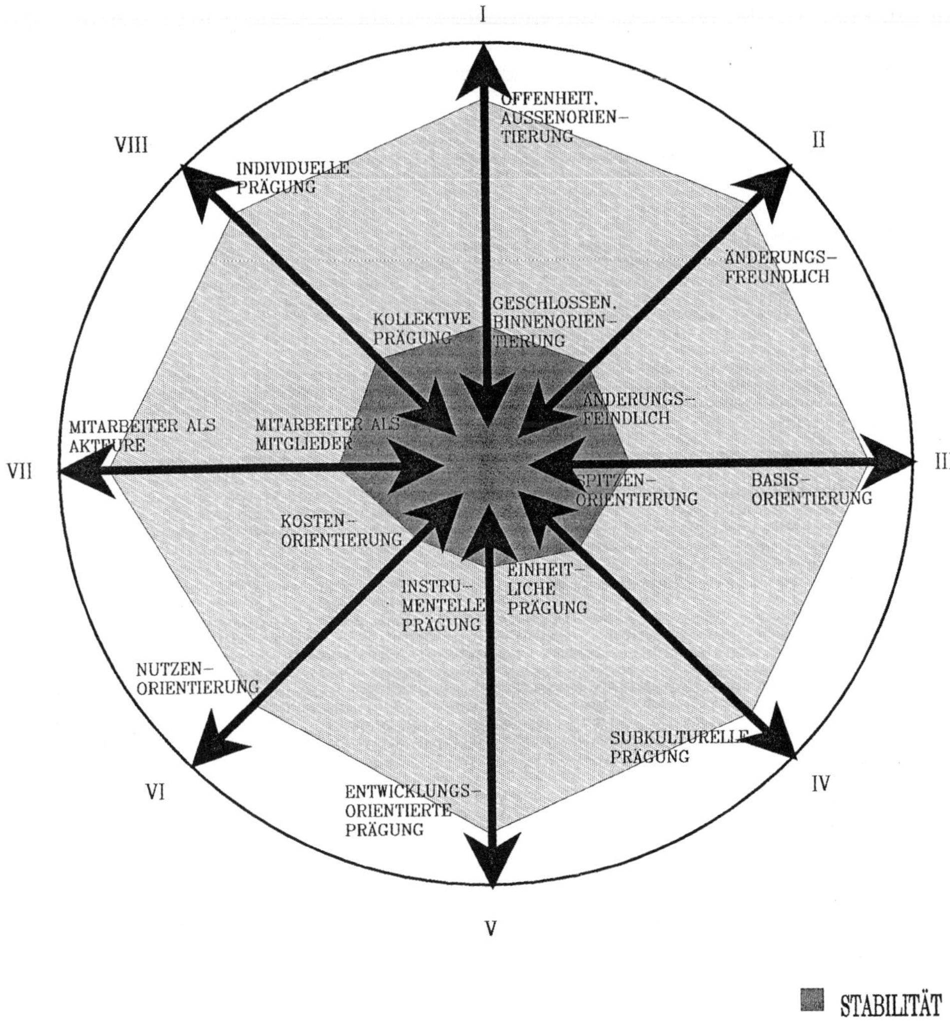

Abb. 9: Präferenzen des Managements bei der strategischen Kulturwahl

Handlungsformen erwachsen sind. Diese Instrumente werden als Traditionsbestand liebevoll weiter genutzt, gepflegt und vervollkommnet. Andere Unternehmungen operieren dagegen *zukunftsorientiert, innovativ mit revolutionären Strategien* im Feld der Ungewissheit. Sie haben entweder die Schlacken der Vergangenheit abgeworfen, oder aber sie besitzen als junge „start-up companies“ weder Kultur noch Tradition. Die einzigen Traditionsbestände können persönliche Vergangenheitserfahrungen ihrer Gründer sein, die diese in anderen Unternehmungen gesammelt haben. *Input-* (Rohstoff- und Energiesicherung) stehen weiter der *Output*orientierung, die *nationale* einer *internationalen* Strategieorientierung gegenüber. Schliesslich wirken sich bei der strategischen Wahl auch Präferenzen im Hinblick auf einzusetzende *Instrumente* aus.

Zielpräferenzen bei ökonomisch-formalen, eindimensional-operationalen Zielen und Potentialpräferenzen bei den Finanzpotentialen wie Strategiepräferenzen in Richtung auf eine Ausbeutung von Vergangenheitspotentialen dürften zur Präferierung von Instrumenten zum Definieren, Analysieren und Sichern finanzwirtschaftlich orientierter Strategien führen. Sie lassen im Rückkopplungskreis auf eine durch das Finanz- und Rechnungswesen geprägte Kultur schliessen, die durch die Präferenz von Instrumenten etwa des Controlling in sich weiter gefestigt wird. Ziel- und Potentialpräferenzen in Richtung auf materielle und soziale Bedürfnisse im Bereich der Leistungspotentiale der „Human Resources" verbunden mit einer Innovationsstrategie des Aufbaus von die Unternehmungsentwicklung tragenden Zukunftspotentialen werden dagegen eher synthetische Instrumente eines Technologie-Managements, des Marketings und der Personalselektion und -entwicklung der Anreiz- und Belohnungssysteme bevorzugen.

Genau so wie die Kultur der eigenen Unternehmung über Perzeptionen und Präferenzen des Managements die Strategiewahl und die Art und Wirksamkeit ihrer Implementierung beeinflusst, tut sie das auch bei den Wettbewerbern. Eine Analyse der Kulturen wesentlicher Wettbewerbsunternehmungen ist daher, worauf M. Schwarz und S.M. Davis hinweisen [44], in der Lage, wichtige Hinweise auf deren zukünftiges strategisches Verhalten zu geben, was bei den eigenen strategischen Uberlegungen eine nicht unwesentliche Rolle spielen sollte.

2.1.2 Die Kulturverträglichkeit von Strategien: Die Kultur als strategischer Implementationsfaktor

Je deutlicher die vom Management verfolgten Strategien mit den in der Unternehmungskultur angelegten Perzeptionen und Präferenzen *harmonisieren*, desto eher dürfte die Kultur einer Unternehmung zu einer promovierenden Kraft für die Implementierung und – soweit dies durch sie zu beeinflussen ist – Realisierung der Strategie werden. Eine *Disharmonie* von strategischem Wollen und andersartiger kultureller Prägung wird dagegen eine Fülle von nicht leicht zugänglichen *Akzeptanzwiderständen* wecken, welche die vom Management intendierten Strategien verfälschen oder sogar scheitern lassen können. Die Wirkungen der Unternehmungskultur auf die Implementierung von Strategien sind damit im Spannungsfeld zwischen den Polen „unterstützend" bis „hemmend" anzusiedeln. *Unternehmungskultur und Unternehmungsstrategie* sind nur Mittel zum Zweck. Es bedarf deshalb zur optimalen Zielerreichung einer möglichst harmonischen Ausrichtung dieser beiden Mittel... Wesentlich scheint die generelle Mischung von instrumentaler (Strategien) und kultureller Unternehmungsführung. Langfristig erfolgreiche Unternehmen verfügen erfahrungsgemäss sowohl über gute Instrumente als auch für eine effektive Kultur" [45].

M. Schwarz und S. M. Davis weisen in diesem Zusammenhang darauf hin, dass jede Anpassung von Unternehmungskulturen an Veränderungen in der strategischen Unternehmungsführung ein Bewusstmachen der den Strategien zugrundeliegenden Präferenzstrukturen voraussetzt [46]. Dazu müssen vor allem die im Kulturellen liegenden Risiken aufgedeckt werden:

- „How much cultural risk is there in my portfolio of businesses, each with its own strategy and approach to implementation.
- How is this risk spread across businesses?
- What are specffic sources of cultural risk, and do any patterns emerge across my portfolio?
- If too many important business units are at significant cultural risk, is the corporate strategy endangered?" [47].

Eine gründliche Analyse der mit Strategien verbundenen kulturellen Risiken ist für eine sinnvolle Abschätzung der Implementierungs- und damit Realisierungschancen von strategischen Vorhaben notwendig, um die spezifischen Aspekte notwendiger kultureller Änderungen aufzuspüren und angehen zu können:

„*Step 1*: Define the relevant culture and subcultures in the organization.
Step 2: Organize these statements about the firm's culture in terms of managers' tasks and their key relationship.
Step 3: Assess the risk that the company's culture presents to the realization of the planned strategic effort.
Step 4: Identify and focus on those specific aspects of the company's culture that are both highly important to strategic success and incompatible with the organizational approaches that are planned.

To match your corporate culture and business strategy, something like the procedures outlined above should become a part of the corporation's strategic planning process" [48].

Der Vorteil einer derartigen Vorgehensweise liegt in der wirksamen Integration der sozio-emotionalen Dimension des Unternehmungsgeschehens in dem häufig einseitig auf sach-rationale Überlegungen ausgerichteten strategischen Planungsprozess.

„In all these activities, it is important to set priorities that focus on issues that are strategically significant, while concentrating on those elements of the culture where change is important to success. In fact, it may not be desirable to totally change the culture – only those parts of it that demonstrate high cultural risk" [49].

2.2 Strategien und Kulturen in der strategischen Unternehmungsführung

Der grundsätzliche Zusammenhang von Strategien – wie sie bislang in der strategischen Unternehmungsführung verstanden werden – und Kulturen lässt sich auf zwei wesentlichen Ebenen betrachten:

1. der ökonomischen und humanen *Potentiale* als Ausdruck der *Elemente* und
2. der organisatorischen und management-systemischen *Strukturen* als Ausdruck der *Beziehungen* strategischer Unternehmungsführung.

2.2.1 Der Potentialzusammenhang von Strategien und Kulturen

(a) Im Mittelpunkt aller bisherigen Überlegungen der strateglschen Unternehmungsplanung stand das Schaffen von Zukunftspotentialen für die Unternehmung über ein Herstellen zielführender Produkt-Marktkombinationen. Unabhängig von der zugrundeliegenden Differenzierung organisatorischer Einheiten wurde hierbei die Planung auf strategisch relevante und in sich konsistente *Geschäftsfelder* ausgerichtet, die in ihrer Kombination zueinander (Portfolio-Konzept) Ansätze für eine Optimierung im Rahmen einer *Produktprogrammplanung* bieten. Mit Dietger Hahn kann die Geschäftsfeld- und Programmplanung als *Ausprägung des Sachziels* der Unternehmung begriffen werden [50], sie wird damit zum Kernelement einer *Ökonomischen Potentialplanung* [51].

Das Werden und die Prägung der Ökonomischen Potentiale im Produkt-/Marktprogramm schafft gleichsam eine Art Geschichte der Erfolge und Misserfolge bei der Suche nach marktlichen und technologischen Möglichkeiten und ihrer Nutzung im *kognitiven* Gedächtnis einer Unternehmung.

Affektiv wirkt sich die im Laufe der Zeit gewonnene Identität einer Unternehmung in bestimmten Präferenzen ihrer Entscheidungsträger bei der Wahl von Strategien, „do's and don'ts" aus, in Geboten und Verboten („Tabus"), in Wertungen, die bestimmte Produkt-/Marktkombinationen als erstrebenswert oder weniger erstrebenswert, traditionelle oder progressive Veränderungen des Produktprogrammes für chancen- und risikoreicher im Hinblick auf eine Produkt- oder Regionaldiversifikation halten. Unterschwellige Verhaltensvorschriften, wie „Schuster bleib bei Deinen Leisten" oder „ein Geschäftsfeld ist nur so lange interessant, als es auch einen kurzfristigen Beitrag zum Ergebnis beisteuert, deshalb sortieren wir unser Portfolio durch An- und Verkauf von Unternehmungsteilen laufend neu", haben fast immer ihre Wurzeln im Durchleben besonders kritischer Ereignisse in der Vergangenheit, die zum jeweils gegenteiligen verhaltensbestimmenden „Kulturgut" geführt haben.

Die vergangenheitsgeprägte Unternehmungskultur kann in ihrem Bezug zur Bewältigung des Technologie-/Marktproblems beim strategischen Aufbau von Zukunftspotentialen in eine Richtung weisen, die auch dem Management strategisch erstrebenswert erscheint. Man geht dabei sicherlich nicht fehl, wenn hier eine Verbindung zur Dauer der Betriebszugehörigkeit des Managements hergestellt wird. Es ist sicher nicht selten, dass in Unternehmungen, die nicht gerade auf der Sonnenseite ihrer Entwicklung stehen, ein reger Wechsel insbesondere im Top-Management stattfindet. Die Harmonie von unternehmungskultureller Prägung und strategischem Wollen ist dann kaum mehr als selbstverständlich vorauszusetzen und sicherlich auch bewusst gar nicht gewollt: Es gilt im Gegenteil durch neue, zukunftsweisende Strategien mit den in der Unternehmungskultur angelegten Traditionen zu brechen, um die Überlebensfähigkeit des Systems (wieder) herzustellen. In diesem Fall gerät das strategische Wollen bei der Geschäftsfeldplanung in Konflikt mit den in der Unternehmungskultur verdichteten Erfahrungen, die über Werte und Normen implizit das Verhalten steuern. Wird dem Management dieser konfliktgeladene Tatbestand nicht bewusst, sieht es sich nicht selten wesentlichen Behinderungen bei der Vereinbarung und Umsetzung der Strategie gegenüber: Akzeptanzwiderstände werden überall erkennbar, Strategien versanden, die Unternehmungsplanung wird von der Kultur absorbiert, indem die Träger der Traditionskultur die Planung nach der Devise „line management is its own best strategist" usurpieren.

Beim konfligierenden Verhältnis von Kultur und Struktur gilt es, diesen Tatbestand den Planenden weitgehend bewusst zu machen. Realistische Konsequenzen, die aus der Einsicht des Vorliegens einer derartigen Disharmonie gezogen werden können, reichen von der Zurücknahme der Progressivität der beabsichtigten Strategien auf ein kulturverträgliches Mass bis hin zu Massnahmen einer – allerdings nur langfristig – wirksamen, behutsamen Veränderung von Werten und Normen über die Gestaltung von Rahmenbedingungen im Sinne einer gezielten Kulturpolitik der Unternehmung.

(b) Aus der ökonomischen Potentialplanung ist die *Führungskräfteplanung* ableitbar; denn von der Qualität der Führungskräfte hängen Art und Erfolg der Geschäftsfeld- und der Programmplanung ab [52]. Dietger Hahn stellt in kritischer Beurteilung des Entwicklungsstandes der strategischen Planung fest, dass gegenüber der Geschäftsfeldplanung als Wachstumsplanung mit Produktlebenszyklus-Planung und Portfolio-Instrumentarium, die Integration der Führungskräfteplanung bislang eher zu wünschen übrig liesse [53]. Die Führungskräfteplanung stellt – im Hinblick auf aktuelle und potentielle Mitglieder der Führungsgruppe einer Unternehmung – einen wesentlichen und kritischen Teil der *humanen* Potentialplanung mit den Teilen der Struktur-, Entwicklungs-, Einsatz- und Gratifizierungsplanung dar.

Das Ergebnis der humanen Potentialplanung des Managements – der Führungskräfteplanung – ist die *Managementkapazität*, die eine Unternehmung zur Bewältigung aktueller und zukünftiger Probleme vorhält. Geht man von der These aus, dass Management die knappste Ressource im Bündel der Leistungspotentiale ist, muss seine qualitative und quantitative Kapazität von entscheidendem Einfluss auf die Unternehmungsentwicklung sein. Die quantitativ und qualitativ zu bestimmende Managementkapazität kann sich im Verhältnis zu Ihrer fachlichen und zeitlichen Inanspruchnahme (Beschäftigung) sowohl promovierend als auch restringierend auf die Unternehmungsentwicklung auswirken.

Überfordern Strategien die vorgehaltene Managementkapazität, wird ihr Realisationsgrad allgemein sinken. Unter Zeitdruck eingegangene Qualitätskompromisse bei der Problemlösung generieren zeitbindende Korrekturnotwendigkeiten, die nicht nur die Managementkapazität in der Folge zunehmend belasten können, sondern auch gemäss ihrer situativen Dringlichkeit zu der von Luhmann akzentuierten „opportunistischen Wertverfolgung" unter dem Primat des Zeitlichen führen [54]. Unterfordern dagegen Strategien die vorgehaltene Managementkapazität, ist eher die umgekehrte Wirkung zu erwarten: Das Management kann sich vom Primat der Zeit befreien, die Qualität der strategischen Unternehmungsführung steigern, statt koordinativ stärker integrativ und im Sinne Peter Druckers [55] zunehmend unternehmerisch handeln, indem es nach neuen Möglichkeiten Ausschau hält, den Aufbau von Zukunftspotentialen in Angriff nimmt, oder aber mit dem Abbau nicht zukunftsträchtiger Potentiale beginnt.

Die Unternehmungskultur wirkt auch hier ein. Ist diese beispielsweise in ihrer Zeitorientierung rückwärtsorientiert, schwelgt sie in den Grosstaten und Unternehmungserfolgen der Vergangenheit, dann bedarf es eines grossen Zeitaufwandes, um vor diesem kulturellen Hintergrund Bewegung zu neuen Ufern zu schaffen. Eine stark vorwärtsorientierte, junge Unternehmungskultur („Es gibt viel zu tun, packen wir's an!") mag im Gegensatz zum ersten Beispiel geradezu darauf warten, dass strategische Entwicklungsimpulse gesetzt werden. Der zeitaufwendige, innerorganisatorische Änderungsprozess, der die Managementkapazität erheblich binden kann, schrumpft unter diesen Umständen auf ein Minimum [56].

Eine nähere Analyse der Kulturverträglichkeit von Strategien hat das Kulturprofil des Managements an sich und seiner Schichtung besonders aufmerksam anzugehen. Kommt sie zum Ergebnis einer weitgehenden Unverträglichkeit und besteht keine Bereitschaft zur Korrektur der strategischen Planung, ist mit der Führungskräfteplannung selbst zu versuchen, eine Veränderung des kulturgeprägten Problemverhaltens zu betreiben. Hierzu bestehen die Möglichkeiten

- eines *Austausches der Kultur„träger"*, also von Führungskräften mit einer nicht strategisch konformen Werthaltung durch solche, von denen erwartet werden kann, dass sie „kulturell" auf der gleichen strategischen Linie liegen. Da vom Spannungsverhältnis traditioneller zu progressiven Strategien selten alle Subsysteme in gleicher Weise berührt werden, muss dies nicht zur Eliminierung der Träger von Traditionselementen aus dem System, sondern kann auch zu ihrem Auswechseln in der Weise führen, dass Trägern progressiver Kulturelemente die Leitung von Geschäftsfeldern übertragen wird, die eine besonders deutliche Abkehr vom Traditionsbestand strategischer Erfahrung verlangen.
- des Aufbaues eines *Nachwuchskaders* von Führungskräften progressiver Kulturneigung, die bewusst und gewillt zum Aufbrechen kultureller Traditionsbestände in den Subsystemen eingesetzt werden, deren Wert- und Normenstruktur entweder besonders strategie-diskonform oder für den Aufbau von Zukunftspotentielen kritisch ist.
- der *Personalentwicklung* von Führungskräften nicht nur im Sinne der Verbesserung ihrer kognitiven Fähigkeiten, sondern auch im Sinne eines Entwickelns von strategiekonformen Werten, die diese auch emotional befähigen, beim Aufbau von Zukunftspotentialen ihr Wissen mit der Wünschbarkeit erstrebten Verhaltens zu verbinden.
- einer *Rotation* von Führungskräften im Rahmen der Personaleinsatzplanung. Sachrational mögen viele Gründe gegen eine weitgehende Rotation von Führungskräften in der Unternehmung sprechen, wie beispielsweise die mangelnde Effizienz, die sich über laufend neue Einarbeitungsphasen auf der Lernebene ergeben, die sich ableitende Neigung zum Aufgreifen nur von Projekten, die sich kurzfristig während der Verweildauer in einer Stelle realisieren lassen, der Ausstattung mit Stäben, um den fehlenden Sachverstand auf diesem Wege zu sichern und der entgegengesetzten Tendenz zu einem erstrebenswerten „back to basics": dem Zurückziehen auf Formales. Aus der Kulturperspektive allerdings bietet eine Rotation von Führungskräften viele Möglichkeiten zum Verankern starker, gesamthafter und strategie-konformer Unternehmungskulturen: Der Wechsel bricht die Härten und Grenzen subkultureller Neigungen auf, schafft Flexibilität über den steten Zwang zur Neuorientierung bei Führenden und Ausführenden, institutionalisiert das Lernen als übergreifendes Kulturelement und schafft ganz allgemein die Voraussetzungen dafür, dass mit einer Vergangenheitsorientierung zugunsten einer strategischen Zukunftsbezogenheit gebrochen wird.

- der Veränderung der *Anreiz- und Belohnungssysteme* für Führungskräfte [57], wobei neben den immateriellen Tatbeständen der monetären Gratifikation eine besondere verhaltenssteuernde Bedeutung zukommt Grundsätzliche Möglichkeiten zur Gratifizierung werden durch Fred G. Becker [58] aufgezeigt. Dietger Hahn berichtet über ein interessantes Beispiel, das er in Zusammenarbeit mit H.G. Willers in der Haniel-Gruppe erarbeitet hat [59].

Von den dargestellten Ansätzen zu einer Harmonisation von Strategie und Kultur lässt sich nur der erste – der Austausch von Führungskräften – als kurz- bis mittelfristig erfolgversprechend einstufen. Kultur*revolution* ist aufgrund des zeitabhängigen evolutorischen Charakters der Kulturbildung und -veränderung immer mit dem Austausch von Kulturträgern verbunden. Alle weiteren Ansätze im Rahmen der Führungskräfteplanung tragen eher den Charakter einer langfristigen Kulturevolution: Im Sinne von James G. March werden eher „Schneezäune" an den richtigen Stellen eingezogen, um eine Entwicklung in eine bestehende Richtung zu lenken, als dass „Schneemänner" gebaut werden [60]. Eine *evolutorische* Veränderung nicht zukunftstragender Unternehmungskulturen verlangt im Personalmanagement eine vor allem „weiche" Vorgehensweise durch die Führung.

2.2.2 Der Strukturzusammenhang von Strategien und Kulturen

(a) Beim Schaffen von Erfolgspotentialen für die Zukunft spielt das Bereitstellen von Strukturen, die menschliches Verhalten in eine strategisch gewollte Richtung lenken, eine entscheidende Rolle. Dies ist Aufgabe der *„Organisationsplanung"*, die präsituativ und integrativ Entscheidungen über Strukturtatbestände der Unternehmung aufgreift und damit von improvisatorischen Anpassungsakten organisatorischer Strukturen abzugrenzen ist. Sie stellt eine rationale und systematische Entscheidungsvorbereitung sicher und ermöglicht die Verwendung partizipativer Verfahren, welche die Implementation der Planungsergebnisse erleichtern.

Inhaltlicher Kern der strategischen Organisationsplanung ist die *Planung des grundlegenden Organisationsmodells der Unternehmung* – insbesondere die Festlegung der Aufgabengliederung der *Unternehmungsspitze* und der darunter liegenden *Einheiten* nach Funktionen, Produkten und/oder Regionen und die Regelung der Kompetenzen (Befugnisse) und damit auch Verantwortlichkeiten der Träger einzelner Aufgabenbereiche.

Prägen Strukturen Verhalten, so ist das Verhältnis von Organisation und Kultur einer Unternehmung in einem besonders engen, wechselbezüglichen Verhältnis zu sehen: „Damit soll angedeutet werden, dass sich in jedem organisierten sozialen System auch ein System von Wertvorstellungen, Überzeugungen und Verhaltensnormen entwickelt und zwar in wechselseitiger Abängigkeit vom System der Strukturen" [61]. Ist die strategische Unternehmungsführung auf die Selektion und Ausgestaltung von Organisationsmodellen fokussiert, gilt es, mögliche Wechselwirkungen von entwickelter Unternehmungskultur und ihren Subkulturen bei der *Wahl zwischen alternativen Organisationsmodellen* zu prüfen.

(1) Im *Verrichtungsmodell nationaler Organisation* besteht die Möglichkeit, „dass sich eine *relativ einheitliche Organisationskultur* entwickeln kann..., besonders wenn sowohl die Produktgruppe wie der Absatzmarkt homogen sind und die Unternehmung nicht zu gross und entsprechend überschaubar ist. Da die wichtigsten Strategie- und Koordinationsentscheidungen von der Unternehmungsspitze zu treffen sind, bestehen bei der Gesamtführung durch eine einzelne Persönlichkeit gute Voraussetzungen, aufgrund ihrer Werthaltungen und durch ihr tägliches Verhalten und Entscheiden, die Organisationsstruktur richtungsweisend und nachdrücklich zu prägen" [62]. Die tendenzielle Professionalisierung funktionaler Organisationen lässt aber eine potentielle Neigung dieses Organisationsmodells zum *Abteilungs- und Ressortegoismus* erkennen. Die „engen horizontalen aufgaben-logischen Beziehungen", die zwischen den einzelnen funktionalen Ressorts bestehen [63], lassen jedoch die laterale Koordination zu einer erfolgskritischen Grösse dieses Organisationsmodells werden: Managementsysteme können die notwendige Koordination formal stützen, sie müssen jedoch getragen werden von der kulturgeprägten Kooperationsbereitschaft und gemeinsam akzeptierten Werten [64].

(2) Im *Objektmodell divisionaler Organisation* entstehen idealerweise um einzelne produkt-marktorientierte Geschäftsfelder herum mehr oder weniger teil-autonome Sub-Unternehmungen entweder im Kleid der Rechtsstruktur einer Einheitsgesellschaft oder eines Konzerns. Diesem dezentralen Element steht eine funktional sich an Verrichtungen orientierende zentrale Ebene gegenüber, die auf die Einheitlichkeit der Managementsysteme als Voraussetzung für eine Führbarkeit des Gesamtsystems sieht und neben einigen operativen, verwaltenden Aufgaben vielfältige, qualifizierte Dienstleistungen fiir die Gesamtunternehmung und einzelne ihrer Teile bereit hält.

„*Die Divisionalisierungswelle* der sechziger und siebziger Jahre kann als Bestreben der Unternehmungsführung verstanden werden, bewusst die Organisationskultur der bisher funktional gegliederten Unternehmung zu verändern. Die zunehmende Grösse und Komplexität vieler Unternehmungen hatte zur Folge, dass die Entscheidungsprozesse schwerfällig und die individuellen Verantwortungsbereiche verwischt und diffus wurden. Es verbreiteten sich Werthaltungen und Verhaltensweisen, welche die Wettbewerbsfähigkeit und den Weiterbestand der Unternehmungen ernsthaft gefährdeten. Es lag daher nahe, im Rahmen der zunehmend schwieriger zu führenden Gesamtunternehmung wieder die motivationalen Bedingungen kleinerer, überschaubarer Unternehmungen zu schaffen. Der Einsatz der Mitarbeiter zur Erreichung klarer und einheitlicher Produkt/Markt-Ziele der divisionalen Struktur wird unterstützt durch das Entstehen von entsprechenden *divisionalen Organisationskulturen*, die sich voneinander unterscheiden und die eine bessere Identifikation der Mitarbeiter mit „ihrer" Division ermöglichen" [65].

Dem stehen jedoch mögliche dysfunktionale Wirkungen einer konfliktreichen Rivalität einzelner Subsysteme gegenüber. „Es sind wohl zahlreiche organisatorische und führungsinstrumentale Gegenmassnahmen bekannt, doch letztlich hängt deren Erfolg entscheidend vom *Gleichgewicht zwischen der Gesamt-Organisationskultur und den divisionalen Subkulturen ab*" [66].

(3) Ähnliche organisatorische und kulturelle Bedingungen stellt das *Regionalmodell.* Zu den dargestellten zentrifugalen Kräften unterschiedlicher Produkt-/Marktbezüge kommen hier an den einzelnen regional unterschiedlichen Standorten jedoch Subkulturen weiter ausdifferenzierender landsmannschaftlicher Prägungen hinzu.

Dies wird besonders deutlich bei *internationalen Unternehmungen*, deren Aktivitäten verschiedene nationale Kulturen übergreifen, die das Denken, Handeln und Verhalten ihrer Mitarbeiter in den einzelnen regionalen Subsystemen äusserst unterschiedlich einstellen. Das „Management in fremden Kulturen" [67] wird bei ihnen zu einer äusserst schwierigen Managementaufgabe, die nur allzu leicht einseitig vor dem kulturellen Hintergrund der Spitzenführungskräfte des Stammhauses aus nationaler Sicht erfüllt wird.

(4) Eine gleichgewichtige Berücksichtigung mehrerer Dimensionen der Aufgabe führt zu *mehrdimensionalen Organisationsmodellen* die eine laterale Zusammenarbeit forcieren. Der Erfolg derartiger äusserst labiler Organisationsmodelle (*Matrix- und Tensororganisation*) lässt die Kulturabhängigkeit anspruchsvoller Organisationskonzepte deutlich werden. Ist die Unternehmungskultur auf Macht und Status in der Hierarchie abgestellt, dürfte es sehr schwierig sein, eine laterale Zusammenarbeit unter den personalen Elementen einer Matrix zuwege zu bringen. Gibt es dagegen kulturell eine Präferenz für ein informales Zusammenarbeiten im Team, in dem das Problem und nicht das Vertreten von persönlichen und von Abteilungs-Interessen im Vordergrund steht, können gute Voraussetzungen für einen Übergang zu mehrdimensionalen Organisationsmodellen vermutet werden. Zielt daher eine Organisationsplanung im Rahmen strategischer Überlegungen auf die Einführung eines derartigen Organisationsmodells, sollte überlegt werden, ob die kulturellen Bedingungen hierfür gegeben sind oder in angestrebter Frist vor allem über die Führungskräfte- und Managementsystemplanung geschaffen werden können.

„Structure and strategy thus exist in a reciprocal relationship to each other. Depending on which part of the strategic process is observed, both ‚structure follows strategy' and ‚strategy follows structure' can be correct propositions." [68]

Die von der Unternehmungskultur ausstrahlende Betrachtung der Rolle, welche Organisationsstrukturen im Rahmen des Managements spielen, kann von Unternehmung zu Unternehmung durchaus unterschiedlich sein. Dabei war unsere kulturell verankerte Unternehmungsphilosophie eher vom Misstrauen gegenüber der Motivation und Qualifikation der Mitarbeiter getragen. Eine *„Misstrauensorganisation"* wurde charakteristisch für die Einstellung gegenüber der organisatorischen Strukturierung. Ausgehend vom Menschenbild eines eindimensional gesehenen mechanistischen Aufgabenträgers wurde der organisatorischen Gestaltung eine Art Lückenbüsserfunktion für menschliche Unzulänglichkeiten zugewiesen, der diese durch zentrale Lenkung, Hierarchisierung und Bürokratisierung hochgradige Programmierung, Standardisierung und Normierung von Arbeitsabläufen und intensive Fremdkontrollen gerecht zu werden hatte. Für die Zukunft scheint jedoch eher die kulturell geprägte Einstellung einer *„Ver-*

trauensorganisation" zukunftsführend zu sein. Sie wird getragen vom Menschenbild eines „complex man", das sich nur über eine vieldimensionale Betrachtung erschliessen lässt. Kulturelemente, wie Ehrlichkeit, Offenheit, Toleranz, Partnerschaft, Würde und Sicherheit [69] werden zu tragenden Säulen persönlichen Umgangs im Rahmen einer Vertrauensorganisation. Rahmenbedingungen, die dies über Forderungen, Anreize und Belohnungen und die persönliche und fachliche Entwicklung von Mitarbeitern ermöglichen, rücken an die Stelle detaillierter Regelungen und lenkender Eingriffe in das Verhalten.

(b) Zusätzlich zu den strategischen Uberlegungen einer Zukunftsgestaltung von Organisationsstrukturen muss die integrierende Funktion betrachtet werden, die den organisationsbedingten und überbrückenden *Managementsystemen* im Rahmen einer strategischen Beziehungsplanung zukommt. Im Rahmen der Managementsysteme akzentuiert Dietger Hahn die wesentliche Rolle, die einer Gestaltung von *Informationssystemen* beizumessen ist [70]. Im Rahmen eines derartigen Management-Informations- und Kontrollsystem kann der strukturellen Gestaltung von Zielvereinbarungs- (beispielsweise nach dem Modell des Management by Objectives), Planungs- und Kontroll-, Dispositions- und Personalbeurteilungssystemen eine strateglsche Bedeutung zukommen.

Wie Organisationssysteme sind auch Managementsysteme kulturabhängig und kulturbestimmend. „Bedeutsam ist, dass die Entwicklung von Management-Systemen begleitet und zu einem erheblichen Teil sogar ausgelöst wurde durch tiefgreifende Änderungen des Menschenbildes, des Unternehmungs- und des Gesellschaftsbildes, ja sogar des Weltbildes. Einer der bestimmendsten Faktoren bei jeder praktischen Gestaltung eines Management-Systems ist dann auch die Frage, wie die Führungskräfte, die in und mit diesem System arbeiten sollen, ihre Umwelt im engeren und im weiteren Sinne sehen und verstehen... Management-Systeme stellen den gedanklichen und organisatorischen Rahmen für die Beherrschung komplexer Systeme bereit. Ihre Wirksamkeit ist aber letztlich bestimmt durch die Menschen, die eigentlichen Führungskräfte einer Unternehmung. Es sind letztlich immer die Führungskräfte als konkrete Personen, die Management-Systeme entweder zu sterilen Formalismen degenerieren lassen oder sie mit Leben erfüllen und damit die in einem Management-System steckenden Möglichkeiten zu voller Entfaltung bringen" [71].

Mit der Intensität geplanter strategischer Veränderungen, der Qualltät der Führungskräfte, der Höhe des Anspruchs, den die Organisation an das Führungsverhalten stellt, wächst die Herausforderung, Managementsysteme „aus einem Guss" *ganzheitlich* zu entwickeln, die ein unternehmungsbezogenes, zukunftsorientiertes Führungsverhalten im Spannungsfeld von Integration und Innovation erzeugen.

3. Strategische Veränderung kulturgeprägten Problemverhaltens

Auf der strategischen Ebene bedürfen die durch die Unternehmungskultur repräsentierten Grundeinstellungen und Verhaltensnormen einer Konkretisierung durch die

Entwicklung des Problemverhaltens der Mitarbeiter. Nicht zuletzt, weil die Unternehmungskultur vergangenheitsgeprägt ist, kommt dem Management in diesem Zusammenhang die Aufgabe zu, verhaltensleitend zu wirken, um den Herausforderungen der Zukunft angemessen begegnen zu können. Die Art und Weise, wie die Mitarbeiter Probleme aufgreifen und Lösungsansätze entwickeln, wird die Positionierung der Unternehmung im Wettbewerb bestimmen. Der einzelne Mitarbeiter wird sich dabei am Management orientieren, dieses muss sich seiner starken Vorbildfunktion bewusst sein und die Beeinflussung einer Kulturpolitik der Unternehmung als Führungsaufgabe betrachten. Die Kulturpolitk muss im Sinne eines „organisatorischen Lernens" Flexibilisierungsspielräume anstreben, einmal damit die Perzeptionsfähigkeit der Unternehmungsführung nicht zu sehr durch die Vergangenheit begrenzt wird, daneben aber auch, damit gewollte strategische Veränderungen nicht an – im Kulturellen verhafteten – Akzeptanzswiderständen scheitern [72].

Die Unternehmungspolitik versucht einen normierenden Abgleich externer Forderungen und Unterstützungen, die durch die Umwelt an die Unternehmung herangetragen werden, mit den strategischen Möglichkeiten, welche die inneren Potentiale und Strukturen gegenwärtig und in ihrer Entwicklung zukünftig zur Erfüllung von Umweltforderungen bieten kann. Aus dem grossen Feld möglicher Kombinationen definiert sie einen *Verhaltenskorridor* für die Unternehmung, sucht und präferiert die Art der Systemgestaltung, die am geeignetsten erscheint, Mitglieder und Teilnehmer eines Systems in der gewünschten Weise in diesen Verhaltenskorridor „einzufädeln", um zweckgerichtete Problemlösungen zu erreichen. Entstanden in einem evolutionären Prozess, in dessen Verlauf nicht alle Facetten der *spontanen* Ordnung des Sozialsystems Unternehmung gestaltet werden können und gestaltbar sind, verweist sie unseren Machbarkeitsanspruch deutlich in seine Schranken. Ansatzpunkte für eine dennoch partielle, nicht im Detail beherrschende Änderung des Werte- und Wissensvorrats des Systems bietet die bewusste Schaffung von Rahmenbedingungen für die soziale Evolution. Immer dann, wenn das aktuell gültige Perzeptions- und Präferenzsystem als dysfunktional für den Fortgang der Unternehmung erkannt wird – wobei auch dieser Erkenntnisprozess selbst wieder in seiner Tragweite kulturdeterminiert ist – wird eine rahmengebende Politik der Unternehmungskultur überlebenskritisch.

Bei allen Massnahmen zur Änderung des kulturgeprägten Problemverhaltens von Mitarbeitern seien sie revolutionär oder evolutionär, ist, nach dem Prinzip des Erzielens *kritischer Massen* vorzugehen [73]. Dabei ist die Vorbildrolle, die Führungskräften in sozialen Systemen zukommt, von besonderer Bedeutung. Will man hier engere kritische Massen erzeugen, kann ein Konzentrieren auf die besonderen Meinungsbildner innerhalb der Führungsgruppe dienlich sein.

Konkrete *Massnahmen* einer Veränderung des kulturgeprägten Problemverhaltens können immer an den beiden strategisch relevanten Dimensionen der Ökonomischen und humanen *Potentiale* – wobei der langfristigen Gestaltung der Managementkapazität eine äusserst kritische Rolle beizumessen ist – und den *Strukturen* von Organisation und Managementsystemen ansetzen [74]. Erst ihre widerspruchsfreie Verknüpfung miteinander schafft die Voraussetzung für eine Bildung von Stosskraft in eine Richtung, die über kulturgeprägte Perzeptionen und Präferenzen des Managements zukunftsweisend gewählt im gesamten sozialen System auf eine hohe Bereitschaft zu ihrer Implementierung trifft. Eine *starke Unternehmungskultur wirkt damit als unternehmerisches Fundament einer erstrebten strategischen Stosskraft in der Unternehmungsentwicklung*. Erst die *Integration* von Strategie, Struktur und Verhalten, bildet ja ihre Stärke. Bedeutsam ist dabei vor allem die Möglichkeit, die in einem langfristigen Prozess erreichte Kulturstärke nachhaltig – als arteigene, unternehmungsspezifische Kulturprofilierung – *gegenüber dem Wettbewerb* abzuschirmen und als Nutzungspotential allein der sie generierenden Unternehmung zugänglich zu machen [75].

Schaffen zwar in sich harmonisierte Unternehmungskulturen eine hohe *Identität* nach Innen und Aussen, welche die strategische Schlagkraft einer Unternehmung erheblich verstärken, so kann diese im Wandel zugleich eine Identifizierung mit den falschen, weil vergangenheits- und nicht zukunftsorientierter Werten sein. Ohne Substitutionalität von *Subkulturen* gegenüber der Unternehmungskultur, ohne ein konfligierendes Ringen um die Durchsetzung neuer zukunftsführender Werte im System, kann es keine Anpassung im dynamischen Wandel und erst recht keine Bewältigung von Diskontinuitäten, die im Gefolge von Instabilitäten auftreten, geben. Die Erfahrung zeigt hier immer wieder, dass es gerade in der Vergangenheit besonders erfolgreich gewesene Ünternehmungen sind, denen der Weg in die Zukunft bei sich grundlegenden wandelnden marktlichen und technologischen Bedingungen besonders schwer fällt. Wenn dies

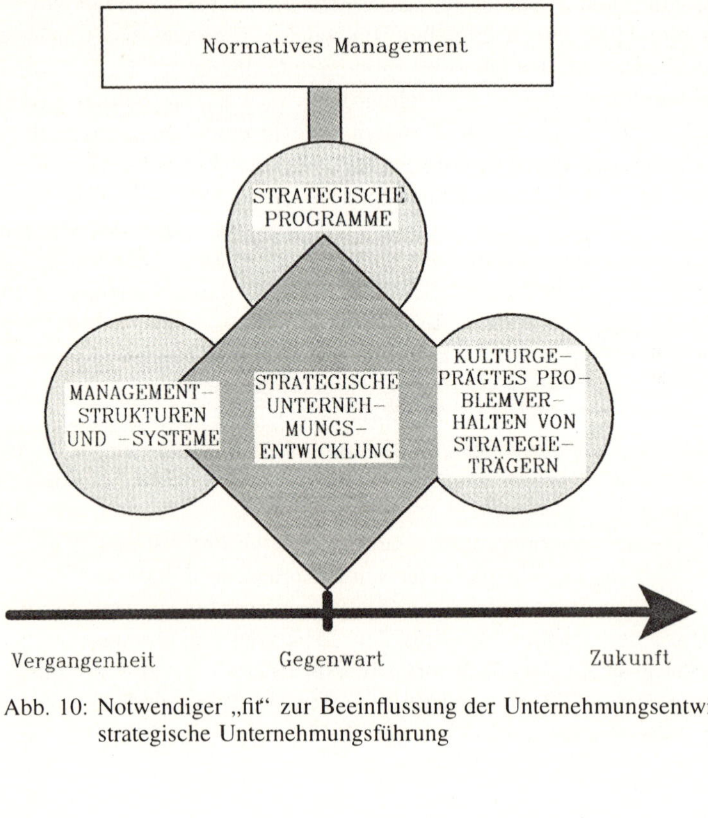

Abb. 10: Notwendiger „fit" zur Beeinflussung der Unternehmungsentwicklung durch die strategische Unternehmungsführung

in der geschilderten Stabilität besonders harmonisierter Unternehmungskulturen seine tiefere Begründung findet, wird deutlich, dass die Pflege von „counter-cultures", von Gegensubkulturen, welche die etablierte Kultur hinterfragen und in Bewegung halten, eine durchaus funktionale Systemstrategie des Wandels sein kann.

Eine strategische Unternehmungsführung muss sich bei ihrer Planung den in den Unternehmungskulturen angelegten Risiken, aber auch Chancen bewusst sein. Kulturelle Risiken für die Wahl und Implementierung sind zu erkennen und zu beseitigen. Chancen, die starke Unternehmungskulturen bieten, als *„Autopilot"* für die implizite Verhaltenssteuerung in der strategisch intendierten Richtung zulasten expliziter, formalistischer Instrumente zu wirken, sind zu nutzen [76]. Letztlich ist es der „fit" der sich – unternehmungspolitisch vorgegeben – zwischen dem strategischen Wollen, den Strukturen und Systemen des Managements und dem *kulturell* geprägten Verhalten der Träger von Strategien einstellt, der über Erfolg oder Misserfolg von Massnahmen zur Beeinflussung der Unternehmungsentwicklung entscheidet.

Zitierte Literatur

[1] Vgl. hierzu die Neo-Taylorismus-Diskussion bei *Kirsch, Werner*: Auf dem Weg zu einem neuen Taylorismus? IBM-Nachrichten 1973, S. 561–566, sowie *Gaitanides, Michael Staehle/Wolfgang H./Trebesch, Karsten*: Reorganisationsprobleme bei der Einführung formalisierter Informationsverarbeitungs- und Entscheidungssysteme. ZfürO 47 (2/1978) S. 61–73.

[2] Vgl. *Peters, T.J./Waterman, R.H.*: In Search of Excellence. New York 1982; Ouchi, W.G.: Theory Z – How American Business Can Meet the Japanese Challenge. Reading, Mass. 1981; *Pascale, R.T./Athos, A.G.*: The Art of Japanese Management New York 1981.

[3] Vgl. *Ulrich, Hans*: Skizze eines allgemeinen Bezugsrahmen für die Managementlehre. In: Grundlegung einer allgemeinen Theorie der Gestaltung, Lenkung und Entwicklung zweckorientierter sozialer Systeme, hrsg. v. H. Ulrich u.a. Diskussionsbeitrag Nr. 4 des Instituts für Betriebswirtschaft an der Hochschule St.Gallen. St.Gallen 1984, S. 1–30, hier S. 5 ff.

[4] Vgl. *Kroeber, A.L./Kluckhohn, C.*: Culture: A Critical Review of Concepts and Definitions. Cambridge, Mass 1952. Ogburn, W.F.: On culture and social change – Selected Papers. Edited and with an Introduction by O.D. Duncan. Chicago, London 1964; *Kluckhohn, F./Strodtbeck, F.L.*: Variations in Vaiue Orientations. Greenwood 1961; *Kluckhohn, C.*: Culture and Behavior. Policy Sciences. Stanford 1951; *Mueri, P.*: Festigen wir die Eckpfeiler der Organisationskultur! Management Zeitschrift Industrielle Organisation (4/1979), S. 169–170; *Pettigrew, A.M.*: On Studying Organizational Cultures. Administrative Science Quarterly, VoL 24 (1979), S. 570–581; *Hofstede, G.*: Culture's Consequences, International Differences in Work-Related Values, London 1980.

[5] Vgl. *Pascal, R./Athos, A.G.*: (1981), *Bleicher, K.*: Organisationskulturen und Führungsphilosophien im Wettbewerb. zfbf (2/1983), S. 135–146; *Bleicher, K.*: Japanisches Management im Wettstreit mit westlichen Organisationskulturen. 51 (4, 1982), S. 444–450; *Bleicher, K.*: Chancen für Europas Zukunft. Führung als Internationaler Wettbewerbsfaktor. Frankfurt/Wiesbaden 1989.

[6] Vgl. *Ouchi, W.G.* (1981); *Peters, T.J./Watermann, R.H.* (1982).

[7] Vgl. *Matenaar, D.*: Organisationskultur und organisatorische Gestaltung. Berlin 1983; *Hofstede, G.*: Kultur und Organisation. In: Handwörterbuch der Organisation, hrsg. v. E.

Grochla. 1. Aufl., Stuttgart 1980, Sp. 1168–1182; Keller, F.E. von: Management in fremden Kulturen. Bern, Stuttgart 1982.
[8] Vgl. *Bate, P.*: The Impact of Organizational Culture on Approaches to Organizational Problem Solving. In: Organizational Dynamics, Summer 1981, S. 43–66; *Tichy, N.M.*: Managing Change Strategically; The Technical, Political and Cultural Keys. In: Organizational Dynamics, Autumn 1982, S. 59–80; *Staerkle, R.*: Wechselwirkungen zwischen Organisationskultur und Organisationsstruktur. In: Integriertes Management, hrsg. v. G. Probst u. H. Siegwart. Bern 1985, S. 529–553; *Sathe, V.*: Implications of Corporate Culture. A Manager's Guide to Action. In: Organizational Dynamics, Autumn 1983, S. 5–23; *Schwartz, H./Davis, J.M.*: Matching Corporate Dynamics and Business Strategy. In: Organizational Dynamics, Summer 1981, S. 30–48.
[9] *Ulrich, H.*: Die Unternehmung als produktives soziales System. 2. Auflage, Bern, Stuttgart 1970.
[10] *Pettigrew, A. M.* (1979, S. 576.
[11] *Ogburn, W.F.* (1964, S. 3).
[12] *Hofstede, G.* (1980, Sp. 1169).
[13] Vgl. *Schein, E.H.*: Coming to a New Awareness of Organizational Culture. In: Sloan Management Review, Winter 1984, S. 3–16.
[14] Vgl. *Sathe, V.* (1983, S. 7).
[15] Vgl. *Schwartz, H./Davis, S.M.* (1981).
[16] Vgl. *Schwartz, H./Davis, S.M.* (1981, S. 3).
[17] Vgl. *Peters, T.J./Waterman, R.H.* (1982).
[18] Vgl. *Wever, U.A.*: Firmenimage und Unternehmenskultur. ZfürO 52 (7/1983), S.337–339, hier S. 337 f.
[19] *Schwartz, H./Davis S.M.* (1981, S. 33).
[20] *Schuster, L./Widmer, A.W.*: Theorie und Praxis der Unternehmungskultur. In: zfo 53 (8/1984), S. 489–493.
[21] Vgl. *Deal, T.E./Kennedy, A.A.*: Corporate Cultures, The Rites and Rituals of Corporate Life. Reading, Mass. 1982.
[22] *Schuster, L./Widmer, A.W.* ,(1984, S. 492).
[23] *Donnelly, Robert M.*: The Interrelationship of Planning with Corporate Culture in the Creation of Shared Values. Managerial Planning 32/6, 1984, S. 8–11
[24] Vgl. *Sathe, V.* (1983, S. 12).
[25] Vgl. *Schein, E.H.* (1984, S. 7).
[26] Vgl. *Sathe, V.* (1983, S. 12).
[27] Vgl. *Sathe, V.* (1983, S. 12).
[28] *Scheuss, Ralph*: Strategische Anpassung der Unternehmung. Diss. St.Gallen 1985.
[29] *Staerkle, R.* (1985, S. 536).
[30] Vgl. *Staerkle, R.* (1985, S. 535).
[31] Vgl. *Martin, J./Siehl, C.*: Organizational Culture and Counter Culture. An Uneasy Symbiosis. In: Organizational Dynamics, Autumn 1983. S. 52–64, hier S. 53 f.
[32] Vgl. *Burns, T./Stalker, G.M.*: Management of Innovation, London 1961. Dort wird im Hinblick auf Organisationsformen unterschieden.
[33] Vgl. *Deal, T.E./Kennedy, A.A.* (1982).
[34] Vgl. *Deal, T.E./Kennedy, A.A.* (1982).
[35] *Luhmann, N.*: Die Knappheit der Zeit und die Vordringlichkeit des Befristeten. In: Die Verwaltung (1/1968), S. 1–30.
[36] *Deal, T.E./Kennedy, A.A.* (1982, S. 139).
[37] Vgl. *Martin, J./Siehl, C.* (1983).
[38] Vgl. *Festinger, L.*: Theorie der kognitiven Dissonanz. Bern–Stuttgart 1978
[39] Vgl. *Bateson, G.*: Steps to an Ecology of Mind. London u.a. 1973.
[40] Vgl. *Bateson, G.* (1973).
[41] *Schwartz, H./Davis, S.M.* (1981, S. 46).

[42] Vgl. *Luhmann, N.*: Funktionen und Folgen formaler Organisation. Berlin 1964, S. 178ff.
[43] Vgl. *Bleicher* 1989, S. 101 f.
[44] Vgl. *Schwartz, H./Davis, S.M.*: (1981).
[45] *Schuster, L./Widmer, W.* (1984, S. 41).
[46] Vgl. *Schwartz, H./Davis, S.M.* (1981).
[47] Vgl. *Schwartz, H./Davis, S.M.* (1981, S. 46).
[48] Vgl. *Schwartz, H./Davis, S.M.* (1981, S. 47).
[49] Vgl. *Schwartz, H./Davis, S.M.* (191, S. 45).
[50] Vgl. *Hahn, D.* (1983, S. 17).
[51] Vgl. *Bleicher, K.*: Unternehmungsentwicklung und organisatorische Gestaltung. Stuttgart–New York 1979, S. 231.
[52] Vgl. *Hahn, D.* (1983, S. 17).
[53] Vgl. *Hahn, D.* (1983, S. 18).
[54] Vgl. *Luhmann, N.* (1968).
[55] Vgl. *Drucker, P.*: Innovationsmanagement für Wirtschaft und Politik. Landsberg/L. 1985.
[56] Vgl. *Bleicher, K.*: Zeitkonzeptionen der Entwicklung und Gestaltung von Unternehmungen. Diskussionsbeitrag Nr. 11 des Instituts für Betriebswirtschaft an der Hochschule St.Gallen. St.Gallen 1985.
[57] Vgl. *Bleicher, K.*: Strategische Anreizsysteme – Flexible Vergütungssysteme für Führungskräfte. Stuttgart, Zürich 1992.
[58] Vgl. *Becker, F.G.*: Anreizsysteme für Führungskräfte im strategischen Management, Köln 1985.
[59] Vgl. *Hahn, D.* (1983, S. 32); vgl. hierzu auch die überarbeitete Fassung des Beitrages von *Hahn/Willers* im Teil E dieses Readers.
[60] Vgl. *March, J.G.*: Footnotes to Organizational Change, unveröffentlichtes Manuskript, o. Jg., S. 22
[61] *Staerkle, R.* (1985, S. 531 f.).
[62] *Staerkle, R.* (1985, S. 541).
[63] Vgl. *Hoffmann, F.*: Führungsorganisation. Band 1: Stand der Forschung und Konzeptionen. Tübingen 1980; *Staerkle, R.* (1985, S. 41).
[64] Vgl. *Staerkle, R.* (1985, S. 541 f.).
[65] *Staerkle, R.* (1985, S. 542).
[66] *Staerkle, R.* (1985, S. 543).
[67] Vgl. *Keller, E.* von (1982).
[68] *Burgelman, R.A.*: A Model of the Interaction of Strateglc Behavior, Corporate Contest and the Concept of Strategy. In: Academy of Management Review, vol. 8 (1/1983), S. 61–70, hier S. 67.
[69] *Solaro, D.*: Betriebswirtschaftslehre und Ethik. Festvortrag an der Universität Stuttgart vom 27. 9. 1989.
[70] Vgl. *Hahn, D.* (1983, S. 17).
[71] *Malik, F.*: Managementsysteme. In: Die Orientierung. Schriftenreihe der Schweizerischen Volksbank Nr. 78, Bern 1981, S. 12, 22/23.
[72] *Bleicher, K.*: Das Konzept Integriertes Management, 3. Aufl., Frankfurt/New York 1996, S. 76 ff.
[73] *Bleicher, K.*: (1992, S. 204 ff.)
[74] *Bleicher, K.* (1992, S. 158 f.)
[75] Vgl. *Pümpin, C./Kobi, J.-H./Wüthrich, N.A.*: Unternehmenskultur – Basis strategischer Profilierung erfolgreicher Unternehmen. Die Orientierung. Schriftenreihe der Schweizerischen Volksbank Nr. 85, Bern 1985.
[76] *Wilkens, A.L.*: The Culture Audit A Tool for Understanding Organizations. In: Organizational Dynamics, Frühjahr 1988, S. 27.

Vertrauen als Basis erfolgreicher strategischer Unternehmungsführung*

U. Krystek [1]

1. Vertrauen und Mißtrauen: funktionale Äquivalente erfolgreicher strategischer Unternehmungsführung

Erhaltung und erfolgreiche Weiterentwicklung steht im Mittelpunkt aller Ziele, die an die Unternehmung als Instrument individueller Zielerreichung herangetragen werden. [2] Damit wird das Auffinden von Faktoren zukünftigen Unternehmungserfolgs zu einem zentralen Anliegen, ja zum Mittelpunkt strategischer Unternehmungsführung. [3] Speziell vor dem Hintergrund extremer Steigerungen von Komplexität und Dynamik innerhalb und außerhalb der Unternehmung nimmt in den letzten Jahren die Suche nach relevanten Erfolgsfaktoren immer breiteren Raum in Theorie und Praxis ein. Allerdings sollte es bei diesem Bemühen weniger um das Entwickeln stets neuer, teilweise exotischer Erfolgsfaktoren mit sprunghaft wechselnder Gewichtung gehen, sondern es scheint eher eine systematische Anreicherung bewährter, fundierter Führungskonzepte angezeigt. [4]

Wenn in diesem Beitrag *Vertrauen* als Basis erfolgreicher strategischer Unternehmungsführung diskutiert und seine zukunftsorientierte Bedeutung gegenüber Mißtrauen, dem funktionalen Äquivalent von Vertrauen [5] entwickelt wird, so ist damit eben dieses Spannungsverhältnis zwischen Innovation und Tradition angesprochen. Vertrauen ist zwar ein elementarer und uralter Tatbestand sozialen Lebens schlechthin, [6] und ohne ein Minimum an Vertrauen wäre auch Unternehmungsführung überhaupt nicht denkbar. Aber als eine Art Leitidee, gar erst als eine Voraussetzung erfolgreicher strategischer Unternehmungsführung scheint das *Prinzip Vertrauen* noch weitgehend unbekannt oder aber wissentlich vernachlässigt zu sein. Vielmehr gründet sich Unternehmungserfolg traditionell häufig sogar auf Mißtrauen: ob als bewußt gewählte Strategie, als Ausdruck einer eher diffusen Grundhaltung oder einer Mischung aus beiden Komponenten.

Lange Zeit schien die Frage, ob Vertrauen oder Mißtrauen eine Determinante von Unternehmungserfolg sein könnte, offenbar keine – jedenfalls keine erwähnenswerte –

* Überarbeitete und themenspezifisch vertiefte Fassung von: Krystek, U.: Vertrauen oder Mißtrauen als Determinanten von Führungserfolg. In: Führungskräfte und Führungserfolg. Neue Herausforderungen für das strategische Management, Dietger Hahn zum 60. Geburtstag, hrsg. von U. Krystek und J. Link. Wiesbaden 1995, S. 469 ff.

Rolle zu spielen. [7] Erst mit der Akzeptanz der sogenannten *weichen Erfolgsfaktoren*, wie sie beispielsweise in dem 7-S-Modell von McKinsey zum Ausdruck kommen, [8] hat sich in Theorie und Praxis eine breitere Öffnung gegenüber diesem Gedankengut ergeben.

Als – zunächst – gleichwertige Alternativen und jeweils mögliche Grundlagen erfolgreicher strategischer Unternehmungsführung sollen nachfolgend die Phänomene *Vertrauen* und *Mißtrauen* dargestellt werden. Erst danach kann die besondere Bedeutung von Vertrauen für die strategische Unternehmungsführung herausgearbeitet werden.

2. Vertrauen: Ein facettenreiches Phänomen

2.1 Zum Begriff „Vertrauen"

Der Begriff „Vertrauen" teilt das Schicksal vieler geläufiger Vokabeln: er ist unscharf und mehrdeutig. Im allgemeinen Sprachgebrauch wird Vertrauen generell mit dem Glauben an die Zuverlässigkeit, Integrität, Ehrlichkeit und Gerechtigkeit der in Betracht kommenden Person(en) gleichgesetzt. In diesem Sinne, allerdings auch erweitert auf Sachen und Systeme als möglichen Gegenständen von Vertrauen, versteht denn auch Meyers Enzyklopädisches Lexikon Vertrauen als „... festes Überzeugtsein von der Verläßlichkeit, Zuverlässigkeit jemandes/einer Sache". [9] Darüber hinaus existieren jedoch auch fachspezifische Begriffsdeutungen, die Vertrauen aus ihrer jeweiligen Sicht mit teilweise sehr unterschiedlichen Inhalten belegen, wie etwa die Psychologie, die Soziologie oder die Philosophie sowie die Ethik. [10]

Als eine Definition von interdisziplinärer Gültigkeit hat sich – soweit ersichtlich – das Verständnis von Vertrauen als einer generalisierten Einstellung gegenüber interpersonalen Beziehungen etabliert, „... die sich in der Bereitschaft und/oder Fähigkeit äußert, unter bestimmten Bedingungen auf unmittelbare Belohnungen zugunsten späterer, dafür aber positiverer Interaktionsergebnisse zu verzichten." [11] Vertrauen ist damit eine in die Zukunft gerichtete, von dem üblichen Normverhalten abweichende *Vorleistung* in Erwartung späterer, günstigerer Ergebnisse. Vertrauen ist zugleich „... die Erwartung, daß ein Interaktionspartner wohlwollendes Verhalten zeigen wird, obwohl dieser die Möglichkeit hat, andere, nichtwohlwollende Verhaltensweisen zu wählen." [12] Allerdings ist Vertrauen jeweils risikobehaftet und mit einer empfindlichen *Verlustgefahr* verbunden, worauf insbesondere Mortom Deutsch, [13] einer der Vorreiter der psychologischen Vertrauensforschung, hinweist.

Aus soziologischer Sicht stellt sich Vertrauen ebenfalls als eine *riskante Vorleistung* [14] dar. Vertrauen erscheint dabei als eine grundsätzlich *frei wählbare Strategie*, bei der das erhöhte Vorleistungs-Risiko einer – von einigen Autoren als nüchtern kalkulierbar angenommenen [15] – Chance der Honorierung von erwiesenem Vertrauen durch Gegenvertrauen gegenübersteht. Gegenseitiges Vertrauen kann dann sogar in eine nach oben offene Vertrauensspirale übergehen. [16]

2.2 Wirkungen von Vertrauen

In den vorgenannten Definitionen von Vertrauen klingen das Risiko, die Verlustgefahr sowie der Zwang zum Einsatz einer Vorleistung an. Warum sollte aber angesichts derartiger Unsicherheiten und Risiken Vertrauen überhaupt geschenkt werden? Welches sind die positiven Wirkungen dieses Phänomens, die es als Grundhaltung und/oder als bewußt gewählte Strategie vorteilhaft erscheinen lassen? Erst eine hinreichend präzise Beantwortung dieser Fragen qualifiziert „Vertrauen" im hier interessierenden Zusammenhang und hebt es ab von einer eher gefühlsbetonten, angenehmen Grundhaltung, die es vordergründig generell vorziehenswürdig erscheinen läßt.

Soweit ersichtlich, lassen sich etwa folgende vorteilhafte Wirkungen von Vertrauen kennzeichnen.

(a) Komplexitätsreduktion

Zunehmende, kaum noch beherrschbare Komplexität wird in der modernen Managementliteratur mit Recht als eines der großen Erschwernisse, aber auch als eine Herausforderung an Unternehmungsführung betrachtet. Gerade an diesem Punkt setzt *Vertrauen als eine mögliche Strategie zur Komplexitätsreduktion* an. Durch Vertrauen werden gewisse Entwicklungsmöglichkeiten von der Berücksichtigung ausgeschlossen; man neutralisiert so einige Gefahren, die zwar nicht ausgeräumt werden können, aber das Handeln nicht belasten sollen. Der Vertrauende setzt sich willentlich über einen Mangel an Information hinweg und reduziert Komplexität letztlich durch das Vertrauen in das zweckgerichtete Handeln und Entscheiden des anderen. Das Gewähren eines Vertrauensvorschusses überbrückt somit zugleich die zeitliche Lücke zwischen heutiger Entscheidung und zukünftigem Erfolg. [17]

(b) Ansporn zur Übernahme von Verantwortung

Vertrauen ist ein Geschenk. Der Beschenkte wird in seinem Selbstvertrauen gestärkt und zur Übernahme von Verantwortung angespornt. Wem nicht viel zugetraut wird, wer sich auch selbst nichts zutraut, der kann und will kaum *Verantwortung* tragen. Somit ermöglichen letztlich erst Vertrauen und Selbstvertrauen eine erfolgreiche Delegation von Aufgaben.

(c) Verbesserung von Kommunikation und Gruppeneinfluß

Vertrauen erhöht den *kommunikativen Austausch* der Partner, insbesondere durch: [18]

- Verringerung der Angst vor Mißbrauch von Selbstöffnung,
- größere Offenheit für den Einfluß des Kommunikationspartners,
- größere Akzeptanz gegenseitiger Abhängigkeiten,
- Freisetzung von Kreativität durch Wegfall von Angst,
- Verringerung von Informationsfilterung,
- Vergrößerung der Bereitschaft zu wahrheitsgemäßer und zeitgerechter Informationsweitergabe,

- Vergrößerung der Möglichkeit, reale Probleme ausfindig zu machen und sie in wechselseitig akzeptabler Weise zu lösen.

Neben seiner kommunikationsfördernden Wirkung ermöglicht Vertrauen auch nonkonformes Verhalten in Gruppen, ohne daß ein Gruppenausschluß riskiert werden muß. Einer Person, die das Vertrauen der Gruppe genießt, wird ein bestimmter, von der Gruppennorm abweichender *Verhaltensspielraum* zugestanden. Erst durch diese Art von Vertrauenskredit (Idiosynkrasiekredit) [19] wird es auch möglich, die Normen und das Verhalten von Gruppenmitgliedern zu beeinflussen und einem blinden „Groupthink" entgegenzuwirken.

(d) Verbesserung von Kooperation und Problemlösung in Gruppen

Vertrauen ist Basis und Stimulus von *Kooperation* in Unternehmungen. Als Alternative zur Konkurrenz auf personaler Ebene gilt Vertrauen – nicht zuletzt wegen seiner komplexitätsreduzierenden Wirkungen – dabei als grundsätzlich überlegen und vorziehenswürdig. [20]

In Studien konnte die kooperationsfördernde Wirkung von Vertrauen nachgewiesen werden. Vertrauende Partner verhalten sich selten unkooperativ, wie am Beispiel des sogenannten „Gefangenen-Dilemma" deutlich wird. Dabei wird im hier interessierenden Zusammenhang kooperieren nicht lediglich als „zusammenarbeiten" [21] verstanden, sondern bedeutet auch, zugunsten langfristig besserer Ergebnisse auf kurzfristig maximalen Gewinn zu verzichten. Einschränkend ist jedoch zu betonen, daß Vertrauen allein Kooperation nicht garantieren kann. Voraussetzung ist vielmehr, daß Kooperationspartner gleichgerichtete Kooperationsziele verfolgen.

Vertrauen kann weiterhin als wesentlicher Faktor für die *Problemlösung in Gruppen* angesehen werden. So wurde z. B. ermittelt, daß bereits die Aufforderung zu vertrauensvollem Verhalten signifikante Änderungen im Hinblick (auch) auf das Problemlösungsverhalten in Teams bewirkt, wie etwa: [22]

- größere Offenheit beim Austausch von Ideen und Gefühlen,
- bessere Ziel- und Problemklärung,
- höherer gegenseitiger Einfluß,
- intensivere Suche nach Handlungsmöglichkeiten,
- größere Motivation zur Entscheidungsdurchsetzung, größere interpersonale Übereinstimmung, größerer Gruppenzusammenhalt.

Generell dürften darüber hinaus die Einstellung zur Arbeit, Arbeitsmotivation und -leistung von Führungskräften und Mitarbeitern sowie insgesamt die Innovationsneigung in Unternehmungen durch ein Klima gegenseitigen Vertrauens positiv beeinflußt werden. [23] Dies wird im Umkehrschluß auch in einer US-amerikanischen Studie unter 143 Managern bestätigt, wonach fast 80 % von ihnen der Auffassung sind, daß die mangelnde Effektivität einer Unternehmung zum großen Teil das Resultat weitverbreiteten Mißtrauens unter ihren Angestellten ist. [24]

(e) Verringerung von Kosten

Viele der zuvor dargestellten Wirkungen von Vertrauen tragen letztlich – direkt oder indirekt – zu einer Verringerung von Kosten bei; lassen einige Kostenarten vielleicht sogar entfallen.

Als theoretische Erklärungsmodelle können dazu die *Transaktionskostenanalyse* sowie der *Principal-Agent-Ansatz* herangezogen werden. [25]

Die Verringerung von *Transaktionskosten* durch Vertrauen kann als sicher gelten [26] und bezieht sich sowohl auf externe Transaktionskosten (insbesondere Anbahnungs-, Vereinbarungs-, Kontroll- und Anpassungskosten) als auch auf interne Transaktionskosten (insbesondere Kosten der Lenkung und Kontrolle). [27]

Vergleichbares gilt auch für die sog. *Agencycosts.* Sie entstehen nach dem Principal-Agent-Ansatz, um eine abgestimmte Zusammenarbeit zwischen Auftraggeber (Principal) und Beauftragtem (Agent) im Hinblick auf die Unternehmungsziele zu ermöglichen. Sie können letztendlich auch als interne Transaktionskosten im Sinne von Koordinationskosten interpretiert werden. [28] Neben Überwachungskosten und Vereinbarungskosten gehören in diese Betrachtung auch die sog. *Residual losses.* Ihre Entstehung ergibt sich aus Entscheidungen des Agenten, die – trotz Kontrollen – nicht im Sinne des Principals getroffen werden. [29]

Auch in dem Principal-Agent-Ansatz wird die kostensenkende Wirkung von Vertrauen deutlich. In den Residual losses kommen ansatzweise zugleich aber auch Folgekosten ungerechtfertigten Vertrauens, also von Leichtfertigkeit, zum Ausdruck.

Die wirtschaftswissenschaftliche Diskussion um die Bedeutung von Vertrauen als Voraussetzung und effizientes „Schmiermittel" ökonomischer Austauschprozesse ist nicht neu. [30] Allerdings ist der bisherigen Form der Darstellung die Gefahr nicht fern, Vertrauen verkomme in ihr zu einem weiteren, bloß rationalistischen Kalkül, das von den beteiligten Führungskräften nach Belieben strategisch aufgebaut und genutzt werden kann. [31]

3. Mißtrauen: Mehr als das Gegenteil von Vertrauen

3.1 Zum Begriff „Mißtrauen"

Zunächst scheint es – und wird so wohl von uns umgangssprachlich auch verstanden –, als sei Mißtrauen lediglich eine Art von fehlendem Vertrauen. Tatsächlich aber erweist sich dieses Phänomen als komplexer, womit es zugleich für die hier interessierende Themenstellung an Kontur und Bedeutung gewinnt.

„Mißtrauen ist jedoch nicht nur das *Gegenteil* von Vertrauen, sondern als solches zugleich ein funktionales Äquivalent für Vertrauen. Nur deshalb kann (und muß) man nämlich zwischen Vertrauen und Mißtrauen wählen." [32]

Mißtrauen bedeutet kurz gefaßt eine Zuspitzung der Erwartungen ins Negative [33] gegenüber Personen, Sachen und Systemen sowie gegenüber Informationen. Mißtrauen äußert sich dabei in vielfältigen Erscheinungsformen, wie:

- Verschlossenheit,
- Manipulierbarkeit,
- Fremdheit,
- Verunsicherung,
- Perspektivlosigkeit,
- Streß, Panik und Angst

bei den mißtrauenden Personen und Gruppen. [34] Gewiß sind uns all diese Symptome aus unserem alltäglichen Leben bekannt. Dennoch werden sie wohl kaum mit einer ursächlich dahinterstehenden Grundhaltung oder Strategie des Mißtrauens verbunden.

3.2 Wirkungen von Mißtrauen

Wäre Mißtrauen lediglich das Gegenteil von Vertrauen, so wären alle die zuvor als positive Wirkungen von Vertrauen genannten Fakten nur in ihr jeweiliges Gegenteil zu übersetzen, und die Wirkungen von Mißtrauen wären erklärt. Für einige solcher Wirkungen scheint dies auch tatsächlich zuzutreffen. So werden wir uns einfach vorstellen können, daß *mißtrauende Personen*, d. h. Personen, die Mißtrauen bewußt als Strategie einsetzen, oder *mißtrauische Personen*, bei denen Mißtrauen eher einer Art Grundhaltung entspricht, weniger offen und intensiv kommunizieren und kooperieren. Denn stets müssen sie ja in ihrer negativen Überspitzung von Erwartungen befürchten, enttäuscht, verraten oder übervorteilt zu werden. Dies vielleicht sogar selbst dann, wenn im Falle einer Kooperation die entsprechenden Ziele kongruent sind.

Zur Reduktion von Komplexität etwa reicht das mißtrauende Unterlassen allein aber nicht aus, sind bloße Vermeidungsstrategien in ihren Wirkungen zu wenig erfolgversprechend. Vielmehr muß der Mißtrauende hier aktiv eigene, äquivalente Strategien entwickeln, muß auf „Negativstrategien" zurückgreifen: „Diese negativen Strategien geben dem Mißtrauen jenes emotional gespannte, oft krampfhafte Naturell, das es vom Vertrauen unterscheidet. Ihr Repertoire reicht von der Definition des Rollenpartners als Feind, der bekämpft werden muß, über ein grenzenloses Ansammeln eigener Reserven für Notfälle bis zum Verzicht auf alle aufschiebbaren Bedürfnisse." [35]

3.3 Mißtrauen als Paradigma traditioneller Unternehmungsführung

Die im vorangegangenen Kapitel erfolgte Kennzeichnung von Vertrauen und Mißtrauen (ver-)führt leicht zu einer – gewiß sehr verständlichen – Polarisierung und zu einer emotionalen Qualifizierung in „gut" und „böse". Von daher fällt es zunächst schwer zu akzeptieren, daß Mißtrauen jemals eine Determinante erfolgreicher strategischer Unternehmungsführung sein könnte.

(a) Die Selbstverständlichkeit des Mißtrauens

Tatsächlich lassen sich aber – trotz gegenteiliger Beteuerungen in Wort und Schrift – deutliche Symptome und Indikatoren für *manifestes Mißtrauen als Grundhaltung und/oder Strategie in Unternehmungen* finden, die es durchaus nicht abwegig erscheinen lassen, von Mißtrauen als einer Art Paradigma jedenfalls traditioneller Unternehmungsführung zu sprechen. Mißtrauen ist uns als Handlungsmaxime – in unserem privaten Leben wie in der Sphäre der Unternehmungsführung – so vertraut, daß wir viele Handlungen, Vorschriften und Verhaltensweisen der eigenen Person und auch anderer (z. B. Führungskräfte) nicht mehr als im Kern mißtrauisch oder mißtrauend empfinden. Wem sind noch detaillierte Wareneingangskontrollen oder genaueste Anwesenheitskontrollen in Unternehmungen als Ausdruck tiefen Mißtrauens gegenüber Lieferanten bzw. Mitarbeitern gegenwärtig? Wir tolerieren in unserem täglichen Leben ebenso wie im Rahmen der Unternehmungsführung eine Vielzahl von Mißtrauensbeweisen, weil sie uns selbstverständlich geworden sind und wir ihr Motiv nicht (mehr) hinterfragen. Mißtrauen ausdrückende Kontrollmechanismen teilweise gigantischen Ausmaßes werden mit einer Leichtigkeit angeordnet und hingenommen, die eigentlich erstaunen müßte, aber nicht wahrgenommen wird. Mißtrauende Strategien und Maßnahmen ermöglichen nämlich durchaus zweckrationales, „normales" Handeln und werden zu nicht (mehr) hinterfragter Selbstverständlichkeit: „Dabei geht dann nicht selten das Bewußtsein des Mißtrauens verloren und die ihm zugeordneten Reduktionsstrategien werden als gewohnte Lebensauffassung, als Routine verselbständigt." [36]

(b) Konstruktivistisches Paradigma und Menschenbild des „rational economic man"

Die Selbstverständlichkeit des Mißtrauens in Unternehmungen wird wesentlich durch die traditionelle Führungslehre und das sie prägende *Menschenbild* genährt. [37] Ein Paradigma dieser klassischen Managementlehre ist die totale Beherrschbarkeit und Machbarkeit der Dinge, wobei die Unternehmung letztlich zu einer leblosen Maschine degradiert wird, die durch genaue Kenntnis und kluge Anordnung ihrer Einzelteile determiniert ist und beliebig steuerbar wird. Ihren Höhepunkt fand diese Sichtweise von Unternehmungen im sogenannten Scientific Management des Ingenieurs Frederic Taylor, der hohe betriebliche Produktivität durch *objektiv* optimal gestaltete Arbeitsorganisation und -methoden, nicht aber durch persönliche Fähigkeiten und subjektive Anstrengungen von Mitarbeitern und Führungskräften erreichen und sichern wollte. Der Mensch als von „unberechenbaren" subjektiven Momenten „gestörte" Quasi-Maschine diente dabei als eine Art vorläufiger „Lückenbüßer der Mechanisierung" und mußte deshalb streng überwacht und detailliert gesteuert werden. [38] Ein solches *mechanistisches Menschenbild* geht von einer zutiefst pessimistischen Vorstellung des „rational economic man" aus, dessen Anstrengungsbereitschaft faktisch ausschließlich von ökonomischen Anreizen abhängt, der von Natur aus eher arbeits- und verantwortungsscheu ist und einer straffen Führung bedarf, wie es McGregor in seiner Theorie X beschreibt. [39]

Auch wenn uns solche Beschreibungen wie Bilder aus einer fernen, längst vergangenen Welt vorkommen, sie sind weit mehr gegenwärtige Realität, als wir glauben oder wahrhaben wollen. Ein deutlicher Hinweis darauf sind Elemente und insbesondere Instrumente mißtrauender Unternehmungsführung, wie sie uns häufig und selbstverständlich begegnen.

Es muß also insgesamt von einem *frostigen Kontrollklima* gesprochen werden. [43] Wenn auch die Notwendigkeit von Fremdkontrollen natürlich nicht bestritten wird, in ihrer mißtrauenden Überspitzung haben sie zweifellos kontraproduktive Effekte erheblichen Ausmaßes.

(c) Controlling als Speerspitze einer Mißtrauensorganisation

Unter den Instrumenten einer auf Mißtrauen aufgebauten Unternehmungsführung scheint das *Controlling* eine besondere Stellung einzunehmen, die es gelegentlich zur *Speerspitze einer Mißtrauensorganisation* denaturieren läßt. [44] Allgemein klagen Controller über eine mangelnde Akzeptanz und ein falsches Verständnis ihrer Tätigkeit, wie etwa in folgenden Aussagen deutlich wird:

- Schwierigkeiten der Akzeptanz des Controllings als Steuerungsfunktion und nicht als Kontrollinstanz.
- Der Controller wird als Buhmann gesehen.
- Angst der Mitarbeiter, kontrolliert zu werden.
- Dem Controller geht der Ruf des Schnüfflers, Erbsenzählers und Besserwissers voraus.

Als Ursachen dieses wechselseitig noch vorhandenen, tiefen Mißtrauens im Hinblick auf die ansonsten allgemein bereits längst anerkannte Funktion und Institution des Controllings gelten nach dieser Befragung in erster Linie die *Fremdkontroll-Zentrierung* des Controllings, ein *überkommenes Menschenbild*, das die Tätigkeit des Controllers dominiert sowie eine deutliche Disparität zwischen der *Informationsmacht und der Verantwortung* des Controllings. Mit der Ausdehnung des Controllings als Unterstützungsfunktion auch für strategische Unternehmungsführung wird der dem Controlling eigene Mißtrauensaspekt auch an dieser Stelle leicht auf strategisches Management übertragen.

3.5 Erfolgsfaktor Mißtrauen?

„Vertrauen ist gut, Kontrolle ist besser." Dieser Satz von Lenin scheint so etwas wie ein Erfolgsrezept auch und gerade für strategische Unternehmungsführung zu sein. Und schließlich: sind nicht viele der Unternehmungen, bei denen die zuvor dargestellten, mißtrauenden/mißtrauischen Grundhaltungen, Strategien und Institutionen anzutreffen sind, in der Tat erfolgreich? Zwar wird – soweit erkennbar – in keiner Untersuchung über Erfolgsfaktoren von Unternehmungen Mißtrauen explizit als ein solcher erwähnt, doch muß ernsthaft auch die Frage erörtert werden, ob Mißtrauen nicht durchaus zum Erfolgsrepertoire auch und gerade strategischer Unternehmungsführung gehören muß.

Tatsächlich lassen sich etwa die nachfolgenden Stichworte nennen, die als Elemente von Unternehmungserfolg auf Basis von Mißtrauen gedeutet werden könnten. Dies jedenfalls dann, wenn man Erfolg schon als Abwesenheit oder Vermeidung von Mißerfolg deutet:

- Mißtrauen vermeidet Fehler,
- Mißtrauen vermeidet Risiken,
- Mißtrauen sichert vor Täuschung oder Betrug,
- Mißtrauen vermeidet Enttäuschungen,
- Mißtrauen vermeidet Vorwürfe und Rechtfertigungen,
- Mißtrauen entspricht einem weit verbreiteten Rollenverhalten von Führungskräften.

Diese Auflistung könnte sicher fortgesetzt werden und sie erscheint gewiß eindrucksvoll. Meistens werden es jedoch Vermeidungs-, Abwehr- oder Verweigerungsstrategien sein, die eher Mißerfolg abwehren als Erfolg suchen und gewinnen. Sie sind zudem im weitesten Sinne aufwendig, schwierig und belastend. „Sie absorbieren die Kräfte dessen, der mißtraut, nicht selten in einem Maße, das wenig Raum läßt für unvoreingenommene, objektive Umwelterforschung und Anpassung, also auch weniger Möglichkeiten des Lernens bietet." [45]

4. Bedeutung von Vertrauen für die strategische Unternehmungsführung

4.1 Grundsätzliches zur Bedeutung von Vertrauen für die strategische Unternehmungsführung

Strategische Unternehmungsführung mit ihren drei Dimensionen (Träger, Prozeß, Gegenstände) umfaßt im Sinne dieses Sammelbandes nicht nur strategische Planungs-, Steuerungs- und Kontrollaufgaben, sondern integriert auch die sie prägenden Bereiche der Unternehmungsphilosophie und -kultur (vgl. Abb. 2). [46]

Beginnend beim Zeithorizont bis hin zu ihrer Visionsorientierung: *Strategische Unternehmungsführung ist auf ein besonders großes Maß von Vertrauen in Personen, Informationen (insbesondere Prognosen) und Systeme angewiesen.* Je größer der Zeithorizont wird, der als Orientierungs-/Handlungsgrundlage dient, desto mehr wird Vertrauen fast zwangsläufig zur Basis aller Entscheidungen. [47] Es fehlt insbesondere für strategische Unternehmungsführung an eindeutigen, quantifizierbaren Orientierungsgrößen. Vielmehr gewinnen Tendenzen, Spielräume, Sowohl-als-auch-Beurteilungen, subjektive Einschätzungen und Zweideutigkeiten immer mehr an Bedeutung. Mißtrauensgeprägte Unternehmungsführung mit starrer Formalisierung, steilen, von Vielfach-Kontrollen durchzogenen Berichtswegen kann – allenfalls – im Rahmen einer operativen Unternehmungsführung erfolgreich sein, die sich auf Basis gegebener Potentiale in einem sicheren Umfeld/Entscheidungsraum bewegt.

4.2 Erfolgsproblematik der strategischen Unternehmungsführung und Vertrauen

Die spezifische Erfolgsproblematik für die strategische Unternehmungsführung ergibt sich aus einer drastisch wachsenden *Komplexität* bei gleichzeitig rasant zuneh-

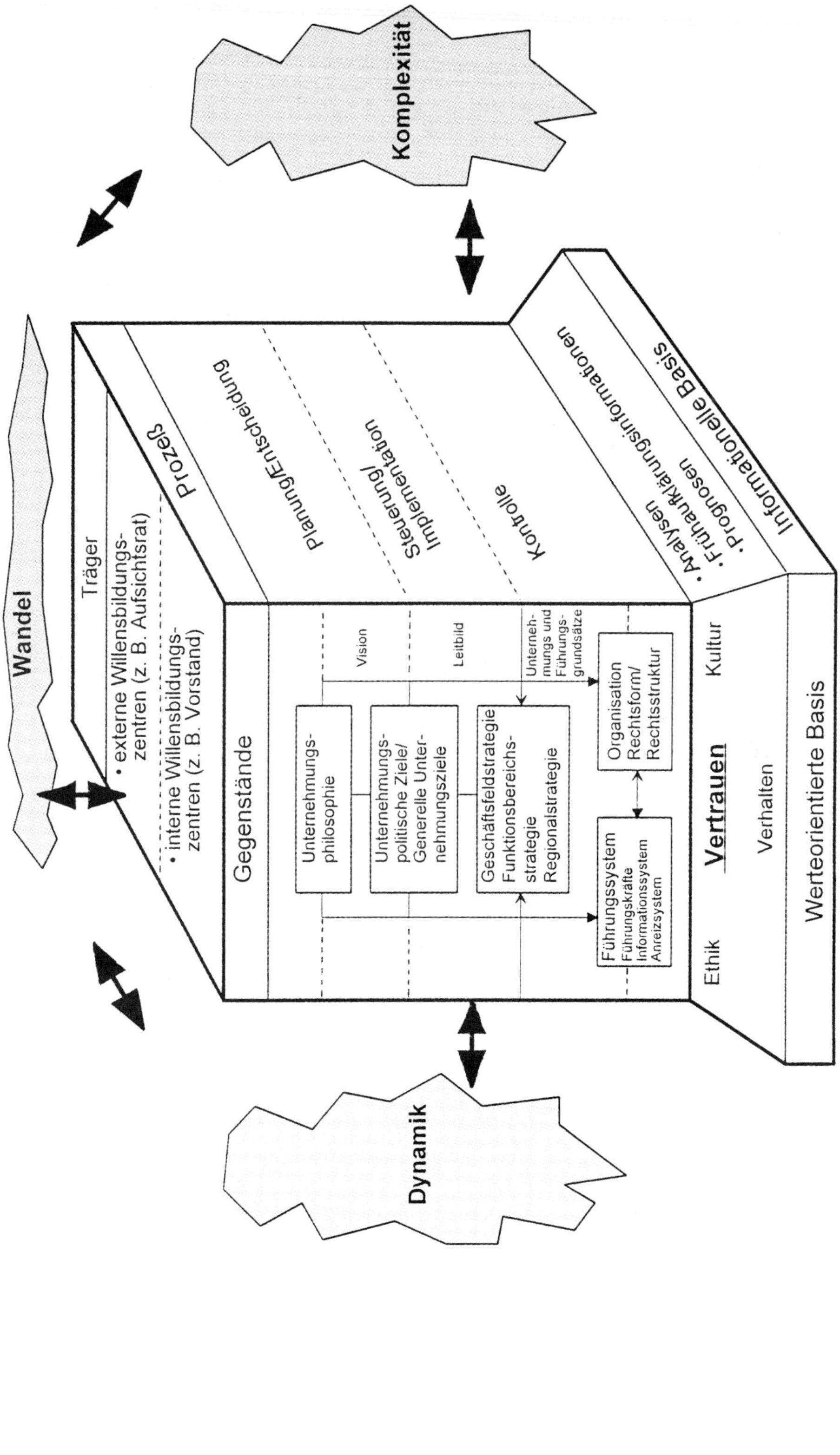

Abb. 2: Dimensionen und Elemente strategischer Unternehmungsführung: Vertrauen als Basis

mender *Dynamik*. Dies führt insgesamt zu der überlebenskritischen Notwendigkeit einer Beherrschung von tiefgreifendem *Wandel*. Verschärft wird diese Problematik durch den Aspekt der *Zeit*: „Infolge dieser zunehmenden Änderungsgeschwindigkeit, aber auch, weil sich immer mehr ganz unterschiedliche „Dinge" gleichzeitig verändern, ist für das Management das *Umgehen mit der Zeit* zu einem vordringlichen Thema geworden." [48]

Das Zusammenwirken von immer mehr benötigter Reaktionszeit bei wachsender Komplexität und eine Verringerung der verfügbaren Reaktionszeit bei zunehmender Dynamik läßt ein Anpassungsdilemma (Zeitschere) entstehen, dessen Überwindung nur durch einen erneuerten Umgang mit Wandel möglich ist. Dabei gilt *Vertrauen als Grundprinzip des Umgangs mit Wandel*, wie nachfolgend erläutert werden soll. [49] Abbildung 3 stellt diese Zusammenhänge schematisch dar.

4.2.1 Komplexität, Dynamik und Vertrauen

(a) Zunehmende Komplexität ist ohne größeres Vertrauen nicht mehr zu bewältigen

Die *Beherrschung von Komplexität* ist – wie eingangs erwähnt – eines der zentralen Themen für die Theorie und Praxis der strategischen Unternehmungsführung schlechthin. [50] Genau in diesem Punkt setzt eben Vertrauen als ein Mechanismus zur Reduktion von Komplexität an. [51]

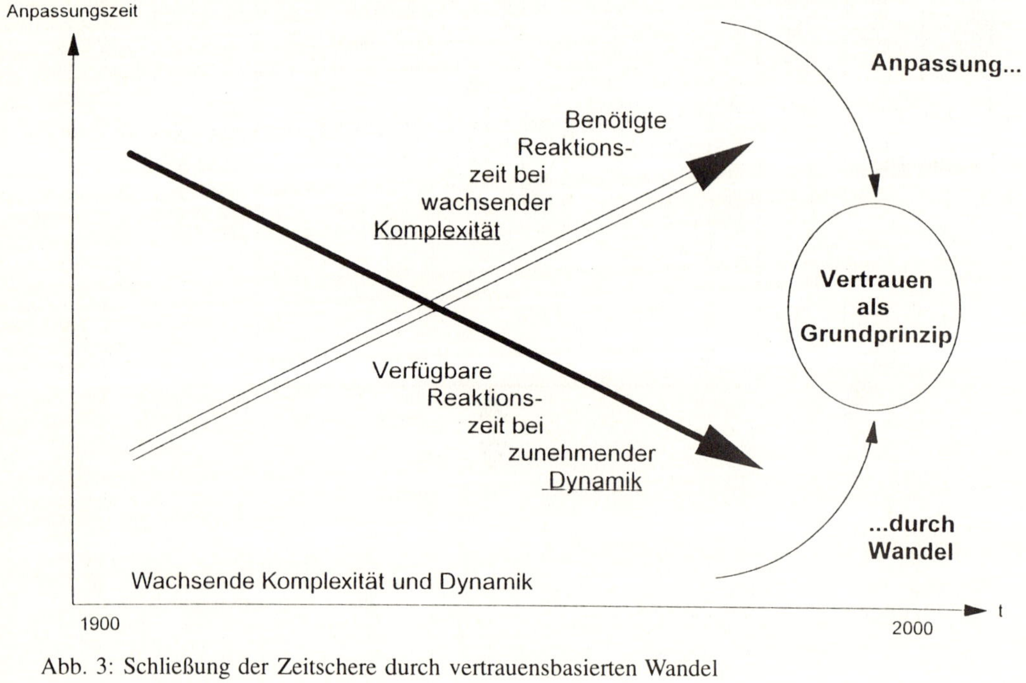

Abb. 3: Schließung der Zeitschere durch vertrauensbasierten Wandel

Die große Bedeutung von Vertrauen in einem Umfeld ständig steigender Komplexität wird drastisch von Rotter unterstrichen: „The more complex society, the greater the dependence on others. If trust weakens, the social order collapses.“ [52]

Traditionelle, auf Mißtrauen aufgebaute Organisations- und Führungsstrukturen halten diesem Komplexitätszuwachs kaum noch stand, und es bedarf oft nur eines minimalen Anstoßes, um sie in unbeherrschbare Zustände übergehen zu lassen. [53] Durch eine Erweiterung von Vertrauen kann Komplexität arbeitsteilig reduziert werden. „Wie in keiner Zivilisationsepoche zuvor sind wir in der heutigen auf Vertrauen angewiesen, und zwar in der wohlbestimmten Bedeutung des Vertrauens in die Verläßlichkeit der Leistung des uns jeweils benachbarten Fachmanns.“ [54]

(b) Vertrauen erleichtert die Beherrschung von Dynamik

Die obengenannten Aussagen beschränken sich explizit zwar auf eine Reduktion von Komplexität. Allerdings lassen sie sich sinngemäß auch auf den durch Vertrauen erleichterten Umgang mit Dynamik übertragen: „Dies gilt in gleicher Weise für die *Dynamik*, die sich (wie die Komplexität; Anm. d. Verf.) auf diesem Wege faßbar und beherrschbar machen läßt.“ [55] An sich höchst ungewisse Zukunftsentwicklungen können so überschaubar und damit zu Prämissen von (strategischen) Planungs- und Entscheidungsprozessen gemacht werden. [56]

(c) Vertrauen wird zum ökonomischen Gebot

Zwar hat auch Mißtrauen komplexitäts- und dynamikreduzierende Wirkung, nur sind mißtrauende Strategien in aller Regel sehr viel aufwendiger und kräftezehrender. Darum ist Vertrauen nicht nur der psychologisch angenehmere, sondern auch ökonomisch sinnvollere Weg einer Komplexitätsreduktion und Beherrschung von Dynamik, da weniger Energien in unproduktive Bahnen gelenkt werden und so der eigentlichen (Sach-)Aufgabe erhalten bleiben. [57] In einer Zeit, in der Rationalisierungen aller Art zu den wichtigsten Themen zählen, erscheinen beispielsweise extrem aufwendige, einer mißtrauenden Grundhaltung entspringende (Fremd-)Kontrollsysteme in geradezu absurder Weise anachronistisch.

4.2.2 Vertrauen als Basis des Umgangs mit Wandel

Dem Erlernen der Bewältigung von Veränderungen steht unser traditioneller Umgang mit Wandel entgegen, wie er in der tayloristischen Mißtrauensorganisation und dem sie prägenden Menschenbild vorgegeben ist. [58]

(a) Abkehr vom tayloristischen Menschenbild

Dieses tayloristische, zutiefst pessimistische *Menschenbild* gilt zwar konzeptionell als überwunden und wird „offiziell“ auch in der Praxis totgesagt, lebt aber offenbar noch immer fort. In einer aktuellen Studie wurde z. B. nachgewiesen, daß die Mehrzahl von 400 befragten Führungskräften selbst ihre engsten Mitarbeiter als arbeitsscheu, nur durch materielle Anreize angetrieben und nur durch Fremdkontrollen disziplinierbar einstufen. [59] Mit Recht ist unter solchen Umständen noch von einer geradezu absurden „Geröllhalde des Mißtrauens“ [60] in der Führung von Unternehmungen zu sprechen, und es muß in höchster Weise bedenklich stimmen, wenn Unternehmungsberater noch jetzt beklagen, daß in Deutschland „... fast nur mißtrauensorientiert geführt (wird).“ [61]

Nach einer weiteren Untersuchung ist das Vertrauenskapital in den letzten Jahren sogar ständig gesunken. Nur noch ein Drittel der befragten Führungskräfte und Mitarbeiter beantworten die Frage positiv, ob sie zu ihrem Vorgesetzten so viel Vertrauen hätten, daß sie sich mit privaten Problemen an ihn wenden würden. [62]

Ein verändertes Menschenbild muß in den Köpfen und Herzen von Führungskräften Platz ergreifen. Das Bild des „rational economic man“ muß demjenigen des nach Selbstverwirklichung und Autonomie strebenden und Selbstmotivation sowie -kontrolle bevorzugenden – dazu auch fähigen – „self-actualizing man“ weichen, der zugleich dem äußerst wandlungs- und lernfähigen, von vielfältigen Motiven gesteuerten „complex man“ entspricht.

(b) Freisetzung der schöpferischen Potentiale von Mitarbeitern durch Vertrauen

Es ist eben dieses überkommene Menschenbild, das wesentlichen Anteil an den aktuellen Krisenerscheinungen, mangelnder Innovationskraft, unzureichender Flexibilität und verminderter Wettbewerbsfähigkeit zu haben scheint, „... weil versäumt wurde, die in der Mitarbeiterschaft vorhandenen schöpferischen Potentiale für die Bewältigung des Wandels einzusetzen.“ [63] Erst ein von Vertrauen in die Mitarbeiter und ihre innovativen Fähigkeiten geprägtes Paradigma strategischer Unternehmungsführung wird die evolutorischen Kräfte der Unternehmung nutzbar machen können, um den notwendigen Wandel zu meistern.

4.3 Elemente einer vertrauensbasierten strategischen Unternehmungsführung

Vertrauen kann weder angeordnet noch vorausgesetzt werden. Vertrauen als Basis für erfolgreiche strategische Unternehmungsführung kann sich nur durch Vorleistung, Bestätigung und begünstigende Rahmenbedingungen entwickeln. Einige wesentlich erscheinende Elemente für die Entwicklung und Verstärkung von Vertrauen sollen nachfolgend erörtert werden.

4.3.1 Vertrauen und Führungskräfte

Ausgangspunkt und Mittelpunkt strategischer Unternehmungsführung sind oberste Führungskräfte in internen oder externen Willensbildungszentren als eigenständige Persönlichkeiten. Bereits hier gewinnt die Frage Bedeutung, ob Vertrauensfähigkeit bzw. Vertrauensunfähigkeit eher ein individueller Charakterzug ist oder ob Vertrauen primär situations- und/oder objektgebunden gewährt wird. Hier sind Psychoanalyse und Sozialpsychologie unterschiedlicher Auffassung. Zusammenfassend kann wohl davon ausgegangen werden, daß sich eine *Grundtendenz* für mehr oder weniger ausgeprägtes Vertrauensverhalten zwar in frühkindlichen Lernprozessen bildet, Vertrauen wie Mißtrauen ansonsten aber situations- bzw. objektbezogene Alternativen des Handelns darstellen. [64] Vertrauen, allerdings auch Mißtrauen, als Grundhaltungen oder Strategien sind allerdings nicht unabänderlich in der individuellen Persönlichkeit festgeschrieben, sondern erlern- und erfahrbar.

Damit erscheint die Förderung der Entwicklung zu vertrauensfähigen und vertrauensbereiten Führungspersönlichkeiten – jedenfalls in Grenzen – möglich. Dies ist eine dringende Aufgabe allgemeinbildender Schulen und Hochschulen. Eine ebenso wichtige Funktion fällt in diesem Zusammenhang aber auch der *Weiterbildung von Führungskräften* innerhalb und außerhalb von Unternehmungen zu. Entwicklung von Vertrauen und die Sinnhaftigkeit von Vertrauen als Erfolgsfaktor sollten grundlegende Themen der betrieblichen und außerbetrieblichen Weiterbildung von Führungskräften und insbesondere auch von Führungsnachwuchskräften werden. Sollen Führungskräfte als Träger der strategischen Unternehmungsführung selbst Vertrauen entwickeln und Vertrauen investieren können, so muß ihnen Vertrauen entgegengebracht werden. Der Personenkreis, der zum Investor von Vertrauen in Führungskräfte werden kann, besser werden sollte, ist groß. Hier ist es zunächst die vielschichtige Gruppe der *Stakeholder*, die Vertrauen in Führungskräfte investieren sollte. Verfolgt man allerdings die Berichterstattung um Korruption und andere wirtschaftskriminelle Vorfälle, so wird man leicht geneigt sein, von einem durch (externe oder interne) Führungskräfte schuldhaft verspielten Vertrauenskredit zu sprechen. Umgekehrt wird man – jedenfalls ohne nähere Kenntnisse – die Leichtfertigkeit der Vergabe von Vertrauenskrediten an solche Führungskräfte beklagen.

Es ist in unserem Wirtschaftssystem gerechtfertigt, ja zwingend notwendig, Führungskräfte in ihrem Tun und/oder Unterlassen kritisch zu beobachten, Straftaten zu verfolgen und zu ahnden. Es sollte sich uns aber durch medienwirksame Skandale nicht der Blick verstellen für die Notwendigkeit und Berechtigung einer Investition von Vertrauen in Führungskräfte.

Neben der Gruppe der Stakeholder sind es natürlich Mitarbeiter und Kooperationspartner, die zu Investoren von Vertrauen in Führungskräfte werden sollen, wie ebenso (gerechtfertigtes) Vertrauen zwischen Führungskräften (als Kollegen) selbstverständliche Basis ihrer Zusammenarbeit sein sollte, wohl aber nicht immer ist.

4.3.2 Verankerung des Grundwertes Vertrauen in Ethik, Kultur und Philosophie der Unternehmung

Eine weitere Grundvoraussetzung für die Entwicklung von Vertrauen als Basis erfolgreicher strategischer Führung ist eine durchgängige soziale Architektur des Vertrauens in Unternehmungen. [65] Dies bedeutet eine Verankerung dieses Grundwertes in der Triade Unternehmungsethik, -kultur und -philosophie.

Erst eine starke, aber wandlungsfähige, auf Vertrauen gegründete und sichtbar gelebte *Unternehmungskultur* sowie eine darauf aufbauende *Unternehmungsphilosophie* als explizite und in die Zukunft gerichtete Verkündung dieser Kultur schaffen bei allen Führungskräften und Mitarbeitern der Unternehmung das Bewußtsein dafür, welchen Stellenwert Vertrauen für die Existenz der Unternehmung und ihren erfolgreichen Fortbestand hat. Eine Sonderstellung und ein Eigenwert kommt in der beschriebenen Triade der *Unternehmungsethik* durch ihren normenbegründeten und nicht instrumentellen Charakter zu. [66]

Strategische Unternehmungsführung, die Vertrauen investiert und um Vertrauen wirbt, muß sich durch die Triade Ethik-Kultur-Philosophie nicht nur gedeckt, sondern auch bestärkt fühlen. Vertrauensbezogene Fehlinvestitionen dürfen, sofern sie nicht leichtfertig getätigt wurden, nicht von dieser Triade verurteilt werden. Ihre Fehlertoleranz muß sich auch auf Fehler bei der Vertrauensvergabe ausdehnen.

4.3.3 Realisation statt Proklamation eines kooperativen Führungsstils

Die Realisation eines kooperativen Führungsstils von Führungskräften ist ein weiterer Baustein für erfolgreiche strategische Unternehmungsführung auf Basis von Vertrauen. Ob dazu die Proklamation eines kooperativen Führungsstils in Führungsgrundsätzen ausreicht, mag bezweifelt werden. Vielmehr kommt der Verdacht auf, daß solche Proklamationen echte Kooperation eher substituieren. [67] Zwar ist kooperative Führung ein gesellschaftlich-sozial erwünschtes und sachlich-technisch häufig sogar erzwungenes Prinzip, doch klafft in der Führungspraxis zwischen den verbalen Bekenntnissen und den realisierten Verhaltensmustern noch eine erhebliche Umsetzungslücke. Jedenfalls setzt die fruchtbare Anwendung kooperativer Führung neben gegenseitiger Akzeptanz und Kooperationsbereitschaft in besonderem Maße Vertrauen voraus. [68] Eine entgegengesetzte Meinung dazu vertritt Fredmund Malik. [69] Er stellt – sicher zutreffend – heraus, daß eine auf Vertrauen basierende Führungssituation robust genug sei, um auch Führungsfehler auszuhalten und zu verkraften. Die daran anschließende Aussage: „Führungsstil ist nicht wichtig“ [70], die zugleich eine an Resultaten orientierte Funktionalität von autoritärem Führungsstil postuliert, scheint in dem hier interessierenden Zusammenhang wohl eher eine Minderheitsmeinung zu sein.

4.3.4 Vertrauensorganisation als Basis zukünftiger, virtueller Unternehmungsstrukturen

Begriff und Inhalt einer *Vertrauensorganisation* sind von Knut Bleicher [71] bewußt breit angelegt und aus den Elementen der Mißtrauensorganisation heraus entwickelt worden (vgl. dazu nochmals Abb. 1).

Mit ihrer Realisierung, die zu den zentralen Aufgaben strategischer Unternehmungsführung zählen sollte, ist die Basis gelegt für zukunftsorientierte Organisations- sind Führungsstrukturen, die mit dem noch unscharfen Begriff der *virtuellen Organisation* umschrieben werden. [72] Durch die rasante Entwicklung der Informations- und Kommunikationstechniken sowie durch Kooperationen, Allianzen und strategische Netzwerke unterschiedlichster Ausprägungen beginnen die traditionellen Grenzen von Unternehmungen immer mehr zu verschwimmen. Als Vision erscheint bereits die „boundaryless-company“, die sich amöbenhaft durch unterschiedliche Netzwerke bewegt. [73] Das Ausmaß an zu investierendem Systemvertrauen, aber auch an persönlichem Vertrauen in solche Strukturen und die sie tragenden Führungskräfte wird wohl derzeit nur erahnt. [74] Jedenfalls scheint der Weg einer Führung solcher Strukturen allein über detaillierte Verträge, Fremdkontrollen und ausgefeilte Sanktionsmechanismen als Ausdruck einer mißtrauenden Grundhaltung bereits angesichts der sich hier offenbarenden Komplexität und Dynamik wohl nicht gangbar zu sein.

5. Grenzen vertrauensbasierter strategischer Unternehmungsführung

5.1 Paradoxie des Vertrauens: zur Illusion der grenzenlos vertrauenden Unternehmung

Wer vertraut, muß generell seine Risikobereitschaft unter Kontrolle behalten. Er muß sich – sei es auch nur zur Selbstvergewisserung – klarmachen, daß er nicht bedingungslos vertrauen darf, „... sondern in Grenzen und nach Maßgabe bestimmter, vernünftiger Erwartungen.“ [75]

In dieser Aussage wird die grundlegende *Paradoxie des Vertrauens* deutlich: Vertrauen und (Fremd-)Kontrolle erscheinen hier als „... Widerstreit zweier gleichbegründeter Sinngehalte ...“ [76]. Einerseits soll Vertrauen gerade mißtrauende Kontrollen ersetzen und kann letztendlich auch nur so zur Reduktion von Komplexität beitragen. Andererseits ist ein grenzenloses Vertrauen und damit auch ein Verzicht auf jegliche Form von Kontrolle mindestens ebenso bedenklich wie grenzenloses Mißtrauen. Ein solcher Kampf zweier rivalisierender Kräfte ist Teil der menschlichen Existenz, zugleich auch Kennzeichen dynamischer Lenkung und Gestaltung der Unternehmungsentwicklung als Aufgabe der strategischen Unternehmungsführung.

5.2 Strategien und Instrumente zur Begrenzung von Vertrauensrisiken

Zwar zerstört nicht jede erfahrene Enttäuschung schon Vertrauen, doch muß es *Schwellen* geben, wo diese Absorptionskraft endet. [77] Durch Vertrauen werden eine Vielzahl von Detail- und Mehrfachkontrollen überflüssig, die angesichts steigender Komplexität ohnehin fragwürdiger werden. Es wird aber eine andere Form von Kontrolle, die sog. *symbolische Kontrolle*, an ihre Stelle treten, die allerdings weitaus weniger aufwendig und belastend sein dürfte. Diese symbolische Kontrolle ist eine Kontrolle des persönlichen Vertrauens – nicht der Fakten – und damit eine an Schwellen orientierte Überprüfung, ob die Redlichkeit und Integrität des Partners auch zukünftig Vertrauensvorschüsse rechtfertigen. [78] Natürlich wird es darüber hinaus auch Fremdkontrollen von Fakten, z. B. im Rahmen eines – allerdings zu modifizierenden – Management by Objective (MbO), geben. [79]

Das Schaffen einer *offenen vertrauensbasierten Kontrollkultur*, in der bedarfsorientiert, unter Verzicht auf Formalisierung und Standardisierung offene Auseinandersetzungen z. B. über Zielvereinbarungen und Zielerreichungsgrade geführt werden können, muß tragendes Element strategischer Unternehmungsführung werden.

(a) Sanktionsfähigkeit muß erhalten bleiben

Der Mißbrauch erwiesenen Vertrauens kann nicht nur mit Vertrauensentzug geahndet werden; damit könnten viele – wie ja gewohnt – wahrscheinlich sogar gut auskommen. Vielmehr müssen Verstöße empfindlich und wirksam, auf Basis vereinbarter oder zumindest bekannter Sanktionen vergolten werden. Hier wird die gerne übersehene Kehrseite von Vertrauen und generell von Kooperationsbereitschaft deutlich: Mit dem Ausmaß gewährter Freiräume wächst auch das Ausmaß zu erwartender Sanktionen. Wem man dagegen aus erwiesenem Mißtrauen, z. B. durch detaillierte Fremdkontrolle, nur sehr geringe Freiräume läßt, der hat bei – zwangsläufig geringen – Verstößen auch nur geringe Sanktionen zu erwarten. Ein Grund übrigens, warum Fremdkontrolle durchaus auch geschätzt wird. [80]

Sanktionsfähigkeit und -bereitschaft unterstreichen zugleich auch den *Wahlcharakter* von Vertrauensstrategien und lassen erkennen, daß Vertrauen nicht der einzige Weg ist, den Unternehmungsführung gehen kann. [81]

Jedoch müssen auch gegebenenfalls Mechanismen des *Büßens* und *Verzeihens* wirksam werden. Ohne das Einräumen von Chancen zur Wiedergutmachung und des Zurückgewinnens von verlorenem Vertrauen bliebe der Spielraum für eine stabile Vertrauensorganisation zu gering.

(b) Kritische Personalselektion gewinnt zentrale Bedeutung

Vertrauen kann nur vertrauenswürdigen Führungskräften und Mitarbeitern entgegengebracht werden, wie umgekehrt nur vertrauenswürdige Führungskräfte und Mitarbeiter auf Dauer erfolgreich um Vertrauen werben können. Damit wird die Personalselektion und speziell die *Führungskräfte- und Nachwuchsführungskräfteauswahl* zu einer besonders wichtigen, schwierigen Aufgabe im Rahmen der strategischen Unternehmungsführung, die in ihrem Anspruch (nur vertrauenswürdige Führungskräfte/Mitarbeiter einzustellen) gewiß nicht unproblematisch ist. Bereits im Vorfeld sind jene Bewerber auszufiltern, die sich in ihren fachlichen und insbesondere in ihren menschlichen Qualitäten eines Vertrauensvorschusses als nicht würdig erweisen. [82] Gleiches gilt im übertragenen Sinne natürlich für überbetriebliche Kooperationspartner. Eine solche Personalselektion/ Partnerselektion verlangt besondere Qualifikationen und viel Erfahrung der verantwortlichen Personalmanager. Sie erfordert zugleich eine erhebliche *Aufwertung des Personalwesens* im Sinne eines strategisch orientierten *Human Resource Management.* [83]

6. Zusammenfassung: Vertrauen wird zum kritischen Erfolgsfaktor strategischer Unternehmungsführung

Die zuvor dargestellten Grenzen des Vertrauens relativieren zwar seine Möglichkeiten als Erfolgsfaktor strategischer Unternehmungsführung und dämpfen Hoffnungen auf eine so gewonnene „Allzweckwaffe“ im Kampf um zukünftigen Erfolg.

Dennoch werden nach unserer Einschätzung zusammengefaßt etwa folgende Aussagen zukünftig an Bedeutung für die strategische Unternehmungsführung gewinnen:

- Die aufwendige Grundhaltung und Strategie des Mißtrauens kann zukünftig wohl nicht mehr subventioniert werden.
- Ein verändertes Menschenbild und ein vollzogener Wertewandel machen Vertrauen als Erfolgsfaktor zwingend erforderlich, nicht zuletzt aus ethischen Gründen.
- Strategische Führung ist auf Veränderung und Wandel ausgelegt; Mißtrauen steht dem mit seinen Versagens- und Vermeidungsstrategien im Wege.
- Schwieriger werdende Komplexitätsreduktion sowie neue, systemübergreifende Formen der Organisation und (internationalen) Kooperation werden durch Mißtrauen konterkariert; an seine Stelle muß Vertrauen treten.
- Strategische Führung und ihre Träger müssen in besonderer Weise zukunfts- und visionsorientiert sein. Mißtrauen verstellt oder erschwert diese Öffnung gegenüber Zukünften.

Vertrauen wird damit durchaus zum kritischen Erfolgsfaktor strategischer Unternehmungsführung zukünftiger Perioden werden. [84]

Anmerkungen

[1] Der Verfasser dankt Frau Stefanie Zumbrock, Dipl.-BW (FH), für wertvolle Anregungen zu diesem Beitrag.

[2] Vgl. *Hahn, D.*: Unternehmungsziele im Wandel, Beitrag in diesem Sammelband

[3] Vgl. *Krüger, W., Schwarz, G.*: Strategische Stimmigkeit von Erfolgsfaktoren und Erfolgspotentialen, Beitrag in diesem Sammelband

[4] *Hahn, D.*: Entwicklungstendenzen der strategischen Führung. In: technologie & management 2/1992, S. 12

[5] Vgl. *Luhmann, N.*: Vertrauen. Ein Mechanismus der Reduktion sozialer Komplexität. 3. Aufl., Stuttgart 1989, S. 78

[6] Vgl. *Luhmann, N.*: Vertrauen, a.a.O., S. 1

[7] Zwar hat die ökonomische Theorie das Phänomen Vertrauen noch nicht in ihr Gedankengebäude integrieren können, wohl aber seine Bedeutung erkannt. Vgl. dazu *Albach, H.*: Vertrauen in der ökonomischen Theorie. In: H. Albach: Unternehmen im Wettbewerb. Investitions-, Wettbewerbs- und Wachstumstheorie als Einheit. Wiesbaden 1991, S. 3 ff.

[8] Vgl. *Peters, Th.P./Waterman, R.H. jun.*: In Search of Excellence. Lessons from America's Best-Run Companies. New York 1982

[9] Meyers Enzyklopädisches Lexikon: Deutsches Wörterbuch. Mannheim et al. 1981, Stichwort „Vertrauen“

[10] Vgl. dazu ausführlich *Krystek, U./Zumbrock, St.*: Planung und Vertrauen. Die Bedeutung von Vertrauen und Mißtrauen für die Qualität von Planungs- und Kontrollsystemen. Stuttgart 1993, S. 5 ff.

[11] *Piontrowski, U.*: Psychologie der Interaktion. München 1976, S. 170

[12] *Koller, N.*: Sozialpsychologie des Vertrauens. Ein Überblick über theoretische Ansätze. Bielefelder Arbeiten zur Sozialpsychologie. Nr. 153 Psychologische Forschungsberichte, hrsg. von H.D. Mummendey. Universität Bielefeld 1990, S. 1–12.

[13] Vgl. *Deutsch, M.*: Konfliktregelung: konstruktive und destruktive Prozesse. München, Basel 1976, S. 136

[14] Vgl. *Luhmann, N.*: Vertrauen, a.a.O., S. 23
[15] Vgl. *Zündorf, L.*: Macht, Einfluß, Vertrauen, Verständigung: Zum Problem der Handlungskoordinierung in der Arbeitsorganisation. In: R. Seltz et al.: Organisation als soziales System. Berlin 1986, S. 41
[16] Vgl. *Zand, D.*: Trust and managerial problem solving. In: Administrative Science Quarterly 17/1972, S. 232 f.
[17] Vgl. *Luhmann, N.*: Vertrauen, a.a.O., S. 26 f.
[18] Vgl. *Zand, D.*: Trust and managerial problem solving, a.a.O., S. 232 ff.
[19] Vgl. *Hollander, E.*: Konformität, Status und Idiosynkrasie-Kredit. In: N. Kunczik (Hrsg.): Führung. Düsseldorf 1972, S. 163 ff.
[20] Vgl. *Grunwald, W./Lilge, H.* (Hrsg.): Kooperation und Konkurrenz in Organisationen. Bern, Stuttgart 1981, S. 212 ff.
[21] Vgl. *Bierhoff, H.W.*: Soziale Motivation kooperativen Verhaltens. In: R. Wunderer (Hrsg.): Kooperation. Gestaltungsprinzipien und Steuerung der Zusammenarbeit zwischen Organisationseinheiten. Stuttgart 1991, S. 23 ff.
[22] Vgl. *Golembiewski, R./McConkie, N.*: The centrality of interpersonal trust in group processes. In: Theories of group process. London 1975, S. 166
[23] Vgl. *Conrad, P./Sydow, J.*: Organisationsklima. Berlin, New York 1984, S. 256 ff.; *Krystek, U./Becherer, D./Deichelmann, K.-H.*: Innere Kündigung. Ursachen, Wirkungen und Lösungsansätze auf Basis einer empirischen Untersuchung. München, Mering 1995, S. 48, ff.
[24] Vgl. *Nisbra, J./Morrissey, N.A.*: Trust in Employee/Employer Relationsship: A Survey of West Michigan Managers. In: Public Personnel Management 1990, S. 443 ff.
[25] Vgl. grundsätzlich zum Transaktionskostenansatz u. a. *Williamson, O.E.*: Markets and hierarchies: Analysis and antitrust implication. New York, London 1975; *Picot, H.*: Transaktionskostenansatz in der Organisationstheorie. Stand der Diskussion und Aussagewert. In: DBW 1982, S. 267 ff.; vgl. grundsätzlich zum Principal Agent Ansatz u. a. *Ross, S.A.*: The Economic Theory of Agency. The Principal's Problem. In: AER 1973, S. 134 ff., *Bamberg, G./Spremann, K.* (Hrsg.). Agency Theory. Information and Incentives. Berlin 1987
[26] Vgl. u. a. *Bierich, N.*: Moral und Effizienz in der Marktwirtschaft. In: ZfbF 1995, S. 186 ff., hier S. 192
[27] Vgl. *Cümbel, R.*: Handel, Markt und Ökonomik. Wiesbaden 1985, S. 151
[28] Vgl. *Fama, E./Jensen, N.C.*: Agency Problems and Residual Claims. In: The Journal of Law and Economics 1983, S. 327 ff., hier S. 327
[29] Vgl. *Jensen, N./Neckling, W. R.*: Theory of the firm. Managerial Behavior, Agency costs and Ownership Structure. In: Journal of Financial Economics 1976, S. 305 ff., hier S. 308
[30] Vgl. *Albach, H.*: Vertrauen in der ökonomischen Theorie, a.a.O., S. 3 ff.
[31] Vgl. *Loose, A./Sydow, J.*: Vertrauen und Ökonomie in Netzwerkbeziehungen – Strukturtheoretische Betrachtungen. In: Management interorganisationaler Beziehungen. Vertrauen, Kontrolle und Informationstechnik. Opladen 1994, S. 160 ff., hier S. 164 f.
[32] *Luhmann, N.*: Vertrauen, a.a.O., S. 78
[33] Vgl. *Luhmann, N.*: Vertrauen, a.a.O., S. 78
[34] Vgl. *Schneider, H.*: „Vertrauensbildende Maßnahmen" als Komponenten der Unternehmungskultur. In: Management-Zeitschrift für Organisation (IO) 7-8/1992, S. 27
[35] *Luhmann, N.*: Vertrauen, a.a.O., S. 78
[36] *Luhmann, N.*: Vertrauen, a.a.O., S. 79
[37] Vgl. nachfolgend *Krystek, U./Zumbrock, St.*: Planung und Vertrauen, a.a.O., S. 24 ff. sowie die dort angegebene Literatur
[38] Vgl. *Friedmann, G.*: Grenzen der Arbeitsteilung. Frankfurt/M. 1959, S. 249
[39] Vgl. *McGregor, D.*: The human side of enterprise. New York 1960
[40] Vgl. *Bleicher, K.*: Das Konzept Integriertes Management. Das St. Galler Management-

Konzept. Frankfurt/M., New York 1991, S. 220 ff.; derselbe: Unternehmen auf dem Weg zur Vertrauensorganisation: Potentiale entdecken. In: Gablers Magazin 1/1994, S. 14 ff.
[41] Vgl. *Bierhoff, H.W.*: Vertrauen in Führungs- und Kooperationsbeziehungen. In: A. Kieser et al. (Hrsg.): Handwörterbuch der Führung. Stuttgart 1987, Sp. 2028
[42] Vgl. *Krystek, U./Zumbrock, St.*: Planung und Vertrauen, a.a.O., S. 85 f. sowie die dort angegebene Literatur
[43] Vgl. *Staehle, W.*: Management. Eine verhaltenswissenschaftliche Perspektive. 4. Aufl., München 1989, S. 511
[44] Vgl. nachfolgend *Krystek, U.*: Controlling, mißtrauens- oder vertrauensbasiert: Speerspitze einer Mißtrauensorganisation? In: Gablers Magazin 5/1991, S. 18 ff.; *Krystek, U./Zumbrock, St.*: Planung und Vertrauen, a.a.O., S. 72 ff. sowie in ähnlichem Sinne *Hungenberg, H.*: Controlling in der Sackgasse? Vertrauen als Grundregel. In: Gablers Magazin 10/1992, S. 52 ff.
[45] *Luhmann, N.*: Vertrauen, a.a.O., S. 79
[46] Vgl. *Hahn, D.*: Strategische Unternehmungsführung. Grundkonzept, Beitrag in diesem Sammelband. In die strategische Unternehmungsführung (das strategische Management) werden damit Elemente des normativen Managements nach dem St. Galler Management-Konzept integriert.
[47] Vgl. *Krystek, U./Zumbrock, St.*: Planung und Vertrauen, a.a.O., S. 121
[48] *Ulrich, H.*: Reflexionen über Wandel und Management. In: Unternehmerischen Wandel erfolgreich bewältigen. Change-Management als Herausforderung, hrsg. von G. Müller-Stewens u. J. Spickers. Wiesbaden 1995, S. 5 ff., hier S. 6
[49] Vgl. *Bleicber, K.*: Vertrauen als kritischer Faktor. In: Unternehmerischen Wandel erfolgreich bewältigen. Change-Management als Herausforderung, a.a.O., S. 207 ff., hier S. 210 ff.
[50] Vgl. *Krüger, W./Schwarz G.*: Strategische Stimmigkeit von Erfolgsfaktoren und Erfolgspotentialen, in diesem Sammelband.
[51] Vgl. *Luhmann, N.*: Vertrauen, a.a.O., S. 23 ff.
[52] *Rotter, J.*: Generalized Expectancies for Interpersonal Trust. In: American Psychologist 2/1971 Vol. 26, S. 443
[53] Vgl. *Bleicher, K.*: Das Konzept Integriertes Management, a.a.O., S. 11
[54] *Lübbe, H.*: Gurus oder „Common sense". Hermann Lübbe über Vertrauen in komplexen Gesellschaften. In: Innovatio 10/1991, S. 43
[55] *Bleicher, K.*: Organisation. Strategien Strukturen Kulturen. 2. Aufl., Wiesbaden 1991, S. 734
[56] Vgl. *Bleicher, K.*: Organisation, a.a.O., S. 734
[57] Vgl. *Krystek, U./Zumbrock, St.*: Planung und Vertrauen, a.a.O., S. 14
[58] Vgl. *Bleicher, K.*: Vertrauen als kritischer Faktor, a.a.O., S. 211
[59] Vgl. *Sprenger, R.K.*: Mythos Motivation. Wege aus einer Sackgasse. 2. Aufl., Frankfurt/M., New York 1992, S. 42
[60] *Flöther, E*: Wie offen Unternehmen wirklich sind. In: Gablers Magazin 10/1991, S. 6
[61] Zitiert bei *Weber, D.*: Weg zur neuen Offenheit. In: Management Wissen 4/1991, S. 30
[62] Vgl. *Weigle, G.*: Vertrauensorganisation, Megaspielregeln für schwierige Zeiten. Mehr führen, weniger managen. In: Gablers Magazin 1/1994, S. 25
[63] *Bleicher, K.*: Vertrauen als kritischer Faktor, a.a.O. S. 211
[64] Vgl. *Koczkas, S.*: Vertrauen im Betrieb Grundlage des Wandels. In: E. Zander/W. Reineke (Hrsg.): Führungsentwicklung. Organisation Development in der Praxis. Heidelberg 1981, S., 128
[65] Vgl. *Kienbaum Forum*: Wer auf Vertrauen baut, muß selbst Vertrauen können. In: Blick durch die Wirtschaft, Nr. 199 vom 16.10.1991, S. 1
[66] Vgl. *Steinmann, H./Löhr, A.*: Grundfragen und Problembestände einer Unternehmensethik. In: H. Steinmann/A. Löhr (Hrsg.): Unternehmensethik. 2. Aufl., Stuttgart 1991, S. 10
[67] Vgl. *Staehle, W.*: Funktionen des Managements. 2. Aufl., Stuttgart 1989, S. 110 f.

[68] Vgl. *Jung, W./Kleine, N.*: Management. Personen – Strukturen – Funktionen – Instrumente. München, Wien 1993, S. 241 f.

[69] Vgl. *Malik, F.*: Vertrauen als Basis der Unternehmenskultur. St. Galler Management Letter, März 1995. In: Gablers Magazin 3/1995, S. 1 ff.

[70] *Malik, F.*: Vertrauen als Basis der Unternehmenskultur, a.a.O., S. 2

[71] Vgl. nachfolgend *Bleicher, K.*: Vor dem Ende der Mißtrauensorganisation, a.a.O., S. 400 ff.; derselbe: Zukunftsperspektiven organisatorischer Entwicklung. Von strukturellen zu humanzentrierten Ansätzen. In: Zeitschrift Führung und Organisation (ZfO) 1990, S. 154 ff.

[72] Vgl. dazu grundsätzlich *Szyperski, N./Klein, S.*: Informationslogistik und virtuelle Organisationen. In: DBW 1993, S. 187 ff.; *Mertens, P.*: Virtuelle Unternehmen. In: Wirtschaftsinformatik 2/1994, S. 169 ff.; *Klein, S.*: Virtuelle Organisation. In: WiSt 6/1994, S. 309 ff.; *Picot, A./Reichwald, R.*: Auflösung der Unternehmung? In: ZfB 1994, S. 547 ff.; *Krystek, U.*: Die Organisation des virtuellen Unternehmens. In: Riekhof, H. C. (Hrsg.): Beschleunigung von Geschäftsprozessen, Stuttgart 1996, Druck in Vorbereitung

[73] Vgl. *Bleicher, K.*: Informationstechnik in neuen Management- und Organisationskonzepten. In: Office Management 11/1993, S. 22 ff., hier S. 24

[74] Vgl. hierzu grundsätzlich: *Wurche, S.*: Vertrauen und ökonomische Rationalität in kooperativen Interorganisationsbeziehungen. In: Management interorganisationaler Beziehungen, hrsg. von J. Sydow und A. Windeler, a.a.O., S. 142 ff.; sowie *Loose, A./Sydow, J.*: Vertrauen und Ökonomie in Netzwerkbeziehungen – Strukturationstheoretische Betrachtungen. In: Management interorganisationaler Beziehungen, a.a.O., S. 160 ff.

[75] *Luhmann, N.*: Vertrauen, a.a.O, S. 31

[76] *Bleicher, K.*: Paradoxien unternehmerischer Dynamik. In: Management-Kompetenz. Die Gestaltungsansätze des NDU/Executive MBA der Hochschule St. Gallen, hrsg. von J.-P. Thommen. Zürich 1995, S. 93 ff., hier S. 95 sowie nachfolgend ebenda S. 95 ff.

[77] Vgl. *Luhmann, N.*: Vertrauen, a.a.O, S. 81

[78] Vgl. *Krystek, U./Zumbrock, St.*: Planung und Vertrauen, a.a.O., S. 9 und das dort zitierte Beispiel

[79] Vgl. *Krystek, U./Zumbrock, St.*: Planung und Vertrauen, a.a.O., S. 122 sowie zur ethischen Problematik des MbO: *Steinmann, H.*: Unternehmensführung und Ethik. Am Beispiel der Sparkassen. In: R. Pieper/K. Richter (Hrsg.): Management. Bedingungen, Erfahrungen, Perspektiven. Wiesbaden 1990, S. 104

[80] Vgl. *Siegwart, H./Menzl, I.*: Kontrolle als Führungsaufgabe. Bern, Stuttgart 1978, S. 197

[81] Vgl. dazu *Lindskold, S.*: Die Entwicklung von Vertrauen, der GRIT-Ansatz und die Wirkung von konziliantem Verhalten auf Konflikte und Kooperation. In: W. Grunwald/H.-G. Lilge (Hrsg.): Kooperation und Konkurrenz in Organisationen, a.a.O., S. 263

[82] Vgl. *Bleicher, K.*: Zukunftsperspektiven organisatorischer Entwicklung, a.a.O., S. 154

[83] Vgl. dazu *Hinterhuber, H.H./Handlbauer, G.*: Strategieorientiertes Human Resource Management in turbulenten Zeiten. In: Führungskräfte und Führungserfolg, hrsg. von U. Krystek u. J. Link, a.a.O., S. 353 ff.

[84] Vgl *Bleicher, K.*: Vertrauen als kritischer Faktor, a.a.O., S. 207 ff.

Vision und Führung

H.A. Henzler

Einleitung: Schwer zu definieren, aber unverkennbar

Verfolgt man die gegenwärtige Renaissance der „Leadership"-Diskussion in den USA, so fällt auf, daß die Neuorientierung von Unternehmen, das „corporate renewal", meist eng an die Vision eines Unternehmensführers gebunden ist. Wie stark einzelne Visionäre und Führungspersönlichkeiten die Entwicklung eines Unternehmens prägen – das läßt sich noch am ehesten am konkreten Beispiel vermitteln. Und herausragende Beispiele sind zweifellos Heinz Nixdorf, Reinhard Mohn und Marvin Bower.

Als Ende der 60er Jahre *Heinz Nixdorf* mit seinen Rechnern der mittleren Datentechnik auf den Markt kam, wurde er von den Großen des Computergeschäftes milde belächelt. In der Computerbranche grassierten die Flops. Sie trafen selbst so renommierte US-Unternehmen wie RCA, Singer und General Electric.

Der Vision von Heinz Nixdorf, die elektronische Datenverarbeitung „an den Menschen anzupassen, statt den Menschen in das abstrakte System zentraler Rechner zu zwingen", gab kaum jemand eine Chance. Dagegen setzte Nixdorf konsequent auf anwenderorientierte Problemlösungen und technische Ideen, Gespür für kommende Märkte und die Fähigkeit, beides in zukunftsträchtige Verfahren und Produkte umzusetzen. Aus seinem Labor für Impulstechnik wurde ein Unternehmen, das 1987 mehr als 5 Mrd. DM Umsatz erzielte.

Reinhard Mohn (1986) verwirklichte in der Bertelsmann-Gruppe seine Vision vom „partnerschaftlichen Unternehmen". Es sollte „liberal und fortschrittlich sein. Es strebt an, in eigener Verantwortung moderne gesellschaftliche Lösungen, die dem Menschen dienen, zu entwickeln".

Als Mohn in vierter Generation das Verlagshaus Bertelsmann übernahm, hatte das Gütersloher Unternehmen mit dem Druck evangelischer Gesangbücher kaum über den ostwestfälischen Raum hinaus Bedeutung erlangt. Erst die Gründung des Buchclubs mit seinem quasi garantierten Umsatzvolumen und die Übernahme des damals maroden Zeit-

---

Dieser Beitrag wird wiederabgedruckt mit Genehmigung des Verlages Th. Gabler, Wiesbaden, aus: Handbuch Strategische Führung, Hrsg. H.A. Henzler, Wiesbaden 1988, S. 17–33.

schriftengeschäftes von Gruner + Jahr verhalfen dem Verlag zu einer breiteren Palette von Aktivitäten, aus denen sich seither eines der größten Medienunternehmen der Welt entwickelt hat. Als wesentliches Element dieses Erfolges sieht der Konzerngründer sein Führungskonzept – manchmal als „Bertelsmann-Betriebswirtschaft" bezeichnet: das filigranartige Zusammenspiel zwischen nationalen und internationalen Märkten, Medienherstellern und -vertreibern, zentralen Funktionen und weitgehend verselbständigten Profit-Centern.

Wie viele große unternehmerische Visionen hat dieses Führungsmodell Bestand: Auch nach dem Wechsel von Reinhard Mohn in den Aufsichtsrat bildete es die Basis für die jüngsten Expansionen in den USA.

Ähnliches, wenngleich in einem anderen Bereich und anderer Größenordnung, gelang *Marvin Bower*, dem Spiritus Rector von McKinsey & Company.

Als ehemaliges Mitglied einer Anwaltskanzlei hatte Bower (1966, 1979) die Vision, Top-Management-Beratung mit ähnlicher Professionalität zu betreiben, wie sie führende Rechtsanwälte auszeichnete. Seine Vision dieser unabhängigen und professionellen Managementberatung ist unter seiner Führung umgesetzt worden und heute in der „mission" und den „guiding principles" des Unternehmens kodifiziert.

Die „mission" verbindet zwei Elemente: den Klienten eine nachhaltige Verbesserung ihrer Leistung ermöglichen und eine „Institution" schaffen, die hochmotivierte und talentierte Mitarbeiter anzieht. Jeder einzelne dieser Mitarbeiter muß bis heute die fünf Grundsätze (guiding principles) der professionellen Beratung „verinnerlichen": Dominanz der Klienteninteressen über das Firmeninteresse, Beachtung hoher ethischer Standards, absolute Wahrung der Vertraulichkeit, Unabhängigkeit des Beraters und solide Sachkenntnis.

Alle drei Unternehmer verliehen ihrer Vision von Anfang an besondere Kraft durch ihre ausgeprägte Führungsfähigkeit. Die Kombination von visionärer Vorstellung – d.h. Aussagen über die künftige Beschaffenheit der Realität – mit kunstvoller Lenkung des Ressourceneinsatzes durch den Unternehmensführer brachte überragende Leistungen zustande.

Auch wenn keineswegs unwiderlegbar bewiesen ist, daß Unternehmen mit Vision erfolgreicher sind: Es gibt viele Beispiele, die zeigen, daß man erfolgreichen Unternehmen üblicherweise Visionen zuordnen kann, während sie bei weniger guten Wettbewerbern häufig fehlen. Bei vielen Spitzenunternehmen scheint es, daß eine überzeugende Vision die Bündelung des Ideenpotentials und die Freisetzung zielgerichteter Energien bewirkt hat. Ohne Vision hätten viele Unternehmen die strategischen Herausforderungen durch rasch veränderte Markt- und Wettbewerbsbedingungen kaum bestehen können.

Was die Diskussion über Vision und Führung schwierig und verschwommen macht, sind die unterschiedlichen Inhalte, die mit den beiden Begriffen in Verbindung gebracht werden. Mit den folgenden acht Thesen soll der Versuch unternommen werden, die Inhalte einzugrenzen, Verbindungen zwischen ihnen aufzuzeigen und die Relevanz von Vision und Führung für Unternehmen zu beleuchten.

A Vision ist ein Bild künftiger Unternehmensgeschichte

Wenn, nach Friedrich Schlegel, der „Historiker ein rückwärts gekehrter Prophet“ ist, dann muß folgerichtig der Visionär ein vorwärts gerichteter Historiker sein. Die drei eingangs angeführten Beispiele geben einer solchen Deutung recht: Ihre Vision wurde zu realer Unternehmensgeschichte.

Was macht nun eine solche Unternehmens- „Vision“ im einzelnen aus – wie unterscheidet sie sich von politischen, sozialen und anderen Formen von Vision, die man in Literatur und Geschichtsschreibung kennt?

Meyers Lexikon definiert Vision als ein „in jemandes Vorstellung besonders in bezug auf die Zukunft entworfenes Bild“. Ernst Jünger spricht von einem „Bild von hoher Macht und Klarheit“. Wenngleich für ein Unternehmen in diesen Formen nicht brauchbar, so liefern diese allgemeinen Definitionen doch wichtige Hinweise auf konstitutive Elemente einer Vision: den Zukunftsbezug, die bildhafte Darstellung und die Bindung an eine Person. Wenn im folgenden von Vision die Rede ist, so soll darunter die Vorstellung von der zukünftigen Rolle eines Unternehmens in bezug auf Unternehmenszweck, -ziel und -selbstverständnis verstanden werden. Peter G. Peterson (1987), langjähriger Chairman von Lehman Brothers, befand: „True vision requires the forging of a farsighted and realistic connection between our present and our future. It means recognizing in today's choices the sacrifices all of us must make for posterity“.

Solche Visionen erfordern antizipatives Denken, Denken über Entwicklungen, über Zustände, über Werte, über Wechselwirkungen, die eventuell weit in der Zukunft liegen. Diese Visionen haben auf der Ebene von Unternehmen nur dann Bestand, wenn sie eine Reihe von Bedingungen erfüllen:

- Die Vision muß erreichbar sein, sie darf keine Utopie sein. Die Visionen von Henry Ford über „Autos für jedermann“ und von Max Grundig über das „Radio (Volksempfänger) in jedem deutschen Haushalt“ hatten einen klaren Realitätsbezug. Visionen, die – wie häufig in der Literatur – in der Nähe von Träumen angesiedelt sind, taugen nicht für das Unternehmensgeschehen. Visionen über das unfallfreie Auto, die rückstandsfreie Verbrennung, Arzneimittel ohne Nebenwirkungen, vollständige Versorgung der Menschheit mit „sanften“ Energiequellen können in überschaubaren Zeiträumen nicht realisiert werden.
- Die Vision spiegelt die persönliche Überzeugung eines Unternehmensführers wider. Heinz Nixdorf, Thomas J. Watson/IBM (1963) oder Gottlieb Daimler waren Visionäre, die unbeirrt durch Zweifler und „Beweise der Unmöglichkeit“ den Computer am Arbeitsplatz (Nixdorf), die vermietete Hardware (IBM) und die technische Perfektion von Kraftfahrzeugen (Daimler-Benz) Wirklichkeit werden ließen.
- Die Vision muß einen bisherigen Zustand nachhaltig verändern. Sie ist eine Aussage oder eine Philosophie, die zusammenfaßt, wohin ein Unternehmen sich entwickeln will. Bertelsmann: vom Gesangbuchverleger zum Medienunternehmen; adidas: vom Fußballschuh- zum Sportartikelhersteller.
- Die Vision muß eine Wettbewerbsarena mit wirtschaftlichem Erfolgspotential aufzeigen. Eine Vorstellung darüber, in welchem Wettbewerbsfeld sich ein Unternehmen

zukünftig bewegen will und welche Position es dort einnehmen will, sollte den Hintergrund einer Unternehmensvision bilden. Details des Produktspektrums, der Marktsegmente, des Ressourcenbedarfs und der Cash-flows können dann der strategischen Planung überlassen werden.
Ein gutes Beispiel ist hier die Vision von NEC-Chef Kobayashi, „Future World Leader in Communications and Computers". Sie hat das Terrain und das Tätigkeitsspektrum des einstigen Hoflieferanten der staatlichen Nippon Telegraph & Telephone Corporation zukunftsweisend verändert.

Visionen können Voraussetzung des wirtschaftlichen Handelns sein (als künftiges Weltbild), Durchsetzungsinstrument von Führungsmaximen und schließlich konkretes Ergebnis (als Produkt- oder Unternehmensprofil). In Abgrenzung zu verwandten Begriffen wie Unternehmenskultur und unternehmerisches Selbstverständnis gilt als wesentliches Merkmal einer Vision, daß sie primär zukunftsgerichtet ist. Selbstverständnis oder Unternehmenskultur werden dagegen überwiegend gegenwartsbezogen verstanden.

Dennoch bestehen Wechselwirkungen zwischen Selbstverständnis und Vision. Beeinflußt auf der einen Seite das Selbstverständnis eines Unternehmens die Vision – als Brücke zwischen Gegenwart und Zukunft –, so muß eine neue Vision auch in das unternehmerische Selbstverständnis überführt werden, denn nur dann können die Vielzahl zu treffender Entscheidungen bzw. die Summe der Tätigkeiten in einem Unternehmen an der Leitidee, der Vision, ausgerichtet sein. In Großunternehmen tragen Visionen häufig dazu bei, die Regelungsdichte der operativen Planung und Steuerung zu vermindern.

Daraus folgt automatisch die Frage nach dem Verhältnis der Unternehmensvision zur strategischen Planung. Während die strategische Planung detailliert festlegt, auf welchem Weg und mit welchem Ressourceneinsatz ein nachhaltiger Wettbewerbsvorteil in einem Markt erreicht werden soll, ist die Vision diesem Planungsprozeß vorgelagert und übergeordnet. Ausfluß der Vision könnten „eherne Planungsgrundsätze" für die strategische Planung sein.

Obwohl teilweise sehr vage formuliert und von außen kaum nachvollziehbar, haben Unternehmensvisionen sehr starken Einfluß auf die Planung des Ressourceneinsatzes (beispielsweise auf die Fertigungstiefe), das Eingehen von Partnerschaften, den Know-how-Aufbau, das Verhältnis zu Mitarbeitern und die funktionale Umsetzung (beispielsweise auf Geschäfte, die man macht und – noch wichtiger – solche, die man nicht macht, auf die Art der Erfolgsmessung und Honorierung); eine Vision wirkt im Unternehmen oft als impliziter Schiedsrichter für das Handeln in Grenzsituationen. Oder, in einem anderen Bild: Unternehmensvisionen sind der „Kompaß" für die ständige Auswahl besserer Alternativen bzw. die laufende Korrektur fehlgeleiteter Entwicklungen.

B Feste Regeln für die Ausgestaltung gibt es nicht

Wie konkret Visionen formuliert und innerhalb des Unternehmens in Leitsätzen, Planungsprämissen oder auch nur in anspruchsvollen Anekdoten weitergegeben werden, scheint sehr stark von Unternehmensgeschichte und Unternehmensgegenstand bestimmt zu sein.

Der Welt größter Pneumatikhersteller, Festo (1987) in Esslingen, gab sich beispielsweise vor seiner jüngsten Expansionsphase ein tiefgegliedertes Modell, in dem Unternehmensvision, langfristige Zielsetzung und strategische Rahmenbedingungen festgelegt wurden. Nachdem dieses zur Unternehmensverfassung erklärt wurde, ging man dann in den letzten zehn Jahren daran, weitere 15 Tochtergesellschaften (u.a. auch in Japan, den USA und Ungarn) zu errichten.

Angesichts wachsender Produktvielfalt und der Erschließung neuer geographischer Märkte sollte der Konkretisierungsbedarf nicht unterschätzt werden. In diversifizierten Konzernen mit relativ eigenständigen Tochtergesellschaften bzw. Geschäftsgebieten kann die Vision etwas vager bzw. unverbindlicher sein als in homogeneren Unternehmen – ein völliges Fehlen einer Unternehmensvision muß allerdings auch in diversifizierten Unternehmen als Mangel empfunden werden. Häufig hat ein Unternehmer nur eine Vision während seiner aktiven Führungsphase.

Besonderen Nutzen wird ein Unternehmen von einem visionären Entwurf immer dann haben, wenn eine grundlegende Veränderung – eine Neuorientierung – gefordert ist. Dann müssen Unternehmensvisionen ähnlich antizipativ und mutig wie politische Visionen geprägt werden. Zum Beispiel wie die von Ludwig Erhard, der in den Aufbaujahren nach dem Zweiten Weltkrieg trotz vielfältiger Warnungen die Wirtschaft der Bundesrepublik „dem freien Spiel des Marktes auslieferte". Er setzte das Modell der sozialen Marktwirtschaft so wirkungsvoll gegen Widerstände innerhalb und außerhalb der eigenen Reihen durch, daß die Gedanken schon bald Allgemeingut wurden und selbst ehemalige Gegner zu entschiedenen Verfechtern wurden.

Leider fehlt es vielen Unternehmensführern heute an ähnlich gestalterischer Vorstellungskraft und vielleicht auch an Mut, Signale aus der Öffentlichkeit in ihre Unternehmensvision einzubeziehen – so zum Beispiel das weitverbreitete Unbehagen über die Umweltbelastung, das Waldsterben (und die Bereitschaft einer breiten Öffentlichkeit, zu dessen Bekämpfung auch materielle Opfer zu bringen) oder das wachsende Interesse an gesundheitsbewußter Ernährung.

Hier besteht noch Raum für kreative Ausformulierung von Visionen. Obwohl die Komplexität der Zusammenhänge (z.B. Vielfalt, Größe, Kohärenzmechanismen der Unternehmen) und die individualpsychologischen Bedürfnisse und Empfindlichkeiten der Mitarbeiter im Verlauf der letzten Jahrzehnte zugenommen haben, sind Visionen – möglicherweise anders als früher formuliert – unverändert wirksam.

C Der Anstoß von der Spitze ist entscheidend

Entstehen kann eine unternehmerische Vision sowohl durch den Anstoß von der Unternehmensspitze als auch durch Impulse von der Basis, die von der Unternehmensführung aufgegriffen werden. Obwohl Visionen keineswegs das natürliche Vorrecht großer Führer sind, spricht einiges dafür, daß in der Regel einzelne Führungspersönlichkeiten für Entwicklung und Gestaltung einer Vision entscheidend sind. Dies findet seinen Niederschlag unter anderem darin, daß häufig die Unternehmensgeschichte in Epochen von Führungspersönlichkeiten und deren Visionen eingeteilt wird.

Ein Beispiel ist die Geschichte der Siemens AG. Ihre erste Epoche war geprägt von dem genialen Fernsprechingenieur Werner von Siemens (1940) mit seiner Vision, Fernsprechleitungen über den ganzen Erdball technisch realisierbar zu machen. Mit dem Vorsitzenden Gerhard Tacke verbindet sich in den 60er Jahren die Ära der Internationalisierung und die Neuorganisation des Gesamtunternehmens, mit Bernhard Plettner in den 70er Jahren das enorme Wachstum aller Unternehmensbereiche sowie die Eingliederung von Osram und der Kraftwerk Union. Karlheinz Kaske steht in den 80er Jahren für den Aufbau einer starken regionalen Basis in den USA und den Vorstoß in das technologische Neuland der Megachip-Entwicklung.

Für die Deutsche Bank hat Alfred Herrhausen die Vision von „einer der größten und wichtigsten globalen Banken", die er mit dem Motto „verläßlicher Partner in aller Welt" nach innen und außen kommuniziert. Eine überzeugende Vision, die an der Unternehmensspitze entwickelt und formuliert wurde, kann selbst in diversifizierten, tiefgegliederten Unternehmen als Leitbild für die künftige Gestalt des Gesamtunternehmens wirken. Edzard Reuter hat als Chef von Daimler-Benz in jüngster Zeit mehrere Beispiele für die intensive Beschäftigung mit der Vision des neu zu formierenden Technologiekonzerns gegeben. Er verwendete einen guten Teil seiner Kommunikation nach innen und außen auf diese Vision, und er signalisierte dem Unternehmen durch ausgewählte bereichsübergreifende Forschungsprojekte und personelle Besetzungen, wie er die Vision zu realisieren gedenkt. Der Chef seiner PKW-Sparte, Professor Werner Niefer, steuert dazu die Vorstellung vom „Auto 2000" bei, das „heute schon auf dem Bildschirm konstruiert wird: fortschrittliche Technik, die Mensch und Natur entlastet und höchste Ansprüche an Stil und Ästhetik erfüllt".

Häufig geben Unternehmensvisionen einen Rahmen und Ansporn für eigenständige Sparten und Töchter ab. Große ausländische Töchter oder große verselbständigte Sparten haben die Visionskraft ihrer jeweiligen Länder- bzw. Spartenchefs zu erheblicher Geschäftsausweitung und – nicht selten – zur weitgehenden Unabhängigkeit von der Unternehmenszentrale genutzt. Die erfolgreiche Rexroth-Vision von der intelligenten Fertigungsautomatisierung innerhalb des diversifizierten Mannesmann-Konzerns oder die länderspezifische Daimler-Vision eines quasi eigenständigen Nutzfahrzeugherstellers (Daimler-Vorstand Liener: Prinzip der integrierten Autonomie), der Mercedes-Benz do Brasil, sind dafür Beispiele.

D Unternehmensführer sind mehr als gute Manager

Wirksame Visionen haben oft die Zeit der Führungspersönlichkeiten, die sie geprägt hatten, überdauert. Eine Vision zu formulieren reicht jedoch nicht aus: Sie kann ihre Wirkung als Leitidee nur entfalten, wenn sie durch Führung umgesetzt wird.

In der älteren Führungsliteratur, aber auch im allgemeinen Sprachgebrauch, wird Führung – sehr generell – häufig im Sinne von „Voransein", „Außerordentlichkeit", „an der Spitze stehen" gebraucht. Mit Max Weber (1972) lassen sich drei abstrakte Typen von Führertum unterscheiden: die traditionelle Herrschaft, deren Inhaber durch unverrückbare Nachfolgeregelungen bestimmt ist, die charismatische Herrschaft des durch Führungsgabe Ausgezeichneten und die bürokratische Herrschaft des unter rationalen Kompetenzgesichtspunkten ausgewählten Verwalters. In den Unternehmen findet man naturgemäß alle drei Typen, teilweise in unterschiedlichen Kombinationen. In deutschen Großunternehmen scheint sich in jüngster Zeit wieder die stärkere Betonung der charismatischen Führungspersönlichkeiten abzuzeichnen. Einen anderen Aspekt betonen die psychologisch ausgerichteten Führungstheorien. Sie konzentrieren sich sehr stark darauf, die Rolle des Führers in einer Gruppe auszuleuchten. Nach Freud (1921) ist der Führer eine Person, auf die andere ihre Macht- und Sicherheitsbedürfnisse projizieren und mit der sie sich dann identifizieren können.

Auf die Unternehmensorganisation bezogen, grenzt sich Führung deutlich vom Begriff des „Management" ab: Der Manager bewahrt und optimiert, der Führer stellt in Frage und erneuert.

Im angelsächsischen Raum gibt es seit Jahren unterschiedliche Versuche, Führung von Management abzugrenzen („leadership versus management"). Angeregt wurde die Diskussion durch die grundlegenden Arbeiten von Abraham Zaleznik (1966), der zu dem Ergebnis kam: Führer formen Ideen, anstatt auf sie zu reagieren, schaffen Anregungen für die „Geführten", gestalten ihre Beziehungen zu Personen in intuitiver und persönlich idolhafter Weise.

Im deutschen Sprachraum ist die Diskussion über Führung aus historischen Gründen vorbelastet. Wortschöpfungen wie „Führungspersönlichkeiten", die abstrakte „Unternehmensführung" oder „Geschäftsleitung" oder gar „Leader" werden verwendet, um den Unternehmensführer zu umschreiben. Hier soll kein Versuch gemacht werden, das unselige „Führerprinzip" aus der Mottenkiste zu holen – aber ein eindeutiges Plädoyer für die unabdingbare Rolle des oder der einzelnen ist angebracht. Stellvertretend für „Visionäre", strategische Denker und Entwickler von Führungskräften sei hier der amerikanische Organisationswissenschaftler Robert Greenleaf (1973) zitiert: „Nothing in the world happens except for the initiative of a single individual".

Die gestalterische Kraft des Führers steht auch im Mittelpunkt der „Leadership"-Untersuchungen von John W. Gardner (1984). Nach seiner Auffassung denkt der Führer langfristig, schaut über den Tellerrand der von ihm geführten Organisation hinaus, beeinflußt über die organisatorischen Grenzen hinweg das Denken und Handeln vieler Menschen, betont in seinen persönlichen Prioritäten Visionen, politische Fähigkeiten und Erneuerungsdenken.

Im Manager sehen sowohl Zaleznik als auch Gardner mehr den Funktionsträger und weniger die Identifikationsfigur, mehr den kurzfristigen Optimierer als den langfristigen Baumeister, mehr den Controller als den innovativen Investor. Oder mit den Worten Gardners (1986): „A certain number of the men and women holding top posts in organizations are simply chief bureaucrats or custodians".

Ein guter Manager ist nicht automatisch auch ein guter Führer; dagegen sind gute Führer häufiger auch gute Manager.

E Die zentrale Führungsaufgabe ist Verstetigung des Wandels

Ebenso, wie sich eine Vision im Laufe der Zeit – erst schemenartig, dann konkreter werdend – entwickelt, wird eine Führungspersönlichkeit eine Reifezeit der Führungserfahrung brauchen, um ihre „Handschrift“ in konkreten Entscheidungen spürbar zu machen, ihren Stil zu finden und ihr Führungsteam zu formen. Ausgehend vom Selbstverständnis des Unternehmens und den jeweils gültigen kurzfristigen Zielen (z.B. Sanierung), muß sie dabei vor allem daran arbeiten, die Bewältigung von Wandel zum Dauerzustand zu machen. Die wesentlichen Elemente dieser Aufgabe sind die Entwicklung der Unternehmenskultur, die Mobilisierung der Organisation und die Sicherung der Balance zwischen Bewahrung und Erneuerung auf allen Ebenen (Peters/Waterman, 1982).

Die Ausprägungen der *Unternehmenskultur* sind zu wenig faßbar, als daß eine nachvollziehbare Entwicklung möglich wäre, aber es ist unbestritten, daß Führungserfahrung für die Diagnose und Pflege dieser Kultur ganz entscheidend ist.

Die Weiterentwicklung der Unternehmenskultur geht erfahrungsgemäß sehr langsam vonstatten. Zwar können Ziele und Geschäftspraktiken für das Unternehmen bzw. einzelne Teilgebiete häufiger geändert werden, das gesamte Führungssystem mit seinen „harten“ und „weichen“ Elementen (Strategie, Struktur, Systeme sowie Stil, Selbstverständnis, Stammpersonal, Spezialkenntnisse) ändert sich dagegen nur wenig.

Bei der *Mobilisierung der Organisation* bedient sich der Unternehmensführer einer Vielzahl von Instrumenten wie Unternehmensleitsätze, Unternehmensverfassungen, Planungs- und Kontrollsysteme, formelle und informelle Regelungen. Für die Unternehmensspitze bedeutet dies nicht selten einen extensiven Kommunikationsbedarf innerhalb und außerhalb des Unternehmens. Zu bewältigen ist das nur, wenn nach Rod Carnegie, dem langjährigen Chairman des australischen CRA-Konzerns, die „Balance gefunden wird zwischen nicht zu vielen kritischen Fragen an die nachgeordnete Ebene, die als Anweisungen mißverstanden werden können, und nicht zu vielen kritischen Fragen an die übergeordnete Instanz (Aufsichtsrat), die als Illoyalität mißverstanden werden können“.

Nicht selten verbinden Unternehmensführer außergewöhnliche Entscheidungen mit ihrem Namen, um so der Organisation zu zeigen, in welche Richtung mit welchem Ressourceneinsatz die Organisation bewegt werden soll. SAS-Chef Jan Carlzon übernahm die persönliche Verantwortung für die Einrichtung der „SAS Business Class“, das neue Servicekonzept und die Auswahl des neuen Fluggeräts. Die Organisation reagierte sehr nachhaltig, und die Entwicklung der SAS zu einer der besten Fluglinien der Welt ist untrennbar mit seinem Namen verbunden.

Die *Balance zwischen Bewahren und Erneuern* zu finden ist besonders wichtig, aber auch besonders schwierig in einer komplexen Welt, in der die externen Veränderungsprozesse eher sprunghaft verlaufen als sich verstetigen. Der Führer an der Unternehmensspitze braucht dann ein gutes Gespür dafür, wann der Zeitpunkt für Veränderungen, für Beschleunigungen des Fortschritts oder für die Einleitung/Steuerung von Wandlungsprozessen gekommen ist. Des weiteren müssen Art, Intensität und Gegenstand der Anpassungsprozesse fein aufeinander abgestimmt sein – erstarrte Ordnung und überbordendes Chaos sind gleichermaßen von Übel (Peters, 1987).

Im praktischen Fall kann es bei solchen Anpassungen um Akquisitionen in anderen Geschäftsgebieten gehen (z.B. Daimler-Benz: MTU, Dornier, AEG; General Electric: Finanzdienstleistungen) oder auch um Besetzungen von Schlüsselpositionen (z.B. Metro-Jacobi), Umstrukturierungen der Ressourcenbasis (z.B. durch strategische Partnerschaften wie Conti/General Tire-Toyo Tire, Yokohama Rubber) oder Veränderung der Risikokomponenten (z.B. Reduzierung des Stahlanteils bei Thyssen).

Hier, wie überall beim Bemühen um Verstetigung von Wandel, ist das A und O des Erfolges die praktische Handlungsweise. Die Erklärung, daß Produktinnovationen wichtiger werden, kann durch nichts sinnvoller unterstrichen werden als durch die Aufmerksamkeit, die das Top-Management diesem Thema in Sitzungen, Gesprächen, sichtbarem Zeiteinsatz „vor Ort" und täglichen Entscheidungen gibt. Aufrufe wie „Mit neuen Produkten zur Spitze" oder „Innovation und Fortschritt" als Motto bleiben wirkungslos, wenn die Unternehmensspitze diese Priorität nicht mit sichtbaren Aktionen unter Beweis stellt.

F Die ganze Persönlichkeit ist gefordert

Über die Frage, welche Merkmale das Führen bzw. den Führer ausmachen, gehen die Auffassungen weit auseinander. Die Eigenschaftstheorie der Führung besagt, daß ein Führer sich durch bestimmte persönlichkeitsspezifische Eigenschaften und Merkmale auszeichnet. Funktionstheoretische Ansätze versuchen, Führung über die von einem Individuum wahrgenommenen Funktionen innerhalb von Gruppen zu erklären.

Ohne die wissenschaftliche Diskussion an dieser Stelle zu vertiefen, lassen sich einzelne Merkmale identifizieren, die den Unternehmensführer auszeichnen. Führung fordert die ganze Persönlichkeit – denn der Führer bezieht seine Autorität aus seiner Fachkompetenz *und* seiner persönlichen Führungsfähigkeit. Titel und Statussymbole können helfen, reichen aber keinesfalls aus; oft können gerade sie sogar negativ wirken.

Die Führungspersönlichkeit muß es verstehen, die Entwicklungen und Reaktionen der wichtigen Marktteilnehmer ebenso ins Kalkül zu ziehen wie die eigenen Möglichkeiten. Und in Zukunft werden stärker als bisher auch die öffentlichen Entscheidungsträger und kulturellen Entwicklungen zu berücksichtigen sein. Diese herkulische Aufgabe – die Umwelt in ihren vielfachen Facetten, Aktionen der Marktteilnehmer und die eigenen Voraussetzungen richtig einzuschätzen und auf wenige Einflußfaktoren zu reduzieren – verlangt von der Führungspersönlichkeit eine harte, konsequente und systematische Arbeit. „Management-by"-Theorien und „zehn Regeln", wie man ein Unternehmen zu führen hat oder eine „challenging vision" entwickelt, reichen hier nicht.

In den persönlichen Eigenschaften muß die Führungspersönlichkeit zwar eindeutiger „Spielführer" – „Captain" – sein, gleichzeitig aber auch „Teamplayer". Die Welt ist pluralistisch angelegt, und sie verlangt das Teamverhalten auch vom Spielführer. Richtige, situationsbezogene Führung umfaßt eine Individual- und eine Kollektivrolle.

Hinzu kommen müssen im persönlichen Bereich enorme Energie und physische Robustheit. Die Praxis fordert den Unternehmensführer fast „rund um die Uhr", um der Organisation laufend Impulse zu geben, Schaden vom Unternehmen abzuwenden, wesentliche Entscheidungen zu treffen und den Ressourceneinsatz zu optimieren. Im Zeiteinsatz unterscheidet sich der Unternehmensführer kaum vom hochrangigen Politiker.

Zu der Rolle des gestaltenden Führers gehört auch ein breites Interessenspektrum. In Ergänzung zur herrschenden Lehre sei hier ein Plädoyer für den Generalisten an der Unternehmensspitze gehalten. Gefragt ist eine Ausbildung oder Bildung, die über die Wirtschafts- und Sozialwissenschaften hinaus in die Natur- und Geisteswissenschaften – oder umgekehrt – hineinreicht. Ein Generalist, der aufgeschlossen ist für interdisziplinäre Entwicklungen, der die technischen Inhalte seiner Produkte und Dienstleistungen versteht, mit internationaler Ausrichtung – möglichst Auslandserfahrung – ist an der Spitze sicher geeigneter als der Spezialist, der zwar sämtliche Unternehmensinterna kennt, aber dessen Horizont an den Unternehmensgrenzen aufhört.

Führerpersönlichkeit kann aber auch nur der sein, der gleichzeitig ein guter Zuhörer ist. Hinzu kommen muß, daß er in der Lage ist, sowohl rational als auch intuitiv zu handeln, bei vorgetragenen Sachverhalten nach emotionalen und rationalen Aspekten zu trennen, die persönlichen Interessen von sachlichen Zielen zu unterscheiden.

G Bestehende Unternehmensstrukturen blockieren Führungspotential

Neben den Eigenschaften der Führerpersönlichkeit selbst müssen die Bedingungen im Unternehmen dazu beitragen, daß die Führungsaufgabe wirksam wahrgenommen werden kann.

Dabei ist keineswegs ausschließlich an die Unternehmensspitze zu denken, sondern in jedem Unternehmen gibt es eine Vielzahl von Führungsrollen. Außer den hierarchisch nachgeordneten Führern von Unternehmens-, Geschäfts- und Produktbereichen nehmen Fachreferenten oder hochgradige Spezialisten eine intellektuelle Führungsrolle ein.

In einem privatwirtschaftlich organisierten Unternehmen, das seine Raison d'être in der Erzielung eines wie auch immer definierten Ergebnisses sieht (Gewinnmaximierung in der ursprünglichen Lehrbuchform reicht sicher nicht mehr aus), sind klar umrissene Aufgaben/Erwartungshorizonte die wesentliche Voraussetzung für praktische Führung. Die Aufgabenzuordnungen und die daraus resultierende Führungspyramide bzw. die „Inseln der Kompetenz" sind von Unternehmen zu Unternehmen unterschiedlich; falsch wäre es jedoch, mechanistisch Kontrollspannen (1:7) oder Gleichungen wie Aufgabe = Befugnis/Kompetenz = Verantwortung = hierarchische Einordnung festzuschreiben. Der Satz des ehemaligen Chief Executive Officer von Texas Instruments, Patrick Haggerty, daß gerade beim Führungsnachwuchs die Verantwortung sehr viel größer sei als die Autorität und hierarchische Einordnung, gilt sicher unverändert.

Daneben muß berücksichtigt werden, daß Führung auch eine soziale und eine Erziehungsaufgabe ist, bei der Akzeptanzfragen sowie kurz- und langfristige Wirksamkeiten mit zu bedenken sind. Führer und Führungsqualitäten müssen sich entwickeln können. Zu den wesentlichen Voraussetzungen dafür gehören funktions- und personenbezogene Entwicklungsziele und -möglichkeiten, Verantwortlichkeit für einzelne Bereiche bzw. Aktionen, Feedback-Mechanismen mit konstruktiven Möglichkeiten der Korrektur, planmäßiger Wechsel zwischen Individual- und Teamverantwortung, Einsatz in Stab und Linie, Inland und Ausland, allgemein ein Klima, in dem Führung auf vielen Ebenen bzw. in vielen Aufgaben praktiziert werden kann.

In der Praxis läßt die Realisierung der Führungsvoraussetzungen viele Wünsche offen. Da gibt es die weithin beklagte allgemeine Führungskrise, die spezifisch deutsche Problematik der kollektiven Führung und schließlich die Komplexität der praktischen Steuerungs- und Kontrollprozesse im Unternehmen.

Zur *„Leadership"-Krise* in Politik, Wissenschaft und Wirtschaft – dem Mangel an herausragenden Führungspersönlichkeiten – stellt Gardner (1986) fest: „We shall have to ask ourselves why there appears to be a chronic shortage of leaders". In Europa hat die öffentliche Diskussion eine Reihe von Gründen dafür ausgemacht, daß immer weniger Menschen bereit sind, ihr Führernaturell zu entwickeln und zu demonstrieren: die Größe und zunehmende Komplexität der Unternehmen, die sukzessive Angleichung von Status/ Vergütung der Unternehmensspitze an nachgeordnete Positionen, die wachsende Spezialisierung, besonders in den letzten 20 Jahren durch alle Universitäten stark gefördert, und schließlich die verbreitete Kritik an Führungsleistung und Führungsrolle.

Speziell in der Bundesrepublik kommt hinzu, daß die Profilierung eines Unternehmensführers durch die *aktienrechtlichen Regelungen* beeinträchtigt wird. Mit dem Aktiengesetz von 1965 verabschiedete man sich vom „Führerprinzip", dem Alleinentscheidungsrecht des „Vorstandsvorsitzers", wie es im Aktiengesetz von 1937 verankert war. An seine Stelle trat das Kollegial- oder Demokratieprinzip: Der „Vorsitzer" wurde zum „Vorsitzenden", er wurde als Primus inter pares zugelassen, aber in der teleologischen Gesetzesauslegung wurde er zu einer schieren Koordinationsinstanz; er konnte nicht mehr gegen die Mehrheit seiner Mitglieder entscheiden. Der Gesetzgeber wollte pluralistische Vorstände. Bei aller zugelassenen Individualverantwortung der einzelnen Mitglieder sollte die Kollektivverantwortung für die Führung des gesamten Unternehmens im Vordergrund stehen. Der Gewinn an Teambildung und Einbindung pluralistischer Erfahrungen ist unbestreitbar gegeben. Andererseits kann nicht verkannt werden, daß in der gegenwärtigen Zeit, in der die Komplexität der Entwicklungen zunimmt und in der sehr häufig rasches, entschlossenes Handeln der Unternehmensspitze verlangt wird, dieses Gebot gelegentlich nicht mehr zweckmäßig ist.

Was in nahezu allen industrialisierten Gesellschaften möglich ist, nämlich die eindeutige Führung des Unternehmens durch einen Chairman bzw. Chief Executive Officer, und was nach dem GmbH-Recht auch in der Bundesrepublik zulässig ist, nämlich die Bestimmung einer eindeutigen „Nummer eins" an der Spitze, müßte eigentlich auch in den

Aktiengesellschaften praktikabel sein. Gefragt sind Persönlichkeiten an der Unternehmensspitze, mit denen sich die Mitarbeiter, Kunden und auch die Öffentlichkeit identifizieren können. Bemerkenswerterweise hat die Öffentlichkeit ja sehr häufig schon diesen Weg vollzogen. Hinweise auf den VEBA-„Chef", Siemens-„Chef" oder BP-„Chef" setzen sich über die juristische Tatsache hinweg, daß es sich auch in diesen Fällen „nur" um den Primus inter pares eines Vorstandes handelt.

Die praktische Wahrnehmung von Führung ist darüber hinaus durch die Komplexität der *Steuerungs- und Kontrollprozesse* erschwert. Hier scheint die Zeit reif, unnötigen Ballast in der Entscheidungsaufbereitung und der Art, wie die Führungsaufgabe bewältigt wird, abzuwerfen. Obwohl längst erkannt ist, daß Menschen üblicherweise nicht mehr als zwei bis drei Ziele im Kopf behalten können, wird die Verfolgung von ganzen – teilweise konfliktären – Zielkatalogen gefordert. Die Verfolgung von „Zielbündeln" ist kaum machbar: Ein übergeordnetes Ziel mit Nebenbedingungen entspricht der menschlichen Zielorientierung eher.

Die Organisation läßt der Unternehmensspitze immer mehr Informationen zukommen, statt die notwendige Filterfunktion wahrzunehmen. Klagen der Führungskräfte über zu viele Informationen haben bisher kaum zu Konsequenzen geführt. Vor allem stellt man bei Analysen fest, daß Führungspersönlichkeiten sehr häufig noch mit Informationen bedacht werden, wie sie auch schon die Unternehmergeneration vor ihnen erhielt: Man meldet Umsatzzahlen, sagt aber nichts über Marktanteile bzw. insbesondere über verlorene Aufträge. Man gibt Eigen- und Fremdkapitalanteile bis zur dritten Stelle hinter dem Komma bekannt, ohne die Garantieverpflichtung oder andere Finanzierungsreserven anzusprechen. Führer von heute brauchen eine neue Form sowie eine intelligente Filterung von Informationen.

„Informed opportunism" ist die Verknüpfung zwischen dem Zufall und den rationalen Informationen. Waterman (1988) nennt sie die verborgene Energie, die es den Unternehmen ermöglicht, sich fortlaufend zu erneuern. Es gibt zahlreiche Beispiele dafür, daß „mehr zu wissen" als die Wettbewerber nicht nur Aggregation quantitativer Fakten bedeutet, sondern die kreative Verbindung mit persönlichen Eindrücken und Erfahrungen – d.h. mit der oft wichtigeren qualitativen Information; sie beweisen immer wieder aufs neue, daß der richtige Umgang mit Informationen das wesentliche Element der Führung ist. Der „informed opportunism" macht erfolgreiche Unternehmensführer zum Herrn ihres Informationsspeichers und -verarbeitungszentrums. Die Klärung, was dazugehört, wie sich der „Code" der einzelnen Führungskräfte unterscheidet, wie die persönlichen Lernprozesse ablaufen, bietet der wissenschaftlichen Forschung noch ein weites Feld.

H Vision und Führung sind komplementär und widersprüchlich zugleich

Vergleicht man die Überlegungen zur Unternehmensvision mit den hier angesprochenen Thesen zur Führung, so zeigt sich eine eigenartige Widersprüchlichkeit. Die Kraft zum „großen visionären Entwurf" ist rar, und Visionen gedeihen besonders in Zeiten, in denen das Unternehmen eine durchaus akzeptable Leistung hervorbringt und somit einen

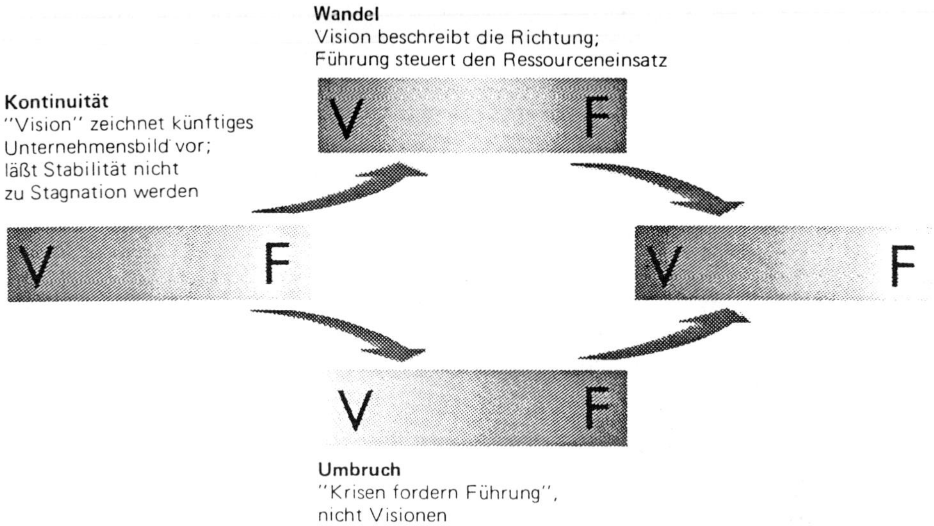

Abb. 1: Verhältnis von Vision und Führung

Paradigmenwechsel verkraften kann. Führung hingegen zeigt sich häufig in der Krise, in der Katharsis, in turbulenten Zeiten, in denen es dem Unternehmen schlecht geht und in denen man sich auch mit kurzfristigen Erfolgen bzw. mit spektakulären Sanierungsleistungen profilieren kann. Das Sprichwort, daß „events create leaders", und nicht umgekehrt, ist so zu verstehen (Abbildung 1).

Visionen von Führerpersönlichkeiten gehen selten aus der Krise hervor. Auf der anderen Seite haben die relativ ruhigen Zeiten, in denen Visionen entwickelt werden können, häufig nicht die Führerpersönlichkeiten hervorgebracht, die diese Visionen dann mit Langzeitwirkung über mehrere Generationen umsetzen konnten.

Dort, wo Führungspersönlichkeiten die Kraft von Visionen erkannten und umsetzten, haben sie oft aus ihren Unternehmen bleibende Institutionen gemacht, mit überzeugenden Produkt- bzw. Servicephilosophien, die den Tag überdauerten und die Energien der Organisation bündelten. Mit anderen Worten: Institutionen, die attraktiven Führungsnachwuchs anzogen und ihm kontinuierliche Entwicklungschancen boten; Institutionen, die schwierige Zeiten einfacher als andere Wettbewerber bestanden und die ihre Zukunft nicht im Mittelmaß, sondern in Spitzenleistungen sahen.

Bei diesen Unternehmen paarten sich herausfordernde Visionen und herausragende Führungspersönlichkeiten zum Positiven für alle Mitarbeiter und nicht zuletzt auch für Kunden, Lieferanten, ja die Öffentlichkeit schlechthin. Auf die Gefahr hin, grob zu vereinfachen, kann man sagen, daß in der Bundesrepublik die Automobilindustrie, die Elektrotechnik, die Chemie, die Pharmazie und – bemerkenswerterweise – auch die Textilindustrie allesamt Beispiele dafür liefern, daß Visionen in den letzten 20 Jahren erhebliche Wachstumspotentiale in internationalen Märkten erschlossen haben. Die objektiven Möglichkeiten für die gestalterische Kraft von Visionen in anderen Branchen waren eher begrenzt; Lebenszyklen von Industrien und Techniken spielen hier sicher eine Rolle.

Bleibt zu hoffen, daß es uns in Zukunft gelingt, bei einer stärkeren Hinwendung auf einzelne Unternehmerpersönlichkeiten in Großunternehmen Visionen zu entwickeln und diese umzusetzen. Es gibt keinen Grund zu der Annahme, daß die gestalterische Kraft des einzelnen keine Chance mehr hätte.

Literaturverzeichnis

Bower, M.: The Will to Manage. Corporate Success through Programmed Management, New York 1966.

Bower, M.: Perspective on McKinsey, New York 1979.

Festo: Der Weg zum Ganzen. Ein Essay zum 50. Geburtstag von Dr. Wilfried Stoll, Esslingen 1987.

Freud, S.: Massenpsychologie und Ich-Analyse, Wien 1921.

Cardner, J. W.: Excellence: Can we be equal und excellent too?, New York 1984.

Gardner, J. W.: The Nature of Leadership, Leadership Papers 1–7, Washington/D.C. 1986.

Greenleaf, R. K.: The Servant as Leader, Newton/Mass. 1973.

Mohn, R.: Erfolg durch Partnerschaft. Eine Unternehmensstrategie für die Menschen, Berlin 1986.

Peters, T.: Thriving on Chaos. Handbook for a Management Revolution, New York 1987.

Peters, T./Waterman, R. M.: The Search of Excellence. Lessons from America's Best-run Companies, New York 1982.

Peterson, P. G.: The Morning After, in: The Atlantic Monthly, October 1987, S. 43–58.

Siemens, W. von: Mein Leben. Die Entwicklung der Siemenswerke bis zur Gegenwart, Zeulenroda 1940.

Waterman, R. H., Jr.: Leistung durch Innovation, Hamburg 1988.

Watson, T.J.: A Business and Its Beliefs. The Ideas that Helped Built IBM, New York 1963.

Weber, M.: Wirtschaft und Gesellschaft, 5. Aufl., Tübingen 1972.

Zaleznik, A.: Human Dilemmas of Leadership, New York 1966.

Unternehmungsziele im Wandel*

D. Hahn

1. Unternehmungsziele als Gegenstand der Unternehmungspolitik

Ziele sind von Menschen angestrebte zukünftige Zustände. Von allen möglichen Zukunftszuständen bezeichnen wir als Ziele also nur solche, die von Menschen gewollt werden. Die Ursache des menschlichen Wollens sind die Motive, die Antriebe und Beweggründe des Menschen, die sein gesamtes Entscheiden und Handeln leiten und bestimmen.

Auch die *Ziele von Unternehmungen* werden von Menschen formuliert. Unternehmungsziele sind angestrebte zukünftige Zustände einer Unternehmung, die von den autorisierten Entscheidungsträgern aus deren individuellen Zielen abgeleitet und für verbindlich erklärt werden. Sie sind nach Inhalt, Ausmaß und zeitlichem Bezug näher zu charakterisieren und stehen in spezifischen Beziehungszusammenhängen. Durch Ziele werden die Unternehmungsangehörigen aufgefordert, Aktionen unter Einsatz bestimmter Mittel durchzuführen, um die gewollten Zukunftszustände zu verwirklichen. Unternehmungsziele sind damit Richt- und Orientierungsgrößen für das gegenwärtige und zukünftige Entscheiden und Handeln in einer Unternehmung. [1]

Unternehmungsziele sind seit jeher Gegenstand der betriebswirtschaftlichen Forschung gewesen. Die Auseinandersetzung mit Zielen war stets eine zentrale Voraussetzung dafür, unternehmerische Verhaltensweisen verstehen und erklären zu können. Dabei haben sich die Erkenntnisse und Aussagen der betriebswirtschaftlichen Zielforschung hinsichtlich der Inhalte von Zielen und ihres Entstehungsprozesses im Laufe der Jahre erheblich verändert. Während traditionell die Gewinnmaximierung als alleiniges Unternehmungsziel unterstellt wurde, das allein durch die Interessen der Eigenkapitalgeber bestimmt wird, geht man heute davon aus, daß in Unternehmungen eine *Mehrzahl von Zielen* verfolgt wird, die ihrerseits Ergebnis eines *multipersonalen Zielsetzungsprozesses* sind. [2]

Diese moderne Sichtweise von Unternehmungszielen ist Ausdruck der Interpretation einer *Unternehmung als Instrument des Menschen*, mit dessen Hilfe er seine individuel-

---

* Dieser Beitrag wird leicht modifiziert wiederabgedruckt mit Genehmigung des Verlages T. Gabler, Wiesbaden, aus: Unternehmerischer Wandel – Konzepte zur organisatorischen Erneuerung, Hrsg. P. Gomez, D. Hahn, G. Müller-Stewens, R. Wunderer, Wiesbaden 1994.

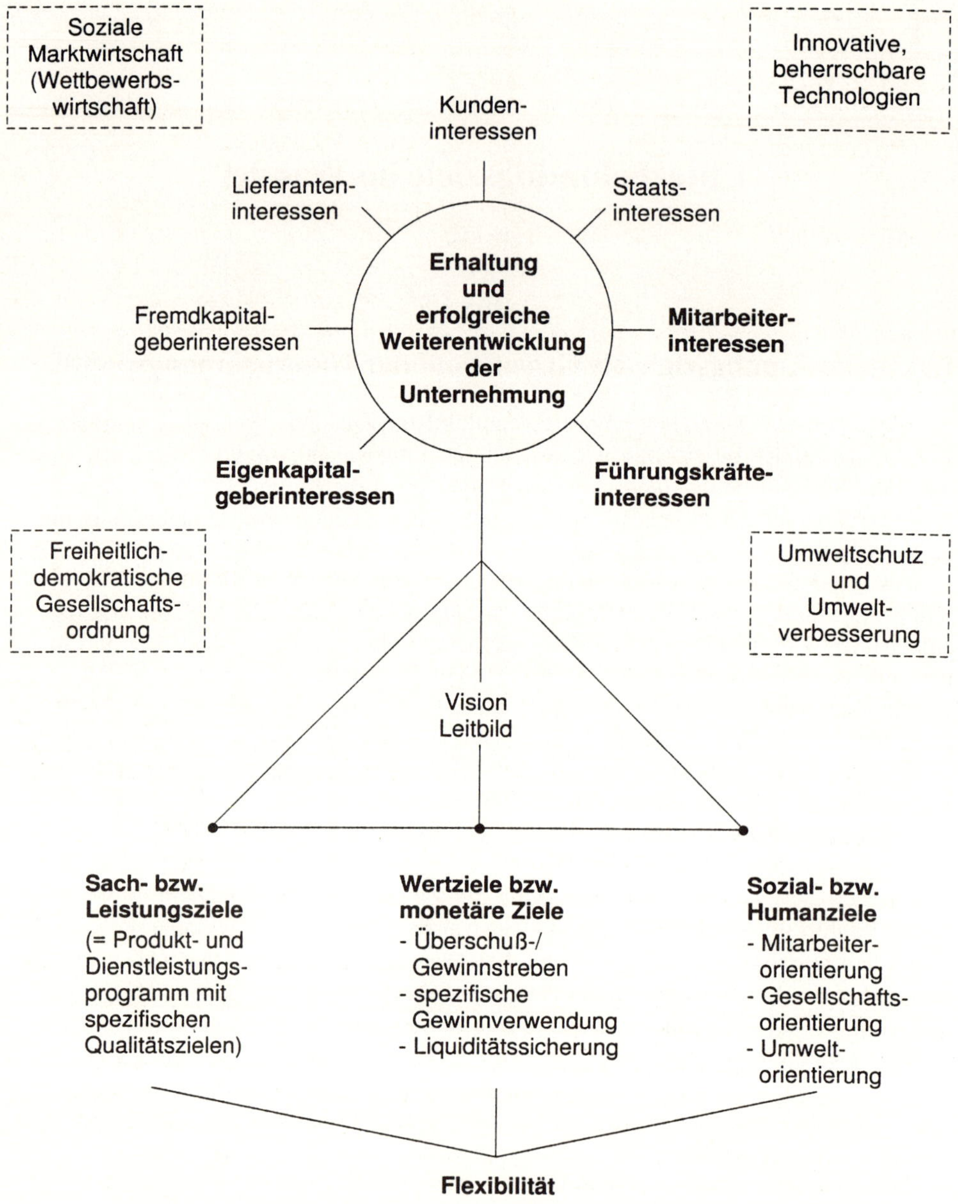

Abb. 1: Zweck, Ziele und Rahmenbedingungen der Unternehmung als gesellschaftliche Institution

len Ziele bestmöglich zu erreichen versucht. [3] Die individuellen Ziele des Menschen, die ökonomischer und metaökonomischer Art sein können, sind die Grundlage für die Formulierung der Unternehmungsziele. Mit anderen Worten: Die Ziele einer Unternehmung sind Mittel, um dic individuellen Ziele jener Personen oder Personengruppen der Gesellschaft zu erreichen, deren individuelle Interessen in die Formulierung der Unternehmungsziele eingeflossen sind.

Eigenkapitalgeber und *Mitarbeiter, insbesondere die Führungskräfte* können – wie hier – als *Hauptträger einer Unternehmung* angesehen werden. Daneben stehen aber auch die Fremdkapitalgeber, die Kunden und Lieferanten sowie der Staat und die allgemeine Öffentlichkeit in einer spezifischen Interessensbeziehung zur Unternehmung. *Gemeinsames Oberziel all dieser Interessengruppen* ist es, die *Unternehmung zu erhalten und erfolgreich weiterzuentwickeln*, sofern hierdurch die Chance gegeben ist, daß die einzelnen Interessengruppen ihre Individualziele realisieren können (Abb. 1).

Diese Interpretation konkretisierend unterscheidet man heute *drei inhaltliche Kategorien von Zielen*, die in einer Unternehmung verfolgt werden müssen, soll die Unternehmung erhalten und erfolgreich weiterentwickelt werden:

- *Wertziele:* Sie definieren das angestrebte zukünftige Ergebnis und damit auch angestrebte Ergebniskomponenten sowie die geforderte Liquidität und Liquiditätskomponenten für die Unternehmung, deren Erreichung im Interesse aller Bezugsgruppen liegt. Basis für Wertziele sind Sachziele.
- *Sachziele:* Sie beschreiben das zukünftige Tätigkeitsfeld einer Unternehmung, also die Produkte und/oder Dienstleistungen, die die Unternehmung auf bestimmten Märkten zur Erfüllung von Kundenwünschen bzw. -anforderungen in Zukunft durch Aktionen hervorbringen und anbieten möchte. Wert- und Sachziele sind unter Beachtung von Sozialzielen zu formulieren.
- *Sozialziele:* Sie legen die von der Unternehmung gegenüber Mitarbeitern, Gesellschaft und natürlicher Umwelt angestrebten Verhaltensweisen für die Zukunft fest. Sie haben die für diese Interessensbereiche geregelten Mindestanforderungen zu berücksichtigen.

Die Sach-, Wert- und Sozialziele einer Unternehmung werden durch Führungsentscheidungen ihrer internen und externen Willensbildungszentren festgelegt. Beziehen sich diese Führungsentscheidungen darauf, Ziele zu formulieren, die primär für die Unternehmung als Ganzes gelten, so soll von unternehmungspolitischen Führungsentscheidungen gesprochen werden. Aufgabe der *Unternehmungspolitik* ist es also, generelle Unternehmungsziele zu formulieren, die für die Unternehmung als Ganzes Gültigkeit beanspruchen. Diese generellen Unternehmungsziele können als Gegenstand der Unternehmungspolitik entweder autonom gesetzt oder aber systematisch abgeleitet, d.h. geplant werden (Abb. 2).

Werden generelle Unternehmungsziele autonom gesetzt, so dominiert der normative Charakter der Unternehmungspolitik. Dies kommt beispielsweise in dem St. Galler Management-Konzept – dem *Konzept Integriertes Management* – zum Ausdruck. Die Unternehmungspolitik steht hier als Bestandteil des normativen Managements auf der obersten Stufe der unternehmerischen Willensbildung. Sie führt zu Zielen,

Unternehmungspolitik =
Festlegung der generellen Ziele der Unternehmung

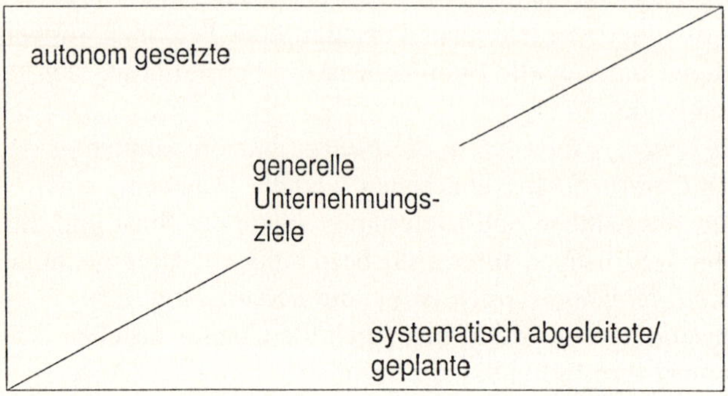

Abb. 2: Generelle Unternehmungsziele als Resultate der Unternehmungspolitik

die im Regelfall nicht aus übergeordneten Entscheidungen abgeleitet werden können (Abb. 3). [4]

Eine ähnliche Sichtweise wird in dem hier zugrunde gelegten *Modell des Instituts für Unternehmungsplannung – IUP Gießen/Berlin* vertreten. Dieses betont jedoch auch die Notwendigkeit, neben der autonomen, normativen Setzung von Unternehmungszielen eine generelle Zielplanung vorzunehmen, in der Ziele für die gesamte Unternehmung systematisch abgeleitet werden (Abb. 4). [5] Hierbei ergeben sich auch Rückkoppelungen aus nachgelagerten Planungen, z.B. von der Geschäftsfeldplanung auf die generelle Sachzielplanung. In jedem Fall ist die Unternehmungspolitik aber auf das Engste mit Gestaltungsparametern wie Unternehmungskultur, Unternehmungsphilosophie oder Unternehmungsverfassung verknüpft. Diese tragen und beeinflussen die Unternehmungspolitik und werden umgekehrt von deren Inhalten geprägt.

2. Bedeutung des Wandels in den Umfeldern der Unternehmung für die Unternehmungsphilosophie, -kultur und -politik

Unternehmungen sind offene Systeme, die in vielfältiger Weise mit dem Umsystem, das sie umgibt, verknüpft sind. [6] Das Umsystem einer Unternehmung kann in mehrere Sektoren aufgeteilt werden. Diese stehen für verschiedene *Unternehmungsumfelder*, in denen jeweils ähnlichartige Kontextfaktoren gebündelt sind. Im allgemeinen unterscheidet man ökonomische, technologische, sozio-kulturelle, ökologische und rechtlich-politische Umfelder der Unternehmungen. Innerhalb dieser Umfelder stehen die unternehmerischen *Interessengruppen* (Institutionen), die unterschiedliche Ansprüche gegenüber einer Unternehmung artikulieren und unterschiedliche Eingriffsmöglichkeiten in das Unternehmungsgeschehen besitzen können (Abb. 5). [7]

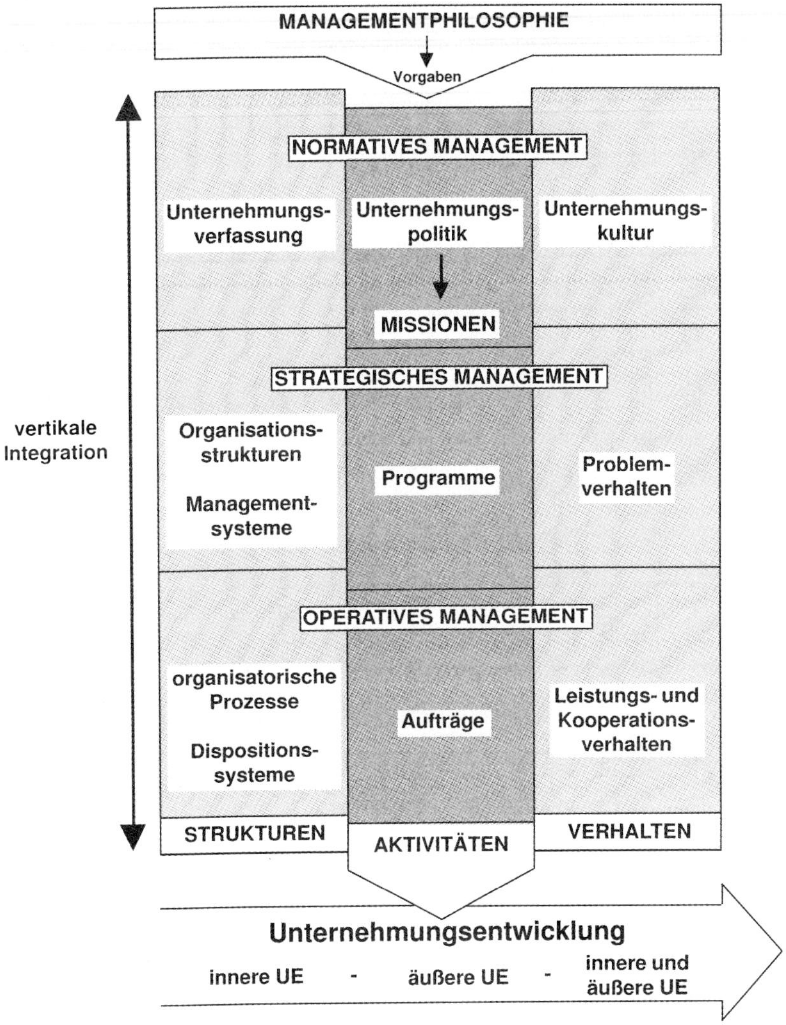

Abb. 3: Zusammenhang von normativem, strategischem und operativem Management (Quelle: Bleicher 1992a, S. 77)

Unternehmungen können in begrenztem Umfang Einfluß auf die Entwicklungen ihrer externen Umfelder nehmen. So kann eine Unternehmung beispielsweise durch die Produkte, die sie anbietet, Entwicklungen in allen Unternehmungsumfeldern mitbestimmen. Umgekehrt werden aber auch die Handlungsspielräume der Unternehmungen entscheidend durch die Gegebenheiten in ihren Umfeldern beeinflußt. Durch die Veränderungen, die sich in den unternehmerischen Umfeldern ereignen, verändern sich auch die Entscheidungs- und Handlungsmöglichkeiten sowie -notwendigkeiten für die

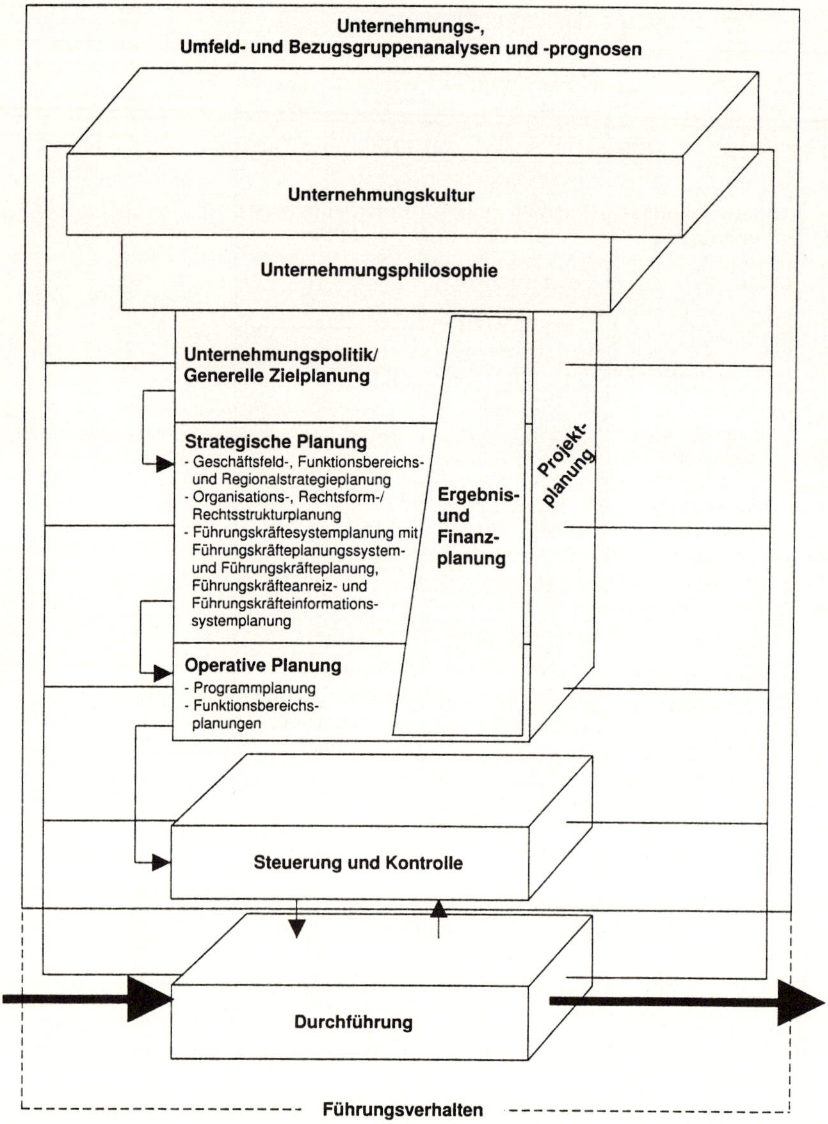

Abb. 4: Führungsaufgaben in der Unternehmung

Unternehmungen. Um langfristig erfolgreich zu sein, müssen Unternehmungen daher dem Wandel in ihren Umfeldern permanent folgen und diesen in eine entsprechend angepaßte Unternehmungsentwicklung umsetzen. [8] Dies setzt operative und strategische Frühaufklärung und die Erarbeitung von Szenarien für eine adäquate strategische Führung voraus. [9]

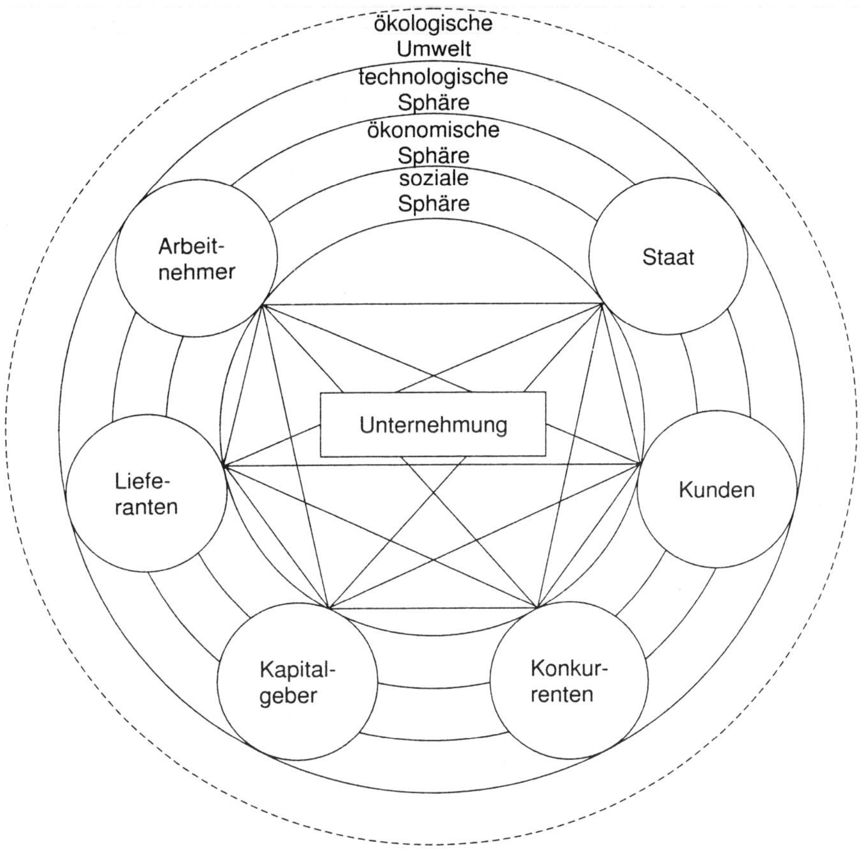

Abb. 5: Dimensionen und Institutionen des Umsystems (Quelle: Ulrich 1987, S. 67)

Unternehmungen erfahren den *Wandel in den Umfeldern* zunächst in den Beziehungen zu ihren Interessengruppen. So schlagen sich veränderte Werte, Bedürfnisse und Ansprüche der Menschen einer Gesellschaft beispielsweise in den Kundenbeziehungen der Unternehmungen nieder. Umweltwandel wird aber auch durch die Mitarbeiter in die Unternehmungen hineingetragen. Veränderungen der menschlichen Werte, des individuellen Wollens und Könnens und des situativ Möglichen führen zu veränderten Denk- und Verhaltensweisen der Menschen, die naturgemäß auch deren Entscheiden und Handeln innerhalb der Unternehmungen prägen. [10] Gesellschaftlicher *Wandel* läßt somit die *Unternehmungsphilosophie*, die gemeinsamen Wertvorstellungen der obersten Führungskräfte, und die *Unternehmungskultur*, die gewachsenen und gelebten Denk-, Entscheidungs- und Verhaltensmuster der Mitarbeiter, die ihrerseits weitgehend durch die Unternehmungsphilosophie geprägt werden, nicht unberührt. Dies gilt auch für den ökonomischen, technologischen und ökologischen Wandel. Kultur und Philosophie der Unternehmung werden vielmehr entscheidend durch den Wandel im Umsystem geprägt.

Sie bilden aber die Basis für alles Entscheiden und Handeln in einer Unternehmung, und damit auch die Basis für die Entscheidungen über die grundlegenden Ziele der gesamten Unternehmung, für die *Unternehmungspolitik*. Über die Veränderungen von Unternehmungsphilosophie und Unternehmungskultur bewirkt der *Wandel in den Umfeldern* letztlich auch eine *veränderte Zielbildung innerhalb der Unternehmungen*. Zum Teil schlägt sich der Wandel auch in veränderten gesetzlichen Vorschriften nieder – von gesetzlichen Regelungen über die Forschung bis zum Gewinnausweis. Wandel, rechtlich kodifiziert oder nicht, führt dazu, daß sich die Gewichte zwischen den verfolgten Zielen verschieben und die Zukunftszustände, die eine Unternehmung anstrebt, in entsprechend angepaßten Wert-, Sach- und Sozialzielen beschrieben werden.

3. Wandel der Wertziele – der Gewinnerwirtschaftungs- und Gewinnverwendungsziele

Das oberste Ziel aller der Gruppen, die mit einer Unternehmung bestimmte Interessen verbinden, ist es, die Unternehmung zu erhalten und erfolgreich weiterzuentwickeln, solange hierdurch die Chance zur Realisierung ihrer Individualziele besteht. In einem wettbewerblich organisierten Wirtschaftsumfeld läßt sich dieses Ziel nur dann erreichen, wenn das Handeln der Unternehmung mit dem *Streben nach einem maximalen Ergebnis* – bei stetiger Aufrechterhaltung der Liquidität – veknüpft wird. Unter den Rahmenbedingungen marktwirtschaftlichen Wettbewerbs ermöglicht allein das Ergebnisstreben eine gesicherte Unternehmungsentwicklung, die gleichzeitig mit einer bedarfsorientierten Kundenversorgung und einer volkswirtschaftlich optimalen Lenkung knapper Ressourcen verbunden ist. Unternehmungen, die das Ziel „optimales Ergebnis" verfolgen und erreichen, sichern ihre eigene zukünftige Entwicklung und schaffen die Voraussetzung dafür, daß auch in Zukunft die Interessen ihrer Bezugsgruppen bestmöglich erfüllt werden können. [11] Dabei kann es sich bei den Interessen der Hauptträger der Unternehmungen um geforderte marktorientierte Mindestdividenden, Zusatzdividenden und Vermögensmehrungen einerseits sowie um angemessene Löhne und Gehälter, Gewinnbeteiligungen und die Sicherung von Arbeitsfeldern andererseits handeln.

Das Ergebnisziel, verstanden als Gewinnerwirtschaftungsziel, läßt sich mit dem *Streben nach einem maximalen Kapitalwert* (Gegenwarts- oder Endvermögenswert) bzw. ersatzweise nach einem *maximalen kalkulatorischen Gewinn* betriebswirtschaftlich konkretisieren. Einen maximalen Kapitalwert bei spezifiziertem Risikoniveau zu erreichen – und dabei jederzeit die Liquidität der Unternehmung aufrechtzuerhalten –, sollte daher das oberste monetäre Ziel einer jeden Unternehmung sein. Aufbauend auf einem Zahlungsmittelanfangsbestand führen dabei die Komponenten (Zahlungsgrößen) zur Berechnung des Gesamtkapitalwertes der Unternehmung als Ganzes – ergänzt um Außenfinanzierungs-/-definanzierungszahlungen sowie Zins- und Ausschüttungszahlungen [12] – zur Errechnung der jeweiligen Liquidität der Unternehmung in künftigen Zeitpunkten, ausgedrückt als jeweils voraussichtliche Zahlungsmittelendbestände. Es handelt sich um die Grundformel der direkten Finanzplanung (Abb. 6).

$$\textbf{Kapitalwert:}\quad C_0 = \sum_{t=0}^{n} (E_t - A_t) \cdot q^{-t}$$

mit:

E_t	= Einzahlungen der Periode t
A_t	= Auszahlungen der Periode t
t	= Laufindex der Perioden; (t= 0,...,n)
n	= Zahl der betrachteten Planungsperioden
q^{-t}	= Abzinsungsfaktor $\frac{1}{(1+i)^t}$, i= p/100

$$\textbf{Liquidität:}\quad L_t = AB_t + (E_t^* - A_t^*) = EB_t$$

$$L_1 = AB_1 + (E_1^* - A_1^*) = EB_1$$

$$L_2 = AB_2 + (E_2^* - A_2^*) = EB_2$$

$$L_3 = AB_3 + (E_3^* - A_3^*) = EB_3$$

$$\vdots$$

$$L_n = AB_n + (E_n^* - A_n^*) = EB_n$$

mit:

E_t^*	= Einzahlungen einschließlich Eigen- und/oder Fremdkapitalerhöhungen der Periode t [1)]
A_t^*	= Auszahlungen einschließlich Eigen- und/oder Fremdkapitalverminderungen der Periode t [1)]
AB_t	= Zahlungsmittelanfangsbestand
EB_t	= Zahlungsmittelendbestand (= AB_{t+1})
t	= Laufindex der Perioden; (t= 0,...,n)
n	= Zahl der betrachteten Planungsperioden

1) In die Ein- und Auszahlungen aus Kapitalwertberechnungen sind hier in der Finanzplanung in jedem Fall Außenfinanzierungs- und/oder -definanzierungsvorgänge sowie Zins- und Ausschüttungszahlungen einzubeziehen.

Abb. 6: Zahlungsgrößen in Kapitalwertberechnung und Finanzplanung

Der Kapitalwert kann also bereits vor dem Hintergrund der langfristigen Zukunftssicherung von Unternehmungen als deren oberstes Wertziel formuliert werden. Bedingt durch Veränderungen in den Umfeldern der Unternehmungen hat er in den vergangenen Jahren auch aus einer anderen Perspektive heraus in spezifischer Ausprägung zusätzliche Bedeutung als Unternehmungsziel gewonnen. Diese Umfeldentwicklungen, die durch Phänomene wie die Welle der Übernahme und Zerschlagung von Unternehmungen Anfang der 80er Jahre und die zunehmende Internationalisierung der Kapitalmärkte deutlich wurden, haben dazu geführt, daß in den Unternehmungen den Ansprüchen der Eigenkapitalgeber wieder stärkere Beachtung geschenkt werden muß. In seiner Ausprägung als *Shareholder Value* trägt der Kapitalwert diesen Forderungen der Unternehmungseigner eher Rechnung, als andere Zielgrößen dies könnten. [13] Der Shareholder Value zeigt dabei einen Kapitalwert der gesamten Unternehmung nach Berücksichtigung von Zahlungsansprüchen der Fremdkapitalgeber. Der Shareholder Value ist deswegen heute in den Zielsystemen vieler Unternehmungen eine feste Größe, die andere Zielgrößen nicht verdrängt, aber im Hinblick auf Eigenkapitalgeberinteressen in sinnvoller Weise ergänzt.

Hinsichtlich der Gewinnverwendung ist das Konzept des Shareholder Values von seiner Grundidee her einseitig auf die Interessen der Eigenkapitalgeber einer Unternehmung ausgerichtet: erwirtschaftete Überschüsse stehen nach diesem Konzept ausschließlich den Eigenkapitalgebern (den Shareholdern) zur Verfügung. Damit werden jedoch die Interessen der Mitarbeiter, hier vor allem der Führungskräfte, die neben den Eigentümern als Hauptträger einer Unternehmung angesehen werden können, bei diesem Gewinnverwendungsprinzip nicht ausreichend berücksichtigt, jedenfalls sofern Überschußbeteiligungen nicht erfolgen. Da Überschüsse zukünftiger Perioden in jedem Fall durch beide Hauptträger gemeinsam erwirtschaftet werden, sollten Überschüsse – nachdem sie erwirtschaftet worden sind – auch zur Befriedigung der Ansprüche beider Hauptträger verwendet werden. [14] Diese Ansprüche der Hauptträger der Unternehmung berücksichtigt der sogenannte residuale Unternehmungskapitalwert gleichermaßen als Gewinnerwirtschaftungsziel und Gewinnverwendungsziel – nach Berücksichtigung der Mindestansprüche aller Interessengruppen.

Der residuale Kapitalwert entspricht der Summe diskontierter Einzahlungs- und Auszahlungsüberschüsse zukünftiger Perioden abzüglich der vertraglich vereinbarten Rückzahlungsansprüche nicht nur der Fremdkapitalgeber, sondern auch der Eigenkapitalgeber. Er kann ermittelt werden, indem vom Gesamtkapitalwert (der Summe der mit den gewichteten Kapitalkosten diskontierten Periodenüberschüsse vor Zinsen und Dividenden, nach Steuern) der Fremdkapitalwert abgezogen wird, und diese Größe – der Eigenkapitalwert bzw. Shareholder Value – zusätzlich um die vertraglichen Rückzahlungsansprüche der Eigenkapitalgeber verringert wird. Diese stellen den Anspruch der Eigenkapitalgeber auf Erhaltung und Rückzahlung ihrer Eigenkapitalanteile dar, der auf der Basis nominaler Kapitalerhaltung, realer Kapitalerhaltung oder der Marktwertentwicklung vertraglich geregelt werden kann (Abb. 7).

Der residuale Unternehmungskapitalwert kann auch direkt ermittelt werden, indem alle periodenbezogenen Zahlungsgrößen (einschließlich der kapitalgeberbezogenen

	GC_0	**Gesamtkapitalwert (GKW)**
./.	FC_0	Marktwert Fremdkapital
=	**EC_0**	**Shareholder Value / Eigenkapitalwert (SV)**
./.	EC_V	Vertraglich vereinbarter Eigenkapitalwert
=	**RUC_0**	**Residualer Unternehmungskapitalwert (RUKW)**

Beurteilungskriterium für strategische und operative Entscheidungen	
Kapitalzuwachs	Shareholder Value Creation ⇕ RUKW-Zunahme
Kapitalvernichtung	Shareholder Value Destruction ⇕ RUKW-Abnahme

Abb. 7: Ermittlung des residualen Unternehmungskapitalwertes

Zahlungen) erfaßt und die Zahlungen am Ende des Planungshorizontes berücksichtigt werden (Abb. 8). [15]

Ist der residuale Unternehmungskapitalwert null, so werden durch die zukünftige Unternehmungstätigkeit gerade die Mindestanforderungen der an einer Unternehmung interessierten Gruppen erfüllt und die Rückzahlungsansprüche der Kapitalgeber abgedeckt. Ist der residuale Kapitalwert größer null, so bedeutet dies, daß über die Berücksichtigung von Mindestanforderungen und Rückzahlungsansprüchen hinaus zusätzliche Überschüsse erzielt werden. Ein residualer Kapitalwert kleiner null heißt dementsprechend, daß aus dem zukünftigen Unternehmungsgeschehen heraus nicht einmal die monetär ausgedrückten Mindestanforderungen der Interessengruppen und/oder die kapitalgeberbezogenen Rückzahlungsverpflichtungen erfüllt werden können.

Gelingt es, den *Shareholder Value* und damit den *residualen Unternehmungskapitalwert* durch bestimmte (strategische) Maßnahmen *zu vergrößern*, so wird *zusätzlicher Wert geschaffen*. Eine derartige Wertsteigerung wird im Konzept des Shareholder

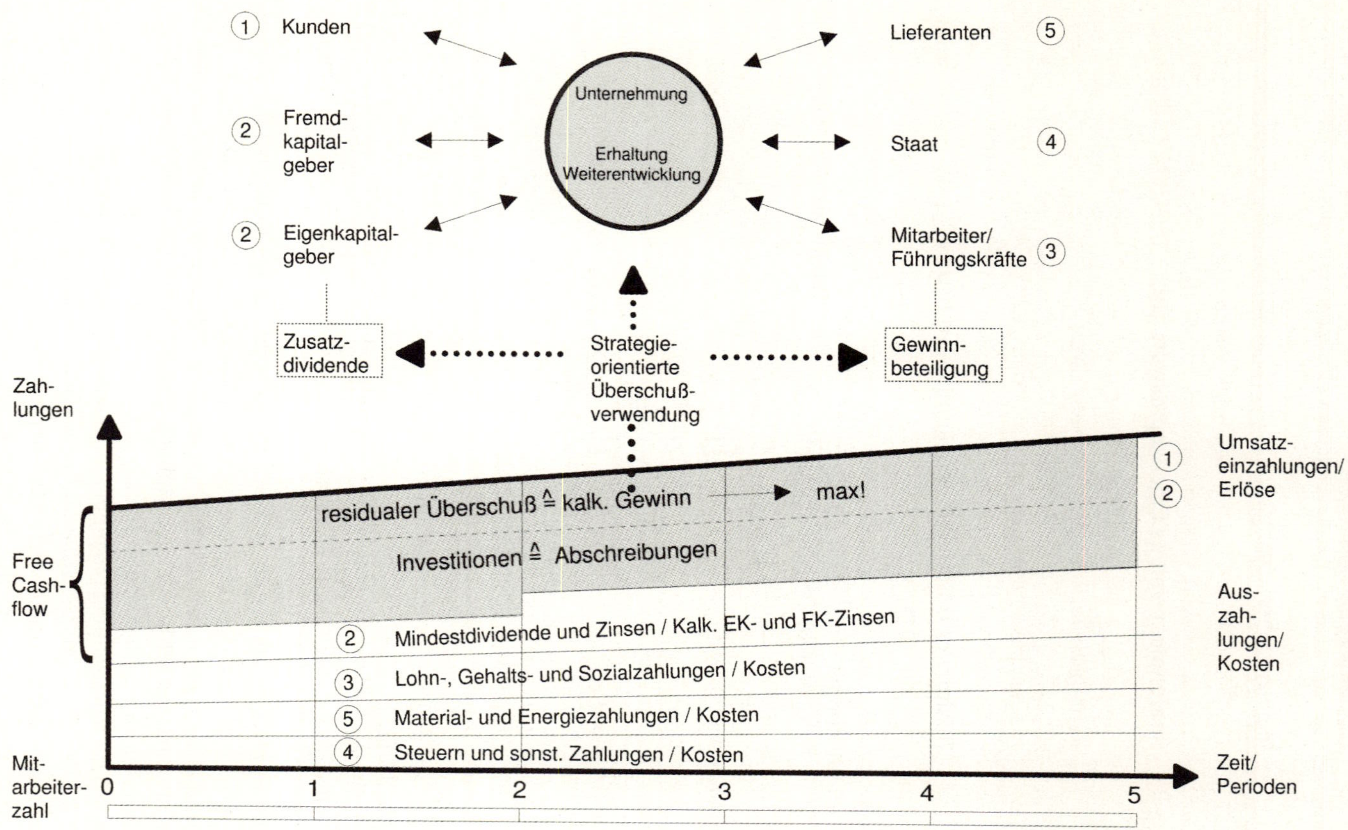

Abb. 8: Interessengruppen und obere Wertziele der Unternehmung (Quelle: Hahn 1996, S. 13)

Values ausschließlich den Eigenkapitalgebern zugestanden („Shareholder Value Creation"). Solche Wertsteigerungen sind aber das Ergebnis der Durchführung bestimmter strategischer Maßnahmen, die nur durch das gemeinsame Entscheiden und Handeln beider Hauptträger der Unternehmung verwirklicht werden können. Nach unserem Konzept der Überschußverwendung sollten Kapitalwertsteigerungen – wenn sie in Form von periodenbezogenen Überschüssen tatsächlich erwirtschaftet worden sind – daher auch dem anderen Hauptträger der Unternehmung, der Gruppe der Mitarbeiter/Führungskräfte, zur Verfügung stehen. *Erwirtschaftete residuale Überschüsse sollten also verwendet werden*:

- zur strategieorientierten Stärkung der Unternehmung,
- zur Zahlung von Zusatzausschüttungen an Eigenkapitalgeber und
- zur Zahlung von überschußabhängigen Erfolgsbeteiligungen an Führungskräfte und an die übrigen Mitarbeiter.

Ergibt sich durch die zukünftige Unternehmungstätigkeit eine *Verringerung des residualen Unternehmungskapitalwerts*, sind Maßnahmen zur Verbesserung der Wirtschaftlichkeit einer Unternehmung zu ergreifen oder die Ansprüche der an der Unternehmung interessierten Gruppen zu reduzieren. Wie im positiven Fall sollte aber auch im negativen Fall gelten, daß die beiden Hauptträger in gleichem Umfang an der „Überschußverwendung" partizipieren – im negativen Fall also ihre Ansprüche an die Unternehmung in Form von Dividendenzahlungen einerseits und Lohn- und Gehaltszahlungen andererseits in gleicher Weise reduzieren. [16]

Der residuale Unternehmungskapitalwert als langfristige Zielgröße einer Unternehmung entspricht bei direkter Ermittlung mit seinen Periodenüberschüssen tendenziell dem kalkulatorischen Gewinn in der periodenbezogenen Betrachtung des internen Rechnungswesens, der Gewinngröße nach Abzug der periodischen kalkulatorischen Zinsen, d.h. der Eigen- und Fremdkapitalkosten. Auch bei dem kalkulatorischen Gewinn handelt es sich also um eine residuale Größe als oberstes monetäres Unternehmungsziel. Während in der langfristigen Betrachtung bei Errechnung des residualen Unternehmungskapitalwertes neben anderen Zahlungen die gesamten kapitalgeberbezogenen Zahlungen (Zinsen, Dividenden und Kapitalzahlungen) berücksichtigt werden, sind in der periodenbezogenen Betrachtung des internen Rechnungswesens jedoch nur die periodisch erfolgswirksamen Beträge als kalkulatorische Kosten eingeschlossen (Abb. 9) [17].

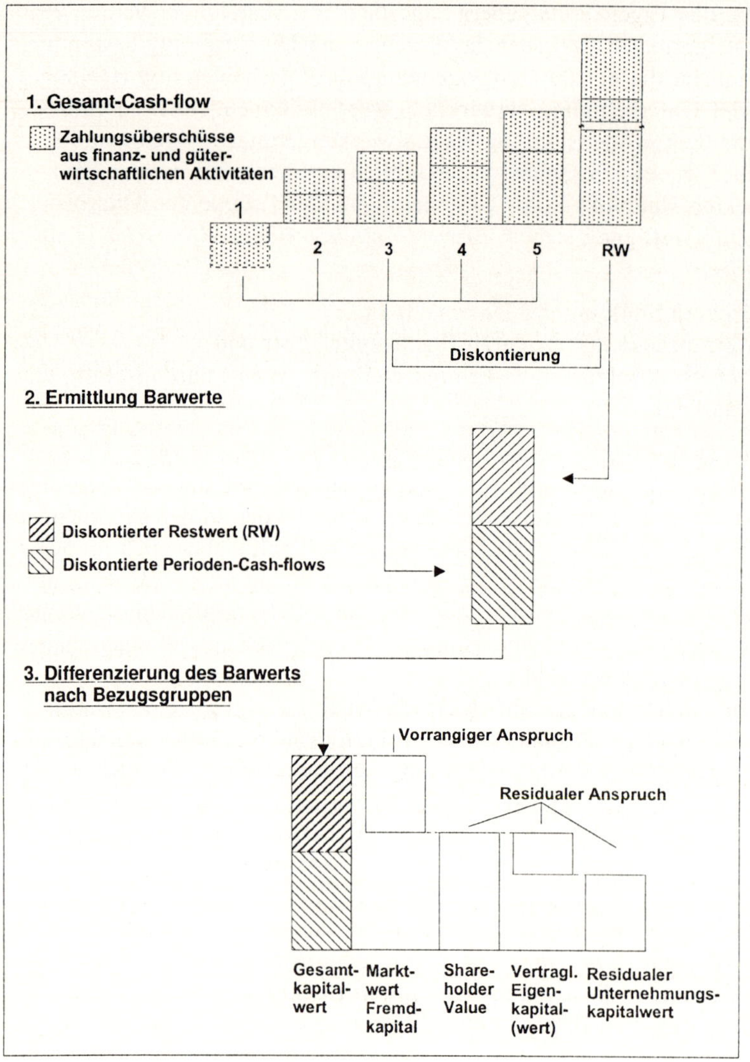

Abb. 9: Ermittlung differenzierter Kapitalwerte

4. Wandel der Sach- bzw. Leistungsziele

Wertziele werden verwirklicht, indem Unternehmungen *Sachziele* unter Beachtung von Sozialzielen erfüllen. Sachziele beziehen sich auf die *Produkte und/oder Dienstleistungen*, die eine Unternehmung erstellt. Durch die Sachzielkonzeption wird also das gewünschte zukünftige Tätigkeitsfeld einer Unternehmung beschrieben. Wandeln sich Sachziele, so bedeutet dies, daß Unternehmungen ihre Tätigkeitsfelder an Entwicklungen in den Umfeldern anpassen.

Umweltveränderungen wirken dabei in zweierlei Hinsicht auf die Sachziele von Unternehmungen. Zum einen *eröffnen und verschließen* sie *Tätigkeitsfelder* für unternehmerisches Handeln. So schaffen sich wandelnde Kundenbedürfnisse neue Märkte, die sich Unternehmungen mit neuen oder veränderten Produkten sichern können, und verschließen andere Märkte, auf denen Unternehmungen bislang tätig waren. In umgekehrter Richtung können aber auch Produktinnovationen – also veränderte Sachziele – erst dazu führen, daß neue Märkte entstehen und alte verschwinden. Die Möglichkeiten hierfür werden durch technologische Neu- und Weiterentwicklungen immer wieder aufs Neue geschaffen. Unternehmungen müssen dabei aber berücksichtigen, daß nicht alles, was technologisch möglich ist, auch von den Umfeldern akzeptiert wird. Im Gegenteil, gerade in den letzten Jahren ist die Schere zwischen technologisch Möglichem und Akzeptiertem in vielen westlichen Industrieländern immer weiter aufgegangen. Für die Unternehmungen bedeutet dies, daß sie ihre Sachzielkonzeptionen in einer schwierigen „Gratwanderung" markt- und technologieorientiert fortentwickeln müssen.

Aber auch solche Veränderungen, die nicht direkt kundenbezogen sind, zwingen die Unternehmungen zur Anpassung ihrer Sachziele. So können beispielsweise Entwicklungen, die primär im politischen Bereich stattfinden, Tätigkeitsfelder schaffen – man denke nur an die durch weltweite Deregulierungstendenzen geöffneten Märkte für Telekommunikation – oder aber beeinträchtigen. Letztlich wirkt jede Veränderung in den Umfeldern im positiven und negativen Sinne auf die Handlungsmöglichkeiten von Unternehmungen: sie verändert bisherige und schafft neue. Dies gilt im übrigen auch für die gesetzlichen Umweltschutzanforderungen, die nicht nur zu Restriktionen und zur Aufgabe von Produkten und Märkten geführt haben, sondern den Unternehmungen in Verbindung mit dem gewandelten Verbraucherbewußtsein auch ganz neue Betätigungsfelder in noch nicht absehbarem Umfang eröffnet haben.

Wandel in den Umfeldern führt zum anderen dazu, daß sich die *Bedeutung einzelner Dimensionen von Sachzielen* innerhalb der unternehmerischen Tätigkeitsfelder verschiebt. Während traditionell große *Mengen* und hohes Mengenwachstum attraktive Tätigkeitsfelder kennzeichneten, verliert diese Sachzieldimension – zumindest für Unternehmungen in westlichen Industrieländern – immer mehr an Gewicht. Das Mengenziel wird in seiner Bedeutung vor allem durch die Dimensionen Qualität und Zeit relativiert. Hohe *Qualität* in jenen Produktmerkmalen, die für Kunden kaufentscheidend sind, wird zum primären Differenzierungsmerkmal westlicher Unternehmungen werden. Sie muß mit einer überlegenen Geschwindigkeit in allen wettbewerbsrelevanten Abläufen kombiniert werden, um der gesteigerten Bedeutung der *Zeit* als Wettbewerbsfaktor zu entsprechen. [18] Schließlich gewinnt auch der *Ort* als Dimension zur Bestimmung von Sachzielen immer mehr Gewicht. Die Globalisierung, die in den letzten Jahren in nahezu allen Branchen zu beobachten war, zwingt die Unternehmungen dazu, ihre Tätigkeitsfelder auf einen globalen Markt auszurichten. [19] Dies bedeutet nicht nur, daß Produkte für den Weltmarkt angeboten werden müssen, sondern hat auch weitergehende Konsequenzen für die Standortstruktur bzw. regionale Plazierung von Führungs- und Ausführungsaufgaben der Unternehmungen.

Will eine Unternehmung dauerhaft erfolgreich sein, muß sie diesen Entwicklungen folgen, indem sie ihre Sachzielkonzeption regelmäßig in Frage stellt und – wo nötig – entsprechende Anpassungen vornimmt. Es ist Aufgabe der strategischen Geschäftsfeldplanung, diese Anpassungen der Sachziele vorzubereiten und erfolgte Veränderungen in strategische Ziele und Projekte umzusetzen. Angesichts der dynamischen Umfeldentwicklungen müssen Unternehmungen regelmäßig neue Geschäftsfelder aufnehmen und bestehende variieren oder auch ganz aufgeben. Besonders letzteres fällt vielen Unternehmungen schwer, vor allem dann, wenn es sich um traditionelle Kerngeschäfte mit meist hoher emotionaler Bindung handelt. Eine derartige Anpassung der Sachzielkonzeption an den Umweltwandel ist aber eine zwingende Voraussetzung dafür, daß der Wert einer Unternehmung langfristig optimiert wird – und dient damit letztlich wieder allen Interessengruppen in bestmöglicher Weise. [20]

5. Wandel der Sozialziele

Sozialziele bestimmen, welche generellen Verhaltensweisen eine Unternehmung gegenüber ihren Mitarbeitern, gegenüber der Gesellschaft und gegenüber der natürlichen Umwelt für die Zukunft anstrebt. Sozialziele sind teilweise gesetzlich fixiert, zum überwiegenden Teil aber in einer Unternehmung selber zu bestimmen. Sie sind Ausdruck der sozialen Verantwortung der in einer Unternehmung entscheidenden und handelnden Personen. Ihre Ausprägung hängt also letztlich von den ethisch-moralischen Werten jener Personen ab, die an der Zielfestlegung in der Unternehmung beteiligt sind. Veränderungen der individuellen und kollektiven Werte außerhalb der Unternehmung wirken sich daher auch in den Unternehmungen aus: auch Sozialziele sind den Veränderungen in den Unternehmungsumfeldern ausgesetzt. [21]

Mitarbeiterbezogene Sozialziele bringen Ziele zum Ausdruck, die eine Unternehmung in bezug auf ihre Mitarbeiter formuliert. Sie richten sich auf die individuellen Erhaltungs- und Entfaltungsziele der Mitarbeiter, denen entsprochen werden soll. Mit der Bedeutungsverschiebung in Richtung auf Entfaltungs- bzw. Selbstverwirklichungsziele, die in den letzten Jahren im Zuge eines vieldiskutierten Wertewandels [22] zu beobachten war, müssen sich auch die entsprechenden Sozialziele verändern. Unternehmungen müssen diesem Streben ihrer Mitarbeiter nachkommen, indem sie stärker mitarbeiterorientierte Arbeitssysteme und Arbeitsbedingungen in Verbindung mit einem mitarbeiter- und teamorientierten Führungsverhalten schaffen.

Neben den mitarbeiterbezogenen Sozialzielen, die die interne soziale Verantwortung einer Unternehmung kennzeichnen, stehen *gesellschafts- und umweltbezogene Sozialziele* als Ausdruck ihrer externen sozialen Verantwortung. Diese ist in den letzten Jahren deutlich gewachsen. Unternehmungen müssen in verstärktem Maße Mitverantwortung für die Stabilität und Kontinuität der gesellschaftlichen Entwicklung übernehmen und diese in ihrem unternehmerischen Zielsystem verankern (vgl. Abb. 1). So sollten die Bejahung von und das Streben nach

- Umweltschutz und Umweltverbesserung,
- innovativen, aber beherrschbaren Technologien,
- Erhalt der sozialen Marktwirtschaft als Wettbewerbswirtschaft,
- Sicherung der freiheitlich-demokratischen Gesellschaftsordnung

mit in den Katalog oberer Ziele bzw. das Leitbild einer Unternehmung aufgenommen werden. Auf der Basis entsprechend formulierter Sozialziele sollten Unternehmungen aktiv an gesellschaftlichen Meinungsbildungs- und Entscheidungsprozessen mitwirken. Sie sollten auch zu ihren eigenen Zielen und ihrem eigenen Handeln aktiv und eigenständig Position beziehen. Letztlich ist es im Interesse einer jeden Unternehmung, auf diesem Wege den gesellschaftlichen Wandel mitzugestalten, da nur so eine langfristig kompatible Entwicklung unternehmerischer und gesellschaftlicher Werte- und Zielsysteme gewährleistet werden kann. [23]

Am deutlichsten wird diese Notwendigkeit bei den *umweltbezogenen Sozialzielen* – also bei der Vorgabe von Verhaltensgrundsätzen mit Bezug auf die natürliche Umwelt. Umweltschutz sollte heute für die Unternehmungen mehr als eine Restriktion sein – er sollte ein eigenständiges Ziel darstellen. Das Umweltschutzziel drückt die Verantwortung aus, die sich eine Unternehmung für die Erhaltung der natürlichen Lebensgrundlagen der Menschen innerhalb und außerhalb der Unternehmungen auferlegt. Ob Umweltschutz dabei als eigenständige, vierte Zielkategorie oder – wie hier geschehen – innerhalb der Sozialzielkategorie formuliert wird, ist unbedeutend: entscheidend ist allein, daß die Notwendigkeit, Umweltschutz als Unternehmungsziel zu verankern, erkannt wird. [24]

Umweltschutz als Unternehmungsziel verlangt mehr, als nur die gesetzlichen Anforderungen zu erfüllen. In den Unternehmungen ist das Wissen um die tatsächliche Umweltrelevanz von Produkten, Produktionsprozessen und Einsatzstoffen meist viel größer, als dies bei den politischen Entscheidungsträgern der Fall ist. Unternehmungen sollten deswegen in den Bereichen, in denen sie Umweltgefährdungen sehen, die nicht durch gesetzliche Anforderungen abgedeckt sind, auch über das hinausgehen, was gesetzlich fixiert ist. Sie sollten vor allem aber ihr Wissen dazu nutzen, auch in diesem Bereich politische Entscheidungsprozesse aktiv mitzugestalten, um eine aus Umweltschutz- und Wettbewerbsgesichtspunkten tragfähige Entwicklung der Umweltschutzgesetzgebung zu fördern.

6. Vision als Unternehmungszielkonzentrat

Eine Vision beschreibt das Zukunftsbild, das die oberste Führungskraft einer Unternehmung über deren zukünftige Entwicklung, über ihren Zweck, ihre Ziele und über ihr Selbstverständnis hat. Visionen sind gleichermaßen Ausgangspunkt wie Ausdruck aller Unternehmungsziele. [25] Auch Visionen sind dem Wandel der Unternehmungsumwelten unterworfen. Verändern sich Kontextfaktoren aus den Umfeldern, können neue Zukunftsbilder entstehen, an denen sich unternehmerische Tätigkeiten orientieren. Visionen entfalten aber gerade dann besondere Kraft, wenn sie sich nicht an den bekannten Entwicklungen orientieren. Die Erfahrung zeigt, daß die großen unternehmerischen Leistungen jene waren, die von der visionären Vorstellung einer Zukunft getrieben wurden, die sich eben nicht aus bereits erkennbarem Wandel ableiten ließ. Visionen können Wandel erzwingen. Auch wenn Visionen wahrscheinlich nie vollständig verwirklicht werden können: sie sind der „Leitstern" [26] für die Unternehmungsentwicklung, an dem sich eine Unternehmung auch im permanenten Wandel jederzeit orientieren kann.

Literaturverzeichnis

Alewell, K.; Bleicher, K.; Hahn, D. (1971): Anwendung des Systemkonzepts auf betriebswirtschaftliche Probleme. In: Zeitschrift für Organisation, 40. Jahrg.

Bidlingmaier, J. (1973): Unternehmerziele und Unternehmerstrategien. Wiesbaden

Bleicher, K. (1979): Unternehmungsentwicklung und organisatorische Gestaltung. Stuttgart

Bleicher, K. (1989): Chancen für Europas Zukunft. Frankfurt am Main

Bleicher, K. (1992a): Das Konzept Integriertes Management. 2. Aufl., Frankfurt am Main

Bleicher, K. (1992b): Holdings schützen vor Verkalkung. In: Harvard Manager, 14. Jahrg., Nr. 3

Bleicher, K. (1992c): Leitbilder. Stuttgart

Bühner, R. (1990): Das Management-Wert-Konzept. Stuttgart

Cichon, W. (1988): Globalisierung als strategisches Problem. München

Coley, S.C.; Reinton, S. E. (1988): The Hunt for Value. In: The McKinsey Quarterly, Spring

Gomez, P.; Weber, B. (1990): Akquisitionsstrategien. Stuttgart

Hahn, D. (1992): Unternehmungsführung und Öffentlichkeitsarbeit. In: Zeitschrift für Betriebswirtschaft, 62. Jahrg.

Hahn, D. (1996): PuK – Controllingkonzepte. 5. Aufl., Wiesbaden

Hauschildt, J. (1970): Zur Artikulation von Unternehmenszielen. In: Zeitschrift für betriebswirtschaftliche Forschung, 22. Jahrg.

Heinen, E. (1962): Die Zielfunktion der Unternehmung. In: *Koch, E.* (Hrsg.): Zur Theorie der Unternehmung. Wiesbaden

Heinen, E. (1984): Führung als Gegenstand der Betriebswirtschaftslehre. In: *Heinen, E.* (Hrsg.): Betriebswirtschaftliche Führungslehre. 2. Aufl., Wiesbaden

Hungenberg, H. (1993): Großunternehmen am Ende? – Wenn der Himmel einstürzt. In: Gablers Magazin, 7. Jahrg., Nr. 7

Janisch, M. (1993): Das strategische Anspruchsgruppenmanagement. Bern

Kahl, K.-D. (1990): Ziele und Zielplanung im Unternehmen. In: Strategische Planung

Kirchgeorg, M. (1990): Ökologieorientiertes Unternehmensverhalten. Wiesbaden
Kirsch, W. (1984): Unternehmenspolitik: Von der Zielforschung zum Strategischen Management. München
Kirsch, W. (1990): Unternehmenspolitik und strategische Unternehmensführung. Hersching
Klages, H. (1984): Werteorientierungen im Wandel. Frankfurt am Main
Kmieciak, P. (1976): Wertstrukturen und Wertewandel in der Bundesrepublik Deutschland. Göttingen
Lücke, W. (1955): Investitionsrechnung auf der Grundlage von Ausgaben oder Kosten? In: ZfhF, 7. Jahrg.
Mellerowicz, K. (1963): Unternehmenspolitik. Bd. 1, Freiburg
Ohmae, K. (1985): Macht der Triade. Wiesbaden
Rappaport, A. (1981): Selecting Strategies that Create Shareholder Value. In: Harvard Business Review, 59. Jahrg., Nr. 3
Rebstock, W. (1988): Unternehmungsethik. Spardorf
Rosenstiel, L. v. (1987): Grundlagen der Organisationspsychologie. Stuttgart
Rosenstiel, L. v. (1990): Der Einfluß des Wertewandels auf die Unternehmenskultur. In: *Lattmann, C.* (Hrsg.): Die Unternehmenskultur. Heidelberg
Rühli, E. (1990): Visionen. In: Die Unternehmung, 40. Jahrg.
Schmidt, R.-B. (1977): Wirtschaftslehre der Unternehmung. Bd. 1, 2. Aufl., Stuttgart
Schmidt, R.-B. (1993): Zielsysteme der Unternehmung. In: *Wittmann, W.; Kern, W.; Köhler, R.; Küpper, H.-U.; Wysocki, K. v.* (Hrsg.): Handwörterbuch Betriebswirtschaftslehre, 5. Aufl., Bd. 3, Stuttgart
Schmidt-Sudhoff, U. (1967): Unternehmerziele und unternehmerisches Zielsystem. Wiesbaden
Seidel, E.; Menn, H. (1988): Ökologisch orientierte Betriebswirtschaftslehre. Stuttgart
Stalk, G. (1988): Time – The next Source of Competitive Advantage. In: Harvard Business Review, 66. Jahrg., Nr. 4
Steger, U. (1988): Umweltmanagement. Wiesbaden
Ulrich, H. (1987): Unternehmungspolitik. 2. Aufl., Bern

Anmerkungen

[1] Vgl. *Bleicher* (1992c), S. 28; vgl. grundlegend auch *Heinen* (1984), S. 30; *Kirsch* (1990), S. 205; *Hahn* (1996), S. 10 f.
[2] Vgl. *Heinen* (1962), S. 11 ff.; *Mellerowicz* (1963), S. 45 ff.; Schmidt-Sudhoff (1967), S. 38 ff.; Hauschildt (1970), S. 545 ff.; Bidlingsmaier (1973), S. 25 ff.; Schmidt (1977), S. 106 ff.; Kirsch (1984); Schmidt (1993), Sp. 4794 ff.
[3] Vgl. Schmidt (1977), S. 48 ff.; Ulrich (1987), S. 100 ff.; Hahn (1996), S. 11 ff. Vgl. auch Janisch (1993), S. 111 ff.
[4] Vgl. Bleicher (1992a), S. 82 ff. So sieht auch Ulrich die Unternehmungspolitik als Führungsaufgabe mit primär normativem Charakter, die er jedoch inhaltlich nicht nur auf die Festlegung von Zielen beschränkt. Ulrich zählt auch die Bestimmung der entsprechenden Mittel und Verfahren zur Unternehmungspolitik (vgl. Ulrich 1987, S. 18).
[5] Vgl. Hahn (1996), S. 253 ff.
[6] Vgl. Alewell/Bleicher/Hahn (1971), S. 159 f.; Bleicher (1979), S. 6 ff.; Ulrich (1987), S. 64 ff.; Hahn (1996), S. 8 ff.
[7] Vgl. Ulrich (1987), S. 64 ff.
[8] Bleicher spricht in diesem Zusammenhang von einem notwendigen „Fit" von Unternehmungs- und Umfeldentwicklung. Vgl. Bleicher (1992c), S. 21 ff.
[9] Vgl. hierzu auch die Beiträge von *Krystek/Müller-Stewens* sowie von *Geschka/Hammer* in diesem Buch.
[10] Vgl. *v. Rosenstiel* (1987).
[11] Vgl. hierzu und im folgenden *Hahn* (1996), S. 14 ff., S. 98 ff. und S. 258 ff.
[12] In die Ein- und Auszahlungen aus Kapitalwertberechnungen sind hier in der Finanzplanung in jedem Fall Außenfinanzierungs- und/oder -definanzierungsvorgänge sowie Zins- und Ausschüttungszahlungen einzubeziehen.
[13] Vgl. hierzu z.B. *Bühner* (1990); *Coley/Reinton* (1988), S. 29 ff.; *Gomez/Weber* (1990); *Rappaport* (1981), S. 139 ff.
[14] Vgl. *Hahn* (1996), S. 258 ff. und 319 ff.
[15] Vgl. *Hahn* (1996), S. 319 ff.
[16] Vgl. zum Konzept des residualen Unternehmungskapitalwertes im Kontext der Zielplanung und der strategischen Planung *Hahn* (1996), S. 258 ff. und 319 ff.
[17] Würde man vereinfachend davon ausgehen, daß Investitionen pro Periode in Höhe der Abschreibungen getätigt werden und keine sonstigen Unterschiede zwischen Kosten- und Leistungs- sowie Aus- und Einzahlungsgrößen anfallen, so entspräche die Differenz zwischen Ein- und Auszahlungen auch rechnerisch der Differenz zwischen Leistungen und Kosten. An dieser Stelle sei an die erstmals von Lücke im Rahmen des sogenannten Lücke'schen Theorems aufgestellte Beziehung zwischen Leistungssalden sowie Leistungsgewinnen erinnert. Vgl. *Lücke* (1955), S. 310 ff.
[18] Vgl. grundlegend *Stalk* (1988). *Bleicher* hat gezeigt, daß diese Anforderung umso schwieriger zu erfüllen ist, je größer die benötigte Reaktionszeit einer Unternehmung infolge wachsender Komplexität wird. Vgl. *Bleicher* (1989), S. 23 ff.
[19] Vgl. *Ohmae* (1985); *Cichon* (1988).
[20] Vgl. *Bleicher* (1992b), S. 69 ff.; *Hungenberg* (1993), S. 39 ff.
[21] Vgl. *v. Rosenstiel* (1990), S. 134 ff.
[22] Vgl. z.B. *Kmieciak* (1976); *Klages* (1984).
[23] Vgl. den Beitrag „Management-Philosophie in einer sich wandelnden Gesellschaft" von *Ulrich* in diesem Buch sowie *Hahn* (1992), S. 137 ff.

[24] Vgl. zu dieser Frage auch *Rebstock* (1988), S. 181; *Seidel/Menn* (1988), S. 41; *Steger* (1988), S. 131 ff.; *Kahl* (1990), S. 203; *Kirchgeorg* (1990), S. 103.

[25] Vgl. *Rühli* (1990), S. 115 f.; ferner den Beitrag „Vision und Führung" von *Henzler* in diesem Buch.

[26] *Bleicher* (1992a), S. 84.

C Geschäftsfeldplanung

A Fundamental Approach to Strategy Development*

B. Hedley

1. Introduction

In the face of continuing economic and environmental uncertainty, an increasing number of companies are rejecting traditional approaches to long range planning. These approaches were frequently 'extrapolative' in nature, and in the absence of smooth economic trends it seems right that they should be discarded. Yet there is considerable confusion concerning what should take their place.

It is, however, possible to specify the requirements which must be satisfied by any approach to strategy development which can hope to be successful in today's changeable world. First, the approach must provide a means for identifying the underlying factors which are critical for long term success at the individual business level, and which are sufficiently fundamental that their effects can be expected to persist indefinitely in the face of continual general environmental change. Secondly, the framework must offer a way of establishing the implications of these factors for the allocation of limited resources – and escpecially of cash – within a company which is comprised of a number of businesses. This allocation must take place in such a way that the performance of the multi-business company *overall* can be optimized.

These are in fact the same problems companies have always faced in trying to develop sound corporate strategy. What has happened is simply that changes in the environment have brought the requirements into sharper focus, made the constraints more severe. Indeed it could be argued that the recent crises of inflation and recession may yet have a least one beneficial effect: under sheer fear for survival they could force companies to focus carefully on the *fundamentals* for the first time. It is not an exaggeration to say that properly directed, this focus could convert the crisis into a real opportunity for more effective corporate strategy development in future.

The remainder of this article is devoted to a description of a suitable approach for identifying the fundamental strategic factors at the level of the individual business. In the following article the approach will be extended to the process of overall strategy development for the multi-business company.

---

* This article is reprinted with permission from Long Range Planning, December 1976.

2. Strategy for Individual Businesses

At its most basic, long term strategic success in an individual business depends on a company's ability to achieve a position such that its costs incurred in making the product concerned and delivering it to the relevant market are as low or lower than its competitors'. Since all competitors in a given business will tend to enjoy similar price levels for their products, having lower costs than competition will naturally result in superior profitability. This will be true regardless of general fluctuations in economic conditions and indeed the lower cost competitor should enjoy both superior and more stable profitability, as illustrated schematically in Figure 1. Developing sound strategy for an individual business thus requires a good understanding of the factors influencing long run costs.

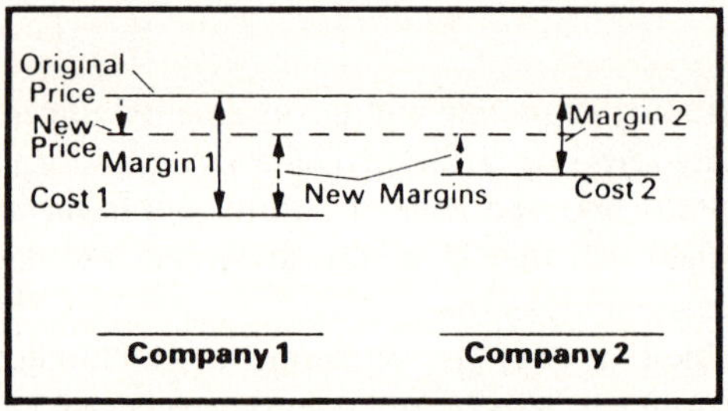

Fig. 1: The Benefits of Lower Costs (Schematic)
Company 1 has lower costs than Company 2 in the same business, it thus enjoys superior profitability. Should economic conditions change adversely, as represented by the price fall indicated by the broken line, Company 1's margins will drop proportionately less than Company 2's (by roughly one-third versus one-half in the diagram as indicated).

The Experience Curve Effect

It has long been recognized that the labour input required to manufacture a product tends to decline systematically with increases in accumulated production [1]. The Boston Consulting Group has found that the type of relationship involved – originally called the 'learning curve' – frequently applies also to the *total cost* involved in manufacturing, distributing and selling a product. The relationship can be expressed simply as follows:

- Each time the accumulated experience of manufacturing a particular product doubles, the total unit cost in real terms (i.e., in 'constant money', net of GDP inflation), can be made to decline by a characteristic percentage. The decline is normally in the region of 20-30 per cent.

The fundamental nature of this relationship – note especially that it deliberately factors out the influence of inflation – makes it a particulary useful tool for product management and strategy development. The relationship has now been explored in a broad range of industries in many different countries, and it has been found to apply extremely widely. It is best illustrated by plotting real unit cost against cumulative production volume (a quantitative measure of 'accumulated experience'). If logarithmic scales are used a straight line normally results, as shown in the actual examples in Figure 2. This line typically has a slope such that the real unit cost drops to around 70-80 per cent of its former value for each doubling of cumulative volume, and is usually referred to as an 'experience curve' [2].

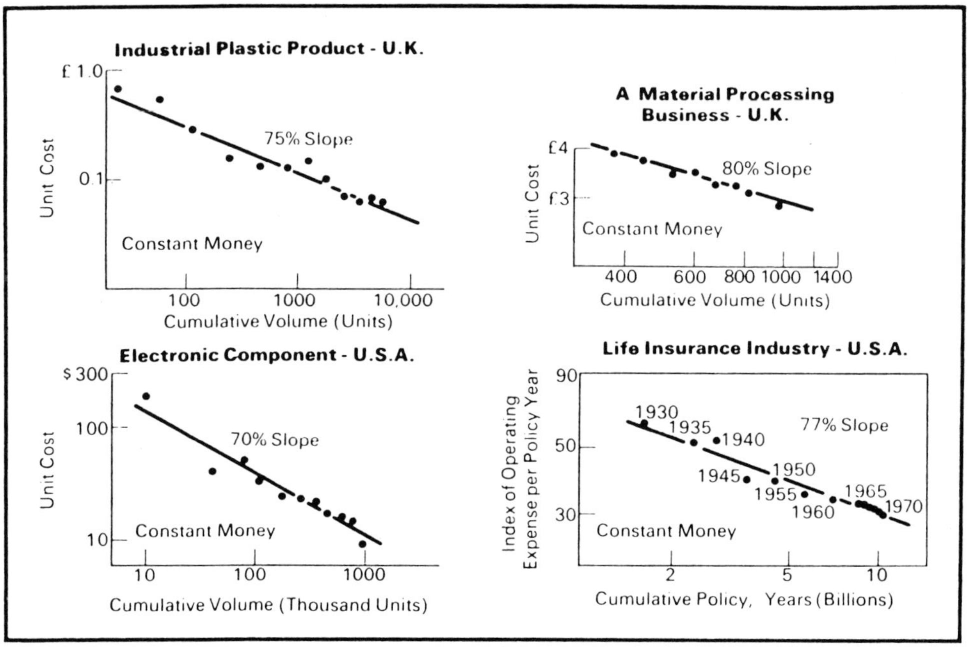

Fig. 2: Some Examples of Cost Experience Curves
With the exception of the Life Insurance example which is derived from published data, the other curves were derived for products of clients in the course of consulting assignments performed by the Boston Consulting Group. The curves are therefore presented anonymously

There are a variety of factors which contribute to the cost reduction performance implicit in the experience curve effect. These include:

- Productivity improvement due to technological change and/or 'learning' effects leading to adoption of new production methods
- Economies of scale and of specialization
- Displacement of less efficient factors of production, especially investment for cost reduction and capital-for-labour substitution
- Modifications and redesign of product for lower costs.

For present purposes, however, it is less important to catalogue all the means by which real costs can be reduced than it is to note the key strategic implications of the experience curve:

- Failure to reduce costs along a appropriate experience curve slope (i.e. equivalent to that achieved by competitors) will lead to an uncompetitive cost position
- Failure to grow as rapidly as competitors will lead to an uncompetitive cost position: the competitor with the largest market share and hence, over time, the largest accumulated experience, should have the lowest costs and thus the highest profitability.

3. Achieving Real Cost Reduction in Practice

With respect to the first of these, it is by no means unusual to find managers who are sceptical about the possibility of achieving continuous real cost reductions over long periods of time. Indeed in our consulting practice we do occasionally find companies whose real cost performance has been on an upward, rather than a downward trend. This raises an important point: cost reductions are not *automatic*. Real costs have to be aggressively managed downwards. Poor control of operations; lack of investment in new methods enabling cost reduction; allowing an excessive build-up of non-productive overhead: these can all lead to adverse real cost performance. The overwhelming evidence is, however, that given good management real costs *can* be made to decline *for ever*. After all, this simply means that over time, and as a function of experience, we should get rather better (in real terms) in making and selling things – that we do not 'un-learn' as experience builds. This is hardly counterintuitive!

It is often easiest to find means for real cost reduction in high growth business. Production scale is expanding, and there is plenty of scope for the introduction of new technology and labour-saving production methods without redundancy programmes (the latter is often a problem in low growth U.K. industries). Under these conditions alert management will find many opportunities for reducing the level of 'laggards' in the overall cost mix. In experience curve terms, the growth is simply resulting in rapidly expanding accumulated experience, and speedy progress is made along the cost curve. The rates of real decline which result can easily outstrip inflation, so that costs even decline expressed in current money terms.

3.1 An Example: Electronic Calculators

Electronic calculators, which in the space of a few years have been transformed from expensive luxuries into every day items, provide a very good example of this. Events in the calculator market also illustrate the strategic need for management to understand the dynamics of experience curve cost eduction if they are to remain effective competitors. A simplified history of the development of solid state electronic calculators is outlined in Figure 3. Electronic calculators first appeared on the scene around the beginning of the 1960s, various rival firms claiming their invention. In the very early days it seems that the major element of cost was that of the discrete semiconductor devices (transistors, diodes) from which the calculators were made. The leading competitors were probably those based in the USA close to the best source of solid state components and technology.

At this time the calculators were extremely expensive. As a result the markt was limited to those few applications for which they were cost effective. Meanwhile, however,

	Major Cost Elements	Dominant Competitors
Phase 1	Semiconductors (Discrete Devices)	Americans (e.g. Wang)
Phase 2	Assembly	Japanese (e.g. Sharp, Casio) S.E. Asia
Phase 3	Integrated Circuits	Americans (e.g. Texas Instruments)
Phase 4	Assembly Plus Distribution	? (Unresolved) (Tesco, Woolworth, Boots)

Fig. 3: Electronic Calculators (Solid State)

tremendous expansion was taking place in solid state electronics in general: the market for solid state diodes, for example, regularly expanded in unit volume at a rate in excess of 50 per cent per annum during the early and mid 1960s. This rapid growth engendered correspondingly rapid experience curve based cost and price declines in discrete devices: for example, between 1960 and 1965 the price of the average germanium diode in the USA fell by a factor of seven in real terms as illustrated in the price curves in Figure 4. Before long, the main concern in calculator costs became the labour costs, largely related to assembly.

As a result of this, during the mid 1960s the advantage passed to the low labour cost countries, including – at that time – Japan. Japanese companies had assumed virtual control of the market by the end of the decade. Costs continued to come down on an experience curve basis and the market expanded as prices dropped lower and lower, bringing electronic calculators within the range of more pockets. The overall size of the market was now beginning to look very attractive and in the early 1970s the American semiconductor manufacturers themselves entered the market. They realized that with the use of integrated circuits – the so-called LSI ('large scale integration') chips – many assembly operations could be made unnecessary. The overall cost advantage thus lay with the integrated circuit manufacturers themselves, and these companies entered the market in a big way, most notably Texas Instruments who clearly set out to dominate the business.

Calculators were now at price levels such that they were becoming a consumer item. Growth was large: the annual market for consumer (as opposed to desk-top) calculators expanded from only 2 million units in 1972 to almost 20 million units by the end of 1974. Prices dropped dramatically, both as a result of experience curve cost reductions and also under the influence of aggressive competition for market shares: a 'shakeout' was occurring, rather as had happened in discrete semiconductor devices themselves early in the 1960s. This shakeout is not yet complete, and in cost experience curve terms there are some interesting considerations for the protagonists to bear in mind.

First, under the influence of the experience curve, the cost structure of making calculators must unquestionably be changing again: the integrated circuits and displays will be becoming a smaller part of the total cost. Labour costs and assembly in particular will be resuming their relative importance. This could well return the advantage to the low

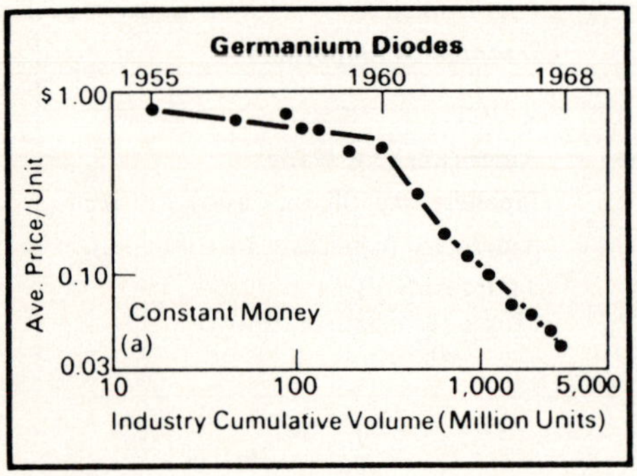

Fig. 4a

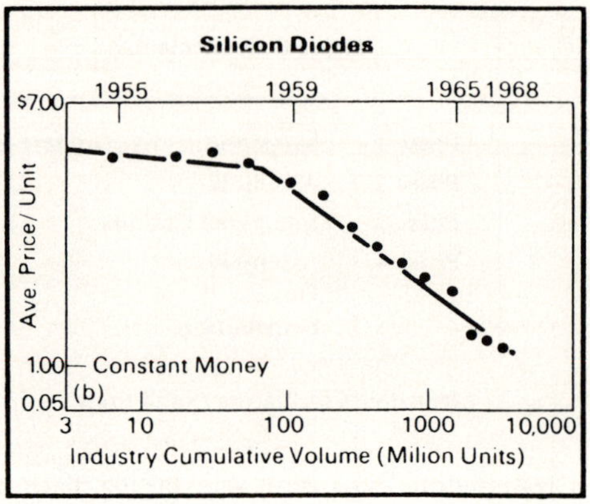

Fig. 4b

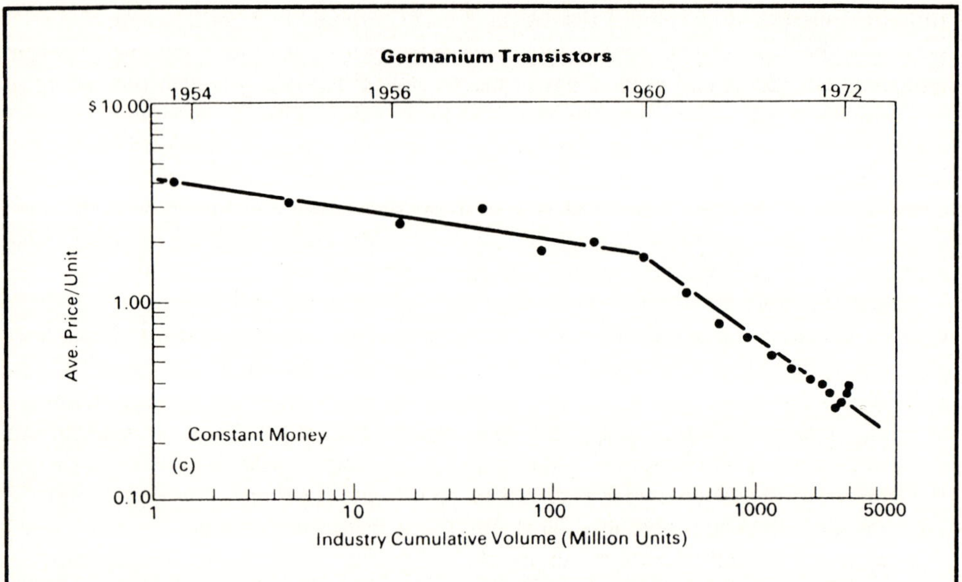

Fig. 4c

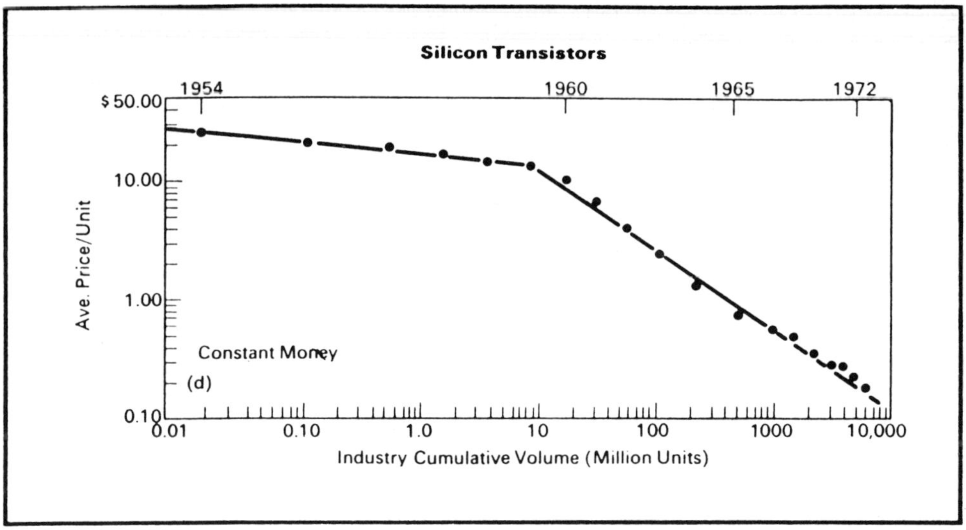

Fig. 4d

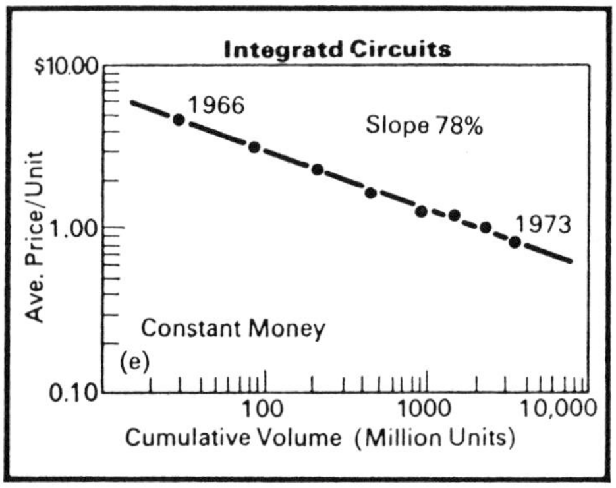

Fig. 4e

Fig. 4a, b, c, d, e: Price Experience Curves for Semiconductors

Notes on Price Patterns

The very steep price declines at certain times in some of these curves resulted from a competitive 'shakeout' in which intense competitive activity was following a previous price 'umbrella' period in which price reductions were not matching underlying experience curve cost decreases. This rapid decline normally only abates when one or more competitors relinquish their fierce attack on the market (or defenders relinquish their hold on market share) and stability returns. The alternative is stable pricing (parallel to costs) throughout. This appears to have been the pattern with integrated circuits. These price patterns are repeated in many different business.

Source: Perspectives on Experience, The Boston Consulting Group Inc., Boston 1968, 1970, 1972.

labour cost countries unless overall volume and experience have now reached a level which highly automated assembly methods can be used enabling cost-effective manufacture in the USA and other advanced countries. The other consideration is the relative importance of distribution costs now that calculators themselves are so cheap. This encourages the distribution of calculators though mass merchandizing outlets such as those indicated in Figure 3 rather than through speciality business machine stores. The manufacturers who win in the end may well be those with the best distribution links. Meanwhile, costs and prices continue to decline. Prices are probably declining even more rapidly than costs, for some competitors at least: Bowmar, the second largest USA manufacturer, quit the business in mid 1975 and filed for reorganization under USA bankruptcy laws. Texas Instruments, the largest manufacturer – not even in the business at the start of the decade – appears to be prepared to tolerate heavy losses in order to make the market its own. The competitive struggle continues.

The story of calculators is, of course, a dramatic tale of rapid growth and spectacular cost and price declines. A clear understanding of experience curve effects is obviously necessary for effective strategic management in that business. Electronic watches will undoubtedly be the next significant market to undergo similar dynamic changes as a result of high growth compounding the effects of the experience curve.

3.2 Low Growth Businesses

It should not be thought that, based on this extensive discussion of the calculator business, the experience curve is only relevant in high growth businesses. In low growth businesses too real cost reductions are possible, but at a lower rate given the slower rate of accumulation of experience. This is indicated by the examples in Figure 5. Thus even in a mature business, any competitor who is not achieving the appropriate experience curve cost reductions can expect to be in profit trouble over the long term.

This is the first simple and fundamental strategic message of the experience curve: never relax on cost control. In many growth business, U.S. companies actually control cost monthly on an experience curve basis. All companies, in all businesses, should at least ensure that their real costs are not rising on trend. Analysis often reveals that companies who pride themselves on good cost control are not in fact as tough as this in practice. They should be: the experience curve shows it can be done in the majority of cases.

4. Profitability and Market Share

The second of the two strategic implications listed earlier has an even more far-reaching significance, which certainly applies in both high and low growth businesses. This implication suggests that – even given good experience curve cost control – profitability, over the long term, will be directly related to market share. It is interesting that extensive independent business research – of which perhaps the best-known example is the recent 'PIMS' study – is also confirming the ubiquitous nature of this relationship [3]. Market share of the acquired firm has also been identified as the critical success requirement in a recent study of European acquisitions [4]. Only rarely is it possible to find explicit cost

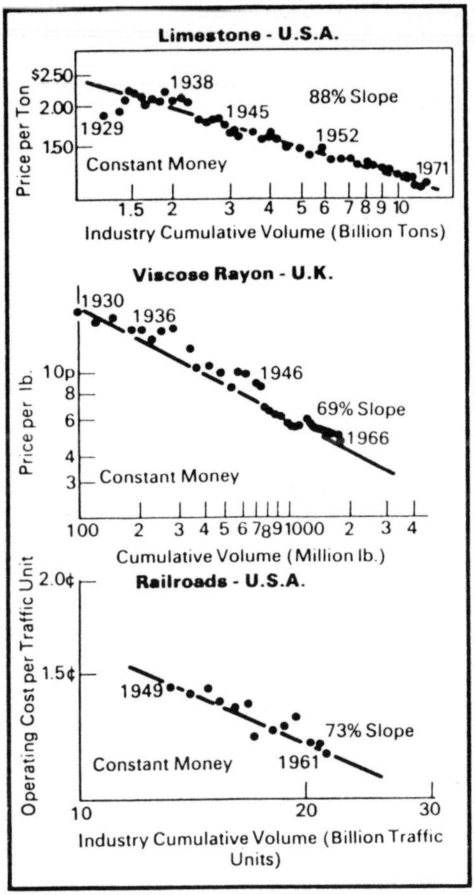

Fig. 5:
Some Experience Curves in Mature Business
The curves for limestone and viscose rayon are for price; the curve for U.S. railroads is for cost.

data for a number of competitors in a single business in order to verify directly the fact that the experience curve effect is at the root of this profit/market share relationship. One example is, however, given by the cost data made public in the USA in anti-trust hearings concerning the business of manufacturing steam turbine electricity generators.

These data are displayed on an experience curve basis in Figure 6. General Electric, the largest competitor, at any point in time had the lowest unit costs. All three competitors tended to move in step over time down a common experience curve. While the market shares remained stable, relative cost levels stayed stable. General Electric were consistently more profitable than Westinghouse who in turn were more profitable than Allis Chalmers. Despite making real cost reductions on trend over time, Allis Chalmers could never catch up with the leaders unless the relative market share positions were changed. And indeed it looks as though Allis Chalmers even failed to secure real cost reductions on trend over the last 5 or 6 years of the period. It is perhaps not surprising that this has been a perennial problem business for Allis Chalmers.

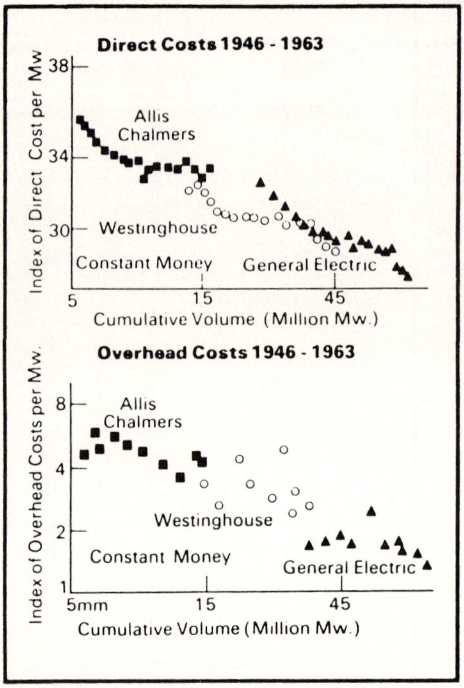

Fig. 6: U.S. Steam Turbine Generators: Competitive Cost Comparison
Source: Antitrust Hearings

Incidentally, it is worth noting that the slope of the experience curve relating the three companies' direct costs to each other is closer to 90 per cent than to 70-80 per cent. This is not uncommon for such 'cross-sectional' experience curves and can arise from a variety of factors such as: equal raw material costs for all competitors; commonly available elements of production technology; tendency for the larger share competitor to spend more per unit on marketing to stabilize his higher share; and so forth. The slope is nevertheless sufficiently steep to lead to very marked profitability differences: at a price level yielding Allis Chalmers no margin above direct costs, General Electric's margin on these costs would be in excess of 20 per cent.

This type of profitability/market share relationship is exhibited in a large range of effectively 'single business' industries. An example from the U.K. is illustrated in Table 1.

	1970/1971		1972/1973	
	Sales (£m.)	PBIT/Sales (per cent)	Sales (£m.)	PBIT/Sales (per cent)
British Cellophane	41	10,0	68	14,9
British Sidac	15	3,1	19	7,8
Transparent Paper	8	(2,1)	11	5,6

Tab. 1: The U.K. Cellophane Industry

This example – a low physical growth industry – is particularly interesting since it clearly shows the effects of market share on both absolute levels of profitability and stability of profitability: Transparent Paper, the marginal competitor, swung from loss to profit between 1970 – a depressed year for the business – and 1973. British Cellophane, the largest competitor, was consistently the most profitable and experienced a less wild swing in performance between the two years. It is interesting that despite the fact that at a detailed level it is obviously an oversimplification to regard these as 'single business' companies, and indeed there is obviously a degree of non-comparability between the three – differing degress of participation in converting, for example – the overall results of the experience curve effect are quite clearly to be seen.

4.1 An Example: The Motor Industry

Perhaps the best known example of the profit/market share relationship is in another low growth business: the motor industry. GM, Ford, Chrysler and American Motors form a very clear pecking order in terms of size and profits. What may be less well known is the closely similar pattern displayed by the higher growth Japanese motor industry, as shown in Figure 7.

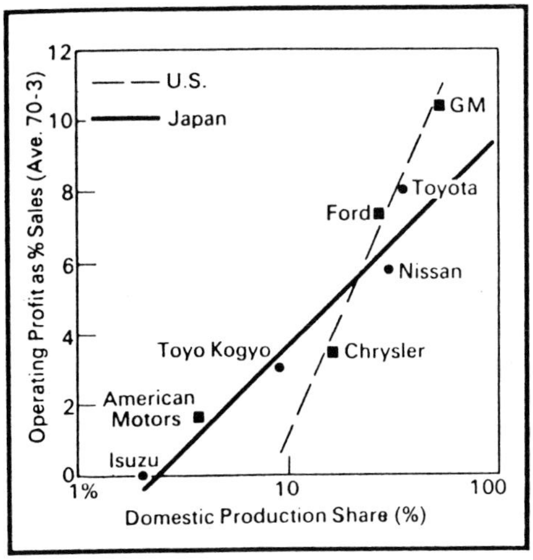

Fig. 7: The U.S. and Japanese Motor Companies

Despite very active competition at an 'operational' level between these companies, the experience curve effect indicates that they cannot achieve longterm changes in profitability without changes in market share and hence, over time, relative experience and costs. The strategy implications for a low share competitor, such as American Motors or Chrysler, must include resignation to low profitability as long as market share remains low. This may well seem like a hopeless situation, given that gaining share in a major way against GM would probably be a long and extremely costly task, virtually impossible to fund given the lower present profitability of the companies.

4.2 The Need for 'Segmentation'

There is, however, an alternative. Curiously, a guide to the solution can be found in the British motor industry, a cursory analysis of which would appear initially to refute the experience curve effect. As shown in Table 2, the profit relationship between Ford, Vauxhall and Chrysler is much as one would predict from the experience curve. British Leyland, however, which is almost twice the size of Ford in turnover, has been significantly less profitable on trend. The likely reason for this apparent anomaly is revealed on more detailed examination.

	Average 1970–1973	
	Sales (£m.)	Op. Profit Margin (per cent)
British Leyland	1261	4,1
Ford (U.K.)	716	4,8
Vauxhall	262	0,3
Chrysler (U.K.)	249	0,6

Tab. 2: The British Motor Industry

In Table 3, the basic product offerings of the U.K. motor companies are listed. The tremendous breadth of Leyland's product line relative to the other manufacturers is startling. This is, of course, partly a legacy of the way Leyland was put together by merger. Yet undoubtedly a detailed experience curve analysis would show that the main determinant of cost in an individual car model is production scale of that basic model, although the potential cost level is also likely to be influenced by the overall accumulated experience of the firm as a whole. Clearly Leyland's average volume *per model* is in fact lower than Ford's, and this will put a strategic limitation on the cost level which Leyland can attain even given the good labour relations, smooth production operations, and competitive manning which the CPRS study of the industry showed to be so neccessary [5].

Any future for Leyland in popular cars must surely lie at least in part in the direction of a strategy developing greater volume per model, either through increased market share, increased rationalization or specialization, or some combination of the two. The same could be said of Chrysler in either the U.K. or, indeed, the USA, though here the degree of focus would need to be even greater. Again, this conclusion would tend to be supported by the findings of the CPRS study. It is certainly true, however, that huge overall size is not essential for profitability in the car industry: Rolls Royce Motors, with a turnover of the order of £50–60 m., shows a before tax return on capital of almost 20 per cent; Group Lotus, with a turnover of around £10m., has even higher profitability. Of course, seeking profitability by specialized *segment* based dominance can be risky, as other specialty car manufaturers have discovered from time to time (e.g. Jensen, Aston Martin). But this is the only approach for a small manufacturer if he is to have any chance of profitable survival.

Leyland	Ford	Vauxhall	Chrysler
Allegro	Escort	Viva	Imp
Maxi	Cortina	Chevette	Avenger
1800/2200	Capri	Victor	Hunter
MG Midget	Consul/Granada		
MGB			
Mini			
Marina			
Rover Saloon			
Range Rover			
Triumph Spitfire			
Toledo/Dolomite			
2000/2500 Saloon			
TR 6			
TR 7			
Stag			
Jaguar XJ6,12			
V12 Open E-Type			
(Daimler Limousine)			
(Taxi)			

Tab. 3: U.K. Car Manufacturers Base Product Offerings (Mid-1975)

At the other end of the scale, the most secure approach to profitability is to dominate the industry both overall *and* on a segment basis: in the USA, GM is not only the largest manufacturer overall, it also offers the broadest product range. Unlike Leyland, however, its overall volume is such that it is still the largest manufacturer in terms of unit volume per basic model type, whether one is talking about body types or engines (Table 4). As a result it should enjoy superior costs (though even GM has suffered from specialist volume-based European and Japanese competition in small cars), and *hence* the higher profitability noted previously in Figure 7, which is now seen to be an oversimplification of the way the experience curve effect applies in this particular industry.

Company	Total	Base Body Types		Engine Types	
	Volume	No.Offered	Vol. per Type	No. Offered	Vol. per Type
GM	4440	6	740	4	1110
Ford	2300	5	460	4	580
Chrysler	1270	4	320	3	420
American Motors	260	4	65	2	130

Tab. 4: U.S. Car Manufacturers: Volume by Model (1974)
The manufacturing approach adopted by the U.S. manufacturers is such that quite a broad range of superficially different vehicles can be produced on a few identical chassis.

The motor industry example is particularly useful, since it demonstrates the need for explicit examination of business segmentation before applying the experience curve concept for purposes of strategy development. Most broad business areas do in fact break down into a number of business segments which have fairly distinct economics. However, the process of developing an understanding of the basis on which a strategic segmentation should be made is often very complex. It normally involves making a detailed examination of each major element of cost and value addition in the business, and exploring the possible basis on which an experience based advantage relative to competition could exist within each element.

It is not possible within the scope of this article to go into the process of segmentation in great depth. It is in any case a process which is difficult to describe in general terms. The motor industry example does, however, give a feel for some of the issues which can be raised concerning production costs. Frequently there are also important segmentation issues in the marketing area as well. For example, this is undoubtedly a further dimension which would actually need to be considered in practice in the motor industry before strategy could be finally determined. The reason American Motors lies so much above the profit trend of the other three USA manufacturers undoubtedly results to a significant degree from a market segmentation approach on their part (e.g. focus on smaller cars).

The overall aim of segmentation can be summarized, then, as the identification of product-market segments which are sufficiently distinct, economically and competitively, that it is meaningful to develop strategy for them separately as 'individual business'. The segmentation process must also identify clearly the experience curve basis on which a superior cost position can be developed in the business segment, to enable competitive strategy to be properly developed. In some cases simple relative market share in the segment may not be the sole determinant: all elements of cost do not always have the same experience base, also, some cost elements may share in experience with other business segments. In these cases, it may be neccessary to focus directly on likely relative costs by synthesizing a view of the effects of the company's varying position in the different experience bases into its implications for overall costs.

5. Summary – The Experience Curve and Individual Business Strategy

It is in practice at the more detailed business segment level that the concept of the value of relative scale and market share is applicable. The basic strategic message of the experience curve can thus be summarized as follows:

- The largest competitor in a particular business area should have the potential for the lowest unit costs and hence greatest profits.
  - If he is unprofitable he is probably either being 'out-segmented' by more focused competition, or he is defective in experience curve cost control.
- Smaller competitors in a business area are likely to be unprofitable, and they will remain so unless a strategy can be devised for gaining dominant market share at reasonable cost.
  - If achieving overall dominance is not feasible, then the smaller competitor should seek to identify an economically distinct segment of the business in which he can

dominate the relevant experience bases sufficiently to attain a viable cost position overall.
If this is not feasible, then the smaller competitor must resign himself to inadequate profitability forever. Under these circumstances the business should really be phased out.

These are the fundamental rules of individual business strategy. They focus on position *relative to competitors*. Relative competitive position thus provides the required simple and unchanging objective towards which strategy development efforts should be single-mindedly focused. This objective will remain valid in spite of unpredictable changes in the economic environment. Come inflation or deflation, boom or bust, the superior business performers will be those in strong market positions relative to competition in the relevant business segment. Strategic planning must concentrate on achieving dominance as its primary object. Any efforts directed towards environmental forecasting or extrapolative long range planning are really only useful in so far as they contribute to this goal.

These conclusions at the individual business level imply that in any multibusiness company, the best performers over the long term will tend to be those businesses in which the company has a superior market share; 'problem' businesses or divisions will tend to be those where market shares are marginal. This simple observation, coupled with an appreciation of the effect and value of long term growth, leads to an extremely useful integrated approach to overall strategy development for the multibusiness company, the following article.

References

[1] One of the earliest references to this phenomenon was *Wright, T.P.*: Factors Affecting the Cost of Airplanes. J. Aeron. Sci. 3, 122–128, February 1936.

[2] For a full description of the experience curve effect and further examples of its application in practice see *The Boston Consulting Group*: Perspectives on Experience, 1968, 1970, 1972. (Available from The Boston Consulting Group Limited at 5 Burlington Gardens, London W1X2QS).

[3] A concise report of the main findings of the 'PIMS' study is given in *Buzzell, R.D., B.T. Gale,* and *R.G.M. Sultan*: Market Share: Key to Profitability. Harvard Business Review, January-February 1975.

[4] *Kitching, J.*: Winning and Losing with European Acquisitions. Harvard Business Review, March-April 1974.

[5] *The Central Policy Review Staff*: The Future of the British Car Industry. Her Majesty's Stationary Office. London 1975.

Strategy and the "Business Portfolio"*

B. Hedley

1. Introduction

All except the smallest and simplest companies comprise more than one business. Even when a company operates within a single broad business area, analysis normally reveals that it is, in practice, involved in a number of product-market segments which are distinct economically. These must be considered separately for purposes of strategy development.

In the previous article it was shown that the fundamental determinant of strategy success for each individual business segment was relative competitive position. As a result of the experience curve effect the competitor with high market share in the segment relative to competition should be able to develop the lowest cost position and hence the highest and most stable profits. This will be true regardless of changes in the economic environment. Hence relative competitive position in the appropriately defined business segment forms a simple but sound strategic goal. Focusing on this goal provides a basis for effective long range planning even in the face of considerable environmental uncertainty.

Almost invariably, any company which reviews its various businesses carefully in this light will discover that they occupy widely differing relative competitive positions. Some businesses will be competitively strong already, and may appear to present no strategic problem; others will be weak, and the company must face the question of whether it would be worthwhile to attempt to improve their position, making whatever investments might be required to achieve this; if this is not done, the company can only expect poor performance from the business and the best option economically will be divestment.

Even in quite small companies, the total number of possible combinations of individual business strategies can be extremely large. The difficulty of making a firm final choice on strategy for each business is normally compounded by the fact that most companies must operate within constraints established by limited resources, particularly cash resources. This is an especially vital concern in times of high inflation or recession such as have been experienced in recent years.

* This article is reprinted with permission from Long Range Planning, February 1977.

An effective solution to this problem requires the development of a framework enabling the selection of the optimum combination of individual business strategies from the spectrum of possible alternatives and opportunities open to the company, whilst at the same time remaining within the boundaries set by the company's overall constraints. The purpose of this article is to discuss an approach to doing this which has evolved considerably in the course of its regular application in consulting assignments. The approach hinges on the integration of the implications of the experience curve effect for profit performance at the individual business level with an understanding of the nature of the strategy alternatives open to each business as a function of its overall growth rate. Final decisions on strategy for each business are then taken within the context of the company viewed explicitly as a portfolio of individual businesses. Hence the approach has come to be termed the product or *business portfolio* concept. This approach is superficially quite well known today [1]. However, there seems to be some confusion in practice as to exactly what it is and how it is meant to be applied. It is hoped that this article will help to clarify the nature of the approach and its power as an aid to effective development.

2. The Business Portfolio Concept

2.1 The Effect and Value of Growth

At its most basic, the importance of growth in shaping strategy choice is twofold. First, the growth of a business is a major factor influencing the likely ease — and hence cost — of gaining market share. In low growth businesses, any market share gained will tend to require an actual volume reduction in competitors' sales. This will be very obvious to the competitors and they are likely to fight to prevent the throughput in their plants dropping. In high growth businesses, on the other hand, market share can be gained steadily merely by securing the largest share of the *growth* in the business: expanding capacity earlier than the competitors, ensuring product availability and effective selling support despite the strains imposed by the growth, and so forth. Meanwhile competitors may even by unaware of their share loss because their actual volume of throughput has been well maintained. Even if aware of their loss of share, the competitors may be unconcerned by it given that their plants are still well loaded. This is particularly true of competitors who do not understand the strategic importance of market share for long term profitability resulting from the experience curve effect.

An unfortunate example of this is given by the history of the British motorcycle industry. British market share was allowed to erode in motorcycles worldwide for more than a decade, throughout which the British factories were still fairly full. British motorcycle production volumes held up at around 80,000 units per year throughout the sixties; in sharp contrast, Japanese export volumes leapt from only about 60,000 in 1960 to 2.5 million in 1973; their total production volumes roughly tripled in the same period. The long term effect was that while Japanese real costs were falling rapidly British costs were not: somewhat oversimplified, this is why the British motorcycle industry faced bankruptcy in the early seventies [2].

The second important factor concerning growth is the opportunity it provides for investment. Growth businesses provide the ideal vehicles for investment, for ploughing cash into a business in order to see it compound and return even larger amounts of cash at a later point in time. Of course this opportunity is also a need: the faster a business grows, the more investment it will require just to maintain market share. Yet the experience curve effect means that this is essential if its profitability is not to decline over time.

2.2 Importance of Relative Competitive Position for Cash Generation

Whilst these growth considerations affect the rate at which a business will *use* cash, the relative competitive position of the business will determine the rate at which the business will *generate* cash: the stronger the company's position relative to its competitors the higher its margins should be, as a result of the experience curve effect. The simplest measure of relative competitive positions is, of course, relative market share. A company's relative market share in a business can be defined as its market share in the business divided by that of the largest other competitor. Thus only the biggest competitor has a relative market share greater than one. All the other competitors should enjoy lower profitability and cash generation than the leader.

2.3 The Growth-Share Matrix

Individual businesses can have very different financial characteristics and face different strategic options depending on how they are placed in terms of growth and relative competitive position. Businesses can basically fall into any one of four broad strategic categories, as depicted schematically in the growth-share matrix in Figure 1.

Stars — high growth, high share — are in the upper left quadrant. Growing rapidly, they use large amounts of cash to maintain position. They are also leaders in the business, however, and should generate large amounts of cash. As a result, *star* businesses are frequently roughly in balance on net cash flow, and can be self-sustaining in growth terms. They represent probably the best profit growth and investment opportunities available to the company, and every effort should therefore be made to maintain and consolidate their competitive position. This will sometimes require heavy investment beyond their own generation capabilities and low margins may be essential at times to deter competition, but this is almost invariably worthwhile for the longer term: when the growth slows, as it ultimately does in all business, very large cash returns will be obtained if share has been maintained so that the business drops into the lower left quadrant of the matrix, becoming a *cash cow*. If *star* businesses fail to hold share, which frequently happens if the attempt is made to net large amounts of cash from them in the short and medium term (e.g. by cutting back on investment and raising

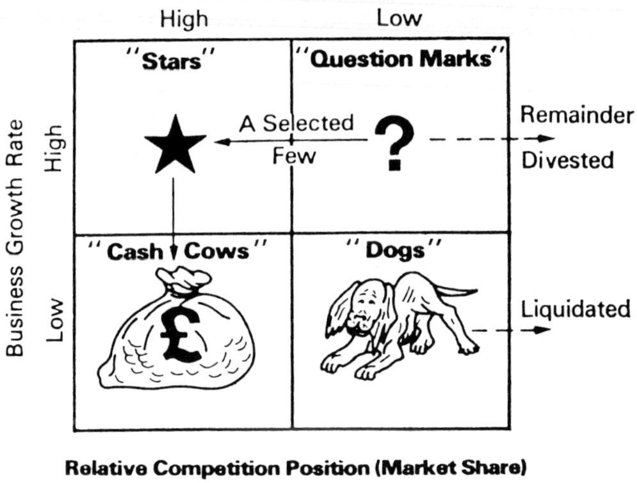

Fig. 1: The business portfolio or growth-share matrix

prices, creating an `umbrella' for competitors), they will ultimately become *dogs* (lower right quadrant). These are certain losers.

Cash cows — low growth, high share — should have an entrenched superior market position and low costs. Hence profits and cash generation should be high, and because of the low growth reinvestment needs should be light. Thus large cash surpluses should be generated by these businesses. *Cash cows* pay the dividends and interest, provide the debt capacity, pay for the company overhead *and* provide the cash for investment elsewhere in the company's portfolio of businesses. They are the foundation on which the company rests.

Dogs — low growth, low share — represent a tremendous contrast. Their poor competitive position condemns them to poor profits. Because the growth is low, there is little potential for gaining sufficient share to achieve a viable cost position at anything approaching a reasonable cost. Unfortunately, the cash required for investment in the business just to maintain competitive position, though low, frequently exceeds that generated, especially under conditions of high inflation. The business therefore becomes a `cash trap' likely to absorb cash *perpetually* unless further investment in the business is rigorously avoided. The colloquial term *dog* describing these businesses, though undoubtedly pejorative, is thus rather apt. A company should take every precaution to minimize the proportion of its assets that remain in this category.

Question marks — high growth, low share — have the worst cash characteristics of all. In the upper right quadrant, their cash needs are high because of their growth, but their cash generation is small because of their low share. If nothing is done to change its market share, the *question mark* will simply absorb large amounts of cash in the short term and later, as the growth slows, become a *dog*. Following this sort of strategy, the *question mark* is a cash loser throughout its existence. Managed this way, a *question mark* becomes the ultimate `cash trap'.

In fact there is a clear choice between only two strategy alternatives for a *question mark*, hence the name. Because growth is high, it should be easier and less costly to gain share here than it would be in a lower growth business. One strategy is therefore to make whatever investments are necessary to gain share, to try to fund the business to dominance so that it can become a *star* and, ultimately a *cash* cow when the business matures. This strategy will be very costly in the short term — growth rates will be even higher than if share were merely being maintained, and additional marketing and other investments will be required to make the share actually change hands — but it offers the only way of developing a sound business from the *question mark* over the long term. The only logical alternative is divestment. Outright sale is preferable; but if this is not possible, then a firm decision must be taken not to invest further in the business and it must be allowed simply to generate whatever cash it can while none is reinvested. The business will then decline, possibly quite rapidly if market growth is high, and will have to be shut down at some point. But it will produce cash in the short term and this is greatly preferable to the error of sinking cash into it perpetually without improving its competitive position.

2.4 Some Examples

These then, are the four basic categories to which businesses can belong. Some companies tend to fit almost entirely into a single quadrant. General Motors and English China Clays are examples of predominantly *cash cow* companies. Chrysler, by comparison, is a *dog* which compounded its fundamental problem of low share in its domestic U.S. market by acquiring further mature low share competitors in other countries (e.g. Rootes which became Chrysler U.K.). IBM in computers, Xerox in photocopiers, BSR in low cost record autochangers, are all examples of predominantly *star* businesses. Xerox's computer operation, XDS, was clearly a *question mark*, however, and it is not surprising that Xerox recently effectively gave it away free to Honeywell, and considered itself lucky to escape at that price! When RCA closed down its computer operation, it had to sustain a write-off of about $ 490 m. *Question marks* are costly.

3. Portfolio Strategy

Most companies have their portfolio of businesses scatered through all four quadrants of the matrix. It is possible to outline quite briefly and simply what the appropriate overall portfolio strategy for such a company should be. The first goal should be to maintain position in the *cash cows*, but to guard against the frequent temptation to reinvest in them excessively. The cash generated by the *cash cows* should be used as a first priority to maintain or consolidate position in those *stars* which are not self sustaining. Any surplus remaining can be used to fund a *selected* number of *question marks* to dominance. Most companies will find they have inadequate cash generation to finance market sharegaining strategies in all their *questions marks*. Those which are not funded should be divested either by sale or liquidation over time.

Finally, virtually all companies have at least some *dog* business. There is nothing reprehensible about this, indeed on the contrary, an absense of *dogs* probably indicates that the company has not been sufficiently adventurous in the past. It is essential, however, that the fundamentally weak strategic position of the *dog* be recognized for what it is. Occasionally it is possible to restore a *dog* to viability by a creative business segmentation strategy, rationalizing and specializing the business into a small niche which it can dominate. If this is impossible, however, the only thing which could rescue the *dog* would be an increase in share taking it to a position comparable to the leading competitors in the segment. This is likely to be unreasonably costly in a mature business, and therefore the only prospect for obtaining a return from a *dog* is to manage it for cash, cutting off all investment in the business. Management should be particularly wary of expensive 'turn around' plans developed for a *dog* if these do not involve a significant change in fundamental competitive position. Without this, the *dog* is a sure loser. An indictment of many corporate managements is not the fact that their companies have *dogs* in the portfolio, but rather that these *dogs* are not managed according to logical strategies. The decision to liquidate a business is usually even harder to take than that of entering a new business. It is essential, however, for the long term vitality and performance of the company overall that it be prepared to do *both* as the need arises.

Thus the appropriate strategy for a multibusiness company involves striking a balance in the portfolio such that the cash generated by the *cash cows*, and by those *question marks* and *dogs* which are being liquidated, is sufficient to support the company's *stars* and to fund the selected *question marks* through to dominance. This pattern of strategies is indicated by the arrows in Figure 1. Understanding this pattern conceptually is, however, a far cry from being able to implement it in practice. What any company should do with its own specific businesses is of course a function of the precise shape of the company's portfolio, and the particular opportunities and problems it presents. But how can a clear picture of the company's portfolio be developed?

The Matrix Quantified

Based on careful analysis and research it is normally possible to divide a company into its various business segments appropriately defined for purposes of strategy development.

Following this critical first step, it is usually relatively straightforward to determine the overall growth rate of each individual business (i.e. the growth of the *market*, not the growth of the company within the market), and the company's size (in terms of turnover or assets) and relative competitive position (market share) within the business[1]).

Armed with these data it is possible to develop a precise overall picture of the company's portfolio of businesses graphically. This can greatly facilitate the identification and resolution of the key strategic issues facing the company. It is a particularly useful approach where companies are large, comprising many separate businesses. Such complex portfolios often defy description in more conventional ways.

The nature of the graphical portfolio display is illustrated by the example in Figure 2.

In this chart, growth rate and relative competitive position are plotted on continuous scales. Each circle in the display represents a single business or business segment, appropriately defined. To convey an impression of the relative significance of each business, size is indicated by the area of the circle, which can be made proportional to either turnover or assets employed. Relative competitive position is plotted on a logarithmic scale, in order to be consistent with the experience curve effect, which

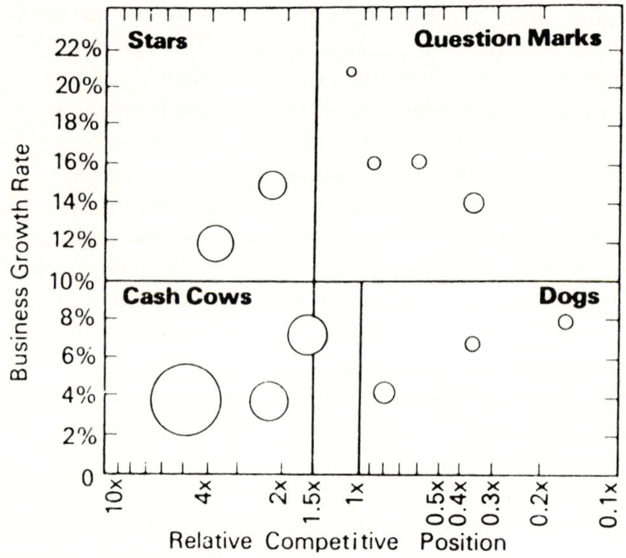

Fig. 2: Graphical representation of the portfolio (note: circle area is proportional to size of business concerned e.g. turnover or assets)

---

[1] Frequently the ratio of the market share of the company in the business relative to that of the largest competitor can be used for the latter measure. In some business segments with more complex economics, different cost elements may have differing experience curve bases for cost reduction. In such cases a simple measure of overall relative competitive position is given by the weighted average of the company's relative position in each of these separate experience curve bases. The weights to be used in computing the average are the proportions of the total cost or value added accounted for by the cost element related to each experience base. The average relative share thus still represents an experience curve based proxy for relative cost position in this complex situation, just as it does in the simplier case where

implies that profit margin or rate of cash generation differences between competitors will tend to be related to the *ratio* of their relative competitive positions (market shares). A linear axis is used for growth, for which the most generally useful measure is *volume* growth of the business concerned, as in general rates of cash use should be directly proportional to growth.

The lines dividing the portfolio into four quadrants are inevitably somewhat arbitrary. `High growth', for example, is taken to include all businesses growing in excess of 10 per cent per annum in volume terms. Certainly, above this growth rate market share tends to become fairly fluid and can be made to change hands quite readily. In addition many companies have traditionally employed a figure of 10 per cent for their discount rate in times of low inflation, and so this also tends to be the growth rate above which investment in market share becomes particularly attractive financially[2]).

The line separating areas of high and low relative competitive position is set at 1.5 times. Experience in using this display has been that in high growth businesses relative strengths of this magnitude or greater are necessary in order to ensure a sufficiently dominant position that the business will have the characteristic of a star in practice. On the other hand, in low growth businesses acceptable cash generation characteristics are occasionally, but not always, observed at relative strenghts as low as 1 times; hence the addition of a second separating line at 1 times in the low growth area, to reflect this. These lines should, of course, be taken only as approximate guides in characterizing businesses in the portfolio as *dogs* and *question marks, cash cows* and *stars*. In actuality, businesses cover a smooth spectrum across both axes of the matrix. There is obviously no `magic' which transforms a *star* into a *cash cow* as its growth declines from 10.5 to 9.5 per cent. It is undeniably useful, however, to have some device for broadly indicating where the transition points occur within the matrix, and the lines suggested here have worked well in practical applications of the matrix in a large number of companies.

4. Portfolio Approaches in Practice

The company shown in Figure 2 would be a good example of a potentially well balanced portfolio. With a firm foundation in the form of two or three substantial *cash cows*, this company has some well placed *stars* to provide growth and to yield high cash returns in the future when they mature. The company also has some *question marks* at least two of which are probably sufficiently well placed that they offer a good chance of being funded into *star* positions at a reasonable cost, not out of proportion to the company's resources. The company is not without *dogs*, but properly managed there is no reason why these should be a drain on cash.

all costs in the business segment are simply a reflection of accumulated experience in that segment alone.

[2] It is an interesting mathematical fact that if the market were expected to grow in excess of the discount rate forever, the discounted present value of increased market share would actually be infinite!

4.1 The Sound Portfolio, Unsoundly Managed

Companies with an attractive portfolio of this kind are not rare in pratice. In fact Figure 2 is the disguised version of a representation of an actual U.K. company analysed in the course of a Boston Consulting Group assignment. What is much rarer, however, is to find that the company has made a clear assessment of the matrix positioning and appropriate strategy for each business in the portfolio.

Ideally, one would hope that the company in Figure 2 would develop strategy along the following lines. For the *stars*, the key objectives should be the maintenance of market share; current profitability should be accorded a lower priority. For the *cash cows*, however, current profitability may well be the primary goal. *Dogs* would not be expected to be as profitable as the *cash cows*, but would be expected to yield cash. Some *question marks* would be set objectives in terms of increased market share; others, where gaining dominance appeared too costly, would be managed instead for cash.

The essence of the portfolio approach is therefore that strategy objectives must vary between businesses. The strategy developed for each business must fit its own matrix position *and* the needs and capabilities of the company's overall portfolio of businesses. In practice, however, it is much more common to find all businesses within a company being operated with a common overall goal in mind. `Our target in this company is to grow at 10 per cent on capital'. This type of overall target is then taken to apply to every business in the company. *Cash cows* beat the profit target easily, though they frequently miss on growth. Nevertheless, their managements are praised and they are normally rewarded by being allowed to plough back what only too frequently amounts to an *excess* of cash into their `obviously attractive' businesses. Attractive businesses, yes: but *not* for growth investment. *Dogs* on the other hand rarely meet the profit target. But how often is it accepted that it is in fact unreasonable for them *ever* to hit the target? On the contrary, the most common strategic mistake is that major investments are made in *dogs* from time to time in hopeless attempts to turn the business around without actually shifting market share. Unfortunately, only too often *question marks* are regarded very much as *dogs*, and get insufficient investment funds ever to bring them to dominance. The *question marks* usually do receive some investment, however, possibly even enough to maintain share. *This is throwing money away into a cash trap*. These businesses should either receive enough support to enable them to achieve segment dominance, *or none at all*.

These are some of the strategic errors which are regularly committed even by companies which have basically sound portfolios. The result is a serious suboptimization of potential performance in which some businesses (e.g. *cash cows*) are not being called on to produce the full results of which they are actually capable, and resources are being mistakenly squandered on other businesses (*dogs, question marks*) in an attempt to make them achieve performance of which they are intrinsically incapable without a fundamental improvement in market share. Where mismanagement of this kind becomes positively dangerous, is when it is applied within the context of a basically unbalanced portfolio.

4.2 The Unbalanced Portfolio

The disguised example in Figure 3 is another actual company. This portfolio is seriously out of balance. As shown in Figure 3a), the company has a very high proportion of *question marks* in its portfolio, and an inadequate base of *cash cows*. Yet at the time of investigation this company was in fact taking such cash as was being

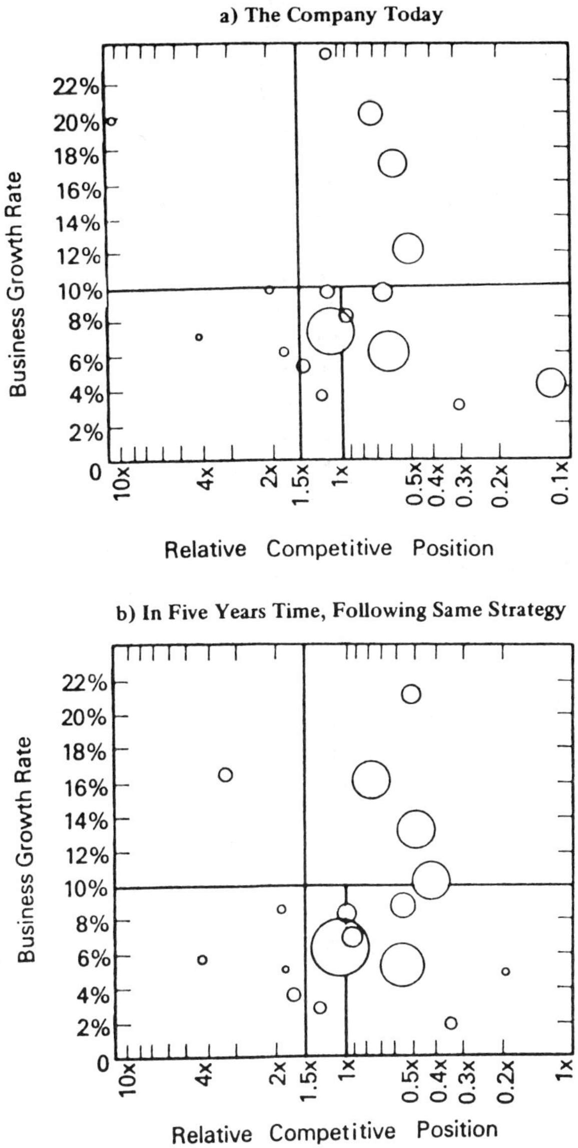

Fig. 3: An unbalanced portfolio

generated by its mature businesses and spreading it out amongst all the high growth businesses, only one of which was actually receiving sufficient investment to enable it even to maintain share! Thus the overall relative competitive position of the portfolio was on average declining. At the same time, the balance in the portfolio was shifting. as shown in the projected portfolio in Figure 3b), because of the higher relative growth of the *question marks* their overall weight in the portfolio was increasing, making them even harder to fund from the limited resources of the mature businesses. If the company continued to follow the same strategy of spreading available funds between all the businesses, then the rate decline could only increase over time leading ultimately to disaster.

This company was caught in a vicious circle of decline. To break out of the circle would require firm discipline and the strength of will to select only one or two of the *question marks* and finance those, whilst cutting off investment in the remainder. Obviously the choice of which should receive investment involves rather more than selection at random from the portfolio chart. It requires careful analysis of the actual nature of the businesses concerned and particularly the characteristics and behaviour of the competitors faced in those businesses. However, the nature of the strategic choice facing the company is quite clear, when viewed in portfolio terms. Without the clarity of view provided by the matrix display, which focuses on the real fundamentals of the businesses and their relationships to each other within the portfolio, it is impossible to develop strategy effectively in any multibusiness company.

5. Implications for Strategy Development Today

The need for an approach of this kind is more acute than ever today. In recent times business managers and planners have had to adapt to a new norm of continual change and unpredictability in economic affairs. The difficulty of adapting has been compounded over the last few years by persistent pressures of inflation and recession. Inflation of course, results in pressure on profits — certainly on 'real' profits — and even more importantly on cash. More cash is required for the same physical stocks, net debtors inflate and, of course, investment in plant and equipment becomes much more costly in cash terms. Apparent profits can normally be increased in inflationary times though taxes and dividends take their share. The net result, however, especially in a climate of price and marginal control, is that cash available for reinvestment is insufficient to finance real growth at anything like historic rates. Introduction of accounting changes, spearheaded by the provision of tax relief on 'stock profits', helps the situation but is by no means a complete solution in itself. The influence of recession, superimposed on the inflation, has been to increase further the pressure on profits. In a few instances, recession may have reduced cash needs as working capital needs declined and short-term capacity expansion requirements were revised downwards. But that has been cold comfort, at best.

The Predictable Reactions

How are companies reacting to these pressures? It is, of course, difficult and dangerous to generalize. It appears however, that the most common corporate response has been simply a general `tightening of the belt'. The call has gone out to all businesses both to generate more profits in the short term, and to control cash tightly. The results have been predictable. Prices have been increased as much as is legally possible. Expenditures which look `postponable' have been eliminated. This has covered everything from company cars and office painting to more important expenditures such as plant overhaul, market research, product research and development which may produce only `intangible' short term benefits. Cash has been conserved both by tight stock control, and by energetically trying to take increased supplier credit at the same time as reducing the level of one's own debtors. Significantly, investment in plant and equipment have frequently been refused, unless they offered a very high return and rapid payback. And perhaps most importantly of all, these measures tend to have been applied virtually across the board, affecting all the businesses within large multibusiness companies more or less equally.

Actions such as these are understandable reflex managerial responses. They have alleviated the pressures to which companies have been exposed. Unfortunately, however, they are only acceptable in the short term. They must not be continued now even if the pressures which originally stimulated them persist into the longer term. It is particularly important that they be discontinued if the maximum benefit is to be taken of any near term improvement in trading conditions. If these `across the board' measures *are* continued, then severe and lasting damage will be done in some businesses for which they are wholly inappropiate long term.

Many companies have been living from day to day for too long. Clear and explicit consideration of long range strategy must be restored to our business consciousness and decision making, or we shall find that we have mortgaged the future irretrievably. Relative competitive position within the context of the portfolio concept can provide the simple and sound individual business objectives which are needed for any company to optimize its strategic opportunities.

References

[1] A number of discussions of the business portfolio concept have appeared previously at various times in publications by *The Boston Consulting Group*. These include: Perspectives, The Product Portfolio, 1970; Commentary, Growth and Financial Strategies, 1971; Perspectives, The Growth Share Matrix, 1973.

[2] *The Boston Consulting Group Ltd.*: Strategy Alternatives for the British Motorcycle Industry. A Report prepared for the Secretary of State for Industry, HMSO, 1975.

Determinanten des Zeithorizontes in der Unternehmungsplanung*

A. Gälweiler

1. Einleitung

Das Thema sieht zunächst relativ einfach aus, weil es nur den zeitlichen Aspekt der Unternehmungsplanung und die dafür üblich gewordenen Einteilungsmodalitäten zu betreffen scheint. Die damit verbundenen Fragen erscheinen daher auf den ersten Blick einer isolierten Darstellung und Behandlung leicht zugänglich. Tatsächlich liegen die eigentlichen Probleme wesentlich tiefer, auch wenn sie in der Unternehmungsplanung noch nicht überall so gesehen werden.

Der Zeitaspekt berührt den materiellen Kern jeder Planung. Es gibt prinzipiell keine Planung, ganz gleich welcher Art, ohne daß damit eine in die Zukunft gerichtete zeitliche Reichweite verbunden ist, auch wenn diese Reichweite nicht eigens erwähnt wird. Im Mindestfalle ergibt sie sich aus dem unumgänglichen Zeitbedarf für die Ausführung eines geplanten Vorhabens, ganz gleich welcher Art es ist.

Schon hier kann man erkennen, daß die Notwendigkeit der Planung überhaupt ihre letzte Ursache darin hat, daß man für alles Zeit braucht und daß alles seine Zeit braucht. Umgekehrt formuliert wird das noch deutlicher: Man bräuchte überhaupt keine Planung, wenn alles zeitlos zu bewerkstelligen wäre. Die Unternehmungsplanung macht dabei keine Ausnahme. Die Kenntnis des spezifischen Zeitbedarfs für alle erfolgsrelevanten Voraussetzungen ist deshalb auch die wesentliche Grundlage der Unternehmungsplanung. Voraussetzungen, die sich kurzfristig ändern oder schaffen lassen, brauchen nicht Gegenstand der langfristigen Planung zu sein. Voraussetzungen, zu deren Schaffung eine lange Zeit gebraucht wird, begründen erst die Notwendigkeit für eine langfristige Planung. Die Wirksamkeit einer langfristigen Planung wird daher erst erreicht, wenn man diejenigen geschäftsspezifischen Voraussetzungen kennt, die nur über einen langfristig orientierten Ansatz übersehbar und beherrschbar gemacht werden können. Die strategische Planung hat dabei zu signifikanten Forschritten geführt.

* Dieser Beitrag wird wiederabgedruckt aus: *angewandte planung* 1, 1977, 95–106. Physica-Verlag, Würzburg–Wien.

2. Der bisherige Zeitansatz in der Unternehmungsplanung

Bei der Unternehmungsplanung hatte sich in der Frühzeit ihrer Entwicklung der zeitliche Aspekt sozusagen verselbständigt: Daraus entstand die kurz-, mittel- und langfristige Unternehmungsplanung. Verschieden lange Zeithorizonte wurden damit zum originären und konstitutiven Einteilungskriterium. Von der Aufgabenstellung der Unternehmungsplanung her war das sehr naheliegend und auch durchaus verständlich. Die spezifische Aufgabe der Unternehmungsplanung besteht normalerweise darin, die Existenz der Unternehmung über eine möglichst lange Zeitstrecke in die Zukunft hinein zu sichern. Dieser grundlegende Bezug auf eine künftige Zeitstrecke wurde damit zunächst zum tragenden Ansatzpunkt für die notwendige Aufgliederung dieser, in ihrer Komplexität kaum zu übertreffenden Aufgabenstellung. Sie bildet heute noch in vielen Fällen das dominierende Einteilungskriterium. Als solches hat es konstitutive Wirkungen. Gerade deshalb könnte man leicht verführt sein, das Thema von dieser Sicht her zu behandeln. Tatsächlich hat gerade dieser unmittelbare zeitliche Ansatzpunkt für die Aufgliederung der Aufgabe der Unternehmungsplanung auf einen Irrweg geführt, der einige unnötige Probleme und auch Scheinprobleme mit sich brachte.

Von diesem Ansatzpunkt her wurde die Unternehmungsplanung in ihren Frühformen auch zwangsläufig in eine analoge Aufgabenstellung gedrängt, wie sie der betriebswirtschaftlichen Erfolgsrechnung für die Vergangenheit und der laufenden Erfolgssteuerung für die jeweilige Gegenwart obliegt. Ihre Hauptaufgabe wurde in der vorausschauenden Ermittlung der gleichen Erfolgsgrößen und der damit involvierten Finanz- und Bilanzzahlen gesehen, die auch Gegenstand der Vergangenheitsrechnung und der laufenden Erfolgssteuerung sind. Deshalb war auch die Einteilung und Abgrenzung der unterschiedlichen Zeithorizonte nach den gleichen Zeiteinheiten (=Kalenderjahren), wie sie für die Vergangenheitsrechnung üblich sind, sehr naheliegend. Natürlich fanden in der „Planung" auch stets einige mehr oder weniger gut geschätzte Annahmen über künftig erwartete Veränderungen ihren Niederschlag.

Unbefriedigende Endzahlen lösten auch häufig korrigierende Anpassungsentscheidungen aus. Das traf und trifft auch noch heute weitgehend für die kurzfristigen Pläne zu. Im Grunde waren es aber mehr Prognose- oder Vorschaurechnungen als Planungen. Insbesondere traf das für die sogenannte Langfristplanung zu. Im Grunde war sie überhaupt keine Planung und erst recht keine langfristige.

Im Regelfall ging deshalb von ihr auch keine langfristig wirksame Steuerung der Unternehmung aus. Die lange Frist war ihr bestenfalls nominell angepfropft. Man glaubte, sie zu haben durch eine langfristige in die Zukunft hineinreichende zeitliche Extrapolation der für die Führung des laufenden Geschäfts wichtigen finanzwirtschaftlichen Daten und Größen. Das führte zu Plan-Erfolgsrechnungen und Plan-Bilanzen für z.B. fünf und mehr künftige Jahre.

Wie wir weiter unten sehen werden, war von diesem Ansatz her eine langfristige Unternehmungssteuerung prinzipiell nicht möglich. Daran änderte auch die Bezeichnung Langfristplanung und ein relativ breit detailliertes Zahlenwerk über noch so viele Zukunftsjahre nichts.

Aus dieser Anlehnung an die Erfolgssteuerung und an die Erfolgsrechnung entstand nicht nur die Einteilung der zukünftigen Zeitstrecke nach Kalenderjahren. Aus der notwendigen Aufeinanderfolge dieser künftigen Kalenderjahre kam auch die Verführung, die kurz-, mittel- und langfristigen künftigen Zeithorizonte als Grenzen für jeweils hintereinanderliegende und aufeinanderfolgende Zeitperioden zu sehen. Daraus resultierte das so häufig beschriebene Problem der Koordinierung zwischen den kurz-, mittel- und langfristigen Plänen. Schließlich führte es auch zu zahlreichen wenn auch wenig ergiebigen Definitionsversuchen, was kurzfristig und was langfristig sei, vor allem wo das eine aufhöre und das andere anfange.

Was man immer konnte und mit solchen Planungsrechnungen immer kann, ist die spätere Ermittlung von Abweichungen über Plan: Ist-Vergleiche und ihre oft anspruchsvoll aufgemachte und nach großer Gründlichkeit aussehende Abweichungs-Analyse. Gerade aber in einer sich schnell verändernden Welt macht das Suchen und Finden von Abweichungsbegründungen die geringsten Schwierigkeiten.

Genau aus den gleichen Gründen helfen sie aber auch nicht viel: Je schneller sich die Umwelt verändert, um so weniger sind die Erkenntnisse aus solchen Abweichungsanalysen über die Vergangenheit nützlich für die bessere Beherrschung und Steuerung des künftigen Geschehens. Das gilt insbesondere für langfristige Pläne. Aber gerade in der besseren langfristigen Steuerung, d.h. in der Vermeidung unerwünschter Unternehmungsentwicklungen, liegt die eigentliche Aufgabe der Unternehmungsplanung, nicht in der späteren Feststellbarkeit, Analyse und Begründung von Abweichungen.

3. Erkenntnisse aus der strategischen Planung

Zu einer effizienteren Unternehmungsplanung in bezug auf tatsächliche Steuerungswirkungen und zu besseren Einsichten in die Ursachen der bisherigen Ineffizienz hat die Entwicklung der strategischen Planung geführt. Dabei hat die strategische Planung den Platz der bisherigen Langfristplanung eingenommen. In manchen Unternehmungen wurde zwar auch nicht viel mehr getan, als nur der Name ausgetauscht. Aber hinter dieser Entwicklung steckt erheblich mehr als nur eine Namensänderung. Als ein Vorwegergebnis in bezug auf unser Thema zeigt der heutige Ansatz der strategischen Planung mit allen sich daraus ergebenden Konsequenzen und Wirkungen folgendes:

Die zeitliche Reichweite der Unternehmungsplanung ist in bezug auf den tatsächlich erreichbaren Wirkungshorizont nicht eine Frage der a priori-Festlegung des gewollten Zeithorizontes. Deshalb ist der Zeithorizont kein selbständiges und konstitutives Element der Unternehmungsplanung. Er ist viel mehr die zwangsläufige Folge bestimmter Orientierungsgrundlagen und der mit diesen verbundenen Zeitbedingungen und zeitlichen Reichweiten.

Maßgebend dafür ist letztlich die Tatsache, daß jeder Vorgang eine für ihn spezifische Zeit braucht, d.h. seine eigene Zeitkonstante hat. Man kann es ganz allgemein die Zeitlichkeit oder die Zeitgebundenheit allen Geschehens nennen. Es gibt auf dieser Welt keine zeitlosen Vorgänge. Jeder Vorgang, jeder zu erreichende Zustand, jede Voraussetzung alles hat zu seiner Realisierung einen spezifischen Zeitbedarf. Dieser läßt sich nicht beliebig verringern. Erst recht nicht, wenn dabei auch noch wirtschaftliche

Gesichtspunkte eine maßgebende Rolle spielen. Allein daraus resultiert letztlich die Notwendigkeit jeglicher Planung.

Unter diesem Aspekt ist Planung in ihrem allgemeinen Sachgehalt nichts anderes als ein vollständiges Einbeziehen der Zeitlichkeit der jeweils zielrelevanten externen und internen Vorgänge in die eigenen Ziele und Handlungen.

4. Planungsrelevante Charakteristika der Netzplantechnik

Die grundlegende Rolle der Zeitlichkeit jeglicher Planung wird sehr deutlich in der Netzplantechnik, insbesondere im Netzplan für ein konkretes Projekt. Im Grunde gilt das gleiche auch für die Unternehmungsplanung und dort insbesondere auch für die strategische Planung. Gerade bei ihr geht es um Vorgänge und Voraussetzungen, deren Zustandekommen sich durch einen sehr langen Zeitbedarf, d.h. durch große Zeitkonstanten, auszeichnet. Daraus resultiert der mit ihnen gegebene und aus ihrer Einbeziehung kommende lange Zeithorizont oder besser, die Notwendigkeit des frühen Erkennens und Beginnens. Inhalt und Elemente der strategischen Planung sind daher vor allem durch Phänomene bestimmt, die sich durch große Zeitkonstanten auszeichnen.

Die langfristig orientierte Aufgabe der Unternehmungsplanung hat allerdings auch einige Eigenschaften, die in dieser ausgeprägten Form bei Netzplan-Projekten normalerweise nicht von ausschlaggebender Bedeutung sind. Vor allem hat es die Unternehmungsplanung mit dynamischen Zielbedingungen sehr komplexer Art zu tun; ihre Zielgröße ist ein in mehrfacher Weise im Zeitablauf zu sicherndes Fließgleichgewicht bei allen Führungsgrößen, die für die langfristige Existenzsicherung der Unternehmung von Bedeutung sind. Hinzu kommt, daß die zeitliche und sachliche Verknüpfung aller sich gegenseitig bedingenden Voraussetzungen nicht mit der gleichen zwingenden Evidenz und Präzision wie bei einem normalen Netzplanprojekt unmittelbar erkennbar ist.

Schließlich kommt noch hinzu, daß als eine Folge der großen Zeitkonstanten kurz und langfristig relevante Zielgrößen normalerweise stets im Konflikt miteinander stehen.

Unter der für jede Planung maßgebenden Zeitlichkeit oder Zeitgebundenheit allen Geschehens sind daher zwei Dinge zu verstehen:

1. Daß man zu einem bestimmten Zeitpunkt etwas haben will oder braucht, sei es als eine periodische Zielgröße oder als eine notwendige Voraussetzung für einen weiteren Schritt auf dem Wege zur Erreichung einer solchen periodischen Zielgröße.
2. Daß man zur Schaffung aller dieser Zwischenschritte oder Voraussetzungen Zeit braucht und daß dieser Zeitbedarf prinzipiell nicht beliebig reduzierbar ist. Er ist bestimmt durch die Art des mit dem spezifischen Vorgang angestrebten Zustandes oder Ereignisses.

Je mehr Zeit man braucht für die Gestaltung eines bestimmten Zustandes oder für die Erreichung bestimmter Voraussetzungen für das später erfolgreiche Tätigsein, um so früher muß man damit beginnen, wenn man zu einem bestimmten Zeitpunkt fertig sein will. Das frühere Beginnen setzt ein früheres Wissen um die langzeitigen Zusammenhänge und entsprechende langfristig orientierte Entscheidungen voraus.

Hier liegen die eigentlichen Gründe und Notwendigkeiten für eine langfristige Planung.

5. Der Fehlansatz der Langfristplanung

Die damit gegebene Aufgabenstellung läßt sich aber gerade in einer sich schnell verändernden Welt nicht lösen durch ein zeitliches, wenn auch noch so gut modifiziertes und methodisch noch so hochgezüchtetes Extrapolieren der gleichen Orientierungsgrößen und Zahlenwerke, die für die laufende bzw. kurzfristige Unternehmungssteuer relevant sind.

Darin lag der grundlegende Fehlansatz der früheren Langfristplanung wie auch ihre relativ große Wirkungslosigkeit. Dieser Fehlansatz läßt sich in folgender These zum Ausdruck bringen: Grunddaten und Orientierungsgrößen, die ihrer Natur nach kurzlebig sind und daher auch nur kurzfristige Wirkungshorizonte haben, lassen sich auch über eine zeitliche Extrapolation prinzipiell nicht zu langfristig wirksamen Orientierungsgrößen machen. Das wird im einzelnen noch ausführlicher zu belegen und zu begründen sein. Aber darin lag letztlich die eigentliche Ursache dafür, daß diese Planung, auch wenn sie langfristig genannt wurde und viele Zahlen für die „lange Frist" enthielt, vom materiellen Inhalt und von der Wirkung her kurzfristig blieb, weil sie vom Ansatz her von kurzlebigen Daten ausging. Deshalb mußte sie auch relativ häufig geändert werden. Mit den rascheren Umweltänderungen funktionierte sie immer weniger. Nicht selten ist sie bereits veraltet, bevor sie fertiggestellt ist.

6. Die strategische Planung brachte neue Orientierungsgrundlagen

Die mit der strategischen Planung erreichten langfristig wirksamen Steuerungsmöglichkeiten beruhen deshalb vor allem in anderen Orientierungsgrundlagen und Orientierungsdaten. Diese sind in sich langlebiger und haben dementsprechend inhärente längerfristige Wirkungshorizonte. Das führt insbesondere zu einer deutlichen längerfristigen Steuerungswirkung. Sie hat zwar nicht in allen Fällen die gewünschte Langfristigkeit. Sie ist aber langfristiger als die im gleichen Falle an kurzfristigen Erfolgsgrößen orientierten „Pläne".

Durch diese Entwicklung erhält auch die Prognose bei der strategischen Planung eine andere Bedeutung als bei der bisherigen Langfristplanung. Aus einer wenig konkretisierbaren Pauschalität und einer bisher allzu beziehungslos im Vordergrund stehenden Rolle wird sie differenzierter und auf eindeutiger faßbare einzelne Vorgänge reduziert. Auch das hat eine gewisse Analogie mit der Netzplantechnik: Jede in einen Netzplan eingehende Zeit- und Kostengröße ist unvermeidbarerweise mit einer prognostischen

Aussage verbunden. Aber es ist nicht die Prognose, die kennzeichnend ist für Wesen, Zweck und Nutzen des Netzplanes.

Entscheidend für unser Thema ist folgende, aus der Entwicklung der strategischen Planung resultierende Erkenntnis:

Der mit der Unternehmungsplanung steuerungswirksam erreichbare Zeithorizont ist in erster Linie eine Funktion der Orientierungsgrundlagen, von denen die Planungsansätze ausgehen. Der erreichbare Zeithorizont ist primär nicht eine Frage des Planungswillens schlechthin und der von dort her kommenden Festlegungen über kurz-, mittel- und langfristige Pläne. Wer langfristig wirksam steuern will, muß sich als erstes an denjenigen Grundlagen und Größen orientieren, die in sich eine langfristige Wirkung haben.

Die Weite und Breite des geistig übersehbaren Horizontes bei unternehmerischen Entscheidungen hat gewisse Analogien mit der Weite und Breite unseres optischen Gesichtsfeldes. Es ist in erster Linie stets abhängig vom Standort des Beobachters. Viel weniger von der Kraft seines Willens, von seiner geistigen Energie und von seiner Vorstellungskraft. Von hoher Warte hat man stets einen breiteren und weiter entfernten Horizont als im Flöz eines Bergwerkes, in einem Fahrstuhlschacht, hinter einem Kellerfenster oder in einem Tunnel, ob man das will oder nicht. Eine „räumliche Extrapolation" läßt sich zwar auch dort geistig in vielfältiger Weise vollziehen. Sie ist aber in der Regel die am wenigsten zuverlässige Grundlage für ein erfolgsversprechendes Entscheiden und Handeln. Ähnlich ist es in der Unternehmung. Der erreichbare Entscheidungshorizont ist auch dort weniger eine Folge des Willens und der nach zeitlicher Fernwirkung strebenden geistigen Energien. Primär ist er eine Folge der dafür gewählten Ansatzpunkte und Orientierungsgrundlagen. Gleich wie in der Natur der jeweilige Standort den damit jeweils zugänglichen Horizont bestimmt, so ist es in der Unternehmung mit unterschiedlichen Orientierungsgrundlagen. Unterschiedliche Kategorien von Orientierungsgrundlagen haben voneinander abweichende Zeit- und Wirkungshorizonte. Wesentlich ist, daß diese unterschiedlichen zeitlichen Reichweiten mit den verschiedenen Orientierungsgrundlagen untrennbar verbunden sind. In bezug auf die damit verbundenen Wirkungen heißt das folgendes:

Wer eine langfristige Wirkung haben will, seine Entscheidung aber an Grundlagen und Daten orientiert, denen von Natur aus eine kurzfristige Wirkungsdauer inhärent ist, erreicht auch durch eine noch so geistig hochgezüchtete zeitliche Extrapolation keinen langfristigen Wirkungshorizont.

Auch wenn er es noch so kraftvoll langfristig nennt und es noch so „richtig" in die Zukunft hinein „rechnet". Wer einen breiten und weiter in die Zukunft hineinreichenden Zeithorizont haben will, muß die entsprechend langlebigeren Orientierungsgrundlagen benutzen.

Besonders wichtig für die Effektivität der Planung ist eine mit dem längeren Zeithorizont zwangsläufig verbundene Folgewirkung:

Je weiter entfernt der tatsächlich erreichbare Horizont ist, um so früher läßt sich erkennen, was auf einen zukommt, und um so früher lassen sich die ggf. erforderlichen Maßnahmen, sei es zur Nutzung einer Chance oder zur Abwehr eines Risikos, vorbereiten. Nur ein weiter Horizont gestattet eine wirksame Vorsteuerung.

Diese zunächst nur thesenhaften Aussagen finden in der nachfolgenden Darstellung eine ausführlichere Begründung.

Da die Aufgabe der Unternehmungsplanung von ihrem sachlichen und zeitlichen Ansatz her alle anderen Aufgaben mitenthält, ist dafür ein umfassender Bezugsrahmen notwendig. Dabei werden zur besseren Verdeutlichung auch andere Führungsinstrumente und Führungsgrößen in die Analyse einbezogen. Eine grundlegende Rolle spielt dabei der zeitliche Aspekt und der zeitliche Wirkungshorizont unternehmerischer Führungsgrößen und Orientierungsdaten.

Als bislang bestehende Führungs- und Steuerungsgrößen für ein Unternehmen gelten dabei die Liquidität und der Erfolg.

Folgende Thesen sollen nacheinander erläutert und begründet werden.

1. Die im Geschichtsablauf eintretenden Notwendigkeiten für zusätzliche Führungs- und Steuerungsgrößen waren stets eine Folge von Veränderungen in den Zeitbedingungen des wirtschaftlichen Tätigseins. Das gilt auch für den Unternehmungserfolg. Ebenso trifft es für das „Erfolgspotential" zu. Es ist die mit der strategischen Planung oder Führung zur Liquidität und zum Erfolg hinzugekommene „dritte Führungs- bzw. Steuerungsgröße".
2. Jede dieser drei Führungsgrößen hat anhand ihrer spezifischen Orientierungsdaten einen ihr inhärenten zeitlichen Wirkungshorizont. Wird eine Entscheidung an Liquiditätsdaten orientiert, ist damit der Zeithorizont zwangsläufig kürzer als wenn sie an Erfolgsdaten orientiert wird. Ein ebenfalls längerer zeitlicher Wirkungshorizont wird erschlossen wenn eine Entscheidung an Erfolgspotentialdaten anstatt an Erfolgsdaten orientiert wird.

7. Standort und spezifische Aufgabe der strategischen Planung

1. Die Aufgabe der strategischen Planung und Führung besteht in der Suche, Schaffung und Erhaltung hoher und sicherer Erfolgspotentiale.
   Unter dem Erfolgspotential versteht man alle geschäftsspezifischen Voraussetzungen,
   - die den langfristigen Erfolgsspielraum, insbesondere seine Obergrenzen, determinieren
   - die spätestens dann bestehen müssen, wenn die periodengebundene Erfolgsrealisierung beginnt
   - deren Schaffung einen relativ langen Zeitbedarf erfordert.

   Es sollen damit die besten Möglichkeiten oder Aktionsräume, d.h. „Potentiale", für den späteren Erfolg bereitgestellt werden. Das setzt voraus, daß man im Einzelfall diese Voraussetzungen und den zu ihrem Zustandekommen notwendigen Zeitbedarf hinreichend genau kennt.
2. In ihrem Bezug auf die bereits bestehenden Führungs- und Steuerungsgrößen „Liquidität" und „Erfolg" hat das Erfolgspotential eine ähnliche Vorsteuerungsaufgabe wie der Erfolg in bezug auf die Liquidität.

Vorsteuerung heißt, die Entwicklungstendenzen in bezug auf eine zeitlich später kommende Größe früher zu erkennen und deshalb auch früher und damit auch meistens wirksamer nutzen zu können als bei der später nachkommenden Größe selbst.

3. Eine solche langfristig wirksame Vorsteuerungsfunktion kann die strategische Planung nur erfüllen, wenn sie andere Orientierungsgrößen und Orientierungsgrundlagen benutzt als sie für die Erfolgsrechnung und für die Liquiditätsrechnung relevant sind. Man kann eine Größe nicht mit den gleichen Daten vorsteuern, mit denen ihre spätere direkte Steuerung erfolgt!
4. Die Orientierungsdaten (und die Vorsteuerungsgrößen) der strategischen Planung müssen einen ausreichend quantifizierbaren Bezug zum künftigen Erfolg und zur künftigen Liquidität einer Unternehmung haben. Sie müssen spätere Erfolgsmöglichkeiten und die damit verbundenen Liquiditätswirkungen früher erkennen lassen als es mit den konventionellen Erfolgs- und Liquiditätsdaten möglich ist. Das ist vor allem dann wichtig, wenn in einem bestimmten Zeitpunkt strategische Erkenntnisse im Widerspruch stehen zu dem, was die kurzfristigen Orientierungsdaten besagen.
5. Ordnet man die nunmehr gegebenen drei Führungs- und Steuerungsgrößen für eine Unternehmung nach der unmittelbaren Bedeutung für die laufende, d.h. kurzfristige Überlebensfähigkeit der Unternehmung, dann lautet ihre Reihenfolge:
   Liquidität, Erfolg, Erfolgspotential.
   Ordnet man sie nach dem Zeithorizont ihrer Wirkungsreichweite, und beginnt man dabei mit dem längsten Zeithorizont, dann lautet ihre Reihenfolge umgekehrt:
   Erfolgspotential, Erfolg, Liquidität.

Die in den vorangehenden fünf Punkten enthaltenen Thesen und Feststellungen werden deutlicher durch die nachfolgenden Ausführungen.

8. Die Liquidität als wichtigste, aber kurzfristige Führungsgröße

8.1 Der übergeordnete Rang der Liquiditätssicherung

An oberster Stelle steht bei den Führungsgrößen die Erhaltung der Liquidität. Setzt sie aus, ist die Unternehmung am Ende. Auch wenn sie ansonsten noch so leistungsfähig ist. Für eine Unternehmung gibt es daher nichts Schlimmeres als die Zahlungsunfähigkeit. Deshalb gehört es zur Hauptaufgabe der Unternehmungsführung, die Unternehmung von diesem Zustand so weit wie möglich und so sicher wie möglich entfernt zu halten, und zwar über eine lange Zeitstrecke hinweg in die Zukunft hinein. Mit der unmittelbaren Liquiditätssteuerung allein geht das aber nicht. Die Liquidität ist ihrem Wesen nach eine Momentangröße, bei der stets die kurze Frist im Vordergrund steht. Deshalb haben auch liquiditätsorientierte Entscheidungen stets den relativ kürzesten Zeithorizont. Das hat insbesondere Konsequenzen für liquiditätsbezogene Steuerungsinstrumente, wie z.B. für die Finanzplanung. Je weiter sie in die Zukunft reichen soll, umso mehr muß sie sich auf die anderen Pläne (operative und strategische) abstützen und umso weniger kann sie sich an bereits bestehenden Zahlungsansprüchen und Zahlungsverpflichtungen orientieren. Die Qualität einer langfristigen Finanzplanung ist deshalb stets so gut und so schlecht wie die Qualität der operativen und strategischen Pläne, die weiter in die Zukunft hineinreichen. Nur die sich aus ihnen ergebenden finanziellen Daten können Grundlage einer langfristig zuverlässigen Finanzplanung sein.

8.2 Der Erfolg als Vorsteuerungsgröße für die Liquidität

Als eine Vorsteuerungsgröße für die Liquidität ist im Laufe der Zeit der Erfolg hinzugekommen. Er hat daneben auch noch andere Funktionen und Wirkungen, die hier außer Betracht bleiben sollen. Seine Vorsteuerungswirkung für die Liquidität besteht darin, daß

- ein guter Erfolg stets bessere und höhere Wahrscheinlichkeiten für eine künftige Sicherung der Liquidität bietet als ein schlechter.
- ein schlechter Erfolg eine frühe Warnung für sich anbahnende negative Liquiditätswirkungen ist.

Grundsätzlich kann durch die Erfolgssteuerung die Liquiditätssteuerung nicht ersetzt werden. Die Erfolgssteuerung ist deshalb im Grunde nichts anderes als eine Liquiditätsvorsteuerung. Mit der Erfolgssteuerung werden normalerweise Bestimmungsgrößen und Spielräume für die spätere Liquiditätssteuerung gesetzt. Deshalb hat eine Entscheidung im Regelfall einen längerfristigen Wirkungshorizont wenn sie an Erfolgsgrößen (Kosten, Aufwendungen, Erträgen usw.) orientiert ist anstatt an Liquiditätsgrößen. Wesentlich dabei ist, daß dieser längerfristige Wirkungshorizont sich letztlich doch stets auf die Liquidität bezieht! Daraus läßt sich die folgende, absichtlich sehr spitz formulierte Erkenntnis ableiten: Unter den heute normalerweise gegebenen Wirtschaftsbedingungen kann eine ausschließliche Steuerung aller Entscheidungen an ihren unmittelbaren Liquiditätswirkungen der kürzeste Weg in die Illiquidität sein. Ein tatsächlich vorgekommener Fall soll das in aller Kürze beispielhaft zeigen. Eine Unternehmung befindet sich in einer angespannten Liquiditätssituation mit hohen Fremdzinsbelastungen. Um weitere Belastungen der Liquidität zu vermeiden, ergeht von der Unternehmungsführung die Anordnung, bei allen anstehenden größeren Entscheidungen diesen Sachverhalt besonders zu berücksichtigen. Naturgemäß werden die Zahlungsmittelflüsse auch dementsprechend unter Kontrolle gehalten. Es geschah denn folgendes: Für ein Instandsetzungsvorhaben werden Winkeleisen $60 \times 60 \times 10$ in größeren Mengen benötigt. Sie müßten eingekauft und bezahlt werden. Das belastet die Liquidität. Am Lager befinden sich Vierkantprofile 60×60. Die benötigten Winkelprofile werden aus dem Vierkantprofil herausgefräst. Die Belastung der Liquidität ist nahezu Null. Maschinen, Werkzeuge, Personal sind ohnedies da, selbst die Energie aus dem eigenen Kraftwerk. Als einige Monate später für ein anderes Projekt das Vollprofil dringend gebraucht wird, muß es zu mehr als den dreifachen Ausgaben, wie sie das Winkelprofil erfordert hätte, eingekauft werden. Das Beispiel zeigt deutlich, welche negativen längerfristigen Wirkungen zwangsläufig mit einem ausschließlich liquiditätsgesteuerten und damit notwendigerweise nur kurzfristig orientierten Führungs- und Entscheidungsverhalten verbunden sein können. Damit wird auch vieles im öffentlichen Bereich erklärbar, wo die wesentlichen Entscheidungen liquiditätsorientiert mit Hilfe der Kameralistik gesteuert werden.

8.3 Liquidität und Erfolg haben verschiedene Orientierungsgrundlagen und Orientierungsgrößen

Liquidität und Erfolg brauchen zur Erfüllung ihrer jeweiligen Steuerungs- bzw. Vorsteuerungsaufgabe notwendigerweise verschiedene Orientierungsdaten bzw. Leitgrößen.

- Bei der Liquidität sind das Einnahmen und Ausgaben.
- Beim Erfolg sind das Erträge und Aufwendungen.

Diese Aussage ist in ihrem generellen Erkenntnisinhalt von besonderer Bedeutung. Sie besagt nämlich folgendes:

Eine Vorsteuerung, die ex definitione immer zeitlich früher liegen muß, kann man nicht erreichen durch eine zeitliche Extrapolation der gleichen Orientierungsdaten, wie sie für diejenige Steuerungsgröße gebraucht werden, die man vorsteuern will. Tut man es dennoch, kann man eine gegenläufige Entwicklung nicht früher entdecken als bei der vorzusteuernden Größe selbst. Der eigentliche Zweck wird verfehlt. Darin bestand gerade die Schwäche und Unwirksamkeit der bisherigen Langfristplanung. Der Erfolg läßt sich nicht mit seinen eigenen Orientierungsdaten wirksam vorsteuern!

9. Veränderungen in den Zeitbedingungen machten zusätzliche Vorsteuerungsgrößen notwendig

9.1 Was machte die Erfolgssteuerung notwendig?

Die historischen Ursachen für die Notwendigkeit einer der Liquidität zeitlich vorgeschalteten Steuerungsgröße (Erfolg) waren das zunehmende zeitliche Auseinanderfallen von Ausgaben und Aufwendungen, von Einnahmen und Erträgen und von Ausgaben und Einnahmen, sei es

- durch die zunehmende Ausweitung der Kreditwirtschaft im Warenverkehr und im Geldverkehr
- durch die steigenden langfristigen Vorlaufaufwendungen (Entwicklungskosten und Investitionen) in der Industrie.

Dieser Sachverhalt bildet die Grundlage der dynamischen Bilanztheorie von Schmalenbach.

Das Steuerungsinstrument für die Erfolgssteuerung entstand durch die Erfindung der doppelten Buchhaltung. Auf die Bilanzgleichung lassen sich schließlich alle Orientierungsgrundlagen, Orientierungsdaten und die zahlreichen Rechenverfahren für erfolgssteuernde Entscheidungen zurückführen.

9.2 Was machte die weitere Vorsteuerungsgröße notwendig?

Die Ursache fur eine weitere, zusätzlich zum Erfolg notwendig gewordene Vorsteuerungsgröße kommt ebenso aus einer weiteren, durchaus ähnlichen „Dynamik". Sie beruht in Verschiebungen im zeitlichen Gefüge der für die Erfolgssteuerung maßgebenden Sachverhalte. Ihre tieferen Ursachen liegen in den schnelleren Veränderungen in der Umwelt der Unternehmung. Ihre Wirkungen auf erfolgsrelevante Daten bestehen darin, daß sich die Erfolgsdaten selbst rascher verändern, als man Zeit braucht, um sich an diese Veränderungen anpassen zu können. Als Auslösesignale für gegensteuernde Maßnahmen kommen sie daher zu spät. Faktisch ist durch die schnelleren Veränderungen ihr zeitlicher Geltungs- und Wirkungshorizont kürzer geworden. Das machte schließlich auch die mit Erfolgsdaten in die Zukunft hinein extrapolierte „Langfristplanung" so wirkungslos und so wertlos. Die von den kurzlebiger gewordenen Erfolgsdaten ausgehenden Signale kommen meistens nicht nur zu spät. Allzu leicht verleiten sie auch zum Handeln in eine langfristig sich als falsch herausstellende Richung, ohne daß man das zunächst bemerkt, weil es anhand der kurzlebigen Orientierungsdaten richtig erscheint. Die für die direkte, kurzfristige Erfolgssteuerung unabdingbaren Orientierungsgrundlagen sind dadurch immer untauglicher geworden für eine langfristig wirksame Planung und Steuerung. Das heißt ganz allgemein: Wenn die Wirkung eines strategischen Versäumnisses erst in der Erfolgsrechnung oder in einer aus der Erfolgsrechnung abgeleiteten Erfolgsplanung erkennbar wird, ist es zum erfolgssicheren Handeln meistens schon zu spät, ebenso wie es bei der Liquiditätssteuerung meistens zu spät ist, wenn man erst dort die Wirkungen eines bei der Erfolgssteuerung falschen oder versäumten Entscheidens und Handelns bemerkt.

9.3 Notwendige Eigenschaften strategischer Orientierungsgrundlagen

Damit wird auch die wichtigste Eigenschaft der für die Steuerung von Erfolgspotentialen notwendigen strategischen Orientierungsgrundlagen erkennbar: Sie eröffnen einen zeitlich weiter reichenden Horizont, als er mit konventionellen Erfolgsdaten überhaupt erreichbar ist. Sie erlauben eine wirksamere Vorsteuerung von Erfolg und Liquidität als es mit deren eigenen Orientierungsgrundlagen möglich ist.

Eine objektivierbare Vorsteuerung von Erfolg und Liquidität setzt allerdings auch hinreichend genau quantifizierbare langfristige Beziehungen zwischen diesen drei Führungsgrößen voraus.

Die häufige Aussage, daß die Unternehmungsstrategie vom Wesen her nur etwas Qualitatives sei, gibt demgegenüber keine Ansatzpunkte her für eine instrumentell etablierbare und systematisch durchschaubar zu machende Vorsteuerung von Erfolg und Liquidität.

9.4 Strategische Orientierungsgrundlagen

Der in der Unternehmungsstrategie über die Reichweite von Erfolgsdaten hinausführende Zeithorizont wird durch zwei Gruppen von Orientierungsgrundlagen erreicht.

a. Die erste Gruppe geht auf das Phänomen der Erfahrungskurve zurück. Für den Aufbau und die Erhaltung von Erfolgspotentialen sowie bei allen dafür wesentlichen Rechenverfahren spielt sie eine ebenso grundlegende Rolle wie die Bilanzgleichung fur dic Erfolgssteuerung.
b. Die zweite Gruppe bietet mit dem Anwender- oder Kundenproblem den überhaupt maximal erreichbaren Zeithorizont. Er reicht normalerweise noch über den mit der Erfahrungskurve erfaßbaren Zeithorizont hinaus.

9.5 Worin beruht der längere Zeithorizont bei der Erfahrungskurve?

Die Erkenntnisse aus den empirisch ermittelten Erfahrungskurven besagen, daß bei der Leistungserstellung mit der jedesmaligen Verdoppelung der kumulierten Menge bestimmte Kostensenkungspotentiale entstehen. In Abhängigkeit von bestimmten Produkteigenschaften liegen sie im Minimalfalle bei rd. 20 % der Wertschöpfungskosten/Stück und im Maximalfalle bei rd. 30 % der vollen Stückkosten.

Vom Ansatz her ist die Erfahrungskurve ein langfristiges Phänomen. Gerade diese Tatsache besagt, daß dabei kurzfristig und vorübergehend auch entgegengesetzte Kostenveränderungen durchaus vorkommen können.

Unter dem Aspekt des Zeitbedarfs enthält die Erfahrungskurve aber noch wesentlich mehr.

Das Zustandekommen der kumulierten Menge ist an den Zeitablauf gebunden. Das Ausmaß ihres Zuwachses hängt ab von den hinzukommenden Mengen. Je mehr sie zunehmen, um so stärker wächst die kumulierte Menge. Je höher die Wachstumsrate ist, um so schneller verdoppelt sich die kumulierte Menge.

Aber auch das stets mögliche Wachstum ist zeitbezogen und hat seine Grenzen. Nicht selten werden sie in Unkenntnis der damit verbundenen langfristigen negativen Wirkungen überzogen. Unabhängig von internen Gegebenheiten hat auch jeder Markt seine Wachstumsgrenzen. Nicht nur absolut, sondern auch in seiner Aufnahmefähigkeit pro Zeiteinheit.

In vielen Fällen verhalten sich die kumulierten Mengen verschiedener Anbieter eines Produktes in erster Näherung wie ihre Marktanteile. Deshalb sind alle genannten Orientierungsdaten über die Erfahrungskurve quantitativ miteinander verbunden. Aus den genannten Zusammenhängen sind Marktanteile und Marktvolumenveränderungen (Marktwachstum) wichtige Orientierungsdaten für die Schaffung und Erhaltung von Erfolgspotentialen.

Über die kumulierten Mengen braucht der Aufbau von Erfolgspotentialen in Form hoher Marktanteile seine Zeit. Ebenso wird laufend erhebliche Zeit gebraucht für die Realisierung der anhand der Erfahrungskurve gegebenen Kostensenkungspotentiale.

Der weiterreichende Horizont der Erfahrungskurve und die mit ihrer Hilfe mögliche Früherkenntnis in bezug auf die Kosten wird besonders deutlich bei neuen Produkten, die bisherige Produkte ersetzen sollen. Ein einfacher Kostenvergleich hilft da wenig und verführt oft zur falschen Entscheidung, wenn die sehr hohen Anfangskosten des neuen Produktes mit ihren noch unausgeschöpften Kostensenkungspotentialen den bereits über lange Zeit durchrationalisierten Kosten des bisherigen Produktes gegenübergestellt werden.

Der im Vergleich zu den Erfolgsdaten längere Zeithorizont der Erfahrungskurve beruht nicht zuletzt darin, daß der Preis als eine wesentliche Komponente des Erfolges prinzipiell die Eigenschaft einer Sprungfunktion besitzt. Das heißt, er kann abrupt und spontan nach unten gehen. Das geschieht meistens um so leichter, je länger er nicht den mit den wachsenden Mengen rückläufigen Kosten gefolgt ist. Kosten dagegen lassen sich nicht spontan senken. Selbst wenn Kostensenkungspotentiale vorhanden sind, braucht man Zeit

- um die Senkungsmöglichkeiten im einzelnen herauszufinden
- um die Voraussetzungen für ihre Realisierung zu schaffen
- bis zum Eintritt ihrer vollen Wirkungen.

Die zeitliche Begrenzung des Horizontes der Erfahrungskurve, der zwar über die Erfolgsdaten hinausreicht, ist dennoch klar erkennbar: Kumulierte Mengen sind normalerweise nur für gleichbleibende Produkte oder Problemlösungen eindeutig meßbar. Damit ist ihre zeitliche Reichweite weitgehend durch den Lebenszyklus der jeweiligen Produkte gegeben. Auch er ist deshalb für die stategische Führung eine wichtige Zeitkonstante.

9.6 Über die Erfahrungskurve hinausreichende Zeithorizonte

Jedes Produkt und jede Leistung stellt letztlich eine dem jeweiligen Wissensstand entsprechende Problemlösung dar. Die mit einem Produkt zu lösenden Anwender- oder Kundenprobleme haben daher im Regelfall eine längere zeitliche Existenz und decken damit auch einen längeren Zeithorizont ab als eine gerade bestehende Lösungstechnik in der Gestalt eines bestimmten Produktes.

Jedem Anwenderproblem lassen sich relativ leicht zuordnen:

a. Die derzeit am Markt befindlichen Lösungstechniken/Lösungstechnologien in ihren jeweiligen Lebensphasen sowie in ihren laufenden Veränderungen.
b. Die gerade im Versuchs- und Erprobungsstadium befindlichen Lösungstechniken, die zu neuen brauchbaren Produkten führen sollen.
c. Die anhand bekannter physikalischer Effekte prinzipiell möglichen neuen, aber in ihrer Erfolgswahrscheinlichkeit noch mehr oder weniger unsicheren Lösungstechnologien.

Es ist ohne weiteres erkennbar, daß durch diesen Ansatz der in einem konkreten Fall weitestreichende Zeithorizont erfaßt wird. Deshalb ist dieser Ansatz besonders wichtig für diejenigen Vorhaben, mit denen am frühesten begonnen werden muß, um Erfolgspotentiale zu suchen oder zu erhalten. Darin liegt seine Bedeutung für die Steuerung der Forschung und Entwicklung und für ihre volle Integration in die Unternehmungsplanung. Forschung und Entwicklung sind ihrer Natur nach immer langfristig.

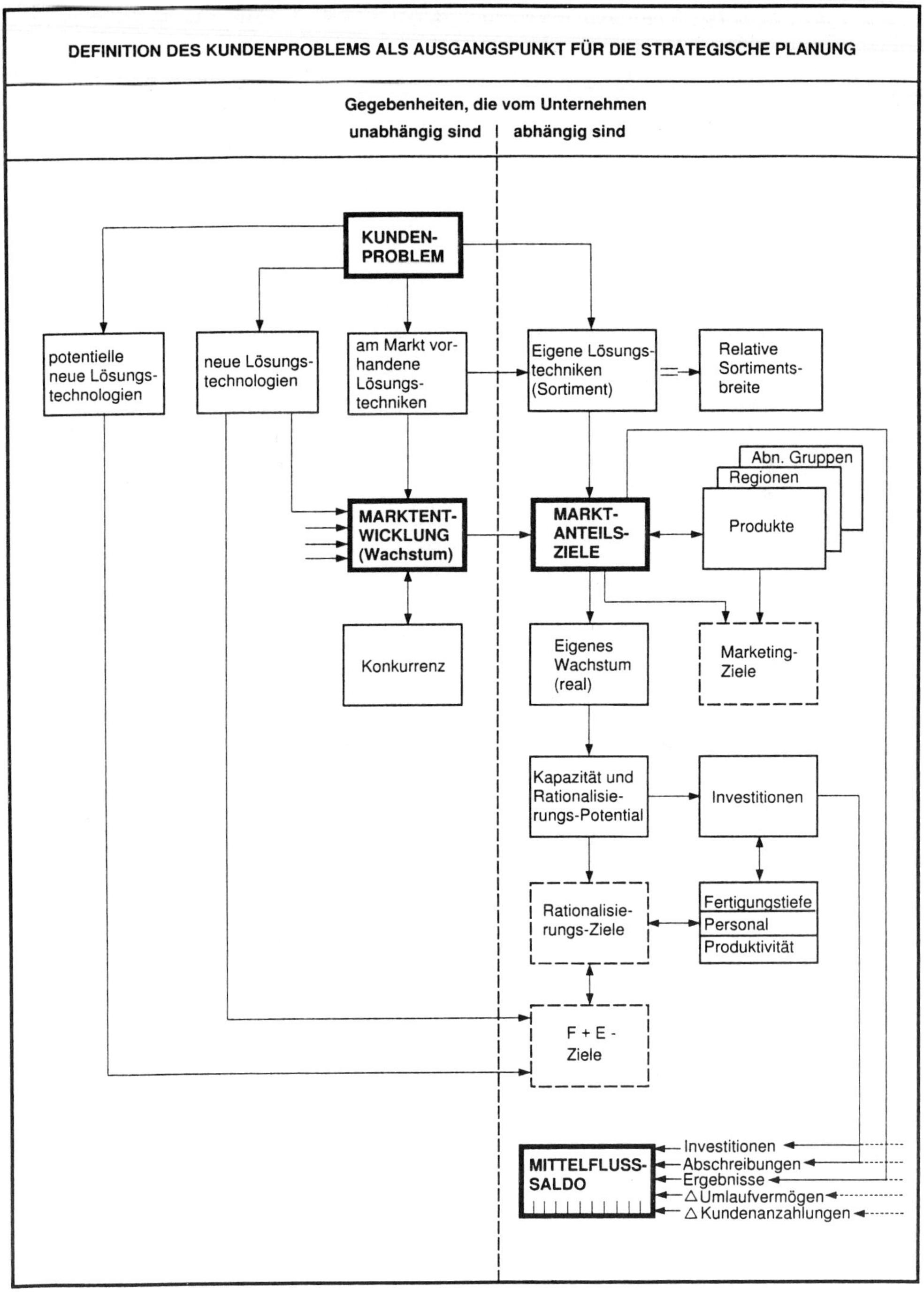
DEFINITION DES KUNDENPROBLEMS ALS AUSGANGSPUNKT FÜR DIE STRATEGISCHE PLANUNG
Gegebenheiten, die vom Unternehmen
unabhängig sind
abhängig sind
KUNDEN-PROBLEM
potentielle neue Lösungs-technologien
neue Lösungs-technologien
am Markt vorhandene Lösungs-techniken
Eigene Lösungs-techniken (Sortiment)
Relative Sortiments-breite
Abn. Gruppen
Regionen
Produkte
MARKTENT-WICKLUNG (Wachstum)
MARKT-ANTEILS-ZIELE
Konkurrenz
Eigenes Wachstum (real)
Marketing-Ziele
Kapazität und Rationalisie-rungs-Potential
Investitionen
Rationalisie-rungs-Ziele
Fertigungstiefe
Personal
Produktivität
F + E - Ziele
MITTELFLUSS-SALDO
Investitionen
Abschreibungen
Ergebnisse
△ Umlaufvermögen
△ Kundenanzahlungen

Abb. 1

Einen groben aber hinreichenden Überblick über das „Gebäude“ der strategischen Planung und Führung vom Anwenderproblem bis zu der für die langfristige Liquiditätsvorsteuerung wichtigen Orientierungsgröße, dem „Mittelfluß-Saldo“, gibt Abbildung 1.

Wenn der mit den einzelnen Entscheidungen erreichbare Zeithorizont in erster Linie eine Funktion der benutzten Orientierungsgrundlagen ist, dann wird auch die folgende Aussage verständlich:

Wer seine langfristig wichtigen Entscheidungen an strategisch relevanten Orientierungsgrundlagen ausrichtet, hat – ohne überhaupt eine Planung im formalen Sinne zu haben – stets einen längeren zeitlichen Wirkungshorizont als derjenige, der eine explizite langfristige Planung anhand zeitlich extrapolierter konventioneller Erfolgsdaten betreibt.

Darin liegt der tiefere Grund dafür, daß es eine strategische Führung neben der operativen Führung gibt und daß es für beide auch eine Planung und Pläne gibt.

10. Unterschiedliche Eigenschaften in den zeitlichen Beziehungen zwischen den drei Führungsgrößen

Die Eigenschaften der in einem konkreten Fall gegebenen Determinanten für den Zeithorizont lassen sich noch deutlicher erkennen, wenn man die wesentlichen Unterschiede in den zeitlichen Beziehungen zwischen den drei Führungsgrößen etwas näher unter die Lupe nimmt.

Es zeigen sich dabei einige signifikanten Unterschiede. Die zeitlichen Beziehungen zwischen Erfolg und Liquidität haben eine andere Charakteristik als die zeitlichen Beziehungen zwischen dem Erfolgspotential und der klassischen Führungsgröße Erfolg.

10.1 Die Zeitbeziehungen zwischen Erfolg und Liquidität

Die Zeitbeziehungen zwischen Erfolg und Liquidität sind

a. prinzipiell umkehrbar, d.h. Aufwendungen und Erträge können den Ausgaben und Einnahmen zeitlich vorhergehen oder ihnen folgen.
b. in den Zeitabständen prinzipiell frei gestaltbar, z.B. über lange Zahlungsziele oder über sehr frühe Anzahlungen.

Diese Gestaltungsmöglichkeiten lassen naturgemäß auch Raum für Verschleierungsmanipulationen, wenngleich damit naturgemäß nur temporäre Wirkungen erzielbar sind. Der Grundsätze ordnungsmäßiger Buchführung bedarf es u.a. auch aus diesen Gründen.

10.2 Die Zeitbeziehungen zwischen Erfolgspotential und Erfolg

Hier trifft für die beiden vorher genannten Eigenschaften das genaue Gegenteil zu.

a. Die Zeitbeziehungen zwischen dem Erfolgspotential und dem Erfolg sind *nicht umkehrbar*. Sie sind chronologisch vorgegeben.

Das Erfolgspotential ist bestimmt durch alle Voraussetzungen, die zu Beginn der periodenbezogenen Erfolgsrealisierung vorliegen müssen.

b. Die Zeitdistanzen sind nicht beliebig gestaltbar.
Sie sind gegeben durch den Zeitbedarf, den man im Minimalfalle braucht, um erfolgsrelevante Voraussetzungen zu schaffen und spätestens bis zum Beginn der Erfolgsrealisierung fertig zu haben.

Als erstes wird deutlich, daß damit die Zeitbeziehungen zwischen dem Erfolgspotential und dem Erfolg prinzipiell eindeutiger, zwingender und weit stärker determiniert sind, als die Zeitbeziehungen zwischen Erfolg und Liquidität.

In diesen Gegebenheiten liegt der tiefere Grund dafür, daß

- strategische Versäumnisse und Fehlentscheidungen normalerweise auf eine wirtschaftlich vertretbare Weise weder nachgeholt noch korrigiert werden können
- deshalb die später sich herausstellenden erfolgsungünstigen Situationen gern als schicksalhaft aufgefaßt und dargestellt werden, wofür dann an hinreichend überzeugungskräftigen Begründungen auch selten ein Mangel besteht.

Die positive Konsequenz liegt in der Einsicht einer größer gewordenen Notwendigkeit, sich rechtzeitig und mehr an den strategisch relevanten Größen zu orientieren. In dieser Erkenntnis liegt das praktisch wichtigste Kernproblem strategischen, d.h. längerfristig orientierten Denkens, Entscheidens und Handelns. Es setzt ein fundamental anderes Wissen um langzeitwirksame technisch-ökonomische Gesetzmäßigkeiten wie auch um langfristig wirksame Marktdeterminanten voraus, als es für die laufende Erfolgssteuerung und für die unmittelbare Liquiditätssteuerung notwendig ist. Der tatsächlich wirksam erreichbare Horizont setzt eine fachlich fundierte Kenntnis über die jeweiligen produkt- und marktspezifischen Zeitkonstanten voraus.

Zu diesen produkt- und marktspezifischen Zeitkonstanten gehören:

Die Entwicklungsdauer für neue Produkte, die Lebenszyklen der Produkte, die Zeit, die für den Aufbau von Marktpositionen, für die Markterschließung und für die Marktdurchdringung erforderlich ist, die Substitutionszeit, wenn neue technische Lösungen an die Stelle bisheriger treten, die Produktionszeit (z.B. bei Kernkraftwerken z.Zt. rd. 10 Jahre), die Kapitalbeschaffungszeit usw. usf.

Daraus ergibt sich weiterhin, daß über die Länge der Zeithorizonte in der operativen (kurzfristigen) Planung und in der strategischen (langfristigen) Planung prinzipiell keine allgemeinen Aussagen möglich sind, weil sie jeweils produkt- und marktspezifisch bzw. unternehmungsspezifisch bedingt sind. Der Zeithorizont der operativen Planung beim Produkt A kann, gemessen in Jahren, mehrfach weiterreichen als der Zeithorizont in der strategischen Planung beim Produkt B.

Ebenso läßt sich aus den beschriebenen Sachverhalten erkennen, daß der Zeithorizont in der strategischen Planung prinzipiell nach vorn offen sein muß.

Das schließt nicht aus, daß zur Ermittlung der jeweiligen Liquiditätswirkungen für eine begrenzte Reihe von Jahren (z.B. 5 bis 10 Jahre) anhand der strategisch relevanten Daten (Marktanteilsziele und Marktwachstumsdaten) die Mittelfluß-Salden (Netto-Cash-Flow) errechnet werden. In Abbildung 1 ist das andeutungsweise dargestellt.

11. Zusammenfassung

Aus den beschriebenen Zusammenhängen ergibt sich folgendes:

1. Unabhängig von allen Verschiedenheiten und unterschiedlichen Längen des Zeithorizontes müssen notwendigerweise alle Unternehmungspläne (Finanzpläne, Erfolgspläne, strategische Pläne) den gleichen zeitlichen Ausgangspunkt haben.
2. Die Finanzplanung ist notwendigerweise auf eine Zeitpunktsteuerung ausgerichtet. Sie kann normalerweise nur von wenigen eigenen, originären Grunddaten (= bereits feststehende Zahlungsansprüche und Zahlungsverpflichtungen) ausgehen. Je weiter sie in die Zukunft hineinreichen will, um so mehr muß sie auf die Daten der Erfolgspläne und der strategischen Pläne zurückgreifen.
3. Die Erfolgsplanung ist notwendigerweise auf eine „Zeitperiode" ausgerichtet, die der Gegenwart sehr nahe liegt. Normalerweise nur ein Jahr oder wenige Jahre. In manchen Fällen können es in Abhängigkeit von operativen Zeitkonstanten auch bis zu zehn Jahren und mehr sein.
4. Die strategische Planung betrifft einen prinzipiell nach vorn offenen Zeitraum, der im konkreten Falle immer weiter reicht als die jeweilige operative Planung.

Bei Beachtung dieser Gegebenheiten stellt sich auch zwangsläufig eine Koordinierung zwischen allen drei Planungsbereichen ein und zwar nicht nur eine zeitpunktbezogene sondern gleichfalls eine auf die langfristige Zeitstrecke bezogene Koordinierung. Das ist geradezu ein wesentlicher Zweck der strategischen Planung, d.h. eine Folgewirkung der von ihr gewollten Vorsteuerungsfunktion. (Siehe Abbildung 2)

Dieser Koordinierungszwang entsteht vor allem durch diejenigen von der Unternehmung zu schaffenden Voraussetzungen, die mit großen Zeitkonstanten verbunden sind. Je größer dieser Zeitbedarf in einem konkreten Fall ist, um so langfristiger wird der damit angesteuerte Zeithorizont, wie es z.B. beim Aufbau einer hohen Marktposition der Fall sein kann. Durch das gleichzeitig notwendigerweise damit verbundene frühzeitige Beginnen berührt eine solche langfristig orientierte Maßnahme stets auch das kurzfristige Verhalten, den kurzfristigen Mitteleinsatz und die kurzfristige Planung unter Einschluß aller Wirkungen auf alle drei Führungsgrößen.

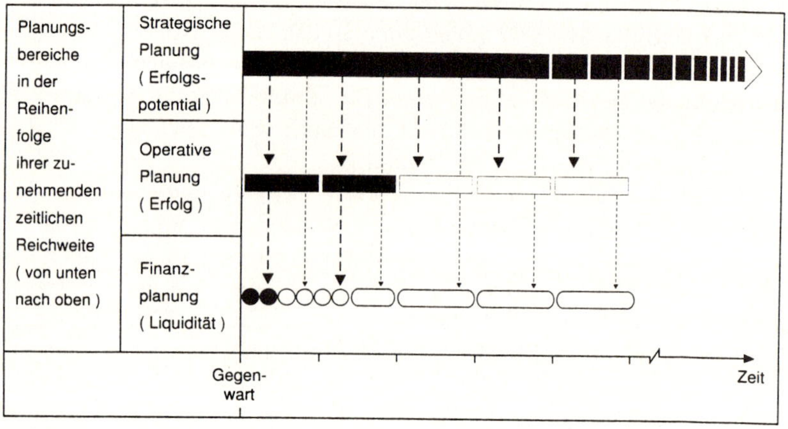

Abb. 2

Die eigentliche und zwingende Notwendigkeit für die strategische Planung wie auch für ihre zwangsläufige Verknüpfung mit der operativen Planung und mit der Finanzplanung liegt damit letztlich in denjenigen Zeitdeterminanten, die quasi als problem-spezifische und handlungsspezifische Zeitkonstanten prinzipiell durch die Minimalzeiten gegeben sind, die man braucht, um ökonomisch erwünschte eigene Lagen, d.h. die für den Erfolg notwendigen Voraussetzungen zu schaffen oder zu gestalten.

Deshalb werden auch eine strategische Planung und ein strategisch orientiertes Verhalten paradoxerweise um so notwendiger, je mehr rasch aufeinanderfolgende Ereignisse ein schnelles Handeln erfordern, das dann überhaupt nicht mehr die Zeit läßt zum Schaffen der dafür günstigsten Voraussetzungen.

Daraus ergibt sich relativ einfach der eigentliche und konkrete Zweck der strategischen Planung mit ihrer langfristig orientierten Vorsteuerungsaufgabe. Es sollen erste Hinweise auf später eintretende Bedingungskonstellationen – erwünschter oder unerwünschter Art – zu einem wesentlichen früheren Zeitpunkt erkennbar werden, als es mit den beiden klassischen Steuerungsgrößen überhaupt möglich ist. Das soll vor allem so frühzeitig geschehen, daß man ausreichend Zeit hat für erfolgsorientierte Anpassungsmaßnahmen. Dazu braucht man stets die Zeit, die notwendig ist, um die bestmöglichen Maßnahmen mit Bedacht herauszufinden und sie so rechtzeitig einleiten zu können, daß ihre gewollten positiven Wirkungen spätestens in dem Zeitpunkt bereits im Gang sind oder vorliegen, in dem man sonst erst die Handlungsnotwendigkeit anhand der sich bereits abzeichnenden negativen Erfolgswirkungen erkannt hätte.

Die strategische Planung ist nicht anders als ein Instrument, um auf systematische Art und Weise Handlungsnotwendigkeiten und Handlungsmöglichkeiten im frühestmöglichen Zeitpunkt zu erkennen. Die Effektivität der strategischen Planung wird damit auch zu einer Funktion des Erkenntniszeitpunktes. Je früher er gegeben ist, um so mehr hat man überhaupt ausreichend Zeit für eine umfassende Analyse und Lösung aller mit dem sich abzeichnenden Problem zusammenhängenden Fragen und braucht sich das Gesetz des Handelns nicht aufzwingen zu lassen.

Es wird nunmehr auch erkennbar, warum die a priori-Einteilung in kurz-, mittel- und langfristige Unternehmungsplanung das nicht bringen konnte. Für das Erkennen der tatsächlichen Zusammenhänge bringt sie im Grunde eben so viel, als ob man in der Biologie alle Pflanzen oder Tiere in kurze, mittlere und lange einteilen würde. Die Vor- und Nachteile solcher Einteilungskriterien sind in beiden Fällen ähnlich.

Vorteile sind:

- das leichte Erfassen und Begreifen
- das leichte Feststellen im konkreten Fall.

Nachteile sind:

- Es läßt sich niemals eindeutig erklären, wo kurz aufhört und mittel oder lang anfangen.
- Eben so wenig, wie eine solche Einteilung der Tier- oder Pflanzenwelt zu tieferen Erkenntnissen über Gemeinsamkeiten oder Unterschiedlichkeiten in morphologischer, genealogischer, physiologischer usw. Hinsicht führt, ist das auch bei einer entsprechenden a priori-Einteilung der Unternehmungsplanung nach relativ oberflächlichen Zeit-Kriterien der Fall, nach Kriterien, die ihrer Natur nach nicht originärer Art sind.

Zweck und Entwicklung der Portfolio-Konzepte in der strategischen Unternehmungsplanung

D. Hahn

1. Entstehung und Wesen der Portfolio-Konzepte

Der Begriff Portfolio geht auf den französischen Begriff *„Portefeuille"* zurück, der im allgemeinen Sprachgebrauch mit zwei unterschiedlichen Begriffsinhalten belegt ist. Einmal bezeichnet Portefeuille eine Brieftasche oder ein sonstiges *Behältnis zur Verwahrung von Wertpapieren.* Zum anderen kann dieser Begriff in der Politik den *Geschäftsbereich eines Ministers* charakterisieren [1].

Der Begriff Portefeuille in seiner Interpretation als Aufbewahrungsort von Wertpapieren ist in der Betriebswirtschaftslehre zunächst im Bereich der Finanzwirtschaft aufgegriffen und erweitert worden. Zurückgehend auf *Markowitz*, den Begründer der „Portfolio Selection Theory", bezeichnet der Begriff Portefeuille bzw. Portfolio dort die *optimale Kombination verschiedener Anlagemöglichkeiten (Wertpapiere) für einen Anleger* [2]. Die Bildung eines Wertpapier-Portfolios folgt dabei dem Grundsatz: „Kombiniere eine Gruppe von Vermögenswerten so, daß für eine gegebene Höhe des Risikos der erwartete Gesamtgewinn aus dem Portefeuille maximiert wird. Oder umgekehrt, kombiniere eine Gruppe von Vermögenswerten so, daß für eine gegebene Gewinnrate das Risiko des Portefeuilles minimiert wird" [3]. Der Begriff *Portfolio-Konzept* steht für die Übertragung dieser Grundidee bei der Zusammenstellung von Wertpapier-Portefeuilles auf das Kernproblem der strategischen Planung, die Geschäftsfeldplanung.

Insbesondere für diversifizierte Unternehmungen läßt sich im Rahmen der strategischen Planung *das gesamte Tätigkeitsfeld einer Unternehmung als ein Portfolio sogenannter strategischer Geschäftsfelder* darstellen [4]. Dabei kann ein *Unternehmungsbereich* (eine Division bzw. eine Sparte) mit einem strategischen Geschäftsfeld deckungsgleich sein oder – der Normalfall – mehrere *strategische Geschäftsfelder* umfassen (vgl. Abbildung 1). Die Zusammenfassung von strategischen Geschäftsfeldern zu Unternehmungsbereichen wird dabei durch den Grad der Verwandtschaft der Geschäftsfelder im Um- und Insystem bestimmt. Ein einzelnes strategisches Geschäftsfeld kann wiederum mit einem *Marktsegment* deckungsgleich sein oder aber mehrere Marktsegmente umfassen.

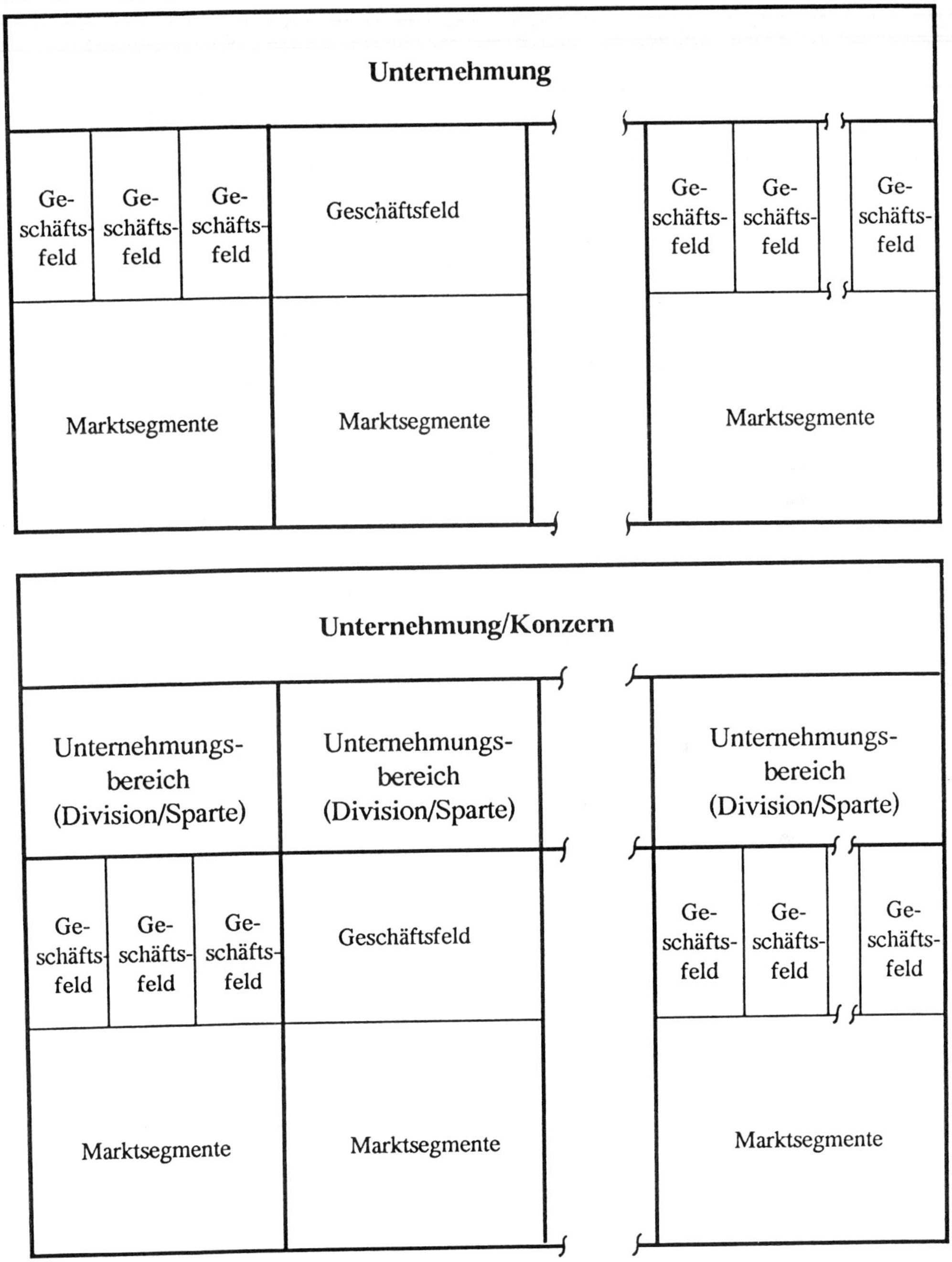

Abb. 1: Strategische Einheiten in funktional und divisional organisierten Unternehmungen

Strategische Geschäftsfelder haben, ausgehend von vorhandenen und künftigen Kundenproblemen, weitgehend selbständig eine Marktaufgabe in klarer Abgrenzung gegenüber Wettbewerbern zu erfüllen [5] – durch entsprechende Produkte und/oder Dienstleistungen mit dazugehörigen Sach- und Humanpotentialen sowie Einsatzstoffen.

Im einzelnen sind *strategische Geschäftsfelder* vor allem durch folgende *Merkmale bzw. Anforderungen* gekennzeichnet [6]:

- Sie nehmen eine *eigenständige Marktaufgabe* wahr, d.h. sie *beinhalten Produkte bzw. Produktgruppen für spezifische Kunden/Märkte*;
- Sie konkurrieren am Markt mit *externen Wettbewerbern*;
- Sie sind möglichst als *Ergebniseinheit mit (relativ) autonomer Absatz-, Entwicklungs-, Produktions- und Personalverantwortung sowie Investitionsverantwortung* zu führen. Hierbei besteht allerdings eine *Abstimmungspflicht mit der Zentrale* der Unternehmung bezüglich der Berufung der oberen Führungskräfte sowie der Großinvestitionen und der Finanzierung der Geschäftsfelder.

Verbunden mit der Abgrenzung strategischer Geschäftsfelder werden also stets auch grundlegende funktionale und regionale Vorgehensweisen formuliert (vgl. hierzu Kapitel 3.2).

Strategische Geschäftsfelder sind damit *Erfolgsträger mit eigenen Chancen und Risiken sowie Stärken und Schwächen* [7] und lassen sich auf der Basis der zeitraumbezogenen Größen Umsatz, Gewinn, Cash-flow, Investitionen, Wertschöpfung, RoI, Kapitalwert u.a., aber auch mit Hilfe von komparativen Bestandsgrößen wie Personalzahl und Vermögen kennzeichnen.

Bei strategischen Geschäftsfeldern handelt es sich im Idealfall um Unternehmungen „en miniature". Sie sollten also nach Möglichkeit mit operativen Führungseinheiten übereinstimmen, damit die strategische und die operative Verantwortung für diese Erfolgsträger einheitlich geregelt ist [8].

Vielfach erfolgt heute zur Verbesserung von Analyse und Planung eine *Kategorisierung von Geschäftsfeldern*. In Abhängigkeit von ihrer Attraktivität, ihren Stärken und Schwächen bzw. ihrer Kompetenz sowie ihrer Erfolgsbedeutung lassen sich einzelne Geschäftsfelder oder Geschäftsfeldgruppen auch als

- *Kerngeschäfte* (Haupterfolgsträger) oder
- *Spezialgeschäfte* (Nebenerfolgsträger)

charakterisieren. Ergänzend hierzu können Geschäftsfelder nach der geplanten Entwicklungsrichtung als

- *Aufbaugeschäfte* (Wachstum),
- *Pflegegeschäfte* (Stabilisierung) oder
- *Auslaufgeschäfte* (Schrumpfung)

beschrieben werden (vgl. Abbildung 2).

Der *Grundgedanke der Portfolio-Konzepte* besteht darin, auf der Grundlage einer Unternehmungs- und Umfeldanalyse sowie -prognose mögliche Einflußfaktoren auf

Nach der Entwicklungsrichtung / Nach der Attraktivität, Stärke/Kompetenz, Erfolgsbedeutung	Aufbaugeschäfte	Pflegegeschäfte	Auslaufgeschäfte
Kerngeschäfte	Wachstums-	Stabilisierungs-	Schrumpfungs-
Spezialgeschäfte	strategie	strategie	strategie

Abb. 2: Klassifikation von Geschäftsfeldern/Geschäftsfeldgruppen (Quelle: Hahn (1996, S. 270)).

Erfolg und Cash-flow (z.B. Marktwachstum, Wettbewerbsposition, Finanzstärke) der einzelnen strategischen Geschäftsfelder zu ermitteln und zu jeweils zwei maßgeblichen Einflußgrößen zu verdichten [9], auf deren Basis die Analyse und Diskussion der Entwicklungsmöglichkeiten der jeweiligen strategischen Geschäftsfelder erfolgen können. Zweck der Portfolio-Konzepte ist es, im jeweiligen Planungszeitraum eine *Kombination von strategischen Geschäftsfeldern zusammenzustellen, mit denen die Ziele der Gesamtunternehmung in künftigen Perioden optimal erreicht werden können.*

Im Rahmen der kapitalwertorientierten Ermittlung des Entwicklungspfades der Unternehmung ist bei der angestrebten Positionierung der Geschäftsfelder und damit der angestrebten Potentialbindung und ggf. Potentialfreisetzung darauf zu achten, daß das Gesamtportfolio der Unternehmung eine ausgewogene Zusammenstellung von Geschäftsfeldern umfaßt, die einen *geschäftsfeldübergreifenden Ausgleich der Ergebnis-, Cash-flow- und Risikostruktur der Geschäftsfelder* gewährleistet [10]. Im theoretischen *Idealfall* ist dabei in jeder strategischen Planungsrunde jenes *Portfolio* zu ermitteln, bei dem der *Kapitalwert bzw. Wert der Unternehmung als Ganzes maximiert* wird – unter Beachtung von definierten Periodenzielen, z.B. Gewinn- und Liquiditätsgrößen, und unter Beachtung eines zugrundegelegten Risikoniveaus.

Die Portfolio-Konzepte gehören damit zu den zentralen Instrumenten bzw. Hilfsmitteln im Rahmen der strategischen Unternehmungsplanung, durch die langfristig Programm-, Kapazitäts- und Standortstruktur einer Unternehmung und damit Richtung, Struktur und Ausmaß der Unternehmungsentwicklung bestimmt werden.

2. Darstellung von Portfolio-Konzepten

In der Wirtschaftspraxis wird heute eine Reihe verschiedener Portfolio-Konzepte eingesetzt, die insbesondere von US-amerikanischen Beratungsgesellschaften entwickelt worden sind und angeboten werden. Diese Konzepte können einzeln oder in Mischformen – i.d.R. mit unternehmungsspezifischen Weiterentwicklungen – zur Anwendung kommen. Sie sind von der Theorie ansatzweise systematisiert und teilweise auch fortgeführt worden.

Die folgenden Portfolio-Konzepte sollen dargestellt werden:

1. Erfahrungskurven-Konzept mit Marktwachstums-/Marktanteils-Portfolio
2. Multifaktoren-Konzept mit Branchenattraktivitäts-/Geschäftsfeldstärken-Portfolio
3. Lebenszyklus-Konzept mit Produktlebenszyklus-/Wettbewerbspositions-Portfolio
4. Ressourcen-Konzept mit Ressourcen-/Produkt-Portfolio
5. Technologie-Portfolio
6. Ökologie-Portfolio
7. Länder- bzw. Regionen-Portfolio

Die *Kernaussage einer Portfolio-Darstellung* besteht darin, die eigenen Geschäftsfelder

- in ihrer Positionierung zur Marktentwicklung und/oder einer speziellen dahinter stehenden Entwicklung (z.B. technologischen Entwicklung) mit ihren jeweiligen Chancen und Risiken darzustellen und
- parallel hierzu die Positionierung der eigenen Geschäftsfelder im Vergleich zu denen der Konkurrenz im Hinblick auf Stärken und Schwächen

auszuweisen.

Letztendlich sind damit alle Portfolio-Konzepte auf das Spannungsverhältnis Kunde – Konkurrenz – eigene Unternehmung ausgerichtet, das von Kenichi Ohmae unter dem Begriff „Strategisches Dreieck" in die Literatur eingeführt wurde (vgl. Abbildung 3).

2.1 Erfahrungskurven-Konzept mit Marktwachstums-/Marktanteils-Portfolio

Ausgangspunkt dieser von der Boston Consulting Group entwickelten Konzeption ist die sogenannte *Erfahrungskurve*, die einen Zusammenhang zwischen den Stückkosten eines Produktes und seiner produzierten Menge aufzeigt [11]. Im einzelnen besagt dieser empirisch ermittelte Zusammenhang, daß die realen Stückkosten eines Produktes jeweils um einen relativ konstanten Betrag (potentiell 20–30%) zurückgehen, sobald sich die in kumulierten Produktmengen ausgedrückte *Produkterfahrung* verdoppelt [12]. Lerneffekte, Spezialisierungseffekte, Betriebs- und Losgrößendegressionseffekte sowie Produkt- und Verfahrensinnovationen u.a. sind die wichtigsten Ursachen dieser Kostenreduktion. Langfristig folgen dabei nach Ermittlung der Boston Consulting Group die Preise den (sinkenden) Kosten, da im anderen Falle steigende Gewinnspannen neue An-

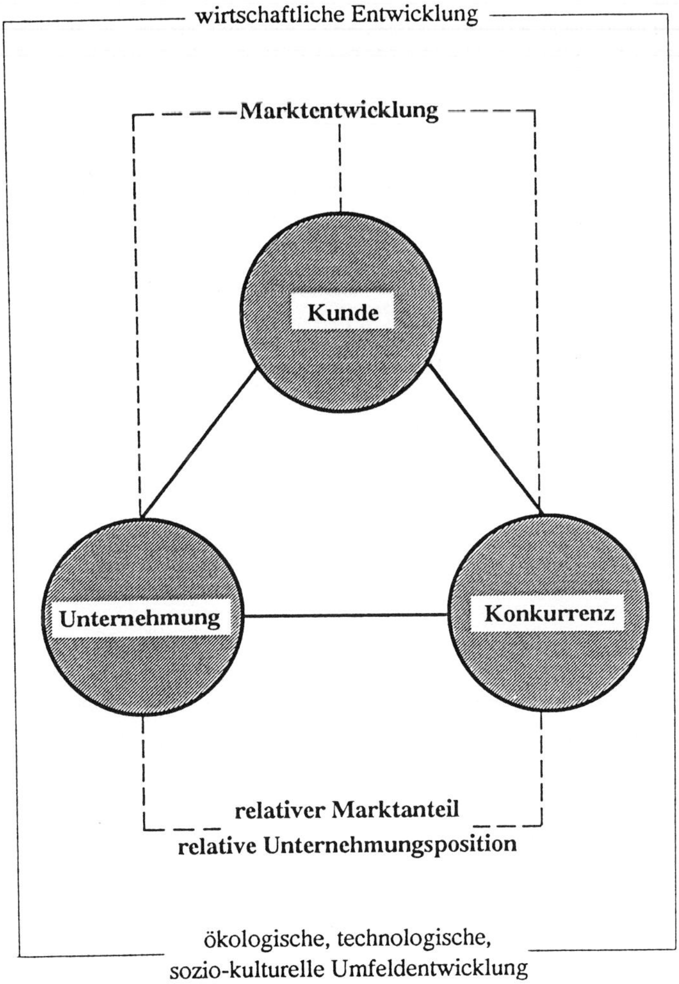

Abb. 3: Strategisches Dreieck
(Quelle: Ohmae (1982, S. 92), Ohmae (1986, S. 72); leicht modifiziert).

bieter anlocken würden (vgl. Abbildung 4) [13]. Allerdings muß hierbei betont werden, daß die angesprochenen Erfahrungseffekte *potentielle Kostenreduktionen*, d.h. Kostensenkungsmöglichkeiten darstellen, die sich nicht automatisch ergeben, sondern in einer Unternehmung systematisch angestrebt und umgesetzt werden müssen, um tatsächlich Kostensenkungen zu realisieren.

Die Erkenntnisse der Erfahrungskurve sind von weitreichender *Bedeutung für die Planung strategischer Geschäftsfelder* einer Unternehmung. Im Kern lassen sich folgende Aussagen ableiten [14]:

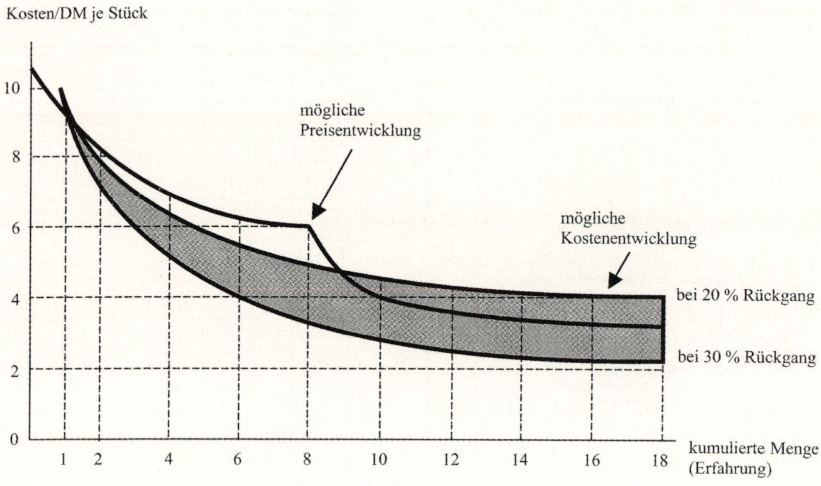

Abb. 4: Kosten-Erfahrungskurve mit möglicher Preiskurve (Quelle: Gälweiler (1986, S. 259); mögliche Preisentwicklung ergänzt).

- Die *Sicherung hoher relativer Marktanteile* ist zentrale Voraussetzung für die Erwirtschaftung hoher Rentabilität. Bei einem niedrigen Preisniveau ist man mit einem geringen Marktanteil aufgrund der Aussage der Erfahrungskurve trotz aller Kostensenkungsbemühungen im Vergleich zu Konkurrenten mit hohen relativen Marktanteilen nicht in der Lage, (Stück-)Gewinne zu erzielen.
- Die Sicherung hoher relativer Marktanteile ist möglichst *in Märkten mit künftig hohen Wachstumsraten* anzustreben, da in diesen Märkten kumulierte Mengen rasch steigen und die entsprechenden Erfahrungseffekte deutlich erkennbar werden.

Auf der Basis dieser Aussagen der Erfahrungskurve sind der *relative Marktanteil* und das *Marktwachstum* als die zentralen Einflußgrößen auf den Erfolg und die Entwicklungsmöglichkeiten strategischer Geschäftsfelder abgeleitet worden. In dem *Marktwachstums-/Marktanteils-Portfolio* werden diese Einflußgrößen als Achsen einer Matrix abgetragen (vgl. Abbildung 5). Die horizontale Achse (Abszisse) dieser Matrix korrespondiert mit dem relativen Marktanteil, der als Ausdruck der Stärke der Wettbewerbsposition eines strategischen Geschäftsfeldes in seinem jeweiligen Markt dient. Diese beruht letztlich auf den relativen Stärken in der Aufgabenerfüllung der einzelnen Funktionsbereiche einer Unternehmung. Die vertikale Achse (Ordinate) repräsentiert das Marktwachstum als Indikator für die Attraktivität der jeweiligen Märkte. Die Ausprägungen beider Faktoren können jeweils als hoch oder niedrig eingestuft werden, so daß insgesamt eine 4-Felder-Matrix entsteht. In diese Matrix können alle strategischen Geschäftsfelder nach Maßgabe ihres jeweiligen relativen Marktanteils und ihres Marktwachstums eingeordnet werden, wobei die unterschiedlichen Umsätze dieser Einheiten durch entsprechend unterschiedlich große kreisförmige Flächen veranschaulicht werden können [15]. Die in die vier Felder dieser Matrix einordenbaren Produkte lassen sich wie folgt charakterisieren:

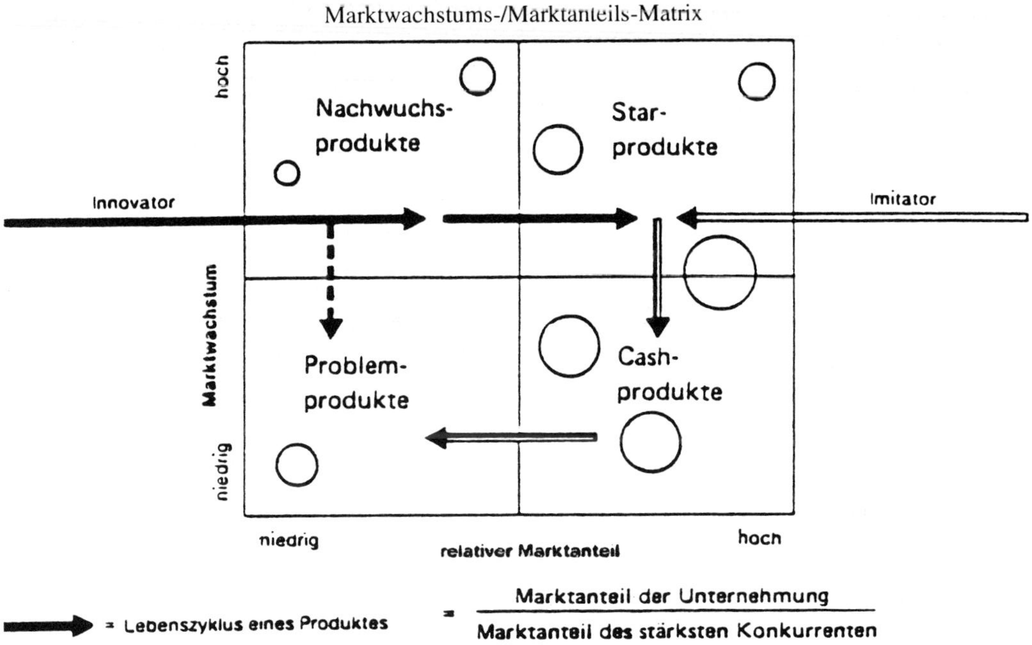

Abb. 5: Marktwachstums-/Marktanteils-Portfolio

- *Nachwuchsprodukte* versprechen hohes Wachstum, haben aber (zunächst) einen geringen Marktanteil. Sie benötigen große finanzielle Mittel und lassen zukünftig eine überdurchschnittliche Rendite erwarten.
- *Starprodukte* weisen hohes Wachstum und eine führende Marktposition auf, erzeugen und benötigen große finanzielle Mittel und erwirtschaften eine überdurchschnittliche Rendite.
- *Cashprodukte* weisen nur mäßige Wachstumsraten bis hin zur Stagnation auf und erwirtschaften einen hohen Finanzmittelüberschuß bei (unter-)durchschnittlicher Rendite.
- *Problemprodukte* operieren in stagnierenden oder schrumpfenden Märkten, haben eine mäßige bis schwache Marktposition, verursachen Verluste und erwirtschaften oft auch keinen finanziellen Überschuß.

Auf der Basis einer unternehmungsspezifischen Analyse der Marktwachstums-/ Marktanteils-Matrix lassen sich in verschiedener Weise *Erkenntnisse für die strategische Planung* ableiten. Diese beziehen sich zum einen auf den Transfer finanzieller Mittel zwischen den verschiedenen strategischen Geschäftsfeldern. So müssen die Cashprodukte die finanziellen Mittel erwirtschaften, die zur Finanzierung der Nachwuchsprodukte und ggf. auch der Starprodukte erforderlich sind. Zum anderen beziehen sich diese Erkenntnisse auf bestimmte *typische Strategien*, die in den unterschiedlichen Einheiten verfolgt werden sollten. Im allgemeinen werden hierbei Wachstumsstrategien (Nachwuchsprodukte), Sicherungsstrategien (Starprodukte), Abschöpfungsstrategien

(Cashprodukte) und Abbaustrategien (Problemprodukte) unterschieden [16]. Allerdings dürfen diese *Normstrategien* in der Praxis nicht schematisch und unreflektiert verwirklicht werden, sondern müssen stets einzelfallbezogen hinsichtlich ihrer Anwendungs- und Durchsetzungsprämissen überdacht und zumeist unternehmungsspezifisch variiert werden. Darüber hinaus dient die Portfolio-Analyse vor allem der differenzierten *Visualisierung der Stärken und Schwächen* der einzelnen strategischen Geschäftsfelder und damit insgesamt des Produktprogramms einer Unternehmung – auch im Vergleich zur Konkurrenz.

2.2 Multifaktoren-Konzept mit Branchenattraktivitäts-/ Geschäftsfeldstärken-Portfolio

Dieser Ansatz, der Anfang der 70er Jahre von der Beratungsgesellschaft McKinsey & Company in Zusammenarbeit mit General Electric entwickelt worden ist, bedient sich ebenfalls einer Matrix als Darstellungsform zur differenzierten Analyse und Diskussion strategischer Geschäftsfelder. In dieser Matrix werden die *Branchenattraktivität* (Marktattraktivität) und die *Geschäftsfeldstärke* (relative Wettbewerbsvorteile bzw. Unternehmungsposition) als die relevanten Einflußfaktoren auf Erfolg und Cash-flow einzelner strategischer Geschäftsfelder herausgestellt. Im Gegensatz zur Marktwachstums-/ Marktanteils-Matrix wird jedes dieser Merkmale dabei *explizit* durch eine Vielzahl von Faktoren bestimmt – man spricht daher auch von einem *Multifaktoren-Konzept* [17].

Die *Branchenattraktivität* steht in diesem Konzept für die *externen, weitgehend unternehmungsunabhängigen Faktoren*. Zu ihrer Bestimmung können folgende Merkmale herangezogen werden [18]:

- *Markt- bzw. Branchenmerkmale* wie z.B. Marktgröße und Marktwachstum, Wettbewerbsstruktur und Konkurrenzsituation;
- *Merkmale der generellen ökonomischen Umwelt* wie z.B. Konjunkturlage, Arbeitskräfteverfügbarkeit, Energie- und Rohstoffversorgung;
- *Merkmale der technologischen Umwelt* wie z.B. Schutzrechtsituation, FuE-Intensität;
- *Merkmale der rechtlich-politischen Umwelt* wie z.B. Steuerbelastung und mögliche Subventionen;
- *Merkmale der ökologischen Umwelt* wie z.B. ökologische Attraktivität eines Marktes;
- *Merkmale der sozio-kulturellen Umwelt* wie z.B. Wertewandel, demographische Veränderungen.

Die *Geschäftsfeldstärke* steht demgegenüber für die *internen, weitgehend unternehmungsabhängigen Faktoren.* Hierzu zählen die relativen Stärken in den Funktionsbereichen sowie wiederum der daraus letztlich resultierende relative Marktanteil.

Die ermittelten Ausprägungen der Faktoren, die der Branchenattraktivität und Geschäftsfeldstärke zugrundeliegen, können mit Punkten bewertet werden und führen dann durch eine (u.U. gewichtete) Addition zu der jeweiligen Maßgröße für Branchenattraktivität und Geschäftsfeldstärke. Möglich ist aber auch eine qualitative Einschätzung der jeweiligen Gesamtausprägung auf der Basis einer differenzierten Ana-

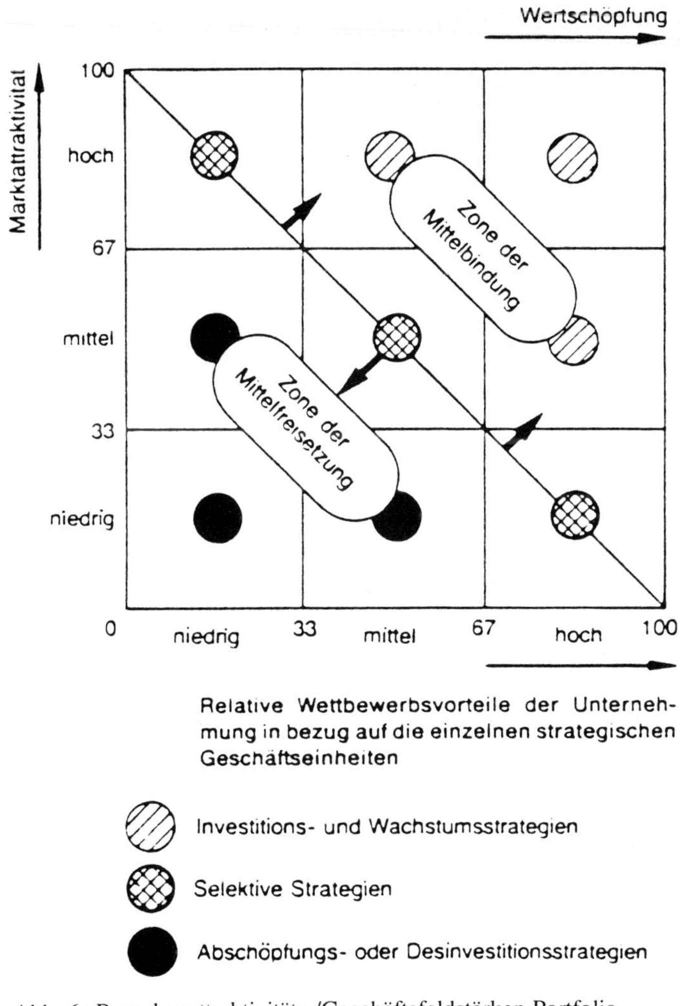

Abb. 6: Branchenattraktivitäts-/Geschäftsfeldstärken-Portfolio
(Quelle: Hinterhuber (1992a, S. 109)).

lyse [19]. Strategische Geschäftsfelder werden nach Maßgabe dieser Bewertungen in einer Branchenattraktivitäts-/Geschäftsfeldstärken-Matrix positioniert (vgl. Abbildung 6). Je nach Positionierung können *spezifische Strategien abgeleitet* werden, die als *Investitions- und Wachstumsstrategien, Abschöpfungs- oder Desinvestitionsstrategien* und *Selektionsstrategien* bezeichnet werden können [20]. Auch diese stellen Normstrategien dar, die stets situationsspezifisch zu überdenken sind.

2.3 Lebenszyklus-Konzept mit Produktlebenszyklus-/Wettbewerbspositions-Portfolio

Ausgangspunkt dieses Ansatzes, der von der Beratungsgesellschaft Arthur D. Little entwickelt worden ist, ist das sogenannte *Lebenszyklus-Konzept*, das ein Hilfsmittel zur Beschreibung und Analyse der Entwicklung von Produkten und Branchen im Zeitablauf darstellt [21]. Dieser Ansatz basiert auf der Überlegung, daß es für die Beurteilung der Attraktivität eines Marktes (bzw. einer Branche) nicht ausreicht, dessen Wachstumsrate zu betrachten, da diese häufigen Änderungen unterworfen ist und zudem eine gegebene Wachstumsrate in Abhängigkeit von der jeweiligen *Position im Produktlebenszyklus* mit den charakteristischen Phasen *Entstehung, Wachstum, Reife und Alter* unterschiedlich zu bewerten ist.

In dem *Produktlebenszyklus-/Wettbewerbspositions-Portfolio* wird deshalb der Produktlebenszyklus bzw. die jeweilige Lebenszyklusphase als externer Beurteilungsfaktor herangezogen. Die *Lebenszyklusphase* repräsentiert eine Dimension der entsprechenden Portfolio-Matrix. Die zweite Dimension, die durch eine Unternehmung beeinflußbar ist, wird durch die *Wettbewerbsposition* bestimmt. Die jeweilige Wettbewerbsposition eines strategischen Geschäftsfeldes kann durch die Ausprägungen dominant, stark, günstig, haltbar und schwach beschrieben werden [22].

Die *Gegenüberstellung von Wettbewerbsposition und Lebenszyklusphase* läßt die *Ableitung spezifischer Strategien* für einzelne strategische Geschäftsfelder zu (vgl. Abbildung 7). Hierbei wird i.d.R. auf anzustrebende Marktpositionen abgestellt. Zunehmend findet man aber auch Ansätze, die dieses Konzept zur Kennzeichnung von erforderlichen Führungskräften oder sinnvollen Gestaltungsformen weiterer Komponenten des Führungssystems (Informations- und Anreizsystem) für einzelne strategische Geschäftsfelder in Abhängigkeit von den jeweiligen Lebenszyklusphasen, in denen sich diese Geschäftsfelder befinden, heranziehen [23]. Aus der Betrachtung der Lebenszyklen von Produkten wird zudem die Forderung abgeleitet, das Portfolio strategischer Geschäftsfelder so ausgewogen zu gestalten, daß jederzeit eine ausreichende Anzahl neuer Produkte zur Verfügung steht, um eine kontinuierliche Unternehmungsentwicklung zu gewährleisten und gleichzeitig stets eine ausreichende Anzahl von Cashprodukten zur Finanzierung der Nachwuchsprodukte verfügbar ist.

2.4 Ressourcen-Konzept mit Ressourcen-/Produkt-Portfolio

Neben den vorgenannten Ansätzen, die primär auf die Absatzseite einer Unternehmung abstellen, ist in der Literatur auch eine Reihe von Konzepten diskutiert worden, die speziell auf die *Risiken aus dem Beschaffungsbereich* ausgerichtet sind. Unter diesen Ansätzen soll hier das *Ressourcen-/Produkt-Portfolio bzw. Ressourcen-/Geschäftsfeldstärken-Portfolio* hervorgehoben werden [24].

Um der zunehmenden Bedeutung der potentiellen Beschaffungsrisiken zu entsprechen, wird in diesem Ansatz eine *Ressourcen-Matrix* entwickelt, die durch die Dimensionen Verfügbarkeit und Kostenentwicklung der jeweiligen Ressourcen bestimmt wird. Diese Matrix wird mit einer *Produkt-Matrix* kombiniert, die durch den Produktlebens-

Lebenszyklusphase

WETTBEWERBSPOSITION	Entstehung	Wachstum	Reife	Alter
Dominant	Marktanteile hinzugewinnen oder mindestens halten	Position halten Anteil halten	Position halten Wachstum mit der Branche	Position halten
Stark	Investieren um Position zu verbessern, Marktanteilgewinnung (intensiv)	- Investieren um Position zu verbessern, - Marktanteilgewinnung	Position halten Wachstum mit der Branche	Position halten oder "ernten"
Günstig	Selective oder volle Marktanteilgewinnung, Selective Verbesserung der Wettbewerbsposition	- Versuchsweise Position verbessern, - Selective Marktanteilgewinnung	- Minimale Investitionen zur "Erstandhaltung" - Aufsuchen einer Nische	"Ernten" oder stufenweise Reduzierung des Engagements
Haltbar	Selective Verbesserung der Wettbewerbsposition	- Aufsuchung und Erhaltung einer Nische	- Aufsuchen einer Nische oder stufenweise Reduzierung des Engagements	Stufenweise Reduzierung des Engagements
Schwach	Starke Verbesserung oder aufhören	- starke Verbesserung oder - Liquidierung	Stufenweise Reduzierung des Engagements	Liquidieren

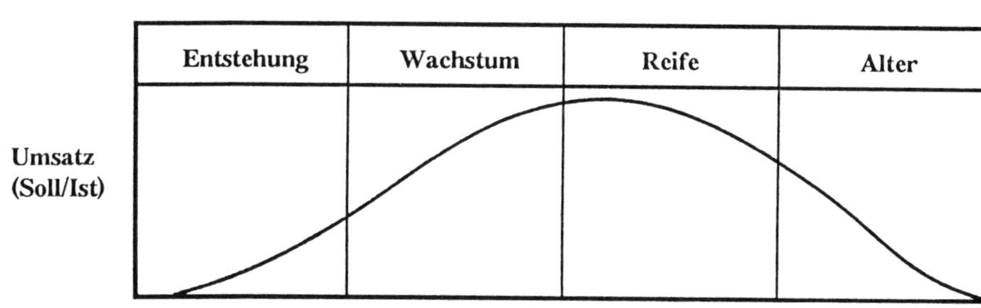

Abb. 7: Produktlebenszyklus-/Wettbewerbspositions-Portfolio (Quelle: Thannheiser, H. und P. Patel: Strategische Planung in diversifizierten deutschen Unternehmen, o.O. 1977, S. 65).

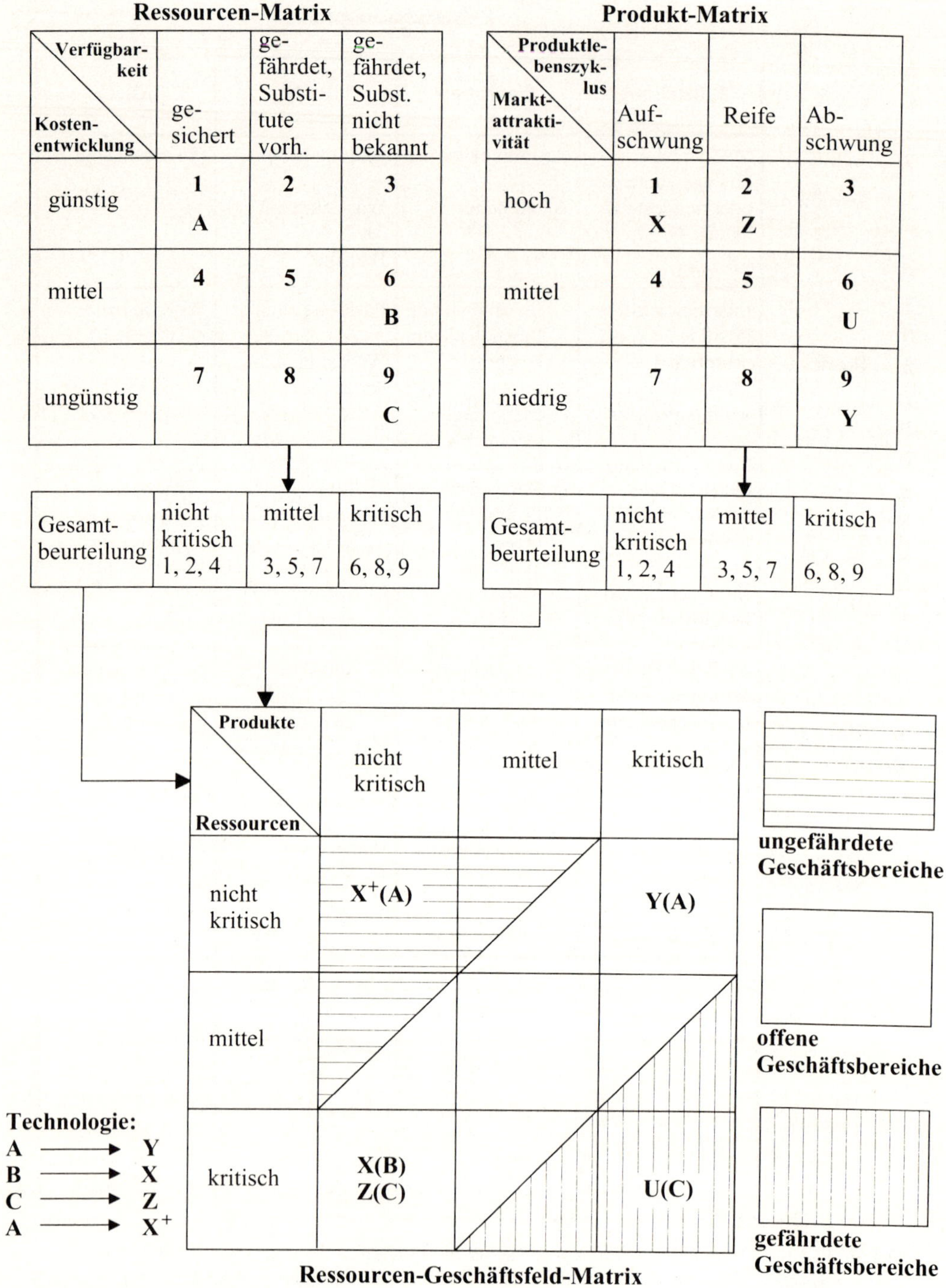

Abb. 8: Ressourcen-/Produkt-Portfolio
(Quelle: Albach (1978, S. 709)).

zyklus und die Marktattraktivität charakterisiert wird. Die Kombination beider Matrizen führt zu einer *Ressourcen-/Produkt-Matrix*, in der in Abhängigkeit von der jeweiligen Positionierung ungefährdete, offene und gefährdete strategische Geschäftsfelder differenziert werden können (vgl. Abbildung 8). Für diese Geschäftsfelder lassen sich wiederum Normstrategien definieren.

Die strategische Geschäftsfeldplanung hat dafür Sorge zu tragen, daß allenfalls ein Teil der strategischen Geschäftsfelder erhöhten Beschaffungsrisiken ausgesetzt ist. Den Idealfall bildet ein Portfolio, in dem primär Produkte in der Aufschwung- und vor allem Reifephase in attraktiven Märkten enthalten sind – ohne kritischen Gefährdungen im Ressourcenbereich ausgesetzt zu sein.

2.5 Technologie-Portfolio

Von den typischen marktbezogenen Portfolio-Konzepten werden das technologische Umfeld und dessen Veränderungen sowie die technologische Stärke der Unternehmung i.d.R. nicht hinreichend erfaßt. Zur Integration dieser bedeutsamen Faktoren in die strategische Planung ist das *Technologie-Portfolio* entwickelt worden. Es stellt ein Konzept dar, das es gestattet, Produkt- und Prozeßtechnologie gleichrangig in die strategische Unternehmungsplanung aufzunehmen, ohne den Vorteil der Portfolio-Konzepte – die systematische Verdichtung von Einflußgrößen auf wenige Führungsgrößen und deren klare Darstellung – aufgeben zu müssen [25].

Das Technologie-Portfolio bildet die *strategischen Positionen von Produkt- und Prozeßtechnologien* ebenfalls in einer zweidimensionalen Matrix ab. Die beiden Dimensionen der Matrix bilden die *Technologieattraktivität* und die relative *Ressourcenstärke* im Hinblick auf die in Produkten und Prozessen inkorporierten Technologien. Die Technologieattraktivität steht für die Gesamtheit der technisch-ökonomischen Vorteile, die durch die Realisierung der in einer Technologie steckenden strategischen Anwendungsmöglichkeiten gewonnen werden können. Die relative Ressourcenstärke steht für die technisch-ökonomische Stärke (oder Schwäche) einer Unternehmung im Hinblick auf eine Technologie – relativ zum wichtigsten Konkurrenten. Beide Dimensionen werden jeweils durch spezifische Indikatoren beurteilt (vgl. Abbildung 9).

Eine *Technologie-Portfolio-Analyse* umfaßt im Kern vier Schritte:

- *Umfeldanalyse*: Sie soll aufzeigen, welche technischen und sonstigen Rahmenbedingungen bei der Technologiebewertung und der Strategieformulierung zu beachten sind.
- *Identifizierung der relevanten Produkt- und Prozeßtechnologien*: Es geht um die Identifizierung der für ein strategisches Geschäftsfeld relevanten Technologien und um die Bestimmung der Bedeutung dieser Technologien für eine Unternehmung.
- *Bewertung der Technologieattraktivität und der Ressourcenstärke*: Die Attraktivität der identifizierten Technologien sowie die relative Stärke einer Unternehmung bei deren Anwendung werden beurteilt.
- *Transformation des Ist-Zustandes auf einen zukünftigen Zeitpunkt*: Dynamisierung der Betrachtungsweise, indem die verwendeten Technologien in Relation zu möglichen zukünftigen (komplementären und substitutiven) Technologien gesetzt werden.

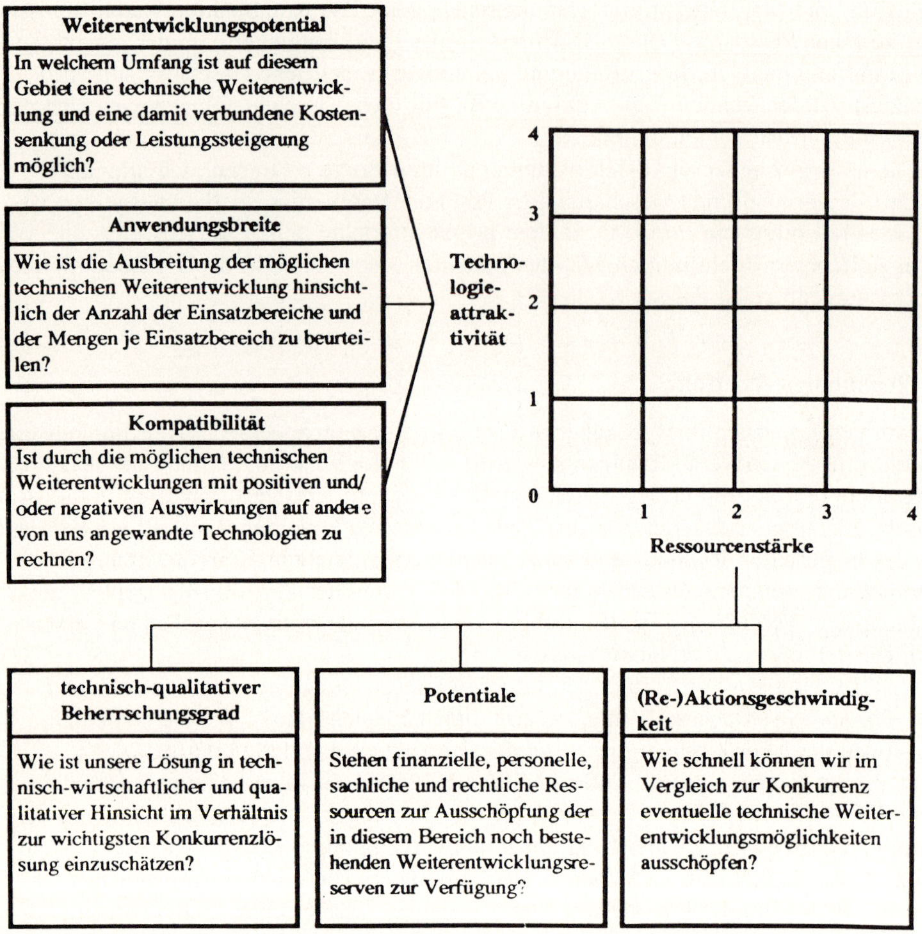

Abb. 9: Aufbau des Technologie-Portfolios
(Quelle: Pfeiffer/Dögl).

Als Ergebnis dieser Analyse lassen sich die in Abbildung 10 wiedergegebenen Technologie-Portfolios erstellen. Ein Technologie-Portfolio bietet vielfältige Analyse- und Auswertungsmöglichkeiten. So können auf der Basis ermittelter Portfolio-Positionierungen *globale Investitions-, Desinvestitions- oder Selektionsempfehlungen* abgegeben werden. Darüber hinaus sind weitere Zusatzauswertungen möglich (z.B. zur Beurteilung der Produktgesamtkonzeption, zur Entscheidung über Eigenfertigung und/oder Fremdbezug, zur laufenden Optimierung der FuE-Ressourcen).

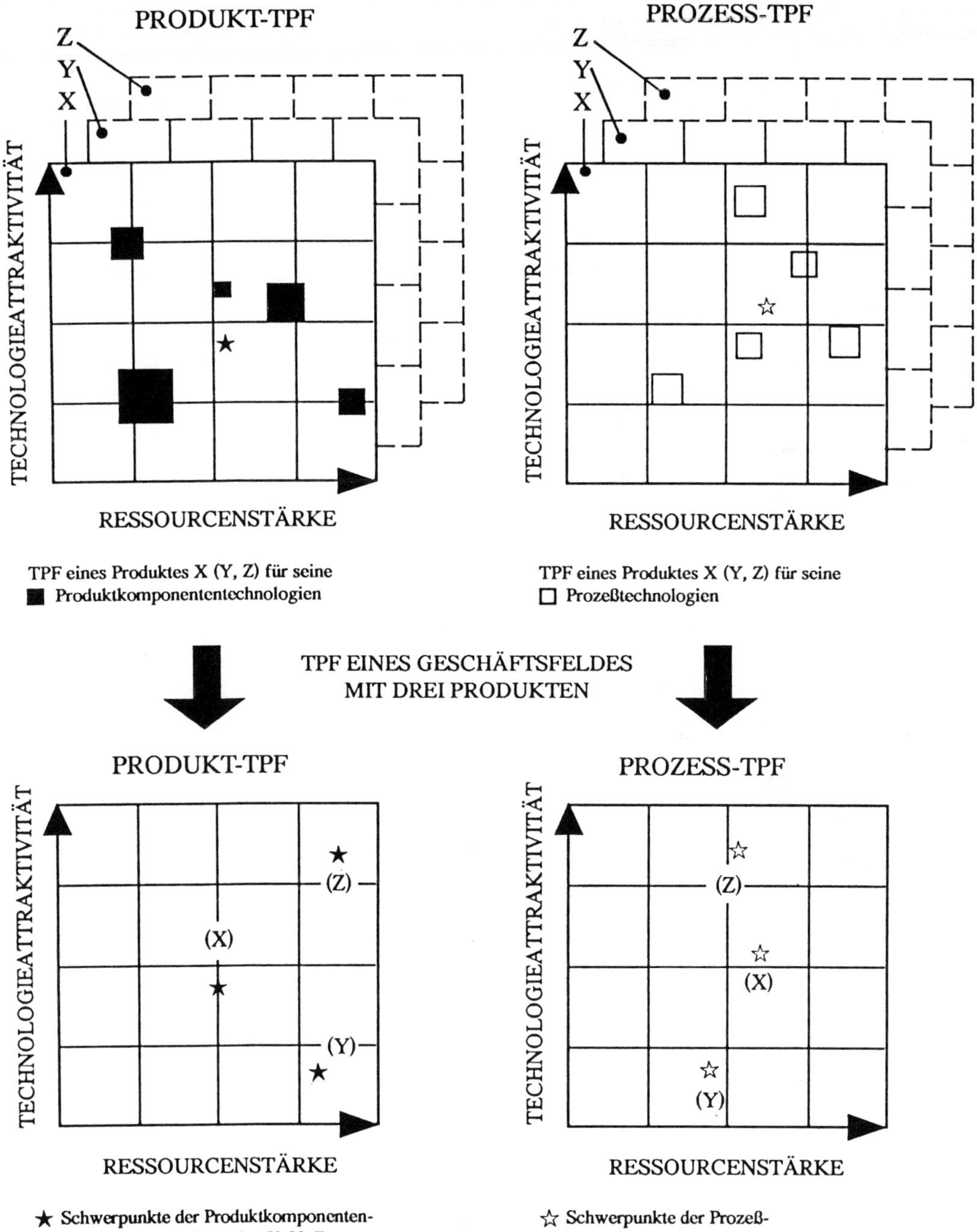

Abb. 10: Technologie-Portfolio
(Quelle: Pfeiffer/Dögl).

2.6 Ökologie-Portfolio

Angesichts der wachsenden Bedeutung des Umweltschutzes und der damit einhergehenden Zunahme von ökologischen Anforderungen an Unternehmungen wird die Berücksichtigung ökologischer Aspekte für die Unternehmungsführung unerläßlich [26]. Um diese in systematischer Weise in die strategische Planung einzubringen, kann in Analogie zum Technologie-Portfolio ein *Ökologie-Portfolio* aufgestellt werden. Ein solches Ökologie-Portfolio gibt die Dimensionen Ökologieattraktivität und relative Ökologiestärke in einer zweidimensionalen Matrix wieder [27].

Die *Ökologieattraktivität* steht für die Gesamtheit *der Vorteile*, die sich in der Gesellschaft und speziell am Markt *durch ein ökologieorientiertes Verhalten* erzielen lassen. Sie mißt damit die Bedeutung ökologieorientierten Verhaltens im Hinblick auf die Produktherstellung (Produktionsprozesse), die Produktverwendung und die Produktentsorgung. Die Ökologieattraktivität hängt in erster Linie von den in der Öffentlichkeit *wahrgenommenen Umweltauswirkungen* einer Branche ab. Diese wiederum werden einerseits durch die Art und das Ausmaß der tatsächlichen Umweltbelastung sowie andererseits durch den Bekanntheitsgrad der Belastung und durch generelle Einstellungen der Öffentlichkeit bezüglich der Umweltbelastung (ökologisches Image) beeinflußt. Beide Aspekte unterscheiden sich i.d.R. von Branche zu Branche und können auch innerhalb einer Branche im Hinblick auf Produktherstellung (Produktionsprozesse), Produktverwendung und Produktentsorgung unterschiedlich sein.

Aufgrund individueller bzw. unternehmungsspezifischer Werthaltungen und/oder aufgrund rechtlicher Normen kann ein angestrebtes ökologisches Mindestniveau festgesetzt werden, das von der Unternehmung nicht unterschritten werden darf. Es handelt sich um durch die Unternehmungsleitung autonom gesetzte Sozialziele oder ihr vorgegebene unabdingbare Ziele (Rahmenbedingungen).

Die relative *Ökologiestärke* steht für die relative Umweltverträglichkeit der Produkte einer Unternehmung bzw. einer strategischen Geschäftseinheit in ihrem gesamten Lebenszyklus. Sie *mißt die tatsächlich von einem Produkt in Herstellung, Anwendung und Entsorgung ausgehenden Umweltgefährdungen relativ zur Konkurrenz.* Abbildung 11 zeigt ein Ökologie-Portfolio als Beispiel mit einer Positionierung von zwei Produkten, deren Ökologieattraktivität und Ökologiestärke bezüglich Produktherstellung, -verwendung und -entsorgung differenziert betrachtet werden.

Analog zu dem Technologie-Portfolio bietet auch das Ökologie-Portfolio vielfältige Auswertungsmöglichkeiten. Zunächst lassen sich bestimmte *globale Empfehlungen* ableiten, die sich aus der Positionierung eines Produktes im Portfolio ergeben. So wird z.B. bei Produkten mit hoher relativer Ökologiestärke und hoher Ökologieattraktivität global eine offensive, nach ökologischer Profilierung strebende Strategie empfohlen. Diese globalen Handlungsempfehlungen sind naturgemäß situationsspezifisch zu überprüfen und ggf. zu variieren. Das Ökologie-Portfolio bietet darüber hinaus vor allem aber die Möglichkeit zu einer systematischen, detaillierten Analyse der Faktoren, die Ökologieattraktivität und Ökologiestärke bestimmen, sowie zur Ermittlung von Maßnahmen im Hinblick auf die Produktherstellung, Produktverwendung und Produktentsorgung, die zur Beeinflussung der identifizierten Faktoren geeignet sind.

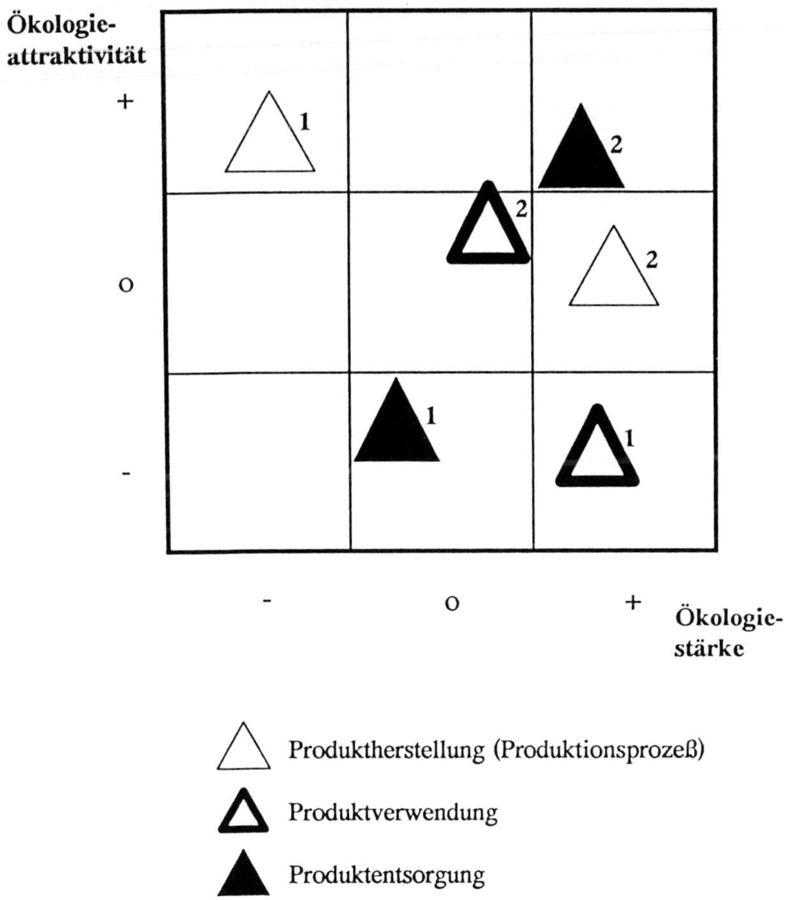

Abb. 11: Ökologie-Portfolio

Das Ökologie-Portfolio wird somit zu einer *Grundlage für eine ökologieorientierte Durchdringung der Geschäftsfeldplanung.*

Allerdings dürfen ökologische Aspekte dabei nicht isoliert gesehen werden; sie müssen stets in ihrer Beziehung zu anderen Aspekten diskutiert werden. Hier bestehen sinnvolle Beziehungen speziell zu Technologieaspekten, von denen die Möglichkeiten und Erfordernisse ökologieorientierten Verhaltens maßgeblich beeinflußt werden, sowie zu Maßnahmen im Rahmen des Marketing, vor allem der Werbung, durch die Einstellungen und Verhalten der relevanten Öffentlichkeit mit beeinflußt werden können (vgl. Abbildung 16).

2.7 Länder- bzw. Regionen-Portfolio

Mit Hilfe sogenannter Länder- bzw. Regionen-Portfolios können *strategisch relevante geographische Gesichtspunkte der Unternehmungsaktivitäten* differenziert verdeutlicht werden. Als Basis kann z.B. das Marktwachstums-/Marktanteils-Portfolio oder das Branchenattraktivitäts-/Geschäftsfeldstärken-Portfolio herangezogen werden. Prinzipiell sind zwei Möglichkeiten der Entwicklung und Analyse von Länder-Portfolios zu unterscheiden.

Zum einen kann ein *Portfolio für die gesamte Unternehmung*, also für alle Produktgruppen bzw. strategischen Geschäftsfelder erarbeitet werden. Jedes Land, in dem die Unternehmung agiert, wird dabei – analog der sonst üblichen Vorgehensweise – als eine Einheit behandelt. Die Summe der Umsätze aller Produktgruppen der betrachteten Unternehmung wird je Land ermittelt und in Beziehung zum stärksten Konkurrenten je Land gesetzt. Hieraus ergibt sich der relative Marktanteil der Unternehmung je Land. Im Gegensatz zur sonst möglichen mengenmäßigen Aggregation mit der Errechnung eines mengenmäßigen Marktanteils ist hier nur die wertmäßige Ermittlung sinnvoll. Als zweite Dimension des Portfolios ist das durchschnittliche Marktwachstum je Land zu errechnen. Durch die Kombination der beiden Dimensionen in einer Matrix wird die Stellung der Unternehmung je Land deutlich. Allerdings ist diese Vorgehensweise nur bei einem homogenen Produktprogramm oder bei einem Produktprogramm sinnvoll, das mit dem der Konkurrenzunternehmung(en) vergleichbar ist. Wird diese Ermittlung für alle Länder bzw. geographischen Regionen durchgeführt, in denen eine Unternehmung aktiv ist, ergibt sich ein Überblick über die Chancen und Risiken sowie Stärken und Schwächen der Unternehmungsaktivitäten in ihrer spezifischen geographischen Verteilung. Schwerpunkte der Aktivitäten können deutlich werden und erste Anhaltspunkte für eine detaillierte Untersuchung geben.

Zum anderen kann *für jedes Land bzw. jede geographische Region*, in der eine Unternehmung geschäftlich tätig ist, *ein Portfolio erstellt werden*, aus dem die länder- bzw. regionenspezifische Stellung einzelner Produktgruppen bzw. strategischer Geschäftsfelder im Vergleich zum stärksten Konkurrenten deutlich wird. Dieses Portfolio kann z.B. dem bereits dargestellten Branchenattraktivitäts-/Geschäftsfeldstärken-Portfolio entsprechen, wie es in Abbildung 12 in Form eines Beispiels wiedergegeben ist [28].

3. Standort der Portfolio-Konzepte im Rahmen der Unternehmungsplanung

3.1 Darstellung eines Systems der Unternehmungsplanung

Für die Einordnung der Portfolio-Konzepte im Rahmen der Unternehmungsplanung erscheint es zweckmäßig, von einem theoretisch fundierten, anwendungsbezogenen Planungssystem auszugehen. Dieses läßt sich auf der Basis der Interpretation der Unternehmung als *zielorientiertes Aktionszentrum* [29], in dem Ziele durch zielorientierte

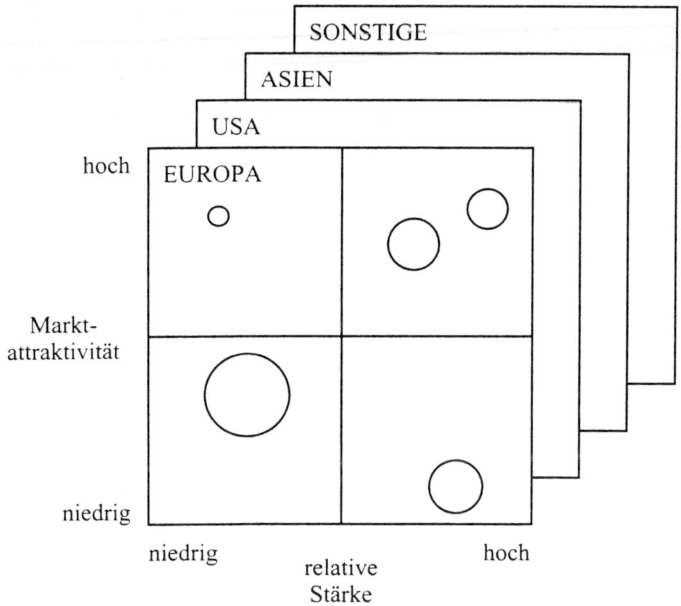

Abb. 12: Länder- bzw. Regionen-Portfolio

Aktionen von Potentialen (Menschen und/oder Betriebsmittel) an Aktionsobjekten erreicht werden, ableiten und wie folgt zu Teilplanungskomplexen zusammenfassen [30]:

- *Generelle Zielplanung*: Sie beinhaltet die Festlegung aller generellen ökonomischen und nichtökonomischen Ziele der Unternehmung, d.h. die Festlegung der Unternehmungskonzeption. Hierzu gehören die wichtigsten Sachziele – zumindest umrißartig formuliert (Angabe des Tätigkeitsfeldes, der wichtigsten angestrebten Leistungsarten und gegebenenfalls Kundengruppen) –, die wichtigsten Wertziele (Ergebnis- und Liquiditätsziele) sowie die wichtigsten Sozialziele (angestrebte Zustände gegenüber Mitarbeitern, Kapitalgebern, Marktpartnern, dem Staat sowie sonstigen Bezugsgruppen, der allgemeinen Öffentlichkeit und der natürlichen Umwelt).
- *Strategische Planung*: Sie baut als spezifische Zielerreichungsplanung auf der generellen Zielplanung auf. Im Kern beinhaltet sie die Geschäftsfeldplanung – die möglichst simultan durchzuführende Planung des langfristig zu erstellenden Programms und der für die Leistungserstellung und -verwertung erforderlichen Potentiale (Personen, Betriebsmittel) bzw. Potentialänderungen. Die Geschäftsfeldplanung ist grundsätzlich verbunden mit Funktionsbereichs- und Regionalstrategieplanungen. Die strategische Planung umfaßt ferner die Planung der Aufbauorganisation und die Planung der mit ihr verbundenen Rechtsform und Rechtsstruktur der Unternehmung sowie die Planung des Führungskräftesystems (Führungskräfteplanungssystem und Führungskräfte, Führungskräfteanreizsystem, Führungskräfteinformationssystem).
- *Operative Planung*: Sie ist – wie die strategische Planung – eine Zielerreichungsplanung und baut auf der generellen Zielplanung und der strategischen Planung auf. Für

sie werden die im Rahmen der strategischen Planung festgelegten Produkt-/Produktprogramm- und Potentialkombinationen zu Determinanten, innerhalb derer sie sich in mittel- bis kurzfristigen Zeiträumen bewegt. Gegenstand der operativen Planung ist eine ebenfalls möglichst simultan durchzuführende Programm- und Aktionsplanung auf der Basis gegebener Potentiale. In ihr werden die von der Unternehmung mittel- bis kurzfristig zu erstellenden Programme nach Art und Menge sowie die zur Realisierung dieser Programme in den einzelnen Funktionsbereichen der Unternehmung erforderlichen Ziele und Maßnahmen (zielorientierte Aktionen) geplant.

- *Gesamtunternehmungsbezogene Ergebnis- und Finanzplanung*: Sie ist das monetäre Abbild der ersten drei Planungskomplexe. Aufgebaut als mehrperiodige Planungsrechnung stellt sie generelle Wertziele und monetäre Wirkungen strategischer und operativer Maßnahmen dar. Zudem beinhaltet sie die originäre Planung spezifischer bilanz- und finanzierungspolitischer Maßnahmen. Gegenstand der gesamtunternehmungsbezogenen Ergebnis- und Finanzplanung sind im einzelnen die
  - Kosten-/Erlösplanung,
  - Aufwands-/Ertragsplanung und Bilanzplanung,
  - Auszahlungs-/Einzahlungsplanung (Finanzplanung).

In Theorie und Praxis finden sich auch Ansätze mit einer Drei- oder Zweiteilung des Planungssystems, wobei vor allem zwischen genereller Zielplanung/unternehmungspolitischem Rahmen, strategischer und operativer Planung oder nur zwischen strategischer und operativer Planung unterschieden wird.

3.2 Portfolio-Konzepte im Rahmen der strategischen Planung

Im Rahmen der möglichen Teilplanungskomplexe eines Planungssystems bilden die *Portfolio-Konzepte* in ihren unterschiedlichen Ausprägungen einen instrumentellen *Bestandteil der strategischen Planung*. Innerhalb dieser erhalten die Portfolio-Konzepte ihre *besondere Bedeutung im Rahmen der Geschäftsfeldplanung*, die ihrerseits als Kern der strategischen Planung betrachtet werden kann (vgl. Abbildung 13) [31].

Im Rahmen der Geschäftsfeldplanung (der Produktprogramm- und Potentialplanung) werden – ausgehend von z.T. meta-ökonomischen Entscheidungen über das Tätigkeitsfeld einer Unternehmung – Umsatz-, Cash-flow- und Ergebnisträger, also Produkte und Produktprogramme für spezifische Märkte mit dazugehörigen Sach- und Humanpotentialen sowie Stoffen (einschließlich Energie) an ausgewählten Standorten, für künftige Perioden festgelegt (vgl. Abbildung 14). Dies geschieht – jeweils integriert mit *Funktionsbereichs- und Regionalstrategien* – in der Regel auf zumindest zwei Ebenen (vgl. Abbildung 15):

- Auf der *Ebene der (Gesamt-)Unternehmung* erfolgt eine Planung für die Gesamtheit der unterschiedlichen Geschäftsfelder der Unternehmung – die *Planung der Geschäftsfelder*.
  Die strategische Programmgestaltung auf Unternehmungsebene legt fest, in welchen Geschäftsfeldern die Unternehmung tätig sein will und wie diese Geschäftsfelder

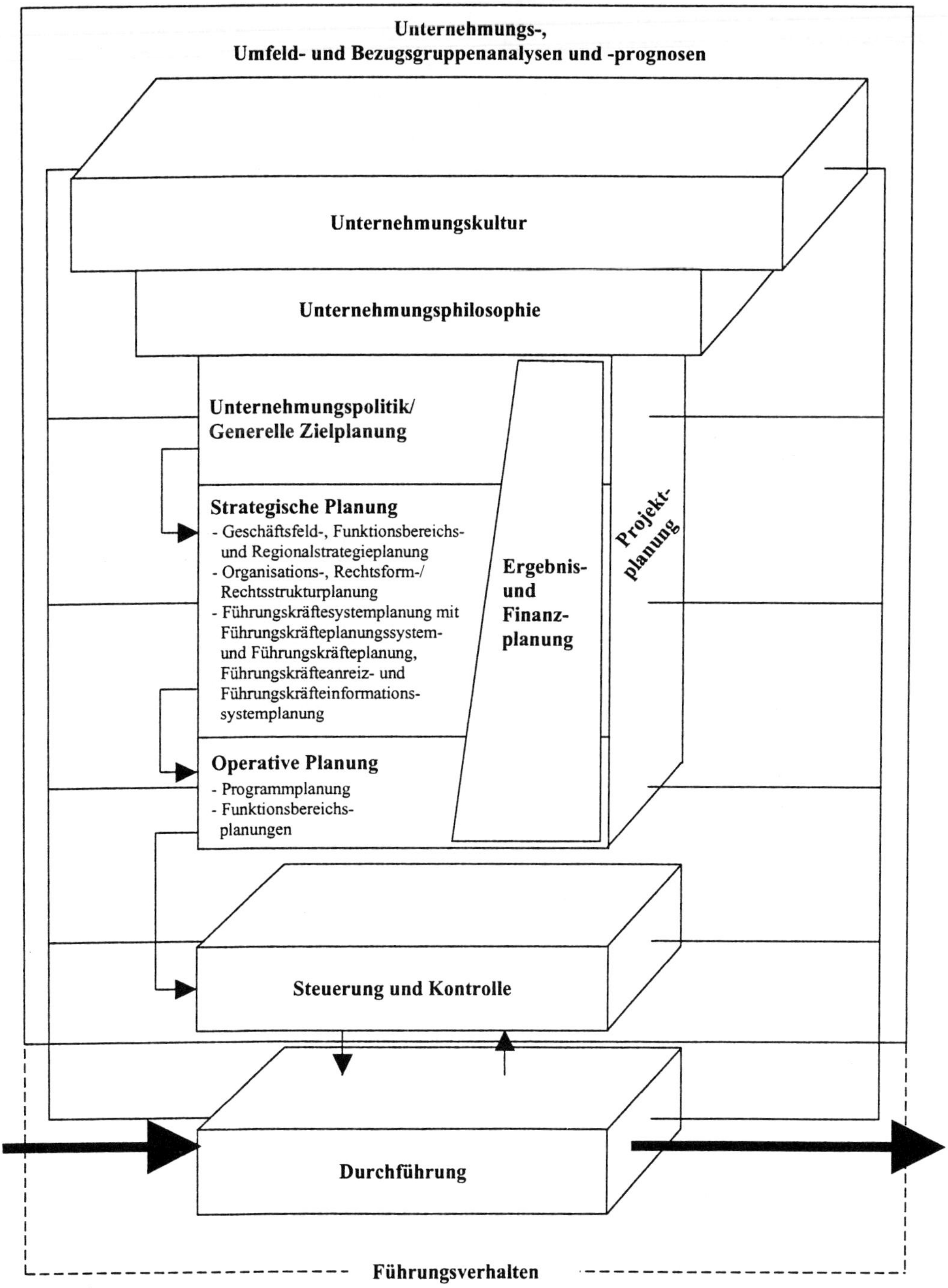

Abb. 13: Strategische Planung im Rahmen der Führungsaufgaben einer Unternehmung

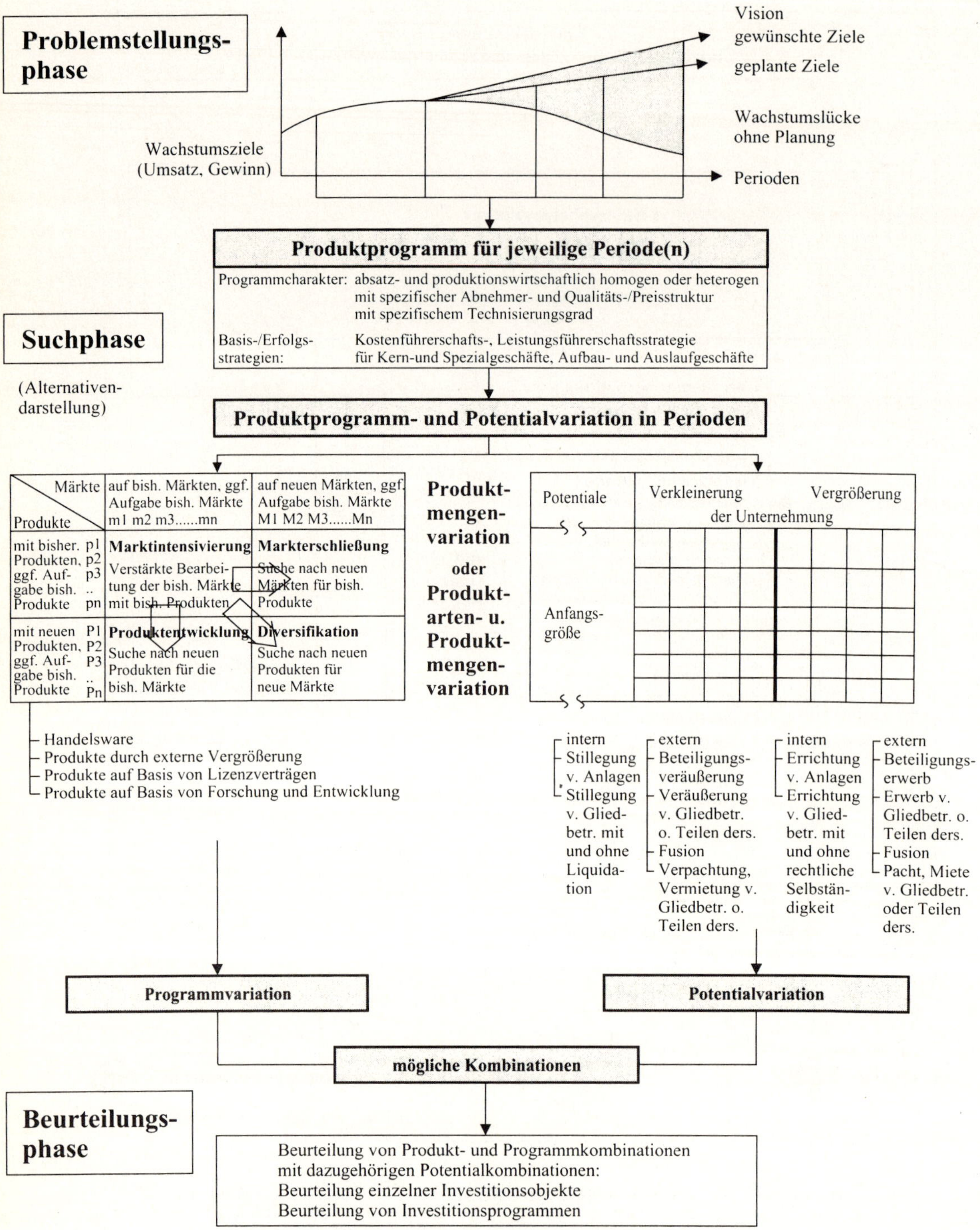

Abb. 14: Prozeß der integrierten Produktprogramm- und Potentialplanung (Geschäftsfeldplanung) (Quelle: Hahn (1996, S. 275)).

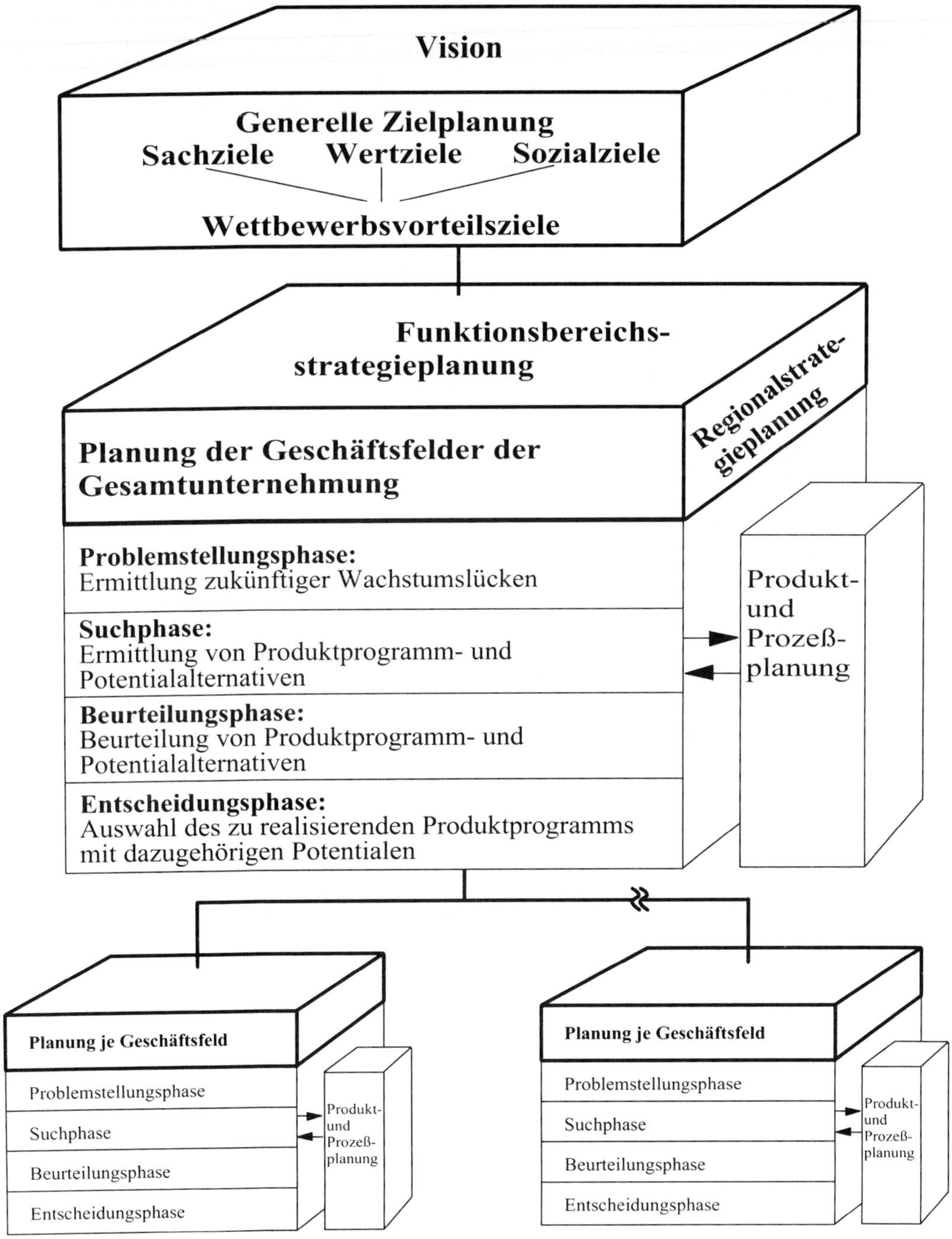

Abb. 15: Wettbewerbsorientierte Geschäftsfeldplanung mit integrierter Funktionsbereichs- und Regionalstrategieplanung auf Gesamtunternehmungs- und Geschäftsfeldebene (Quelle: Hahn (1996, S. 273)).

untereinander zu priorisieren sind. Hierbei wird das gesamte Tätigkeitsfeld der Unternehmung als ein Portfolio von Geschäftsfeldern betrachtet, von denen einzelne aufgegeben, denen neue hinzugefügt und die in unterschiedlicher Weise weiterentwickelt werden können.

- Auf der *Ebene der Geschäftsfelder* erfolgt eine Planung jeweils für ein spezielles Geschäftsfeld – die *Planung je Geschäftsfeld.*
  Die strategische Programmgestaltung auf Geschäftsfeldebene, die aus der Sicht des einzelnen Geschäftsfeldes – unter Beachtung der unternehmungsbezogenen Vorgaben – geschieht, definiert die grundsätzlichen Vorgehensweisen der Unternehmung in den einzelnen Geschäftsfeldern, die gewählt werden sollen, um im Wettbewerb erfolgreich zu bestehen.

In beiden Fällen erfolgt eine Verknüpfung mit Aspekten der *Funktionsbereichs- und Regionalstrategieplanung*. Diese bestimmen *auf Geschäftsfeldebene* die geschäftsfeldbezogenen Grundsätze und Richtlinien für die Funktionsbereiche und Regionen. *Auf Unternehmungsebene* werden die geschäftsfeldbezogenen Funktional- und Regionalstrategien zusammengefaßt und harmonisiert. Natürlich sind auch hier Prioritätssetzungen möglich.

Portfolio-Konzepte bilden – zusammen mit Neuproduktplanungen (Produktkonzeptplanungen) – die Basis der Geschäftsfeldplanung. Sie dienen zum einen als *Hilfsmittel zur Analyse der strategischen Geschäftsfelder* einer Unternehmung. Durch die Durchführung einer Portfolio-Analyse werden Informationen über die Faktoren gewonnen und optisch aufbereitet, die für den Markterfolg eines strategischen Geschäftsfeldes von zentraler Bedeutung sind. Auf der Basis dieser Analyse dienen Portfolio-Konzepte weiterhin als *Grundlage für die Ableitung und Beurteilung von möglichen Strategiealternativen* (Produktprogramm- und Potentialalternativen) für einzelne strategische Geschäftseinheiten und für die Unternehmung insgesamt.

Im Rahmen der *Strukturplanung* (Organisationsplanung, Rechtsform- und Rechtsstrukturplanung) und der *Führungskräftesystemplanung* (Führungskräfteplanungssystem- und Führungskräfteplanung, Führungskräfteanreizsystem- und Führungskräfteinformationssystemplanung) [32] kommen Portfolio-Konzepte mit Marktbezug grundsätzlich nicht zur Anwendung. Möglich sind jedoch Ansätze, die Aspekte des Führungskräftesystems – z.B. Bedarf und Bestand an Führungskräften – mittels einer den Portfolio-Konzepten entsprechenden Methodik auch im Vergleich zur vermuteten Konkurrenzsituation analysieren und aus dieser Analyse spezifische Handlungsempfehlungen ableiten [33].

4. Vorteile, Grenzen und Weiterentwicklungsmöglichkeiten der Portfolio-Konzepte

Ohne Zweifel stellen die dargestellten Portfolio-Konzepte ein wesentliches Hilfsmittel für die Durchführung der Geschäftsfeldplanung dar. Ihr *wesentlicher Vorteil* liegt in

- der systematischen und nachvollziehbaren *Visualisierung* der durchgeführten internen Analysen und Konkurrenz-Analysen eines strategischen Geschäftsfeldes – mit jeweils ermittelten relativen *Stärken* und *Schwächen*,
- der klaren *Visualisierung* der *Marktentwicklung* und der die Marktentwicklung bestimmenden *Einflußfaktoren*,
- der *Visualisierung* der *Positionierung der Geschäftsfelder* im Hinblick auf Marktentwicklung und/oder diese bestimmende Einflußfaktoren sowie im Hinblick auf Stärken und Schwächen der eigenen Unternehmung und von Konkurrenzunternehmungen (Ist-Portfolio),
- der *Visualisierung* der *Entwicklungsrichtung* und in Bandbreiten des Entwicklungsausmaßes *strategischer Geschäftsfelder* (Ist-Soll-Portfolio).

Grundsätzlich wird durch die Anwendung eines Portfolio-Konzeptes die Kommunikation bei der Erstellung von Analyse-, Prognose- und Plan-Informationen zwischen Führungskräften unterschiedlichster Bereiche und Hierarchiestufen erleichtert. Die Anwendung der Portfolio-Technik leistet damit einen wichtigen Beitrag zur Behandlung des zentralen Problems der Überlebenssicherung einer Unternehmung.

Grenzen der Portfolio-Technik offenbaren sich in der möglichen Verallgemeinerung der Analyse und der unkritischen Übernahme empfohlener Normstrategien, wodurch vielfach unternehmungs- und situationsspezifischen Besonderheiten nur unzureichend Rechnung getragen wird. Darüber hinaus sind vor allem folgende Grenzen der einzelnen Portfolio-Konzepte herauszustellen:

- So liegen die Grenzen der Aussagefähigkeit der Erfahrungskurven-Konzeption mit Marktwachstums-/Marktanteilsmatrix in ihrer vielfach zu starken Vergröberung tatsächlicher Zusammenhänge, sofern man nicht in bestimmten Anwendungsfällen über die vier Quadranten hinaus eine verfeinerte Klassifikation vornimmt [34]. Die *Marktwachstums-/Marktanteilsmatrix* bezieht sich nur auf zwei – wenn auch sehr wesentliche – Haupteinflußfaktoren für die Beurteilung von strategischen Geschäftsfeldern. Zudem bedarf die Erfahrungskurve in bestimmten Branchen einer speziellen Interpretation, was z.B. in der Automobilindustrie durch die beobachtbaren Kostensprünge bei Modellwechseln deutlich wird. Auch gelten z.B. für eine Marktnischen-Strategie besondere Leistungs- und Kostengestaltungsmöglichkeiten.
- Die Anwendungsmöglichkeiten, aber auch die Grenzen des *Multifaktoren-Konzeptes*, das weit mehr Erfolgseinflußfaktoren von strategischen Geschäftsfeldern enthält und zu dem vom Prinzip her auch das *Ressourcen-Konzept* gezählt werden kann, hängen primär von der Auswahl und der Gewichtung der zur Positionierung der strategischen Geschäftsfelder heranzuziehenden Faktoren ab [35]. Die Punktbewertung der Einflußfaktoren ist dabei stets Ausdruck subjektiver Bewertung. Zudem werden durch die Punktbewertung prinzipiell verfügbare Einzelinformationen stark aggregiert und dadurch u.U. nicht mehr hinreichend erkennbar.
- Die Grenzen des *Lebenszyklus-Konzeptes* werden an dem Problem der Vorausbestimmung von Produktlebenszyklen deutlich. Ohne Produktlebenszyklusschätzungen ist allerdings eine hinreichend fundierte strategische Planung überhaupt nicht ableitbar.

Auch hier findet zudem eine starke Aggregation von Detailinformationen statt.

- *Technologie-Portfolio* und *Ökologie-Portfolio* versuchen die Gefahr des Verlustes von Detailinformationen zu kompensieren, indem sie explizit auf Spezialaspekte abstellen, d.h. Portfolio-Analysen vor dem Hintergrund jeweils eines bedeutsamen Spezialaspektes – des Technologieaspektes und des Ökologieaspektes – durchführen. Damit bergen sie natürlich die Gefahr einer ausschließlichen Fokussierung auf diese Aspekte in sich, wodurch u.U. ganzheitliche Fragestellungen vernachlässigt werden und dann auch der Bezug zum Markt und zur Marktposition verloren geht. Weitere derartige Portfolio-Ansätze, die der Detaillierung wichtiger Spezialprobleme dienen, können z.B. auf die *Analyse der Geschäftsbeziehungen* [36] (Marktbeziehungen) strategischer Geschäftsfelder durch Betrachtung der jeweiligen Kundenattraktivität und des jeweiligen Bindungspotentials der Lieferanten, auf die *Analyse der Produktsicherheit* [37] oder auch auf die *Analyse des Informationssystems* einer Unternehmung abstellen.

Erforderlich ist deshalb vor allem eine *Weiterentwicklung der Portfolio-Konzepte*, die eine *ganzheitliche Portfolio-Analyse mit* – je nach Fragestellung unterschiedlichen – *detaillierten Analysen verbindet*. Hier sind unterschiedliche Kombinationen der genannten Detailanalysen möglich; besonders sinnvoll erscheint heute eine Kombination der strategischen Aspekte von Markt-Portfolio, Technologie-Portfolio und Ökologie-Portfolio im Rahmen eines übergreifenden *dynamischen Markt-, Technologie- und Ökologie-Portfolios*. Dieses ermöglicht es, eine Analyse der Detailinformationen der drei zentralen Spezial-Portfolios zu verbinden mit einer ganzheitlichen Betrachtung der strategischen Situation und Entwicklungsmöglichkeiten strategischer Geschäftsfelder. Zudem trägt es durch die Möglichkeit der Dynamisierung dem planerischen Aspekt Rechnung. Abbildung 16 gibt ein derartiges Portfolio und beispielhaft folgende vier Situationen wieder:

- In *Situation 1* liegt eine schwache Marktposition bei hoher Marktattraktivität vor. Auch die Technologieposition ist – bei hoher Technologieattraktivität – nur schwach. Demgegenüber ist die Ökologieposition des strategischen Geschäftsfeldes stark, die Ökologieattraktivität ist hoch. Hier wäre es z.B. denkbar, auf Basis der vorhandenen relativen Ökologiestärke durch eine offensive, ökologieorientierte Marketing- und FuE-Strategie eine Profilierung des strategischen Geschäftsfeldes anzustreben, die dann auch zu einer Verbesserung der Marktposition führen würde. Diese müßte i.d.R. durch eine offensive Technologiestrategie unterstützt werden.
- *Situation 2* ist durch einen wenig attraktiven Markt bei durchschnittlicher Technologie- und Ökologieattraktivität gekennzeichnet. Die Marktposition ist durchschnittlich, während die Ökologie- und Technologiestärke sehr groß sind. Hier werden auch Ökologie- und Technologiestärke allein nicht zwingend zu einer offensiven Marktstrategie führen. Vielmehr ist gründlich zu prüfen, ob die Marktposition – u.U. durch eine Nutzung der ökologischen und technologischen Stärke bei einer entsprechenden Umsetzung im Marketing – auszubauen ist, oder ob eher eine defensive Marktstrategie anzuraten ist, die im Extremfall bis zur Aufgabe des entsprechenden Produktes führen kann.

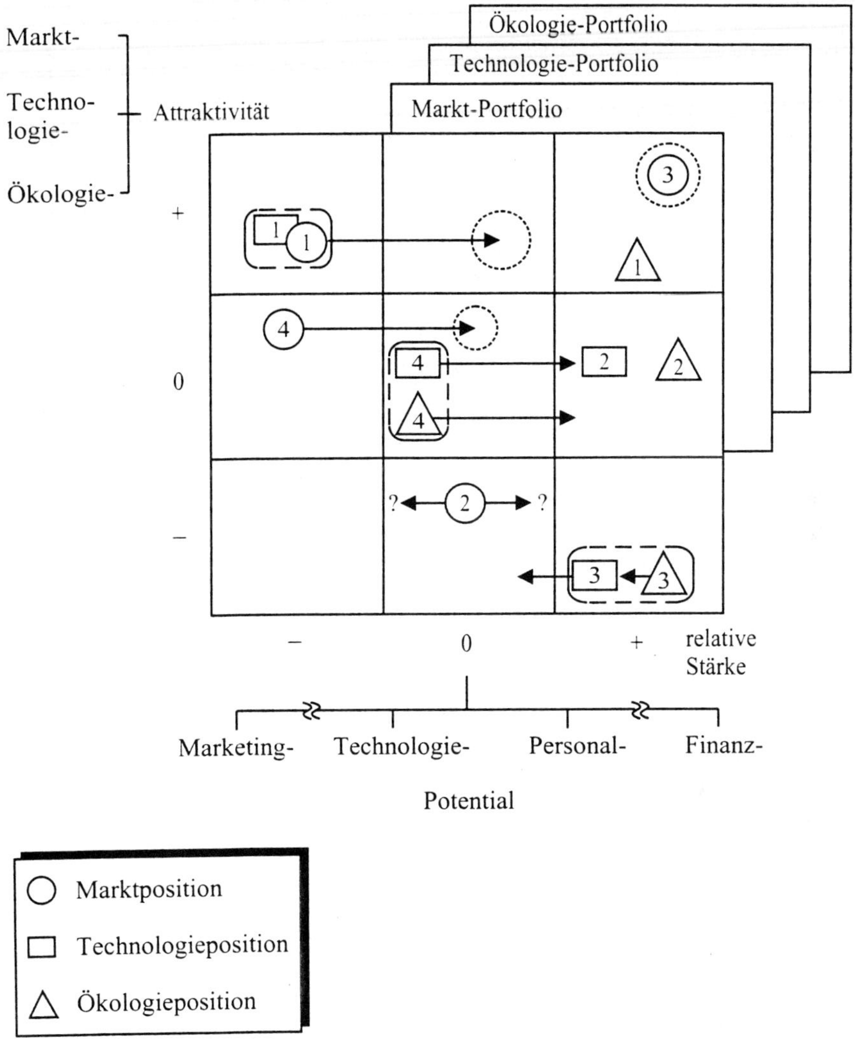

Abb. 16: Dynamisches Markt-, Technologie- und Ökologie-Portfolio auf (Gesamt-)Unternehmungsebene

- *Situation 3* ist durch eine extrem starke Marktposition in einem sehr attraktiven Markt gekennzeichnet. Auch Technologie- und Ökologiestärke sind sehr groß, allerdings sind Technologie und Ökologie für diesen Markt wenig bedeutsam. Es ist daher zu prüfen, ob die bislang in Ökologie- und Technologiestärke investierten Mittel nicht in einer anderen Verwendung – z.B. im Bereich des Marketing – sinnvoller zur Sicherung der Marktposition beitragen können. Möglicherweise ist aber auch in Zukunft mit einer Steigerung der Ökologieattraktivität zu rechnen.

- *Situation 4* beschreibt ein strategisches Geschäftsfeld mit durchschnittlicher Ökologie- und Technologiestärke bei ebenfalls durchschnittlicher Ökologie- und Technologieattraktivität. Die Marktattraktivität ist durchschnittlich bis gut – allerdings ist die Marktposition sehr schwach. Hier wäre es denkbar, über einen Ausbau der Technologie- und Ökologieposition eine technologische und ökologische Führerschaft anzustreben, die sich dann auch positiv auf die Marktposition auswirken könnte.

Eine derartige Analyse im Rahmen des dynamischen Markt-, Technologie- und Ökologie-Portfolios sollte nicht nur auf Gesamtunternehmungsebene durchgeführt werden, sondern kann auch als Planungsgrundlage für einzelne Geschäftsfelder sehr sinnvoll sein. Hier können noch gezieltere Informationen ermittelt werden, indem z.B. für einzelne Produkte bzw. Produktgruppen innerhalb eines Geschäftsfeldes detaillierte Positionierungen vorgenommen werden (vgl. Abbildung 17, in der beispielhaft eine Produktgruppe positioniert ist). Hier bietet es sich auch an, Konkurrenzprodukte in ihrer geschätzten Positionierung als Vergleichsmaßstab explizit einzubeziehen.

Neben diesem Aspekt der Verbindung von ganzheitlichen und Detailanalysen im Rahmen eines Portfolio-Konzeptes besteht eine weitere notwendige Weiterentwicklung für einen sinnvollen Einsatz der Portfolio-Konzepte im Rahmen der Geschäftsfeldplanung darin, diese verstärkt in einen *ganzheitlichen Ansatz der Beurteilung von Strategiealternativen* (Produktprogramm- und Potentialalternativen) einzubinden (vgl. Abbildung 18).

Das integrierte *Markt-, Technologie- und Ökologie-Portfolio* ist hier ebenso einzubringen wie die detaillierten *Markt-, Technologie- und Ökologie-Portfolios*. Darüber hinaus sind *Produkt- und Prozeß-/Potential-Wertanalysen* durchzuführen, die allgemein einer Ergebnisverbesserung durch die systematische Variation von Produkten, Produktionsprozessen und Einsatzstoffen dienen.

Lebenszyklusanalysen ermöglichen eine zukunftsgerichtete Beurteilung der voraussichtlichen Entwicklung(sphasen) eines Produktes oder einer Produktgruppe. Durch *Wertkettenanalysen* können die unmittelbar wertschöpfenden (primären) und die mittelbar wertschöpfenden (sekundären) Aktivitäten in der Unternehmung im Hinblick auf ihren Beitrag zum gesamten Leistungserstellungs- und -verwertungsprozeß sowie die dabei entstehenden Kosten beurteilt werden [38].

Weiterhin ist eine *personal- und sozialorientierte Technologiewirkungsanalyse* vorzunehmen, die eine Analyse der Auswirkungen einer Strategie auf das Personal einer Unternehmung sowie auf externe sozialorientierte Aspekte zum Gegenstand hat.

Die monetären Wirkungen einzelner Strategiealternativen sind – zeitraumbezogen – im Rahmen der *dynamischen Investitionsrechnung* und – stückbezogen – im Rahmen der *Langfristkalkulation* zu erfassen. Bei dieser ergebnisorientierten Beurteilung sind die *Kapitalwerte* möglicher strategischer Geschäftsfelder, Bereiche und letztlich auch der Gesamtunternehmung für mögliche Portfolio-Konstellationen zu errechnen.

Zur Kennzeichnung der Wirkungen von strategischen Alternativen auf monetäre Ziele (Umsatz-, Ergebnis-, Liquiditätsziele) und auf andere Ziele (etwa Kapazitäten und Beschäftigtenzahl) in künftigen Perioden sind *mehrperiodige (computergestützte)*

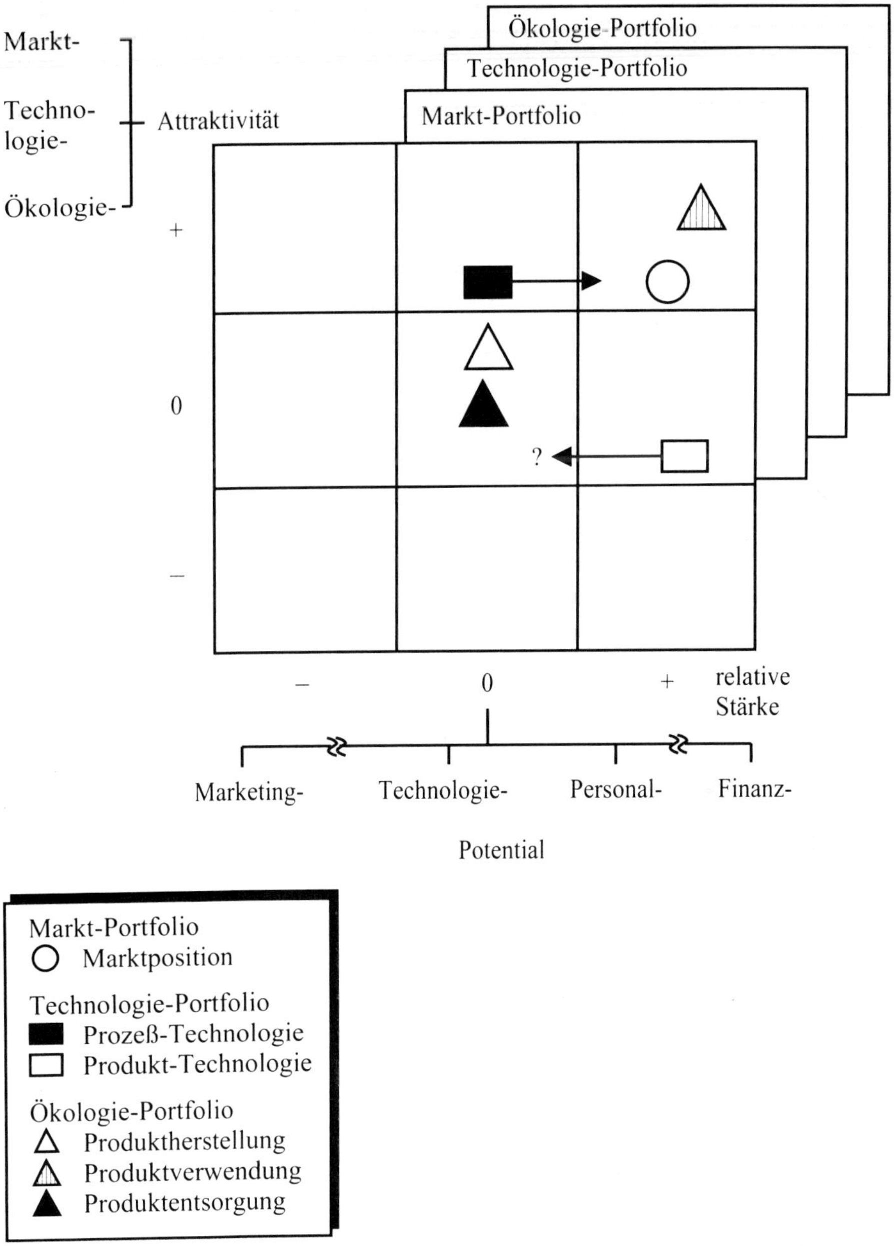

Abb. 17: Dynamisches Markt-, Technologie- und Ökologie-Portfolio auf Geschäftsfeldebene

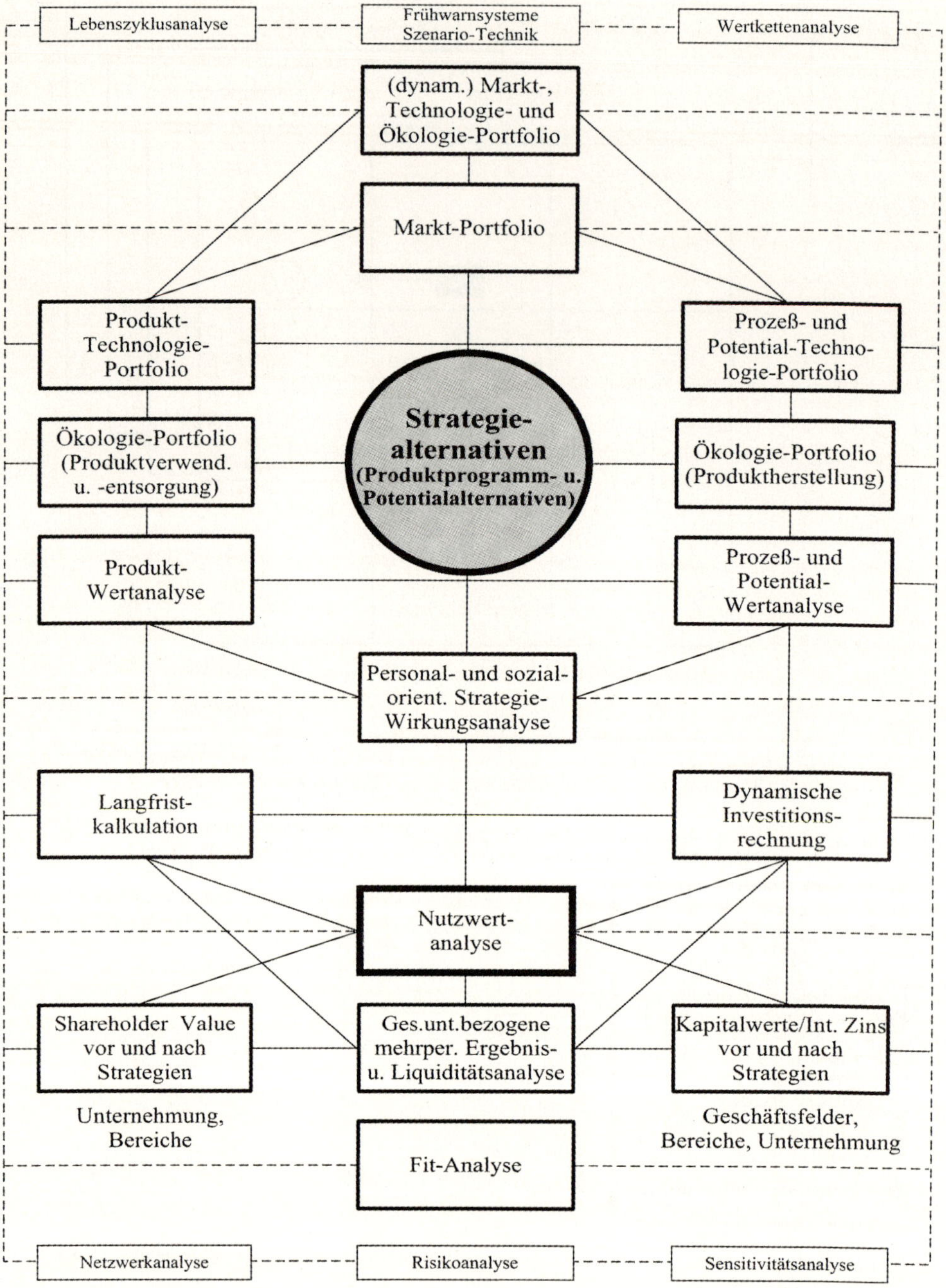

Abb. 18: Beurteilung von Strategiealternativen (Produktprogramm- und Potentialalternativen) (Quelle: Hahn (1996, S. 296)).

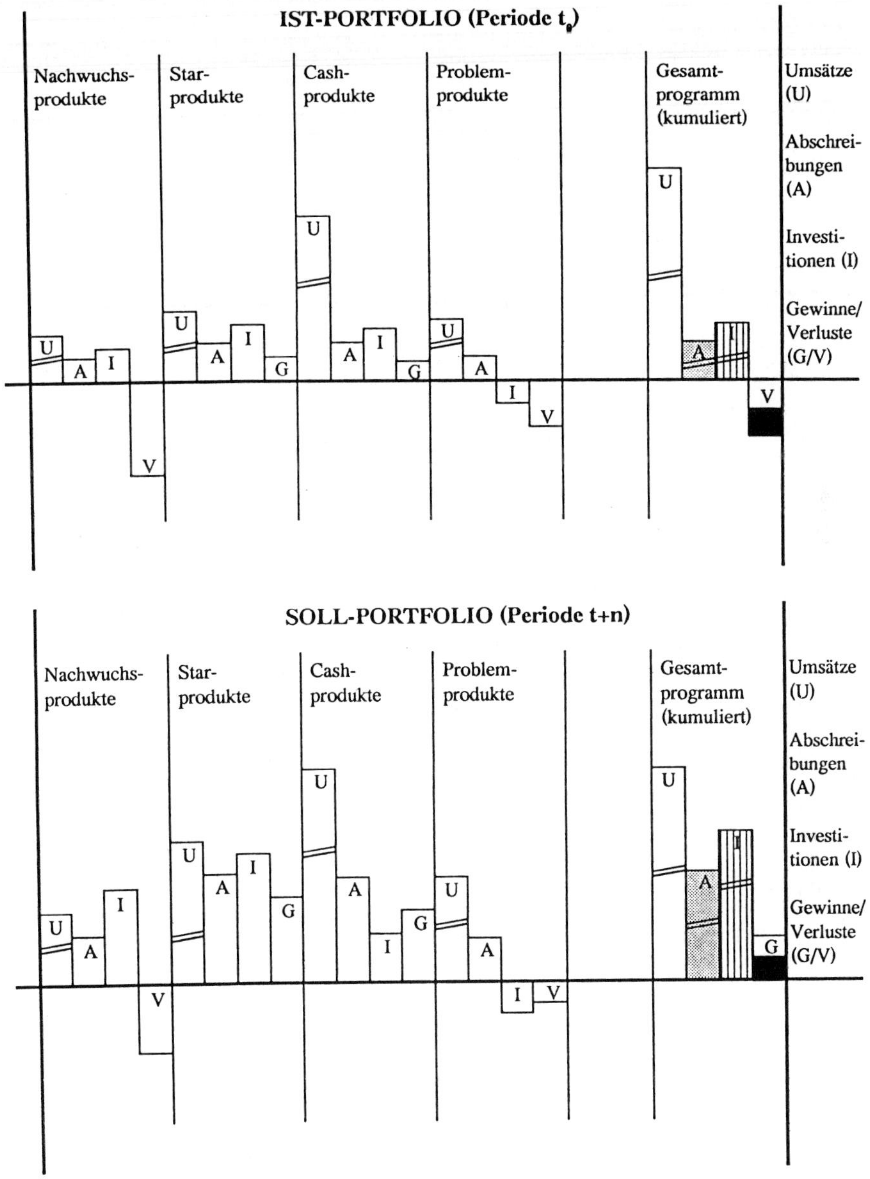

Abb. 19: Gegenüberstellung von Ist-Portfolio und Soll-Portfolio auf der Basis wichtiger monetärer Größen

Gesamtunternehmungsmodelle in unterschiedlicher Ausgestaltung effektiv einsetzbar, mit denen entsprechende Simulationsrechnungen durchgeführt werden können [39]. Die Resultate solcher Berechnungen können wiederum in Form von Matrixdarstellungen oder in anderer graphischer Form für alternative Portfolio-Konstellationen verdeutlicht werden (vgl. das Beispiel in Abbildung 19).

Auch sind mit derartigen Computermodellen die Kapitalwerte der Unternehmungsbereiche und der gesamten Unternehmung vor und nach möglicher Veränderung der Geschäftsfeldstrategien zu berechnen. Bezogen auf die Gesamtunternehmung und ggf. auf die Unternehmungsbereiche sind dabei auch mögliche Veränderungen des *Shareholder Value/Eigenkapitalwertes* und *residualen Unternehmungskapitalwertes* zu ermitteln [40]. Zudem sind *Sensitivitätsanalysen* und *Fit-Analysen* von besonderer Bedeutung bei der Erkundung des kapitalwertoptimalen Entwicklungspfades der Unternehmung.

Die unterschiedlichen Ergebnisse dieser Analysen können schließlich in sinnvoller Zusammenstellung stets in einer *Nutzwertanalyse* gebündelt und vergleichbar für alle relevanten Alternativen gegenübergestellt werden. Durchführbar sind solche Arbeiten heute nur noch im Team.

Anmerkungen

[1] Ein Minister ohne Portefeuille hat zwar Sitz und Stimme im Kabinett, verfügt jedoch im Gegensatz zu Fach- oder Ressortministern nicht über einen eigenen Geschäftsbereich.

[2] Vgl. *Markowitz, H.M.*: Portfolio Selection. Journal of Finance 7, 1952, S. 77 ff.; *ders.*: Portfolio Selection. Efficient Diversification of Investment. New York 1959 sowie *Süchting, J.*: Finanzmanagement. 6. Aufl., Wiesbaden 1995, S. 360 ff.

[3] *Philippatos, G.C.*: Portefeuille-Theorie (Auswahlverfahren). Handwörterbuch der Finanzwirtschaft. Hrsg. von H.E. Büschgen. Stuttgart 1976, Sp. 1443 ff. Ausgehend von den Untersuchungen von Markowitz sind im Bereich der Finanzwirtschaft zahlreiche Versuche unternommen worden, die Theorien über die optimale Zusammensetzung von Wertpapier-Portefeuilles auszubauen. Vgl. hierzu *Süchting* (1995, S. 362 ff.) und die dort angegebene Literatur.

[4] Der Begriff strategisches Geschäftsfeld wird hier synonym mit den Begriffen strategische Geschäftseinheit und Strategic Business Unit verwendet.

[5] Vgl. *Dunst, K.H.*: Portfolio Management. Konzeption für die strategische Unternehmensplanung, 2. Aufl. Berlin – New York 1983, S. 56 ff. sowie die dort angegebene Literatur; ähnlich auch *Roventa, P.*: Portfolio-Analyse und Strategisches Management. Ein Konzept zur strategischen Chancen- und Risikohandhabung. München 1979, S. 120 ff.

[6] Vgl. z.B. *Albach, H.*: Beiträge zur Unternehmensplanung. 3. Aufl., Wiesbaden 1979, S. 79; *Dunst* (1979, S. 61); *Hax, A.C.* und *N.S. Majluf*: Strategic Management. An integrative Perspective. Englewood Cliffs 1984, S. 112 ff.; *Hinterhuber, H.H.*: Strategische Unternehmungsführung. Bd. 2. 5. Aufl., Berlin 1992b, S. 121 ff.

[7] Vgl. *Roventa* (1979, S. 120).

[8] Vgl. zu dieser Problematik auch *Gälweiler, A.*: Strategische Geschäftseinheiten (SGE) und Aufbauorganisation der Unternehmung. ZfO, 48, 1979, S. 252 ff.; *Link, J.*: Organisation der Strategischen Planung. Heidelberg 1985, S. 51 ff.

[9] Vgl. z.B. *Gälweiler, A.*: Portfolio-Management. Produkt/Markt-Strategien als Voraussetzung. ZfO, 49, 1980, S. 84 ff.

[10] Vgl. auch *Welge, M.K. und A. Al-Laham*: Planung. Wiesbaden 1992, S. 182 sowie zur Verwendung von Eintrittswahrscheinlichkeiten bei der Positionierung von Geschäftsfeldern *Popp, W.*: Strategisches Geschäftsfeldmanagement als ein Problem des Projektmanagements mit explizitem Ausweis von Gefahren- und Chancenpotentialen. Arbeitspapier Universität Bern 1993, S. 3 ff.

[11] Vgl. grundsätzlich zu Wesen und Bedeutung der Erfahrungskurve *Henderson, B.D.*: Die Erfahrungskurve in der Unternehmensstrategie. Frankfurt – New York 1974; *Henderson, B.D.*: Henderson on Corporate Strategy. Cambridge 1979 sowie *Gälweiler, A.*: Unternehmensplanung. Grundlagen und Praxis. Frankfurt 1986, S. 257 ff.; *Albach, H. (Hrsg.)*: Erfahrungskurve und Unternehmensstrategie. ZfB-Sonderheft 2/87, Wiesbaden 1987.

[12] Vgl. *Henderson* (1974, S. 19).

[13] Vgl. *Henderson* (1974, S. 42 ff.); *Dunst* (1983, S. 73 ff.).

[14] Vgl. auch *Roventa* (1979, S. 141 ff.) sowie *Hax/Majluf* (1984, S. 112 ff.). Vgl. zu den Voraussetzungen und Einschränkungen dieser Aussagen *Kreikebaum, H.*: Strategische Unternehmensplanung. 5. Aufl., Stuttgart – Berlin – Köln 1993, S. 83 ff.

[15] Vgl. grundlegend *Hedley. B.D.*: Strategy and the „Business Portfolio", Beitrag in diesem Reader. Neben einer Punktpositionierung ist dabei auch eine Zonenpositionierung möglich. Vgl. *Kirsch, W.*: Strategische Frühaufklärung und Portfolio-Analyse. ZfB-Ergänzungsheft 2, 1979, S. 47 ff.

[16] Vgl. z.B. *Hax/Majluf* (1984, S. 127 ff.).

[17] Vgl. hierzu *Hinterhuber, H.H.*: Strategische Unternehmungsführung. Bd. 1. 5. Aufl., Berlin 1992a, S. 106 ff. sowie grundlegend *Agthe, K. und V. Simon*: Marktattraktivität, Einflußfaktor der strategischen Planung. Handwörterbuch der Planung. Hrsg. v. N. Szyperski. Stuttgart 1989, Sp. 1032 ff.; *dies.*: Wettbewerbsstärke, Einflußfaktor der strategischen Planung. Handwörterbuch der Planung. Hrsg. v. N. Szyperski. Stuttgart 1989, Sp. 2228 ff.

[18] Vgl. z.T. *Dunst* (1983, S. 100 ff.); *Hax/Majluf* (1984, S. 154 ff.); *Hinterhuber* (1992a, S. 106 ff.).

[19] Vgl. *Hax/Majluf* (1984, S. 158 ff.).

[20] Vgl. *Hinterhuber* (1992a, S. 109 ff.).

[21] Vgl. z.B. *Gälweiler* (1986, S. 251 ff.); *Hayes, R.H. und S.C. Wheelwright*: The Dynamics of Process Products Life Cycles. HBR, 57, 1979, Nr. 2. S. 127 ff.

[22] Vgl. grundlegend *Arthur D. Little International* (Hrsg.): A System for Managing Diversity. Cambridge 1974.

[23] Vgl. *Geller, A.M.*: Matching People to Business Strategies. Financial Executive. 48, 1980, Nr. 10. S. 18 ff.; *Kerr, J.L.*: Diversification Strategies and Managerial Rewards: An Empirical Study. Academy of Management Journal. 28, 1982, Spring. S. 155 ff.; *Fombrun, C.J. und N.M. Tichy*: Strategic Planning and Human Resource Management. Competitive Strategic Management. Hrsg. v. R.B. Lamb. Englewood Cliffs 1984, S. 319 ff.; *Galbraith, J.R. und R.K. Kazanjian*: Strategy Implementation. 2. Aufl., St. Paul 1986, S. 108 ff.

[24] Vgl. *Albach, H.*: Strategische Unternehmensplanung bei erhöhter Unsicherheit. ZfB, 48, 1978, S. 709 ff.; *Albach* (1979, S. 76 ff.); *Ansoff, H.I. und J.C. Leontiades*: Strategic Portfolio-Management. European-Institute for Advanced Studies in Management, Working Paper 76-16, Brüssel 1976 sowie auch *Taylor, B.*: Strategic Planning for Resources. Long Range Planning. 7, 1974, Nr. 4, S. 20 ff.; *Kraljic, P.*: Zukunftsorientierte Beschaffungs- und Versorgungsstrategie als Element der Unternehmungsstrategie. Handbuch Strategische Führung. Hrsg. von H.A. Henzler. Wiesbaden 1988, S. 477 ff.

[25] Vgl. hierzu und im folgenden *Pfeiffer, W. und R. Dögl*: Das Technologie-Portfolio-Konzept zur Beherrschung der Schnittstelle Technik und Unternehmensstrategie, Beitrag in diesem Reader.

[26] Vgl. grundlegend z.B. *Seidel, E.* und *H. Menn*: Ökologisch orientierte Betriebswirtschaft. Stuttgart 1988; *Kreikebaum* (1993, S. 174 ff.).

[27] Vgl. mit z.T. abweichenden Begriffsfassungen *Meffert, H., Bruhn, M., Schubert, F. und T. Walther*: Marketing und Ökologie. DBW, 46, 1986, S. 152 f.; *Steger, U.*: Umweltmanagement. 2. Aufl., Wiesbaden 1993, S. 206 ff.

[28] Vgl. auch *Hahn, D.*: Strategische Führung und Controlling. Unternehmerisches Handeln – Wege, Konzepte und Instrumente. Hrsg. v. K. Bleicher und R. Schmitz-Dräger. Bern 1990, S. 105.

[29] Vgl. *Kosiol, E.*: Die Unternehmung als wirtschaftliches Aktionszentrum. 4. Aufl., Reinbek 1978.

[30] Vgl. nachfolgend *Hahn, D.*: PuK-Controllingkonzepte. 5. Aufl., Wiesbaden 1996, S. 96 ff.

[31] Vgl. nachfolgend *Hahn* (1996).

[32] Vgl. *Hahn* (1996, S. 100 f.).

[33] Vgl. z.B. *Laukamm, T.* und *I. Walsh*: Neue Geschäftsfelder auf der Grundlage verfügbarer Human-Ressourcen. Management im Zeitalter der Strategischen Führung. Hrsg. v. Arthur D. Little International. Wiesbaden 1985, S. 113 ff.; *Jacobs, S., Thiess, M.* und *D. Söhnholz*: Human-Ressourcen-Portfolio. DU, 41, 1987, S. 205 ff.

[34] Vgl. dazu u.a. *Roventa* (1979, S. 152 ff.).

[35] Vgl. *Roventa* (1979, S. 152 ff.).

[36] Vgl. *Plinke, W.*, Management von Geschäftsbeziehungen, Vortragsunterlagen des 2. IMT-Leitseminars 1990.

[37] Vgl. *Schramm, M.*: Produkthaftung und Qualitätssicherung als Problemfeld der strategischen Führung einer Industrieunternehmung. Gießen 1990, S. 209 ff.

[38] Vgl. *Porter, M.E.*: Wettbewerbsvorteile. Frankfurt – New York 1986, S. 59 ff.

[39] Vgl. vertiefend zu Gesamtunternehmungsmodellen z.B. *Hahn, D. und D. Steinmetz*: Gesamtunternehmungsmodelle als Entscheidungshilfe im Rahmen der Zielplanung, strategischen und operativen Planung. Computergestützte Unternehmungsplanung. Hrsg. von H.D. Plötzeneder. Stuttgart 1977, S. 23–54.

[40] Vgl. hierzu grundlegend *Rappaport, A.*: Creating Shareholder Value. New York – London 1986 sowie zum residualen Unternehmungskapitalwert *Hahn* (1996, S. 11 ff., S. 312 ff.); ferner *Hahn, D.*: Unternehmungsziele im Wandel, Beitrag in diesem Reader, sowie *Hahn, D., Mirow, M., Siegert, T. und A. C. Pfeil*: Kapitalwertorientierte Geschäftsfeldplanung im Konzern, Beitrag in diesem Reader.

Das Technologie-Portfolio-Konzept zur Beherrschung der Schnittstelle Technik und Unternehmensstrategie

W. Pfeiffer und *R. Dögl*

Der Fortschritt wäre etwas Schönes, wenn er nur einmal anhalten würde, klagte einst Musil und kennzeichnete damit – ohne es damals zu wollen oder wissen zu können – den geheimen Wunsch vieler Manager von Industrieunternehmen.

Umfang und Geschwindigkeit der Veränderungen in Markt und Gesellschaft, insbesondere aber in der Technik haben Dimensionen erreicht, die mit dem traditionellen Denken und dem entsprechenden Instrumentarium vom Management nur noch unzureichend bewältigt werden können [1].

So nimmt es nicht Wunder, daß im Rahmen einer breit angelegten Umfrage der Zeitschrift International Management [2] unter Managern in 20 Ländern auf die Frage, was in der zweiten Hälfte der 80er Jahre die Hauptprobleme der Unternehmensführung sind bzw. was den Managern die Arbeit am meisten erschweren würde, die Antwort „Schritthalten mit den neuen Technologien" unbestritten den ersten Rang einnimmt, vor Wechselkursproblemen, Besteuerung, niedrigem Wirtschaftswachstum usw.

Ehe wir einen Weg aufzeigen, der dem Unternehmer helfen soll, mit dem Zentralproblem Führung besser fertig zu werden, muß die strategische Situation der 80er und vor allem der 90er Jahre skizziert werden, der sich unsere Unternehmen gegenübergestellt sehen.

1. Die Gefahr der „Zeitfalle" bzw. eines strategischen Dilemmas unter den Bedingungen einer erhöhten Veränderungsdynamik

Dies erfordert zunächst eine Analyse der auf das Unternehmen einwirkenden Kräftefelder von Technik, Markt und Gesellschaft. Denn auf deren Einwirkungen hin müssen die Unternehmen in irgendeiner Weise reagieren bzw. sie müssen diese Parameter richtig interpretieren und im internationalen Wettbewerb aktiv nutzen.

Eine solche Analyse zeigt zwar eine fast unendliche Zahl von Veränderungen, als deren wichtigste Beobachtung jedoch nochmals festzustellen ist, daß sich die *Geschwindigkeit* dieser Veränderungen in Gesellschaft, Markt und insbesondere im Technologiebereich in noch nie dagewesenen Dimensionen ständig erhöht hat.

Man muß sich deshalb ins Bewußtsein rücken, daß das einzige, was heute noch konstant abläuft, die *Zeit* ist. Alles andere ist einem mehr oder weniger großen Wandel unterworfen, der nicht entlang eines bestimmten Trends verläuft, sondern „urplötzlich" abbricht und eine andere Richtung einschlägt.

Peter F. Drucker hat bereits 1968 darauf hingewiesen, daß nicht die konstanten Trends, sondern die Brüche in den Trends die für die Unternehmenssteuerung zentral bedeutsamen Umweltveränderungen sind [3].

So sind z. B. heute die *Märkte* nicht nur welt-offen, sondern sie sind, wie Beckurts erst kürzlich deutlich machte, auch charakterisiert durch einen verschärften Wettbewerb aus Japan und den USA in high-tech-Gebieten [4]. Auf der anderen Seite brechen zunehmend Entwicklungsländer und Schwellenländer in traditionelle Marktgebiete ein, der sog. local-content wird bei großen Auslandsgeschäften laufend erhöht oder auch neue weltweit tätige Handelsorganisationen mit veränderten Pragmatiken in Beschaffung und Vertrieb haben sich etabliert.

Die Veränderungen im Kräftefeld *Gesellschaft*, im Sozialsystem oder der Gesetzgebung sind hinreichend bekannt und unterliegen ebenfalls Brüchen in den Richtungsverläufen. Sie sind jedoch in aller Regel langfristig erkennbar und laufen langsamer ab als die Richtungsänderungen in der Technik.

Im Bereich der *Technik* wird die Veränderungsgeschwindigkeit dadurch verstärkt, daß wir es mit einer steigenden Zahl von Veränderungen zu tun haben, die noch dazu *gleichzeitig* auftreten. Ferner berühren sie oft sowohl Produkt- als auch Produktionsverfahrenstechnologien, was ein nie dagewesenes Wirkungsbündel auf nahezu alle Unternehmensbereiche nach sich zieht. Und nicht zuletzt werden die technischen Neuerungen auch in sich *komplexer*, sie haben einen höheren Neuigkeitsgrad und stammen aus technisch-naturwissenschaftlichen Gebieten, die mit der klassischen bzw. seitherigen Know-How-Basis wenig verwandt sind.

Die Technik ist damit die zentrale Ursache gravierender Veränderungen, gleichzeitig aber auch der vom Unternehmen selbst am besten *steuerbare* Parameter [5].

Der *Früherkennung* [6] von technischen Veränderungen muß deshalb höchste Aufmerksamkeit geschenkt werden, da nur ein früher Einstieg in die Entwicklungsphase das Ausschöpfen der mit den neuen Technologien verbundenen Möglichkeiten bedeutet.

Wer sich dieser Erkenntnis verschließt, der gerät in eine „Zeitfalle" bzw. in ein strategisches Dilemma, da

- sich aufgrund der Veränderungsdynamik die *Marktzyklen verkürzen*,
- sich durch die Steigerung im Neuigkeitsgrad und in der Komplexität der Technik die *Entstehungszyklen verlängern*
- und sich die *Vorbereitungskosten drastisch erhöhen* [7].

An anderer Stelle konnte in einer ausführlicheren Ableitung gezeigt werden, daß unter diesen Bedingungen, die auch als eine Art „magisches Dreieck" die strategische Situation der 90er Jahre charkaterisieren, nur eine Strategie des First den notwendigen Mittelrückfluß von neuen Produkten und Produktionsverfahren ermöglichen kann [8] (vgl. Abb. 1).

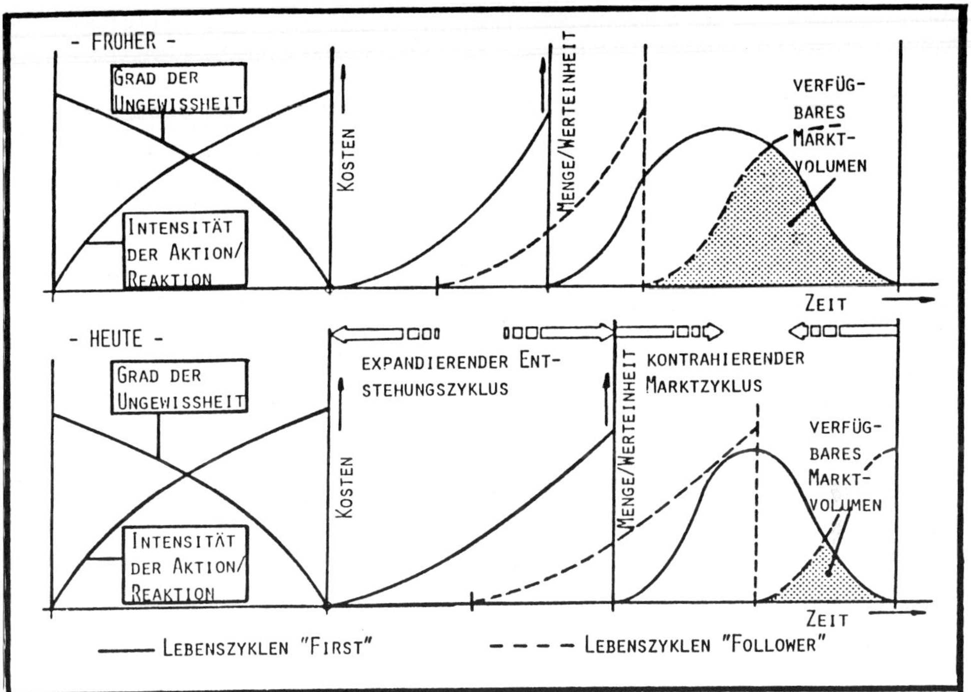

Abb. 1

Berücksichtigt man noch eine an der Erfahrungskurve orientierte Preispolitik des First, dann ist in der Tat eine Politik des Abwartens, die sogenannte Strategie des lachenden Zweiten, immer aussichtsloser. Zumal, wie Krubasik gezeigt hat [9], Crash-Programme selbst unter Einsatz enormer Mittel die Situation nur noch graduell verbessern können.

Dem Follower bleibt dann meist nur noch das „Ährenlesen nach der Ernte". Der Vorstandsvorsitzende der Siemens AG, Dr. Karlheinz Kaske, hat das pointiert so formuliert: "Einfache Überlegungen zeigen, daß bei einer marktlichen Lebensdauer von drei Jahren eine Verspätung von einem Jahr bereits 50% des möglichen Produktionsvolumens kosten kann. Damit ist aber die Abdeckung der Forschungs- und Entwicklungsaufwendungen, aber auch der Vertriebskosten nicht oder nur schlecht möglich" [10].

Der Faktor Zeit wird damit zur strategischen Ressource sui generis, d. h. zum zentralen Bestimmungsfaktor für Rentabilität und Risiko eines Geschäftsfeldes.

Der Versuch, den zentralen Faktoren „Technik" und „Zeit" allein mit der Intensivierung taktisch-operativer Methoden der F&E-Steuerung sowie des F&E-Controllings traditionellen Zuschnitts begegnen zu wollen, wäre gleichbedeutend mit einem Kurieren an Symptomen.

Auch die strategischen Planungsmethoden der ersten Generation, insbesondere das Markt-Portfolio-Konzept, sind nicht in der Lage, die Dynamik der technologischen Veränderungen in den Griff zu bekommen. Denn ihre Führungsgrößen repräsentieren vor allem Wertgrößen und lassen die dafür ursächlichen Sachprozesse, insbesondere die Technologie-Betrachtung sowohl beim Produkt (= Erlösseite) als auch bei der Produktion (= Kostenseite) unberücksichtigt. Letztlich arbeiten sie unter der Prämisse einer Konstanz der wesentlichen Trends der Unternehmensumwelt, insbesondere einer Konstanz der Entwicklungsrichtung der Technik und vernachlässigen vor allem die prognostische Perspektive. Ihnen fehlt letztlich eine prognostische Dynamisierung zur Identifizierung von Veränderungen bzw. Brüchen in der Entwicklungsrichtung insbesondere der Technik.

Das Unternehmen benötigt aber eine die *Dynamik der Technik planerisch einbeziehende, strategisch orientierte Forschungs- und Entwicklungslenkung.* Dabei geht es im Schwerpunkt weniger um die Steigerung der Effizienz von FuE, sondern um die wesentliche Verbesserung ihrer *Effektivität*. Denn wie in einer PIMS-Studie einmal festgestellt wurde, bringt im richtigen Geschäftsfeld in richtiger Weise und zum rechten Zeitpunkt zu sein, 80% des Erfolgs; das Geschäft dann mehr oder weniger geschickt zu betreiben, jedoch nur 20%.

Dieser fast als Binsenweisheit zu charakterisierende Tatbestand gilt auch für den Produktionsbereich. So wird beispielsweise aus dem nicht nur im Maschinenbau, sondern auch in der Elektronik anzutreffenden Verhältnis von 10% Bearbeitungszeit zu 90% Liegezeit gefolgert, allein in einer verbesserten Fertigungsplanung und -steuerung den strategischen Hebel anzusetzen, die Fertigungstechnik aber vernachlässigen zu können. Damit verliert man aber den *Kern* der Produktion – und damit der Produktivität – aus den Augen. So zeigte sich beispielsweise, daß Innovationen auf dem „unbedeutenden" Sektor der Rüstzeiten, die derzeit ca 3% der Durchlaufzeit betragen, ihren Vorteil eben nicht nur in der Reduzierung dieser 3% auf vielleicht 2% haben, sondern weil sie eine drastische Reduzierung der Losgrößen erlauben und über lange Konsequenzketten das frühere Verhältnis zwischen Bearbeitungszeit und Liegezeit von 1 : 9 auf den Wert 2 : 3 drastisch verbessern können [11].

2. Grundlegende Denkperspektive der Technologie-Portfolio-Methodik zur Beherrschung der Schnittstelle „Technik und Unternehmensstrategie" [12]

Die Technologie-Portfolio-Methode stellt ein Konzept dar, die Produkt- und Produktionstechnik *gleichrangig* als zentrale Hebel in die strategische Unternehmensplanung aufzunehmen [13], ohne den nützlichen Grundgedanken der Portfolio-Konzeption – nämlich die Verdichtung der Faktenvielfalt auf wenige Führungsgrößen – aufgeben zu müssen. Dieses von der Forschungsgruppe für Innovation und Technologische Voraussage entwickelte Instrumentarium basiert auf einer prognostischen Dynamisierung der Portfolios in Richtung Zukunftstechnologien. Damit ist die Voraussetzung geschaffen, die Schnittstelle „Technik und Unternehmensstrategie" führungsmäßig besser in den Griff zu bekommen.

Zur Kurzcharakteristik ihrer grundlegenden Denkperspektive sind vor allem drei wesentliche Punkte zu nennen:

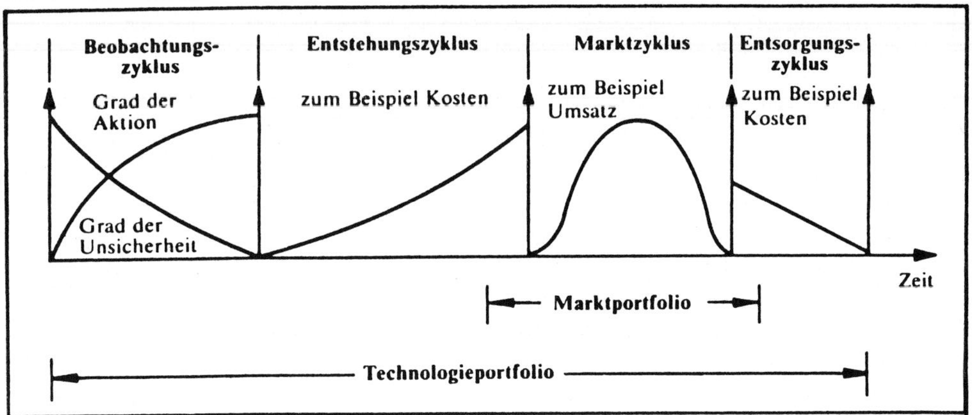

Abb. 2

1) Im Gegensatz zu den üblichen Markt-Portfolios setzt die Technologie-Portfolio-Methode nicht am Produkt bzw. an Produkt-Gruppen an, sondern an deren *inkorporierten Technologien*. Dem liegt die Betrachtung zugrunde, daß sich Produkte und deren Herstellungsprozesse aus einer Anzahl von Einzeltechnologien zusammensetzen, die wiederum zu verschiedenen Produkten oder Herstellungsprozessen kombiniert werden können. Produkte veralten schneller als die sie konstituierenden Technologien und umgekehrt. *Was erhalten bleibt, sind die Probleme bzw. Bedarfe an Funktionen*.
2) Beschränkt sich die Markt-Portfolio-Methode auf den Marktzyklus, so greift die Technologie-Portfolio-Methode ganz generell über den Marktzyklus hinaus und fußt wesentlich nicht nur auf dem *Entstehungs-, sondern darüber weit hinausgehend auf dem Beobachtungszyklus* (vgl. Abb. 2); d. h. ihr Zeithorizont ist wesentlich längerfristiger. Grundgedanke dieses Denkkonzepts ist es, Trends und *Trendbrüche* bei allen im Unternehmen vorkommenden Produkt- und Fertigungstechnologien prognostisch analysieren zu können.
3) Bei aller Sensibilisierung für strategische Problemstellung der Produkttechnologie sollten die im Rationalisierungsbereich der Herstellung sich bietenden strategischen Möglichkeiten nicht unterschätzt werden.
Als Indiz für deren Gewicht kann das Verhältnis von Forschungs- und Entwicklungsbemühungen im Herstellungs- und Produktbereich dienen: Während in Japan ca. 40% der Forschungs- und Entwicklungsressourcen in herstellungstechnische Innovationen investiert werden, sind dies bei uns in der Bundesrepublik etwa 10–15% [14]. Ein Umstand, der sich aus dem jeweiligen Grundverständnis leicht ableiten läßt. Die Fertigungstechnik in Europa wird immer noch als „Erfüllungsgehilfe" der Produkttechnik betrachtet, wohingegen sie in Jahpan gleichrangig nebeneinander stehen. Nicht zuletzt hieraus erklärt sich die japanische Preispolitik, die nur ihrem Erscheinungsbild nach „Dumping"-Charakter besitzt, ansonsten auf wirklichen Kostenvorteilen beruht; und zwar resultie-

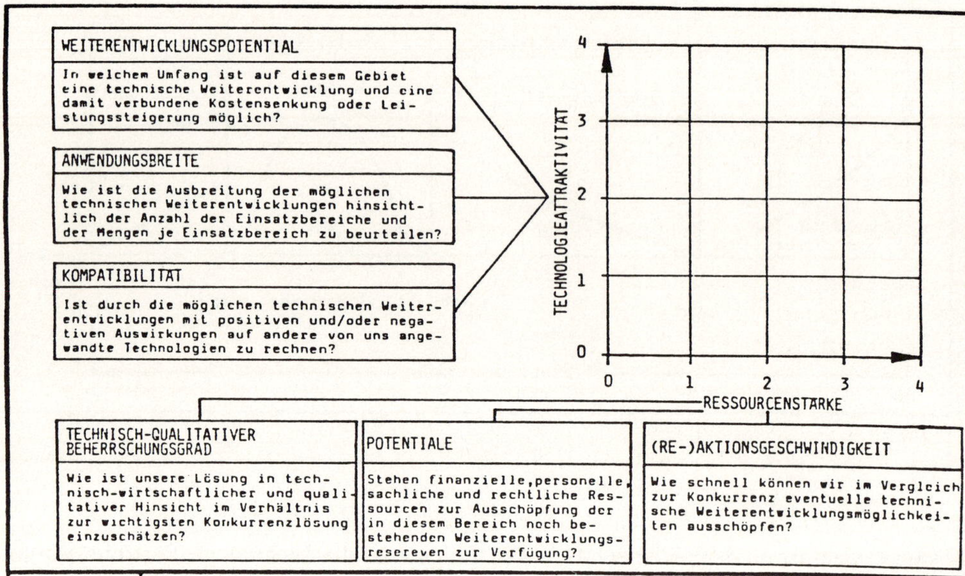

Abb. 3

rend aus überlegenen Fertigungsverfahren, nicht aus Lohnniveauaspekten. Welche strategische Stoßrichtung förderungswürdiger Aktivitäten damit für die deutsche Industrie ansteht, dürfte klar sein. In der hier vorgestellten Technologie-Portfolio-Methode wird die Gleichrangigkeit dadurch realisiert, daß für Produkte und Prozesse jeweils getrennte Portfolios, aber mit den *gleichen Bewertungsmustern* erstellt werden.

3. Aufbau der Technologie-Portfolio-Matrix

Technologie-Portfolios bilden die strategischen Positionen von Produkt- und Herstellungstechnologien in einer zweidimensionalen Matrix nach zwei zentralen Bewertungsvariablen ab, nämlich nach der „Technologieattraktivität" und nach der „Ressourcenstärke".

Diese beiden Dimensionen werden jeweils aus Einzelindikatoren gebildet, die je nach Analysebereich oder je nach Branche verschieden sein können. Abbildung 3 zeigt eine Minimalstruktur der Indikatoren und ihre Begriffsinhalte in Form von generellen Fragestellungen.

Über diese Minimalstruktur hinaus kann es je nach Branche oder Untersuchungsgebiet sinnvoll, oft auch notwendig sein, weitere Indikatoren aufzunehmen, wie z. B. den Indikator „Akteptanz" als weiteres Kriterium der Technologieattraktivität (z. B. bei der Analyse von Kraftwerkstechnologien).

Es wird sowohl für die Produkt- als auch für Herstellungstechnologien die gleiche Indikatorstruktur verwendet, um die Ergebnisse später vergleichbar zu machen bzw. sie gegenüberstellen zu können.

Die Technologieattraktivität ist – vereinfacht gesprochen – die Summe aller technisch-wirtschaftlichen Vorteile, die durch das Ausschöpfen der in einem Technologiegebiet steckenden strategischen Weiterentwicklungsmöglichkeiten noch gewonnen werden können.

Sie setzt sich nach der Minimalstruktur zusammen aus den Indikatoren

- Weiterentwicklungspotential,
- Anwendungsbreite und
- Kompatibilität.

Der in den meisten Fällen gewichtigste und ein weitgehend unternehmensexterner Indikator ist hier das „Weiterentwicklungspotential". Es kann über die bekannte Technologie-Lebenszyklus- bzw. -S-Kurve [15] als Effizienzkurve gedeutet werden (vgl. Abb. 4).

Junge, d. h. am Anfang ihres Lebenszyklus stehende Technologien haben noch eine steigende FuE-Produktivität und eine weitere Distanz zur Leistungsgrenze gegenüber einer alten Technologie, die sich an die Sättigungsgrenze annähert und von fallender FuE-Produktivität gekennzeichnet ist [16]. Dies erklärt ja auch die Notwendigkeit, einen als möglich und notwendig erachteten Technologiewechsel frühzeitig zu erkennen und zu vollziehen.

Zu beachten ist daher bei der Analysedurchführung vor allem auch, wie hoch das technisch-wirtschaftliche Weiterentwicklungspotential gegenüber eventuellen Substitutions- oder Konkurrenztechnologien einzuschätzen ist.

Der Technologieattraktivität steht auf der horizontalen Achse die Dimension "Ressourcenstärke" gegenüber. Sie enthält all diejenigen technisch-ökonomischen Faktoren, die weitgehend der *eigenen* Steuerung des Unternehmens unterliegen.

Sie ist – wieder vereinfacht gesprochen – ein Maß für die technische und wirtschaftliche Stärke oder Schwäche des eigenen Unternehmens bezüglich einer Technologie, insbesondere im Verhältnis zur wichtigsten Konkurrenz.

Die Ressourcenstärke wird in der Minimalstruktur bestimmt durch die Einzelindikatoren

- technisch-qualitativer Beherrschungsgrad,
- Potentiale und
- (Re-)Aktionsgeschwindigkeit

Beispielsweise zielen Fragen zum technisch-qualitativen Beherrschungsgrad darauf ab, die eigene Position in technisch-qualitativer Hinsicht mit den Hauptwettbewerbern zu vergleichen. Je nach dem Unterschied in der technisch-qualitativen Beherrschung der betrachteten Produkt- oder Prozeßtechnologie ist gegenüber der Konkurrenz ein mehr oder weniger großer Entwicklungsvorsprung oder -rückstand zu verzeichnen, der sich jetzt oder später als Wettbewerbsvorsprung oder -rückstand auswirken kann.

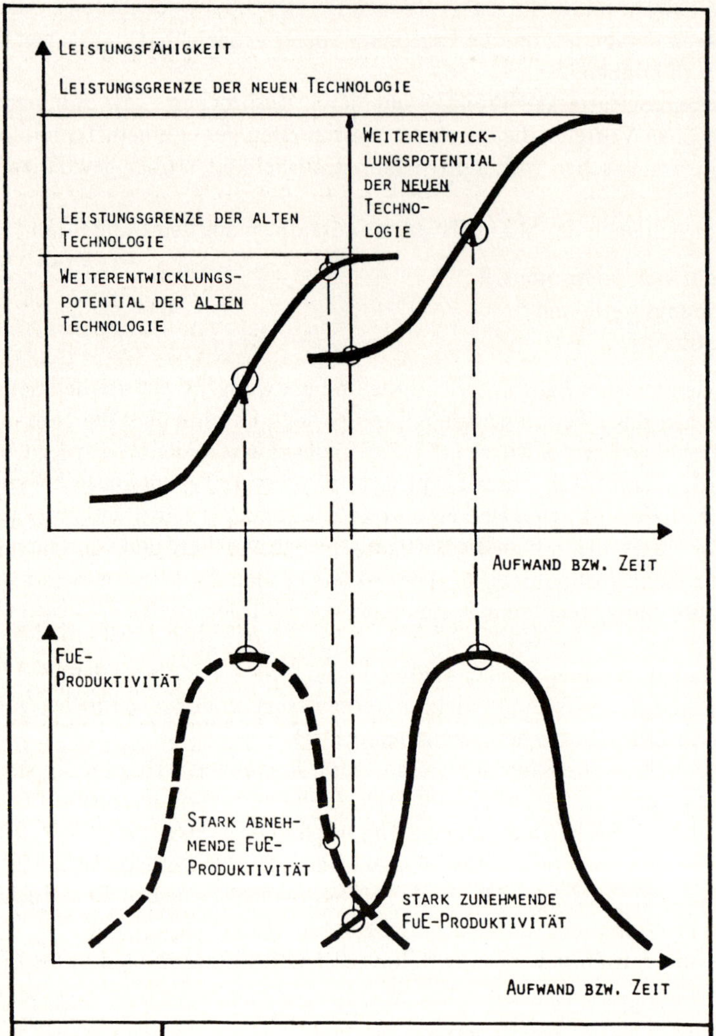

Abb. 4

4. Ablauf der Technologie-Portfolio-Analyse

4.1 Umfeldanalyse

Eine Umfeldanalyse soll zu Beginn einer Untersuchung aufzeigen, welche technischen, marktlichen und politisch-gesellschaftlichen Rahmenbedingungen interner und externer Art hinter dem Analyseobjekt liegen, um damit sowohl für die Technologie-Bewertung als

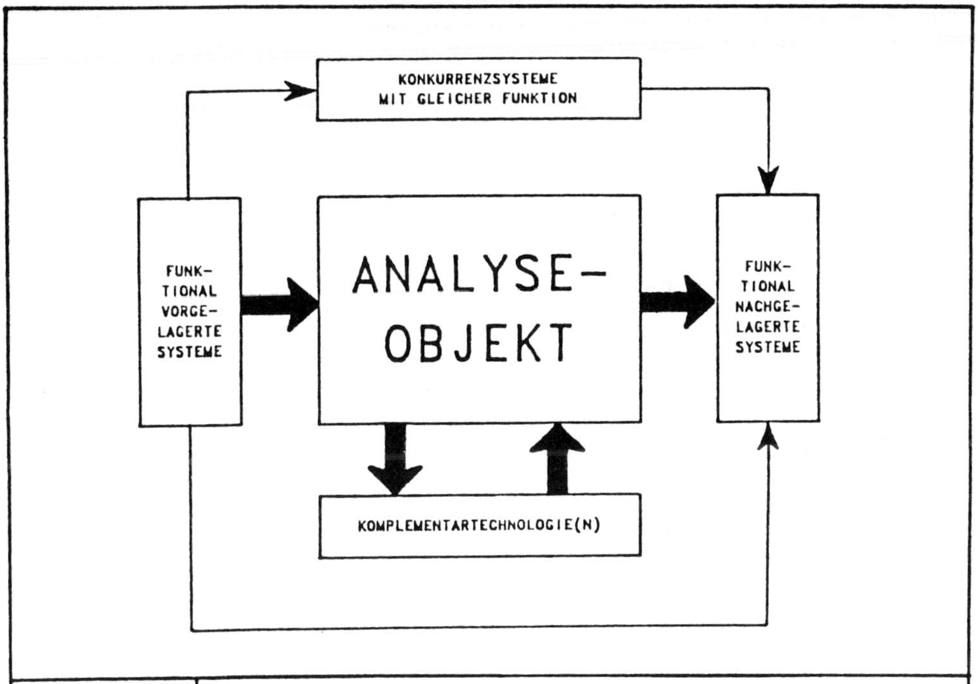

Abb. 5

auch für die späteren Strategieformulierungen die zusätzlich notwenigen Hintergrundinformationen, insbesondere Restriktionen, zu liefern.

Dazu wird in zwei Teilschritten vorgegangen:

1) Das Analyseobjekt (z. B. ein Produkt) wird in seine technischen Umsysteme funktional eingebettet (vgl. Abb. 5)

Funktional heißt, zu beschreiben, welche *Funktion* das betrachtete Produkt in seinen Systemverflechtungen erfüllt.

Diese Betrachtungsweise dient vor allem zur Einschätzung zukünftiger Bedarfe. Die hier zu stellenden Fragen gehen dahin, welche Bedeutung die *Funktion* eines Produktes in Zukunft haben wird, nicht wie das Produkt selbst beschaffen ist.

So hat z. B. ein technologisch hervorragend konzipiertes und leistungs- sowie kostenmäßig überlegenes Kohleverhüttungswerk keine Zukunft, wenn sich neue Verfahren der Eisenschwammgewinnung aus Urmaterial durchsetzen würden, die auf die Verhüttungsfunktion verzichten können.

Oder man denke an die Funktion des Bohrens kleiner Löcher zur späteren Kontaktierungsmöglichkeit von Leiterplattenelementen. Entwicklungen der Klebetechniken, insbesondere der SMD-Technik [17], lassen die Bedeutung dieser Funktion zunehmend in den Hintergrund treten.

2) Einbettung des Untersuchungsobjekts in seinen nicht-technischen strategischen Gesamtrahmen

Dieser Teil dient der Ermittlung der wichtigsten internen und externen Rahmendaten des zu analysierenden Gebietes. Er umfaßt z. B. für den externen Bereich Kriterien und Indikatoren zu:

- Konkurrenzsituation
- Situation auf den Absatzmärkten
- Situation auf den Beschaffungsmärkten
- politisch- und sozial-gesellschaftlichen Faktoren.

Gerade der letztgenannte Bereich gewinnt für den Einsatz neuer Technologien zunehmende Bedeutung, insbesondere unter der Perspektive des Umweltschutzes. Z. B. wird das weitere Vordringen der Kunststoff-Technologie u. a. auch im Automobilbau nachgerade zentral davon abhängen, inwieweit es gelingt, das Entsorgeproblem in den Griff zu bekommen [18].

4.2 Identifizierung der analyserelevanten Produkt- und Prozeßtechnologien [19]

Bei diesem Schritt sind nun die „hinter" den „Strategischen Geschäftseinheiten", Produktgruppen oder Produkten stehenden Technologien zu identifizieren; ihre gemeinsamen technologischen Wurzeln herauszuarbeiten, um – nun gewendet – die Breite ihrer Anwendung sichtbar zu machen und damit einen Beitrag zur Bemessung der Relevanz dieser Technologien für die Unternehmung zu liefern [20].

Der Zuordungsprozeß der Produkte zu den zugrundeliegenden Produkt- und Prozeßtechnologien läßt sich nicht mit einem Schritt bewältigen, sondern setzt eine *stufenweise funktionale* Gliederung in die technischen Subsysteme/Komponenten voraus und verlangt gleichzeitig die Zuordnung der zugehörigen Fertigungsprozeßschritte (vgl. Abb. 6).

Als Ergebnis erhält man zwei Listen von Technologien, eine *Produkt-* und eine *Prozeß*-technologieliste.

Entscheidende Bedeutung kommt bei Produkttechnologien wieder den von den technischen Komponenten ausgeführten *Funktionen* zu; sie nämlich sind der Anknüpfungspunkt zur Findung von möglichen alternativen (Ablöse-)Technologien.

Für die Erstellung beider Arten von Technologie-Listen gilt es, folgende Grundprinzipien einzuhalten:

1) Ausschließliche Aufnahme von Technologien mit *eigenständigem technischen Charakter*

Das bedeutet, daß sowohl auf Produkt- als auch auf Prozeßtechnologieseite konstruktiv bzw. funktional ähnliche Elemente zusammengefaßt werden, wie z. B. alle mechanischen Verbindungselemente oder alle spanabhebenden Verfahren.

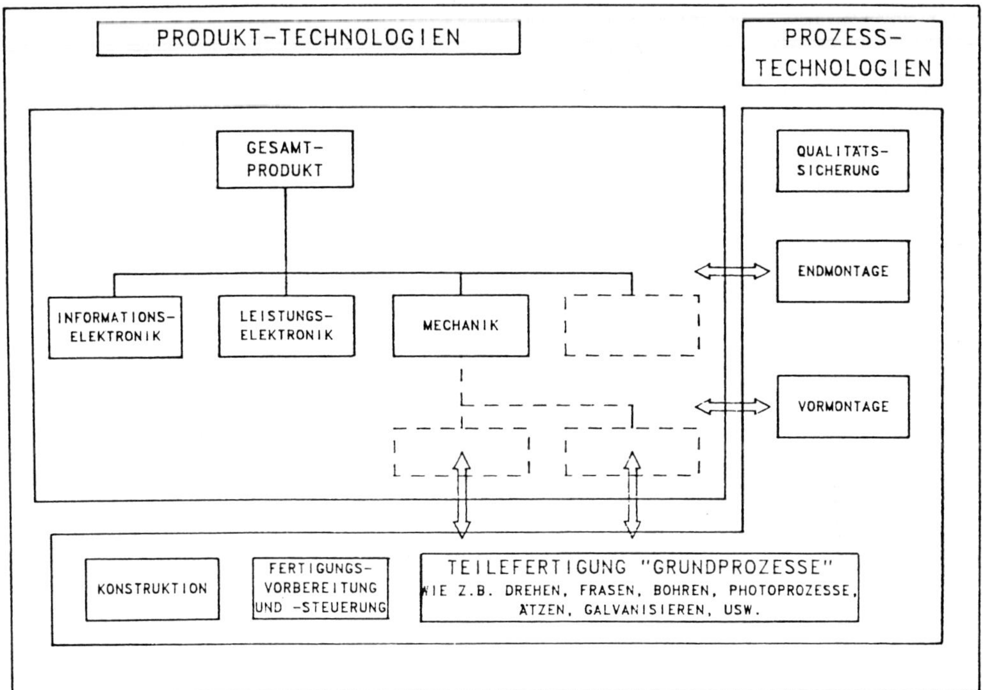

Abb. 6

2) *Sinnvolle Tiefengliederung* der zu analysierenden Technologie

Grundsätzlich kann man eine Zergliederung z. B. eines Produktes in seine Technikkomponenten „beliebig" lange fortsetzen. Dies ist aber nicht sinnvoll und auch nicht nötig. In den meisten Fällen, insbesondere bei einfachen Untersuchungsobjekten, ist eine Technologielistung entsprechend der *ersten* Gliederungsebene hinreichend.

Bei komplexeren Untersuchungsobjekten (z. B. Anlagen) wird eine Gliederungsstufe in aller Regel nicht ausreichen. Gliederungstiefe und -breite der zu berücksichtigenden Technologie hängen jedoch in starkem Maße vom jeweiligen Untersuchungsziel ab.

Beispielsweise ist die Analyse der Elemente von Maschinen unter der Perspektive des Eindringens der Mikroelektronik [21] dann zu beenden, wenn die für die Maschine gegebenen Komponenten des „Informationshandlings" (Informationsverarbeitung, -transport, -speicherung) ermittelt sind; d. h. nur letztere werden in der weiteren Analyse berücksichtigt.

4.3 Bewertung der beiden Matrix-Dimensionen

Die Ermittlung von Technologieattraktivität und Ressourcenstärke erfolgt anhand der oben dargestellten Indikatoren.

Es ist das Ziel, die Relevanz der identifizierten Technologien für das Unternehmen zu ermitteln und in Abhängigkeit der eigenen Stärke oder Schwäche bei deren „Beherrschung" spezifische „Förderungsmaßnahmen" vorzuschlagen. Das Spektrum der Relevanz (= Technologieattraktivität) reicht von „gering" (wenn es sich beispielsweise um eine ausgereifte Technologie handelt, die nicht mehr weiterentwickelbar ist und deren Anwendungen laufend abnehmen) bis „hoch" (wenn die Entwicklung sich erst im Anfangsstadium befindet und neue Einsatzmöglichkeiten laufend gefunden werden). Als Prototyp einer in diesem Sinne reifen Technologie könnten alle informations-mechanischen Konstruktionen gelten, da diese sukzessive von mikro-elektronischen Lösungen verdrängt wurden und zum Teil noch werden. Typisches Beispiel einer hochattraktiven Technologie wäre der Sensor, dessen Einsatz, sofern die technische Perfektion gelingt, in jedem denkbaren Regelkreis möglich ist.

Damit ist auch Grundsätzliches zum Attraktivitätsmaß klargestellt: Hohe Attraktivität wird dynamischen Technologien beigemessen, reife Technologien sind in diesem Sinne unattraktiv.

Dabei ist es absolut denkbar, daß eine Produkttechnologie „unattraktiv" ist, die zugehörige(n) Prozeßtechnologie(n) aber „attraktiv" ist (sind) und umgekehrt.

Zur Metrisierung der Größe „Technologie-Attraktivität" und der Größe „Ressourcenstärke" dient eine Skala von 0 bis 4 Bewertungspunkten. Die vergebene Ziffer ist dann Ausdruck der Ausprägung des betreffenden Indikators.

Die Bewertung erfolgt im Rahmen von halbstrukturierten Interviews mit internen und externen Spezialisten. Das Gespräch sollte offen angelegt sein, um die Kreativität der beteiligten Personen voll zur Entfaltung kommen zu lassen. Die Indikatoren dienen dabei zugleich der Strukturierung des Gesprächs.

Daneben sind die Indikatoren in ihrer Bedeutung untereinander zu gewichten, wobei i. d. R. dem Weiterentwicklungspotential für die Technologieattraktivität und dem Beherrschungsgrad für die Ressourcenstärke unter technologischer Perspektive das höchste Gewicht zukommt.

4.4 Transformation des Ist-Zustandes auf einen zukünftigen Zeitpunkt

Mit der Ermittlung der Attraktivität der *verwendeten* Technologien und der Zuordnung der in der Unternehmung vorhandenen Ressourcenstärke erhält man das Bild der Ist-Situation der Unternehmung.

Nun müssen die in der Matrix ausgewiesenen und von der Unternehmung verwendeten Technologien in Relation zu möglichen *zukünftig* konkurrierenden Technologien gesetzt werden, um die sonst zu enge Betrachtungsweise zu relativieren und zu dynamisieren.

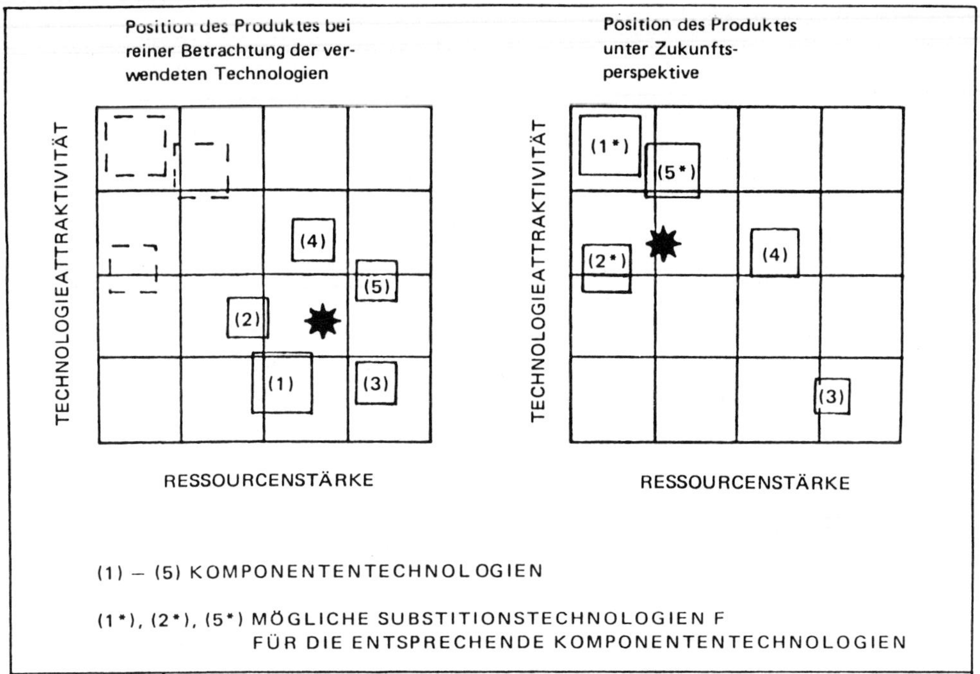

Abb. 7

Denn letztlich sind es die (möglichen) *Substitutionstechnologien*, die die technische Entwicklungsrichtung und somit den *strategischen Handlungsbedarf* bestimmen. Auf der anderen Seite bestimmten die *Komplementärtechnologien* neben der eigenen Ressourcenstärke die strategischen *Handlungsmöglichkeiten* mit.

Eine Veränderung der eigentlichen Technologieposition eines Produktes durch den Einfluß von Substitutionstechnologien zeigt Abbildung 7.

Die Position des betrachteten Produktes mit den im Unternehmen verwendeten Technologien (mittlere bis geringere Technologieattraktivität bei hoher bis mittlerer Ressourcenstärke) wird durch Substitutionstechnologien verschoben: die Technologieattraktivität der vom Produkt zu erfüllenden Funktion liegt – auf die Zukunft bezogen – effektiv höher, wohingegen die Ressourcenstärke effektiv niedriger liegt.

Der Grund hierfür liegt in der (mehr oder weniger starken) Entwertung der vorhandenen Know-How-Basis, die mit dem Übergang auf neue Technologien einhergeht. D. h. die vorhandenen Ressourcenpotentiale sind ungeeignet, bzw. es sind die benötigten in der jeweils zur Verfügung stehenden Zeit – selbst durch größten finanziellen Aufwand – nicht bereitzustellen [22].

Es ist auch ohne weiteres möglich, daß einige Technologien ganz entfallen, weil deren Funktion obsolet wird. Derartige Aussagen werden durch Rückkoppeln auf die Ergebnisse

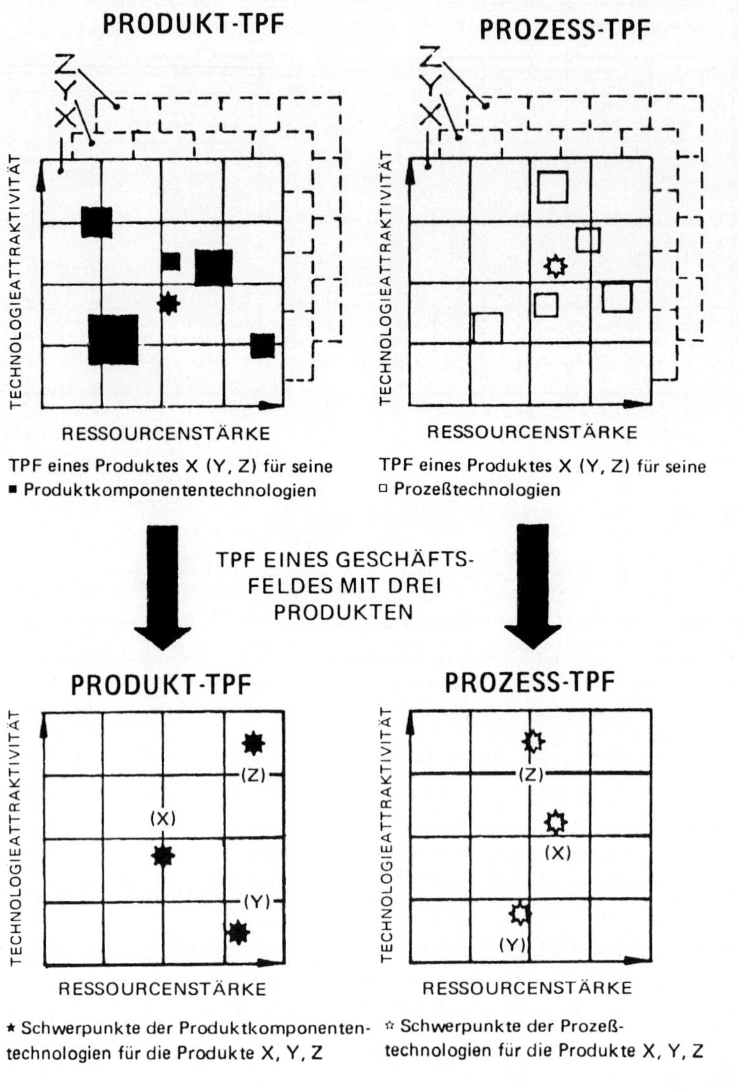
PRODUKT-TPF
PROZESS-TPF
Z
Y
X
TECHNOLOGIEATTRAKTIVITÄT
RESSOURCENSTÄRKE
TPF eines Produktes X (Y, Z) für seine
■ Produktkomponententechnologien
TPF eines Produktes X (Y, Z) für seine
□ Prozeßtechnologien
TPF EINES GESCHÄFTS-
FELDES MIT DREI
PRODUKTEN
PRODUKT-TPF
PROZESS-TPF
(X)
(Y)
(Z)
* Schwerpunkte der Produktkomponenten-
technologien für die Produkte X, Y, Z
☆ Schwerpunkte der Prozeß-
technologien für die Produkte X, Y, Z

Abb. 8

der Umfeldanalyse möglich. Es sei als mögliches Beispiel hierzu nochmals an die SMD-Technik zur Leiterplattenbestückung erinnert, die dabei das Bohren feinster Löcher überflüssig machen kann.

Der Effekt der Abhängigkeit von Komplementärbeziehungen kann sich zum Beispiel darin äußern, daß es nichts nützt, Fortschritte auf dem Gebiet der hochattraktiven Mikroelektronik-Schaltungen zu realisieren, ohne gleichzeitig etwas in die technologisch weit weniger attraktive Mikro-Verbindungstechnik zu investieren.

Mit dieser erweiterten Betrachtungsperspektive wird die gegenwärtige Situation auf einen zukünftigen Zeitpunkt des unternehmerischen Entscheidungshorizonts transformiert, denn es soll ja festgestellt werden:

- Wo bestehen auch in Zukunft Chancen, das Bestehende auszubauen oder Versäumtes aufzuholen, und
- wo bestehen Risiken, den Vorsprung oder auch nur den Anschluß zu verlieren?

Als Ergebnis der bisherigen Schritte sind dann verschiedene Portfolio-Typen erstellbar (vgl. Abb. 8):

- Produkttechnologie-Portfolios, die zukunftsbezogen die Techniksituation einzelner Produkte und ihrer Komponenten widerspiegeln,
- Prozeßtechnologie-Portfolios, die analog die Techniksituation der für die Herstellung des Produktes verwendeten Herstellungstechnologien aufzeigen und
- Geschäftsfeld- oder Unternehmensbereichsportfolios, die als Zusammenfassung einzelner Technologie-Portfolien von Produkten und Prozessen die Techniksituation ganzer Unternehmen oder Unternehmensbereiche angeben können; wiederum getrennt nach Produkt- und Prozeßtechnologien.

5. Strategisch orientierte Auswertung der Technologie-Portfolios

Wie jede Analyse dient auch die Technologie-Portfolio-Analyse nur als Mittel zum Zweck: nämlich dazu, im Rahmen einer technologieorientierten Unternehmensführung ausreichende Ressourcen – qualitativ und quantitativ – für die langfristige Erfolgssicherung der Unternehmung zur Verfügung zu stellen und sie dabei im richtigen Bereich zu placieren.

Im Rahmen des Auswertungsprogrammes gilt es nun, über eine strategische Interpretation der Positionen die Weichen für konkrete Forschungs- und Entwicklungsprogramme zu stellen.

5.1 Globalinterpretation der Portfolio-Positionen

1) Investitionsempfehlungen

Produkte und Prozesse bzw. deren einzelne Technologien sind dann zu fördern, wenn sie in Feldern *mittlerer bis hoher Technologieattraktivität und Ressourcenstärke* liegen. Fördern heißt, durch Investitionen in FuE die Ressourcenstärke zu erhöhen versuchen.

Ziel soll es sein, einen hohen zukünftigen Leistungsstand durch Ausnutzen der durch die Technologieattraktivität sich bietenden technischen und wirtschaftlichen Chancen zu sichern.

Denn es handelt sich um ein attraktives Gebiet und man hat selbst bereits eine im Vergleich zur Konkurrenz hohe Ressourcenstärke aufzuweisen.

2) Desinvestitionsempfehlungen

Produkte und Prozesse bzw. deren Einzeltechnologien, die in Desinvestitionsfeldern, also in Feldern mit *geringer bis mittlerer Technologieattraktivität und Ressourcenstärke*, positioniert sind, weisen einen schwachen Beherrschungsgrad bei bereits festzustellendem starkem Ausreifungsgrad auf. Hier ist es empfehlenswert, die FuE-Aktivitäten in Zukunft einzuschränken und die frei werdenden Mittel in attraktivere Felder zu steuern.

Denn hier in die Entwicklung zu investieren, hieße, der Konkurrenz aus einer schwachen Position heraus auf der gleichen Erfahrungskurve nachlaufen zu wollen. Ein in den meisten Fällen sehr kostspieliges Vorhaben bei gleichzeitig minimaler Produktivität der eingesetzten FuE-Mittel. Das Gebiet würde zu einem „Faß ohne Boden".

Als wichtigste Rahmenbedingung gilt es allerdings immer zu beachten, daß „Desinvestitionstechnologien" auch dahingehend zu überprüfen sind, ob sie *unabhängig* von anderen Technologien sind, oder ob es nötig ist, sie im Verbund mit anderen Technologien *gleichzeitig* zu fördern.

3) Selektionsempfehlungen

Sie werden für Produkte, Prozesse und Einzeltechnologien abgegeben, die auf den verbleibenden *Diagonalfeldern* der Technologie-Portfolio-Matrix zu liegen kommen. Doch sind die strategischen Empfehlungen hier differenziert zu sehen.

Eine Position mit hoher Technologieattraktivität und geringer Ressourcenstärke hat zunächst zwei generelle Alternativen:

- Große Investitionen tätigen, um eine mittlere bis hohe Ressourcenstärke zu erreichen und so den technologischen Rückstand aufzuholen.
  Man befindet sich in einem hochattraktiven, aber auch hochdynamischen Gebiet. Wenn das Gebiet als förderungswürdig erkannt ist, dann müssen in dessen Weiterentwicklung vergleichsweise höhere FuE-Mittel fließen, um überhaupt den Anschluß erreichen zu können.

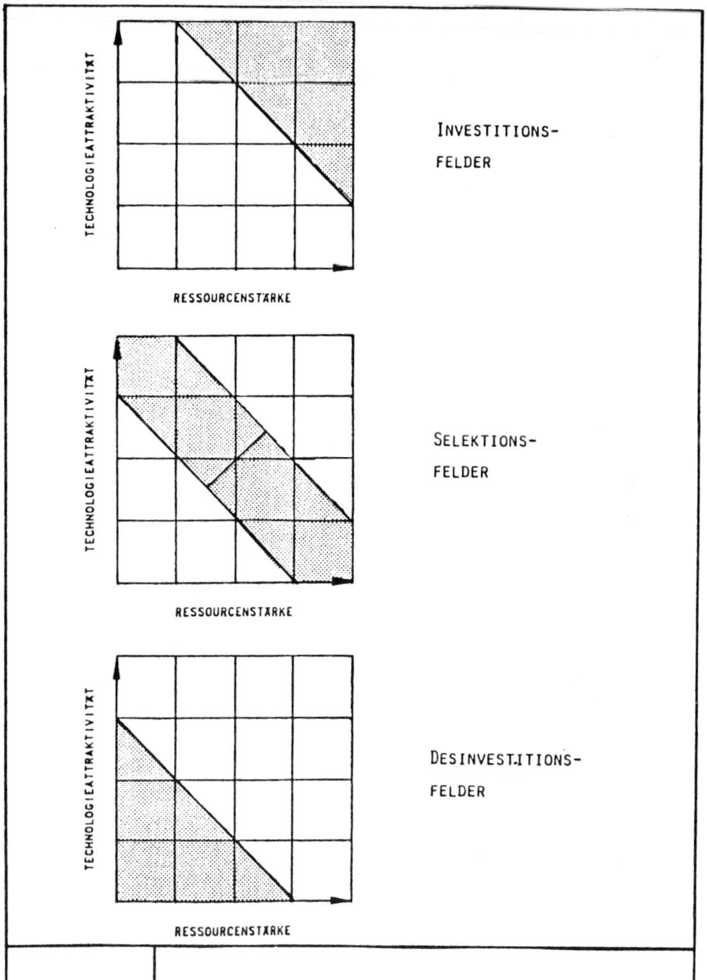

Abb. 9

– Scheint dies aufgrund der Analyse aussichtslos, z. B. weil der Rückstand nicht mehr *rechtzeitig* aufzuholen ist, so sollte der Rückzug aus dieser Technologie angetreten werden.

Was auf jeden Fall nicht sinnvoll ist, ist das in der Industrie häufig vorzufindende Verhalten, solche Gebiete „auf Sparflamme" weiterzubetreiben, weil dann in einem solchen hochdynamischen Gebiet der Rückstand immer weiter zunimmt, bis man feststellt, daß später doch der Ausstieg als einzige Alternative verbleibt.

Das Gegenstück zu diesen Positionen sind solche mit geringer Technologieattraktivität bei gleichzeitig hoher Ressourcenstärke.

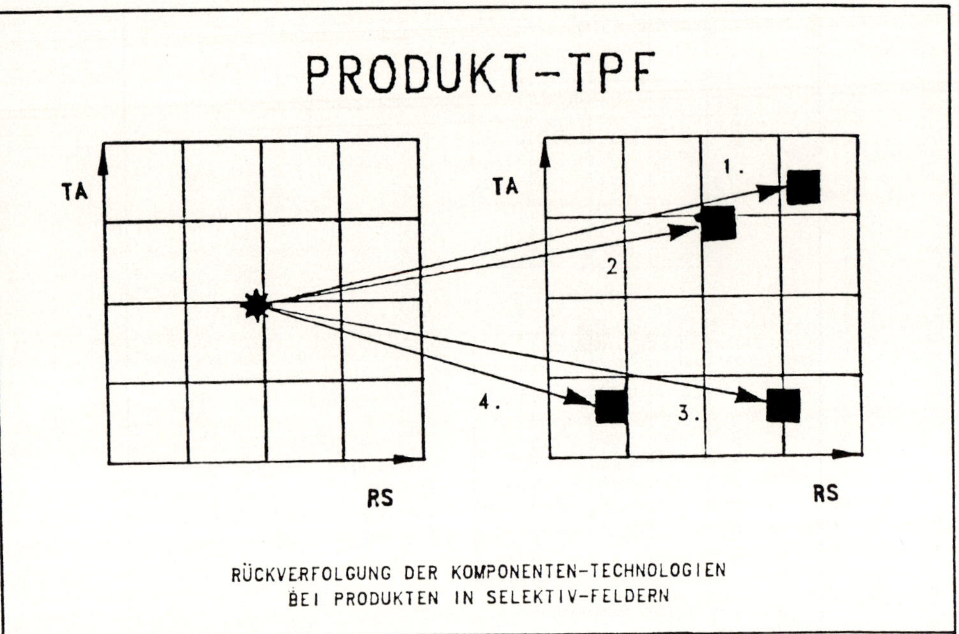

Abb. 10

Hier sollte generell nur soviel investiert werden, um den Vorsprung zu halten, solange das Gebiet nicht von einer Substitutionstechnologie bedroht wird.

Auch hier konnte in der Praxis schon des öfteren ein Fehlverhalten beobachtet werden. Denn dies sind in der Regel Gebiete mit hohem Cash-Rückfluß; also solche Gebiete, mit denen ein gutes Gegenwartsgeschäft gemacht wird. Wurde eine reine Marktbetrachtung zugrundegelegt und noch dazu die Philosophie verfolgt „wo viel herkommt, muß viel hinfließen", hat dies zu fehlgeleiteten FuE-Mitteln geführt, die später bei den wirklich zukunftsträchtigen Gebieten gefehlt haben. Im Bereich der Prozeßtechnologien führte dies zu dem bekannten Phänomen der „vergoldeten Fabriken".

Die in diesem Stadium noch sehr globalen Aussagen zu den Untersuchungsobjekten müssen in der praktischen Durchführung der Analyse dann mittels Rückverfolgung des Datenverdichtungsprozesses konkretisiert werden.

Über diese methodenimmanent mögliche „Rückverfolgung" kann man von der generellen Strategieempfehlung zu differenzierten Ansatzpunkten durchstoßen. So kann gezeigt werden, *welche* einzelnen Technologien dann vordinglich zu fördern sind, um die Gesamtstrategie realisieren zu können (vgl. Abb. 10). Auf der Ebene der dokumentierten Befragungsergebnisse können sogar bereits konkrete Handlungsalternativen aufgezeigt sein.

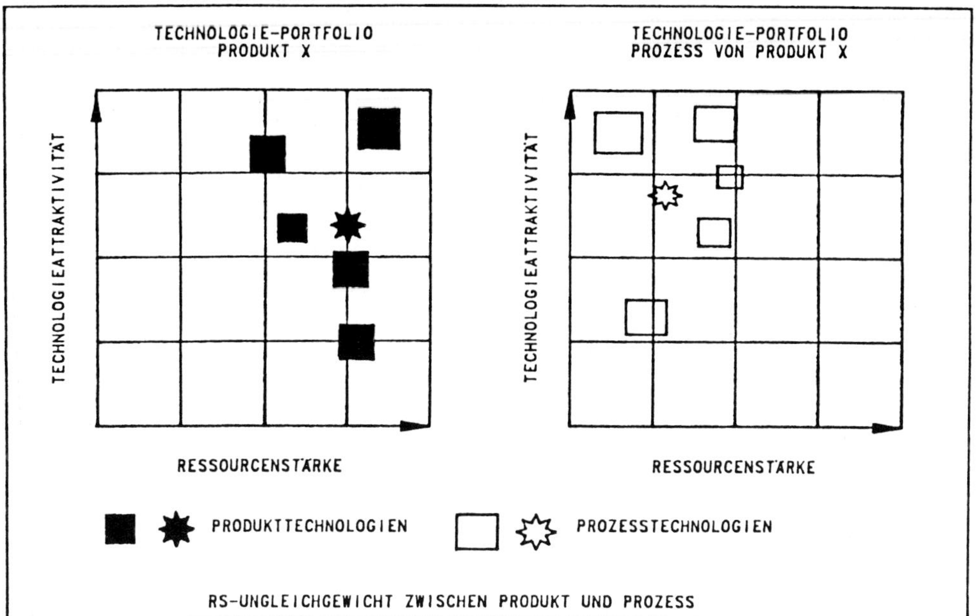

Abb. 11

5.2 Beispiele möglicher Zusatzauswertungen

5.2.1 Vergleich der Produkt- und Prozeßtechnologie-Situation

In der Praxis zeigt sich häufig, daß man ein überragendes Produktkonzept hat, in dem vielleicht sogar noch technische Reserven stecken. Dem steht jedoch ein Produktionskonzept gegenüber, das zwar einerseits hohe Technologieattraktivität, aber andererseits nur eine geringe Ressourcenstärke aufweist (vgl. Abb. 11).

Mit diesem überragenden Produkt ist man gewissermaßen Monopolist geworden; man hat aber versäumt – da *jeder* Preis durchsetzbar war – die strategischen Reserven in der dazugehörigen Herstellung auszunutzen.

Die Technologie-Portfolio-Analyse würde in einem solchen Fall zeigen, wo die *wirklichen* strategischen Reserven liegen, nämlich in der Herstellung und nicht so sehr beim Produkt-Konzept.

5.2.2 Beurteilung der Produktgesamtkonzeption

Üblicherweise wird bei Produkten als Analyseobjekte im Rahmen der Analysedurchführung die Position des Gesamtproduktes einmal aus der Aggregation der Einzeltechnolo-

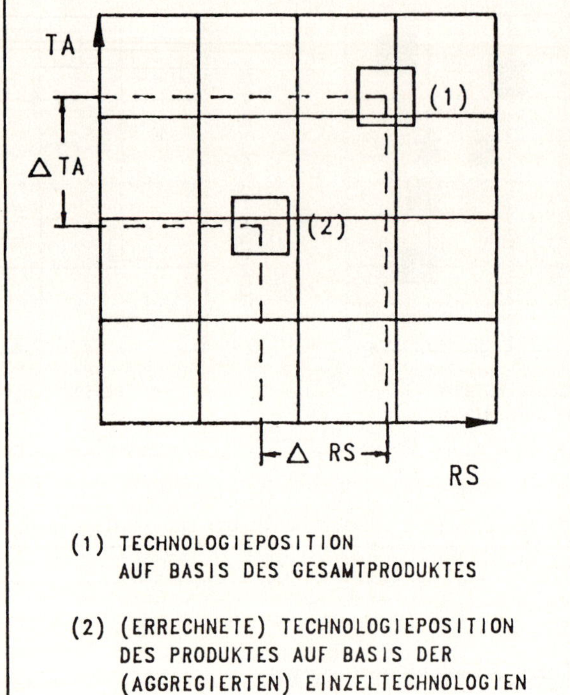

Abb. 12

gien und parallel dazu über eine Bewertung des gesamten Produktes, wobei die gleichen Indikatoren zugrundegelegt werden, ermittelt.

Treten dabei Abweichungen auf, können auch hieraus spezielle Ansatzpunkte für (noch) zu entwickelnde bzw. weiterzuverfolgende Strategien, insbesondere zur Verknüpfung der Einzeltechnologien bzw. zur Systemtechnik geliefert werden (vgl. Abb. 12).

Abweichungen in der *Technologieattraktivität* (Δ TA) weisen auf unterschiedliche Einschätzungen hinsichtlich der Weiterentwickelbarkeit des systematischen Konzeptes gegenüber den Einzeltechnologien hin. (Man kann aus einer Anzahl *hochmoderner* Bauteile ein *veraltetes* Produkt bauen.)

Abweichungen in der *Ressourcenstärke* (Δ RS) geben bereits erste Hinweise auf die „Güte" insbesondere des konstruktiven Prinzips des Gesamtproduktes: Ist nämlich die Ressourcenstärke der Gesamtproduktbewertung höher als die errechnete, so dürfte es sich dabei um ein vorteilhaftes Produktkonzept handeln. Im umgekehrten Falle spricht dies für ein verbesserungsbedürftiges Produktkonzept.

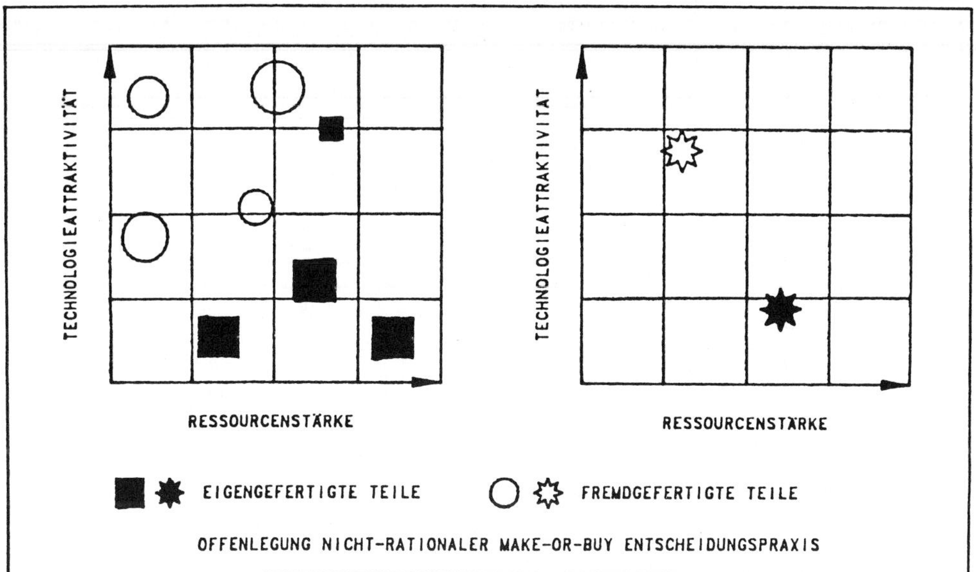

Abb. 13

5.2.3 Entscheidung über Eigenfertigung oder Fremdbezug

Mit Hilfe des Technologie-Portfolios kann überprüft bzw. geplant werden, wie das Verhältnis der Technik-Situation von Zukauf- und eigengefertigten Teilen ist. Immer wieder ist festzustellen, daß make-or-buy-Entscheidungen nicht auf der Grundlage rationaler Entscheidungen getroffen werden, sondern historisch überliefert sind.

Eine TPF-Analyse hilft dabei, diese Praxis zu hinterfragen. In vielen Fällen wird dann offenbar, wie über eine gewisse Zeit hinweg die „Herzstücke", im Sinne besonders erfolgsträchtiger Produkt- und Verfahrenstechnologien, dem Unternehmen herausoperiert wurden, die weniger „attraktiven" Technologien dagegen im Unternehmen verblieben sind (vgl. Abb. 13).

Es gilt generell: Die eigengefertigten Teile sollten technologisch attraktiv sein und nach Möglichkeit mit einer hohen Ressourcenstärke gefertigt werden. Im anderen Fall müßten zusätzlich Überlegungen zur zukünftigen Fremdvergabe bzw. Eigenerstellung angestellt werden.

5.2.4 Laufende Optimierung der FuE-Ressourcen

Für die Belange der technologie-orientierten strategischen Optimierung der FuE-Ressourcen können Technologie-Portfolios Antworten auf die Frage untermauern, z. B. ob die Investitionen immer in wirklich förderungswürdige Gebiete liefen und noch laufen.

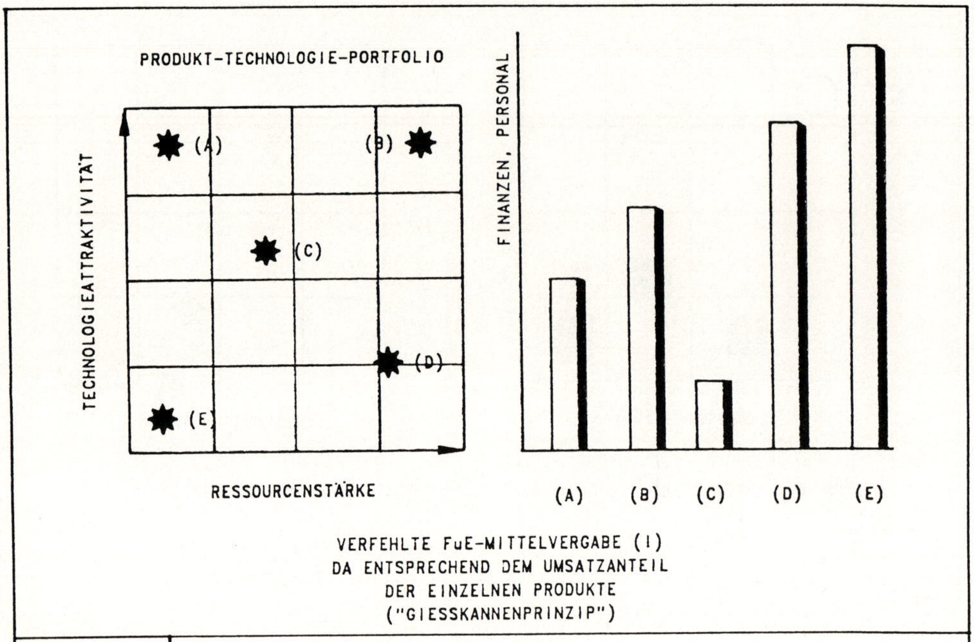

Abb. 14

Sie können Anhaltspunkte geben, ob bereits geplante Investitionen nicht schleunigst gestoppt und in attraktivere Gebiete umgesteuert werden müßten.

Die häufig geübte Praxis der Mittelvergabe in Bereiche mit *augenblicklich* hoher Ertragskraft führt dort zur Konservierung (vielleicht schon längst) überholter Strukturen; die abnehmenden Erträge werden damit kaschiert (vgl. Abb. 14).

5.2.5 *Entscheidungsvorbereitung für Systemgeschäft versus Komponentengeschäft* [23]

Das betreffende Unternehmen muß eine Entscheidung zwischen den Extrempolen Komponentenlieferant einerseits oder Systemlieferant andererseits treffen. Dafür gibt es zwei Ursachen:

- Zum einen setzt der technische Fortschritt an allen Komponenten eines Produktes gleichzeitig an, so daß sich die notwendige Wissensbasis zur Beherrschung von Produkt- und Produktionstechnik so stark verbreitert, daß sie von einem einzelnen Unternehmen nicht mehr im gesamten Umfang bereitgestellt werden kann; etwa bei einer modernen Werkzeugmaschine, die ja u. U. eine elektronische Steuerung, feingeregelte Elektromotoren, optische Meßsysteme und ein Laser-Arbeitssystem hat.

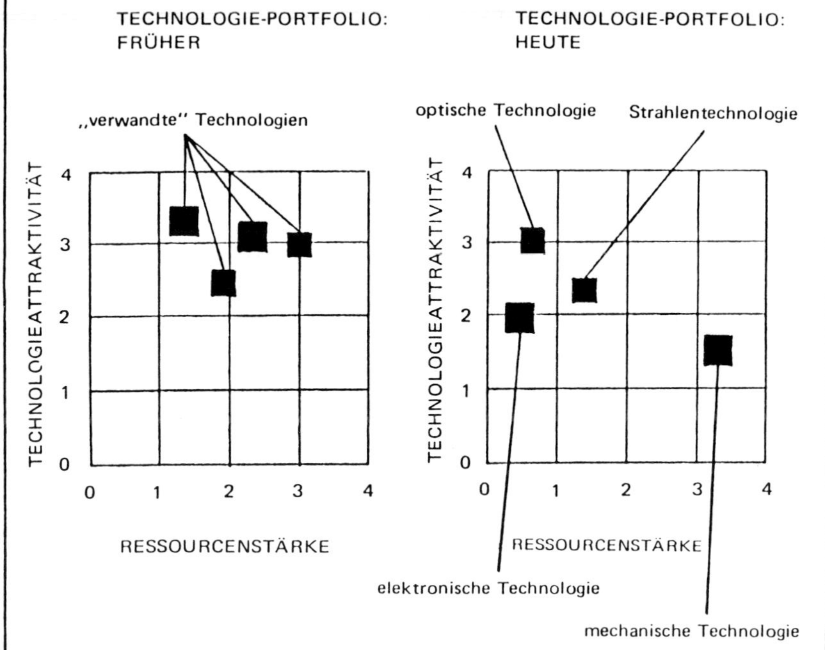

Abb. 15

– Ein anderer Grund ist der Trend zum Systembedarf bzw. der Trend zur Nachfrage nach kompletten Systemlösungen. Im internationalen Anlagenbau ist dies ganz deutlich, aber auch etwa bei EDV-Anlagen oder Audio-Video-Systemen ist die Tendenz zur Funktionsintegration immer stärker zu beobachten.

Das Technologie-Portfolio zeigt in diesem Fall eine ständig größer werdende Anzahl von Technologien mit großer Funktionsverschiedenheit (vgl. Abb. 15). Dabei ist entscheidend, ob und inwieweit das Niveau der bisherigen Ressourcenstärke gehalten werden kann. Ähnlich dem Problem „Eigenfertigung/Fremdbezug" muß nun tendenziell so entschieden werden, daß man Systemproduzent wird, wenn die neuen Fertigungs- und Produkttechnologien in „Investitionsfeldern" liegen.

Ist dies nicht der Fall, so ist der erfolgversprechendste Weg der, daß man sich auf technologisch attraktive und ressourcenstarke Technologien zurückzieht. Dies ist insbesondere dann zu empfehlen, wenn man mit dieser Komponente auch Zulieferer für andere Industrien werden kann.

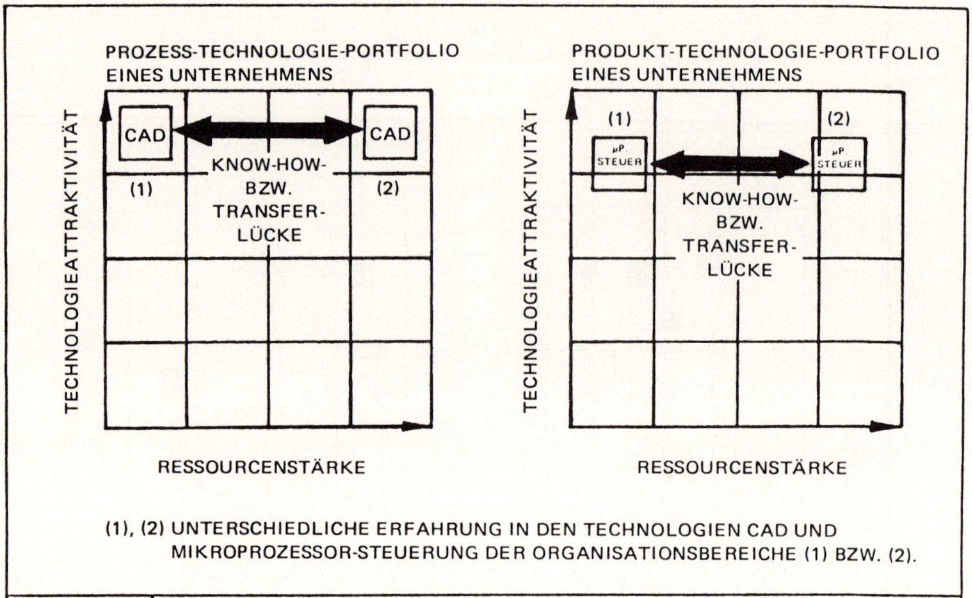

Abb. 16

5.2.6 *Ermittlung von Unausgewogenheiten im innerbetrieblichen Technologietransfer*

Bei der Gegenüberstellung der Technologie-Portfolien mehrerer Produkte oder Prozesse kann festgestellt werden, ob der Grad der Beherrschung ein und derselben Technologie in verschiedenen Organisationsbereichen bzw. in verschiedenen Abteilungen eines Organisationsbereiches unterschiedlich ist.

Als Beispiel läßt sich CAD anführen. Ein Produktbereich hat damit vielleicht schon beste Erfahrungen und besitzt einen Vorsprung vor der Konkurrenz, während ein anderer im CAD-Bereich noch größere Anwendungsprobleme hat (vgl. Abb. 16).

Ein weiteres Fallbeispiel wären substitutive Technikstrategien: bei Produkt A wird eine bestimmte Sensorlösung für eine Funktion gewählt, wohingegen für dieselbe Funktion bei einem anderen Produkt wieder andere Sensoren entwickelt wurden.

Die Technologie-Portfolio-Analyse hilft hier, Technologie-Transfer-Prozesse in die Wege zu leiten, Doppelforschung zu vermeiden, Forschung organisiert zu bündeln und Überflüssiges abzustoppen.

5.2.7 *Strategische Positionierung von Werkstoffen* [24]

Prinzipielle Innovationen gehen oft mit Neuerungen im Werkstoffbereich einher, bzw. werden durch diese erst möglich. So werden z. B. im Massenmarkt der Automobilindustrie

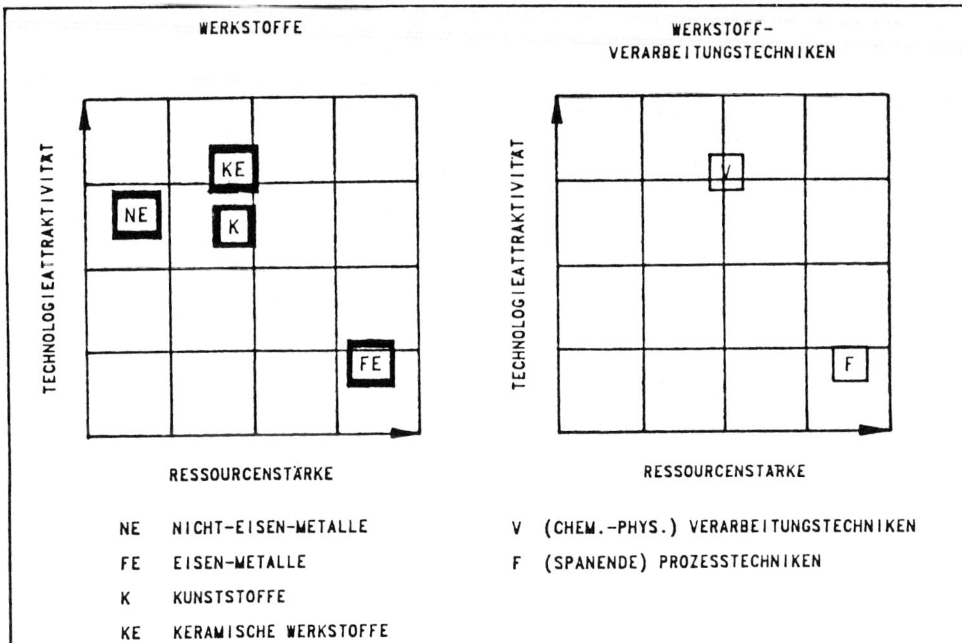

Abb. 17

innovative Werkstoffe immer bedeutender. Dies gilt natürlich auch für die Elektroindustrie. Als Reizwörter seien genannt: Funktionsorientierte Werkstoffe (Memory Metalle, amorphe Metalle, Verbundwerkstoffe, optische Werkstoffe, u. a.), Substitution teurer (Kontakt-)Werkstoffe und prinzipiell neuartige Werkstoffkombinationen überhaupt (vgl. Abb. 17).

Da Werkstoffinnovationen stets (mehr oder weniger) neue Prozeßtechnologien bedingen, gilt es, deren Konsequenzen genauestens zu beleuchten. Ganz generell wird es wohl so sein, daß die klassischen spanabhebenden Technologien künftig enorm an Attraktivität (Anwendungsmengen!) verlieren und sich neuartige verfahrenstechnische Prozesse in den Vordergrund schieben werden.

6. Organisatorische Anwendungsvoraussetzungen der Technologie-Portfolio-Planung

Der Erfolg der Anwendung des Technologie-Portfolios hängt – neben dem Akzeptanzproblem – von weiteren Voraussetzungen ab; unter anderem von seiner Integration in eine strategische Gesamtplanung und von der Schaffung eines einheitlich definierten und abgestimmten umfassenden Informationsnetzes.

Man darf nicht den Fehler der Markt-Portfolio-Anwendung wiederholen und das Technologie-Portfolio als alleiniges Planungsinstrument überlasten. Vielmehr müssen in einer strategischen Gesamtplanung die Wechselwirkungen zwischen allen strategischen Erfolgsfaktoren Berücksichtigung finden. Dabei gibt bei „High-Tech"-Unternehmen die auf neue Technologien orientierte Planung den Schwerpunkt ab [25]. Die Technologie-Portfolio-Methode liefert dabei für umfassende strategische Szenarien wichtige Grundlageninformationen [26].

Technologie-Portfolien können sporadisch, etwa für Investitionsentscheidungen erstellt werden oder aber im Sinne einer rollenden integrierten Langfristplanung über die gesamte Unternehmensbreite ständig aktualisiert werden, wie wir das für nötig halten. Für letzteren Fall stellt sich natürlich sofort das Problem des Handlings der vielen Daten. Zu diesem Zweck wurde aber bereits ein spezielles Software-Paket entwickelt [27]. Es sei jedoch – selbstverständlich – vor der Ansicht gewarnt, daß man dann etwa strategische Planung per Computer erledigen könnte.

7. Voraussetzungen in den Denkhaltungen des Top-Managements

Niemals ist strategische Planung vollständig mechanisierbar und delegierbar; der Computer kann nur planungsunterstützend wirken. Die wesentlichen Schritte der Technologieanalyse und -interpretation können dem Topmanagement nicht abgenommen werden.

Mit der Anbindung des Technologiemanagements an das Top-Management geht die unabdingbare Forderung einher, daß einer Innovation in den Methoden eine Innovation im Denken vorausgehen muß. Es muß innerhalb der Unternehmung eine Atmosphäre der Offenheit gegenüber strategischen Risiken geschaffen werden. Es muß die Bereitschaft gefördert werden, sich mit bis dahin unbekannten und bedrohlichen Entwicklungen auseinanderzusetzen [28]. Ohne das Vorhandensein einer solchen Atmosphäre strategischer Handlungs- und Entscheidungsbereitschaft bleiben die besten Instrumente leere Hülsen.

Wir können Hideo Suigiura, Executive Vice-President der Honda Motor Company nur allzu gut zustimmen, wenn er zum Ausdruck gebracht hat, daß Detroit mit seiner gewaltigen Finanzkraft, die sich in enormen Investitionsprogrammen manifestiert, in keiner Weise gefürchtet werden muß, solange Detroit seine Management-Philosophie nicht ändert [29]. Diese Philosophie der Orientierung an kurzfristigen finanziellen Ergebnissen ist nicht nur spezifisch für Detroit, sondern auch weitverbreitet in den westlichen Industrieländern. Die gegenwärtigen Schwierigkeiten und Probleme bei der Bewältigung des gravierenden Strukturwandels dürften in solchen überholten Denkhaltungen wurzeln.

Die hier geforderte Politik einer Technologieführerschaft bzw. Politik des First verlangt nicht nur die Abkehr von der Philosophie einer Orientierung an kurzfristigen Ergebnissen [30], sondern insbesondere auch die Kraft der langandauernden Übernahme hoher Risiken, die mit dem Aufbau von strategischen Zukunftsgeschäftsfeldern verbunden sind. Die Zukunft zu gestalten erfordert nämlich Mut.

„Es erfordert unermüdliche Arbeit. Es erfordert auch Glauben. Sich nur für das sofort Nutzbare zu entscheiden, ist einfach nicht ausreichend. Es genügt nicht für die schweren

Belastungsproben, die bevorstehen. Denn keine neue Idee ist narrensicher – sie sollte es auch gar nicht sein.

Wenn eine Idee mit Sicherheit scheitert, dann ist es gerade die scheinbar sichere Sache, der risikolose Einfall, den man für unfehlbar hält.

Gedanken, auf denen das Unternehmen von morgen aufbauen sollte, müssen ungewiß sein. Niemand kann bis jetzt wirklich sagen, wie sie aussehen werden, wenn sie einmal Wirklichkeit sind. Sie müssen ein Risiko enthalten; sie haben selbstverständlich die Wahrscheinlichkeit des Erfolges für sich, aber auch die Wahrscheinlichkeit des Fehlschlags. Wenn sie nicht sowohl ungewiß als auch riskant sind, dann sind es einfach keine zukunftsträchtigen Ideen."[31]

Hier ist das Top-Management gefordert. Es muß die neuen Ideen und Strategien durchsetzen. Nur das Top-Management kann die Last der Verantwortung für die gewaltigen Risiken übernehmen, die der Richtungssteuerung in die noch weitgehend offenen Horizonte von Zukunftstechnologien immanent sind.

Auch heute ist demnach noch gültig, was Clausewitz als die moralischen Hauptpotenzen im Sinne von Voraussetzungen strategischen Handelns nennt: Talent, Beharrlichkeit und Kühnheit [32].

Anmerkungen

[1] Vgl. *Fraker, S.:* High-Speed Management for the High-Tech Age. Fortune, March 5, 1984, S. 38–44.

[2] Vgl. International Management, Dezember 1983.

[3] Vgl. *Drucker, P.:* The Age of Discontinuity: Guidelines to our Changing Society. New York 1968.

[4] Vgl. *Beckurts, K. H.:* High-Tech – Mode oder Chance? Investitionen, Grundlagenforschung und Aufbruchstimmung nachhaltig fördern. FAZ v. 27. 6. 1985, S. 11; ders.: Der Wettbewerb im Hochtechnologiebereich wird eher schärfer. Manager-Magazin, Januar 1986, S. 38.

[5] Vgl. *Schneider, W.:* Technologische Analyse und Prognose als Grundlage der strategischen Unternehmensplanung. Band 13 der Reihe „Innovative Unternehmensführung", hrsg. v. *Pfeiffer, W.*, Göttingen 1984; sowie *Zörgiebel, W. W.:* Technologie in der Wettbewerbsstrategie. Berlin 1983.

[6] Vgl. *Hahn, D.:* Frühwarnsysteme, Krisenmanagement und Unternehmensplanung. ZfB-Ergänzungsheft, Nr. 2, 1979, S. 4–25.

[7] Vgl. *Zeidler, G.:* Neue Dimensionen von Forschung und Entwicklung durch akzelerierende Technologieschübe. In: *Blohm, H., Danert, G.:* Forschungs- und Entwicklungsmanagement. Stuttgart 1983, S. 85–91.

[8] Vgl. *Pfeiffer, W.:* Zur Notwendigkeit strategischer Vorsteuerung von Innovationsprozessen. In: *Franke, J.* (Hrsg.): Betriebliche Innovation als interdisziplinäres Problem. Stuttgart 1985, S. 124–133.

[9] Vgl. *Krubasik, E. G.:* Strategische Waffe. Wirtschaftswoche Nr. 25 v. 18. 6. 1982, S. 28–33; ders.: Angreifer im Vorteil. Wirtschaftswoche Nr. 23 v. 1. 6. 1984, S. 48–56.

[10] Zitiert nach *Morner, P.:* Stromstöße. Capital Nr. 9, 1982, S. 186.

[11] Vgl. *Pfeiffer, W., Metze, G.:* Wenn Planung zur Farce wird. Wirtschaft & Produktivität, Nr. 4, 1984.

[12] Vgl. *Pfeiffer, W., Metze, G., Schneider, W., Amler, R.:* Technologie-Portfolio zum Management strategischer Zukunftsgeschäftsfelder. Band 7 der Reihe „Innovative Unternehmensführung", hrsg. v. *Pfeiffer, W.*, 3. Auflage, Göttingen 1985.

[13] Auf die Notwendigkeit dieser Betrachtung weist z. B. *Neipp* im Zusammenhang mit der Einführung von CAD und deren Konsequenzen für den *gesamten* Bereich der Produktions- und Produkttechnologien hin; vgl. *Neipp, G.:* Strukturwandel in Technologie und Markt erfordert neue Lösungsansätze in Konstruktion und Fertigung. Vortragsmanuskript im Rahmen des Kontaktseminars „Wissenschaft-Praxis" am Lehrstuhl für Industriebetriebslehre, Prof. Dr. *W. Pfeiffer,* der Universität Erlangen-Nürnberg am 25. 11. 1981; ders.: Einführung von CAD/CAM als Teil der Unternehmensstrategie. VDI-Bericht Nr. 492, 1983.

[14] Vgl. *Hayes, R.:* Why Japanese factories work. Harvard Business Review, Vol. 59, Nr. 4, July-August 1981, p. 64.

[15] Vgl. hierzu die im Rahmen der technologischen Voraussage konzipierten Entwicklungs- und Hüllkurven von Technologien, z. B. bei *Jantsch, E.:* Technological Forecasting in Perspective. Paris 1967, insbes. S. 156ff.

[16] Vgl. zu einer derartigen Interpretation z. B. *Krubasik, E. G.:* Angreifer im Vorteil. a.a.O.

[17] Vgl. o. V.: Comeback mit SMD. Industriemagazin, Dezember 1985, S. 116–118.

[18] Vgl. z. B. *Habbel, W. R.:* Chemie im Auto – Möglichkeiten und Grenzen. Chemische Industrie Nr. XXXVII, Dezember 1985, S. 836f.; *Weege, R. D.:* Recyclinggerechtes Konstruieren. Düsseldorf 1981; *Schultheiß, B.:* Umweltschutz und Rohstoffprobleme in der Unternehmensplanung. Berlin 1978.

[19] Vgl. hierzu insbesondere auch den methodischen Ansatz von *Schneider, W.:* Technologische Analyse und Prognose als Grundlage der strategischen Unternehmensplanung. A.a.O., S. 35ff.

[20] Vgl. z. B. auch *Müller, Th.:* Management von Zukunftstechnologien. Technologie als strategischer Erfolgsfaktor. ZfO 1985, H. 3, S. 176–180.

[21] Vgl. *Schneider, W.:* Technologische Analyse und Prognose als Grundlage der strategischen Unternehmensplanung. A.a.O., S. 117ff.

[22] Zu einem methodischen Ansatz einer systematischen Know-How-Analyse vgl. *Pfeiffer, W.:* Innovationsmanagement als Know-How-Management. In: *Hahn, D.* (Hrsg.): Führungsprobleme industrieller Unternehmungen. Berlin – New York 1980, S. 421–452; vgl. weiter *Allen, Th. J.:* Managing the Flow of Technology. Technology Transfer and the Dissemination of Technology Information within the R&D Organization. Boston 1977.

[23] Vgl. dazu die Überlegungen in *Pfeiffer, W.:* Strategisch orientiertes Forschungs- und Entwicklungsmanagement – Probleme und Lösungsansätze aus der Sicht der Wirtschaft. In: *Blohm, H., Danert, G.* (Hrsg.): Forschungs- und Entwicklungsmanagement. Stuttgart 1983, S. 57–84, insbes. S. 69ff.

[24] Zu langfristigen Trends im Werkstoff-Sektor vgl. *Altenpohl, D.:* TP, Die Zukunftsformel. Frankfurt a. M. 1975.

[25] Vgl. auch z. B. *Specht, G., Zörgiebel, W. W.:* Technologieorientierte Wettbewerbsstrategien. Marketing ZFP, Heft 3, August 1985, S. 161–172; *Artur D. Little International* (Hrsg.): Management im Zeitalter der strategischen Führung. Wiesbaden 1985; *Sommerlatte, T., Walsh, S. T.:* Das strategische Management von Technologie. In: *Töpfer, A., Afheldt, H.* (Hrsg.): Praxis der strategischen Unternehmensplanung. Frankfurt a. M. 1983, S. 298–321.

[26] Vgl. *Höhn, S.:* Szenario-Analyse als Instrument strategischer Planung. In: *Buchinger, G.* (Hrsg.): Umfeldanalysen für das strategische Management. Wien 1983, S. 27–39.

[27] So z. B. das Software-Paket CTM – Planos – SP als Gemeinschaftsentwicklung der Fa. Esprit – Gesellschaft für Unternehmensberatung, Nürnberg; CTM, Konstanz; herbert dahm unternehmensberatung, Niederkassel; Lehrstuhl für Industriebetriebslehre, Prof. Dr. W. Pfeiffer, Nürnberg; vgl. auch o. V.; Die Zukunft auf dem Schirm. Industriemagazin, Januar 1986, S. 72–74.

[28] Vgl. *Beckurts K. H.:* Forschungs- und Entwicklungsmanagement – Mittel zur Gestaltung der Innovation. In: *Blohm, H., Danert, G.* (Hrsg.): Forschungs- und Entwicklungsmanagement. Stuttgart 1983, S. 57–83; *Ansoff, H. I.:* Die Bewältigung von Überraschungen und Diskontinuitäten durch die Unternehmensführung – Strategische Reaktionen auf schwache Signale. In: *Steinmann, H.* (Hrsg.): Planung und Kontrolle. München 1981, S. 223–264.

[29] Vgl. *Ansoff, H. I.:* Managing the Process of Discontinuous Change – Part II. European Institute for Advanced Studies in Mangement, Working Paper No. 80 – 36, Brüssel, Oktober 1980, p. O.

[30] Vgl. dazu die Untersuchungen von Bleicher, die als Aufsatzreihe in Blick durch die Wirtschaft veröffentlicht wurden:
Bleicher, K.:
– Sind die Amerikaner wirklich schlechter. Ebd., 9. 3. 1981, S. 3
– Kurzfristig ist oft kurzsichtig. Hat das amerikanische Management versagt. Ebd., 24. 7. 1981, S. 3
– Heute Schuhcreme, morgen Stahl. Ebd., 27. 7. 1981, S. 1
– Amerikas Führungselite wird wagefreudig. Ebd., 11. 12. 1981, S. 4; oder *Jürgensen, H.:* Auszug aus dem Auto-Paradies. FAZ vom 14. 11. 1981, der ebenfalls deutlich macht, daß Detroit nicht nur eine Industrie, sondern auch eine Geisteshaltung sei.

[31] Vgl. *Drucker, R. F.:* Die gewaltige Macht unscheinbarer Ideen. Fortschrittliche Betriebsführung, Band 17, Führung – Planung – Organisation. Hrsg. v. Kurz-Hegner-Institut für Arbeitswissenschaft des Verbandes für Arbeitsstudien – REFA – e. V., Darmstadt – Berlin – Köln – Frankfurt a. M., o. J., S. 197.

[32] Vgl. *Clausewitz, C. v.:* Vom Kriege. Reinbek bei Hamburg 1963, S. 77ff.

Das PIMS-Programm und Portfolio-Management*

F.F. Neubauer

1. Einführung

Das rasche Wachstum der meisten Unternehmen in den sechziger und frühen siebziger Jahren hat in vielen Fällen nicht nur zu einer enormen Ausweitung der Umsätze in angestammten Tätigkeitsgebieten geführt; die hohen Gewinnpotentiale und die Verfügbarkeit von Kapital haben auch zahlreiche Unternehmen veranlaßt, in neue Aufgabenbereiche vorzudringen.

Das Zusammentreffen des relativ hohen Diversifikationsgrades in vielen Unternehmen mit der Rezession im Gefolge der Ölkrise stellte zahlreiche dieser Firmen vor neue Management-Probleme. Gar mancher der Tätigkeitsbereiche produzierte nur noch marginale (oder noch schlechtere) finanzielle Ergebnisse; mehr denn je galt es, bei den Investitionen Prioritäten zu setzen.

Um das Problem der Prioritäten lösen zu können, hätten die Unternehmen in der Lage sein müssen, eine Antwort auf eine Reihe anderer, einfach klingender Fragen zu geben: Ist das Portfolio unserer gegenwärtigen Betätigungsbereiche ausbalanciert? Haben wir zuviele Tätigkeitsbereiche, deren Produkte sich im Reifestadium des Lebenszyklus (oder gar auf dem absteigenden Zweig der Lebenszykluskurve) befinden und damit zwar einen hohen Liquiditätsüberschuß produzieren, aber keine wirkliche Zukunft haben? Oder besitzen wir zuviele Betätigungsbereiche, die durch starkes Wachstum gekennzeichnet sind (d.h., über Produkte im frühen Stadium ihres Lebenszyklus), und die uns mit ihrem in der Regel enormen Bedarf an Finanzmitteln in Liquiditätsnöte bringen können? Welche unter ihnen sollte man fördern, welche vernachlässigen?

Vor allem in international tätigen Unternehmen versagten die herkömmlichen Instrumente weitgehend gegenüber diesen Problemen [1, S. 1]: Hohe (und unterschiedliche) Inflationsraten sowie starke Wechselkursschwankungen standen einer vernünftigen Prioritätensetzung für Investitionen mit Hilfe von herkömmlichen Instrumenten wie der Kapitalwert-Rechnung und Interne-Zinsfuß-Methode im Wege. Andere Instrumente waren nur rudimentär entwickelt, weil in der Zeit des Booms die Frage der Balance der Portfolios kein brennendes Problem dargestellt hatte.

---

* Dieser Beitrag ist die verkürzte Version des Aufsatzes „Portfolio-Management", der in dem Sammelwerk Marketing (Herausgeber Prof. L. Poth) im Verlag Luchterhand, Neuwied 1979, erschienen ist.

Als Antwort auf diese neuen Fragestellungen bildete sich das Portfolio-Management heraus; es ging ursprünglich von Amerika aus, wird aber inzwischen in praktisch allen entwickelten Industrieländern angewandt (einschließlich der UdSSR). Bevor wir uns dem Portfolio-Management im engeren Sinne zuwenden können, gilt es, einige neuere Einsichten in das Wesen der strategischen Planung sowie die in dieser Planung zu berücksichtigenden Einflußfaktoren darzustellen; sie sind unabdingbare Bausteine des Portfolio-Management. Beide Aspekte spielen eine große Rolle im PIMS[1])-Programm, mit dem wir uns deshalb erst einmal befassen wollen bevor wir uns dem eigentlichen Portfolio-Management zuwenden.

2. Einige aufsehenerregende Untersuchungsergebnisse des PIMS-Programmes

2.1 Was ist das PIMS-Programm?

Seit einigen Jahren erregt das Strategic Planning Institute (SPI) in Cambridge (Massachusetts) mit seinen Forschungsergebnissen auf dem Gebiet der strategischen Unternehmensplanung und mit deren praktischer Anwendung in der Form des PIMS-Programmes Aufsehen [2; 3; 4; 5].Dieses Programm geht ursprünglich auf eine Anregung von Fred Borch, dem damaligen Präsidenten von General Electric, in den frühen sechziger Jahren zurück. Als Borch die Präsidentenschaft von General Electric übernahm, fand er sich mit dem Problem konfrontiert, das wohl am meisten diversifizierte Unternehmen der freien Welt [6, S. 17] leiten zu müssen. Auf der anderen Seite sah er in dieser Situation die einmalige Chance, diesen weitgefächerten Konzern mit seiner Fülle von Informationen aus ganz verschiedenen industriellen Sektoren (und dem ungehinderten Zugang zu diesen Daten) gewissermaßen als betriebswirtschaftliches „Labor" zu benutzen: Er beauftragte Dr. Sidney Schoeffler, damals Professor of Economics an der University of Massachusetts, mit Hilfe umfassender statistischer Untersuchungen dieses Reichtums an Daten zu versuchen, Determinanten von Gewinn und Cash flow zu identifizieren, die auch über die Grenzen einzelner industrieller Sektoren hinaus gültig sind. Schoeffler fand in der Tat in diesen empirischen Untersuchungen verschiedene "laws of the market place" wie Borch sie nannte, die die Höhe des Gewinns und des Cash flow beeinflußten, d.h. er identifizierte hohe positive und negative Korrelationen zwischen verschiedenen Einflußfaktoren einerseits und dem Gewinn und Cash flow andererseits.

Diese Einsichten erwiesen sich zum einen als ein gutes analytisches Instrument, das erklären half, warum einzelne Geschäftsbereiche profitabler waren als andere. Waren diese Einflußfaktoren und ihr Wirken aber erst einmal bekannt, so war es zum zweiten nur folgerichtig, sie in Simulationsmodelle einzubauen, was bei General Electric auch geschah. Diese Modelle erwiesen sich in vielen Fällen in ihrer Vorhersagekraft hinsichtlich der in den einzelnen Bereichen zu erwartenden Gewinne den herkömmlichen Planungstechniken bei General Electric als überlegen.

Für eine statistische Untersuchung dieser Art war jedoch sogar ein Unternehmen von der Größe der General Electric Co. zu klein. Deshalb wurde die Datenbasis auch auf ande-

[1]) PIMS = Profit Impact of Market Strategies

re Unternehmen ausgedehnt. Zu diesem Zweck trennte man 1972 das Programm von General Electric und gliederte es dem Marketing Science Institute an, einer Forschungsstelle, die mit der Harvard Business School assoziiert ist. In dieser Entwicklungsphase des Programmes wurden Daten weiterer Unternehmen in die Untersuchung einbezogen und die bei General Electric erarbeiteten Ergebnisse mit Hilfe der größeren Datenbank getestet. In einer weiteren Entwicklungsphase begründete man im Jahre 1975 das eingangs erwähnte Strategic Planning Institute, eine non-profit-Institution, die seither als „Heim" für das PIMS-Programm dient. Dem SPI gehören gegenwärtig rund 250 Mitgliederfirmen an, etwa 30 von ihnen sind europäische Unternehmen. Die Datenbasis von PIMS besteht aus umfassenden Informationen über rund 2.000 "businesses" (homogene Geschäftsbereiche oder Produktgruppen), die von diesen 250 Mitgliederfirmen zur Verfügung gestellt wurden. Diese Datenbank ist zweifellos das wichtigste Aktivum des PIMS-Programmes; sie gilt als einmalig in der Welt in Umfang und Genauigkeit [7, S. 275]. Für jedes "business" enthält sie über zweihundert quantifizierte Angaben über

– die spezifischen Charakteristiken der Umfelder in denen die Planungseinheit wirkt,
– die Wettbewerbsposition,
– die Struktur des Produktionsprozesses,
– Forschungs- und Entwicklungsanstrengungen,
– Marketing-Aufwendungen,
– die finanziellen Ergebnisse in der Vergangenheit (Gewinn, Cash flow) und weitere ähnliche Daten.

Ein Teil dieser Daten reicht bis in die General-Electric-Zeit des Programmes zurück; das Gros stammt allerdings aus den siebziger Jahren. Wie aus der linken Seite von Abbildung 1 [8, S. 18] hervorgeht, wird mit Hilfe dieser Daten unter Anwendung quantitativer Methoden (vor allem der multiplen Regressionsanalyse, aber auch anderer) untersucht, welche Faktoren den Return on Investment (ROI) und den Cash flow beeinflussen. Ziel ist es, zugrundeliegenden Gesetzmäßigkeiten ("laws of the market place") näherzukommen. Dabei muß noch einmal betont werden, daß diese Analyse bewußt auf einer Multi-Sektorenbasis erfolgt ("cross sectional analysis"), und nicht etwa gesondert für einzelne Industriezweige, was für manchen Praktiker nicht leicht zu akzeptieren ist. Jeder Unternehmer beansprucht für sich, daß seine Firma nun einmal anders sei als andere Unternehmen und deshalb eine Übertragung von Regelmäßigkeiten, die an anderen Firmen entdeckt wurden, auf sein Unternehmen kaum möglich sei. Die Verfechter des PIMS-Programmes halten dem entgegen, daß sie im Grunde die gleiche Methode benützen wie andere angewandte Wissenschaften, wie z.B. die Medizin. Diese Wissenschaft hat über die Jahrhunderte in ausgedehnten empirischen Untersuchungen beispielsweise an vielen Hunderten oder Tausenden von Menschen die Gesetze der Physiologie entdeckt und geht nun davon aus, daß diese im Prinzip für alle Menschen gelten, ungeachtet der Unterschiede in Erscheinung, Alter, Persönlichkeit, Hautfarbe, Körpergröße, Religion usw. Die Gesetze der Physiologie lassen sich nicht schematisch anwenden (was den Einsatz eines erfahrenen Arztes notwendig macht); dennoch bestehen keine Zweifel daran, daß diese Gesetze weitreichende Gültigkeit haben, was es uns überhaupt erst ermöglicht, Ärzte auszubilden. PIMS, so sagen seine Verfechter, geht im Grunde einen ähnlichen Weg wie ihn die Medizin in der Erforschung der Gesetze der Physiologie gegangen ist; dies ist inzwischen möglich, weil in der PIMS-Datenbank erstmals in der Geschichte des modernen Unternehmens ein Pool von Informationen zur Verfügung steht, der umfangreich und vielschichtig genug ist, solche empirischen Untersuchungen anzustellen.

Auf diese Weise fand PIMS heraus, daß alle Unternehmen – trotz ihrer offensichtlichen Unterschiede – denselben „Gesetzen des Marktes" unterliegen. Mit anderen Worten: Die Resultate einer jeden Geschäftseinheit (ROI, Cash flow) werden von einem Bündel von etwa 30 Determinanten bestimmt (dazu zählen Marktanteil, Investitionsintensität, vertikale Integration und andere, wie noch zu zeigen sein wird); wenn die Konfiguration dieser Determinanten für zwei verschiedene Geschäftseinheiten annähernd dieselbe ist, so gleichen sich auch ihre Ergebnisse weitgehend, gleichgültig, welche Art von Produkten die Einheiten herstellen und welcher Industrie sie angehören [9, 5–6].

Wie aus der rechten Seite von Abbildung 1 hervorgeht, werden diese Einsichten dazu benutzt, Modelle zu erstellen, mit deren Hilfe man zum einen die erzielten Resultate einer Geschäftseinheit analysieren kann (welche Faktoren trugen vor allem zum positiven Ergebnis bei? Welche Faktoren verursachten ein unterdurchschnittliches Resultat?, usw.); zum zweiten erlauben diese Modelle auch, erwogene Strategien auf ihre Auswirkungen auf ROI und Cash flow hin zu testen.

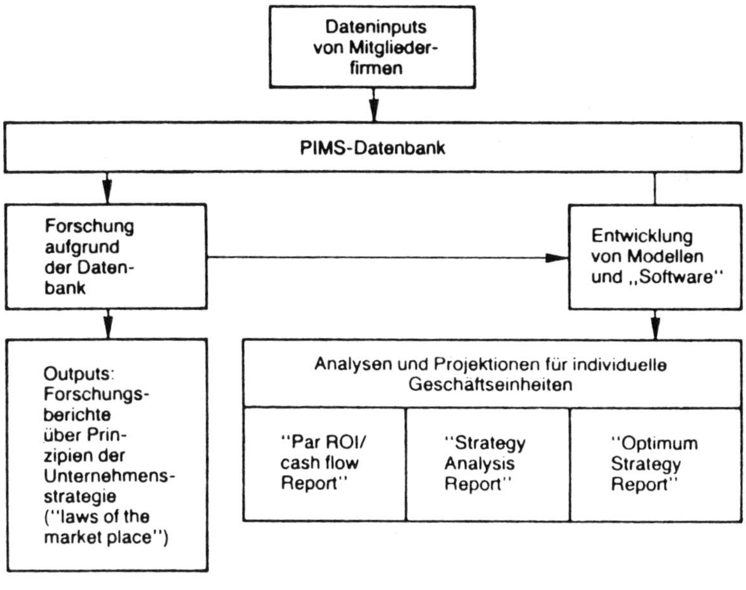

Abb. 1: PIMS-Datenbank

2.2 Sieben einflußreiche Determinanten von Rentabilität und Cash Flow

In ihrer Suche nach Determinanten von Gewinn und Cash flow haben die "Researcher" des PIMS-Programmes systematisch eine große Zahl von Faktoren untersucht; dabei testeten sie mit Hilfe der Datenbank, ob, und wenn ja, welche Beziehungen zwischen diesen Faktoren (den sogenannten unabhängigen Variablen) einerseits und dem ROI oder dem Cash flow (den sogenannten abhängigen Variablen) andererseits bestehen. Auch hier tritt wieder die Ähnlichkeit der angewandten Untersuchungsmethode mit den beispielsweise in der Medizin verwendeten Forschungsverfahren zutage. Diese Methode macht auch die überragende Bedeutung der PIMS-Datenbank für eine empirische Forschung dieser Art deutlich.

In dieser Suche wurden rund 30 Faktoren identifziert, zwischen deren Entwicklung und der des ROI eine hohe positive oder negative Korrelation besteht. Dabei ist ROI definiert als

$$\frac{\text{Gewinn vor Steuern}}{\text{durchschnittliches Investment}} .$$

Zähler und Nenner bedürfen der Erläuterung: Wie bereits erwähnt, stellt PIMS seine Studien auf "businesses" als zu untersuchende Einheiten ab, also auf Produktgruppen oder vom Produkt her homogene Geschäftsbereiche, beide jeweils mit direktem Zugang zum Markt; der benutzte Gewinnbegriff ist deshalb ein Gewinn sowohl vor Steuern als auch vor Abzug von Fremd-Zinsaufwand, aber nach Abzug von Konzernumlagen (corporate charges). Den Nenner des obigen Bruches bildet die Summe aus dem in dem "business" gebundenen Anlagevermögen (zu Buchwerten) zuzüglich des korrespondierenden "working capital" (d.h. Umlaufvermögen – kurzfristige Verbindlichkeiten). Zähler und Nenner stellen dabei Vier-Jahres-Durchschnitte dar.

Unter diesen 37 Faktoren spielen die folgenden sieben eine besonders einflußreiche Rolle [9, 3–5]. Sie sollen hier nur erst einmal aufgezählt werden; die wichtigeren unter ihnen werden später eingehend diskutiert:

- Die Investitionsintensität, definiert als das Verhältnis von Anlagevermögen (zu Buchwerten) plus "working capital" (Umlaufvermögen minus kurzfristige Verbindlichkeiten) zu Umsatz. In der Regel ist die Investitionsintensität deutlich negativ korreliert mit ROI und Cash flow, d.h., Unternehmen mit hoher Investitionsintensität weisen in der Regel einen niedrigeren ROI (oder auch eine niedrigere Umsatzrentabilität) sowie einen niedrigeren Cash flow auf als weniger investitionsintensive.
- Produktivität: Unternehmen mit höherer Wertschöpfung je Beschäftigtem haben einen höheren ROI und Cash flow als diejenigen mit einer niedrigeren Kennzahl dieser Art. Sind Maßnahmen zur Erhöhung der Produktivität jedoch mit einer Erhöhung der Investitionsintensität verbunden, so ist die negative Auswirkung der höheren Investitionsintensität auf ROI und Cash flow in der Regel größer als die positiven Auswirkungen der höheren Produktivität.

- Marktposition: Ein hoher Anteil eines Unternehmens an dem von ihm belieferten Markt (served market) – sowohl absolut als auch relativ (im Verhältnis zu seinen drei größen Wettbewerbern) – hat einen deutlichen positiven Einfluß auf den Gewinn und Cash flow. (Der "served market" ist das spezifische Segment des Marktes, in dem das Unternehmen wirklich als Wettbewerber auftritt.)
- Marktwachstum: Dieser Faktor hat im allgemeinen einen positiven Einfluß auf den Gewinn in absoluten Zahlen und einen negativen Einfluß auf den Cash flow. (Der Einfluß dieses Faktors auf den ROI ist in der Regel indifferent.)
- Qualität von Produkten oder Dienstleistungen: Dieser Faktor ist definiert als die Einschätzung der Qualität der Produkte und/oder Dienstleistungen der Geschäftseinheit im Verhältnis zur Konkurrenz; sie wird angestellt aus der Sicht des Kunden. Dieser Faktor ist generell positiv mit ROI und Cash flow korreliert.
- Innovation/Differenzierung von Mitwettbewerbern: Maßnahmen eines Unternehmens, die dazu dienen, Innovationen einzuführen und sich von Mitwettbewerbern zu differenzieren (z.B. in der Form von neuen Produkten oder durch Qualitätsunterschiede) haben einen positiven Einfluß auf ROI und Cash flow, wenn das Unternehmen diese Anstrengungen von einer starken Marktposition aus unternimmt (andernfalls nicht).
- Vertikale Integration: In Unternehmen in ausgereiften oder stabilen Märkten hat ein hoher vertikaler Integrationsgrad in der Regel positive Auswirkungen auf ROI und Cash flow. In rasch wachsenden Märkten oder auch Märkten, die im Niedergang begriffen sind, sowie in oszillierenden Märkten ist das Gegenteil wahr.

Die Wirkung einzelner dieser Faktoren darf keinesfalls isoliert gesehen werden; sie treten nämlich in der Praxis in der Regel in den verschiedensten Kombinationen auf und beeinflussen einander teilweise. Dieser Komplexität ist in den PIMS-Modellen, wie sie in der rechten Hälfte von Abbildung 1 genannt sind, Rechnung getragen. Diese möglichen Interdependenzen muß man auch im Auge behalten, wenn man, wie es nachfolgend geschehen soll, einzelne dieser Faktoren bewußt in relativer Isolation betrachtet.

2.3 Der Marktanteil als eine der wichtigsten Determinanten von Rentabilität und Cash flow

Unter den genannten Faktoren ist, wie die Analyse der Datenbasis zeigt, die Marktposition einer Geschäftseinheit am stärksten positiv korreliert mit Rentabilität und Cash flow. An dieser Stelle soll deshalb die Variable Marktposition beispielhaft etwas ausführlicher behandelt werden (um die Darstellung nicht über Gebühr auszuweiten, wird dabei vor allem auf den Einfluß der Marktposition ausschließlich auf den ROI und nicht auf den Cash flow abgestellt); auf einige der anderen wichtigen Einflußfaktoren wird später noch eingegangen werden.

Die nachfolgende Abbildung 2 [3, S. 141] zeigt den Zusammenhang zwischen dem absoluten Marktanteil und dem ROI: Geschäftseinheiten mit höherem Anteil an dem von ihnen bedienten Markt haben in der Regel einen deutlich höheren ROI als die mit niedrigerem Anteil.

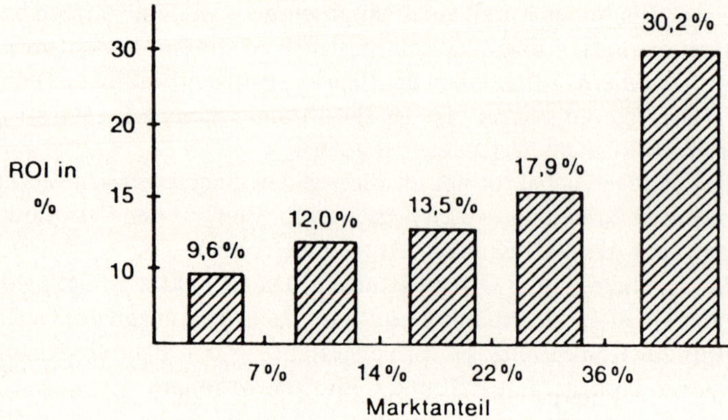

Abb. 2: Beziehungszusammenhang zwischen abolutem Marktanteil und ROI

Für die Zwecke dieser Untersuchung wurden die Geschäftseinheiten der Datenbasis in fünf zahlenmäßig etwa gleich große Gruppen aufgeteilt; jede der Säulen in Abbildung 2 symbolisiert eine dieser Gruppen. Die Gruppe von Einheiten mit einem Marktanteil von unter 7 Prozent wiesen einen durchschnittlichen ROI von 9,6 Prozent, diejenige mit einem Marktanteil von 7 bis 14 Prozent einen durchschnittlichen ROI von 12,0 Prozent usw. auf. Diese Darstellung demonstriert die erwähnte überragende Bedeutung des Marktanteils für die Rentabilität einer Einheit.

Die Abbildung 2 besagt aber natürlich nicht, daß es unmöglich ist, mit vergleichsweise niedrigem Marktanteil unter Umständen nicht auch einen hohen ROI zu erzielen; wie die nachfolgende Abbildung 3 [8, S. 19] zeigt, wächst jedoch die Chance, einen „adäquaten" ROI zu erreichen mit dem Marktanteil deutlich.

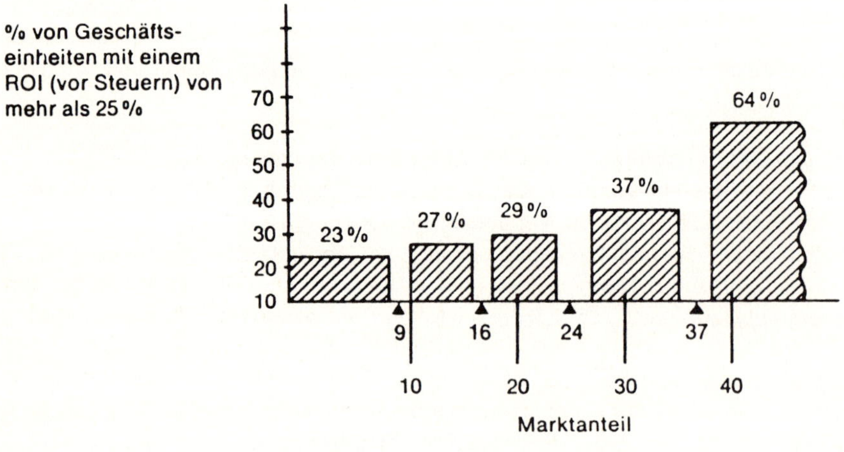

Abb. 3: Stärke des Zusammenhangs zwischen absolutem Marktanteil und ROI

Die Abbildung besagt, daß die Wahrscheinlichkeit, einen „adäquaten" Gewinn (der vergleichsweise willkürlich auf 25 Prozent ROI vor Steuern angesetzt wurde) zu erzielen, bei einem Marktanteil von weniger als 9 Prozent nur 23 Prozent beträgt, diese Wahrscheinlichkeit bei einem Marktanteil von über 37 Prozent jedoch auf 64 Prozent steigt.

Dieser Zusammenhang zwischen Marktposition und ROI, den außer PIMS auch vor allem die Boston Consulting Group herausgestellt hat, ist alles andere als einfach; er beschreibt keineswegs nur, daß größere Unternehmen größere Gewinne machen; größere Unternehmen mit einem kleineren Anteil an ihrem Markt weisen vielmehr in der Regel eine geringere Kapitalrendite auf als kleinere Unternehmen mit einem großen Anteil an einem Markt, der durchaus absolut gesehen viel kleiner sein kann als im ersten Fall. So sind z.B. Chrysler und American Motors im Personenwagenmarkt viel weniger profitabel als IBM im Büroschreibmaschinenmarkt oder Procter & Gamble im Zahnpastamarkt, obwohl die ersteren wesentlich größere Geschäftseinheiten (in absoluten Umsätzen) darstellen. Es kommt also nicht darauf an, daß eine Geschäftseinheit ein „großer Fisch" nach absoluten Maßstäben ist; was zählt ist der Platz in der Rangordnung der „Fische" im spezifischen „Teich", in dem die Einheit tätig ist.

Neben dem absoluten Marktanteil kann auch der relative Marktanteil dazu benutzt werden, den genannten Zusammenhang darzustellen. Der relative Marktanteil ist definiert als das Verhältnis (in Prozent) des Marktanteils einer gegebenen Geschäftseinheit zu Summe der Marktanteile der drei größten Mitwettbewerber; je höher dieser Prozentsatz ist, desto größer ist der „Abstand" zwischen der zu untersuchenden Einheit und den Mitwettbewerbern. Die nachfolgende Abbildung 4 [8, S. 11] zeigt die Beziehung zwischen dem relativen Marktanteil und dem ROI, wie sie aufgrund der Informationen in der PIMS-Datenbank festgestellt wurde. Die graphische Darstellung bestätigt, was vorstehend über die Beziehung zwischen absolutem Marktanteil und ROI gesagt worden war.

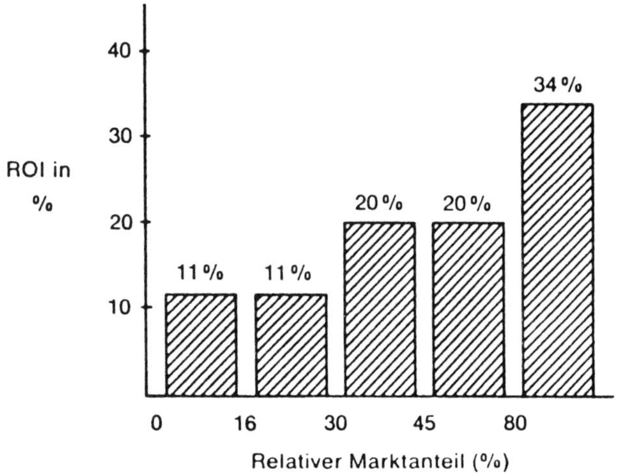

Abb. 4: Beziehungszusammenhang zwischen relativem Marktanteil und ROI

Der Einfluß der Marktposition (absoluter Marktanteil, relativer Marktanteil) auf den ROI gehört zu den Gewinndeterminanten, deren Einfluß inzwischen von zahlreichen Praktikern anerkannt wird. Dieses Akzeptieren geschieht jedoch in der Regel weitgehend intuitiv; quantitative Angaben darüber, welche Auswirkungen eine bestimmte Änderung des Marktanteils im Durchschnitt auf den ROI hat, können jedoch auch die meisten derjenigen Manager nicht machen, die den Zusammenhang im Prinzip bejahen. Solche Angaben sind aber nunmehr aufgrund der Untersuchungen an der PIMS-Datenbank möglich.

2.4 Zwei naheliegende Fragen

Angesichts des Einflusses des Marktanteils auf den ROI drängen sich zwei Fragen auf:

- Warum verbessert ein größerer Marktanteil die Rentabilität in der Regel so entscheidend?
- Wenn die Bedeutung des Marktanteils so gravierend ist und Marktanteile immer nur für einzelne Produkte oder homogene Produktgruppen sinnvoll gemessen werden können, müßte dann nicht die Gesamtstrategie des Untenehmens bewußt auf einzelne Produktstrategien und deren Interdependenz, also auf dem Management eines Portfolios von Produkten oder Produktgruppen aufgebaut werden?

Diesen beiden Fragen soll nun nachgegangen werden.

3. Das Konzept der Erfahrungskurve als mögliche Erklärung für die Bedeutung des Marktanteils

Es gibt zumindest drei Theorien, die als Erklärungsversuche für den Einfluß des Marktanteils auf den Gewinn dienen können [10, S. 5]:

- Das Wirken der "Economies of Scale", wonach ein Wettbewerber mit höherem Marktanteil in größerem Umfang von sinkenden Kosten bei wachsender Ausbringung profitiert als einer mit einem niedrigeren Marktanteil; das gilt nicht nur für die Kosten der Fertigung, sondern auch für die Kostenelemente in allen anderen Funktionen.
- Die Existenz der Erfahrungskurve; diese Theorie geht auf die Entdeckung der „Lernkurven" in der amerikanischen Flugzeugindustrie zurück, die zum Ausdruck brachten, wie durch schieres Lernen, im Sammeln von Erfahrung also, die mit der Wertschöpfung verbundenen Kosten sanken. Am elegantesten wurde die Theorie von der Boston Consulting Group (BCG) definiert [11, S. 19ff., 12, S. 241ff.]. Danach hatte eine Geschäftseinheit mit hohem Marktanteil, also mit hoher Ausbringung (d.h. hoher akkumulierter Erfahrung) die Gelegenheit, sich auf ihrer spezifischen Lernkurve nach unten zu bewegen. Sie weist daher niedrigere, auf ihre Wertschöpfung bezogene Kosten (und damit in der Regel höhere Gewinne) aus als Mitwettbewerber, die sich wegen ihres kleineren Marktanteils und ihrer geringeren akkumulierten Erfahrungen noch immer weiter oben auf der Erfahrungskurve bewegen.

- Die Marktmacht, die mit einem höheren Marktanteil verbunden ist und die sich beispielsweise im Einkauf einsetzen läßt.

Es besteht die begründete Vermutung, daß alle drei Argumente in der Erklärung des Einflusses des Marktanteils eine Rolle spielen (siehe hierzu beispielsweise [10, S. 5]; da das Konzept der Erfahrungskurve, wie es von der Boston Consulting Group entwickelt wurde, die beiden anderen Argumente einzuschließen scheint [12, S. 244] und dieses Konzept an anderer Stelle ausführlich dargestellt wird[1]), wollen wir es hier bei diesem Hinweis bewenden lassen (siehe hierzu auch [13, S. 163ff.] und uns unmittelbar der zweiten Frage zuwenden.

4. Die Segmentierung des Unternehmens in „Strategische Geschäftseinheiten" als Voraussetzung für das Portfolio-Management

Die meisten Unternehmen basieren auf mehr als einem Produkt; sie verfügen vielmehr über eine Palette (d.h. ein Portfolio) von Aktivitäten. In diesem Portfolio sind die Wachstumsaussichten in der Regel recht unterschiedlich: Einige Produkte sind wachstumsorientiert, andere zeigen ein geringes Wachstum, sind aber gewinnträchtig, wieder andere befinden sich auf dem absteigenden Zweig ihrer Lebenszykluskurve.

Ein gesundes Unternehmen braucht ein ausgewogenes Portfolio von Produkten; es ist leicht einzusehen, daß ein Portfolio, das fast ausschließlich aus Aktivitäten mit raschem Wachstum besteht, genauso problematisch ist wie eines, in dem Produkte im Reifestadium oder gar jenseits dieses Stadiums weit überwiegen: Im ersten Fall kann die Vielzahl von "cash absorbers" (und der Mangel an entsprechenden "cash generators") ein Unternehmen genauso in Schwierigkeiten bringen wie – langfristig – eine Situation, in der Produkte ohne große Zukunftschancen das Portfolio dominieren.

Um feststellen zu können, wie balanciert oder unausgeglichen ein Portfolio ist, muß ein Unternehmen zuerst nach geeigneten Gesichtspunkten segmentiert werden; erst dann kann diese Beurteilung erfolgen und auf ihrer Basis den einzelnen Einheiten eine spezifische Rolle in der Gesamtstrategie zugewiesen werden.

Für diese Aufgabe lassen sich in der Regel nicht die bestehenden, oft von historischen Zufällen beeinflußten organisatorischen Unterteilungen der Unternehmen verwenden. In Firmen, die Portfolio-Management bewußt betreiben (General Electric, General Foods, Union Carbide, aber auch Brown Boveri und Shell Chemicals, um nur einige zu nennen), hat man es sich sehr früh zur Aufgabe gemacht, für die Zwecke dieser Analyse „strategische Unternehmens- oder Geschäftseinheiten" (strategic business units) zu identifizieren, die klar als abgrenzbare, voneinander unabhängige Produkt-Markt-Kombinationen darstellen [6, 18–19]. Nachfolgend sind einige der am häufigsten benutzten Kriterien für die Bildung solcher strategischer Geschäftseinheiten aufgeführt:

---

[1]) Siehe Beitrag *Hedley, B.*, A Fundamental Approach to Strategy Development in diesem Buch.

- Eine strategische Geschäftseinheit (SGE) muß eine eigenständige, von anderen Planungseinheiten unabhängige Marktaufgabe ("unique business mission") haben.
- Eine SGE verfügt über ein klar abgrenzbares Produkt oder eine eindeutig identifizierbare integrierte Produktgruppe; das Produkt oder die Produktgruppe muß unabhängig sein von anderen Produkten oder Produktgruppen im Unternehmen hinsichtlich der Preise, der Substituierbarkeit, des Stils und der Qualität sowie der Auswirkungen einer Einstellung des Produktes. (Analoges gilt für Dienstleistungen in einem Dienstleistungsunternehmen.)
- Eine SGE muß einer klar bestimmbaren Konstellation von Konkurrenten gegenüberstehen und selber ein vollwertiger Konkurrent am externen Markt sein (und nicht etwa in erster Linie als konzerninterner Lieferant dienen).
- Eine SGE muß die Formulierung und Implementierung einer integrierten strategischen Planung erlauben, d.h. es müssen für sie Ziele für Märkte und Produkte klar bestimmt und die für ihre Verwirklichung erforderlichen Entscheidungen über Mitteleinsatz, Organisation, Kommunikations- und Kontrollmechanismen unabhängig von den übrigen strategischen Geschäftseinheiten getroffen werden können.

In einigen Fällen mag die normale Organisation eines Unternehmens bereits aus Segmenten bestehen, die diese Kriterien erfüllen. In anderen machen jedoch über die Zeit gewachsene Gruppierungen von Unternehmensaktivitäten eine Neugruppierung für Planungszwecke notwendig. Wie die Erfahrung in den erwähnten Firmen zeigt, kann dabei die angestammte, herkömmliche Organisation des Unternehmens für alle anderen Zwecke in Takt bleiben (obwohl dieses Vorgehen durchaus auch seine Probleme mit sich bringt [14, S. 2]). Zwei Beispiele aus der General Electric Co. sollen das erläutern helfen: In diesem Unternehmen war bis zur Einführung des Verfahrens jede Gattung von Haushaltsgeräten als separate Planungseinheit behandelt worden. Das erwies sich für die Zwecke der strategischen Planung als hinderlich; deshalb wurden sie für Planungszwecke zu einer einzigen SGE zusammengefaßt.

Andererseits ist im gleichen Konzern im Geschäftsbereich „Komponenten" (der chemische und metallurgische Komponenten umfaßt) die Abteilung „Silikone" für Planungszwecke als separate SGE ausgegliedert worden, weil sie eine von den anderen Segmenten dieses Bereiches ganz verschiedene Marktaufgabe hat und ihr auch innerhalb der Konzernstrategie eine anders geartete Rolle zukommt. Vereinfachend läßt sich sagen, daß in einer SGE all die Einheiten zusammengefaßt werden, die in der Entwicklung eines marktbezogenen Geschäftes zusammenarbeiten müssen.

5. Frühe Formen des Portfolio-Managements

Die Einsichten in die Bedeutung des Martkanteils (und des Marktwachstums) einerseits und die Notwendigkeit der Segmentierung der Unternehmen für Planungszwecke andererseits führten bald zur Herausbildung von bestimmten Formen des Portfolio-Management. Einer der Pioniere auf diesem Gebiet war wiederum die Boston Consulting Group, die ein Verfahren entwickelte, mit dessen Hilfe man nach erfolgter Segmentierung die einzelnen strategischen Geschäftseinheiten mit Hilfe einer Matrix-Analyse beurteilt (d.h. in eine Matrix einordnet). Diese Beurteilung erfolgt auf der Grundlage von zwei Kriterien: Dem Marktanteil der Einheit und dem Wachstum des Marktes, in dem sie tätig ist [15, 67–86; 16][2]).

Die Plausibilität dieser Methode einerseits und ihre Einfachheit andererseits machten sie nicht nur Stab-, sondern auch Linienmanagern attraktiv, die ja – vor allem in Europa – noch immer häufig Planungstechniken eher skeptisch gegenüber stehen. Interessanterweise waren es jedoch gerade (amerikanische) Praktiker, die zu den ersten zählten, bei denen Zweifel aufkamen über die strategische Positionierung von Geschäftseinheiten auf der Grundlage von nur zwei Faktoren (Marktanteil, Marktwachstum). Diese Zweifel führten bei General Electric (und der Beraterfirma McKinsey), aber auch in anderen Unternehmen zu einer Verfeinerung der Matrix, die darin bestand, daß man weitere Faktoren in die beiden Dimensionen der Matrix einbezog. Entsprechend wurden die beiden Dimensionen der Matrix umbenannt: „Marktwachstum" wurde zu „Marktattraktivität" und „Marktanteil" zur „Wettbewerbsposition" verbreitert [17, S. 17; 1, S. 3–4]. In die so verfeinerte Matrix wurden danach die strategischen Geschäftseinheiten eingeordnet und auf Grund dieser Analyse das Portfolio eines Unternehmens beurteilt [18, S. 10; 19 ; 20]).

6. Die systematische Untersuchung von Auswirkungen der multiplen Einflußfaktoren auf den ROI mit Hilfe des PIMS-Programmes

Das Unbehagen, das die Anwendung vereinfachter Formen der Matrix hervorgerufen und das zur Entwicklung subtilerer Versionen der Matrix-Analyse geführt hat, wird durch die systematischen Untersuchungen des PIMS-Programmes bestätigt. In der Tat macht PIMS deutlich, daß mehr Faktoren als Marktanteil und Marktwachstum Einfluß auf die Ergebnisse einer Unternehmenseinheit haben; es sind sogar mehr als in der verfeinerten Matrix Berücksichtigung finden, wie sie ursprünglich General Electric entwickelt hatte. Als eingangs das Konzept des PIMS-Programmes skizziert wurde, war darauf hingewiesen worden, daß PIMS mit Hilfe umfangreicher statistischer Untersuchungen seiner Datenbank etwa 30 Faktoren identifiziert hat, die einen wesentlichen Einfluß auf Gewinn und Cash flow ausüben; in diesem Zusammenhang waren auch die sieben wichtigsten Determinanten von Gewinn und Cash flow, wie sie aus den PIMS-Untersuchungen hervorgingen, aufgeführt worden. Eine unter ihnen, die Marktposition wurde bereits ausführlicher beschrieben, eine zweite, das Marktwachstum, im Kontext der Matrixanalyse berührt. Von den verbleibenden fünf sollen nachfolgend noch drei charakterisiert werden. (Aus Gründen der Vereinfachung beschränken wir uns dabei wieder auf die Darstellung ihres Einflusses auf den ROI und vernachlässigen ihre Einwirkungen auf den Cash flow.)

---

[2]) Siehe Beitrag *Hedley, B.*, Strategy and the "Business Portfolio" in diesem Buch.

6.1 Einige zusätzliche herausragende Gewinn-Determinanten

6.1.1 Die Investitionsintensität und ihr Einfluß auf den ROI

Invesitionsintensität ist im PIMS-Programm definiert als das Verhältnis von Anlagevermögen (zu Buchwerten) plus "working capital" (Umlaufvermögen minus kurzfristige Verbindlichkeiten) zu Umsatz. Die von einem Unternehmen gewählte Technologie bestimmt, wieviel Anlagevermögen und "working capital" nötig sind, um eine DM oder einen Dollar Umsatz zu erzeugen.

Die PIMS-Untersuchungen haben ergeben, daß eine hohe Kapitalintensität im allgemeinen einen deutlichen negativen Einfluß auf die Rentabilität ausübt; Geschäftseinheiten, die sich durch eine vergleichsweise hohe Investition per Dollar Umsatz auszeichnen, sind in der Regel deutlich weniger rentabel als Einheiten mit niedrigeren Investitionen pro Dollar Umsatz [21, S. 1].

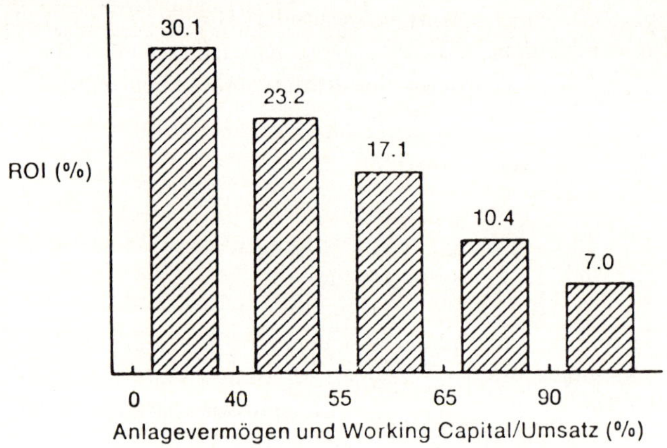

Abb. 5: Anlagevermögen und Working Capital/Umsatz (%)

Für die Zwecke dieser Untersuchung wurde die PIMS-Datenbasis in fünf gleich große Gruppen von Geschäftseinheiten aufgeteilt; jede der Säulen in Abbildung 5 [8, S. 24] symbolisiert eine dieser Gruppen. Wie die Graphik zeigt, sinkt der ROI deutlich mit wachsender Investitionsintensität. Dieser Faktor wurde von PIMS übrigens als der wichtigste unter all denjenigen Determinanten identifiziert, die einen negativen Einfluß ausüben.

Der Hinweis liegt nahe, daß die in Abbildung 5 dargestellte Erscheinung ausschließlich arithmetisch begründet sein könnte: Bei wachsender Investitionsintensität vergrößert sich auch der Nenner der abhängigen Variablen, nämlich der Kennzahl ROI, was ein zwangsläufiges Kleinerwerden dieses Bruches zur Folge hat. Wie aus Abbildung 6 [8, S. 25] hervorgeht, kann dies jedoch nicht der einzige Grund für die beobachtete Erscheinung sein. In Abbildung 6 wird statt des ROI die Kennzahl "Return on Sales" (ROS), d.h. die Umsatzrentabilität als abhängige Variable benutzt und mit der Investitionsintensität in Beziehung gesetzt.

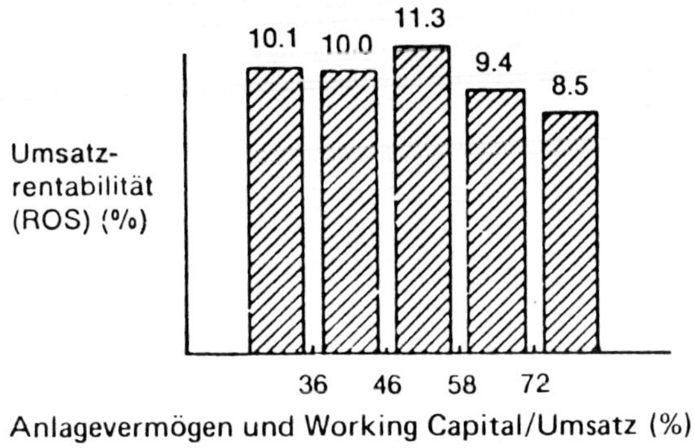

Abb. 6: Anlagevermögen und Working Capital/Umsatz (%)

Wenn der stark fallende Trend, der in Abbildung 5 zum Ausdruck kommt, nur arithmetische Gründe hätte, dann müßte der Trend in Abbildung 6 aufwärts gerichtet sein und nicht waagrecht oder abfallend verlaufen, und zwar aufgrund folgender Argumente: Wie die bekannte Du-Pont-Formel besagt, ist

$$ROI = \frac{Return}{Sales} \times \frac{Sales}{Investment},$$

d.h., der ROI ist gleich dem Produkt aus Umsatzrentabilität und Kapitalumschlag. Der Kapitalumschlag stellt jedoch nichts anderes dar als den reziproken Wert der Investitionsintensität, wie sie in der waagrechten Achse der Abbildung 6 erscheint. Wenn der von PIMS identifizierte Zusammenhang nur arithmetischer Natur wäre, dann müßte der ROS steigen, wenn der Kapitalumschlag sinkt (oder entsprechend der Bruch „Anlagevermögen plus working capital" zum Umsatz steigt), soll der ROI der Du-Pont-Formel nicht leiden. Wie jedoch Abbildung 6 zeigt, ist dies nicht der Fall: Der ROS bleibt bestenfalls gleich, ganz zu schweigen von einem Ansteigen der Trendlinie. Der Zusammenhang läßt sich auch mit Hilfe eines simplen Zahlenbeispiels darstellen. Angenommen eine Geschäftseinheit weist eine Umsatzrentabilität von 10 und einen Kapitalumschlag von 4 auf; ihr ROI beträgt demnach 40 Prozent. Unterstellt man nun, daß der Kapitalumschlag auf die Hälfte sinkt (was einem Ansteigen der Investitionsintensität in den Abbildungen 5 und 6 entspräche), dann müßte die Umsatzrentabilität steigen, wenn der ROI nicht notleiden soll. Wie die in Abbildung 6 dargestellten empirischen Untersuchungen an der PIMS-Datenbank zeigen, ist das jedoch nicht der Fall: Der ROS bleibt bei steigender Investitionsintensität bestenfalls gleich. Ein Blick auf unser numerisches Beispiel macht klar, daß unter diesen Umständen der ROI sinken muß: Wenn die Umsatzrentabilität (in unserem Beispiel 10) gleich bleibt und der Kapitalumschlag (in unserem Beispiel 4) mit steigender Investitionsintensität sinkt, dann muß der ROI als das Produkt aus beiden sinken. Die beobachtete Erscheinung ist also keineswegs nur arithmetisch begründet, sie ist im Gegenteil von höchster strategischer Bedeutung.

Diese Beobachtung ist für manche Praktiker schwer zu akzeptieren. Ein breitgelagerter englischer Chemiekonzern, der zu den PIMS-Mitgliedern zählt, hat aus diesen Zweifeln der Praktiker heraus die gleiche Untersuchung mit ausschließlich konzerneigenen Daten für eine ganze Reihe seiner Geschäftseinheiten in den verschiedensten Zweigen der Chemie angestellt. Er kam dabei zu ganz ähnlichen Ergebnissen wie PIMS; sie änderten sich auch im Prinzip nicht, wenn das Anlagevermögen zu Wiederbeschaffungswerten eingesetzt wurde oder Korrekturen für das unterschiedliche Alter der Anlagen vorgenommen wurden.

Was sind mögliche Gründe für dieses Phänomen, das vielen Managern als kontra-intuitiv erscheint? Der oben zitierte Chemiekonzern hat nicht weniger als dreizehn Hypothesen als mögliche Begründungen erarbeitet. Zwei davon sollen hier erwähnt werden: Je höher die Investitionsintensität einer Einheit ist, desto höher liegt ihr Break-even-point und desto wichtiger wird damit die möglichst hohe Auslastung der Anlagen; droht diese zu sinken, so bleibt wegen der hohen fixen Kosten einem solchen Unternehmen häufig kurzfristig nur die Möglichkeit, durch ein Zurücknehmen der Preise dem entgegenzuwirken, was in der gezeigten Weise die Rentabilität beeinträchtigt (wenn auch unter Umständen weniger als ein drastisches Sinken der Auslastung).

Die zweite Hypothese des erwähnten britischen Chemiekonzerns für das Phänomen ist, daß in vielen Unternehmen bei der Preisermittlung häufig nur danach gestrebt wird, eine bestimmte Umsatzrentabilität zu erzielen; die Entwicklung der Investitionen wird vielfach völlig außer acht gelassen. Bleibt die Investitionsintensität des Unternehmens gleich, so beeinträchtigt dieses Verhalten den ROI nicht. Steigt jedoch die Investitionsintensität, und wird dies nicht in höheren Margen der Umsatzrentabilität berücksichtigt, so reduziert das den ROI. (Die PIMS-Untersuchungen lassen übrigens auch erkennen, daß selbst eine so einflußreiche positive Gewinndeterminante wie eine starke Marktposition die negativen Auswirkungen der wachsenden Kapitalintensität nur bedingt ausgleichen kann) [21, S. 3].

So kontra-intuitiv dieses Ergebnis der PIMS-Untersuchungen über die negativen Auswirkungen hoher Investitionsintensität auf den ROI auf den ersten Blick für manchen sein mag, befaßt man sich näher damit, so verliert es einiges von seiner Fremdheit. So fällt z.B. auf, daß es in zahlreichen europäischen Ländern gerade die investitionsintensiven Unternehmen sind, die zuerst der öffentlichen Hand zur Last fallen, weil sie privatwirtschaftlich nicht mehr erfolgreich geführt werden können (beispielsweise Schiffswerften und Stahlwerke in Schweden, Chemiekonzerne in Italien, usw.). Im übrigen hat bereits Schmalenbach in seiner Schrift „Der freien Wirtschaft zum Gedächtnis“ [22, S. 96ff.] in allgemeiner, aber sehr eindrücklicher Form auf diesen Zusammenhang hingewiesen.

6.1.2 Die Innovation/Differenzierung gegenüber Konkurrenten und ihr Einfluß auf den ROI

Unter dem Sammelbegriff "Innovation/Differenzierung gegenüber dem Konkurrenten“ sind im PIMS-Programm drei Gewinndeterminanten zusammengefaßt.

– die Produkt- oder Dienstleistungsqualität,

– der relative Preis und
– die Rate der Einführung neuer Produkte oder Dienstleistungen.

Die Produktqualität als Gewinndeterminante soll hier kurz behandelt werden. Während sich zahlreiche der anderen von PIMS untersuchten Faktoren relativ leicht quantitativ ausdrücken lassen, ergeben sich bei der Quantifizierung der Produkt- oder Dienstleistungsqualität häufig Schwierigkeiten (es gibt allerdings auf der anderen Seite auch Firmen – z.B. in der Zigarettenindustrie – die aufgrund detaillierter Marktuntersuchungen durch Dritte eine ziemlich genaue quantitative Vorstellung von der Qualität ihrer Produkte im Verhältnis zu denjenigen ihrer Konkurrenten haben). In der Regel kommt man auf diesem Gebiet ohne ein gewisses Maß Subjektivität nicht aus. Das PIMS-Programm verwendet eine Methode der Abschätzung der Qualität (im Verhältnis zu der der Konkurrenzprodukte), die ursprünglich von General Electric entwickelt wurde. Man ermittelt einen Qualitätsindex, der dadurch zustande kommt, daß man den Prozentsatz der Umsätze, die aus qualitativ den Konkurrenzprodukten unterlegenen Erzeugnissen stammen, von dem Prozentsatz der qualitativ den Konkurrenzprodukten überlegenen Produkten abzieht:

Qualitätsindex =	Prozent von Umsätzen aus Erzeugnissen, die denjenigen der Konkurrenten qualitativ überlegen sind,	minus	Prozent von Umsätzen aus Erzeugnissen, die denjenigen der Konkurrenten qualitativ unterlegen sind.

Dabei bemüht man sich darum, diese Beurteilung aus der Sicht der Kunden vorzunehmen und sie vor allem marktorientiert (und nicht Technik-orientiert) auszurichten. Weiterhin werden auch die mit einem Produkt typischerweise verbundenen Dienstleistungen (Einweisung in die Benutzung, Wartung, usw.) in die Beurteilung einbezogen. (Dagegen werden Preisüberlegungen bei der Ermittlung des Qualitätsindex außer acht gelassen; die Rolle des Preises als Bestimmungsfaktor wird gesondert betrachtet.) Schließlich – und das ist wichtig – versucht man nicht, die Qualität in ihrer absoluten Höhe zu ermitteln, sondern immer nur in Relation zu der von Konkurrenzprodukten, was die Bemühungen erleichtert. Dennoch bleibt die Produktqualität die subjektivste unter den von PIMS identifizierten Gewinndeterminanten; das ändert nichts daran, daß sie zu den wichtigeren zählt.

Abbildung 7 [8, S. 21] zeigt den Einfluß der Produktqualität auf den ROI; in der dort dargestellten Matrix ist sie mit der Kennzahl Marketingkosten/Umsatz ausgedrückt in Prozent in einer Matrix kombiniert, was zusätzliche interessante Einsichten erlaubt. Dabei sind Marketingkosten definiert als Summe aus Personalkosten für den Vertriebsstab (sales force), Kosten für die Werbung und Kosten für Verkaufsförderung (sales promotion); die Kosten der Distribution des Produktes sind nicht eingeschlossen.

Zum Verständnis der Matrix sind einige zusätzliche Angaben nötig. Während die Gewinndeterminanten Qualität und Marketingkosten/Umsatz auf der aufrechten bzw. auf der waagrechten Achse eingetragen sind, enthält die Matrix selbst ROI-Prozentsätze. Für die Zwecke der Untersuchung wurden die Geschäftseinheiten ~~in der~~ Datenbasis nach

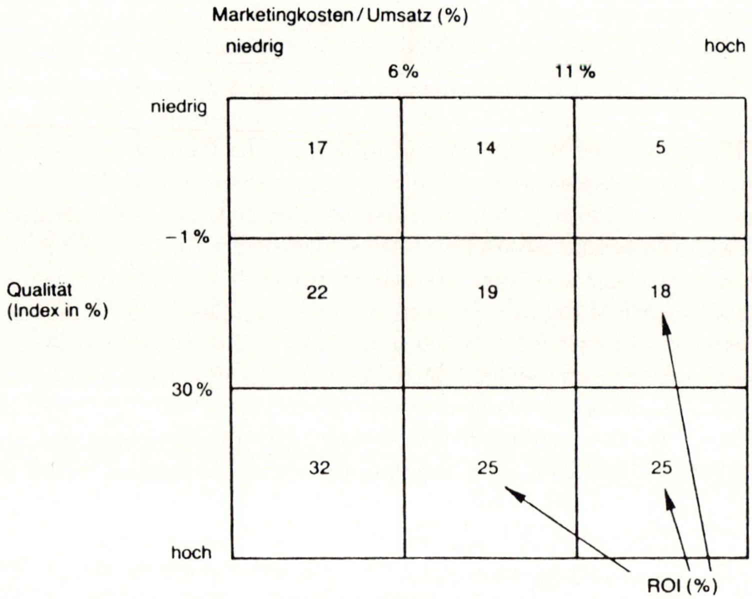

Abb. 7: Zusammenhang zwischen Produktivität, Marketingkosten und ROI

Qualitätsgesichtspunkten in drei zahlenmäßig gleich große Gruppen unterteilt. Dabei ergab sich, daß die erste Gruppe einen Qualitätsindex im oben definierten Sinne von weniger als – 1 Prozent aufwies; die zweite Gruppe lag zwischen – 1 und 30 Prozent, und die Einheiten in der dritten Gruppe wiesen einen Qualitätsindex von mehr als 30 Prozent auf. (Diese Unterteilungspunkte wurden in der senkrechten Achse der Matrix verwendet.)

In gleicher Weise wurden die Geschäftseinheiten auf der Grundlage ihrer „Marketingintensität" (ausgedrückt in der Kennzahl Marketingkosten/Umsatz) in drei zahlenmäßig gleich große Gruppen unterteilt. Dabei ergab sich, daß sich die Kennzahl Marketingkosten/Umsatz für die erste Gruppe auf weniger als sechs Prozent belief; für die zweite Gruppe lag sie zwischen sechs und elf Prozent und für die dritte über elf Prozent. (Diese Unterteilungspunkte wurden ebenfalls in der Matrix verwendet.)

Durch diese beiden Maßnahmen wurde sichergestellt, daß in jede der neun Zellen der Matrix eine etwa gleich große Zahl von Geschäftseinheiten fiel. (Der Datenbasis, die dieser Darstellung zugrunde lag und die Zahlen für die vier Jahre von 1971 bis 1974 enthielt, gehörten 750 Geschäftseinheiten an, so daß auf jede der Zellen etwa 70 bis 80 Einheiten entfielen.) Als letztes sei bemerkt, daß die Zahlen in den Zellen den durchschnittlichen ROI (vor Steuern) aller in der Zelle enthaltenen Geschäftseinheiten für die vier von der Datenbank abgedeckten Jahre darstellen. Das heißt, also beispielsweise, daß die rund 80 in die linke untere Zelle der Matrix eingeordneten Geschäftseinheiten in den Jahren zwischen 1971 und 1974 einen durchschnittlichen ROI von 32 Prozent vor Steuern aufwiesen.

Die Matrix vermittelt eine Reihe interessanter Einsichten und Informationen von denen nur einige hier angesprochen werden sollen: Im Gegensatz zur Gewinndeterminanten Investitionsintensität decken sich die Lehren, die aus dieser Untersuchung gezogen werden können, zu einem guten Teil mit der Intuition (was von vielen, vor allem analytisch orientierten Managern als sehr wichtig empfunden wird; sie wollen gern ihre Intuition statistisch untermauert und quantifiziert sehen). So läßt die Matrix beispielsweise erkennen, daß für Einheiten mit hohem Qualitätsindex der durchschnittliche ROI deutlich höher liegt als für Einheiten mit niedrigem Qualitätsindex; der Unterschied der ROI-Zahlen in den Eckpunkten der Matrix beträgt in der rechten Spalte 20 Prozentpunkte.

Weiterhin legt die Matrix die Vermutung nahe, daß man eine niedrige Qualität auf die Dauer auch nicht mit hohen Marketinganstrengungen wettmachen kann: Die rechte obere Zelle weist mit 5 Prozent vor Steuern den niedrigsten ROI aller Zellen aus.

Schließlich läßt sich die Matrix zur Darstellung einer anderen Beobachtung benutzen, die bei der Untersuchung der PIMS-Datenbank zu Tage trat: Es besteht eine negative Korrelation zwischen ROI und Marketingintensität (d.h. einer hohen Kennzahl Marketingkosten/Umsatz); in der rechten Spalte der Matrix sind die ROI-Zahlen durchwegs deutlich niedriger als in der linken.

Bei der Interpretation dieser letzten Beobachtung ist ein gutes Maß an Vorsicht angebracht. Zum einen ist es an dieser Stelle nützlich, den Hinweis zu wiederholen, daß man in der Regel nur sehr bedingt Strategielehren aus einer einzigen Matrix ziehen kann, die lediglich auf zwei Faktoren basiert; PIMS betont deshalb immer wieder, daß man die Auswirkungen einer Gewinndeterminante (wie sie die Marketingintensität darstellt) nur im Zusammenhang mit dem Wirken aller anderen rund 30 Faktoren voll beurteilen kann, was mit Hilfe der komplexen PIMS-Modelle geschieht, die noch skizziert werden sollen.

Schließlich ist auch noch darauf hinzuweisen, daß es sich bei der in Abbildung 7 dargestellten Matrix gewissermaßen um eine Momentaufnahme handelt. Dieser „Schnappschuß" besagt, daß in einer gegebenen Situation eine hohe Marketingintensität in der Regel den ROI in der dargestellten Form beeinträchtigt. Der Hinweis liegt nahe, daß man das Verrinnen eines "time lag" zwischen dem Zustandekommen der Marketingkosten und dem Wirksamwerden ihres positiven Einflusses (beispielsweise in der Form eines höheren, gewinnfördernden Marktanteils) abwarten müsse, bevor man diese Kosten endgültig beurteilen könne. Das ist im Prinzip natürlich richtig. Dennoch gilt es in diesem Zusammenhang zu bedenken, daß es sich bei der „Momentaufnahme" in Abbildung 7 um einen „langen", einen Zeitraum von vier Jahren umfassenden Schnappschuß handelt, einen Zeitraum also, in dem durchaus zumindest ein Teil der theoretisch zu erwartenden positiven Auswirkungen dieser Aufwendungen hätten auftreten können. Auf jeden Fall zeigt die Matrix, welche Risiken und Opfer (ausgedrückt in niedrigeren ROI-Prozentpunkten) eine Einheit auf sich nimmt, die beispielsweise auf diesem Weg versucht, höhere Marktanteile zu erringen.

Es ist auch angebracht, darauf hinzuweisen, daß Abbildung 7 nicht etwa so interpretiert werden darf, als besage sie, hohe Gewinne seien nur bei hoher Produktqualität zu erzielen; die Matrix besagt nur, daß der durchschnittliche ROI im Falle hoher Produktqualität deutlich höher ist als bei niedriger Produktqualität. Diese Aussage schließt nicht aus, daß es unter den Geschäftseinheiten mit niedrigem Qualitätsindex nicht auch Fälle gibt, die einen ansehnlichen ROI aufweisen. Solche Einheiten existieren in der Tat in der Datenbasis, wie aus Abbildung 8 hervorgeht.

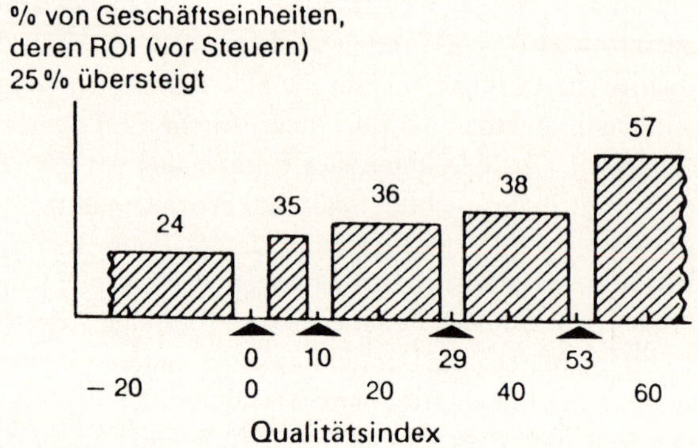

Abb. 8: Beziehung zwischen Qualitätsindex und ROI

Für die Zwecke der in Abbildung 8 dargestellten Untersuchung wurde die Datenbank auf der Grundlage des Qualitätsindex wieder in fünf zahlenmäßig gleich große Gruppen eingeteilt. Die erste Säule enthält also ein Fünftel der Geschäftseinheiten in der Datenbasis; ihr Qualitätsindex lag unter 0, war also negativ. Die Geschäftseinheiten in der fünften Säule weisen dagegen einen Qualitätsindex von mehr als 53 auf. Danach wurde die Frage gestellt, welcher Prozentsatz der in jeder Säule enthaltenen Geschäftseinheiten einen ROI (vor Steuern) von mehr als 25 Prozent erzielte. Die Ergebnisse sind jeweils über den Säulen ausgewiesen: In der Gruppe von Geschäftseinheiten mit einem Qualitätsindex von weniger als 0 belief sich dieser Prozentsatz auf 24, in der nächsten auf 35 Prozent der Geschäftseinheiten, usw.; in der Gruppe von Geschäftseinheiten mit dem höchsten Qualitätsindex schnellte der Prozentsatz auf 57; d.h., daß mehr als die Hälfte der Geschäftseinheiten in dieser Gruppe einen ROI (vor Steuern) von 25 Prozent oder mehr erzielten.

Nach dem Studium der Abbildungen 7 und 8 könnte sich jemand auf den Standpunkt stellen, diese Zusammenhänge seien ihm längst bekannt gewesen. Es wurde bereits gesagt, daß sich die in der Matrix (Abbildung 7) dargestellten Zusammenhänge in der Tat weitgehend mit der Intuition decken. Wichtiger ist jedoch, daß es vor dem Zustandekommen der PIMS-Datenbasis nicht möglich war, diese Zusammenhänge auf so breiter Basis zu untersuchen und quantitativ darzustellen. Die Ergebnisse der erwähnten Matrix wurden übrigens inzwischen mit Hilfe der jüngeren, größeren und internationaler PIMS-Datenbasis verifiziert und verfeinert. (Manager, die glaubten, die dargestellten Zusammenhänge im einzelnen gekannt zu haben, bevor die PIMS-Untersuchungen angestellt wurden, mußten bald zugeben, daß sie eben doch nicht über diese Art von Information verfügen, wenn man sie bat, in einer leeren Matrix mit den gleichen Dimensionen und Unterteilungen wie diejenige in Abbildung 7 die durchschnittlichen ROI-Zahlen auch nur annäherungsweise einzusetzen.)

6.1.3 Ein Wort über die anderen Gewinndeterminanten

Insgesamt wurden, wie bereits kurz erwähnt, mit Hilfe umfangreicher statistischer Untersuchungen an der Datenbasis rund 30 Faktoren ermittelt, die eine hohe positive oder negative Korrelation mit dem ROI aufweisen. Die wichtigsten unter ihnen sind in den fast zwei Jahrzehnten, für die diese Untersuchungen nun bereits angestellt werden, dieselben geblieben; auch hat sich ihr Einfluß nur unwesentlich verschoben. Einige weniger wichtige haben sich dagegen geändert, daneben wurden durch die Arbeit der PIMS-Researcher immer wieder neue unabhängige Variablen entdeckt.

Es ist außerordentlich wichtig, darauf hinzuweisen, daß die Auswirkungen der mehr als dreißig Faktoren zusammen genommen in der Praxis sehr komplex sind: Manche unter ihnen heben sich gegenseitig auf, andere verstärken einander, und wieder andere bestehen unabhängig nebeneinander. Mit Hilfe dieser Faktoren ist PIMS in der Lage, 75 bis 80 Prozent des Unterschiedes in ROI zwischen zwei Geschäftseinheiten zu erklären. Das bedeutet nicht mehr, aber auch nicht weniger, als daß die identifizierten Faktoren rund 80 Prozent der Gründe für den Erfolg oder Mißerfolg einer Geschäftseinheit ausmachen; der verbliebene Rest kann bislang mit Hilfe der von PIMS benützten Methode nicht erklärt werden.

Die Komplexität der Einwirkungen dieser Faktoren auf den Gewinn macht es notwendig, Computermodelle zu benützen, will man die gewonnenen Einsichten praktisch auswerten. Innerhalb des PIMS-Programmes gibt es eine Reihe solcher Modelle; sie und ihre Anwendungsmöglichkeiten sollen nachfolgend skizziert werden.

6.2 Einige Anwendungsmöglichkeiten von PIMS als Instrument der praktischen Unternehmensführung

6.2.1 Die „PIMS Reports" über einzelne Geschäftsbereiche und ihre Anwendung

Die PIMS-Modelle können vereinfachend in zwei Gruppen eingeteilt werden:

- in anlytische Modelle und
- in Simulationsmodelle.

6.2.1.1 Der „Par Report"

Das wichtigste der analytischen Modelle ist das „Par Modell". Der Output dieses Modells, der „Par Report", hat die folgenden herausragenden Wesensmerkmale [23, S. 9]:

- Er spezifiziert den ROI, der für eine gegebene Geschäftseinheit normal (oder „par") ist angesichts der bestehenden Charakteristiken des Marktes, der Wettbewerbskonstellation, des Marktanteils, der Technologie (Investitionsintensität) und der Kostenstruktur. Aus dem Bericht ist zu entnehmen, ob eine Geschäftseinheit mit dieser strategischen Positionierung normalerweise einen ROI von beispielsweise 3 Prozent oder von 30 Prozent erzielt, jeweils beurteilt auf der Grundlage anderer Geschäftseinheiten in der Datenbank mit ähnlichen strategischen Charakteristiken. Der „Par ROI" ist also eine empirisch ermittelte Zahl des normalen ROI, der für diese Geschäftseinheit erwartet werden kann und der auf einer Analyse der Gewinndeterminanten seiner strategischen Position basiert.

- Der „Par Report" spezifiziert auch, warum der Par ROI für eine gegebene Geschäftseinheit hoch oder niedrig ist, d.h. es wird darin dargestellt, welche der Einflußfaktoren für den hohen oder niedrigen Par ROI verantwortlich sind und was der Umfang ihres Einflusses ist. Der Report liefert also eine strategische Stärken- und Schwächenanalyse, die als Ausgangspunkt für Planungsmaßnahmen dienen kann.

Welche Anwendung finden die Ergebnisse des „Par Reports" in den Benützerfimen? Nachfolgend sind einige der wichtigsten Verwendungsmöglichkeiten aufgeführt:

- Mit Hilfe des „Par ROI" lassen sich sinnvolle Gewinnziele für eine Geschäftseinheit setzen, Ziele, die auf den Erfahrungen anderer Geschäftseinheiten in ähnlichen Situationen beruhen (und die nicht lediglich auf der eigenen Erfahrung oder – schlimmer – auf relativ willkürlich gewählten Sollzahlen basieren).
- Es besteht die Möglichkeit, die tatsächlich erzielte Rentabilität mit dem „Par ROI" zu vergleichen. Steht ein hoher „Par ROI" einem deutlich niedrigeren tatsächlich erzielten ROI gegenüber, so liegt die Vermutung nahe, daß die Geschäftseinheit zwar strategisch gut positioniert ist, das Management der Einheit aber diese günstige Ausgangslage nicht hinreichend auszunutzen versteht, was eine eingehende Analyse der möglichen Ursachen angebracht erscheinen läßt.
- Eine spezielle Form des Par-Modells, das LIM-Modell, kann unter anderem zur Beurteilung von Übernahmekandidaten, also von Firmen, die man zu erwerben erwägt, oder von Konkurrenten benutzt werden. Die LIM-Version (LIM steht für "Limited Information") basiert auf wesentlich weniger Input-Daten als das Standard-Par-Modell. Letzteres ist vor allem wichtig für die Konkurrenzanalyse; kommt das LIM-Modell doch mit Daten aus, wie sie entweder veröffentlicht werden oder wie man sie sich mit Hilfe der eigenen Kenntnis des Marktes ermitteln oder rekonstruieren kann. Auf ihrer Grundlage lassen sich für Geschäftseinheiten von Konkurrenten ein Par ROI ermitteln, eine Stärken- und Schwächenanalyse vornehmen sowie eine erste Analyse der operationellen Effizienz jener Einheiten erstellen.
- Erwägt ein Unternehmen andere Firmen oder Firmenteile zu erwerben, dann ist es genauso möglich, für diese einen Par ROI zu ermitteln (und ihn mit der tatsächlich erzielten Rentabilität zu vergleichen) sowie ganz generall die strategische Positionierung solcher Kandidaten zu durchleuchten.

6.2.1.2 Der „Strategy Analysis Report" und der „Optimum Strategy Report"

Diese beiden Arten von Analyse sind die Outputs eines komplexen Simulationsmodells. Vereinfachend gesagt, ist dieses Modell in zweifacher Hinsicht verwendbar: Zum einen erlaubt es, Strategien zu identifizieren, die ein von dem Management der Geschäftseinheit spezifiziertes Erfolgskriterium zu optimieren erlauben; mögliche Kriterien dieser Art sind unter anderem der Cash flow oder kurz-, mittel- oder langfristige ROI-Ziele. Zum zweiten ist es möglich, mit Hilfe dieses Modelles die Auswirkungen bestimmter, von der Geschäftseinheit erwogener Strategien auf ROI und Cash flow zu ermitteln [23, 9–10].

Um gerade bei dem zuletzt erwähnten Fall zu bleiben: In den zu seiner Lösung notwendigen Simulationen testet das Modell Veränderungen in drei strategischen Dimensionen, die in aller Regel um knappe Ressourcen für Investitionen konkurrieren:

- Veränderungen des Marktanteils,
- Veränderungen der vertikalen Integration und
- Veränderungen in der Investitionsintensität.

Dabei können die Veränderungen in diesen Dimensionen isoliert untersucht werden (d.h., ein Faktor wird verändert und die beiden anderen werden konstant gehalten); es ist aber auch möglich, Veränderungen, die in allen drei Faktoren gleichzeitig vorgenommen werden, zu testen (um so optimale Kombinationen von Strategien zu identifizieren).

Eine der Hauptstärken des Modelles liegt darin, daß es die Planer zwingt, auch die durch die Veränderung der drei oben genannten Hauptdimensionen notwendig werdenden Veränderungen in anderen, mit ihnen in Zusammenhang stehenden Faktoren in ihre Betrachtung einzubeziehen. Um ein Beispiel anzuführen: Wenn in einer gegebenen Situation für eine Geschäftseinheit eine Veränderung des Marktanteils erwogen wird, zeigt das Modell an, in welcher Weise ein solcher Schritt Faktoren wie Produktqualität, den relativen Preis, das Verhältnis zwischen "Working capital" und Umsatz oder das Verhältnis von Marketingkosten zu Umsatz beeinflußt und welches die Auswirkungen aller dieser Veränderungen auf den ROI sind. Nach der Meinung zahlreicher Benutzer injiziert das Modell auf diese Weise viel Realismus in die Planung, macht es doch beispielsweise sehr rasch deutlich, daß die etwa gleichzeitig verfolgten Zielsetzungen, den Markanteil zu erhöhen und gleichzeitig den ROI zu maximieren, in der überragenden Zahl der Fälle einfach unvereinbar sind.

Das Strategie-Modell wird in der Suche nach einer Antwort auf Fragen wie die folgenden benutzt:

- Was werden die künftigen wirtschaftlichen Ergebnisse einer Geschäftseinheit sein, wenn sie auf dem gegenwärtigen Kurs beharrt?
- Welche Änderungen in der Strategie versprechen bessere Ergebnisse?
- Was werden die kurzfristig zu erwartenden Veränderungen von Cash flow and ROI sein, wenn eine bestimmte, von der Geschäftseinheit erwogene Strategie ausgeführt wird?
- Welche Kombination von Strategien optimiert ein gewähltes Unternehmensziel?
- Wie beeinflussen Annahmen über die verschiedenen Umfelder des Unternehmens (wie z.B. Inflationsrate, Marktwachstum, Zinssätze) die Wahl einer Strategie und die Ergebnisse?

Es sind dies Fragen, wie sie üblicherweise Simulationsmodellen in der strategischen Planung gestellt werden. Die Stärke der PIMS-Modelle liegt darin, daß sie auf den Erkenntnissen und Einsichten aufgebaut sind, die durch die Analyse des umfangreichen „Erfahrungspools", der Datenbank also, gewonnen wurden, d.h., sie basieren auf Einsichten, wie Firmen sich wirklich verhalten haben und nicht, wie sie sich verhalten könnten oder verhalten sollten.

6.2.2 Weitere Verwendungsmöglichkeiten der PIMS-Instrumente

Einige weitere Anwendungsmöglichkeiten der PIMS-Instrumente – vor allem auf der Ebene des Gesamtunternehmens – sollen hier noch aufgeführt werden. So besteht beispielsweise die Möglichkeit, die Datenbank für eigene spezifische Untersuchungen zu benutzen; mehr und mehr Firmen machen davon Gebrauch. Einige darunter konstruieren auf der Grundlage dieser Untersuchungen ihre eigenen Modelle für spezielle Probleme, die ihnen auf den Nägeln brennen. Als Beispiel dafür kann ein britisches Unternehmen der Druck- und Papierindustrie aufgeführt werden, für das die Kontrolle seines "Working capital" ein lebenswichtiges Problem ist und das zur Handhabung dieses Problems ein spezielles Working-Capital-Modell entwickelt hat, welches es in Verbindung mit den PIMS-Modellen benutzt.

Aber auch als Kontrollinstrument in einem ganz anderen Sinne lassen sich die PIMS–Modelle verwenden. So wird das Strategie-Modell häufig vom Top-Management und den zentralen Planungsstäben dazu benützt, die strategischen Pläne, wie sie von Geschäftsbereichen oder Tochtergesellschaften eingereicht werden, zu testen. Dabei geht es nicht nur darum festzustellen, ob sie von inneren Widersprüchen frei sind; es soll auch herausgefunden werden, ob sie – im Lichte der in der Datenbank gespeicherten Erfahrung anderer Geschäftseinheiten, die unter vergleichbaren Bedingungen ähnliche Maßnahmen in Angriff genommen haben – optimal sind.

Eine andere zusätzliche Anwendungsmöglichkeit auf der Ebene des Gesamtunternehmens besteht darin, die durch die Analyse der Datenbank gewonnenen Einsichten zur Durchleuchtung und zum Ausbalancieren eines Produkt-Protfolios zu benutzen. Zu diesem Zweck wurde eine spezielle in Abbildung 9 dargestellte Matrix entwickelt, die auf dem Konzept des „Par ROI“ einerseits und der Abweichung des tatsächlich erzielten

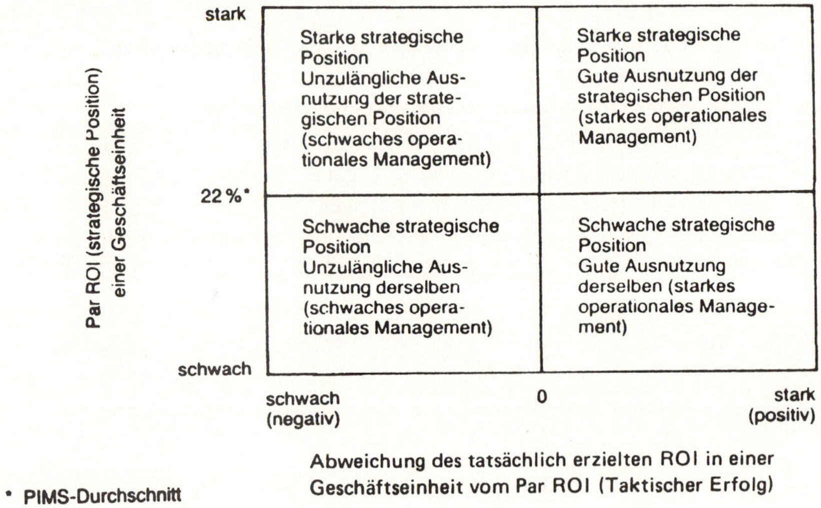

Abb. 9: Analyse des Produkt-Portfolios und des operationalen Management

ROI vom Par andererseits basiert [24, S.7]. Wie bereits erwähnt wurde, deutet ein hoher „Par ROI" auf eine starke strategische Position hin, d.h. eine Geschäftseinheit mit hohem „Par ROI" hat ein hohes Gewinnpotential; die Abweichung des tatsächlich erzielten ROI vom Par kann demnach im Prinzip als Indikator dafür angesehen werden, wie gut oder wie schlecht das Management der Einheit die gegebene strategische Position auszunutzen verstand: Liegt der Par über dem tatsächlich erzielten ROI, so ist das eher ein Anzeichen für ein schwaches operationales Management; erreicht der tatsächliche ROI den Par oder überschreitet ihn sogar noch, dann legt das eine gute Leistung des in der Einheit operierenden Managements nahe; man weiß in dieser Einheit offensichtlich „mit seinem Pfund zu wuchern". Alle in einem Unternehmen bestehenden Einheiten werden mit Hilfe dieser Analyse in die Matrix eingeordnet; dieser Schritt dient als Entscheidungshilfe bei der Festlegung der künftigen Rolle, die jede Einheit in der Gesamtstrategie des Unternehmens spielen soll.

7. Zusammenfassende Schlußbemerkung

Stellt das Portfolio-Management und in ihm das PIMS-Programm eine endgültige Lösung aller strategischen Probleme eines Unternehmens dar? Ganz sicher nicht. Zum einen muß man bezweifeln, daß es auf diesem Gebiet überhaupt abschließende Lösungen gibt; man sollte sich also davor hüten, in beiden Konzepten ein „Sesam-öffne-dich" zu sehen. Zum anderen sind die vorgestellten Instrumente nicht ohne Probleme. Einige dieser Probleme wurden bereits bei der Darstellung der Instrumente angesprochen; einige weitere sollen nachfolgend aufgeführt werden. Dabei hilft es der Darstellung, zwischen den Einwendungen gegen das Portfolio-Management im allgemeinen, und gegen PIMS im besonderen zu unterscheiden:

Zu den wichtigsten Einwänden gegen das Portfolio-Management zählen die folgenden [6, 23–25]; sie richten sich teilweise gegen das Konzept selbst, teilweise gegen seine Anwendungsformen:

- Das Instrument leiste wenig Hilfestellung in der Entdeckung neuer, erfolgversprechender Betätigungen; es beschränke sich auf die Behandlung bestehender Aktivitäten.
- Die Anwendungsmöglichkeiten des Konzeptes in nicht-diversifizierten oder stark vertikal integrierten Unternehmen seien limitiert.
- Die Kosten der Umstellung auf das neue Konzept (im weitesten Sinne) seien beträchtlich.

Diese Argumente sollen kurz diskutiert werden.

Der Einwand, das Portfolio-Management gebe wenig Hilfeleistung im Aufspüren neuer, erfolgversprechender Aktivitäten, ist ganz sicher berechtigt, vor allem wenn man an die ursprünglichen Formen des Konzeptes denkt. Zu ihrer Verteidigung kann gesagt werden, daß sie ja gerade entwickelt wurden, um der bestehenden Vielfalt von Betätigungsbereichen in manchen Unternehmen Herr zu werden und sie vernünftig zu steuern. Neure, zusätzliche Instrumente, wie sie im PIMS-Programm entwickelt und im Zusammenhang mit dem „Par Report" erwähnt wurden (z.B. die Beurteilung der strategischen Positionierung und damit des Ertragspotentials von bislang unternehmensfremden Betätigungsbereichen mit Hilfe des LIM-Modelles) können jedoch diesen zugegebenen Mangel ausgleichen helfen.

Das Argument, daß sich das Portfolio-Management in nicht-diversifizierten Unternehmen nur beschränkt anwenden lasse, stimmt nur für den Grenzfall des krassen Ein-Produkt/Ein-Markt-Unternehmens. Im Prinzip ist nämlich das Konzept überall da anwendbar, wo sich eine sinnvolle Segmentierung entweder nach Produkten oder nach Märkten vornehmen läßt. Selbst wenn ein Unternehmen nur über eine einzige Produktgruppe verfügen sollte, so bestehen doch innerhalb dieser Gruppe in der Regel verschiedene Produktarten, die eine unterschiedliche strategische Behandlung verlangen und somit die Anwendung des Konzeptes nahelegen.

Das Argument der hohen „Kosten" im weitesten Sinne, die mit der Einführung des Portfolio-Managements verbunden sind, sollte ebenfalls nicht unterschätzt werden. Dabei geht es nicht einmal so sehr um den finanziellen oder zeitlichen Aufwand, der damit verbunden ist, ein maßgeschneidertes System des Portfolio-Managements für ein gegebenes Unternehmen zu entwickeln; er ist in der Regel von untergeordneter Bedeutung, hat man das Konzept erst einmal als wertvoll erkannt. Wahrscheinlich schwerer wiegen die „Kosten" der psychologischen Vorbereitung des Management-Teams auf diese Methode der Prioritätensetzung. Dieses Problem stellt hohe Anforderungen an die Personalführung und -planung sowie an die Management-Aus- und Weiterbildung.

Zusammenfassend läßt sich sagen, daß das Portfolio-Management trotz aller seiner Mängel neue Einsichten in die Führung moderner, international orientierter „multibusiness"-Unternehmen gebracht hat. Es wird geschätzt, daß heute bereits 20 Prozent der "Fortune 500"-Liste von Firmen das Konzept benützen [6, S. 25]. Es bestehen aber auch keine Zweifel darüber, daß das Konzept noch immer im Anfangsstadium seiner Entwicklung steht und es noch weiter reifen muß.

Gegen das PIMS-Programm gibt es naturgemäß ebenfalls eine Reihe von Einwendungen; auch sie sind teilweise gegen das Konzept selbst gerichtet, teilweise gegen eine Anwendung (für eine Würdigung des PIMS-Programmes aus theoretischer Sicht siehe [25, 602–612]. Nachfolgend werden wahlweise vier der häufiger von Praktikern zu hörenden Einwände aufgeführt und kurz diskutiert:

- Man wendet immer wieder gegen das Programm ein, daß die durch PIMS gewonnenen Einsichten auf einer im wesentlichen amerikanischen Datenbank basieren.
- Es werden Zweifel an der von PIMS benutzten Methode der „cross-sectoral analysis" laut.
- Man äußert Bedenken dagegen, daß PIMS von den beobachteten hohen Korrelationen zwischen den mehr als dreißig erwähnten unabhängigen Variablen und dem ROI auf diesen Beziehungen zugrunde liegende Kausalitäten schließt.
- Der Zeitaufwand für die Bereitstellung der in die Datenbank einzugebenden Informationen wird hervorgehoben.

Zu diesen Argumenten soll kurz Stellung genommen werden.

In der Tat besteht die Datenbank zu mehr als 80 Prozent aus Informationen, die von amerikanischen Firmen stammen. Im Laufe der letzten beiden Jahre ist jedoch das Konzept auch in mehr als 20 britischen Firmen eingeführt worden. Eine an der Manchester Business School angestellte Untersuchung der von ihnen zur Verfügung gestellten Daten hat ergeben, daß die wichtigsten der von PIMS ermittelten Gewinndeterminanten – auf sie waren diese Untersuchungen bisher beschränkt – in britischen Unternehmen in einer Weise wirken, die weitgehend mit der in den USA beobachteten übereinstimmt [26, 4–8]. Dies läßt die Vermutung zu, daß die Faktoren auch auf dem europäischen Kontinent wirksam sind, obgleich dafür bislang ähnlich gesicherte Erkenntnisse wie in Großbritannien nicht vorliegen; vergleichbare Untersuchungen setzen eine recht umfangreiche kontinental-europäische Datenbank voraus, die jedoch erst im Aufbau begriffen ist (ein gutes Dutzend kontinental-europäischer Firmen gehören bereits dem Programm an). Erste Versuche mit Daten kontinental-europäischer Tochtergesellschaften amerikanischer Unternehmen erbrachten Ergebnisse, die die oben erwähnte Vermutung unterstüzen.

Das zweite Argument wendet sich gegen die Übertragbarkeit von Regelmäßigkeiten, die in einem zahlreiche Wirtschaftssektoren umfassenden Pool von Informationen identifiziert wurden, auf einzelne gegebene Geschäftseinheiten. Jeder Unternehmer beansprucht nun einmal für sich, daß seine Geschäftseinheit „anders“ sei als die anderen und eine solche Übertragung deshalb nicht vorgenommen werden könne.

Die Verfechter des PIMS-Programmes halten dem entgegen, daß sich zwar in der Tat jede Geschäftseinheit von den anderen unterscheide, daß sie aber auch sehr vieles mit anderen Einheiten gemeinsam habe, und dieser gemeinsame Grund sei größer als die Unterschiede; PIMS betone das Gemeinsame und lasse die Unterschiede durchaus zu. Eine spezielle Version dieses zweiten Argumentes wendet sich dagegen, daß PIMS nur einen großen Datenpool kenne und nicht wenigstens die „Marktgesetze“ nach Industrien getrennt ermittle. Dem halten die Väter des PIMS-Programmes entgegen, daß sie in der Tat die in der Gesamtdatenbank gefundenen „Marktgesetze“ auch auf der Ebene von industriellen Sektoren testen (zu diesem Zweck wird die Datenbank nach industriellen Sektoren unterteilt, was ohne weiteres möglich ist). Dabei seien die in der Gesamtdatenbank gefundenen Regelmäßigkeiten immer wieder bestätigt worden (zu diesem Fragenkomplex siehe auch [27, S. 113]).

Auch das dritte Argument, der Vorwurf nämlich, PIMS setze eine hohe Korrelation mit Kausalität gleich, ist ernst zu nehmen. Es ist allerdings zu offensichtlich, als daß sich die Väter von PIMS nicht schon sehr früh damit auseinander gesetzt hätten. Dank der Tatsache, daß das Programm für zahlreiche Geschäftseinheiten über Daten verfügt, die weit in der Vergangenheit zurückreichen, ist es PIMS möglich, das zeitliche Aufeinanderfolgen von Veränderungen in unabhängigen und abhängigen Variablen zu untersuchen. Dabei hat sich herausgestellt, daß in der Tat die Veränderungen in den unabhängigen Variablen (z.B. eine Vergrößerung des Marktanteils) der Veränderung der abhängigen (z.B. einer Erhöhung des ROI) zeitlich vorausging, was PIMS darin bestärkt, Faktoren wie den Marktanteil als Gewinndeterminanten zu bezeichnen.

Das vierte Argument richtet sich gegen den Zeitaufwand der nötig ist, die rund zweihundert Daten, die im PIMS-Programm für jede Geschäftseinheit bereitgestellt werden müssen, zusammenzutragen. Wo diese Daten nicht unmittelbar verfügbar sind, ist der Zeitaufwand vor allem am Anfang in der Tat recht beträchtlich. Wenn jedoch diese Daten, wie PIMS in seinen umfangreichen statistischen Analysen nachgewiesen hat, von hoher strategischer Bedeutung sind, sollte sie dann ein Unternehmen nicht ohnehin ermitteln – mit oder ohne PIMS? So argumentieren zumindest die Verfechter des Programmes.

Abschließend soll noch George A. Steiner (University of California, Graduate School of Business), der Doyen unter den Unternehmensplanern, zu Wort kommen; er hat PIMS kurz und treffend wie folgt charakterisiert: „Kein mathematisches Modell ist perfekt. Diese statistischen Korrelationen bewähren sich jedoch als eines der besten Management-Werkzeuge, die zur Verfügung stehen" [28, S. 29].

Literaturverzeichnis

[1] Shell International Chemicals Co. Ltd.: The directional policy matrix – a new aid to corporate planning. London 1974.

[2] *Schoeffler, S., R.D. Buzzell* und *D.F. Heany*: Impact of strategic planning on profit performance. Harvard Business Review, March-April 1974, 137–145.

[3] *Buzzell, R. D., B. Gale* und *R.G.M. Sultan*: Market share – a key to profitability. Harvard Business Review. January–February 1975, 97–106.

[4] *Smith, P.*: Unique Tool for Marketers: PIMS. Dun's Review, October 1976, 95–100.

[5] *Gale, B.T.*: Planning for Profit. Planning Review. January 1978, 4–32.

[6] *Hall, W.K.*: SBUs: Hot, New Topic in the Management of Diversification. Business Horizons. February 1978, 17–25.

[7] *Hofer, Ch.W.*: Research on strategic planning: a survey of past studies and suggestions for future efforts. Journal of Economics and Business **28**, Spring-Summer 1976, 261–286.

[8] *The Strategic Planning Institute*: The PIMS-Program – Selected Findings. Cambridge (Mass.) 1977.

[9] *Schoeffler, S.*: Nine Basic Findings on Business Strategy. The PIMSletter on Business Strategy Nr. 1. The Strategic Planning Institute. Cambridge (Mass.) 1977.

[10] *Schoeffler, S.*: Market Position: Build. hold or harvest? The PIMSletter on Business Strategy Nr. 3. The Strategic Planning Institute, Cambridge (Mass.) 1977.

[11] *Henderson, B.*: Die Erfahrungskurve in der Unternehmensstrategie. Frankfurt–New York 1974.

[12] *Gälweiler, A.*: Unternehmensplanung. Frankfurt–New York 1974.

[13] *Hinterhuber, H.H.*: Strategische Unternehmensführung. Berlin–New York 1977.

[14] *Agplan*: Portfolio-Management. Strategische Geschäftseinheiten und Organisation der Planung. Agplan Nachrichten, Juli–August 1978, 1–5.

[15] *Nagtegaal, H.*: Experience Curve & Product Portfolio – Wie überlebt ein Unternehmen. Wiesbaden 1977.

[16] *Hedley, B.*: A Fundamental Approach to Strategy Development. Long Range Planning, December 1976, 2–11; wiederabgedruckt in diesem Buch ab S. 87.

[17] *General Electric*: Maintaining Strategies For the Future Through Current Crisis, Fairfield (Conn.) 1975.

[18] *Hedley, B.*: Strategy and the Business Portfolio. Long Range Planning. February 1977, 9–15; wiederabgedruckt in diesem Buch ab S. 102.

[19] *Hussey, D.E.*: Portfolio Analysis: Practical Experience with the Directional Policy Matrix. Long Range Planning, August 1978, 2–8.

[20] *Robinson, S.J.Q., R.E. Hickens,* und *D.P. Wade*: The Directional Policy Matrix – Tool for Strategic Planning. Long Range Planning, June 1978, 8–15.

[21] *Schoeffler, S.*: The Unprofitability of „Modern" Technology and What to Do About it. The PIMSletter on Business Strategy Nr. 2. The Strategic Planning Institute. Cambridge (Mass.) 1977.

[22] *Schmalenbach, E.*: Der freien Wirtschaft zum Gedächtnis, 3. Aufl., Köln–Opladen 1958.

[23] *The Strategic Planning Institute*: The PIMS Program. Cambridge (Mass.) 1976.

[24] *The Strategic Planning Institute*: Some Portfolio Analyses, Cambridge (Mass.) 1977.

[25] *Anderson, C.R.*, und *F.T. Paine*: PIMS: A Reexamination. The Academy of Management Review, July 1978, 602–612.

[26] *Mandry, G.*: UK and US Businesses. The Strategic Planning Institute. Cambridge (Mass.) 1977.

[27] *Schoeffler, S.*: Cross-Sectional Study of Strategy, Structure and Performance: Aspects of the PIMS Program. Strategy + Structure = Performance. The Strategic Imperative. Bloomington–London 1977.

[28] *Ohne Autor*: Amerikas Manager schwören auf die PIMS-Prognose. Handelsblatt, Nr. 90 vom 23. Mai 1978, S. 29.

Die Szenario-Technik in der strategischen Unternehmensplanung

H. Geschka und *R. Hammer*

1. Das Problemfeld der strategischen Planung

Eine Vielzahl von Ereignissen und Entwicklungen in den letzten zehn Jahren hat gezeigt, daß die Dynamik und damit die Unsicherheit im gesellschaftlichen, politischen, wirtschaftlichen und technischen Bereich zugenommen hat und viel stärker als in den vorangegangenen Jahrzehnten auf Märkte, Produkte und Unternehmen durchschlägt. Die Ursachen dieser Änderungsdynamik sind vielfältig. Wesentlich scheinen

- die Beschleunigung des technischen Fortschritts, der die Obsolenz der Produkte fördert und Produktionsverfahren unwirtschaftlich macht, oft bevor sie sich amortisiert haben;
- die Zunahme staatlicher Eingriffe in die Wirtschaftsbeziehungen. Beispiele dafür sind Importbeschränkungen, Devisenbestimmungen, Embargos usw.;
- die Internationalisierung der Märkte, mit der viele Unternehmen eine Kompensation der Kostensteigerungen durch Mengenwachstum anstreben;
- die stagnierende bis rückläufige Nachfrage in vielen Marktbereichen;
- die Verknappung und Verteuerung von Energie und Rohstoffen und damit zunehmender Kostendruck bei rohstoff- und energieintensiven Produktionen;
- die Verschärfung des Wettbewerbs, besonders bei arbeitsintensiven Produkten.

Wir befinden uns in einer Phase gesellschaftlicher Veränderungen, die sich in gewandelten Werten und Lebensstilen und in einem kritischen, schwer einzuschätzenden Verbraucherverhalten niederschlagen. Zu all dem kommen branchen- und geschäftsspezifische Unwägbarkeiten hinzu.

Es kann nicht angenommen werden, daß wir eine einmalige Periode mit besonders vielen Unsicherheiten gerade hinter uns gebracht haben. Wesentliche Einflüsse auf die Geschäftspolitik und Unternehmensentwicklung zeichnen sich auch für die vor uns liegenden Jahre als unsicher ab. Um nur einige Beispiele zu nennen:

- Die Entwicklung des Zinsniveaus,
- die Arbeitslosenrate,
- die Entwicklung der Energiekosten,
- der politische Einfluß der „Grünen" u.a.m.

Aufgabe der Unternehmensplanung ist es, diese Unsicherheit zu berücksichtigen bzw. ihr entgegenzuwirken. Dies umso mehr, als sich der Schwerpunkt der Planungen problembedingt zu den strategischen Aufgaben hin verschoben hat, die längerfristige Planungszeiträume in Betracht ziehen. Die Unsicherheit über Einflußfaktoren und deren mögliche und wahrscheinliche Auswirkungen wird dadurch verstärkt relevant.

Im Rahmen der strategischen Planung sind alle, auf das Unternehmen und seine Zukunftspotentiale wirksamen, wesentlichen Einflüsse zu bestimmen und in ihren Auswirkungen zu analysieren. Sowohl

- unternehmensinterne als auch
- unternehmensexterne

Informationen müssen verarbeitet werden. Sodann sind die Stärken und Schwächen der Unternehmenspotentiale – Produkte, Produktion, Vertrieb usw. – festzustellen, Chancen und Risiken zu erkennen und effiziente Strategien und Maßnahmen im „Strategischen Plan" des Unternehmens zu fixieren.

Interne Informationen sind in der Regel reichlich vorhanden. Quantitative Daten, häufig in Form von Computerausdrucken, liefert das Rechnungswesen und das Management-Informationsystem. Sie gilt es im Hinblick auf den Planungszweck zu verdichten. Qualitative Daten liegen nur selten als abrufbare Informationen vor. Sie sind ebenfalls für den spezifischen Planungszweck aufzubereiten.

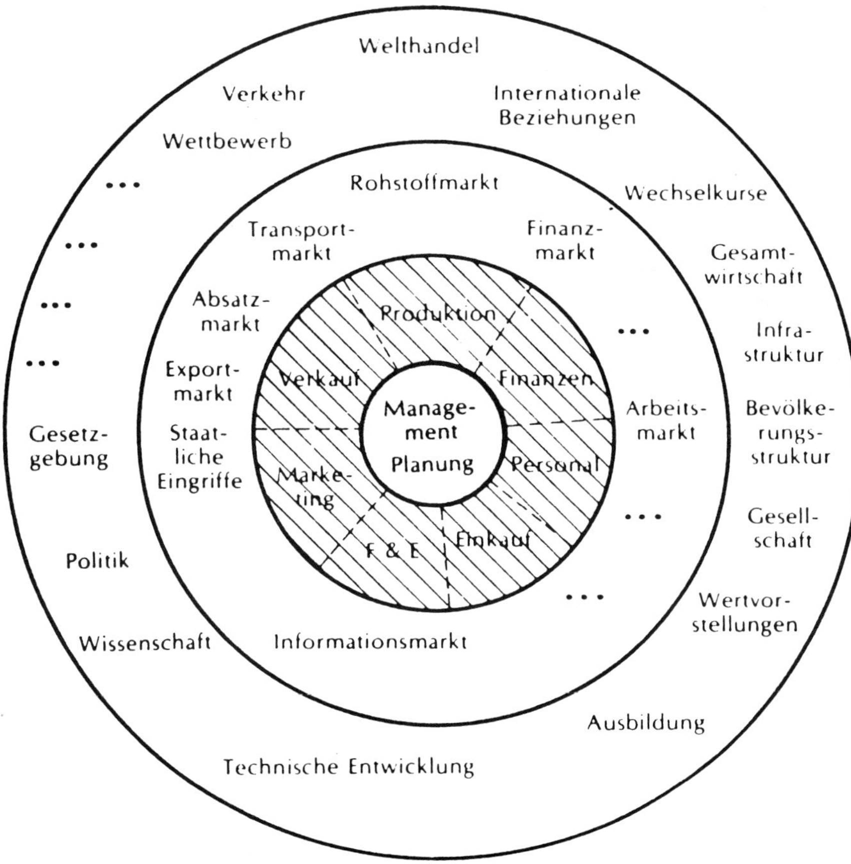

Abb. 1: Informationsbedarf für die strategische Unternehmensplanung

Bei der Erfassung *externer Einflüsse* sind zwei Informationsebenen zu unterscheiden (vgl. Abb. 1): Zunächst werden Informationen über Märkte oder Einflußfelder benötigt, zu denen das Unternehmen permanent in Geschäftsbeziehung steht. Insbesondere Beschaffungsmärkte, Absatzmärkte, Geld- oder Kreditwesen, staatliche Vorschriften und Aufsicht; je nach Geschäftsart kommen hier weitere unterschiedliche „Märkte" in Betracht. Das Unternehmen hat durch die Geschäftstätigkeit und die Kontakte einen recht guten Einblick in diese „Anlieger"-Einflußbereiche. Reicht dieser Informationsstand nicht aus, so kann auf ein ausgereiftes Instrumentarium der Informationsbeschaffung zurückgegriffen werden: auf die Marktforschung. Dieser Bereich ist in der Regel auch institutionell etabliert: Vielfach gibt es eine Marktforschungsstelle im Unternehmen und außerhalb eine Vielfalt von Instituten, die Marktforschungsleistungen oder bereits erstellte Studien anbieten.

Die Beschaffung von Informationen für diesen ersten externen Ring kann zwar im Einzelfall aufwendig sein, veursacht aber keine grundsätzlichen Probleme. Dahinter liegt jedoch noch ein zweiter Ring von Einflüssen übergreifender Art wie gesellschaftliche Trends, politische Veränderungen, neue Technologien, gesamtwirtschaftliche Trends, Bevölkerungsentwicklungen etc. Diese Faktoren hatten natürlich schon immer Einfluß auf die Unternehmensentwicklung; in den letzten Jahren schien die Einwirkung jedoch unmittelbarer und gravierender geworden zu sein.

Verändert hat sich aber auch der Anspruch der Unternehmensführung: Wenn diese Bereiche auf die Unternehmensentwicklung Einfluß nehmen, dann müssen sie erfaßt und bei der Strategieentwicklung berücksichtigt werden. Informationen des ersten Rings und generell nur quantitative Informationen reichen nicht aus, um langfristig gültige Pläne aufzustellen und entsprechende Investitionsentscheidungen zu treffen. Allerdings ist über die Einflüsse des äußeren Rings im Unternehmen in der Regel wenig kompetentes Wissen vorhanden. Man wird zwar über einige der identifizierten Einflußbereiche generelle Studien finden und es gibt auch Institute und Institutionen, die für Unternehmen spezielle Analysen durchführen, aber die Informationsbeschaffung und adäquate Verdichtung ist für diesen Bereich sowohl methodisch als auch institutionell weit weniger entwickelt und etabliert als für die Bereiche des ersten Einflußrings.

Der Planer steht also vor der Schwierigkeit, unsichere Informationen sowie Informationen mit übergreifenden Einfluß vorwiegend qualitativen Charakters so aufzubereiten und in die Zukunft zu projizieren, daß daraus sinnvolle Planungen und Strategien abgeleitet werden können. Das Instrumentarium der 60er und frühen 70er Jahre reicht dazu nicht aus. Zwar wurden auch damals langfristige Überlegungen angestellt, die den Planungen zugrundeliegenden Zukunftsperspektiven waren jedoch in der Regel recht einfach erstellte Projektionen. In einer generell wachsenden Wirtschaft zeigten alle Größen und Erscheinungen ansteigende Tendenz. Auch damals waren Prognosen überwiegend falsch. Sie waren aber in der Tendenz richtig und es gab keine Trendbrüche. Außerdem hatten Fehlplanungen nicht so gravierende Konsequenzen: Wenn die Nachfrage stärker wuchs als der Kapazitätsausbau, so war das zwar schade, aber nicht wirklich schlimm. Auch etwas geringere Wachstumsraten führten nicht zum Ruin.

Die Wirtschaftslage ist in den 80er Jahren schwieriger geworden, die Zukunftsentwicklung kann durch Trendprojektionen oder andere einfache Modellrechnungen nicht mehr eingefangen werden. Die Entwicklungen der letzten zehn Jahre haben deutlich gemacht, daß es unrealistisch ist, auf einen exakten Prognosewert hin zu planen. Vielmehr müssen Bandbreiten und alternative Entwicklungen in Betracht gezogen bzw. zur Grundlage strategischer Planung gemacht werden. Geeignetes Instrument dazu ist die Szenario-Technik, auf deren Wesen und Inhalt, Systematik und Anwendung im folgenden vertiefend eingegangen wird.

2. Grundlagen der Szenario-Technik

Der Wunsch, die Zukunft auszuleuchten und in Form von Zukunftsbildern darzustellen ist wahrscheinlich so alt wie die Geschichte des intelligenten Menschen. Bereits in den Frühepochen aller Kulturvölker finden sich (meist mystische) Formen der Kreation von Zukunftsvisionen. Im Laufe der Geschichte haben Religionsgründer, Wahrsager, Schriftsteller aber auch Philosophen, Soziologen und Politiker Bilder der Zukunft aufgezeigt. Alle diese Zukunftsbilder sind zwar grundsätzlich denkbar, aber in ihrem Entwurf und ihrer Entstehung nicht transparent und plausibel nachvollziehbar. Es gehörte ein gutes Stück Glaube dazu, sich bei Entscheidungen und Handlungen daran zu orientieren.

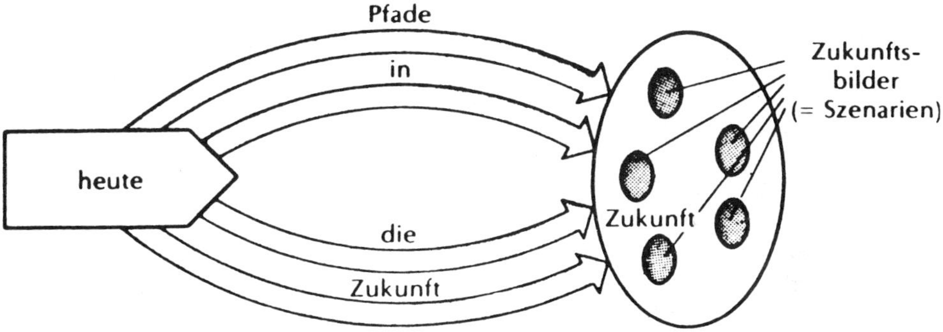

Abb. 2: Grundidee der Szenario-Technik

Szenarien hingegen sind systematisch und nachvollziehbar, aus der gegenwärtigen Situation heraus entwickelte, mögliche Zukunftsbilder (vgl. Abb. 2). (Leider ist zu beobachten, daß der Begriff „Szenario" in der Praxis gelegentlich im Sinne einer ad hoc vorgenommenen Annahme verwandt wird, die gedanklich ausgesponnen wird. Es wäre schade, wenn der Begriff „Szenario" durch einen vermehrten Gebrauch in diesem Sinne verwässert würde.) Der Begriff Szenario ist der Bühnensprache entlehnt und soll eine Analogie ausdrücken: Wie auch bei einer Theaterszene durch das Bühnenbild und die Kulissen das Geschehen einen thematischen Rahmen findet und in der Grundtendenz festgelegt wird, sollen Szenarien in der Planung Rahmenbedingungen setzen, für die verschiedene Strategien durchgespielt werden können.

Das Denkmodell der Abbildung 3 soll dazu dienen, besser zu verstehen, was Szenarien sind: Die Gegenwart ist durch vorhandene Bauten, Infrastruktureinrichtungen, Vernetzungen, Normen, Gesetze, Kenntnisse und Verhaltensmuster geprägt, die sich kurzfristig nicht

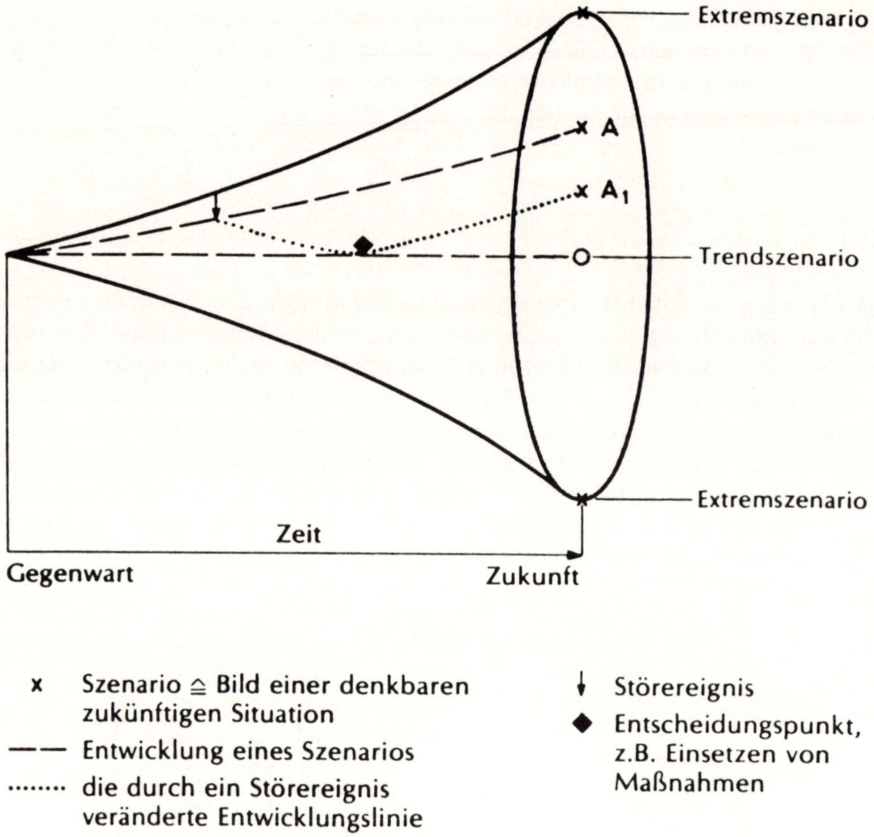

Abb. 3: Denkmodell zur Darstellung von Szenarien

verändern. (Störereignisse sind hierbei nicht berücksichtigt). Die Entwicklung der nahen Zukunft (2 – 5 Jahre) ist durch diese Strukturen der Gegenwart weitgehend festgelegt. Versucht man aus dem Heute heraus, die fernere Zukunft (5 – 10 Jahre) zu prognostizieren, dann nimmt der Einfluß der Gegenwart ab, und das Möglichkeitsspektrum öffnet sich gleichsam wie ein Trichter. Die verschiedenen Zukunftsbilder befinden sich auf der Schnittstelle des Trichters. Verfolgt man eine trendmäßige Entwicklung (gestrichelte Linie), dann wird aufgrund der vorhandenen Einflußfaktoren und ihren Entwicklungen ein bestimmtes Zukunftsbild – Szenario A – erreicht. Führt man ein Störereignis in diesen Szenario-Pfad ein, das aufgrund seiner Auswirkungen die Entwicklung in eine andere Bahn lenkt, dann entsteht ein völlig neues Zukunftsbild: Szenario A_1. In diesem Modell, wie auch in der Realität, werden als Reaktion auf solche Störereignisse, wie Ölkrise 1973, Revolution im Iran, Reaktorunfall in Harrisburg u.ä., entsprechende Gegensteuerungsmaßnahmen der Verantwortlichen in Staat und Unternehmen oft zu spät ergriffen.

Der Trichter verdeutlicht, daß man nicht von einer einzigen Zukunftsentwicklung ausgehen kann, sondern aufgrund der Variationsbreite der Einflußfaktoren viele unterschiedliche Zukunftsbilder denkbar sind. Durch das Erarbeiten alternativer Zukunftsbilder soll die Spannweite der „möglichen Zukünfte" aufgezeigt werden.

In der Planungspraxis hat sich herausgestellt, daß man dem Management am besten zwei konträre Szenarien vorlegt; so wird der Manager zum Denken in Alternativen gezwungen und kann nicht zum Kompromiß und zur Unentschlossenheit des mittleren bzw. trendmäßigen Szenarios ausweichen. Drei Szenarien sollte man in Erwägung ziehen, wenn sich drei qualitativ unterschiedliche Konstellationen abzeichnen. (Z.B. kann die Angebotssituation eines Marktsektors gekennzeichnet sein durch eine Dominanz von Kooperationsformen kleiner Unternehmen, durch Großindustrie in Oligopolsituation oder durch verstaatlichte Industrie; dementsprechend würden hier drei Szenarien zu beschreiben sein.) Die Szenarien sollen Randpunkte des Trichters abbilden; die reale Zukunft wird sich zwischen diesen Randpunkten des Möglichkeitsspektrums einstellen.

Die Methode, Szenarien systematisch zu erstellen – die Szenario-Technik – hat verschiedene Wurzeln in der Planungswissenschaft und -praxis:

- Die Erstellung mathematischer Modelle und ihre Durchrechnung unter verschiedenen Annahmen für die Zukunft – insbesondere Simulationsmodelle. Als prominente Vorläufer der heute praktizierten Szenario-Technik sind zu nennen: Das "Limits to Growth"-Simulationsmodell des Club of Rome und die Energieprognosemodelle von Shell.
- Zukunftsstudien, die in vorwiegend qualitativer Form insbesondere die Entwicklung von Staaten oder politischen Kräften vorauszeichnen. Hier sind vor allem die Szenarien des Hudson-Instituts (Herman Kahn) zu nennen.
- Die Entwicklung und praktische Bewährung einer Vielfalt von Arbeitstechniken zur Strukturierung von Zusammenhängen, Auswahl und Entscheidung, Ideenfindung und kreativen Ausgestaltung sowie der Zugang zu Recheneinheiten, um im interaktiven Vorgehen, Algorithmen oder Modelle ad hoc durchrechnen zu können.

Je nachdem, welche dieser Wurzeln überwiegt, sind heute verschiedene Schulen der Szenario-Erarbeitung zu erkennen. Allen Konzepten sind jedoch folgende Merkmale gemeinsam:

- Ausgangspunkt ist eine gründliche Analyse der gegenwärtigen Situation, die zu einem Verständnis der Wirkungszusammenhänge führt.
- Für Einflußfaktoren mit unsicherer Zukunftsentwicklung werden sinnvolle Annahmen getroffen.
- Als Ergebnis werden mehrere alternative Zukunftsbilder vorgelegt, die in sich konsistent sind.

Verschiedene Autoren grenzen die Stufen des Prozesses der Szenario-Erstellung jeweils etwas anders ab und bezeichnen sie unterschiedlich. Abbildung 4 gibt eine Übersicht über die Prozeßgliederungen verschiedener Autoren – zusammengestellt vom Institut für Unternehmungsplanung (IUP), Gießen.

Im folgenden wird die Szenario-Technik dargestellt, wie sie sich bei Battelle nach Eigenentwicklungen und Anwendungserfahrungen seit etwa zehn Jahren herausgebildet hat.

U. von Reibnitz/H. Geschka/ S. Seibert

1. Strukturierung und Definition des Untersuchungsfeldes
2. Identifizierung und Strukturierung der wichtigsten Einflußbereiche auf das Untersuchungsfeld (Umfelder)
3. Ermittlung von Entwicklungstendenzen und kritischer Deskriptoren für die Umfelder
4. Bildung und Auswahl alternativer konsistenter Annahmenbündel
5. Interpretation der ausgewählten Umfeldszenarien
6. Einführung und Auswirkungsanalyse signifikanter Störereignisse
7. Ausarbeiten von Szenarien bzw. Ableiten von Konsequenzen für das Untersuchungsfeld
8. Konzipieren von Maßnahmen

V. Oberkampf

1. Problemdefinition
2. Beschreibung des Problemfeldes
3. Beschreibung des Problemumfeldes
4. Gesamtes Untersuchungsfeld
5. Auswahl der Annahmen über zukünftig absehbare Entwicklungen
6. Erstellung von Präszenarien
7. Entwicklung von Entscheidungskriterien
8. Identifikation überraschender Ereignisse
9. Erstellung von Szenarien

M. Segner

1. Problemdefinition
2. Beschreibung des Problemfeldes
3. Beschreibung des Problemumfeldes
4. Einordnung des Problemfeldes in das übergeordnete System
5. Annahmen über zukünftige Entwicklungen
6. Ausarbeitung von Grobszenarien
7. Formulierung von Randbedingungen
8. Identifizierung überraschender Ereignisse
9. Ausarbeitung von alternativen Szenarien
10. Entwicklung von Maßnahmen
11. Überprüfung der Wirksamkeit
12. Abschließende Zusammenfassung

P. Gomez/F. Escher

1. Bestimmung von möglichen Geschäftsgebieten und entsprechenden Strategien
2. Bestimmung der Umwelt der einzelnen Geschäftsgebiete
3. Formulierung von Trends und Entwicklungstendenzen in der Umwelt
4. Bewertung der Entwicklungsannahmen in bezug auf ihre Eintretenswahrscheinlichkeiten und ihre gegenseitigen Abhängigkeiten
5. Berechnung der Eintretenswahrscheinlichkeit der Umweltentwicklungen bei gegenseitiger Abhängigkeit
6. Test der Szenarien
7. Interpretation der gefundenen Szenarien

R.E. Linneman/J.D. Kendell

1. Identifizierung und Beschreibung der Unternehmensziele und -politik
2. Festlegung des Planungshorizonts
3. Stärken/Schwächen-Analyse
4. Bestimmung 'sicherer' Entwicklungen
5. Auflistung von Schlüsselgrößen für die Unternehmung
6. Zuweisung plausibler Wertebereiche für die Schlüsselgrößen
7. Erstellung von Szenarien
8. Entwicklung einer Strategie für jedes Szenario
9. Testen der Flexibilität der Strategien
10. Auswahl oder Entwicklung einer optimalen Strategie

C.A.R. MacNulty

1. Entwicklung einer Datenbasis
2. Auswahl der Unternehmensziele
3. Auswahl von Unternehmensvariablen
4. Auswahl von Umweltvariablen
5. Auswahl von Annahmen
6. Entwicklung oder Konstruktion von Szenarien
7. Analyse der Szenarien
8. Implementierungsphase

Abb. 4: Gliederung der Szenario-Technik nach verschiedenen Autoren – zusammengestellt vom Institut für Unternehmungsplanung (IUP), Gießen
(Die Quellen gehen aus dem Literaturverzeichnis hervor.)

Charakteristisch für die von Battelle praktizierte Szenario-Technik (Prozeßgliederung nach *von Reibnitz/Geschka/Seibert*) ist über die oben genannten Punkte hinaus:

- Die Szenarien werden als Pfadszenarien entwickelt; d.h. es wird nicht nur ein Zukunftszustand beschrieben sondern auch der Weg aufgezeigt, der aus der Gegenwart heraus zu diesem Zukunftszustand hinführt.
- Bei der Entwicklung von Szenarien werden auch im voraus nicht erkennbare Ereignisse (Störereignisse), wie etwa ein politisches Attentat, Katastrophen, wissenschaftliche Durchbrüche o.ä. berücksichtigt.

3. Der Prozeß der Szenario-Erstellung

3.1 Der Szenario-Prozeß im Überblick

Für das Erarbeiten von Szenarien hat sich ein Vorgehen in acht Schritten bewährt (vgl. Abb. 5). Dieser Prozeß ist mit einem Hubschrauber vergleichbar, der vom Startplatz (konkretes Problem) abhebt und dessen Pilot erst aus der Vogelperspektive die Zusammenhänge und die Vernetzung des Problems mit seinen Umfeldern erkennt. Aus dieser Gesamtübersicht können unterschiedliche, zukunftsorientierte Lösungsmöglichkeiten für das Problem entwickelt werden. Dann kehrt der Hubschrauber zum Landeplatz zurück, und das Problem kann nun (unter Abwägung verschiedener Alternativen) gelöst werden.

Die acht Schritte der Szenario-Technik lassen sich verschiedenen Betrachtungsebenen zuordnen. Schritt 1 und 8 befinden sich auf der *Ebene der* konkreten *Problembearbeitung*, in der das Problem definiert, strukturiert und gelöst wird. Bei vielen täglich auftretenden Problemen der betrieblichen Praxis ist es möglich, gleich von der Problemanalyse zur Lösungssuche, Auswahl der bestgeeigneten Lösung und dann zur Umsetzung in Maßnahmen – also gleich von Schritt 1 zu Schritt 8 – überzugehen. Der traditionelle Planungsprozeß liegt in dieser Ebene. (Die Szenario-Erstellung ist diesem Planungsprozeß vorgeschaltet.)

Bei größeren und komplexeren Problemen reicht dieses Vorgehen nicht mehr aus. Schon bei der Analyse wird klar, daß es eine ganze Reihe von Einflußfaktoren auf das Problem gibt, die man kennen und analysieren muß, um sinnvolle Lösungen finden und auswerten zu können. Man wird daher häufig von der Problemanalyse ausgehend zunächst Anforderungen für Lösungen aufstellen, und dann erst Lösungen suchen.

Wirken auf einen Problemsachverhalt sehr viele externe Einflußfaktoren ein, dann müssen diese Einflußfaktoren systematisch erfaßt und geordnet werden. Aus einer solchen Umfeldanalyse ergeben sich Auswirkungen, die dann wiederum in Anforderungen an Lösungen zu übersetzen sind. Schritt 2 und 7 befinden sich demnach auf der ersten Abstraktionsstufe des Planungsprozesses; es ist die *Ebene der Problemumfelder*. Der Hubschrauber befindet sich jetzt bereits in der Luft: Aus dieser Gesamtsicht des Problems und seiner Umfelder können umfassende komplexe Lösungsanforderungen, die alle wichtigen Einflußfaktoren berücksichtigen, ermittelt werden.

Handelt es sich um ein Problem langfristigen Charakters, dann muß auch die langfristige Entwicklung in den Umfeldern berücksichtigt werden. Die komplexen Umfelder sind

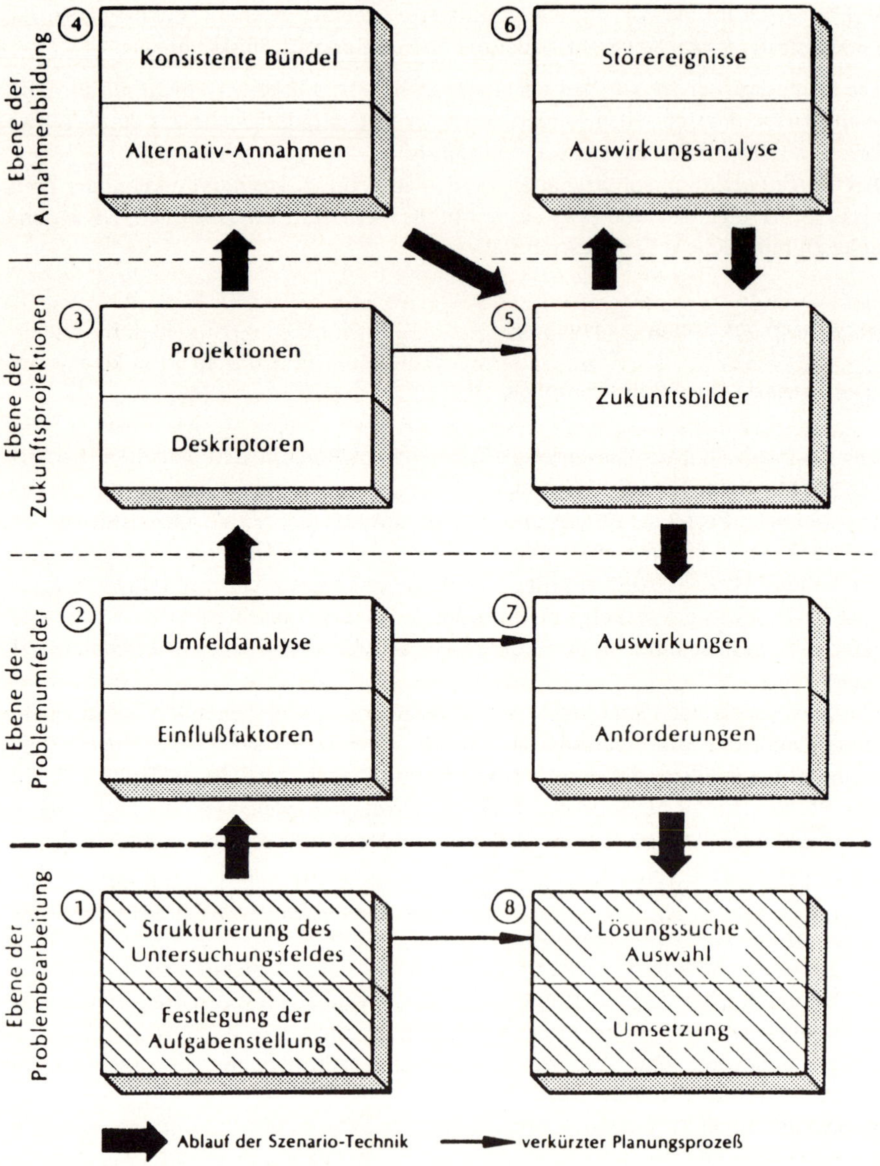

Abb. 5: Die acht Schritte der Szenario-Technik

durch Kenngrößen (Deskriptoren) zu beschreiben, für die dann Projektionen in die Zukunft vorgenommen werden. Gleicht man diese Projektionen gegeneinander ab, so erhält man das Gerüst für ein mögliches Zukunftsbild. Daraus lassen sich wiederum Auswirkungen auf das Untersuchungsfeld ableiten und entsprechend auswerten. Die Schritte 3 und 5 stellen die *Ebene der Projektionen in die Zukunft* dar.

Was bis zu diesem Schritt durchgeführt wurde, ist nicht spezifisch für die Szenario-Technik, sondern das übliche systematische Vorgehen zur Lösung von komplexen Problemen mit langfristigem Charakter. Erst in den folgenden Arbeitsschritten 4 und 6 kommt das Typische der Szenario-Technik zum Tragen: Unsicherheiten über die zukünftige Entwicklung – sei es im Trendverlauf, sei es über Ereignisse – werden durch fundierte Annahmen überbrückt.

In der Regel lassen sich nämlich für eine Reihe von Deskriptoren keine eindeutigen Entwicklungsrichtungen für die Zukunft prognostizieren; ganz unterschiedliche Verläufe sind denkbar und plausibel. Für diese kritischen Deskriptoren sind alternative Annahmen zu setzen; diese alternativen Annahmen sollten aus Tendenzen, die bereits in der Gegenwart erkennbar sind, abgeleitet und mit fundierten Argumenten begründet werden. Es gilt dann, die Annahmen für die kritischen Deskriptoren so zu kombinieren, daß in sich widerspruchsfreie, stimmige Sätze entstehen.

Als zweites werden in dieser Bearbeitungsebene Annahmen über Ereignisse getroffen, die eventuell die Trendverläufe umlenken könnten. Die Auswirkungen dieser fiktiven Störereignisse auf die auf der Grundlage der konsistenten Annahmensätze bereits erstellten Szenarien (Zukunftsbilder) werden sodann analysiert. Diese Sensibilitätsanalyse führt gegebenenfalls zur Formulierung weiterer alternativer Szenarien.

Die Schritte 4 und 6 der Szenario-Technik stellen die *Ebene der Annahmenbildung* dar und führen zur Formulierung alternativer Zukunftsbilder hin. Von diesen Zukunftsbildern wird dann die Rückkoppelung auf das vorliegende Planungsproblem vollzogen; man erarbeitet also retrograd Auswirkungen auf die jetzige Situation, die sich dann in konkreten Maßnahmen für das Heute niederschlagen. Der Hubschrauber kehrt also von seinem Ausflug in verschiedene Betrachtungsebenen, der einen Blick in denkbare Zukünfte ermöglichte, an den Startplatz zurück.

3.2 Die Schritte der Szenario-Technik im einzelnen

Nach der etwas abstrakten und überblickhaften Darstellung der Szenario-Technik im vorangehenden Abschnitt werden nachfolgend die einzelnen Schritte ausführlicher beschrieben.

1. Schritt: Strukturierung und Definition des Untersuchungsfeldes

Als erstes muß eine möglichst exakte Formulierung der Aufgabenstellung vorgenommen werden. Was ist Gegenstand der Untersuchung und was nicht? Hintergrundinformationen zum Thema sind zusammenzutragen und zu analysieren; eine Fülle von Details ist zu klären.

Sodann ist für das Untersuchungsfeld oder die Planungsaufgabe eine für alle Teilnehmer akzeptable und verständliche Formulierung zu finden. Für das Untersuchungsfeld sind Strukturmerkmale und Problemfelder zu identifizieren. Als Grundlage hierfür hat sich das morphologische Tableau oder die morphologische Matrix bewährt. (Untersuchungsfeld kann ein Geschäftsbereich, eine bestimmte Technologie oder ein Marktsektor sein.)

Ferner sollten – je nach vorliegender Aufgabenstellung – Kenngrößen (Deskriptoren) oder Gestaltungs- bzw. Handlungsparameter (strategische Variable) ermittelt werden. Für sie ist der gegenwärtige Zustand zu erfassen.

2. Schritt: Identifizierung und Strukturierung der wichtigsten Einflußbereiche auf das Untersuchungsfeld(Umfelder)

Zunächst werden alle externen Einflußfaktoren auf das Untersuchungsfeld, z.B. mit Hilfe eines Ideenkarten-Brainwritings gesammelt (pro Computerkarte wird ein Einflußfaktor notiert; die Karten werden zur wechselseitigen Assoziation unter den Teilnehmern weiter gereicht). Mit diesem Verfahren können in kurzer Zeit mehr als 100 Einflußfaktoren ermittelt werden. Die Wirkungsbeziehungen der Einflußfaktoren untereinander und zum Untersuchungsfeld werden in Richtung und Stärke (überschlägig) ermittelt und in Strukturbildern niedergelegt (vgl. das Beispiel in Abb. 6). Dabei kristallisieren sich enger vernetzte Bereiche heraus, für die Oberbegriffe im Sinne von Einflußbereichen und – weiter aggregiert – Umfeldern formuliert werden.

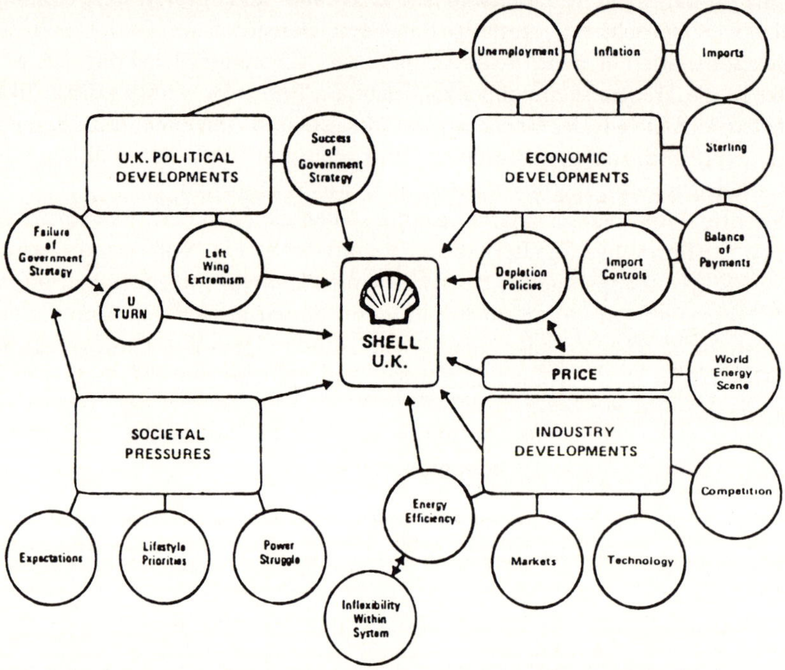

Abb. 6: Strukturbild der Einflußfaktoren auf das Untersuchungsfeld – dargestellt am Beispiel Shell UK (Quelle: P.W. Beck: Corporate Planning for an Uncertain Future. Arbeitspapier der Shell UK Ldt., London 1981)

3. Schritt: Ermittlung von Entwicklungstendenzen und kritischer Deskriptoren für die Umfelder

Für jedes Umfeld werden ebenfalls Deskriptoren ermittelt, die das Umfeld wesentlich kennzeichnen. Bei der Prüfung der Deskriptoren auf Vollständigkeit ist der Rückgriff auf die in Schritt 2 ermittelten Einflußfaktoren hilfreich; diese sollten weitgehend durch die Deskriptoren abgedeckt sein.

Wenn alle für ein Umfeld relevanten Deskriptoren feststehen, wird der Ist-Zustand der Deskriptoren ermittelt. Dabei muß man zwischen quantifizierbaren Deskriptoren (z.B. Bruttosozialprodukt, Inflationsrate etc.) und nicht quantifizierbaren Deskriptoren unterscheiden. Nicht-quantifizierbare Deskriptoren basieren auf qualitativen Einflüssen (z.B. Produktansprüche und -zufriedenheit); diesen Deskriptoren kann man direkt keine Werte zuordnen. Für sie müssen auf speziell gebildeten Skalen Einschätzungen vorgenommen werden.

Aufbauend auf dem ermittelten Ist-Zustand wird die künftige Entwicklung prognostiziert. Dies kann auf der Basis vorhandenen Expertenwissens, zugänglicher Prognosen oder aufgrund von Recherchen und Befragungen erfolgen. Bei der Projektion der Deskriptoren stellt sich in der Regel heraus, daß sich für einige Deskriptoren ganz klare, eindeutige Trends abzeichnen, während für andere alternative Entwicklungen möglich sind. Diese bezeichnen wir als kritische Deskriptoren. Für die kritischen Deskriptoren müssen alternative Annahmen aufgestellt werden.

Sowohl für die Prognosen der unkritischen Deskriptoren als auch für die alternativen Annahmen der kritischen Deskriptoren sind plausible Begründungen, die sich aus Erscheinungen der Gegenwart ableiten, abzugeben.

4. Schritt: Bildung und Auswahl alternativer konsistenter Annahmenbündel

Da die verschiedenen Ausprägungen der kritischen Deskriptoren nicht alle miteinander verträglich (konsistent) sind, wird abgeschätzt, welche Ausprägungen sich gegenseitig verstärken, welche neutral zueinander sind und welche sich gegenseitig ausschließen. Die Konsistenzeinschätzungen ermöglichen mit Hilfe eines Algorithmus die Bildung mehrerer konsistenter Annahmenbündel. Daraus wählt man zwei bis drei Sätze nach den Kriterien 'hohe Konsistenz', 'hohe Unterschiedlichkeit' und 'hohe Wahrscheinlichkeit' aus. Sie bilden das Gerüst für die im nächsten Schritt zu formulierenden Szenarien.

5. Schritt: Interpretation der ausgewählten Umfeldszenarien

Zu den ausgewählten Annahmenbündeln müssen nun die in Schritt 3 erarbeiteten Prognosen der unkritischen Deskriptoren jeweils hinzugefügt werden. Damit der Sprung in die Zukunft nicht zu schwierig wird, geht man in Zeitschritten vor, d.h. es werden z.B. zunächst die Szenarien bis 1990 entwickelt, dann wird darauf aufbauend der Verlauf bis 1995 erarbeitet, etc. bis das Zieljahr (z.B. das Jahr 2000) erreicht wird.

Wichtig ist, daß die Szenarien aus der Gegenwart heraus entfaltet werden, d.h. die Szenario-Annahmen sollten in Ansätzen bereits heute erkennbar sein. So ist sichergestellt, daß realitätsnahe Szenarien entstehen. Anschließend werden die Szenarien verbal ausformuliert; in der Regel haben sie einen Umfang von 5–8 Seiten.

6. Schritt: Einführung und Auswirkungsanalyse signifikanter Störereignisse

Ein Störereignis ist ein plötzlich auftretendes Ereignis, das vorher trendmäßig nicht erkennbar war und eine Entwicklung in eine andere Richtung lenkt. Störereignisse müssen nicht unbedingt Katastrophen wie Erdbeben, Reaktorexplosionen, Tankerunfälle oder terroristische Anschläge sein, sondern es kann sich auch um positive Ereignisse wie politische Aussöhnungen, neue Medizintechniken, neue Energiequellen u.ä. handeln. Zur Ermittlung von Störfällen eignen sich Kreativitätstechniken (z.B. Brainstorming oder Brainwriting).

In einer anschließenden Bewertung wird ermittelt, welche dieser Störereignisse die Szenarien am stärksten beeinflussen und gleichzeitig eine hohe Eintrittswahrscheinlichkeit aufweisen. Die so ausgewählten signifikanten Störereignisse werden zunächst isoliert interpretiert und dann in die Szenarien eingeführt und auf ihre Auswirkungen hin analysiert; dies führt in der Regel zu einer Umformulierung der Umfeldszenarien. Durch Störereignisse läßt sich auch überprüfen, wie stabil bestimmte Trends gegenüber externen Veränderungen sind.

7. Schritt: Ausarbeiten der Szenarien bzw. Ableitung von Konsequenzen für das Untersuchungsfeld

Für diesen Schritt gibt es zwei Vorgehensweisen: Wenn die Aufgabenstellung bereits sehr konkret formuliert ist (z.B.: Welche Möglichkeiten gibt es, in die Gentechnologie einzusteigen?) genügt es in der Regel, aus den Umfeldszenarien direkt Konsequenzen abzuleiten, die sich in Gestaltungsideen umsetzen lassen. Bei Aufgaben mit Orientierungscharakter (z.B. Erstellen eines Unternehmens- oder Produktleitbildes) ist es dagegen zweckmäßig, auch Szenarien für das Untersuchungsfeld abzuleiten.

8. Schritt: Konzipieren von Maßnahmen

Dieser Schritt ist im engeren Sinne nicht mehr Gegenstand der Szenario-Technik. Andererseits sollte der Zweck der Erstellung im Auge behalten und die Umsetzung in die Planung von Anfang an im Arbeitsablauf vorgesehen werden. (Ist das Ergebnis der Szenario-Erarbeitung erst einmal abgeschlossen und präsentiert, ohne daß man sich über die Auswertung Gedanken gemacht hat, so mag es einige Zeit dauern, bis eine Umsetzung stattfindet – oder die Studie landet unausgewertet im Schrank eines Planers oder Managers). Außerdem ist es sinnvoll, die an der Szenario-Erarbeitung beteiligten Personen zur Maßnahmenkonzipierung möglichst direkt im Anschluß an den Prozeß heranzuziehen; vieles Angedachte und zwischen den Zeilen des Protokolls Stehende sowie das erlangte hohe Verständnis der Einflußzusammenhänge kann so genutzt werden. Gruppenarbeit hat sich auch für diesen Schritt bewährt.

Die vorgestellten acht Schritte der Szenario-Technik stellen ein Grundmuster des Vorgehens dar. Je nach Zielsetzung, Komplexität und verfügbaren Mitteln können unterschiedliche Methoden in den einzelnen Schritten eingesetzt werden. Entsprechend sind Abwandlungen, Grobversionen und erhebliche Vertiefungen möglich.

Auf die verschiedenen Möglichkeiten der Nutzung von Szenarien in der strategischen Planung wird im folgenden Abschnitt 4 ausführlich eingegangen.

4. Zum Einsatz von Szenarien im Prozeß der strategischen Planung

4.1 Zur Auswertung von Szenarien

Der Einsatz von Szenarien im Rahmen der strategischen Unternehmensplanung ist in verschiedener Weise möglich und sinnvoll. Bevor auf die wesentlichen Anwendungen eingegangen wird, erscheinen einige Anmerkungen zur Auswertung von Szenarien angebracht.

Szenarien können in verschiedener Form als Ergebnis (Teilergebnis) vorliegen:

- als Zusammenstellung alternativer Deskriptorensätze;
- als Liste von Konsequenzen auf das Untersuchungsfeld bzw. den betrachteten Geschäftsbereich;
- als ausformulierte, spannend aufgemachte Beschreibung des Geschäftsumfeldes bzw. des Untersuchungsfeldes.

Meistens kann auf mehrere dieser Ergebnisformen zurückgegriffen werden.

Daneben ist zwischen zwei unterschiedlichen Vorgehensweisen bei der Auswertung zu unterscheiden:

- der intuitiven Auswertung und
- der strukturierten Auswertung.

Bei der *intuitiven Auswertung* liest man das einzelne Szenario gründlich durch, verdeutlicht sich die Zusammenhänge und versucht sich ganz in die Zukunftssituation hineinzuversetzen. Aus diesem Verständnis heraus werden die strategischen Überlegungen und Ansätze entwickelt. *Bei der strukturierten Auswertung* geht man vom Satz der Szenario-Deskriptoren aus und nimmt systematisch – in der Regel anhand einer Matrix – Abgleiche oder Gegenüberstellungen mit Faktoren vor, die die Auswertungsaufgabe kennzeichnen (z.B. strategische Variable, Gestaltungsparameter, Strategielisten u.ä.). Dies hat den Vorteil, daß nichts übersehen wird und die Gewichte richtig gesetzt werden; durch die Atomisierung der Betrachtung mag allerdings das Gesamtbild und der klimatische Grundtenor eines gut ausformulierten Szenarios verloren gehen. Es empfiehlt sich daher, beide Auswertungsweisen vorzunehmen, dabei aber mit dem systematischen Vorgehen zu beginnen.

In diesem Beitrag wird in erster Linie der Fall behandelt, daß Szenarien firmenspezifisch und für eine bestimmte Planungsaufgabe erarbeitet werden. Szenarien können aber auch als Studien von Instituten oder im Buchhandel erworben werden; sie decken in der Regel breite Themen ab (z.B. Global 2000, World Politics, Freizeit im Jahre 2000). Diese *Globalszenarien* können für die strategische Planung wertvolle Inputs liefern und sie kosten im Vergleich zu eigenerstellten Szenarien weit weniger. Der Nachteil ist aber, daß sie nicht auf die Unternehmenssituation zugeschnitten sind.

Vor einer Auswertung sollte man sich klar darüber sein, welche externen Einflüsse auf das eigene Geschäft einwirken, um diese Einflußfaktoren in den Szenarien besonders aufmerksam zu verfolgen. Meistens wird man diese Szenarien intuitiv auswerten. Liegen die Deskriptorenansätze für die einzelnen Szenarien explizit vor, so läßt sich – als eine Art Bindeglied – eine Einflußmatrix aufstellen, in der die Deskriptoren den externen Einflußfaktoren des Geschäftsbereichs gegenübergestellt werden. Anhand einer solchen Matrix kann dann die Auswertung systematisch und differenzierter vorgenommen werden.

4.2 Die Einsatzbereiche der Szenario-Technik im Überblick

Die bekannten Anwendungen der Szenario-Technik sind vielfältig und lassen sich daher nur schwer in eine Systematik bringen. Generell läßt sich ein Bezug zu den einzelnen Phasen des strategischen Planungsprozesses herstellen. Dabei muß allerdings unterschieden werden zwischen einer engen und weiten Betrachtungsweise. Die weitere Betrachtung des Prozesses schließt die Voraussetzungen der strategischen Planung – die Leitbildformulierung – einerseits und die Realisierung der strategischen Planung in der operativen Pla-

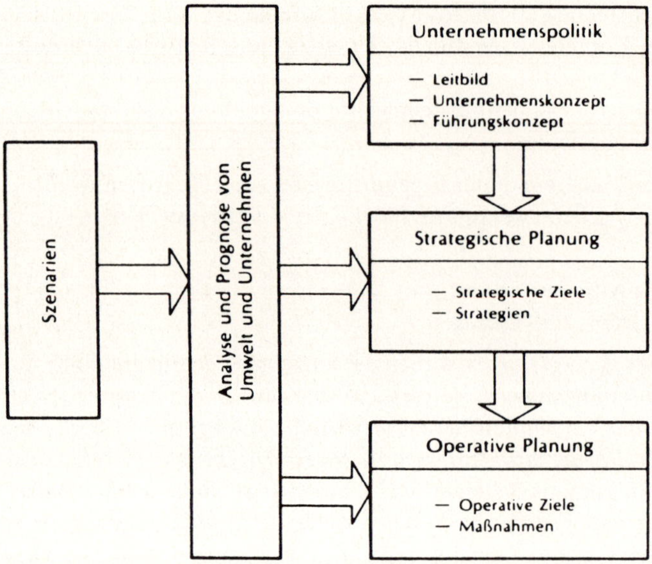

Abb. 7: Die Szenario-Technik als Instrument zur Analyse und Prognose von Umwelt und Unternehmen

nung andererseits ein. Abbildung 7 zeigt diesen umfassenden Anwendungsbereich der Szenario-Technik im Rahmen des Analyse- und Prognoseinstrumentariums.

Die enge Betrachtung konzentriert sich auf die Anwendung der Szenario-Technik im strategischen Planungsprozeß ohne Berücksichtigung der Leitbildformulierung und der Umsetzung der Strategien. Abbildung 8 zeigt, in welcher Phase des Prozesses die Szenario-Technik zur Anwendung kommt.

Im folgenden wird das Anwendungsfeld der Szenario-Technik nach der weiteren Betrachtungsweise (die die enge Betrachtung einschließt) vertieft. Es wird im einzelnen aufgezeigt, wie die Szenario-Technik

- bei der Leitbildformulierung,
- für die Strategieentwicklung,
- bei der Überprüfung von Strategien,
- bei wichtigen Entscheidungen mit langfristiger Tragweite,
- in der operativen Planung

genutzt werden kann.

4.3 Die Einsatzbereiche im einzelnen

4.3.1 Erstellung und Überprüfung des Unternehmensleitbildes

Das Unternehmensleitbild ist eine wichtige Grundlage der strategischen Planung. Es ist die allgemeine Umschreibung des zukünftigen Unternehmens, insbesondere der grundlegenden Prinzipien, an denen die Geschäftstätigkeit auszurichten ist. Im Unternehmensleit-

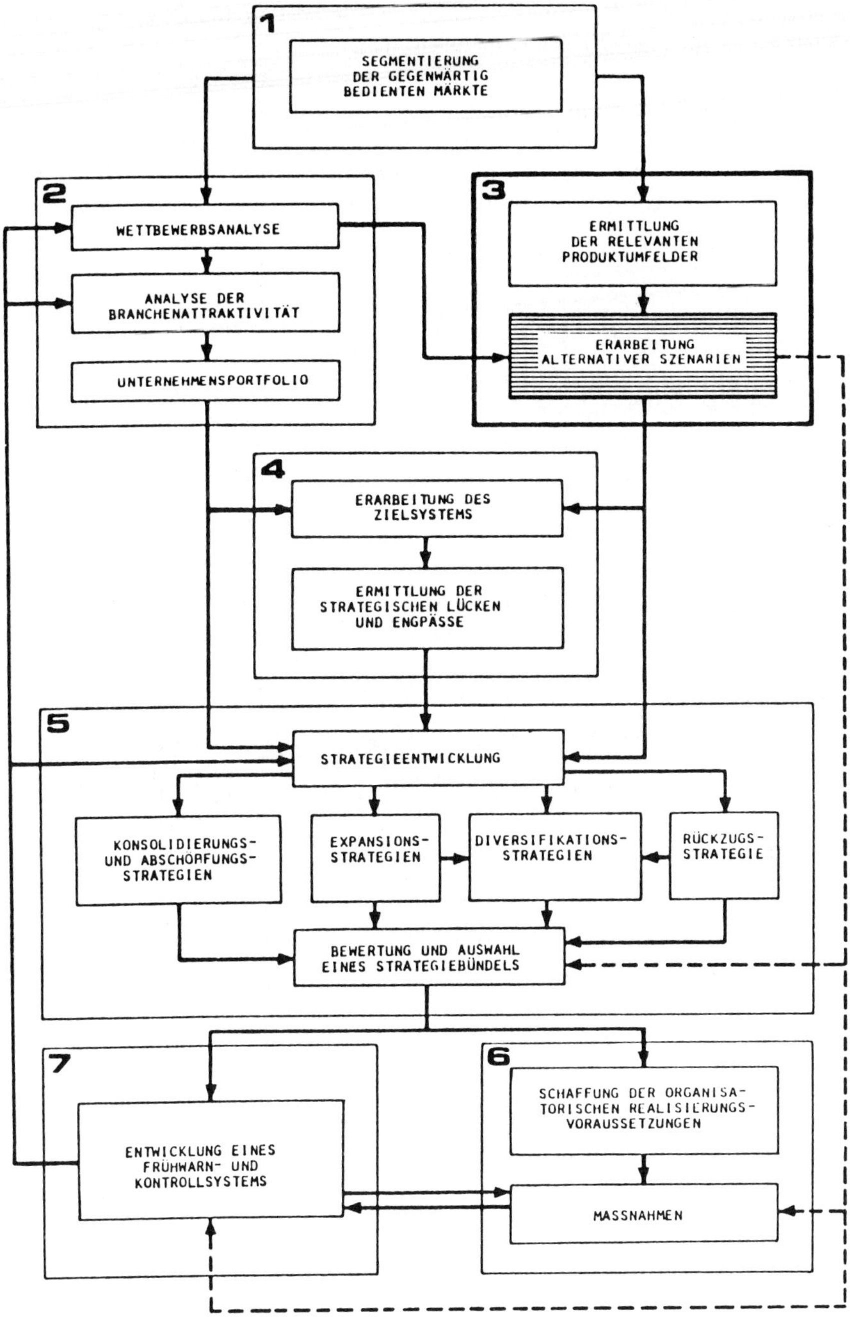

Abb. 8: Die Anwendung der Szenario-Technik im Rahmen des strategischen Planungsprozesses

bild sind bestimmte Zwecksetzungen, Zielsetzungen und Verhaltensweisen generell festgelegt. Vielfach ist ein solches Leitbild nicht schriftlich fixiert, aber aus der Tradition des Unternehmens eindeutig vorhanden. Das vom Unternehmen Machbare und das auf dem Markt Erzielbare erfährt durch das Unternehmensleitbild eine letzte Prüfinstanz: „Wollen wir das wirklich?" „Paßt das auch zu uns?".

Szenarien können helfen, das Leitbild so zu formulieren, daß es auch für die weitere Zukunft bei verschiedenen Verläufen Gültigkeit behält. Liegen Szenarien für das Geschäftsumfeld des Unternehmens vor, so kann die Leitbildneuformulierung anhand der folgenden Frageliste vorgenommen werden:

- Bietet das bestehende Leitbild eine ausreichende Geschäftsbasis in allen alternativen Szenarien?
- Welche Erweiterungen sind für die einzelnen Szenarien vorzunehmen?
- Läßt sich für die so formulierten verschiedenen Leitbilder ein gemeinsamer Oberbegriff oder ein gemeinsamer Nenner finden?
- Ist das formulierte Leitbild konkret genug, um als Orientierung für die strategische Planung dienen zu können?

4.3.2 Entwicklung und Formulierung von Unternehmensstrategien

Sollen Szenarien als Grundlage für die Aufstellung eines strategischen Planes dienen, so sind sie für das Geschäftsumfeld der jeweils betrachteten strategischen Geschäftseinheit zu erarbeiten. In diesem Falle empfiehlt sich die Umsetzung der Szenario-Ergebnisse mit Hilfe einer Einflußmatrix. In dieser Matrix (vgl. Abb. 9) wird die Einflußstärke der

Umfelddeskriptoren → / Strategische Variable ↓	Straßenbau-volumen	Deich- und Küsten-bauvorhaben	Akzeptanz anderer Materialien	Importe aus BRD	.....	Zeilensumme	
Forschung	1	1	2	2		24	abhängige Variable
Investitionen	2	2	1	1		18	
Beschaffungssicherung	2	1	1	0		12	autonome Variable
Imagebildung	0	2	2	2		18	
Kontaktpflege mit Behörden	1	2	2	3		10	autonome Variable
.							
.							
.							
.							
Spaltensumme	18	17	**28**	**21**			

0 = kein Einfluß
1 = gewisser Einfluß
2 = starker Einfluß
3 = zwingender Einfluß

Abb. 9: Die Einflußmatrix als Grundlage der Strategieentwicklung – dargestellt am Beispiel eines Unternehmens, das Schlacke für den Straßenbau vertreibt

Deskriptoren, die ja die externen Einflüsse repräsentieren, auf die strategischen Variablen abgeschätzt. (Als strategische Variable werden hier Gestaltungsparameter verstanden, die für die langfristige Entwicklung des Unternehmens wichtig sind.)

Aus der Einflußmatrix können mehrere für die strategische Planung relevante Schlüsse gezogen werden:

- Durch Bildung der Zeilensumme werden die strategischen Variablen herausgefunden, die von externen Einflüssen stark abhängen (höchste Zeilensummenwerte). Auch die weitgehend unabhängigen Variablen (niedrigste Zeilensummenwerte) kristallisieren sich heraus. Während für die zuletzt genannten Variablen strategische Ansätze ohne besondere Berücksichtigung der Umfeldentwicklungen – also autonom – formuliert werden können, muß bei der Strategieentwicklung für die stark abhängigen Variablen die Entwicklung der einflußstärksten Deskriptoren vorrangig beachtet werden.
- Aus den Spaltensummen lassen sich die Deskriptoren und damit die externen Einflußfaktoren erkennen, die auf den Geschäftsbereich am stärksten einwirken. Ihnen sollte bei der Auswertung und den Schlußfolgerungen besonderes Gewicht zukommen. Die Entwicklung dieser Deskriptoren sollte man auch weiterhin beobachten und mit den Szenario-Verläufen vergleichen. (Ausgangsbasis für die Einrichtung eines Beobachtungs-/Frühwarnsystems).
- Die Strategieformulierung bezieht sich auf die strategischen Variablen. Die Matrix kann nun zur Formulierung einzelner strategischer Ansätze für die strategischen Variablen herangezogen werden. Man leitet Einzelmaßnahmen insbesondere aus der Wirkung einflußstarker Deskriptoren ab. Diese Einzelansätze sind anschließend abzugleichen und zusammenzufassen.

Umfaßt ein Unternehmen eine Reihe strategischer Geschäftsbereiche, so wird es zu aufwendig sein, für alle Geschäftsbereiche Szenarien zu erstellen. Es empfiehlt sich dann, eine Auswahl vorzunehmen und nur für die Geschäftsbereiche, die für das Unternehmen sehr wichtig sind (hoher Umsatzanteil – heute und in Zukunft) und die ein besonders unsicheres Umfeld aufweisen, Szenarien zu erstellen und die oben beschriebene Auswertung vorzunehmen.

Stellt man *Flexibilität* in den Vordergrund, so sollte die Auswertung soweit wie möglich auf das Szenariobündel ausgerichtet sein und nicht die einzelnen Szenarien isoliert betrachten. Dies kann einmal dadurch geschehen, daß man in mehreren Szenarien gleichartige Probleme oder Chancenfelder erkennt, für deren Bewältigung bzw. Nutzung dann strategische Maßnahmen überlegt werden. Zum anderen können für die vorhandenen Szenarien unterschiedliche strategische Ansätze generiert werden; vergleicht man diese Ansätze, so mögen wiederum Gleichartigkeiten festzustellen sein, oder einzelne Strategien lassen sich durch Integration mit anderen breiter oder flexibler gestalten.

Nicht immer gelingt es, für alle Szenarien eine gemeinsame flexible Strategie zu finden. Dann empfiehlt es sich, ein Leitszenario (häufig das wahrscheinlichere) festzulegen und dafür eine Leitstrategie aufzustellen. Diese Strategie sollte in den anderen Szenarien getestet und gegebenenfalls modifiziert werden (vgl. Abschnitt 4.3.3), um sie gegenüber einzelnen Entwicklungen dieser Szenarien weniger anfällig zu machen. Für die anderen

Szenarien werden nur Grobstrategien formuliert. Realisiert wird die Leitstrategie. Allerdings sollte die reale Entwicklung anhand der einflußintensivsten Deskriptoren sorgfältig beobachtet werden; sobald sie sich einem der anderen Szenarien annähert, ist frühzeitig „umzusteigen" und eine auf dieses Szenario ausgerichtete Strategie zu verfolgen.

Durch Berücksichtigung mehrerer Szenarien bei der Strategieentwicklung soll vor allem höhere Flexibilität erreicht werden. Flexibilität läßt sich durch Beachtung folgender Prinzipien einbauen:

- Anpassungsmöglichkeit an alle Szenarien vorsehen;
- Vorkehrungen treffen, die ein Umsteigen auf ein anderes Szenario mir kurzen Reaktionszeiten ermöglichen;
- mögliche Umsteigepunkte in der Planung fixieren;
- Alternativstrategien in Verbindung mit Umsteigepunkten grob skizzieren;
- hohe Kapitalinvestitionen zeitlich möglichst weit hinausschieben (und vor der Realisierung eine Überprüfung der Entscheidungsgrundlagen vornehmen).

Eine andere Auswertungsphilosophie stellt die *Risikominimierung* in den Vordergrund. Man entwickelt eine Basisstrategie, die sich an dem für den Geschäftsbereich ungünstigsten Szenario orientiert. Diese Basisstrategie sollte allerdings so aufgebaut sein, daß sie für günstigere Entwicklungen offen ist. Der Tenor dieser Strategieplanung lautet: „Wir wollen für den ungünstigsten Fall gewappnet sein. Kommt es besser, dann wird uns schon etwas einfallen!"

Bei beiden Auswertungsphilosophien sollte man zwei *weitere Gesichtspunkte* bei der Strategieentwicklung beachten, die für die Akzeptanz und Durchsetzungsfähigkeit wesentlich sind:

– Die letztlich ausgewählte Strategie sollte in dem Szenario das als das wahrscheinlichste erachtet wird, die stärksten Effekte (für die Unternehmensziele) bewirken.
– Vorzuziehen ist die Strategie, die bereits kurzfristig Erfolge bringen wird. (Im Gegensatz zu Strategien, die erst langfristig wirksam werden könnten; sie finden geringe Akzeptanz.)

4.3.3 Überprüfung verfolgter oder konzipierter Strategien

Jedes Unternehmen verfolgt gewisse Strategien. Außerdem werden neue Strategien entworfen und zur Diskussion gestellt. Diese verschiedenen Strategien können in die Szenarien hineinprojiziert werden, um zu überprüfen, ob sie den darin enthaltenen Anforderungen entsprechen. Die Auswahl der zu realisierenden Strategie kann entsprechend der Risikobereitschaft der Unternehmensführung vorgenommen werden. Das folgende Beispiel möge dieses Vorgehen veranschaulichen:

In einem Unternehmen stehen vier übergeordnete Strategien zur Diskussion; zur Strategieüberprüfung werden zwei Szenarien erarbeitet. Man geht in drei Schritten wie folgt vor:

a) Einzelbewertung der Strategien anhand der Deskriptoren

Deskriptoren von Szenario A	Gewicht der Deskriptoren	Strat. I		Strat. II		Strat. III		Strat. IV	
		ung.	gew.	ung.	gew.	ung.	gew.	ung.	gew.
D_1	0,6	+ 2	+ 1,2	– 2	– 1,2	+ 1	+ 0,6	+ 1	+ 0,6
D_2	0,5	+ 1	+ 0,5	– 1	– 0,5	0	0	+ 1	+ 0,5
D_3	1,0	+ 2	+ 2,0	0	0	+ 1	+ 1,0	– 2	– 2,0
D_4	0,8	– 1	– 0,8	+ 1	+ 0,8	– 1	– 0,8	0	0
D_5	0,4	0	0	– 1	– 0,4	+ 1	+ 0,4	+ 2	+ 0,8
D_6	0,7	– 1	– 0,7	+ 1	+ 0,7	– 1	– 0,7	– 1	– 0,7
			+ 2,2		– 0,6		+ 0,5		– 0,8

Deskriptoren von Szenario B	Gewicht der Deskriptoren	Strat. I		Strat. II		Strat. III		Strat. IV	
		ung.	gew.	ung.	gew.	ung.	gew.	ung.	gew.
D_1	0,6	– 1	– 0,6	+ 1	+ 0,6	+ 1	+ 0,6	0	0
D_2	0,5	– 1	– 0,5	+ 1	+ 0,6	0	0	+ 1	+ 0,5
D_3	1,0	0	0	– 1	– 1,0	– 1	– 1,0	0	0
D_4	0,8	+ 1	+ 0,8	+ 2	+ 1,6	+ 1	+ 0,8	– 2	– 1,6
D_5	0,4	– 2	– 0,8	+ 2	+ 0,8	+ 1	+ 0,4	+ 1	+ 0,4
D_6	0,7	+ 1	+ 0,7	0	0	– 1	– 0,7	– 2	– 1,4
			– 0,4		+ 2,5		+ 0,1		– 2,1

Bewertungsskala: + 2 = sehr gut
+ 1 = richtig
0 = indifferent
– 1 = paßt nicht so gut

gew. = gewichtet
ung. = ungewichtet

b) Gesamtbewertung der Strategien

	Szenario A	Szenario B	Gesamtwert
Strategie I	+ 2,2	– 0,4	+ 1,8
Strategie II	– 0,6	+ 2,5	+ 1,9
Strategie III	+ 0,5	+ 0,1	+ 0,6
Strategie IV	– 0,8	– 2,1	– 2,9

c) Auswahl einer Strategie

Unternehmen mit wenig Einfluß auf die Gestaltung ihrer Umwelt und vorsichtige Planer wählen Strategie III (robust in beiden Szenarien). Sie erscheint abgesichert gegen Einbrüche, wird dagegen sich bietende Erfolgspotentiale nicht voll nutzen können.

Unternehmen mit starkem Einfluß auf die Unternehmensumwelt oder risikobereite Manager setzen auf eine Strategie, die nur zu einem Szenario sehr gut paßt:

– Strategie I und Hinarbeiten auf Szenario A
oder
– Strategie II und Hinarbeiten auf Szenario B.

Strategie IV kommt aus Sicht beider Szenarien und bei unterschiedlichem Risikoverhalten für die Realisierung nicht in Frage.

4.3.4 Ausgestaltung und Überprüfung von wichtigen Entscheidungen mit langfristiger Tragweite

Die strategische Planung kann – ohne daß Szenarien erstellt werden – zu Entscheidungen hinführen, die für das Unternehmen von großer Bedeutung sind. Es mag dann angezeigt sein, vor den endgültigen Entscheidungen über die anstehenden Investitionen oder Strategien Szenarien auszuarbeiten. Die Szenarien dienen dazu, die Zukunft des betroffenen Bereichs auszuleuchten, um so die Entscheidung nochmals zu überprüfen sowie die Strategien bzw. Maßnahmen im Detail besser auszugestalten. Es sind hier im wesentlichen zwei Typen von Entscheidungen zu unterscheiden:

a) Suche nach neuen Geschäftsmöglichkeiten auf angestammten oder neuen Märkten (F&E-Planung, Innovationsplanung, Diversifikationsplanung);
b) Großinvestitionen (Bau neuer Werke, Ankauf einer Firma, Übergang auf eine neue Verfahrenstechnologie u.ä.).

ad a): In diesem Fall geht man wie folgt vor:
– Erstellen von Szenarien für das grob abgesteckte Suchfeld;
– Identifizieren von Problemfeldern in den verschiedenen Szenarien;
– Herausfiltern von gemeinsamen oder überlappenden Problemfeldern;
– Erarbeitung von Lösungsansätzen, Produkt- oder Geschäftsideen für diese Problemfelder.

ad b): Bei Großinvestitionen werden die Szenarien einmal dazu herangezogen, die zugrundeliegenden Wirtschaftlichkeitsrechnungen oder anderen Überlegungen mit alternativen Daten zu überprüfen. Vor allem werden die Szenarien hier aber als Grundlage für die Ausgestaltung und Differenzierung der Pläne und Maßnahmen insbesondere im Hinblick auf größere Flexibilität (vgl. Abschnitt 4.3.2) dienen.

4.3.5 Impulse für die operative Planung

Im System der rollenden Planung macht man sich in den meisten Unternehmen wenig Gedanken über das letzte Planungsjahr. In der Regel wird dieses letzte Planungsjahr, das sozusagen den Übergang zur ferneren Zukunft darstellt, aus den vorangehenden Jahren fortgeschrieben, d.h. aus der Gegenwart heraus projiziert. Dieses Planungsverhalten erscheint unzureichend: Es müssen in die operative Planung Impulse durch Zukunftsanalysen hineingetragen werden. Szenarien erscheinen dafür geeignet.

Planer und Manager können in Form von Szenarien mit einflußreichen Entwicklungen im Umfeld ihres Geschäftsbereiches konfrontiert werden (vgl. Abb. 10). Die Anregungen, die sich daraus ergeben, sind mit den Projektionen aus der Gegenwart heraus zu integrieren. Die so konzipierten Planungsansätze für das am weitesten in der Zukunft liegende

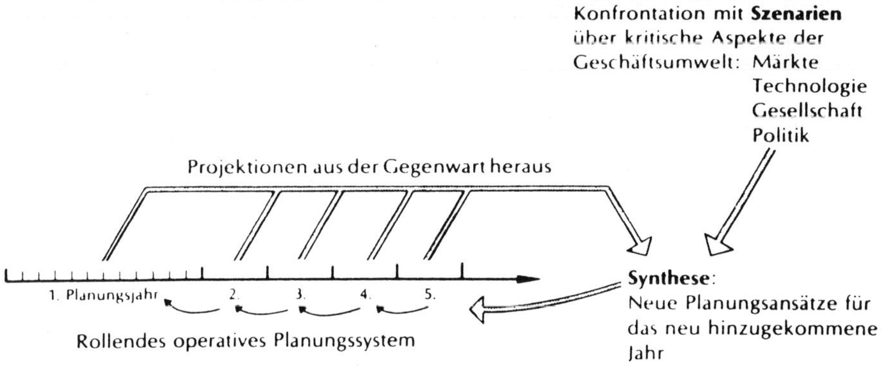

Abb. 10: Die Einbindung von Szenarien in das operative Planungssystem

Jahr haben natürlich Rückwirkungen auf die gegenwartsnäheren Jahre – bis hin zum laufenden Planungsjahr. Das bedeutet, daß häufig bereits im laufenden Planungsjahr Aktivitäten ergriffen werden müssen, um die Langfristmaßnahmen rechtzeitig einzuleiten und gut vorzubereiten.

5. Anwendung von Szenarien in der Praxis

5.1 Befragungsergebnisse zum Anwendungsstand

Nach der Darstellung der verschiedenen Anwendungsmöglichkeiten von Szenarien im Rahmen der strategischen Planung, soll ein Blick auf den Anwendungsstand in der Praxis geworfen werden. Es liegen neuere Befragungen über die Anwendungen von Szenarien in den USA[1]) und in Europa[2]) vor. Zusammengefaßt läßt sich soviel erkennen:

Der Einsatz von Szenarien in der strategischen Planung hat von 1977 bis 1982 enorm zugenommen. Die Zahl der US-Firmen, die mit Szenarien arbeiten, hat sich in dieser Zeit etwa verdoppelt. Mehr als 50% der antwortenden Unternehmen wenden Szenarien in der strategischen Planung an; in Europa setzen 40–50% der Großunternehmen Szenarien ein.

Nach der US-Befragung sind die Hauptanwender Unternehmen, die

- einen langfristigen Planungshorizont verfolgen (insbesondere Unternehmen aus kapitalintensiven Branchen),
- über Erfahrung in der Anwendung und im Umgang mit formalen Planungsmethoden verfügen,
- eine spezielle Organisationseinheit zur Umfeldbeobachtung (environment assessment unit) eingerichtet haben.

---

[1]) Die schriftliche Befragung von 225 Großunternehmen in U.S.A. fand im Winter 1981/82 statt. Sie wurde von Harold Klein und Robert Linneman von der Temple-Universität in Philadelphia durchgeführt.

[2]) Für die ebenfalls schriftliche Befragung von 115 europäischen Großunternehmen im Frühjahr 1982 zeichnet Pentti Malaska von der Turku-Universität in Finnland verantwortlich. Die ebenfalls noch unveröffentlichten Ergebnisse entstammen einem im engen Fachkreis verbreiteten Arbeitspapier.

Unternehmen, die schon über mehrere Jahre hinweg mit Szenarien arbeiten, integrieren sie immer stärker in den Planungsprozeß. Etwa 40% der europäischen Szenario-Anwender erstellten Szenarien für einen Zeithorizont von 6–10 Jahren; ebenfalls rd. 40% betrachten längere Zeiträume als 10 Jahre. Nur 17% wählen einen Szenario-Zeitraum von 5 Jahren oder weniger. Für beide Wirtschaftsräume stellt sich heraus, daß die Szenarien mit relativ einfachen Methoden und Arbeitstechniken erarbeitet werden; ökonometrische Modelle, Simulationsprogramme und andere komplexere Methoden finden relativ geringe Anwendung.

In USA werden Szenarien in der strategischen Planung wie folgt genutzt:

- in experimenteller Form von 6%;
- gelegentlich, aber nicht regelmäßig von 35%;
- oft, aber nicht voll in die Planung integriert von 34%;
- regelmäßig und voll in die Planung integriert von 25% (der Antwortenden).

In Europa scheinen Szenarien noch stärker für einzelne Planungsaufgaben herangezogen zu werden und sind seltener als in USA voll in den Prozeß der strategischen Planung integriert.
63% der europäischen Szenario-Anwender nutzen Szenarien, um verschiedene Strategien zu testen. Das Denken und Planen in Alternativen scheint sich dagegen noch nicht breit durchgesetzt zu haben: 51% der Großunternehmen entwickeln eine Hauptstrategie aufgrund eines Szenarios, während nur 31% alternative Strategien für verschiedene Szenarien aufstellen.

Beide Befragungen sowie die Erfahrungen der Verfasser bei der Durchführung von einschlägigen Seminaren lassen erkennen, daß in den nächsten Jahren mit einer weiteren erheblichen Zunahme des Einsatzes von Szenarien in der strategischen Planung zu rechnen ist. Während die Planer diesem Instrument gegenüber aufgeschlossen sind, wird die Verbreitung und Umsetzung von Szenarien gegenwärtig durch Skepsis und Zurückhaltung bei den Managern behindert, denen das Denken in Alternativen und der Verzicht auf exakte Daten schwerfällt (Akzeptanzprobleme).

5.2 Hinweise für die Erarbeitung von Szenarien

Szenarien können als Studie oder in strukturierter Gruppenarbeit erstellt werden. Bei der *Studie* gibt es einen Hauptbearbeiter, der sein eigenes Wissen nutzt und Recherchen, Befragungen und Datenanalysen zur Beschaffung relevanter Informationen vornimmt; er wird auch auf Expertenurteile zurückgreifen und Rechenprogramme anwenden. Als Ergebnis wird ein Bericht vorgelegt. Baut die Szenario-Erarbeitung in erster Linie auf *Gruppenarbeit* auf, so wird das Wissen im wesentlichen durch die Gruppe selbst bereitgestellt; es müssen dann auch geeignete Gruppenarbeitsmethoden eingesetzt werden. Das Ergebnis besteht meistens in einer Sammlung von Protokollen; ein wichtiger Nebeneffekt ist allerdings darin zu sehen, daß die Bearbeiter die gebildeten Szenarien aufgenommen und ein vertieftes Verständnis für die Wirkungszusammenhänge und treibenden Kräfte der Zukunft gewonnen haben.

Die Industrie (anders Behörden) gibt eindeutig der Szenario-Erstellung in Gruppenarbeit den Vorzug. Dabei werden die acht Schritte der Szenario-Technik in viele Teilschritte gegliedert; Teilschritte, für deren Bearbeitung bewährte Gruppenarbeitstechniken eingesetzt werden können (Ideenfindung, Strukturierung, Bewertung) oder für die die Bearbeitung in der Gruppe Vorteile bringt (Abgleich von Argumenten, Überprüfung von Vernetzungen und Wirkungszusammenhängen), werden in Gruppenarbeit bewältigt, andere Teilschritte (Protokollierung, Konsistenzabschätzung, Auswertung der Konsistenzmatrix, Entscheidung über die Szenario-Bündel) sind dagegen vom Projektleiter bzw. Moderator allein, in Zweierkontakten oder in einem kleinen Kernteam zu erledigen. Die Szenario-Gruppe sollte fachlich heterogen, jedoch aus Mitarbeitern mit Vorkenntnissen und Beziehung zum Thema zusammengesetzt werden (Unternehmensplanung, Marketing, Produktplanung etc.); dabei sollten Linienmanager aus der oberen Führungsebene nich fehlen.

Es hat sich bewährt, den Prozeß mit einer Gruppe von 6–8 Mitarbeitern zu beginnen und nach Festlegung der Umfelder (also nach Schritt 2) weitere Mitarbeiter oder externe Experten mit fundiertem Fachwissen über die Umfelder hinzuzuziehen. (Diese Experten können eventuell nach Schritt 6 wieder „abgekoppelt" werden.). Die Schritte 3–6 der Szenario-Technik werden überwiegend umfeldbezogen bearbeitet. Dafür hat es sich bewährt, parallel in Kleingruppen von 3–4 Teilnehmern zu arbeiten. Um die Gesamtgruppe nicht zu groß werden zu lassen und die Prozesse organisatorisch noch im Griff behalten zu können, sollte man daher nicht mehr als 4 oder 5 Umfelder bilden.

Um Szenarien in Gruppenarbeit zu erstellen, sind 8–10 ganztätige Sitzungen erforderlich; es ist zweckmäßig, mehrere Termine zu zweitägigen Veranstaltungen zusammenzuziehen. Die gesamte Bearbeitungsdauer erstreckt sich in der Regel auf 5–7 Monate. Zwischen den ersten Treffen (bis Schritt 4) sollte ein Abstand von etwa 2 Wochen geplant werden, um Informationslücken schließen oder andere „Hausaufgaben" erledigen zu können. Die Workshoptermine ab Schritt 5 sollten möglichst dicht aufeinander folgen.

Die Erarbeitung von Szenarien in Workshops bringt eine Reihe von Vorteilen mit sich:

- Das unterschiedliche Fachwissen zum Thema wird bei der Bearbeitung simultan eingebracht und kann sofort abgestimmt werden; dadurch wird der Prozeß beschleunigt, Einseitigkeiten werden vermieden, ein Sich-Verrennen in eine Richtung wird schnell erkannt und korrigiert.
- Eine relativ große Zahl von Mitarbeitern des Unternehmens wird in den Prozeß eingebunden, was die Verbreitung der Ergebnisse erleichtert und die Akzeptanz der daraus abgeleiteten Maßnahmen im Unternehmen fördert. Insbesondere können auch Entscheider mit hohem Durchsetzungsvermögen in den Prozeß integriert werden.
- Die am Szenario-Prozeß Beteiligten werden mit neuen Fakten und Meinungen konfrontiert und in neuartige Denkweisen eingeführt. Sie werden für die Wirkungszusammenhänge und die Dynamik im bearbeiteten Themenbereich sensibilisiert.
- Das Arbeiten mit bewährten Gruppentechniken nach einem straffen Gesamtplan vermeidet Verzettelung in Nebensächlichkeiten, ausufernde Diskussionen und unnötigen Tiefgang in Teilschritten oder -bereichen.

Um diese Vorteile realisieren zu können, ist darauf zu achten, daß in der Gruppe keine Spannungen (z.B. Hierarchiegefälle) bestehen oder sich im Prozeß entwickeln. Der Moderator sollte Erfahrung in der Leitung von Gruppensitzungen haben und die Szenario-Methodik gut beherrschen. Er muß dafür sorgen, daß ein gemeinsames einheitliches Problemverständnis entsteht, Spannungen wieder abklingen und die Arbeitsanweisungen und Zeitpläne eingehalten werden, so daß eine straffe Arbeitsweise möglich wird.

Literaturverzeichnis

Ansoff, H.J., R.P. Declerck und *R.L. Hayes* (Hrsg.): From Strategic Planning to Strategic Management. London 1976.

Beck, P.W.: Corporate Planning for an Uncertain Future. Interner Bericht der Shell UK Ltd. London 1981.

Blecke, U.: Plausible Pfade in die Zukunft. Manager-Magazin 1978, Heft 12, 120–125.

Bratschitsch, R., und *W. Schnellinger* (Hrsg.): Unternehmenskrisen – Ursachen, Frühwarnung, Bewältigung. Stuttgart 1981.

Gälweiler, A.: Strategische Unternehmensplanung. Planung und Kontrolle. Hrsg. v. H. Steinmann. München 1978.

Geschka, H., und *U. von Reibnitz*: Zukunftsanalysen mit Hilfe von Szenarien – erläutert an einem Fallbeispiel „Freizeit im Jahr 2000“. Politische Didaktik, Heft 4, 1979, 71–101.

–: Die Szenario-Technik als Grundlage der strategischen Planung. Praxis der strategischen Unternehmensplanung. Hrsg. v. Töpfer/Afheldt. Frankfurt 1982.

Gomez, P., und *F. Escher*: Szenarien als Planungshilfen. Management-Zeitschrift – Industrielle Organisation **49** (2), 1980, 141–150.

Hahn, D., und *B. Taylor*: Strategische Unternehmensplanung. 1. Aufl. Würzburg–Wien 1980.

Hammer, R.M.: Unternehmensplanung. München 1982.

Hinterhuber, H.H.: Strategische Unternehmungsführung. 2. Aufl. Berlin–New York 1980.

–: Wettbewerbsstrategie. Berlin–New York 1982.

Hofer, C.W., und *D. Schendel*: Strategy Formulation: Analytical Concepts. St. Paul 1978.

Ilsemann, W. von: Die geteilte Zukunft – Szenarioplanung bei Shell. Manager-Magazin, Heft 5, 1980, 115–123.

Kirsch et. al.: Unternehmenspolitik: Von der Zielforschung zum Strategischen Management. München 1981.

Klein, H.E., und *W.H. Newman*: How to Use SPIRE: A Systematic Procedure for Identifying Relevant Environments for Strategic Planning. Journal for Business Strategy, Summer, 1980, 32–45.

Knauer, P.: Zur Aussagefähigkeit und Anwendbarkeit der Szenario-Methode. Analysen und Prognosen **19** (55), 1978, 13–15.

Linneman, R.E.: Shirt-Sleeve Approach to Long-Range Planning. Engelwood Cliffs 1980.

Linneman, R.E., und *J.D. Kennell*: Shirt-Sleeve Approach to Long-Range Plans. Harvard Business Review **55** (2), 1977, S. 141, 150.

Linneman, R.E., und *H.E. Klein*: The Use of Multiple Scenarios by U.S. Industrial Companies. Long-Range Planning **12** (2), 1979, 83–90.

Marzen, W.: Technischer Fortschritt – Sozialer Rückschritt. Innsbruck 1980.

MacNulty, C.A.R.: Scenario Development for Corporate Planning. Futures **9**, 1977, 128–138.

Oberkampf, V.: Szenario-Technik, Darstellung der Methode. Frankfurt am Main (RKW) 1976.

Reibnitz, U. von: Szenarien als Grundlage strategischer Planung. Harvard Manager 1983, Nr. 1 (in Veröffentlichung).

Reibnitz, U. von, H. Geschka und *S. Seibert*: Szenario-Technik als Grundlage von Planungen. Frankfurt (Battelle) 1982.

Roventa, P.: Portfolio-Analyse und Strategisches Management. München 1979.

Schaude, G.R., und *L. Schuster-Wolff-Bühring*: Szenario-Technik – ein Mittel der Forschungsplanung. Analysen und Prognosen 8 (47), 1976, 24–27.

Segner, M.: Szenario-Technik. Methodische Darstellung und kritische Analyse. Forschungsreihe Systemtechnik, Bericht Nr. 8/1976, hrsg. von der TU Berlin.

Szyperski, N.: Wo liegen die Fallstricke der strategischen Planung? Agplan-Handbuch der Unternehmensplanung. Hrsg. v. AGPLAN, Berlin 1976.

Ulrich, H.: Unternehmenspolitik. Bern–Stuttgart 1978.

Vester, F.: Neuland des Denkens. Stuttgart 1980.

Zentner, R.D.: Scenarios: A New Tool for Coporate Planners. Chemical and Engineering News. Ind. Edition, 53, 1975 (October), 22–34.

Kapitalwertorientierte Geschäftsfeldplanung im Konzern

D. Hahn, M. Mirow, T. Siegert und *A.C. Pfeil*

Kapitalwertorientierte Unternehmungsführung im Konzern wirft besonders interessante Fragestellungen beim Wertsteigerungsmanagement auf. Die Autoren, Mitglieder des Arbeitskreises „Integrierte Unternehmungsplanung" der Schmalenbach-Gesellschaft – Deutsche Gesellschaft für Betriebswirtschaft e.V., beleuchten diesen Fragenkomplex für nationale und internationale Konzerne vom grundsätzlichen Ansatz her und mit Beispielen aus der Konzernpraxis.

1. Geschäftsfeldplanung im Konzern

Die Planung der Tätigkeits- bzw. Geschäftsfelder bildet eine kardinale Aufgabe jeder Unternehmungsführung. Sie interessiert im folgenden mit dem Ziel der Wertsteigerung für divisionale Unternehmungen. Während die Einheitsgesellschaft den Rechtsmantel für rechtlich unselbständige Divisions bzw. Gliedbetriebe bildet, stellt der *Konzern* einen *Zusammenschluß mehrerer rechtlich selbständiger Gliedbetriebe bzw. Gesellschaften unter einheitlicher Leitung* dar. Einheitliche Leitung wird hierbei unterstellt, sofern die Konzernleitung befugt ist, ihre Konzerngeschäftspolitik gegenüber der Leitung der einzelnen Konzerngesellschaften durchzusetzen. Organisatorisch können sich Konzerngesellschaft und Division bzw. Gliedbetrieb entsprechen, Konzerngesellschaften können jedoch auch mehrere Divisions umfassen oder selbst neben anderen zu einer Division gehören.

Geschäftsfeldplanung im Konzern erfolgt vernetzt im *Gesamtplanungssystem* des Konzerns (vgl. Abb. 1). Planung, also systematische gedankliche Vorwegnahme künftigen Geschehens, umfaßt dabei im Konzern sowohl *Planungen der Konzernzentrale als auch der einzelnen Konzerngesellschaften*, wobei jeweils unterschieden werden kann in generelle Ziel- und Rahmenplanung, strategische Planung, operative Planung sowie Ergebnis- und Finanzplanung (vgl. hierzu und im folgenden *Hahn*, 1995, S. 232 ff.).

Ausgehend von der Konzernvision dient die *generelle Zielplanung* der Fixierung der wichtigsten Sachziele (Angabe der Branche(n) bzw. Wirtschaftszweige und ggf. auch der wichtigsten angestrebten Leistungsarten), Wertziele (Ergebnis- und Liquiditätsziele) sowie Sozialziele (angestrebte Zustände und Verhaltensweisen gegenüber Mitarbeitern, Kapitalgebern, Marktpartnern, Staat, allgemeiner Öffentlichkeit und natürlicher Um-

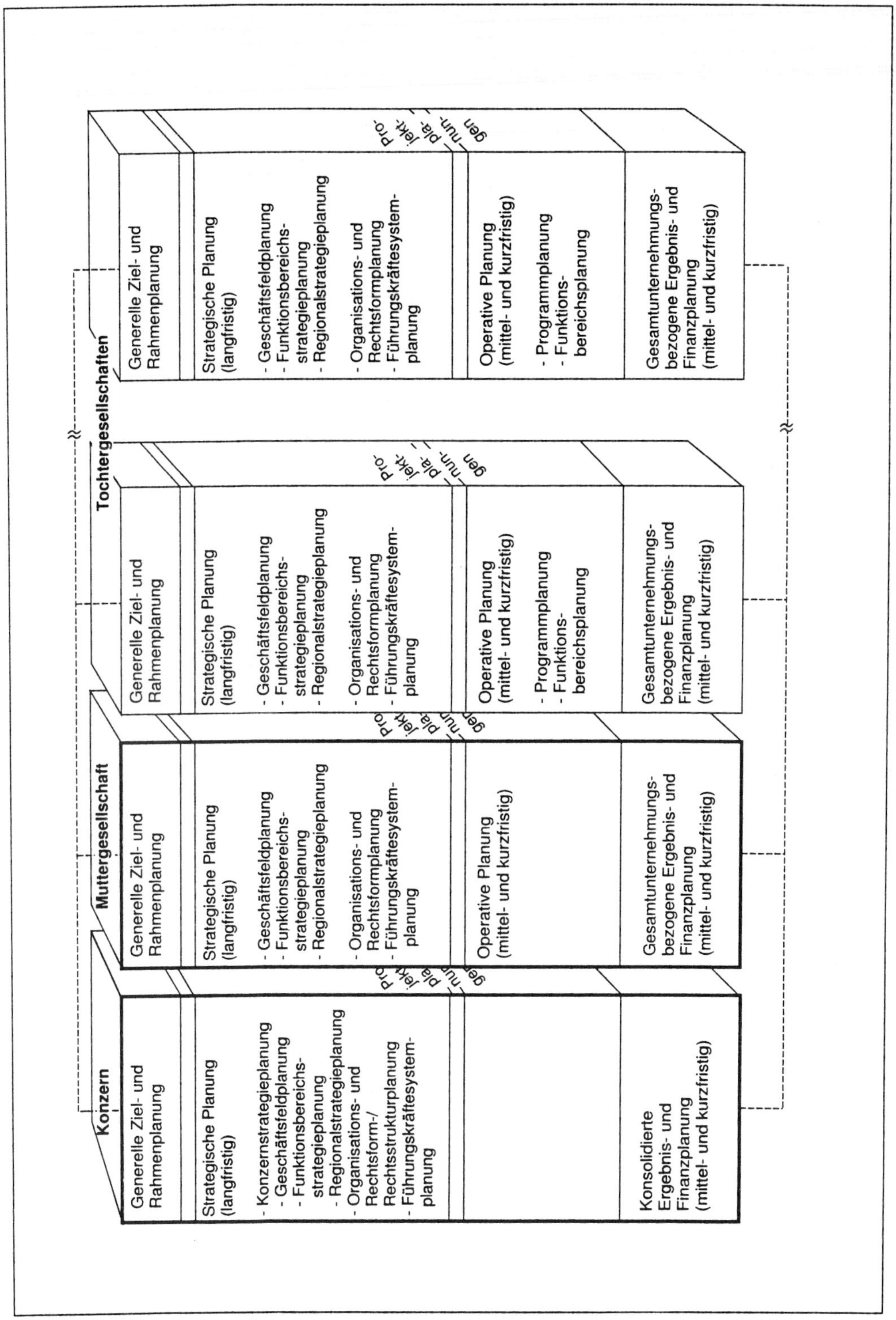

Abb. 1: Grundschema des Planungssystems eines Konzerns

welt). Das Oberziel ‚Erhaltung und erfolgreiche Weiterentwicklung der Unternehmung' wird in der sozialen Marktwirtschaft am ehesten durch das *Streben nach maximalem Kapitalwert* (hilfsweise nach optimalem kalkulatorischen Ergebnis) als *oberstes monetäres Ziel* realisiert, den es bei steter Aufrechterhaltung der Liquidität und ggf. Einhaltung von definierten Periodenzielen durch die Erstellung und den Absatz spezifischer Leistungen bzw. Produkte unter Beachtung von Sozialzielen zu erreichen gilt. Dabei ist mindestens die vom Kapitalmarkt bzw. von Kapitalgebern geforderte risikoadäquate Verzinsung für das eingesetzte bzw. einsetzbare Kapital zu erwirtschaften – möglichst eine darüber hinausgehende maximale Verzinsung bzw. Rendite zu erreichen. Hierzu bedarf es der nachfolgenden Planungen und deren Realisierung.

Die *strategische Planung* beinhaltet im Kern die *Festlegung des langfristig zu erstellenden Leistungs- bzw. Produktprogramms (Sach- und/oder Dienstleistungsprogramms) mit den hierzu erforderlichen Potentialen bzw. Potentialänderungen.* Diese im Verbund mit der Funktionsbereichsstrategie- und Regionalstrategieplanung stattfindende *Geschäftsfeldstrategie- bzw. Geschäftsfeldplanung* wird hier im folgenden unter Berücksichtigung von Konzernspezifika vertieft. Dabei ist zu beachten, daß die strategische Planung mit der programmorientierten Planung der Potentiale auch die *Planung der Potentialstruktur* umfaßt – bei Betonung der Sachpotentiale die Standortstrukturplanung, bei Betonung der aufgabenorientierten Sach- und Humanpotentiale die Organisations-, Rechtsform- und Rechtsstrukturplanung sowie führungspotentialbetont die Führungskräftesystemplanung mit Führungskräfteplanungssystem-, Führungskräfteanreizsystem- und Führungskräfteinformationssystemplanung.

Die *operative Planung* beinhaltet auf Basis gegebener Potentiale die Festlegung der kurz- und mittelfristig zu erstellenden Leistungs- bzw. Produktprogramme nach Art und Menge sowie die zu ihrer Realisierung erforderlichen Maßnahmen (zielorientierte Aktionen/Operationen) in den einzelnen Bereichen der Unternehmung.

Die *Ergebnis- und Finanzplanung* umfaßt zum einen mehrperiodige kalkulatorische Ergebnisplanungen (Betriebsergebnisplanungen) und bilanzielle Ergebnisplanungen (GuV-/Bilanzplanungen) aller Konzerngesellschaften, einschließlich der Planungen der Obergesellschaft. Zum ergebnisorientierten Zahlenwerk im Konzern gehören zudem konsolidierte Jahresabschlüsse. Für den Konzern werden zum anderen Finanzpläne erstellt, die kurz-, mittel- und langfristig grundsätzlich aus den Finanzplänen der Konzerngesellschaften nach Konsolidierung konzerninterner Zahlungsströme abgeleitet werden, vereinzelt auch indirekt aus den konsolidierten Planzahlen der Konzern-GuV- und Konzern-Bilanzpläne. Die originäre Finanzplanung erfolgt im Konzern grundsätzlich zentralisiert, Ausnahmen sind für internationale Konzerne relevant (vgl. *Bleicher/Hahn*, 1989, Sp. 910 f.).

Im Rahmen der periodisch durchgeführten Teilplanungskomplexe finden zudem aperiodisch *Projektplanungen* (Planungen zeitlich begrenzter, zielorientierter Aktionsfolgen) statt.

Im folgenden steht die *Geschäftsfeldplanung als Kern der strategischen Konzernplanung* im Vordergrund. Unter *strategischen Geschäftsfeldern* verstehen wir Produkt-Markt-Kombinationen, die eine eigenständige Marktaufgabe mit eigenen Produkten bei klar definierter Zielsetzung wahrnehmen, und die am Markt mit klar abgrenzbaren externen Wettbewerbern konkurrieren. Bezüglich der Schlüsselfunktionen des entsprechenden Geschäftes (Absatz, Entwicklung, Produktion) sollten sie weitgehend unabhängig sein – mit dazugehöriger Führungsverantwortung auf der Basis eines entsprechenden Planungs- und Kontrollsystems sowie Abrechnungssystems (vgl. den Beitrag „Zweck und Entwicklung der Portfolio-Konzepte in der strategischen Unternehmungsplanung" von *Hahn* in diesem Buch). Geschäftsfelder sind sodann mit Geschäftseinheiten identisch (vgl. zu Differenzierungsmöglichkeiten den Beitrag „Organisation der strategischen Unternehmungsplanung" von *Link* in diesem Buch).

Geschäftsfeldstrategien – mit integrierten Funktionsbereichs- und Regionalstrategien – sind letztlich marktorientierte Investitions-/Desinvestitionsstrategien in Human- und Sachpotentiale, die gesamtunternehmungsbezogen durch zugehörige Infrastrukturinvestitionen (z.B. in Umweltschutz-, Verwaltungs- und Versorgungseinrichtungen) zu ergänzen sind. Nach der grundsätzlichen Entwicklungsrichtung werden Wachstums-, Stabilisierungs- und Schrumpfungsstrategien unterschieden, nach der Basis-Erfolgsstrategie im Wettbewerb Kosten- und Leistungsführerschaftsstrategien. Die *Geschäftsfeldplanung* mit integrierter Funktionsbereichs- und Regionalstrategieplanung erfolgt *im Konzern auf mehreren Ebenen* (vgl. Abb. 2), wobei Programm- und Potentialvariationen durch interne Entwicklungspfade, z.B. durch Produkt- und Prozeßentwicklungen, und durch externe Entwicklungspfade, z.B. durch Beteiligungserwerb oder -veräußerung, erarbeitet und charakterisiert werden können (vgl. *Hahn*, 1996, S. 271 f. und 697 f.; zu Wettbewerbsstrategien grundlegend *Porter*, 1990).

Auf Konzernebene erfolgt die Planung des Portfolios der Unternehmungsbereiche bzw. Gliedbetriebe, *auf Konzernbereichsebene* die Planung des Portfolios der Geschäftsfelder je Unternehmungsbereich bzw. Gliedbetrieb und *auf Geschäftsfeldebene* die Planung des Portfolios der Sach- und Dienstleistungen je Geschäftsfeld. Die *Vorgehensweise* kann hierbei anhand der *Phasen des Planungsprozesses* charakterisiert werden: Ausgehend von der Ermittlung einer strategischen Wachstumslücke in der Problemstellungsphase, die eine Differenz von gewünschten und voraussichtlichen Umsätzen, Gewinnen oder Kapitalwerten darstellt, werden in der Suchphase zur Schließung der Lücke alternative Kombinationen von Produktprogramm- und Potentialvariationen ermittelt, von denen im Anschluß an ihre Beurteilung die zu realisierenden Alternativen ausgewählt werden. Die Ableitung von Entwicklungspfaden hat hierbei markt- und ressourcenorientiert zu erfolgen.

In welchem Ausmaß jeweils Konzernzentrale und einzelne Konzerngesellschaften an dem Prozeß der Geschäftsfeldplanung beteiligt sind, hängt hierbei vom *Grad der Zentralisation bzw. Dezentralisation der Führungsorganisation* ab.

Ziel des Konzerns ist es, den langfristig *ergebnisoptimalen Entwicklungspfad visionsorientiert* auf Basis von *Kern- und Spezialgeschäften* festzulegen. Hierbei sind Restriktionen zu beachten und für jedes Geschäftsfeld und jede relevante Funktion die *Attraktivität von Wertschöpfungsbreite, -tiefe und -standort* fortlaufend zu überprüfen (vgl. *Hahn*, 1996, S. 278 ff.; *Prahalad/Hamel*, 1991, S. 66 ff.).

Für die *Beurteilung von Strategiealternativen* dienen spezifische Instrumente mit spezifischen Informationen (vgl. Abb. 3), von denen im folgenden die *Kapitalwertmethode* und *spezifische Kapitalwerte* näher diskutiert werden sollen.

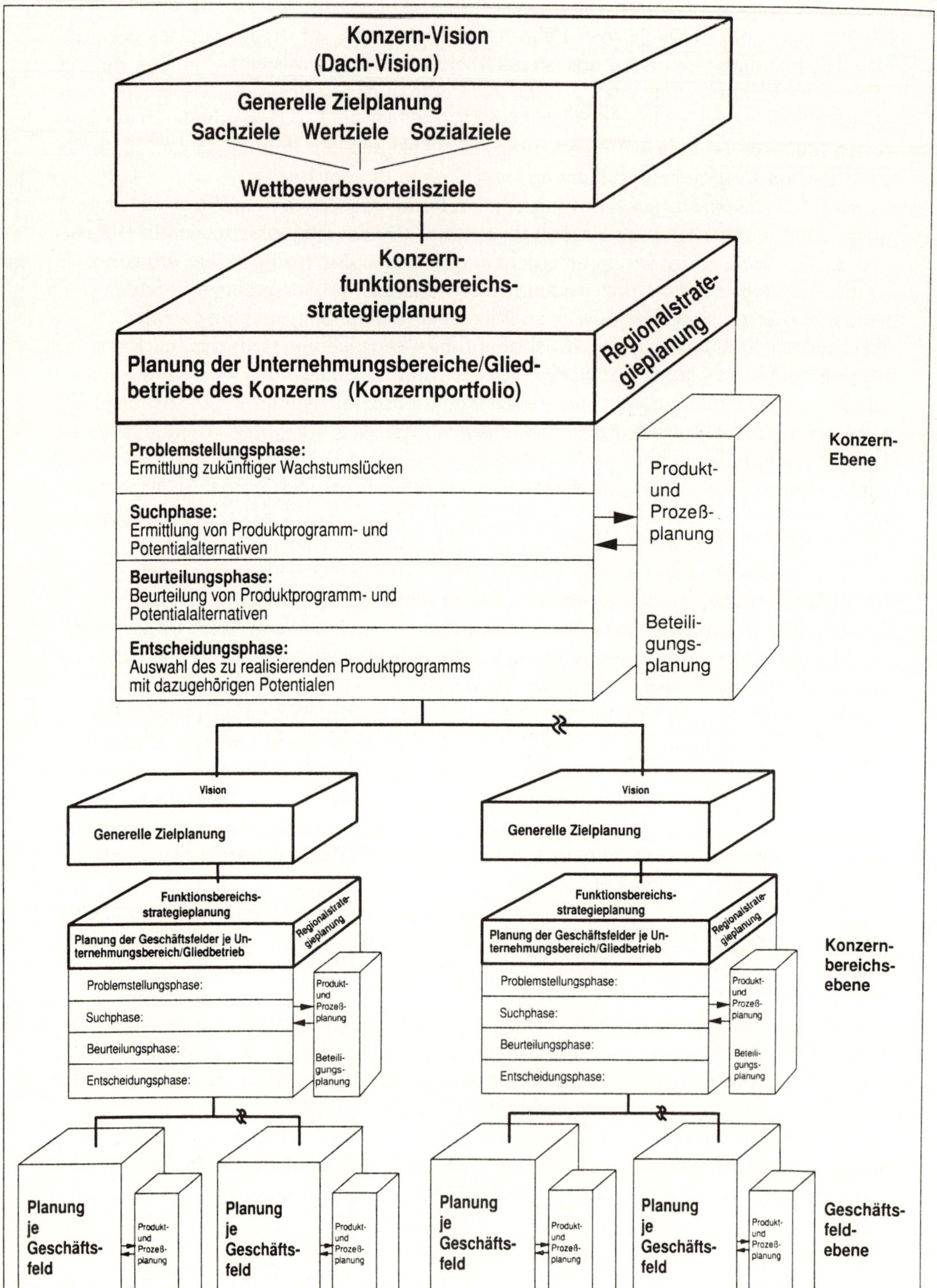

Abb. 2: Geschäftsfeldplanung mit integrierter Funktionsbereichs- und Regionalstrategieplanung auf Konzern-, Konzernbereichs- und Geschäftsfeldebene

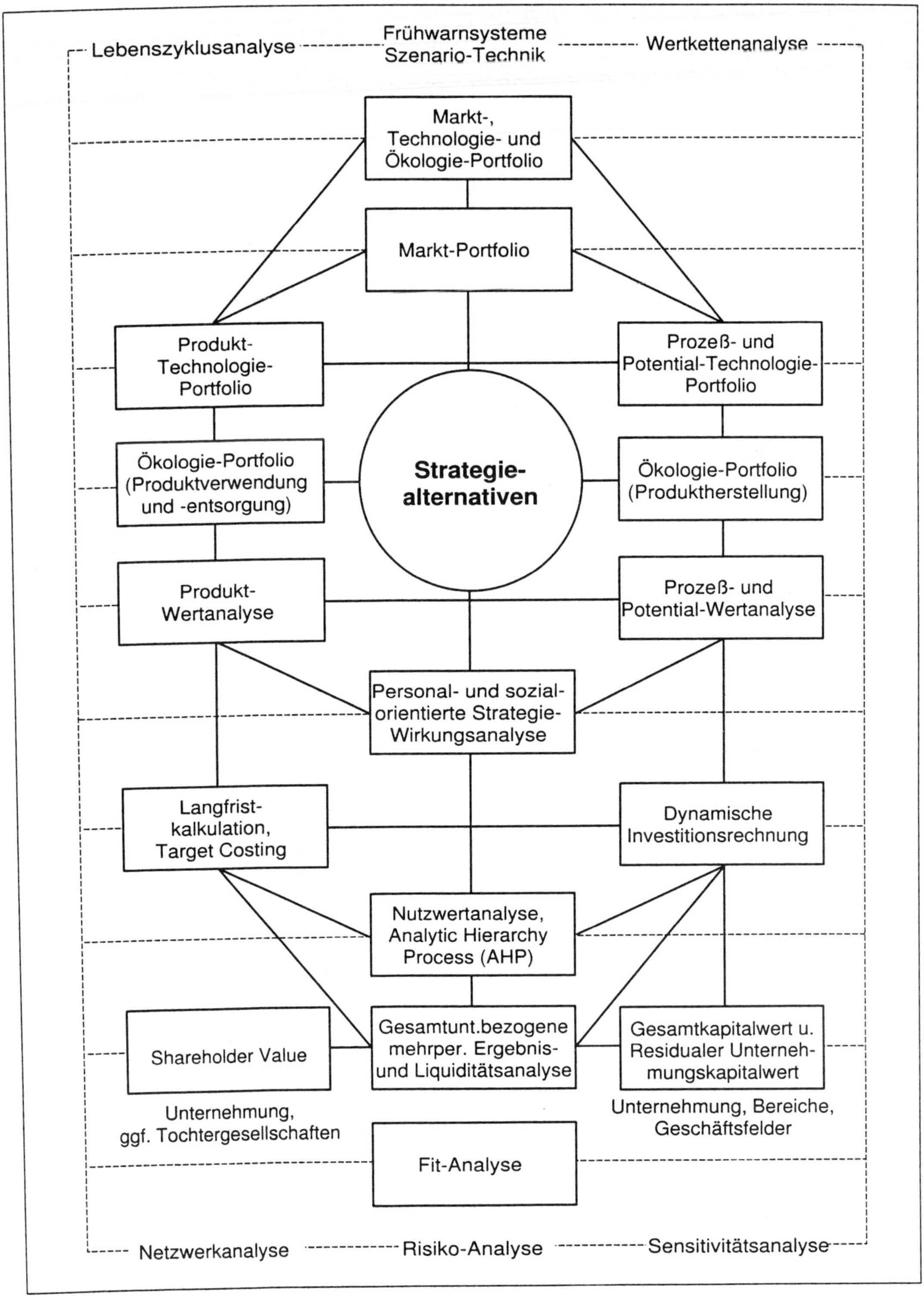

Abb. 3: Beurteilungsinstrumente für Strategiealternativen

2. Kapitalwerte – Gesamtkapitalwert, Shareholder Value und Residualer Unternehmungskapitalwert als Beurteilungsgrundlagen für Geschäftsfeld- und Infrastrukturinvestitionen und/oder -desinvestitionen

Den *Kapitalwert* bilden die auf einen bestimmten Zeitpunkt auf- oder abgezinsten objektbezogenen Zahlungsüberschüsse der Planungsperioden.

Der Kapitalwert dient der ergebnisorientierten *Bewertung einzelner Investitionsobjekte* sowie *bilanzierungsfähiger Unternehmungsbereiche* und der *Unternehmung als Ganzes* – jeweils vor und nach Strategie. Der *Unternehmungswert* kann dabei in den Ausprägungen *Gesamtkapitalwert, Eigenkapitalwert oder Residualer Unternehmungskapitalwert* berechnet werden. Er wird für eine begrenzte oder unbegrenzte Lebensdauer vorzugsweise auf Basis von Ein- und Auszahlungsgrößen (Finanzplanzahlen) oder hilfsweise auf Basis des Zahlenwerks von Plan-GuV und Plan-Bilanz künftiger Perioden ermittelt (vgl. im folgenden *Hahn*, 1996, S. 312 ff.; grundlegend zum Shareholder Value-Ansatz *Rappaport*, 1986; *Copeland* u.a., 1990; *Bühner*, 1990).

Der *Kapitalwert* (Gesamt- oder Eigenkapitalwert) ergibt sich als abgezinste Größe und bei *begrenzter und unbegrenzter Lebensdauer* auf Basis von *Einzahlungen und Auszahlungen* nach folgenden Formeln:

$$C_0 = \sum_{t=0}^{N} \frac{E_t - A_t}{q^t} \qquad\qquad C_0 = \sum_{t=0}^{T} \frac{E_t - A_t}{q^t} + \frac{RW}{q^T}$$

Der *Kapitalwert* (Gesamt- oder Eigenkapitalwert) ergibt sich als abgezinste Größe und bei *begrenzter und unbegrenzter Lebensdauer* auf Basis von *Erträgen und Aufwendungen* nach folgenden Formeln:

$$C_0 = \sum_{t=0}^{N} \frac{G_t}{q^t} \qquad\qquad C_0 = \frac{\varnothing G}{i}$$

Es bedeuten:

C_0	=	Kapitalwert
E_t	=	Einzahlungen in Periode t
A_t	=	Auszahlungen (vor oder nach Zinszahlungen) in Periode t
q^{-1}	=	$\frac{1}{(1+i)}$ = Abzinsungsfaktor
i	=	$\frac{p}{100}$
p	=	Zinssatz
t	=	Laufindex der Perioden ($t = 0, \ldots, N$ oder $t = 1, \ldots, N$)
T	=	Planungshorizont
N	=	Lebensdauer
RW	=	Restwert
G_t	=	Bilanzieller Gewinn (vor oder nach Zinsaufwendung) in Periode t
$\varnothing G$	=	Durchschnittlicher Gewinn (vor oder nach Zinsaufwendung)

Der *Gesamtkapitalwert* berechnet sich bei begrenzter Lebensdauer durch Diskontierung von periodigen Zahlungsüberschüssen oder Gewinnen *vor Zinsen* mit einem *gemischten Eigen- und Fremdkapitalkostensatz* (Entity-Ansatz). Der *Eigenkapitalwert* berechnet sich bei begrenzter Lebensdauer durch Diskontierung von periodigen Zahlungsüberschüssen oder Gewinnen *nach Zinsen* mit einem *Eigenkapitalkostensatz* (Equity-Ansatz) (vgl. *Schmidt*, 1995, S. 1090 f.).

Bei einem Kapitalwert $C_0 = 0$ wird gerade der geforderte Kalkulationszinssatz erwirtschaftet. Nach dieser Methode ist eine Investition um so vorteilhafter, je höher ihr Kapitalwert bei gefordertem Kalkulationszinssatz ist. Liegt ein *positiver Kapitalwert* vor, wird die im Kalkulationszinssatz geforderte Mindestverzinsung überschritten; liegt ein *negativer Kapitalwert* vor, wird die im Kalkulationszinssatz geforderte Mindestverzinsung unterschritten.

Die sogenannte *Kapitalwertrate* (C_r) berechnet sich als Quotient aus dem Kapitalwert und der Anschaffungsauszahlung. Demzufolge stellt sie den relativen Vermögenszuwachs bezogen auf die Anschaffungsauszahlung im Betrachtungszeitraum dar. Sie kann interpretiert werden als diskontierte Verzinsung der Investition gemessen über ihre gesamte Laufzeit.

Die *Kapitalwertrate* ergibt sich als:

$$C_r = \frac{C_0}{A_0}$$

Der *Gesamtkapitalwert* wird auf der Basis von Cash-flows *nach Ersatz- bzw. Erhaltungsinvestitionen* und *ergebnisabhängigen Steuern*, jedoch *vor kapitalgeberbezogenen Zahlungen* (Zins- und Dividendenzahlungen sowie Ein- und Auszahlungen aus Finanzierungs- und Definanzierungsvorgängen) ermittelt. Diese sogenannten *freien Cash-flows* (free Cash-flows) einer Periode stehen für Zahlungen an die Eigen- und Fremdkapitalgeber der Unternehmung, für Programm- und Potentialänderungen bzw. Erweiterungsinvestitionen, für Finanzinvestitionen sowie ggf. auch für zusätzliche Zahlungen an Führungskräfte und ggf. auch sonstige Mitarbeiter zur Verfügung.

Der *Gesamtkapitalwert* kann dabei *zum einen auf Basis eines bereinigten Gesamt-Cash-flows* – bestehend aus Zahlungsüberschüssen güterwirtschaftlicher Aktivitäten (güterwirtschaftliche Geschäftstätigkeit) und finanzwirtschaftlicher Aktivitäten (Finanzanlagen und sonstige nichtbetriebsnotwendige Anlagen) – ermittelt werden, *zum anderen* – durch Trennung güter- und finanzwirtschaftlicher Aktivitäten – *auf Basis der Operating Cash-flows* (aus güterwirtschaftlichen Aktivitäten) *und der Non-Operating Cash-flows* (aus finanzwirtschaftlichen Aktivitäten) (vgl. *Hahn*, 1996, S. 313 ff.).

Im ersten Fall errechnet sich der *Gesamtkapitalwert aus zwei Komponenten*: dem Barwert der freien Cash-flows im Planungszeitraum (konkret planbare Cash-flows für z.B. 5 Jahre) und dem Barwert der freien Cash-flows nach Ende des Planungszeitraums, der als Barwert eines unendlichen Stroms identischer Cash-flows über den Restwert der Unternehmung erfaßt wird. *Im zweiten Fall* setzt sich der *Gesamtkapitalwert aus drei Komponenten* zusammen: dem Barwert der Operating Perioden-Cash-flows, dem Barwert des Operating Restwertes und dem aktuellen Wert des nichtbetriebsnotwendigen Vermögens (Schätzwert für den Barwert der Non-Operating Cash-flows) (vgl. Abb. 4).

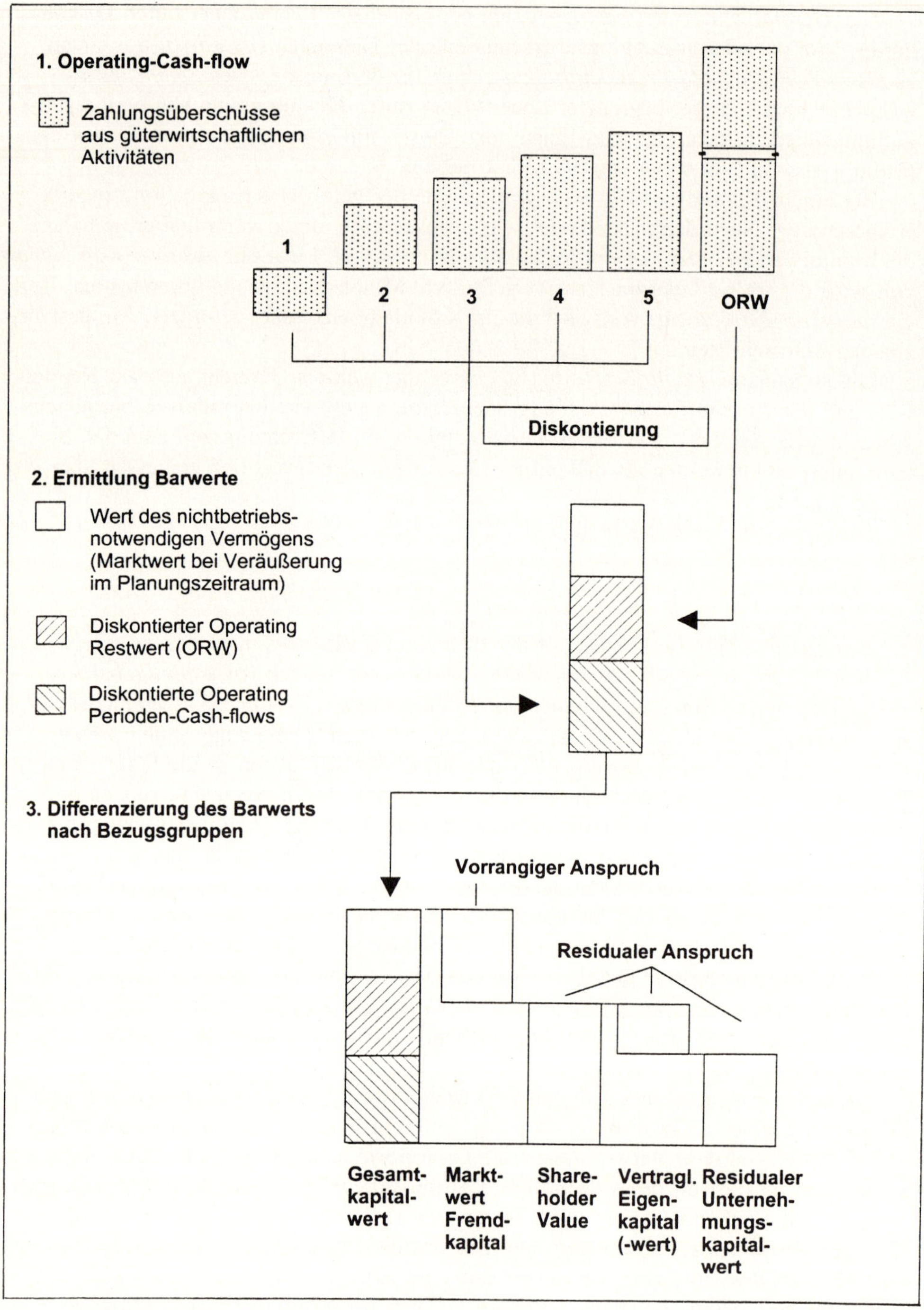

Abb. 4: Ermittlung differenzierter Kapitalwerte auf Basis von Operating Cash-flows bei Einbeziehung der Non-Operating Cash-flows über den Barwert des nichtbetriebsnotwendigen Vermögens

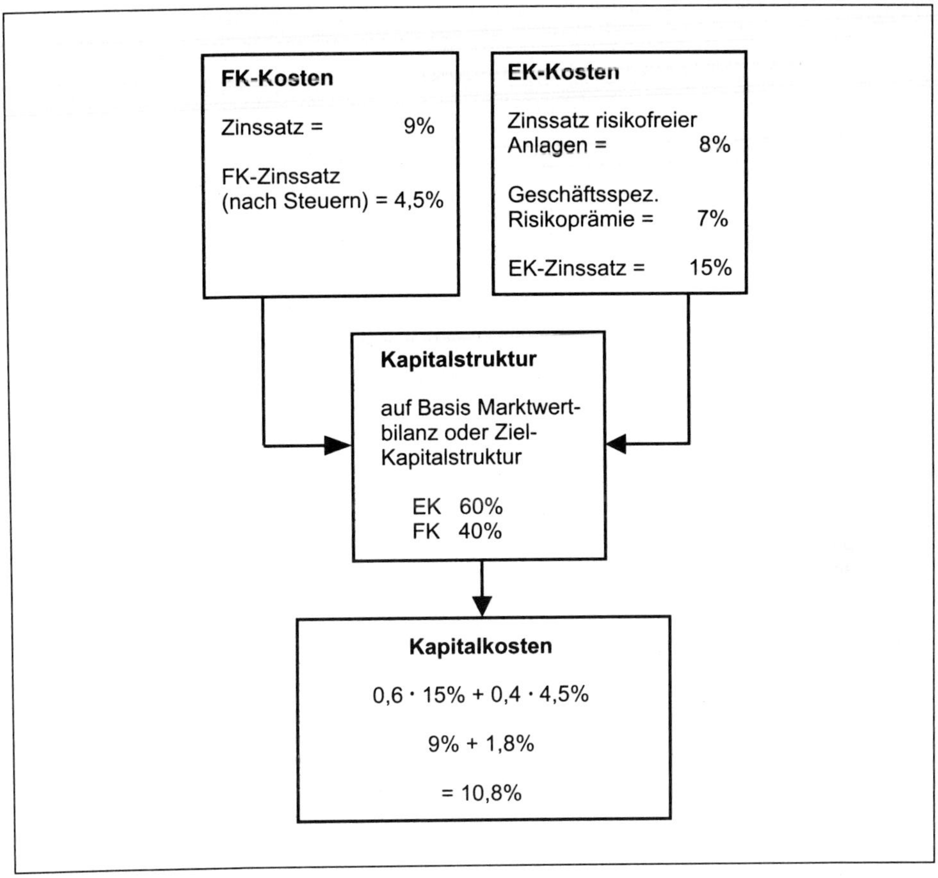

Abb. 5: Beispiel zur Ermittlung gewichteter Kapitalkosten

Der *Kalkulationszinsfuß* (-satz) wird in beiden Fällen als mit der Kapitalstruktur gewichteter Durchschnitt aus Eigen- und Fremdkapitalkosten (*Weighted Average Cost of Capital/WACC*) ermittelt, wobei die Kapitalstruktur entweder als Zielkapitalstruktur ermittelt wird oder aufgrund einer Tages- bzw. Marktwertbilanz. Eigenkapitalkosten werden auf Basis des *Capital Asset Pricing Models (CAPM)* berechnet, Fremdkapitalkosten nach Berücksichtigung ihrer steuerlichen Abzugsfähigkeit (vgl. *Hahn*, 1996, S. 314 ff.; ausführlich zum CAPM *Perridon/Steiner*, 1995, S. 235 ff. sowie speziell zur Risikoberücksichtigung *Baetge/Krause*, 1994, S. 437 ff.).

Die *Eigenkapitalkosten* (R_e) berechnen sich gemäß *CAPM* nach folgender Formel:

$$R_e = R_f + \beta \times (RM_e - R_f)$$

Es bedeuten:

R_e = Erwartete Verzinsung einer risikobehafteten Kapitalanlage (Eigenkapitalkosten)

R_f = Verzinsung einer risikofreien Kapitalanlage

β = Maß für die Risikohöhe der betrachteten Kapitalanlage

RM_e = Erwartete Verzinsung des Marktportfolios

Abbildung 5 veranschaulicht beispielhaft die Ermittlung gewichteter Kapitalkosten (vgl. *Hahn*, 1996, S. 316).

Nur wenn der errechnete Gesamtkapitalwert positiv ist, werden über die geforderten Eigen- und Fremdkapitalzinsen sowie alle anderen notwendigen Auszahlungen in den künftigen Perioden hinaus noch weitere Überschüsse erwirtschaftet. Der Gesamtkapitalwert kann sowohl für die Beurteilung einzelner Investitionsobjekte, denen sich eine Finanzierungsart nicht herkunftsspezifisch zuordnen läßt, als auch für Unternehmungsbereiche und für die Unternehmung als Ganzes – verstanden als Investitionsobjekt, dessen Gesamtverzinsung interessiert – berechnet werden. Vermindert man den Gesamtkapitalwert der Unternehmung um den *Fremdkapitalwert* (Marktwert des Fremdkapitals, vereinfachend Nominalwert), erhält man den *Eigenkapitalwert/Shareholder Value*, der ein Entscheidungskriterium primär aus der Sicht der Eigentümer bzw. der Unternehmungsführung als Eigenkapitalanleger darstellt. Vermindert um den *vertraglich vereinbarten Eigenkapitalwert* (Rückzahlungsanspruch der Eigenkapitalgeber auf Basis nominaler oder realer Kapitalerhaltung oder der Marktwertentwicklung) erhält man den *Residualen Unternehmungskapitalwert.* Dieser ist positiv, falls die diskontierten Überschüsse die vertraglichen Rückzahlungsansprüche von Eigen- *und* Fremdkapitalgebern übersteigen (vgl. zu diesem Abschnitt und im folgenden *Hahn*, 1996, S. 317 ff.).

Während die nach dem Shareholder Value-Konzept abgeleiteten diskontierten Überschüsse als Eigenkapitalwert nur den Eigenkapitalgebern zustehen, obwohl sie von Eigenkapitalgebern und Mitarbeitern gemeinsam erwirtschaftet werden, stehen erwirtschaftete *residuale Überschüsse* pro Periode bei positivem residualen Unternehmungskapitalwert nach dem *Konzept der Überschußverwendung von Hahn* für die Stärkung der Unternehmung, für Zusatzausschüttungen an die Kapitalgeber und für Tantiemen/Gewinnbeteiligungen der Führungskräfte und anderer Mitarbeiter zur Verfügung. *Residuale Fehlbeträge* sind nach Auflösung finanzieller Reserven durch Eigenkapitalgeber und Mitarbeiter zu tragen.

Im Rahmen der strategischen Geschäftsfeldplanung ist die Unternehmung als Ganzes stets vor und nach Strategie mittels der behandelten Kapitalwertarten zu bewerten, wobei die *optimale Geschäftsfeldstrategie den größten Wertzuwachs (Value Creation)* beim Shareholder Value und somit auch beim Residualen Unternehmungskapitalwert bewirkt. Wird eine *Wertvernichtung (Value Destruction)* infolge einer bestimmten Strategie antizipiert, muß dies zu einer *Strategieänderung* führen, zur Innovation, ggf. mit Reduzierung der Ansprüche von Lieferanten, Staat sowie Kapitalgebern und Mitarbeitern, andernfalls zu Standortverlagerungen oder aber auch zu Führungskräftewechsel und Mitarbeiterfreisetzungen oder gar partieller oder totaler Unternehmungsstillegung (vgl. *Hahn*, 1996, S. 322; *Hahn*, 1994, S. 72 f.).

Bei der Beurteilung von Geschäftsfeld- und Infrastrukturinvestitionen bzw. -desinvestitionen mit Kapitalwerten ergeben sich allerdings einige *Probleme*: ein grundsätzliches Problem ist die Ermittlung zukünftiger Daten, speziell die Einschätzung der monetären Wirkungen von Marktpotentialen und Ressourceneinsätzen in der Zukunft. Die Aussagefähigkeit von Kapitalwerten nimmt zudem generell ab, wenn der Barwert des Restwertes erheblich größer ist als der Barwert der Zahlungsüberschüsse während des Planungszeitraums. Der Kapitalwert ist ferner nur zur Beurteilung von Investitionsalternativen im Hinblick auf monetäre Zielwirkungen einsetzbar.

3. Kapitalwerte als Beurteilungsgrößen im nationalen Konzern

Das Streben nach *Erwirtschaftung maximaler Kapitalwerte* auf Basis von Ein- und Auszahlungsgrößen stellt auch *im Konzern* das oberste, grundsätzlich *dominante monetäre Ziel* sowohl der Gesamtunternehmung als auch der jeweiligen Gliedbetriebe dar. *Kapitalwertorientierte Führung im Konzern* kann am besten praktiziert werden in Unternehmungen bzw. Konzernen mit weitgehend auf die Gliedbetriebe zuordenbaren zentralen Leistungen, geringen Verbundeffekten zwischen den Gliedbetrieben und rechtlicher Selbständigkeit der Gliedbetriebe. Aus Sicht der Konzernzentrale als „Kapitalanleger" sollte der *Eigenkapitalwert/Shareholder Value* oder der *Residuale Unternehmungskapitalwert das monetäre ergebnisbezogene Hauptziel für den Konzern* bilden. Ersterer interessiert bei börsennotierten Muttergesellschaften eines Konzerns sowie bei börsennotierten Tochtergesellschaften auch für externe Informationszwecke insbesondere im Hinblick auf die Aktionäre, wobei die externe Einschätzung des Erfolges kapitalwertorientierter Führung auch anhand der Kursentwicklung beobachtet werden kann und muß (vgl. hierzu und im folgenden *Hahn*, 1996, S. 707 ff.).

Als monetäres Beurteilungskriterium für Strategiealternativen *einzelner Gliedbetriebe* wird i.d.R. der *Gesamtkapitalwert* herangezogen, da – insbesondere bei längerer Konzernzugehörigkeit – aufgrund einer von der Konzernspitze mehr oder weniger willkürlich gestalteten Fremdkapitalzuweisung keine sinnvollen Aussagen über die Kapitalstruktur mehr möglich sind, d.h. der Eigenkapitalwert an Aussagekraft verliert. Man berechnet den Gesamtkapitalwert entweder mit den gewichteten Kapitalkosten des Konzerns bzw. der Obergesellschaft. Oder es werden je Gliedbetrieb branchen- bzw. geschäftsspezifische Risiken bei der Kapitalwertermittlung im Kalkulationszinsfuß berücksichtigt. Hierbei können auch spezifische Kapitalstrukturen je Gliedbetrieb unterstellt werden.

Gesamtkapitalwerte dienen bei Gliedbetrieben auch zur Bemessung des Beitrages zum Wert der Gesamtunternehmung (Wertbeitrag pro Gliedbetrieb), wobei es sinnvoll sein kann, die Kapitalwerte der Gliedbetriebe nur auf Basis der Operating Cash-flows zu ermitteln, sofern nämlich finanzwirtschaftliche Aktivitäten im wesentlichen der Obergesellschaft obliegen. Addiert man die Barwerte der Operating Cash-flows je Gliedbetrieb und den Barwert der finanzwirtschaftlichen Cash-flows der Obergesellschaft, erhält man den Gesamtkapitalwert der Obergesellschaft. Vermindert um den Barwert fremdkapitalgeberbezogener Rückzahlungsansprüche ergibt sich der Eigenkapitalwert/Shareholder Value der Obergesellschaft, abzüglich der eigenkapitalgeberbezogenen Rückzahlungsansprüche wiederum der Residuale Unternehmungskapitalwert der Obergesellschaft.

Soll der *Wertbeitrag der Konzernzentrale* selbst beziffert werden, muß der Gesamtkapitalwert der einzelnen Gliedbetriebe unter der Fiktion ihrer Eigenständigkeit bzw. Nicht-Integration in den Konzernverbund berechnet werden („stand alone value"), d.h. konzerninterne Lieferungs- und Leistungsbeziehungen müssen ggf. marktorientiert umbewertet und bestehende Synergieeffekte zwischen den Gliedbetrieben quantifiziert und eliminiert werden. Übersteigt der Wert der Gesamtunternehmung die Summe der *„stand alone values" der Gliedbetriebe*, ist der Wertbeitrag der Konzernzentrale positiv (vgl. *Henzler*, 1988; *Hungenberg*, 1992).

Der *Eigenkapitalwert/Shareholder Value* kann der Konzernführung auch für *aperiodische Fragestellungen* wie der Ermittlung des maximalen Kaufpreises einer potentiellen Beteiligung sowie zum Vergleich interner und externer Wachstumsmöglichkeiten dienen (vgl. hierzu *Gomez/Weber*, 1989). Unter Vernachlässigung von Synergien und Transaktionskosten aus einer geplanten Akquisition ist der Shareholder Value für den potentiellen Käufer der maximale Kaufpreis, unter Berücksichtigung von Synergien erhöht er sich um den Eigenkapitalwertzuwachs aus solchen Synergieeffekten. Der Käufer steigert den Shareholder Value seiner Unternehmung jedoch nur dann, wenn der von ihm effektiv zu zahlende Kaufpreis unter dem maximalen Kaufpreis liegt, wobei vielfach wenig erfolgreich geführte Unternehmungen ein besonders hohes Wertsteigerungspotential durch überlegenes Management nach Akquisition besitzen.

Geschäftsfeld- und Infrastrukturinvestitionen sind umso vorteilhafter, je höher der Barwert der künftigen zusätzlichen Cash-flows über der Anfangsauszahlung für die Investition zum Entscheidungszeitpunkt liegt und somit die effektive Kapitalverzinsung den geforderten Kalkulationszinsfuß übersteigt. *Desinvestitionen* sind danach um so vorteilhafter, je weiter der Barwert der entfallenden zukünftigen (rückläufigen) Cash-flows unterhalb des Barwertes bei sofortiger Liquidation zum Entscheidungszeitpunkt liegt (vgl. *Bühner/Weinberger*, 1991, S. 196 f. und S. 200 f.).

Trotz der bereits in Kapitel 2 angesprochenen Schwierigkeiten sollten für die Obergesellschaft und die übrigen Gliedbetriebe unter *Nutzung des Zahlenwerks der mehrperiodigen Ergebnis- und Finanzplanung jährlich* der Gesamtkapitalwert, der Shareholder Value – bei börsennotierten Gesellschaften – sowie der Residuale Unternehmungskapitalwert berechnet werden. Die *Konzernzentrale* trifft sodann *kapitalwertorientiert* und auch unter Berücksichtigung von Periodenergebnissen nicht nur Entscheidungen über die *Programmgestaltung* im Konzern, sondern auch über Fragen der *Mittelherkunft und -verwendung (Ressourcenverteilung)* auf einzelne Bereiche, Gliedbetriebe und Geschäftsfelder vor dem Hintergrund ihrer jeweiligen Renditeansprüche (vgl. hierzu und im folgenden *Hahn*, 1996, S. 709 ff.; vgl. Abb. 6).

Übersteigt die Summe der von den Konzernbereichen (Gliedbetrieben, Geschäftsfeldern) beantragten Budgets das insgesamt *verfügbare Finanzierungsvolumen* des Konzerns, erfolgt die ergebnisorientierte Priorisierung von Investitionsobjekten und damit die Kapitalverwendung im Konzern nach der jeweiligen *Kapitalwertrate/Rendite*, die als Quotient aus dem Kapitalwert der Investitionsobjekte je Konzernbereich und dem beantragten Budget je Konzernbereich die relative Vermögenssteigerung je Konzernbereich anzeigt. Die Investitionsprojekte werden also mit abnehmender Reihenfolge der Rentabilitäten in das Investitionsprogramm aufgenommen, bis das Budget ausgelastet ist, wobei Teilbarkeit der Projekte unterstellt wird. Übersteigt oder deckt das Finanzie-

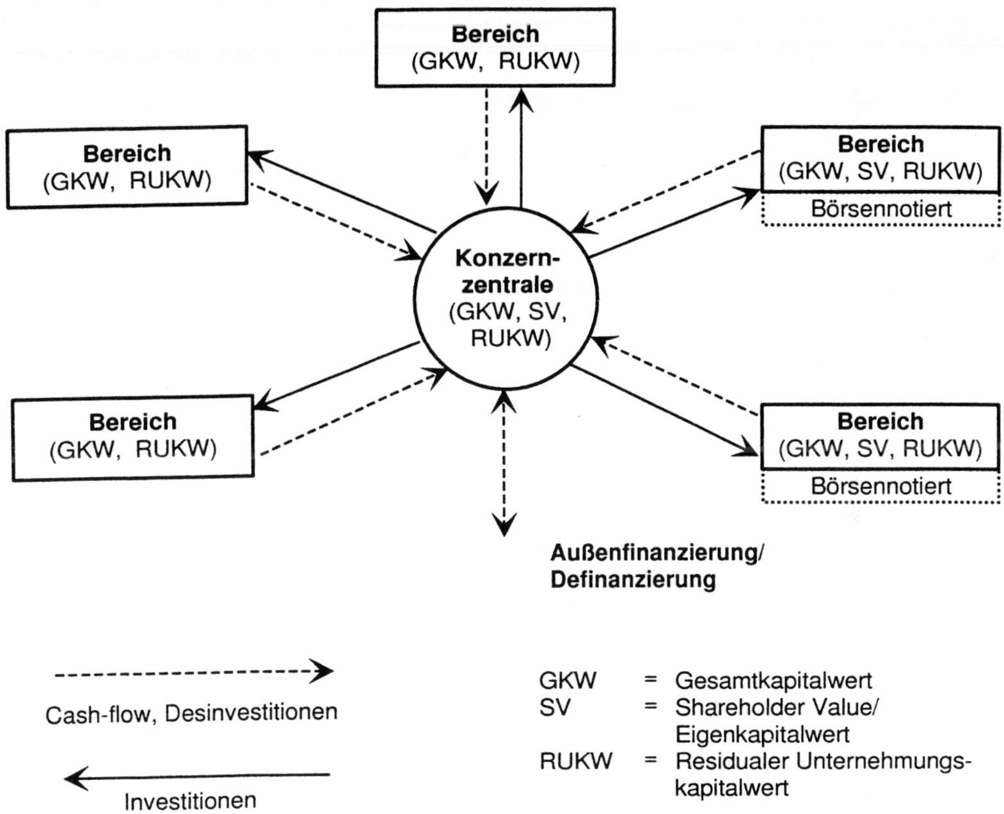

Beurteilungsgrundlagen: geforderte Kapitalverzinsung und Liquidität

Gesamtkapitalwert, Shareholder Value/Eigenkapitalwert, residualer Unternehmungskapitalwert	Interne Zinsfüße Kapitalwertraten
Mehrperiodige Ergebnispläne Mehrperiodige Finanzpläne	Renditen
vor und nach Strategie	

Abb. 6: Monetäre Beurteilung von Konzernstrategien

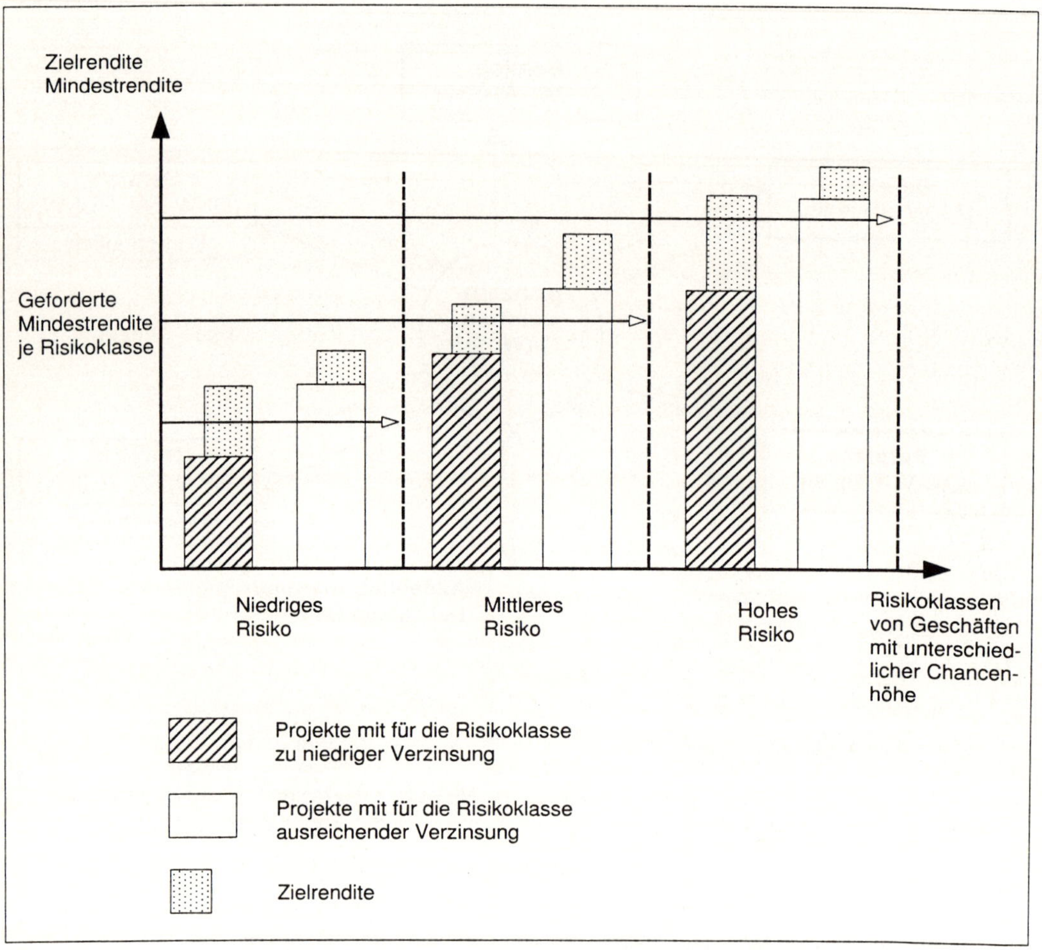

Abb. 7: Mindestrendite und Zielrendite für einzelne Geschäfte

rungsvolumen die Summe der von den Konzernbereichen beantragten Budgets, werden alle Investitionsobjekte mit positivem Kapitalwert realisiert.

Beispiel:

Bereich	A	B	C	D	E	Summe
Beantragtes Budget in Mio. DM	30	60	110	70	20	290
Kapitalwert	10	10	30	20	15	85
Ranking nach Kapitalwert	4	4	1	2	3	–
Kapitalwertrate	0,33	0,166	0,273	0,286	0,75	0,293
Ranking nach Kapitalwertrate	2	5	4	3	1	–

Situation 1: Beantragtes Budget $\leq$ Finanzierungsvolumen (Finanzierungsvolumen = 290 Mio. DM)

In diesem Fall wird allen Bereichen das beantragte Budget genehmigt. Im Ergebnis würde dies zu einer Kapitalwertsteigerung nach Strategie in Höhe von 85 Mio. DM führen.

Situation 2: Beantragtes Budget > Finanzierungsvolumen (Finanzierungsvolumen = 120 Mio. DM)

In diesem Fall werden die einzelnen Investitionen nach ihrer relativen Vermögenssteigerung in eine Ordnung gebracht. Es können nur die Bereiche E, A, D bedient werden. Die Kapitalwertsteigerung nach Strategie beträgt in diesem Fall 45 Mio. DM. Bei jeder anderen Verteilung der nun knappen Investitionsmittel kann nur eine geringere Kapitalwertsteigerung erzielt werden.

Unterschiedliche *Ergebnisziele bzw. Zielrenditen für einzelne Gliedbetriebe* formuliert die Zentrale als Kapitalgeber in Abhängigkeit von den geschäftsspezifischen Chancen und Risiken, die sich insbesondere nach der Phase des Lebenszyklus der Geschäftsfelder bzw. Produkte und der relativen Wettbewerbsposition richten. Je höher das *geschäftsspezifische Risiko*, desto höher die Mindestanforderungen an die Gliedbetriebe bezüglich ihrer Verzinsung, die mindestens die Kapitalkosten auf Basis des Fremdkapitals und des Eigenkapitals zu Marktwerten abdecken muß. In der periodenbezogenen kalkulatorischen Planungsrechnung entspricht dies der Vorgabe eines entsprechenden kalkulatorischen Ergebnisses oder RoI auf Basis von Tageswerten bzw. Wiederbeschaffungswerten des investierten Vermögens (vgl. zum RoI als Planungs- und Kontrollinstrument *Hahn*, 1969), wobei jeweils mindestens die kalkulatorischen Zinsen erwirtschaftet werden müssen.

Liegt ein *positives kalkulatorisches Ergebnis* vor, wird die mit den kalkulatorischen Zinskosten geforderte Marktverzinsung überschritten; liegt ein *negatives kalkulatorisches Ergebnis* vor, wird die mit den kalkulatorischen Zinskosten geforderte Mindestverzinsung unterschritten.

Der *Return on Investment* [(kalkulatorisches Ergebnis + marktwertorientierte kalkulatorische Zinsen)/investiertes Vermögen zu Tageswerten] zeigt die Bruttoverzinsung des für die Leistungserstellung und -verwertung erforderlichen investierten Kapitals. Durch einen Vergleich des RoI mit marktorientiert abgeleiteten Zinskostensätzen kann überprüft werden, ob diese Zinskostensätze durch Plan-RoI- oder Ist-RoI-Größen über- oder unterschritten werden.

In der Praxis können vereinfachend *Risikoklassen von Geschäften mit unterschiedlicher Chancenhöhe* gebildet werden (vgl. Abb. 7).

Finanzierbarkeitsprüfungen und Liquiditätssicherung basieren auf mehrperiodigen Finanzplänen. In sie gehen die von den Unternehmungsbereichen bzw. Gliedbetrieben erwirtschafteten Cash-flows und ggf. Einzahlungen aus Desinvestitionen ein, denen in der zentralen Finanzplanung geforderte Zahlungen für Investitionen in Bereiche bzw. Gliedbetriebe sowie Ein- und Auszahlungen aus Außenfinanzierungs-/-definanzierungsvorgängen der Konzernzentrale gegenübergestellt werden. Finanzierbarkeitsprüfungen und Liquiditätssicherung erfolgen damit letztlich *auf Basis der zentralen mehrperiodigen Finanzplanung des Konzerns* und seiner finanzpolitischen Spielräume und

Möglichkeiten. Die Resultate ergebnis- und liquiditätsorientierter Rechnungen können visualisiert und schematisiert in Portfoliodarstellungen bezogen auf Geschäftsfelder, Gliedbetriebe, Bereiche oder die Gesamtunternehmung verwendet werden.

4. Kapitalwerte als Beurteilungsgrößen im internationalen Konzern

Gesamtkapitalwert, Eigenkapitalwert/Shareholder Value und Residualer Unternehmungskapitalwert gelten auch im internationalen Konzern als Hauptzielgrößen für die monetäre Beurteilung von Strategiealternativen auf Konzernebene, so daß die Ausführungen in Kapitel 3 hier grundsätzlich Gültigkeit besitzen. Es ergeben sich jedoch gegenüber dem nationalen Konzern einige *Besonderheiten*:

Während für die *Bewertung von Gliedbetrieben im nationalen Konzern* neben dem Gesamtkapitalwert und Residualen Kapitalwert nur unter bestimmten Voraussetzungen der Shareholder Value als aussagefähige Beurteilungsgröße charakterisiert wurde, kann der Shareholder Value für ausländische Gliedbetriebe sehr häufig das monetäre ergebnisbezogene Hauptziel bilden. Aufgrund einer oftmals besseren Zuordenbarkeit von Eigen- und Fremdkapitalzahlungen lassen sich hier oftmals sinnvollere Aussagen über die Kapitalstruktur eines Gliedbetriebes auch in seiner Entwicklung treffen (vgl. *Hahn*, 1996, S. 707). Der Kapitalbedarf eines ausländischen Gliedbetriebs kann hierbei grundsätzlich gedeckt werden durch Innenfinanzierung (Cash-flow und Einzahlungen aus Desinvestitionen), konzernexterne Außenfinanzierung (Eigen- oder Fremdkapitalaufnahme bei in- oder ausländischen Kapitalgebern) sowie konzerninterne Außenfinanzierung (Eigen- oder Fremdkapitalzuführung durch die Muttergesellschaft, eine Zwischenholding oder andere Konzerngesellschaften), wobei die Eigenfinanzierung in diesen Fällen bereits auch eine Mischfinanzierung sein wird, also Konzerngeld aus unterschiedlichen Quellen bildet. Bezüglich der *Gestaltung der Kapitalstruktur eines ausländischen Gliedbetriebs* sollte berücksichtigt werden, welche Ziele der Konzern dabei verfolgt: in politisch instabilen und inflationsgefährdeten Ländern wird oft eine minimale Eigenkapitalquote angestrebt, bei polyzentrischem Führungsstil (gastlandorientiert) eine Anpassung an die im Gastland übliche Kapitalstruktur, bei ethnozentrischem Führungsstil (stammlandorientiert) eine Orientierung an der Kapitalstruktur der Muttergesellschaft und bei geozentrischem Führungsstil (globalorientiert) die Optimierung der Kapitalstruktur in der konsolidierten Weltbilanz (vgl. zur Finanzierung und Kapitalstrukturgestaltung internationaler Konzerne grundlegend *Pausenberger/Völker*, 1985).

Spezielle – die Höhe der free Cash-flows und/oder der Kapitalkosten beeinflussende – *Risiken* (und Chancen) *aus der internationalen Unternehmungstätigkeit* sind das Wechselkursrisiko, das Risiko schwankender Inflations- und Zinsraten, das politische Risiko (Enteignungsrisiko, Konvertierungsrisiko u.ä.) sowie das internationale Steuergefälle (vgl. hierzu und insbesondere zum Wechselkursrisiko und den Exposure-Konzepten *Glaum*, 1991, S. 37 ff. und 45 f.; ausführlich zur Berechnung von Kapitalkosten in internationalen Unternehmungen *Schulze*, 1994).

Das *Wechselkursrisiko* beeinflußt die Höhe der free Cash-flows. Durch unerwartete zukünftige Wechselkursänderungen können zusätzliche Streuungen der zukünftigen in

Heimatwährung ausgedrückten Cash-flows und Fremdwährungsbilanzpositionen des Konzerns zustandekommen. Große Bedeutung für das Wechselkursrisikomanagement haben hierbei Wechselkursprognosen, die in Marktprognosen (Terminkurs) und Individualprognosen (mathematisch-quantitative sowie auf Befragungen basierende qualitative) unterschieden werden können.

Die erwartete *Inflationsrate* beeinflußt den free Cash-flow und die Kapitalkosten, die stets die allgemein erwartete Inflationsrate beinhalten, also die erwartete Nominalverzinsung wiedergeben. Die Inflation wird in einigen besonders betroffenen Ländern im Rahmen eines „Inflation Accounting" berücksichtigt (vgl. hierzu und zu den Erhaltungskonzepten *Ordelheide*, 1982; *Schildbach*, 1984a und 1984b). Zur Erhaltung des bilanziellen Gewinns bei Inflation wird eine Nominalkapitalerhaltung angestrebt, zur Erhaltung des kalkulatorischen Gewinns bei Inflation eine Substanzerhaltung und zur Erhaltung des ökonomischen Gewinns bei Inflation eine Ertragswert- bzw. Kapitalwerterhaltung. Die Kapitalkosten werden auch durch schwankende *Zinsraten* beeinflußt, so daß Zinsprognosen eine ähnlich große Bedeutung wie Wechselkursprognosen bekommen.

Politische Risiken beeinflussen die Höhe der free Cash-flows sowie die Kapitalkosten und können z.B. mit Hilfe des BERI-Index analysiert werden.

Risiken können bei der Kapitalwertermittlung prinzipiell auf drei verschiedene Arten berücksichtigt werden: durch Variation der Höhe geplanter free Cash-flows, durch Variation der Höhe der Kapitalkosten sowie durch Variation der geschätzten Lebensdauer eines Investitionsobjektes.

Für eine kapitalwertorientierte Investitionsbeurteilung sind primär die von der inländischen Obergesellschaft zu erwartenden, an sie als Anteilseigner ausschüttbaren Einzahlungsüberschüsse maßgebend, d.h. bewertungsrelevant sind die aufgrund eines Investitionsprojektes bei der Obergesellschaft zusätzlich anfallenden (Grenz-)Einzahlungsüberschüsse, die gemäß den ausländischen Kapital- und Gewinntransfervorschriften, den anfallenden Management- und Lizenzgebühren sowie ggf. durch wertmäßige Korrektur konzerninterner Liefer- und Leistungsverflechtungen anzupassen sind (vgl. *Mrotzek*, 1989, S. 51 und 69 f.).

Weiterhin beeinflußt das *internationale Steuergefälle* die Höhe der free Cash-flows, da diese nach Abzug ergebnisabhängiger Steuern berechnet werden (vgl. grundlegend zum internationalen Steuerrecht *Rose*, 1991). Während ausländische Betriebsstätten zivil- und steuerrechtlich unselbständig sind (ebenso werden Beteiligungen an ausländischen Personengesellschaften steuerlich behandelt), stellen Tochtergesellschaften in der Rechtsform der Kapitalgesellschaft zivil- und steuerrechtlich selbständige Einheiten dar, deren Einkünfte solange der inländischen Steuerpflicht entzogen sind, wie sie nicht an die inländische Muttergesellschaft ausgeschüttet werden. Im internationalen Konzern kann als Besonderheit somit eine *Doppelbesteuerung* auftreten, d.h. der Steuerpflichtige unterliegt wegen desselben Steuergegenstandes gleichzeitig in verschiedenen Staaten einer gleichartigen Steuer, wodurch die Rentabilität eines ausländischen Investitionsprojektes vermindert und die internationale ökonomische Betätigung beeinträchtigt wird. Die Doppelbesteuerung wird allerdings i.d.R. durch unilaterale Maßnahmen des Wohnsitzstaates (Freistellung oder Anrechnung) oder durch bi- bzw. multilaterale Maßnahmen mehrerer Staaten (Doppelbesteuerungsabkommen) vermindert bzw. vermieden.

Der Konzern selbst kann eine Reihe von Maßnahmen zur Reduzierung der Gesamtsteuerbelastung ergreifen; hierzu gehören die Standort- und Rechtsformwahl von Gliedbetrieben, die Zwischenschaltung von Basisgesellschaften, die Auftragsverlagerung, in spezifischen Grenzen die Gestaltung von Transferpreisen, die Wahrnehmung von Bilanzierungs- und Bewertungswahlrechten usw.

Copeland, Koller und Murrin empfehlen, zur wertorientierten Beurteilung ausländischer Gliedbetriebe zunächst den nominalen free Cash-flow in Gastlandwährung auf Basis der gastlandspezifischen Rechnungslegungsvorschriften, der im Gastland allgemein erwarteten Inflationsrate und der effektiven Steuerbelastung zu schätzen (vgl. im folgenden *Copeland u.a.*, 1990, S. 281 ff.). Danach sind die Kapitalkosten des ausländischen Gliedbetriebs, d.h. die mit der Kapitalstruktur des jeweiligen Gliedbetriebs gewichteten spezifischen Eigen- und Fremdkapitalkosten (WACC) zu ermitteln. Als Kapitalstruktur sollte eine Zielkapitalstruktur – ausgedrückt in Marktwerten – verwendet werden, die der Gliedbetrieb langfristig auf „stand alone"-Basis erreichen kann. Die oben genannten Alternativen zur Gestaltung der Kapitalstruktur von Gliedbetrieben aus Konzernsicht verdeutlichen, daß eine solche Zielkapitalstruktur von der aktuellen Kapitalstruktur abweichen kann. Die anschließende Schätzung spezifischer Eigenkapitalkosten mit Hilfe des CAPM erfordert, daß die Verzinsung einer risikofreien Anleihe im Gastland, die darüber hinausgehende Verzinsung des Marktportfolios (Risikoprämie) sowie das Maß für die Risikohöhe der betrachteten Kapitalanlage ermittelt werden können. In vielen Gastländern ist dies nach *Copeland, Koller und Murrin* nicht unproblematisch. Nach Schätzung gastlandspezifischer Fremdkapitalkosten unter Berücksichtigung der steuerlichen Abzugsfähigkeit können jeweils die gewichteten durchschnittlichen Kapitalkosten eines Gliedbetriebs zur Diskontierung seiner free Cash-flows bestimmt werden.

Um politische Risiken einzubeziehen, können *hypothetische wahrscheinlichkeitsgewichtete Cash-flow-Szenarien* erstellt werden, die im Vergleich zu einer pauschalen Anhebung der geforderten Mindestverzinsung zu einer intensiveren Auseinandersetzung mit möglichen Zukunftszuständen zwingen. Die Muttergesellschaft sollte bei Vorliegen von Kapitaltransferbeschränkungen nur den Teil des Cash-flows diskontieren, der tatsächlich transferiert werden kann. Sind Hedging-Maßnahmen zur Absicherung von Währungsrisiken erfolgt, sollte auch deren Effekt auf den Cash-flow bei unterschiedlichen Szenarien analysiert werden. Abschließend ist der Kapitalwert des ausländischen Gliedbetriebs zum aktuellen Wechselkurs in die Heimatwährung umzurechnen.

5. Kapitalwerte und Wertgeneratoren als Führungsinstrument bei der Siemens AG

Den Wert des Investments der Aktionäre zu erhöhen ist eine wesentliche Zielsetzung der Siemens AG und ist deshalb auch Bestandteil der Leitsätze der Unternehmung. Die Bedeutung des Shareholder Value für die Siemens AG kommt damit bereits in der grundlegenden geschäftspolitischen Ausrichtung des Hauses zum Ausdruck. Um den Shareholder Value-Ansatz als Führungsinstrument einzusetzen, hat Siemens ein eigenes Shareholder Value-Konzept entwickelt und seit mehreren Jahren erprobt. Eingesetzt wird dieses Konzept insbesondere zur Bewertung von Geschäftsstrategien.

Bei Siemens wird der Kapitalwert eines Geschäftsgebietes (Geschäftswert) als Ausdruck des Gegenwartswertes zukünftiger Kapitalrückflüsse stets im Zusammenhang mit der dahinterstehenden Strategie beurteilt (vgl. *Mirow*, 1991, S. 243). Die Betrachtung erfolgt dabei vorwiegend auf der Ebene der ca. 80 strategischen Geschäfts- bzw. Arbeitsgebiete der Siemens AG. Die Festlegung dieser Geschäfts- bzw. Arbeitsgebiete ist ausschließlich an dem Kriterium einer hinreichend klaren Positionierung in einem definierten Markt- und damit auch Wettbewerbsumfeld orientiert. Damit werden die Schaffung und Beurteilung von Wettbewerbsvorteilen als Ausdruck des Strategieerfolges ermöglicht (vgl. *Mirow*, 1994a).

Die Kernfrage bei der Beurteilung von Geschäftsstrategien mit dem Shareholder Value-Konzept ist, *welchen Wert ein Geschäftsgebiet für einen Investor heute aufgrund des vorgelegten Geschäftsplanes hat*. Betrachtet man den Investor als Eigenkapitalgeber, so erfolgt die Bewertung auf Basis des zur Verfügung gestellten Eigenkapitals. Als Wertmaßstab kann die Eigenkapitalrendite herangezogen werden (vgl. *Mirow*, 1994b, S. 97 ff.).

Um das anzustrebende Anspruchsniveau des Eigenkapitalgebers festzulegen, müssen die Eigenkapitalkosten ermittelt werden. Dies kann z.B. über das Capital Asset Pricing Model (CAPM) erfolgen. Der Eigenkapitalzinssatz ergibt sich dabei aus dem Zinssatz für risikofreie und langfristige Staatsanleihen plus einem allgemeinen Risikoaufschlag für die größere Volatilität von Aktienanlagen sowie aus einem firmen- bzw. geschäftsspezifischen Risikofaktor (dem sog. β-Faktor). Darüber hinaus kann das anzustrebende Anspruchsniveau zusätzlich über Wettbewerber-Benchmarks oder einen Branchenvergleich ermittelt werden.

Problematisch bei einer am Eigenkapital orientierten Bewertung ist, daß in diversifizierten und damit auch divisionalisierten Großunternehmungen die strategischen Geschäftsbereiche bzw. Geschäftsgebiete, für die Geschäftswerte ermittelt werden, nicht unbedingt mit gesellschaftsrechtlichen Einheiten übereinstimmen, d.h. für sie nur selten Eigenkapital ausgewiesen wird. Die Unternehmungsleitung müßte daher für solche Einheiten eine Eigenkapitalausstattung – z.B. ausgehend von der Kapitalstruktur der Gesamtunternehmung und/oder orientiert an branchenüblichen Kapitalstrukturen – festlegen. Dies ist nicht immer ohne Konflikte möglich und z.B. bei Anlagengeschäften mit geringer Wertschöpfungstiefe und hohen Anzahlungen sowie Rückstellungen auch problematisch (es kann zur Überfinanzierung kommen, so daß der Bereich in Extremfällen auch ohne Eigenkapital auskäme).

Um das Problem der Eigenkapitalzuordnung zu umgehen, orientiert sich das *Kapitalwert-Konzept bei Siemens* deshalb an dem in einem *Geschäft eingesetzten Gesamtkapital bzw. Gesamtvermögen*. Entsprechend wird zur Performancebeurteilung des Geschäftes dann auch der Cash-flow nicht nur für die Eigenkapitalgeber, sondern für alle Kapitalgeber betrachtet. Unterschieden wird in diesem Zusammenhang zwischen dem generierten Cash und dem Netto-Cash (vgl. Abb. 8).

Der generierte Cash stellt den Cash-flow vor Investitionen dar und kann aus dem operativen Ergebnis nach Umformung (Berücksichtigung des nicht-cashwirksamen Auf-

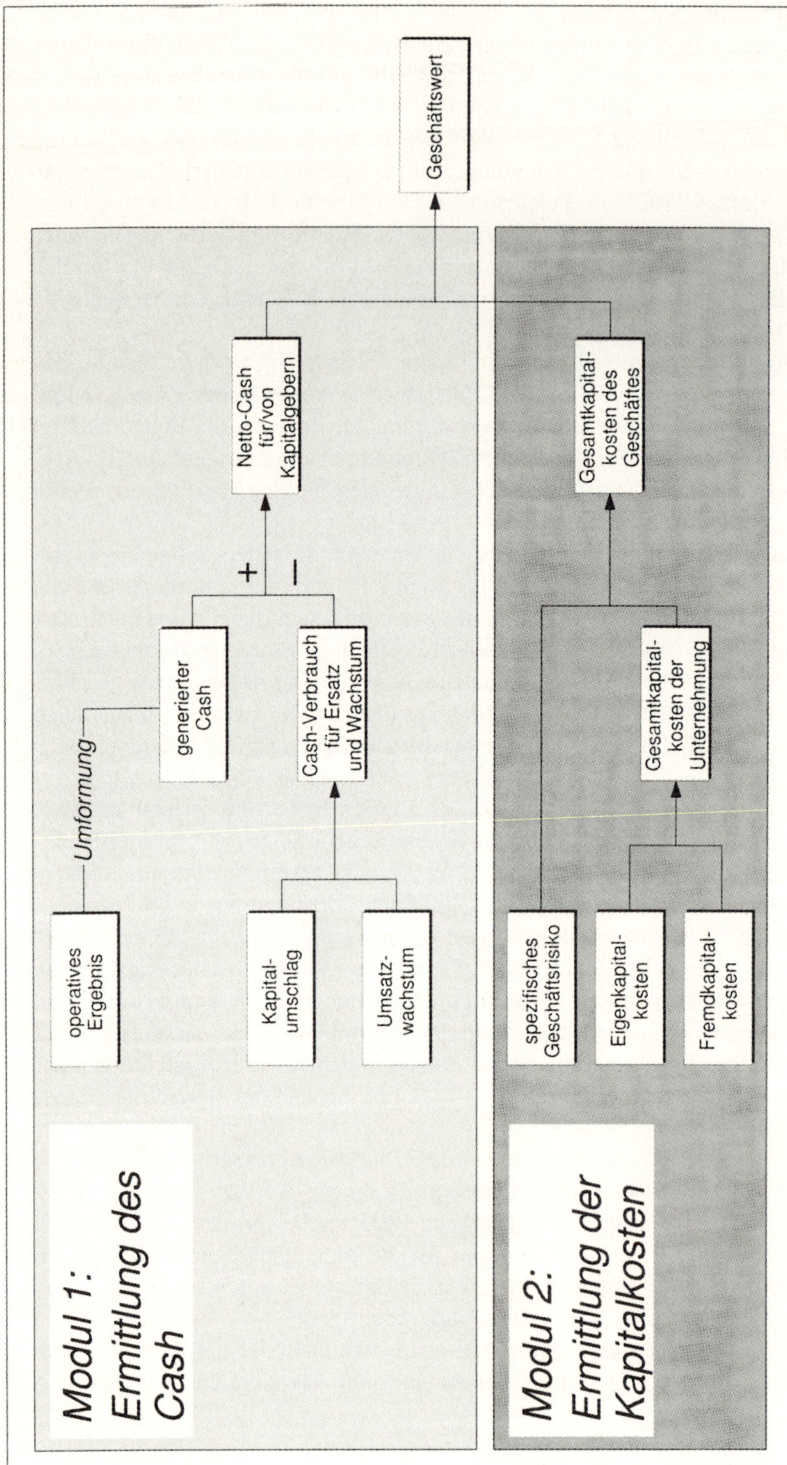

Abb. 8: Module der Geschäftswertermittlung

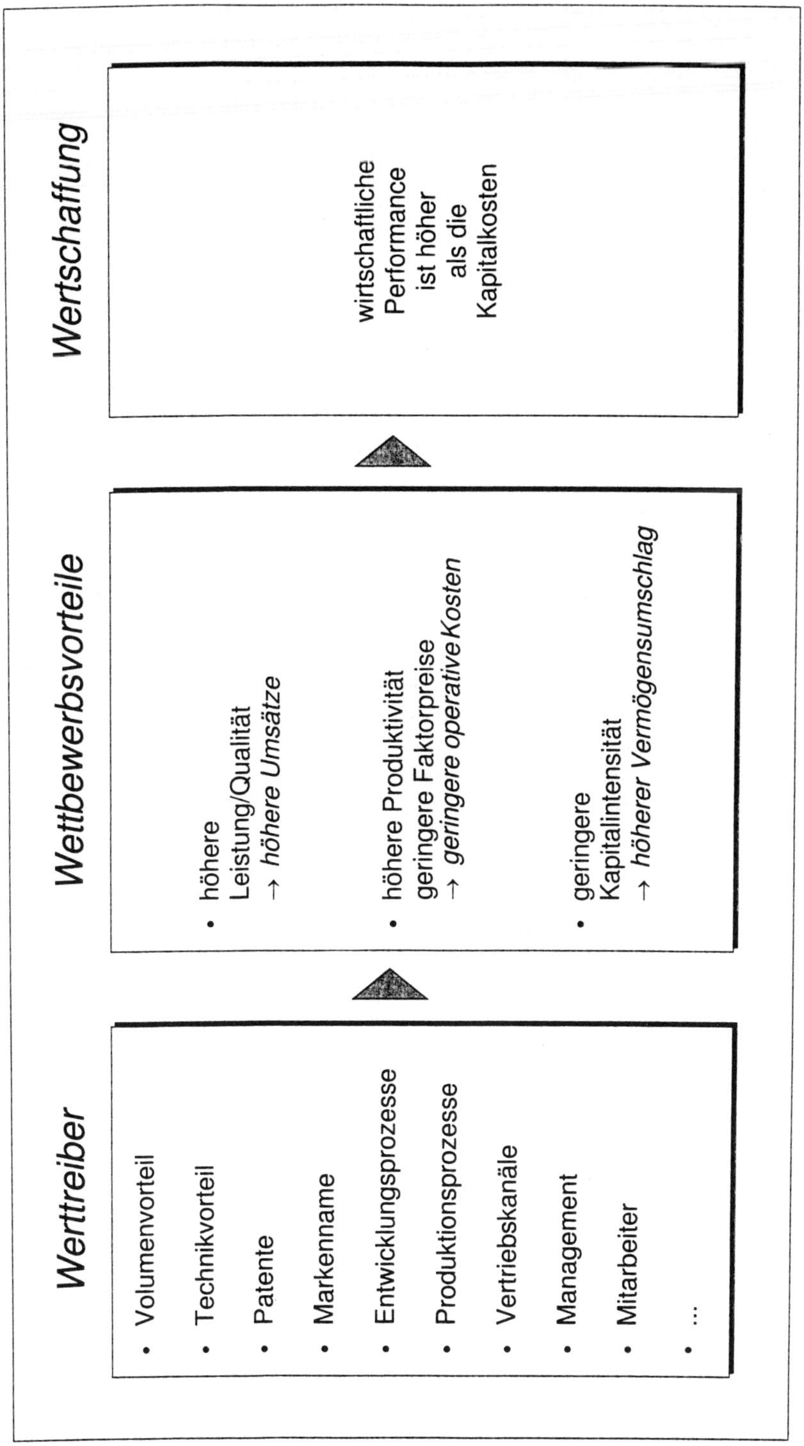

Abb. 9: Werttreiber

wands) ermittelt werden. Der Netto-Cash ist der Cash-flow nach Investitionen (Ersatz und Wachstum) und ergibt sich aus dem generierten Cash nach Berücksichtigung der Investitionen. Diese ermitteln sich aus dem Kapital- bzw. Vermögensumschlag und dem Wachstum des jeweiligen Geschäftes. Der Netto-Cash versteht sich vor Kapitalkosten, also vor Zinsen für Finanzschulden, vor Ausschüttungen/Verzinsung für Eigenkapital und vor Verzinsung von Rückstellungen (Opportunitätskosten).

Der für die Kapitalgeber (einschließlich Fremdkapitalgeber) verfügbare Netto-Cashflow wird zur Ermittlung des Geschäftswertes mit den Gesamtkapitalkosten des Geschäftes abgezinst. Diese ergeben sich aus den Gesamtkapitalkosten der Unternehmung und dem spezifischen Geschäftsrisiko des jeweiligen Geschäftes. Die Gesamtkapitalkosten von Siemens werden als Mischzinssatz aus den Eigenkapital- und Fremdkapitalkosten, gewichtet nach der Kapitalstruktur der Gesamtunternehmung ermittelt. Das spezifische Geschäftsrisiko eines Geschäftes wird anhand einer Reihe qualitativer Faktoren bestimmt, die je nach ihrer Ausprägung in Summe dann zu Risikoauf- oder -abschlägen gegenüber den Gesamtkapitalkosten der Unternehmung führen. Damit werden an *risikoreichere Geschäfte innerhalb des Siemens-Geschäftsportfolios höhere (Mindest-)Verzinsungsansprüche gestellt als an risikoärmere Geschäfte.*

Die Kapitalgeber bestimmen die geforderte Verzinsung des Kapitals, während die Unternehmung bzw. die Unternehmungsleitung Profitabilität, Kapital- bzw. Vermögensumschlag, Kapitalstruktur, Wachstum und das unternehmungsspezifische Risiko beeinflußt. In einer divisionalisierten Großunternehmung wie Siemens vertritt die Unternehmungsleitung gegenüber den Geschäftsbereichen bzw. Geschäftsgebieten die Sicht der Investoren und trägt die Ansprüche des Kapitalmarktes in die Unternehmung.

Bei der Beurteilung von Geschäftsplänen wird der Geschäftswert eines Geschäftsgebietes als *Wert des zukünftigen Wachstums- und Ertragspotentials* verstanden, also als *Wert der Strategie* und der geplanten Maßnahmen. Die Höhe der Wertschaffung ist ein Kriterium zur Strategiebeurteilung. Ein aus Sicht der Unternehmungsleitung zufriedenstellender Geschäftswert bzw. eine Wertkennzahl reicht alleine für die Beurteilung eines Geschäftes jedoch nicht aus. Notwendig ist es, sich ein Bild darüber zu verschaffen, was hinter den Zahlen steckt und wie groß die Aussichten für die Realisierung des vorgelegten Geschäftsplanes sind. Dafür ist es erforderlich, auf die mit der Geschäftsstrategie angestrebten Wettbewerbsvorteile und die dahinterliegenden Werttreiber als die eigentlichen Ursachen der Wertschaffung einzugehen.

Für jede Geschäftseinheit können etwa vier bis sechs entscheidende Werttreiber festgestellt werden. Diese können sich in unterschiedlicher Kombination und Gewichtung z.B. aus den in Abb. 9 genannten Faktoren zusammensetzen (vgl. *Mirow*, 1994b, S. 101 f.).

Die Identifizierung der wichtigsten Werttreiber und ihres Beitrags zur Wertschaffung ist ein entscheidender Schritt, um sie gezielt als Waffe im Wettbewerb einzusetzen. Auf dieser Basis können langfristige Wettbewerbsvorteile auf- oder ausgebaut und damit Strategien entwickelt werden, die auf Wertschaffung ausgerichtet sind.

Eine richtig angewandte *Shareholder Value-Analyse* ist deshalb keine Zahlendreherei, sondern *eine fundamentale Analyse der Strategie eines Geschäftes.* Die Analyse und Bewertung von Geschäftsplänen im Hinblick auf ihre Wertschaffung stellt deshalb ein wichtiges Element innerhalb der Führungsinstrumente der Siemens AG dar.

6. Kapitalwerte und Wertkomponenten zur Beurteilung und Gestaltung von Geschäftsfeldern bei der VEBA AG

Die VEBA AG – Holding eines diversifizierten Konzerns mit den Bereichen Strom, Chemie, Öl, Handel/Verkehr/Dienstleistungen sowie Telekommunikation – versteht sich als Intermediär zwischen Kapitalmarkt und dezentral geführten Teilkonzernen. Eine wesentliche Aufgabe der konzernleitenden Holding ist die Bündelung und Transformation der Kapitalmarktansprüche in die Portfoliopolitik sowie in die Markt- und Wettbewerbsstrategie der dezentralen Teilkonzerne. Ziel ist eine aktionärsorientierte Unternehmungspolitik im Sinne der Maximierung des *Shareholder Value*, womit *zwei wesentliche Herausforderungen* verbunden sind (vgl. im folgenden *Pfeil*, 1994):

Zum einen ist dies die Verankerung einer auf *Wertsteigerung ausgerichteten Unternehmungsphilosophie* über alle Managementebenen. Die Unternehmungsführung bekennt sich klar zum Shareholder Value-Konzept und lebt die entsprechende Philosophie vor: die Aktie ist das Produkt der Holding. Diese wertorientierte Philosophie wird durch die VEBA-Holding aktiv in die Teilkonzerne getragen, die das Wertmanagement der operativen Einheiten verantworten, sowie in die operativen Einheiten selbst, deren Leiter die Erfüllung wertorientierter Ziele aktiv vorantreiben müssen.

Zum anderen ist die Schaffung eines durchgängigen wertorientierten *Meß- und Steuerungsinstrumentariums* erforderlich. Dazu wurden zunächst die sieben VEBA-Teilkonzerne in rund 50 Geschäftsfelder segmentiert. Das VEBA-Controllingsystem wurde zusätzlich um wertorientierte Komponenten ergänzt und ermöglicht so eine gegenüber dem traditionellen Rechnungswesen deutlich verbesserte Grundlage für die Bewertung strategischer Optionen mit anschließender Ressourcenallokation sowie die Performancemessung von Teilkonzernen und deren Geschäftsfeldern. Im VEBA-Wertmanagementsystem ergänzen sich Rendite- und Wertkennzahlen (vgl. Abb. 10), wobei der *CFROI eine zentrale Steuerungsgröße* darstellt. Der CFROI ist die periodenorientierte Cash-flow-Rendite, gemessen an der gesamten Mittelbindung des ursprünglich investierten Kapitals zu – ggf. inflationsbereinigten – historischen Anschaffungs- und Herstellungskosten über die Nutzungsdauer. Mathematisch ergibt sich der CFROI aus einer Zinsfußrechnung über Bruttoinvestitionsbasis, betrieblichen Cash-flow und nicht abschreibbare Nettoaktiva. Den jeweiligen Rentabilitäten werden risikoadäquate Kapitalkosten gegenübergestellt, wobei das Geschäftsrisiko einzelner Unternehmungsbereiche durch Zu- oder Abschläge auf die vom Kapitalmarkt abgeleiteten Konzernkapitalkosten berücksichtigt wird. Übersteigt die Rendite eines Unternehmungsbereiches dessen spezifische Kapitalkosten, wird zusätzlicher Wert geschaffen. Zur besseren Vergleichbarkeit mit maßgeblichen Wettbewerbern werden auf Basis externer Daten Branchen-CFROI ermittelt, die den Geschäftsfeld-CFROI gegenübergestellt werden. Als zusätzliche wertorientierte Kennziffer wird der *Cash-Value-Added* (CVA) herangezogen, der den periodenbezogenen absoluten Wertbeitrag auf der Basis des betrieblichen Cash-flow mißt. Erst die Kombination von Rentabilität (CFROI) und Wertbeitrag (CVA) gibt ein umfassendes Bild über die Attraktivität und Performance eines Geschäftes.

Wertorientierte Kennzahlen werden im Periodenvergleich oder mittels Benchmarking interpretiert, wobei im Rahmen eines internen Benchmarking verschiedene Ge-

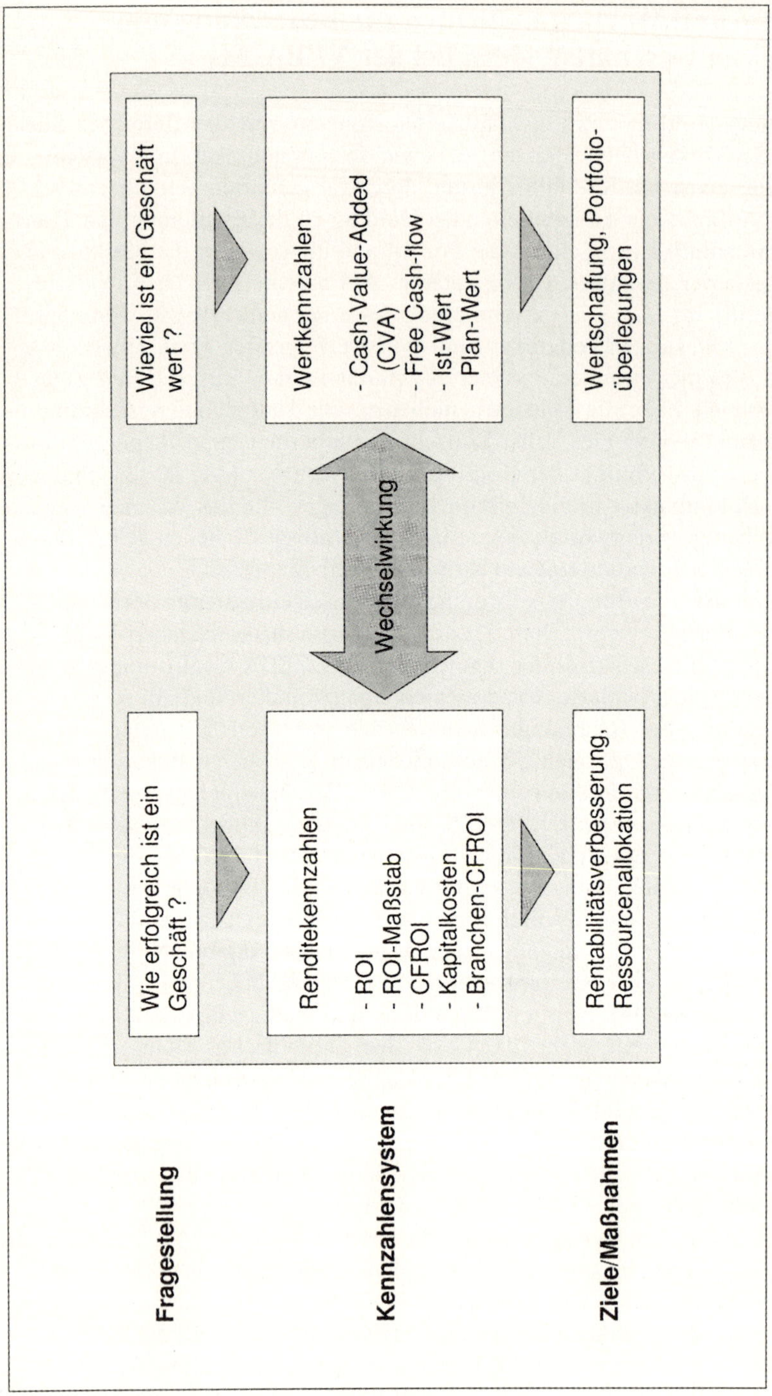

Abb. 10: Rendite- und Wertkennzahlen im VEBA-Wertmanagement

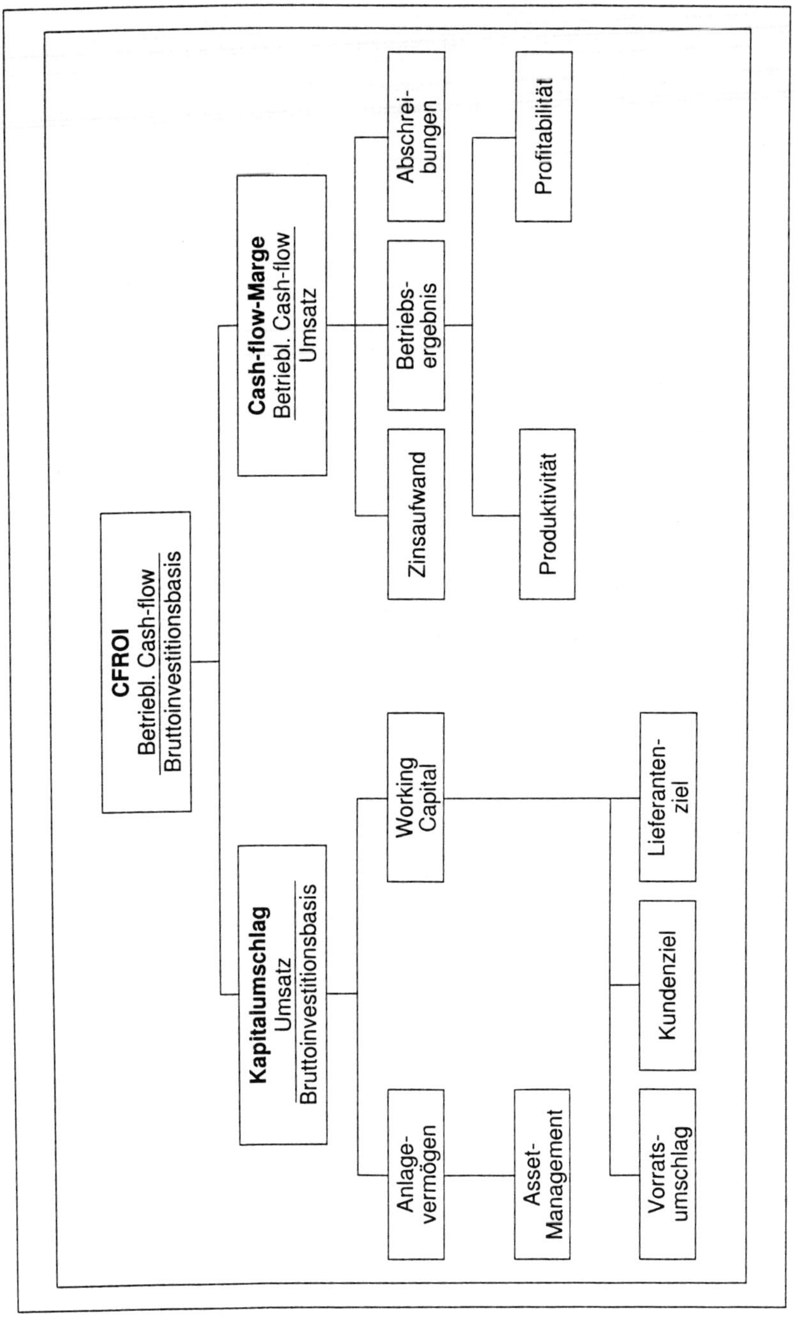

Abb. 11: CFROI-Kennzahlensystem VEBA

schäftsfelder der VEBA untereinander, im Rahmen eines externen Benchmarking Geschäftsfelder der VEBA mit der jeweiligen Branche bzw. maßgeblichen Wettbewerbern verglichen werden.

Das *wertorientierte Kennzahlensystem* ist hierarchisch aufgebaut und besteht aus rechnerisch verknüpften Einzelkennzahlen, sogenannten Werttreibern. Wesentliche *Werttreiber* des CFROI-Kennzahlensystems (vgl. Abb. 11) sind z.B. der Kapitalumschlag und die Cash-flow-Marge, die durch gezieltes Asset- und Working-Capital-Management ebenso wie durch Produktivitäts- und Profitabilitätserhöhungen zur Wertsteigerung beitragen können.

Strategien und Wertentwicklung müssen auch gegenüber Aktionären *kommuniziert* werden, damit der Kapitalmarkt eine realistische Einschätzung der Wertentwicklung und Performance vornehmen kann, um so Erfolg in Kurssteigerung zu transformieren. Bei VEBA hat die Abteilung *Investor Relations* diese Informationsfunktion gegenüber den Investoren inne.

Eine weitere Komponente des wertorientierten Instrumentariums ist die wertorientierte Vergütung, um damit Beiträge zur Wertsteigerung durch entsprechende Anreizsysteme für das Management zusätzlich attraktiv zu machen. Das VEBA-Vergütungssystem verfügt bereits über variable, leistungsorientierte Bestandteile, die zukünftig stärker um wertorientierte Komponenten ergänzt werden sollen. Durch die Verknüpfung von Zielvereinbarungen und Wertentwicklung mit entsprechendem Vergütungs- und Anreizsystemen wird der Regelkreis einer wertorientierten Geschäftsfeldplanung geschlossen.

7. Kapitalwerte als Basis für Unternehmungserwerb und -veräußerung bei der Franz Haniel & Cie. GmbH

Das *Wertsteigerungspotential* eines Geschäftsfeldes bzw. einer Unternehmung stellt das entscheidende *Signal für Investitions- oder Desinvestitionsentscheidungen* dar. Ziel jedes Unternehmers ist die Realisierung von Investitionsprojekten, deren Renditen die jeweiligen Kapitalkosten übersteigen, die also als wertgenerierende Projekte einen positiven Kapitalwert aufweisen. Dieser positive Kapitalwert, der sich über die risikoadäquaten Kapitalkosten hinaus ergibt, wird bei Haniel als *„Strategiebeitrag"* bezeichnet. Der *Shareholder Value-Ansatz* wird als Lenkungsinstrument aufgefaßt, das sich nicht nur zur Auswahl der besten Investitionsprojekte, sondern auch zur Abgabe von Frühwarnsignalen für Desinvestitionen eignet. Im Rahmen dieses Ansatzes genügt es nicht, lediglich schwarze Zahlen zu produzieren. Ziel ist die Erwirtschaftung von Ergebnisbeiträgen, die über den jeweiligen Gesamtkapitalkosten nach Steuern liegen. Essentielle Elemente des Ansatzes sind die generelle Risikoprämie für Eigenkapital, eine zusätzliche geschäftsspezifische Risikoprämie sowie der Zeitwert des Geldes (vgl. hierzu sowie im folgenden *Siegert*, 1995, S. 580 ff.).

Die *Risikoprämie für Eigenkapital* – sie kann für Deutschland mit ca. 6 % beziffert werden – wird ermittelt als Differenz zwischen dem Return von Aktien (Dividenden

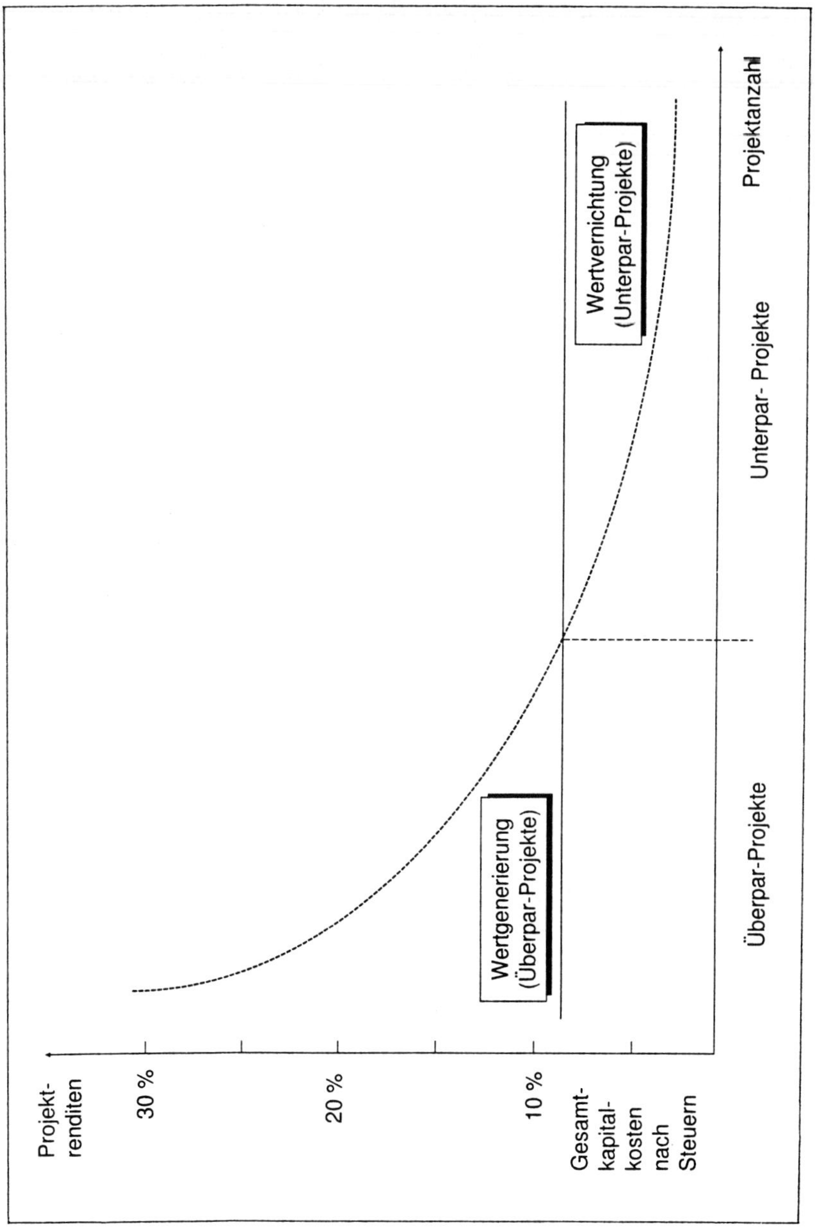

Abb. 12: Wertgenerierende und wertvernichtende Investitionsprojekte

zuzüglich Kurssteigerungen) und dem Return von Renten („risikoloser“ Langfrist-Zinssatz). Bei unterschiedlichen Investitionsprojekten (Sparten, Unternehmungen) ergibt sich außerdem eine unterschiedliche Höhe der *geschäftsspezifischen Risikoprämie für Eigenkapital* in Abhängigkeit von der Lebenszyklusphase des Investitionsprojektes. Versteht man eine Unternehmung als Aggregat unterschiedlicher Geschäftsprojekte in unterschiedlichen Phasen des Lebenszyklus, so ist eine differenziertere Analyse spezifischer Geschäftsrisiken einzelner Projekte, Sparten oder Unternehmungen erforderlich. Nachdem die *Eigenkapitalkosten* ausgehend vom Rentenreturn und der Risikoprämie für Eigenkapital sowie nach unternehmungsspezifischer Adjustierung hinsichtlich des Branchenrisikos ermittelt wurden, werden durch Mischung mit den steuerlich abzugsfähigen *Fremdkapitalkosten* die gewichteten *Gesamtkapitalkosten* nach Steuern *für Projekte spezifischer Risikoklassen* errechnet, wobei *Überpar-Projekte* (wertgenerierend) und *Unterpar-Projekte* (wertvernichtend) unterschieden werden (vgl. *Siegert*, 1994a, S. 122 f.; vgl. Abb. 12).

Da Shareholder Value-Konzepte dynamische Investitionsrechnungen sind, ergeben sich durch Berücksichtigung des Zeitwertes des Geldes oft andere pretiale Lenkungsprioritäten als bei rein nominalem Budgetvergleich zur Auswahl von Investitionen.

Damit *Projekte zum richtigen Zeitpunkt sowohl initiiert als auch beendet* werden, sind die Analyse unterschiedlicher geschäftsspezifischer Risiken im Zeitablauf, eine permanente Aggregation aller Portfolioprojekte zu einem akzeptablen Gesamtrisiko sowie eine permanente Projekt-Initiierungsanalyse wie auch Projekt-Desinvestitionsanalyse erforderlich. Liegen die zukünftigen Projektrenditen unter ihren spezifischen Kapitalkosten, ist der Desinvestitionszeitpunkt erreicht bzw. eine Abschöpfungsstrategie aufgrund nicht länger haltbarer Wettbewerbsvorteile einzuleiten. Gefragt sind *geeignete Lenkungskriterien*, die unter diesen Voraussetzungen bei reifen Märkten *im Sinne von Frühwarnsignalen* die Desinvestitionsphase anzeigen (vgl. hierzu *Siegert*, 1995, S. 585 ff.).

Die *klassischen, aus Buchwerten des Rechnungswesens gewonnenen Lenkungskriterien* wie Jahresüberschuß, RoS (Return on Sales), RoE (Return on Equity), RoI (Return on Investment) und CFROI (Cash-flow Return on Investment) sind hierzu *ungeeignet*, da sie eher die Erfolge der Vergangenheit und Gegenwart, jedoch kaum Signale für zukünftige Wertsteigerungen oder -vernichtungen geben. RoI- oder RoE-Daten unterschiedlicher Unternehmungen können für Investitions- oder Desinvestitionsentscheidungen nur sinnvoll interpretiert werden, wenn sie einer *spezifischen Lebenszyklusphase zugeordnet* werden. Stimmen Buchwert und Marktwert des Eigenkapitals bei jungen Unternehmungen noch weitgehend überein, driften sie im Zeitablauf bei erfolgreichen Unternehmungen immer weiter auseinander, d.h. die *buchwertorientierte unternehmungsinterne Perspektive entspricht immer weniger der marktwertorientierten unternehmungsexternen (Investor-)Perspektive.* Da die interne Rechnungslegung nicht für Entscheidungen zukünftiger Kapitalgeber konzipiert ist, sondern primär dem Gläubigerschutz dient (vgl. *Siegert*, 1994b, S. 78 f.), dürfen Marktwertsteigerungen einer Unternehmung, die im Lebenszyklus oft ein Mehrfaches des Ursprungsinvestments erreichen, dort nicht ausgewiesen werden. Hohe Buchwert-RoI können so zu einem klassischen Mißerfolgsfaktor werden, da sie oft von Unternehmungen mit schon weitgehend abgeschriebenen „assets“ erreicht werden, deren historische Forschungserfolge

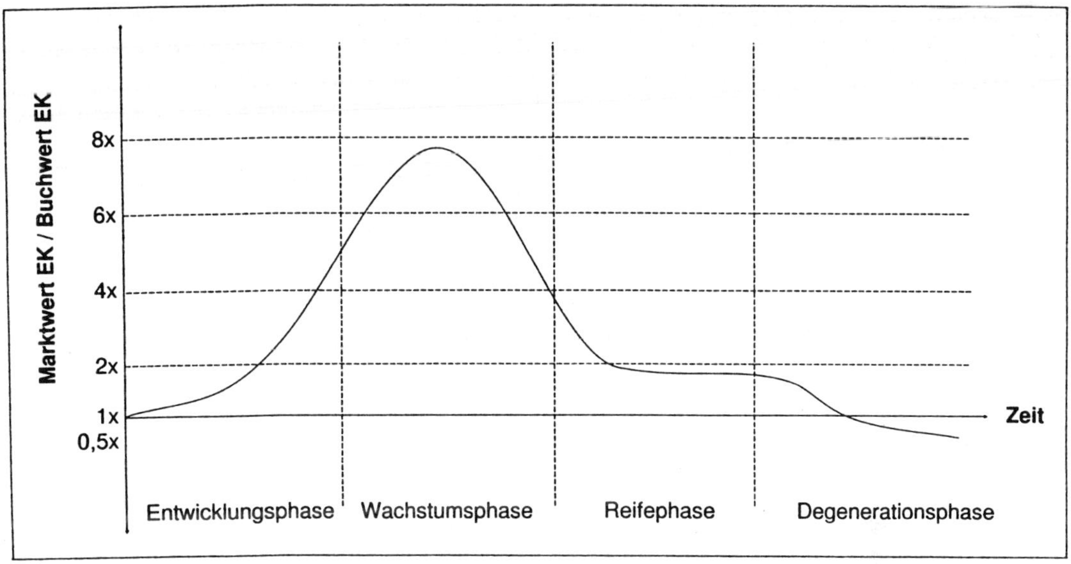

Abb. 13: Marktwert-/Buchwert-Ratio im Lebenszyklus

nun erfolgreich kommerzialisiert werden. Bei Verwendung von „Buchwertkriterien" als Steuerungsgrößen bedarf es zudem *oft massiver Wertvernichtung, bis Überkapazitäten* in reifen Industrien *beseitigt* werden. *Buchwertkriterien* erweisen sich in reifen Industrien oft als *Spätindikatoren.*

Als *Wachstums- bzw. Degenerations-Indikatoren* eignen sich vielmehr *marktwertorientierte Kennzahlen* wie Price/Earnings-Ratio oder Marktwert-/Buchwert-Relation (vgl. Abb. 13). Bei Wachstumsunternehmungen sind diese Kennzahlen sehr hoch, in reifen Industrien werden Unternehmungen dagegen unter „par", d.h. mit Abschlägen auf den Buchwert des Stammkapitals gehandelt, während die buchwertorientierten Kriterien noch auf hohem Niveau verharren (vgl. *Siegert*, 1995, S. 586). An der Börse wird täglich versucht, den tatsächlichen Wert einer Unternehmung zu erfassen, ihre Lebenszyklusposition zu bestimmen sowie Risiken und Chancen unter Beachtung des Zeitwerts des Geldes zu analysieren.

Der durchschnittliche Marktwert des Eigenkapitals kann als arithmetisches Mittel aus den nachfolgenden *Kursrelationen (Marktwert-Multiplikatoren)* gebildet werden, die im Zeitablauf vom Zinsniveau sowie der relativen Reife der Unternehmung beeinflußt werden: *Price-Earnings-Ratio, Price-Cash-flow-Ratio, Price-EBIT-Ratio (Earnings Before Interest and Taxes) sowie Price-Book-Value-Ratio.* Haniel führt für seine Unternehmungsbereiche Marktwertvergleiche mit der Konkurrenz hinsichtlich der genannten Größen durch (vgl. hierzu und im folgenden *Siegert*, 1994a, S. 120 ff.).

Im Rahmen einer *vergangenheitsbezogenen Performance-Analyse* muß der Marktwert des Eigenkapitals inklusive der von den Aktionären erhaltenen, aufgezinsten Dividenden mit dem Sollwert des Eigenkapitals durch Aufzinsung des ursprünglichen Unternehmungswertes mit den jeweiligen Kapitalkosten verglichen werden. *Positive*

Strategiebeiträge zeigen Wertschaffung an, negative Strategiebeiträge Kapitalvernichtung zu Lasten der Investoren. Rückzugs- oder Verkaufsstrategien können jedoch nicht ohne eine zusätzliche *zukunftsbezogene Performance-Projektion* mit Hilfe verschiedener Szenarien initiiert werden, wobei der *Restwert* der Unternehmung nicht wie üblich als „ewig unveränderte Rente", sondern *mit Hilfe der Marktwert-Multiplikatoren* unter Prognose der Wettbewerbssituation und Marktperspektiven geschätzt wird.

8. Ausblick

Kapitalwerte, Kapitalwertraten sowie hilfsweise periodische kalkulatorische Ergebnisse und RoI-Kennzahlen (ermittelt auf Basis Tages- bzw. Wiederbeschaffungswerten) dienen primär zur ergebnisorientierten Beurteilung von Strategiealternativen in divisionalisierten Unternehmungen bzw. im Konzern. Sie lassen erkennen, ob die vom Kapitalmarkt bzw. von externen oder internen Kapitalgebern geforderte Mindestverzinsung gerade erwirtschaftet wird (Kapitalwert = 0, kalkulatorisches Ergebnis = 0), oder aber über- oder unterschritten wird. Hierbei gelingt über die geforderten Kapitalkosten ein Brückenschlag zwischen Kapitalwertrechnung und kalkulatorischer Ergebnisrechnung auch im Instrumentarium der Konzernführung.

Zudem wird eine Verknüpfung von kapitalwertorientierter Führung und Führungskräfteanreizsystem möglich. Um das Entscheiden und Handeln in der Unternehmung auf die Erwirtschaftung eines optimalen Eigenkapitalwertes bzw. Residualen Unternehmungskapitalwertes auszurichten, empfiehlt es sich, im Rahmen eines Führungskräfteanreizsystems *Anreizgewährungen im strategischen Bereich vor allem an die Erwirtschaftung von Kapitalwertzuwächsen zu koppeln* (vgl. Kapitel 6 dieses Beitrags sowie *Hahn*, 1996, S. 322 und 357 ff.; *Hungenberg*, 1995, S. 395; *Siegert*, 1995, S. 601 f.). Werden Führungskräfte auf dieses Ziel verpflichtet, also Anreize auf Basis der Wertentwicklung einer Unternehmung gewährt, gleicht sich die persönliche Anreizstruktur der Führungskräfte an die der Eigenkapitalgeber an. Letztlich dient die erfolgreiche Weiterentwicklung des Konzerns allen Anspruchsgruppen.

Literaturverzeichnis

Baetge, J., Krause, C., Die Berücksichtigung des Risikos bei der Unternehmensbewertung, BFuP 5/1994, S. 433–456.

Bleicher, K., Hahn, D., Konzernplanung, in: Handwörterbuch der Planung, Hrsg. N. Szyperski u.a., Stuttgart 1989, Sp. 898–913.

Bühner, R., Möglichkeiten der unternehmerischen Gehaltsvereinbarung für das Top-Management, Der Betrieb, H. 44, 1989, S. 2181–2186.

Bühner, R., Das Management-Wert-Konzept: Strategien zur Schaffung von mehr Wert im Unternehmen, Stuttgart 1990.

Bühner, R., Weinberger, H.-J., Cash-flow und Shareholder Value, BFuP 3/1991, S. 187–208.

Copeland, T., u.a., Valuation: Measuring and managing the value of companies, New York u.a. 1990.

Glaum, M., Finanzinnovationen und ihre Anwendung in internationalen Unternehmungen, Gießen 1991.

Gomez, P., Weber, B., Akquisitionsstrategien, Wertsteigerung durch Übernahme von Unternehmungen, Stuttgart 1989.

Hahn. D., Ergebnisorientierte Planungsrechnung mehrgliedriger Unternehmungen auf der Basis des „Return on Investment" (RoI), ZfürO 1969, S. 177–192.

Hahn, D., Unternehmungsziele im Wandel, in: Unternehmerischer Wandel: Konzepte zur organisatorischen Erneuerung, Knut Bleicher zum 65. Geburtstag, Hrsg. P. Gomez u.a., Wiesbaden 1994, S. 59–83.

Hahn, D., Aufbau von Planungssystemen, in: Handbuch Unternehmungsführung, Konzepte – Instrumente – Schnittstellen, Hrsg. H. Corsten, M. Reiß, Wiesbaden 1995, S. 229–250.

Hahn, D., PuK – Controllingkonzepte, 5. Aufl., Wiesbaden 1996.

Henzler, H., Von der strategischen Planung zur strategischen Führung, ZfB 12/1988, S. 1286–1307.

Hungenberg, H., Die Aufgaben der Zentrale, zfo 1992, S. 341–354.

Hungenberg, H., Strategische Beurteilungs- und Anreizsysteme für Führungskräfte, in: Führungskräfte und Führungserfolg: neue Herausforderungen für das strategische Management, Dietger Hahn zum 60. Geburtstag, Hrsg. U. Krystek, J. Link, Wiesbaden 1995, S. 379–397.

Hutzschenreuter, T., Unternehmungswertorientierte Geschäftsfeldplanung, Gießen 1995.

Mirow, M., Meinungsspiegel, Meinungen zum Thema: Shareholder Value als Zielgröße der Unternehmensführung, BFuP 3/1991, S. 241–253.

Mirow, M., (1994a), Shareholder Value-Management, Anwendungserfahrungen zum Geschäftswertkonzept. Vortrag im Rahmen des 48. Deutschen Betriebswirtschaftertages, Schmalenbach-Gesellschaft – Deutsche Gesellschaft für Betriebswirtschaft e.V., 10.–12. Oktober 1994 in Berlin.

Mirow, M., (1994b), Shareholder Value als Instrument der internen Unternehmensführung, in: Der Shareholder-Value-Report: Erfahrungen, Ergebnisse, Entwicklungen, Hrsg. R. Bühner, Landsberg/Lech 1994, S. 91–105.

Mrotzek, R., Bewertung direkter Auslandsinvestitionen mit Hilfe betrieblicher Investitionskalküle, Wiesbaden 1989.

Ordelheide, P., Konzepte des Inflation Accounting für Auslandsgesellschaften eines Konzerns, BFuP 1/1982, S. 19–34.

Pausenberger, E., Völker, H., Praxis des internationalen Finanzmanagement. Eine empirische Untersuchung von Finanzierung, Kapitalstrukturgestaltung und Cash Management in internationalen Unternehmungen, Wiesbaden 1985.

Perridon, L., Steiner, M., Finanzwirtschaft der Unternehmung, 8. Aufl., München 1995.

Pfeil, A. C., Wertorientierte Unternehmensführung, Vortrag im Rahmen des 48. Deutschen Betriebswirtschaftertages, Schmalenbach-Gesellschaft – Deutsche Gesellschaft für Betriebswirtschaft e.V., 10.–12. Oktober 1994 in Berlin.

Porter, M., Wettbewerbsstrategien, 6. Aufl., Frankfurt/Main 1990.

Prahalad, C. K., Hamel, G., Nur Kernkompetenzen sichern das Überleben, HARVARDmanager 2/1991, S. 66-78.

Rappaport, A., Creating Shareholder Value, New York–London 1986.

Rose, G., Betrieb und Steuer: Grundlagen zur betriebswirtschaftlichen Steuerlehre, Buch 5, Grundzüge des internationalen Steuerrechts, 2. Aufl., Wiesbaden 1991.

Schildbach, T., (1984a), Inflation Accounting – Verfahren, Beurteilung und aktuelle Situation (I), WISU 3/1984, S. 46–49.

Schildbach, T., (1984b), Inflation Accounting – Verfahren, Beurteilung und aktuelle Situation (II), WISU 5/1984, S. 71–76.

Schmidt, J.G., Die Discounted Cash-flow-Methode – nur eine kleine Abwandlung der Ertragswertmethode?, ZfbF 12/1995, S. 1088–1117.

Schulze, S., Berechnung von Kapitalkosten – Ein Konzept für nationale und internationale Unternehmen, Wiesbaden 1994.

Siegert, T., Meinungsspiegel, Meinungen zum Thema: Shareholder Value als Zielgröße der Unternehmensführung, BFuP 3/1991, S. 241–253.

Siegert, T., (1994a), Marktwertorientierte Unternehmenssteuerung, in: Der Shareholder-Value-Report: Erfahrungen, Ergebnisse, Entwicklungen, Hrsg. R. Bühner, Landsberg/Lech 1994, S. 107–126.

Siegert, T., (1994b), Strategische Führung: Die finanzielle Dimension, in: Meilensteine im Management – Finanzielle Führung, Finanzinnovationen und Financial Engineering, Hrsg. H. Siegwart, J. Mahari, M. Abresch, Zürich – Wien – Stuttgart 1994, S. 62–79.

Siegert, T., Shareholder-Value als Lenkungsinstrument, ZfbF 6/1995, S. 580–607.

Strategie für den Weltmarkt

W. Rall

Globalisierung war das Wort, das die strategische Diskussion der letzten zehn Jahre beherrschte wie kaum ein anderes. Die Popularität ist sicher nicht nur ein kurzlebiger Trend im Auf und Ab der „Buzz Words" und auch nicht nur darauf zurückzuführen, daß der Begriff sehr umfassend und damit unpräzise gebraucht wird. Globalisierung ist eine griffige Kurzformel für die Antwort von Unternehmen auf fundamentale Veränderungen des Wettbewerbs, auf die Notwendigkeit, sich sehr viel stärker als zuvor auf den internationalen Wettbewerb einzustellen und Wachstumsfelder außerhalb der angestammten Märkte zu finden. Dabei zielen die Unternehmen der Industrieländer nicht nur auf die jeweils anderen Eckpfeiler der Triade aus Europa, Japan und Nordamerika, sondern zunehmend auch auf sich schnell entwickelnde große Märkte wie Indien, China oder Südostasien.

Bei dieser Ausrichtung auf den Weltmarkt reiften nicht alle Blütenträume. So bleiben z.B. die Erfolge europäischer Unternehmen in Japan teilweise deutlich hinter den Erwartungen zurück. Andererseits ist es in vielen Fällen gelungen, ursprünglich schwache Positionen in Nordamerika zu signifikanten Insiderpositionen auszubauen. Die deutsche Großchemie liefert dafür ein gutes Beispiel, aber auch so spektakuläre Entscheidungen wie die von BMW oder Mercedes-Benz, in den USA Werke zu bauen und damit von ihrer traditionellen Standortpolitik abzurücken, sind ein klares Zeichen dafür, daß man sich in neuer Form auf den internationalen Wettbewerb einstellt, und nicht nur eine Reaktion auf veränderte Wechselkursrelationen. (Entsprechend ist die Ankündigung von Toyota, das gesamte geplante Kapazitätswachstum außerhalb Japans zu vollziehen, ein dramatischer Schritt für dieses traditionsbewußte Unternehmen). In gesamteuropäischer Perspektive ragt die pharmazeutische Industrie heraus, die durch einige große Unternehmenszusammenschlüsse eine feste Brücke über den Atlantik geschlagen hat. Nachdem die wirtschaftliche Rezession die strategische Neuausrichtung auf den Weltmarkt temporär abgebremst hat, lebt der Prozeß zur Zeit wieder auf; die sehr stark ansteigende Zahl von Unternehmenszusammenschlüssen sind dafür ein allgemein sichtbarer Indikator.

Die jetzige Situation liefert den Anstoß für Unternehmen, Erfahrungen der letzten zehn Jahre mit Internationalisierungsstrategien kritisch Revue passieren zu lassen und gleichzeitig das Spielfeld und die Stoßrichtungen für die Zukunft neu zu bestimmen. Im folgenden werden zunächst einige Erfahrungen rekapituliert und Entwicklungstrends des internationalen Wettbewerbs aufgezeigt, die die strategischen Rahmenbedingungen in den nächsten Jahren wesentlich beeinflussen werden. Danach werden mögliche Stoßrichtungen und Grundkonzepte einer internationalen Strategie aufgezeigt.

1. Erfahrungen: Globalisierung von Geschäften

Aus einiger zeitlicher Distanz kann man die Zeit nach dem zweiten Weltkrieg als Periode der schrittweisen Expansion der Wettbewerbsarena interpretieren.

In der ersten Phase galt dies insbesondere für Europa: nachdem der Wiederaufbau in den einzelnen Ländern abgeschlossen war, wurden mit den verschiedenen Verträgen zur wirtschaftlichen Zusammenarbeit in Europa vor allem mit der Gründung der europäischen Wirtschaftsgemeinschaft die ursprünglich nationalen Wettbewerbsmärkte erweitert. Der von Natur aus größere Markt USA war dafür sicher Vorbild. Unter Einbeziehung der sich schnell entwickelnden Wirtschaftsmacht Japan ergab sich damit eine im wesentlichen tripolare Struktur der Weltwirtschaft. Zwar waren auch in dieser Phase schon Unternehmen mit Warenaustausch und produzierenden Tochtergesellschaften weltweit aktiv, doch bewegten sich diese frühen Multinationals in verschiedenen geographischen Arenen, die großteils spezifische Wettbewerbsstrukturen, -regeln und -intensitäten hatten.

Dies änderte sich für viele Industrien ab den 70er Jahren: Durch das Zusammenwirken von zunehmender Homogenisierung von Käuferpräferenzen, abnehmenden Außenhandelsbeschränkungen und zunehmenden Anreizen vor allem in technologieintensiven Industrien, Skaleneffekte in Entwicklung und Produktion zu nutzen, wurde es für Unternehmen attraktiver, Geschäfte auf einen größeren, weitgehend integrierten Markt auszurichten. Die Märkte der Industrieländer und einige wenige Schwellenländer wuchsen dadurch für zahlreiche Produkte und Dienstleistungen zu einer Wettbewerbsarena zusammen, die ein weltweit integriertes strategisches Konzept erforderte, wenn wirtschaftlicher Erfolg erreicht und abgesichert werden sollte [1]. Dieses Phänomen war nicht vollständig neu (für einige Industrien im Rohstoffbereich galten diese Strukturen schon in der Vorkriegszeit); neu war die rasche Ausbreitung der Globalisierungsprozesse auf zahlreiche Industrien, das Hinzutreten der Japaner und die veränderten wirtschaftlichen Rahmenbedingungen [2] (Abbildung 1).

Die ausgehenden 70er und die 80er Jahre waren davon gekennzeichnet, daß sich für immer mehr technische Produkte mit potentiell hohem Entwicklungskostenanteil einerseits und für Commodities andererseits globalisierte Märkte herausbildeten. Doch auch bei zahlreichen Konsumgütern vollzogen sich – wenn auch aufgrund anderer Triebkräfte und Mechanismen – teilweise sehr starke Globalisierungsprozesse.

Unternehmen konnten dabei Vorteile aus der Standardisierung von Produkten, der Optimierung von Entwicklungs- und Produktionskapazitäten und der Integration des weltweiten Geschäftssystems nutzen und damit ihr Geschäft nicht nur expandieren, sondern auch ertragsstärker machen. Boeing und Bosch, Compaq und Caterpillar, Electrolux und Emerson, Glaxo und General Electric, Matsushita und Microsoft sind dafür nur einige, relativ willkürlich herausgegriffene Beispiele [3]. Globalisierung bedeutete aber auch, daß nicht nur einzelne Unternehmen, die schlechtere Voraussetzungen hatten

Beispiele	Lokal	Multinational	Global
60er Jahre	• Büroautomatisierung ← • Auto-Komponenten • Elektrische/elektronische Komponenten • Chemie-Industrie → • Werkzeugmaschinen • Konsumenten-Elektronik • Nahrungsmittel • Baustoffe • Bier	• Automobile • Baumaschinen	• Öl • Kupfer • Großflugzeuge
Heute	• Baustoffe • Bier • Teilweise Nahrungsmittel	• Chemie-Industrie → • Auto-Komponenten → • Teilweise Nahrungsmittel	• Öl/Kupfer • Automobile • Baumaschinen • Elektronische Komponenten • Konsumenten-Elektronik • Werkzeugmaschinen • PC-Software • Büroautomatisierung • Großflugzeuge

Abb. 1: Eine wachsende Zahl von Geschäften wurde global

oder zu langsam waren, verschwanden, sondern daß ganze Branchen in traditionellen Ländern gefährdet wurden wie z.B. der Maschinenbau in England oder die Unterhaltungselektronik in den USA oder Europa. Die Mechanismen des Wettbewerbs wirkten schärfer und schneller als zuvor.

Aber auch die Gewinner sahen sich häufig in einem wenig attraktiven Kostenwettbewerb gefangen, da die globalen Strategien die Differenzierungen zwischen den verbliebenen Anbietern eingeebnet hatten; oder sie fanden sich in einem Innovationswettlauf wieder, der selbst die Kräfte der Stärksten zu übersteigen drohte. Die Kurskorrektur von Sony in der Produktentwicklungsstrategie oder die Entscheidung der japanischen Automobilhersteller, den Wettlauf um kürzere Modellzyklen abzubrechen, sind dafür prägnante Belege. Ein Blick auf die Gewinnentwicklung zeigt ein wenig überraschendes Bild: in der Diskontinuität des Übergangs vom lokalen bzw. regionalen zum globalen Wettbewerb erreichten die Pioniere signifikante Vorteile, in der „Kontinuität" des globalen Wettbewerbs ebnen sich Margen ein. Der Wettbewerb ist intensiver geworden, da die verbleibenden Spieler finanzkräftiger und ihre Austrittsbarrieren höher sind. Mit die extremsten Beispiele dafür sind sicher Verkehrsflugzeuge und Standard-ICs, die Reihe ließe sich jedoch mit vielen Geschäften im Bereich hoher und mittlerer Technologieintensität fortsetzen.

2. Herausforderungen für die Zukunft

Das Muster der Industrieländer-Triade hat etwa um die Wende zu den 90er Jahren eine dramatische Veränderung erfahren, die durch neue politische und wirtschaftspolitische Weichenstellungen hervorgerufen wurde. Mit der politischen Öffnung und beginnenden wirtschaftlichen Transformation Osteuropas entwickelten diese Staaten das Potential zum Niedrigkostenstandort unmittelbar vor der Haustür der traditionellen Marktwirtschaften. Im gleichen Zeitraum setzte sich die rasche wirtschaftliche Entwicklung Südostasiens und etwas zeitversetzt Indiens und Chinas (zumindest in wichtigen Wirtschaftswnen) weiter fort. In den beiden letzten Ländern haben grundsätzliche Veränderungen der Wirtschaftspolitik zu einer Öffnung und damit auch zur stärkeren Integration in den weltweiten Wettbewerb geführt. Mit der Entwicklung in Europa und Asien hat sich die relevante Wettbewerbsarena – wenn auch in differenzierter Form – um teilweise ökonomisch schon sehr bedeutende Schwellenländer erweitert.

Das eigentlich Neue ist jedoch nicht diese Expansion – sie wäre nur eine Fortsetzung des früheren Trends –, sondern die Tatsache, daß damit erstmals in signifikantem Umfang Länder mit völlig anderen Kostenstrukturen und Rahmenbedingungen Teil der globalen Arena geworden sind. Während z.B. zwischen den traditionellen Industrieländern typischerweise nur Kostenverhältnisse in der Größenordnung von etwa 1:2 vorlagen (die zudem häufig noch durch gegenläuflge Produktivitätsunterschiede teilweise kompensiert wurden), sprechen wir nun von Faktorkostenrelationen von 1:10 und mehr. Dazu kommen sehr unterschiedliche Auflagen zu Umwelt- und Arbeitsschutz, die die Kostenunterschiede weiter vergrößern und für Industrien wie die Chemie Wettbewerbsverhältnisse völlig verändern. Faktor- und Standort-Kostenunterschiede diesen Ausmaßes lassen sich in den Herstellkosten durch Produktivitätsvorteile oder Skaleneffekte in der Regel nicht mehr ausgleichen. Da aufgrund der enormen Wohlstandsunterschiede zwischen entwickelten Industrieländern und Schwellenländern mit langen Anpassungszeiten für die Faktorkosten zu rechnen ist, haben die letzteren auf absehbare Zeit einen Kostenvorteil, falls sie die Voraussetzungen für eine entsprechende industrielle Produktion aufweisen. In stark kostengetriebenen Industrien besteht in diesem Falle ein Anreiz zur Produktionsverlagerung; wie schnell und umfassend sie statffinden wird, hängt von Faktoren wie der erreichbaren Arbeitskräftequaliflkation, der logistischen Anbindung, dem Kapazitätsbedarf usw. ab. Dabei wird es in der Regel nur dann zu neuen leistungsfähigen nationalen Unternehmen kommen, wenn ein Heimatmarkt entsprechenden Niveaus besteht und das notwendige Know-how vorhanden oder leicht zugänglich ist. Teile der Textil- und Bekleidungsindustrie und in ihrem Gefolge Farbstoffe und andere Textilchemikalien sind dafür Beispiele. Um die Vorteile des neuen Standorts ausschöpfen zu können, sind häufig Joint Ventures mit einheimischen Partnern zweckmäßig oder notwendig. In allen anderen Fällen werden eher ausländische Unternehmen Kapazitäten aufbauen und sich eine erweiterte Produktionsbasis schaffen.

Die Arenaexpansion über den Kreis der Industrieländer hinaus ist jedoch nicht das einzig Neuartige an dem Katalog der Herausforderungen. Andere Erfordernisse kommen hinzu:

- Da sich das Wachstum bei einer ganzen Reihe reiferer Produkte auf die Schwellenländer verlagert, muß Zugang zu Märkten gefunden werden, die häufig über wenig effektive Distributionssysteme und Infrastruktur verfügen.
- Das Management reifer Industrien erhält aus den besprochenen großen Kostendifferentialen heraus eine neue Dimension. Vorhandene Anlagen in den Industrieländern werden leicht obsolet, gleichzeitig ist die Kombination von Schließung alter Standorte und Neuinvestition in einem Schwelleniand wirtschaftlich häufig schwieriger als eine Neuinvestition durch einen Dritten. Der natürliche Vorteil erfahrener Spieler schrumpft dadurch, der Anreiz zum frühen „Dematuring" von Geschäften wird größer.
- Rein kostenorientierte Strategien für Geschäfte werden schwieriger. Bei Industrieländer-Standorten können selbst ausgefeilte Fähigkeiten zum Kostenmanagement von Konkurrenten durch Standortverlagerungen leicht eingeholt werden. Andererseits erfordern Strategien für Schwellenländer wegen der völlig anderen Kostenstruktur und -mechanik und oft anderen Fähigkeitsprofilen ein maßgeschneidertes Vorgehen, wenn Fehlschläge vermieden werden sollen. Einfache Übertragung von Erfahrungen der bisherigen Standorte reicht nicht aus.
- Seit Globalisierungsprozesse in Gang gekommen sind, ist die Frage der Absicherung gegenüber den Wechselkursschwankungen zwischen den großen Wirtschaftsräumen ein kritisches Thema. Das Risiko von Wechselkursveränderungen kann die Vorteile z.B. aus größeren Produktionsmengen bei einer Worldscale Factory oder Konzentration der Beschaffung auf ein besonders günstiges Land leicht kompensieren. Die Aktivitäten in Schwellenländern bedeuten eine neue Risikodimension, soweit es nicht gelingt, das Geschäft in Hartwährung abzusichern. Die jüngsten Vorgänge um den mexikanischen Peso sind dafür ein einprägsamer Beleg.

Angesichts dieser Herausforderungen ist das Zukunftsszenario für die Weltwirtschaft nicht ganz eindeutig. Zwar haben sich die Industrie und Schwellenländer in den jüngsten Welthandelsabkommen zu einer Fortsetzung des Überalisierungskurses verpflichtet, die intensive Diskussion um „free" versus „fair trade" ist jedoch ein Indikator für die Anpassungsfriktionen, die durch die großen Faktorkosten- und Bedingungsdifferentiale entstehen. Viele Unternehmen befinden sich bereits heute in Umstrukturierungsprozessen, die noch vor einem Jahrzehnt in ihrem Ausmaß und in ihrer Geschwindigkeit kaum vorstellbar gewesen wären. Entwickelte Volkswirtschaften sehen erhebliche Teile ihrer Erwerbsbevölkerung wegen der hohen Mobilität des Faktors Kapital in direktem Wettbewerb mit den Arbeitskräften in den Schwellenländern. Spezialqualifikationen und steigende Bedeutung des Dienstleistungssektors sind zwar Dämpfungselemente im direkten internationalen Preiswettbewerb des Faktors Arbeit, doch die Industrie ist dem scharfen Wind voll ausgesetzt. Ein bekanntes Weltunternehmen der Konsumelektronik hat sich darauf eingestellt: Die Herstellung neuer Produkte wird wenige Monate nach der Produktionsaufnahme – sobald Anlaufprobleme in der Produktqualität behoben und Prozeßstabilität hergestellt sind – in Niedrigkostenstandorte verlagert. Dies ist eine plausible einzelwirtschaftliche Antwort, das gesamtwirtschaftliche Anpassungsproblem wird dadurch nicht gelöst. Abhängig davon, ob die gesamtwirtschaftlichen Anpassungsprozesse gesellschaftlich und politisch beherrscht werden, zeichnen sich zwei mögliche Szenarien ab:

Fortsetzung der Entwicklung zu einer integrierten Weltwirtschaftsarena in erweiterter geographischer Dimension oder stärkere Regionalisierung der Wirtschaftsräume mit in gewissem Ausmaß regulierten Austausch zwischen den Regionen und längerfristig der Herausbildung einer multi-(mindestens tri-)polaren Struktur.

Eine längerfristige Strategie für den Weltmarkt muß sich auf beide Szenarien einstellen.

3. Entwicklung der optimalen Strategie

3.1 Strategisches Paradigma

Neue strategische Komplexität und neue strategische Herausforderungen erfordern neue Antworten. Schon die Globalisierungsherausforderung der späten 70er und der 80er Jahre hatte keine einfache Antwort. Was optimal war, mußte auf der Basis der potentiellen (häufig gestaltbaren) Charakteristika der Geschäfte und der Möglichkeiten des eigenen Unternehmens (definiert durch strategische Position, Ressourcen, Fähigkeiten usw.) erarbeitet werden. Erfolgreiche Strategien wie die von Toshiba und Intel bei Halbleitern einerseits und von McDonald's andererseits werden zwar gerne unter dem Begriff der „Globalisierung" subsumiert, könnten aber unterschiedlicher nicht sein: auf der einen Seite integrierte Entwicklungsprojekte für den Weltmarkt und globale Produktionskonfiguration, auf der anderen eine globale Franchisingstrategie für eine große Zahl von nationalen und auch regionalen Märkten.

Das Spielbrett der Strategie ist durch die Entwicklung des Wettbewerbs in den letzten zehn Jahren und durch die erneut veränderten Rahmenbedingungen neu gestaltet worden. Strategisches Denken heute erfordert ein neues Paradigma, vielleicht aber auch nur eine von vorgeprägten Meinungen freie Rückbesinnung auf den Kern jeder erfolgreichen Strategie: die nachhaltige Differenzierung durch Vorstoß in Neuland, sei es Produkt-/Leistungsangebot, Geschäftssysteme, Industriestrukturierung oder anderes. Diese Differenzierung muß erreicht werden vor dem Hintergrund wachsender Unsicherheit strategischer Entscheidungen. Viele Strategieentwicklungsprozesse der Vergangenheit bauten implizit auf dem Konzept auf, daß eine gute Situationsanalyse eine zumindest hinreichend verläßliche Voraussage wahrscheinlicher Entwicklungen erlauben würde, mit anderen Worten, die Strategiewahl in einem gut strukturierten Entscheidungsfeld stattfinden würde. Dies ist in einer Reihe von Industrien noch immer möglich. So laßt sich z.B. die Dynamik des Stahlmarktes oder des Automobilmarktes in den größten Segmenten in mittelfristiger Perspektive als Funktion bekannter Einflußgrößen recht gut voraussehen. In vielen anderen Industrien herrscht dagegen eine fundamentale Unsicherheit vor. Teilweise existieren diskrete Szenarien mit mehr oder weniger gut definierten Eintrittswahrscheinlichkeiten (z.B. bei Kunststoffen mit ihrer begrenzten Zahl von Kapazitätsszenarien oder bei noch unklaren technischen Marktstandards etwa bei Kommunikationsschnittstellen), teilweise liegen aber auch Situationen vor, die man aufgrund vielfältiger Dimensionen der Unsicherheit unter Entlehnung eines Begriffes aus der Strömungslehre nur als „turbulent“ bezeichnen kann. Beispiele dafür sind u.a. der Telekommunikationstechnikmarkt im Zusammenspiel von Technologieveränderung und Deregulierung in Europa oder große Felder des sich entwickelnden Multimediamarktes. Es ist einleuchtend, daß jede Strategieentwicklung die unterschiedlich klare und verläßliche Strukturierung der Entscheidungsfelder berücksichtigen muß.

Es verwundert nicht, daß angesichts dieser Entscheidungssituation die klassische strategische Situationsanalyse nur noch ein allererster Schritt für eine gute Strategie ist. Die Analyse muß tiefer gehen und die zugrunde liegenden Einflußfaktoren und vor allem mögliche Diskontinuitäten herausarbeiten. Anders formuliert: Strategie setzt ein tiefes Verständnis des Geschäftes voraus (und nicht nur gute Kenntnisse der Markt- und Geschäftsdaten). Auf dieses Thema wird im nächsten Abschnitt näher eingegangen.

Zweitens muß Strategie die Unsicherheit der Entscheidungssituation soweit wie möglich bewältigen. Dazu kann Unsicherheit eingeschränkt oder gemanagt werden. Zeitgemäße Prozesse der Strategieentwicklung lassen sich von vier Prinzipien leiten, von denen die ersten zwei über Gestaltung des Umfeldes Unsicherheit reduzieren und die beiden anderen die negativen Auswirkungen der Unsicherheit zu beherrschen erlauben.

- Strategie muß einen hohen Innovationsgrad haben, d.h. Gestaltungsmöglichkeiten müssen so genutzt werden, daß sich zentrale Elemente eines Geschäftes verändern und dadurch eine Differenzierung und partielle Alleinstellung im Wettbewerb erreicht wird. Unternehmen gestalten dadurch das strategische Spielfeld und werden nicht zum Spielball auf einem vorgegebenen, fremd bestimmten Feld.
- Strategie muß eine Industrieperspektive einnehmen und darf sich nicht auf das eigene Unternehmen einengen. Es wird natürlich auch bei traditionellem Vorgehen keine Strategie entwickelt, ohne das Wettbewerbsumfeld zu analysieren. In erstaunlich vielen Fällen wird aber bei der Verabschiedung der eigenen Strategie nicht mehr die Frage gestellt, wie Wettbewerber reagieren und wie ein mögliches „Industry endgame“ aussehen könnte. Strategien, die nicht nur darauf abzielen, das eigene Unternehmen optimal auszurichten, sondern gleichzeitig auch die Industriestruktur zu beeinflussen, schaffen besser strukturierte Entscheidungsfelder.
- Strategie muß den Faktor Veränderungsgeschwindigkeit explizit als Beurteilungskriterium aufnehmen. In einer Zeit außergewöhnlich schnellen Wandels gerade im internationalen Umfeld ist nicht nur das *Was* und *Wie* sondern zunehmend auch das *Wie schnell* ein wichtiger Maßstab für die Güte einer Strategie. „Getting to the future first“ [4] wird zur wichtigen Anforderung.
- Strategien müssen flexibel sein und eher eine Grundrichtung und einen Handlungsraum beschreiben als ein auf mehrere Jahre festgelegtes Programm. Je größer die Unvorhersehbarkeit der zukünftigen Entwicklungen ist, desto leichter müssen Strategien an sich verändernde Bedingungen flexibel anpaßbar sein. Die sich aus dieser Anforderung ergebenden Implikationen für Ressourceneinsatz, Geschwindigkeit interner Prozesse, Kommunikation sind enorm.

Diese vier Kriterien für die Strategieentwicklung sind letztlich nur ein formales Gerüst für die zentrale Anforderung an die Substanz einer Strategie: „to reinvent the business“ [5].

3.2 Das Geschäft verstehen

Weltweit tätige Unternehmen sind nicht unbedingt in globalen Geschäften; die bereits beschriebenen Unterschiede zwischen Intel oder Toshiba einerseits und McDonalds andererseits illustrieren diesen Befund. Und Geschäfte, die heute noch regional oder national sind, können morgen ihre Charakteristik verändert haben, weil einer der Anbieter im Markt vorhandene Chancen für sich nutzt und das Geschäft grundlegend verändert. Die Unterhaltungselektronik oder Werkzeugmaschinen in den späten 70er und 80er Jahren sind dafür sehr plastische Beispiele, oder in jüngerer Vergangenheit die Fabrikautomatisierung, Medizintechnik und Telekommunikation. (In der letzteren vollzieht sich der Wandel besonders schnell, da die geschäftsinhärenten Kräfte lange Zeit durch Marktregulierung zurückgestaut wurden und nun „der Damm bricht“). Zum Verständnis des eigenen Geschäftes muß im Rahmen von Überlegungen zur internationalen Strategie bestimmt werden, welches die ökonomisch optimale Dimension und Ausrichtung des Geschäftes ist, und welche Kräfte diese optimale Arena in Zukunft beeinflussen können.

- Bieten die durch eine Globalisierung des Geschäftes erreichbaren Größenordnungen Vorteile im Wettbewerb oder lassen sich im Gegenteil durch eine stärkere lokale Anpassung Vorteile erzielen? Die Antwort auf diese Frage läßt sich vereinfacht in einer Geschäftsklassifizierung abbilden.
- Welche Faktoren bestimmen in einem Geschäft den längerfristigen Erfolg? Mit welchen Maßnahmen lassen sich die Erfolgsfaktoren beeinflussen und somit neue Spielregeln etablieren? Die Antwort auf diese Fragen muß sich auf ein tiefes Verständnis der (potentiellen) Dynamik eines Geschäftes stützen.

3.2.1 Klassifizierung von internationalen Geschäften

In die Beantwortung der ersten Frage gehen die oben bereits kurz angesprochenen Überlegungen zu Angebot und Nachfrage ein. Es gilt, beide Seiten eines Geschäftes in ihrem Zusammenwirken möglichst genau zu verstehen und daraus die für das Unternehmen oder für die Wettbewerber verfügbaren Freiheitsgrade abzuleiten.

Erfordert etwa die Entwicklung der nächsten Produktgeneration einen Sprung im Entwicklungsaufwand oder erlaubt die Produktionstechnik eine wesentliche Kostensenkung bei Volumenerhöhung, so bestehen Chancen für eine Arenaexpansion. Ist dagegen zum Beispiel eine hohe Serviceintensität wesentlicher Bestandteil des Geschäftes, so können Anbieter mit hoher lokaler Präsenz relativ leicht nachhaltige Barrieren aufbauen. In die gleiche Richtung wirkt eine starke Fragmentierung der Nachfrage. Je fragmentierter die Nachfrage, desto leichter haben es wiederum etablierte lokale Anbieter, wenn es darum geht, die eigene nationale/regionale Wettbewerbsarena zu erhalten.

Wichtig bei diesen Analysen ist erstens, daß sie geschäftsspezifisch sind und sich nicht an den meist viel zu umfassenden Branchenabgrenzungen und auch nicht an der Angebotspalette des eigenen Unternehmens orientieren. Die für jede Strategieausarbeitung kritische Frage „Wodurch ist ein Geschäft definiert, und wie grenzt es sich gegen andere ab?“ verliert auch im weltweiten Wettbewerb nichts von ihrer Relevanz! Zweitens – und dies ist kein Widerspruch – sind sowohl geschäftsspezifische Charakteristika (z.B. Kostenverläufe und Wertschöpfungsstrukturen) als auch üblicherweise regionenspezifische Standort- sowie unternehmensspezifische Vorteile in die Überlegungen einzubeziehen.

Die Ergebnisse dieser Überlegungen zur Natur verschiedener Geschäfte lassen sich in einer Matrix abbilden, die Kräfte in Richtung auf Globalisierung und in Richtung auf Lokalisierung gegenüberstellt und damit eine Kategorisierung erlaubt (Abbildung 2), zum Beispiel: [6]

- Bei *rein globalen Geschäften* überwiegen die globalisierungsfördernden Kräfte die Gegenkräfte so stark, daß die Ausrichtung auf die globale Wettbewerbsarena zur Conditio sine qua non des Erfolges und sogar des längerfristigen Überlebens wird. Lokale Präsenz und enge Interaktion mit dem Kunden ist kein kritischer

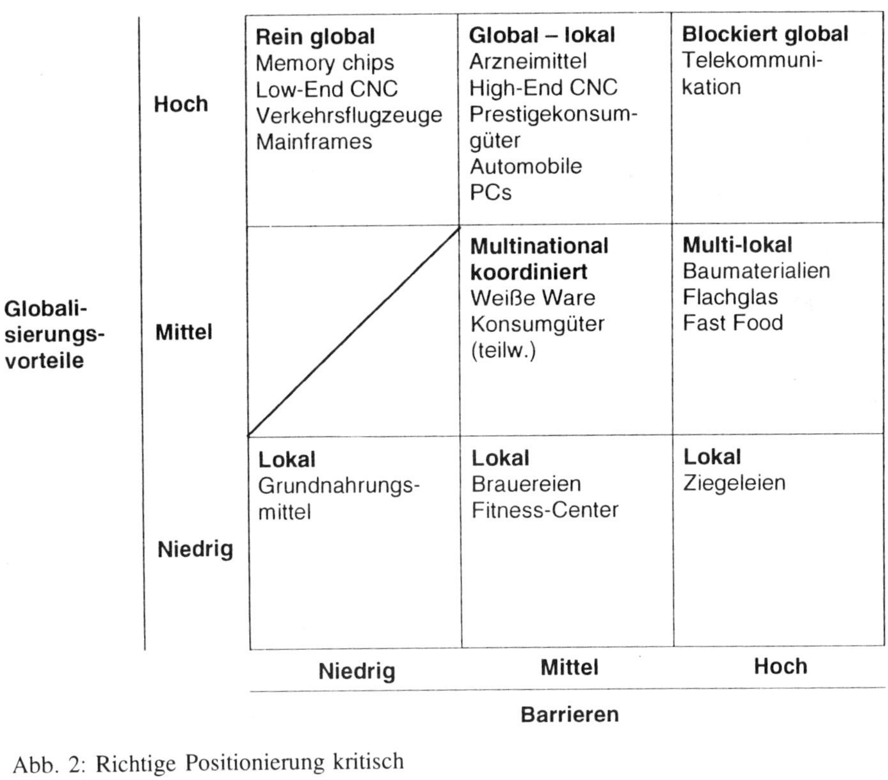

Abb. 2: Richtige Positionierung kritisch

Erfolgsfaktor. Im Extremfall können die Geschäfte als Telefongeschäft bzw. nach Katalog oder mit unabhängigen lokalen Distributoren durchgeführt werden.

- *Global-lokale Geschäfte* weisen sowohl starke globalisierungsfördernde Kräfte als auch relativ starke Vorteile aus hohem lokal orientierten Mitteleinsatz auf. Typischerweise wirken diese unterschiedlich gerichteten Kräfte in unterschiedlichen Funktionen des Geschäftssystems. So zeichnen sich beispielsweise viele Geschäfte im High-Tech-Bereich gerade dadurch aus, daß sie eine klare weltweite Ausrichtung in der Entwicklung, in Teilen der Produktion und zum Beispiel in Marketing- und Servicekonzepten erfordern, daß sie aber andererseits länderspeziflsches Vorgehen in Distribution und Vertrieb und hohe Beratungsintensität vor Ort benötigen.
- In *blockiert globalen Geschäften* wirken zwar alle inhärenten ökonomischen Kräfte in Richtung Globalisierung, sie müssen jedoch als primär lokale Geschäfte geführt werden, da die Rahmenbedingungen eine andere Ausrichtung nicht erlauben. Durch protektionistische Preisstellung ist dies auch rentabel möglich. So wurde die Telekommunikationstechnik bis vor wenigen Jahren durch die Beschaffungspolitik der typischerweise staatlichen oder staatlich beeinflußten Telekommunikationsunternehmen in ihren Globalisierungstendenzen gehemmt. Kritisch ist jedoch eine sorgfältige Überwachung der Rahmenbedingungen auf Veränderungstendenzen: Wenn der protektionistische Schirm zusammenbricht, werden solche Geschäfte meist in kurzer Zeit rein global.
- Bei *multinational-koordinierten Geschäften* wirken sowohl mittelstarke Globalisierungs- als auch mittelstarke Lokalisierungskräfte; diese Geschäfte sind ihrer Natur nach polyzentrisch. Im Augenblick dürften zum Beispiel noch elektronische Ausrüstungsgüter in dieser Kategorie anzusiedeln sein. Viele der heute globalen Geschäftsgebiete hatten in der Vergangenheit diese polyzentrische Struktur, das multinationale Geschäft hat sich als Übergangsphase zum globalen Geschäft erwiesen.
- Bei *lokalen Geschäften* ist im operativen Bereich durch Integration der verschiedenen lokalen Zentren meist wenig zu gewinnen. Und selbst in den Produkt-/Marktstrategien ergeben sich wegen der hohen lokalen Barrieren kaum Vorteile für einen internationalen Anbieter gegenüber einem rein nationalen Unternehmen. Grund dafür sind sehr stark national geprägte Käuferpräferenzen wie z.B. noch immer in einem großen Teil der Nahrungsmittelindustrie, oder aber Situationen in denen mögliche Economies of scale durch andere Einflüsse überkompensiert werden, wie z.B. Baustoffe oder Basischemikalien, bei denen Transportkostenbarrieren praktisch nicht zu überwinden sind.
- Bei *multi-lokalen Geschäften* ergeben sich wie bei den lokalen Geschäften zunächst keine wesentlichen Vorteile aus der physischen Zusammenfassung einzelner oder aller Elemente des Geschäftssystems in einer über den nationalen Markt hinausgehenden Arena. Auf der anderen Seite haben sie entweder eine hohe Know-how-Komponente oder ein Geschäftskonzept, das erhebliche Wettbewerbsvorteile ermöglicht. In diesem Falle besteht die Chance, die Geschäfte in verschiedenen Regionen aufzubauen und die „Software“ zu übertragen. Franchisekonzepte wie McDonalds oder Dunkin Donuts sind dafür Beispiele, aber auch stark prozeßorientierte Geschäfte wie Wasseraufbereitung oder einige Baumaterialien.

3.2.2 Kraftfelder und Erfolgsfaktoren

In der (dynamischen) Klassifizierung der Geschäfte wird bereits die Vielfalt deutlich, vor der ein Unternehmen bei der Formulierung seiner internationalen Strategie steht. Wenn man die treibenden Kräfte hinter den verschiedenen Geschaftskategorien sucht, fügt man der Komplexität noch eine Dimension hinzu. Grundsätzlich kann die Dynamik eines Geschäftes von folgenden Einflußfaktoren bestimmt werden:

- Veränderungen in den Kundenpräferenzen hin zu einer stärkeren Homogenisierung oder umgekehrt zu einer stärkeren Heterogenisierung zwischen Kundengruppen. Werden Präferenzen im internationalen Maßstab homogener, z.B. durch die Herausbildung gemeinsamer technischer Standards, Konvergenz von Anwendungen und Weiterverarbeitungsstandards, Entwicklung gemeinsamer Qualitätsvorstellungen und ggf. Markenvorlieben, so ergibt sich potentiell die Chance, einen größeren Markt mit einem einheitlichen Produkt oder Serviceangebot zu bedienen. Entsprechend bedeutet Heterogenisierung von Präferenzen Differenzierungsbedarf und damit u.U. die Möglichkeit, bestehende Märkte zu enfflechten.
- Veränderungen in Fertigungsorganisation oder Fertigungstechnologien, die die Kostenstrukturen und spezifischer die Mengendegression der Kosten erheblich beeinflussen, verändern potentiell die optimalen Betriebsgrößen und geben damit die Chance einer Anpassung der Struktur der Produktionsstandorte. In extremer Form kann dies bedeuten, daß die ganze Produktion eines Unternehmens sinnvollerweise an einem Standort konzentriert wird und von dort die internationalen Märkte bedient werden. Was für die Produktion gilt, gilt in gleichem Maße auch für die anderen Funktionen wie z.B. Logistik, Beschaffung etc.
- Sehr hohe oder stark steigende Aufwendungen für die Entwicklung von Produkten, gemessen z.B. an den Kosten pro Produktereignis oder allgemeiner an den F&E-Kosten bezogen auf den Umsatz, begünstigen Geschäftskonzepte, die auf einen möglichst umfassend definierten Markt mit maximal erreichbarem Volumen zugeschnitten sind. Die Nicht-Differenzierung von Märkten in der geographischen Dimension ist dabei einer der primären Hebel.
- Veränderungen der Rahmenbedingungen jeder Art verändern die ökonomische Mechanik von Geschäften und generieren damit neue Möglichkeiten des strategischen Zuschnitts. Die typischerweise politisch bestimmten externen Einflüsse reichen von Veränderungen der Zollsätze oder nicht-tarifärer Handelshemmnisse, über Kapitalverkehrseinflüsse bis zur Regulierung oder Deregulierung von Güter- und Dienstleistungsmärkten.
- Änderungen von Standortfaktoren einzelner Länder sind ein wesentlicher Einflußfaktor der Wettbewerbsdynamik von Geschäften. Dabei muß meist das gesamte Bündel der attraktivitätsbestimmenden Faktoren gemeinsam betrachtet werden, die Isolierung einzelner Faktoren führt häufig zu Fehlschlüssen. So machen z.B. niedrige Arbeitskosten normalerweise erst in Kombination mit guter Arbeitsproduktivität (Fähigkeiten, Arbeitsorganisation, Motivation, etc.) und ausreichender Infrastruktur einen Standort zum attraktiven Produktionsort. Zu beobachten sind insbesondere Änderungen in den Standortfaktoren in Kombination mit Änderungen in den Rahmenbedingungen, wie etwa der Wegfall von Zollschranken gegen Schwellenländer.

– Änderungen in der Struktur oder Marktdynamik vor- oder nachgelagerter Märkte, wie zum Beispiel regionale Nachfrage oder Angebotsverschiebungen in verbundenen Märkten, sind oft ein Frühindikator für mögliche oder bereits bevorstehende Umbrüche im eigenen Geschäft.

Reale Situationen werden im Normalfall durch das Zusammenwirken verschiedener Einflußfaktoren determiniert, die spezifische Muster der Geschäftsdynamik ergeben. Dies soll kurz an drei Beispielen verdeutlicht werden, die verschiedenen Klassen internationaler Geschäfte zuzurechnen sind und in jüngerer Zeit eine Diskontinuität erlebt haben.

Die *kommunikationstechnische Industrie* liefert als wesentlichen Teil ihrer Produktpalette die technischen Ausrüstungen für die Telekommunikationsindustrie. Aufgrund der sehr schnellen Entwicklung der zugrundeliegenden Hardware und Softwaretechnik ist die Innovationsrate in der Industrie sehr hoch, sie reicht von Änderungen in den Komponenten (z.B. stark zunehmender Integrationsgrad der Bauteile wie in der Elektronik generell) bis hin zu ganz grundsätzlichen Änderungen in der Vermittlungs- und Übertragungstechnik, die Qualitätsund Effizienzsprünge in den Anwendungen ermöglichen (z.B. digitale Vermittlungstechnik, Breitband, ATM – asynchronous transfer mode). Parallel zur raschen Entwicklung der Technik geht die Telekommunikations-Industrie seit etwa einem Jahrzehnt durch einen relativ raschen Prozeß der Deregulierung. Die staatlichen oder privaten Monopolanbieter der Vergangenheit haben in von Land zu Land unterschiedlicher Form wettbewerbsintensiven Oligopolen Platz gemacht. Als Konsequenz der scharfen Konkurrenz im Servicebereich wurden die traditionell nationalen Technik-Zuliefermärkte für den internationalen Wettbewerb geöffnet. Der einzelne Anbieter sieht sich dadurch in sehr kurzer Zeit vor Herausforderungen auf verschiedenen Feldern: internationale Wettbewerber auch auf den Heimatmärkten, beschleunigter technischer Wandel, Unsicherheit über die künftige Struktur des Kommunikationsbereiches (Multimedia, Kabel- vs. traditionelle Telekomanbieter etc.). Sicher ist, daß sich aus einem lokalen, bzw. für die größeren Anbieter multinationalen, sehr schnell ein globales Geschäft entwickelt und daß die Zahl der umfassenden Systemanbieter stark zurückgehen wird; andererseits ist die gesamte strategische Situation im oben beschriebenen Sinne hochgradig unstrukturiert und damit unsicher. Erfolgreiche Unternehmensstrategien müssen verschiedene Szenarien überspannen und im globalen Markt verschiedene Optionen offenhalten.

In einer völlig anders gearteten Diskontinuität befindet sich das traditionelle, bedeutende Chemiegeschäft der *Textilfarbstoffe*. Dieses Geschäft bildete eines der Fundamente für die Entstehung einer chemischen Industrie in den Industrieländern Europas und Nordamerikas. Die Kombination von Zollabbau, sehr viel niedrigeren Arbeits- und Umweltschutzkosten in Schwellenländern und relativ leicht zugänglicher Produktionstechnologie führte zu Produktionskostendifferentialen zwischen traditionellen und neuen Standorten, die die bisherigen Standorte in ihrer Wettbewerbsfähigkeit nachhaltig gefährdeten. Die tatsächliche Veränderung kam jedoch aus einer anderen Richtung: Noch extremere Kostenunterschiede zwischen Industrieländern und Schwellenländern in der Textilindustrie hatten dazu geführt, daß sich die Abnehmerindustrie für Farbstoffe in die Schwellenländer verlagert hatte (Indien, Südostasien). Dadurch konnte sich in diesen Ländern eine einheimische Industrie entwickeln (teilweise mit Hilfe traditioneller Firmen), die nach einer gewissen Entwicklungszeit als potenter, zumindest preisbestimmender Anbieter auf dem Weltmarkt auftrat. Die traditionellen Anbieter, die diese Entwicklung nicht antizipiert haben, sehen sich nun mit einer Arenaerweiterung konfrontiert, die sie zu massiven Restrukturierungen und Strategieänderungen zwingt. Das Joint Venture zwischen Bayer und Hoechst ist dafür ein aktuelles Beispiel.

Die *pharmazeutische Industrie* war (zumindest in ihrem forschenden Teil) schon seit Jahren eine Industrie, die am ehesten in der Kategorie „global-lokal" einzugliedern war. Wegen hoher F&E-Aufwendungen muß das Geschäft in seinen „Upstream"-Teilen global betrieben werden, andererseits waren die nationalen Märkte traditionell sehr unterschiedlich und erforderten spezifische Marketing- und Vertriebsansätze. Die von erfolgreichen internationalen Pharmaunternehmen in den letzten 10–15 Jahren verfolgten Konzepte waren typischerweise sehr ressourcenintensiv. In den letzten Jahren führte der zunehmende Kostendruck auf die nationalen Gesundheitssysteme zu signifikanten Umstrukturierungen der Nachfrageseite der Industrie. Historische Geschäftssysteme und Kostenstrukturen sind nicht länger haltbar. Neue Geschäftskonzepte und Wertschöpfungsstrukturen, vor allem aber eine radikale Umstrukturierung der Anbieterstruktur in Richtung auf weniger, aber sehr viel globalere Anbieter sind die beobachtbare Konsequenz. Noch nie gab es in einer Industrie eine so starke Häufung von nationalen und vor allem internationalen Unternehmenszusammenschlüssen wie in der Pharmaindustrie im letzten Jahrzehnt. Rhone-Poulenc-Rohrer, Smith-Kline-Beecham, Roche-Syntex, Glaxo-Wellcome, Hoechst-MMD sind nur einige der größeren Ereignisse auf diesem Feld.

Diese Beispiele für dramatische Veränderungen im internationalen Szenario von Industrien machen zwei Punkte deutlich: zum einen die schon mehrfach erwähnte Vielfalt in den treibenden Kräften von Industrien, die wohlfeile „allgemeingültige" strategische Erklärungsmuster und Erfolgskonzepte von vornherein zum Scheitern verurteilen und statt dessen tiefgehendes spezifisches Industrieverständnis erfordern; zum anderen die Tatsache, daß die Veränderungen im strategisch relevanten Umfeld keine naturgesetzlichen Entwicklungen sind, sondern Resultat bewußter Gestaltung von Unternehmen, die entstehende Chancen nutzen. Veränderte politische Rahmenbedingungen, neue Technologien, geänderte Kostenmechanik generieren nur einen veränderten Möglichkeitsraum, tatsächliche Veränderungen werden nur durch unternehmerisches Handeln bewirkt.

3.3 Stoßrichtungen der internationalen Geschäftsstrategie

Maßgeschneiderte internationale Strategien, die auf einem exzellenten Geschäftsverständnis und einer realistischen Einschätzung der eigenen Unternehmenssituation aufbauen, beschreiben die längerfristige Vision für das Geschäft, spezifizieren Ziele und Prioritäten im Hinblick auf angestrebte strategische und finanzwirtschaftliche Indikatoren, geographische Schwerpunkte, Ressourceneinsatz und Aktionsprogramme, und definieren die Art, in der das Geschäft durchgeführt werden soll, typischerweise in Form des Geschäfts-System-Design und seiner organisatorischen Implikationen. Diese Inhaltsangabe gilt grundsätzlich für jede Strategie und muß in dieser allgemeinen Form hier nicht detailliert werden [7]. Im folgenden soll zunächst auf einige Spezifika internationaler Strategien bei geographischer Schwerpunktsetzung und Geschäftssystemgestaltung eingegangen werden, die bei der optimalen Ausrichtung auf die Charakteristika internationaler Geschäfte wichtig sind; danach sollen einige Stoßrichtungen skizziert werden, mit denen die strategische „Routine" verlassen und tatsächlich nachhaltige Vorteile aufgebaut werden können.

Zunächst zum Thema der *geographischen Schwerpunktsetzung*. Auf den ersten Blick erscheint es einfach, die optimale regionale Verteilung der Aktivitäten aus der Klassifizierung des Geschäftes – etwa in global oder multinational – abzuleiten und mit herkömmlichen Analysen der Marktattraktivität die richtige Ressourcendotierung zu bestimmen. Die Realität ist komplizierter. Selbst bei Verfolgung einer globalen Strategie, die auf die gesamte industrialisierte Welt ausgerichtet ist, sind damit nicht weltweit einheitliche Abdeckungsmuster und Gewichtung vorgegeben. Im Einzelfall sind geschäfts- und wettbewerbsspezifische Fragen zu prüfen. Märkte sind nicht nur vom Marktvolumen und von den erreichbaren Renditen her unterschiedlich attraktiv, einzelne Länder haben zum Beispiel eine andere Bedeutung für die Produktentwicklung als für Beschaffung oder Produkteinführung. Bei technischen Komponenten kommt es für die eigene Entwicklung oft entscheidend darauf an, nah bei den führenden Anwendern angesiedelt zu sein. In der Pharmaindustrie ist die Zulassung durch die Food and Drug Administration (FDA) in den USA eine entscheidende Hürde in Richtung auf eine weltweite Vermarktung. Für hochwertige Automobile ist die Bundesrepublik aufgrund eines großen Pools talentierter Ingenieure, einer hoch entwickelten Autokultur und fehlender Geschwindigkeitsbeschränkung unverändert ein guter Entwicklungsstandort. Neben den geschäftsspezifischen Argumenten spielen aber auch wettbewerbsorientierte Überlegungen eine zunehmende Rolle. So ist beispielsweise zu prüfen, auf welchen Märkten die Hauptwettbewerber besonders verwundbar sind, oder ob ein massiver Angriff auf ihrem Heimatmarkt durchgeführt werden kann. In jedem Falle ist zu bedenken, daß im multinational-koordinierten und erst recht im multi-lokalen Geschäft ein Ausweichen vor dem Wettbewerb auf Drittmärkte exakt das richtige Vorgehen sein kann, während dies im globalen Geschäft in der Regel keine sinnvolle Strategie ist.

Mit der Frage der *regionalen Besonderheiten* im weltweiten Wettbewerb ist bereits eine zentrale Komponente des strategischen Konzeptes angesprochen: die Gestaltung des Geschäftssystems mit allen Funktionen von F&E und Einkauf bis hin zu Vertrieb und Service. Neue Formen des Wettbewerbs erfordern neue Lösungen, die bei den Unternehmen ein teilweise radikales Umdenken verlangen. Das gilt sowohl für den Grad der internationalen Integration als auch für die Ausgestaltung der einzelnen Funktionen.

Zur Frage der *Integration des internationalen Geschäftes* muß zum Beispiel festgelegt werden, ob regional verteilte Produktentwicklungen als eine Einheit aufgefaßt werden, für die es eine gemeinsame Entwicklungsplanung, sorgfältig abgestimmte Aktivitäten und übergreifendes Projektcontrolling gibt, oder ob eine hohe regionale Autonomie mit nur loser Koordination vorzuziehen ist, wie es traditionell in der Automobilindustrie der Fall war. Das gleiche gilt für die Fertigung: Sind die Fabriken in den verschiedenen Ländern Teil eines engen Verbundes, gibt es für jedes Produkt bzw.

jede Komponente nur eine „Worldscale"-Fertigung, oder wird die Fertigung auf die regionalen Märkte ausgerichtet und vor Ort gesteuert?

Falsche Entscheidungen führen zu signifikanten Wettbewerbsnachteilen gegenüber besser ausgerichteten Anbietern: Zu wenig Integration verhindert die Ausschöpfung von Potentialen der Globalisierung, ein zu hoher Integrationsgrad ist teuer und beeinträchtigt die vor Ort notwendige Flexibilität. Die Antworten müssen für das einzelne Geschäft erarbeitet werden, Patentrezepte gibt es nicht. Die Erfahrung zeigt allerdings, daß sich Rahmenlösungen finden lassen, die den einzelnen Geschäftskategorien zugeordnet werden können.

So verlangen z.B. *rein globale* Geschäfte eine vollständige Integration der verschiedenen Unternehmensfunktionen, unabhängig von ihrer geographischen Verteilung, d.h. alle für den Erfolg des Geschäftes kritischen Funktionen müssen als Einheit geführt werden. Dagegen haben *multinational koordinierte* Geschäfte mehrere regional ausgeprägte Geschäftssysteme, zwischen denen in kritischen Funktionen eine enge Zusammenarbeit stattfindet. Das *multilokale Geschäft* schließlich legt eine besonders interessante Form der internationalen Koordination nahe: Durch das hohe Gewicht regionaler oder lokaler Besonderheiten ergeben sich keine Vorteile aus einer Integration der Geschäftsdurchführung selbst, Vorteile ergeben sich jedoch aus der Übertragung von Konzepten und Fähigkeiten [8].

Soweit handelt es sich um sehr plausible, allerdings noch lange nicht zur generellen Praxis gewordene Uberlegungen dazu, wie die neueren Entwicklungen in der strategischen Struktur von internationalen Geschäften die strategischen Stoßrichtungen beeinflussen und es Unternehmen erlauben, Vorteile durch Nutzung dieser Strukturmerkmale zu erlangen. Die Implementierung dieser Erkenntnisse führt jedoch zunächst nur zu einer besonders guten Übereinstimmung von Geschäftssituation und Strategie, noch nicht zum „Quantensprung", zur Neudefinition des Geschäftes. Dazu müssen noch grundsätzlichere Änderungen durchgeführt werden. Die möglichen Stoßrichtungen schließen sich dabei nicht gegenseitig aus, sondern sind kombinierbar.

3.3.1 Neudefinition des Leistungsangebotes

Daß Produktinnovation zumindest temporär ein neues Geschäft und eine Alleinstellung im Wettbewerb generiert, gehört zu den Basislektionen in Strategie. Die Kombination von Leistungsinnovation und frühzeitiger Globalisierung schafft herausragende strategische Positionen. Viele Unternehmen, die den Ruf strategischer Exzellenz haben oder hatten, schufen ganz neue Geschäfte und haben es geschafft, für eine längere Zeit an der Spitze zu bleiben. Geschäfte wie PCs, Videorecorder oder die Compact-Disc sind „global geboren"; negative Beispiele wie das vielzitierte Video 2000 von Grundig und Philips zeigen allerdings auch, daß Produktinnovation ohne die richtige Arena-Wahl und die abgestimmte Einführungsstrategie leicht zum Fehlschlag wird.

Andere haben ein neues Feld relativ früh belegt und haben eine Innovationskraft entwickelt, die sie im Rennen um die nächste Verbesserung an der Spitze hält. Innovationsführer wie Intel bei Prozessoren, Toshiba und IBM bei Speicherchips oder Microsoft bei bestimmten zentralen PC-Softwaresystemen haben demonstriert, wie ein Innovationsvorsprung über mehrere Produktgenerationen verteidigt, erneuert und in internationalen Erfolg umgesetzt werden kann. In weniger allgemein sichtbarer, aber letztlich für ihr Geschäft ebenso wirksamer Form haben viele Unternehmen z.B. bei Autoelektronik, Werkzeugmaschinen oder Biotechnik diese Form der Erhaltung einer Differenzierung im Wettbewerb verfolgt.

Ein zumindest bis vor kurzem sehr erfolgreiches Beispiel der Innovationsführung anderer Art bieten Sony oder in begrenzterer Perspektive auch Swatch. Beide haben auf der Basis an sich bekannter Elemente völlig neuartige Produktkonzepte entwickelt und dann mit einer Fülle kleinerer Modifikationen die Produktattraktivität und den Neuigkeitswert für einen relativ langen Zeitraum erhalten. Die jüngere Entwicklung in beiden Unternehmen zeigt allerdings, daß die zeitliche Reichweite dieses „product-churning" ohne signifikante Innovation doch begrenzt ist und enorme Anforderungen an die Beherrschung der operativen Aspekte des Geschäftssystems stellt.

3.3.2 Neudefinition von Geschäftssystemen

Die Wertschöpfungskette eines Unternehmens ist typischerweise historisch gewachsen und häufig durch hohe Gemeinsamkeiten in einer gesamten Industrie gekennzeichnet. Traditionell umspannt sie die Funktionen von F&E über Produktion bis zu Marketing und Verkauf im vom Unternehmen jeweils erreichten geographischen Zuschnitt. Ein systematisches Infragestellen des etablierten Status, wie und in welcher Tiefe ein Geschäft von einem Unternehmen wahrgenommen werden soll, ist jedoch gerade für die internationale Strategie besonders lohnend. Das Geschäftssystem für die internationale Arena stellt fast immer sehr hohe Anforderungen an Ressourcenausstattung (Kapital, aber meist noch wichtiger Personal) und Fähigkeiten; es gibt viele Beispiele, in denen in diesen Faktoren die Barrieren für die Durchsetzung eines strategischen Konzeptes lagen. Es ist jedoch nicht nur die potentielle Engpaß-Überlegung, sondern die grundsätzliche Forderung nach einem innovativen Vorgehen, die die Neudefinition von Geschäftssystemen treibt.

Es sind häufig gerade die neueren Industrien, die auch auf diesem Feld einen besonders hohen Innovationsgrad haben. Die internationale Computer-Industrie besteht aus einem Mosaik von eng verbundenen Unternehmen mit oft sehr geringer „Upstream"-Leistungstiefe der Firma, deren Namensschild das Gerät trägt. Die Mehrzahl der heutigen Biotechnologie-Unternehmen konzentriert sich auf Forschung und Entwicklung bis zu einer bestimmten Stufe und vergibt dann Lizenzen. Auf diese Weise werden weder spezifische Kenntnisse einzelner nationaler Märkte noch aufwendige Marketing- und Verkaufsorganisationen benötigt. Doch selbst eine traditionellere Industrie wie die Automobilindustrie macht sich zunehmend Gedanken über eine Neudefinition von Aufgaben und Leistungstiefe.

3.3.3 Rekonfiguration der Industrie

Das letztgenannte Beispiel der Geschäftssysteminnovation in der Automobilindustrie führt bereits auf das Feld der Rekonfigurierung einer gesamten industriellen Wertschöpfungskette. Zur Diskussion stehen verstärkte Spezialisierung und Arbeitsteilung zwischen den Autoherstellern, aber auch eine grundsätzliche Neuabgrenzung der Aufgaben zwischen Zulieferern, Autofirmen und Vertriebsnetz. Wer als erster eine leistungsfähigere Konfiguration entwickeln und im eigenen Umfeld realisieren kann, gewinnt einen Vorsprung gegenüber traditionelleren Spielern. Weitere aktuelle Beispiele für Umstrukturierungen dieser Art lassen sich im Gesundheitswesen und im Kommunikations- und Medienbereich beobachten. Es zeigt sich bereits jetzt, daß diese neuartigen Konstrukte nicht nur in den nationalen Märkten das Bild verändern, sondern daß sie auch die Basis für die internationale Expansion bilden. Selbst in so nationalen Sektoren wie dem Gesundheitswesen beobachten wir heute einen internationalen Know-how-Transfer bisher unbekannten Umfangs, multilokale Strategien für Konzepte wie Health Management Organizations und den Beginn tatsächlich internationaler Unternehmensgruppen.

Industrie-Rekonfiguration verwendet in zunehmendem Maße das Instrument der Strategischen Allianz, einer (temporären) Zusammenarbeit zwischen Unternehmen auf Gebieten, für die die klassische Markttransaktion nicht die geeignete Form bildet [9]. Solche Allianzen erlauben eine neuartige, relativ stabile Arbeitsteilung und Kooperation zwischen den verschieden Stufen einer industriellen Wertschöpfungskette – auch ohne den Zusammenschluß von Unternehmen. Cummins z.B. hat über ein Netz von Allianzen die Bereitstellung von Dieselmotoren für Fahrzeuge verschiedener Hersteller erreicht; faktisch wurde damit die höhere vertikale Integration der Fahrzeughersteller durch eine stabile langfristige Lieferbeziehung ersetzt. Allianzen können aber auch ein geeignetes Vehikel sein, um die Expansion der globalen Wettbewerbsarena für die eigenen strategischen Zielsetzungen zu nutzen. Kooperationen mit Herstellern in Schwellenländern etwa bieten nicht nur Zugang zu kostengünstigen Kapazitäten, sie sind gleichzeitig auch ein Weg, die weltweite Industriestruktur in Balance zu halten.

4. Ausblick: internationale Strategie über die Geschäftsstrategie hinaus

Im Zentrum der bisherigen Überlegungen stand die internationale Strategie als Geschäftsstrategie. Ist internationale Strategie nicht auch eine Aufgabe, die sich für Unternehmen als Ganzes stellt, gerade wenn sie mehr als ein Geschäft abdecken? Sind nicht die meisten der Unternehmen, die als Führer jeder Internationalisierung und speziell der Globalisierung gelten und die auch in organisatorischer Hinsicht zunehmend transnationale Charakteristiken entwickeln, komplexe Konzerne mit einer Vielzahl von Geschäften, die trotzdem auch strategisch als Einheit erscheinen?

Aus den Überlegungen zu den Rahmenbedingungen und treibenden Kräften ist deutlich geworden, daß internationale Strategien geschäftsspezifisch entwickelt werden mussen. Pauschales Vorgehen führt zu suboptimalen Ergebnissen, selbst benachbart erscheinende Geschäfte sind zu unterschiedlich in ihrem Charakter, als daß sie eine unternehmensweit einheitlich definierte Ausrichtung vertragen würden. Trotzdem kommt der Strategieentwicklung auf geschäftsübergreifender Ebene eine hohe Bedeutung zu. Ihre Rolle und Aufgaben lassen sich in vier Punkten zusammenfassen:

- der Aufbruch in den Weltmarkt und der Ehrgeiz, ein wirklich globaler Spieler zu werden, ist häufig eher das Resultat einer *Vision* für das Gesamtunternehmen als für ein einzelnes Geschäft oder eine Produktlinie, obwohl die konkrete Umsetzung immer auf dieser unteren Ebene erfolgen muß. Von der Unternehmensspitze her werden jedoch die Anspruchsniveaus definiert und die Visionen formuliert, die Kultur und mentale Disposition für die aggressive Wahrnehmung von Chancen im internationalen Geschäft schaffen. Die Kunst in einem Konzern mit sehr verschiedenartigen Geschäften ist dabei, Vielfalt in der Einheit zu fördern, d.h. bei gemeinsamem Anspruchsniveau geschäftsspezifisch sehr unterschiedliche Ausprägungen der Strategien zu ermuntern.
- Ob ehrgeizige internationale Strategien realistisch sind und implementiert werden können, hängt entscheidend von *Ressourcen und Fähigkeiten* im Unternehmen ab. Die Herausbildung eines internationalen Management-Kaders ist immer das Resultat einer sehr systematischen Führungskräfteentwicklung. Erfolg in der Erschließung neuer Märkte oder in der Entwicklung strategischer Allianzen wird um so wahrscheinlicher, je mehr Erfahrung auf diesen Gebieten vorliegt. Mit internationalem Geschäft verbundene komplexe Kapital- oder Devisentransaktionen erfordern spezifisches Know-how. All dies sind Dinge, die starke „Economies of scale" haben, und für ein ganzes Unternehmen in der Regel nicht nur effizienter, sondern auch wesentlich effektiver durchgeführt werden können als isoliert für seine Teile.
- Einzelgeschäftsstrategien können durch (Teil-)*Unternehmensstrategien* unterstützt und verstärkt werden. Der Vorstoß in eine neue Region wie z.B. China ist bei orchestriertem Vorgehen eines ganzen Unternehmens meist wirkungsvoller als mit isolierten Einzelaktionen. Neuabgrenzung von Aktivitätsbereichen oder Kooperationen mit anderen Unternehmen sind häufig leichter, wenn sich die Bewegungen auf verschiedenen Feldern tendenziell kompensieren. Schließlich kann es auch wirkungsvoll sein, den Wettbewerberangriff auf einem Gebiet mit einem Angriff auf einem anderen Gebiet zu beantworten. All dies erfordert Abstimmung und Prioritätensetzung über das einzelne Geschäft hinaus.
- Strategieentwicklung ist Teil einer leistungsfähigen Führung, dennoch ist sie nicht selbstverständlich. In vielen Fällen hat sich die Initiierung und disziplinierte Durchführung eines *strategischen Dialogs* zwischen der Führung des Unternehmens und der Führung einzelner Geschäfte als kritischer Ansatzpunkt für den Unternehmenserfolg erwiesen. Dieser Dialog ist typischerweise noch keine Strategieentwicklung, er stößt sie aber an und verändert damit die Perspektive im Unternehmen insgesamt und in seinen Teilen.

Die Zukunft des internationalen Wettbewerbs hat schon begonnen. Neue Wettbewerber, eine erweiterte und heterogenere Arena, schnelle technische und politische Veränderungen bedeuten neue Herausforderungen auch für erfahrene internationale Unternehmen. Bestehen werden die Firmen, die auf strategischem Gebiet maßgeschneiderte, innovative Konzepte entwickeln und nicht nur geographisch auf Neuland vorstoßen, sondern in allen wichtigen Elementen ihres Geschäftes Neues schaffen, ihr Umfeld neu definieren und kritische organisatorische Fähigkeiten wie Flexibilität und hohe Aktionsgeschwindigkeit entwickeln.

Anmerkungen

[1] Vgl. dazu detaillierter: *Wilhelm Rall*: Strategien für den weltweiten Wettbewerb, in: Handbuch Strategische Führung, Herbert A. Henzler (Hrsg.), Wiesbaden 1988, S. 199 ff. Für die grundsätzliche Dynamik siehe bereits: *A.D. Chandler*: The Evolution of Modern Clobal Competition, in: Competition in Global Industries, M.E. Porter (Ed.), Boston 1986, S. 405-445

[2] Für einige frühere Beispiele siehe detaillierter: *M.R. Cvar*: Case Studies in Global Competition: Patterns of Success and Failure, in: Competition in Global Industries, M.E. Porter (Ed.), Boston 1986, S. 483-515

[3] Wie unterschiedlich der Weg in den Weltmarkt eingeschlagen werden kann, zeigt anschaulich (und unterhaltend): *Rj. Barnet, J. Cavanagh*: Global Dreams, Imperial Corporations and the New World Order, New York 1994

[4] *Cary Hamel, C. K. Prahalad*: Competing for the future, HBS Press, Boston 1994, S. 24

[5] Hamel und Prahalad haben ihr letztes Buch ganz unter dieses Motto gestellt. Siehe dazu vor allem *C. Hamel, C.K. Prahalad*, a.a.O., S. 22 ff.

[6] Siehe dazu detaillierter: *W. Rall*, a.a.O., S. 206 ff

[7] Allgemeine Darstellungen zu Vorgehensweisen und Strategiebildungsprozessen finden sich z.B. bei *M.E. Porter*: Competitive Advantage, New York 1985, und bei *H. Kreikebaum*: Strategische Unternehmensplanung, Stuttgart 1993

[8] Siehe dazu detaillierter: *W. Rall*, a.a.O., S. 212 ff.

[9] Vgl. dazu *J. Bleeke, D. Ernst (Ed).*: Collaborating to Compete, New York 1993 und *W. Rall*: Internationale Strategische Allianzen – Wege zum Erfolg, in: Internationalisierung von Unternehmungen, E. Pausenberger (Hrsg.), Stuttgart 1994

D Organisations- und Führungskräftesystemplanung

Organisationsplanung als Gegenstand der strategischen Planung

D. Hahn und *K. Bleicher*

1. Wesen der strategischen Organisationsplanung [1]

Gegenstand der betriebswirtschaftlichen Organisationsplanung ist die systematische Gestaltung der künftigen Aufbau- und Ablauforganisation der Unternehmung. Es geht um die Bestimmung der Aufgaben-, Kompetenz- und Verantwortungsbereiche der Unternehmung und damit auch um die Festlegung der Leitungshierarchie sowie die Regelung der Arbeitsbeziehungen zwischen den einzelnen Aufgabeneinheiten und zur Umwelt.

Die hier interessierende *strategische Organisationsplanung* ist durch die generellen *Merkmale* strategischer Entscheidungen charakterisierbar:

- Sie sind von besonderer Bedeutung für die Vermögens- und/oder Erfolgsentwicklung der Unternehmung;
- Sie können nur aus der besonderen Verantwortung für die gesamte Unternehmung und ggf. auch spezielle Unternehmungsbereiche aus dem Gesamtzusammenhang heraus getroffen werden;
- Sie sind grundsätzlich nur von der obersten (internen) Unternehmungsführung und/oder den dieser vorgeschalteten (externen) Zentren der Willensbildung der Unternehmung (z.B. Aufsichtsrat) wahrzunehmen, zu veranlassen und auch zu überwachen, wobei in der mehrgliedrigen Unternehmung bzw. im Konzern i.d.R. mehrere Entscheidungsebenen gegeben sind;
- Sie gelten auf lange Sicht und sind von relativ geringer Häufigkeit;
- Sie sind unter besonderer Beachtung der Werthaltungen der oberen Willensbildungszentren und unter Beachtung der bereits bestehenden Unternehmungsphilosophie und Unternehmungskultur zu fällen.

Inhaltlicher Kern der strategischen Organisationsplanung ist die *Planung des grundlegenden Organisationsmodells der Unternehmung* – insbesondere die Festlegung der Aufgabengliederung der Unternehmungsspitze und der darunter liegenden Einheiten nach Funktionen, Produkten und/oder Regionen und die Regelung der Kompetenzen (Befugnisse) und damit auch Verantwortlichkeiten der Träger der Aufgabenbereiche.

Organisationsmodellalternativen sind nach den Schritten des allgemeinen *Planungsprozesses* zu entwickeln und zu beurteilen:

1. *Problemstellung*
   Kennzeichnung der Unternehmungsziele und der aus ihnen abgeleiteten, für die Organisation relevanten, spezifischen Ziele sowie von Zielabweichungen – auch auf der Basis von Darstellungen und Analysen der Ist-Organisation.
2. *Alternativensuche*
   Ableitung von möglichen künftigen grundlegenden Organisationsmodellen für die Unternehmung mit dazugehörigen spezifischen Modellen der oberen Führungsorganisation.
3. *Alternativenbeurteilung*
   Darstellung der Wirkung möglicher künftiger grundlegender Organisationsmodelle auf die Unternehmungsziele und auf hieraus abgeleitete spezifische Ziele (Anforderungen).
4. *Alternativenauswahl*
   Auswahl desjenigen Organisationsmodells, das die relevanten Ziele am besten erfüllt und damit Festlegung der Soll-Organisation der Unternehmung.

Die Planung der Implementierung und die Kontrolle der Wirksamkeit einer neuen Organisation schließen sich an.

Die strategische Organisationsplanung – als Erstorganisation und als Reorganisation – ist dabei sinnvoll nur *integriert im Rahmen eines Gesamtplanungssystems* durchführbar mit

- generelller Zielplanung,
- strategischer Planung,
- operativer Planung und
- gesamtunternehmungsbezogener Ergebnis- und Finanzplanung.

Ausgangspunkt und Hauptbeurteilungskriterien für mögliche Organisationsmodelle bilden die generellen Unternehmungsziele und hieraus abgeleitete spezifische Ziele (Anforderungen).

Aus der strategischen Geschäftsfeldplanung resultieren die Haupteinflußfaktoren (Determinanten) für in Frage kommende Organisationsmodelle. Diese Haupteinflußfaktoren sind die Unternehmungsgröße, die Programmstruktur (-breite und -tiefe) sowie die Standortstruktur. In der Praxis treten personelle Einflußfaktoren hinzu. Integriert mit der strategischen Organisationsplanung haben die Führungskräfteplanung und die Rechtsform-/Rechtsstrukturplanung der Unternehmung zu erfolgen. Die Organisationsplanung ihrerseits determiniert wiederum die Informationssystemplanung.

Im Rahmen der operativen Planung und der gesamtunternehmungsbezogenen Ergebnis- und Finanzplanung sowie letztlich im Kapitalwert der Unternehmung schlagen sich die Wirkungen von möglichen Organisationsänderungen nieder. Hierbei bereiten oft die Schätzungen und Erfassungen von Umsatz- und Kostenänderungen sowie Einzahlungs- und Auszahlungsänderungen aufgrund von Organisationsänderungen besondere Schwierigkeiten.

2. Prozeß der strategischen Organisationsplanung [2]

2.1 Problemstellungsphase im Rahmen der Organisationsplanung

Für eine bestehende Unternehmung tritt das *Problem einer möglichen Reorganisation* auf, wenn auf der Basis der vorhandenen Organisation erstrebte Zustände – also Ziele – nicht erreicht werden und andere Organisationsmodelle eine verbesserte Zielerreichung vermuten lassen. Basis einer Reorganisation sind also zum einen die *Klärung der Ziele der Unternehmung* und zum anderen die *Erfassung und Untersuchung des organisatorischen Ist-Zustandes.*

Die obersten Ziele der Unternehmung beinhalten das Streben nach Erhaltung und erfolgreicher Weiterentwicklung der Unternehmung durch marktorientierte Produkte und/oder Dienstleistungen zum Zwecke der Gewinnerwirtschaftung unter Berücksichtigung von Sozialzielen.

Diese obersten bzw. generellen Ziele lassen sich für Zwecke der Organisationsgestaltung z.B. durch die folgenden Subziele bzw. spezifischen Ziele (Anforderungen) konkretisieren [3]:

Markt- und Wettbewerbsorientierung Innovationsfähigkeit Führungsprozeßeffizienz Human-Ressourcen-Orientierung (Motivationssteigerung) Finanz- und Sachressourcen-Effizienz Geschäftsprozeß-Effizienz	} Flexibilitätssicherung

Bei sich künftig immer schneller ändernden Umwelt- und Unternehmungsgegebenheiten kommt der Anpassungsfähigkeit einer Organisation immer höhere Bedeutung zu.

Natürlich sind auch andere Zielformulierungen und Zielgruppierungen für die Beurteilung und Auswahl von Organisationskonzepten möglich.

Vorschläge für Reorganisationen können aus allen Bereichen der Unternehmung kommen, schwerpunktmäßig gehen solche Anregungen jedoch von Mitgliedern der oberen Führungsebenen aus – ggf. unter Einschaltung externer Berater.

2.2 Alternativensuche im Rahmen der Organisationsplanung

Grundlegende Organisationsalternativen im Rahmen der strategischen Planung bilden das *funktionsorientierte Organisationsmodell*, das *produktorientierte Organisationsmodell* und das *regionalorientierte Organisationsmodell* – jeweils mit spezifischer Organisation der Führungsspitze (s. Abb. 1) [4].

Bei dem funktionsorientierten Organisationsmodell sind die Hauptaufgaben- und Leitungsbereiche der Unternehmung nach Funktionen gebildet, die einzeln oder z.T. zusammengefaßt durch Mitglieder der Unternehmungsspitze geführt werden, der auch ein Vorsitzer des Leitungsgremiums angehören kann. Dieses Organisationsmodell bietet sich vornehmlich an bei Unternehmungen mit homogenem Produktprogramm und Standortkonzentration vorwiegend im nationalen Rahmen.

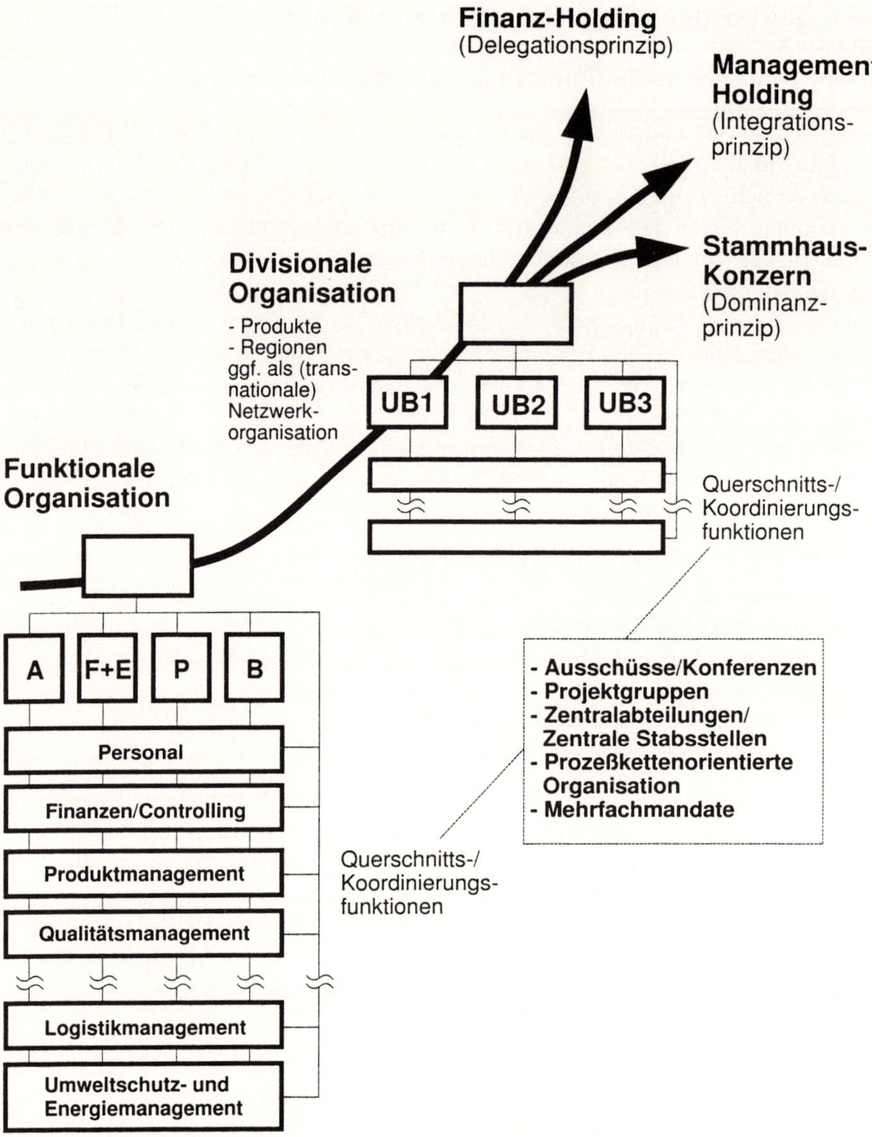

Abb. 1: Organisationsentwicklung als Aufgabe strategischer Führung

Bei dem produktorientierten Organisationsmodell sind die Hauptaufgaben- und Leitungsbereiche der Unternehmung nach Produkten/Produktgruppen gebildet.

Bei dem regionalorientierten Organisationsmodell sind die Hauptaufgaben- und Leitungsbereiche nach Regionen gebildet.

Ausgehend von den Grundmodellen kann bezüglich der Aufgaben, Kompetenzen und Verantwortlichkeiten in spezifischen Ausprägungen (s. Abb. 1 bis 4) eine Matrix- oder Tensororganisation gegeben sein.

In den produkt- und/oder regionalorientiert divisionalisierten Unternehmungen – Konzernen im Falle der rechtlichen Selbständigkeit von Unternehmungsbereichen (Divisions) und ggf. Zentrale – gibt es dabei grundsätzlich drei Möglichkeiten für die *Organisation der Unternehmungsspitze*:

- Die *Unternehmungsspitze* bildet *keine selbständige organisatorische* Einheit, die *Führung der Gesamtunternehmung* erfolgt *durch die Führung des wichtigsten Unternehmungsbereichs (sog. Stammhaus-Konzept, s. Abb. 2)*. Die Mitglieder der Un-

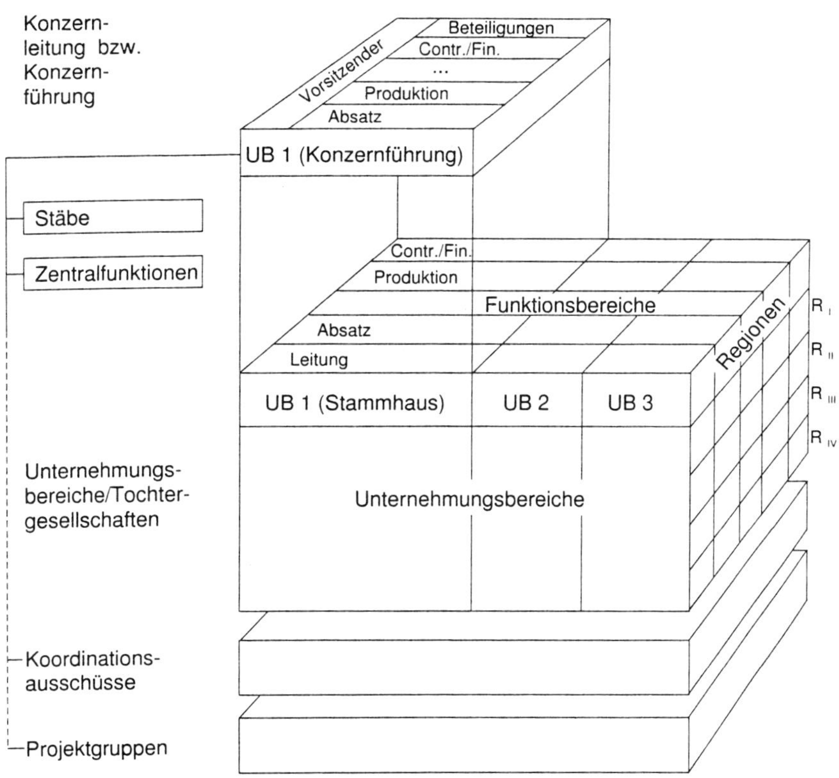

Abb. 2: Stammhaus-Konzern

ternehmungsspitze des wichtigsten Unternehmungsbereiches sind gleichzeitig – also in Personalunion – die Führung der Gesamtunternehmung. Sie koordinieren in der Regel in ihren jeweiligen Funktionsbereichen die übrigen Unternehmungsbereiche. Dieses Führungskonzept ist bei Unternehmungen mit homogenem Produktprogramm und starker wirtschaftlicher Dominanz des Stammhauses (der Muttergesellschaft) anwendbar.

– Die *Unternehmungsspitze* bildet eine *selbständige organisatorische Einheit mit geschäftsnahen Führungsmitgliedern* (s. Abb. 3). Neben dem Vorsitzenden sind in der Unternehmungsspitze zum einen Mitglieder, die für wichtige Funktionsbereiche verantwortlich sind, zum anderen zusätzlich Mitglieder, die in Personalunion Vorsitzer der nach Produkten oder Regionen gebildeten Unternehmungsbereiche sind. Hierdurch soll eine geschäftsnahe Führung durch die Unternehmungsspitze sichergestellt werden. Ist bei dieser Organisation der Unternehmungsspitze nach dem Konzept geschäftsnaher Führung eine rechtliche Verselbständigung der Spitzeneinheit gegeben,

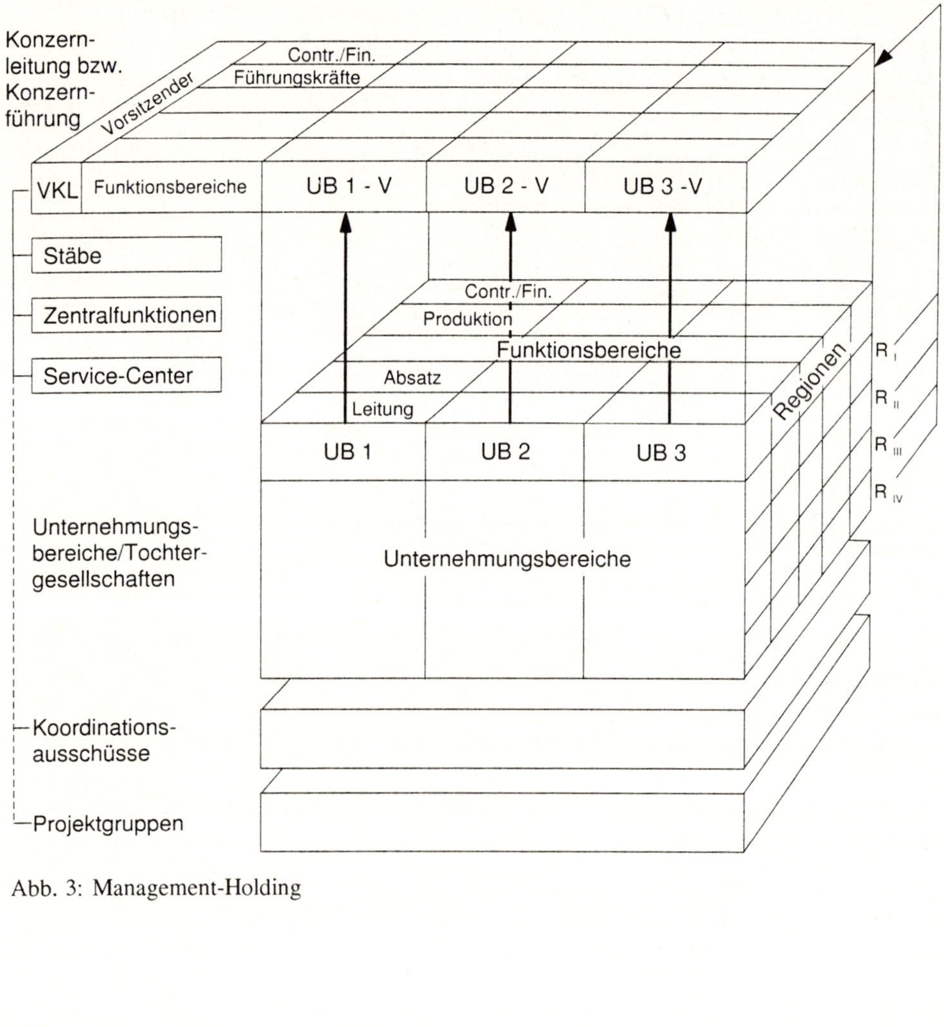

Abb. 3: Management-Holding

liegt eine sog. *Management-Holding* vor. Bei homogenem Produktprogramm sind neben dem Vorsitzenden der gesamten Unternehmung (Gruppe) und den Vorsitzenden der Unternehmungsbereiche vielfach nicht nur Mitglieder für die Funktionsbereiche Rechnungswesen und Controlling, Finanzwesen und Führungskräfte, sondern auch für die Grundfunktionen in der Führungsspitze – in der Industrie für Absatz, Forschung und Entwicklung, Produktion und Beschaffung; im Handel für Verkauf, Einkauf sowie Lager- und Transportwesen.
Bei (relativ) heterogenem Produktprogramm oder (relativ) großer Standortdekonzentration bietet es sich an, neben dem Vorsitzenden der gesamten Unternehmung (Gruppe) und den Vorsitzenden der Unternehmungsbereiche nur die Leiter der Funktionsbereiche Rechnungswesen und Controlling, Finanzwesen und Führungskräfte mit in die Spitze der Gesamtunternehmung aufzunehmen.
Mitgliedern der Unternehmungsspitze kann neben der Zuständigkeit für Produktbereiche auch gleichzeitig die Zuständigkeit für Regionalbereiche übertragen werden (und umgekehrt). Auch kann ggf. Führungsmitgliedern mit der Zuständigkeit für Funktionsbereiche zusätzlich die Verantwortung für Produktbereiche und/oder Regionalbereiche übertragen werden.
Eine abgeschwächte Ausprägung geschäftsnaher Führung besteht darin, daß in der Unternehmungsspitze besondere Mitglieder als Betreuer für Produktbereiche und/oder Regionen zuständig sind und diese Aufgaben über Aufsichtsrats- bzw. Beiratspositionen in ihnen zugeordneten Gesellschaften wahrnehmen.

- Die *Unternehmungsspitze* bildet eine *selbständige organisatorische Einheit ohne geschäftsnahe Führungsmitglieder* (s. Abb. 4): Neben dem Vorsitzenden gehören ihr nur Mitglieder für die Bereiche Rechnungwesen und Controlling, Finanzwesen sowie ggf. Führungskräfte an. Bei dieser sog. *Finanz-Holding* kann man zwei Ausprägungen unterscheiden:
  Beschränkt sich die oberste Führung auf unternehmungspolitische Zielsetzungen, die Bestimmung des Geschäftsfeldportfolios und die Besetzung der oberen Führungspositionen des Konzerns, so bildet sie die auf die wichtigsten Führungs-, Führungsunterstützungs- und damit Koordinationsfunktionen beschränkte *Leitzentrale*. Diese Führungsorganisation empfiehlt sich bei einem sehr stark heterogenem Produktprogramm und großer Standortdekonzentration, charakterisierbar und anwendbar insbesondere als transnationale Organisation bzw. Netzwerkorganisation [5]. Bei dieser können die Partialzentren jeweils eine Zwischen-Holding oder eine Basis-Gesellschaft sein, die für spezifische Geschäftsfelder operativ *und* strategisch im Konzernrahmen tätig sind und ihren Standort weltweit nach geschäftspolitischen Interessen erhalten bzw. wählen. Man kann hier auch von einer *(Finanz-)Holding mit Leitzentralkompetenz* sprechen.
  Beschränkt sich die oberste Führung ausschließlich auf monetäre unternehmungspolitische Zielsetzungen, die Bestimmung der Strategierichtung und die monetäre Beurteilung sowie auf den Kauf und Verkauf von Beteiligungsgesellschaften bzw. Beteiligungsanteilen, liegt eine *reine Finanz-Holding* vor.

In allen drei Versionen der Organisation der Unternehmungsspitze kann der Vorsitzende auch entfallen und (ggf. rotierend) ein Mitglied des Führungsgremiums zum (jeweiligen) Sprecher ernannt werden.

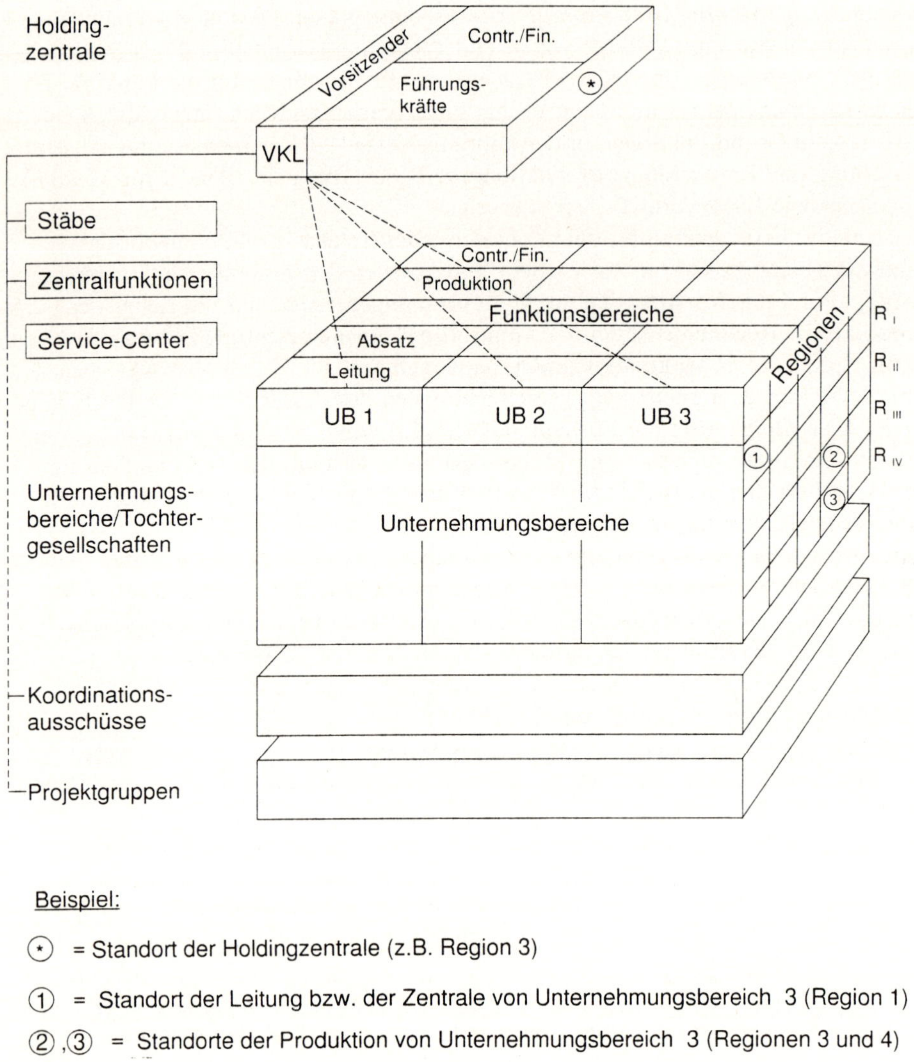

Abb. 4: Finanz-Holding als Leitzentrale

Führungsaufgaben – Planung, Steuerung und Kontrolle – können in allen organisatorischen Grundmodellen auch durch Kommissionen und Projektgruppen unterstützt oder mit durchgeführt werden. Zudem werden vielfach gemeinsame Führungsaufgaben, z.B. der Forschung und Entwicklung, sowie Führungsunterstützungsaufgaben, z.B. der EDV, die zweckmäßigerweise nicht in die Unternehmungsbereiche delegierbar sind, als Service-Center der Unternehmungsspitze organisiert. Diese sollten möglichst als Profit-Center für interne und ggf. auch externe Kunden geführt werden.

In Großunternehmungen erfordert die Gestaltung der Organisation oft die Bildung von mehreren Führungsstufen (Zwischensystemen), ausgeprägt nach Produkten und/oder Regionen.

Die Gestaltung der Organisation der Unternehmungsspitze und der Unternehmungsbereiche ist ganz offensichtlich primär abhängig von dem Produktprogramm mit den dazugehörigen Investitionen an bestimmten Standorten – und damit primär determiniert durch die Geschäftsfeldplanung, daneben durch den angestrebten Führungsstil und die Qualität der vorhandenen oder beschaffbaren Führungskräfte.

Die hierbei interessierende *Frage zentralistischer oder dezentralistischer Führung* kann bei einer *Einheitsgesellschaft* – ohne rechtliche Selbständigkeit der Führungsspitze und der Unternehmungsbereiche – frei entschieden werden. Liegt ein *Konzern* vor, ist eine zentralistische Führung nach deutschem Recht nur bei Vorliegen eines Vertragskonzerns (Beherrschungsvertrages mit Ergebnisübernahmevertrag) oder bei Eingliederung (nur formale Aufrechterhaltung des Rechtsmantels einer Tochtergesellschaft) möglich.

Die für eine Reorganisation in Betracht kommenden Ausprägungen der Organisation sind in Organisationsplänen mit Stellenbesetzungsvorschlägen für Führungskräfte darzustellen. Auch bilden die Ausgestaltungsmöglichkeiten der Rechtsstruktur und die Abfassung der Satzungen und Geschäftsführungsordnungen oft weitere Variationen hierzu, da hierdurch grundlegend die Führungsaufgaben und -kompetenzen geregelt werden können. So ergeben sich vielfach zwei oder drei Basis-Organisationsmodelle mit jeweils mehreren Unteralternativen, die im Hinblick auf die Unternehmungsziele zu beurteilen sind.

2.3 Alternativenbeurteilung im Rahmen der Organisationsplanung

Bei Beachtung mehrerer Ziele ist die *Entscheidungsmatrix* ein leistungsfähiges formales *Instrument zur Beurteilung* auch *von unterschiedlichen Organisationsmodellen*, das sich in Ermangelung wissenschaftlich anspruchsvollerer Verfahren zunehmend durchsetzen wird.

In die Entscheidungsmatrix (s. Abb. 5 mit Beispiel) sind die quantifizierbaren und die nicht oder nur schwer quantifizierbaren Ziele jeweils mit ggf. dazugehörigen Zielgewichtungsfaktoren, die Alternativen und die prognostizierten Wirkungen der Alternativen auf die relevanten Ziele einzutragen. Die erarbeiteten Alternativen sind zunächst daraufhin zu prüfen, ob sie *unabdingbare Ziele* (Restriktionen, Nebenbedingungen, Mußziele) erfüllen oder nicht. Es wird sich bei diesen Zielen oft um gesetzliche Vorschriften oder innerbetriebliche Grundsätze handeln. Bei diesen unabdingbaren Zielen erfolgt eine sogenannte nominale Zielerreichungsmessung (Ziel erfüllt oder nicht erfüllt). Es werden sodann nur solche Organisationsalternativen weiter untersucht, die die unabdingbaren Ziele erreichen, sofern nicht eine Zieländerung vorgenommen wird. Will man nun jene Alternative(n) ermitteln, die im Hinblick auf die *relevanten Ziele* vergleichsweise den höchsten Zielerreichungsgrad insgesamt *in Form eines Nutzenmaximums* erreicht (erreichen), so sind in der Bewertungsphase zwei Schritte erforderlich:

Ziele / Alternativen	unabdingbare Ziele	Erhaltung und erfolgreiche Weiterentwicklung							Nutzwert je Alternative
	Zustimmung des Betriebsrates zur Reorganisation (§§ 91 u. 112 BetrVerfG)	Markt- und Wettbewerbsorientierung q = 3	Innovationsfähigkeit q = 2	Führungsprozeßeffizienz q = 1	Human-Ressourcen-Orientierung q = 1,5	Finanz- und Sachressourcen-Effizienz q = 1	Geschäftsprozeß-Effizienz q = 1,5	Flexibilität q = 2	
Produktorientierte Aufbauorganisation (3 Divisions)	erfüllt	ausreichend 3 * 0 = 0	sehr gut 2 * 6 = 12	befriedigend 1 * 2 = 2	gut 1,5 * 4 = 6	befriedigend 1 * 2 = 2	gut 1,5 * 4 = 6	gut 2 * 4 = 8	36
Produkt- und Regionalorientierte Aufbauorganisation (Matrixorganisation, 3 Divisions)	erfüllt	gut 3 * 4 = 12	befriedigend 2 * 2 = 4	sehr gut 1 * 6 = 6	gut 1,5 * 4 = 6	befriedigend 1 * 2 = 2	sehr gut 1,5 * 6 = 9	gut 2 * 4 = 8	47
Regionalorientierte Aufbauorganisation (5 Divisions)	erfüllt	befriedigend 3 * 2 = 6	gut 2 * 4 = 8	befriedigend 1 * 2 = 2	gut 1,5 * 4 = 6	sehr gut 1 * 6 = 6	gut 1,5 * 4 = 6	befriedigend 2 * 2 = 4	38

q = Zielgewichtungsfaktor

Bewertung: sehr gut = 6, gut = 4, befriedigend = 2, ausreichend = 0

Abb. 5: Beispiel für die Bewertung von Reorganisationsalternativen der Gesamtunternehmung

- *Vergleichbarmachung der Zielwirkungen und*
- *Zielgewichtung.*

Sind Zielwirkungen von Alternativen im Hinblick auf einzelne Ziele durch kardinal meßbare Größen (Zahlen) und im Hinblick auf andere Ziele durch ordinal meßbare Größen (z.B. sehr gut, gut, befriedigend usw.) ausgedrückt worden, so müssen zur Vergleichbarmachung (Additionsfähigkeit) der unterschiedlich ausgedrückten Zielwirkungen zunächst alle kardinal ausgedrückten Zielwirkungen in ordinal ausgedrückte Zielwirkungen überführt werden. Dies ist z.B. der Fall, wenn man versucht, die im Zusammenhang mit einer Organisationsalternative anfallenden Kostenveränderungen zu berücksichtigen.

Sodann hat eine Quasiquantifizierung aller ordinal ausgedrückten Zielwirkungen zu erfolgen – in der Regel durch eine Punktbewertung. Vielfach erfolgt – oft bereits vor Beginn des Bewertungsprozesses – eine differenzierte Zielgewichtung durch Zielgewichtungsfaktoren, mit denen die durch Punktbewertung ausgedrückten jeweiligen Zielwirkungen zu multiplizieren sind. Nach diesen Schritten sind die betrachteten Alternativen aufgrund ihrer durch Punktzahlen charakterisierten und damit addierfähig ausgedrückten Wirkungen auf der Basis ihrer jeweiligen Nutzengröße vergleichbar.

Bei nur knappen Differenzbeträgen zwischen den Nutzengrößen (Punktzahlen) je Alternative kann zwingend eine veränderte Zielgewichtung erforderlich werden. Oft wird auch eine Heranziehung weiterer Ziele, eine erneute Prognose der Zielwirkungen auf der Basis zusätzlicher Informationen und vor allem auch eine Bewertung der Wirkungen der Alternativen bei Unterstellung mehrerer möglicher Entwicklungen (Umweltsituationen) erforderlich werden. Ist für jedes relevante Ziel lediglich ein Zielanspruchsniveau definiert worden, kann der Schritt der Vergleichbarmachung der Alternativenwirkungen über Punktbewertungen entfallen. Allerdings können ohne Zielniveauänderungen (-anhebungen) sodann ggf. mehrere Organisationsalternativen im Hinblick auf die Ziele als zufriedenstellend beurteilt werden.

Kritisch ist zur Anwendung der hier dargestellten Vorgehensweise anzumerken, daß neben der Schwierigkeit der Ermittlung der Zielwirkungen der Alternativen mehrfach – theoretisch wenig befriedigend – subjektive Bewertungen in den Planungsprozeß einfließen, die häufig in weiteren Phasen des Entscheidungsprozesses als objektivierte Vorgaben erscheinen. Dennoch erscheint die Anwendung des Konzepts der Nutzwertanalyse im Hinblick auf praktische Belange wegen fehlender alternativer Verfahren vertretbar.

Vor der Entscheidung über die zu realisierende Organisationsalternative erfolgt in der Praxis häufig eine *Dokumentation der Planungsaktivitäten* und eine *Präsentation der Planungsergebnisse.*

Bei der Finalentscheidung in der Unternehmungsspitze und in zuständigen vorgelagerten Gremien (Aufsichtsrat, Beirat, Gesellschafterversammlung) über die bewerteten Organisationsalternativen ergeben sich dann keine Probleme, wenn sich die Entscheidungsträger mit den Zielformulierungen, den untersuchten Alternativen, den Prognosen der Wirkungen der Alternativen sowie den Bewertungen der Wirkungen und Ziele einverstanden erklären bzw. identifizieren.

Ist dies nicht der Fall, ist in einem Verhandlungsprozeß entweder nach einem Kompromiß oder nach einer Durchsetzungsmöglichkeit der eigenen Auffassung als Fach- und/oder Machtpromotor zu suchen.

3. Geltungsdauer von angewandten Organisationsmodellen, Ersatzzeitpunkt und Zeitpunkt der Organisationsplanung [6]

Verabschiedete Organisationspläne bedürfen der Implementation (wobei Instruktions- und Installationsprobleme der neuen oder revidierten Organisation auftreten), Realisation und Kontrolle. Dabei stellen sich Probleme der zeitlichen Geltungsdauer für die realisierten Organisationspläne und des Ersatzzeitpunktes unter Berücksichtigung der Planungs- und Implementationszeiten, die eine Reorganisation erfordert (optimaler Planungszeitpunkt). In jedem Fall bedarf es bei der Implementation einer neuen Organisation einer sehr guten Abstimmung zwischen den relevanten Entscheidungszentren, einer bedachten Information und Diskussion mit (verbleibenden, ausscheidenden und neuen) Führungskräften sowie eines hohen Motivationseinsatzes des Vorsitzenden der Gesamtunternehmung gegenüber der gesamten Belegschaft.

3.1 Die optimale Geltungsdauer realisierter Organisationspläne

Die *optimale Geltungsdauer realisierter Organisationspläne* ergibt sich einerseits aus den durch die Organisationsplanung zu regelnden Sachzusammenhängen und andererseits durch die Regelungseffizienz der Organisationsplanung selbst im Zeitablauf [7].

a. Seitens der Sachzusammenhänge ist das wesentliche Moment die *Unternehmungsentwicklung*; je weniger unvorhergesehene Störungen von der Organisationsplanung absorbiert und kompensiert werden müssen, desto mehr darf eine längere Geltungsdauer erwartet werden. Während die Unternehmungsentwicklung sich über die Effizienz und Quantität der zu erfüllenden Aufgaben auf die anderen Organisationselemente auswirkt, gehen von den Elementen Personen und Sachmittel aufgrund der Veränderungen von Faktoren der Umsysteme, die auf sie einwirken, eigenständige Einflüsse aus, die die Gestaltungsdauer organisatorischer Regelungen auch dann tendenziell beschränken, wenn sich die Unternehmung weder expansiv noch kontraktiv entwickelt: *Veränderungen humaner Ansprüche* als Reflex veränderter Motivationsphasen und der *Sachmitteltechnologien* als Ausdruck der Umsystemvarianz machen realisierte organisatorische Strukturen im Zeitablauf zunehmend obsolet. Wir kommen zu der Schlußfolgerung, daß die organisatorische Regelungseffizienz nach Einführung neuer organisatorischer Regelungen aufgrund des Lernverhaltens der von ihnen betroffenen Aufgabenträger zunächst zunimmt und dann „sowohl durch die Regelung selbst als auch durch das Verhalten der Regelungsempfänger“ [8] entweder kontinuierlich oder diskontinuierlich im Verlaufe ihrer Nutzung abgebaut wird.
b. Die *Geltungsdauer organisatorischer Pläne* wird wesentlich durch die *Flexibilität bzw. Elastizität der organisatorischen Strukturen* beeinflußt. Dabei kann der zeitliche Verlauf der abnehmenden Regelungseffizienz als Determinante der Geltungsdauer herangezogen werden; dieser Bestimmungsfaktor konkretisiert sich dadurch, daß der Erfüllungsgrad eines oder mehrerer Wertziele sinkt. „Unter Wirtschaftlichkeitsgesichtspunkten ist die kritische Abbaugrenze der Regelungseffizienz dann erreicht, wenn die Effizienz einer neuen Regelung unter Berücksichtigung der

Kosten der Regelungsänderung die Effizienz der gültigen Regelung übersteigt" [9]. Entsprechend den Einflußgrößen kann zwischen einem endogenen (systemintern bedingten) und exogenen (systemextern bedingten) Effizienzabbau unterschieden werden. Um die optimale Geltungsdauer organisatorischer Regelungen bestimmen zu können, bedarf es demgemäß einer Prognose der unternehmungsinternen und -externen Veränderungen, um den kritischen Punkt der abnehmenden Effizienz erkennen zu können, ab dem nach Strukturierungsalternativen gesucht werden kann. In der Vergangenheit hat die Organisationspraxis, wahrscheinlich in Kenntnis der Schwierigkeiten, die sich mit einer derartigen Prognose insbesondere der Veränderungen bei den Organisationselementen Personen und Sachmittel ergeben, weitgehend darauf verzichtet, die Geltungsdauer der Organisationspläne zu limitieren. Damit ergibt sich allerdings die grundsätzliche Gefahr – die Organisation, verstanden als „Dauerregelung", enthält sie häufig implizit – eines zeitlichen Überziehens der Geltungsdauer im Bereich relativer Ineffizienz.
Neben einer systematischen *Organisationskontrolle* erscheint die *Forderung nach* einer grundsätzlichen *Befristung der Organisationspläne* geeignet zu sein, dieser Tendenz entgegenzuwirken. Das grundlegende Organisationsmodell einer jeden Unternehmung sollte in bestimmten Zeitabständen im Rahmen der strategischen Planung analysiert und ggf. neu geplant werden.

3.2 Der Zeitpunkt der Reorganisation und der Beginn der Organisationsplanung

Wenn die Organisationsplanung dieser Forderung nachkommt, ist es in der betrieblichen Praxis jedoch nicht damit getan, daß die optimale Geltungsdauer ermittelt und festgelegt wird. Den mit der Organisationsplanung betrauten Aufgabenträgern stellt sich vielmehr das schwierige Problem, die optimale Geltungsdauer organisatorischer Regelungen unter Berücksichtigung des optimalen Zeitpunktes der Initiierung der Organisationsplanung zu bestimmen. Hierzu ist es erforderlich, von dem Ersatzzeitpunkt der bestehenden organisatorischen Struktur diejenige Zeitdauer abzuziehen, die für die systematische Planung einer neuen Organisation benötigt wird.

Der *Ersatzzeitpunkt* leitet sich von den Bedürfnissen der übrigen Unternehmungsplanung ab. Praxisorientiert wird der Begriff des optimalen Planungszeitpunktes nicht zu eng formuliert werden können, da in der Planung eine Vielfalt unsicherer Informationen verarbeitet werden muß. Realiter werden sich nur optimale Zeiträume der Organisationsplanung ermitteln lassen. „Während noch vor einem Jahrzehnt neue organisatorische Konzeptionen von den Unternehmungsleitungen relativ autonom verfügt und ohne großen Aufwand durchgesetzt werden konnten, ist dazu heute ein langwieriger Informations- und Willensbildungsprozeß nötig, in den eine Vielzahl von Mitarbeitern einbezogen ist" [10]. Der optimale Planungszeitpunkt der Organisation ist dann erreicht, wenn der Zeitpunkt, in dem eine organisatorische Anpassung realisiert wird, mit dem sich aus der Unternehmungsentwicklung ergebenden Zeitpunkt übereinstimmt, in dem eine Umstrukturierung notwendig wird. Hierbei ist zu beachten, daß das Problem des optimalen Zeitpunktes der Organisationsplanung nur im Rahmen einer strategischen Organisationsplanung auftreten kann, die als aktiv-adaptive Strategie genügend Zeit zur

Durchführung dieser planerischen Aktivitäten besitzt und bei der die Unternehmungsführung selbst – innerhalb relativ weiter Grenzen – den Zeitpunkt bestimmen kann, zu dem die unternehmungsintern initiierte Veränderung (z.B. eine Produktprogrammänderung) wirksam werden soll. An dieser Stelle sei auf die Gefahren aufmerksam gemacht, die einem Prozeß der Organisationsplanung widerfahren können, der unter Zeitdruck ablaufen muß. „Aus der knappen Entscheidungszeit ergibt sich zum Beispiel (1) eine Bevorzugung des schon Bekannten, (2) der eingefahrenen Denkbahnen, (3) eine Bevorzugung der Informationen, die man hat, vor denen, die man erst suchen muß, (4) eine Bevorzugung der Kommunikationspartner, mit denen man sich rasch verständigen kann, vor solchen, mit denen zeitraubende Verhandlungen erforderlich wären – alles in allem eine Tendenz zur Entscheidung aus dem Inneren des Systems heraus“ [11]. Zur *Ermittlung des optimalen Planungsbeginns* sind für die einzelnen Phasen der

- Organisationsrealisation,
- Organisationsimplementation und
- Organisationsplanung mit ihren Subphasen

Zeiten zu ermitteln. Die strategische Organisationsplanung sollte dabei jeweils eine optimistische, realistische und pessimistische Zeitschätzung vornehmen.

Die Frage nach der optimalen Geltungsdauer und dem optimalen Planungszeitpunkt einer Reorganisation wird anhand der Abb. 6 deutlich. Jede Abweichung von dem zu definierenden, idealen Ersatzzeitpunkt bedeutet eine Abwendung vom Optimum. Da dieses Optimum in der Realität, angesichts des jeweils beschränkten Wissens, nicht

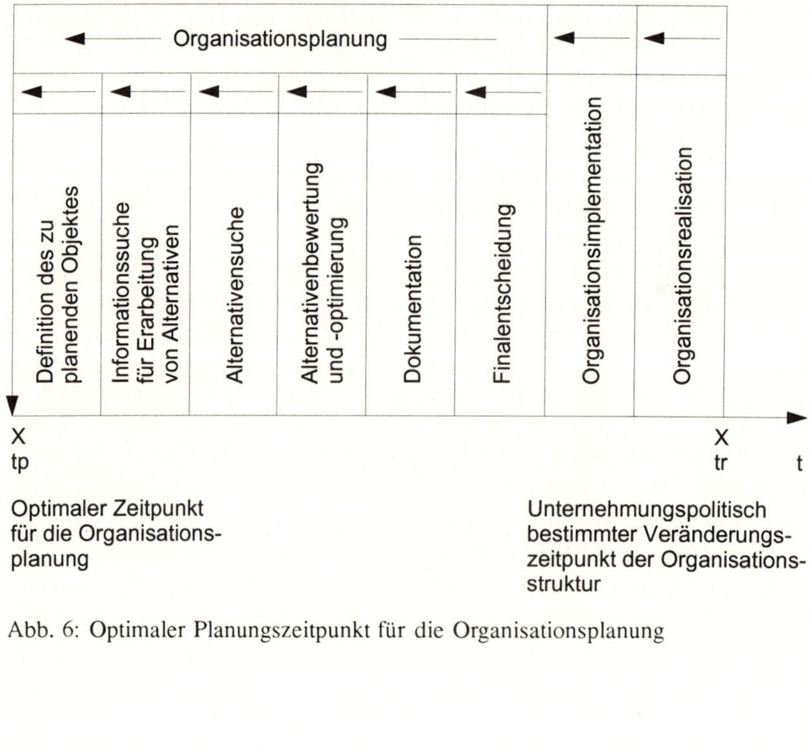

Abb. 6: Optimaler Planungszeitpunkt für die Organisationsplanung

ohne weiteres als bekannt unterstellt werden darf, trägt dieses ideale Optimum für die Aufgabenträger mehr den Charakter eines (nur durch Zufall erreichbaren) Optimum optimorum.

Eng verknüpft mit der *Organisationsplanung* ist die *Personalplanung*, insbesondere die *Führungskräfteplanung*. Ist-Organisationsplan und Soll-Organisationsplan mit dazugehörigen Aufgaben-, Kompetenz- und Verantwortungsbeschreibungen im Rahmen von Arbeitsplatzbeschreibungen bilden neben der vorhandenen quantitativen und qualitativen Personalübersicht mit entsprechenden Personalinformationen (Alter, Ausbildung, Entwicklungsbeurteilung usw.) die Grundlage für eine strategische Personalplanung (Bedarfs-, Entwicklungs- und Einsatzplanung sowie ggf. auch Freisetzungsplanung), insbesondere im Bereich der Führungskräfte. Vorhandene Führungskräfte können ihrerseits die Ausbildung von Aufgaben-, Kompetenz- und Verantwortungsbereichen bei der Konzeption von Soll-Organisationen beeinflussen [12].

Anmerkungen

[1] Vgl. zu den Merkmalen, zum Prozeß und zum Inhalt strategischer Planung und zum vorgestellten Konzept eines Gesamtplanungssystems *Hahn, D.*: PuK, Controllingkonzepte, 5. Aufl. Wiesbaden 1996, S. 45 ff. und S. 96 ff.

[2] Vgl. *Hahn, D.*: Organisationsplanung und Planungsprozeß. ZfürO, 1976, S. 447 ff. mit Erweiterungen.

[3] Vgl. *Krüger, W.*: Organisation der Unternehmung, 3. Aufl. Stuttgart 1994, S. 14, ferner *Fuchs-Wegner, G.*, und *M.K. Welge*: Kriterien für die Beurteilung und Auswahl von Organisationskonzeptionen. ZfürO, 1974, S. 71–82, S. 163–170; *Grochla, E.*, und *M.K. Welge*: Zur Problematik der Effizienzbestimmung von Organisationsstrukturen. ZfbF, 1975, S. 273–289.

[4] Vgl. hierzu *Hahn, D.*: Führung und Führungsorganisation. ZfbF, 1988, S. 112–137; ferner z.B. *Bleicher, K.*: Organisation: Strategien-Strukturen-Kulturen, 2. Aufl. Wiesbaden 1991; *Frese, E.*: Grundlagen der Organisation. 5. Aufl. Wiesbaden 1993; *Grochla, E.*: Organisatorische Strukturierungsalternativen. Elemente der organisatorischen Gestaltung. Hrsg. v. E. Grochla. Reinbek bei Hamburg 1978, S. 243 ff.; *Grochla, E.*, und *N. Thom*: Organisationsformen, Auswahl von. HWO. Hrsg. v. E. Grochla. 2. Aufl. Stuttgart 1980, Sp. 1494 ff.; *Hahn* [1996, S. 346 ff.]; *Hungenberg, H.*, Zentralisation und Dezentralisation: Strategische Entscheidungsverteilung in Konzernen. Wiesbaden 1995.

[5] *Suckfüll, H. Ch.*: Das Transnationale Organisationsmodell – Leitlinie für die Entwicklung eines weltweiten unternehmungsinternen Marktes für Kooperationen, Diss. München 1994, S. 54.

[6] Vgl. hierzu *Bleicher, K.*, und *D. Hahn*: Organisationsplanung. HWO. Hrsg. v. E. Grochla. 2. Aufl. Stuttgart 1980, Sp. 1722 ff. mit Erweiterungen; dieselben: Organisationsplanung. ZfbF, 1980. S. 361 ff.; *Bleicher, K.*: Grundzüge der Organisationsplanung. Elemente der organisatorischen Gestaltung. Hrsg. v. E. Grochla. Reinbek bei Hamburg 1978, S. 243 ff.; ders.: Organisationsplanung. HWB. Hrsg. v. E. Grochla und W. Wittmann. Stuttgart 1975, Bd. 2. Sp. 2874 ff.

[7] Vgl. *Kreikebaum, H.*: Die Anpassung der Betriebsorganisation – Effizienz und Geltungsdauer organisatorischer Regelungen. Wiesbaden 1975.

[8] *Kreikebaum, H.*: Überlegungen zur Geltungsdauer organisatorischer Regelungen. ZfürO, 1971, S. 14.

[9] *Kreikebaum* [1971, S. 15].

[10] *Pausenberger, E.*: Kritik und Weiterentwicklung der hierarchischen Organisation. Hamburger Jahrbuch für Wirtschafts- und Gesellschaftspolitik, 18. Jg., Tübingen 1973, S. 201–212.

[11] *Luhmann, N.*: Die Knappheit der Zeit und die Vordringlichkeit des Befristeten. Die Verwaltung. Zeitschrift für Verwaltungswissenschaft 1 (1), 1968, S. 12.

[12] Vgl. hierzu *Hahn, D.*: Integrierte Organisations- und Führungskräfteplanung im Rahmen der strategischen Unternehmungsplanung, Beitrag in diesem Reader.

Integrierte Organisations- und Führungskräfteplanung im Rahmen der strategischen Unternehmungsplanung*

D. Hahn

1. Problemstellung

Im Laufe der etwa 80jährigen Geschichte moderner Betriebswirtschaftslehre hat sich das Verständnis über die Bedeutung und das Wesen der Planung grundlegend gewandelt.

Heute gilt *Planung* allgemein als *wichtigste Aufgabe* im Management- bzw. Führungszyklus – bestehend aus Planung, Steuerung und Kontrolle stets verbunden mit einem spezifischen Führungsverhalten. Dabei beinhaltet Planung die *gedankliche Vorwegnahme und Gestaltung künftigen Geschehens* durch systematische Prozesse zukunftsorientierter Entscheidungsvorbereitung und -fällung über Ziele und Maßnahmen.

Dieses Grundmuster planerischer Aktivitäten ist universell anwendbar. Bezogen auf das System Unternehmung umfaßt der *Komplex der Unternehmungsplanung* eine Vielzahl von elementaren Planungen im Hinblick auf die mannigfaltigen Prozesse zur Erstellung und Verwertung von Gütern und/oder Dienstleistungen auf der Basis von Produktionsfaktoren aller Art.

Die Prozesse der Unternehmungsplanung sind dabei inhaltlich vielfältig verzahnt; sie weisen ein hochkomplexes Netz von Beziehungen unterschiedlicher Intensität auf.

Im Rahmen der strategischen Planung rücken heute zwei lange Zeit vernachlässigte, wechselseitig stark verbundene *Teilplanungen* verstärkt in den Mittelpunkt des praktischen und theoretischen Interesses:

- Die *strategische Organisationsplanung*, verstanden als Planung des grundlegenden Organisationsmodells der Unternehmung – verbunden mit einem spezifischen Modell der oberen Führungsorganisation [1].
- Die *strategische Führungskräfteplanung*, verstanden als Gesamtheit aller Planungen im Hinblick auf Beschaffung, Einsatz, Entwicklung und ggf. Freisetzung von Führungskräften.

Fehler in diesen Planungen sind nur sehr schwer zu erkennen, können aber trotz marktgerechten Produktionsprogramms, hoher Technologie- und Verfahrensbeherr-

* Dieser Beitrag wird leicht modifiziert wiederabgedruckt mit Genehmigung des Verlages T. Gabler, Wiesbaden, aus: Strategisches Management 1, Hrsg. H. Jacob, Wiesbaden 1982.

schung und anderer günstiger Voraussetzungen den langfristigen Erfolg der Unternehmung beeinträchtigen oder sogar verhindern. Die engen *Beziehungen zwischen Organisations- und Führungskräfteplanung* und die *Probleme bei ihrer praktischen Berücksichtigung* sollen im folgenden analysiert werden, wobei zunächst eine genauere Charakterisierung der beiden Komplexe und ihre Einordnung in übergeordnete Zusammenhänge vorzunehmen ist (vgl. Kap. 2).

Der Aspekt der Integration bedeutet sinnvolle Inbeziehungsetzung von Teilkomplexen zu einer übergeordneten Einheit und soll hier in der Differenzierung zwischen partieller und totaler Integration Berücksichtigung finden [2]. Im Kern geht es in diesem Fall um die systematische Verbindung von Organisations- und Führungskräfteplanung im Rahmen der strategischen Unternehmungsplanung. Bei sukzessiver Vorgehensweise werden einseitig aktive Beziehungen wirksam, indem die Aktionen des einen Teils final die des anderen Teils determinieren. Die beiden hier denkbaren sukzessiven Vorgehensweisen

- originäre Organisationsplanung mit derivativer Führungskräfteplanung (Kap. 3) und
- originäre Führungskräfteplanung mit derivativer Organisationsplanung (Kap. 4),

können allerdings jeweils nur als *partielle Integration* angesehen werden. Vom gedanklichen Ansatz her scheint daneben eine simultane Berücksichtigung wechselseitig aktiver Beziehungen möglich, was dann dem *Prinzip einer totalen Integration* von Organisations- und Führungskräfteplanung entspricht (vgl. Kap. 5), wobei Organisations- und Führungskräfteplanung ihrerseits mit den übrigen Teilplanungen verbunden sind und durch Faktoren der Unternehmung und des Umsystems determiniert werden.

2. Grundlagen und Begriffsabgrenzung

2.1 Stellung der strategischen Planung im Gesamtplanungssystem der Unternehmung

Die zahlreichen Planungen und ihre Ergebnisse, die Pläne, lassen sich in überzeugender Weise systematisieren, wenn man die Unternehmung – in Anlehnung an *Erich Kosiol* [3] – als zielorientiertes Aktionszentrum begreift. Die wichtigsten Komponenten dieses Ansatzes sind *Ziele*, *Potentiale* (d. h. Menschen und Betriebsmittel) und deren zielorientierte *Aktionen* sowie gesondert der monetäre Niederschlag aus dem komplexen Zusammenspiel der ersten drei Teilbereiche.

Vor diesem theoretischen Hintergrund sollen hier vier periodisch zu erstellende *Teilplanungskomplexe eines Planungssystems* unterschieden und inhaltlich wie folgt charakterisiert werden [4]:

- *Generelle Zielplanung*
  Festlegung der generellen ökonomischen und nichtökonomischen Ziele der Unternehmung: *Sachziele* (angestrebtes künftiges Produkt- und Dienstleistungsprogramm für spezifische Märkte), *Wertziele* (angestrebte künftige Ergebnisse und Ergebniskomponenten sowie Liquidität und Liquiditätskomponenten) und *Sozialziele* (angestrebte

künftige Zustände und Verhaltensweisen gegenüber Mitarbeitern, Kapitalgebern, Marktpartnern, dem Staat sowie sonstigen Bezugsgruppen, der allgemeinen Öffentlichkeit und der natürlichen Umwelt).

- *Strategische Planung*
  Festlegung grundsätzlicher Vorgehensweisen zur Bestimmung von Richtung, Ausmaß, Struktur und Trägern der Unternehmungsentwicklung: Hauptaufgabenkomplex ist die *Geschäftsfeldplanung* (Produkt-, Produktprogramm- und Potentialplanung als Investitions-/Desinvestitionsplanung) – grundsätzlich verbunden mit *Funktionsbereichs- und Regionalstrategieplanungen.* Hiermit erfolgen gleichzeitig die Planung der kapazitativen Größe sowie der Standorte der Unternehmung. Die strategische Planung umfaßt ferner die Planung der Aufbauorganisation (Humanpotentialstruktur) und die Planung der mit ihr verbundenen Rechtsform und Rechtsstruktur der Unternehmung. Ausgehend von den wichtigsten Humanpotentialen und der Notwendigkeit ihrer bestmöglichen Motivation und Information beinhaltet sie zudem die Planung des Führungskräftesystems der Unternehmung – die systematische Gestaltung des Führungskräfteplanungssystems (als methodenbezogene strategische Gestaltungsaufgabe) mit darauf aufbauender Führungskräfteplanung (als personenbezogene strategische Nutzungsaufgabe) sowie die Gestaltung des Führungskräfteanreiz- und des Führungskräfteinformationssystems.
- *Operative Planung*
  Möglichst simultan durchzuführende kurz- und mittelfristige Programm- und Aktions-/Aktionsobjektplanung auf Basis gegebener Potentiale sowie Festlegung der zur Realisierung dieser Programme erforderlichen Ziele und Aktionen (Operationen) in den einzelnen Bereichen der Unternehmung.
- *Gesamtunternehmungsbezogene Ergebnis- und Finanzplanung*
  Wertmäßige Abbildung und Integration aller vorgelagerten Teilplanungskomplexe, insbesondere gesamtunternehmungsbezogene *Verdichtung* der wertmäßigen Konsequenzen *im Hinblick auf Ergebnis und Liquidität* in kalkulatorischen und bilanziellen Ergebnisplänen sowie Finanzplänen für künftige Perioden. Berechnung von Kapitalwerten zur Beurteilung von Wertveränderungen der Unternehmung in Bereichen und als Ganzes.

Parallel zu diesen periodischen Planungen können insbesondere im Rahmen der strategischen und operativen Planung auch aperiodische *Projektplanungen* auftreten.

Die sachlichen und wertmäßigen Verflechtungen und Rückkoppelungen zwischen den wichtigsten Teilplanungskomplexen einer Unternehmung mit funktionaler Aufbauorganisation können nur in einem detaillierten Planungssystem berücksichtigt werden (vgl. Abb. 1).

Die hervorragende *Bedeutung der strategischen Planung* – mit ihren drei inhaltlich so verschiedenen Schwerpunkten – dokumentiert sich darin, daß sie im Kern die systematische Entscheidungsvorbereitung und -fällung über Richtung und Ausmaß, Struktur und Träger der künftigen Unternehmungsentwicklung umfaßt. Es geht um die Findung von sog. Erfolgspotentialen [5], d. h. letztlich um Erfolg ermöglichende und sichernde Produkte und Dienstleistungen für die Zukunft auf der Basis entsprechender Sach- und Humanpotentiale. Da alle operativen Planungen hierauf aufbauen, kommt der sorgfälti-

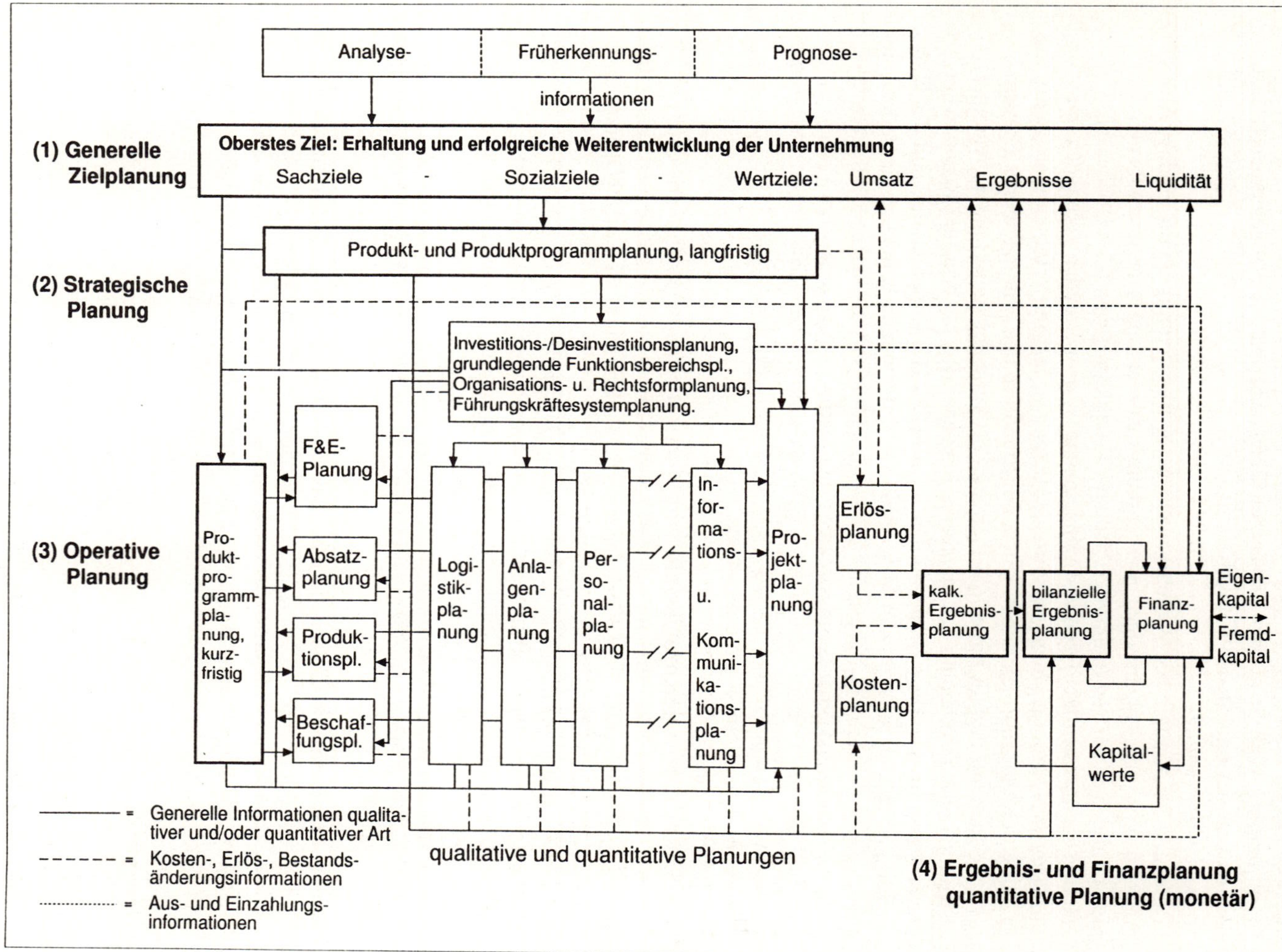

Abb. 1: Planungs- und Plansystem der Unternehmung (bei funktionaler Aufbauorganisation)

gen Er- und Verarbeitung von Analysen, Prognosen und Frühwarninformationen sowie der Darstellung der Wirkungen von strategischen Alternativen in der mehrperiodigen Ergebnis- und Finanzplanung und auf den Kapitalwert der Unternehmung höchste Bedeutung im mehrstufigen Prozeß der strategischen Planung zu.

2.2 Wesen der Organisationsplanung

Die betriebswirtschaftliche *Organisationsplanung* umfaßt alle systematischen Gestaltungsfragen im Hinblick auf die künftige Aufbau- und Ablauforganisation der Unternehmung. Es sind Aufgaben-, Kompetenz- und Verantwortungsbereiche in der Unternehmung abzugrenzen, Leitungshierarchien festzulegen und sämtliche Arbeitsbeziehungen zwischen den einzelnen Aufgabeneinheiten sowie zwischen ihnen und der Umwelt auf (geplante) Dauer zu regeln, um die Sach-, Wert- und Sozialziele in der Unternehmung optimal oder zumindest dem jeweiligen Anspruchsniveau entsprechend erfüllen zu können. Prüft man diese vielfältigen Aufgaben im Hinblick auf das Vorliegen genereller *Merkmale strategischer Entscheidungen* [6], fragt also danach, ob sie

- von besonderer Bedeutung für die Vermögens- und/oder Erfolgsentwicklung der Unternehmung sind,
- nur aus der besonderen Verantwortung für die gesamte Unternehmung und ggf. auch spezielle Unternehmungsbereiche aus dem Gesamtzusammenhang heraus getroffen werden,
- grundsätzlich nur von der obersten (internen) Unternehmungsführung und/oder den dieser vorgeschalteten (externen) Zentren der Willensbildung (z.B. Aufsichtsrat) wahrzunehmen, zu veranlassen und auch zu überwachen sind, wobei in der mehrgliedrigen Unternehmung bzw. im Konzern i.d.R. mehrere Entscheidungsebenen gegeben sind,
- auf lange Sicht gelten und von relativ geringer Häufigkeit sind,
- unter besonderer Beachtung der Werthaltungen der oberen Willensbildungszentren und unter Beachtung der bereits bestehenden Unternehmungsphilosophie und Unternehmungskultur zu fällen sind,

so läßt sich ein Aufgabenbündel herausfiltern, das als strategische Organisationsplanung bezeichnet werden kann.

Inhaltlicher *Kern der strategischen Organisationsplanung*, die bei Erst- oder Reorganisation auftreten kann, ist die *Planung des grundlegenden Organisationsmodells der Unternehmung verbunden mit einem spezifischen Modell der oberen Führungsorganisation.* Besondere Relevanz besitzt hier die Festlegung der Aufgabengliederung in der Unternehmungsspitze und den darunter liegenden Einheiten, wobei sowohl eindimensionale Organisationsmodelle (Verrichtungs-, Objekt- und Regionalmodell) als auch mehrdimensionale Organisationsmodelle [7] (Matrix-, Tensor-Modell) in Betracht gezogen werden können.

Dazu kommen Fragen nach dem Zeitpunkt von Reorganisationen, dem Beginn erstmaliger Organisationsplanung sowie nach der optimalen Geltungsdauer verabschiedeter Organisationspläne [8], auf die hier aber nicht vertiefend eingegangen werden kann;

statt dessen interessieren die *generellen Einflußgrößen der Organisation.* Hier lassen sich ganze Kataloge interner und externer Determinanten aufzählen, die sowohl hinsichtlich ihrer aktuellen Ausprägung als auch der erwarteten bzw. geplanten Entwicklung zu betrachten sind [9]:

1. *Intern:*
   - Programmstruktur (-breite/-tiefe);
   - Größe und Größenentwicklung;
   - Produktions- und Informationstechnologie;
   - regionale Ausdehnung (Standortstruktur);
   - Rechtsform und Eigentumsverhältnisse;
   - traditionelle Gepflogenheiten;
   - Führungsstil und Unternehmungsphilosophie.
2. *Extern*:
   - Marktverhältnisse;
   - politisch-gesetzliche und sozio-kulturelle Verhältnisse;
   - Abhängigkeiten von anderen Institutionen (z. B. Lieferanten, Banken, Gewerkschaften, Staat).

Viele dieser Kriterien stehen in engem Zusammenhang mit der Geschäftsfeldplanung, d. h. der zielorientierten Bestimmung von Strategien in bezug auf Produkte und/oder Dienstleistungen für spezifische Märkte mit dazugehörigen sachlichen und personellen Kapazitäten an ausgewählten Standorten, und werden entweder in deren Vorfeld oder bei deren Festlegung berücksichtigt.

Somit kann die *Geschäftsfeldplanung* als *Hauptdeterminante der Organisationsplanung* angesehen werden (vgl. Abb. 2a). Dies steht im Einklang mit der schon von *A. D. Chandler* [10] herausgearbeiteten und weitgehend anerkannten Auffassung von der Strategieabhängigkeit organisatorischer Gestaltungen und spiegelt sich auch in den speziellen Zielen der Organisationsplanung wider [11]:

– Markt- und Wettbewerbsorientierung; – Innovationsfähigkeit; – Führungsprozeßeffizienz; – Human-Ressourcen-Orientierung (Motivationssteigerung); – Finanz- und Sachressourceneffizienz; – Geschäftsprozeßeffizienz; – Dialogeffizienz.	Flexibilitätssicherung

Es handelt sich hierbei um Subziele, deren bestmögliche Erfüllung der erfolgreichen Weiterentwicklung der Unternehmung dienen soll.

2.3 Wesen der Führungskräfteplanung

Die *Führungskräfte* sind die wichtigste Antriebsquelle und zugleich wichtigste Planungs- und Steuerungseinheit für die Erhaltung und Entwicklung der Unternehmung.

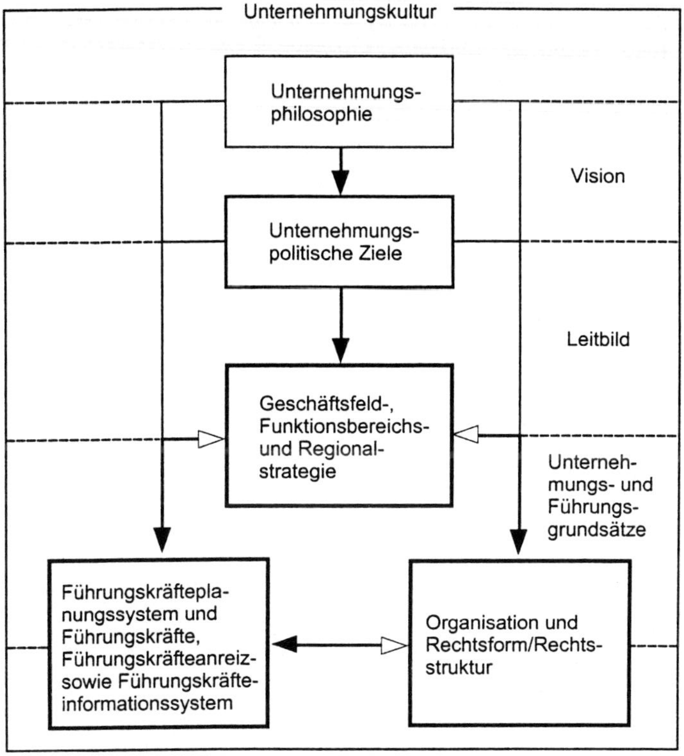

Abb. 2a): Organisation und Führungskräfte als Gegenstände der strategischen Unternehmungsplanung

Es handelt sich um *Personen, die zur Führung legitimiert sind* und daher insbesondere Entscheidungen und Anordnungen gegenüber anderen i. d. R. weisungsgebundenen Mitarbeitern treffen, Ausführungen veranlassen und Resultate kontrollieren. Die Gruppe der Führungskräfte ist in sich durchaus nicht homogen, sondern verteilt sich i. d. R. über mehrere Hierarchiestufen und innerhalb dieser über mehrere Aufgabenbereiche.

Führungskräfte sind die wichtigsten Humanpotentiale und für viele Unternehmungen schon heute ein Engpaßfaktor, der produkt- und marktorientierte Wachstumsstrategien begrenzt. Bei der Suche und Auswahl von zukünftigen Strategien sind daher die engen Verzahnungen zum erforderlichen Führungskräftepotential bereits im Rahmen der Geschäftsfeldplanung gedanklich vorwegzunehmen.

Im folgenden geht es schwerpunktmäßig um die Personengruppe der oberen Führungsebene.

Die charakteristischen Merkmale strategischer Entscheidungen sind in jedem Falle bei der Auswahl und Berufung sowie auch bei der Abberufung von Vorstandsmitgliedern/Geschäftsführern gegeben. Diese Entscheidungen obliegen in der deutschen

Aktiengesellschaft gemäß § 84 AktG dem Aufsichtsrat, d. h. einem externen Willensbildungszentrum. Ferner interessieren als *Führungskräfte* neben dem *Vorstand* bzw. der *Geschäftsführung* auch *alle leitenden Angestellten*, also Führungskräfte, die nicht unter das Betriebsverfassungsgesetz fallen. Für diese Personen umfaßt die strategische Führungskräfteplanung alle langfristig orientierten Planungen in Hinblick auf Bedarf, Beschaffung, Einsatz, Entwicklung und ggf. Freisetzung.

Strategischen Charakter trägt dabei insbesondere die langfristig angelegte und eng mit der Organisationsplanung verzahnte *Führungskräfteentwicklungsplanung* [12], die den Rahmen vorgibt für vielfältige tendenziell mehr operative Planungen im Hinblick auf konkrete Beschaffungs- und Weiterbildungsmaßnahmen.

3. Sukzessive Organisations- und Führungskräfteplanung

3.1 Originäre Entscheidung über die künftige Aufbauorganisation

Die Geschäftsfeldplanung und damit die allgemeine Tätigkeits- bzw. Aufgabenplanung müssen als eigentliche Grundlage und gemeinsame Vorstufe für die Organisations- und Führungskräfteplanung angesehen werden [13]. Hierbei erfährt die allgemeine Unternehmungsaufgabe durch eine funktions-, produkt- und/oder regionalorientierte Gliederung und durch die Stellenplanung im Rahmen der Organisationsplanung eine inhaltliche Detaillierung. Es erfolgen eine Analyse der künftigen Gesamtaufgabe und eine anschließende Synthese zu Aufgaben- und Arbeitsbereichen, die von hierfür entsprechend qualifizierten Personen zu übernehmen sind. *Organisationspläne sowie Stellenbeschreibungen mit entsprechenden Anforderungsprofilen* einerseits und *Qualifikationsprofile von Führungskräften* andererseits sind damit die *wichtigsten Ausgangspunkte der Personalplanung*. Diese hat im Kern Anforderungsprofile von Stellen und Qualifikationsprofile von vorhandenen oder zu beschaffenden Führungskräften möglichst optimal in Einklang zu bringen.

Diese partiell integrierte Organisations- und Führungskräfteplanung beinhaltet ein sukzessives Vorgehen. Zur optimalen Verwirklichung vorab festgelegter Produktprogramm- und Investitions-/Desinvestitions-Strategien wird dabei *originär ein künftiges Soll-Organisationsmodell* – im Sinne einer restriktionsfreien Idealplanung – festgelegt. Dies sollte systematisch nach den allgemeinen Phasen des Planungsprozesses erfolgen, wobei zunächst eine sorgfältige Klärung der relevanten Ziele und der bereits erfolgten Geschäftsfeldplanung in der Problemstellungsphase erfolgt, dann eine intensive Suche und Zusammenstellung von denkbaren Organisationsalternativen in der Suchphase und schließlich eine zielorientierte Bewertung dieser Alternativen in der Beurteilungsphase stattfinden [14]. Auf dieser Grundlage ist eine rationale Entscheidungsfällung über die künftige Aufbauorganisation möglich.

Die Ausarbeitung von Stellenbeschreibungen und Stellenanforderungsprofilen geschieht grundsätzlich erst im Anschluß an die Planung des organisatorischen Grundmodells.

3.2 Derivative Ermittlung des Führungskräftebedarfs für die künftige Aufbauorganisation

Die Führungskräftebedarfsplanung umfaßt die Ermittlung des zukünftigen Bedarfs an Führungskräften in quantitativer und qualitativer Sicht. Die derivative *Ermittlung des künftigen Führungskräftebedarfs*, des Soll-Bestandes, baut dabei auf der geplanten Organisation (Soll-Organisation) mit den dazugehörigen Stellenbeschreibungen und Anforderungsprofilen auf. Oft ergeben sich auch spezifische Anforderungen für Führungskräfte aus der Geschäftsfeldplanung, so sind vom Typ her z. B. unterschiedliche Führungskräfte für Aufbau- und für Auslaufprodukte erforderlich. Dem gewünschten Soll-Bestand an Führungskräften (Brutto-Führungskräftebedarf) ist der voraussichtliche Ist-Bestand (ohne besondere Neueinstellungs-Maßnahmen) gegenüberzustellen.

Bei der *Ermittlung des voraussichtlichen Ist-Bestandes* an Führungskräften wird versucht, ausgehend vom Stand der Gegenwart natürliche Ab- und Zugänge vorwegzunehmen, wobei allerdings nur teilweise sichere Erwartungen unterstellt werden können.

Im Gegensatz zu Todesfällen, regulären und/oder frühzeitigen Pensionierungen sowie auch Kündigungen verändern Beförderungen und Versetzungen – soweit sie innerhalb der betrachteten Unternehmungseinheit stattfinden – den quantitativen Führungskräftebestand nicht. Sie führen aber dazu, daß das qualitative Ist-Angebot in der Zukunft anders geprägt ist als in der Gegenwart.

Bei den hier angesprochenen Beförderungs- und/oder Versetzungsmaßnahmen im Hinblick auf Führungskräfte handelt es sich um bereits langfristig verabschiedete, aber erst in folgenden Perioden wirksam werdende Planungen der Vergangenheit. Aus der Differenz zwischen dem quantitativ und qualitativ (Stellenanforderungsprofil) exakt beschreibbaren Führungskräfte-Soll-Bestand und dem unter Hinzuziehung von Prognosen und statistischen Erfahrungswerten zu ermittelnden voraussichtlichen Führungskräfte-Ist-Bestand ergibt sich der künftige Netto-Führungskräftebedarf, spezifiziert nach Führungskräftezahl und -anforderungen.

Abbildung 2b verdeutlicht die Ausführungen zur sukzessiven Organisations- und Führungskräfteplanung im Überblick.

3.3 Planung von Maßnahmen zur Deckung eines künftigen Führungskräftebedarfs

3.3.1 Führungskräftebeschaffungsplanung

(a) Interne Führungskräftebeschaffung

Bei der Deckung eines künftigen Netto-Bedarfs an Führungskräften geht es im Kern darum, Ziele zu formulieren und daraus geeignete Maßnahmen abzuleiten, damit in der Zukunft ein möglichst optimaler Ausgleich von abstrakten Stellenanforderungsprofilen und personenbezogenen Qualifikationsprofilen stattfinden kann. Es leuchtet unmittelbar ein, daß die genaue Ausarbeitung und Kenntnis stellenbezogener Anforderungsmerkmale nur die eine Seite des Problems darstellt. Auf der anderen Seite steht die *Erfassung und Beurteilung von vorhandenen und potentiellen Qualifikationen der Mitarbeiter*. In

Aufgabenkomplexe	Einzelaufgaben	Grundlagen
Nachfolgeplanung	• Erfassung und Beurteilung der verfügbaren Führungskräfte	**Ist-Organisationsplan** (mit Grob-Anforderungsprofil) **Führungskräfte-Personalakte** (mit Qualifikationsprofil)
	• Ermittlung des zukünftigen Führungskräftebedarfs (qualitativ und quantitativ) unter Berücksichtigung des normalen Abgangs	**Geschäftsfeldplanung** **Soll-Organisationsplan** (mit Grob-Anforderungsprofil)
	• Prüfung der unternehmungsinternen Deckungsmöglichkeiten des künftigen Führungskräftebedarfs mit Aufstellung des Beförderungs- und Versetzungsplans	**Bisheriger Beförderungs- und Versetzungsplan** (Führungskräftenachwuchs-Pool) **Qualifikationsbeurteilung/Potentialeinschätzung** **Entwicklungs- und Förderungsgespräch** (Management-Planungsgespräche)
↕	• Prüfung der externen Deckungsmöglichkeiten des zukünftigen Führungskräftebedarfs mit Einstellungsplan	**Personalmarktinformationen** **Ausschreibungen** **Hochschulkontakte**
Karriereplanung (individuelle Entwicklungsplanung)	• Festlegung der nächsten Führungsposition(en) und der erforderlichen Weiterbildungsmaßnahmen für einzelne Führungskräfte	**Interne/externe Fort- und Weiterbildungsveranstaltungen** **Aufgabenerweiterung am Arbeitsplatz** **Ausschuß-Mitarbeit** **Projekt-Mitarbeit** **Mandatsübernahmen** (Stellvertretung, AR- und Beiratspositionen bei Beteiligungsgesellschaften) **Job-Rotation**

Abb. 2b): Überblick zur sukzessiven Organisations- und Führungskräfteplanung

gut geführten Unternehmungen liegen über die vorhandenen Führungskräfte in dieser Hinsicht vielfach sehr gute Informationen vor, weil hier oft schon im Rahmen der Gehaltsfestlegung personenorientierte Leistungs- und Verhaltensbewertungen durchgeführt werden. Die Existenz eines marktgerechten, anforderungsgerechten, leistungs- und verhaltensgerechten sowie insgesamt motivierenden und transparenten Vergütungssystems für Führungskräfte erweist sich i. d. R. als außerordentlich hilfreich. Leistungs- und Verhaltensbeurteilungen erfolgen dabei durch den unmittelbaren Vorgesetzten oder ein Gremium, wobei meist in analytischer Form wichtige Merkmale, wie z. B. Führungsfähigkeit, Einsatzbereitschaft und viele andere, subjektiv beurteilt werden. Hierbei sind schwierige Probleme in bezug auf die Auswahl zu betrachtender Merkmale, die Messung der Merkmalsausprägungen und die Gewichtung der Merkmale innerhalb der Gesamtbeurteilung zu lösen.

Die Ergebnisse der jährlichen *Leistungs- und Verhaltensbeurteilung* bilden einen wichtigen *Ausgangspunkt für die Festlegung interner Führungskräfteentwicklungen*, denn sie zeigen Qualifikationsstand und -entwicklungsmöglichkeiten nach Richtung und Ausmaß der vorhandenen Führungskräfte [15].

Darauf fußend ist für jede Führungsstelle der Soll-Organisation zu prüfen, ob für deren Besetzung ein Kandidat aus dem vorhandenen Mitarbeiterreservoir in Frage kommt. Als Hilfsmittel sind dabei ggf. auch interne Stellenausschreibungen denkbar. Im Rahmen der strategischen Planung hat man sich auf die höheren Führungsebenen zu konzentrieren, so daß es hier nicht um die Beschaffung sämtlicher Führungskräfte geht. Die Beschaffung von Führungskräften der unteren Hierarchiestufen hat im Rahmen der laufenden Personalplanung zu erfolgen.

Entscheidungen über die Entwicklung der oberen Führungskräfte haben im wesentlichen zielsetzenden Charakter und sollten nur dem höchsten internen Willensbildungszentrum, in der AG dem Vorstandsvorsitzenden und darunter den Ressortvorständen, obliegen, damit sie im Interesse der Unternehmung mit äußerster Diskretion behandelt werden. Demgegenüber erscheinen spätere Entscheidungen über zielverwirklichende Maßnahmen weitgehend delegierbar. Als Ergebnis der internen Führungskräfteentwicklung kann es innerhalb der Hierarchie zu horizontalen und vertikalen Variationen kommen, wobei die prozentualen Änderungen in einer einfachen Übergangs-Matrix erfaßt werden können [16].

Konkreter als eine Übergangs-Matrix ist ein *Führungsstellen-Besetzungsplan* für die Zukunft, d. h. eine namentliche Zuordnung von vorhandenen Führungskräften zu entsprechenden Führungspositionen innerhalb des verabschiedeten Soll-Organisationsmodells (vgl. hierzu den im Reader wiedergegebenen Beitrag des Arbeitskreises „Integrierte Unternehmungsplanung"). Diese Planung von Aufstieg, Beförderung, Nachfolge und Versetzung zur Deckung des künftigen Führungskräftebedarfs aus interner Entwicklung heraus setzt zwar einen systematischen Vergleich von stellenbezogenen Anforderungsprofilen und momentanen sowie voraussichtlichen Qualifikationsprofilen der eigenen Führungskräfte voraus, wird aber nur in ganz seltenen Fällen das Ziel einer völligen Deckungsgleichheit erreichen können. In Anbetracht solcher Lücken wird deutlich, daß interne Führungskräfteentwicklungsplanungen – im Sinne von Laufbahn- bzw. Karriereplanungen – zugleich Zielcharakter für anschließende Weiterbildungsplanungen besitzen.

(b) Externe Führungskräftebeschaffung

Obwohl die Bedarfsdeckung aus internem Reservoir eine Reihe von Vorteilen bietet, so die Chance langfristiger Beobachtung und Beurteilung der in Frage kommenden Anwärter, kürzere Einarbeitungszeiten wegen interner Kenntnisse der Unternehmung und ihrer Abläufe, Motivation der eigenen Mitarbeiter durch Aussicht auf Beförderung etc. [17], ist auch die externe Beschaffung von spezifischen Führungskräften von hoher Bedeutung.

Hier kann es einerseits sein, daß die Unternehmung sich bewußt gewisse *Vorteile von Externen* verspricht, z. B. neue Ideen und Vermeidung von „Betriebsblindheit". Andererseits ist auch denkbar, daß ein Qualifikationsprofil benötigt wird, welches intern weder vorhanden ist, noch entwickelt werden kann und von daher zu einer Besetzung mit einer externen Führungskraft zwingt. Aus dem Führungsstellen-Besetzungsplan ist zu ersehen, welche Positionen nach Zahl und Anforderungen in künftigen Perioden extern zu besetzen sind. Von den gebräuchlichen Wegen externer Arbeitskräftebeschaffung fallen im Hinblick auf obere Führungskräfte i. d. R. sowohl die staatlichen Arbeitsvermittlungen als auch Kontakte zu Universitäten und anderen Ausbildungsinstituten aus, da insbesondere letztere lediglich Führungsnachwuchs liefern können.

Klammert man die Besetzung von Vorstandspositionen aus, die in enger Zusammenarbeit zwischen Aufsichtsrat und Vorstandsvorsitzendem erfolgt und eigenen Gesetzmäßigkeiten unterworfen ist, bleiben als *Beschaffungswege* im wesentlichen:

- öffentliche Stellenausschreibungen in überregionalen Tageszeitungen und Fachpresseorganen,
- gezielte Einschaltung von Personal- und Unternehmungsberatern, diskrete Mundpropaganda im Unternehmungsumfeld (z. B. bei Banken, Verbänden etc.) sowie
- Hochschulkontakte.

Generelle Werbemaßnahmen zur Beeinflussung des Personalbeschaffungsmarktes dürften im hier interessierenden Spezialfall meist bedeutungslos sein.

Höchste Bedeutung kommt dem *Ausleseprozeß* unter mehreren externen Bewerbern zu, denn die Auswahl hat langfristige und oft nur schwer korrigierbare Konsequenzen. Insbesondere die Erfassung und Messung des Qualifikationsprofils bereitet hier sehr viel mehr Schwierigkeiten als bei den eigenen Mitarbeitern. Auf der Basis von Lebenslauf, Zeugnissen, Auskünften und Empfehlungen stehen hier Einzel- und Gruppeninterviews zur Beurteilung von Bewerbern im Mittelpunkt.

Die Einstellung von extern beschafften Führungskräften sichert nicht immer, daß hierdurch Stellenanforderungsprofil und Qualifikationsprofil exakt zur Deckung gebracht werden. Auch hier kann noch die Notwendigkeit zur Weiterbildung bestehen.

3.3.2 Weiterbildungsplanung von Führungskräften

(a) Interne Weiterbildung

Die *Weiterbildungsplanung* ist im Grunde eine Zielerreichungsplanung, deren Hauptaufgabe darin besteht, personenbezogene Unterdeckungen in bezug auf künftige Anforderungen von Führungsstellen zu beseitigen. Mit dem Führungsstellen-Besetzungsplan für die Zukunft werden die inhaltlichen Weiterbildungsziele für vorhandene und neu eingestellte Führungskräfte bestimmter Qualität weitgehend vorgegeben.

In der Weiterbildungsplanung geht es daher im Kern um die Suche, Bewertung und Auswahl von Lehr- und Lernmethoden sowie -möglichkeiten und damit letztlich um die Entscheidung über das zu realisierende Weiterbildungsprogramm für Führungskräfte – je Person und insgesamt.

Die *innerbetriebliche Weiterbildung* von Führungskräften kann individuell (personenorientiert) oder in Gruppen erfolgen und dabei jeweils arbeitsplatzspezifisches oder allgemeineres Wissen vermitteln. Der Weiterbildungsbegriff wird hier umfassend interpretiert und nicht nur auf eine Verbreiterung des berufs- und tätigkeitsbezogenen Wissensstandes beschränkt. Weiterbildung und Fortbildung – im Sinne genereller Wissens- und/oder Fertigkeitserweiterung und -vertiefung – gehen daher fließend ineinander über.

Die folgende Abbildung macht deutlich, daß mit aufsteigender Führungsebene sowohl arbeitsplatzspezifische als auch gruppenorientierte Weiterbildungsmethoden tendenziell zurückgedrängt werden (vgl. Abb. 3a).

Die in den oberen Führungshierarchien zunehmenden *Methoden einzelpersonenorientierter, globaler Weiterbildung* zielen zum einen auf eine Vertiefung, Ergänzung oder Erneuerung von Kenntnissen, zum anderen auf eine positive Beeinflussung von persönlichkeits- bzw. verhaltensorientierten Merkmalen ab.

Während rein unternehmungsbezogenes und auch anwendungsorientiertes Wissen bei den unteren Führungskräften noch deutlich dominiert, rücken mit aufsteigender Hierarchiestufe zusätzliche Kenntnisse, die nicht unmittelbar unternehmungsbezogen sind, immer mehr in den Vordergrund [18].

Hier sind dann vor allem allgemeine Informationen über die Entwicklung des ökonomischen, technologischen und sozio-kulturellen Umfeldes der Unternehmung relevant. Parallel dazu werden auch die persönlichkeitsorientierten Weiterbildungs- oder besser Weiterentwicklungsmaßnahmen wichtiger.

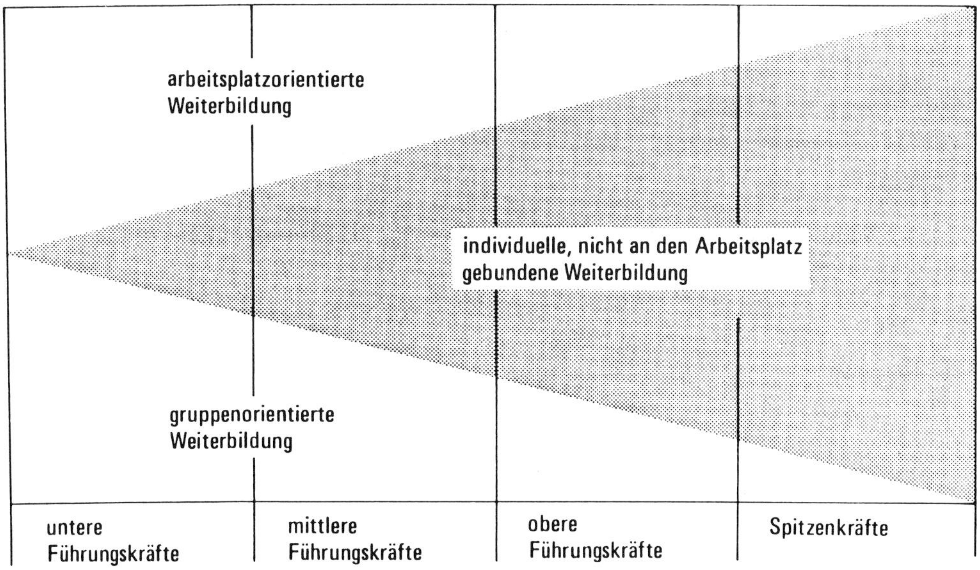

Abb. 3a): Weiterbildungsmethoden in Abhängigkeit von der Führungshierarchie (in Anlehnung an *Schoenfeld*, [Führungsausbildung, 1967], S. 143)

Aus psychologischer Sicht können sich solche Maßnahmen auf die drei *Hauptkomponenten der Persönlichkeit*, die als *Grundlage für den Führungserfolg* anzusehen sind, erstrecken. Durch Training und/oder Schulung versucht man gezielt einzuwirken auf [19]:

- das sog. geistige Format (Fähigkeit zur Lösung komplexer, realer Probleme);
- Energie und Tatkraft (Initiative, Ausdauer, Belastbarkeit);
- Kontakt- und Beziehungsfähigkeit (Menschenführung, Motivation und Kommunikation).

Insgesamt wird deutlich, daß mit aufsteigender Führungsebene die Möglichkeiten interner, d. h. von unternehmungseigenen Bildungsfachleuten oder Spezialisten in der Unternehmung durchgeführter Weiterbildung stark abnehmen.

Interne Weiterbildungsmethoden besitzen zwar im Bereich der unteren Führungskräfte und vor allem bei den Nachwuchskräften (training on the job/training off the job etc.) erhebliche Vorteile, können für obere Führungskräfte aber nur sehr begrenzt eingesetzt werden.

Für obere und oberste Führungskräfte gibt es eine andere Palette von *Weiterbildungsmöglichkeiten*: Zum einen sind hier autodidaktische Studien zu nennen das Lesen von Artikeln, grundlegenden Werken und Expertisen über generelle und spezielle Fragen aus technischem, wirtschaftlichem, politischem und sozio- kulturellem Bereich. Zum anderen steht das gezielt gesuchte Gespräch über spezifische Fragen mit Mitarbeitern, Führungskräften der eigenen Unternehmung und aus anderen Unternehmungen, Verbänden, Verwaltung und Regierung sowie Experten aus der Wissenschaft im Vordergrund. Letztere Möglichkeiten und Besuche von Messen, Tagungen und spezifischen Vortrags- und Diskussionsveranstaltungen zeigen z. T. bereits Merkmale externer Weiterbildung.

(b) Externe Weiterbildung

Externe Weiterbildungsmaßnahmen haben für Führungskräfte insbesondere vor Beförderungs- und Versetzungsstufen hohe Bedeutung, sollen aber oft auch allgemeine oder spezielle Anregungen zur besseren Bewältigung des vorhandenen Tätigkeitsfeldes bieten.

Grundsätzlich wird der Nachteil externer Weiterbildung, nämlich inhaltlich oft zu geringe Berücksichtigung individueller Untemehmungsverhältnisse, durch Vorteile auf anderen Gebieten überkompensiert.

Vor allem die *externe Führungskräfteweiterbildung* [20]

- bietet stofflich nach Breite und Tiefe genügend differenzierte Programme,
- vermeidet Einseitigkeiten und sog. Betriebsblindheit,
- kann fachlich und pädagogisch meist besser qualifizierte Lehrkräfte anbieten,
- fördert Bekanntschaft, Gedankenaustausch und Information zwischen Führungskräften verschiedener Unternehmungen,
- kann wirtschaftlicher arbeiten und ihre Leistungen kostengünstiger anbieten.

Passive Weiterbildungsveranstaltungen stützen sich im wesentlichen auf Vorträge, Filme, Besichtigungen etc., bei denen der Teilnehmer primär zuhört und zusieht.

Im Vordergrund steht dabei die Vermittlung von reinem Fachwissen durch meist nur einseitig gerichtete Kommunikation. Demgegenüber versucht man bei den aktiven Weiterbildungsmethoden, den Lernenden stärker zu fordern und zu beteiligen, z. B. in Form von Lehrgesprächen und Fachdiskussionen. Bei den obersten Führungskräften finden fachliche Diskussionen und Informationsgespräche i. d. R. nicht mehr im Rahmen geplanter Weiterbildungsveranstaltungen statt, sondern durch den zwangsläufigen oder gezielt gesuchten Umgang/Kontakt mit Kollegen, Politikern, Gewerkschaftern, Hochschullehrern und anderen Intellektuellen, worauf bereits hingewiesen worden ist.

Die Chancen zur gezielten Persönlichkeitsformung und Wissensvermittlung im Sinne der Unternehmung werden im allgemeinen mit zunehmendem Lebensalter tendenziell sinken, so daß deshalb die wesentlichsten Weichenstellungen schon bei den jüngeren, d. h. in aller Regel bei den unteren und mittleren Führungskräften erfolgen müssen. Zur Beeinflussung des sozialen Verhaltens und zur Förderung der Entscheidungsfähigkeit kommen dabei vor allem die aktiven Gruppenausbildungsmethoden zum Zuge, wie Rollenspiele, Entscheidungsfallmethoden, Unternehmungsplanspiele verschiedener Art, Sensitivity-Training und vieles andere.

Die *Planung einzelner Weiterbildungsmaßnahmen* im Zusammenhang mit der derivativen Führungskräfteplanung hat im Prinzip operativen Charakter und kann daher recht kurzfristig vom Planungsstadium in die Realisation umgesetzt werden.

Zwangsläufig können personenbezogene Weiterbildungsprogramme (= Abfolge unterschiedlicher Weiterbildungsmaßnahmen) nur schrittweise in der Zeit realisiert werden, weshalb über laufende Erfolgskontrollen ein Feed-back-Mechanismus eingebaut werden muß, der darüber informiert, ob die angestrebte wissens- und verhaltensorientierte Weiterentwicklung von Führungskräften planmäßig fortschreitet oder nicht. Weiterbildungsmaßnahmen in Form von inländischen und ausländischen Seminarbesuchen für einzelne Personen oder Personengruppen sollten jedoch stets auf der Basis der strategischen Führungskräfteplanung – letztlich der Nachfolgeplanung – erfolgen.

4. Sukzessive Führungskräfte- und Organisationsplanung

4.1 Originäre Erfassung und Beurteilung der vorhandenen Führungskräfte sowie ihres Entwicklungspotentials

Bislang war von einer primär einseitig gerichteten Wirkungskette von der Geschäftsfeld- über die Organisations- zur Führungskräfteplanung ausgegangen worden.

Nunmehr interessieren umgekehrt eine originäre Erfassung und Beurteilung der vorhandenen Führungskräfte mit anschließenden Führungskräfteentwicklungsplanungen, die der Organisationsplanung als Datum vorgegeben werden.

Da die Führungskräfte mit zu den wichtigsten sowie knappsten Potentialfaktoren in der Unternehmung zählen und daher einen bedeutenden Teil des sog. Humanvermögens ausmachen, sind ihr laufender Einsatz und ihre langfristigen Aufstiegsmöglichkeiten besonders sorgfältig zu überdenken, zu planen, zu steuern und zu kontrollieren.

Basis der operativen Einsatzplanung und der *strategischen Entwicklungsplanung von Führungskräften* sind zunächst wiederum umfassende personenbezogene und arbeitsplatzbezogene Informationen. Während letztere in den meisten Unternehmungen heute bereits übersichtlich in Form von Stellenbeschreibungen der Ist-Organisation vorliegen, existieren aussagekräftige und systematisch zusammengestellte Informationen in Form von Führungskräfte-Stammakten vergleichsweise weit weniger.

Eine derartige *Führungskräfte-Stammakte* hat neben den gängigen Informationen jeder Personalakte wie Personalien, Einstellungstermin, schulische und berufliche Ausbildung, Spezialkenntnisse, gegenwärtige Position, Gehalt, Sozialleistungen, Pensionszusagen etc. wesentliche Zusatzangaben zu enthalten.

An erster Stelle sind hier die bereits erwähnten periodisch durchzuführenden Leistungs- und Verhaltensbeurteilungen zu nennen, die eine Verbindung zwischen den personenorientierten Bestandsdaten (Begabung, Ausbildung, Fertigkeiten usw.) und den Ergebnissen des faktischen Personaleinsatzes herzustellen versuchen.

Darüber hinaus ist es nützlich, wenn die Führungskräfte-Stammakte auch Informationen über bestehende soziale Kontakte (z. B. Gruppenzugehörigkeit) und/oder Konflikte sowie über die Zielvorstellungen der jeweiligen Person (z. B. Laufbahn- bzw. Entwicklungs-, Tätigkeits-, Entgeltziele) enthält [21].

Aufgrund umfassender Analyse-Informationen über jede vorhandene Führungskraft kann im Hinblick auf die strategische Führungskräfteentwicklungsplanung zunächst eine Aufteilung in *drei Gruppen von Führungskräften* vorgenommen werden:

Gruppe A	=	ersetzbare Führungskräfte (Weggang ohne Schaden),
Gruppe B	=	harmonisch eingearbeitete Führungskräfte (Unternehmungsziel: möglichst halten),
Gruppe C	=	unersetzliche Führungskräfte (Unternehmungsziel: mit allen vertretbaren Mitteln halten).

Besonderes Augenmerk im Rahmen der originären Führungskräfte-Analyse verdienen die Führungskräfte der Gruppe C, die i. d. R. über das höchste Weiterentwicklungspotential oder zumindest Wissenspotential verfügen und daher meist klare Laufbahnziele vor Augen haben. Sie sind daher im Organigramm der Unternehmung deutlich zu lokalisieren und besonders gezielt zu beobachten, um ein Abwandern zu verhindern. Plötzliche Veränderungen von personenbezogenen Kenngrößen (z. B. Fehlzeiten, Interessenlosigkeit usw.) sind hier Alarmsignale, die sehr gründlich auf ihre Ursachen zu untersuchen sind.

Wenn die bestehende Organisation eine für Unternehmung und vorwärtsdrängende Führungskräfte akzeptable Entwicklung nicht zuläßt, wird man zunächst andere Instrumente des Anreizsystems einzusetzen versuchen, um einen *Arbeitgeberwechsel* hochqualifizierter Führungskräfte zu *vermeiden*. Da hochqualifizierte Führungskräfte von einem bestimmten Vergütungsniveau an häufig nicht so sehr an monetären Zulagen interessiert sind, als vielmehr an der *Erfüllung höherrangiger Bedürfnisse* (sozialem Ansehen, Aufgaben- und Verantwortungsvolumen etc.), bleiben diese Möglichkeiten der Unternehmung jedoch beschränkt. Letztlich kann sich ergeben, daß das Ziel, bestimmte Führungskräfte mit allen vertretbaren Mitteln langfristig zu halten, ohne Änderungen einer bestehenden Organisation nicht zu realisieren ist.

4.2 Derivative Suche und Auswahl von organisatorischen Anpassungsmöglichkeiten an Führungskräfteentwicklungen

Wenn auf der Basis von Analysen und Prognosen deutlich wird, daß mangels natürlicher Abgänge, Versetzungen, Beförderungen etc. für wichtige vorwärtsdrängende Führungskräfte in absehbarer Zukunft keine entsprechenden Aufstiegsmöglichkeiten innerhalb der gegenwärtigen Aufbauorganisation bestehen, müssen Entscheidungen über organisatorische Veränderungen in Erwägung gezogen werden. Hierbei muß unterstellt werden, daß Maßnahmen im Vorfeld durchgreifender Strukturveränderungen wie z. B. Job-Rotation bereits ausgeschöpft worden sind.

Als eine Art Zwischenlösung kommt zunächst die Bildung von Projektgruppen in Betracht. Hier werden projektbezogene Führungsaufgaben organisatorisch auf befristete Zeit verselbständigt.

Eine erste Form des *Projektmanagements* erfolgt als sog. *Parallel-Linienorganisation*, bei der quasi ohne Veränderung der bestehenden Grundorganisationsstruktur zusätzlich eine Projekthierarchie aufgebaut wird, in die projektbezogen arbeitende Personen auf Zeit entsandt werden [22].

Eine zweite Form des *Projektmanagements* erfolgt im Rahmen einer *Marktorganisation*. Hierbei können die Projektleiter in der Art einer Querschnittsfunktion projektbezogen auf Mitarbeiter der angestammten Organisationshierarchie zugreifen, was für einzelne Mitarbeiter aber regelmäßig zu einer Doppelunterstellung (Projektleiter und Linienvorgesetzter) führt.

Die Leitung von Projekten ermöglicht Führungskräften, die in der Linie nicht unmittelbar aufsteigen können, zwar eine ersatzweise Weiterentwicklung, stellt aber oft keine endgültige Zufriedenstellung und Nutzung solcher Kräfte dar.

Dauerhafter ist die Schaffung neuer oder anderer Stellen bzw. Aufgabenbereiche im Sinne einer *Organisation ad personam* [23]. Hierbei bemüht man sich, Stellen im Hinblick auf die persönlichen Neigungen und Fähigkeiten einzelner Mitarbeiter unter Beachtung der Belange der Unternehmung zu schaffen. Auch kann die Besetzung offener Stellen durch externe Führungskräfte vereinzelt nur in Verbindung mit organisatorischen Anpassungen erfolgreich durchgeführt werden.

Eine Erweiterung bestehender verrichtungsorientierter Organisationsmodelle ist hier genauso denkbar (z. B. Auslagerung der Beschaffung aus dem Produktionsbereich) wie die Erweiterung objektorientierter Aufbauorganisationen. Meist handelt es sich bei Organisationsanpassungen, die nicht primär sach-, sondern rein personenorientiert erfolgen, aus gesamtunternehmungsbezogener Sicht allerdings nicht um additive Stellenvermehrungen, sondern um Umgruppierungen und Teilungsprozesse (von Ressorts), wobei die Zuwächse der einen Seite oft nur durch Aufgabenminderungen anderer Stellen realisiert werden können. Dies macht die Schwierigkeiten derartiger Lösungen deutlich. Nur für einzelne Personen wird ein grundlegender Übergang wie etwa von funktionaler zu divisionaler Aufbauorganisation grundsätzlich nicht zu rechtfertigen sein. Personenorientierte Organisationsanpassungen dürften daher insgesamt nur innerhalb enger Spielräume zu vertreten sein, es sei denn, sie würden auch anderen – insbesondere sachlichen – Organisations-Determinanten entsprechen.

Aufgabenkomplexe	**Einzelaufgaben**	**Grundlagen**
Nachfolgeplanung	• Erfassung und Beurteilung der verfügbaren Führungskräfte	**Ist-Organisationsplan** (mit Grob-Anforderungsprofil) **Führungskräfte-Personalakte** (mit Qualifikationsprofil)
	• Ermittlung des zukünftigen Führungskräftebedarfs (qualitativ und quantitativ) unter Berücksichtigung des normalen Abgangs	**Geschäftsfeldplanung** **Soll-Organisationsplan I** (mit Grob-Anforderungsprofil)
	• Prüfung der unternehmungsinternen Deckungsmöglichkeiten des künftigen Führungskräftebedarfs **unter Berücksichtigung der individuellen Wünsche** mit Aufstellung des Beförderungs- und Versetzungsplans	**Bisheriger Beförderungs- und Versetzungsplan** (Führungskräftenachwuchs-Pool) **Qualifikationsbeurteilung/Potentialeinschätzung** **Entwicklungs- und Förderungsgespräch** (Management-Planungsgespräche) **Soll-Organisationsplan II**
↕	• Prüfung der externen Deckungsmöglichkeiten des zukünftigen Führungskräftebedarfs mit Einstellungsplan	**Personalmarktinformationen** **Ausschreibungen** **Hochschulkontakte**
Karriereplanung (individuelle Entwicklungsplanung)	• Festlegung der nächsten Führungsposition(en) und der erforderlichen Weiterbildungsmaßnahmen für einzelne Führungskräfte	**Interne/externe Fort- und Weiterbildungsveranstaltungen** **Aufgabenerweiterung am Arbeitsplatz** **Ausschuß-Mitarbeit** **Projekt-Mitarbeit** **Mandatsübernahmen** (Stellvertretung, AR- und Beiratspositionen bei Beteiligungsgesellschaften) **Job-Rotation**

Abb. 3b): Überblick zur sukzessiven Führungskräfte- und Organisationsplanung

Abbildung 3b gibt einen Überblick über die Vorgehensweise bei der sukzessiven Führungskräfte- und Organisationsplanung.

5. Ansatz einer simultanen Organisations- und Führungskräfteplanung

Die Berücksichtigung von logischen Verkettungen zwischen *Organisations- und Führungskräfteplanung*, wie sie in beiden Richtungen determiniert sein können, hat im Idealfall *simultan* zu erfolgen. Dies scheint möglich, da es sich in beiden Fällen um echte strategische Planungen handelt, deren Verabschiedung allein der obersten Führung obliegt. Die Träger dieser Planungen sind daher identisch. Zudem sind die wechselseitigen Beeinflussungen von möglichen Organisationsentwicklungen und gewünschten individuellen Führungskräfteentwicklungen vielfach hinreichend klar abschätzbar.

Grundsätzlich empfiehlt sich auch hierbei ein systematisches Vorgehen, etwa nach dem *Muster des allgemeinen Planungsprozesses* [24]:

- Problemstellungsphase
- Alternativensuchphase
- Alternativenbewertungsphase
- Entscheidungsphase

Ganz erhebliche Bedeutung innerhalb des Prozesses simultaner Organisations- und Führungskräfteplanung kommt der ersten Phase zu, denn hier geht es um die Wahrnehmung von Problemen im Sinne eines Auseinanderklaffens zwischen Zielvorstellungen und Realitäten oder Projektionen.

Ausgehend von den generellen Unternehmungszielen sind hier zunächst alle relevanten organisations- sowie führungskräftebezogenen Ziele abzuleiten und laufenden Organisations- bzw. Führungskräfteanalysen gegenüberzustellen. Bei dieser Interpretation kann die eigentliche Auslösung des komplexen Problemlösungsprozesses sowohl von Zielabweichungen im rein organisatorischen Bereich (vgl. originäre Organisationsplanung Kap. 3) als auch im Führungskräfteentwicklungsbereich (vgl. Kap. 4) herrühren.

Die unterschiedlichen Auslöser führen zwar zu etwas andersartigen Aufgabenstellungen und können daher Abweichungen in Richtung und Ausmaß der Suchphase nach sich ziehen, werden aber durch die restriktive Abprüfung der Erreichung der jeweils anderen Ziele weitgehend so ausgeglichen, daß die Entscheidung simultan die entsprechenden Verknüpfungen berücksichtigt. Dabei können je nach Aushandlung der Zielgewichtungsfaktoren die Integrationsbeziehungen zwischen Organisations- und Führungskräfteplanung in unterschiedlichem Maße auf das Ergebnis der Entscheidungsphase durchschlagen.

Genauso wie die bewußt simultane Organisations- und Führungskräfteplanung zu anderen Ergebnissen bei der Zielbildung im Rahmen der Problemstellungsphase kommen wird als eine isolierte Sukzessivplanung, so werden auch die Ergebnisse der Alternativensuche insofern differerien, als z. B. reine Reorganisationsalternativen nochmals im Hinblick auf angestrebte Führungskräftevariationen untersucht werden (vgl. Alternativen in Abb. 4). Dagegen kann davon ausgegangen werden, daß sich die Arbeitsgänge in der Bewertungsphase zwar in Abhängigkeit von der Alternativen- und Zielanzahl vergrößern werden, sich im Prinzip aber nicht verändern.

Die Ergebnisse der jeweiligen Problemstellungs-, Such- und Bewertungsphase lassen sich sehr transparent in einer Entscheidungsmatrix zusammenfassen. Ohne Anspruch auf Vollständigkeit im Hinblick auf Ziele und Alternativen zeigt Abb. 4 ein hypothetisches *Beispiel zur simultanen Organisations- und Führungskräfteplanung*.

In der Praxis wird eine annähernd simultane geschäftsfeldorientierte Organisations- und Führungskräfteplanung am ehesten erfolgen, wenn grundlegende Änderungen der Geschäftsfeldgestaltung, der Aufbauorganisation und/oder der Besetzung der obersten Führungskräftepositionen anstehen und zu bewältigen sind.

Den umfangreichen Verflechtungen dieses wichtigen – aber oft vernachlässigten – Teils strategischer Planung mit der Geschäftsfeldplanung einerseits sowie Projektplanungen und sämtlichen operativen Programm- sowie Funktionsbereichsplanungen andererseits wird am besten im Rahmen eines gesamtunternehmungsbezogenen Planungssystems Rechnung getragen (vgl. insbesondere Abb. 1).

Hierbei kann sichergestellt werden, daß die Ergebnisse strategischer Planungen systematisch in die nachfolgenden operativen Planungen überführt und deren voraussichtliche monetäre Wirkungen letztlich zu periodischen Ergebnis- und Finanzplänen verdichtet werden.

Im *Konzern* erhält die *integrierte Organisations- und Führungskräfteplanung* bei Vorliegen bestimmter Voraussetzungen besondere Möglichkeiten. Ausschlaggebend dürfte dabei vor allem die Frage sein, ob der Konzern aufgrund seiner Programm-, Potential- und Standortstruktur primär funktional oder primär divisional organisiert ist und ob er überwiegend zentral oder dezentral geführt wird.

Es ist unmittelbar einleuchtend, daß in einem divisional organisierten Konzern – mit rechtlicher Selbständigkeit der jeweiligen Division als Tochtergesellschaft – im Vergleich zu einer (ggf. gleich großen) funktional organisierten Einheitsgesellschaft leichter Führungskräfteentwicklungsplanung betrieben werden kann. Es sind zahlenmäßig und von der Aufgabe sowie vom Status her viele interessante Führungspositionen vorhanden, insbesondere wenn die Tochtergesellschaften als Kapitalgesellschaften (AG oder GmbH) ausgebildet sind. Auch wird hier insbesondere Job-Rotation in der zweiten und dritten Führungsebene leichter durchführbar.

Bei überwiegend dezentraler Konzernführung besitzen die Tochtergesellschaften sehr weitgehende Entscheidungsbefugnisse, so daß hier gerade auch Unternehmertypen als Führungskräfte benötigt werden, was im Rahmen der Führungskräfteentwicklungsplanung besonders reizvolle Aufstiegsmöglichkeiten eröffnet.

Ziele / Alternativen	unabdingbare Ziele	Erhaltung und erfolgreiche Weiterentwicklung							Nutzwert je Alternative
	Zustimmung des Betriebsrats zur Reorganisation (§§ 91 und 112 BetrVerfG)	Markt- und Wettbewerbsorientierung q = 3	Innovationsfähigkeit q = 2	Führungsprozeßeffizienz q = 1	Human-Ressourcen-Orientierung q = 1,5	Finanz- und Sachressourceneffizienz q = 1	Geschäftsprozeßeffizienz q = 1,5	Dialogeffizienz q = 1	
Organisationsalternative I	erfüllt	ausreichend 3 x 0 = 0	sehr gut 2 x 6 = 12	befriedigend 1 x 2 = 2	gut 1,5 x 4 = 6	befriedigend 1 x 2 = 2	gut 1,5 x 4 = 6	gut 1 x 4 = 4	**32**
Organisationsalternative II	erfüllt	gut 3 x 4 = 12	befriedigend 2 x 2 = 4	sehr gut 1 x 6 = 6	gut 1,5 x 4 = 6	befriedigend 1 x 2 = 2	sehr gut 1,5 x 6 = 9	gut 1 x 4 = 4	**43**
Organisationsalternative III	erfüllt	befriedigend 3 x 2 = 6	gut 2 x 4 = 8	befriedigend 1 x 2 = 2	gut 1,5 x 4 = 6	sehr gut 1 x 6 = 6	gut 1,5 x 4 = 6	befriedigend 1 x 2 = 2	**36**

Für die Transformation der Ordinalskala in Punktwerte wurde hier folgendes angenommen: sehr gut = 6 Punkte, gut = 4 Punkte, befriedigend = 2 Punkte, ausreichend = 0 Punkte

Abb. 4: Entscheidungsmatrix zur integrierten Organisations- und Führungskräfteplanung

Anmerkungen

[1] Vgl. *Bleicher/Hahn*, [Organisationsplanung, 1980].
[2] Vgl. *Lehmann*, [Integration, 1980], Sp. 976–984.
[3] Vgl. *Kosiol*, [Unternehmung als wirtschaftliches Aktionszentrum, 1966].
[4] Vgl. *Hahn*, [PuK, 1996], S. 86ff.
[5] Vgl. *Gälweiler*, [Strategische Unternehmensplanung, 1976], S. 67–92, hier S. 67/68.
[6] Vgl. *Hahn*, [PuK, 1996], S. 101.
[7] Vgl. *Bleicher*, [Probleme und Entwicklungstendenzen der Organisationspolitik, 1980], S. 75–108, hier S. 104 ff.
[8] Vgl. *Bleicher/Hahn*, [Organisationsplanung, 1980] Sp. 1722ff.
[9] Vgl. ausführlich: *Wollnik*, [Einflußgrößen der Organisation, 1980], Sp. 592–613, hier Sp. 595.
[10] Vgl. *Chandler*, [Strategy and Structure 1966].
[11] Vgl. *Krüger*, [Organisation, 1993], S. 14.
[12] Vgl. *Hinterhuber*, [Planung der Führungskräfteentwicklung, 1980], S. 237–255.
[13] Vgl. *Bleicher*, [Probleme langfristiger Organisationsplanung, 1968], S. 1–10, hier S. 4, sowie grundlegend auch: *Müller-Nobiling*, [Zur Interdependenz, 1969], S. 321–329.
[14] Vgl. dazu ausführlich: *Hahn*, [Organisationsplanung und Planungsprozeß, 1976], S. 447–453; *Bleicher/Hahn*, [Organisationsplanung, 1980], Sp. 1720 ff. sowie den Beitrag „Organisationsplanung als Gegenstand strategischer Planung“ von Hahn/Bleicher in diesem Buch.
[15] Vgl. zur Planung der Bedarfsermittlung und der Bedarfsdeckung im Rahmen der Führungskräfteentwicklung *Hungenberg*, [Führungskräfteentwicklungs-System, 1990], S. 123 ff.
[16] Vgl. *Secker*, [Besetzung von Führungspositionen, 1972], S. 51.
[17] Vgl. hierzu beispielsweise auch: *Secker*, [Besetzung von Führungspositionen, 1972], S. 55/56.
[18] Vgl. *Schoenfeld*, [Führungskräfte, Aus- und Fortbildung, 1975], Sp. 889–905, hier Sp. 893.
[19] Vgl. *Schmidt*, (Psychodiagnostische Beurteilung, 1972], S. 155–164, hier S. 159 ff.
[20] Vgl. *Hahn*, [Allgemeine Bedeutung der Fallmethode, 1971], S. 15–18, hier S. 15; ebenso *Schoenfeld* [Führungskräfte, Aus- und Fortbildung, 1975], Sp. 894.
[21] Vgl. zur Systematisierung eines Personalinformationssystems vor allem: *Remer*, [Personalmanagment, 1978], S. 411.
[22] Vgl. *Hill/Fehlbaum/Ulrich*, [Organisationslehre, 1974], S. 203.
[23] Vgl. z. B. *Bleicher*, [Entwicklung, 1972], S. 235–296, hier S. 244.
[24] Vgl. *Hahn*, [Führung des Systems Unternehmung, 1971], S. 161–169; *Hahn*, [PuK, 1996], S. 37ff.

Literaturhinweise

Arbeitskreis „Integrierte Unternehmungsplanung" der Schmalenbach-Gesellschaft/Deutsche Gesellschaft für Betriebswirtschaft e.V.: Integrierte Führungskräfteplanung, in: Betriebliche Aus- und Weiterbildung von Führungskräften, Hrsg. A. G. Coenenberg, ZfbF-Sonderheft 24, Düsseldorf 1989, S. 121 ff.

Berthel, J.: Personal-Management, 2. Aufl., Stuttgart 1989.

Bleicher, K.: Probleme langfristiger Organisationsplanung, in: ZfürO, 37. Jg. (1968), S. 1–10.

Bleicher, K.: Die Entwicklung eines systemorientierten Organisations- und Führungsmodells der Unternehmung, in: Organisation als System, Hrsg. *K. Bleicher*, Wiesbaden 1972, S. 235–296.

Bleicher, K.: Probleme und Entwicklungstendenzen der Organisationspolitik industrieller Großunternehmungen, in: Führungsprobleme industrieller Unternehmungen, Festschrift für Friedrich Thomeé zum 60. Geburtstag, Hrsg. *D. Hahn*, Berlin–New York 1980, S. 75–108.

Bleicher, K., Hahn, D.: Organisationsplanung, in: Handwörterbuch der Organisation, Hrsg. *E. Grochla*, 2., völlig neu gestaltete Auflage, Stuttgart 1980, Sp. 1722 ff.

Bleicher, K., Hahn, B.: Das Management-Potential – Dynamik-Faktor der Unternehmungsentwicklung, in: Führungskräfte und Führungserfolg – Neue Herausforderungen an das strategische Management, Hrsg. U. Krystek, J. Link, Wiesbaden 1995.

Chandler, A. D.: Strategy and Structure. Chapters in the History of the Industrial Enterprise, 3. Auflage, Cambridge, Mass.–London 1966.

Gälweiler, A.: Strategische Unternehmensplanung, in: FB/IE, 25. Jg. (1976), S. 67–72.

Hahn, D.: Allgemeine Beurteilung der Fallmethode für die Ausbildung an Hochschulen und in Seminaren für Führungskräfte, in: Entscheidungsfälle aus der Unternehmungspraxis, 1. Bd., Hrsg. *K. Alewell, K. Bleicher, D. Hahn*, Wiesbaden 1971, S. 15–18.

Hahn, D.: Führung des Systems Unternehmung, in: ZfürO, 40. Jg. (1971), S. 161–169.

Hahn, D.: PuK, Controllingkonzepte: Planung und Kontrolle, Planungs- und Kontrollsysteme, Planungs- und Kontrollrechnung, 5. Aufl., Wiesbaden 1996.

Hahn, D.: Organisationsplanung und Planungsprozeß, in: ZfürO, 45. Jg. (1976). S. 447–453.

Hill, W., Fehlbaum, R., Ulrich P.: Organisationslehre, Bd. 1, Bern–Stuttgart 1974.

Hinterhuber, H. H.: Planung der Führungskräfteentwicklung als Gegenstand der strategischen Unternehmungsplanung, in: Strategische Unternehmungsplanung, Hrsg. *D. Hahn, B. Taylor*, Würzburg–Wien 1980, S. 237–255.

Hungenberg, H.: Planung eines Führungskräfteentwicklungssystem, Diss. Gießen 1990.

Kosiol, E.: Die Unternehmung als wirtschaftliches Aktionszentrum, Einführung in die Betriebswirtschaftslehre, Reinbek bei Hamburg 1966.

Krüger, W.: Organisation der Unternehmung, 2. Aufl., Stuttgart-Berlin-Köln 1993.

Lehmann, H.: Integration, in: Handwörterbuch der Organisation, Hrsg. *E. Grochla*, 2., völlig neu gestaltete Auflage, Stuttgart 1980, Sp. 876–984.

Müller-Nobiling, H.-M.: Zur Interdependenz von Organisation und Personalwirtschaft, in: ZfürO, 38. Jg. (1969). S. 321–329.

Remer, A.: Personalmanagement – Mitarbeiterorientierte Organisation und Führung von Unternehmungen, Berlin – New York 1978.

Schmidt, F. W.: Psychodiagnostische Beurteilung von Führungskräften, in IO, 41. Jg. (1972), S. 155–164.

Schoenfeld, H.-M.: Führungsausbildung im betrieblichen Funktionsgefüge, Wiesbaden 1967.

Schoenfeld, H.-M.: Führungskräfte, Aus- und Fortbildung, in: Handwörterbuch des Personalwesens, Hrsg. *E. Gaugler*: Stuttgart 1975, Sp. 889–905.

Secker, H.: Die Planung der Besetzung von Führungspositionen in der Unternehmung, Winterthur 1972.

Wollnik, M.: Einflußgrößen der Organisation, in: Handwörterbuch der Organisation, Hrsg. *E. Grochla*, 2., völlig neu gestaltete Auflage, Stuttgart 1980, Sp. 592–613.

Integrierte Führungskräfteplanung

Arbeitskreis „Integrierte Unternehmungsplanung" der Schmalenbach-Gesellschaft/Deutsche Gesellschaft für Betriebswirtschaft e.V.

1. Problemstellung

Führungskräfte sind der wichtigste Erfolgsfaktor jeder Unternehmung. Sie bestimmen deren Produkte und Geschäftsfelder, Mitarbeiter und Sachpotentiale und entscheiden damit über Erfolg oder Mißerfolg der Unternehmung.

In der Vergangenheit dominierten die Fragen der Geschäftsfeldplanung und Organisationsgestaltung. Heute steht dagegen zunehmend die Führungskräfteplanung mit im Vordergrund. Diese Entwicklung ist eine Folge des tiefgreifenden Wandels, der in den Unternehmungen und darüber hinaus in der gesamten Gesellschaft zu beobachten ist.

- So wird in wenigen Jahren die Zahl der Absolventen der Universitäten und Fachhochschulen in allen Studienrichtungen merklich zurückgehen; beginnend etwa mit den Jahren 1992/93. Damit wird das potentielle Angebot an Nachwuchskräften für Führungspositionen in Zukunft erheblich reduziert.
- So ist in vielen Unternehmungen eine Veränderung in der Mitarbeiterstruktur zu verzeichnen: Das Verhältnis zwischen Arbeitern und Angestellten hat sich grundlegend zugunsten der Angestellten verschoben. Der Anteil der Facharbeiter unter den Arbeitern hat sich darüber hinaus erhöht. Schließlich ist der Anteil der Hochschulabsolventen und Fachhochschulabsolventen an der Zahl der Mitarbeiter deutlich gestiegen.
- So ermitteln viele Unternehmungen heute einen großen Ersatzbedarf an spezifischen Fachführungskräften und Generalisten, dessen Deckung oftmals erhebliche Probleme bereitet. Viele Unternehmungen haben es versäumt, eine langfristig angelegte Personal- und Führungskräfteplanung zu betreiben. Damit fehlen oft jüngere Mitarbeiter, die sich im Rahmen einer systematischen Führungskräfteentwicklung so qualifiziert haben, daß sie freiwerdende Positionen übernehmen können.

Dieser Beitrag wird wiederabgedruckt mit Genehmigung der Verlagsgruppe Handelsblatt aus: ZfbF-Sonderheft 24/89, S. 121–141.

- Gegenüber der Vergangenheit hat sich der Technologiewandel beschleunigt. Zudem ist eine Internationalisierung der Märkte zu beobachten. Beide Entwicklungen stellen erhöhte Anforderungen an die Qualifikation, Flexibilität und Einsatzbereitschaft der Führungskräfte.
- Ferner ist unter den Führungskräften vielfach eine Änderung der Wertvorstellungen zu beobachten. Es besteht ein verstärkter Drang zur Partizipation in Entscheidungsprozessen und im sozialen Bereich als Ausdruck des Strebens nach Selbstverwirklichung.
- So stehen schließlich heute auch Fragen der Führungskräftemotivation zunehmend im Vordergrund der Diskussion. Viele Unternehmungen sehen sich der Aufgabe gegenübergestellt, Führungskräfte zu äußerster Leistungsbereitschaft und zu äußerstem zielorientierten Leistungseinsatz zu motivieren. Die Qualität der Führungskräfte bestimmt letztlich maßgebend die Motivation der Mitarbeiter und das Innovationspotential für Produkte, Verfahren und auch für (Management-)Führungstechniken. Durch die Bildung einer überragenden Führungsmannschaft ist die Unternehmung in der Lage, sich einen Wettbewerbsvorteil zu schaffen. Die Konzeption neuer Anreizsysteme und eine motivationsorientierte Unternehmungsstruktur und -kultur genießen daher eine außerordentliche Bedeutung.

Der zukünftigen voraussichtlichen Entwicklung kann am besten durch eine gut ausgebaute Führungskräfteplanung entsprochen werden, um die Erreichung der Unternehmungsziele zu sichern. Die Führungskräfteplanung umfaßt dabei die Planung von Beschaffung, Einsatz, Entwicklung und ggf. Freisetzung des Führungspotentials. Sie ist neben der Geschäftsfeld- und Organisationsplanung sowie der Rechtsstrukturplanung ein Teilgebiet der strategischen Planung, die über die operative Planung verwirklicht wird (vgl. Abbildung 1). Wie bei allen strategischen Planungen handelt es sich um Entscheidungen, die von wesentlicher Bedeutung für die Vermögens- und/oder Erfolgsentwicklung einer Unternehmung sind. Sie können nur aus dem Gesamtzusammenhang heraus von der obersten Führung getroffen werden und bedürfen oft der Zustimmung der dieser vorgelagerten Willensbildungszentren (Aufsichtsrat, Gesellschaftsversammlung) oder sind sogar im Hinblick auf die Unternehmungsspitze (Vorstand, Aufsichtsrat) Hauptaufgabe der vorgelagerten Willensbildungszentren [1].

Eine erfolgreiche Führungskräfteplanung muß zwingend in die Gesamtplanung einer Unternehmung integriert werden. Sie muß eine widerspruchsfreie Verbindung mit der Geschäftsfeld- und Organisationsplanung eingehen [2]. Die Realisierung dieser Forderung führt allerdings in vielen Fällen zu erheblichen Problemen, da es oft Schwierigkeiten bereitet, die Ziele und Maßnahmen der strategischen Führungskräfteplanung in eine integrierte operative Nachfolge- und Karriereplanung umzusetzen.

Strategische Personalplanungsüberlegungen für Führungskräfte basieren primär auf den Ergebnissen der Geschäftsfeld- und Organisationsplanung. Darüber hinaus müssen sie Flexibilität gewährleisten, um auch in einem gewissen Ausmaß einen nicht eingeplanten plötzlichen Mehrbedarf an Führungskräften (z.B. Besetzung einer vakant gewordenen Führungsposition [„Ziegelstein-Fall"]) decken zu können.

Bei Geschäftsfeldänderungen werden oft Kenntnisse und Fähigkeiten verlangt, die bei der eigenen Führungsmannschaft z.T. nur unzureichend vorhanden sind. Gelingt es nicht,

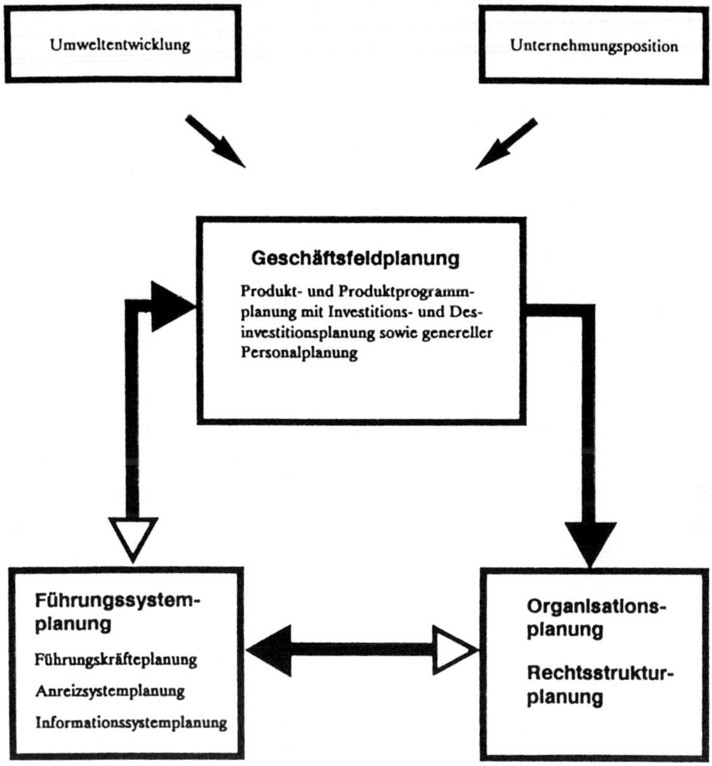

Abb. 1: Aufgabenkomplexe strategischer Planung
Quelle: Hahn, D.: Stand und Entwicklungstendenzen der strategischen Planung, in: Strategische Unternehmungsplanung, Hrsg. D. Hahn, B. Taylor, 4. Aufl., Heidelberg – Wien 1986, S. 9.

durch Weiterbildungsprogramme das erforderliche Qualitätsniveau zu erwerben, müssen entsprechende Führungskräfte von außen angeworben werden. Hierdurch können sich Konflikte mit den vorhandenen Führungskräften ergeben, denn i.d.R. gilt der Führungsgrundsatz, Führungskräfte primär aus den eigenen Reihen zu rekrutieren. Oft erfolgt die Planung von Reorganisationen aufgrund von Geschäftsfeldänderungen zu spät, so daß dann auch die Führungskräfteentwicklungen im Hinblick auf neue Aufgabenbereiche nicht mehr rechtzeitig erfolgen können. Nur schrittweise setzt sich die Erkenntnis durch, daß einer gut ausgebauten, integrierten Führungskräfteplanung zukunftssichernde Bedeutung zukommt. Andererseits haben bereits heute einige Unternehmungen leistungsfähige Konzepte der Führungskräfteplanung und -entwicklung erfolgreich im Einsatz. Bei den Entscheidungen über die Führungskräftesicherung handelt es sich um Investitionsentscheidungen fundamentalen Ausmaßes.

2. Führungskräfteplanung im Rahmen der Unternehmungsphilosophie und Unternehmungspolitik

Die Unternehmungsphilosophie basiert auf den Wertevorstellungen der obersten internen und externen Willensbildungszentren einer Unternehmung. Sie gibt den Orientierungsrahmen für die Führungsentscheidungen der Unternehmungsführung im Hinblick auf die obersten Unternehmungsziele sowie auf die hieraus abgeleiteten nachgelagerten Ziele. Sie prägt damit die Unternehmungspolitik, d.h. die

- Sachziele (Produktprogramm),
- Wertziele (Ergebnis-, Erlös-, Kosten- und Liquiditätsziele) sowie
- Sozialziele (Verhalten gegenüber Mitarbeitern, Marktpartnern und Öffentlichkeit)

der Unternehmung.

Unternehmungsphilosophie und Unternehmungspolitik finden ihren Ausdruck in Unternehmungs- und Führungsgrundsätzen. Sie dokumentieren die Vorstellungen der obersten Willensbildungszentren der Unternehmung zur Führung der Mitarbeiter, auch im Hinblick auf die Sicherung des Führungskräftenachwuchses und die Führungskräfteentwicklung. Die nachfolgenden Beispiele von Unternehmungen des Arbeitskreises sollen dies verdeutlichen.

So hat die Franz Haniel & Cie. GmbH in ihren geschäftspolitischen Grundsätzen u.a. als Leitlinien festgelegt:

- Verwirklichung einer systematischen Personalplanung,
- Darstellung der Entwicklungs- und Aufstiegschancen für die Mitarbeiter im Gesamtunternehmen,
- soweit wie möglich Besetzung freier Stellen aus eigenen Reihen,
- Unterstützung der Mitarbeiter bei der fach- und führungsbezogenen Weiterbildung.

Ferner sind z.B. bei der Volkswagen AG die folgenden Führungsgrundsätze formuliert:

1. Qualifizieren der Mitarbeiter für ihre Aufgaben (Fähigkeiten entwickeln im Hinblick auf fachliche und überfachliche Qualifikation).
2. Qualifizieren für höherwertige Aufgaben (Mitarbeiter fördern).
3. Aufgaben und Befugnisse übertragen (delegieren).
4. Stellvertretung regeln.
5. Zusammenarbeit fördern.
6. Ziele erarbeiten und setzen.
7. Arbeitsergebnisse, Arbeits- und Führungsverhalten beurteilen.
8. Arbeitsergebnisse, Arbeits- und Führungsverhalten steuern.

Ebenfalls Kernaussagen zur Mitarbeiterführung umfassen die Leitsätze der Siemens AG für ihre Führungskräfte. So gelten als Leitlinien im Hinblick auf

1. Leistung und Zusammenarbeit
   - klare Ziele setzen,
   - Verantwortung übertragen,
   - an Entscheidungen beteiligen,
   - Arbeitsergebnisse besprechen,
   - Zusammenarbeit aktivieren,
   - gegenseitig informieren

sowie

2. Einsatz und Förderung der Mitarbeiter
   - Abstimmung der Aufgabenstellung auf Fähigkeiten und Erwartungen des Mitarbeiters,
   - Offenheit in der Beurteilung,
   - Unterstützung bei der Weiterbildung („Lernen endet nicht mit dreißig"),
   - Förderung durch neue Aufgaben,
   - leistungsgerechtes Einkommen.

Die Verantwortung der Unternehmung für die Förderung der Mitarbeiter, aber auch die zwingende Verpflichtung der Mitarbeiter, sich voll für die Unternehmung einzusetzen, kommen sehr deutlich in den Leitsätzen der Ruhrkohle AG zum Ausdruck:

> „Führen heißt durch andere und mit anderen Ziele erreichen. Dies umschließt eine verantwortungsvolle Aufgabe eines jeden Vorgesetzten: seinen Mitarbeitern Beratung und Hilfen zu geben, damit die gesetzten Ziele erreicht und die fachliche und persönliche Weiterentwicklung gesichert werden.
>
> Gute Leistungen verdienen uneingeschränkte und offen ausgesprochene Anerkennung. Kritik schafft Klarheit und hilft weiter, ein ehrliches Wort ist dabei die fairste und hilfreichste Art im Umgang miteinander.
>
> Mitarbeiter sollen die Möglichkeit zur Entfaltung ihrer Fähigkeiten erhalten und in ihrer Selbständigkeit gefördert werden. Die Vorgesetzten unterstützen deshalb ihre Mitarbeiter in ihrem beruflichen Werdegang und bereiten sie entsprechend ihrer Leistungsfähigkeit auf anspruchsvollere Aufgaben vor.
>
> Im Einklang mit den Unternehmenszielen regen Vorgesetzte für Mitarbeiter geeignete Aus- und Fortbildungsmaßnahmen an. Innerbetriebliche Entwicklungsmöglichkeiten veranlassen sie auch dann, wenn für einen bewährten Mitarbeiter im eigenen Bereich keine Aufstiegsmöglichkeiten vorhanden sind.
>
> Die Mitarbeiter können Förderung nur erwarten, wenn sie durch ihr Leistungsverhalten zum Unternehmenserfolg beitragen. Hierzu gehört ihre Bereitschaft, aus eigener Initiative ihr Wissen kontinuierlich zu erweitern und ihre Leistungsfähigkeit zu steigern. Dies muß zur Selbstverständlichkeit in einem Unternehmen werden, dessen Mitarbeiter in hohem Maße gezwungen sind, mit wechselnden Aufgaben und neuen Situationen fertig zu werden."

Eine erfolgreiche Ausrichtung der Führungskräfteplanung an derartigen Unternehmungs- und Führungsgrundsätzen ist allerdings nur dann gewährleistet, wenn diese Grundsätze von den für ihre Umsetzung verantwortlichen Führungskräften voll bejaht werden. Gelebte Führungsgrundsätze bilden die Richtschnur für die Führungskräfteplanung.

3. Führungskräfteplanung und Unternehmungsplanung

Die geschäftsfeld- und organisationsorientierte Führungskräfteplanung läßt sich in eine Nachfolge- und eine Karriereplanung unterteilen (vgl. Abbildung 2). Im Rahmen der Nachfolgeplanung erfolgen die Erfassung und Beurteilung der vorhandenen Führungskräfte sowie die Ermittlung, Prüfung und Entscheidung über interne und externe Dekkungsmöglichkeiten des zukünftigen Führungskräftebedarfs. Grundlage bilden vor allem Ist- und Soll-Organisationspläne, künftige Geschäftsfeldanforderungen sowie Qualifikationsbeurteilungen und Entwicklungsgespräche. Im Rahmen der Karriereplanung erfolgt die individuelle Festlegung der jeweils nächsten Führungsposition und der erforderlichen Weiterbildungsmaßnahmen. Eine konsequente Karriereplanung kann bedeuten, daß die Wirkungskette von der Geschäftsfeld- über die Organisationsplanung zur Führungskräfteplanung durchbrochen werden kann. Es handelt sich hier um den sog. originären Führungskräfteplanungsansatz, der ggf. organisations- und geschäftsfeldändernde Wirkungen aufweisen kann. Die vorhandenen Führungskräfte bestimmen sodann mit ihrem Potential für Aufgabenbereiche die Aufbauorganisation.

Die Konzeption einer Nachfolgeplanung und Karriereplanung kann sinnvoll und erfolgreich nur integriert erfolgen.

3.1 Nachfolgeplanung

Ausgehend von geplanten Geschäftsschwerpunkten und ggf. Organisationsänderungen sowie unter Beachtung von generellen Sach-, Wert- und insbesondere Sozialzielen umfaßt die Nachfolgeplanung als Zielplanung die Ermittlung der in den nächsten 3 bis 5 Jahren benötigten Führungskräfte in qualitativer und quantitativer Sicht. Hierzu sind zunächst die Führungspositionen zu bestimmen, die für eine Nachfolgeplanung in Frage kommen. Besondere Beachtung genießen hierbei die als Schlüsselpositionen ausgewiesenen Führungsstellen in der Unternehmung. Es handelt sich um obere und oberste Führungspositionen, an die eine besondere Fach- bzw. Ressortkompetenz (z.B. Entwicklungsabteilungen), eine besondere ressortübergreifende Kompetenz oder eine allgemeine Führungskompetenz (sog. General-Manager-Kompetenz) geknüpft ist.

Die Maßnahmenplanung betrifft Aktionen der konkreten Führungskräftebedarfsermittlung sowie der internen und externen Führungskräftebeschaffung.

Ausgangspunkt ist zunächst die Ermittlung des künftigen Führungskräftebedarfs als Brutto-Bedarf [3]. Die Ermittlung baut dabei auf der geplanten Organisation (Soll-Orga-

Abb. 2: Aufgaben und Grundlagen der Führungskräfteplanung
Quelle: Hahn, D.: Integrierte Organisations- und Führungskräfteplanung im Rahmen der strategischen Unternehmungsplanung, S. 376, mit Ergänzungen.

nisation) mit entsprechenden Stellenbeschreibungen und darin enthaltenen Anforderungsprofilen auf. Oft folgen spezifische Anforderungen für Führungskräfte hierbei aus der Geschäftsfeldplanung. So sind beispielsweise unterschiedliche Führungskräfte für Unternehmungsbereiche mit Aufbau- und Auslaufprodukten erforderlich (vgl. Abbildung 3 [4]. Auch ändern sich die an Führungskräfte zu stellenden Anforderungen mit der wirtschaftlichen Entwicklung einer Unternehmung („Schön- und Schlechtwetterkapitäne“). Dem gewünschten Soll-Bestand an Führungskräften ist der voraussichtliche Ist-Bestand ohne Neueinstellungsmaßnahmen gegenüberzustellen. Bei der Ermittlung des voraussichtlichen Ist-Bestandes gibt es eindeutig prognostizierbare Personalveränderungen – wie Eintritt der Pensionierung oder Ablauf von befristeten Arbeitsverträgen (vgl. Abbildung 4). Diese Planungsaktivitäten weiten sich allerdings bei einer systematischen Nachfolgeplanung recht schnell zu einem umfangreichen Planwerk aus. Denn der Einsatz jeder Führungskraft ist konsequenterweise zunächst als befristet anzusehen, und es sind entsprechende Alternativen vorzusehen. Bei einer verketteten Nachfolgeplanung entsteht durch die Besetzung einer Stelle mit einer unternehmungsinternen Führungskraft ein neuer Bedarf für die freiwerdende Stelle. Zwar verändert sich dadurch der Bestand an Führungskräften nicht, das qualitative Niveau der Führungsmannschaft kann aber durch solche Umschichtungen entscheidend verändert werden.

In diesem Zusammenhang stellt sich auch die Frage, ob ein Reservepool von Führungskräften für unvorgesehene Ausfälle gebildet werden soll. Wir sind hier skeptisch. Werden bestimmte Personen offiziell als Mitglieder eines solchen Pools deklariert, wird es zu Enttäuschungen kommen, wenn viele von ihnen im Zustand einer „ewigen Ersatzreserve“ verbleiben. Gute Führungskräfte werden sich zudem kaum auf Reservepositionen versetzen lassen wollen. Ein solcher Pool ist höchstens kurzfristig oder am Einstieg zur Führungskarriere eine praktikable Lösung.

Eine Führungskräfteplanung erfordert die regelmäßige Beurteilung der Führungskräfte. Sie sollte unter Verwendung von formalisierten Beurteilungssystemen durchgeführt werden und sowohl eine Beurteilung der Leistung, des Potentials als auch des Führungsverhaltens einer Führungskraft umfassen. Dabei sollte auch eine zeitliche Differenzierung erfolgen, d.h. die Beurteilung sollte für den gegenwärtigen und den zukünftigen Arbeitsplatz vorgenommen werden [5].

Probleme ergeben sich aufgrund letztlich nicht befriedigender Beurteilungsinstrumente. Bisher eingesetzte Instrumente der Führungskräftebeurteilung – es handelt sich hier z.B. um die Assessment-Center-Methode, den biographischen Fragebogen, den Persönlichkeitstest, den Intelligenztest, das situative Verfahren, den Leistungstest, das Interview – erfassen im wesentlichen das momentane Bestandspotential. Sie geben allerdings kaum Aufschluß über das Entwicklungspotential der Führungskraft. Sie sind daher nur bedingt zur strategieorientierten Führungskräftebeurteilung geeignet. Eher brauchbar erscheinen jüngere Ansätze, die auch Selbstbeurteilungen mit berücksichtigen. Hier liegt ein Schwerpunkt zukünftiger Forschungen auf dem Gebiet der Führungskräfteplanung.

Durch Gegenüberstellung des quantitativ und qualitativ beschriebenen Soll-Bestandes und des voraussichtlichen Ist-Bestandes ergibt sich der künftige Netto-Bedarf an Führungskräften. Bei der Deckung dieses Netto-Bedarfes geht es im Kern um Maßnahmen

BUSINESS LIFE CYCLE

HUMAN RESOURCE FUNCTIONS	Start-up Businesses	Growth Businesses	Mature Businesses	Declining Businesses
Selection/Placement	Recruitment New activities Recruit Entrepreneurial style	Recruit for future business	Lateral moves and advancement for enhancing efficiency	Transfers to different business Outplacement Early retirement
Appraisal	Appraise milestones linked to plans for the business, flexible	Linked to growth criteria, e.g., market share, volume unit cost reduction	Evaluate efficiency and profit margin performance	Evaluate cost savings
Rewards	Salary plus large equity position	Salary plus bonus for growth targets, plus equity for key people	Incentive plan linked to efficiency and high-profit margins	Incentive plan linked to cost savings
Development	Minimum until a critical mass of people in business – then job related	Good orientation program for fast start-ups Job skills Middle-management development	Emphasis on job training Good supervisory and management development programs	Career planning and support services for transferring people

→ Corporate human resource staff, policies designed to integrate human resource functions across businesses

↓ Organization and design of the human resource functions within businesses

Abb. 3: Einfluß unterschiedlicher Lebenszyklusphasen auf die Führungskräfteplanung
Quelle: Fombrum, C., Tichy, N.: Strategic Planning and Human Resource Management, in: Competetive Strategic Management, Hrsg. R.B. Lamb, Englewood Cliffs – New York 1984, S. 330.

1985–1989

– bevorstehende Nachfolgeentscheidungen –

Ressort	Titel	Alter	Dienst-alter	Name	Funktionale Bezeichnung	Bemerkungen/ Vorschläge
Recht	HAL	59	25	Ellrot, Josef	Leiter Versicherungen/ Haftpflichtrecht	
	AL	58	30	Merker, Friedrich	Versicherungsreferent	
ÖA	HAL	61	31	Esser, Friedrich	Leiter Public Relations	
Finanzen	HAL	62	33	Dr. Hansen, Jochen	Leiter Bankabteilung	
	Grp.-L.	58	18	Merx, Dieter	Länderreferent (Finanzen)	
	Grp.-L.	–	–	N. N. (Zusatzbedarf)	Finanzprojekte	
Beteili-gungen	HAL	60	33	Goosmann, Erich	Leiter Abschlüsse	
	AL	58	29	Dr. Ullmann, Jost	Leiter Volkswirtschaftliche Abteilung	
	AL	59	37	Roelius, Hermann	Leiter Wohnungsverwaltung	
	HAL	–	–	N. N. (Zusatzbedarf)	Leiter Beteiligungen/Inland	

Abb. 4: Übersicht über bevorstehende Nachfolgeentscheidungen
Quelle: Bundesarbeitgeberverband der Chemie e.V. (Hrsg.): Personalplanung im Betrieb, 2. Aufl., Heidelberg 1986, S. 146.

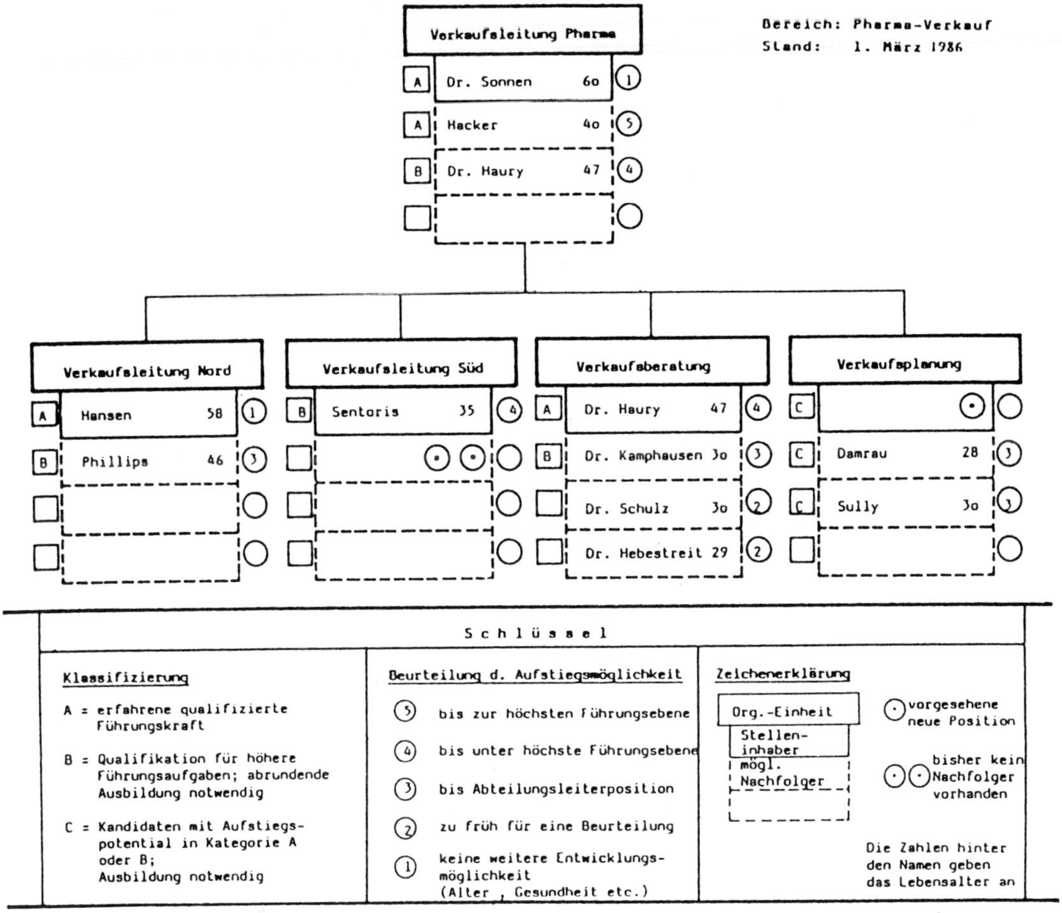

Abb. 5: Beispiel eines Beförderungs- und Versetzungsplanes
Quelle: Bundesarbeitgeberverband der Chemie e.V. (Hrsg.): Personalplanung im Betrieb, S. 152.

für eine möglichst optimale Besetzung von Positionen mit spezifischen Stellenanforderungsprofilen durch Führungskräfte mit einem entsprechenden Fähigkeits- und Leistungsprofil sowie Führungsverhalten.

Zunächst hat die Prüfung unternehmungsinterner Deckungsmöglichkeiten zu erfolgen. Hierbei bilden die Ergebnisse der periodischen Leistungs- und Verhaltensbeurteilung eine wichtige Grundlage. Auf Basis der Potentialeinschätzungen sowie durch zusätzliche Entwicklungs- und Förderungsgespräche (Management-Planungsgespräche) ist zu prüfen, ob für die Besetzung der „Nettobedarfsstellen“ ein Kandidat aus dem vorhandenen Mitarbeiterreservoir in Frage kommt (vgl. Abbildung 5). Die Entscheidungen schlagen sich im Beförderungs- und Versetzungsplan nieder. Es handelt sich hierbei um die Zuordnung der vorhandenen Führungskräfte zu den Führungspositionen des verabschiedeten Soll-Organisationsmodelles. Die Planung von Aufstieg, Beförderung, Nachfolge und Versetzung zur Deckung des künftigen Führungskräftebedarfs aus dem vorhandenen Personalbestand wird aber nur in ganz seltenen Fällen zu einer vollständigen Deckung des Netto-Bedarfs führen. In Anbetracht solcher Lücken wird deutlich, daß die interne Führungskräftebeschaffung zugleich auch Zielcharakter für die Karriereplanung bzw. individuelle Entwicklungsplanung besitzt [6].

Neben der Deckung des Führungskräftebedarfs aus dem internen Reservoir ist die externe Beschaffung von spezifischen Führungskräften von großer Wichtigkeit. Dies gilt besonders dann, wenn aufgrund von strategischen Überlegungen im Rahmen der Geschäftsfeldplanung Fähigkeitsprofile benötigt werden, welche intern weder vorhanden sind, noch entwickelt werden können. Dann ist die Unternehmungsführung gezwungen, solche vakanten Positionen mit externen Führungskräften zu besetzen. Darüber hinaus kann sich die Unternehmung bewußt gewisse Vorteile von externen Führungskräften versprechen (z.B. neue Ideen und die Vermeidung von „Betriebsblindheit“). Planungsgrundlage bildet der Führungsstellen-Besetzungsplan, aus dem zu ersehen ist, welche Positionen nach Zahl und Anforderungen in künftigen Perioden extern zu besetzen sind. Die wichtigsten Beschaffungswege stellen die gezielte Einschaltung von Personal- und Unternehmungsberatern sowie die öffentlichen Stellenausschreibungen in überregionalen Tageszeitungen und in der Fachpresse dar. Dem Auswahlprozeß von externen Bewerbern, der sich i.d.R. noch schwieriger als bei unternehmungsinternen Führungskräften gestaltet, sollte größte Aufmerksamkeit gewidmet werden: Fehlentscheidungen bei der Stellenbesetzung werden hier erst zeitverschoben sichtbar und ihre Korrektur ist mit erheblichen menschlichen, rechtlichen und finanziellen Problemen verbunden. Die Einstellung von externen Führungskräften sichert nicht immer, daß hierdurch die Stellenanforderungsprofile und die Fähigkeits- und Leistungsprofile exakt zur Deckung gebracht werden. Auch hier kann noch die Notwendigkeit zur Weiterbildung bestehen. Das künftige Führungsverhalten ist bei extern beschafften Führungskräften ohnehin besonders schwer abschätzbar. Die beschlossenen Maßnahmen der externen Führungskräftebeschaffung schlagen sich dann im Einstellungsplan nieder.

Um den in den nächsten Jahren in vielen Unternehmungen voraussehbaren Engpaß bei dem Führungskräftenachwuchs überwinden zu können, arbeiten in jüngster Zeit einige Unternehmungen eng mit Universitäten und Hochschulen zusammen.

- So hat z.B. die Siemens AG ein Förderungssystem für Studenten der Wirtschaftswissenschaften eingeführt, das als „Betriebsverbundenes Studium“ bezeichnet wird. Im Rahmen dieses Projektes haben Studenten bestimmter Universitäten die Möglichkeit, nach dem Vordiplom als Praktikanten in einem dreistufigen Praktikantenprogramm zu arbeiten. Hierbei ermöglicht die Siemens AG in der letzten Stufe auch die Bearbeitung von anwendungsbezogenen Diplomarbeitsthemen.
- Eine erfolgreiche Kooperation zwischen Wirtschaftsforschung und Unternehmungspraxis praktiziert z.B. auch das Institut für Unternehmungsplanung – IUP Gießen/Berlin. Hier stellen die Mitglieder des Beirates der Trägergesellschaft dieses For-

schungs- und Weiterbildungsinstitutes – Vorstandsmitglieder aus Unternehmungen unterschiedlichster Branchen – Studenten des Fachbereichs Wirtschaftswissenschaften der Universität Gießen Praktikantenstellen zur Verfügung [7].

Für die Unternehmungen besteht bei den genannten Konzepten der Vorteil, sich durch die anwendungsbezogene Mitwirkung im Rahmen der Ausbildung rechtzeitig hervorragende Absolventen als Führungsnachwuchs zu sichern.

Die Nachfolgeplanung ist z. Zt. in manchen Unternehmungen noch mit Mängeln behaftet. Im Rahmen der Planung der Nachwuchskräfte wird mit der Suche geeigneter Nachfolger oft erst zu spät begonnen. Dies führt zu überhasteten Entscheidungen unter Zeitdruck. Wenn sich eine Fehlentscheidung abzeichnet, schrecken die Verantwortlichen oft davor zurück, diese Entscheidung durch eine (noch mögliche) Entlassung zu revidieren. Die Planung der Nachwuchskräfte wird zwar allgemein als sehr wichtig angesehen, doch gerade hier fehlen oft klare Aufgaben-, Kompetenz- und Verantwortungsabgrenzungen. Im Hinblick auf die Planung der in einer Unternehmung vorhandenen Führungskräfte lassen sich ebenfalls Mängel anführen. So erfolgt oft nur eine geringe Einbindung der Führungskräfte in Projekte, die von ihnen als Herausforderung und Bewährungsmöglichkeit angesehen werden. Auch ist zu beobachten, daß Vorgesetzte auf allen Ebenen oft bemüht sind, qualifizierte Führungskräfte in ihrem eigenen Bereich zu halten. Diese unter „stellenegoistischen" Motiven durchaus verständliche Verhaltensweise widerspricht aber dem Gedanken eines bestmöglichen Führungskräfteeinsatzes für die Gesamtunternehmung.

3.2 Karriereplanung

Im Rahmen der Karriereplanung werden die persönlichen und beruflichen Ziele der Führungskräfte und Führungsnachwuchskräfte in die Führungskräfteplanung so integriert, daß diese Personen in künftigen Perioden bestimmte Führungspositionen übernehmen können. Die Karriereplanung umfaßt alle Maßnahmen, die dazu geeignet sind, Mitarbeiter auf die Übernahme bestimmter Führungspositionen vorzubereiten [8].

Voraussetzung einer erfolgreichen Karriereplanung ist die Offenlegung der Veränderungsmöglichkeiten für den in die Karriereplanung einbezogenen Personenkreis. Dadurch werden diesen Personen ihre individuellen Entwicklungsziele aufgezeigt. Mittels einer zielgerichteten Unterstützung können Führungskräfte darüber hinaus motiviert werden, diese Entwicklungsziele zu erreichen. Durch eine klare Karriereplanung können ferner qualifizierte Mitarbeiter angehalten werden, von einem karrierebedingten Wechsel zu einer anderen Unternehmung Abstand zu nehmen [9].

Ausgangspunkt der Karriereplanung stellen die in der Führungskräftebedarfsplanung durchgeführten Erfassungen und Beurteilungen der Mitarbeiter mit erkennbarem Führungspotential dar. Notwendig sind auf jeden Fall aber auch Kenntnisse über die Karriereziele der einbezogenen Führungskräfte. Im Rahmen der Entwicklungs- und Förderungsgespräche (Management-Planungsgespräche) sollen günstige Karrierepfade für die Füh-

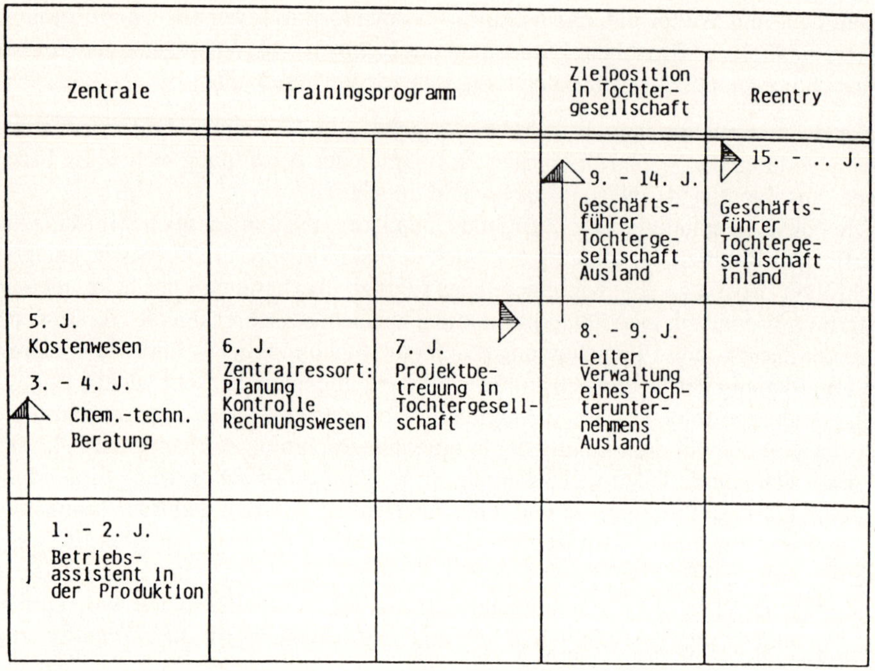

Abb. 6: Beispiel eines Karriereplanes
Quelle: Bundesarbeitgeberverband der Chemie e.V. (Hrsg.): Personalplanung im Betrieb, S. 159.

rungskräfte und insbesondere für die Führungsnachwuchskräfte aufgezeigt werden. Durchaus hilfreich ist es in diesem Zusammenhang, praktisch erprobte Karrierepfade zu analysieren. Hier können aus bewährten Karriereentwicklungen der Vergangenheit wertvolle Informationen für zukünftige Karriereplanungen gewonnen werden.

In der Praxis hat sich gezeigt, daß eine verbindliche Karriereplanung zumeist nur über eine oder zwei Hierarchiestufe(n) durchführbar ist. Der Grund hierfür ist, daß sich über einen langfristigen Zeitraum kaum zuverlässige Prognosen über den Bedarf an Führungskräften erstellen lassen. Ferner bleibt ungewiß, wie sich die Führungs- und Führungsnachwuchskräfte selbst langfristig entwickeln. Zielvorgaben, die (wie in Abbildung 6) über zwei Hierarchiestufen hinausgehen, sind daher von zumeist nur relativ unverbindlichem Charakter [10].

In vielen Unternehmungen sind Karrieren oft auf bestimmte Funktionsbereiche oder Ressorts beschränkt. Dieser faktischen Einschränkung sollte entgegengewirkt werden. Es ist daher ein Gebot, die Karriereplanung geschäftsbereichsübergreifend und gesamtunternehmungsorientiert anzulegen.

Folgende Instrumente der Karriereplanung haben sich hierbei in der Praxis bewährt:

- Interne und externe Fort- und Weiterbildungsveranstaltungen:
  Mittels unternehmungsinterner und unternehmungsexterner Seminare kann individuell oder in Gruppen gezielt arbeitsplatzspezifisches oder allgemeines Wissen vermittelt werden. Zudem kann in Grenzen Verhaltensbeeinflussung erfolgen.
- Kontinuierliche Aufgabenerweiterung am Arbeitsplatz:
  Durch eine systematische Aufgabenerweiterung können Führungskräfte und Führungsnachwuchskräfte Schritt für Schritt an neue und immer schwierigere Aufgabenbereiche herangeführt werden. Dies bewirkt, daß die Führungskraft bei der erweiterten Aufgabenstellung stets auf die bisher gesammelten Erfahrungen zurückgreifen kann. Die qualitative Leistungsfähigkeit erreicht somit nach und nach ein individuelles Maximum.
- Ausschuß- und Projektmitarbeit sowie Mandatsübernahme:
  Während sich die o.g. Maßnahmen auf die Aufgabenstellung eines Arbeitsplatzes beziehen, zielen diese Maßnahmen auf die schrittweise durchgeführte Erweiterung der Aufgabenstellung durch Mitarbeit in neuen nebenamtlichen Aufgabenbereichen ab, z.T. sogar auf eine volle Mitarbeit in Projektteams.
- Job-rotation:
  Job-rotation besteht in einer geplanten, zumeist zeitlich befristeten Übernahme neuer Aufgabengebiete auf einem etablierten Platz in der Führungshierarchie. Es kann sich um Versetzungen von der Zentrale an die Peripherie und vom Inland in das Ausland handeln – auch jeweils in umgekehrter Richtung. Zudem kann dies innerhalb eines Funktionsbereiches oder durch Funktionsbereichswechsel sowie innerhalb einer Hierarchiestufe oder durch Hierarchiestufenwechsel geschehen. Ein im Hinblick auf ein bestimmtes Weiterbildungsziel oder Anforderungsprofil geplant durchgeführtes Job-rotation ermöglicht die Gewinnung erweiterter Fach- und Führungskompetenzen und gestattet eine bestmögliche praktische Vorbereitung von Führungskräften für die Übernahme erweiterter und neuer Aufgabengebiete. Ein gewisser vorübergehender Know-how-Verlust muß ggf. auf der bisherigen Stelle in Kauf genommen werden.

In der Wirtschaftspraxis sind unter Einbeziehung der hier aufgezeigten Elemente unternehmungsspezifische Konzepte der Führungskräfteplanung und -entwicklung ausgearbeitet und zur Anwendung gebracht worden. Abbildung 7 zeigt das Grundschema der Führungskräfteplanung und -entwicklung der Daimler Benz AG.

4. Führungskräfteplanung und Unternehmungsorganisation

Für die Integration der Führungskräfteplanung in die Aufbau- und Ablauforganisation sind neben ihrer unternehmungspolitischen Einordnung durch die Unternehmungsführung insbesondere die folgenden beiden Aspekte von Bedeutung [11]:

- Die Aufgaben, die im Zusammenhang mit der Führungskräfteplanung anfallen, lassen sich nicht allein in einer zentralisierten Stelle abwickeln. Diese spezifische Unschärfe

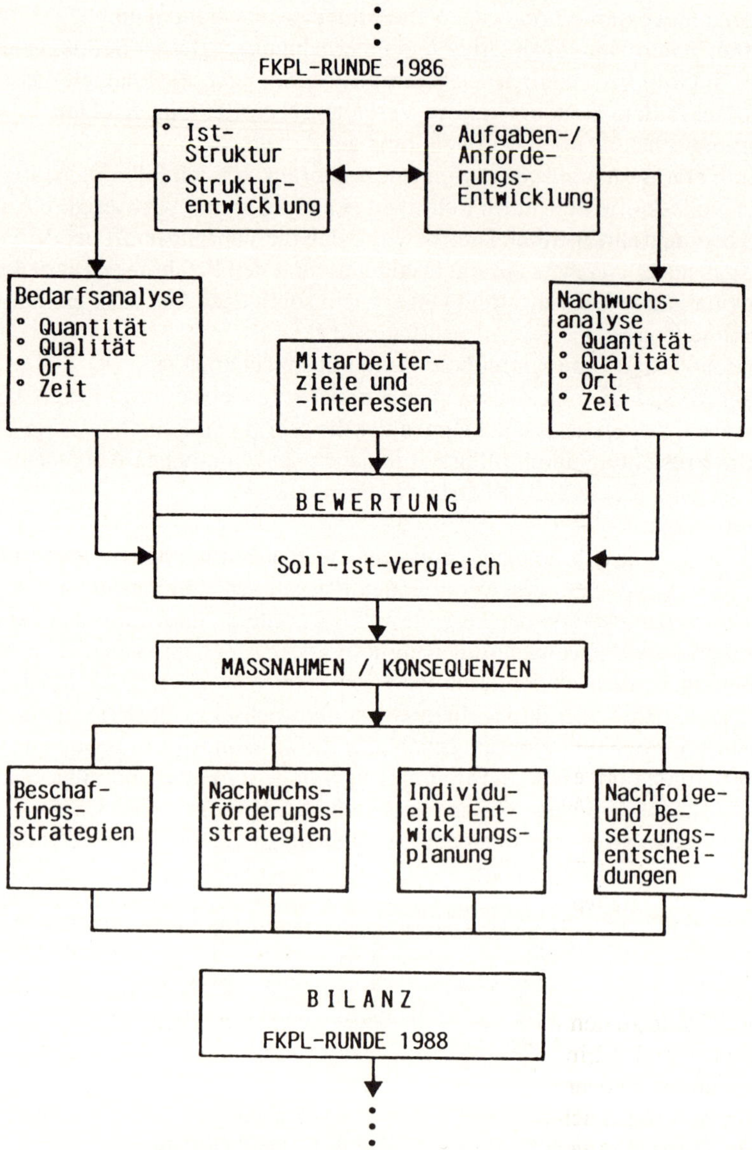

Abb. 7: Grundschema Führungskräfteplanung und Führungskräfteentwicklung der Daimler Benz AG (Stand 1/87).

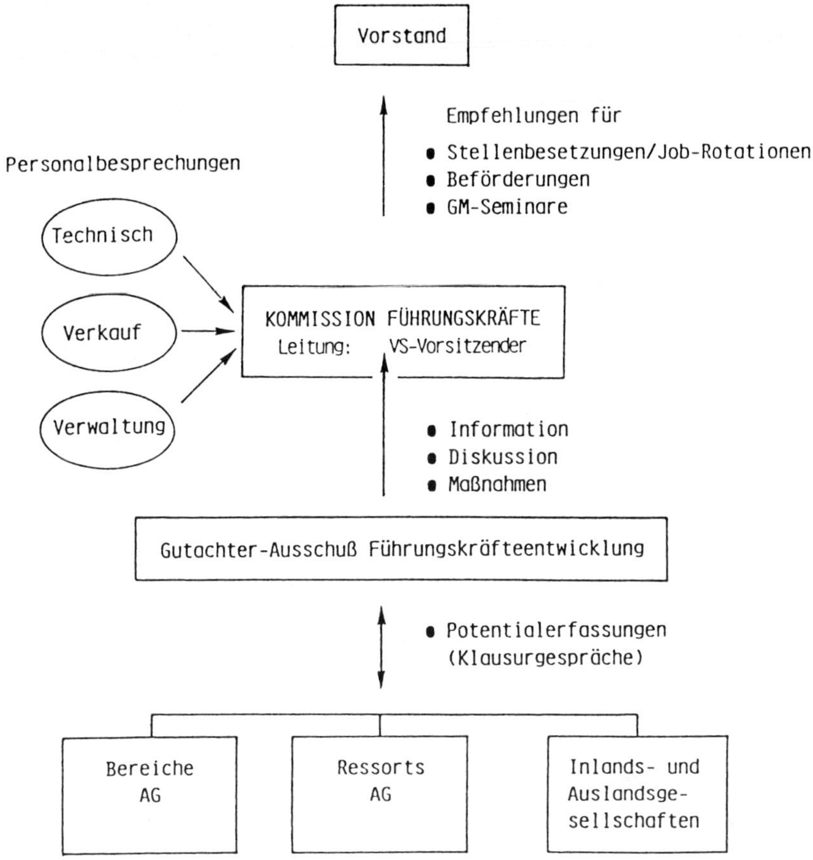

Abb. 8: Führungskräfteplanung und Führungskräfteentwicklung bei der Hoechst AG.

in der Aufgabenzuweisung und -abgrenzung zeigt sich insbesondere im Verhältnis dieser Stelle zu den jeweiligen Vorgesetzten der Führungskräfte.

- Entscheidenden Einfluß auf die Organisation der Führungskräfteplanung hat ferner das Ausmaß des relevanten Personenkreises. Hier gilt, daß mit steigender Anzahl der Führungskräfte auch eine komplexere Organisation der Führungskräfteplanung und -entwicklung notwendig wird.

Grundsätzlich ist die Führungskräfteplanung eine originäre und nicht delegierbare Führungsaufgabe. Die „Führungskräfteplanung ... kann nur funktionieren, wenn sich alle Vorgesetzten im Unternehmen voll hinter diese Aktivitäten stellen. Dieses erwartete Engagement ist Teil der persönlichen Führungsaufgabe eines jeden Vorgesetzten“ [12]. Die Führungskräfteplanung für die oberen Führungskräfte ist generell in den Verantwortungsbereich des Vorstandes bzw. der Geschäftsführung zu stellen.

Ab einer bestimmten Unternehmungsgröße wird es notwendig bzw. ist es empfehlenswert, eine Zentralstelle für Führungskräfte einzurichten [13]. Neben der generellen Aufgabe, als Impulsgeber zu fungieren, obliegt einer solchen zentralen Stelle dann im Sinne der Verfahrens- und Prozeßverantwortung die Koordination der Führungskräfteplanung. Hierzu zählen insbesondere die Zurverfügungstellung der notwendigen Instrumente und Formulare sowie methodische Hinweise. Ferner kann diese Zentralstelle den regelmäßigen Erfahrungsaustausch sicherstellen, zudem Vorschlagsrecht bei Führungspositionsbesetzungen und Karrierezielen und -maßnahmen erhalten. Auch kann ihr die Konzeption und Betreuung von Weiterbildungsprogrammen obliegen.

Mit der Einrichtung einer zentralen Stelle für Führungskräfte ist auch die Frage verbunden, wem diese Stelle zu unterstellen ist. Grundsätzlich besteht die Möglichkeit, diese Stelle unter die Zuständigkeit des Personalwesens oder aber direkt unter die Zuständigkeit der obersten Unternehmungsführung bzw. des Vorsitzenden dieses Gremiums zu stellen. Da die Mehrzahl der Führungskräfte zu den außertariflich eingestuften Mitarbeitern zählt und zudem i.d.R. der Gruppe der leitenden Angestellten angehört, ist es empfehlenswert, die Zentralstelle für Führungskräfte aus dem allgemeinen Personalwesen auszugliedern und sie direkt dem Vorstand bzw. Vorstandsvorsitzenden zuzuordnen.

Nachfolge- und Karriereplanungen und einzelbezogene Entscheidungen werden i.d.R. in Ausschüssen bzw. Kommissionen vorbereitet, denen ausgewählte Führungskräfte und Mitglieder der Zentralstelle „Führungskräfte“ angehören. Die Verabschiedung der Führungskräfteplanung und damit Stellenbesetzungsentscheidungen obliegen dem Vorstand bzw. der Geschäftsführung. Abbildung 8 zeigt als Beispiel aus der Praxis die Organisation der Führungskräfteplanung und -entwicklung im Hause Hoechst.

Voraussetzung für eine erfolgreiche Durchführung einer Führungskräfteplanung sind auch auf Dauer angelegte feste Regelungen, in denen festgelegt wird, in welchem zeitlichen Ablauf diese Planung erfolgen soll. Wichtig erscheint hier, daß die Planungsaktivitäten regelmäßig durchgeführt werden. Insbesondere sollte die Beurteilung der Führungskräfte periodisch durchgeführt werden.

Voraussetzung für eine erfolgreiche Führungskräfteplanung ist letztlich auch der Wille zur individuellen Weiterentwicklung bei der einzelnen Führungs- und Führungsnachwuchskraft. Neben einem gut ausgebauten Planungssystem für Führungskräfte, einem großen Engagement der Vorgesetzten und einer noch so guten Organisation bleibt der Wille zur individuellen Selbstentwicklung der einzelnen Führungs- bzw. Führungsnachwuchskraft ein tragendes Element für den Erfolg der Führungskräfteplanung. Für die Unternehmungsführung besteht daher schließlich auch die zentrale Aufgabe, in der Unternehmung ein Klima zu schaffen, das diesen individuellen Willen verstärkt und fördert.

Anmerkungen

[1] Vgl. *Hahn, D.*: Planungs- und Kontrollrechnung – PuK, 3. Aufl., Wiesbaden 1985, S. 73.
[2] Vgl. *Hahn, D.*: Integrierte Organisations- und Führungskräfteplanung im Rahmen der strategischen Unternehmungsplanung, in: Strategische Unternehmungsplanung, Hrsg. *D. Hahn, B. Taylor*, 4. Aufl., Heidelberg – Wien 1986, S. 374.
[3] Vgl. zum folgenden auch *Hahn, D.*: Integrierte Organisations- und Führungskräfteplanung im Rahmen der strategischen Unternehmungsplanung, S. 375 f.
[4] Vgl. auch *Berthel, J.*: Aktives Personal-Management: Notwendiger Promotor für innovationsorientierte Unternehmungsführung, DBW, 46. Jg. (1986), S. 702 f.
[5] Vgl. *Wagner, D.*: Möglichkeiten und Grenzen der Personalentwicklung für Führungskräfte, DBW, 42. Jg. (1982), S. 224.
[6] Vgl. *Hahn, D.*: Integrierte Organisations- und Führungskräfteplanung im Rahmen der strategischen Unternehmungsplanung, S. 377 f.
[7] Vgl. o.V. (hs): Arbeitsvertrag schon vor dem Examen, in: Karriere – Markt für Führungskräfte, Supplement von Handelsblatt und Wirtschaftswoche, Nr. 28 vom 4. Juli 1986, S. K1.
[8] Vgl. Bundesarbeitgeberverband der Chemie e.V. (Hrsg.): Personalplanung im Betrieb, S. 157.
[9] Vgl. Bundesarbeitgeberverband der Chemie e.V. (Hrsg.): Personalplanung im Betrieb, S. 157.
[10] Vgl. Bundesarbeitgeberverband der Chemie e.V. (Hrsg.): Personalplanung im Betrieb, S. 157 f.
[11] Vgl. zum folgenden auch *Bleicher, K.*: Organisation – Formen und Modelle, Wiesbaden 1981, S. 202. Ferner *Gaugler, E.*, Personalpolitik, in: HWP, Hrsg. *E. Gaugler*, Stuttgart 1975, Sp. 1633 ff.
[12] Bundesarbeitgeberverband der Chemie e.V. (Hrsg.): Personalplanung im Betrieb, S. 160.
[13] Vgl. auch *Wagner, D.*: Möglichkeiten und Grenzen der Personalentwicklung für Führungskräfte, S. 225 f.

Gestaltung eines Systems der Führungskräfteentwicklung

H. Hungenberg

1. Einleitung

Führungskräfte sind alle Personen, die in einer Unternehmung auf den unterschiedlichsten Hierarchieebenen Führungsaufgaben – *Aufgaben der Planung, Steuerung und Kontrolle* – wahrnehmen und für diese Aufgaben die *Verantwortung gegenüber anderen Personen übernehmen*. Führungskräfte sind die wichtigsten Humanpotentiale jeder Unternehmung; sie bilden die zentrale Antriebsquelle, den zentralen Erfolgsfaktor, für die erfolgreiche Entwicklung einer jeden Unternehmung [1].

Eine Führungskraft kann ihr individuelles Leistungspotential nur dann bestmöglich zur Erfüllung ihrer unternehmerischen Aufgaben nutzen, wenn sie *eignungsgerecht eingesetzt* wird. Eignungsgerechter Einsatz bedeutet, daß Führungskräfte so tätig werden, daß ihre *individuellen Qualifikationen* (vorhandene Leistungsvoraussetzungen) den jeweiligen *stellenspezifischen Anforderungen* (geforderte Leistungsvoraussetzungen) möglichst weitgehend entsprechen [2]. Der stellen- und personenspezifische Grad der Übereinstimmung von Anforderungen und Qualifikationen soll dementsprechend als *Eignung einer Führungskraft* definiert werden (siehe Abbildung 1).

Die Eignung von Führungskräften für gegenwärtige und zukünftige Positionen stellt den Bezugspunkt der Führungskräfteentwicklung dar [3]. *Führungskräfteentwicklung* hat die Aufgabe, durch die positive Veränderung von individuellen Qualifikationen zum *Aufbau und zur dauerhaften Erhaltung der Eignung von Führungskräften* beizutragen. Hierdurch wird ein optimaler Einsatz und letztlich eine optimale Leistung der unternehmerischen Führungskräfte angestrebt [4].

Neben dem *Eignungsaufbau* – der erstmaligen Herstellung einer Übereinstimmung von Anforderungen und Qualifikationen für jeweils neue Stellen einer Führungskraft – kommt hierbei vor allem der *Eignungserhaltung* zentrale Bedeutung zu. Die Notwendigkeit zur Eignungserhaltung beruht auf dem Phänomen des Eignungsabbaus, welches besagt, daß eine einmal gegebene Eignung selbst bei unveränderter Stellenbesetzung infolge von stellen- und/oder personeninduzierten Obsoleszierungsprozessen bei allen Führungskräften mehr oder weniger schnell abgebaut wird [5]. Die Sicherung einer dauerhaften Übereinstimmung von Anforderungen und Qualifikationen durch die Verhinderung von Eignungsabbau – durch Eignungserhaltung – begründet in besonderer Weise

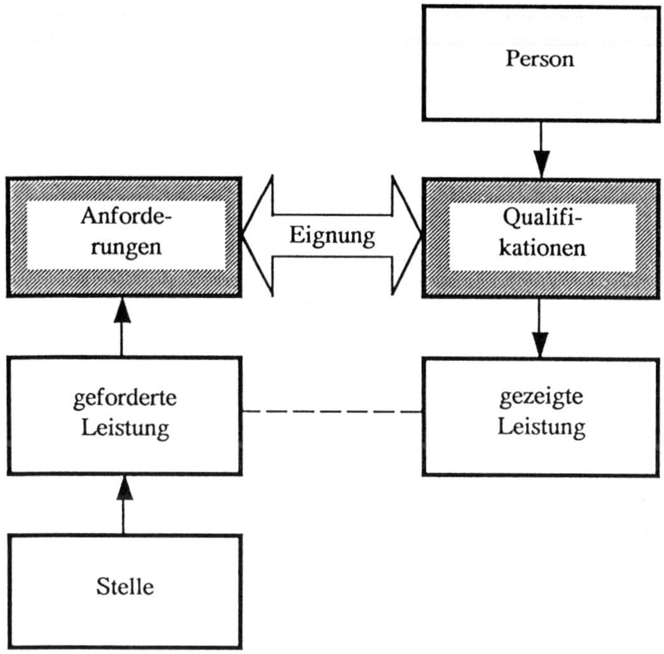

Abb. 1: Anforderungen und Qualifikationen als Determinanten der Eignung von Führungskräften

die Notwendigkeit der Führungskräfteentwicklung als dauerhafte Führungsaufgabe. Das Phänomen des Eignungsabbaus begündet aber nicht nur die Dauerhaftigkeit der Aufgabe Führungskräfteentwicklung, sondern begründet infolge der zu beobachtenden Beschleunigung dieses Abbauprozesses – man spricht in diesem Zusammenhang auch von der abnehmenden „Halbwertzeit" von Qualifikationen [6] – auch ihre zunehmende Bedeutung.

Ein *System der Führungskräfteentwicklung* ist das zentrale Instrument zur zielorientierten Erfüllung dieser Aufgaben. Ohne das Vorhandensein eines adäquaten Führungskräfteentwicklungssystems können Aufbau und Erhaltung der Eignung von Führungskräften nicht nachhaltig sichergestellt werden – mit der Konsequenz, daß die wichtigsten Humanpotentiale einer Unternehmung nicht ihr volles Leistungsvermögen entfalten können. Dies stellt einen Zustand dar, der weder der Erreichung der Ziele einer Unternehmung noch der individuellen Ziele ihrer Führungskräfte förderlich ist.

Ausgehend von der allgemeinen Interpretation eines Systems [7] kann ein Führungskräfteentwicklungssystem als eine zielorientierte Gesamtheit von Elementen charakterisiert werden, zwischen denen spezifische Beziehungen bestehen. Im Rahmen eines solchen Systems führen Potentiale – Personen und/oder Betriebsmittel – Aktionen der Entwicklung von Führungskräften zur Erreichung von unternehmungs- und führungskräftebezogenen Zielen durch. Bei Betonung der inhaltlichen Komponente der Führungskräfteentwicklung bietet es sich an, die Aktionen, die innerhalb dieses Systems durchgeführt werden, als Systemelemente hervorzuheben. Die *Gestaltung eines Systems der Führungskräfteentwicklung erfordert* dementsprechend vornehmlich die zielorientierte *Ausgestaltung und Inbeziehungsetzung der* innerhalb dieses Systems *durchzuführenden Entwicklungsaktionen*: Systematisierend lassen sich diese zu *zwei Aktionskomplexen* zusammenfassen (vgl. Abbildung 2) [8]:

- *Bedarfsermittlung*: Zur Erfüllung der Aufgaben eines Führungskräfteentwicklungssystems sind zunächst Aktionen der Ermittlung individuellen Entwicklungsbedarfs von Führungskräften erforderlich. Bei der Gestaltung eines Entwicklungssystems ist festzulegen, wie die hierzu erforderlichen Aktionen der Anforderungs- und Qualifikationsermittlung sowie der Ermittlung von Qualifikationspotentialen (potentiellen zukünftigen Qualifikationen) und individuellen Entwicklungszielen zukünftig durchgeführt werden sollen.
- *Bedarfsdeckung*: Um die Eignung von Führungskräften aufzubauen und dauerhaft zu erhalten sind dann Aktionen erforderlich, die zur Deckung erkannten Entwicklungsbedarfs führen. Durch die Gestaltung eines Entwicklungssystems wird definiert, welche Aktionen der stellengebundenen (on the job), stellenungebundenen (off the job) und stellenübergreifenden (Job Rotation) Führungskräfteentwicklung zukünftig in einer Unternehmung durchgeführt werden sollen.

Bei der Gestaltung eines derartigen Systems handelt es sich um eine *strategische Aufgabe*. Sie kann planungssystematisch der Führungskräfteplanung im Rahmen der strategischen Unternehmungsplanung zugeordnet werden. Infolge der engen wechselseitigen Beziehungen und Abhängigkeiten zwischen den strategischen Planungsaufgaben muß sie stets in enger Abstimmung mit diesen, d.h. vor allem mit der Geschäftsfeld- und der Organisationsplanung erfolgen [9].

2. Ermittlung des Entwicklungsbedarfs von Führungskräften

Wie für alle unternehmerischen Entscheidungen werden auch für Entscheidungen über die Entwicklung von Führungskräften Informationen als Grundlage einer zielorientierten Entscheidungsfindung benötigt. Im Rahmen der Führungskräfteentwicklung stellt speziell die Verfügbarkeit von *Informationen über den individuellen Entwicklungsbedarf von Führungskräften* eine unerläßliche Voraussetzung für die Erfüllung der Entwicklungsaufgaben dar. Ohne das Wissen über den individuellen Entwicklungsbedarf ist keine systematische, geplante Führungskräfteentwicklung möglich [10].

Ausgangspunkt der Gestaltung eines Führungskräfteentwicklungssystems muß es daher sein, jene Aktionen bzw. Maßnahmen festzulegen, durch die die Verfügbarkeit der Informationen sichergestellt wird, die für die Ermittlung individuellen Entwicklungsbedarfs – die Bedarfsermittlung – erforderlich sind. Dies sind vornehmlich *Informationen über die führungskräfte- und unternehmungsbezogenen Determinanten des Entwicklungsbedarfs.*

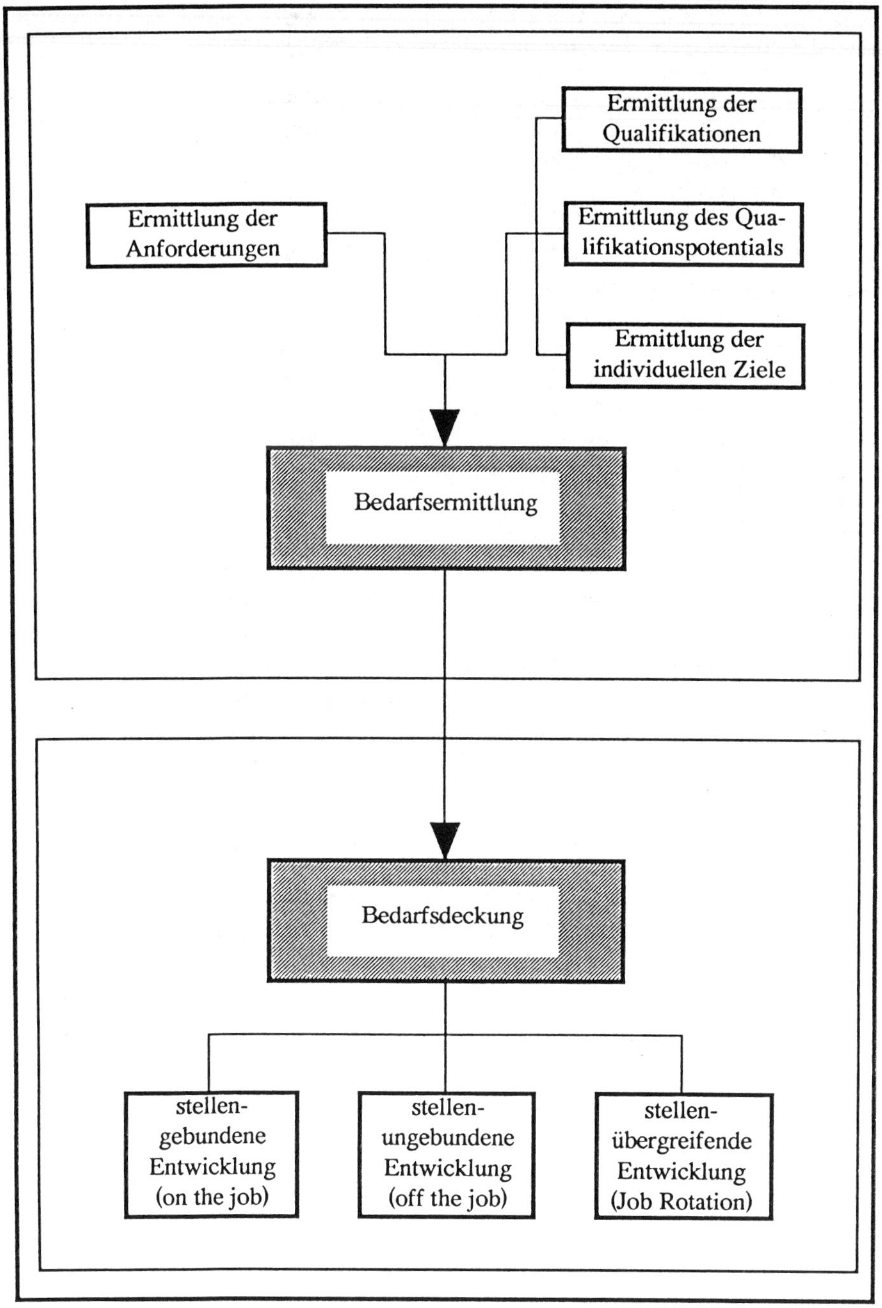

Abb. 2: Aktionen und Aktionskomplexe sowie deren Grundstruktur im Rahmen eines Systems der Führungskräfteentwicklung

Die *Anforderungen*, die spezifische Führungspositionen an einzelne Führungskräfte stellen, sind die primären *unternehmungsbezogenen Determinanten* des Entwicklungsbedarfs. Anforderungen sind als (persönliche) Leistungsvoraussetzungen zu verstehen, die Führungskräfte erfüllen müssen, um die im Zusammenhang mit einer Stelle erforderlichen Leistungen erbringen zu können. *Anforderungen beschreiben Soll-Qualifikationen.* Ihre Bestimmung ist ein ebenso schwieriges wie umstrittenes Problem. Systematisierend lassen sich Ansätze der Anforderungsableitung aus Persönlichkeitskonzepten, aus Aufgaben und Stellenzielen sowie aus der Arbeitssituation differenzieren. Hierbei erscheint die Vorgehensweise einer Anforderungsableitung aus der Arbeitssituation einzelner Führungskräfte am sinnvollsten, um alle relevanten Aspekte der von einer Führungskraft geforderten Leistung bei der Anforderungsdefinition zu berücksichtigen [11].

In der Literatur ist eine Reihe von Verfahren diskutiert worden, deren Methodik eine Anforderungsermittlung aus der Arbeitssituation umfaßt [12]. Hervorzuheben sind unter diesen Verfahren z.B. der Position Analysis Questionnaire – PAQ [13] und der Management Position Description Questionnaire – MPDQ [14]. Allerdings stellt gegenwärtig keines dieser Verfahren ein vollständig befriedigendes Instrument der Anforderungsermittlung dar. Unternehmungen sind daher nach wie vor zu einer gewissermaßen „methoden-integrativen" [15] Anforderungsermittlung gezwungen. Dabei sollte aber sichergestellt werden, daß eine derartige *Anforderungsableitung aus der Arbeitssituation* prinzipiell die folgende dreistufige Vorgehensweise umfaßt [16]:

- In einer ersten Stufe müssen die jeweiligen *Komponenten stellenspezifischer Arbeitssituationen* umfassend *beschrieben und analysiert* werden. Hierzu sind einerseits organisatorische Aufgaben- und Arbeitsanalysen sowie Dokumentenanalysen – so vor allem die Analyse von Organisationsplänen und Stellenbeschreibungen – geeignet. Andererseits bieten sich teilstrukturierte bis strukturierte Interviews sowie Fragebogenerhebungen an, durch die das relevante Wissen von Experten, Stelleninhabern und anderen Führungskräften für die Anforderungsermittlung genutzt werden kann.
- Die zweite Stufe umfaßt die *Durchführung einer Anforderungsanalyse*, durch die die relevanten Anforderungsarten abgeleitet und formuliert werden. Eine Anforderungsanalyse beinhaltet zum einen die Entwicklung einer Klassifikation von Anforderungsarten, d.h. die Bildung begrifflicher Kategorien, in denen Aspekte der Arbeitssituation in einer mit Persönlichkeitsmerkmalen korrespondierenden Weise zum Ausdruck kommen [17]. Zum anderen ist eine stellenspezifische Transformation von festgestellten Merkmalen der Arbeitssituation in diese Anforderungsmerkmale vorzunehmen. Diese Transformation stellt sicher den schwierigsten – und bis heute nicht methodisch vollbefriedigend gelösten – Teil der Anforderungsermittlung dar.
- In der dritten Stufe sind schließlich durch eine *Anforderungsbewertung* die *unterschiedlichen Ausprägungsgrade einzelner Anforderungsarten* an verschiedenen Arbeitsplätzen – die Anforderungshöhen – zu erfassen. Durch diese Quantifizierung sollen letztlich stellenspezifische *Anforderungsprofile* erarbeitet werden, die Anforderungsart und -höhe für einzelne Führungspositionen wiedergeben.

Unternehmungsbezogene Informationen, speziell Informationen über die Anforderungen der Führungsstellen einer Unternehmung, erhalten für die Führungskräfteentwicklung erst dann ihren Sinn, wenn ihnen Informationen über einzelne Führungskräfte gegenübergestellt werden. Die Ermittlung individuellen Entwicklungsbedarfs setzt die Kenntnis eines unternehmungsbezogenen Solls und eines individuellen bzw. führungskräftebezogenen Ists voraus. Auch die zur Sicherung dieser Informationen erforderlichen Aktionen bzw. Maßnahmen sind bei der Gestaltung eines Systems der Führungskräfteentwicklung festzulegen. Das „informatorische Ist" der Führungskräfteentwicklung bezieht sich im Kern auf die *führungskräftebezogenen Determinanten des Entwicklungsbedarfs*: Informationen über Qualifikationen, über Qualifikationspotentiale sowie über persönliche Entwicklungsziele.

Individuelle Qualifikationen sind die primären führungskräftebezogenen Determinanten des Entwicklungsbedarfs. Für die Bedarfsermittlung sind Informationen über aktuelle (gegenwärtige) Qualifikationen zu gewinnen, die entsprechenden Anforderungsinformationen gegenübergestellt werden, um individuellen Entwicklungsbedarf abzuleiten. Diese Informationen sind Ergebnis einer Analyse gegenwärtig aktualisierten Leistungsvermögens: einer *Qualifikationsdiagnose* (siehe Abbildung 3).

Während Qualifikationen für die Gesamtheit gegenwärtig vorhandenen Leistungsvermögens stehen, benennt das *Qualifikationspotential* die Elemente des Leistungsvermögens, die gegenwärtig nicht aktualisiert sind, aber unter Berücksichtigung der jeweils gegebenen Qualifikationen zukünftig noch realisierbar erscheinen [18]. Es beschreibt ein individuelles Entwicklungspotential, dessen Ermittlung Gegenstand einer *Qualifikationsprognose* ist. Qualifikationspotentiale sind von herausragendem Interesse für die Führungskräfteentwicklung, da sie die wichtigsten Indikatoren im Hinblick auf die zukünftigen Qualifikationen von Führungskräften sind, die sich unter Berücksichtigung von Qualifizierungsprozessen und diesen entgegenlaufenden Obsoleszierungsprozessen aus den aktuellen Qualifikationen einer Führungskraft entwickeln (siehe Abbildung 3).

Neben den Informationen über Qualifikationen und Qualifikationspotential müssen im Rahmen einer Führungskräfteentwicklung auch Informationen über individuelle Ziele und Interessen der Führungskräfte bezüglich ihrer eigenen Entwicklung gewonnen und berücksichtigt werden, um eine Realisierung der dualen, d.h. unternehmungs- und individualorientierten Zielsetzung der Führungskräfteentwicklung zu ermöglichen. Informationen über *individuelle Entwicklungsziele und -bedürfnisse* stellen daher ebenfalls eine zu ermittelnde führungskräftebezogene Determinante des Entwicklungsbedarfs dar.

Zentrales Instrument zur Erfassung führungskräftebezogener Determinanten des Entwicklungsbedarfs ist das *Führungskräftebeurteilungssystem* einer Unternehmung. Dieses dient einer Reihe von Zwecken: Neben der unmittelbaren Steuerung individuellen Verhaltens dient es vor allem zur Erfüllung einer Vielzahl personenbezogener Führungsaufgaben – z.B. der Bedarfs- und Nachfolge- sowie der Karriereplanung. Im Rahmen eines Führungskräftebeurteilungssystems ist deshalb vielfach der Einsatz mehrerer komplementärer Beurteilungsmaßnahmen und -verfahren erforderlich, um alle relevanten Informationserfordernisse befriedigen zu können [19].

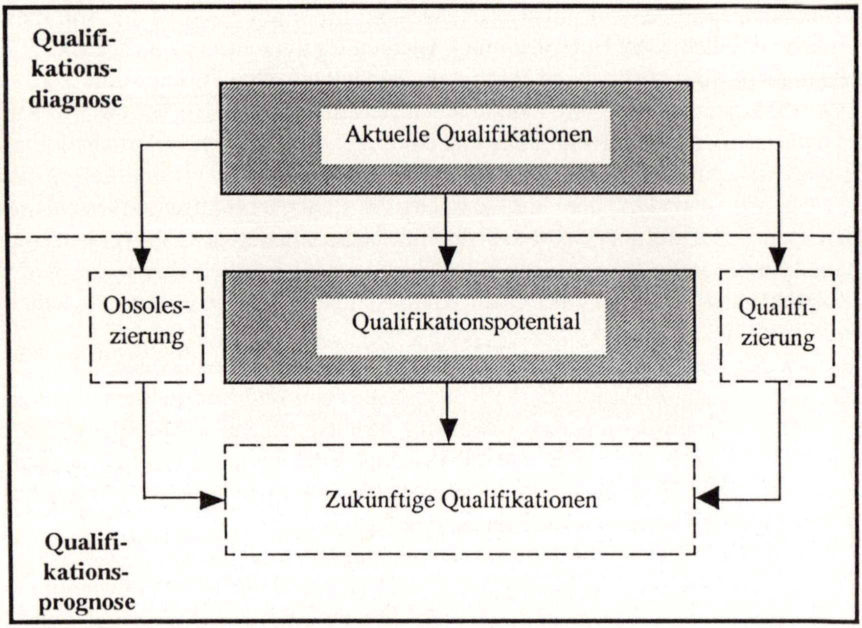

Abb. 3: Bezugsbereiche der Qualifikationsdiagnose und -prognose

Speziell für Zwecke der Führungskräfteentwicklung erscheint hierbei die Anwendung von sogenannten *Verhaltensbeurteilungen* sinnvoll. Dies sind Beuteilungsverfahren, die unmittelbar auf die Beurteilung der bei der Aufgabenerfüllung beobachtbaren personenbezogenen Verhaltensweisen als Basis der Qualifikationsdiagnose und -prognose abstellen [20]. Ihr wesentlicher Vorteil gegenüber anderen Beurteilungsverfahren – z.B. gegenüber Formen der Ergebnisbeurteilung – liegt darin begründet, daß sie nicht nur ein Leistungsergebnis wiedergeben, sondern ein differenziertes Informationsprofil generieren, das unmittelbar Informationen über die im Leistungsverhalten dokumentierten individuellen Stärken und Schwächen widerspiegelt. Sie zeigen auf, welche Verhaltensweisen zu einem bestimmten Ergebnis geführt haben und welche Verhaltensweisen eine Führungskraft verändern muß, um ihre Leistung zu verändern. Sie weisen damit einen direkten Bezug zur individuellen Entwicklung auf [21].

Unter der Vielzahl der in der Literatur diskutierten verhaltensorientierten Beurteilungsverfahren sei nur auf das *Assessment Center-Verfahren* hingewiesen, dessen Eignung zur Diagnose und Prognose der Qualifikationen von Führungskräften nicht nur aus theoretischer Sicht wiederholt dokumentiert worden ist, sondern das auch in der Praxis weitreichende Beachtung gefunden hat [22]. Das Assessment Center-Verfahren zeichnet sich vor allem durch folgende Besonderheiten aus:

- *Verhaltensorientierung*: Im Rahmen eines Assessment Centers werden hauptsächlich Beurteilungsmethoden eingesetzt, die auf beobachtbares Verhalten abstellen.
- *Methodenvielfalt*: Um die potentiellen Fehlerquellen einzelner Beurteilungsmethoden zu kompensieren, wird im Rahmen eines Assessment Centers eine Vielzahl unterschiedlicher Methoden eingesetzt.
- *Mehrfachbeurteilung*: Im allgemeinen werden mehrere Führungskräfte simultan beurteilt. Zur gegenseitigen Kompensation potentieller individueller Beurteilungsfehler werden dazu mehrere Beurteiler eingesetzt, die sich zudem nach Diskussion der Beurteilungsergebnisse im Gremium auf eine einvernehmliche Beurteilung eines Teilnehmers verständigen müssen.

Ein Assessment Center bietet sich zudem auch zur Gewinnung von Informationen über *individuelle Entwicklungsziele und -interessen* an. So kann hier z.B. ein auf dem Modell der Karriereanker nach SCHEIN basierendes Verfahren zur Ermittlung individueller Entwicklungsziele und -bedürfnisse herangezogen werden [23]. Karriereanker stellen die individuellen Orientierungsmuster einer Person dar, die alle wesentlichen Berufs- und Lebensentscheidungen im Laufe einer individuellen Karriere erklären. SCHEIN differenziert fünf potentielle Karriereanker: Management-Kompetenz, technisch-funktionale Kompetenz, Sicherheit, Kreativität und Autonomie. Die Analyse von Karriereankern im Rahmen eines Assessment Centers führt einerseits dazu, daß einer Führungskraft durch das Erkennen ihres individuellen Karriereankers eine verbesserte Selbstanalyse ermöglicht wird. Andererseits werden dabei individuelle Karriereanker auch offengelegt, wodurch personenbezogene Entwicklungsbedürfnisse und -ziele – zumindest in ihrer Grundausrichtung – auch für Externe erkennbar werden. Berücksichtigt man zudem, daß umfassendes zukünftiges Potential nur für Entwicklungsrichtungen vorhanden ist, hinsichtlich der auch entsprechende Entwicklungsbedürfnisse einer Führungskraft bestehen, so ermöglicht dieses Verfahren letztlich auch eine verbesserte Einschätzung von Entwicklungspotentialen – eine verbesserte Qualifikationsprognose.

Bei der Gestaltung eines Systems der Führungskräfteentwicklung ist in diesem Zusammenhang auch auf die Ausgestaltung der Schnittstelle von Führungskräfteentwicklung und Führungskräftebeurteilung zu achten. *Entwicklung und Beurteilung müssen integriert werden.* Hierfür kommt insbesondere dem *Beurteilungs- und Förderungsgespräch* einer Führungskraft mit ihrem unmittelbaren Vorgesetzen herausragende Bedeutung zu [24]. Es erfolgt hier einerseits die personenbezogene Ermittlung individuellen Entwicklungsbedarfs durch die Gegenüberstellung der relevanten entwicklungsbezogenen Informationen. Andererseits dient das Entwicklungs- und Förderungsgespräch der individuellen Planung und Festlegung von Maßnahmen zur Deckung erkannten Entwicklungsbedarfs. Ein Beurteilungs- und Förderungsgespräch integriert damit die zentralen personenbezogenen Aufgaben der Führungskräfteentwicklung.

3. Deckung des Entwicklungsbedarfs von Führungskräften

Die Ermittlung individuellen Entwicklungsbedarfs ist eine unerläßliche Voraussetzung für die Erfüllung der Entwicklungsaufgaben. Die zentrale Aufgabe der Führungskräfteentwicklung besteht jedoch in der *Deckung erkannten Entwicklungsbedarfs durch die positive Veränderung der Qualifikationen* von Führungskräften. Die prinzipielle Festlegung der Maßnahmen und Verfahren, durch die in einer Unternehmung zukünftig erkannter individueller Entwicklungsbedarf gedeckt werden soll, bildet daher die Kernaufgabe bei der Gestaltung eines Systems der Führungskräfteentwicklung. Durch die grundlegende Gestaltung von Maßnahmen und Verfahren der Bedarfsdeckung wird festgelegt, in welcher Weise und auf welchen Gebieten Qualifikationen positiv verändert, inwieweit individuelle Eignung aufgebaut und erhalten und in welchem Ausmaß letztlich die mit einer Führungskräfteentwicklung verfolgten Ziele erreicht werden können.

In Abhängigkeit von dem *Grad der Bindung der Entwicklungsmaßnahme an die reguläre Stelle* einer Führungskraft können Verfahren der stellengebundenen, stellenübergreifenden und stellenungebundenen Führungskräfteentwicklung unterschieden werden (vgl. Abbildung 4) [25]:

- *Stellengebundene Führungskräfteentwicklung* („Entwicklung on the job"): Hier findet die Qualifikationsvermittlung in enger Bindung zur regulären Stelle einer Führungskraft – und damit im direkten Zusammenhang mit der Ausübung produktiver Tätigkeiten – statt.
- *Stellenübergreifende Führungskräfteentwicklung* („Job Rotation"): Sie ist dadurch charakterisiert, daß Entwicklungsprozesse durch den planmäßigen Wechsel zweier oder mehrerer Arbeitsplätze hervorgerufen werden sollen. Nicht allein die Erfüllung der mit diesen Stellen verbundenen Aufgaben, sondern primär der Wechsel zwischen ihnen – die Verbindung von Arbeitsplätzen in zeitlicher Hinsicht – stellt den wichtigsten Aspekt der individuellen Qualifizierung dar.
- *Stellenungebundene Führungskräfteentwicklung* („Entwicklung off the job"): Hier findet die Qualifikationsvermittlung losgelöst, d.h. ohne direkte Bindung zum regulären Arbeitsplatz einer Führungskraft statt. Sie steht damit in keinem unmittelbaren Zusammenhang zur Ausübung produktiver Tätigkeiten.

Die Frage, welche Entwicklungsmaßnahmen und -verfahren in ein Führungskräfteentwicklungssystem integriert werden sollen, muß stets unternehmungs- und situationsspezifisch gestellt werden. Ihre Beantwortung hängt entscheidend von der jeweils gegebenen strategischen Situation einer Unternehmung ab. Diese bestimmt maßgeblich die jeweils relevanten inhaltlichen Anforderungen an die durchzuführenden Entwicklungsmaßnahmen. So bestehen z.B. unterschiedliche inhaltliche Anforderungen an die Führungskräfteentwicklung in sogenannten „jungen Innovationsunternehmungen" und „alten Traditionsunternehmungen" [26]. Allgemeingültige Aussagen sind daher kaum möglich.

Möglich und sinnvoll sind aber allgemeingültige Charakterisierungen von Entwicklungsverfahren, die die unterschiedliche Eignung dieser Verfahren zur Befriedigung möglicher inhaltlicher Anforderungen und möglicher Ziele der Führungskräfteentwick-

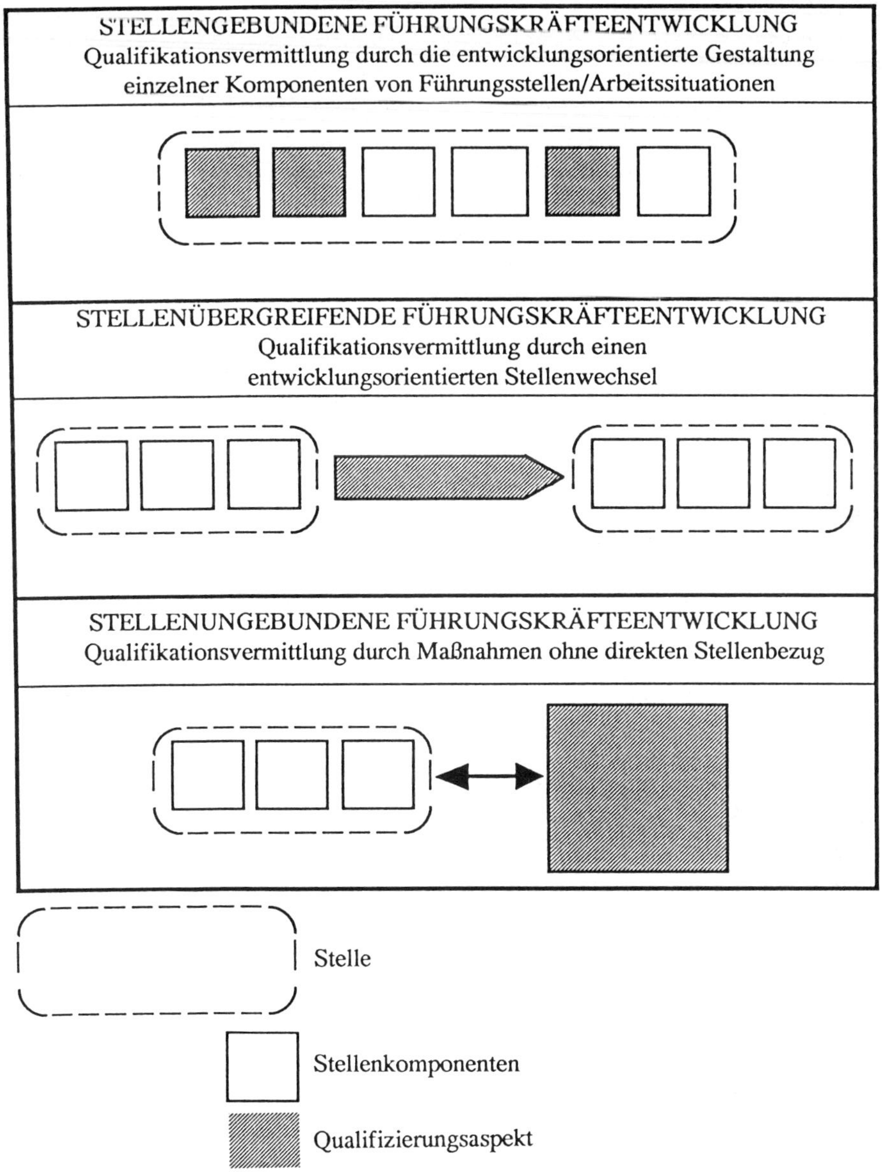

Abb. 4: Grundsätzliche Charakterisierung von Verfahren der Führungskräfteentwicklung

ZIELE/ BEURTEILUNGS-MERKMALE	STELLENGEBUNDENE ALTERNATIVEN				STELLENÜBER-GREIFENDE ALTERNATIVEN		
	Under-study-Arbeit	Sonder-auf-gaben	Gre-mien-arbeit	Pro-jekt-arbeit	funk-tionsge-bund. JR	funkt. über-greif. JR	inter-natio-nales JR
Wissensvermittlung	0	0	0	0	0	0	0
Fähigkeitsvermittlung	+	+	++	++	++	++	++
Haltungsveränderung	+	+	+	+	+	+	+
Anpassungsvermögen/ Einsatzbreite	0	+	+	+	++	++	++
Kosten/ Zeiten	++	++	++	++	0	0	0
Relevanz	++	++	++	++	++	++	++
Individualisierbarkeit	++	++	+	+	+	+	+
Rückkoppelung	++	+	+	+	+	+	+
Akzeptanz	++	++	++	++	++	++	+

Eignung zur Erreichung der Ziele/Beurteilungsmerkmale der Führungskräfteentwicklung

0 eher ungeeignet
+ eher geeignet
++ herausragend geeignet

Abb. 5: Qualitative Einschätzung der Eignung von Verfahren der Führungskräfteentwicklung (Teil 1)

ZIELE/ BEURTEILUNGS-MERKMALE	STELLENUNGEBUNDENE ALTERNATIVEN									
	Selbst-stud.	progr. Unt. weisg.	In-basket	Vorle-sung	Konfe-renz	Fall-studie	Plan-spiel	Rol-len-spiel	Gr. dyn. Taing.	Men-toren-syst.
Wissensvermittlung	+	++	0	+	0	0	0	0	0	0
Fähigkeitsvermittlung	0	0	+	0	+	++	++	+	+	+
Haltungsveränderung	0	0	0	0	+	+	+	++	++	++
Anpassungsvermögen/ Einsatzbreite	0	0	0	0	0	+	+	+	0	+
Kosten/ Zeiten	+	+	0	0	0	0	0	0	0	0
Relevanz	0	0	+	0	0	+	+	+	0	+
Individualisierbarkeit	++	+	+	0	0	0	0	+	+	++
Rückkoppelung	0	+	+	0	+	++	++	++	++	++
Akzeptanz	+	+	+	0	+	++	++	0	0	++

Eignung zur Erreichung der Ziele/Beurteilungsmerkmale der Führungskräfteentwicklung

0 eher ungeeignet
\+ eher geeignet
++ herausragend geeignet

Abb. 6: Qualitative Einschätzung der Eignung von Verfahren der Führungskräfteentwicklung (Teil 2)

lung hervorheben. Die Abbildungen 5 und 6 zeigen überblicksartig *qualitative Einschätzungen der Eignung der unterschiedlichen Entwicklungsverfahren* bezogen auf mögliche Ziele/Beurteilungsmerkmale der Führungskräfteentwicklung. Derartige Beurteilungen können als Gestaltungshilfe im konkreten Einzelfall dienen. Sie sollen im folgenden für zwei Verfahren mit besonderer Bedeutung exemplarisch vertieft werden: *Projektarbeit* und *Mentorensysteme*.

(1) Projektarbeit

Stellengebundene Führungskräfteentwicklung, bei der die individuelle Qualifizierung gebunden an die reguläre Stelle einer Führungskraft erfolgt, ist durch eine ständige Wechselbeziehung von Einsatz und Entwicklung charakterisiert. Hierdurch wird die Relevanz – die Praxisnähe – der Entwicklung positiv beeinflußt. Zudem ist das Problem des Lerntransfers ex definitione gelöst. Nicht zuletzt deshalb kommt den stellengebundenen Entwicklungsverfahren in der Praxis die größte Bedeutung im Rahmen der Führungskräfteentwicklung zu [27].

Die *Grundidee der stellengebundenen Qualifizierung* beruht auf der Überlegung, daß die individuelle berufliche Entwicklung nachweislich am stärksten durch den berufslangen, permanenten Prozeß der Bewältigung gegebener Aufgabenstellungen und Arbeitssituationen am Arbeitsplatz bestimmt wird. Hierbei wird die Entwicklung insbesondere durch die Konfrontation mit neuen (erweiterten), herausfordernden Anforderungen gefördert [28]. Maßnahmen der stellengebundenen Führungskräfteentwicklung versuchen, durch eine in diesem Sinne *entwicklungsorientierte Gestaltung der Komponenten individueller Arbeitssituationen* – speziell der zu bewältigenden Aufgaben, Kompetenzen und Verantwortlichkeiten einer Führungskraft – zu einer zielorientierten Vermittlung von Qualifikationen beizutragen. Dies gilt für jede der in Abbildung 7 systematisierten Alternativen stellengebundener Führungskräfteentwicklung – speziell auch für die Projektarbeit.

Projektarbeit als Verfahren der Führungskräfteentwicklung beinhaltet die Mitarbeit einer Führungskraft in einer Projektgruppe, die *zur Bewältigung zeitlich befristeter, komplexer und zumeist einmaliger Vorhaben* eingerichtet wird und i.d.R. Führungskräfte aus mehreren Unternehmungsbereichen umfaßt. Projektarbeit konfrontiert Führungskräfte damit ex-definitione mit neuartigen, herausfordernden Aufgaben [29]. Die besondere individuelle Qualifizierung durch Projektarbeit beruht im Kern auf drei Faktoren: den zu lösenden Aufgaben, der Teamarbeit und der zeitlichen Befristung.

Bei den Aufgaben, die im Rahmen eines Projektes zu erfüllen sind, handelt es sich um reale, i.d.R *bereichsübergreifende Führungsaufgaben*, die in einem komplexen, interdependenten und zumeist schwer prognostizierbaren Problemlösungsprozeß zu bearbeiten sind. Die Projektmitarbeiter stehen dabei durchgängig in einem engen Bezug zur Gesamtaufgabe. Hierdurch werden die Erkennung unternehmerischer Zusammenhänge verbessert, Problemperspektiven erweitert und die Akquisition bereichsübergreifender Erfahrungen und Qualifikationen gefördert. Projektarbeit dient somit in erster Linie der Vermittlung sogenannter General-Management-Qualifikation. Sie kann zudem dazu

Anzahl eingebundener Führungskräfte / zeitliche Reichweite	eine (individuell)	mehrere (kollektiv)
befristet	SONDER-AUFGABEN	PROJEKT-ARBEIT
unbefristet	UNDERSTUDY-ARBEIT	GREMIEN-ARBEIT

Abb. 7: Grundlegende Alternativen stellengebundener Führungskräfteentwicklung

beitragen, zu enge Spezialisierung und Unterforderung zu vermeiden und somit zur Kompensierung von Faktoren beitragen, die als zentral bedeutsam für individuelle Obsoleszierungsprozesse identifiziert worden sind [30].

Teamarbeit erfordert ein ständiges Bemühen um gemeinsame Lösungen, das Kommunikation und Kooperation voraussetzt. Teamfähigkeit und Teambereitschaft, die durch Projektarbeit gefördert werden, stellen Qualifikationsinhalte dar, die nicht nur den Erfolg eines Projektes selber bestimmen, sondern für immer mehr Unternehmungsaufgaben von essentieller Bedeutung sind. Zudem konfrontiert Teamarbeit eigene Verhaltensweisen mit denen anderer Führungskräfte, verbessert damit die Möglichkeiten der Selbsteinschätzung und des Erkennens eigener Stärken und Schwächen.

Die *zeitliche Befristung* der Projektarbeit führt dazu, daß die Konsequenzen der eigenen Tätigkeit für die einzelnen Führungskräfte erkennbar werden (Rückkoppelung) – ein wichtiger Faktor des Lernens, der bei anderen Entwicklungsmaßnahmen meist nicht in diesem Maße zum Tragen kommt. Befristete Projektarbeit fördert die Entwicklung allgemeiner Problemlösungsfähigkeiten, wodurch u.a. die Flexibilität und die Anpassungsfähigkeit an immer neue Aufgabenstellungen verbessert wird. Gerade diese Qualifizierungswirkung der Projektarbeit wird bei zunehmender Dynamik unternehmerischer Umwelten und zunehmenden Veränderungsgeschwindigkeiten in Unternehmungen immer bedeutsamer werden.

Auch die Anwendung der Projektarbeit als Maßnahme der Führungskräfteentwicklung beinhaltet jedoch *spezifische Schwachstellen, die weitgehend durch die generellen Probleme der Projektorganisation begründet sind* [31]. Zu nennen ist insbesondere die Problematik der Reintegration hauptamtlicher Projektmitarbeiter in die Unternehmungsorganisation nach Abschluß eines Projektes. Hier kann u.U. die individuelle Unsicherheit einzelner Führungskräfte über ihren weiteren Karriereweg die entwicklungsfördernden Wirkungen der Projektarbeit in Frage stellen. Projektarbeit als Bestandteil individueller Entwicklung muß daher stets in eine Karriereplanung eingebunden sein. Positiv hervorzuheben sind die Flexibilität des Entwicklungsverfahrens und seine breite Anwendbarkeit in einer Unternehmung. Projektarbeit ist im Prinzip für alle Gruppen von Führungskräften anwendbar und relevant. Projektarbeit eröffnet in hervorragender Weise die Möglichkeit zu individueller Entwicklung am Arbeitsplatz ohne die Notwendigkeit zu hierarchischem Aufstieg. Sie eignet sich damit gerade in Zeiten begrenzter Aufstiegsmöglichkeiten in einer Unternehmung dazu, unternehmerische Führungskräfte durch die Konfrontation mit neuartigen Aufgabenstellungen individuell zu qualifizieren.

(2) Mentorensysteme

Bei der *stellenungebundenen Führungskräfteentwicklung* erfolgt die Qualifikationsvermittlung lösgelöst von der regulären Stelle einer Führungskraft – losgelöst von der Erfüllung produktiver Tätigkeiten. Sie dient der Vermittlung von Qualifikationskomponenten, die für die Erfüllung gegenwärtiger oder zukünftiger Aufgaben erforderlich sind, aber durch Tätigkeiten an einem gegebenen Arbeitsplatz oder den systematischen Wechsel von Arbeitsplätzen in einer Unternehmung nicht optimal vermittelt werden können. Dies gilt z.B. für Wissensgebiete, die einem häufigen und schnellen Wandel unterliegen. Hier bieten sich als Alternativen stellenungebundener Entwicklung vor allem die unterschiedlichen *Methoden der Fort- und Weiterbildung* an, die – i.d.R. gebündelt in Seminaren – in interner und/oder externer Trägerschaft durchgeführt werden können (Abbildung 8) [32]. Darüber hinaus wird aber gerade in jüngerer Zeit eine grundlegend andere Form der stellenungebundenen Entwicklung verstärkt diskutiert: die Nutzung von *Mentorensystemen* im Rahmen der Führungskräfteentwicklung.

Ein Mentorensystem basiert auf einer Überlegung, die – vom Prinzip her – für viele Führungskräfte nicht neu ist, nämlich Aufbau und Nutzung einer besonderen persönlichen Beziehung zwischen einer erfahrenen Führungskraft (einem Mentor) und einer jüngeren Führungskraft (einem Protegée) als Instrument individueller Entwicklung [33]. Neu ist jedoch die Systematisierung und Formalisierung dieser Idee durch die Institutionalisierung von Mentor-Protegée-Beziehungen als explizites Entwicklungsverfahren – als Mentorensystem. *Mentoren* sind dabei i.d.R. obere Führungskräfte in mittleren oder späten Karrierephasen. Diese weisen einerseits die erforderlichen Erfahrungen und Qualifikationen auf, die erfolgreiche Mentorentätigkeit erfordert, und sehen sich andererseits i.d.R. nicht durch das Potential und die Entwicklungsperspektiven des Protegées in ihrer unternehmerischen Position gefährdet – eine essentielle Vorausetzung für die Bereitschaft eines Mentors, seine Erfahrungen an den Protegée weiterzugeben. Bei einem *Protegée* handelt es sich folglich zumeist um eine Führungskraft in einer frühen Karrierephase, der eine besondere Qualifikation und zudem ein hohes Entwicklungspotential zugesprochen wird.

Eine erfolgreich institutionalisierte Mentor-Protegée-Beziehung kann in erheblichem Maße zur Erfüllung individueller, karrierephasenabhängiger Entwicklungsbedürfnisse

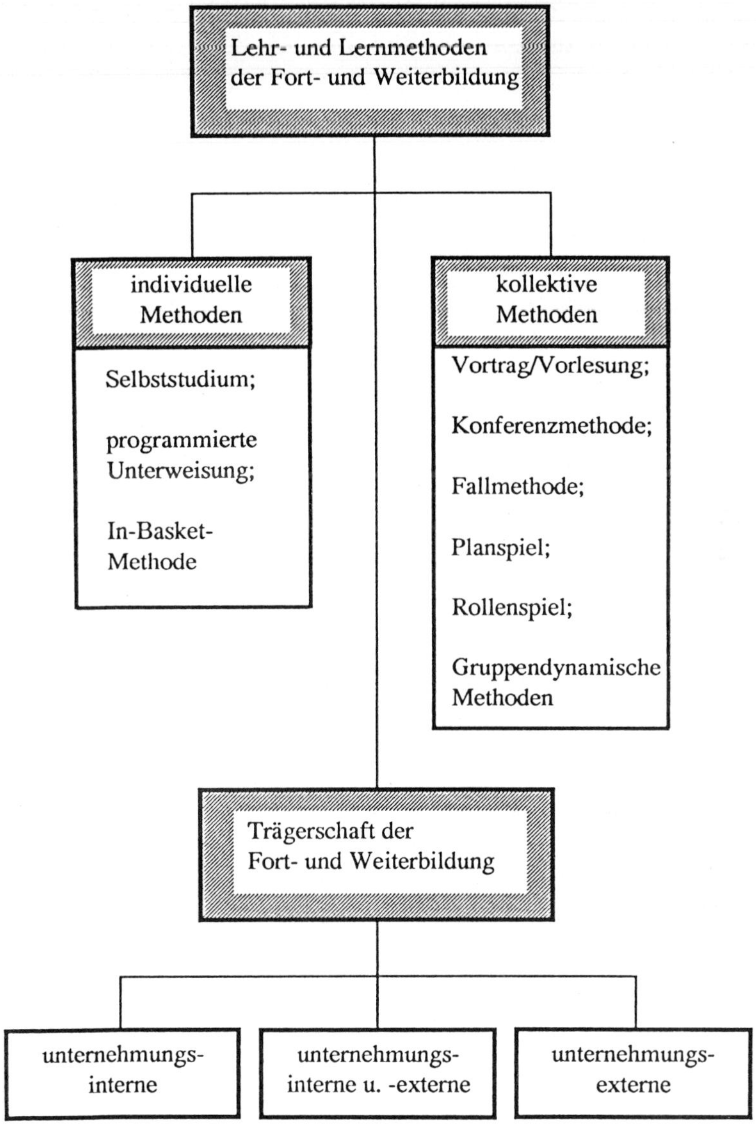

Abb. 8: Methoden der Fort- und Weiterbildung von Führungskräften

beitragen und zeichnet sich zudem durch positive Qualifizierungswirkungen bei Mentor und Protegée aus. So sieht sich ein *Protegée* den typischen persönlichen Aufgaben einer frühen Karrierephase gegenüber: Der Aufgabe, sich in eine Unternehmung einzugewöhnen und zu integrieren, ihre Werte und Normen zu erkennen und zu akzeptieren, ein

Selbstbild individueller Stärken und Schwächen und eine Vorstellung von der zukünftigen persönlichen Entwicklung zu entwerfen. Die Beziehung zu einem Mentor ist typischerweise hervorragend dazu geeignet, zur Bewältigung dieser Probleme und Aufgaben einer frühen Karriere beizutragen [34]. Eine funktionierende Mentor-Protegée-Beziehung wirkt motivierend und bietet Möglichkeit zur Identifikation und Ausrichtung, kann Einstellungen und Werte des Protegées verändern und zu einer erleichterten Integration des Protegées in die Unternehmung und ihre Kultur beitragen. Darüber hinaus qualifizieren sich Protegées primär im Bereich nicht-tätigkeitsspezifischer sachlicher und humaner Qualifikationen und verbreitern damit ihre Einsetzbarkeit.

Mentoren sehen sich auf der anderen Seite den typischen Problemen mittlerer und später Karrierephasen gegenüber: veränderten Arbeitsbedürfnissen, einer Abnahme herausfordernder Aufgaben, aber auch einer erneuten Bewertung und ggf. Neuausrichtung eigener Karriereperspektiven und -wünsche [35]. Auch hier eignen sich Mentor-Protegée-Beziehungen zur besseren Bewältigung dieser Aufgaben. Durch die Mentorentätigkeit sehen sich die betroffenen Führungskräfte einer neuen Rollenanforderung gegenüber, die neue Ansprüche an sie stellt, zu einem Gefühl verbesserter Nutzung eigener Qualifikationen führt und damit tendenziell der Obsoleszierung von Qualifikationen entgegenwirkt. Die Möglichkeit, eigene Erfahrungen weiterzugeben und zur Entwicklung eines jüngeren Menschen beizutragen – ein typisches psychologisches Bedürfnis von Menschen in mittleren und späten Karrierephasen – erhöht die Motivation des Mentors, was i.d.R. zu einer erhöhten Zufriedenheit mit seiner Tätigkeit in der Unternehmung – und damit grundsätzlich zu einer verbesserten Leistung – führt. Darüber hinaus kann die Auseinandersetzung mit den neuartigen Ideen und Arbeitsweisen des Protegée auch beim Mentor zu einer sachlichen Qualifizierung beitragen. Motivierung und Qualifizierung im Rahmen von Mentor-Protegée-Beziehungen verbessern zudem die Loyalität und Bindung beider Führungskräfte an ihre Unternehmung.

Es darf jedoch nicht übersehen werden, daß der Aufbau eines Mentorensystems nicht zwangsläufig zur Realisation der angestrebten Qualifizierung führen muß. Entscheidend hierfür ist letztlich die Bereitschaft der Mentoren, ihre Protegées tatsächlich zu fördern. Ehrliche Bereitschaft erfordert Information über die möglichen Vorteile dieses Entwicklungsverfahrens für beide Beteiligten, Unterstützung und Information im Hinblick auf die Erfüllung der Mentorenaufgaben und nicht zuletzt die ausdrückliche *Zustimmung und Unterstützung der obersten Unternehmungsführung* für ein Mentorensystem und die Mentorentätigkeit – eine Forderung, ohne die letztlich keine Maßnahme der Führungskräfteentwicklung erfolgreich sein kann.

Anmerkungen

[1] Vgl. *Hahn, D.*, Integrierte Organisations- und Führungskräfteplanung, Beitrag in diesem Reader.

[2] Empirische Untersuchungen haben gezeigt, daß diese Entsprechung von Anforderungen und Qualifikationen tendenziell zu größerer Effektivität und Arbeitszufriedenheit führt (vgl. z.B. *O'Reilly, C.A.*, Personality-Job Fit: Implications for Individual Attitudes and Performance, in:

Organizational Behavior and Human Performance, 18. Jg. 1977, S. 36 ff.; *Griffin, R.W.*, Relationship among Individual, Task Design, and Leader Behavior Variables, in: Academy of Management Journal, 23. Jg. 1980, S. 665 ff.).

[3] Nach Flohr und Niederfeichtner kann die hier angesprochene Problematik einer Anforderungs-/Qualifikationsentsprechung als das zentrale gemeinsame Bezugsthema einer im Detail heterogenen Personal-/Führungskräfteentwicklungs-Literatur identifiziert werden (vgl. *Flohr, B., Niederfeichtner, F.*, Zum gegenwärtigen Stand der Personalentwicklungsliteratur: Inhalte, Probleme und Erweiterungen, in: Personalentwicklung, Hrsg. H. Kossbiel, ZfbF-Sonderheft 14, Wiesbaden 1982, S. 19.).

[4] Vgl. zu diesen Überlegungen detailliert *Hungenberg, H.*, Planung eines Führungskräfteentwicklungssystems, Gießen 1990, S. 10 ff.

[5] Vgl. detailliert zu den Hintergründen und Faktoren der Obsoleszierung von Führungskräften *Hungenberg, H.*, Planung eines Führungskräfteentwicklungssystem, a.a.O., S. 18 ff. und die dort angegebene Literatur.

[6] Vgl. z.B. *Dubin, S.S.*, The Psychology of Keeping Up-To-Date, in: Career Management: A Guide for Combating Obsolescence, Hrsg. H.G. Kaufman, New York 1975, S. 44 ff.; *Smith, P.E.*, Measuring Professional Obsolescence: A Half-Life Model for the Physician, in: Academy of Management Review, 3. Jg. 1978, S. 914; *Jones, A.N., Cooper, C.L.*, Combating Managerial Obsolescence, Oxford 1980.

[7] Vgl. zum Systembegriff z.B. *Hahn, D.*, Planungs- und Kontrollrechnung – PuK, 3. Aufl., Wiesbaden 1985, S. 4 ff.

[8] Vgl. detailliert *Hungenberg, H.*, Planung eines Führungskräfteentwicklungssystems, a.a.O., S. 41 ff.

[9] Vgl. *Hahn, D.*, Integrierte Organisations- und Führungskräfteplanung, a.a.O. sowie detailliert zur Frage der strategischen Abstimmung *Hungenberg, H.*, Planung eines Führungskräfteentwicklungssystems, a.a.O., S. 56 ff.

[10] Vgl. so auch *Berthel, J.*, Zur Ermittlung betrieblichen Fortbildungsbedarfs, in: Betriebliche Aus- und Weiterbildung, Hrsg. W. Weber, Paderborn 1983, S. 39 ff.

[11] Vgl. *Hungenberg, H.*, Planung eines Führungskräfteentwicklungssystems, a.a.O., S. 127 ff. und die dort zitierte Literatur.

[12] Vgl. z.B. die Überblicksdarstellungen bei *Bernardin, H.J., Beatty, R.W.*, Performance Appraisal: Assessing Human Behavior at Work, Boston 1984, S. 15 ff.; *Schneider, B., Schmitt, H.*, Staffing Organizations, Glennview 1986.

[13] Vgl. *McCormick, E.J., Cunningham, J.W., Thornton, G.C.*, The Prediction of Job Requirements by a Structured Job Analysis Procedure, in: Personnel Psychology, 20. Jg. 1967, S. 431 ff.; *McCormick, E.J., Jeanneret, P.R., Mecham, R. C.*, A Studie of Job Characteristics and Job Dimensions as based on the Position Analysis Questionnaire (PAQ), in: Journal of Applied Psychology, 56. Jg. 1972, S. 347 ff.

[14] Vgl. *Tornow, W.W., Pinto, P.R.*, The Development of a Managerial Job Taxonomy: A System for Describing, Classifying and Evaluating Executive Positions, in: Journal of Applied Psychology, 61. Jg. 1976, S. 410 ff.; *Berthel, J., Koch, H.E.*, Karriereplanung und Mitarbeiterförderung, Sindelfingen 1985, S. 65 ff.

[15] *Thom, N.*, Personalentwicklung als Instrument der Unternehmungsführung, Stuttgart 1987, S. 30.

[16] Vgl. *Berthel, J.*, Personal-Management, 2. Aufl., Stuttgart 1989, S. 109 ff. sowie detailliert *Hungenberg, H.*, Planung eines Führungskräfteentwicklungssystems, a.a.O., S. 136 ff.

[17] Das bekannteste Beispiel für eine derartige Klassifikation dürfte das sogenannte Genfer Schema sein.

[18] Vgl. *Flohr, B., Niederfeichtner, F.*, Zum gegenwärtigen Stand der Personalentwicklungsliteratur: Inhalte, Probleme und Erweiterungen, a.a.O., S. 23 ff.

[19] Vgl. *Lattmann, C.*, Leistungsbeurteilung als Führungsmittel, Bern 1975, S. 179; *Pillhofer, G.*, Leistungsbeurteilung in den USA, Krefeld 1982, S. 158 ff.

[20] Vgl. *Beyss, B.*, Akzeptanz neuer Personalbeurteilungssysteme, München 1983, S. 274 ff.; *Latham, G.*, The Appraisal System as a Strategic Control, in: Strategic Human Resource Management, Hrsg. C.J. Fombrun, N.M. Tichy, M.A. Devanna, New York 1984, S. 92; *Domsch, M., Gerpott, T.J.*, Verhaltensorientierte Beurteilungsskalen, in: DBW, 45. Jg. 1985, S. 666 ff.

[21] Vgl. *Latham, G.*, The Appraisal System as a Strategic Control, a.a.O., S. 90 f.

[22] Vgl. z.B. *Cohen, B., Moses, J.L., Byham, W.C.*, The Validity of Assessment Centers: A Literature Review, Pittsburg 1974, S. 22 ff.; *Norton, S.D.*, The Empirical and Content Validity of Assessment Centers vs. Traditional Methods for Predicting Mangerial Success, in: Academy of Management Review, 2. Jg. 1977, S. 442 ff.; *Friedman, B.A., Mann, R. W.*, Employee Assessment Methods Assessed, in: Personnel, 58. Jg. 1981, Nr. 6, S. 69 ff.

[23] Vgl. grundlegend *Schein, E.H.*, How „Career Anchors" Hold Executives to their Career Paths, in: Personnel, 52. Jg. 1975, Nr. 3, S. 11 ff.; *Schein, E.H.*, Career Anchors: Discovering Your Real Values, San Diego 1985.

[24] Vgl. z.B. *Neuberger, O.*, Das Mitarbeitergespräch, in: Personalmanagement, Hrsg. K. Macharzina, W.A. Oechsler, Wiesbaden 1977, S. 201 ff.; *Cederblom, D.*, The Performance Appraisal Interview: A Review, Implications, and Suggestions, in: Academy of Management Review, 7. Jg. 1982, S. 219 ff.

[25] Vgl. detailliert *Hungenberg, H.*, Planung eines Führungskräfteentwicklungssystems, a.a.O., S. 185 ff.

[26] Vgl. *Bleicher, K.*, Chancen für Europas Zukunft, Wiesbaden 1989, S. 339 ff.; *Hungenberg, H.*, Planung eines Führungskräfteentwicklungssystems, a.a.O., S. 91 ff.

[27] Vgl. empirisch z.B. *Digman, L.A.*, Management Development: Needs and Practices, in: Personnel, 57. Jg. 1980, Nr. 4, S. 45 ff.; *Stephan, E., Mills, G.E., Pace, R.W., Ralphs, L.*, HRD in the Fortune 500 – A Survey, in: Training and Development Journal, 52. Jg. 1988, Nr. 1, S. 26 ff.

[28] Vgl. z.B. *Marshall, J., Stewart, R.*, Managers Job Perceptions Part I: Their Overall Framework and Working Strategies, in: Journal of Management Studies, 18. Jg. 1981, S. 177 ff.; *Davies, J., Easterby-Smith, M.*, Learning and Developing from Managerial Work Experiences, in: Journal of Management Studies, 21. Jg. 1984, S. 169 ff.

[29] Vgl. zur Bedeutung der Projektarbeit für die Führungskräfteentwicklung auch *Davies, J., Easterby-Smith, M.*, Learning and Developing from Managerial Work Experiences, a.a.O., S. 181.

[30] Vgl. z.B. *Shearer, R.L., Steger, J.A.*, Manpower Obsolescence: A New Definition and Empirical Investigation of Personal Variables, in: Academy of Management Journal, 18. Jg. 1975, S. 263 ff.; *Jones, A.N., Cooper, C.L.*, Combating Managerial Obsolescence, Oxford 1980.

[31] Vgl. detailliert z.B. *Frese, E.*, Grundlagen der Organisation, 3. Aufl., Wiesbaden 1987, S. 460 ff.

[32] Vgl. vertiefend *Hungenberg, H.*, Planung eines Führungskräfteentwicklungssystems, a.a.O., S. 230 ff.

[33] Vgl. zur Bedeutung von Mentor-Protegée-Beziehungen für die individuelle Entwicklung z.B. die Studien von *Roche, G.R.*, Much Ado about Mentors, in: Harvard Business Review, 57. Jg. 1979, Nr. 1, S. 14 ff.; *Zey, M.G.*, The Mentor Connection, Homewood 1984; *Kram, K.E.*, Mentoring at Work, Glennview 1985. Vgl. zu den folgenden Ausführungen detailliert *Hungenberg, H.*, Planung eines Führungskräfteentwicklungssystems, a.a.O., S. 244 ff. und die dort zitierte Literatur.

[34] Vgl. grundlegend *Berlew, D.E., Hall, D.T.*., The Socialization of Managers: Effects of Expectations on Performance, in: Administrative Science Quarterly, 11. Jg. 1966, S. 207 ff.; *Schein, E.H., Van Maanen, J.*, Career Development, in: Improving Life at Work, Hrsg. J.R. Hackman, J.L., Suttle, Glennview 1977, S. 30 ff.

[35] Vgl. z.B. *Hall, D.T., Kram, K.E.*, Development in Midcareer, in: Career Development in the 80's, Hrsg. D. Montross, C. Shinkerman, Springfield 1981, S. 406 ff.

Planung der Führungskräfteentwicklung als Gegenstand der strategischen Unternehmungsplanung

H.H. Hinterhuber

1. Die Auswahl und Entwicklung der Führungskräfte als wichtigste unternehmerische Aufgaben

Strategy follows people; the right person
leads to the right strategy.
J.F. Welch

Ohne fähige Führungskräfte lassen sich die besten Strategien, die entsprechenden Schwerpunkte in den Funktionsbereichen und klarsten Organisationsformen nicht verwirklichen. John F. Welch, Chairman von General Electric, sieht seine wichtigste Verantwortung in der Auswahl der obersten Führungskräfte und in der Entwicklung von „*managerial excellence*" in der Unternehmung [1]. Aber auch jeder Vorgesetzte ist dafür verantwortlich, daß die Schlüsselpositionen in seinem Aufgabenbereich mit fähigen Mitarbeitern besetzt sind.

Die *Auswahl, Beförderung* und *Entwicklung der Führungskräfte* ist immer eine individuelle und persönliche Angelegenheit. Kurzfristig muß jede Unternehmung mit den verfügbaren Führungskräften auskommen; da die ideale, den Strategien entsprechende Organisation nur in den seltensten Fällen mit den verfügbaren Führungskräften verwirklicht werden kann, besteht der einzig praktikable Wege darin, die Organisation so graduell zu verändern, daß optimale Ergebnisse erzielt werden. Die Auswahl, Beförderung und Entwicklung der Führungskräfte ist aber deshalb in einer langfristigen Perspektive als nie endender Versuch zu sehen, die beste, mit den Strategien übereinstimmende und den Bedürfnissen der Führungskräfte und Mitarbeiter Rechnung tragende Organisation aufzubauen.

In jeder Führungsposition sind Spitzenleistungen erforderlich. Je höher die Führungsposition, desto größer sind die Opportunitätskosten, die durch eine Fehlbesetzung entstehen. Die *Entfernung unfähiger Führungskräfte* ist immer eine unangenehme und schmerzliche Angelegenheit. Der einzige Weg, der diese Trennung von unfähigen

Führungskräften erleichtern kann, besteht darin, formale, umfassende – und teure – *Leistungsbeurteilungssysteme* einzurichten.

Fehlt es der Unternehmungsspitze an Mut, unangenehme personelle Entscheidungen zu treffen und rechtzeitig wirksame Leistungsbeurteilungssysteme aufzubauen, wird die Unternehmung in ihren Märkten nie ein führender Wettbewerber sein.

Die strategische Unternehmungsführung beruht auf der Anwendung einiger weniger Grundsätze [2]:

1) die ganzheitliche Betrachtung der Unternehmung und ihrer Umwelt,
2) die Strategie als Richtschnur des unternehmerischen Handelns in den strategischen Geschäftseinheiten, Funktionsbereichen und regionalen Tochtergesellschaften der Unternehmung, und
3) die einheitliche Entwicklung und Erziehung aller Führungskräfte zu individueller Selbständigkeit der Entscheidungen im Rahmen der vereinbarten Strategien.

Unter diesen Voraussetzungen ist die Auswahl und Entwicklung der Führungskräfte die wichtigste unternehmerische Aufgabe. Es wird deshalb ein flexibles, strategieorientiertes System der Führungskräfteplanung und -entwicklung vorgestellt, mit dessen Hilfe 1) der zukünftige, für die Durchführung der Strategien notwendige Bedarf an Führungskräften ermittelt, 2) die verfügbaren Führungskräfte beurteilt, 3) die Lücke zwischen 1) und 2) geschlossen, 4) den Führungskräften die Erfüllung ihrer Aufgaben erleichtert und 5) entsprechende Motivations- und Entgeltsysteme eingerichtet werden können.

2. Strategieorientierte Führungskräfteplanung und -entwicklung

> Man soll sich freuen, wenn man in hoher Stellung
> anderen dienen kann.
> Konfuzius

Die strategische Planung konzentriert sich nicht nur auf Investitionen, sondern auch und vor allem auf die Auswahl, Entwicklung und Beförderung/Versetzung oder Freisetzung von Führungskräften und Mitarbeitern in Einklang mit den Strategien der Geschäftseinheiten und der Unternehmung als Ganzes [3]. Die Führungskräfteplanung und -entwicklung geht von den Strategien [4] und von der Gestaltung der Organisation aus und erfolgt in fünf Schritten (Abb. 1 und Abb. 2) [5]:

1) Prognose des zukünftigen, für die Durchführung der Strategien benötigten Führungskräftebedarfs;
2) Beurteilung der verfügbaren Führungskräfte;
3) Festlegung eines tentativen Einstellungs-, Beförderungs-, Versetzungs- oder Freisetzungsprogrammes von Führungskräften im Einklang mit den Strategien;

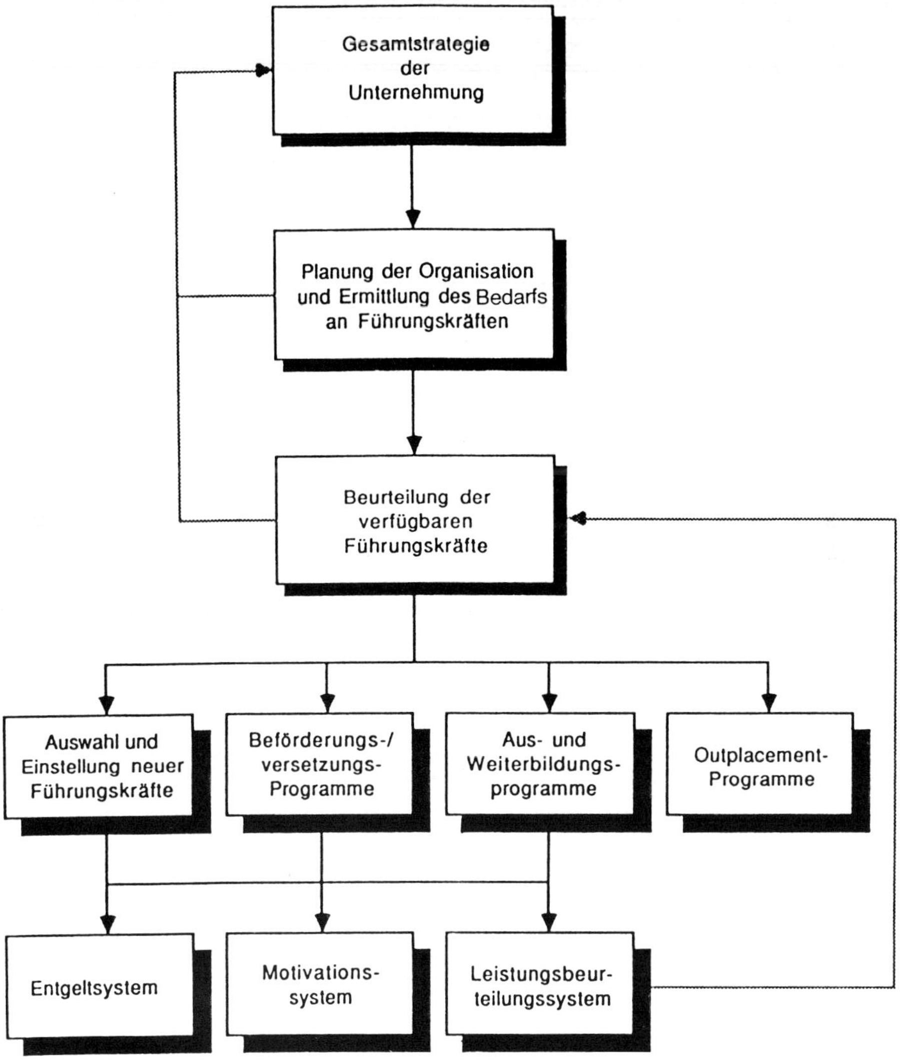

Abb. 1: Grundschema der Führungskräfteentwicklung

4) Formulierung von Aus- und Weiterbildungsprogrammen für die für eine Beförderung oder Versetzung vorgesehenen Führungskräfte;
5) Einrichtung von strategieorientierten Motivations-, Entgelt- und Leistungsbeurteilungssystemen.

Im folgenden werden die einzelnen Schritte der Führungskräfteplanung und -entwicklung kurz beschrieben; besonderes Gewicht wird auf die Aus- und Weiterbildung der Führungskräfte gelegt [6].

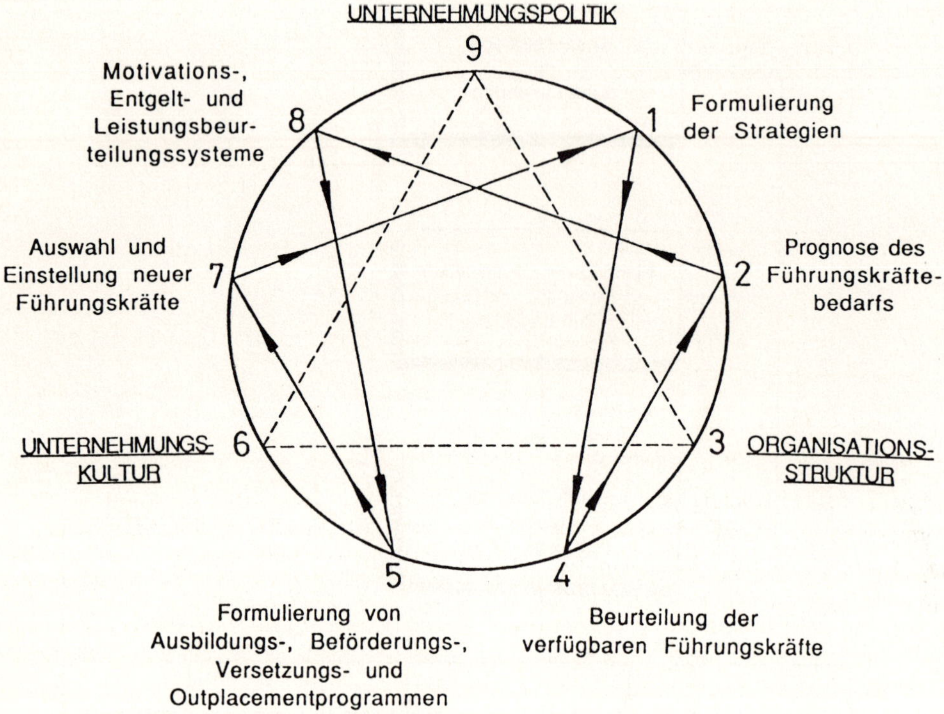

Grundlegende Triade (kritische Punkte): 9-3-6

Prozeß der Führungskräfteentwicklung (funktionaler Zyklus): 9-1-2-4-5-7-8

Eingriffe der Unternehmungsleitung (Willenszyklus): 1-4-2-8-5-7

Abb. 2: Struktur und Dynamik der Führungskräfteentwicklung im Enneagramm

2.1 Die Ableitung des zukünftigen Führungskräftebedarfs aus der Gesamtstrategie der Unternehmung

Die Strategie ist die Fortbildung des
ursprünglich leitenden Gedankens entsprechend
den stets sich ändernden Verhältnissen.
Moltke

Ausgangspunkt der Führungskräfteplanung ist die Gesamtstrategie der Unternehmung, in der die Strategien der Geschäftseinheiten koordiniert und integriert sind [7]; sie wird nach zwei Richtungen geführt:

1. Bestimmung der auszufüllenden Positionen und
2. Ermittlung der Qualifikationen der für diese Positionen benötigten Führungskräfte.

So sehr es nun richtig ist, daß Strategien und Organisation der Personalauswahl vorausgehen, sowenig läßt sich andererseits leugnen, daß kurzfristig die Unternehmung von den verfügbaren Führungskräften geleitet werden muß; entsprechen diese nicht der idealen Organisation, muß die Organisation so geändert werden, daß optimale Resultate erzielt werden können. Die Führungskräfteentwicklung muß deshalb mit dem Ziel geführt werden, die bestmögliche zukünftige mit der Gesamtstrategie der Unternehmung in Einklang stehende Organisation zu verwirklichen.

Ausgehend von den Strategien und ihrer Umsetzung in funktionale Aktionspläne ergibt sich ein langfristiger Organisationsplan mit den Beschreibungen der erforderlichen Schlüsselpositionen; dabei ist besonderer Wert auf die auszuführenden Funktionen, das Ausmaß der Dezentralisation, die von den Führungskräften auf den verschiedenen hierarchischen Ebenen zu fordernde Urteilsfähigkeit, Initiative und Kreativität sowie strategische Führungskompetenz zu legen.

In einer zweiten Phase müssen die auszuführenden Funktionen und zu erfüllenden Positionsanforderungen in individuelle Spezifikationen übersetzt werden; anders ausgedrückt, es sind die persönlichen Eigenschaften festzulegen, die eine Führungskraft haben muß, um eine bestimmte Position erfolgreich auszufüllen. Da das „Endprodukt" nicht genau definiert werden kann, können auch die personellen Anforderungen (Charakterfestigkeit, Verantwortungsfreude, Fachkönnen, Urteilsfähigkeit usw. oder Liste der durchzuführenden Tätigkeiten) nicht genau spezifiziert werden.

Berücksichtigt man weiter, daß die Führungskräfteentwicklung nicht kurzfristig Resultate zeitigen kann, dann zeigt sich damit, daß die zukünftige Organisationsstruktur wichtiger als die gegenwärtige ist.

Die Prognose der auszufüllenden Positionen und dazu erforderlichen personellen Qualifikationen hängt somit von der strategischen Ausgangsposition, der Unternehmungspolitik, den gewählten Strategien und entsprechenden Richtlinien für die Funktionsbereiche ab; diese bestimmen die Organisationsstruktur und die an die Führungskräfte zu stellenden Anforderungen.

Bei der Beurteilung des Potentials werden somit die individuellen Eigenschaften mit den Anforderungen einer bestimmten Position verglichen. Es gibt keine Beurteilung des absoluten Wertes einer Person; es lassen sich lediglich Prognosen über die Mobilität und Entwicklung einer Person über einen begrenzten Zeitraum von etwa 3 Jahren formulieren. Die Beurteilungen werden mit Hilfe von Interviews gesammelt und dem Urteil von Komitees unterbreitet. Die wichtigste Diskussionsbasis sind die von einem Vorgesetzten für seine Mitarbeiter als erreichbar angesehenen Positionen.

2.2 Die Beurteilung der verfügbaren Führungskräfte

Beurteile andere wie dich selbst
und du wirst dich selten irren.
Gurdjieff

Beurteilungskriterien sind:

1) Persönlichkeitsmerkmale,
2) erzielte Ergebnisse und
3) Leistungspotential.

Was zählt, sind 1. Persönlichkeitsmerkmale wie z.B. Zusammenarbeit, Motivationsfähigkeit, soziale Kompetenz, Arbeitsstil und dgl. mehr, 2. in der Vergangenheit erzielte Ergebnisse und Problemfindungs- und -lösungsfähigkeiten bei der Konzeption und Umsetzung der Strategien und Aktionspläne sowie 3. für die Zukunft erwartbares Leistungspotential. Die Beurteilungen werden von den Vorgesetzten und den Vorgesetzten der Vorgesetzten oder von Komitees vorgenommen, in denen beide vertreten sind; die – begründeten – Ergebnisse werden den Führungskräften mitgeteilt. Abb. 3 und 4 geben Hinweise für die Beurteilung der Führungskräfte in Abhängigkeit von den Strategien der Unternehmung.

Die Ergebnisse dieser Bestandsaufnahme sind in Abb. 5 zusammengefaßt:

1. Führungskräfte mit einer sehr guten bis hervorragenden Beschreibung müssen im Hinblick auf die Besetzung freier oder vorgesehener Positionen auf einer höheren Verantwortungsebene auf ihr zukünftiges Potential geprüft werden;
2. Individuelle Ausbildungsprogramme werden für die Führungskräfte festgelegt, deren Qualifikationen als ausreichend beruteilt werden;
3. Bei Führungskräften, deren Leistungen als nicht ausreichend betrachtet werden oder die „fehl am Platze“ scheinen, müssen die Ursachen der Nicht-Entsprechung ermittelt werden;
4. Technische und unternehmerische Führungskräfte, die über ein für die Unternehmung und ihre Entwicklung besonders wichtiges Know-how verfügen, werden gesondert behandelt und sozial abgesichert.

Strategien	Wichtigste Führungsqualitäten	Beurteilung der Führungskräfte aufgrund	
		laufender Ergebnisse	zukünftiger Gewinne
Offensiv-Strategien	Unternehmerische Fähigkeiten Innovatives Verhalten	nicht sinnvoll	sinnvoll
Investitions- und Wachstums-Strategien	Unternehmerische Fähigkeiten	nicht sinnvoll	sinnvoll
Defensiv-Strategien	Urteilsfähigkeit	sinnvoll	teils
Umstrukturierungs-/ Desinvestitions-Strategien	Administrative Fähigkeiten	sinnvoll	nicht sinnvoll

Abb. 3: Führungsqualitäten und Beurteilungskriterien für Führungskräfte in Abhängigkeit von den Strategien (modifiziert nach General Electric)

Strategien	Laufende Ergebnisse	Für die zukünftigen Gewinne maßgebende Faktoren	Andere Kriterien
	Kapitalrentabilität Vergang. Jahr, Budget	Verfügbare Kader, Kritische Ressourcen, Pläne, Strategien	Einmaligkeit, Schwierigkeiten, Reaktionen
Offensiv-Strategien	20%	70%	10%
Investitions- und Wachstums-Strategien	40%	50%	10%
Defensiv-Strategien	60%	30%	10%
Umstrukturierungs-/ Desinvestitions-Strategien	70%	20%	10%

Abb. 4: Anwendungsbeispiel zur Beurteilung von Führungskräften (modifiziert nach General Electric)

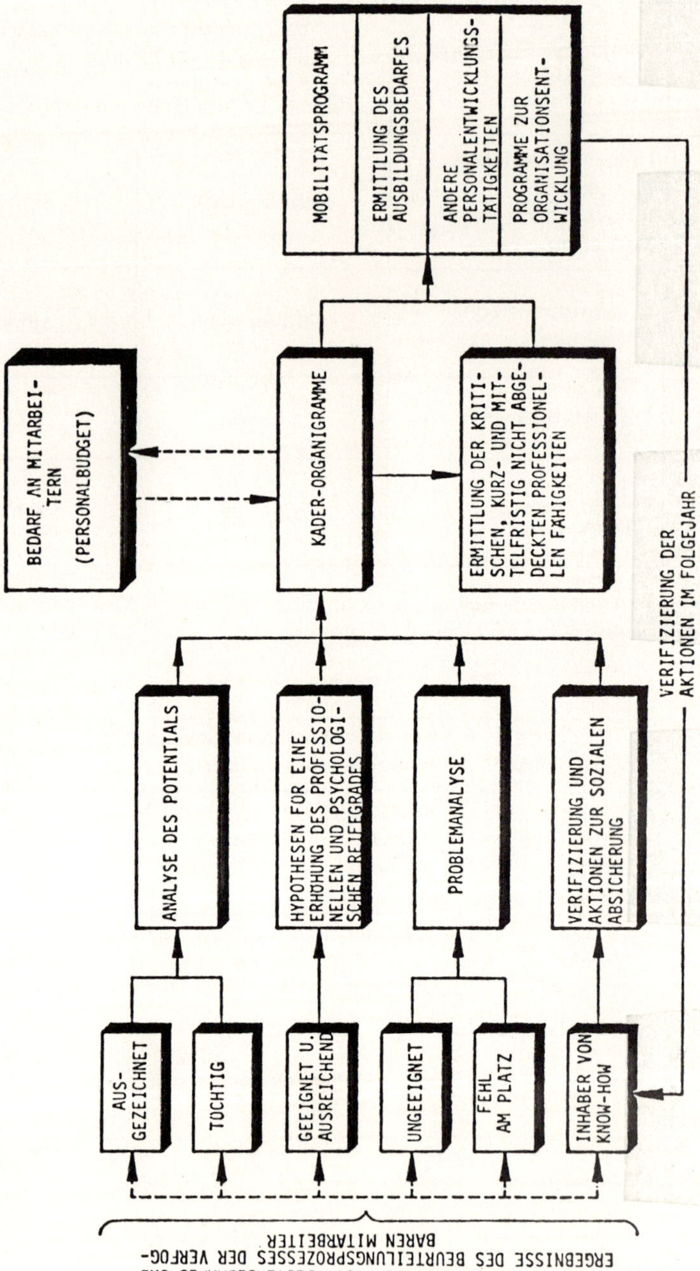

Abb. 5: Der Prozeß der Führungskräfteplanung und -entwicklung

Outplacement ist ein Teil der Personalpolitik; man versteht unter *Outplacement* die Gesamtheit der Hilfsleistungen, mit denen die Unternehmung freizusetzende Führungskräfte bei der Suche nach geeigneten Arbeitsplätzen unterstützt. Es zählt zur gesellschaftlichen Verantwortung der Unternehmung, den Führungskräften von denen sie sich aufgrund strategischer Neuorientierungen trennen muß, zu helfen, adäquate Aufgaben in anderen Unternehmungen oder Institutionen zu finden.

Outplacement ist eine harmonieorientierte Konflikthandhabung, aus der die Unternehmung direkte und psychologische Kosten senken kann, die mit jedem Personalabbau verbunden sind; freizusetzende Führungskräfte werden in die Lage versetzt, aus eigener Kraft neue Arbeitsplätze zu finden, in denen sie ihr Potential entfalten können [8].

2.3 Die Festlegung eines tentativen Entwicklungs- und Beförderungsprogrammes

Wenn wir zuerst wüßten, wo wir sind
und wohin wir streben, könnten wir besser beurteilen,
was wir tun und wie wir es tun sollten.
A. Lincoln

Die Festlegung eines tentativen Entwicklungs- und Beförderungsprogrammes für die Ausfüllung von Führungspositionen in den strategischen Geschäftseinheiten, Unternehmungsbereichen, regionalen Tochtergesellschaften und zentralen Stabstellen setzt eine detaillierte Analyse des Potentials der Führungskräfte voraus. Folgende Faktoren bestimmen das Potential:

(1) *Ganzheitliche Betrachtungsweise*:
Fähigkeit, Fakten oder Probleme als Teile eines größeren Systems zu sehen („Helikopterfähigkeit“) sowie Fähigkeit, seine Aufmerksamkeit gleichmäßig auf verschiedene, relativ voneinander unabhängige Beziehungsfelder zu verteilen.

(2) *Kreativität, Intuition und Phantasie*:
Fähigkeit zu schöpferischen Einfällen; Fähigkeit, erfolgreich immer von neuem zu beginnen, Abstand zu gewinnen von der konkreten Situation und neue Möglichkeiten zu durchdenken.

(3) *Analysefähigkeit*:
Fähigkeit, die wesentlichen Elemente eines Problems und seiner Ursachen zu erfassen, kritisch zu prüfen und Problemlösungen zu erarbeiten.

(4) *Realitätssinn*:
Disziplin und Konkretheit im Denken; Fähigkeit, die Dinge so zu sehen, wie sie sind.

(5) *Leadership*:
Fähigkeit, den Konsens zu organisieren und ein Individuum oder eine Gruppe im Hinblick auf die Erreichung eines Zieles hin zu leiten.

(6) *Emotionale Stabilität*:
Kontinuität und Stabilität des Leistungsniveaus unter Streß- oder Konfliktbedingungen.

(7) *Sensibilität*:
Fähigkeit, die Bedürfnisse der Mitarbeiter zu erkennen, sich entsprechend zu verhalten und objektiv zu erfassen, wie das eigene Verhalten von den anderen interpretiert wird.

(8) *Flexibilität und Anpassungsfähigkeit*:
Fähigkeit, Führungsstil und Problemansatz im Hinblick auf die Erreichung eines Zieles hin zu ändern.

(9) *Ausdauer*:
Fähigkeit, sich einem Problem bis zu seiner Lösung zu widmen.

(10) *Initiative*:
Fähigkeit, die Umstände zu beeinflussen statt diese passiv zu akzeptieren.

(11) *Synthesefähigkeit*:
Fähigkeit, auf der Basis konkreter Tatbestände zu logischen Schlußfolgerungen zu gelangen.

(12) *Entscheidungsfähigkeit*:
Fähigkeit, rechtzeitig Entscheidungen unter Unsicherheit zu treffen.

(13) *Organisationsfähigkeit*:
Fähigkeit, die eigene Tätigkeit und die der Mitarbeiter wirksam zu planen und zu organisieren.

(14) *Kommunikationsfähigkeit*:
Fähigkeit, auf klare und überzeugende Art und Weise Ideen oder Tatbestände mündlich und schriftlich darzulegen.

(15) *Karriereambitionen*:
Fähigkeit, sich mittelfristige Karriereziele zu setzen und sich selbst im Hinblick auf diese Ziele zu entwickeln.

(16) *Breite des Interessenspektrums:*
Umfang und Tiefe der diversifizierten, aktiv kultivierten Interessen hinsichtlich sowohl des eigenen professionellen und geistigen Wachstums als auch der wirtschaftlichen und gesellschaftlichen Umwelt, in die die Unternehmung eingefügt ist.

(17) *Risikobereitschaft*:
Fähigkeit, kalkulierte Risiken einzugehen und immer vorbereitet zu sein.

(18) *Sinn für Perspektiven und Proportionen*:
Verbindung aus Kultur, Geschichtssinn, personen- und sachbezogenem Verhalten sowie personen- und sachbezogenem Wissen.

Im Falle einer hohen Bewertung des Potentials werden in der Regel Entwicklungshypothesen bis zur Verantwortungsstufe X + 2 in einer mittelfristigen Perspektive (3 bis 5 Jahre) vorgesehen. Bei einer durchschnittlichen Bewertung erstreckt sich die Karriereentwicklung bis zur Verantwortungsstufe X + 1, während bei einer niedrigen Bewertung eine eventuelle horizontale Versetzung erwogen wird. Erfahrungsgemäß gilt, daß Führungskräfte Opfer ihrer am wenigsten ausgeprägten Eigenschaften werden (Abb. 6).

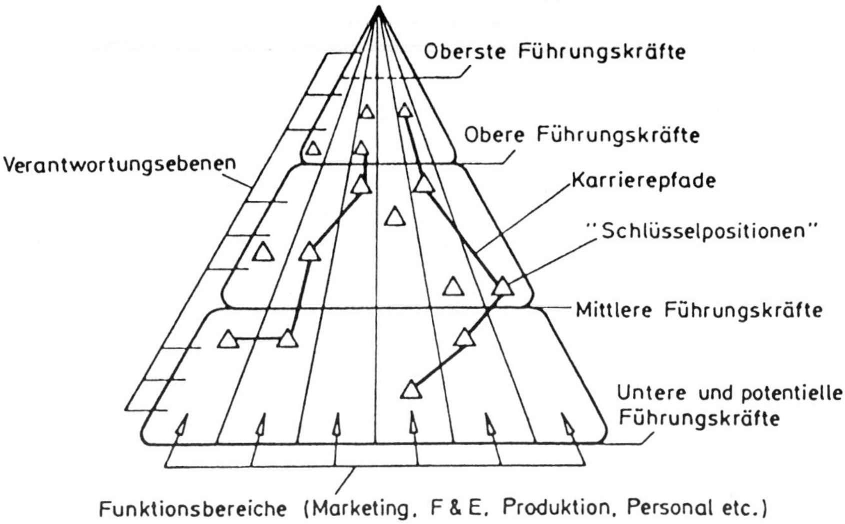

Abb. 6: Karrierepfade und Schlüsselpositionen in der Unternehmungshierarchie

Diese Hypothesen finden ihren Niederschlag im Kader-Organigramm; im Hinblick auf die Verwendung homogener Daten orientiert sich die Erstellung des Kader-Organigrammes in der Regel an drei Kriterien:

1. Im Organigramm einer jeden Organisationseinheit werden die Inhaber einer jeden Position, der sofort verfügbare und der kurzfristig verfügbare Nachwuchs ausgewiesen; „Schlüsselpositionen" werden gesondert hervorgehoben.
2. Die Erstellung von Kader-Organigrammen reicht bis zu den unteren Verantwortungsebenen einer jeden Funktion, damit die Auswirkungen der eventuellen Mobilität der mittleren und oberen Führungskräfte auf die Organisationsstruktur erfaßt werden.
3. Dieselbe Person kann für die Besetzung verschiedener Positionen innerhalb oder außerhalb der eigenen Funktion in Erwägung gezogen werden.

Die Kader-Organigramme unterliegen einer häufigen Revision; da sie tentative Beförderungspläne darstellen, die in der Zukunft geändert werden können, sind sie vertraulich zu behandeln.

Drei bis fünf Jahre vor dem Ausscheiden einer jeden Führungskraft beginnen in der Regel die ersten Nachfolgegespräche, die in regelmäßigen Intervallen fortgesetzt werden. Die jeweils zuständigen Bereichsleiter beurteilen dabei Stärken und Schwächen der Kandidaten, ihre Führungsqualitäten und ihre Leistungskurve. Häufig gibt jede Führungskraft auf einem speziellen Formular den von ihr gewünschten Nachfolger an – für den Fall, daß sie unerwartet stirbt.

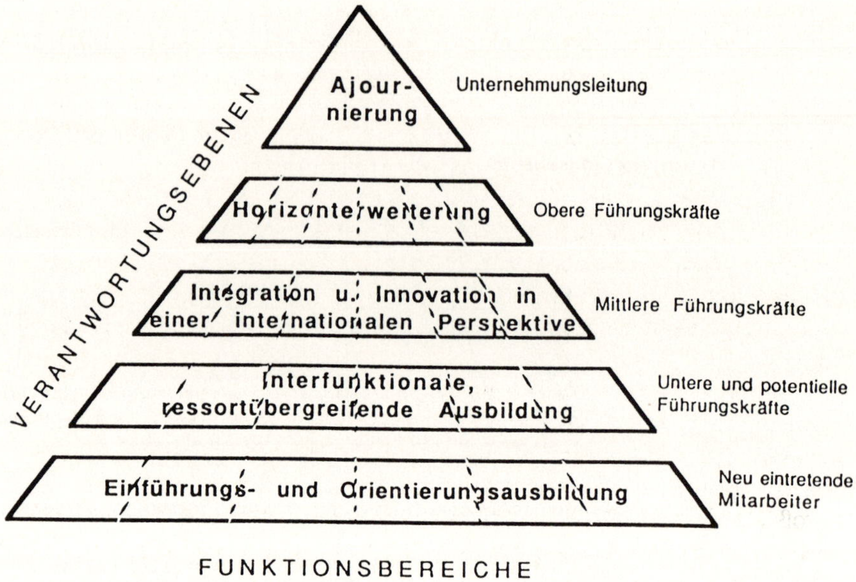

Abb. 7: Das System der Führungskräfteausbildung

2.4 Die Formulierung von Aus- und Weiterbildungsprogrammen

Alte Schwerter sind schartig
Japanisches Sprichwort

Die Aus- und Weiterbildungstätigkeiten lassen sich nach Maßgabe der Verantwortungsebenen der Unternehmung in fünf Gruppen unterteilen (Abb. 7). Die erste Gruppe umfaßt die Initiativen, die die Einführung der Personen in den Arbeitsprozeß erleichtern sollen, die über keine spezifischen Arbeitserfahrungen verfügen; es handelt sich hierbei in erster Linie um Universitätsabsolventen. Die Universitätsausbildung kann keinesfalls all das vermitteln, was für die konkret auszuführenden Aufgaben benötigt wird; eine zusätzliche Ausbildung in der reduzierten Form einer genauen Information über die neueintretenden Mitarbeitern in der Regel völlig unbekannten Erfahrungen der Arbeitswelt ist deshalb notwendig.

Die Ausbildung auf dieser Verantwortungsebene ist komplementär zu der, welche die Universität vermittelt. Sie vollzieht sich im allgemeinen in Form einer Reihe von kurzen, über eine längere Periode verteilten Kursen und sieht, für die Dauer der Kurse, die völlige oder teilweise Abwesenheit vom Arbeitsplatz vor; in vielen Unternehmungen finden die

Kurse auch z.T. an Wochenenden statt. Die Orientierungs- und Einführungsausbildung beginnt im allgemeinen nach einer Arbeitserfahrung von wenigen Monaten bis zu zwei Jahren; dadurch wird die Fähigkeit, die Ausbildungsinhalte aufzunehmen, erhöht und gleichzeitig eine bewußte und aktive Teilnahme erreicht. Gegenüber einer Ausbildung vor dem Eintritt in die Unternehmung liegt der Nachteil hier in der fehlenden Selektionsmöglichkeit. Der Hauptbeitrag für die Einführungs- und Orientierungsausbildung erfolgt im allgemeinen durch Unternehmungsexperten, d.h. durch Personen, die in der Lage sind, sich einen Überblick über das konkrete Betriebsgeschehen zu verschaffen und auch eine möglichst umfassende Kenntnis der auszuführenden Aufgaben zu besitzen. War die Universitätsausbildung ungenügend – eine plausible Hypothese –, kann die Komplettierung der Ausbildung in Zusammenarbeit mit Universitätsprofessoren durchgeführt werden.

Die zweite Gruppe der Ausbildungstätigkeiten ist auf die bereits in der Unternehmung tätigen Mitarbeiter abgestellt; die Initiativen, die in verschiedenen Phasen des Arbeitslebens erfolgen, sollen verhindern, daß Mitarbeiter in der Ausführung ihrer Aufgaben dem Risiko ausgesetzt sind, in einer bestimmten Phase ihres Arbeitslebens nicht mehr den großen oder kleinen Bereich der Unternehmung unter Kontrolle halten zu können, für den sie verantwortlich sind oder sein werden. Die zweite Verantwortungsebene umfaßt die unteren oder potentiellen Führungskräfte, d.h. Mitarbeiter mit einer Erfahrungsreife von zwei, drei oder vier Jahren in einem Funktionsbereich, denen neue Verantwortlichkeiten in diesem Bereich übertragen werden sollen. Die spezialisierte Ausbildung soll ein organisches Bild der Unternehmungsmechanismen im betreffenden Bereich, der Zusammenhänge mit anderen Bereichen und der Entwicklung in den fortschrittlichsten Unternehmungen sowie theoretisches Wissen vermitteln; die Ausbildung muß die Fähigkeiten und Kenntnisse sowie Zusammenhänge mit den Strategien liefern, welche nur teilweise in der Ausübung einer Funktion erworben werden können, die für die Übernahme bestimmter Verantwortlichkeiten in einem gegebenen Bereich jedoch notwendig sind. Im Hinblick auf die Programmkonzeption und die Bereitstellung des Lehrkörpers wird der Beitrag der Praxis für die Spezialkurse in wertvoller Weise durch Mitglieder der Universitäten ergänzt.

Die dritte Verantwortungsebene erfaßt die *mittleren Führungskräfte*. In dieser Phase des Arbeitslebens müssen die mittleren Führungskräfte, nach einer erfolgreichen Tätigkeit in einem bestimmten Bereich, die natürliche Tendenz überwinden, die neuen Probleme der höheren Position, auf die sie vorbereitet werden, aus der begrenzten Optik der gegenwärtigen Stelle zu sehen; die Ausbildungstätigkeit muß, mit anderen Worten, die mittleren Führungskräfte für höhere Positionen dadurch vorbereiten, daß diese nicht zu einer Suboptimierung der neuen Aufgaben neigen. Die integrierte Ausbildung auf dieser Stufe soll eine qualitative Änderung der Verantwortung erleichtern.

Die integrierte Ausbildung wendet sich auch an die *oberen Führungskräfte* der vierten Verantwortungsebene (Direktoren von Fertigungsbetrieben, mittleren Tochtergesellschaften usw.), welche neue Situationen (neue technische Entwicklungen, Änderung der Organisationsstrukturen, Nachfrageverschiebungen, gesellschaftliche Evolution) oder grundlegende, aktuelle oder geplante Änderungen der Strategien der Unternehmung meistern müssen. Wie die Universitätsausbildung baut die integrierte Ausbildung auf dem Systembegriff in seinen drei Aspekten – sozio-ökonomischer, juristischer und mathematisch-statistischer Aspekt – auf. In der integrierten Ausbildung ist der größte Beitrag der Universitätslehrer zu erwarten.

Die fünfte Verantwortungsebene besteht aus den *obersten Führungskräften* (Vorstandsmitglieder, Divisionsleiter, Leiter von strategischen Geschäftseinheiten, regionalen Tochtergesellschaften oder Stabsstellen). Die – informative oder formative – Ausbildung auf dieser Ebene verfolgt das Ziel, die Aufmerksamkeit der obersten Führungskräfte auf die wesentlichen Entwicklungslinien zu richten, welche sich innerhalb oder außerhalb der von ihnen geleiteten Bereiche abzeichnen und ihre Entscheidungstätigkeit beeinflussen. Die Geschwindigkeit der Veränderung erlaubt häufig nicht, daß die obersten Führungskräfte, wie es in der Vergangenheit graduell möglich war, in der Ausübung ihrer Führungstätigkeit rechtzeitig die Elemente erfassen, welche sie für die Konzeption und Realisierung der Strategien kennen müssen. Die Erfahrungen auf dieser Ebene sind noch sehr begrenzt. Im Hinblick auf ein Überdenken der allgemeinen Führungsproblematik kann eine Zweiteilung dieser Gruppe in Leiter der Stabsstellen und Unternehmungsleiter (Divisionsleiter, Leiter von strategischen Geschäftseinheiten, Generaldirektoren, Vorstandsvorsitzende usw.) zweckmäßig sein.

Im Mittelpunkt der Ausbildungstätigkeit steht für beide Gruppen der Systembegriff in bezug auf den – alles andere als klaren – Übergang von einem hierarchischen zu einem Delegationsstil [9]. In dieser Ausbildungsphase dürfte der Anteil der Vertreter aus Wissenschaft und Kultur am höchsten sein.

Für die erste Gruppe kommen Seminare und Kurse von wenigen Tagen bis maximal ein bis zwei Wochen in Frage; der Inhalt muß sich einerseits auf Führungstechniken, andererseits auf externe und interne Entwicklungen beziehen, um die Bewußtseinserweiterung der obersten Führungskräfte hinsichtlich ihrer unternehmerischen und gesellschaftlichen Rolle zu erleichtern. Die Methodik der integrierten Ausbildung scheint für diese Art von Seminaren und Kursen nicht geeignet.

Für die zweite Gruppe – Divisionsleiter, Vorstandsvorsitzende, Generaldirektoren, Leiter von strategischen Geschäftseinheiten – kommen lediglich sehr kurze Treffen von ein bis zwei Tagen in Betracht, an denen qualifizierte Vertreter der Wissenschaft, der Wirtschaft, der Politik und der Kultur teilnehmen. Die Hauptthemen unserer Zeit und deren Interpretation – die Entwicklung der in- und ausländischen Systeme, in welche die Unternehmung eingefügt ist, die Humanisierung der Arbeitswelt, die Umwelt, die Mitbestimmung, die Probleme der Entwicklungsländer usw. – müssen Gegenstand dieser Treffen sein, insofern sie die Entscheidungen an der Spitze beeinflussen; darüber hinaus geht es um Fragen wie unternehmerische Vision, Unternehmungspolitik und -kultur sowie um Strategie und Organisation.

Die inhaltliche Diversifizierung der Ausbildungsprogramme in bezug auf die Verantwortungsebenen ist durch die Tatsache gerechtfertigt, daß mit steigender Verantwortungsebene die Weite des Horizontes zu- und die Notwendigkeit einer technischen Spezialisierung abnimmt. Die dargestellten Ausbildungstätigkeiten sind jedoch weder autonom, noch reflektieren sie getrennte Verantwortungsebenen. In vielen Fällen ist das

Ziel der Ausbildungstätigkeit die Integration und Klärung der Rollen, welche von Führungskräften verschiedener Verantwortungsebenen eingenommen werden; das Ausbildungsprogramm betrifft in diesen Fällen wenigstens zwei Verantwortungsebenen.

Dadurch wird auf eine einfache und ökonomische Weise erreicht, daß 1. die Ausbildung glaubwürdiger und von den Teilnehmern als Unternehmungswert akzeptiert wird und 2. nach oben Verhaltensweisen und Wertvorstellungen der jüngeren Führungskräfte übertragen werden, welche ein zunehmend größeres Gewicht einnehmen und von den älteren Führungskräften nicht beachtet oder unterschätzt werden.

Die Ausbildungsprogramme im beschriebenen Ausbildungssystem können in zwei Gruppen gegliedert werden:

1. *Basisprogramme* mit interdisziplinärem Charakter, welche eine gemeinsame „Unternehmungssprache" schaffen und außerdem die wesentlichen kulturellen Entwicklungen, welche in einem bestimmten Zeitpunkt erfaßbar sind, vertiefen. Das kulturelle Bewußtsein und die kulturelle Rationalisierung der Unternehmungsstrategien werden zunehmend zu einer unabdingbaren Voraussetzung dafür, daß die Entscheidungen und Verhaltensweisen der Führungskräfte unter Herabsetzung ihrer negativen Auswirkungen auf die natürliche und soziale Umwelt die unternehmerische Effizienz und Flexibilität maximieren.
2. *Spezialprogramme*, welche das fachliche Niveau in spezifischen Gebieten anheben oder die Integration verschiedener Bereiche verbessern. Die Spezialprogramme gliedern sich im allgemeinen in:

   a) Standardprogramme und
   b) Ad-hoc-Kurse für die Lösung spezifischer Probleme.

Die Teilnahme an den Basisprogrammen ist in der Regel obligatorisch und erfolgt in bestimmten Phasen der Karriere der Mitarbeiter. Die Teilnahme an den Spezialprogrammen wird von den Linienverantwortlichen in Abhängigkeit von bestimmten Anforderungen beschlossen.

Jede Ausbildungstätigkeit muß zusammenfassend versuchen:

1. die Teilnehmer in den Ausbildungsprozeß zu involvieren und
2. eine enge Verbindung mit der Unternehmungsrealität zu wahren.

Diese Ziele können auf verschiedenen Wegen erreicht werden:

a) durch die Struktur der Seminare und Kurse, welche auf aktiven didaktischen Methoden aufbauen und auf – von den Teilnehmern vorgebrachte – Unternehmungsfälle und strategische und operative Probleme Bezug nehmen;
b) durch die Zusammensetzung des Lehrkörpers; der Anteil des unternehmungsinternen Lehrkörpers und der technischen und unternehmerischen Führungskräfte der Unternehmung nimmt – wie oben dargestellt – mit steigender Verantwortungsebene ab; die Einschaltung von mit der Unternehmung verbundenen Beratern schafft eine realistische und glaubwürdige Beziehung zu den strategischen und operativen Problemen sowie eine effiziente Übertragung des Wissens;

c) durch die Festlegung der Ausbildungsbedürfnisse und operationalen Lernziele in Zusammenarbeit mit den Führungskräften der Linie.

Die Ausbildungstätigkeit muß an der Spitze der Unternehmungshierarchie beginnen und sich durch die Verantwortungsebenen nach unten fortsetzen. Die Entscheidung über ein integriertes Ausbildungsprogramm muß vom Vorstand oder Divisionsleiter in Zusammenarbeit mit den Leitern der strategischen Geschäftseinheiten und Direktoren der Hauptabteilungen sowie mit dem Leiter der zuständigen Stabsstelle getroffen werden, wobei das Programm nicht als Summe verfügbarer Seminare und Kurse, sondern als Instrument vorgestellt wird, welches zur Lösung konkreter Probleme der Linienführungskräfte beitragen kann. Ausgangspunkt für die Formulierung eines integrierten Programmes ist die Kenntnis der Strategien und Unternehmungsprobleme, welche durch eine Reihe von Interviews und Besprechungen gewonnen werden muß.

Die Resultate dieser Befragungen dienen der inhaltlichen Festlegung der Treffen und Begegnungen der Führungskräfte auf der höchsten Verantwortungsebene; im Laufe der Treffen und Begegnungen der obersten Führungskräfte werden neue und spezifischere Ausbildungsbedürfnisse sowohl für die höchste Verantwortungsebene selbst als auch für die Gruppe der Mitarbeiter auf der darunter liegenden Verantwortungsstufe präzisiert. Dieser Prozeß greift auf die darunterliegenden Verantwortungsebenen über und paßt sich den jeweiligen Anforderungen und Umständen an; die Effizienz der in diesem Prozeß entstehenden Ausbildungstätigkeiten ist um so größer, je stärker die Linienführungskräfte an der Gestaltung der integrierten Ausbildungsprogramme beteiligt sind.

Die Optimierung des Ausbildungsprozesses von oben nach unten verknüpft die fachlichen und inhaltlichen Aspekte mit motivations- und gruppendynamischen Faktoren.

Die Führungsausbildung ist somit integrierender Bestandteil des Führungssystems. Dies hat folgende Konsequenzen:

1. Die Planung und Realisation der Ausbildungstätigkeiten muß mit Bezug auf die Ziele und Strategien der Unternehmung erfolgen.
2. Die Leitung des Ausbildungssystems muß zentralisiert sein, die Gestion des Ausbildungssystems dagegen in Zusammenarbeit mit der Linienführung dezentralisiert werden.
3. Die Arbeitserfahrungen der Führungskräfte müssen geplant und mit dem Ausbildungsprozeß integriert werden, wenn die Entwicklung ihrer fachlichen und unternehmerischen Qualitäten in einem strategischen Gesamtrahmen beschleunigt werden soll.

2.5 Die Einrichtung von Entgelts-, Motivations- und Leistungsbeurteilungssystemen

Unter einem guten General
gibt es keine schlechten Soldaten
Türkisches Sprichwort

Ein Aspekt der individuellen Entwicklungspläne verdient hervorgehoben zu werden: Der Großteil der Initiative und der Leistung muß von der Führungskraft selbst erbracht werden; die Unternehmung kann den Ausbildungsprozeß unterstützen und fördern, gute Führungskräfte werden nur herangebildet, wenn sie selbst die Hauptlast ihrer Entwicklung tragen [10].

Die Pläne für die Auswahl, Beförderung und Entwicklung der Führungskräfte müssen, um wirksam zu sein, von einer Entgeltspolitik geleitet sein, die den Erwartungen der Führungskräfte entspricht. Die Führungskräfteplanung und -entwicklung wird deshalb abgeschlossen durch:

1. Grundgehalts- und Pensionsregelung;
2. Prämien- und Gewinnbeteilungssysteme;
3. Erwerb von Aktien der Unternehmung zu Vorzugsbedingungen;
4. Nichtfinanzielle Gratifikationen.

Die Gehaltsregelung der Führungskräfte kann in der gleichen Weise wie die der Mitarbeiter auf niedrigeren Verantwortungsebenen vorgenommen werden:

1. Vergleich der verschiedenen Positionen untereinander und Festlegung einer Rangordnung der Gehälter mit sinnvollen Bandbreiten,
2. Herstellung von Verbindungen zwischen dem auf dem Markt vorherrschenden Entgeltsniveau für Führungskräfte und dem angestrebten Entgeltsniveau der Unternehmung,
3. Berücksichtigung individueller Unterschiede durch die Festsetzung einer Bandbreite für jede Position.

Die Gehaltsregelung der Führungskräfte wird in der Regel durch ein Prämien- und Gewinnbeteilungssystem ergänzt. Allgemein gilt, daß Grundgehalt plus durchschnittliche, über eine Reihe von Jahren gemittelte Prämien- und Gewinnbeteiligung dem Betrag entsprechen sollen, der einer vergleichbaren Führungskraft als Jahresvergütung ausbezahlt werden mußte. Der Erwerb von Aktien der Unternehmung zu Vorzugsbedingungen soll das Interesse der Führungskräfte am Schicksal der Unternehmung erhöhen und vermag in vielen Fällen einen Beitrag zur Lösung ihrer Steuerprobleme zu leisten.

Keine Unternehmung darf die über die gesetzlichen Bestimmungen hinausgehenden zusätzlichen *Sozialleistungen und Gratifikationen* – Erfolgsbeteiligung, Partizipation, soziale Einrichtungen, Entgeltsgarantien usw. – unberücksichtigt lassen. Die grundsätzliche Frage betrifft die zu verfolgende Politik: Soll die Unternehmung lediglich den allgemeinen Trends folgen oder soll sie die Führung in einem oder in mehreren der oben erwähnten Bereiche übernehmen? Die Unternehmungsleitung muß entscheiden, welche Alternative sich besser in das strategische Gesamtkonzept der Unternehmung einfügt, zu Synergieeffekten mit anderen Politiken führt, und muß die entsprechenden Richtlinien erlassen.

Nichtfinanzielle Gratifikationen wie Sicherheit des Arbeitsplatzes, Prestige, soziale Leistungen usw. schließlich zählen zu den vitalen Kräften, mit denen eine Unternehmung urteilsfähige Führungskräfte anzieht und bindet. Zusammenfassend ist festzuhalten, daß die Führungskräfteplanung und Führungskräfteentwicklung flexibel und sowohl den berechtigten Ansprüchen der Mitarbeiter als auch den Anforderungen der Strategien angepaßt sein muß. Die Entwicklung urteilsfähiger Führungskräfte ist immer eine Frage der Persönlichkeit der obersten Führungskräfte der Unternehmung.

Der Erfolg der Führungskräfteplanung und -entwicklung hängt davon ab, daß die Unternehmungsleitung nicht nur „im Prinzip" die Regeln akzeptiert und mit den Strategien in Einklang stehende Direktiven erläßt, die den Führungskräften Handlungsspielraum geben und auch inneres Wachstum ermöglichen, sondern ein Verhalten vorlebt, mit dem sie die Loyalität der Führungskräfte gewinnt und sie bewegt, sich engagiert und motiviert in der Formulierung und Umsetzung der Strategien einzusetzen.

Die Motivation der Führungskräfte beginnt bei grundlegenden Dingen wie Einstellung, Beförderung, Ausbildung, Entgelt, Arbeitsplatzgestaltung, Leistungsbeurteilung, Information, Führungsverhalten sowie Art und Stil der Lösung von Konflikten; sie hängt letzten Endes von der Fähigkeit der Unternehmungsleitung ab, die Unternehmungssituation so zu gestalten, daß die jeweils vorhandenen Beweggründe und Werte der Führungskräfte zu Aktionen führen und Strategien unterstützen, die im Interesse der Unternehmung liegen.

Mit Hilfe von *konstruktiven Leistungsbeurteilungssystemen* lassen sich Schwerpunkte in der normalen Beförderungsbewegung der Führungskräfte aufzeigen, Ausbildungsnotwendigkeiten ermitteln sowie die Führungskräfte ermitteln, deren Können und Leistungspotential nicht genutzt werden oder ihren gegenwärtigen und/oder zukünftigen Aufgaben nicht entsprechen. Die Leistungsbeurteilungssysteme für Führungskräfte sind vorwiegend zukunfts- und strategieorientiert und decken u.a. folgende Bereiche ab (11):

1) Fähigkeit und Bereitschaft, zum Erfolg neuer geplanter Tätigkeiten beizutragen, z.B. neue Technologien oder Sprachen zu erlernen, im Ausland zu arbeiten u. dgl. mehr;
2) Kooperationsmöglichkeiten mit anderen Unternehmungen einzuleiten;
3) Einsatzbereitschaft, Gesundheit, Energie, Loyalität u. dgl. mehr.

Schlüsselfragen	Gewichtung: 1: unwichtig 3: sehr wichtig	Nein	Teilweise	Ja	Gewichtete Punktezahlen	Bemerkungen
		-1 Punkt	0 Punkte	+1 Punkt		
1. Habe ich eine *unternehmerische Vision*?	2	●			-2	
2. Bin ich in der Lage, die wichtigsten unternehmungspolitischen Grundsätze der Unternehmung in wenigen *Leitsätzen* auszudrücken?	3		●		-	
3. Kann ich in wenigen Sätzen die entscheidenden *Wettbewerbsvorteile* der Unternehmung in bezug auf die einzelnen strategischen Geschäftseinheiten beschreiben?	3			●	3	
4. Nutzen meine Mitarbeiter ihre *Handlungsfreiheit* im Interesse der Unternehmung?	3	●			-3	
5. Habe ich eine *Organisation* aufgebaut, die die Umsetzung meiner Vision und Strategien ermöglicht?	2		●		-	
6. Sind die *Linienführungskräfte* in den strategischen Planungsprozeß involviert?	3		●		-	
7. Steht die *Unternehmungskultur* in Einklang mit den Strategien?	3		●		-	
8. Weise ich *Richtungen* und beschreite ich *neue Wege*?	1			●	1	
9. War ich in meinem bisherigen Leben vom *Glück* begünstigt?	3		●		-	
10. Leiste ich über die professionelle Erfüllung meiner Aufgaben hinaus *einen Beitrag* zur *gesellschaftlichen Entwicklung*?	2	●			-2	
Summe der gewichteten Punktezahlen					-3	

Der Grad an strategischer Führungskompetenz wird durch die Summe der gewichteten Punktezahlen ausgedrückt:

10 - 30 Punkte: hoher Grad an strategischer Führungskompetenz
-10 - 9 Punkte: mittlerer Grad an strategischer Führungskompetenz
weniger als -10 Punkte: niedriger Grad an strategischer Führungskompetenz

Abb. 8: Grundschema zur Bestimmung der strategischen Führungskompetenz (Beispiel)

3. Die Auswahl und Einstellung von Führungskräften

Einzig die Weisesten und die Dümmsten
ändern sich nie.
Chinesisches Sprichwort

Friedrich dem Großen wird die Aussage zugeschrieben, man sollte seine Entscheidungen auf eine solche Weise treffen, daß das Schicksal der Armee nicht vom guten oder schlechten Verhalten eines einzigen Unterführers abhängt [12]. Auf die Unternehmung übertragen, läßt sich daraus die Zweckmäßigkeit ableiten, in periodischen Abständen und auf systematische Weise Informationen über Schlüsselpositionen und Führungsanforderungen zu sammeln, damit im Bedarfsfall eine freigewordene Position rechtzeitig mit Hilfe von Personalberatern oder intern im Wege einer Versetzung/Beförderung besetzt werden kann [13].

Die Qualität des Auswahlprozesses von Führungskräften kann dadurch erhöht werden, daß mehrere Personen die Beurteilungen vornehmen. In Abb. 8 ist beispielhaft ein System von Kriterien zur Beurteilung der strategischen Führungskompetenz eines Individuums in Profilform dargestellt [14].

Steht genügend Zeit für die Besetzung einer Stelle zur Verfügung, können durch *Job Rotation* und/oder *Trial on the Job* in Frage kommende Führungskräfte getestet und auf ihre Eignung geprüft werden. Da allerdings eine Beförderung nicht mit Sicherheit zugesagt werden kann, informieren die Unternehmungen in der Regel die Führungskräfte nicht über die tentativen Beförderungspläne [15].

4. Ist strategische Führungskompetenz situativ?

Wirkliche Bescheidenheit und Anspruchslosigkeit
sind der wahre Schutz gegen die Kränkungen und
Zurücksetzungen in der großen Welt.
Moltke

Die Merkmale strategischer Führungskompetenz sind (Abb. 8) [16]:

- Visionsfähigkeit,
- Kommunikations- und Motivationsfähigkeit nach innen und nach außen durch ein überzeugendes Leitbild,
- Strategisches, ganzheitliches Denken,
- Förderung der Handlungsfreiheit und Initiative der Mitarbeiter,
- Schaffung einer mit der Vision, dem Leitbild und den Strategien übereinstimmenden Organisation,
- Involvierung der Mitarbeiter in den strategischen Entscheidungsprozeß,

- Begünstigung durch das Glück,
- Verkörperung von Weisheit (Gelassenheit, Belastbarkeit, persönliche Glaubwürdigkeit, Lernfähigkeit und Bescheidenheit) und Personifizierung einer Gemeinschaft,
- Beiträge zur gesellschaftlichen Entwicklung.

Ist strategische Führungskompetenz situativ, d.h. abhängig von den jeweiligen strategischen Problemstellungen? Die Versuche, strategische Führungskompetenz mit den vier bzw. neun Feldern der Portfolio-Matrix in Verbindung zu setzen, haben sich in der Praxis als problematisch erwiesen [17]. Führungskräfte mit einem hohen Grad der strategischen Führungskompetenz sind in der Regel in der Lage, strategische Geschäftseinheiten mit ganz unterschiedlichen Führungsanforderungen erfolgreich zu leiten. Die Fortschritts- und Anpassungsfähigkeit des Menschen ist in der Tat außerordentlich groß; das Organisationssystem strategisch geführter Unternehmungen schafft sogar, wenn es mit den neuen Problemen der Offensiv-, Defensiv-, Desinvestitions- oder Umstruktierungsstrategien konfrontiert wird, in den Führungskräften die erforderlichen Führungsfähigkeiten. Es ist jedoch im Interesse der Unternehmung und stellt auch einen ihrer stabilsten Erfolgsfaktoren dar, wenn a) Ausbildungsprogramme in Abhängigkeit von den verschiedenen, von den einzelnen Geschäftseinheiten verfolgten Strategien festgelegt werden, und b) bei der Besetzung der entsprechenden Führungspositionen den Interessen, Neigungen und Fähigkeiten der verfügbaren Führungskräfte Rechnung getragen wird. Auf eine Gefahr soll allerdings aufmerksam gemacht werden: daß die Strategien einzelner Geschäftseinheiten oder das Organisationsbild der Unternehmung in Abhängigkeit von den Fähigkeiten und Anforderungen außerordentlicher Personen geraten, deren Einsatz zweckmäßig erscheint; dies umso mehr, als außerordentliche Führungspersönlichkeiten häufig dazu neigen, den Entfaltungsspielraum anderer Führungskräfte einzuengen.

Dieser Problematik ist von seiten der Unternehmungsleitung bei der Führungskräfteentwicklung ein besonderes Augenmerk zu widmen, um rechtzeitig korrigierend und ausgleichend eingreifen zu können [18].

Angesichts kontinuierlich sich ändernder Problemlösungsangebote, Lebenszyklen sowie einer Vielzahl von Geschäftseinheiten und zunehmender unternehmungsinterner Komplexität muß jede Unternehmung bestrebt sein, das Potential der verfügbaren Führungskräfte voll zu nutzen und enge Korrelationen von Führungskräften und Portfoliopositionierungen strategischer Geschäftseinheiten zu vermeiden. Die Verbindung von Strategien und Führungspersönlichkeiten scheint in der Praxis umgekehrt zu verlaufen: Die Strategie einer Geschäftseinheit ist das Ergebnis der für sie verantwortlichen Führungskraft, deren Auswahl und Entwicklung die wichtigste unternehmerische Entscheidung ist. Kennt die Unternehmungsleitung oder die Person oder Gruppe von Personen, die die strategische Ausrichtung der Unternehmung bestimmt, die strategische Führungskompetenz und die Neigungen ihrer Mitarbeiter, dann kann sie das Angenehme für die Führungskräfte mit dem verbinden, was für die Unternehmung nützlich ist. Hierin liegt letztlich das Geheimnis jeden unternehmerischen Erfolges.

5. Ausblick

> Die Stellung gibt dir nie das Recht, zu befehlen – nur die Schuldigkeit, so zu leben, daß andere deinen Befehl annehmen können, ohne erniedrigt zu werden.
>
> D. Hammarskjöld

Zu einer erfolgreichen Führung gehören Vertrauen sowie positives und konstruktives Denken, Fühlen und Handeln. „Die Heerführung ist verhältnismäßig leicht", sagt Moltke, „wenn man über Unterführer und Truppen verfügt, denen man vertrauen kann, daß sie mit eigener Einsicht und Kraft unvorhergesehenen Ereignissen begegnen und die nachteiligen Folgen vorkommender Irrtümer der Oberleitung abwenden werden" [19]. Übertragen auf den wirtschaftlichen Bereich heißt das, daß die Effektivität und Effizienz der Unternehmungsführung in hohem Maße von der Fähigkeit der für die strategischen Geschäftseinheiten, Funktionsbereiche, regionalen Tochtergesellschaften und Stabsstellen verantwortlichen Führungskräfte abhängen, die ihnen eingeräumte Handlungsfreiheit auf eine mit der Gesamtstrategie der Unternehmung kohärente Weise zu nutzen. „So gibt es in jedem Hauptquartier eine Anzahl von Leuten", schreibt Moltke an anderer Stelle, „die mit großem Scharfsinn alle Schwierigkeiten bei jeder vorgeschlagenen Unternehmung hervorzuheben wissen. Bei der ersten eintretenden Verwicklung weisen sie überzeugend nach, daß sie alles vorhergesagt haben. Sie sind immer im Recht, denn da sie selbst nicht leicht etwas Positives vorschlagen, viel weniger noch ausführen, so kann der Erfolg sie nie widerlegen. Diese Männer der Negative sind das Verderben der Heerführer" [20]. Und auch der Unternehmungen, wagen wir hinzuzufügen. Es zählt auch zu den Aufgaben der Führungskräfteentwicklung, diese Männer und Frauen der Negative zu identifizieren und sich von ihnen rechtzeitig zu trennen; denn, so sagt Tucholsky, „wenn einer nichts hat, Bedenken hat er". In allen Unternehmungen muß die Führungskräfteentwicklung die Mitarbeiter und die Organisation, in der sie tätig sind, *lernfähig* erhalten. Lernfähig sein heißt, nach allen Seiten für neue Ideen offen sein, an sich selbst arbeiten, im kleinen Rahmen experimentieren, aus Fehlern lernen und sich neues Wissen und neue Einsichten in die Unternehmung und über gesellschaftliche Zusammenhänge verschaffen.

Anmerkungen

[1] Vgl. hierzu St. D. FRIEDMANN u. Th. P. Le VINO, *Strategic Appraisal and Development at General Electric Company*. In: FOMBRUN, C.J., M.M. TICHY u. M.A. DEVANNA (Hrsg.): Strategic Human Resource Management: New York 1984, S. 183–202.

[2] Vgl. hierzu im einzelnen HINTERHUBER, H.H.: Strategische Unternehmungsführung. 5. Aufl., Berlin–New York 1992, 2. Band, S. 138–139 u. S. 165–178.

[3] Vgl. STAUDT, E., *Unternehmensplanung und Personalentwicklung. Defizite, Widersprüche und Lösungsansätze.* In: „*Mitteilungen aus der Arbeitsmarkt- und Berufsforschung*" 22 (1989), S. 374–387.
[4] Vgl. hierzu DRUMM, H.J., *Personalwirtschaftslehre.* Berlin-Heidelberg 1989, S. 361 ff.; STEINMAN, H., G. SCHREYÖGG u. J. THIEM, *Strategische Personalführung. Inhaltliche Ansatzpunkte und Überlegungen zu einem konzeptionellen Bezugsrahmen.* In: „Mitteilungen aus der Arbeitsmarkt- und Berufsforschung", 22 (1989), S. 397–407; STAEHLE, W.H., *Human Resource Management und Unternehmungsstrategie.* In: „Mitteilungen aus der Arbeitsmarkt- und Berufsforschung" 22 (1989), S. 388–396.
[5] Vgl. hierzu NEWMAN, W.H., L.P. LOGAN u. W.H. HEGARTY: *Strategy, Policy, and Central Management.* 9. Aufl., Cincinnati 1985, S. 476 ff.
[6] Vgl. hierzu REBER, G. u. W. BÖHNISCH, *Theoriegeleitete Führungstrainings.* In: E. Gaugler (Hrsg.), *Betriebliche Weiterbildung als Führungsaufgabe.* Wiesbaden 1987, S. 45–68; siehe auch WEBER, W., *Modelle der betrieblichen Weiterbildung.* In: „Mitteilungen aus der Arbeitsmarkt- und Berufsforschung" 22 (1989), S. 419–426.
[7] Vgl. hierzu HINTERHUBER, H.H., *Strategische Unternehmungsführung*, a.a.O., S. 166 ff.
[8] Vgl. hierzu SCHULZ, D., W. FRITZ u. D. SCHUPPERT, *Outplacement. Personalfreisetzung und Karrierestrategie.* Wiesbaden 1989, S. 40 ff.
[9] Vgl. hierzu HERSEY, P. u. K.H. BLANCHARD: *Management of Organizational Behavior.* 5. Aufl. Englewood Cliffs 1988, S. 240 ff.
[10] Vgl. hierzu BECKER, G., *Anreizsysteme für Führungskräfte im Strategischen Management.* 2. Aufl. Bergisch Gladbach-Köln 1987, S. 237 ff.
[11] Vgl. hierzu NEWMAN, W.H., L.P. LOGAN u. W.H. HEGARTY: *Strategy, Policy, and Central Management.* a.a.O., S. 483.
[12] Vgl. hierzu HINTERHUBER, H.H., *Wettbewerbsstrategie.* 2. Aufl., Berlin-New-York 1990 (im Druck); siehe auch T.R. PHILLIPS, *Roots of Strategy.* Harrisburg 1985, S. 394.
[13] Vgl. SCHOLZ, CH., *Personalmanagement.* München 1989, S. 507 ff.; siehe auch LASKE, St., U. SCHNEIDER u. R. WOLLFF, *Organisationsentwicklung als Alltagsentwicklung*: In: HINTERHUBER, H.H. u. St. LASKE (Hrsg.), *Zukunftsorientierte Unternehmenspolitik.* Freiburg 1984, S. 227–246.
[14] Vgl. hierzu HINTERHUBER, H.H., *Strategische Unternehmungsführung*, a.a.O., S. 241 ff. und vom selben Verfasser *Wettbewerbsstrategie*, a.a.O.,
[15] Vgl. hierzu DRUMM, H.J. u. Ch. SCHOLZ, *Personalplanung. Planungsmethoden und Methodenakzeptanz.* 2. Aufl., Bern-Stuttgart 1988, S. 72 ff.
[16] Vgl. HINTERHUBER, H.H., *Strategische Unternehmungsführung*, a.a.O., S. 244 ff.
[17] Vgl. WUNDERER, R., *Führungslehre.* Bd. 1: Grundlagen der Führung. Bd. 2: Kooperative Führung. Berlin-New York 1980.
[18] Vgl. hierzu MERZ, H.-R., *Die außergewöhnliche Führungspersönlichkeit.* Grüsch 1987, S. 21 ff.
[19] v. MOLTKE, H.: *Militärische Werke.* IV. Kriegslehren, 1. Teil. Berlin 1911, S. 273.
[20] v. MOLTKE, H.: *Militärische Werke*, a.a.O., S. 42.

Planungs- und Kontrollsysteme als Gegenstand strategischer Planung*

D. Hahn

1. Grundsätzliches zur Planung als Kernfunktion der Führung der Unternehmung

Führung als Funktion beinhaltet einen *Prozeß der Willensbildung und Willensdurchsetzung – mit und gegenüber anderen (weisungsgebundenen) Personen zur Erreichung eines Ziels oder mehrerer Ziele* unter Übernahme der hiermit verbundenen Verantwortung, stets verbunden mit einem spezifischen Führungsverhalten (vgl. Hahn 1974, 1996; Bleicher 1966, S. 124 ff.; Bleicher/Meyer 1976; Heinen/Dietel 1987, Sp. 2073 ff.; Staehle 1991, S. 65 ff.; Ulrich 1990, S. 13 ff.). Der systematisch durchgeführte und auf künftiges Geschehen ausgerichtete *Willensbildungs-* bzw. *Entscheidungsprozeß* kann dabei als *Planung*, der anschließende *Willensdurchsetzungsprozeß* als *Steuerung* und *Kontrolle* interpretiert werden. Planung umfaßt damit eine stets zielorientierte Suche nach Lösungsalternativen sowie deren Beurteilung und Auswahl im Hinblick auf Planungsgegenstände unterschiedlichster Art – unter Zugrundelegung einwertiger oder mehrwertiger Zukunftserwartungen.

Unternehmungsplanung ist systematische Zukunftsgestaltung der Unternehmung. Sie erfolgt im Rahmen einer Vielzahl von Informations- und Kommunikationsprozessen.

Hauptzwecke der Planung bilden dabei:

- Zielorientierung, Integration und Koordination,
- Risikoerkennung und -reduktion,
- Komplexitätsreduktion,
- Flexibilitätserhöhung (Zeitdruckminimierung)

und damit *Sicherung von Effektivität und Effizienz* des gesamten Unternehmungsgeschehens (vgl. Hahn 1993, Sp. 3188; Rühli 1989, Sp. 566 ff.; Wild 1982, S. 15 ff.).

* (Dieser Beitrag wird leicht modifiziert wiederabgedruckt mit Genehmigung des Verlages T. Gabler, Wiesbaden. Ursprünglicher Titel: Aufbau von Planungssystemen, in: Handbuch Unternehmungsführung, Konzepte – Instrumente – Schnittstellen, Hrsg. H. Corsten, M. Reiß, Wiesbaden 1995.)

Träger der Planung in Unternehmungen bilden die hierzu legitimierten Willensbildungszentren. Es handelt sich zum einen um die *internen Willensbildungszentren*, d.h. die *Führungskräfte* auf allen Führungsebenen, unterstützt durch *Führungs(ge)hilfen* (Mitglieder von Stabs- und Zentralabteilungen) und zum anderen für die Verabschiedung spezifischer Planungen auch um die *externen Willensbildungszentren*, wie z.B. Aufsichtsrat/Beirat und Gesellschafterversammlung.

2. Theoretische Ableitung eines Planungssystems

Planung und Kontrolle des Unternehmungsgeschehens vollziehen sich im Rahmen eines Planungs- und Kontrollsystems, das bezüglich seiner Ausgestaltung selbst Gegenstand der Planung sein kann. Im folgenden wird ein allgemeingültiges Planungs- und Kontrollsystem mit integrierter Planungs- und Kontrollrechnung abgeleitet. Dieses ist für funktional und divisional organisierte Unternehmungen anwendbar. Die unternehmungsspezifische Ausgestaltung durch Bestimmung und Variation von Teilplanungskomplexen erfolgt durch zielorientierte Alternativensuche, -beurteilung und -auswahl – also Meta-Planung (vgl. Bleicher 1989; Hahn 1996, S. 77 ff. sowie Anthony 1965; Ackhoff 1970; Bircher 1989; Hahn 1974; Hammer 1988; Hill 1971; Hax/Maljuf 1991; Kirsch 1975; Kirsch/Maaßen 1989; Koch 1975; Kuhn 1990; Lorange 1980; Mellerowicz 1961; Pfohl 1981; Steiner 1969; Szyperski/Mußhoff 1989; Töpfer 1976; Wild 1982).

Auf der Basis der Systemtheorie (vgl. Ulrich 1970, S. 105 f.) kann das *Planungs- und Kontrollsystem* einer Unternehmung – wegen der zwingend notwendigen Ergänzung der Planung durch die Kontrolle oft auch nur als Planungssystem bezeichnet – als zielgerichtete Gesamtheit von *Elementen*, hier von *Planungs- und Kontrollprozessen*, verstanden werden, zwischen denen *sachlich und zeitlich spezifizierte Beziehungen* bestehen.

Die Resultate der Planungs- und Kontrollprozesse sind *qualitative und quantitative Planungs- und Kontrollinformationen*, die ihren Niederschlag in Plänen und Berichten finden. Diese können ihrerseits als Elemente eines *Plan- und Berichtssystems* interpretiert werden. Zwischen Planungs- und Kontrollsystem sowie Plan- und Berichtssystem besteht damit zwingend ein sachlogischer Zusammenhang.

Planungs-, Steuerungs- und Kontrollaufgaben sind Führungsaufgaben, die durch die Organisation geregelt werden. Organisation und Planungssystem sollten daher deckungsgleich sein (vgl. Hahn 1974; Kern 1971). So lassen sich für funktional oder divisional gegliederte Unternehmungen organisationsorientiert Planungssysteme mit entsprechenden periodischen Plänen und Berichten im Hinblick auf Bereiche, Märkte, Produkte und Prozesse konzipieren und zur Anwendung bringen, die durch aperiodisch zu erstellende Pläne und Berichte für Projekte zu ergänzen sind.

Die Verarbeitung von quantifizierten Informationen zu Planungs- und Kontrollinformationen bildet den Inhalt der *Planungs- und Kontrollrechnung*. Diese stellt das wichtigste Instrument der Unternehmungsführung für die Setzung und Ableitung der quantifizierbaren Ziele und Zielerreichungsmaßnahmen sowie die Überwachung der Zielerreichung dar (vgl. Hahn 1974, 1996).

Die *Anforderungen an ein Planungssystem* können aus dem Systembegriff mit seinen allgemeinen Systemmerkmalen und aus dem jeweiligen Systemzweck abgeleitet werden (vgl. hierzu Hahn 1996, S. 79 sowie Bircher 1976, S. 71 ff.; Kuhn 1990, S. 69 ff.; Mellerowicz 1979, S. 31 ff.; Pfohl 1981, S. 116 ff.; Steiner 1969, S. 45 ff.; Töpfer 1976, S. 97 ff.; Wild 1982, S. 157 ff.). Geht man von Systembegriff und Systemzweck aus, muß sich ein Planungs- und Kontrollsystem mit integrierter Planungs- und Kontrollrechnung durch folgende *Charakterisierungsmerkmale* auszeichnen:

- Zielbezogenheit,
- Gesamtheit bzw. Vollständigkeit,
- Beschreibung der Elemente bzw. Teilplanungen und Teilpläne nach Inhalt, Ausmaß und zeitlichem Bezug,
- zielorientierte Integration der Teilplanungen und Teilpläne (horizontale und vertikale aufgabenorientierte inhaltliche und zeitliche Strukturierung) sowie
- Flexibilität, Aktualität und Wirtschaftlichkeit.

Auf der Basis der Interpretation der *Unternehmung als zielorientiertem Aktionszentrum* (vgl. Kosiol 1976), in dem Ziele durch zielorientierte Aktionen bzw. Maßnahmen von Potentialen, d.h. Menschen und Betriebsmitteln, erreicht werden, läßt sich in einem ersten Schritt das *Grundschema* eines Planungs- und Kontrollsystems mit folgenden Teilplanungskomplexen und daraus resultierenden Plänen ableiten:

- Zielplanung,
- Potentialplanung und
- Aktionsplanung,

wobei Potential- und Aktionsplanung stets ziel- bzw. programmbezogen erfolgen (vgl. Hahn 1996).

3. Ausgestaltung eines integrierten Planungssystems

In Literatur und Praxis werden für die einzelnen Teile des dargestellten Grundschemas des Planungssystems unterschiedliche Bezeichnungen gewählt. Von diesen Bezeichnungen seien im folgenden die Begriffe strategische und operative Planung aufgenommen (vgl. Hahn 1996, S. 96 ff.). Da eine simultane Zielplanung und zielorientierte Potential- und Aktionsplanung für das System Unternehmung i.d.R. nur schwer möglich und beschreibbar ist, wird unter Verwendung von in Praxis und Literatur geläufigen Begriffen ein *Planungs- und Kontrollsystem einschließlich Planungs- und Kontrollrechnung* mit folgenden integrierten Teilplanungskomplexen zugrunde gelegt (vgl. auch Arbeitskreis „Integrierte Unternehmungsplanung" der SG-DGfB 1991; Hahn 1974, 1996; vgl. Abbildung 1):

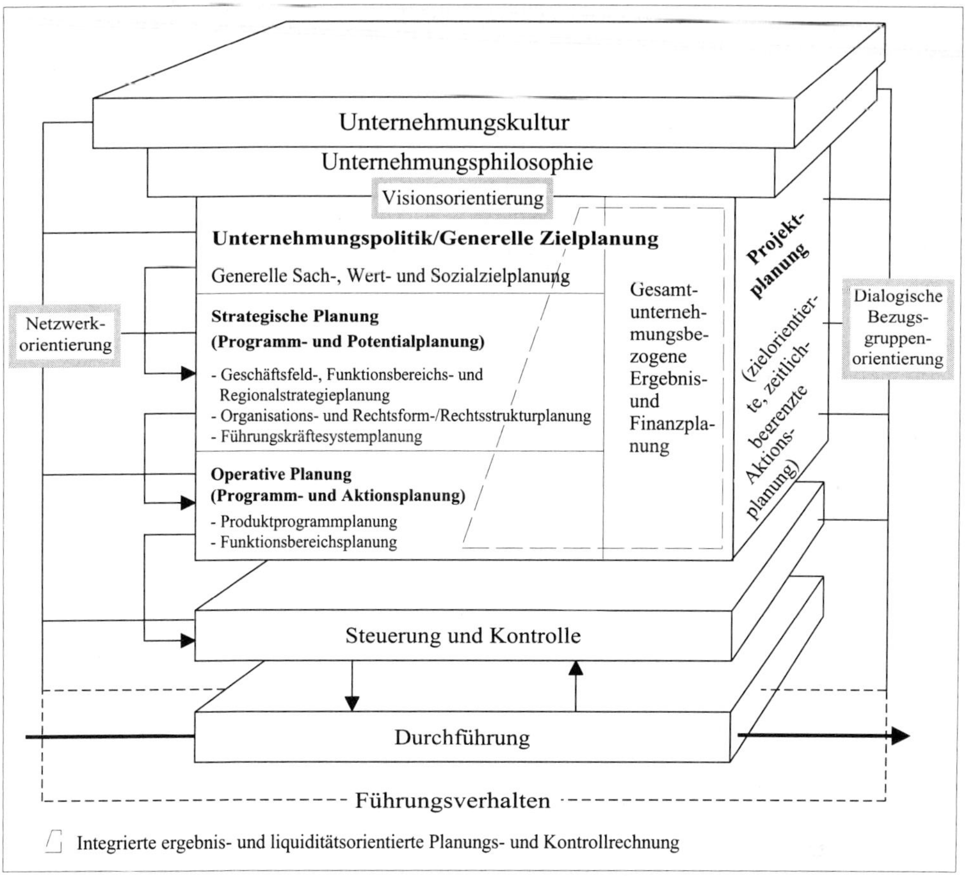

Abb. 1: Kennzeichnung des Grundkonzeptes und der Teilkomplexe des Planungssystems einer Unternehmung

1. Unternehmungspolitik bzw. generelle Zielplanung;
2. Strategische Planung – Programm- und Potentialplanung, Potentialstrukturplanung;
3. Operative Planung – Programm- und Aktionsplanung bei gegebenen Potentialen;
4. Gesamtunternehmungsbezogene Ergebnis- und Finanzplanung.

In einer bestehenden Unternehmung können diese periodisch durchzuführenden Teilplanungskomplexe durch *aperiodisch durchzuführende Projektplanungen* ergänzt werden.

Das *Planungs- und Kontrollsystem* bildet das *Kernstück eines visionsorientierten, vernetzten dialogischen Führungsinformationssystems.* Geprägt wird jedes Planungs- und Kontrollsystem durch die *Unternehmungsphilosophie und -kultur* – die gemeinsamen bzw. abgestimmten Werthaltungen der obersten Führungskräfte der Unternehmung und die maßgeblich durch diese und die Umfeldbedingungen beeinflußten, unternehmungsgeschichtlich gewachsenen Denk-, Entscheidungs- und Verhaltensmuster der Mitarbeiter der Unternehmung.

3.1 Unternehmungspolitik bzw. generelle Zielplanung

Erhaltung und erfolgreiche Weiterentwicklung der Unternehmung bilden den *Hauptzweck* bzw. das *oberste Ziel* der Unternehmung aus der Sicht aller an ihr interessierten Gruppen, sofern hierdurch die Chance der Realisierung ihrer Individualziele gegeben ist.

Differenziert gesehen ist hierzu im Rahmen der *generellen Zielplanung* die Fixierung aller generellen ökonomischen und nichtökonomischen Ziele für das System Unternehmung vorzunehmen. Es gilt, die wichtigsten *Sachziele* (Angaben des Tätigkeitsfeldes, der Branche bzw. der Wirtschaftszweige, der wichtigsten angestrebten Leistungsarten und ggfs. Kundengruppen), die wichtigsten *Wertziele* (Ergebnis- und Liquiditätsziele) sowie die wichtigsten *Sozialziele* (angestrebte Zustände und Verhaltensweisen gegenüber Mitarbeitern, Kapitalgebern, Marktpartnern, dem Staat, der allgemeinen Öffentlichkeit und der natürlichen Umwelt) festzulegen.

Die generellen Ziele sind dabei stets Ausdruck der Wertvorstellungen der am Zielbildungsprozeß beteiligten obersten Führungskräfte bzw. oberen internen und externen Willensbildungszentren. Versteht man unter *Unternehmungspolitik* das Fällen von Führungsentscheidungen primär im Hinblick auf die Ziele der Unternehmung als Ganzes, wird deutlich, daß es sich bei den generellen Unternehmungszielen als Resultate der Unternehmungspolitik um autonom gesetzte oder systematisch abgeleitete bzw. geplante obere Ziele handelt.

Erhaltung und erfolgreiche Weiterentwicklung einer Unternehmung werden in der Wettbewerbswirtschaft am ehesten durch Streben nach optimalem Ergebnis erreicht – bei jederzeitiger Aufrechterhaltung der Liquidität. Für Unternehmungen der sozialen Marktwirtschaft bedeutet dies, das Streben nach maximalem Ergebnis bzw. Überschuß – letztlich das Streben nach einem maximalen Kapitalwert – als *oberstes monetäres Ziel* zu formulieren, das es bei steter Aufrechterhaltung der *Liquidität* und ggfs. Einhaltung von definierten *Periodenzielen* durch die Erstellung und den Absatz spezifischer Produkte und Dienstleistungen unter Beachtung von *Sozialzielen* zu erreichen gilt.

Hilfsweise wird dabei das Ergebnisziel im Rahmen des kapitalwertorientierten Entwicklungspfades der Unternehmung durch das *Streben nach optimalem kalkulatorischen Ergebnis* verfolgt.

3.2 Strategische Planung – Programm- und Potentialplanung, Potentialstrukturplanung

Die strategische Planung ist primär eine Zielerreichungsplanung. Sie beinhaltet eine möglichst simultan durchzuführende Programm- und Potentialplanung und ist in Abstimmung mit allen übrigen Teilplanungen, insbesondere der gesamtunternehmungsbezogenen Ergebnis- und Finanzplanung, zu erstellen. In ihr werden unter Beachtung der generellen Ziele das von der Unternehmung *langfristig zu erstellende Leistungs- bzw. Produkt- und Dienstleistungsprogramm* und die für die Leistungserstellung und -verwertung *erforderlichen Potentiale bzw. Potentialänderungen* festgelegt. Diese Programm- und Potentialplanung bzw. Potentialänderungsplanung bildet den *Kern der strategischen Planung*. Sie wird auch als *Geschäftsfeldstrategie- bzw. Geschäftsfeldplanung* bezeichnet und ist grundsätzlich mit Funktionsbereichs- und Regionalstrategieplanungen verbunden.

Da sachpotentialbezogene Planungen unter monetären Aspekten letztlich grundsätzlich nur durch die (Außen-)Finanzierungsmöglichkeiten begrenzt werden, wird auch die Planung der *Kapitalstruktur* (als Ausdruck des Verhältnisses des Eigenkapitals zum Fremdkapital) zur strategischen Planung gezählt.

Zum Gegenstand der strategischen Planung gehört ferner die Bestimmung der *Potentialstruktur*. Bei Betonung der Sachpotentiale handelt es sich um die *Standortstruktur- bzw. Layoutplanung*, bei Betonung der aufgabenorientierten Sach- und Humanpotentiale um die *Planung der Aufbauorganisation* sowie der mit ihr verbundenen *Rechtsform* und *Rechtsstruktur* der Unternehmung. Schließlich ist in diesem Zusammenhang als zu gestaltendes Objekt auch das zum Organisationssystem passende und seinen Trägern dienende *Führungskräftesystem* zu nennen. Die Planung des Führungskräftesystems umfaßt unter Heraushebung des wichtigsten Humanpotentials aus dem Personalpotential der Unternehmung die methodische Gestaltung des *Führungskräfteplanungssystems* mit hierauf aufbauender personenbezogener *Führungskräfteplanung*, die Planung des für deren Motivation wichtigen *Führungskräfteanreizsystems* und des für die Aufgabenerfüllung notwendigen *Führungskräfteinformationssystems*.

3.3 Operative Planung – Programm- und Aktionsplanung bei gegebenen Potentialen

Die operative Planung ist ebenfalls primär eine Zielerreichungsplanung. Sie baut auf der generellen Zielplanung und der strategischen Planung auf.

In ihr werden die von der Unternehmung *kurz- und mittelfristig* zu erstellenden *Leistungs- bzw. Produkt- und Dienstleistungsprogramme* (im Rahmen des strategischen Leistungsprogramms) nach Art und Menge auf der Basis gegebener Potentiale bzw. Kapazitäten und die zur Realisierung dieser Programme erforderlichen *Maßnahmen (zielorientierten Aktionen/Operationen)* in den einzelnen Bereichen der Unternehmung geplant.

Die operative Produktprogrammplanung erfolgt grundsätzlich gesamtunternehmungsbezogen im Wechselspiel mit den Subsystemplanungen der Unternehmung.

3.4 Gesamtunternehmungsbezogene Ergebnis- und Finanzplanung im Rahmen der Planungs- und Kontrollrechnung

Die monetäre und nichtmonetäre Planungs- und Kontrollrechnung ist der quantitative Ausdruck der generellen Zielplanung sowie der strategischen und operativen Planung. Wird die monetäre und nichtmonetäre Planungs- und Kontrollrechnung soweit wie möglich im Rahmen der generellen Zielplanung, der strategischen Planung und der operativen Planung behandelt, verbleibt als vierter Teilplanungskomplex nur die *gesamtunternehmungsbezogene Ergebnis- und Finanzplanung*.

Zudem finden im Rahmen der periodisch durchgeführten Teilplanungskomplexe aperiodisch *Projektplanungen* (Planungen zeitlich begrenzter, zielorientierter Aktionsfolgen) statt.

Abbildung 2 verdeutlicht die zielorientierte Integration von Teilplanungskomplexen zu einem Unternehmungsplanungssystem mit integrierter ergebnis- und liquiditätsorientierter Planungs- und Kontrollrechnung am Beispiel einer primär funktional organisierten Industrieunternehmung.

Das hier aufgezeigte *Grundschema eines Planungssystems bzw. Planungs- und Kontrollsystems mit integrierter Planungs- und Kontrollrechnung* ermöglicht es der obersten Unternehmungsführung, ausgehend von bestimmten Prämissen die wichtigsten monetären Ziele (Wertziele) und die zu ihrer Erreichung notwendigen Produktziele (Sachziele) und Handlungsziele sowie einen hierfür erforderlichen Mitteleinsatz nach Überprüfung von alternativen Entscheidungsmöglichkeiten der strategischen und operativen Planung sowie der gesamtunternehmungsbezogenen Ergebnis- und Finanzplanung festzulegen. Dabei können auf der Basis des Zahlenwerks der integrierten Planungs- und Kontrollrechnung operative und strategische Alternativen aufgrund ihrer Wirkungen sowohl im Hinblick auf die Periodenziele der Unternehmung (z.B. Umsatz-, Cash-Flow-, Ergebnis- und Liquiditätsziele) als auch im Hinblick auf die Kapitalwerte der Alternativen oder der Unternehmung als Ganzes beurteilt werden. Durch Simulationsrechnungen, vereinzelt auch analytische Modelle des Operations Research (OR), ist eine Ausrichtung der Ziele und Maßnahmen aller Führungsebenen auf die oberen Ziele der Unternehmung möglich (vgl. Hahn 1996; Popp 1992; Zwicker 1988).

Beschränkt man sich bei den Plan- und Kontrollinformationen auf *Kennzahlen*, also jene absoluten und relativen Zahlen, die betriebswirtschaftlich relevante Informationen in konzentrierter Aussageform beinhalten, erhält man abgeleitet aus den Zielen Ergebnis und Liquidität das *PuK-Kennzahlensystem* einer Unternehmung. Schlagwortartig kann es als *erweitertes ROI-/Cash-Flow-Kennzahlensystem* bezeichnet werden (vgl. Hahn 1974, 1996; Reichmann 1990).

Bei *primär divisional* (produkt- oder regionenorientiert) *organisierten Unternehmungen/Konzernen* nehmen die Probleme der Gestaltung und Nutzung eines *Planungs- und Kontrollsystems mit integrierter Planungs- und Kontrollrechnung* erheblich zu. Jedoch läßt sich auch hier ein Planungs- und Kontrollsystem nach dem vorab erläuterten Grundschema konzipieren und anwenden. Die Ausgestaltung richtet sich im Einzelfall insbesondere nach der jeweiligen Aufbau- und Führungsorganisation, der Zusammensetzung des Produkt- und Dienstleistungsprogramms, der Standortstruktur sowie dem Führungsstil der oberen Führungskräfte in der Unternehmungs- bzw. Konzernspitze. Ausgehend von unserem Grundkonzept für ein Planungs- und Kontrollsystem sind sowohl für die *Zentrale* als auch für die *Divisions* jeweils entsprechende mehrperiodige Planungen sowie aperiodische Planungen mit dazugehörigen Kontrollen durchzuführen. Das Grundschema eines Planungssystems für einen einstufigen Konzern mit heterogenem Leistungsprogramm und primär produktorientierter Aufbauorganisation zeigt Abbildung 3 (vgl. Hahn 1990, S. 87 ff.; 1996, S. 631 ff.). Hierbei ist zwischen Plänen

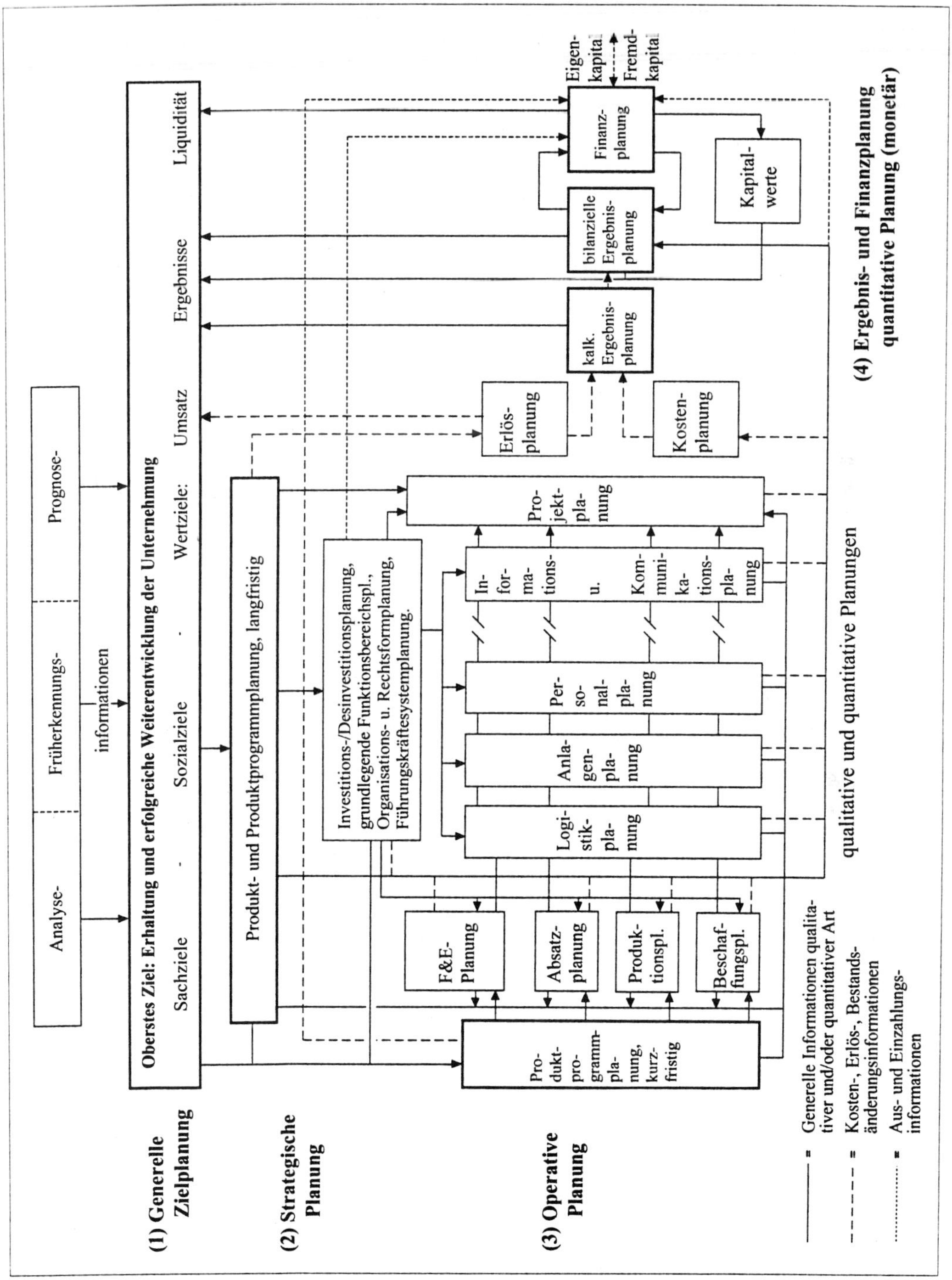

Abb. 2: Planungssystem mit integrierter Planungs- und Kontrollrechnung

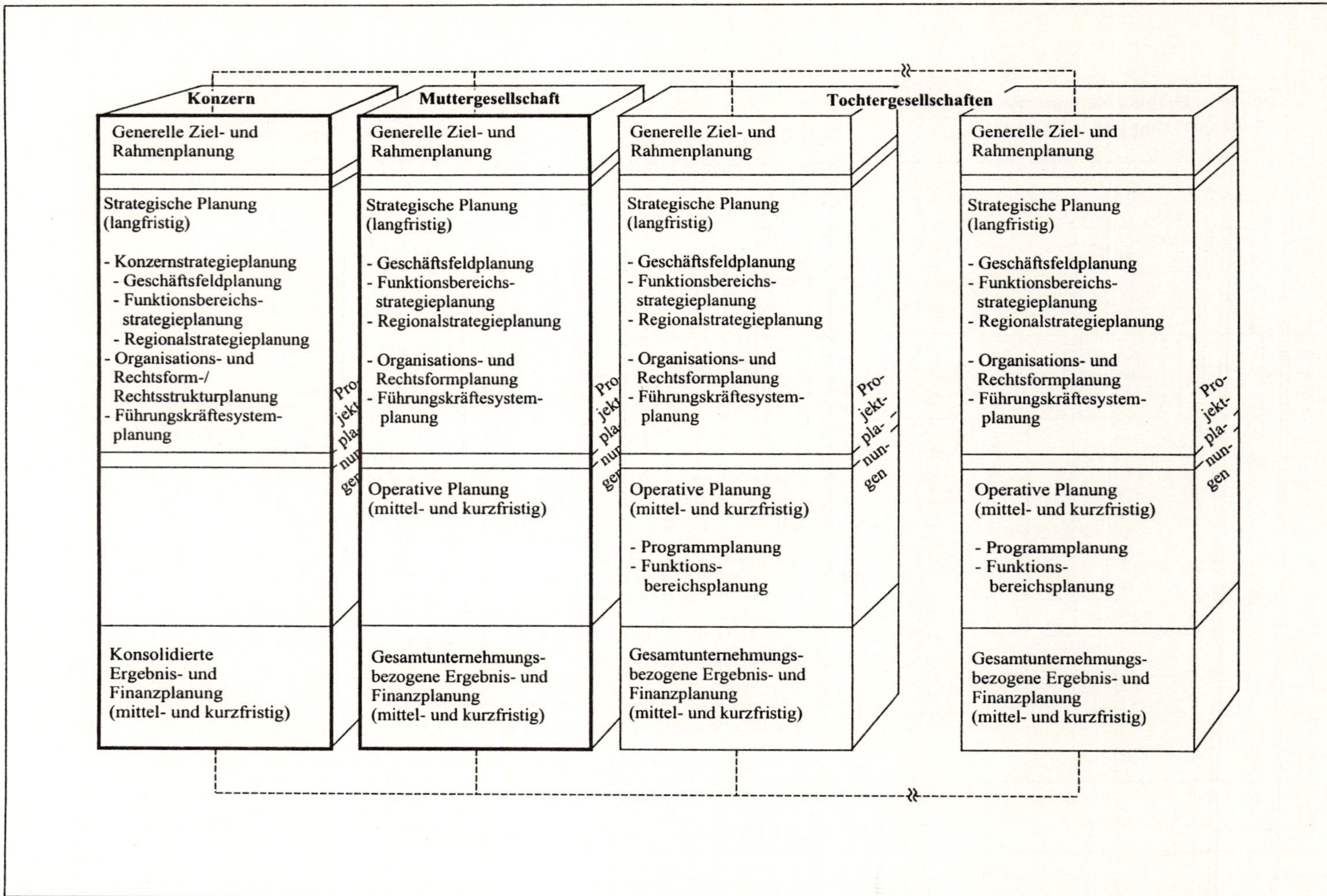

Abb. 3: Grundschema des Planungssystems eines einstufigen Konzerns mit heterogenem Leistungsprogramm und primär produktorientierter Aufbauorganisation

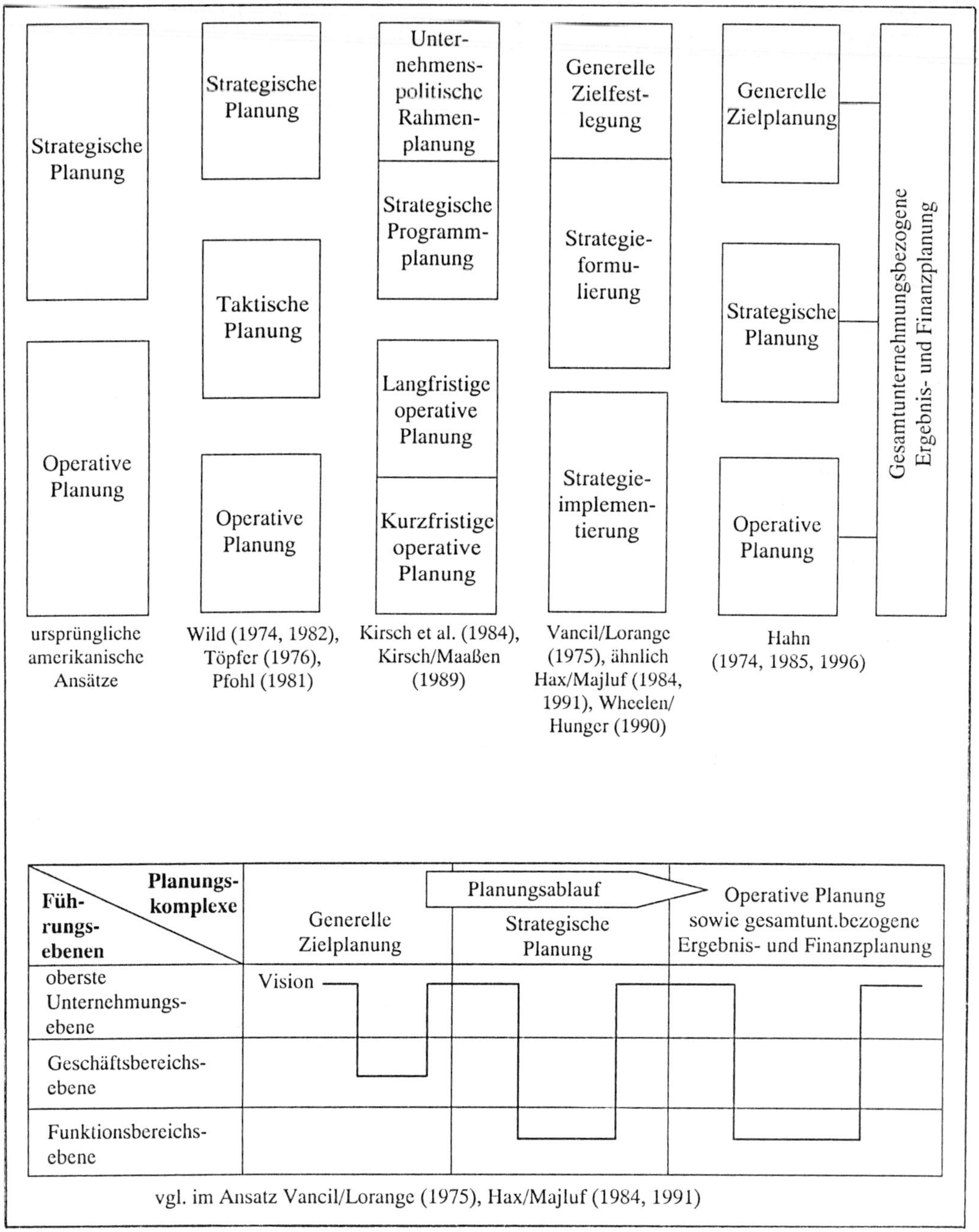

Abb. 4: Planungskonzepte (mögliche Teilplanungskomplexe) und möglicher Planungsablauf

und Berichten bezogen auf den Konzern, die Muttergesellschaft und die Divisions bzw. Tochtergesellschaften zu unterscheiden.

In Literatur und Praxis erfolgt die *Bildung von Teilplanungskomplexen* eines Planungssystems unterschiedlich oder unter unterschiedlicher Bezeichnung (Abbildung 4). In vereinfachter Form wird nur zwischen strategischer Planung (einschließlich der Zielplanung) und (lang-, mittel- und kurzfristiger) operativer Planung differenziert. Häufig wird die gesamtunternehmungsbezogene Ergebnis- und Finanzplanung, in der sich die monetären Wirkungen der strategischen und der operativen Planungen sowie die generellen Ziele periodenbezogen abbilden lassen, als Teil der operativen Planung angesehen. In der Literatur – jedoch nach unserer Kenntnis grundsätzlich nicht in der deutschsprachigen Praxis – grenzt man Teile des Planungssystems mit entsprechender Bezeichnung auch als sog. taktische Planung ab, die als mittel- oder kurzfristige Planung interpretiert wird. In Literatur und Praxis werden auch die generelle Ziel- und Rahmenplanung und die strategische Programmplanung einerseits sowie die (lang- und kurzfristige) operative Planung andererseits als Teilplanungskomplexe angesehen. Hierbei wird die Investitionsplanung als Bestandteil der langfristigen operativen Planung betrachtet.

In der *amerikanischen Literatur und Praxis* wird bei der Darstellung von Planungskonzepten primär auf die strategische Planung und Umsetzung mit Untergliederungen in *Strategieformulierung* und *Strategieimplementierung* abgestellt (vgl. Hahn 1989). Hierbei wird jedoch stets betont, daß die Formulierung und Implementierung der Unternehmungsstrategie in Form eines integrierten, abgestimmten und rückkoppelnden Prozesses vorzunehmen sind. Dabei wird z.T. sehr anschaulich die sachliche und zeitliche Verzahnung der Planungs- und Kontrollprozesse in mehrstufigen Unternehmungen skizziert (vgl. Hax/Majluf 1984, 1991; Vancil/Lorange 1975). Zudem wird meist auch explizit die Festlegung genereller Ziele (Vision, Mission, Objectives) am Anfang des Planungsprozesses herausgestellt.

4. Entwicklungstendenzen bei der Ausgestaltung von Planungssystemen

Die Ausgestaltung von Planungssystemen muß stets an die jeweiligen aktuellen *Anforderungen in der Unternehmung und im Umfeld der Unternehmung* angepaßt werden. Exemplarisch lassen sich einige Entwicklungen bei der Ausgestaltung von Planungssystemen nennen:

- Immer häufiger wird dem Planungssystem eine *Vision* vorangestellt.
- Zunehmend werden *Szenarien* zur Überprüfung und Entwicklung von Vision, Unternehmungszielen und Strategien herangezogen.
- Der *Zielkatalog in der Unternehmung* wird erweitert. Nach wie vor dient zur Erhaltung und erfolgreichen Entwicklung der Unternehmung das Ergebnisstreben durch marktorientierte Produkte, Dienstleistungen und Systeme – unter Beachtung von

Sozialzielen und sonstigen Anforderungen. Es gilt das Streben nach maximalem kalkulatorischen Periodengewinn im Rahmen der operativen Führung auf der Basis eines strategischen Entwicklungspfades der Unternehmung, der für einzelne Objekte und die Unternehmung als Ganzes auf der Basis von Kapitalwertberechnungen zu ermitteln ist. Strategische Alternativen sind bezüglich ihrer monetären Wirkungen anhand des *Gesamtkapitalwertes* oder des *residualen Unternehmungskapitalwertes* zu beurteilen. Zudem wird von den Eigenkapitalgebern der *Shareholder Value* als Zielgröße für die Gestaltung des Unternehmungsgeschehens gefordert.

- Bisherige *Rahmenbedingungen* werden zu Unternehmungszielen erhoben: Umweltschutz und Umweltverbesserung, Bejahung innovativer, beherrschbarer Technologien, Eintritt für soziale Marktwirtschaft und freiheitlich-demokratische Gesellschaftsordnung.
- Neben pyramidenartig aufgebauten Periodenzielen im Rahmen der operativen Führung kommt im Rahmen der strategischen Führung zunehmend das *Target Costing* zur Anwendung. An Kundenwünschen und Konkurrenzverhältnissen orientiert erfolgen Produktdefinition, Preisbildung und retrograde Kalkulation für Produkte und Produktkomponenten. Zur Behauptung der Wettbewerbsfähigkeit werden marktorientiert Produktkostenziele in Teilziele aufgelöst.
- Strategische Planung beinhaltet zunehmend nicht mehr nur zielorientierte Suche, Beurteilung und Auswahl der Geschäftsfeldstrategien, sondern auch der dazugehörigen *Funktionsbereichs- und Regionalstrategien.*
- Kardinale Aufgabe strategischer Planung ist heute auch in der Praxis immer stärker die strategieorientierte Gestaltung von Organisation, Rechtsstruktur und Führungssystem mit Führungskräfteentwicklungssystem sowie nach innen und außen gerichtetem Informations- und Kommunikationssystem. *Bezugsgruppenorientierte, dialogische Führung* wird immer wichtiger.
- *Implementierung* und *Überwachung* von strategischen Vorhaben finden deutlich mehr Beachtung.
- Die *computergestützte Integration von Technik und Betriebswirtschaft* erleichtert und verbessert zunehmend strategische und operative Planungen und Kontrollen. Computergestützte Produkt-, Programm- und Investitionsplanungen sowie mehrperiodige Budgetplanungen sind heutiger Stand. Am Bildschirm in Alternativen dargestellte Fabrikplanungen mit detaillierten Programm-, Layout- und Materialflußplanungen, hieraus abgeleitete mehrperiodige Ergebnis- und Finanzplanungen sowie dazugehörige Unternehmungswertberechnungen werden integrierte Planungen von morgen sein.
- Aufgabenzuwachs in den traditionellen Führungsaufgaben, hinzukommende Querschnittsfunktionen und Wachstumssprünge sind wesentliche Gründe für immer schwieriger werdende *Fit-Analysen* oder Planharmonisierungen.
- Mögliche Veränderungen im Umsystem sowie in und zwischen den Teilplanungskomplexen werden zunehmend *vernetztes Denken* und *Sensibilitätsanalysen* erfordern, um die Wirkungen von Veränderungen auf die Unternehmungsziele verdeutlichen zu können. Auch treten das Denken, Rechnen und Entscheiden in *Wertschöpfungsketten* in den Vordergrund – wertschöpfungskettenorientierte Strategieanalysen und *Prozeßkostenrechnungen.*

- *Eigenverantwortung* und *Selbststeuerung* im Rahmen hierarchiearmer und dezentraler Organisation erfordern ein diesen Anforderungen entsprechendes Planungs- und Kontrollsystem als Führungsinstrument. Es hat vor allem *modularen Strukturen* (Center-Konzepte, teilautonome Arbeitsgruppen) und stärkerer *Projektorientierung* zu entsprechen.
- Planungserleichterung ist durch verbesserte Planungsorganisation anzustreben, etwa durch simultan durchzuführende Strategie- und Investitionsplanungen einerseits und operative Planungen mit integriertem Jahresbudget andererseits. Generell gilt es, *„Überplanung" zu vermeiden.*
- Verbesserte Planungsqualität und Planumsetzung sowie verbesserte Prämissen- und Durchführungskontrollen werden vor allem durch verstärkte Einführung *planzielorientierter Führungskräftevergütung* erreicht werden. Strategische und operative Zielvereinbarungen, von deren Erfüllung und Überschreitung die Höhe des persönlichen Salärs abhängt, führen zu Motivationssteigerungen sowie zu besserer Formulierung und Erfüllung der Unternehmungsziele.
- Erfolgreiche Planung erfordert schließlich eine die Planung bejahende *Unternehmungsphilosophie* und eine die Planung unterstützende *Unternehmungskultur.*

Diese Entwicklungen sind in das von uns aufgezeigte Planungs- und Kontrollsystem, das Teil eines umfassenden Führungskonzeptes bildet, integrierbar oder bereits aufgenommen worden. Hierbei messen wir dem *visionsorientierten, vernetzten und dialogischen Führen* besondere Bedeutung zu.

5. Planungssysteme in der Praxis

Die dargestellte Grundkonzeption eines Planungssystems bzw. Planungs- und Kontrollsystems mit genereller Zielplanung, strategischer Planung, operativer Planung sowie gesamtunternehmungsbezogener Ergebnis- und Finanzplanung mit integrierter Planungs- und Kontrollrechnung ist theoretisch auf der Basis der System- und der Entscheidungstheorie abgeleitet und hat sich in der Praxis bewährt. Als Beispiele für – unternehmungsspezifisch modifizierte – Anwendungen dieser Grundkonzeption seien im folgenden kurz die Planungs- und Kontrollsysteme des Daimler-Benz-Konzerns und des Siemens-Konzerns dargestellt.

5.1 Planungssystem des Daimler-Benz-Konzerns

Unter dem Dach der *Daimler-Benz AG* (vgl. Hanssen/Remmel 1996) als geschäftsführender Holding sind heute vier Unternehmungsbereiche in Form rechtlich selbständiger Gesellschaften vereinigt: Mercedes-Benz AG, AEG AG, Deutsche Aerospace AG und Daimler-Benz Inter Services AG. Diese tragen die Ergebnisverantwortung für die operativen Geschäfte im Konzern.

Seit der Erweiterung der Geschäftstätigkeit in der zweiten Hälfte der 80er Jahre bestimmt die *Vision des „Integrierten Technologiekonzerns"* die Unternehmungsphilosophie des Daimler-Benz-Konzerns. Grundidee dabei ist, daß die *Kerngeschäfte des Konzerns* durch integrierende Funktionen (Integrierende Geschäfte, Querschnittskompetenzen und Querschnittsfunktionen) verbunden sind, um daraus besondere Wettbewerbsvorteile zu schöpfen. Zur Unterstützung der angestrebten Vorteile aus der Integration kommt einer *Unternehmungskultur* besondere Bedeutung zu, die das *„Wir"-Bewußtsein* im Konzern unterstützt.

In diesem Sinne ist auch die Idee des „Integrierten Technologiekonzerns" im *Konzernleitbild* inhaltlich präzisiert und ausgefüllt. Es vereinigt eine Darstellung der unternehmerischen und gesellschaftlichen Grundpositionen mit einer Charakterisierung der Strategie des Konzerns. Gemeinsam mit den daraus abgeleiteten *Leitlinien der Unternehmungsbereiche* dient es der Orientierung und der Kommunikation.

Grundsätzlich lassen sich im Planungssystem des Daimler-Benz-Konzerns *drei Planungsebenen* unterscheiden: *strategische Planung, operative Planung sowie unterjährige Planung und Berichterstattung.* Die drei Planungsebenen lassen sich hinsichtlich des Planungshorizontes wie folgt abgrenzen: Während die *strategische Planung* keine zeitliche Begrenzung erfährt, umfaßt die *operative Planung* rollierend einen Zeitraum von fünf Planjahren; auf der Basis der Planung des ersten Jahres dient die *unterjährige Planung* der monatlichen Überprüfung und Analyse i.S. der Erreichung der Jahresziele.

Ergänzend bietet sich an, unter dem Aspekt der primären Zielsetzungen eine Abgrenzung vorzunehmen. *Merkmale der strategischen Planung* sind die Festlegung strategischer Ziele und Konzepte, insbesondere auf der Ebene Produkt/Markt, sowie die Identifikation strategischen Handlungsbedarfs. Die entsprechenden Rahmenvorgaben finden i.S. einer strategischen Vorsteuerung Eingang in die operative Planung und münden letztlich in einen strategiekonformen Zielvereinbarungsprozeß zwischen den jeweiligen Verantwortungsebenen.

Ferner kann zwischen der *Planung auf Konzernebene und auf Unternehmungsbereichs-/Geschäftsbereichsebene* unterschieden werden. Während auf Konzernebene grundsätzlich die strategische Führung im Vordergrund steht, hat die operative Führung auf Unternehmungs- bzw. Geschäftsbereichsebene einen vergleichsweise höheren Stellenwert.

Im Daimler-Benz-Konzern und in den Unternehmungsbereichen wird auf dem Gebiet der *strategischen Planung* zwischen einer periodischen – i.S. einer jährlich revolvierenden und einer projekiorientierten Planung unterschieden. In der *periodischen strategischen Planung* erfolgt kalenderorientiert – d.h. einmal jährlich – für alle Geschäftsfelder des Konzerns sowie übergreifend für den Konzern eine Analyse der strategischen Position einschließlich der externen und internen Rahmenbedingungen. Ziel hierbei ist es, den aktuellen Stand der Strategieumsetzung darzustellen und insbesondere möglichen strategischen Handlungsbedarf frühzeitig aufzuzeigen. Wird kein grundlegender Handlungsbedarf erkannt, kann die bisherige Strategie – mit entsprechend geringfügigen Anpassungen – weiter verfolgt werden. Wird grundlegender Handlungsbedarf festgestellt, ist die Strategie im Rahmen von Strategieprojekten von Grund auf neu zu überdenken und auszurichten.

Strategieprojekte zum Zwecke der *Stategieentwicklung* erfolgen ereignisorientiert aufgrund von Vorstandsbeschlüssen für jeweils ein bestimmtes (bestehendes oder neues) Geschäftsfeld wie auch für den Konzern.

Als kleinste markt-/wettbewerbsorientierte Elemente, für die Strategien entwickelt und dokumentiert werden, werden sog. *Strategische Geschäftseinheiten (SGE)* gebildet. Als Ergebnis eines Segmentierungsprozesses wurden die Geschäftsaktivitäten des Konzerns in insgesamt ca. 150 SGE aufgeteilt. Für die Diskussion im Konzernvorstand werden die SGE zu *Arbeitsgebieten* zusammengefaßt, den derzeit 33 sog. *„konzernstrategischen Geschäftsfeldern“* im Gesamtkonzern.

Im Mittelpunkt aller Aktivitäten in der Unternehmung stehen somit die Produkte/Märkte der einzelnen Geschäftsfelder. Strategische Geschäftsfeld- und die dementsprechenden Produkt-/Marktentscheidungen sind für die Unternehmung bzw. die einzelnen Unternehmungseinheiten von entscheidender Bedeutung. Alle produkt-/marktbezogenen Moderations- und Koordinationsaufgaben der Unternehmungsleitung münden jedoch letztlich in eine Auflösung der produktbezogenen Gesamtaufgabe in bereichs- und/oder funktionsbezogene Teilaufgaben und -ziele. *Produkte/Märkte* sowie *Bereiche* und *Funktionen* haben als *drei Dimensionen der Führung* in der Unternehmung einen gleichermaßen strategischen wie operativen Bezug.

Gegenüber der Geschäftsfeldstrategieplanung ist die *Konzernstrategie* eine deutlich abgegrenzte eigenständige Aufgabe. Sie ist Kernaufgabe des Konzernvorstandes. Darin eingeschlossen ist auch die Aufgabe, die Einzelelemente der Konzernstrategie wie auch die einzelnen Geschäftsfeldstrategien im Hinblick auf eine Verstärkung der Wettbewerbsposition aufeinander abzustimmen.

Zentrales Element der Konzernstrategie ist die Festlegung des *„Geschäftsrahmens“*. Dieser umfaßt

- die Auswahl derjenigen Geschäftsfelder, in denen der Konzern überhaupt tätig sein will,
- die Rollen, in denen diese Geschäfte sich betätigen sollen – als Kern- oder Spezialgeschäfte – und
- die Allokation der Ressourcen entsprechend dem Leitbild des Konzerns sowie entsprechend der zu erfüllenden Rollen.

Zusätzliche Wettbewerbsvorteile, die sich dem Konzern als Ganzem eröffnen, werden über *konzernweite Funktionalstrategien* (Forschung und Technik, Finanzen, Personal, Öffentlichkeitsarbeit) sowie über *konzernweite Geschäftsstrategien* (insbesondere im Rahmen von Regionalstrategien, Strategischen Allianzen) angestrebt. Die verschiedenen Einzelelemente werden zielorientiert und in sich schlüssig in einem dauernden Optimierungsprozeß zu einer Konzernstrategie zusammengefaßt, die sich ihrerseits am Leitbild des Konzerns orientiert.

Die *operative Führung* im Daimler-Benz-Konzern basiert wie die strategische Führung auf dem Grundsatz des Führens durch Ziele bei eigenverantwortlicher Selbststeuerung der Konzernbereiche. Ausgehend vom Rollenverständnis der Daimler-Benz AG als geschäftsführender Holding erfolgt die Führung auf Konzernebene vorrangig über die Vereinbarung strategischer (Geschäftsfeld-)Ziele. Diese werden im Rahmen der operativen Führung in einem mehrstufigen Zielvereinbarungsprozeß in perioden- und verantwortungsbereichsbezogene Ergebnisziele heruntergebrochen und unterjährig nachgehalten, wobei auf Konzernebene die Ergebniszielvereinbarung – entsprechend der Führungsorganisation – zwischen dem Konzernvorstand und den vier Unternehmungsbereichen getroffen wird.

Die *operative Planung* versteht sich somit als *Bindeglied* zwischen der strategischen Planung und der unterjährigen Planung und Berichterstattung. Ihre *Hauptaufgabe* ist es, die Detaillierung und Umsetzung der strategischen Rahmenvorgaben und Zielkorridore in konkrete Zielvereinbarungen für Produkte/Märkte, Bereiche und Funktionen sowie die Ableitung konkreter Maßnahmen für den mittelfristigen Planungszeitraum sicherzustellen. Sie definiert damit zugleich Vorgaben für die unterjährige Planung und Berichterstattung.

Die operative Planung erfolgt in den *dezentralen Organisationseinheiten* (z.B. inländische Werke/Leistungszentren, ausländische Produktionsgesellschaften und Vertriebsstufe) auf der Basis vereinbarter Zielkorridore. Die Zusammenführung der dezentralen Teilplanungsumfänge und die Abbildung der wirtschaftlichen Auswirkungen in der Ergebnisplanung bzw. der Finanz- und Jahresabschlußplanung sowie deren Analyse und Wertung erfolgen in den zuständigen zentralen Bereichen.

Im Rahmen der operativen Führung stehen mithin die Sicherung der Ertragskraft sowie die Sicherstellung der operativen Umsetzung der strategischen Ziele im Vordergrund. Dementsprechend sind die periodische strategische Planung und die operative Planung, die sich auf die folgenden fünf Jahre bezieht, eng miteinander verknüpft. Aus dem Prozeß der periodischen strategischen Planung werden Leitlinien, Zielgrößen und Maßnahmen (z.B. Investitionen) für die operative Planung abgeleitet. Die operative Planung gibt i.S. einer Rückkoppelung Signale für strategischen Anpassungs- und Handlungsbedarf.

Mit der Zielverfolgung durch die unterjährige Berichterstattung schließt sich der Kreis des operativen Führungsprozesses, der mit der Vereinbarung der Ergebnisziele im Rahmen der operativen Planung begonnen hat. Die wesentlichen Ergebnisse und Kenngrößen aus dem operativen Planungsprozeß werden auf Konzernebene in einem *Planungsbericht* zusammengeführt, der dem Konzernvorstand und dem Aufsichtsrat vorgelegt wird. Diese Planungsvorlage enthält eine Konzerngesamtdarstellung, die Planungen der Unternehmungsbereiche und Gemeinschaftsunternehmungen sowie die Planung der Daimler-Benz-Holding.

Die strategischen und operativen Teilplanungen bilden eine *integrierte Gesamtplanung über alle Stufen des Konzerns* hinweg, die durch ein *konzernübergreifendes Berichterstattungssystem* zur Information über Geschäftsentwicklung und Zielerreichung ergänzt wird (vgl. Abbildung 5). Die Erreichung der im Rahmen der operativen Planung vereinbarten Ergebnisziele für das erste Planjahr, die in der Eigenverantwortung der Unternehmungs- und Geschäftsbereiche liegt, wird quartalsweise verfolgt. Daneben werden sog. *Monatsberichte* erstellt, die für die einzelnen Konzernbereiche wesentliche Kennziffern zum Geschäftsverlauf, wie z.B. Umsatz, Auftragssituation, Absatz, Produktion und Personalstände, aufzeigen.

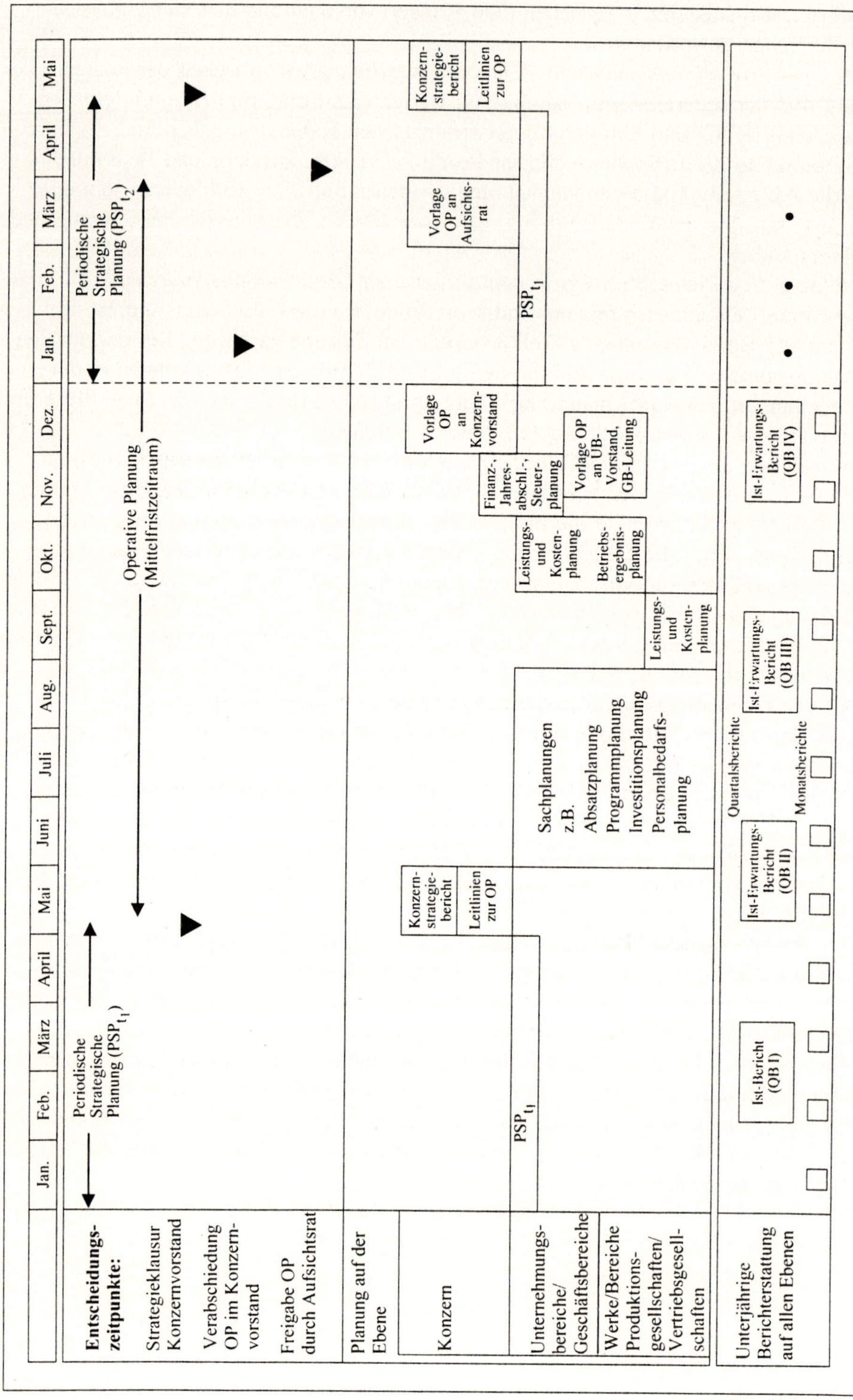

Abb. 5: Ablauf von Planung und Berichterstattung im Daimler-Benz-Konzern

5.2 Planungssystem des Siemens-Konzerns

Das Haus *Siemens* (Siemens AG und die mit ihr durch Mehrheitsbeteiligungen verbundenen Unternehmungen) (vgl. Zimmermann 1996) orientiert sich mit seinen Planungen als internationaler Universalist an den drei Dimensionen der Organisation, bestehend aus *geschäftsführenden Einheiten* mit weltweiter Produktverantwortung, *zentralen Stäben* mit weltweiter Richtlinienkompetenz und *regionalen Einheiten* mit Verantwortung für die Aktivitäten in der Region bzw. im Land. In seinem organisatorischen Aufbau gliedert sich Siemens heute in 13 Bereiche, zwei Bereiche mit eigener Rechtsform und zwei selbständige Geschäftsgebiete, fünf Zentralabteilungen, drei Zentralstellen und vier zentrale Dienste sowie regionale Einheiten im In- und Ausland.

Die *Bereiche* (Bereiche ohne und mit eigener Rechtsform sowie selbständige Geschäftsgebiete) sind auf ihren Arbeitsgebieten die *Träger des Geschäftes* und demgemäß für ihre Entwicklungs-, Fertigungs- und Vertriebstätigkeiten sowie deren Ergebnis verantwortlich. Sie führen ihre Geschäfte als unternehmerische Einheiten selbständig im Rahmen der Unternehmungspolitik des Hauses Siemens. Dazu verfügen sie über alle notwendigen Ressourcen. Die Bereiche sind ihrerseits in Geschäftsgebiete und Geschäftszweige untergliedert.

Oberstes Leitungsgremium der Unternehmung ist gesellschaftsrechtlich der *Gesamtvorstand*. Er wählt aus seiner Mitte mit Zustimmung des Aufsichtsrates den *Zentralvorstand*, der aktienrechtlich ein Vorstandsausschuß ist, dem die Führung der Unternehmung übertragen wurde, soweit dies durch Gesetz und Satzung zulässig ist. Damit ist der Zentralvorstand faktisch das oberste Leitungsgremium der Unternehmung. Ihm obliegt die strategische Führung der Unternehmung. Die Umsetzung der strategischen Ziele des Zentralvorstandes in die Führung der Geschäfte ist Aufgabe der *Bereichsleitungen*, die gegenüber dem Zentralvorstand weisungsgebunden sind.

Das grundlegende Selbstverständnis bzw. die grundlegenden Geschäfts- und Verhaltensziele des Hauses Siemens wurden in sechs *Unternehmungsleitsätzen* zusammengefaßt. Darin werden die angestrebte Unternehmungspolitik sowie insbesondere die angestrebten Beziehungen zu allen Partnern innerhalb und außerhalb der Unternehmung beschrieben.

Aufbauend auf diesen Leitsätzen wird im Rahmen *unternehmungspolitischer Rahmenziele* das Tätigkeitsfeld des Hauses Siemens definiert: Siemens ist eine Unternehmung mit den Betätigungsgebieten Elektrotechnik und Elektronik, die auf diesen Märkten als Universalist auftritt und die ihre Geschäftstätigkeit weltweit sieht.

Diese qualitativ formulierten unternehmungspolitischen Rahmenziele wurden darüber hinaus in konkret faßbare und verfolgbare langfristige *Ziele* der Unternehmung für das Ende des Jahrzehnts umgesetzt. Sie betreffen die angestrebten Arbeitsgebiete und die Positionen in diesen, das Umsatzvolumen, die regionale Verteilung des Umsatzes sowie die Umsatzrendite. Hierbei handelt es sich nicht um verbindliche Planzahlen, vielmehr sollen Zielrichtungen und Größenordnungen vermittelt werden, auf die die Unternehmung hingesteuert werden soll.

Die kleinsten strategischen Planungseinheiten des Hauses Siemens sind die *Geschäftsfelder*. Sie bilden die *Basis* sowohl für die *Stategieentwicklung der geschäfts-*

führenden Bereiche als auch für *Querschnittsanalysen von Geschäfts- und Regionalstrukturen und deren Veränderungen auf Unternehmungsebene.* Da eine Steuerung der Geschäftsstruktur der Gesamtunternehmung über z.Zt. rund 300 Geschäftsfelder für den Zentralvorstand aus zeitlichen und inhaltlichen Gründen unmöglich ist, mußte sich die Unternehmungsleitung für die institutionalisierten und routinemäßigen Prozesse von der Ebene „Geschäftsfeld" lösen. Aus diesen Gründen hat Siemens die Ebene der *Arbeitsgebiete* eingeführt, die aus Geschäftsfeldern mit hohen strategischen Gemeinsamkeiten gebildet wurden. Da Geschäftsfelder bei Siemens i.d.R. Organisationseinheiten mit eigener Führung und Ergebnisverantwortung darstellen, erfolgt die Zusammenführung mit der Organisation somit auf der Ebene der Arbeitsgebiete.

Die *Formulierung der Ziele für die Arbeitsgebiete* erfolgt in drei Schritten:

1. Bestimmung der strategischen Position der Arbeitsgebiete (Kompetenz/Wettbewerbsfähigkeit von Siemens und Attraktivität).
2. Festlegung der Rolle der Arbeitsgebiete in der Zielstruktur der Unternehmung (Kern-, Aufbau-, Spezial- und Problemgebiete).
3. Zielfindung für die einzelnen Arbeitsgebiete (strategische Ziele und Stoßrichtung).

Siemens hat im Zuge der Organisationsreform von 1989 auch seine Planungs- und Kontrollprozesse angepaßt. Die Neugestaltung des Planungssystems konnte auf einer vorhandenen breit angelegten *(strategischen) Geschäftsfeldplanung* und einer tief gegliederten *kurz- und mittelfristigen Wirtschaftsplanung (operative Planung)* aufbauen. Allerdings liefen beide Planungsprozesse weitgehend getrennt voneinander ab.

In der neuen Planungsarchitektur sind die längerfristige strategische Zielorientierung und ihre Realisierung im operativen Feld „kurzgeschlossen", indem die strategische Planung stärker in die organisatorisch verankerte Verantwortung eingebunden wurde und gleichzeitig die Konsequenzen aus den strategischen Zielsetzungen für die finanzwirtschaftlichen Daten erkennbarer und kontrollierbarer gemacht wurden.

Dies hat zur Entwicklung eines neuen Planungsinstrumentes, der *Geschäftsplanung*, geführt. Sie verbindet die strategische Planung für die Bereiche auf der Grundlage ihrer Arbeitsgebiete (nicht jedoch Geschäftsfelder), die i.d.R. auch Organisationseinheiten mit eigener Verantwortung sind, mit der Planung der daraus folgenden Maßnahmen und erwarteten Resultate. Die Geschäftsplanung verfolgt die mittelfristige Periodenplanung mit nur wenigen finanzwirtschaftlichen Eckdaten über einen Planungszeitraum von regelmäßig fünf Jahren. Hierbei geht es im wesentlichen um das Wachstum (Umsatz), den Ressourceneinsatz (Mitarbeiter, F&E-Aufwendungen, Investitionen) und die Ergebnisse.

Die wirtschaftlichen Eckdaten der Geschäftsplanung für das erste Folgejahr bilden den *Budgetrahmen.* Dieser liefert dann die Basis für die detaillierte Ausplanung des Budgets und ist damit das eigentliche *Bindeglied*, das den inhaltlichen und zeitlichen Zusammenhang zwischen Geschäfts- und Budgetplannng herstellt. Dabei ist die Geschäftsfeldplanung, die zeitlich vor der Geschäftsplanung abläuft, integraler Bestandteil der Planung der Arbeitsgebiete und damit des gesamten Planungsprozesses.

Der *formalisierte Planungs- und Kontrollprozeß* sieht *vier Elemente* vor; drei davon sind in den Zyklus eines Geschäftsjahres mit folgenden Funktionen fest eingebunden:

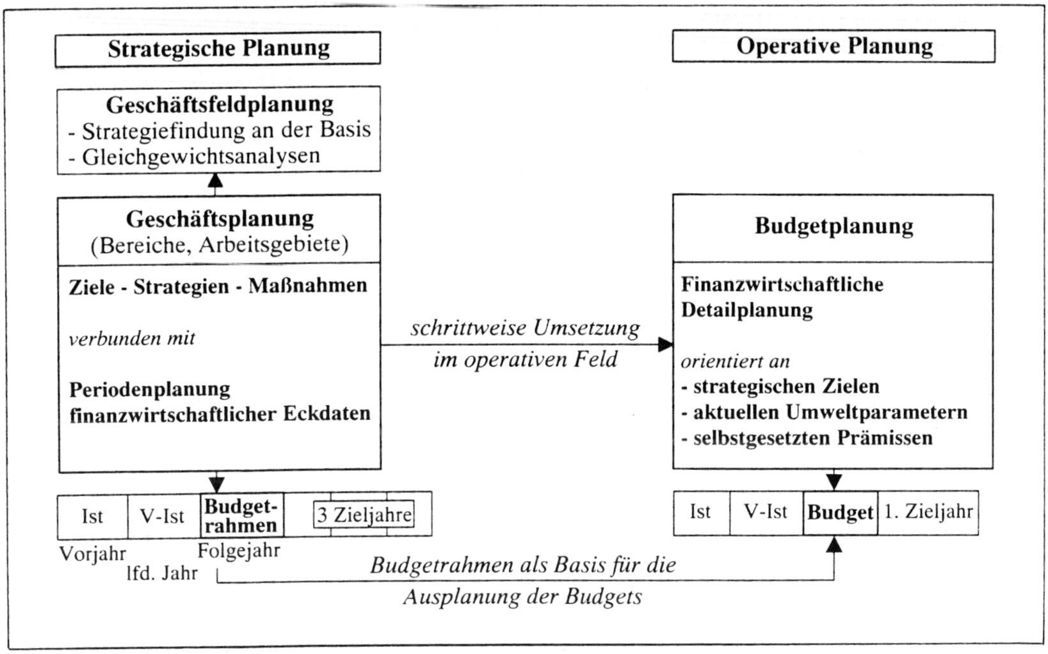

Abb. 6: Verbindungen zwischen strategischer und operativer Planung im Siemens-Konzern

- Die *Geschäftsplanung* dient der mittelfristigen Ausrichtung der Strategien der Unternehmung und ihrer Teile. Hier werden die geschäftspolitischen Ziele und Strukturen konkretisiert.
- Die *Budgetplanung* ist mit der kurzfristigen Steuerung von Geschäften, Ressourcen und Periodenergebnissen auf die schrittweise Umsetzung strategischer Ziele im operativen Feld gerichtet. Dazu werden Geschäftsvolumen, Ergebniserwartungen und erforderliche Einsatzfaktoren im kurzfristigen Bereich festgelegt und Leistungen und Kosten im Detail geplant.
- Der *Abschluß* behandelt den Soll-Ist-Vergleich und die Bilanzierungen für Handels- und Steuerbilanz – als Rechenschaftslegung über das im Berichtsjahr Erreichte.
- Die *Geschäftspolitischen Durchsprachen*, als viertes Element, sind nicht an den Jahreskalender gebunden. Hier werden nach Bedarf aktuelle Themen, wie z.B. Geschäftsfeldstrategien, Länder- und Standortkonzepte sowie Funktionsstrategien, bspw. für Logistik, vertieft behandelt und entschieden.

Neben den institutionalisierten strategischen und operativen Planungsroutinen gibt es noch eine ganze Reihe *spezieller Planungsprozesse*, die auf bestimmte Ziele bzw. auf die Steuerung bestimmter Funktionen der Unternehmung ausgerichtet sind. Sie sind mit der strategischen bzw. operativen Planung mehr oder weniger eng verknüpft. Beispiele hierfür sind die F&E-Planung, Investitionsplanungen, Standortplanungen und die Personalplanung.

Die Unternehmungsorganisation und damit auch die strategischen und operativen Planungen werden zudem mehr und mehr durch *projektbezogene Organisationsformen* und *Planungsprozesse* überlagert. Ihre wachsende Bedeutung ist im Strukturwandel der Technologien und Märkte begründet.

Literatur

Ackoff, R.L.: A Concept of Corporate Planning, New York, 1970.

Anthony, R.N.: Planning and Control Systems. A Framework for Analysis, Boston 1965.

Arbeitskreis „Integrierte Unternehmungsplanung" der SG-DGfB: Grenzen der Planung – Herausforderung an das Management, in: ZfbF, 43. Jg. (1991), S. 811-829.

Bircher, B.: Langfristige Unternehmungsplanung, Bern/Stuttgart 1976.

Bircher, B.: Planungssystem, in: HWPlan, hrsg. v. N. Szyperski, Stuttgart 1989, Sp. 1503–1515.

Bleicher, K.: Zentralisation und Dezentralisation von Aufgaben in der Organisation der Unternehmungen, Berlin 1966.

Bleicher, K.: Metaplanung, in: HWPlan, hrsg. v. N. Szyperski, Stuttgart 1989, Sp. 1119–1129.

Bleicher, K.; Meyer, E.: Führung in der Unternehmung, Reinbek bei Hamburg 1976.

Hahn, D.: Planungs- und Kontrollrechnung (PuK), Wiesbaden 1974.

Hahn, D.: Planungs- und Kontrollrechnung – PuK. Integrierte ergebnis- und liquiditätsorientierte Planungs- und Kontrollrechnung als Führungsinstrument in Industrieunternehmungen mit Massen- und Serienproduktion, 3. Aufl., Wiesbaden 1985.

Hahn, D.: Integrierte Planung, in: HWPlan, hrsg. v. N. Szyperski, Stuttgart 1989, Sp. 770–788.

Hahn, D.: Strategische Führung und Controlling – unter besonderer Berücksichtigung internationaler Aspekte, in: Unternehmerisches Handeln – Wege, Konzepte und Instrumente, hrsg. v. K. Bleicher u. R. Schmitz-Dräger, Bern/Stuttgart 1990, S. 87–121.

Hahn, D.: Strategische Kontrolle, in: Strategische Unternehmungsplanung – Strategische Unternehmungsführung, Beitrag in diesem Reader.

Hahn, D.: Planung und Kontrolle, in: HWB, Bd. 2, hrsg v. W. Wittmann et al., 5. Aufl., Stuttgart 1993, Sp. 3185–3200.

Hahn, D.: PuK, Controllingkonzepte: Planung und Kontrolle, Planungs- und Kontrollsysteme, Planungs- und Kontrollrechnung, 5. Aufl., Wiesbaden 1996.

Hammer, R.M.: Unternehmungsplanung: Lehrbuch der Planung und strategischen Unternehmungsführung, 3. Aufl., München/Wien 1988.

Hanssen, R.A.; Remmel, M.: Strategische und operative Führung im Daimler-Benz-Konzern – Philosophie und Instrumentarien, in: PuK, Controllingkonzepte: Planung und Kontrolle, Planungs- und Kontrollsysteme, Planungs- und Kontrollrechnung, hrsg. v. D. Hahn, 5. Aufl., Wiesbaden 1996, S. 881–989.

Hax, A.C.; Majluf, N.S.: Strategic Management: An Integrative Perspective, Englewood Cliffs 1984.

Hax, A.C.; Majluf, N.S.: The Strategy Concept and Process. A Pragmatic Approach, Englewood Cliffs 1991.

Heinen, E.; Dietel, B.: Ziele der Führung, in: HWFü, hrsg. v. A. Kieser, G. Reber u. R. Wunderer, Stuttgart 1987, Sp. 2073–2083.

Hill, W.: Unternehmungsplanung, 2. Aufl., Stuttgart 1971.

Kern, W.: Kennzahlensysteme als Niederschlag interdependenter Unternehmungsplanung, in: ZfbF, 23. Jg. (1971), S. 701–718.

Kirsch, W.: Planung. Kapitel einer Einführung, München 1975.

Kirsch, W.; Maassen, H. (Hrsg.): Managementsysteme, München 1989.

Kirsch, W. et al.: Das Management strategischer Programme, 1. u. 2. Hbd., 1. Aufl., München 1984.

Koch, H.: Planung, betriebswirtschaftliche, in: HWB, Bd. 2, hrsg. v. E. Grochla u. W. Wittmann, 4. Aufl., Stuttgart 1975, Sp. 3001–3016.

Kosiol, E.: Organisation der Unternehmung, 2. Aufl., Wiesbaden 1976.

Kuhn, A.: Unternehmensführung, 2. Aufl., München 1990.

Lorange, P.: Corporate Planning. An Executive Viewpoint, Englewood Cliffs 1980.

Mellerowicz, K.: Planung und Plankostenrechnung. Bd. 1: Betriebliche Planung, Freiburg i.Br. 1961.

Mellerowicz, K.: Planung und Plankostenrechnung. Bd. 1: Betriebliche Planung. 3. Aufl., Freiburg i.Br. 1979.

Pfohl, H.-Ch.: Planung und Kontrolle, Stuttgart/Berlin/Köln 1981.

Popp, W.: Simultane strategische Planung betrieblicher Funktionsbereiche, Beitrag in diesem Reader.

Reichmann, T.: Controlling mit Kennzahlen – Grundlagen einer systemgestützten Controlling-Konzeption, 2. Aufl., München 1990.

Rühli, E.: Funktionen der Planung, in: HWPlan, hrsg. v. N. Szyperski, Stuttgart 1989, Sp. 566–578.

Staehle, W.H.: Management, 6. Aufl., München 1991.

Steiner, G.A.: Top Management Planning, London 1969 – deutsche Ausgabe: Top Management Planung, München 1971.

Szyperski, N.L.; Musshoff, H.J.: Planung und Plan, in: HWPlan, hrsg. v. N. Szyperski, Stuttgart 1989, Sp. 1542–1548.

Töpfer, A.: Planungs- und Kontrollsysteme industrieller Unternehmungen, Berlin 1976.

Ulrich, H.: Die Unternehmung als produktives soziales System, 2. Aufl., Bern/Stuttgart 1970.

Ulrich, H.: Unternehmungspolitik, 3. Aufl., Bern/Stuttgart 1990.

Vancil, R.F.; Lorange, P.: Strategic Planning in Diversified Companies, in: HBR, 53. Jg. (1975), H. 1, S. 81–90.

Weber, M.: Entscheidungen bei Mehrfachzielen und unvollständiger Information, in: ZfbF, 37. Jg. (1985), S. 311–331.

Wheelen, T.L; Hunger, J.D.: Strategic Management, 3. Aufl., Reading 1990.

Wild, J.: Grundlagen der Unternehmungsplanung, Reinbek bei Hamburg 1974.

Wild, J.: Grundlagen der Unternehmungsplanung, 4. Aufl., Opladen 1982.

Zimmermann, A.: Planung und Kontrolle im Führungssystem des Hauses Siemens, in: PuK, Controllingkonzepte: Planung und Kontrolle, Planungs- und Kontrollsysteme, Planungs- und Kontrollrechnung. hrsg. v. D. Hahn, 5. Aufl., Wiesbaden 1996, S. 991–1109.

Zwicker, E.: INZPLA – Ein Konzept der computergestützten Unternehmensgesamtplanung, in: Betriebswirtschaftliche Steuerungs- und Kontrollprobleme, hrsg. v. W. Lücke, Wiesbaden 1988, S. 341–354.

Unternehmungsplanung und Führungskräftevergütung

D. Hahn und *H.G. Willers*

1. Problemstellung

Die Führungskräfte einer Unternehmung sind ihr wichtigstes Erfolgspotential. Die Erhaltung und Gewinnung von Führungskräften mit spezifischer Qualität und deren Entfaltung hängen ganz entscheidend von der Art ihrer Vergütung ab. Der *Ausgestaltung eines Vergütungssystems für Führungskräfte* kommt daher außerordentliche Bedeutung zu; die Entscheidung hierüber hat *strategischen Charakter.*

Für obere und mittlere Führungskräfte kommen seit längerem Vergütungssysteme zum Einsatz, bei denen neben einer fixen Vergütung, dem Gehalt, auch auf ein Jahr bezogene variable Vergütungen bzw. sogenannte Tantiemen gezahlt werden. Derartige *Tantiemen* werden bisher durch die oberste Führung bzw. durch die dieser vorgeschalteten Willensbildungszentren (Aufsichtsrat, Beirat, Eigentümer), *durch globale Beurteilung* der Tantiemeberechtigten oder durch *differenzierende Beurteilungen* der Tantiemeberechtigten *anhand bestimmter Kriterien* mehr oder weniger willkürlich nach Ablauf eines Geschäftsjahres festgelegt. Hierbei werden insbesondere auch die spezielle Ergebnisentwicklung der Unternehmung und die allgemeine Branchen- und Wirtschaftsentwicklung berücksichtigt. Das Aktiengesetz enthält mit § 86 eine ausdrückliche Bestimmung, nach der Vorstandsmitgliedern für ihre Tätigkeit eine Beteiligung am Gewinn gewährt werden kann, die in der Regel in einem Anteil am Jahresgewinn bestehen soll. In der Praxis sind derartige Gewinnbeteiligungen bisher vielfach an die Höhe des jeweiligen Dividendensatzes gekoppelt. Für Führungskräfte unterhalb der Unternehmungsspitze – je nach Unternehmungsgröße für die zweite oder auch darunterliegende Führungsebenen – kommen in der Praxis verbreitet die Vergütungssysteme auf der Basis differenzierender Beurteilung zur Anwendung.

Erst in jüngerer Zeit finden sich Ansätze, die variablen Vergütungen bzw. Tantiemen für die oberen und mittleren Führungskräfte von Industrie- und Dienstleistungsunternehmungen mit der Unternehmungsplanung zu verbinden. Der variable Teil der *Vergütung* wird *an die Erfüllung vereinbarter Ziele gekoppelt.* Hierbei kann es sich zum einen um operative Ziele handeln, d. h. in der Regel Ergebnisziele oder Ergebniszielkomponenten (z. B. Umsatz, Personalkosten, Vorratsbestand u.a.) bezogen auf das erste Planjahr (Budget). Zum anderen können auch strategische Ziele bzw. Teilziele und Maßnahmen, die in dem jeweiligen Geschäftsjahr zu planen oder zu realisieren sind, als Zielvorgaben für einzelne Führungskräfte vereinbart werden. Eine derartige *unternehmungsplanbezogene Führungskräftevergütung* im Sinne einer zielorientierten Führungskräftevergütung ist aus der Sicht der Hauptträger der Unternehmung, der

Eigentümer und der leitenden Mitarbeiter, den traditionellen Regeln der Tantiemebemessung vorzuziehen.

2. Grundsätzlicher Aufbau eines Vergütungssystems für Führungskräfte

Jedes Vergütungssystem für Mitarbeiter, insbesondere Führungskräfte, sollte

- marktgerecht,
- anforderungsgerecht,
- leistungs- bzw. verhaltensgerecht,
- ergebnisfördernd,
- transparent und
- wirtschaftlich durchführbar

sein.

Die Forderung nach *marktgerechter Vergütung* insgesamt bzw. des angestrebten sog. Richteinkommens ist gleichermaßen bei den herkömmlichen wie auch bei den unternehmungsplanbezogenen Vergütungsregelungen und -vereinbarungen zu beachten und zu erfüllen.

Auch die *Forderung nach anforderungsgerechter Vergütung* kann bei den herkömmlichen und den unternehmungsplanbezogenen Vergütungssystemen gleichermaßen berücksichtigt werden, sofern die feste Vergütung bzw. das Gehalt in der Höhe an das Anforderungsprofil (ggf. ausgedrückt in Wertzahlen) des jeweiligen Aufgabenfeldes für eine Führungskraft gekoppelt wird. Anforderungsarten sind z. B. erforderliche Ausbildung, Erfahrung, Sprachkenntnisse. Bezüglich der Einhaltung der *Forderung nach Leistungs- bzw. Verhaltensgerechtigkeit* und nach *Ergebnisförderung* sind die traditionellen und unternehmungsplanbezogenen Vergütungssysteme unterschiedlich zu beurteilen.

Abbildung 1 zeigt mögliche *Komponenten der Jahresvergütung* für *Führungskräfte im traditionellen Vergütungssystem*. Bezüglich der monetären Jahresbezüge wird den Führungskräften neben dem Gehalt eine variable Vergütung gezahlt, bei der eine *Leistungs- bzw. Verhaltensbeurteilung* global oder differenziert auf der Basis z. B. folgender *Kriterien* vorgenommen werden kann:

- Leistungsbereitschaft,
- Arbeitsergebnisse nach Umfang und Qualität,
- Verhandlungsgeschick/Beweglichkeit,
- Auftreten,
- Mitarbeiterführung,
- Teamgeist/Fähigkeit zur Zusammenarbeit,
- Initiative und Einfallsreichtum,
- Urteilsvermögen,
- Verantwortungsbewußtsein,
- Zuverlässigkeit.

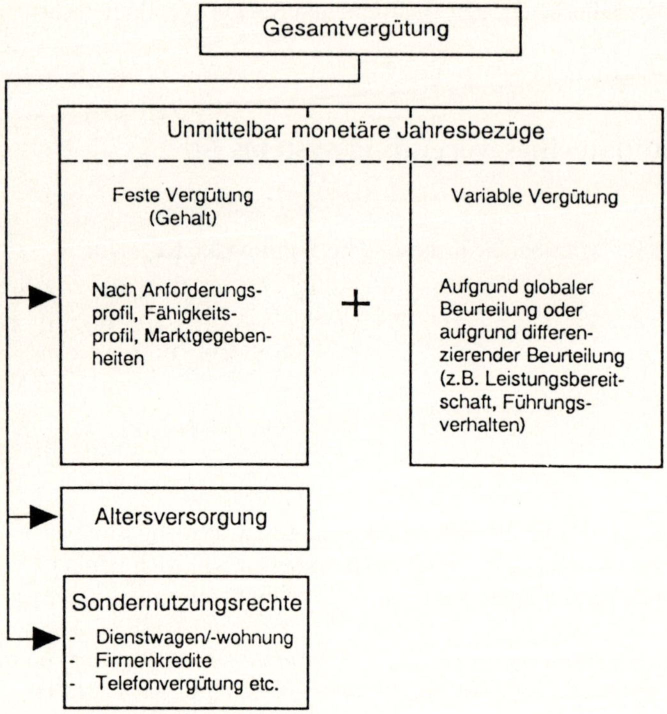

Abb. 1: Komponenten im traditionellen Vergütungssystem für Führungskräfte

Vereinzelt werden auch unabdingbare Anforderungsarten in ihrer jeweiligen Ausprägungsart mitbeurteilt, z. B. Fachkönnen, geistige Beanspruchung.

Die jeweils verwendeten Kriterien werden bezüglich ihres Erfüllungsgrades mit Punkten bewertet und können gewichtet werden. Die resultierende *Gesamtpunktzahl* ist *für die Höhe der variablen Vergütung maßgebend* – auf der Basis eines vorab festzulegenden Schemas. Die Beurteilung der Führungskräfte erfolgt entweder autonom durch den unmittelbaren Vorgesetzten oder durch ein Team, dem in größeren Unternehmungen auch Mitarbeiter der Personalabteilung angehören. Eine derartige Personalbeurteilung bringt für die Personalplanung und ggf. auch laufend für die Personalführung gewisse Vorteile. Aus der Sicht der einzelnen Mitarbeiter wird ein ausschließlich hierauf aufgebautes Vergütungssystem stets als mehr oder weniger willkürlich und unbefriedigend empfunden werden, auch wenn über die Beurteilungen Gespräche geführt werden. Eine Koppelung der variablen Vergütung der Führungskräfte an die Ziele der Unternehmung erfolgt hierbei nicht oder nur in globaler Form, sofern z. B. Tantiemen nur bei positiver Ergebniserwirtschaftung ausgeschüttet werden.

Abbildung 2 zeigt mögliche *Komponenten eines primär unternehmungsplanbezogenen Vergütungssystems für Führungskräfte*. Das unternehrnungsplanbezogene Ver-

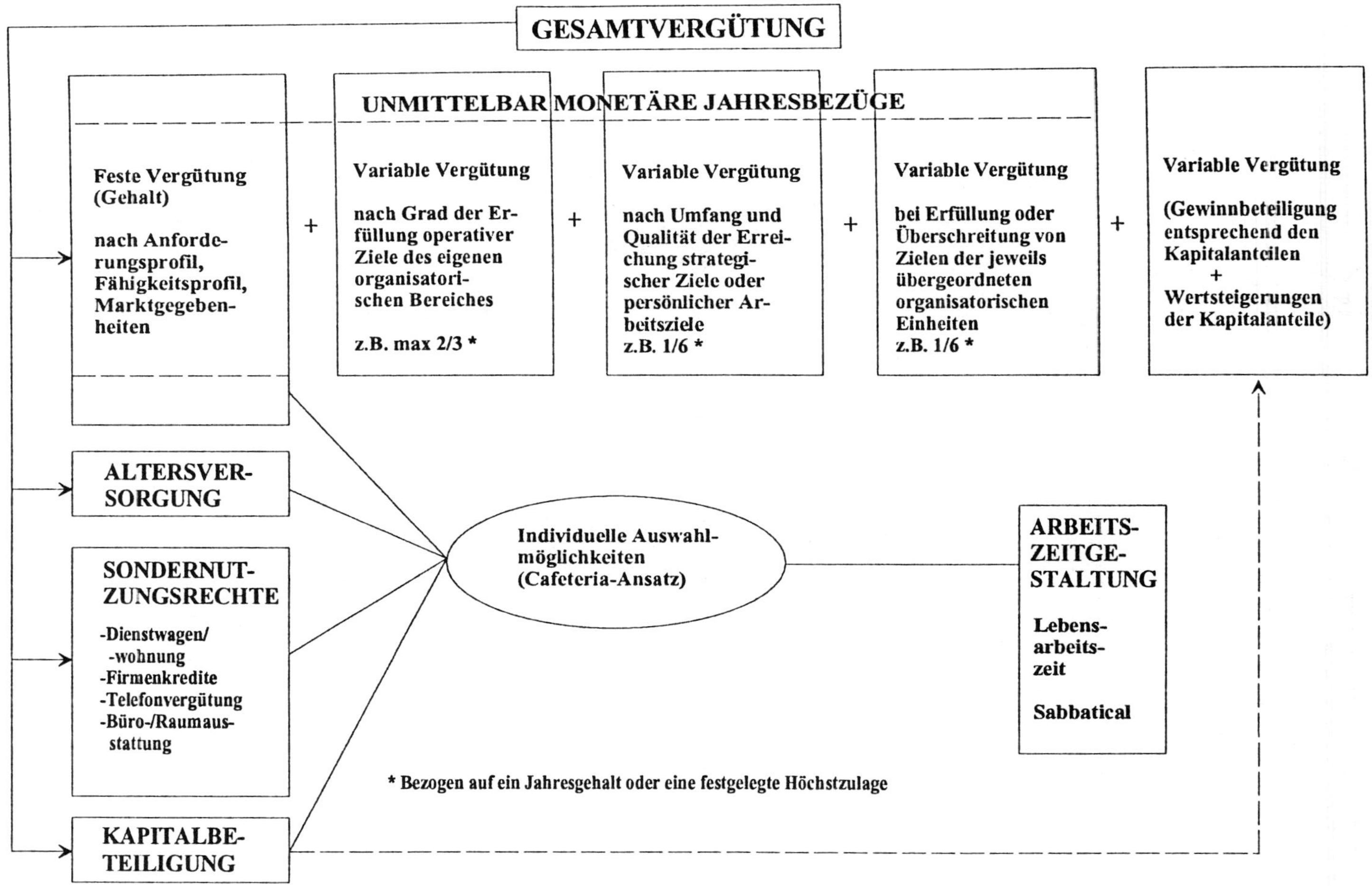

Abb. 2: Komponenten im primär unternehmungsplanbezogenen Vergütungssystem für Führungskräfte

gütungssystem für Führungskräfte baut – wie das traditionelle Vergütungssystem – auf einem *festen Jahresgehalt* (feste Vergütung) auf. Dieses richtet sich nach den Anforderungen des jeweiligen Aufgabenbereichs und den Fähigkeiten des Stelleninhabers – unter Berücksichtigung von Brancheneinflüssen und Marktgegebenheiten. Bezogen auf das angestrebte Richteinkommen ist der Anteil der festen Vergütung bei Führungskräften der mittleren Ebene i. d. R. vergleichsweise höher als bei Führungskräften der oberen Führungsebene. Lediglich für Führungskräfte der mittleren und unteren Ebenen im Verkauf kann ebenfalls ein relativ niedriger Anteil der festen Jahresvergütung (Fixum, Gehalt) zweckmäßig sein.

Zu den festen Bestandteilen der Gesamtvergütung können auch weitere Zusatzleistungen wie z. B. Leistungen der *Altersversorgung* sowie spezifische *Sondernutzungsrechte* zählen. Bei der Gewährung dieser Zusatzleistungen kann es vielfach sinnvoll sein, Führungskräften nach einem bestimmten System individuelle Auswahlmöglichkeiten zwischen diesen unterschiedlichen Leistungen einzuräumen. So besteht z. B. die Möglichkeit, bei einer anstehenden Erhöhung der festen Vergütung (des Gehalts) den Führungskräften selbst die Wahl zu überlassen, ob sie diese Gehaltserhöhung in Anspruch nehmen möchten oder eine gleichwertige Gewährung spezifischer Zusatzleistungen vorziehen. Man spricht hier von dem sogenannten *„Cafeteria-Ansatz"*, da Wahlmöglichkeiten aus einem „Menü von Zusatzleistungen" gegeben sind. Zunehmend werden in diese Auswahlmöglichkeiten auch spezifische Formen der Arbeitszeitgestaltung – so z. B. der individuellen Gestaltung der Lebensarbeitszeit oder die Gewährung von sogenannten Sabbaticals – einbezogen.

Die variable Vergütung kann bei oberen Führungskräften und Führungskräften im Verkauf bis zu 50 % und mehr der gesamten Jahresbezüge ausmachen. Sie hängt von dem Grad der Erreichung vereinbarter operativer und strategischer Ziele des eigenen organisatorischen Bereichs – u. U. auch persönlicher Arbeitsziele – sowie ggf. von dem Grad der Erreichung von Zielen jeweils übergeordneter organisatorischer Einheiten ab.

Für das Funktionieren eines derartigen unternehmungsplanbezogenen Systems der Führungskräftevergütung müssen allerdings einige *Voraussetzungen* zwingend erfüllt sein:

- Es muß eine *klare Unternehmungskonzeption* mit deutlicher *Aussage über Unternehmungszweck und Unternehmungsziele* vorliegen. Ausgehend von dem Streben nach Erhaltung und erfolgreicher Weiterentwicklung der Unternehmung ist das Streben nach maximalem Kapitalwert bzw. ersatzweise nach maximalem kalkulatorischen Gewinn als zentrales monetäres Ziel hervorzuheben, um erforderliche Rücklagen für die Unternehmung, angemessene Kapitalverzinsung und Zusatzausschüttung für die Kapitaleigner sowie angemessene Gehälter und Zusatzvergütung (Tantiemen, Gewinnbeteiligung) für die Mitarbeiter zahlen zu können.
- Es muß ein gut ausgebautes, von den Mitarbeitern konzipiertes und getragenes *System der operativen und strategischen Unternehmungsplanung* mit ausreichender Genauigkeit der Planannahmen und Pläne vorhanden sein.
- Die Führung muß *auf der Basis von Zielvereinbarungen und Ergebnisbesprechungen* beruhen. Budgetziele sind innerjährlich nicht zu ändern, operative und strategische

Zielsetzungen nur im Rahmen der rollenden Planung und in Ausnahmefällen bei äußerst dringlichem Handlungsbedarf (siehe zur Regelung von Härtefällen auch Kapitel 3, Punkt 8). Hierdurch werden Ziele mit den dazugehörigen Maßnahmen von Führungskräften konzipiert, in ihrer Bedeutung gewichtet und auch als realisierbar empfunden. Die Führung muß also im kooperativen Führungsstil erfolgen, u.a. nach den Prinzipien des Management by Objectives (MbO) und des Management by Exception (MbE), hier zusätzlich zielorientiert angereichert durch das Prinzip des Management by Incentives (MbI).

- Es muß eine *klare Aufbauorganisation* mit eindeutiger Aufgaben-, Kompetenz- und Verantwortungsregelung gegeben sein. Hierbei ist anzumerken, daß sich das unternehmungsplanbezogene Vergütungssystem bei primärer Ausrichtung auf das Ergebnisziel am besten bei Vorliegen einer divisionalen Aufbauorganisation verwirklichen läßt, da hier bereits durch die Aufbauorganisation zumindest bezüglich der operativen Aufgaben abgegrenzte Ergebniseinheiten gegeben sind. Besonders günstig ist also das Vorhandensein eines Profit-Center-Konzeptes bei divisionaler Aufbauorganisation. Beim Vorliegen einer funktionalen Aufbauorganisation sind nur für Führungskräfte im Vertriebsbereich und ggf. auch für Produkt- und Projektmanager Deckungsbeitrags- oder Ergebniseinheiten gegeben, im übrigen muß von Kosteneinheiten ausgegangen werden.

Ein derartiges *System der unternehmungsplanbezogenen Führungskräftevergütung* zeichnet sich gegenüber der traditionellen Tantiemeregelung durch klare *Vorteile* aus:

- Die *Motivation der Führungskräfte* zu äußerster Leistungsbereitschaft und äußerstem zielorientierten Leistungseinsatz ist gegeben – beruhend auf der Chance des leistungsorientierten Mehrverdienstes bei fairer Zielvereinbarung.
- Die Führungshaltung wird verbessert, da mit einem kooperativ handhabbaren, nachprüfbaren und in Härtefällen sowie bei unvorhersehbaren Entwicklungen korrigierbaren Vergütungssystem gearbeitet werden kann.
- Das gesamte *Entscheiden und Handeln in der Unternehmung* erfolgt betont *zielbezogen* – und zwar kurz- und langfristig orientiert, da das Vergütungssystem operative und strategische Aspekte berücksichtigt.
- Die *Planungsintensität* und die *Planrealisation* werden gefördert und damit das Suchen und Durchsetzen von Möglichkeiten zur *Ergebnisverbesserung*.
- Die *Planungsgenauigkeit* wird erhöht, wobei allerdings ein Trend zu bewußt vorsichtiger Planzielfestsetzung durch entsprechend geführte Zielgespräche unterdrückt werden muß.

Ein erhöhter Aufwand für die unternehmungsplanbezogene Vergütungsregelung dürfte durch die monetären Wirkungen der vorab genannten Vorteile weit überkompensiert werden – eine entsprechende Ausgestaltung des Vergütungssystems vorausgesetzt.

3. Ausgestaltungsmöglichkeiten eines unternehmungsplanbezogenen Vergütungssystems für Führungskräfte

Bei der *Ausgestaltung eines unternehmungsplanbezogenen Vergütungssystems für Führungskräfte* sind unternehmungsindividuell vornehmlich die folgenden Aspekte zu klären:

(1) *Einzubeziehender Personenkreis* bzw. einzubeziehende Führungsebenen.

(2) *Festlegung der Höhe der fixen Jahresvergütung und der maximal gewünschten variablen Vergütung je Führungsebene.* In diesem Zusammenhang ist also auch zu entscheiden, ob der variable Vergütungsanteil nach oben begrenzt werden soll. In der Regel wird man von einem angestrebten Richteinkommen bei 100%iger Planerfüllung ausgehen und eine mögliche Obergrenze der Gesamtbezüge vorsehen (vgl. Abbildung 3).

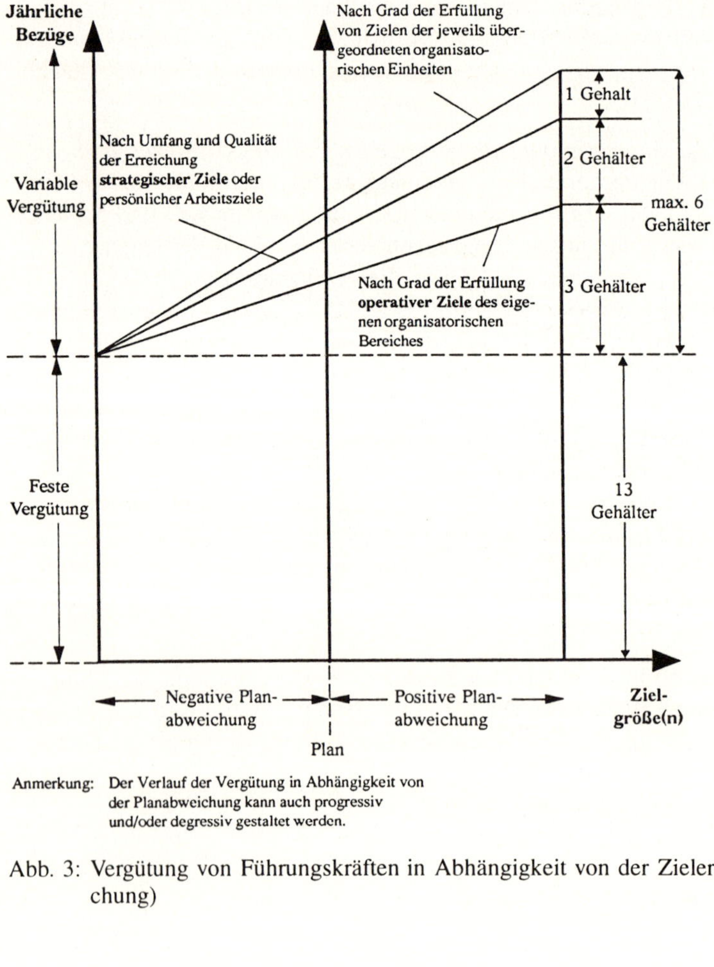

Abb. 3: Vergütung von Führungskräften in Abhängigkeit von der Zielerreichung (Planabweichung)

(3) Festlegung, mit welchem *Anteil* die *variable Jahresvergütung von der Erreichung operativer Ziele* und *von der Erreichung strategischer Ziele* des zu verantwortenden Aufgabenbereiches abhängen soll. Da mit zunehmender Hierarchiehöhe vergleichsweise mehr strategische Aufgaben zu übernehmen sind, bietet es sich an, bei den oberen und obersten Führungskräften die variablen Jahresvergütungen für die Erfüllung strategischer Planungen und Planrealisationen vergleichsweise höher anzusetzen (vgl. Abbildung 4).

(4) *Klärung der Frage*, ob auch ein *Teil der variablen Jahresvergütung* von der Erreichung der operativen Ziele der jeweils *übergeordneten Ergebniseinheit bzw. Kosteneinheit* abhängen soll, und ob ggf. generell ein gewisser Anteil in Abhängigkeit vom gesamten Ergebnis der Unternehmung gezahlt werden soll.

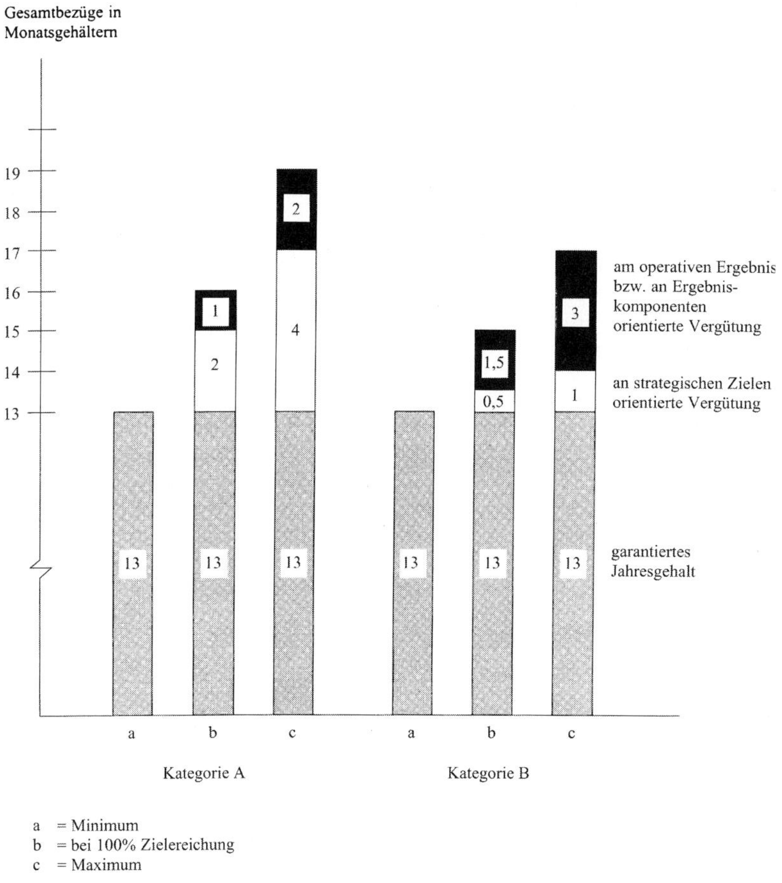

Abb. 4: Vergütung unterschiedlicher Kategorien von Führungskräften in Abhängigkeit von der Erreichung
- vereinbarter operativer Ergebnisziele und
- vereinbarter strategischer Ziele

(5) Klare *Festlegung der Bezugsgrößen für die Tantiemeberechnungen*. Bei den operativen Zielen sollten kalkulatorische Ergebnisse, Deckungsbeiträge und Kosten oder Kapitalbindungsgrößen gewählt werden. Werden Kosten und Kapitalbindungsgrößen (z. B. Vorratsbestände und Außenstände) gewählt, sind die Kosten um die entsprechenden Zinskosten zu verringern, um Doppelberücksichtigungen von Zielerreichungen zu vermeiden. Bei mehreren Bezugsgrößen ist wiederum ein Schlüssel- bzw. Gewichtungsproblem gegeben. Für die Unternehmungsspitze und für die Führungskräfte von Konzerngesellschaften oder organisatorisch und rechnungsmäßig verselbständigten Bereichen kommen bilanzielle Ergebnisgrößen als operative Bezugsgrößen für die Tantiemeberechnung in Betracht (z. B. Cash Flow, RoI oder RoE).

Bei den strategischen Zielen und Maßnahmen, die grundsätzlich verbal zu formulieren sind, kann es sich um Planungen und Durchführungen strategischer Aufgaben bzw. Projekte handeln.

Ohne Anspruch auf Vollständigkeit seien im folgenden einige Beispiele für derartige strategische Ziele und Maßnahmen aufgeführt:

- *programm- und potentialbezogen*
  - Vorbereitung der Übernahme der Unternehmung A.
  - Schließung der Niederlassung Z bei Umsetzung der frei werdenden Mitarbeiter im Konzern.
  - Verlängerung eines Rahmenabkommens für eine bestimmte Handelsware zu bisherigen Konditionen für weitere drei Jahre.
  - Abschluß einer Kooperationsvereinbarung für die Beschaffung eines bestimmten Rohstoffes.
- *organisationsbezogen*
  - Erarbeitung von Vorschlägen für eine Neugliederung der Konzernspitze.
  - Aufbau eines Kundendienstnetzes in Japan.
  - Konzipierung einer neuen Vertriebsorganisation für das Auslandsgeschäft in den USA.
- *führungskräftebezogen*
  - Neubesetzung der Geschäftsführerposition der Filialen II und VII.
  - Weiterbildung von vier auszuwählenden Nachwuchskräften zu einsetzbaren Niederlassungsleitern innerhalb von zwei Jahren.
  - Verbesserung eigener Fähigkeiten (z. B. Managementkurs, Sprachstudien).

Bei Vorhandensein mehrperiodiger GuV- und Bilanzplanungen sowie (vor allem) Finanzplanungen kann auch versucht werden, die Wertsteigerung der Unternehmung als Ganzes und ggf. von Unternehmungsbereichen als primär strategische Zielgröße zu formulieren. Hierbei ist – neben der Ermittlungsunsicherheit – zu beachten, daß sich in entsprechenden Kapitalwerten letztlich die Wirkungen allen Entscheidens und Handelns widerspiegeln.

(6) *Klärung der Frage*, ob und bis zu welcher Grenze *bei Nichterreichung von Zielen Abzüge vom Richteinkommen* bzw. vom Einkommen bei 100%iger Planerfüllung zulässig sein sollen.

(7) *Prüfung*, ob für Führungskräfte *in Stäben und in besonders schwierig planbaren Bereichen* – z. B. Forschung und Entwicklung – operative *Kostenziele sinnvoll* formulierbar sind oder ausschließlich personenbezogene Aufgaben operativer und/oder strategischer Art als Zielvorgaben zu formulieren sind und zudem eine an das Gesamtunternehmungsergebnis gekoppelte Tantieme vorzusehen ist.

(8) *Festlegung*, daß bei unvorhergesehenen Ereignissen eine *Kommission* eingesetzt wird, die unter Berücksichtigung der Ursachen der Planabweichung des jeweiligen Aufgabenbereiches, aber auch der wirtschaftlichen Gesamtsituation der Unternehmung für die *Vermeidung von Härtefällen und Ungerechtigkeiten* Sorge zu tragen hat.

(9) *Klärung und Einleitung der rechtlichen Voraussetzungen*, um durch entsprechende *Arbeitsverträge* eine unternehmungsplanbezogene Vergütung von Führungskräften einführen zu können. Für den hier relevanten Kreis von Führungskräften bedarf es in aller Regel einer Abstimmung mit dem Betriebsrat nicht, jedoch empfiehlt sich die Diskussion und Ausarbeitung eines solchen Systems mit den betroffenen Führungskräften oder einem entsprechenden Arbeitskreis. Bei Vorhandensein von Sprechergruppen bzw. -ausschüssen für leitende Angestellte hat auch eine Abstimmung mit diesen zu erfolgen.

Es ist offensichtlich, daß das hier skizzierte *System unternehmungsplanbezogener Führungskräftevergütung* bei pragmatischer Anwendung ein außerordentlich *effizientes Führungsinstrument* darstellt. Dabei kann es sich speziell für divisional organisierte Unternehmungen anbieten, dieses System nicht für *einzelne Führungskräfte* anzuwenden, sondern aus Motivationsgründen auf die Leistung von *Führungsteams* auszurichten.

Anmerkungen

[1] Wir danken den Herren Dr. Alers und Dr. Kirchner, Duisburg, für die Anregungen bei der Erarbeitung dieser Konzeption. Als weiterführende Literatur vgl. insbesondere Becker, F. G.: Anreizsysteme für Führungskräfte, Stuttgart 1990 sowie speziell zum „Cafeteria-Ansatz“ Wagner, D., Möglichkeiten und Grenzen des Cafeteria-Ansatzes in der Bundesrepublik Deutschland, BFuP, 1986, S. 16 ff. Zu aktuellen Ausprägungen von Vergütungssystemen für Führungskräfte vgl. Becker, F. G., Strategische Ausrichtung von Beteiligungssystemen, in: Entgeltsysteme, Hrsg. W. Weber, Stuttgart 1993, S. 331 ff.; Bleicher, K., Strategische Anreizsysteme, Stuttgart – Zürich 1992; Gedenk, K., Albers, S., Empirische Ergebnisse zur Strategieorientierten Steuerung von Geschäftsführern, DBW 54/1994, Nr. 3, S. 327 ff.; Hungenberg, H., Strategische Beurteilungs- und Anreizsysteme für Führungskräfte, in: Führungskräfte und Führungserfolg – Neue Herausforderungen für das strategische Management, Hrsg. U. Krystek, J. Link, Wiesbaden 1995, S. 381 ff.; Wagner, D., Grawert, A., Langemeyer, H., Cafeteria-Systeme als Möglichkeit der Flexibilisierung und Individualisierung von Entgeltbestandteilen für Führungskräfte, BFuP 1992, S. 255 ff.

Anreizsysteme für Führungskräfte – Theoretische Grundlagen und praktische Ausgestaltungsmöglichkeiten

H. Hungenberg

1. Einleitung

Ein Anreizsystem ist ein Instrument der Unternehmensführung, welches dazu dient, das Verhalten von Menschen im Unternehmen zu beeinflussen. Es soll Menschen bei ihrer Aufgabenerfüllung zu einem ganz bestimmten Verhalten bewegen: einem Leistungsverhalten, das sich positiv auf das Erreichen der Unternehmensziele auswirkt. Gerade bei Führungskräften kommt diesem Beeinflussungsinstrument besondere Bedeutung zu, da von der Art, wie diese ihre Planungs-, Steuerungs- und Kontrollaufgaben erfüllen, entscheidend abhängt, ob die gesetzten Ziele erreicht oder verfehlt werden [1].

Dieses Grundverständis, daß Anreizsysteme für Führungskräfte Instrumente zur Verhaltensbeeinflussung sind, wird in dem vorliegenden Beitrag in den Mittelpunkt gestellt. Vor seinem Hintergrund werden die theoretischen Grundlagen analysiert, die geeignet sind, menschliches Leistungsverhalten und seine Beeinflussung durch Anreizsysteme zu erklären. Es wird aber auch nach den Konsequenzen gefragt, die sich aus diesen theoretischen Erkenntnissen für die praktische Ausgestaltung von Anreizsystemen ableiten lassen.

2. Theoretische Grundlagen

2.1 Verhaltenstheoretische Grundlagen

Der Erklärungsgegenstand „menschliches Leistungsverhalten" legt es nahe, zunächst nach den verhaltenstheoretischen Grundlagen zu fragen, die geeignet sind, dieses Phänomen näher zu beschreiben. Auf diesem Wege kann geklärt werden, wie Leistungsverhalten zustande kommt und an welcher Stelle Ansatzpunkte zur zielgerichteten Beeinflussung durch Anreize – und damit durch Anreizsysteme für Führungskräfte – bestehen. Um dieser Frage nachzugehen, bietet es sich an, das Verhalten von Führungskräften in Unternehmen vereinfacht anhand des folgenden Grundmodells individuellen Leistungsverhaltens zu beschreiben (Abbildung 1) [2].

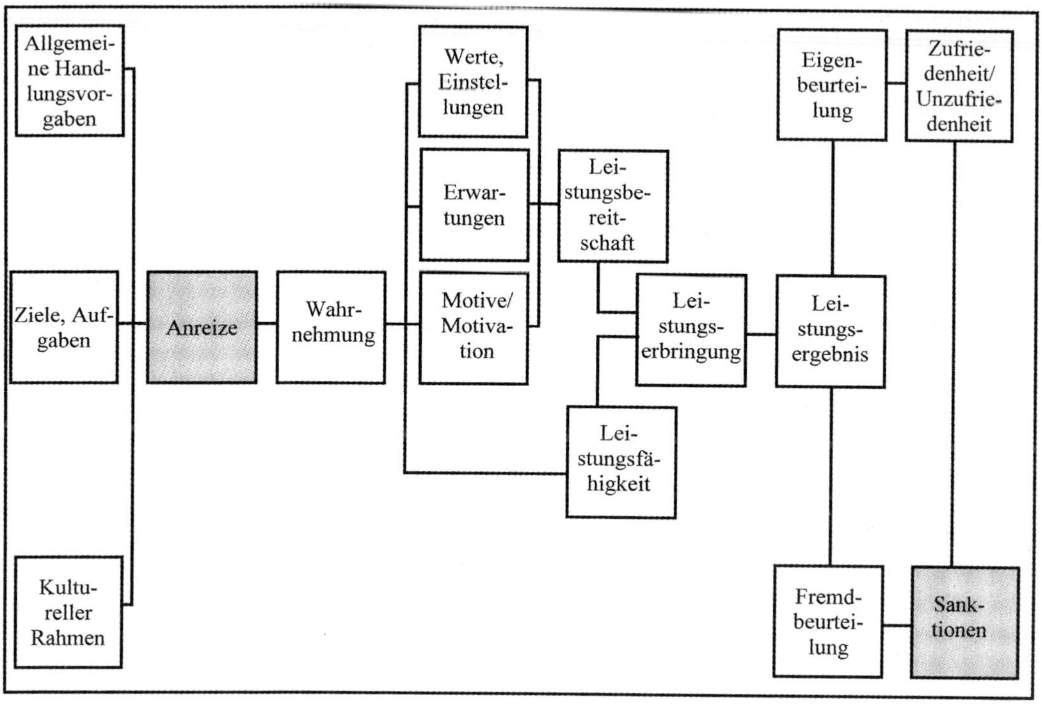

Abb. 1: Grundmodell individuellen Leistungsverhaltens

Im Mittelpunkt des menschlichen Leistungsverhaltens stehen demnach die Motive des Menschen – die latent vorhandenen Beweggründe menschlichen Verhaltens, die sich in dem Verlangen ausdrücken, ein bestimmtes Bedürfnis zu befriedigen. Werden Motive aktiviert, so veranlassen sie eine Führungskraft dazu, eine bestimmte Leistungsbereitschaft zu entwickeln. Diese wird umso stärker sein, je ausgeprägter die Motivation der Person ist. Die Leistungsbereitschaft wird daneben von ihren individuellen Werten, Einstellungen und Erwartungen bestimmt. Sie führt in Verbindung mit der Leistungsfähigkeit einer Führungskraft dazu, daß tatsächlich Leistungen erbracht werden. Die Leistungserbringung, also das aufgabenbezogene Handeln der Führungskraft, führt dann zu bestimmten Leistungsergebnissen. Diese werden im Regelfall einer Fremdbeurteilung durch das Unternehmen unterzogen, die positive oder negative Sanktionen auslöst. Diese Sanktionen bestimmen gemeinsam mit der Eigenbeurteilung der Leistungsergebnisse über die Zufriedenheit bzw. Unzufriedenheit der Führungskraft mit den von ihr gezeigten Leistungen.

Während einige Motive, z. B. solche physiologischer Natur, sich von selber aktivieren, bedarf es für die Aktivierung anderer Motive eines externen Anstosses: eines Anreizes. Anreize sind daher prinzipiell geeignet, das unternehmensbezogene Handeln von Führungskräften zu beeinflussen – sie sind die Stimuli, von denen die Bereitschaft einer Führungskraft abhängt, eine bestimmte Leistung zu erbringen. In gleicher Weise wird eine positive oder negative Sanktionierung vergangener Leistungen als Stimulus für zukünftiges Handeln aufgefaßt. Um Führungskräfte zu einer Leistung zu bewegen, die den Interessen des Unternehmens dient, müssen daher Anreize (und Sanktionierungsmechanismen) geschaffen werden, die individuelle Vorteile und Unternehmensinteressen miteinander verknüpfen. Diese Verknüpfung führt dazu, daß Führungskräfte im Unternehmensinteresse motiviert und ihre Einstellungen und Erwartungen in einem positiven Sinne beeinflußt werden.

Angesichts der Unterschiedlichkeit individueller Motivationstrukturen entziehen sich menschliche Motive jedoch einer allgemeingültigen inhaltlichen Bestimmung. Motive sind kultur- und persönlichkeitsabhängig, und auch bei einzelnen Menschen ändern sich die verhaltensbestimmenden Motive im Zeitablauf. Allgemeingültige Aussagen darüber, welche Motive ein Mensch verfolgt, sind somit nicht möglich [3]. Hinzu kommt, daß Anreize von Menschen auch unterschiedlich wahrgenommen werden können. Mit anderen Worten: die Beeinflussung menschlichen Leistungsverhaltens durch Anreize setzt in jedem Fall eine individualisierte Vorgehensweise voraus.

Vor diesem Hintergrund wird klar, daß verhaltenstheoretische Überlegungen zwar die Zusammenhänge zwischen einzelnen Faktoren individuellen Verhaltens aufzeigen können, daß sie es aber nicht gestatten, technologische Prognosen darüber abzuleiten, wie durch konkrete Anreize spezifische Motive aktiviert und damit gezielt bestimmte Verhaltensweisen hervorgerufen werden können. Dennoch lassen sich aus den hier angesprochenen verhaltenstheoretischen Überlegungen konkrete Anhaltspunkte für die praktische Gestaltung von Anreizsystemen ableiten, die sich zu den folgenden Anforderungen verdichten lassen:

- *Leistungsbezug*: Anreize müssen durchgängig auf die Leistungen bzw. die Leistungsergebnisse ausgerichtet sein, die aus Sicht des Unternehmens von einer Führungskraft erwartet werden. Nur so können sie dazu beitragen, das Unternehmensinteresse – das heißt: das Erreichen der Unternehmensziele – mit den persönlichen Interessen der Führungskräfte zu verknüpfen.
- *Transparenz*: Damit sich ein Anreiz positiv auf die Motivation einer Führungskraft auswirkt, muß er als solcher wahrgenommen und eingeschätzt werden. Dies setzt voraus, daß die Ursache-Wirkungs-Beziehung zwischen Leistung und Anreiz ex-ante und ex-post transparent und persönlich nachvollziehbar ist.
- *Individualisierbarkeit*: Ob ein Anreiz motivierend wirkt, hängt von der individuellen Motivationsstruktur und den subjektiven Wahrnehmungen einer Führungskraft ab. Eine instrumentelle Beziehung zwischen Anreizen und Motiven kann daher nur dann entstehen, wenn Anreizsysteme entsprechende individuelle Differenzierungen gestatten.

2.2 Vertragstheoretische Grundlagen

Der vertragstheoretische Ansatz der Betriebswirtschaftslehre ist aus den Ansätzen der sogenannten „Neuen Institutionenökonomie" hervorgegangen [4], zu denen im einzelnen der Property-Rights-Ansatz, der Transaktionskosten-Ansatz und die Principal-

Agent-Theorie zählen. Diesen Ansätzen ist gemeinsam, daß sie das Denken in Verträgen und Vertragsbeziehungen in den Mittelpunkt einer ökonomischen Betrachtung stellen. Allgemein gesprochen verfolgen sie dabei das Ziel, Gestaltungsformen für einzelne Vertragsbeziehungen zu finden, die zu einer ökonomisch optimalen Vertragserfüllung führen.

Vor allem die Principal-Agent-Theorie stellt bei der Betrachtung von Vertragsbeziehungen individuelles menschliches Verhalten in den Mittelpunkt – das Verhalten der Vertragspartner in einer Beziehung zwischen Auftraggeber (Principal) und Auftragnehmer (Agent). Eine solche Vertragsbeziehung besteht beispielsweise zwischen den Eigentümern eines Unternehmens (als Principale) und den Führungskräften, die im Unternehmen handeln – den Agenten. Anders als bei den verhaltenstheoretischen Ansätzen werden im Rahmen der Principal-Agent-Theorie jedoch konkrete inhaltliche Annahmen über die Ziele und die Informationsausstattung der beteiligten Vertragspartner vorgegeben und deren Konsequenzen für das individuelle Verhalten untersucht:

- *Ziele*: Beide Vertragspartner verfolgen annahmegemäß das Ziel, ihren persönlichen Nutzen zu maximieren. Dieses ist für den Principal dann erfüllt, wenn er aus seinen ökonomischen Aktivitäten einen maximalen Überschuß erwirtschaftet. Der Agent strebt demgegenüber – den Annahmen der Principal-Agent-Theorie folgend – nach einem maximalen persönlichen Einkommen und geringstmöglichem Arbeitseinsatz. Es besteht somit eine Zieldivergenz zwischen dem Principal und dem Agenten, der als Auftragnehmer ja eigentlich im Interesse des Auftraggebers handeln sollte.
- *Informationsausstattung*: Die Informationen über das Handeln des Agenten sind ungleich verteilt. Der Principal kann im Regelfall das Verhalten des Agenten nicht beobachten; insbesondere kann er nicht beurteilen, inwieweit die Handlungsergebnisse tatsächlich auf die Anstrengungen des Agenten zurückzuführen sind. Der Agent selber besitzt demgegenüber diese Informationen – er wird sie jedoch annahmegemäß nicht mit dem Principal teilen, um sich einen diskretionären Handlungsspielraum im eigenen Interesse zu sichern. Mit anderen Worten: der Principal besitzt zwangsläufig einen Informationsnachteil gegenüber dem Agenten.

Will ein Principal die vertragliche Beziehung mit dem Agenten für sich positiv gestalten, muß er also gezielt Einfluß auf diesen nehmen. Anders ausgedrückt: der Auftraggeber muß den Auftragnehmer dazu bewegen, in seinem Interesse zu handeln. Hierzu stehen ihm im Kern zwei Instrumente zur Verfügung – Informationen und Kontrollen sowie Anreize. Vor diesem Hintergrund bietet es sich an, auch die vertragstheoretischen Grundlagen auf Anhaltspunkte für die Ausgestaltung von Anreizsystemen zu untersuchen.

Dem Grundgedanken des vertragstheoretischen Ansatzes folgend steht also die Frage im Mittelpunkt, wie im Rahmen einer Principal-Agenten-Beziehung eine ökonomisch optimale Anreizgestaltung gefunden werden kann. Dabei wird davon ausgegangen, daß es in einer Vertragsbeziehung stets bestimmte fixe Anreize gibt, die als Vergütung für ein explizit vorgeschriebenes und kontrollierbares, minimales Arbeitseinsatz-Niveau interpretiert werden. Darüber hinaus besteht die Möglichkeit, in unterschiedlicher Weise variable Anreize zu gewähren, die den Agenten zu einer Steigerung seines

Arbeitseinsatzes bewegen sollen. Bei dieser Gestaltung variabler Anreize sind zwei zentrale Anforderungen zu berücksichtigen [5]:

- variable Anreize müssen an die Erfüllung der Ziele des Principals anknüpfen;
- variable Anreize sollen den Agenten zu einem ökonomisch optimalen Arbeitseinsatz-Niveau bewegen.

Eine Verknüpfung variabler Anreize mit den Zielen des Principals setzt voraus, daß Bemessungsgrundlagen für die Anreizgewährung vereinbart werden, welche die Ziele des Principals widerspiegeln. Bezieht man diese Überlegung auf die Principal-Agenten-Beziehung zwischen den Eigentümern eines Unternehmens und dessen Führungskräften, so sind hierfür eher eigentümerwertorientierte als traditionelle rechnungswesenorientierte Bemessungsgrundlagen geeignet (Abbildung 2). Letztere stehen nicht in einer eindeutigen Beziehung zum Überschußziel des Principals; sie sind zudem im Regelfall weitgehend durch den Agenten zu manipulieren.

Unter der Voraussetzung, daß eine Verknüpfung der variablen Anreize mit der Zielerreichung des Principals hergestellt werden kann, ist dann der ökonomisch optimale Umfang der Anreizgewährung zu bestimmen. Gedanklich handelt es sich hierbei um ein ökonomisches Kalkül des Principals, bei dem er die erzielbare Überschußsteigerung infolge des anreizbedingten Mehreinsatzes des Agenten jener Überschußminderung gegenüberstellt, welche durch die Zahlung von variablen Anreizen an den Agenten entsteht. Ziel ist es, die Differenz beider Effekte zu maximieren (Abbildung 3). Dabei ist jedoch zumindest für den (realistischen) Fall unsicherer Erwartungen zu berücksichtigen, daß der Agent mit zunehmender Variabilität der Anreize eine stetig steigende Risikoprämie fordert. In dieser Situation ist also ein individueller Ausgleich zwischen der Anreizwirkung variabler Anreize und der geforderten Risikoprämie zu finden. Hierbei spielen auch die individuellen Risikoeinstellungen des Agenten, das Erfolgsrisiko der ihm übertragenen Aufgaben sowie seine Einflußmöglichkeiten auf die Aufgabenerfüllung und deren Ergebnisse eine Rolle (Abbildung 4) [6].

Der vertragstheoretische Erklärungsansatz kommt also vor dem Hintergrund bestimmter Verhaltensannahmen zu konkreten Aussagen, wie Anreizsysteme gestaltet sein sollen. Folgt man diesen Annahmen, lassen sich auch aus dem vertragstheoretischen Ansatz konkrete Anforderungen an die praktische Ausgestaltung von Anreizsystemen für Führungskräfte ableiten:

- *Wirtschaftlichkeit*: Der anreizbedingte Zusatzüberschuß soll die Kosten für die Kontrolle und die zusätzlichen Anreize übersteigen. Mit anderen Worten: die Anreizgestaltung selber muß dem ökonomischen Prinzip genügen.
- *Zielorientierung*: Anreize sollen das Handeln von Führungskräften auf die Ziele des Principals ausrichten. Zu diesem Zweck sind Bemessungsgrundlagen auszuwählen, die diese Zielorientierung für Führungskräfte unterschiedlicher Hierarchieebenen und Funktionen gewährleisten.
- *Risikoorientierung*: Risikogesichtspunkte sind eine wesentliche Einflußgröße, welche die individuelle Wirkung von Anreizen beeinflussen. Für die Anreizgestaltung sind daher auch Faktoren wie inviduelle Risikoeinstellungen, das persönliche Erfolgsrisiko und die persönlichen Einflußmöglichkeiten einer Führungskraft zu berücksichtigen.

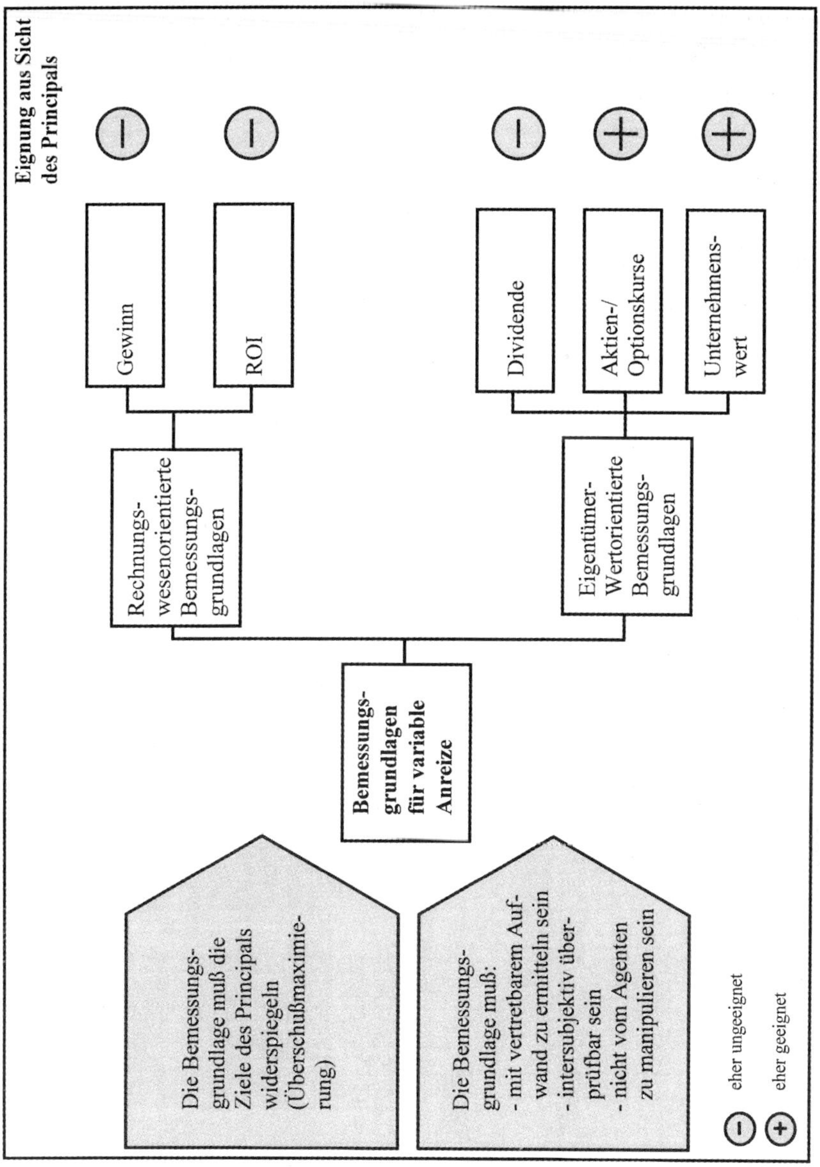

Abb. 2: Bemessungsgrundlagen für variable Anreize

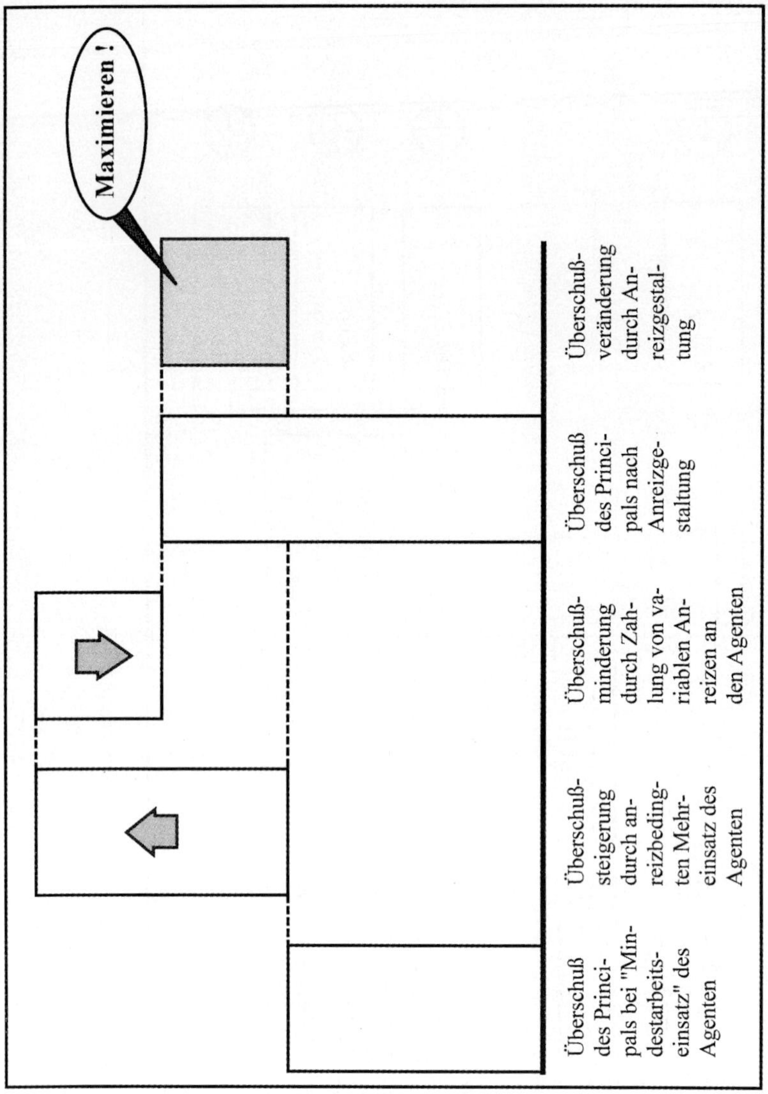

Abb. 3: Ökonomisches Kalkül zur Bestimmung der Anreizgestaltung

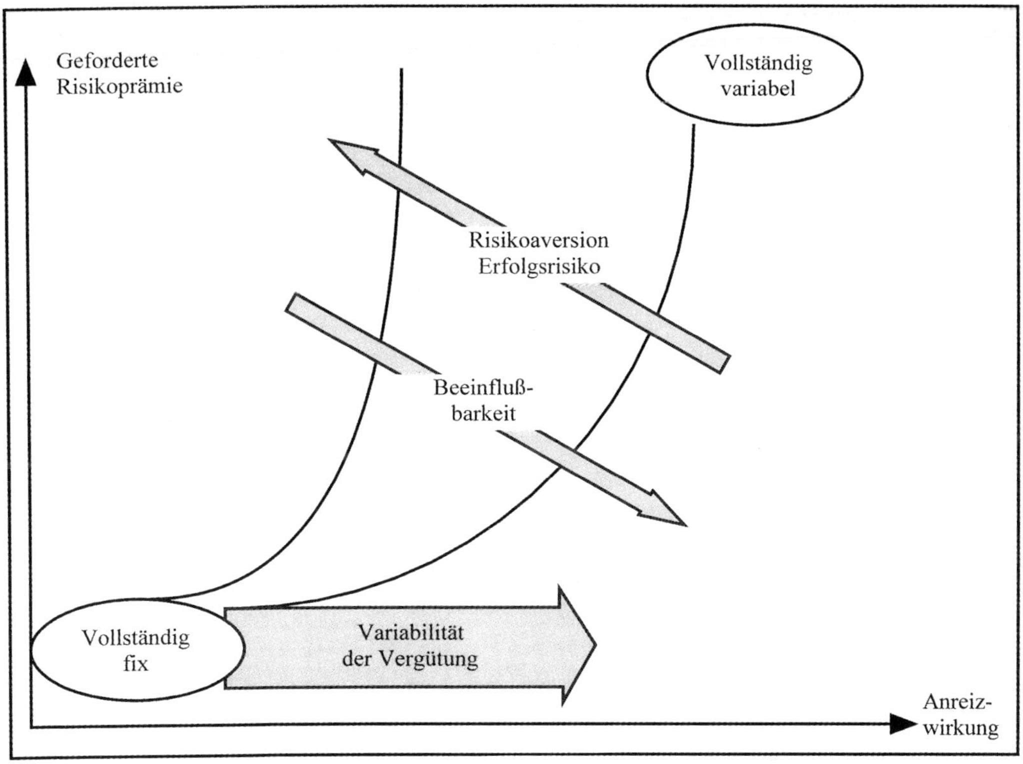

Abb. 4: Zusammenhang zwischen Anreizgestaltung und Risiko

3. Ansatzpunkte zur praktischen Ausgestaltung von Anreizsystemen für Führungskräfte

Die Ausgestaltung eines Anreizsystems für Führungskräfte kann nur unternehmensspezifisch geschehen. Sie muß die internen und externen Gegebenheiten und Anforderungen berücksichtigen. Unabhängig davon, wie die unternehmensspezifische Gestaltung eines Anreizsystems erfolgt, bestehen jedoch stets die gleichen Gestaltungsaufgaben und -alternativen, die allgemeingültig zu diskutieren sind. Diese Diskussion soll im folgenden mit Bezug auf die verhaltens- und vertragstheoretisch abgeleiteten Anforderungen erfolgen. Dabei soll die Gestaltung eines Anreizsystems zusammenfassend durch die folgenden vier Teilentscheidungen beschrieben werden:

- Welche Anreize sollen in das Anreizsystem aufgenommen werden?
- Welche Bemessungsgrundlagen sollen der Anreizvergabe zugrundegelegt werden?
- Welche Vergütungsfunktionen sollen die Beziehung zwischen Bemessungsgrundlage und Anreizvergabe beschreiben?
- Welche Ausschüttungsmodi sollen bei der Anreizvergabe gewählt werden?

3.1 Bestimmung der Anreize

Als erste Teilaufgabe ist zu bestimmen, welche Stimuli als Anreizarten in das Anreizsystem aufgenommen werden sollen. Dabei ist eine Auswahl unter einer Vielzahl von materiellen und immateriellen Faktoren zu treffen, von denen erwartet werden kann, daß sie Einfluß auf das Leistungsverhalten einer Führungskraft besitzen. Unter diesen Anreizarten stehen in der Regel die materiellen, finanziellen Anreize (Vergütung) im Mittelpunkt, da sie – als generalisiertes „Mittel zum Zweck" – geeignet sind, unterschiedlichste Motive anzusprechen [7].

Ein Anreizsystem muß verschiedene Aufgaben erfüllen und für unterschiedliche Menschen angemessen sein. Es sollte daher ein breites Spektrum unterschiedlicher Anreize abdecken (Abbildung 5). Hierzu müssen gleichermaßen fixe wie variable Anreize zählen; erstere dienen vor allem dazu, eine an Markt und Anforderungen

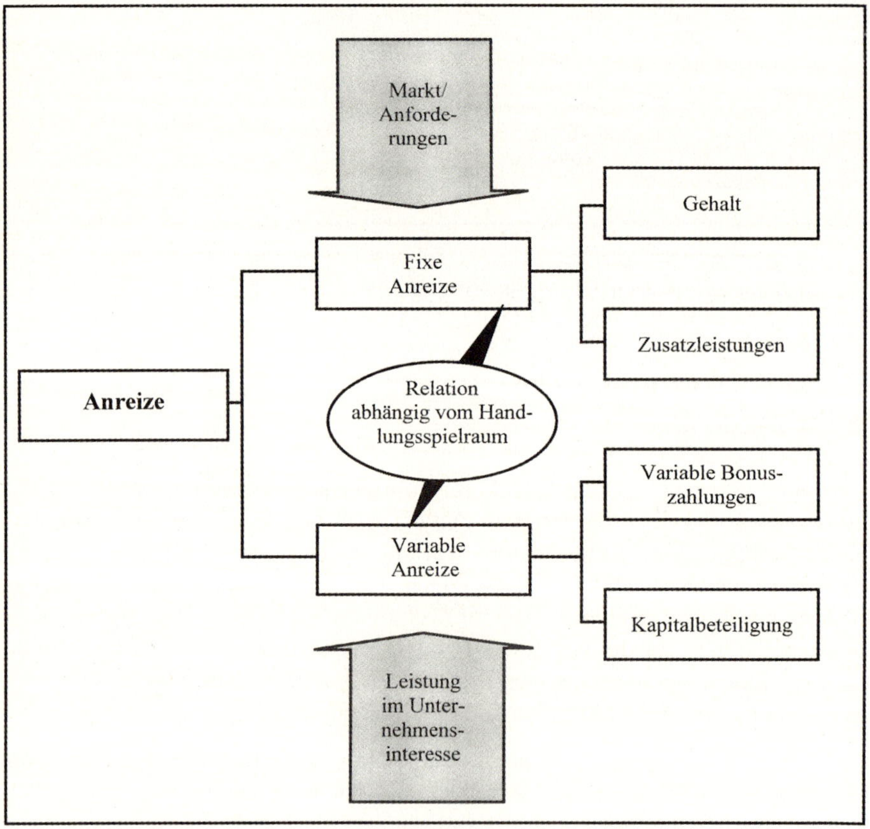

Abb. 5: Materielle Anreizarten in einem Anreizsystem

orientierte (Mindest-)Vergütung sicherzustellen, letztere sollen die Führungskräfte zu einem Handeln im Unternehmensinteresse veranlassen. Damit auch fixe Anreize eine maximale Anreizwirkung entfalten, empfiehlt es sich aber, sie nicht pauschal für alle Führungskräfte in gleicher Weise zusammenzustellen, sondern diese individuell, auf der Basis persönlicher Präferenzen auswählen zu lassen. Bei diesem Vorgehen spricht man auch von einem „Cafeteria-Modell", bei dem jede betroffene Führungskraft die für sie relevanten Anreizarten selber im Rahmen eines gegebenen Anreizbudgets (z. B. in Form eines persönlichen Punktekontos) zusammenstellt (Abbildung 6) [8].

Neben den Anreizarten ist auch die Anreizstruktur, also die Relation der fixen zur variablen Vergütung, festzulegen. Steigt der Anteil variabler Anreize an der Gesamtvergütung einer Führungskraft, so nimmt auch die anreizbedingte Motivationswirkung zu. Allerdings muß der Anteil der variablen Vergütung mit dem individuellen Handlungsspielraum korrespondieren, den einzelne Führungskräfte besitzen: je größer dieser ist, desto höher sollten tendenziell auch die variablen Vergütungsanteile sein.

3.2 Bestimmung der Vergütungsfunktionen

Durch die Vergütungsfunktion werden Leistungsverhalten und variable Anreize gekoppelt, indem eine funktionale Beziehung zwischen einer (oder mehreren) Bemessungsgrundlagen für die individuelle Leistung einer Führungskraft und der Höhe ihrer variablen Vergütung hergestellt wird. Traditionell werden Vergütungsfunktionen so gewählt, daß die Schwankungsbreite der variablen Anreize relativ gering ist: die Vergütung ist nur in einem engen Korridor variabel, Verluste bei einer unbefriedigenden Zielerreichung werden ausgeschlossen oder zumindest begrenzt. Zudem werden meist identische Vergütungsfunktionen für alle Führungskräfte bzw. alle Bemessungsgrundlagen gewählt. Folgt man den oben dargestellten vertragstheoretischen Überlegungen erscheint es allerdings sinnvoll, die Anreizwirkungen unterschiedlicher Vergütungsfunktionen wesentlich gezielter zu nutzen. Dabei spielt vor allem der Risikoaspekt eine besondere Rolle (Abbildung 7).

Vergütungsfunktionen mit einer geringen Variabilität sollten vor diesem Hintergrund dann gewählt werden, wenn die Risikoaversion einer Führungskraft ausgeprägt ist oder wenn das Eingehen von Risiken aus Sicht des Unternehmens ausdrücklich gewünscht ist. Letzteres könnte z. B. bei strategischen Aufgaben gegeben sein. In diesem Fall empfiehlt es sich besonders, eine Begrenzung der Anreizvariabilität bei negativen Leistungsergebnissen vorzusehen. Drohende negative Sanktionen dürften das Risikoverhalten von Führungskräften nämlich in noch stärkerer Weise beeinträchtigen, als dies das potentielle Ausbleiben positiver Sanktionen ohnehin schon tut. Vergütungsfunktionen mit einer hohen Variabilität sind demgegenüber angezeigt, wenn die Risikoaversion der betroffenen Führungskraft schwach ausgeprägt ist oder das Eingehen von Risiken kontrolliert werden soll. Auch das Erfolgsrisiko der jeweiligen Aufgabe spielt hier eine Rolle. In diesen Fällen kann die Schwankungsbreite der Vergütung wesentlich größer sein; auch Verlustbeteiligungen sind sinnvoll.

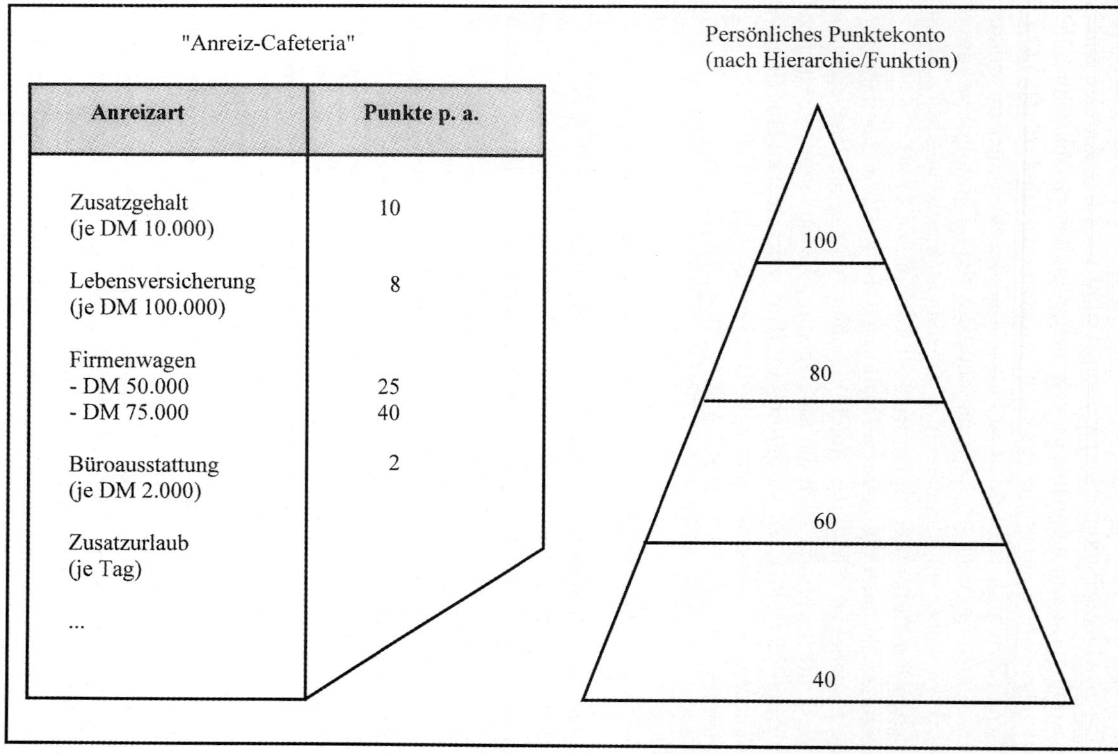

Abb. 6: Grundprinzip eines „Cafeteria-Modells“

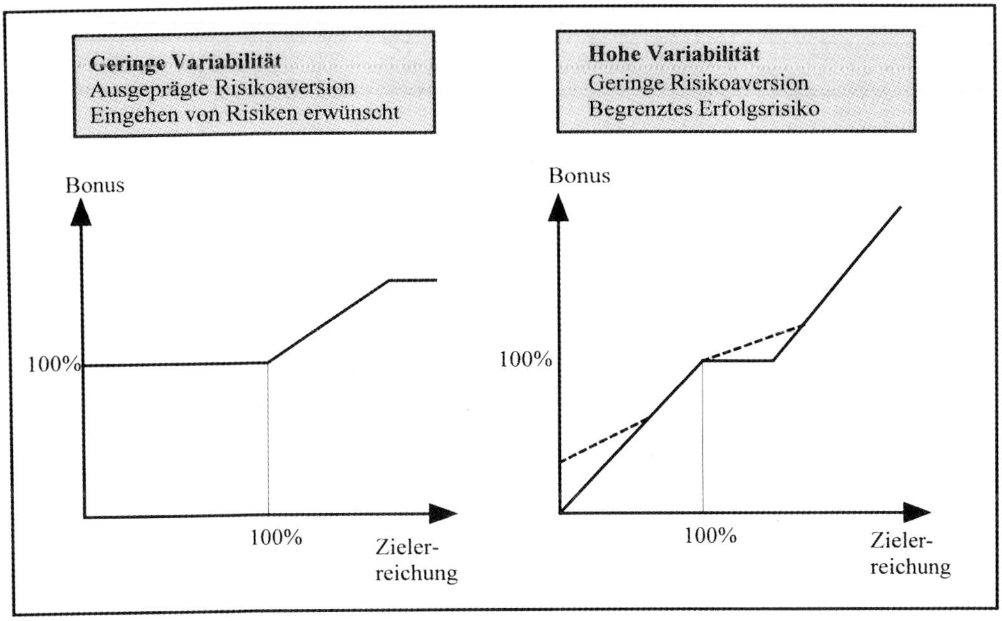

Abb. 7: Vergütungsfunktionen

3.3 Bestimmung der Bemessungsgrundlagen

Entscheidend für den Erfolg eines Anreizsystems ist, daß es das Handeln der Führungskräfte im Unternehmensinteresse beeinflußt. Dies ist möglich, wenn durch das Anreizsystem individuelle Vorteile für die betroffenen Führungskräfte dann entstehen, wenn gleichzeitig die Ziele des Unternehmens erreicht werden.

Um diese Verknüpfung von Individual- und Unternehmensinteressen systematisch und differenziert zu verwirklichen, sollten auch die Bemessungsgrundlagen für die Anreizvergabe differenziert, abhängig von den Zielen bestimmt werden, die für eine Führungskraft in ihrem jeweiligen Verantwortungsbereich relevant sind. Diese Ziele sind Gegenstand der Unternehmensplanung. Insofern empfiehlt es sich, variable Anreize im Regelfall auf solche Bemessungsgrundlagen zu beziehen, die sich unmittelbar aus der Unternehmensplanung ableiten lassen (Abbildung 8) [9]. Eine derartige, planorientierte Gestaltung variabler Anreize gestattet es, Führungskräfte der unterschiedlichsten Verantwortungsbereiche auf die übergeordneten Unternehmensinteressen auszurichten und somit in Summe das gesamte unternehmerische Zielsystem auch im Anreizsystem abzubilden.

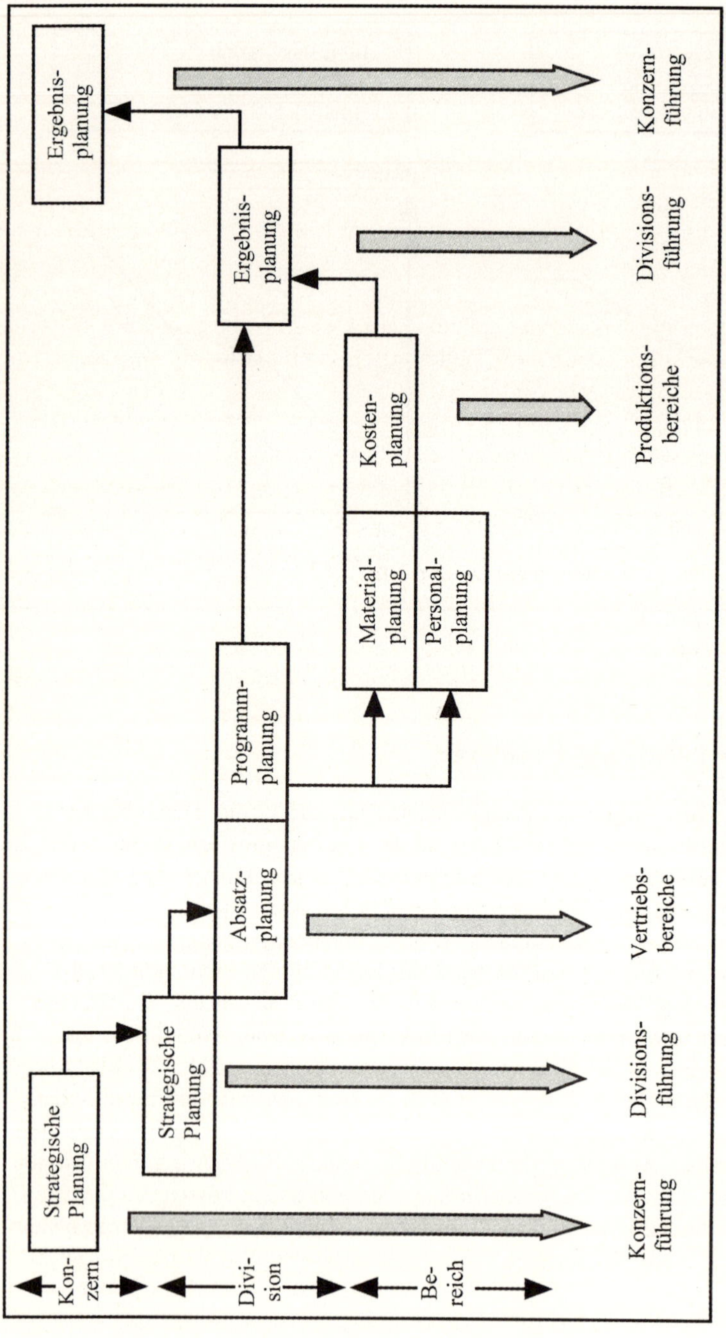

Abb. 8: Planorientierte Gestaltung variabler Anreize

3.4 Bestimmung der Ausschüttungsmodi

Die Bestimmung der Ausschüttungsmodi schließlich betrifft die Frage, zu welchen Zeitpunkten (und damit: nach welchen Zeiträumen) variable, leistungsabhängige Anreize an die betroffenen Führungskräfte ausgeschüttet werden sollen. Grundsätzlich sind drei Alternativen denkbar, die in einem gegenläufigen Spannungsfeld von Anreizwirkung und Beurteilungsqualität stehen: die sofortige Ausschüttung, die periodische Ausschüttung und die endfällige (oder zumindest langfristige) Ausschüttung. Die Anreizwirkung ist am größten, wenn Anreize sofort, das heißt in uumittelbarem Zusammenhang mit der Beurteilung einer bestimmten Leistung ausgeschüttet werden. In diesem Fall ist jedoch oft – insbesondere bei strategischen Aufgaben – nicht erkennbar, ob die beurteilte Leistung tatsächlich zu einem nachhaltigen Erfolg geführt hat. So können positiv beurteilte strategische (Zwischen-)Ergebnisse sich in der Zukunft leicht noch zu Mißerfolgen umkehren. Die Qualität der Leistungsbeurteilung, die der Anreizgewährung zugrundeliegt, ist daher nur gering. Genau das Gegenteil gilt für den Fall der endfälligen (langfristigen) Ausschüttung. Hier besteht weitgehende Klarheit über Erfolg oder Mißerfolg; dafür ist jedoch die Anreizwirkung einer Ausschüttung, die zeitlich deutlich nach der Leistungserbringung erfolgt, nur gering. Angesichts dieses Spannungsfelds ist es meist sinnvoll, bei der Bestimmung der Ausschüttungsmodi einen Kompromiß einzugehen – etwa in Form einer Kombination von sofortiger und langfristiger Ausschüttung.

4. Gestaltungsmodell eines Anreizsystems für Führungskräfte

Führt man diese Überlegungen zu den einzelnen Teilaufgaben der Anreizsystem-Gestaltung zusammen, so läßt sich das Gestaltungsmodell eines Anreizsystems für Führungskräfte zumindest in seinen Grundzügen ableiten. In dessen Mittelpunkt steht die Forderung, daß die Ziele und Anforderungen – und damit auch die Bemessungsgrundlagen für die Vergabe variabler Anreize – aus der Unternehmensplanung abgeleitet werden sollen. In einem solchen planorientierten Anreizsystem können unterschiedliche Ziele und Maßnahmen abgebildet werden; auch ergänzende persönliche Arbeitsziele sind zu berücksichtigen. Werden die in der Unternehmensplanung formulierten Ziele erreicht oder überschritten, wird hierfür eine variable Vergütung nach dem Schema einer vorab definierten Vergütungsfunktion gewährt. Diese wird durch eine fixe Vergütung sowie andere materielle und immaterielle Anreize ergänzt.

Ein solches Modell eines planorientierten Anreizsystems für Führungskräfte gestattet eine individuell gezielte, ökonomisch sinnvolle Verhaltensbeeinflussung. Sie erfüllt damit die wichtigsten Anforderungen, die für ein Anreizsystem gelten. Ein derartiges System ist zudem vollständig flexibel, um dem umfeld- und unternehmensbedingten Wandel der Unternehmensziele zu folgen. So gestattet es ein solches Anreizsystem insbesondere, auch die Zielgröße „Unternehmenswert" explizit aufzunehmen – eine Forderung, die gerade vor dem Hintergrund der vertragstheoretischen Erkenntnisse besondere Bedeutung besitzt (Abbildung 9). Werden auf diesem Wege zumindest Führungskräfte mit unternehmerischer Handlungsverantwortung auf die Wertentwicklung ihrer jeweiligen Führungseinheiten verpflichtet, so wird die persönliche Anreizstruktur der Führungskräfte der eines „Unternehmers“ immer ähnlicher – mit der Konsequenz, daß individuelle und Unternehmensinteressen zunehmend verschmelzen.

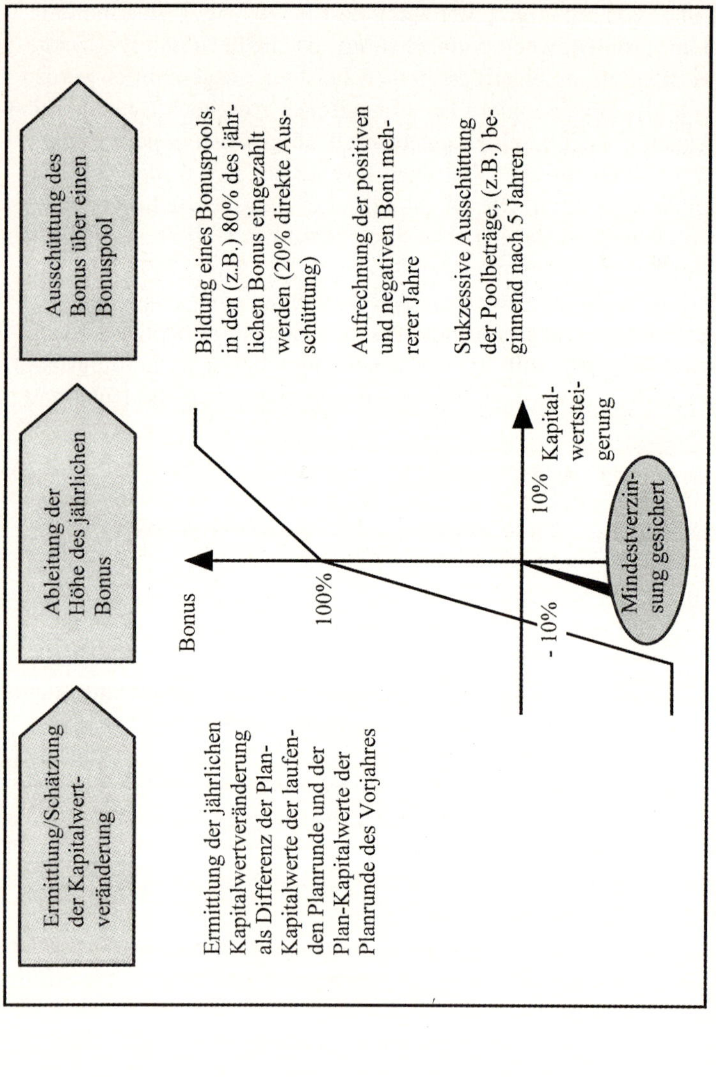

Abb. 9: Vorgehensweise zur Vergabe variabler, wertabhängiger Anreize

Anmerkungen

[1] Zu dem Begriff und den Aufgaben von Führungskräften vgl. grundlegend *Hahn, D.*: PuK – Controllingkonzepte, 5. Aufl., S. 33 ff.; ferner ausführlich *Hungenberg, H.*: Planung eines Führungskräfteentwicklungssystems, Gießen 1990, S. 5 ff.

[2] Vgl. im folgenden *Krüger, W.*: Organisation der Unternehmung, 3. Aufl., Stuttgart 1994, S. 303 ff.

[3] An dieser Stelle ist auf die Erkenntnisse der sogenannten Inhaltstheorien der Motivation zu verweisen; vgl. hierzu z. B. *Maslow, A. H.*: Motivation and personality, New York 1954; *Alderfer, C. P.*: Existence, relatedness, and growth, New York 1972; *Herzberg, F.*: The managerial choice, 2. Aufl., Salt Lake City 1982.

[4] Vgl. grundlegend z. B. *Williamson, O.E.*: The firm as a nexus of treaties: an introduction, in: The firm as a nexus of treaties, Hrsg. M. Aoki, B. Gustafsson, O. E. Williamson, London 1990, S. 1 ff.; *Hax, H.*: Theorie der Unternehmung – Information, Anreize und Vertragsgestaltung, in: Betriebswirtschaftslehre und ökonomische Theorie, Hrsg. D. Ordelheide, B. Rudolph, E. Büsselmann, Stuttgart 1991, S. 58.

[5] Vgl. grundlegend z. B. *Shavell, S.*: Risk sharing and incentives in the principal and agent relationship, in: Bell Journal of Economics, 10. Jg. 1979, S. 55 ff.; *Jennergren, L.P.*: On the design of incentives in business firms – a survey of some research, in: Management Science, 26. Jg. 1980; S. 180 ff.

[6] Vgl. ausführlich *Laux, H.*: (Pareto-)Optimale Anreizsysteme bei sicheren Erwartungen, in: ZfbF, 40. Jg. 1988, S. 959 ff.; *Laux, H.*: (Pareto-)Optimale Anreizsysteme bei unsicheren Erwartungen, in: ZfbF, 40. Jg. 1988, 5. 1093 ff.;

[7] Vgl. *Becker, F.G.*: Strategische Ausrichtung von Beteiligungssystemen, in: Entgeltsysteme, Hrsg. W. Weber, Stuttgart 1993, S. 313 ff.

[8] Vgl. z. B. *Wagner, D.*: Möglichkeiten und Grenzen des Cafeteria-Ansatzes in Deutschland, in: BFuP, 38. Jg. 1986, S. 19 ff.; *Wagner, D.*, *Grawert, A.*, *Langemeyer, H.*: Cafeteria-Modelle, Stuttgart 1993.

[9] Vgl. grundlegend *Hahn, D.*, *Willers, H.G.*: Unternehmungsplanung und Führungskräftevergütung, Beitrag in diesem Reader.

E Träger und Organisation der strategischen Unternehmungsplanung und Unternehmungsführung

Träger strategischer Unternehmungsführung

K. Bleicher

Die beeindruckende Palette an Instrumenten, die bislang für eine strategische Unternehmungsführung entwickelt wurde, darf nicht darüber hinwegtäuschen, daß es letztlich Menschen mit ihren Perzeptionen und Präferenzen sind, die strategische Konzepte erarbeiten und deren Verwirklichung fördern oder ihr mit Widerständen begegnen. Letztlich entscheiden sie individuell und im sozialen Verbund strukturell und kulturell vorgeprägter Netzwerke über eine gelungene oder mißlungene strategische Verwirklichung einer Unternehmungspolitik.

1. Strukturelle Einbindung der Träger strategischer Unternehmungsführung und ihres Verhaltens

Die Frage nach den Trägern strategischer Unternehmungsführung wirft eine Reihe von strukturellen und personalen Problemen auf, die in jeder Unternehmung zu lösen sind, um hinreichende Voraussetzungen für eine Verwirklichung strategischer Konzepte zu schaffen. Dabei sind es – wie in Abb. 1 dargestellt – vier wesentliche Problemkreise, die durchdrungen und unternehmungsspezifisch profiliert werden müssen. Zum einen steht dabei die *Einbindung der Träger* strategischen Managements in einen strukturellen Rahmen zur Disposition (1). Bei ihr stellen sich Fragen nach der *Verteilung von Aufgaben* des strategischen Managements auf einzelne Organe und (2) der *Gestaltung der Managementkapazität* zur Bewältigung strategischer Führungsaufgaben (3). Weiter bedarf aber auch das *Verhalten der Träger* strategischer Führung einer Kanalisierung und Gratifizierung, die Fragen nach ihrer *Verhaltensbegründung* (4) und der weiteren *Formung und Entwicklung* strategischen Verhaltens (5) aufwerfen, die im folgenden behandelt werden.

2. Verteilung der Aufgaben strategischer Unternehmungsführung

Die Verteilung von Aufgaben strategischer Unternehmungsführung auf einzelne Organe stellt die zentrale Ausgangsfrage nach den Rahmenbedingungen dar, die für eine Bestimmung ihrer Träger zu diskutieren und zu beantworten ist. Sie akzentuiert

Einbindung der Träger strategischen Managements	
Verteilung der Aufgaben strategischen Managements	Gestaltung der Managementkapazität
Verhaltensbegründung	Formung und Entwicklung strategischen Verhaltens
Verhalten der Träger im Prozess strategischen Managements	

Abb. 1: Dimensionierungsfelder der Träger strategischer Unternehmungsführung

Probleme der Unternehmungsverfassung im normativen Management, wie der Gestaltung von Organisation und Managementkapazität in der strategischen Dimension.

2.1 Die strukturelle Definition der Träger strategischer Unternehmungsführung in der Unternehmungsverfassung

In der Unternehmungsverfassung ist zu definieren, wer zu den Trägern strategischer Unternehmungsführung gehören soll [1]. Dies ist einerseits in Relation zu den „stakeholdern" – den Bezugsgruppen der Unternehmung – zu bestimmen. Dabei ist das Verhältnis der Spitzenorgane der Unternehmung (Verwaltungsrat/Aufsichtsrat und Direktion/Vorstand/Geschäftsführung) zueinander und deren Zusammenarbeit verbindlich festzulegen. Andererseits ist im Innenverhältnis die Beteiligung von Trägern unterschiedlicher organisatorischer Einheiten (Zentral-und Stabsbereiche, Unternehmungs-/Geschäftsbereiche und Abteilungen) am Formulieren von strategischen Konzepten und ihrer Realisation organisatorisch zu definieren und ihre Arbeitsweise durch Managementsysteme der Zielvereinbarung, Planung, Information und Kontrolle zu regeln. Während Unternehmungspolitik, Unternehmungsverfassung, Organisation und Managementsysteme die Träger strategischer Unternehmungsführung und deren Zusammenarbeit *strukturell* und *explizit* bestimmen, wird deren Verhalten *implizit* von den aus der Vergangenheit in die Gegenwart hinein tradierten Werten und Normen durch die Unternehmungs*kultur* getragen (vgl. den Beitrag „Unternehmungskultur und strategische Unternehmungsführung" in diesem Band).

2.1.1 Träger strategischer Unternehmungsführung in der Spitzenverfassung

(a) Unterschiedliche Rahmenbedingungen im internationalen Umfeld

Im internationalen Vergleich unterscheiden sich die national-gesetzlichen Rahmenbedingungen für die Ausgestaltung der Spitzenorganisation, welche die obersten Träger strategischer Unternehmungsführung bestimmen, in einer Reihe von wesentlichen

Aspekten. Die Regelungsdichte, der Monismus oder Pluralismus der Berücksichtigung von Interessen relevanter Gruppen, die Ein- oder Mehrstufigkeit von Überwachung und Geschäftsführung und das Kollegial- oder Direktorialprinzip bei der Ausgestaltung der Spitzenorgane definieren grundlegende Voraussetzungen für eine konstitutive Gestaltung des Verhältnisses von normativer, strategischer und operativer Unternehmungsführung in der Spitzenverfassung.

So werden beispielsweise im angelsächsischen Modell der „corporations" die Überwachungs- und Geschäftsführungsfunktionen von einem kollegial ausgelegten Spitzenorgan, dem *„Board of Directors"*, wahrgenommen, dem ein Chairman vorsteht, der selbst die Leitungsbefugnisse als *„Chief Executive Officer (CEO)"* wahrnimmt oder diese an den „President" als Board-Mitglied delegiert, der wiederum von einem *„Chief Operating Officer (COO)"* unterstützt werden kann. Im schweizerischen Obligationenrecht findet sich eine besondere Variante dieses Vereinigungsmodells. Hier sind gleichfalls Überwachungs- und Geschäftsführungsfunktionen in einem Organ, dem *Verwaltungsrat* vereinigt. Da es diesem jedoch offen steht, Funktionen der Geschäftsführung einem oder mehreren *Delegierten* oder einer *Direktion* direkt zu übertragen, wie es insbesondere in Großunternehmungen in Anlehnung an das deutsche kollegiale Vorstandsmodell häufig praktiziert wird, engt sich die Tätigkeit des Verwaltungsrates weitgehend auf die Überwachung ein. Das deutsche Trennungsmodell von zwei kollegialen Organen, dem *Aufsichtsrat* (AR) und dem *Vorstand*, führt die Unterscheidung von Aufgaben der *Überwachung* durch den Aufsichtsrat unter Beachtung der Mitbestimmung in diesem Organ und der *Geschäftsführung* durch den Vorstand konsequent zu Ende. Um dieses Modell der Spitzenverfassung funktions- und sanktionsfähig zu machen, ist der Aufsichtsrat mit der *Personalhoheit* über den Vorstand ausgestattet. Während die Widmung und Entwicklung der Aktiven einer Unternehmung – im langfristigen Interesse der „stakeholder" – Aufgabe des Aufsichtsrates ist, bezieht sich die Arbeit des Vorstandes auf das Setzen von Zielen, das Formulieren und Durchsetzen von Strategien für die angestrebte Unternehmungsentwicklung.

Thomas Biland hat in einer Untersuchung die Eingliederung von Spitzenorganen in den Prozess der strategischen Unternehmungsführung des Schweizer Verwaltungsrates (VR) empirisch untersucht [2]. In Anlehnung an Mueller [3] unterscheidet er gemäß des St. Galler Management-Konzeptes zwischen der normativen, strategischen und operativen Dimension einer Eingliederung von Organen (vgl. Abb. 2).

Auf der *normativen* Ebene sind Prinzipien, Normen und Verhaltensregeln durch den Verwaltungsrat zu bestimmen. Ebenso hat der Verwaltungsrat auf dieser Ebene eine Anpassung der Organisation an die Umwelt sowie eine interne Abstimmung von Interessen einzelner Bereiche vorzunehmen. Die erste dieser beiden Aufgaben kann er auch über ein Management der 'public affairs' lösen, indem er seine Funktion als Grenzrolle im Sinne der Informationsverarbeitung und Repräsentation für die Unternehmung nutzt. Der Ausgleich von Interessen einzelner Bereiche der Unternehmung als zweiter Aufgabenkomplex kann den AR oder VR allerdings stärker über seine originäre unternehmungspolitische Rolle hinaus in Fragen der strategischen Unternehmungsführung involvieren. Während dies beim deutschen AR eher unüblich und bei einem Zusammenfallen der Rolle des Chairman und CEO bei amerikanischen Boards typisch

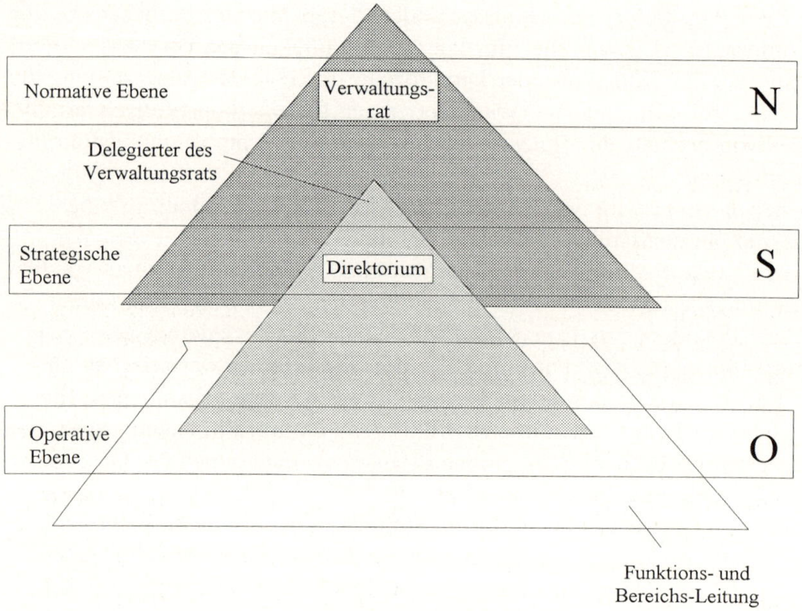

Abb. 2: Aufgabenpyramide der Unternehmungsführung in drei Managementebenen

ist, kristallisiert sich bei Schweizer VRen diese Aufgabe zumeist beim Delegierten.

Die *strategische* Ebene liegt im Hinblick auf die Entwicklung einer *Unternehmungs*strategie beim Vorstand oder beim Direktorium (mit oder ohne Delegiertem). Sie umfaßt aber auch *Bereichs-* und *Geschäftsfeld*strategien, die mehr oder weniger dem mittleren Management übertragen sind. In amerikanischen Boards konzentriert sich das strategische Management zumeist auf die „Insider" dieses Gremiums um den CEO unter Einbezug einer diesem direkt berichtenden Pyramide von Bereichsleitern. Im Spannungsfeld von versuchter *Trennung* von normativem und strategischem Management im deutschen Spitzenmodell und der konzentrischen *Vereinigung* im CEO-Prinzip amerikanischer Prägung kommt dem Delegierten in Schweizer Verwaltungsräten als „linking pin" beider Dimensionen eine interessante Rolle zu. Thomas Biland schreibt dem Delegierten folgende Rolle zu [4]:

- Die Entscheidung darüber, wer wie in die strategische Unternehmungsplanung involviert wird.
- Das Aufstellen und der Unterhalt eines strategischen Planungsprozesses sowie „...'selling' a planning 'culture'".
- Die Ausbildung der Top-Manager, um sie als vollwertige Mitglieder im Planungs- und Implementierungsprozess einsetzen zu können.
- Die strategische Ebene durch Führung aktiv lenken und trotzdem nicht dominieren.
- Ein Anreizsystem aufbauen und im Sinne der langfristigen strategischen Ausrichtung der Unternehmung ausgestalten.

- Die Überwachungsfunktion hinsichtlich Planung und Implementation ausführen.
- Den Kontakt zum Verwaltungsrat durch ein geeignetes Informations- und Berichterstattungssystem optimieren.

Auf der *operativen* Ebene werden die Entscheidungen der normativen und strategischen Ebene über Anweisungen, Verfahrensvorschriften und Mittelzuweisungen in die Realität umgesetzt. Analog zur Rolle von AR oder VR in der strategischen Ebene nehmen der Vorstand, Delegierte und/oder das Direktorium hier eine vorwiegend überwachende Funktion wahr, indem sie die Umsetzung kontrollieren und entscheidend über die Bestimmung von taktischen Vorgehensweisen eingreifen.

Empirische Untersuchungen zeigen, daß diese zwar an den Grenzen der einzelnen Dimensionen etwas verwaschene, aber vom Prinzip her doch recht klare Funktionszuweisung von normativen, strategischen und operativen Aufgaben an Organe in der Organisationspraxis keineswegs derart eindeutig wahrgenommen wird. Während der Aufsichtsrat bislang vorwiegend als Organ des normativen Managements gelten kann, bleibt seine Involvierung in den Prozess der strategischen Unternehmungsführung derzeit noch auf die Genehmigung von Planvorlagen und zustimmungsbedürftigen Einzelgeschäften beschränkt [5]. Zu einem ähnlichen Ergebnis kommt Biland für den Schweizer Verwaltungsrat, wenn er feststellt, daß „die *strategische* Ausrichtung des Verwaltungsrats ... in der Mehrzahl der Unternehmen *ungenügend* (sei). Je nach Kompetenzverteilung zwischen Verwaltungsrat, einem allfälligen Ausschuß sowie dem Delegierten und/oder Direktorium ist der Beitrag zur Zielsetzung im Rahmen des Prozesses unterschiedlich. In weniger als zwei Dritteln der Fälle setzt der Verwaltungsrat nur rudimentäre Rahmenziele. Diese sind vielfach derart breit oder sogar auf Vorschlag der Geschäftsleitung formuliert worden, daß ihnen allenfalls ein dekorativer Charakter zukommt“ [6].

In den USA dagegen wird der Board of Directors zunehmend in den Prozess der strategischen Unternehmungsführung einbezogen. Dies geschieht über gemeinsam mit der Geschäftsführung vollzogene Planungssitzungen. Die Geschäftsführung, wie sie von einem Vorstand, einem Direktorium oder einem „Chief Executive Officer“ wahrgenommen wird, kann als eigentlicher „Kopf“ der strategischen Dimension des Managements betrachtet werden. Sie wird regelmässig bei der Formulierung von Strategien und der Entwicklung wie dem Betreiben des Managementsystems der strategischen Planung über verschiedene Ebenen der Organisation hinweg von Stäben unterstützt, die in der Form von Abteilungen wie „Strategische Unternehmungsplanung“, „Unternehmungsentwicklung“ oder dem Controlling auftreten.

Fällt diese Zustandsbeschreibung noch relativ eindeutig aus, so gilt dies nicht für die operative Involvierung des Top-Managements. Hier ergeben sich durchweg äusserst unterschiedliche, durch differenzierte Kontexte, Situationen und Persönlichkeiten geprägte Vorgehensweisen. Sie reichen von einer völligen Delegation operativer Führungsaufgaben bis zur operativen Führung des täglichen Geschäftes in einer Weise, in der durch die Kraft des Dringlichen das Wichtige in Form strategischer Überlegungen mehr oder weniger auf der Strecke bleibt (sog. Gresham'sches Planungsgesetz).

(b) Bemühungen um eine europaweite Harmonisierung der Rahmenbedingungen

Im Hinblick auf die Veränderungen in der Europäischen Gemeinschaft ist zukunftsorientiert auf die derzeitige Diskussion zur Formierung einer europäischen Aktiengesellschaft hinzuweisen. Die gesetzgebenden Institutionen der EG haben die Aufgabe, die rechtlichen Regelungen für Unternehmungen in der EG zu harmonisieren. Dabei gibt es zwei verschiedene Wege der gesetzlichen Harmonisierung, die beide für die AG-Struktur benutzt werden, die *5. EG-Richtlinie (EGR)* und das *SE-Statut (Societas Europaea/SE)*.

Während sich die 5. EG-Richtlinie statt an Unternehmungen an die nationalen gesetzgebenden Körperschaften (z.B. Deutscher Bundestag) wendet, geht es beim Statut der Europa AG um die Entwicklung einer Alternative, die zu den bestehenden Formen nationaler aktienrechtlicher Regelung hinzutritt.

Die 5. EG-Richtlinie macht den Körperschaften teils gesetzliche Auflagen, gibt ihnen teilweise aber auch Staaten-Wahlrechte; daneben enthält sie Unternehmungs-Wahlrechte, die Körperschaften materiell nicht ändern können. Eine Schlüsselrolle stellen dabei die Mitbestimmungsregelungen dar. Richtigerweise ist die Kommission davon ausgegangen, daß die Mitgliedschaft der Arbeitnehmer im Verwaltungs- und Aufsichtsorgan der Aktiengesellschaft gesellschaftlichrechtlichen Charakter hat, so daß die entsprechenden Regelungen in den Entwurf einer Richtlinie übernommen wurde, die sich mit der Harmonisierung der Aktiengesellschaftsstruktur oder der vergleichbaren Rechtsformen in den Mitgliedstaaten befaßt. Bei der Struktur der AG favorisiert die Kommission das dualistische System, also die Trennung der Leitung des Unternehmens in Aufsichtsrat und Vorstand [7].

Das Ziel der „Societas Europaea“ ist dagegen in der Bereitstellung einer einheitlichen supranationalen europäischen Rechtsform zu sehen, die sich im Binnenmarkt auch rechtlich unabhängig von nationalen Grenzen entfalten kann, was zur Zeit für nationale Rechtsformen nicht oder nur sehr eingeschränkt möglich ist. Der einheitliche Markt soll auf diesem Weg durch eine einheitliche Rechtsform für Unternehmungen komplettiert werden. Die Unternehmungen in der Rechtsform einer SE sollen somit die gleiche Freizügigkeit und Niederlassungsfreiheit sowie dieselben Möglichkeiten der Zusammenführung von Produktionsfaktoren im Binnenmarkt erlangen wie Unternehmungen nationalen Rechts im nationalen Markt

Bezüglich der *Organstruktur* der SE ist aufgrund der verschiedenen europäischen Organstrukturen ein Wahlrecht vorgesehen. Somit können die europäischen Unternehmungen zwischen dem dualistischen System und dem monistischen System wählen.

2.1.2 Vorschläge zur Verbesserung der organisatorischen Eingliederung von Spitzenorganen in den strategischen Führungsprozess

Die bisherige Ausgestaltung des obersten Spitzenorgans – gleich welcher nationalen aktienrechtlichen Prägung – ist stark auf die Überwachungsaufgaben der Geschäftsführung ausgerichtet. Die Tatsache, daß diese Aufgabe durch Organe wahrgenommen wird, die zumeist nur eine ungenügende Kenntnis des Kontrollobjektes mitbringen, ist weltweit unter dem Druck wachsender Komplexität und einer allseitigen Beschleunigung gesellschaftlicher, wirtschaftlicher und technologischer Veränderungen zu einem Problem geworden.

Vorschläge für eine Verbesserung gehen in die Richtung eines Wechsels von der bislang praktizierten ex post zu einer zu fordernden *ex ante* Überwachung durch das Spitzenorgan. Damit wird ein erster Schritt zum Einbezug von Verwaltungs- und Aufsichtsräten in den strategischen Prozess vollzogen. Er kann dadurch unterstützt werden, daß auch die sogenannten *„zustimmungsbedürftigen Geschäfte“* die „powers reserved by the board“, welche weitgehend aus juristischer Sicht in die Statuten aufgenommen wurden, aus strategischer Sicht überprüft und neu definiert werden. Weiter ist auf beeindruckende Erfahrungen amerikanischer Unternehmungen mit dem *„Sounding Board“*, der als Reflektionsboden für die unternehmungspolitischen Absichten der Geschäftsführung dient, als Weg zu einer stärkeren Einbindung von Verwaltungs- und Aufsichtsräten in den Prozess der strategischen Unternehmungsführung zu verweisen. Dabei können folgende Einzelmaßnahmen zur Einbindung des Spitzenorgans in die strategische Unternehmungsführung ergriffen werden:

1. Durchführung *grundsätzlicher Zieldiskussionen*, die vom routinemässigen Dialog über strategische und operative Pläne auch Einzelmaßnahmen behandelt. Aus der Sicht der Führung sollte eine Öffnung für den Einbezug von Verhaltensfragen im ethischen und ökologischen Bereich erfolgen.
2. Kritisches *Infragestellen von Prämissen* der Unternehmungspolitik und der strategischen Planung und *Beurteilung der Konsistenz* von Vorhaben mit den konsensierten generellen Zielen und Verhaltensmustern.
3. Intensivierung des Bemühens um eine *sachgerechte Personalentwicklung* im Hinblick auf die Führung und Anregungen zur Installation von Selektions- und Nachfolgesystemen für die Spitzenführung, wie für die Anreiz- und Vergütungspraxis aus der Sicht der Rolle des Aufsichts- oder Verwaltungsrates als Delegationsgeber.
4. *Integration der Zustimmungsvorbehalte* des Aufsichts- oder Verwaltungsrates in dieses Muster unter Abbau von rein juristisch, aber nicht unternehmungspolitisch relevanten Geschäften unter Beachtung des Integrationsgebotes. (Es macht wenig Sinn, die ex ante-Beteiligung des Verwaltungsrats an unverbundenen Einzelgeschäften festzumachen, wenn damit u.U. Friktionen bei der unternehmungspolitischen Integration verworfener und positiv entschiedener Vorlagen entstehen.)
5. Die Überwachung der Unternehmungsführung in Form einer *materiellen Geschäftsführungsprüfung* durch *externe Prüfer* („Management Audit“) hat in den USA, Kanada und Australien eine lange Tradition. Die Begründungen für die Notwendigkeit des Management Auditing sind vielfältig [8]. Die alles in allem positive Erfahrung mit dieser Art von Überwachung legen die Frage nahe, ob eine Stärkung der Überwachungsfunktion des Aufsichts- oder Verwaltungsrats durch einen konsequenten Ausbau der Management Audits möglicherweise ersetzt werden kann.

Ein derartiges Vorgehen muß durch eine entsprechend auf *strategisches Denken und Handeln ausgerichtete Zusammensetzung* von Verwaltungs- und Aufsichtsräten unterstrichen werden. Statt einer Sammlung großer Namen ist hier eine gute Mischung von unternehmerisch-visionären, manageriell-professionellen, politisch-gesellschaftlich vernetzten, juristisch-ordnenden und sichernden Persönlichkeitsprofilen anzustreben. Amerikanische Erfahrungen scheinen zu belegen, daß es sich lohnt, hierbei insbesondere nach Persönlichkeiten Ausschau zu halten, die Erfahrungen in der Führung vergleichbar großer sozialer Systeme haben und dabei gelernt haben, sich integrativ mit der Umsetzung der Entwicklung der Umwelt und den sich dabei ergebenden Möglichkeiten für die organisatorisch vielgliedrig strukturierte Landschaft der eigenen Unternehmung auseinanderzusetzen. Dies muß nicht notwendigerweise in einer ähnlichen Geschäftssituation der Fall sein. Gerade der Einbezug von Erfahrungen anderer Lebensbereiche kann geeignet sein, als Frühwarnindikator gesellschaftlicher, ökonomischer und technologischer Änderungstendenzen zu dienen, die bei einer Prämissendiskussion für die unternehmungspolitischen und strategischen Absichten der Geschäftsführung zum Tragen gebracht werden können.

Ein Vergleich mit Besonderheiten der Spitzenführung amerikanischer Corporations zeigt zudem, daß bei der Zusammensetzung *Träger unterschiedlicher Zeithorizonte* berücksichtigt werden sollten. Hier können sich häufig beachtliche Differenzen zwischen Geschäftsführung und Aufsichts- oder Verwaltungsrat ergeben: Der Fall einer langfristig orientierten Geschäftsführung, die ihr technologisches Konzept erst über ein Jahrzehnt verwirklichen kann und sich einem AR oder VR gegenübersieht, der vorwiegend aus kurzfristig orientierten Bankenvertretern zusammengesetzt ist, kann dabei genauso angedacht werden, wie der umgekehrte Fall einer stark vom kurzfristigen Controlling-Denken beherrschten Geschäftsführung, die von einem am Langfristigen orientierten AR oder VR überwacht wird. Mir scheint hier im AR oder VR selbst eine gute Mischung von Kurz- und Langfristorientierung angebracht. Gleiches gilt im Übrigen auch im Hinblick auf das *Risikoverhalten*, dies im Gegensatz zu der von Oesch [9] versuchten Zuordnung der Risikofreude zur Geschäftsführung und der Risikofeindlichkeit zum Überwachungsgremium.

2.2 Führungskräfte im organisatorischen Spannungsverhältnis von normativen, strategischen und operativen Aufgaben

Bei einer angedeuteten Trennung von normativem, strategischem und operativem Management darf nicht übersehen werden, daß es sich hierbei in erster Linie um dimensionale Unterschiede im Prozess der Unternehmungsführung handelt, die erst in zweiter Linie zu einer Zuordnung von Trägern führt. So kann es sehr problematisch sein, die Träger der Führung in diese drei Gruppen einzuteilen und damit deutliche Trennungslinien zwischen den drei Kategorien von Managern herausarbeiten zu wollen. Aufgrund ihres externen und internen organisatorischen Hintergrundes ist dies allenfalls noch bei der Zuordnung von Mitgliedern von Verwaltungs- und Aufsichtsräten zur normativen Dimension der Unternehmungsführung möglich. Dies gelingt dann noch relativ deutlich bei der Identifizierung von Aufsichtsratsmitgliedern in deutschen Aktiengesellschaften als Träger des normativen Managements. Im Verwaltungsratssystem ist dies jedoch dann schon kaum mehr möglich, wenn beispielsweise der Verwaltungsratsvorsitzende oder „Chairman of the Board“ als „Chief Executive Officer“ zusammen mit anderen „insidern" wie beispielsweise dem „Chief Operating Officer" und dem „Chief Financial Officer" die Geschäfte führt und damit zugleich der strategischen und vielleicht sogar zusätzlich noch der operativen Dimension zuzuordnen ist.

Auch der Versuch, eine deutliche Schnittlinie zwischen den Trägern der strategischen und der operativen Dimension zu ziehen, enthüllt eher eine bürokratieverdächtige Trennungs- als eine auf Kooperation abstellende Vereinigungsphilosophie im Sinne der Aussage: „Operating management may be its own best strategist". Eine organisatorische Gestaltung, die nach der Devise vorgeht, die operativ Betroffenen auch zu strategisch Beteiligten zu machen, vermeidet nicht nur informationsverzerrende und entscheidungsverzögernde Schnittstellen, sondern ermöglicht auch die Einbringung von Beurteilungskompetenz und unternehmerischer Motivation in den Prozess der Strategieformulierung und der Strategieimplementation.

Mit zunehmender Komplexität und Dynamik der Um- und Inweltverhältnisse von Unternehmungen ergeben sich vermehrte Notwendigkeiten, über den gesetzten Rahmen einer sich mehr oder weniger kontinuierlich vollziehenden strategischen Unternehmungsführung hinauszugreifen, um konzentrische, bestehende Geschäftsfeldstrukturen, organisatorische Zuständigkeiten und Schnittstellen wie den zeitlichen Gleichlauf ausblendende interdisziplinäre Quantensprünge der Anpassung zu erreichen. Die von Dietger Hahn [10] herausgestellten *strategischen Projekte* verbinden sich auch mit der auf Aloys Gälweiler [11] zurückgehenden und von Cuno Pümpin [12] erweiterten Vorstellung des Aufbaus neuer strategischer Erfolgspositionen. Auch bei ihnen gilt es, Sachverstand und Motivation durch die Bestimmung der Träger einer Konzipierung und Implementierung neuartiger Strategieprojekte zusammenzuführen. Dies bildet zugleich eine interessante Möglichkeit, um jüngeren qualifizierten Mitarbeitern, die bisher in ihrer Karriereentwicklung ausschließlich mit operativen Aufgaben betraut waren, als Teil ihrer Personalentwicklung einen ersten und frühen Einstieg in das strategische Management zu verschaffen. Mit den schnellen strukturellen Veränderungen, denen sich viele Wirtschaftszweige derzeit konfrontiert sehen, bieten Strategieprojekte und eine entsprechende Erweiterung des Trägerkreises zur Gewinnung von Erfahrungen im strategischen Management eine interessante und zunehmend bedeutender werdende Form strategischer Unternehmungsführung.

Das Wechselspiel zwischen Trägern einer *Gesamtperspektive* von Programm-, Regional-, Ressourcen- und Aktivitätsstrategien und denen, die eine *bereichsspezifische Teilstrategie einzelner Geschäftsfelder* zu vertreten haben, ist *organisatorisch* zu gestalten. Dabei können von der Unternehmungs*kultur* getragene Präferenzen in Richtung einer Strategie*vorgabe* für einzelne Geschäftsfelder aus der Sicht einer aus dem Gesamten heraus entwickelten Schwerpunktbildung *„top down"* oder eine aus den Belangen und Möglichkeiten heraus gebildeten *Konsolidierung* einzelner Geschäftsfeldstrategien zu einer Unternehmungsstrategie von unten her *„bottom up"* gehen. Ein sowohl die Gesamtbelange berücksichtigende Unternehmungsstrategie als auch auf die subsidiäre Kenntnis technologischer und marktlicher Chancen und Risiken wie die Motivation der Handelnden eingehendes *Gegenstromverfahren* dürfte für die meisten Unternehmungen die interessanteste Ausgestaltungsform strategischer Unternehmungsführung sein. Sie bezieht neben der Aktivierung subsidiärer Motivation und Beurteilungskompetenz sowohl Stärken der Organisationsspitze bei der Erarbeitung und Überprüfung von Prämissen und der laufenden Infragestellung des Fortschritts bei der Realisierung von Strategien ein, als auch die Möglichkeiten von Zentralbereichen, „logistisch" über die Bereitstellung wesentlicher Ressourcen im Wissen um Technologien und Märkte, der Finanzen und des Personals den Prozess strategischer Unternehmungsführung zu fördern.

2.3 Dimensionierung der Verteilung der Aufgaben strategischer Unternehmungsführung

Faßt man die Ergebnisse der Diskussion von Möglichkeiten, die bei der Verteilung von Aufgaben der strategischen Unternehmungsführung auf Träger zur Verfügung stehen, zusammen, so läßt sich in starker Bündelung von Aspekten die Verteilung von Aufgaben des strategischen Managements in zwei Dimensionen profilieren:

2.3.1 Konzentrische oder dekonzentrische Verteilung strategischer Aufgaben

Das strategische Management kann einerseits im Extrem auf einige wenige Strategieträger – beispielsweise auf Mitglieder der obersten Leitung und die ihnen angeschlossenen Stabs- und Zentralstellen – eingeengt sein. Alle anderen Mitarbeiter werden damit zu Strategiebetroffenen. Einer derartigen *Konzentration* der Träger strategischen Managements steht andererseits im entgegengesetzten Extrem eine breite Verteilung von Aufgaben des Findens und Implementierens von Strategien gegenüber, die sich mit einer generellen *dekonzentrischen* partizipativen Ausgestaltung der Führung verbindet. Zwischen beiden Extremen ist eine dem Kontext entsprechende und unternehmungspolitisch erstrebenswerte Verteilung strategischer Aufgaben auf Träger zu finden.

2.3.2 Spezialisierung oder Generalisierung der Träger strategischen Managements

Für das strategische Management können spezialisierte Zuständigkeiten für Instanzen und Stäbe erteilt werden. Diese Organe widmen sich dann mehr oder weniger hauptfunktionell den Aufgaben des strategischen Managements. Eine andere Dimensionierung ergibt sich dann, wenn ein möglichst breiter Kreis von Führungskräften und Experten in den Prozess des strategischen Managements über eine teilfunktionelle Beauftragung mit strategischen Aufgaben eingebunden wird. Da sich im letzten Fall bei den Aufgabenträgern ein Gewichtungsproblem vor allem im Hinblick auf die Widmung ihrer Energien und Zeit auf strategische und auf operative Fragestellungen ergibt, ist durch eine geeignete Ausgestaltung der Managementsysteme sicherzustellen, daß den dieser Alternative inhärenten Tendenzen des Verdrängens von strategisch Wichtigem durch operativ Dringliches entgegengetreten wird.

Werden beide Extremmuster einer Profilierung typologisch verdichtet, lassen sich die beiden Muster einer *institutionalisierten Strategiespezialisierung* und einer *generalisierten Strategiebeteiligung* unterscheiden.

Die beiden erläuterten Dimensionen dienen als erstes Element einer Profilierung von Strategieträgern und ihrem Verhalten im ganzen (vgl. Abb. 4). Sie werden im folgenden ergänzt durch eine analoge Dimensionierung der Managementkapazität (Kapitel 3) der Verhaltensbegründung (Kapitel 4) sowie der Formung und Entwicklung des strategischen Verhaltens (Kapitel 5).

3. Gestaltung der Managementkapazität als strategisches Erfolgspotential der Zukunft

Die strukturellen Anforderungen der Aufgabenverteilung wirken auf die Auswahl von Trägern und die Besetzung von Positionen mit unterschiedlich geprägten Rollenbildern ein. Aus dem Wechselspiel struktureller Rahmenbedingungen und persönlicher Eigenschaften und Neigungen ergibt sich ein spezifisches Trägerverhalten. Neben Strukturen und Systemen sind es letztlich Menschen, die mit ihrem Handeln strategische Missionen und Programme definieren und realisieren. In dieser Dimension konkretisieren sich nicht nur Unternehmungspolitik und -verfassung, sondern erfahren auch die vergangenheitsgeprägten Unternehmungskulturen und zukunftsgerichteten Unternehmungsphilosophien ihre eigentliche Entwicklung. Damit ergeben sich in der strategischen Dimension neben *Ideen und Konzepten*, wie sie in den Missionen und Programmen zum Ausdruck kommen, *Gestaltungs-* und *Lenkungs*aspekte von Strukturen und Systemen einerseits und *Entwicklungs*aspekte von trägerspezifischen Strategieverhalten des Managements andererseits.

Im Mittelpunkt einer Dimensionierung der Träger von Strategien und ihres Verhaltens stehen die den strategischen Kurs besonders prägenden *Führungskräfte*. „Ohne fähige Führungskräfte lassen sich die besten Strategien, die entsprechenden Schwerpunkte in den Funktionsbereichen und klarsten Organisationsformen nicht verwirklichen“ [13]. Dabei darf jedoch nicht übersehen werden, daß in zunehmendem Maße auch *Experten*, die nicht unbedingt Führungskräfte zu sein brauchen, zu Trägern strategischen Verhaltens werden.

In der *personellen Dimension* bildet die *quantitative* und *qualitative* Ausstattung einer Unternehmung mit Führungskräften einen oft nicht ausreichend gewürdigten, aber *kritischen Erfolgsfaktor* für die Unternehmungsentwicklung. Strategische, strukturelle und kulturelle Veränderungen, die unternehmungspolitisch anvisiert werden, bedürfen der rechtzeitigen Vorsorge in der Selektion, Einstellung, im Einsatz und der Förderung und Entwicklung eines *Managementpotentials* im Hinblick auf eine zukünftige Problemlandschaft Alters-, Erfahrungs- und kulturelle Wertknoten in der „Pipeline“ der Kaderbesetzung und -entwicklung führen nicht selten über Engpässe zu unternehmungspolitischen Rückschlägen. Fähigkeit und Bereitschaft zur Leistung und Zusammenarbeit sind individuelle Eigenschaften, die gesamthaft in der *strategischen Personalplanung* zu einem Ausgleich zu bringen sind, wenn man individuell aggregierte „Schieflagen“ einseitiger Erfahrungen und Einstellungen vermeiden will.

3.1 Quantitative Gestaltung der Managementkapazität

Damit stellt sich zugleich die Frage nach der anzustrebenden *Gestaltung* der Managementkapazität in Abhängigkeit vom langfristigen Verlauf der Unternehmungsentwicklung. Während man in herkömmlicher technokratischer Sicht ein quantitatives *Gleichgewicht* zwischen Kapazitätsbedarf und vorgehaltenem -angebot anstrebte, wird diese Sichtweise heute zunehmend infrage gestellt Zwei gegensätzliche Sichtweisen lassen sich dabei ausmachen:

- Eine quantitative *Unterdimensionierung* der Managementkapazität wirkt als limitierender Faktor auf die Unternehmungsentwicklung ein. Die Qualität der Leistung des Managements nimmt unter dem Druck der Überbeschäftigung ab. Damit wird die politische und strategische Dimension der Unternehmungsentwicklung zunehmend vernachlässigt. Zumeist sind
  - die mangelnde Bereitschaft von Führungskräften, Macht mit anderen zu teilen;
  - eine Selbstüberschätzung im Management;
  - restriktive Unternehmungskulturen, die einer Auffrischung des Führungskaders zuwiderlaufen oder
  - Organisations- und Führungsstrukturen, welche die Bildung von Managementtalenten aus den eigenen Reihen verhindern

  als Ursachen einer Unterdimensionierung auszumachen. Ein weiterer Aspekt, der teilweise auch für eine möglichst knappe Dimensionierung der Managementkapazität sprechen könnte, ist die Kostenfrage. Managementkapazität ist teuer, erst recht, wenn sie unterbeschäftigt, weil zu großzügig dimensioniert ist.
- Eine quantitative *Überdimensionierung* der Managementkapazität könnte damit zunächst als Verschleuderung von Ressourcen angesehen werden. Freie Kapazitäten suchen aber auch nach Deckung, so daß die Möglichkeit gegeben ist, diese freien Kapazitäten strategisch zu nutzen und damit einen innerorganisatorisch induzierten Wachstums- und Entwicklungsschub der Unternehmung auszulösen.
  Die Unternehmungsführung ist daher gehalten, die freie Managementkapazität in einen strukturellen Rahmen einzubinden, um sie erhalten und sinnvoll nutzen zu können. Ansonsten ergibt sich die Gefahr einer Politisierung des Führungskaders, um die wenigen möglichen Betätigungsfelder zu besetzen, oder aber es setzt ein „brain drain" der Nachwuchsführungskräfte ein, die sich neue Herausforderungen außerhalb der Unternehmung sucht.

Die Entwicklung eines zukunftszugewandten, unternehmerischen und führungsmässigen Führungskorps als Träger strategischer Unternehmungsführung kann in sich zu einem für die Zukunft bedeutsamer werdenden *strategischen Erfolgspotential* werden. Je mehr sich neue Herausforderungen und Chancen ergeben, desto deutlicher wird die Auslegung der Managementkapazität, die selbst die Gestaltung und Lenkung der Unternehmungsentwicklung bestimmt, zum eigentlichen zukunftsbestimmenden Erfolgsfaktor.

3.2 Qualitative Gestaltung der Managementkapazität

Die neuen veränderten Rahmenbedingungen, denen sich eine strategische Unternehmungsführung stellen muß, lassen auch die Frage nach der Rolle stellen, die deren Träger spielen sollen. Sie hat die qualitative Gestaltung der Managementkapazität über die Anforderungen an die Träger strategischer Unternehmungsführung zum Gegenstand.

3.2.1 Vier Rollentypen von Trägern der strategischen Unternehmungsführung

Vier Typen des Rollenverständnisses von Trägern der strategischen Unternehmungsführung lassen sich unterscheiden.

(a) Visionäre Unternehmer als Träger strategischer Unternehmungsführung

Am dynamischen Ende einer Spannungsreihe unterschiedlicher Trägerrollen strategischen Managements steht der Typ des Unternehmers, der visionär Ungleichgewichte in der Unternehmung produziert, indem er strategisch nach neuen marktlichen und technologischen Möglichkeiten Ausschau hält Der Visionär folgt einer gänzlich anderen Auffassung von Management: „Man will keine Ziele mehr erreichen, sondern Abweichungen erzielen" [14]. Er ist dabei stark zukunftsorientiert und gewohnt, mit Unsicherheiten und Risiken zu leben. Der Unternehmer vermittelt der Unternehmung *sinnhafte* Konzeptionen („Produktführerschaft", „Lösung technologischer Probleme jenseits des 'state of the art'").

Der visionäre Unternehmer als Träger strategischer Unternehmungsführung ist zwar ein starker Beweger neuer strategischer Projekte. Ihm haftet jedoch häufig der für größere Unternehmungen geltende Nachteil an, daß er nicht immer bereit ist, sich in die von Managementsystemen geprägte Plandisziplin einzuordnen Der besondere Wert unternehmerischer Rollen liegt ja im unkonventionellen und nicht im regelgebundenen Verhalten. Für eine Organisation strategischer Unternehmungsführung stellen sich damit die beiden Fragen, welche Freiräume unternehmerisch denkenden und handelnden Persöhnlichkeiten eingeräumt und welche Unterstützung diesen durch die Zuteilung von Ressourcen zur Verfolgung unternehmerisch angelegter Strategien zuteil werden sollen.

(b) Bürokratische Verwalter als Träger strategischer Unternehmungsführung

Am statischen Ende einer Spannungsreihe von Rollen der Träger strategischer Unternehmungsführung stehen Verwalter, die von Managern in fliessende Gleichgewichtslagen umgesetzte dynamische Impulse in standardisierte, programmierte Formen zur Sicherung des Erreichten umsetzen. Während der Unternehmer eher improvisierend bis hin zum Schaffen chaotischer Situationen agiert, strebt der Verwalter danach, Ordnung durch Dauervollzug von Aufgabenerledigungen zu schaffen: Er schafft Bürokratien, die für den einzelnen wenig sinnhafte Vollzüge vorsehen, dem System jedoch Struktur und Dauerhaftigkeit verleihen. Während der Unternehmer durch seine Außenorientierung über den Aufbau zukünftiger Erfolgspotentiale einen Beitrag zur Überlebensfähigkeit der Unternehmung leistet, tut dies der Verwalter durch das Herstellen einer auf dem Prinzip der Sicherheit beruhenden Ordnung. Ist der Unternehmer risikofreudig, so wird das Verhalten des Verwalters eher durch Risikoscheu getragen. Seine Karriere verbindet sich mit einer, mit seiner Unternehmung. Er ist gegenüber dem extrovertierten Manager eher introvertiert und arbeitet reglementgerecht. Er wird selbst zu einem nicht identifizierbaren Rädchen im Getriebe einer bürokratischen Maschinerie, zum auswechselbaren Funktionär, der ersetzbar wird, ohne daß die Stellenbeschreibung geändert zu werden braucht. Seine Sicherheit findet er, indem er sich auf die formalen Aspekte der strategischen Unternehmungsführung zurückzieht; denn Ordnung schafft Konsistenz und Sicherheit. Er wird sowohl zum Hüter der Ordnung, wie zum Schaffer zusätzlicher Ordnung, worauf sich seine Kreativität konzentriert. Konformitätszwänge werden vom Verwalter nicht nur akzeptiert, sondern auch gefördert. Ergibt sich im Rahmen der strategischen Unternehmungsführung ein Übergewicht von Verwaltern als Rollenträger, so ist schließlich eine *Ritualisierung* von Managementprozessen wahrscheinlich, die von wesentlichen und grundlegenden Überlegungen ablenken: Form wird wichtiger als Inhalt.

(c) Menschenführer als Träger strategischer Unternehmungsführung

Die Rolle des Menschenführers ist persönlich: Er beeinflußt die Motivation seiner Mitarbeiter und stabilisiert über den „Esprit de Corps" die Gruppenkohäsion, indem er den „team spirit" fördert. Seine Zwecke sind eher persönlich: Sie entsprechen seinen Vorstellungen, seinen Erwartungen und seinem Willen. Führer sind in der Regel aktiv, begeisternd und haben einen missionarischen Eifer, den sie auf ihre Mitarbeiter übertragen wollen. Sie vermitteln ihren Mitarbeitern sinngebende Aufgaben, indem sie unternehmerische Visionen und managerielle Aufgabenstellungen in erstrebenswerte Ziele für die Mitarbeiter umsetzen. Damit lösen sie Identifikationsprozesse aus, die motivationell als Motor für weitere Initiativen und Aktionsprogramme wirken. Indem sie über Delegation die Autonomie ihrer Mitarbeiter respektieren, prägen sie auch die Beziehungen zu anderen Personen. Unpopuläre und harte Entscheidungen werden konsequent und zielstrebig gefällt und durchgesetzt. Menschenführern liegen Inhalte und weniger formelle Verfahren am Herzen. Organisationsgerechtes Verhalten ist nicht ihre Stärke: Die Sache dominiert die Form. In Einschätzung ihres Verhältnisses zur Organisation arbeiten sie zwar in Organisationen, gehören diesen aber nie mit Haut und Haaren an. Im Spannungsfeld von managementsystem-geprägtem und persönlich motivierendem Verhalten bei der strategischen Unternehmungsführung kommt dem Typ des Menschenführers eine bewegende Kraft zu.

(d) Manager als Träger strategischer Unternehmungsführung

Manager streben danach, von Unternehmern geschaffene ungleichgewichtige Situationen verfahrenstechnisch unter Kontrolle zu bringen und auf ein *Gleichgewicht* hin zu bewegen. Sie sind im Sinne von William H. Whyte „organization men" [15]. Sie lassen sich durch ein organisationskonformes, angepasstes Verhalten kennzeichnen. Der *Manager* betrachtet die Unternehmung *instrumental*: Er benötigt sie als Mittel für seine Karriere. Deshalb wird er alles das tun, was ihm bei seiner Karriere hilfreich erscheint. Dies kann in besonderen Leistungen bestehen, aber auch in einer hohen Bereitschaft zur Opportunität beim Erreichen seiner persönlichen Ziele. Gibt ihm die Unternehmung A hierzu geringere Möglichkeiten als die Unternehmung B, wird er sein

Instrument „Unternehmung" ohne jegliche Scheu wechseln. Eine engere Bindung zur arbeitgebenden Institution wird dabei bewußt vermieden, man bleibt offen für andere vielversprechende Berufsmöglichkeiten.

Indifferenz und Beweglichkeit sind kennzeichnend für den hier beschriebenen Typ des Managers: er ist *Technokrat*, der seine eigenen Ziele in Distanz zur jeweiligen Unternehmung verfolgt. Im Gegensatz zum Führer ist er in seinem Verhalten gegenüber Mitarbeitern eher unpersönlich: menschliche Bindungen werden vermieden, ausgeprägte formelle Verfahren dominieren. Er wird mehr durch Notwendigkeiten als durch zukunftsweisende Visionen und seinem eigenen Willen motiviert. In der Tendenz reagiert er mehr, als daß er agiert. Frese/Gebhardt bemerken in diesem Zusammenhang einen wesentlichen Kritikpunkt in den mangelnden dispositiven und planerischen Aspekten der Tätigkeit von Managern im Rahmen ihrer Organisationsarbeit [16].

Sein Handeln ist eher als funktionell einzustufen. Seine Aufgabe sieht er geprägt durch das Streben nach Rationalität. Er kann diese als Funktion der Organisation am besten regelhaft erfüllen. Zu seiner Unterstützung bedient er sich dabei analytischer, quantitativer Methoden. Prognosen und Budgetmethoden müssen die persönliche Urteilskraft ersetzen, die ein herausragendes Merkmal des Unternehmers darstellt. Heinrich *Oswald* bezeichnet den Rollentyp des Managers – als im Westen zu lange gepflegtes Ideal – als *„Technokraten aus zerebralem Kunststoff"* [17]. Statt unternehmerischer Autonomie sucht der Manager persönliche Absicherung und ist um sein Überleben in der Organisation besorgt. Sein Streben nach Sicherheit und Überleben fordert einen Tribut nicht nur bei der Art der Aufgabenerfüllung, dem Wie, der Art wie Probleme angegangen werden, sondern nimmt auch einen gewichtigen Teil seines Arbeitspensums in Anspruch.

Der Manager dürfte sich im Rahmen der strategischen Unternehmungsführung dort am wohlsten fühlen, wo er mit Portfolio-Analysen und ähnlichen Instrumenten den Prozess strategischer Planung anstoßen und in Gang halten kann. Er läuft dabei Gefahr, zu einer „Paralyse durch Analyse" im Durchdringen des Um- und Infeldes mit Stärken- und Schwächenbetrachtungen und der Bereitstellung umfänglicher Planungsprämissen beizutragen.

3.2.2 „Gespann"strukturen von Rollenträgern strategischer Unternehmungsführung

Nicht alle Rollen, die Träger strategischer Unternehmungsführung einnehmen können, lassen sich in einer Person verbinden, dazu sind einige von ihnen zu widersprüchlich. Gelingt es einer Person, mehrere der hier aufgezeigten *in sich zu vereinigen*, dann scheint diese damit herausragenden Einfluß auf die Geschicke von Unternehmung und Mitarbeitern auszuüben. Immer bleibt jedoch – bei unterstellter Unvereinbarkeit aller Rollen – die Notwendigkeit zu sogenannten *„Gespannstrukturen"* im Sinne Eberhard *Wittes* [18], der darunter die komplementäre Rollenverteilung und Zusammenarbeit unterschiedlich geprägter Rollenträger versteht:

a. Während Unternehmer auch Manager und Führer sein können, schließt sich die Rolle des Verwalters für sie weitgehend aus, sie widersprechen sich. Manager können zugleich Führer sein, insbesondere dann, wenn es ihnen gelingt, ihre instrumentale Einstellung zu einer bestimmten Unternehmung zu verbergen und mit Geschick menschliche Beziehungen unter Pflege eigener Selbstdarstellung zu manipulieren, wie dies R. *Presthus* [19] beschrieben hat. Manager können leicht zu Verwaltern dann werden, wenn ihre Karriereerwartungen zwischen Unternehmungen enttäuscht werden und sich auch in der eigenen Unternehmung nicht mehr verwirklichen lassen.

b. Für die jeweils offen gebliebenen Rollen von Trägern strategischer Unternehmungsführung müssen komplementäre Ergänzungen geschaffen werden. Charakteristisch für anfängliche Entwicklungen vieler junger „start-up companies" der Spitzentechnologie ist die unternehmerische Prägung des Gründers, dessen mangelnde managerielle Potenz sich zumeist sehr schnell bei der Bewältigung des Wachstums zeigt. Ihm einen qualifizierten Manager „im Gespann" an die Seite zu stellen, hat sich als Lösungsansatz weitgehend dann bewährt, wenn es zu einem Ausgleich der Kräfte zwischen dem unternehmerischen Produzieren von Ungleichgewichten und dem manageriellen Bestreben, die erzeugten Ungleichgewichte wieder in gleichgewichtige Entwicklungen zu überführen, kommt. Vom anderen Extrem her, ist ein zu gleichgewichtsbetontes Agieren von Managern und Verwaltern durch die Implantation unternehmerisch denkender und handelnder Persönlichkeiten zu konterkarieren, denn ihre Prägung führt leicht zur Stagnation und gefährdet durch mangelnde Innovation die Überlebensfähigkeit der Unternehmung.

Der Unternehmer, der seinen marktlichen oder technischen Ideen kompromißlos nachgeht, muß nicht zugleich der ideale Menschenführer sein. Auch hier bedarf es einer Ergänzung, wie auch beim Manager, dessen Stärke nicht der Umgang mit Mitarbeitern und die missionarische Ausstrahlung auf diese ist. Beim Verwalter schließt sich im üblichen Sinne die gleichzeitige Führungsrolle im sozialen Beziehungsnetz weitgehend aus: *„Führung wird zum Verwaltungsakt"*. Insofern bedarf es, wenn bürokratische „Führung" Erfolg haben will, auch hier einer führungsmäßigen Ergänzung im Gespann.

3.2.3 Unternehmerische Visionen und Missionen als Leitlinien für die strategische Unternehmungsführung

Um sich von den technokratischen Zwängen eines manageriellen Rollenverhaltens von Trägern der strategischen Unternehmungsführung zu befreien, sind insbesondere bei größeren Unternehmungen die beiden Rollen von Trägern am dynamischen Ende der Spannungsreihen zu stärken. Während sich im letzten Jahrzehnt eine intensive Diskussion mit der Führungsrolle und der des Managements beschäftigt hat, ist die Forderung nach stärkerer Forcierung der Rolle des Unternehmers *im* Unternehmen (*„Intrapreneurship"*) erst jüngeren Datums und von hoher Aktualität. Eine unternehmerische Ausrichtung der strategischen Unternehmungsführung wird strukturell durch die Aufgliederung der Unternehmung in strategische Geschäftseinheiten, die sowohl bei der strategischen Planung als auch bei ihrer Implementierung über einen hohen Grad von Teilautonomie verfügen, erheblich erleichtert. Größere und schlecht überschaubare Großsysteme des strategischen Managements produzieren bürokratische Verhaltensweisen und tendieren dazu, Manager zu Verwaltern zu degradieren [20]. Indem Manager zu Trägern überschaubarer teilautonomer Einheiten werden, lassen sich Ansätze zur Infiltration unternehmerischer Rollen in die strategische Unternehmungsführung verwirklichen: *„Intrapreneurship"* erlaubt ein Zurückdrängen des Verwaltungsaspektes und überbordender Technokratie und Bürokratie. Statt einer Beschränkung des unternehmerischen Aspektes auf die Spitzenposition mit helfender Unterstützung durch viele Manager können nun viele „Klein-Unternehmer" innerhalb der Unternehmung ihren eigenen Bereich führen. Damit wird eine *Integration* der Rollen von Unternehmer, Managern und Führern in vielen Einheiten möglich. Die Organisations*pyramide* sollte dazu wesentlich verflacht und übersichtlicher gestaltet, der Informationsfluß verbessert werden.

Dabei darf nicht übersehen werden, daß hierbei viele Vorteile eines gesamtunternehmerischen Agierens infragegestellt werden: Die Einheitlichkeit des Agierens im Gesamtunternehmungsverband im Erzielen „kritischer Massen" beim Durchsetzen von Interessen nach außen, wie die Nutzung von Synergien im Qualitativen und Quantitativen, die sich letztlich positiv auf Kosten und Aufwendungen auswirken kann. Hier ist jedoch im Einzelfall sehr kritisch zu prüfen, ob diese vermeintlichen Vorteile nicht auf der Leistungs- und Ertragsseite durch den Nutzen eines flexibleren Wachstums bei weitem überkompensiert werden. Hinzu kommt, daß beim Argument eines Erreichens von Synergien durch eine Zentralisation von Aufgaben fast immer das Rechenbare auf der Aufwands- und Kostenseite eingeht, *wenig rechenbare Opportunitätskosten* aber leicht auf der Strecke bleiben. Immer muß aber beiden Aspekten Genüge geleistet werden, der Einheitlichkeit, mit der die Gruppe nach außen auftreten kann, um dabei mögliche Gesamtvorteile über eine strategische Ressourcenballung zu erzielen einerseits, und der Notwendigkeit, Wachstumsschübe durch unternehmerisches Verhalten in kleineren Einheiten auszulösen, andererseits.Durch eine alle Einzelaktivitäten umspannende unternehmerische Vision, die ihren konkreten Niederschlag in unternehmungspolitischen Missionen findet, kann Desintegrationstendenzen eigenständig operierender Unternehmer entgegengewirkt werden. Im Sinne einer Organisationsdynamik sollte dieses Verhältnis von Einheitlichkeit und Differenzierung, von Zentralisation und Dezentralisation *nie statisch betrachtet* werden: „Leine geben", um Innovations- und Wachstumsschübe auszulösen, muß immer wieder durch Integrations- und Konsolidierungsphasen abgelöst werden, in denen gegenüber dem unternehmerischen wieder das managerielle Element überwiegt.

Unternehmerisches Verhalten in der strategischen Unternehmungsführung läßt sich weiter – wie erwähnt – durch die bewußte Installierung strategischer Projekte fördern. In ihnen kann sich unternehmerisches Verhalten visionär und missionarisch entfalten. Aus anfänglichen Projektstudien können sich neue Geschäftsfelder und neue strategische Erfolgspotentiale entwickeln. Die Projektmitarbeiter wachsen mit ihrem Erfolg in die Führung hinein, indem sie sich selbst mit dem neuen Geschäftsfeld ihr Betätigungsfeld und ihre Karriere schaffen. Geschieht dies an vielen Stellen einer Unternehmung, dringt unmerklich aber um so nachhaltiger das Unternehmerische in die Unternehmungskultur ein und beginnt das Verhalten auch in anderen Teilen einer Unternehmung zu beeinflussen.

3.2.4 Differenzierte Rollenbilder je nach Geschäftsfeldstrategie

Wurden bislang die Rollenbilder von Trägern strategischer Unternehmungsführung generell betrachtet, so ist nunmehr eine Differenzierung nach den jeweiligen kontextualen und situativen Bedürfnissen vorzunehmen, welche die jeweilige Entwicklungsetappe einer Geschäftsfeldstrategie stellt.

Abhängig von der jeweiligen Phase, in der sich die Entwicklung eines Geschäftsfeldes befindet, ist auch dessen Leitung trägerseitig vorzunehmen. Befindet sich ein Geschäftsfeld beispielsweise in der Venture-/*Pionier*phase, kann eine *unternehmerische* Besetzung angebracht sein. In der *Wachstums*phase ist eine Kombination von *Unternehmertum* und Management entweder in einer Person oder im Gespann miteinander von Vorteil, während sich im Stadium der *Reife* oder des *Zurückfahrens* deutlicher das Profil des *Managers* oder *Verwalters* herauskristallisiert, solange eine Innovation nicht in diesem Geschäftsfeld beabsichtigt ist, sondern über neue Geschäftsfelder erfolgt, die dann wiederum unternehmerisch zu entwickeln sind. Dabei stellt sich die grundsätzliche Frage nach der Vereinbarkeit dieser unterschiedlichen Rollen in einer Person, die wohl nur im Einzelfall beurteilt werden kann. Dennoch ist anzunehmen, daß sich gewisse Rollen, wie etwa die des zum „Hochfahrens" eines Geschäftsfeldes erforderliche unternehmerische Begabung kaum mit administrativen Vorstellungen eines sichernden „Herunterfahrens" vereinbaren lassen. Es ist deshalb ein „Fit" zwischen den spezifischen Anforderungen, die strategische Missionen und Programme in einzelnen Phasen der Entwicklung von Geschäftsfeldern stellen, und den besonderen Profilen der Träger und ihres Verhaltens anzustreben. Mit Verweis auf einen ähnlichen Versuch bei Hans H. Hinterhuber [21] gibt die folgende Abb. 3 einen Überblick über die von der Entwicklung eines Geschäftsfeldes abhängigen Anforderungen an die Träger eines strategischen Geschäftsfeldmanagements und ihres Verhaltens.

Ein ähnlicher Ansatz findet sich bei Laukamm/Walsh, die die Anforderungen an Führungskräfte bestimmten Phasen des Lebenszyklus einer Branche zuordnen [22].

Es ist somit erforderlich, die *Präferenzen für einzelne Führungseigenschaften* der Träger strategischen Managements zu definieren und die Zusammenfassung zu komplementären Eigenschaften entweder unipersonal oder multipersonal vorzunehmen. Als konzeptionelle Leitidee hierzu dient die Unterscheidung von Qualifikationsbildern der Träger des strategischen Managements.

3.3 Dimensionierung der Managementkapazität

Die Auslegung der Managementkapazität stellt selbst zentrale Meta-Entscheidung des Managements dar. Sie lässt sich quantitativ in den Extremen einer

(3) *engen* oder *weiten* Auslegung der Managementkapazität vollziehen.

Diese ist relativ zum erwarteten und angestrebten Verlauf der Unternehmungsentwicklung zu dimensionieren. Hinzu tritt die Wahl

A. <u>Die Pionierphase verlangt ein unternehmerisches Profil</u>

<u>Innovationsfähigkeit:</u>
Ausformulieren und Konkretisieren einer unternehmerischen Idee, die neuen Nutzen für Bezugsgruppen stiftet.

<u>Führungsfähigkeit:</u>
Visionäres Ausstrahlungsvermögen durch die unternehmerische Idee und Verpflichtung durch Vorbild und Vorleben. Improvisationsfähigkeit im Team, das sich am unternehmerischen Pionier orientiert.

<u>Risikofähigkeit:</u>
Chancenorientierung verdrängt die abgewogene Beurteilung inhärenter Risiken eines Verfolgens der unternehmerischen Idee. Überzeugung, dass Neues jenseits des "state of the art" nur erarbeitet werden kann, wenn man sich nicht durch eine vordringliche Beschäftigung mit denkbaren Risiken den Blick für Denk- und Realisierbares verstellt.

B. <u>Die Wachstumsphase verlangt eine Ergänzung des Unternehmerischen durch ein Management</u>

<u>Innovationsfähigkeit:</u>
Die Innovationsfähigkeit verlagert sich vom Produkt zur Prozessinnovation: Neue Wege zur Konstruktion, Herstellung und Distribution müssen gefunden werden und durch administrative Verfahren gesteuert werden. Das Trägerprofil verlagert sich damit vom auf unbekanntem Erkenntnisgrund "chaotischen Innovieren" der Pionierphase zum "geordnet strukturierten" Innovieren innerhalb eines "state of the art" bereits anderswo praktizierter Verfahren.

<u>Führungsstil:</u>
Fähigkeiten des Ausreifen der Produktinnovation und die innovative Lösung von Prozessgestaltungsproblemen sind widerspruchsfrei miteinander zu verbinden: Gleichzeitiges Agieren als "visionärer unternehmerischer Guru" und "hart" auf Ordnung pochender und durchsetzender, wie ergebnisorientierter Manager überfordert leicht Strategieträger und Organisation. Mit Phantasie und Disziplin müssen geeignete Lösungen für Wachstums- und Innovationsprobleme durch die Führung gefunden werden.

<u>Risikofähigkeit:</u>
Verlagerung hin zu kalkulierbaren Risiken, da eine Multiplikation der unternehmerischen Idee Risiken in eine neue Dimension hineinwachsen lässt, die sorgfältige Analysen von Vorhaben angezeigt erscheinen lässt.

C. <u>Reife- und Schrumpfungsphase verlangen Manager und Verwalter</u>

<u>Innovationsfähigkeit</u>
Schrumpft auf Fragen des Entdeckens neuer Wege, um Kosten zu senken.

<u>Führungsfähigkeit</u>
Analysegestützter Einsatz von Managementinstrumenten, um eine abklingende Entwicklung "unter Kontrolle" halten zu können. Starker Bezug zur Pflege und Bedienung administrativer Systeme verlangt sowohl den "harten" Management-Einsatz, um mit unpopulären Massnahmen eine Anpassung "nach unten" durchsetzen zu können als auch die Fähigkeiten des ordnenden nach neuen Gleichgewichten suchenden Verwalters. Dabei ist die Motivation als "hohe Kunst" der Führung wesentlich, Mitarbeiter zu erhalten, um einen "brain drain" entwicklungsfähiger Mitarbeiter zu vermeiden.

<u>Risikofähigkeit</u>
Den Risiken von Störungen ist durch einen möglichst rationellen Einsatz aller verfügbaren personellen, finanziellen und materiellen Ressourcen zu begegnen, um ihnen bei schrumpfender Geschäftstätigkeit mit Reserven begegnen zu können.

Abb. 3: Zum „Fit“ von Entwicklungsstadium strategischer Missionen und Programme der Geschäftsfelder mit Trägerrollen und ihrem Verhalten

(4) Qualifizierung der Managementkapazität nach dem Muster *technokratischer* mit dem in der Folge zum *Administrativen* neigenden Rollen einerseits und das eines *unternehmerischen* mit dem *menschenführungsgeprägten* Rollenbild andererseits.

Damit ergibt sich eine weitere Spannungsreihe für eine unternehmungsspezifische Profilierung.

Werden die Aspekte einer engen kostenorientierten Auslegung der Managementkapazität mit dem Idealbild ihrer qualitativen Besetzung durch technokratische Manager verbunden, ergibt sich das typische Muster einer *reduktionistischen* Gestaltung der Managementkapazität. Dem steht eine weite Auslegung der Managementkapazität gegenüber, die vielfältigen unternehmerischen Talenten Entfaltungsmöglichkeiten bietet. Sie läßt sich als Muster einer *expansionistischen* Gestaltung der Managementkapazität erkennen.

4. Verhaltensbegründung der Träger strategischer Unternehmungsführung

Die Verteilung der Aufgaben und die Gestaltung der Kapazität strategischer Unternehmungsführung setzt den Rahmen, in dem sich strategisches Denken und Handeln entfalten kann. Dabei sind die Aspekte der Verhaltensbegründung durch Autorität und Verantwortung kurz aufzugreifen. Eine wesentliche Frage, die das Verhalten von Trägern des Prozesses strategischer Unternehmungsführung bestimmt, ist die nach der *Autorität* welche ihnen eingeräumt und welche *Verantwortung* ihnen abverlangt wird.

4.1 Strategische Unternehmungsführung im Spannungsfeld von institutionaler und fachlich-kommunikativer Autorität

Verschiedene Autoritätsformen begründen die *Legitimation des Führungsanspruches* von Trägern strategischer Unternehmungsführung, welche die Willensdurchsetzung und Einflußnahme in verschiedenen Führungssituationen damit allgemein sichern.

Die *institutionale* Autorität beruht auf dem Rang oder der Position einer Person in der Unternehmungshierarchie und in damit gegebenen Sanktionsmöglichkeiten (Belohnung/Bestrafung). Dadurch bedingt dieses Führungsverhalten neben bestimmten Organisationsformen (Hierarchie) auch bestimmte Quellen einer solchen betrieblichen Autorität, wie betriebsinterne Führungs- und Organisationsreglemente als Bestandteile der Unternehmungsverfassung. Der Legitimierungsprozess gründet hierbei auf der Annahme, daß institutionale Autorität im Rahmen formal-bürokratischer Über- und Unterordnungsverhältnisse „eine von den Untergeordneten zu akzeptierende und auch akzeptierte Einflußnahme darstellt, da das ‘Recht auf Gehorsam’ institutionell und rational legitimiert ist“ [23]. Eine Unternehmung, in welcher der Führungsanspruch der Vorgesetzten durch ein hohes Maß institutionaler Autorität legitimiert wird, läßt sich zudem durch eine uni-laterale, uni-direktionale (vertikale) Entscheidungs- und Einflußstruktur charakterisieren.

Im Gegensatz zur entpersonalisierten institutionalisierten Autorität bewirkt die *fachlich-kommunikative* Autorität, dic auch als funktionale bzw. personenbezogene Autorität betrachtet wird, tendenziell eine Verringerung der *sozialen Distanz* zwischen Vorgesetzten und Unterstellten [24]. Es kann also davon ausgegangen werden, daß ein hohes Maß fachlich-kommunikativer Autorität mit einer ausgeprägten *pro-sozialen Orientierung* einhergeht. Wunderer/Grunwald umschreiben diesen prosozialen Aspekt mit wechselseitiger Akzeptanz, „Toleranz, Unterstützung, Achtung der Menschenwürde, Solidarität, Empathie, Vertrauen und Sensitivität" und machen diesen zum konstitutiven Element der *kooperativen* Führung [25]. Ein durch fachlich-kommunikative Autorität geprägtes Führungsverhalten korrespondiert mit einer multilateralen, omni-direktionalen Entscheidungs- und Einflußstruktur innerhalb der Unternehmung. Bedingt durch die inhärente Labilität einer fachlich-kommunikativen Autorität, wirkt ein derartiges Führungsverhalten entbürokratisierend, zumal die Legitimation des Führungsanspruches auf Wissenselementen beruht, welche ja ständig wechseln und nicht an eine Position oder Stelle gebunden sind. Ein solches Führungsverhalten gewinnt bei einer zunehmenden Komplexität und Veränderlichkeit der Unternehmungsumwelt an Bedeutung, um den Ansprüchen dynamischer Aktionen und Reaktionen gerecht werden zu können. Ein Führungsverhalten, das durch ein hohes Maß fachlicher Autorität legitimiert wird, ist jedoch unter Ansehung des Einflusses wachsender Komplexität nicht unproblematisch. Im Laufe der Unternehmungsentwicklung kann es dysfunktionale Wirkungen hervorrufen, indem ein Prozess der Spezialisierung von Fachwissen zum Expertentum und zu einer völligen Segregation einzelner Unternehmungsbereiche führen kann, was letztlich neue Anstöße für eine Bürokratisierung in sich trägt. Letztlich ist es aber die zunehmende Unsicherheit, die als Argument für eine fachlich-kommunikative Autorität angeführt werden kann:

„Der technische Fortschritt erschwert es zunehmend dem Vorgesetzten, mit Autorität die Machtbefugnisse auszuüben, über die er verfügt; in den komplexen Organismen unserer Zeit muß der Vorgesetzte Direktiven und Anordnungen Personen erteilen, die

1. ihre Entscheidungen auf der Grundlage von Elementen treffen werden, die der Vorgesetzte nicht nur nicht kennt, sondern häufig nicht einmal beurteilen könnte;
2. in der Regel über Eigenschaften verfügen, die der Vorgesetzte nicht hat, und die ihre Aufgaben auf eine Art interpretieren, die von der verschieden sein kann, die der Vorgesetzte annimmt;
3. Initiativen ergreifen werden, deren Auswirkungen auf und Übereinstimmung mit den Unternehmungsstrategien nur mit Approximation und Verspätung gemessen werden können" [26].

Die strategische Unternehmungsführung ist darauf angewiesen, Sensitivität für Umweltveränderungen in der ganzen Breite der Erfahrung von Führungskräften und Experten der Unternehmung zu aktivieren. Gerade vom Erschließen ihrer Erfahrungen, ihres Wissens und ihrer Beurteilungskompetenz her wird letztlich die Managementkapazität als zukunftführendes Erfolgspotential getragen. In einer Zeit wachsender Komplexität und Dynamik weisen daher zweckgerechte *Autoritätsprofile* im Spannungsfeld von institutioneller Autorität und fachlich-kommunikativer Autorität in Richtung einer Betonung der letzteren.

4.2 Gestaltung von Eigen- oder Fremdverantwortung strategischer Unternehmungsführung

Begründet Autorität das Führungshandeln, so sind dessen Folgen in ein Verhältnis der Verantwortung einzubinden. Die Regelung der Verantwortung erfolgt im Spannungsverhältnis von Fremd- und Eigenverantwortung.

Besteht weder die Möglichkeit, über die Aufgabenstellung noch über die Art und Weise der Zielerreichung mitzuentscheiden, so ergibt sich ein Verhältnis der *Fremdverantwortung*. Das bedingt allerdings, daß die Ausstattung mit Machtmitteln festgelegt ist und eine individuelle Orientierung der Akteure nur rudimentär zugelassen wird. Daß eine solche Ausprägung bei bestimmten Aufgabenstellungen bzw. bei geringem Ausbildungsstand von Mitarbeitern von Vorteil sein kann, ist unbestritten. Eine natürliche Folge ist eine schwach ausgeprägte Identifikation der Akteure mit ihrer Aufgabenstellung. Außerdem weist eine starke Fremdverantwortung auf eine ausgeprägtere hierarchische Einbindung hin. Eine hohe Fremdverantwortung bedingt ebenfalls ein ausgefeiltes Beurteilungs- und Überwachungssystem. Verhaltenskontrolle ist somit eine natürliche Folge eines hohen Grades an Fremdverantwortung. Als Ursachen für einen hohen Grad von Fremdverantwortung können sowohl eine zu genaue Detaillierung der Rollen und Aufgaben, eine Unterforderung (Aufgabenart und Schwierigkeitsgrad), Gleichförmigkeit und eine streng vorgegebene Formalisierung angesehen werden.

Unter *Eigenverantwortung* ist dagegen nicht nur ein vergrößerter Tätigkeitsspielraum zu verstehen, sondern auch eine eigenständige Entscheidungs- und Kontrollmöglichkeit. Planungs-, Dispositions-, Kontroll- und Ausführungsaufgaben werden gesamthaft übernommen und erfüllt, was letztlich sowohl zu einem „Job-enlargement" als auch zu einem „Job-enrichment" führt. Eigenverantwortliches Arbeiten verlangt ganzheitliche Aufgabenstellungen, in denen Sinn und Zusammenhang des eigenen Tuns deutlich werden. Eine Voraussetzung hierzu ist eine „Enthierarchisierung" der Organisation.

Für die strategische Unternehmungsführung gilt im Hinblick auf die Verantwortung ähnliches wie dies bereits für die Regelung der Autorität festgestellt wurde. Eine befehlsabhängige Verantwortung ist kaum in der Lage, der Breite des Wissens gerecht zu werden, die notwendig ist, um alle sich bietenden strategischen Optionen erfassen und sachgerecht beurteilen zu können. Eine Verantwortungsregelung in Zeiten zunehmender Komplexität und Dynamik darf nicht auf fehler-intolerante Rechtfertigungszwänge hinauslaufen. Sie sollte vielmehr getragen sein von hoher Toleranz gegenüber fehlgeschlagenen Versuchen, sich mit neuen Herausforderungen auf wenig betretenen Wegen gegenüber auseinandersetzen zu wollen.

4.3 Dimensionierung der Verhaltensbegründung der Träger strategischer Unternehmungsführung

Somit ergeben sich unternehmungsspezifische Profilierungsmöglichkeiten zwischen einer:

(5) *institutionellen* und einer *fachlich-kommunikativen Autorität*

als Möglichkeiten einer Gestaltung der Autorität zur strategischen Unternehmungsführung und

(6) *Fremd- und einer Eigenverantwortung* ihrer Träger,

als Spannungsreihe der Art der Übernahme der Verantwortung.

Beide sind jeweils abhängig von der verfolgten Unternehmungsphilosophie und den personalen Gegebenheiten und Entwicklungsmöglichkeiten der Führungskräfte zu bestimmen.

Eine Verbindung von Extremen einer Gestaltung von Autorität und Verantwortung des strategischen Managements läßt dabei typische Muster erkennen. Einerseits ist es die institutionelle Prägung der Autorität, die zu einer Fremdverantwortung der Aufgaben- und Verhaltensträger führt. Dieses Muster läßt sich als *fremdbestimmtes Strategiehandeln* kennzeichnen. Ihm steht die fachlich-kommunikative Autoritätsprägung mit Eigenverantwortung gegenüber, die zum *eigenbestimmten Strategiehandeln* führt.

5. Formung und Entwicklung strategischen Verhaltens

Daß Verhalten auf die strategische Ausrichtung von Unternehmungen bezogen werden kann und sollte, ist bisher in der betriebswirtschaftlichen Literatur ein noch weniger bedachter, vernachlässigter Aspekt. Zwar wird dieser Aspekt unbewußt bei der Personalplanung [27] als auch bei der „personalen Gestaltung" [28] angesprochen, so wird doch mit der instrumentellen Ausrichtung eines „strategischen Verhaltenskanals" Neuland betreten. Ziel der strategischen Verhaltensentwicklung ist primär nicht die augenblickliche situationale Verhaltensgestaltung, sondern das Schaffen von Voraussetzungen für eine strategische Verhaltensentwicklung. Sie unterliegt strengen Grenzen, die zum einen aus Machbarkeitsüberlegungen [29] herrühren und zum anderen aus Sinnüberlegungen, da ja kein programmiertes Verhalten erzeugt, sondern die *Selbststeuerungsfähigkeit*, *Problembewußtsein* und *Adaptationsfähigkeit* beim Mitarbeiter gefördert werden sollen. Schwerpunkt der Verhaltensänderung ist somit die Schaffung eines *gewünschten Problembewußtseins* sowie das Herbeiführen von Veränderungen in den *Perzeptionen* und *Präferenzen*strukturen. Die beiden letzten Punkte sind insofern erklärungsbedürftig, als sich subjektive Umweltbilder in gewissen Grenzen durch Lernprozesse verändern lassen [30], dadurch aber wiederum bestimmte Aspekte der Umwelt nicht wahrgenommen werden. Worauf es dabei jedoch ankommt, ist die Annahme, daß die Situations- und Problemwahrnehmung nichts Unveränderliches darstellt, sondern zum Teil erlernbar ist. Der strategischen Unternehmungsführung kommt damit die Metaaufgabe zu, Rahmenbedingungen der Organisation und Führung zu gestalten, die es gestatten, derartige Lernprozesse zu generieren. Gleiches gilt für ein lernendes Verändern von Präferenzstrukturen für erstrebte Zukunftszustände und -entwicklungen. Reduzierte Präferenzstrukturen können ähnlich wie reduzierte Wahrnehmungsmuster im Perzeptiven dazu führen, daß die Verhaltensentwicklung der Träger strategischer Unternehmungsführung zunehmend von einem auf Anpassungsfähigkeit ausgerichteten Agieren auf ein Starrheit produzierendes inflexibles Reagieren übergeht.

Der erste Schritt zur strategischen Verhaltensentwicklung besteht im Erarbeiten von Prognosen über zukünftige Problemstellungen, wie der Bildung eines adäquaten Bewußtseins und Verhaltens für diese. Ausgangspunkt für den Gestaltungsprozess der strategischen Verhaltensentwicklung ist dann entweder das Verhalten, das man bei den Mitarbeitern vorfindet, oder die Selektion und Einstellung von neuen Organisationsmitgliedern, die das angestrebte Verhalten und Problembewußtsein bereits aufweisen.

5.1 Strategisches Führungsverhalten

Strategieträger entfalten ihr Führungsverhalten im Spannungsfeld eines *linear-sukzessiven* oder eines *zirkulär-simultanen* Vorgehens. Im ersten Fall werden Strategieprobleme in einer Folge von Schritten der Problemerkennung, Ursachenanalyse, Lösungssynthese zur Entscheidung und Implementation hin entwickelt, wobei jeweils ein Problem nach dem anderen angegangen und bearbeitet wird. Dies hat einen hohen Koordinations- und Integrationsaufwand zur Folge, um die einzelnen Teilergebnisse über eine Reihe von Interaktionsschritten mit vielfältigen und meist aufgrund des Zeitablaufs nicht mehr gänzlich möglichen Korrekturen von divergenten Annahmen und Bewertungen zu einer Ganzheit eines Strategiekonzeptes zu vereinigen. Das zirkulär-simultane Vorgehen stellt dem gegenüber im Ideal auf eine umfassende und möglichst alle relevanten Facetten der Vernetzung des Strategischen gleichzeitig erfassende Behandlung und Lösung der Problematik ab. Die derzeit verwendeten Integrationsprozesse strategischen Managements weisen noch starke Züge eines linear-sukzessiven Verhaltens auf. Soll den vermehrt geäußerten Forderungen nach einem ganzheitlichen Denken und Handeln [31] auch bei Fragen strategischer Führung Rechnung getragen werden, sind Ansätze für eine Förderung eines zirkulär-simultanen Verhaltens zu entwickeln und zu pflegen.

5.2 Strategisches Lernverhalten

Strategisches Lernen kann in die Richtung eines *vertiefenden* und eines *erweiternden* Verhaltens zielen. Ob dabei das Lernen innerhalb der Institution Unternehmung oder unternehmungsextern stattfindet oder ob es sich um individuelles vs. Gruppen-Lernen handelt, soll an dieser Stelle nicht thematisiert werden. Erwähnt werden soll nur, daß oft auch fachliche Bildungsmaßnahmen die Meinungs- und Erwartungsbeeinflussung zum Ziele haben können [32].

Das strategische Lernverhalten bezieht sich genauso wie das operative Lernen auf kognitive und affektive Inhalte. Unter Kognitivem sind Fertigkeiten und Wissen zu verstehen, wo hingegen affektiv Inhalte für die überdauernden Werthaltungen, Einstellungen und Perzeptionen stehen. Erstere ließen sich auch als berufliche Ausbildung bezeichnen, letztere eher als Sozialisation. Das „Strategische" an diesem Lernverhalten ist aber nicht nur das, was gelernt wird, sondern vielmehr das, was durch den Lernprozess bei der Gruppe bzw. dem Einzelnen bewirkt wird. Konkret heißt dies, daß zum einen die kognitiven Fähigkeiten der Erlebnisverarbeitung und zum anderen die Situations- und Problemwahrnehmung via Perzeptionshinterfragung geschult werden. Beides zusammengenommen führt dann bei der Gruppe oder dem Individuum zu einem Wissen über die mögliche Veränderbarkeit von Problemwahrnehmung, Stimmung, Perzeption und Präferenzen.

Beim *vertiefenden Lernverhalten* werden, wie die Bezeichnung schon sagt, Wissen und Fähigkeiten vertieft sowie Einstellungen und Werthaltungen gefestigt. Ziel ist demnach eine vertiefende Beständigkeit, deren Ursache auf individueller Basis in einem Wunsch nach Gewißheit und Sicherheit zu sehen ist. Tritt zu der „vertiefenden Beständigkeit" eine extrinsische Motivation, nimmt dieses Lernverhalten die Form einer „Mitgliedschaftserhaltungsmotivation" an. Dies bedeutet aber auch, daß die Vorhersagbarkeit von Verhalten zunimmt. Eine solche „Verhaltenserwartungssicherheit" kann im Extremfall zu einer starken Rollenformalisierung führen [33/34], die langfristig Krisen heraufbeschwören kann. Die vertiefende Beständigkeit bedingt nahezu, daß nur inkrementale Verbesserungen des Ist-Zustandes vorgenommen werden und aufgrund der Verfestigung der Perzeptionen und der Problemwahrnehmung den Sicherheits- und Gewißheitswünschen der Mitarbeiter stark entgegengekommen wird. Dieses Verhaltensmuster eignet sich somit für beständige Umwelten, die zum Ausfall von Ausführungs- und Routinetätigkeiten führen, wobei der Ausbildungsstand der Mitarbeiter nicht unberücksichtigt bleiben darf.

Charakteristisch für das *erweiternde Lernverhalten* sind evolutorische Vorstellungen von sich selbst organisierenden, sozialen Systemen. Das bedeutet zum einen, daß sich stellende Probleme und Aufgaben aufgrund des Wissens um der Subjektivität der Problemwahrnehmung sowie des vorhandenen Wissens aus verschiedenen Bereichen „beherrschbarer" und „spielerischer" erscheinen. Das führt dazu, daß die „Berührungsangst" schwächer wird und Problemstellungen aus verschiedenen Blickrichtungen gedanklich angegangen werden. Somit wird ein Verhalten generiert, das zukünftigen Herausforderungen offener gegenübersteht und sich daher für dynamische und schlecht vorhersehbare Umwelten eignet. Als Folge davon werden Tätigkeitsfelder vergrößert oder neue Aufgaben gesucht. Dabei ist es denkbar, daß die Akteure nicht nur im Sinne der Zielvorgaben der Unternehmung handeln, sondern durch ihr Handeln und ihre Tätigkeitsfelder diese mitbestimmen oder mitdefinieren. Nur so läßt es sich erklären, daß der Wunsch von gut ausgebildeten Hochschulabgängern nach riskanteren unternehmerischen Herausforderungen ansteigt und der Sicherheitsaspekt einer etablierten aber auch bürokratisch organisierten Unternehmung in den Hintergrund tritt. Erweiterndes Lernverhalten deutet somit unzweideutig auf den Gestaltungsaspekt von Aufgaben, Zielen und Organisationsstrukturen hin.

Es ist dabei deutlich zu erwähnen, daß zwei so unterschiedliche Verhaltensweisen kaum von ein und derselben Person erbracht werden können. Eine Prädisposition für die eine oder andere Verhaltensweise, die sogar zuweilen durch die spezifische Ausbildung noch verstärkt wird, kann bei der strategischen Gestaltung des Lernverhaltens unterstellt werden.

Somit können gezielte interne betriebliche Qualifikationsstrategien zu Elementen organisationalen Lernens [35] werden und über die Ausrichtung der Qualifizierung und Weiterbildung letztlich zur Gestaltung und Entwicklung der Organisation beitragen. „Dabei müssen zukunftige Qualifikationskonzepte vor allem in Unternehmen, die sich mit hochgradig turbulenten Markt- und Umfeldbedingungen konfrontiert sehen, auf eine „Redundanz von Handlungskompetenz" abzielen. Um den Turbulenzen von Märkten flexibel genug begegnen zu können bzw. eine hohe Variation der Arbeitsvorgaben bewältigen zu können, müssen Subsysteme, Gruppen bzw. einzelne Arbeitnehmer mehr Funktionen beherrschen und übersehen können, als zur unmittelbaren Ausführung einer Tätigkeit erforderlich sind. Diese Redundanz der Qualifikationen ermöglicht eine funktionale Flexibilität des Mitarbeitereinsatzes, die den Handlungsspielraum des Unternehmens ... wesentlich erhöht" [36].

5.3 Dimensionierung des strategischen Verhaltens

Für eine Dimensionierung der Formung und Entwicklung strategischen Verhaltens von Trägern bieten sich damit unternehmungsspezifische Profilierungsmöglichkeiten in den beiden Dimensionen (7) und (8) an.

(7) *linear-sukzessives* im Gegensatz zu *zirkular simultanem* Vorgehen

im Hinblick auf das strategische Führungsverhalten. Die Formung und Entwicklung strategischen Verhaltens ist weiterhin von der Positionierung im Spannungsfeld

(8) *vertiefendes* Lernen im Gegensatz zu *erweiterndem* Lernen

bezüglich des strategischen Lernverhaltens abhängig.

Werden beide Dimensionen der Formung und Entwicklung strategischen Verhaltens an beiden Extremen ihrer Profilierung miteinander verbunden, ergeben sich die typologischen Muster eines *rational-analytischen* und eines *hermeneutisch-synthetischen* Führungs- und Lernverhaltens. Fügen sich im ersten Fall Merkmale eines linear-sukzessiven Vorgehens bei der Bewältigung von Strategieproblemen mit einem Streben nach einem vertiefenden Lernen um der Erfüllung von strategischen Aufgaben besser gewachsen zu sein, so ist dies im zweiten Fall das Streben über ein zirkulär-simultanes Verstehen vernetzter Ganzheitlichkeit über ein erweiterndes Lernen aus eigenem Streben den prinzipiellen Zusammenhängen, die sich in strategischen Herausforderungen darstellen, auf die Spur zu kommen.

6. Die Entwicklung der Kapazität der Unternehmungsführung und ihres strategischen Verhaltens zum strategischen Erfolgspotential

Die Aufgabenverteilung auf die Träger strategischer Unternehmungsführung, die quantitative und qualitative Dimensionierung ihrer Managementkapazität und die Gestaltung ihres Verhaltens können dann, wenn sie einerseits *kompatibel* mit den Anforderungen der Umweltentwicklung und den Inweltbedingungen ausgelegt und andererseits in sich *konsistent* ist, zu einer und unter Umständen der erfolgskritischen strategischen Erfolgsposition (SEP) werden. „Bei einer SEP handelt es sich um eine in einer Unternehmung durch den Aufbau von wichtigen und dominierenden Fähigkeiten bewußt geschaffene Voraussetzung, die es dieser Unternehmung erlaubt, im Vergleich zur Konkurrenz langfristig überdurchschnittliche Ergebnisse zu erzielen" [37]. Da eine derartige kaum imitierbare Position eine langfristige Nutzung gestattet, läßt sie sich auch als ein *Nutzenpotential* interpretieren. Um dieses Nutzenpotential zu beschreiben, bedarf es der Zusammenfassung und darauf aufbauenden Typologisierung der Verteilung der Aufgaben, der Managementkapazität, der Verhaltensbegründung und der Entwicklung des strategischen Verhaltens.

Die dargestellten Profilierungen von Strategieträgern und ihres Verhaltens lassen sich gemäß der unternehmungspolitischen und strategischen Vorgabe, die in extremer Form zu einer opportunistischen oder zu einem verpflichteten Prägung führt, verdichten (vgl. Abb. 4).

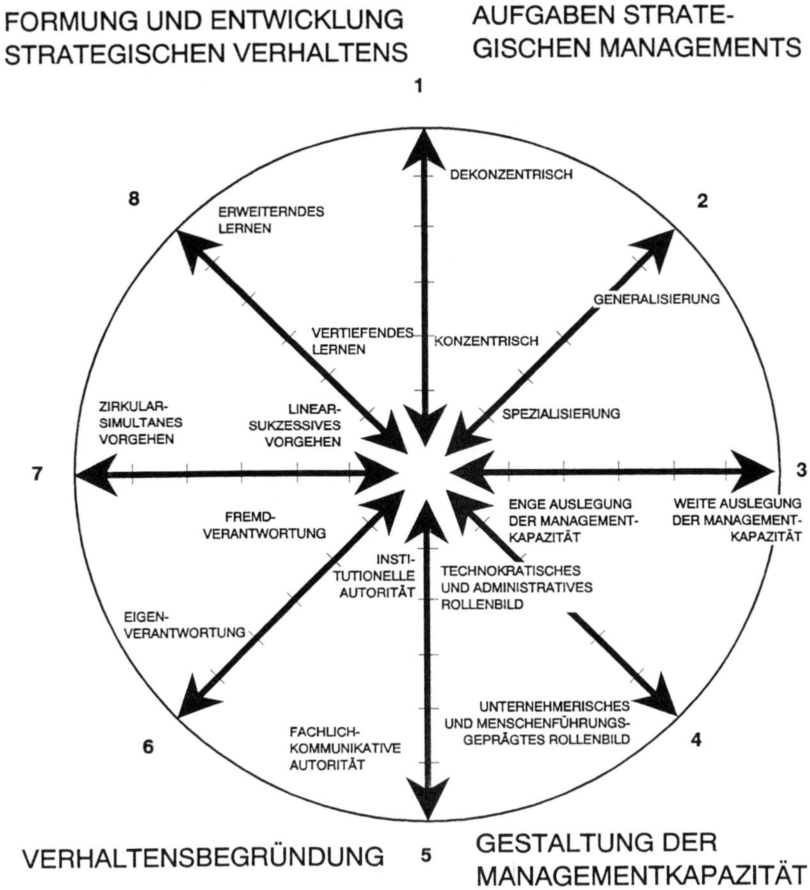

Abb. 4: Profilierung von Strategieträgern und ihres Verhaltens

Eine *opportunistische Profilierung* (in der Abbildung die innen liegenden Ausprägungen) von Strategieträgern und ihres Verhaltens geht von einer reduktionistischen Gestaltung einer eng-dimensionierten Managementkapazität aus, die vorzugsweise aus technokratischen Managern gebildet wird. Strategiespezialisten in Linie und Stab nehmen an der Unternehehmungsspitze konzentrisch-institutionalisiert die Aufgaben des strategischen Managements wahr. Die Träger des strategischen Managements begründen ihr Verhalten mit einer institutionellen Autorität und Fremdverantwortung als Ausdruck des erstrebten fremdbestimmten Strategiehandelns. Das strategisch angepeilte Führungs- und Lernverhalten von Führungsktäften und Experten ist rational-analytisch ausgelegt.

Dem steht eine *verpflichtete Profilierung* von Strategieträgern und ihrem Verhalten gegenüber, die mit einer eher überdimensionierten Managementkapazität, die vorzugsweise aus unternehmerischen Persönlichkeiten gebildet wird, gegenüber. Sie erstrebt eine expansionistische Entwicklung im Glauben daran, daß der „slack" der Überkapazität durch das unternehmerische Wirken der Führungspersönlichkeiten schnell wieder abgebaut wird. Dazu bedarf es jedoch organisatorischer Freiräume, welche durch eine teilautonome Strukturierung zu schaffen sind, damit unternehmerisches Wirken in eine positive Unternehmungsentwicklung umgesetzt werden kann. Meta-Aufgabe des strategischen Managements ist es dabei u.a. laufend nach unternehmerischen Talenten Ausschau zu halten, damit die Managementkapazität jeweils weiter – mit sich erneuerndem „slack" – aufgebaut werden kann. Die Aufgaben des strategischen Managements sind generalisiert und breit in der Mitarbeiterschaft verteilt. Neben normativen und operativen Aufgaben nehmen Mitarbeiter der unterschiedlichen Systemebenen zugleich an der Strategieformulierung und -implementierung teil. Die Träger des strategischen Managements begründen ihr Verhalten mit einer fachlich-kommunikativen Autorität und einer Eigenverantwortung als Ausdruck eines selbstbestimmten Strategiehandelns. Das Führungsverhalten ist zirkulär-simultan, das Lernverhalten der Strategieträger intrinsisch motiviert und auf Erweiterung ausgerichtet.

Zusammenfassend kann die *opportunistische Profilierung* auch als ein *managerielll-verwaltendes* Verhalten beschrieben werden. Dies zeichnet sich durch das bewußte Suchen nach Gleichgewichtslagen sowie nach sach-rationaler Effizienz des Ressourceneinsatzes aus, womit sich zwar der Status quo einer Unternehmung verbessern läßt, zugleich aber auch dadurch zementiert wird.

Die *verpflichtende Profilierung* ließe sich auch mit dem Adjektiv *unternehmerisch* bezeichnen. Kennzeichnend dafür ist die stete Suche nach Ungleichgewichten, welche ständig bekannte und bewährte Wege kritisch hinterfragt. Diese Innovationsfunktion des unternehmerischen kann mit Schumpeter [38] folgendermaßen umschrieben werden:

> „Zuversichtlich außerhalb der vertrauten Fahrrinne zu navigieren und diesen Widerstand zu überwinden, verlangt Fähigkeiten, die nur in einem kleinen Teil der Bevölkerung vorhanden sind und die sowohl den Unternehmertyp wie auch die Unternehmerfunktion ausmachen, … Sie besteht darin, daß sie Dinge in Gang setzt".

Literatur

[1] vgl. im besonderen: *Bleicher, K.*: Das Konzept Integriertes Management, 2. Auflage, Frankurt–New York, 1992, S. 122 ff.

[2] vgl. *Biland, Th.*: Die Rolle des Verwaltungsrats im Prozess der strategischen Unternehmungsführung. Diss. St.Gallen 1989.

[3] vgl. *Mueller, R.K.*: Board Score. Toronto 1982 S. 53.

[4] vgl. *Biland, Th.* (1989, S. 147).

[5] vgl. *Bleicher, K./Leberl, D./Paul, H.*: Unternehmungsverfassung und Spitzenorganisation. Wiesbaden 1989.

[6] *Biland, Th.*: Der Verwaltungsrat muß umdenken. In: Sonderdruck Finanz und Wirtschaft, 4. Okt 1989.

[7] *Kolvenbach, Walter*: Die gesellschaftsrechtlichen Richtlinien der EG und das Problem der Mitbestimmung, in: Unternehmensverfassung und Rechnungslegung in der EG. Hrsg. Klaus Chmielewicz und Karl-Heinz Forster, zfbf Sonderheft 29/91, S. 74–86.

[8] vgl. *Zünd, A.*: Ansätze der Geschäftsführungsprüfung im Aktienrecht. In: Geschäftsführungsprüfung. Bd. 61 der Schriftenreihe der Schweizerischen Treuhand und Revisorenkammer, Zürich 1984, S. 89–97, hier S. 89.

[9] vgl. *Oesch, K.*: Verwaltungsrat und Unternehmungskrisen. Bern 1984.

[10] vgl. *Hahn, D.*: Planungs- und Kontrollrechnung – Controllingkonzepte. 4. Auflage, Wiesbaden 1994.

[11] vgl. *Gälweiler, A.*: Strategische Unternehmensführung. Frankurt 1987, S. 6.

[12] vgl. *Pümpin, C.*: Management strategischer Erfolgspositionen. 3. Aufl. Bern–Stuttgart 1986.

[13] *Hinterhuber, H.H.*: Strategische Unternehmensführung – Band II: Strategisches Handeln. 4. Aufl. Berlin–New York 1989, S. 138.

[14] *Gerken, G.*: Managementrolle: Visionär, in: Handbuch Management. Die 24 Rollen der exzellenten Führungskraft, hrsg. von W. Staehle, Wiesbaden 1991, S. 87–98, S. 90.

[15] vgl. *Whyte, W.H.*: The Organization Man. New York 1956.

[16] vgl. *Frese, E./Gebhardt, W.*: Managementrolle Organisator, in: Handbuch Management, Die 24 Rollen der exzellenten Führungskraft, hrsg. von W. Staehle, Wiesbaden 1991, S. 147–165.

[17] *Oswald, H.*: Frontwechsel der Manager: Von Coriolan bis Jacocca. Zürich 1988, S. 86.

[18] vgl. *Witte, E.*: Organisation für Innovationsentscheidungen – Das Promotoren-Modell. Göttingen 1973, S. 21.

[19] vgl. *Presthus, R.*: Individuum und Organisation. Typologie der Anpassung. Frankfurt/M. 1962.

[20] vgl. *Pinchot III, G.*: Intrapreneuring: Why you don't have to leave the corporation to become an entrepreneur. New York u.a. 1985.

[21] vgl. *Hinterhuber, H.H.* (1989, S. 141).

[22] vgl. *Laukamm, T./Walsh, J.*: Strategisches Management von Human Ressourcen, in: A.D. Little (Hrsg.), Management im Zeitalter der Strategischen Führung, Wiesbaden 1985, S. 79–100.

[23] *Wunderer, R./Grunwald, W.*: Führungslehre. Band 2: Kooperative Führung. Berlin–New York 1980, S. 309.

[24] vgl. *Hartmann, H.*: Funktionale Autorität, Stuttgart 1964, S. 75 f.

[25] *Wunderer, R./Grunwald, W.* (1980, S. 105)

[26] *Hinterhuber, H.H.*: (1989, S. 105).

[27] vgl. *Gaugler, E.*: Betriebliche Personalplanung. Göttingen 1974, S. 12.

[28] vgl. *Remer, A.*: Instrumente unternehmungspolitischer Steuerung. Berlin 1982, S. 309 ff.

[29] vgl. *Farber, J.E.*: Persönlichkeitsforschung im Rahmen der Verhaltenswissenschaft. In: Verhaltensänderung. Psychologische Theorie der Veränderung menschlichen Verhaltens, hrsg. v. L. Rohr. München 1972, 559–87, hier S. 72.

[30] vgl. *Kirsch, W.*: Entscheidungsprozesse, Band 1. Verhaltenswissenschaftliche Ansätze der Entscheidungstheorie, Wiesbaden 1970, S. 76.

[31] vgl. *Ulrich, H./Probst, G.*: Anleitung zum ganzheitlichen Denken und Handeln. Bern–Stuttgart 1988.

[32] *Lahmann, N.*: Politische Planung, Aufsätze zur Soziologie von Politik und Verwaltung. Opladen 1971, S. 210 ff.

[33] vgl. *Luhmann, N.*: Funktion und Folge formaler Organisation. Berlin 1976, S. 68 ff., 282.

[34] vgl. *Hill, W./Fehlbaum, R./Ulrich, P.*: Organisationslehre 1. 2. Aufl., Bern–Stuttgart 1976, S. 292 ff.

[35] zum organisationalen Lernen vgl. *Geissler, H.*: Grundlagen des Organisationslernens, Weinheim 1994; *Pautzke, G.*: Die Evolution der organisatorischen Wissensbasis. Bausteine zu einer Theorie des organisatorischen Lernens, München 1989; *Reinhardt, R.*: Das Modell Organisationaler Lernfähigkeit und die Gestaltung Lernfähiger Organisationen, Frankfurt 1993; *Sattelberger, T.* (Hrsg.): Die lernende Organisation: Konzepte für eine neue Qualität der Unternehmensentwicklung, Wiesbaden 1991; *Senge, P.*: The fifth discipline, New York 1990.

[36] *Pawlowsky, P.*: Betriebliche Qualifikationsstrategien und organisationales Lernen, in: Managementforschung 2, hrsg. von W. Staehle und P. Conrad, Berlin–New York 1992, S. 177–237, S. 196.

[37] *Pümpin, C.* (1986, S. 34).

[38] *Schumpeter, J.A.*: Kapitalismus und Demokratie. 5. Aufl., München 1980. S. 21.

The Strategic Role of the Board*

P. Stiles and *B. Taylor*

1. Introduction

The strategic role of the board is often used as the defining characteristic of board endeavour, the role which separates the work of the board from that of management (Lorsch and MacIver 1989, Tricker 1984, 1994, Coulson-Thomas 1993). Tricker states that direction involves the formulation of strategy, the acquisition and allocation of resources and setting policies. The British Institute of Directors' Guidelines for Directors (1990) also states that the board takes responsibility for "determining the company's strategic objectives and strategic policies".

The role of the board in strategy is usually taken to include identifying what business the company is in, developing a vision and mission, assessing threats and opportunities, strengths and weaknesses, and selecting and implementing a choice of strategies (Pearce and Zahra 1991, Tricker 1984). The strategic role of the board has been clearly identified as a major factor in strengthening a company's competitive position and in ensuring the alignment of company purpose with shareholders' interests (Tricker 1984, 1994). Andrews (1980) has argued that boards should actively determine the future direction of the company, labelling this a key part of the leadership role of the board. He says: "Effective board participation in strategic processes could make an important long-term difference in a company's performance".

The major research traditions on boards have all pointed to the requirement of boards to be involved in the strategy process. Agency theory (Eisenhardt 1989), transaction cost economics (Williamson 1985), resource dependency theory (Pfeffer 1973,

* This article reports the results of a survey of 101 UK company boards designed to obtain information on the extent of their strategic involvement, the style of strategy making, the planning process and the methods used to monitor and control the implementation of strategy. There is much prescriptive work on the need for boards to be involved in the strategy making process, but little empirical evidence has been gathered about current practices. This article makes a contribution to this debate. With Pettigrew (1993) we aim to avoid placing this research within any one research tradition, but attempt to provide descriptive results which increase our understanding of the board's role in strategy based on initial findings from an on-going study.

Provan 1991), stewardship theory (Donaldson and Davis 1991), and class hegemony theory (Scott 1985, Useem 1984) agree of the usefulness of boards contributing to the strategic discussions within a company. The board's strategic role also encompasses acquiring resources (Pfeffer 1973) and taking decisions on strategic change which enable the organisation to achieve fit with environmental change (Goodstein, Gautam and Boeker 1994, Pearce and Zahra 1991). Goodstein et al (1994) argue that heightened periods of environmental turbulence or declines in company performance provide boards of directors with the potential for full mobilisation and the initiation of strategic change.

Empirical support (see Table 1) for this view comes from Demb and Neubauer's (1992) study of 71 directors, which revealed that over three-quarters of those interviewed saw the board's main task as setting strategy and overall direction. Lorsch and MacIver's study of 80 directors and four case companies supported the view that directors are strongly involved in strategic issues, as too did Tricker's series of studies in UK companies (1984).

However, a dissenting voice in the debate over the board's strategic contribution is Mace (1971), who called directors "ornaments on a corporate Christmas tree" and in his classic study, found that boards were not involved in strategic planning. He found that the basic objectives, corporate strategies and broad policies of the company are not in fact established by the board in most large and medium-sized companies:

"For example, a management proposal for approval of an annual capital budget, involving $10m to $50m or more will take roughly thirty minutes of a board meeting of one and a half hours. And it would be a rare board member who would do anything except go along with the management." Mace did discover, however, that in crisis situations, they became heavily involved in the decision-making process within the organisation (Mace 1971).

Norburn's (1974) study of 21 British boards found large-scale disagreement in the establishment of corporate direction: "The entire picture of objective setting is one of confusion and is in marked contrast to the recommendations of the academic and consultancy world".

Henke's (1986) research into 234 US manufacturing firms showed that though almost every board influenced the decisions of numerous strategy-related issues, "the majority of boards do not recognise that they are involved in the strategy decision-making".

But even in situations where the board does not have direct input into the strategy process, the board is still influential because it can define the boundaries within which decisions can be made (Perrow 1972). In this way, subordinates can make decisions but the board remains in control. Mizruchi (1983) agrees that, even when board members make no key decisions, as long as they have the ability to remove managers, then they have control. The board of directors' distinctive contribution, according to Mizruchi, is to set the limits within which management will act. Because directors have the legal right to evaluate management, the board sets the premises of managerial decision-making (Baysinger and Hoskisson 1990).

Tab. 1: Previous Studies of the Strategic Role of the Board

Author/s	Description of Study
Mace (1971)	Interviews with 50 directors of medium and large US corporations in terms of board roles and responsibilities. **Major Findings** Boards do not impact on strategic decision-making, except in times of crisis. Typically, boards are under managerial domination and are "the creatures of the CEO".
Tricker (1984)	Corporate Policy Group studies on the work of directors and the activities of boards. **Major Findings** Boards are involved in the formulation of strategy, setting policies, and the acquisition and allocation of resources. But emphasis within companies is with internal issues, rather than with focusing externally on matters affecting shareholders.
Henke (1986)	Survey of 234 large US corporations on manner of board involvement in strategy. **Major Findings** Boards influence the decision of many strategic issues but majority of boards do not know they are involved in strategic decision-making. Boards, therefore, do not influence their firm's direction in a coherent manner.
Lorsch & McIver (1989)	Interviews with 80 directors, 4 case studies and a mail questionnaire in US. **Major Findings** Boards act mainly as advisors to the CEO on strategy, counselling the CEO and evaluating options. The use of strategic committees is considered important.
Demb & Neubauer (1992)	Interviews with 71 directors in 17 companies of a variety of nationalities (predominantly UK and US), plus survey of 127 directors. **Major Findings** Survey found that 75% of respondents considered setting strategy as the main job of the board. Interviews established idea of continuum of board involvement in strategy.

The literature, therefore, tends to support the view that boards should have input into strategic decision-making. But there has been an absence of detail of how boards actually deal with strategy, that is, what are the processes and procedures used, and to what degree does the board really become involved.

The present study attempts to provide empirical evidence on the nature of board involvement in strategy. This type of data is rare and its examination may serve to provide support or act as a corrective to much of the prescriptive literature. The first section of this paper will review issues surrounding the board's mode of involvement in strategy. The second section describes the empirical evidence from the survey, and the third section outlines conclusions and limitations of the study.

2. Research Method

Data were collected by means of structured questionnaires with directors from 101 companies in the UK between January and October 1994. These directors were attending seminars at the Institute of Directors, leading to the award of the Diploma in Direction. This investigation is intended as a pilot study: we are continuing the research and intend to utilise a mixture of methods, including interviews and case studies with a variety of sizes and types of company boards to examine the realities of strategic involvement. After pre-testing and modification, the questionnaire was distributed by hand to each member of the course and collected before the course began, which yielded a high response rate (83%). The breakdown of company type and size by turnover is given in Table 2.

Tab. 2: Breakdown of Companies

Company	%
Private	39
Public — Main Board	12
Subsidiary	43
Public Service/Non-Profit	6
Annual Turnover	
Turnover	%
Under £5m	17
£5m–£20m	22
£20m–£200m	27
£200m–£1bn	9
£1bn–£10bn	14
Over £10bn	10

The findings provide an insight into current board practice but certain factors must be considered in generalising this research. First, the frame from which the sample was drawn inevitably influenced the characteristics of the companies in the survey. There are comparatively few public companies and only two per cent of directors surveyed were non-executives. This is one of the dangers of a convenience sample. There may also be a concern over self-reporting bias, but this is a general problem in research on boards, and one which is difficult to avoid. But in terms of board research, Mintzberg's dictum of gaining "messy data" to provide insights is a strategy which must not be ignored.

The limitations of such a cross sectional survey must also be emphasised. We have a general picture of board behaviour in terms of the strategy process, but this is limited to one point in time, and we do not have data which tracks changes across time.

However, given these limitations, we believe these data provide a generality to the findings and shed a little more light on the still underresearched area of the strategic involvement of boards.

3. Strategic Involvement of the Board

Though the literature abounds with prescriptive advice on how boards should be involved in strategy, frequently the mode of board involvement is not specified. The Companies' Act states that a company must have directors, but their functions are not defined (Parkinson 1994), which leaves the board with a large degree of discretion as to what role it plays. But it is agreed by a number of commentators that an important element of the board's fiduciary duty should be the monitoring and assessment of strategic proposals. According to Zahra (1990) there are three perspectives on board's potential involvement in strategy:

1. Legalistic — this view stresses that the board's role is to represent the shareholders and protect their interests. This view tends to minimise the board's involvement in strategy and asserts that "strategy development is seen as the exclusive domain of the CEO". Directors will, at the very least, monitor strategic decisions and outcomes in order to ensure they are in the best interests of shareholder. (Pettigrew 1992)
2. Review and Analysis — this perspective suggests that boards play an active role in formulating and implementing strategies but their role should be restricted to the review and analysis of management and decision control, with management responsible for the former and the board of directors for the latter. (Pettigrew 1992)
3. Partnership — this view proposes a real partnership between the Chief Executive and the board both in developing and choosing strategies for the company. Here, directors may initiate and develop strategic changes without inviting themselves to approving managerial choices.

The idea of levels (or a continuum) of board involvement in strategy receives support from a number of commentators both in the private sector (Demb and Neubauer 1992, Henley 1994) and in the public sector (in particular from the Warwick School's work on NHS Trusts). The place of a board at a certain level (or along the continuum) is the result of a number of factors, the most important of which are the locus of power between directors and managers, age of company, size of company and the presence of crisis or turbulent conditions. The finding that some boards are ambivalent about adopting a role in the strategic process is set against the dominant normative strand in the literature which states that boards should be so involved. But it is unlikely that there are boards who are not involved in some way in the strategic process, even implicitly. As Mizruchi (1983) claims, at the very least the board sets the parameters within which the strategy process takes place. The question we wish to address is, to what extent do boards get involved in key strategic issues and to what extent is this involvement consistent across companies?

4. Strategic Involvement: Evidence

To measure the level of strategic involvement of boards, the cycle of the strategy-process, from developing and analysing options to the monitoring and evaluating of outcomes was adapted from Mintzberg (1988), and respondents were asked to rate their board's level of involvement, using a 3 point scale based on Zahra's (1990) categorisation of modes of strategic involvement. The results are shown in Table 3.

It is clear that boards take a large role in the development of strategy and in the discussion of competing choices. This is a key area of value added from the board, where the opportunity costs of adopting one strategy are discussed, executives are expected to put one side their functional responsibilities and think strategically, while the non-executives, if in place, are called upon to lend their experience of other situations and markets and contexts to add depth to the debate. These findings compare to those of Henke's (1986), where 61,7% of boards reported not being involved in their firm's strategic process, though high participation levels were reported in specific aspects of the planning process). In terms of differences between types of company, public boards were relatively less involved than either private or subsidiary boards in the strategic

Tab. 3: Role of the Board in Strategy Making

%	Major Role	Minor Role	None
Developing a Strategy	73	22	5
Analysing Strategic Options	72	23	5
Supporting Strategy Implications	63	29	8
Monitoring Strategy Implementation	64	29	7
Evaluation of Strategy Achievement	52	48	–
Communication of the Strategy	58	35	8

process. For instance, in the area of developing strategy, 50% of public boards claimed they had a major role, compared to 80% of private boards and 74% of subsidiary boards. This may be due to the greater information asymmetry which exists between executives and non-executives in larger companies, which puts non-executives at a disadvantage when trying to understand the strategic options open to an organisation.

It is also clear that once decisions on strategy have been reached, the involvement of the board decreases as the strategy is operationalised. However, because of the legal liability of directors to ensure the continuing health of the company, strong board involvement in the monitoring and evaluation of strategy remains significant.

5. Areas of Strategy Involvement

Key areas of strategic activity, drawn from a review of the literature, were outlined and respondents were asked to state whether the board, in the strategic process, were wholly involved (full partners in the process), partly involved (involved in review and analysis), or were not involved (adopted a legalistic perspective). The results are shown in Table 4.

The results indicate that in most areas, there is significant board involvement, either as full partners or as part of the review and analysis process. The one striking exception is for raising finance, where 21% said the board had little or no role to play. This is surprising, given the board's service role, which includes a responsibility to link the firm to the external environment and gain important resources for the company (Zahra and Pearce 1989, Pfeffer 1973). The figure explained to a large extent, however, by the number of subsidiaries in the sample. Only 5% of subsidiaries said they had total control over the raising of finance, with 58% claiming part responsibility, no doubt regarding the parent board as the main source of raising finance for the organisation.

Table 4: Areas of Strategy Involvement

Areas of Strategy	Partner	R&A	Legalistic
Product Market policy	78	20	2
Marketing	78	13	9
Purchasing and Supply	77	14	9
Personnel and Organisation	77	20	3
Production and Operations	71	23	6
Health, Safety & Environment	69	27	4
Research and Development	67	25	8
Public Relations	57	38	5
Restructuring	50	40	10
Diversification	49	45	5
Raising Finance	45	34	21
Acquisitions	44	45	11

Again, subsidiaries scored low in having full responsibility for diversification (16%), restructuring (21%) and acquisitions (9%), compared to almost three quarters of both private companies and public companies in each activity.

6. Strategic Control

A key concern in recent discussions of corporate governance has been to examine how boards influence corporate financial performance (see Zahra and Pearce 1989 for review). Conclusions reached in this literature have been inconsistent, a fact which no doubt results from the multitude of endogenous and exogenous variables which intervene between board process and company performance is a key concern for the board, and its monitoring is an essential task, largely through use of traditional accounting measures and financial ratios. Much less attention, however, has been paid to the strategic controls which boards use to ascertain the health of the company and prevent incremental decline (Demb and Neubauer 1992). Our survey asked which of the commonest forms of performance indicator (identified from the literature) are used by boards. The results are shown in Table 5.

Customer satisfaction and product/service quality were seen as the most important indicators, well above market share. The focus on quality and customer focus is in line with much recent strategic management literature and the board's role in monitoring these areas and upholding these values is an important part of its responsibilities. These data also support the findings of Coulson-Thomas's survey of chairman, where "satisfying customers" and "delivering quality" were the two top business issues for their companies, and the chief purpose of setting strategy was to generate value for customers (Coulson-Thomas 1993). The low figure for shareholder loyalty is due to the sample profile, with few public companies represented.

Tab. 5: Strategic Control

Measured Used	%
Customer Satisfaction	75
Product/Service Quality	71
Employee Productivity	63
Market Share	58
Employee Satisfaction	51
New Product Introduction	46
Shareholder loyalty	15

7. Style of Strategy Making

The potential for boards to become involved in the strategy process will depend on the style of decision-making that an organisation has adopted (Demb and Neubauer 1992). Mintzberg's classification of strategic decision-making modes has proved popular in the literature (Demb and Neubauer 1992): these are the planning mode; the adaptive mode and the entrepreneurial mode.

According to Mintzberg, "the planning mode is oriented to systematic comprehensive analysis and is used in the belief that formal analysis can provide an understanding of the environment sufficient to influence it."

The adaptive mode is the making of decisions by incremental steps, with strategy-makers remaining flexible and free to adapt to the needs of the moment.

The entrepreneurial mode is strategy making dominated by the search for new opportunities, with power usually centred in the hands of a strong Chief Executive. Here strategy is guided not by a formal plan but by the entrepreneur's ideas for the company (Demb and Neubauer 1992).

As Mintzberg states, these modes are frequently mixed within organisations, with no one mode appearing in a pure form. Typically, there is a main mode and a sub-mode (or back up style). We asked companies to state which mode was their chief mode and which they used as a back-up style. The results are shown in Table 6.

The planning mode is clearly important, which is to be expected, since some elements of formal planning are to be found in most companies (Mintzberg 1988). The entrepreneurial style, a reflection of the need for a degree of vision and instinct in the strategy process.

The planning style was most favoured by the subsidiary boards, with 58% saying this was their main style. That is to be expected, since the reporting requirements of a subsidiary to a parent will necessitate providing details of budgets and strategies for approval. In contrast, only 28% of private companies and 33% of public companies cited the planning mode as their main style. Instead, both company types favoured the entrepreneurial (46% and 50% respectively), which may reflect the turbulence of the environment and current managerial emphasis on the management of change.

These results provide qualified support to Demb and Neubauer's study of 17 organisations, which found that all companies used at least some elements of the planning mode. Three firms used the planning mode almost exclusively while the other eight relied predominantly on one of the other modes. Demb and Neubauer's conclusion

Tab. 6: Style of Strategy Making

	Main	Back Up	Neither
Planning	45	32	23
Entrepreneurial/Opportunistic	37	42	21
Adaptive/Incremental	20	28	52

is that the more a company adheres to a planning mode, the more likely it is that a board can play a role in strategy-making. An adaptive, incremental approach makes it more difficult for board participation, since decision-making is largely undertaken in an on-going, perhaps informal fashion, with opinions and options frequently discussed outside the boardroom. The board is potentially even more removed from the strategic arena when a thrusting powerful CEO is heading the business.

8. Conclusions

The background literature suggests that strategy is one of the principal functions of the board. Much of this literature, however, is normative and contains little empirical data as to what boards actually do in this area. What we provide in this study is empirical data on the mode of the board's involvement in strategy. It is not enough to ask whether the board is involved in strategy: to some extent any board is involved in strategy, merely by setting the parameters to decision-making. What is required is data to show in what capacity the board is involved. We have seen that the majority of boards are involved at a high level in the strategy-making process, typically in partnership with the Chief Executive. Few boards appear to adopt the legalistic stance. These data are largely consistent across companies, supporting Demb and Neubauer's (1992) findings that boards generally face the same challenges and adopt the same responses regardless of company size and type. The level of board involvement certainly provides a contrast to Mace's (1971) study, which is still heavily cited by managerialist scholars as evidence of board subjugation. Though it has not been our intention to adopt any theoretical stance, the results of this study show that ceremonial, rubber-stamp boards are in the minority. This may be because increased environmental turbulence, the effects of the recession and increased competition require the full utilisation of the board in order to initiate timely strategic action and attempt to reduce uncertainty.

References

Andrews, K.R. (1980) "Responsibility for Corporate Strategy" in Boards of Directors: Part 2, a selection of articles taken from Harvard Business Review 1977–81, Boston, Mass., Harvard Business Review 1982.

Baysinger, B.D., and *Hoskisson, R.E.* (1990) "The Composition of Boards of Directors and Strategic Control; Effects on Corporate Strategy", Academy of Management Review, Vol 15, no 1, pp. 72–87.

Coulson-Thomas, C.J. (1993) Creating Excellence in the Boardroom, McGraw-Hill International (UK).

Demb, A. and *Neubauer, F.F.* (1992) The Corporate Board: Confronting the Paradoxes, Oxford University Press, New York.

Donaldson, L. and *Davis, J.H.* (1991) "Stewardship Theory or Agency Theory: CEO Governance and Shareholder Returns", Australian Journal of Management, Vol 16 No 1, pp. 49–64.

Dulewicz, S.V.D., *Herbert, P.J.A.H.*, and *Stiles, P.* (1995) Standards of Good Practice for Boards of Directors, Institute of Directors with Henley Management College.

Eisenhardt, K.M. (1989) "Agency Theory: An Assessment and Review", Academy of Management Review, January, pp. 57–74.

Fama, E.F. and *Jensen, M.C.* (1983) "Separation of Ownership and Control", Journal of Law and Economics, Vol 26, pp. 327–349.

Goodstein, J., *Gautam, K.*, and *Boeker, W.* (1994) "The Effects of Board Size and Diversity on Strategic Change", Strategic Management Journal, 15:3, pp. 241–250.

Henke Jr, J.W. (1986) "Involving the Board of Directors in Strategic Planning", Journal of Business Strategy, Vol 7, no 2.

Lorsch, J.W. and *McIver, E.* (1989) Pawns or Potentates: The Reality of America's Corporate Boards, Harvard Business School Classics, Harvard Business School Press: Boston, Mass.

Mintzberg, H. (1988) "Strategy Making in Three Modes" in The Strategy Process: Concepts, Contexts and Cases, ed. J.B. Quinn, H. Mintzberg and R.M. James, Englewood Cliffs, N.J., Prentice–Hall, pp. 82–89.

Mizruchi, M. (1983) "Who Controls Whom? An Examination of the Relation Between Management and Boards of Directors in large American Corporations", Academy of Management Review, Vol 8, pp. 426–435.

Norburn, D. and *Grinyer, P.* (1974) "Directors Without Direction", Journal of General Management, Vol 2 No 2, pp. 37–48.

Parkinson, J.E. (1994) Corporate Power and Responsibility. Oxford University Press, Oxford.

Pearce, J.A. and *Zahra, S.A.* (1991) "The Relative Power of CEOs and Boards of Directors; Associations with Corporate Performance", Strategic Management Journal, Vol 12, pp. 135–153.

Perrow, C. (1972) Complex Organisations: A Critical Essay. Scott Foresman & Co., Illinois.

Pettigrew, M.A. (1992) "Boards of Directors: A Review of Recent Literature", Centre for Corporate Strategy and Change, Warwick, UK.

Pettigrew, M.A. (1993) "On Studying Managerial Elites", Strategic Management Journal, Vol 13, 163–182.

Pfeffer, J. (1973) "Size Composition and Function of Hospital Boards of Directors: A Study of Organizational-Environment Linkage", Administrative Science Quarterly, Vol 18, pp. 349–369.

Provan, K.G. (1991) "Receipt of Information and Influence over Decisions in Hospitals by the Board, Chief Executive Officer and Medical Staff", Journal of Management Studies, Vol 28, no 3, pp. 281–298.

Scott, J. (1985) Corporations, Classes & Capitalism, Hutchinson, London.

Tricker, R.I. (1984) Corporate Governance, Gower, Aldershot.

Tricker, R.I. (1994) International Corporate Governance: Text, Readings and Cases, Prentice-Hall, Singapore.

Useem, M. (1984) The Inner Circle, Oxford University Press, New York.

Williamson, O.E. (1985) The Economic Institutions of Capitalism, The Free Press, New York.

Zahra, S.A. (1990) "Increasing the Board's Role in Strategy", Long Range Planning, Vol 23, no 6, pp. 109–117.

Zahra, S.A. and *Pearce, J.A.* (1989) "Boards of Directors and Corporate Financial Performance: A Review and Integrative Model", Journal of Management, 15:2, pp. 291–334.

Strategische Planung und Mitbestimmung*

D. Hahn

1. Problemstellung

Träger der *strategischen Planung* sind die *oberen externen und internen Willensbildungszentren* einer Unternehmung. Die Art der Besetzung der oberen Willensbildungszentren ist nach geltendem Recht in der Bundesrepublik Deutschland allerdings unterschiedlich geregelt:

- Bei Einzelfirmen und Personengesellschaften sowie kleineren Kapitalgesellschaften sind ausschließlich die *Eigenkapitalgeber* für die Besetzung der oberen Willensbildungszentren zuständig. Damit setzen sich diese im Regelfall auch nur aus Eigenkapitalgebern und deren Vertretern zusammen.
- Bei größeren Kapitalgesellschaften sind sowohl *Eigenkapitalgeber* als auch *Arbeitnehmer (bzw. Arbeitnehmervertreter)* für die Besetzung der oberen Willensbildungszentren zuständig. Neben den Eigenkapitalgebervertretern gehören dann zumeist auch Arbeitnehmervertreter den oberen Willensbildungszentren an.

In größeren Kapitalgesellschaften besitzen Arbeitnehmervertreter als Aufsichtsratsmitglieder oder als Arbeitsdirektoren *Einflußmöglichkeiten auf die strategische Planung*. Art und Ausmaß der Einflußmöglichkeiten der Arbeitnehmervertreter sind dabei aufgrund der verschiedenen gesetzlichen Vorschriften unterschiedlich geregelt.

Die unterschiedlichen Möglichkeiten, die Arbeitnehmervertreter im Aufsichtsrat und ggf. Vorstand besitzen, um strategische Planungen zu beeinflussen, sollen im folgenden näher untersucht werden. Da für alle Unternehmungen mit mehr als fünf Beschäftigten ein Betriebsrat als Vertretungsorgan der Arbeitnehmer vorgesehen ist, werden auch dessen Einflußmöglichkeiten auf die Vorbereitung und Verabschiedung von strategischen Planungen betrachtet. Behandelt werden zudem die besonderen Einflußmöglichkeiten der leitenden Angestellten, die diese durch die Institutionalisierung eines Sprecherausschusses besitzen.

Die gesamte Frage der *Einflußmöglichkeiten von Arbeitnehmervertretern* in den jeweiligen Willensbildungszentren wird nach einer kurzen Darstellung der Gegenstände der strategischen Planung und der gesetzlichen Grundlagen der Mitbestimmung *am Beispiel der Aktiengesellschaft* veranschaulicht (vgl. Abb. 1).

---

* überarbeitete Fassung 1996.

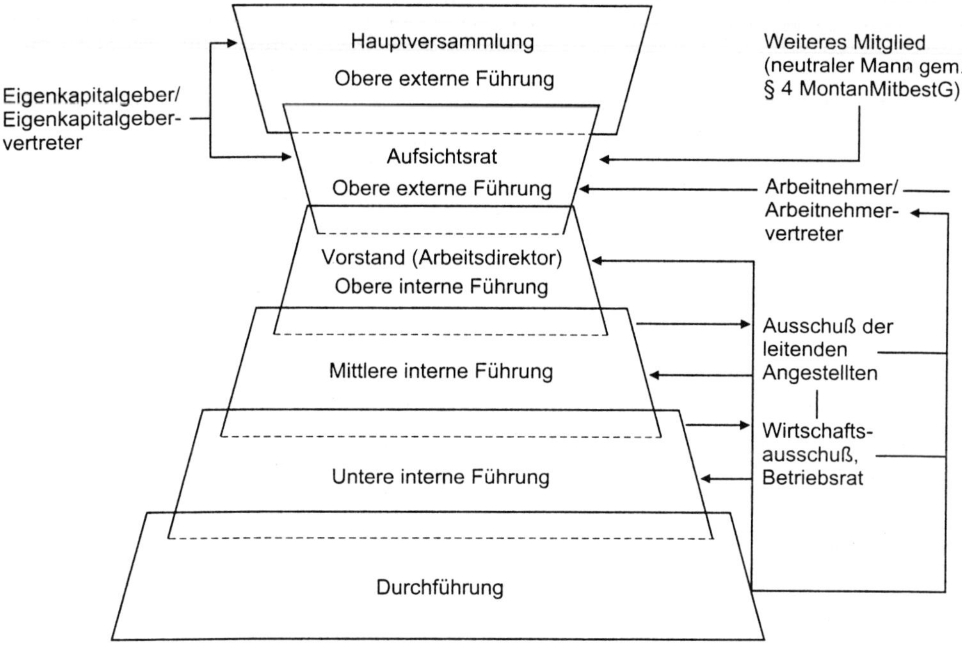

Abb. 1: Willensbildungs- und Willensdurchsetzungszentren in der Unternehmung (am Beispiel der Aktiengesellschaft)

2. Charakterisierung der strategischen Planung im Rahmen eines Gesamtplanungssystems

2.1 Konzeption eines Gesamtplanungssystems

Planung beinhaltet die gedankliche Vorwegnahme künftigen Geschehens durch eine zielorientierte Alternativensuche, -beurteilung und -auswahl. Bei der Interpretation einer Unternehmung als zielorientiertes Aktionszentrum, in dem Ziele durch zielorientierte Aktionen erreicht werden, die Potentiale an Aktionsobjekten erbringen, läßt sich ein *Planungssystem* ableiten, das alle Planungsaufgaben einer Unternehmung in vier Teilplanungskomplexen abbildet [1]:

- Die *generelle Zielplanung* beinhaltet die Festlegung aller generellen ökonomischen und nichtökonomischen Ziele. Dabei sind generelle Sachziele als Produkt- und/oder Dienstleistungsprogrammziele, generelle Wertziele als Ergebnis- und Liquiditätsziele und generelle Sozialziele zu unterscheiden.
- Die *strategische Planung* ist eine auf die generellen Ziele ausgerichtete Zielerreichungsplanung. Kernelement der strategischen Planung ist die Geschäftsfeldplanung als Produktprogramm- und Potentialplanung mit integrierter Funktionsbereichs- und Regionalstrategieplanung. Sie definiert das langfristig zu erstellende Produkt-

und/oder Dienstleistungsprogramm sowie die dafür erforderlichen Potentiale. Weitere Bestandteile der strategischen Planung sind die Organisations- und Rechtsform-/Rechtsstrukturplanung und die Führungskräftesystemplanung.

- Die *operative Planung*, die auf der generellen Zielplanung und der strategischen Planung aufbaut, ist ebenfalls eine Zielerreichungsplanung. Auf der Basis gegebener und geplanter Potentiale bestimmt sie die kurz- und mittelfristig zu erstellenden Produkt- und/oder Dienstleistungsprogramme sowie die zur Realisierung dieser Programme in den einzelnen Unternehmungsbereichen erforderlichen Aktionen.
- Die *gesamtunternehmungsbezogene Ergebnis- und Finanzplanung* ist die wertmäßige Abbildung und Integration der generellen Zielplanung, strategischen und operativen Planung.

Abbildung 2 verdeutlicht den Zusammenhang der Teilplanungskomplexe für eine Unternehmung mit funktionaler Aufbauorganisation. Er ist analog für Unternehmungen mit divisionaler Aufbauorganisation bzw. für Konzerne gestaltbar.

Im Rahmen der aufgezeigten periodischen Planungen können jeweils aperiodisch Projektplanungen durchgeführt werden.

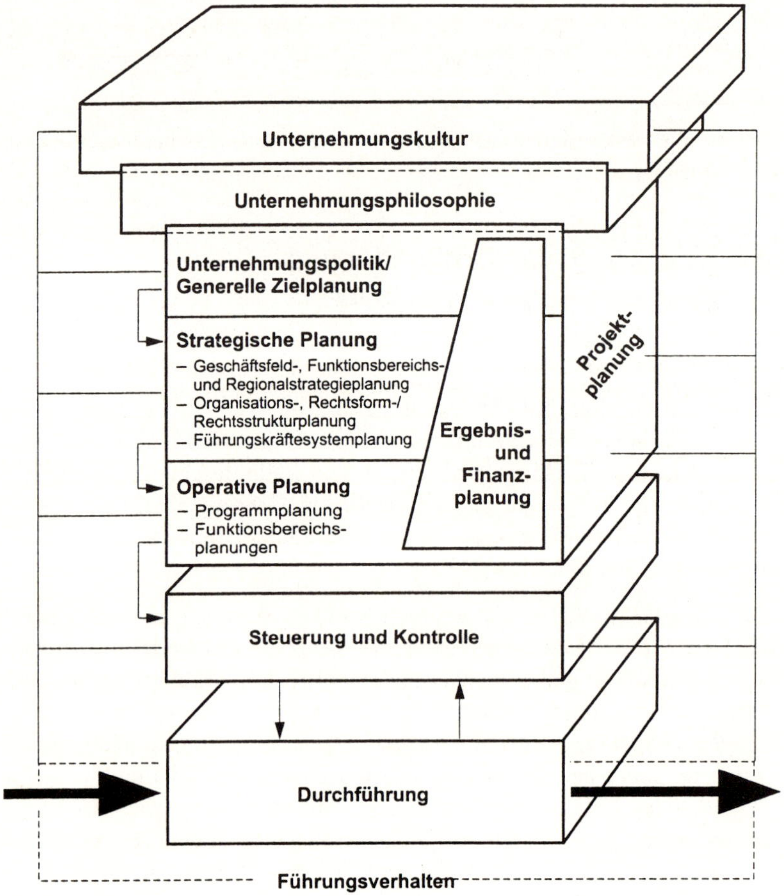

Abb. 2: Teilplanungskomplexe einer Unternehmung mit funktionaler Aufbauorganisation

2.2 Wesensmerkmale, Prozeß und Gegenstände der strategischen Planung

Die strategische Planung ist eine der zentralen Voraussetzungen für die Erreichung der ökonomischen und nicht-ökonomischen Ziele der Unternehmung. Strategische Planungen lassen sich allgemein anhand der folgenden *Merkmale* charakterisieren:

- Sie sind von besonderer Bedeutung für die Vermögens- und/oder Erfolgsentwicklung der Unternehmung.
- Sie können nur aus der besonderen Verantwortung für die ganze Unternehmung und ggf. auch für spezielle Unternehmungsbereiche aus dem Gesamtzusammenhang heraus getroffen werden.
- Sie sind grundsätzlich nur von der obersten (internen) Unternehmungsführung und/oder den dieser vorgeschalteten (externen) Zentren der Willensbildung der Unternehmung (z.B. Aufsichtsrat) wahrzunehmen, zu veranlassen und auch zu überwachen, wobei in der mehrgliedrigen Unternehmung bzw. im Konzern i.d.R. mehrere Entscheidungsebenen gegeben sind.
- Sie gelten auf lange Sicht und sind von relativ geringer Häufigkeit.
- Sie sind unter besonderer Beachtung der Werthaltungen der oberen Willensbildungszentren und unter Beachtung der bereits bestehenden Unternehmungsphilosophie und -kultur zu fällen.

Der *Prozeß der strategischen Planung* folgt dem Ablauf des allgemeinen Problemlösungsprozesses – dem Prozeß der Problemanalyse, Alternativensuche, -beurteilung und -auswahl. Dieser Prozeß bezieht sich auf die drei Teilkomplexe (Gegenstände) der strategischen Planung: die Geschäftsfeldplanung, die Organisations- und Rechtsform-/Rechtsstrukturplanung sowie die Führungskräftesystemplanung.

Die *Geschäftsfeldplanung* bildet den Kern der strategischen Planung. Sie beinhaltet die *langfristige Produkt- und Produktprogrammplanung mit dazugehöriger Potentialplanung*. Die Planung der Geschäftsfelder, *integriert mit* der Planung der *Funktionsbereichs- und Regionalstrategien*, erfolgt auf Gesamtunternehmungs- und Geschäftsfeldebene. Die Geschäftsfeldplanung aus der Sicht der *Gesamtunternehmung* bestimmt die langfristige Programmstruktur der gesamten Unternehmung: das Unternehmungsportfolio. Die Planung *je Geschäftsfeld* baut auf dieser auf und legt die Produkte und/oder Dienstleistungen mit den dazugehörigen Human- und Sachpotentialen des jeweiligen Geschäftsfeldes fest. In mehrgliedrigen Unternehmungen bzw. Konzernen werden Geschäftsfelder zunächst je Bereich zusammengefaßt.

Bei der Produktprogrammplanung geht es inhaltlich um Fragen der *Programmerweiterung* durch Marktintensivierung, Markterschließung, Produktentwicklung oder Diversifikation und um Fragen der *Programmbereinigung*. Gegenstand der *Potentialplanung* ist die Potentialvariation. Potentialänderungen führen zu internen oder externen Änderungen der kapazitativen Unternehmungsgröße. Unternehmungsvergrößerungen erfolgen dabei intern durch Errichtung von Anlagen innerhalb bereits bestehender Betriebe oder durch Errichtung rechtlich unselbständiger oder selbständiger Gliedbetriebe sowie extern durch Beteiligungserwerb, Kauf, Verschmelzung, Pacht und Leasing einzelner Gliedbetriebe oder Teile derselben. Unternehmungsverkleinerungen ergeben sich intern aus der Stillegung von Anlagen oder Gliedbetrieben sowie extern durch Beteiligungsveräußerung, Veräußerung oder Fusion von Gliedbetrieben oder Teilen von Gliedbetrieben. Entscheidungen über Potentialänderungen implizieren Entscheidungen über den *Standort* sowie die *Standortstruktur* der Unternehmung, ferner über die *Kapitalstruktur* in Verbindung mit Kapitalerhöhungen und Kreditaufnahmen sowie ggf. -rückzahlungen. Programm- und Potentialvariationen – oder auch nur Potentialvariationen – sind durch Investitionsobjekte bzw. Investitionsprogramme ausdrückbar.

Die zukünftige Entwicklungsrichtung der Unternehmung, die durch die integrierte Programm- und Potentialplanung festgelegt wird, bestimmt die wesentlichen Anforderungen an die *Organisation* sowie die *Rechtsform und -struktur* einer Unternehmung. Deren zielorientierte Gestaltung ist Gegenstand der *Potentialstrukturplanung* – der Organisations-, Rechtsform- und Rechtsstrukturplanung. Die Wahl einer geeigneten Organisationsform ist unter Berücksichtigung von Sachzielen (z.B. Marktorientierung, Innovationsförderung, Kooperationsfähigkeit), Wertzielen (Kosten- bzw. Ergebnisziele sowie Liquiditätsziele) und Sozialzielen (vor allem Erhaltungs- und Entfaltungsziele der Mitarbeiter) zu treffen. Für eine geeignete Rechtsform-/Rechtsstrukturwahl sind Kriterien wie Haftung, Leitungsbefugnis und damit auch Mitbestimmungsregelung, Gewinn- und Verlustbeteiligung, Finanzierungsmöglichkeit, Steuerbelastung, Kosten der Rechtsform und Publizitätspflicht relevant.

Die Geschäftsfeldplanung und die Organisationsplanung determinieren weitgehend die Führungskräfteplanung, die im Rahmen des Führungskräfteplanungssystems erfolgt. Die *Führungskräfteplanung* beinhaltet dabei die Planung des Bedarfs, der Beschaffung, des Einsatzes, der Entwicklung und ggf. der Freisetzung von Führungskräften der Unternehmung. Die *Führungskräfteanreizsystemplanung* behandelt die Gestaltung von unternehmungsexternen und -internen Anreizen materieller und immaterieller Art, um ein höchst motiviertes, zielorientiertes Verhalten und Handeln der Führungskräfte zu sichern. Ziel der *Führungskräfteinformationssystemplanung* ist es, die informationellen Voraussetzungen für eine optimale Wahrnehmung der vielfältigen Planungs-, Steuerungs- und Kontrollprozesse in der Unternehmung zu schaffen.

Durch die Mitbestimmungsregelungen in der Bundesrepublik Deutschland kann die Gestaltung der strategischen Planung durch die Arbeitnehmerseite gerade in großen Aktiengesellschaften erheblich beeinflußt werden.

3. Gesetzliche Grundlagen der Mitbestimmung in der Bundesrepublik Deutschland

Mitbestimmung wird allgemein interpretiert als *Beteiligung* der Arbeitnehmervertreter an *Entscheidungsprozessen* [2] – an Prozessen der Entscheidungsvorbereitung und Entscheidungsfällung zur Lösung von Problemen im Zusammenhang mit der Unternehmung. Mitbestimmung kann *Mitwirkung* (aktive und passive Information/Beratung) und *Mitentscheidung* (Entscheidungsfällung sowie Zustimmung oder Widerspruch) der Arbeitnehmervertreter bedeuten. Ihre gesetzlichen Grundlagen sind die in der Bundesrepublik Deutschland nach dem zweiten Weltkrieg stufenweise eingeführten Mitbestimmungsgesetze, die das Ziel verfolgen, die ursprüngliche Alleinentscheidungsgewalt der Kapitalgeber durch Einführung von Mitentscheidungsbefugnissen für Arbeitnehmer zu modifizieren [3]. Von den oberen Willensbildungsorganen der Aktiengesellschaft ist daher nach geltendem Recht nur noch die Hauptversammlung alleiniges Vertretungsorgan der Eigenkapitalgeber. *Aufsichtsrat* und *Vorstand* unterliegen in der Regel der *Mitbestimmung*; zudem ist grundsätzlich ein *Betriebsrat* als gesondertes, ausschließlich mit Arbeitnehmern besetztes *Mitbestimmungsorgan* zu institutionalisieren, von dem auch Mitglieder in den sog. *Wirtschaftsausschuß* und in die *Einigungsstelle* entsendet werden.

Seit Inkrafttreten des am 20.12.1988 verabschiedeten *„Gesetzes zur Änderung des Betriebsverfassungsgesetzes, über Sprecherausschüsse der leitenden Angestellten und zur Sicherung der Montan-Mitbestimmung"*, kurz Artikelgesetz, bilden *vier Gruppen* von gesetzlichen Regelungen die *Grundlage* der Mitbestimmung in der Bundesrepublik Deutschland:

- *Betriebsverfassungsgesetz* 1952/1972 (BetrVG)
  - Betriebsverfassungsgesetz vom 11.10.1952 (BGBl. I, S. 681),
  - Betriebsverfassungsgesetz vom 15.01.1972 (BGBl. I, S. 13),
  - Änderung des Betriebsverfassungsgesetzes vom 23.12.1988 (BGBl. III 801–7);
- *Montan-Mitbestimmungsgesetze*
  - Gesetz über die Mitbestimmung der Arbeitnehmer in den Aufsichtsräten und Vorständen der Unternehmen des Bergbaus und der Eisen und Stahl erzeugenden Industrie vom 21.05.1951 (BGBl. I, S. 347) – *(MontanMitbestG)*,
  - Gesetz zur Ergänzung des Gesetzes über die Mitbestimmung der Arbeitnehmer in den Aufsichtsräten und Vorständen der Unternehmen des Bergbaus und der Eisen und Stahl erzeugenden Industrie vom 07.08.1956 (BGBl. I, S. 707) – *(MontanMitbestErgG)*,
  - Gesetz zur Änderung des Gesetzes zur Ergänzung des Gesetzes über die Mitbestimmung der Arbeitnehmer in den Aufsichtsräten und Vorständen der Unternehmen des Bergbaus und der Eisen und Stahl erzeugenden Industrie vom 27.04.1967 (BGBl. I, S. 505);
- *Gesetz über die Mitbestimmung der Arbeitnehmer* (Mitbestimmungsgesetz vom 04.05.1976 (BGBl. I, S. 1153) – *(MitbestG 76)*;
- *Gesetz über Sprecherausschüsse der leitenden Angestellten* (Sprecherausschußgesetz) vom 20.12.1988 (BGBl. III 801–11) – *(SprAuG)*.

Diese verschiedenen gesetzlichen Regelungen über die Mitbestimmung der Arbeitnehmer bilden in sich geschlossene Teilkomplexe, die vor unterschiedlichen historisch-politischen Hintergründen entstanden sind. So ist z.B. das MontanMitbestG unter Androhung des Generalstreiks in der Regierungszeit von Konrad Adenauer durchgesetzt worden; das MitbestG 76 ist während der Regierungskoalition von SPD und FDP erkennbar als Kompromißlösung entstanden. Die vorhandenen Gesetze sind somit *keine Bausteine einer systematischen Gesamtkonzeption*, sondern bestehen für ihren jeweiligen Anwendungsbereich weitgehend unabhängig nebeneinander [4].

3.1 Regelungen des Betriebsverfassungsgesetzes

Zum Geltungsbereich des BetrVG zählen grundsätzlich alle Betriebe, selbständig oder als Gliedbetriebe, die mindestens fünf wahlberechtigte und davon mindestens drei wählbare Arbeitnehmer ständig beschäftigen (§ 1 BetrVG 1972) [5]. Der *personelle Geltungsbereich* des BetrVG erstreckt sich auf alle Arbeitnehmer, d.h. Auszubildende, Arbeiter und Angestellte, sofern letztere nicht als leitende Angestellte anzusehen sind (§ 5 Abs. 2 BetrVG). Im *Kern* regelt das *BetrVG* 1952/72 die Beziehungen zwischen den Arbeitnehmer(vertretern) und dem Arbeitgeber in der Unternehmung. Es behandelt die Interessenvertretung der Arbeitnehmer zum einen durch den *Betriebsrat und dessen Organe*, zum anderen durch Arbeitnehmervertreter im Aufsichtsrat.

Ziel der Einrichtung eines Betriebsrates ist eine *vertrauensvolle Zusammenarbeit zwischen Betriebsrat und Arbeitgeber zum Wohle aller Beteiligten* (§ 2 BetrVG). Zu diesem Zweck nimmt der Betriebsrat *spezielle* Aufgaben im *personellen* und *sozialen* Bereich sowie im Bereich der *Arbeitssystemgestaltung* wahr. Außerdem sind ihm Aufgaben im Zusammenhang mit bestimmten *wirtschaftlichen* Angelegenheiten zugewiesen. Für die *institutionelle Struktur des Betriebsrates und seiner zugehörigen Organe* sind folgende Regelungen von Bedeutung:

- *In allen Betrieben*, für die das BetrVG anzuwenden ist, können *Betriebsräte* gewählt werden (§ 1 BetrVG). Die Zahl der Mitglieder in diesen Betriebsräten richtet sich nach der Zahl der wahlberechtigten Arbeitnehmer (§ 9 BetrVG). Besteht der Betriebsrat aus mehr als einer Person, so wählen die Arbeiter und die Angestellten i.d.R. ihre Vertreter in getrennten Wahlgängen (§ 14 Abs. 2 BetrVG).
- Die Betriebsräte der einzelnen Werke einer Unternehmung bilden einen *Gesamtbetriebsrat*, in den jeder (Werks-)Betriebsrat, wenn ihm Vertreter der Arbeiter und Angestellten angehören, je ein Gruppenmitglied, wenn ihm nur Vertreter einer Gruppe angehören, eines seiner Mitglieder entsendet (§ 47 Abs. 2 BetrVG). Auf der Arbeitgeberseite stehen diesem Gesamtbetriebsrat dann der Vorstand und andere, diesem nachgeordnete Führungskräfte gegenüber.
- In einem Konzern kann darüber hinaus ein *Konzernbetriebsrat* gebildet werden, dem Vertreter der Gesamtbetriebsräte aller (inländischen) Konzerngesellschaften angehören (§ 54 BetrVG) [6].
- In allen Unternehmungen mit mehr als 100 Beschäftigten ist überdies ein *Wirtschaftsausschuß* zu bilden. Dieser Wirtschaftsausschuß hat die Aufgabe, wirtschaftlich bedeutsame Angelegenheiten mit der Unternehmungsführung zu beraten und dem Betriebsrat darüber zu berichten (§ 106 BetrVG).
- Zur Lösung von Meinungsverschiedenheiten zwischen dem Betriebsrat und der Unternehmungsführung, die sich zunächst für keine Seite befriedigend klären lassen, ist die *Einigungsstelle* zuständig. Sie wird paritätisch durch Arbeitnehmer- und Arbeitgebervertreter besetzt und von einem unparteiischen, unternehmungsexternen Vorsitzenden geleitet, der im Streitfall vom Arbeitsgericht einzusetzen ist (§ 76 BetrVG). Die Entscheidung der Einigungsstelle ist für beide Seiten bindend.

Das BetrVG 72 wurde letztmalig im Dezember 1988 durch das sogenannte *Artikelgesetz* geändert. Es handelt sich hierbei jedoch nicht um eine vollständige Novellierung des Gesetzes, sondern *lediglich* um *Änderungen in Teilbereichen*, die vor allem den Betriebsrat betreffen:

- Die *Amtszeit* des Betriebsrates wurde von drei auf vier Jahre verlängert (§ 21 Abs. 2 BetrVG), um eine stärkere Kontinuität seiner Arbeit sicherzustellen. Kritisch ist jedoch anzumerken, daß hierdurch die Legitimationsbasis des Betriebsrates in solchen Betrieben, die eine höhere Fluktuation in der Belegschaft aufweisen, eingeschränkt werden kann [7].
- Weiterhin verbessert das Artikelgesetz die *Unterrichtungs- und Beratungsrechte* des Betriebsrates (§ 90 BetrVG). So muß der Arbeitgeber nun von sich aus – und nicht mehr erst auf Verlangen des Betriebsrates – jene Unterlagen vorlegen, die für seinc wirtschaftlichen Entscheidungen grundlegend sind. Beratungen zwischen Arbeitgeber und Betriebsrat beinhalten zudem sämtliche Auswirkungen der vorgesehenen Maßnahmen, also nicht mehr nur solche im Hinblick auf eine menschengerechte Arbeitsgestaltung [8].
- Dem § 81 BetrVG wurde ein *dritter Absatz* hinzugefügt, welcher besagt, daß bei *Änderungen von Arbeitsabläufen und -verfahren* nicht nur der Betriebsrat, sondern auch die betroffenen Arbeitnehmer selbst benachrichtigt werden müssen, was jedoch zeitlich nach der Information des Betriebsrates erfolgen kann.
- Außerdem regelt das Artikelgesetz von 1988 in § 76a, daß die Arbeitgeber von nun an auch die *Kosten der Einigungsstelle* übernehmen müssen. Unternehmungsinterne Arbeitnehmer müssen also für ihre Mitwirkung in der Einigungsstelle vom Arbeitgeber freigestellt werden, betriebsexterne Beisitzer haben einen Vergütungsanspruch.

Neben der betrieblichen Mitbestimmung durch den Betriebsrat regelt das BetrVG 52 auch die unternehmerische Mitbestimmung in Aktiengesellschaften mit in der Regel nicht mehr als 2000 Arbeitnehmern (ausgenommen Familiengesellschaften mit weniger als 500 Arbeitnehmern). Nach § 76 BetrVG 52 ist der *Aufsichtsrat* in diesen Gesellschaften *zu einem Drittel mit Arbeitnehmervertretern* zu besetzen.

3.2 Regelungen des Montan-Mitbestimmungsgesetzes

Zum Geltungsbereich des MontanMitbestG zählen alle Unternehmungen in der Form der AG (ferner auch der GmbH, der bergrechtlichen Gesellschaft mit eigener Rechtspersönlichkeit sowie der Einheitsgesellschaft), die *mehr als 1000 Arbeitnehmer* beschäftigen und deren überwiegender Betriebszweck in der Förderung und Aufbereitung von Kohle und/oder der Erzeugung von Eisen und Stahl liegt (§ 1 Montan-MitbestG). Weiterhin gilt eine modifizierte Montan-Mitbestimmung für Konzerngesellschaften, die eine Unternehmung beherrschen, die ihrerseits dem MontanMitbestG unterliegt (§ 1 Gesetz zur Ergänzung des MontanMitbestG). Diese Regelung wurde durch das *Artikelgesetz 1988* verändert, um die Montan-Mitbestimmung auch bei solchen Unternehmungen aufrecht erhalten zu können, die sich infolge wirtschaftlicher Umstrukturierungen aus dem Geltungsbereich des MontanMitbestG entfernten. Zu diesem Zweck wurden die *Anforderungen an den Montanausweis stark reduziert*. Künftig genügt es, wenn die unter das MontanMitbestG fallenden Konzernunternehmungen insgesamt mindestens 20% (ehemals 50%) der Wertschöpfung sämtlicher Konzernunternehmungen erzielen oder i.d.R. insgesamt mehr als 2000 Arbeitnehmer beschäftigen. Diese Bestimmungen gelten jedoch nur für solche Unternehmungen, die bereits zum Zeitpunkt des Inkrafttretens des Gesetzes unter die Montan-Mitbestimmung fielen.

Das MontanMitbestG ermöglicht eine sogenannte *qualifizierte Mitbestimmung*, für die im Kern folgende Regelungen charakteristisch sind:

- Der *Aufsichtsrat* ist zur Hälfte mit Arbeitnehmervertretern zu besetzen. Er wird durch ein weiteres Mitglied, den sogenannten *„neutralen Mann"* vervollständigt.
- Als gleichberechtigtes Vorstandsmitglied ist ein *Arbeitsdirektor* zu bestellen (§ 13 MontanMitbestG). Dieser darf *nicht gegen die Stimmen* der Mehrheit der Arbeitnehmervertreter im Aufsichtsrat bestellt werden.

3.3 Regelungen des Mitbestimmungsgesetzes 1976

Unter den Geltungsbereich des MitbestG 76 fallen alle Unternehmungen in der Form einer AG (ferner einer KGaA, einer GmbH, einer bergrechtlichen Gewerkschaft mit eigener Rechtspersönlichkeit oder einer Erwerbs- und Wirtschaftsgenossenschaft), soweit sie *mehr als 2000 Arbeitnehmer* beschäftigen. Ausgenommen sind solche Unternehmungen, die unter die Vorschriften des MontanMitbestG fallen.

Kernpunkt dieses Gesetzes ist die *neuartige Regelung der Mitbestimmung im Aufsichtsrat*, die eine *paritätische Besetzung* des Aufsichtsrats – je zur Hälfte mit Arbeitgeber- und Arbeitnehmervertretern – vorsieht (§ 7 MitbestG 76). Im Gegensatz zu den Regelungen des BetrVG und des MontanMitbestG, die jeweils eine ungerade Zahl von Aufsichtsratsmitgliedern vorschreiben, kann es bei der Beschlußfassung nach dem MitbestG 76 im Aufsichtsrat zu einer *Patt-Situation* kommen. In einem solchen Fall besitzt – nachdem eine zweite Abstimmung über denselben Sachverhalt wiederum zur Stimmengleichheit geführt hat – der *Aufsichtsratsvorsitzende eine zusätzliche Stimme*, um dadurch die Patt-Situation auflösen zu können. Die Zusatzstimme ist ausschließlich an die Person des Aufsichtsratsvorsitzenden gebunden (§ 29 Abs. 2 MitbestG 76), der aufgrund des gesetzlich vorgeschriebenen Wahlmodus (§ 27 MitbestG 76) i.d.R. ein Vertreter der Anteilseigner ist. Daneben sieht das MitbestG 76 die *Institution des Arbeitsdirektors* vor, der wie im Montanbereich gleichberechtigtes Vorstandsmitglied ist. Die Bestellung des Arbeitsdirektors weicht allerdings insofern vom MontanMitbestG ab, als de jure nicht zwingend die Mehrheit der Stimmen der Arbeitnehmervertreter erforderlich ist, um den Arbeitsdirektor zu ernennen.

3.4 Regelungen des Sprecherausschußgesetzes

Die *leitenden Angestellten* einer Unternehmung nehmen wegen ihrer typischerweise unternehmerischen Aufgaben eine *Sonderstellung* ein. Leitender Angestellter ist, wer zur selbständigen Einstellung und Entlassung von Arbeitnehmern berechtigt ist oder Generalvollmacht bzw. Prokura besitzt oder regelmäßig bedeutende Aufgaben bezüglich Bestand und Entwicklung der Unternehmung bzw. des Betriebes erfüllt, dabei frei von Weisungen ist und über maßgebliche Einflußnahme verfügt (vgl. BetrVG 72 § 5 Abs. 3).

Leitende Angestellte unterliegen nicht den Regelungen des BetrVG, womit ihnen bisher auch die *gesetzliche Interessenvertretung* fehlte. Seit Inkrafttreten des Sprecherausschußgesetzes wurde diese in Form der *Sprecherausschüsse* institutionalisiert.

Der Sprecherausschuß setzt sich aus mindestens einem und maximal sieben leitenden Angestellten zusammen. Er kann in Betrieben mit mindestens 10 leitenden Angestellten gebildet werden, wobei die erstmalige Einrichtung eines Sprecherausschusses vom Mehrheitsvotum der leitenden Angestellten abhängig ist (§ 7 Abs. 2 SprAuG). Die Wahl des Sprecherausschusses findet alle vier Jahre statt. Dabei sind alle leitenden Angestellten wahlberechtigt; solche mit einer Betriebszugehörigkeit von mehr als sechs Monaten sind wählbar. Der Sprecherausschuß übernimmt für die leitenden Angestellten eine dem Betriebsrat ähnliche Funktion, ohne daß seine Rechte im Einzelfall aber so weit wie die des Betriebsrats gehen.

Faßt man diese Ausführungen zusammen, so wird erkennbar, daß nach den gesetzlichen Vorschriften die *Unternehmungsgröße* (gemessen an der Arbeitnehmerzahl) und die *Branchenzugehörigkeit* einer Unternehmung die *ausschlaggebenden Faktoren* sind, die *Art und Umfang der Mitbestimmung* durch die Arbeitnehmervertreter im Aufsichtsrat und Vorstand determinieren. In Abhängigkeit von diesen Faktoren ergeben sich somit unterschiedliche Einflußmöglichkeiten auf strategische Planungen. Im weiteren soll untersucht werden, welche *konkreten Beeinflussungsmöglichkeiten* die verschiedenen gesetzlichen Regelungen auf die Vorbereitung und die Fällung von *strategischen Entscheidungen* begründen. Nicht weiter betrachtet werden die direkten Einflußnahmemöglichkeiten von Arbeitnehmern durch ihre Mitarbeit in jenen Stabs- und Linienabteilungen, Koordinierungsabteilungen (z.B. Abteilung Unternehmungsplanung) sowie Ausschüssen und Projektgruppen, die sich mit der Vorbereitung strategischer Entscheidungen befassen. Von diesen Mitarbeitern, die meist den oberen Führungsebenen angehören, kann allerdings der Entscheidungsprozeß in der obersten Führung durch Analysen, Prognosen sowie Alternativenbestimmung und -bewertung mitunter erheblich beeinflußt werden.

4. Einflußnahmemöglichkeiten des Betriebsrates auf die strategische Planung

Die *Basis und den Rahmen für die Einflußnahme des Betriebsrates* auf das Unternehmungsgeschehen bilden die *Vorschriften des BetrVG*. Um die Interessen der Arbeitnehmer vertreten zu können, verfügt der Betriebsrat hiernach über folgende *Informations-, Beratungs- und Mitentscheidungsrechte*:

- Allgemeines Informations- und Initiativrecht (§§ 80 und 89 BetrVG): Überwachung der Einhaltung von gesetzlichen Vorschriften, Tarifverträgen, Betriebsvereinbarungen, Antragsrecht für Maßnahmen, die Arbeitnehmern dienen, Unterstützung des Unfallschutzes u.a.;
- Mitwirkungsrechte bei Beschwerden von Arbeitnehmern (§ 85 BetrVG);

- Mitentscheidungsrecht in sozialen Angelegenheiten (§§ 87 und 88 BetrVG): Regelung der Betriebsordnung, Arbeitszeit, Urlaubsgestaltung, Kontrolleinrichtungen, Sozialeinrichtungen, Wohnungen, Lohngestaltung, insbesondere Akkord- und Prämienlöhne u.a.;
- Informations-, Beratungs- und bedingtes Widerspruchsrecht bei der Planung von Arbeitsplätzen, Arbeitsabläufen und Arbeitsumgebung (§§ 90 und 91 BetrVG): Unterrichtung und Beratung über Planungen von Neu-, Um-, Erweiterungsbauten, technischen Arbeitsverfahren und Arbeitsplätzen zur Abwendung bzw. Milderung von außergewöhnlichen Arbeitsbelastungen – ggf. Vereinbarungen von Ausgleichsmaßnahmen;
- Informations-, Beratungs- und Mitentscheidungsrecht in personellen Angelegenheiten (§§ 92–95 BetrVG):
  - Beratung über die Personalplanung, Gewährleistung betriebsinterner Stellenausschreibungen, Mitentscheidung bei Richtlinien für die Personalauswahl; Informations-, Beratungs- und Mitentscheidungsrecht bei der Berufsausbildung (§§ 96–98 BetrVG);
  - Beratung über Einrichtungen und Maßnahmen der Berufsausbildung, Mitentscheidung über Durchführung der innerbetrieblichen Berufsausbildung;
  - Begrenztes Mitentscheidungsrecht bei personellen Einzelmaßnahmen (§§ 99–105 BetrVG): Einstellung, Versetzung, Entlassung;
- Informations- und Beratungsrecht in wirtschaftlichen Angelegenheiten (§§ 106–110 BetrVG): Durch Mitgliedschaft im Wirtschaftsausschuß oder einem entsprechenden Betriebsratsausschuß besitzt der Betriebsrat die Möglichkeit zu Information und Beratung über die wirtschaftliche und finanzielle Lage der Unternehmung, über Produktions- und Absatzlage, Produktions- und Investitionsprogramm, Rationalisierungspläne, Arbeitsmethodenänderung, Stillegung, Verlegung, Zusammenschluß, Änderung der Betriebsorganisation und des Betriebszwecks sowie sonstige Vorgänge, die die Interessen der Arbeitnehmer wesentlich beeinflussen;
- Informations- und Beratungsrecht bei Betriebsänderungen mit Interessenausgleich, Mitentscheidung beim Sozialplan (§§ 111–113 BetrVG): Beratung über Einschränkung und Stillegung von Betrieben oder Betriebsteilen, Verlegungen, Zusammenschluß, Änderung der Betriebsorganisation, des Betriebszwecks oder der Betriebsanlagen, Einführung grundlegend neuer Arbeitsmethoden mit Interessenausgleich und Sozialplan.

Diese Aufgaben begründen verschiedenartige *Einflußmöglichkeiten des Betriebsrates auf die strategische Planung*. So hat der Betriebsrat im Hinblick auf die *Investitions- und Desinvestitionsplanung* – auch über damit ggf. verbundene *Standortverlagerungen* – ein umfassendes *Informations- und Beratungsrecht* im Wirtschaftsausschuß. Dies gilt auch für geplante *Änderungen der Organisation*. Auch besteht ein umfassendes Informations- und Beratungsrecht des Betriebsrates in bezug auf geplante Änderungen der *Rechtsform und Rechtsstruktur*, sofern hierdurch die Interessen der Arbeitnehmer wesentlich berührt werden. Dies wäre z.B. der Fall bei einer Umwandlung der Rechtsform oder einer Umwandlung eines Konzerns zu einer Einheitsgesellschaft, welche die

Mitbestimmungsmöglichkeiten der Arbeitnehmer im Aufsichtsrat der Obergesellschaft oder bei den Tochtergesellschaften berühren.

Bei Programm- und Investitions- sowie Desinvestitionsplanungen und Organisationsplanungen sind dem Betriebsrat die Auswirkungen dieser Planungen auf die Personalplanung darzustellen (§ 106 Abs. 2 BetrVG). Insbesondere bei geplanten *Umstrukturierungen und Kapazitätssenkungen* wird der Betriebsrat versuchen, die Arbeitsmöglichkeit für die Belegschaft zu erhalten. Zu diesem Zweck kann er in seiner Eigenschaft als gesetzlich bestimmter *Partner des Arbeitgebers* Einfluß auf Art, Ausmaß und Zeitpunkt derartiger strategischer Entscheidungen nehmen.

Zudem besitzt der Betriebsrat echte *Mitentscheidungsrechte* bei Sozialinvestitionen sowie Mitwirkungsrechte bei solchen Investitionen, die außergewöhnliche Belastungen für Arbeitnehmer mit sich bringen können. Falls sich aus den Planungen die Notwendigkeit ergibt, einen Sozialplan zu erstellen, ist der Betriebsrat ebenfalls mit einem Mitentscheidungsrecht ausgestattet. Erwartete *Sozialplanforderungen* des Betriebsrates können daher beabsichtigte strategische Planungen bereits im Stadium ihrer Aufstellung erheblich beeinflussen. Da für die Verabschiedung eines Sozialplanes letztlich die Einigungsstelle angerufen werden kann, hat der Betriebsrat eine starke Verhandlungsposition, denn der Spruch der Einigungsstelle, der von dieser unter Beachtung der sozialen Belange der betroffenen Arbeitnehmer und der wirtschaftlichen Vertretbarkeit für die Unternehmung zu fällen ist, bindet beide Partner; bei Nichteinhaltung können die betroffenen Arbeitnehmer einen Ausgleichsbetrag vor dem Arbeitsgericht einklagen.

Wie stark die Verhandlungsposition des Betriebsrates in strategischen Fragen gegenüber dem Vorstand ist, hängt auch davon ab, ob Mitglieder des Betriebsrates auch Mitglied im Aufsichtsrat der Unternehmung sind. Ohnehin werden Fragen der Betriebsänderung regelmäßig im Aufsichtsrat behandelt und bedürfen grundsätzlich der Zustimmung dieses Gremiums. Hier liegt also eine doppelte und gekoppelte Einflußnahmemöglichkeit der Arbeitnehmer vor.

Die nachstehende Abbildung 3, die auf einer *empirischen Studie* von Kirsch und Mitarbeitern basiert [9], verdeutlicht die Einschätzung von Arbeitnehmerinteressen durch Betriebsratsvorsitzende im Jahre 1979. Nach dieser Untersuchung sind das Interesse, die Sachkenntnisse und der Einfluß der Arbeitnehmervertreter auf dem Gebiet des Personalwesens und der Personalplanung am stärksten. Die Sicherung der Arbeitsplätze besitzt auch in den neunziger Jahren überragende Bedeutung, wodurch sich das Verhalten des Betriebsrates bei der Behandlung strategischer Planungen weitgehend erklärt. Hingegen hat sich die Bedeutung höherer Löhne, anderer Arbeitszeiten und betrieblicher Sozialleistungen im Zeitablauf geändert.

Die Änderung des BetrVG 72 durch das am 01.12.1988 vom Bundestag verabschiedete Artikelgesetz konkretisiert und verbessert das *Beratungs- und Unterrichtungsrecht* des Betriebsrates, wie es bereits in seiner Grundform in § 90 BetrVG kodifiziert war. In diesem Zusammenhang muß auch der neue dritte Absatz des § 81 BetrVG erwähnt werden, welcher den Unterrichtungs- und Erörterungsanspruch des Arbeitnehmers regelt. Er ist als Ergänzung zu § 90 zu sehen. Beide Paragraphen sollen dazu beitragen, daß die Arbeitnehmer, d.h. die Belegschaft insgesamt und auch der einzelne betroffene Arbeitnehmer, besser auf die *Einführung neuer Technologien* vorbereitet werden. Alle

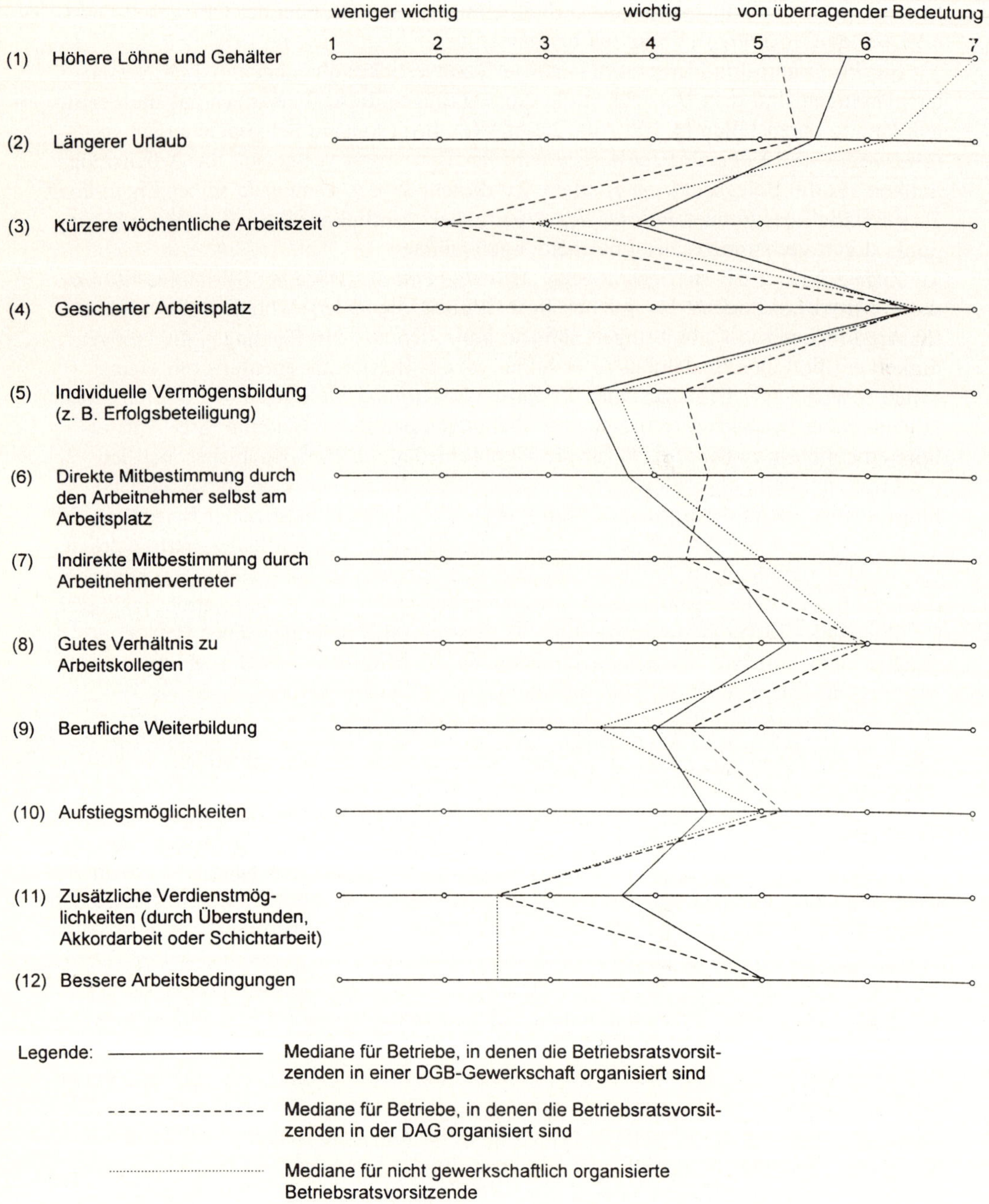

Abb. 3: Einschätzung von Arbeitnehmerinteressen durch Betriebsratsvorsitzende (Quelle: Kirsch/Blumschein/Fischer/Kemper/Paul/Scholl [1979, S. II, 12].)

Auswirkungen personeller, wirtschaftlicher und sozialer Art sind mit dem Betriebsrat rechtzeitig zu beraten. § 90 BetrVG wurde vor dem Hintergrund der großen Bedeutung neuer Technologien konkretisiert. Dabei wurde besonders an die Auswirkungen des Einsatzes von Computern bzw. computergestützten Maschinen gedacht, welche die Anforderungen an die Arbeitnehmer grundlegend verändern und häufig sogar Arbeitsplätze vollständig wegfallen lassen. Die *Bedeutung* dieser Änderungen hinsichtlich der Einflußmöglichkeiten auf strategische Planungen ist jedoch *gering*, da sie lediglich Unterrichtungs- und Beratungsrechte berühren. Die Unternehmungsführung sollte lediglich beachten, daß die Beratungen *vor Durchführung* des Vorhabens abgeschlossen sein müssen und daß den Erörterungsansprüchen des einzelnen Arbeitnehmers nachgekommen wird. Versäumt sie letzteres, kann dies auch Auswirkung auf einen späteren Kündigungsschutz des betroffenen Arbeitnehmers haben, was die Realisierungsmöglichkeiten der Planung durchaus beeinflußt.

5. Einflußnahmemöglichkeiten des Arbeitsdirektors im Vorstand auf die strategische Planung

Der *Vorstand* ist das oberste interne Willensbildungs- und Willensdurchsetzungszentrum einer Aktiengesellschaft. Der Vorstand hat unter eigener Verantwortung die Gesellschaft zu führen (§ 76 AktG), er vertritt die Gesellschaft gerichtlich und außergerichtlich (§ 78 AktG). Für bestimmte grundlegende Entscheidungen und Maßnahmen hat er nach gesetzlicher Regelung oder Satzungsbestimmung die Zustimmung des Aufsichtsrates und teilweise auch der Hauptversammlung einzuholen. Bei Gesellschaften mit mehr als drei Millionen DM Grundkapital muß der Vorstand grundsätzlich aus mindestens zwei Personen bestehen, bei großen Aktiengesellschaften gehören dem Vorstand teilweise 10 oder mehr Mitglieder an. Besteht der Vorstand aus mehreren Personen, so ist bei der *Beschlußfassung* grundsätzlich Einstimmigkeit erforderlich. Dieser Grundsatz kann jedoch durch die Satzung oder die Geschäftsordnung des Vorstandes variiert werden, die allerdings ihrerseits durch den Vorstand einstimmig verabschiedet werden muß. So kann beispielsweise bestimmt werden, daß für bestimmte oder sogar alle Entscheidungen die Stimmenmehrheit bei der Beschlußfassung ausreicht; es ist jedoch unmöglich, daß bei Meinungsverschiedenheiten gegen die Stimmenmehrheit entschieden wird (Kollegialitätsprinzip statt Direktorialprinzip; § 77 AktG). Die Geschäftsordnung des Vorstandes kann im übrigen auch durch die Satzung oder direkt durch den Aufsichtsrat bestimmt werden.

Eine *Mitbestimmung der Arbeitnehmer* im *Vorstand* ist möglich, wenn nach dem MontanMitbestG oder dem MitbestG 76 ein *Arbeitsdirektor* als Mitglied des Vorstandes zu berufen ist. Die Wirkungsweise dieser Mitbestimmungsmöglichkeit hängt primär von der Persönlichkeit und damit von den Zielen und Verhaltensweisen des Arbeitsdirektors ab. Allerdings ist auch die Ausgestaltung der Geschäftsordnung mit ausschlaggebend. Der Arbeitsdirektor ist Eigenkapitalgebern, Mitarbeitern und Unternehmung gleichermaßen verpflichtet. Da sein *Hauptaufgabengebiet* regelmäßig das *Personal- und Sozi-*

alwesen umfaßt, hat der Arbeitsdirektor bei allen strategischen und sonstigen Fragen besonders die Interessen der Arbeitnehmer zu wahren.

Im Hinblick auf die *strategische Planung* – von der Geschäftsfeldplanung bis zur Führungssystemplanung – kann sich der *Arbeitsdirektor als gleichberechtigtes Vorstandsmitglied* in alle Stufen der Entscheidungsvorbereitung und -fällung einschalten. Allerdings können sich durch die Ressortabgrenzungen zumindest in der Entscheidungsvorbereitung Einschränkungen ergeben. Dies ist z.B. bei Programm- sowie Investitions- und Desinvestitionsfragen der Fall, wenn derartige Voruntersuchungen in den jeweils betroffenen Ressorts (Absatz, Produktion, Beschaffung und Finanzen) erfolgen. Auch bei den strategischen Organisations- und Führungskräfteplanungen können sich zumindest in der Entscheidungsvorbereitung ähnliche Konstellationen ergeben, da Organisation und obere Führungskräfte in der Regel in den Aufgabenbereich des Vorstandsvorsitzenden fallen.

Bei der Verabschiedung von strategischen Planungen hat der Arbeitsdirektor im Regelfall eine vergleichsweise starke Position, da üblicherweise für strategische Entscheidungen einstimmige Beschlüsse gefällt werden müssen. Die Informations-, Beratungs-, Entscheidungs- und Kontrollrechte des Arbeitsdirektors im Hinblick auf strategische Planungen können daher als sehr weitgehend charakterisiert werden.

Das *Verhalten des Arbeitsdirektors* bei strategischen Entscheidungen, die Unternehmungsverkleinerungen oder Umstrukturierungen mit Arbeitskräftefreisetzungen beinhalten, wird ähnlich wie beim Betriebsrat von unterschiedlichen Faktoren abhängen – von der voraussichtlichen Weiterentwicklungsmöglichkeit der Unternehmung mit und ohne Freisetzung der Arbeitskräfte, den Umsetzungs- oder Wiederbeschäftigungsmöglichkeiten der von Entlassung bedrohten Arbeitnehmer, von den staatlichen und sonstigen Unterstützungsmaßnahmen. Zumindest in mitbestimmten Unternehmungen der Montanindustrie, wo der Arbeitsdirektor nicht gegen die Stimmen der Mehrheit der Arbeitnehmer im Aufsichtsrat berufen werden darf, wird sein Verhalten natürlich auch von seinem Streben nach Wiederwahl beeinflußt werden. Nach dem MitbestG 76 wird ein Arbeitsdirektor wie jedes andere Vorstandsmitglied berufen und ist damit in vergleichsweise geringem Umfang vom Verhalten der Arbeitnehmer(vertreter) im Aufsichtsrat abhängig.

6. Einflußnahmemöglichkeiten der Arbeitnehmer(vertreter) im Aufsichtsrat auf die strategische Planung

Die Basis und den Rahmen für die Einflußmöglichkeiten der Arbeitnehmervertreter im Aufsichtsrat bilden aktienrechtliche Informations- und Beratungsrechte sowie Entscheidungs- und Kontrollrechte, die diesem Gremium zustehen. Zudem sind die unterschiedlichen mitbestimmungsrechtlichen Regeln sowie die persönlichen Ziele und Verhaltensweisen der Arbeitnehmervertreter maßgebend.

Der *Aufsichtsrat* hat primär die *Aufgabe*, den Vorstand bei der Geschäftsführung zu überwachen. Diese Aufgabe ist verbunden mit Informations-, Beratungs-, Entscheidungs- und Kontrollaufgaben. Sie besteht in gleicher Weise auch für den mitbestimmten Aufsichtsrat, dem Eigenkapitalgeber bzw. Eigenkapitalgebervertreter und Arbeitnehmer bzw. Arbeitnehmervertreter und ggf. neutrale Mitglieder angehören.

Der Aufsichtsrat hat zunächst sehr *weitgehende Informationsrechte*, die in § 90 Abs. 1 AktG dokumentiert sind. So hat der Vorstand dem Aufsichtsrat zu berichten über:

- Die beabsichtigte Geschäftspolitik und andere grundsätzliche Fragen der künftigen Geschäftsführung;
- die Rentabilität der Gesellschaft, insbesondere die Rentabilität des Eigenkapitals;
- den Gang der Geschäfte, insbesondere den Umsatz und die Lage der Gesellschaft;
- Geschäfte, die für die Rentabilität oder Liquidität der Gesellschaft von erheblicher Bedeutung sein können.

Außerdem ist dem Vorsitzenden des Aufsichtsrats aus sonstigen wichtigen Anlässen zu berichten; als wichtiger Anlaß ist auch ein geschäftlicher Vorgang bei einem verbundenen Unternehmung anzusehen, der auf die Lage der Gesellschaft von erheblichem Einfluß sein kann. Über diese *passiven Informationsrechte* hinaus besitzt der Aufsichtsrat ein *aktives Informationsrecht*, weil es ihm oder einem von ihm beauftragten Sachverständigen gemäß § 111 Abs. 2 AktG gestattet ist, die Bücher und Schriften der Gesellschaft sowie ihre Vermögensgegenstände, namentlich die Gesellschaftskasse sowie die Bestände an Wertpapieren und Waren, einzusehen und zu prüfen. Da der Aufsichtsrat von der Intention des Gesetzgebers her in erster Linie als Überwachungsorgan konzipiert ist, liegt ein Schwergewicht seiner Aufgaben aber auf den *Kontrollaufgaben*. Zu diesem Aufgabenkomplex gehören:

- Überwachung der Geschäftsführung durch den Vorstand (§ 111 Abs. 1 AktG);
- Prüfung und ggf. Feststellung des vom Vorstand vorgelegten Jahresabschlusses sowie des entsprechenden Prüfungsberichts der Abschlußprüfer (§§ 170–172 AktG);
- Prüfung des Vorschlags über die Gewinnverteilung und Bericht dazu in der Hauptversammlung (§ 171 AktG);
- Prüfung des Geschäftsberichts und Bericht dazu in der Hauptversammlung (§ 171 AktG).

Diese Aufgaben schaffen die informationelle Basis zur Beurteilung strategischer Planungen. Auf ihrer Grundlage übernimmt der Aufsichtsrat gemäß der aktienrechtlichen Vorschriften und der entsprechenden Ausgestaltung der Satzung oder Geschäftsordnung *spezielle Beratungs- und Entscheidungsaufgaben* für strategische Probleme. So bedürfen strategische Programmplanungen sowie Investitions- und Desinvestitionsplanungen i.d.R. gemäß Satzung, Geschäftsordnung oder aufgrund entsprechender Aufsichtsratsbeschlüsse der Zustimmung des Aufsichtsrates. Dies gilt meist auch für größere Finanzierungsvorhaben, Organisationsänderungen sowie Rechtsform- und Rechtsstrukturänderungen und auch für die Ernennung bzw. Einstellung von Führungskräften (von einer bestimmten Hierarchieebene und Gehaltsstufe an). Grundsätzlich bedürfen alle strategischen Entscheidungen, die eine Zustimmung der Hauptversammlung erfordern, auch der Zustimmung des Aufsichtsrates, der diese in der Regel vorab mit dem Vorstand berät. Hier sind insbesondere Beratungs- und Entscheidungsrechte des Aufsichtsrats zu Verschmelzungen, Vermögensübertragungen und Umwandlungen (gem. §§ 339–393 AktG) sowie zu Unternehmungsverträgen (Beherrschungsverträgen, Gewinnabführungsverträgen etc. gem. §§ 291–299 AktG) sowie zu Kapitalerhöhungen (gem. §§ 182–221 AktG) zu nennen. Die wichtigste, ausdrücklich gesetzlich geregelte strategische Aufgabe des Aufsichtsrates besteht in der Bestellung und Abberufung der obersten Führungskräfte der Aktiengesellschaft, also der Vorstandsmitglieder (§ 84 AktG).

Die *Beschlußfassung im Aufsichtsrat* erfolgt nach dem AktG grundsätzlich mit einfacher Mehrheit. Unterliegt eine Unternehmung der Mitbestimmung, so sind bei „*Kampfabstimmungen*" über strategische Planungen abhängig von der relevanten Mitbestimmungsregelung *unterschiedliche Einflußmöglichkeiten der Arbeitnehmervertreter* gegeben (vgl. Abb. 4). In Unternehmungen, die dem BetrVG unterliegen, sind nur ein Drittel der Aufsichtsratsmitglieder Arbeitnehmervertreter, die in schwierigen Situationen also lediglich argumentieren und moralischen Druck ausüben können. In Unternehmungen, die dem MontanMitbestG unterliegen, entscheidet die Stimme des sogenannten „neutralen Mannes", wenn zwischen Eigenkapitalgebervertretern und Arbeitnehmervertretern gegensätzliche Positionen bestehen. Da der „neutrale Mann" gerade in schwierigen strategischen Situationen überfordert sein kann, sieht das MitbestG 76 in Patt-Situationen letztlich eine Zusatzstimme für den Aufsichtsratsvorsitzenden vor (vgl. zu den Wahl- und Abstimmungsregeln Abbildung 5). Damit erhalten i.d.R. die Eigenkapitalgebervertreter in Konfliktsituationen ein Übergewicht [10].

Nach dem MitbestG 76 sind für Vorstandsbesetzungen im Normalfall Zweidrittelmehrheiten erforderlich. Dies kann – vor dem Hintergrund des Strebens nach Wiederwahl – offensichtlich das Verhalten aller Vorstandsmitglieder beeinflussen. Bei strategischen Entscheidungen werden daher vermutlich nicht nur, aber auch aus diesem Grund ökonomische und soziale Ziele gleichermaßen berücksichtigt und auch bewußt Kompromißlösungen angestrebt.

Für schwierige Personalfragen sieht das MitbestG 76 einen *Aufsichtsratsausschuß* vor, der paritätisch – unter Einschluß des Aufsichtsratsvorsitzenden und dessen Vertreter – besetzt ist. Auch können weitere (paritätisch besetzte) Ausschüsse gebildet werden. In der Wirtschaftspraxis werden in diesen Ausschüssen häufig sämtliche strategischen Planungen vorbesprochen, wobei auch der Vorstand hinzugezogen wird. In den Aufsichtsratsausschüssen wie auch im Gesamtaufsichtsrat hängt es wiederum von der Persönlichkeit der einzelnen Aufsichtsratsmitglieder sowie der wirtschaftlichen Lage und Entwicklung der Unternehmung und ihrer Umwelt ab, wie sich die einzelnen Aufsichtsratsmitglieder bei der Beratung und Entscheidung über strategische Planungen verhalten. Im allgemeinen kann aber davon ausgegangen werden, daß die Arbeitnehmer im Aufsichtsrat Investitionsvorhaben der Unternehmungsleitung dann unterstützen, wenn den sozialen Erfordernissen, die im Zusammenhang mit diesen Vorhaben stehen, in hinreichendem Maße Rechnung getragen wird.

Zwei Aspekte im Zusammenhang mit dem MitbestG 76 sollen hier noch kurz angesprochen werden: Das MitbestG 76 sieht erstmals zwingend (mindestens) einen *leitenden Angestellten als Vertreter der Arbeitnehmer im Aufsichtsrat* vor. Dies führt bei einer Wahl entsprechender Personen dazu, daß mehr Sachverstand und Vorinformationen zur Behandlung strategischer Fragen in den Aufsichtsrat eingebracht werden. Es hängt

Grundkapital in Mio DM	Beschäftigtenzahl	Zahl der AR-Mitglieder insges.	Von Anteilseignern zu bestimmende AR-Mitglieder			Von Arbeitnehmern zu bestimmende AR-Mitglieder						Sonstige neutrale Mitglieder
			Insgesamt	Vertreter der Anteilseigner	Weitere Mitglieder	Insgesamt	Arbeiter	Angestellte	Leitende Angestellte	Gewerkschaftsvertreter	Weitere Mitglieder	
Betriebsverfassungsgesetz 1952* (i. V. m. § 95 AktG)												
		≥ 3	2	2		1	1					
≤ 3		≤ 9	6	6		3	≥ 1	≥ 1		≤ 1		
> 3		≤ 15	10	10		5	≥ 1	≥ 1		≤ 3		
> 20		≤ 21	14	14		7	≥ 1	≥ 1		≤ 5		
Montan-Mitbestimmungsgesetz 1951**												
≤ 20		11	5	4	1	5	1	1		2	1	1
> 20		15	7	6	1	7	2	1		3	1	1
> 50		21	10	8	2	10	3	1		4	2	1
Montan-Mitbestimmungsergänzungsgesetz 1956												
≤ 50		15	7	7		7	≥ 1	≥ 1		2		1
> 50		21	10	10		10	≥ 1	≥ 1		3		1
Mitbestimmungsgesetz 1976***												
	≤ 10.000	12	6	6		6	≥ 1	≥ 1	≥ 1	2		
	> 10.000	16	8	8		8	≥ 1	≥ 1	≥ 1	2		
	> 20.000	20	10	10		10	≥ 1	≥ 1	≥ 1	3		

* Voraussetzung: weniger als 2000 Arbeitnehmer ** Voraussetzung: mehr als 1000 Arbeitnehmer *** Voraussetzung: mehr als 2000 Arbeitnehmer

Abb. 4: Zusammensetzung des Aufsichtsrates bei Aktiengesellschaften

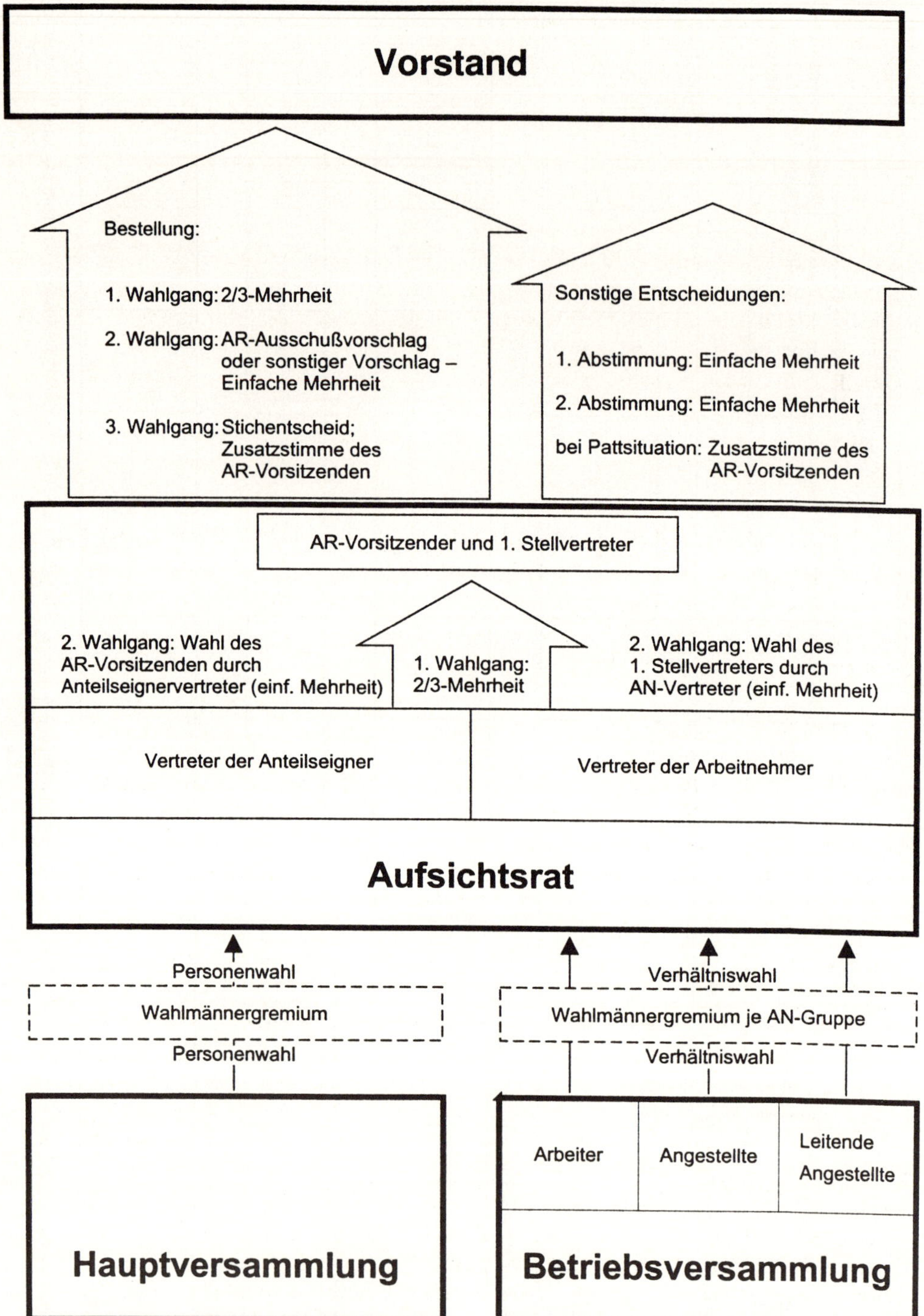

Abb. 5: Willensbildungszentren und Abstimmungsregelungen nach dem Mitbestimmungsgesetz 1976

jedoch von der persönlichen Zielstruktur des leitenden Angestellten ab, ob hierdurch die Einflußnahmemöglichkeiten der Arbeitnehmerseite zur Durchsetzung sozialer Ziele im jeweiligen Entscheidungsfall verbessert oder verschlechtert werden.

Anders als im BetrVG und MontanMitbestG können nach dem MitbestG 76 nur noch maximal drei *externe Gewerkschaftsvertreter* im Aufsichtsrat vertreten sein. Gewerkschaftsfunktionäre bringen oft gute Branchen- und allgemeine Wirtschaftskenntnisse in die Beratungen ein. Neben den Sozialzielen einer mitbestimmten Unternehmung, der sie im Aufsichtsrat angehören, haben sie grundsätzlich soziale Belange für die Arbeitnehmerschaft ganzer Regionen zu vertreten. Dennoch sind bisher seitens der Gewerkschaften erst vereinzelt abgestimmte Beeinflussungsversuche in mehreren Unternehmungen unternommen worden (z.B. der Versuch der Einführung einheitlicher, ausgedehnter Geschäftsordnungen): Bislang haben die Gewerkschaften in der Bundesrepublik Deutschland in schwierigen Situationen einzelner Unternehmungen oder ganzer Branchen i.d.R. strategische Unternehmungsprobleme gemeinsam mit den Eigenkapitalgebervertretern bewältigt (z.B. in der Kohlenbergbaukrise und der ersten Ölkrise).

7. Einflußnahmemöglichkeiten der leitenden Angestellten auf die strategische Planung durch den Sprecherausschuß

Da nach Meinung des Bundesarbeitsgerichtes auch die leitenden Angestellten Arbeitnehmer mit anerkennenswerten Schutzbedürfnissen sind, sie aber als Führungsschicht der Unternehmung außerhalb des Einflusses des Betriebsrates bleiben sollen, wurde durch das Gesetz über Sprecherausschüsse der leitenden Angestellten von 1988, kurz Sprecherausschußgesetz (SprAuG), der bis dahin auf freiwilliger Basis mögliche *Sprecherausschuß* zu einer *gesetzlichen Einrichtung*. Dieser Sprecherausschuß übernimmt für die leitenden Angestellten Aufgaben, die denen das Betriebsrates ähnlich sind, wobei seine *Rechte* vielfach aber *nicht so weit* gehen *wie jene des Betriebsrates*. Die Einflußmöglichkeiten des Sprecherausschusses auf die strategische Planung einer Unternehmung stellen daher für die Unternehmungsführung im Grunde keine Neuerungen dar, sondern entsprechen denen, die auch in der Diskussion mit dem Betriebsrat zu berücksichtigen sind.

Arbeitgeber und Sprecherausschuß sind nach § 2 Abs. 1 Satz 2 SprAuG verpflichtet, vertrauensvoll zusammenzuarbeiten. Falls der Arbeitgeber und der Betriebsrat etwas beschließen, was leitende Angestellte betrifft, ist der Sprecherausschuß rechtzeitig von der Unternehmungsführung anzuhören. Die *Mitbestimmungs- und Mitwirkungsrechte* des Sprecherausschusses beziehen sich in aller Regel auf *soziale, personelle sowie wirtschaftliche Angelegenheiten*, müssen aber auch in diesen Bereichen als eingeschränkt angesehen werden. So räumt § 30 Satz 1 Nr. 1 SprAuG dem Sprecherausschuß ein Unterrichtungs- und Beratungsrecht bei sozialen Angelegenheiten wie der „Änderung der Gehaltsgestaltung und sonstiger allgemeiner Arbeitsbedingungen“ ein. Damit werden aber lediglich generelle Maßnahmen und keine Individualabsprachen angesprochen; der kollektive Charakter der zugrundeliegenden Diskussionspunkte ist wesentlich. Ein *Mitwirkungsrecht* steht dem Sprecherausschuß bezüglich der Struktur der *Vergütung* und deren Vollziehungsformen, der Grundlage der Entgeltfindung und der betrieblichen Entgeltgerechtigkeit zu. Entscheidend ist jedoch, daß eine *Zustimmung* des Sprecherausschusses für die Durchführung dieser Maßnahmen durch die Unternehmungsführung *nicht zwingend* ist, womit sich eine Einigungsstelle erübrigt, sich aber auch die geringeren Einflußnahmemöglichkeiten dieses Ausschusses manifestieren.

Bei *personellen Angelegenheiten* ist der Sprecherausschuß rechtzeitig über *Einstellung oder personelle Veränderung* eines leitenden Angestellten zu informieren. „Rechtzeitig" bedeutet in diesem Zusammenhang, daß Interventionsmöglichkeiten, die dem Sprecherausschuß durch die §§ 25 Abs. 1 Satz 1 und 26 SprAuG bei Versetzung gegeben sind, hinreichend ausgenutzt werden können. Über Neueinstellungen können nach § 25 Abs. 1 SprAuG Verhandlungen zwischen Arbeitgeber und Sprecherausschuß geführt werden. Wesentlich stärker ist das Mitwirkungsrecht des Sprecherausschusses bei der *Kündigung* ausgestaltet. Nach § 31 Abs. 2 SprAuG muß der Sprecherausschuß vor jeder Kündigung gehört werden und kann gegen die Kündigung Bedenken anmelden. Eine ohne vorherige Anhörung ausgesprochene Kündigung ist unwirksam. Es handelt sich hierbei aber *lediglich* um ein *Mitwirkungsrecht* – ein Widerspruchsrecht besitzt der Sprecherausschuß nicht.

Wirtschaftliche Angelegenheiten betreffend hat der Sprecherausschuß eine *Teilfunktion des Wirtschaftsausschusses* nach § 32 Abs. 1 SprAuG zu übernehmen. Der Wirtschaftsausschuß muß seine Vorgänge dem Sprecherausschuß mindestens einmal im Jahr mitteilen; dieser kann auch selbst eine Beratung beanspruchen. § 32 Abs. 2 SprAuG räumt dem Sprecherausschuß ein *Unterrichtungsrecht* über Betriebsänderungen im Sinne des § 111 BetrVG ein, soweit hiervon wesentliche Nachteile für leitende Angestellte ausgehen können. Es ist auch hier zu beachten, daß es sich um ein Unterrichtungs-, keineswegs aber um ein Beratungsrecht handelt.

Verglichen mit den betriebsverfassungsrechtlichen Regelungen sind die *Mitwirkungsmöglichkeiten* des Sprecherausschusses also recht *begrenzt*. Es gibt keinen Anspruch auf Interessenausgleich, insbesondere auch nicht auf die Zuziehung eines Vermittlers oder einer Einigungsstelle. Weiterhin besteht kein Anspruch auf einen Sozialplan, sondern nur eine Beratung über einen Nachteilsausgleich, wobei überhaupt nur wirtschaftliche Nachteile berücksichtigt werden. Die mitbestimmungsbedingten Einflußmöglichkeiten der leitenden Angestellten auf die strategische Planung können daher als eher schwach bezeichnet werden, was auch die Kritik sowohl der leitenden Angestellten als auch der Arbeitgeberverbände und der Gewerkschaften an den gesetzlichen Regelungen erklärt.

8. Ausblick – Bedeutung der EG-Richtlinien und des europäischen Binnenmarktes für die Mitbestimmung in der Bundesrepublik Deutschland

Grundsätzlich läßt sich hinsichtlich der *Intensität der Mitbestimmung* des Betriebsrats in strategischen Fragen in den EU-Ländern ein deutliches *Nord-Süd-Gefälle* beobachten. In diesem Bereich besitzen nur 5%–10% aller Betriebsräte überhaupt Mitentscheidungsrechte. Zudem gibt es derzeit *in den EU-Ländern acht unterschiedliche Modelle zur Beteiligung von Arbeitnehmern* an Unternehmungsentscheidungen, die jedoch keinesfalls gleichwertig sind. Diese Unterschiede resultieren aus den verschiedenen Landestraditionen sowie den landesspezifisch-historischen Entwicklungen der Arbeitnehmer-/Arbeitgeber-Beziehung [11]. Vor diesem Hintergrund erklären sich die Harmonisierungsbemühungen und Schwierigkeiten innerhalb der europäischen Union.

Das Weißbuch über die Vollendung des Binnenmarktes strebt ausdrücklich eine soziale Integration über eine Arbeitnehmerbeteiligung an unternehmungspolitischen Entscheidungsprozessen an. Zu diesem Zweck wurden im Rahmen einer kontrovers diskutierten Angleichung der Mitbestimmung mehrere EG-Richtlinien verabschiedet. So regelt die *5. EG-Richtlinie* in ihrem zweiten Entwurf die *Struktur der Aktiengesellschaft sowie die Mitbestimmung der Arbeitnehmer*. Die Struktur einer Aktiengesellschaft kann nach dieser Richtlinie entweder monistisch sein, d.h. es gibt nur ein Führungsorgan, oder dualistisch – entsprechend dem deutschen System von Aufsichtsrat und Vorstand – ausgestaltet sein. Mitbestimmungsregelungen werden in der EG-Richtlinie für Aktiengesellschaften mit *mindestens 1000 Mitarbeitern* vorgesehen. Dabei wird den Unternehmungen jedoch ein „Menü“ von Mitbestimmungsmodellen angeboten, in dem die gesamte bisherige *Palette der europäischen Modelle zur Beteiligung von Arbeitnehmern* vertreten ist:

- *Mitbestimmung durch Arbeitnehmervertreter in Aufsichtsrat/Board* durch 33%–50% Arbeitnehmervertreter.
- *Mitbestimmung durch Kooptation.* Dieses Konzept ist bisher in den Niederlanden realisiert. Hier wählt der Aufsichtsrat seine Mitglieder selbst aus, was faktisch zu einer Beteiligung der Arbeitnehmer von 33% geführt hat. Arbeitnehmer und Hauptversammlung können gegen die Wahl des Aufsichtsrates/Boards jedoch Einspruch erheben und sich an eine Spruchstelle wenden.
- *Mitbestimmung durch ein separates Organ der Arbeitnehmervertretung.* Dieses Konzept entspricht in weiten Zügen dem deutschen Wirtschaftsausschuß, zumal dieser Form der Arbeitnehmervertretung nur Informationsrechte, nicht aber Entscheidungskompetenzen zugebilligt werden.
- *Mitbestimmung durch Tarifvertrag:* Durch Firmen- oder Branchentarifvertrag soll ein „individuelles“ Mitbestimmungsmodell vertraglich vereinbart werden können.

Da diese Varianten *sowohl bei einem Aufsichtsrat als auch einem Board anwendbar* sein sollen, ergeben sich schließlich *acht Mitbestimmungsmodelle.* Von besonderem Interesse für die Bundesrepublik Deutschland ist die erste Option, die Mitbestimmung durch Arbeitnehmer im Aufsichtsrat erlaubt, so daß die bisherigen deutschen Mitbestimmungsgesetze weiterhin Gültigkeit besitzen. Beachtung sollte jedoch die Tatsache finden, daß gerade ein solches „Menü“ die Unterschiede in den einzelnen Mitbestimmungssystemen festschreibt und, da die verschiedenen *Modelle nicht* als *gleichwertig* betrachtet werden können, die *Harmonisierungsbemühungen* in diesem Punkt als *verfehlt* betrachtet werden müssen [12].

Auch bei den Entwürfen zur *9. EG-Richtlinie (Konzernrichtlinie)* und zur *10. EG-Richtlinie (Fusionsrichtlinie)* war das Mitbestimmungsproblem ein unüberwindbarer

Streitpunkt. Länder wie Großbritannien oder Dänemark, in denen traditionell die Regelungen zur Mitbestimmung nur schwach ausgeprägt sind, sträuben sich gegen die weitgehenden deutschen Konzepte; diese wollen oder können die deutschen Unternehmungen ihrerseits nicht aufgeben.

Im Zuge der europäischen Harmonisierung wurden zudem *zwei neue Rechtsformen* für Unternehmungen geschaffen. Die *Europäische Wirtschaftliche Interessenvereinigung* (EWIV) ist eine europäische Gesellschaftsform, die jedoch keiner Mitbestimmung unterliegt. Die EWIV ist mit einer OHG zu vergleichen; sie ist vornehmlich für kleine und mittlere Unternehmungen mit bis zu 500 Mitarbeitern relevant. Als zweite europäische Rechtsform wurde die *Europäische Aktiengesellschaft* (EAG oder auch SE für Societas Europaea) gebildet, die vollkommen unabhängig von den Rechtsordnungen der Mitgliedsländer ist. Ihren rechtlichen Rahmen findet sie im Statut für die EAG, welches einen Verordnungs- und einen Richtlinienvorschlag enthält. Der *Verordnungsvorschlag* erläutert gesellschafts- und bilanzrechtliche Fragen wie Gründungsmöglichkeiten, Höhe des gesetzlichen Mindestkapitals oder Unternehmungsverfassung. Der *Richtlinienentwurf* enthält dagegen mitbestimmungsrechtliche Aspekte bezüglich der Stellung der Arbeitnehmer, wobei vier mögliche Mitbestimmungsmodelle vorgegeben werden, die sich an den Grundtypen der 5. EG-Richtlinie orientieren. Der hier dargestellte dritte Kommissionsvorschlag für das Statut einer EAG von 1989 wurde kontrovers diskutiert; Ergebnis war ein *geänderter Vorschlag* für eine Richtlinie vom 6. Mai 1991. Diese Richtlinie enthält die folgenden Änderungen:

- Bezüglich der betrieblichen Mitbestimmung schlägt die europäische Kommission vor, *keinen europäischen Betriebsrat* zu schaffen.
- Hinsichtlich der Wahl der Mitbestimmungsmodelle können die *nationalen Gesetzgeber* ein Mitbestimmungsmodell oder mehrere Mitbestimmungsmodelle zur Verfügung stellen. Diese Mitbestimmungsmodelle sollen gleichwertig sein. In der Unternehmung selbst entscheidet dann die *oberste interne Führung*, wobei die Hauptversammlung die Wahl bestätigen oder korrigieren muß.
- Das *Letztentscheidungsrecht* liegt bei allen Mitbestimmungsmodellen – wie im deutschen MitbestG 76 – jedoch bei den *Anteilseignern.*

Zusammenfassend läßt sich also feststellen, daß sich aus heutiger Sicht trotz der Harmonisierungsbestrebungen für die Mitbestimmungspolitik in Deutschland *keine gravierenden Veränderungen* ergeben werden [13]. Die *deutschen Mitbestimmungsmodelle* sind für deutsche Unternehmungen faktisch *nicht aufgebbar*, aber auch *nicht auf andere europäische Staaten übertragbar*. Es bleibt deswegen abzuwarten, ob die länderbezogene Vielfalt der Mitbestimmungsregelungen dauerhaft erhalten bleibt oder im Zuge eines stärkeren Durchsetzungsvermögens des europäischen Parlaments sowie der europäischen Kommission stufenweise vereinheitlicht werden kann.

Literatur

[1] Vgl. *Hahn, D.*: PuK – Controllingkonzepte, 5. Aufl. Wiesbaden, 1996 S. 3 ff.
[2] Vgl. *Fitting, K., F. Auffarth* und *H. Kaiser*: Betriebsverfassungsgesetz. Handkommentar. 12. Aufl., München 1977; Raiser, T.: Mitbestimmungsgesetz nebst Wahlordnungen. Berlin–New York 1977.
[3] Vgl. zur Entwicklung und Charakterisierung der Mitbestimmung z.B. *Alewell, K.*: Die Führung der Unternehmung unter dem Einfluß der Mitbestimmung. ZfO 41, 1972, S. 113–124; *Alewell, K.* und *D. Hahn*: Mitbestimmung leitender Angestellter. ZfB 42, 1972, S. 871–900; *Chmielewicz, K., A. Großmann, A. O. Inhoffen* und *M. Lutter*: Die Mitbestimmung im Aufsichtsrat und Vorstand. Die Betriebswirtschaft 37, 1977, S. 105–145; *Chmielewicz, K.*, und *A. O. Inhoffen*: Die Mitbestimmung nach dem Betriebsverfassungsgesetz 1972 aus organisatorischer Sicht. Die Betriebswirtschaft 37, 1977, S. 591–613.
[4] Vgl. *Fabricius, F.*: Naturrecht und Mitbestimmung. Mitbestimmungsgesetz – Textausgabe mit 11 einführenden Aufsätzen. Neuwied–Darmstadt 1976, S. 79–97, hier S. 80.
[5] Ausnahmen bestehen lediglich bei Tendenzbetrieben und Religionsgemeinschaften (§ 118 BetrVG) sowie bei den Betrieben des Öffentlichen Dienstes, deren Arbeitnehmermitbestimmung in den Personalvertretungsgesetzen des Bundes und der Länder geregelt ist.
[6] Zur Unterstützung in Fragen, die jugendliche Arbeitnehmer betreffen, werden dem Betriebsrat Jugendvertretungen zur Seite gestellt, die durch Wahlen der jugendlichen Arbeitnehmer gebildet werden und in begrenztem Umfang Antrags- und Einspruchsrechte beim Betriebsrat geltend machen können. (Vgl. hierzu §§ 60–73 BetrVG).
[7] Vgl. *Wlotzke, O.*: Die Änderungen des Betriebsverfassungsgesetzes und das Gesetz über Sprecherausschüsse der leitenden Angestellten (I). Der Betrieb 42, 1989, S. 111–126, hier S. 117.
[8] Vgl. hierzu *Wlotzke, O.*: Die Änderungen des Betriebsverfassungsgesetzes und das Gesetz über Sprecherausschüsse der leitenden Angestellten (I). Der Betrieb 42, 1989, S. 116; *Chmielewicz, K.*: Gesetzliche Änderungen der Mitbestimmung. Die Betriebswirtschaft 50, 1990, S. 643–663, hier S. 645.
[9] Vgl. *Kirsch, W., H. Blumschein, J. Fischer, J. Kemper, G. Paul* und *W. Scholl*: Der Einfluß von Partizipation und Mitbestimmung auf unternehmenspolitische Entscheidungsprozesse – Ergebnisbericht für Unternehmensleitung und Betriebsrat. München 1979.
[10] Vgl. Vereinbarkeit der erweiterten Mitbestimmung der Arbeitnehmer nach dem MitbestimmungsG 1976 mit den Grundrechten der mitbestimmten Gesellschaften, der Anteilseigner und der Koalition der Arbeitgeber (Urteil des Bundesverfassungsgerichts vom 1.3.1979 – 1 BvR 532/77, 533/77, 419/78 und BvL 21/78). Der Betrieb 32, 1979, S. 593–605; hierzu auch *Raiser, T.*: Das Unternehmen in der verfassungsrechtlichen Ordnung der Bundesrepublik nach dem Mitbestimmungsurteil des Bundesverfassungsgerichts. Juristenzeitung 34, 1979, S. 489–496.
[11] Vgl. *Gerum, E.*: Führungsorganisation und Mitbestimmung in der europäischen Unternehmensverfassung, Zeitschrift Führung und Organisation 61, 1992, S. 147–153.
[12] Vgl. *Wlotzke, O.*: Die Änderungen des Betriebsverfassungsgesetzes und das Gesetz über Sprecherausschüsse der leitenden Angestellten (I), Der Betrieb 42, 1989, S. 111 ff.
[13] Vgl. *Drumm, H.-J.*: Personalwirtschaftliche Konsequenzen des europäischen Binnenmarkts, Zeitschrift für betriebswirtschaftliche Forschung 43, 1991, S. 797–810, hier S. 807.

Organisation der strategischen Unternehmungsplanung

J. Link

1. Problemstellung

Nach der intensiven Auseinandersetzung mit der strategischen Planung in den letzten zehn Jahren interessiert zunehmend die Frage, wie denn nun strategische Planung in der Praxis organisiert werden soll. Dabei wird im folgenden vor allem die Frage im Blickpunkt stehen, welche Gliederung eines Unternehmens in Abteilungen und Stellen (Aufbauorganisation) unter den speziellen Erfordernissen der strategischen Planung als optimal angesehen werden kann. Gerade hinsichtlich aller aufbauorganisatorischen Fragen in Zusammenhang mit der strategischen Planung ist noch ein unbefriedigender Stand der Wissenschaft zu konstatieren [1].

Die nachfolgenden Überlegungen erfolgen auf zwei unterschiedlichen Stufen der Aggregation bzw. Detaillierung: Zum einen geht es um die Strukturierung des Gesamtsystems, d. h. um die grundsätzlichen Prinzipien der Abteilungs- bzw. Bereichsbildung in der Unternehmung (Rahmenstruktur); zum anderen geht es um die Strukturierung innerhalb der so entstandenen Abteilungen bzw. Bereiche, d. h. insbesondere um die Bestimmung der bestgeeigneten Planungsorgane (Detailstruktur) [2].

2. Organisationsplanung als integraler Bestandteil strategischer Planung

Organisationsplanung wird heute zunehmend als eine strategische Aufgabe, d. h. als ein Teil der strategischen Planung verstanden. Im Mittelpunkt der Überlegungen steht die Frage, welchen Beitrag das Organisationssystem – in diesem Fall speziell die Aufbauorganisation – zu einer erfolgreichen Umsetzung der gewählten Geschäftsfeldstrategie leisten kann. Die Organisationsplanung muß versuchen, einen geeigneten strukturellen Rahmen für die Umsetzung der vorangegangenen strategischen Entscheidungen zu finden; gleichzeitig muß aber dieser Rahmen so „elastisch" sein, daß er neuen Anpassungsnotwendigkeiten nicht im Wege steht. Diese wechselseitige Beziehung zwischen Organisationsplanung und Geschäftsfeldplanung ist einer der Aspekte, die in Abbildung 1 verdeutlicht werden sollen [3].

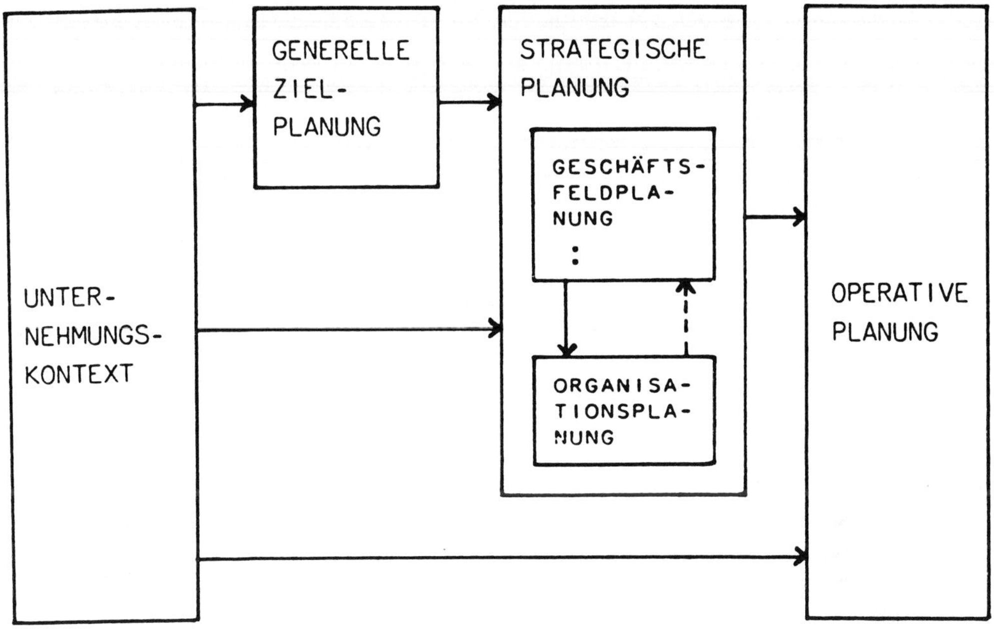

Abb. 1: Prinzipieller Wirkungszusammenhang von Unternehmungskontext und Unternehmungsplanung

Aus Abbildung 1 wird zum einen der instrumentale Charakter des Organisationssystems ersichtlich: Das Organisationssystem – als eines von mehreren Subsystemen der Unternehmung – empfängt präskriptive Informationen aus vorgelagerten Planungskomplexen wie insbesondere der generellen Zielplanung sowie der Geschäftsfeldplanung; auf die für das System als Ganzes festgelegte Linie muß nun auch das Organisationssystem seinen spezifischen Beitrag ausrichten [4]. Gleichzeitig wird aus der Darstellung auch der Einfluß der jeweiligen Kontextbedingungen einer Unternehmung deutlich, wie er am Beispiel einiger ausgewählter Kontextvariablen nachfolgend skizziert werden soll [5]:

– Die jeweilige *Marktsituation* ist von entscheidender Bedeutung sowohl für die Rahmen- als auch für die Detailstruktur des Organisationssystems. Komplexität und Variabilität der Umsysteme prägen Zahl und Art der Unternehmensbereiche wie auch der Planungsorgane.
– Von dem jeweiligen *rechtlich-politischen Rahmen*, in dem sich eine Unternehmung bewegt, hängt insbesondere die Ausgestaltung der obersten Führungsorganisation ab; in diesem Zusammenhang sei auch auf die jeweiligen Mitbestimmungsregeln verwiesen.
– Über die allgemeine Bedeutung der *sozio-kulturellen Bedingungen* ist gerade in den letzten Jahren – in Zusammenhang mit den Ursachen des japanischen Erfolges – sehr

viel geschrieben worden; es kann hier nur auf die einschlägige Literatur verwiesen werden.

- Von den *ökologischen Rahmenbedingungen,* wie sie z. B. heute in der Bundesrepublik gegeben sind, geht tendenziell ein Einfluß in Richtung auf eine „Öffnung" der Unternehmung gegenüber unternehmungsexternen Einflüssen aus.
- Die Kontextvariablen *Unternehmungsgröße, Leistungsprogramm* und *Standortstruktur* haben gemeinsam, daß sie in bestimmtem Umfang von der Unternehmung beeinflußbar sind; in großen Unternehmungen mit heterogenem Leistungsprogramm sowie verzweigter Standortstruktur ist eine höhere Zahl und Spezialisierung von Unternehmensbereichen sowie von Planungsorganen zu erwarten.

3. Die Bildung strategischer Geschäftseinheiten

Unmittelbar anknüpfend an die Ausführungen des vorhergehenden Abschnittes läßt sich die Konzeption der Bildung sogenannter strategischer Geschäftseinheiten auf die besonderen Kontextbedingungen zu Anfang der 70er Jahre zurückführen. Gewiß nicht zufällig entstand diese Konzeption in einem der größten Konzerne der Welt (General Electric) und in einer Zeit zunehmend hervortretender strategischer Herausforderungen (zunehmende Dynamik des internationalen Wettbewerbs, zunehmendes Auftreten von Diskontinuitäten in den Bereichen Energie, Technologie und Weltwirtschaft, zunehmende Konsumerismustendenzen). Für Mammutkonzerne wurde die Gefahr erkennbar, der Komplexität und Variabilität der heutigen Kontextbedingungen aufgrund ihrer Schwerfälligkeit und Unübersichtlichkeit nicht mehr ausreichend Rechnung tragen zu können. Kennzeichnend war vor allem, daß es in einer großen Zahl von Fällen wesentlich kleineren Wettbewerbern nicht nur gelang (und gelingt), sich gegenüber großen Konzernen zu behaupten, sondern sie z. T. sogar in die Defensive zu drängen; eine höhere Flexibilität, Innovationsfähigkeit und Schlagkraft war somit primäres Ziel der Konzeption der strategischen Geschäftseinheiten [6].

3.1 Die Abgrenzung strategischer Geschäftsfelder

Unter strategischen Geschäftsfeldern sollen Umweltsegmente verstanden werden, die durch die Möglichkeit und/oder Notwendigkeit spezifischer Maßnahmen im Hinblick auf Produkt-/Markt-Kombinationen gekennzeichnet sind [7]. Es ist daher im folgenden der Frage nachzugehen, welche Faktoren im einzelnen für die Möglichkeit und/oder Notwendigkeit spezifischer strategischer Maßnahmen bestimmend sind.

Die *Notwendigkeit* spezifischer strategischer Maßnahmen ergibt sich nach unserer Überzeugung aus der Diversität, d. h. der Unterschiedlichkeit der Bedürfnis- und Wettbewerbssituationen, denen sich eine Unternehmung gegenübersieht [8]. Unterschiedliche Bedürfnisse und/oder Wettbewerbsverhältnisse können vor allem angenommen werden für

- unterschiedliche *Produktfunktionen* (für Produkte mit unterschiedlichen funktionalen Aufgaben sind grundsätzlich unterschiedliche Bedürfnisse und Wettbewerbsverhältnisse anzunehmen)
- unterschiedliche *Produktionstechnologien* (Produkte, die auf der Basis unterschiedlichen technologischen Know Hows gefertigt worden sind, weisen selbst bei grundsätzlich gleicher Produktfunktion unterschiedliche Wettbewerbsverhältnisse auf – siehe z. B. Videokameras und Schmalfilmkameras oder Schallplatten und Tonkassetten)
- unterschiedliche *Kundenregionen* (in vielen Regionen weichen selbst bei gleicher Produktfunktion und -technologie die Bedürfnisse und/oder Wettbewerbsverhältnisse erheblich voneinander ab)
- unterschiedliche *Kundengruppen* (auch in der gleichen Region können einzelne Kundengruppen durchaus besondere Bedürfnisse und/oder Wettbewerbsverhältnisse aufweisen).

Während die *Diversität* der Kontextbedingungen auf diese Weise die *Notwendigkeit* der Abgrenzung strategischer Geschäftsfelder begründet, wird die *Möglichkeit* einer derartigen Abgrenzung durch die *Konnektivität* der Kontextbedingungen begrenzt. Unter Konnektivität soll der Beziehungsreichtum bzw. die Beziehungsdichte der Umwelt einer Unternehmung bzw. auch in der Unternehmung selbst verstanden werden; im einzelnen lassen sich dabei

- Ressourceninterdependenzen,
- innerbetriebliche Leistungsverflechtungen und
- Marktinterdependenzen

unterscheiden [9].

Ressourceninterdependenzen liegen vor, wenn mehrere Geschäftsfelder einer Unternehmung auf die gleichen Betriebsmittel, Arbeitskräfte, Werkstoffe und/oder finanziellen Mittel zurückgreifen. Denkt man speziell an die finanziellen Mittel, so liegen – zumindest kurzfristig – wohl in jedem Unternehmen Ressourceninterdependenzen vor.

Von *innerbetrieblichen Leistungsverflechtungen* spricht man, wenn starke Lieferbeziehungen zwischen den Geschäftsfeldern einer Unternehmung vorliegen; sowohl dieser Fall als auch der Fall der Ressourceninterdependenzen ist häufig in der chemischen Industrie gegeben.

Von *Marktinterdependenzen* schließlich wird gesprochen, wenn z. B. konkurrierende oder komplementäre Beziehungen (siehe Abbildung 2) zwischen Produkten unterschiedlicher strategischer Geschäftsfelder bestehen.

Starke Verbundbeziehungen, wie sie beispielhaft in Abbildung 2 aufgeführt werden, bewirken, daß – wenn überhaupt – nur wenige strategische Geschäftsfelder abgegrenzt werden können. Eine hohe Konnektivität führt also zu wenigen, relativ *großen* SGFs.

Demgegenüber würde aus einer hohen Diversität der Kontextbedingungen eine große Zahl relativ *kleiner* SGFs resultieren, damit für jede Bedürfnis- und Wettbewerbssituation eine spezifische Strategie gefunden werden kann. Die Abgrenzung von SGFs in der Praxis steht also vor dem Problem, dieses grundsätzliche Spannungsverhältnis zwischen Diversi-

BEZIEHUNGEN / OBJEKTBEREICH	KOMPLEMENTÄR	KONKURRIEREND
FINANZVERBUND	BEZUGSKOSTENDEGRESSION BEI GLEICHZEITIGEM FINANZBEDARF	KONKURRENZSITUATION BEI KNAPPHEIT DER MITTEL
BESCHAFFUNGSVERBUND	BEZUGSKOSTENDEGRESSION BEI IDENTISCHEN MATERIALIEN	KONKURRENZSITUATION BEI KNAPPHEIT IDENTISCHER MATERIALIEN
FERTIGUNGSVERBUND	ERFAHRUNGSKURVENEFFEKT BEI IDENTISCHEN FERT.PHASEN	KONKURRENZSITUATION BEI KNAPPHEIT IDENTISCHER FERT.KAPAZITÄTEN
KONSUMTIONSVERBUND	CARRY OVER-EFFEKTE DURCH POSITIVES FIRMENIMAGE	KONKURRENZSITUATION BEI GLEICHER PRODUKTFUNKTION
DISTRIBUTIONSVERBUND	STAFFELRABATTE AUF GESAMT-LIEFERVOLUMEN JE HÄNDLER	KONKURRENZSITUATION BEI RESTRIKTIONEN DISTRIBUTIONSSYSTEM

Abb. 2: Mögliche Beispiele von Verbundbeziehungen zwischen unterschiedlichen Produktbereichen

tät und Konnektivität der Kontextbedingungen in einem „Kompromiß" zwischen einer zu groben und einer zu feinen Segmentierung auflösen zu müssen [10].

Sucht man nun nach Grundtendenzen, wie sie für die Abgrenzung strategischer Geschäftsfelder heute als kennzeichnend angesehen werden können, so läßt sich folgendes sagen: Als charakteristisch für viele Bereiche wird es heute angesehen, daß in der Dimension „Produktfunktion" bzw. „Produkttechnologie" relativ fein, in der Dimension „Kundenregion" hingegen durch einen europa- oder weltweiten Wettbewerb relativ global segmentiert werden muß [11]. Die feine Segmentierung in den Dimensionen Produktfunktion und Produkttechnologie ergibt sich zunächst daraus, daß die unterschiedlichen Bedürfnis- und Wettbewerbssituationen bei Produkten, die Unterschiede in Produktfunktion und/oder -technologie aufweisen, unabweisbar jeweils sehr sorgfältig berücksichtigt werden müssen. Die relativ globale, d. h. umfassende Segmentierung in der Dimension Kundenregion ergibt sich ihrerseits daraus, daß zunehmend in Frage gestellt wird, ob tatsächlich in vielen Produktbereichen unterschiedliche Bedürfnis- und Wettbewerbssituationen für die einzelnen Kundenregionen charakteristisch sind bzw. als bestimmend angesehen werden müssen. Levitt hat in diesem Zusammenhang unlängst die vielbeachtete These der „globalization of markets" [12] in die Diskussion eingeführt. Diese These lautet zusammengefaßt, daß der Verbraucher in weit größerem Umfang, als es viele Unternehmen der westlichen Welt bislang wahrhaben wollen, auf ein günstiges Preis-/Leistungsverhältnis reagiert als auf einen hohen Grad der Anpassung an (vermeintliche) nationale oder sonstige zielgruppenspezifische Sonderwünsche. Sein Plädoyer für weltweit standardisierte und deshalb preisgünstige Produkte stützt er mit vielen Beispielen, insbesondere natürlich mit dem Hinweis auf die zahlreichen und durchschlagenden japanischen Erfolge auf den verschiedensten Märkten. Die großen Stückzahlen, die der Weltmarkt eröffnet, ermöglichen höchste Perfektion in der Produkttechnologie bei gleichzeitig niedrigem Preis; in der konsequenten Ausnutzung aller Degressionseffekte (Fixkostendegression, Auflagendegression, Größendegression der Stückkosten sowie sonstige, z. B. im Erfahrungskurveneffekt zusammengefaßte Kostenvorteile) muß daher ein Schlüssel zu strategischem Erfolg auf vielen Märkten gesehen werden.

3.2 SGEs als Träger strategischer Subautonomie

Unter einer strategischen Geschäftseinheit (SGE) soll ein Subsystem der Unternehmung verstanden werden, das sich auf die Bearbeitung eines bestimmten strategischen Geschäftsfeldes spezialisiert hat. Aus dieser Definition lassen sich bereits wesentliche Merkmale der Unterscheidung zwischen strategischen Geschäftsfeldern einerseits und strategischen Geschäftseinheiten andererseits ableiten; manche tiefgreifenden Divergenzen in der Auseinandersetzung um die strategische Segmentierung könnten vermieden oder entschärft werden, wenn mehr Wert auf ein eindeutiges und tragfähiges Begriffssystem gelegt würde. Hier wird insbesondere Bezug genommen auf die wohl noch keineswegs abgeschlossene Auseinandersetzung um die Frage, ob strategische Segmente lediglich „gedankliche Konstruktionen" oder aber aufbauorganisatorische Gestaltungsalternativen darstellen [13]. Die folgenden Ausführungen werden verdeutlichen, daß die Antwort auf diese Frage immer sehr davon abhängig gemacht werden muß, ob nun über SGFs oder über SGEs gesprochen bzw. entschieden werden soll.

In Abbildung 3 werden die wesentlichen Unterschiede im Überblick zusammengefaßt:

- Bei der Abgrenzung strategischer Geschäftsfelder handelt es sich um eine Außensegmentierung, d. h. eine Abgrenzung von Segmenten in der Umwelt eines Systems. Die Bildung strategischer Geschäftseinheiten hingegen stellt eine Abgrenzung von Segmenten im System selbst dar. Sie knüpft typischerweise an eine vorausgegangene Außensegmentierung an, d. h. führt letztlich zu einer Verlagerung bzw. Transformation der Außenproblematik in das Systeminnere [14].
- Die Definition bestimmter strategischer Geschäftsfelder stellt zunächst lediglich eine gedankliche Abgrenzung dar; SGEs hingegen basieren auf einer real-organisatorischen Abgrenzung. Ein strategisch-konzeptionelles Denken in SGFs ist möglich und unbedingt notwendig auch dann, wenn die Aufbauorganisation nicht strategisch ausgerichtet ist, d. h. wenn entsprechende SGEs fehlen.
- Mit strategischen Geschäftsfeldern kann sich eine Unternehmung, die diversifizieren möchte, jahrelang beschäftigen, ohne daß sich dies in Gestalt entsprechender SGEs in der Aufbauorganisation niederschlagen würde. Erst wenn die endgültige Ent-

	SGF	SGE
FORM DER SEGMENTIERUNG	AUSSENSEGMENTIERUNG	INNENSEGMENTIERUNG
UMSETZUNGSGRAD	GEDANKLICHE ABGRENZUNG	REAL-ORGANISATORISCHE ABGRENZUNG
ORIGINÄRER CHARAKTER	NICHT AN DEFINITION SGE GEBUNDEN	IMMER AN DEFINITION SGF GEBUNDEN

Abb. 3: Unterscheidungsmerkmale von SGF und SGE

scheidung zur Bearbeitung eines bestimmten Außensegmentes gefallen ist, wird in der Regel eine SGE als Pendant im Bereich der Innensegmentierung geschaffen. Insofern stellt die Abgrenzung von SGFs folglich einen erheblichen zeitlichen Vorgriff auf spätere strategische und organisatorische Realitäten dar. SGEs hingegen sind immer an die Definition entsprechender SGFs gebunden.

Für die nachfolgenden Ausführungen wird angeknüpft an der für die SGE-Konzeption maßgeblichen, oben bereits erwähnten Zielsetzung, nämlich an die Stelle der Schwerfälligkeit und Unübersichtlichkeit großer Konzerne die höhere Flexibilität, Innovationsfähigkeit und Schlagkraft kleinerer Einheiten zu setzen. Dieses Ziel ist nur erreichbar, wenn den gebildeten SGEs auch tatsächlich in nennenswertem Umfang strategische Subautonomie gewährt wird, d. h. wenn eine entsprechende Dezentralisation strategischer Aufgaben, Kompetenzen und Verantwortung stattfindet. Die Argumente, die grundsätzlich für eine Dezentralisation von Entscheidungs- bzw. Planungsaufgaben sprechen, brauchen an dieser Stelle nicht noch einmal wiederholt zu werden [15]; es erscheint aber notwendig, auf die besonderen Kontextbedingungen zu verweisen, wie sie heute im nationalen und internationalen Rahmen als charakteristisch angenommen werden können. Hier ist insbesondere an die Variabilität der ökonomischen und technologischen Umsysteme sowie die Intensität der Konkurrenzbeziehungen gedacht. Subsumiert man diese Faktoren unter der Einflußgröße „Dynamik der Kontextbedingungen", so läßt sich im Anschluß an Untersuchungen von Khandwalla und Kieser ein positiver Zusammenhang zwischen Dynamik und Dezentralisation konstatieren [16].

Damit wird deutlich, daß sich innerhalb der Aufbauorganisation der strategischen Planung zwei grundlegende Tendenzen überlagern. Einerseits begründen Diversität und Dynamik der Kontextbedingungen starke Tendenzen in Richtung auf Segmentierung und Dezentralisation. Andererseits erzwingt die Konnektivität ein gewisses Maß an Zentralisation von Entscheidungsaufgaben, soweit nämlich Interdependenzen bei der Segmentierung unberücksichtigt geblieben sind. Die Überlagerung dieser Tendenzen führt zu einer *Mehrstufigkeit* der Aufbauorganisation strategischer Planung mit einem bestimmten Grad der Zentralisation/Dezentralisation. Für die konkrete Verteilung strategischer Planungsaufgaben auf die einzelnen Ebenen gilt dabei eine Art *Subsidiaritätsprinzip der strategischen Planung:* Eine höhere Ebene sollte tendenziell nur solche strategischen Planungsaufgaben an sich ziehen, deren dezentrale Wahrnehmung zu schlechteren Zielerreichungsgraden führt.

Unter diesem Blickwinkel stellt sich auf der obersten Ebene der Unternehmung vor allem die Aufgabe, sich mit dem Portfolio der Gesamtunternehmung, den strategic missions der einzelnen SGEs sowie in Zusammenhang damit der Allokation der finanziellen Mittel zu beschäftigen. Die auf dieser Basis dann von den SGEs vorgelegten strategischen Pläne sind zu überprüfen, insbesondere auch auf nicht oder nicht ausreichend berücksichtigte Interdependenzen zwischen organisatorisch getrennten Bereichen. Außerdem ist zu überlegen, welche zusätzlichen Maßnahmen beispielsweise hinsichtlich der Bereitstellung und Pflege von Planungs-, Informations- und Organisationssystemen, Anpassung der Rechtsstruktur, Verbesserung der Standort- und Kapitalstruktur sowie der Auswahl und Förderung geeigneter Führungskräfte für die einzelnen SGEs erforderlich sind.

Auf der Ebene der SGEs sind – ausgehend von den verabschiedeten strategic missions sowie den bewilligten finanziellen Mitteln – nunmehr vor allem konkrete Produktangebote zu konzipieren, die sich unter den bestehenden Wettbewerbsverhältnissen am Markt durchsetzen; die praktischen Erfahrungen aus allen Branchen lehren, daß dies als der schwierigste und riskanteste Teil der strategischen Planung anzusehen ist. Diese Aufgabe kann nur von den Geschäftsbereichen selbst – mit all ihrem Know How, ihrer Erfahrung usw. – gelöst werden; die strategische Subautonomie bedeutet für die SGEs daher gleichzeitig ein hohes Entscheidungsrecht wie eine hohe Entscheidungslast.

Wie hoch die strategische Subautonomie der SGEs jeweils bemessen sein sollte, hängt vor allem von den jeweiligen Kontextbedingungen ab. Abbildung 4 verdeutlicht, welche Kontextbedingungen dabei zu beachten sind und welche Abstufungen im Dezentralisationsgrad bezüglich der strategischen Planungsaufgaben gesehen werden können.

Aus den vorangegangenen Ausführungen ergibt sich, daß eine relativ hohe Autonomie hinsichtlich der Planung der *externen* Erfolgspotentiale (Produkte) einer SGE unabdingbar ist. Hinsichtlich der *internen* Erfolgspotentiale einer Unternehmung ist hingegen eine differenzierte Betrachtung notwendig: Ebenfalls relativ hoch zu veranschlagen ist die Autonomie der SGE-Leitung hinsichtlich der von ihr eingesetzten humanen Potentiale; eine SGE-Leitung, die nicht selbst über den quantitativen und qualitativen Bedarf, die Auswahl, den Einsatz, die Beurteilung sowie die Förderung und Entwicklung ihrer Mitarbeiter entscheiden kann, kann auch nicht die Verantwortung für Erfolg oder Mißerfolg der Geschäftstätigkeit übernehmen. Geringer ist demgegenüber die Autonomie der SGEs bezüglich der Planung ihrer technischen Potentiale. In Abhängigkeit von der Größenordnung der Projekte (Kapitalbindung) und den fertigungswirtschaftlichen Verbundeffekten der Branche (siehe z. B. Chemie) behält sich hier die Unternehmungsleitung

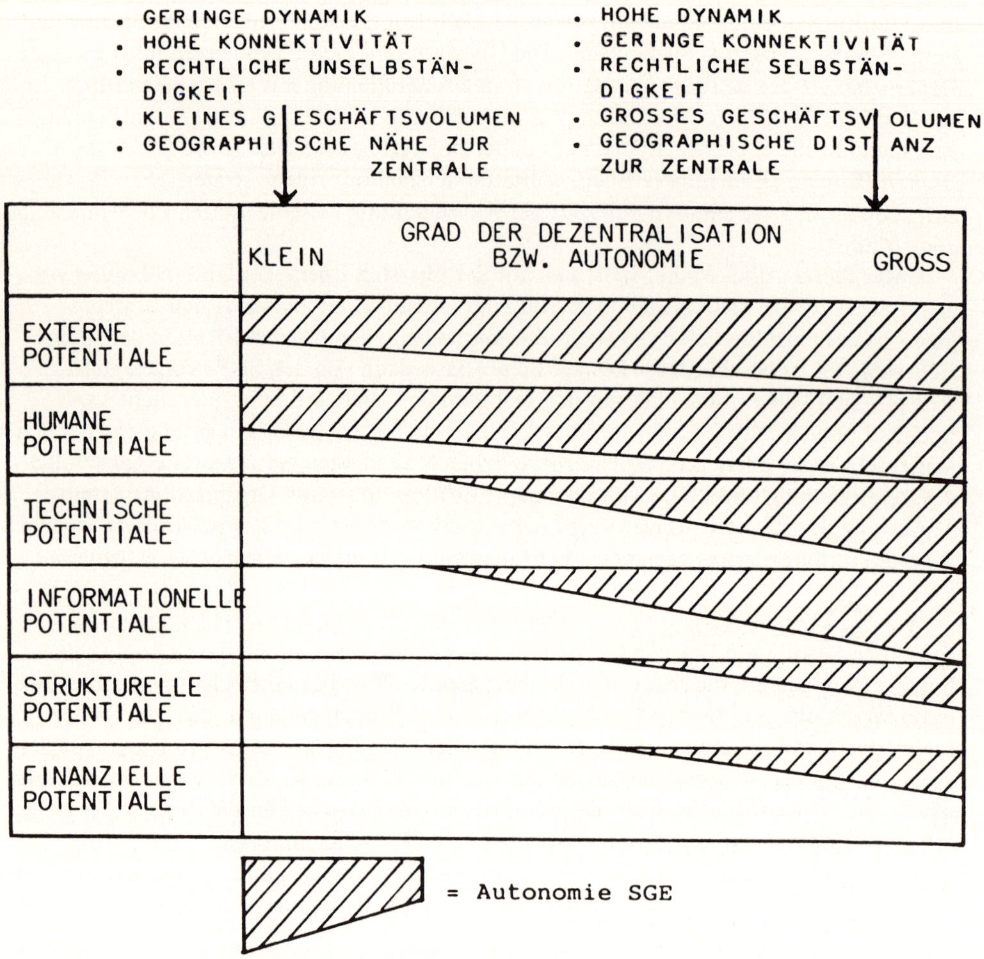

Abb. 4: Strategische Planung bei unterschiedlichem Dezentralisationsgrad

eine stärkere Einschaltung vor. Hinsichtlich der informationellen Potentiale (Patente, Lizenzen, Rezepturen, Daten-/Methodenbanken usw.) spielt vor allem die technologische Dynamik und Konnektivität eine wesentliche – und antinomische – Rolle: Eine hohe technologische und SGE-spezifische Dynamik wird für, eine geringe Dynamik bei hoher technologischer Konnektivität mit anderen SGEs gegen eine Dezentralisation sprechen. Die strukturellen Potentiale (Standort-, Organisations- und Rechtsstrukturplanung) und finanziellen Potentiale schließlich entziehen sich aufgrund ihrer Bedeutung für die Gesamtunternehmung in besonderem Maße der Dezentralisation.

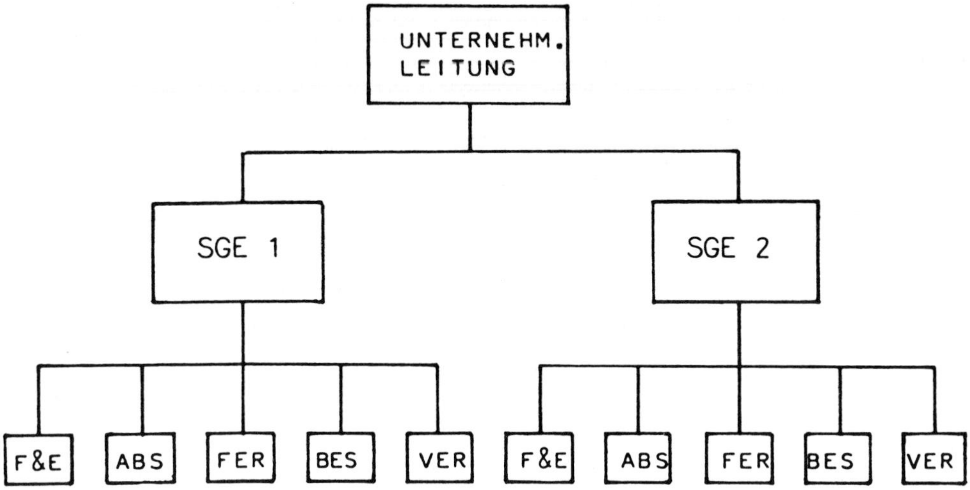

Abb. 5: Die Einbindung der Funktionalbereiche in die SGEs

Als dritte Ebene strategischer Planung in der Unternehmung sind die Funktionalbereiche anzusprechen. Gegenstand strategischer Entscheidungen in den Funktionalbereichen sind die internen Erfolgspotentiale in der Unternehmung. Sie sollten nach Möglichkeit in enger Verzahnung mit der Planung der externen Erfolgspotentiale, d. h. also innerhalb der einzelnen SGEs bzw. SGE-Strategien, festgelegt werden. Im Falle einer geringen Konnektivität wird das Verhältnis zwischen SGEs und Funktionalbereichen also durch Abbildung 5 gekennzeichnet; lediglich im Falle größerer Marktinterdependenzen, innerbetrieblicher Leistungsverflechtungen und Ressourceninterdependenzen kann es auch zu matrixähnlichen Strukturen entsprechend Abbildung 6 kommen.

Zusätzlich zu den drei bislang genannten Ebenen kann in bestimmten Fällen eine vierte Planungsebene erforderlich werden. Eine Zusammenfassung von jeweils mehreren SGEs in *Unternehmungsbereichen* bietet sich vor allem dann an,

- wenn – wie bei General Electric – die Zahl der SGEs zu groß ist, um unmittelbar der Ebene unterhalb der Unternehmungsleitung zugeordnet werden zu können (Problem der Leitungsspanne der Unternehmungsleitung), und/oder
- wenn zwischen verschiedenen SGEs eine vergleichsweise herausgehobene Konnektivität besteht.

In einem solchen Falle kann die Rahmenstruktur des Organisationssystems das in Abbildung 7 dargestellte Bild bieten.

Wie bereits ausgeführt, wird unter dem Stichwort „globalization of markets" für viele, insbesondere technologieorientierte Märkte eine verminderte Bedeutung der Dimension „Region" gesehen. In Fällen, in denen aber nach wie vor bestimmte regionale Koordina-

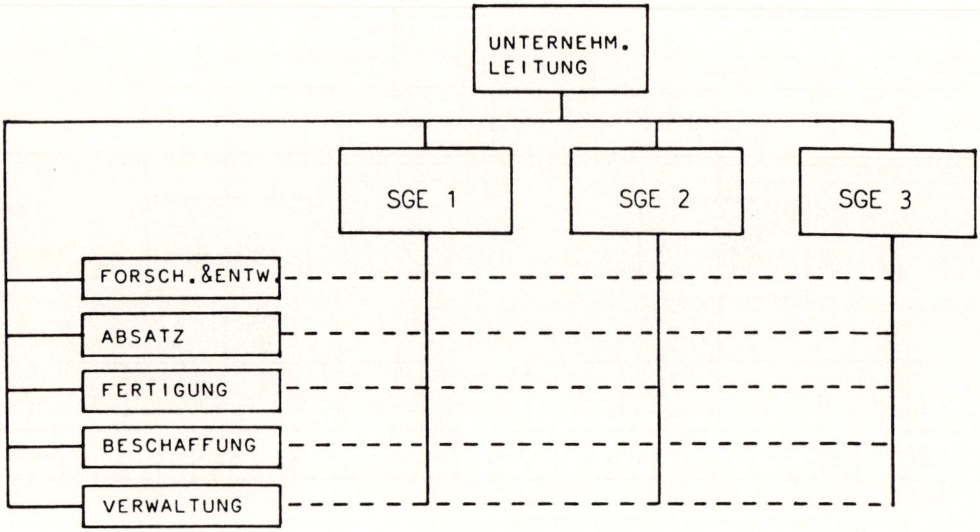

Abb. 6: Organisationsmodell für die Beziehungen zwischen SGEs und Funktionalbereichen bei hoher Konnektivität

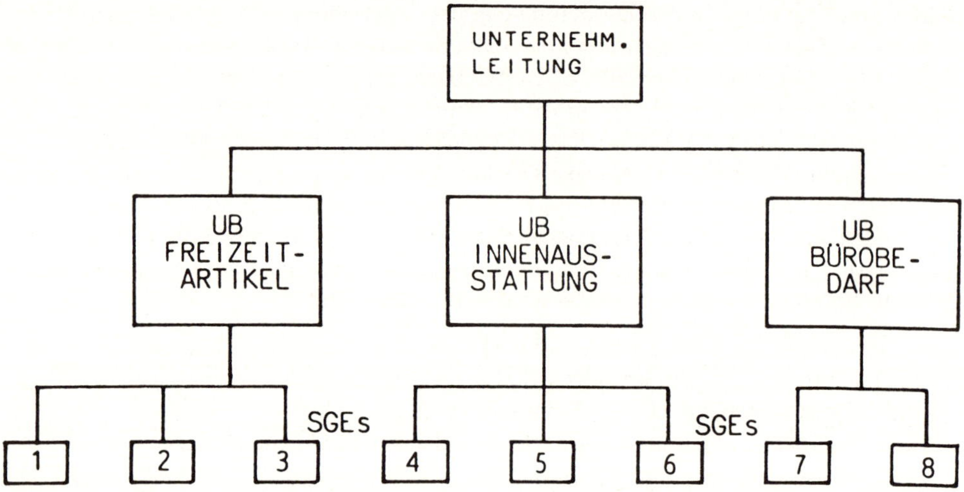

Abb. 7: Die Bildung von Unternehmungsbereichen nach Produktfunktionen

tions- und Modifikationserfordernisse bestehen, kann eine Weiterentwicklung des in Abbildung 7 dargestellten Organisationsmodells zu einer Matrixstruktur entsprechend Abbildung 8 erfolgen [17].

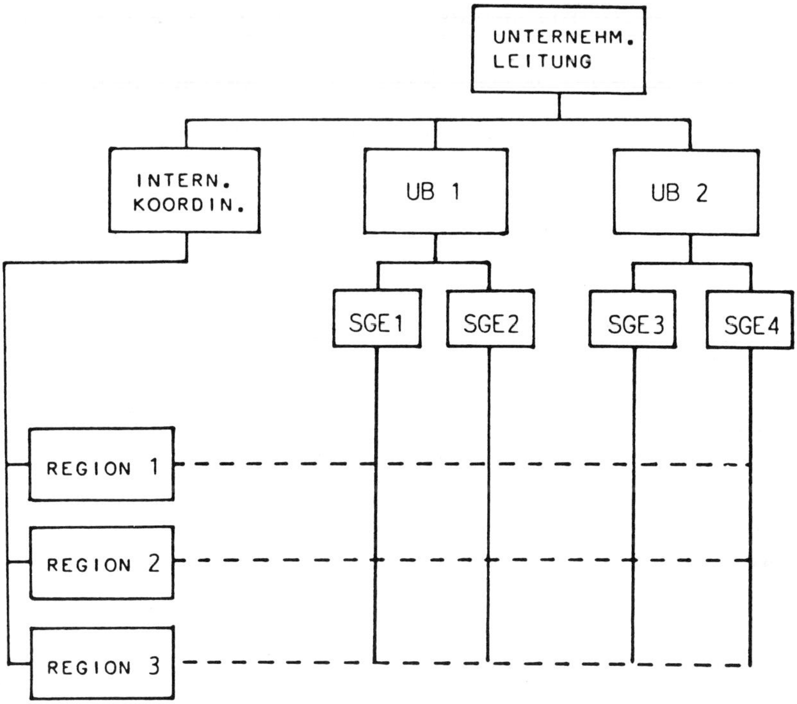

Abb. 8: Zur Berücksichtigung regionaler Harmonisationserfordernisse bei weltweit definierten SGEs

3.3 Spezialprobleme der strategischen Segmentierung

Ein besonderes Problem der strategischen Segmentierung stellen die Beziehungen zwischen strategischen und operativen Geschäftseinheiten dar. Während es bei der strategischen Planung insbesondere um die *Schaffung* neuer Erfolgspotentiale geht, ist Gegenstand operativer Planungs- und Realisationsprozesse die *Nutzung* der externen und/oder internen Erfolgspotentiale. Bei der Abgrenzung operativer Geschäftseinheiten kommt demzufolge dem Gesichtspunkt einer größtmöglichen Effizienz bei Einsatz und Verwertung bestehender Erfolgspotentiale entscheidende Bedeutung zu. Hierbei ist es möglich und z. T. erforderlich, die angeführten strategischen Aspekte der Diversität und Konnektivität außer Acht zu lassen und stattdessen die Vorteile perfektionierter *Verfahrensroutinen* (Fertigungsroutinen, Vertriebsroutinen usw.) zu nutzen. Diese Verfahrensroutinen dienen dazu, gleichartige Mengen-, Raum- und Zeitprobleme des laufenden Geschäfts auch gleichartigen, optimierten und programmierten Lösungsprozeduren zu unterwerfen. Beispielsweise ist es für die großen Automobilhersteller sehr wohl möglich, PKWs ganz unterschiedlicher Größenklassen und Ausstattungen gleichartigen Planungs-, Steuerungs- und Kontrollroutinen in Produktion, Beschaffung und Vertrieb zu unterwerfen. In strategischer Hinsicht jedoch stellen die PKWs unterschiedlicher Größenklassen und Ausstattung jeweils eigenständige SGEs dar; die Bedürfnisse und Wettbewerbsverhältnisse in den einzelnen Klassen sind zu heterogen, um einheitliche Strategien zu ermöglichen.

Daraus ergibt sich, daß in operativen Geschäftseinheiten Produkte nach anderen Gesichtspunkten zusammengefaßt werden als in SGEs. Eine Kongruenz strategischer und operativer Geschäftseinheiten ist zwar möglich, kann aber nicht als Normalfall oder gar als Sollzustand vorgegeben werden. In diesem Zusammenhang ist auf das Ergebnis einer umfassenden Untersuchung amerikanischer Großunternehmungen zu verweisen: „70 % of all organizations started off their introduction of portfolio planning by comprehensively reexamining the definition of each of their businesses. In 75 % of these organizations, the reevaluation led to the classification of SBUs as sometimes or usually different from operating units“ [18].

Ein weiteres besonderes Problem stellt die Frage der Umsetzung strategischer Geschäftseinheiten innerhalb einer bereits bestehenden bzw. historisch gewachsenen, häufig weitgehend nach operativen Gesichtspunkten ausgerichteten Organisation dar. Hier stehen vier alternative Konzepte zur Diskussion [19]:

- „SGE-Linienkonzept": Die Aufgabe der Leitung einer SGE wird als eine hauptamtliche Linienaufgabe angesehen; für jede SGE gibt es also eine Singular- oder Pluralinstanz, die die klare Aufgabe, Kompetenz und Verantwortung für die strategische Planung in diesem Geschäftsbereich übernimmt. Grundsätzlich sind die SGE-Leitungsorgane immer auch oberstes Organ aller zugehörigen operativen Geschäftseinheiten; diese Doppelfunktion der Führungskräfte hat u. a. den Vorteil, daß sich einerseits die strategische Planung nicht so leicht von den operativen Gegebenheiten entfernen kann, und daß andererseits die operative Planung stärker in die strategische Konzeption eingebunden wird. Es erscheint gerechtfertigt, zugunsten dieser Verklammerung von strategischen und operativen Zuständigkeiten und Verantwortlichkeiten auch gewisse Veränderungen der bisherigen, häufig rein operativ ausgerichteten Organisation in Betracht zu ziehen.
- „SGE-Manager-Konzept": Einsetzung spezieller „SGE-Manager", die hinsichtlich ihrer organisatorischen Merkmale eine gewisse Verwandtschaft zu Produktmanagern aufweisen; traversierend nehmen sie über alle Funktionalbereiche hinweg SGE-spezifische Planungsaufgaben wahr.
- „SGE-Kommissions-Konzept": Bildung SGE-spezifischer Kommissionen aus Mitgliedern der Funktionalbereiche; diesen Kommissionen obliegt die Erarbeitung und Überprüfung SGE-spezifischer Strategien in periodisch/aperiodisch durchgeführten Sitzungen.
- „SGF-Marktsicht-Konzept": Abgrenzung strategischer Geschäftsfelder (als *externer* Umsysteme der Unternehmung – s. o. –) sowie Entwicklung entsprechender SGF-spezifischer Strategien, ohne daß eine entsprechende organisatorische unternehmungs*interne* Gliederung gegeben ist. Ein kleiner Einzelunternehmer kann auf diese Weise beispielsweise für die von ihm gesehenen unterschiedlichen SGFs spezifische Strategien festlegen, ohne seine funktionale Organisation ändern zu müssen.

Die drei letztgenannten Konzepte sind in besonderer Weise geeignet, den speziellen personellen und kostenmäßigen Verhältnissen in mittelständischen Unternehmen Rechnung zu tragen. Im Grundsatz jedoch scheint das erstgenannte Konzept der Bedeutung der strategischen Planung unter den heutigen Kontextbedingungen als am ehesten angemessen; strategische Planung muß – gerade für die Führungskräfte der oberen Ebene – als *die* zentrale Führungsaufgabe verstanden und behandelt werden.

In engem Zusammenhang mit den Ausführungen des letzten Absatzes steht die Frage einer nach strategischen Qualifikationen zu erfolgenden Auswahl, Beurteilung und Vergütung von Führungskräften. Nach welchen Anforderungsprofilen sind Führungskräfte für strategisch orientierte Systeme/Subsysteme auszuwählen? Welche Möglichkeiten einer ex ante-Messung/Beurteilung der hierbei als relevant angesehenen Fähigkeiten von Führungskräften sind vorhanden? Anhand welcher Kriterien läßt sich eine laufende Leistungsbeurteilung derartiger Führungskräfte durchführen? Dies sind nur einige der hierbei zu bedenkenden Fragen. Z. B. hat Hinterhuber aufgezeigt, daß die verschiedenen strategischen Konstellationen bzw. die zu ihnen gehörigen Normen/Strategien ein unterschiedliches Fähigkeitsprofil von Führungskräften erfordern [20]. Hahn/Willers haben darauf hingewiesen, daß auch im Bereich der Führungskräftevergütung die strategischen Erfordernisse und Besonderheiten Berücksichtigung finden müssen; von ihnen werden verschiedene Ausgestaltungsmöglichkeiten einer Koppelung der jährlichen Bezüge an die Zielerreichungsgrade hinsichtlich operativer und strategischer Zielgrößen aufgezeigt [21].

4. Die Bildung strategischer Planungsorgane

Im folgenden soll zwischen originären und derivativen strategischen Planungsorganen unterschieden werden. Unter ersteren sollen im folgenden jene Subsysteme verstanden werden, für die die strategische Planung als zentrale, unbefristete und im Grundsatz eigenständige Führungsaufgabe angesehen werden muß. Dagegen soll von derivativen strategischen Planungsorganen gesprochen werden, wenn lediglich eine in zeitlicher und/oder inhaltlicher Hinsicht partielle Übernahme strategischer Planungsaufgaben vorliegt [22].

4.1 Originäre strategische Planungsorgane

Unter den originären Trägern strategischer Planungsaufgaben auf Unternehmungsebene ist jener Personenkreis zu verstehen, den Heinen als „Kerngruppe" bezeichnet hat [23]; hierzu rechnen die Eigentümer, Vorstand bzw. Geschäftsführer sowie deren Kontrollorgane, z. B. der Aufsichtsrat, der über die zustimmungsbedürftigen Geschäfte die Möglichkeit einer Einwirkung auf eine Vielzahl strategischer Entscheidungen hat.

Von originären Planungsorganen unterhalb der Unternehmungsebene kann nur gesprochen werden, sofern dort „im Grundsatz eigenständige" strategische Führungsaufgaben vorliegen. Davon ist vor allem dann auszugehen, wenn eine strategisch orientierte Innensegmentierung und ein damit verbundener deutlicher Dezentralisationseffekt (s. o.) vorliegen.

Im Mittelpunkt der nachfolgenden Ausführungen steht eine Pluralinstanz als oberstes Führungsorgan der Gesamtunternehmung. Als erstes sei die Frage untersucht, ob bzw. wie weit eine Festlegung möglich ist, daß ein bestimmtes Geschäftsleitungsmitglied das Aufgabengebiet „Unternehmungsstrategie" zugewiesen bekommt, wobei es sich entweder um den Vorsitzenden der Geschäftsleitung oder aber um ein einfaches Geschäftsleitungsmitglied handeln kann.

Eine nähere Analyse der rechtlichen Zulässigkeit und der organisatorischen Zweckmäßigkeit offenbart, daß derartigen *unipersonalen* Aufgabenzuweisungen im Bereich der strategischen Planung klare Grenzen gezogen sind. Es sind keine Lösungen bekannt oder vorstellbar, die darauf hinauslaufen, daß die strategische Planung auf Unternehmungsebene alleinverantwortlich von einzelnen Personen unter Ausschaltung aller übrigen Geschäftsleitungsmitglieder durchgeführt werden könnte – vom Fall der Singularinstanz natürlich abgesehen. Die Gründe hierfür haben z. T. etwas mit den rechtlichen Aspekten einer Führungsverantwortung zu tun, wie sie z. B. für Vorstandsmitglieder einer AG besteht; auch bei einer Ressortaufteilung sind die Vorstandsmitglieder bekanntlich nicht von ihrer grundsätzlichen Mitverantwortung für Entscheidungen und Entwicklungen in anderen Ressorts oder im Gesamtunternehmungsbereich entbunden [24]. Vor allem spielt hier das Wesen strategischer Entscheidungen eine Rolle: Die wirtschaftliche Tragweite und der traversierende Charakter verbieten es von der Sache her, derartige Entscheidungen der alleinigen Zuständigkeit und dem alleinigen Ermessen einzelner Mitglieder einer Pluralinstanz zu überantworten.

Nach dem im deutschen Aktienrecht verankerten Kollegialsystem wäre im Hinblick auf den Geschäftsleitungsvorsitzenden allerdings folgende Lösung sinnvoll und denkbar: Der Geschäftsleitungsvorsitzende sieht sich aufgrund seiner hervorgehobenen hierarchischen Stellung sowie seiner integrativen, ressortübergreifenden Funktion als – in der Terminologie von Witte [25] – eine Art *Machtpromotor* der strategischen Planung. Er trägt also durch sein hierarchisches Potential wesentlich dazu bei, bei der Schaffung/Erhaltung von Erfolgspotentialen innovativen Alternativen zum Durchbruch zu verhelfen.

Wird statt des Vorsitzenden ein einfaches Mitglied der Geschäftsleitung mit dem Aufgabenkomplex „Unternehmungsstrategie" betraut, so kann dahinter der Gedanke eines *Fachpromotors* für strategische Fragen gesehen werden. Das betreffende Mitglied der Geschäftsleitung soll aus einem spezifischen Fachwissen und einer besonderen „strategischen Mentalität" heraus entsprechende Ideen, Impulse und Techniken in das Geschäftsleitungsgremium einbringen. Dies kann niemals Ersatz für entsprechende Einstellungen und Fähigkeiten bei den übrigen Geschäftsleitungsmitgliedern sein, wohl aber flankierende und katalysatorische Wirkungen haben.

Nachdem auf diese Weise verdeutlicht worden ist, daß eine *multipersonale* Aufgabenverteilung im Hinblick auf die Aufgaben der strategischen Unternehmungsplanung die unter rechtlichen wie unter organisatorischen Gesichtspunkten zweckmäßigste Lösung darstellt, sollen nunmehr die inhaltlichen Aspekte einer multipersonalen Aufgabenverteilung näher untersucht werden. Hier können zunächst zwei grundsätzliche Strukturierungsalternativen einander gegenübergestellt werden: *ressortlose* und *ressortgebundene* Aufgabenverteilung [26].

Zweifellos können für beide Strukturierungsalternativen verschiedene Vor- und Nachteile angeführt werden. Bei der ressortlosen Aufgabenverteilung tritt die multipersonale Instanz geschlossen als vorgesetzte Stelle gegenüber den nachgeordneten Zwischensystemen auf. Alle Geschäftsleitungsmitglieder befassen sich mit allen Zwischensystemen. Dies schafft die Voraussetzung dafür, daß Entscheidungen tendenziell weniger von spezifischen Ressortinteressen beeinflußt werden, sondern sich verstärkt aus der Sicht der Gesamtunternehmung herleiten. Dies ist natürlich ein besonders wichtiger Aspekt gerade für die strategische Unternehmungsplanung. Außerdem sind die Mitglieder der Geschäftsleitung nicht durch Probleme des laufenden Geschäfts bestimmter Ressorts belastet; sie können sich so auch von ihrer quantitativen Belastung her stärker auf die übergreifenden strategischen Aspekte des Gesamtunternehmens konzentrieren.

Bei der ressortgebundenen Aufgabenverteilung muß tendenziell damit gerechnet werden, daß sich die Ressortvertreter in stillschweigendem Einvernehmen untereinander möglichst freie Hand lassen und dadurch das Unternehmungsganze vernachlässigt wird. Vor allem gegenüber einer objektorientierten Aufgabenverteilung innerhalb des Vorstands finden sich Vorbehalte dahingehend, daß es dann auf der Geschäftsleitungsebene leicht zu einer Überbetonung von Interessen einzelner Geschäftsbereiche zu Lasten der Gesamtunternehmung kommen kann. In einem solchen Falle können die angesprochenen Probleme dadurch entschärft werden, daß die Produktbereiche entweder überhaupt nicht oder aber zumindest nicht allein im Vorstand vertreten sind. Dies bedeutet z. B. eine rein verrichtungsorientierte Aufgabenzuweisung an die Mitglieder der Geschäftsleitung bzw. die Bildung einer Vorstandsmatrix, bei der sich innerhalb der Pluralinstanz objekt- und verrichtungsorientierte Ressorts einander gegenüberstehen.

Einer speziellen Organisationsform für die Ebene der originären strategischen Planungsorgane kommt in Hinblick auf die heutigen Kontextbedingungen der strategischen Planung eine besondere Bedeutung zu. Es handelt sich um die Geschäftsleitungskollegien für strategische Planung [27]. Differenziert man in Anlehnung an Hahn zwischen *laufenden* und *einmaligen* strategischen Problemen [28], so lassen sich dabei zwei unterschiedliche Ausprägungen unterscheiden:

Wohl jede Unternehmung sieht sich einer Reihe von „strategic issues" gegenüber, die nicht durch ein Überraschungsmoment und durch eine gewisse Kurzlebigkeit gekennzeichnet sind, sondern die grundsätzlichen Kontextbedingungen der Unternehmung charakterisieren. Als typische Beispiele hierfür können – in der Regel für unterschiedliche Unternehmungen – der Konzentrationsprozeß im Lebensmitteleinzelhandel, der wachsende Konkurrenzdruck aus Südostasien, Tendenzen eines weltweiten Protektionismus, das Aufkommen der neuen Kommunikationstechnologien, spezifische Rohstoffprobleme usw. angeführt werden. Die Beschäftigung mit derartigen „key strategic issues" [29] gehört also zwangsläufig zu einer laufenden, übergreifenden strategischen Aufgabe der obersten Unternehmungsführung. In derartigen Fällen sollte überprüft werden, ob für die zwei oder drei wichtigsten dieser entscheidenden strategischen Problemfelder speziell zusammengesetzte Geschäftsleitungskollegien zu bilden sind, deren Aufgabe eine grundlegende Analyse und Prognose der Situation sowie die Erarbeitung grundsätzlicher strategischer Alternativkonzepte wäre. Dabei sind die Mitglieder der Geschäftsleitung nach

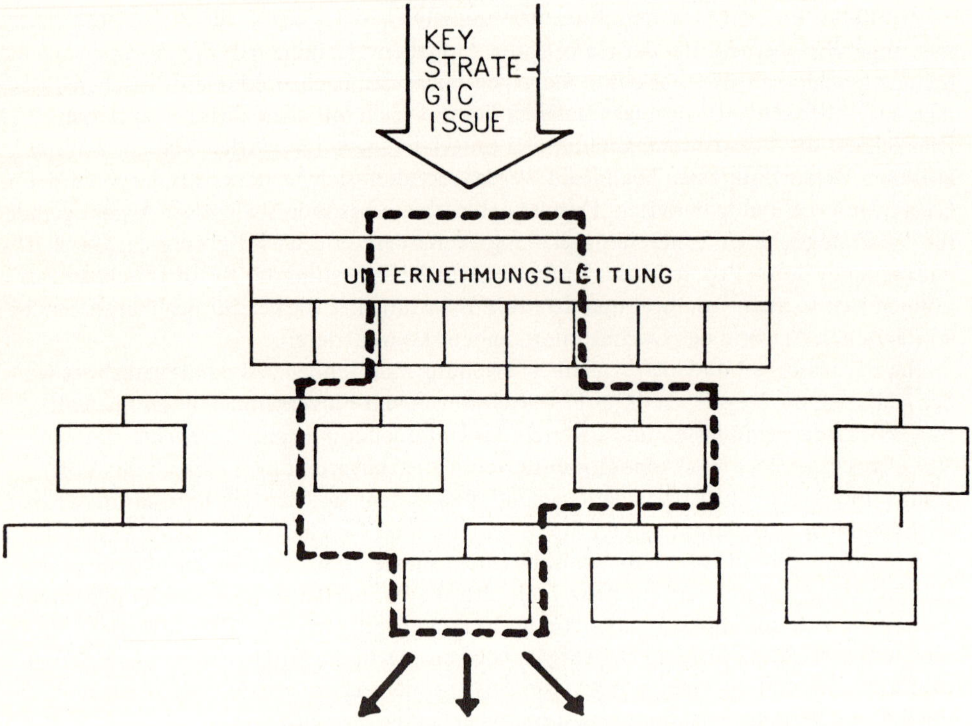

Abb. 9: Vertikales Geschäftsleitungskollegium für ein bestimmtes key strategic issue

ihrer jeweiligen Affinität zu den betreffenden strategic issues auszuwählen und gegebenenfalls auch nachgeordnete Führungskräfte mit einzubeziehen (vertikale Geschäftsleitungskollegien gemäß Abbildung 9).

Entsprechend ist auch hinsichtlich jener strategic issues zu verfahren, deren typische Merkmale eher das Überraschungsmoment und ein relativ hoher Handlungsdruck sind. Hier gewinnen die zu bildenden Geschäftsleitungskollegien mehr den Charakter von Projektkollegien und die auf den nachgeordneten Ebenen tätigen multipersonalen Planungsorgane u. U. den Charakter von Projektgruppen. Hahn führt als Beispiel für derartig zu organisierende, einmalige Problemstellungen die Vorbereitung einer Diversifikation, die Zusammenlegung von Geschäftsbereichen, die Erschließung bestimmter regionaler Märkte usw. an [30].

Eine besondere Kategorie von Kollegien ist gegeben, wenn sich Mitglieder der Geschäftsleitung und des Aufsichtsrates zwecks Information oder Beratung über bestimmte strategic issues zu einem gemeinsamen Gremium zusammenfinden. Die Grundlage hierfür bieten die aktienrechtlichen Bestimmungen über die Pflichten und Rechte von Vorstand und Aufsichtsrat, insbesondere hinsichtlich der zustimmungsbedürftigen Geschäfte. Derartige Ausschüsse haben, worauf z. B. Hahn hinweist, gerade im Hinblick auf strategische Fragen schon seit längerem eine erhebliche Bedeutung in der Wirtschaftspraxis [31].

Auf der Ebene der Geschäftsbereiche bzw. SGEs sind ebenfalls grundsätzlich unipersonale wie multipersonale Gestaltungsalternativen für die originären strategischen Planungsorgane gegeben. Handelt es sich bei SGEs um rechtlich nicht selbständige organisatorische Einheiten, so ist in der Regel von unipersonalen Führungsorganen auszugehen. Pluralinstanzen sind für SGEs insbesondere dann zu erwarten, wenn rechtliche Selbständigkeit der SGEs vorliegt, d. h. wenn statt einer Einheitsgesellschaft ein Konzern gegeben ist.

4.2 Derivative strategische Planungsorgane

Die Quantität und Qualität der in einer Unternehmung eingesetzten derivativen Planungsorgane wird in einer besonderen Abhängigkeit zu der Lebenszyklusphase gesehen, in der sich die Projekte (Erfolgspotentiale) einer Unternehmung jeweils befinden. Abbildung 10 verdeutlicht, welche Lebenszyklusphasen strategischer Projekte hier im einzelnen unterschieden werden sollen [32]. Obwohl es theoretisch durchaus möglich ist (und in kleineren Unternehmungen zum Teil auch praktiziert wird), für alle Lebenszyklusphasen strategischer Projekte das gleiche derivative Planungsorgan – z. B. eine Stabsstelle „strategische Planung" – einzusetzen, so wollen die nachfolgenden Ausführungen demgegenüber die Überlegenheit einer kontextorientierten Gestaltung der derivativen strategischen Planungsorgane deutlich machen. Diese Kontextorientierung wirkt sich jeweils mindestens in der Weise aus, daß die betreffenden Planungsorgane hinsichtlich ihres *Leistungsprofils* auf bestimmte Lebenszyklusphasen ausgerichtet sind und dort ihre höchste Wirksamkeit entfalten. Darüber hinaus kann dann zwischen den Planungsorganen noch nach ihrer *Zeitstabilität* differenziert werden: Bestimmte Lebenszyklusphasen (siehe die Sondierungs- und die Kommerzialisierungsphase) müssen zu jedem Zeitpunkt als derart überlebenskritisch für die Unternehmung angesehen werden, daß die darauf spezialisierten Planungsorgane (z. B. Organe der strategischen Früherkennung) den Charakter von Organen auf Dauer und Organen mit ständiger Zusammenarbeit haben (hohe Zeitstabilität). Andere Lebenszyklusphasen werden aperiodisch und mit wechselnder Intensität durchlaufen; die hierauf spezialisierten Planungsoragne haben dann den Charakter von Organen auf Zeit und/oder sind durch unständige Zusammenarbeit gekennzeichnet (z. B. Ideenfindungsgruppen). Sie sind in ihrer Existenz oder Aktivierung unmittelbar an spezifische Lebenszyklusphasen gebunden (geringe Zeitstabilität).

Beginnt man mit der *Sondierungsphase*, so sind als phasenspezifische Subsysteme hier insbesondere die Organe der strategischen Früherkennung zu nennen. Ihre zentrale Aufgabe liegt darin, in dem permanenten und häufig unübersichtlich breiten und aufgefächerten Informationsstrom aus den verschiedensten Umwelt- und Unternehmungsbe-

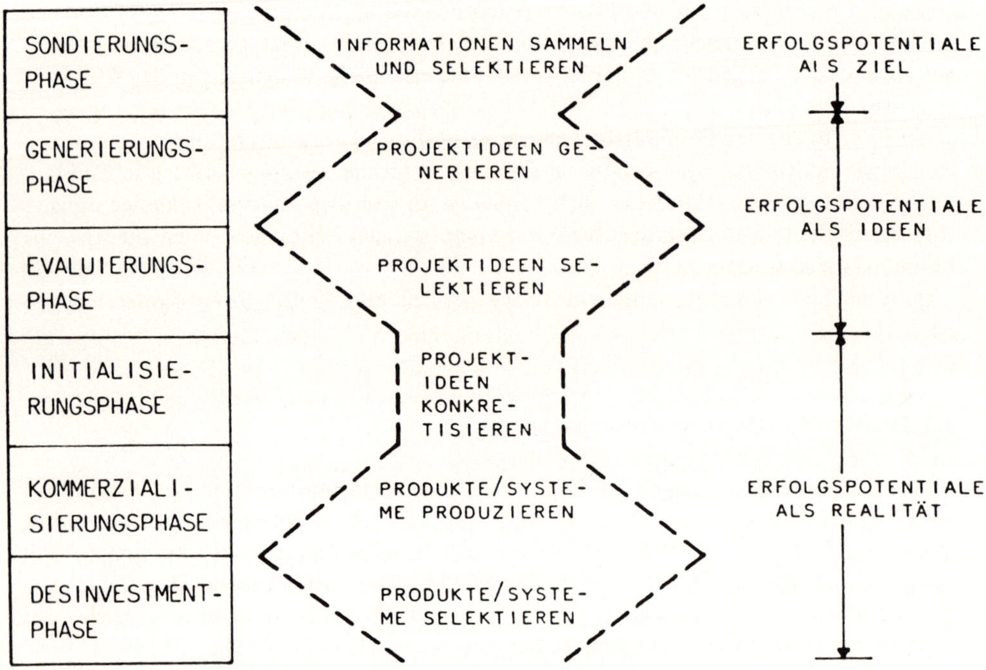

Abb. 10: Das Lebenszyklusschema strategischer Projekte (Erfolgspotentiale)

reichen jene „strategic issues" zu erkennen, auf die keinesfalls operativ, sondern nur strategisch reagiert werden darf. Bedingung für derivative Planungsorgane in diesem Bereich ist also eine besonders hoch entwicklete *strategische Mentalität*. Diese ist vor allem dadurch gekennzeichnet,

- daß „weak signals" trotz ihres hohen Grades an Ungewißheit sorgfältig apperzipiert und analysiert werden,
- daß eine prinzipielle Aufgeschlossenheit gegenüber „discontinuities" besteht, die dem gewohnten extrapolativen Denken zuwiderlaufen,
- daß eine Bereitschaft vorhanden ist, als „sicher" hingestellte Annahmen zu hinterfragen [33].

Vor allem unter diesem Aspekt ist die Frage zu entscheiden, ob derartige Subsysteme organisatorisch mehr dem Bereich der allgemeinen Informationswirtschaft der Unternehmung (Controlling) [34] angepaßt und angegliedert werden sollten, oder ob eine stärkere Orientierung und Anlehnung an die Stabsabteilung „Strategische Planung" sinnvoll wäre (gemeinsame Anbindung an das Geschäftsleitungsmitglied für Unternehmungsstrategie bzw. den Vorsitzenden der Geschäftsleitung).

Die letztgenannte Lösung erscheint deshalb von Vorteil, weil hier für die informationswirtschaftlichen Aufgaben der strategischen Planung ein Umfeld geschaffen wird, das von seinem qualitativen und für „weak signals" sensitiven Charakter her optimale Voraussetzungen bieten würde. Vorteilhaft wäre gleichfalls der durchgängige Arbeitszusammenhang der strategischen Entscheidungsvorbereitung, von der Beschaffung relevanter Ausgangsdaten über die Anwendung der entsprechenden Analyse- und Evaluierungstechniken bis hin zur Erarbeitung kompletter strategischer Alternativen. Diese Vorteile überwiegen u. E. deutlich den Nachteil der Schnittstelle zur allgemeinen Informationswirtschaft der Unternehmung.

Das Hauptproblem (wie auch der Hauptanreiz) der in der *Generierungsphase* einzusetzenden Subsysteme ist zweifellos in der erheblichen kreativen Herausforderung zu sehen. Die betriebliche Praxis bietet eine Fülle von Beispielen dafür, daß es angesichts von Käufermärkten, wachsender Handelsmacht und steigendem Wettbewerbsdruck zunehmend weniger möglich ist, me too-Produkte als Erfolgspotentiale zur Zukunftssicherung anzusehen [35]. Grundsätzlich erscheinen von daher für diese Phase teamorientierte Planungsorgane gegenüber hierarchischen Planungsorganen überlegen; bei letzteren existiert eine Instanz als vorgesetzte Stelle, während für erstere die multipersonale Entscheidungsfällung sowie der vollständige oder weitgehende Verzicht auf hierarchische Innenstrukturierung charakteristisch ist [36]. Innerhalb der teamorientierten Planungsorgane ist wiederum zu unterscheiden zwischen Teamarbeit auf Dauer und Teamarbeit auf Zeit:

Eine Teamarbeit auf Dauer beinhaltet beispielsweise der Vorschlag eines „Neuproduktkollegiums", der für den Fall einer relativ großen Häufigkeit innovativer Aufgabenstellungen in einer Unternehmung gemacht worden ist [37]. Gegenüber anderen Planungsorganen mit ähnlicher Aufgabenstellung (z.B. Neuproduktstelle, Neuproduktmanager) weist diese Lösung gleich mehrere Vorteile auf:

- Als erstes besteht bei einer Innovationstätigkeit im Rahmen eines Kollegiums sehr viel weniger die Gefahr kreativer Erschöpfung der Beteiligten als bei einer hauptamtlichen bzw. ständigen Tätigkeit.
- Zum zweiten können Leerkosten leichter vermieden werden, indem die Frequenz der Sitzungen eines Kollegiums an den quantitativen und qualitativen Aufgabenanfall angepaßt wird.
- Schließlich bewirkt die Multisystemposition der Beteiligten (Zugehörigkeit sowohl zu dem Kollegium als auch zu den bisherigen, „hauptamtlichen" Linien- oder Stabsabteilungen) eine höhere Akzeptanz der Ideen, die aus derartigen Kollegien heraus entwickelt und vorgeschlagen werden.

Noch vorteilhafter allerdings erscheint für die meisten Fälle die Teamarbeit auf Zeit in Gestalt sogenannter Projektkollegien, bei denen sich die Zusammenarbeit von vorneherein auf ein ganz bestimmtes Projekt beschränkt [38]. Hier besteht nämlich die Möglichkeit einer auf die jeweiligen spezifischen Projekterfordernisse „maßgeschneiderten" Zusammensetzung des Kollegiums. Auch ein anderer möglicher Nachteil des Neuproduktkollegiums, daß nämlich eine langjährige Zusammenarbeit an einer Vielzahl innovativer

Aufgaben ebenfalls zu gewissen Ermüdungs- bzw. Abnutzungserscheinungen des kreativen Potentials führen kann, wird vermieden.

Die organisatorischen Bedingungen der *Evaluierungsphase* unterscheiden sich erheblich von denen der Generierungsphase. Letztere ist gekennzeichnet durch eine außerordentliche Offenheit und geringe Strukturierung der Situation. Bewußt wird internen wie externen Einflüssen auf die Ideenfindung Raum gegeben, eine klare Rollenzuweisung und Definition der Kommunikationswege vermieden sowie die Wahl der Problemlösungsmethoden offen gelassen.

Demgegenüber muß die Evaluierungsphase als wesentlich stärker und auch andersartig strukturiert angesehen werden. Nicht Offenheit und kreative Produktivität, sondern Restriktion und Selektion kennzeichnen die Situation (vgl. die symbolische Darstellung in Abbildung 10). Hierarchische Unterschiede spielen – insbesondere in der finalen Phase der Evaluierung – eine entscheidende Rolle; bestimmte Kommunikationswege und Berichtsformen sind vorgeschrieben. Vor allem aber ist hinsichtlich der in der Evaluierungsphase zur Anwendung zu bringenden Kriterien und Methoden ein hoher Grad der Programmierung und Formalisierung gegeben. Am Ende des Evaluierungsprozesses werden Scoring-Werte, Rentabilitäts-Ziffern und Ja-Nein-Empfehlungen erwartet.

Dies alles läßt es unwahrscheinlich erscheinen, daß in der Evaluierungsphase die gleichen organisatorischen Strukturen angemessen sind wie in der Generierungsphase. Insbesondere spielt die Teamorientierung der Subsysteme keine Rolle mehr. Als phasenspezifische Subsysteme seien hier z. B. der „Voraussonderungs-Ausschuß" und das „Bewertungskomittee" angesprochen [39]. Der Voraussonderungs-Ausschuß nimmt Aufgaben der Grobevaluierung wahr und wird von Vertretern der verschiedenen berührten Funktionsbereiche beschickt; hier kommt es wesentlich auch auf die Mitwirkung von Generalisten zum Zwecke der gesamthaften Projektbeurteilung an. Demgegenüber dient das Bewertungskomittee mehr der Feinevaluierung; es umfaßt außer Fachleuten aus den Funktionalbereichen auch informationswirtschaftliche Spezialisten (z. B. Mitarbeiter des Internen Rechnungswesens, des Operations Research).

In der Phase der *Projektinitialisierung* liegt die Aufgabe vor allem darin, gewisse – nahezu unvermeidliche – intra- und extrasystemische Anfangswiderstände zu überwinden. Dabei handelt es sich um ein Kompositum von

- Innovationswiderständen
- politischen Widerständen
- technologischen Umsetzungshemmnissen sowie
- Marktwiderständen (seitens Kunden/Konkurrenten).

Die Fähigkeiten, die in dieser Phase gefordert werden, unterscheiden sich daher deutlich von jenen, die in der Generierungs- bzw. Evaluierungsphase von Bedeutung waren. Statt kreativer Offenheit oder analytischem Selektionsvermögen erfordert die Überwindung obiger Anfangswiderstände Dynamik, Flexibilität und Durchsetzungsvermögen. Es ist nun kaum zu vermuten, daß alle den drei Phasen zugeordneten Fähigkeiten für die gleichen organisatorischen Strukturen und die gleichen Aufgabenträger kennzeichnend sein können, was grundsätzlich für einen Wechsel sowohl der Strukturen als auch der Personen von Phase zu Phase spricht.

Für bestimmte, vorgelagerte Aufgaben der Projektkonkretisierung (z. B. Detailkonstruktion, Bau von Prototypen, Testen von Prototypen usw.) erscheinen bestimmte Formen der Projektorganisation als geeignet; hier seien nur erwähnt die Stabs-Projektorganisation oder die Matrix-Projektorganisation [40]. Für die Markteintrittsphase hingegen wird – speziell bei innovativen Marktprojekten in etablierten, größeren Unternehmungen – neuerdings verstärkt eine Konzeption diskutiert, die als Venture Management bezeichnet wird. Der generelle Grundgedanke des Venture Management ist im „Rückgriff der gereiften Unternehmung auf die frühe Entwicklungsstufe der Gründungsunternehmung" [41] zu sehen. Dabei ist vor allem zu unterscheiden zwischen internem und externem Venture Management [42].

Vom internen Venture Management soll gesprochen werden, wenn die frühe Entwicklungsstufe der Gründungsunternehmung innerhalb des rechtlich-organisatorischen Rahmens einer bestehenden Unternehmung realisiert wird. Dies geschieht dadurch, daß als Basis der Projektinitialisierung nicht die voll entwickelten und erprobten internen Potentiale der etablierten Unternehmung im Vordergrund stehen, sondern das totale persönliche und karrieremäßige Engagement bestimmter Projektverantwortlicher (Mitglieder des Venture Teams). Letztere fungieren gewissermaßen als primäre Risikoträger. Scheitert das Projekt, so müssen die Team-Mitglieder im Extremfall die daraus resultierenden Konsequenzen persönlicher und karrieremäßiger Art voll auf sich nehmen. In hohem Maße entscheidend sind also die persönlichen Eigenschaften des verantwortlichen Venture Managers; ihn sollten besondere unternehmerische Einstellungsmerkmale und Fähigkeiten wie Risikobereitschaft, Selbständigkeit, Dynamik, Flexibilität und Durchsetzungsvermögen auszeichnen.

Durch ein derartiges Modell des internen Venture Management werden auf der einen Seite alle möglichen negativen Einflüsse der Großorganisation auf innovative Prozesse vermieden, wie sie beispielsweise im Rahmen der Bürokratiekritik angesprochen worden sind [43]. Auf der anderen Seite kann durch eine hierarchische Anbindung des Venture Teams an den Vorsitzenden der Geschäftsleitung oder eine SGE-Leitung dafür Sorge getragen werden, daß das Venture Team im Bedarfsfalle auf die Ressourcen der Großunternehmung zurückgreifen kann.

Das externe Venture Management ist dadurch gekennzeichnet, daß die frühe Entwicklungsstufe der Gründungsunternehmung außerhalb des rechtlich-organisatorischen Rahmens einer bestehenden Unternehmung realisiert wird. Der Verflechtungsgrad zwischen der Unternehmung und der Gründungseinheit kann dabei unterschiedlich hoch ausgeprägt sein; auf die verschiedenen Möglichkeiten – Joint-Venture, Venture-spin-off-Konzept, Venture-nurturing-Konzept, Venture-capital usw. – kann hier nur hingewiesen werden.

Hat ein strategisches Projekt in der Initialisierungsphase ein hinlänglich großes Erfolgspotential erkennen lassen, so erfolgt die Umstellung auf eine „large-scale"-Kommerzialisierung. Folgende Akzentverschiebungen sind für diesen Eintritt in die *Kommerzialisierungsphase* charakteristisch:

- Abschwächung und Modifikation des innovativen Charakters der strategischen Planungsprozesse; anstelle der Produktinnovation tritt die Verfahrensinnovation in Produktion und Verwaltung stärker hervor mit dem Ziel einer weiteren Verbesserung der Konkurrenzfähigkeit in dem betreffenden SGF.
- Es liegt eine günstigere bzw. einfachere Problemstruktur vor; bei grundsätzlich bereits gegebenen Potentialen bestehen hinsichtlich der Entscheidungskriterien, der Alternativenzahl, der Überschaubarkeit der Entscheidungskonsequenzen sowie der verfügbaren Entscheidungsmodelle keine so komplexen Verhältnisse, wie dies hinsichtlich der Schaffung neuer Erfolgspotentiale als kennzeichnend angesehen werden kann.
- Auch hinsichtlich der Unvollkommenheit der Information sind günstigere Bedingungen gegeben, wofür insbesondere die zunehmende Vertrautheit mit dem betreffenden Geschäftsfeld ausschlaggebend ist.
- Schließlich kann auch eine Tendenz zu einer stärkeren Verstetigung der Planungsprozesse angenommen werden. Die künftigen strategischen Analyse- und Planungsprozesse haben vom Zeitpunkt der Kommerzialisierung an tendenziell mehr einen überprüfenden und fortschreibenden Charakter, können bzw. sollten daher mit einer gewissen Regelmäßigkeit erfolgen.

Daraus resultiert für das Aufgabenspektrum möglicher derivativer strategischer Planungsorgane in der Kommerzialisierungsphase (Stäbe, Zentralabteilungen usw.) zunächst ein quantitativ und qualitativ verringertes Anspruchsniveau. Demgegenüber sind jedoch – speziell auf der Ebene der Gesamtunternehmung – bestimmte Aufgaben zu berücksichtigen, die sich vor allem aus einer möglichen Vielzahl und Vielfalt *gleichzeitig* ablaufender Kommerzialisierungsprozesse ergeben können (siehe hierzu im einzelnen die in Abschnitt 3.2 aufgeführten Aufgaben der strategischen Planung auf der Ebene der Gesamtunternehmung). In kleineren bzw. weniger komplexen Unternehmungen nehmen die hier angesprochenen Planungsorgane (z. B. „Stabsstellen für strategische Planung") darüber hinaus häufig auch Aufgaben der Sondierungs-, Generierungs-, Evaluierungs- und Initialisierungsphase strategischer Projekte wahr. Neben Stäben und Zentralabteilungen sind in diesem Zusammenhang auch Produktmanager zu erwähnen.

Viele, wenn nicht gar alle Erfolgspotentiale treten irgendwann in ihr letztes Stadium, die *Desinvestmentphase*, ein. Dieses spezifische strategische Problem ist unter den Bedingungen stagnierender oder schrumpfender Märkte zunehmend zum Thema wissenschaftlicher Auseinandersetzung geworden. An dieser Stelle kann nur der besondere organisatorische Aspekt angesprochen werden; auch im Hinblick auf Desinvestmentprozesse bietet sich ein „Bewertungskomittee" an, wie es bereits für die Evaluierungsphase Erwähnung gefunden hat. Vertreter wichtiger berührter Funktionsbereiche (Marketing, Produktion usw.) sind dabei ebenso vertreten wie informationswirtschaftliche Spezialisten.

Zusammenfassend ergibt sich also der in Abbildung 11 dargestellte Zusammenhang von Lebenszyklusphasen strategischer Projekte mit den einzelnen phasenspezifischen Organen.

Geltungsdauer	Zusammenarbeit	SONDIERUNGSPHASE	GENERIERUNGSPHASE	EVALUIERUNGSPHASE	INITIALISIERUNGSPHASE	KOMMERZIALISIERUNGSPHASE	DESINVESTMENTPHASE
AUF DAUER	STÄNDIG	.ORGANE DER STRATEGISCHEN FRÜHERKENNUNG				.STABSSTELLEN/ZENTRALABTEILUNGEN .PRODUKTMANAGER	
	UNSTÄNDIG	.ORGANE DER STRATEGISCHEN ZUKUNFTSFORSCHUNG		.NICHT PROJEKTGEBUNDENE EVALUIERUNGSKOLLEGIEN		.PRODUKTTEAMMANAGEMENT	.NICHT PROJEKTGEBUNDENE EVALUIERUNGSKOLLEGIEN
AUF ZEIT	STÄNDIG		.PROJEKTTEAMS		.MATRIXPROJEKTORGANISATION .VENTURE TEAMS		
	UNSTÄNDIG		.PROJEKTKOLLEGIEN .EXTERNE BERATER	.PROJEKTGEBUNDENE EVALUIERUNGSKOLLEGIEN			

Abb. 11: Phasenspezifische Organe der strategischen Planung

Anmerkungen

[1] Vgl. auch *Gälweiler, A.*: Organisation der Planung. In: HWO, hrsg. v. *E. Grochla*, 2. Aufl., Stuttgart 1980, Sp. 1890; *Meffert, H.* und *Wehrle, F.*: Strategische Unternehmensplanung. In: Harvard manager 2/1983, S. 53.

[2] Zur Unterscheidung von Rahmen- und Detailstruktur vgl. insbes. *Grochla, E.*: Grundlagen der organisatorischen Gestaltung, Stuttgart 1982, S. 10, 90, 160.

[3] Abb. 1–11 wurden entnommen aus *Link, J.*: Organisation der Strategischen Planung. Heidelberg – Wien 1985; speziell zu Abb. 1 vgl. ähnlich *Hoffmann, F.*, und *Meissner, D.*: Organisatorische Strukturentwicklung. In: WISU 1977, S. 205.

[4] Vgl. *Hahn, D.*: Planungs- und Kontrollrechnung – PuK. 3. Aufl., Wiesbaden 1985, S. 60f. i. V. m. 248f.; *Bleicher, K.*: Organisation. In: Allgemeine Betriebswirtschaftslehre, hrsg. v. *F. X. Bea, E. Dichtl* und *M. Schweitzer*, Bd. 2, Führung. Stuttgart – New York 1983, S. 47ff.

[5] Siehe die näheren Ausführungen sowie die Literaturverweise bei *Link* (1985, S. 40f., 47ff.).

[6] Vgl. *Andreae, M.*, und *de Bodinat, H.*: Moderne Methoden der strategischen Analyse. In: Harvard manager 1/1981, S. 22, 24; *Borrmann, W. A.*: Vorgehensweise und Probleme bei der Definition strategischer Geschäftsfelder. In: Praxis der strategischen Unternehmensplanung, hrsg. v. *A. Töpfer* und *H. Afheldt*, Frankfurt a. M. 1983, S. 208; *Szyperski, N.*, und *Winand, U.*: Duale Organisation – Ein Konzept zur organisatorischen Integration der strategischen Geschäftsfeldplanung. In: ZfbF-Kontaktstudium 1979, S. 197.

[7] Vgl. *Link* (1985, S. 52ff. sowie die dort aufgeführte Literatur).
[8] Zum Begriff der Diversität siehe *Lawrence, P. R.*, und *Lorsch, J. W.:* Organization and Environment. Homewood – Georgetown – London 1969, S. 157; *Khandwalla, P. N.:* The Design of Organizations. New York – Chicago – San Francisco – Atlanta 1977, S. 337. Zu den vier nachfolgend aufgeführten Unterpunkten bzw. Dimensionen vgl. ähnlich *Borrmann* (1983, S. 206ff.).
[9] Zum Begriff der Konnektivität siehe z. B. *Fuchs, H.:* Systemtheorie. In: Organisation als System, hrsg. v. *K. Bleicher*, Wiesbaden 1972, S. 50; zu den drei Unterpunkten vgl. *Frese, E.:* Grundlagen der Organisation, 2. Aufl., Wiesbaden 1984, S. 193ff. Zu bestimmten Einzelproblemen vgl. auch *Drumm, H. J.:* Planungs- und Anpassungsprobleme der Geschäftsbereichsorganisation. In: ZfB 1978, S. 87ff., insbes. S. 88, 97.
[10] Vgl. *Patel, P.*, und *Younger, M.:* A frame of Reference for Strategy Development. In: Long Range Planning, April 1978, S. 7.
[11] Ähnlich *Andreae* und *de Bodinat* (1981, S. 22); *Dunst, K. H.:* Portfolio Management. Berlin – New York 1979, S. 58.
[12] *Levitt, T.:* The Globalization of Markets. In: HBR, May-June 1983, S. 92ff.
[13] Siehe *Gälweiler, A.:* Strategische Geschäftseinheiten (SGE) und Aufbauorganisation der Unternehmung. In: ZfO 1979, S. 252ff.; *Kreikebaum, H.:* Strategische Unternehmensplanung. Stuttgart – Berlin – Köln – Mainz 1981, S. 91f.; *Gerl, K.*, und *Roventa, P.:* Strategische Geschäftseinheiten – Perspektiven aus der Sicht des Strategischen Managements. In: ZfbF-Kontaktstudium 1981, S. 855f.
[14] Vgl. *Sievers, B.:* System – Organisation – Gesellschaft. Niklas Luhmanns Theorie sozialer Systeme. In: Jahrbuch für Sozialwissenschaft, Bd. 22, 1971, S. 36.
[15] Siehe im einzelnen *Bleicher, K.:* Zur Zentralisation und Dezentralisation von Entscheidungsaufgaben der Unternehmung. In: Unternehmungsorganisation, hrsg. v. *E. Grochla*, Reinbek bei Hamburg 1972, S. 79ff.; *Link* (1985, S. 65f.).
[16] Vgl. *Khandwalla* (1977, S. 507); *Kieser, A.:* Der Einfluß der Umwelt auf die Organisationsstruktur der Unternehmung. In: ZfO 1974, S. 311; *Grochla, E.*, und *Welge, M. K.:* Zur Problematik der Effizienzbestimmung von Organisationsstrukturen. In: ZfbF 1975, S. 288.
[17] Siehe in diesem Zusammenhang auch *Davidson, W. H.*, und *Haspeslagh, P.:* Shaping a Global Product Organization. In: HBR Jul.–Aug. 1982, S. 131.
[18] *Haspeslagh, P.:* Portfolio Planning: uses and limits. In: HBR Jan.–Feb. 1982, S. 65.
[19] Siehe die näheren Ausführungen sowie die Literaturverweise bei *Link* (1985, S. 89ff.).
[20] Vgl. *Hinterhuber, H. H.:* Strategische Unternehmungsführung, 3. Aufl., Berlin – New York 1984, S. 287ff.
[21] Vgl. *Hahn, D.*, und *Willers, H. G.:* Unternehmungsplanung und Führungskräftevergütung. In: Strategische Unternehmungsplanung, hrsg. v. *D. Hahn* und *B. Taylor*, 2. Aufl., Würzburg – Wien – Zürich 1983, S. 328ff.
[22] Ähnlich *Weber, K.:* Langfristige Planung in der Unternehmung. In: Beiträge zur Lehre von der Unternehmung, Festschrift für K. Käfer, hrsg. v. *O. Angehrn* und *H. P. Künzi*, Stuttgart 1968, S. 310; *Hoffmann, F.:* Organisation der Führungsgruppe. Berlin 1969, S. 23, 86ff.
[23] Vgl. *Heinen, E.:* Grundtatbestände der Betriebsführung. In: Industriebetriebslehre, Bd. 1, Grundlagen, hrsg. v. *H. Jacob*, Wiesbaden 1972, S. 379.
[24] Vgl. *Lehmann, H.*, und *Dietz, R.:* Gesellschaftsrecht, 3. Aufl., Berlin – Frankfurt a. M. 1970, S. 317; *Schmeisser, G.:* Koordination des Entscheidungsprozesses der obersten Geschäftsleitung. Thun – Frankfurt a. M. 1982, S. 4f.; *Höhn, R.:* Ressortlose Unternehmensführung. Bad Harzburg 1972, S. 84ff.
[25] Vgl. *Witte, E.:* Innovationsfähige Organisation. In: ZfO 1973, S. 20f.
[26] Vgl. *Höhn* (1972); *Rühli, E.:* Unternehmungsführung und Unternehmungspolitik. Bd. 1, Bern – Stuttgart 1973, S. 151f. Zu den nachfolgenden Ausführungen vgl. z. B. *Poensgen, O. H.:* Geschäftsbereichsorganisation. Opladen 1973, S. 69, 90ff.; *Koch, H.:* Die zentrale Globalplanung als Kernstück der integrierten Unternehmensplanung. In: ZfbF 1972, S. 252; *Hahn, D.* und

Bleicher, K.: Organisationsplanung als Gegenstand der strategischen Planung. In: Strategische Unternehmungsplanung, hrsg. v. *D. Hahn* und *B. Taylor,* 2. Aufl., Würzburg – Wien – Zürich 1983, S. 299.

[27] Wichtige Merkmale derartiger Geschäftsleitungskollegien finden sich bereits bei *Albach, H.:* Betriebswirtschaftliche Anforderungen an eine langfristige Unternehmensplanung. In: ZfB Ergänzungsheft 2/1968, S. 17f.

[28] Vgl. *Hahn, D.:* Stand und Entwicklungstendenzen der strategischen Planung. In: ZfbF Sonderheft 15/1983, S. 25f.

[29] *Ansoff, H. I.:* Strategic Issue Management. In: Strategic Management Journal 1980, S. 140.

[30] Vgl. *Hahn* (1983, S. 25).

[31] Vgl. *Hahn, D.:* Strategische Planung und Mitbestimmung. In: Führungsprobleme industrieller Unternehmungen, Festschrift für F. Thomée, hrsg. v. *D. Hahn,* Berlin – New York 1980, S. 70.

[32] Siehe die näheren Ausführungen und Literaturverweise bei *Link* (1975, S. 49f.).

[33] Vgl. *Ansoff, H. I.:* Managing Surprise and Discontinuity – Strategic Response to Weak Signals. In: ZfbF 1976, S. 129ff.; *Roventa, P.:* Portfolio-Analyse und strategisches Management, 2. Aufl., München 1981, S. 349ff.

[34] Hierzu siehe im einzelnen *Link, J.:* Die methodologischen, informationswirtschaftlichen und führungspolitischen Aspekte des Controlling. In: ZfB 1982, S. 261ff.

[35] Vgl. *Krautter, J.,* und *Link, J.:* Marktorientierte Sortimentsplanung. In: RKW-Handbuch Forschung, Entwicklung, Konstruktion (F+E), hrsg. v. *H. H. Moll* und *H. J. Warnecke,* Berlin 1976, Erg.-Lfg. 1978, Kennziffer 4210, S. 4.

[36] Vgl. *Bendixen, P.:* Teamorientierte Organisationsformen. In: HWO, hrsg. v. *E. Grochla,* 2. Aufl., Stuttgart 1980, Sp. 2227f.; *Grochla, E.:* Aktuelle Strukturierungskonzeptionen in der Organisationslehre. In: Elemente der organisatorischen Gestaltung, hrsg. v. *E. Grochla,* Reinbek bei Hamburg 1978, S. 253.

[37] Vgl. *Brockhoff, K.:* Produktpolitik. Stuttgart – New York 1981, S. 189.

[38] Vgl. *Bleicher, K.:* Organisation – Formen und Modelle. Wiesbaden 1981, S. 64.

[39] Siehe im einzelnen *Schmitt-Grohé, J.:* Produktinnovation. Wiesbaden 1972, S. 121ff.

[40] Siehe im einzelnen *Schröder, H. J.:* Projekt-Management. Wiesbaden 1973, S. 75ff.

[41] *Nathusius, K.:* Grundansatz und Formen des Venture Management. In: ZfbF 1979, S. 508.

[42] Zu den nachfolgenden Ausführungen vgl. *Hanan, M.:* Corporate Growth Through Venture Management. In: HBR Jan.–Feb. 1969, S. 48ff.; *Roberts, E. B.:* New Ventures for Corporate Growth. In: HBR Jul.–Aug. 1980, S. 135f.; *Hill, R. M.,* und *Hlavacek, J. D.:* The Venture Team: A New Concept in Marketing Organization. In: Journal of Marketing, Jul. 1972, S. 46f.; *Peterson, R. W.:* New Venture Management in a Large Company. In: HBR May–June 1967, S. 71ff.; *Nathusius* (1979, S. 507ff.).

[43] Zur Bürokratiekritik siehe z. B. *Bosetzky, H.:* Bürokratie. In: HWO, hrsg. v. *E. Grochla,* 2. Aufl., Stuttgart 1980, Sp. 388; *Grün, O.:* Entbürokratisierung als Gestaltungsziel des Organisierens. In: Organisation, Planung, Informationssysteme; Festschrift für E. Grochla, hrsg. v. *E. Frese, P. Schmitz* und *N. Szyperski,* Stuttgart 1981, S. 23ff.

Strategic Planning in Diversified Companies*

R.F. Vancil and *P. Lorange*

1. Introduction

The widely accepted theory of corporate strategic planning is simple: using a time horizon of several years, top management reassesses its current strategy by looking for opportunities and threats in the environment and by analyzing the company's resources to identify its strengths and weaknesses. Management may draw up several alternative strategic scenarios and appraise them against the longterm objectives of the organization. To begin implementing the selected strategy (or continue a revalidated one), management fleshes it out in terms of the actions to be taken in the near future.

In smaller companies strategic planning is a less formal, almost continuous process. The president and his handful of managers get together frequently to resolve strategic issues and outline their next steps. They need no elaborate, formalized planning system. Even in relatively large but undiversified corporations, the functional structure permits executives to evaluate strategic alternatives and their action implications on an ad hoc basis. The number of key executives involved in such decisions is usually small, and they are located close enough for frequent, casual get-togethers.

Large, diversified corporations, however, offer a different setting for planning. Most of them use the product/market division form of organizational structure to permit decentralized decision making involving many responsibility-center managers. Because many managers must be involved in decisions requiring coordinated action, informal planning is almost impossible.

Our focus in this article is on formal planning processes in such complex organizations. However, the thought processes in undertaking planning (as described in the opening paragraph) are essentially the same whether the organization is large or small. Therefore, even executives whose corporate situation permits informal planning may find that our delineation of the process helps them clarify their thinking. To this end, formalizing the steps in the process requires an explanation of the purpose of each step.

---

2. Three Levels of Strategy

Every corporate executive uses the words *strategy* and *planning* when he talks about the most important parts of his job. The president, obviously, is concerned about strategy; strategic planning is the essence of his job. A division general manager typically thinks of himself as the president of his own enterprise, responsible for its strategy and for the strategic planning needed to keep it vibrant and growing. Even an executive in charge of a functional activity, such as a division marketing manager, recognizes that his strategic planning is crucial; after all, the company's marketing strategy (or manufacturing strategy, or research strategy) is a key to its success.

These quite appropriate uses of strategy and planning have caused considerable confusion about long-range planning. This article attempts to dispel that confusion by differentiating among three types of "strategy" and delineating the interrelated steps involved in doing three types of "strategic planning" in large, diversified corporations. (Admittedly, although we think our definitions of strategy and planning are useful, others give different but reasonable meanings to these words.)

The process of strategy formulation can be thought of as taking place at the three organizational levels indicated in *Exhibit I*: headquarters (corporate strategy), division (business strategy), and department (functional strategy). The planning processes leading to the formulation of these strategies can be labeled in parallel fashion as corporate planning, business planning, and functional planning. We have to define these notations briefly before constructing the framework of the planning process:

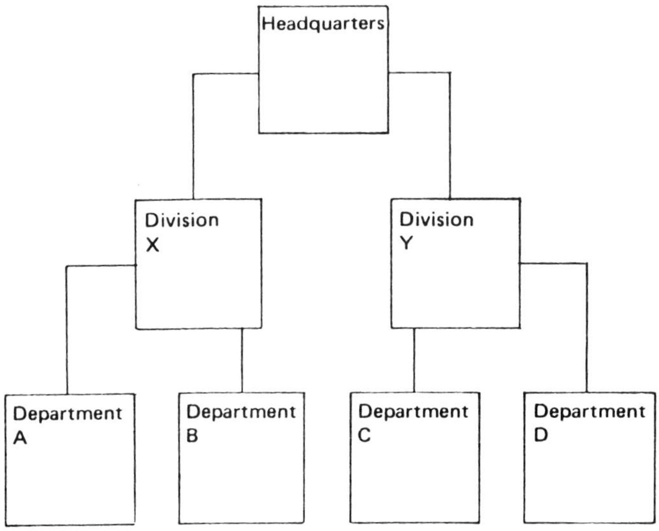

Exhibit I: Structure of a divisionalized corporation

- *Corporate planning and strategy* — Corporate objectives are established at the top levels. Corporate planning, leading to the formulation of corporate strategy, is the process of a) deciding on the company's objectives and goals, including the determination of which and how many lines of business to engage in, b) acquiring the resources needed to attain those objectives, and c) allocating resources among the different businesses so that the objectives are achieved. (See the ruled insert below for definitions of *objectives* and *goals* as used in this article.)
- *Business planning and strategy* — Business planning, leading to the formulation of business strategy, is the process of determining the scope of a division's activities that will satisfy a broad consumer need, of deciding on the division's objectives in its defined area of operations, and of establishing the policies adopted to attain those objectives. Strategy formulation involves selecting division objectives and goals and establishing the charter of the business, after delineating the scope of its operations vis-a-vis markets/geographical areas, and/or technology.
  Thus, while the scope of business planning covers a quite homogeneous set of activities, corporate planning focuses on the portfolio of the divisions' businesses. Corporate planning addresses matters relevant to the range of activities and evaluates proposed changes in one business in terms of its effects on the composition of the entire portfolio.
- *Functional planning and strategy* — In functional planning, the departments develop a set of feasible action programs to implement division strategy, while the division selects — in the light of its objectives — the subset of programs to be executed, and coordinates the action programs of the functional departments. Strategy formulation involves selecting objectives and goals for each functional area (marketing, production, finance, research, and so on) and determining the nature and sequence of actions to be taken by each area to achieve its objectives and goals. Programs are the building blocks of the strategic functional plans.

Objectives and Goals

It is worth differentiating between *objectives* and *goals*, since these terms are used separately here.

Objectives are general statements describing the size, scope, and style of the enterprise in the long term. They embody the values and aspirations of the managers, based on their assessment of the environment and of the capabilities and health of the corporation. For example, the financial objective of a large, diversified, multinational corporation might be to rank in the top 10 % worldwide in compound rate of growth in earnings per share.

Goals are more specific statements of the achievements targeted for certain deadlines. At the corporate level these statements are likely to include such aspects as sales, profits, and EPS targets. Annual budgets constitute goals at all levels in the organization.

Obviously, these levels of strategy impinge on each other to some extent — for example, the corporation's choice of business areas overlaps the scope of division charters, and the delineation of the markets by the division can dictate, at the department level, the choice of strategy in the marketing function. But the distinction remains valid and useful.

3. Three-Cycle System

An important point to note about the planning process is that it requires formal interaction among the managers at different tinies. The more formal aspects — business planning, functional planning, and budgeting — are a way of organizing the interaction among managers at different levels in the hierarchy; one way of conceptualizing the planning process is as a series of meetings where executives are trying to arrive at decisions about actions to be taken. In each meeting, obviously, the basic question being addressed is the same: "What should we do?"

A detailed answer to that question is best developed by breaking it into a series of more specific questions dealt with in several meetings. These questions include: What are the objectives and goals of our company? what sort of environment can we expect to operate in? What businesses are we in? What alternative strategies could we pursue in those businesses? What other businesses should we enter? Should we make entry through an acquisition or through our research? What is the best combination of existing and new businesses to achieve corporate goals? What programs should the divisions undertake? What should each division's operating budget be?

The series of agreements among individuals in the corporate hierarchy begin on a very broad level and then are framed in progressively more detailed terms. The options are numerous in the early stages of this ordering process but narrow gradually to the final choice: a set of specific goals (budgets) for each responsibility center in the corporation. Initially, only a small group of corporate executives is involved in the process; later, more and more managers at lower levels become involved. The process eventually engages all the managers who must be committed to making the strategy work.

The reason companies adopt a complex planning process such as that shown in *Exhibit II* is made clear by the example of a multibillion-dollar, diversified corporation, headquartered in Europe and multinational, which had a well-established budgeting process but found "negotiating" the final budget in the closing months of each year to be difficult. The company was divisionalized, but it had decentralized very little initiative for examining strategic options.

Top management, increasingly uneasy over its ability to resolve all the strategic issues implicit in the budget, decided to ask the divisions to prepare formal five-year plans for its approval before drawing up the final corporate budget. The controller's department was to coordinate the preparation of the detailed plans. The company moved from a one-cycle planning system to a two-cycle system, as shown in *Exhibit*

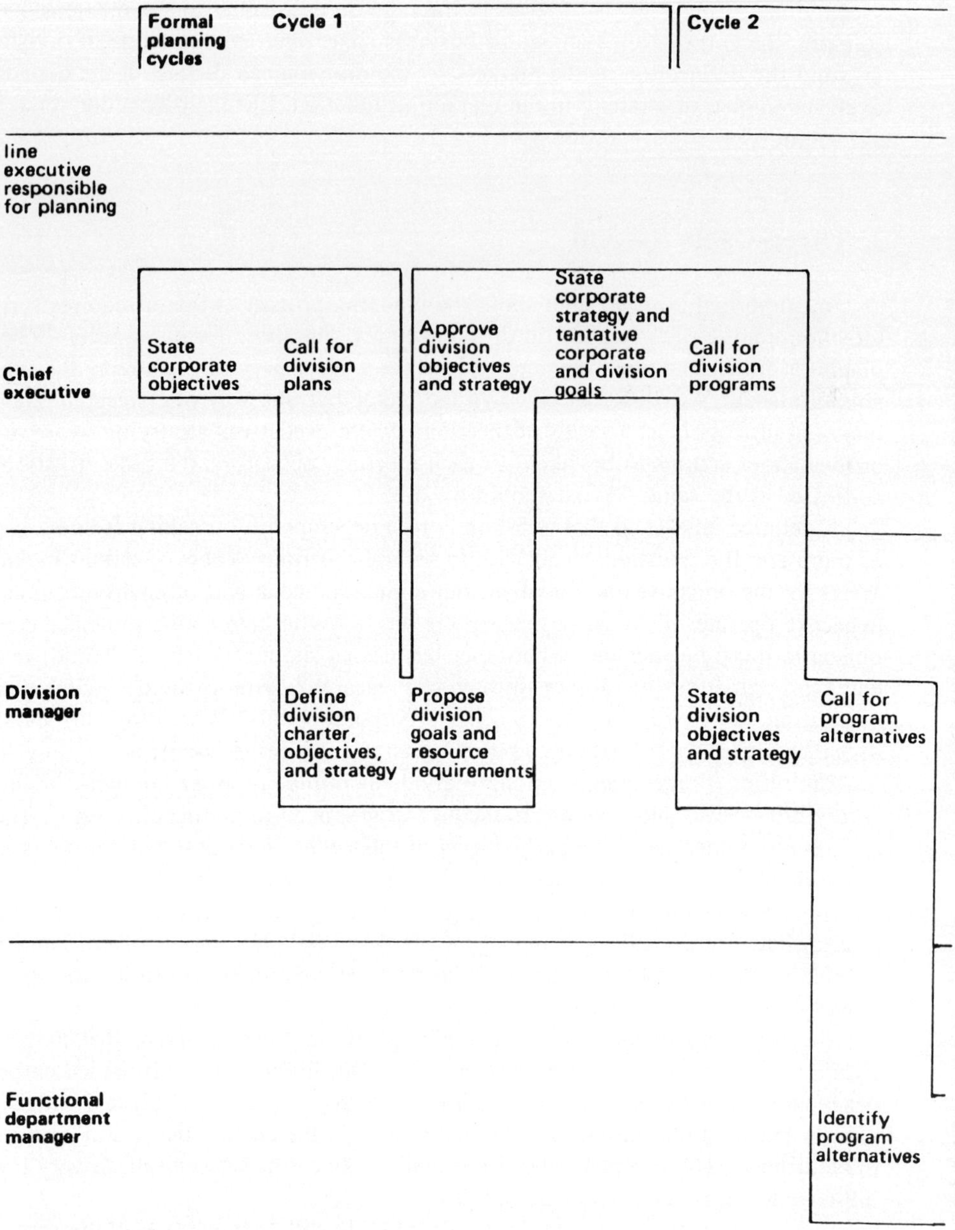

Exhibit II: Steps in the planning process

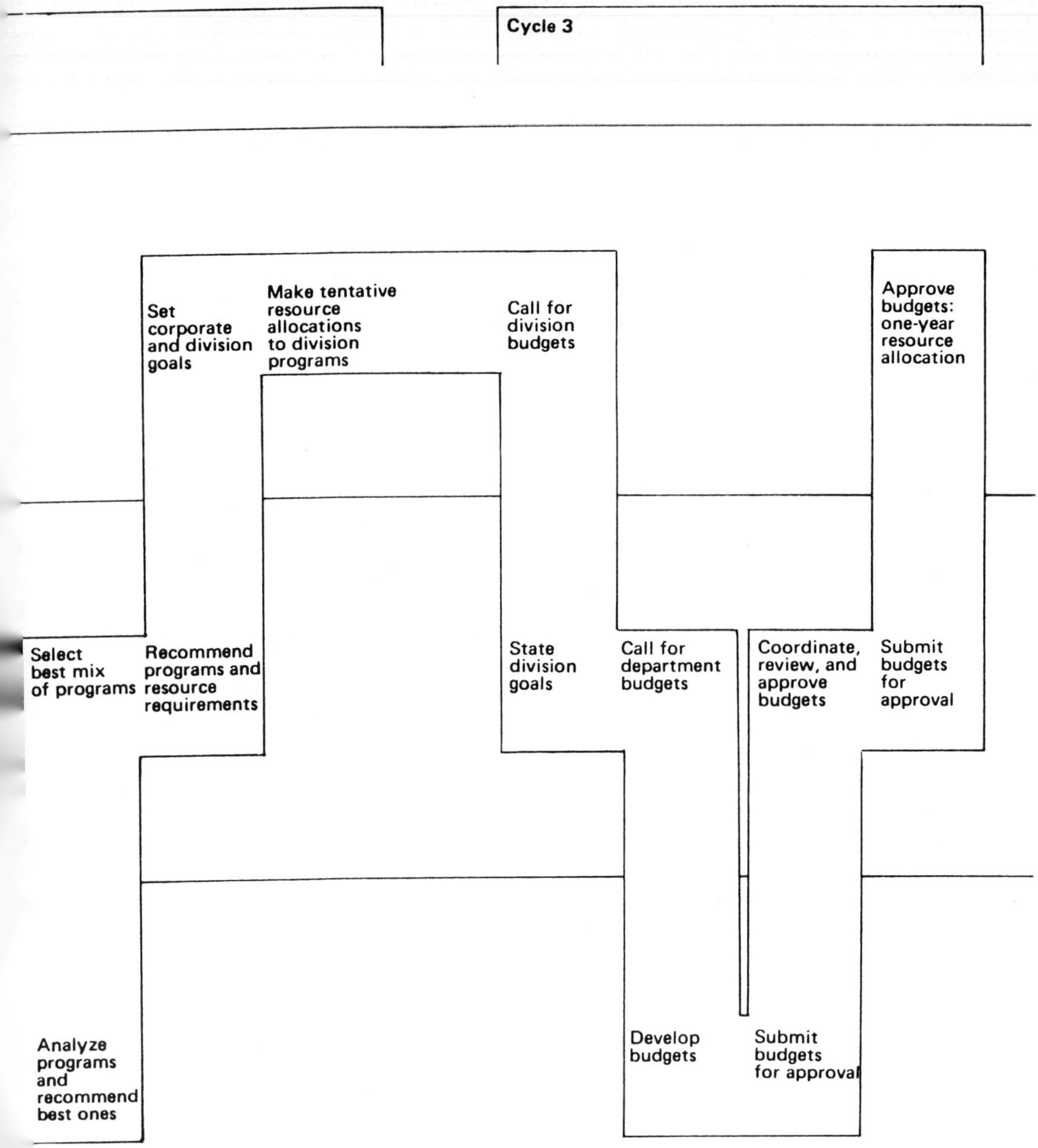
Cycle 3
Set corporate and division goals
Make tentative resource allocations to division programs
Call for division budgets
Approve budgets: one-year resource allocation
Select best mix of programs
Recommend programs and resource requirements
State division goals
Call for department budgets
Coordinate, review, and approve budgets
Submit budgets for approval
Analyze programs and recommend best ones
Develop budgets
Submit budgets for approval

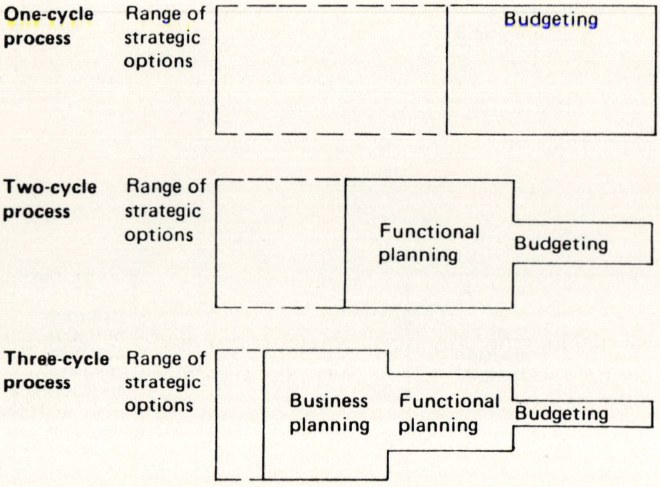

Exhibit III: Examples of one-, two-, and three-cycle planning processes

III. The result was a flood of paper work and very little strategic thinking on the division managers' part.

When top management reviewed the first set of five-year plans — a 20-pound packet of neat notebooks — it decided the results were unacceptable. It made suggestions to the divisions and requested a new set. This process was repeated no fewer than five times during the summer and early fall before all sides reached agreement and the budgeting could proceed.

After this experience corporate management agreed that the procedure needed much improvement. So in the following year the company installed a three cycle system. The first step required no comprehensive financial projections; instead, each division manager was asked to identify three or four strategic issues for presentation and discussion at headquarters. Agreement on those issues set the stage for orderly functional planning and budgeting, which had been so cumbersome before.

An important point to note about *Exhibit II* is its demarcation vertically, by cycles, and also horizontally, by activities at the three managerial levels. The degree of involvement at these levels is different in each planning cycle.

In the first cycle, corporate executives and division managers are primarily involved. A division manager draws his functional subordinates into discussions about the unit's strategy, but the functional managers' role usually remains informal. At this point the division manager regards the strategy as "his"; then, seeking the head office's endorsement, he formalizes it for better communication.

Once the division's strategy is set, the second cycle begins; here functional managers play a much more important part. In both that cycle and the budgeting cycle, they have the primary responsibility for developing detailed programs and budgets. The division manager and his staff are involved more of less actively in these two cycles, while top management limits itself to a review of division proposals.

Exhibit II, of course, makes no pretense of depicting the planning process as it is universally practiced; it is only illustrative. Nor is the process as neat and orderly as it appears here. For one reason, the process does not start from scratch each year; the previous year's efforts feed into the first cycle. Moreover, while managers plan, the world keeps turning, so during a cycle events may oblige them to hold many meetings involving two levels.

4. First Cycle

The first cycle of a formal planning process serves a dual purpose: (1) to develop a tentative set of agreements between corporate management and the division managers about overall strategy and goals, and thereby (2) to provide focus for the more detailed planning in the next cycle. The process of reaching these initial agreements requires three discrete activities: establishing corporate objectives, drawing up division charters, and setting corporate goals. The ensuing discussion centers on these activities in a hypothetical (but representative) corporation whose fiscal year corresponds with the calendar year.

4.1 Establishing Corporate Objectives

In the initial dialogue between corporate and division management — starting in early February — the two groups form a statement of the corporation's purpose and objectives. Naturally, its scope and the degree of detail provided vary greatly from one company to another. Company X prepares a detailed statement, starting this year with the general assertion that it is a "systems-oriented, high-technology, multinational, and socially conscious company."

The principles set out mainly for strategic planning include breakthrough strategies (such as "seek projects, internal or external, waiting for application rather than invention"), resource management (such as "continuous emphasis on market orientation as opposed to product orientation"), financing ("utilization of the borrowing power of subsidiaries to escape the provisions of the debentures and foreign investment regulations"), public relations ("genuine concern for the quality of life, inside and outside the company"), acquisitions,joint ventures, licensing ("export and import technology in the form of licenses or joint ventures, including third countries"), and so on.

The preparation of such a statement gives division managers guidance as they begin strategic planning for their businesses. So as a minimum the statement must include the intended company policies for allocating resources among the divisions. In effect, such policies constitute a statement of strategy for the entire corporation although many businessmen are uncomfortable using the term "strategy" in such an abstract sense. Therefore, the delineation of an explicit statement of corporate strategy is often deferred until the final step in the first cycle.

Whether corporate strategy should be enunciated early or late in the planning process depends primarily on the degree of diversity in the company's businesses. In general, the more diverse the corporation, the less feasible it is to develop an explicit, cohesive strategy for its businesses and, therefore, the more desirable it is to make the resource allocation policies explicit at an early stage. On the other hand, less diversified companies frequently delay preparing a strategy statement until the division heads have developed strategic proposals for their own businesses. Many large corporations are divisionalized, but not so many are highly diversified. The more common practice is to delay the definition (or redefinition) of corporate strategy until it can be stated in fairly explicit terms.

4.2 Drawing up Division Charters

In mid-March headquarters calls on each division manager to a) write or review the "charter" of his division, specifying the scope of its activities and his objectives for the business as he defines it, and b) propose a strategy for the business and a tentative set of goals for the coming year.

Giving the initiative to the division manager at this step challenges him to think strategically about the scope of his activities and then propose a charter broad enough to permit him to contribute significantly to achieving corporate objectives. Formalizing this step in the planning process is an important device by which corporate management widens the horizons of division heads. An explicit charter also serves two secondary purposes: (1) it increases the likelihood of clear agreement between the top executives and the division rnanager about the scope of his activities, and (2) it reduces the risk of redundant efforts or competition between divisions.

Establishing a division's charter is not a discrete activity; it is inextricably connected to the task of identification and analysis of alternative strategies that exploit the charter selected. Obviously, the decision based on this analysis is crucial because the long-term performance of any division is a function of the strategy it adopts, and the performance of the company as a whole is likewise a function of the strategies of its particular businesses.

Although the initiative for identifying and analyzing strategic options lies with the division manager, guidelines that headquarters gives him for presentation of his proposals affect the way he pursues the task. Increasingly common is a request by corporate management that when he proposes a strategy and specifies goals, at the same time he also present a statement of the alternative strategies which he has evaluated and rejected. The intent is not to permit the head office to second guess the division manager's thinking, but to ensure that he used strategic thinking in arriving at his recommendations.

In mid-May, four to ten weeks after headquarters presents its request for division proposals, the unit's manager presents his recommendations to the corporate management group. The presentation consists at least of an integrated proposal for the division's charter, its objectives, the strategy to be pursued, and tentative goals. The recommendations may also include a general statement of the action programs that would be developed to implement the strategy (developed in more detail in the second cycle) and a crude estimate of the resources that would be required. Detailed financial data are usually not included at this step because such information is not necessary to evaluate the strategy and because the effort of preparing it may go to waste if the recommendations are modified.

In the ensuing discussions, which extend over several meetings in late spring, corporate management and each division chief work toward reaching an agreement about the appropriate division strategy and goals.

4.3 Setting Corporate Goals

By the middle of June top management has prepared an explicit statement of corporate strategy and goals. In some companies this document is, in effect, a set of decisions on how resources are to be allocated among the divisions, as well as a forecast of the results expected from each. In rnost cases, however, the statement is not intended to constitute a final resource allocation decision; rather, it is designed to provide feedback to the division managers about the corporate implications of the agreed-on business strategies. The presentation and discussion of corporate strategy and goals are also commonly used as a device to initiate the second cycle of the planning process.

The sum of the recommended division goals is likely to be inadequate to achieve the goals envisioned by headquarters for the entire organization. In trying to close this "planning gap", corporate management has only three choices:

1. It can improve division performance by pressing, during the review of division recommendations, for more aggressive strategies and more ambitious goals.
2. It can divert company resources into more promising businesses. This move may give rise to an acquisition program.
3. It can decide that the corporate goals are unrealistic and scale them down.

The fact that the corporation's goals normally are more or less the sum of those division goals sought by top management implies that headquarters is concerned with rather minor adjustments of this portfolio of goals. If so, the first cycle of formal panning has the salutary effect of providing an annual "mid-course correction" to the trajectory of the combined businesses. Momentum is a factor in the continued success of a diversified corporation — as with a rocket headed for the moon — and a wise chief executive does not dissipate it needlessly. Rather, he nudges the bundle of energies represented by his division managers, trying to make minor adjustments early enough to be nondisruptive and at the same time affect the corporations position several years ahead.

Occasionally — perhaps inevitably — a major corporate shift is necessary, affecting one of its businesses. Care must be taken to isolate the effect on the remaining businesses. In late spring a couple of years ago, for exarnple, top management of a major diversified corporation went through its usual review of division strategic plans. One operation, created to develop a substantial new business for the corporation, presented its usual story: "Buying market share in this high-technology business is very expensive, breakeven is still two or three years away, and additional investment of several hundred million dollars is required. But the eventual profits will be enormous."

The division's management concluded that it was progressing about as expected and that its strategy was sound, and it recommended continued aggressive investment. With minor modifications, top management approved the proposal. Three months later the company abruptly announced that the business would be discontinued and the investment written off.

Poor planning? Obviously, the decision to enter the business was a mistake. But implementation of that decision, and the planning done to minimize the investment exposure without compromising the chances for success, were probably sound. There are two important lessons here about the process of corporate planning:

1. Strategic decisions like this divestment are not made in accordance with some precise timetable. They are made whenever top management reaches the conclusion that interference in a unit's affairs is necessary.
2. Formal planning procedures are *not* intended to facilitate strategic decisions such as this — if only because a division manager rarely recommends the disposal of his operation. Rather, formal corporate strategic planning has the more modest, if no less crucial, purpose of seeking to optimize the collective thrust of the continuing businesses.

Approving a division's strategic plan but closing the unit three months later is not hypocrisy or poor planning. The ax is much more merciful than the slow strangulation of providing inadequate resources. In the meantime, until the ax falls, division management must prove the viability of its business. For its part, headquarters must not fail to recognize the difference between a sound plan and a sound business. A sound plan deserves approval, but only top management can decide whether the business is sound enough to continue implementation of that plan.

5. Second Cycle

The second planning cycle also has two purposes. First, each division head and his functional subordinates should reach tentative agreement on the action programs to be implemented over the next few years. Second, the involvement of functional managers in the long-range planning process should deepen and sharpen the strategic focus of the business and thus provide a better basis for the even more detailed budgeting task to follow.

The division manager in Company X initiates the functional planning process in the middle of June after reaching tentative agreement with top management about his organization's charter, objectives, strategy, and goals. In the first planning meeting with subordinates, he briefly reviews the corporate/division dialogue that has just concluded and describes the approved division objectives and strategy.

At this time he usually does not make explicit the sales or profit goals, even though tentative agreement on targets has been reached. There are two reasons for dealing in generalities at this point. First, being specific might constrain the thinking of the functional managers, who have the chance in this cycle to make a creative contribution toward achieving the division's objectives. Second, division goals will become final only when corporate management has approved the unit's programs and allocated resources to implement them.

Long range planning by functional managers is conceptually a simple process, being limited by the tentative agreements reached in the first cycle. It is operationally more complex than the planning activity in the first cycle, however, since it requires substantially more detailed plans and involves many more people. The purpose of such "programming" — so called because the activity focuses on specific programs — is so translate the division's externally oriented business strategy into an internally directed, coordinated set of activities designed to implement it. Inasmuch as the resources available for implementation are always limited, programming must help ensure their optimal use.

Obviously, the scope, magnitude, and duration of a program depend on the nature of the goal. In the broadest sense, a product division of a diversified corporation might be conceived of as a "program". The division manager's goal may be stated in simple financial terms and extend over serveral years, and his discretion may be constrained only by a charter for his product line and the availability of corporate resources. In such a situation, the division program may be international in scope, almost unlimited in breadth of product line, and may involve hundreds of millions of dollars in expenditures. At the other end of the spectrum, the sales manager for a district in the northeast region of that division may have been charged with improving market penetration by 10 % over the next 18 months. His actions also fulfill the definition of a program.

Formalized Programming

The need to formalize the programming process grows as functional interdependence in the business increases and as more time is required to evaluate the effectiveness of alternative functional plans. Formalization is designed to improve the specification of programs and the matching of programs and goals.

The charter and strategy for the business and the objectives and goals that top management has set for it limit the functional manager's strategic planning. Within those constraints, however, he may still enjoy very broad discretion concerning the best course to take. His challenge is to devise more effective ways to combine the available resources in order to achieve his goals. A useful way to look at the specification of programs is in terms of the chronology for involvement of the functional departments. In a typical manufacturing enterprise there are four types of programs to be developed:

1. *Existing revenue programs* — An example is the development of a set of marketing programs for the existing product lines.
2. *New revenue programs* — Planning the development and introduction of new products is an example.
3. *Manufacturing programs* — Typically, sales forecasts by product line are furnished to the manufacturing function, which develops the programs necessary to meet the revenue goals in the marketing programs.
4. *Support programs* — Managers of other functional support activities, such as administration, may also get involved in the development of programs.

The programming process, even when formalized, is inevitably haphazard because it requires repeated interaction among the departments. The intended result is a plan that is integrated like the two sides of a coin. On one side is the set of action programs and on the other a coordinated statement of the resources needed by each functional manager to execute his part of the program.

A major purpose of the formal programming process is to review the ongoing programs to see whether they can be expected to fulfill the goals for which they were designed. Or, if more effective programs have been devised, the existing ones must be modified or discontinued. At the same time, some "old" programs may be nearing completion, and new ones will need approval if the goals are to be met. Programming also involves coordination of functional activities to ensure that the selected programs can be implemented efficiently. Each functional department must understand the implications of a set of programs for its own activities, and the department manager must accept the tasks assigned him and the resources to be made available to him.

In our mythical Company X, after much analysis and discussion the division manager and his functional subordinates finally agree by the end of August on a set of programs to recommend to headquarters. This time, in contrast to the first, a more elaborate presentation is in order and a large number of managers — corporate and division, line and staff — may attend.

6. Third Cycle

The third cycle of the formal planning process needs little explanation. Naturally, throughout the planning process top managers and division executives often discuss the allocation of resources among the division. But it becomes the focus of attention in the last step of the second cycle, when the divisions have completed their program proposals and sent them to the head office for approval. At this point (mid-September at Company X), decisions on allocation of resources can be made, subject to final approval when the detailed budgets are submitted (in mid-November). These general points are worth making here:

- Resource allocation is almost always a very informal, unstructured process, heavily dependent on the skill in advocacy and political weight of the executives concerned. Since it is also a continuous process, by the end of the second cycle the risk of serious mismatch between programs and resources is unlikely — if headquarters/division communications have been good.
- Although programs may have an expected life of several years, resources are usually allocated for only one year at a time. Whether top management will make a commitment to meet next year's needs will depend on the scale and timing flexibility of the program in the competition for resources.
- Although resource allocation to projects is based on a perception of the desirability of each, corporate planning attempts to ensure that each also fits into a portfolio of undertakings.

7. Raising the Odds

The formal long-range planning process in large, diversified corporations is both simple and complex. Conceptually, the process is very simple a progressive narrowing of strategic choices although it may involve many steps along that path. Operationally, the process is far more complex than the activities we have described because the formal part of the process is only the tip of the iceberg. Good strategic planning can take place only when qualified managers engage in creative thinking and creativity, by definition, cannot be produced on a schedule.

Yet there is little doubt that formalizing the planning process is worthwhile; it ensures that managers at all levels will devote some time to strategic thinking, and it guarantees each of them an audience for his ideas. While formal strategic planning cannot guarantee good ideas, it can increase the odds sufficiently to yield a handsome payoff.

F Implementierung und Kontrolle im Rahmen der strategischen Unternehmungsführung

Strategische Steuerung –
Bedeutung im Rahmen des Strategischen Management *

S. Munari und *C. Naumann*

1. Strategische Steuerung im Konzept des Strategischen Management

Die *Strategische Steuerung* umfaßt die Durchsetzung und Kontrolle der Pläne, die in der strategischen Programmplanung und in der Rahmenplanung erarbeitet und beschlossen werden [1]. Wenn ein Unternehmen strategische Planung betreibt und diese auch ernst nimmt, so sind Systeme und Instrumente einzusetzen, die den Prozeß der Realisierung derartiger Pläne unterstützen.

Allerdings wird sich die Praxis erst allmählich der Notwendigkeit bewußt, eine systematische, Strategische Steuerung zu betreiben [2]. Es werden zwar strategische Pläne verabschiedet, Schritte zu ihrer Überführung in die nachgelagerten Planungssysteme erfolgen aber unzureichend, Kontrollen sind weiterhin an kurzfristigen Erfolgsgrößen orientiert und im übrigen ist die Organisation nicht genügend auf den strategischen Wandel vorbereitet.

Eine Ursache dafür liegt in dem Verständnis, das die Unternehmensleitung von der Organisation hat. Betrachtet sie das Unternehmen als ein geschlossenes System, in dem eine vorgegebene Regelgröße die gesamte Organisation durchläuft und zum gewünschten Soll-Zustand führt, dann widerspricht eine derartige mechanistische Auffassung den realen Gegebenheiten in Organisationen. Allein die Art und Weise, wie strategische Pläne erstellt werden, kann einen starken Einfluß auf ihren Implementierungserfolg haben. Damit sind verhaltensbedingte Dysfunktionen bei Planung und Durchsetzung angesprochen [3].

Werden beispielsweise Planerstellung und Planimplementierung von unterschiedlichen Stellen bzw. Abteilungen durchgeführt, ergeben sich zwangsläufig motivationale Probleme; hinzu kommt die Gefahr, daß die Betroffenen versuchen werden, nicht akzeptierte Teile des Plans zu verändern oder zu umgehen. Werden auf der anderen Seite Planung und Implementierung zu stark dezentralisiert, besteht die Gefahr einer unzureichenden Koordination zwischen den Bereichen einer Unternehmung.

---

* Dieser Beitrag wird abgedruckt mit freundlicher Genehmigung des Handelsblatt-Verlages, Düsseldorf, aus: ZfbF, 36. Jahrgang 1984.

Die Strategische Steuerung hat auf der Grundlage der in der Strategischen Planung erarbeiteten bzw. in der Exploration rekonstruierten *strategischen Maximen* die Steuerung und Regelung der operativen Planungs- und Kontrollsysteme zu gewährleisten. Damit nimmt die Steuerung im wesentlichen die Funktionen wahr, die die klassische „Management-Process-School" unter dem Akronym „*POSDCORB*" zusammengefaßt hat [4], wobei das P (für planning) ausgeklammert werden kann, da dies bereits durch die strategische Analyse und Planung abgedeckt ist.

Diese Steuerung beschränkt sich aber nicht nur auf Kategorien der *strategischen Programmplanung* [5]. Auch der *unternehmenspolitische Rahmenplan*, in dem Unternehmenszweck und -ziele, die Identität des Unternehmens, sein Image und seine Philosophie formuliert werden, kann Gegenstand der Strategischen Steuerung sein. Insbesondere dann, wenn ein Wandel geplant ist, der fundamentale Einstellungen im Unternehmen betrifft, wird die Steuerung zu einer besonders kritischen Variable.

Kirsch und Trux [6] sehen hier in der Strategischen Steuerung einen Anwendungsfall des *Social Marketing*. Dahinter steht der Gedanke, daß die Instrumente, die im Rahmen des Social Marketing zur Diffusion sozialer Ideen und Politiken eingesetzt werden, ebenso im Unternehmen zur Durchsetzung von strategischen und unternehmenspolitischen Überlegungen angewandt werden können [7].

Die Strategische Steuerung sollte demzufolge die Fähigkeit aufweisen, die Varietät der Umwelt in ihrer Relevanz für das Unternehmen einzuschätzen und zu kontrollieren. Je sensibler das Steuerungssystem ist, desto mehr Varietät wird es bewältigen können. Konkret bedeutet dies, möglichst realistische Kenntnis darüber zu haben, mit welchen Aktionen durch das Unternehmen die definierten Schlüsselgrößen, wie z. B. der Marktanteil, im Hinblick auf die darauf reagierende Umwelt positiv beeinflußt werden können. Generell werden diese Schlüsselfaktoren das Erfolgspotential betreffen; ihre adäquate Steuerung wird daher die langfristige Überlebensfähigkeit des Unternehmens sichern [8].

Gälweiler hält es deshalb für wichtig, „daß ein Meßinstrument geschaffen wird, also eine Methodik besteht, um auch die Führungsgröße Erfolgspotential zu messen oder – vorsichtiger gesagt – zu beurteilen und zu bewerten" [9]. Das traditionelle Rechnungswesen ist nur in ungenügender Weise geeignet, Informationen zu liefern, die das Erfolgspotential betreffen. Dazu gehören beispielsweise Größen wie Marken- und Firmenimage, Produktivität, Marktanteile, Wettbewerbsvorteile etc. Es sind entsprechende Anstrengungen erforderlich, um ein Informationssystem zu entwickeln, das diese Größen enthält und vor allem ihren dynamischen Verlauf erfaßt.

Wenden wir uns nun den Aufgaben der Strategischen Steuerung zu. Zunächst einmal muß eine Konkretisierung der strategischen Programme erfolgen, wobei die Schwierigkeit in der Übersetzung strategischer Kategorien in operative Kategorien liegt. Der Konkretisierung folgt eine Phase der Ressourcenzuteilung, also der Budgetierung der konkretisierten strategischen Pläne. Im Rahmen der strategischen Kontrolle werden dann Prozeß, Ergebnis und Prämissen bei der Strategieumsetzung überprüft. Schließlich sind auch Fragen der Anpassung der Organisation und der Führungssysteme zu behandeln.

2. Konkretisierung strategischer Programme

Ein Hauptproblem bei der Strategieimplementierung liegt darin, zwei strukturell unterschiedliche Kategorien zu handhaben. Ein strategischer Plan unterscheidet sich qualitativ von einem operativen Plan. Folgende Übersicht (Abb. 1) soll wesentliche Unterschiede verdeutlichen:

Dimensionen	Strategischer Plan	Operativer Plan
Abstraktionsgrad	hoch	gering
Bezugszeit	tendenziell langfristig	tendenziell kurzfristig
Komplexität	hoch	mittel bis gering
Strukturierungsgrad	unstrukturiert	strukturiert; vorgegebene Prozeduren
Art der Information	hohe Unsicherheit, qualitativ	geringe Unsicherheit, quantitativ
Kontrollierbarkeit	gering	hoch

Abb. 1: Strukturunterschiede zwischen strategischen und operativen Plänen

Bedingt durch die qualitativen Unterschiede zwischen strategischen und operativen Plänen stellt sich das Problem, eine adäquate Übersetzung von einer Kategorie in die andere vorzunehmen. Es muß folglich eine *Übersetzung* geleistet werden, damit im Rahmen der Strategiekontrolle geprüft werden kann, inwieweit der entwickelte operative Plan und dessen Realisierung den strategischen Intentionen [11] entspricht.

In der Praxis ist zwischen strategischer und operativer Planung in der Regel eine Mittelfrist-Planung eingeschoben, die meist eine Bezugszeit von 5 Jahren aufweist [12]. In der derartigen Planung, die z. B. als Produktlinienplanung angelegt ist, können für die geplanten Strategien sukzessive Stufen der Realisierung konkretisiert, bei sehr langfristigen Strategien zumindest erste Schritte eingeleitet werden. Dazu ist es zweckmäßig, eine *Gap-Analyse* durchzuführen. Sie ermöglicht es, die Differenz zu ermitteln, die sich zwischen der Zielprojektion (gewünschter angestrebter Soll-Zustand des Unternehmens) und dem prognostizierten Soll-Zustand unter der Annahme einer unveränderten Geschäftspolitik ergibt [13].

Die Gaps können nun für einzelne Produktgruppen, Produktlinien oder Geschäftsbereiche bestimmt werden. Ihre Bedeutung liegt in der Abschätzung zukünftiger Umsatz- oder Ergebnislücken, die es durch neu zu entwickelnde Aktivitäten zu schließen gilt. Der Rahmen dieser Aktivitäten ist durch die strategische Programmplanung vorgegeben, die die strategischen Stoßrichtungen festlegt. Der Vorteil der Gap-Analyse liegt in ihrer Quantifizierung wichtiger Steuerungsgrößen, womit die „Prosa" der strategischen Planung einen

Zahlenhintergrund bekommt, aus dem sich konkrete Maßnahmen und Projekte für die operativen Funktionsbereiche planen lassen.

Bei der Konkretisierung strategischer Programme kommt es darauf an, ein Instrument zu schaffen, wo über die Verbindung von Strategie und Operation diskutiert werden muß [14]. Dies wird um so leichter fallen, je stärker das strategische und das operative Planungssystem aufeinander abgestimmt sind. „Eine Gestaltung von Operativer und Strategischer Planung nach dem gleichen Prinzip erleichtert die Integration dieser beiden Planungen sowie dementsprechend die Überwachung und Kontrolle der strategischen Pläne [15]".

Als „Überführungsinstrument" eignet sich u. E. das Projektmanagement, da es die Durchführung komplexer Aufgaben, und als solche ist die Realisierung einer Strategie anzusehen, erleichtert [16]. Im folgenden sollen einige Probleme des Projektmanagements eingehender diskutiert werden, weil ihm eine zentrale Bedeutung bei der Implementierung strategischer Programme zukommt.

Worin liegen die Hauptschwierigkeiten bei der Überführung von Strategien in Projekte [17]?

a) Oft ist eine Verselbständigung von Projekten festzustellen, d. h. der Zusammenhang von Strategie und Projekt ist verlorengegangen.
b) Der Aufwand eines Projekts steht in keinem vernünftigen Verhältnis zum erwarteten oder erreichten Ergebnis. Die Ursache ist in der Schwierigkeit zu sehen, strategische Projekte in Kosten und Erträge zu quantifizieren, wenn man beispielsweise an die Entwicklung eines neuen Produkts denkt.
c) Projektfortschrittskontrollen im Hinblick auf strategische Intentionen werden nicht oder in zu geringem Maße durchgeführt, was zur Folge hat, daß die Zielorientierung nachläßt und der Zusammenhang zur Unternehmensmission, ähnlich wie unter a), nicht mehr nachvollziehbar ist.

Folglich setzt eine Dekomposition von strategischen Programmen voraus, daß die Mission des Unternehmens und seine grundlegenden Ziele bekannt sind.

King bezeichnet die notwendigen Kategorien der strategischen Planung und Steuerung „strategic choice elements" [18]. Bestehen wohl-definierte Verknüpfungen zwischen diesen Elementen, zu denen neben Unternehmensmission und Zielhierarchie auch Strategien und verfügbare Ressourcen zählen, so sind die Chancen einer erfolgreichen Implementierung des Plans erheblich gewachsen.

Liegen einmal die genannten Kategorien in operationaler Weise vor, sind damit auch *Filterkriterien* zur Beurteilung von Projekten und Maßnahmen gegeben. Es sind folgende Fragen bei deren Beurteilung zu prüfen:

a) Bewegen sie sich im Rahmen der *Unternehmensmission?*
b) Werden durch sie ein oder mehrere *Unternehmensziele* gefördert?
c) Sind Projekte bzw. Maßnahmen und ihre erwarteten Ergebnisse *kompatibel* mit einer entsprechenden *Strategie* [19]?
d) Erhöht sich die *Wettbewerbsposition* der betreffenden Produktlinie bzw. des Geschäftsbereiches?

Die Evaluierung eines Projekts ist zu verfeinern durch weitere Kriterien die aus den oben genannten Kriterien abgeleitet werden können.

So sind beispielsweise die einzelnen Dimensionen der Wettbewerbsposition, die im Rahmen der strategischen Analyse ermittelt wurden, daraufhin zu untersuchen, ob sie verbessert werden [20]. Dies ist auch eine wichtige Aufgabe im Rahmen der Kontrolle, die später noch zu behandeln sein wird. Bei der Steuerung der eigenen Wettbewerbsposition sollten auch feedback-Informationen zur strategischen Analyse gegeben werden, weil bei der konkreten Umsetzung eventuell neue Kriterien oder Schwerpunkte generiert werden.

Stehen mehrere Projekte zur Auswahl, können *Scoring-Modelle* eingesetzt werden, die über eine Gewichtung der Kriterien eine ordinale Bewertung vornehmen und damit einen Vergleich zwischen verschiedenen Projekten ermöglichen [21]. Es ist offenkundig, daß derartige Bewertungen problematisch sind; trotzdem gelten sie als praktikabel und bieten zumindest eine erste fundierte Beurteilungsmöglichkeit.

Sind bestimmte Projekte genehmigt und initiiert, sind sie in das laufende Projektmanagement zu integrieren [22]. Wichtig ist, daß im weiteren Verlauf der Projektrealisierung die strategischen Intentionen im Blickfeld bleiben. Zweckmäßig ist sicherlich die Einsetzung eines Projektmanagers, der das Projekt, analog zum Produktmanager, über alle Funktionsbereiche koordiniert und betreut.

3. Die Budgetierung der konkretisierten Programme

Sind nun mittelfristige Maßnahmen und Projekte aus den strategischen Programmen entwickelt, ergibt sich die Notwendigkeit einer umfassenden finanziellen und kapazitativen *Ressourcenzuteilung*. Die strategischen Programme müssen budgetiert werden, um den „Etat" des Unternehmens abzuschätzen und in ein Gleichgewicht zu bringen und vor allem, um die kurz- und mittelfristigen Objectives verbindlich festlegen zu können.

Lorange schlägt ein matrixartiges Budgetierungsverfahren vor, in dem jeweils die strategischen Programme quer über alle Funktionsbereiche budgetiert werden und gleichzeitig die Budgets, die sich aus den Teilaufgaben der Funktionsbereiche an den Programmen ergeben, festgelegt werden [23].

Der Vorteil in diesem Verfahren liegt darin, daß

a) der Aufwand für jedes strategische Programm ermittelt wird und damit eine spätere Ergebniskontrolle erleichtert wird;
b) ersichtlich wird, welche funktionalen Bereiche in welchem Umfang an der Realisierung einzelner Programme beteiligt sind, womit auch die kapazitätsmäßigen Konsequenzen leichter abgeschätzt werden können;
c) eine Zusammenfassung und Zuordnung der Projekte zu bestimmten strategischen Programmen erfolgt und
d) ein Überblick über die Programmstruktur des Unternehmens ermöglicht wird. Bei der Beurteilung der Investitionsanträge läßt sich dann leicht prüfen, in welchen Quadranten der strategischen Matrix welche Investitionsvolumina geplant werden (d. h. es läßt sich eine Art Investitionsportfolio erstellen).

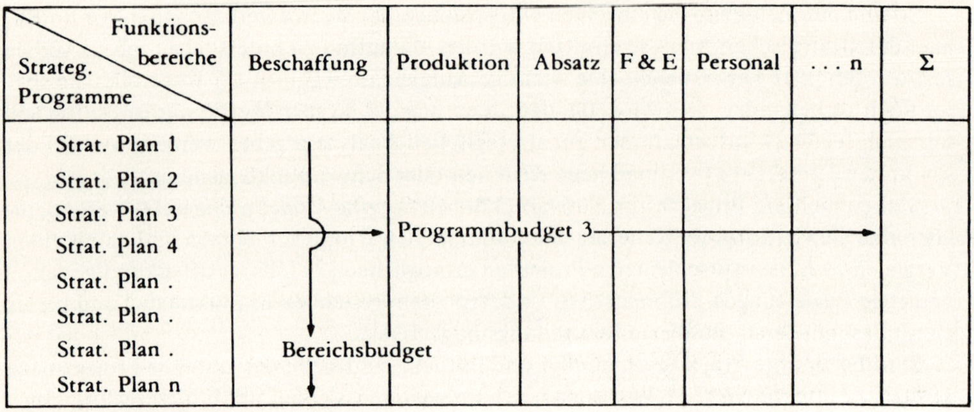

Abb. 2: Strategische Programmbudgetierung

Die Budgetierungsmatrix läßt sich beliebig verfeinern, indem zusätzliche Kategorien zur Aufschlüsselung der Programme eingeführt werden, so z. B. Unterprogramme oder Programmelemente [24]. Dies erhöht die Transparenz für die strategische Führung, in welchen strategischen Aktivitäten die Gesamtorganisation engagiert ist, welche Ressourcen dazu benötigt werden und welche Unternehmensziele mit den jeweiligen Programmen verwirklicht werden sollen.

Die Art der *Programmbudgetierung* kann in Abhängigkeit von situativen Bedingungen unterschiedlich vorgenommen werden. So ist es unter Umständen zweckmäßiger, das Schwergewicht auf das „Programming" zu legen, wenn die funktionalen Bereiche noch gar nicht ausgereift existieren; dies ist in extrem dynamischen Geschäften der Fall, wo vielleicht erst ein Entwicklungs- bzw. Aufbaustadium erreicht ist. Bei neugegründeten Tochtergesellschaften, die z. B. eine neue Technologie entwickeln und vermarkten sollen, wird es daher in erster Linie auf ein klares Programmkonzept und ein entsprechendes Budget ankommen, die funktionalen Abteilungen sind vielleicht erst im Aufbau begriffen [25].

Umgekehrt verhält es sich bei stabilen Geschäften, beispielsweise der Elektrizitätswirtschaft, die über eine langfristig kaum veränderte Strategie verfügen. Hier sind funktionale Bereiche klar definiert und es steht eine rationelle und effiziente Durchführung eines eindeutigen strategischen Programms im Vordergrund. Daher genügt eine funktionale Budgetierung weitgehend.

Der eigentliche Prozeß der Festlegung bestimmter Budgets wird zweckmäßigerweise im Rahmen eines *Management by Objectives* abgewickelt [26]. Dabei werden die mit den Budgets verbundenen Umsatz- und Ertragsziele, aber auch die strategischen Ziele, wie eben die Verbesserung der Wettbewerbsposition, ausgehandelt. Besondere Bedeutung kommt diesem Prozeß bei der Jahresplanung zu, weil ein abgegebenes Commitment für beide Seiten absolut verbindlich sein muß, da die Realisierung der vereinbarten Objectives über die operative Planung und Steuerung kurzfristig erfolgt und die Entwicklung des Unternehmens unmittelbar davon betroffen ist.

Im MbO-Prozeß sind die Aspekte, die im Zusammenhang mit den *strategischen Diskussionseinheiten (SDE)* [27] erörtert wurden, mit einzubeziehen, um sicherzustellen, daß sie bei der vorgelegten Planung berücksichtigt und vor allem adäquat in die operativen Kategorien übersetzt wurden. Dies führt zu einem Dialog zwischen strategischen und operativen Planern, in dem die unterschiedlichen Sprachstile und Ausdrucksformen angeglichen werden können. Der Lerneffekt und die Diffusion strategischer Denkweisen sollten dadurch positiv beeinflußt werden.

Ein geeignetes Budgetverfahren, das in der Praxis immer häufiger zur Anwendung kommt und hilft, strategische und operative Ressourcen ökonomisch einzusetzen, ist das Zero Base Budgeting (ZBB) [28]. Seine Aufgabe besteht darin, strategische und operative Ressourcen ökonomisch einzusetzen unter dem Blickwinkel strategisch/operativer Pläne [29]. Dies geschieht, indem man sich – im Gegensatz zu den traditionellen Budgetverfahren – von den bisherigen Aufgaben und ihren Budgets loslöst und sie grundsätzlich in Frage stellt (Zero Base).

Stellt das ZBB ein Instrument zur Strukturierung von Planungs- und Budgetierungsprozessen dar, kann das Management by Objectives als motivationales Instrument eine sinnvolle Ergänzung bedeuten. Keys und Bell sind sogar der Auffassung, daß die mit Hilfe des ZBB erarbeiteten Entscheidungspakete erst eine fundierte Grundlage schaffen, die Objectives im Rahmen des MbO auszuhandeln [30]. Bei der Festlegung der Objectives ist dem Mitarbeiter dann nämlich bekannt, welche Mittel er zur Verfügung hat, um ein bestimmtes Ziel zu erreichen.

Große Bedeutung kommt – es wurde oben bereits angesprochen – beim MbO dem Aushandlungsprozeß zu. Es ist wichtig, in diesem Prozeß zu einem Commitment zu gelangen, zu dem beide Seiten uneingeschränkt stehen können. Nur wenn die Zielvereinbarung in einer für beide Seiten akzeptablen Weise erfolgt, kann das MbO [31] mit einem Kontrollsystem gekoppelt werden, das eine notwendige Ergänzung des gesamten Prozesses darstellt. Denn die ausgehandelten Objectives müssen in bestimmten Abständen überprüft werden. Bei langfristigen Projekten wird eine einmalige Kontrolle nach Abschluß nicht ausreichen, da dann Korrekturen nicht mehr möglich sind. Es müssen hier Teilschritte mit Zwischenergebnissen definiert werden [32]. Die Einführung eines *Management by Exception* ist dann zweckmäßig. Voraussetzung für ein MbE ist ein funktionierendes Kontrollsystem, das im folgenden Abschnitt behandelt wird.

4. Strategische Kontrolle

Eingangs wurde auf die Notwendigkeit einer Kontrolle gerade im strategischen Bereich hingewiesen, weil die Konsequenzen des Scheiterns einer Strategie für das Unternehmen besonders groß sind [33]. Werden strategische Ziele nicht oder nur teilweise erreicht, sind Erfolgspotentiale gefährdet, die in der Zukunft Erträge sichern sollen.

Gegenstand der Kontrolle sind all diejenigen Kategorien, die, wie bereits angedeutet, das Erfolgspotential des Unternehmens beeinflussen. Dazu gehören traditionelle Größen wie Umsatz, Ergebnis, Investitionen, Cash-flow, Markt-Anteil. Schwieriger ist es, Größen zu kontrollieren, die sich nicht ohne weiteres messen lassen, beispielsweise das Marken- und Firmenimage, die Veränderung der Marktattraktivität und der Wettbewerbsposition des Unternehmens. Aber gerade diese Variablen haben eine hohe strategische Bedeutung und sollten daher besonders sorgfältig beobachtet werden.

Bevor nun in groben Zügen ein strategisches Kontrollsystem skizziert wird, ist auf die Schwierigkeiten einzugehen, die einer Kontrolle strategischer Pläne entgegenstehen. Es lassen sich drei zentrale Probleme nennen [34]:

a) *Meßprobleme,* die durch die Struktur strategischer Pläne bedingt sind. Der Abstraktionsgrad und die Reichweite erschweren eine Operationalisierung strategischer Plankategorien. Abhilfe schaffen kann eine möglichst operationale Formulierung der Strategien.
b) *Organisatorische Regelungen,* die einer zweckmäßigen strategischen Kontrolle entgegenstehen. So weist das Profit-Center-Konzept Dysfunktionen im Sinne einer strategischen Steuerung der Unternehmung auf, weil durch die starke Dezentralisierung gesamtunternehmerische Strategien nur schwer zu realisieren sind und zum anderen die Divisions aufgrund der kurzfristigen Erfolgsorientierung häufig nicht gewillt sind, langfristig angelegte Strategien zu verfolgen. Hier gilt es, geeignete Planungs- und Informationssysteme einzusetzen und eine adäquate Organisationsstruktur zu schaffen, wie später noch ausgeführt werden wird (vgl. Punkt 2.3).
c) *Verhaltensbedingte Restriktionen,* die eine konsequente Strategiekontrolle verhindern. Dies ist zurückzuführen auf die mangelnde Bereitschaft des Top-Managements, ein eindeutiges Commitment für eine bestimmte Strategie abzugeben, weil im Falle des Scheiterns eine „Schuldzuweisung“ möglich ist und außerdem eine Verpflichtung zur Bereitstellung von Ressourcen besteht, über die die Unternehmensleitung möglichst frei verfügen möchte.

Sicherlich treten derartige Schwierigkeiten nicht in allen Unternehmen gleichermaßen auf. Sie sind aber nicht von der Hand zu weisen, wie Köhler (1976) in einer Studie nachweist. Beim Aufbau eines strategischen Kontrollsystems sind folgende Elemente zu präzisieren [35]:

a) *Festlegung von Kontrollvariablen,* d. h. unter Bezugnahme auf die oben geführte Diskussion müssen Variable zur Messung der Globalgröße Erfolgspotential definiert werden. In der Praxis werden zumeist finanzwirtschaftliche Größen herangezogen, die der Komplexität strategischer Dimensionen nicht gerecht werden können. Statt dessen sind auch Variable, wie technologisches Know-how, Wettbewerbsvorteile oder Qualifikation des Führungspersonals zu beobachten. Zahn weist u. E. zu Recht auf die situative Bedingtheit bei der Auswahl derartiger Kontrollvariablen hin. Sie ist abhängig von Organisationsstruktur, Führungsstil, Unternehmens- und Planungsphilosophie, Umweltgegebenheiten und den verfügbaren Kontrollinstrumenten [36]. So wird ein Unternehmen, das in einem stabilen Markt agiert, andere Größen heranziehen und eher ex post überwachen als ein Unternehmen in einem sich äußerst rasch verändernden Markt.

b) *Definition von Kontrollstandards.* Es müssen operative Standards formuliert werden, um als Verhaltensrichtlinien wahrgenommen zu werden; derartige Standards können nur dann erreicht werden, wenn die darin enthaltenen Prognosen realistisch sind.

c) *Messung der Leistung (performance).* Die Problematik der zukunftsorientierten Messung (feed-forward control) wurde bereits angeschnitten. Die Leistungsfähigkeit des Meßinstruments ist in Abhängigkeit von der Durchschlagskraft einer Abweichung der Meßvariable auf den strategischen Plan zu bestimmen.

d) *Vergleich von Standards und tatsächlichen Ergebnissen und Abweichungsanalyse.* Sofern sich bei der ex-ante- und ex-post- Kontrolle Abweichungen zu den Standards ergeben, sind die Ursachen zu ergründen:
   – Haben sich Rahmenbedingungen verändert?
   – War die Prognose, die der Bestimmung der Standards zugrunde lag, unzutreffend?
   – Wiesen die strategischen Aktionspläne und -projekte Mängel auf?
   – Liegt die Ursache im Fehlverhalten der Entscheidungsträger?

   Die Abweichungsanalyse läßt sich, wie aus der operativen Kontrolle bekannt, in beeinflußbare und zufällige Ursachen unterteilen.

   Wichtig scheint hier eine „rechtzeitige“ und eine konstruktive, d. h. im Einvernehmen mit den Verantwortlichen vorgenommene Kontrolle und Abweichungsanalyse zu sein. Von seiten der Praxis wird auf die häufige Schwierigkeit hingewiesen, Abweichungsanalysen durchzuführen. Eine Ursache dafür liegt sicherlich in der mangelnden Erfahrung der Planungsinstanzen mit diesen Problemen, weil diese als unangenehm empfunden werden und „Schuldige“ mit Folgen zu rechnen haben. In einem solchen Klima sind derartige Probleme in der Tat schwer zu handhaben.

e) *Korrekturmaßnahmen.* Das Ergebnis eines Kontrollprozesses ist entweder die Bestätigung des eingeschlagenen Weges oder die Einleitung von Korrekturmaßnahmen. Diese können sich auf die Neuformulierung des strategischen Plans oder auf die Redefinition der gewählten strategischen Aktionen und Projekte beziehen.

Die Möglichkeit der Neuformulierung einer Strategie birgt natürlich die Gefahr des steten Revidierens in sich, sobald Schwierigkeiten bei der Durchsetzung auftreten. Ein halbherziges Commitment der für die Implementierung verantwortlichen Stellen wird die Folge sein.

Kirsch und Mitarbeiter [37] haben dies als Dilemma der Kontrolle bezeichnet. Auf der einen Seite sollen eine geplante Evolution und damit auch Veränderungen der Strategie durch die stete Kontrolle von Prämissen und Ergebnissen stattfinden, andererseits ist eine bestimmte Konstanz der Richtlinien und Objectives notwendig, sonst arbeitet kaum noch jemand konsequent an den festgelegten Zielgrößen, da diese unter Umständen bald schon wieder geändert werden.

Im Zusammenhang mit der Motivationswirkung von Kontrollen ist zu bedenken, ob nicht funktionale Äquivalente gefunden werden, die eine „Vorgesetzten-Kontrolle“ zumindest weniger wichtig machen. So kann beispielsweise das Wissen um die Wettbewerbsvorteile des Hauptkonkurrenten ein viel stärkerer Impuls sein, eigene Schwächen zu verringern, als genau festgelegte Kontrollstandards, die eine Veränderung der einzelnen Dimensionen der eigenen Wettbewerbsposition vorgeben [38].

Voraussetzung derartiger Äquivalente ist sicherlich eine stark wettbewerbsorientierte Einstellung des Managements und damit die Möglichkeit, intrinsisch zu motivieren und nicht durch formale Vorgaben ein bestimmtes Handeln zu erzwingen [39]. Dies hängt zusammen mit der Unternehmensphilosophie und dem Führungsstil, die sicherlich nur langfristig zu verändern sind. Daher ist das Kontrollsystem zunächst diesen Gegebenheiten anzupassen. Ebenso sind auch Organisation und Führungssysteme an die strategische Grundhaltung des Unternehmens anzupassen. Dies ist Gegenstand des nächsten Kapitels.

5. Anpassung der Organisation und ihrer Systeme

Die klassischen amerikanischen Untersuchungen zur Beziehung zwischen Unternehmensstrategie und Organisationsstruktur haben gezeigt, daß einer Strategieänderung unter bestimmten Bedingungen eine Anpassung der Organisationsstruktur folgt [40]. So wird beispielsweise ein Ein-Produkt-Unternehmen, das sich zu einem Mehr-Produkt-Unternehmen wandelt, anstelle der bisherigen funktionalen eine divisionale Organisation einführen.

Ansoff entwickelte aus diesen Überlegungen das Konzept der Transformation der strategischen Haltung, das er später durch das verfeinerte Instrument der Misfit- bzw. Mismatch-Analyse erweiterte [41]. Danach sollte eine Abstimmung von Umwelt, Strategie und interner Konfiguration, worunter die Unternehmenskultur und -fähigkeiten zu verstehen sind, erfolgen, da andernfalls Einbußen in Effizienz und Effektivität oder sogar ein Scheitern der Strategie zu befürchten sind.

Im Mittelpunkt der Misfit-Analyse stehen die internen Fähigkeiten der Unternehmung (capabilities), da, so Ansoff, die strategische Planung lediglich Pläne und Intentionen produziert, ein entsprechender strategischer Wandel jedoch nur durch adäquate, interne Fähigkeiten bewirkt werden kann [42]. Dazu zählen folgende Einflußfaktoren:

- Organisatorische Werte und Normen;
- Managementtraining, -wissen und Risikoneigungen;
- Strukturelle Merkmale wie Aufgaben, Kompetenzen, Verantwortungen etc.;
- Prozeßmerkmale wie Problemlösungsverhalten, Kommunikation, Motivation, Kontrolle;
- „Technologie" wie EDV-Anwendung, formalisierte Systeme (Planungs-, Informations- und Kontrollsysteme).

Es ist nun auch Aufgabe der strategischen Steuerung, die genannten Elemente der internen Konfiguration (die als exemplarisch und keinesfalls vollständig zu betrachten sind), im Hinblick auf das strategische Programm abzustimmen [43]. Allerdings liegen bisher kaum Erkenntnisse darüber vor, wann von einem „fit" bzw. „misfit" gesprochen werden kann. Kontingenztheoretische Ansätze der Organisationsforschung liefern sicherlich erste Hinweise über die Beziehung zwischen den einzelnen Elementen [44]. Sie unterstellen aber quasi-gesetzmäßige Abfolgen von Umwelt, Strategie und Struktur, die zuwenig dem eigenen Gestaltungsspielraum von Organisationen Rechnung tragen.

Organisationen haben die Möglichkeit, sich originär eine interne Konfiguration zu schaffen, die bestimmte strategische Optionen eröffnet. Wie empirische Untersuchungen gezeigt haben, können Unternehmen mit unterschiedlicher Konfiguration bei derselben Umwelt erfolgreich sein. Wichtig ist eine konsistente, interne Konfiguration [45].

Ein erfolgversprechender Ansatz ist in dem Versuch zu sehen, verschiedene Unternehmenstypen zu identifizieren aufgrund spezifischer, strategischer Grundhaltungen, um dann im nächsten Schritt zu untersuchen, ob die interne Konfiguration im Sinne der oben genannten Dimensionen mit der jeweiligen Grundhaltung eine Entsprechung ergibt [46]. Zusätzlich ist zu prüfen, ob das definierte Umweltsegment mit den beiden genannten Kategorien in sinnvoller Weise korrespondiert.

Nachdem das Spektrum einer strategischen Steuerung bezüglich der Entsprechung von Strategie und Struktur aufgezeigt und einige Elemente der internen Konfiguration im Zusammenhang mit der Implementierung und Kontrolle strategischer Pläne behandelt worden sind, soll nun das Konzept der „dualen Organisation" [47] diskutiert werden, das geeignet erscheint, den Anforderungen einer Abstimmung von Strategie und Struktur gerecht zu werden.

Das Hauptproblem heutiger Organisationsformen liegt darin, wie sie strategische und operative Probleme gleichermaßen lösen können. Die Bildung von strategischen Geschäftseinheiten (SGE) ist eine Antwort darauf [48]. Ausgangspunkt ist die Zusammenfassung der einzelnen Produktlinien, Geschäftsbereiche und Divisionen zu Segmenten, die sich durch eine gemeinsame Marktaufgabe, eine relative Eigenständigkeit gegenüber anderen Unternehmenssegmenten und durch synergetische Wettbewerbsvorteile, wodurch Erfolgspotentiale gesichert werden, auszeichnen. Die derart gebildeten Geschäftsfelder ermöglichen eine Konzentration auf strategische Aufgaben. Ausgleich zwischen den SGE kann durch ein zentrales Portfolio-Management erzielt werden.

Wie sind nun die strategischen Geschäftseinheiten, die Hinterhuber [49] als Sekundärorganisation bezeichnet, in die bereits existierende, vorwiegend operativ ausgerichtete Unternehmensorganisation einzufügen? Eine Lösungsmöglichkeit bestünde darin, besondere Stellen für die Betreuung der SGE zu schaffen; allerdings würde hier wieder die Stab-Linie-Problematik auftreten, d. h. der Stab formuliert das strategische Vorgehen der SGE, obwohl er mit den operativen Problemen nicht vertraut ist und ihm die „Marktnähe" fehlt. Zudem entsteht ein zusätzlicher Aufwand zur Koordination von SGE und operativer Geschäftseinheit. Zweckmäßiger erscheint es, diese doppelte Aufgabenstellung von vorhandenen Stellen der Primärorganisationen wahrnehmen zu lassen. Dabei ist ein Gremium zu schaffen, das die strategischen Aufgaben der SGE wahrnimmt unter Einbeziehung der zentralen Planungsabteilung, um die Interessen des Gesamtunternehmens zu berücksichtigen und den Planungs-Know-how des Zentralstabs den SGE-Managern zugänglich zu machen [50].

Die Doppelaufgabe des betroffenen Managements sichert erstens eine ausreichende Übereinstimmung von Informationsschwerpunkt und Planungsdurchführung, zum anderen ist der Grundsatz erfüllt, Pläne dort erstellen zu lassen, wo sie verwirklicht werden [51].

Damit ist sichergestellt, daß die strategischen Pläne, wie sie in der SGE erarbeitet wurden, in den operativen Einheiten umgesetzt werden.

Eine derartige Verbindung von Primär- und Sekundärorganisation wird auch das strategische Denken in den operativen Bereichen fördern, wenngleich auch die Dominanz des operativen Denkens durchschlagen kann; zudem ist der organisatorische Aufwand gering, da bei einer notwendigen Neuabgrenzung der strategischen Geschäftseinheit lediglich die entsprechenden Gremien umbesetzt werden müssen. Deshalb ist es auch nicht notwendig, daß SGE und operative Einheiten übereinstimmen müssen, was meistens ohnehin nicht der Fall sein dürfte.

Zusammenfassend ist noch einmal hervorzuheben, welch zentrale Bedeutung einer strategie-gerechten Organisation zukommt, um strategische Pläne und strategisches Denken in der Unternehmung zu implementieren. Hinzu kommen müssen ein strategisches Anreizsystem und ein Management Development, denn ohne entsprechend geschulte Führungskräfte ist strategisches Management nicht zu verwirklichen.

6. Ausblick

Es wurde versucht aufzuzeigen, welche Bedeutung der Strategischen Steuerung im Rahmen eines Strategischen Managements zukommt. Sie hat Aufgaben der Durchführungsplanung, Kontrolle von Strategien und Maßnahmen, Koordination der Teilpläne und Informationsaufgaben wahrzunehmen. Der Steuerung kommt folglich eine Moderatorfunktion zu, die auch soziale Prozesse der Konflikthandhabung und Konsensbildung einschließt [52].

In dem Maße, wie es gelingt, die Wirkungsweise des strategischen Steuerungssystems zu verbessern, wird sich auch die Schlagkraft und Effizienz des Strategischen Management erhöhen. Dieses bleibt dann nicht mehr eine abstrakte Planung, vielmehr wird das gesamte Unternehmen in den Prozeß einbezogen, dessen Lernwirkung nicht unterschätzt werden sollte. Aber ebenso, wie es wenig zweckmäßig ist, operative Aktivitäten zu entfalten, ohne daß eine strategische Überlegung dahintersteht, ist es kaum sinnvoll, strategische Pläne zu erstellen, wenn sie nicht auch konsequent realisiert werden.

Zukünftig erscheint es aufgrund der Bedeutung der Strategischen Steuerung notwendig, sie von einem speziellen Aufgabenträger wahrnehmen zu lassen. Dies könnte ein strategischer Controller sein, der im Unterschied zum operativen Controller nicht das laufende Geschäft steuert, vielmehr die Steuerung von strategischen Programmen durchführt. Er übernimmt dabei Funktionen eines „Co-Piloten" der Geschäftsleitung [53], der den strategischen Kurs des Unternehmens mitsteuert und bei Kursabweichungen Gegenmaßnahmen initiiert. Das Aufgabenspektrum eines strategischen Controllers ist variabel und hängt von der Rollendefinition der Geschäftsleitung bzw. des Vorstandes des jeweiligen Unternehmens ab. Sicherlich kommt dem strategischen Controller eine Vermittlerrolle zwischen strategischen und operativen Aufgabenträgern zu, deren Gegensätzlichkeit häufig Ursache für den Mißerfolg strategischer Absichten darstellt. Erst die Institutionalisierung der Aufgaben einer Strategischen Steuerung werden letztlich ein Strategisches Management ermöglichen.

Anmerkungen

[1] Vgl. *Trux* und *Kirsch* (1979), S. 227.
[2] Es wird in diesem Zusammenhang auch von „strategischem Controlling" gesprochen; vgl. *Mann* (1979), *Horváth* (1979).
[3] Zum Problem der Widerstände vgl. *Götzen* und *Kirsch* (1979), S. 187, und die dort zitierte Literatur; vgl. *Höller* (1978).
[4] Einen Überblick dazu geben *Kieser* und *Kubicek* (1978), S. 120f. (O steht für Organizing, S für Staffing, D für Directing, CO für Coordinating, R für Reporting und B für Budgeting).
[5] Vgl. *Kirsch* und *Trux* (1981), S. 332.
[6] Vgl. *Kirsch* und *Trux* (1979).
[7] Vgl. zum Konzept des Social Marketing *Kotler* und *Zaltman* (1971) und *Zaltman* und *Duncan* (1977).
[8] Vgl. *Ashby* (1974), S. 298, *Brand* (1974), S. 80ff. und *Kirsch* und *Mayer* (1976), S. 95ff.
[9] *Gälweiler* (1979), S. 210.
[10] Vgl. auch die Unterscheidung, die Anthony et al. (1975), S. 9, treffen.
[11] Vgl. *Mintzberg* (1978), der in diesem Zusammenhang zwischen intendierten, unverwirklichten und nachträglich sanktionierten Strategien unterscheidet. Ein Strategisches Management sollte in der Lage sein, vorwiegend intendierte Strategien zu implementieren.
[12] Vgl. z. B. *Ax* und *Börsig* (1979).
[13] Vgl. *Götzen* und *Kirsch* (1979), S. 173f. und die dort zitierte Literatur.
[14] Vgl. in diesem Zusammenhang die Denkfigur der Trilateralen Wissenschaft (*Galtung* 1978 und *Kirsch/Trux* 1979), die das Zustandekommen von Maximen als anzustrebende Zustände im Lichte von Daten, Theorien und Werten verdeutlicht. Auf dieser Basis können strategische und operative Pläne gekoppelt werden, da Dissente explizit auf eine der drei Kategorien zurückgeführt werden können und damit eine Versachlichung erfahren.
[15] *Ax* und *Börsig* (1979), S. 912.
[16] Vgl. zum Projektmanagement z. B. *Cleland* und *King* (1975), *Brand* (1975), *King* (1980).
[17] Vgl. *King* (1980), S. 173.
[18] Ebenda, S. 174.
[19] Vgl. *King* (1980), S. 178.
[20] Vgl. *Allen* (1978), S. 9.
[21] Vgl. in diesem Zusammenhang die Literatur zur Kosten/Nutzen-Analyse, z. B. *Kirsch* u. a. (1973), S. 606ff., *Zangemeister* (1971), *Lesourne* (1975).
[22] Vgl. z. B. das Projektmanagement der Fichtel & Sachs AG, die insgesamt 7 Projektphasen definiert hat. Diese sind in ein Projektplanungs- und Kontrollsystem integriert; siehe *Götzen* und *Kirsch* (1979).
[23] Vgl. *Lorange* (1980), S. 48.
[24] Vgl. *Reinermann* (1975), S. 122; der Autor stellt das Verfahren der Budgetierung von Regierungsprogrammen dar.
[25] Vgl. *Lorange* (1980), S. 48.
[26] Vgl. zu dem Verfahren *Götzen* und *Kirsch* (1979), S. 172f.; Probleme des MbO in der Praxis werden von *Schmid* (1979), S. 75–110, diskutiert.
[27] Vgl. hierzu *Roventa* und *Müller* (1981).
[28] Zum Verfahren verweisen wir auf die einschlägige Literatur. Vgl. *Dean* und *Cowen* (1978), *Meyer-Piening* (1980), *Wetherbe* und *Montanari* (1981).
[29] Vgl. *Meyer-Piening* (1980), S. 3ff.
[30] Vgl. *Keys* und *Bell* (1979).
[31] Vgl. auch *Munari* (1978) und *Schmid* (1979).
[32] Vgl. auch *Götzen* und *Kirsch* (1979), S. 176ff.
[33] Vgl. *Gälweiler* (1981).

[34] Vgl. *Köhler* (1976), S. 308 ff.
[35] Vgl. *Roush* und *Ball* (1980), S. 5 f.; *Zahn* (1976), S. 345 ff.
[36] Vgl. *Zahn* (1976), S. 347.
[37] Vgl. *Kirsch et al.* (1979), S. 322.
[38] Vgl. *Allen* (1978), S. 9 f.; der Autor, ehemaliger Vize-Präsident von General Electric, weist auf die starke Wettbewerbsorientierung des Unternehmens hin, das für jede strategische Geschäftseinheit die Hauptkonkurrenten analysiert und permanent die eigene Position mit der des Mitbewerbers vergleicht und zu verbessern versucht. Strategien und Maßnahmen werden sehr stark unter dieser Perspektive entwickelt.
[39] Vgl. *Kirsch* und *Trux* (1981), S. 290 ff.
[40] Vgl. *Chandler* (1962), *Rumelt* (1974); siehe die zusammenfassende Darstellung bei *Galbraith* und *Nathanson* (1978), S. 138 ff.
[41] Vgl. *Ansoff* (1976), S. 41 ff., und *Ansoff* (1979); Darstellung der Misfit-Analyse bei *Roventa* (1981), S. 86 ff.
[42] Vgl. *Ansoff* (1976), S. 61.
[43] Die Notwendigkeit einer möglichst umfassenden Abstimmung der einzelnen Elemente der internen Konfiguration zeigen die Erfahrungen, die McNamara bei der Einführung des PPBS in den US-Bundesbehörden gemacht hat. Dieses anspruchsvolle System konnte sich nur so lange halten, wie McNamara es qua Autorität vorschrieb. Nach seinem Amtswechsel war das System zum Scheitern verurteilt.
[44] Vgl. *Kieser* und *Kubicek* (1977).
[45] Vgl. *Galbraith* und *Nathanson* (1978), S. 92, und die dort zitierte Literatur. *Miller* (1981) argumentiert ähnlich und fordert die Entwicklung von „Gestalttaxonomien" von Organisationen, in denen Strategie, Struktur und Umwelt konsistent zusammenpassen. Vgl. auch *Child* (1972).
[46] Vgl. *Kirsch* und *Trux* (1981), S. 290 ff.
[47] Vgl. *Szyperski* und *Winand* (1979), S. 195 ff., *Pfohl* (1981), S. 224 f.
[48] Vgl. *Hinterhuber* (1977), S. 212 ff., *Galbraith* und *Nathanson* (1978), S. 127 ff., *Gerl* und *Roventa* (1981)
[49] Vgl. *Hinterhuber* (1977), S. 212.
[50] Vgl. zu den Aufgaben der zentralen Planung *Götzen* und *Kirsch* (1979).
[51] Vgl. *Pfohl* (1981), S. 216 f., und *Szyperski* und *Winand* (1979), S. 200.
[52] Vgl. *Esser* (1975).
[53] Vgl. *Horvàth* (1979), S. 178, vgl. auch *Mann* 1979.

Literaturverzeichnis

Allen, M. G.: Strategic Planning With a Competitive Focus, in: The McKinsey Quarterly, 1978, S. 2–13.
Ansoff, H. I. / Declerck, R. P. / Hayes, R. L.: From Strategic Planning to Strategic Management, 1976.
Ansoff, H. I.: Strategic Management, 1979.
Anthony, R. N. / Dearden, J. / Vancil, R. F.: Management Control Systems, 8. Aufl., 1975.
Ashby, R.: Einführung in die Kybernetik, 1974.
Ax, A. / Börsig, C.: Praxis der integrierten Unternehmensplanung, Planungsphilosophie und Planungssystem des Unternehmens Mannesmann. ZfbF 1979, S. 894–925.
Bales, C. F.: Strategic Control, in: Business Horizons 20/4, 1977, S. 12–28.
Berger, P.: Computerunterstützte Unternehmensplanung, in: IBM-Nachrichten 1977, S. 334–340.
Bircher, B.: Langfristige Unternehmungsplanung, 1976.
Bramsemann, R.: Controlling, 2. Aufl., 1980.
Brand, M.: Projektmanagement. Diss. St. Gallen 1974.

Camman, C. / Nadler, D.: Fit Control Systems to Your Managerial Style, in: Harvard Business Review 1976, 54, S. 65–72.
Chandler, A. D.: Strategy and Structure, 1963.
Child, J.: Organizational Structure, Environment and Performance: The Role of Strategic Choice, Sociology, in: The Journal of the British Sociological Association 6 (1), 1972, S. 1–22.
Cleland, D. J. / King, W. R.: Systems Analysis and Project Management, 2. Aufl., 1975.
Cyert, R. M. / March, J. G.: A Behavioral Theory of the Firm, 1963.
Dean, B. V. / Cowen, S. S.: Zero-Base-Budgeting in the Private Sector, in: Business Horizons, 1979, S. 73–83.
Dunst, K.: Portfolio-Management – Konzeption für die Strategische Unternehmensplanung, 1979.
Esser, W.-M.: Individuelles Konfliktverhalten in Organisationen, 1975.
Gälweiler, A.: . . . zur Kontrolle strategischer Pläne, in: Controller Magazin 5/79, S. 209–217.
Gälweiler, A.: Zur Kontrolle strategischer Pläne, in: *Steinmann, H.* (Hrsg.): Planung und Kontrolle, 1981, S. 383–399.
Galbraith, J. R. / Nathanson, D. A.: Strategy Implementation: The Role of Structure and Process, 1978.
Galtung, J.: Methodologie und Ideologie, Bd. I, 1978.
Gerl, K. / Roventa, P.: Strategische Geschäftseinheiten – Perspektiven aus der Sicht des Strategischen Managements. ZfbF 1981, S. 843–858.
Götzen, G. / Kirsch, W.: Problemfelder und Entwicklungstendenzen der Planungspraxis. ZfbF 1979, 3, S. 162–194.
Hinterhuber, H. H.: Strategische Unternehmungsführung, 1977.
Hinterhuber, H. H.: Strategie und Organisation, in: Congena-Texte 1/2 1979, S. 39–50.
Horváth, P.: Controlling, 1979.
Höller, H.: Verhaltenswirkungen betrieblicher Planungs- und Kontrollsysteme. Diss. München 1978.
Keys, J. B. / Bell, R. R.: Integrated Planning and Control Using Zero-Base Budgeting and MbO, in: University of Michigan Business Review 1979, Nr. 6, S. 25–31.
Kieser, A. / Kubicek, H.: Organisation, 1977.
Kieser, A. / Kubicek, H.: Organisationstheorien, Bd. I, 1978.
King, W. R.: Implementing Strategic Plans Through Strategic Program Evaluation, in: Omega, Vol. 8, 1980, S. 173–181.
Kirsch, W., et al.: Betriebswirtschaftliche Logistik, 1973.
Kirsch, W. / Esser, W.-M. / Gabele, E.: Das Management des geplanten Wandels, 1979.
Kirsch, W. / Mayer, G.: Die Handhabung komplexer Probleme in Organisationen, in: *Kirsch, W.* (Hrsg.): Entscheidungsverhalten und Handhabung von Problemen, 1976, S. 99–219.
Kirsch, W. / Trux, W.: Strategische Frühaufklärung und Portfolio-Analyse, in: *Albach, H. et al.* (Hrsg.): Frühwarnsysteme, Ergänzungsheft 2, 1979, S. 47–69.
Kirsch, W. / Trux, W.: Perspektiven eines Strategischen Managements, in: *Kirsch, W.* (Hrsg.): Unternehmenspolitik: Von der Zielforschung zum Strategischen Management, 1981, S. 290–396.
Koch, H.: Aufbau der Unternehmensplanung, 1977.
Köhler, R.: Die Kontrolle strategischer Pläne, in: ZfB, 1976, S. 301–318.
Kotler, P. / Zaltman, G.: Social Marketing: An Approach to Planned Social Change, in: Journal of Marketing, Vol. 35, 1971, S. 3–12.
Lesourne, J.: Cost-Benefit Analysis and Economic Theory, 1975.
Lorange, P.: Corporate Planning, 1980.
Mann, R.: Praxis strategisches Controlling mit Checklists und Arbeitsformularen, 1979.
Mauthe, K. D.: Strategische Analyse – Ein integriertes Konzept. In Vorbereitung.
Meyer-Piening, A.: Zero-Base-Budgeting (ZBB). Eine Analyse-, Planungs- und Entscheidungstechnik. AG-Plan Handbuch, Nr. 5372, Erg.-Heft 1980, S. 1ff.
Miller, D.: Toward a New Contingency Approach: The Search for Organizational Gestalts, in: Journal of Management Studies, 18, 1981, S. 1–26.

Mintzberg, H.: Patterns in Strategy Formation, in: Management Science 1978, S. 934–948.
Mitroff, J. J. / Mason, R. O.: Structuring Ill-Structured Policy Issues: Further Explorations in a Methodology for Messy Problems, in: Strategic Management Journal, Vol. 1, 1980, S. 331–342.
Müller, G.: Strategische Frühaufklärungssysteme, 1981.
Munari, S.: Organization Structure, Strategic Planning and Participation. Working Paper, Universität Aix-Marseille, IAE, 1978.
Newman, W. H.: Constructive Control – Design and Use of Control Systems. Englewood Cliffs/N. J. 1975.
Pfohl, H. C.: Planung und Kontrolle. Stuttgart 1981.
Reichert, R.: Entwurf und Bewertung strategischer Programme. In Vorbereitung.
Reinermann, H.: Programmbudgets in Regierung und Verwaltung, 1975.
Roush, C. H. / Ball, B. C.: Controlling the Implementation of Strategy. Managerial Planning, Nov./Dez. 1980, S. 312.
Roventa, P.: Portfolio-Analyse und Strategisches Management, 2. Aufl., 1981.
Roventa, P. / Müller, G. (1981): Marktattraktivität – Ein dialektisches Bewertungskonzept (i. V.).
Rumelt, R. P.: Strategy, Structure, and Economic Performance, 1974.
Saynisch, M. / Schelle, H. / Schub, A.: Projektmanagement – Konzepte, Verfahren, Anwendungen, 1979.
Schmid, E. W.: Probleme des Management by Objectives in der Praxis, in: *Malik, F.* (Hrsg.): Praxis des systemorientierten Managements, 1979, S. 75–110.
Siegwart, H. / Menzl, J.: Kontrolle als Führungsaufgabe. Führen durch Kontrolle von Verhalten und Prozessen, 1978.
Steinmann, H. (Hrsg.): Planung und Kontrolle, 1981.
Szyperski, N. / Winand, U.: Duale Organisation. Ein Konzept zur organisatorischen Integration der strategischen Geschäftsfeldplanung, in: ZfbF, 31, 1979, 10/11, S. 195–205.
Timmermann, M.: Die Simulation eines integrierten Planungssystems – Kombination der wert- und mengenmäßigen Betriebsprozesse, in: *Wild, J.* (Hrsg.): Unternehmensplanung, 1975, S. 207–222.
Töpfer, A.: Planungs- und Kontrollsysteme industrieller Unternehmungen, 1976.
Trux, W. / Kirsch, W. (i. V.): Strategisches Management. In Vorbereitung.
Trux, W. / Kirsch, W.: Strategisches Management oder Die Möglichkeit einer „wissenschaftlichen" Unternehmensführung, in: Die Betriebswirtschaft, 1979, S. 215–235.
Wetherbe, J. C. / Montanari, J. R.: Zero Based Budgeting in the Planning Process, in: Strategic Management Journal, Vol. 2, 1981, S. 1–14.
Zahn, E.: Strategische Planung zur Steuerung der langfristigen Unternehmensentwicklung. Habil. Mannheim 1976.
Zaltman, G. / Duncan, R.: Strategies for Planned Change, 1977.
Zangemeister, C.: Nutzwertanalyse von Projektalternativen, in: Industrielle Organisation, Heft 40, 1971, S. 159ff.

Implementierung als Kernaufgabe des Wandlungsmanagements*

W. Krüger

1. Vom „strategischen Dreieck“ zum „Teufelsquadrat“

Seit einigen Jahren sind in deutschen Unternehmungen vielfältige Anstrengungen zur grundlegenden Verbesserung der Erfolgsposition im Gange. Schlagworte der letzten Zeit sind z.B. „Lean Management“ und „Business Reengineering“. Trotz aller Bemühungen geraten jedoch nicht wenige dieser Änderungsprozesse ins Stocken oder scheitern sogar. Einer der Gründe hierfür ist eine systematische Unterschätzung des Implementierungsproblems. Man folgt weitgehend der aus herkömmlichen Projekten bekannten Sichtweise der Implementierung, interpretiert und analysiert die Implementierungsfragen also als *Phase* bzw. Teilprozeß eines größeren Vorhabens. Die entsprechenden Aktivitäten lauten „Einführung“, „Durchsetzung“, „Durchführung“, „Zur Anwendung bringen“. Implementierung wird also als abgegrenzter Teil, als Sequenz, innerhalb eines Projektablaufs verstanden. Im einfachsten Fall reduziert sich das Implementierungsproblem auf eine Anweisung bzw. Anordnung, der seitens der Betroffenen Folge zu leisten ist. Ansonsten konzentrieren sich Implementierungsaktivitäten auf Information und Schulung.

Zumindest bei weitreichenden und tiefgreifenden Änderungen stößt dieses phasenbezogene Implementierungsverständnis rasch an Grenzen, dies vor allem aufgrund vielfältiger *Wandlungsbarrieren*, die aus Unsicherheit und Furcht vor Nachteilen resultieren. Nicht selten scheitern Restrukturierungen bereits in der Konzeptphase, oder sie versickern und versanden nach der Einführung. Wandlungsbarrieren entstehen nun allerdings nicht erst in der Einführungsphase, sondern können sich schon am Projektbeginn entfalten. Oft stecken dahinter Probleme, die mit dem Projekt selbst nicht in direktem Zusammenhang stehen. Konsequenterweise müssen auch die Implementierungsbemühungen bei Projektbeginn oder sogar schon im Vorfeld einsetzen. Implementierungsrelevanz besitzen die Überzeugungsarbeit vor dem Start und die frühzeitige Einbeziehung der Betroffenen ebenso wie z.B. die Formulierung des Projektauftrags und die Zusammensetzung des Projektteams. Der Begriff „Implementierung“ sollte

---

* Deutsche Fassung des Aufsatzes „Implementation: The Core Task of Change Management“, in: CEMS Business Review Vol. 1 (1996), No. 1/2, S. 77–96

demgemäß losgelöst vom Phasenbezug definiert werden. So interpretiert, umschließt die Implementierung alle Aufgaben, Methoden und Techniken, die sicherstellen sollen, daß die Projektziele durch Anwendung und Nutzung der Projektergebnisse erreicht oder übertroffen werden, gleichgültig zu welchem Zeitpunkt oder in welcher Phase des Prozesses entsprechende Aktivitäten erfolgen.

Ein angemessenes Verständnis der Implementierung kann nur gewinnen, wer die damit verbundenen Fragen als das begreift, was sie tatsächlich sind: Teil eines tiefgreifenden und weitreichenden Wandels der Unternehmungen. Damit sind zwei unterschiedliche Konsequenzen verbunden. Die erste betrifft die *Objekte des Wandels*. Tiefgreifender Wandel, wie er derzeit angestrebt, oft aber nicht realisiert wird, ist nicht nur mit einer Veränderung von Strukturen, Prozessen und Systemen zu erreichen, z.B. flacheren Hierarchien, kürzeren Wertschöpfungsketten, besserer Informationsversorgung. Vielmehr ist häufig ein grundlegendes Umdenken und Umorientieren der Beteiligten erforderlich, z.B. wenn eine funktionale Spezialisierung durch eine Kundenorientierung abgelöst wird. Organisationswandel kann in diesen Fällen nur erfolgreich sein, wenn er mit einem Wandel der Denkstrukturen, Werthaltungen und Einstellungen der Mitarbeiter einhergeht. Mit einer noch so gelungenen „Effizienzsteigerung" ist es bei Transformationsprozessen nicht getan. Es gilt, den *„genetischen Code"* einer Unternehmung zu verändern, also das Bewußtsein und das darauf aufbauende Verhalten aller Beteiligten.

Die zweite Konsequenz betrifft die *Häufigkeit des Wandels*. Veränderungen und Verbesserungen von Prozessen, Strukturen und Systemen sind von einer in längeren Zeitabständen durchzuführenden Spezialaufgabe zu einer kontinuierlich zu bewältigenden Daueraufgabe geworden. Damit ist Implementierung nicht mehr eine isolierbare Phase einzelner Projekte, sondern eine durchgehende *Aufgabe des Wandlungsmanagements*.

Das derzeitige Wandlungsmanagement sieht seine Ziele weitestgehend in dem *strategischen Dreieck* „Kosten-Zeit-Qualität (Kundennutzen)". Im Rahmen konventioneller Projekte bestehen zwischen diesen Zielen typischerweise Konflikte, so daß die jeweiligen Lösungen nur einen Teil des Zieldreiecks abdecken können. Dabei sind auch einseitige Lösungen recht häufig, wie sie durch die Kategorien „Schnellschuß" und „Overengineering" in Abb. 1 repräsentiert sind. Das Business Reengineering als neuer Ansatz bemüht sich in letzter Zeit darum, diese Zielkonflikte zu überwinden. Die drastische Verkürzung eines Ablaufes z. B. reduziert die Durchlaufzeit, senkt die Kosten und führt zu weniger Fehlern aufgrund von reduzierten Schnittstellen.

Allerdings sind nach der Einschätzung von Michael Hammer selbst, dem führenden Protagonisten des Business Reengineering, mehr als 70% der entsprechenden Projekte mangelhaft bzw. erfolglos. Eine Erklärung für diesen Befund wird hier in der Vernachlässigung der *Wandlungsakzeptanz* gesehen. Mangelnde Akzeptanz kann angestrebte Ergebnisse schmälern oder zunichte machen, indem konzeptionell „gute" Lösungen in der Umsetzung scheitern. So präsentieren sich nicht wenige Unternehmungen zwar als „Konzeptionsriesen", aber eben auch als „Umsetzungszwerge". Dem Wandlungsmanagement ist daher zu empfehlen, eine hohe oder zumindest hinreichende *Akzeptanz* als eigenständiges, viertes Ziel in die Überlegungen aufzunehmen. Dann erst werden die zu erwartenden Schwierigkeiten rechtzeitig sichtbar, und es kann ihnen mit aktivem Implementierungsmanagement begegnet werden. Die Akzeptanzzielsetzung erfordert besondere Maßnahmen, und sie kollidiert regelmäßig mit den anderen Zielen. Das „strategische Dreieck" nimmt mithin den Charakter eines „*Teufelsquadrats*" an (vgl. Abb. 1). Es wäre unverantwortlich, diesen Tatbestand zu negieren, sträflich, ihn zu unterschätzen.

Welche Konflikte und Barrieren im Wandlungsprozeß entstehen und wie demgemäß die Implementierung zu gestalten ist, hängt von der Art des Wandels und der dabei verfolgten Wandlungsstrategie ab. Diese sind daher im folgenden zunächst zu erläutern, bevor anschließend ein Überblick über die Aufgaben und Hilfsmittel des Implementierungsmanagements gegeben werden kann.

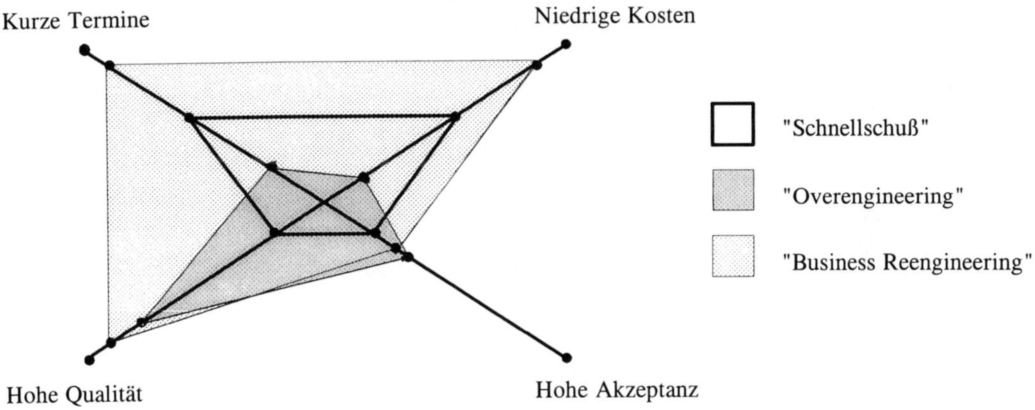

Abb. 1: Das Teufelsquadrat der Implementierung

2. Management des Wandels

2.1 Objekte und Dimensionen des Wandels

Aufgaben und Schwierigkeitsgrad des Wandlungsmanagements im allgemeinen und der Implementierung im speziellen werden in besonderem Maße davon geprägt, wie *tiefgreifend* der Wandel ist. Als erste Annäherung kann gesagt werden, daß „hard facts", zu denen insbesondere die Neuausrichtung einer Strategie, die Einführung neuer Informations- und Kommunikationssysteme sowie auch die Anpassung der Aufbau- und Ablauforganisation zählen, eher eine Oberflächenschicht des Wandels ausmachen, wogegen Änderungen von „soft facts", z.B. von Grundwerten, Einstellungen und Fähigkeiten, tiefergehend sind. Um einen genaueren Eindruck hiervon zu gewinnen, ist es zweckmäßig, an den *Objekten* des Wandels anzuknüpfen. Darauf aufbauend lassen sich vier Wandlungsformen unterscheiden [vgl. *Krüger* 1994a, S. 210 ff.], die sich gemäß ihrer Wandlungstiefe zu einem Schichtenmodell des Wandels anordnen lassen (vgl. Abb. 2). Sie sind in der Praxis oft miteinander verwoben und treten nicht selten gleichzeitig bzw. überlappend auf. Dies verschärft das Implementierungsproblem erheblich und erschwert die isolierte Behandlung einzelner Formen des Wandels.

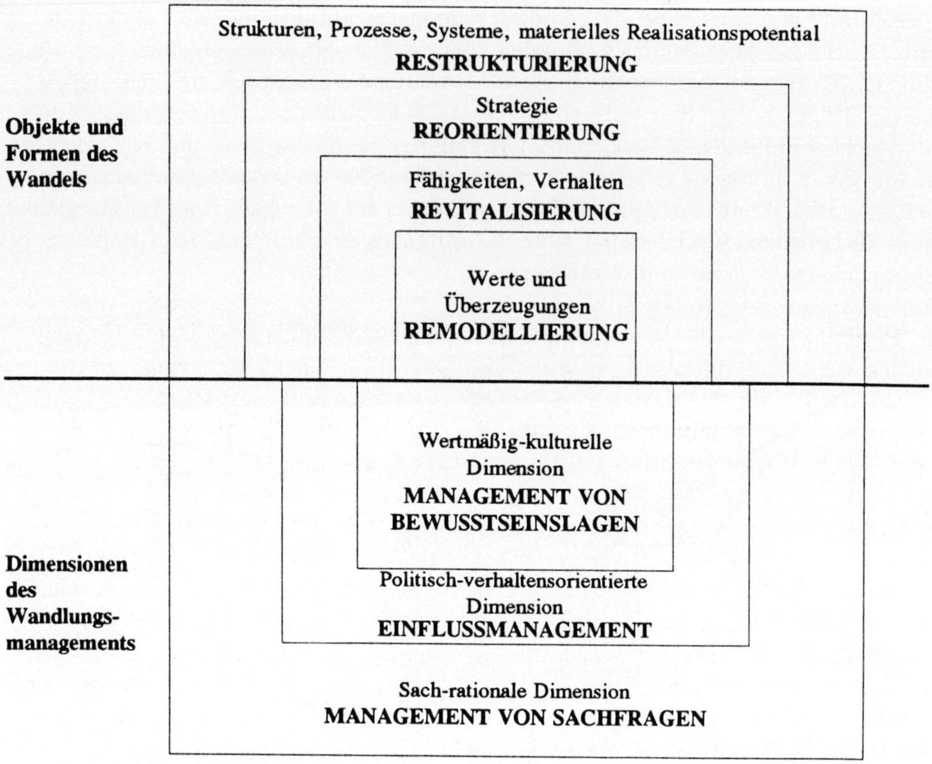

Abb. 2: Schichtenmodell des Wandels

Restrukturierung: Veränderungen von Prozessen, Systemen (z.B. Informationssysteme), Strukturen und zugehörigen materiellen Realisationspotentialen (z.B. maschinelle Anlagen). Aktuelle Beispiele für derartigen Wandel liefern die Bemühungen um flachere Hierarchien als einem Kernbestandteil des Lean Management und die Überlegungen zur Geschäftsprozeßoptimierung im Rahmen des Business Reengineering. Restrukturierungen sind eine notwendige Folge bzw. Begleiterscheinung tiefgreifenden Wandels. Sie sind allerdings auch als isolierte Veränderungen anzutreffen, zumindest in eingeschränktem Umfang. Dies erklärt auch das häufige Auftauchen des Begriffs „Restrukturierung" in Praxisberichten. Zu fragen ist allerdings, ob nicht gerade die isolierte Sichtweise und Durchführung derartiger Maßnahmen gelegentlich zu kurz greift.

Reorientierung: Veränderungen in der strategischen Ausrichtung der Unternehmung, z.B. Konzentration auf die Kerngeschäfte, Eingehen strategischer Partnerschaften, Innovierung des Produktprogramms, Entwicklung neuer Wettbewerbsvorteile. Reorientierung kann im Schichtenmodell nach innen wie nach außen ausstrahlen, als Konsequenz also den Umbau von Strukturen oder den Erwerb neuer Fähigkeiten auslösen. Eine vielversprechende Form der Reorientierung ist der Transfer vorhandener Kernfähigkeiten in neue Geschäftsfelder [vgl. *Hamel/Prahalad* 1994, *Krüger* 1995b].

Revitalisierung: Veränderungen in den personellen Fähigkeiten und im Führungs- und Kooperationsverhalten, z.B. Änderung des Führungsstils, Partizipation von Mitarbeitern, Entfaltung von Eigenverantwortung und Initiative im Rahmen hierarchischer Umgestaltung, Stimulierung von Kreativität und Pioniergeist. Auch der Aufbau *kritischer Fähigkeiten* findet hier seinen Platz. Soweit mit „Fähigkeiten" Eigenschaften der Unternehmung als Ganzes (z.B. Schnelligkeit, Innovationsfähigkeit, Lernfähigkeit) gemeint sind, wären auch andere Schichten des Wandels betroffen.

Remodellierung: Veränderungen in den geteilten Werten und Überzeugungen, also im „Belief System" der Unternehmung. Das Selbstverständnis einer Unternehmung wandelt sich, z.B. vom „Bierproduzenten" zum „Getränkehersteller", von dort zum Dienstleister, der Freizeitbedürfnisse befriedigt. Fortgeschrittene Brauereien (z.B. *Becks Bier*) verstehen sich mittlerweile als Teil der Unterhaltungsindustrie. Ein Uhrenhersteller wie *Swatch* sieht sich weniger als Hersteller von Zeitmessern, denn als Teil der „Lifestyle-Industrie".

Die Anordnung der vier Typen des Wandels in dem Schichtenmodell folgt dem Merkmal *Wandlungstiefe*, ist also nicht als *Reihenfolge* zu verstehen. Die Wandlungsprozesse können im Einzelfall einen völlig unterschiedlichen Verlauf nehmen, und sie können auch parallel organisiert werden. Dabei ist eine getrennte Bearbeitung der verschiedenen Schichten des Wandels – z.B. in Teilprojekten oder sequentiell – nur in dem Maße möglich, wie die zu beachtenden Wechselwirkungen dies erlauben. Ein analoges Problem existiert hinsichtlich der Abstimmung des Wandels verschiedener Objekte (z.B. Systeme und Strukturen) innerhalb einer Wandlungsschicht (z.B. Restrukturierung). Grundlegender Wandel bedingt eine strategische Neuausrichtung, müßte also mit einer Reorientierung beginnen. Diese wiederum setzt vielfach ein Umdenken der Strategieverantwortlichen, also der Unternehmungsspitze, voraus, erfordert somit eine partielle Remodellierung. Wie schwer dies ist, zeigt die Tatsache, daß viele Wandlungsprozesse mit einem Wechsel im Top Management einhergehen, ein Vorgang, der zur Revitalisierung, ggf. auch zur Remodellierung gezählt werden kann. Wandlungsbarrieren sind also auch im oberen Management zu lokalisieren. Insofern enthält Unternehmungswandel vielfach auch ein spezifisches Implementierungsproblem im Top Management. Ob eine Unternehmung sich für oder gegen Wandel entscheidet, hängt vorwiegend von der Kräftekonstellation im Vorstand sowie vom Zusammenspiel zwischen Vorstand und Aufsichtsrat ab. Insbesondere hinsichtlich der Initiative zum Wandel sind spezifische Top Management Barrieren zu beobachten. Hinzu kommt selbstverständlich die Mitbestimmungsproblematik, die sich im Verhältnis Geschäftsleitung – Betriebsrat niederschlägt und über Personalunion der Betriebsräte vielfach auch in den Aufsichtsrat hineinwirkt. Erst wenn die Barrieren an der Unternehmungsspitze überwunden sind, können unternehmungsweite Restrukturierungs-, Revitalisierungs- und/oder Remodellierungsmaßnahmen folgen.

Für das *Management des Wandels* und die darin eingeschlossene Implementierung ergeben sich aus den beschriebenen Objekten und Formen des Wandels *drei* unterschiedliche *Aktivitätsdimensionen* bzw. Prozeßkategorien:

Sach-rationale Dimension: Die Analyse und Bewältigung von Wandlungsproblemen spielt sich zunächst auf einer Sachebene ab. Sie steht traditionell im Vordergrund der Betrachtung, stellt aber nur die „Oberflächenschicht" des Managementprozesses dar. Wandlungsmanagement ist *Management von Sachfragen.*

Politisch-verhaltensorientierte Dimension: Wandlungsmanagement muß daneben das Verhalten der Beteiligten ergründen und beeinflussen, um Bereitschaft zum Wandel zu mobilisieren und um Widerstände zu überwinden. Mikropolitische Aushandlungs- und Koalitionsbildungsprozesse sind Teil jedes grundlegenden Wandels. Wandlungsmanagement ist Einflußmanagement.

Wertmäßig-kulturelle Dimension: Nicht zuletzt ist die Veränderung vorhandener sowie das Schaffen und Festigen neuer Werte und Überzeugungen Aufgabe des Managements (normatives Management). Eine wertmäßig-kulturelle Einflußnahme auf das Unternehmungsgeschehen ist besonders problematisch und nur in relativ langwierigen Prozessen möglich, dies vor allem, wenn die vorhandene Kultur stark ausgeprägt und tief im Bewußtsein der Beteiligten verankert ist. Wandlungsmanagement ist *Management von Bewußtseinslagen.*

Die untere Hälfte des Schichtenmodells zeigt, welche der drei Dimensionen in den einzelnen Wandlungsformen überwiegt. Die Restrukturierung läßt sich – vereinfacht gesehen – weitgehend noch als ein vergleichsweise *sachrationaler* Prozeß begreifen *(Management von Sachfragen).* Die Reorientierung bewegt sich verstärkt auf einer *politisch-verhaltensorientierten* Dimension und erfordert z.B. den Einbezug und die Behandlung verschiedener Interessenlagen und Widerstände *(Einflußmanagement).* Revitalisierung und Remodellierung schließlich verlangen über die politisch-verhaltensorientierten Aspekte hinaus die Beachtung der *wertmäßig-kulturellen* Dimension *(Management von Bewußtseinslagen).*

2.2 Strategien des Wandels

Die Implementierungsstrategie kann nicht losgelöst von der Wandlungsstrategie behandelt werden. Daher ist zunächst eine Vorstellung vom Ablauf tiefgreifender Wandlungsprozesse zu gewinnen. Die in der Literatur hierzu vorhandenen Überlegungen lassen sich im wesentlichen auf die Frage zuspitzen, ob eine Unternehmungstransformation eher in wenigen großen Schüben, Quantensprüngen vergleichbar („revolutionär"), oder in vielen kleinen Entwicklungsschritten („evolutionär") zu vollziehen ist. Das Modell revolutionärer Entwicklung sei hier als *Umbruchsmodell*, das der evolutionären Entwicklung als *Evolutionsmodell* bezeichnet.

Das *Evolutionsmodell* [vgl. *Pettigrew* 1985, *Quinn* 1980] betont die Möglichkeit einer *lernenden Organisation* und deren Fähigkeit, durch kleine Schritte Neues zu schaffen. *Pettigrew* führt aus, daß jede größere Veränderung Konfusion und Widerstand erzeugt, und daß nur ein Wandel in kleinen Schritten akzeptiert wird und erfolgreich ist: „All but incremental change is resisted" [1985, S. 471]. Auch durch viele kleine Schritte könne etwas grundsätzlich Neues entstehen.

Miller/Friesen [vgl. 1984] beschreiben dagegen ein *Revolutionsmodell* mit einer Transformation in Form von Quantensprüngen, die mit Krisensituationen einhergehen. Wegen der vielfältigen Interdependenzen zwischen den einzelnen strukturellen Elementen einer Unternehmung sollte Wandel eher selten, aber dann schnell und in großen Schüben stattfinden. Die Bereitschaft zu solchen Umbrüchen sei tendenziell in Krisensituationen am höchsten. Daß Krisen die Voraussetzung für Wandel sind, trifft sicherlich derzeit auf zahlreiche deutsche Unternehmungen zu.

Beide konzeptionellen Modelle gehen von Wandlungsbarrieren aus, die überwunden werden müssen. In sachlicher Hinsicht sind Wandlungsbarrieren u.a. dadurch zu erklären, daß in Wandlungssituationen viele interdependente Faktoren gleichzeitig zu ändern sind. Daraus entsteht ein auch unter Kostengesichtspunkten zu sehendes Beharrungsvermögen. Eine gegebene *Konfiguration von Erfolgssegmenten* (Strategie, Struktur usw.) besitzt bei erfolgreicher Gestaltung ein hohes Maß an wechselseitiger Abgestimmtheit („Passung" oder „Fit"). Durch neue Entwicklungen tritt Anpassungsbedarf auf. Die gegebene Konfiguration zeigt mehr und mehr *„Misfits"*. Nun sind die zu erwartenden *Transformationskosten* den geschätzten Kosten des entstehenden Misfits *(Misfit-Kosten)* gegenüberzustellen [vgl. Abb. 3, *Jantzen* 1994, S. 22; nach *Miller/Friesen* 1984, S. 215].

Exponentiell steigende Misfit-Kosten und anfänglich bis zu einem Minimum sinkende, dann exponentiell steigende Transformationskosten unterstellt, wird die Unternehmung solange mit der Anpassung warten, bis die Misfit-Kosten die Transformationskosten übersteigen. Dann ist ein evolutorisches Vorgehen sinnvoll. Erfolgt der Veränderungsprozeß sehr spät, ist ein Quantensprung, also ein dramatischer Wandel, erforderlich, um den aufgestauten Anpassungsbedarf zu befriedigen. Zwischen diesen Zonen befindet sich ein Bereich, in dem sich evolutionärer und revolutionärer Wandel ergänzen können (siehe Gegenstromverfahren, S. 8f.). Der Bereich links des Schnitt-

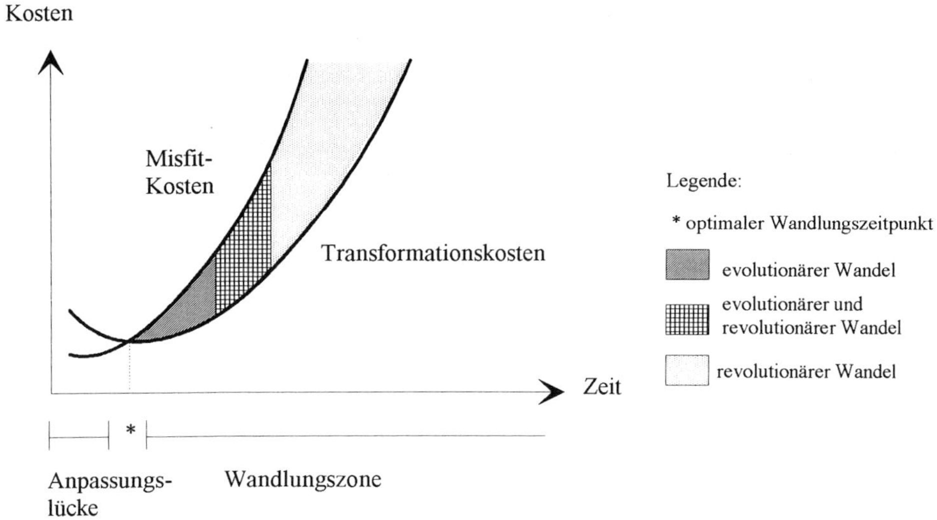

Abb. 3: Anpassungskosten

punktes wird als *Anpassungslücke* begriffen. Konsequenterweise müßte man den Bereich rechts als *Wandlungszone* bezeichnen.

Diese Kostenlogik der Transformation macht im übrigen ein psychologisches Dilemma des Wandlungsmanagements deutlich. Um die Kostensituation zu optimieren, müßte umso früher mit dem Transformationsprozeß begonnen werden, je länger er dauert. In diesem Stadium ist aber die Bereitschaft zum Wandel mangels „harter Fakten" schwer zu wecken. Um Problembewußtsein zu schaffen, ist also u.U. Abwarten erforderlich. Warten wiederum verschärft die Anpassungsproblematik und verschlechtert die Kostenrelation. Zu langes Zögern kann zur Krise führen und sogar existenzgefährdend sein. In einer empirischen Studie von *Miller/Friesen* wiesen erfolgreiche Firmen einen höheren Anteil an „dramatischen" und „konzertierten" Veränderungen auf als weniger erfolgreiche Firmen [vgl. 1984, S. 245 f.].

Insgesamt lassen sich für beide Positionen analytisch-deduktiv gute Gründe anführen. Abb. 4 stellt Kernaussagen gegenüber [weiterentwickelt nach *Perich* 1992, S. 456 ff.].

Offen ist noch, unter welchen Bedingungen welches Modell vorzuziehen ist und ob ein integriertes Management fallweise beide Entwicklungsformen praktizieren kann. Die Ansätze der Installierung *kontinuierlicher Verbesserungsprozesse* [„Kaizen", vgl. *Imai* 1993] entsprechen wohl dem *Evolutionsmodell.* Sie setzen vorrangig auf der Ausführungsebene an und nutzen die vielfältigen Erfahrungen und Ideen der Mitarbeiter. Die Bemühungen um eine *grundlegende Geschäftsprozeßoptimierung* [„Business Reengineering", vgl. *Hammer/Champy* 1994] setzen dagegen vor allem auf eine radikale Abkehr vom Ist-Zustand und auf strikte Vorgaben der Unternehmungsleitung. Dieses Vorgehen folgt dem *Umbruchsmodell.* Beide Vorgehensweisen lassen sich in Deutschland derzeit beobachten. Vielfach wird in teilweise dramatischen Aktionen versucht, grundlegende Verbesserungen („Quantensprünge") in kurzer Zeit zu erreichen. Damit werden Krisen bewältigt, die sich nicht selten erkennbar über Jahre hinweg aufgebaut haben. Fest steht, daß auf einen dramatischen Umbruch oft hätte verzichtet werden können, wenn frühzeitig mit kleinen Schritten begonnen worden wäre. Fest steht aber auch, daß ohne offenkundige Krise die Bereitschaft zum Wandel regelmäßig nur schwer zu wecken ist.

Viele der zu beobachtenden Umbruchsversuche werden in Form strikt direktiven Vorgehens in „top down"-Richtung, gepaart mit möglichst großer Geheimhaltung vorbereitet und vorgenommen. Diese Art der Implementierung wird in der Literatur treffend als *„Bombenwurf"* bezeichnet [vgl. *Kirsch/Esser/Gabele* 1979]. Bombenwürfe implizieren tiefgreifenden Wandel, entsprechen also dem Umbruchsmodell. Umgekehrt gilt allerdings keineswegs, daß jeder Umbruch bombenwurfartig einzuführen ist. Auch ein grundlegender Wandel kann durchaus offen und partizipativ erfolgen. Für erfolgreiche Bombenwürfe sind das Gelingen des Überraschungseffekts und die Fähigkeit, anschließende Widerstände zu überwinden, wesentliche Voraussetzungen. Der zumindest optisch kurzen Einführungszeit steht als Nachteil das hohe Akzeptanzrisiko gegenüber.

Die Möglichkeit verdeckten Vorgehens gibt es allerdings auch bei Änderungsprozessen, die von der Basis ausgehen und kooperativ organisiert sind. Dieses in der Literatur weniger behandelte Konzept läßt sich als *„Partisanenstrategie"* kennzeichnen.

	Umbruchsmodell	Evolutionsmodell
Grundidee:	- erheblicher Druck ist nötig, um Wandlungsbarrieren zu überwinden	- zuviel Wandel auf einmal kann vom System nicht verkraftet werden
Charakteristik des Wandels:	- tiefgreifender und umfassender Wandel ("Quantensprung") - begrenzte Zeitdauer - diskontinuierlicher Prozeß - "Revolution"	- Entwicklung in kleinen Schritten ("piecemeal engineering") - dauerhafter Lernprozeß - kontinuierlicher Prozeß - "Evolution"
Transformationslogik:	- synoptisches Vorgehen - einheitliche Fremdregelung - Vorgehen nach Plan	- inkrementelles Vorgehen - vielfältige Selbstregelung - erfahrungsgestütztes Lernen
Rolle des Managements:	- Architekt des Wandels - Rationaler Planer	- Prozeßmoderator - Coach
Chancen:	- klare Trennung von "Ruhephasen" und Wandlungsphasen - hohe Änderungsbereitschaft in Krisensituationen - Wandel aus einem Guß	- Entwicklungsrhythmus korrespondiert mit Entwicklungsfähigkeit - kleine Veränderungen wirken "natürlich" - Erwerb von Selbstentwicklungsfähigkeiten
Risiken:	- begrenzte Planbarkeit - hohe Instabilität in der Wandlungsphase - schwere Einbrüche bei zu später Reaktion - hoher Handlungsdruck begünstigt kurzfristige Verbesserungen zu Lasten langfristiger Entwicklungen	- ständige Unruhe ("Herumexperimentieren") - bei hoher Umweltdynamik zu langsam - fraglich, ob Diskontinuität zu verkraften ist - begrenzte Fähigkeit, sich selbst in Frage zu stellen

Abb. 4: Modelle des Wandels

Eine derartige Strategie wird in dem Maße möglich, wie Untereinheiten über Entscheidungskompetenzen verfügen. Es können sich informale Netzwerke Gleichgesinnter bilden, die eine Änderung vorbereiten, sie bei passender Gelegenheit durchsetzen oder schlicht durch abgestimmtes Verhalten in die Tat umsetzen. Eine Partisanenstrategie kann das Ziel haben, einem „Bombenwurf" auszuweichen oder seine Folgen abzumildern. In dem Fall löst die „Revolution von oben" (Bombenwurf) die „Gegenrevolution von unten" aus. Zu einer Partisanenstrategie mittlerer und unterer Ebenen kann es allerdings auch im wohlverstandenen Interesse der Unternehmung kommen. Dies insbesondere, wenn versucht wird, notwendigen, aber von der Spitze nicht erkannten Wandel auszulösen.

Die besondere Schwierigkeit, aber auch Herausforderung für ein Wandlungsmanagement, das mehr sein will als Krisenmanagement und das intelligenter als mit Bombenwürfen agieren will, besteht zum einen darin, bereits frühzeitig mit einer Kursänderung zu beginnen. Den Wandel antizyklisch einzuleiten erfordert besondere *Strategiecourage*. So stieß z.B. die Ankündigung von BMW, mitten in regelrechten Boomjahren der Autoproduktion (1991/92) 3000 Stellen in der Verwaltung abzubauen, auf Verblüffung und Unverständnis. Daß der Abbau gelang, hat dann mit Sicherheit erheblich dazu beigetragen, daß BMW in der schweren Rezession der Automobilindustrie 1993 mit Abstand die besten Ergebnisse erzielte. Zum anderen kann es im Einzelfall zweckmäßig sein, Umbruch und Evolution in einer Art *Gegenstromverfahren* miteinander zu verbinden (vgl. Abb. 5, *Buchholz* 1994, S. 22). Bezogen auf die Prozeßoptimierung, die derzeit im Mittelpunkt des Wandels steht, sind so „Kaizen" und „Business Reengineering" kombinierbar. Während Rahmenbedingungen und Stoßrichtungen der Änderung „von oben" vorgegeben werden, entwickeln sich die inhaltlichen Änderungen aus vielfältigen Impulsen „von unten". Es entsteht ein Vorgehen, das als *gesteuerte Evolution* bezeichnet werden könnte [vgl. *Marr* 1987, *Kirsch* 1992].

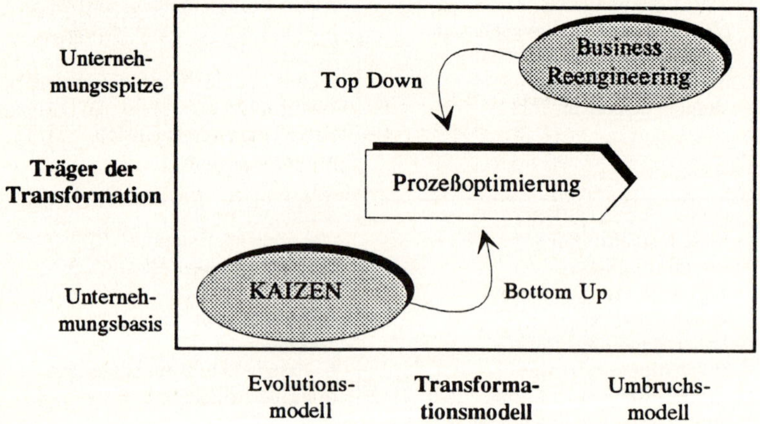

Abb. 5: Unternehmungstransformation im Gegenstromverfahren

2.3 Personelle Barrieren als Kernproblem des Wandels

Ein Kernproblem des Wandels ist das Vorhandensein vielfältiger sachbezogener und personeller Wandlungsbarrieren. Sie zu identifizieren und zu überwinden ist Gegenstand der Implementierung. Management der Implementierung ist quer zu den vorgestellten drei Dimensionen „Barrierenmanagement". Die folgenden Überlegungen richten ihr Augenmerk auf die weithin unterschätzten und vernachlässigten *personellen Barrieren*. Sie lassen sich im Hinblick auf den betroffenen Personenkreis grob, aber mit hinreichender Genauigkeit in drei Kategorien einteilen: unternehmungsweite Barrieren, Managementbarrieren, Mitarbeiterbarrieren [vgl. *Krüger* 1994b, S. 362 ff.].

Unternehmungsweite Barrieren: Die gedankliche Summe der von allen Unternehmungsmitgliedern geteilten Werte (shared values), Überzeugungen und Verhaltensmuster enthält Kernelemente der Unternehmungskultur [vgl. *Bleicher* 1994, *Schwarz* 1989]. Je stärker die Unternehmungskultur ausgeprägt ist, desto wirkungsvoller ist sie zwar, umso schwerer ist sie aber auch zu ändern. Werte und Überzeugungen können sich soweit verfestigen, daß ein „genetischer Code" der Unternehmung entsteht. Er kann sich z.B. auch auf Überzeugungen hinsichtlich der Struktur des Wettbewerbs, der Art der Wettbewerbsvorteile, der Erfolgsträchtigkeit bestimmter Strategien oder der Geeignetheit von Organisationsstrukturen erstrecken. Wenn die externe Situation eine Änderung erfordert, wirkt dieser Code wandlungshemmend oder wandlungsverhindernd. Die Unternehmungskultur nimmt den Charakter eines „Hemmschuhs" oder gar einer „Versteinerung" an (vgl. Abb. 6). Derartige Konstellationen bilden den Hintergrund gerade für das Abrutschen ehemals erfolgreicher Unternehmungen und für die außerordentliche Dramatik, mit der sich viele Wandlungsprozesse abspielen. Erheblicher Außendruck bis hin zur Krise oder ein Durchgriff externer Willensbildungszentren (Beiräte, Aufsichtsräte) ist erforderlich, um Änderungsprozesse auszulösen. Daß Aufsichts- und Kontrollorgane an führender Stelle typischerweise mit Personen besetzt sind, die in der Vergangenheit für die Geschäftspolitik verantwortlich waren oder die doch zumindest die Grundwerte der Geschäftsführung teilen, erschwert die Situation zusätzlich.

Managementbarrieren: Spezifische personelle Wandlungsbarrieren können auch im Management ausgemacht werden. Betroffen davon sind zum einen die Problem*erkennung*, zum anderen die Problem*bewältigung*. Die *Problemerkennung* wird vielfach durch die zu starke Fokussierung auf die Tagesarbeit behindert. Das Dringliche verdrängt das Wichtige. Hinzu kommt der als *Kenner-Macher-Syndrom* bezeichnete Effekt [*Krüger/Ebeling* 1991]. Mangelnde Einsicht in die Notwendigkeit des Umdenkens stellt dabei eine *Einstellungsbarriere* dar. Beim Auftreten von neuartigen Problemen

Die UK ist:	zeitgerecht	nicht zeitgerecht
stark ausgeprägt	**"Schwungrad"**	**"Versteinerung"**
schwach ausgeprägt	**"laues Lüftchen"**	**"Hemmschuh"**

Abb. 6: Mögliche Wirkungen der Unternehmungskultur (UK)

greift der „Kenner" auf die erfolgreichen Problemlösungen der Vergangenheit zurück, ohne zu merken, daß sich die Situation verändert hat. Wenn der Erfolg ausbleibt, werden die Anstrengungen in der gleichen Richtung intensiviert. Ein Teufelskreis aus Anstrengung, Mißerfolg und Verstärkung der Anstrengung entsteht. Der *Problembewältigung* steht regelmäßig die Furcht vor Positions- oder Gesichtsverlust entgegen. Aber auch Unsicherheit und Verantwortungsscheu spielen eine erhebliche Rolle. Es entsteht ein *Kompetenz-Angst-Syndrom.* Angst vor dem Unbekannten, vor Fehlern, vor unpopulären Entscheidungen oder vor Konkurrenzsituationen führen zu vorsichtigem, eher reaktivem als proaktivem Verhalten. Beim Vorliegen von Managementbarrieren ruht zwangsläufig ein hohes Maß an Verantwortung auf mittleren und unteren Ebenen. Initiativen und Impulse „von unten" müssen verstärkt, Veränderungen im eigenen Verantwortungsbereich bzw. in beherrschbaren kleinen Schritten müssen – soweit möglich – in Angriff genommen und als Erfolgsbeispiele genutzt werden. Im Grenzfall sind auch Partisanenstrategien im wohlverstandenen Unternehmungsinteresse zu ergreifen. Daß es sich dabei um eine schwierige Gratwanderung zwischen „Gehorsam" und „Befehlsverweigerung" handelt, versteht sich.

Mitarbeiterbarrieren: Auch wenn die Unternehmungsspitze Wandel will und ihn beschließt, ist er noch keineswegs umgesetzt und durchgeführt. Die betroffenen Mitarbeiter, unter Einschluß des mittleren Managements, müssen von der Notwendigkeit des Wandels überzeugt werden. Dem stellen sich weitere, vielfältige Barrieren entgegen, die im Kern allerdings eine psychologisch gleichgelagerte Erklärung wie die Managementbarrieren finden können, denn auch für die Mitarbeiter stehen Unsicherheit oder Furcht vor negativen Folgen der Veränderung im Mittelpunkt. Artikuliert, vertreten und ggf. durchgesetzt werden die diesbezüglichen Interessen einerseits im Rahmen direkter, organisatorischer Partizipation, andererseits auf der Grundlage der Mitbestimmungsregelungen, also indirekter, rechtlich geregelter Partizipation.

2.4 Wandlungsprozesse als Kraftfelder von Promotoren und Opponenten

Anhand der beschriebenen personellen Barrieren kann der Wandlungsprozeß als ein Kraftfeld gesehen werden, auf dem die verschiedenen Aktoren des Wandels interagieren (vgl. Abb. 7). Die Promotoren des Wandels repräsentieren die proaktiven Kräfte. Ihnen gegenüber steht die Gruppe der Wandlungsopponenten, die im physikalischen Sinne die entsprechende reaktive Gegenkraft bilden, und eine Gruppe „Unentschiedener", die noch keine eindeutige Einstellung zum Wandel haben. Für das Wandlungsmanagement kommt es darauf an, die Ursachen für das Entstehen der Barrieren und damit der Wandlungsopposition oder -indifferenz herauszufinden, um darauf aufbauend geeignete Maßnahmen für die Umsetzung und Durchsetzung, also die Überwindung der Barrieren, ergreifen zu können.

Allgemein wird man sagen können, daß der einzelne bevorstehende Veränderungen vor allem danach beurteilt, welche Konsequenzen sich für ihn daraus ergeben und ob die Wandlungsfolgen klar absehbar oder unsicher sind. Gegenstand dieser subjektiven Betrachtung dürften vor allem Veränderungen folgender Punkte sein:

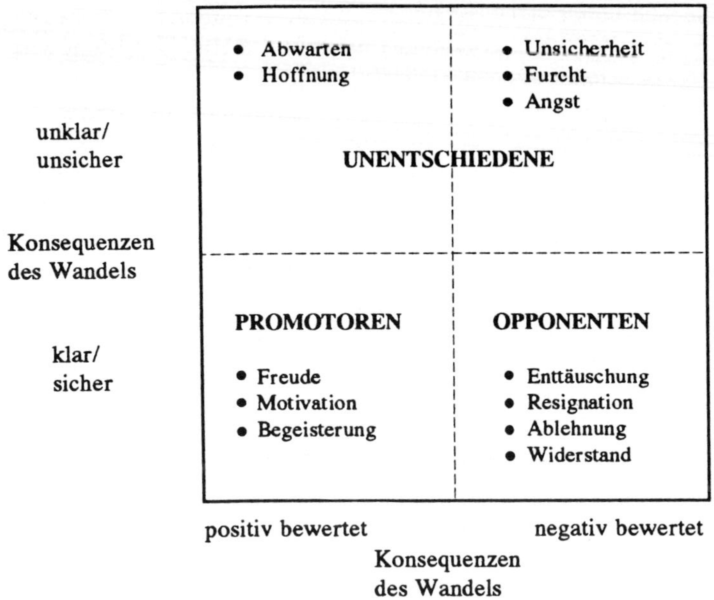

Abb. 7: Aktoren des Wandels und ihre Einstellungen

- Sicherheit des Arbeitsplatzes
- Arbeitsort, Arbeitszeit, Arbeitseinkommen
- Aufgaben, Kompetenzen, Verantwortung
- Anforderungen (Qualifikation, Motivation, Verhalten)
- Positions- und Statusmerkmale
- Positionelles Umfeld
- Bezugsgruppen
- Privates Umfeld

Der einzelne wird aus den von ihm erwarteten Vor- und Nachteilen sowie aus deren Sicherheit bzw. Unsicherheit eine Art von gedanklichem *Kosten-/Nutzensaldo* bilden. Überwiegen positive Konsequenzen, deren Eintritt sicher ist, so liegen die Bedingungen dafür vor, daß sich jemand als *Promotor* des Wandels verhält (vgl. Abb. 7). *Opponenten* entstehen, wenn mit hoher Wahrscheinlichkeit vorwiegend Nachteile zu befürchten sind. Dazwischen liegen die Fälle der *Unentschiedenen*.

Nun berücksichtigen diese Überlegungen zum Entstehen des „Kraftfelds Wandel" allerdings nur den „Konsequenzensaldo", also das Ergebnis eines kalkülhaften Informationsverarbeitungsprozesses. Genau betrachtet, handelt es sich um rein kognitive Prozesse, die zunächst lediglich zu einer – positiven oder negativen – (inneren) *Einstellung* gegenüber dem Wandel führen. Innere Einstellung und äußeres Verhalten sind keineswegs in allen Fällen deckungsgleich. Zum Verständnis des (externen) *Verhaltens* werden nachfolgend zwei Erklärungsansätze herangezogen, zum einen die *Einstellungs-*

Verhaltens-Hypothese, die sich bei der Untersuchung von Kaufverhalten im Marketing bewährt hat [vgl. *Kroeber-Riel* 1992, S. 164 ff.], zum anderen die Unterscheidung von *Einstellungs-* und *Verhaltensakzeptanz* [vgl. *Wiendieck* 1992].

Zu einer genaueren Analyse wird zunächst die (innere) Einstellung unterteilt in eine „generelle Einstellung gegenüber Wandel" und eine „Einstellung gegenüber die eigene Person betreffenden Wandel". Stimmen diese beiden Einstellungen überein, so resultiert entsprechend der Einstellungs-Verhaltens-Hypothese ein eindeutiges Verhalten, entweder als Promotor (positive Einstellungen), oder als Opponent (negative Einstellungen). Divergierende Einstellungen führen zu Unentschlossenheit, welche nun näher betrachtet werden kann. Das individuelle Verhalten kann aus der „Einstellung gegenüber die eigene Person betreffenden Wandel" abgeleitet werden, da – zumindest in deutschen Unternehmungen – üblicherweise dem individuellen Nutzen höhere Präferenz beigemessen wird. In anderen Kulturkreisen, wo das Wohl des sozialen Systems („Unternehmungsfamilie") höher bewertet wird als die eigene Person betreffende Konsequenzen, wäre entsprechend die „generelle Einstellung gegenüber Wandel" zugrunde zu legen.

Individuelle Nutzenmaximierung unterstellend wird jemand mit positiver „genereller Einstellung gegenüber Wandel", aber aufgrund erwarteter persönlicher Nachteile negativer „Einstellung gegenüber die eigene Person betreffenden Wandel", sich als *potentieller Promotor* negativ verhalten. Dabei kann die negative Einschätzung hinsichtlich der persönlichen Konsequenzen ihre Erklärung in fehlender Motivation *(Willensbarrieren)* oder auch in unzureichendem Wissen und Können *(Fähigkeitsbarrieren)* finden. Auf die gleiche Weise kann das Verhalten *verdeckter Opponenten* mit negativer „genereller Einstellung gegenüber Wandel", aber aufgrund erwarteter Vorteile positiver „Einstellung gegenüber Wandel die eigene Person betreffend", erklärt werden („Opportunist"/„Mitläufer").

Das häufige Auseinanderklaffen von genereller Einstellung und individuellem Verhalten zeigt sich auch in Forschungen zur Technikakzeptanz. *Wiendieck* unterscheidet deshalb *Einstellungsakzeptanz* und *Verhaltensakzeptanz* [vgl. 1992]. Dieser Gedanke kann auch zur Erklärung des Kraftfelds der Implementierung herangezogen werden. Opponenten zeichnen sich durch negative Einstellungs- und Verhaltensakzeptanz aus. Promotoren sind durch positive Ausprägung beider Akzeptanzarten charakterisiert, daher bilden Opponenten und Promotoren die Gegenpole. Wenn dagegen ein Akzeptanztyp positiv, einer negativ entwickelt ist, liegen die Verhältnisse anders. Jemand, der sich aufgeschlossen verhält (positive Verhaltensakzeptanz), kann durchaus negative Einstellungen besitzen. Entweder trägt er mehr unfreiwillig oder auch gleichgültig den Wandel mit („Opportunist"/„Mitläufer"), bereit, sich ggf. auch anders zu verhalten („Wendehals"), oder er verhält sich ohne innere Überzeugung aus taktischen Gründen positiv (*„verdeckter Opponent"* vgl. Abb. 8).

Das Gegenbild zu dieser Figur des verdeckten Opponenten liefert der *„potentielle Promotor"*, also jemand, der im Prinzip „dafür" ist, dem jedoch noch der letzte Anstoß fehlt, sich auch wandlungsfördernd zu verhalten. Mangelnde Verhaltensakzeptanz kann ihre Erklärung in fehlender Motivation *(Willensbarrieren)* oder auch in unzureichendem Wissen und Können *(Fähigkeitsbarrieren)* finden.

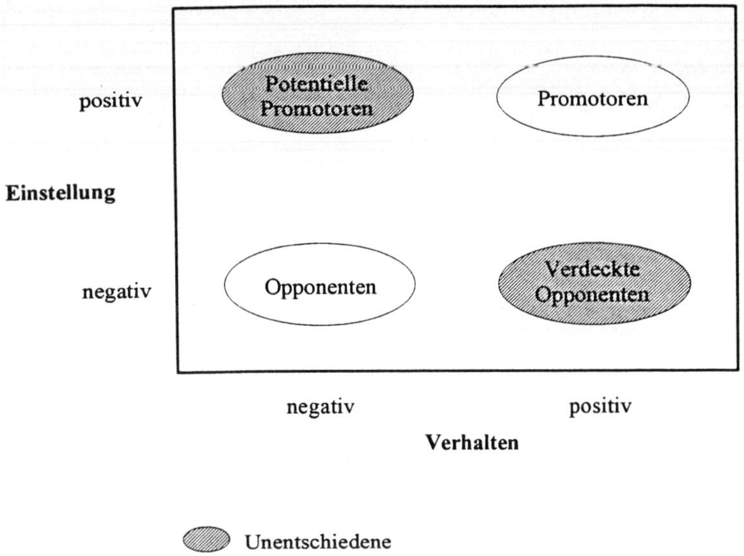

Abb. 8: Aktoren des Wandels und ihr Verhalten

3. Management der Implementierung

3.1 Vorstellungsmodell des Implementierungsmanagements

Das hier zugrunde gelegte Vorstellungsmodell des Implementierungsmanagements zeigt Abb. 9. Ausgangspunkt ist für den jeweiligen – internen oder externen – Aktor, der das „Kraftfeld Implementierung" beeinflussen und gestalten will, eine Abschätzung der Einstellungs- und Verhaltensakzeptanz und damit eine Zuordnung der Beteiligten zu den vier Gruppen Promotoren/verhinderte Promotoren, Opponenten/verdeckte Opponenten. In der Regel wird die Gruppe der (offenen) Promotoren relativ klein, und es werden die Gruppen der Opponenten und Indifferenten relativ groß sein. So mühsam es für das Wandlungsmanagement ist, den jeweiligen Konstellationen nachzuspüren, so eröffnen sich erst durch diese Zielgruppenbestimmung auch Ansatzpunkte der Beeinflussung.

Hierfür läßt sich eine zumindest tendenzielle Zuordnung der drei Dimensionen des Wandlungs- und Implementierungsmanagements (Management von Bewußtseinslagen, Einflußmanagement, Management von Sachfragen) zu den vier Zielgruppen vornehmen. Damit werden bereits Aufgabenschwerpunkte der Implementierung deutlich. *Opponenten* ist zunächst mit einem Management von Bewußtseinslagen zu begegnen, um ihre Einstellungen – soweit möglich – in Richtung auf Wandlungsakzeptanz zu verändern. Neben diese „Überzeugungsarbeit" treten dann gezielte Beeinflussungsaktivitäten, z.B. durch Nachteilsausgleich, Besitzstandsregelungen oder auch Ankündigung negativer Sanktionen. Besteht keine Chance, die negative Einstellungsakzeptanz der Opponenten

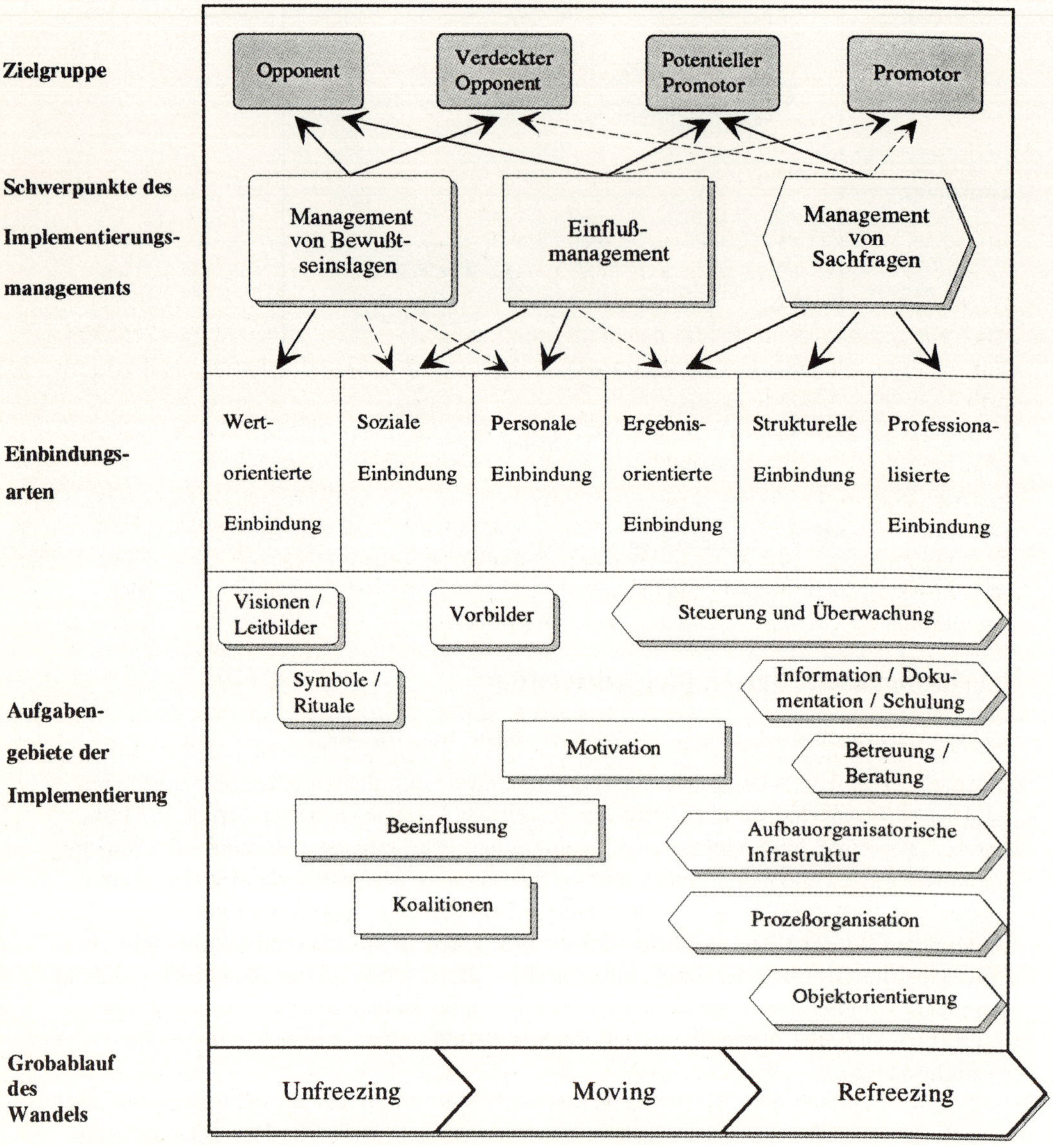

Abb. 9: Vorstellungsmodell des Implementierungsmanagements

zu überwinden, kommt auch eine Trennung in Betracht. *Promotoren* stellen auch für das Implementierungsmanagement den aufgabenspezifischen Gegensatz hierzu dar. Sie müssen nicht mehr überzeugt und nur wenig beeinflußt werden, da sie von der Veränderung als solcher profitieren und sich daher für sie einsetzen. Allenfalls sind sie in ihrer Absicht zu bestärken.

Verdeckte Opponenten sind durch negative Einstellungen und positives Verhalten charakterisiert. Auf die Einstellungsveränderung kann wiederum mit Hilfe von Sensibilisierungsbemühungen („Bewußtseinsmanagement"), begrenzt auch mit Information („Sachfragen") eingewirkt werden. *Potentielle Promotoren* besitzen eine umgekehrte Einstellungsrelation. Sie verhalten sich passiv bzw. negativ, obwohl ihre Einstellung positiv ist. Einflußmanagement erscheint hier angebracht, insbesondere durch Schaffen von Anreizen. Je nach Einzelfall können auch Informations- und Schulungsmaßnahmen verhaltensändernd wirken.

Der gemeinsame Nenner aller Aktivitäten des Implementierungsmanagements wird hier im Konzept der *Einbindung* gesehen [vgl. *Krüger* 1994b, S. 295 ff., *Krüger* 1995a]. Es geht darum, den einzelnen in geeigneter Weise in den Unternehmungsprozeß so zu integrieren, daß Effizienz und Effektivität des Wandels gewährleistet sind. Reibungsverluste und Pattsituationen sind zu vermeiden. Die allgemein unterscheidbaren Arten der Einbindung lassen sich auch für das Implementierungsmanagement nutzbar machen, so z.B. die Einbindung durch gemeinsame Werte *(wertorientierte Einbindung)*, die bis hin zu einer Selbstverpflichtung (commitment) des Betreffenden reicht. Aber auch konventionellere Formen der Integration, die man zunächst mit dem Begriff „Einbindung" assoziiert, sind gemeint, insbesondere die Möglichkeiten der Partizipation der Betroffenen durch Mitwirkung in Projektteams, Arbeitsgruppen oder Steuerungsgremien *(strukturelle Einbindung)*.

Im unteren Teil von Abb. 9 sind die wichtigsten Aufgabengebiete der Implementierung den sechs Einbindungsformen zugeordnet. Von links nach rechts folgt die Darstellung einem Grobablauf des Wandels. Als Ablaufmodell wird der bildhafte Wandlungsprozeß von *Kurt Lewin* benutzt: *Unfreezing, Moving, Refreezing* [vgl. 1947]. Dadurch wird bereits erkennbar, daß am Beginn des Prozesses zunächst das Bewußtseinsmanagement dominiert, repräsentiert z.B. durch die Formulierung von Visionen und Leitbildern. Dies dient dem „Auftauen" (Unfreezing) von verkrusteten Denkmustern und Verhaltensweisen. Es wird ergänzt und im Mittelteil des Prozesses abgelöst vom Einflußmanagement, also Aktivitäten der Motivation und Beeinflussung. Damit ist zu erreichen, daß sich Personen und Organisationseinheiten in Bewegung setzen (Moving). Das Einflußmanagement schließlich wird zum Ende des Prozesses durch das Management von Sachfragen abgelöst, also z.B. durch Information und Schulung, aber auch Steuerung und Überwachung. Die neuen Lösungen sind zu erlernen und einzuüben und soweit zu verfestigen (Refreezing), daß sie auch tatsächlich beibehalten werden.

3.2 Management von Bewußtseinslagen

Das Management von Bewußtseinslagen zielt primär auf die *Einstellungsakzeptanz* und damit auf offene oder verdeckte Opponenten. Es geht – wie erwähnt – um die Veränderung vorhandener sowie das Schaffen und Festigen neuer Werte und Überzeugungen. Auf die Weise ist den Zielgruppen ein Bewußtsein für die Notwendigkeit und die Art der beabsichtigten Änderung zu vermitteln. Ein ausgeprägtes Wandlungsbewußtsein ist desto bedeutungsvoller, je weitreichender und langanhaltender der Wandlungsprozeß ist und je mehr Selbstentwicklung von den betroffenen Einheiten zu leisten ist.

Bewußtseinswandel bildet den *Beginn* eines Wandlungsprozesses. Er geht den verschiedenen Einflußaktivitäten und der Klärung der jeweiligen Sachfragen voraus. Prozeßauslösende Bewußtseinsveränderungen sind dem Vorgang des „Auftauens", des „Entfrostens" vergleichbar. Neuere Vorstellungsmodelle des Strategieprozesses wie das sehr differenzierte Modell des *Logischen Inkrementalismus* von *J.B. Quinn* beginnen ebenfalls mit einer ganzen Reihe von diesbezüglichen Aktivitäten (z.B. Building Awareness, New Symbols, Legitimizing New Views, vgl. 1980, S. 104). Die Formulierung möglichst „zündender" *Visionen* und *Leitbilder* bildet vielfach den ersten Schritt. Ein aktuelles Beispiel bietet die BMW AG, deren Vorstand die ganze Unternehmung unter das Motto „Unternehmen Mobilität" gestellt hat. Damit ist zum einen die Außensicht angesprochen. Nicht das Auto als Produkt, sondern die Mobilität als spezifisches Kundenbedürfnis rückt in den Mittelpunkt. Zum anderen wird in der Innensicht Mobilität als Aufforderung an jeden Mitarbeiter bzw. alle Organisationseinheiten adressiert. Gestützt und umgesetzt wird dieses visionäre Schlagwort („Schlachtruf") durch eine Reihe von *Handlungsmaximen*, die das BMW-Leitbild ausmachen. Darin sind u.a. Werte und Verhaltensweisen verankert wie die Vorbildfunktion der Führungsebenen und die Fähigkeit der Mitarbeiter, konstruktive Kritik zu üben und zu ertragen.

Visionen und Leitbilder dürfen nicht nur verkündet, sondern sie müssen gelebt werden. Dazu können *Symbole* und *Rituale* oft mehr beitragen als schriftliche Anweisungen. Anzustreben ist eine einprägsame Wertbildung und eine dauerhafte, persönliche Verpflichtung (commitment) der einzelnen auf diese Werte. Ein Beispiel aus dem Total Quality Management (TQM) mag dies illustrieren. Um durchgreifende Qualitätsverbesserungen zu erreichen, organisierte Hewlett Packard für alle Mitarbeiter der betroffenen Bereiche eine große Dampferfahrt. Auf dem Vorschiff befand sich als Symbol ein großer Felsen, auf dem die zu bekämpfenden Qualitätsmängel eingemeißelt waren. In der Mitte des Sees machte der Dampfer halt und in gemeinsamer Anstrengung wurde der Felsbrocken im See versenkt. Sicherlich ein unmißverständliches und unvergeßliches Ritual, das die Verpflichtung auf die Qualitätstugenden repräsentiert.

In der Praxis zeigt sich außerdem, daß *Vorbildern* eine hohe Bedeutung zukommt. Hierfür kommen zum einen einzelne Personen oder auch Teams bzw. Arbeitsgruppen in Frage, die als vorbildhaft eingestuft und ausgezeichnet sind. Skeptiker können überzeugt, Promotoren gewonnen werden, wenn sie eine Zeitlang mit derartigen Vorbildern zusammenarbeiten oder in Erfahrungsaustausch treten. Man denke z.B. an den vielzitierten Einsatz japanischer Experten in der Porsche-Produktion. Zum anderen ist es Aufgabe der Vorgesetzten, und insbesondere der Unternehmungsspitze, die angestrebten Werte nicht nur zu verkünden, sondern sie möglichst auch zu verkörpern und vorzuleben.

Durch wirkliche Vorbilder wird insbesondere der Beweis angetreten, daß die verlangten Änderungen tatsächlich machbar sind und nicht auf unrealistisch hohen Anforderungen beruhen. Vorbilder können also dazu dienen, eine Brücke von der Vision, dem ehrgeizigen Konzept, zur praktischen Umsetzung zu schlagen.

Diese Überlegungen machen deutlich, daß ein Management von Bewußtseinslagen primär auf einer *wertorientierten Einbindung* beruht. Dem einzelnen bietet diese Form der Einbindung ein hohes Maß an Identifikationsmöglichkeiten bis hin zur Sinnstiftung. Wenn Vorbilder eingesetzt werden, treten *soziale* Einbindung (Gruppe/Team als Vorbild) oder *personale* Einbindung (Einzelperson als Vorbild) flankierend hinzu.

3.3 Einflußmanagement

Einflußmanagement zielt auf die *Verhaltensakzeptanz* und bemüht sich um die Beeinflussung von offenen Opponenten und potentiellen Promotoren, beides Personenkreise, die gleichermaßen durch Verhaltensbarrieren gekennzeichnet sind. Einfluß wird konkret von Einzelpersonen oder Gruppen ausgeübt. Damit ist klar, daß es hier vorrangig um Fragen der *personalen* und *sozialen* Einbindung geht. Die Einbindungsleistung wird in *vertikaler* Hinsicht von Personen mit Vorgesetztenfunktionen erbracht. Der direkte disziplinarische Vorgesetzte sowie höhere Führungsebenen kommen ebenso in Betracht wie Fachvorgesetzte (z.B. Leiter von Zentralabteilungen) oder Projektvorgesetzte (z.B. Projektleiter, Steuerungsgremien). In *horizontaler* Sicht sind Kollegen, z.B. Fachspezialisten, ebenfalls möglicher Teil des Einflußmanagements. Dabei gilt es nicht zuletzt, die bereits vorhandenen Promotoren gezielt in den Prozeß der Beeinflussung zu integrieren, um so Multiplikatoreffekte zu erzielen.

Schlüsselgrößen, und damit zugleich markante Einbindungsmechanismen, sind spezifische Formen von Macht (Einfluß) und Autorität [vgl. *Krüger* 1994b, S. 316 ff.]. Zu nennen ist zunächst die Verfügung über materielle und immaterielle Sanktionen (Belohnungen oder Bestrafungen), die zur *Belohnungsmacht* und *Bestrafungsmacht* gehört. Belohnungsmacht (z.B. Anerkennung, Lob, Prämien, Abfindungen) kann vor allem dazu dienen, mögliche Nachteile des geplanten Wandels auszugleichen. Die Machtwirkungen sind mithin *kompensatorisch*. Bestrafungsmacht (z.B. Entzug von Unterstützung, finanzielle Nachteile, Versetzungen, Entlassungen, Streik) wirkt vor allem als Drohpotential und drängt Bedenken und Verhaltenswiderstände zurück. Die Machtwirkungen können als *repressiv* bezeichnet werden. Der Einsatz von Bestrafungsmacht ist durch enge rechtliche Grenzen eingeschränkt.

Belohnungen und Bestrafungen sind motivationstheoretisch als Gewährung bzw. Entzug von Anreizen einzustufen und besitzen insofern Querbeziehungen zur Leistungsmotivation. Motivation und Beeinflussung gehen Hand in Hand. Die Veränderung eines Anreizsystems kann schon isoliert ausreichen, um Verhaltensänderungen auszulösen. Noch wirkungsvoller ist es sicherlich, wenn die Maßnahmen des Einflußmanagements mit denen des Bewußtseinsmanagements abgestimmt sind im Sinne eines sachlichen und zeitlichen *Implementierungsverbunds* (Implementierungs-Mix).

Belohnungs- und Bestrafungsmacht bilden die Grundlage für die Arbeit von *Machtpromotoren*. Am Beginn und Ende des Wandlungsprozesses besitzt diese Promotorengattung tendenziell ihren Einsatzschwerpunkt. *Fachpromotoren* stützen sich dagegen vorwiegend auf die *Informationsmacht*, also auf wandlungsrelevante Kenntnisse und

Fähigkeiten (vgl. *Witte* 1973]. Sie sind vorwiegend im Mittelteil des Prozesses – dem „Moving" – einsetzbar. Informationsmacht hat vor allem den Effekt, die sachliche Notwendigkeit und die Legitimation von Änderungen zu unterstreichen. Sie trägt insofern zu den *konditionierenden* Einflußwirkungen bei, die sich auch als Ergebnis wertorientierter Einbindung zeigen. Zugleich ist ein Fachpromotor mit seiner Informationsmacht wesentlicher Teil des Managements von Sachfragen.

In der von *Hauschildt* identifizierten Kategorie des Prozeßpromotors mischen sich wohl typischerweise verschiedene Einflußformen [vgl. 1993, S. 121 ff.]. Neben den bereits erwähnten Machtgrundlagen wird der *Prozeßpromotor* allerdings noch stärker als andere Promotoren auf seine persönlichkeitsspezifischen Einflußquellen angewiesen sein, also auf der Grundlage von *Persönlichkeitsmacht* wirken.

Nicht nur das Beeinflussen einzelner Personen, sondern auch die Handhabung ganzer Einflußsysteme in der Unternehmung ist Gegenstand des Einflußmanagements [vgl. *Mintzberg* 1983, *Krüger* 1994b, S. 321 ff.]. Aus Sicht der Koalitionstheorie läßt sich ein Implementierungsvorgang dann als Aufbau einer *wandlungsfördernden Koalition* begreifen. Je nach Reichweite des Wandlungsprozesses sind dabei nicht nur interne, sondern auch externe Koalitionen bzw. Koalitionspartner einzubeziehen und einzubinden. Nicht selten wird ein stabiles *bürokratisches Einflußsystem*, basierend auf Positionsmacht, eher wandlungshemmend in Erscheinung treten. Dagegenhalten könnte insbesondere ein *personalisiertes Einflußsystem*, gestützt von Persönlichkeitsmacht einzelner Personen, und/oder ein *professionalisiertes Einflußsystem*, in dem sich Fachpromotoren zusammenschließen. Die Kategorien der Promotoren und Opponenten drücken sich auch in den Einflußsystemen aus, Kraft und Gegenkraft entstehen und entfalten sich. Die jeweilige Kräftekonstellation bestimmt dann über Verlauf und Ergebnis der Implementierung. Wandlungsimpulse werden aufgegriffen und forciert oder unterdrückt und verlangsamt.

3.4 Management von Sachfragen

Die Bewältigung von Sachfragen, im Vordergrund der herkömmlichen Diskussion stehend, wird hier mit Bedacht als letzter Komplex des Implementierungsmanagements behandelt. Die verschiedenen Aufgaben und Instrumente sind vor allem aus dem Projektmanagement hinlänglich bekannt. In größeren Unternehmungen existieren vielfältige Dokumentationen und Handbücher, in denen alle erforderlichen Details geregelt sind. Daß Projekte und Wandlungsprozesse dennoch scheitern, liegt offenbar nicht am Sachmanagement, sondern an einer Unterschätzung des Bewußtseins- und des Einflußmanagements.

Im Mittelpunkt des Managements von Sachfragen stehen zwangsläufig die *sachbedingten Barrieren* des Wandels. Demgemäß hat das strategische Dreieck „Kosten, Qualität, Zeit" oberste Priorität. Wie zu zeigen sein wird, ergeben sich allerdings auch zahlreiche Querbeziehungen zu personellen Wandlungsbarrieren und damit zur Akzeptanzproblematik. Prägend für das diesbezügliche Sachmanagement und für das konventionelle Implementierungsverständnis generell sind die Aktivitäten der *Information* und *Schulung*, der *Dokumentation* sowie der *Betreuung* und *Beratung* der Betroffenen.

Anknüpfungspunkt sind die jeweiligen Veränderungen der Aufgaben, Strukturen und Abläufe sowie die daraus resultierenden Änderungen in den Anforderungen an die Stelleninhaber. Das angestrebte Ergebnis läßt sich als *professionalisierte Einbindung* bezeichnen. Der einzelne wird insbesondere durch vorbereitende Informations- und Trainingsmaßnahmen (z.B. Beratung, Mitentscheidung) in die Lage versetzt, den veränderten Arbeitsanforderungen gerecht zu werden, sich also in seiner Professionalität zu entwickeln und anzupassen.

Auch das Sachmanagement steht im Zusammenhang mit der Problematik der Wandlungsbarrieren. Durch Information, Schulung und Betreuung können eventuelle Sorgen und Ängste der Betroffenen hinsichtlich des „Nichtmithaltenkönnens" reduziert werden. Daraus resultieren positive Effekte für Einstellungs- und Verhaltensakzeptanz. Vor allem aber können die unmittelbar im fehlenden Wissen und Können liegenden *Fähigkeitsbarrieren* überwunden oder abgebaut werden. Dabei ist allerdings auch zu beachten, daß jedes persönliche Entwicklungspotential seine Grenzen hat. Solche Grenzen sind derzeit bei den fortgeschrittenen Bemühungen um Lean Management und moderne Fertigungsorganisation (z.B. Fertigungsinseln) zu beobachten. Die Qualifikationsanforderungen liegen offenbar teilweise zu hoch. So beginnt aus diesem Grund z.B. Opel mit einer Abkehr von der in Eisenach zukunftsträchtig begonnenen Inselfertigung. Am Standort Rüsselsheim wird verstärkt in konventionelle, hochgradig arbeitsteilige Fertigung investiert.

Sachaktivitäten wie Information, Schulung und Betreuung setzen entweder vollständig oder doch zum großen Teil erst *nach* der Entscheidung für ein Wandlungskonzept ein. Eine weitergehende Form der Einbindung liegt vor, wenn die Betroffenen am Wandlungsprozeß aktiv beteiligt sind. Dies bedeutet eine Abkehr von der (völligen) Fremdregelung hin zu einer (teilweisen) Selbstregelung. Die verschiedenen Intensitätsgrade der damit angesprochenen *Partizipation* (z.B. Beratung, Mitentscheidung) sind durch geeignete organisatorische Maßnahmen sicherzustellen. Man denke an die Arbeit in Quality Circles oder Projektteams, an Workshops oder selbststeuernde Arbeitsgruppen. Eine sehr weit getriebene Selbstregelung entspricht dem Gedanken der *lernenden Organisation*. Die Unternehmungsspitze muß Rahmenbedingungen hierfür schaffen und die erforderlichen Prozesse in Gang bringen und in Gang halten. „Implementierung" im Sinne einer gesonderten Aufgabe oder gar Phase entfällt dabei weitgehend. Es geht mehr darum, das Bewußtsein für Veränderungen – einmal geweckt – aufrechtzuerhalten.

Alle diese Ansätze lassen sich als Formen der *strukturellen Einbindung* interpretieren. Implementierung findet dadurch statt, daß die Beteiligten in wandlungsbezogene Formen der Primär- und vor allem der Sekundärorganisation integriert sind. Die entsprechenden Regelungen der Aufbauorganisation zu schaffen, ist ebenfalls Teil des Implementierungsmanagements. So entsteht eine organisatorische *Infrastruktur* der Implementierung.

Zu den organisatorischen Implementierungsaufgaben zählt außerdem die *Prozeßorganisation*. Sie besitzt nicht nur Implementierungsrelevanz, sondern prägt den Erfolg von Wandlungsprozessen insgesamt. Für die Ablauforganisation gilt, daß komplexer werdende Probleme in starkem Maße nicht ohne weiteres durch intensivere – und damit längere – Planungsprozesse zu beherrschen und zu lösen sind. Das streng sequentielle Vorgehen, wie es für einen konventionellen Projektablauf typisch ist, ist durch eine stärkere Integration und Überlappung der „Phasen" zu ersetzen. Dies entspricht dem „Simultaneous Engineering". Innerhalb einer Planungsphase können Realisierungsschritte begonnen werden, z.B. durch Prototypenbau oder Pilotanwendungen. Verkürzte Planung und schnellere Realisierung fördern darüber hinaus die Qualität der Lösungen und die Motivation der Betroffenen, da Änderungen und ihre Konsequenzen rascher sichtbar werden. Zum einen reduziert sich der Zeitraum der Ungewißheit und Unsicherheit, zum anderen werden auch Verbesserungen schneller erreicht. Erfolgserlebnisse und Lernerfahrungen werden ermöglicht. Pilotanwendungen oder sukzessive Einführung von Teillösungen sollten – soweit möglich – genutzt werden. Beherrschbare erste Schritte, die mit begrenztem Risiko eindeutige Ergebnisse und Erfolgsnachweise zeigen, können die Akzeptanz der nächsten Schritte entscheidend verbessern. Die Lösung von Sachproblemen – hier Zeitbedarf und Ergebnisqualität des Wandels – begünstigt die Bewältigung von Akzeptanzproblemen.

So sehr durch Ablaufveränderungen Verbesserungen zu erreichen sind, so sehr gilt letztendlich für Wandlungsprozesse und die sie tragende Sekundärorganisation das gleiche wie für die Geschäftsprozesse und die zugehörige Primärorganisation: die Dominanz der funktionalen Spezialisierung – im Projektablauf repräsentiert durch „Phasen" wie „Vorstudie", „Entwurf", „Realisierung", „Einführung" – ist durch eine *Objektorientierung* abzulösen oder zumindest zu ergänzen. Objekte können Teilprojekte oder Teilsysteme (Module) resp. Teillösungen sein. Bei BMW z.B. ist die Fahrzeugentwicklung für die verschiedenen Baureihen in sog. Modulteams konzentriert, z.B. für Karosserie, Motor, Elektrik. Alle erforderlichen funktionalen Spezialisten sind in solchen Teams zusammengefaßt. Die üblichen Abteilungszäune und funktionalen Eifersüchteleien und Konflikte sind entscheidend reduziert. Im übrigen ist der Baureihenverantwortliche mit starken Kompetenzen ausgestattet und berichtet direkt an den Gesamtvorstand. Bei lediglich die Oberfläche des Schichtenmodells betreffenden Wandlungsformen (Restrukturierung, Management von Sachfragen, vgl. Abb. 2) ist Objektorientierung vergleichsweise leicht zu erreichen, da sich der Projektgegenstand (z.B. Produkt, Organisationsstruktur, Kommunikationssystem) in weitgehend selbständig zu bearbeitende Teilobjekte zerlegen läßt. Bei tiefgreifenderen Wandlungsformen sind auch Einflußmanagement und Management von Bewußtseinslagen erforderlich. In diesen Fällen ist eine arbeitsteilige Objektorientierung schwerer zu gewährleisten. Komponenten einer Unternehmungskultur wie z.B. Werte und Verhaltensmuster sind so hochgradig interdependent, daß sie kaum zum Gegenstand unterschiedlicher Teilprojekte gemacht werden können.

Implementierungsprozesse bedürfen in jedem Falle auch *steuernder* und *überwachender* Eingriffe. Vor allem Zeiten, Termine, Kosten, quantitative und qualitative Leistungsergebnisse des angestrebten Wandels bzw. Wandlungsschritts sind für die Einführungsphase und darüber hinaus festzulegen und in ihrer Erreichung zu überprüfen. Dies dient der sachlichen Erfolgskontrolle ebenso wie der Leistungsbeurteilung und Gratifizierung der Verantwortlichen. Gerade wenn ein hohes Maß an Selbststeuerung angestrebt wird, also die Handlungsverantwortung bei den ausführenden Einheiten liegt, ist die Steuerung über Ergebnisgrößen wichtig. Die damit angesprochene *ergebnisorientierte Einbindung* kann die Zurücknahme anderer Einbindungsformen, die mit der Selbststeuerung einhergeht, kompensieren.

3.5 Hilfsmittel der Implementierung

Alle Träger der Implementierung können sich vielfältiger Hilfsmittel bedienen, um die notwendige Akzeptanz herbeizuführen [vgl. zum folgenden *Krüger* 1994c, S. 213 ff.]. Ihr Einsatz läßt sich in Analogie zum Marketing verstehen. Dies bedeutet zunächst, daß auch das Wandlungsmanagement in einem besonderen Sinne „kundenorientiert" zu sein hat. Betroffene des Wandels sind interne Kunden. Implementierung ist dann gleichbedeutend mit Projektmarketing, die einzelnen Hilfsmittel sind Faktoren des Marketing-Mix [vgl. *Reiss* 1993]. An die Stelle einer pauschalen „Einführungsanweisung" hat ein situations- und kundengerechtes Implementierungs-Mix zu treten. In Abb. 10 ist eine breite Auswahl möglicher und in der Praxis verbreiteter Hilfsmittel dargestellt. Auf eine gesonderte Systematisierung dieser höchst unterschiedlichen Ansätze wird hier bewußt verzichtet. Statt dessen zeigt das Diagramm, welcher Dimension des Implementierungsmanagements die einzelnen Hilfsmittel, zumindest dem Schwerpunkt nach, zuzuordnen sind. Dies soll die Zusammenstellung einer „Tool-Box" für das Implementierungsmanagement erleichtern. Die meisten Hilfsmittel besitzen recht eindeutige Positionen in diesem Implementierungsportfolio. Selbstverständlich lassen sich je nach instrumenteller Ausgestaltung auch Positionsverschiebungen erreichen. Ziel muß es in jedem Fall sein, ein für das jeweilige Projekt optimales Mix von Maßnahmen zu wählen.

Einige der Instrumente dienen sowohl der Konzipierung von Wandel wie der Umsetzung und sind insofern von besonderem Interesse. Dies gilt z.B. für *Workshops*, die – entsprechende Zusammensetzung vorausgesetzt – sowohl die Strukturierung und Priorisierung von Problemen erbringen als auch die Notwendigkeit einer Veränderung deutlich machen können. Im Anschluß daran ist die Detailarbeit von *Projektteams* zu leisten. Sie können sich an bereits realisierten Bestlösungen orientieren *(Benchmarking)*, deren unbestreitbare Existenz und Funktionsfähigkeit wiederum ein Teil der Lösungsakzeptanz ist. Primär der Information und Meinungsbildung über gefundene Lösungen dienen Zusammenkünfte mit *Konferenzcharakter* (Kick-off-Veranstaltung, Informations-Märkte). Im Sinne der Prozeßbeschleunigung und Risikoreduktion ist – wenn technisch möglich – die Durchführung von *Pilotprojekten* oder der Bau von *Prototypen* sehr empfehlenswert. Auch dies sind Maßnahmen, die ihren Sinn nicht nur aus sachbedingten Vorteilen beziehen, sondern die zugleich akzeptanzfördernde Wirkung besitzen.

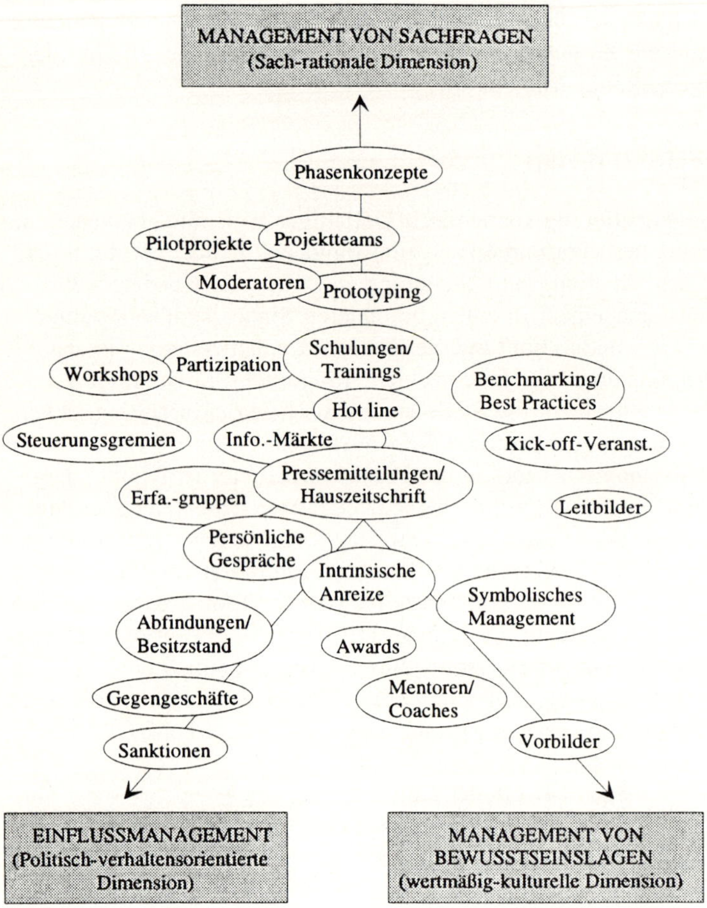

Abb. 10: Positionierung von Hilfsmitteln der Implementierung

4. Zusammenfassung und Thesen zur Implementierung

Wandlungsmanagement – und als ein integraler Bestandteil Implementierung – ist eine permanente Aufgabe und Herausforderung für das Top Management. Die Problematik wird deutlich im Bild des Eisbergs, dessen größter und gefährlichster Teil sich unter der Wasseroberfläche befindet (vgl. Abb. 11). Die sichtbare Spitze des Eisbergs bildet die sach-rationale Dimension des Wandlungsmanagements. Management von Sachfragen konzentriert sich auf die Ziele des Strategischen Dreiecks „Kosten-Zeit-Qualität". Die Spitze kann aber nur in dem Maße schwimmen, wie Auftriebskraft zur Verfügung steht, d.h. Ziele können nur entsprechend der vorhandenen Akzeptanz erreicht werden.

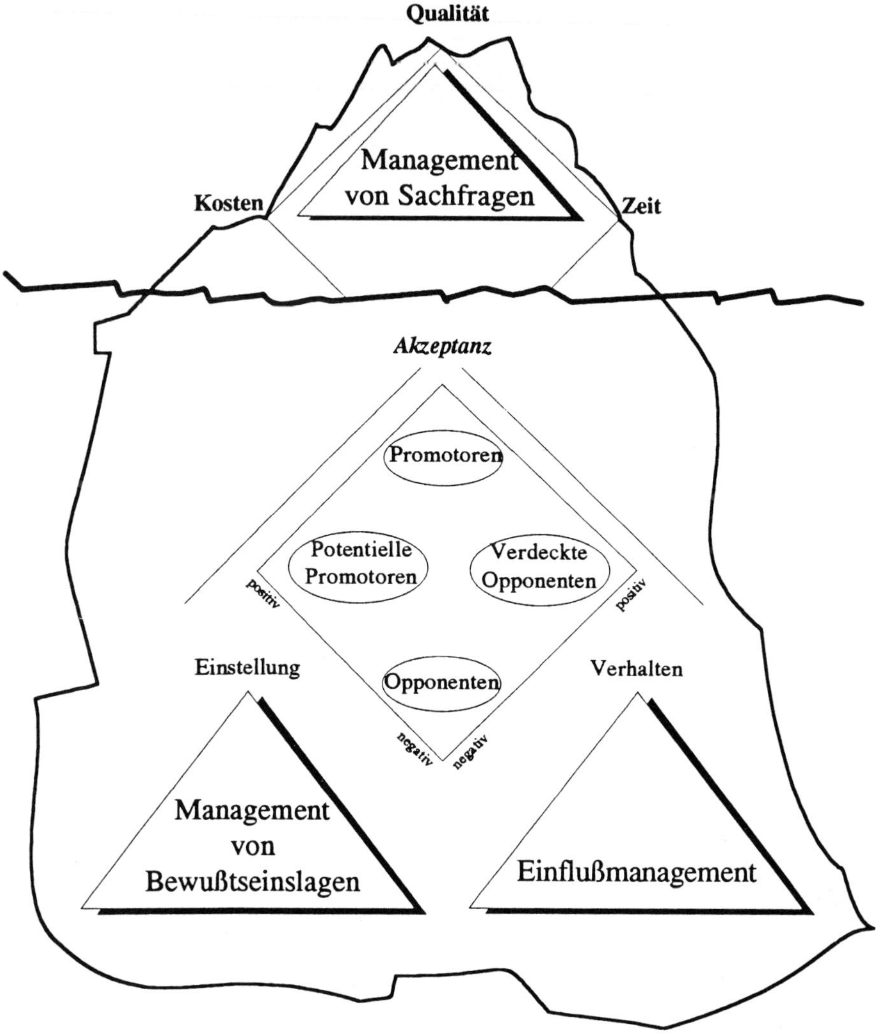

Abb. 11: Der Eisberg des Wandlungsmanagements

Die tragende Basis liegt in der politisch-verhaltensorientierten und der wertmäßig-kulturellen Dimension des Wandlungsmanagements. Sie erfordert Einflußmanagement und Management von Bewußtseinslagen. Ohne die tragende Basis der Akzeptanz würde die sach-rationale Spitze des „Eisbergs Wandlungsmanagement" untergehen und weder die angestrebten Kosten, noch die Zeit, noch die Qualität würden erreicht.

Die abschließenden sieben Thesen sollen noch einmal das hier vorgestellte Implementierungskonzept verdeutlichen:

(1) Implementierung als integralen Bestandteil von Wandlungsprozessen begreifen!

Implementierung ist mehr als eine abgegrenzte Phase wie z.B. „Einführung", die sich zwischen „Planung" und „Realisierung" schiebt. Implementierungsaktivitäten mit einem derartig begrenzten Verständnis der „Einführung einer fertigen Lösung" führen nicht selten zu „Implantaten" mit entsprechenden „Abstoßreaktionen", statt zu akzeptierten, umgebungsintegrierten Veränderungen. Letztlich durchziehen Implementierungsaktivitäten den gesamten Wandlungsprozeß. Sie zielen ebenso darauf ab, Änderungsnotwendigkeiten ins Bewußtsein zu rücken und die Wandlungskräfte zu stärken, wie sie sich darauf konzentrieren, die Ergebnisse eines Wandlungsprojekts den Betroffenen gegenüber zur Akzeptanz zu bringen.

(2) Situationsadäquates Implementierungskonzept entwickeln!

Es gibt keinen „Königsweg" der Implementierung. Vielmehr ist ein dem Einzelfall angemessenes Implementierungskonzept zu entwerfen. Je tiefergehend und weiterreichend der Unternehmungswandel ist, desto stärkeres Gewicht ist neben der sach-rationalen Dimension (Management von Sachfragen) auf die politisch-verhaltensorientierte (Einflußmanagement) und vor allem die wertmäßig-kulturelle Dimension (Management von Bewußtseinslagen) zu legen. Zu berücksichtigen ist ferner, ob der Wandel eher umbruchartig, in großen Quantensprüngen, oder evolutionär, in vielen kleinen Schritten, erfolgen soll. Schließlich und nicht zuletzt bestimmen die Haltung und die Kräfteverhältnisse der Beteiligten (Promotoren, Opponenten, Unentschiedene) darüber, welche Aufgaben und Hilfsmittel des Implementierungsmanagements erforderlich sind.

(3) Positive Einstellungs- und Verhaltensakzeptanz als Ziel der Implementierung!

Einstellung und Verhalten bei Wandel können positiv-befürwortend oder negativ-hemmend ausgeprägt sein. Das Implementierungsmanagement muß darauf abzielen, positive Einstellungen und Verhaltensweisen bei den Beteiligten zu erzeugen bzw. zu festigen und negative abzubauen. Akzeptanzbarrieren zu identifizieren und gezielt zu überwinden ist das Schlüsselproblem der Implementierung. Eine schnelle, kostengünstige Lösung, aber auch eine technisch perfekte Lösung signalisieren für sich genommen noch keinen Projekterfolg. Erst nach dem offiziellen Projektende, in der Anwendung und Beibehaltung oder im Ablehnen und Verschleppen, entscheidet sich das Erreichen der angestrebten Ergebnisse. Die vollständige Akzeptanz einer „unvollkommenen Lösung" ist in vielen Fällen der widerstrebenden Umsetzung oder gar der Ablehnung einer „vollkommenen Lösung" vorzuziehen. In allen Fällen aber gilt der zwar plakative, aber deswegen nicht weniger richtige Satz: „Man muß die Betroffenen dort abholen, wo sie sind!" Im gleichen Maße, wie die Implementierung als Teil eines Änderungsprozesses zu begreifen ist, ist die Überwindung von Akzeptanzbarrieren als ein individueller und organisatorischer Lernprozeß zu gestalten. Im Idealfall erwirbt die Unternehmung insgesamt die Fähigkeit zu lernen und damit eine wesentliche Kernfähigkeit im Wettbewerb.

(4) Management von Bewußtseinslagen zur Sicherung der Einstellungsakzeptanz!

Die Veränderung von Einstellungen, erforderlich vor allem für offene und verdeckte Opponenten, spielt sich auf der wertmäßig-kulturellen Dimension des Geschehens ab. Das Bewußtseinsmanagement hat hier anzusetzen. Durch greifbare Visionen und klare Leitbilder ist der Orientierungsrahmen vorzugeben. Zur Umsetzung können Symbole und Rituale dienen. Insbesondere das Top Management ist hier gefordert. Die Realisierbarkeit der angestrebten Ergebnisse kann schließlich durch geeignete Vorbilder und durch vorbildliches Verhalten unterstrichen werden.

(5) Einflußmanagement zur Sicherung der Verhaltensakzeptanz!

Wandlungsprozesse sind u.a. Kraftfelder von Promotoren und Opponenten. Zur gelungenen Implementierung gehört daher notwendigerweise die wandlungsfördernde Beeinflussung dieses Feldes, dies sowohl auf der Ebene der Einzelperson wie der Gruppe. Einflußmanagement bedeutet Ausübung von Macht und Einfluß, insbesondere gegenüber offenen Opponenten und solchen Unentschiedenen, die potentielle Promotoren sind. Einfluß wird durch Machtpromotoren ebenso ausgeübt wie durch Fach- und Prozeßpromotoren. Je nach Konstellation sind auch spezifische Koalitionen zu bilden.

(6) Management von Sachfragen zur Realisierung des strategischen Dreiecks „Kosten – Zeit – Qualität"!

Bewußtseinsmanagement und Einflußmanagement richten sich vor allem auf die Akzeptanz als Zielgröße. Das Management von Sachfragen konzentriert sich auf die implementierungsrelevanten Aspekte der Ziele „Kosten – Zeit – Qualität". Das erforderliche Wissen und Können der Betroffenen ist durch Aktivitäten der Information, Schulung, Betreuung und Beratung zu entwickeln. Damit verbunden ist die Beseitigung von Fähigkeitsbarrieren. Eine weiterreichende Einbindung wird durch solche organisatorischen Maßnahmen erreicht, die zu einer aktiven Mitwirkung der Betroffenen, bis hin zur Übernahme von Verantwortung führen, getreu der Regel: Betroffene zu Beteiligten machen! Dieser aufbauorganisatorischen Infrastruktur der Implementierung ist eine moderne Prozeßorganisation zur Seite zu stellen. Hier ist insbesondere an eine stärkere Integration und Überlappung der „Phasen" zu denken sowie an Prototypen und Pilotanwendungen. Schließlich ist auch in komplexen Wandlungsprozessen die funktionale Arbeitsteilung durch eine objektorientierte (z.B. Modulteams) zu ersetzen oder zu ergänzen.

(7) Kombination von Hilfsmitteln zum Implementierungsmix!

Die Hilfsmittel der Implementierung sind zahlreich und vielfältig. Die verantwortlichen Implementierungsträger müssen eine situationsgerechte Kombination zusammenstellen, die auf die jeweiligen Aufgabenschwerpunkte zugeschnitten ist. Leitgedanke ist, den Unternehmungswandel in Analogie zu einem marktfähigen Produkt zu behandeln. Die Zielgruppen der Implementierung müssen als „Kunden des Wandels" begriffen werden. Ihre Bedürfnisse und Probleme sind durch ein geeignetes Implementierungsmix anzusprechen.

Literaturverzeichnis

Bleicher, K. (1994): Normatives Management: Politik, Verfassung und Philosophie des Unternehmens, Frankfurt a.M./New York 1994.

Buchholz, W. (1994); Inhaltliche und formale Gestaltungsaspekte der Prozeßorganisation, Arbeitspapier 1/1994 der Professur für Betriebswirtschaftslehre II, Gießen 1994.

Hamel, G./Prahalad, C.K. (1994): Competing for the future, Boston Mass. 1994.

Hammer M./Champy J. (1994): Business Reengineering. Die Radikalkur für das Unternehmen, Frankfurt a.M./New York 1994.

Hauschildt, J. (1993): Innovationsmanagement, München 1993.

Imai, M.: (1993) Kaizen. Der Schlüssel zum Erfolg der Japaner im Wettbewerb, ungekürzte Ausg., 3. Aufl., Berlin u.a. 1993.

Jantzen, D. (1994): Unternehmungswandel – eine explorative Untersuchung von Wandlungsformen in Unternehmungen, Arbeitspapier Nr. 2/1994 der Professur für Betriebswirtschaftslehre II, Gießen 1994.

Kirsch, W./Esser, W.N./Gabele, E. (1979): Das Management des geplanten Wandels von Organisationen, Stuttgart 1979.

Kirsch, W. (1992): Kommunikatives Handeln, Autopoesie, Rationalität. Sondierungen zu einer evolutionären Führungslehre, München 1992.

Kolks, U. (1990): Strategieimplementierung: ein anwenderorientiertes Konzept, Wiesbaden 1990.

Kroeber-Riel, W. (1992): Konsumentenverhalten, 5. Aufl., München 1992.

Krüger, W. (1990): Organisatorische Einführung von Anwendungssystemen, in: Kurbel, K./ Strunz, H. (Hrsg.): Handbuch Wirtschaftsinformatik, Stuttgart 1990, S. 276–288.

Krüger, W. (1994a): Transformations-Management. Grundlagen, Strategien, Anforderungen, in: Gomez, P./Hahn, D./Müller-Stewens, G./Wunderer, R. (Hrsg.): Unternehmerischer Wandel. Konzepte zur organisatorischen Erneuerung, Wiesbaden 1994, S. 199–228.

Krüger, W. (1994b): Organisation der Unternehmung, 3., verbesserte Auflage, Stuttgart 1994.

Krüger, W. (1994c): Umsetzung neuer Organisationsstrategien: Das Implementierungsproblem, in: zfbf, Sonderheft Nr. 33, 1994, S. 197–221.

Krüger, W. (1995a): Projektmanagement und Führung, in: Kieser, A./Reber, R./Wunderer, R. (Hrsg.): Handwörterbuch der Führung, 2. Aufl., Stuttgart 1995, Sp. 1780–1793.

Krüger, W. (1995b): Wissenstransfer steht im Mittelpunkt, in: INDEX, Heft 5–6/1995, S. 8–9.

Krüger, W./Ebeling, F. (1991): Psychologik: Topmanager müssen lernen, politisch zu handeln, in: HARVARDmanager, Heft 2, 1991, S. 47–56.

Lewin, K. (1947): Frontiers in Group Dynamics: Social Equilibria and Social Change, in: Human Relations, Heft 1, 1947, S. 5–41.

Marr, R. (1987): Die Implementierung eines flexiblen Arbeitszeitsystems als Prozeß organisatorischer Entwicklung, in: Marr, R. (Hrsg.): Arbeitszeitmanagement, Berlin 1987, S. 339–355.

Miller, D./Friesen, P.H. (1984): Organizations – A quantum view, Englewood Cliffs 1984.

Mintzberg, H. (1983): Power in and around Organizations, Englewood Cliffs 1983.

Perich, R. (1992): Unternehmungsdynamik, Stuttgart/Wien 1992.

Petttgrew, A.M. (1985): The awakening giant. Continuity and change in Impenal Chemical Industries, Oxford 1985.

Quinn, J.B. (1980): Strategies for change. Logical incrementalism, Homewoodl/Ilinois 1980.

Reiß, M. (1993): Führungsaufgabe „Implementierung", in: Personal, Heft 12, 1993, S. 551–555.

Schwart, G. (1989): Unternehmungskultur als Element des Strategischen Managements, Berlin 1989.

Witte, E. (1973): Organisation für Innovationsentscheidungen. Das Promotorenmodell, Göttingen 1973.

Wiendieck, G. (1992): Akzeptanz, in: Frese, E. (Hrsg.): Handwörterbuch der Organisation, 3. Auflage, Stuttgart 1992, Sp. 89–98.

Anmerkungen

Meinen Mitarbeitern, Dr. Thomas Olemotz, Dr. Wolfgang Buchholz und Dipl.-Wirtsch.-Ing. M.Sc. Norbert Bach, danke ich für wertvolle Hinweise und Anregungen.

Strategische Kontrolle

D. Hahn

1. Wesen und Bedeutung strategischer Kontrolle

Während die Unterscheidung in strategische und operative Planung in der betriebswirtschaftlichen Theorie und Praxis weitgehend üblich ist, hat die analoge Differenzierung in strategische und operative Kontrolle bislang nur wenig Verbreitung gefunden. Meist wird im Zusammenhang mit beiden Planungskomplexen nur allgemein von Kontrolle gesprochen [1]. Die zunehmende Bedeutung strategischer Führungsaufgaben macht es jedoch erforderlich, verstärkt auch die *Besonderheiten von strategischen Kontrollprozessen* in ihrer Abgrenzung zur operativen Kontrolle zu betrachten.

Allgemein kann die *Kontrolle* – neben der Planung und Steuerung – als ein *Bestandteil des Führungsprozesses* charakterisiert werden. Die Kontrolle ist die zwingende Ergänzung jeder Planung. *Sie umfaßt im Kern den Vergleich von geplanten Größen und realisierten Größen* [2]. Im engeren Sinne beinhaltet Kontrolle damit den Vergleich

– von *Sollgrößen*
(Planungs- bzw. Entscheidungsresultaten)
mit *Istgrößen*
(Durchführungs- bzw. Realisationsresultaten).

Begrifflich weiter gefaßt gehört zur Kontrolle auch der Vergleich

– von *Istgrößen*
mit *Istgrößen* sowie

– von *Sollgrößen*
mit *Wirdgrößen*
(voraussichtliche Istgrößen bzw. Prognosegrößen).

Zudem wird in einer erweiterten Fassung des Kontrollbegriffes neben dem Vergleich dieser Größen auch die *Analyse eventueller Abweichungen* zu den Aufgaben der Kontrolle gezählt. Auf der Grundlage von Vergleich und Analyse werden ggf. neue Entscheidungsprozesse ausgelöst, die zur Einleitung und Durchführung von Korrekturmaßnahmen führen und auch längerfristig wirksame Lerneffekte ermöglichen [3].

Ausgehend von dieser allgemeinen Begriffsfassung beinhaltet die *strategische Kontrolle* die *Kontrolle strategischer Planungen* – bzw. die Kontrolle der Resultate dieser Planungstätigkeiten: die Kontrolle strategischer Pläne [4]. Sie umfaßt allgemein den Vergleich

- von *Sollgrößen* mit *Istgrößen* und
- von *Sollgrößen* mit *Wirdgrößen*

in Bezug auf strategische Planungen sowie die Analyse hierbei auftretender Abweichungen. In den Hintergrund tritt dabei die Kontrolle von Istgrößen mit Istgrößen. Im einzelnen beziehen sich strategische Kontrollen auf folgende *Aufgaben bzw. Gegenstände der strategischen Planung* [5]:

- *Geschäftsfeldplanung*: Die Geschäftsfeldplanung bildet den Kern der strategischen Planung. Sie umfaßt die langfristige Festlegung von Produkten und Produktprogrammen einer Unternehmung mit dazugehöriger Investitions- und Desinvestitionsplanung. Mit der Geschäftsfeldplanung einher geht die Planung der potentialbezogenen Unternehmungsgröße sowie der Standort- und Kapitalstruktur einer Unternehmung.
- *Organisations- und Rechtsform-/Rechtsstrukturplanung*: Weiterer Gegenstand der strategischen Planung ist die Potentialstrukturplanung. Im Kern geht es um die Bestimmung der grundlegenden Aufbauorganisation einer Unternehmung sowie der Rechtsform und Rechtsstruktur.
- *Führungskräftesystemplanung*: Dieser dritte Komplex der strategischen Planung umfaßt jene grundlegenden Planungstätigkeiten, die auf die Gestaltung der informationellen und der personellen Komponente der Führung bezogen sind. Dies sind im einzelnen die Gestaltung des Führungskräfteplanungssystems mit hierauf aufbauender Führungskräfteplanung, die Planung des Führungsinformationssystems sowie die Planung des Führungskräfteanreizsystems.

Geschäftsfeldplanung, Organisations- und Rechtsform-/Rechtsstrukturplanung sowie Führungskräftesystemplanung beziehen sich auf unternehmerische Sachverhalte, die grundsätzlich von langfristiger Wirkung für die Unternehmungsentwicklung sind und sich oft auch nur über längere Zeiträume hinweg realisieren lassen. Eine Kontrolle strategischer Planungen nach deren vollständiger bzw. endgültiger Realisierung – eine vergangenheitsorientierte, rückkoppelnde („feed back") Kontrolle durch Soll-/Ist-Vergleich – ist daher nur von geringem Nutzen, da eventuelle Fehler und Versäumnisse der strategischen Planung so nicht mehr regulierend berücksichtigt werden können [6]. Eine *vergangenheitsorientierte Kontrolle strategischer Planungen* ist im Kern nur *im Hinblick auf zukünftige strategische Planungen von Bedeutung* (Lerneffekte).

Die *Kontrolle strategischer Planungen* muß daher primär *zukunftsorientiert, vorkoppelnd* („feed forward") ausgerichtet sein und *parallel zu den Planungs- und Realisationsprozessen* – nicht erst nach deren Abschluß – erfolgen [7]. Vorkoppelnde, zukunftsgerichtete Kontrolle ermöglicht es, Informationen über vorhandene oder potentielle Faktoren, die die geplante Realisierung der strategischen Pläne beeinflussen können, so frühzeitig zu erkennen und zu analysieren, daß rechtzeitig Maßnahmen zur Bewältigung dieser Störfaktoren ergriffen werden können oder ggf. die Pläne an nicht zu beeinflussende Gegebenheiten angepaßt werden können [8].

Infolge der Langfristigkeit der Realisierungsvorgänge vieler strategischer Pläne müssen die diesen zugrundeliegenden Annahmen über interne und externe Entwicklungen im Rahmen der strategischen Kontrolle zunächst parallel zu den Planungs- und Realisierungsprozessen einer *Prämissenkontrolle* unterzogen werden. Diese prüft, inwieweit die Ausgangsannahmen der Planung während der Planerstellung und -verwirklichung noch zutreffen, d.h. dem jeweils aktuellen Zustand noch entsprechen. Werden die zugrundegelegten Prämissen im Zeitablauf von der Realität widerlegt, so sind auch die entsprechenden Pläne nicht mehr zufriedenstellend und bedürfen einer Anpassung [9].

Neben dieser Kontrollform muß die strategische Kontrolle weiterhin eine *Konsistenzkontrolle* einschließen [10]. Die Komplexität strategischer Planungen erfordert es, daß strategische Pläne einer gesonderten *methodischen* (formalen) Konsistenzkontrolle unterzogen werden, durch die die Pläne auf logische Ableitung und logischen Aufbau, die Informationsverarbeitung auf Verwendung geeigneter Methoden sowie die Informationsgrundlagen auf notwendige Vollständigkeit überprüft werden. Zudem macht es die herausragende Bedeutung der strategischen Planungsgegenstände für die Erfüllung weiterer, speziell übergeordneter Führungsaufgaben erforderlich, im Rahmen einer *inhaltlichen* (materiellen) Konsistenzkontrolle die Widerspruchsfreiheit und Harmonie der strategischen Pläne untereinander sowie mit der Unternehmungskultur, der Unternehmungsphilosophie und der Unternehmungspolitik/generellen Zielplanung einer Unternehmung zu überprüfen. Die Konsistenzkontrolle soll so Unstimmigkeiten und eventuelle Konflikte zwischen den verschiedenen Führungsaufgaben aufdecken und einen möglichst weitgehenden „fit" der Planungsgegenstände sicherstellen [11]. Die Konsistenzkontrolle bezieht darüber hinaus die Umsetzung der strategischen Planungen in die operative Planung in die methodische und inhaltliche Überprüfung ein.

Kern der strategischen Kontrolle bildet schließlich die *Durchführungskontrolle.* Es handelt sich hierbei um eine Planfortschrittskontrolle, die die schrittweise Realisation der strategischen Pläne anhand von Zwischenzielen (sogenannten Meilensteinen) parallel zum Realisierungsprozeß überwacht. Die Analyse des Erreichungsgrades einzelner Zwischenziele gestattet eine Prognose, inwieweit die angestrebten strategischen (End-) Ziele voraussichtlich erreicht werden können. Im Rahmen der Durchführungskontrolle wird somit aufbauend auf einem Soll-/Ist-Vergleich ein Soll-/Wird-Vergleich durchgeführt [12].

Auch operative Pläne müssen grundsätzlich hinsichtlich ihrer Prämissen, ihrer Konsistenz und ihres Fortschritts überwacht werden. *Prämissen-, Konsistenz- und Durchführungskontrolle kommen daher auch im Rahmen der operativen Kontrolle zur Anwendung.* Bei der operativen Kontrolle sind zudem aber *rückkoppelnde Kontrollen* in Form von Soll-/Ist-Vergleichen nach Planrealisierung von großer Bedeutung. Prämissen-, Konsistenz- und Durchführungskontrollen im Rahmen der strategischen Kontrolle unterscheiden sich von denen im Rahmen der operativen Kontrolle jedoch hinsichtlich der Kontrollinstrumente bzw. -hilfsmittel, der Reichweite der Kontrolle sowie vor allem hinsichtlich der Kontrollgegenstände (siehe Abbildung 1). Diese können im Rahmen der strategischen Kontrolle allgemein durch die Merkmale strategischer Entscheidungen charakterisiert werden. So sind *die durch die strategische Kontrolle zu überwachenden strategischen*

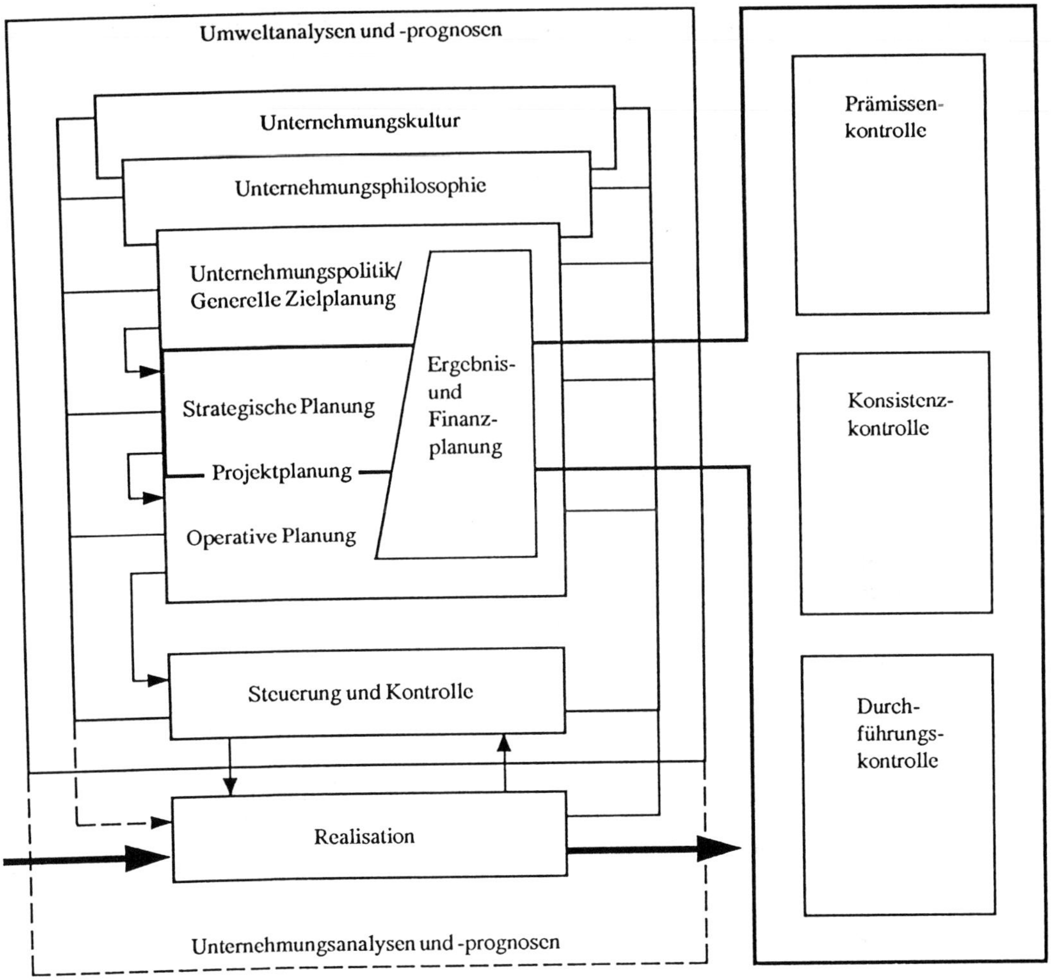

Abb. 1: Führungsaufgaben in einer Unternehmung unter Hervorhebung der strategischen Kontrollformen

Entscheidungen:

- von besonderer Bedeutung für die Vermögens- und/oder Erfolgsentwicklung einer Unternehmung;
- nur aus dem Gesamtzusammenhang der Unternehmung heraus zu behandeln;
- damit grundsätzlich nur von der obersten Unternehmungsführung und/oder den vorgeschalteten Willensbildungszentren wahrzunehmen, zu veranlassen und auch zu überwachen;
- grundsätzlich von Langfristwirkung und geringer Häufigkeit;

- unter Beachtung der Werthaltungen der oberen Willensbildungszentren und unter Beachtung der bereits bestehenden Unternehmungsphilosophie und Unternehmungskultur zu fällen.

2. Kontrolle der Prämissen strategischer Pläne

Die Prämissenkontrolle beinhaltet die fortlaufende *Überprüfung der den strategischen Plänen zugrundeliegenden Ausgangsannahmen auf ihre weitere Gültigkeit hin.* Ein strategischer Plan wird falsch, wenn seine Planungsgrundlagen während der Gültigkeit des Plans von der Wirklichkeit widerlegt und damit ungültig werden. Es ist Aufgabe der Prämissenkontrolle, möglichst frühzeitig zu entdecken, wann und welche Prämissen obsolet werden, damit ein möglichst großer Handlungsspielraum für die Durchführung von Planüberarbeitungen geschaffen wird [13]. Dabei können Prämissen bereits während der Planung (Planerstellung) und auch während der Realisierung (Planrealisation) Veränderungen unterliegen, so daß in beiden Phasen eine Prämissenkontrolle erforderlich ist [14]. Wegen der oft langen Planungs- und Realisationsdauer strategischer Projekte kommt der Prämissenkontrolle eine besondere Bedeutung zu.

Prämissenkontrollen beziehen sich auf jene internen und externen Faktoren, die bei der Analyse und Prognose externer Chancen und Risiken sowie bei der Analyse und Prognose interner Stärken und Schwächen im strategischen Planungsprozeß ermittelt und bewältigt werden. Externe Objekte der Prämissenkontrolle sind dabei relevante Entwicklungen in den ökonomischen, technologischen, sozio-kulturellen, ökologischen und rechtlich-politischen Umfeldern einer Unternehmung; interne Objekte der Prämissenkontrolle können z.B. Potentiale und Prozesse in Geschäftsfeldern, Funktionsbereichen und Regionen sein. Dabei hat es sich als sinnvoll erwiesen, zwischen der Kontrolle von *kritischen und unkritischen Prämissen* zu unterscheiden. Kritische und unkritische Prämissen werden i.d.R. unterschiedlich intensiv und in unterschiedlichen Rhythmen (laufend, zu festgelegten Terminen oder zu festgelegten Ereignissen) kontrolliert. Kritisch sind vor allem solche Prämissen, die [15]

- auf schwachen Prognosen beruhen,
- dem unternehmerischen Einfluß weitgehend oder gar vollkommen entzogen sind oder
- einen besonders hohen Stellenwert innerhalb des strategischen Planungskonzeptes haben, so daß eine eventuelle Abweichung zu erheblichen Revisionen der strategischen Pläne zwingen würde.

Neben den traditionellen Analyse- und Prognosemethoden sind vor allem *Frühwarnsysteme* und *Szenario-Technik* die wichtigsten *Instrumente zur Kontrolle von Prämissen der strategischen Pläne.* Bei beiden handelt es sich um sogenannte kombiniert qualitative und quantitative Prognosemethoden [16].

Frühwarnsysteme sind eine spezielle Art von Informationssystemen, die durch einen besonderen Output – Frühwarninformationen – gekennzeichnet sind. Frühwarninformationen sind solche Informationen, die auf die Entwicklungen von Erscheinungen (Analyseobjekte, z.B. Gesetzesänderungen) aufmerksam machen, deren Wirkungen nach einem abschätzbaren Zeitintervall mit hoher Wahrscheinlichkeit eintreten und Gefährdungen bzw. Risiken sowie – im weiteren Sinne – auch Chancen für eine Unternehmung bedeuten [17]. Frühwarnsysteme eignen sich in besonderer Weise zur laufenden Überwachung der Entwicklung der den strategischen Plänen zugrundeliegenden Annahmen. Durch Beobachtung geeigneter Frühwarnindikatoren können potentielle Ereignisse, die die Gültigkeit der relevanten Planungsprämissen berühren, frühzeitig erkannt werden und im Rahmen der strategischen Kontrolle hinsichtlich ihrer möglichen Auswirkungen auf die strategischen Pläne analysiert werden [18]. Durch die frühzeitige Problemerkenntnis wird ein Handlungsspielraum gewonnen, der für Planungsanpassungen, Realisierung von Alternativplanungen oder Initiierung von Neuplanungen genutzt werden kann.

Mit der *Szenario-Technik* werden Szenarien – mögliche Zukunftsbilder – auf der Grundlage der Analyse relevanter Umfeld- und Unternehmungsgegebenheiten systematisch aus der gegenwärtigen Situation heraus entwickelt. Ein Szenario beschreibt aber nicht nur die zukünftig erwartete Situation, sondern auch die Entwicklung von der gegenwärtigen zur zukünftigen Situation [19]. Szenarien dienen als Basis für die Durchführung und für die Überprüfung strategischer Planungen. Werden im Rahmen der strategischen Prämissenkontrolle Störgrößen erkannt, so können mittels der Szenario-Technik neue Annahmekonstellationen für die Zukunft beschrieben werden, d.h. neue Szenarien entwickelt werden. Diese können ggf. Planungsanpassungen, Alternativ- oder Neuplanungen auslösen.

Die Prämissenkontrolle hat sich auf alle Gegenstände bzw. Teilkomplexe der strategischen Planung zu beziehen. Sie hat jeweils die den einzelnen Planungskomplexen speziell zugrundeliegenden Prämissen zu betrachten. Hierbei sind vor allem die Prämissen bezüglich externer Chancen und Risiken von Bedeutung, da durch deren Entwicklung wiederum auch interne Prämissen beeinflußt werden.

Im Rahmen der *Geschäftsfeldplanung* sind so zunächst die Prämissen zu untersuchen, die sich auf Entwicklungen im ökonomischen Umfeld einer Unternehmung beziehen. Hierbei ist z.B. an die Faktoren im Zusammenhang mit der Verwirklichung des europäischen Binnenmarktes bis Ende 1992 zu denken, die sicher für die strategischen Planungen der meisten Unternehmungen kritisch sind. In diesem Zusammenhang stehen auch Annahmen über bestimmte politisch-gesetzliche Entwicklungen, die Planungsprämissen sein können. Darüber hinaus muß die Entwicklung jener Prämissen beobachtet werden, die veränderte Kundenprobleme und Kundenwünsche zur Folge haben. So führen soziokulturelle Entwicklungen z.B. zu einem zunehmenden Qualitäts- und Umweltbewußtsein. Auch technologische Entwicklungen sind laufend zu überprüfen; dies sowohl im Hinblick auf die in der eigenen Unternehmung einsetzbaren Produkt- und Prozeßtechnologien als auch bezüglich des Technologieeinsatzes in Konkurrenzunternehmungen [20].

Auch die der *Organisationsplanung* zugrundeliegenden Prämissen sind im Rahmen der Prämissenkontrolle zu überwachen. Auch hierbei können Änderungen der extern orientierten Planungsannahmen aus ökonomischen, technologischen, sozio-kulturellen, ökologischen und politisch-gesetzlichen Entwicklungen resultieren. Darüber hinaus ist stets die verfolgte Geschäftsfeldstrategie als zentrale Ausgangsannahme der Organisationsplanung zu betrachten. Änderungen der Geschäftsfeldstrategie erfordern in den meisten Fällen entsprechende organisatorische Anpassungen [21]. Neben diesen sachlichen Faktoren sind personelle (z.B. Motivationsprobleme) und organisatorische (z.B. Stellenüberlastung) Faktoren zu überwachen [22]. Auch die mit der Organisationsplanung eng verbundene *Rechtsform-/Rechtsstrukturplanung* ist Prämissenveränderungen ausgesetzt. Diese erstrecken sich vorrangig auf rechtliche Sachverhalte (z.B. Besteuerung), können aber auch auf interne Faktoren (z.B. Fragen der Führungskontinuität in Familienunternehmungen) abstellen.

Für die Führungskräftesystemplanung, speziell deren wichtigsten Bestandteil, die *Führungskräfteplanung*, stellt die geplante Organisationsstruktur die wichtigste Planungsprämisse dar [23]. Sie ist die wichtigste Determinante des Führungskräftebedarfs einer Unternehmung. Darüber hinaus sind Prämissen über den Führungskräftebestand zu beobachten, die z.B. anhand der Frühwarnindikatoren Fehlzeiten, Fluktuation, Mobilität und Leistungsbereitschaft verfolgt werden können. Weiterhin sind für die Nachfolgeplanung Prämissen bezüglich der externen Beschaffbarkeit von Führungskräften zu beobachten, die z.B. durch demographische Entwicklungen beeinflußt werden. Für die *Führungskräfteinformationssystemplanung* sind vor allem Annahmen über die personellen, organisatorischen, technischen und ökonomischen Einflußfaktoren auf Informationsbedarf, -nachfrage und -angebot im Rahmen der Prämissenkontrolle zu kontrollieren. Beispielsweise kann sich das Informationsangebot durch neue Technologien wandeln. Für die *Führungskräfteanreizsystemplanung* ist vor allem der Wertewandel der Führungskräfte – als Adressaten eines Anreizsystems – von Bedeutung. Wertewandel, wie er sich z.B. in der zunehmenden Bedeutung von Selbstentfaltung und Handlungsspielraum ausdrückt, erfordert eine Anpassung der in einem Anreizsystem zum Einsatz kommenden Stimuli; hier z.B. hin zu einem verstärkten Einsatz immaterieller Anreize.

3. Kontrolle der Konsistenz strategischer Pläne

Die Konsistenzkontrolle beinhaltet zwei Bestandteile. Bei der *Überprüfung der methodischen Konsistenz* der strategischen Pläne werden die Informationsgrundlagen der Pläne auf notwendige Vollständigkeit, die verwendeten Planungsmethoden auf ihre Eignung und die Planungsergebnisse auf ihre logische Ableitung und ihren logischen Aufbau hin überprüft. Bei der *inhaltlichen Konsistenzkontrolle* werden die strategischen Pläne hinsichtlich ihrer Widerspruchsfreiheit untereinander (horizontal) und mit den übrigen Führungsaufgaben bzw. Führungskomplexen (vertikal) überprüft [24]. Die Konsistenzkontrolle ist hierbei nicht nur während des Planungsprozesses selber, sondern auch während des Prozesses der Realisation strategischer Pläne von Bedeutung, da auch während der Realisation – durch eventuelle Planänderungen oder Neuplanungen – Inkonsistenzen auftreten können, die es dann aufzudecken gilt.

Die *methodische Kontrolle der Konsistenz strategischer Pläne* setzt voraus, daß in einer Unternehmung eine dokumentierte allgemeine Methodik zur Durchführung strategischer Planungen vorhanden ist [25]. Die methodische Konsistenzkontrolle prüft hierauf aufbauend zunächst, ob strategische Pläne auf einer hinreichend *gesicherten Informationsgrundlage* basieren. Die in einem strategischen Planungsprozeß verarbeiteten Informationen werden dazu auf ihre Vollständigkeit, Zuverlässigkeit und Relevanz hin überprüft [26]. Ebenso ist zu untersuchen, ob *geeignete Methoden und Instrumente* bei der Informationsverarbeitung eingesetzt worden sind. Schließlich beinhaltet die methodische Konsistenzkontrolle eine Überprüfung, ob eine *logische Ableitung und ein logischer Aufbau der Planungsergebnisse*, d.h. der strategischen Pläne, gegeben ist. Hierzu müssen alle Teilschritte der Entscheidungsfindung nachvollziehbar dokumentiert werden.

Die *inhaltliche Kontrolle der Konsistenz der strategischen Pläne* überprüft die horizontale und vertikale Abstimmung der strategischen Pläne. Nur eine abgestimmte Erfüllung aller Führungsaufgaben sichert letztlich die Erreichung der Ziele einer Unternehmung. Die *horizontale Konsistenzkontrolle* überprüft, ob die Inhalte der Pläne auf der strategischen Planungsebene widerspruchsfrei und harmonisch gestaltet sind. Dies setzt voraus, daß für alle Planungen gemeinsame übergeordnete Unternehmungsziele definiert werden und die konkreten Ziele für die Geschäftsfeld-, Organisations- und Führungssystemplanung systematisch aus diesen gemeinsamen Zielen abgeleitet werden. Geschäftsfeld-, Organisations- und Führungssystemplanung müssen „stimmig" sein. Deckt die Konsistenzkontrolle Widersprüche zwischen den strategischen Planungskomplexen auf, sind Abstimmungsprozesse und ggf. Neuplanungen zu initiieren. Die *vertikale Konsistenzkontrolle* bezieht sich auf die Ableitung der operativen aus den strategischen Plänen, die speziell hinsichtlich der operativen Ziele und Maßnahmen in den Funktionsbereichen einer Unternehmung logisch und widerspruchsfrei erfolgen muß. Auch müssen alle strategischen Pläne in Übereinstimmung mit den formulierten generellen Zielen sowie der Unternehmungsphilosophie und der Unternehmungskultur stehen. Speziell der Harmonie strategischer Pläne mit der bestehenden Kultur einer Unternehmung wird gegenwärtig zunehmende Bedeutung beigemessen [27].

Für die Durchführung der Konsistenzkontrolle eignen sich insbesondere spezifische *Checklisten bzw. Prüffragenkataloge* [28]. Anhand von allgemeinen Checklisten kann z.B. überprüft werden, ob alle strategisch relevanten Informationen berücksichtigt worden sind und ob die vorgegebene Planungssystematik eingehalten worden ist. Für die inhaltliche Konsistenzkontrolle sind darüber hinaus projektspezifische Checklisten geeignet, die die Konsistenz der strategischen Pläne anhand von sogenannten Filterkriterien überprüfen [29]. Um die Konsequenzen der Durchführung eines strategischen Planes im Hinblick auf generelle Unternehmungsziele, speziell Wertziele, zu überprüfen, empfiehlt sich darüber hinaus der Einsatz *gesamtunternehmungsbezogener Simulationsmodelle* (Gesamtunternehmungsmodelle) [30].

Bei der Konsistenzkontrolle im Hinblick auf die *Geschäftsfeldplanung* kommt der Frage der informatorischen Fundierung eine herausragende Bedeutung zu. Die strategische Kontrolle muß hier überprüfen, ob tatsächlich alle wesentlichen Informationsquellen der Geschäftsfeldplanung geprüft und alle relevanten internen und externen Informationen zutreffend analysiert und verarbeitet worden sind. Darüber hinaus nimmt die Abstimmung mit der generellen Zielplanung sowie der Unternehmungsphilosophie und -kultur speziell bei der Geschäftsfeldplanung eine besonders wichtige Stellung ein. So hängt das mögliche Zielerreichungsniveau genereller Unternehmungsziele vor allem von der Qualität der verfolgten Geschäftsfeldstrategie ab. Diese wiederum kann nur dann erfolgreich sein, wenn sie – wie bereits erwähnt – kompatibel mit der Unternehmungsphilosophie und Unternehmungskultur ist. Die Sicherung einer inhaltlichen Abstimmung der Geschäftsfeldplanung mit diesen übergeordneten Führungsaufgaben ist daher eine zentrale Aufgabe der Konsistenzkontrolle.

Kernaufgabe der Konsistenzkontrolle im Hinblick auf die *Organisationsplanung* ist die Überprüfung der Stimmigkeit von Organisations- und Geschäftsfeldplanung. Spezifische Geschäftsfeldstrategien erfordern adäquate Organisationsstrukturen zu ihrer Umsetzung. Die Notwendigkeit zur Geschäftsfeldorientierung der Organisationsplanung besteht für alle Unternehmungen. Sie kann exemplarisch z.B. für sogenannte junge Innovationsunternehmungen, die durch Merkmale wie eine starke externe Orientierung, große Kundennähe, hohe Innovationsintensität und Risikobereitschaft gekennzeichnet sind, illustriert werden. So sollte eine für diese Unternehmungen und deren typische Geschäftsfeldstrategie adäquate Organisationsstruktur durch Merkmale wie hohe Dezentralisierung und Generalisierung sowie Delegation und Partizipation gekennzeichnet sein [31]. Es ist Aufgabe der Konsistenzkontrolle, die Organisationsplanung vor diesem Hintergrund zu überwachen.

Im Hinblick auf die *Führungskräftesystemplanung* besteht die Kernaufgabe der Konsistenzkontrolle analog in der Überprüfung der Abstimmung von Organisations- und Führungskräfteplanung [32]. Organisationsaufbau und Aufbau des periodischen Plan- und Berichtssystems müssen deckungsgleich sein. Speziell die Anreizsystemplanung ist darüber hinaus auch in unmittelbarem Bezug zur Geschäftsfeldplanung zu sehen. Hier ist im Rahmen der Konsistenzkontrolle zu prüfen, ob eine grundsätzliche Beziehung zwischen den Zielen und Maßnahmen der Geschäftsfeldplanung und den für Führungskräfte zu definierenden strategischen, operativen und persönlichen Zielen gegeben ist [33].

4. Kontrolle der Durchführung strategischer Pläne

Die Durchführungskontrolle bildet den Kern der strategischen Kontrolle. Sie dient der *Überwachung der schrittweisen Realisierung eines strategischen Plans*. Dies geschieht, indem parallel zum Realisierungsprozeß die Erreichung strategischer Zwischenziele (sogenannter Meilensteine) überprüft wird [34]. Die Durchführungskontrolle überwacht damit den Planfortschritt – man spricht daher auch von Planfortschrittskontrolle. Maßnahmen zur Erreichung strategischer Ziele erfolgen dabei in gesonderten Projekten (z.B. Akquisitionen, Stillegungen, Reorganisationen) und/oder im Rahmen der operativen Planung (z.B. FuE-Planungen, Absatzplanungen). Strategische und operative Durchführungskontrolle sind daher im Hinblick auf die Informationsgewinnung z.T. identisch; sie unterscheiden sich jedoch bezüglich der Verwendungszwecke der gewonnenen Informationen.

Die Durchführungskontrolle basiert auf einem *Vergleich der erreichten Zwischenergebnisse mit den geplanten Zwischenergebnissen*. Es werden die zwischenzeitlichen

Realisationsergebnisse den Sollwerten für einzelne Planabschnitte gegenübergestellt und eventuelle Abweichungen analysiert. So wird ein strategischer Plan sukzessiv während seiner Realisierung überwacht. Zentrale Aufgabe der Durchführungskontrolle ist es dabei, auf der Analyse der erreichten Zwischenergebnisse aufbauend *Voraussagen über den weiteren Verlauf der Planrealisierung abzuleiten* [35]. Die hierbei gewonnenen Prognoseinformationen (Wirdgrößen) werden den weiteren geplanten (zu erreichenden) Zwischenzielen (Sollgrößen) und vor allem dem geplanten Endziel (Sollgrößen) gegenübergestellt, um so potentielle Soll/Ist-Abweichungen möglichst frühzeitig aufzudecken. Aufgrund der Hinweise, die die Durchführungskontrolle über zu erwartende Ergebnisse der Planrealisierung gibt, kann entschieden werden, ob der strategische Plan unverändert fortgeführt werden kann oder ob Änderungen und ggf. Neuplanungen erforderlich werden. Je frühzeitiger diese Hinweise erbracht werden, desto mehr Spielraum bleibt für eine eventuelle Umsteuerung vorhanden.

Strategische Planungen sind sehr oft Projektplanungen. Zur Überwachung des Fortschritts derartiger strategischer Projektpläne bietet sich die *Netzplantechnik* als ein wichtiges Instrument der strategischen Durchführungskontrolle an [36]. Ein Netzplan, der die graphische Abbildung einer Aktionsfolge ist, stellt die einzelnen Aktivitäten des strategischen Plans sowie die Zeitpunkte, an denen diese beginnen und enden sollen, dar. Für die strategische Durchführungskontrolle sind Netzpläne sinnvollerweise so zu verdichten, daß sie ein Netz mit Meilensteinen bzw. Zwischenzielen darstellen, deren terminliche und sachliche Erreichung zu überprüfen ist. Wichtigstes Instrument der vorausschauenden Durchführungskontrolle sind *Prognosemethoden*, mit deren Hilfe Abweichungen zwischen einem Plan und dem später prognostizierten zukünftigen voraussichtlichen Ist (Wird) aufgedeckt werden sollen. Hierfür kommen grundsätzlich qualitative, quantitative sowie kombiniert qualitative und quantitative Verfahren in Frage [37].

Auch die Durchführungskontrolle ist für alle drei strategischen Planungskomplexe von Bedeutung. Im Rahmen der *Geschäftsfeldplanung* wird so z.B. bei neuen Produkten die Erreichung von Zwischenzielen bei der Entwicklung eines Produktes überwacht. Diese Zwischenziele können in der Erfüllung bestimmter Teilaufgaben im Rahmen des Entwicklungsprozesses (z.B. Lastenheftdefinition, Konstruktion, Prototyperstellung, Erprobung) sowie in der Erfüllung bestimmter Teilaufgaben beim Aufbau der erforderlichen Potentiale bestehen. Die Zwischenziele sind sachlich und auch terminlich – im Hinblick auf einen konkurrenzfähigen Markteintritt – zu überwachen. Bei bereits im Markt befindlichen Produkten konzentriert sich die Durchführungskontrolle i.d.R. auf die Überwachung spezifischer Marktanteils- sowie Ergebnisziele, deren Erreichung für den Aufbau einer langfristig tragfähigen Wettbewerbsposition erforderlich ist [38].

Im Hinblick auf die *Organisationsplanung* hat die Durchführungskontrolle sicherzustellen, daß eine organisatorische Anpassung zu dem Zeitpunkt und in der Form realisiert ist, zu dem und in der sie infolge der geschäftsfeldbezogenen Unternehmungsentwicklung erforderlich ist. Auch hier sind Meilensteine für die organisatorische Umstrukturierung zu definieren und zu überwachen. Analog sind auch ggf. erforderliche Anpassungen der *Rechtsform und Rechtsstruktur* zu kontrollieren.

Schließlich ist auch bei der *Führungskräftesystemplanung* die Realisierung formulierter strategischer Pläne im Rahmen der Durchführungskontrolle zu überwachen. Dies gilt sowohl für angestrebte Zwischenziele bei der Gestaltung von Führungskräfteinformations- und Führungskräfteanreizsystemen als auch für die laufende Überwachung der Realisierung der Führungskräftepläne.

5. Organisatorische Umsetzung der strategischen Kontrolle

Als Bestandteil der strategischen Unternehmungsführung ist die *strategische Kontrolle* – genauso wie die strategische Planung – eine *originäre Aufgabe der obersten Führung einer Unternehmung*. Infolge des Umfangs und der Vielschichtigkeit der strategischen Kontrollaufgaben muß die oberste Unternehmungsführung jedoch durch weitere Führungskräfte und Führungshilfen bei der Wahrnehmung dieser Aufgaben unterstützt werden. Es stellt sich damit die Frage nach der aufbauorganisatorischen Umsetzung der strategischen Kontrolle. Die hier relevanten Alternativen unterscheiden sich vornehmlich hinsichtlich des Zentralisierungsgrades der Aufgaben strategischer Kontrolle.

Als eine Alternative bietet sich zunächst die Möglichkeit der umfassenden *Zentralisierung* wesentlicher Aufgaben strategischer Kontrolle an. In diesem Zusammenhang wird häufig eine Erfüllung der strategischen Kontrollaufgaben in einem *der obersten Führung zugeordneten Stab oder in einer Zentralabteilung* vorgeschlagen [39]. Hierbei handelt es sich i.d.R. um eine Stabsstelle oder Zentralabteilung Unternehmungsplanung bzw. strategische Unternehmungsplanung. Diese zentralen Organisationseinheiten übernehmen im Extremfall folgende Teilfunktionen im Zusammenhang mit der Kontrolle strategischer Pläne: Informationssuche und -aufnahme, Registrierung und Auswahl sowie Analyse und Bewertung der Informationen und deren Weiterleitung an die strategischen Entscheidungsträger [40]. In der Regel wird hierbei jedoch eine *abgeschwächte Zentralisierung* vorgeschlagen, in der Tätigkeiten der Informationssuche und -aufnahme dezentralisiert von möglichst vielen Stellen innerhalb und außerhalb einer Unternehmung wahrgenommen werden, um auch deren Beobachtungspotential und situationsspezifisches Urteilsvermögen zu nutzen [41]. In diesem Fall erfolgen die Informationsaufnahme und auch die Informationsverarbeitung, hier zumindest die Informationsbeurteilung, in dezentralen Organisationseinheiten. Es bietet sich an, hier besonders das Wissen dezentraler und auch zentraler Aufgabenträger im Controllingbereich für die strategische Kontrolle – speziell auch im Hinblick auf die Durchführungskontrolle – zu nutzen.

Bei einer *Dezentralisierung* der strategischen Kontrolle sollte eine gewisse organisatorische Vorstrukturierung der kollektiven Informationsverarbeitung durch Vorgabe von Ablauf- und Bearbeitungsregelungen erfolgen [42]. Die Zusammenfassung aller Kontrollinformationen kann als hierarchisch gestufter Argumentations- und Abstimmungsprozeß charakterisiert werden, der ggf. erst nach mehreren Argumentationsrunden zu einer abschließenden Situationsdeutung kommt. Die endgültige Beurteilung der Situation wird von der Unternehmungsspitze oder ggf. den Leitungen strategischer Geschäftseinheiten vorgenommen [43].

Die dezentralisierte Form der strategischen Kontrolle stellt primär auf strategisch relevante Informationen ab, die im Rahmen des täglichen Geschäftsablaufes anfallen. Es wird deshalb vorgeschlagen, diese Organisationsform in einer Art *kombiniert zentralen und dezentralen Organisation der strategischen Kontrolle* durch einen zentralen Stab oder eine Zentralabteilung zu ergänzen, der (oder die) sich vor allem auf die Beschaffung und Verarbeitung von anderweitig anfallenden Informationen konzentriert. Hier ist vor allem an publizierte und dokumentierte Informationen und auch an externe Informationsdienste zu denken [44]. Die Koordination zwischen der strategischen Kontrolle der dezentralen Einheiten und den Kontrollaufgaben der Zentraleinheiten kann durch den Einsatz eines strategischen Kontrollkomitees oder im Rahmen der strategischen Projektteams erfolgen. Strategisches Kontrollkomitee und strategisches Projektteam haben jedoch keine endgültigen Entscheidungsbefugnisse. Diese müssen stets bei den obersten Führungskräften einer Unternehmung verbleiben, wodurch erneut der Charakter der strategischen Kontrolle als originäre Aufgabe der obersten Unternehmungsführung verdeutlicht wird.

Anmerkungen

[1] Vgl. *Scholz, C.*: Strategisches Management – Auf zu neuen Ufern? DBW, 1986, S. 625 ff.; *Schreyögg, G.* und *H. Steinmann*: Zur Praxis strategischer Kontrolle. ZfB, 1986, S. 40 ff.; *Pfohl, H.-C.*: Strategische Kontrolle. Handbuch Strategische Führung. Hrsg. v. H. Henzler. Wiesbaden 1988, S. 803; *Asch, D.*: Strategic Control: A Problem Looking for a Solution. LRP, 2/1992, S. 105 ff.
Für die sorgfältige Literaturdurchsicht zum Thema strategische Kontrolle danke ich Frau Christina Ulber und Herrn Dr. Harald Hungenberg.

[2] Vgl. *Hahn, D.*: PuK – Controllingkonzepte. 5. Aufl., Wiesbaden 1996, S. 47 f.

[3] Vgl. *Bleicher, K.* und *E. Meyer*: Führung in der Unternehmung. Reinbek 1976, S. 64 f.

[4] Vgl. zu den Interpretationen der Begriffe Planung und Plan *Hahn* (1996, S. 77 ff.); vgl. zu Konzeptionen strategischer Kontrolle *Ohland, L.R.*: Strategische Kontrolle. Frankfurt/M. 1988; *Hasselberg, F.*: Strategische Kontrolle im Rahmen strategischer Unternehmensführung. Frankfurt/M. 1989; *Lütke Schwienhorst, R.*: Strategische Kontrolle. Wiesbaden 1989; *Reiners, A.P.*: Strategische Kontrolle. Bern 1995; *Ulber, C.*: Strategische Steuerung und Kontrolle, Gießen i.V.

[5] Vgl. *Hahn, D.*: Stand und Entwicklungstendenzen der strategischen Planung. Beitrag in diesem Reader.

[6] Vgl. *Gälweiler, A.*: Zur Kontrolle strategischer Pläne. Planung und Kontrolle: Probleme der strategischen Unternehmensführung. Hrsg. v. H. Steinmann. München, 1981, S. 383. Schreyögg/Steinmann sprechen hier treffend vom „begrenzten Umsteuerungspotential" der Kontrolle in Form eines Soll-/Ist-Vergleichs (vgl. *Schreyögg, G.* und *H. Steinmann*: Strategische Kontrolle. ZfbF, 1985, S. 393).

[7] Vgl. *Horovitz, J.H.*: Strategic Control: A New Task for Top Management. LRP, 1979, June, S. 6. Vgl. auch *Krystek, U.* und *G. Müller-Stewens*: Strategische Frühaufklärung als Element strategischer Führung. Beitrag in diesem Reader.

[8] Vgl. *Pfohl* (1988, S. 804). Strategische Kontrolle wird somit hier wesentlich umfassender interpretiert als dies in der amerikanischen Literatur weitgehend üblich ist, die strategische Kontrolle („strategic control") häufig als Prüfung der Qualität formulierter strategischer

Pläne – in Verbindung mit der Idee des „strategy audit" – interpretiert (vgl. z.B. *Byars, L.L., Rue, L.W., Zahra, S.A.*, Strategic Management. Chicago u.a. 1996, S. 258 ff.).

[9] Vgl. *Schreyögg/Steinmann* (1985, S. 391 ff.); *Pfohl* (1988, S. 806).

[10] Vgl. *Gälweiler* (1981, S. 386 ff.). Vgl. auch den Überblick unterschiedlicher Ansätze der strategischen Kontrolle und die darin diskutierten Kontrollformen bei *Pfohl* (1988, S. 306 ff.).

[11] Vgl. zur Idee des „strategic fit" z.B. *Venkatraman, N.* und *J.C. Camillus*: Exploring the Concept of „Fit" in Strategic Management. Academy of Management Review, 1984, S. 513 ff.; *Miles, R.E.*, und *C.C. Snow*: Fit, Failure and the Hall of Fame. California Management Review, 1984, Nr. 3, S. 10 ff.; *Krüger, W.*: Die Erklärung von Unternehmungserfolg. Theoretischer Ansatz und empirische Ergebnisse. DBW, 1988, S. 27 ff.; *Hahn, D.*, Strategische Unternehmungsführung – Grundkonzept. Beitrag in diesem Reader.

[12] Vgl. *Munari, S.* und *C. Naumann*: Strategische Steuerung – Bedeutung im Rahmen des Strategischen Management, Beitrag in diesem Reader, *Pfohl* (1988, S. 804 ff.).

[13] Vgl. *Wild, J.*: Grundlagen der Unternehmungsplanung. 4. Aufl., Opladen 1982, S. 44 f.; *Zettelmeyer, B.*: Strategisches Management und strategische Kontrolle. Darmstadt 1984, S. 79; *Schreyögg/Steinmann* (1985, S. 401); *Pfohl* (1988, S. 806).

[14] Vgl. z.B. *Schreyögg/Steinmann* (1985, S. 401).

[15] Vgl. *Gälweiler* (1981, S. 393); *Zettelmeyer* (1984, S. 132) sowie *Schreyögg/Steinmann* (1985, S. 401).

[16] Vgl. *Hahn* (1996, S. 240 ff.).

[17] Vgl. *Hahn, D.* und *U. Krystek*: Betriebliche und überbetriebliche Frühwarnsysteme für die Industrie. ZfbF, 1979, S. 76 ff.; *Krystek, U.* und *G. Müller-Stewens*: Strategische Frühaufklärung als Element strategischer Führung. Beitrag in diesem Reader.

[18] Vgl. z.B. *Winterhalter, A.*: Strategisches Controlling zur Ergänzung der strategischen Führung. St. Gallen 1981, S. 247 ff.

[19] Vgl. *Geschka, H.* und *R. Hammer*: Die Szenario-Technik in der strategischen Unternehmensplanung. Beitrag in diesem Reader.

[20] Vgl. z.B. *Hahn, D.*: Führung und Führungsorganisation. ZfbF, 1988, S. 115 ff.

[21] Vgl. z.B. *Hahn, D.* und *K. Bleicher*: Organisationsplanung als Gegenstand strategischer Planung, Beitrag in diesem Reader.

[22] Vgl. *Krüger, W.*: Organisation der Unternehmung. 3. Aufl., Stuttgart 1994, S. 362.

[23] Vgl. *Hahn, D.*: Integrierte Organisations- und Führungskräfteplanung im Rahmen der strategischen Unternehmungsplanung. Beitrag in diesem Reader.

[24] Vgl. z.T. *Gälweiler* (1981, S. 386 ff.).

[25] Vgl. *Gälweiler* (1981, S. 386).

[26] Vgl. *Gälweiler* (1981, S. 386); *Winterhalter* (1981, S. 125 f.).

[27] Vgl. z.B. *Schwartz, H.* und *S.M. Davis*: Matching Corporate Culture and Business Strategy. Organizational Dynamics. 1981, Summer, S. 30 ff.; *Bleicher, K.*: Chancen für Europas Zukunft. Wiesbaden 1989, S. 44 ff.

[28] Vgl. *Gälweiler* (1981, S. 388 ff.); *Winterhalter* (1981, S. 160 f.).

[29] Vgl. z.B. *Munari/Naumann*, Beitrag in diesem Reader.

[30] Vgl. *Hahn* (1996, S. 760 ff.)

[31] Vgl. *Bleicher* (1989, S. 339, ff.); *Hungenberg, H.*: Planung eines Führungskräfteentwicklungssystems. Gießen 1990, S. 91 ff.

[32] Vgl. *Hahn, D.*: Integrierte Organisations- und Führungskräfteplanung im Rahmen der strategischen Unternehmungsplanung. Beitrag in diesem Reader.

[33] Vgl. *Hahn, D.* und *H.-G. Willers*: Unternehmunsplanung und Führungskräftevergütung. Beitrag in diesem Reader.

[34] Vorraussetzung ist, daß die Pläne in einzelne Planabschnitte auflösbar sind, deren Erreichen eine Aussage über die vorraussichtliche Realisierung des Gesamtplanes gestattet (vgl. *Wild* (192, S. 44)).

[35] Vgl. z.B. *Pfohl, H.-C.*: Planung und Kontrolle. Berlin 1981, S. 60; *Zettelmeyer* (1984, S. 394 ff.); *Schreyögg/Steinmann* (1985, S. 402 ff.).
[36] Vgl. *Gälweiler* (1981, S. 384).
[37] Vgl. diese Prognosemethoden bei *Hahn* (1996, S. 229 ff.).
[38] Vgl. *Schreyögg/Steinmann* (1985, S. 402 f.).
[39] Vgl. umfassend *Steinmann/Schreyögg*: Zur organisatorischen Umsetzung der strategischen Kontrolle. In: ZfbF, 1986, S. 747; *Pfohl* (1988, S. 819) sowie Hahn (1996, S. 769 ff.).
[40] Vgl. *Pfohl* (1988, S. 819).
[41] Vgl. *Steinmann/Schreyögg* (1986, S. 747).
[42] Vgl. *Pfohl* (1988, S. 820).
[43] Vgl. *Steinmann/Schreyögg* (1986, S. 754 f.).
[44] Vgl. *Steinmann/Schreyögg* (1986, S. 757).

G Computergestützte Instrumente der strategischen Unternehmungsplanung und Unternehmungsführung

Entscheidungsunterstützungssysteme – ein neues Konzept der computergestützten Planung?*

E. Zwicker

1. Das Problem

In der angelsächsischen Planungsliteratur erlebt der Begriff eines Entscheidungsunterstützungssystems (decision support system) eine Blüte ohnegleichen. Es ist nicht übertrieben zu behaupten, daß nahezu das gesamte Gebiet der computergestützten Planung nunmehr unter diesem Begriff abgehandelt wird. Eine Buchreihe und eine Zeitschrift widmen sich ausschließlich diesem Thema. Die „International Conference on Decision Support Systems" behandelt jährlich neue Entwicklungen aus diesem Bereich und die Fülle an Zeitschriftenaufsätzen ist schon nicht mehr zu überblicken [1].

Im ersten Teil der folgenden Untersuchung wird der Frage nachgegangen, welches normative Konzept dem Begriff eines Entscheidungsunterstützungssystems zu Grunde liegt. Dann wird die weitere Betrachtung auf Entscheidungsunterstützungssysteme eingeschränkt, die mit Gleichungsmodellen arbeiten. Für diese Klasse von Entscheidungsunterstützungssystemen werden Forderungen zur Unterstützung der Formulierung und Analyse der Gleichungsmodelle erörtert.

2. Der Begriff eines Entscheidungsunterstützungssystems und seine Spielarten

Bevor wir uns den Definitionsvorschlägen zur Kennzeichnung von Entscheidungsunterstützungssystemen (EU-Systemen) zuwenden, soll kurz beschrieben werden, wie sich eine Computerunterstützung im Rahmen der einzelnen Phasen eines Entscheidungsprozesses abspielen könnte. Im allgemeinen läßt sich ein Entscheidungsprozeß in die Phasen Modellbildung, Modellexploration, Zielformulierung und Alternativensuche unterscheiden.

---

* Dieser Beitrag wird mit freundlicher Genehmigung des Verlages Neue Wirtschaftsbriefe wiederabgedruckt aus: Angewandte Betriebswirtschaftslehre und Unternehmensführung, Hrsg. L. J. Heinrich und K. Lüder, Herne und Berlin 1985, S. 85ff.

Die Phase der *Modellbildung* kann durch die Anwendung statistischer Schätzmethoden und Verfahren zur Überprüfung der Modellkonsistenz unterstützt werden. Nach der Entwicklung eines Modelles ist ein Anwender fast immer daran interessiert, bestimmte nicht evidente Konsequenzen des Modelles, wie beispielsweise den Gesamtumsatz oder den Gewinn einer zukünftigen Periode zu bestimmen. Die Ermittlung dieser interessierenden Implikationen eines Modelles erfolgt durch einen Computer während der Phase der *Modellexploration.* Sie ermöglicht es dem Benutzer, sein „mentales Modellbild" zu erweitern und auszugestalten.

Auch die Phase der *Zielformulierung* kann durch einen Computer unterstützt werden. So ist es denkbar, daß sich ein Modellanwender erst im Rahmen eines Computerdialoges über die Gewichte im klaren wird, die er den von ihm ausgewählten Zielgrößen beizumessen gedenkt. Die Phase der *Alternativensuche* wird manchmal (wie bei der linearen Optimierung) vollständig von einem Computer übernommen. Oft dürfte sie aber auch im Rahmen eines Dialoges vom Modellanwender gesteuert werden.

Im Hinblick auf die durchzulaufenden Phasen läßt sich keine zwingende Reihenfolge angeben. Von allen Phasen ist ein Rücksprung zu den vorgelagerten Phasen als ein akzeptables Vorgehen des Modellanwenders anzusehen. Auch solche vom Modellanwender gewollten Sprünge können von einem Computer in wirkungsvoller Weise unterstützt werden.

Das Anwendungsfeld eines EU-Systems ist offenbar mit dem beschriebenen Tätigkeitsbereich identisch. Man könnte daher in allgemeiner Form definieren, daß sämtliche Computeranwendungen, die die Entscheidungsbildung im Rahmen der beschriebenen Phasen in irgendeiner Weise unterstützen, EU-Systeme sind. Dies ist eine reichlich triviale Definition. Es fragt sich daher, ob der Begriff eines EU-Systems in der umfangreichen Literatur nicht schärfer gefaßt ist, indem man mit ihm auch bestimmte konzeptionelle Elemente verbindet, die eine spezifische Verfahrensweise der Entscheidungsunterstützung erfordern.

Dieser Frage wollen wir nunmehr nachgehen. Die Bezeichnung „decision support system" wurde von *Scott Morton* (1971) eingeführt. Er versteht darunter ein System, welches die Entscheidungsfindung von Managern in unstrukturierten und halbstrukturierten Entscheidungssituationen unterstützt. (14, S. 61) Das erforderliche Kennzeichen der Un- oder Halbstrukturiertheit wird nahezu einhellig bejaht. (*Bennett* 1983, S. 2; *El Sawy* 1981, S. 29; *Keen* 1980b, S. 79; *Keen/Scott Morton* 1978, S. 95; *Neumann/Hadass* 1982, S. 39; O. V.: Interesting Decision Support Systems, S. 5).

Als weiteres Merkmal eines EU-Systems wird von *Keen* dessen evolutorischer Charakter hervorgehoben. Seiner Auffassung nach kann ein EU-System „be developed only through an adaptive process of learning and evolution". (*Keen/Scott Morton* 1978, S. 15; s. auch *Barbarie* 1981, S. 6; *Watson/Hill* 1983, S. 84).

Weiter wird auch von einigen Autoren auf die Notwendigkeit eines interaktiven Computerdialoges beim Gebrauch eines EU-Systems hingewiesen (*Keen/Scott Morton*, S. 83; *Sprague* 1983, S. 86; *Wagner* 1981, S. 77).

Das dominierende Kennzeichen wird aber in dem Begriff der „Unterstützung" gesehen. *Wagner* ist der Auffassung, daß diese Unterstützung präziser als „mind support" bezeichnet werden kann (*Wagner* 1981, S. 82). Er kommt sogar zu dem Schluß, daß wegen dieses allein ausschlaggebenden Kriteriums besser von „mind support systems" gesprochen werden sollte. Diese Kennzeichnungen, die die wesentlichsten definitorischen Ausführungen in der Literatur umfassen, sind auch in den Originaltexten nicht stärker konkretisiert [2]. Sie sind nicht dazu geeignet, den Begriff eines EU-Systems klar herauszuarbeiten.

Die Forderung beispielsweise, ein EU-System müsse sich stets durch einen evolutorischen Entwicklungsprozeß auszeichnen, kann kaum als ein Spezifikum angesehen werden. Dieses Kennzeichen gilt mehr oder weniger stark für jede Softwareentwicklung. Auch die Einschränkung des Begriffs auf die Anwendergruppe der Manager ist nicht einzusehen. Es erscheint auch nicht angemessen, den Begriff auf Systeme einzuschränken, bei welchen eine interaktive Kommunikation zwischen Benutzer und System vorliegt. Von einem EU-System sollte man auch dann sprechen können, wenn der Benutzer „nach längerem Nachdenken" und somit vielleicht erst nach Stunden oder Tagen auf die Ausgabe des Systems mit einer neuen Eingabe antwortet.

Auch das oft zitierte Kriterium, ein EU-System diene zur Planung unstrukturierter oder halbstrukturierter Prozesse ist höchst fragwürdig. Denn der Begriff der Strukturierung erweist sich als ziemlich vage. Ein System, welches im Hinblick auf bestimmte Ziele umgestaltet werden soll, ist nie schon „an sich" strukturiert oder unstrukturiert. Es muß vielmehr ein Modell geschaffen werden, welches dieses System und bestimmte realisierbare Systemalternativen beschreibt. Erst im Hinblick auf dieses Modell kann man von einer Struktur sprechen. EU-Systeme dienen dazu, im Rahmen der Modellbildungsphase solche Modelle zu entwickeln. Wenn ein Modell entwickelt wurde, was immer notwendig ist, dann liegt das geforderte Kennzeichen eines unstrukturierten Prozesses aber nicht mehr vor.

Von einem halbstrukturierten Prozeß sprechen *Keen* und *Scott Morton*, wenn der gesamte Entscheidungsprozeß nicht vollständig algorithmisiert und damit einem Computer übertragen werden kann (*Keen/Scott Morton* 1978, S. 95). Auch diese Begriffsbildung ist nicht überzeugend. Denn, da wegen des Fehlens, um nicht zu sagen, wegen der Unmöglichkeit, einer algorithmisierbaren (induktiven) Theorie der Hypothesenbildung, jede Modellbildung nicht vollständig algorithmisierbar ist, muß jede Entscheidungsbildung als ein halbstrukturierter Prozeß angesehen werden. Die geforderte Abgrenzung eines EU-Systems im Hinblick auf das Kriterium der Strukturierung ist daher unklar und überflüssig.

Als einziges Merkmal bleibt daher die Forderung nach der *Unterstützung* eines Benutzers im Rahmen der Modellbildungs- und Anwendungsphase. Wir wollen im folgenden fragen, ob sich dieses Merkmal stärker präzisieren läßt.

3. Normative Konzepte einer Entscheidungsunterstützung

Schlüsselwort für die Kennzeichnung von EU-Systemen ist das Merkmal „Unterstützung". Man kann nunmehr die Trivialdefinition einführen: „ein EU-System ist ein Softwaresystem, welches einen Anwender bei der Lösung seiner Entscheidungsprobleme unterstützt." Gelingt es aber nicht, einen Katalog von Minimalforderungen aufzustellen, bei deren Nichterfüllung der Begriff „Unterstützung" unzulässig ist, so handelt es sich bei einem EU-System um einen Generalbegriff, der praktisch auf jede kommerzielle Software anwendbar ist.

Genau diesen Vorwurf erhebt *Naylor*, wenn er darauf hinweist, daß heute jede Software, die in irgendeiner Weise für Planungszwecke verwendet werden kann, von ihren Entwicklern absatzwirksam unter dem Namen eines EU-Systems vertrieben wird (*Naylor*, 1982a, S. 92). Den Grund hierfür sieht *Naylor* darin, daß dem Begriff eines EU-Systems keine theoretische Konzeption zugrunde liegt. Im Sinne der vorgetragenen Argumentation kann dieser Vorwurf so gedeutet werden, daß offenbar kein Katalog von nichttrivialen Minimalforderungen existiert, der als *das* spezifische normative Konzept eines EU-Systems angesehen werden kann.

Um diesen Vorwurf eingehender zu betrachten, wollen wir im folgenden zwischen vier Forderungsgruppen zur Realisierung einer Entscheidungsunterstützung durch einen Rechner unterscheiden.

(1) Forderung nach der Übernahme aller algorithmisierbaren Teilschritte des Entscheidungsprozesses durch einen Rechner

Damit wird gefordert, daß ein EU-System über einen möglichst umfassenden Bestand von Programmen verfügen soll, welche zur Durchführung bestimmter Teilschritte verwendet werden können. Weiterhin soll die Möglichkeit bestehen, daß nicht vorhersehbare Teilschritte, deren Ausführung dem Rechner übertragen werden sollen, in einfacher Weise selbst vom Systemanwender formuliert werden können.

(2) Forderungen nach einer benutzerfreundlichen Gestaltung der Ein- und Ausgabe

Im Rahmen der sogenannten Benutzerschnittstellengestaltung werden heute in der Literatur eine Fülle von Ein- und Ausgabetechniken erörtert und mehr oder minder deutlich als Forderungen formuliert, die unter bestimmten Umständen realisiert werden sollten (s. hierzu *Mehlmann* 1981; *Mertens* 1977; *Schneidermann* 1980; *Spraguel/Carlson* 1982, S. 197ff.; *Stohr/White* 1982). Es werden hier Fragen erörtert, ob die Eingaben in Form einer Kommandosprache oder mit Hilfe von Menuetechniken oder über Bildschirmmasken angebrachter sind. Weiter wird die Verwendung von Fenstertechniken und Zeigevorrichtungen diskutiert. Bei den Ausgaben wird der Aufbau von Reportgeneratoren und graphischen Darstellungen behandelt. Von einem einigermaßen geschlossenen Forderungssystem, welches als das konzeptionelle Spezifikum eines EU-Systems anzusehen ist, kann aber in diesem Bereich keine Rede sein.

(3) Forderungen zur flexiblen Steuerung des Entscheidungsprozesses

Hierunter fällt vor allem die Forderung, daß sich der Benutzer in flexibler Weise zwischen den Teilschritten eines Entscheidungsprozesses bewegen kann. Dabei sollte er auf den Status früherer Prozeßstufen zurückspringen können. Sprünge, die aus Gründen der Ablauflogik nicht möglich sind, müßten ausgeschlossen werden. Unterbrochene Dialoge sollten am Abbruchpunkt wieder aufgenommen werden können.

(4) Forderung nach prozeßbegleitender Information

Der Benutzer sollte nicht nur über die Ergebnisse der vom Computer ausgeführten Teilschritte informiert werden, sondern er sollte auch die Möglichkeit haben, während des gesamten Prozesses Informationen vom EU-System abzufragen, die sich auf alle Bereiche des vorliegenden Entscheidungsprozesses beziehen. Dies können Informationen sein, die sich auf den bisherigen Ablauf und die weiteren Gestaltungsmöglichkeiten des Prozesses beziehen. Weiterhin sollte er aber auch Auskünfte über den strukturellen Aufbau des verwendeten Modelles und die zur Verfügung stehenden Analysetechniken erhalten können. Auch Daten, die nicht Bestandteil des Modelles sind (z. B. Vergangenheitswerte der Modellvariablen) sollten vom Benutzer abgerufen werden können.

Die Erörterung dieser vier Forderungsbereiche liefert zwar eine genauere Vorstellung darüber, was unter einer Unterstützung verstanden werden sollte, aber auch eine tiefergehende Betrachtung dürfte kaum zu verbindlichen Minimalforderungen führen, deren Einhaltung ein EU-System von sonstigen Planungssoftwareprodukten auszeichnet.

Der Begriff eines EU-Systems ist daher in der Tat recht vage und von geringer konzeptioneller Schärfe. Er hat in dieser Hinsicht eine Ähnlichkeit mit dem heute weitgehend verpönten Begriff eines „Management Information Systems“. Es scheint daher angemessener zu sein, die Bezeichnung eines EU-Systems nicht als einen klassifizierenden Begriff sehen zu wollen, sondern mehr als Ausdruck eines Programmes. Die Zielrichtung eines Programmes besteht darin, eine möglichst weitgehende benutzerfreundliche Einbettung von Entscheidungsprozessen in ein Computersystem vorzunehmen. Dies ist möglich, weil man im Einzelfall beim Vergleich alternativer Gestaltungsmöglichkeiten eines Systems oft recht gut entscheiden kann, welche Alternative im Hinblick auf die verfolgte Zielsetzung benutzerfreundlicher ist. Dieses von den Anhängern der sogenannten „decision support movement“ propagierte Integrationsbestreben hat zu einer Sichtweise geführt, die im Bereich des klassischen Operations Research bisher fast völlig fehlte. Sie hat bewirkt, daß das Aufgabenfeld der betrieblichen Entscheidungsbildung von vielen Betroffenen unter dem neuen und fruchtbaren Aspekt einer möglichst weitgehenden Entscheidungsunterstützung gesehen wird. Wie sich bei einer Befragung US-amerikanischer Firmen herausstellte, verwenden 86% computerunterstützte Planungsmodelle (*Klein* 1982, S. 7). Dieser hohe Anteil dürfte in starkem Maße auf den Einfluß der „decision support movement“ zurückzuführen sein, die die Entwicklung benutzerfreundlicher Software in die Wege geleitet hat.

4. Gestaltung von Entscheidungsunterstützungssystemen

Im ersten Teil dieses Abschnittes wird gezeigt, wie sich ein EU-System in bestimmte Teilkomponenten zergliedern läßt. Nach dieser Übersicht wenden wir uns den EU-Systemen zu, deren Modelle durch Gleichungssysteme repräsentiert werden. Für diesen sehr häufig auftretenden Typ von EU-Systemen wird ein Teilaspekt der Entscheidungsunterstützung behandelt, welcher als besonders wichtig angesehen wird: die Unterstützung bei der Formulierung und Analyse von Gleichungsmodellen. Hierzu werden Forderungen zu einer benutzerfreundlichen Gestaltung dieser Aufgaben einer Entscheidungsbildung formuliert und erläutert.

4.1 Gestaltungsprinzipien von Entscheidungsunterstützungssystemen

Ein EU-System kann durch das folgende Schema gekennzeichnet werden [3].

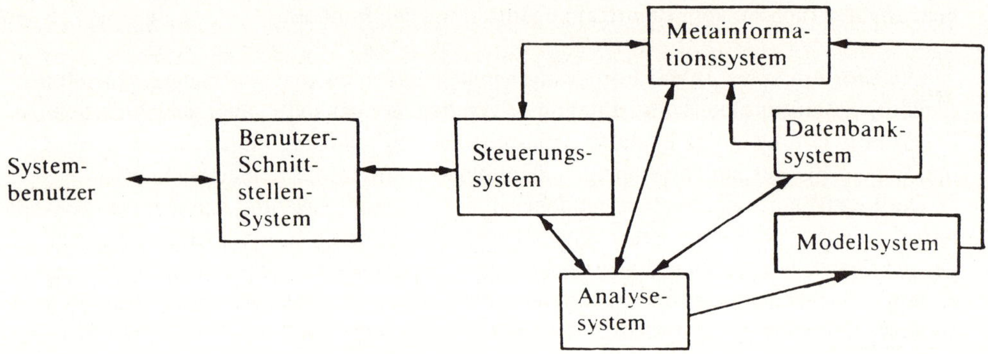

Das Benutzer-Schnittstellen-System teilt dem Steuerungssystem die Systemeingaben mit und erhält von diesem die Systemausgaben. Das Steuerungssystem ruft das Analysesystem auf, welches mit dem Daten- und Modellsystem kommuniziert. Das Analysesystem kann mit Hilfe des Datenbanksystems an der Entwicklung der im Modellsystem abgelegten Modelle beteiligt sein. Es kann aber auch nur dazu dienen, Implikationen der Modelle zu ermitteln oder die Modelle unter normativen Fragestellungen zu analysieren. Das Analysesystem enthält Analyseprogramme, die fest vorgegeben sind oder vom Benutzer eingegeben werden können. Das Datenbanksystem enthält zum einen Daten, welche für eine noch anstehende Modellbildung (zum Beispiel zur Parameterschätzung) erforderlich sind. Zum anderen kann es Daten enthalten, die nicht für die Modellentwicklung von Belang sind, vom Benutzer als Zusatzinformationen aber gewünscht werden. Weiter kann es die Implikationen des Modelles abspeichern, die aufgrund der Durchführung bestimmter Analysen ermittelt wurden.

Das Metainformationssystem sammelt und liefert Informationen über den Prozeßablauf und über die Struktureigenschaften der Modelle und Analysemethoden.

Die Entwicklung des Benutzer-Schnittstellen-Systems benötigt in der Regel einen nicht unbeträchtlichen Anteil der gesamten Entwicklungszeit. So berichten *Spraguel* und *Carlson*, daß sechzig Prozent des Gesamtaufwandes zur Entwicklung eines EU-Systems für die Entwicklung der Schnittstellensoftware benötigt wurde (*Spraguel/Carlson* 1982, S. 209). Wegen dieses hohen Aufwandes zur Schnittstellengestaltung und der Ähnlichkeit der Ein-

und Ausgabenprozeduren für verschiedene EU-Systeme liegt es nahe, Softwaresysteme zu entwickeln, die als Schnittstellengeneratoren für eine möglichst große Menge von EU-Systemen verwendet werden können. So haben *Stohr* und *White* das Konzept eines umfassenden Benutzer-Schnittstellen-Systems beschrieben, dessen Realisierung eine große Hilfe bei der Entwicklung von Einzelsystemen darstellen würde (*Stohr/White* 1982, S. 417f.).

Darüber hinaus wird auch die Entwicklung von EU-Generatoren (DS-Generators) vorgeschlagen (*Spraguel/Carlson* 1982, S. 417f.; *Stohr/White* 1982, S. 394f.). Hierbei handelt es sich um Softwarepakete, die möglichst weitgehend alle Funktionen eines EU-Systems umfassen und durch die Eingabe systemspezifischer Informationen zu einem bestimmten EU-System konkretisiert werden können. In der Praxis werden in starkem Umfang sogenannte Planungssprachen verwendet, von denen die Sprachen FCS-EPS und IFPS am häufigsten zur Anwendung kommen. Diese Sprachen ermöglichen die Formulierung und Analyse von Modellen, welche ein zu gestaltendes System durch Gleichungen beschreiben. Solche Sprachen sind als EU-Generatoren anzusehen (siehe *Spraguel/Carlson* 1982, S. 85; *Vazsonyi* 1982, S. 77; *Wagner* 1981, S. 78; *Watson/Hill* 1983, S. 85). Die systemspezifischen Eingaben zur Bildung eines konkreten EU-Systems bestehen primär in der Eingabe des Gleichungsmodelles. Zusätzlich kann der Benutzer aber beispielsweise auch Zeitreihen der realisierten Beobachtungswerte der Modellvariablen in eine Datenbank eingeben oder auf Dauer angelegte Kommandoroutinen und Standardreports spezifizieren. Im folgenden wollen wir uns ausschließlich EU-Systemen zuwenden, deren Modelle durch Gleichungen beschrieben werden.

4.2 Gestaltung von Entscheidungsunterstützungssystemen bei Verwendung von Gleichungsmodellen

Wenn wir uns mit der Gestaltung von Gleichungsmodellen beschäftigen, so sollen damit alle die Symbolmodelle eines EU-Systems ausgeschlossen werden, die nicht durch algebraische Gleichungen und Differenzgleichungen beschrieben werden können. Dies sind beispielsweise Netzwerkmodelle, Markovketten oder Modelle der Prädikatenlogik. Diese Einschränkung ist aber nicht gravierend, da der bei weitem überwiegende Teil aller heute entwickelten EU-Systeme auf der Basis von Gleichungsmodellen arbeiten dürfte.

Es läge nunmehr nahe zu versuchen, für diesen Typ eines EU-Systems bestimmte Forderungen zur Entscheidungsunterstützung zu formulieren, die als Konkretisierung der bereits erörterten vier Forderungsgruppen anzusehen sind. Im folgenden wollen wir aber nur auf einen Teilbereich eingehen. Es wird die Forderungsgruppe 1 behandelt, welche die weitgehendste Computerisierung aller Teilschritte des Entscheidungsprozesses fordert. Von der Gruppe 2, welche sich auf die Gestaltung der Ein- und Ausgabe bezieht, wird nur auf die Eingabe des Gleichungsmodells eingegangen. Die Forderungsgruppen 3 und 4 bleiben unberücksichtigt.

(1) Phase der Modellbildung

Die Phase der Modellbildung kann, wie das nachfolgende Diagramm zeigt, in die Teilphasen der Gleichungsformulierung (a), der syntaktischen und strukturellen Prüfung der Gleichungen (b) und der Parameterschätzung (c) gegliedert werden.

(a) Phase der Gleichungsformulierung

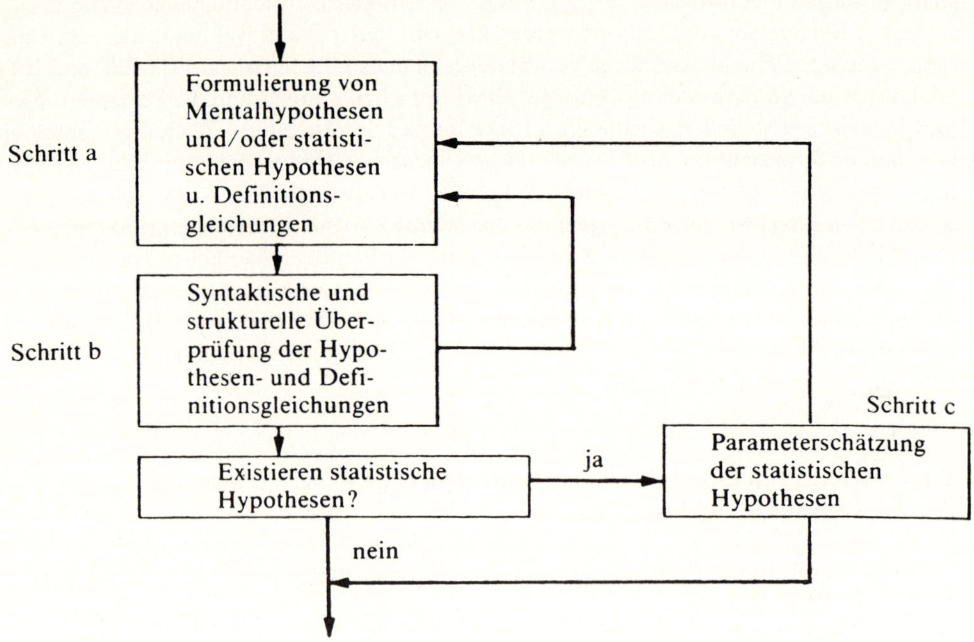

Der Prozeß beginnt damit, daß der Benutzer ein System von Hypothesen- und Definitionsgleichungen in das EU-System eingibt.

Hierbei stellt sich die Forderung nach einer weitgehenden Unterstützung der Gleichungsformulierung. Im einzelnen lassen sich zur Gestaltung der Modellsprache folgende Forderungen aufstellen.

1. Die Gleichungen sollen in einer überschaubaren Form eingegeben werden.

Eine mögliche Darstellungsweise beschreibt das folgende Beispiel:

ABK.T = ABK.T-1 + V1.T + V2.T
V1.T = V2.T + A
V2.T = B
A = 5
B = 10

Das Symbol „T" kennzeichnet hierbei den Zeitindex für die laufende Periode, während „T-1" den Vorperiodenwert der betreffenden Variablen anzeigt. Es ist auch üblich, den laufenden Zeitindex wegzulassen und die auftretenden Variablen der Vorperiode durch ein verbales Attribut (z. B. „PREVIOUS") zu kennzeichnen. Im vorliegenden Fall würde ABK.T-1 durch „PREVIOUS ABK" ersetzt. In größeren Modellen kann die Eingabe dadurch erleichtert werden, daß die Reihen numeriert werden und die Namen der erklärenden Variablen in den Gleichungen durch „Zeilenvariable" ersetzt werden, die mit den Erklärungsgleichungen der erklärenden Variablen korrespondieren. Dieses Vorgehen würde im Fall des oben angeführten Modelles zu folgender Eingabe führen:

10 ABK.T = Z10.T-1 + Z12.T + Z14.T
12V1.T = Z14.T + Z16
14V2.T = Z18
16 A = 5
18 A = 5

Die substituierend verwendete Zeilenvariable ist hier durch ein „Z" und die entsprechende Zeilennummer gekennzeichnet.

2. Beliebige nichtlineare Funktionsverläufe sollen durch Tabellenfunktionen beschrieben werden können.

In Hypothesen, die ausschließlich durch eine subjektive Einschätzung des Modellentwicklers gebildet werden (Mentalhypothesen), werden oft nichtlineare Zusammenhänge postuliert, die nicht durch elementare Funktionen beschrieben werden können. In diesem Fall sollte der Modellformulierer die Möglichkeit haben, diese Verläufe durch Polygonzüge auf einfache Weise zu approximieren.

3. Entscheidungsregeln, in welchen die Wahl bestimmter Größen vom Eintritt bestimmter Bedingungen abhängt, sollen durch einfache konditionale Imperative beschrieben werden können.

Ein einfaches Beispiel wäre:

WENN LAGERBST GRGL LAGERANFORDERUNG DANN LAGERABGANG = LAGERANFORDERUNG SONST LAGERABGANG = LAGERBST

Die Symbolfolgen „LAGERBST", „LAGERANFORDERUNG", „LAGERABGANG" sind hier bestimmte Variablen des Modelles. „GRGL" ist eine Abkürzung für „größer gleich".

4. Modellhypothesen, die bestimmte nach einheitlichen Regeln ausgeführte Prozeduren beschreiben, sollen durch Makrofunktionen beschrieben werden können.

Solche Makrofunktionen sollten beispielsweise zur Ermittlung des internen Zinsfußes oder der Abschreibungsbeträge bei Anwendung bestimmter Abschreibungsverfahren zur Verfügung stehen. Darüber hinaus sollte der Systembenutzer die Möglichkeiten haben, unter Verwendung der Modellsprache oder auch anderer Sprachen (z. B. FORTRAN) eigene Makrofunktionen zu entwickeln.

5. Zur Reduzierung des Formulierungsaufwandes sollte die Verwendung von Vektor- und Matrizengleichungen möglich sein.

In Unternehmungsmodellen besitzen viele Beziehungen dieselbe strukturelle Relation, so daß sich die Verwendung von Matrizengleichungen anbietet. Ein von Ciba-Geigy entwickeltes Modell, welches aus 16000 skalaren Gleichungen bestand, konnte in einer Matrizenschreibweise durch ca. 170 Matrizengleichungen repräsentiert werden [4].

Als mögliches Beispiel einer solchen Darstellung sei die Beziehung

```
I = 1 BIS 20, J = 1 BIS 50
VAR.T(I,J) = MAV.T(I,J) + ABC.T-1(I) * 20
```

angeführt.

6. Die strukturellen Gleichungen sollten in beliebiger Reihenfolge eingegeben werden können.

Neben der Formulierweise der Gleichungen ist es auch von Bedeutung, ob die Gleichungen in einer bestimmten Reihenfolge angeordnet werden müssen. Viele Planungssprachen erfordern eine prozedurale Anordnung. Dies ist eine Anordnung, welche garantiert, daß der Variablenwert einer in Frage stehenden Gleichung allein anhand der Variablenwerte der vorangehenden Gleichungen berechnet werden kann. Die Gleichungsanordnung des oben angeführten Modelles ist beispielsweise nicht prozedural, denn zur Berechnung von ABK hätten die Werte von V1 und V2 schon in vorangehenden Gleichungen berechnet werden müssen. Eine prozedurale Anordnung erhält man z. B. durch die folgende Umstellung

```
B = 10
V2.T = B
A = 5
V1.T = V2.T + A
ABK.T = ABK.T-1 + V1.T + V2.T
```

Nach einer Umfrage von *Wagner* enthalten Planungsmodelle im Durchschnitt etwa 360 strukturelle Gleichungen (*Wagner* 1981, S. 12). Man kann sich vorstellen, welche Mühe es einem Modellentwickler bereitet, eine solche Gleichungsmenge prozedural anordnen zu müssen. Es ist daher ein wichtiges Kennzeichen einer guten Systemunterstützung, daß diese Gleichungssortierung vom EU-System durchgeführt wird und der Benutzer eine beliebige Anordnung verwenden kann.

(b) Phase der syntaktischen und strukturellen Prüfung der Hypothesen- und Definitionsgleichungen

Nach der Formulierung der Hypothesen- und Definitionsgleichungen sollte die Möglichkeit bestehen, das Gleichungssystem einer syntaktischen Prüfung durch das EU-System zu unterziehen. Hier werden Fehler aufgezeigt, die den Bildungsvorschriften der Planungssprache widersprechen. Beispielsweise werden Variablennamen angezeigt, die vorschriftswidrig mit einer Zahl und nicht mit einem Buchstaben beginnen. Weiter werden beispielsweise nicht definierte Variable identifiziert und Doppeldefinitionen erkannt. Von der syntaktischen Hypothesenüberprüfung kann man verlangen, daß jeder syntaktische Fehler vom EU-System erkannt und mitgeteilt wird.

Ein wichtiges Leistungsmerkmal der Strukturanalyse ist die Identifikation simultaner Gleichungen. In betrieblichen Planungsmodellen treten gelegentlich simultane Beziehungen auf, wenn interdependent abrechnende Kostenstellen beschrieben werden oder der zu versteuernde Gewinn zu berechnen ist. Derartige simultane Gleichungssysteme sollten von einem EU-System identifiziert werden können und der Benutzer sollte eine Mitteilung erhalten, welche Variablen zu dem Gleichungssystem gehören. Der Modellentwickler kann dann entscheiden, ob die simultanen Gleichungen auch tatsächlich intendiert sind oder ob, was oft vorkommt, eine Fehlspezifikation vorliegt.

(c) Phase der Parameterschätzung

Planungsmodelle können Hypothesen enthalten, deren Parameter durch subjektive oder statistische Schätzungen zustande kommen. Im ersten Fall handelt es sich um Mentalhypothesen, im zweiten Fall um ökonometrische Hypothesen. Die Schätzung der Parameter ökonometrischer Hypothesen sollte anhand einfach durchzuführender Schätzverfahren erfolgen. Als übliche Verfahren kommen im allgemeinen in Frage: gewöhnliche sowie zwei- und dreistufige Kleinstquadratschätzungen, die Methode des Full Information Maximum Likelihood und nichtlineare Schätzmethoden.

(2) Phase der Modellexploration

Der Phase der Modellbildung schließt sich die Phase der Modellexploration an. Ihr wird von vielen Autoren eine große Bedeutung beigemessen. Sie soll dem Benutzer ein besseres Bild über die Implikationen eines von ihm formulierten Modelles vermitteln. Wenn *Wagner* das maßgebliche Ziel eines EU-Systems in der Aufgabe des „mind support" sieht, dann wird dem Benutzer eine solche Unterstützung vor allem in dieser Phase zuteil. Dieses Ziel zeigt sich auch in der Äußerung eines Managers, welcher bemerkte: „The system has allowed me to learn and understand the business in a very rapid matter" (*Klingston* 1981, S. 8).

Bei der Modellexploration kann man zwischen der Aufdeckung definitorischer Inkonsistenzen und der Erweiterung des Modellwissens eines Systembenutzers unterscheiden.

Eine definitorische Inkonsistenz liegt beispielsweise vor, wenn eine nur positiv definierbare Größe wie beispielsweise der Umsatz bei der Modellrechnung negative Werte aufweist. Inkonsistenzen treten ebenfalls auf, wenn während des Modellaufes in einer strukturellen Gleichung durch Null geteilt wird. Solche Widersprüche müssen vom EU-System erkannt werden (was nicht selbstverständlich ist) und dem Benutzer muß auch mitgeteilt werden, in welcher der Gleichungen beispielsweise eine Nullteilung vorgenommen wurde. Das Hauptaufgabengebiet der Modellexploration besteht aber in der Wissenserweiterung des Modellbenutzers. Sie basiert auf der Durchführung bestimmter bedingter Prognosen, welche mit dem Gleichungsmodell vorgenommen werden. Der Benutzer hat stets die Möglichkeit, bestimmte Fragestellungen mit Hilfe einer von ihm selbst festgelegten Abfolge von bedingten Prognosen zu klären (Ad-hoc-Exploration).

Es ist aber erstrebenswert, dem Benutzer im Rahmen eines EU-Systems eine Reihe systematischer Verfahren der Modellexploration zur Verfügung zu stellen, welche die bedingten Prognosen bereits in einer bestimmten Weise auswerten.

Hier bietet sich als vorrangiges Verfahren die Sensitivitätsanalyse an. So sollte ein Systembenutzer die Möglichkeit haben, eine Variatorenmatrix zu ermitteln, welche besagt, wie sich beispielsweise eine einprozentige Veränderung bestimmter Parameter auf eine oder mehrere interessierende Variable auswirkt. Weiter sollte es möglich sein, den Einfluß von maximal zwei Parametern auf eine Variable durch ein Höhenliniendiagramm oder eine dreidimensionale Darstellung zu beschreiben.

Die Exploration kann auch von einem EU-System durch die Offenlegung der zwischen einem Parameter und einer bestimmten Variablen herrschenden kausalen Verknüpfung erfolgen. Anhand der diese Verknüpfung charakterisierenden Werte der Zwischenvariablen kann ein Benutzer die Auswirkung einer Parameterveränderung schrittweise verfolgen (Kausalkettenanalyse).

Schließlich sollte auch eine sogenannte Zielwerteanalyse (target value analyses) realisierbar sein. Bei diesem Verfahren gibt man die gewünschten Werte von n Variablenwerten vor und versucht den Wert von (ebenfalls genau) n Parametern zu bestimmen, welche zur Realisierung der Zielwerte führen. Ein Beispiel (für $n = 1$) ist die Ermittlung des Break-Even-Points, bei welchem der Beschäftigungsgrad (Parameterwert) für den Zielwert der Variablen ,,Gewinn" in Höhe von Null gesucht wird.

Die Modellexploration dient nicht nur dazu, das Modellwissen durch die Offenlegung bestimmter Implikationen zu erweitern. Sie kann auch zur Revision der ursprünglichen Hypothesenbildung führen. Dies gilt insbesondere für Mentalhypothesen.

Stellen wir uns beispielsweise vor, ein Modell, welches durch die Hypothesen H_1 und H_2 gekennzeichnet wird, führt zu einer bestimmten prognostischen Aussage. Nehmen wir weiter an, daß der Modellentwickler den Hypothesen eine subjektive Wahrscheinlichkeit von 0.7 und 0.8 beimißt. Nach der Ermittlung, der aus diesen Hypothesen logisch folgenden Prognose, soll sich nunmehr herausstellen, daß der Eintritt der Prognose vom Modellentwickler nur mit einer subjektiven Wahrscheinlichkeit von 0.2 veranschlagt wird. Eine solche Prognose könnte beispielsweise eine bestimmte Umsatzsteigerung behaupten.

In diesem Fall ist es eine legitime Form der Modellrevision durch ein Wechselspiel von Hypothesenmodifizierung und Implikationenbeurteilung zu Hypothesen zu gelangen, deren subjektive Glaubwürdigkeitsbeimessungen denen ihrer (logisch folgenden) Implikationen entspricht (s. hierzu *Zwicker* 1977).

(3) Phase der normativen Modellverwendung

Schon während der Phase der Modellexploration wird der Modellbenutzer bestimmte Instrumentalvariablen des Modelles variieren und hinsichtlich ihres Einflusses auf bestimmte Zielgrößen analysieren. Der Übergang zur hier erörterten normativen Modellverwendung ist daher fließend. In dieser Phase versucht der Benutzer durch eine Variation der Instrumentalvariablen des Modelles, ein bestimmtes Ziel anzustreben. Dieses Ziel kann eine qualitative oder quantitative Größe sein.

Qualitative Zielgrößen werden im Rahmen des sogenannten System Dynamics Konzeptes zur Bestimmung der Instrumentalvariablen eines Modelles verwendet (s. hierzu *Forrester* 1972; *Zwicker* 1981, S. 399f.). Es wird das dynamische Modell eines Systems formuliert und durch geeignete Wahl der Anfangswerte in ein Gleichgewicht versetzt. Darauf wird der Variablenverlauf unter der Annahme bestimmter Testeingänge der exogenen Modellvariablen simuliert. Die erzeugten Variablenverläufe (Testantworten) dienen als Beurteilungskriterien des Systemverhaltens. Durch eine gezielte Variation bestimmter Parameter und auch eine Veränderung ganzer Modellteile versucht der Systemanwender eine Alternative zu bestimmen, welche zu einem als erstrebenswert angesehenen Verlauf der Testantwort führt. Bei der Untersuchung eines Fertigungssystems beispielsweise kann es das Ziel sein, die Fluktuation der Variablen Personal- und Lagerbestand zu dämpfen. Die zur Gliederung eines Entscheidungsprozesses angeführte klassische Zweiteilung der normativen Modellanwendung in Zielformulierung und Alternativensuche ist bei diesem Verfahren der Systemumgestaltung durch eine Testantwortanalyse nicht mehr anwendbar. Denn der Benutzer formuliert nicht vor der Testantwortanalyse seine Zielvorstellungen, sondern versucht unter Berücksichtigung der jeweils erhaltenen Testantwort das Systemverhalten schrittweise im Hinblick auf seine Vorstellungen zu verändern.

Eine spezielle softwaretechnische Unterstützung erhält man bei diesem Suchverfahren der Testantwortanalyse, wenn geeignete Testeingangsfunktionen (wie Step- und Pulsefunktionen) als Makros zur Verfügung stehen und die Testantworten in einfacher Weise als Zeitdiagramme ausgegeben werden können. Auch wird das Analyseverfahren erleichtert, wenn die gleichgewichtigen Anfangswerte der Bestandsvariablen mit Hilfe eines Programmes bestimmt werden.

Auch wenn ein quantitatives Maß als Zielgröße dient, können Teilschritte der normativen Modellanwendung algorithmisiert und einem Rechner übertragen werden. Sieht sich ein Modellanwender in der Lage, das von ihm verfolgte Ziel in expliziter Form als Zielfunktion zu formulieren, dann ist damit (zumindest vorläufig) die Phase der Zielformulierung abgeschlossen. Die sich anschließende Alternativensuche sollte soweit wie möglich anhand von Optimierungsverfahren durchgeführt werden, die das EU-System zur Verfügung stellt.

Hier ist zwischen Optimierungsverfahren zu unterscheiden, welche sich direkt mit dem jeweils vorliegenden Modell (Primärmodell) verbinden lassen, und Verfahren, welche die Umformung des Primärmodelles auf eine bestimmte Standardform verlangen. Die Optimierungsalgorithmen, welche mit Primärmodellen arbeiten, sind heuristische Suchverfahren, die im allgemeinen nicht sehr effizient sind und zumeist nicht zu einem globalen Optimum führen. Bei jedem Suchschritt wird von ihnen das gesamte Primärmodell (als Modul) aufgerufen, was bei großen Modellen zu beachtlichen Rechenzeiten führen kann.

Die Algorithmen bestimmter linearer und nichtlinearer Optimierungsverfahren erfordern dagegen eine Darstellungsweise, bei welcher die Zielfunktion und die Nebenbedingungen eine direkte Funktion der Instrumentalvariablen bilden. Es wäre daher wünschenswert, daß ein EU-System in der Lage ist, algebraische Umformungen vorzunehmen, welche (falls dies möglich ist) die vorliegende Primärform in die zur Optimierung gewünschte Standardform transformieren.

Von einem EU-System könnte man darüber hinaus verlangen, daß es den Systembenutzer bei der Verwendung geeigneter Optimierungsalgorithmen „berät", indem es über den Rechenbedarf Auskunft gibt und auch Fragen stellt, um die geeignetste Optimierungsroutine auswählen zu können (s. hierzu *Gill/Murray/Saunders/Wright* 1984, S. 147f.).

Wenn die Zielvorstellungen eines Modellbenutzers durch mehrere Zielgrößen beeinflußt werden, dann dürfte es oft vorkommen, daß er sich nicht in der Lage sieht, eine explizite multivariable Zielfunktion zu formulieren. Oft wird es ihm aber möglich sein, bei Kenntnis einer oder mehrerer zulässiger Lösungen eine lokale Präferenzaussage vorzunehmen. In diesen Fällen besteht die Möglichkeit, mit Hilfe eines interaktiven Dialoges zwischen dem EU-System und dem Benutzer schrittweise zu Alternativen eines höheren Präferenzniveaus und letztlich zu einem Optimum zu gelangen.

Es sind verschiedene Verfahren einer solchen interaktiven multivariablen Optimierung vorgeschlagen worden (s. *Isermann* 1979; *Näslund*). Sie fordern nicht nur eine unterschiedliche Spezifikation der lokalen Präferenzaussagen des Benutzers, sondern unterscheiden sich auch hinsichtlich bestimmter stillschweigend unterstellter Annahmen über seine Zielfunktion. Das angestrebte Ziel einer Entscheidungsunterstützung ist hier wie im Falle der Testantwortanalyse in unmittelbarer Weise gegeben. Denn nur in einem sukzessiven Dialog mit dem EU-System ist der Systembenutzer in der Lage, seine latent vorhandenen Präferenzvorstellungen so zu explizieren, daß eine auf diesen Präferenzen basierende Optimierung (oder Suboptimierung) zustande kommt.

Nunmehr wollen wir der Frage nachgehen, in welchem Umfang die beschriebenen Anforderungen zur Bildung und Analyse von Gleichungsmodellen von den heute angebotenen Planungssprachen erfüllt werden.

Wir wollen hierzu nur die Planungssprachen FCS-EPS und IFPS betrachten, die wohl zur Zeit zu den fortgeschrittensten Entwicklungen gezählt werden können [5].

Hinsichtlich der Modellbildung erfüllen beide Sprachen alle beschriebenen Anforderungen bis auf die Möglichkeit, strukturelle Relationen durch Matrizengleichungen ausdrücken zu können.

Beide Sprachen verfügen über benutzerfreundliche Fehlerroutinen zur Aufdeckung syntaktischer Fehler. Auch werden simultane Variablenkreise angezeigt. Im Rahmen der Parameterschätzverfahren erlauben beide Sprachen gewöhnliche Kleinstquadratschätzungen. IFPS gestattet auch eine zweistufige Schätzung [6]. Das Fehlen weiterer Schätzverfahren zur Schätzung simultaner Gleichungssysteme darf aber nicht als gravierend angesehen werden, weil die Entwicklung von Unternehmensmodellen (corporate models) im Gegensatz zu ökonometrischen Modellen relativ selten die Anwendung dieser Methoden verlangen dürfte.

Beide Sprachen erlauben die Durchführung von Sensibilitätsanalysen, wobei aber die Erzeugung von Variatorenmatrizen nicht möglich ist. Graphische Darstellungen von Sensitivitätsfunktionen lassen beide Systeme nicht zu. Auch eine Kausalkettenanalyse ist in der beschriebenen Art und Weise nicht möglich. Allerdings gestatten beide Sprachen die Ausgabe der strukturellen Gleichung einer gewünschten Variablen einschließlich der numerischen Werte der erklärenden Variablen und Parameter.

Eine Zielwertanalyse ist bei FCS-EPS nur unter Vorgabe des Zielwertes für eine Variable möglich, während IFPS die Vorgabe von bis zu fünf Variablenwerte gestattet. Die Überführung vorliegender Primärmodelle auf eine Standardform, welche zum Beispiel den Aufruf eines Algorithmus der linearen Programmierung gestattet, ist für beide Systeme nicht möglich. In IFPS kann man aber mit Hilfe heuristischer Suchverfahren anhand des Primärmodelles eine Optimierung durchführen.

Beide Systeme besitzen keine Verfahren zur interaktiven multiplen Zieloptimierung. Desgleichen fehlen Verfahren zur Durchführung von Testantwortanalysen. Hier bietet sich die Sprache DYNAMO an (*Pugh* 1983). Der geringe Standard beider Sprachen auf dem Gebiet der Optimierung erklärt sich aus dem Umstand, daß in den Bereichen der Finanzplanung und darüber hinaus der Unternehmensgesamtplanung, in welchen solche Planungssysteme vorwiegend verwendet werden, Optimierungen höchst selten zur Anwendung kommen (s. *Eliasson* 1976, S. 185). Damit fehlt ein Nachfragedruck zur Entwicklung dieser Analysemethoden. Trotz der angemerkten Einschränkungen kann man beiden Sprachen bescheinigen, daß sie in Bezug auf die hier in Frage stehende Unterstützung der Modellformulierung und Modellanalyse ein hohes Anwendungsniveau realisieren.

5. Möglichkeiten der Weiterentwicklung von Entscheidungsunterstützungssystemen

Im folgenden wollen wir zwei der beschriebenen Mängel einer Analyse von Gleichungsmodellen aufgreifen und auf Lösungsmöglichkeiten hinweisen. Abschließend wenden wir uns den Wünschbarkeiten einer Kommunikation zwischen System und Benutzer in einer natürlichen Sprache zu. Auch hier gehen wir von den Anforderungen aus, die im Rahmen der Analyse von Gleichungsmodellen erwünscht sind.

Es wurde bereits darauf hingewiesen, daß es erstrebenswert sei, algebraische Umformungsprogramme zur Verfügung zu haben, welche aus der Primärform eines Modelles eine bestimmte Standardform abzuleiten vermögen. Solche Umformungsprogramme sollten grundsätzlich in einer Planungssprache verfügbar sein. Man könnte mit ihnen die Modellexploration nicht nur wie bisher durch die Simulation bedingter Prognosen betreiben, sondern durch Aufdeckung bestimmter Zusammenhänge anhand algebraischer Transformationen. So wäre es beispielsweise denkbar, daß sich ein Benutzer die Ermittlung der sogenannten reduzierten Gleichung einer bestimmten Variablen wünscht, d. h. eine Darstellung der Variablen als Funktion der Parameter und verzögerten Variablen des Modelles.

Eine weitere Forderung ergibt sich aus den oft unzureichenden Möglichkeiten der Lösung simultaner Gleichungen. Simultane Gleichungen werden im Rahmen der heutigen Planungssprachen durchweg mit dem Gauss-Seidel-Verfahren gelöst. Dieses Verfahren führt nicht zwangsläufig zu einer Lösung, selbst wenn eine solche existiert. Die Konvergenz des Iterationsprozesses wird nämlich durch die Wahl der Anfangswerte, die Reihenfolge der Gleichungen und andere „Arrangements" der Gleichungen bewirkt (s. *Zwicker* 1981, S. 343f.). Die Lösung lösbarer simultaner Gleichungen dürfte bei den heutigen Planungssprachen (in denen man wie bei IFPS höchstens die Reihenfolge der Gleichungen verändern kann) oft nicht zum Erfolg führen. Es wäre daher wünschenswert, daß dem Systembenutzer durch „intelligente" Lösungsverfahren, welche unterschiedliche Lösungsansätze auf ihre Konvergenz hin erproben, eine größere Hilfe zuteil würde.

Es liegt auf der Hand zu fordern, daß eine natürlich-sprachliche Kommunikation zwischen Benutzer und EU-System realisiert werden soll. Wir wollen dies für den Bereich der Formulierung und Analyse von Gleichungsmodellen untersuchen.

Die Eingabe der strukturellen Gleichungen dürfte kaum in einer anderen Form wünschenswert sein als sie schon heute praktiziert wird. Eine natürlich-sprachliche Eingabe der Form: „der Gewinn ergibt sich aus der Differenz von Umsatz und Kosten, während die Kosten sich ..." würde einen hohen Formulierungsaufwand erfordern und dürfte zu ständigen Rückfragen des Systems Anlaß geben, weil die Formulierungen oft nicht eindeutig genug sein dürften. Im angeführten Beispiel weiß das System zum Beispiel nicht, ob „Differenz" als „Umsatz – Kosten" oder „Kosten – Umsatz" zu deuten ist.

Bei der anzuwendenden Kommandosprache zur Durchführung der Modellanalysen ist eine Verbalform schon eher erstrebenswert. Doch dürfte der Systembenutzer mit zunehmender Übung zum abkürzenden Expertenmodus übergehen. Die Frage: „Um wieviel Prozent steigt die Rentabilität, wenn die Gemeinkosten um 10 Prozent gesenkt werden" könnte dann weniger aufwendig durch: „RE IF GK – 10%" formuliert werden.

Vor allem aber zur Beantwortung von Fragen über den Prozeßablauf und die Konfiguration des EU-Systems dürfte die natürliche Spracheingabe wünschenswert sein. Der Benutzer braucht sich in diesem Fall nicht über HELP-Funktionen unter Verwendung von Menues zu einer Anwort „vorzuarbeiten", sondern kann direkte Fragen stellen. Beispiele für solche Fragen sind: Wieviel Variablen enthält das Modell PLAN? Welche Planungsschritte sind bereits realisiert? oder „Gibt es einen definierten Report zur Ausgabe der Bilanz?" Solche Fragen „zu verstehen" beinhaltet nicht nur eine reine Umkodierung. Vielmehr müssen hierzu Verfahren der semantischen Analyse und Speicherung von Wissen entwickelt werden. Die Entwicklung praktikabler Systeme der Spracherkennung, welche heute in großem Umfang betrieben wird, sieht sich noch einer Reihe von grundsätzlichen Fragen gegenübergestellt. So ist bisher noch recht unklar, wie bestimmte Erkenntnisprozesse, die zum Bereich des „Verstehens" gezählt werden, überhaupt algorithmisch beschrieben werden können. Zur Demonstration des heutigen Standes eines Dialogsystems zur Fragenbeantwortung sei ein System angeführt, welches Fragen zum Gebrauch des Betriebssystems UNIX beantwortet. (*Wilensky/Arens/Chin* 1984, S. 575):

User: How should one edit a file? (or change a file)
System: Typing „ex filename“ will get you into the ex editor; typing „emacs filename“ will get you into the emacs editor.
User: How can I change the write permission on my terminal? (or permission of or protection)
System: To change the write permission on your terminal, type:
„mesg y“ to allow writing to your terminal,
„mesg n“ to disallow writing to your terminal
User: What is a search path?
System: A search path in Unix is a list of directories in which the operating system searches for programs to execute.

Die Entwickler dieses Systems hoffen, das System so zu verfeinern, daß es den folgenden Dialog ermöglicht (*Wilensky/Arens/Chin* 1984, S. 591):

System: What can I do for you?
User: Hi, I have a problem. I cant't print anything'
System: Have you checked to see if the lineprinter is on line?
User: Yes, everything seems alright.
System: Hold on for a minute. I am checking things
OK, the lineprinter should work now. Let me know if it doesn't work.
User: What did you do?
System: First, I checked to see if the lineprinter demon was working by typing „ps-ag fgrep lpd“. Since it wasn't working, I restarted it by first removing the lockfile, /usr/spool/lpd/lock, and then running the demon, /usr/lib/lpd.
User: Great, now I have something else that you might be able to help me with.
System: Sure, what can I do for you?
User: Well, I want to copy an entire tree of directories over to another machine using the ethernet. How can I do that without having to rop everyfile over one after another?
System: You can copy trees of directories by using the -r option of rop. With rop, you can type „rop -r dir1 dir2 ...
destinationdir“ in order to copy the directories, dir1, dir2, etc. into destinationdir.
User: Thanks. I never noticed that rop had such an option.
System: You're welcome. Do you have any other questions?
User: No, you've been a lot of help. Bye.
System: Good-bye.

Die Autoren schätzen, daß eine kommerzielle Anwendung von Systemen dieser Qualitätsstufe in sechs bis zehn Jahren möglich sein wird (*Wilensky/Arens/Chin* 1984, S. 592). Solche Kommunikationssysteme in natürlicher Sprache heben sicher die Qualität der Unterstützung von EU-Systemen, welche, wie die beschriebenen Sprachen, mit Gleichungssystemen arbeiten. Da zur Formulierung und Analyse von Gleichungsmodellen nur eine beschränkte Zahl gut definierbarer Aufgaben notwendig ist, dürfte eine derartige Entwicklung aber nicht zu einem frappanten Qualitätssprung im Hinblick auf die Entscheidungsunterstützung führen. Diese Einschätzung beruht auf der Annahme, daß die Benutzer solche Planungssprachen auch nach der Einführung natürlich-sprachlicher Systeme nicht Topmanager sein dürften, sondern vorwiegend Angehörige der Planungsstäbe. Die Vorstellung, daß ein Topmanager nunmehr zwangslos mit einem EU-System in natürlicher Sprache kommuniziert und diese Kommunikation besser abläuft, als mit einem „dazwischen geschalteten" sachkundigen Vermittler, ist ziemlich wirklichkeitsfremd. Für einen Topmanager ist es immer einfacher, sich eines sachkundigen Vermittlers zu bedienen. Von diesem kann man annehmen, daß er das System zumeist über einen Expertenmodus ohne eine intensive Verwendung von Eingaben in natürlicher Sprache steuern wird.

Der Aufwand, den ein Benutzer zum Erlernen der heute angebotenen Planungssprachen (ohne eine natürliche Spracheingabe) sowie zur Reaktivierung des Gelernten aufzuwenden hat, sollte nicht überschätzt werden. So zeigte eine Befragung von Wagner, daß die Benutzer der Planungssprache IFPS nach einer Unterbrechung der Systembenutzung von einer Woche weniger als zehn Minuten benötigten, um sich wieder mit dem System vertraut zu machen (*Wagner* 1981, S. 14). In welchem Umfang diese Einarbeitungszeit dadurch vermindert wird, daß der Benutzer in einer natürlichen Sprache mit dem System kommuniziert, bleibt abzuwarten.

Anmerkungen

[1] Addison-Wesley Series on Decision Support; „Decision Support Systems", The International Journal North Holland, 1 (1985); Konferenzergebnisse der International Conference on Decision Support Systems werden veröffentlicht in: DSS-8x Transactions, EXECUCOM Systems Corporation.

[2] Zur Anführung weiterer in der Literatur behandelter Begriffsmerkmale (s. *Gorry/Scott Morton, Watson/Hill*).

[3] Zu anderen Gliederungen s. *Stohr/White*, S. 396; *Gorry/Scott Morton*, S. 17; *Sprague/Carlson*, S. 28f.

[4] Persönliche Mitteilung von *F. Rosenkranz*, Ciba Geigy.

[5] Weltweit soll IFPS 700mal und FCS-EPS 800mal installiert sein. Der Kaufpreis für IFPS beträgt $ 43 000 und für FCS-EPS $ 56 000. Eine Beschreibung der Sprachen findet man in FCS-EPS Decision Support System, Gray, IFPS User's Manual.

[6] Dominierend auf dem Bereich statistischer Schätzungen ist die Sprache XSIM. Sie wird zu einem Preis von $ 300 000 vertrieben (s. *Naylor/Maun*, S. 150f.).

Literatur

Alter, S. L.: Decision Support Systems. Reading 1980.

Barbarie, A. J.: What are Decision Support Systems? Working Paper, International Institute for Applied Systems Analysis, Laxenburg, April 1981, WP 81–51.

Bennet, J. L. (Hrsg.): Building Decision Support Systems. Reading 1983a.

Bennet, J. L.: Overview. In: *Bennett, J. L.* (Hrsg.): Building Decision Support Systems. Reading Mass. 1983b, S. 1–14.

Blunning, R. W.: What is Happening in DSS? Interfaces 13 (1983) 71–80.

Carlson, E. D. (Hrsg.): Proceedings of a Conference on Decision Support Systems. Data Base 3 (1977) 8.

Eliasson, G.: Business Economic Planning, London 1976.

El Sawy, O. E.: The Vygotsky Phenomenon: A Caveat for Decision Support Systems Design. In: *Young, D., Keen, P. W.* (Hrsg.): DSS-81 Transactions. Atlanta 1981, S. 28–38.

FCS-EPS Decision Support System: Reference Manual, Version 2, October 1982, o.O.

Fick, G., Sprague, R. H. (Hrsg.): Decision Support Systems: Issues and Challenges, IIASA Proceedings Series 11 (1980), o.O.

Forrester, J. W.: Industrial Dynamics, 7. Aufl. Cambridge Mass. 1972.

Gill, P. E., Murray, W., Saunders, M. A., Wright, M. H.: Trends in nonlinear Programming Software. European Journal of Operational Research 17 (1984) 141–149.

Ginzberg, M. J., Stohr, E. A.: Decision Support Systems. Issues and Perspectives. In: *Ginzberg, M. J., Reitmann, W., Stohr, E. A.* (Hrsg.): Decision Support Systems. Amsterdam 1982, S. 9–27.

Gorry, G. A., Scott Morton, M. S.: A Framework for Management Information Systems. Sloan Management Review 13 (1971) 55–70.

Gray, P.: Student Guide to IFPS. New York 1983.

Hayes-Roth, F., Waterman, D. A., Lenat, D. B.: Building Expert Systems. London 1983.

House, W. C. (Hrsg.): Decision Support Systems. New York 1983.

IFPS User's Manual: Release 9.0. Execucom Systems Corporation, Austin Texas 1983.

Isermann, H.: Strukturierung von Entscheidungsprozessen bei mehrfacher Zielsetzung. OR Spektrum 1 (1979) 3–26.

Jones, J. W.: Buchbesprechung von *Keen/Scott Morton* (1978) und *McCosh/Scott Morton* (1978). Administrative Science Quarterly 25 (1980) 376–382.

Keen, P. W.: Adaptive Design for Decision Support Systems. Data Base 12 (1980a) 15–25.

Keen, P. W.: Decision Support Systems: Translating Analytic Techniques into Useful Tools. Sloan Management Review 22 (1980b) 33–44.

Keen, P. W., Scott Morton, M.: Decision Support Systems: An Organizational Perspective. Reading Mass. 1978.

Klein, R.: Use Computer-Based Financial Modeling. Journal of Systems Management 33 (1982) 6–13.

Klingston, P. L.: Generic Decision Support Systems. Managerial Planning 30 (1981) March/April, S. 7–11.

McCosh, A. M., Scott Morton, M.: Management Decision Support Systems. New York 1978.

Martin, J.: Design of Man-Computer Dialogues. London 1972.

Mehlman, M.: When People Use Computers: An Approach to Developing an Interface. Englewood 1981.

Mertens, P.: Die technische Gestaltung von Bildschirm-Dialogen. Online – ADL – Nachrichten 9 (1977) 670–675.

Näslund, B.: Interactive Methods in Multiple Criteria Optimization, A Review. Working Paper 73-2, Brüssel, European Institute for Advanced Studies in Management.

Naylor, T. H.: Decision Support Systems or Whatever Happened to M.I.S.? Interfaces 12 (1982a) 92–94.

Naylor, T. H., Mann, M. H.: Computer Based Planning Systems. Oxford/Ohio 1982b.

Neumann, S., Hadass, M.: DSS and Strategic Decisions. California Management Review 22 (1982) 77–84.

o. V.: Interesting Decision Support Systems. EDP-Analyzer 20 (1982) No. 3.

Pugh, A.: DYNAMO Users Manual. Cambridge Mass., 6. Ed. 1983.

Schneider, S., Schwab, P., Renninger, W.: Wesen, Vergleich und Stand von Software zur Produktion von Systemen der computergestützten Unternehmensplanung. Arbeitsberichte des Instituts für mathematische Maschinen und Datenverarbeitung, Bd. 16, No. 5, Erlangen 1983.

Schneiderman, B.: Software Psychology: Human Factors in Computer and Information Systems. Cambridge Mass. 1980.

Scott Morton, M.: Management Decision Systems: Support for Decision Making. Cambridge Mass. 1971.

Sprague, R. H.: A Framework for the Development of Decision Support Systems. In: *House, W. C.* (Hrsg.): Decision Support Systems. New York 1983, S. 85–123.

Sprague, R. H., Carlson, E. D.: Building Effective Decision Support Systems. Englewood 1982.

Stohr, E. A., White, N. H.: User Interfaces for Decision Support Systems: An Overview. International Journal of Policy Analysis and Information Systems 6 (1982) 393–423.

Thierauf, R. J.: Decision Support Systems for Effective Planning and Control. Englewood 1982.

Vazsonyi, A.: Decision Support Systems, Computer Literacy, and Electronic Models. Interfaces 12 (1982) 74–78.

Wagner, G. R.: Decision Support Systems: Computerized Mind Support for Executive Problems. Managerial Planning 30 (1981) 9–16.

Wagner, G. R.: Decision Support Systems: The Real Substance. Interfaces 11 (1981) 77–86.

Watson, H. J., Hill, M. M.: Decision Support Systems or What Didn't Happen with MIS. Interfaces 13 (1983) 81–88.

Wilensky, R., Arens, Y., Chin, D.: Talking to UNIX in English: An Overview of UC. Communications of the ACM 27 (1984) 574–593.

Woods, W. A.: Natural Language Communication with Machines: An Ongoing Goal. In: *Reitman, W.* (Hrsg.): Artificial Intelligence Applications for Business. New Jersey 1984, S. 195–209.

Zwicker, E.: Konzepte einer computergestützten Planung, in: *Plötzeneder, H.* (Hrsg.): Computergestützte Unternehmensplanung. Stuttgart 1977, S. 391–406.

Zwicker, E.: Simulation und Analyse dynamischer Systeme in den Wirtschafts- und Sozialwissenschaften. Berlin 1981.

Gesamtunternehmungsmodelle als Entscheidungshilfe für die Planung von komplexen Projekten

U. Ohls und *J. Buddenkotte*
(mit einer Einführung von D. Hahn)

1. Grundlegung

Gesamtunternehmungsmodelle sollen das gesamte Unternehmungsgeschehen - oder zumindest das Geschehen wichtiger Unternehmungsbereiche - rechnerisch abbilden und gestaltbar machen. Hierbei stehen für die Geschäftsfeldplanung zur Beurteilung möglicher Geschäftsfeldstrategien bzw. Investitionsobjekte oder Investitionsprogramme grundsätzlich zwei Modellarten zur Verfügung:

Zum einen sind es *analytische Entscheidungsmodelle*, die vornehmlich auf dem Lösungsansatz der *Linearen Programmierung* oder der *gemischt ganzzahligen Programmierung* basieren.

Zum anderen sind es im Wege der *Simulation* zu behandelnde *Erklärungsmodelle* in Form einfacher oder komplexer Gleichungsmodelle, die bei Einführung einer Zielfunktion in Entscheidungsmodelle überführt werden können.

Es handelt sich allgemein entweder um Modelle, in die nur Wertgrößen eingehen - sogenannte Ergebnis-(Bilanz-) und Finanzmodelle - oder um Modelle, in die neben Wertgrößen auch Mengen- und Zeitgrößen anderer Teilplanungen eingehen. Hierbei interessieren für die strategische Planung Modelle auf einem hohen Abstraktionsgrad, also Grob-Modelle, bei denen Geschäftsfeldstrategien und deren Wirkungen im Vordergrund stehen. Die Modelle sollen hierbei nach Möglichkeit auch die Wirkungen von spezifischen Funktionsbereichs- und Regionalstrategien berücksichtigen können.

Es kommen Modelle in Betracht, die Periodenrechnungen mit daraus abgeleiteten Kapitalwertberechnungen gestatten, sowie Modelle, die Kapitalwertmaximierungen unter Einhaltung definierter Periodenziele (Nebenbedingungen) erlauben.

Durch solche Modelle lassen sich die Wirkungen von Strategien auf die oberen monetären Ziele einer Unternehmung bzw. einer bilanzierungsfähigen Einheit auf der Basis einer Vielzahl von Variationen von Ergebnis- und Liquiditätseinflußfaktoren errechnen. Während dabei im Falle analytischer Entscheidungsmodelle alle relevanten Alternativen berücksichtigt werden und nach einem speziellen Algorithmus unter Beachtung von Nebenbedingungen die (absolute) optimale Lösung bestimmt wird, werden im Falle von Simulationsmodellen nur bestimmte Alternativen durchgespielt und ggf. zielorientiert verglichen.

Als Beispiel für ein *analytisches Modell* mit dem Charakter eines Gesamtunternehmungsmodelles sei hier auf das Modell von Popp hingewiesen [1]. Es handelt sich um ein Grob-Modell für die Geschäftsfeldplanung mit integrierter Funktionsbereichsstrategieplanung. Dieses Modell ist zur Beantwortung spezieller Fragestellungen in einigen Unternehmungen auf der Schnittstelle von Strategie- und Mittelfristplanung entwickelt worden. Zur Formulierung der Zielfunktion wird dabei von Popp die *Maximierung des Kapitalwertes* der Unternehmung unter Beachtung von Mindestanforderungen an Perioden-Cash-flows und an Periodengewinne im Zeitablauf in den Mittelpunkt gerückt.

Als Beispiel für ein *Simulationsmodell* mit dem Charakter eines Gesamtunternehmungsmodelles wird im folgenden das Rechenmodell „COPE“ (Computer oriented Project Evaluation) der Kreditanstalt für Wiederaufbau, Frankfurt/Main, skizziert. Es gestattet die ergebnis- und liquiditäts-/finanzierungsorientierte Beurteilung von Strategien bzw. Investitionsobjekten und Investitionsprogrammen. Entscheidungsgrundlagen bilden

- *zeitpunktbezogen*
  der Kapitalwert/Interne Zinsfuß als Maßstab für die Rentabilität mittels der dynamischen Investitionsrechnung
  sowie als Basis hierfür
- *zeitraumbezogen*
  die Entwicklung der wichtigsten Positionen in GuV- und Bilanzplänen sowie Finanzplänen ggf. mit vorgeschalteten Kosten-/Leistungsrechnungen mit wichtigen periodenbezogenen (auch nichtmonetären) Kennzahlen.

2. Grundelemente des Modells COPE

COPE ist ein Modell zur Durchführung von betriebs- und volkswirtschaftlichen Projektrechnungen, wie sie üblicherweise von Unternehmungen oder Projektträgern, wie Consultants und Entwicklungsbanken, zur Beurteilung der Wirtschaftlichkeit und auch Finanzierbarkeit von großen Investitionsobjekten bzw. Investitionsprogrammen herangezogen werden.

Mit dem Modell können Prognose- und Ex-post-Rechnungen durchgeführt werden. COPE ist ein methodisch in sich geschlossenes Modell, das auf der Basis eines Datensatzes betriebs- und volkswirtschaftliche Rechnungen sowohl in laufenden Preisen als auch in konstanter Kaufkraft eines Basisjahres erlaubt.

COPE kann herangezogen werden für die *Beurteilung*

- eines neuen Objektes in isolierter Betrachtung
- eines neuen Objektes bei Berücksichtigung von sonstigen zeitlich parallel oder später liegenden neuen Objekten oder

- eines neuen Objektes bei Berücksichtigung von sonstigen zeitlich parallel oder später liegenden neuen Objekten und auch aller bestehenden Objekte - also in einem Gesamtmodell.

Im einzelnen bietet COPE folgende Rechnungen für die volks- und betriebswirtschaftliche Beurteilung:

- betriebs- und volkswirtschaftliche Investitionsrechnung (Kapitalwert, Interner Zinsfuß) und Errechnung der dynamischen Gestehungskosten pro Produkteinheit;
- betriebswirtschaftliche Unternehmungsrechnung (GuV, Bilanz) einschließlich Cashflow-/Finanzierungsplanung;
- Investitionskostenaufstellung und Finanzierungsplan;
- Kosten- und Leistungsrechnung für bis zu fünf Produkte (Produktgruppen) einschließlich produktweiser (produktgruppenweiser) Deckungsbeitragsrechnung;
- betriebs- und volkswirtschaftliche Devisenrechnung.

COPE hat dabei folgende Möglichkeiten:

- gleichzeitige Eingabe von betriebswirtschaftlichen Daten und deren volkswirtschaftlicher Umbewertung;
- Rechnung in laufenden Preisen und in realen Kaufkrafteinheiten über einen Rechenzeitraum von bis zu 30 Jahren;
- Durchführung realer und nominaler Rechnungen in einem Programmdurchlauf;
- gleichzeitige Behandlung von Prognose- und Vergangenheitsdaten;
- Rechnung in zwei Basiswährungen (Inlands- und Devisenwährung) einschließlich Wechselkursprognose mit der Möglichkeit des Wechsels der Rechenwährung;
- automatische Berechnung der Reinvestitionen, der Restwerte, des Umlaufvermögens und des Liquiditätsausgleichs;
- Sensitivitätsanalyse;
- graphische Darstellung von wesentlichen Ergebnissen;
- Executive Summary.

3. Anforderungen an Hard- und Software des Modells COPE

COPE ist für Nutzer konzipiert, die fachlich Wirtschaftlichkeitsrechnungen beherrschen, aber keine Spezialkenntnisse im Gebrauch von Computern haben. Als Basissoftware für COPE wurde Lotus 1-2-3 für Windows, Version 4 oder höher, gewählt. Für die Rechnung ist ein Personal Computer der 80486-Generation mit mindestens 8 MB Hauptspeicher erforderlich. Diese Anforderungen werden von allen heute gängigen Rechnern erfüllt.

Zur Nutzung des Programms sind nur geringe Kenntnisse der Basissoftware erforderlich. Dem Benutzer werden folgende Hilfestellungen geboten:

- Das Programm hat eine eigene Menüführung und Kurztasten zur Erleichterung der Eingaben.

- Zu jeder Eingabe- und Ausgabetabelle ist ein Hilfetext hinterlegt, der alle Zeilen detailliert beschreibt. Das Benutzerhandbuch ist auf dem Bildschirm abrufbar. Das Handbuch bietet Hinweise, wie bestimmte Objektsituationen abgebildet werden können.
- Ein Fehlerprogramm prüft vor der Berechnung der Ausgabetabellen auf Inkonsistenzen in den Eingabeblättern.
- Die Programmausgabe kann in vier Sprachen (Englisch, Deutsch, Französisch, Spanisch) erfolgen.

Da das Programm mit Lotus 1-2-3 erstellt wurde, ergeben sich Erweiterungsmöglichkeiten, die man objekt- oder unternehmungsspezifisch vornehmen kann:

- Nebenrechnungen können sowohl in den Eingabeblättern als auch auf einem Benutzerarbeitsblatt (Schmierzettel) vorgenommen werden;
- Daten können direkt aus anderen Lotus 1-2-3 Arbeitsblättern oder -Programmen übernommen werden;
- zu COPE können benutzereigene oder unternehmungsspezifische Module geladen werden, um z.B. spezielle Auswertungen zu ermöglichen.

4. Modellaufbau von COPE

COPE besteht aus 25 Eingabeblättern und 29 Ausgabeblättern (s. Abb. 1). Die Eingabeblätter bestehen im wesentlichen aus vier Blöcken (Allgemeine Daten, Investitionen, Finanzierung, Produktionskosten und Absatzdaten) zuzüglich einiger Steuerungseingaben für die Rentabilitäts- und Sensitivitätsrechnung sowie die Finanzanalyse. Die Ausgabeblätter umfassen die wichtigsten Ergebnistabellen (Investitionsrechnung, Kostenrechnung, GuV, Bilanz, Cash-flow-/Finanzrechnung) sowie die entsprechenden Tabellen zum Nachvollziehen der Ergebnisermittlung. Die Sensitivitätsrechnung und die Errechnung von wichtigen Einzelparametern durch Vorgabe einer Zielfunktion für das Ergebnis sind Instrumente, mit denen ein realistischer „Ergebniskorridor" ermittelt werden kann, der eine umfassende Bewertung der möglichen Entwicklungen erlaubt.

5. Methodik des Modells COPE

5.1 Behandlung von Preisentwicklungen, Inflation und Wechselkurs

COPE ermittelt die Rentabilität von Investitionen auf realer Preisbasis, d.h. in der Kaufkraft eines bestimmten Basisjahres. Die Finanzanalyse wird grundsätzlich in laufenden Preisen durchgeführt. Den Wertangaben für Investitionen, Kosten und Erlöse in Kaufkraft des Basisjahres können spezifische Zeitreihen/Indizes oder Wachstumsraten zur laufenden Preisentwicklung zugeordnet werden. Die Ermittlung der realen Wertentwicklung erfolgt durch Division der nominalen Jahreswerte durch einen Index (Deflator), der die Geldentwertung ausdrückt. Durch diese Verfahrensweise wer-

Eingabeblätter		Ausgabeblätter
0010 Allgemeine Eingaben 0020 Trendraten/-indizes 0030 Devisenkurse 0040 Diskreter Devisenkurs	**Basisdaten**	0510 Preisindexreihen 0520 Wechselkursentwicklung
1005 Bezeichnungen Investitionen 1010 Investitionskosten 1020 Reinvestitionen (manuell) 1030 Investitionsparameter 1040 Abschreibungen (manuell) 1050 Umlaufvermögen (manuell)	**Investition**	1510 Investition 1530 Gesamtinvestition 1540 Anlagevermögen/Restwerte 1610 Umlaufvermögen (Detail) 1620 Umlaufvermögen (Inl./Devisen)
2005 Bezeichnungen Kredite 2010 Finanzierung 2020 Kreditkonditionen 2030 Tilgungs-/Zinsplan (manuell)	**Finanzierung**	2510 Kreditziehung/Schuldendienst 2520 Tilgungs-/Zinsplan 2530 Bilanzwerte Kredite 2610 Investition/Finanzierung
3005 Bez.. Produkte/ Kostenarten 3010 Produktionsdaten 3020 Erlöse 3030 Betriebsausgaben 3040 Erlöse (manuell) 3050 Kosten (manuell)	**Produktion**	3510 Produktionsdaten 3520 Mengengerüst Kostenart 3530 Erträge (Detail) 3540 Kosten (Detail) 3550 Erträge/Kosten (fix/variabel) 3560 Erträge/Kosten (Inland/Devisen) 3570 Erträge/Kosten (Produkte) 3580 Stück-/Herstellungskosten 3590 Produktübersicht 3591 Übersicht Produkt 1
4010 Investitionsrechnung	**Investitions-rechnung**	4510 Investitionsrechnung
5010 Gewinn- u. Verlustrechnung	**Finanz-rechnung**	5510 Gewinn- u. Verlustrechnung 5520 Lagerbestandsbewertung
		6510 Bilanz
		7510 Cash Flow 7520 Devisen-Cash Flow
8510 Sensitivitätsrechnung 8520 Zielerreichung	**Risiko/ Ziel-suche**	8510 Sensitivitätsrechnung 8520 Zielerreichung

Abb. 1: KfW COPE-Übersicht für Ein- und Ausgabeinformationen

den Preisstruktureffekte sichtbar (Abweichung zwischen Preisentwicklung eines Gutes/Gütergruppen und der prognostizierten Geldentwertung) und gehen in die Berechnung des realen Kapitalwertes und des realen Internen Zinses ein. Durch die Wahl des Deflators kann in der realen Rechnung entweder auf die Kaufkrafterhaltung oder auf die Substanzerhaltung in der jeweiligen Anlageform abgestellt werden (s. Abb. 2). Soweit Auslandsinvestitionen betroffen sind, können die Kosten- und Erlösgrößen entsprechend den jeweiligen Erfordernissen in zwei Währungen (Inlands- und Devisenwährung) eingegeben werden. Auf Basis der vorgenommenen Abschätzung der allgemeinen Preisentwicklung für die Inlands- und Devisenwährung errechnet das Modell gemäß Kaufkraftparitätentheorie eine Zeitreihe auf der Basis der sich bei real konstan-

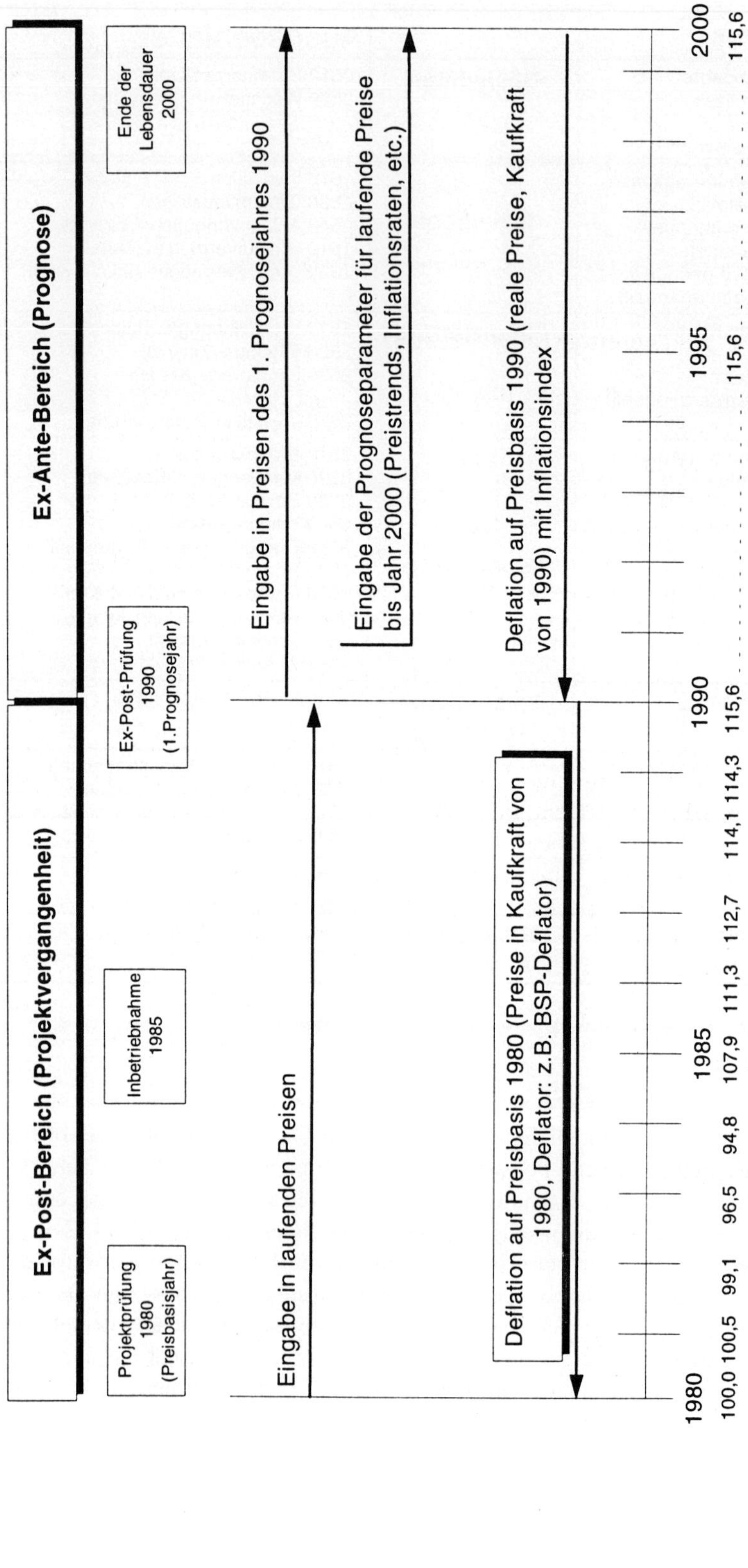

Abb. 2: Modell zur Berechnung der Preise in Kaufkraft des Preisbasisjahres (Projektprüfung) bei Ex-Post-Rechnungen

tem Wechselkurs ergebenden Kursentwicklung in laufenden Preisen. Alternativ kann eine von dieser Gleichgewichtsannahme abweichende Prognose des Wechselkurses eingegeben werden. Unter praktischen Gesichtspunkten empfiehlt es sich, solche diskreten Prognosen auf einen überschaubaren Zeitraum von etwa fünf Jahren zu begrenzen.

Diese Methodik erlaubt es, die Auswirkungen von Änderungen güter- bzw. produktspezifischer Preisentwicklungen, der allgemeinen Inflationsrate des Wechselkurses als wichtige Parameter bei Auslandsinvestitionen zu berücksichtigen. Hier kommt es nicht auf ein singuläres Ergebnis an, sondern auf die Ermittlung eines „Korridors", innerhalb dessen realistischerweise die Ergebnisse erwartet werden können.

5.2 Parameter zur Prognosesteuerung/Ergebnisse

Für die Prognoserechnung werden Wertangaben für Investitionen, Umlaufvermögen, Betriebskosten und Erlöse und das zugehörige Mengengerüst eingegeben. Weitere Angaben sind der Rechenzeitraum (bis 30 Jahre, variabel einteilbar in Investitionsaufbau und Betriebszeit), die Nutzungsdauer einzelner Investitionskomponenten, Parameter für die Ermittlung des notwendigen Umlaufvermögens (Forderungen, Lagerbestände etc.), die Produktionskoeffizienten sowie der o.a. Preis- und Wechselkursmechanismus. Auf Basis dieser Informationen werden der Kapitalwert, der Interne Zins, die Pay-Back-Periode und die sogenannten dynamischen Gestehungskosten (Umlegung des Kostenbarwerts auf die einzelne Absatzeinheit) ermittelt. Für die Finanzanalyse werden zusätzlich Eingaben zur Finanzierung (Eigenkapital, Fremdkapital, Konditionen), Abschreibungsmodalitäten, Lagerbestandsbewertung, Gewinnsteuer, Dividenden etc. benötigt. Mit diesen zusätzlichen Angaben erstellt das Modell einen Investitions- und Finanzierungsplan, eine Kosten- und Deckungsbeitragsrechnung, eine GuV, eine Bilanz und einen Cash-flow-/Finanzplan einschließlich eines Devisen-Cash-flows. Durch die Eingabe volkswirtschaftlicher Umbewertungsparameter (Konversionsfaktoren) und der externen Kosten und Erlöse können aus den betriebswirtschaftlichen Rechnungen und Wertansätzen eine volkswirtschaftliche Kosten-Nutzenanalyse und ein volkswirtschaftlicher Devisen-Cash-flow abgeleitet werden. Einzelheiten ergeben sich aus der schematischen Darstellung des Modells in Abbildung 3.

Ergänzend zu dem Grundmodell wurde „SCOPE" (Simplified Computer Oriented Project Evaluation) für ausschließlich betriebswirtschaftliche Rechnungen in einer Währung entwickelt.

6. Informationsgehalt des Modells COPE

Das Modell COPE ist ein flexibles Recheninstrument, das mittels externer Module (z.B. zur Ermittlung der Absatzentwicklung) an spezielle Problemstellungen angepaßt werden kann. Es ist zur Beurteilung von isolierten und verketteten Einzelobjekten besonders geeignet. Als Ergebnisse werden Rentabilitätsrechnungen und eine komplette Finanzanalyse angeboten, insbesondere auch für Auslandsinvestitionen. Die zugehö-

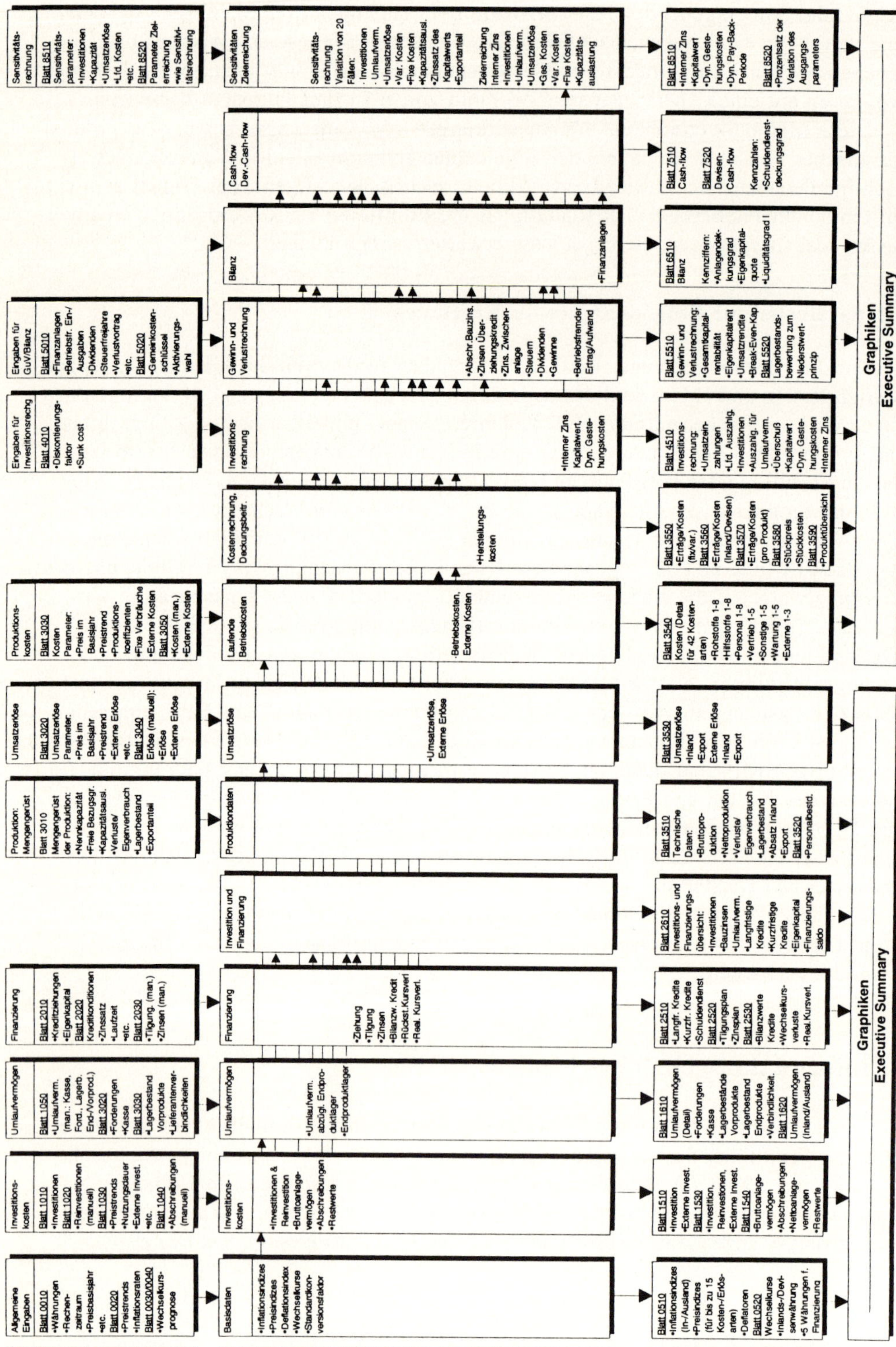

Abb. 3: Schematische Darstellung des Rechenmodells COPE

rigen Sensitivitäts- und Zielerreichungsberechnungen geben die Möglichkeit der Abbildung eines Lösungskorridors, der die Risikoabschätzung erleichtert. Das integrierte Graphikpaket und die Executive Summary stellen die Ergebnisse anschaulich dar. Für die Beurteilung von Auslandsinvestitionen besitzt das Modell Alleinstellungscharakter.

Das Modell wird bei Objektfinanzierung der Kreditanstalt für Wiederaufbau, Frankfurt/Main, eingesetzt.

Für die Beurteilung von strategischen Programm- und Potentialalternativen kommen auch mehrperiodige Simulationsmodelle der Ergebnis- und Finanzplanung in Frage, die gleichzeitig die Beurteilung von Alternativen der operativen Planung einschließlich finanzwirtschaftlicher Alternativen mit höherem Detaillierungsgrad in den ersten Planperioden, insbesondere im Budgetjahr, gestatten [2].

Anmerkungen

[1] Vgl. *Popp, W.*: Simultane strategische Planung betrieblicher Funktionsbereiche, Beitrag in diesem Reader.

[2] Vgl. hierzu *Hahn, D.*: PuK, Controllingkonzepte: Planung und Kontrolle, Planungs- und Kontrollsysteme, Planungs- und Kontrollrechnung. 5. Aufl. Wiesbaden 1996, S. 571 ff.

Simultane strategische Planung betrieblicher Funktionsbereiche

W. Popp

1. Begriffe und Abgrenzung

Die strategische Planung kann als ein Entscheidungsprozeß gesehen werden, und zwar

– über globale Ziele und
– über die Beschaffung und den Einsatz von Ressourcen zur Zielerreichung.

In einer Unternehmung zählen z.B. zu den globalen Zielen die Vorstellungen über Marktanteile, Gewinn, Liquidität und Rentabilität. Vgl. dazu [2], S. 11. Gälweiler verweist in diesem Zusammenhang auf die besondere Bedeutung des Erfolgspotentials, als eine der Liquidität und dem Erfolg „vorgelagerte" Größe, deren Sicherung für eine Unternehmung von zentraler Bedeutung ist. Vgl. [5]. Dabei beruht die Ermittlung von Erfolgspotentialen auf der Beurteilung verschiedener, bedingter Entwicklungsprozesse einer Unternehmung, vor allem unter den Kriterien Liquidität und Erfolg.

Ein Blick auf Publikationen über strategische Planung zeigt, daß man sich primär mit Maßnahmen im Absatzbereich und deren Auswirkungen auf den Finanzbereich beschäftigt. Vgl. z.B. [1] und [10]. Häufig sind aber Maßnahmen in anderen betrieblichen Funktionsbereichen von großer Bedeutung. Man denke z.B. an Verbesserungen von Produktionseinrichtungen und der Organisation, an eine sorgfältige Personalplanung, die rechtzeitige Inangriffnahme von Forschungs- und Entwicklungsarbeiten und an die Sicherung der Beschaffung, z.B. durch die Wahl geeigneter Beschaffungskanäle. So kann eine Vernachlässigung relevanter Funktionsbereiche bei der strategischen Planung nicht zu übersehende Gefahren für eine Unternehmung mit sich bringen.

In neueren Publikationen über strategische Planung wird in zunehmendem Maße auf die Notwendigkeit der Einbeziehung von mehreren Funktionsbereichen verwiesen. So nennt z. B. Hahn neben Finanz-, Absatz- und Produktionsbereich auch Organisation und Rechtsform. Vgl. [7], S. 3. Hinterhuber bezieht seine funktionsorientierten Überlegungen auf Absatz, Forschung und Entwicklung, Produktion und Beschaffung, Personal, Finanzen, Unternehmungsverflechtungen und Organisation. Vgl. [13], S. 149ff. Lorange beschreibt für eine Großunternehmung die strategische Planung als einen Rückkoppelungsprozeß, wobei Informationen auf Gesamtunternehmens-, Divisions- und Funktionsebene unterschieden werden. In diesem System kann jeder betriebliche Funktionsbereich tangiert werden. Vgl. [15], S. 60.

Erfahrungen in der operativen Planung haben gezeigt, daß Simultanrechnungen bei der Planung der verschiedenen Funktionsbereiche wesentliche Verbesserungen in der Erfolgsrechnung mit sich bringen. Vgl. z.B. [12], S. 80ff. Da kein Grund zur Annahme besteht, daß die Interdependenzen zwischen den betrieblichen Funktionsbereichen für die strategische Planung kleiner sind als für die operative Planung, und da zudem bei strategischen Plänen relativ hohe Werte zur Diskussion stehen, lassen Simultanrechnungen bei strategischen Planungen gegenüber sequentiellen Rechnungen ebenfalls wesentliche Verbesserungen der Zielkriterien erwarten.

Die häufig in vielen Varianten auftretenden Absatzmöglichkeiten (differenziert nach Produkten, Quantitäten, Mengen, Preisen, Regionen und auch noch nach der Zeit) und die alternativen Möglichkeiten des Ressourceneinsatzes, stellen die strategische Planung vor umfangreiche und – wegen der Interdependenzen – auch komplexe Auswahlprobleme. Mit „Fingerspitzengefühl" und durch sequentielle Rechnungen sind diese Probleme nicht mehr auf befriedigende Weise zu lösen, weil man Gefahr läuft, zuweit an der erreichbaren optimalen Situation (z.B. unter dem Kapitalwertkriterium) vorbeizugehen. Bei den mathematischen Modellansätzen für die strategische Planung bedient man sich im wesentlichen ökonometrischer Methoden, vgl. z.B. [3], Methoden der mathematischen Programmierung, vgl. z.B. [8] und [9], und der Simulation, vgl. z.B. [19].

Das im folgenden zu behandelnde Modell beruht auf einer Methode der mathematischen Programmierung, und zwar speziell auf der gemischtganzzahligen Programmierung. Besonders eingegangen wird auf die Berücksichtigung mehrerer Zielkriterien im Finanzbereich und auf die zielgerichtete Koordination der betrieblichen Funktionsbereiche, die über die gemischt-ganzzahlige Programmierung in Form einer Simultanrechnung erfolgt. Es wäre ein sehr umfassendes Projekt, für alle betrieblichen Funktionsbereiche alle möglichen strategisch relevanten Aspekte zu quantifizieren. Hier sollen nun einige wesentliche Aspekte aus einer Fallstudie der Bodenbelagsbranche zur Veranschaulichung des Vorgehens dienen. Umwelt und Umweltentwicklungen gehen über entsprechende Datenvorgaben in die Überlegungen ein.

Wesentliche Anregungen für die Entwicklung von Modellen zur strategischen Planung bieten die Modelle zur Planung von Investitionsprogrammen, die häufig auf der mathematischen Programmierung aufbauen. Vgl. [9], [14] und [16]. Gegenüber Investitionsmodellen unterscheiden sich Modelle der strategischen Planung häufig durch die Zielvorstellungen und die Form der Interdependenzen zwischen den Funktionsbereichen. Strategische Aspekte gehen vielfach über die Zeithorizonte für Investitionen hinaus und weisen bezüglich der Wahl relevanter Funktionsbereiche und des Aggregationsniveaus der Entscheidungsvariablen Unterschiede zu den Investitionsproblemen auf.

2. Zielsysteme unter besonderer Berücksichtigung des Finanzbereiches

Sowohl für das Zielsystem wie auch für zusätzliche restriktive Bedingungen eines strategischen Planungssystemes ist die Wahl des Planungshorizontes und des Zeitrasters im Hinblick auf Datenerfassung, Rechenaufwand und Ergebnisse von Bedeutung. Zeitraster mit Jahresschritten können bei einem Planungshorizont von zehn Jahren bereits einen hohen Aufwand verursachen. Man ist deshalb bemüht, die Zahl der Teilzeitintervalle möglichst klein zu halten und unter bestimmten Voraussetzungen auch durch die Zusammenfassung von Teilzeitintervallen. Haben wir z.B. zehn Teilzeitintervalle gemäßt Abb. 1 und sind für die Teilzeitintervalle 4, 5 und 6 bzw. 7 bis 10 annähernd gleichbleibende Bedingungen zu unterstellen, so läßt sich eine Reduktion der Teilzeitintervalle auf 5 durchführen.

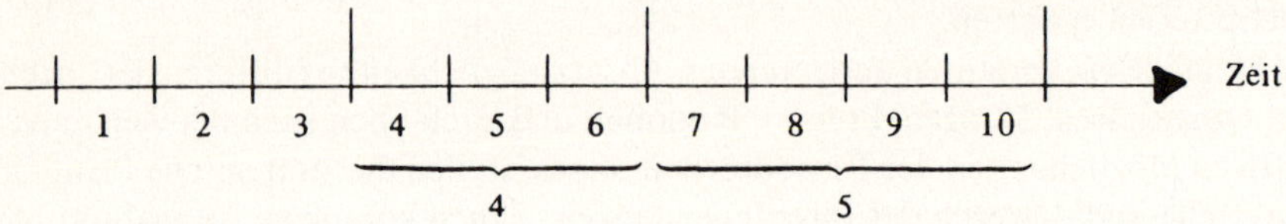

Abb. 1

Ein Zielsystem wird sich grundsätzlich auf alle Funktionsbereiche einer Unternehmung beziehen. So bestehen neben den Zielvorstellungen im Finanzbereich auch Marketingziele – z.B. über Marktanteile – und im Produktionsbereich – z.B. über Kosten je Mengeneinheit. In diesem Abschnitt werden zunächst einige Überlegungen auf den Finanzbereich beschränkt. Ziele in anderen Funktionsbereichen können über Restriktionen, wie sie in den Abschnitten 3 bis 5 zu behandeln sind, Berücksichtigung finden.

Zielvorstellungen über lang- und kurzfristigen Cash-Flow, Gewinne und Return on Investment (ROI) lassen sich in einem Zielsystem mit einer zu optimierenden Bewertungsfunktion und mit Restriktionen auf verschiedene Weisen erfassen. Eine dieser Möglichkeiten wird detailliert dargestellt, auf eine weitere wird zum Vergleich verwiesen.

Ansatz 1

Der Ansatz 1 berücksichtigt über die Zielfunktion den Kapitalwert als Maß für den langfristigen Cash-Flow, über Restriktionen den kurzfristigen Cash-Flow und den Gewinn, und schließlich über eine Auswertung den ROI. Zur Formulierung der Zielfunktion über n Teilzeitintervalle seien für ein Teilzeitintervall t

ρ_t der Diskontfaktor

x_{tj} die Menge eines Produktes j

d_{tj} die Differenz von Ein- und Auszahlungen je Mengeneinheit von x_{tj}

A_{trk} die Auszahlung für eine Investition der Art k für die Kapazität r

y_{trk} eine ganzzahlige Variable zur Auswahl der Investitionsalternativen

Danach ist die zu maximierende Zielfunktion

$$Z = \sum_t \rho_t \left[\sum_j d_{tj} x_{tj} - \sum_{r,k} A_{trk} y_{trk}\right] \Rightarrow \text{max.}$$

Sind die Mindestbestände für entscheidungsunabhängige Auszahlungen L_t, $t = 1, \ldots, n$, so gelten als Restriktionen für den kurzfristigen Cash-Flow

$$\sum_{t'=1}^{t} [\sum_j d_{t'j} x_{t'j} - \sum_{r,s} A_{t'rs} y_{t'rs}] \geqslant \sum_{t'=1}^{t} L_{t'}, \qquad \forall t.$$

Zur Formulierung der Gewinnrestriktionen seien

g_{tj} der Deckungsbeitrag je Mengeneinheit von x_{tj}

$V_{t''t'rk}$ die Abschreibung in t' für die Investition der Art k für die Kapazität r bei Investition in t''

G_t die Gewinnunterschranke in t.

Danach sind die Gewinnrestriktionen

$$\sum_{t'=1}^{t} [\sum_j g_{t'j} x_{t'j} - \sum_{t''=1}^{t'} \sum_{r,k} V_{t''t'rk} y_{t''rk}] \geqslant \sum_{t'=1}^{t} G_{t'} \qquad \forall t.$$

Während Kapitalwert, Cash-Flow und Gewinn simultan in die Optimierungsrechnung eingehen, wird der ROI als derivative Größe gesehen und nach der Optimierung im Rahmen einer Auswertung bestimmt. Der Gewinn ist für ein Teilzeitintervall t als Differenz des entscheidungsabhängigen Gewinnes

$$G_t^* = \sum_j g_{tj} x_{tj} - \sum_{t''=1}^{t} \sum_{r,k} V_{t''trk} y_{t''rk} \qquad \forall t$$

und der entscheidungsunabhängigen Abschreibung V_t^u zu berechnen.

Die Investitionen sind nach dem Kriterium der Entscheidungsabhängigkeit zu untergliedern. Für die entscheidungsabhängigen Investitionen eines Teilzeitintervalls t gilt unter Berücksichtigung der Wertverminderung über Abschreibungen

$$I_t^e = \sum_{t'=1}^{t} [\sum_{r,k} A_{t'rk} y_{t'rk} - \sum_{t''=1}^{t'} \sum_{r,k} V_{t''t'rk} y_{t'rk}].$$

In dieser einfachen Form ist ein Abbau der Zahl der Investitionsprojekte nicht vorgesehen. Für die entsprechende Verallgemeinerung vgl. [17]. In analoger Weise sind die entscheidungsunabhängigen Investitionen mit

$$I_t^u = \sum_{t'=1}^{t} [IA_{t'}^u - V_{t'}^u]$$

zu bestimmen, wobei IA_t^u die entscheidungsunabhängigen Investitionsausgaben in t darstellt.

Danach gilt für den ROI in t

$$\mathrm{ROI}_t = \frac{G_t^* - V_t^u}{I_t^e + I_t^u}.$$

Für nähere Ausführungen über Berechnungsvarianten der ROI-Werte vgl. z.B. [4].

Zu jeder Optimierung ist für die Teilzeitintervalle eine Zeitreihe von ROI-Werten zu berechnen, wobei im Falle verschieden großer Zeitschritte Umrechnungen der ROI_t auf Normwerte ROI_t^* – z.B. auf Jahresschritte bezogen – vorzunehmen sind. Im obigen Beispiel sind dann die ROI_t^*-Werte je Normzeitschritt in den Teilzeitintervallen 4 bis 6 bzw. 7 bis 10 gleich groß.

Über parametrische Veränderungen der Unterschranken für den kurzfristigen Cash-Flow und den Gewinn können die Auswirkungen auf den Kapitalwert und den ROI untersucht werden. Im Abschnitt 7 kommt dieses Vorgehen mit Gewinnschrankenveränderungen zur Anwendung.

Ansatz 2

Eine nicht ungebräuchliche Variante des Zielsystems ist es, den Gewinn über die Zielfunktion zu berücksichtigen und dem kurzfristigen Cash-Flow über eine Restriktion Rechnung zu tragen. Der ROI und eventuell auch der Kapitalwert sind nach der Optimierung über Auswertungen zu ermitteln.

Diese Variante ist bekanntlich nicht unbedenklich, und wird im Abschnitt 7 anhand eines Beispiels noch einmal angesprochen.

3. Einige strategische Aspekte bei Absatz und Produktion

Unter den strategischen Aspekten beim Absatz werden Substitution und Absatzerweiterung näher betrachtet, während bei der Produktion nur die Veränderungen der Produktionskapazitäten in die Formulierung eingehen.

Bei der Substitution von drei Produkten A, B und C können die folgenden Fälle auftreten:

a)

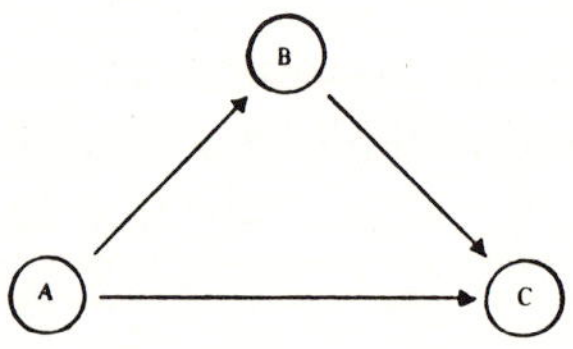

b)

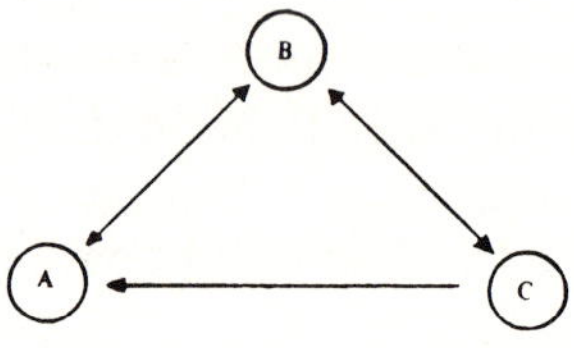

c)

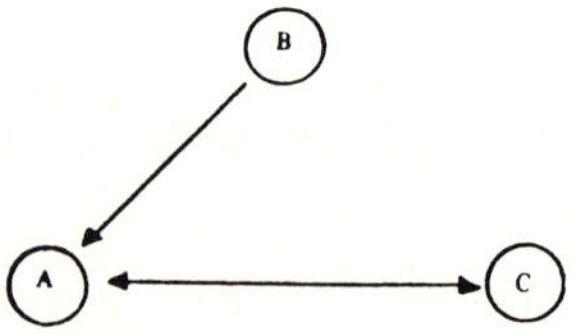

Z.B. zeigt a) die Substitutierbarkeit von A durch B, von B durch C und von A durch C. Gemäß c) bestehen wohl zwischen A und B bzw. A und C Stubstitutionsbeziehungen, nicht aber zwischen B und C.

Zu beachten sind bei Substitutionen vielfach Substitutionsverluste. Gehen bei der Substitution von A durch B z.B. 20 % der Menge von A verloren, so gilt für die Mengen bei B aus A

$$X_B^A = 0{,}8\, X_A .$$

Im Rahmen der strategischen Planung stellt sich häufig die Frage, ob und in welchem Umfang ein Produkt durch ein anderes substituiert werden soll. Unter Berücksichtigung von Substitutionsverlusten ergibt sich für n Produkte ein lineares System der Substitutionsbeziehungen.

Bezeichnen wir für ein Teilzeitintervall t mit

H_{ti} die Absatzoberschranke für ein Produkt i

α_{tij} den Substitutionsanteil beim Übergang von Produkt i nach Produkt j

z_{tij} den Anteil von H_{ti} der nach Produkt j übertragen werden soll

dann gilt für die Absatzoberschranken

$$\sum_i z_{tij}\, \alpha_{tij}\, H_{ti} \qquad \forall\, t, j$$

mit

$$\alpha_{tii} = 1 \text{ und } \sum_j z_{tij} = 1 \qquad \forall t, i.$$

Sind die Substitutionsprozesse mit nicht zu vernachlässigenden Ausgaben bzw. Aufwendungen verbunden, so sind entsprechende Bewertungen der Entscheidungsvariablen z_{tij} mit p_{tij} in den Kapitalwert-, Liquiditäts- bzw. Gewinnberechnungen zu beachten. Sicher ist es im allgemeinen nicht realitätsnah, in jedem Teilzeitintervall die α_{tij} bzw. z_{tij} zu variieren. Einfache Veränderungen der vorliegenden Form erlauben es, diese Größen über mehrere Teilzeitintervalle oder auch über den gesamten Planungszeitraum konstant zu halten. So gilt dann für den letzteren Fall in einem Teilzeitintervall t und für $i, j = 1, \ldots, 3$

$$x_{t1} \leqslant z_{11}\, \alpha_{11}\, H_{t1} + z_{21}\, \alpha_{21}\, H_{t2} + z_{31}\, \alpha_{31}\, H_{t3}$$

$$x_{t2} \leqslant z_{12}\, \alpha_{12}\, H_{t1} + z_{22}\, \alpha_{22}\, H_{t2} + z_{32}\, \alpha_{32}\, H_{t3}$$

$$x_{t3} \leqslant z_{13}\, \alpha_{13}\, H_{t1} + z_{23}\, \alpha_{23}\, H_{t2} + z_{33}\, \alpha_{33}\, H_{t3}$$

$$\sum_j z_{1j} = 1; \quad \sum_j z_{2j} = 1; \quad \sum_j z_{3j} = 1.$$

Neben der Substitution ist im Absatzbereich die Lockerung der Absatzoberschranken ein weiteres wesentliches Problem der strategischen Planung. Wird der Einfachheit halber für ein Produkt j angenommen, daß mehrere voneinander unabhängige Erweiterungsschritte möglich sind und bezeichnen für ein Teilzeitintervall t

x_{tj} Produktions- und Absatzmenge

H_{tj} Absatzoberschranke

H^{ex}_{tjs} Erweiterungsschritt s der Absatzkapazität j

A^{M}_{tjs} Ausgaben zu H^{ex}_{tjs}, die in t auch abzuschreiben sind

y^{M}_{tjs} ganzzahlige Variable zur Auswahl der H^{ex}_{tjs}

so ergeben sich die Absatzrestriktionen

$$x_{tj} \leqslant H_{tj} + \sum_{s} H^{ex}_{tjs} \, y^{M}_{tjs} \qquad \forall t, j.$$

Die simultane Betrachtung von Substitution und Expansion im Absatzbereich führt zu einem nichtlinearen Problem, das aber analog zu [6], S. 1171ff., linearisiert werden kann. Die Ergebnisse dieser Simultanrechnung zeigen dann u.a., bei welchen Produkten Absatzexpansionen bzw. Substitutionen zu empfehlen sind.

Die Einführung neuer Produkte wird an dieser Stelle ausgeklammert; dieses Problem wird im Abschnitt 4 im Zusammenhang mit dem Funktionsbereich Forschung und Entwicklung angesprochen.

Im Produktionsbereich ist die Kapazitätsdimensionierung von zentraler strategischer Bedeutung. Sie ist in der Regel mit Substitution und Expansion im Absatzbereich stark interdependent. Bezeichnen für ein Teilzeitintervall t und ein Produkt j

P_{or} die Kapazitätsoberschranke für die Kapazitätsart r zu Beginn des Planungszeitraumes

P^{ex}_{trk} den Kapazitätserweiterungsschritt der Art k für Kapazitätsart r

y^{P}_{trk} die ganzzahlige Variable zur Auslese der P^{ex}_{trk}

A^{P}_{trk} die Ausgaben zu P^{ex}_{trk}

a_{trj} den Verbrauchskoeffizienten der Kapazitätsart r

so gelten für alle t und r der Produktionsrestriktionen

$$\sum_{j} a_{trj} \, x_{tj} \leqslant P_{or} + \sum_{t'=1}^{t} \sum_{k} P^{ex}_{t'rk} \, y^{P}_{t'rk} \, .$$

Im Finanzbereich sind für alle t die Auszahlungen

$$\sum_{r,k} A^{P}_{trk} \, y^{P}_{trk}$$

und die Abschreibungen

$$\sum_{t''=1}^{t} \sum_{r,k} V_{t''trk}\, y^{P}_{t''rk}$$

zu beachten, wobei $V_{t''trk}$ die zeitabhängigen Abschreibungen in t für eine Einheit der Investitionsart k, bei der Kapazität r und mit der Investition in t'' darstellt.

Weitere strategische Probleme im Produktionsbereich bringen die Veränderungen der Produktionsverfahren und des technischen Standards der Produktionseinrichtungen mit sich. Neben den Veränderungen der Produktionskapazitäten sind dann auch Veränderungen der Verbrauchskoeffizienten zu beachten, was den Aufwand bei den Berechnungen für eine Auswahl der Kapazitätsdimensionierungsschritte sowie der Produktions- und Absatzprogramme wesentlich erhöht.

Bezüglich der regionalen Differenzierung der Produktionskapazitäten vgl. [18], S. 91ff.

4. Zu weiteren betrieblichen Funktionsbereichen

Zu den strategisch relevanten Funktionsbereichen können neben Finanz-, Absatz- und Produktionsbereich auch Organisation, Personal, Finanzierung, Forschung und Entwicklung (F&E) und auch die Beschaffung zählen. Im folgenden seien einige Bemerkungen dazu auf F&E, Personal und Beschaffung abgegrenzt.

Eine klassische Problemstellung im Zusammenhang mit F&E ist die Entwicklung neuer Produkte. In einem über gemischtganzzahlige Programmierung formulierten dynamischen Modell kann das Problem auf die folgende Weise berücksichtigt werden: Man ordnet die Ausgaben bzw. Abschreibungen auf bestimmte Teilzeitintervalle fest zu und gibt für die Teilzeitintervalle nach Abschluß der Entwicklungsarbeiten Schätzungen der Absatzoberschranken vor. Die Einführung von Entscheidungsvariablen und Verbrauchs- bzw. Bewertungskoeffizienten erfolgt in *analoger* Weise zum Abschnitt 3.

Als Beispiel hierzu kann der Fall einer Drehbank dienen, wo man mit ca. fünf Jahren für F&E und für die Einrichtung entsprechender Produktionsanlagen rechnet und etwa mit dem gleichen Zeitraum für den Absatz.

Der zunehmend an Bedeutung gewinnende Personalbereich kann bei der strategischen Planung über lineare Restriktionen berücksichtigt werden. Es stellt sich dabei die grundsätzliche Frage, ob man die Restriktionen über Personalausgaben oder Personen definieren soll, gegebenenfalls mit Untergliederungen nach Gruppen. Da eine Formulierung über Ausgaben neben dem Mengenproblem auch eine Voraussage der Lohn-, Gehalts- und Sozialleistungssätze erfordert, ist eine Formulierung über Personen als sicherer zu betrachten. Unterstellt man zwischen den Personengruppen eine kostante Relation, so kommt man in einem Teilzeitintervall mit maximal zwei Restriktionen aus, die sich über die Formulierungen mit Ober- und Unterschranken ergeben. Vgl. dazu auch [16], S. 96. Wird die Annahme konstanter Relationen zwischen den Personalgruppen als zu streng empfunden – u.a. auch im Hinblick auf simulative Auswertungen des Programmes – so sind für jede Personalgruppe eigene Restriktionen zu formulieren. Bezeichnen in einem Teilzeitintervall t und für eine Personengruppe w

m_{tjw} den Personalbedarf für eine Mengeneinheit des Produktes j

M^o_{tw} die Personaloberschranke

M^u_{tw} die Personalunterschranke

so gelten für alle t und w als Restriktionen

$$M^u_{tw} \leqslant \sum_j m_{tjw} x_{tj} \leqslant M^o_{tw} .$$

Unterschranken wird man u.a. dann beachten, wenn Entlassungen auszuschließen sind.

Je nach Marktlage und Bedeutung der Beschaffung ist im Rahmen der strategischen Planung abzuwägen, ob für Inputfaktoren Beschaffungsrestriktionen in den Optimierungsprozeß aufgenommen werden sollen oder ob man lediglich über eine Auswertung nach der Optimierung den Bedarf an Inputfaktoren ermittelt. Im Interesse eines möglichst überschaubaren Optimierungsprozesses ist es vorteilhaft, die Bedarfsplanung über eine Auswertung aufzubauen. Bei den Ergebnissen der Auswertungen ist dann z.B. zu prüfen, ob Mengenveränderungen und mengenbedingte Preisveränderungen akzeptabel sind, ob neue Beschaffungskanäle z.B. aus Risikoüberlegungen heraus neu erschlossen werden sollten, ob eine Substitution von Inputfaktoren angebracht ist oder ob das Problem "Make or Buy" sorgfältig zu analysieren ist.

5. Modell

Eine Zusammenfassung der bisher aufgezeigten mathematischen Formen soll die Übersicht über das Modell erleichtern. Das Modell hat eine Kapitalwertfunktion als Zielfunktion, die im Unterschied zum Ansatz 1 des Abschnittes 2 zwischen Investitionen im Produktions- und Absatzbereich unterscheidet und ferner Auszahlungen für Substitutionen von Produkten berücksichtigt (vgl. Übersicht 1). Bei den Restriktionen des Modells ist zwischen linearen und nichtlinearen Formen zu unterscheiden. Nichtlineare Restriktionen ergeben sich aus der simultanen Berücksichtigung von Absatzexpansionen und von Substitutionen (vgl. (1) und (2)) und können – wie bereits im Abschnitt 3 erwähnt – linearisiert werden. H^u_{tj} und H^o_{tj} bezeichnen in (1) für alle t und j Unter- bzw. Oberschranken der Absatzmengen nach Substitution. Als lineare Restriktionen folgen unter (3), (4), (5) und (6) die Produktionskapazitäts-, Personal-, Liquiditäts- und Gewinnrestriktionen. Ferner sind für das Modell Nichtnegativitäts- und Ganzzahligkeitsbedingungen zu beachten, wobei sich die Ganzzahligkeit auf beliebige nichtnegative Werte bezieht.

Zielfunktion: $\sum_t \rho_t \,[\sum_j d_{tj}\, x_{tj} - \sum_{r,k} A^P_{trk}\, y^P_{trk} - \sum_{j,s} A^M_{tjs}\, y^M_{tjs} - \sum_{i,j} p_{tij}\, z_{tij}] \Rightarrow \max$

Restriktionen:

(1) $H^u_{tj} \leqslant \sum_i z_{tij} \alpha_{tij}\, (H_{ti} + \sum_s H^{ex}_{tis}\, y^M_{tis}) \leqslant H^o_{tj} \qquad \forall\, t, j$

(2) $x_{tj} - \sum_i z_{tij} \alpha_{tij}\, (H_{ti} + \sum_s H^{ex}_{tis}\, y^M_{tis}) \leqslant 0 \qquad \forall\, t, j$

$\sum_j z_{tij} = 1 \qquad \forall\, i$

(3) $\sum_j a_{trj}\, x_{tj} - \sum_{t'=1}^{t} \sum_k P^{ex}_{t'rk}\, y^P_{t'rk} \leqslant P_{or} \qquad \forall\, t, r$

(4) $M^u_{tw} \leqslant \sum_i m_{tjw}\, x_{tj} \leqslant M^o_{tw} \qquad \forall\, t, w$

(5) $\sum_{t'=1}^{t} [\sum_j d_{t'j}\, x_{t'j} - \sum_{r,k} A^P_{t'rk}\, y^P_{t'rk} - \sum_{j,s} A^M_{t'js}\, y^M_{t'js} - \sum_{i,j} p_{t'ij}\, z_{t'ij}] \geqslant \sum_{t'=1}^{t} L_{t'} \qquad \forall\, t$

(6) $\sum_{t'=1}^{t} [\sum_k g_{t'j}\, x_{t'j} - \sum_{t''=1}^{t'} \sum_{r,k} V_{t''t'rk}\, y^P_{t''rk} - \sum_{j,s} A^M_{t'js}\, y^M_{t'js} - \sum_{i,j} p_{t'ij}\, z_{t'ij}] \geqslant \sum_{t'=1}^{t} G_{t'} \qquad \forall\, t$

Nichtnegativitäts-
und Ganzzahligkeits-
bedingungen: $x_{tj}, z_{tij} \geqslant 0; \; y^P_{trk}, \; y^M_{tjs} = 0, 1, 2, \ldots \qquad \forall\, t, r, k, i, j, s$

Übersicht 1

Im Hinblick auf die Linearisierungsmöglichkeit kann das Modell auf einfache Weise mit einem Routineprogramm der gemischtganzzahligen Programmierung gelöst werden. Normalerweise werden bei Anwendungsfällen nicht alle Variablen und Restriktionen des Modelles zum Zuge kommen. Ein Beispiel für eine Vereinfachung folgt im Abschnitt 6.

6. Ein Beispiel

Zur Veranschaulichung des im Abschnitt 5 aufgeführten Modells soll ein einfaches Beispiel mit einer Kapitalwertfunktion als Zielfunktion dienen. Bei den Restriktionen für den Absatzbereich wird auf die Berücksichtigung von Expansionsmöglichkeiten verzichtet, so daß hier nur die Substitution zum Zuge kommt (vgl. (1*) in Übersicht 2). Die Ausgabensätze für die Substitution werden klein und gleich groß mit 10 angesetzt, und sie sollen der Vermeidung gegenseitiger Substitutionen dienen, die bei einer vollständigen Vernachlässigung von Substitutionsausgaben auftreten würden. Als entscheidungsunabhängige Investitionsausgabe wird $IA_1^u = 2000$ eingesetzt.

Zielfunktion: $\sum_t \rho_t [\sum_j d_{tj} x_{tj} - \sum_{rj} A^P_{trj} y^P_{trj} - \sum_{i,j} p_{ij} z_{ij}] \Rightarrow \max$

Restriktionen:

$$(1^*) \quad x_{tj} - \sum_i z_{ij} \alpha_{ij} H_{ti} \leqslant 0 \qquad \forall t, j$$

$$\sum_j z_{ij} = 1 \qquad \forall i$$

$$(2^*) \quad \sum_j a_{rj} x_{tj} - \sum_{t'=1}^{t} \sum_k P^{ex}_{t'rk} y^P_{t'rk} \leqslant P_{or} \qquad \forall t, r$$

$$(3^*) \quad \sum_{t'=1}^{t} [\sum_j d_{t'j} x_{t'j} - \sum_{r,k} A^P_{t'rk} y^P_{t'rk} - \sum_{i,j} p_{ij} z_{ij}] \geqslant \sum_{t'=1}^{t} L_{t'} \qquad \forall t$$

$$(4^*) \quad \sum_{t'=1}^{t} \underbrace{[\sum_j g_{t'j} x_{t'j} - \sum_{t''=1}^{t} \sum_{r,k} V_{t''t'rk} y^P_{t''rk} - \sum_{i,j} p_{ij} z_{ij}]}_{G^*_{t'}} \geqslant \sum_{t'=1}^{t} G_{t'} \qquad \forall t$$

Nichtnegativitäts- und Ganzzahligkeitsbedingungen: $x_{tj},\ z_{ij} \geqslant 0; \quad y^P_{trk} = 0, 1 \qquad \forall t, r, k, i, j$

Übersicht 2

Berücksichtigt werden ferner Produktions-, Liquiditäts- und Gewinnrestriktionen (vgl. (2*) bis (4*) in Übersicht 2). Expansionen der Produktionskapazität sind nur in den ersten drei Teilzeitintervallen möglich. Dabei betragen die Kapazitätserweiterungen maximal eine Expansionseinheit, d.h. y^P_{tr} ist für alle t und r auf die Werte 0 bzw. 1 beschränkt. Für die Eingabedaten im einzelnen vgl. in den Tabellen 1 bis 4. Die Investitionen der Tabelle 2 werden linear mit 20% pro Jahr abgeschrieben und die Gewinnunterschranken G_t für alle t gleich Null gesetzt. Bei einer ersten Durchrechnung haben sich für einen Diskontsatz von 15% die Ergebnisse in den Tabellen 1, 2 und 4 ergeben, zusammen mit einem Kapitalwert von 4939.62.

Die ROI-Werte sind gemäß Tabelle 5 zu bestimmen. Für $t = 4$ bzw. $t = 5$ sind der Spalte 5 $ROI_4 = 191.40$ bzw. $ROI_5 = 320.60$ zu entnehmen. Da sich bei ROI_4 bzw. ROI_5 die Gewinne auf 3 bzw. 4 Jahre beziehen, ergeben sich in Spalte 6 $ROI_4^* = 63.80$ bzw. $ROI_5^* = 80.15$.

		Eingabe						Ergebnis
t	j	d_{tj}	g_{tj}	$H_{tj} = H_{ti}$	L_t	I_t^u	V_t^u	x_{tj}
1	1	4	3	100	800	2000	500	200
1	2	3	2	600				300
1	3	1	1	200				
2	1	4	3	50	1400	2000	350	200
2	2	3	2	450				300
2	3	1	1	200				
3	1	4	3	50	1800	2000	300	133.34
3	2	4	3	550				366.66
3	3	2	1	200				
4	1	3	2	300	1900	2000	450	500
4	2	4	3	1300				
4	3	2	1	400				
5	1	4	2	400	2400	2000	300	625
5	2	1	1	2300				
5	3	4	1	900				

Tab. 1

		Eingabe		Ergebnis
t	r	A_{tr}^P	p_{tr}^{ex}	y_{tr}^P
1	1	700	100	1
1	2	3000	300	0
2	1	900	100	0
2	2	3500	300	0
3	1	1000	100	0
3	2	4000	300	0

Tab. 2

		Eingabe	
r	j	a_{rj}	P_{or}
1	1	1	400
1	2	1	
1	3	0.8	
2	1	2	700
2	2	1	
2	3	1	

Tab. 3

		Eingabe		Ergebnis
i	j	a_{ij}	P_{ij}	z_{ij}
1	1	1	0	1
1	2	0.9	10	0.33
1	3	0.7	10	0.11
2	1	0.8	10	0
2	2	1	0	0.67
2	3	0.6	10	0
3	1	0.9	10	0
3	2	0	10	0
3	3	1	0	0.89

Tab. 4

t	G_t^*	$G_t^* - V_t^u$	$I_t^e + I_t^u$	ROI_t	ROI_t^*
1	1055.60	555.50	2060	26.97	26.97
2	1055.60	705.60	1570	44.94	44.94
3	1355.60	1055.60	1130	93.42	93.42
4	1215.60	765.60	400	191.40	63.80
5	620.60	320.60	100	320.60	80.15

Tab. 5

7. Gewinn versus Kapitalwert

Werden die Gewinnunterschranken im Beispiel des Abschnittes 6 auf Werte größer Null gemäß Tabelle 6 erhöht, so führt dies zu einer Verminderung des Kapitalwertes oder zur Nichtexistenz einer Lösung. Die Tabelle 6 enthält in der zweiten Spalte die Gewinne je Teilzeitintervall t, die sich für Gewinnunterschranken $G_t = 0$ (bei Investitionen in t'') mit

$$G_t^* = \sum_j g_{tj} x_{tj} - \sum_{t''=1}^{t} \sum_{r,k} V_{t''trk} y_{t''rk}^P - \sum_{i,j} p_{ij} z_{ij}$$

ergeben. In den Spalten 3 bis 9 werden dann Gewinnunterschranken $G_t^{(2)}$ bis $G_t^{(8)}$ jeweils für alle t angegeben, die mindestens für ein t den Gewinn G_t^* überschreiten. Die zu den jeweiligen Gewinnunterschranken resultierenden Kapitalwerte zeigt die letzte Zeile der Tabelle 6. Es ist festzustellen, daß diese Kapitalwerte von 4939.62 bis auf 4560.32 abnehmen, d.h. um ca. 8%.

t	G_t^*	$G_t^{(2)}$	$G_t^{(3)}$	$G_t^{(4)}$	$G_t^{(5)}$	$G_t^{(6)}$	$G_t^{(7)}$	$G_t^{(8)}$
1	1055.60	0	0	0	0	0	1080	0
2	1055.60	2150	0	0	2140	2140	0	0
3	1355.60	0	3500	3540	1340	1340	0	0
4	1215.60	0	0		0	1220	0	0
5	620.60	0	0		0	0	0	5350
	4939.62	4658.41	4791.78	4801.40	4560.32	keine Lösung	4692.81	4924.11

Tab. 6

Ein kapitalwertverminderndes Ergebnis ergibt sich auch, wenn man in dem einfachen Modell des Abschnittes 6 die Zielfunktion über abdiskontierte Gewinne formuliert, die Gewinnrestriktionen streicht und den Kapitalwert in Form einer Auswertung nach der Optimierung berechnet. Vgl. Ansatz 2 des Zielsystemes im Abschnitt 2. Als Ergebnis erhalten wir einen optimalen abdiskontierten Gewinn von 3402.96 und einen Kapitalwert von 4816.02.

Anhand dieses Beispieles zeigt sich, daß der Gewinnbildungsprozeß den Kapitalwertbildungsprozeß behindern kann, nämlich dann, wenn man die Gewinnunterschranken über diejenigen Beträge erhöht, die sich bei Gewinnunterschranken von Null ohnehin ergeben. Unterstrichen sei hier, daß allein der Gewinnbildungsprozeß die Kapitalwertverminderung bedingt, d.h. ohne eine Gewinnentnahme.

Das Beispiel zeigt auch, daß man mit der Erhöhung der Gewinnunterschranken keinen großen Spielraum hat, und verhältnismäßig rasch zu dem Fall keiner existenten Lösung kommt. Aber Verminderungen des Kapitalwertes um 10 % durch eine stark forcierte Gewinnbildung dürften für praktische Fälle nicht unwahrscheinlich sein. Für die Praxis ergibt sich hieraus die Konsequenz, daß man – falls nicht besondere Gründe für ein abweichendes Vorgehen vorliegen – den Gewinnbildungsprozeß nicht mehr als erforderlich (z.B. für Entnahmen und Rücklagen) forcieren sollte, weil damit eine Behinderung der Kapitalwertbildung verknüpft ist.

Literaturverzeichnis

[1] *Abell, D.F.*, and *J.S. Hammond*: Strategic Market Planning. Englewood Cliffs, N.J. 1979.

[2] *Anthony, R.N.*: Planning and Control Systems: A Framework for Analysis. Boston 1965.

[3] *Chow, G.C.*: Technological Change and Demand for Computers. The American Economic Review **57**, 1967, 1117–1130.

[4] *Dearden, J.*: Problem in Decentralized Profit Responsibility. Harvard Business Review **38**, 1960, 79–86.

[5] *Gälweiler, A.*: Unternehmenssicherung und strategische Planung. Zeitschrift für betriebswirtschaftliche Forschung **28**, 1976, S. 362ff.

[6] *Glover, G.*, und *E. Woolsey*: Further Reduction of Zero-One Polynomial Programming Problems to Zero-One Linear Programming. The Journal of the Operations Research Society of America **21**, 1973, 156–161.

[7] *Hahn, D.*: Strategische Planung. Zeitschrift für betriebswirtschaftliche Forschung **29**, 1977.

[8] *Hanssmann, F.*: Corporate Planning Based on a Static Analytical Model. Computergestützte Unternehmensplanung. Hrsg. v. H.D. Plötzeneder. Stuttgart 1977.

[9] *Hax, A.C.*: Hierarchical Planning System. Computergestützte Unternehmensplanung. Hrsg. v. H.D. Plötzeneder. Stuttgart 1977.

[10] *Hax, A.C.*, und *N.S. Mailuf*: A Methodological Approach for the Development of Strategic Planning in Diversified Corporations. Studies in Operations Management. Hrsg. v. A.C. Hax. Amsterdam 1978.

[11] *Hax, H.*: Investitionstheorie. Würzburg 1972.

[12] *Hill, W.*: Unternehmungsplanung. Stuttgart 1966.

[13] *Hinterhuber, H.H.*: Strategische Unternehmungsführung. Berlin 1977.

[14] *Jacob, H.*: Investitionsplanung. Handwörterbuch der Betriebswirtschaft. Hrsg. v. E. Grochla und W. Wittmann. Stuttgart 1975, Sp. 1978–1996.

[15] *Lorange, P.*: Corporate Planning. Englewood Cliffs, N.J. 1980.

[16] *Lüder, K.*: Investitionsplanung. München 1977.

[17] *Popp, E.*, und *Tran-Ngoc-An*: Zur Dimensionierung heterogener Produktionskapazitäten. Die Unternehmung **32**, 1978.

[18] *Schober, F.*: Optimale Investitions- und Standortentscheidung für Produkte mit stark veränderlicher Lebenskurve. Inaugural-Dissertation, München 1972.

[19] –: An Interactive Simulation Model for Strategic Goal Planning. Computergestützte Unternehmensplanung. Hrsg. v. H.D. Plötzeneder. Stuttgart 1977.

H Neue Perspektiven und Rahmenbedingungen für die strategische Unternehmungsplanung und Unternehmungsführung

Strategische Frühaufklärung als Element strategischer Führung

U. Krystek und *G. Müller-Stewens*

1. Problemstellung: Zeitgewinn als strategischer Wettbewerbsfaktor

Es wird wohl immer schwieriger werden, erlangte Wettbewerbsvorteile wirklich nachhaltig gegenüber der Konkurrenz zu verteidigen. Die Anstrengungen erfolgreicher Unternehmungen richten sich deshalb eher darauf, sich schneller als die Wettbewerber immer neue Wettbewerbsvorteile zu erarbeiten. Unabdingbare Voraussetzung dafür ist es aber auch, schneller als die Konkurrenz zu lernen, d. h. schneller zu verstehen, wie das zukünftige Umfeld, auf das sich die Entscheidungen beziehen, einmal ausgestaltet sein wird.

1.1 Zeitgerechtes Handeln wird zur kritischen Erfolgsgröße

„Was wir im Zeitalter des radikalen Wandels benötigen, ist der Gebrauch von Vorhersagen als einen Weg um Zeit zu kaufen, um Gefahren aufzuspüren, bevor sie unhandhabbar werden, und um Gelegenheiten zu erfassen, bevor sie verloren gehen.“ Mit diesem Ausspruch von Ian Wilson, ehemaliger Leiter der Strategischen Planung bei General Electric, ist die Problemstellung einer Frühaufklärung schlechthin angedeutet. Frühaufklärung will die Basis für zeitgerechtes, strategisch orientiertes Handeln schaffen: Nutzung der Vorteile des Ersteintretenden in einen Markt, frühzeitiges Erkennen von Krisensituationen der eigenen Unternehmung oder bei Partnern (z. B. Kreditnehmern), frühzeitige Einstellung auf neue technische Normen, gesetzliche Regelungen oder Verbraucherbedürfnisse und nicht zuletzt auf soziopolitische Veränderungen. Diese Aufzählung ließe sich beliebig fortsetzen. Gemeinsam ist allen Beispielen der *Faktor Zeit* durch frühzeitiges Erkennen von latenten Bedrohungen und Chancen sowie ein damit ermöglichtes *zeitgerechtes Handeln.* Zeitgewinn bedeutet einen Erfolgsfaktor, der immer mehr an Bedeutung gewinnt und zur überlebenskritischen Variable werden kann, denn: Zeitablauf vernichtet Handlungsmöglichkeiten, schränkt Aktionsspielräume zunehmend ein. Vor diesem Hintergrund hat Frühaufklärung auch die Bedeutung, die Aufmerksamkeit des Managements auf den *Wettbewerbsfaktor Zeit* zu lenken und speziell strategische Entscheidungsträger gegenüber den Vorboten diskontinuierlicher Entwicklungen zu sensibilisieren.

1.2 Von operativer zu strategischer Frühaufklärung

Damit ist der Weg von einer rein operativen zu einer strategischen Frühaufklärung als Element strategischer Führung vorgezeichnet [1]. Gerade in jüngerer Zeit mehren sich die Anzeichen dafür, daß insbesondere der strategischen Frühaufklärung größere Aufmerksamkeit gewidmet wird [2].

Der zentrale Unterschied zwischen beiden Formen von Frühaufklärung liegt in den unterschiedlichen Bezugssystemen: auf der einen Seite steht der operative Führungskontext mit einer Zentrierung auf liquiditäts- und ergebnisorientierte Steuerungsgrößen. Auf der anderen Seite steht der strategische Führungskontext mit seiner Orientierung an den strategischen Erfolgspotentialen (Geschäfte, Technologien usw.). In Abhängigkeit vom jeweiligen Führungskontext ergeben sich bei prozeßorientierter Betrachtung (vgl. Abb. 1) deutliche Unterschiede im Hinblick auf den Systeminput (verschiedenartige Informationsarten usw.), die Möglichkeiten der Informationsverarbeitung (Throughput), die zu erwartenden Ergebnisse (Output) sowie die von den Ergebnissen normalerweise ausgehenden Wirkungen (Outcome).

Betrachtet man den *Systeminput*, so sind es insbesondere die Charakteristika der zu verarbeitenden Informationen, über die eine operative Frühaufklärung von einer strategischen Frühaufklärung unterschieden werden kann. In der operativen Frühaufklärung überwiegen wohlstrukturierte, zumeist quantifizierbare Informationen mit geringem Interpretationsspielraum, wie z. B. der schon als klassisch zu bezeichnende Indikator „Auftragseingang“. Operative Informationen können zudem meist innerhalb des bestehenden Systemverständnisses interpretiert werden. Strategisch relevante Input-Informationen sind dagegen meist schlecht strukturiert, einer Quantifizierung nicht zugänglich und in hohem Maße interpretationsfähig/-bedürftig. Sie sind zudem teilweise widersprüchlich und stammen aus höchst unterschiedlichen Kontexten.

Unterschiedliche Arten von Informationen verlangen auch unterschiedliche Fähigkeiten von den Mitarbeitern. Wer operative Frühaufklärung betreibt, sollte tendenziell eher analytisch veranlagt und qualifiziert sein. Er sucht nach Gesetzmäßigkeiten zu vergangenen Entwicklungen, und seine Argumentation gleicht eher einer Beweisführung. Dagegen sollte der mit strategischer Frühaufklärung beschäftigte Mitarbeiter von seiner Argumentation her zu überzeugen versuchen. Seine Begründungszusammenhänge werden niemals widerspruchsfrei sein, da sie zum Teil auf subjektiven Wertprämissen aufbauen. Eine tendenziell holistische Denkweise und kreative Veranlagung qualifizieren Mitarbeiter für Aufgaben im Rahmen der strategischen Frühaufklärung.

Bezogen auf den *Throughput* ist für die strategische Frühaufklärung typisch, daß sie – wegen der angesprochenen Interpretationsbedürftigkeit der Informationen – grundsätzlich nicht delegierbar ist. Die Nutzer einer strategischen Frühaufklärung müssen auch ihre Betreiber sein, wobei sie sich natürlich unternehmungsintern und/oder -extern unterstützen lassen können. Für die operative Frühaufklärung gilt dies nur in eingeschränkter Form. Bei ihr versucht man möglichst viele bereits standardisierte Informationsprozeduren zu installieren; sie findet eher in einem institutionalisierten Rahmen statt. Dagegen sind die Orte der Durchführung strategischer Frühaufklärung eher informelle Arenen, in denen hierarchische Strukturen von tendenziell untergeordneter Bedeutung sind. Weiterhin sind die Auswertungsprozeduren im Rahmen der strategischen

Prozeßmodell:	Operative Frühaufklärung	Strategische Frühaufklärung
Input		
* Charakteristika der Informationen	* wohl-strukturiert * eher quantitativ * eher wertfrei	* schlecht-strukturiert * eher qualitativ * eher wertebeladen politisierend
* Fähigkeiten der Beteiligten	* eher analytisch * eher beweisend * eher erfahrungsgeleitet	* eher holistisch * eher überzeugend * eher kreativ
Throughput		
* Durchführung	* eher delegierbar * eher in einer institutionalisierten Form	* nicht delegierbar * eher in informellen Arenen
* Instrumente	* Kausalanalysen	* Umgang mit Diskontinuitäten
Output	* signifikante Abweichungen	* "Misfits" * "Drittvariable" * "schwache Signale"
Outcome		
* Reflexivität des Systems	* Überprüfung der Gesetzmäßigkeiten	* Überprüfung der Beobachtungsquellen und -prozeduren
* Konsequenzen	* Auslösung von Reaktionsprozeduren	* Tiefenanalysen; Monitoring * organisatorisches Lernen
* Schnittstellen	* Suche nach Erklärungen aus Erkenntnissen der strateg. Frühaufklärung	* Suche nach Auswirkungen auf die oper. Frühaufklärung

Abb. 1: Unterschiede zwischen einer operativen und strategischen Frühaufklärung

Frühaufklärung kaum standardisiert. Dies schlägt sich auch in den anzuwendenden Instrumentarien nieder. Methoden, die eine Suche nach Trendbrüchen und Entwicklungssprüngen unterstützen, stehen im Mittelpunkt.

Der *Output* operativer Frühaufklärungssysteme besteht schwerpunktmäßig aus Informationen über Abweichungen gegenüber erwarteten Entwicklungen, häufig präzisiert durch vorgegebene Soll-Werte und Toleranzgrenzen. Bei der strategischen Frühaufklärung sind es dagegen entweder „Misfits", d. h. Unverträglichkeiten zwischen Entwicklungen, die Potentialgrößen betreffen, oder „Drittvariablen" und „Schwachen Signale". Auf sie wird im Kap. 2 näher eingegangen.

Betrachtet man schließlich die Wirkung des Outputs (*Outcome*), so interessiert hier speziell die Schnittstelle zwischen strategischer und operativer Frühaufklärung: Es geht dabei um die Suche nach Wirkungen strategischer Frühaufklärungsinformationen für die operative Frühaufklärung und um Deutungsversuche der Erkenntnisse aus strategischer Frühaufklärung durch die operative Frühaufklärung.

Zu fordern ist eine kombiniert operative/strategische Frühaufklärung, die Übersetzungshilfen z. B. bei folgenden Fragestellungen leisten kann: Haben bestimmte „Schwache Signale" aus der strategischen Frühaufklärung Konsequenzen für die Inhalte der operativen Frühaufklärung oder lassen sich bestimmte Ineffizienzen in der operativen Frühaufklärung vor dem Hintergrund von Erkenntnissen aus der strategischen Frühaufklärung (besser) erklären? In diesem Zusammenhang ist der Hinweis von Bedeutung, daß bestimmte Umweltereignisse/-entwicklungen nur deshalb in Form von „Schwachen Signalen" wahrgenommen werden, weil die Suche nach Frühaufklärungsindikatoren noch nicht auf dieses Gebiet ausgedehnt wurde [3].

Operative und strategische Frühaufklärung sind schließlich als gleichwertige, sich ergänzende und überschneidende Ansätze zu betrachten. Sie dienen – mit jeweils unterschiedlichen Bezugssystemen – gemeinschaftlich als informationelle Basis nicht nur für die Planung, sondern generell für eine strategisch orientierte Unternehmungsführung.

2. Denkhaltung einer strategischen Frühaufklärung

Strategische Frühaufklärung ist im Vergleich zur operativen Frühaufklärung weniger scharf umrissen und schwächer strukturiert. Dies ist kein beklagenswerter Mangel, sondern notwendige Voraussetzung für die Erfüllung der ihr zugedachten Aufgaben. Es bedeutet aber zugleich, daß das Wesen strategischer Frühaufklärung nicht durch eine Scheingenauigkeit in der Darstellung verwässert werden darf. Deshalb sollen nachfolgend lediglich grobe Konturen einer strategischen Frühaufklärung aufgezeigt werden, und der Versuch einer Einführung in die Denkhaltung dieser Frühaufklärungsform soll über der Darstellung detaillierter Methoden/Instrumente stehen.

2.1 „Dritte Variable" als Störgröße invarianter Kausalbeziehungen

Die Eigenarten strategischer Informationen wurden bereits aufgezeigt. Sie lassen erahnen, daß man bei der strategischen Frühaufklärung an Grenzen der herkömmlichen Prognosementalität stößt, die es zu überwinden gilt.

Klassische Prognoseverfahren, insbesondere quantitative Verfahren, sind auf das Erkennen von Gesetzmäßigkeiten zwischen wichtigen Variablen des Handlungsraumes ausgerichtet. Eine typische Invarianz solcher Art wäre beispielsweise die Aussage: je höher das Pro-Kopf-Einkommen der Bevölkerung ist, desto größer ist ihre Zufriedenheit. Eine darauf aufbauende Form der Prognose wäre nun die Extrapolation dieser festgestellten Beziehung auf noch nicht realisierte Ausprägungen der unabhängigen Variable. Um bei dem gewählten Beispiel zu bleiben, würde man im Fall einer zukünftigen Erhöhung des Pro-Kopf-Einkommens eine höhere Zufriedenheit der Bevölkerung prognostizieren. Diese Art kausalanalytischen Denkens entstammt den von Newton geprägten Naturwissenschaften. Galtung [4] vertritt dagegen die These, es könne sich bei sozialwissenschaftlichen Zusammenhängen nur um *Quasigesetze* handeln, von denen keineswegs angenommen werden darf, daß sie über die Zeit und in anderen Wertebereichen stabil sind. Im Gegenteil ist sogar der Fortbestand einer Invarianz in sozio-ökonomischen Zusammenhängen um so mehr gefährdet, je länger sie besteht: Soziale Realitäten entfalten sich nicht in geschlossenen Systemen, vielmehr verändern sich die Systemgrenzen über die Zeit. „Drittvariable" kommen zum System hinzu und stören die bisher als stabil angenommene „Gesetzmäßigkeit". Eine Invarianz bricht, es entstehen sogenannte *Diskontinuitäten*, also Ereignisse, die sich störend auf eine kontinuierliche Entwicklung auswirken.

Bestehende Systemzustände werden oft nicht aufgrund eines singulären Ereignisses zerstört, sondern als Reaktion auf eine Kumulation vieler Ereignisse, deren letztes dann bildlich gesprochen „das Faß zum Überlaufen bringt".

Strategische Frühaufklärung hat in diesem Zusammenhang also eine zweifache Aufgabe: Erstens muß sie mögliche Kausalzusammenhänge identifizieren, und zweitens muß sie nach möglichen Drittvariablen Ausschau halten, die eventuell bestehende Invarianzen brechen können [5].

Damit ist bereits die Frage aufgeworfen, wie man zu den Hinweisen auf „Drittvariablen" kommt.

2.2 „Schwache Signale" als Vorboten diskontinuierlicher Ereignisse/Entwicklungen

Igor Ansoff [6], der die Idee der „Schwachen Signale" (Weak Signals) in die wissenschaftliche Diskussion einführte, geht davon aus, daß grundsätzlich kein Ereignis plötzlich eintritt, auch wenn man davon völlig überrascht wird. Jedes Ereignis hat bereits seine Entwicklungsgeschichte. Diskontinuitäten haben Vorboten, die auf ihr mögliches Erscheinen hinweisen. Solche Vorboten oder Vorläufer bezeichnet man als „Schwache Signale". Sie gilt es frühzeitig zu erfassen, da dann – wie in Abb. 2 dargestellt – die Manövrierfähigkeit der Unternehmung noch am größten ist, sich jedoch im Zeitablauf bei gleichzeitiger Häufung entsprechender Signale zunehmend verringert.

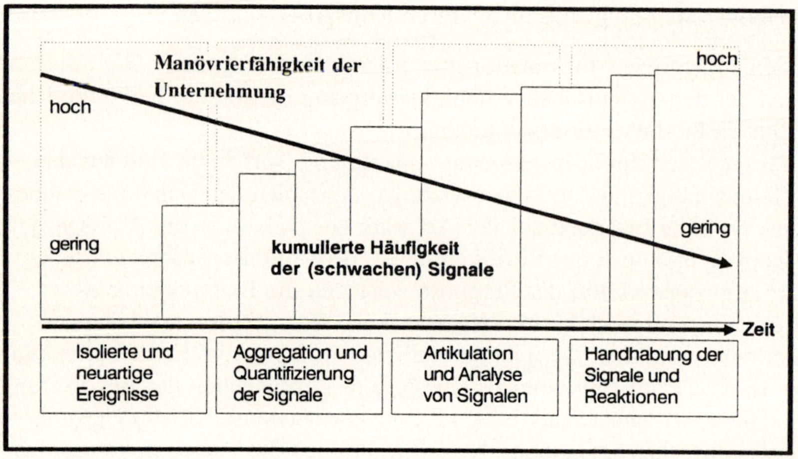

Abb. 2: Abnehmende Manövrierfähigkeit bei wachsender Häufung der (schwachen) Signale

Allerdings besteht das zentrale Problem nun darin, diese Vorboten ausfindig zu machen und ihre Botschaft richtig zu deuten. Erste Vorläufer sind meist noch äußerst schlecht strukturierte Informationen. Sie sind eher Symptome als Beschreibungen. „Schwache Signale" sind neuartige Informationsrudimente, die sich erst allmählich und durch weitere – oft auch widersprüchliche Signale – verdichten und, falls die ersten Deutungen nicht grundlos waren, auch konkretisieren.

Ebenso typisch für „Schwache Signale" ist es, daß sie ihre Empfänger aufgrund des hohen Anteils an Erstmaligkeit ihrer Botschaft in einem *hohen Stadium der Ignoranz antreffen*, die sich erst im Verlaufe des Verdichtungs- und Konkretisierungsprozesses abbaut. Ein solcher Prozeß von möglichen Stadien sich verringernder Ignoranz gegenüber Diskontinuitäten ist in Abb. 3 dargestellt. Es geht dort um ein etwa Ende der 70er Jahre anzusiedelndes Beispiel eines Spielwarenproduzenten, der aufgrund sich verdichtender Signale schrittweise realisiert, welche tiefgreifenden Wirkungen die Revolution in einer ganz anderen Branche, nämlich die Entwicklungen in der Mikroelektronik, auf sein Geschäft wohl haben werden.

An diesem Beispiel wird auch deutlich, daß die Frage, wann ein Signal schwach und wann es stark ist, nur in verallgemeinerter Form beantwortet werden kann. Da das Adjektiv „schwach" ein relativer Begriff ist, kann anhand jeweils vorliegender Information nur sehr schwer beurteilt werden, ob ein Signal nun stark oder schwach ist. Dies weiß nur der Empfänger und Interpret des Signals. Für die Spielwarenproduzenten in unserem Beispiel war das Signal (zunächst) schwach; für einen in diesem Bereich tätigen Ingenieur wäre es sicher weniger überraschend und deutlich stärker gewesen.

Dem hier vorgetragenen Plädoyer für eine möglichst frühzeitige und vollständige Erfassung von „Schwachen Signalen" wird oft mit dem Argument begegnet, niemand könne nur aufgrund vager Vermutungen Strategien ändern oder neue Strategien entwickeln. „Schwache Signale" sind eben zu wenig konkret, um als Entscheidungsgrundlage herangezogen zu werden. „Wir wollen Fakten statt Vermutungen sehen!" Eine

Informationsinhalt / Stadien der Ignoranz	Überzeugung, daß Diskontinuitäten bevorstehen	Gebiet identifiziert, das Quelle der Diskontinutät ist	Charakteristika der Gefahr/ Gelegenheit; Art, Schwere u. Zeitraum der Auswirkungen	Reaktionsmöglichkeiten bekannt; Aktionen, Programme, Ressourcen, Zeitpkt., Dauer	Konsequenzen der Reaktionen auf die Ertragslage sind absehbar	Die Stadien der Ignoranz für das vorgegebene Beispiel
Gefühl der Gefahr/Gelegenheit	Ja	Nein	Nein	Nein	Nein	Small-talk im Golf-Club des Spielwarenherstellers über die revolutionären Auswirkungen zu erwartender Erfindungen auf die technologische Entwicklung
Quelle der Gefahr/ Gelegenheit	Ja	Ja	Nein	Nein	Nein	Wahrnehmung der Erfindung neuer integrierter Schaltkreise im "Bild der Wissenschaft"
Gefahr/ Gelegenheit konkret	Ja	Ja	Ja	Nein	Nein	Möglichkeiten zur Übernahme der neuen Technologie in die Spielwarenindustrie analog zu den vorgelagerten Adaptoren
Reaktion konkret	Ja	Ja	Ja	Ja	Nein	Entwicklung eines handlichen und relativ leistungsfähigen Schachcomputers mit Hilfe der integrierten Schaltkreise
Ergebnis konkret	Ja	Ja	JA	Ja	Ja	Aus marketingtheoretischer Sicht scheint eine gewinnbringende Stückzahl des Schachcomputers zum kalkulierten Preis über den Spielwarenhandel absetzbar

Abb. 3: Stadien abnehmender Ignoranz gegenüber Diskontinuitäten (vgl. zum allgemeinen Teil der Abbildung *Ansoff, I.*: Managing Surprise and Discontinuity – Strategic Response to Weak Signals, in: ZfbF, 1976, S. 135 und die Übersetzung von *Kirsch, W./Esser, W.-M./ Gabele, E.*: Das Management des geplanten Wandels von Organisationen, Stuttgart 1979, S. 350)

solche vertraut klingende Forderung erscheint zunächst insbesondere bei strategisch relevanten (Planungs-) Entscheidungen verständlich, mit denen ja die Unternehmungsentwicklung zum Teil auf lange Sicht gebunden wird. Die Dominanz der Hard-Facts über die Soft-Facts auch und gerade bei Strategieentscheidungen ist sicher ein Stück Realität, allerdings mit einschneidenden Konsequenzen. Denn der so argumentiert, muß sich darüber im klaren sein, daß er sich in der bereits erwähnten Austauschbeziehung zwischen Problemstruktur und Handlungsspielraum befindet. Natürlich kann er gezielter reagieren, wenn er mehr über das anstehende Problem weiß. Aber hat er nicht in der Zwischenzeit zuviel Handlungsraum verschenkt? Sind durch Zeitablauf nicht schon zuviele Alternativen vernichtet worden? Ist es nicht besser, im Sinne eines *abgestuften Reaktionskonzeptes* vorzugehen und die Reaktionsstrategien entsprechend dem jeweiligen Stand der Ignoranz zu wählen?

2.3 Erhöhung des strategischen Bewußtseins durch Reaktion gegenüber zukünftigen Realitäten

Externe Entwicklungen beeinflussen die Erfolgsbedingungen für das strategische Management und ordnen sie neu. Notwendig ist daher eine Denkhaltung, die helfen soll, besser mit strategischen Informationen – und speziell mit „Schwachen Signalen" als Vorboten externer Entwicklungen – umzugehen. Dazu ist die herkömmliche Prognosementalität zu überwinden: Die Zukunft ist nicht vorhersehbar, sie ereignet sich losgelöst von den Strukturen der Vergangenheit. Zudem gilt: Prognosen sozialer Systementwicklungen, die wahr sind, treten nicht ein, weil Gelegenheit zur Gegenreaktion besteht. Prognosen dagegen, die eintreten, sind nicht wahr, weil sie trotz Gegenreaktion eintreten.

Zwar wird man mit einem solchen Bewußtsein nicht besser in die Zukunft sehen können, wohl aber besser und schneller zukünftige Realitäten erfassen lernen und damit die Chance haben, kompetentere (strategische) Entscheidungen zu fällen. Dies wird möglich, indem man Subjektivität als einen denkbaren und legitimen Zugang zur Suche und bei der Interpretation „Schwacher Signale" betrachten lernt. Trotzdem kann dieses Vorgehen – als weiterer Zugang zum Problem – unter dem Primat eines rational orientierten Vorgehens stehen. Von einem solchen konzertierten Vorgehen kann man sich die Erhöhung des *strategischen Bewußtseins und der strategischen Erkenntnisfähigkeit* erhoffen: Durch die Permanenz dieses Prozesses wächst das Wissen um Strukturen bei der Antizipation zukünftiger Realitäten und Entscheidungsräume. Eine strategische Frühaufklärung muß in diesem Sinne auch als ein System zur Organisation, Koordinierung und Bereitstellung von neuem Geltungswissen zur Reduktion vorhandener Ignoranz gegenüber zukünftigen Realitäten verstanden werden.

Daß eine strategische Frühaufklärung nicht immer gern gesehen oder oft mitten im Prozeß bereut wird, liegt nahe. Da zur Interpretation „Schwacher Signale" die individuellen Wertprämissen z. B. von Mitgliedern eines Entscheidungsgremiums aufgedeckt werden müssen, begünstigen *„Schwache Signale" die Politisierung von Entscheidungsprozessen*". Dies kann aber durchaus wünschenswert sein, denn damit wird der Weg zu gemeinsam getragenen Commitments geöffnet. Es wäre daher fatal, wegen einer befürchteten Politisierung die Interpretation „Schwacher Signale“ ausschließlich an Stäbe zu delegieren. Hier handelt es sich um eine *zentrale Führungsaufgabe*: Interpretationen beinhalten schon in hohem Maße Erwartungshaltungen und ein mögliches Anschlußverhalten der Handelnden, so daß letztendlich nur die Interpretation der Handelnden zählen darf.

3. Aufbau eines „Strategischen Radars“: Identifikation, Erfassung und Handhabung „Schwacher Signale“

Ein Grundproblem strategischer Planung, strategischer Führung schlechthin, besteht in der rasanten Zunahme des Anteils schwer oder überhaupt nicht prognostizierbarer Prämissen. Im Mittelpunkt der Bemühungen um den Aufbau eines „Strategischen Radars“ [7] stehen deshalb Vorhaben, ein Instrumentarium zu entwickeln, über das „Schwache Signale“ antizipiert werden können. Dabei ist zweierlei hervorzuheben: Erstens ist es zwar Anliegen einer strategischen Frühaufklärung, möglichst alle „Schwachen Signale“ aus dem Umfeld der Unternehmung zu erfassen. Dies dürfte aber sowohl methodisch als auch vom zu rechtfertigenden Aufwand her weder möglich noch sinnvoll sein. Deshalb werden immer wieder strategische Überraschungen, obwohl sie sich durch „Schwache Signale“ ankündigen, von dem jeweiligen strategischen Radar aufgrund seiner gegebenen Konstruktion übersehen. Anliegen der strategischen Frühaufklärung kann es bei realistischer Betrachtung nur sein, bei gegebenem Aufwand eine möglichst hohe Informationseffektivität und -effizienz zu erzielen.

Zweitens müssen bei der Beobachtung des Umfeldes immer wieder Auswahlentscheidungen getroffen werden. Sie setzen Bewertungen voraus, die aufgrund der Unstrukturiertheit der aufgefangenen Signale alles andere als wertfrei sind.

3.1 „Scanning“ und „Monitoring“: Basisaktivitäten beim Umgang mit „Schwachen Signalen“

Wie in Abb. 4 dargestellt, geht es innerhalb des Ansatzes der „Schwachen Signale“ darum, möglichst früh auf Informationen und Ereignisse zu stoßen, die in ihrer Kumulation immer deutlicher und strukturierter Hinweise auf einen eventuell neuen Zustand des unternehmerischen Umfeldes geben. Dementsprechend kann man zwei Basisaktivitäten einer strategischen Frühaufklärung unterscheiden:

Erstens das 360-Grad-Radar, über das im Prinzip überall und zu jeder Zeit nach solchen „Schwachen Signalen“ gesucht wird. Hier sprechen wir von einem „*Scanning*“, also einem Abtasten und Rastern des Umfeldes der Organisation.

Hat man einmal über die Identifikation eines „Schwachen Signals“ Hinweise auf ein möglicherweise für die Unternehmung relevantes Phänomen erhalten, so geht es zweitens darum, zusätzliche Informationen zu finden, d. h. die Informationsstruktur des Phänomens zu erhöhen. Diese Aktivität nennen wir „*Monitoring*“, also ein vertiefendes und dauerhaftes Beobachten des Phänomens, das man identifiziert zu haben glaubt. Hierbei muß aber auch der grundsätzlichen Frage nachgegangen werden, ob sich die

Hinweise auf dieses mögliche Phänomen überhaupt verdichten oder ob es sich eher verflüchtigt.

Scanning als Basisaktivität strategischer Frühaufklärung ist also auf das Ausfiltern von „Schwachen Signalen“ aus dem Umfeld ausgerichtet. Es setzt ein intuitives „Erfühlen“ voraus: ein „Erfühlen“ des Ortes der Suche – da ja, bei aller Offenheit der Suche, nicht das gesamte Umfeld vollständig abgetastet werden kann – sowie ein „Erfühlen“ der möglichen Entscheidungsrelevanz des Beobachteten. Gefragt sind hier auch weniger analytische Fähigkeiten zur Durchleuchtung des Umfeldes, sondern ein durch die Intuition gesteuerter, gesamtheitlicher Zugang zur Aufgabenstellung.

Werden durch das Scanning „Schwache Signale“ aufgewirbelt [8], dann setzt das Monitoring ein. Hier sind analytische Fähigkeiten gefordert. Über eine fortgesetzte und – auch durch die Vernetzung mit anderen Phänomenen – vertiefende Untersuchung soll das Vorverständnis zum Phänomen verbessert werden. Es sollen auch – wenn bereits möglich – Hinweise auf denkbare Auswirkungen, die von dem antizipierten Phänomen ausgehen, gegeben werden. Ebenso Vorstellungen davon, ob das Phänomen für die Unternehmung derzeit eher einen Chancen- oder Bedrohungscharakter hat.

Der Übergang vom Scanning zum Monitoring ist relativ fließend. Er hängt auch davon ab, wie man rein institutionell zum Monitoring kommt. Dies kann deshalb sein, weil inzwischen aus dem Scanning so viele Hinweise zu dem Phänomen eingegangen sind, daß ein Monitoring geboten erscheint. Oder aber ein Signal wird personifiziert, d. h. ein Entscheidungsträger entdeckt es als für sich nützlich und spielt es unabhängig von seiner Relevanz hoch.

Die beiden Basisaktivitäten des Scannings und Monitorings können nun – wie Abb. 4 zeigt – über zwei Dimensionen weiter differenziert werden. Erstens nach einer Unterscheidung in *formale* und *informale* Suche. Während bei der formalen Suche

	Ungerichtete Suche	**Gerichtete Suche**	
Informal	Das Abtasten nach (schwachen) Signalen außerhalb der Domäne ohne festen Themenbezug	Das Abtasten nach (schwachen) Signalen innerhalb der Domäne ohne festen Themenbezug	**Scanning**
Formal	Das Abtasten nach (schwachen) Signalen außerhalb der Domäne mit einem speziellen Themenbezug	Das Abtasten nach (schwachen) Signalen innerhalb der Domäne mit einem speziellen Themenbezug	
	Die Beobachtung und vertiefende Suche nach Informationen außerhalb der Domäne mit speziellem Themenbezug eines bereits identifizierten Signals	Die Beobachtung und vertiefende Suche nach Informationen innerhalb der Domäne mit speziellem Themenbezug eines bereits identifizierten Signals	**Monitoring**

Abb. 4: Basisaktivitäten einer strategischen Frühaufklärung

bereits unter der Fokussierung auf einen bestimmten Themenbereich gesucht wird, ist dies bei der informalen Suche nicht der Fall. Die zweite Unterscheidung ist die in ein *gerichtetes* und *ungerichtetes* Suchen, wobei man sich bei der gerichteten Suche auf die Domäne der Unternehmung beschränkt. Im Beispiel aus Abb. 3 lagen die Entwicklungen im Bereich der Mikroelektronik sicherlich außerhalb der Domäne des dort angeführten Spielwarenherstellers.

Die zuvor dargestellte Differenzierung der Basisaktivitäten ist vor allem deshalb von Bedeutung, weil das gesamte Umfeld sowohl methodisch wie auch vom rechtfertigbaren Aufwand her nicht beobachtet werden kann. Deshalb muß vor dem Hintergrund der für jede Basisaktivität notwendigen Fähigkeiten und des einzusetzenden Instrumentariums differenziert werden. Je nach Situation und Dynamik des Umfeldes sowie finanzieller und persönlicher Einsatzbereitschaft muß dann entschieden werden, welche der Basisaktivitäten man wie intensiv betreiben möchte.

Zusammenfassend können folgende Maßnahmen zur Organisation der Basisaktivitäten empfohlen werden:

- Definition des Mixes an Basisaktivitäten, welches man für die Unternehmung (-seinheit) für geeignet hält.
  Ergebnis: Abgrenzung des relevanten Umfeldes und Benennung besonders relevant erscheinender Themenbereiche und Domänen.
- „Bilanzierung" der in der Unternehmung möglichst auf freiwilliger Basis zur Verfügung stehenden Fähigkeiten, um ein Scanning und/oder Monitoring zu betreiben.
  Ergebnis: Berücksichtigung von Fähigkeiten und Anforderungen bei der Zuweisung von Human Resources zu den jeweiligen Basisaktivitäten.

Anschließend soll der Frage nachgegangen werden, wo und wie „Schwache Signale" aufgefunden werden können.

3.2 Quellen „Schwacher Signale"

Zunächst stellt man sich die Suche nach „Schwachen Signalen" vielleicht als eine Art geheimdienstliche Tätigkeit vor. Dies wäre sogar richtig, wenn man dem amerikanischen Nachrichtendienstexperten Eric L. Cuter Glauben schenkt: „Als Geheimdienstler macht man immer wieder die verblüffende Entdeckung, daß die interessantesten Informationen in den Zeitungen stehen." Cuter geht davon aus, daß viele der Vorläufer zu zukünftigen Ereignissen und Entwicklungen in den Medien bzw. dem Informationsumfeld der Entscheidungsträger zu finden sind. Diese Einschätzung trifft sicher nicht nur für den Bereich nachrichtendienstlicher Tätigkeiten zu, sondern ist beispielsweise für die Früherkennung neuer Technologien symptomatisch [9]. In einem ähnlichen Sinne wirbt auch eine ganze Reihe von Medien mit dem Vorlaufcharakter ihrer Beiträge. So nimmt z. B. die Zeitschrift „Spektrum der Wissenschaft" für sich in Anspruch, daß bei ihr „... Dinge zu lesen sind, die erst nach Jahren eine breite Öffentlichkeit erreichen." Da nun aber Medien dieser Art neue Ideen, Erkenntnisse, Visionen usw. nicht von sich aus generieren, sind zwei Thesen bei der Suche nach „Schwachen Signalen" in solchen Quellen von Bedeutung: Einmal gibt es Quellen, die die Sender neuer Ideen usw. erfassen und umgekehrt bedienen sich diese Sender bevorzugt dieser Quellen als Kommunikationsorgane. Zum anderen übernehmen solche Quellen die Funktion einer Aggregation und möglichst unverzerrten Vorabauswahl von Senderinformationen. Die Nutzung dieser relativ leicht zugänglichen Quellen zur Ortung „Schwacher Signale" wird durch eine Reihe von individuellen Gewohnheiten und Vorurteilen behindert und bedarf einer gewissen methodischen Unterstützung. So ist in diesem Zusammenhang festzustellen:

- Die Nachfrage nach ausgefallenen Zeitschriften mit Quellencharakter für „Schwache Signale" und erst recht nach der Lektüre von „*Scannerdiensten*" [10] hinkt noch weit hinter den angebotenen Möglichkeiten her.
- Ebenfalls nur zögernd bedient man sich entsprechender Datenbanken, deren Angebot immer vielfältiger und besser wird, bis hin zu den noch nicht ausgeloteten Möglichkeiten des *Internets*.
- An Bedeutung gewinnen dagegen überbetriebliche Netzwerke, in die die Mitglieder der angeschlossenen Unternehmungen eingebunden sind. Solche Netzwerke sind als überbetriebliche *Frühaufklärungssysteme* bereits bekannt, etwa durch das vom Institut für Unternehmungsplanung (IUP) Gießen bereits seit Jahren realisierte System [11] oder die vom Stanford Research Institute initiierten Frühaufklärungsgruppen [12].
- Zu beobachten sind ferner typische menschliche *Informationspathologien*, wie etwa das Bemühen um Komplexitätsumgehung durch Präferenzen für Quellen, die die eigene Meinung bestätigen. Weiterhin sind auch *Akzeptanzschwellen*, z. B. gegenüber fremdsprachigen Quellen oder infolge individueller Informationsüberladung, zu nennen.

Zusammenfassend können folgende Maßnahmen zur Organisation des Scannerspektrums und -verhaltens empfohlen werden, die eine bessere Nutzung von Quellen für „Schwache Signale" versprechen:

- Rekonstruktion des gegenwärtigen Informationsverhaltens und -spektrums (Wer liest welche Quelle zu welchen Themen und wie oft und wann tut er dies? Wozu werden Informationen vermißt? usw.).
  Ergebnis: Definition des Informationsbedarfs und Identifikation von Informationslücken.
- Benennung der regelmäßig auszuwertenden Quellen.
  Ergebnis: Bei weniger Zeitaufwand werden mehr Quellen genutzt.
- Ausweitung des Beobachtungsspektrums auch auf nicht direkt mit dem eigenen Fachgebiet in bezug stehende Quellen.
  Ergebnis: Lenkung der Aufmerksamkeit auch auf mögliche „Drittvariable", die bisherige Erfahrungen in Frage stellen.
- Untersuchung der Meldesequenz und -frequenz der ausgewählten Quellen und Suche nach möglichen Vorläuferquellen.
  Ergebnis: Frühzeitigere Meldung wichtiger Entwicklungen sowie Umgehung von Informationsverzerrungen.

- Schulung der Fähigkeit zum kreativen und unkonventionellen Denken und Schaffung der dazugehörigen Bereitschaft.
  Ergebnis: Der Neuigkeitsgrad der entdeckten „Schwachen Signale“ nimmt zu.

3.3 Erfassung der Dokumentation „Schwacher Signale“

Identifizierte „Schwache Signale“ geben Hinweise auf zu erwartende unternehmungsexterne Ereignisse/Entwicklungen, die sich als Bedrohungen oder Chancen für die (Ko-) Evolution zwischen der Unternehmung und ihrem Umfeld darstellen. Dabei ist es in einem frühen Stadium solcher Signale oft sehr schwer zu diagnostizieren, ob es sich nun tatsächlich um eine Gefahr oder Gelegenheit handelt. Um Aufschluß darüber zu erhalten, müssen die identifzierten Phänomene an den Stärken und Schwächen der Frühaufklärung betreibenden Unternehmung relativiert werden. So kann z. B. aus einer Gefahr für das Umfeld (z. B. die Branche, in der die Unternehmung tätig ist) eine Chance für eine bestimmte Unternehmung erwachsen.

Da der Prozeß einer Identifikation „Schwacher Signale“ arbeitsteilig von Scanner-Teams durchgeführt werden sollte, muß die Erfassung solcher Signale in möglichst *standardisierter Form* erfolgen, etwa unter Verwendung des (später zu erläuternden) Formulars „Trendmeldung“. Danach bietet sich eine systematisierte Ablage an, die zweckmäßig PC-gestützt über entsprechende Datenbank-Software erfolgen kann. In einem solchen Ablagesystem lassen sich Häufungen in bestimmten Ablagefeldern feststellen, ferner auch Beziehungen zu Trendmeldungen aus anderen Ablagefeldern.

In Abb. 5 ist ein solcher Prozeß der Erfassung und Dokumentation „Schwacher Signale“ unter Berücksichtigung einer stärke-/schwächenorientierten Unternehmungsanalyse dargestellt, der nachfolgend behandelt wird.

1. *Ausfüllen des Formulars „Trendmeldung“ und PC-gestützte Erfassung*
   Die dezentrale Erfassung „Schwacher Signale“ über zukünftige Ereignisse/Entwicklungen kann standardisiert mit Hilfe des oben erwähnten Formulars „Trendmeldung“ erfolgen, dessen Aufbau in Abb. 6 dargestellt ist.
2. *Die Ablage der Trendmeldungen in einer Datenbank*
   Auf Basis der dBase-Datenbank-Software wurde ein Programm entwickelt, das die Erfassung, Dokumentation sowie verschiedene Abfrageprozeduren über den PC unterstützt. Hier kann auch an die Vernetzung von PCs gedacht werden, bei der jeder „Scanner“ über eine Eingabe- und Abfragestation verfügt, d. h. mit der zentralen Datenbank on line verbunden ist.

An die Stelle des Formulars aus Abb. 6 tritt im Falle der PC-Unterstützung eine Eingabemaske, die gleich strukturiert sein kann. Mit den ebenfalls in Abb. 6 angesprochenen Dokumentationsfeldern ist bereits die Möglichkeit einer zweidimensionalen Strukturierung der Datenbank vorgesehen. Sie wird in Abb. 7 verdeutlicht.

Der Grundgedanke dieser Matrix ist die These der Koevolution von Unternehmung und Umfeld. Demnach können die Veränderungen der Entscheidungsfelder aus zwei Richtungen herrühren und damit auch unter zwei Perspektiven interpretiert werden:

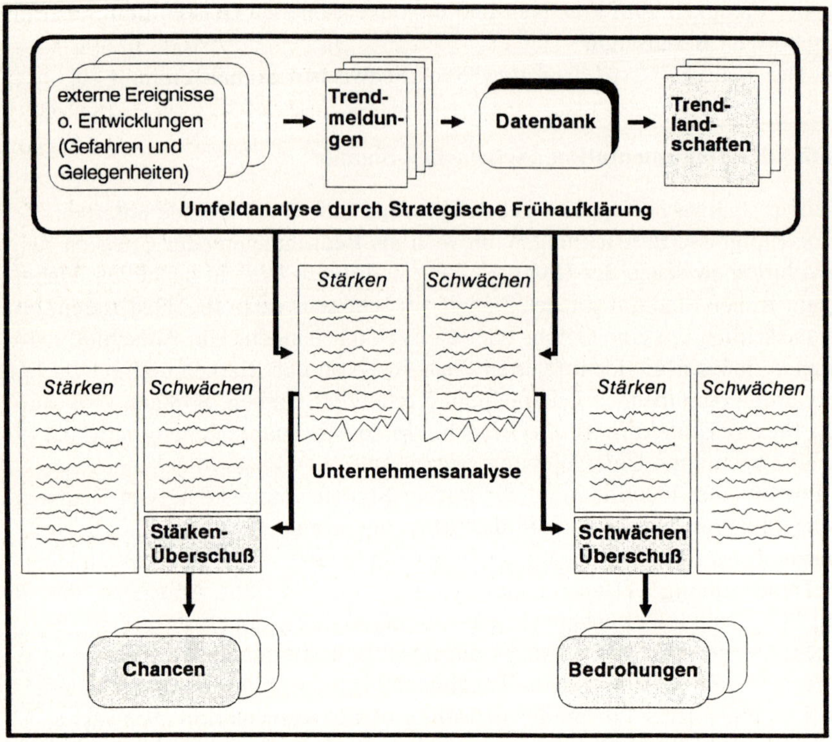

Abb. 5: Erfassung und Dokumentation „Schwacher Signale"

Erstens die Perspektive der *Makro-Dimensionen*. Hierunter sind thematisch gebundene Ausschnitte aus dem globalen Umfeld der Unternehmung zu verstehen, z. B. politische Entwicklungen, rechtliche Entwicklungen, demographische Entwicklungen usw. Auch hier hat sich die in Abb. 7 dargelegte Unterteilung bewährt. Natürlich muß sie aber für jeden Anwendungsfall neu hinterfragt werden.

Die zweite Perspektive ist die der *Mikro-Dimensionen*. Sie zeigt verschiedene Strukturierungen des direkteren Aufgabenumfeldes einer Unternehmung: Entwicklungen, die eher die gesamte Unternehmung betreffen; Entwicklungen, die eher im Kontext der jeweiligen Wettbewerberstruktur (Branche) zu verstehen sind; Entwicklungen, die auf die Märkte – in denen die Unternehmung tätig ist – zielen sowie Entwicklungen, die die eventuell abgegrenzten strategischen Geschäftsfelder einer Unternehmung betreffen. Natürlich werden sich diese Aufgabenbereiche – teilweise sogar erheblich – überlappen. Ihre Erfassung in getrennten Kategorien scheint aber nützlich zu sein, da sich die Entscheidungen in jeder dieser Kategorien nach anderen „Spielregeln" formieren. D. h., daß auch die Entwicklungen dieser Bereiche aus anderen (wissenschaftlichen) Kontexten heraus interpretiert werden sollten. Hier bietet sich z. B. der von Porter [13] entwickelte Bezugsrahmen zur Analyse der Branchenstrukturen und ihrer „driving forces" an.

Trendmeldung	**laufende Nr.** 1	**Meldedatum:** 18.5.84 **Scanner:** Peter Meier

Titel:	Handelsmanagement: Umbruch durch Scanning	**Jahr:** **Monat:**	1984
Quelle:	Absatzwirtschaft	**Tag:** **Band:** **Nr.:**	 4
Autor(en):	Treis, B. und Schminke, L.	**Seite:**	74-78

Zusammenfassung:

Scannerdaten führen zu einer Neu-Verteilung der Macht zwischen den Herstellern u. dem Handel. Es werden mehr und genauere Daten über Verbrauchergewohnheiten einerseits und über Vorgänge im Handelsunternehmen andererseits vorliegen. Es ist denkbar, daß eine interorganisationale Marktkommunikation institutionalisiert wird.
Dabei ist zu erwarten, daß ein nachweisbar erfolgreiches Marketing eher erkannt und kooperativ optimaler ausgeschöpft wird.

Kommentar: (aus der Sicht eines Herstellers mit eigenem Filialennetz)

Aufgrund der umfangreichen Kontrollmöglichkeiten durch Scanner wird die Entscheidungskompetenz der Zentrale im Bereich "Filialen" wachsen und die Versuche, einheitliche Marketingkonzepte auch gegen lokale Marktwiderstände durchzusetzen, werden zunehmen.

Die Großhändler können - in erster Linie determiniert durch die Beeinflussungsmöglichkeiten des Absatzmarktes auf der Einzelhandelsebene - die aggregierten Scannerdaten bei Verhandlungen mit dem Hersteller nutzen. Die Einkäufer der Großhändler sind nicht mehr auf die "Absatzversprechungen" der Hersteller angewiesen.

Die Hersteller müßten sich einen Zugang zu den Scannerdaten sichern, gegebenenfalls über Marktforschungsinstitute.

Einfluß auf die Branche:
1 — 2 — 3 — ■ — 4
sehr gering · gering · hoch · sehr hoch

Dringlichkeit für eine Aktion:
1 — 2 ■ — 3 — 4
hat Zeit · sehr dringend

Einfluß auf das eigene Unternehmen:
1 — 2 — ■ 3 — 4
sehr gering · sehr hoch

Vorhandene Fähigkeit zur Aktion:
1 — ■ — 2 — 3 — 4
schwach · stark

Dokumentationsfelder: Es können 12 Koordinatenpaare als mögliche Einordnungsfelder in die Mikro-Makro-Matrix genannt werden.

Mik./Mak.	Mik./Mak.	Mik./Mak.	Mik./Mak.	Mik./Mak.	Mik./Mak.	Mik./Mak.	Mik./Mak.	Mik./Mak.	Mik./Mak.	Mik./Mak.	Mik./Mak.
68 / 11	68 / 2	68 / 3									

Stichworte: Es können unbegrenzt viele Suchbegriffe eingegeben werden, aus denen ein sich selbst ergänzendes Stichwortverzeichnis erzeugt wird.

Scanner, Handel, Informationssystem

Abb. 6: Muster einer PC-Maske zur Erfassung von Trendmeldungen mit einem Beispiel

Mikro-Umfeld* / Makro-Umfeld	Unternehmen	Branchen	Märkte	Strategische Geschäftsfelder
Demographische Entwicklung				
Gesellschaftliche Entwicklung				
Einstellungen der Öffentlichkeit				
Entwicklungen in der Gesetzgebung				
Technologische Entwicklungen		*Trend Nr. 1*		
Ökonomische Entwicklungen				
Ressourcen und Umwelt				

*) Analyse- und Planungsfelder

Abb. 7: Mikro/Makro-Matrix (in Anlehnung an Wilson 1983, S. 9–17)

Werden mehrere thematisch verbundene Trendmeldungen aggregiert, so wird hier von der Bildung von *Trendlandschaften* gesprochen. Wie eine solche Vorgehensweise auch methodisch unterstützt werden kann, wird in Abb. 8 veranschaulicht. Die aus der Datenbank stammenden Trendmeldungen werden auf ihre Gemeinsamkeiten und wechselseitigen Abhängigkeiten hin untersucht und nach der Stärke der Ausprägung bewertet. Danach werden die Zeilen so lange iteriert, bis Gruppen von Trendmeldungen entstehen, die in sich relativ hoch interdependent sind und zu den anderen Gruppen hin relativ wenige Verknüpfungen aufzeigen. Man kann sich diesen Prozeß auch als das Umlegen eines Stapels von Trendmeldungen auf verschiedene kleine Stapel vorstellen. Dieses Umstapeln dauert so lange, bis jeder Stapel eine relativ geschlossene Trendlandschaft repräsentiert.

Je nach der gewünschten analytischen Durchdringungstiefe der erhobenen Informationen können nun weitere Methoden zur Weiterverarbeitung der Trendlandschaften eingesetzt werden.

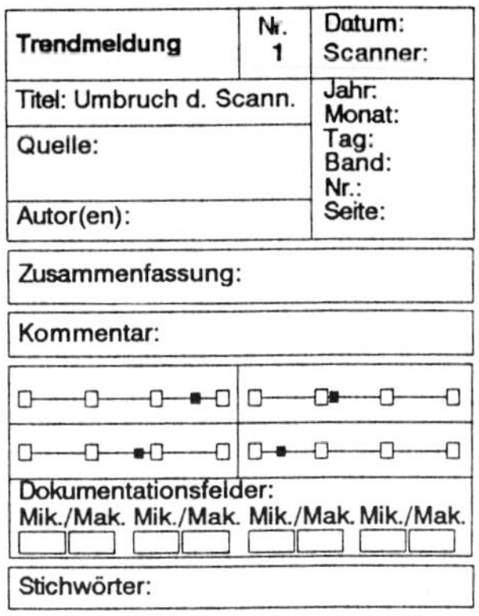

Mikro-Umfeld / Makro-Umfeld	Unternehmens-umfeld	Branchen	Märkte	Strategische Geschäftsfelder
Demographische Entwicklung				
Gesellschaftliche Entwicklung				
Einstellungen der Öffentlichkeit				
Entwicklungen in der Gesetzgebung				
Technologische Entwicklungen		Trend Nr. 1		
Ökonomische Entwicklungen				
Ressourcen und Umwelt				

a) Trendmeldung und Mikro/Makro-Matrix

	Titel der Trendmeldung	1	2	3	4	5	6	7	8	9	10	11	12
1	Umbruch durch Scanning	■				○				●			
2	Segmentierung des Massenmarktes		■	○		●	●		⊗				○
3	Die Zielgruppe schrumpft			■					⊗		●		
4	Minoritätenmarkt				■								
5	CAD/CAM		●			■	●	⊗					
6	Massenmärkte verfallen		●			●	■		⊗			⊗	○
7	Individualisierung		●		○		●	■	⊗				○
8	Der neue Verbraucher			○					■				●
9	Warenwirtsch.syst. vor dem Durchbr.	●								■			
10	Die Märkte der Zukunft			●	●				○		■	●	
11	Fachgeschäfte für Singles							○			●	■	
12	Neue Einfachheit												■

Abhängigkeiten

b) Gemeinsamkeiten/Abhängigkeiten-Matrix

● hohe Ausprägung
⊗ mittlere Ausprägung
○ geringe Ausprägung

Trend-landschaften		Titel der Trendmeldung	7	6	2	8	12	11	10	3	4	1	9	5
Der neue Verbraucher	7	Individualisierung	■	●	●	⊗	○				○			
	6	Massenmärkte verfallen		■	●	⊗	○	⊗						●
	2	Segmentierung des Massenmarktes		●	■	⊗	○			○				●
	8	Der neue Verbraucher				■	●			○				
	12	Neue Einfachheit					■							
Bevölkerungsstruktur im Wandel	11	Fachgeschäfte für Singles	○					■	●					
	10	Die Märkte der Zukunft				○		●	■	●	●			
	3	Die Zielgruppe schrumpft				⊗			●	■				
	4	Minoritätenmarkt							●		■			
Neue Technologien	1	Umbruch durch Scanning										■	●	○
	9	Warenwirtsch.syst. vor dem Durchbr.										●	■	
	5	CAD/CAM	⊗	●	●							⊗		■

Abhängigkeiten

c) Trendlandschaften

Abb. 8: Die Ableitung von Trendlandschaften

4. Der Methodeneinsatz: Die Verarbeitung qualitativer Informationen und der Wunsch nach Überschaubarkeit

Es wird wohl kaum möglich sein, alle Methoden zu nennen, von denen ein Beitrag zu einer strategischen Frühaufklärung erwartet werden kann. Dies hängt damit zusammen, daß die Analysegegenstände so unterschiedlich sind, daß eine generelle Methodenausgrenzung nicht möglich erscheint. An dieser Stelle können lediglich Methoden angedeutet werden, die häufig bei den strategischen Frühaufklärungsprozessen Anwendung finden. Dabei ist es wenig überraschend, daß hier insbesondere die Methoden und Techniken der Zukunftsforschung zu nennen sind [14].

Die Aufgaben der Methoden der Zukunftsforschung liegen grundsätzlich nicht in der Vorhersage der Zukunft. Sie zielen vielmehr auf der Basis einer formalisierten und systematisierten Vorgehensweise auf eine „Bewußtseinserweiterung", eine erhöhte Sensibilisierung für Optionen, Zusammenhänge, Gefahren, Gelegenheiten, Potentialveränderungen usw. Ihre Ergebnisse können demnach nicht als gesicherte Erkenntnisse in die Planung Eingang finden.

Bei amerikanischen Unternehmungen haben Methoden wie die Szenario-Technik, ökonometrische Modelle, Trendextrapolationen und Kreativitätsänderungen einen relativ hohen Verbreitungsgrad. So geben z. B. in nahezu allen Untersuchungen mehr als die Hälfte der Top 1000 an, daß sie sich der Szenario-Technik bedienen würden. Bezogen auf den Einsatz derartiger Methoden in der Bundesrepublik Deutschland gilt, daß in den USA eine generell viel höhere Akzeptanz von Aktivitäten des „Futures Research" zu registrieren ist. In der Bundesrepublik sind es nur ganz wenige, ausgewählte Methoden der Zukunftsforschung, die hier bereits über eine nennenswerte Anwendungsrelevanz verfügen. Man tut sich noch generell recht schwer im Umgang mit qualitativen Verfahren, weil sie zum einen nicht strengen Verhaltensvorschriften folgen, was verunsichert, und weil sie zum anderen sehr viel Raum für subjektive Interpretationen lassen.

Versucht man einmal zu kategorisieren, so lassen sich vorerst drei Arten von Methoden unterscheiden, die zu einer Unterstützung von Frühaufklärungsaktivitäten tauglich erscheinen:

1. Kommunikationsfördernde Methoden in Frühaufklärungsprozessen
   Eine erste Möglichkeit zur Nutzung der erfaßten Trendmeldungen stellt die Organisation moderierter Kommunikationsarenen dar. Ihr Zweck ist die Erörterung der Trendlandschaften im Kreise der Systembeteiligten. So veranstalten manche Unternehmen z. B. regelmäßig sogenannte „*Trendshops*". Ziel sollte es sein, die gemeinsamen Vorstellungen vom Entscheidungsfeld weiterzuentwickeln, um dadurch möglichst nahe und schnell an gegenwärtige und zukünftige Realitäten zu gelangen.
2. Methoden zur analytischen Weiterverarbeitung von Frühaufklärungsinformationen
   Hier sind insbesondere Methoden hervorzuheben, die nicht auf kausalanalytischen Zusammenhängen irgendwelcher Vergangenheitsstrukturen beruhen, sondern genau diese Zusammenhänge grundsätzlich in Frage stellen und darauf aufbauend neue, ganzheitliche Alternativen zu möglichen zukünftigen Realitäten entwerfen. In

diesem Zusammenhang sei z. B. auf die Szenario-Technik [15], die Diffusionsfunktionen [16] oder das *Feedback-Diagramm* verwiesen.

3. Methoden zur Kreativitätsförderung bei der Interpretation und Nutzung von Zukunftswissen
   Typisch für Frühaufklärungsprozesse ist auch ihr hoher Kreativitätsbedarf. Ein ausgeprägtes Vorstellungsvermögen und Phantasie sind verlangt, um zu schlüssigen Bildern möglicher Zukünfte zu gelangen. Deshalb kann hier auch an den Einsatz von Kreativitätstechniken (Synektik usw.) gedacht werden.

Es kann nun keine allgemeine Regel dazu gegeben werden, wie weitreichend der Methodeneinsatz sein sollte und welche Methoden zu verwenden sind. Dies hängt vom spezifischen Fall, vom spezifischen Kosten/Nutzen-Verhältnis ab. Ein weniger ausgebautes Frühaufklärungssystem kann sich durchaus mit einfachen Methoden und Moderationstechniken begnügen und trotzdem auf gute Ergebnisse hoffen. Als Prozeßgestalter einer Frühaufklärung befindet man sich hier auch in einem Dilemma: Einerseits sollte man darauf achten, durch zu hohen Methodeneinsatz die Diskussion nicht zu sehr einzuengen, auf der anderen Seite bedarf eine zielgerichtete Frühaufklärungsdiskussion einer konzeptionell gestützten Moderation.

Was man jedoch verallgemeinernd sagen kann ist, daß die einzusetzenden Methoden einen eher heuristischen Charakter haben. Sie produzieren keine „exakteren" oder von vornherein besseren Ergebnisse, sondern helfen lediglich Gedanken und Diskussionen systematisch und zusammenhängender aufzubereiten. Sie unterstützen bestimmte Prozeßziele (z. B. ganzheitliches Denken). Ihr Einsatz sollte aber nie zum Selbstzweck degenerieren. Ist die Diskussion ausreichend sachgerichtet, sollte man sich i. a. von den Methoden lösen.

Auch sollte man sich beim Methodeneinsatz nicht vor einer extrem starken Komplexitätsreduktion der Realität scheuen. Entscheidend ist die Überschaubarkeit der Informationsverarbeitung für die Systemnutzer. Nur so werden sie wohl bereit und fähig sein, als Organisation zu lernen, d. h. auch ihr Verständnis der (zukünftigen) Realität einander anzugleichen und zu verbessern.

Die Methoden stellen bei einer strategischen Frühaufklärung i. a. nicht das Problem dar. Für die Zwecke, für die man sich eine Methodenunterstützung wünscht, findet man meist auch geeignete Instrumente. Viel problematischer ist der Mensch im Umgang mit den Methoden und dem System. Die Art der Implementierung bestimmt damit entscheidend den Erfolg einer strategischen Frühaufklärung.

5. Frühaufklärung und strategische Planung/Führung

Neben Analysen und (traditionellen) Prognosen sind Frühaufklärungsinformationen als Output von Frühaufklärungssystemen *informationelle* Basis der Planung schlechthin. Insbesondere für die strategische Planung scheint sich angesichts dramatisch zunehmender Diskontinuitäten die Bedeutung von Frühaufklärungsinformationen als Informationsbasis zu Lasten derjenigen von Analysen und (quantitativen) Prognosen zu vergrößern.

Frühaufklärungsinformationen sind weiterhin für grundsätzlich alle Phasen des strategischen Planungsprozesses, einschließlich der Planungsentscheidung, relevant [17]. Ein besonderer Bedeutungsschwerpunkt ihrer Anwendung liegt dabei in der Problemstellungsphase (als Lageinformationen) und in der Beurteilungs-/Entscheidungsphase (als Wirkungsinformationen) [18].

Frühaufklärungsinformationen können

- zu einer Anpassung,
- Initiierung oder
- Aufgabe

strategischer Planungen führen. Sie können außerdem als zuvor definierte Signale bereits erarbeitete Alternativpläne für Ausnahmefälle in Kraft setzen [19].

Als Informationen mit Frühaufklärungscharakter bieten sich für die strategische Planung zwar zunächst strategische Frühaufklärungsinformationen an, jedoch nicht mit einem irgendwie gearteten Exklusivitätsanspruch. Vielmehr können und müssen auch Informationen aus operativer Frühaufklärung bei Relevanz Berücksichtigung finden.

Letztendlich dienen Frühaufklärungsinformationen aber nicht nur als Basis für die (strategische) Planung, sondern sind zugleich Inputdaten für den gesamten Prozeß der *strategischen Führung*. Gerade auch für den Bereich der strategischen Kontrolle, der zeitlich nur schwer von dem der Steuerungs-/Implementationsphase zu trennen ist, haben Frühaufklärungsinformationen als „Feed-Forward"-Informationen zentrale Bedeutung. Dies gilt sowohl für die Prämissenkontrolle, wie auch für die *Realisationskontrolle*, die den Prozeß der Umsetzung von Strategien begleitet [20]. Häufig wird sogar (strategische) Frühaufklärung nur als ein Instrument strategischer Kontrolle gesehen [21]; was uns allerdings eine zu enge Sichtweise zu sein scheint.

Anmerkungen

[1] Vgl. grundsätzlich zu Formen der operativen und strategischen Frühaufklärung *Krystek, U./Müller-Stewens, G.*: Frühaufklärung für Unternehmen. Identifikation und Handhabung zukünftiger Chancen und Bedrohungen. Stuttgart 1993.

[2] Vgl. *Liebl, F.*: Schwache Signale und künstliche Intelligenz im strategischen Issue Management. Frankfurt, M. et al. 1991; *Haag, T.*: Entwicklung eines integrativen strategischen Früherkennungssystems. In: Zeitschrift für Planung 3/1992, S. 261 ff.; *Bertram, U.*: Früherkennungsorientierte Steuerung. Theoretische Grundlagen und Anwendung für Versicherungsunternehmungen. München/Mering 1993, insbesondere S. 238 ff.; *Micic, P.*: Strategische Früherkennung statt Management by Rückspiegel. In: Office Management 10/1993, S. 76 ff.; *Nagel, K./Ley, D.*: Unternehmenssignale. Situationsbewertung, Strategieanalyse, Neupositionierung. Landsberg, L. 1994, insbesondere S. 199 ff.; *Liebl, F.*: Strategische Frühaufklärung. Trends – Issues – Stakeholders. München/Wien 1996. *Bea, F. X./ Haas, J.*: Strategisches Management. Stuttgart/Jena 1995, S. 269 ff.; *Liebl, F.*: Strategische Frühaufklärung. Trends – Issues – Stakeholders. München/Wien 1996.

[3] Vgl. *Raffée, H./Wiedmann, K.-P.*: Grundstruktur marketingorientierter Frühaufklärungssysteme und Ansatzpunkte zur Entwicklung kontrollorientierter Frühaufklärungsprogramme. Arbeitspapier Nr. 65 des Instituts für Marketing der Universität Mannheim. Mannheim 1988, S. 2 ff.

[4] Vgl. *Galtung, J.*: Methodologie und Ideologie, Band I. Frankfurt, M. 1978.
[5] Zwar kann man auch aktiv nach „Drittvariablen“ suchen, um bestehende Invarianzen zu zerstören oder instabil gewordene Invarianzen wieder zu stabilisieren. Ein solches Vorgehen ist aber dann nicht mehr Gegenstand einer Frühaufklärung.
[6] Vgl. *Ansoff, I.*: Managing Strategic Surprise by Response to Weak Signals. In: California Management Review 2/1995, S. 21 ff.
[7] Vgl. zu diesem Begriff *Battelle Institut* (Hrsg.): Frühwarnsysteme für die strategische Unternehmungsplanung. Ein Radar zur Erkennung von technologischen, wirtschaftlichen, politischen und sozialen Veränderungen im Umfeld der Unternehmung. Frankfurt, M. 1980.
[8] Vgl. zu dieser bildhaften Darstellung *Kirsch, W./Trux, W.*: Strategische Frühaufklärung und Portfolio-Analyse. In: *Albach, H./Hahn, D./Mertens, P.* (Hrsg.): Frühwarnsysteme. ZfB-Ergänzungsheft 2/79, S. 47 ff.
[9] Vgl. *VDI Technologiezentrum* (Hrsg.): Technologiefrühaufklärung. Identifikation und Bewertung von Ansätzen zukünftiger Technologien. Stuttgart 1992.
[10] Scannerdienste sind Zeitschriften, die unter bestimmten Gesichtspunkten (z. B. Technologieprognose) eine Vielzahl anderer Quellen auswerten und das Ergebnis dann veröffentlichen.
[11] Vgl. dazu *Hahn, D./Krystek, U.*: Betriebliche und überbetriebliche Frühwarnsysteme für die Industrie. In: ZfbF 1979, S. 76 ff.
[12] Vgl. *Müller-Stewens, G.*: Strategische Suchfeldanalyse. 2. Aufl., Wiesbaden 1990, Abschn. 3.32. Heute werden vom SRI verschiedene sogenannte „Business Future Networks“ organisiert. Teilweise sind sie nur organisationsintern ausgerichtet, teilweise auf bestimmte Themen oder Regionen (z. B. „Swedish Futures Networks“) fokussiert. Das Interesse an solchen Gruppierungen ist mit dem Interesse am Thema „Wissenschaftsmanagement“ neu erwacht.
[13] *Porter, M.*: Wettbewerbsstrategie. Frankfurt, M. 1983.
[14] Vgl. zur Zukunftsforschung folgenden Übersichtsartikel: *Müller-Stewens, G.*: Zukunftsforschung. In: Gablers Wirtschaftslexikon, 2. Band, 12. Aufl., Wiesbaden 1988, S. 2915 ff.
[15] Vgl. u. a. den Beitrag von *Geschka/Hammer* in diesem Reader; *Gausemeier, J./Fink, A./Schlake, O.*: Szenario-Management. Planen und Führen mit Szenarien. München/Wien 1995.
[16] Vgl. *Krampe, G./Müller, G.*: Diffusionsfunktionen als theoretisches und praktisches Konzept zur strategischen Frühaufklärung. In: ZfbF 1981, S. 384 ff.
[17] Vgl. generell zum Planungsprozeß *Hahn, D.*: PuK, Controllingkonzepte. 5. Aufl., Wiesbaden 1996, S. 45 ff.
[18] Vgl. *Wild, J.*: Grundfragen der Unternehmungsplanung. 4. Aufl., Opladen 1982, S. 66 ff.
[19] Vgl. *Krystek, U.*: Unternehmungskrisen. Wiesbaden 1987, S. 201 ff.; *Matschke, J. J./Eickel, D. Th.*: Kontingenzplanung. In: HWPlan. Stuttgart 1989, Sp. 365 ff.
[20] Vgl. zur strategischen Kontrolle den Beitrag von *D. Hahn* in diesem Reader.
[21] Vgl. *Coenenberg, A. G./Baum, H.-G.*: Strategisches Controlling. Grundfragen der strategischen Planung und Kontrolle. Stuttgart 1987, S. 160 ff.; *Pfohl, H.-Ch.*: Strategische Kontrolle. In: Handbuch Strategische Führung, hrsg. v. *H. A. Henzler*. Wiesbaden 1989, S. 809 ff.

Vernetztes Denken –
Die Methodik des vernetzten Denkens zur Lösung komplexer Probleme*

G.J.B. Probst und P. Gomez

1. Der Umgang mit komplexen Problemen

Wie wir über ein Unternehmen denken, in dies eingreifen und lenkend handeln, hängt davon ab, wie wir es wahrnehmen. Die Grundvorstellungen des vernetzten oder ganzheitlichen Denkens bilden eine Perspektive, die uns heute relevant und notwendig erscheint, um in *sozialen, komplexen Problemsituationen* gestaltend und lenkend einzugreifen. Viele Manager bewältigen komplexe Situationen intuitiv richtig (vgl. Bechtler 1987). Aber nur wenige Manager können auf die Intuition „zählen", und für viele bleibt die Intuition ein schlechter Ratgeber, wenn es um komplexe Phänomene geht. Vielleicht wird gerade deshalb in den unterschiedlichsten Zusammenhängen eine ganzheitliche Denkweise gefordert. Gemeint ist damit ein integrierendes, zusammenfügendes Denken, das auf einem breiteren Horizont beruht, von größeren Zusammenhängen ausgeht, viele Einflußfaktoren berücksichtigt und das weniger isolierend und zerlegend ist als das übliche Vorgehen. Es ist ein umfassenderes, generalistisch orientiertes Denken, das auch eine andere Gestaltungs- und Lenkungsphilosophie verlangt. Es wird nicht auf das System eingewirkt, sondern *mit* dem System gearbeitet (Ulrich/Probst 1988, Gomez/Probst 1987).

Eine Methodik des vernetzten Denkens versteht sich also nicht grundsätzlich als notwendiger Bestandteil jeder Problembearbeitung. Häufig genügen einfache Denkmuster, Techniken und Lösungen. Aber immer wieder sind wir vor Situationen gestellt, in denen wir uns machtlos fühlen, ein ungutes Gefühl in Verbindung mit den uns zur Verfügung stehenden Problemlösungstechniken haben. Wir unterscheiden drei verschiedene Arten von Situationen: einfache, komplizierte und komplexe. *Einfache Probleme* enthalten nur wenige Einflußgrößen, Beziehungen und Interaktionen. Hier geht es etwa um die Korrektur des Budgetrahmens, die Einsatzplanung von Mitarbeitern, die Planung

---

* Dieser Beitrag wird wiederabgedruckt mit Erlaubnis des Verlags Th. Gabler, Wiesbaden, aus: Vernetztes Denken, Hrsg. G.J.B. Probst u. P. Gomez, Wiesbaden 1989, S. 1–18.

der Maschinenkapazität usw. In *komplizierteren Problemsituationen* haben wir zwar viele Faktoren und Verknüpfungen, aber nur wenig Bewegung oder Dynamik im System. Die Organisation der Logistik, der Bauplan einer größeren Anlage usw. sind Beispiele dafür. Diese Problemsituationen bedürfen zwar viel Detailarbeit und eines großen Zeitaufwandes, aber sie sind nicht komplexer Natur. *Komplexe Problemsituationen* zeichnen sich durch eine hohe Dynamik aus, die zwischen vielen verschiedenen Faktoren herrscht. Hier geht es etwa um strategische Unternehmensentscheidungen, die Frühwarnung für eine Gesamtinstitution, um die Umweltproblematik, die Aktivitäten in weltweiten Märkten, den Wertewandel in der Gesellschaft usw. Diese Art von Problemsituationen hat in den letzten Jahren enorm zugenommen und an Bedeutung gewonnen. Die Umwelt *und* die Unternehmensaktivitäten sind zunehmend komplexer geworden. Aber was bedeutet dieses Modewort Komplexität eigentlich? Komplexer sind die Dinge in der Unternehmensführung geworden, weil wir es im Sinne von Peter Drucker (1980) mit turbulenteren Unternehmens- und Umweltsituationen zu tun haben. Die Konkurrenzsituation hat sich in vielen Branchen internationalisiert und verschärft. Einige Branchen weisen starke Wachstumstendenzen, andere plötzlich stagnierende oder gar rückläufige Tendenzen auf. Neue Technologien (Informatisierung, Biotechnologien, neue Medien) und veränderte, verkürzte Produktlebenszyklen stellen die Unternehmen vor vollkommen neue Situationen. Die Werthaltungen der Gesellschaft, der Mitarbeiter oder der Führungskräfte ändern sich teilweise drastisch und ihre Vielfalt und die Änderungsgeschwindigkeit nehmen gar zu.

Was heißt verallgemeinert also, daß die Welt *komplexer* geworden ist? Sie ist hochgradig vernetzt und dynamisch geworden. Damit ist die Zukunft nicht (mehr) eindeutig vorhersagbar, zukünftige Umwelt- oder Unternehmenssituationen nicht eindeutig erwartbar, die Entscheidungssituationen sind nicht mehr transparent, viele Ziele stehen gleichzeitig im Mittelpunkt und unser Handeln ist nicht mehr in einem einfachen kausalen Zusammenhang begründbar.

Daß wir gerade im Umgang mit solchen komplexen Problemen große Schwierigkeiten haben, hat Dietrich Dörner mit seinen Simulationsspielen eindrücklich gezeigt. Wir machen immer wieder »strategische Denkfehler«, wenn wir in komplexe Systeme eingreifen, sei dies nun in das Unternehmensgeschehen, eine Stadt oder ein Entwicklungsgebiet (vgl. Dörner 1981, Dörner et al. 1983, Vester 1980). Es handelt sich dabei gewissermaßen um eine Überforderung des Menschen, um Unzulänglichkeiten menschlicher kognitiver Prozesse, um eine Informationsüberlastung. Wir erkennen die großen Entwicklungslinien nicht und beseitigen nur einzelne, isolierte Mißstände. Wir beschränken uns auf Ausschnitte des relevanten Systems und zerschneiden oder vergessen wichtige Beziehungen, Interaktionen oder Regelkreise, Nebenwirkungen werden im voraus nicht erahnt und sind häufig unerwünscht. Die Rolle der Elemente oder Teile einer Situation werden nicht in der Vernetzung erkannt. Symptome werden statt der Probleme behandelt. Sündenböcke werden gesucht, um die Problematik auf *eine* Ursache zu reduzieren u.a.m. Unsere Fähigkeit, komplexe Situationen zu erfassen, begreifen und erfolgreich zu gestalten, ist offensichtlich nicht gut entwickelt. Auch intelligente Menschen sind häufig überfordert, wenn es um vernetzte Systeme geht (vgl. Dörner 1989).

Häufige Denkfehler im Problemlösungsprozeß

Ungenügende Problematisierung
Unkritische Übernahme von Werten und Zielen
Unkritische Wahrnehmung der Situation

Unrealistisches Modellieren und Interpretieren der Problemsituation
Statisches Denken
Zu enge Abgrenzung der Situation
Nichterfassen von Wechselwirkungen und Regelkreisen
Nichtberücksichtigung von „Nebenwirkungen"

Produktives Planen und Entscheiden
Mangelndes kreatives Suchen nach Neuem
Rückfall in punktuelles Ursache-Wirkungs-Denken
Vernachlässigung von Zeitverzögerungen

Unzweckmäßiges In-Gang-Setzen und Verwirklichen
„Machen" statt „Entwickeln"
Fehlendes Frühwarnsystem
Reaktives Handeln bei „Störungen"

Quelle: Ulrich/Probst 1988

Abb. 1

Solchen Denkfehlern begegnen wir typischerweise auch in der Managementpraxis (vgl. Gomez/Probst 1987, Abbildung 1 aus Ulrich/Probst 1988).

Aber können wir *lernen, mit komplexen Problemen besser umzugehen?*

Bis heute stellten wir in der Literatur (vgl. Ulrich/Probst 1988, Gomez/Probst 1987, Gomez 1981, Probst 1985, 1987) folgende Elemente vor:

- die Bausteine des vernetzten, ganzheitlichen Denkens,
- die Methodik des vernetzten Denkens zum Lösen komplexer Probleme,
- die Grundideen eines ganzheitlichen Managements.

2. Vom systemischen, ganzheitlichen Hintergrund zur Problemlösungsmethodik

Wir wollen hier kurz die Methodik des vernetzten Denkens vorstellen. Eine ausführliche Anleitung zum ganzheitlichen, vernetzten Denken und Handeln findet der interessierte Leser in der zuvor genannten Literatur. Die Methodik findet ihre Begründung und Fundierung in den Bausteinen des ganzheitlichen, systemischen Denkens. Die *Bausteine des ganzheitlichen Denkens* sind: „Ganzheit und Teil", „Vernetztheit", „Offenheit", „Komplexität", „Ordnung", „Lenkung" und „Entwicklung". Worum es dabei geht, zeigt die Abbildung 2 in einer Übersicht (vgl. dazu ausführlich Ulrich/Probst 1988, Probst 1985, 1987).

Die Bausteine des ganzheitlichen Denkens

GANZHEIT UND TEIL

Was uns interessiert, sind Ganzheiten, die von einer Umwelt abgrenzbar sind. Viele verschiedene Ganzheiten führen untereinander verknüpft zu einem größeren Ganzen und bilden so eine Hierarchie von Systemen. Aber das einzelne Ganze ist nicht etwas objektiv Gegebenes. Es ist aus verschiedenen Perspektiven unterschiedlich abgrenzbar. So ist auch das Ziel und der Zweck eines Handlungssystems nicht a priori gegeben.

VERNETZTHEIT

Die Teile, aber auch die Systeme selbst sind auf vielfältige Art und Weise untereinander verknüpft. Daraus entsteht für uns, die in solchen Systemen entscheiden und handeln, die Dynamik und die Unbestimmtheit. Der „Aufbau" des Systems ist der Produzent jedes Verhaltens des Systems.

OFFENHEIT

Die Offenheit des Systems bewirkt, daß vielfältige Wechselwirkungen nicht nur zwischen den Elementen oder Teilen innerhalb des Systems bestehen, sondern auch zwischen dem System und seiner Umwelt. Die Offenheit bewirkt auch, daß kein System völlig unabhängig ist, sondern immer auch von der Umwelt mitbeeinflußt wird. Es muß sich einpassen in seine Umwelt, aber auch Einfluß nehmen, um zu überleben.

KOMPLEXITÄT

Soziale Systeme sind nicht einfach kompliziert, zum Beispiel wie Maschinen. Sie können außerordentlich viele Verhaltensweisen produzieren, je nach den Interaktionen, die im System möglich und erlaubt sind. Hier liegt einerseits das Verhaltenspotential, das so wichtig für das Überleben in einer sich ständig verändernden Umwelt ist. Es ist aber auch die sich aus dem Aufbau und der Dynamik ergebende Eigenschaft, welche uns die prinzipiellen Grenzen des exakten Wissenkönnens, des Prognostizierens zukünftiger Zustände und des „Machens" vor Augen führt.

ORDNUNG

Trotz der hohen Komplexität ist jedoch eine Ordnung zu erkennen. Aufgrund von Regeln oder Regelhaftigkeiten entstehen Verhaltensmuster. Solche Verhaltensmuster sind häufig nicht das Resultat bewußter Gestaltung, sondern das Resultat der Wechselwirkungen und sich ergebenden Regelhaftigkeiten. Zumindest sind Ordnungsmuster nicht auf einen Ursprung, beispielsweise auf den Organisator oder den Planer, reduzierbar.

LENKUNG

Auf der Geordnetheit – auch in dynamischer Sicht im Sinne von Verhaltensmustern – beruht die Fähigkeit von Systemen, sich selbst unter Kontrolle halten zu können, bestimmte Zustände und Prozesse andern vorzuziehen. Systeme sind also gelenkt, oder besser „lenkig". Lenkungsfunktionen finden im System selbst statt und können auf verschiedenste Weisen ausgestaltet sein. Lenkungsmechanismen können in einem dynamischen System im Laufe des Zusammenwirkens der Teile von selbst entstehen, aber auch von Menschen bewußt geschaffen werden.

ENTWICKLUNG

Soziale Systeme sind zweck- und zielgerichtet. Zweck und Ziele können sich im Laufe der Zeit und des Zusammenwirkens von Menschen und im Zusammenwirken mit der Umwelt jedoch ändern. Soziale Systeme weisen eine wertbehaftete, sinngebende Dimension auf und haben die Fähigkeit, sich in Frage zu stellen, indem sie ihre eigenen Ziele, Strukturen und Verhaltensweisen beurteilen und verändern. Sie können lernen und ihre Lernfähigkeit verbessern.

Abb. 2

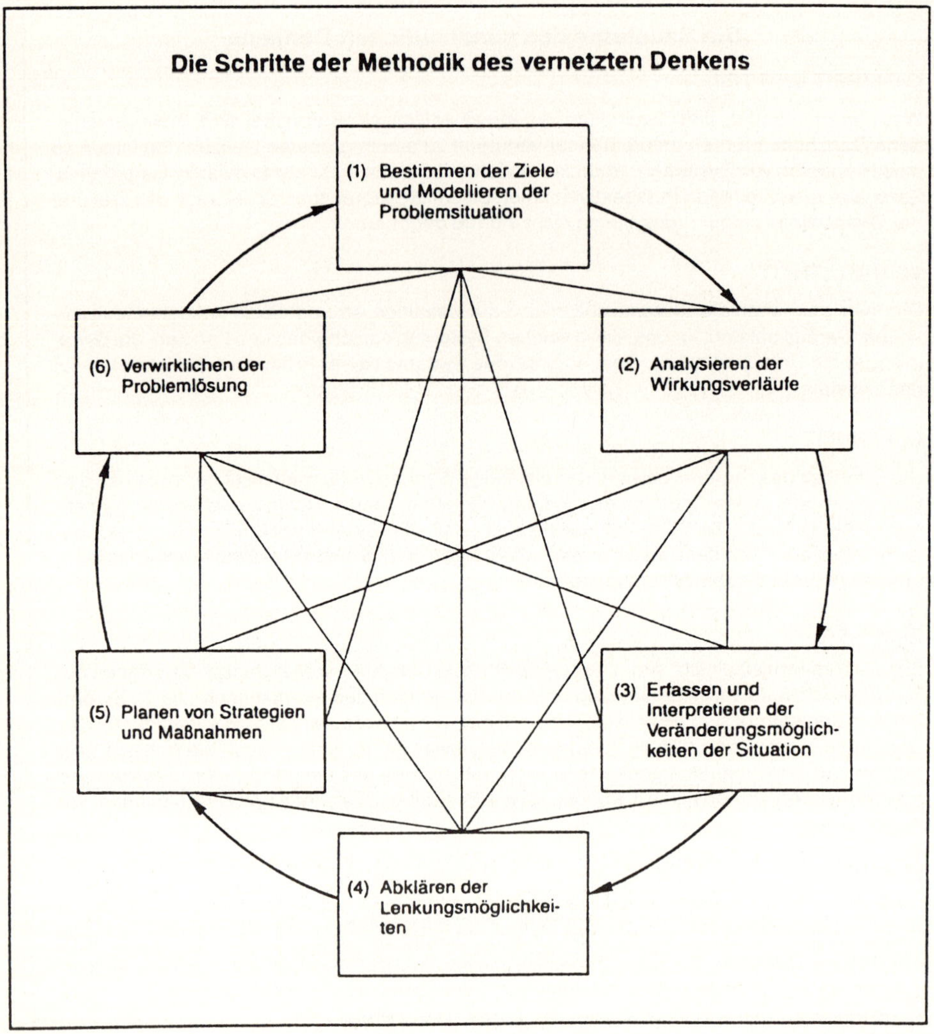

Abb. 3

Was bedeuten diese Bausteine jedoch nun für den *Umgang mit komplexen (sozialen) Problemsituationen?* Die Konsequenz liegt in den Schritten der Problemlösungsmethodik des vernetzten Denkens, die nachfolgend grob beschrieben werden sollen. Diese Methodik hilft nicht nur, zu umfassenderen Lösungen zu kommen, sondern auch im persönlichen Umgang mit komplexen Situationen sicherer zu werden. Dort wo die Intuition allein nicht genügt, stehen damit Vorgehensschritte zur Verfügung, um die Zusammenhänge, die Dynamik, die Verhaltensmöglichkeiten, die Grenzen und Möglichkeiten der Lenkung und die Entwicklungs- und Lernfähigkeiten zu erkennen.

Im wesentlichen werden Situationen aus verschiedenen Perspektiven abgegrenzt und so eine adäquatere Definition eines Problems erreicht. Die Zusammenhänge und ihre Eigenschaften werden in Netzwerken dargestellt und untersucht. Mit Hilfe der Szenariotechnik werden Verhaltensmuster erarbeitet und interpretiert. Lenkungsmodelle helfen dann, uns auf das Wesentliche, nämlich die auf einer bestimmten Ebene lenkbaren Elemente und Beziehungen zu konzentrieren. Ebenso lernen wir, die Eigenschaften des Ganzen und seiner Teile besser zu verstehen. Aus den Erkenntnissen der Systemtheorie heraus lassen sich sodann Regeln für die Strategien der Gestaltung und Lenkung ableiten. Schließlich werden dem Umsetzungsprozeß, den Lernprozessen und der Entwicklung einer Problemlösung die notwendige Aufmerksamkeit geschenkt.

3. Zu den Schritten der Methodik des vernetzten Denkens

Die Methodik umfaßt, wie zuvor kurz gezeigt, die in Abbildung 3 aufgeführten Schritte.

Die genannten Schritte werden hier zwar in linearer Weise abgehandelt und kurz umschrieben, jedoch handelt es sich praktisch um einen iterativen und in sich selbst vernetzten Prozeß. Dies bedeutet, daß auf die Problembeschreibung zum Beispiel immer wieder zurückzukommen ist, wenn weitere Informationen gewonnen wurden, oder Strategien überdacht werden müssen, wenn das Netzwerk eine wesentliche Veränderung erfährt, oder Frühwarnindikatoren in das Netzwerk eingebaut werden müssen, wenn sie sich als notwendig erweisen, usw.

3.1 Bestimmen der Ziele und Modellieren der Problemsituation

Vorentscheidend für den Erfolg eines Problemlösungsprozesses ist eine geeignete Bestimmung der Problemsituation. Wird dieser nicht genügend Aufmerksamkeit geschenkt, so wird aus der vermeintlichen Problemlösung häufig eine reine Symptombekämpfung, es werden die falschen Ziele verfolgt oder nur Teile behandelt, die zu keiner befriedigenden Lösung führen.

Die Schwierigkeiten, die wir in der Ausgangsphase meist wahrnehmen oder fühlen, stellen nicht notwendigerweise auch das wirkliche Problem dar. Vielfach handelt es sich um ein Symptom, das wir nur allzugerne aufnehmen, um die „Sache nicht weiter zu verkomplizieren". Wollen wir aber zu den Wurzeln des Problems vorstoßen, so müssen wir die Situationen in ihren *Zusammenhängen, Beziehungen und Interaktionen* erfassen und erkennen. Komplexe Probleme sind nicht einfach lokalisierbar, nehmen keine Rücksicht auf unsere Lehrstühle, Spezialisierungen oder Positionen und Organisationsstrukturen. Wir versuchen daher nicht, Listen von „Fakten" zu erstellen, sondern von Anfang an die Erkenntnisse, Erfahrungen und Analysen in Netzwerkform zu erfassen.

Nun sind Probleme nicht einfach etwas objektiv Gegebenes. Sie werden von „uns" (subjektiv) wahrgenommen. Die Realität hat viele Gesichter, die Problemsituation viele

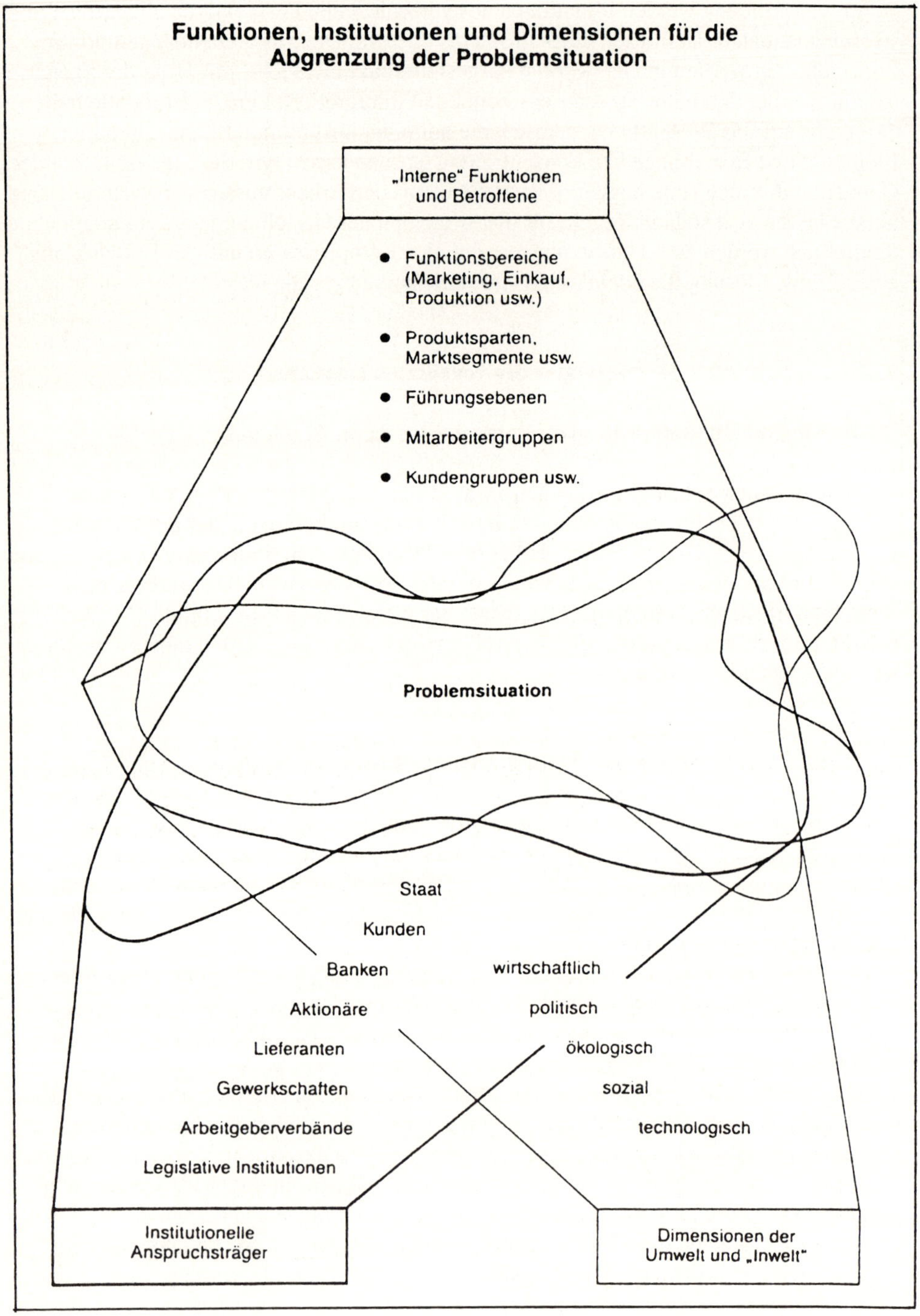
Funktionen, Institutionen und Dimensionen für die Abgrenzung der Problemsituation
„Interne“ Funktionen und Betroffene
Funktionsbereiche (Marketing, Einkauf, Produktion usw.)
Produktsparten, Marktsegmente usw.
Führungsebenen
Mitarbeitergruppen
Kundengruppen usw.
Problemsituation
Staat
Kunden
Banken
Aktionäre
Lieferanten
Gewerkschaften
Arbeitgeberverbände
Legislative Institutionen
wirtschaftlich
politisch
ökologisch
sozial
technologisch
Institutionelle Anspruchsträger
Dimensionen der Umwelt und „Inwelt“

Abb. 4

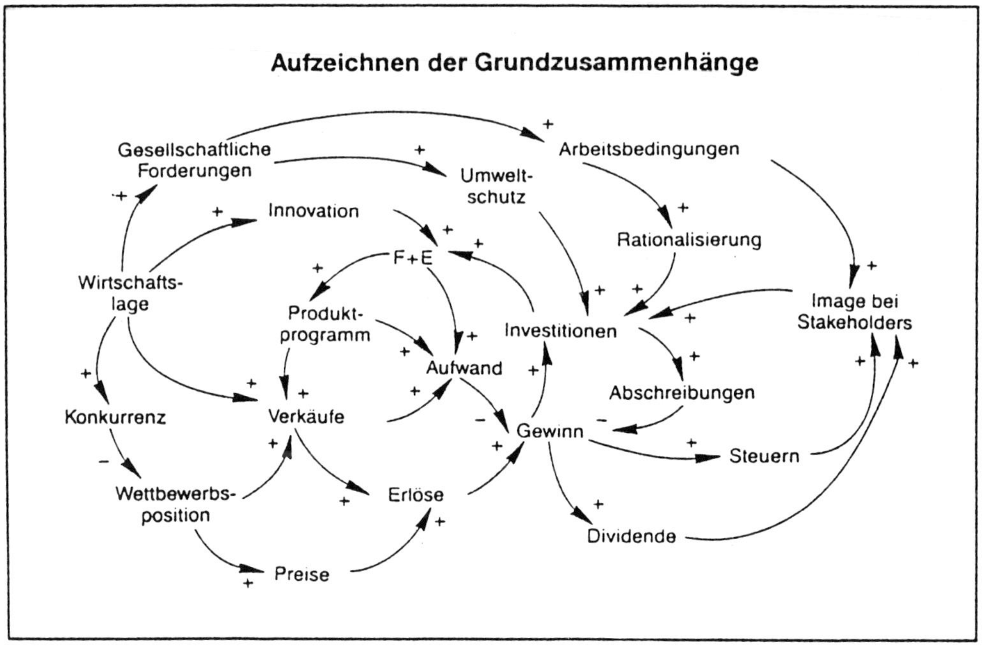

Abb. 5

Abgrenzungsmöglichkeiten. Es stellt sich also die Frage, was aus den verschiedenen sinnvollen Sichtweisen für eine Situation überhaupt zum System gehört. Ein Perspektivenwechsel verändert häufig die Grenzen und Elemente, die bedeutungsvollen Beziehungen und Wirkungseinschätzungen. Wir suchen daher immer bewußt, die Situation aus der Sicht verschiedener Interessengruppen, Institutionen und Dimensionen zu umschreiben, um so zu einer umfassenderen, ganzheitlicheren Abgrenzung zu gelangen (vgl. Abbildung 4).

Um von einem Problem reden zu können, müssen wir auch *Ziele erkennen* können. Dies ist nicht immer leicht und von Anfang an klar und sinnvoll festschreibbar. Trotzdem ist es wichtig, Ziele bewußt zu machen, die uns für die Erfassung einer Situation als Problem leiten sollen, an denen wir uns gewissermaßen orientieren. Gerade hier liegt nach Dörner eine wesentliche Schwierigkeit im Umgang mit komplexen Situationen. Ein Zustand wird als unbefriedigend taxiert, ohne daß klar ist, was denn befriedigend wäre. Die Konkretisierung solcher unexakter, globaler Ziele ist nicht immer einfach und von Anfang an möglich. Dazu kommt, daß wir es in komplexen Situationen meist mit mehreren Zielen gleichzeitig zu tun haben, die auch kontradiktorischer Natur sein können. Eine fundierte Auseinandersetzung, Spezifizierung und Balancierung der Ziele und Teilziele ist von Anfang an anzugehen, auch wenn diese häufig mit zunehmenden Erkenntnissen noch „angepaßt“ bzw. verändert werden müssen.

Damit werden im ersten Schritt die Prämissen, unter denen der Problemlösungsprozeß in Angriff genommen wird, klargelegt.

3.2 Analysieren der Wirkungsverläufe

Wir haben gesehen, jede Problemsituation ist das Resultat einer Vielzahl miteinander interagierender Einflußgrößen. Eine geeignete Art der Erfassung der Situation kann daher nicht in Checklisten oder einfachen Ursache-Wirkungsdarstellungen vom Typ Organigramm oder Netzplan vorliegen. Wir benötigen ein Instrument zur Erfassung der Zusammenhänge, Einflüsse, Zeiträume oder Veränderungsmöglichkeiten, um ein umfassendes Verständnis der Problemsituation zu erhalten. Die Netzwerktechnik erlaubt uns nicht nur, Beziehungen festzuhalten, sondern diese auch in ihren Eigenschaften zu analysieren und abzubilden. Aus dem ersten Schritt wissen wir, daß Zusammenhänge zwischen den in die Problemumschreibung eingeschlossenen Größen vorliegen. Nun müssen wir aber nicht nur darauf achten, möglichst keine relevanten Einflüsse zu unterschlagen oder zu vergessen, sondern wir müssen die vorliegenden Beziehungen in ihrem *Beeinflussungmuster*, ihrer Wirkungsrichtung, den Zeitaspekten und der Intensität erfassen.

Bei den vorliegenden Zusammenhängen stellt sich vorerst die Frage, „in welcher *Richtung eine Wirkung* bei einer anderen Größe erzeugt wird". So kann die Erhöhung der Innovationsfähigkeit zu einer größeren Produktpalette und damit zu einer höheren Kundenzufriedenheit und Konsumorientierung führen (vgl. Abbildung 5). Diese Wirkungen sind verstärkender Art; sie wirken in derselben Richtung und werden daher mit einem Pluszeichen (+) versehen. Natürlich ist auch die Abnahme der Innovation und eine damit verbundene Abnahme der Zufriedenheit bzw. Konsumorientierung gleichgerichteter Art und damit eine positive (nicht wertend) Wirkungsbeziehung. Andererseits führt die Innovationstätigkeit zu höheren Kosten und damit zu geringeren Erlösen, womit eine entgegengesetzte, sogenannte negative Wirkungsbeziehung (–) vorliegt. Positive und negative Beziehungen sind in Abbildung 6 dargestellt.

Von wesentlicher Bedeutung für das Verständnis der Zusammenhänge und des Systemgeschehens als Ganzes sind auch die *zeitlichen Aspekte*. Häufig unterschätzen wir den notwendigen Zeitrahmen bei gestaltenden und lenkenden Eingriffen, weil wir zwar die einzelnen Zeitbedingungen kennen, sie jedoch nicht in ihren Vernetzungen, den Kreisläufen über mehrere Stationen, erfassen. Häufig greifen wir im falschen Moment, z.B. zu früh, ein, weil wir die zeitlichen Abhängigkeiten zu wenig beachtet haben. Wir reorganisieren dann, bevor die eben eingeführte Struktur „rundläuft", entwickeln Neukonzept über Neukonzept, Verändern die Strategien usw., ohne dem System die Zeit zu lassen, die es für die Anpassung und Entwicklung braucht. Ebenso nützen viele Maßnahmen nichts, wenn die Ergebnisse zu spät eintreffen. Genausowenig wollen wir von Ereignissen überrascht werden, die früher als erwartet eintreffen. Um von Frühwarnindikatoren bei aufkommenden Problemen sprechen zu können, müssen wir auch wissen, wie lange im voraus uns ein Signal zur Verfügung steht. Ebenso stellt sich die Frage, wie schnell eine (Gegen-)Reaktion oder eine Einflußnahme sich auswirkt. Wir brauchen also

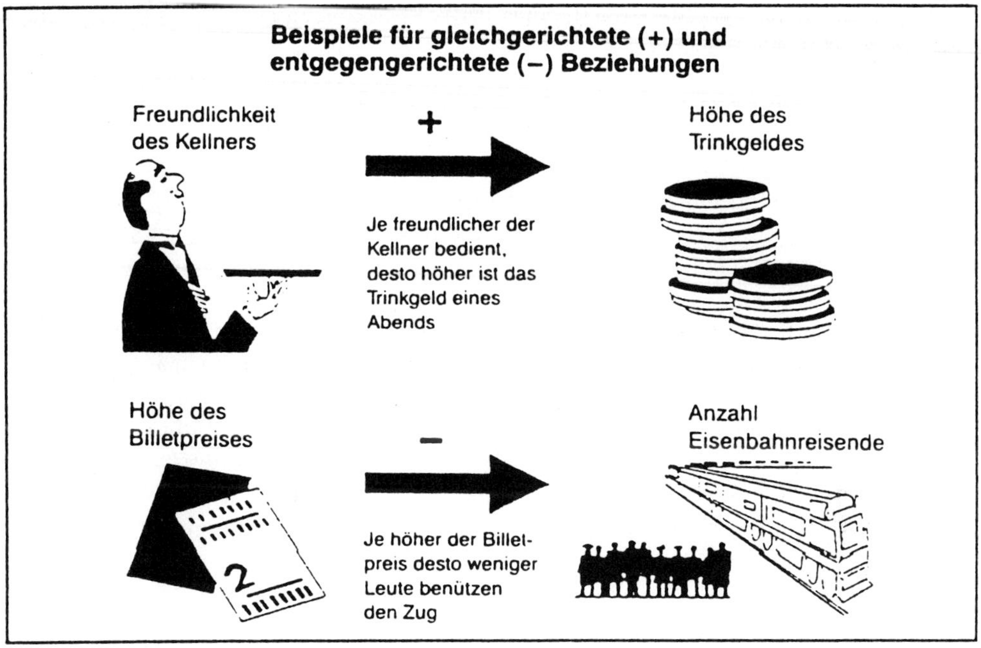
Beispiele für gleichgerichtete (+) und entgegengerichtete (–) Beziehungen
Freundlichkeit des Kellners
+
Höhe des Trinkgeldes
Je freundlicher der Kellner bedient, desto höher ist das Trinkgeld eines Abends
Höhe des Billetpreises
–
Anzahl Eisenbahnreisende
Je höher der Billetpreis desto weniger Leute benützen den Zug

Abb.6

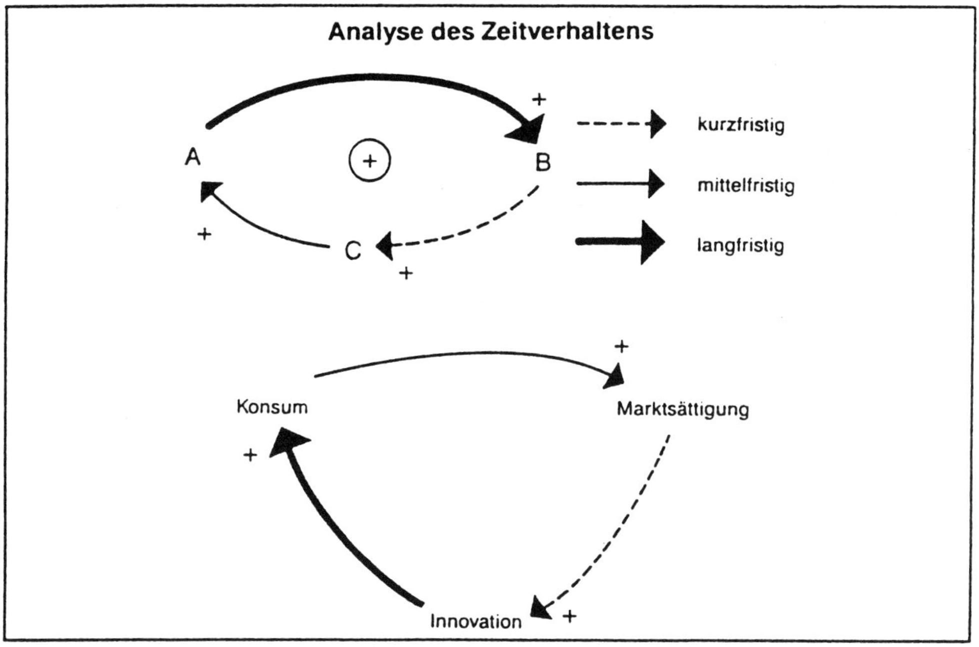
Analyse des Zeitverhaltens
A
B
C
+
kurzfristig
mittelfristig
langfristig
Konsum
Marktsättigung
Innovation

Abb.7

für das Verständnis und unsere Aktivitäten in der Problemsituation verläßliche Annahmen über das Zeitverhalten der Wirkungsbeziehungen. Aus der Kenntnis der Zeitbeziehungen heraus kann dann auch überlegt werden, ob gewisse Prozesse beschleunigt oder verlangsamt werden können.

Für die Erfassung des Zeitverhaltens im Netzwerk genügt uns meist die Unterscheidung zwischen kurz-, mittel- und langfristig. Diese drei Größen sind jedoch je nach Branche, Unternehmen und Situation zu definieren und können sehr unterschiedlich sein (so bedeutet langfristig im Einzelhandel beispielsweise über ein Jahr, in der Chemie über zehn Jahre). In unserem Netzwerk kennzeichnen wir die Beziehungen durch verschiedene Symbole oder Farben (vgl. Abbildung 7).

Zur Analyse des Netzwerkes gehört auch die Intensität der Beziehungen. Nicht alle Beziehungen wirken gleich stark, sind gleich bedeutend. Die Zusammenhänge sind daher zu quantifizieren, wenn auch nicht in DM oder Franken. Viele Beziehungen sind auch nur intuitiv und qualitativ in ihrer Intensität zu unterscheiden. Dafür genügt uns eine Einflußmatrix, in der die Größen des Netzwerks mit entsprechenden Intensitätskennziffern versehen werden, wenn sie eine direkte Wirkung aufeinander haben. Als Wirkungsintensitäten unterscheiden wir:

0 = keine oder äußerst geringe Intensität
1 = geringe Intensität

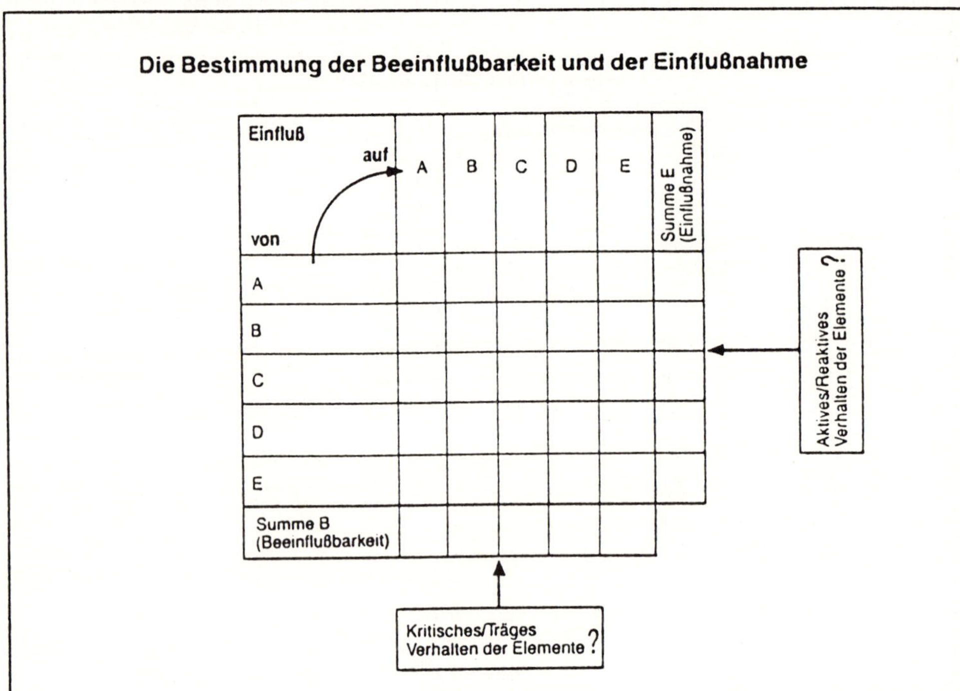

Abb. 8

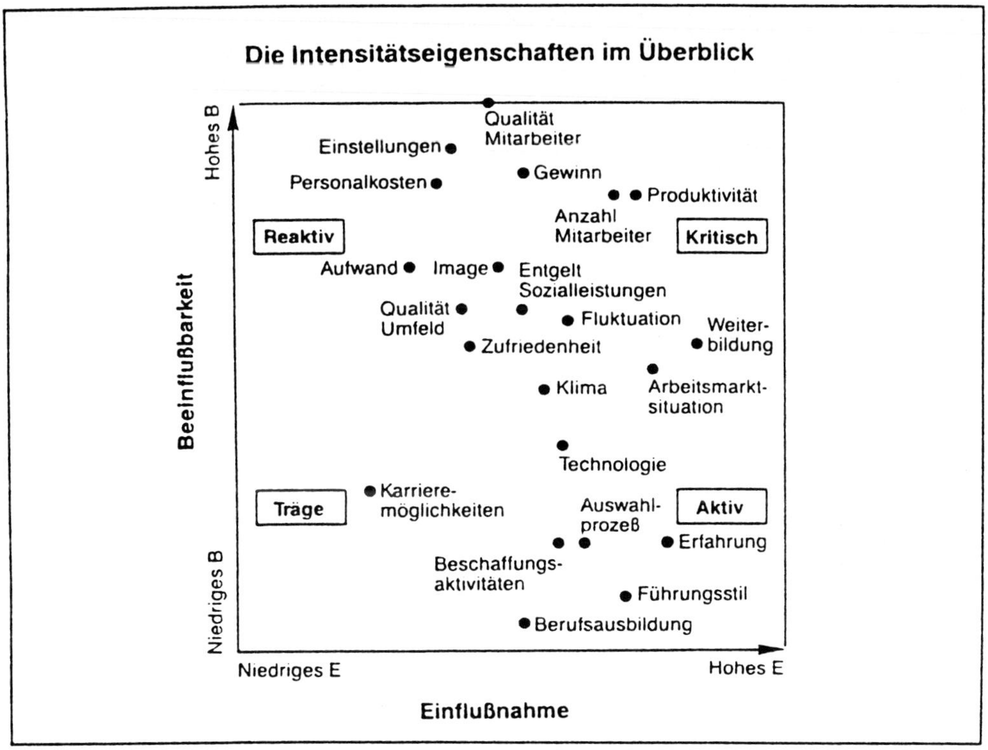

Abb. 9

2 = starke Intensität
3 = sehr starke Intensität.

Die Einflußmatrix, oder nach Fréderic Vester der „Papiercomputer", hilft uns zu erkennen, welche Größen im Netzwerk eher eine aktive, eine reaktive, eine kritische oder eine träge Rolle spielen (vgl. Abbildung 8). Diese Qualifikation der Elemente in einem Netzwerk ist keine genaue mathematische Bestimmung von Eigenschaften, sondern eine intuitive, geschätzte. Sie enthält folgende Typen von Elementen:

- Elemente, welche andere stark beeinflussen, selbst aber von anderen wenig beeinflußt werden. Sie sind aktiv (größte Summen E);
- Elemente, die andere nur schwach beeinflussen, selbst aber von anderen stark beeinflußt werden. Sie sind passiv oder reaktiv (kleinste Summen E);
- Elemente, die andere stark beeinflussen, selbst aber von anderen ebenfalls stark beeinflußt werden. Sie sind kritisch (größte Summen B);
- Elemente, die andere nur schwach beeinflussen und von anderen ebenfalls nur schwach beeinflußt werden. Sie sind träge (kleinste Summen B).

Diese Analyse hilft häufig auch, die Beziehungen genauer zu definieren, zu ergänzen und zu hinterfragen, wenn z.B. in einer Arbeitsgruppe unterschiedliche Beurteilungen resultieren. Die Ergebnisse der Intensitätsanalyse, die immer in Gruppen und von verschiedenen Betroffenen und Kennern der Situation durchgeführt werden sollte, werden anschließend am besten in einer Matrix ohne im voraus bestimmte Feldabgrenzungen lokalisiert (vgl. Abbildung 9).

3.3 Erfassen und Interpretieren der Veränderungsmöglichkeiten

Wenn wir ein Netzwerk erarbeitet haben, so geht es anschließend darum, damit zu „spielen". *Einzelne Kreisläufe* sind beispielsweise herauszulösen und im Detail *durchzuspielen*: Häufig können wir so erkennen, wo z.B. selbstverstärkende Prozesse wirksam werden und zu sogenannten selbsterfüllenden oder selbstzerstörenden Prophezeiungen werden können. Natürlich läßt sich die Zukunft in komplexen Problemsituationen nie vorhersagen. Es ist ja gerade eine Eigenschaft solcher Systeme, daß sie sich verändern, einen eigenen Willen besitzen, ihre Funktionen in den Beziehungen ändern usw. Trotzdem können wir innerhalb unserer Netzwerke uns mögliche „Bühnenbilder" des Verhaltens und der Zukunft vorstellen und in ihren Entwicklungen und Konsequenzen durchgehen. Es handelt sich dabei um *Szenarien*, die wahrscheinliche Entwicklungen beinhalten (vgl. Abbildung 10). In diesem Schritt geht es darum, Entwicklungspfade und Verhaltensmöglichkeiten zu simulieren, durchzudenken und in den Auswirkungen zu beurteilen.

Szenarien sind dabei meist nicht für einzelne Größen sinnvoll. Es geht um vernetzte Gebilde (meist Teilnetzwerke), die vor allem jene Größen einschließen, die wir nicht selbst bestimmen können (z.B. durch unsere Gestaltungsmaßnahmen, Entscheidungen). Auch gilt, daß die isolierte Betrachtung zu Fehlinterpretationen führen kann, weil wesentliche Beziehungen und Rückwirkungen vernachlässigt werden. Im allgemeinen hat es sich in der Praxis bewährt, ein Grundszenario (wahrscheinlichstes Szenario) und sogenannte Alternativszenarien (z.B. pessimistisch, optimistisch) zu entwickeln. Bei der Entwicklung der Szenarien sind folgende Schritte zu durchlaufen:

- Festlegen des notwendigen (branchenüblichen) Zeithorizontes,
- Bestimmen der Einflußfaktoren im Netzwerk,
- Auswahl der relevanten Szenarienbereiche,
- Erarbeiten eines Grundszenarios,
- Entwicklung von Alternativszenarien,
- Interpretation der Szenarien.

3.4 Abklären der Lenkungsmöglichkeiten

Ausgehend von der Erkenntnis, daß sich Problemsituationen nicht „beherrschen", sondern nur begrenzt beeinflussen lassen, ergeht in diesem Schritt die Aufforderung, die

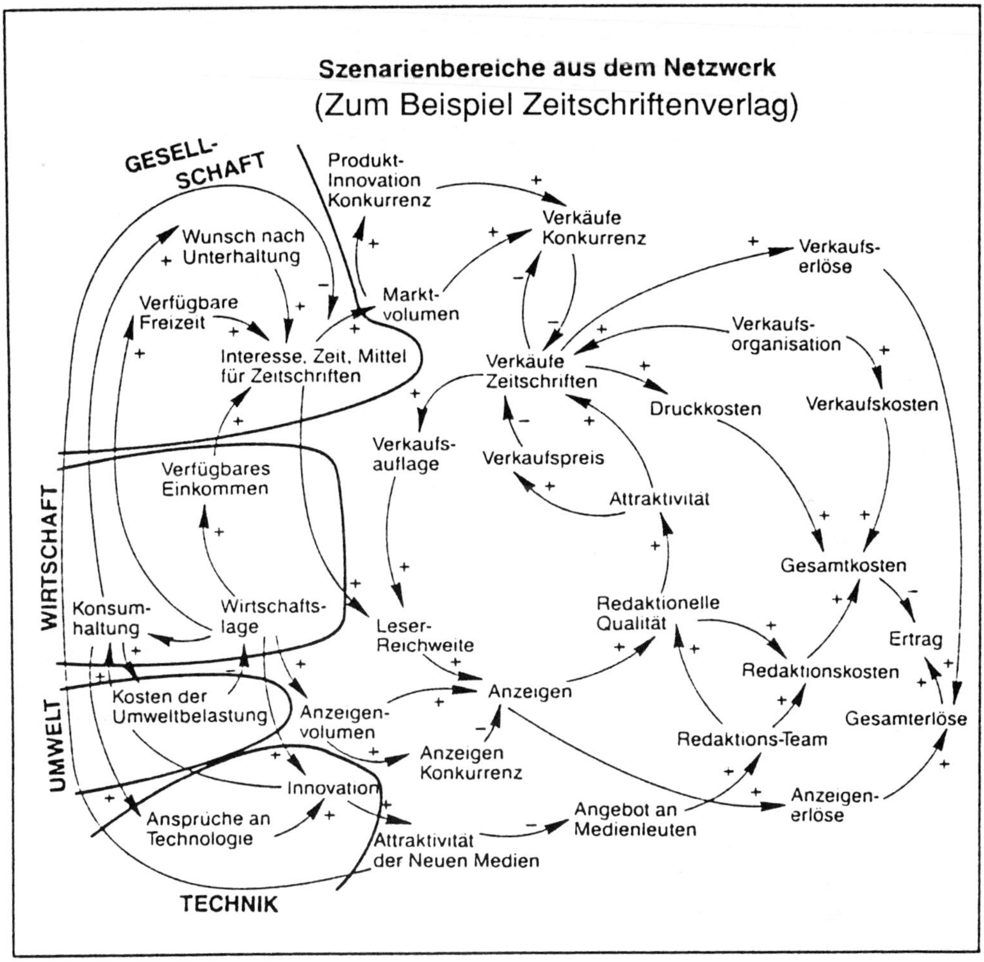

Abb. 10

eigenen Lenkungsmöglichkeiten zu ermitteln. Dabei ist zu unterscheiden zwischen den (weitgehend) *lenkbaren Größen*, die für Eingriffe und Maßnahmen in Frage kommen, den (eher) *nicht lenkbaren Größen*, die im Hinblick auf vorbeugende Maßnahmen sorgfältig zu überwachen sind, und den *Indikatoren*, die den Erfolg von Gestaltungs- und Lenkungseingriffen feststellen. Bevor diese Unterscheidung angegangen wird, ist (nochmals) klar festzustellen, wer der Problemlöser, Gestalter und Lenker in der vorliegenden Problemsituation ist. Je nachdem, welche Kompetenzen und welche „Macht" er besitzt, sind bestimmte Elemente lenkbar oder nicht. Es ist also zuerst die *Lenkungsebene* zu bestimmen. Zur Visualisierung verschiedener Lenkungsebenen hat sich der Auflösungskegel (Abbildung 11) praktisch bewährt.

Systeme und Lenkungsmöglichkeiten auf verschiedenen Ebenen
Analyse
Synthese
Quelle: Ulrich/Probst 1988

Abb. 11

Sinnvollerweise wird die Lenkbarkeit im Netzwerk gekennzeichnet, um die künftige Arbeit in Entscheidungssituationen zu erleichtern. Die Feststellung der Lenkbarkeit darf sich nicht auf die lenkbaren Elemente beschränken. Auch die nicht lenkbaren Elemente können sich ändern und auf unsere Situation einen starken Einfluß ausüben. Es sind daher Eventualmaßnahmen mitzudenken und vorzubereiten. Zur Analyse der Lenkbarkeiten gehört auch, daß wir nun auf die Erkenntnisse aus der Betrachtung des Netzwerkes zurückgreifen können, z.B. die positiven, sich selbstverstärkenden Wirkungskreisläufe, die Zeitbedingungen, die Intensitäten usw.

3.5 Planen von Strategien und Maßnahmen

Sind die Ansatzpunkte für mögliche Problemlösungen bestimmt und in den vernetzten Eigenschaften simuliert, so ist in diesem Schritt nun die Art und Weise der Eingriffe in die Problemsituation festzulegen. Dabei handelt es sich zuerst vor allem um einen kreativen Prozeß, in dem *Strategien der Gestaltung und Lenkung* entworfen und gedanklich simuliert werden. Dabei dürfen wir die Systemeigenschaften nie aus den Augen verlieren. Wir folgen hier sogenannten *systemischen Lenkungsregeln*, die sich nach einem kreativen Akt auch als Prüf- und Evaluationsinstrument eignen. Hierbei geht es darum, bei den richtigen Größen anzusetzen, die Eigendynamik des Systems zu nutzen, Synergien zu schaffen usw. In diesem Sinne nutzen wir die Lenkungsregeln und die damit verbundenen Fragen (Abbildung 12).

3.6 Verwirklichen der Problemlösung

Mit den Analysen und der Problemlösung auf dem Papier oder im Kopf des Problemlösers ist noch wenig gewonnen. Lösungen müssen umgesetzt und verwirklicht werden. Dazu benötigen wir einerseits klare *Realisierungspläne, -projekte und Instrumente sowie (motivierte) Menschen.* Eine wichtige Rolle spielt für die Realisierung daher die Art und Weise wie Lösungen erarbeitet werden. Wir arbeiten bei der Entwicklung grundsätzlich mit Betroffenen und in Teams. Das Modewort dazu heißt Workshops. Die Arbeit mit Workshops hat vieles (systemisches) für sich und basiert auch auf Ideen der Selbstorganisation (vgl. Probst 1987).

Problemlösungen sind so zu realisieren, daß sie sich auch unter widrigen Umständen behaupten und bei Veränderungen der Situation anpassen und weiterentwickeln können. Es darf also nicht so getan werden, als ob das Problem nun endgültig ad acta gelegt werden könne. Lösungen sind gleichzeitig mit anderen Instrumenten, Maßnahmen und Strategien zu koordinieren und umzusetzen. Dazu kommt, daß wir zwar die Lösung gut begründet haben, sich aber im Laufe der Umsetzung durchaus Annahmen verändern können, von denen wir ausgegangen sind. Ändern sich die Prämissen, so muß unsere Lösung ebenfalls die notwendige *Flexibilität, Anpassung-, und Entwicklungsfähigkeit* haben. Dafür muß einerseits die notwendige Reparaturfähigkeit und andererseits die

Lenkungsregeln für die Erarbeitung und Evaluation von Strategien und Maßnahmen

1. **Passe deine Lenkungseingriffe der Komplexität der Problemsituation an.**
   - Setzen wir an mehreren Orten gleichzeitg an?
   - Haben wir monokausale Denkweisen vermieden?
   - Haben wir uns nicht irrtümlich auf einen Schwerpunkt konzentriert?
2. **Berücksichtige die unterschiedlichen Rollen der Elemente im System.**
   - Setzen wir mit den Maßnahmen bei aktiven, eventuell bei kritischen, Größen ein?
3. **Vermeide unkontrollierbare Entwicklungen durch stabilisierende Rückkopplungen.**
   - Nutzen wir die stabilisierenden Kreisläufe?
   - Brechen wir durch die Maßnahmen nicht wichtige Kreisläufe auf?
4. **Nutze die Eigendynamik des Systems zur Erzielung von Synergieeffekten.**
   - Nutzen wir die positiven Kräfte bei Mitarbeitern, in der Umwelt usw.?
   - Basieren wir auf den Stärken des Systems?
   - Verfolgen wir alle möglichen Synergien?
5. **Finde ein harmonisches Gleichgewicht zwischen Bewahrung und Wandel.**
   - Beachten wir die gesunde Mischung zwischen Sicherheit und Herausforderung, Stabilität und Veränderung, Flexibilität und Spezialisierung?
6. **Fördere die Autonomie der kleinsten Einheit.**
   - Gewähren wir den kleinen Einheiten die notwendige Autonomie und Selbstorganisation (Flexibilität)?
7. **Erhöhe mit jeder Problemlösung die Lern- und Entwicklungsfähigkeiten.**
   - Was lernt das System beim Problemlösungsprozeß?
   - Wird der Lernprozeß unterstützt?
   - Wird die Lernfähigkeit und -geschwindigkeit erhöht?

Abb.12

Entwicklungsfähigkeit eingebaut werden. Die Reparaturfähigkeit wird zum einen durch die Überprüfung der Fortschritte und entsprechende Korrekturmaßnahmen erfüllt. Zum anderen sind die Prämissen, von denen ausgegangen wurde, periodisch zu überprüfen und bei Abweichungen entsprechende Neudefinitionen vorzunehmen. Entscheidend ist hier die Festlegung von Frühwarnsignalen, die Abweichungen oder Veränderungen baldmöglichst anzeigen.

Die *Schritte der Methodik* enthalten zusammengefaßt die in Abbildung 13 genannten Fragen, Vorgehensweisen und Hilfsmittel.

Das Denken und Handeln in komplexen, vernetzten Systemen und das Umgehen mit Netzwerken ist nicht einfach. Die vorliegende Methodik findet in der Praxis jedoch mehr und mehr Notwendigkeit, Anwendungsgebiete und Benutzer. Die Konsequenz für den Problemlöser ist, von Anfang an von Netzwerken auszugehen (vgl. Ulrich und Probst 1988, S. 226/227): „Wird dieser Grundgedanke nicht ernstgenommen und nicht bereits

Übersicht über die Schritte und Fragen in der Methode

Fragen	Vorgehensweisen
1. Bestimmen der Ziele und Modellieren der Problemsituation	
Was sind unsere Ziele?	Zielvorstellungen prüfen und konkretisieren
Welches sind die problemrelevanten Faktoren?	Problemrelevante Elemente der Situation bestimmen
Wie sind die Faktoren miteinander verknüpft?	Netzwerk erstellen
2. Analysieren der Wirkungsverläufe	
Wie wirken die Faktoren aufeinander ein?	Wirkungsverläufe im Netzwerk untersuchen
3. Erfassen und Interpretieren der zukünftigen Verbindungsmöglichkeiten der Situation	
Welche zukünftigen Veränderungen in den Rahmenbedingungen sind zu erwarten?	Szenarien über mögliche Veränderungen der Rahmenbedingungen erstellen
Welche Veränderungen der Problemsituationen können sich daraus ergeben?	Zukünftige Veränderungsmöglichkeiten der Situation bei unterschiedlichen Rahmenbedingungen erfassen und interpretieren
4. Abklären der Lenkungsmöglichkeiten	
Auf welcher Kompetenzebene kann/soll das Problem gelöst werden?	Verschiedene Lenkungsebenen definieren
Welche Eingriffe in die Situation sind möglich?	Lenkbare und nicht lenkbare Faktoren unterscheiden
Welche Faktoren zeigen uns rechtzeitig problemrelevante Änderungen der Situation an?	Indikatoren zur Überwachung der Problemsituation festlegen
Welche Wirkungen gehen von Lenkungseingriffen aus?	Wirkungen möglicher Lenkungsmaßnahmen untersuchen
5. Planen von Strategien und Maßnahmen	
Welche grundsätzlichen Handlungsalternativen bestehen, und was sind ihre Wirkungen?	Alternative Strategien suchen und beurteilen
Welche Strategien wollen wir verwirklichen?	Zu verwirklichende Strategien bestimmen
Wie können die gewählten Strategien in konkretes Handeln umgesetzt werden?	Projekte und Maßnahmen bestimmen
6. Verwirklichen der Problemlösung	
Wie können wir zukünftige Entwicklungen informationell unter Kontrolle halten?	Kontrollinformationssystem schaffen und in Gang setzten
Was können wir vorkehren, damit sich Störungen ausregulieren?	Mechanismen zur Selbstlenkung entwerfen und einführen
Was können wir vorkehren, damit die Problemlösung kontinuierlich verbessert wird?	Lernprozesse gestalten und in Gang setzten

Quelle: Ulrich/Probst 1988

Abb. 13

im ersten Schritt versucht, eine Situation als ein Netzwerk von Faktoren zu erfassen, kann dies später kaum mehr nachgeholt werden. Erfahrungsgemäß verführt das lineare Auflisten von Einflußfaktoren meist dazu, daß man in das gewohnte isolierende Vorgehen verfällt und die ermittelten Faktoren einzeln und ohne Kenntnis der in Wirklichkeit bestehenden vielfältigen Verknüpfungen weiter analysiert. Da uns das Denken in Netzwerken wenig geläufig ist und viele Berufsleute von anfang an lieber „rechnen" als „zeichnen" würden, entstehen bei diesem Vorgehen gleich am Anfang des Problemlösungsprozesses erhebliche Schwierigkeiten, die bei herkömmlichen Methoden unterdrückt werden oder erst später auftauchen. Das entstehende Unbehagen ist nicht auf besonders hohe logische oder technische Anforderungen zurückzuführen, sondern auf das Ungewohnte, das so vielen angelernten Normen eines klaren Denkens zu widersprechen scheint. Das Denken in Netzwerken braucht deshalb Übung und kann nicht durch die Lektüre eines Buches gelernt werden, aber es ist andererseits auch nicht einfach eine Technik, die man sich durch das Befolgen eines vorgegebenen Programms aneignen kann. Es stellt, kurz gesagt, den Versuch dar, mit der Dynamik und Komplexität schwieriger Problemsituationen vernünftig umgehen zu lernen, und es kann keine Garantie geben, zur besten Problemlösung zu gelangen – aber es erhöht beträchtlich die Chance, vernünftig und erfolgreich zu handeln".

Literatur

Bechtler, T.W.: Management und Intuition, Zürich 1986.

Dörner, D.: Über die Schwierigkeiten menschlichen Umgangs mit Komplexität, in: Psychologische Rundschau, 7. 1981, S. 163–179.

Dörner, D.: Die Logik des Mißlingens, Reinbek 1989.

Dörner, D./Kreuzig, H.W./Reither, F./Stäudel, T./Lohhausen, T.: Vom Umgang mit Unbestimmtheit und Komplexität, Bern 1983.

Drucker, P.: Management in turbulenter Zeit, Düsseldorf 1980.

Gomez, P.: Modelle und Methoden des systemorientierten Managements, Bern 1981.

Gomez, P./Probst, G.J.B.: Vernetztes Denken im Management, in: Die Orientierung, Nr. 89, Schweizerische Volksbank, Bern 1987.

Probst, G.J.B.: Selbst-Organisation, Berlin 1987.

Probst, G.J.B.: Regeln des systemischen Denkens, in: Probst, G.J.B./Siegwart, H.: Integriertes Management, Bern 1985, S. 181 ff.

Ulrich, H./Probst, G.J.B.: Anleitung zum ganzheitlichen Denken und Handeln, Bern und Stuttgart 1988.

Vester, F.: Neuland des Denkens, München 1980.

Virtuelle Unternehmen – Einführung und Überblick*

P. Mertens und *W. Faisst*

1. Einleitung – die Vision – Beispiele

In einem Aufsatz über Virtuelle Unternehmen schreibt Semich:

„Wäre es nicht wunderbar, wenn Sie ein wirklich gewinnträchtiges Unternehmen betreiben könnten, ohne die Arbeit zu tun? Sie würden sich damit begnügen, ein großartiges neues Produkt auszudenken oder eine Idee zu kaufen, und dann nur noch den ganzen Prozeß orchestrieren. Die Arbeit würden Konstruktionsbüros, Komponentenlieferanten, Montagebetriebe, Distributoren verrichten, die sich am Bedarf der Kunden orientieren." ([19], ins Deutsche übersetzt durch die Autoren).

Beispiele:

1. Die Reiseagentur Rosenbluth, eine der größten in den USA, wuchs sehr stark im amerikanischen Inland [16]. Das Familien-Unternehmen wollte sich Ende der 80er Jahre international betätigen, um möglichst omnipräsent zu sein. Man erwog jedoch nicht den Kauf von Reisebüros in anderen Ländern, denn dies hätte sehr hohe Investitionen bedeutet und längere Zeit in Anspruch genommen. Darüber hinaus wäre ein Teil der lokalen Expertise verloren gegangen, wenn nach dem Aufkauf nationale Inhaber und Führungskräfte ausgeschieden wären. So wurde die Rosenbluth International Alliance (RIA) als Kooperation gegründet, der mittlerweile etwa 1.300 Reisebüros in mehr als 40 Ländern angeschlossen sind [6].

---

* Der Beitrag entspricht weitgehend dem folgenden Aufsatz: „Virtuelle Unternehmen, eine Organisationsstruktur für die Zukunft?, technologie & management 44 (1995) 2, S. 61–68". Die Wiedergabe erfolgt mit freundlicher Genehmigung des Gabler-Verlages. Die Arbeit basiert auf Erkenntnissen aus dem Forschungsprojekt „Informations- und Kommunikationssysteme als Gestaltungselement Virtueller Unternehmen", welches von der DFG unter der Nummer Me 241/16–1 und Eh 127/3–1 gefördert wird. Beteiligte Partner sind das Betriebswirtschaftliche Institut, Bereich Wirtschaftsinformatik I der Universität Erlangen-Nürnberg (Prof. Dr. P. Mertens), das Institut für Wirtschaftsinformatik der Universität Leipzig (Prof. Dr. D. Ehrenberg) und assoziiert das Institut für Wirtschaftsinformatik der Universität Bern (Prof. Dr. J. Griese).

Der Kern der Zusammenarbeit liegt in einer modernen Informationsverarbeitung (IV). Anfänglich arbeitete man mit drei Anbietern von Buchungssystemen (Apollo, Galileo und Gemini) zusammen. Es gelang, diese drei verschiedenen Buchungsnetze durch eine Reihe von zusätzlichen Programmsystemen so miteinander zu verknüpfen, daß sie wie eines wirken („Virtuelles Netzwerk"). Bei der Analyse des RIA-Beispiels fällt auf, daß die IV-Organisation „zusammengestückelt", jedenfalls nicht als geschlossenes Konzept projektiert wurde.

2. *Man stelle sich ein deutsches Großunternehmen vor, das einem ostasiatischen Staat auf dessen Ausschreibung hin ein modernes Verkehrssystem anbietet und einem internationalen Konkurrenten unterliegt. Ursache sei, daß der deutsche Bieter zu wenig Produkte sowie Dienstleistungen des Kunden-Landes berücksichtigt und einige weitere Schwächen bei Zulieferern offenbart. Die Deutschen erhalten eine zweite Chance und sollen in acht Wochen ein verbessertes Angebot präsentieren. Sie müssen in kürzester Zeit Vereinbarungen mit einer Reihe von Unternehmen treffen und mit diesen gemeinsam u.a. neue Kalkulationen durchführen sowie einen stark veränderten Projektplan mit vielen Details ausarbeiten. Die Herausforderung besteht darin, die größere Zahl von Parteien so zu „verschweißen", daß der Kunde den Eindruck gewinnt, er habe es mit einem Partner zu tun.*

2. Wesen von Virtuellen Unternehmen

2.1 Definition

„Virtuell bezeichnet etwas, das möglich oder künstlich ist, etwas, das wirkt ‚als ob', der Kraft oder der Möglichkeit nach vorhanden, ‚scheinbar' (Duden) ist oder ‚existing in the mind, especially as a product of imagination' (American Heritage Dictionary)" [9].

Der Begriff „Virtuelles Unternehmen" (wir wollen in der Folge mit „VU" abkürzen) wurde in Anlehnung an die virtuelle Speichertechnik in der Informatik geprägt. So wie durch virtuelle Speicher zusätzliche Ressourcen (Hauptspeichererweiterungen) erübrigt werden, indem man die Informationsflüsse geschickt zwischen dem vorhandenen Hauptspeicher und Paging-Bereichen auf Platten lenkt, will man bei VU den Aufbau zusätzlicher Institutionen vermeiden [11].

Ein VU basiert auf einem Netzwerk von Betrieben, die sich rasch zusammenschließen (dynamische Konfiguration und Umkonfiguration), um eine sich bietende Wettbewerbschance zu nutzen. Ein Unternehmen allein kann das notwendige Know-how durch Übernahmen oder Fusionen wegen deren Kosten sowie Risiken kaum erlangen. Der interne Aufbau erweist sich auf der anderen Seite als zu zeitaufwendig und in stark innovierenden Märkten z.T. unmöglich. Daher bleibt dem Betrieb nur die Kooperation mit anderen Unternehmen. In einem VU teilen die Partner Kosten, Risiken und Wissen. Sie agieren gemeinsam auf den nationalen und globalen Märkten, wobei jeder „Mitspieler" seine „komparativen Vorteile" einbringt. Ein entscheidender Erfolgsfaktor ist hierbei eine hochentwickelte Informationsinfrastruktur, welche die „verteilten" Mitgliedsunternehmen auch über große Entfernungen „zusammenbindet". Nach Ende der Marktaufgabe, sei dies nach einem Jahr oder Jahrzehnt, löst sich die Organisationsstruktur wieder auf bzw. macht Platz für neue Allianzen.

Noch keine Einigkeit herrscht darüber, ob neben Unternehmensverbünden, die nur eine zeitlich begrenzte Aufgabe erfüllen („Missionen" bzw. „opportunistische Partnerschaften"), auch solche dazugehören, welche auf Dauer angelegt sind. Beispielsweise gibt es im bereits skizzierten Beispiel der Rosenbluth-Gruppe kein absehbares Ende der Zusammenarbeit im VU. Temporäre Formen der Zusammenarbeit gelten als höher entwickelt, da der ständige Partnerwechsel ein größeres Maß an Flexibilität in bezug auf Unternehmenskultur und Informationstechnik verlangt.

2.2 Wichtige Merkmale

2.2.1 Partnerschaften in Netzwerken mit anderen Unternehmen

Der starre unternehmensinterne Verbund wird immer mehr gelockert. Dies geschieht durch Dezentralisierung und Schaffung interner Märkte, in denen autonom agierende Marktparteien (Profit Centers, Fertigungssegmente etc.) auftreten. Auf der anderen Seite werden Zulieferer beispielsweise über Single Sourcing etc. enger gebunden. Dies könnte dahin konvergieren, daß eine Einheit innerhalb der Kooperation anderen ohne Rücksicht darauf gegenübertritt, ob es sich um interne Profit Center oder externe Unternehmen handelt. Gruppieren sich diese autonomen Elemente in Netzwerken, dann können sie sich die Vorteile der Netzgröße zunutze machen, ohne die Flexibilität und Überschaubarkeit kleiner Einheiten aufzugeben. Bewußt eingegangene langfristige Beziehungen reduzieren die Transaktionskosten bei der Anbahnung aktueller Geschäfte, beispielsweise beim Aushandeln von Konditionen, sowie durch Einsparung von Qualitätskontrollen. Durch die Beständigkeit der Netzwerkbeziehungen erwächst Vertrauen zwischen den Partnern.

Snow u.a. [22] unterscheiden drei Unternehmensnetzwerktypen (vgl. Abbildung 1). Das *interne Netzwerk* verkörpert die dezentralisierte Organisationsstruktur eines Unternehmens, das aus Profit Centern besteht (Beispiel ABB). Im *stabilen Netzwerk* schart ein führendes Unternehmen wie BMW oder General Motors zahlreiche Zulieferer um sich, die für einen Großteil der gesamten Wertschöpfung verantwortlich sind. Ebenso kann ein Unternehmen sich für die Befriedigung spezieller Kundenwünsche einen Pool von Firmen halten, die zuvor ausgewählt und zertifiziert wurden.

Das *dynamische Netzwerk* stellt die extremste Form von Outsourcing betrieblicher Funktionen dar (vgl. das unten skizzierte Beispiel von Ambra), wobei der Broker je nach Situation unterschiedliche Partner zusammenführt. Die oben vorgestellte Netzwerktypologie ist Grundlage für VU. Die Partner gehen im VU ein quasi symbiotisches Verhältnis ein, das über die herkömmlichen Formen von Geschäftsbeziehungen hinausreicht und in diesem Ausmaß sowie dieser Intensität bei den bisherigen Kooperationsformen nicht anzutreffen war.

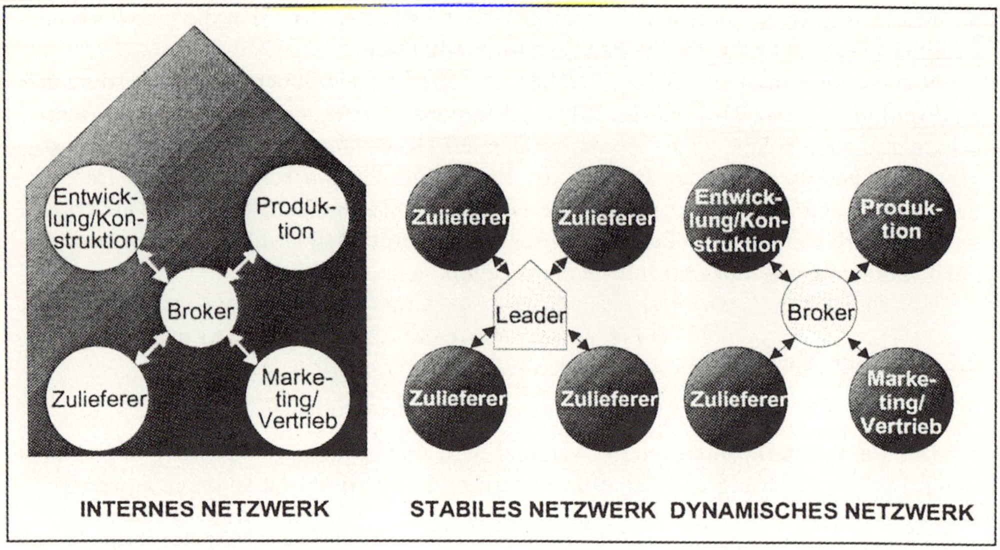

Abb. 1: Netzwerktypen nach Snow u.a.

2.2.2 Knowledge Networks

Die Technik schafft die Voraussetzungen für dezentral abrufbare zentrale Informationen sowie für das kurzfristige Zusammenbringen dezentral verteilten (Experten-) Wissens. Damit kann Know-how (technisches Know-how, Wissen über Kunden und Märkte, Organizational Memory) gemeinsam genutzt werden. Ausgangspunkt für VU-Teams sind oft informelle, soziale Expertennetzwerke, die eine Verbindung von Personen bezüglich bestimmter Fachgebiete jenseits von Hierarchien und Unternehmensgrenzen darstellen.

2.2.3 Konzentration auf Kernkompetenzen

Beim Zusammenschluß in der Vision des VU-Netzwerkes bringt jedes Unternehmen seine Kernkompetenzen ein, welche die Expertise der anderen Netzwerkteilnehmer synergetisch ergänzen. Das VU ist somit eine „*Best-of-Everything-Organization*", d.h. ein Spitzenunternehmen auf Zeit.

Beispiele:

1. Ambra, eine Tochterfirma der IBM, vertrieb IBM-kompatible PC unter Verwendung einer virtuellen Organisationsstruktur. Die Firma wurde mit 80 Leuten in Raleigh, North Carolina, gegründet. Diese Mitarbeiter koordinierten die Aktivitäten von zuletzt fünf Betrieben, von denen keine Ambra gehörte. Diese Unternehmen gebrauchten ihr Wissen und ihre Fähigkeiten, um andere Produkte und Dienstleistungen zur gleichen Zeit zu erstellen, wie sie das für Ambra taten. Wearnes

Technologies aus Singapur erstellte das Design, fertigte Komponenten und übernahm die Beschaffung. SCI Systeme montierte die PC auf konkreten Abruf hin. Die Werbeagentur AI besorgte das Marketing. Merisel übernahm den Vertrieb. Ein Spinoff von IBM schließlich kümmerte sich um Service und Kundendienst. Ambra warb: „You tell us what you want and we'll build it for you, at no extra cost for customization to your configuration of hardware and software options." Als die Gewinne Mitte 1994 schmäler wurden, liefen die Aktivitäten von Ambra aus.

2. *„For example, Galoob Toys operates on a very high scale indeed, but relies almost exclusively on contractual market relationships rather than hierarchy. A small staff (115 employees) contracts with inventors to design the toys, with manufacturers to make the toys, with retailers to distribute the toys, with advertising firms to publicize the toys, even with collection agencies to collect the revenue" [14].*

2.2.4 Überwindung räumlicher und zeitlicher Distanz bei der Leistungserstellung

Für den Kunden erscheinen die Leistungen einer virtuellen Organisation wie „aus einer Hand", obwohl sie faktisch das Ergebnis einer auf viele unabhängige Träger verteilten Leistungserstellung sind. Die Unternehmensidentität (Corporate Identity) geht in eine Marken- bzw. Produktidentität über. Man kennt dies etwa von Marken großer Versandhäuser, z.B. „PRIVILEG". Mittel dazu ist die Nutzung informationslogistischer Infrastrukturen wie elektronischer Kataloge für Produkte oder auch für Unternehmen.

2.2.5 Einsatz von Informations- und Kommunikationstechnologie (IuK)

Ein VU ist in Spezialfällen auch ohne Informationstechnologie (IT) denkbar, aber durch ihren Einsatz wird neben neuen Größenordnungen der Geschwindigkeit und der Qualität des Informationsaustausches auch die Koordination von vorher aufgrund der Kosten als kaum synchronisierbar geltenden Aktivitäten ermöglicht [10]. Durch die rasante Entwicklung der IT werden generell neue Freiheitsgrade bei der Gestaltung von Unternehmensstrategien sowie Organisationsformen und so speziell auch von VU eröffnet. Das Fünf-Ebenen-Modell von Venkatraman (vgl. Abbildung 2) verdeutlicht die durch IT induzierte Veränderung von Unternehmen. VU wären hier auf Ebene 4 anzusiedeln [24].

2.2.6 Individualisierung von Produkten bzw. Lösungen

VU erweisen sich als vorteilhaft, wenn es darum geht, innovative Produkte (Innovation durch Kooperation) zu vermarkten oder kundenindividuelle Lösungen (Variantenvielfalt) zu erzeugen. In der Vision von Goldman und Nagel [7] soll ein VU nach dem Entstehen des Kundenwunsches gemeinsam mit dem Empfänger ein direkt auf dessen Bedürfnisse abgestelltes (individuelles) Produkt schaffen. Als Konzept zur Verwirklichung dieser Ziele sieht Pine [17] *Mass Customization* an:

„Mass Customization (...) requires a dynamic network of relatively autonomous operating units. Each module is typically a specific process or task, like making a given component, a distinctive welding method, or performing a credit check. The

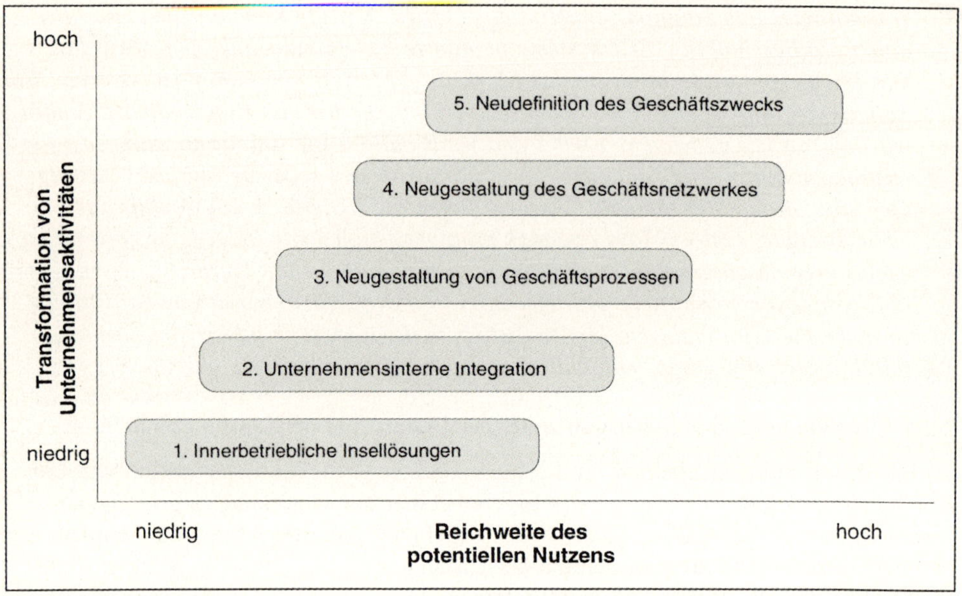

Abb. 2: Unternehmensveränderungen durch IuK (Fünf-Ebenen-Modell)

modules, which may include outside suppliers and vendors, typically do not interact or come together in the same sequence every time. Rather, the combination of how and when they interact to make a product or provide a service is constantly changing in response to what each customer wants and needs." Boynton u.a. betonen [4]: „The network structure (…) permits a unique combination of processing steps for any customer order." Den Kunden muß die Möglichkeit eröffnet werden, aus einer Palette von Varianten auszuwählen. Jedoch sollte die Herstellung dieser Varianten nicht per Einzelanfertigung erfolgen, sondern eine individuelle Konfiguration von Standardkomponenten (Produkte und Dienstleistungen) darstellen [13].

3. Wurzeln

Die von vielen Fachleuten und Laien diskutierten Managementtechniken und Trends der Unternehmensgestaltung sind auch ein Grund, sich mit VU zu befassen (siehe Abbildung 3).

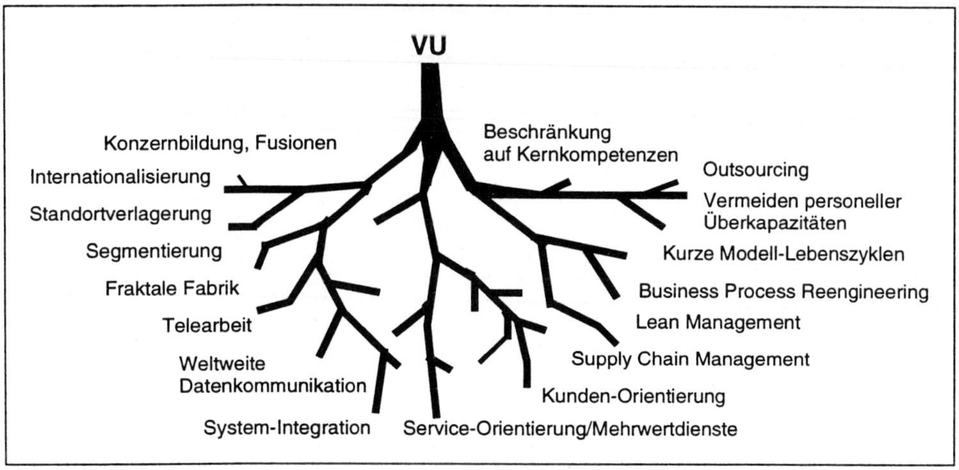

Abb. 3: VU-Wurzeln

4. VU und alternative Formen der Unternehmenskooperation

4.1 Abgrenzung zu anderen Organisationsformen

Wie so oft, stellen auch VU keine völlig neue Entwicklung dar; vielmehr spürt man die Verwandtschaft zu anderen Kooperationsformen. In der Folge bemühen wir uns daher um eine Abgrenzung. Neu am Konzept eines VU ist die Kombination der einzelnen Kennzeichen (vgl. oben den Abschnitt über wichtige Merkmale), so wie z.B. das Total Quality Management auch weniger durch neue Elemente als durch die Kombination bekannter Bausteine (Kundenorientierung, Qualitätszirkel, statistische Methoden, Gruppenarbeit usw.) charakterisiert ist.

4.1.1 Strategische Allianz (SA)

Die Verbindung im VU greift u.U. tiefer als bei der SA, was gemeinsame operative Teams zeigen. Durch Virtualisierung der Leistungserstellung ist das VU eher von außen als Einheit anzusehen. Während die SA mehr auf bestimmte Geschäftsfelder ausgerichtet ist, geht das VU einen Schritt weiter und gibt größere Bereiche des Unternehmens an Partner ab. Die SA besteht *zusätzlich* zum eigentlichen Kerngeschäft und wird als Erweiterung des Spielraums betrachtet, während das VU das Kerngeschäft betrifft. VU sind besser für Klein- und Mittelbetriebe geeignet, während die SA vorwiegend bei Großbetrieben anzutreffen ist.

4.1.2 Konzern

Im VU gibt es keinen Beherrschungsvertrag, finanzielle Beteiligungen sind auch nicht nötig. Es ist jedoch vorstellbar, daß sich ein VU aus Konzerngesellschaften konfiguriert.

4.1.3 Kartell

Das VU dient nicht erstrangig zur Regelung oder Beschränkung des Wettbewerbes, da die Partner eher komplementär zueinander sind und zusammen keine marktbeherrschende Stellung innehaben.

4.1.4 Konsortium

VU und Konsortien sind eng verwandt. Gemeinsam ist ihnen die Ausrichtung der Unternehmenskooperation auf eine meist zeitlich begrenzte Mission. Den wesentlichen Unterschied sehen wir darin, daß Konsortien mit sehr umfangreichem, formalem Beiwerk errichtet werden. Typische Konsortien, wie z.B. zum Bau einer Brücke oder zur Aktienemission, folgen bewährten Mustern. Die Organisation unter Partnern, die sich immer wieder verbünden, ist relativ stark vorgeprägt bzw. „eingefahren". Es würde uns z.B. relativ leicht fallen, eine Vorlesung über typische Erscheinungsformen von Konsortien zu halten, während uns die Darstellung typischer VU viel schwerer fällt.

4.1.5 Joint Venture

Im Gegensatz zum Joint Venture ist beim VU keine Neugründung nötig.

4.1.6 Franchising

Gemeinsam sind VU und Franchisinggebilden die flexiblen Verträge, die Abstimmung bei der Planung (bspw. Marketing-Mix) und das einheitliche Auftreten. Im Unterschied zu VU ist das Franchising aber auf Dauer angelegt. Es besteht ein Unterordnungsverhältnis, und mit dem Franchisegeber exisitiert ein u.U. „bürokratischer Overhead". Die Beziehungen gleichen eher einer Baumstruktur (1:N-Relation) als einem Netzwerk.

4.1.7 Elektronischer Markt (EM)

Die Koordination der Austauschbeziehungen zwischen Kunden und Lieferanten geschieht bei einem EM auf Basis der IT. Die auf einem EM angebotenen Produkte sind, wie das Beispiel der Computerbörse zeigt, mehr standardisiert. VU eignen sich eher zum Angebot individuellerer Leistungen.

4.1.8 Keiretsu

Unter einem Keiretsu versteht man einen Verbund rechtlich und wirtschaftlich weitgehend selbständiger japanischer Unternehmen, die auf vielfältige Weise miteinander verwoben sind. Im Unterschied zum VU gibt es im japanischen Netzwerk nur eine feste Mitgliedschaft.

5. Typologie nach Funktionen

Bausteine einer solchen Typologie könnten unter anderem sein:

1. Projektakquisition und -durchführung, z.B. Bau- oder andere Infrastrukturvorhaben im Ausland
2. Absatznetze, insbesondere für Schwerpunktaktionen, wie z.B. Vermarktung einer überreichen Ernte oder von technischen Innovationen
3. Logistische Felder, wie z.B. Reiseagenturen/Urlaubsveranstalter (Beispiel Rosenbluth) oder zwischenbetrieblich koordinierte Güterlogistik
4. Komponentenproduktion und -zulieferung, wie etwa in der Automobilherstellung schon sehr weit gediehen
5. Besondere Finanzierungsfälle, etwa Sanierungen (Beispiel Metallgesellschaft)
6. Großschaden-/Rückversicherung

Bei diesen Vorhaben spielt Geschwindigkeit eine sehr große Rolle, es werden auch immer wieder sogenannte *Crash-Vorhaben* zu bewältigen sein.

6. Voraussetzungen

6.1 Notwendige und fördernde Faktoren

6.1.1 Vertrauen

Da das Wesen der VU die Preisgabe strategischer Funktionen beinhaltet und da wegen des Zeitdrucks beim kurzfristigen Aufbau von VU auf komplexe und zeitraubende Absicherungen verzichtet wird, sind vertrauensbildende Maßnahmen sowie eine offene Kultur unerläßlich für den Erfolg. Kontrollen können eher durch die IV erfolgen.

6.1.2 Fit

Die Partner müssen strategisch, in der Aufbau- und Ablauforganisation, unternehmenskulturell sowie informationstechnisch zueinander passen. Entscheidend für das Gelingen einer Kooperation ist das Herstellen einer Win-Win-Situation. Umgekehrt sind Nullsummenspiele keine passende Basis.

6.1.3 Flexible IT-Systeme

Es sind flexible IT-Systeme nötig, die schnelle Anpassungen nach dem „Plug and Play“-Prinzip (Analogie zu einer Stereoanlage) an neue Produkte, neue Prozesse oder IT-Systeme neuer Partner erlauben. Bei einem Wandel sollte es möglich sein, die IV und die Organisation quasi automatisch umzukonfigurieren.

6.1.4 Geeignete Mitarbeiter

Für den „Virtual Employee" wird die Identifikation mit dem Unternehmen durch die Identifikation mit den Produkten des VU ersetzt. Dies kann zu Problemen führen, wie sie bei Leiharbeitern auftauchen.

6.2 Verhindernde und hemmende Faktoren

Einflüsse, die in besonderer Weise geeignet sind, den Aufbau oder das Funktionieren von VU zu erschweren, sind eine Art Proporzdenken, die „Not-Invented-Here"-Attitude, fehlende bzw. unausgereifte Standards (vgl. IV-Unterstützung) und die Furcht, daß es bei der Auflösung des Gebildes zu Konflikten kommen kann.

Für einen Broker (Ein-Mann-Unternehmer) stellt sich die Frage, was er bei einem VU bilanzieren soll. Der Wert seiner Beziehungen sowie die darin getätigten Investitionen können nicht aktiviert werden. Man kann so auch keinen Kredit absichern. Damit ist das Thema verbunden, ob unsere bisherige Art der Bilanzierung monetärer Größen vor dem Hintergrund der Entwicklung von VU überhaupt noch zeitgemäß ist.

7. Lebensphasen

7.1 Anbahnung – Partnersuche

Wie kommt es überhaupt zur Gründung eines VU? Nehmen wir einmal an, ein Visionär wolle ein solches Unternehmen gründen. Vermutlich wird er zunächst als Partner an Personen bzw. Unternehmen denken, mit denen er längerfristige Geschäftsbeziehungen unterhält und schon früher kooperiert hat. Da das Vertrauensverhältnis wichtig ist, wird sich ein „harter Kern" herauskristallisieren. Weitere Partner können über elektronische „Gelbe Seiten" gewonnen werden. Darin bieten Unternehmen nicht ihre Produkte, sondern ihre Kernkompetenzen mittels eines elektronischen Katalogs an. Anhand dieser Präsentation erhält man einen ersten Eindruck von der Unternehmenskultur. Da kleinere Unternehmen meist nicht über die nötigen Ressourcen verfügen, um sich eine umfassende Informationsrecherche leisten zu können, könnten sie sich an einen Broker wenden.

7.2 Vereinbarung

Hat sich die Grundzusammensetzung des kommenden VU herausgebildet, so geht es in weiteren Verhandlungen um die genauere Ausgestaltung. „Das Aufeinandertreffen der Kooperationsträger aus den verschiedenen Partnerunternehmungen (Multiorganisationalität) bei kollektiven Entscheidungen (Multipersonalität), ohne daß formale, einseitige Weisungsrechte bestehen, bereitet große Schwierigkeiten bei der Entscheidungsfindung, welche sich potenzieren, wenn die Partner aus sehr unterschiedlichen soziokulturellen Umwelten (Multinationalität) stammen" [23].

In der Vereinbarungsphase sind zu klären:

- Verflechtungsintensität (Dauer der Verbindung, Ressourcenzuordnung)
- Arbeitsteilung
- Koordinationsformen (z.B. Stimm- oder Vetorechte)
- Formalisierungsgrad: Festlegung von Verfahrensregeln
- Projektmanagement

7.3 Durchführung

Auf der operativen Ebene wird es zur Angleichung bzw. Verschmelzung der Informationsverarbeitungssysteme (IV-Systeme) kommen. Unternehmensinterne Umstrukturierungen werden ebenfalls notwendig sein, da durch die Kooperation Aufgaben wegfallen und neue entstehen. In dieser Phase können elektronische Hilfsmittel eine besondere Rolle spielen (vgl. Abschnitt über IV-Unterstützung).

7.4 Auflösung

Nach Beendigung der Mission ist u.a. an eine Sicherung von Ergebnissen in Erfahrungs- oder Know-how-Datenbanken zu denken. Verfahrensschritte bei der Auflösung des VU sollten schon zu Beginn festgelegt werden.

8. IV-Unterstützung

8.1 Anforderungen an und Ansätze zur Informationsverarbeitung

Die Informatik und die Wirtschaftsinformatik halten eine Palette von Instrumenten bereit, die zwar nicht für VU entwickelt worden sind, sich aber in dieser Kooperationsform als wertvoll erweisen. Eine zumindest lose Kopplung von informationstechnischen Hilfsmitteln und Anwendungssystemen dürfte in vielen VU zum Kritischen Erfolgsfaktor (umgekehrt die mangelnde Kompatibilität zum Kritischen Mißerfolgsfaktor) werden.

Auf einzelnen Teilgebieten, die bei der rechentechnischen Unterstützung Virtueller Unternehmen eine wichtige Rolle spielen, gibt es seit Jahren Bestrebungen, umfassende *Normen und Standards* zu definieren. Vor allem müssen möglichst problemlose Normen geschaffen werden. Z.B. ist EDIFACT eine wichtige Grundlage, die Entstehung zu vieler Subsets von EDIFACT jedoch andererseits ein Hemmschuh. Deshalb findet man gegenwärtig eine Vielzahl von Initiativen oder Verbünden, die suboptimale und auf ihre Bedürfnisse abgestimmte Normen bevorzugen. So entwickelt eine Initiative britischer Betriebe einen vereinfachten EDIFACT-Standard für den Datenaustausch zwischen Zulieferern und Herstellern.

Tabelle 1 zeigt einen Katalog möglicher IV-Hilfsmittel, die in einem VU bzw. bei dessen Bildung und Auflösung zum Einsatz kommen könnten.

Tab. 1: Spezielle IV-Hilfsmittel

Hilfsmittel	**Bemerkungen**
Elektronischer Unternehmenskatalog	Die Unternehmen präsentieren sich in Form von *elektronischen Gelben Seiten* auf einer gemeinsamen Plattform (z.B. WWW). Sie geben eine Unternehmensdarstellung, Referenzen, Kontaktadressen und Kernkompetenzen bekannt. Einer rudimentären Realisierung entspricht das Kollegenhilfesystem (KHS) von DATEV.
Kooperative Informationssysteme	*Schnittstellenagenten* vermindern Koordinationskosten und -zeit. Sie filtern Emails, finden geeignete Partner im Datenhighway und speichern kooperationsrelevante Daten. *Benutzeragenten* machen Termine aus, beantworten Standardfragen, schlagen geeignete Kooperationsformen vor sowie überprüfen, ob eine Videokonferenz technisch überhaupt möglich ist.
Elektronisches Organisationshandbuch (ELO)	Ein ELO ist vergleichbar mit einem elektronischen Produktkatalog und enthält Informationen über Aufbau, Abläufe, Mitarbeiter sowie Produkte bzw. Dienstleistungen einer Organisation [5]. Jeder VU-Partner sollte einen Zugang zum ELO der anderen erhalten, um die richtigen Ansprechpartner zur effizienten Realisierung gemeinsamer Geschäftsprozesse schnell zu ermitteln. Spezielle *Knowledge-on-Demand-Systeme* sollen darüber hinaus Know-how-Wissen und Angaben über menschliche Experten zur Verfügung stellen.
Computergestützte Organisationstools	Zur Wahl geeigneter *Koordinationsstrukturen* sowie zur effizienten Organisationsgestaltung können computergestützte Tools (inkl. Metapläne für die Ablauforganisation) verwendet werden. Im Idealfall steht am Ende ein Abbild der Aufbau- und Ablauforganisation des VU im Rechner.
Workflow-Management und Groupware	*Workflow-Management* kann für die Steuerung und Überwachung von zwischenbetrieblichen Geschäftsprozessen verwendet werden. Die Entwicklung adaptiver Workflow-Systeme erleichtert die dynamische Anpassung an immer neue Geschäftsprozesse. Die Unterstützung von zeitlich und örtlich getrennten Gruppenprozessen wird durch Email, Desktop-Videokonferenzen usw. geleistet. Negative Effekte von traditionellen Gruppensitzungen werden durch die Verwendung von *Groupware* bzw. Computerkonferenzen vermieden.
Führungsinformationssysteme (FIS)	Für die Führung im VU sowie der jeweiligen Partnerunternehmen sind entsprechende Berichte notwendig. Ein *FIS im VU* sollte unterschiedliche Berichtsphilosophien, heterogene Datenbanken, international verschiedene Rechnungslegung, Sprachunterschiede sowie semantische Differenzen beispielsweise bei Kennzahlen berücksichtigen. Die Idee des Data Warehouse läßt sich ebenfalls übertragen.

8.2 Architekturkonzepte einer gemeinsamen Informationsverarbeitung

Grundlegend für jede Form einer rechnergestützten Kommunikation ist die Vernetzung der Partner, beispielsweise mittels Internet. Aufbauend auf einer derartigen Vernetzung lassen sich drei verschiedene Stufen einer IV-Architektur realisieren, die die Kommunikation in unterschiedlicher Intensität und auf unterschiedlichem Niveau unterstützen können (s. Abbildung 4). Die unterste Ebene bildet die *Applikations-Kommunikation* über einheitliche Kommunikationsschnittstellen und -standards. Die nächste, höher entwickelte Variante ist das *Daten-Sharing* zum Zugriff auf gemeinsame Datenbestände unter Berücksichtigung der Datenintegrität und -sicherheit. Das heißt, IV-Architekturen mit Daten-Sharing erfordern Festlegungen, auf welche Daten externe Partner zugreifen dürfen und welche Informationen aus Sicherheitsgründen nur intern zur Verfügung stehen. Beim *Applikations-Sharing* werden die Anwendungssysteme der Partner in einer Art und Weise vereint, daß Multi-User-Systeme resultieren.

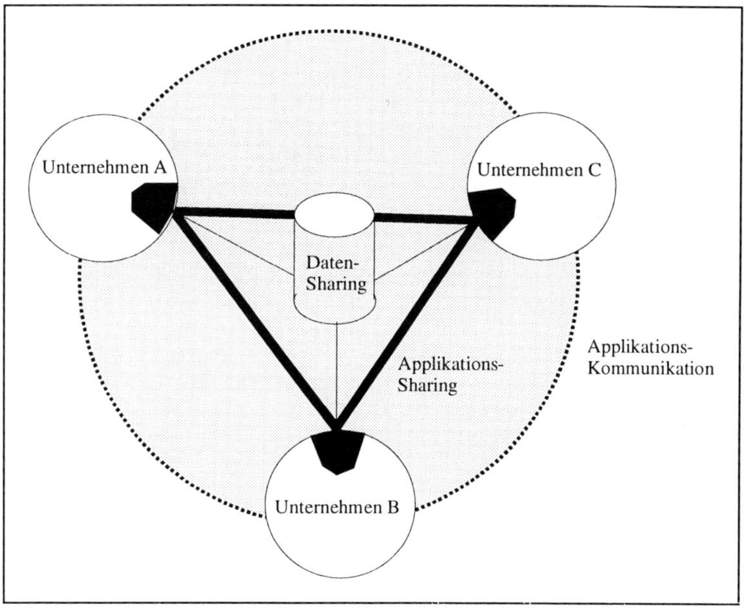

Abb. 4: IV-Architektur

9. Zur Position des VU im deutschen Wirtschafts-, Gesellschafts- und Rechtssystem

Der VU-Gedanke weist eine besondere deutsche Facette auf. Diese These mag man einfach damit begründen, daß in Deutschland große Unternehmen einige spezifische Nachteile haben, die man durch Zerlegung in kleine Einheiten vermeiden kann. Zu den

Tab. 2: Rechtliche Bezüge von VU in Deutschland [15]

Betroffenes Recht	Beziehung zu VU
Gesellschaftsrecht	• VU wird grundsätzlich als Gesellschaft bürgerlichen Rechts (GbR) gemäß §§ 705 ff. BGB behandelt • Förmlicher Gesellschaftsvertrag sinnvoll, sonst gemeinschaftliche Führung (§§ 709 ff. BGB)
Haftungsrecht	• Ohne weitere Regelungen im Gesellschaftsvertrag haften nach den Regeln der GbR alle Gesellschafter als Gesamtschuldner mit ihrem ganzen Vermögen (z.B. Produkt- und Gefährdungshaftung)
Kartellrecht	• Mögliche Beschränkung des Wettbewerbs durch VU-Bildung
Bundesdatenschutzgesetz (BDSG)	• Wer ist die Datenverarbeitende Stelle im Sinne von § 3 Abs. 8 BDSG? • Bei VU mit internationalen Gliedern könnte es zu einer Kollision der nationalen Datenschutzgesetze kommen • Verpflichtung auf das Datengeheimnis auch bei entliehenen Mitarbeitern (§ 5 BDSG) • Betrieblicher Datenschutzbeauftragter?
Arbeitsrecht	• Betriebsübergang der Arbeitnehmer (§ 613 a BGB) • Arbeitnehmerüberlassung (AÜG) • Wenn das VU in seinen Abläufen stark auf Workflow- oder Groupware-Konzepte setzt, dann gelten beratungs- und mitbestimmungsrechtliche Regelungen des Betriebsverfassungsgesetzes (BetrVG), z.B. bei Leistungskontrollen durch IV oder Veränderung von Arbeitsverfahren, Arbeitsabläufen oder Arbeitsplätzen
Patent- und Urheberrecht	• Arbeitnehmererfindungsgesetz (Wer ist Arbeitgeber: Partner oder ganzes VU?) • Wer profitiert von Rechten in welchem Umfang?
Handels- und Steuerrecht	• Sicherung der Transparenz und Revisionsfähigkeit der verteilten Unternehmensdaten im Sinne der GoB
Prozeßrecht	• Elektronischer Unterschrift fehlt gesetzliche Anerkennung • Elektronische Dokumente sind keine Urkunden

„harten“ Pflichten für große Unternehmen zählen die Auflagen des Publizitätsgesetzes, die Arbeitnehmer-Mitbestimmung, die Einrichtung bestimmter Instanzen wie die des Datenschutzbeauftragten sowie wettbewerbsrechtliche Auflagen bei Zusammenschlüssen. Kleinere Unternehmenseinheiten genießen Vorteile bei der Steuergesetzgebung in Form von Freibeträgen, und die Arbeitsgerichtsbarkeit hat eher „Nachsicht“ mit kleineren Unternehmen.

Eine derzeit deutlich sichtbare Reaktion der Unternehmen auf die Fehlentwicklungen des deutschen Wohlfahrtsstaates stellt die *Scheinselbständigkeit* [20] dar. Diese ist als Schutzmaßnahme von Unternehmen zu interpretieren, die übrigens einmal mehr zeigt, wie Gegenstrategien der Marktteilnehmer die Auswüchse des Wohlfahrtsstaates konterkarieren und dadurch zur sogenannten Wohlfahrtsfalle führen. Der ehemalige Arbeitnehmer, der jetzt selbständig ist, wird länger und flexibler arbeiten, man spart Beitragszahlungen zur Sozialversicherung und kann den „Mitarbeiter“ nun loswerden, ohne daß Probleme drohen, die vom Kündigungsschutz- oder generell vom Arbeitsrecht ausgehen mögen. Die Scheinselbständigen bilden mit ihrem früherem Betrieb fast zwangsläufig ein Virtuelles Unternehmen. Beispielsweise sind die „Ein-Mann-Transporteure“, die aus der Versandabteilung eines Industriebetriebes heraus gegründet wurden, streng in die logistischen Planungen und Dispositionen ihres ehemaligen Arbeitgebers eingebunden. Es steht freilich auf schwankendem Boden, solange noch nicht hinreichend überschaubar ist, wie die Rechtsprechung und die Gesetzgebung reagieren werden. Tabelle 2 gibt einige rechtliche Bezüge von VU wieder.

10. Schluß

Es bleibt abzuwarten, ob sich das VU als eine vorübergehende Erscheinung in Forschung und Praxis erweist oder im Zentrum der Langfristentwicklung steht. Einige reizvolle Eigenschaften der VU könnten helfen, einen Bedarf an Organisationsstrukturen zu decken, den veränderte ökonomische Umwelten mit sich bringen – in den Kategorien der Innovationstheorie wäre einerseits von einem *Bedarfssog* zu sprechen. Andererseits erzeugen vor allem informationstechnische Neuerungen auch einen sog. *Technologiedruck*. Beides zusammengenommen läßt es geraten erscheinen, Möglichkeiten und Grenzen von VU zu erforschen.

Literatur

[1] *Arnold, O., Faisst, W., Härtling, M.* und *Sieber, P.*, Virtuelle Unternehmen als Unternehmenstyp der Zukunft?, Handbuch der modernen Datenverarbeitung 32 (1995) 185, S. 8–25.
[2] *Brand, C.*, Das Virtuelle Unternehmen, Diplomarbeit, Bern 1994.
[3] *Byrne, J.*, The Virtual Corporation, Business Week, 8.2.1993, S. 37–41.
[4] *Boynton, A., Victor, B., Pine, B.J.*, New Competitive Strategies: Challenges to Organizations and Information Technology, IBM Systems Journal 32 (1993) 1, S. 40–64.

[5] *Chrapary, H.-J.*, *Rosenow-Schreiner, E.* und *Waldhör, K.*, Das Elektronische Organisationshandbuch, in: Lutze, R. und Kohl, A. (Hrsg.), Wissensbasierte Systeme im Büro, München u.a. 1991, S. 295–312.

[6] *Clemons, E.K.* und *Row, M.C.*, Rosenbluth International Alliance: Information Technology and the Global Virtual Corporation, in: Nunamaker jr., J.F. und Sprague, R.H. (Hrsg.), Proceedings of the 25th Hawaii International Conference on System Sciences, Hawaii 1992, S. 678–686.

[7] *Goldman, S.*, *Nagel, R.*, *Preiss, K.*, Agile Competitors and Virtual Organizations: Strategies for Enriching the Customer, New York u.a. 1994.

[8] *Gemünden, H.-G.* und *Heydebreck, P.*, Geschäftsbeziehungen in Netzwerken, Instrumente der Stabilitätssicherung und Innovation, in: Kleinaltenkamp, M. (Hrsg.), Netzwerkansätze im Business-to-Business Marketing, Wiesbaden 1994, S. 251–282.

[9] *Klein, S.*, Virtuelle Organisation, www-iwi.unisg.ch/iwi4/cc/genpubs/virtorg.html, WWW 1994.

[10] *Malone, T.* und *Rockart, J.*, How Will Information Technology Reshape Organizations?, in: Bradley, S., Hausman, J. und Nolan, R. (Hrsg.), Globalization, Technology and Competition: The Fusion of Computer and Telecommunications in the 1990s, Boston 1993.

[11] *Mertens, P.*, Virtuelle Unternehmen, WIRTSCHAFTSINFORMATIK 36 (1994) 2, S. 169–172.

[12] *Mertens, P.* und *Faisst, W.*, Virtuelle Unternehmen, eine Organisationsstruktur für die Zukunft?, technologie & management 44 (1995) 2, S. 61–68.

[13] *Mertens, P.*, Mass Customization, WIRTSCHAFTSINFORMATIK 37 (1995) 5, 503–505.

[14] *Miller, G.*, Managerial Dilemmas, The Political Economy of Hierarchy, Cambridge 1992.

[15] *Müthlein, T.*, Virtuelle Unternehmen mit einem rechtssicheren informationstechnischen Rückgrat?, HMD 32 (1995) 185, S. 68–77.

[16] *O.V.*, Making Alliances and Partnerships Work, IS Analyzer 31 (1993) 10.

[17] *Pine, B.J.*, *Bart, V.*, *Boynton, A.*, Making Mass Customization Work, Harvard Business Review 71 (1993) 9/10, S. 108–119.

[18] *Prahalad, C.* und *Hamel, G.*, The Core Competence of the Corporation, Harvard Business Review 68 (1990) 5/6, S. 79–91.

[19] *Semich, J.W.*, Information Replaces Inventory at the Virtual Corp., Datamation 15 (1994) 7, S. 37–42.

[20] *Scherl, H.*, Scheinselbständigkeit als rechtliches und sozialpolitisches Problem, Datenverarbeitung, Steuer, Wirtschaft, Recht 24 (1995) 10, S. 286–290.

[21] *Scholz, C.*, Die virtuelle Organisation als Strukturkonzept der Zukunft?, Arbeitsbericht Nr. 30 des Lehrstuhls für Betriebswirtschaftslehre, insbesondere Organisation, Personal- und Informationsmanagement der Universität des Saarlandes, Saarbrücken 1994.

[22] *Snow, C.*, *Miles, R.*, *Coleman, H.*, Managing 21st Century Network Organization, Organizational Dynamics 20 (1992) 3, S. 5–20.

[23] *Tröndle, D.*, Kooperationsmanagement, Bergisch-Gladbach u.a. 1986.

[24] *Venkatraman, N.*, IT-Induced Business Reconfiguration, in: Scott Morton, M. (Hrsg.), The Corporation of the 1990s, Oxford 1991, S. 122–158.

The Core Competence of the Corporation*

C.K. Prahalad and *G. Hamel*

The most powerful way to prevail in global competition is still invisible to many companies. During the 1980s, top executives were judged on their ability to restructure, declutter, and delayer their corporations. In the 1990s, they'll be judged on their ability to identify, cultivate, and exploit the core competencies that make growth possible — indeed, they'll have to rethink the concept of the corporation itself.

Consider the last ten years of GTE and NEC. In the early 1980s, GTE was well positioned to become a major player in the evolving information technology industry. It was active in telecommunications. Its operations spanned a variety of businesses including telephones, switching and transmission systems, digital PABX, semiconductors, packet switching, satellites, defense systems, and lighting products. And GTE's Entertainment Products Group, which produced Sylvania color TVs, had a position in related display technologies. In 1980, GTE's sales were $1.73 billion. NEC, in contrast, was much smaller, at $3.8 billion in sales. It had a comparable technological base and computer business, but it had no experience as an operating telecommunications company.

Yet look at the positions of GTE and NEC in 1988. GTE's 1988 sales were $16.46 billion, and NEC's sales were considerably higher at $21.89 billion. GTE has, in effect, become a telephone operating company with a position in defense and lighting products. GTE's other businesses are small in global terms. GTE has divested Sylvania TV and Telenet, put switching, transmission, and digital PABX into joint ventures, and closed down semiconductors. As a result, the international position of GTE has eroded. Non-U.S. revenue as a percent of total revenue dropped from 20 % to 15 % between 1980 and 1988.

NEC has emerged as the world leader in semiconductors and as a first-tier player in telecommunications products and computers. It has moved beyond public switching and transmission to include such lifestyle products as mobile telephones, facsimile machines, and laptop computers — bridging the gap between telecommunications and office automation. NEC is the only company in the world to be in the top five in revenue in telecommunications, semiconductors, and mainframes. Why did these two companies, starting with comparable business portfolios, perform so differently?

---

* This article is reprinted with permission from the Harvard Business Review, 1990, May–June.

Largely because NEC conceived of itself in terms of "core competencies", and GTE did not.

1. Rethinking the Corporation

Once, the diversified corporation could simply point its business units at particular end product markets and admonish them to become world leaders. But with market boundaries changing ever more quickly, targets are elusive and capture is at best temporary. A few companies have proven themselves adept at inventing new markets, quickly entering emerging markets, and dramatically shifting patterns of customer choice in established markets. These are the ones to emulate. The critical task for management is to create an organization capable of infusing products with irresistible functionality or, better yet, creating products that customers need but have not yet even imagined.

This is a deceptively difficult task. Ultimately, it requires radical change in the management of major companies. It means, first of all, that top managements of Western companies must assume responsibility for competitive decline. Everyone knows about high interest rates, Japanese protectionism, outdated antitrust laws, obstreperous unions, and impatient investors. What is harder to see, or harder to acknowledge, is how little added momentum companies actually get from political or macroeconomic "relief". Both the theory and practice of Western management have created a drag on our forward motion. It is the principles of management that are in need of reform.

NEC versus GTE, again, is instructive and only one of many such comparative cases we analyzed to understand the changing basis for global leadership. Early in the 1970s, NEC articulated a strategic intent to exploit the convergence of computing and communications, what is called "C&C" [1]. Success, top management reckoned, would hinge on acquiring *competencies*, particularly in semiconductors. Management adopted an appropriate "strategic architecture", summarized by C&C, and then communicated its intent to the whole organization and the outside world during the mid-1970s.

NEC constituted a "C&C Committee" of top managers to oversee the development of core products and core competencies. NEC put in place coordination groups and committees that cut across the interests of individual businesses. Consistent with its strategic architecture, NEC shifted enormous resources to strengthen its position in components and central processors. By using collaborative arrangements to multiply internal resources, NEC was able to accumulate a broad array of core competencies.

NEC carefully identified three interrelated streams of technological and market evolution. Top management determined that computing would evolve from large mainframes to distributed processing, components from simple ICs to VLSI, and communications from mechanical cross-bar exchange to complex digital systems we now call ISDN. As things evolved further, NEC reasoned, the computing, communications, and components businesses would so overlap that it would be very hard to distinguish among them, and that there would be enormous opportunities for any company that had built the competencies needed to serve all three markets.

NEC top management determined that semiconductors would be the company's most important "core product". It entered into myriad strategic alliances — over 100 as of 1987 — aimed at building competencies rapidly and at low cost. In mainframe computers, its most noted relationship was with Honeywell and Bull. Almost all the collaborative arrangements in the semiconductor-component field were oriented toward technology access. As they entered collaborative arrangements, NEC's operating managers understood the rationale for these alliances and the goal of internalizing partner skills. NEC's director of research summed up its competence acquisition during the 1970s and 1980s this way: "From an investment standpoint, it was much quicker and cheaper to use foreign technology. There wasn't a need for us to develop new ideas."

No such clarity of strategic intent and strategic architecture appeared to exist at GTE. Although senior executives discussed the implications of the evolving information technology industry, no commonly accepted view of which competencies would be required to compete in that industry were communicated widely. While significant staff work was done to identify key technologies, senior line managers continued to act as if they were managing independent business units. Decentralization made it difficult to focus on core competencies. Instead, individual businesses became increasingly dependent on outsiders for critical skills, and collaboration became a route to staged exits. Today, with a new management team in place, GTE has repositioned itself to apply its competencies to emerging markets in telecommunications services.

2. The Roots of Competitive Advantage

The distinction we observed in the way NEC and GTE conceived of themselves — a portfolio of competencies versus a portfolio of businesses — was repeated across many industries. From 1980 to 1988, Canon grew by 264 %, Honda by 200 %. Compare that with Xerox and Chrysler. And if Western managers were once anxious about the low cost and high quality of Japanese imports, they are now overwhelmed by the pace at which Japanese rivals are inventing new markets, creating new products, and enhancing them. Canon has given us personal copiers; Honda has moved from motorcycles to four-wheel off-road buggies. Sony developed the 8mm camcorder, Yamaha, the digital piano. Komatsu developed an underwater remote-controlled bulldozer, while Casio's latest gambit is a small-screen color LCD television. Who would have anticipated the evolution of these vanguard markets?

In more established markets, the Japanese challenge has been just as disquieting. Japanese companies are generating a blizzard of features and functional enhancements that bring technological sophistication to everyday products. Japanese car producers have been pioneering four-wheel steering, four-valve-per-cylinder engines, in-car navigation systems, and sophisticated electronic engine-management systems. On the strength of its product features, Canon is now a player in facsimile transmission machines, desktop laser printers, even semiconductor manufacturing equipment.

In the short run, a company's competitiveness derives from the price/performance attributes of current products. But the survivors of the first wave of global competition, Western and Japanese alike, are all converging on similar and formidable standards for product cost and quality — minimum hurdles for continued competition, but less and less important as sources of differential advantage. In the long run, competitiveness derives from an ability to build, at lower cost and more speedily than competitors, the core competencies that spawn unanticipated products. The real sources of advantage are to be found in management's ability to consolidate corporatewide technologies and production skills into competencies that empower individual businesses to adapt quickly to changing opportunities.

Senior executives who claim that they cannot build core competencies either because they feel the autonomy of business units is sacrosanct or because their feet are held to the quarterly budget fire should think again. The problem in many Western companies is not that their senior executives are any less capable than those in Japan nor that Japanese companies possess greater technical capabilities. Instead, it is their adherence to a concept of the corporation that unnecessarily limits the ability of individual businesses to fully exploit the deep reservoir of technological capability that many American and European companies possess.

The diversified corporation is a large tree. The trunk and major limbs are core products, the smaller branches are business units; the leaves, flowers, and fruit are end products. The root system that provides nourishment, sustenance, and stability is the core competence. You can miss the strength of competitors by looking only at their end products, in the same way you miss the strength of a tree if you look only at its leaves (see Fig. 1).

Core competencies are the collective learning in the organization, especially how to coordinate diverse production skills and integrate multiple streams of technologies. Consider Sony's capacity to miniaturize or Philip's optical-media expertise. The theoretical knowledge to put a radio on a chip does not in itself assure a company the skill to produce a miniature radio no bigger than a business card. To bring off this feat, Casio must harmonize know-how in miniaturization, microprocessor design, material science, and ultrathin precision casing — the same skills it applies in its miniature car calculators, pocket TVs, and digital watches.

If core competence is about harmonizing streams of technology, it is also about the organization of work and the delivery of value. Among Sony's competencies is miniaturization. To bring miniaturization to its products, Sony must ensure that technologists, engineers, and marketers have a shared understanding of customer needs and of technological possibilities. The force of core competence is felt as decisively in services as in manufacturing. Citicorp was ahead of others investing in an operating system that allowed it to participate in world markets 24 hours a day. Its competence in systems has provided the company the means to differentiate itself from many financial service institutions.

Core competence is communication, involvement, and a deep commitment to working across organizational boundaries. It involves many levels of people and all functions. World-class research in, for example, lasers or ceramics can take place

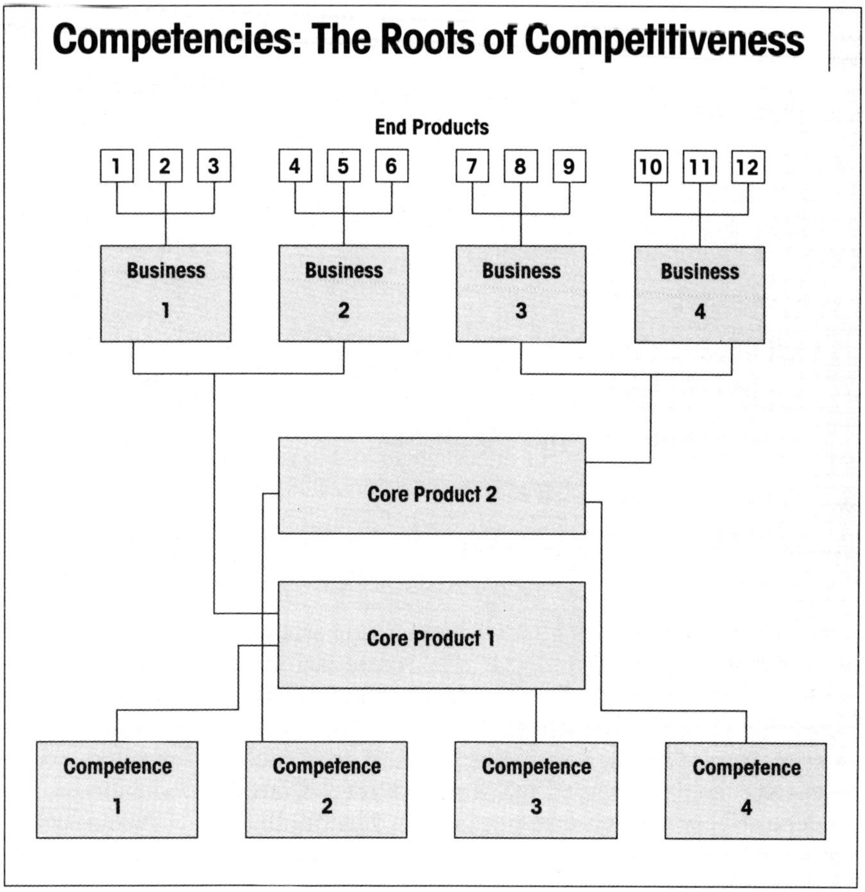

Fig. 1: Competencies: The roots of competitiveness
The corporation, like a tree, grows from its roots. Core products are nourished by competencies and engender business units, whose fruit are end products.

in corporate laboratories without having an impact on any of the businesses of the company. The skills that together constitute core competence must coalesce around individuals whose efforts are not so narrowly focused that they cannot recognize the opportunities for blending their functional expertise with those of others in new and interesting ways.

Core competence does not diminish with use. Unlike physical assets, which do deteriorate over time, competencies are enhanced as they are applied and shared. But competencies still need to be nurtured and protected; knowledge fades if it is not used. Competencies are the glue that binds existing businesses. They are also the engine for new business development. Patterns of diversification and market entry may be guided by them, not just by the attractiveness of markets.

Consider 3M's competence with sticky tape. In dreaming up businesses as diverse as "Post it"-notes, magnetic tape, photographic film, pressure-sensitive tapes, and coated abrasives, the company has brought to bear widely shared competencies in substrates, coating, and adhesives and devised various ways to combine them. Indeed, 3M has invested consistently in them. What seems to be an extremely diversified portfolio of businesses belies a few shared core competencies.

In contrast, there are major companies that have had the potential to build core competencies but failed to do so because top management was unable to conceive of the company as anything other than a collection of discrete businesses. GE sold much of its consumer electronics business to Thomson of France, arguing that it was becoming increasingly difficult to maintain its competitiveness in this sector. That was undoubtedly so, but it is ironic that it sold several key businesses to competitors who were already competence leaders — Black & Decker in small electrical motors, and Thomson, which was eager to build its competence in microelectronics and had learned from the Japanese that a position in consumer electronics was vital to this challenge.

Management trapped in the strategic business unit (SBU) mind-set almost inevitably finds its individual businesses dependent on external sources for critical components, such as motors or compressors. But these are not just components. They are core products that contribute to the competitiveness of a wide range of end products. They are the physical embodiments of core competencies.

3. How Not to Think of Competence

Since companies are in a race to build the competencies that determine global leadership, successful companies have stopped imagining themselves as bundles of businesses making products. Canon, Honda, Casio, or NEC may seem to preside over portfolios of businesses unrelated in terms of customers, distribution channels, and merchandising strategy. Indeed, they have portfolios that may seem idiosyncratic at times: NEC is the only global company to be among leaders in computing, telecommunications, and semiconductors *and* to have a thriving consumer electronics business.

But looks are deceiving. In NEC, digital technology, especially VLSI and systems integration skills, is fundamental. In the core competencies underlying them, disparate businesses become coherent. It is Honda's core competence in engines and power trains that gives it a distinctive advantage in car, motorcycle, lawn mower, and generator businesses. Canon's core competencies in optics, imaging, and microprocessor controls have enabled it to enter, even dominate, markets as seemingly diverse as copiers, laser printers, cameras, and image scanners. Philips worked for more than 15 years to perfect its optical-media (laser disc) competence, as did JVC in building a leading position in video recording. Other examples of core competencies might include mechantronics (the ability to marry mechanical and electronic engineering), video displays, bioengineering, and microelectronics. In the early stages of its competence building, Philips could not have imagined all the products that would be spawned by its optical-media competence, nor could JVC have anticipated miniature camcorder when it first began exploring videotape technologies.

Unlike the battle for global brand dominance, which is visible in the world's broadcast and print media and is aimed at building global "share of mind", the battle to build world-class competencies is invisible to people who aren't deliberately looking for it. Top management often tracks the cost and quality of competitors' products, yet how many managers untangle the web of alliances their Japanese competitors have constructed to acquire competencies at low cost? In how many Western boardrooms is there an explicit, shared understanding of the competencies the company must build for world leadership? Indeed, how many senior executives discuss the crucial distinction between competitive strategy at the level of a business and competitive strategy at the level of an entire company?

Let us be clear. Cultivating core competence does *not* mean outspending rivals on research and development. In 1983, when Canon surpassed Xerox in worldwide unit market share in the copier business, its R&D budget in reprographics was but a small fraction of Xerox's. Over the past 20 years, NEC has spent less on R&D as a percentage of sales than almost all of its American and European competitors.

Nor does core competence mean shared costs, as when two or more SBUs use a common facility — a plant, service facility, or sales force — or share a common component. The gains of sharing may be substantial, but the search for shared costs is typically a post hoc effort to rationalize production across existing businesses, not a premeditated effort to build the competencies out of which the businesses themselves grow.

Building core competencies is more ambitious and different than integrating vertically, moreover. Managers deciding whether to make or buy will start with end products and look upstream to the efficiencies of the supply chain and downstream toward distribution and customers. They do not take inventory of skills and look forward to applying them in nontraditional ways. (Of course, decisions about competencies *do* provide a logic for vertical integration. Canon is not particularly integrated in its copier business, except in those aspects of the vertical chain that support the competencies it regards as critical.)

4. Identifying Core Competencies — And Losing Them

At least three tests can be applied to identify core competencies in a company. First, a core competence provides potential access to a wide variety of markets. Competence in display systems, for example, enables a company to participate in such diverse businesses as calculators, miniature TV sets, monitors for laptop computers, and automotive dashboards — which is why Casio's entry into the handheld TV market was predictable. Second, a core competence should make a significant contribution to the perceived customer benefits of the end product. Clearly, Honda's engine expertise fills this bill.

Finally, a core competence should be difficult for competitors to imitate. And it *will* be difficult if it is a complex harmonization of individual technologies and production skills. A rival might acquire some of the technologies that comprise the core competence, but it will find it more difficult to duplicate the more or less comprehensive pattern of internal coordination and learning. JVC's decision in the early 1960s to pursue the development of a videotape competence passed the three tests outlined here. RCA's decision in the late 1970s to develop a stylus-based video turntable system did not.

Few companies are likely to build world leadership in more than five or six fundamental competencies. A company that compiles a list of 20 to 30 capabilities has probably not produced a list of core competencies. Still, it is probably a good discipline to generate a list of this sort and to see aggregate capabilities as building blocks. This tends to prompt the search for licensing deals and alliances through which the company may acquire, at low cost, the missing pieces.

Most Western companies hardly think about competitiveness in these terms at all. It is time to take a tough-minded look at the risks they are running. Companies that judge competitiveness, their own and their competitors', primarily in terms of the price/performance of end products are courting the erosion of core competencies — or making too little effort to enhance them. The embedded skills that give rise to the next generation of competitive products cannot be "rented in" by outsourcing and OEM-supply relationships. In our view, too many companies have unwittingly surrendered core competencies when they cut internal investment in what they mistakenly thought were just "cost centers" in favor of outside suppliers.

Consider Chrysler. Unlike Honda, it has tended to view engines and power trains as simply one more component. Chrysler is becoming increasingly dependent on Mitsubishi and Hyundai: between 1985 and 1987, the number of outsourced engines went from 252,000 to 382,000. It is difficult to imagine Honda yielding manufacturing responsibility, much less design, of so critical a part of a car's function to an outside company — which is why Honda has made such an enormous commitment to Formula One auto racing. Honda has been able to pool its engine-related technologies; it has parlayed these into a corporatewide competency from which it develops world-beating products, despite R&D budgets smaller than those of GM and Toyota.

Of course, it is perfectly possible for a company to have a competitive product line up but be a laggard in developing core competencies — at least for a while. If a company wanted to enter the copier business today, it would find a dozen Japanese companies more than willing to supply copiers on the basis of an OEM private label. But when fundamental technologies changed or if its supplier decided to enter the market directly and become a competitor, that company's product line, along with all of its investments in marketing and distribution, could be vulnerable. Outsourcing can provide a shortcut to a more competitive product, but it typically contributes little to building the people-embodied skills that are needed to sustain product leadership.

Nor is it possible for a company to have an intelligent alliance or sourcing strategy if it has not made a choice about where it will build competence leadership. Clearly, Japanese companies have benefited from alliances. They've used them to learn from Western partners who were not fully committed to preserving core competencies of their own. As we've argued in these pages before, learning within an alliance takes a positive commitment of resources — travel, a pool of dedicated people, test-bed facilities, time to internalize and test what has been learned. [2] A company may not make this effort if it doesn't have clear goals for competence building.

Another way of losing is forgoing opportunities to establish competencies that are evolving in existing businesses. In the 1970s and 1980s, many American and European companies — like GE, Motorola, GTE, Thorn, amd GEC — chose to exit the color television business, which they regarded as mature. If by "mature" they meant that they had run out of new product ideas at precisely the moment global rivals had targeted the TV business for entry, then yes, the industry was mature. But it certainly wasn't mature in the sense that all opportunities to enhance and apply video-based competencies had been exhausted.

In ridding themselves of their television businesses, these companies failed to distinguish between divesting the business and destroying their video media-based competencies. They not only got out of the TV business but they also closed the door on a whole stream of future opportunities reliant on video-based competencies. The television industry, considered by many U.S. companies in the 1970s to be unattractive, is today the focus of a fierce public policy debate about the inability of U.S. corporations to benefit from the $20-billion-a-year opportunity that HDTV will represent in the mid- to late 1990s. Ironically, the U.S. government is being asked to fund a massive research project — in effect, to compensate U.S. companies for their failure to preserve critical core competencies when they had the chance.

In contrast, one can see a company like Sony reducing its emphasis on VCRs (where it has not been very successful and where Korean companies now threaten), without reducing its commitment to video-related competencies. Sony's Betamax led to a debacle. But it emerged with its videotape recording competencies intact and is currently challenging Matsushita in the 8mm camcorder market.

There are two clear lessons here. First, the costs of losing a core competence can be only partly calculated in advance. The baby may be thrown out with the bath water in divestment decisions. Second, since core competencies are built through a process of continuous improvement and enhancement that may span a decade or longer, a company that has failed to invest in core competence building will find it very difficult to enter an emerging market, unless, of course, it will be content simply to serve as a distribution channel.

American semiconductor companies like Motorola learned this painful lesson when they elected to forgo direct participation in the 256k generation of DRAM chips. Having skipped this round, Motorola, like most of its American competitors, needed a large infusion of technical help from Japanese partners to rejoin the battle in the 1-megabyte generation. When it comes to core competencies, it is difficult to get off the train, walk to the next station, and then reboard.

5. From Core Competencies to Core Products

The tangible link between identified core competencies and end products is what we call the core products — the physical embodiments of one or more core competencies. Honda's engines, for example, are core products, linchpins between design and development skills that ultimately lead to a proliferation of end products. Core products are the components of subassemblies that actually contribute to the value of the end products. Thinking in terms of core products forces a company to distinguish between the brand share it achieves in end product markets (for example, 40 % of the U.S. refrigerator market) and the manufacturing share it achieves in any particular core product (for example, 5 % of the world share of compressor output).

Canon is reputed to have an 84 % world manufacturing share in desktop laser printer "engines", even though its brand share in the laser printer business is minuscule. Similarly, Matsushita has a world manufacturing share of about 45 % in key VCR components, far in excess of its brand share (Panasonic, JVC, and others) of 20 %. And Matsushita has a commanding core product share in compressors worldwide, estimated at 40 %, even though its brand share in both the air-conditioning and refrigerator businesses is quite small.

It is essential to make this distinction between core competencies, core products, and end products because global competition is played out by different rules and for different stakes at each level. To build or defend leadership over the long term, a corporation will probably be a winner at each level. At the level of core competence, the goal is to build world leadership in the design and development of a particular class of product functionality — be it compact data storage and retrieval, as with Philips optical-media competence, or compactness and ease of use, as with Sony's micromotors and microprocessor controls.

To sustain leadership in their chosen core competence areas, these companies *seek to maximize their world manufacturing share in core products*. The manufacture of core products for a wide variety of external (and internal) customers yields the revenue and market feedback that, at least partly, determines the pace at which core competencies can be enhanced and extended. This thinking was behind JVC's decision in the mid-1970s to establish VCR supply relationships with leading national consumer electronics companies in Europe and the United States. In supplying Thomson, Thorn, and Telefunken (all independent companies at that time) as well as U.S. partners, JVC was able to gain the cash and the diversity of market experience that ultimately enabled it to outpace Philips and Sony. (Philips developed videotape competencies in parallel with JVC, but it failed to build a worldwide network of OEM relationships that would have allowed it to accelerate the refinement of its videotape competence through the sale of core products.)

JVC's success has not been lost on Korean companies like Goldstar, Sam Sung, Kia, and Daewoo, who are building core product leadership in areas as diverse as displays, semiconductors, and automotive engines through their OEM-supply contracts with Western companies. Their avowed goal is to capture investment initiative away from potential competitors, often U.S. companies. In doing so, they accelerate their competence-building efforts while "hollowing out" their competitors. By focusing on competence and embedding it in core products, Asian competitors have built up advantages in component markets first and have then leveraged off their superior products to move downstream to build brand share. And they are not likely to remain the low-cost suppliers forever. As their reputation for brand leadership is consolidated, they may well gain price leadership. Honda has proven this with its Acura line, and other Japanese car makers are following suit.

Control over core products is critical for other reasons. A dominant position in core products allows a company to shape the evolution of applications and end markets. Such compact audio disc-related core products as data drives and lasers have enabled Sony and Philips to influence the evolution of the computer-peripheral business in optical-media storage. As a company multiplies the number of application arenas for its core products, it can consistently reduce the cost, time, and risk in new product development. In short, well-targeted core products can lead to economies of scale *and* scope.

6. The Tyranny of the SBU

The new terms of competitive engagement cannot be understood using analytical tools devised to manage the diversified corporation of 20 years ago, when competition was primarily domestic (GE versus Westinghouse, General Motors versus Ford) and all the key players were speaking the language of the same business schools and consultancies. Old prescriptions have potentially toxic side effects. The need for new principles is most obvious in companies organized exclusively according to the logic of SBUs. The implications of the two alternate concepts of the corporation are summarized in Fig. 2.

Two Concepts of the Corporation: SBU or Core Competence

	SBU	*Core Competence*
Basis for competition	Competitiveness of today's products	Interfirm competition to build competencies
Corporate structure	Portfolio of businesses related in product-market terms	Portfolio of competencies, core products, and businesses
Status of the business unit	Autonomy is sacrosanct; the SBU "owns" all resources other than cash	SBU is a potential reservoir of core competencies
Resource allocation	Discrete businesses are the unit of analysis; capital is allocated business by business	Businesses and competencies are the unit of analysis: top management allocates capital and talent
Value added of top management	Optimizing corporate returns through capital allocation trade-offs among businesses	Enunciating strategic architecture and building competencies to secure the future

Fig. 2: Two concepts of the corporation: SBU or core competence

Obviously, diversified corporations have a portfolio of products and a portfolio of businesses. But we believe in a view of the company as a portfolio of competencies as well. U.S. companies do not lack the technical resources to build competencies, but their top management often lacks the vision to build them and the administrative means for assembling resources spread across multiple businesses. A shift in commitment will inevitably influence patterns of diversification, skill deployment, resource allocation priorities, and approaches to alliances and outsourcing.

We have described the three different planes on which battles for global leadership are waged: core competence, core products, and end products. A corporation has to know whether it is winning or losing on each plane. By sheer weight of investment, a company might be able to beat its rivals to blue-sky technologies yet still lose the race to build core competence leadership. If a company is winning the race to build core competencies (as opposed to building leadership in a few technologies), it will almost certainly outpace rivals in improving product features and the price/performance ratio.

Determining whether one is winning or losing end product battles is more difficult because measures of product market share do not necessarily reflect various companies' underlying competitiveness. Indeed, companies that attempt to build market share by relying on the competitiveness of others, rather than investing in core competencies and world core product leadership, may be treading on quicksand. In the race for global brand dominance, companies like 3M, Black & Decker, Canon, Honda, NEC, and Citicorp have built global brand umbrellas by proliferating products out of their core competencies. This has allowed their individual businesses to build image, customer loyalty, and access to distribution channels.

When you think about this reconceptualization of the corporation, the primacy of the SBU — an organizational dogma for a generation — is now clearly an anachronism. Where the SBU is an article of faith, resistance to the seductions of decentralization can seem heretical. In many companies, the SBU prism means that only one plane of the global competitive battle, the battle to put competitive products on the shelf *today*, is visible to top management. What are the costs of this distortion?

Underinvestment in Developing Core Competencies and Core Products

When the organization is conceived of as a multiplicity of SBUs, no single business may feel responsible for maintaining a viable position in core products nor be able to justify the investment required to build world leadership in some core competence. In the absence of a more comprehensive view imposed by corporate management, SBU managers will tend to underinvest. Recently, companies such as Kodak and Philips have recognized this as a potential problem and have begun searching for new organizational forms that will allow them to develop and manufacture core products for both internal and external customers.

SBU managers have traditionally conceived of competitors the same way they've seen themselves. On the whole, they've failed to note the emphasis Asian competitors were placing on building leadership in core products or to understand the critical linkage between world manufacturing leadership and the ability to sustain development pace in core competence. They've failed to pursue OEM-supply opportunities or to look across their various product divisions in an attempt to identify opportunities for coordinated initiatives.

Imprisoned Resources

As an SBU evolves, it often develops unique competencies. Typically, the people who embody this competence are seen as the sole property of the business in which they grew up. The manager of another SBU who asks to borrow talented people is likely to get a cold rebuff. SBU managers are not only unwilling to lend their competence carriers but they may actually hide talent to prevent its redeployment in the pursuit of new opportunities. This may be compared to residents of an underdeveloped country hiding most of their cash under their matresses. The benefits of competencies, like the benefits of the money supply, depend on the velocity of their circulation as well as on the size of the stock the company holds.

Western companies have traditionally had an advantage in the stock of skills they possess. But have they been able to reconfigure them quickly to respond to new opportunities? Canon, NEC, and Honda have had a lesser stock of the people and technologies that compose core competencies but could move them much quicker from one business unit to another. Corporate R&D spending at Canon is not fully indicative of the size of Canon's core competence stock and tells the casual observer nothing about the velocity with which Canon is able to move core competencies to exploit opportunities.

When competencies become imprisoned, the people who carry the competencies do not get assigned to the most exciting opportunities, and their skills begin to atrophy. Only by fully leveraging core competencies can small companies like Canon afford to compete with industry giants like Xerox. How strange that SBU managers, who are perfectly willing to compete for cash in the capital budgeting process, are unwilling to compete for people — the company's most precious asset. We find it ironic that top management devotes so much attention to the capital budgeting process yet typically has no comparable mechanism for allocating the human skills that embody core competencies. Top managers are seldom able to look four or five levels down into the organization, identify the people who embody critical competencies, and move them across organizational boundaries.

Bounded Innovation

If core competencies are not recognized, individual SBUs will pursue only those innovation opportunities that are close at hand — marginal product-line extensions or geographic expansions. Hybrid opportunities like fax machines, laptop computers, hand-held televisions, or portable music keyboards will emerge only when managers take off their SBU blinkers. Remember, Canon appeared to be in the camera business at the time it was preparing to become a world leader in copiers. Conceiving of the corporation in terms of core competencies widens the domain of innovation.

7. Developing Strategic Architecture

The fragmentation of core competencies becomes inevitable when a diversified company's information systems, patterns of communication, career paths, managerial rewards, and processes of strategy development do not transcend SBU lines. We believe that senior management should spend a significant amount of its time developing a corporatewide strategic architecture that establishes objectives for competence building. A strategic architecture is a road map of the future that identifies which core competencies to build and their constituent technologies.

By providing an impetus for learning from alliances and a focus for internal development efforts, a strategic architecture like NEC's C&C can dramatically reduce the investment needed to secure future market leadership. How can a company make partnerships intelligently without a clear understanding of the core competencies it is trying to build and those it is attempting to prevent from being unintentionally transferred?

Of course, all of this begs the question of what a strategic architecture should look like. The answer will be different for every company. But it is helpful to think again of that tree, of the corporation organized around core products and, ultimately, core competencies. To sink sufficiently strong roots, a company must answer some fundamental questions: How long could we preserve our competitiveness in this business if we did not control this particular core compentence? How central is this core competence to perceived customer benefits? What future opportunities would be foreclosed if we were to lose this particular competence?

Vickers Learns the Value of Strategic Architecture

The idea that top management should develop a corporate strategy for acquiring and deploying core competencies is relatively new in most U.S. companies. There are a few exceptions. An early convert was Trinova (previously Libbey Owens Ford), a Toledo-based corporation, which enjoys a worldwide position in power and motion controls and engineered plastics. One of its major divisions is Vickers, a premier supplier of hydraulics components like valves, pumps, actuators, and filtration devices to aerospace, marine, defense, automotive, earth-moving, and industrial markets.

Vickers saw the potential for a transformation of its traditional business with the application of electronics disciplines in combination with its traditional technologies. The goal was "to ensure that change in technology does not displace Vickers from its customers". This, to be sure, was initially a defensive move: Vickers recognized that unless it acquired new skills, it could not protect existing markets or capitalize on new growth opportunities. Managers at Vickers attempted to conceptualize the likely evolution of (a) technologies relevant to the power and motion control business, (b) functionalities that would satisfy emerging customer needs, and (c) new competencies needed to creatively manage the marriage of technology and customer needs.

Despite pressure for short-term earnings, top management looked to a 10- to 15-year time horizon in developing a map of emerging customer needs, changing technologies, and the core competencies that would be necessary to bridge the gap between the two. Its slogan was "Into the 21st Century". (A simplified version of the overall architecture developed is shown in Fig. 3.) Vickers is currently in fluid-power components. The architecture identifies two additional competencies, electric-power components and electronic controls. A systems integration capability that would unite hardware, software, and service was also targeted for development.

The strategic architecture, as illustrated by the Vickers example, is not a forecast of specific products or specific technologies but a broad map of the evolving linkages

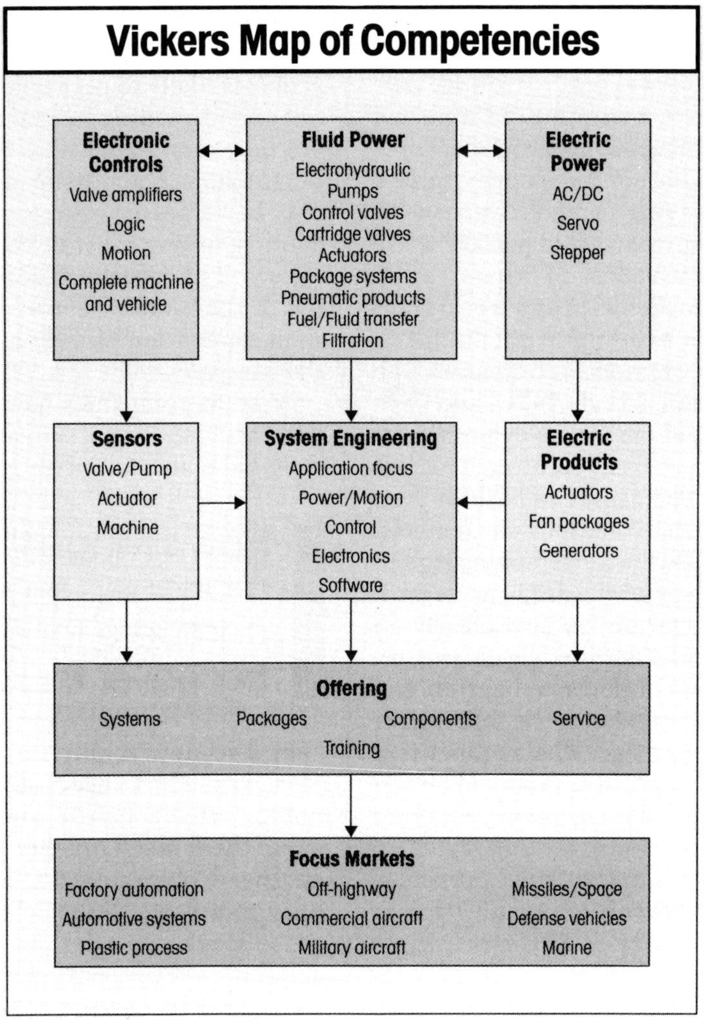

Fig. 3: Vickers map of competencies

between customer functionality requirements, potential technologies, and core competencies. It assumes that products and systems cannot be defined with certainty for the future but that preempting competitors in the development of new markets requires an early start to building core competencies. The strategic architecture developed by Vickers, while describing the future in competence terms, also provides the basis for making "here and now" decisions about product priorities, acquisitions, alliances, and recruitment.

Since 1986, Vickers has made more than ten clearly targeted acquisitions, each one focused on a specific component or technology gap identified in the overall architecture. The architecture is also the basis for internal development of new competencies. Vickers has undertaken, in parallel, a reorganization to enable the integration of electronics and electrical capabilities with mechanical-based competencies. We believe that it will take another two to three years before Vickers reaps the total benefits from developing the strategic architecture, communicating it widely to all its employees, customers, and investors, and building administrative systems consistent with the architecture.

The architecture provides a logic for product and market diversification, moreover. An SBU manager would be asked: Does the new market opportunity add to the overall goal of becoming the best player in the world? Does it exploit or add to the core competence? At Vickers, for example, diversification options have been judged in the context of becoming the best power and motion control company in the world (see the insert "Vickers Learns the Value of Strategic Architecture").

The strategic architecture should make resource allocation priorities transparent to the entire organization. It provides a template for allocation decisions by top management. It helps lower level managers understand the logic of allocation priorities and disciplines, senior management to maintain consistency. In short, it yields a definition of the company and the markets it serves. 3M, Vickers, NEC, Canon, and Honda all qualifiy on this score. Honda knew it was exploiting what it had learned from motorcycles — how to make high-revving, smooth-running, lightweight engines — when it entered the car business. The task of creating a strategic architecture forces the organization to identify and commit to the technical and production linkages across SBUs that will provide a distinct competitive advantage.

It is consistency of resource allocation and the development of an administrative infrastructure appropriate to it that breathes life into a strategic architecture and creates an managerial culture, teamwork, a capacity to change, and a willingness to share resources, to protect proprietary skills, and to think long term. That is also the reason the specific architecture cannot be copied easily or overnight by competitors. Strategic architecture is a tool for communicating with customers and other external constituents. It reveals the broad direction without giving away every step.

8. Redeploying to Exploit Competencies

If the company's core competencies are its critical resource and if top management must ensure that competence carriers are not held hostage by some particular business, then it follows that SBUs should bid for core competencies in the same way they bid for capital. We've made this point glancingly. It is important enough to consider more deeply.

Once top management (with the help of divisional and SBU managers) has identified overarching competencies, it must ask businesses to identify the projects and people closely connected with them. Corporate officers should direct an audit of the location, number, and quality of the people who embody competence.

This sends an important signal to middle managers: core competencies are *corporate* resources and may be reallocated by corporate management. An individual business doesn't own anybody. SBUs are entitled to the services of individual employees so long as SBU management can demonstrate that the opportunity it is pursuing yields the highest possible pay-off on the investment in their skills. This message is further underlined if each year in the strategic planning or budgeting process, unit managers must justify their hold on the people who carry the company's core competencies.

Elements of Canon's core competence in optics are spread across businesses as diverse as cameras, copiers, and semiconductor lithographic equipment and are shown in Fig. 4. When Canon identified an opportunity in digital laser printers, it gave SBU managers the right to raid other SBUs to pull together the required pool of talent. When Canon's reprographics products division undertook to develop microprocessor-controlled copiers, it turned to the photo products group, which had developed the world's first microprocessor-controlled camera.

Also, reward systems that focus only on product-line results and career paths that seldom cross SBU boundaries engender patterns of behavior among unit managers that are destructively competitive. At NEC, divisional managers come together to identifiy nex-generation competencies. Together they decide how much investment needs to be made to build up each future competency and the contribution in capital and staff support that each division will need to make. There is also a sense of equitable exchange. One division may make a disproportionate contribution or may benefit less from the progress made, but such short-term inequalities will balance out over the long term.

Incidentally, the positive contribution of the SBU manager should be made visible across the company. An SBU manager is unlikely to surrender key people if only the other business (or the general manager of that business who may be a competitor for promotion) is going to benefit from the redeployment. Cooperative SBU managers should be celebrated as team players. Where priorities are clear, transfers are less likely to be seen as idiosyncratic and politically motivated.

Transfers for the sake of building core competence must be recorded and appreciated in the corporate memory. It is reasonable to expect a business that has surrendered core skills on behalf of corporate opportunities in other areas to lose, for a time, some of its competitiveness. If these losses in performance bring immediate censure, SBUs will be unlikely to assent to skills transfers next time.

Core Competencies at Canon

	Precision Mechanics	*Fine Optics*	*Micro-electronics*
Basic camera	■	□	
Compact fashion camera	■	□	
Electronic camera	■	□	
EOS autofocus camera	■	□	■
Video still camera	■	□	■
Laser beam printer	■	□	■
Color video printer	■		■
Bubble jet printer	■		■
Basic fax	■		■
Laser fax	■		■
Calculator			■
Plain paper copier	■	□	■
Battery PPC	■	□	■
Color copier	■	□	■
Laser copier	■	□	■
Color laser copier	■	□	■
NAVI	■	□	■
Still video system	■	□	■
Laser imager	■	□	■
Cell analyzer	■	□	■
Mask aligners	■		■
Stepper aligners	■		■
Excimer laser aligners	■	□	■

Fig. 4: Core competencies at Canon

Every Canon product is the result of at least one core competency.

Finally, there are ways to wean key employees off the idea that they belong in perpetuity to any particular business. Early in their careers, people may be exposed to a variety of businesses through a carefully planned rotation program. At Canon, critical people move regularly between the camera business and the copier business and the professional optical-products business. In mid-career, periodic assignments to cross-divisional project teams may be necessary, both for diffusing core competencies and for loosening the bonds that might tie an individual to one business even when brighter opportunities beckon elsewhere. Those who embody critical core competencies should know that their careers are tracked and guided by corporate human resource professionals. In the early 1980s at Canon, all engineers under 30 were invited to apply for membership on a seven-person committee that was to spend two years plotting Canon's future direction, including its strategic architecture.

Competence carriers should be regularly brought together from across the corporation to trade notes and ideas. The goal is to build a strong feeling of community among these people. To a great extent, their loyalty should be to the integrity of the core competence area they represent and not just to particular businesses. In traveling regularly, talking frequently to customers, and meeting with peers, competence carriers may be encouraged to discover new market opportunities.

Core competencies are the wellspring of new business development. They should constitute the focus for strategy at the corporate level. Managers have to win manufacturing leadership in core products and capture global share through brand-building programs aimed at exploiting economies of scope. Only if the company is conceived of as a hierarchy of core competencies, core products, and market-focused business units will it be fit to fight.

Nor can top management be just another layer of accounting consolidation, which it often is in a regime of radical decentralization. Top management must add value by enunciating the strategic architecture that guides the competence acquisition process. We believe an obsession with competence building will characterize the global winners of the 1990s. With the decade underway, the time for rethinking the concept of the corporation is already overdue.

[1] For a fuller discussion, see our article, "Strategic Intent", Harvard Business Review May–June 1989, p. 63.

[2] "Collaborate with Your Competitors and Win", HBR January–February 1989, p. 133 with Yves L. Doz.

Markt- und ressourcenorientierte Sichtweise zur Steigerung des Unternehmungswertes

H. H. Hinterhuber und *St. A. Friedrich*

Problemstellung

Obwohl Unternehmungsressourcen seit längerem schon als Quelle für Erfolge erkannt werden – man denke etwa an die frühen Überlegungen von *D. Ricardo* [1] oder an die wichtige Arbeit von *E. Penrose* [2] – und sie in nahezu jedem Basiswerk zur strategischen Unternehmungsführung Erwähnung finden [3], bleiben sie doch in der Folge unterbelichtet. Unterstützt durch die Rezeption industrieökonomischer Erkenntnisse stand in Strategieforschung und Managementpraxis gleichermaßen eine *marktorientierte Betrachtungsweise* im Vordergrund. Die einseitige Ausrichtung am Markt weicht zuletzt allerdings zusehends einer Ernüchterung. Die Einsicht, daß allein auf diesem Wege nachhaltige Erfolge respektive eine Steigerung des Unternehmungswertes nicht zu erreichen ist, löst eine Gegenbewegung aus – „läßt das Pendel zurückschlagen". Ein *Perspektivenwechsel* vollzieht sich weg von der Markt- hin zur Ressourcenseite der Unternehmung: einzigartige, *„strategisch wertvolle"* Ressourcen rücken als Quelle von Wettbewerbsvorteilen und ökonomischen Gewinnen in den Mittelpunkt. Besonderes Gewicht liegt dabei auf intangiblen, wissensbasierten Ressourcen, allem voran auf sogenannten *Kernkompetenzen*.

Das jedoch – so die Überzeugung der Autoren – darf wiederum nicht dazu führen, daß man fortan *Einseitigkeit durch Einseitigkeit* ersetzt und nunmehr ausschließlich die Ressourcenseite zum Bezugspunkt strategischen Denkens und Handelns macht. Worauf es ankommt und wofür wir hier auch plädieren wollen, ist vielmehr eine Synthese aus beiden Sichtweisen. In der Gestaltung dieser Integration liegt eine der größten Herausforderungen für die Unternehmungsführung. Von ihrem Gelingen wird es entscheidend abhängen, in welchem Maße man das kompetitive Niveau der Unternehmung zu erhöhen und ihren Wert zu steigern vermag.

Nachdem einleitend kurz auf Problematik und Einflußfaktoren der Wertsteigerung rekuriert wird, soll anschließend ein knapper Überblick über die *marktorientierte Sichtweise* gegeben werden. Kontrastierend dazu wollen wir dem Leser die *ressourcenorientierte Sichtweise* der Unternehmung vorstellen: hierzu sind die Kernaussagen der *„Resource-Based Theory"* darzulegen sowie darauf aufbauend Überlegungen im Hinblick auf ein *Management von Ressourcen* anzustellen. Schließlich wenden wir uns dem wichtigen Aspekt der *Synthese beider Blickrichtungen* zu. Wie diese in der Unternehmungspraxis aussehen könnte, konkretisiert sich in dem Vorschlag, die Unternehmung fortan als *„kognitives System von Kernkompetenzen und strategischen Geschäftseinheiten"* aufzufassen.

1. Wertsteigerung – ein Blick hinter die Zahlen ist erforderlich

1.1 „Stakeholder-" und „Shareholder-Value"

Unternehmungen werden an ihren Leistungen gemessen. Dabei befinden sie sich in einem Spannungsfeld zwischen wirtschaftlichem Erfolg einerseits und sozialer Verantwortung andererseits. Folglich kann die Bewertung der Performance einer Unternehmung – je nach Standpunkt – recht unterschiedlich ausfallen.

Zweifellos kommt der Erwirtschaftung ökonomischer Gewinne, der *Wertsteigerung*, eine herausragende Position zu. Sie ist Voraussetzung dafür, daß die Unternehmung fortbestehen und somit überhaupt erst die an sie gestellten Ansprüche erfüllen kann. Die langfristige Gewinnerzielung, die Schaffung von Erfolgspotentialen, impliziert nun aber ihrerseits, daß es der betreffenden Unternehmung gelingt, bestehende Interessengegensätze zum Ausgleich zu bringen und die Beziehungen zu allen Stakeholdern [4] – Kunden, Lieferanten, Mitarbeitern, Kapitalgebern, verbündeten Unternehmungen sowie zur Gesellschaft an sich – unter Kontrolle zu halten. Keine Unternehmung kann auf Dauer wirtschaftlich erfolgreich sein, wenn sie sich den Ansprüchen ihrer Stakeholder entzieht. Nur für den Fall, daß ausreichend Nutzen geboten wird, besteht seitens der Stakeholder Bereitschaft, ihren für das Überleben wichtigen Beitrag zu leisten. Aber auch die Unternehmung handelt unverantwortlich, die jedem Anspruch nachgibt, der im Namen der sozialen Verantwortung an sie herangetragen wird, untergräbt sie damit ihre Leistungs- und schließlich ihre Überlebensfähigkeit [5].

Welchen Zielen man sich nun in welchem Ausmaß verpflichtet fühlt – ob Sozialziele nur so weit verfolgt werden, wie es dem langfristigen Gewinnziel dienlich ist oder auch darüber hinaus – das ist Sache der unternehmungspolitischen Ausrichtung einer jeden Unternehmung [6].

1.2 Wertsteigerung als Unternehmungsziel

Daß wirtschaftlicher Erfolg zu einem vorrangigen Ziel avanciert, dafür sorgt jüngst ein zunehmend funktionstüchtiger „Market for Corporate Control". Gelingt es der Unternehmungsleitung nicht, den Wert des ihr anvertrauten Vermögens zu steigern, wird das Recht auf Führung zumindest bestritten, wenn nicht gleich entzogen [7]. Hingegen werden diejenigen Manager positiv herausgestellt, diejenigen Unternehmungen als „Excellent Companies" gewürdigt, denen ein *„Creating Shareholder Value"* in besonderem Maße gelingt [8].

Um der Forderung nach Wertsteigerung entsprechen zu können, wurden unter Rückgriff auf Erkenntnisse der modernen Finanzierungstheorie die Techniken des „Value Based Planning“ bzw. die „Wertorientierte Führung“ entwickelt [9]. Kerngedanke ist, daß der Unternehmungswert – verstanden als die Summe aller künftig erwarteten, mit den Kapitalkosten abdiskontierten Cash-Flows („Discounted Cash-Flow“) – den Nutzen für die Anteilseigner besser repräsentiert als es die herkömmlichen Maßstäbe – etwa der ROI („Return on Investment“) – zu tun in der Lage sind. Zweifellos tragen die entwickelten Ansätze wesentlich dazu bei, Strategien, Geschäftseinheiten und Aktionspläne auf ihren Wertbeitrag hin evaluieren zu können. Offen bleibt jedoch, wodurch die erwarteten Cash-Flow-Ströme induziert und *ökonomische Renten* [10] erwirtschaftet werden.

1.3 Wodurch ist Erfolg konditioniert? – die Sicht der strategischen Unternehmungsführung

Dies führt uns hin zu der Frage nach denjenigen Größen, die zukünftige Erfolge „vorsteuern“. Der Grundüberzeugung der strategischen Unternehmungsführung folgend bestimmen sich die künftigen Gewinnaussichten aus den Gegebenheiten der Umwelt wie aus der Unternehmung selbst. Erfolge stellen sich in dem Maße ein, wie es gelingt, die spezifischen Stärken und Schwächen mit den sich bietenden Gelegenheiten und Gefahren in Einklang zu bringen [11]. Betonung liegt damit auf den Aspekten *Spezifizität*, *Singularität* und *Indeterminiertheit:* einzigartige Merkmale der Unternehmung treffen auf besondere Umweltzustände, wobei es durch geschicktes Manövrieren im gegebenen Handlungsspielraum, durch „Strategic Choices“, gilt, die Unternehmung vorteilhaft zu positionieren.

2. Marktorientierung als dominierende Sichtweise der strategischen Führung während der 80er Jahre

Ausdruck der Marktorientierung ist es, daß man sich der Frage nach der Performance von der (Absatz-) Marktseite aus nähert. Man blickt von außen auf die Unternehmung. Betont werden einmal die *Attraktivität der Unternehmungsumwelt*, beurteilt insbesondere anhand des Wirkens der Wettbewerbskräfte und Kriterien wie Marktwachstum, -größe und -qualität [12], als auch die *produkt-/marktmäßige Positionierung* der Unternehmung relativ zur Konkurrenz. Zeugnis von dieser Sicht legen u. a. die weithin verbreiteten Portfoliomatrizen [13], der Ansatz des Produktlebenszyklus oder auch das PIMS-Projekt ab.

2.1 Branche und Unternehmungserfolg

Für die marktorientierte Betrachtungsweise der strategischen Unternehmungsführung spielen damit die Erkenntnisse über den Zusammenhang von Marktstruktur und Unternehmungsperformance eine wichtige Rolle. Insofern erfolgt eine Rezeption von industrieökonomischem Gedankengut – wenn auch unter „umgekehrten Vorzeichen“ [14]. Mittelbar kommt so dem „Structure-Conduct-Performance“ (SCP) Paradigma Bedeutung zu. Hierbei steht die Aussage im Mittelpunkt, daß die *Marktstruktur das Wettbewerbsverhalten und die Unternehmungsperformance determiniert.* Übergewinne resultieren aus einem „vorteilhaften Wettbewerbsklima", sprich aus einem im betreffenden Markt gehemmten Wettbewerb („Monopolrenten"). Den Aspekten *Marktverhalten* und *Ressourcenprofil* mißt man hingegen keine besondere Ergebnisrelevanz zu. Dies wiederum bedeutet im Grunde nichts anderes, als daß Unternehmungen einer Branche, mit Ausnahme ihrer Größe, letztlich als homogene Gebilde aufgefaßt werden. Sind Unterschiede zwar durchaus möglich, lassen sich diese über *vollkommene Faktormärkte* alsbald ausgleichen.

Ein solcher Umfelddeterminismus ist mit den Grundannahmen der Strategielehre allerdings nicht vereinbar, wird so gut wie kein Handlungsspielraum anerkannt. Vor allem *Porter* ist es, der die erkannten Zusammenhänge für die Strategielehre nutzbar macht. Man folgt der industrieökonomischen Überzeugung, daß zumindest die Unternehmungen einer Branche/strategischen Gruppe sich gleichen Umweltkonstellationen gegenübersehen, von denen ihre Gewinnaussichten in gleicher Weise berührt werden. Das Gewinnpotential, so die zentrale Aussage, ist eine Funktion des Wirkens von *Wettbewerbskräften.* Als solche nennt *Porter* [15]: „Bedrohung durch neue Konkurrenten", „Wettbewerbsverhalten der etablierten Unternehmen", „Bedrohung durch Substitution", „Verhandlungsstärke und Verhalten der Abnehmer", „Verhandlungsstärke und Verhalten der Lieferanten", die sich um die „Verhandlungsstärke der Arbeitnehmer" und die „Eingriffe des Staates" ergänzen lassen [16]. Dabei sieht man nun allerdings sehr wohl Raum, durch eine entsprechende *Wettbewerbsstrategie* die Attraktivität der Branche aktiv (mit-)zu gestalten.

2.2 „How Much Does Industry Matter?" – empirische Befunde

Welchen Einfluß nun Brancheneffekte – etwa im Vergleich zu Firmeneffekten – tatsächlich auf die Performance ausüben, darüber vermögen auch die hierzu zahlreich vorliegenden Untersuchungen keine Klarheit zu schaffen. Die Ergebnisse könnten uneinheitlicher nicht sein [17]: so macht *Schmalensee* nahezu ausschließlich die Branche für Gewinnunterschiede verantwortlich – womit die strategische Führung ihre Bedeutung weitgehend verlieren würde. Auch *Wernerfelt/Montgomery* – als eigentliche Protagonisten des „Resource-Based View" – stellen fest, daß „Industry Effects" weit mehr zur Erklärung der Varianz beitragen als „Firm Effects". Hingegen ist in Anlehnung an die Untersuchungen von *Rumelt, Hansen/Wernerfelt* sowie *Roquebert/Phillips/Duran* zu konstatieren, daß nur ein geringer Prozentsatz der Varianz in den Gewinnraten auf die Branche zurückzuführen ist, infolge dessen eher zu fragen wäre: „Does Industry Matter at All?".

2.3 Relative Wettbewerbsposition und Unternehmungserfolg

Daß die Branche allein kaum den Erfolg erklären kann, das zeigt nicht zuletzt die Tatsache, daß die Profitraten zwischen den besten und schlechtesten einer Branche nicht selten weit größere Unterschiede aufweisen als die zwischen Unternehmungen verschiedener Branchen. Angesprochen ist damit die jeweilige *Wettbewerbsposition relativ zur Konkurrenz* [18]. Aber auch diese zweite Vorsteuergröße von Erfolg und Wertsteigerung wurde überwiegend vom Markt her aufgefaßt, konzentriert man sich auf die Position im Absatzmarkt, insbesondere auf den Marktanteil oder bestimmte Eigenschaften der Marktleistung (Preis-/Leistungsverhältnis). Insgesamt ist man so einer zu vordergründigen Betrachtungsweise verhaftet. Unreflektiert bleiben die Fragen, warum eine vorteilhafte Position erreicht und wie sie erhalten werden kann. Übersehen wird, daß die Marktstellung lediglich ein Abbild vorhandener Stärken und Schwächen darstellt und sich in Produkteigenschaften letztlich dahinterstehende Ressourcen und Kompetenzen manifestieren.

3. Perspektivenwechsel – Von der Markt- zur Ressourcenorientierung

Der *Marktorientierung* läßt sich die *Ressourcenorientierung* gegenüberstellen, derzufolge die Unternehmungsressourcen in den Mittelpunkt der Betrachtungen rücken. Hierzu erscheint seit Beginn der 90er Jahre eine wahre Flut an Beiträgen unterschiedlicher Provenienz. Diese lassen sich zum sogenannten „Resource Based View" (RBV) zusammenfassen, der zuletzt sowohl die wissenschaftliche Diskussion [19] als auch die eher an die Managementpraxis gerichtete Literatur prägt [20]. Dabei erscheint der Ansatz in seiner Entwicklung noch keinesfalls abgeschlossen.

Ressourcenorientierung kann nun in verschiedener Form interpretiert werden [21]: tritt man der Überzeugung entgegen, die in den Branchenverhältnissen die Quelle für Unternehmungserfolge ausmacht, läßt sich der RBV als *„Gegenposition"* zu industrieökonomisch geprägten Wettbewerbskonzepten auffassen [22] (Abb. 1).

Statt auf die Situation im Absatzmarkt zu fokussieren, versteht sich der RBV gleichsam als ein *„Blick auf die Faktormärkte"* und die dort bestehenden Unvollkommenheiten [23]. Ausgehend von der Überzeugung, daß Produkte und Ressourcen

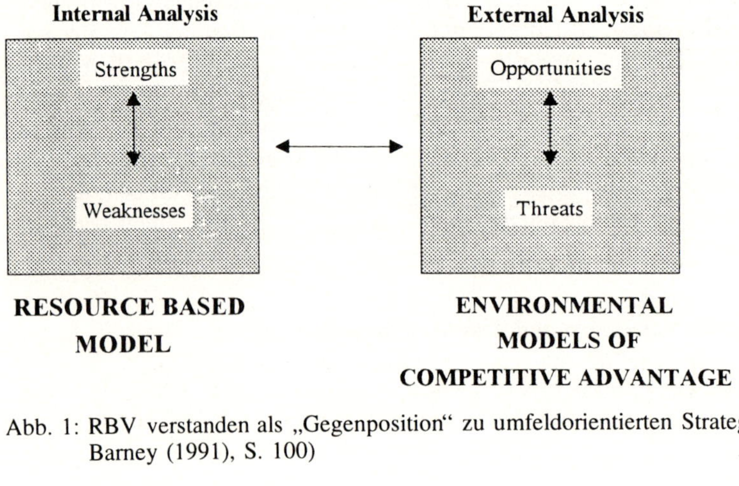

Abb. 1: RBV verstanden als „Gegenposition" zu umfeldorientierten Strategieansätzen (Quelle: Barney (1991), S. 100)

lediglich zwei Seiten einer Medaille sind [24], Produkte nur die sichtbare Oberfläche dahinterstehender Ressourcen darstellen, wendet sich der RBV einem *„Blick hinter die Kulissen"* zu. Wird dabei auf die Fragen rekuriert, was die Unternehmung kann und warum sie etwas kann, stellt er gleichsam einen *„Blick in die Unternehmung"* dar, der zur Transparenz der „Black Box" zwischen Faktor- und Absatzmarkt beiträgt.

So sind verschiedene Hoffnungen mit dem RBV verbunden.

- *Ausweg aus der „Theoriekrise":* die offensichtliche Unzulänglichkeit marktorientierter Erklärungsansätze vor Augen, sieht man im RBV einen Baustein für die theoretische Fundierung der strategischen Führung [25]. Man erhält neue Einsichten, worauf Wettbewerbsvorteile sich gründen und was über deren Dauerhaftigkeit bestimmt. Möglichkeiten eröffnen sich, für die Disziplin wichtige Fragestellungen aus anderer Perspektive zu betrachten.
- *Ausweg aus der „Paradigmenkrise":* manche sehen im RBV mehr noch als nur einen weiteren, isolierten Theoriebaustein, vermuten sie hier Potential, um einer Integration der z. T. recht weit auseinandergedrifteten Forschungsanstrengungen näherzukommen. Inwieweit nun der RBV ein einheitlicheres Forschungsparadigma erreichen läßt [26], sei dahingestellt. Zweifellos bietet er aber ein Forum, innerhalb dessen Vertreter verschiedener Richtungen (etwa Evolutionstheorie, Organisationstheorie, Lerntheorie, Verhaltenswissenschaft und Industrieökonomik) diskutieren – und bekanntlich gilt, „good science is good conversation" [27].
- *Ausweg aus der „Orientierungskrise ":* schließlich vermögen aus den Zusammenhängen abgeleitete praxeologische Aussagen einen wichtigen Beitrag zur Wirklichkeitsgestaltung zu leisten. Scheinen vielerorts Konzepte zu fehlen, wohin man sich entwickeln muß, um auch im Wettbewerb der Zukunft zu bestehen, werden nun konkrete Anhaltspunkte sichtbar, wie es gelingt, das kompetitive Niveau zu erhöhen.

3.1 Kernaussagen der „Resource Based Theory"

Die ressourcenorientierte Sichtweise basiert auf der Resource Based Theory, die als ökonomischer Ansatz den Unternehmungserfolg zu erklären versucht. Sie sieht die Unternehmung als *Bündel einzigartiger Ressourcen*, über die nicht jeder verfügt und die sich nicht jeder ohne weiteres – insbesondere nicht zu gleichen Bedingungen – beschaffen kann. Die so begründete Heterogenität verleiht der Unternehmung eine unverwechselbare Identität. Sie ist die Grundlage für dauerhafte Wettbewerbsvorteile und ökonomischen Gewinn [28].

Zentraler Bezugspunkt sind die Unternehmungsressourcen. Dabei weicht das Ressourcenverständnis im Rahmen des RBV von der allgemeinen Begriffsauffassung ab, derzufolge etwa alle betrieblichen Einsatzfaktoren als Ressourcen bezeichnet werden. Der Begriff richtet sich vielmehr auf solche Dinge, die einen *„strategischen Wert"* besitzen, wobei man insbesondere wissensbasierte, intangible Faktoren in ihrer Bedeutung herausstellt [29]; ganz dem Motto folgend: „the assets that really count are the ones the accountants cannot count" [30].

Neben „Resources", die einer weiten Auslegung folgend grundsätzlich all das umfassen, was relative Stärken einer Unternehmung sein können, finden u. a. mit „Strategic Assets", „Costly to Copy Factors", „(Core-)Competencies", „Capabilities", bzw. „Kompetenzen", „Fähigkeiten" und „Fertigkeiten" noch zahlreiche andere Begriffe Verwendung [31]. Bei engerer Auffassung bezeichnen Ressourcen (im Sinne von „Strategic Assets") all diejenigen Dinge, *die eine Unternehmung hat*, während Kompetenzen für das stehen, *was eine Unternehmung kann*. Kompetenzen sind dabei durch organisatorische Routinen gesteuerte Gesamtheiten aus technologischen und personengebundenen Fertigkeiten, tangiblen und intangiblen Vermögenswerten, die zu bestimmten Aktivitäten befähigen. Kompetenz wird dann etwa zur *Kernkompetenz*, wenn die Leistung „Best Practices" entspricht [32] bzw. wenn sie für das Überleben der Unternehmung von besonderer Bedeutung ist [33]. Aus beidem, „dem Vermögen" und „dem Vermögen, etwas zu tun", bestimmt sich das (momentane) Leistungsvermögen einer Unternehmung.

Bezugnehmend auf obige Kernaussagen formuliert Peteraf vier Bedingungen, die erfüllt sein müssen, damit eine Unternehmung dauerhaft ressourceninduzierte Übergewinne erwirtschaften kann [34]:

- Grundvoraussetzung ist die angesprochene *Heterogenität*, worin die Quelle für ökonomische Renten zu sehen ist.
- Um deren nachhaltigen Zufluß zu sichern, um zu erreichen, daß der vorhandene Vorteil erhalten bleibt, müssen *Wettbewerbshemmnisse* („Ex Post Limits to Competition") ein alsbaldiges Angleichen verhindern.
- Desweiteren muß gewährleistet sein, daß sich die betreffende Unternehmung die Zuflüsse auch *wirklich aneignen* kann, mithin Transaktionshemmnisse eine dauerhafte Ressourcennutzung durch die betreffende Unternehmung sicherstellen („Imperfect Mobility").
- Übergewinne setzen schließlich gleichsam *Unvollkommenheiten des „Faktormarktes"* voraus („Ex Ante Limits of Competition"), die dafür sorgen, daß der mit dem Ressourceneinsatz erreichbare Nutzen sich nicht bereits in den Faktorpreisen niederschlägt und so vorweg genommen wird.

3.2 Zum „strategischen Wert" von Ressourcen

Klar wird, daß längst nicht jede Ressource gleiches im Hinblick auf die Erzielung eines dauerhaften Vorteils zu leisten vermag. Zu diskutieren ist daher, was den strategischen Wert von Ressourcen bestimmt [35]. Als Beurteilungskriterien lassen sich grob der *Aspekt der Werthaltigkeit* und der der *Wertnachhaltigkeit* unterscheiden. Bezogen auf erstgenannten heißt das (Abb. 2):

- Ressourcen müssen einen *wertschaffenden Charakter* aufweisen. Zu fragen ist: Erhöhen sie Effizienz und Effektivität der Unternehmung? Machen sie die Unternehmung relativ zu anderen besser?
- Ressourcen müssen *selten* sein, d. h. ihr Wert bestimmt sich nach dem relativen Unterschied, den sie begründen. Oder anders: Ubiquität mindert logischerweise den Wert.

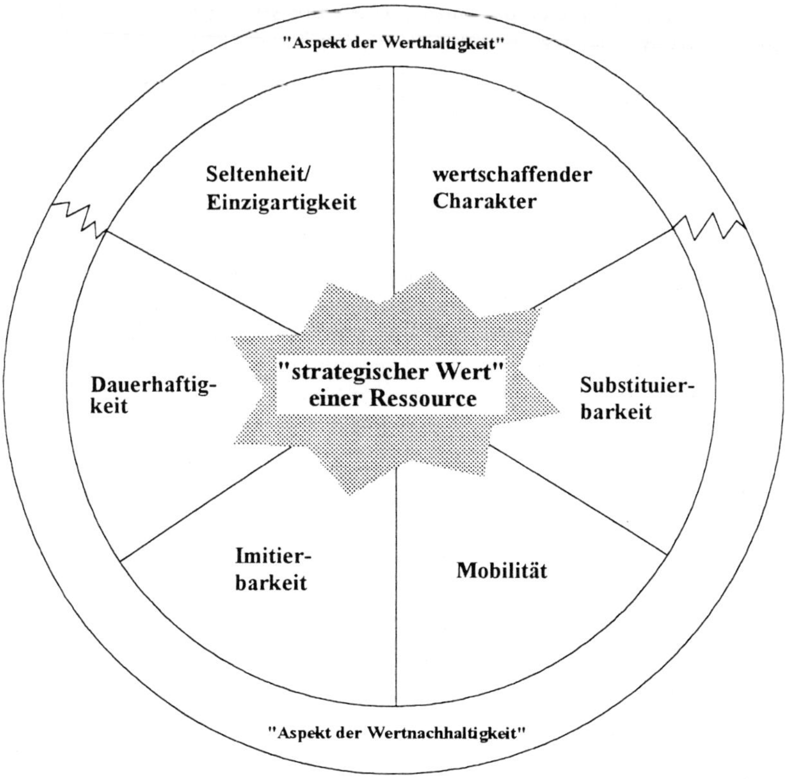

Abb. 2: Bestimmungsfaktoren für den „strategischen Wert" von Ressourcen

Die Wertnachhaltigkeit bestimmt sich zum einen nach der *Dauerhaftigkeit* einer Ressource, d. h. wie lange sie Wert stiftet, ob überhaupt, und wenn ja, wie schnell sie sich durch Gebrauch aufzehrt. Zum anderen hängt der strategische Wert nun aber auch von der Wahrung der Heterogenität ab. Entscheidend hierfür ist das Maß der *Imitierbarkeit*, *Mobilität* und *Substituierbarkeit* von Ressourcen. Dieses wird durch die Wirkung von Angleichungsbarrieren, von sogenannten „Isolating Mechanisms", beeinflußt.

Als „Barrier to Imitation" [36] wirkt sich einmal *Intransparenz* bezüglich des bestehenden Wettbewerbsvorteils aus. Erkennt man erst gar nicht, was für den Erfolg einer Unternehmung ausschlaggebend ist, weiß man auch nicht, wo man den „Hebel anzusetzen hat". Doch selbst dann, wenn der Vorteil eindeutig zu lokalisieren ist, heißt das noch nicht, daß sich gleichsam die dahinterstehenden Wirkungszusammenhänge isolieren lassen. So ist der Erfolg von *Federal Express* offensichtlich einer überragenden logistischen Leistungsfähigkeit zuzuschreiben. Unklar bleibt indes, worauf diese im einzelnen beruht, welcher Ressourcen es bedarf, welche Routinen man beherrschen muß. Es besteht *kausale Ambiguität* [37].

Anzusprechen ist gleichsam die *Historizität* des heutigen Ressourcenprofils. Denkt man etwa an Dinge wie Tradition, Unternehmungskultur, besonderes Know how, worin sich über die Zeit kumulierte Erfahrungen manifestieren, oder auch an besondere Stakeholderbeziehungen [38], zeigt sich, daß derartige Ressourcen eine Entwicklungsgeschichte aufweisen, Ausfluß eines evolutionären Prozesses sind. Dabei verhindern etwa „Time Compression Diseconomies“ [39], daß Erfahrungsrückstände durch Erhöhung des Einsatzes in entsprechend verkürzter Zeit wettzumachen sind. Allgemeiner könnte man die Botschaft auch wie folgt formulieren: das in der Vergangenheit Getane schlägt sich heute in einem spezifischen Ressourcenprofil nieder, das der betreffenden Unternehmung Optionen für die Zukunft bietet, die anderen so nicht offenstehen.

Imitierbarkeit wird desweiteren durch *soziale Komplexität von* und der *Interaktion zwischen* Ressourcen gehemmt – denkt man einerseits an Faktoren, wie gutes Betriebsklima, kurze Entscheidungswege oder andererseits an die Tatsache, daß der Wert einer Ressource durch das Zusammenspiel mit einer Reihe anderer Ressourcen konditioniert ist.

Entsprechendes gilt für die *Mobilität* von Ressourcen, die, soweit eine Marktgängigkeit überhaupt gegeben ist, insbesondere durch deren *organisatorische Verankerung* und die angesprochenen *Wechselwirkungen* beeinflußt wird. Hiernach bestimmt sich die Unternehmungsspezifizität einer Ressource, die darin ihren Niederschlag findet, daß eine Ressource in ihrem bisherigen Verwendungskontext einen höheren Wert repräsentiert als bei einer alternativen Verwendung [40]. Je spezifischer eine Ressource, desto höher folglich die mit einem Transfer verbundenen Transaktionskosten.

Was gemeint ist, mag folgendes Beispiel verdeutlichen: der italienische Chemiekonzern *Montedison* profitiert über Jahre hinweg von den Erfindungen eines Mitarbeiters, des Nobelpreisträgers *G. Natta*. Sicher eine seltene und höchst wertvolle Ressource. Fraglich ist nur, inwieweit es gelingt, eine solche langfristig an die eigene Unternehmung zu binden. Von einem ressourcenorientierten Standpunkt aus ist daher zu fragen: Entfaltet die Ressource gleichen Wert auch an anderer Stelle? Inwieweit hängt dieser auch davon ab, daß sie in ein Team von Forschern eingebunden ist, daß besondere Forschungseinrichtungen genutzt werden, man sich insgesamt in einer förderlichen Kultur weiß [41]?

Schließlich wirkt auf den Wert einer Ressource auch das Maß ihrer *Substituierbarkeit*. D. h. ihr Wert bestimmt sich danach, welche alternativen, leichter zugänglichen Wege sich bieten, um mittels anderer Ressourcen bzw. Ressourcenkombinationen annähernd Gleichartiges zu erreichen.

3.3 Von der „Resource Based Theory“ zum Management von Ressourcen

Soweit wird deutlich: als ökonomischer Erklärungsansatz stellt die Resource Based Theory den Zusammenhang her zwischen Unternehmungsressourcen und der dauerhaften Erzielung ökonomischer Gewinne. Das größte Potential bergen dabei Ressourcen, die *selten*, *wertvoll*, *firmenspezifisch*, *nicht imitier-* und *substituierbar* sind. Doch eine ressourcenorientierte Sichtweise sollte nicht alleine auf die einzigartige *Ressourcenausstattung*, das „Resource Endowment“, rekurieren. Für den Erfolg entscheidend ist vielmehr, *was man daraus macht*. Entscheidend ist, wie geschickt man Ressourcen akkumuliert, zu Kompetenzen gruppiert bzw umgruppiert („Deployment/Redeployment"), wie man sie nutzt („Leveraging") und entsprechend den sich ändernden Verhältnissen fortentwickelt („Upgrading"). Hierin spiegelt sich die Überzeugung wider, daß im *Management der Ressourcen* der Schlüssel zu finden ist, warum manche Unternehmung so viel erfolgreicher ist als ihre Konkurrenten [42]. Insofern läßt sich inhaltlich damit eine Differenzierung der Ressourcen nach verschiedenen *Ebenen* oder *Ordnungen* vornehmen. Zu unterscheiden ist grob in

- Ressourcen und Kompetenzen, die unmittelbar mit Bedürfnissen des Marktes korrespondieren und
- „organisationale Fähigkeiten", die dafür sorgen, daß Bedürfnisse überhaupt erst verstanden, Kompetenzen optimal exploitiert, über die Zeit fortentwickelt, schließlich aber auch durch neue ersetzt werden. Diese steuern als *Fähigkeiten höherer Ordnung* die Ressourcen und Kompetenzen vor [43].

3.4 Dynamisierung des Ansatzes

Dies schärft den Blick dafür, daß eine ausschließliche Orientierung an Bestandsgrößen wenig aussagt über die zukunftsgerichtete Leistungsfähigkeit der Unternehmung. Bei *zeitpunktbezogener* Auslegung führt der RBV lediglich zu der Aussage: Unternehmungen sind erfolgreich, weil sie über wertvolle Ressourcen verfügen und diese zu nutzen verstehen. Glücklich also derjenige, der auf überlegene Ressourcen zurückgreifen kann!? Aber warum hat eine Unternehmung heute bestimmte Ressourcen unter Kontrolle? Was versetzt eine Unternehmung in die Lage, immer wieder neue Kompetenzen auszubilden? Wie erklärt sich, daß Unternehmungen, die in der Vergangenheit mit offensichtlich unterlegenen Ressourcenausstattungen an den Start gingen, mittlerweile ihre Konkurrenten eingeholt – ja mitunter überholt haben; man denke bspw. an die Stellung japanischer verglichen mit derjenigen traditioneller europäischer Automobilhersteller zu Anfang der 70er und zu Anfang der 90er Jahre. Fragen, ganz im Einklang mit der zuletzt geäußerten Forderung, die erfolgsbestimmende Kausalkette („Chain of Causality") zurückzuverfolgen und nach dynamischen Erklärungsansätzen zu streben [44]. Diesem Aspekt versucht man mit den sogenannten „Dynamic Capabilities" Rechnung zu tragen [45]. Sie stehen für die Entwicklungsfähigkeit einer Unternehmung: bildet eine Unternehmung immer wieder auf's Neue bestimmte (Kern-)kompetenzen heraus, ist dies ein Ausdruck überlegener Dynamic Capabilities, dafür, daß es *besser, effektiver lernt, koordiniert und organisiert* als hierzu die Konkurrenz in der Lage ist. Das wiederum mündet in die Überlegung, daß organisatorische Basis-/Metafähigkeiten, in letzter Konsequenz das *„Wissen, Können und Wollen"*, in bezug auf organisationales Lernen die einzig überdauernden Wettbewerbsvorteile darstellen [46].

Zusammenfassend ist festzuhalten, daß die Faktoren, die tatsächlich über Wettbewerbsvorteile entscheiden, tiefer in der Unternehmung zu suchen sind. Die Position relativ zur Konkurrenz läßt sich nicht auf Ebene der Produkte, nicht an dem, *„was man sieht"*, festmachen. Mit dem Ressourcenprofil rückt der RBV nun das, *was eine Unternehmung hat* und *was sie kann*, in den Vordergrund. Die Überzeugung, daß es auch darauf ankommt, *„was man daraus macht"*, verschiebt die Betrachtungsebene ein weiteres Mal. Das Management der Ressourcen wird als erfolgskonstitutive

Größe erkannt. Ein solches erschöpft sich allerdings nicht darin, nur Vorhandenes zu exploitieren. Folgt man einer dynamischen Sicht, verliert das Ressourcenprofil seinen Status als Vorsteuergröße. Der Fokus verlagert sich hin zu der Fähigkeit, wie es eine Unternehmung versteht, *immer wieder über wertvolle Ressourcen zu verfügen und diese dahingehend zu bündeln, Herausragendes tun zu können*" (Abb. 3).

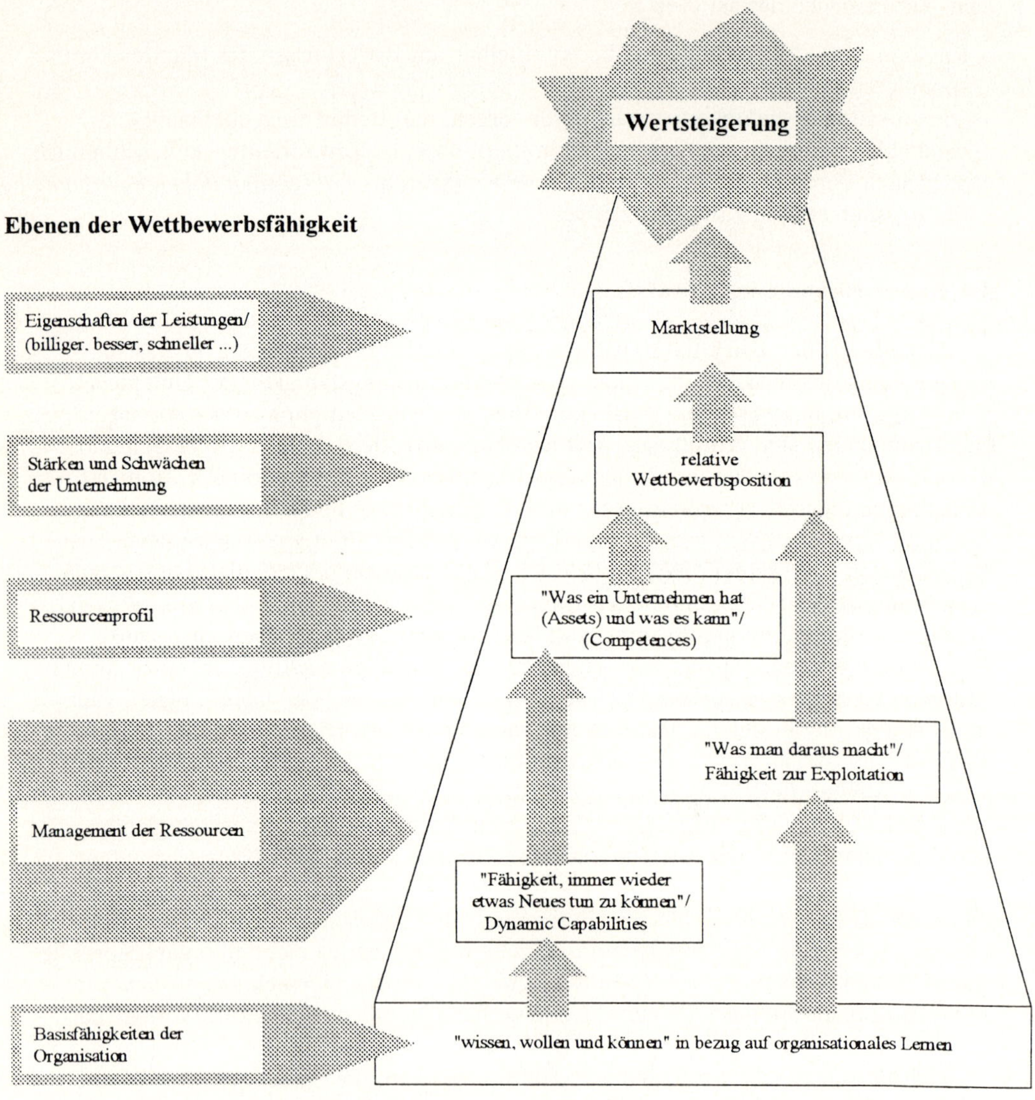

Abb. 3: „Vorsteuergrößen" des Erfolgs aus ressourcenorientierter Sicht

So ist der RBV nicht als ausschließlich ökonomischer Erklärungsansatz zu sehen. Sein Potential liegt darin, daß er auch kognitive, verhaltenswissenschaftliche, organisations- und evolutionstheoretische Aspekte aufnimmt [47] und zu einer ganzheitlichen Sichtweise integriert, die die Vorgänge in der Unternehmung besser zu verstehen hilft. Damit eröffnet sich Zugang zu weiterführenden, gleichwohl zentralen Fragestellungen [48]: Warum steht eine Unternehmung heute da, wo sie ist? Warum verfügt man eigentlich über gerade die Kompetenzen, die man hat? Von welchen Faktoren wird der Entwicklungspfad wie beeinflußt? Welche Kompetenzen vermag die Unternehmung langfristig auszubilden? Welche Bereiche stehen einem langfristig offen, welche hingegen nicht? Wo liegen folglich die Grenzen der Wandlungsfähigkeit?

3.5 Implikationen für die strategische Führung

Der RBV hat nun weitreichende Konsequenzen für die strategische Führung. Aus der zentralen Botschaft, *den einzigartigen, durch das spezifische Ressourcenprofil bestimmten Charakter einer Unternehmung zur Geltung zu bringen*, ergeben sich im Hinblick auf wichtige, strategische Grundsatzfragen neue Orientierungen. Auf einige sei in aller Kürze verwiesen [49]:

Ausgehend von obiger Erkenntnis ist die Unternehmung in ihren bisherigen Grenzen zu hinterfragen. Mit den nicht vollkommen genutzten Ressourcen, der „Excess Capacity", die sich angesichts gegebener Transaktionshemmnisse auf anderem Wege nicht nutzen lassen, erschließt sich ein Motiv für wertschaffende Diversifikation. Ein Zusammenhang läßt sich ableiten zwischen Art der Ressourcen, Ausmaß der Diversifikation und dem zu erwartenden Erfolg. Überlegungen zu einem optimalen Diversifikationsgrad können angestellt werden. Anders ist von ressourcenorientierter Warte aus zu bewerten, was „verwandte" im Gegensatz zu „unverwandter" Diversifikation ausmacht, was man desinvestiert und desintegriert. Schließlich kann man beurteilen, inwieweit die mit den Geschäften verfolgten Strategien auf wertvollen Ressourcen basieren und mithin auf dauerhafte Wettbewerbsvorteile zu hoffen ist.

4. Integration aus Markt- und Ressourcenorientierung als Herausforderung der Zukunft

4.1 Integration – Weg wider Einseitigkeit

Zweifellos haben Wettbewerbsverhältnisse und Marktattraktivität spürbaren Einfluß auf die Gewinnaussichten einer Unternehmung, wie es uns die an industrieökonomische Erkenntnisse angelehnten Ansätze lehren. Wählt man sie allerdings zur alleinigen Grundlage strategischer Entscheidungen, kann dies mit hohen „Übertragungskosten" verbunden sein. Zu welchen fatalen Folgen eine einseitige Ausrichtung an der Marktattraktivität führt, das belegen etwa die Ausflüge von *Exxon* und *VW* in die „Zukunftsbranche" Bürokommunikation. Verkannt wird, daß nicht jeder Unternehmung die gleichen Möglichkeiten offenstehen, man vielleicht einen richtigen Weg – sprich attraktiven Markt – gefunden hat, selbst jedoch nicht der Richtige für diesen Weg ist. Erst der Blick durch eine „Ressourcenbrille" mag verdeutlichen, welcher attraktive Markt auch für die jeweilige Unternehmung als lukrativ zu werten ist.

Genauso unzureichend wie eine *marktlastige Erklärung* des Erfolges ist es, nun ausschließlich die Ressourcenseite zum Bezugspunkt strategischen Denkens und Handelns zu machen, den Blick nur noch nach innen zu richten und sich dahin zu bewegen, wo vorhandene Ressourcen zum Einsatz kommen. Kritisieren Vertreter des RBV zwar nur allzu gerne die einseitige Ausrichtung der umweltorientierten Strategieansätze, macht man dann im Grunde nichts anderes, als *Einseitigkeit durch Einseitigkeit zu ersetzen*. Man wirft so über Jahre hinweg gesammelte Einsichten über Bord und verbaut sich – mit Blick auf Forschungsergebnisse der neuen Industrieökonomik – möglicherweise wichtige Lernpotentiale [50].

Vielmehr ist Erfolg als Resultierende beider Argumentationslinien – mithin als Ergebnis eines Ineinanderwirkens der Größen „Struktur", „Ressourcen" und „Marktverhalten/Strategie" – aufzufassen (Abb. 4), die statt in ein konfliktäres in ein komplementäres Verhältnis gestellt werden und in unvoreingenommener Weise zusammenarbeiten sollten [51].

Der Aspekt der Integration hat gleichsam für die Managementpraxis Gültigkeit – ganz so, wie es das ursprüngliche Konzept der „Design School" bereits vorsieht. So macht *Porter* deutlich [52], daß eine noch so attraktive Branche demjenigen nichts nützt, dessen Leistungen hinter denen der Konkurrenz zurückbleiben. Aber auch die Gewinne dessen, der alle seine Konkurrenten schlägt, können durch eine unattraktive

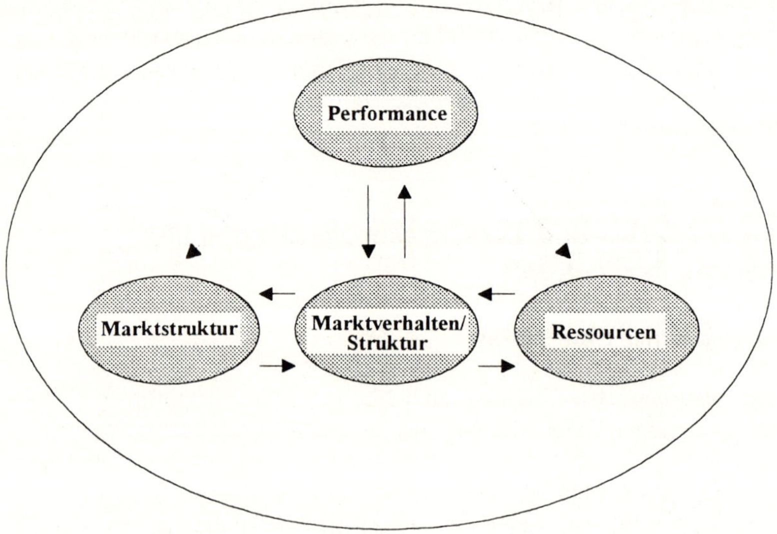

Abb. 4: Der Zusammenhang zwischen Performance, Marktstruktur, Ressourcen und Marktverhalten/Strategie

Umwelt empfindlich berührt werden. Weder als reines *„adapting the organisation to the environment“* noch als ein *„adapting the environment to the organisation“*, wie es im Kern der Haltung des RBVs entspricht, kann Strategie die Basis für eine langfristige, positive Wertentwicklung sein. Eine grundsätzliche Prävalenz einer der Größen *„Markt“* oder *„Ressourcen“* ist nicht gegeben. Was letztlich, in welchem Maße über die Ausrichtung bestimmen sollte, ist wohl von der konkreten Situation abhängig zu machen [53].

Die Notwendigkeit einer Verbindung beider Sichtweisen offenbart sich auch darin, daß der RBV so ganz ohne Markt nicht auskommt. Ressourcen repräsentieren als solche keinen Wert. Wertvoll werden sie erst dann, wenn sie zur Befriedigung von Bedürfnissen, zur Lösung von Problemen, beitragen. Verändert sich die Umwelt, wandeln sich Bedürfnisse, bleibt hiervon auch der Wert von Ressourcen kaum unbeeinflußt.

4.2 Integration – Weg wider Kurzsichtigkeit

Auf der anderen Seite hilft der RBV gegen eine zu *kurzsichtige* Betrachtungsweise, wie sie für den rein auf die produkt-/marktmäßige Positionierung gerichteten Blick charakteristisch ist – fokussiert dieser „... on only the last few 100 yards of what may be a skill building marathon“ [54]. Der RBV bringt Licht in das Dunkel derjenigen Kräfte und Prozesse, die für die relative Wettbewerbsposition verantwortlich sind, gewährt Einblicke, warum eine Unternehmung heute eine bestimmte Stellung einnimmt und was über ihre Wettbewerbsfähigkeit bestimmt.

Festzuhalten bleibt: Markt- und Ressourcenorientierung sind zwei Denkrichtungen, die ohneeinander nicht auskommen. Gemeinsam vermögen sie eine ganze Menge zu leisten. Der Überzeugung folgend, daß in der Gestaltung der Integration aus Markt- und Ressourcenorientierung eine der größten Herausforderungen für die Unternehmungsführung liegt, wollen wir abschließend kurz aufzeigen, wie diese in der Praxis erreicht werden kann.

5. Die Unternehmung als „kognitives System von Kernkompetenzen und strategischen Geschäftseinheiten“ – Ansatzpunkte für eine Integration in der Praxis

Vorgeschlagen wird, die Unternehmung als *„kognitives System von Kernkompetenzen und strategischen Geschäftseinheiten“* aufzufassen [55] – eine Sichtweise, die nicht nur ein neuartiges Strukturierungskonzept darstellt, sondern als gewandeltes Unternehmungsverständnis grundlegende, inhaltliche Prinzipien und Verhaltensweisen birgt. Demnach ist die Unternehmung ein *lebendes System*, das über *kognitive Strukturen* verfügt [56], durch die es sich eine Vorstellung von der Umwelt aufbaut; insofern profitiert die Betrachtungsweise von Einsichten des epistemologischen Ansatzes des Konstruktivismus. Unternehmungen sind gleichsam *Systeme von Kernkompetenzen und strategischen Geschäftseinheiten*, worin der zu diskutierende Aspekt der Synthese von Markt- und Ressourcenorientierung zum Ausdruck kommt und eine pragmatische Konkretisierung erfährt.

5.1 Zum Verständnis von Kernkompetenzen und strategischen Geschäftseinheiten

Die Ressourcenorientierung findet in der zentralen Stellung der Kernkompetenzen ihren Niederschlag. In Anlehnung an *Prahalad/Hamel* (1990) und *Stalk/Evans/Shulman* (1992) wollen wir Kernkompetenzen definieren als *integrierte und durch organisationale Lernprozesse koordinierte Gesamtheiten von Technologien, Know how, Prozessen, Human- und Sachressourcen* [57]. Kernkompetenzen

- sind für den Kunden erkennbar wertvoll („kundenorientierter Aspekt"),
- tragen in entscheidendem Maße zur Wertschöpfung bei („leistungsorientierter Aspekt"),
- sind gelernt und werden durch ständiges Wiederholen perfektioniert, d. h. in ihnen manifestiert sich die kumulierte, über die Zeit gemachte Erfahrung („historisch-genuiner Aspekt"),
- sind gegenüber der Konkurrenz einmalig, dabei weder leicht imitier-, substituier- noch transferierbar und machen die Unternehmung zu einer „Best in World not Best in Region or Town" („konkurrenzorientierter Aspekt"),
- eröffnen schließlich den Zugang zu einer Vielzahl von Märkten („marktorientierter Aspekt").

Was gemeint ist, verdeutlicht *Swatch*: hier sieht man sich als Spezialist in Produktion und Vermarktung „emotionaler Güter". Mit vorhandener Kompetenz in Automatisierung, Miniaturisierung, Design und Marketing lassen sich nicht nur Uhren, sondern auch viele andere Güter – etwa Brillen, Telefonapparate und mit großer Wahrscheinlichkeit auch Autos – produzieren und vermarkten. Über Kernkompetenzen verfügt auch *Swarovski* mit seiner Fertigkeit in der Erzeugung und Bearbeitung hochwertigen Kristalls. Der geschliffene Stein als *Kernprodukt* ist die Basis für mannigfaltige *Endprodukte*, mit denen man sich in verschiedenen Geschäftsfeldern engagiert.

Marktorientierung manifestiert sich im Verständnis der Unternehmung als ein System von strategischen Geschäftseinheiten (SGE). Sie sind Zentren für integrierte Maßnahmen, die sich mit einem bestimmten Wettbewerbsumfeld konfrontiert sehen, von einer Führungskraft geleitet werden und das Ziel verfolgen, die Kunden in den verschiedenen Märkten, aber auch die übrigen „Stakeholder", besser und/oder schneller zufriedenzustellen als es die Konkurrenten zu tun in der Lage sind. Der herrschenden Auffassung zufolge sind SGEs weitgehend autonom, tragen Kosten- und Erfolgsverantwortung für ihr Produktportfolio und verfügen über die notwendigen Ressourcen.

Ein Denken in SGEs ist als solches nicht neu und in der Unternehmungspraxis weithin verbreitet. Zuletzt sah sich das Konzept allerdings zunehmender Kritik ausgesetzt. Zu beklagen ist die einseitig nach außen und nur auf die Ebene einzelner Geschäfte gerichtete Sichtweise. Mögliche Folgen sind *mangelhaftes Verständnis* der eigenen Wettbewerbsposition, *Fehlentscheidungen* aus einem Verkennen der Tatsache heraus, daß auch in schlecht positionierten Geschäften Fertigkeiten verankert sein können, die wesentlich zum Aufbau von Kernkompetenzen beitragen, letztlich, *Kompetenzverlust* und *Inflexibilität* dadurch, daß Wissen fragmentiert, Synergieeffekte übergangen, Ressourcen gefangengehalten und Innovationspotentiale übersehen werden.

Eine vollkommene Teilung der Unternehmung in SGEs mündet in das *„klassische Portfoliomanagement"*: die Aufgabe der Zentrale beschränkt sich im wesentlichen darauf, ein im Hinblick auf Risiko und Cash-Flow ausgeglichenes Portfolio zu schaffen. Im Extremfall fungiert sie lediglich in der Rolle eines Investors. Die einzelnen SGEs, behandelt wie isolierte „Investments", versuchen, geschäftsfeldbezogen zu optimieren. Doch auf diesem Wege gelingt es zusehends schwerer, die Wettbewerbsfähigkeit zu wahren und aus dem Ganzen *mehr zu machen als nur die Summe der Teile*, partizipieren die einzelnen Geschäfte nur wenig an einer Integration in den Unternehmungsverbund. Trotz der berechtigten Kritik am SGE-Konzept mag es als Komponente in einem umfassenderen Unternehmungsverständnis durchaus von Nutzen sein – dann etwa, wenn man es mit der *Kernkompetenzen-Perspektive verknüpft* (Abb. 5).

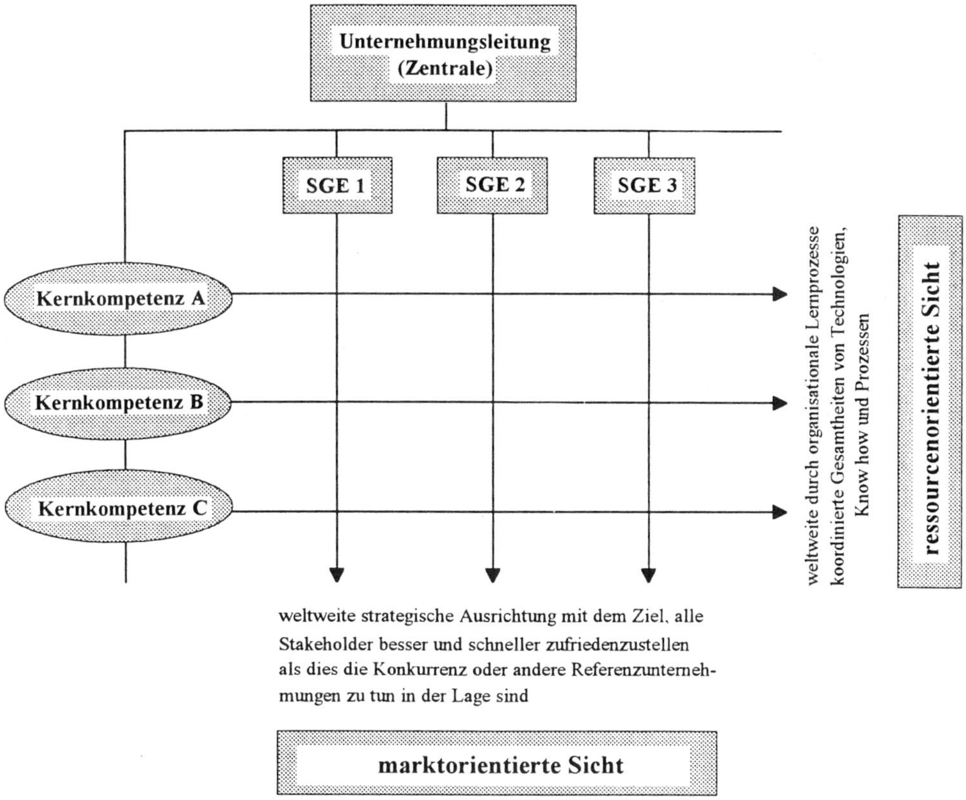

Abb. 5: Die Unternehmung als System von Kernkompetenzen und strategischen Geschäftseinheiten

5.2 Quellen der Wertsteigerung

Es entspricht nun dieser Auffassung, Wertsteigerung als Funktion folgender Größen zu sehen:

- der *verfügbaren Kernkompetenzen*, sind sie es, die den Wertsteigerungsmechanismus in Gang halten und die Wettbewerbsposition unterlegen,
- des *Wettbewerbskonzeptes*, welches Kernkompetenzen mit SGEs verbindet – kurz wie es gelingt, Kernkompetenzen zu exploitieren und damit führende Positionen aufzubauen, neue Märkte zu erobern und
- der *Effizienz*, mit der Kernkompetenzen hervorgebracht, fortentwickelt und geschützt werden.

Insofern lassen sich mit *„Erkennen"*, *„Exploitieren"*, *„Entwickeln"* und *„Erhalten"* zentrale Aufgaben identifizieren, nach deren Beherrschung sich fortan das Maß strategischer Führungskompetenz bestimmt [58].

Ziel des *„Erkennens"* ist es, Anzahl, Art und Bedeutung der gegenwärtigen Kompetenzen zu analysieren, Kompetenzen auf ihren „strategischen Wert" hin zu evaluieren. Keine so leichte Aufgabe, wie man vielleicht vermuten könnte. Kernkompetenzen liegen nicht immer offen zu Tage und stellen mitunter hochkomplexe, diffuse Gebilde dar. Wichtig ist dabei, von der Produktebene vollkommen zu abstrahieren und sich auf das dahinterstehende Wissen zu konzentrieren. Ein falsches Verstehen der Kompetenz hat u. U. weitreichende Konsequenzen: beides ein *„Unterschätzen"*, demzufolge man zukunftsträchtige Geschäftsfelder übersieht, wie ein *„Überschätzen"*, – insbesondere die allzu großzügige Auslegung dessen, von dem man meint, daß es „Best Practice" entspräche – zerstört gleichermaßen Wert.

Richtiges „Erkennen" ist eine „conditio sine qua non" für ein optimales „Exploitieren" – wächst mit zunehmender Einsicht der Führungskräfte und der Mitarbeiter in die Kernkompetenzen der Unternehmung auch deren Freiheit, neue Geschäftsfelder zu entdecken und bestehende in Frage zu stellen. Wer seine Kernkompetenzen versteht, dem mag dies neue Wege weisen. Das zeigt das Beispiel Kodak [59]: durch Synthese vorhandener Kompetenzen – zum einen dem „Chemical Engineering" aus dem Bereich „Film/Photo", zum anderen dem „Electronic Engineering" aus dem Bereich „Kopierer" – gelang die Entwicklung der „Photo-CD", ein Schritt, für den Kodak zumindest angesichts seiner Stärken prädestiniert war. Erkennen gibt aber auch Aufschluß über den langfristigen Entwicklungspfad der Unternehmung. Definieren die vorhandenen in gewissem Maße den Raum für die Bildung neuer Kernkompetenzen („Path Dependencies") [60], ist essentiell zu wissen, wo man eigentlich steht, um zu verstehen, wohin man sich kompetenzmäßig bewegen kann.

Auf instrumenteller Ebene mag sich dabei die Erstellung eines *„Kompetenzportfolios"* als hilfreich erweisen: dazu können die eigenen Kompetenzen nach ihrer *„Kompetenzstärke"* – bewertet sowohl anhand der generellen „wertbestimmenden Faktoren" als auch anhand der Situation relativ zur Konkurenz – und nach ihrem *„Kundenwert"* beurteilt und die Ergebnisse im Rahmen einer Matrix visualisiert werden [61]. Insgesamt sollte die Analyse jedoch nicht auf den Kompetenzinhalt beschränkt bleiben. Gleichsam sind Überlegungen zur organisatorischen Verankerung anzustellen. Ziel ist es dabei, sich einen Überblick über die Lokalisierung der Kompetenzen zu verschaffen.

Kenntnis der eigenen Kernkompetenzen vorausgesetzt, kommt deren Nutzung, dem *„Exploitieren“*, Bedeutung zu. Ein Wettbewerbskonzept hat dafür Sorge zu tragen, daß die relativen Unterschiede in den Kompetenzprofilen zu wirklichen Vorteilen am Markt ausgebaut und die Optionen ausgeübt werden, die anderen so nicht offenstehen. Dazu ist etwa zu fragen [62]: Betreiben wir Geschäfte, in denen verfügbare Ressourcen Werte schaffen und zu Wettbewerbsvorteilen verhelfen? Wohin lassen sich die vorhandenen Kernkompetenzen noch übertragen? Verfolgen wir in den SGEs Strategien, die unseren Kernkompetenzen Rechnung tragen? Haben wir uns richtig in der gesamten Wertschöpfungskette positioniert und nehmen wir all diejenigen Schritte der Wertschöpfung wahr, in denen sich eigene Kompetenz ausweisen läßt? (Abb. 6).

Einer integrativen Sichtweise folgend ist bei der Definition der Unternehmungsgrenzen neben der Marktattraktivität nun auch das *„Übertragungspotential“* zu evaluieren: Welche Bedeutung haben die Kernkompetenzen für das betreffende Geschäft? Besteht ein Fit zwischen dem, was man kann und dem, was für den erfolgreichen Betrieb des Geschäftes notwendig ist? [63] Die kreative Suche nach Exploitationsmöglichkeiten wird zu einem zentralen Erfolgsfaktor für die Unternehmungsentwicklung. Ausgehend von den eigenen Leistungspotentialen gilt es, passende, attraktive Märkte zu finden bzw. zu erfinden und dem Kunden neue Problemlösungen anzubieten. Wie das geht, zeigt etwa *Canon*, die mit Kernkompetenzen in Feinmechanik, Optik und Mikroelektronik in Bereiche wie Kameras, Drucker, Kopierer, Faxgeräte u. a. diversifizierten. Ein Beispiel hierfür liefert jüngst auch *BMW*. Hier gelang es, eine Methode aus dem Automusterteilebau mit Daten aus der Computertomographie zu verknüpfen, was in die Lage versetzt, binnen kurzer Frist Ersatzimplantate für Patienten – etwa Abschnitte der Wirbelsäule oder Hüftgelenke – maßgeschneidert anzufertigen.

Doch sollte man sich dabei nicht auf den Kunden, nicht nur auf die von ihm artikulierten Bedürfnisse verlassen – *denn der Kunde hat nicht immer recht.* Selbstverständlich ist wichtig zu wissen, wie der Kunde denkt – vor allem dann, wenn es um die Feinabstimmung eines Produktes geht. Die Gefahr der Marktforschung liegt nun aber darin, daß Unternehmungen in eine fast sklavische Abhängigkeit von ihren Kunden geraten, indem sie ihren Handlungsspielraum auf die Abdeckung *bestehender* Bedürfnisse einengen. Der Minivan von *Chrysler*, der Walkman von *Sony*, das Handy von *Motorola* sind Beispiele, wie Unternehmen durch *Ignorieren* der artikulierten Bedürfnisse der Kunden und Vertrauen auf ihre Kernkompetenzen neue Problemlösungen erfanden, Vorurteile der Abnehmer überwanden und ihren Wert dadurch erhöht haben, indem sie Leistungen präsentierten, *die der Kunde vielleicht erträumt, aber nicht erwartet hat.*

Aus einer solchen Perspektive resultieren gleichsam Einsichten für die Bewertung der bestehenden Aktivitäten. In welchem Maß partizipiert das Geschäft an einer Integration in den Unternehmungsverbund? Was können wir in das Geschäft einbringen, das uns im Gegensatz zu anderen auszeichnet und uns als *besten Betreiber* ausweist? – So ist zu fragen. An *Rückzug* ist zu denken, besteht Anlaß zu der Vermutung, daß

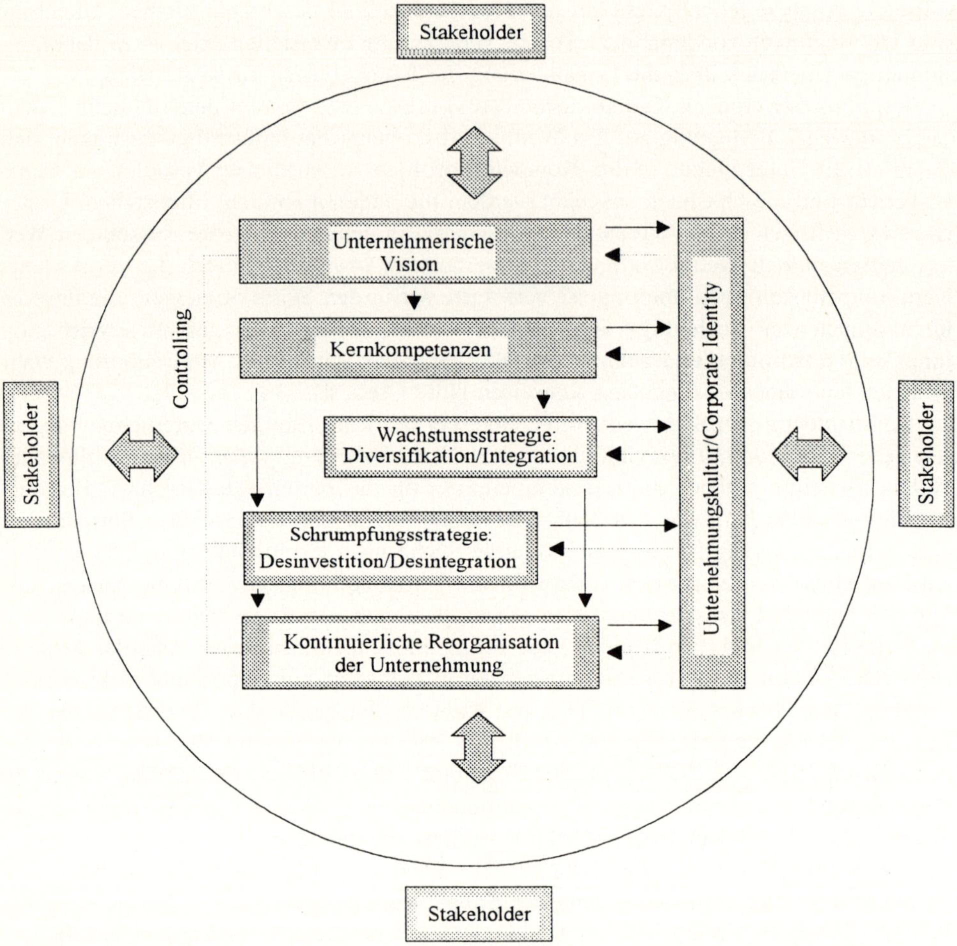

Abb. 6: Kernkompetenzen und Unternehmungsentwicklung

das Geschäft unter anderer Regie womöglich einen höheren Wert repräsentiert [64]. In instrumenteller Hinsicht kann hier die Verwendung einer *Kompetenz-/Geschäftsfeld-Matrix* von Nutzen sein [65].

Ein Ausrichten an den eigenen Kernkompetenzen macht gleichsam ein Neudurchdenken der Wertschöpfung notwendig. Gefordert ist damit zum einen eine *richtige Positionierung im gesamten Wertschöpfungsprozeß*. Einzusehen ist, daß nicht nur hohe Anteile an Endproduktmärkten, sondern auch die Eroberung einer beherrschenden Stellung bei wichtigen Kernprodukten ein interessantes Ziel darstellt [66]. Gefordert ist zum anderen *Flexibilität in der Organisation der eigenen Wertschöpfung*. Notwendig ist hier eine Analyse der Wertaktivitäten, um sich Klarheit darüber zu verschaffen, wo die erbrachten Leistungen „Best Practices“ entsprechen. Die Stufen der Wertschöpfung, in denen die Unternehmung nicht zu den „Klassenbesten" zählt, sind ggf. an Dritte zu vergeben. Doch Vorsicht! Keinesfalls soll damit der bisweilen rigorosen Outsourcingpraxis das Wort geredet werden. Statt Entscheidungen auf Basis kurzfristiger, rein finanzieller Erwägungen zu treffen, sind diese in ihren Auswirkungen auf die Kompetenzebene zu würdigen. Desintegration ist dort nur zu empfehlen, wo sie dem Aufbau eigener Kompetenz nicht schadet und nicht in eine gefährliche Abhängigkeit führt.

Auf lange Sicht reicht es nicht, nur Bestehendes zu exploitieren. Vielmehr sind Kernkompetenzen fortzuentwickeln, neue zu erwerben. Ein Ausrichten an den eigenen Kompetenzen muß mit einem Ausrichten der Kompetenzen Hand in Hand gehen. Während also *„Exploitieren"* einem Denken von vorhandenen Kernkompetenzen auf mögliche Märkte hin entspricht, beschreibt das *„Entwickeln"* im Grunde einen entgegengesetzten Prozeß (Abb. 7).

Zwischen beidem besteht allerdings insofern eine Verbindung, als daß der Einsatz von Kernkompetenzen diese nicht abnutzt, ganz im Gegenteil deren Perfektionierung bewirkt und sie bisweilen in neue Kernkompetenzen übergehen läßt.

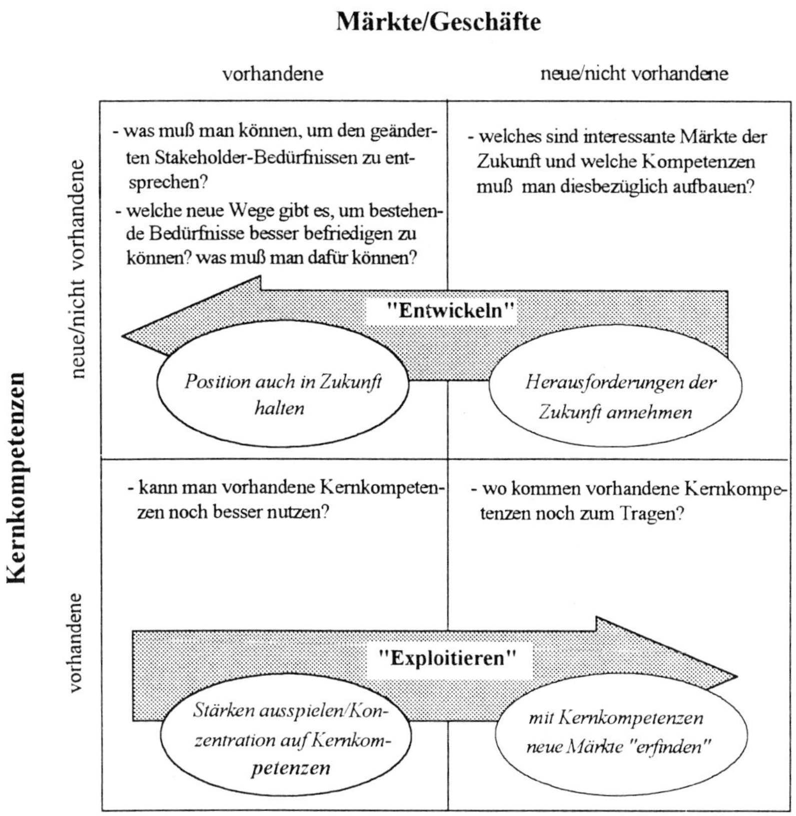

Abb. 7: „Exploitieren" und „Entwickeln" (modifiziert nach Hamel/Prahalad, 1994, S. 227)

Grundsätzlich gilt es,

- möglichst schneller als andere zu erfassen, welche herausfordernden Möglichkeiten in Zukunft bestehen, welche Bedürfnisse zur Befriedigung anstehen,
- sich Klarheit darüber zu verschaffen, welche Kompetenzen damit korrespondieren,
- Vorgaben zu fixieren, wohin man sich entwickeln muß („Soll-Kompetenzprofil"),
- für fehlende Ressourcen „Beschaffungsstrategien" zu formulieren, die bestimmen, inwieweit Wissen selbst entwickelt oder von anderen – bspw. im Rahmen von Partnerschaften oder durch Akquisitionen – absorbiert und internalisiert werden soll.

Angesprochen ist damit sowohl die Fähigkeit, Ressourcen zu akkumulieren, Wissen zu generieren, als auch das Zusammenspiel zu koordinieren, Wissen in Handeln und letztlich in konkrete Problemlösungen umzusetzen. Dabei sind solche Kernkompetenzen aufzubauen, die es ermöglichen, immer neue, „überraschende" Produkte hervorzubringen. Was gemeint ist, mögen *Sony's* Kernkompetenzen zur Miniaturisierung verdeutlichen, die sich in Produkten, wie „Walkman", „tragbarer CD-Player", „Mini-TV", „Mini-Disk", „Mini-HIFI-Anlage", niederschlagen.

Schließlich muß man Aufmerksamkeit auch der *Erhaltung der Kernkompetenzen* widmen: diese sind in ihrem Bestand zu pflegen, vor Fragmentierung und Verkümmerung in der Unternehmung zu schützen. Insbesondere gilt es, sie vor dem Zugriff anderer abzuschirmen und ihren ungewollten, unkontrollierten Abfluß soweit als möglich zu vermeiden. Von Zeit zu Zeit mag es angezeigt sein, *Kompetenzaudits* durchzuführen [67], um so Information über Bestand, Zustand und Bedrohung einzelner Kompetenzen zu gewinnen.

5.3 Gewandeltes Unternehmungsverständnis

Insgesamt hat die Betrachtungsweise der Unternehmung als ein *System von Kernkompetenzen und strategischen Geschäftseinheiten* ein gewandeltes Unternehmungsverständnis zur Folge. Abschließend wollen wir einige zentrale Punkte herausstellen:

- *Die Unternehmung als Portfolio von SGEs und Kernkompetenzen:* nach außen bleibt die Unternehmung ein Portfolio von SGEs, die in ihren jeweiligen Umwelten nach vorteilhafter Positionierung streben. Blickt man nach innen, so ist sie aber als ein Portfolio von Kernkompetenzen zu verstehen. Erst beides zusammen läßt Führungskräfte tiefere Einsicht in die Wettbewerbssituation gewinnen. Das Denken in Kernkompetenzen verdrängt demnach nicht das Denken in SGEs. Vielmehr handelt es sich um zwei ergänzende Betrachtungsebenen, die sich ineinander überführen lassen (Abb.8).
- *Das Wettbewerbskonzept als Verbindungselement von Kernkompetenzen und SGEs:* SGEs sind nicht mehr als *autonome Mikrounternehmen* zu verstehen, die mit „eigenen" Ressourcen in Märkten agieren. Vielmehr handelt es sich um marktnahe Einrichtungen, die dazu verhelfen, daß Kernkompetenzen auch tatsächlich der Zufriedenstellung der Stakeholders dienen. SGEs greifen auf Kernkompetenzen zurück. Diese sind folglich „unternehmensweite" Ressourcen und gehören nicht einzelnen SGEs.

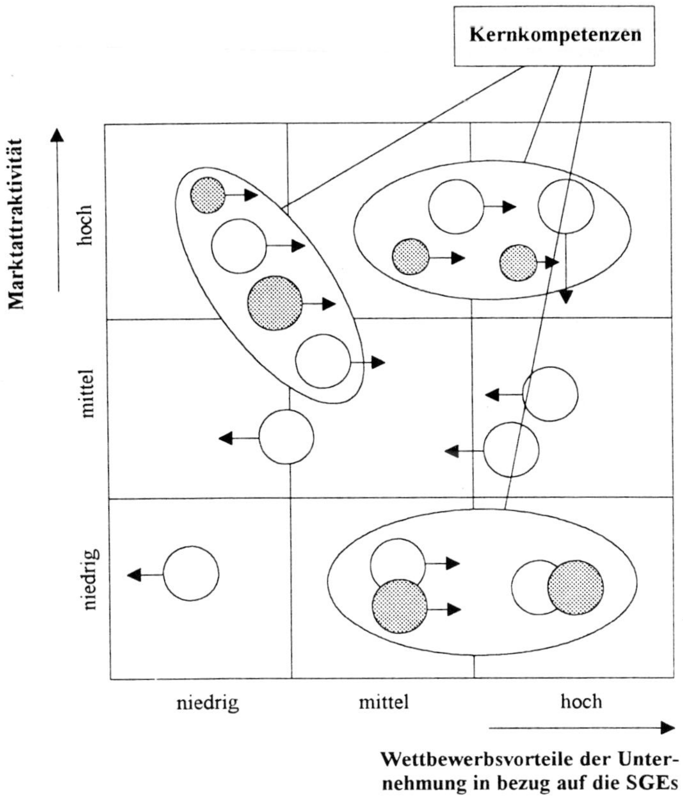

Abb. 8: Die Unternehmung als Portfolio von Kernkompetenzen und strategischen Geschäftseinheiten

Man kann sie gewissermaßen als „Werthebel" für die Geschäfte verstehen, verleihen sie ihnen „Kraft", um im Wettbewerb führende Positionen einnehmen zu können. Gleichsam eröffnen sie die Möglichkeit, durch immer neue Produkte sich ein Stück weit von den immer kürzeren Produktlebenszyklen abzukoppeln. Deutlich wird, daß die Geschäfte an der Integration partizipieren. Gelingt es der Unternehmungsleitung damit, den Wert der Geschäfte zu steigern, *Mehrwert zu schaffen*, vermag sie sich im Vergleich zu anderen als bester Betreiber des Geschäftes zu legitimieren.

- *Fokussiert und diversifiziert zugleich:* läßt eine marktseitige Betrachtung die Unternehmung als breit, nicht selten gar als marktlich unverbunden diversifiziert erscheinen, besteht doch eine innere Logik, derzufolge das Ganze mehr ist als nur die Summe der Teile. Dies widerspricht der weithin vertretenen Auffassung, nach der „Related Diversification" prinzipiell höhere Synergiepotentiale birgt. Es läßt sich vereinen, was lange Zeit unvereinbar schien, nämlich Spezialisierung mit einem marktlich breit gestreuten Engagement zu verknüpfen. Der Unternehmung ist es möglich, auf Stärken konzentriert, sich in einer breiten Palette von Märkten zu engagieren und so gegen einzelne Marktzyklen zu immunisieren.

- *Die Unternehmung im Spannungsfeld von zentraler Steuerung und Dezentralisierung:* insgesamt lassen sich die Vorteile der Dezentralisierung nutzen – etwa Marktnähe und Flexibilität der SGEs – bei gleichzeitiger Umgehung möglicher Nachteile – wie fragmentiertes Wissen und verkleinerte Ressourcenbasis. Gleichsam bedarf es einer zentralen Steuerung der Kernkompetenzen, da das „große Ganze" nur von zentraler Stelle aus übersehen werden kann und nur so deren effiziente Entwicklung gewährleistet ist. An Stelle eines isolierten, geschäftsfeldbezogenen Denkens rückt nun *ein gesamtunternehmungsbezogenes, prozeßorientiertes Denken* in den Mittelpunkt. Gefordert ist damit u. a.
  - die Bereitschaft zum „Mannschaftsspiel", d. h. Bündelung der Kräfte und unbedingter Zugriff auf die gesamten, in der Unternehmung vorhandenen Potentiale statt Bereichsegoismus und intraorganisationaler Wettbewerb im Aufbau von Kompetenz,
  - die Einführung einer abteilungsübergreifenden, ständig lernenden Prozeßorganisation, die horizontal auf die Zufriedenstellung der Kunden, aber auch der anderen Stakeholder, ausgerichtet ist [68],
  - eine unterstützende Allokation der Mittel, wobei andere Prioritäten als bisher zu setzen, neue Verteilungsschlüssel zu finden sind,
  - für Entwicklung und Pflege von Kernkompetenzen geeignete Organisationsformen – etwa die Einrichtung „interdisziplinärer Teams" oder „Kompetenz-Centren".

Damit stellt sich der Prozeß der Wertsteigerung dar als die Resultierende aus a) *der zentralen Steuerung der Kernkompetenzen* durch dafür verantwortliche Führungskräfte, die bestrebt sein müssen, daß laufend neues Wissen in der Unternehmung produziert oder von außen akquiriert, respektive absorbiert und zu Kernkompetenzen gebündelt wird und b) *der Dezentralisierung der SGEs*, deren Leiter unter Nutzung der Kernkompetenzen die jeweiligen Stakeholder zufriedenstellen und stets nach neuen Exploitationsmöglichkeiten Ausschau halten müssen.

Dominierte die Marktorientierung während der 80er Jahre und kommt die Ressourcenorientierung bis Mitte der 90er Jahre immer stärker auf, stellt die Integration beider Sichtweisen nun zweifellos eine der großen Herausforderungen für die strategische Unternehmungsführung dar. Wie eingangs schon erwähnt, wird es von ihrem Gelingen abhängen, in welchem Maße man das kompetitive Niveau der Unternehmung zu erhöhen und ihren Wert zu steigern vermag. Dies setzt allerdings nicht weniger voraus, als daß Unternehmungen künftig *anders zu sehen*, *anders auszurichten*, *anders zu führen* und *zu organisieren* sind, wie es in der Vergangenheit der Fall war.

Literatur

Aaker, D. (1989), Managing Assets and Skills: The Key to a Sustainable Competititve Advantage, in: California Management Review, 1989, Winter, S. 91–106.

Amit, R./Schoemaker, P.J.H. (1993), Strategic Assets and Organizational Rent, in: Strategic Management Journal, 1993, S. 33–46.

Andrews, K.R. (1971/1987), The Concept of Corporate Strategy, 1. Aufl. 1971/3.Aufl. 1987, Homewood, 1971/1987.

Arendt, H. (1979), Vom Leben des Geistes, München, 1979.

Bakker, H./Jones, W./Nichols, M. (1994), Using Core Competences to Develop New Business, in: Long Range Planning, 1994, Heft 6, S. 13–27.

Barney, J. (1986), Strategic Factor Markets: Expectations, Luck, and Business Strategy, in: Management Science, 1986, S. 1231–1241.

Barney, J. (1991), Firm Resources and Sustained Competitive Advantage, in: Journal of Management, 1991, Heft 1, S. 99–120.

Bergsma, E.E. (1989), Managing Value: The New Corporate Strategy, in: McKinsey Quarterly, Winter 1989, S. 57–72.

Black, J.A./Boal, K.B. (1994), Strategic Resources: Traits, Configurations and Paths to Sustainable Competitive Advantage, in: Strategic Management Journal, 1994, S. 131–148.

Bleicher, K. (1991), Kodifizierung und Kommunikation unternehmenspolitischer Konzepte in Leitbildern, in: Die Unternehmung, 1991, Heft 2, S. 59–78.

Bosch, F.A.J. van den/Warmerdam, P.C.T. (1994), Towards a Dynamic Theory of Strategy, Presentation to the 14th Annual International Meeting of the Strategic Management Society, Jouy-en-Josas, 1994.

Bühner, R. (1990), Das Management-Wert-Konzept, Stuttgart, 1990.

Chatterjee, S./Wernerfelt, B. (1991), The Link Between Resources and Type of Diversification: Theory and Evidence, in: Strategic Management Journal, 1991, S. 33–48.

Collis, D.J./Montgomery, C.A. (1995), Competing on Resources: Strategy in the 1990s, in: Harvard Business Review, 1995, July/August, S. 118–128.

Dierickx, J./Cool, K. (1989), Asset Stock Accumulation and Sustainability of Competitive Advantage, in: Management Science, S. 1504–1511.

Dosi, G./Teece, D.J. (1993), Organizational Competences and the Boundaries of the Firm, Working Paper No. 93–11, University of California, Berkeley, 1993.

Freeman, R.E. (1984), Strategic Management: A Stakeholder Approach, Boston, 1984.

Friedrich, St.A. (1995), Mit Kernkompetenzen im Wettbewerb gewinnen, in: io Management Zeitschrift, 1995, Heft 4, S. 87–91.

Friedrich, St.A. (1997), Kernkompetenzen und Strategischer Rückzug – Ein Beitrag zur Desinvestitionsproblematik unter besonderer Berücksichtigung des „Resource-Based View" (Veröffentlichung in Vorbereitung)

Friedrich, St.A./Hinterhuber, H.H. (1994), Strategischer Rückzug durch Desinvestition: Den Unternehmenswert steigern, in: Gabler's Magazin, 1994, Heft 8, S. 35–39.

Friedrich, St.A./Hinterhuber, H.H. (1995), Führung um Kernkompetenzen: Gewinnen im Wettbewerb der Zukunft, in: Gabler's Magazin, 1995, Heft 3, S. 37–41.

Friedrich, St.A./Rodens, B. (1996), Wertschöpfungspartnerschaft „Handel/Industrie": Gemeinsam Werte für den Kunden schaffen, in: *Hinterhuber, H.H./Al-Ani, A./Handbauer, G.* (Hrsg.), Das Neue Strategische Management, Wiesbaden, 1996, S. 245–275.

Grant, R. M. (1991), The Resource Based Theory of Competitive Advantage: Implications for Strategy Formulation, in: California Management Review, 1991, Spring, S. 114–135.

Hahn, D. (1996a), US-amerikanische Konzepte strategischer Unternehmungsführung, Beitrag in diesem Reader.

Hahn, D. (1996b), Zweck und Entwicklung der Portfolio-Konzepte in der strategischen Unternehmungsplanung, Beitrag in diesem Reader.

Hall, R. (1993), A Framework Linking Intangible Resources and Capabilities to Substainable Competitive Advantage, in: Strategic Management Journal, 1993, S. 607–618.

Hamel, G. (1991), Competition for Competence and Interpartner Learning within International Strategic Alliances, in: Strategic Management Journal, 1991, S. 83–103.

Hamel, G./Prahalad, C.K. (1994), Competing for the Future, Boston, 1994.

Hansen, G./Wernerfelt, B. (1989), Determinants of Firm Performance: The Relative Importance of Economic and Organizational Factors, in: Strategic Management Journal, 1989, S. 399–411.

Hinterhuber, H.H. (1996), Strategische Unternehmungsführung, 6. Aufl., Berlin, 1996.

Hinterhuber, H.H. (1994), Paradigmenwechsel: Vom Denken in Funktionen zum Denken in Prozessen, in: Journal für Betriebswirtschaft, 1994, Heft 2, S. 56–75.

Hinterhuber, H.H. (1995), Management von Wachstums- und Schrumpfungsprozessen, in: Corsten, H./Reiß, M. (Hrsg.), Handbuch Unternehmungsführung, Wiesbaden, 1995, S. 817–828.

Hinterhuber, H.H./Friedrich, St.A. (1994), Strategic Retreat – The Emerging Challenge for Corporate Development, Presentation to the 14th Annual Meeting of the Strategic Management Society, Jouy-en-Josas, 1994.

Hinterhuber, H.H./Friedrich, St.A./Stuhec, U. (1995), Die Entwicklung der Kernkompetenzen im Unternehmen, in: Frankfurter Allgemeine Zeitung – Blick durch die Wirtschaft, v. 14.06.1995, S. 7.

Hinterhuber, H.H./Friedrich, St.A./Handlbauer, G./Stuhec, U. (1996), Die Unternehmung als kognitives System von Kernkompetenzen und strategischen Geschäftseinheiten, in: Wildemann, H. (Hrsg.), Produktions- und Zuliefernetzwerke, München, 1996, S. 67–103.

Hofer, C./Schendel, D. (1978), Strategy Formulation: Analytical Concepts, St.Paul, 1978.

Itami, H. (1987), Mobilizing Invisible Assets, Cambridge, 1987.

Knyphausen, D. zu (1993), Why Are Firms Different?, in: Die Betriebswirtschaft, 1993, Heft 6, S. 771–792.

Knyphausen-Aufsess, D. zu (1995), Theorie der strategischen Unternehmensführung, Wiesbaden, 1995.

Lado, A.A./Wilson, M.C. (1994), Human Resource Systems and Sustained Competitive Advantage: A Competency-Based Perspective, in: Academy of Management Review, 1994, Heft 4, S. 699–727.

Mahoney, J.T. (1995), The Management of Resources and the Resource of Management, in: Journal of Business Research, 1995, S. 91–101.

Mahoney, J.T./Pandian, J.R. (1992), The Resource Based View within the Conversation of Strategic Management, in: Strategic Management Journal, 1992, S. 363–380.

Markides, C.C./Williamson, P.J. (1994), Related Diversification, Core Competences and Corporate Performance, in: Strategic Management Journal, 1994, S. 149–165.

McGrath, R.G./MacMillan, I.C./Venkataraman, S. (1995), Defining and Developing Competence: A Strategic Process Paradigm, in: Strategic Management Journal, 1995, S. 251–275.

Mintzberg, H. (1990), The Design School: Reconsidering the Basic Premises of Strategic Management, in: Strategic Management Journal, 1990, S. 171–195.

Montgomery, C.A. (Hrsg.) (1995), Resource-Based and Evolutionary Theories of the Firm, Boston, 1995.

Paré, T.P. (1995), The New Champ of Wealth Creation, in: Fortune, 18.09.1995, S. 85–86.

Penrose, E.T. (1959), The Theory of the Growth of the Firm, New York, 1959.

Peteraf, M.A. (1993), The Cornerstones of Competitive Advantage: A Resource Based View, in: Strategic Management Journal, 1993, S. 179–191.

Porter, M.E. (1980), Competetive Strategy: Techniques for Analysing Industries and Competitors, New York, 1980.

Porter, M.E. (1985), Competitive Advantage, New York, 1985.

Porter, M.E. (1991), Towards a Dynamic Theory of Strategy, in: Strategic Management Journal, 1991, Special Issue Winter, S. 95–117.

Prahalad, C.K./Hamel, G. (1990), The Core Competence of the Corporation, in: Harvard Business Review, 1990, Heft 3, S. 79–91.
Prahalad, C.K./Hamel, G. (1994), Strategy as a Field of Study: Why Search for a New Paradigm?, in: Strategic Management Journal, 1994, Special Issue Summer, S. 5–16.
Probst, G.J.B./Büchel, B.S.T. (1994), Organisationales Lernen, Wiesbaden, 1994.
Rappaport, A. (1986), Creating Shareholder Value, New York, 1986.
Rasche, C. (1994), Wettbewerbsvorteile durch Kernkompetenzen: ein ressourcenorientierter Ansatz, Wiesbaden 1994.
Reed, R./DeFilippi, R.J. (1990), Causal Ambiguity, Barriers to Imitation, and Sustainable Competitive Advantage, in: Academy of Management Review, Heft 1, 1990, S. 88–102.
Ricardo, D. (1817), Principles of Political Economy and Taxatation, London, 1817.
Roquebert, J./Phillips, R./Duran, C. (1993), How Much Does Strategic Management Matter?, Presentation at the National Academy of Management Meeting, Atlanta, 1993.
Rühli, E. (1994), Die Resource Based View of Strategy, in: Gomez, P. et al. (Hrsg.), Unternehmerischer Wandel, Wiesbaden, 1994, S. 31–57.
Rumelt, R.P. (1984), Towards a Strategic Theory of the Firm, in: Lamb, R.B. (Hrsg.), Competitive Strategic Management, Englewood Cliffs, 1984, S. 556–570.
Rumelt, R.P. (1991), How Much Does Industry Matter?, in: Strategic Management Journal, 1991, S. 167–185.
Schendel, D. (1994), Introduction to the Summer 1994 Special Issue – „Strategy: Search for New Paradigms", in: Strategic Management Journal, 1994, S. 1–4.
Schmalensee, R. (1985), Do Markets Differ Much? in: American Economic Review, 1985, S. 341–351.
Seth, A./Thomas, H. (1994), Theories of the Firm: Implications for Strategy Research, in: Journal of Management Studies, 1994, S. 165–191.
Siegert, T. (1995), Shareholder-Value als Lenkungsinstrument, in: Zeitschrift für betriebswirtschaftliche Forschung, 1995, Heft 6, S. 580–607.
Stalk, G./Evans, P./Shulman, L. (1992), Competing on Capabilities: The New Rules of Corporate Strategy, in: Harvard Business Review, March/April, 1992, S. 57–69.
Stewart, T.A. (1995), Trying to Grasp the Intangibe, in: Fortune, 02.10.1995, S. 91–93.
Tampoe, M. (1994), Exploiting the Core Competence of Your Organization, in: Long Range Planning, 1994, Heft 4, S. 66–77.
Teece, D.J./Pisano, G./Shuen, A. (1992), Dynamic Capabilities and Strategic Management, Working Paper, University of California, Berkeley, 1992.
Teece, D.J./Rumelt, R./Dosi, G./Winter, S. (1994), Understanding Corporate Coherence, in: Journal of Economic Behavior and Organization, 1994, S. 1–30.
Very, P. (1993), Success in Diversification: Building on Core Competencies, in: Long Range Planning, 1993, Heft 5, S. 81–93.
Wernerfelt, B. (1984), A Resource-Based View of the Firm, in: Strategic Management Journal, 1984, S. 171–180.
Wernerfelt, B. (1995), The Resource Based View of the Firm: Ten Years After, in: Strategic Management Journal, 1995, S. 171–174.
Wernerfelt, B./Montgomery, C. (1988), Tobin's q and the Importance of Focus in Firm Performance, in: American Economic Review, 1988, S. 246–250.

Anmerkungen

[1] So sieht *Ricardo* (1817) bereits den Unternehmenserfolg im Verfügen über „wertvolle", nur begrenzt vorhandene Ressourcen begründet (Ricardo-Rente).
[2] Vgl. *Penrose* (1959).
[3] Vgl. bspw. *Andrews* (1971); *Hofer/Schendel* (1978).
[4] Als Stakeholder bezeichnet *Freeman* (1984), S. 46: „... any group or individual who can affect or is affected by the achievement of the organization's objectives."
[5] Vgl. *Hinterhuber* (1996), S. 1 f.
[6] Zu unternehmenspolitischen Ausrichtungen vgl. *Bleicher* (1991).
[7] Vgl. hierzu *Bergsma* (1989).
[8] Vgl. hierzu bspw. *Paré* (1995).
[9] Vgl. hierzu u. a. *Rappaport* (1986); *Bühner* (1990); *Siegert* (1995).
[10] Allgemein läßt sich eine Rente definieren als „return in excess of a resource owner's alternative use costs" *Mahoney* (1995), S. 91. Im Sinne von Übergewinn spricht *Grant* (1991), S. 118 von einer „rate of profit in excess of the competitive level."
[11] Vgl. zusammenfassend *Mintzberg* (1990); vgl. auch *Hahn* (1996a).
[12] Vgl. hierzu *Hinterhuber* (1996), S. 116 ff. und S. 150 ff.
[13] Vgl. zusammenfassend *Hahn* (1996b).
[14] Angesprochen ist damit die Tatsache, daß das erworbene Wissen um die Wettbewerbskräfte nicht zu deren (wohlfahrtsökonomisch motivierten) Erhaltung dient, sondern nun zur gezielten Umgehung dergleichen.
[15] Vgl. *Porter* (1980), S. 47 ff.
[16] Vgl. *Hinterhuber* (1996), S. 117.
[17] Vgl. bspw. *Schmalensee* (1985); *Wernerfelt/Montgomery* (1988); *Hansen/Wernerfelt* (1991); *Rumelt* (1991); *Roquebert/Phillips/Duran* (1993) zit. bei *Black/Boal* (1994). Einen zusammenfassenden Überblick bietet *Knyphausen* (1993), S. 773.
[18] Vgl. grundlegend *Porter* (1985).
[19] Neben Fachpublikationen und Konferenzen ist hierfür bezeichnend, daß die Arbeit von *Wernerfelt* (1984) im nachhinein in dem für die Ausrichtung der Disziplin wichtigen „Strategic Management Journal" als „Best Paper" ausgezeichnet wird. Vgl. hierzu *Wernerfelt* (1995).
[20] Nur exemplarisch sei auf die z. T. viel beachteten Beiträge in der „Harvard Business Review" und der „Long Range Planning" verwiesen. Vgl. u. a. *Prahalad/Hamel* (1990); *Stalk/Evans/Shulman* (1992); *Collis/Montgomery* (1995); *Very* (1993); *Tampoe* (1994); *Bakker/Jones/Nichols* (1994).
[21] Vgl. hierzu *Friedrich* (1996).
[22] Vgl. *Barney* (1991), S. 100; *McGrath/McMillan/Venkataraman* (1995), S. 252.
[23] Vgl. *Barney* (1986); *Peteraf* (1993).
[24] Vgl. *Wernerfelt* (1984), S. 171.
[25] Zur Einordnung als Theoriebaustein vgl. etwa *Seth/Thomas* (1994).
[26] Dabei wird durchaus kontrovers diskutiert, ob ein einheitliches Forschungsparadigma dringend erforderlich oder für künftige Forschungstriebe gar hinderlich ist. Vgl. etwa *Schendel* (1994); *Prahalad/Hamel* (1994); vgl. hierzu auch *Knyphausen-Aufsess* (1995), S. 32 ff.
[27] Vgl. hierzu *Mahoney/Pandian* (1992), S. 363.
[28] Vgl. für viele *Wernerfelt* (1984), (1995); *Grant* (1991); *Peteraf* (1993); *Mahoney/Pandian* (1992). Deutschsprachige Beiträge bieten etwa *Knyphausen* (1993); *Rühli* (1994); *Rasche* (1994); *Friedrich* (1996).
[29] Vgl. *Itami* (1987); *Hall* (1993); *Prahalad/Hamel* (1990).
[30] *Stewart* (1995), S. 91.

[31] Nicht übertrieben scheint es dabei, von einer semantischen Anarchie zu sprechen – gleiche Begriffe stehen für unterschiedliche Inhalte, gleiche Inhalte werden mit verschiedenen Begriffen belegt. Zu Abgrenzungen vgl. *Teece/Pisano/Shuen* (1992), S. 17 f.; *Amit/Schoemaker* (1993), S. 35 ff.; *Black/Boal* (1994), S. 133 ff.; ausführlich *Rasche* (1994), S. 93 ff.

[32] Vgl. *Andrews* (1987), S. 47.

[33] Vgl. *Teece/Pisano/Shuen* (1992), S. 18.

[34] Vgl. *Peteraf* (1993), S 180 ff.

[35] Vgl. ausführlich *Barney* (1991); *Grant* (1991), S. 123 ff.; *Amit/Schoemaker* (1993), S. 37 ff.; *Collis/Montgomery* (1995), S. 120 ff.

[36] Deutlich ist die gedankliche Verwandtschaft der „Barriers to Imitation" zu den Markteintritts- bzw. Mobilitätsbarrieren – nur daß sich diese – statt auf die ganze Branche bzw. auf die Ebene von strategischen Gruppen – nun auf die der einzelnen Unternehmung beziehen.

[37] Vgl. ausführlich *Reed/DeFilippi* (1990, S. 88 ff.; *Rumelt* (1984), S. 556 ff.

[38] Exemplarisch sei etwa auf das Eingehen von Wertschöpfungspartnerschaften mit Unternehmen vor- bzw. nachgelagerter Stufen verwiesen. Vgl. hierzu *Friedrich/Rodens* (1996).

[39] Vgl. *Dierickx/Cool* (1989), S. 1507.

[40] Dabei fällt der Unternehmung in Höhe der Differenz aus bester und zweitbester Verwendung eine sogenannte „Quasi-Rente" zu.

[41] Vgl. *Peteraf* (1993), S. 187.

[42] Vgl. *Penrose* (1959), S. 54; *Rumelt* (1984); *Aacker* (1989); *Mahoney* (1995), S. 92 f.

[43] Zu „Organizational Capabilites" vgl. *Dosi/Teece* (1993), S. 6 ff.; *Lado/Wilson* (1994), S. 703 ff.; ausführlich *Knyphausen-Aufsess* (1995), S. 88 ff.

[44] Vgl. *Porter* (1991); *Bosch/Warmerdam* (1994).

[45] Vgl. ausführlich *Teece/Pisano/Shuen* (1992); *Mahoney* (1995), S. 95 ff.

[46] Vgl. hierzu *Probst/Büchel* (1994).

[47] Vgl. insbesondere *Mahoney/Pandian* (1992); *Mahoney* (1995); vgl. auch *Montgomery* (1995).

[48] Vgl. hierzu *Teece/Rumelt/Dosi/Winter* (1994).

[49] Vgl. hierzu bspw. *Chatterjee/Wernerfelt* (1991); *Mahoney/Pandian* (1992), S. 365 ff.; *Peteraf* (1993), S. 186 ff.; *Rasche* (1994), S. 227 ff.; *Friedrich* (1996); *Markides/Williamson* (1994).

[50] Vgl. *Knyphausen* (1993), S. 785.

[51] So auch *Mahoney/Pandian* (1992), S. 375: „Simultaneous Attention to these Research Streams is Preciseley the Approach that Warrants Future Research". Vgl. auch *Rasche* (1994), S. 407; *Rühli* (1994), S. 42.

[52] Vgl. *Porter* (1985), (1991).

[53] Vgl. *Rühli* (1994), S. 52; *Rasche* (1994), S. 407.

[54] *Hamel* (1991), S. 83.

[55] Vgl. hierzu *Hinterhuber/Friedrich/Handlbauer/Stuhec* (1996); *Hinterhuber* (1996), S. 8 ff.

[56] Der kognitive Bereich ist der Bereich des Denkens, Vorstellens, Lernens, Planens, Erinnerns, Verstehens und Wollens. Vgl. *Arendt* (1979).

[57] Vgl. *Friedrich/Hinterhuber* (1995), S. 37 f.; *Hinterhuber/Friedrich/Stuhec* (1995).

[58] Vgl. *Friedrich* (1995).

[59] Vgl. *Hamel/Prahalad* (1994), S. 32.

[60] Vgl. *Teece/Rumelt/Dosi/Winter* (1994), S. 16 ff.

[61] Vgl. ausführlicher *Hinterhuber/Friedrich/Handlbauer/Stuhec* (1996).

[62] Vgl. auch *Friedrich/Hinterhuber* (1995); *Hinterhuber* (1995).

[63] Vgl. ausführlicher *Friedrich* (1996).

[64] Zur Frage nach dem „besten Betreiber" vgl. *Friedrich/Hinterhuber* (1994); zum strategischen Rückzug vgl. auch *Hinterhuber/Friedrich* (1994); *Friedrich* (1996).

[65] Vgl. *Wernerfelt* (1984), S. 176; *Friedrich* (1996).

[66] Vgl. *Prahalad/Hamel* (1990).
[67] Vgl. *Rasche* (1994), S. 82.
[68] Vgl. *Hinterhuber* (1994).

Turnaround Management — The Second Wave*

B. Taylor

Wandel, Turnaround Management, Reengineering sind aktuelle Managementschlagworte in Deutschland. In England und in den USA stehen diese Begriffe dagegen schon für eine längere praktische Erprobung. Aus britischer Sicht berichtet Prof. Taylor über Turnaround Management, und zwar über die zweite Epoche, die durch die Politik Margaret Thatchers eingeleitet, forciert bzw. geradezu erzwungen wurde, um für die britische Wirtschaft die Wettbewerbskraft zurückzugewinnen.

Taylor behandelt sechs Maßnahmenbündel:

1. *Orientierung am Unternehmenswert,*
2. *Wettbewerb mit Hilfe von Partnerschaften und Vernetzung,*
3. *Nutzung von Information und Informationstechnik als Wettbewerbsfaktor,*
4. *Zeitorientierung durch Reengineering der Geschäftsprozesse,*
5. *Entwicklung der Unternehmungskultur, der „Corporate Identity", und deren unternehmungsinterne und -externe Verbreitung,*
6. *Menschenführung als umfassende strategische Aufgabe.*

1. Leading in the 1990's

Jack Welch, Chairman and Chief Executive of General Electric, USA put the present competitive situation in context when he told his shareholders,

> *"Ahead of us are Darwinian shakeouts in every major market place with no consolation prizes for losing companies and nations."*

He summarised his philosophy for *leading in the 1990's* as follows:

> *"Just as 'number one or number two in every market' was the formula we used to construct the hardware of our company in the 1980's, the key ingredients of the software with which we guide it in the 1990's will be speed, simplicity and self-confidence."*

The General Electric strategy for achieving a 'step change' in the 1990's in performance includes three major programmes:

1. *Work-out*: regular discussions with large groups of employees to "*drive out bureaucracy*" in the form of excessive reports, meetings and approvals.
2. *Process Mapping* charting *key processes* such as making turbine shafts for jet engines in order to simplify the processes and save time and costs.
3. *Best Practices*: a programme which transfers best practices between divisions, and with other companies such as Ford and Citicorp.

In the 1980's, leading Western companies such as General Electric, Rank Xerox Corporation and Ford adopted Japanese production techniques based on the notion of "*Kaizen*" which requires each individual worker and work team to adopt a philosophy of "*continuous improvement*". This has taken various forms, such as *Total Quality Management* and *Customer Care* programmes. In the 1990's these same companies are recognising that in addition to continuous improvement they need to adopt programmes which are designed to achieve a "*discontinuous improvement*" in performance: "*business process re-engineering*", "*activity-based costing*" and "*supplier/customer partnerships*" involving the use of electronic information systems. These new programmes will operate alongside the existing programmes for *quality assurance* and *customer service*.

For British companies this new spate of initiatives which has arisen from the recession of 1990/1993 is the *second wave* within a decade. I would like to describe the experience of British companies for many of whom *turnaround* and *discontinuous change* have now become a way of life.

2. The New Leaders

In Britain the impact of two major recessions has produced a new generation of tough-minded professional managers in *banks* such as NatWest, Barclays and TSB, in large *industrial companies* like British Airways, Unilever, British Telecom and Hanson and in *retailers* like Storehouse, Sears, Asda, Woolworth and Dixons.

These chief executives use a form of "*strategic leadership*" which involves:

1. a clear definition of the *business scope* and main *product market segments*,
2. a *corporate identity* which is marketed *inside* and *outside* the business,
3. a common *philosophy* and *culture* which is deliberately spread through selection, training and reward systems,
4. a *proactive* style of *leadership* and *communication*,
5. use of *business team* and multi-functional *task forces* which develop strong implementation programmes,
6. a *philosophy* of business which accepts that "*change is the name of the game*".

3. The First Wave

In the early 1980's 20 % of British industry disappeared. Whole industries were closed down and parts of Britain became an industrial wasteland in the wake of the recession which hit markets in Britain and abroad. There was heavy competition from Japan and the Far East in ships, steel, cars, electronics and clothing. The "*petrol currency*" based on Britain's newly found North Sea oil reserves made manufacturers uncompetitive and companies found they had high cost structures arising from heavy overheads and a large and growing welfare state. This problem was compounded by pressures from *powerful unions* which supported overmanning and restricted practices, and by *weak management* who were ready to accept *high labour costs* and to offer customers *low quality* and *poor service*.

The companies which survived had to adopt draconian policies. They appointed new managers who rationalised or closed under-performing businesses. They trimmed back large head office staffs and sub-contracted central services. They "*down-sized*" to flatter organisations with clearly defined *profit centres* and created smaller *autonomous units* led by business teams which were held financially accountable. They invested in *higher value* products and adopted programmes to improve *quality*, *productivity* and *customer service*, and to cut back *costs*.

4. The Second Wave

The *Second Wave* of British restructuring was orchestrated by Margaret Thatcher. The political and economic reforms which the Thatcher government initiated were arguably the most profound changes which Britain has experienced in the 20th century. The changes included:

Privatisation

The privatisation programme saw the biggest movement of assets from the *public* to the *private* sector which has occurred since the dissolution of the monasteries in the sixteenth century. The major industries involved were steel, gas, electricity, airways, telecommunications, road haulage and water.

Commercialisation

Simultaneously the *public services* were commercialised by the application of business practices such as local budgeting and competitive markets. They were submitted to "*market testing*" by the creation of "*internal markets*" with purchasers and providers and statutory "*outsourcing*" through *Compulsory Competitive Tendering*. These processes have been applied in various forms to local government, central government including defense, the *National Health Service*, the *Post Office*, universities, colleges and schools.

Trade Unions

Probably Margaret Thatcher's greatest contributions to British industry were the steps which she took to undermine *trade union power*. Through a succession of confrontations with the miners, printers, dock workers and public sector unions, British industry has been freed from the continuous threat of *industrial disruption*. Strikes can only be arranged after a substantial majority of the union's members *vote* in favour in a *secret ballot*. Also trade unions can be prosecuted in the courts and their funds can be "*seized*".

Japanese Investment

The Thatcher government also *attracted* Japanese investment on a massive scale. As a result large sections of British industry in *consumer electronics*, *industrial electronics* and *automobiles* are under Japanese influence. By the year 2000 Toyota, Honda and Nissan will be exporting 500,000 cars from Britain. Toshiba, Canon and other electronics companies are also selling large volumes of *televisions* and *office equipment* into the Common Market. They are obliged to source most of their supplies from Europe, and as a consequence they are raising *quality* and *productivity standards* in the British automobile and electronics *components industries* to Japanese levels.

The Single European Market

At the same time British industry met an *onslaught of competition* from Continental Europe. The supermarkets are now well supplied with French *dairy products*, German *sausages* and Italian *pasta*, and the *clothing* stores are dominated by French and German fashions. Benetton is on every high street and German *furniture*, *porcelain* and *household appliances* are in many homes.

Acquisitions and Mergers

Simultaneously the Thatcher government *deregulated* a number of Britain's major industries — telecommunications, airways, insurance, banking and stock broking. Part of the Thatcher philosophy was to build "*a share-owning and property-owning democracy*". Deregulation and privatisation encouraged the *trade in stocks and shares*, and fostered a boom in *acquisitions and mergers*. French companies took over British *water authorities*, and German companies bought into British *engineering* and *chemical* businesses. Fujitsu now owns ICL, Britain's major *computer producer*. Nestle bought Rowntree Mackintosh.

Unfortunately British companies who tried to take over their European competitors found their way barred by government restrictions and discovered that *hostile bids* were not welcomed by German, French and Italian banks and family businesses.

The Response

The result of this activity has been to produce a highly *competitive* and *very volatile* environment for British companies. To this hostile and volatile environment they have *responded in six ways*:

1. Creating shareholder value,
2. Competing through partnerships and networks,
3. Using information as a competitive weapon,
4. Time-based competition,
5. Changing the culture of the company,
6. The strategic management of human resources.

Response 1: Creating Shareholder Value

In the City of London as on Wall Street there is a brisk market in companies. This is part of the *Anglo-Saxon* way of doing business.

The Raiders

During the 1980's a new trend emerged as financiers began to challenge the management of diversified companies by threatening to break up their businesses and thereby release the "*hidden value*" which was being masked by the imposition of corporate overheads and large central staff. Increasingly bids by corporate raiders based on the break-up value of the firm challenged management to justify their performance to their shareholders. The Hanson Trust raids on Imperial Group and ICI and the BTR bid for Pilkington illustrate the trend. Bids for BAT and Racal had a similar effect.

Demergers

The impact of these bids has been to provoke the management of large British companies to "*unbundle*" their businesses, to focus on a small number of high value core activities where they have a competitive capability and to divest under-performing activities.

Value-Based Planning

The current fashion for "value-based planning" is setting management the target of creating value for shareholders (Figure 1). This means that every part of the company — each profit centre or function — is theoretically up for sale and must justify its existence on a zero base each year. In extreme cases the company is forced to float off one of its divisions. This has happened with Racal who have "floated" two new companies: Vodafone and Chubb. Similarly ICI has demerged its pharmaceutical and bio-technology activities in Zeneca.

Increased Value to Shareholders

The top management of Lloyds Bank, Midland and TSB have all been prompted by the same need to increase their share prices in order to avoid takeover and to enable them to raise new funds from the City. Using a *Shareholder Value approach*, Lloyds Bank has achieved a spectacular increase in share value from £770 million in 1982 to £6,760 million in 1992 — *an 8-fold increase.*

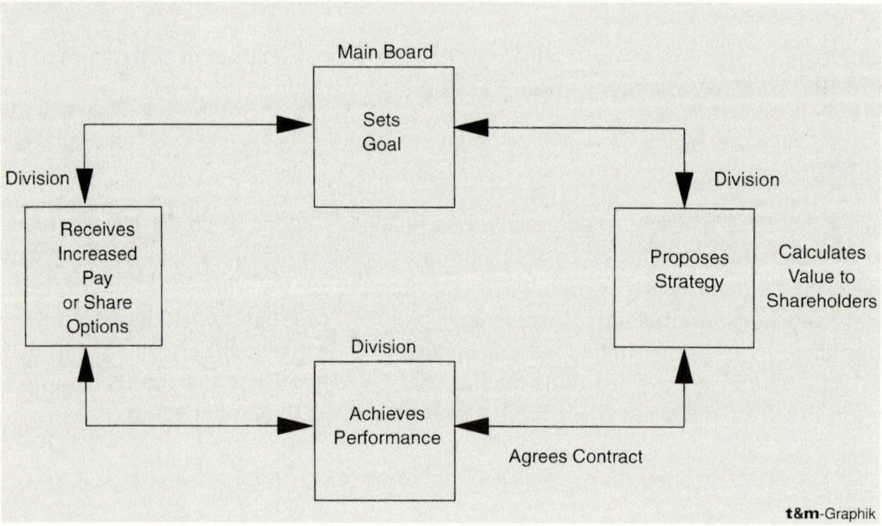

Fig. 1: Value-based planning

Response 2: Competing Through Partnerships and Networks

Faced with the problem of competing in world markets, British companies are forming strategic alliances and partnerships so that competition in many industries is occurring not between individual companies but between "*clusters*" of companies.

Access to Resources

Management recognise that they must link up with other groups and coalitions to get access to resources which they cannot obtain within their own organisation. These resources include technology for new products and processes which is becoming increasingly expensive; access to large scale production; distribution via outlets and dealers in other countries; and access to customers through association with established brands. One of the strongest arguments for these strategic alliances is to provide a pan-European or global service for the company's customers.

Forced Alliances

To quote one top manager from a multinational company: "*Where you have very large investments and you have to marshal resources for survival, you are forced into alliances which were once inconceivable.*"

Airways

An example of this kind of alliance is the consortium of airlines which is being formed under the name Alcazar: this may eventually involve KLM, Swissair, Scandinavian Airlines, Austrian Airlines, Northwest Airlines, Airlines of Britain and Martinair. This kind of collaboration is being forced by the threat of competition from the "*mega carriers*", particularly American, Delta and United. British Airways has been trying to build its own international consortium ever since deregulation.

Automobiles

At the last count in 1991 there were over 80 collaborations between companies in the world automobile industry. These range from equity stakes such as BMW has in Rover and Ford has in Mazda to joint ventures like the one between Volvo and Renault which seems likely to result in a merger, and joint technology and production agreements, and partnerships for supply of components and transmissions.

Engineering and Electronics

In 1989 GEC published information on its global strategy which involved collaborations with ten companies including its major competitors GE, Siemens and Philips across *power generation, gas turbines, medical products and defense systems* (Figure 2).

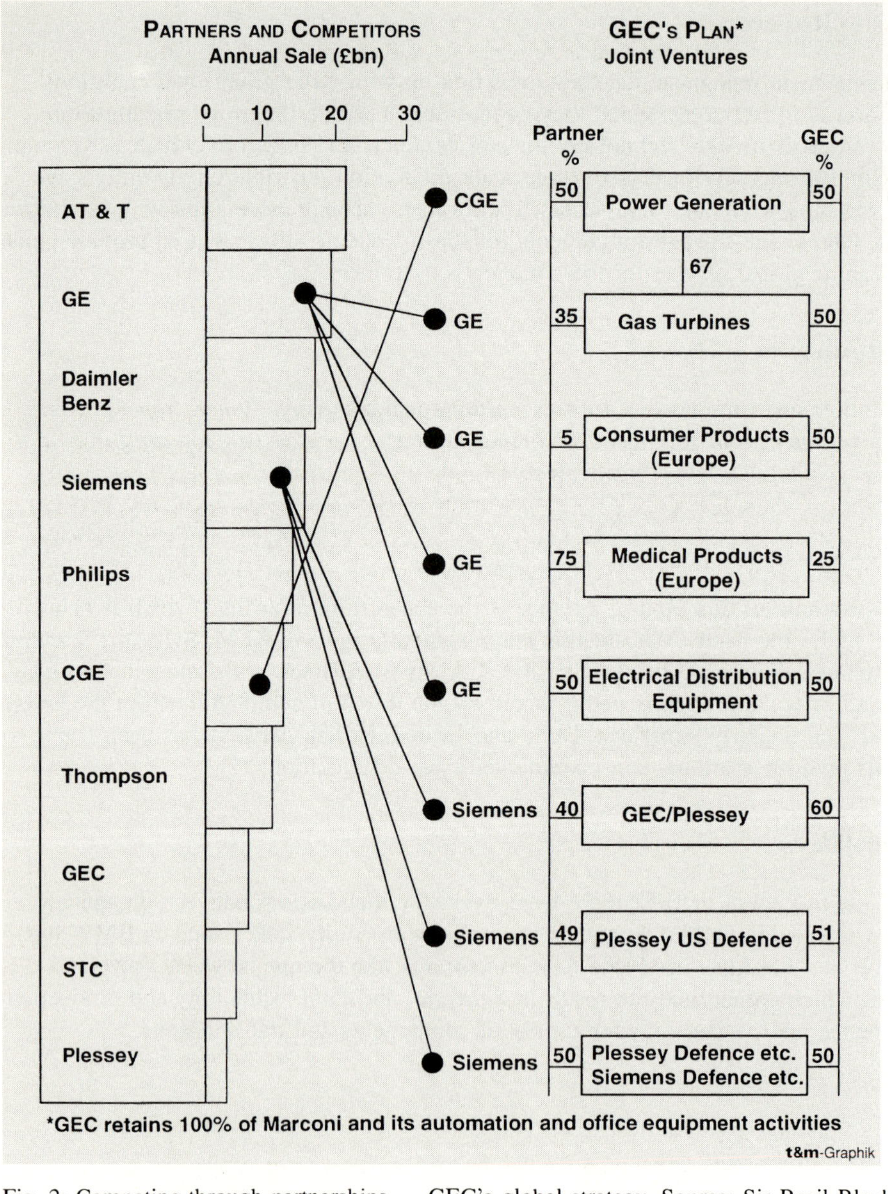

Fig. 2: Competing through partnerships — GEC's global strategy. Source: Sir Basil Blackwell: Race for the Summit, in: *Professional Engineering*, March 1989

Response 3:
Information as a Competitive Weapon

Information and Information Technology (IT) increasingly become(s) a critical success factor.

Belated Pay-Offs from IT

Belatedly companies are now receiving impressive pay-offs from their investments in information systems. The technology is well-known and readily available but it has taken a long time to implement the major systems which are now in operation in the form of computer integrated manufacturing, EDI (electronic data interchange) through computer terminals in distributors and suppliers and the use of EPOS (electronic point of sale) terminals in retail multiples. Companies are now trying to overcome the human and organisational problems involved in operating these systems and gradually they are seeing the pay-offs.

Supplier–Customer Networks

EDI between component suppliers, manufacturers and distributors of cars is reducing the amount of stock carried in the supply chain and is making it possible to arrange "*Just In Time*" delivery to production lines and *overnight* delivery to outlets. The use of *laser scanning* and *bar codes* at check-outs in supermarkets and DIY stores enables management to have central control of stocks and deliveries and to respond more quickly to changes in consumer demand. An early example of this was seen in Benetton who for some years have been able to keep stocks of garments in grey and die them in the most popular colours as indicated by their information from the point of sale (technologie & management 3/88, pp. 12–15). This amounts to "*instant market research*" which can be fed back to factories and original suppliers (Figure 3).

Response 4:
Time-based Competition

As competition increases and the majority of companies in each sector adopt *Total Quality Management* and *Customer Care* programmes, so the industry leaders are forced to look for new ways to achieve a competitive advantage. This is the reason for the current popularity of *Business Process Re-engineering*.

Commoditisation

When all products are equally reliable and there are only small price differences between them, manufacturers and distributors have to try to offer improved services, or marginal improvements in products.

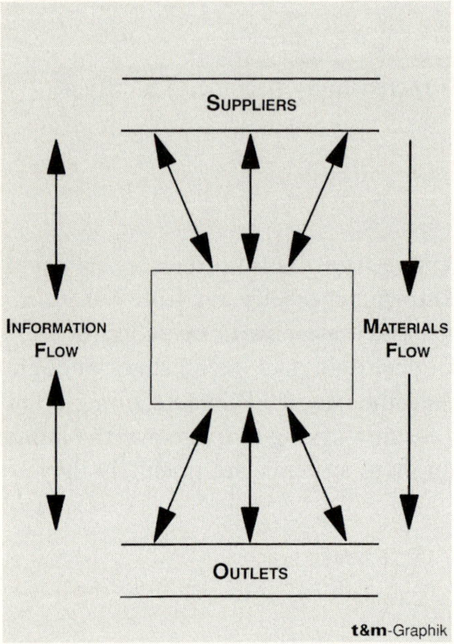

Fig. 3: Information as a competitive weapon: Managing the value-chain

Quicker Customer Response

Therefore companies are competing to provide a quicker response to customers by shortening the time it takes to move a new product from the laboratory to the market, and from the factory to the customer.

Mapping and Simplifications

In its basic form this type of programme involves the *mapping* of a particular process such as the new product development process or the order to delivery process, the *simplification* of this process by the elimination of waiting time and the delays involved in handing over the product from one department to the next (Figure 4).

Re-design and Restructuring

In its more sophisticated form *re-engineering* requires a restructuring of the organisation or the creation of a "*parallel organisation*" which is concerned with managing the *processes* which take products or services from the laboratory, the factory

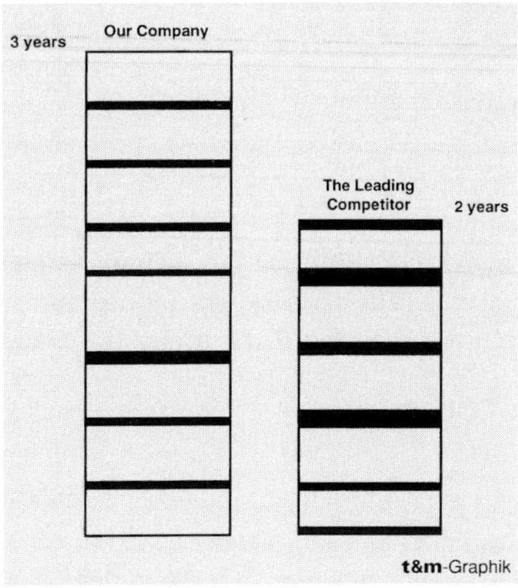

Fig. 4: Time-based competition: Accelerating the introduction of new products and services. Note: Working time is shown in black; the white spaces indicate delay and waiting time

or the bank branch through to the customers. In many cases board members who are responsible for specific functions are also given responsibility for speeding up particular processes, and multi-functional *project teams* are formed to push new and existing products and services through the organisation to meet customer needs more quickly. Companies like Hewlett-Packard, Rank Xerox and Motorola who have implemented business process re-engineering claim that they can reduce the costs and the time taken for a particular process by 70 % and more.

Financial Services

Some of the most spectacular results have been achieved in banking and insurance through the use of *on-screen* information systems combined with telesales. This has resulted in 15 % of the British motor insurance market being taken by these telesales organisations. A credit card can be delivered in 3 days and a mortgage proposal in 5 days.

Response 5:
Changing the Culture of the Company

In many respects, the *culture* of the company has changed.

Service Culture

In the last decade the top management of British companies has increasingly come to accept the need for changing their company cultures. The process was pioneered in the early 1980's by Jan Carlzon of Scandinavian Airlines and taken up by BA and KLM.

Management Principles

ICL brought in Rob Wilmott from Texas Instruments and he introduced "*The ICL Way*", an attempt to change the culture of ICL management by adopting clear principles involving "*commitment*" to change, customers, team-work, achievement, people development and productivity (Figure 5).

(1) COMMITMENT TO CHANGE
"Adapt to Succeed"

(2) CUSTOMERS
"The Customer Matters Most"

(3) EXCELLENCE
"Can Do - Or Can't Progress"

(4) TEAMWORK
"One Plus One Equals Three"

(5) ACHIEVEMENT
"Results Win Rewards"

(6) PEOPLE DEVELOPMENT
"Real Development is Self Development"

(7) PRODUCTIVITY SHOWCASE
"Show the World"

t&m-Graphik

Fig. 5: The ICL way: Seven management principles

Market Orientation

Allied Irish Bank in 1985 announced a *Marketing Action Programme* which involved an attempt to introduce a comprehensive new approach: a new Group *structure, mission, image* and *culture.* This programme still continues and has involved training at all levels, an *employee suggestion* scheme, and advertisements requesting *customer suggestions.*

These programmes are usually part of a coordinated strategy effecting all elements of the business: a new *product/market* focus, a new *organisation structure,* a new *philosophy and culture* and a new *company image.* These kinds of programmes are now common in British industry. Ten years ago very few companies had a mission statement, now many companies do.

The key factors for success in these programmes seem to be:

1. *Visible leadership*: Top management makes a public commitment to a new philosophy and clear goals;
2. *Project teams*: These "*task forces*" involve key senior people and report directly to the board. They are held accountable for specific tasks to be achieved in less than a year.
3. *Internal marketing*: Introducing *company change programmes* using modern marketing techniques including branding, internal conferences, employee booklets, posters and videos.
4. *Problem solving teams*: To take the message right down to the bottom of the business by requiring work groups in each department to review their own performance and to make recommendations for new initiatives. *Quality Circles* are just one of these types of groups.

Crisis and Turnaround

It is possible to change employee attitudes in a matter of 1–2 years in a crisis situation. This was achieved at SAS, BA, Jaguar, Fisons, Burton Group, ICI, ICL, British Steel and many other companies during the 1980's. However, without a crisis changes in attitudes are likely to take longer. In all cases the *culture change* has to be accompanied by strong *personal commitment* from top management, and it involves a sequence of programmes rather than a one-off investment. Staff at all levels must realise that change must become a way of life.

Response 6:
Strategic Management of Human Resources

Human Resources Management requires particular attention.

Management Take Charge

In the 1980's a major change occurred in companies' approach to the *personnel function*. Chief executives now recognise that *they* are the chief personnel officers. The *management of people* is the concern of line management, not just the personnel function. In driving for improved organisational performance senior management have concluded that they must take charge of human resources and deal with personnel as they deal with other resources, employing them in support of corporate objectives and strategies.

The Concept

The concept of *Human Resources Management* implies that a company's approach to personnel should be coordinated into a total *programme*, it should not be simply a set of ad hoc initiatives. Also it will be linked to *corporate objectives and strategies*; it should not be just a bureaucratic system for administering personnel. Furthermore, it should be led by *line management* with personnel management *support* (not vice versa).

The Goals

The goals of *Human Resources Management* are typically to reinforce *employee commitment* to the organisation and to high performance; to ensure that they are integrated and work together across functions and at different levels for the good of the company as a whole; that they are committed to quality in products and services and the development of quality staff and management; and that they accept the *need for change*, particularly responding to customers, solving problems, and innovation.

Factors for Success

The development of *Human Resources Management* along these lines depends for its success on personal support from *top* management and *line* management, a clear strategic *vision* and the assertion of *strong values*. This often involves a redesign of the production and operational processes to increase staff motivation and job flexibility; it also requires more flexibility in industrial relations and assumes that line management will have a say in pay negotiations in their own locations rather than having to rely on collective bargaining nationally; it also requires a personnel department which has influence and expertise sufficient to support line management.

Human Resources Processes

The key processes in the management of human resources relate to organisational structure, leadership and communication, recruitment and selection, appraisal and promotion, training and development, rewards and incentives, and retirement and redundancy (Figure 6).

Measuring Results

The key element in raising productivity through the management of human resources is the measurement of results. To quote Percy Barnevik of ABB: "*What gets measured gets done*". This has led to a more careful definition of performance targets in terms of levels of services, degrees of quality and productivity. Similarly there is closer attention to cost effectiveness in terms of financial ratios such as cost/income rations in banking; there is also more use of staff attitude surveys on a quarterly or six-monthly basis; there are measurements of staff turnover, absence and sickness.

Pay for Performance

Some companies such as Rank Xerox go so far as to link top management bonuses to improvement in employee satisfaction, in addition to increased return on capital em-

(1) ORGANISATION STRUCTURE
- authority and responsibility

(2) LEADERSHIP AND COMMUNICATION
- direction and control

(3) RECRUITMENT AND SELECTION
- quality and integration

(4) APPRAISAL AND PROMOTION
- performance measurement

(5) TRAINING AND DEVELOPMENT
- individual and in teams

(6) REWARDS AND INCENTIVES
- and punishment

(7) RETIREMENT AND REDUNDANCY
- and counselling

t&m-Graphik

Fig. 6: Strategic management of human resources: The key policies

ployed, a larger market share and increments in customer satisfaction. Many companies and public service organisations are now trying to link rewards to performance.

Employee Buy-Outs

There have been some outstanding success stories such as the National Freight Consortium where the management organised an employee buy-out with 80 % of the employees. They achieved "*step increases*" in productivity and profitability and were well rewarded by a spectacular growth in the value of their share options. Over a period of four years the value of the shares rose from £1 to £60. Some other employee buy-outs, e.g. in privatised bus companies, have also achieved remarkable improvements in profitability and share prices.

5. Conclusion

Britain is on a success path now, but the costs have been heavy.

The German Economic Miracle

In many countries in Continental Europe such as Germany and the Netherlands a *turnaround* in industry, in business and in government organisations was achieved after the war with the help of Marshal Aid when it was evident to the new generation of businessmen that they had to produce to survive. In consequence we saw the German economic miracle as German industry literally rose from the ashes and the rubble of the allied bombing.

The Thatcher Revolution

In Britain the *national turnaround* had to wait until the 1980's when Margaret Thatcher through sheer force of personality and leadership set out to stop the decline of the British economy and to reform virtually every area of national life.

In the early 1980's, with the collapse of traditional industries and the opening up of the economy to freer competition on an unprecedented scale, British managers were forced to face the need for radical change to achieve a dramatic improvement in performance. This kind of change was not so necessary in other parts of Europe nor in Japan, though it did occur in "*smokestack*" industries.

Restructuring as a Continuous Process

Out of necessity and as a matter of survival, *refocusing*, *restructuring* and *regenerating* businesses has become a British speciality. *Turnaround* is no longer an occasional requirement. In many organisations it has been going on for ten years or more. The danger is that British managers will forget that there are other styles of management, more popular in Japan and Germany, which are concerned to a greater extent with corporate renewal; the development of new technologies, new products, new processes and new businesses; the training and development of staff; also the renewal of infrastructure and the invention of new technology.

Leaders in Turnaround

The heroes of British business have virtually all made their names through cutback and turnaround: Lord Hanson (Hanson Trust), Lord Weinstock (GEC), Sir John Harvey-Jones (ICI), Lord King (BA), Sir Michael Edwards (BL), Sir Peter Bonfield (ICL), Sir Ian MacGregor (British Steel), Sir Peter Parker (British Rail), Sir Graham Day (British Shipbuilders, Rover and British Aerospace), and Sir Christopher Hogg (Courtaulds).

High Performance Organisations

Now we have a new generation of top managers who have accepted the tough demands of markets which are open to world competition, and a government and financial system which are prepared to step aside and let large organisations go bankrupt whatever the social consequences.

The benefits of this system are clear. *British industry* has seen a dramatic improvement in quality and productivity and the *service industries* are now experiencing a similar transformation. Without these changes many of our companies would not have survived. Also, we have a number of top performers like Glaxo, Grand Metropolitan, Unilever, ICI and Shell who have developed "*world class*" businesses by focusing on what they do best and demanding superior performance. Now we are seeing new manufacturing industries arising which are also of world class. These are in *electronic components* and *automotive components* and they have *benefited from competition and collaboration* with the Japanese.

The Costs

However, the costs have been heavy. *Shipbuilding* has almost disappeared. *Wool and cotton textiles* now exist only in niches and the *clothing* firms have survived largely as suppliers to British retail multiples like Marks & Spencer. *Steel and coal* have survived only as a rump. Rover, the only British automobile producer, is heavily dependent on Honda, and ICL is now part of Fujitsu.

The *social cost*, too, has been appalling. Millions of workers have been made redundant or have retired early. Many of the country's most valuable assets like British Telecom and British Gas have been sold off and privatised. The research expenditure in universities and industry has been dramatically reduced and many of our National

Research Laboratories are working largely on contract business for industry. Whole communities in Scotland, Wales, the North of England and the Midlands have disappeared because the industries on which they depended have been closed.

From the point of view of management the lesson is clear. To quote Richard Pascale in his book "*Managing on the Edge*":

> *"The ultimate, and largely ignored task of management is one of creating and breaking paradigms. ... When the competitive environment pushes an organisation to its limits, the old mind-set no longer holds. ... A discontinuous improvement in capability is needed, and it entails transformation. The trouble is that 99 % of managerial attention today is devoted to the techniques that squeeze more out of the existing paradigm and it's killing us"*

British management are learning this lesson — the hard way.

Strategische Kernprobleme beim Generationenwechsel*

D. Hahn

1. Einleitung

Die Sicherung des Unternehmungserfolges in der Unternehmungsentwicklung bildet die zentrale Aufgabe einer jeden Unternehmungsführung. Diese wird in Familienunternehmungen besonders schwierig, sofern sie im Zusammenhang mit einem Generationenwechsel zu lösen ist. Viele Beispiele zeigen, daß gerade der Generationenwechsel in Familienunternehmungen eine erhebliche Unternehmungskrise auslösen kann [1]. Die nachfolgenden Ausführungen befassen sich daher mit dem *strategischen Kernproblem des Generationenwechsels* und den möglichen Lösungsansätzen für dieses Problem bei unterschiedlichen Nachfolgesituationen. Der *Praxisbezug* zum Thema ergibt sich dabei zum einen aus einer seit vielen Jahren bestehenden intensiven Verbindung zum Hause Haniel, insbesondere zu Hans-Georg Willers, der diese Familiengesellschaft über mehr als ein Jahrzehnt als Vorstandsvorsitzender maßgeblich geprägt hat. Langjährige eigene Erfahrungen als Aufsichtsratsvorsitzender von Familiengesellschaften und auch als Mitglied des Beirates einer Familienstiftung sollen zum anderen helfen, den Praxisbezug zu sichern. Die *theoretische Fundierung* beruht auf Führungskonzepten, die von Knut Bleicher in Gießen und vor allem in St. Gallen maßgeblich geprägt worden sind.

2. Charakterisierung der Familienunternehmung

Familienunternehmungen sind wesentliche Triebkräfte unserer Marktwirtschaft. Sie sind dies als Pionierunternehmungen, vielfach auch als Familienunternehmungen späterer Generationen, nicht selten auch in der Ausgestaltung als Konzern. *Kapitaleinsatz* und *Tätigkeit in den oberen Führungsorganen durch Gründer bzw. Familienmitglieder* kennzeichnen das Wesen der Familienunternehmung (Abb. 1) [2]. Dabei wird der Grad der Einflußnahmemöglichkeit von Familienmitgliedern auf die wirtschaftliche Entwicklung ihrer Unternehmung von der Höhe des Eigenkapitalanteils, der jeweiligen Rechtsform, der Satzung bzw. den entsprechenden vertraglichen Gestaltungen sowie von den jeweiligen Mitbestimmungsgesetzen determiniert. Eine prägende Mitgestaltung

* Dieser Beitrag wird wiederabgedruckt mit Genehmigung des Gabler-Verlags, Wiesbaden, aus: Unternehmerischen Wandel erfolgreich bewältigen; Hrsg. G. Müller-Stewens, J. Spickers, Wiesbaden 1995.

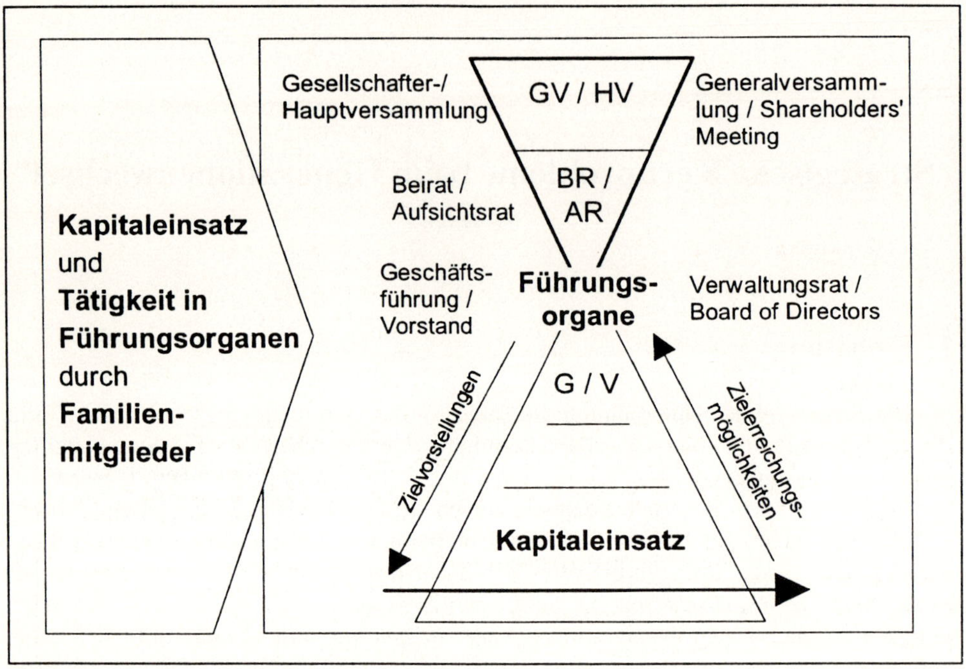

Abb. 1: Wesen der Familienunternehmung

von *Richtung, Ausmaß, Struktur und Trägern der Unternehmungsentwicklung* erfolgt insbesondere durch die *Mitarbeit von Familienmitgliedern in den oberen internen und externen Willensbildungszentren* oder *zumindest in den externen Willensbildungszentren* ihrer Unternehmung. *Gesellschafter- bzw. Hauptversammlung, Beirat bzw. Aufsichtsrat sowie Geschäftsführung bzw. Vorstand* oder auch Generalversammlung bzw. Shareholders' Meeting sowie Verwaltungsrat bzw. Board of Directors sind die Willensbildungszentren, die das Unternehmungsgeschehen bestimmen.

Die *Aufgabenkomplexe der strategischen Führung* (Abb. 2) [3] bilden auch in Familienunternehmungen zentrale Aufgaben des Managements. Ausgehend von der Unternehmungsphilosophie und auch der Unternehmungskultur sind dies die Komplexe der generellen Zielplanung und der strategischen Planung, verbunden mit den für ihre Verwirklichung erforderlichen Implementierungsaufgaben.

Die Entwicklung der Haniel-Gruppe belegt in eindrucksvoller Weise, daß alle strategischen Führungsaufgaben zielorientiert und einvernehmlich durch die Familie und das aktive Management bewältigt werden, und somit die erfolgreiche Entwicklung der Unternehmungsgruppe bzw. des Konzerns bestmöglich fundamentiert ist.

Auf der Basis einer *familienspezifisch geprägten*, aber stets dem Umweltwandel angepaßten *Unternehmungsphilosophie* und auch *-kultur* werden hier in dynamischer Weise die *unternehmungspolitischen Ziele*, die *Vision* und *Leitbilder*, vor allem aber

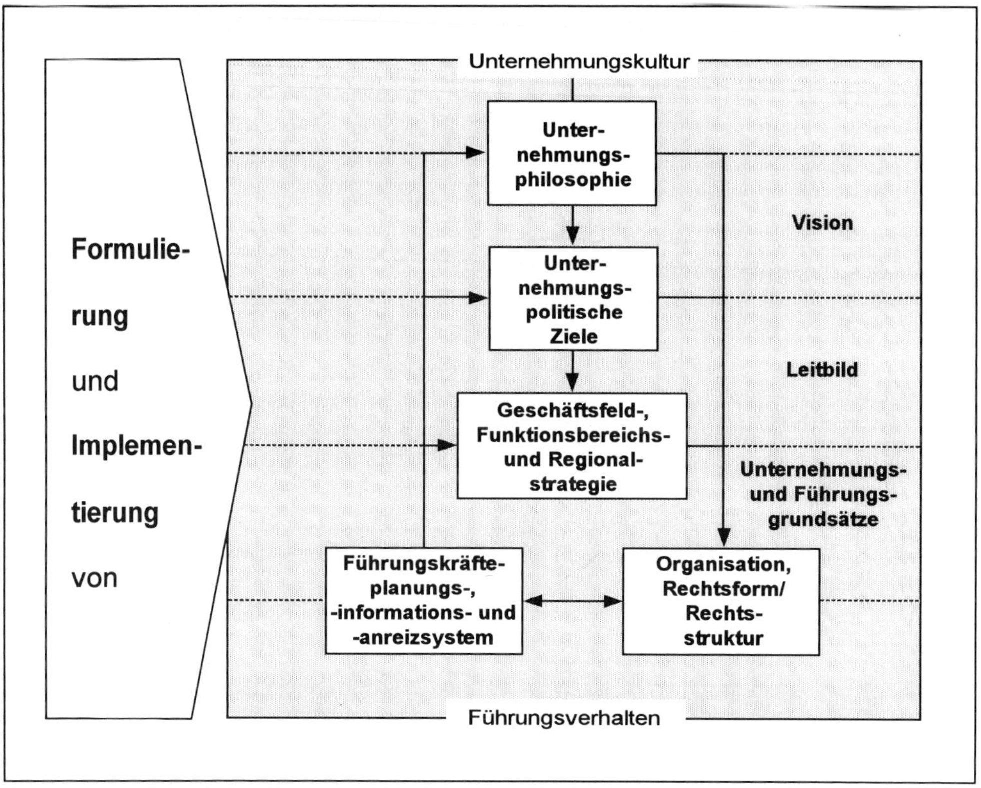

Abb. 2: Strategische Führungsaufgaben in der Unternehmung

auch die *Geschäftsfeld-* und die *Regionalstrategien* und die dazu passenden *Strukturen* formuliert und von entsprechend ausgewählten und geförderten *Führungskräften* bzw. Managern implementiert.

Im Rahmen der strategischen Führung sind hierzu in Familienunternehmungen gegenüber anonymen Publikumsgesellschaften stets besondere *familienspezifisch bedingte Probleme* zu lösen [4]. Diese reichen von der Formulierung der Unternehmungsziele bis hin zur Führungskräftewahl und sind zudem in den Entwicklungsphasen der Unternehmung von unterschiedlichem Gewicht.

Das *oberste generelle Ziel einer Familienunternehmung* unterscheidet sich allerdings grundsätzlich nicht von dem obersten generellen Ziel einer jeden anderen Unternehmung. Es beinhaltet

- das *Streben nach Erhaltung und erfolgreicher Weiterentwicklung der Unternehmung*, sofern hierdurch die Individualziele aller an der Unternehmung interessierten Gruppen auch auf längere Sicht realisiert werden können [5].

Aus der Sicht der Träger einer Familienunternehmung werden jedoch i.d.R. zwei weitere generelle Zielsetzungen verfolgt:

- die *materielle Sicherung der Familie* in der Zukunft sowie
- die *Sicherung der Nachfolge von Familienmitgliedern* in den oberen Willensbildungszentren der Unternehmung.

Je *nach Interessenlage der Familienmitglieder* und der *Familiensituation* können hierbei *unterschiedliche Zielgewichtungen* gegeben sein. So können z.B. alle Ziele gleichzeitig verfolgt werden, insbesondere wenn geeignete und gewillte Nachfolger vorhanden sind. Ferner kann auch nur das erste Ziel verfolgt werden, wenn keine Nachfolger gegeben sind oder wegen Familienstreitigkeiten die Unternehmung dem Familienzugriff entzogen wurde, z.B. durch Einbringung des Vermögens in eine Stiftung. Auch kann ausschließlich das zweite Ziel verfolgt werden, so daß es sogar zu einem Verkauf der Unternehmung kommen kann. Schließlich kann auch der Fall gegeben sein, daß trotz des Fehlens kompetenter Nachfolger mit Nachdruck das dritte Ziel verfolgt wird. Dies kann den Ruin der Familienunternehmung und damit die Gefährdung der Erreichung der ersten beiden Zielsetzungen bedeuten. Die Zielpräferenzen können sich natürlich auch im Laufe der wirtschaftlichen und familiären Entwicklung der Familienunternehmung ändern.

3. Mögliche wirtschaftliche und familiäre Entwicklungsphasen einer Familienunternehmung

Familienunternehmungen sind in ihrer Gründungsphase Pionierunternehmungen, die im Idealfall die *Entwicklungsphasen des St. Galler Management-Konzeptes* durchlaufen [6].

Hierbei zeichnen sich gerade Familienunternehmungen in der *Gründerphase* und bei entsprechenden Nachfolgegenerationen auch in weiteren Phasen durch *Intrapreneurship* [7] mit starkem Veränderungswillen und starker Innovationskraft, Improvisationstalent, Risikobereitschaft sowie Streben nach Autonomie und Wachstum aus. Die Phasen der *wirtschaftlichen Entwicklung* von der *Pionier-* und *Markterschließungsphase* über die *Diversifikationsphase* mit anschließender *Ausgliederung* und möglicher *Akquisition* sowie die einhergehenden Phasen des *Rechtsform- bzw. Rechtsstrukturwandels* von der *Einzelunternehmung bzw. Personengesellschaft* bis hin zum *Konzern* können hierbei *in einer Generation, in zwei oder drei Generationen* oder über *viele Generationen* hinweg erfolgen (Abb. 3).

Ein Beispiel für den ersten Fall bildet der *Bertelsmann-Konzern*, ein Lebenswerk von Reinhard Mohn nach der Rückkehr aus seiner Kriegsgefangenschaft nach dem 2. Weltkrieg. Ein Beispiel für den zweiten Fall bildet die *Rothenberger-Gruppe*, bei der ausgehend vom Werkzeugbau heute in einer divisionalisierten Industriegruppe mehrere Brüder die Gruppe erfolgreich leiten. Ein Beispiel für den dritten Fall bildet die *Haniel-Gruppe*, die seit der Gründung der Familienunternehmung durch Franz Haniel

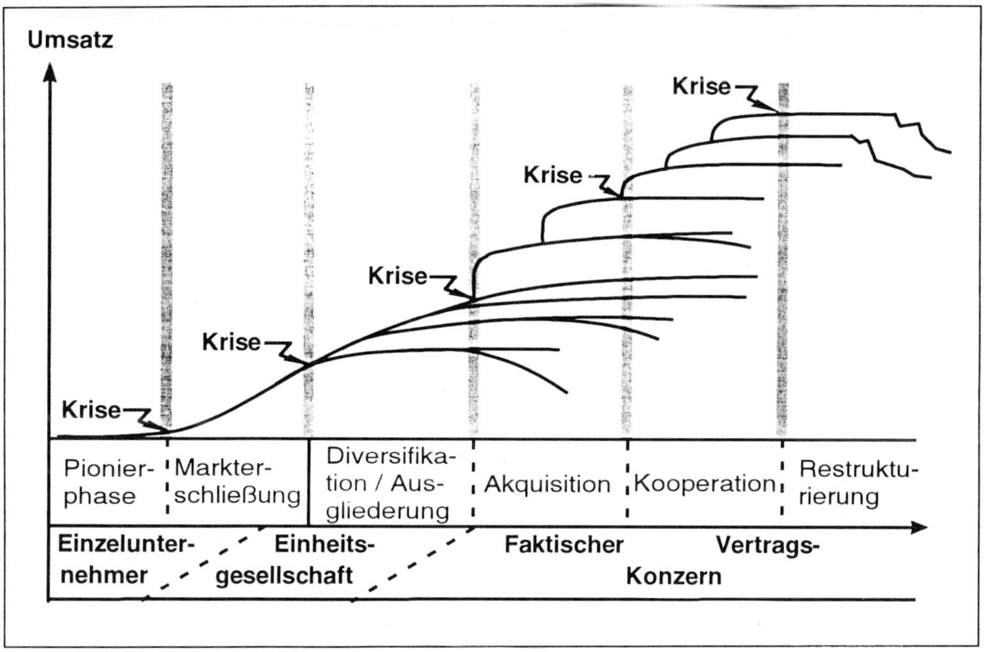

Abb. 3: Mögliche wirtschaftliche Entwicklungsphasen einer Unternehmung – St. Galler Management-Konzept (*Bleicher* 1992, S. 347, modifiziert)

bis heute über viele Generationen durch Familienmitglieder bzw. Familienstammitglieder in der Gesellschafterversammlung und im Aufsichtsrat geprägt wird, flankiert durch einen Familienbeirat.

Es bedarf – neben der notwendigen Fortune – *professioneller Eigentümer-Manager und Fremd-Manager*, um Familienunternehmungen von ihrer Gründung über mehrere Entwicklungsphasen erfolgreich zu gestalten. Hierbei sind nach unseren Beobachtungen Familienunternehmungen nicht nur in wirtschaftlichen, sondern vor allem in den familiären Übergangsphasen besonders krisenanfällig. So überlebten im letzten Jahrzehnt in der Bundesrepublik Deutschland nach unseren Schätzungen nur etwa 60% der Familienunternehmungen den Übergang von der ersten auf die zweite Generation.

Als *typische Krisenursachen in Familienunternehmungen* sehen wir zum einen *im wirtschaftlichen Bereich* vor allem:

- zu enge Vision und zu starke Traditionsbindung;
- autoritärer Führungsstil;
- fehlende Unternehmertypen;
- fehlende organisatorische und personelle Anpassung bei Wachstum, insbesondere bei Internationalisierung;
- Fluktuation des Managements;
- Kapitalknappheit bei Wachstum. [8]

Zum anderen sind als *familienbedingte Krisenursachen*, die über andere Krisenursachen hinaus insbesondere beim Übergang auf die zweite oder dritte Generation auftreten, zu nennen:

- keine oder nicht rechtzeitige Nachfolgeplanung;
- kein rechtzeitiger Rücktritt des Gründers bzw. der jeweils älteren Generation trotz definierter Altersgrenze;
- Familienkonflikte, die auf Zielkonflikten oder unterschiedlichen Charakteren und Begabungen von Familienmitgliedern beruhen können. [9]

Es erscheint uns zweckmäßig, ausgehend von der gravierenden *Nachfolgefrage drei Nachfolgesituationen* zu diskutieren, um zu verdeutlichen, wie Krisen in Familienunternehmungen vermieden oder zumindest begrenzt werden können (Abb. 4). Hierbei wollen wir

1. die *Situation mit einem* geeigneten und gewillten *Nachfolger*,
2. die *Situation mit mehreren* geeigneten und gewillten *Nachfolgern* und schließlich
3. die *Situation ohne* gewillten und/oder geeigneten oder ohne vorhandenen *Nachfolger* betrachten.

Bei Vorhandensein eines Nachfolgers oder mehrerer Nachfolger interessieren vor allem die Ausbildung von Nachfolgern und die Ausgestaltung der Unternehmungsverfassung. Bei Nichtvorhandensein eines Nachfolgers bzw. eines geeigneten und/oder gewillten Nachfolgers werden im folgenden die Alternativen Verkauf oder Stiftung diskutiert.

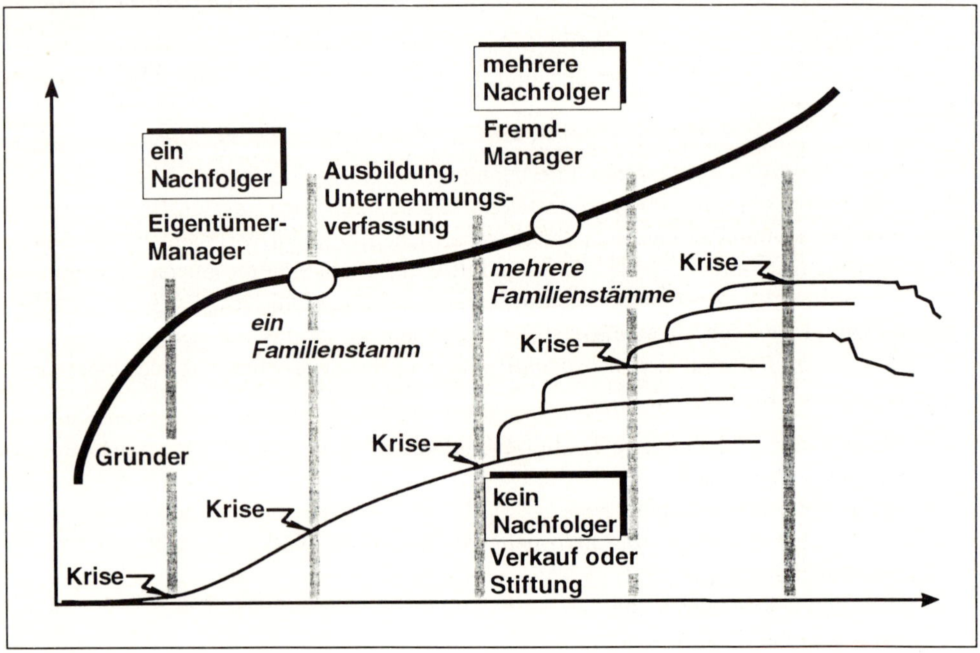

Abb. 4: Strategische Kernprobleme durch unterschiedliche familiäre Entwicklungsphasen

4. Strategische Kernprobleme in Entwicklungsphasen mit einem Nachfolger

Bei Vorhandensein eines voraussichtlich geeigneten und gewillten Nachfolgers – oder auch eines Wunschkandidaten – erscheint uns folgender *idealtypischer Ausbildungsgang* diskussionswürdig:

1. *breite Allgemeinbildung* durch entsprechende Schulausbildung und Auslandsaufenthalte;
2. kaufmännische oder technische *Lehre* in einer familienfremden Unternehmung;
3. technisch/naturwissenschaftliches und/oder wirtschaftswissenschaftliches *Studium*, gezielte *Praktika*, *Auslandsaufenthalte*, politisches und/oder soziales Engagement, hier empfiehlt sich auch – bei Vorhandensein eines möglichen Nachfolgers mit entsprechender Neigung – die Ausbildung zum Wirtschaftsingenieur;
4. mehrjährige *Tätigkeit in (einer) familienfremden Unternehmung(en)* mit schrittweiser Übernahme von Führungsverantwortung;
5. Einsatz als *Leiter eines Ressorts oder einer Division/Tochtergesellschaft der Familienunternehmung*;
6. Eintritt in die *Geschäftsführung bzw. den Vorstand der Familienunternehmung*. [10]

Es sprechen allerdings auch gewichtige psychologische Gründe dafür, den Punkt 5 in der Entwicklung eines Nachfolgers zu überspringen.

Die Regelung der Nachfolge erfordert eine *sorgfältige und rechtzeitige Planung* der künftigen *Unternehmungsverfassung* (Abb. 5) und sollte nicht erst im Notfall, bei Krankheit oder gar Tod, eine Führungsaufgabe bilden. Die Unternehmungsverfassung umfaßt alle grundlegenden und dauerhaften Strukturregelungen der Unternehmung [11]. Sie beinhaltet u.a. organisatorische und regulative Elemente, die die internen und externen Willensbildungszentren sowie die Beziehungen innerhalb und zwischen diesen betreffen. Die Unternehmungsverfassung der Familienunternehmung sollte möglichst bereits zu Lebzeiten des Gründers oder generell vor einem Generationenwechsel verwirklicht werden.

So sind Prinzipien über die *Zusammensetzung von Beirat bzw. Aufsichtsrat* festzulegen sowie ggf. Empfehlungen über die *Besetzung von Geschäftsführung bzw. Vorstand* zu geben. Ferner sind ggf. zusätzlich als Beratungs- und Koordinierungsorgane *Fachbeiräte* und *Familienbeiräte* einzurichten. Besondere Aufmerksamkeit ist hier der Formulierung und Abstimmung von *Gesellschaftsvertrag bzw. Satzung, Geschäftsordnung* sowie *Testament* und *Familienstatut* zu widmen [12]. Eine Grundsatzentscheidung besteht auch darin, ob die Familienunternehmung bei entsprechenden Voraussetzungen mit einem *dualen Führungssystem*, z.B. Beirat und Geschäftsführung, oder mit einem mehr oder weniger strengen *monistischen Führungssystem*, z.B. mit einem Verwaltungsrat oder einem Board, geführt werden soll [13]. Eine *klare Regelung* für den *rechtzeitigen Rücktritt* und vor allem die Einhaltung eines solchen Beschlusses scheint nach unserer Erfahrung *bei einem dualistischen System* am ehesten möglich, in dem die ältere Generation, bei Erreichen einer definierten Altersgrenze, in einen nicht so oft tagenden Beirat/Aufsichtsrat eintritt.

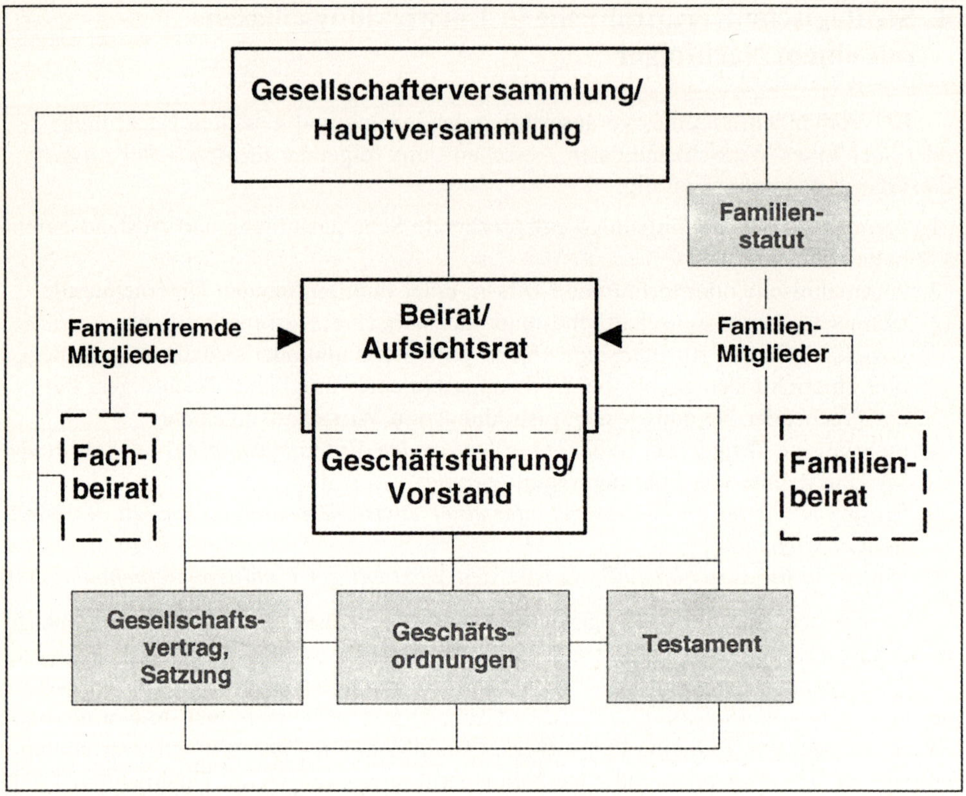

Abb. 5: Unternehmungsverfassung einer Familienunternehmung

Um eine Familienunternehmung zielorientiert in die Zukunft führen zu können, scheint es uns geboten, der *Formulierung der Aufgaben* eines freiwillig gebildeten oder gesetzlich vorgeschriebenen *Beirates bzw. Aufsichtsrates* besondere Aufmerksamkeit zukommen zu lassen.

So sollten *im wirtschaftlichen Bereich* einem Beirat bzw. Aufsichtsrat folgende Aufgaben übertragen werden:

- Überwachung der Geschäftsführung;
- Mitwirkung bei der generellen Zielplanung und der strategischen Planung;
- Genehmigung der 3-Jahresplanung einschließlich des Budgets;
- Zustimmung bei sonstigen spezifischen Geschäftsvorfällen (z.B. Erwerb von Grundstücken, Pensionsregelungen);
- Festlegung des Jahresabschlusses der Gesellschaft.

Im personellen und damit auch *im familiären Bereich* sind von einem Beirat bzw. Aufsichtsrat vor allem die folgenden Aufgaben wahrzunehmen:

- Berufung und Abberufung von oberen Führungskräften in Verbindung mit Nachfolgeregelungen;
- Festlegung der Vertretungsbefugnisse und/oder Geschäftsführungsaufgabenverteilung;
- Festlegung der Vergütung für obere Führungskräfte und der Dividendenpolitik;
- Schlichtung bei Konflikten und Unstimmigkeiten zwischen Vertretern unterschiedlicher Familienstämme. [14]

Wächst die Familie, bilden sich gar Familienstämme über mehrere Generationen, sind durch den jeweiligen Familienbeirat *Kernfragen eines Familienstatuts* festzulegen oder ggf. zu modifizieren. Hierbei zählen wir zu den Kernfragen eines Familienstatuts:

- Formulierung von Vision und Leitbildern;
- Regelung zur Gewinnverwendungspolitik;
- Regelung zur Risikopolitik;
- Führungs- und Kapitalnachfolgeregelung bei
  - einem Nachfolger,
  - mehreren Nachfolgern,
  - keinem Nachfolger;
- Auflagen für die Veräußerung von Kapitalanteilen. [15]

5. Strategische Kernprobleme in Entwicklungsphasen mit mehreren Nachfolgern

Sind in der ersten Nachfolgegeneration oder in späteren Nachfolgegenerationen *mehrere Nachfolger oder Familienstämme* vorhanden, sollten *Familienmitglieder grundsätzlich nur in externen Willensbildungszentren* vertreten sein. Dies schützt vor Familienkonflikten und ermöglicht die Berufung geeigneter Fremd-Manager. Der *Einrichtung eines Beirates*, der *Formulierung der Aufgaben eines Beirates* sowie der *Besetzung des Beirates* mit Familienmitgliedern und/oder familienfremden Mitgliedern kommen nunmehr besondere Bedeutung zu [16]. Hierbei hat es sich vielfach bewährt, den Beirat auch mit mehreren sachverständigen, familienfremden Personen zu besetzen [17]. Sind mehrere Familienstämme vorhanden, so sollte jeder Familienstamm einen Vertreter entsenden können. Es kann dabei vorteilhaft sein, den Vorsitz des Beirates einer außenstehenden neutralen Person anzuvertrauen [18]. In vielen Fällen scheint uns in diesem Zusammenhang die *Ausbildung oder Weiterbildung von Beirats- bzw. Aufsichtsratsmitgliedern aus dem Familienkreis* ein noch *nicht gelöstes Problem* zu sein. Auch ist die Frage, ob Familieninteressen von familienfremden Vertretern wahrgenommen werden können, differenziert zu sehen.

Bei stark diversifiziertem und divisionalisiertem Wachstum der Unternehmung kann sich auch eine *familienorientierte Konzernierung* empfehlen. Auch kann man auf sie hinarbeiten. Hierbei bietet sich bei zwei oder mehr geeigneten Nachfolgern, die strategisch und operativ in Führungsorganen mitarbeiten wollen, die *Management-Holding* an [19]. Eine familienorientierte Konzernierung kann hierbei nicht nur bestimmten

Familienmitgliedern bezüglich bestimmter Bereiche bzw. Tochtergesellschaften abgrenzbare Verantwortungsbereiche zuordnen, sondern auch im Falle einer Erbauseinandersetzung durch Abspaltung von Tochtergesellschaften ohne wesentlichen Mittelabfluß eine Weiterführung von Konzernteilen als jeweils selbständige Unternehmungen ermöglichen.

Bei Familienkonstellationen, bei denen eine Mitarbeit nur bezüglich strategischer Aufgaben gewünscht wird, bietet sich als Führungskonzept die *Finanz-Holding* an. Auch kann diese letztlich bei entsprechendem Wunsch späterer Generationen als reine Vermögensverwaltungsgesellschaft fungieren.

6. Strategische Kernprobleme in einer Entwicklungsphase ohne Nachfolger

Ist *kein Nachfolger* vorhanden, so kann es sinnvoll sein, über den *Verkauf der Unternehmung als Alternative* nachzudenken [20]. Diese Situation tritt ein, wenn kein natürlicher Nachfolger vorhanden ist oder vorhandene Nachfolger die Führung der Unternehmung nicht leisten können und/oder anstreben, also Befähigungsgrenzen oder Wohlstandsdenken gegeben sind.

Der Verkauf an eine fremde Person bzw. Personengruppe oder Unternehmung bietet dabei die *Vorteile* einer sicheren Altersversorgung sowie einer freien Verfügungsmöglichkeit der Nachkommen über das Erbe, sofern nicht diesbezüglich andere testamentarische Regelungen getroffen worden sind.

Mögliche *Nachteile* sind hierbei die Vernachlässigung von Wünschen des Veräußerers bezüglich der Fortführung der Unternehmung sowie im Extremfall die Gefahr der Zerschlagung der Unternehmung.

Ein Sonderfall des Verkaufs bildet das *Management Buy-Out* [21]. Gegenüber dem Verkauf an fremde Dritte mag diese Alternative den *Vorteil* einer stärkeren Gewähr für die Erhaltung der Unternehmung bieten. Zudem ermöglicht sie die Erfüllung der Treuepflicht gegenüber bisherigen Fremd-Managern sowie die Abstattung von Dank für Wegbegleiter beim Aufbau der Unternehmung.

Bilden Verkauf oder Verkauf über Management Buy-Out aus der Sicht des Erblassers keine Alternativen, bietet sich in der Situation ohne bzw. ohne geeigneten und/oder gewillten Nachfolger auch die *Stiftung als Konstruktion zur Fortführung der Unternehmung* an [22]. Bei der Stiftung handelt es sich um verselbständigtes Vermögen mit eigener Rechtspersönlichkeit [23]. Einer vorhandenen Nachfolgegeneration wird mit dieser Konstruktion der Zugriff auf das Vermögen entzogen. Wohl aber kann Familienmitgliedern eine laufende Dotation zur finanziellen Absicherung ihres Lebensunterhaltes auf einem gewünschten Niveau zugedacht werden.

Als mögliche *Vorteile* der Stiftung können genannt werden:

- Kontinuität der Unternehmungsentwicklung, ggf. bei sehr begrenztem Familieneinfluß;

- materielle Sicherung der Familie;
- Fortsetzung der Familientradition;
- Vermeidung der Kapitalzersplitterung;
- Begrenzung der Publizitätspflicht und der Mitbestimmung.

Als mögliche *Nachteile* können gesehen werden:

- keine freie Verfügung der Nachkommen über das Vermögen;
- eingeschränkte Änderungsmöglichkeit von Stiftungszweck und Stiftungssatzung;
- Probleme bei der Eigenfinanzierung.

Letzteres Problem tritt allerdings auch bei Familiengesellschaften anderer Rechtsformen auf, sofern Familienmitglieder Kapitalerhöhungen nicht mittragen können oder wollen.

Im Hinblick auf die Unternehmung können zwei Arten von Stiftungen unterschieden werden: die Unternehmungsträgerstiftung und die Beteiligungsträgerstiftung [24]. Bei einer *Unternehmungsträgerstiftung* ist der Stiftungsvorstand, der meist von einem Stiftungsrat unterstützt wird, gleichzeitig das oberste Führungsgremium der Unternehmung. Stiftung und wirtschaftende Unternehmung sind identisch. Diese Konstruktion ist möglich, findet aber ihre Begrenzung vor allem im Außenfinanzierungsbereich.

Sinnvoller im Hinblick auf die flexible Weiterführung von Industrie-, Handels- oder Dienstleistungsgesellschaften scheint uns daher die Konstruktion der Familienstiftung als *Beteiligungsträgerstiftung* (Abb. 6). Hier sind Stiftung und wirtschaftende

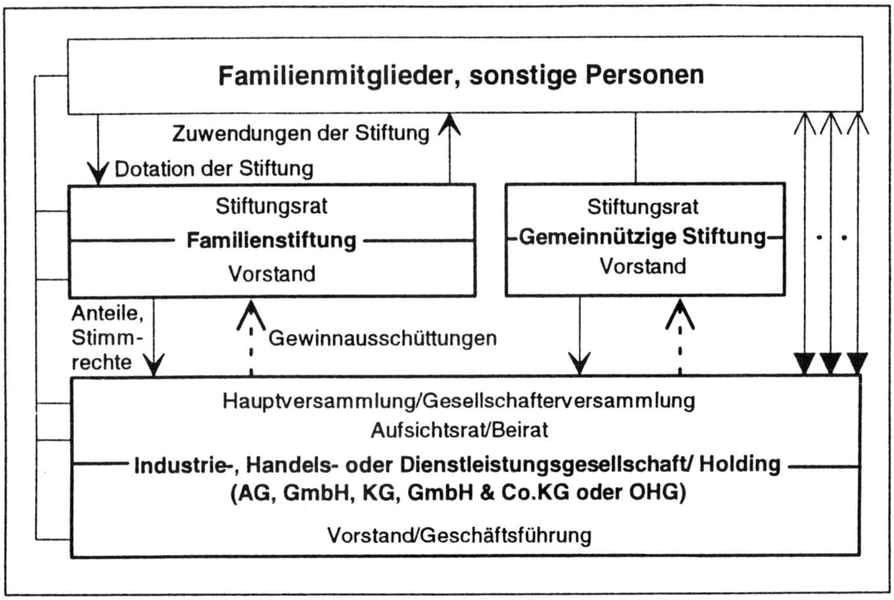

Abb. 6: Familienstiftung als Beteiligungsträgerstiftung

Unternehmungen/Gesellschaften getrennt. Es besteht auch die Möglichkeit, zwischen Stiftung und wirtschaftenden Gesellschaften noch eine Holding zu schalten, die an den wirtschaftenden Gesellschaften mehrheitlich beteiligt ist [25].

Eine besondere interessante Variante der Stiftung als Beteiligungsträgerin besteht in der *Kombination einer Familienstiftung mit einer gemeinnützigen Stiftung*. In diesem Fall werden die Anteile der Familie und ggf. auch sonstiger Personen an der Unternehmung zum weitaus überwiegenden Teil in die gemeinnützige Stiftung eingebracht. Gleichzeitig werden die Stimmrechte der gemeinnützigen Stiftung im Hinblick auf die Unternehmung aber beschränkt. Der Großteil der Stimmrechte – und damit der gestaltende Einfluß auf die wirtschaftenden Gesellschaften – wird durch die Familienstiftung ausgeübt, die dafür aber lediglich so viele Kapitalanteile halten muß, wie sie für die materielle Sicherung der Familie benötigt. Diese Konstruktion birgt neben den bereits genannten Vorzügen der Stiftung mehrere *steuerliche Vorteile*: Zum einen kann das (unternehmungsgebundene) Vermögen der Familie in die gemeinnützige Stiftung eingebracht werden, ohne daß eine Erbschaft- oder Schenkungsteuerpflicht begründet wird. Auch die bei Familienstiftungen alle 30 Jahre anfallende Erbersatzsteuer fällt bei gemeinnützigen Stiftungen nicht an. Darüber hinaus fallen bei satzungsgemäßen Zuwendungen an die Destinatäre des Stiftungsvermögens oder andere Begünstigte keine Einkommen- und Körperschaftsteuer an.

Die Führungsorgane der Stiftungen sind obligatorisch *Stiftungsvorstände* und fakultativ *Stiftungsräte*. Diese beeinflussen, je nach Kapitalanteil, vor allem aber auch je nach Stimmrechtsumfang in den Willensbildungszentren der Industrie-, Handels- und Dienstleistungsgesellschaften, die Entwicklung dieser Unternehmungen. Hierbei kann die *Familienstiftung* auch *als Holding* fungieren, deren Vorstandsmitglieder bei entsprechender Rechtsformwahl in Personalunion bei den Tochtergesellschaften nicht nur in den oberen externen, sondern auch in den oberen internen Willensbildungszentren tätig sind.

Familienstiftungen sind somit in besonderer Weise geeignet, die Kontinuität der Unternehmungsentwicklung mit der materiellen Sicherung der Familie zu verbinden. Sie verhindern, daß die Unternehmung kapitalmäßig ausgehöhlt wird, da ein Zugriff auf das Stiftungskapital nicht mehr möglich ist. Die Stiftung beugt so der „Begehrlichkeit zukünftiger Familiengenerationen" vor. Gleichzeitig wird die Familie materiell gesichert, da in der Stiftungssatzung bestimmte regelmäßige Zuwendungen an die Familie vorgesehen werden können.

Die Stiftung ist in unserem Wirtschafts- und Gesellschaftssystem und damit auch in unserem Eigentumsrecht u.E. die einzige Konstruktion, um nicht geeigneten Erben die Übernahme der oberen Führung einer Unternehmung im Erbfall zu verwehren. Eine ähnliche Bedeutung kommt nur noch dem *Verein* zu, wobei die vereinsrechtlichen Bestimmungen höhere Flexibilität gegenüber der Familienstiftung erlauben (z.B. leichtere Zweck- und Satzungsänderungsmöglichkeit, geringere Staatsaufsicht etc.) [26].

7. Schlußbemerkung

Familienunternehmungen besitzen besondere *Stärken*. Es lohnt sich, diese Stärken zu erhalten und auszubauen. Deshalb findet man auch *heute noch* viele namhafte *Großkonzerne*, aber auch *mittelgroße Konzerne* bzw. Unternehmungsgruppen, die erfolgreich *durch Familien geführt* werden. Hier ist es gelungen, den *Gründergeist der Familie* am Leben zu erhalten und als Familie in internen und/oder externen Führungsorganen prägend auf die Unternehmungsentwicklung einzuwirken.

Aber nicht nur Familienunternehmungen können sich durch diese besonderen Stärken auszeichnen. Immer mehr mittlere und große Konzerne, die aufgrund ihrer Eigentümerstruktur *keine Familienunternehmungen* mehr sind, *versuchen*, ihre *Divisions bzw. Tochtergesellschaften wie Familienunternehmungen* zu führen – die Stärken der Familienunternehmung in ihrem Konzern zu verankern (Abb. 7).

Das bekannte *Paradebeispiel* hierfür ist der *ABB-Konzern* [27]. Durch wirtschaftliche Dezentralisierung und rechtliche Verselbständigung von Tochtergesellschaften – verbunden mit materiellen und immateriellen Anreizen für die Führungskräfte – schafft man die Voraussetzungen für *Unternehmertum*, für *Intrapreneurship*, wie Knut Bleicher es formuliert. *Visionsorientierung, Veränderungswille* und *Innovationskraft*, *Flexibilität*

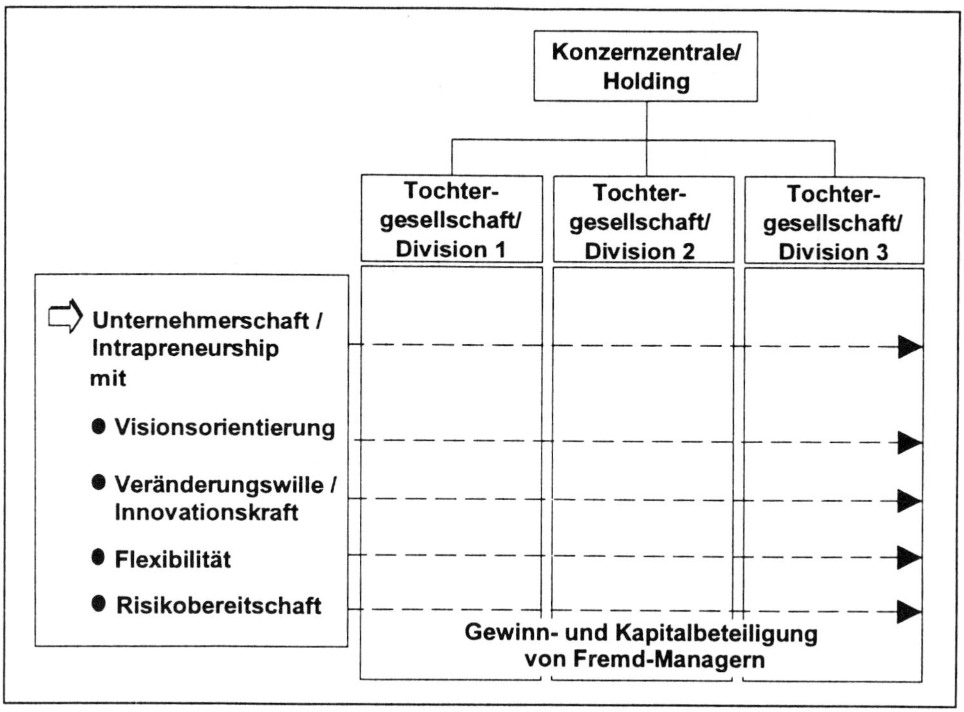

Abb. 7: Stärken der Familienunternehmung im Konzern

und kalkulierte *Risikobereitschaft* sind hiermit verbundene Wesensmerkmale höchstmotivierter Führungskräfte.

Familienunternehmungen sind, wie bereits einführend erläutert, die *tragenden Säulen unseres Wirtschafts- und Gesellschaftssystems*. Sie sind für das Wohl einer jeden marktwirtschaftlich organisierten Volkswirtschaft von ganz besonderer Bedeutung. Es gilt, ihrer Bedeutung gerecht zu werden. Mir scheinen hier zwei Forderungen besonders dringlich und aktuell:

1. Die *Rahmenbedingungen für Familienunternehmungen in unserer Gesellschaft* müssen weiter verbessert werden. Durch Initiativen, wie z.B. den zur Zeit in Deutschland diskutierten *Gesetzentwurf für kleine Aktiengesellschaften* [28] oder z.B. den Vorschlag, *bei Kommanditgesellschaften auch Haftungsbeschränkungen für Komplementäre zu ermöglichen*, müssen die Aktionsmöglichkeiten für Familienunternehmungen erweitert werden. Zu hohe Besteuerung bei der Übertragung von Stammaktien zwischen Familienmitgliedern ist zu vermeiden.
2. Wir müssen den *Familienunternehmungen* auch in der Forschung und Lehre mehr Bedeutung einräumen. Diese Forderung gilt zumindest für uns in Deutschland. Wir müssen die Familienunternehmung *stärker in den Mittelpunkt interdisziplinärer Forschung und Lehre* stellen, so wie dies hier an der Hochschule St. Gallen in den vergangenen Jahren mit wichtigen Arbeiten bereits geschehen ist. Durch die *Kombination neuer theoretischer Ansätze*, z.B. der Kombination der Vertragstheorie [29] mit der Entscheidungs- und Systemtheorie bei verstärkter Einbindung auch verhaltenswissenschaftlicher Ansätze verspreche ich mir für die Wissenschaft und die Praxis neue Erkenntnisse. So kann im Rahmen der *Vertragstheorie* zum einen der *Property-Rights-Ansatz* herangezogen werden, um die Verteilung von Verfügungsrechten an dem Gut Unternehmung zu erklären und ggf. zu gestalten. Zum anderen kann z.B. mit der *Principal-Agent-Theorie* das Verhalten zwischen den Familienmitgliedern als Eigentümer der Unternehmung und Fremd-Managern analysiert werden. Hierbei gilt es, Instrumente bzw. Anreize zu schaffen, um Fremd-Manager mit ansonsten z.T. unterschiedlichen Zielen zu einem an den Zielen der Eigentümer orientierten Denken, Entscheiden und Handeln zu bewegen. Im Rahmen der *verhaltenswissenschaftlichen Führungslehre* interessieren insbesondere neuere Ansätze, die es ermöglichen, spezifische Begabungen von Nachfolgern frühzeitig zu erkennen. Es können daraufhin Empfehlungen zu Aus- und Weiterbildungsmaßnahmen von Familienmitgliedern situations- und zielgerecht gegeben werden.

Anmerkungen

[1] Vgl. zu den jüngsten Beispielen mißglückter Nachfolgeregelungen *Kowalewsky* (1994), S. 50 ff.
[2] Vgl. *Hahn* (1992a), S. 755.
[3] Vgl. *Hahn* (1992b), S. 36 ff.
[4] Vgl. hierzu auch *Hammer* (1993), S. 258 f.
[5] Vgl. *Hahn* (1994), S. 13.
[6] Vgl. *Bleicher* (1992), S. 346 ff.
[7] Vgl. *Bleicher* (1992), S. 46 ff.
[8] Vgl. zur Kennzeichnung von Unternehmungskrisen sowie zu Formen und Ergebnissen der betriebswirtschaftlichen Krisenursachenforschung *Krystek* (1987), S. 3 ff. sowie S. 34 ff.
[9] Vgl. zu den Problemen beim Generationenwechsel auch die empirische Untersuchung von *Albach/Freund* (1989).
[10] Vgl. *Hahn* (1992a), S. 768 f.
[11] Vgl. *Chmielewicz* (1986), S. 5.
[12] Vgl. *Hahn* (1988), S. 124.
[13] Vgl. zur Spitzenorganisation der Unternehmung *Bleicher/Leberl/Paul* (1989).
[14] Vgl. *Hahn* (1992a), S. 765.
[15] Vgl. zu Fragen eines Familienstatuts auch *Willers* (1992), S. 780.
[16] Vgl. hierzu auch *Bechtle* (1983), S. 312 ff. sowie *Hennerkes/Binz/May* (1987).
[17] Vgl. *Hinterhuber/Minrath* (1991), S. 1207.
[18] Vgl. *Hahn* (1992a), S. 765.
[19] Vgl. *Bleicher/Kraehe* (1992), S. 66 ff.
[20] Vgl. *Wartenberg* (1993), S. 243.
[21] Vgl. zum Management Buy-Out als strategische Option zur Regelung der Nachfolge *Huydts* (1992) sowie *Spielmann* (1994), S. 44 ff.
[22] Vgl. zur Regelung der Nachfolge durch Stiftungskonstruktionen *Hennerkes/Schiffer* (1992).
[23] Vgl. zum Stiftungsbegriff *Seifart* (1987), S. 1 ff.
[24] Vgl. *Hennerkes/Binz/Sorg* (1986), S. 2219 ff.
[25] Vgl. auch *Spielmann* (1994), S. 58.
[26] Vgl. *Gräb* (1989), S. 330 ff.
[27] Vgl. *Asea Brown Boveri* (1991).
[28] Vgl. zum Entwurf eines Gesetzes für kleine Aktiengesellschaften und zur Deregulierung des Aktienrechts BT-Drucksache 12/6712 vom 01.02.94.
[29] Vgl. zur Vertragstheorie *Williamson* (1990).

Literaturverzeichnis

Albach, H.; Freund, W. (1989): Generationswechsel und Unternehmenskontinuität – Chancen, Risiken, Maßnahmen. Gütersloh

Asea Brown Boveri (1991): Brown Boveri und Asea Brown Boveri: Schlaglichter auf hundert Jahre Unternehmensgeschichte. Baden

Bechtle, C. (1983): Die Sicherung der Führungsnachfolge in der Familienunternehmung. Dissertation. Frankfurt am Main

Bleicher, K. (1992): Das Konzept integriertes Management. 2. Aufl., Frankfurt am Main und New York

Bleicher, K.; Kraehe, J. (1992): Die Holding als Organisations- und Führungskonzept für kleine und mittlere Unternehmungen. In: Schulte, C. (Hrsg.): Holding-Strategien: Erfolgspotentiale realisieren durch Beherrschung von Größe und Komplexität. Wiesbaden, S. 59 ff.

Bleicher, K.; Leberl, D.; Paul, H. (1989): Unternehmungsverfassung und Spitzenorganisation. Wiesbaden

Chmielewicz, K. (1986): Grundstrukturen der Unternehmungsverfassung. In: Gaugler, E.; Meissner, H. G.; Thom, N. (Hrsg.): Zukunftsaspekte der anwendungsorientierten Betriebswirtschaftslehre. Festschrift für Erwin Grochla. Stuttgart, S. 3–21

Deutscher Bundestag (1994): Entwurf eines Gesetzes für kleine Aktiengesellschaften und zur Deregulierung des Aktienrechts. BT-Drucksache 12/6712 vom 01.02.1994

Franke, G.; Herrmann, M. (1994): Vererbung von Unternehmensanteilen oder Übertragung auf eine Stiftung: Ein Vergleich der Vermögenswirkungen. In: Zeitschrift für betriebswirtschaftliche Forschung, Heft 7/8, S. 582 ff.

Gräb, U. (1989): Rechtsformwahl in Familienunternehmungen unter besonderer Berücksichtigung der Misch- und Sonderformen GmbH & Co. KG, Stiftung und Verein. Dissertation. Gießen

Hahn, D. (1994): PuK, Controllingkonzepte: Planung und Kontrolle, Planungs- und Kontrollsysteme, Planungs- und Kontrollrechnung. 4. Aufl., Wiesbaden

Hahn, D. (1992a): Unternehmungsphilosophie und Führungsorganisation in Familienunternehmungen. In: Hahn, D.; Taylor, B. (Hrsg.): Strategische Unternehmungsplanung – Strategische Unternehmungsführung. 6. Aufl., Heidelberg, S. 755 ff.

Hahn, D. (1992b): Strategische Unternehmungsführung – Grundkonzept. In: Hahn, D.; Taylor, B. (Hrsg.): Strategische Unternehmungsplanung – Strategische Unternehmungsführung. 6. Aufl., Heidelberg, S. 31 ff.

Hahn, D. (1988): Führung und Führungsorganisation. In: Zeitschrift für betriebswirtschaftliche Forschung, Heft 2, S. 112 ff.

Hammer, R. M. (1993): Strategische Planung in Familienunternehmungen. In: Hammer, R. M.; Hinterhuber, H. H.; Kutis, P.; Turnheim, G. (Hrsg.): Strategisches Management global. Wiesbaden, S. 257 ff.

Hennerkes, B.-H.; Binz, M. K.; May, P. (1987): Die Steuerungsfunktion des Beirates in der Familiengesellschaft. In: Der Betrieb, Heft 9, S. 469 ff.

Hennerkes, B.-H.; Binz, M. K.; Sorg, M. H. (1986): Die Stiftung als Rechtsform für Familienunternehmen (1). In: Der Betrieb, Heft 43, S. 2217 ff.

Hennerkes, B.-H.; Schiffer, J. (1992): Regelung der Unternehmensnachfolge durch Stiftungskonstruktionen? In: Betriebs-Berater, Heft 47, S. 1940 ff.

Hinterhuber, H. H.; Minrath, R. (1991): Der Beirat einer mittelständischen Familienunternehmung. In: Betriebs-Berater, Heft 18, S. 1201 ff.

Huydts, H. J. (1992): Management Buyout als strategische Option zur Regelung der Nachfolge in mittelgroßen Familienunternehmen – Erfolgsfaktoren und Gestaltungsvarianten. Dissertation St. Gallen. Frankfurt am Main

Kowalewsky, R. (1994): Familienunternehmen: Von der Bühne. In: Wirtschaftswoche, Heft 27, S. 50 ff.

Krystek, U. (1987): Unternehmungskrisen. Wiesbaden

Seifart, W. (1987): Handbuch des Stiftungsrechts. München

Spielmann, U. (1994): Der Generationenwechsel in mittelständischen Unternehmungen bei Gründern und Nachfolgern. Dissertation St. Gallen. Bamberg

Wartenberg, L. v. (1993): Unternehmenskontinuität im Mittelstand: Plädoyer für die Reduzierung der Erbschaftsteuer auf Betriebsvermögen. In: Betriebswirtschaftliche Forschung und Praxis, Heft 3, S. 237 ff.

Willers, H. G. (1992): Zukunft für Familienunternehmen? Perspektiven für die Unternehmenskontinuität. In: Hahn, D.; Taylor, B. (Hrsg.): Strategische Unternehmungsplanung – Strategische Unternehmungsführung. 6. Aufl., Heidelberg, S. 775 ff.

Williamson, O. E. (1990): The Firm as a Nexus of Treaties: an Introduction. In: Aoki, M.; Gustafsson, B.; Williamson, O. E. (Hrsg.): The Firm as a Nexus of Treaties. London, Newbury Park und New Delhi, S. 1 ff.

I Empirische Untersuchung zur strategischen Unternehmungsplanung und Unternehmungsführung

Stand und Entwicklungstendenzen der strategischen Unternehmungsplanung in der Bundesrepublik Deutschland

– Erste Ergebnisse eines empirischen Forschungsprojektes

*D. Hahn, K. H. Oppenländer und L. Scholz**

1. Kennzeichnung des Forschungsprojektes

Die *strategische Unternehmungsführung* wird mit ihrem Kerngebiet der strategischen Planung in der betriebswirtschaftlichen Theorie und Praxis als eine der *wichtigsten Aufgaben der obersten Führung von Unternehmungen* angesehen. Durch sie werden auf der Basis der jeweiligen Unternehmungsphilosophie und -politik *Richtung, Ausmaß, Struktur und Träger der Unternehmungsentwicklung* bestimmt. Damit werden auch die zukünftigen Erfolgspotentiale der Unternehmung festgelegt.

Das Forschungsprojekt *"Stand und Entwicklungstendenzen der strategischen Unternehmungsplanung in der Bundesrepublik Deutschland"* wird als Kooperationsprojekt von dem *Institut für Unternehmungsplanung, IUP-Gießen/Berlin*, und dem *IFO-Institut für Wirtschaftsforschung, München*, durchgeführt.

Ziel des Projektes ist es, aufbauend auf einem ganzheitlichen Konzept der strategischen Unternehmungsführung zu ermitteln,

- wie die *Ausgestaltung der strategischen Unternehmungsplanung* in Unternehmungen der Bundesrepublik Deutschland erfolgt,
- inwieweit hierbei das *unternehmerische Umfeld* mit einbezogen wird und
- in welchem Umfang Unternehmungen hierbei über ein *Unternehmungsleitbild bzw. eine Vision* verfügen.

In der *ersten Stufe* erfolgten *Entwurf und Test eines Kompaktfragebogens.* Basis für den Entwurf bildete das am Institut für Unternehmungsplanung entwickelte Konzept der strategischen Führung, in dessen Mittelpunkt ein theoretisch fundiertes Konzept der strategischen Planung steht. [2] Der konzipierte Fragebogen umfaßt 10 Fragen. Diese beziehen sich auf:

1) Art der Unternehmung,
2) Organisation der Unternehmung,
3) Erstellung eines Gesamtplanes,

4) Koordination des Gesamtplanes,
5) Erstellung von Einzelplänen,
6) Erstellung gesonderter strategischer Pläne,
7) Existenz eines Unternehmungsleitbildes bzw. einer Vision,
8) Erstellung schriftlich fixierter Pläne nach Bereichen und Zeiträumen,
9) Kennzahlen, die in den Planungen enthalten sind,
10) Faktoren, die die Unternehmungsentwicklung besonders beeinflussen.

In der *zweiten Stufe* erfolgte auf der Basis des Kompaktfragebogens im Sommer 1989 eine *Großbefragung*. Hierbei wurden ca. 3.500 Industrieunternehmungen in der Bundesrepublik Deutschland befragt, die ständig mit dem IFO-Institut zusammenarbeiten. Es konnte ein Rücklauf von 1.461 auswertbaren Fragebögen erzielt werden.

In der *dritten Stufe* wird auf der Basis eines erweiterten Fragebogens sowie ergänzender Interviews eine *spezielle Befragung* bei (Groß-)Unternehmungen mit einer weit entwickelten Unternehmungsplanung durchgeführt. Es handelt sich hierbei überwiegend um Unternehmungen, die im Vorstand oder Beirat der Gesellschaft für Unternehmungsplanung – der Trägerin des Instituts für Unternehmungsplanung – vertreten sind.

Basierend auf der nachfolgenden Kennzeichnung des zugrunde gelegten Konzeptes der strategischen Führung, das zusammen mit dem Planungs- und Kontrollsystem den theoretischen Bezugsrahmen bildet, werden die *ersten Ergebnisse aus der Großbefragung* vorgestellt. Dabei wird vorrangig mit den aus unserer Sicht besonders aussagefähigen direkten Ergebnissen der Untersuchung in Form ermittelter absoluter und relativer (prozentualer) Werte für Einzelfragen sowie mit spezifischen Kreuzauswertungen gearbeitet. Mit Ausnahme der Fragen 1, 7 und 8 bleiben dabei branchenbezogene Betrachtungen späteren Detailauswertungen vorbehalten.

2. Strategische Planung als Führungsaufgabe

Im Sinne eines rationalen Entscheidungsprozesses umfaßt *Planung* "die gedankliche Vorwegnahme künftigen Geschehens durch zielorientierte Alternativensuche, –beurteilung und -auswahl bei Zugrundelegung bestimmter Annahmen über zukünftige Umweltsituationen."[3] Der Planung schließen sich nach dem kybernetischen Regelkreisprinzip die *Steuerung* sowie die *Kontrolle* an. Planung, Steuerung und Kontrolle sind die *kardinalen Führungsaufgaben* in der Unternehmung. Die Erfüllung dieser Führungsaufgaben erfolgt auf der Basis eines Planungs- und Kontrollsystems bzw. Plan- und Berichtssystems.

Aufbauend auf der Interpretation der Unternehmung als zielorientierte Potential- und Aktions-/Aktionsobjektstruktur[4] kann das *Planungs- und Kontrollsystem* einer Unternehmung wie folgt gekennzeichnet werden:[5]

- Die *Unternehmungspolitik bzw. generelle Zielplanung* beinhaltet die Festlegung der generellen Wert-, Sach- bzw. Leistungsziele sowie Humanziele für das System Unternehmung und dessen Subsysteme.
- Die *strategische Planung* umfaßt als Kern die Produktprogramm- und Potentialplanung (Geschäftsfeldplanung mit Investitionsplanung und Desinvestitionsplanung sowie dazugehörige Personalplanung) sowie daneben die Potentialstrukturplanung (Organisations- und Rechtsform-/Rechtsstrukturplanung) und die Führungskräftesystemplanung (Führungskräfteplanungssystem- und Führungskräfteplanung, Führungskräfteanreiz- und Führungskräfteinformationssystemplanung).
- Die *operative Planung*, die sich auf der Basis gegebener Potentiale bzw. Kapazitäten vollzieht, beinhaltet die Produktprogrammplanung und die funktionsbereichsbezogenen Planungen.
- Die *gesamtunternehmungsbezogene Ergebnis- und Finanzplanung* dient der wertmäßigen Abbildung und Integration des künftigen Geschehens in der Unternehmung und umfaßt die kalkulatorische Ergebnisplanung, die bilanzielle Ergebnisplanung und die Finanzplanung.

Primär im Rahmen der strategischen und operativen Planung erfolgen zudem *Projektplanungen* – Projekte verstanden als zielorientierte Aktions- bzw. Aufgabenkomplexe mit definierten Anfangs- und Endterminen.

Das *Planungs- und Kontrollsystem*, dessen Grundaufbau Abb. 1 veranschaulicht, stellt das wichtigste *Integrations- und Koordinationsinstrument* zur Erfüllung der Führungsaufgaben dar. Es handelt sich um ein *mehrperiodiges, je nach unternehmungsindividueller Aufbauorganisation pyramidenartig aufgebautes System mit entsprechenden Plänen und Berichten*, das eine *Führung nach dem Regelkreisprinzip* ermöglicht. Hierzu erfolgt die Ableitung monetärer Planungen in Zusammenhang mit den qualitativen und (nichtmonetär) quantitativen Planungen im Bereich der Unternehmungspolitik bzw. generellen Zielplanung, der strategischen Planung und der operativen Planung. Die mehrperiodige kalkulatorische und bilanzielle Ergebnisplanung und -kontrolle und die Finanzplanung und -kontrolle gestatten es , Ziele und Zielerreichungsprozesse in der Unternehmung monetär abzubilden, zu gestalten und zu überwachen. Dies gilt im Hinblick auf alle Sach- bzw. Leistungsziele, Wert- und Sozialziele und auch alle Maßnahmen (zielorientierte Aktionen) – mit und ohne Potential- bzw. Kapazitätsänderungen.

Betrachtet man die Einordnung der strategischen Planung in dieses ganzheitliche Planungssystem, so wird der Charakter der *strategischen Planung als Bindeglied zwischen Unternehmungspolitik bzw. genereller Zielplanung und operativer Planung* deutlich: Durch die strategische Planung wird der Rahmen für die Erfüllung der in der Unternehmungspolitik formulierten Sach- bzw. Leistungsziele, Wertziele und Sozialziele geschaffen.

Die *strategische Planung* bildet damit auch einen *Kernbereich strategischer Führung*, die ergänzend zur Planung stets auch *Steuerungs- bzw. Implementierungs- und Kontrollprozesse* umfaßt.

In einer erweiterten Sicht können der strategischen Führung zudem auch die *Festlegung bzw. Planung der unternehmungspolitischen Ziele, d.h. der generellen Ziele einer*

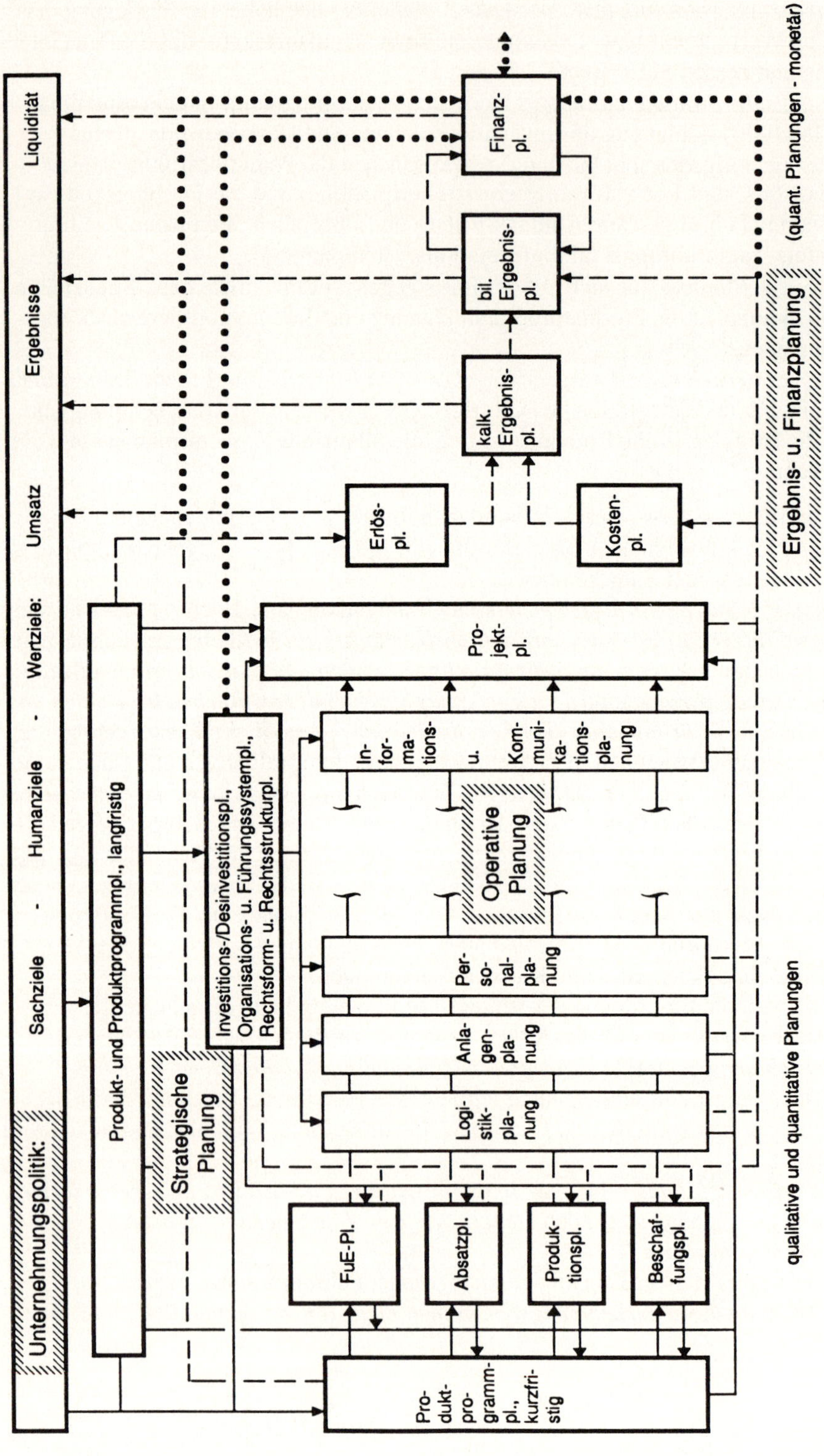

Abb. 1: Planungssystem mit integrierter Planungs- und Kontrollrechnung
(Vgl. Hahn, D.: Integrierte und flexible Unternehmungsführung durch computergestütztes Controlling. ZfB, 59, 1989, S. 1145)

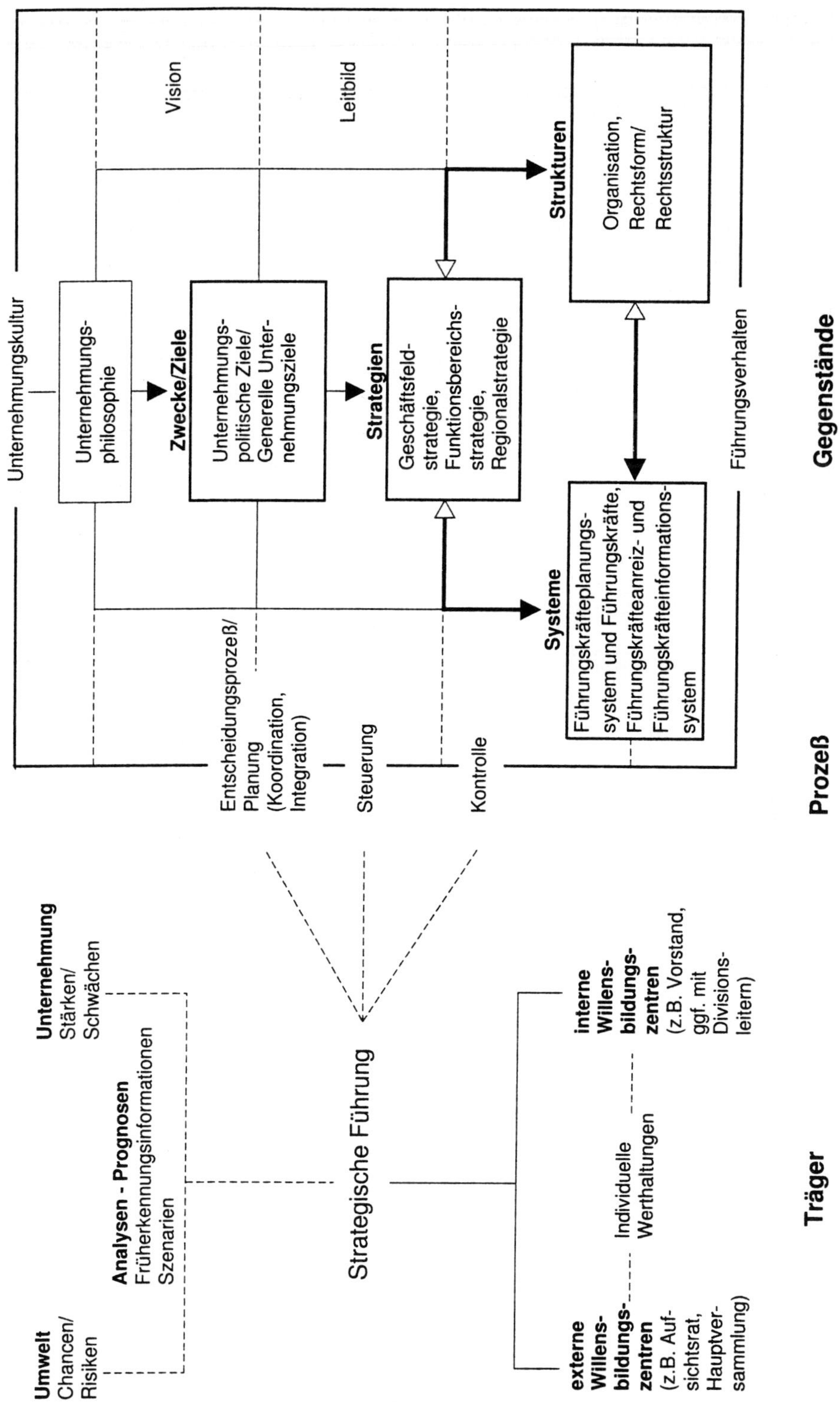

Abb. 2: Träger, Prozeß und Gegenstände strategischer Unternehmungsführung
(Quelle: Hahn, D. (Strategische Unternehmungsführung – Grundkonzept, Beitrag in diesem Reader)

Unternehmung, sowie die dazugehörige Umsetzungsverantwortung zugerechnet werden. Da die oberen Zielsetzungen einer Unternehmung maßgeblich durch die Werthaltungen der obersten Führungskräfte bestimmt werden, die auch die Denk- und Verhaltensmuster in der Unternehmung beeinflussen, können darüber hinaus *ergänzend Unternehmungsphilosophie und Unternehmungskultur als Gegenstände strategischer Führung* angesehen werden. [6]

Abb. 2 veranschaulicht *Träger, Prozeß und Gegenstände* des hier zugrunde gelegten Konzeptes *der strategischen Führung*. Deutlich wird die zentrale Stellung der Aufgabenkomplexe der strategischen Planung, die im Rahmen des Forschungsprojektes im Mittelpunkt stehen. Von besonderem Interesse ist hierbei auch die *Vision*, die eine zentrale Rolle für die erfolgreiche Entwicklung einer Unternehmung einnimmt. Die Vision bringt dabei das Zukunftsbild der obersten Führung über die Unternehmung zum Ausdruck. Durch sie werden Zweck, Ziele und Selbstverständnis der Unternehmung charakterisiert. [7] Sie beeinflußt also maßgeblich die generelle Zielplanung/Unternehmungspolitik und damit auch die strategische Planung, die Auswahl von Strategien, Strukturen und Führungskräftesystemen mit spezifischen Führungskräften. Hieraus ergibt sich das Interesse an der Vision bzw. dem *Leitbild* als ihre nähere Charakterisierung im Rahmen des Forschungsprojektes.

3. Strategische Planung in der industriellen Unternehmungspraxis

3.1 Kennzeichnung der Unternehmungen

– *Kennzeichnung nach Industriehauptgruppen*

Befragt wurden Unternehmungen aus dem Bereich der Industrie. Mit 1.461 antwortenden Unternehmungen konnte ausgehend von rund 3.500 versandten Fragebögen eine Rücklaufquote von ca. 42% erzielt werden. Abb. 3 zeigt die *Verteilung auf die Industriehauptgruppen*. Die Verteilung der antwortenden Unternehmungen auf die Industriehauptgruppen *entspricht im wesentlichen der Zusammensetzung der Industrien der Bundesrepublik Deutschland.* [8]

– *Art der Unternehmung: Obergesellschaft/Konzern, Tochtergesellschaft, selbständige Unternehmung*

Im Hinblick auf die *Art der Unternehmungen*, die sich an der Befragung beteiligten (Frage 1), *überwiegen deutlich die selbständigen Unternehmungen*. Sie stellen ca. 70% der antwortenden Unternehmungen, während es sich bei ca. 11% der Unternehmungen um Obergesellschaften und bei ca. 22% der Unternehmungen um Tochtergesellschaften handelt. Erwartungsgemäß sind die Obergesellschaften mit ca. 30% besonders stark in der Größenklasse von 1000 und mehr Beschäftigten vertreten (vgl. Abb. 4).

Abb. 3: Verteilung der antwortenden Unternehmungen auf die Industriehauptgruppen

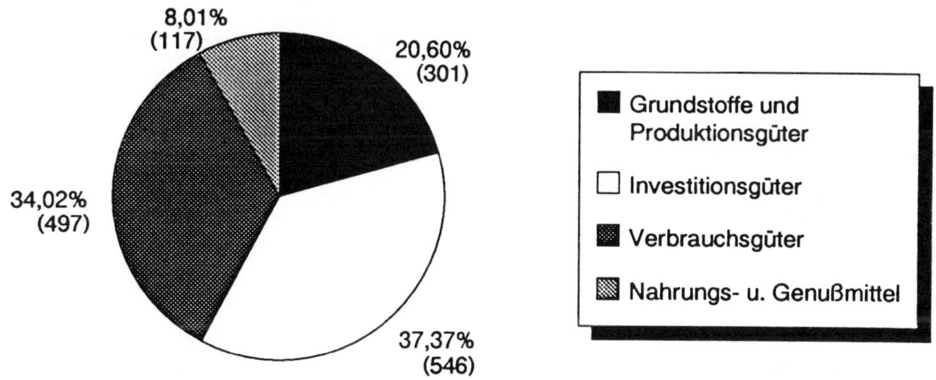

Quelle: IFO-Institut, München; IUP-Gießen/Berlin

Abb. 4: Art der Unternehmung und Unternehmungsgröße

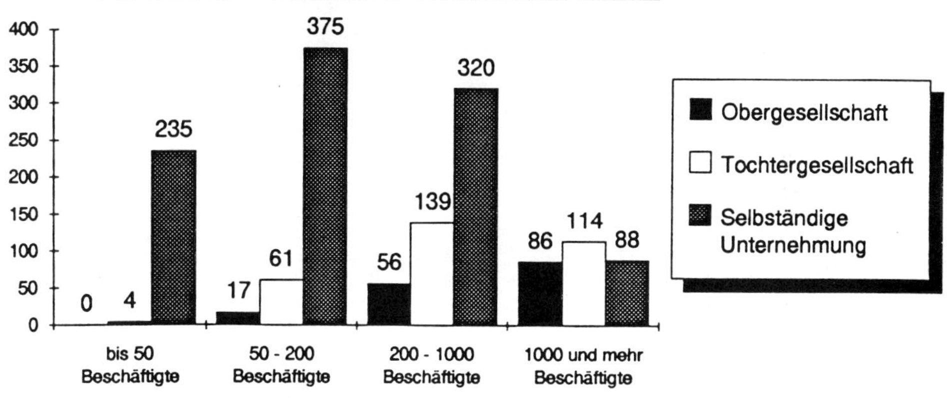

Quelle: IFO-Institut, München; IUP-Gießen/Berlin

– *Aufbauorganisation*

Im Hinblick auf die *Ausgestaltung der Aufbauorganisation* (Frage 2) zeigt sich, daß mit knapp 80% die *deutliche Mehrheit der Unternehmungen nach Funktionsbereichen gegliedert* ist. Eine Organisation nach Geschäftsbereichen findet sich bei ca. 21% der Unternehmungen, während eine regionalorientierte Organisation nur sehr selten anzutreffen ist, z.B. in der Chemie und der Nahrungsmittelindustrie.

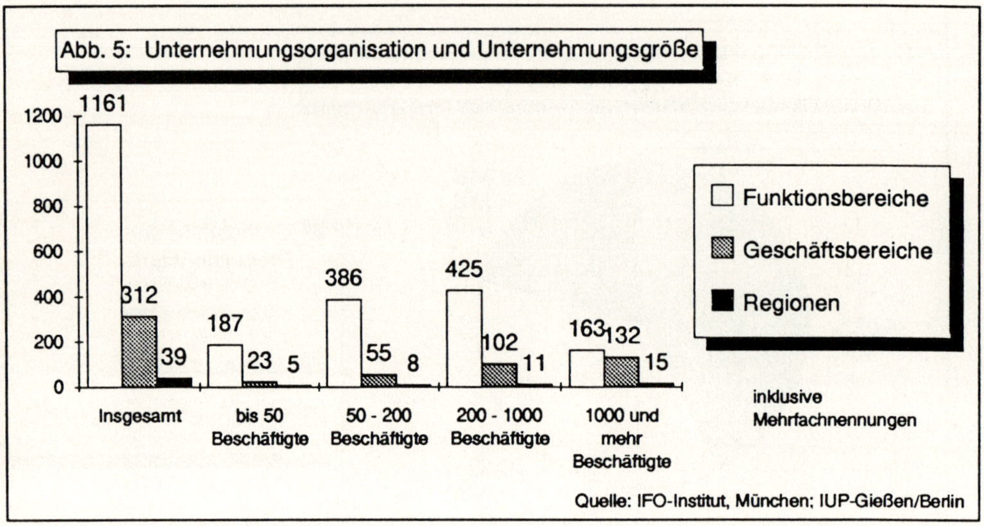

Abb. 5: Unternehmungsorganisation und Unternehmungsgröße

Hierbei zeigt sich, daß *mit steigender Unternehmungsgröße zunehmend eine Organisation nach Geschäftsbereichen* gewählt wird. So weisen in der Größenklasse von 1000 und mehr Beschäftigten ca. 49% der Unternehmungen eine Organisation nach Geschäftsbereichen auf, verglichen mit nur ca. 10% in der Klasse bis 50 Beschäftigte (vgl. Abb. 5).

– *Art der Unternehmung und Aufbauorganisation*

Eine Kreuzauswertung der Fragen 1 und 2 zeigt, daß *deutliche Beziehungen zwischen der Art der Unternehmung und der gewählten Aufbauorganisation* bestehen (vgl. Abb 6).

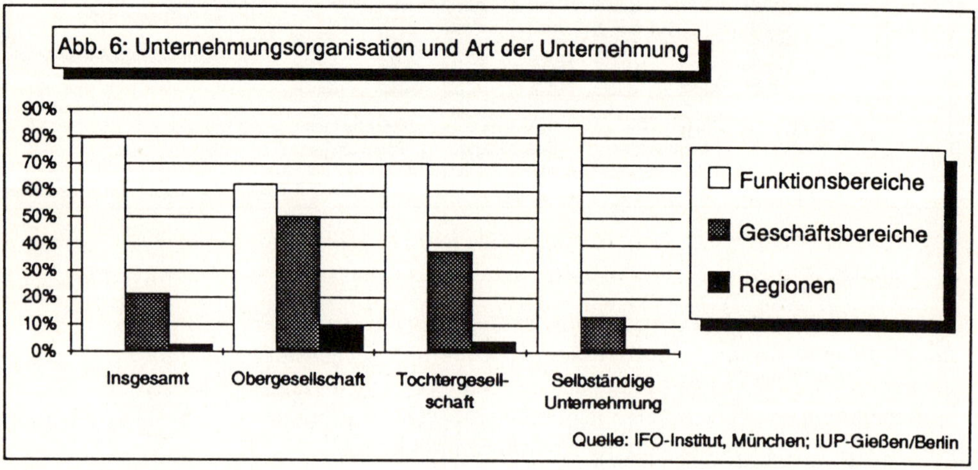

Abb. 6: Unternehmungsorganisation und Art der Unternehmung

Abb. 7: Unternehmungsleitbild und Unternehmungsgröße

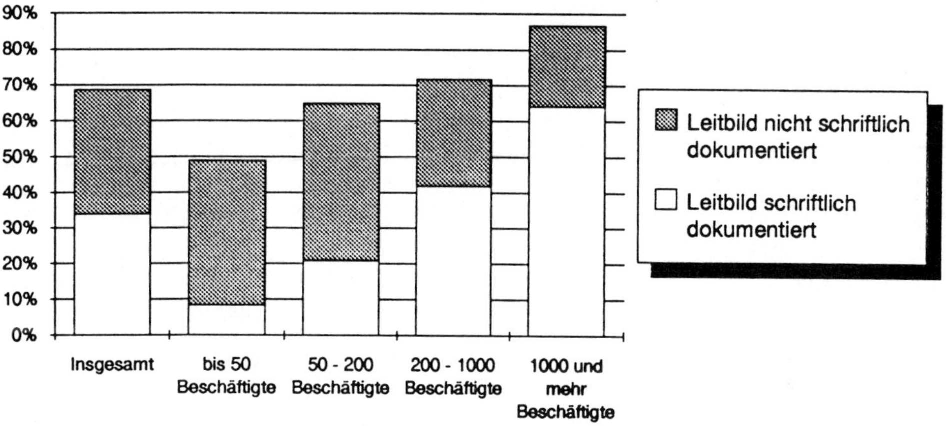

Quelle: IFO-Institut, München; IUP-Gießen/Berlin

So weisen im Falle von *Obergesellschaften* mit ca. 50% der Unternehmungen überdurchschnittlich viele eine Organisation nach Geschäftsbereichen auf. Es handelt sich hier überwiegend um Unternehmungen/Konzerne mit relativ heterogenem Produktprogramm. Auch eine regionalorientierte Aufbauorganisation ist hier mit ca. 10% wesentlich häufiger anzutreffen als im Durchschnitt der Unternehmungen. Interessanterweise ist auch in der Gruppe der *Tochtergesellschaften* überdurchschnittlich häufig eine Organisation nach Geschäftsbereichen (ca. 37%) vorhanden, wenn auch nicht so ausgeprägt wie im Falle der Obergesellschaften. Bei den *selbständigen Unternehmungen* dominiert mit ca. 85% deutlich die Organisation nach Funktionsbereichen.

3.2 Unternehmungsleitbild

– *Existenz eines Unternehmungsleitbildes*

Bei der Frage nach der Existenz eines Unternehmungsleitbildes (Frage 7) gab mit 69,5% ein *erstaunlich großer Prozentsatz der Unternehmungen an, über ein Leitbild zu verfügen* (vgl. Abb. 7). In nahezu der Hälfte dieser Unternehmungen ist das betreffende Leitbild auch schriftlich fixiert. Bezogen auf Größenklassen zeigt sich, daß *Unternehmungen mit 1000 und mehr Beschäftigten überdurchschnittlich häufig über ein Unternehmungsleitbild verfügen,* während es in der Klasse bis 50 Beschäftigte deutlich unterdurchschnittlich anzutreffen ist. Noch deutlicher treten die größenklassenbezogenen Unterschiede bei der schriftlichen Fixierung des Unternehmungsleitbildes auf. Von den Unternehmungen, die über ein Unternehmungsleitbild verfügen, ist dieses in der Klasse bis 50 Beschäftigte nur in 17,0% der Unternehmungen auch schriftlich fixiert. Hingegen haben Unternehmungen der Klasse mit 1000 und mehr Beschäftigten, die über ein Unternehmungsleitbild verfügen, dieses deutlich häufiger auch schriftlich fixiert (73,4% der Unternehmungen mit Unternehmungsleitbild).

Bei einer *Betrachtung nach Branchen* zeigen die Befragungsergebnisse, daß ein *Leitbild* überdurchschnittlich häufig vor allem in Unternehmungen der Branchen Mineralölverarbeitung (100%), Gummiverarbeitung (90,9%), Fahrzeugbau (87,2%), Chemie (85,9%), Glas (85,7%) sowie Elektrotechnik (80,0%) vorhanden ist. Eine *schriftliche Fixierung des Leitbildes* ist vor allem in Unternehmungen des Fahrzeugbaus (70,6%), der Chemie (69,1%), der Feinmechanik, Optik und Uhren (68,2%) sowie der Elektrotechnik (61,8%) vorzufinden.

– *Existenz eines Unternehmungsleitbildes und Art der Unternehmung*

Durch eine Kreuzauswertung von Frage 7 und Frage 1 (vgl. Abb. 8) zeigt sich, daß *Obergesellschaften* mit 88,1% *überdurchschnittlich häufig über ein Unternehmungsleitbild verfügen.* Von diesen fixieren 70,0% – und damit ebenfalls überdurchschnittlich viele – ihr Unternehmungsleitbild schriftlich. Eine ähnliche Tendenz zeigt sich hinsichtlich der *Tochtergesellschaften.* Auch hier ist ein Unternehmungsleitbild häufiger vorhanden (in 80,2% der Unternehmungen), und es ist deutlich häufiger schriftlich fixiert (in ca. 73,7% der betreffenden Unternehmungen). In *selbständigen Unternehmungen* sind Leitbilder in 64,0% der Unternehmungen anzutreffen, wobei nur in 36,3% dieser Unternehmungen eine schriftliche Fixierung erfolgt ist.

Abb. 8: Unternehmungsleitbild und Art der Unternehmung

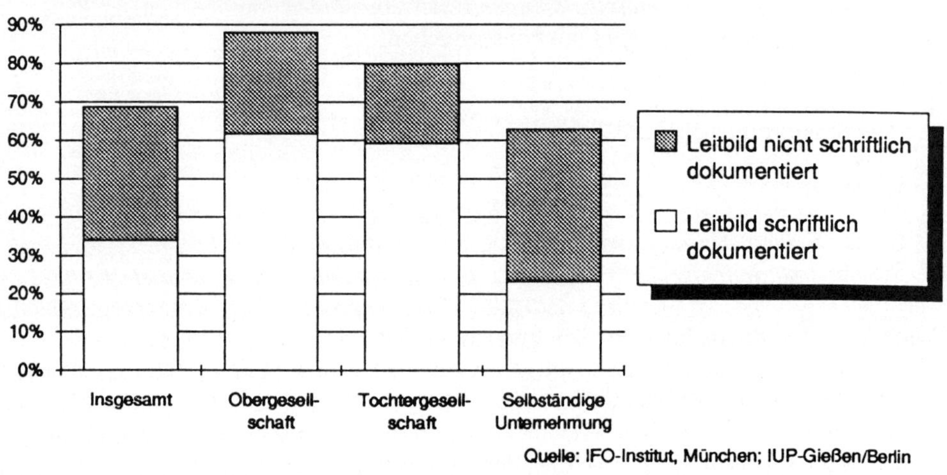

Abb. 9: Unternehmungen mit regelmäßiger Erstellung eines Gesamtplanes

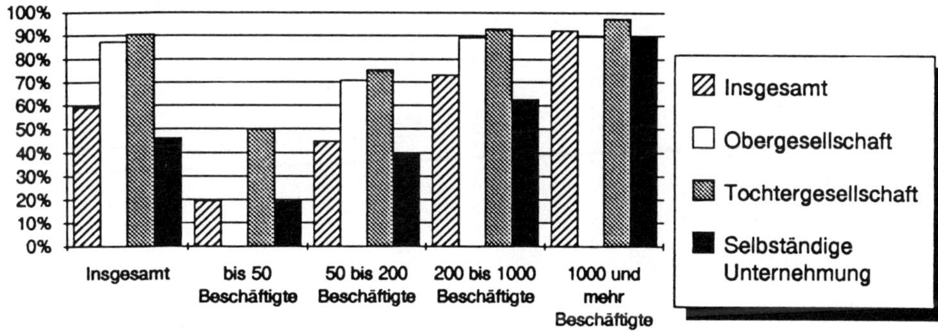

Quelle: IFO-Institut, München; IUP-Gießen/Berlin

3.3 Gesamtplan und strategische Pläne

Im Hinblick auf die Ausgestaltung der Planung interessierte,

- ob die Unternehmungen regelmäßig einen Gesamtplan oder nur Einzelpläne erstellen (Frage 3 und Frage 5),
- wie die Koordination von Einzelplänen erfolgt (Frage 4) und
- ob gesonderte strategische Pläne erstellt werden (Frage 6).

– *Regelmäßige Erstellung eines Gesamtplanes*

Die Befragungsergebnisse zeigen, daß *in 59,2% der Unternehmungen regelmäßig ein Gesamtplan* erstellt wird (vgl. Abb. 9).

Dabei ist eine *deutliche Beziehung zwischen der Unternehmungsgröße und der regelmäßigen Erstellung eines Gesamtplanes* zu erkennen. So wird in 92,3% der Unternehmungen mit 1000 und mehr Beschäftigten ein Gesamtplan erstellt, während dies in der Klasse bis 50 Beschäftigte nur in 19,7% der Unternehmungen erfolgt. Eine Kreuzauswertung mit der Frage nach Art der Unternehmung zeigt, daß *in 87,4% der Obergesellschaften und 90,6% der Tochtergesellschaften regelmäßig ein Gesamtplan* erstellt wird, während dies *nur in 46,2% der selbständigen Unternehmungen* der Fall ist. Mit 97,4% erfolgt die regelmäßige Erstellung eines Gesamtplanes am häufigsten in Tochtergesellschaften mit 1000 und mehr Beschäftigten, während sie mit 19,2% am seltensten in selbständigen Unternehmungen mit bis zu 50 Beschäftigten vollzogen wird. Insbesondere bei den selbständigen Unternehmungen zeigt sich eine sehr große Spannweite in Abhängigkeit von der Unternehmungsgröße. So wird in der Gruppe der selbständigen Unternehmungen mit 1000 und mehr Beschäftigten in 89,8% der Unternehmungen regelmäßig ein Gesamtplan erstellt.

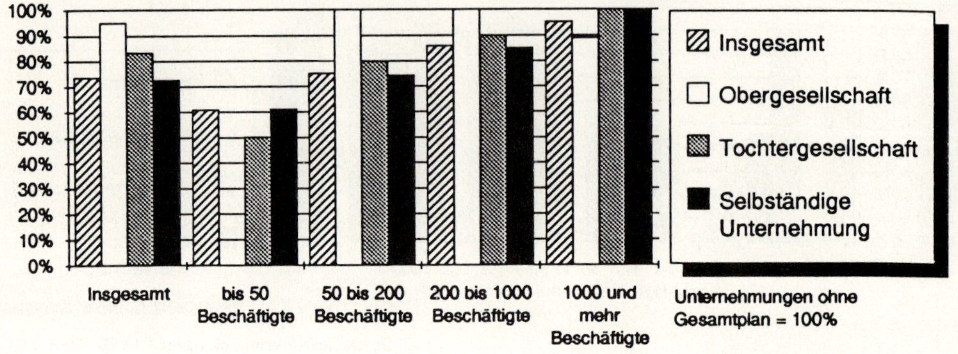

Abb. 10: Erstellung von Einzelplänen bei Unternehmungen ohne Gesamtplan

Quelle: IFO-Institut, München; IUP-Gießen/Berlin

– *Erstellung von Einzelplänen*

Von den Unternehmungen, die *keine regelmäßige Gesamtplanung* durchführen, erstellen *73,6% zumindest Einzelpläne* (vgl. Abb. 10). Dies entspricht 30,1% aller Unternehmungen. Auch hier zeigt sich *mit zunehmender Unternehmungsgröße eine tendenziell stärkere Planungsorientierung*. Während in der Klasse bis 50 Beschäftigte insgesamt 61% der Unternehmungen zumindest Einzelpläne erstellen, sind dies in der Klasse mit 1000 und mehr Beschäftigten 95,2%. Insbesondere für *selbständige Unternehmungen* und *Tochtergesellschaften* bestätigt sich die zunehmende Planungsorientierung mit ansteigender Unternehmungsgröße.

So erstellen alle selbständigen Unternehmungen und Tochtergesellschaften mit 1000 und mehr Beschäftigten, die keine regelmäßige Gesamtplanung durchführen, zumindest Einzelpläne. In der Gruppe der selbständigen Unternehmungen mit bis zu 50 Beschäftigten sind dies hingegen nur 61,1%, bei Tochtergesellschaften sogar nur 50,0%. Eine gewisse Ausnahme von dieser Tendenz zeigt sich bei den *Obergesellschaften*. Während in der Gruppe der Obergesellschaften von 50 bis 1000 Beschäftigten alle Unternehmungen ohne regelmäßige Gesamtplanung zumindest Einzelpläne erstellen, sind dies bei Obergesellschaften mit mehr als 1000 Beschäftigten nur 88,9% der Unternehmungen.

– *Regelmäßige Erstellung eines Gesamtplanes, Art der Unternehmung und Existenz eines Unternehmungsleitbildes*

Wird die Gruppe der Unternehmungen, die *regelmäßig einen Gesamtplan* erstellen, näher betrachtet, so zeigen sich *z.T. deutliche Beziehungen zwischen der Art und Größe der Unternehmungen, der Existenz eines Unternehmungsleitbildes und der Erstellung*

Abb. 11: Selbständige Unternehmungen mit regelmäßiger Erstellung eines Gesamtplanes und Existenz eines Unternehmungsleitbildes

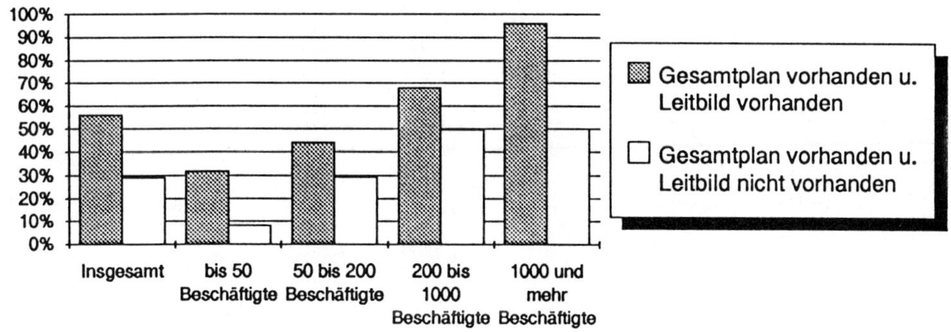

Quelle: IFO-Institut, München; IUP-Gießen/Berlin

eines Gesamtplanes. Dies gilt insbesondere für selbständige Unternehmungen (vgl. Abb. 11).

Betrachtet man die Gruppe der *selbständigen Unternehmungen* mit bis zu 50 Beschäftigten, so zeigt sich, daß in 31,9% der Unternehmungen mit Leitbild auch eine regelmäßige Gesamtplanung vollzogen wird, während dies nur in 8,1% der Unternehmungen ohne Leitbild erfolgt. In der Gruppe von 1000 und mehr Beschäftigten führen schließlich 96,0% der selbständigen Unternehmungen mit Leitbild eine regelmäßige Gesamtplanung durch, während dies nur in 50% der ebenso großen selbständigen Unternehmungen ohne Leitbild der Fall ist.

Tendenziell gilt ebenfalls für Tochtergesellschaften und z.T. auch für Obergesellschaften, daß Unternehmungen, die über ein Leitbild verfügen, in allen Größenklassen auch häufiger einen Gesamtplan erstellen als solche ohne ein Leitbild.

– *Koordination der Einzelpläne innerhalb des Gesamtplanes*

Die *Koordination der Einzelpläne* innerhalb des Gesamtplanes (Frage 4) *erfolgt mit 88,4% in der weit überwiegenden Anzahl der Unternehmungen durch eine zentrale Stelle.* Eine deutlich geringere Verbreitung (29,0%) weist hingegen der Einsatz von Arbeitsgruppen auf. In der Tendenz kann dabei festgestellt werden, daß Arbeitsgruppen häufiger in kleineren Unternehmungen anzutreffen sind. Ihre quantitative Bedeutung geht mit zunehmender Unternehmungsgröße zugunsten zentraler Koordinationsstellen deutlich zurück. So bedienen sich in der Klasse der Unternehmungen bis 50 Beschäftigte 80,9% einer zentralen Stelle und 46,8% einer Arbeitsgruppe, während bei Unternehmungen mit 1000 und mehr Beschäftigten in 91,6% der Unternehmungen eine zentrale Stelle und nur noch in 21,5% der Unternehmungen Arbeitsgruppen Verwendung finden (vgl. Abb. 12).

Abb. 12: Art der Koordination der Einzelpläne innerhalb des Gesamtplanes

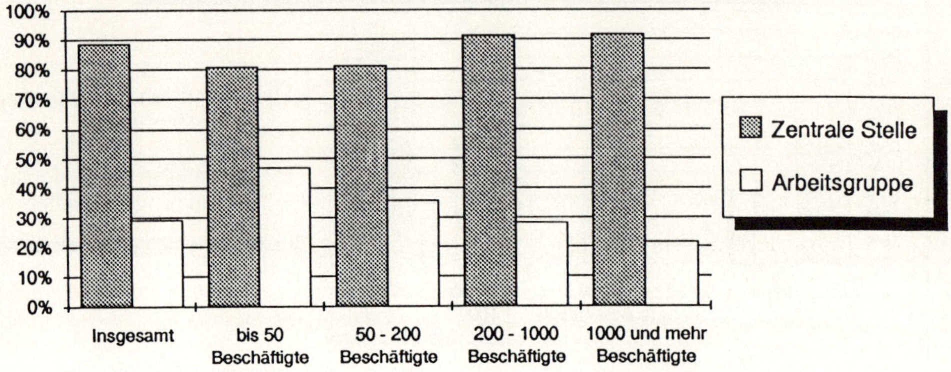

Quelle: IFO-Institut, München; IUP-Gießen/Berlin

– *Koordination der Einzelpläne innerhalb des Gesamtplanes und Art der Gesellschaft*

Eine Kreuzauswertung zeigt, daß in *Obergesellschaften und Tochtergesellschaften* die *Koordination der Einzelpläne* innerhalb des Gesamtplanes *häufiger über eine zentrale Stelle* erfolgt als in selbständigen Unternehmungen. Bedienen sich im Durchschnitt aller Unternehmungen 88,4% einer zentralen Stelle, so sind dies bei Obergesellschaften 93,5%, bei Tochtergesellschaften 93,4% und bei selbständigen Unternehmungen 84,5%. Anders verhält sich dies bei dem Einsatz von Arbeitsgruppen. Dem Durchschnittswert von 29,0% stehen bei Obergesellschaften 23,0%, bei Tochtergesellschaften 23,6% und bei selbständigen Unternehmungen 33,6% gegenüber.

– *Erstellung gesonderter strategischer Pläne*

Bei der Frage nach der Erstellung gesonderter strategischer Pläne (Frage 6) zeigt sich, daß *etwa die Hälfte aller Unternehmungen gesonderte strategische Pläne für Geschäftsbereiche, Funktionsbereiche und Projekte erstellt*, während regionalorientierten strategischen Plänen quantitativ eine deutlich geringere Bedeutung zukommt. Generell ist dabei eine tendenziell *positive Beziehung zwischen der regelmäßigen Erstellung gesonderter strategischer Pläne und der Unternehmungsgröße* zu erkennen. Durchweg werden *mit steigender Unternehmungsgröße auch häufiger gesonderte strategische Planungen* vollzogen.

Für *Geschäftsbereiche* werden *in 23,5% der Unternehmungen regelmäßig* und *in 26,3% fallweise strategische Planungen* durchgeführt. Besonders ausgeprägt ist hierbei der Anstieg regelmäßiger Planungen mit zunehmender Unternehmungsgröße. Werden in der Klasse bis 50 Beschäftigte in 9,6% der Unternehmungen regelmäßig und in 23,0% fallweise Geschäftsbereichsplanungen durchgeführt, so erfolgen in der Klasse mit 1000

Abb. 13: Erstellung strategischer Pläne für Geschäftsbereiche

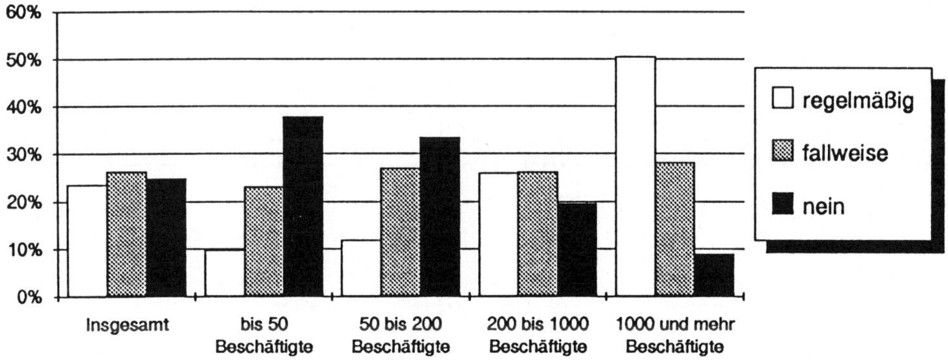

Quelle: IFO-Institut, München; IUP-Gießen/Berlin

und mehr Beschäftigten in 50,4% der Unternehmungen regelmäßig und (nur) in 28,3% fallweise Geschäftsbereichsplanungen (vgl. Abb. 13).

Im Durchschnitt werden im Hinblick auf *Funktionsbereiche* in *23,1% der Unternehmungen regelmäßig* und in *29,7% fallweise strategische Planungen* durchgeführt. Während dabei in der Klasse bis 50 Beschäftigte deutlich weniger regelmäßige als fallweise Planungen durchgeführt werden (9,6% gegenüber 24,3%), verändert sich mit zunehmender Unternehmungsgröße das Verhältnis zugunsten regelmäßiger Planungen. Bei Unternehmungen mit 1000 und mehr Beschäftigten werden sogar in mehr Unternehmungen regelmäßig strategische Pläne für Funktionsbereiche erstellt als fallweise strategische Pläne (32,7% gegenüber 25,7%). Nach wie vor behalten bei größeren Unternehmungen auch die fallweisen Planungen einen erheblichen Stellenwert (vgl. Abb. 14).

Gesonderte *strategische Pläne für Regionen* werden *in 9,9% der Unternehmungen regelmäßig* und *in 17,8% fallweise* erstellt. Während regelmäßige regionalorientierte strategische Planungen in der Klasse bis 50 Beschäftigte fast keine Bedeutung besitzen, finden sie in der Klasse mit 1000 und mehr Beschäftigten in 20,2% der Unternehmungen statt (vgl. Abb. 15).

Gesonderte *strategische Pläne für Projekte* werden *in 47,8% der Unternehmungen* erstellt. Während allerdings in der Klasse bis 50 Beschäftigte 36,8% der Unternehmungen strategische Projektplanungen durchführen, sind dies in der Klasse mit 1000 und mehr Beschäftigten 57% (vgl. Abb. 16).

Die Ergebnisse verdeutlichen damit, daß im Bereich der strategischen Planung *bei den kleineren Unternehmungen die fallweisen Planungen dominieren*, während *mit zunehmender Unternehmungsgröße eine Tendenz hin zu regelmäßiger und (ergänzender) fallweiser Planung* zu erkennen ist.

Abb. 14: Erstellung strategischer Pläne für Funktionsbereiche

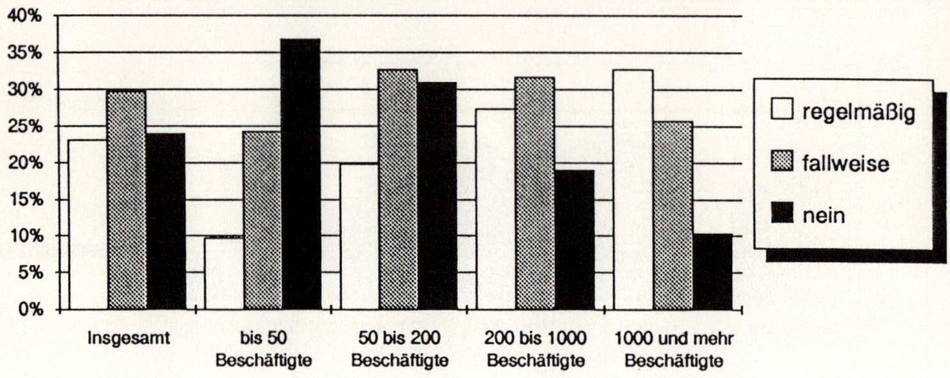

Quelle: IFO-Institut, München, IUP-Gießen/Berlin

Abb. 15: Erstellung strategischer Pläne für Regionen

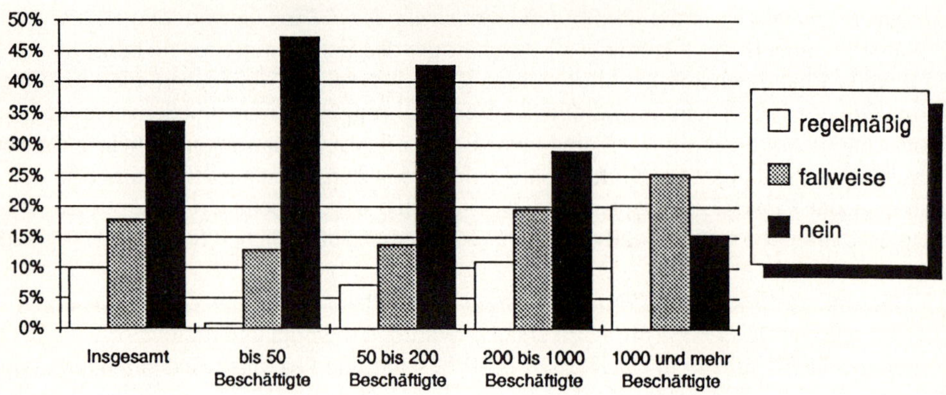

Quelle: IFO-Institut, München; IUP-Gießen/Berlin

– *Erstellung gesonderter strategischer Pläne und Art der Unternehmung*

Eine Kreuzauswertung zeigt, daß *Obergesellschaften* fast durchweg *häufiger gesonderte strategische Planungen für Geschäftsbereiche, Funktionsbereiche, Regionen und Projekte* durchführen als der Durchschnitt der Unternehmungen (vgl. Abb. 17).

Abb. 16: Erstellung strategischer Pläne für Projekte

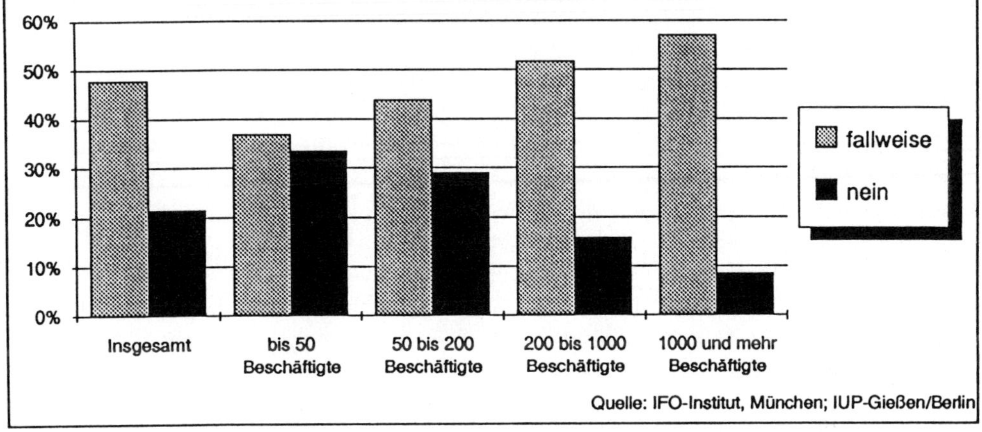

Abb. 17: Erstellung strategischer Pläne bei Obergesellschaften

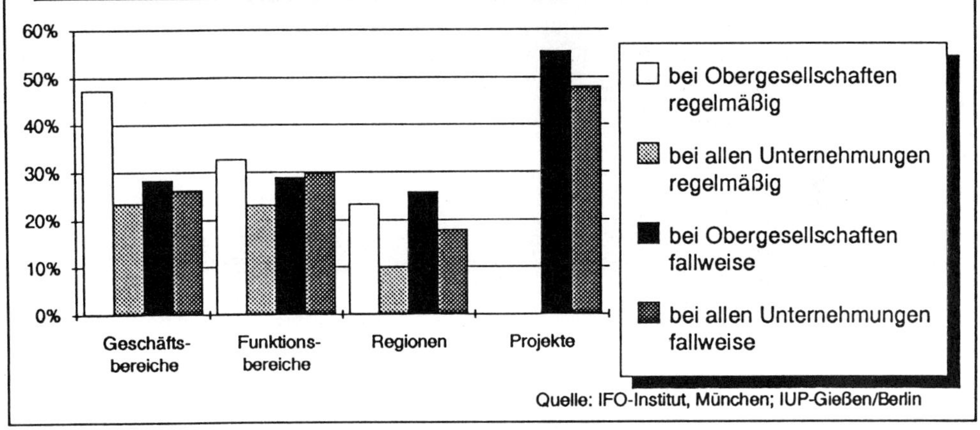

Besonders deutliche Unterschiede zwischen Obergesellschaften und der Gesamtheit der Unternehmungen zeigen sich *im Hinblick auf die Erstellung gesonderter strategischer Pläne für Geschäftsbereiche.* Erstellen im Durchschnitt nur 23,5% der Unternehmungen regelmäßig gesonderte strategische Geschäftsbereichspläne, so sind dies bei Obergesellschaften 47,2% der Unternehmungen. Gegenüber dem Durchschnitt der Unternehmungen erfolgt in Obergesellschaften *auch häufiger die fallweise Erstellung gesonderter strategischer Pläne für Geschäftsbereiche*, auch wenn die Unterschiede hier nicht so prägnant sind (28,3% gegenüber durchschnittlich 26,3%). In bezug auf Funktionsbereiche gilt, daß in 32,7% der Obergesellschaften regelmäßig und in 28,9% fallweise eine *Erstellung gesonderter strategischer Pläne für Funktionsbereiche* durchgeführt wird (verglichen mit 23,1% und 29,7% im Durchschnitt der Unternehmungen). Als bemerkenswert ist dabei der nur relativ geringe Anstieg regelmäßiger Planungen mit zunehmender Unternehmungsgröße zu werten. So erfolgen bei Obergesellschaften mit 1000 und mehr Beschäftigten in 33,7% der Unternehmungen, in der Klasse bis 50 Beschäftigte jedoch auch bereits schon in 29,4% regelmäßig gesonderte strategische Planungen für Funktionsbereiche. Deutlich häufiger als im Durchschnitt der Unternehmungen erfolgt in Obergesellschaften die *Erstellung gesonderter strategischer Pläne für Regionen*. So werden in 23,3% der Obergesellschaften regelmäßig und in 25,8% fallweise gesonderte strategische Planungen für Regionen durchgeführt, verglichen mit 9,9% und 17,8% in der Gesamtheit der Unternehmungen. Häufiger als im Durchschnitt aller Unternehmungen erstellen Obergesellschaften auch *gesonderte strategische Pläne für Projekte* (55,4% gegenüber durchschnittlich 47,8%).

Im Hinblick auf die Erstellung gesonderter strategischer Pläne in *Tochtergesellschaften* ergibt sich ein tendenziell ähnliches Bild wie in den Obergesellschaften.

Wird die Erstellung gesonderter strategischer Pläne in *selbständigen Unternehmungen* betrachtet, so zeigt sich, daß hier *in weniger Unternehmungen regelmäßige strategische Planungen* durchgeführt werden als im Durchschnitt aller Unternehmungen. Dies betrifft sowohl strategische Planungen für Geschäftsbereiche (15,8% gegenüber durchschnittlich 23,5%), Funktionsbereiche (19,0% gegenüber durchschnittlich 23,1%) und Regionen (6,0% gegenüber durchschnittlich 9,9%). In bezug auf die *fallweisen strategischen Planungen* zeigen sich im wesentlichen *nur vergleichsweise geringe Abweichungen vom jeweiligen Durchschnittswert* (vgl. Abb. 18).

Abb. 18: Erstellung strategischer Pläne bei selbständigen Unternehmungen

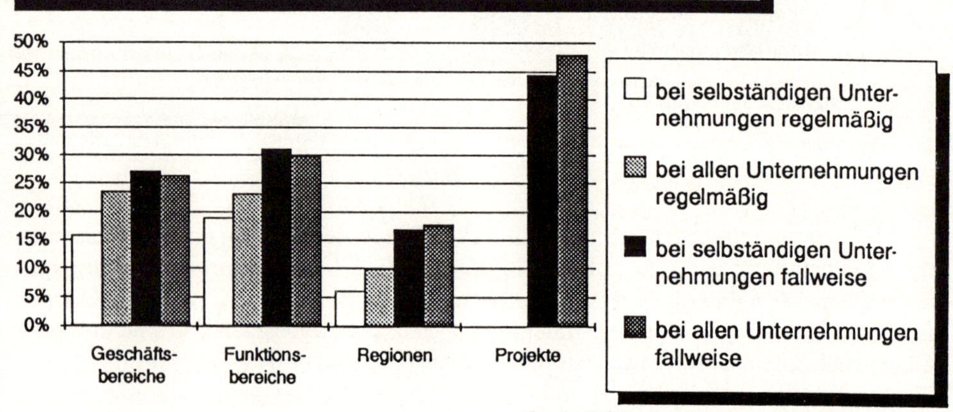

Quelle: IFO-Institut, München; IUP-Gießen/Berlin

– *Erstellung gesonderter strategischer Pläne, Art der Unternehmung und Existenz eines Unternehmungsleitbildes*

Auf der Basis einer Kreuzauswertung kann festgestellt werden, daß sowohl für Obergesellschaften, Tochtergesellschaften als auch selbständige Unternehmungen tendenziell *eine positive Beziehung zwischen der Existenz eines Unternehmungsleitbildes und der Erstellung gesonderter strategischer Pläne* für Geschäftsbereiche, Funktionsbereiche, Regionen und Projekte besteht. *Unternehmungen, die die Existenz eines Unternehmungsleitbildes bejahen, führen deutlich häufiger regelmäßig strategische Planungen durch als Unternehmungen ohne Leitbild.* Fast durchweg ist auch für die fallweise Erstellung gesonderter strategischer Pläne im Hinblick auf Geschäftsbereiche, Funktionsbereiche und Regionen zu konstatieren, daß dies sowohl bei Obergesellschaften, Tochtergesellschaften und selbständigen Unternehmungen häufiger erfolgt, wenn es sich um Unternehmungen mit einem Leitbild handelt.

3.4 Periodische Pläne für Produkte, Funktionsbereiche, Sach- und Humanpotentiale und Struktur/Organisation

Mit Hilfe der Frage 8 sollte ermittelt werden, *welchen Planungszeitraum (in Jahren) die schriftlich fixierten Pläne für spezifische Planungsbereiche* abdecken. Die Befragung erbrachte dabei interessante Ergebnisse hinsichtlich der einzelnen Planungsreichweiten, insbesondere auch im Hinblick auf Größenklassen, Branchen und Art der Unternehmung. Aus den Befragungsergebnissen lassen sich dabei sowohl Aussagen in bezug auf die Einzelhäufigkeiten der maximalen Planungszeiträume (= Planungszeitraum von bis zu ... Jahren) als auch in bezug auf die kumulierten Einzelhäufigkeiten (= Planungszeitraum von mindestens ... Jahren) für die verschiedenen Planungszeiträume ableiten.

– *Pläne und Planungszeiträume*

In der Gesamttendenz zeigen die Ergebnisse für die Einzelhäufigkeiten erwartungsgemäß, daß die *Häufigkeit der Planungen tendenziell mit zunehmendem Zeithorizont zurückgeht.* Allerdings sinkt die Häufigkeit der Existenz schriftlich fixierter Pläne nicht durchweg kontinuierlich mit der Länge des Planungszeitraumes ab. Vielmehr zeigt sich *bei bestimmten Planungsbereichen für spezifische Planungszeiträume ein erneutes Ansteigen der Planungshäufigkeit.* In diesem Sinne kommt *neben dem Planungszeitraum von einem Jahr den Planungszeiträumen von 3 Jahren und 5 Jahren eine spezielle Bedeutung zu.* Diese zeigen insbesondere die Einzelhäufigkeiten für Absatz-, Produktions-, Investitions-, Umsatz-, Betriebsergebnis- und Bilanzergebnispläne.

Pläne mit einer Reichweite von mindestens einem Jahr werden am *häufigsten erstellt für Umsatz* (78,3%), *Absatz/Vertrieb* (76,5%), *Investition* (76,1%), *Betriebsergebnis* (74,9%), *Produktion* (71,3%), *Finanzierung* (70,0%) und *Bilanzergebnis* (68,5%). Unter dem Gesichtspunkt der strategischen Planung interessiert insbesondere, mit welcher Häufigkeit Planungen mit einer Reichweite von mindestens 5 Jahren durchgeführt werden. Bezogen auf die Gesamtheit der Unternehmungen zeigt sich dabei, daß hinsichtlich der einzelnen Planungsgegenstände durchweg *in weniger als 20% der Unternehmungen Pläne mit einer Reichweite von mindestens 5 Jahren* anzutreffen sind. Pläne mit einer derartigen Reichweite werden dabei *noch am häufigsten erstellt für Umsatz* (19,2%), *Investitionen* (18,1%), *Absatz/Vertrieb* (16,9%), *Betriebsergebnis* (16,6%), *Finanzierung* (15,7%), *Bilanzergebnis* (14,4%), *Produktion* (12,5%), *Produkte* (12,3%) und *FuE* (12,2%). Nur in einem sehr geringen Umfang sind hierin Pläne mit einer Reichweite von mehr als 5 Jahren enthalten. Am relativ häufigsten sind Pläne für mehr als 5 Jahre dabei noch für Finanzierung (3,7%) und Investitionen (3,1%) vorzufinden.

Durch die Zusammenfassung von Planungsbereichen nach inhaltlichen Gesichtspunkten lassen sich Aussagen über die Verteilung der Einzelhäufigkeiten und kumulierten *Häufigkeiten im Hinblick auf geschäftsfeld- und funktionsbereichsorientierte Pläne* (vgl. Abb. 19 und Abb. 20), *organisations- und führungskräftesystemorientierte Pläne* (vgl. Abb. 21) *sowie Umsatz-, Ergebnis- und Finanzpläne* treffen. Hierbei zeigt sich deutlich die *Dominanz geschäftsfeld- und funktionsbereichsbezogerner Pläne sowie mehrperiodiger Ergebnis- und Finanzpläne.* In nur vergleichsweise geringem Umfang werden hingegen Organisations- und Führungssystemplanungen durchgeführt. Unter Berücksichtigung der herausragenden Bedeutung der Führungskräfte als dem wichtigsten Erfolgsfaktor eine Unternehmung ist insbesondere die *geringe Verbreitung von mittel- bis langfristigen Führungskräfteplanungen* als überraschend zu werten. Nur 22,7% der Unternehmungen erstellen Führungskräftepläne über einen Zeitraum von mindestens 3 Jahren und lediglich 9,5% über einen Zeitraum von mindestens 5 Jahren.

Tabelle 1 gibt einen Gesamtüberblick über die Häufigkeiten für die einzelnen Pläne und Planungszeiträume, die die Basis der vorangegangenen Ausführungen bilden.

– *Pläne, Planungszeiträume und Größenklassen*

Bezogen auf Größenklassen zeigen die Befragungsergebnisse eine *deutliche Beziehung zwischen der Unternehmungsgröße und der Reichweite von Plänen* auf. So verfügen Unternehmungen mit 1000 und mehr Beschäftigten durchweg häufiger über Pläne mit einer Reichweite von mindestens 5 Jahren als die Unternehmungen der übrigen Größenklassen. Der betreffende Wert für Unternehmungen mit 1000 und mehr Beschäftigten übersteigt dabei zumeist den Durchschnittswert um mehr als das Doppelte. Während z.B. 39,3% der Unternehmungen mit 1000 und mehr Beschäftigten über einen Absatzplan von mindestens 5 Jahren verfügen, sind dies im Durchschnitt aller Unternehmungen nur 16,9%. Besonders deutlich fallen die Unterschiede auch im Hinblick auf Produktpläne, FuE-Pläne und Investitionspläne aus. Produktpläne für mindestens 5 Jahre sind in 33,1% der Unternehmungen mit 1000 und mehr Beschäftigen anzutreffen, im Gegensatz zu 12,3% im Durchschnitt aller Unternehmungen. FuE-Pläne für mindestens 5 Jahre werden in 35,3% der Unternehmungen mit 1000 und mehr Beschäftigten erstellt, gegenüber nur 12,2% im Durchschnitt aller Unternehmungen. Investitionspläne für mindestens 5 Jahre sind in 41,9% der Unternehmungen mit 1000 und mehr Beschäftigten anzutreffen, während dies im Durchschnitt nur bei 18,1% der Unternehmungen der Fall ist. Ähnliche Unterschiede treten auch hinsichtlich der Pläne für Umsatz, Betriebsergebnis und Bilanzergebnis auf.

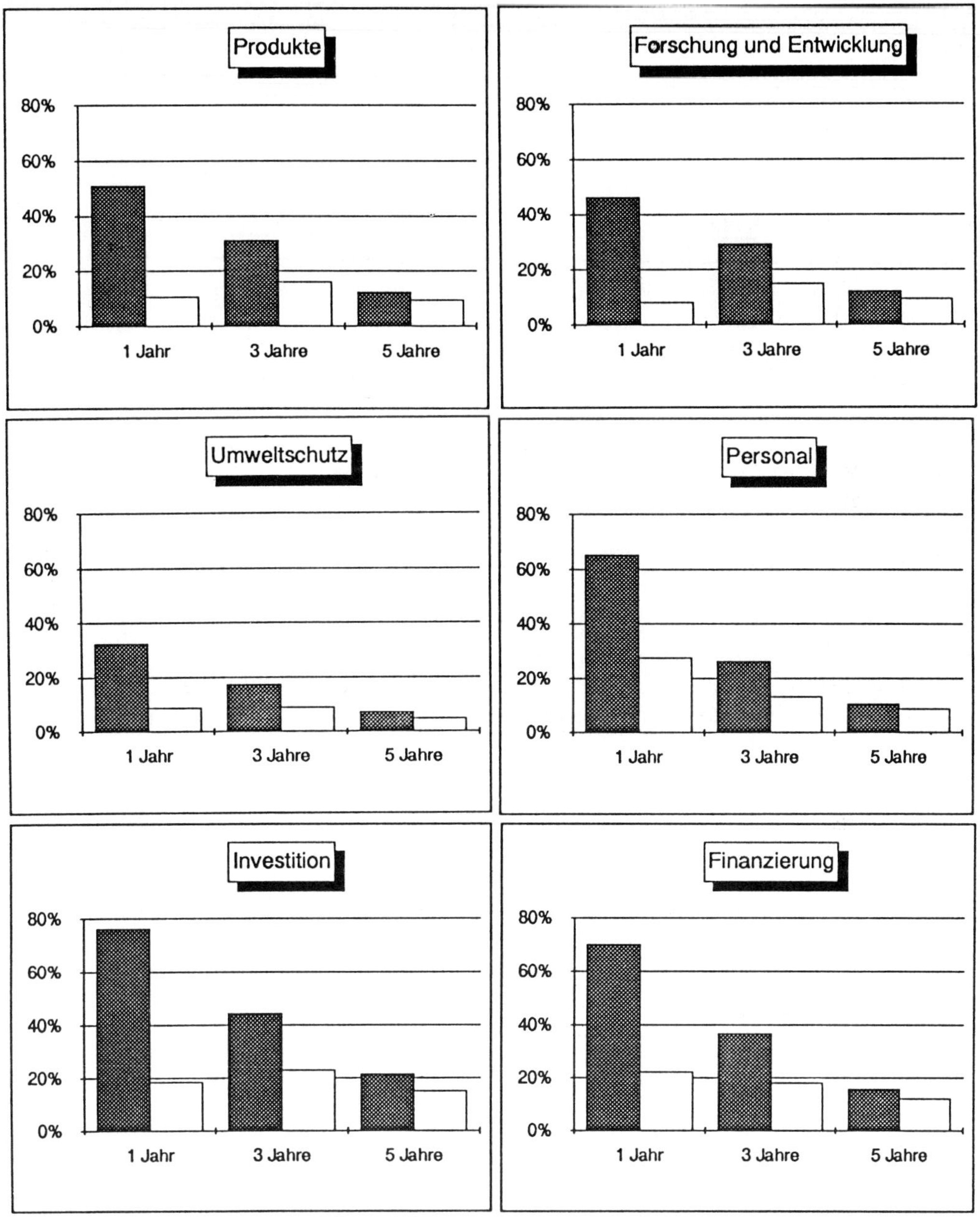

Quelle: IFO-Institut, München, IUP-Gießen/Berlin

▩ Planungszeitraum von mindestens ... ☐ Planungszeitraum von bis zu ...

Abb. 19: Planungsbereiche und Planungszeiträume (Produkte, FuE, Umweltschutz, Personal, Investition, Finanzierung)

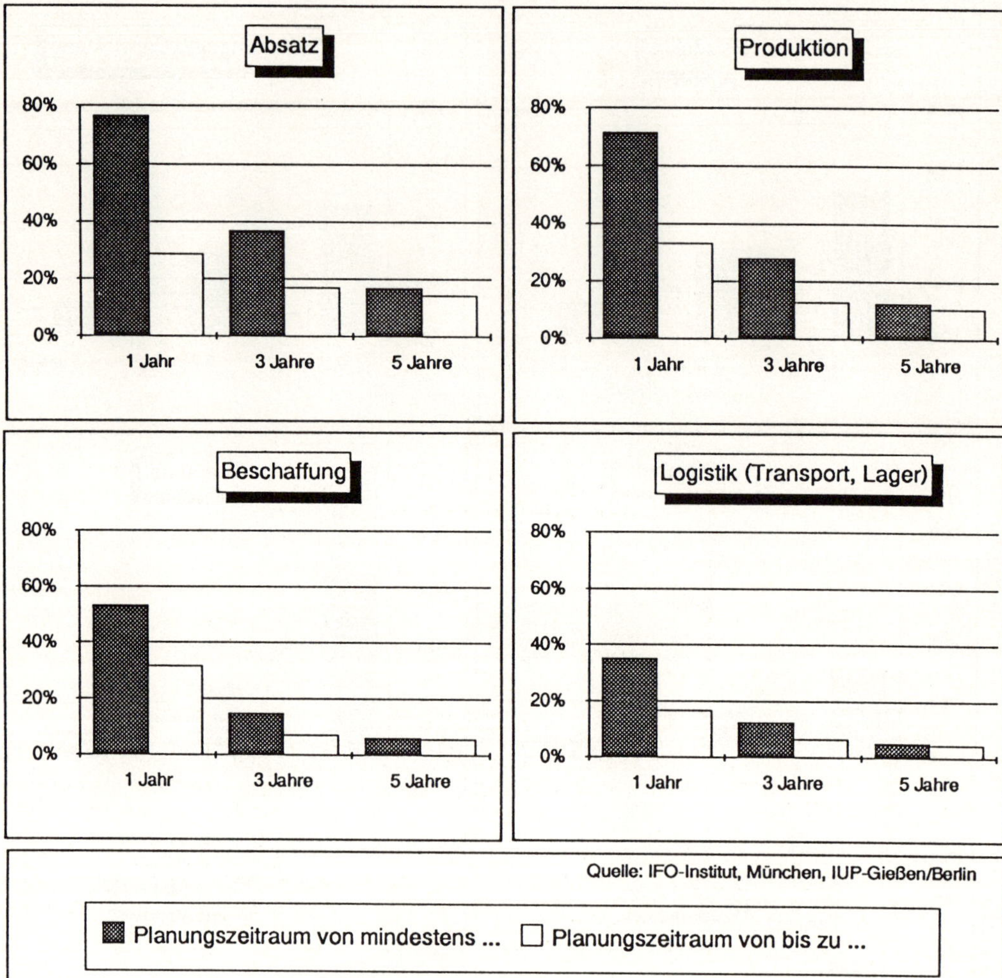

Abb. 20: Planungsbereiche und Planungszeiträume (Absatz, Produktion, Beschaffung, Logistik)

– *Pläne, Planungszeiträume und Industriehauptgruppen/Branchen*

Bezogen auf *Industriehauptgruppen* ist festzustellen, daß *in den Bereichen Grundstoffe und Produktionsgüter sowie Investitionsgüter im Durchschnitt häufiger Pläne für mindestens 5 Jahre anzutreffen sind als in den Bereichen Verbrauchsgüter sowie Nahrungs- und Genußmittel.* Besonders deutlich zeigen sich die entsprechenden Unterschiede bei den Plänen für Absatz, FuE, Produkte, Personal, Umsatz, Betriebsergebnis und Bilanzer-

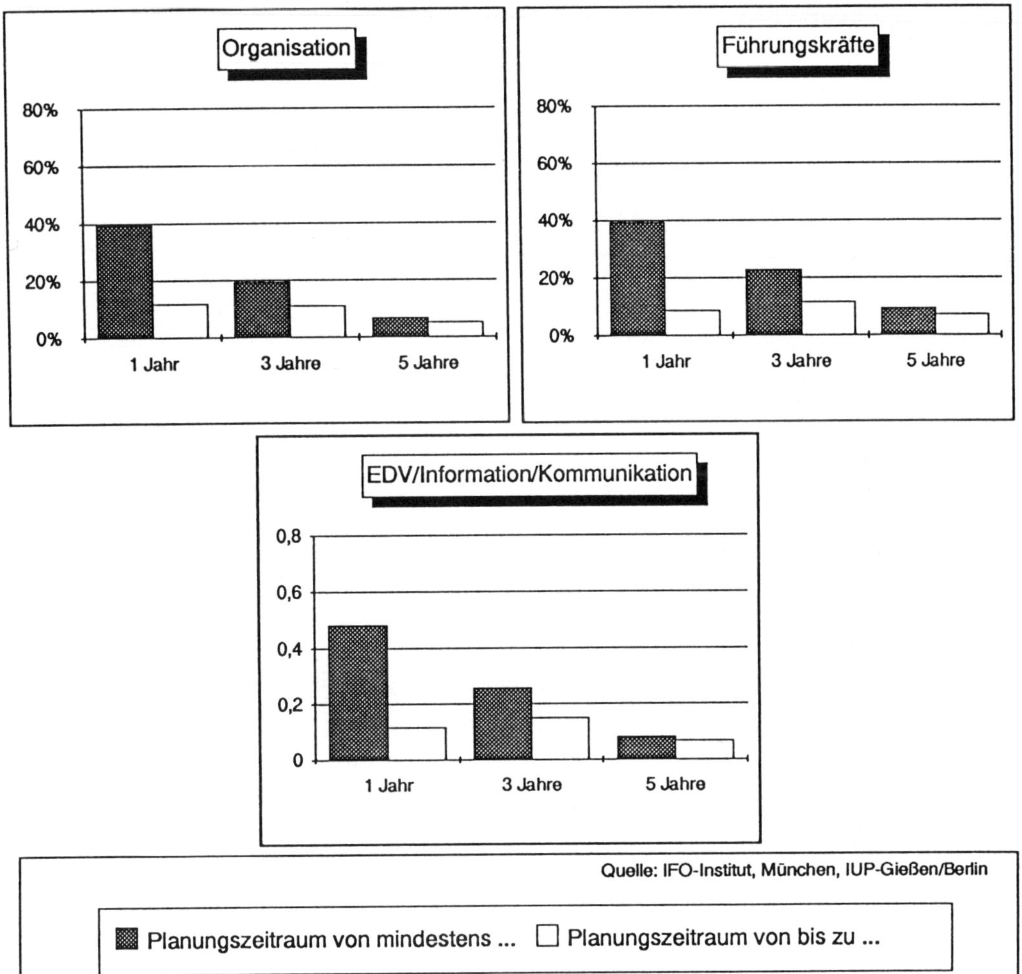

Abb. 21: Planungsbereiche und Planungszeiträume (Organisation, Führungskräfte und EDV/Information/Kommunikation)

gebnis. Eine Ausnahme bilden hingegen die Pläne in bezug auf Führungskräfte. So werden Führungskräftepläne für mindestens 5 Jahre im Bereich Nahrungs- und Genußmittel (11,1%) ähnlich häufig erstellt wie in den Bereichen Grundstoffe und Produktionsgüter (12,0%) sowie Investitionsgüter (11,2%). Werden Abweichungen zwischen den einzelnen *Branchen* untersucht, so zeigt sich, daß vor allem die Unternehmungen des Fahrzeugbaus, der Zellstoff-, Papier- und Pappeerzeugung, der NE-Metallindustrie, der chemischen Industrie und der Elektrotechnik überdurchschnittlich häufig über Pläne mit einer Reichweite von mindestens 5 Jahren verfügen. Insbesondere die Unternehmungen

Planungsbereich	Planungszeitraum					
	1 Jahr	2 Jahre	3 Jahre	4 Jahre	5 Jahre	> 5 Jahre
	1 Jahr und mehr	2 Jahre und mehr	3 Jahre und mehr	4 Jahre und mehr	5 Jahre und mehr	> 5 Jahre
Absatz/Vertrieb	28,54%	11,16%	16,97%	2,87%	14,51%	2,40%
Absatz/Vertrieb kum.	76,45%	47,91%	36,75%	19,78%	16,91%	2,40%
Produktion	33,20%	10,13%	12,94%	2,46%	10,61%	1,92%
Produktion kum.	71,26%	38,06%	27,93%	14,99%	12,53%	1,92%
Beschaffung/Einkauf	31,62%	6,64%	7,19%	1,37%	5,68%	0,48%
Besch./Einkauf kum.	52,98%	21,36%	14,72%	7,53%	6,16%	0,48%
Logistik(Transport, Lager)	16,77%	5,68%	6,37%	0,96%	4,52%	0,68%
Logistik kum.	34,98%	18,21%	12,53%	6,16%	5,20%	0,68%
Forschung und Entwicklung	8,15%	8,83%	15,06%	1,98%	9,58%	2,60%
FuE kum.	46,20%	38,05%	29,22%	14,16%	12,18%	2,60%
Produkte	10,61%	9,17%	16,22%	2,67%	9,51%	2,74%
Produkte kum.	50,92%	40,31%	31,14%	14,92%	12,25%	2,74%
Investition	18,41%	13,42%	22,93%	3,22%	14,99%	3,08%
Investition kum.	76,05%	57,64%	44,22%	21,29%	18,07%	3,08%
Finanzierung	22,25%	11,09%	18,00%	2,94%	11,98%	3,70%
Finanzierung kum.	69,96%	47,71%	36,62%	18,62%	15,68%	3,70%
Personal (allgemein)	27,58%	11,43%	13,28%	2,26%	8,76%	1,78%
Personal kum.	65,09%	37,51%	26,08%	12,80%	10,54%	1,78%
Führungskräfte	8,69%	7,80%	11,84%	1,44%	7,19%	2,26%
Führungskräfte kum.	39,22%	30,53%	22,73%	10,89%	9,45%	2,26%
Organisation	11,84%	8,21%	11,02%	1,64%	5,13%	1,51%
Organisation kum.	39,35%	27,51%	19,30%	8,28%	6,64%	1,51%
EDV/Information/Kommunikation	11,50%	11,09%	15,06%	2,40%	6,64%	1,51%
EDV/Inf./Kommun. kum.	48,20%	36,70%	25,61%	10,55%	8,15%	1,51%
Umweltschutz	8,69%	6,37%	8,90%	1,37%	4,72%	2,26%
Umweltschutz kum.	32,31%	23,62%	17,25%	8,35%	6,98%	2,26%
Umsatz	26,97%	9,86%	19,30%	3,01%	16,43%	2,74%
Umsatz kum.	78,31%	51,34%	41,48%	22,18%	19,17%	2,74%
Betriebsergebnis	28,95%	8,21%	18,21%	2,94%	14,51%	2,05%
Betriebsergebnis kum.	74,87%	45,92%	37,71%	19,50%	16,56%	2,05%
Bilanzergebnis	25,67%	9,10%	16,84%	2,46%	12,46%	1,98%
Bilanzergebnis kum.	68,51%	42,84%	33,74%	16,90%	14,44%	1,98%

Anm.: Die kumulierten Werte (z.B. Absatz/Vertrieb kum.) ergeben sich jeweils aus der oberen Zeile, von rechts nach links addiert.

des Fahrzeugbaus heben sich hierbei deutlich von den übrigen Branchen ab (vgl. hierzu Tab. 2).

– *Pläne, Planungszeiträume und Art der Unternehmung*

Deutliche Abweichungen von den Werten für die Gesamtheit der Unternehmungen ergeben sich, wenn eine Differenzierung nach der *Art der Unternehmung* vollzogen wird. So zeigt sich hierbei die *klare Tendenz, daß in Obergesellschaften eine stärkere Abdekkung der einzelnen Planungszeiträume anzutreffen ist.* Pläne für mindestens ein Jahr werden in Obergesellschaften besonders häufig erstellt für Umsatz (96,8%), Absatz/Vertrieb (96,2%), Investitionen (95,0%), Betriebsergebnis (92,5%), Produktion (92,5%), Bilanzergebnis (90,6%) und Finanzierung (88,7%). Wesentlich häufiger als im Durchschnitt der Unternehmungen sind hier auch Pläne für einen Zeitraum von mindestens 5 Jahren anzutreffen. Sie betreffen vor allem Umsatz (40,9%), Investitionen (40,3%), Betriebsergebnis (37,1%), Finanzierung (34,0%), Absatz/Vertrieb (34,0%) und Bilanzergebnis (34,0%). Ebenfalls deutlich größer als im Durchschnitt der Unternehmungen ist der Anteil derjenigen Obergesellschaften, die Planungen mit mehr als 5 Jahren durchführen für Forschung und Entwicklung (9,4%), Produkte (9,4%), Investitionen (8,8%), Finanzierung (8,8%), Betriebsergebnis (7,6%) sowie Produktion (7,6%). Im Verhältnis zu den geschäftsfeld- und funktionsbereichsorientierten Planungen sind in Obergesellschaften nur vergleichsweise selten langfristige Organisationsplanungen anzutreffen. So führen nur 11,3% der Obergesellschaften derartige Planungen für einen Zeitraum von mindestens 5 Jahren durch. Im Hinblick auf die Führungskräftesystemplanung zeigt sich, daß in Obergesellschaften deutlich häufiger als im Durchschnitt der Unternehmungen Pläne für den Bereich EDV/Information/Kommunikation anzutreffen sind. So führen 18,9% der Obergesellschaften derartige Planungen für einen Zeitraum von mindestens 5 Jahren durch. Weniger häufig werden hingegen langfristige Führungskräftepläne erstellt. Pläne über einen Zeitraum von mindestens 5 Jahren finden sich nur in 13,2% der Unternehmungen.

Im Hinblick auf die *Planungszeiträume in Tochtergesellschaften* zeigt sich ebenfalls die *Tendenz, daß für die einzelnen Planungszeiträume häufiger Pläne als im Durchschnitt der Unternehmungen anzutreffen sind.* Pläne für mindestens ein Jahr werden in Tochtergesellschaften besonders häufig erstellt für Umsatz (95,9%), Betriebsergebnis (95,9%), Absatz/Vertrieb (94,3%), Investitionen (93,7%), Bilanzergebnis (92,2%), Produktion (89,3%), Personal (89,0%) und Finanzierung (87,11%). Deutlich häufiger als im Durchschnitt der Unternehmungen sind auch bei den Tochtergesellschaften Planungen für einen Zeitraum von mindestens 5 Jahren anzutreffen. Sie beziehen sich vor allem auf Umsatz (38,1%), Betriebsergebnis (33,7%), Absatz/Vertrieb (32,4%), Investitionen (31,5%). Ebenso wie in den Obergesellschaften besitzen auch in den Tochtergesellschaften die langfristigen Organisationspläne nur eine relativ geringe quantitative Bedeutung. So werden in nur 9,4% der Tochtergesellschaften Organisationspläne mit einer Reichweite von mindestens 5 Jahren erstellt. In bezug auf die Führungssystemplanung zeigt sich, daß für einzelne Planungszeiträume häufiger Führungskräftepläne in Tochtergesellschaf-

	Absatz	Produktion	Einkauf/ Beschaffung	FuE	Produkte	Investition	Finanzierung	Umsatz	Gewinn/ Betriebserg.
Grundstoffe u. Produktionsgüter	21%	17%	8%	15%	15%	24%	21%	22%	19%
- Eisenschaffende Industrie (*)	14%	12%	0%	5%	5%	19%	9%	14%	7%
- NE-Metallindustrie	36%	27%	12%	21%	21%	27%	27%	27%	24%
- Mineralölverarbeitung	29%	14%	14%	14%	0%	43%	14%	14%	29%
- Chemische Industrie	28%	20%	11%	23%	20%	34%	25%	34%	31%
- Zellstoff-, Papier- u. Pappeerzeugung	48%	48%	24%	29%	58%	57%	52%	48%	52%
Investitionsgüter	24%	16%	10%	19%	20%	21%	17%	26%	23%
- Maschinenbau	23%	18%	10%	22%	21%	20%	13%	24%	21%
- Fahrzeugbau (**)	56%	44%	31%	44%	49%	44%	41%	54%	46%
- Elektrotechnik	34%	21%	8%	28%	33%	35%	21%	45%	40%
- Feinmechanik, Optik, Uhren	23%	10%	5%	18%	18%	15%	13%	28%	26%
- Stahlverformung	19%	12%	11%	5%	11%	14%	19%	19%	18%
- Herst. v. EBM-Waren	9%	5%	3%	5%	5%	9%	14%	9%	8%
Verbrauchsgüter	8%	11%	2%	4%	3%	12%	12%	12%	10%
- Papier- u. Pappeverarbeitung	9%	2%	0%	2%	4%	13%	13%	11%	11%
- Druckerei u. Vervielfältigung	6%	6%	3%	3%	4%	14%	18%	15%	14%
- Herst. v. Kunststoffwaren	16%	11%	5%	6%	6%	16%	18%	17%	15%
- Textilindustrie	8%	6%	2%	4%	0%	7%	8%	8%	6%
Nahrungs- und Genußmittel	9%	11%	3%	9%	7%	15%	10%	12%	9%
Insgesamt	17%	13%	6%	12%	12%	18%	16%	19%	17%

Anm.: (*) inklusive Ziehereien und Gießereien (**) inklusive Schiffbau und Luft- und Raumfahrttechnik

Tab. 2: Planungsbereiche mit einem Planungszeitraum von mindestens 5 Jahren für ausgewählte Branchen (Quelle: IFO-Institut, München; IUP-Gießen/Berlin)

ten anzutreffen sind als in den Obergesellschaften. Insgesamt erstellen allerdings auch nur 15,7% der Tochtergesellschaften Führungskräftepläne über einen Zeitraum von mindestens 5 Jahren. Noch geringer fällt die quantitative Bedeutung der Pläne für EDV/ Information/Kommunikation aus, die nur von 12,3% der Tochtergesellschaften für einen Zeitraum von mindestens 5 Jahren erstellt werden.

Im Bereich der *selbständigen Unternehmungen* sind tendenziell *für die einzelnen Planungszeiträume seltener Pläne anzutreffen als im Durchschnitt der Unternehmungen.* Pläne für mindestens ein Jahr werden in selbständigen Unternehmungen am häufigsten erstellt für Umsatz (70,6%), Absatz/Vertrieb (68,6%), Investitionen (68,1%), Betriebsergebnis (66,4%) und Produktion (63,1%). Die unter strategischen Gesichtspunkten besonders interessierenden langfristigen Pläne sind in den selbständigen Unternehmungen ebenfalls deutlich seltener als im Durchschnitt der Unternehmungen anzutreffen. Pläne für einen Zeitraum von mindestens 5 Jahren beziehen sich dabei am häufigsten auf Investitionen (11,2%), Finanzierung (11,1%), Umsatz (10,8%) und Absatz/Vertrieb (10,1%). Organisations- und führungskräftesystembezogene Pläne werden in selbständigen Unternehmungen nur selten für einen Zeitraum von mindestens 5 Jahren erstellt. So finden sich nur in 6,9% der selbständigen Unternehmungen entsprechende Führungskräftepläne.

3.5 Kennzahlen

– *Verwendung von Kennzahlen*

Bezüglich der *in den Planungen enthaltenen Kennzahlen* (Frage 9) zeigen die Befragungsergebnisse, daß die verschiedenen interessierenden Kennzahlen einen *sehr unterschiedlichen Stellenwert* besitzen. Die mit Abstand *größte Bedeutung kommt dem Umsatz zu,* der in 85,8% aller Unternehmungen in den Planungen als Kennzahl enthalten ist. *Weitere wesentliche Kennzahlen sind Betriebsergebnis* (74,3%), *Beschäftigte* (73,3%), *Bilanzergebnis* (70,3%), *Liquidität* (64,9%), *Auftragseingang* (59,3%), *Cash-flow* (56,8%) sowie *Deckungsbeitrag* (56,0%). Basierend auf den Ergebnissen von Frage 8 verdeutlicht Abb. 22 die Häufigkeiten der Kennzahlen Umsatz, Betriebsergebnis und Bilanzergebnis für unterschiedliche Planungszeiträume.

– *Kennzahlen und Unternehmungsgröße*

Unter dem Gesichtspunkt der Unternehmungsgröße zeigt sich *zumeist eine mit wachsender Unternehmungsgröße häufigere Anwendung der Kennzahlen.* Die tendenzielle Spannweite veranschaulicht Abb. 23 durch die Gegenüberstellung der Durchschnittswerte mit den Ergebnissen für Unternehmungen mit bis zu 50 Beschäftigten und denen für Unternehmungen mit 1000 und mehr Beschäftigten.

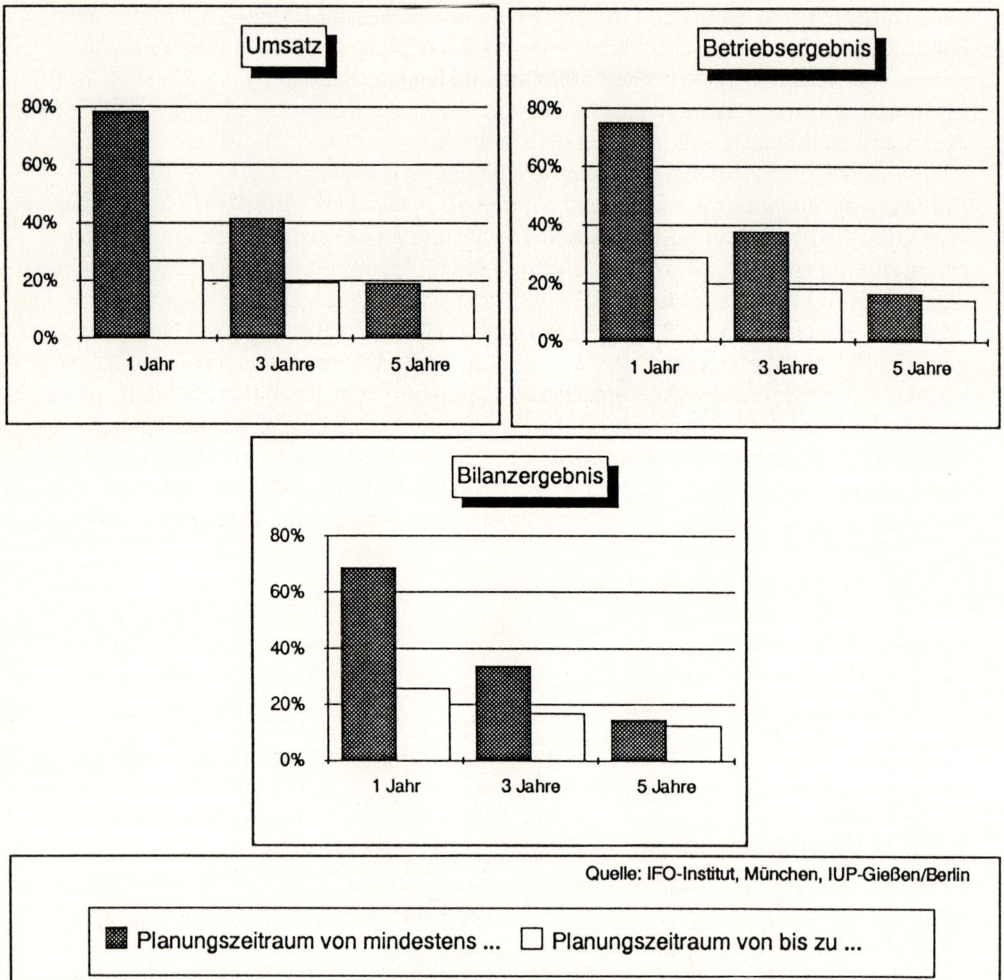

Abb. 22: Planungsbereiche und Planungszeiträume (Umsatz, Betriebsergebnis und Bilanzergebnis)

– *Kennzahlen und Art der Unternehmung*

Deutliche Unterschiede zeigen sich bezüglich der *Verwendung der Kennzahlen in Obergesellschaften, Tochtergesellschaften und selbständigen Unternehmungen* (vgl. Abb. 24). Aus der Abbildung ist ersichtlich, daß *Obergesellschaften zumeist weit häufiger mit Kennzahlen arbeiten als der Durchschnitt der Unternehmungen*. Sehr große Bedeutung kommt dabei in Obergesellschaften den Kennzahlen Umsatz, Betriebsergebnis

Abb. 23: Planungskennzahlen und Unternehmungsgröße

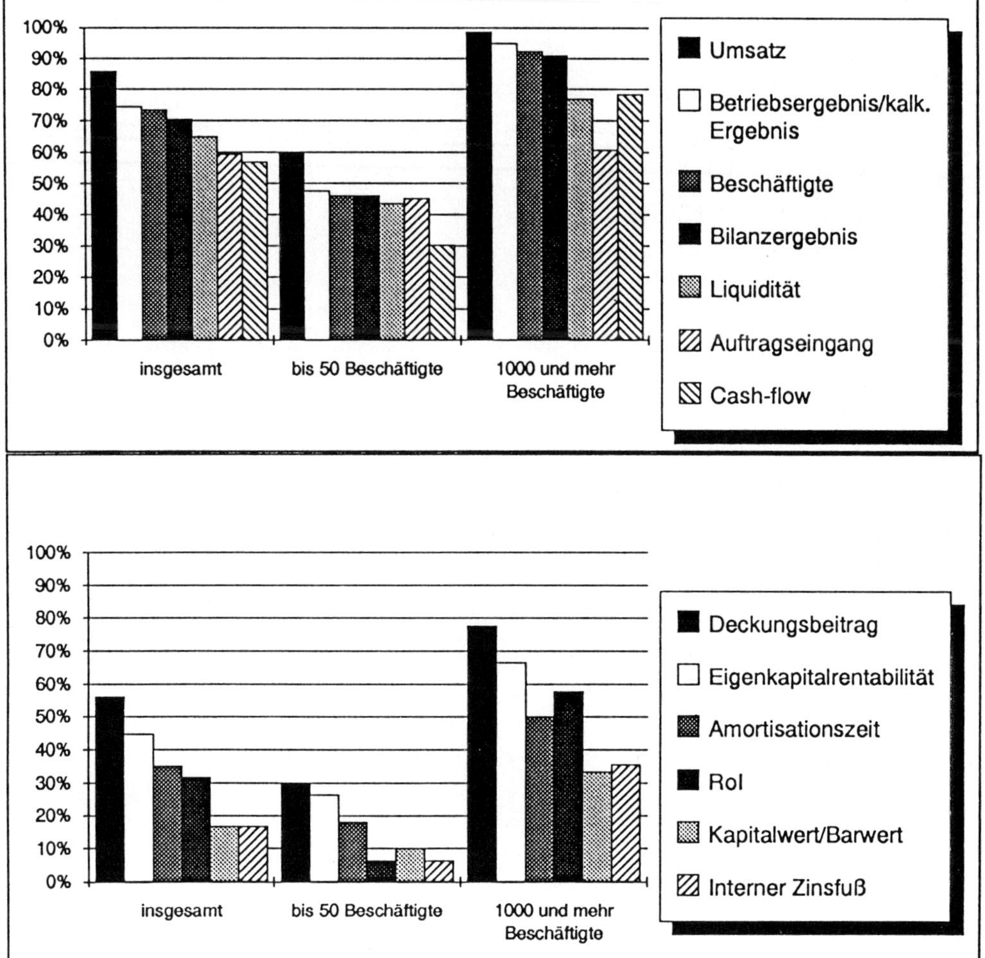

Quelle: IFO-Institut, München, IUP-Gießen/Berlin

und Bilanzergebnis zu. Als bemerkenswert ist auch die deutlich häufigere Anwendung der Kennzahlen Cash-flow, Deckungsbeitrag und RoI hervorzuheben.

3.5 Einflüsse auf die Unternehmungsentwicklung

Mit Hilfe von Frage 10 sollte ermittelt werden, *welche Faktoren die Unternehmungsentwicklung besonders beeinflussen* (vgl. Tab. 3). Dabei interessieren die *Art bzw. Inten-*

Abb. 24: Planungskennzahlen und Art der Unternehmung

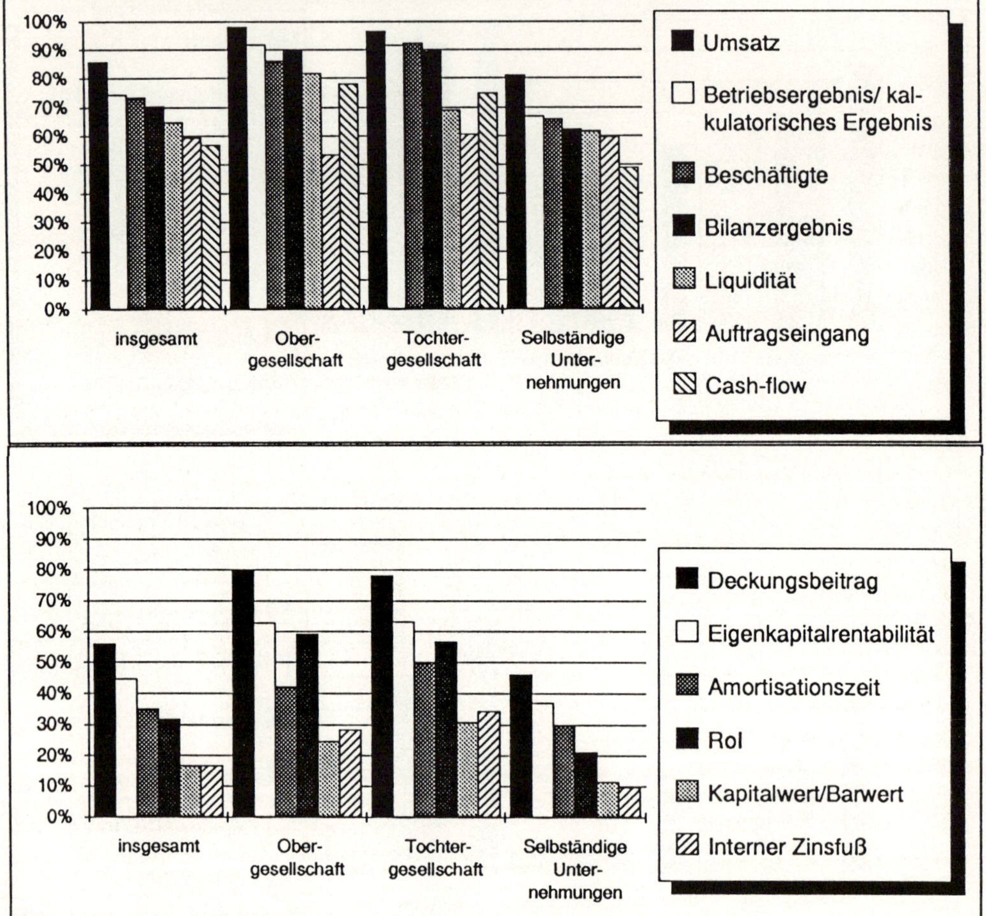

Quelle: IFO-Institut, München, IUP-Gießen/Berlin

sität der Beeinflussung sowie die Einflußrichtung, d.h. ob die jeweiligen Faktoren eher als *Chance* oder *Risiko* empfunden werden. Erfragt wurde hierbei die Einschätzung in bezug auf Faktoren aus den Bereichen technologischer, marktbezogener, politisch/gesetzlicher, ökologischer und sozio-kultureller Entwicklungen.

– *Technologische Entwicklungen*

Im Hinblick auf die *technologischen Entwicklungen* zeigte sich, daß *jeweils fast die Hälfte aller Unternehmungen eine sehr spürbare oder zumindest spürbare Beeinflussung*

Faktoren	Art der Beeinflussung			Einflußrichtung		
	sehr spürbar	spürbar	nicht spürbar	Chance	Risiko	Beides
Technologische Entwicklungen						
Mikroelektronik	14,17%	33,74%	26,21%	78,57%	6,71%	2,86%
Neue Werkstoffe	9,10%	36,76%	26,63%	69,70%	12,84%	4,33%
Biotechnologie	1,71%	6,09%	52,43%	61,40%	12,28%	1,75%
Sonstige	3,63%	4,45%	20,19%	64,41%	13,56%	9,32%
Marktentwicklungen						
Nationaler Markt	50,86%	33,13%	4,65%	46,54%	17,93%	7,01%
Europa ´92	19,58%	50,65%	14,37%	58,09%	15,79%	6,14%
Japan	4,65%	15,33%	44,90%	36,30%	35,62%	6,51%
USA	9,17%	22,18%	36,34%	55,68%	21,83%	5,24%
Sonstige	5,00%	8,69%	18,62%	35,50%	29,00%	9,00%
Politisch/gesetzliche Entwicklungen						
Steuerpolitik	18,14%	47,78%	14,85%	12,15%	51,51%	4,57%
Sozialpolitik	22,18%	42,71%	14,51%	4,43%	62,55%	3,06%
Tarifpolitik	36,82%	43,87%	5,95%	2,37%	64,55%	2,21%
Energiepolitik	17,73%	38,06%	22,31%	11,29%	53,13%	2,90%
Umweltpolitik	26,49%	40,04%	16,29%	17,59%	49,18%	4,42%
Sonstige	2,12%	1,92%	13,21%	13,56%	42,37%	10,17%
Ökologieentwicklungen						
Behördliche Umweltschutzauflagen bezüglich						
unserer Produkte	16,29%	27,65%	34,84%	19,94%	53,89%	3,12%
unserer Verfahren/Prozesse	20,74%	33,68%	23,61%	12,20%	56,73%	1,64%
der Entsorgung	23,89%	38,33%	18,48%	8,80%	61,39%	1,54%
Umweltschutzeinstellungen						
unserer Kunden	9,92%	35,46%	36,00%	46,61%	23,53%	3,92%
unseres Personals (allgemein)	2,33%	30,87%	43,39%	44,12%	20,00%	2,47%
unserer Führungskräfte	6,71%	34,57%	34,09%	55,39%	9,62%	2,32%
der Öffentlichkeit	14,10%	35,32%	28,54%	24,24%	43,21%	4,16%
Sonstige	0,55%	1,64%	15,95%	25,00%	34,38%	3,13%
Sozio-kulturelle Entwicklungen						
Bevölkerungsentwicklung	9,51%	33,68%	34,09%	26,66%	45,64%	4,75%
Wertewandel	7,94%	34,15%	33,06%	33,01%	34,31%	6,67%
Sonstige	0,55%	1,57%	18,62%	29,03%	16,13%	6,45%

Tab. 3: Einfluß der Umfelder auf die Unternehmungsentwicklung
(Quelle: IFO-Institut, München; IUP-Gießen/Berlin)

durch die Mikroelektronik sowie durch neue Werkstoffe sehen. Eine *wesentlich geringere Bedeutung* ist hingegen aus der Sicht der Unternehmungen *für die Biotechnologie sowie sonstige technologische Entwicklungen* zu verzeichnen. Ihr Einfluß wird von weniger als 10% der Unternehmungen als sehr spürbar oder spürbar empfunden. Durchweg werden die *technologischen Entwicklungen eher als Chance denn als Risiko* interpretiert. Besonders deutlich wird dies in bezug auf die Mikroelektronik, die von 81,4% der Unternehmungen als Chance und nur von 9,6% als Risiko eingeschätzt wird. Speziell im Hinblick auf die Mikroelektronik und die neuen Werkstoffe zeigt sich, daß Unternehmungen mit mehr als 1000 Beschäftigten häufiger als kleinere Unternehmungen eine sehr spürbare oder spürbare Beeinflussung empfinden, wobei zugleich auch stärker der Chancencharakter dieser Entwicklungen gesehen wird.

– *Marktentwicklungen*

Im Bereich der *Marktentwicklungen* gilt, daß *bezüglich der Beeinflussung deutlich der nationale Markt sowie der zukünftige EG-Binnenmarkt dominieren.* So werden 50,9% der Unternehmungen durch die Entwicklungen auf dem nationalen Markt sehr spürbar und 33,1% spürbar beeinflußt. In bezug auf EG '92 sehen immerhin 19,6% eine sehr spürbare und 50,7% eine spürbare Beeinflussung. Die *Beeinflussung durch die USA, Japan oder sonstige Marktregionen fällt hingegen deutlich geringer aus.* So empfinden 31,4% der Unternehmungen eine sehr starke oder starke Beeinflussung durch die USA und 20,0% durch Japan. Als bemerkenswert ist die Einschätzung in bezug auf den Chancen-/Risikocharakter der einzelnen Regionen zu sehen. Die *positivste Einschätzung* ist *für den zukünftigen europäischen Binnenmarkt* zu verzeichnen, der von 64,2% der Unternehmungen als Chance eingestuft wird. *Deutlich positiv* fällt auch die *Einschätzung der USA* aus, die von 60,9% der Unternehmungen als Chance gesehen werden, während der *nationale Markt als Chance* von 53,6% der Unternehmungen eingestuft wird. In bezug auf *Japan* zeigt sich eine *deutlich zurückhaltendere Einschätzung*. Während 42,8% der Unternehmungen hier Chancen sehen, erfolgt von nahezu ebenso vielen Unternehmungen (42,1%) eine Einschätzung als Risiko.

– *Politisch/gesetzliche Entwicklungen*

Im Bereich der *politisch/gesetzlichen Entwicklungen* ist eine *sehr deutliche Beeinflussung der Unternehmungen* zu konstatieren. *Am stärksten* fällt diese bei der *Tarifpolitik* aus, von der sich 36,8% sehr spürbar und 43,9% spürbar beeinflußt fühlen. Auch wird die *Tarifpolitik am häufigsten als Risiko* empfunden, nämlich von 66,8% der Unternehmungen. Eine *deutliche Beeinflussung* geht auch von der *Umweltpolitik, der Steuerpolitik, der Sozialpolitik sowie der Energiepolitik* aus. Ihre Beeinflussung wird jeweils von mehr als der Hälfte der Unternehmungen als sehr spürbar oder spürbar eingestuft, wobei sie auch von *jeweils mehr als der Hälfte der Unternehmungen als Risiko empfunden* wird.

– *Ökologische Entwicklungen*

Im Hinblick auf die *ökologischen Entwicklungen* zeigt sich, daß *behördliche Umweltschutzauflagen bezogen auf Produkte, Prozesse/Verfahren sowie Entsorgung bei einem erheblichen Teil der Unternehmungen zu einer sehr spürbaren oder spürbaren Beeinflussung der Unternehmungsentwicklung führen.* Bei behördlichen Umweltschutzauflagen für Verfahren/Prozesse gilt dies für 54,4% der Unternehmungen und bei Entsorgungsauflagen sogar für 62,2% der Unternehmungen. Von der *deutlichen Mehrzahl der Unternehmungen werden die Auflagen dabei als Risiko empfunden*, so z.B. von 62,9% der Unternehmungen im Hinblick auf Entsorgungsauflagen. Differenzierter gestaltet sich das Bild bezüglich der Umweltschutzeinstellungen von Kunden, Personal, eigenen Führungskräften sowie Öffentlichkeit. Die *Beeinflussung durch die Öffentlichkeit* wird hier *am häufigsten als sehr spürbar oder spürbar empfunden* (49,4%) und *zugleich überwiegend als Risiko eingestuft.* Anders hingegen bei den *Umweltschutzeinstellungen von Kunden, Personal (allgemein) und Führungskräften*, wo deutlich die *Einschätzung als Chance im Vordergrund* steht. So sehen z.B. 45,4% der Unternehmungen eine sehr spürbare oder spürbare Beeinflussung der Unternehmungsentwicklung durch die Umweltschutzeinstellungen ihrer Kunden, wobei dies von 50,5% der Unternehmungen als Chance empfunden wird. Interessanterweise *korrespondiert die Häufigkeit, mit der ökologische Entwicklungen als unternehmungsrelevant eingestuft werden, nicht mit der zu beobachtenden Verbreitung von Umweltschutzplanungen.* Wie die Ergebnisse von Frage 8 zeigen, werden lediglich in 32,3% der Unternehmungen Umweltschutzpläne für mindestens 1 Jahr und lediglich in 7,0% Umweltschutzpläne für mindestens 5 Jahre erstellt. Offensichtlich besteht damit vielfach noch eine Diskrepanz zwischen der erkannten Bedeutung des Umweltschutzes und seiner Einbindung in die Unternehmungsplanung.

– *Sozio-kulturelle Entwicklungen*

Im Bereich der *sozio-kulturellen Entwicklungen* interessierten *als Beeinflussungsfaktoren primär die Bevölkerungsentwicklung und der Wertewandel.* Während die *beiden Faktoren ähnlich häufig als sehr spürbar oder spürbar empfunden* werden, nämlich die Bevölkerungsentwicklung von 43,2% und der Wertewandel von 42,1% der Unternehmungen, ergeben sich *unterschiedliche Einschätzungen bezüglich der Beeinflussungsrichtung.* So dominiert hinsichtlich der *Bevölkerungsentwicklung eine Einschätzung als Risiko* (50,4%), während der *Wertewandel fast ebenso häufig als Risiko wie als Chance* (41,0%/39,7%) eingestuft wird.

4. Veränderungen der Planung im Zeitablauf

Abschließend interessieren *Veränderungen der Planung im Zeitablauf.* Als *Vergleichsbasis für die Ergebnisse* der Befragung können dabei die *Resultate einer vom IFO-Institut 1965 durchgeführten Befragung zur Planung in der Industrie* herangezogen werden [9]. Im Zuge dieser frühen Großuntersuchung waren 3600 Industrieunternehmungen befragt und eine Rücklaufquote von 43% erzielt worden, was nahezu identisch mit den Werten der Befragung von 1989 ist.

Wie Tab. 4 veranschaulicht, bestehen dabei auch hinsichtlich der Zusammensetzung nach Hauptgruppen sowie Größenklassen nur vergleichsweise geringe Unterschiede zwischen den Befragungen von 1965 und 1989, so daß eine *grundsätzliche Vergleichbarkeit der Befragungsergebnisse* gegeben ist.

Ein Vergleich der Ergebnisse der Befragung von 1965 mit denjenigen der Befragung von 1989 ermöglicht dabei vor allem Aussagen über die Veränderungen im Hinblick auf

- die Erstellung eines Gesamtplanes und von Einzelplänen,
- die Koordination der Einzelpläne bei Erstellung eines Gesamtplanes sowie über
- schriftlich fixierte Pläne und Planungszeiträume.

	1965		1989	
	abs.	%	abs.	%
bis 200 Beschäftigte	639	40,8%	688	47,1%
200 bis 1000 Beschäftigte	588	37,5%	501	34,3%
mehr als 1000 Beschäftigte	341	21,7%	272	18,6%
Grundstoffe und Produktionsgüter	391	24,9%	301	20,6%
Investitionsgüter	493	31,4%	546	37,4%
Verbrauchsgüter	530	33,8%	497	34,0%
Nahrungs- und Genußmittel	135	8,6%	117	8,0%
Sonstige	18	1,1%	0	0,0%
Insgesamt	1568	100%	1461	100%

Tab. 4: Vergleich der antwortenden Unternehmungen nach Unternehmungsgröße und nach Branche
(Quelle: IFO-Institut, München; IUP-Gießen/Berlin)

– *Erstellung eines Gesamtplanes und von Einzelplänen*

Betrachtet man die Aufstellung von Gesamtplänen in den Unternehmungen, dann zeigt sich, daß der *Anteil der Unternehmungen mit einem Gesamtplan gegenüber 1965 deutlich angestiegen* ist (vgl. Tab. 5). Auffallend ist dabei die besonders starke Zunahme der Erstellung von Gesamtplänen in der Klasse der Unternehmungen mit 1000 und mehr Beschäftigten, in der sich ein Anstieg von 60% auf 92,3% vollzog.

	1965	1989
Erstellung eines Gesamtplanes	37,00%	59,21%
Nur Einzelpläne	53,00%	30,05%
keine Pläne	10,00%	10,74%
Koordination über zentrale (Stabs-)Stelle	57,00%	88,44%
Koordination über Arbeitsgruppe	32,00%	29,02%

Tab. 5: Vergleich der Befragungsergebnisse aus 1965 mit den Ergebnissen aus 1989
(Quelle: IFO-Institut, München; IUP-Gießen/Berlin)

– *Koordination der Einzelpläne innerhalb des Gesamtplanes*

Wurde die Koordination der Einzelpläne innerhalb des Gesamtplanes 1965 in 57% der Unternehmungen durch eine zentrale Stabsstelle vollzogen, so erfolgte die *Koordination der Einzelpläne 1989 deutlich häufiger durch eine zentrale Stelle* (in 88,4% der Unternehmungen). Fast ebenso häufig wie 1965 bedienten sich die Unternehmungen auch 1989 für die Koordination der Einzelpläne spezieller Arbeitsgruppen.

– *Schriftlich fixierte Pläne und Planungszeiträume*

Im Hinblick auf die Ausgestaltung der Planung im Zeitablauf interessiert insbesondere, welche *Veränderungen bei der Erstellung langfristiger Pläne* aus dem Vergleich der Befragungen von 1965 und 1989 zu erkennen sind. Entsprechend der Fragestellung von 1965 waren hierzu aus beiden Befragungen die *Häufigkeiten für Pläne mit einer Reichweite von mindestens 4 Jahren* gegenüber zu stellen. Vergleiche konnten hierbei durchgeführt werden für die Planungen hinsichtlich

- Absatz,
- Produktion,
- Einkauf/Beschaffung,
- FuE,
- Personal,
- Organisation,
- Investition sowie
- Finanzierung und Gewinn/Betriebsergebnis (vgl. Tab. 6).

	Absatz		Produktion		Einkauf/ Beschaffung		FuE		Personal		Organisation		Investition		Finanzierung		Gewinn/ Betriebserg.	
	1965	1989	1965	1989	1965	1989	1965	1989	1965	1989	1965	1989	1965	1989	1965	1989	1965	1989
Grundstoffe u. Produktionsgüter	11%	26%	7%	21%	3%	10%	7%	18%	4%	17%	4%	9%	15%	30%	16%	25%	6%	25%
- Eisenschaffende Industrie (*)	9%	14%	4%	12%	3%	0%	6%	5%	4%	9%	3%	2%	19%	26%	16%	14%	3%	7%
- NE-Metallindustrie	6%	36%	6%	27%	3%	12%	3%	21%	0%	15%	0%	15%	13%	27%	19%	27%	3%	24%
- Mineralölverarbeitung	43%	29%	57%	14%	29%	14%	57%	14%	14%	14%	14%	0%	57%	43%	57%	14%	29%	29%
- Chemische Industrie	19%	39%	4%	30%	3%	19%	12%	31%	5%	28%	7%	13%	20%	42%	19%	31%	11%	44%
- Zellstoff-, Papier- u. Pappeerz.	10%	52%	12%	48%	2%	24%	0%	29%	0%	43%	4%	14%	19%	62%	21%	57%	12%	62%
Investitionsgüter	10%	27%	6%	19%	2%	11%	11%	22%	6%	17%	7%	11%	12%	24%	10%	19%	8%	25%
- Maschinenbau	8%	27%	4%	21%	3%	11%	10%	26%	5%	16%	6%	11%	10%	25%	8%	17%	6%	24%
- Fahrzeugbau (**)	26%	56%	15%	44%	8%	31%	22%	44%	11%	38%	3%	23%	15%	44%	22%	41%	11%	46%
- Elektrotechnik	26%	36%	16%	22%	1%	8%	17%	31%	13%	27%	7%	13%	26%	36%	16%	21%	14%	42%
- Feinmechanik, Optik, Uhren	7%	23%	4%	10%	0%	5%	7%	18%	2%	5%	2%	3%	9%	15%	9%	13%	9%	26%
- Stahlverformung	5%	25%	5%	18%	3%	18%	10%	11%	3%	16%	18%	12%	10%	19%	13%	25%	15%	23%
- Herst. v. EBM-Waren	5%	9%	3%	6%	0%	3%	6%	7%	2%	8%	6%	6%	5%	9%	8%	15%	6%	8%
Verbrauchsgüter	3%	10%	2%	8%	0%	3%	2%	4%	2%	7%	3%	6%	5%	14%	7%	15%	2%	12%
- Papier- u. Pappeverarbeitung	8%	11%	4%	4%	0%	0%	2%	2%	2%	9%	2%	0%	8%	17%	10%	20%	6%	13%
- Druckerei u. Vervielfältigung	2%	8%	3%	9%	0%	4%	3%	3%	3%	6%	5%	7%	6%	20%	9%	21%	2%	16%
- Herst. v. Kunststoffwaren	8%	18%	10%	15%	0%	6%	5%	6%	3%	11%	5%	11%	8%	18%	10%	22%	5%	16%
- Textilindustrie	2%	10%	1%	7%	0%	2%	1%	4%	1%	6%	2%	4%	6%	8%	6%	11%	2%	8%
Nahrungs- und Genußmittel	3%	13%	4%	13%	2%	4%	2%	9%	4%	6%	2%	6%	12%	17%	13%	15%	2%	20%
Insgesamt	7%	20%	6%	15%	2%	8%	6%	14%	4%	13%	5%	8%	11%	21%	11%	19%	5%	20%

Anm.: (*) inklusive Ziehereien und Gießereien (**) inklusive Schiffbau und Luft- und Raumfahrttechnik

Tab. 6: Planungsbereiche mit einem Planungszeitraum von 4 und mehr Jahren im Vergleich von 1965 und 1989 für ausgewählte Branchen (Quelle: IFO-Institut, München; IUP-Gießen/Berlin)

In der Gesamtheit läßt sich feststellen, *daß 1989 ein deutlich größerer Anteil der Unternehmungen über Pläne mit einer Reichweite von mindestens 4 Jahren verfügt* als dies 1965 der Fall war. Hinsichtlich der in den Vergleich einbezogenen Planungsbereiche betrifft dies insbesondere die Absatzplanung, die Personalplanung und die Betriebsergebnisplanung. So verfügen 1989 20% der Unternehmungen über einen Absatzplan mit einer Reichweite von mindestens 4 Jahren gegenüber nur 7% der Unternehmungen in 1965. Personalpläne werden 1989 in 13% der Unternehmungen für einen Zeitraum von mindestens 4 Jahren erstellt, während dies 1965 sogar nur in 4% der Unternehmungen der Fall war. Noch deutlicher ist der Anstieg bei den Betriebsergebnisplänen, die 1989 in 20% der Unternehmungen für einen Zeitraum von mindestens 4 Jahren erstellt werden und 1965 mit einer derartigen Reichweite erst in 5% der Unternehmungen anzutreffen waren.

Im Hinblick auf die *Industriehauptgruppen* gilt 1989 wie auch bereits 1965, daß *Pläne für die hier interessierenden Planungsbereiche im Durchschnitt zumeist häufiger in Unternehmungen der Hauptgruppen Grundstoffe und Produktionsgüter sowie Investitionsgüter* anzutreffen sind *als in denen der Hauptgruppen Verbrauchsgüter sowie Nahrungs- und Genußmittel.*

Bezogen auf *Branchen* zeigt sich, daß *fast durchgängig eine Zunahme der Planungen mit einer Reichweite von mindestens 4 Jahren* zu beobachten ist. Eine Ausnahme hiervon bildet die Mineralölverarbeitungsbranche, bei der 1989 ein deutlich geringerer Prozentsatz von Unternehmungen entsprechende Pläne aufstellt. Hinsichtlich der strategischen Planungen zeigen dabei allerdings die Befragungsergebnisse der Frage 6, daß in einem Großteil dieser Branche insbesondere strategische Pläne für Geschäftsbereiche erstellt werden.

Die deutlichste Steigerung gegenüber 1965 zeigt sich für die Planung in Unternehmungen der Zellstoff-, Papier- und Pappeerzeugung. Während 1965 für die interessierenden Planungsbereiche eher durchschnittliche Häufigkeiten zu verzeichnen waren, zeigen sich in dieser Branche 1989 vielfach die größten Häufigkeiten, so z.B. bei Produktionsplänen, Personalplänen, Investitionsplänen, Finanzierungsplänen und Betriebsergebnisplänen. Deutliche Steigerungen lassen sich insbesondere auch für die Branchen Fahrzeugbau, NE-Metallindustrie, Chemie und Maschinenbau ermitteln. Speziell für den Fahrzeugbau ist dabei kennzeichnend, daß ausgehend von einer bereits 1965 überdurchschnittlichen Häufigkeit der Pläne noch eine weitere deutliche Steigerung erfolgte, so z.B. im Hinblick auf Absatzpläne, Produktionspläne, Investitionspläne, Personalpläne, Organisationspläne und Gewinn-/Betriebsergebnispläne. Als besonders markant ist für den Fahrzeugbau auch die Steigerung bei den Einkaufs-/Beschaffungsplänen zu werten, wo sich ein Anstieg von 8% in 1965 auf 31% in 1989 vollzog. Damit übertrifft der Fahrzeugbau in diesem Planungsbereich deutlich alle anderen Branchen.

Zusammenfassend läßt sich somit feststellen, daß *im Vergleich von 1965 zu 1989 eine Intensivierung der langfristig orientierten Planung* erfolgte. Dabei blieben die Relationen zwischen den Industriehauptgruppen im wesentlichen unverändert, während sich bei den einzelnen Branchen z.T. erhebliche Verschiebungen ergaben.

Ifo-Institut für Wirtschaftsforschung
Postfach 86 04 60 · Poschingerstr. 5 · 8000 München 86
Telefon (089) 92 24-0 · Telex: 5-22 269
Telefax: (089) 98 53 69
Abt. Konjunkturumfragen, Investitionsanalysen
und Unternehmerverhalten

Stand und Entwicklungstendenzen der strategischen Unternehmensplanung in der Bundesrepublik Deutschland

I. Angaben zur Kennzeichnung des Unternehmens

1) Die folgenden Antworten gelten für:

- Obergesellschaft (Konzernspitze) ☐
- Tochtergesellschaft/ Unternehmensbereich ☐
- Selbständiges Unternehmen ☐

2) Unser Unternehmen ist **organisiert** nach:

- Funktionsbereichen (z. B. Absatz, Produktion, Beschaffung) ☐
- Geschäftsbereichen (z. B. Motoren, Maschinen, Haushaltsgeräte) ☐
- Regionen ☐

II. Art und Umfang der Unternehmensplanung

3) Wir erstellen laufend und regelmäßig einen **Gesamtplan,** der koordinierend die Einzelpläne nach Funktionsbereichen, Geschäftsbereichen (ggf. auch Regionen) umfaßt:

ja ☐ nein ☐ (weiter mit Frage 5)

4) Wir **koordinieren** unsere Einzelpläne innerhalb des Gesamtplans **über eine:**

zentrale Stelle (Geschäftsleitung, Stabsstelle, Zentralstelle, Controlling) ja ☐ nein ☐
Wenn ja: seit .... (Jahr)

Arbeitsgruppe/Ausschuß (bestehend aus Geschäftsleitung, Vertretern mehrerer Abteilungen) ja ☐ nein ☐
Wenn ja: seit .... (Jahr)

5) Wir erstellen keinen Gesamtplan, sondern **nur Einzelpläne** für bestimmte Geschäftsbereiche, Funktionsbereiche:

ja ☐ nein ☐

6) Wir erstellen auch **gesondert strategische Pläne** für:

	regelmäßig	fallweise	nein
Funktionsbereiche	☐	☐	☐
Geschäftsbereiche	☐	☐	☐
Regionen	☐	☐	☐
Projekte		☐	☐

7) Wir verfügen über ein **Unternehmensleitbild** bzw. eine **Vision** (als Zukunftsbild der obersten Führungskräfte über die angestrebte Entwicklung des Unternehmens)

ja ☐ nein ☐

Wenn ja:
- Schriftlich fixiert ☐
- nicht schriftlich fixiert ☐

Bitte wenden

8) **Schriftlich fixierte Pläne** sind in unserem Unternehmen in der Regel für folgende Bereiche und für folgende Zeiträume vorhanden:

Bereiche	**Planungszeitraum** Bis zu .... Jahre(n) 1	2	3	4	5	mehr als 5 Jahre
Absatz/Vertrieb	☐	☐	☐	☐	☐	☐
Produktion	☐	☐	☐	☐	☐	☐
Beschaffung/Einkauf	☐	☐	☐	☐	☐	☐
Logistik (Transport, Lager)	☐	☐	☐	☐	☐	☐
Forschung und Entwicklung	☐	☐	☐	☐	☐	☐
Produkte	☐	☐	☐	☐	☐	☐
Investition	☐	☐	☐	☐	☐	☐
Finanzierung	☐	☐	☐	☐	☐	☐
Personal (allgemein)	☐	☐	☐	☐	☐	☐
Führungskräfte	☐	☐	☐	☐	☐	☐
Organisation	☐	☐	☐	☐	☐	☐
EDV/Information/Kommunikation	☐	☐	☐	☐	☐	☐
Umweltschutz	☐	☐	☐	☐	☐	☐
Umsatz	☐	☐	☐	☐	☐	☐
Betriebsergebnis	☐	☐	☐	☐	☐	☐
Bilanzergebnis	☐	☐	☐	☐	☐	☐

9) Unsere Planungen enthalten folgende **Kennzahlen:**

Auftragseingang	☐	Eigenkapitalrentabilität	☐
Umsatz	☐	Liquidität (Zahlungsmittelbestand)	☐
Cash-flow	☐	Kapitalwert/Barwert	☐
Deckungsbeitrag	☐	Interner Zinsfuß	☐
Betriebsergebnis/kalkulatorisches Ergebnis	☐	Amortisationszeit	☐
Bilanzergebnis (GuV-Ergebnis)	☐	Beschäftigte	☐
Roi (Return on Investment)	☐		

10) Unsere **Unternehmensentwicklung** wird besonders von folgenden **Faktoren beeinflußt:**

Faktoren	**Art der Beeinflussung** sehr spürbar	spürbar	nicht spürbar	**Einflußrichtung** Chance	Risiko
Technologische Entwicklungen					
Mikroelektronik	☐	☐	☐	☐	☐
Neue Werkstoffe	☐	☐	☐	☐	☐
Biotechnologie	☐	☐	☐	☐	☐
Sonstige	☐	☐	☐	☐	☐
Marktentwicklungen					
Nationaler Markt	☐	☐	☐	☐	☐
Europa '92	☐	☐	☐	☐	☐
Japan	☐	☐	☐	☐	☐
USA	☐	☐	☐	☐	☐
Sonstige	☐	☐	☐	☐	☐
Politisch/gesetzliche Entwicklungen					
Steuerpolitik	☐	☐	☐	☐	☐
Sozialpolitik	☐	☐	☐	☐	☐
Tarifpolitik	☐	☐	☐	☐	☐
Energiepolitik	☐	☐	☐	☐	☐
Umweltpolitik	☐	☐	☐	☐	☐
Sonstige	☐	☐	☐	☐	☐

Faktoren	**Art der Beeinflussung** sehr spürbar	spürbar	nicht spürbar	**Einflußrichtung** Chance	Risiko
Ökologieentwicklungen					
Behördl. Umweltschutzauflagen bzgl.					
unserer Produkte	☐	☐	☐	☐	☐
unserer Prozesse/Verfahren	☐	☐	☐	☐	☐
der Entsorgung	☐	☐	☐	☐	☐
Umweltschutzeinstellungen					
unserer Kunden	☐	☐	☐	☐	☐
unseres Personals (allgemein)	☐	☐	☐	☐	☐
unserer Führungskräfte	☐	☐	☐	☐	☐
der Öffentlichkeit	☐	☐	☐	☐	☐
Sonstige	☐	☐	☐	☐	☐
Sozio-kulturelle Entwicklungen					
Bevölkerungsentwicklung	☐	☐	☐	☐	☐
Wertewandel	☐	☐	☐	☐	☐
Sonstige	☐	☐	☐	☐	☐

Für evtl. Rückfragen: ....
(Bearbeiter, Telefon)

Rücksendung des Ifo-Exemplars erbeten bis 28. Juli 1989

Anmerkungen

* Die Projektleitung liegt bei Prof. Dr. Dietger Hahn, Institut für Unternehmungsplanung, IUP-Gießen/Berlin, Prof. Dr. Karl H. Oppenländer sowie Dr. Lothar Scholz, IFO-Institut für Wirtschaftsforschung, München.
Mitglieder der Projektgruppe sind Herr Dr. Roland Alter, Herr Dipl.-Kfm. Peter Straube, Institut für Unternehmungsplanung, IUP-Gießen/Berlin, sowie Frau Dipl.-Volksw. Frauke Neumann, Herr Dipl.-Volksw. Horst Penzkofer, Herr Dipl.-Kfm. Michael Reinhard, Herr Dipl.-Volksw. Heinz Schmalholz, IFO-Institut für Wirtschaftsforschung, München.

[2] Vgl. *Hahn, D.*: Strategische Unternehmungsführung – Grundkonzept, Beitrag in diesem Reader; *Hahn, D.*: Integrierte ergebnis- und liquiditätsorientierte Planungs- und Kontrollrechnung als Instrument der Unternehmensführung, in: Unternehmensplanung, Bericht von der wissenschaftlichen Tagung der Hochschullehrer für Betriebswirtschaft in Augsburg vom 12. bis 16. Juni 1973. Hrsg. v. H. Ulrich, Wiesbaden 1975.

[3] *Hahn, D.*: Planungs- und Kontrollrechnung – PuK. 3. Aufl., Wiesbaden 1985, S. 39.

[4] Vgl. *Kosiol, E.*: Die Unternehmung als wirtschaftliches Aktionszentrum. 2. Aufl., Reinbek bei Hamburg 1972, S. 15 ff.; *Hahn* (1985, S. 6 ff.).

[5) Vgl. *Hahn, D.:* Strategische Unternehmungsführung – Grundkonzept, Beitrag in diesem Reader.

[6] Vgl. zu den Inhalten von Unternehmungsphilosophie und Unternehmungskultur *Hahn, D.:* Strategische Unternehmungsführung – Grundkonzept, Beitrag in diesem Reader.

[7] Vgl. *Henzler, H.*: Vision und Führung, Beitrag in diesem Reader; *Rühli, E.*: Visionen, in: Die Unternehmung, 44, 1990, S. 112 ff.

[8] Vgl. *Statistisches Bundesamt (Hrsg.)*: Statistisches Jahrbuch 1989 für die Bundesrepublik Deutschland, Stuttgart und Mainz 1989, Tab 9.1, S. 164.

[9] Vgl. *Hahn, D.*: Planung als Instrument der Unternehmensführung, in: Unternehmensführung auf neuen Wegen. Hrsg. v. R. W. Stöhr, Wiesbaden 1967, S. 225 ff.; *Bremerl, R., Bonhoeffer, F.O., Strigel, W.*: Wie plant die Industrie? in: Wirtschaftskonjunktur, 18. Jg., 1966, Heft 1, S. 27 ff.; *IFO-Institut für Wirtschaftsforschung (Hrsg.)*: Wie plant die Industrie?, Ergebnistabellen für Industriegruppen, München 1966. Die Resultate einer Befragung von 200 Großunternehmungen über Planung und Prognose in deutschen Großunternehmen sind 1974 von Klaus Brockhoff veröffentlicht worden (vgl. Brockhoff, K., Planung und Prognose in deutschen Großunternehmen, in: Der Betrieb, 1974, S. 838–841). Im Vergleich zur IFO-Studie wird bereits hier die Zunahme der langfristigen Planung festgestellt.

Ergänzende Literaturhinweise zum Thema „Strategische Unternehmungsplanung“ aus Zeitschriften der Jahre 1975–1980

Agthe, K.: Unternehmensstrategie im Zeichen von Strukturwandlungen, Konjunkturabflachungen und Inflation. Rationalisierung 26, 1975, 181–184, 193–195.

Agthe, K.: Aktuelle Planungsprobleme eines internationalen Unternehmens. ZfbF 28, 1976, 352–361.

Albach, H.: Strategische Unternehmensplanung bei erhöhter Unsicherheit. ZfB 48, 1978, 702–715.

Amara, R.: Strategic Planning in a Changing Corporate Environment. LRP 12 (1), 1979, 2–16.

Ansoff, H.I.: Managing Surprise and Discontinuity — Strategic Response to Weak signals. ZfbF 28, 1976, 129–152.

Ansoff, H.I.: The State of Practice in Planning Systems. Sloan Management Review 18 (2), Winter 1977, 1–24.

Bemelmans, Th.: Strategic Planning for Research and Development. LRP 12 (2), 1979, 33–44.

Berdine, W.R. and *W.H. Brickner:* Strategic Planning and Attributes of External Information. Managerial Planning 24 (4), 1975/76, 17–21, 40.

Buijs, J.: Strategic Planning and Product Innovation — Some Systematic Approaches. LRP 12 (5), 1979, 23–24.

Channon, D.F.: Prediction and Practise in Multinational Strategic Planning. LRP 9 (2), 1976, 50–57.

Chen, K.-C.: A Conceptual Structure of Corporate Strategic Planning Information Systems. Managerial Planning 26 (2), 1977/78, 1–10, 36.

Cornelissen, J.A.: Corporate Strategies in the Eighties. LRP 10 (5), 1977, 2–6.

Gälweiler, A.: Unternehmenssicherung und strategische Planung. ZfbF 28, 1976, 362–379.

Gälweiler, A.: Strategische Geschäftseinheiten (SGE) und Aufbauorganisation der Unternehmung. ZfO 48, 1979, 252–260.

Hinterhuber, H.H.: Die organisatorische Umsetzung der strategischen Planung im Unternehmen. ZfB 48. 1978. 425–428.

Hirschhorn, L.: Scenario Writing: A Developmental Approach. Journal of the American Planning Association 46, 1980, 172–183.

Höhn, S.: The European Automobile Industry — Three Possible Scenarios. LRP 13 (4), 1980, 12–17.

Holloway, C. and *W.R. King:* Evaluating Alternative Approaches to Strategic Planning. LRP 12 (4), 1979, 74–78.

Ilsemann, W.v.: Die geteilte Zukunft – Szenarioplanung bei Shell. Manager-Magazin 5/1980, 115–123.

Irwin, P.H.: Changing Organization Behaviour Through Strategic Planning. Managerial Planning 28 (2), 1979/80, 3–12.

Köhler, R.: Die Kontrolle strategischer Pläne als betriebswirtschaftliches Problem. ZfB 46, 1976, 301–318.

Kono, T.: Comparative Study of Strategy, Structure and Long-Range Planning in Japan and in the United States of America. Angewandte Planung 2, 1978, 6–21.

Krijnen, H.G.: Formulating Corporate Objectives and Strategies. LRP 10 (4), 1977, 78–87.

Kudla, R.J.: The Components of Strategic Planning, LRP 11 (6), 1978, 48–62; (A survey based on a questionnaire).

Land, W.v. und *H. Strasser:* Die finanzielle Spielraumrechnung als strategisches Instrument. ZfbF 32, 1980, 297–324.

Linnemann, R.E. and *H.E. Klein:* The Use of Multiple Scenarios by U.S. Industrial Companies. LRP 12 (1), 1979, 83–90.

Lorange, P. and *R.F. Vancil:* How to design a strategic planning system. HBR 54 (5), 1976, 75–81.

Menke, M.M.: Strategic Planning in an Age of Uncertainty. LRP 12 (4), 1979, 27–34.

Murray, J.A.: Strategic Marketing. LRP 12 (2), 1979, 76–83.

Nair, K. and *R.K. Sarin:* Generating Future Scenarios — Their Use in Strategic Planning. LRP 12 (3), 1979, 57–61.

Naylor, T.H. and *H. Schauland:* A Survey of Users of Corporate Planning Models. Management Science 22 (9), 1976, 927–937.

Naylor, T.H. and *M.J. Mansfield:* The Design of Computer-Based Planning and Modelling Systems. LRP 10 (1), 1977, 16–25.

Neubauer, F.F. and *N.B. Solomon:* A Managerial Approach to Environmental Assessment. LRP 10 (2), 1977, 13–20.

Paul, R.N., N.B. Donavan and *J.W. Taylor:* The reality gap in strategic planning. HBR 56 (3), 1978, 124–130.

Ringbakk, K.-A.: Strategic Planning in a Turbulent International Environment. LRP 9 (3), 1976, 2–11.

Rühli, E.: Der Havard-Ansatz zu einer Führungslehre – The Concept of Corporate Strategy. Die Unternehmung 29, 1975, 89–99.

Schendel, D., G.R. Patton and *J. Riggs:* Corporate Turnaround Strategies: A Study of Profit Decline and Recovery. Journal of General Management 3 (3), 1976, 3–11.

Schiemenz, B. und *L. Seiwert:* Ziele und Zielbeziehungen in der Unternehmung. ZfB 49, 1979, 581–603.

Schierz, J.: Jeder gegen jeden. Manager-Magazin 4/1980, 161–166.

Schierz, J.: Muß Bonn mehr planen? Manager-Magazin 5/1980, 89–101.

Schober, F.: Computergestützte Unternehmensplanung (1) – Einführung in das Planungsinstrumentarium. IBM-Nachrichten 27 (237), 1977, 245–250.

Schober, F.: Computergestützte Unternehmensplanung (8) – Implementierung von Planungsmodellen. IBM-Nachrichten 29 (245), 1979, 117–122.

Szyperski, N. und *K. Welters:* Grenzen und Zweckmäßigkeit der Planung. Die Unternehmung 30, 1976, 265–283.

Tipgos, M.A.: Structuring A Management Information System for Strategic Planning. Managerial Planning 23 (4), 1974/75, 10–16.

Tübergen, F.: Neue Unternehmungsstrategien verändern Führung und Organisation. Industrielle Organisation 48, 1979, 7–10.

Wagner, H.R.H.: Strategisches Chancen-Management durch spannungsorientierte Frühindikatoren. Industrielle Organisation 48, 1979, 492–500.

Ergänzende Literaturhinweise zum Thema „Strategische Unternehmungsplanung" aus Zeitschriften der Jahrgänge 1981 + 1982 (bis November)

Ansoff, H.I., W. Kirsch und *P. Roventa:* Unschärfepositionierung in der strategischen Portfolio-Analyse. ZfB 51, 1981, 963–988.

Bar-Zakay, S.N.: A National Strategic Planning Model. LRP 14 (4), 1981, 76–89.

Beck, P.W.: Corporate Planning for an Uncertain Future. LRP 15 (4), 1982, 12–21.

Berry, W.: Beyond Strategic Planning. Managerial Planning 29 (2), 1981, 12–15 und 40.

Bleicher, K.: Konvergieren europäische und amerikanische Führungsstrukturen der Unternehmungsspitze? ZfO 50, 1981, 66–74.

–: Restrukturierung in der Rezession. ZfO 51, 1982, 313–319.

Cauwenbergh, A. van und *K. Cool:* Strategic Management in a New Framework. Strategic Management Journal 3, 1982, 245–264.

Cohn, D.M.: Strategic Business Planning — A Critical Management Tool for Survival. Managerial Planning 29 (1), 1981, 4–10.

De Vasconcellos Filho, P.: Strategic Planning — A New Approach. Managerial Planning 30 (2), 1982, 12–20.

Donnelly, R.M.: Strategic Planning for Better Management. Managerial Planning 30 (6), 1981, 3–6 und 41.

Dyson, R.G. and *M.J. Foster:* The Relationship of Participation and Effectiveness in Strategic Planning. Strategic Management Journal 3 (1), 1982, 77–88.

Engeleiter, H.-J.: Die Portfolio-Technik als Instrument der strategischen Planung. Betriebswirtschaftliche Forschung und Praxis 33, 1981, 407–420.

Felzmann, H.: Quantitative Unterstützung der strategischen Unternehmungsplanung. ZfB 52, 1982, 834–845.

Frese, E.: Die Unternehmungsorganisation im Spannungsfeld zwischen Produkt und Markt. Die Unternehmung 35, 1981, 209–228.

Frohmann, A.L. and *D. Bitondo:* Coordinating Business Strategy and Technical Planning. LRP 14 (6), 1981, 58–67.

Gerl, K. und *P. Roventa:* Strategische Geschäftseinheiten – Perspektiven aus der Sicht des Strategischen Managements. ZfbF 33, 1981, 843–858.

Gomez, P.: So verwenden wir Szenarien für Strategieplanung und Frühwarnsystem. Management-Zeitschrift IO 51, 1982, 9–13.

Gotcher, W.: Strategic Planning for Multinationals — The Views of Government and Scientists. LRP 14 (1), 1981, 23–31.

Hadaschik, M.: Einflußfaktoren, Organisation und Alternativen formaler Unternehmungsplanung. Die Unternehmung 36, 1982, 149–166.

Hahn, D.: Führungsaufgaben bei schrumpfendem Absatz. ZfbF 33, 1981, 1079–1089.

–: Unternehmungsführung in Japan. ZfO 51, 1982, 430–435.

Haner, F.T.: Risk Management in Corporate Planning. LRP 14 (6), 1981, 12–16.

Holloway, C. and *J.A. Pearce II:* Computer Assisted Strategic Planning. LRP 15 (4), 1982, 56–63.

King, W.R.: Using Strategic Issue Analysis. LRP 15 (4), 1982, 45–49.

Klein, H.E. and *R.E. Linneman:* The Use of Scenarios in Corporate Planning – Eight Case Histories. LRP 14 (5), 1981, 69–77.

Lange, B.: Bestimmung strategischer Erfolgsfaktoren und Grenzen ihrer empirischen Fundierung. Die Unternehmung 36, 1982, 27–41.

Mauthe, K.D. und *P. Roventa:* Versionen der Portfolio-Analyse auf dem Prüfstand. ZfO 51, 1982, 191–204.

Müller, G., P. Roventa und *T. Lückerath:* Die Bewertung der Marktattraktivität. Die Unternehmung 35, 1981, 105–119.

Naylor, T.H.: How to Integrate Strategic Planning into Your Management Process. LRP 14 (5), 1981, 56–61.

–: Strategic Planning Models. Managerial Planning 30 (4), 1981, 3–11.

Newton, J.K.: Acquisitions — A Directional Policy Matrix Approach. LRP 14 (6), 1981, 51–57.

Pilditch, J.: Product Planning — We're Still Getting it Upside Down. LRP 14 (5), 1981, 20–26.

Reuter, K.P.: Strategische Programmanalyse – Ein Beitrag zu einer zukunftsbezogenen Unternehmenspolitik. Betriebswirtschaftliche Forschung und Praxis 34, 1982, 274–284.

Roventa, P. und *K.D. Mauthe:* Offene Fragen zur strategischen Analyse. ZfB 51, 1981, 854–870.

Roventa, P. und *G. Müller:* Marktattraktivität – Ein dialektisches Bewertungskonzept. Die Unternehmung 35, 1981, 229–251.

Sammet, R.: Moderne Unternehmensstrategien zur Sicherung von Ertrag und Wachstum. ZfbF 34, 1982, 225–234.

Scholz, C.: Zur Konzeption einer Strategischen Personalplanung, ZfbF 34, 1982, 979–994.

Sethi, N.K.: Strategic Planning System for Multinational Companies. LRP 15 (3), 1982, 80–89.

Weisweiler, F.J.: Unternehmensgeschichte in der Produkt-Portfolio-Analyse – dargestellt am Beispiel des Hauses Mannesmann. ZfbF 34, 1982, 281–289.

Wilde, K.D.: Langfristige Marktpotentialprognosen in der strategischen Planung. Die Unternehmung 35, 1981, 283–296.

Wilson, L.S.: The World's Changing Climate — Some Issues for Planners. LRP 14 (5), 1981, 83–89.

Zentner, R.D.: Scenarios, Past, Present and Future. LRP 15 (3), 1982, 12–20.

Ergänzende Literaturhinweise zum Thema „Strategische Unternehmungsplanung“ aus Zeitschriften der Jahrgänge 1982 (Dezember) und 1983 (Januar–Dezember)

Arbeitskreis Hax der Schmalenbach-Gesellschaft: Die Produkprogrammpolitik der Unternehmung. ZfbF 35 (Sonderheft 15), 1983, 96–109.

Bleicher, K.: Management von Spitzentechnologien. ZfO 52, 1983, 243–251, 340–346, 403–406.

Brink, H.J.: Strategische Beschaffungsplanung. ZfB 53, 1983, 1090–1113.

Drexel, G.: Strategische Planung im Einzelhandel. Die Unternehmung 37, 1983, 182–202.

Faber-Castell, A. Graf von und *H. Steinmann:* Probleme strategischer Unternehmungsführung in einem Mittelbetrieb. ZfB 53, 1983, 1066-1075.

Funk, J.: Bericht über Erfahrungen mit der strategischen Planung im Hause Mannesmann. ZfbF 35 (Sonderheft 15), 1983, 60–76.

Gälweiler, A.: Erfahrungen mit der strategischen Planung. ZfbF 35 (Sonderheft 15), 1983, 52–59.

Harrigan, K.R. and *M.E. Porter:* End-game strategies for declining industries. HBR 61 (4), 1983, 111–120.

Hinterhuber, H.H. und *M. Kirchebner:* Die Analyse strategischer Gruppen von Unternehmungen. ZfB 53, 1983, 854–868.

Höhn, S.: Die Investitions- und Finanzplanung im Rahmen der internationalen Strategischen Unternehmungsplanung. ZfB 52, 1982, 622–640.

King, W.R.: Evaluating Strategic Planning Systems, Strategic Management Journal 4, 1983, 263–278.

Koch, H.: Dezentrale und zentrale Elemente der strategischen Unternehmungsplanung. ZfbF 35 (Sonderheft 15), 1983, 91–95.

Kreikebaum, H.: Einführung und Weiterentwicklung strategischer Planungssysteme – Bericht über ein empirisches Forschungsprojekt. ZfbF 35 (Sonderheft 15), 1983, 83–86.

Kretschmer, H.: Strategien in reifen Märkten. Die Unternehmung 37, 1983, 95–105.

Meffert, H.: Strategische Planungskonzepte in stagnierenden und gesättigten Märkten. Die Betriebswirtschaft 43, 1983, 193–209.

Naylor, T.H.: The Strategy Matrix. Managerial Planning 31 (4), 1983, 4–9.

Oetinger, B. von: Wandlungen in den Unternehmungsstrategien der 80er Jahre. ZfbF 35 (Sonderheft 15), 1983, 42–51.

Petroni, G.: Strategic Planning and Research and Development – Can we Integrate Them? LRP 16 (1), 1983, 15–25.

–: The Strategic Management of R & D. Part II — Organizing for Integration. LRP 16 (2), 1983, 51–64.

Pfeiffer, W. u.a.: Technologie-Portfolio-Methode des strategischen Innovationmanagements. ZfO 52, 1983, 252–261.

Pleitner, H.J.: Die Portfolio-Analyse als Führungsinstrument im Marketing. Betriebswirtschaftliche Forschung und Praxis 35, 1983, 269–282.

Secker, H.: Bericht über Erfahrungen mit der strategischen Planung bei Boehringer Ingelheim, ZfbF 35 (Sonderheft 15), 1983, 77–82.

Steiner, G.A., H. Kunin and *E. Kunin:* Formal Strategic Planning in the United States Today. LRP 16 (3), 1983, 12–17.

Unger, L.: Strategic Planning for Commodities and Specialities. LRP 16 (4), 1983, 12–20.

Weiss, H.: Unternehmensstrategie und Aufbau einer strategischen Planung in einem Unternehmen der Maschinenbauindustrie. ZfbF 35 (Sonderheft 15), 1983, 35–41.

Ergänzende Literaturhinweise zum Thema „Strategische Unternehmungsplanung“ aus Zeitschriften der Jahrgänge 1984–1985

Albach, H.: Interner und externer Strukturwandel als Unternehmensstrategien. ZfB 54 (1984), 1169–1190.

Albach, H., K. Bock und *T. Warnke:* Wachstumskrisen von Unternehmen. ZfbF 36 (1984), 779–793.

Baumann, J.: Das Ressort Führungssysteme: Integration von Organisation, Personalwesen und strategischer Planung. ZfO 54 (1985), 99–107.

Bleicher, K.: Zur strategischen Ausgestaltung von Anreizsystemen für die Führungsgruppe in Unternehmungen. ZfO 54 (1985), 21–27.

Bleicher, K., K.-D. Bortel, R. Kleinmann und *H. Paul:* Unternehmungsverfassung und Spitzenorganisation. ZfO 53 (1984), 21–29.

Brockhoff, K.: Die Produktinnovationsrate als Instrument der strategischen Unternehmungsplanung. ZfB 55 (1985), 451–476.

Donaldson, G.: Financial goals and strategic consequences. HBR 63, (1985) 3, 57–66.

Drexel, G.: Strategisches Marketing in der Praxis. DU 38 (1984), 101–119.

Fruhan, W.E. jr.: How fast should your company grow? HBR 62 (1984) 1, 84–93.

Funk, J., H. Hax und *E. Potthoff* (Hrsg.): Kapazitätsrisiken und Unternehmenspolitik. ZfbF 36 (1984), Sonderheft 18.

Gaitanides, M. und *H. Wicher:* Venture Management – Strategien und Strukturen der Unternehmungsentwicklung. DBW 45 (1985), 414–426.

Hamermesh, R.G. and *R.E. White:* Manage beyond portfolio analysis. HBR 62 (1984) 1, 103–109.

Hayes, R.H.: Strategic Planning — forward in reverse? HBR 63 (1985) 6, 111–119.

Hussey, D.E.: Strategic Management: Lessons from Succes and Failure. LRP 17 (1984) 1, 43–53.

Hussay, D.E.: Implementing Corporate Strategy: Using Management Education and Training. LRP 18 (1985) 5, 28–37.

Kono, T.: Long Range Planning of U.K. and Japanese Corporations — A Comparative Study. LRP 17 (1984) 2, 58–76.

Krystek, U.: Reorganisationsplanung. ZfB 55 (1985), 583–612.

Kühn, R.: Strategische Marketingkonzepte: Notwendigkeit oder Luxus? DU 39 (1985), 271–288.

Kühn, R. und *H.F. Kruse:* Strategische Planung im EDV-Bereich. ZfO 54 (1985), 455–462.

Lange, B.: Die Erfahrungskurve: Eine kritische Beurteilung. ZfbF 36 (1984), 229–245.

Mankins, R.S.: Strategic Planning: An Overview. Managerial Planning 33 (1984) 2, 14–21.

Mertens, P. und *Plattfaut, E.:* Ansätze zur DV-Unterstützung der Strategischen Unternehmensplanung. DBW 45 (1985), 19–29.

Müller, T.: Management von Zukunftstechnologien – Technologie als strategischer Erfolgsfaktor. ZfO 54 (1985), 176–180.

Münzner, H.: Beschaffungsstrategien in einem Großunternehmen. ZfbF 37 (1985), 250–256.

Neubauer, F.-F.: Strategische Planung – Ein Managementinstrument (mit einer großen Zukunft hinter sich)? DU 39 (1985), 406–425.

Perlitz, M.: Country-Portfolio Analysis — Assessing Country Risk and Opportunity. LRP 18 (1985) 4, 11–26.

Reinhardt, W.A.: An Early Warning System for Strategic Planning. LRP 17 (1984) 5, 25–34.

Ruhland, J. und *K.D. Wilde:* Wettbewerbsstrategien bei marktübergreifender Konkurrenzreaktion. ZfB 55 (1985), 577–582.

Scheuss, R.: Trends im strategischen Management in den USA. DU 39 (1985), 17–27.

Schneidewind, D.: Marketing-Strategien in ostasiatischen Märkten. ZfbF 36 (1984), 75–97.

Scholz, C.: Strategische Branchenanalyse durch Mustererkennung. ZfB 55 (1985), 120–141.

Schreyögg, G. und *H. Steinmann:* Strategische Kontrolle. ZfbF 37 (1985), 391–410.

Schuster, L.: Produktinnovation und Strategisches Management im Bankbetrieb. DU 39 (1985), 64–79.

Schwalbach, J.: Strategisches Wettbewerbsverhalten in der Titandioxidindustrie. ZfB 54 (1984), 388–399.

Shapiro, B.P. and *T.V. Bonoma:* How to segment industrial markets. HBR 62 (1984) 3, 104–110.

Simon, H.: Eintrittsbarrieren und Eintrittsstrategien im japanischen Markt. ZfbF 37 (1985), 943–955.

Vasconcellos, F.P. de: Environmental Analysis for Strategic Planning. Managerial Planning (1985) 4, 23–30 und 36.

Weber, C.E.: Strategic Thinking — Dealing witch Uncertainty. LRP 17 (1984) 5, 60–70.

Wunderer, R.: Strategische Personalarbeit – arbeitslos? ZfO 53 (1984), 506–510.

Zäpfel, G. und *J.K. Brunner:* Unternehmensstrategien in Wettbewerbssituationen – Anmerkungen zu empirischen Aussagen und offenen Problemen anhand eines Wettbewerbsmodells. ZfB 55 (1985), 561–576.

Ergänzende Literaturhinweise zum Thema „Strategische Unternehmunsplanung und Strategische Unternehmungsführung" aus Zeitschriften der Jahrgänge 1986–1990 (bis April)

Aaker, D.A., Creating a Sustainable Competitive Advantage, in: California Management Review 31, 1989, S. 91–106.

Albach, H. (Hrsg.), Erfahrungskurve und Unternehmensstrategie, ZfB-Ergänzungsheft 2/1987, Wiesbaden 1987.

Bemelmans, T., Strategic Planning for Research and Development, in: LRP 12, H. 2, 1987, S. 33–44.

Bendixen, P., Über die Machbarkeit der Unternehmenskultur – Über die Verantwortbarkeit des Machens, in: DBW 49, 1989, S. 199–214.

Bleicher, K., Strukturen und Kulturen der Organisation im Umbruch, in: ZfO 55, 1986, S. 97–108.

–, Zum Zeitlichen in Unternehmungskulturen, in: Die Unternehmung 40, 1986, S. 259–288.

–, Unternehmensphilosophien im internationalen Wettbewerb, in: ZfO 59, 1990, S. 5–14.

Breisig, T., Unternehmenskultur, in: ZfO 59, 1990, S. 93–100.

Bühner, R., Management-Holding, in: DBW 47, 1987, S. 40–49.

–, Strategie und Organisation – Neuere Entwicklungen, in: ZfO 58, 1989, S. 223–232.

Butler, J.E., Theories of Technological Innovation as Useful Tools for Corporate Strategy, in: Strategic Management Journal 9, 1988, S. 15–29.

Coenenberg, A.G., Betriebliche Aus- und Weiterbildung von Führungskräften, ZfbF-Sonderheft 24, Düsseldorf 1989.

Drexel, G., Organisatorische Verankerung strategischer Geschäftsfelder, in: Die Unternehmung 41, 1987, S. 148–162.

Drucker, P.F., Leadership — More doing than dash, in: McKinsey Quarterly, Frühjahr 1988, S. 67–70.

Dyllick, T., Management der Umweltbeziehungen, in: Die Unternehmung 42, 1988, S. 190–205.

Finzer, P., Mungenast, M., Führungsgrundsätze: Führungsinstrument oder Unternehmenszeremonie?, 1. Teil: Klassifikation und Funktionen, in: ZfO 58, 1989, S. 405–409.

–, Führungsgrundsätze: Führungsinstrument oder Unternehmenszeremonie?, 2. Teil: Inhalte und Gestaltungsansätze, in: ZfO 59, 1990, S. 50–54.

Fritz, W., Förster, F., Wiedmann, K.-W., Unternehmensziele und Strategische Unternehmensführung, in: DBW 48, 1988, S. 567–586.

Gaitanides, M., Wicher, H., Strategien und Strukturen innovationsfähiger Organisationen, in: ZfB 56, 1986, S. 385–403.

Ginsberg, A., Measuring and Modelling Changes in Strategy: Theoretical Foundations and Empirical Directions, in: Strategic Management Journal 9, 1988, S. 559–575.

Goold, M., Quinn, J.L., The Paradox of Strategic Controls, in: Strategic Management Journal 11, H. 1, 1990, S. 43–57.

Hahn, D., Risiko-Management – Stand und Entwicklungstendenzen, in: ZfO 56, 1987, S. 137–150.

–, Führung und Führungsorganisation, in: ZfbF 40, 1988, S. 112–137.

–, Strategische Unternehmungsführung – Stand unter Entwicklungstendenzen und besonderer Berücksichtigung US-amerikanischer Konzepte, in: Organisation, Hrsg. E. Seidel, D. Wagner, Wiesbaden 1989, S. 55–78.

–, Strategische Unternehmensführung – Aufgaben und Herausforderungen der 90er Jahre, in: Management für Technologie und Arbeit, Vortragsband Produkttechnisches Kolloquium Berlin 1989, Berlin 1989, S. 38–45.

Hahn, D., Gräb, U., Erfolgsfaktoren und Wachsstumsstrategien erfolgreicher mittelständischer Unternehmungen in der Bundesrepublik Deutschland und Großbritannien – Ergebnisbericht einer empirischen Studie, in: Führungsorganisation und Technologiemanagement, Hrsg. R. Bühner, Berlin 1989, S. 211-230.

Hamermesh, R.G., Making Planning Strategic, in: HBR 64, H. 4, 1986, S. 115–120.

Harrigan, K.R., Strategic Alliances, in: The Columbia Journal of World Business 22, H. 2, 1987, S. 67–69.

Hasselberg, F., Strategische Kontrolle von Gesamtunternehmensstrategien, in: Die Unternehmung 45, 1991, S. 16–31.

Hax, A.C., Building the Firm of the Future, in: Sloan Management Review 30, 1989, S. 75–82.

Hax, A.C., The Concept of Strategy and the Strategy Formation Process, in: Interfaces 14, H. 3, 1988, S. 99–109.

Henzler, H.A., Von der strategische Planung zur strategischen Führung: Versuch einer Positionsbestimmung, in: ZfB 58, 1988, S. 1286–1307.

Hinterhuber, H.H., Popp, W., Strategische Führungskompetenz, in: Die Unternehmung 41, 1987, S. 327–340.

Hinterhuber, H.H., Krauthammer, E., Neu: Das Visionsteam im Unternehmen, in: IO 58, 1989, H. 6, S. 27–30.

Hoffmann, F., Kritische Erfolgsfaktoren – Erfahrungen in großen und mittelständischen Unternehmungen, in: ZfbF 38, 1986, S. 831–843.

Kirsch, W., zu Knyphausen, D., Unternehmen und Gesellschaft. Die „Standortbestimmung“ des Unternehmens als Problem eines Strategischen Managements, in: DBW 48, 1988, S. 489–507.

Klaus, P., Durch den Strategie-Theorien-Dschungel, in: DBW 47, 1987, S. 50–68.

Koch, H., Strategische Unternehmensplanung und Risiko, in: ZfB 58, 1988, S. 1033–1051.

Krüger, W., Pfeiffer, P., Strategisches Management von Informationen, in: Office Management, H. 10, 1987, S. 28–34.

Krüger, W., Die Erklärung von Unternehmungserfolg: Theoretischer Ansatz und empirische Ergebnisse, in: DBW 49, 1988, S. 27–43.

Krüger, W., Pfeiffer, P., Strategische Ausrichtung, organisatorische Gestaltung und Auswirkungen des Informationsmanagements, in: Information Management, H. 2, 1988, S. 6–15.

Krüger, W., Hier irrten Peters und Waterman, in: Harvard Manager, H. 1, 1989, S. 13–18.

Krystek, U., Führung in Ausnahmesituationen – Akute Krisen und Chancen als Führungsaufgabe, in: ZfO 58, 1989, S. 30–37.

Lei, D., Strategies for Global Competition, in: HBR 67, H. 1, 1989, S. 102–109.

Mason, J., Developing Strategic Thinking, in: LRP 19, H. 3, 1986, S. 72–80.

Meredith, J.R., The Strategic Advantages of the Factory of the Future, in: California Management Review 29, H. 3, 1987, S. 27–41.

Miller, D., Relating Porter's Business Strategies to Environment and Structure: Analysis and Performance Implications, in: Academy of Management Journal 31, H. 2, 1988, S. 280–308.

Mintzberg, H., The Strategy Concept I: Five Ps For Strategy, in: California Business Review 29, H. 1, 1987, S. 11–24.

–, The Strategy Concept II: Another Look at Why Organizations Need Strategies, in: California Business Review 29, H. 1, 1987, S. 25–32.

Pfohl, H.C., Zettelmeyer, B., Strategisches Controlling?, in: ZfB 57, 1987, S. 145–175.

Porter, M.E., Diversifikation – Konzerne ohne Konzept, in: HARVARDmanager 9, H. 4, 1987, S. 30–49.

Porter, M.E., From Competitive Advantage to Corporate Strategy, in: HBR 65, 1987, H. 3, S. 43–59.

Pümpin, C., Geilinger, W., Strategische Führung, in: Die Orientierung Nr. 76, Schriftenreihe der schweizerischen Volksbank, Bern 1988.

Rall, W., Organisation für den Weltmarkt, in: ZfB 59, 1989, S. 1074–1089.

Reed, R., Buckley, M.R., Strategy in Action — Techniques for Implementing Strategy, in: LRP 21, H. 3, 1988, S. 67–74.

v. Rosenstiel, L., Führungskräfte nach dem Wertewandel – Zielkonflikte und Identitätskrisen, in: ZfO 55, 1986, S. 89–96.

Ruhland, J., Wilde, K., Experten-System für strategische Planung, in: Die Unternehmung 41, 1987, S. 266–273.

Rühli, E., Visionen, in: Die Unternehmung 44, 1990, S. 112–119.

Scholz, C., Strategisches Management – Auf zu neuen Ufern?, in: DBW 46, 1986, S. 625–637.

Scholz, C., Corporate Culture and Strategy — The Problem of Strategic Fit, in: LRP 20, H. 4, 1987, S. 78–87.

Scholz, C., Management der Unternehmungskultur, in: Harvard Manager, H. 1, 1988, S. 81–91.

Schreyögg, G., Zu den problematischen Konsequenzen starker Unternehmenskulturen, in: ZfbF 41, 1989, S. 94–113.

Schwaninger, M., Integrale Planung, in: Die Unternehmung 42, 1988, S. 123–136.

Seidel, E., „Wollen" und „Können". Auf dem Wege zu einer ökologisch verpflichteten Unternehmensführung, in: ZfO, 1989, S. 75–83.

Simon, H., Management strategischer Wettbewerbsvorteile, in: ZfB 55, 1988, S. 461–480.

Steinmann, H., Hasselberg, F., Der strategische Management-Prozeß – Vorüberlegungen für eine Neuorientierung, in: ZfB 58, 1988, S. 1308–1322.

Töpfer, A., Euro-Audit: Erfolgreiche Vorbereitung mittelständischer Unternehmen auf den Europäischen Binnenmarkt – Professionalität des Managements wird zum Erfolgsfaktor, in: ZfO 59, 1990, S. 28–34

Venkatraman, N., The Concept of Fit in Strategy Research: Toward Verbal and Statistical Correspondence, in: Academy of Management Review 14, 1989, S. 423–444.

Venkatraman, N., Prescott, J.E., Environment-Strategy Coalignment: An Empirical Test of its Performance Implications, in: Strategic Management Journal 11, H. 1, 1990, S. 1–23.

Waema, T.M., Walsham, G., Information Systems Strategy Formulation, in: Information Management, H. 1, 1990, S. 29–39.

Warnecke, H.-J., Strategisches Denken – Wo stehen wir? in: ZfO 56, 1987, S. 103–108.

Wolgemuth, A.C., Wettbewerbsvorteile schaffen durch Human Resources Management, in: ZfbF 42, 1990, S. 84–96.

Wright, P., A Refinement of Porter's Strategies, in: Strategic Management Journal 8, 1987, S. 93–101.

Zelewski, S., Frühwarnung und künstliche Intelligenz, in: Die Unternehmung 41, 1987, S. 256–265.

Literaturhinweise aus Zeitschriften zum Thema „Strategische Unternehmunsplanung und Strategische Unternehmungsführung" der Jahrgänge 1990 (Mai–Dezember) und 1991 (bis August)

Albach, H. (Hrsg.), Betriebliches Umweltmanagement, ZfB-Ergänzungsheft 2/1990, Wiesbaden 1990.

Arbeitskreis „Integrierte Unternehmungsplanung" der Schmalenbach-Gesellschaft, Deutsche Gesellschaft für Betriebswirtschaft e.V., Grenzen der Planung – Herausforderung an das Management, in: ZfbF 43, 1991, in Vorbereitung.

Avishai, B., A European Platform for Global Competition — An Interview with VW's Carl Hahn, in: HBR 69, H. 4, 1991, S. 102–113.

Backhaus, K., Piltz, K. (Hrsg.), Strategische Allianzen, ZfbF-Sonderheft 27, 1990.

Bartlett, C.A., Goshal, S. (Hrsg.), Global Strategy, Strategic Management Journal 12, Special Issue, Sommer 1991.

Bertodo, R., Implementing a Strategic Vision, in: LRP 23, H. 5, 1990, S. 22–30.

Bleicher, K., Zukunftsperspektiven organisatorischer Entwicklung. Von strukturellen zu humanzentrierten Ansätzen, in: zfo 59, 1990, S. 152–161.

Bühner, R., Management Holding – ein Erfahrungsbericht, in: DBW 51, 1991, S. 141–151.

Campbell, A., Yeung, S., Creating a Sense of Mission, in: LRP 24, H. 4, 1991, S. 10–20.

Gaitanides, M., Westphal, J., Wiegels, I., Zum Erfolg von Strategie und Struktur des Kundenmanagements, I. u. II. Teil, in: zfo 60, 1991, S. 15–21 u. 121–124.

Goold, M., Strategic Control in the Decentralized Firm, in: Sloan Management Review 32, H. 2, 1991, S. 69–81.

Hahn, D., Strategische Führung und Controlling – unter besonderer Berücksichtigung internationaler Aspekte, in: Controlling – Zeitschrift für erfolgsorientierte Unternehmenssteuerung 2, 1990, S. 176–185.

Hahn, D., Strategische Führung und Strategisches Controlling, in: Controlling, ZfB-Ergänzungsheft 3/1991, Wiesbaden 1991, S. 121–146.

Hahn, D., Strategic Management — Tasks and Challenges in the 1990s, in: LRP 24, H. 1, 1991, S. 26–39.

Kleb, R.-H., Walther, H.-P., Barzen, D., Strategische Perspektiven im Topmanagement. Strategieentwicklung ist Ansichtssache, in: zfo 59, 1990, S. 369–378.

Koch, H., Kriterien der strategischen Unternehmensplanung, in: DBW 51, 1991, S. 39–48.

Krüger, W., Ebeling, F., Psychologik – Topmanager müssen lernen, politisch zu handeln, in: HARVARDmanager 13, H. 2, 1991, S. 47–56.

Krystek, U., Behrendt, J., Ökologieorientierte Frühaufklärung, in: Gablers Magazin o.Jg., 1991, H. 6, S. 16–20.

Lehner, F., Expertensysteme für Organisationaufgaben, in: ZfB 61, 1991, S. 737–754.

Minderlein, M., Markteintrittsbarrieren und strategische Verhaltensweisen, in: ZfB 60, 1990, S. 155–178.

Mintzberg, H., The Design School — Reconsidering the Basic Premises of Strategic Management, in: Strategic Management Journal 11, 1990, S. 171–195.

Mintzberg, H., The Effective Organisation — Forces and Forms, in: Sloan Management Review 32, H. 2, 1991, S. 54–67.

Nonaka, I., Redundant, Overlapping Organization — A Japanese Approach to Managing the Innovation Process, in: California Management Review 32, H. 3, 1990, S. 27–38.

Porter, M.E., The Competitive Advantage of Nations, in: HBR 68, H. 2, 1990, S. 73–93.

Prahalad, C.K., Hamel, G., The Core Competence of the Corporation, in: HBR 68, H. 3, 1990, S. 79–91.

Rühli, E., Strategisches Management. Eine Analyse der Beiträge von J.S. Krulis-Randa, in: Die Unternehmung 45, 1991, S. 82–93.

Schirmer, F., Staehle, W.H., Untere und mittlere Manager als Adressaten und Akteure des Human Resource Managements, in: DBW 50, 1990, S. 707–720.

Schlegelmilch, B.R., Die Kodifizierung ethischer Grundsätze in europäischen Unternehmen: eine empirische Untersuchung, in: DBW 50, 1990, S. 365–374.

Schmeisser, W., Personalführung in unterschiedlichen Kulturen, in: zfo 60, 1991, S. 159–165.

Schneider, A.B., Unternehmenskultur und Corporate Identity, in: zfo 60, 1991, S. 260–266.

Schneider, D., Unternehmensethik und Gewinnprinzip in der Betriebswirtschaftslehre, in: ZfbF 42, 1990, S. 869–891.

Scholz, Ch., Der Beitrag der Organisationskultur zum Projektmanagement, in: zfo 60, 1991, S. 143–150.

Schreyögg, G., Untenehmenskultur in multinationalen Unternehmen, in: BFuP 42, 1990, S. 379–390.

Sieben, D., Diedrich, R., Aspekte der Wertfindung bei strategisch motivierten Unternehmensakquisitionen, in: ZfbF 42, 1990, S. 794–809.

Sieben, D., Matschke, K., Schildbach, Th. (Hrsg.), Shareholder Value als Zielgröße der Unternehmensführung, BFuP 43, Heft 3, 1991.

Simons, R., Strategic Orientation and Top Management Attention to Control Systems, in: Strategic Management Journal 12, 1991, S. 49–62.

Specht, G., Ewald, A., Organisation des Strategischen Technologie-Managements, in: Die Unternehmung 45, 1991, S. 167–183.

Stalk, G., Jr., Hout, T.M., Redesign Your Organization for Time-Based Management, in: Planning Review 18, H. 1, 1990, S. 4–9.

Taylor, B. et al., Strategy and Leadership in Growth Companies, in: LRP 23, H. 3, 1990, S. 66–75.

Taylor, W., The Logic of Global Business — An Interview with ABB's Percy Barvenik, in: HBR 69, H. 2, 1991, S. 90–105.

Volk, H., New Marketing als ganzheitliche Unternehmensaufgabe. Vision vor Strategie, in: zfo 59, 1990, S. 265–269.

Wolgemuth, A.C., Dem Unternehmungserfolg auf der Spur, in: Die Unternehmung 44, 1990, S. 43–55.

Zahn, E., Stragien für die 90er Jahre, in: IBM-Nachrichten 40, 1990, S. 13–21.

Ergänzende Literaturhinweise aus Zeitschriften zum Thema „Strategische Unternehmungsplanung und Strategische Unternehmungsführung“ der Jahrgänge 1991 (ab September) bis 1996 (bis September)

Amponsem, H., Bauer, S., Gerpott, T.J., Mattern, K., Konzernorganisation nach Kernkompetenzen, in: ZfO, 4/1996, S. 219–225.

Arbeitskreis „Finanzierung“ der Schmalenbach-Gesellschaft / Deutsche Gesellschaft für Betriebswirtschaft e.V., Wertorientierte Unternehmenssteuerung mit differenzierten Kapitalkosten, in: ZfbF, 48. Jg., 6/1996, S. 543–578.

Badaracco, J.L., Webb, A.P., Business Ethics: A View from the Trenches, in: CMR, Vol. 37, No. 2, Winter 1995, S. 8–28.

Bartlett, C.A., Ghoshal, S., Die wahre Aufgabe des Topmanagements heute, in: HM, 2/1995, S. 56–65.

Bartlett, C.A., Ghoshal, S., Changing the Role of Top Management: Beyond Systems to People, in: HBR, 5–6/1995, S. 132–142.

Bettis, R.A., Hitt, M.A., The New Competitive Landscape, in: SMJ, Vol. 16, 1995, S. 7–19.

Bettis, R.A., Prahalad, C.K., The Dominant Logic: Retrospective and Extension, in: SMJ, Vol. 16, 1995, S. 5–14.

Bleicher, K., Integrative Management in a Time of Transformation, in: LRP, Vol. 27, No. 5, 1994, S. 136–144.

Bleicher, K., Vertrauen als kritischer Faktor einer Bewältigung des Wandelns, in: ZfO, 6/1995, S. 390–395.

Bühner, R., Mitarbeiter mit Kennzahlen führen, in: HM, 3/1995, S. 55–64.

Bungay, S., Goold, M., Creating a Strategic Control System, in: LRP, Vol. 24, No. 3, 1991, S. 32–39.

Campbell, A., Goold, M., Alexander, M., Corporate Strategy: The Quest for Parenting Advantage, in: HBR, 3–4/1995, S. 120–132.

Campbell, A., Goold, M., Alexander, M., The Value of the Parent Company, in: CMR, Vol. 38, No. 1, Fall 1995, S. 79–97.

Chakravarthy, B.S., Doz, Y., Strategy Process Research: Focusing on Corporate Self-revival, in: SMJ, Vol. 13, 1992, S. 5–14.

Collis, D.J., Montgomery, C.A., Competing on Ressources: Strategies in the 1990s, in: HBR, 7–8/1995, S. 118–128.

Drucker, P.F., The Information Executives Truly Need, in: HBR, 1–2/1995, S. 54–62.

Giles, W.D., Making Strategy Work, in: LRP, Vol. 24, No. 5, 1991, S. 75–91.

Hamel, G., Prahalad, C.K., Die Zukunft gestalten – schon heute, in: HM, 1/1995, S. 36–42.

Hamel, G., Strategy as Revolution, in: HBR, 7–8/1996, S. 69–82.

Harrigan, K.R., Management Concepts for Turnarounds, Creating and Nurturing Competencies, in: technologie & management 1/94, S. 14–18.

Hinterhuber, H.H., Strategien für das kommende Jahrtausend, in: Management Zeitschrift, 63. Jg., 1994, H. 12, S. 34–38.

Hinterhuber, H.H., Friedrich, S.A., Handlbauer, G., Stuhec, U., The company as a cognitive system of core competences and strategic business units, in: Strategic Change, Vol. 5, August 1996, S. 223–238.

Högsdal, B., Planspiele im Management-Training, in: ZfO, 2/1995, S. 111–114.

Johnson, G., Managing Strategic Change — Strategy, Culture and Action, in: LRP, Vol. 25, No. 1, 1992, S. 28–36.

Kanter, R.M., Unternehmenspartnerschaften: langsam zueinander finden, in: HM, 2/1995, S. 33–43.

Kaplan, R.S., Norton, D.P., Using the Balanced Scorecard as a Strategic Management System, in: HBR, 1–2/1996, S. 75–85.

Kotabe, M., Swan, K.S., The Role of Strategic Alliances in High-technology new Product Development, in: SMJ, Vol. 16, 1995, S. 621–636.

Kotter, J.P., Acht Kardinalfehler bei der Transformation, in: HM, 3/1995, S. 21–28.

Kotter, J.P., Why Transformation Efforts Fail, in: HBR, 3–4/1995, S. 59–67.

Kossbiel, H., Überlegungen zur Effizienz betrieblicher Anreizsysteme, in: DBW, 54. Jg., 1994, S. 75–93.
Krüger, W., Werder, v. A., Zentralbereiche als Auslaufmodell, in: ZfO, 1/1995, S. 6–17.
Lewis, T., Grisebach, R., Nelle, A., Kapitalbeteiligung und Vergütungsregelung zur Förderung von Unternehmertum in Großunternehmen, in: ZfO, 2/1995, S. 105–110.
Lorange, P., Roos, J., Bronn, P.S., Building Succesful Strategic Alliances, in: LRP, Vol. 25, No. 6, 1992, S. 10–17.
Mills, R.M., Weinstein, B., Calculating Shareholder Value in a Turbulent Environment, in: LRP, Vol. 29, No. 1, S. 76–83.
Morgan, M.J., How Corporate Culture Drives Strategy, in: LRP, Vol. 26, No. 2, 1993, S. 110–118.
Pellegrinelli, S., Bowman, C., Implementing Strategy through Projects, in: LRP, Vol. 27, No. 4, 1994, S. 125–132.
Reiß, M., Implementierungsarbeit im Spannungsfeld zwischen Effektivität und Effizienz, in: ZfO, 5/1995, S. 278–282.
Sachs, S., Strategie und Ökonomie, in: DU 4/95, S. 245–257.
Schreyögg, G., Noss, C., Organisatorischer Wandel: Von der Organisationsentwicklung zur lernenden Organisation, in: DBW, 55. Jg., 1995, H. 2, S. 169–185.
Scholz, C., Virtuelle Organisation: Konzeption und Realisation, in: ZfO, 4/1996, S. 204–210.
Simons, R., Kontrolle bei selbständig handelnden Mitarbeitern, in: HM, 3/1995, S. 98–106.
Staudt, E., Kröll, M., Hören, M. v., Potentialorientierung der strategischen Unternehmensplanung: Unternehmens- und Personalentwicklung als iterativer Prozeß, in: DBW, 53. Jg., 1993, S. 57–75.
Titzrath, A., Die Bedeutung des Going Public, in: ZfB, Jg. 65, H. 2, 1995, S. 133–155.
Welge, M.K., Hüttemann, H., Al-Laham, A., Strategieimplementierung, Anreizsystemgestaltung und Erfolg, in: ZfO, 2/1996, S. 80–85.
Zink, K.J., Thul, M.J., Kleingruppenunterstütztes Projektmanagement, in: ZfO, 4/1995, S. 221–226.

Grundlegende Monographien und Sammelbände zum Thema „Strategische Unternehmungsplanung“ der Jahre 1972–1983

Agthe, K.: Strategie und Wachstum der Unternehmung. Baden-Baden 1972.
Ansoff, H.I.: Strategic Management, London 1979.
Ansoff, H.I., R.P. Declerck and *R.L. Hayes* (Hrsg.): From Strategic Planning to Strategic Management. London u.a. 1976.
Bircher, B.: Langfristige Unternehmungsplanung. Bern–Stuttgart 1976.
Buchinger, G. (Hrsg.): Umfeldanalysen für das strategische Management. Wien 1983.
Drexel, G.: Strategische Unternehmensführung im Handel. Berlin–New York 1981.
Dunst, K.H.: Portfolio Management. 2. Aufl., Berlin–New York 1983.
Gälweiler, A.: Unternehmensplanung. Frankfurt 1974.

Goetzke, W. und *G. Sieben* (Hrsg.): Unternehmensstrategien für die Rezession. Köln 1983.

Henderson, B.D.: Die Erfahrungskurve in der Unternehmensstrategie. Frankfurt 1974.

Hinterhuber, H.H.: Wettbewerbsstrategie. Berlin–New York 1982.

–: Strategische Unternehmensführung. 3. Aufl., Berlin–New York 1984.

Hunziker, E.: Auslandsmarkt-Strategien. Zürich 1983.

Jacob, H. (Hrsg.): Strategisches Management 1. Wiesbaden 1982.

Kirsch, W. und *P. Roventa:* Bausteine eines strategischen Managements. Berlin–New York 1983.

Kreikebaum, H.: Strategische Unternehmensplanung. Stuttgart 1981.

Kreikebaum, H. und *W. Suffel:* Der Entwicklungsprozeß der strategischen Planung. Thun–Frankfurt 1981.

Lorange, P.: Corporate Planning — An Executive Viewpoint, Englewood Cliffs 1980.

Lorange, P. and *R.F. Vancil:* Strategic Planning Systems. Englewood Cliffs 1977.

Naumann, C.: Strategische Steuerung und integrierte Unternehmensplanung. München 1982.

Ohmae, K.: The Mind of the Strategist — The Art of Japanese Business, New York et al. 1982.

Pascale, R.T., Athos, A.G.: The Art of Japanese Management, New York 1981.

Pfeiffer, W. u.a.: Technologie-Portfolio zum Management strategischer Zukunftsgeschäftsfelder. Göttingen 1982.

Porter, M.E.: Wettbewerbsstrategie. Frankfurt 1983.

Pümpin, C.: Management strategischer Erfolgspositionen. Bern–Stuttgart 1982.

Roventa, P.: Portfolio-Analyse und strategisches Management. München 1979.

Taylor, B. and *J.R. Sparkes:* Corporate Strategy and Planning. London 1977.

Töpfer, A., und *H. Afheldt* (Hrsg.): Praxis der strategischen Unternehmensplanung. Frankfurt 1983.

Vollmer, T.: Kritische Analyse und Weiterentwicklung ausgewählter Portfolio-Konzepte im Rahmen der strategischen Planung. Frankfurt 1983.

Grundlegende Monographien und Sammelbände zum Thema „Strategische Unternehmungsplanung“ der Jahre 1983–1985

Aaker, D.A.: Strategic Market Management. New York u.a. 1984.

Albach, H.: Strategien zur Bewältigung der Wirtschaftskrise mittelständischer Unternehmungen. In: Betriebswirtschaftslehre und ökonomische Krise, Hrsg. *W.H. Staehle* und *E. Stoll*, Wiesbaden 1984, 179–194.

Bechtle, C.: Die Sicherung der Führungsnachfolge in der Familienunternehmung. Frankfurt 1983.

Becker, F.G.: Anreizsysteme für Führungskräfte im strategischen Management. Bergisch-Gladbach und Köln 1985.

Berthel, J. und *H.-E. Koch:* Karriereplanung und Mitarbeiterförderung. Sindelfingen 1985.

Bühner, R.: Stragie und Organisation. Wiesbaden 1985.
Gaugler, E., O.H. Jacobs und *A. Kieser* (Hrsg.): Strategische Unternehmungsführung und Rechnungslegung. Stuttgart 1984.
Grimm, U.: Analyse strategischer Faktoren. Wiesbaden 1983.
Hahn, D.: Planungs- und Kontrollrechnung. 3. Aufl., Wiesbaden 1985.
Hahn, D. und *U. Krystek:* Frühwarnsysteme als Instrument der Krisenerkennung. In: Betriebswirtschaftslehre und ökonomische Krise, Hrsg. *W.H. Staehle* und *E. Stoll*, Wiesbaden 1984, 3–24.
Hinterhuber, H.H.: Strategische Unternehmungsführung. 3. Aufl., Berlin–New York 1984.
Hoffmann, F.: Führungsorganisation. Band 2, Tübingen 1984.
Jacob, H. (Hrsg.): Strategisches Management 2. Wiesbaden 1983.
Kirsch, W., u.a.: Strategische Suchfeldanalysen: Die systematische Suche nach neuen Geschäften zur Überwindung struktureller Stagnation. In: Betriebswirtschaftslehre und ökonomische Krise, Hrsg. *W.H. Staehle* und *E. Stoll*, Wiesbaden 1984, 111–123.
Kono, T.: Strategy and Structure of Japanese Enterprises, London 1984.
Link, J.: Organisation der Strategischen Planung. Heidelberg und Berlin 1986.
Lindner, T.: Strategische Entscheidungen in Beschaffungsbereich. München 1983.
Little, A.D. (Hrsg.): Management im Zeitalter der strategischen Führung. Wiesbaden 1985.
Mauthe, K.: Strategische Analyse. München 1984.
Meffert, H.: Marketingstrategien in stagnierenden und schrumpfenden Märkten. In: Betriebswirtschaftliche Entscheidungen bei Stagnation, Hrsg, *L. Pack* und *D. Börner*, Wiesbaden 1984, 37–72.
Ohmae, K.: Macht der Triade. Wiesbaden 1985.
Peters, T.J., und *J. Waterman:* Auf der Suche nach Spitzenleistungen. Landsberg 1984.
Porter, M.E.: Competitive Advantage. New York und London 1985.
Rau, K.-H.: Gestaltung der Unternehmungsplanung. Berlin 1985.
Reichert, R.: Entwurf und Bewertung von Strategien. München 1984.
Schneider, W.: Technologische Analyse und Prognose als Grundlage der strategischen Unternehmensplanung. Göttingen 1984.
Schreyögg, G.: Unternehmensstratgie. Berlin 1984.
Servatius, G.: Methodik des strategischen Technologie-Managements. Berlin 1985.
Sudhoff, H.: Handbuch der Unternehmensnachfolge. 3. Aufl., München 1984.
Thom, N.: Personalentwicklung als Instrument der Unternehmungsführung. Köln 1984.
Trux, W., und *G. Müller:* Das Management strategischer Programme. 1. Halbband, München 1984.
Trux, W., G. Müller und *W. Kirsch:* Das Management strategischer Programme. 2. Halbband, München 1984.
Wieselhuber, N., und *A. Töpfer* (Hrsg.): Handbuch Strategisches Marketing. Landsberg 1984.
Zoergiebel, W.: Technologie in der Wettbewerbsstrategie. Berlin 1983.

Grundlegende Monographien und Sammelbände zum Thema „Strategische Unternehmungsplanung und Strategische Unternehmungsführung“ der Jahre 1986–1990

Aaker, D.A., Developing Business Strategies, 2. Aufl., New York 1988.

–, Strategisches Markt-Management, Wiesbaden 1989.

Adrian, W., Strategische Unternehmensführung und Informationssystemgestaltung auf der Grundlage kritischer Erfolgsfaktoren, Bergisch Gladbach 1989.

Albers, S. et al. (Hrsg.), Elemente erfolgreicher Unternehmenspolitik in mittelständischen Unternehmen, Stuttgart 1989.

Andrews, K.R., The Concept of Corporate Strategy, 3. Aufl., Homewood 1987.

Ansoff, H.I., The New Corporate Strategy, New York 1987.

Becker, F.G., Anreizsysteme für Führungskräfte im Strategischen Management, 2. Aufl., Bergisch Gladbach 1987.

Bleicher, K., Chancen für Europas Zukunft: Führung als internationaler Wettbewerbsfaktor, Frankfurt 1989.

Bleicher, K., Leberl, D., Paul, H., Unternehmungsverfassung und Spitzenorganisation, Wiesbaden 1989.

The Boston Consulting Group (Hrsg.), Vision und Strategie, München 1988.

Brenken, D., Strategische Unternehmensführung und Ökologie, Bergisch Gladbach 1988.

Byars, L.L., Strategic Management — Planning and Implementation, 2. Aufl., New York 1987.

Christensen, C.R., Andrews, K.R., Bower, J.L., Hamermesh, R.G., Porter, M.E., Business Policy, 6. Aufl., Homewood 1987.

Clifford, D.K., Cavanagh, R.E., Spitzengewinner – Strategien erfolgreicher Unternehmen, Düsseldorf 1986.

Contractor, F.J., Lorange, P., Cooperative Strategies in International Business, Lexington 1988.

Copeland, T., Koller, T., Murrin, J., Valuation: measuring and managing the value of companies, New York 1989.

Cuendet, G., Emery, Y., Nankobogo, F., Motiver Aujourd'hui, Paris 1986.

Dahringer, L., Mühlbacher, H., International Marketing — A Global Perspective, Reading 1990.

David, F.R., Fundamentals of Strategic Management, Columbus 1986.

Davidson, W.H., Global Strategic Management, New York 1987.

Diesch, P., Strategisches Management und strategischer Erfolg, Frankfurt 1986.

Eichhorn, P. (Hrsg.), Unternehmensverfassung in der privaten und öffentlichen Wirtschaft, Baden-Baden 1989.

Frese, E., Unternehmungsführung, Landsberg 1987.

Galbraith, J.R., Kazanjian, R.K., Strategy Implementation: Structure, Systems and Process, 2. Aufl., St. Paul 1986.

Gälweiler, A., Unternehmensplanung, Grundlagen und Praxis, Frankfurt 1986.

Gälweiler, A., Strategische Unternehmensführung, Frankfurt 1987.

Grill, E., Kaschewski, P., König, R., Stragegische Unternehmensplanung – Computergestützte Informationsanalyse und Visualisierung durch Portfolios, Hallbergmoss 1989.

Gun, T.G., Manufacturing for Competitive Advantage, Cambridge 1988.

Hammer, R.M., Unternehmungsplanung, 3. Aufl., München 1988.

Hammer, R.M., Strategische Planung und Frühaufklärung, München, Wien 1988.

Harrigan, K.R., Managing for Joint Venture Success, Lexington 1986.

Harrigan, K.R., Unternehmensstratgien für reife und rückläufige Märkte, Frankfurt 1989.

Hasselberg, F., Strategische Kontrolle im Rahmen strategischer Unternehmensführung, Frankfurt u.a. 1989.

Heinen, E., Unternehmenskultur, München 1987.

Henzler, H.A. (Hrsg.), Handbuch Strategische Führung, Wiesbaden 1988.

Hinder, W., Strategische Unternehmensführung in der Stagnation, München 1986.

Hinterhuber, H.H., Strategische Unternehmungsführung, 2 Bände, 4. Auflage, Berlin, New York 1989.

Höhler, G., Offener Horizont, 3. Auflage, Düsseldorf 1989.

Hungenberg, H., Planung eines Führungskräfteentwicklungssystems, Gießen 1990.

Jauch, L.R., Glueck, W.E., Business Policy and Strategic Management, 5. Aufl., New York 1988.

Johnson, G., Scholes, K., Exploring Corporate Strategy, Englewood Cliffs 1988.

Kieser, A., Reber, G., Wunderer, R. (Hrsg.), Handwörterbuch der Führung, Stuttgart 1987.

Kirsch, W., Maaßen, H. (Hrsg.), Managementsysteme, München 1989.

Kreikebaum, H., Kehrtwende zur Zukunft, Neuhausen, Stuttgart 1988.

Kreikebaum, H., Strategische Unternehmensplanung, 3. Auflage, Stuttgart, Berlin, Köln 1989.

Krystek, U., Unternehmungskrisen, Wiesbaden 1987.

Lorange, P., Scott Morton, M.F., Goshal, S., Strategic Control, St. Paul et al. 1986.

Lütke Schwienhorst, R., Strategische Kontrolle – Rahmenbedingungen, Aufgaben und Methoden, Wiesbaden 1989.

Marr, R., Reichwald, R. (Hrsg.), Mitarbeiterorientierte Unternehmenskultur. Herausforderung für das Personalmanagement der 90er Jahre, Berlin u.a. 1989.

Meffert, H., Strategische Unternehmungsführung und Marketing, Wiesbaden 1988.

Meissner, H.G., Strategisches Internationales Marketing, Berlin 1987.

Michel, K., Technologie im strategischen Management – Ein Portfolio-Ansatz zur integrierten Technologie- und Marktplanung, Berlin 1987.

Mintzberg, H., Mintzberg on Management, New York, London 1989.

Mohn, R., Erfolg durch Partnerschaft. Eine Unternehmensstratgie für die Menschen, Berlin 1986.

Müller-Stewens, G., Strategische Suchfeldanalyse, Wiesbaden 1987.

Neubürger, K.W., Chancen- und Risikoanalyse im strategischen Management. Die informatorische Lücke, Stuttgart 1989.

Pearce, J.A., Robinson, R.B., Strategic Management — Strategy Formulation and Implementation, 3. Aufl., Homewood 1988.

Porter, M.E. (Hrsg.), Globaler Wettbewerb: Strategien der neuen Internationalisierung, Wiesbaden 1989.

Porter, M.E., Wettbewerbsvorteile. Spitzenleistungen erreichen und behaupten, Frankfurt/Main 1986.

Prestowitz, C.V., Jr., Trading Places — How We Allowed Japan to Take the Lead, New York 1988

Probst, G.J.B., Gomez, P. (Hrsg.), Vernetztes Denken, Wiesbaden 1989.

Pümpin, C., Management strategischer Erfolgspositionen, 3. Auflage, Bern, Stuttgart 1986.

Quinn, J.B., Mintzberg, H., James, R.M., The Strategy Process, Englewood Cliffs 1988.

Rappaport, A. Creating Shareholder Value, New York 1986.

Ropella, W., Synergie als strategisches Ziel der Unternehmung, Berlin u.a. 1989.

Rue, L.W., Holland, P.G., Strategic Management, New York 1986.

Rühli, E., Unternehmensführung und Unternehmenspolitik 2, Bern, Stuttgart 1988.

Scholz, C., Strategisches Management - Ein integrativer Ansatz, Berlin–New York 1987.

Schramm, M., Produkthaftung und Qualitätssicherung als Problemfeld der strategischen Führung einer Industrieunternehmung, Gießen 1990.

Schwaninger, M., Integrale Unternehmensplanung, Frankfurt 1989.

Schwarz, G., Unternehmungskultur als Element des strategischen Managements, Berlin 1989.

Seibert, S., Strategische Erfolgsfaktoren in mittleren Unternehmen, Frankfurt 1987.

Seidel, E., Menn, H., Ökologisch orientierte Betriebswirtschaftslehre, Stuttgart 1988.

Sieben, G., Sielaff, M. (Hrsg.), Unternehmensakquisition, Stuttgart 1989.

Spremann, K, Zur, E. (Hrsg.), Informationstechnologie und strategische Führung, Wiesbaden 1989.

Stahr, G., Internationale strategische Unternehmensführung, Stuttgart, Berlin, Köln 1989.

Steger, U., Umweltmanagement, Wiesbaden 1988.

Steiner, G.A., Miner, J.B., Gray, E.R., Management Policy and Strategy, 3. Aufl., New York 1986.

Szyperski, N., Winand, U. (Hrsg.), Handwörterbuch der Planung, Stuttgart 1989.

Thom, N., Personalentwicklung als Instrument der Unternehmungsführung, Stuttgart 1987.

Ulrich, H., Unternehmungspolitik, 2. Auflage, Bern, Stuttgart 1987.

Ulrich, H., Probst, G., Anleitung zum ganzheitlichen Denken, Bern, Stuttgart 1988.

Werkmann, G., Strategie und Organisationsgestaltung, Frankfurt 1989.

Wheelen, T.J., Hunger, J.D., Strategic Management, 2. Aufl., Reading 1987.

Wildemann, H., Strategische Investitionsplanung - Methoden zur Bewertung neuer Produktionstechnologien, Wiesbaden 1987.

Monographien und Sammelbände zum Thema „Strategische Unternehmungsplanung – Strategische Unternehmungsführung" 1990–1991

Bachinger, R. (Hrsg.), Unternehmenskultur. Ein Weg zum Markterfolg, Frankfurt/Main 1990.

Bartlett, C.A., Doz, Y.L., Hedlund, G. (Hrsg.), Managing the Global Firm, London, New York 1990.

Bleicher, K., Das Konzept Integriertes Management, Frankfurt/Main–New York 1991.

Bleicher, K., Organisation. Strategien – Strukturen – Kulturen, 2. Aufl., Wiesbaden 1991.

Brauchlin, E., Die Vollendung des EG-Binnenmarktes – Überlegungen aus wissenschaftlicher und unternehmerischer Sicht, Stuttgart 1990.

Braun, W., Unternehmenspolitik im europäischen Binnenmarkt, Wiesbaden 1990.

Bühner, R. (Hrsg.), Führungsorganisation und Technologiemanagement, Berlin 1990.

Bühner, R., Das Management-Wert-Konzept. Strategien zur Schaffung von mehr Wert im Unternehmen, Stuttgart 1990.

Bühner, R., Erfolg von Unternehmenszusammenschlüssen in der Bundesrepublik Deutschland, Stuttgart 1990.

Byars, L.L., Strategic Management – Formulation and Implementation, 3. Aufl., New York 1991.

Chakravarthy, B.S., Lorange, P., Managing the Strategy Process — A Framework for a Multibusiness Firm, Englewood Cliffs 1991.

Dülfer, E., Internationales Management in unterschiedlichen Kulturbereichen, München 1991.

Eiff, W.v. (Hrsg.), Organisation, Landsberg 1991.

Hax, A.C., Majluf, N.S., The Strategy Concept and Process: A Pragmatic Approach, Englewood Cliffs 1991.

Hopfenbeck, W., Umweltorientiertes Management und Marketing, Landsberg 1990.

Kolks, U., Stragieimplementierung, Wiesbaden 1990.

Kotter, J.P., A Force for Change — How Leadership Differs from Management, New York 1990.

Kreikebaum, H. (Hrsg.), Integrierter Umweltschutz – eine Herausforderung für das Innovationsmanagement, Wiesbaden 1990.

Kuhn, A., Unternehmensführung, 2. Auflage, München 1990.

Lattman, C. (Hrsg.), Die Unternehmenskultur 1990, Heidelberg 1990.

Macharzina, K., Informationspolitik. Unternehmenskommunikation als Instrument erfolgreicher Führung, Wiesbaden 1990.

Mann, R., Das visionäre Unternehmen, Wiesbaden 1990.

Müller-Stewens, G., Strategische Suchfeldanalyse, 2. Aufl., Wiesbaden 1990.

Oppenländer, K.H., Popp, W. (Hrsg.), Innovationsprozesse im europäischen Raum, München 1991.

Pearce, J.A., Robinson, R.B., Strategic Management — Formulation, Implementation, and Control, 4. Aufl., Homewood 1991.

Pfeiffer, W., Weiß, E., Technologie-Management, Göttingen 1990.

Porter, M.E., Wettbewerbsstrategie. Methoden zur Analyse von Branchen und Konkurrenten, 6. Aufl., Frankfurt/Main 1990.

Porter, M.E., The Competitive Advantage of Nations, New York 1990.

Rabl, K., Strukturierung strategischer Planungsprozesse, Wiesbaden 1990.

Schanz, G. (Hrsg.), Handbuch Anreizsystem in Wirtschaft und Verwaltung, Stuttgart 1990.

Scholz, C., Hofbauer, W., Organisationskultur. Die vier Erfolgsprinzipien, Wiesbaden 1990.

Schoppe, S.G. (Hrsg.), Kompendium der Internationalen Betriebswirtschaftslehrer, München, Wien 1991.

Simon, H. (Hrsg.), Herausforderung Unternehmenskultur, Stuttgart 1990.

Staehle, W.H., Management. Eine verhaltenswissenschaftliche Perpektive, 5. Aufl., München 1990.

Steinmann, H., Schreyögg, G., Management. Grundlagen der Unternehmensführung, Wiesbaden 1990.

Stewart, G.B., The Quest for Value — The EVA Management Guide, New York 1990.

Taylor, B., Harrison, J., The Manager's Casebook of Business Strategy, Oxford et al. 1990.

Trommsdorff, V. (Hrsg.), Innovationsmanagement in kleineren und mittleren Unternehmen, München 1990.

Weber, K., Wirtschaftsprognostik, München 1990.

Womack, J.P., Jones, D.T., Roos, D., Die zweite Revolution in der Autoindustrie, Frankfurt/Main, New York 1991.

Wunderer, R. (Hrsg.), Kooperation – Gestaltungsprinzipien und Steuerung der Zusammenarbeit zwischen Organisationseinheiten, Stuttgart 1991.

Wunderer, R., Klimecki, R., Führungsleitbilder. Grundsätze für Führung und Zusammenarbeit in deutschen Unternehmen, Stuttgart 1990.

Zahn, E., Europa nach 1992. Wettbewerbsstrategien auf dem Prüfstand, Stuttgart 1990.

Grundlegende Monographien und Sammelbände zum Thema „Strategische Unternehmungsplanung und Strategische Unternehmungsführung" der Jahrgänge 1992–1996 (bis September)

Aaker, D.A., Developing Business Strategies, 4. Aufl., New York u.a. 1995.

Bea, F.X., Haas, J., Strategisches Management, Stuttgart-Jena 1995.

Bleicher, K., Strategische Anreizsysteme. Flexible Vergütungssysteme für Führungskräfte, Stuttgart 1992.

Bleicher, K., Normatives Management: Politik, Verfassung und Philosophie des Unternehmens, Frankfurt/M.-New York 1994.

Bleicher, K., Management – Das Konzept Integriertes Management, 4. Aufl., Frankfurt–New York 1994.

Bullinger, H.-J., Warnecke, H.J. (Hrsg.), Neue Organisationsformen im Unternehmen, Berlin et al. 1996.

Copeland, T., Koller, T., Murrin, J., Unternehmenswert: Methoden und Strategien für eine wertorientierte Unternehmensführung, Frankfurt/New York 1993.

Dülfer, E., Laurinkari, H. (Hrsg.), International Handbook of Cooperative Organizations, Göttingen 1994.

Eschenbach, R., Kunesch, H., Strategische Konzepte: Management-Ansätze von Ansoff bis Ulrich, 3. Aufl., Stuttgart 1996.

Eversheim, W., Schuh, G. (Hrsg.), Betriebshütte – Produktion und Management, 7. Aufl., Berlin et al. 1996.

Fahey, L., Randall, R.M. (Hrsg.), The Portable MBA in Strategy, New York u.a. 1994.

Frese, E. (Hrsg.), Handwörterbuch der Organisation, 3. Aufl., Stuttgart 1992.

Georgantzas, N.C., Acar, W., Scenario-Driven Planning: Learning to Manage Strategic Uncertainty, Westport, Conn.–London 1995.

Gerybadze, A., Strategic Alliances and Process Redesign, Berlin–New York 1995.

Goldmann, S.L., Nagel, R.N., Preiss, K., Warnecke, H.J., Agil im Wettbewerb, Berlin et al. 1996.

Gomez, P., Hahn, D., Müller-Stewens, G., Wunderer, R. (Hrsg.), Unternehmerischer Wandel: Konzepte organisatorischer Erneuerung, Festschrift für K. Bleicher, Wiesbaden 1994.

Goold, M., Campbell, A., Alexander, M., Corporate-level Strategy: Creating Value in the Multibusiness Company, New York u.a. 1994.

Graut, R.M., Contemporary Strategy Analysis: Concepts, Techniques, Applications, Campridge, Ma. 1991 (reprinted 1994).

Große-Oetringhaus, W.F., Strategische Identität – Orientierung am Wandel, Berlin et al. 1996.

Hamel, G., Heene, A. (Hrsg.), Competence-based Competition, Chichester u.a. 1994.

Hamel, G., Prahalad, C.K., Competing for the Future, Boston, Mass. 1994.

Hammer, M., Champy, J., Reengineering the Corporation, New York 1993.

Harrison, J., Taylor, B., Supergrowth Companies – Entrepreneurs in Action, Oxford 1996.

Hax, A.C., Maljuf, N.S., The Strategy Concept and Process – A Pragmatic Approach, 2nd Edition, Upper Saddle River NJ 1996.

Hinterhuber, H.H., Strategische Unternehmungsführung, Bd. I: Strategisches Denken, 6. Aufl., Berlin–New York 1996.

Hinterhuber, H.H., Al-Ani, A., Handlbauer, G. (Hrsg.), Das Neue Strategische Management – Elemente und Perspektiven einer zukunftsorientierten Unternehmensführung, Wiesbaden 1996.

Kreikebaum, H., Strategische Unternehmensplanung, 5. Aufl., Stuttgart-Berlin-Köln 1993.

Knyphausen-Aufsess, D. zu, Theorie der strategischen Unternehmensführung, Wiesbaden 1995.

Krystek, U., Zumbrock, S., Planung und Vertrauen: die Bedeutung von Vertrauen und Mißtrauen für die Qualität von Planungs- und Kontrollsystemen, Stuttgart 1993.

Kumar, B.N., Haussmann, H. (Hrsg.), Handbuch der internationalen Unternehmenstätigkeit, München 1992.

Macharzina, K., Unternehmensführung: das internationale Managementwissen, Wiesbaden 1993.

Michel, U., Wertorientiertes Management strategischer Allianzen, München 1996.

Mintzberg, H., The Rise and Fall of Strategic Planning: Reconceiving Roles for Planning, Plans, Planners, New York-Toronto 1994.

Probst, G.J.B., Büchel, B.S.T., Organisationales Lernen: Wettbewerbsvorteile für die Zukunft, Wiesbaden 1994.

Rappaport, A., Shareholder Value: Wertsteigerung als Maßstab für die Unternehmensführung, Stuttgart 1994.

Rumelt, R.D., Schendel, D.E., Teece, D.J., Fundamental Issues in Strategy: a Research Agenda, Boston, Ma. 1994.

Schräder, A., Management virtueller Unternehmungen, Frankfurt–New York 1996.

Steinmann, H., Schreyögg, G., Management: Grundlagen der Unternehmensführung: Konzepte-Funktionen-Fallstudien, 3. Aufl., Wiesbaden 1993.

Sydow, J., Strategische Netzwerke: Evolution und Organisation, Wiesbaden 1992.

Taylor, B., Hutchinson, C., Pollak, S., Tapper, R., (Hrsg.), Environmental Management Handbook, London 1994.

Thommen, J.-P. (Hrsg.), Management-Kompetenz, Wiesbaden 1995.

Thompson, A.A. Jr., Strickland, A.J. III, Crafting and Implementing Strategies: What every Manager shoul Know, Chicago u.a. 1995.

Welge, M.K., Al-Laham, A., Planung: Prozesse-Strategien-Maßnahmen, Wiesbaden 1992.

Werder, A. v. (Hrsg.), Grundsätze ordnungsmäßiger Unternehmungsführung (GoU), ZfbF-Sonderheft 36, Düsseldorf 1996.

Wheelen, T.L., Hunger, J.D., Strategic Management and Business Policy, 4. Aufl., Reading, Mass. u.a. 1992.

Wittmann, W., Kern, W., Köhler, R., Küpper, H.-U., Wysocki, K.v. (Hrsg.), Handwörterbuch der Betriebswirtschaft (HWB), 5. Aufl., Stuttgart 1993.

Zahn, E. (Hrsg.), Strategische Erneuerung für den globalen Wettbewerb, Stuttgart 1996.

Abkürzungen:

ap	Angewandte Planung
CMR	California Management Review
DBW	Die Betriebswirtschaft
DU	Die Unternehmung
FB/IE	Fortschrittliche Betriebsführung/Industrial Engineering
HM	Harvard Manager
HBR	Harvard Business Review
HBW	Handwörterbuch der Betriebswirtschaft
HWO	Handwörterbuch Organisation
LRP	Long Range Planning
SMJ	Strategic Management Journal
ZfB	Zeitschrift für Betriebswirtschaft
ZfbF	Zeitschrift für betriebswirtschaftliche Forschung
ZfO	Zeitschrift für Organisation/Zeitschrift Führung und Organisation

Sachverzeichnis

Heidelberger Kommentar

DS-GVO/BDSG

Datenschutz-Grundverordnung
Bundesdatenschutzgesetz

Herausgegeben von

Prof. Dr. Rolf Schwartmann
Andreas Jaspers
Prof. Dr. Gregor Thüsing
Prof. Dr. Dieter Kugelmann

Bearbeitet von

Michael Atzert
Antonia Buchmann
Lars Dietze
Levent Ferik, LL.M.
Dr. Lorenz Franck
Prof. Dr. Dieter Frey, LL.M. (Brügge)
Prof. Klaus Gennen
Maximilian Hermann
Felix Hilgert, LL.M.
Rolf Hünermann
Dr. Tobias Jacquemain, LL.M.
Andreas Jaspers
Prof. Dr. Tobias O. Keber
Dr. Lutz Martin Keppeler
Dr. David Klein, LL.M. (Washington)
Sascha Kremer
Prof. Dr. Dieter Kugelmann
Sabine Leutheusser-Schnarrenberger
Prof. Dr. Mario Martini
Robin L. Mühlenbeck
Thomas Müthlein
Prof. Dr. Heinz-Joachim Pabst
Fritz-Ulli Pieper, LL.M.
Yvette Reif, LL.M.
Dr. Philipp Richter
Steve Ritter
Sebastian Rombey
Sandra Römer
Maria Christina Rost
Dr. Matthias Rudolph
Dr. Maximilian Schmidt
Adrian Schneider
Prof. Dr. Rolf Schwartmann
Priv.-Doz. Dr. Margrit Seckelmann
Prof. Dr. Gregor Thüsing, LL.M. (Harvard)
Dr. Johannes Traut
Steffen Weiß
Tim Wybitul

CFM C.F. Müller

Bibliografische Information der Deutschen Nationalbibliothek

Die Deutsche Nationalbibliothek verzeichnet diese Publikation in der Deutschen Nationalbibliografie; detaillierte bibliografische Daten sind im Internet über <http://dnb.d-nb.de> abrufbar.

ISBN 978-3-8114-4664-9

E-Mail: kundenservice@cfmueller.de

Telefon: +49 89 2183 7923
Telefax: +49 89 2183 7620

www.cfmueller.de

Satz: TypoScript GmbH, München
Druck: Westermann Druck, Zwickau

Vorwort

Die EU-Datenschutz-Grundverordnung (DS-GVO) schafft mit Wirkung zum 25.5.2018 ein in weiten Teilen einheitliches und in allen Mitgliedstaaten der Europäischen Union unmittelbar anwendbares Datenschutzrecht. Es enthält substantielle Änderungen, namentlich etwa mit Blick auf umfangreiche Betroffenenrechte, eine völlige Neuausrichtung der Datenschutzaufsicht und die deutlich erweiterte Möglichkeit, hohe Bußgelder von bis zu 4 Prozent des Vorjahresumsatzes der Unternehmen zu verhängen. Neben den harmonisierten Regelungen werden bestimmte Bereiche, wie zum Beispiel der Beschäftigtendatenschutz, die Zulässigkeit der Datenverarbeitung der öffentlichen Stellen und eine Reihe weiterer Bereiche in unterschiedlichem Ausmaß den Gesetzgebern der Mitgliedstaaten zur Regelung überlassen.

Mit diesem Werk legen wir eine Kommentierung sowohl des europäischen als auch des deutschen bundesrechtlichen Datenschutzrechts im BDSG von 2017 vor, sofern es die Datenschutz-Grundverordnung betrifft. Die Einschränkung bezieht sich auf die Teile 3 und 4 des BDSG (2017), die keine Relevanz für private Stellen besitzen, weil sie Datenverarbeitungen zwischen Behörden betreffen. Der Teil 3 des BDSG betrifft nicht die DS-GVO, sondern setzt die Richtlinie (EU) 2016/680 zum Datenschutz für Justiz und Polizeibehörden um. Die Kommentierung der im Kontext der DS-GVO nicht einschlägigen Normen nur im Sinne der Vollständigkeit erschien uns als nicht notwendig.

Der Fokus dieses Heidelberger Kommentars liegt ganz in der Tradition dieser Reihe auf den Anforderungen der unternehmerischen und behördlichen Praxis.

Das Werk enthält dem Grunde nach gleichrangige Kommentierungen von DS-GVO und BDSG, wobei die Ausführungen zum BDSG in diejenigen zur DS-GVO integriert sind. Auf diese Weise kann den der DS-GVO nur „zugeordneten" und die Lücken der DS-GVO füllenden Normen im nationalen Recht systematisch und im Wege der Darstellung Rechnung getragen werden.

Weil der Anwendungsbereich des BDSG im Rahmen der Öffnungsklauseln im Verhältnis zur DS-GVO zumindest grundsätzlich gering ist, nimmt die Kommentierung der Grundverordnung naturgemäß den weitaus größeren Teil ein. Wo es uns angebracht erschien, insbesondere beim europarechtlich nicht geregelten Beschäftigtendatenschutz, aber auch in wichtigen Praxisbereichen wie der Videoüberwachung sind das BDSG und sein Verhältnis zur DS-GVO eingehend kommentiert. An anderen Stellen war es ausreichend, die Normen des BDSG, immer unter Berücksichtigung ihrer Bedeutung, weniger eingehend zu bearbeiten.

Die Kommentierungen folgen grundsätzlich jeweils demselben Aufbau. Nach einer normspezifischen Literaturübersicht erfolgt zunächst jeweils eine Einordnung der Normen mit Blick auf ihre Hintergründe und die zugehörigen Erwägungsgründe. An die eigentliche Kommentierung der Vorschriften schließen sich, soweit geboten, Praxishinweise an. Hier wird zwischen der Relevanz für öffentliche Stellen, für nichtöffentliche Stellen sowie für betroffene Personen und Aufsichtsbehörden differenziert.

Auf diese Weise können die Interessen unterschiedlicher Herkunft unmittelbar und gezielt adressiert werden.

Wo die Normen der DS-GVO – insbesondere in deren Art. 6 – in ihren Untergliederungen unterschiedliche Bereiche regeln und zudem durch Vorschriften des BDSG ergänzt werden, sind hier einzelne Absätze innerhalb der Vorschrift unterschiedlichen Bearbeitern zugewiesen.

Die Mitwirkenden am Kommentar sind im Wesentlichen Praktiker, insbesondere im Datenschutz spezialisierte Rechtsanwälte und Vertreter der Datenschutzaufsicht sowie praxisorientierte Wissenschaftler. Eine Besonderheit des Kommentars liegt darin, dass er sowohl mit Blick auf die Herausgeberschaft als auch bei der Auswahl der Autorinnen und Autoren die beiden Pole der Wirtschaft und Aufsicht miteinander vereint. Wir haben die Verantwortlichkeiten der Herausgeber im Wesentlichen so zugewiesen, dass *Rolf Schwartmann* die Kapitel zur Zulässigkeit der Datenverarbeitung, den Betroffenenrechten, den Beschränkungen sowie die Vorschriften zu Verhaltensregeln und Zertifizierungen und zu den Rechtsbehelfen und Sanktionen betreut. *Andreas Jaspers* hat sich der Vorschriften zum organisatorischen Datenschutz sowie zum Verantwortlichen und zur Auftragsverarbeitung sowie zum Datenschutzbeauftragten angenommen. Die Vorschriften des Beschäftigtendatenschutzes und des kirchlichen Datenschutzes unterstehen der Herausgeberschaft von *Gregor Thüsing*. Die Normen über die Aufsicht wurden unter der Verantwortung von *Dieter Kugelmann* kommentiert.

Der Zeitpunkt des Erscheinens der Kommentierung ist mit Bedacht gewählt. Er fällt im Wesentlichen mit der Anwendbarkeit der bereits seit 25.5.2016 geltenden DS-GVO am 25.5.2018 zusammen. Alle an der Kommentierung Beteiligten waren in den zurückliegenden beiden Jahren – sei es in der unternehmerischen und anwaltlichen Praxis oder in der Aufsicht – intensiv mit der Vorbereitung der Umstellung des Datenschutzrechts nach der DS-GVO und seit Sommer 2017 auch nach dem neuen BDSG befasst. In dieser Zeit konnten zahlreiche Konstellationen und deren mögliche Lösung im Hinblick auf das neue Datenschutzrecht durchdacht und erörtert werden. Zugleich konnten die umfangreich erschienene Literatur und die auf deutscher und europäischer Ebene entwickelten Arbeitshilfen bis in den März 2018 hinein berücksichtigt werden.

Die Herausgeber danken allen Autorinnen und Autoren, die an dem Werk mitgewirkt haben. Frau stud. iur. Luisa Kleinen und Herrn stud. iur. David Merten danken wir für die wertvolle Unterstützung bei der Endredaktion. Für die konstruktive Betreuung des Werkes bedanken wir uns beim Verlag.

Köln, Bonn und Mainz im März 2018

Rolf Schwartmann
Andreas Jaspers
Gregor Thüsing
Dieter Kugelmann

Nutzungshinweis zur Zuordnung DS-GVO und BDSG

Die Datenschutz-Grundverordnung ist ein europäischer Rechtsakt, den Art. 288 AEUV nicht nennt. Formal betrachtet, handelt es sich dabei zwar um eine Verordnung (Regulation), wie es sich aus Art. 99 Abs. 1 DS-GVO klar ergibt. Bei der amtlichen Kurzbezeichnung formuliert der europäische Rechtsgeber aber einerseits unschärfer und andererseits präziser. Hier wird nämlich die Bezeichnung Datenschutz-*Grund*verordnung, DS-GVO (General Data Protection Regulation, GDPR), eingeführt. Inhaltlich enthält die Verordnung in der Tat zahlreiche Öffnungsklauseln, die unter den dort genannten Voraussetzungen Sonderwege eröffnen. Das führt im Ergebnis dazu, dass der Kundendatenschutz faktisch weitgehend harmonisiert ist, der Beschäftigtendatenschutz hingegen über die umfassende Öffnungsklausel des Art. 88 DS-GVO in den Mitgliedstaaten vom Grundsatz her speziell geregelt werden muss. Gerade im Beschäftigtendatenschutz wird deutlich, dass die Mitgliedstaaten jedenfalls teilweise auch nicht auf die Nutzung der Öffnungsklauseln verzichten können. Für die Konsistenz und Einheitlichkeit des Rechts ist das ein Problem, gleichwohl ist es den Notwendigkeiten einer Harmonisierung in einem Bereich geschuldet, die sich bei der Komplexität des Regelungsgegenstandes nicht starr vollziehen lässt.

Wir haben uns in dieser Kommentierung wegen des besonderen Zusammenspiels von DS-GVO und dem die Öffnungsklauseln ausfüllenden mitgliedstaatlichen Recht in der Systematik der Darstellung für eine besondere Vorgehensweise entschieden, die diese Regelungssystematik aufgreift.[1] Sie besteht darin, dass die Kommentierungen des BDSG an den Stellen in die Kommentierung der DS-GVO – so wie sie in den Kolumnenüberschriften genannt sind – eingebettet sind, dort wo sie relevant werden. Mit Hilfe der nachfolgenden Tabelle kann die zur DS-GVO gehörende Norm leicht aufgefunden werden. Da die Öffnungsklauseln nicht in jedem Fall eindeutige Zuordnungen erlauben, beruht die hier getroffene Zuordnung auf einer Wertung. Vor diesem Hintergrund erklärt es sich, dass die §§ 45–85 BDSG n.F., da sie eine Umsetzung der Richtlinie (EU) 2016/680 darstellen, in der folgenden Übersicht nicht enthalten sind.

Schwartmann

---

1 Vgl. dazu schon *Schwartmann/Jaspers (Hrsg.)* Datenschutz-Grundverordnung und Bundesdatenschutzgesetz, Vorschriftensammlung.

Nutzungshinweis zur Zuordnung DS-GVO und BDSG

Art. DS-GVO	BDSG n. F.	Fundstellen
Art. 2	§ 1	Art. 2 Rn. 10 ff., 58 ff.
Art. 4	§ 2	Art. 4 Anh., S. 104 ff.
Art. 6	§ 3	Art. 6 Rn. 92 ff.
	§ 4	Art. 6 Rn. 171, 175; Anh., S. 204 ff.
	§ 23	Art. 6 Rn. 176, 205, 208 ff.
	§ 24	Art. 6. Rn. 53, 176, 205, 222 ff.
	§ 25	Art. 6 Rn. 205 ff.
	§ 28	Art. 6 Rn. 117 ff.
	§ 48	Art. 6 Rn. 177, 227 ff.
Art. 9	§ 22	Art. 9 Rn. 6, 94 ff.
	§ 27	Art. 9 Rn. 7, 217 ff.
	§ 28	Art. 9 Rn. 8, 231 ff.
Art. 10	§ 26	Art. 10 Rn. 6 f.
Art. 13	§ 29	Art. 13 Rn. 5, 66 ff., 99
	§ 32	Art. 13 Rn. 5, 73 ff.
Art. 14	§ 29	Art. 14 Rn. 6, 16, 73
	§ 33	Art. 14 Rn. 6, 16, 74 ff.
Art. 15	§ 27	Art. 15 Rn. 38 f.
	§ 28	Art. 15 Rn. 40
	§ 29	Art. 15 Rn. 41
	§ 30	Art. 15 Rn. 42
	§ 34	Art. 15 Rn. 43 ff.
Art. 17	§ 35	Art. 17 Rn. 9, Anh., S. 417 ff.
Art. 20	§ 28 Abs. 4	Art. 20 Rn. 2, 17
Art. 21	§ 27 Abs. 2	Art. 21 Rn. 8, 117
	§ 36	Art. 21 Rn 7, 50 ff.
Art. 22	§ 31	Art. 22 Rn. 13 ff., 81 ff., 176
	§ 37	Art. 22 Rn. 13 ff., 81, 133 ff.
Art. 23	§ 4	Art. 23 Rn. 71 ff.
Art. 27	§ 44	Art. 27 Rn. 59 ff.
Art. 28	§ 62	Art. 28 Rn. 6

Art. DS-GVO	BDSG n. F.	Fundstellen
Art. 31	§ 16	Art. 31 Rn. 4 f.
	§ 40	Art. 31 Rn. 4 f.
Art. 32	§ 9	Art. 32 Rn. 13 ff.
	§ 22	Art. 32 Rn. 9
	§ 64	Art. 32 Rn. 8
Art. 33	§§ 43,44	Art. 33 Rn. 96 ff.
Art. 34	§ 29	Art. 34 Rn. 33 ff.
	§§ 42, 43	Art. 34 Rn. 48
Art. 37	§ 5	Art. 37 Rn. 25, 35, 43, 46, 48
	§ 22	Art. 37 Rn. 28 ff.
	§ 38	Art. 37 Rn. 26 ff.
Art. 38	§ 6	Art. 38 Rn. 2 f., 8, 19 ff.
	§ 7	Art. 38 Rn. 31
	§ 38	Art. 38 Rn. 19, 23, 25
Art. 39	§ 7	Art. 39 Rn. 2 f., 22, 24
Art. 40	§ 21	Art. 40 Rn. 7
Art. 43	§ 39	Art. 43 Rn. 2, 11, 14 ff.
Art. 46	§ 11	Art. 46 Rn. 34
Art. 51	§ 17	Art. 51 Rn. 5 ff., 51
	§ 18	Art. 51 Rn. 5, 8, 52 ff.
	§ 19	Art. 51 Rn. 5, 9 f.
	§§ 20, 21	Art. 51 Rn. 63
Art. 52	§§ 8–13	Art. 52 Rn. 4 ff.
Art. 53	§ 11	Art. 53 Rn. 2 ff., 25 ff.
	§ 12	Art. 53 Rn. 2 ff., 42 f., 49 f.
Art. 54	§ 8	Art. 54 Rn. 3 ff., 8 ff., 32
	§ 12	Art. 54 Rn. 3 ff., 14, 33, 57
	§ 13	Art. 54 Rn. 3 ff., 12 f., 16 ff., 50, 53 f., 63 ff.
	§ 17	Art. 54 Rn. 3 ff., 35
	§ 18	Art. 54 Rn. 3 ff., 35
	§ 19	Art. 54 Rn. 3 ff., 34
	§ 40	Art. 54 Rn. 3 ff., 34

Art. DS-GVO	BDSG n. F.	Fundstellen
Art. 55	§ 9	Art. 55 Rn. 4 ff., 37, 68 f.
	§ 19	Art. 55 Rn. 4 ff., 40, 45
	§ 40	Art. 55 Rn. 4 ff., 38, 40, 43 ff., 70
Art. 56	§ 19	Art. 56 Rn. 8 ff., 51 f.
Art. 57	§ 14	Art. 57 Rn. 4 f., 28 ff., 54, 63, 76
Art. 58	§ 16	Art. 58 Rn. 5 ff., 84 ff., 156 ff.
	§ 21	Art. 58 Rn. 9, 166
	§ 29	Art. 58 Rn. 10, 70, 75
	§ 40	Art. 58 Rn. 11, 41, 175
	§ 41	Art. 58 Rn. 87, 169
Art. 59	§ 15	Art. 59 Rn. 2, 24
Art. 60	§ 17	Art. 60 Rn. 7 f., 11
	§ 18	Art. 60 Rn. 7 f.
	§ 19	Art. 60 Rn. 7 ff.
Art. 63	§ 17	Art. 63 Rn. 22, 26
	§ 18	Art. 63 Rn. 22, 26
	§ 19	Art. 63 Rn. 22, 26
Art. 64	§ 17	Art. 64 Rn. 4, 37
	§ 18	Art. 64 Rn. 4, 37
Art. 65	§ 17	Art. 65 Rn. 28
	§ 18	Art. 65 Rn. 28
	§ 19	Art. 65 Rn. 28
Art. 66	§ 17	Art. 66 Rn. 3
	§ 18	Art. 66 Rn. 3
	§ 19	Art. 66 Rn. 3
Art. 67	§ 17	Art. 67 Rn. 15
Art. 68	§ 17	Art. 68 Rn. 56 f., 68 f., 79 ff.
	§ 18	Art. 68 Rn. 84 ff.
Art. 69	§ 17	Art. 69 Rn. 23
Art. 77	§ 21	Art. 77 Rn. 5, 7
	§ 60	Art. 77 Rn. 24
	§ 61	Art. 77 Rn. 24

Art. DS-GVO	BDSG n. F.	Fundstellen
Art. 78	§ 20	Art. 78 Rn. 11, 41 ff., 62 f., 67, 80 ff.
Art. 79	§ 44	Art. 79 Rn. 4 f., 21 f., 29 ff., 36 ff.
Art. 82	§ 83	Art. 82 Rn. 38 f.
Art. 83	§ 41	Art. 83 Rn. 9, 22 f., 73
	§ 43	Art. 83 Rn. 84 f., 89 f.
Art. 84	§ 41	Art. 84 Rn. 26
	§ 42	Art. 84 Rn. 20 ff.
Art. 88	§ 26	Art. 88 Rn. 46 ff., 53 f., Anh. 1443 ff.
Art. 89	§ 27	Art. 89 Rn. 7 ff.
	§ 28	Art. 89 Rn. 10 ff.
Art. 90	§ 29	Art. 90 Rn. 3 ff., 18

Bearbeiterverzeichnis

Dipl.-Jur. Michael Atzert GDD e.V., Bonn	Art. 21–22
Antonia Buchmann Der Landesbeauftragte für den Datenschutz und die Informationsfreiheit Rheinland-Pfalz, Mainz	Art. 57–58 (zusammen mit Kugelmann), 59
Lars Dietze Bundesministerium für Verkehr und digitale Infrastruktur, Bonn	Art. 31, 60–62
Levent Ferik, LL.M. Rechtsanwalt, GDD e.V., Bonn	Art. 35–36
Dr. Lorenz Franck GDD e.V., Bonn	Art. 33–34
Prof. Dr. Dieter Frey, LL.M. (Brügge) Rechtsanwalt, Fachanwalt für Urheber- und Medienrecht, Köln; University of Applied Sciences Europe	Art. 85
Prof. Klaus Gennen Rechtsanwalt, Fachanwalt für IT-Recht und Fachanwalt für Arbeitsrecht, Köln	Art. 40–41 (zusammen mit Schwartmann)
Maximilian Hermann Rechtsanwalt, Kölner Forschungsstelle für Medienrecht, Technische Hochschule Köln	Art. 4 Nr. 2–4, 6, 8–10, 12, 17–19, 25, 26 (zusammen mit Schwartmann), Art. 5 (zusammen mit Jaspers/Schwartmann)
Felix Hilgert, LL.M. Rechtsanwalt, Köln	Art. 8 (zusammen mit Schwartmann)
Rolf Hünermann Rechtsanwalt, Frankfurt am Main	Art. 44–45
Dr. Tobias Jacquemain, LL.M. GDD e.V., Bonn	Art. 1, 6 (Vorspann), Abs. 2, 3 (zusammen mit Schwartmann), Anhang § 4 BDSG (zusammen mit Schwartmann), Art. 11 (zusammen mit Jaspers/Schwartmann), 82 (zusammen mit Schwartmann/Keppeler), 83–84 (zusammen mit Schwartmann)

Andreas Jaspers Rechtsanwalt, GDD e.V., Bonn	Art. 5 (zusammen mit Schwartmann/Hermann), 9 (zusammen mit Schwartmann/Mühlenbeck), 10, 11 (zusammen mit Schwartmann/Jacquemain), 37–39 (zusammen mit Reif)
Prof. Dr. Tobias O. Keber Hochschule der Medien (HdM) Stuttgart	Art. 16 (zusammen mit Keppeler), 18–19 (zusammen mit Keppeler), 25 (zusammen mit Keppeler)
Dr. Lutz Martin Keppeler Rechtsanwalt, Köln	Art. 16 (zusammen mit Keber), Anhang § 35 BDSG, 18–19 (zusammen mit Keber), 25 (zusammen mit Keber), 77 (zusammen mit Schwartmann), 80, 81 (zusammen mit Schwartmann), 82 (zusammen mit Schwartmann/Jacquemain)
Dr. David Klein, LL.M. (Washington) Rechtsanwalt, Hamburg	Art. 6 Abs. 1 lit. a–b (zusammen mit Schwartmann), f (zusammen mit Schwartmann), 7 (zusammen mit Schwartmann), 15 (zusammen mit Schwartmann), 46 (zusammen mit Pieper), 48, 49 (zusammen mit Pieper)
Sascha Kremer Rechtsanwalt, Pulheim	Art. 24, 26–29
Prof. Dr. Dieter Kugelmann Deutsche Hochschule der Polizei, Münster	Art. 51–52, 55–56 (zusammen mit Römer), 57–58 (zusammen mit Buchmann)
Sabine Leutheusser-Schnarrenberger Rechtsanwältin, Tutzing	Art. 17
Prof. Dr. Mario Martini Deutsche Universität für Verwaltungswissenschaften Speyer	Art. 68–69
Robin L. Mühlenbeck Kölner Forschungsstelle für Medienrecht, Technische Hochschule Köln	Art. 4 Nr. 1, 5, 7, 11, 13–16, 20–24 (zusammen mit Schwartmann), Art. 9 (zusammen mit Jaspers/Schwartmann)
Thomas Müthlein Rechtsanwalt, Frechen	Art. 30
Prof. Dr. Heinz-Joachim Pabst Fachhochschule für öffentliche Verwaltung NRW, Köln	Art. 2, 3, 6 Abs. 1 lit. c, d, e, 23, §§ 1, 2, 3 BDSG
Fritz-Ulli Pieper, LL.M. Rechtsanwalt, Düsseldorf	Art. 6 Abs. 4 (zusammen mit Schwartmann), 46 (zusammen mit Klein), 49 (zusammen mit Klein), 50
Yvette Reif, LL.M. Rechtsanwältin, GDD e.V., Bonn	Art. 37–39 (zusammen mit Jaspers)

Dr. Philipp Richter Der Landesbeauftragte für den Datenschutz und die Informationsfreiheit Rheinland-Pfalz, Mainz	Art. 94–99
Steve Ritter Bundesamt für Sicherheit in der Informationstechnik, Bonn	Art. 32
Sebastian Rombey Institut für Arbeitsrecht, Rhein. Friedrich-Wilhelms-Universität Bonn	Art. 91 (zusammen mit Thüsing)
Sandra Römer Der Landesbeauftragte für den Datenschutz und die Informationsfreiheit Rheinland-Pfalz, Mainz	Art. 53–54, 55–56 (zusammen mit Kugelmann)
Maria Christina Rost Der Hessische Datenschutzbeauftragte, Wiesbaden	Art. 63–67
Dr. Matthias Rudolph Rechtsanwalt, Fachanwalt für Urheber- und Medienrecht, Köln	Art. 20
Dr. Maximilian Schmidt Rechtsanwalt, Köln	Art. 86 (zusammen mit Thüsing), 87, § 26 BDSG (zusammen mit Thüsing)
Adrian Schneider Rechtsanwalt, Köln	Art. 12–14 (zusammen mit Schwartmann), 78–79
Prof. Dr. Rolf Schwartmann Kölner Forschungsstelle für Medienrecht, Technische Hochschule Köln, GDD e.V., Bonn	Art. 1 (zusammen mit Jacquemain), 4 Nr. 2–4, 6, 8–10, 12, 17–19, 25, 26 (zusammen mit Hermann), 4 Nr. 1, 5, 7, 11, 13–16, 20–24 (zusammen mit Mühlenbeck), 5 (zusammen mit Jaspers/Hermann), 6 (Vorspann) (zusammen mit Jacquemain), 6 Abs. 1 lit. a–b (zusammen mit Klein), f (zusammen mit Klein), 6 Abs. 2, 3 (zusammen mit Jacquemain), 6 Abs. 4 (zusammen mit Pieper), Anhang § 4 BDSG (zusammen mit Jacquemain), 7 (zusammen mit Klein), 8 (zusammen mit Hilgert), 9 (zusammen mit Jaspers/Mühlenbeck), 11 (zusammen mit Jaspers/Jacquemain), 12–14 (zusammen mit Schneider), 15 (zusammen mit Klein), 40–41 (zusammen mit Gennen), 42–43 (zusammen mit Weiß), 77 (zusammen mit Keppeler), 81 (zusammen mit Keppeler), 82 (zusammen mit Keppeler/Jacquemain), 83–84 (zusammen mit Jacquemain)

Priv.-Doz. Dr. Margrit Seckelmann Deutsches Forschungsinstitut für öffentliche Verwaltung Speyer	Art. 70–76, 92–93
Prof. Dr. Gregor Thüsing, LL.M. (Harvard) Institut für Arbeitsrecht, Rhein. Friedrich-Wilhelms-Universität Bonn	Art. 86 (zusammen mit Schmidt), 88 (zusammen mit Traut), 91 (zusammen mit Rombey), §26 BDSG (zusammen mit Schmidt)
Dr. Johannes Traut Rechtsanwalt, Köln	Art. 47, 88 (zusammen mit Thüsing)
Steffen Weiß Rechtsanwalt Hamburg	Art. 42–43 (zusammen mit Schwartmann)
Tim Wybitul Rechtsanwalt, Fachanwalt für Arbeitsrecht, Frankfurt am Main	Art. 89–90

Zitiervorschlag

HK-DS-GVO/BDSG *Bearbeiter*

Inhaltsverzeichnis

Kapitel IV
Verantwortlicher und Auftragsverarbeiter

Kapitel V
Übermittlungen personenbezogener Daten an Drittländer oder an internationale Organisationen

Kapitel VI
Unabhängige Aufsichtsbehörden

Kapitel IX
Vorschriften für besondere Verarbeitungssituationen

Kapitel X
Delegierte Rechtsakte und Durchführungsrechtsakte

Kapitel XI
Schlussbestimmungen

Abkürzungsverzeichnis

a.A.	andere/r Ansicht
Abk.	Abkommen
abl.	ablehnend
Abs.	Absatz
abw.	abweichend
a.E.	am Ende
AEUV	Vertrag über die Arbeitsweise der Europäischen Union
a.F.	alte Fassung
AfP	Zeitschrift für Medien- und Kommunikationsrecht
AG	Amtsgericht/Aktiengesellschaft
AGVwGO Rlp	Landesgesetz zur Ausführung der Verwaltungsgerichtsordnung (Rheinland-Pfalz)
ähnl.	ähnlich
AiB	Arbeitsrecht im Betrieb (Zeitschrift)
AkkStelleG	Gesetz über die Akkreditierungsstelle
allg.	allgemein
allg.M.	allgemeine Meinung
ÄndG	Änderungsgesetz
ÄndVO	Änderungsverordnung
Anm.	Anmerkung
ArbG	Arbeitgeber
ArbN	Arbeitnehmer
ArbRAktuell	Arbeitsrecht Aktuell (Zeitschrift)
ArbRB	Der Arbeits-Rechtsberater (Zeitschrift)
Art.	Artikel
AT	Allgemeiner Teil
Auernhammer-*Bearbeiter*	*Eßer/Kramer/von Lewinski* DSGVO BDSG: Datenschutz-Grundverordnung, Bundesdatenschutzgesetz und Nebengesetze, Kommentar, 5. Aufl. 2017
ausf.	ausführlich
BAnz	Bundesanzeiger
BArchG	Gesetz über die Nutzung und Sicherung von Archivgut des Bundes
BayLDA	Bayerisches Landesamt für Datenschutzaufsicht
BB	Betriebs-Berater (Zeitschrift)
BCR	Bindung Corporate Rules
BDSG	Bundesdatenschutzgesetz
BeckOK DatenSR-*Bearbeiter*	Beck'scher Online-Kommentar Datenschutzrecht
Begr.	amtliche Begründung
Bek.	Bekanntmachung

ber.	berichtigt
Beschl.	Beschluss
Bf	Beschwerdeführer
BfDI	Bundesbeauftragte für den Datenschutz
BGBl.	Bundesgesetzblatt
BGHR	BGH-Rechtsprechung, herausgegeben von den Richtern des Bundesgerichtshofes (zitiert nach Paragraph, Stichwort und Nummer)
BImSchG	Bundes-Immissionsschutzgesetz
BlnDSG	Berliner Datenschutzgesetz
BKAG	Gesetz über das Bundeskriminalamt und die Zusammenarbeit des Bundes und der Länder in kriminalpolizeilichen Angelegenheiten
BlnBDI	Berliner Beauftragte für Datenschutz und Informationsfreiheit
BMBF	Bundesministerium für Bildung und Forschung
BPolG	Gesetz über die Bundespolizei
BRAO	Bundesrechtsanwaltsordnung
BR-Drucks.	Bundesratsdrucksache
BSIG	Gesetz über das Bundesamt für Sicherheit in der Informationstechnologie
Bsp.	Beispiel
Bspr.	Besprechung
bspw.	beispielsweise
BT	Bundestag
BT-Drucks.	Bundestagsdrucksache
BT-GeschO	Geschäftsordnung des dt. Bundestages
BVerfGE	Entscheidungen des Bundesverfassungsgerichts (zitiert nach Band und Seite)
BVerwG	Bundesverwaltungsgericht
bzgl.	bezüglich
bzw.	beziehungsweise
CB	Compliance-Berater (Zeitschrift)
CCZ	Corporate Compliance Zeitschrift
CLSR	Computer Law & Security Review
CMLR	Common Market Law Review
COPPA	Children‘s Online Privacy Protection Act
CR	Computer und Recht (Zeitschrift)
CRi	Computer Law Review International (Journal)
CuA	Computer und Arbeit
DAkkS	Deutsche Akkreditierungsstelle GmbH
Dako	Datenschutz konkret
DANA	Datenschutznachrichten (Zeitschrift)
DB	Der Betrieb (Zeitschrift)
DD-Kreis	Düsseldorfer-Kreis
ders.	derselbe
d.h.	das heißt

digma	Zeitschrift für Datenrecht und Informationssicherheit
Diss.	Dissertation
DIVSI	Deutsches Institut für Vertrauen und Sicherheit im Internet
DIVSI magazin	Zeitschrift des Deutschen Instituts für Vertrauen und Sicherheit im Internet
DNotZG	Deutsche Notar Zeitschrift
DÖV	Die öffentliche Verwaltung (Zeitschrift)
DSAnpUG-EU	Datenschutz-Anpassungs- und -Umsetzungsgesetz EU
DSB	Datenschutz-Berater (Zeitschrift)
DSFA	Datenschutz-Folgeabschätzung
DS-GVO	Datenschutz-Grundverordnung
DSK	Datenschutzkonferenz
DSRI	Deutsche Stiftung für Recht und Informatik
DSRL	Richtlinie 95/46/EG des Europäischen Parlaments und des Rates vom 24. Oktober 1995 zum Schutz natürlicher Personen bei der Verarbeitung personenbezogener Daten und zum freien Datenverkehr
DuD	Datenschutz und Datensicherheit (Zeitschrift)
EDPB	European Data Protection Board
Edpl	European Data Protection Law Review
EDSA	Europäischer Datenschutzausschuss
EGMR	Europäischer Gerichtshof für Menschenrechte
Ehmann/Selmayr-*Bearbeiter*	Datenschutz-Grundverordnung: DS-GVO, Kommentar, 2017
einschr.	einschränkend
EMRK	Europäische Menschenrechtskonvention
ENISA	Europäische Agentur für Netz- und Informationssicherheit
entspr.	entsprechend
EnWZ	Zeitschrift für das gesamte Recht der Energiewirtschaft
erg.	ergänzend
Erl.	Erlass, Erläuterung
EuGVVO	Verordnung über die gerichtliche Zuständigkeit und die Anerkennung und Vollstreckung von Entscheidungen in Zivil- und Handelssachen
EuZA	Europäische Zeitschrift für Arbeitsrecht
EUZBLG	Gesetz über die Zusammenarbeit von Bund und Ländern in Angelegenheiten der Europäischen Union
EuZW	Europäische Zeitschrift für Wirtschaftsrecht
f.; ff.	folgende
FA	Finanzamt
FEDMA	Federal Emergency Management Agency
FinDAG	Gesetz über die Bundesanstalt für Finanzdienstleistungsaufsicht
Fn.	Fußnote
FS	Festschrift

GASP	Gemeinsame Außen- und Sicherheitspolitik
GDD	Gesellschaft für Datenschutz und Datensicherheit e.V.
gem.	gemäß
GewArch	Gewerbe Archiv (Zeitschrift)
GG	Grundgesetz
ggf.	gegebenenfalls
Gierschmann-*Bearbeiter*	Kommentar EU-Datenschutz-Grundverordnung, 2017
Gola-*Bearbeiter*	DS-GVO: Datenschutz-Grundverordnung VO (EU) 2016/679, Kommentar, 2017
GRCh	Charta der Grundrechte der Eutopäischen Union
GRUR	Gewerblicher Rechtsschutz und Urheberrecht (Zeitschrift)
Hessischer DSB	Hessischer Datenschutzbeauftragter
h.M.	herrschende Meinung
HmbDSG	Hamburgisches Datenschutzgesetz
Hs.	Halbsatz
i.d.F.	in der Fassung
IDPL	International Data Privacy Law (Zeitschrift)
i. Erg.	im Ergebnis
IFG	Informationsfreiheitsgesetz
IMI	Internal Market Information System (Binnenmarktinformationssystem)
insb.	insbesondere
IPbpR	Internationaler Pakt über bürgerliche und politische Rechte
i.S.v.	im Sinne von
ITSiG	IT-Sicherheitsgesetz
i.V.m.	in Verbindung mit
JM	Juris – Die Monatszeitschrift
JMStV	Jugendmedienschutz-Staatsvertrag
JuSchG	Jugendschutzgesetz
JZ	Juristen-Zeitung
Kap.	Kapitel
Komitologie-VO	Verordnung (EU) Nr. 182/2011 des Europäischen Parlaments und des Rates vom 16.2.2011 zur Festlegung der allgemeinen Regeln und Grundsätze, nach denen die Mitgliedstaaten die Wahrnehmung der Durchführungsbefugnisse durch die Kommission kontrollieren
K&R	Kommunikation und Recht (Zeitschrift)
krit.	kritisch
KritV	Die Kritische Vierteljahresschrift für Gesetzgebung und Rechtswissenschaft
KUG	Kunsturhebergesetzes
Kühling/Buchner-*Bearbeiter*	DS-GVO: Datenschutz-Grundverordnung, Kommentar, 2017
KWG	Gesetz über das Kreditwesen

LDI NRW	Landesbeauftragte für den Datenschutz und Informationsfreiheit Nordrhein- Westfalen
LDSG SH	Landesdatenschutzgesetz Schleswig-Holstein
LfD Sachsen-Anhalt	Landesbeauftragter für den Datenschutz Sachsen-Anhalt
LMedienG	Landesmediengesetz
LVwA Sachsen-Anhalt	Landesverwaltungsamt Sachsen-Anhalt
MiLoG	Mindeslohngesetz
MMR	MultiMedia und Recht (Zeitschrift)
MR-Int	Medien und Recht International (Zeitschrift)
m.w.N.	mit weiteren Nachweisen
NetzDG	Netzwerkdurchsetzungsgesetz
n.F.	neue Fassung
NIS-RL	Richtlinie (EU) 2016/1148 vom 6.7.2016 über Maßnahmen zur Gewährleistung eines hohen gemeinsamen Sicherheitsniveaus von Netz- und Informationssystemen in der Union
NJW	Neue Juristische Wochenschrift (Zeitschrift)
Nr.	Nummer
NVwZ	Neue Zeitschrift für Verwaltungsrecht
NZA	Neue Zeitschrift für Arbeitsrecht
öAT	Zeitschrift für das öffentliche Arbeits- und Tarifrecht
ÖPNV	Öffentlicher Personennahverkehr
Paal/Pauly-*Bearbeiter*	Datenschutz-Grundverordnung, Kommentar, 2. Aufl. 2018
PAuswG	Personalausweisgesetz
PersF	Personalführung (Zeitschrift)
PinG	PinG Privacy in Germany – Datenschutz und Compliance (Zeitschrift)
Plath-*Bearbeiter*	BDSG/DSGVO: Kommentar zum BDSG und zur DSGVO sowie den Datenschutzbestimmungen des TMG und TKG, 2. Aufl. 2016
PostG	Postgesetz
RÄStV	Rundfunkänderungsstaatsvertrag
RdErl.	Runderlass
RDG	Gesetz über außergerichtliche Rechtsdienstleistungen
Rdschr.	Rundschreiben
RDV	Recht der Datenverarbeitung (Zeitschrift)
RdVerf.	Rundverfügung
RefE	Referentenetwurf
RegBl.	Regierungsblatt
RegE	Regierungsentwurf
ReNEUAL	Research Network on EU Administrative Law

RfTmStV	Staatsvertrag über Rundfunk und Telemedien
Rn.	Randnummer
Rpfleger	Der deutsche Rechtspfleger (Zeitschrift)
Rspr.	Rechtsprechung
RStBl.	Reichssteuerblatt
RStV	Rundfunkstaatsvertrag
S.	Satz, Seite
Schaffland/Holthaus	Datenschutz-Grundverordnung (DS-GVO), Bundesdatenschutzgesetz (BDSG), Loseblatt
SGB I	Erstes Buch Sozialgesetzbuch – Allgemeiner Teil
SGB V	Fünftes Buch Sozialgesetzbuch – Gesetzliche Krankenversicherung
SGB VII	Siebtes Buch Sozialgesetzbuch – Gesetzliche Unfallversicherung
SGB X	Zehntes Buch Sozialgesetzbuch – Sozialverwaltungsverfahren und Sozialdatenschutz
SGB XI	Elftes Buch Sozialgesetzbuch – Soziale Pflegeversicherung
Simitis-*Bearbeiter*	Bundesdatenschutzgesetz, Kommentar, 8. Aufl. 2014
sog.	so genannte/r/s
StGB	Strafgesetzbuch
str.	streitig
SV	Sachverständiger
SVR	Sozialversicherungsrecht Rechtsprechung (Zeitschrift)
SWD	Arbeitsdokumente und gemeinsame Arbeitsdokumente der Dienststellen der EU
Sydow-*Bearbeiter*	Europäische Datenschutzgrundverordnung, Handkommentar, 2017
TATuP	Zeitschrift für Technologiefolgenabschätzung in Theorie und Praxis
ThürDSG	Gesetz über die Akkreditierungsstelle
TKG	Telekommunikationsgesetz
TKÜ	Telekommunikationsüberwachung
TMG	Telemediengesetz
TOM	Technische und organisatorische Maßnahmen
TÜ	Telefonüberwachung
u.a.	unter anderem; und andere
UAbs.	Unterabsatz
UKlaG	Gesetz über Unterlassungsklagen bei Verbraucherrechts- und anderen Verstößen
Urt.	Urteil
u.U.	unter Umständen
UWG	Gesetz gegen den unlauteren Wettbewerb
VerwArch	Verwaltungsarchiv (Zeitschrift)
vgl.	vergleiche

VO	Verordnung
VOBl.	Verordnungsblatt
von der Groeben/ Schwarze/Hatje-*Bearbeiter*	Europäisches Unionsrecht, Kommentar, 7. Aufl. 2015
VuR	Verbraucher und Recht (Zeitschrift)
VVT	Verzeichnis von Verarbeitungstätigkeiten
VwGO	Verwaltungsgerichtsordnung
VwVfG	Verwaltungsverfahrensgesetz
Wedde	EU-Datenschutz-Grundverordnung, Kurzkommentar mit Synopse BDSG – EU-DSGVO, 2016
WP	Working Paper
WRP	Wettbewerb in Recht und Praxis (Zeitschrift)
ZD	Zeitschrift für Datenschutz
ZD-Aktuell	Newsdienst der Zeitschrift für Datenschutz
ZESAR	Zeitschrift für europäisches Sozial- und Arbeitsrecht
ZEuP	Zeitschrift für Europäisches Privatrecht
ZFA	Zeitschrift für Arbeitsrecht
zfm	Zeitschrift für Medienwissenschaft
ZG	Zeitschrift für Gesetzgebung
ZPO	Zivilprozessordnung
ZRP	Zeitschrift für Rechtspolitik
ZStW	Zeitschrift für die gesamte Strafrechtswissenschaft
ZUM	Zeitschrift für Urheber- und Medienrecht
ZWH	Zeitschrift für Wirtschaftsstrafrecht und Haftung im Unternehmen

Allgemeines Literaturverzeichnis

Albrecht/Jotzo Das neue Datenschutzrecht der EU, 2016; *Ehmann/Selmayr (Hrsg.)* Datenschutz-Grundverordnung: DS-GVO, Kommentar, 2017; *Eßer/Kramer/von Lewinski (Hrsg.)* DSGVO BDSG: Datenschutz-Grundverordnung, Bundesdatenschutzgesetz und Nebengesetze, Kommentar, 5. Aufl. 2017; *Gierschmann/Schlender/Stentzel/Veil (Hrsg.)* Kommentar EU-Datenschutz-Grundverordnung, 2017; *Gola (Hrsg.)* DS-GVO: Datenschutz-Grundverordnung VO (EU) 2016/679, Kommentar, 2017; *Kühling/Buchner (Hrsg.)* DS-GVO: Datenschutz-Grundverordnung, Kommentar, 2017; *Kühling/Martini/Heberlein u.a.* Die Datenschutz-Grundverordnung und das nationale Recht, 2016; *von der Groeben/Schwarze/Hatje (Hrsg.)* Europäisches Unionsrecht, Kommentar, 7. Aufl. 2015; *Wedde* EU-Datenschutz-Grundverordnung, Kurzkommentar mit Synopse BDSG – EU-DSGVO, 2016; *Kühling/Seidel/Sivridis* Datenschutzrecht, 3. Aufl. 2015; *Paal/Pauly (Hrsg.)* Datenschutz-Grundverordnung, Kommentar, 2017; *Plath (Hrsg.)* BDSG/DSGVO: Kommentar zum BDSG und zur DSGVO sowie den Datenschutzbestimmungen des TMG und TKG, 2. Aufl. 2016; *Roßnagel (Hrsg.)* Europäische Datenschutz-Grundverordnung, Vorrang des Unionsrechts – Anwendbarkeit des nationalen Rechts, 2016; *Schaffland/Holthaus* Datenschutz-Grundverordnung (DS-GVO), Bundesdatenschutzgesetz (BDSG), Loseblatt; *Schantz/Wolff* Das neue Datenschutzrecht, Datenschutz-Grundverordnung und Bundesdatenschutzgesetz in der Praxis, 2017; *Simitis (Hrsg.)* Bundesdatenschutzgesetz, Kommentar, 8. Aufl. 2014; *Sydow (Hrsg.)* Europäische Datenschutzgrundverordnung, Handkommentar, 2017; *Wolff/Brink (Hrsg.)* Beck'scher Online-Kommentar Datenschutzrecht; *Wybitul* EU-Datenschutz-Grundverordnung, 2017.

Verordnung (EU) 2016/679 des Europäischen Parlaments und des Rates zum Schutz natürlicher Personen bei der Verarbeitung personenbezogener Daten, zum freien Datenverkehr und zur Aufhebung der Richtlinie 95/46/EG (Datenschutz-Grundverordnung)

Kapitel I
Allgemeine Bestimmungen

Artikel 1 Gegenstand und Ziele

(1) Diese Verordnung enthält Vorschriften zum Schutz natürlicher Personen bei der Verarbeitung personenbezogener Daten und zum freien Verkehr solcher Daten.

(2) Diese Verordnung schützt die Grundrechte und Grundfreiheiten natürlicher Personen und insbesondere deren Recht auf Schutz personenbezogener Daten.

(3) Der freie Verkehr personenbezogener Daten in der Union darf aus Gründen des Schutzes natürlicher Personen bei der Verarbeitung personenbezogener Daten weder eingeschränkt noch verboten werden.

– *ErwG: 1–14*

Übersicht

Literatur: *Albrecht/Jotzo* Das neue Datenschutzrecht der EU, 2017; *Schantz* Die Datenschutz-Grundverordnung – Beginn einer neuen Zeitrechnung im Datenschutzrecht, NJW 2016, 1841; *Eisenbarth* Kommt das Volkszählungsurteil nun durch den EuGH? – Der Europäische Datenschutz nach Inkrafttreten des Vertrags von Lissabon, JZ 2011, 169; *Stentzel* Das Grundrecht auf ...?, PinG 2015, 185 ff.

I. Art. 1 – Allgemeines

Art. 1 bestimmt den Regelungsgegenstand und die Ziele der DS-GVO. Diese stimmen **1** mit dem amtlichen Titel der DS-GVO überein, wonach der Sekundärrechtsakt Recht „zum Schutz natürlicher Personen bei der Verarbeitung personenbezogener Daten, zum freien Datenverkehr und zur Aufhebung der Richtlinie 95/46/EG“ beinhaltet. Der Verordnungsgeber hat sich anders als zuvor für die Verordnung als Rechtsakt entschieden, damit innerhalb der Union ein gleichmäßiges Datenschutzniveau für natürliche Personen gewährleistet ist.[1] Diese löst die DSRL ab, knüpft aber inhaltlich ausdrücklich an sie an.[2] Dieser Aspekt ist nicht gering zu schätzen, weil der Inhalt der DS-GVO bei Auslegungskonflikten innerhalb seiner in Art. 1 definierten Schutzziele zu interpretieren und auszulegen ist.

II. Gegenstand der DS-GVO (Abs. 1)

Die DS-GVO verfolgt mit ihren Vorschriften zwei Ziele: Neben dem Schutz natürli- **2** cher Personen durch die Verarbeitung personenbezogener Daten ist dies der freie Verkehr personenbezogener Daten in der Union. Der Dualismus des Regelungsgegenstands entspricht Art. 16 Abs. 2 S. 1 AEUV. Die Ziele der DSRL, welche durch die

1 Vgl. ErwG 13.
2 Vgl. ErwG 9.

Grundverordnung ersetzt wird, besitzen zwar nach wie vor Gültigkeit.[3] Doch nicht nur hinsichtlich der Wahl des Rechtsakts zur Regelung des Datenschutzes und des freien Datenverkehrs unterscheiden sich die beide Sekundärrechtsakte, sondern auch in ihrer Kompetenzgrundlage. Die damalige Befugnis zum Erlass von Maßnahmen stand im Zusammenhang mit dem Binnenmarkt, was in Bezug auf den Datenschutz als Persönlichkeitsschutz nicht vollumfänglich der Fall ist, für die Regelung der Datenverarbeitung als Harmonisierungsmaßnahme aber problemlos greift.[4] Dem Abbau von Handelshemmnissen dient auch die DS-GVO.[5] Auf die Binnenmarktdimension des Datenschutzrechts verweist das Ziel des freien Datenverkehrs.[6] Das reibungslose Funktionieren des Binnenmarkts erfordert, dass der freie Verkehr personenbezogener Daten in der Union nicht aus Gründen des Schutzes natürlicher Personen bei der Verarbeitung personenbezogener Daten eingeschränkt oder verboten wird.[7]

3 Die Regelung des Datenschutzrechts in Form der DS-GVO kann auch als Anpassung an die Veränderung im Primärrecht verstanden werden. Art. 16 Abs. 1 AEUV als Entsprechung des Art. 8 Abs. 1 GRCh normieren seit dem Jahr 2009 gemeinsam das Recht auf Datenschutz auf Primärrechtsebene. Art. 16 Abs. 2 AEUV wurde erst durch den Vertrag von Lissabon eingefügt und ist die Grundlage der DS-GVO.[8] Die Grundverordnung dient also nicht mehr nur der Verwirklichung des Binnenmarkts, sondern gleichermaßen unmittelbar dem Schutz des von Art. 8 GRCh und Art. 16 Abs. 1 AEUV verbürgten Grundrechts.[9]

4 Im Ergebnis fasst Abs. 1 die beiden Folgeabsätze als eine Art „Programmnorm" zusammen, indem er feststellt, dass die DS-GVO insgesamt die inhaltlich gleichen Ziele, den Schutz natürlicher Personen bei der Verarbeitung personenbezogener Daten als auch den freien Verkehr mit solchen Daten, regelt.[10]

III. Schutz der Grundrechte und Grundfreiheiten (Abs. 2)

5 Nach Abs. 2 verfolgt die DS-GVO in Übereinstimmung mit Art. 1 Abs. 1 DSRL den Schutz der Grundrechte und Grundfreiheiten natürlicher Personen und hebt dabei deren Recht auf Schutz der sie betreffenden Daten hervor. Aufgrund des unmittelbaren Zusammenhangs zwischen dem grundrechtlichen Schutz personenbezogener Daten im AEU-Vertrag mit der die EU-Kompetenz begründenden Norm Art. 16 Abs. 2 AEUV kann eine Schutzpflicht, die mithin zum Erlass eines Datenschutzkonzepts verpflichtet, abgeleitet werden.[11] Die DS-GVO dient der Erfüllung dieser Schutzpflicht.

---

3 Vgl. ErwG 9 S. 1.
4 Simitis-*Simitis* EG-Datenschutzrichtlinie, 1997, Einleitung, Rn. 6, 8. Als Rechtsgrundlage diente Art. 100a EWG-Vertrag, eingefügt durch Art. 18 Einheitliche Europäische Akte (EEA), ABl. L 169 v. 29.6.1987, 1; heute: Art. 114 AEUV.
5 Vgl. ErwG 9 S. 2 und 3 und ErwG 13; Vgl. auch *Albrecht/Jotzo* Das neue Datenschutzrecht der EU, 2017, 38.
6 Vgl. Grabitz/Hilf/Nettesheim-*Sobotta* Art. 16 AEUV Rn. 32.
7 ErwG 13 S. 2.
8 Vgl. ErwG 12.
9 Vgl. auch *Albrecht/Jotzo* Das neue Datenschutzrecht der EU, 2017, 44.
10 Paal/Pauly-*Ernst* Art. 1 Rn. 2.
11 *EuGH* v. 6.10.2015 – C-362/14, ECLI:EU:C:2015:650, Schrems, Rn. 72; Eisenbarth JZ 2011, 169, 172.

Der Schutz der sie betreffenden personenbezogenen Daten ist ein Grundrecht jeder natürlichen Person ungeachtet ihrer Staatsangehörigkeit oder ihres Aufenthaltsortes.[12] Die DS-GVO verfolgt ausdrücklich den Schutz dieses Grundrechts. Das Recht auf Schutz der personenbezogenen Daten ist kein uneingeschränktes Recht.[13] Das Primärrecht sieht in Art. 8 Abs. 2 S. 1 GRCh eine Einschränkung vor, wonach Daten nur nach Treu und Glauben für festgelegte Zwecke und mit Einwilligung der betroffenen Person oder auf einer sonstigen gesetzlich geregelten legitimen Grundlage verarbeitet werden dürfen. Das damit kodifizierte Verbot mit Erlaubnisvorbehalt, das Recht auf Auskunft (Art. 8 Abs. 2 S. 2 GRCh) sowie die Überwachung des Datenschutzes durch eine unabhängige Stelle (Art. 8 Abs. 3 GRCh) finden in der DS-GVO ihre sekundärrechtliche Konkretisierung. **6**

Die Vorschriften zum Schutz natürlicher Personen bei der Verarbeitung ihrer personenbezogenen Daten richten sich sowohl gegen öffentliche als auch gegen private Datenverarbeiter.[14] **7**

IV. Freier Datenverkehr (Abs. 3)

Der freie Verkehr personenbezogener Daten in der Union darf aus Gründen des Schutzes der von der Datenverarbeitung Betroffenen weder eingeschränkt noch verboten werden (Abs. 3). Insoweit darf der Datenschutz nach Abs. 3 keine innereuropäische Verkehrsbeschränkung begründen. Diese Behauptung hält einer Überprüfung aber nicht stand. Tatsächlich beinhaltet die DS-GVO zahlreiche datenflussbeschränkende Normen in Form von diversen Auflagen und strengen Rechtmäßigkeitsvoraussetzungen.[15] Das Schutzziel, so wie es auch in Art. 1 Abs. 2 DSRL geregelt war, hat durch die zwischenzeitliche Normierung einer Kompetenzgrundlage im AEUV ihre ursprüngliche Funktion, über den Binnenmarktbezug zur Rechtssetzungsbefugnis beizutragen, verloren und nimmt nun eine unklare Stellung ein.[16] **8**

Gewährleistet die DS-GVO ein hohes Datenschutzniveau, darf der Verkehr personenbezogener Daten innerhalb der Union weder beschränkt noch untersagt werden.[17] Dazu besteht auch keine Veranlassung. Der Unionsgerichtsbarkeit nach ist das Schutzziel des freien Datenverkehrs durch Vereinheitlichung herzustellen, aber hierbei ein hohes datenschutzrechtliches Schutzniveau zu gewährleisten.[18] Dieses Verständnis erstreckt sich auch auf die DS-GVO, denn durch die zwischenzeitliche Veränderung des Primärrechts hat die grundrechtliche Zielrichtung der Datenschutzgesetzgebung der EU ein noch stärkeres Gewicht erhalten als zum Zeitpunkt des Erlasses der DSRL.[19] **9**

---

12 Vgl. ErwG 14 S. 1.
13 ErwG 4 S. 1.
14 *EuGH* v. 13.5.2014 – C-131/12, ECLI:EU:C:2014:317, Google Spain.
15 Vgl. Auernhammer-*Lewinski* Art. 1 DS-GVO Rn. 8; Plath-*Plath* Art. 1 Rn. 6.
16 Vgl. Sydow-*Sydow* Art. 1 Rn. 16 ff., 21.
17 Vgl. ErwG 6 S. 5.
18 *EuGH* v. 6.11.2003 – C-101/01, ECLI:EU:C:2003:596, Lindqvist, Rn. 95 f.; *EuGH* v. 9.3.2010 – C-518/07, ECLI:EU:C:2010:125, Kommission/Deutschland, Rn. 22; *EuGH* v. 24.11.2011, C-468/10, ECLI:EU:C:2011:77, ASNEF, Rn. 28 f.
19 BeckOK DatenSR-*Schantz* Art. 1 Rn. 2 f.

10 Bedeutung gewinnt das Schutzziel vor allem bei der Nutzung von Daten in verschiedenen Mitgliedstaaten. Dieses trägt dazu bei gleiche Wettbewerbsbedingungen innerhalb der Union zu schaffen.[20]

Artikel 2 Sachlicher Anwendungsbereich

(1) Diese Verordnung gilt für die ganz oder teilweise automatisierte Verarbeitung personenbezogener Daten sowie für die nichtautomatisierte Verarbeitung personenbezogener Daten, die in einem Dateisystem gespeichert sind oder gespeichert werden sollen.

(2) Diese Verordnung findet keine Anwendung auf die Verarbeitung personenbezogener Daten

a) im Rahmen einer Tätigkeit, die nicht in den Anwendungsbereich des Unionsrechts fällt,

b) durch die Mitgliedstaaten im Rahmen von Tätigkeiten, die in den Anwendungsbereich von Titel V Kapitel 2 EUV fallen,

c) durch natürliche Personen zur Ausübung ausschließlich persönlicher oder familiärer Tätigkeiten,

d) durch die zuständigen Behörden zum Zwecke der Verhütung, Ermittlung, Aufdeckung oder Verfolgung von Straftaten oder der Strafvollstreckung, einschließlich des Schutzes vor und der Abwehr von Gefahren für die öffentliche Sicherheit.

(3) [1]Für die Verarbeitung personenbezogener Daten durch die Organe, Einrichtungen, Ämter und Agenturen der Union gilt die Verordnung (EG) Nr. 45/2001. [2]Die Verordnung (EG) Nr. 45/2001 und sonstige Rechtsakte der Union, die diese Verarbeitung personenbezogener Daten regeln, werden im Einklang mit Artikel 98 an die Grundsätze und Vorschriften der vorliegenden Verordnung angepasst.

(4) Die vorliegende Verordnung lässt die Anwendung der Richtlinie 2000/31/EG und speziell die Vorschriften der Artikel 12 bis 15 dieser Richtlinie zur Verantwortlichkeit der Vermittler unberührt.

– *ErwG: 13–21*
– *BDSG n.F.: § 1*

Übersicht

20 Vgl. *Schantz* NJW 2016, 1841, 1842.

Literatur: *Albrecht* Das neue EU-Datenschutzrecht – von der Richtlinie zur Verordnung, CR 2016, 88; *Ashkar* Durchsetzung und Sanktionierung des Datenschutzrechts nach den Entwürfen der Datenschutz-Grundverordnung, DuD 2015, 796; *Dieterich* Rechtsdurchsetzungsmöglichkeiten nach der DS-GVO – Einheitlicher Rechtsrahmen führt nicht zwangsläufig zu einheitlicher Rechtsanwendung, ZD 2016, 260; *Faust/Spittka/Wybitul* Milliardenbußgelder nach der DS-GVO? Ein Überblick über die neuen Sanktionen bei Verstößen gegen den Datenschutz, ZD 2016, 120; *Härting* Datenschutzreform in Europa: Einigung im EU-Parlament, CR 2013, 715; *Hartung/Reintzsch* Die datenschutzrechtliche Haftung nach der EU-Datenschutzreform, ZWH 2013, 129; *Kehr* EU-Datenschutz-Grundverordnung – Überblick über die wesentlichen Modifizierungen für Unternehmen, CB 2016, 421; *Lüdemann/Wenzel* Zur Funktionsfähigkeit der Datenschutzaufsicht in Deutschland, RDV 2015, 285; *Neun/Lubitzsch* EU-Datenschutz-Grundverordnung – Behördenvollzug und Sanktionen, BB 2016, 1538; *Nguyen* Die zukünftige Datenschutzaufsicht in Europa – Anregungen für den Trilog zu Kap. VI bis VII der DS-GVO, ZD 2015, 265; *Spindler* Die neue EU-Datenschutz-Grundverordnung, DB 2016, 937; *Thüsing/Traut* The Reform of the European Data Protection Law: Harmonisation at Last?, Intereconomics 2013, 271.

A. Einordnung und Hintergrund

I. Erwägungsgründe

1 Art. 2 nimmt die Erwägungsgründe 14 bis 21 in Bezug.

2 **1. Erwägungsgrund 14.** ErwG 14 enthält die Begrenzung der Anwendbarkeit der DS-GVO auf die Verarbeitung der personenbezogenen Daten natürlicher Personen ungeachtet ihrer Staatsangehörigkeit oder ihres Aufenthaltsorts. Die Verarbeitung bezüglich juristischer Personen und insbesondere als juristische Personen gegründeter Unternehmen ist ausdrücklich ausgenommen.

3 **2. Erwägungsgrund 15.** ErwG 15 unterstreicht den Grundsatz der Technologieneutralität, weshalb auch manuelle Datenverarbeitungsvorgänge jedenfalls im Falle der Speicherung oder der beabsichtigten Speicherung in Dateisystemen dem Anwendungsbereich der DS-GVO unterfallen.

4 **3. Erwägungsgrund 16.** ErwG 16 will die Anwendbarkeit der DS-GVO insbesondere im Bereich der nationalen Sicherheit in der Hand der Mitgliedstaaten belassen und im Bereich der gemeinsamen Außen- und Sicherheitspolitik ausschließen.

5 **4. Erwägungsgrund 17.** ErwG 17 nimmt die datenverarbeitende Tätigkeit der EU-Organe, ihrer Einrichtungen, Ämter und Agenturen von der Geltung der DS-GVO insbesondere zugunsten der VO (EG) 45/2001 aus, verlangt aber die Sicherstellung eines kohärenten Datenschutzrechts durch Anpassung bestehender Datenschutzvorschriften an die DS-GVO.

6 **5. Erwägungsgrund 18.** ErwG 18 erläutert beispielhaft die sog. Haushaltsausnahme, durch die die Verarbeitung von personenbezogenen Daten, die von einer natürlichen Person zur Ausübung ausschließlich persönlicher oder familiärer Tätigkeiten und somit ohne Bezug zu einer beruflichen oder wirtschaftlichen Tätigkeit von der Geltung der DS-GVO ausgenommen wird.

7 **6. Erwägungsgrund 19.** ErwG 19 nimmt die Ausnahme zugunsten der Datenverarbeitung zuständiger nationaler Behörden zum Zwecke der Verhütung, Ermittlung, Aufdeckung oder Verfolgung von Straftaten oder der Strafvollstreckung, einschließlich des Schutzes vor und der Abwehr von Gefahren für die öffentliche Sicherheit auf.

8 **7. Erwägungsgrund 20.** ErwG 20 mahnt die Privilegierung der Arbeit von Justizbehörden und Gerichten zur Achtung der richterlichen Unabhängigkeit an.

9 **8. Erwägungsgrund 21.** ErwG stellt klar, dass die Vorschriften der E-Commerce-Richtlinie 2000/31/EG, insbesondere deren Art. 12 bis 15, durch die DS-GVO nicht verdrängt werden. Dies geschieht im Sinne der Zwecksetzung der Richtlinie, durch Sicherstellung des freien Verkehrs von Diensten der Informationsgesellschaft zwischen den Mitgliedstaaten dazu beizutragen, dass der Binnenmarkt einwandfrei funktioniert.

II. BDSG n.F.

10 Die in § 1 Abs. 1 BDSG a.F. enthaltene Zwecksetzung des BDSG hat in § 1 BDSG n.F. keinen Eingang gefunden. § 1 BDSG n.F. entspricht in Abs. 1 im Wesentlichen der Vorschrift des § 1 Abs. 2 BDSG a.F., nimmt aber bezüglich der Geltung für nichtöffentliche Stellen die Begrifflichkeit des Art. 2 Abs. 1 in Bezug, wenn die Geltung für

die ganz oder teilweise automatisierte Verarbeitung personenbezogener Daten sowie die nichtautomatisierte Verarbeitung personenbezogener Daten, die in einem Dateisystem gespeichert sind oder gespeichert werden sollen, angeordnet wird.

Abs. 2 stellt klar, dass das BDSG n.F. gegenüber anderen datenschutzrechtlichen Vorschriften zurücktritt, aber subsidiäre Geltung behält. Abs. 3 nimmt wortgleich den früheren Abs. 4 auf. Abs. 4 passt die Anwendungsregelung insbesondere bezüglich der Geltung für nichtöffentliche Stellen wiederum an die Begrifflichkeit der DS-GVO an, indem die Norm bspw. zwischen Verantwortlichen und Auftragsverarbeitern differenziert; im Übrigen bestimmt Nr. 3 des Abs. 4 die Anwendung des Gesetzes für Verantwortliche und Auftragsverarbeiter, die – ohne eine Niederlassung in der EU oder im EWR zu haben – dennoch in den Anwendungsbereich der DS-GVO fallen. Im Übrigen wird in Abs. 2 S. 2 die Geltung jedenfalls der Vorschriften über den Datenschutzbeauftragten und dessen Befugnisse angeordnet. **11**

Abs. 5 bestimmt, dass das BDSG n.F. dort nicht gilt, wo die DS-GVO unmittelbare Anwendung findet. Gemäß Abs. 6 werden die EWR-Staaten und die Schweiz den Mitgliedstaaten der EU gleichgestellt, wobei alle übrigen Staaten als Drittstaaten gelten. **12**

Für den Bereich der Datenverarbeitung nach Art. 1 Abs. 1 der Richtlinie (EU) 2016/680 des Europäischen Parlaments und des Rates vom 27. April 2016 zum Schutz natürlicher Personen bei der Verarbeitung personenbezogener Daten durch die zuständigen Behörden zum Zweck der Verhütung, Ermittlung, Aufdeckung oder Verfolgung von Straftaten oder der Strafvollstreckung sowie zum freien Datenverkehr und zur Aufhebung des Rahmenbeschlusses 2008/977/JI des Rates stehen gemäß Abs. 7 bei der Umsetzung, Anwendung und Entwicklung des Schengen-Besitzstands assoziierte Staaten den Mitgliedstaaten der Europäischen Union gleich, wobei alle übrigen Staaten wieder als Drittstaaten gelten. **13**

Gemäß Abs. 8 schließlich sollen für Verarbeitungen öffentlicher Stellen, die nicht in den Anwendungsbereich der DS-GVO und der Richtlinie (EU) 2016/680 fallen, die DS-GVO und jedenfalls Teile 1 und 2 des BDSG n.F. entsprechend Anwendung finden. **14**

III. Normengenese und -umfeld

1. DSRL. Die DSRL enthielt in Art. 3 eine Art. 2 in Teilen entsprechende Vorschrift, insbesondere bezüglich einzelner Ausnahmen nach Art. 2 Abs. 2. **15**

2. BDSG a.F. § 1 BDSG a.F. war in Teilen wortgleich, enthielt aber mangels Verordnungsrechts auf Ebene der EU insbesondere keine Abgrenzungsvorschriften gegenüber unmittelbar geltenden Vorschriften des EU-Rechts. **16**

B. Kommentierung (Art. 2)

I. Allgemeines: Zweck, Bedeutung, Systematik/Verhältnis zu anderen Vorschriften

Art. 2 Abs. 1 beschreibt den sachlichen Anwendungsbereich der DS-GVO orientiert an den Zielen, die insbesondere in Art. 1 skizziert werden, aber auch bereits mit der DSRL verfolgt wurden, nämlich den Schutz natürlicher Personen durch Gefährdungen des allgemeinen Persönlichkeitsrechts, die mit der automatisierten Datenverarbeitung oder der Speicherung von Daten in Dateisystemen auf Grundlage manueller **17**

Datenverarbeitung einhergehen. Die Erfassung von Vorgängen manueller Datenverarbeitung soll einer Umgehung der Anwendbarkeit des DS-GVO vorbeugen.[1]

18 Die DS-GVO konkretisiert so die Rechte von Unionsbürgern nach Art. 8 GRCh, wonach jede Person das Recht auf Schutz der sie betreffenden personenbezogenen Daten hat. Dabei wird aber nicht jede Art der Datenverarbeitung in Bezug genommen, sondern lediglich die in Abs. 1 genannten. Zugleich verfolgt Art. 2 Abs. 1 das Ziel, den grenzüberschreitenden Verkehr mit personenbezogenen Daten zu harmonisieren und zu regulieren.

19 Ausnahmen von der Geltung der Verordnung regelt insbesondere Abs. 2, wonach die Verordnung auf Verarbeitung personenbezogener Daten in den dort genannten Fällen keine Anwendung findet, obgleich die Voraussetzungen des Art. 2 Abs. 1 erfüllt sind.

20 Abs. 3 regelt die fortgesetzte Anwendbarkeit der Verordnung (EG) Nr. 45/2001 auf die Tätigkeit der Unionsorgane und ihrer Untergliederungen, zugleich die Anwendbarkeit weiterer Rechtsakte, die die Datenverarbeitung durch die Unionsorgane zum Gegenstand haben; zugleich wird vorgeschrieben, dass die betreffenden Rechtsakte an die Regelungen der DS-GVO anzupassen sind.

21 Schließlich bestimmt Abs. 4 die Fortgeltung der E-Commerce-Richtlinie 2000/31/EG bezogen auf die Verantwortlichkeit von Vermittlern.

22 Insbesondere Art. 2 Abs. 1 nimmt Teile der Begrifflichkeit nach Art. 4, „personenbezogene Daten" (Art. 4 Nr. 1), „Verarbeitung" (Art. 4 Nr. 2) und „Dateisystem" (Art. 4 Nr. 6) in Bezug.

23 Art. 2 entspricht insbesondere bezüglich der grundsätzlichen Anwendbarkeit sowie bezüglich der wesentlichen Ausnahmetatbestände Art. 3 DSRL. In Abweichung zur DSRL sind über Abs. 3 nunmehr auch die Unionsorgane und ihre Einrichtungen jedenfalls mittelbar Adressaten der DS-GVO, indem auf die Verordnung (EG) Nr. 45/2001 verwiesen wird, die an die Grundsätze des DS-GVO angepasst werden soll. Der Vorschlag des EU-Parlaments, die Verordnung (EG) Nr. 45/2001 für die Organe und Einrichtungen der Union vorrangig gelten zu lassen, soweit die der DS-GVO nicht spezieller seien, wurde zugunsten der Anpassungsregelung in Abs. 3 fallengelassen.[2] Die ursprünglich diskutierte Herausnahme der Datenverarbeitung im öffentlichen Bereich wurde zugunsten der Öffnungsklausel nach Art. 6 Abs. 2 verworfen.

II. Sachlicher Anwendungsbereich (Abs. 1)

24 Art. 2 Abs. 1 erstreckt die Anwendbarkeit des DS-GVO auf die Verarbeitung personenbezogener Daten im automatisierten und nicht-automatisierten Verfahren. ErwG 14 stellt klar, dass nur die Verarbeitung von Daten natürlicher Personen erfasst sein soll, nicht aber die Verarbeitung personenbezogener Daten juristischer Personen und insbesondere als juristische Person gegründeter Unternehmen, einschließlich Name, Rechtsform oder Kontaktdaten der juristischen Person.

25 **1. Personenbezogene Daten.** Personenbezogene Daten sind demnach gemäß Art. 4 Nr. 1 solche Information, die sich auf eine identifizierte oder identifizierbare natürliche Person beziehen. Zentral ist damit die Identifizierbarkeit der Person anhand der

1 Gola-*Gola* Art. 2 Rn. 1.
2 Kühling/Buchner-*Kühling/Raab* Art. 2 Rn. 7.

betreffenden Daten, sei es direkt oder indirekt, insbesondere mittels Zuordnung zu einer Kennung wie einem Namen, zu einer Kennnummer, zu Standortdaten, zu einer Online-Kennung oder zu einem oder mehreren besonderen Merkmalen. Gemeint sind somit Daten, die Ausdruck der physischen, physiologischen, genetischen, psychischen, wirtschaftlichen, kulturellen oder sozialen Identität dieser natürlichen Person sind. Die Begrifflichkeit nach Art. 4 Nr. 1 orientiert sich insoweit ihrerseits am Wortlaut von Art 2 lit. a DSRL, der aber für sich genommen bereits umstritten war.[3]

2. Verarbeitung. Als Verarbeitung wird – in Abweichung zum Wortlaut des § 1 BDSG a.F., wo von „Umgang mit personenbezogenen Daten" gesprochen wurde – gemäß der Begrifflichkeit des Art. 4 Nr. 2 jeder Vorgang, der personenbezogene Daten betrifft, angesehen.[4] **26**

3. Automatisierte Datenverarbeitung. Vom Vorliegen einer automatisierten Datenverarbeitung ist immer dann auszugehen, wenn die Verarbeitung in einer Datenverarbeitungsanlage geschieht. Dass hierfür keine Beispiele benannt werden, kann im Zusammenhang mit ErwG 15 gesehen werden, dem zufolge der Schutz natürlicher Personen technologieneutral sein und nicht von den verwendeten Techniken abhängen soll. Folge ist zugleich eine weite Auslegung des Begriffs der automatisierten Datenverarbeitung[5], der dann alle technischen Einrichtungen erfasst, die im Zuge der Benutzung personenbezogene Daten – ggf. auch nur in geringem Umfang und kurzfristig – speichern, verarbeiten oder vermitteln. Dies können somit auch Computer, digitale Kopierer, Videoüberwachungssysteme, jedenfalls bei kontinuierlicher Speicherung von Informationen,[6] oder Smart-Home-Anwendungen sein. **27**

Erfasst vom Begriff der automatisierten Datenverarbeitung sind auch teilautomatisierte Vorgänge, etwa bei manueller Eingabe von Daten in ein System, das diese dann automatisiert weiterverarbeitet. Auch hier gilt wieder, dass entsprechend des ErwG 15 eine Umgehung der DS-GVO möglichst ausgeschlossen sein soll. **28**

4. Manuelle Datenverarbeitung. Gemäß dem Grundsatz der Technologieneutralität nach ErwG 15 wird auch die manuelle Datenvereinbarung erfasst, sofern die manuell erhobenen Daten in einem Dateisystem gespeichert werden oder gespeichert werden sollen. Der Begriff des Dateisystems ist wiederum unter Rückgriff auf Art. 4 zu bestimmen. Hier wird der Begriff unter Nr. 6 beschrieben wird als „strukturierte Sammlung personenbezogener Daten, die nach bestimmten Kriterien zugänglich ist, unabhängig davon, ob sie zentral, dezentral oder nach funktionalen oder geografischen Gesichtspunkten geordnet geführt wird". Die Formulierung stimmt insoweit mit Art. 2 lit. c DSRL überein, der als Ausgangspunkt aber noch den Begriff der Datei zugrunde legte; entsprechend war auch eine Vorfassung im Gesetzgebungsverfahren formuliert. Der Begriff „Dateisystem" entspricht dem des „filing system" in der englischen Fassung. **29**

---

3 *EuGH* v. 19.10.2016 – C-582/14 (Breyer/Deutschland), EuZW 2016, 909, 910 f.; auch Kühling/Buchner-*Kühling/Raab* Art. 2 Rn. 14.

4 Gola-*Gola* Art. 2 Rn. 4; *Laue/Nink/Kremer* Das neue Datenschutzrecht in der betrieblichen Praxis, § 1 Rn. 9 f.

5 Paal/Pauly-*Ernst* Art. 2 Rn. 5; *Laue/Nink/Kremer* Das neue Datenschutzrecht in der betrieblichen Praxis, § 1 Rn. 9 f.

6 *EuGH* v. 11.12.2014 – C-212/13 (Rynea/ÚYad pro ochranu osobních údajo), EuZW 2015, 234, 235.

30 Damit fällt eine manuelle Datenerhebung, die nicht im weitesten Sinne darauf ausgerichtet ist, die Daten in ein entsprechendes System zu überführen, trotz ihrer persönlichkeitsrechtsrelevanten Auswirkungen nicht in den Anwendungsbereich der DS-GVO.[7] Eine Weiterverarbeitung von Daten auf dem Papier wäre so jedenfalls nicht erfasst, wenn sie bspw. in einer unsortierten Akte zusammengefasst werden. Sobald aber Daten in einer nach bestimmten Kriterien sortierten – wenn auch analogen – Ablage zusammengefasst werden, etwa in Karteikartensystemen oder in nach festgelegten Gesichtspunkten geführten Personal- oder Krankenakten, liegt eine Speicherung i.S.d. Art. 2 Abs. 1 vor.[8] Die Anforderungen an den Umstand, dass Daten „gespeichert werden sollen", sind nicht zu hoch anzusetzen. Hierzu ist insbesondere keine zielgerichtete Absicht im Moment der manuellen Datenerhebung vonnöten. Es reicht aus, dass die Möglichkeit in Betracht gezogen wird; ebenso schadet nicht, dass die Entscheidung über die Speicherung erst noch von einer übergeordneten Stelle getroffen werden muss.

III. Ausnahmenkatalog nach Abs. 2

31 Art. 2 Abs. 2 führt vier Fälle der Verarbeitung personenbezogener Daten auf, auf die die DS-GVO keine Anwendung findet.

32 **1. Tätigkeit außerhalb der Anwendbarkeit des Unionsrechts.** Nach Art. 2 Abs. 2 lit. a findet die Verordnung keine Anwendung auf Tätigkeiten, die nicht in den Anwendungsbereich des Unionsrechts fallen. Unter Zugrundelegen des ErwG 16 sind dies Tätigkeiten etwa im Rahmen der nationalen Sicherheit.

33 Die Vorschrift korrespondiert mit der begrenzten Rechtsetzungsbefugnis der Union, wie sie sich aus Art. 16 Abs. 2 AEUV ergibt. Nach Art. 16 Abs. 2 AEUV erlassen das Parlament und der Rat Vorschriften über den Schutz natürlicher Personen bei der Verarbeitung personenbezogener Daten, sofern diese durch die Organe, Einrichtungen und sonstigen Stellen der Union erfolgt, sowie durch die Mitgliedstaaten im Rahmen der Ausübung von Tätigkeiten, die in den Anwendungsbereich des Unionsrechts fallen. Im Umkehrschluss ist diejenige Tätigkeit der Nationalstaaten, die nicht von der Rechtsetzungsbefugnis der Union erfasst ist, zugleich von der Geltung des DS-GVO ausgenommen.

34 Unter Zugrundelegung des ErwG 16 können dies Tätigkeiten sein, die mit der Verarbeitung personenbezogener Daten einhergehen, etwa im Rahmen der nationalen Sicherheit. Erfasst von der Geltung der DS-GVO ist dagegen der Bereich der polizeilich-justiziellen Zusammenarbeit nach Art. 81–86 AEUV.

35 Ausgenommen von der Geltung der Verordnung sind über die in ErwG 16 genannten Fragen der nationalen Sicherheit hinaus aber alle Tätigkeiten, die ein Mitgliedstaat in denjenigen Bereichen entfaltet, die nach den üblichen Abgrenzungskriterien, dem Prinzip der begrenzten Einzelermächtigung, der Verhältnismäßigkeit und der Subsidiarität den Nationalstaaten zustehen.[9]

---

7 Gola-*Gola* Art. 2 Rn. 7; *Laue/Nink/Kremer* Das neue Datenschutzrecht in der betrieblichen Praxis, § 1 Rn. 11.

8 Paal/Pauly-*Ernst* Art. 2 Rn. 9; Gola-*Gola* Art. 2 Rn. 8.

9 In diesem Sinne Ehmann/Selmayr-*Zerdick* Art. 2 Rn. 5.

2. Datenverarbeitung seitens der Mitgliedstaaten im Bereich der GASP. Ausgenommen ist weiter eine Verarbeitung personenbezogener Daten durch die Mitgliedstaaten im Rahmen des auswärtigen Handelns und der Gemeinsamen Außen- und Sicherheitspolitik (GASP) gemäß Titel V Kapitel 2 EUV (Art. 23–46 EUV). Die Ausnahme liegt darin begründet, dass Art. 39 EUV eine eigene Ermächtigungsgrundlage enthält, aufgrund derer der Rat Vorschriften erlassen kann über den Schutz natürlicher Personen bei der Verarbeitung personenbezogener Daten durch die Mitgliedstaaten im Rahmen der Ausübung von Tätigkeiten, die in den Anwendungsbereich des Titel V Kapitel 2 fallen.[10] Insoweit ist zweifelhaft, ob der Datenschutz – jedenfalls nach Erlass derartiger Vorschriften – unmittelbar an Art. 7 und 8 GRCh zu messen ist. **36**

3. Persönliche und private Datenverarbeitung. Der Ausnahmetatbestand des Art. 2 Abs. 2 lit. c, die sog. „Haushaltsausnahme" oder auch das Haushaltsprivileg, war bereits Bestandteil des Art. 3 Abs. 2 2. Spiegelstrich der DSRL und des BDSG a.F. Die Regelung folgt dem Gedanken, dass die häusliche Privatsphäre ihrerseits den grundrechtlichen Schutz des allgemeinen Persönlichkeitsrechts genießt und so von der staatlichen Regelungsbefugnis ausgenommen sein soll.[11] **37**

ErwG 18 enthält nur ansatzweise Hinweise auf den Umfang der Regelung. So soll „auch das Führen eines Schriftverkehrs oder von Anschriftenverzeichnissen oder die Nutzung sozialer Netze und Online-Tätigkeiten im Rahmen solcher Tätigkeiten" Ausdruck persönlicher oder familiärer Datenverarbeitungstätigkeiten sein können. Insbesondere Art. 4 enthält insoweit keine Definitionen der Begriffe „persönlich" und „familiär".[12] Sprachlich ist eine Abweichung festzustellen zum Wortlaut etwa der englischen und der französischen Fassung, die anstelle des Begriffs „private" in der deutschen Fassung die Begriffe „household" bzw. „domestique" verwenden. Die genannten Fassungen dürften somit den Regelungsgehalt besser zum Ausdruck bringen, weil sie stärker als die deutsche Fassung auf die häusliche Privatsphäre abstellen. **38**

Der Abgrenzung bedarf die Vorschrift insoweit, als – wie ErwG 18 dies ausführt – auch bei häuslicher Datenverarbeitung kein Bezug zu einer beruflichen oder wirtschaftlichen Tätigkeit bestehen darf. Damit sind neben der Erfassung und Pflege bspw. rein familiärer Kontaktdaten auch Datensammlungen erfasst, die über den privaten Kreis hinausgehen, also Dritte außerhalb des Familienkreises betreffen, so über Prominente, Sportler oder sonstige außenstehende Personen, die für den Privaten von Interesse sind, etwa im Rahmen eines privaten Hobbies.[13] Fehlt derartigen Verarbeitungsvorgängen der wirtschaftlich-berufliche Bezug, sind auch diese von der Geltung der DS-GVO ausgenommen. **39**

Die Nutzung sozialer Netzwerke im häuslich-privaten Bereich ist dann von der Geltung der DS-GVO ausgenommen, wenn der Kreis der Zugriffsberechtigten auf das jeweilige Datum begrenzt ist. Wird die Information an eine unbestimmte Vielzahl von Personen verbreitet, muss hierfür die DS-GVO trotz des grundsätzlich privaten Rah- **40**

---

10 So Paal/Pauly-*Ernst* Art. 2 Rn. 12 und auch Kühling/Buchner-*Kühling/Raab* Art. 2 Rn. 22.
11 In diesem Sinne Sydow-*Daniel Ennöckl* Art. 2 Rn. 10; auch *Gola/Lepperhoff* ZD 2016, 9, 12.
12 Vgl. insoweit auch *Roßnagel/Nebel/Richter* ZD 2015, 455, 456.
13 *Gola/Lepperhoff* ZD 2016, 9.

mens der Nutzung gelten.[14] Dies steht im Übrigen im Einklang mit der Rechtsprechung des EuGH zu Art. 3 Abs. 1, 2, Art. 8 Abs. 1 DSRL, wonach auch die private Nutzung des Internets dann der Richtlinie unterfällt, wenn die betreffenden Daten einer unbegrenzte Zahl von Personen zugänglich gemacht werden.[15] Deswegen ist eine Beschränkung der Privilegierung bei Nutzung sozialer Netzwerke auf einen engen Familien- und Freundeskreis zu fordern.[16] Ob die Ausnahme nach lit. c greift, ist damit aber letztlich einzelfallabhängig.

41 Besteht eine Verbindung zu beruflicher oder wirtschaftlicher Betätigung, gleich in welcher konkreten Ausgestaltung diese stattfindet, greift die Ausnahme nach lit. c nicht. Dies gilt nach zutreffender Ansicht auch, wenn die Tätigkeit nicht auf Gewinnerzielung angelegt ist, also auch bei Datenverarbeitung in ehrenamtlicher Funktion; letztere dient gerade nicht nur persönlichen Zwecken.[17]

42 Das Kriterium der Ausschließlichkeit einer Datenverarbeitung zu persönlichen oder privaten Zwecken führt zugleich dazu, dass eine private Datenverarbeitung, die sowohl den privaten wie den geschäftlichen Bereich betrifft, nicht der Privilegierung nach lit. c unterfallen kann.[18] Ob gerade bei gemischten Dateien bzw. Nutzungen eine Abgrenzung nach dem Schwerpunkt der jeweiligen Datenverarbeitung vorzugswürdig wäre,[19] kann insoweit bezweifelt werden, als die zunehmende Durchdringung auch des privaten Bereichs mit beruflichen Aspekten und die wachsenden technischen Möglichkeiten eine eher restriktive Auslegung fordern.[20] Ob eine Abgrenzung nach dem Schwerpunkt praktikabler wäre als das Kriterium der Ausschließlichkeit,[21] ist letztlich nicht nachweisbar; eine solche Vorgehensweise würde sich im Zweifel noch eher in Beweisfragen im Einzelfall aufreiben.

43 Wenn sich die Nutzung sozialer Netzwerke im Rahmen der Ausnahme nach lit. c bewegt, stellt ErwG 18 zugleich klar, dass die Ausnahme sich nicht auf den Diensteanbieter bezieht.

44 **4. Strafrechtliche Tätigkeiten und Schutz der öffentlichen Sicherheit.** Die Ausnahme nach lit. d zugunsten des Tätigwerdens zuständiger Behörden in den Bereichen der Prävention von Straftaten, der Strafverfolgung und -vollstreckung sowie auf dem Gebiet des Schutzes und der Abwehr von Gefahren bezogen auf die öffentliche Sicherheit galt bereits bei der DSRL.

45 Die betreffenden Fragen werden in der parallel zur DS-GVO erlassenen RL (EU) 2016/680 geregelt. Durch die Ausnahme nach lit. d werden die Handlungsspielräume

14 Hierzu auch die Stellungnahme des Europäischen Datenschutzbeauftragten zum Datenschutzpaket der Kommission vom 7.3.2012, dort Rn. 91: „It is without prejudice to a stricter requirement for a genuine personal and private link, to prevent that individuals making data available to several hundreds or even thousands of individuals would automatically fall under the exemption."

15 EuGH, Urteil vom 6.11.2003 – C-101/01 (Lindquist), EuZW 2004, 245, 248 f.

16 *Gola/Lepperhoff* ZD 2016, 9, 10.

17 *Gola/Lepperhoff* ZD 2016, 9, 9.

18 *Gola/Lepperhoff* ZD 2016, 9, 10 unter Bezugnahme auf Auernhammer-*Kamlah* § 27 BDSG a.F. Rn. 18. Auch Kühling/Buchner-*Kühling/Raab* Art. 2 Rn. 26.

19 So offenbar Kühling/Buchner-*Kühling/Raab* Art. 2 Rn. 28.

20 In diesem Sinne *Gola/Lepperhoff* ZD 2016, 9, 10.

21 Wiederum Kühling/Buchner-*Kühling/Raab* Art. 2 Rn. 28.

der national zuständigen Behörden nicht zuletzt im Datenaustausch zum Zwecke effektiven polizeilichen Handelns erweitert, ohne dass die Rechte der Betroffenen übermäßig eingeschränkt werden sollen. Zugleich wird durch die Beschränkung auf datenschutzrechtliche Mindeststandards auf die Souveränität der Mitgliedstaaten im Bereich der polizeilichen Tätigkeiten mehr Rücksicht genommen.[22] Nutzen die Mitgliedstaaten die in Art. 1 Abs. 3 RL (EU) 2016/680 angelegte Möglichkeit zur Normierung höherer Schutzstandards, führt dies dazu, dass ein Handeln im Rahmen dieser Standards verstärkt an nationalen Grundrechten und durch die nationalen Gerichte, für die Bundesrepublik insbesondere das Bundesverfassungsgericht, überprüft werden kann.[23]

Die Formulierung „einschließlich des Schutzes vor und der Abwehr von Gefahren für die öffentliche Sicherheit" beruht auf dem Bestreben der Mitgliedstaaten im Rechtsetzungsverfahren, den gesamten Bereich der öffentlichen Sicherheit und Ordnung in den Anwendungsbereich der RL (EU) 2016/680 fallen zu lassen.[24] **46**

ErwG 19 führt ergänzend an, dass nur die in lit. d genannten Tätigkeiten von der Privilegierung erfasst sind; andere Aufgaben, die den für repressives oder präventives Handeln zuständigen Behörden übertragen sind oder werden, unterfallen weiterhin der Geltung der DS-GVO. Zugleich ist auch das Handeln unzuständiger Behörden auf dem Tätigkeitsfeld nach lit. d weiterhin der DS-GVO unterworfen.[25] Dies gilt gleichermaßen für das Tätigwerden nichtöffentlicher Stellen auf dem Gebiet der Strafverfolgung.[26] **47**

Die Tätigkeit der Justizbehörden und Gerichte unterfällt grundsätzlich der DS-GVO, allerdings rät ErwG 20 ausdrücklich dazu, im Interesse der Unabhängigkeit der Gerichte deren Tätigkeit nicht durch Aufsichtsbehörden, sondern durch in der Justiz angesiedelte Stellen überprüfen zu lassen.[27] **48**

IV. Tätigwerden der EU-Organe und ihrer Einrichtungen

Art. 2 Abs. 3 sieht vor, dass das Handeln der EU-Organe und ihrer Einrichtungen, der Ämter und der Agenturen weiterhin der Anwendung der VO (EG) 45/2001 unterfällt. Diese ist auf Grundlage des früheren Art. 286 Abs. 2 EG erlassen worden. Sie ist nach Inkrafttreten des Lissabon-Vertrages so auszulegen, dass Datenverarbeitungsvorgänge bezüglich personenbezogener Daten von Organen, Einrichtungen und sonstigen Stellen der EU, die ganz oder teilweise in den Anwendungsbereich des EU-Rechts fallen, der vorgenannten Verordnung unterfallen.[28] **49**

Um „einen soliden und kohärenten Rechtsrahmen im Bereich des Datenschutzes in der Union zu gewährleisten", sieht ErwG 17 vor, dass die VO (EG) 45/2001, gestützt auf Art. 98, auf Vorschlag der Kommission an die Aussagen der DS-GVO anzupassen ist. Dies gilt auch für alle übrigen Rechtsakte der Union, die Datenverarbeitungen durch EU-Organe und Einrichtungen zum Gegenstand haben. **50**

---

22 Sydow-*Daniel Ennöckl* Art. 2 Rn. 14.
23 So zutreffend Kühling/Buchner-*Kühling/Raab* Art. 2 Rn. 29.
24 *Albrecht/Jotzo* Das neue Datenschutzrecht der EU, Teil 3 Rn. 27.
25 Sydow-*Daniel Ennöckl* Art. 2 Rn. 15.
26 Kühling/Buchner-*Kühling/Raab* Art. 2 Rn. 30.
27 Vgl. dazu auch Paal/Pauly-*Ernst* Art. 2 Rn. 23.
28 Ehmann/Selmayr-*Zerdick* Art. 2 Rn. 14.

51 Der Kritik aus dem EU-Parlament und den Mitgliedstaaten, die einheitliche Datenschutzregelungen für die gesamte Union befürworteten, begegnete die Kommission mit der Ankündigung, die erforderlichen Anpassungen des bestehenden Datenschutzrechts binnen zweier Jahre nach Annahme der DS-GVO anzustoßen.[29] Seit Januar 2017 liegt ein entsprechender Gesetzgebungsvorschlag seitens der Kommission vor.[30]

V. Fortgesetzte Anwendbarkeit der E-Commerce-Richtlinie

52 Durch Art. 2 Abs. 4 wird die Richtlinie 2000/31/EG für weiterhin anwendbar erklärt. ErwG 21 bezieht dies insbesondere auf Art. 12 bis 15 der Richtlinie zur Verantwortlichkeit von Anbietern reiner Vermittlungsdienste. Durch die E-Commerce-Richtlinie wird insoweit klargestellt, dass die Anbieter reiner Vermittlungsdienste bei bestimmten Tätigkeiten, so insbesondere dem Durchleiten von Daten, der Zwischenspeicherung oder des Hostings, von der Haftung freigestellt werden. Ziel der Richtline in den betreffenden Vorschriften ist es ausweislich des ErwG 21, „dass der Binnenmarkt einwandfrei funktioniert, indem sie den freien Verkehr von Diensten der Informationsgesellschaft zwischen den Mitgliedstaaten sicherstellt". Abs. 4 ist rein deklaratorischer Natur.[31]

VI. Exkurs: Anwendbarkeit ePrivacy-Richtlinie, TKG und TMG

53 Art. 2 trifft keine Aussage zum Verhältnis der DS-GVO zur ePrivacy-RL (RL 2002/58/EG. Hierzu führt Art. 95 aus, dass die DS-GVO „natürlichen oder juristischen Personen in Bezug auf die Verarbeitung in Verbindung mit der Bereitstellung öffentlich zugänglicher elektronischer Kommunikationsdienste in öffentlichen Kommunikationsnetzen in der Union keine zusätzlichen Pflichten auf(erlege), soweit sie besonderen in der Richtlinie 2002/58/EG festgelegten Pflichten unterliegen, die dasselbe Ziel verfolgen."

54 **1. Anwendbarkeit des Telekommunikationsgesetzes.** So gehen weite Teile des Telekommunikationsgesetzes, die auf die ePrivacy-RL zurückgehen, der DS-GVO vor.

55 Damit gehen die Sondervorschriften zum Telekommunikationsdatenschutz nach der ePrivacy-RL nach allgemeinem Verständnis denjenigen der DS-GVO vor, sofern sie „dasselbe Ziel verfolgen." In der Konsequenz bleiben diejenigen Vorschriften auch des deutschen Rechtes anwendbar, soweit sie auf entsprechenden Vorschriften der ePrivacy-RL für öffentlich zugängliche Telekommunikationsdienste in öffentlichen Kommunikationsnetzen beruhen.

56 Dies sind, bezogen auf das TKG, insbesondere die §§ 91 ff. TKG.[32] Soweit §§ 91 ff. TKG Regelungen auch für Anbieter nicht öffentlich zugänglicher Kommunikationsdienste enthält, beruhen diese nicht auf der ePrivacy-RL, so dass insoweit wieder die DS-GVO gilt.[33] Sofern aber zu den Anbietern nichtöffentlicher Kommunikations-

---

29 *Albrecht/Jotzo* Das neue Datenschutzrecht der EU, Teil 3 Rn. 20.

30 Vgl. Vorschlag für eine Verordnung des Europäischen Parlaments und des Rates zum Schutz natürlicher Personen bei der Verarbeitung personenbezogener Daten durch die Organe, Einrichtungen und sonstigen Stellen der Union, zum freien Datenverkehr und zur Aufhebung der Verordnung (EG) Nr. 45/2001 und des Beschlusses Nr. 1247/2002/EG, COM(2017) 8 final vom 10.1.2017.

31 Ehmann/Selmayr-*Zerdick* Art. 2 Rn. 17.

32 Schantz/Wolff-*Wolff* Das neue Datenschutzrecht, Rn. 265.

33 Schantz/Wolff-*Wolff* Das neue Datenschutzrecht, Rn. 269.

dienste öffentliche Stellen gehörten, können diese wiederum nach Art. 6 Abs. 1, 2 und 3 von der Geltung der DS-GVO ausgenommen werden.

2. Anwendbarkeit des Telemediengesetzes. §§ 11 ff. TMG enthalten bereichspezifische Datenschutzregelungen für Telemediendienste, also für Informations- und Kommunikationsdienste, die vornehmlich über das Internet angeboten werden. Die Vorschriften des Telemediengesetzes beruhen nur ausnahmsweise auf der ePrivacy-RL und verdrängen daher regelmäßig die Anwendbarkeit der DS-GVO nicht.[34] Allerdings können die Mitgliedstaaten gem. Art. 6 Abs. 2, 3 Öffnungsklauseln zugunsten öffentlicher Stellen formulieren, so dass dann wiederum die Vorschriften des TMG auf entsprechende Dienste, die durch Behörden oder Beliehene – vgl. insoweit Art. 6 Abs. 1 lit. c – erbracht werden, anwendbar bleiben. [35] 57

VII. § 1 BDSG n.F. Anwendungsbereich des Gesetzes

1. Allgemeines. § 1 BDSG beschreibt den sachlichen Anwendungsbereich des BDSG in Ansehung der DS-GVO. Er nimmt dabei die Begrifflichkeit der DS-GVO auf und beschreibt zugleich die Abgrenzung zu den unmittelbar geltenden Normen des EU-Datenschutzrechts. 58

2. Normadressaten. § 1 Abs. 1 BDSG beschreibt die Normadressaten bezogen auf öffentliche und nichtöffentliche Stellen. 59

a) Öffentliche Stellen des Bundes- und der Länder als Normadressaten. § 1 Abs. 1 S. 1 Nr. 1 und 2. dient der Abgrenzung der Geltung des BDSG für öffentliche Stellen des Bundes und der Länder. Einbezogen sind gemäß § 1 Abs. 1 S. 1 Nr. 1 zunächst die öffentlichen Stellen des Bundes, die wie bislang in § 2 Abs. 1 definiert werden. Demnach sind öffentliche Stellen des Bundes die Behörden, die Organe der Rechtspflege und andere öffentlich-rechtlich organisierte Einrichtungen des Bundes, der bundesunmittelbaren Körperschaften, Anstalten und Stiftungen des öffentlichen Rechts sowie deren Vereinigungen ungeachtet ihrer Rechtsform, einschließlich der aus dem Sondervermögen Deutsche Bundespost durch Gesetz hervorgegangenen Unternehmen, soweit ihnen Ausschließlichkeitsrechte zustehen. Damit sind alle Ebenen der öffentlich-rechtlichen Tätigkeit des Bundes erfasst, sowohl im Bereich der unmittelbaren wie der mittelbaren Staatsverwaltung.[36] 60

Die Einbeziehung der öffentlichen Stellen der Länder, die in § 2 Abs. 2 definiert sind als „die Behörden, die Organe der Rechtspflege und andere öffentlich-rechtlich organisierte Einrichtungen eines Landes, einer Gemeinde, eines Gemeindeverbandes oder sonstiger der Aufsicht des Landes unterstehender juristischer Personen des öffentlichen Rechts sowie deren Vereinigungen ungeachtet ihrer Rechtsform“, sind über § 1 Abs. 1 S. 1 Nr. 2 einbezogen, soweit nicht vorrangiges Landesrecht gilt und soweit Bundesrecht ausgeführt wird (lit. a) oder die betreffenden Stellen als Organe der Rechtspflege tätig sind und es sich nicht um Verwaltungsangelegenheiten handelt (lit. b). Aufgrund der Existenz von Landesdatenschutzgesetzen in allen Ländern ist die betreffende Vorschrift weithin gegenstandslos, allerdings gelten Vorschriften des 61

34 Vgl. insoweit auch die Kommentierung zu Art. 95.
35 Roßnagel-*Geminn/Richter* Rn. 270, dort auch Rn. 270 ff. zur Anwendbarkeit der §§ 11 ff. TMG gegenüber der DS-GVO im Einzelnen.
36 Gola/Schomerus-*Körffer/Klug/Gola* BDSG a.F., § 1 Rn. 19.

BDSG in den Ländern jedenfalls, soweit das Landesdatenschutzrecht keine eigene Regelung enthält.[37]

62 Allerdings steht es den Ländern nicht frei, diejenigen Stellen des Landes, die nicht Aufgaben der öffentlichen Verwaltung wahrnehmen, von der Geltung des BDSG auszunehmen.

63 Über § 1 Abs. 1 S. 1 Nr. 2 lit. b sind die Organe der Rechtspflege, soweit sie nicht verwaltende Tätigkeiten wahrnehmen, unter dem Vorbehalt der Nichtexistenz vorrangigen Landesrechts in weiterem Umfang der Geltung des BDSG unterworfen.[38] Umfasst sind hier bspw. auch die Staatsanwaltschaften und Strafvollzugsbehörden,[39] sofern sie nicht verwaltende Tätigkeiten ausüben. Rechtsanwälte wiederum sind zwar Organe der Rechtspflege, aber keine des Bundes oder der Länder. Dagegen unterfallen die Notare der Geltung der (Landes-)Datenschutzgesetze.[40]

64 **b) Nichtöffentliche Stellen.** Für nichtöffentliche Stellen gilt das BDSG, sofern diese ganz oder teilweise automatisierte Verarbeitung personenbezogener Daten, sowie nichtautomatisierte Verarbeitung personenbezogener Daten vornehmen, die in einem Dateisystem gespeichert sind oder gespeichert werden sollen. Das BDSG nimmt insoweit die Begrifflichkeit der DS-GVO auf.

65 Nichtöffentliche Stellen sind gemäß § 2 Abs. 4 natürliche und juristische Personen, Gesellschaften und andere Personenvereinigungen des privaten Rechts, soweit sie nicht unter die Abs. 1 bis 3 fallen. In Fällen einer Wahrnehmung hoheitlicher Aufgaben, also einer Beleihung, gelten die genannten nichtöffentlichen Stelle als öffentliche Stellen und unterfallen dann § 1 Abs. 1 S. 1.

66 § 1 Abs. 1 S. 2 nimmt im Übrigen das Haushaltsprivileg nach Art. 2 Abs. 2 lit. c auf, indem die Norm anordnet, dass das BDSG nicht anwendbar ist, wenn die Verarbeitung durch natürliche Personen zur Ausübung ausschließlich persönlicher oder familiärer Tätigkeiten erfolgt. Die Regelung entspricht insoweit auch § 1 Abs. 2 Nr. 3 BDSG a.F.

67 **3. Subsidiarität des BDSG.** Gemäß § 1 Abs. 2 ist das BDSG subsidiär gegenüber spezielleren datenschutzrechtlichen Vorschriften des Bundes. Dies gilt für Rechtvorschriften jeden Ranges, nicht aber für Tarifverträge und Betriebsvereinbarungen, auch wenn diese für allgemeinverbindlich erklärt sind.[41]

Der Vorrang gilt nur, „soweit" die betreffende Vorschrift vorrangige Regelungen enthält. Das BDSG bekommt damit insoweit eine Funktion als Auffangvorschrift, gegebenenfalls zur Schließung von Gesetzeslücken.

68 Zugleich gehen alle spezialgesetzlich geregelten Geheimhaltungsvorschriften (etwa Sozialgeheimnis, § 35 SGB I, Steuergeheimnis, § 30 AO, Betriebs- und Geschäftsgeheimnisse, § 17 UWG) vor. Ausdrücklich angeordnet ist auch die vorrangige Geltung nicht gesetzlich geregelter Geheimhaltungspflichten, wie etwa das Anwaltsgeheimnis und das Patientengeheimnis.

---

37 Simitis-*Dammann* BDSG a.F., § 1 Rn. 125.
38 Simitis-*Dammann* BDSG a.F., § 1 Rn. 131.
39 Gola/Schomerus-*Körffer/Klug/Gola* BDSG a.F., § 2 Rn. 11.
40 Für NRW *BGH* v. 30.7.1990, NJW 1991, 568, 568; auch *Lüke/Dutt* Rpfleger 1984, 253, 255 f.
41 Vgl. schon Gola/Schomerus-*Körffer/Klug/Gola* BDSG a.F., § 1 Rn. 23.

4. Vorrang vor dem VwVfG. Wie bereits unter Geltung des § 1 Abs. 4 BDSG a.F. geht das BDSG entsprechend § 1 Abs. 3 den Vorschriften den VwVfG vor, soweit bei Ermittlung eines Sachverhalts personenbezogene Daten verarbeitet werden. **69**

Die Anordnung des § 1 Abs. 4 BDSG a.F. betraf insbesondere das Verhältnis zwischen § 4 Abs. 2 BDSG a.F. und §§ 24, 26 VwVfG bezüglich Amtsermittlungsgrundsatz und Beweismitteln im Verwaltungsverfahren. Hier setzte § 4 Abs. 2 BDSG a.F. voraus, dass die Datenerhebung vorrangig beim Betroffenen stattzufinden hatte,[42] womit der Behörde bezüglich der Datenerhebung bei Dritten erhebliche Grenzen gesetzt wurden. **70**

Eine Parallel-Vorschrift zu § 4 Abs. 2 BDSG a.F. fehlt im BDSG. Die Grundsätze der Direkterhebung ergeben sich mittlerweile vorrangig aus Art. 5 Abs. 1 lit. a. Damit tritt die Bedeutung des § 1 Abs. 3 gegenüber der Vorfassung zurück. **71**

5. Anwendungsbereich. Während § 1 Abs. 1 die Normadressaten regelt, regelt Abs. 4 den Anwendungsbereich des BDSG. Abs. 4 differenziert zwischen öffentlichen und nichtöffentlichen Stellen. **72**

a) Grundsatz der umfänglichen Anwendbarkeit für öffentliche Stellen. Für öffentliche Stellen wird in S. 1 – gleichsam deklaratorisch – zunächst die Anwendbarkeit des BDSG als Ganzes ausgesprochen. **73**

b) Voraussetzungen der Anwendbarkeit auf nichtöffentliche Stellen. S. 2 knüpft die Anwendbarkeit für nichtöffentliche Stellen an Voraussetzungen, die teils kumulativ, teils alternativ vorliegen müssen. So ist unter Zugrundelegen der Gesetzesbegründung anzunehmen, dass wenn ein Fall des § 1 Abs. 4 S. 2 Nr. 1 gegeben ist, die Voraussetzungen der Nr. 2 oder der Nr. 3 hinzutreten müssen, damit das BDSG Anwendung findet.[43] **74**

aa) § 1 Abs. 4 S. 2 Nr. 1. Gemäß § 1 Abs. 4 S. 2 Nr. 1 ist die BDSG auf nichtöffentliche Stellen anwendbar, wenn diese als Verantwortliche oder als Auftragsverarbeiter personenbezogene Daten im Inland verarbeiten. **75**

Der Begriff des Verantwortlichen, des Auftragsverarbeiters und der Verarbeitung kann unter Rückgriff auf Art. 4 Nr. 2, 7 und 8 bestimmt werden. **76**

Art. 4 Nr. 2 meint Verarbeitung „jeden mit oder ohne Hilfe automatisierter Verfahren ausgeführten Vorgang oder jede solche Vorgangsreihe im Zusammenhang mit personenbezogenen Daten wie das Erheben, das Erfassen, die Organisation, das Ordnen, die Speicherung, die Anpassung oder Veränderung, das Auslesen, das Abfragen, die Verwendung, die Offenlegung durch Übermittlung, Verbreitung oder eine andere Form der Bereitstellung, den Abgleich oder die Verknüpfung, die Einschränkung, das Löschen oder die Vernichtung." **77**

Nach Art. 4 Nr. 7 ist Verantwortlicher „die natürliche oder juristische Person, Behörde, Einrichtung oder andere Stelle, die allein oder gemeinsam mit anderen über die Zwecke und Mittel der Verarbeitung von personenbezogenen Daten entscheidet; **78**

---

42 Gola/Schomerus-*Körffer/Klug/Gola* BDSG a.F., § 4 Rn. 21.

43 BT-Drucks. 18/11325, S. 80: „Nach Abs. 4 Satz 1 Nummer 1 findet das Gesetz auf Datenverarbeitung im Inland Anwendung. Abs. 4 Satz 1 Nummer 2 bestimmt, dass die Vorschriften des BDSG nur dann zur Anwendung kommen, wenn eine Datenverarbeitung durch eine in Deutschland ansässige Niederlassung vorliegt. Abs. 4 Satz 1 Nummer 3 entspricht § 1 Abs. 5 Satz 2 BDSG a. F."

sind die Zwecke und Mittel dieser Verarbeitung durch das Unionsrecht oder das Recht der Mitgliedstaaten vorgegeben, so können der Verantwortliche beziehungsweise die bestimmten Kriterien seiner Benennung nach dem Unionsrecht oder dem Recht der Mitgliedstaaten vorgesehen werden".

79 Art. 4 Nr. 8 ist Auftragsverarbeiter „eine natürliche oder juristische Person, Behörde, Einrichtung oder andere Stelle, die personenbezogene Daten im Auftrag des Verantwortlichen verarbeitet".

80 Auszunehmen aus den vorgenannten Definition des Art. 4 Nr. 7 und der Nr. 8 ist jeweils die Behörde, die öffentliche Stelle i.S.d. BDSG ist.

81 **bb) § 1 Abs. 4 S. 2 Nr. 2.** Ergänzend ordnet Nr. 2 die Anwendbarkeit des BDSG nur auf solche nichtöffentlichen Stellen an, die personenbezogene Daten i.S.d. Nr. 1 verarbeiten und eine Niederlassung im Inland haben. Die Vorschrift richtet sich, wie aus dem Kontext der Nr. 3 zu entnehmen ist, an Stellen, die aus einem EU-Mitgliedstaat mit einer Niederlassung in der Bundesrepublik tätig werden. Wie unter Geltung des § 1 Abs. 5 S. 1 BDSG a.F. ist anzunehmen, dass die Verarbeitung durch eine feste Einrichtung im Inland, gleich in welcher Organisationsform, erfolgen muss.[44]

82 **cc) § 1 Abs. 4 S. 2 Nr. 3.** Sofern die Voraussetzungen der Nr. 2 nicht vorliegen, ist das BDSG dennoch auf solche nichtöffentlichen Stellen anwendbar, die aus Staaten außerhalb der EU stammen, aber in den Anwendungsbereich der DS-GVO fallen. Dies ist als Bezugnahme auf Art. 3 Abs. 2 und 3 zu verstehen, wonach die DS-GVO zunächst (Art. 3 Abs. 2) Anwendung auf die Verarbeitung personenbezogener Daten von betroffenen Personen, die sich in der Union befinden, durch einen nicht in der Union niedergelassenen Verantwortlichen oder Auftragsverarbeiter, wenn die Datenverarbeitung im Zusammenhang damit steht, (lit. a) betroffenen Personen in der Union Waren oder Dienstleistungen anzubieten, unabhängig davon, ob von diesen betroffenen Personen eine Zahlung zu leisten ist, oder (lit. b) das Verhalten betroffener Personen zu beobachten, soweit ihr Verhalten in der Union erfolgt. Weiterhin findet sie (Art. 3 Abs. 3) Anwendung auf die Verarbeitung personenbezogener Daten durch einen nicht in der Union niedergelassenen Verantwortlichen an einem Ort, der aufgrund Völkerrechts dem Recht eines Mitgliedstaats unterliegt.

83 **c) Ergänzende Anwendbarkeit des BDSG außerhalb des Satzes 2.** Auch wenn die Voraussetzungen des S. 2, genauer der dortigen Nr. 2 und 3, nicht vorliegen, finden auf Verantwortliche und Auftragsverarbeiter dem Wortlaut nach jedenfalls §§ 8 bis 21 und §§ 39 bis 44 Anwendung.

84 Dies bedeutet zunächst, dass die betreffenden Datenverarbeiter den Vorschriften über die Aufsichtsbehörden auf nationaler und EU-Ebene unterliegen, einschließlich der denkbaren Rechtsbehelfe gegen Handlungen dieser Organe (§§ 8 bis 21). Dass die betreffenden Vorschriften Anwendung finden sollen, erscheint partiell undifferenziert. So ist theoretisch denkbar, dass Verantwortliche oder Auftragsdatenverarbeiter, die nicht nach S. 2 vom BDSG erfasst sind, der Zuständigkeit des oder der Bundesbeauftragten unterfallen, der seine Befugnisse nach § 16 Abs. 1 ausüben könnte. Ist dies ausnahmsweise der Fall, ist es vertretbar, aber nicht notwendig, die Vorschriften über die oder den Bundesbeauftragten nach §§ 8 bis 15 in ihrer Gesamtheit bezüglich Errich-

---

44 So zur früheren Rechtslage Gola/Schomerus-*Körffer/Klug/Gola* BDSG a.F., § 1 Nr. 28.

tung und Organisation einzubeziehen, ebenso §§ 17 bis 19. Eine Anwendbarkeit der Befugnisse nach § 16 Abs. 2 dagegen ist nicht vorstellbar. Wenn man den ausnahmsweisen Fall der Einbeziehung der Stellen nach S. 2 als möglich erachtet, ist es dann wiederum nachvollziehbar, die Vorschiften über denkbare Rechtsbehelfe, §§ 20, 21 einzubeziehen, dies aber wiederum nur höchst vorsorglich.

Zudem sollen jedenfalls §§ 39 bis 44 gelten. Dies würde die Vorschriften über die Akkreditierungsstellen (§ 39), sowie die Vorschriften zu Aufsichtsbehörden (§ 40), die Sanktionsmöglichkeiten (§§ 41 bis 43) und Rechtsbehelfe gegen Datenverarbeiter (§ 44) betreffen. **85**

Wenn man die Möglichkeit einer relevanten Datenverarbeitung bei Stellen nach Satz 3 sieht, wäre die Einbeziehung des § 38 aus dem 3. Kapitel des 2. Teils zu erwägen, die das Gesetz derzeit nicht vorsieht, da bei den betreffenden Stellen jedenfalls eine Datenverarbeitung stattfindet, die die Benennung einer oder eines Datenschutzbeauftragten rechtfertigen könnte. **86**

Wenig nachvollziehbar ist dagegen die Einbeziehung nur des § 39 aus dem 3. Kapitel des 2. Teils, der die Akkreditierung als Zertifizierungsstelle nach Art. 42 Abs. 1 S. 1 betrifft, und der im Kontext des S. 3 wenig Sinn macht. **87**

Konsequenter erscheint dann wieder die Einbeziehung der §§ 40 bis 44. Sollte der S. 3 einschlägig sein, bietet § 40 eine Zuständigkeitszuordnung der betreffenden Aufsichtsbehörden. Sollte eine Stelle nach S. 3 außerhalb des S. 2 Daten verarbeiten, ist es theoretisch denkbar, dass sie sich rechtswidrig verhalten und Sanktionen nach dem fünften Kapitel des zweiten Teils unterworfen sind, und dass Klagen gegen sie erhoben werden, die nach § 44 zu behandeln sind. **88**

Insgesamt scheinen die Verweisnormen nach S. 3 allerdings überprüfungswürdig.

6. Vorrangige Geltung des DS-GVO als unmittelbar geltendes Recht. Der Hinweis auf die vorrangige Geltung der DS-GVO vor den Vorschriften des BDSG folgt aus dem Charakter der DS-GVO als Verordnung i.S.d. Art. 288 UAbs. 2 AEUV. Die Vorschrift hat insoweit deklaratorischen Charakter, findet laut Gesetzesbegründung aber ihre Rechtfertigung darin, dass wenn in diesem Kapitel punktuelle Wiederholungen von sowie Verweise auf Bestimmungen aus der DS-GVO erfolgten, dies aus Gründen der Verständlichkeit und Kohärenz geschehe und die unmittelbare Geltung der DS-GVO unberührt lasse: „Durch den integrativen Ansatz, gemeinsame Bestimmungen ‚vor die Klammer' zu ziehen, trägt der Gesetzgeber diesem hier besonderen Umstand Rechnung und mindert die Herausforderungen für den Rechtsanwender soweit europarechtlich vertretbar unter gleichzeitiger normökonomischer Entlastung des Fachrechts."[45] **89**

7. Klarstellung bezüglich der Gleichstellung von Staaten mit Mitgliedstaaten der EU (Abs. 6 und 7). § 1 Abs. 6 und 7 BDSG dienen der Klarstellung, welche Staaten bei Datenverarbeitungen zu Zwecken des Art. 2 (Abs. 6) und zu Zwecken des Art. 1 Abs. 1 der Richtlinie (EU) 2016/680 zum Schutz natürlicher Personen bei der Verarbeitung personenbezogener Daten durch die zuständigen Behörden zum Zweck der Verhütung, Ermittlung, Aufdeckung oder Verfolgung von Straftaten oder der Strafvollstreckung sowie zum freien Datenverkehr und zur Aufhebung des Rahmenbeschlusses 2008/977/JI des Rates den Mitgliedstaaten der EU gleichstehen.[46] **90**

45 Vgl. BT-Drucks. 18/11325, S. 80.
46 BT-Drucks. 18/11325, S. 80.

91 Dies sind gem. Abs. 6 bezüglich der Datenverarbeitung nach Art. 2 die Vertragsstaaten über den Europäischen Wirtschaftsraum (Island, Norwegen, Liechtenstein) und die Schweiz, gem. Abs. 7 bzw. der Richtlinie (EU) 2016/680 die bei der Umsetzung, Anwendung und Entwicklung des Schengen-Besitzstands assoziierten Staaten (Island, Norwegen und die Schweiz). Andere Staaten gelten jeweils als Drittstaaten.

92 **8. Ergänzende Anwendung des DS-GVO und des BDSG auf einzelne Datenverarbeitungen öffentlicher Stellen.** Abs. 8 ordnet an, dass für Verarbeitungen personenbezogener Daten im Rahmen von Tätigkeiten, die weder dem Anwendungsbereich der Verordnung (EU) 2016/679 noch der Richtlinie (EU) 2016/680 unterfallen, die Verordnung (EU) 2016/679 und Teil 1 und Teil 2 des BDSG entsprechende Anwendung finden.

93 Damit wird klargestellt, dass auch für diejenige Tätigkeit öffentlicher Stellen, die von der Geltung der vorgenannten EU-Rechtsakte ausgenommen sind, ein datenschutzrechtliches Vollregime gilt, jedenfalls soweit das BDSG oder ein anderes Gesetz keine spezielle Regelung enthält. Die Vorschrift hat damit Auffangcharakter. Laut Entwurfsbegründung dient die hervorgehobene Anwendbarkeit lediglich der Klarstellung, wobei sich die Anwendbarkeit des BDSG insoweit bereits aus § 1 Abs. 1 S. 1 ergibt.[47]

Artikel 3 Räumlicher Anwendungsbereich

(1) Diese Verordnung findet Anwendung auf die Verarbeitung personenbezogener Daten, soweit diese im Rahmen der Tätigkeiten einer Niederlassung eines Verantwortlichen oder eines Auftragsverarbeiters in der Union erfolgt, unabhängig davon, ob die Verarbeitung in der Union stattfindet.

(2) Diese Verordnung findet Anwendung auf die Verarbeitung personenbezogener Daten von betroffenen Personen, die sich in der Union befinden, durch einen nicht in der Union niedergelassenen Verantwortlichen oder Auftragsverarbeiter, wenn die Datenverarbeitung im Zusammenhang damit steht

a) betroffenen Personen in der Union Waren oder Dienstleistungen anzubieten, unabhängig davon, ob von diesen betroffenen Personen eine Zahlung zu leisten ist;

b) das Verhalten betroffener Personen zu beobachten, soweit ihr Verhalten in der Union erfolgt.

(3) Diese Verordnung findet Anwendung auf die Verarbeitung personenbezogener Daten durch einen nicht in der Union niedergelassenen Verantwortlichen an einem Ort, der aufgrund Völkerrechts dem Recht eines Mitgliedstaats unterliegt.

– *ErwG: 22–25*

Übersicht

47 BT-Drucks. 18/11325, S. 80.

Literatur: *Albrecht* Das neue EU-Datenschutzrecht – von der Richtlinie zur Verordnung, CR 2016, 88; *Ashkar* Durchsetzung und Sanktionierung des Datenschutzrechts nach den Entwürfen der Datenschutz-Grundverordnung, DuD 2015, 796; *Dieterich* Rechtsdurchsetzungsmöglichkeiten nach der DS-GVO – Einheitlicher Rechtsrahmen führt nicht zwangsläufig zu einheitlicher Rechtsanwendung, ZD 2016, 260; *Härting* Datenschutzreform in Europa: Einigung im EU-Parlament, CR 2013, 715; *Hartung/Reintzsch* Die datenschutzrechtliche Haftung nach der EU-Datenschutzreform, ZWH 2013, 129; *Kehr* EU-Datenschutz-Grundverordnung-Überblick über die wesentlichen Modifizierungen für Unternehmen, CB 2016, 421; *Lüdemann/Wenzel*, Zur Funktionsfähigkeit der Datenschutzaufsicht in Deutschland, RDV 2015, 285; *Neun/Lubitzsch* EU-Datenschutz-Grundverordnung – Behördenvollzug und Sanktionen, BB 2016, 1538; *Nguyen* Die zukünftige Datenschutzaufsicht in Europa – Anregungen für den Trilog zu Kap. VI bis VII der DS-GVO, ZD 2015, 265; *Spindler* Die neue EU-Datenschutz-Grundverordnung, DB 2016, 937; *Thüsing/Traut* The Reform of the European Data Protection Law: Harmonisation at Last?, Intereconomics 2013, 271.

A. Einordnung und Hintergrund

I. Erwägungsgründe

Art. 3 nimmt die Erwägungsgründe 22 bis 25 in Bezug. **1**

1. Erwägungsgrund 22. ErwG 22 geht davon aus, dass jede Datenverarbeitung im Rahmen der Tätigkeit einer Niederlassung von Datenverarbeitern in der Union, ob als Verantwortliche oder als Auftragsverarbeiter, der Geltung des DS-GVO unterliegen soll, ungeachtet des Ortes der eigentlichen Datenverarbeitung. Zugleich formuliert ErwG 22 Anforderungen an die Niederlassung als „feste Einrichtung", ungeachtet der gewählten Organisationsform. **2**

2. Erwägungsgrund 23. ErwG 23 geht von der Notwendigkeit aus, dass eine Datenverarbeitung, die durch einen nicht in der EU niedergelassenen Verantwortlichen oder Auftragsverarbeiter erfolgt, jedenfalls dann der DS-GVO unterfallen soll, wenn die Verarbeitung dazu dient, den betroffenen Personen gegen Entgelt oder unentgeltlich Waren oder Dienstleistungen anzubieten. Ein entsprechendes Anbieten ist dann gegeben, wenn der Datenverarbeiter dies offensichtlich beabsichtigt. Dies soll etwa bei Vertrieb über Websites anzunehmen sein, wenn die Seite eine in der EU **3**

gebräuchliche Sprache oder Währung vorgibt, und die Möglichkeit zum Warenerwerb bietet. Dies soll auch gelten, wenn der Verantwortliche Kunden oder Nutzer erwähnt, die in der Union ansässig sind.

4 **3. Erwägungsgrund 24.** ErwG 24 sieht die Anwendbarkeit der DS-GVO insbesondere dann als geboten, wenn der Verantwortliche oder der Auftragsverarbeiter das Verhalten einer Person beobachtet und dieses Verhalten innerhalb der Union erfolgt. Dies soll immer dann der Fall sein, wenn Internetaktivitäten nachvollzogen oder Techniken angewendet werden, die die Profilerstellung bezüglich einer Person ermöglichen.

5 **4. Erwägungsgrund 25.** ErwG 25 will sicherstellen, dass die DS-GVO auch auf solche Datenverarbeitungen Anwendung findet, die außerhalb der EU stattfinden, die aufgrund Völkerrechts aber dem Recht eines Mitgliedstaates unterfallen, so etwa im Bereich diplomatischer oder konsularischer Vertretungen.

II. Normengenese und -umfeld

6 Art. 3 führt bspw. bzgl. der Verpflichtung für nicht in der EU niedergelassene Verantwortliche und Auftragsverarbeiter, nach Art. 27, einen Vertreter i.S.d. Art. 4 Nr. 17 in der Union zu benennen, die Regelung nach Art. 4 Abs. 2 DSRL fort.

B. Kommentierung

I. Allgemeines: Zweck, Bedeutung, Systematik/Verhältnis zu anderen Vorschriften

7 Durch den Wechsel von der Richtlinie zur Rechtsform der Verordnung nach Art. 288 UAbs. 2 AEUV wird die Notwendigkeit einer Abgrenzung der Geltung des national geltenden Rechts für Unternehmen in den unterschiedlichen Mitgliedstaaten weithin überflüssig.

8 Das in Abs. 1 niederlegte Niederlassungsprinzip bringt keine wesentliche Neuerung gegenüber der Rechtslage nach der DSRL.

9 Anders verhält es sich mit der Regelung nach Abs. 2, wonach das Marktortprinzip auch auf nicht in der Union niedergelassene Verantwortliche und Auftragsverarbeiter ausgedehnt wird. Die Regelung ist insoweit von erheblicher Bedeutung für Diensteanbieter wie etwa Cloud-Betreiber, die außerhalb der EU ansäsig sind.

10 Die Vorschrift trägt nicht zuletzt dem Umstand Rechnung, dass in Übereinstimmung mit internationalen Handelsvorschriften, etwa Art. XIV des Allgemeine Abkommen über den Handel mit Dienstleistungen (General Agreement on Trade in Services – GATS), in Ansehung der Notwendigkeit des allgemeinen Persönlichkeitsrechts Ausnahmen vom Freihandel zum Schutz personenbezogener Daten normiert werden dürfen.[1] So darf entsprechend ErwG 23 natürlichen Person der gemäß dieser Verordnung gewährleistete Schutz nicht vorenthalten werden, wenn die Verarbeitung personenbezogener Daten dazu dient, diesen betroffenen Personen gegen Entgelt oder unentgeltlich Waren oder Dienstleistungen anzubieten.

11 Die Regelung des Art. 3 liegt auf der Linie der Rechtsprechung des EuGH, der zur DSRL entschieden hat, dass diese im Interesse des Schutzes personenbezogener Daten einen besonders weiten räumlichen Anwendungsbereich finden sollte.[2]

---

1 Ehmann/Selmayr-*Zedick* Art. 3 Rn. 1.

2 *EuGH* v. 13.5.2014 – C-131/12 (Google Inc und Google Spain SL ./. Agencia Española de Protección de Datos), NJW 2014, 2257, 2260, Rn. 54.

Die Erstreckung des Schutzes der DS-GVO auf diplomatische und konsularische Vertretungen, die aufgrund Völkerrechts dem Recht von Mitgliedstaaten unterfallen, entspricht letztlich der Praxis auf Grundlage der DSRL. 12

II. Räumlicher Anwendungsbereich bei Niederlassung in der Union (Abs. 1)

Zu trennen ist bezüglich des räumlichen Anwendungsbereichs zunächst zwischen dem Kreis der geschützten Personen und dem Kreis der Normunterworfenen, der sich über das Merkmal der Niederlassung bestimmt. 13

1. Kreis der geschützten Personen. Irrelevant ist jedenfalls der Aufenthaltsort der betroffenen natürlichen Person; auch wenn eine nicht in der EU ansässige natürliche Person nicht annehmen dürfte, dem Datenschutzregime des EU-Rechts zu unterfallen, lässt sich aus ErwG 14 („Der durch diese Verordnung gewährte Schutz sollte für die Verarbeitung der personenbezogenen Daten natürlicher Personen ungeachtet ihrer Staatsangehörigkeit oder ihres Aufenthaltsorts gelten.") herleiten, dass bei Ansässigkeit bspw. eines Auftragsverarbeiters in der EU, der im Auftrag des Verantwortlichen Daten von nicht in der EU ansässigen Personen verarbeitet, auch der Schutz der DS-GVO greift; aus dem Text des Art. 3 Abs. 1 lassen sich insoweit auch keine gegenteiligen Schlüsse ziehen. 14

2. Anforderungen an das Merkmal der Niederlassung. Die DS-GVO findet nach Abs. 1 dann Anwendung auf die die Verarbeitung personenbezogener Daten, wenn diese im Rahmen der Tätigkeit einer Niederlassung eines Verantwortlichen oder eines Auftragsverarbeiters in einem Mitgliedstaat der EU stattfindet. Die Vorschrift gibt damit ungeachtet der Auslegung der jeweiligen Begriffe eine gewisse Selbstverständlichkeit zum Ausdruck. Maßstab für die örtliche Belegenheit der Niederlassung ist Art. 52 EUV, der durch Art. 355 AEUV konkretisiert wird. 15

Für die Begriffe der Verarbeitung personenbezogener Daten durch Verantwortliche und Auftragsverarbeiter sei auf Art. 4 Nr. 1, 2, 7 und 8 verwiesen. 16

Zentral ist der Begriff der Niederlassung. Diese ist gegeben, wenn entsprechend ErwG 22 die effektive und tatsächliche Ausübung einer Tätigkeit in einer festen Einrichtung erfolgt.[3] Die Anforderungen an eine solche Niederlassung sind relativ gering. Die Niederlassung muss von gewisser Beständigkeit sein; für die Frage der effektiven und tatsächlichen Ausübung der Tätigkeit ist deren Eigenart mit zu betrachten. Auf Grundlage der DSRL sollte nach der Rechtsprechung des EuGH das Vorhandensein nur eines Vertreters in einem Mitgliedstaat als ausreichend für die Annahme einer Niederlassung anzusehen sein.[4] Ob diese Rechtsprechung in Ansehung der DS-GVO, dort Art. 27, haltbar bleibt, ist zu bezweifeln, weil jedenfalls mit der formellen Bestellung eines Vertreters eben für Tätigkeiten i.S.d. Art. 3 Abs. 2 gerade nicht die Begründung einer Niederlassung verbunden sein soll.[5] Gleichwohl ist die vorgenannte Rechtsprechung exemplarisch für die geringen Anforderungen, die an eine Niederlassung zu stellen sind. 17

---

3 *EuGH* v. 1.10.2015 – C-230/14 (Weltimmo) EuZW 2015, 3636, 3639, Rn. 41, zu Art. 4 Abs. 1 lit. a RL 95/46/EG.

4 *EuGH* v. 1.10.2015 – C-230/14 (Weltimmo), EuZW 2015, 3636, 3639, Rn. 30, zu Art. 4 Abs. 1 lit. a RL 95/46/EG; Paal/Pauly-*Ernst* Art. 3 Rn. 7.

5 BeckOK DatenSR-*Hanloser* Art. 3 Rn. 15.

18 ErwG 22 stellt klar, dass die gewählte Rechtsform ohne Belang für die Annahme einer Niederlassung ist. Nicht erforderlich ist das Vorhandensein einer Tochtergesellschaft; eine Zweigstelle des Unternehmens mit ggf. nur einem Büro ist – den Nachweis einer effektiven Ausübung einer wirtschaftlichen Tätigkeit unterstellt – ausreichend.[6] Dies ist anzunehmen, wenn von einer Stelle in einem Unionsstaat Datenverarbeitungsvorgänge durch Personen inhaltlich gesteuert werden oder unterstützende Tätigkeiten für notwendige Datenverarbeitungsvorgänge, bspw. in Verkaufsstellen oder Repräsentanzen des Diensteanbieters, erfolgen.[7] Die Existenz sachlicher Betriebsmittel in einem Mitgliedstaat – bspw. ein ferngewarteter Server – kann auf das Vorhandensein einer Niederlassung hindeuten.[8] Auch ist eine Niederlassung anzunehmen, wenn von dort aus Datenverarbeitungsanlagen technisch gesteuert werden.[7] Nimmt man eine tatsächliche Tätigkeit als Maßstab für das Vorhandensein einer Niederlassung, würde wiederum die Existenz lediglich eines Briefkastens in einem Mitgliedstaat nicht für die Annahme einer Niederlassung ausreichen.

19 Entsprechend dem eindeutigen Wortlaut des Art. 3 Abs. 1 muss der Datenverarbeitungsvorgang selbst nicht zwingend innerhalb der Union stattfinden. Voraussetzung ist nur, dass die Datenverarbeitung der Tätigkeit der Niederlassung dient.

20 Irrelevant für die Einstufung einer Einrichtung als Niederlassung ist der Sitz des Verantwortlichen.[9] So kann einerseits neben dem statuarischen Sitz in einem Staat außerhalb der EU eine Niederlassung in Form einer Zweigstelle oder einer Tochtergesellschaft existieren. Andererseits ist im Falle einer Briefkastenfirma deren Adresse möglicherweise der offizielle Firmensitz, der dann aber nicht der Ort der effektiven Ausübung der wirtschaftlichen Tätigkeit ist.[10]

III. Räumlicher Anwendungsbereich ohne Niederlassung in der Union (Abs. 2)

21 Wiederum kann getrennt werden zwischen den geschützten Personen und den Normunterworfenen. Bezüglich Letzterer betrifft Art. 3 Abs. 2 in der Endfassung nunmehr auch Auftragsverarbeiter ohne Sitz in der EU; in der Entwurfsfassung waren lediglich Verantwortliche ohne Sitz in der EU erfasst, was aber eher als Versehen anzusehen gewesen sein dürfte.

22 **1. Kreis der geschützten Personen.** Geschützt sind nach Abs. 2 nur Personen, „die sich in der Union befinden", ohne dass aber gesteigerte Anforderungen an die Dauer des Aufenthalts, dessen Verfestigung oder dessen Rahmen gestellt würden. Es reichen kurzfristige Aufenthalte aus. Auch ist die Staatsangehörigkeit der betroffenen Personen ohne Belang. Dem entspricht auch die englische Fassung, die die offene Formulierung „who are in the Union" verwendet. Insbesondere werden nicht die im Gesetzgebungsverfahren erwogenen Begriffe „ansässig" oder „residing" bzw. „mit Wohnsitz" oder „domiciled" verwendet.

---

6 In diesem Sinne Paal/Pauly-*Ernst* Art. 3 Rn. 8; auch BeckOK DatenSR-*Hanloser* Art. 3 Rn. 20.

7 Forgó/Helfrich/Schneider-*Borges* Betrieblicher Datenschutz, Kap. 3 Rn. 85.

8 BeckOK DatenSR-*Hanloser* Art. 3 Rn. 16.

9 So auch BeckOK DatenSR-*Hanloser* Art. 3 Rn. 19.

10 Paal/Pauly-*Ernst* Art. 3 Rn. 3, spricht insoweit vom „effektiven Verwaltungssitz".

Andererseits kann sich ein Unionsbürger, der sich im Moment der Verarbeitung in einem Drittstaat aufhält, bspw. bei Inanspruchnahme von Leistungen im Ausland, die mit der Verarbeitung von Daten verbunden ist, nicht auf den Schutz der DS-GVO berufen.[11] **23**

2. Anwendbarkeit ohne Niederlassung. Art. 3 Abs. 2 enthält eine wesentliche Neuerung für Fälle, die bislang umstritten waren, nämlich diejenigen einer Datenverarbeitung außerhalb der EU, wenn der Verantwortliche oder der Auftragsverarbeiter keine Niederlassung (bzw. keinen Sitz) in der EU hat. Für diese Fälle wird der räumliche Anwendungsbereich der DS-GVO unter den Voraussetzungen des Art. 3 Abs. 2 lit. a und b erweitert. Diese Entwicklung ist in der EuGH-Rechtsprechung unter Geltung der DSRL bereits ansatzweise vorgezeichnet worden[12] und ist nunmehr positivrechtlich normiert. Durch Abs. 2 wird für die räumliche Anwendbarkeit der DS-GVO nunmehr auf das so genannte Marktortprinzip abgestellt. **24**

Die Ausweitung der DS-GVO wird teilweise als protektionistisch kritisiert,[13] dient aber letztlich dazu, auf dem Binnenmarkt bezogen auf den datenschutzrechtlichen Rahmen gleiche Marktbedingungen für alle Wirtschaftsteilnehmer zu schaffen. Die Wirkung der DS-GVO ist dabei intraterritorial und nicht – was völkerrechtlich bedenklich wäre – extraterritorial, da sie auf eine unternehmerische Betätigung im Binnenmarkt abstellt.[14] Dies wird nicht zuletzt durch die zweifache territoriale Anknüpfung Leistungserbringung in der Union gegenüber Personen in der Union, sichergestellt.[15] Ziel ist insoweit ein „level playing field".[16] **25**

Entsprechend ist die Entscheidung von Marktteilnehmern, in der Union wirtschaftlich tätig zu sein, mit der Entscheidung verknüpft, dann auch die datenschutzrechtlichen Regeln der Union zu akzeptieren. Letztlich stellt die Statuierung des Marktortprinzips jedenfalls eine Möglichkeit dar, hohe Datenschutzstandards für die natürlichen Personen in der Union beizubehalten. Ansonsten würde der Datenschutz als wesentliches grundrechtliches Anliegen der Unionsbürger absehbar durch Verlagerung der Datenverarbeitungstätigkeit auf Stellen außerhalb der Union ausgehöhlt werden. Insbesondere wird vermieden, dass Anbieter von Leistungen im Wege des „forum shopping" durch die Wahl des Sitzes die – datenschutzrechtlich betrachtet – günstigste Rechtslage verfügbar machen.[17] **26**

---

11 Kühling/Buchner-*Klar* Art. 3 Rn. 19.

12 *EuGH* v. 13.05.2014 – C-131/12 (Google Inc und Google Spain SL./. Agencia Española de Protección de Datos), NJW 2014, 2257, 2260, Rn. 52. Vgl. auch *Schantz* NJW 2016, 1841, 1842: *Kühling/Martini* EuZW 2016, 448, 450.

13 Vgl. *Klar* DuD 2017, 533, 534 mwN

14 Vgl. auch Ehmann/Selmayr-*Ehmann/Selmayr* Einführung Rn. 23; und Kühling/Buchner-*Klar* Art. 3 Rn. 22. Insoweit ist die Zwischenüberschrift bei *Wybitul* BB 2016, 1077, 1078, „VII. Globale Anwendung des DS-GVO" zumindestens missverständlich; im Weiteren spricht der Autor (S. 1079) der Verordnung sogar „extraterritoriale Wirkung" zu.

15 Sowie Kühling/Buchner-*Klar* Art. 3 Rn. 22.

16 *Albrecht* CR 2016, 88, 90.

17 *Art.-29-Datenschutzgruppe* „Stellungnahme 8/2010 zum anwendbaren Recht" (WP 179) v. 16.12.2010, 39; *Albrecht* CR 2016, 88, 90.

27 **a) Anknüpfung an (beabsichtigte) Erbringung von Waren- und Dienstleistungsgeboten (lit. a).** Art. 3 Abs. 2 lit. a erstreckt den räumlichen Anwendungsbereich der DS-GVO auf Sachverhalte, bei denen ein Verantwortlicher oder ein Auftragsverarbeiter ohne Sitz oder Niederlassung in der Union personenbezogene Daten zu dem Zweck verarbeitet, natürlichen Personen in der EU Waren oder Dienstleistungen anzubieten.

28 ErwG 23 führt hierzu aus: „Um festzustellen, ob dieser Verantwortliche oder Auftragsverarbeiter betroffenen Personen, die sich in der Union befinden, Waren oder Dienstleistungen anbietet, sollte festgestellt werden, ob der Verantwortliche oder Auftragsverarbeiter offensichtlich beabsichtigt, betroffenen Personen in einem oder mehreren Mitgliedstaaten der Union Dienstleistungen anzubieten."

29 Nicht ausreichend ist in Übereinstimmung mit ErwG 23 zunächst die reine Zugänglichkeit einer Internetseite bzw. die Angabe einer E-Mail-Adresse. Die Frage, ob ein Anbieten von Waren und Dienstleistungen in der Union beabsichtigt ist, kann nur anhand von Indizien festgestellt werden. Kein allein tragendes Indiz ist die auf einer Website verwendete Sprache, auch sofern diese einer Sprache in einem Mitgliedstaat der Union entspricht, jedenfalls wenn die Sprache in Drittstaaten, so dem Sitzstaat des Anbieters, gebräuchlich ist.

30 Notwendig ist vielmehr eine umfassende Betrachtung, die Merkmale wie die verwendete Sprache, das Zurverfügungstellen tatsächlicher Angebote, Angaben zu akzeptierten Währungen, insbesondere solche von Mitgliedstaaten der Union, oder von EU-Kredit- und Bezahlungskarten, gezielte Werbung in Mitgliedstaaten in der dort üblichen Sprache, aber auch die tatsächliche Leistungserbringung betrachtet.[18]

31 Erfasst sind auch vorbereitende Datenerhebungen, so die Erstellung von Bilddateien, wenn diese dazu bestimmt und notwendig sind, in Internetangebote („street view") einzufließen.[19] Zu bemerken ist, dass die Angebote über Internet der häufigste, aber nicht der einzige Anwendungsfall des Art. 3 Abs. 2 lit. a ist. Anknüpfungspunkt ist die Datenerhebung i.S.d. DS-GVO, nicht die Art des Angebots. Damit würden auch Datenerhebungen im Zuge postalischer oder telefonischer Kontakte die Anwendung der DS-GVO auslösen.[20]

32 Ohne Belang ist die Entgeltlichkeit oder Unentgeltlichkeit der Leistung; hierunter sind bspw. entsprechende Angebote von Suchmaschinen, Filehosting-Dienste oder soziale Netzwerke zu fassen.[21] Dabei ist zugleich zu beachten, dass häufig auch Angebote, die für den privaten Nutzer unentgeltlich sind, durch Dritte, etwa Werbeanbieter, finanziert werden und damit im Ergebnis nicht als unentgeltlich anzusehen sind.[22]

33 **b) Anknüpfung an Verhaltensbeobachtung (lit. b).** Der räumliche Anwendungsbereich wird nach Art. 3 Abs. 2 lit. b auch dann eröffnet, wenn ein Verantwortlicher oder ein Auftragsverarbeiter ohne Niederlassung in der Union personenbe-

18 Paal/Pauly-*Ernst* Art. 3 Rn. 16; *Art.-29-Datenschutzgruppe* „Stellungnahme 8/2010 zum anwendbaren Recht" (WP 179) v. 16.12.2010, 39 f.
19 *Klar* DuD 2013, 109, 113.
20 So auch Gola-*Piltz* Art. 3 Rn. 29.
21 Paal/Pauly-*Ernst* Art. 3 Rn. 17.
22 Insoweit dürfte die Forderung, die Anwendbarkeit nicht „auf gänzlich kostenfreie Angebote" auszuweiten – so *Klar* DuD 2013, 109, 113 – mangels Abgrenzbarkeit schwer durchzusetzen sein.

zogene Daten im Zusammenhang mit der Beobachtung des Verhaltens einer natürlichen Person verarbeitet.

Der Begriff der Verhaltensbeobachtung ist nicht definiert. Entsprechend ErwG 24 ist danach zu fragen, „ob [...] Internetaktivitäten nachvollzogen werden, einschließlich der möglichen nachfolgenden Verwendung von Techniken zur Verarbeitung personenbezogener Daten, durch die von einer natürlichen Person ein Profil erstellt wird, das insbesondere die Grundlage für sie betreffende Entscheidungen bildet oder anhand dessen ihre persönlichen Vorlieben, Verhaltensweisen oder Gepflogenheiten analysiert oder vorausgesagt werden sollen.“ **34**

Anders als bei lit. a, bei dem neben der Anknüpfung an Internetaktivitäten noch andere Formen der Kontaktherstellung denkbar sind, bezieht sich lit. b nahezu ausschließlich auf der Beobachtung im Internet bzw. bei der Benutzung sozialer Medien oder Apps. **35**

Die Bezugnahme auf die Erstellung von Profilen in der Art, wie sie ErwG 24 voraussetzt, zeigt zudem, dass sich die Beobachtung nicht auf punktuelle Erfassungsvorgänge beschränken darf. Vielmehr ist eine umfassende Überwachung von natürlichen Personen unter Zuhilfenahme von Datenverarbeitungstechniken gemeint.[23] Hierzu zählt die Verwendung sog. „Cookies“, alle Formen des Webtracking und auch der „Like“-Button.[24] Gegenstand der Beobachtung kann auch die physische Fortbewegung einer Person sein.[25] Als Beobachtung ist nur die gewollte Ausspähung durch technische Vorkehrungen gemeint, also ein aktives Verhalten des Beobachtenden voraussetzt. Das Merkmal ist also nicht bereits durch zufälliges ungewolltes Übermitteln von Daten erfüllt.[26] Dies folgt bereits daraus, dass auf solche Weise keine lit. b genügende Profilbildung möglich sein dürfte. Auf den Zweck der Beobachtung kommt es dagegen nicht an. Vielmehr stehen wirtschaftliche, wissenschaftliche, politische oder sonstige Zwecksetzungen gleichwertig nebeneinander.[27] **36**

3. Existenz einer Schutzlücke. Teilweise wird die Annahme einer Schutzlücke diskutiert, wenn ein Verantwortlicher oder ein Auftragsverarbeiter zwar den Hauptsitz in einem Drittstaat hat, über eine Niederlassung in der Union verfügt, die Verarbeitung personenbezogener Daten jedoch nicht im Rahmen der Tätigkeiten dieser Niederlassung geschieht; dann wäre lit. a nicht einschlägig. Gegen die Einschlägigkeit von lit. b würde dann sprechen, dass der Betreffende über eine Niederlassung verfügt.[28] Dem kann zunächst mit der Argumentation widersprochen werden, dass einerseits die Anforderungen an das Merkmal der Datenverarbeitung „im Rahmen der Tätigkeit“ nach dem Vorgesagten relativ gering sind. Darüber hinaus ist zu bedenken, dass nach zutreffender Auslegung nur relevante Niederlassungen dem Bereich des lit. a unterfallen.[29] So ist es kaum vorstellbar, dass Verantwortliche oder Auftragsverarbeiter Profilermittlungen auf dem Gebiet der Union durchführen und zum Zweck der Nichtgel- **37**

---

23 *Klar* ZD 2013, 109, 113.
24 *Schantz* NJW 2016, 1841, 1842; Ehmann/Selmayr-*Zedick* Art. 3 Rn. 19.
25 Gola-*Piltz* Art. 3 Rn. 33.
26 So ausdrücklich Gola-*Piltz* Art. 3 Rn. 31.
27 Paal/Pauly-*Ernst* Art. 3 Rn. 20.
28 So Gola-*Piltz* Art. 3 Rn. 34 f.
29 So auch *Art.-29-Datenschutzgruppe* Stellungnahme 8/2010, WP 179 v. 16.12.2010, S. 23 f.

tung des DS-GVO minimale Niederlassungen im Unionsgebiet errichten, die gezielt keine datenschutzrelevante Tätigkeit entfalten sollen.

38 **4. Kritik.** Fraglich bleibt, ob die Erweiterung des räumlichen Anwendungsbereichs tatsächlich eine effektive und praktikable[30] Möglichkeit zur Durchsetzung des Datenschutzregimes darstellt.[31] So mögen vielleicht große im Nicht-EU-Ausland ansässige Internet-Konzerne über den Sanktionsapparat der DS-GVO belangt werden können. Die Vielzahl kleinerer Anbieter dagegen dürfte sich dagegen eher entziehen können. Dennoch stellt die Regelung des Art. 3 Abs. 2 jedenfalls einen begrüßenswerten Versuch dar, den Grundrechtsschutz natürlicher Personen zu effektivieren.

IV. Erstreckung der räumlichen Anwendung aufgrund Völkerrechts

39 Die DS-GVO ist gemäß Art. 3 Abs. 3 räumlich auch dann anwendbar, wenn Orte in einem Drittstaat aufgrund völkerrechtlicher Regelungen nicht der Hoheitsgewalt des betreffenden Staates, sondern der eines Mitgliedstaates unterliegen. Die Verarbeitung personenbezogener Daten an einem solchen Ort unterliegt der Geltung der DS-GVO.

40 Erfasst sind entsprechend ErwG 25 Datenverarbeitungsvorgänge in diplomatischen oder konsularischen Vertretungen, einschließlich mobiler Datenverarbeitungen durch Mitarbeiter im Rahmen des diplomatischen Schutzes.[32]

C. Praxistipps

41 Die räumliche Erstreckung des Anwendungsbereichs insbesondere auf Grundlage des Art. 3 Abs. 2 ist so weit, dass jedem Verantwortlichen oder Auftragsverarbeiter aus Drittstaaten zu raten ist, bei datenschutzrelevanten Kontakten mit dem Unionsgebiet das eigene Verhalten vorsichtshalber anhand der Regelungen der DS-GVO kritisch zu hinterfragen.

Artikel 4 Begriffsbestimmungen

Im Sinne dieser Verordnung bezeichnet der Ausdruck:

1. **„personenbezogene Daten" alle Informationen, die sich auf eine identifizierte oder identifizierbare natürliche Person (im Folgenden „betroffene Person") beziehen; als identifizierbar wird eine natürliche Person angesehen, die direkt oder indirekt, insbesondere mittels Zuordnung zu einer Kennung wie einem Namen, zu einer Kennnummer, zu Standortdaten, zu einer Online-Kennung oder zu einem oder mehreren besonderen Merkmalen, die Ausdruck der physischen, physiologischen, genetischen, psychischen, wirtschaftlichen, kulturellen oder sozialen Identität dieser natürlichen Person sind, identifiziert werden kann;**
2. **„Verarbeitung" jeden mit oder ohne Hilfe automatisierter Verfahren ausgeführten Vorgang oder jede solche Vorgangsreihe im Zusammenhang mit personenbezogenen Daten wie das Erheben, das Erfassen, die Organisation, das Ordnen, die Speicherung, die Anpassung oder Veränderung, das Auslesen, das Abfragen, die Verwendung, die Offenlegung durch Übermittlung, Verbreitung oder eine andere**

---

30 So Kühling/Buchner-*Klar* Art. 3 Rn. 21.
31 Skeptisch insoweit *Härting* BB 2012, 459, 466.
32 Statt vieler Paal/Pauly-*Ernst* Art. 3 Rn. 21.

Form der Bereitstellung, den Abgleich oder die Verknüpfung, die Einschränkung, das Löschen oder die Vernichtung;

3. „Einschränkung der Verarbeitung“ die Markierung gespeicherter personenbezogener Daten mit dem Ziel, ihre künftige Verarbeitung einzuschränken;

4. „Profiling“ jede Art der automatisierten Verarbeitung personenbezogener Daten, die darin besteht, dass diese personenbezogenen Daten verwendet werden, um bestimmte persönliche Aspekte, die sich auf eine natürliche Person beziehen, zu bewerten, insbesondere um Aspekte bezüglich Arbeitsleistung, wirtschaftliche Lage, Gesundheit, persönliche Vorlieben, Interessen, Zuverlässigkeit, Verhalten, Aufenthaltsort oder Ortswechsel dieser natürlichen Person zu analysieren oder vorherzusagen;

5. „Pseudonymisierung“ die Verarbeitung personenbezogener Daten in einer Weise, dass die personenbezogenen Daten ohne Hinzuziehung zusätzlicher Informationen nicht mehr einer spezifischen betroffenen Person zugeordnet werden können, sofern diese zusätzlichen Informationen gesondert aufbewahrt werden und technischen und organisatorischen Maßnahmen unterliegen, die gewährleisten, dass die personenbezogenen Daten nicht einer identifizierten oder identifizierbaren natürlichen Person zugewiesen werden;

6. „Dateisystem“ jede strukturierte Sammlung personenbezogener Daten, die nach bestimmten Kriterien zugänglich sind, unabhängig davon, ob diese Sammlung zentral, dezentral oder nach funktionalen oder geografischen Gesichtspunkten geordnet geführt wird;

7. „Verantwortlicher“ die natürliche oder juristische Person, Behörde, Einrichtung oder andere Stelle, die allein oder gemeinsam mit anderen über die Zwecke und Mittel der Verarbeitung von personenbezogenen Daten entscheidet; sind die Zwecke und Mittel dieser Verarbeitung durch das Unionsrecht oder das Recht der Mitgliedstaaten vorgegeben, so kann der Verantwortliche beziehungsweise können die bestimmten Kriterien seiner Benennung nach dem Unionsrecht oder dem Recht der Mitgliedstaaten vorgesehen werden;

8. „Auftragsverarbeiter“ eine natürliche oder juristische Person, Behörde, Einrichtung oder andere Stelle, die personenbezogene Daten im Auftrag des Verantwortlichen verarbeitet;

9. „Empfänger“ eine natürliche oder juristische Person, Behörde, Einrichtung oder andere Stelle, der personenbezogene Daten offengelegt werden, unabhängig davon, ob es sich bei ihr um einen Dritten handelt oder nicht. Behörden, die im Rahmen eines bestimmten Untersuchungsauftrags nach dem Unionsrecht oder dem Recht der Mitgliedstaaten möglicherweise personenbezogene Daten erhalten, gelten jedoch nicht als Empfänger; die Verarbeitung dieser Daten durch die genannten Behörden erfolgt im Einklang mit den geltenden Datenschutzvorschriften gemäß den Zwecken der Verarbeitung;

10. „Dritter“ eine natürliche oder juristische Person, Behörde, Einrichtung oder andere Stelle, außer der betroffenen Person, dem Verantwortlichen, dem Auftragsverarbeiter und den Personen, die unter der unmittelbaren Verantwortung des Verantwortlichen oder des Auftragsverarbeiters befugt sind, die personenbezogenen Daten zu verarbeiten;

11. „Einwilligung“ der betroffenen Person jede freiwillig für den bestimmten Fall, in informierter Weise und unmissverständlich abgegebene Willensbekundung in Form einer Erklärung oder einer sonstigen eindeutigen bestätigenden Handlung, mit der

die betroffene Person zu verstehen gibt, dass sie mit der Verarbeitung der sie betreffenden personenbezogenen Daten einverstanden ist;

12. „Verletzung des Schutzes personenbezogener Daten" eine Verletzung der Sicherheit, die, ob unbeabsichtigt oder unrechtmäßig, zur Vernichtung, zum Verlust, zur Veränderung, oder zur unbefugten Offenlegung von beziehungsweise zum unbefugten Zugang zu personenbezogenen Daten führt, die übermittelt, gespeichert oder auf sonstige Weise verarbeitet wurden;

13. „genetische Daten" personenbezogene Daten zu den ererbten oder erworbenen genetischen Eigenschaften einer natürlichen Person, die eindeutige Informationen über die Physiologie oder die Gesundheit dieser natürlichen Person liefern und insbesondere aus der Analyse einer biologischen Probe der betreffenden natürlichen Person gewonnen wurden;

14. „biometrische Daten" mit speziellen technischen Verfahren gewonnene personenbezogene Daten zu den physischen, physiologischen oder verhaltenstypischen Merkmalen einer natürlichen Person, die die eindeutige Identifizierung dieser natürlichen Person ermöglichen oder bestätigen, wie Gesichtsbilder oder daktyloskopische Daten;

15. „Gesundheitsdaten" personenbezogene Daten, die sich auf die körperliche oder geistige Gesundheit einer natürlichen Person, einschließlich der Erbringung von Gesundheitsdienstleistungen, beziehen und aus denen Informationen über deren Gesundheitszustand hervorgehen;

16. „Hauptniederlassung"

a) im Falle eines Verantwortlichen mit Niederlassungen in mehr als einem Mitgliedstaat den Ort seiner Hauptverwaltung in der Union, es sei denn, die Entscheidungen hinsichtlich der Zwecke und Mittel der Verarbeitung personenbezogener Daten werden in einer anderen Niederlassung des Verantwortlichen in der Union getroffen und diese Niederlassung ist befugt, diese Entscheidungen umsetzen zu lassen; in diesem Fall gilt die Niederlassung, die derartige Entscheidungen trifft, als Hauptniederlassung;

b) im Falle eines Auftragsverarbeiters mit Niederlassungen in mehr als einem Mitgliedstaat den Ort seiner Hauptverwaltung in der Union oder, sofern der Auftragsverarbeiter keine Hauptverwaltung in der Union hat, die Niederlassung des Auftragsverarbeiters in der Union, in der die Verarbeitungstätigkeiten im Rahmen der Tätigkeiten einer Niederlassung eines Auftragsverarbeiters hauptsächlich stattfinden, soweit der Auftragsverarbeiter spezifischen Pflichten aus dieser Verordnung unterliegt;

17. „Vertreter" eine in der Union niedergelassene natürliche oder juristische Person, die von dem Verantwortlichen oder Auftragsverarbeiter schriftlich gemäß Artikel 27 bestellt wurde und den Verantwortlichen oder Auftragsverarbeiter in Bezug auf die ihnen jeweils nach dieser Verordnung obliegenden Pflichten vertritt;

18. „Unternehmen" eine natürliche und juristische Person, die eine wirtschaftliche Tätigkeit ausübt, unabhängig von ihrer Rechtsform, einschließlich Personengesellschaften oder Vereinigungen, die regelmäßig einer wirtschaftlichen Tätigkeit nachgehen;

19. „Unternehmensgruppe" eine Gruppe, die aus einem herrschenden Unternehmen und den von diesem abhängigen Unternehmen besteht;

20. „verbindliche interne Datenschutzvorschriften" Maßnahmen zum Schutz personenbezogener Daten, zu deren Einhaltung sich ein im Hoheitsgebiet eines Mit-

gliedstaats niedergelassener Verantwortlicher oder Auftragsverarbeiter verpflichtet im Hinblick auf Datenübermittlungen oder eine Kategorie von Datenübermittlungen personenbezogener Daten an einen Verantwortlichen oder Auftragsverarbeiter derselben Unternehmensgruppe oder derselben Gruppe von Unternehmen, die eine gemeinsame Wirtschaftstätigkeit ausüben, in einem oder mehreren Drittländern;

21. „Aufsichtsbehörde" eine von einem Mitgliedstaat gemäß Artikel 51 eingerichtete unabhängige staatliche Stelle;

22. „betroffene Aufsichtsbehörde" eine Aufsichtsbehörde, die von der Verarbeitung personenbezogener Daten betroffen ist, weil
  a) der Verantwortliche oder der Auftragsverarbeiter im Hoheitsgebiet des Mitgliedstaats dieser Aufsichtsbehörde niedergelassen ist,
  b) diese Verarbeitung erhebliche Auswirkungen auf betroffene Personen mit Wohnsitz im Mitgliedstaat dieser Aufsichtsbehörde hat oder haben kann oder
  c) eine Beschwerde bei dieser Aufsichtsbehörde eingereicht wurde;

23. „grenzüberschreitende Verarbeitung" entweder
  a) eine Verarbeitung personenbezogener Daten, die im Rahmen der Tätigkeiten von Niederlassungen eines Verantwortlichen oder eines Auftragsverarbeiters in der Union in mehr als einem Mitgliedstaat erfolgt, wenn der Verantwortliche oder Auftragsverarbeiter in mehr als einem Mitgliedstaat niedergelassen ist, oder
  b) eine Verarbeitung personenbezogener Daten, die im Rahmen der Tätigkeiten einer einzelnen Niederlassung eines Verantwortlichen oder eines Auftragsverarbeiters in der Union erfolgt, die jedoch erhebliche Auswirkungen auf betroffene Personen in mehr als einem Mitgliedstaat hat oder haben kann;

24. „maßgeblicher und begründeter Einspruch" einen Einspruch gegen einen Beschlussentwurf im Hinblick darauf, ob ein Verstoß gegen diese Verordnung vorliegt oder ob beabsichtigte Maßnahmen gegen den Verantwortlichen oder den Auftragsverarbeiter im Einklang mit dieser Verordnung steht, wobei aus diesem Einspruch die Tragweite der Risiken klar hervorgeht, die von dem Beschlussentwurf in Bezug auf die Grundrechte und Grundfreiheiten der betroffenen Personen und gegebenenfalls den freien Verkehr personenbezogener Daten in der Union ausgehen;

25. „Dienst der Informationsgesellschaft" eine Dienstleistung im Sinne des Artikels 1 Absatz 1 Buchstabe b der Richtlinie (EU) 2015/1535 des Europäischen Parlaments und des Rates[1];

26. „internationale Organisation" eine völkerrechtliche Organisation und ihre nachgeordneten Stellen oder jede sonstige Einrichtung, die durch eine zwischen zwei oder mehr Ländern geschlossene Übereinkunft oder auf der Grundlage einer solchen Übereinkunft geschaffen wurde.

– *BDSG n.F.: § 2*

---

1 Richtlinie (EU) 2015/1535 des Europäischen Parlaments und des Rates vom 9. September 2015 über ein Informationsverfahren auf dem Gebiet der technischen Vorschriften und der Vorschriften für die Dienste der Informationsgesellschaft (ABl. L 241 vom 17.9.2015, S. 1).

Übersicht

Literatur: *Albrecht/Jotzo* Das neue Datenschutzrecht der EU, 2017; *Art.-29-Datenschutzgruppe* zu „personenbezogenen Daten“ (WP 136); *dies.* zu Anonymisierungstechniken (WP 216); *dies.* zu den Begriffen „für die Verarbeitung Verantwortlicher“ und „Auftragsverarbeiter“ (WP 169); *dies.* zu „Arbeitspapieren über genetische Daten“ v. 17.03.2004 (WP 91);

dies. zu „Entwicklungen im Bereich biometrischer Technologien" v. 27.04.2014 (WP 193); *dies.* Annex zum Brief v. 5.2.2015 „Health data in apps and devices; *BITKOM-Pressemitteilung* vom 5.3.2014: „Großes Wachstum bei Big Data",abrufbar unter http://www.bitkom.org/Presse/Presseinformation/Grosses-Wachstum-bei-Big-Data.html; *Brisch/Pieper* Das Kriterium der „Bestimmbarkeit" bei Big Data-Analyseverfahren, CR 2015, S. 724; *Budras* Big Data: Google weiß, wo die Grippe lauert, faz.net vom 15.11.2014, abrufbar unter http://www.faz.net/aktuell/wirtschaft/netzwirtschaft/google-flutrends-big-data-kann-helfen-uns-gegen-krankheiten-zu-wappnen-13268389.html; *Ehmann/Selmayr* Datenschutz-Grundverordnung, 2017; *Eßer/Kramer/von Lewinski* DSGVO BDSG: Datenschutz-Grundverordnung, Bundesdatenschutzgesetz und Nebengesetze, Kommentar, 5. Aufl. 2017; *EU Kommission* Questions and Answers – Data protection reform, Brussels, 21 December 2015, abrufbar unter http://europa.eu/rapid/press-release_MEMO-15-6385_en.pdf; *Franzen/Gallner/Oetker* Kommentar zum europäischen Arbeitsrecht, 2. Aufl. 2018; *Gierschmann/Schlender/Stentzel/Veil* Datenschutz-Grundverordnung, 2018; *Gola* DS-GVO: Datenschutz-Grundverordnung VO (EU) 2016/679, 2017; *Gola/Schomerus* BDSG, 12 Aufl. 2015; *Hardenberg* Genetische Gesundheitsdaten in der Individualisierten Medizin, Hinreichender Persönlichkeitsschutz oder rechtlicher Regelungsbedarf?, ZD 2014, 115; *Helbing* Big Data und der datenschutzrechtliche Grundsatz der Zweckbindung, K&R 2015, 145; *Hoeren/Sieber/Holznagel* Handbuch Multimedia-Recht, 45. Aufl. 2017; *Katko/Babaei-Beigi* Accountability statt Einwilligung? – Führt Big Data zum Paradigmenwechsel im Datenschutz? MMR 2014, 360; *Koós/Englisch* Eine „neue" Auftragsdatenverarbeitung? – Gegenüberstellung der aktuellen Rechtslage und der DS-GVO in der Fassung des LIBE-Entwurfs, ZD 2014, 276; *Kühling/Buchner* DS-GVO: Datenschutz-Grundverordnung, 2017; *Laue/Nink/Kremer* Das neue Datenschutzrecht in der betrieblichen Praxis, 2016; *LG Düsseldorf* Facebook Like-Button nicht ohne vorherige Einwilligung nutzbar, MMR 2016, 328; *Marshall* Datenpannen – „neue" Meldepflicht nach der europäischen DS-GVO?, DuD 2015, 183; *Monreal* Der für die Verarbeitung Verantwortliche – das unbekannte Wesen des deutschen Datenschutzrechts – Mögliche Konsequenzen aus einem deutschen Missverständnis, ZD 2014, 611; *Nink/Pohle* Die Bestimmbarkeit des Personenbezugs – Von der IP-Adresse zum Anwendungsbereich der Datenschutzgesetze, MMR 2015/563; *Paal/Pauly* Datenschutz-Grundverordnung, 2017; *Plath* BSDG/DSGVO – Kommentar zum BDSG und zur DSGVO sowie den Datenschutzbestimmungen des TMG und TKG, 2. Aufl. 2016; *Schantz/Wolff* Das neue Datenschutzrecht, 2017; *Scheppach* Und jetzt: Ihr Wetter, Technology Review vom 6.5.2015, abrufbar unter http://www.heise.de/tr/artikel/Und-jetzt-Ihr-Wetter-2599595.html; *Schwartmann* Praxishandbuch Medien-, IT- und Urheberrecht, 4. Aufl. 2018; *Schwartmann/Keber/Mühlenbeck* Social Media, 2. Aufl. 2018; *Schwartmann/Weiß* Whitepaper zur Pseudonymisierung der Fokusgruppe Datenschutz, 2017; *Simitis* Bundesdatenschutzgesetz, 7. Aufl. 2011; *Sydow* Europäische Datenschutzgrundverordnung, 2017; *Taeger/Gabel* EU DS-GVO: BDSG 2018, 3. Aufl. 2018; *Weichert* Big Data und Datenschutz – Chancen und Risiken einer neuen Form der Datenanalyse, ZD 2013, 251; *Wolff/Brink* Beck'scher Online-Kommentar Datenschutzrecht, 22. Edition 2017; *Ziebarth* Google als Geheimnishüter? Verantwortlichkeit der Suchmaschinenbetreiber nach dem EuGH-Urteil, ZD 2014, 394.

A. Einordnung und Hintergrund

1 Einordnung und Hintergrund der Begriffsbestimmungen ergeben sich unmittelbar aus der nachfolgenden Kommentierung. Auf die einschlägigen Erwägungsgründe wird in der Kommentierung zur jeweiligen Begriffsbestimmung Bezug genommen. Wichtige Zusammenhänge mit dem BDSG a.F., der DSRL und dem BDSG n.F. lassen sich auch den jeweiligen Kommentierungen entnehmen.

B. Kommentierung

I. Art. 4: Allgemeines

Art. 4 legt die Bedeutung und Reichweite der wesentlichen Begriffe des europäischen Datenschutzrechts fest. Die Norm ist nicht abschließend. Daneben finden sich in Art. 51 („**Aufsichtsbehörde**") und Art. 68 („**Ausschuss**") sowie in Art. 5 bei der Festlegung der fundamentalen Grundsätze für die Verarbeitung personenbezogener Daten (z.B. „Rechtmäßigkeit", „Zweckbindung", „Transparenz", „Verhältnismäßigkeit" und „Rechenschaft") sowie in Art. 9 hinsichtlich **besonderer Kategorien personenbezogener Daten** erklärende Umschreibungen mit definierendem Charakter.[2] Der Begriff „Kind" wird weder in Art. 8 selbst noch in Art. 4 definiert.[3] Für die Anwendung des Art. 8 bedarf es aber wegen der geregelten Altersgrenze keiner genaueren Definition.[4] Diese leitet sich gemäß Art. 8 Abs. 3 aus dem Recht der Mitgliedstaaten ab.[5] **2**

Im Vergleich zur Vorgängervorschrift des Art. 2 DSRL erweitert Art. 4 den Katalog der legaldefinierten Begriffe. Fanden sich in Art. 2 DSRL noch acht Definitionen, hat Art. 4 26 Ziffern. Hinzugekommen sind Begriffe wie „Profiling", „Pseudonymisierung", „Gesundheitsdaten", „Hauptniederlassung" und „grenzüberschreitende Verarbeitung". **3**

Gleichwohl erfasst der umfangreiche Katalog der DS-GVO nicht alle Definitionen, die das BDSG a.F. auf nationaler Ebene beinhaltete. Hier verfolgt die DS-GVO einen anderen Ansatz. Der Begriff der „Verarbeitung" des Art. 4 Nr. 2 fasst etwa die Begriffe „Erheben, Speichern, Verändern, Nutzen" des § 3 Abs. 3 bis 5 BDSG a.F. zusammen und die Definition der Beschäftigten aus § 3 Abs. 1 BDSG a.F. hat ebenfalls keinen Eingang in den Katalog der DS-GVO gefunden. Auch die Begriffe „öffentliche und nichtöffentliche Stellen" aus § 2 BDSG a.F. werden in der DS-GVO nicht legaldefiniert.[6] **4**

Aufgrund der inhaltlichen Ähnlichkeit der Definitionen zu denen der DSRL kann teilweise an das bisher geltende Verständnis der Begrifflichkeiten angeknüpft werden. Im Falle neuer Definitionen eröffnen sich demgegenüber Handlungsspielräume für neue Auslegungen und Begriffsinterpretationen für den Rechtsanwender.[7] Damit bei der Auslegung der Begriffsdefinitionen keine sprachlichen Abweichungen erfolgen und unterschiedliche Begriffsverständnisse entstehen, die zu einer uneinheitlichen Rechtsanwendung führen können, ist zu beachten, dass die Verordnung auch in allen anderen Amtssprachen der EU authentisch abgefasst ist. Im Zweifel sind daher bei einer Auslegung andere Sprachversionen heranzuziehen und Diskrepanzen mit den gängigen Auslegungsmethoden zu beseitigen.[8] Faktisch – nicht rechtlich – dürfte die englische Sprachfassung häufig besonders hilfreich sein. **5**

---

2 Plath-*Schreiber* Art. 4 Rn. 1 sowie Auernhammer-*Eßer* Art. 4 Rn. 2.

3 In der Entwurfsfassung der DS-GVO war eine Definition vorgesehen. Vgl. dazu Auernhammer-*Eßer* Art. 4 Rn. 3.

4 Sydow-*Kampert* Art. 8 Rn. 8.

5 Vgl. dazu Art. 8 DS-GVO Rn. 60; Auernhammer-*Eßer* Art. 4 Rn. 4.

6 Dazu auch Sydow-*Ziebarth* Art. 4 Rn. 4, Gola-*Gola* Art. 4 Rn. 1; Auernhammer-*Eßer* Art. 4 Rn. 5 sowie Plath-*Schreiber* Art. 4 Rn. 2.

7 So auch Auernhammer-*Eßer* Art. 4 Rn. 3.

8 Sydow-*Ziebarth* Art. 4 Rn. 5.

II. Art. 4 Nr. 1: Personenbezogene Daten

6 **1. Allgemeines.** Da der Anwendungsbereich der DS-GVO nur dann eröffnet ist, wenn personenbezogene Daten im Sinne des Art. 4 Nr. 1 verarbeitet werden, ist diese Bestimmung für den europäischen Datenschutz, insbesondere die Betroffenenrechte, zentral.[9]

7 Nach Art. 4 Nr. 1 sind alle Informationen, die sich auf eine identifizierte oder identifizierbare natürliche Person beziehen, „personenbezogene Daten". Nach Art. 2 lit. a DSRL sind personenbezogene Daten „alle Informationen über eine bestimmte oder bestimmbare natürliche Person". Folglich wurden die Begriffe „**bestimmt**" und „**bestimmbar**" lediglich durch „**identifiziert**" und „**identifizierbar**" ersetzt. Nach ErwG 26 zu Art. 2 lit. a DSRL sollten zur „Bestimmbarkeit alle Mittel berücksichtigt werden, die vernünftigerweise entweder von einem Verantwortlichen für die Verarbeitung oder von einem Dritten eingesetzt werden könnten, um die betreffende Person zu bestimmen". ErwG 26 S. 3 zur DS-GVO spricht nunmehr davon, dass „zur Identifizierbarkeit alle Mittel berücksichtigt werden, die von dem Verantwortlichen oder einer anderen Person nach allgemeinem Ermessen wahrscheinlich genutzt werden". Inhaltlich ergeben sich aus der neuen Formulierung keine abweichenden Erkenntnisse, weil sie ebenfalls nur auf eine Wahrscheinlichkeitsprognose abstellt.[10]

8 Auch § 1 Abs. 1 und 2 BDSG a.F. sprachen im Rahmen von personenbezogenen Daten von „Einzelangaben über eine bestimmte oder bestimmbare natürliche Person". Insoweit steht Art. 4 Nr. 1 in der bisherigen Datenschutz-Tradition und bringt im Vergleich zur bisherigen Rechtslage unter der DSRL und dem BDSG als Vorgängerregelungen keine grundlegenden Neuerungen hinsichtlich der Reichweite des Personenbezugs.[11]

9 Von den allgemeinen personenbezogenen Daten sind die besonderen Kategorien von Daten[12] und die personenbezogenen Daten über strafrechtliche Verurteilungen und Straftaten[13] zu unterscheiden.[14] Laut des ErwG 26 S. 5 gelten die Grundsätze des Datenschutzes nicht für anonyme Daten, die insofern das Gegenstück zu den personenbezogenen Daten bilden.[15]

10 **2. Persönlicher Schutzumfang. – a) Betroffene Person.** Personenbezogene Daten sind nur solche Informationen, die sich auf eine bestimmte oder bestimmbare bzw. identifizierte oder identifizierbare natürliche Person beziehen. Die DS-GVO bezeichnet diese Person „betroffene Person" und unterstellt diese durch die Betroffenenrechte einem besonderen Schutz. Im Umkehrschluss folgt daraus, dass nicht-personenbezogene Daten, also anonyme Daten nicht unter die DS-GVO fallen (vgl. dazu Rn. 29), wohl aber pseudonymisierte Daten, die bei Aufhebung der Pseudonymisierung zu

---

9 Dazu auch Gierschmann-*Buchholtz/Stentzel* Art. 4 Nr. 1 Rn. 1; Kühling/Buchner-*Klar/Kühling* Art. 4 Nr. 1 Rn. 1 sowie Auernhammer-*Eßer* Art. 4 Nr. 1 Rn. 6.

10 Übereinstimmend Gierschmann-*Buchholtz/Stentzel* Art. 4 Nr. 1 Rn. 5; Auernhammer-*Eßer* Art. 4 Nr. 1 Rn. 11 sowie Kühling/Buchner-*Klar/Kühling* Art. 4 Nr. 1 Rn. 2.

11 So auch Gierschmann-*Buchholtz/Stentzel* Art. 4 Nr. 1 Rn. 3 f. sowie Kühling/Buchner-*Klar/Kühling* Art. 4 Nr. 1 Rn. 1 f.

12 Vgl. Kommentierung zu Art. 9 DS-GVO.

13 Vgl. Kommentierung zu Art. 10 DS-GVO.

14 BeckOK DatenSR-*Schild* DS-GVO Art. 4 Rn. 3.

15 Vgl. dazu Kühling/Buchner-*Klar/Kühling* Art. 4 Nr. 1 Rn. 1 sowie Sydow-*Ziebarth* Art. 4 Nr. 1 Rn. 24 f.

einer Identifizierbarkeit führen.[16] Der Schutz anonymer Daten kann aber aus anderen Rechtsvorschriften folgen.[17] Wenngleich es sich bei der DS-GVO um eine Regelung des europäischen Datenschutzrechts handelt, fallen auch Nicht-EU-Bürger unter diese Begriffsdefinition, sofern ihre Daten im Geltungsbereich von Art. 3 verarbeitet werden.[18] Dies folgt auch aus ErwG 14.

b) Juristische Personen. Die DS-GVO schützt, wie auch schon das BDSG a.F., aus- **11**
schließlich natürliche Personen. So stellt ErwG 14 S. 2 klar, dass die DS-GVO nicht für die Verarbeitung personenbezogener Daten juristischer Personen und insbesondere als juristische Personen gegründete Unternehmen gilt. ErwG 14 S. 2 nennt dabei exemplarisch Name, Rechtsform und Kontaktdaten der juristischen Person. Demzufolge fallen juristische Personen und Personengemeinschaften, wie offene Handelsgesellschaften, aus dem Schutzbereich der Vorschrift heraus. Gleichwohl können die Mitgliedstaaten Regelungen hinsichtlich eines Unternehmenspersönlichkeitsschutzes erlassen – wie es etwa in Italien oder Luxemburg der Fall ist – [19], auch wenn dies von der DS-GVO nicht vorgesehen ist.[20] Zudem ist zu beachten, dass sich Informationen über eine juristische Person oder Personengruppe gleichsam auf eine identifizierte oder identifizierbare natürliche (Einzel-)Person beziehen können, z.B. im Falle einer Ein-Personen-Gesellschaft oder einer Ein-Mann-GmbH wodurch dann diese Information zu einem personenbezogenen Datum werden kann.[21]

c) Verstorbene. Aus ErwG 27 S. 1 folgt, dass die DS-GVO nicht für die personenbe- **12**
zogenen Daten Verstorbener gilt. Insofern gibt es keinen „postmortalen Datenschutz"[22]. Gleichwohl bestimmt ErwG 27 S. 2, dass die Mitgliedstaaten Vorschriften für die Verarbeitung der personenbezogenen Daten Verstorbener vorsehen können. Darüber hinaus darf nicht außer Acht gelassen werden, dass auch Daten eines Verstorbenen womöglich einen Bezug zu einer lebenden Person haben und damit einen Personenbezug aufweisen können, wie etwa Angaben zum Vermögen des Erblassers oder Informationen hinsichtlich vererblicher Krankheiten des Verstorbenen.[23]

d) Ungeborenes Leben (nasciturus). Die Frage, ob auch das ungeborene Leben bzw. **13**
auch Daten, die sich auf ein noch ungeborenes Kind beziehen, einen Personenbezug im Sinne der DS-GVO aufweisen, wird durch die Verordnung selbst nicht unmittelbar beantwortet. Die Art.-29-Datenschutzgruppe lässt diese Frage offen.[24] Da aber im

---

16 Vgl. dazu Rn. 62 ff.

17 Dazu auch Sydow-*Ziebarth* Art. 4 Nr. 1 Rn. 9 sowie Kühling/Buchner-*Klar/Kühling* Art. 4 Nr. 1 Rn. 3.

18 Vgl. dazu die Kommentierung zu Art. 3 DS-GVO. So auch Kühling/Buchner-*Klar/Kühling* Art. 4 Nr. 1 Rn. 3 sowie Sydow-*Ziebarth* Art. 4 Nr. 1 Rn. 10.

19 Vgl. dazu *Art.-29-Datenschutzgruppe* WP 136 zu „personenbezogenen Daten", S. 28 sowie Plath-*Schreiber* Art. 4 Nr. 1 Rn. 5.

20 Plath-*Schreiber* Art. 4 Nr. 1 Rn. 5; Auernhammer-*Eßer* Art. 4 Nr. 1 Rn. 8.

21 Zustimmend Auernhammer-*Eßer* Art. 4 Nr. 1 Rn. 8; Sydow-*Ziebarth* Art. 4 Nr. 1 Rn. 13; Kühling/Buchner-*Klar/Kühling* Art. 4 Nr. 1 Rn. 4.

22 Begriff aus Auernhammer-*Eßer* Art. 4 Nr. 1 Rn. 9.

23 Mit dem Bezug zu lebenden Personen verwehrte das Kammergericht Berlin (vgl. *KG Berlin* Urt. v. 31.5.2017 – 21 U 9/16) einer Mutter den Einblick in den Facebook-Account ihrer verstorbenen Tochter. Weitere Bsp. bei Kühling/Buchner-*Klar/Kühling* Art. 4 Nr. 1 Rn. 5; Auernhammer-*Eßer* Art. 4 Nr. 1 Rn. 9.

24 *Art.-29-Datenschutzgruppe* WP 136 zu „personenbezogenen Daten", S. 26 f. sowie Kühling/Buchner-*Klar/Kühling* Art. 4 Nr. 1 Rn. 7.

Fokus der DS-GVO insbesondere die Betroffenenrechte stehen, deren Ausübung nur durch einen bereits lebenden im Sinne von geborenen Menschen erfolgen kann, liegt – unabhängig von der Frage der fehlenden Rechtssubjektivität – die Annahme nahe, dass Daten ungeborener Kinder noch keinen Personenbezug aufweisen.[25]

14 **3. Sachlicher Schutzumfang. – a) Information.** Ausweislich des Normtextes des Art. 4 Nr. 1 umfasst der Begriff der personenbezogenen Daten auf den ersten Blick „alle Informationen". Voraussetzung ist dabei, dass diese Informationen Personenbezug aufweisen. Insoweit ist der Begriff grundsätzlich weit zu verstehen und erfasst sowohl persönliche Informationen wie etwa den Namen oder die Anschrift, als auch äußere Merkmale wie Geschlecht, Größe oder Gewicht. Darüber hinaus zählen hierzu auch weitere Informationen wie etwa Meinungen, Vermögensverhältnisse oder bestehende vertragliche Beziehungen.[26]

15 Unerheblich ist demgegenüber in welcher Form die Informationen verkörpert oder ausgestaltet sind. Sie können in jedem Format oder auf jedem Datenträger verkörpert und auf beliebigen Datenträgern gespeichert und abrufbar sein.[27]

16 Unklar ist, ob die Information eine persönlichkeitsrechtliche Implikation aufweisen muss, also ob der Datenschutz ausschließlich an das personenbezogene Datum anknüpft oder auch andere Schutzgüter wie das Persönlichkeitsrecht maßgeblich sind. In diesem Zusammenhang betonen manche[28], dass eine Entpersonalisierung des Datenschutzes drohe, wenn dieser ausschließlich an das Datum als solches anknüpfe, während andere[29] mit Blick auf die Rechtsprechung des BVerfG[30] davon ausgehen, dass es im Rahmen einer automatisierten Datenverarbeitung grundsätzlich kein „unerhebliches", weil nicht personenbezogenes Datum geben könne.

17 **b) Personenbezug der Information.** Der Wortlaut des Art. 4 Nr. 1 besagt, dass sich die Information auf eine natürliche Person beziehen muss. Der **Personenbezug** macht die Person somit zur „betroffenen" Person und eröffnet ihr die Betroffenenrechte der DS-GVO. Aus dem Wortlaut der Verordnung ergibt sich darüber hinaus zum einen, dass der Personenbezug ein eigenständiges Tatbestandsmerkmal darstellt, dass unabhängig von einer Identifizierung bzw. Identifizierbarkeit zu prüfen ist, sowie, dass ein nicht-personenbezogenes Datum nicht dem Anwendungsbereich der DS-GVO unterfällt.[31]

---

25 „In welchem Umfang Datenschutzbestimmungen vor der Geburt Anwendung finden, richtet sich nach dem allgemeinen Standpunkt der nationalen Rechtssysteme". Zustimmend insoweit Kühling/Buchner-*Klar/Kühling* Art. 4 Nr. 1 Rn. 7, Sydow-*Ziebarth* Art. 4 Nr. 1 Rn. 12. Manche gehen sogar von einer Vorwirkung der DS-GVO aus, so etwa Auernhammer-*Eßer* Art. 4 Nr. 1 Rn. 10, allerdings unter Rückgriff auf das BDSG a.F.

26 Vgl. zu dieser Aufzählung weitere Beispiele in Kühling/Buchner-*Klar/Kühling* Art. 4 Nr. 1 Rn. 8.

27 Zustimmend insoweit Auernhammer-*Eßer* Art. 4 Nr. 1 Rn. 7 sowie Sydow-*Ziebarth* Art. 4 Nr. 1 Rn. 8; Kühling/Buchner-*Klar/Kühling* Art. 4 Nr. 1 Rn. 9.

28 So etwa Gierschmann-*Buchholtz/Stentzel* Art. 4 Nr. 1 Rn. 2.

29 Vgl. dazu etwa Kühling/Buchner-*Klar/Kühling* Art. 4 Nr. 1 Rn. 9.

30 *BVerfG* Urt. v. 15.12.1983 – 1 BvR 209/83, BVerfGE 65, 1 (45).

31 So auch Kühling/Buchner-*Klar/Kühling* Art. 4 Nr. 1 Rn. 11; Sydow-*Ziebarth* Art. 4 Nr. 1 Rn. 9.

Keinen Personenbezug weisen demzufolge **Sachdaten** auf, wie z.B. die Aussage „Der Kölner Dom ist rund 157 Meter hoch". Andererseits ist stets zu beachten, dass auch bei Sachdaten ein Personenbezug angelegt sein kann. Dies ist beispielsweise bei Anruflisten der Fall, weil diese Daten (Telefonnummer, Anrufzeit) Informationen über die beteiligten Personen, wie etwa deren Privatleben, soziale Beziehungen oder unter Umständen sogar den Wohnort, enthalten.[32] Grundsätzlich muss die Abgrenzung zwischen einem Sachdatum und einem personenbezogenen Datum einem kontextbezogenen Ansatz folgen: So hat die Art.-29-Datenschutzgruppe festgestellt, dass ein personenbezogenes Datum dann vorliegen kann, wenn in dem Datum ein „**Inhaltselement**" („dann vorhanden, wenn (...) Informationen über eine bestimmte Person gegeben werden, und zwar unabhängig vom Zweck aufseiten des für die Verarbeitung Verantwortlichen oder eines Dritten oder von den Auswirkungen dieser Information auf die betroffene Person"), ein „**Zweckelement**" („gegeben, wenn die Daten unter Berücksichtigung aller Begleitumstände mit dem Zweck verwendet werden bzw. verwendet werden könnten, eine Person zu beurteilen, in einer bestimmten Weise zu behandeln oder ihre Stellung oder ihr Verhalten zu beeinflussen") oder ein „**Ergebniselement**" (dann gegeben, wenn „ihre Verwendung unter Berücksichtigung aller jeweiligen Begleitumstände auf die Rechte und Interessen einer bestimmten Person auswirken könnte") vorhanden ist.[33] Grenzfälle ergeben sich in datenschutzrechtlicher Hinsicht insbesondere bei Wearables, wo tragbare und an das Internet angeschlossene Computersysteme Daten, wie Laufwege einer Person, generieren.[34] Insofern ist stets sorgsam zu prüfen, ob einem Datum ein Personenbezug innewohnt. Faktisch wird es im Ergebnis nur wenige Daten geben, die sich einer Auswertung mit Blick auf den Personenbezug entziehen. Auch der durch einen Regensensor ohne menschliches Zutun in Gang gesetzte Scheibenwischer eines Fahrzeugs lässt Rückschlüsse über die vom Fahrer bestimmte Fahrstrecke zu, die durch den Regen geführt hat. **18**

c) Identifizierte oder identifizierbare Person. Die Information muss sich nach Art. 4 Nr. 1 auf eine „identifizierte oder identifizierbare" Person beziehen. Für die rechtliche Beurteilung ist es im Rahmen von Art. 4 Nr. 1 ohne Belang unter welchen Begriff sich ein Tatbestand subsumieren lässt. Während die DS-GVO den Begriff der identifizierbaren Person ausführt, wird der Begriff der identifizierten Person nicht näher erläutert. **19**

Grundsätzlich ist daher davon auszugehen, dass eine Person dann i.S.d. Art. 4 Nr. 1 **identifiziert** ist, wenn ohne Schwierigkeiten die Identität der Person aus der Information selbst ermittelt werden kann, etwa weil der Name oder die Anschrift bekannt sind. Insgesamt kann eine Person daher dann als identifiziert gelten, wenn keine zusätzlichen Informationen mehr notwendig sind, um die Person zu identifizieren.[35] **20**

Hinsichtlich der Frage, wann eine Person als **identifizierbar** einzustufen ist, äußert sich die DS-GVO in Art. 4 Nr. 1 demgegenüber ausdrücklich: Dies ist dann der Fall, wenn die Person direkt oder indirekt, insbesondere mittels Zuordnung zu einer Kennung, wie einem Namen zu einer Kennnummer, zu Standortdaten, zu einer Online-Kennung oder **21**

---

32 Bsp. aus WP 136 der *Art.-29-Datenschutzgruppe* S. 13 sowie Kühling/Buchner-*Klar/Kühling* Art. 4 Nr. 1 Rn. 13 f.

33 Vgl. dazu WP 136 der *Art.-29-Datenschutzgruppe* S. 11 f.

34 Weitere Bsp. in Kühling/Buchner-*Klar/Kühling* Art. 4 Nr. 1 Rn. 14 f.

35 Auernhammer-*Eßer* Art. 4 Nr. 1 Rn. 12; Sydow-*Ziebarth* Art. 4 Nr. 1 Rn. 17; Kühling/Buchner-*Klar/Kühling* Art. 4 Nr. 1 Rn. 18 f.

zu einem oder mehreren besonderen Merkmalen, die Ausdruck der physischen, physiologischen, genetischen, psychischen, wirtschaftlichen, kulturellen oder sozialen Identität dieser natürlichen Person sind, identifiziert werden kann. Entscheidend für das Merkmal einer Identifizierbarkeit ist somit, dass eine vorhandene Information als solche für eine Identifizierung nicht ausreicht, sondern diese vielmehr erst durch die Zuhilfenahme und Verknüpfung mehrerer Informationen miteinander ermöglicht wird.[36]

22 Um festzustellen, ob eine Person identifizierbar ist, sind laut ErwG 26 S. 3 alle Mittel zu berücksichtigen, die von dem Verantwortlichen oder einer anderen Person **nach allgemeinem Ermessen wahrscheinlich genutzt werden**, um die natürliche Person direkt oder indirekt zu identifizieren. Bei diesen Mitteln sind nach ErwG 26 S. 4 alle Faktoren, wie Kosten und Zeitaufwand der Identifizierung sowie verfügbare Technologien und technologische Entwicklungen zu berücksichtigen, wobei dieser Katalog nicht abschließend ist. Daraus folgt, dass nach den Vorgaben der DS-GVO eine Abwägung erforderlich ist, bei der die Erfolgsaussichten einer Identifizierung in Relation zu Verhältnismäßigkeitserwägungen gesetzt werden.[37]

23 Fraglich ist insbesondere, wann unter rechtlichen Gesichtspunkten bzw. anhand welcher Maßstäbe eine „Identifizierbarkeit“ der Person anzunehmen ist. Hierzu existieren im Ausgangspunkt zwei verschiedene Begründungsansätze: Ein relativer Ansatz stellt maßgeblich darauf ab, ob der für die Datenverarbeitung **Verantwortliche** anhand der ihm zur Verfügung stehenden Informationen und Mittel einen Personenbezug herstellen kann, während ein absoluter Ansatz es demgegenüber bereits genügen lässt, dass ein **Dritter** den Personenbezug herstellen könnte.[38]

24 Da weder die DS-GVO noch die ErwG in dieser Hinsicht eine eindeutige Aussage treffen, lässt sich die Frage, welches Verständnis Art. 4 Nr. 1 zugrunde liegt nur im Wege der Auslegung ermitteln: Der Wortlaut des ErwG 26 S. 3 nennt neben dem Verantwortlichen auch „andere Personen“, was für ein weites Begriffsverständnis im Sinne eines absoluten Ansatzes spricht. Einschränkend verlangt ErwG 26 S. 3 aber, dass die Nutzung der Mittel „nach allgemeinem Ermessen wahrscheinlich“ ist. Dies ist bei einem Dritten häufig dann der Fall, wenn dieser die personenbezogenen Daten selbst verarbeitet, so dass der Dritte selbst an der Identifizierung beteiligt sein muss.[39] Darüber hinaus spricht die in ErwG 26 angedeutete Notwendigkeit einer Verhältnismäßigkeitsprüfung für einen relativen Ansatz.

25 Die Art.-29-Datenschutzgruppe geht ebenfalls davon aus, dass eine „rein hypothetische Möglichkeit der Herstellung eines Personenbezugs noch nicht ausreicht, um die Person als bestimmbar anzusehen“[40] und folgt damit ebenfalls einem relativen Verständnis.

---

36 So auch Sydow-*Ziebarth* Art. 4 Nr. 1 Rn. 17; Kühling/Buchner-*Klar/Kühling* Art. 4 Nr. 1 Rn. 18 sowie Auernhammer-*Eßer* Art. 4 Nr. 1 Rn. 14.

37 Kühling/Buchner-*Klar/Kühling* Art. 4 Nr. 1 Rn. 22 sowie *Nink/Pohle* MMR 2015, 563 (564 f.).

38 Vgl. zu dem Meinungsstreit auch Simits-*Dammann* § 3 Rn. 23 ff.; *Bergt* ZD 2015, 365 ff.; Gierschmann-*Buchholtz/Stentzel* Art. 4 Nr. 1 Rn. 8 f.; Plath-*Schreiber* Art. 4 Nr. 1 Rn. 9 sowie Auernhammer-*Eßer* Art. 4 Nr. 1 Rn. 15.

39 Gierschmann-*Buchholtz/Stentzel* Art. 4 Nr. 1 Rn. 9; Kühling/Buchner-*Klar/Kühling* Art. 4 Nr. 1 Rn. 26.

40 *Art.-29-Datenschutzgruppe* WP 136 zu „personenbezogenen Daten“, S. 17.

Unter teleologischen Erwägungen scheint eine absolute Betrachtungsweise darüber hinaus zu der widersprüchlich anmutenden Folge zu führen, dass datenverarbeitende Unternehmen grundsätzlich jegliche Daten als personenbezogen ansehen müssten, wenn es für die Identifizierbarkeit auch unter Umständen auf die (ungewisse) Kenntnis und Mittel Dritter ankäme. Eine derartige Rechtsunsicherheit in der Praxis kann im System des Datenschutzrechts nicht gewollt sein.[41] Denn in der Konsequenz würden die Unterschiede in den Begrifflichkeiten von „identifiziert" und „identifizierbar" faktisch eingeebnet und den Wortlaut der Verordnung sinnwidrig erscheinen lassen. Hinzu tritt, dass im Falle eines absoluten Ansatzes faktisch keine anonymisierten Daten mehr existieren könnten, so dass dieses Rechtsinstitut ebenfalls ausgehebelt würde.[42] Ergänzend lässt sich anführen, dass bei einem absoluten Verständnis des Art. 4 Nr. 1 auch rechtswidrig erlangte Kenntnisse und Mittel Dritter in die Betrachtung einbezogen würden.[43] **26**

Auch der **EuGH** folgt in der Rechtssache Breyer gegen BRD[44] einem relativen Verständnis , indem er annimmt, dass „eine dynamische IP-Adresse, über die ein Nutzer die Internetseite eines Telemedienanbieters aufgerufen hat, für Letzteren ein personenbezogenes Datum [ist], soweit ein Internetzugangsanbieter über weitere zusätzliche Daten verfügt, die in Verbindung mit der dynamischen IP-Adresse die Identifizierung des Nutzers ermöglichen". Gegenstand des Verfahrens war die Speicherung von IP-Adressen durch den Betreiber einer Webseite bei deren Aufruf. Der BGH hatte dem EuGH insbesondere die Frage vorgelegt, ob dynamische IP-Adressen ein „personenbezogenes Datum" seien, wenn der Internetzugangsanbieter über Zusatzwissen verfügt, mit dem eine Identifizierung des Besuchers ermöglicht wird.[45] Schon der Generalanwalt vertrat die Ansicht, dass eine IP-Adresse für den Telemedienanbieter ein personenbezogenes Datum sei, wenn der Internetzugangsanbieter über Zusatzwissen verfüge, um den Besucher der Internetseite zu identifizieren, wobei nur solche als „Dritte" angesehen werden könnten, an die sich der Telemedienanbieter vernünftigerweise halten könne, um mit vernünftigem Aufwand deren zusätzliche Kenntnisse zu nutzen.[46] Der EuGH ist dem Generalanwalt im Wesentlichen gefolgt, indem er betont, dass eine dynamische IP-Adresse jedenfalls dann als personenbezogenes Datum einzustufen ist, wenn der Webseitenbetreiber über die rechtlichen Mittel verfügt den Besucher der Internetseite mithilfe des Internetzugangsanbieters als Dritten zu bestimmen. Entscheidend ist somit die Perspektive des Verantwortlichen und die Identifizierbarkeit mithin danach zu bemessen, ob das Zusatzwissen Dritter für diesen zugänglich gemacht werden kann.[47] **27**

Im Ergebnis ist daher eine vermittelnde Position vorzugswürdig, die eine Identifizierbarkeit maßgeblich von den Kenntnissen, Mitteln und Möglichkeiten des Verantwortlichen abhängig macht, indem dieser die Identifikation mit den ihm zur Verfügung stehenden Mitteln im Rahmen der o.g. Verhältnismäßigkeitserwägungen vornehmen **28**

41 Vgl. dazu Gierschmann-*Buchholtz/Stentzel* Art. 4 Nr. 1 Rn. 11.

42 So auch Gierschmann-*Buchholtz/Stentzel* Art. 4 Nr. 1 Rn. 11.

43 Gierschmann-*Buchholtz/Stentzel* Art. 4 Nr. 1 Rn. 11; Sydow-*Ziebarth* Art. 4 Nr. 1 Rn. 23.

44 *EuGH* Urt. v. 19.10.2016 – C-582/14.

45 *BGH* Urt. v. 28.10.2014 – VI ZR 135/13; ZD 2015, 80 ff.

46 *EuGH* Schlussanträge v. 12.5.2016 – C-584/14, Rn. 67 ff.

47 *EuGH* Urt. v. 19.10.2016 – C-582/14 Rn. 47,49 sowie Gierschmann-*Buchholtz/Stentzel* Art. 4 Nr. 1 Rn. 14 ff.; Auernhammer-*Eßer* Art. 4 Nr. 1 Rn. 15.

kann.[48] Weil aber bei Licht betrachtet kaum Fälle denkbar sind, in denen man nach der vom EuGH aufgestellten Grundsätze die Personenbeziehbarkeit ablehnen kann, kommt dessen relativer Ansatz einem absoluten faktisch sehr nahe.

29 **d) Anonyme Daten.** Aus ErwG 26 S. 5 folgt, dass die Grundsätze des Datenschutzes nicht für anonyme Informationen, die sich nicht auf eine identifizierte oder identifizierbare natürliche Person beziehen, oder personenbezogene Daten, die in einer Weise anonymisiert wurden, dass die betroffene Person nicht mehr identifiziert werden kann, gelten. Folglich bilden laut den Vorgaben der Verordnung das personenbezogene Datum und das anonyme Datum Gegensätze. In der Folge fallen anonymisierte Daten – anders als pseudonymisierte – aus dem Anwendungsbereich der DS-GVO heraus.[49] Ob eine Person nicht mehr identifiziert werden kann, richtet sich nach den in ErwG 26 S. 3 und 4 aufgeführten Maßstäben[50]. Hinsichtlich der Frage, welche technischen Vorgaben an eine Anonymisierung zu stellen sind, trifft die DS-GVO auch in ErwG 26 keine Aussage. Es kommen sowohl das Aggregieren von Daten, als auch eine absolute, faktische oder formale Anonymisierung etwa durch das vollkommene Verschlüsseln von Daten oder das bloße Weglassen von Informationen, so dass eine Identifizierbarkeit ausscheidet, in Betracht.[51]

30 **e) Einzelbeispiele.** Wie dargelegt, stellen dynamische **IP-Adressen** für den Internetzugangsanbieter personenbezogene Daten dar. Für den Betreiber einer Webseite gilt dies, wenn dieser über die rechtlichen Mittel verfügt, um eine Identifikation der betroffenen Person vorzunehmen, etwa weil er vernünftigerweise über die Mittel verfügt an die Daten zu gelangen (vgl. dazu die Kommentierung in diesem Kapitel unter Rn. 22).

31 **Cookies** lassen demgegenüber in der Regel keinen Rückschluss auf personenbezogene Daten zu, da ihr Datensatz keine hinreichende Identifizierbarkeit ermöglicht. Eine abweichende Beurteilung kann sich allerdings dann ergeben, wenn der Anbieter einer Webseite mehrmals Informationen der Besucher der Webseite gespeichert hat und somit die Erstellung von Nutzerprofilen ermöglicht wird.[52]

32 **Lichtbilder** von Personen stellen unter den Voraussetzungen von ErwG 51 personenbezogene Daten dar.[53] In diesem Zusammenhang ist insbesondere Art. 4 Nr. 14 (vgl. Rn. 196) zu beachten.

33 Im Hinblick auf **E-Mail-Adressen** kommt diesen dann ein Personenbezug zu, wenn anhand der in der Adresse angegebenen Informationen eine Identifikation der Person möglich ist. So wird insbesondere Role-Accounts (wie etwa datenschutz-info@example.com) in der Regel ein Personenbezug fehlen.

48 Gierschmann-*Buchholtz/Stentzel* Art. 4 Nr. 1 Rn. 12; Sydow-*Ziebarth* Art. 4 Nr. 1 Rn. 37.
49 So auch Sydow-*Ziebarth* Art. 4 Nr. 1 Rn. 24 f. sowie Kühling/Buchner-*Klar/Kühling* Art. 4 Nr. 1 Rn. 31 f.
50 Vgl. dazu Rn. 22.
51 Übereinstimmend Sydow-*Ziebarth* Art. 4 Nr. 1 Rn. 26 f. sowie Kühling/Buchner-*Klar/Kühling* Art. 4 Nr. 1 Rn. 33 f.
52 Vgl. dazu Kühling/Buchner-*Klar/Kühling* Art. 4 Nr. 1 Rn. 36.
53 Hier ist die Abgrenzung zum Recht am eigenen Bild nach den nationalen Vorschriften, in Deutschland des KUG zu beachten.

III. Art. 4 Nr. 2: Verarbeitung

1. Allgemeines. Art. 4 Nr. 2 definiert den Begriff der Verarbeitung als jeden mit oder ohne Hilfe automatisierter Verfahren ausgeführten Vorgang oder jede solche Vorgangsreihe im Zusammenhang mit personenbezogenen Daten. **34**

Als Beispiele nennt Art. 4 Nr. 2 das Erheben, das Erfassen, das Organisieren, das Ordnen, die Speicherung, die Anpassung oder Veränderung, das Auslesen, das Abfragen, die Verwendung, die Offenlegung durch Übermittlung, Verbreitung oder eine andere Form der Bereitstellung, den Abgleich oder die Verknüpfung, die Einschränkung, das Löschen oder die Vernichtung von personenbezogenen Daten. Die Aufzählung ist nicht abschließend und bringt zum Ausdruck, dass jeglicher Umgang mit personenbezogenen Daten eine Verarbeitung im Sinne der DS-GVO darstellt.[54] Wie die Konkretisierungen belegen, ist der Begriff der Verarbeitung schon nach dem Schutzzweck der DS-GVO weit zu verstehen und kann sich sowohl auf den Inhalt des personenbezogenen Datums als auch auf das personenbezogene Datum als abstraktes Datum sowie auf das Zusammenspiel von mehreren personenbezogenen Daten beziehen.[55] **35**

Ausgehend von dieser weiten Definition der Verarbeitung, die zur Folge hat, das jeder Umgang mit personenbezogenen Daten als ein Verarbeiten im Sinne der DS-GVO zu klassifizieren ist und damit einen datenschutzrechtlichen Tatbestand darstellt, muss der für die Verarbeitung Verantwortliche über eine Legitimation für die Verarbeitung verfügen.[56] **36**

In zahlreichen Normen der DS-GVO ist der Begriff der Verarbeitung ein wesentliches Tatbestandsmerkmal. Eine grundlegende Norm zur Verarbeitung ist Art. 6, wonach diese nur dann rechtmäßig ist, wenn sie auf einer der in Art. 6 Abs. 1 angegebenen Rechtsgrundlagen beruht.[57] Zu beachten sind ebenfalls die Grundsätze des Art. 5, die für jede Verarbeitung gelten.[58] **37**

Hinsichtlich der Verwendung des Begriffs der Verarbeitung nach der DS-GVO in der Praxis ist festzuhalten, dass bei der bisherigen Benennung des Trias „erheben, verarbeiten, übermitteln" alle Vorgänge gemeint sind, die der in Art. 4 Nr. 2 genannte Oberbegriff „verarbeiten" erfasst. Es ist zu empfehlen aus Gründen der Rechtssicherheit möglichst darauf zu verzichten, Teilschritten, wie „erheben" und „übermitteln", eine eigene Bezeichnung zu geben. So sollte der Begriff „Nutzung" nicht verwendet werden. Dieser findet sich nicht in der Definition des Art. 4 Nr. 2 und ist daher mit Rechtsunsicherheit behaftet. **38**

2. Inhalt. Im Gegensatz zur deutschen Datenschutztradition nach dem BDSG mit ihrem differenzierenden Begriffsverständnis geht die DS-GVO von einem **umfassenden Verarbeitungsbegriff** aus. So hat man in Deutschland in der Vergangenheit jeden einzelnen Verarbeitungsschritt vom Erheben bis zum Nutzen definiert und geregelt. Dies ist nun wegen des einheitlichen Verarbeitungsbegriffs nach der DS-GVO nicht mehr möglich. Damit entfällt auch die bisherige Privilegierung der Auftragsverarbeitung.[59] **39**

---

54 Auernhammer-*Eßer* Art. 4 Rn. 17, Plath-*Schreiber* Art. 4 Rn. 12.
55 Schantz/Wolff-*Schantz* Das neue Datenschutzrecht, Rn. 309.
56 So auch Auernhammer-*Eßer* Art. 4, Rn. 18.
57 Vgl. Kommentierung zu Art. 6 DS-GVO.
58 Kühling/Buchner-*Herbst* Art. 4 Nr. 2 Rn. 2; Vgl. auch Kommentierung zu Art. 5 DS-GVO.
59 Gierschmann-*Buchholtz/Stentzel* Art. 4 Nr. 2 Rn. 2.

40 Erfasst von der Definition der Verarbeitung nach Art. 4 Nr. 2 sind alle Arten des Umgangs mit personenbezogenen Daten von der Erhebung bis zur Vernichtung. Die DS-GVO differenziert nicht nach Intensität, Dauer oder der verwendeten Verarbeitungstechnik.[60] Dies macht insbesondere ErwG 15 deutlich, wonach der Schutz natürlicher Personen technologieneutral und nicht von den verwendeten Techniken abhängen soll. Lediglich unstrukturierte Akten oder Aktensammlungen sowie ihre Deckblätter sind laut ErwG 15 vom Anwendungsbereich der Verordnung ausgenommen.

41 Da der Begriff der Verarbeitung nicht nach der Dauer des Vorgangs differenziert fällt auch die nur kurzzeitige Verwendung weniger, scheinbar unbedeutender personenbezogener Daten grundsätzlich in den Anwendungsbereich der DS-GVO.[61] Beispielhaft kann hier die Zwischenspeicherung personenbezogener Daten im Cache eines Browsers genannt werden.[62]

42 Der Begriff der Verarbeitung der DS-GVO umfasst sowohl die automatisierte, als auch die nichtautomatisierte Verarbeitung personenbezogener Daten. Automatisiert ist eine Verarbeitung personenbezogener Daten durch eine Maschine, wenn sie ohne menschliche Einwirkung stattfindet.[63] So zum Beispiel, die kontinuierliche Videoüberwachung und Aufzeichnung der Aufnahmen auf einer Festplatte.[64] Ausweislich ErwG 15 S. 2 fällt auch eine nichtautomatisierte Verarbeitung, die manuell ohne jedes technische Hilfsmittel erfolgt, in den Anwendungsbereich der DS-GVO. Voraussetzung dafür ist zusätzlich, dass die personenbezogenen Daten in einem Dateisystem[65] gesichert werden oder gespeichert werden sollen.[66]

43 **3. Praxishinweise.** Aufgrund des weiten Verarbeitungsbegriffs ist es aus Sicht des Rechtsanwenders ratsam, bei jedem Umgang mit personenbezogenen Daten von einer Verarbeitung i.S.d. DS-GVO auszugehen.[67] Andernfalls drohen erhebliche Sanktionen nach Art. 82 ff. Die Verarbeitung bedarf immer einer Legitimierung. Zu beachten ist daneben, dass Auftragsverarbeitungen unter der DS-GVO nicht mehr privilegiert sind. Nach aktueller Rechtslage bedarf jede Auftragsverarbeitung einer gesetzlichen Erlaubnis. Bestehende Auftragsverarbeitungen sollten daher auf ihre Rechtmäßigkeit hin überprüft werden.

IV. Art. 4 Nr. 3: Einschränkung der Verarbeitung

44 **1. Allgemeines.** Die Einschränkung der Verarbeitung nach Art. 4 Nr. 3 ist die Markierung gespeicherter personenbezogener Daten mit dem Ziel, ihre künftige Verarbeitung einzuschränken. Die Verarbeitungseinschränkung ist ein zulässiges „Minus" zum Löschen, wenn die personenbezogenen Daten für bestimmte Zwecke nach wie vor rechtmäßig verarbeitet werden dürfen.[68] Inhaltlich entspricht die Einschränkung der

60 Gierschmann-*Buchholtz/Stentzel* Art. 4 Nr. 2 Rn. 9.
61 *Laue/Nink/Kremer* § 1 Rn. 10.
62 Siehe dazu auch Gierschmann-*Buchholtz/Stentzel* Art. 4 Nr. 2 Rn. 9.
63 Schantz/Wolff-*Schantz* Das neue Datenschutzrecht, Rn. 310.
64 *EuGH* NJW 2015, 463 Rn. 25 – Rynes.
65 Zum Begriff „Dateisystem" vgl. Kommentierung zu Art. 4 Nr. 6 DS-GVO.
66 ErwG 15 S. 2.
67 *Laue/Nink/Kremer* § 1 Rn. 11.
68 Gierschmann-*Veil* Art. 4 Nr. 3 Rn. 1.

Verarbeitung dem bisher gebräuchlichen „Sperren“ von Daten.[69] Das Sperren war auch der DSRL nicht fremd. Zwar wurde der Begriff dort nicht definiert. Als eine Form der Verarbeitung personenbezogener Daten wurde das Sperren aber in Art. 2 lit. b ausdrücklich erwähnt. Im deutschen Datenschutzrecht definierte § 3 Abs. 4 Nr. 4 BDSG a.F. das Sperren als das Kennzeichnen gespeicherter personenbezogener Daten, um ihre weitere Verarbeitung oder Nutzung einzuschränken. Diese Definition ist zwar nicht deckungsgleich mit der der DS-GVO. Sie ist aber bereits nah an der Definition der Einschränkung der Verarbeitung nach Art. 4 Nr. 3. Mit § 35 Abs. 1 und 2 BDSG n.F. hält auch der nationale Gesetzgeber an der Berechtigung des Verantwortlichen fest, anstelle einer Löschung eine Verarbeitungseinschränkung (früher: Sperrung) vorzunehmen.[70]

Eine Einschränkung der Verarbeitung kommt immer dann in Betracht, wenn personenbezogene Daten für ihren eigentlichen Zweck nicht mehr benötigt werden, es aber notwendig ist, sie temporär aufzubewahren. Dies kann beispielweise dann der Fall sein, wenn gesetzliche Aufbewahrungspflichten die Aufbewahrung auch nach Wegfall des Zwecks notwendig machen. **45**

Die Einschränkung der Verarbeitung ist eine der in Art. 4 Nr. 2 ausdrücklich aufgezählten Verarbeitungsformen. Damit bedarf es zur Einschränkung der Verarbeitung, wie für alle Verarbeitungsvorgänge im Zusammenhang mit personenbezogenen Daten, einer Rechtsgrundlage, die die Norm nicht benennt. In der Regel dürfte die Einschränkung der Verarbeitung personenbezogener Daten bei Vorliegen der sonstigen Voraussetzungen von der ursprünglichen Rechtsgrundlage der Erhebung gedeckt oder als kompatible Weiterverarbeitung nach Art. 6 Abs. 4 einzuordnen sein.[71] **46**

Das Recht des Betroffenen auf Einschränkung der Verarbeitung ist in Art. 18 normiert. Hier wird der Anspruch des Betroffenen auf Verarbeitungseinschränkung geregelt. Wie die Einschränkung der Verarbeitung tatsächlich zu erfolgen hat, regelt die DS-GVO nicht. Vielmehr regelt Art. 18 Abs. 2, dass im Falle der Einschränkung nur unter besonderen einzeln aufgeführten Bedingungen auf die Daten zugegriffen werden darf.[72] Daneben können auch die Aufsichtsbehörden im Rahmen ihrer Abhilfebefugnisse die Einschränkung anordnen, Art. 58 Abs. 2 lit. g.[73] **47**

Mit der Einschränkung der Verarbeitung in Zusammenhang stehende Mitteilungspflichten finden sich in Art. 19, Art. 13 Abs. 2 lit. b, Art. 14 Abs. 2 lit. c und in Art. 15 Abs. 1 lit. e.[74] **48**

2. Inhalt. Der Definition des Art. 4 Nr. 3 lässt sich entnehmen, dass jedes einzelne Datum, das einer Verarbeitungseinschränkung unterworfen wird, zu markieren ist. Dies kann textlich oder technisch erfolgen.[75] **49**

---

69 Ehmann/Selmayr-*Klabunde* Art. 4 Nr. 3 Rn. 20; Plath-*Schreiber* Art. 4 Rn. 14; Auernhammer-*Eßer* Art. 4 Rn. 21.

70 Zu ergänzenden Regelungen zur Verarbeitungseinschränkung siehe auch Kommentierungen zu §§ 27, 28 BDSG n.F.

71 So auch Gierschmann-*Veil* Art. 4 Nr. 3 Rn. 15.

72 BeckOK DatenSR-*Schild* DS-GVO, Art. 4 Rn. 60; Vgl. Kommentierung zu Art. 18 DS-GVO.

73 *Albrecht/Jotzo* Das neue Datenschutzrecht der EU, Teil 3 A Rn. 5.

74 Vgl. Kommentierungen zu Art. 19, 13, 14, 15 DS-GVO.

75 Gierschmann-*Veil* Art. 4 Nr. 3 Rn. 10.

50 ErwG 67 erläutert Methoden zur Einschränkung der Verarbeitung. Sie können zur Beschränkung der Verarbeitung personenbezogener Daten unter anderem darin bestehen, dass ausgewählte personenbezogene Daten vorübergehend auf ein anderes Verarbeitungssystem so übertragen werden, dass sie für Nutzer gesperrt werden oder dass veröffentlichte Daten vorübergehend von einer Website entfernt werden. In automatisierten Dateisystemen soll die Verarbeitungseinschränkung durch technische Mittel erfolgen.[76] In dem System ist darauf hinzuweisen, dass die Daten einer Verarbeitungseinschränkung unterliegen.[77]

51 Eine Beschränkung der Verarbeitung auf einzelne Verarbeitungszwecke ist möglich. So kann ein Widerspruch gegen die werbliche Verwendung von Adressdaten dazu führen, dass die Daten zwar weiterhin gespeichert und auch für Vertragserfüllungszwecke genutzt werden, aber nicht mehr für Zwecke der Werbung verwendet werden dürfen.[78]

52 **3. Praxisbeispiele.** Eine Verarbeitungseinschränkung nach Art. 4 Nr. 3 dürfte das Delisting von Suchergebnissen aus der Ergebnisliste einer Suchmaschine sein. Dabei wird die URL einer Website, die nicht mehr in den Ergebnissen der Suchmaschine auftauchen soll, dergestalt gekennzeichnet, dass bei Eingabe einer bestimmten Suchanfrage die Anzeige dieser URL verhindert wird.[79]

53 Eine weitere Form der Einschränkung der Verarbeitung stellt der Sache nach die Aufbewahrung von Archivgut in staatlichen Archiven nach den Archivgesetzen des Bundes und der Länder dar. Aus Sicht der abgebenden Stelle ist das Archivgut nach Abgabe an das Archiv gelöscht, während es im Archiv sicher aufbewahrt wird und für bestimmte Zeit Nutzungsbeschränkungen unterliegt.[80]

V. Art. 4 Nr. 4: Profiling

54 **1. Allgemeines.** Art. 4 Nr. 4 definiert „Profiling" als jede Art der automatisierten Verarbeitung personenbezogener Daten, die darin besteht, dass diese personenbezogenen Daten verwendet werden, um bestimmte persönliche Aspekte, die sich auf eine natürliche Person beziehen, zu bewerten, insbesondere um Aspekte bezüglich Arbeitsleistung, wirtschaftliche Lage, Gesundheit, persönliche Vorlieben, Interessen, Zuverlässigkeit, Verhalten, Aufenthaltsort oder Ortswechsel dieser natürlichen Person zu analysieren oder vorherzusagen. Es sind also Vorgänge gemeint, bei denen in der Regel größere Datenmengen zusammengeführt und automatisiert ausgewertet werden, wodurch beispielsweise besondere Vorlieben und Interessen oder Aufenthaltsorte einzelner betroffener Personen ermittelt werden können.[81] Unerheblich ist nach dem Wortlaut der Norm, ob die personenbezogenen Daten aus einer oder aus verschiedenen Quellen stammen. Ob der Verantwortliche einen oder mehrere Zwe-

76 ErwG 67 S. 2.
77 ErwG 67 S. 3.
78 Gierschmann-*Veil* Art. 4 Nr. 3 Rn. 12.
79 Vgl. Gierschmann-*Veil* Art. 4 Nr. 3 Rn. 12, die zutreffend feststellen, dass Art. 18 keinen Tatbestand enthält, der dem Anspruch des Betroffenen gegen den Suchmaschinenbetreiber auf De-listing an sich rechtmäßiger Inhalte gerecht wird.
80 Sydow-*Ziebarth* Art. 4 Rn. 83.
81 *Laue/Nink/Kremer* Das neue Datenschutzrecht in der betrieblichen Praxis, § 2 Rn. 84.

cke verfolgt oder ob die Bewertung der natürlichen Peron der Vorbereitung einer automatisierten Einzelfallentscheidung dient ist ebenfalls nicht von Bedeutung.[82]

Ausweislich des ErwG 72 ist das Profiling eine Art der Verarbeitung personenbezogener Daten, die durch einen Erlaubnistatbestand der Art. 6 oder 9 legitimiert sein muss. Relevant ist die Norm damit vor allem für Verantwortliche, die automatisierte Einzelentscheidungen vornehmen und dabei Profilinganalysen oder –vorhersagen verwenden. **55**

Nach der Definition des Art. 4 Nr. 4 ist Profiling nur die Datenanalyse, ohne dass hieran bereits Folgen für den Betroffenen geknüpft sind. Zu trennen sind beim Profiling die Datensammlung und die daran anschließende Datenauswertung.[83] **56**

Legt man dem „Profiling" ein weites Begriffsverständnis zugrunde, sind darunter nicht nur automatisierte Verfahren der Verhaltensanalyse zu fassen, sondern auch Techniken, mit deren Hilfe auf der Grundlage des analysierten Verhaltens unter Zugrundelegung statistisch-mathematischer Verfahren eine Prognose über das zukünftige Verhalten einer Person erstellt werden. Dies können Kaufprognosen sein, wie sie im Rahmen des „Costumer Relationship Management" möglich sind, die Einschätzung von Fehler- oder Ermüdungsrisiken im Zusammenhang mit der Bedienung komplexer Maschinen bis hin zu Einschätzung von Kredit- und Bonitätsrisiken, wie sie in der Vergangenheit mit dem Begriff des Scoring verknüpft waren.[84] **57**

2. Scoring. Scoring fällt unter den Oberbegriff des Profiling. Als Scoring wird die **Berechnung einer Wahrscheinlichkeitsprognose** für zukünftiges Verhalten mithilfe der Verarbeitung personenbezogener Daten der betroffenen Person verstanden.[85] Wenn der mittels Scoring ermittelte Wahrscheinlichkeitswert ohne weiteres menschliches Zutun dazu benutzt wird, eine Entscheidung über die Begründung, Durchführung oder Beendigung eines Vertragsverhältnisses herbeizuführen, unterfällt das Scoring dem Anwendungsbereich des Art. 22, wo das „Profiling" ausdrücklich als ein Unterfall der dort genannten automatisierten Verarbeitung genannt wird.[86] Beruht die Einzelfallentscheidung dagegen ausschließlich auf einer menschlichen Entscheidung, die lediglich maschinell umgesetzt wird, findet Art. 22 keine Anwendung. **58**

Nach Art. 70 Abs. 1 lit. f kann der Europäische Datenschutzausschuss Leitlinien, Empfehlungen und bewährten Verfahren zur näheren Bestimmung der Kriterien und Bedingungen für die auf Profiling beruhenden Entscheidungen gem. Art. 22 Abs. 2 bereitstellen. **59**

Im deutschen Datenschutzrecht hat der Gesetzgeber mit § 31 BDSG n.F. die bisherigen Voraussetzungen des Scorings aus § 28a Abs. 1 und § 28b BDSG a.F. übernommen.[87] **60**

3. Pflichten beim Profiling. Der Verantwortliche muss den Betroffenen dann über ein Profiling informieren, wenn es zu einer automatisierten Entscheidungsfindung führt, Art. 13 Abs. 2 lit. f und Art. 14 Abs. 2 lit. g. Auf Antrag muss der Verantwortliche **61**

---

82 Unzutreffend dahingehend Ehmann/Selmayr-*Klabunde* Art. 4 Rn. 22.
83 Zum Begriff der Zweistufigkeit des Profilings Gierschmann-*Veil* Art. 4 Nr. 4 Rn. 13.
84 Sydow-*Helfrich* Art. 4 Rn. 87.
85 Simitis-*Scholz* BDSG, § 6a Rn. 23; BeckOK BDSG-*von Lewinski* § 28b Rn. 1.
86 Vgl. Kommentierung zu Art. 22 DS-GVO.
87 Vgl. dazu Kommentierung § 31 BDSG.

dem Betroffenen Auskunft über ein Profiling geben, aber ebenfalls nur bei einer damit in Zusammenhang stehenden automatisierten Entscheidungsfindung, Art. 15 Abs. 1 lit. h. Nach Art. 35 Abs. 3 lit. a kann eine Datenschutz-Folgenabschätzung[88] bei automatisierten Einzelentscheidungen, die auf Profiling gründen, erforderlich sein.

VI. Art. 4 Nr. 5: Pseudonymisierung

62 **1. Allgemeines.** Der Begriff der „Pseudonymisierung" wird in Art. 4 Nr. 5 definiert als „die Verarbeitung personenbezogener Daten in einer Weise, dass die personenbezogenen Daten ohne Hinzuziehung zusätzlicher Informationen nicht mehr einer spezifischen betroffenen Person zugeordnet werden können, sofern diese zusätzliche Informationen gesondert aufbewahrt werden und technischen und organisatorischen Maßnahmen unterliegen, die gewährleisten, dass die personenbezogenen Daten nicht einer identifizierten oder identifizierbaren natürlichen Person zugewiesen werden."

63 Im „alten" BDSG war sowohl die Pseudonymisieung als auch die Anonymisierung bislang in **§ 3 Abs. 6, 6a BDSG a.F.** verankert. Der Wortlaut des § 3 Abs. 6a BDSG a.F. nahm im Rahmen der Pseudonymisierung insbesondere die Ersetzung personenbezogener Angaben und anderer Identifikationsmerkmale durch Kennziffern in den Blick und war damit enger als Art. 4 Nr. 5 gefasst. § 3 Abs. 6 BDSG a.F. mit seiner Definition der Anonymisierung entspricht demgegenüber in weiten Teilen Art. 4 Nr. 5.[89]

64 Die DSRL enthielt keine Definition der Pseudonymisierung, sondern in ErwG 26 lediglich die Klarstellung, dass die Schutzprinzipien der DSRL „keine Anwendung auf Daten finde[n], die derart anonymisiert sind, dass die betroffene Person nicht mehr identifizierbar ist".[90]

65 Der Pseudonymisierung kommt in der Praxis eine zentrale Bedeutung zu, weil sie eine Maßnahme darstellt, die Personenbezug aus Daten herauslösen kann, um sie so für die wirtschaftliche Verwertung nutzbar zu machen. Art. 4 Nr. 1[91], 6 Abs. 4[92], 25[93], 32[94], 40[95], 83 Abs. 2 lit. d[96] sowie 89 Abs. 1[97] nehmen auf sie Bezug. Ausweislich ErwG 28 dient die Pseudonymisierung nach der Wertung der DS-GVO als technisches Verfahren der **Risikominimierung** und soll die Verantwortlichen und Auftragsverarbeiter bei der Einhaltung der Datenschutzpflichten unterstützen.[98] Folgerichtig unterstreicht auch Art. 32 Abs. 1 lit. a[99], dass die Pseudonymisierung eine **Sicherungsmaßnahme**

---

88 Vgl. dazu die Kommentierung zu Art. 35 Abs. 3 lit. a DS-GVO.
89 Vgl. dazu Gierschmann-*Stentzel/Jergl* Art. 4 Nr. 5 Rn. 5.
90 *Schwartmann/Weiß* Whitepaper zur Pseudonymisierung der Fokusgruppe Datenschutz 2017, S. 12.
91 Vgl. dazu Rn. 6.
92 Vgl. dazu die Kommentierung zu Art. 6 Abs. 4 DS-GVO.
93 Vgl. dazu die Kommentierung zu Art. 25 DS-GVO.
94 Vgl. dazu die Kommentierung zu Art. 32 DS-GVO.
95 Vgl. dazu die Kommentierung zu Art. 40 DS-GVO.
96 Vgl. dazu die Kommentierung zu Art. 83 DS-GVO.
97 Vgl. dazu die Kommentierung zu Art. 89 DS-GVO.
98 *Schwartmann/Weiß* Whitepaper zur Pseudonymisierung der Fokusgruppe Datenschutz 2017, S. 14.
99 Vgl. dazu die Kommentierung zu Art. 32 Abs. 1 lit. a DS-GVO.

(und keine Anonymisierung) darstellt.[100] Denn im Rahmen einer Pseudonymisierung kann die betroffene Person unter Hinzuziehung von gesondert aufbewahrten oder ggf. öffentlich zugänglichen Informationen wieder identifiziert werden, während dies im Falle einer Anonymisierung nicht oder nur mit unverhältnismäßigem Aufwand[101] möglich ist.[102]

Neben dieser Schutzfunktion trägt die Pseudonymisierung zudem dem Prinzip der **Datenminimierung** aus Art. 5 Abs. 1 lit. c[103] Rechnung. Nach dieser Vorschrift müssen personenbezogene Daten dem Zweck angemessen und erheblich sowie auf das für die Zwecke der Verarbeitung notwendige Maß beschränkt sein. Insofern adressiert Art. 5 Abs. 1 lit. c die Pseudonymisierung zwar nicht unmittelbar, sie kommt aber insbesondere dann zum Tragen, wenn ein Personenbezug von Informationen nicht mehr notwendig ist, um die Zwecke der Verarbeitung zu realisieren. Sie ist damit eine konkrete Umsetzung und Ausdruck des Gebotes des sparsamen Umgangs mit personenbezogenen Daten.[104] **66**

Darüber hinaus weist die Pseudonymisierung eine enge Verknüpfung mit dem Datenschutzprinzip des „**privacy by design**" aus Art. 25[105] auf. Sie sorgt dafür, dass bereits in einem frühen Stadium durch technisch-organisatorische Maßnahmen eine Entkoppelung persönlicher Informationen von anderen Daten erfolgen kann, was zu einem wirksamen Schutz für die Betroffenen führt.[106] **67**

Im Rahmen eines risikobasierten Ansatzes wirkt sich die Pseudonymisierung auch zugunsten des Verantwortlichen aus. So kann sie Verarbeitungen zulässig machen, die ansonsten unzulässig wären. Dies ist insbesondere im Zeitalter von **Big Data** und **Internet of Things** von wesentlicher Bedeutung.[107] Ein wichtiges Anwendungsbeispiel ist dabei Art. 6 Abs. 4[108], der für eine Datenverarbeitung im Falle einer Zweckänderung gilt: Ob der neue (geänderte) Verarbeitungszweck mit dem ursprünglichen Zweck der Datenerhebung/-verarbeitung vereinbar ist, entscheidet eine Abwägung. Ein wichtiges Kriterium im Rahmen dieser Kompatibilitätsprüfung ist das Vorhandensein geeigneter Garantien, wozu auch die Pseudonymisierung zählt.[109] **68**

---

100 Vgl. dazu Kühlung/Buchner-*Klar/Kühling* Art. 4 Nr. 5 Rn. 2 sowie WP 216 der *Art.-29-Datenschutzgruppe* zu Anonymisierungstechniken, S. 3 („Pseudonymisation is (…) not a method of anonymisation.")

101 Zum Begriff des „unverhältnismäßigen Aufwands" vgl. Rn. 74.

102 Vgl. dazu die ausführliche Darstellung von *Schwartmann/Weiß* Whitepaper zur Pseudonymisierung der Fokusgruppe Datenschutz 2017, S. 12 f.

103 Vgl. dazu die Kommentierung im Rahmen von Art. 5 DS-GVO.

104 Zu den Schutzfunktionen der Pseudonymisierung vgl. *Schwartmann/Weiß* Whitepaper zur Pseudonymisierung der Fokusgruppe Datenschutz 2017, S. 14 f.

105 Vgl. dazu die Kommentierung zu Art. 25 DS-GVO.

106 *Schwartmann/Weiß* Whitepaper zur Pseudonymisierung der Fokusgruppe Datenschutz 2017, S. 15.

107 *Schwartmann/Weiß* Whitepaper zur Pseudonymisierung der Fokusgruppe Datenschutz 2017, S. 16 sowie Rn. 85.

108 Vgl. dazu die Kommentierung zu Art. 6 Abs. 4 DS-GVO mit besonderer Rücksichtnahme der datenschutzrechtlichen Probleme rund um Big Data.

109 *Schwartmann/Weiß* Whitepaper zur Pseudonymisierung der Fokusgruppe Datenschutz 2017, S. 17 sowie Kühling/Buchner-*Buchner/Petri* Art. 6 Rn. 154.

69 Schließlich kommt der Pseudonymisierung auch auf der Rechtsfolgenseite eine große Bedeutung zu: Indem Art. 83 Abs. 2 lit. d[110] im Rahmen der Entscheidung über die Verhängung einer **Geldbuße** auf Art. 25 und die getroffenen technisch-organisatorischen Maßnahmen abstellt, ist die Pseudonymisierung ein wichtiges Kriterium hinsichtlich der Bemessung der Bußgeldhöhe.

70 Gemäß ErwG 26 fallen pseudonymisierte Daten in den Regelungsbereich der DS-GVO. Gegenüber sonstigen personenbezogenen Daten sind sie jedoch privilegiert. Dies hat seinen Grund darin, dass pseudonymisierte Daten ohne Kenntnis zusätzlicher, getrennt aufbewahrter Informationen einer identifizierten Person nicht zugeordnet werden können. Die Privilegierung pseudonymisierter Daten ergibt sich insbesondere aus dem oben dargestellten Zusammenspiel verschiedener Normen[111] der DS-GVO, eine ausdrückliche Benennung der Privilegierung pseudonymisierter Daten enthält die DS-GVO indes nicht.[112]

71 **2. Anforderungen an die Pseudonymisierung.** Aus der Definition des Art. 4 Nr. 5 ergeben sich nach dem Whitepaper zur Pseudonymisierung der Fokusgruppe Datenschutz des Bundesministerium des Innern[113] **drei Anforderungen**:

- Keine Pseudonymisierung liegt vor, wenn die vorhandenen Daten ohne weiteres, z.B. über einen Namen, eine Anschrift oder eine Personalnummer, einer identifizierbaren **Person zugeordnet** werden können.
- Daten, mit denen die Zuordnung zu einer Person möglich wäre, müssen derart **getrennt aufbewahrt** werden, dass sie nicht ohne weiteres zusammengeführt werden können. Die Aufbewahrung der zusätzlichen Daten und Informationen muss dabei laut ErwG 29 S. 1 nicht bei einem anderen Verantwortlichen erfolgen. Andernfalls würde das Verfahren der Pseudonymisierung in der Praxis zu stark eingeschränkt und somit keinen Anreiz mehr für Unternehmen bieten, eine Pseudonymisierung vorzunehmen.[114] Eine getrennte Aufbewahrung der Daten ist beispielsweise dann gegeben, wenn ein Datensatz nur in Form von Kennziffern vorhanden ist, die übrigen Identifikationsdaten aber weiterhin verfügbar sind.[115] Dies kann z.B. durch eine logische Trennung mit unterschiedlichen Zugriffsberechtigungen erfolgen.[116] Beim Einsatz von Pseudonymisierungsverfahren ist daher stets festzulegen, wer über z.B. Zuordnungstabellen oder Verschlüsselungsverfahren verfügen soll, wer das Pseudonym generiert und unter welchen Voraussetzungen eine Zusammenführung mit den Identifikationsdaten möglich ist.[117]
- Die personenbezogenen Daten sind zudem besonderen **technischen und organisatorischen Maßnahmen** zu unterwerfen, die gewährleisten, dass die Daten nicht

---

110 Vgl. dazu die Kommentierung von Art. 83 DS-GVO.
111 Vgl. dazu Rn. 65.
112 Kühling/Buchner-*Klar/Kühling* Art. 4 Nr. 5 Rn. 4.
113 *Schwartmann/Weiß* Whitepaper zur Pseudonymisierung der Fokusgruppe Datenschutz 2017, S. 10 f.
114 Gierschmann-*Stentzel/Jergl* Art. 4 Nr. 5 Rn. 6.
115 So auch Gierschmann-*Stentzel/Jergl* Art. 4 Nr. 5 Rn. 6.
116 *Schwartmann/Weiß* Whitepaper zur Pseudonymisierung der Fokusgruppe Datenschutz 2017, S. 10. Zum Verfahren der Pseudonymisierung vgl. auch die Ausführungen unter 5. Rn. 77 ff.
117 *Schwartmann/Weiß* Whitepaper zur Pseudonymisierung der Fokusgruppe Datenschutz 2017, S. 11.

einer identifizierten oder identifizierbaren natürlichen Person zugewiesen werden.[118] Diese Voraussetzung knüpft an die Kernaussagen der ErwG 26 und 28 an. So stellt ErwG 26 klar, dass personenbezogene Daten, die pseudonymisiert wurden, aber durch die Heranziehung zusätzlicher Informationen einer natürlichen Person zugeordnet werden können, als Informationen über eine identifizierbare natürliche Person[119] betrachtet werden sollen und somit als „personenbeziehbare Daten" weiterhin in den Anwendungsbereich der DS-GVO fallen.[120] Demzufolge kann eine Pseudonymisierung zwar bei demselben Verantwortlichen erfolgen, gleichwohl muss dieser die notwendigen technischen und organisatorischen Maßnahmen (vgl. Ausführungen zur getrennten Aufbewahrung) vorhalten, um eine unberechtigte Wiederherstellung des Personenbezugs zu verhindern.

Die **Wirksamkeit** der Pseudonymisierung hängt von verschiedenen Faktoren ab. Eine Rolle dabei spielen der **Zeitpunkt**, die **Rücknahmefestigkeit**, die **Größe der Population**, in der sich der Betroffene verbirgt, die **Verkettungsmöglichkeit** von einzelnen Transaktionen oder Datensätzen desselben Betroffenen und die **Zufälligkeit** und **Vorhersagbarkeit** sowie die **Menge** der möglichen Pseudonyme.[121] **72**

3. Abgrenzung zur Anonymisierung. Die Pseudonymisierung ist von der Anonymisierung abzugrenzen. Im Grundsatz sind anonymisierte Daten vom Anwendungsbereich der DS-GVO nicht erfasst.[122] Während die DSRL sich lediglich in ErwG 26 zur Frage der Anonymisierung und Pseudonymisierung äußerte, schafft die DS-GVO in Art. 4 Nr. 5 durch ihre Definition und ErwG 26 klarere Verhältnisse. Eine eigene Definition der Anonymisierung ist indes auch in der DS-GVO nicht enthalten. Sie ergibt sich vielmehr aus einem Umkehrschluss aus der Definition der „personenbezogenen Daten" aus Art. 4 Nr. 1[123] sowie aus ErwG 26: Danach sind anonyme Informationen „personenbezogene Daten, die in einer Weise anonymisiert worden sind, dass die betroffene Person nicht oder nicht mehr identifiziert werden kann". **73**

Der Unterschied zwischen pseudonymisierten Daten und anonymisierten Daten liegt demzufolge darin, dass pseudonymisierte Daten der betroffenen Person unter Hinzuziehung der gesondert aufbewahrten oder ggf. öffentlich zugänglicher Informationen wieder entschlüsselt und damit die betroffene Person identifiziert werden kann, während dies bei anonymisierten Daten nicht oder nur mit unverhältnismäßigem Aufwand möglich ist.[124] Hierbei ist die Frage, wann ein **unverhältnismäßiger Aufwand** anzunehmen ist, eng mit der Abgrenzung zwischen Anonymisierung und Pseudonymisierung (insbesondere mit der Frage einer Identifizierbarkeit[125]) verknüpft. Insofern ist die durch ErwG 26 vorgegebene und bereits im Rahmen von Art. 4 Nr. 1 angespro- **74**

---

118 Kühling/Buchner-*Klar/Kühling* Art. 4 Nr. 5 Rn. 7.

119 Zu „Identifizierbarkeit" vgl. die Ausführungen unter Rn. 9.

120 *Schwartmann/Weiß* Whitepaper zur Pseudonymisierung der Fokusgruppe Datenschutz 2017, S. 11.

121 WP 136 der Art.-29-Datenschutzgruppe vom 20. Juni 2007, S. 21.

122 Vgl. Auernhammer-*Eßer* Art. 4 Rn. 31.

123 Vgl. dazu *Schwartmann/Weiß* Whitepaper zur Pseudonymisierung der Fokusgruppe Datenschutz 2017, S. 12 sowie die Kommentierung zu Art. 4 Nr. 1 DS-GVO Rn. 6.

124 *Schwartmann/Weiß* Whitepaper zur Pseudonymisierung der Fokusgruppe Datenschutz 2017, S. 12.

125 Zum Begriff der Identifizierbarkeit vgl. Rn. 19.

chene Verhältnismäßigkeitsprüfung[126] auch im Rahmen von Art. 4 Nr. 5 maßgeblich. Im BDSG a.F. war der Maßstab hierfür noch in § 3 Abs. 6 BDSG a.F. ausgeführt und besagte, dass eine Anonymisierung jedenfalls dann erreicht war, wenn die Zuordnung der Angaben zu der betroffenen Person nur mit einem unverhältnismäßig großen Aufwand an Zeit, Kosten und Arbeitsaufwand zu erreichen war. ErwG 26 der DS-GVO bezieht sich demgegenüber auf „alle Mittel (…) die von dem Verantwortlichen oder einer anderen Person nach allgemeinem Ermessen wahrscheinlich genutzt werden, um die natürliche Person (…) zu identifizieren. [Hierbei] sollten alle objektiven Faktoren, wie die Kosten der Identifizierung und der dafür erforderliche Zeitaufwand, herangezogen werden, wobei die zum Zeitpunkt der Verarbeitung verfügbare Technologie und technologischen Entwicklungen zu berücksichtigen sind.“ Entscheidend sind also die **Kosten** der Identifizierung, der erforderliche **Zeitaufwand**, die verfügbaren **Technologien** sowie technologischen Entwicklungen.[127] Insofern ist hinsichtlich der Frage eines unverhältnismäßigen Aufwands im Rahmen von Art. 4 Nr. 5 wie schon bei Art. 4 Nr. 1 eine Verhältnismäßigkeitsprüfung anhand der genannten Gesichtspunkte im Einzelfall erforderlich.

75 Findet beispielsweise eine Trennung von Zuordnungsregeln und Daten nur innerhalb einer Unternehmensgruppe oder durch technisch-organisatorische Maßnahmen bei dem Verantwortlichen selbst statt, ist davon auszugehen, dass es sich bei dem Datenbestand im Rahmen der internen Verarbeitung um pseudonymisierte, nicht aber um anonymisierte Daten handelt.[128] In einem solchen Fall ist das Missbrauchsrisiko durch die vorgenommene Maßnahme durchaus minimiert, jedoch nach allgemeiner Lebenserfahrung nicht vollkommen auszuschließen.

76 **4. Verschlüsselte Daten.** Die Verschlüsselung wird in ErwG 83 als eine Möglichkeit genannt, um das Risiko eines Datenmissbrauchs zu verhindern. Um verschlüsselte Daten handelt es sich dann, wenn personenbezogene Daten so abgelegt werden, dass sie nur mit Hilfe eines Schlüssels, in der Regel ein Passwort, wieder lesbar sind. Verschlüsselte Daten sind pseudonymisierte Daten, da sie jederzeit mit Hilfe des Schlüssels wieder lesbar gemacht werden können. Damit sind auch Daten, die, obwohl verschlüsselt, in der Cloud abgelegt sind, personenbezogene Daten.[129] Die Entschlüsselung der Daten kann durch den rechtmäßigen Schlüsselinhaber, als auch von einem unberechtigten Dritten erfolgen, der den Schlüssel unrechtmäßig verwendet. Insoweit hat die Verschlüsselung dem jeweiligen Stand der Technik zu entsprechen, um zumindest den bestmöglichen Schutz zu gewährleisten.[130]

5. Verfahren und technisch-organisatorische Anforderungen der Pseudonymisierung.

77 Eine Pseudonymisierung von Daten erfolgt in der Regel dadurch, dass in einem Datenbestand das Identifizierungsmerkmal einer betroffenen Person (etwa der Name) durch ein Pseudonym ersetzt wird, das keinen Rückschluss auf den Betroffenen zulässt. Pseudonyme können eine Kennzahl oder auch eine Fantasiebezeichnung sein. Von einer Pseudonymisierung ist aber etwa auch dann auszugehen, wenn eine

---

126 Vgl. dazu Kommentierung zu Art. 4 Nr. 1 DS-GVO.
127 Zu den Kriterien vgl. *Schwartmann/Weiß* Whitepaper zur Pseudonymisierung der Fokusgruppe Datenschutz 2017, S. 13.
128 *Laue/Nink/Kremer* Das neue Datenschutzrecht in der betrieblichen Praxis, § 1 Rn. 29.
129 BeckOK DatenSR-*Schild* Art. 4 Rn. 80.
130 Siehe dazu auch Kommentierung zu Art. 32 Abs. 1 lit. a DS-GVO.

Datensammlung durch die Anwendung eines Algorithmus nur für denjenigen einen Personenbezug erkennbar macht, der über den dazu erforderlichen Algorithmus verfügt.[131]

Zur Umsetzung einer Pseudonymisierung können verschiedene Verfahren zum Einsatz kommen. So können beispielsweise **Zuordnungstabellen** verwendet werden, in der jedem Klartextdatum ein Pseudonym zugeordnet wird. Alternativ können auch **kryptographische Verfahren** eingesetzt werden, die jeweils ein Klartextdatum in ein Pseudonym umwandeln.[132] **78**

Hinsichtlich der Anforderungen an Pseudonyme kann es bei der Verarbeitung erforderlich sein, dass die erzeugten pseudonymisierten Daten bestimmte Eigenschaften der zugrundliegenden Klartextdaten enthalten. Diese werden als **Verfügbarkeitsanforderungen** an eine Pseudonymisierung bezeichnet. Mögliche Verfügbarkeitsoptionen sind etwa die **Aufdeckbarkeit** des dem Pseudonym zugrundeliegenden Klartextes unter bestimmten Voraussetzungen sowie eine **Verkettbarkeit** hinsichtlich einer bestimmten Relation. So kann zB für zwei Pseudonyme bestimmt werden, ob die zugrundeliegenden Klartexte in einem spezifischen Zusammenhang stehen. Darüber hinaus kommen eine **Rollenbindung** oder eine **Zweckbindung** als Verfügbarkeitsoption in Betracht.[133] **79**

Die Pseudonymisierung kann auf rücknehmbare Weise anhand von Referenzlisten für Identitäten und ihren Pseudonymen oder sog. **Zweiwege-Verschlüsselungsalgorithmen** für die Pseudonymisierung erfolgen. Identitäten können auch so verschleiert werden, dass eine Reidentifizierung nicht mehr möglich ist, d.h. durch Einweg-Verschlüsselungen, wodurch gewöhnlich anonymisierte Daten entstehen.[134] **80**

6. Anwendungsszenarien zu Art und Verfahren der Pseudonymisierung. Eine Pflicht des Verantwortlichen zur Pseudonymisierung von personenbezogenen Daten kennt die DS-GVO nicht.[135] Der Anreiz für Unternehmen zur Pseudonymisierung liegt aber unbestreitbar darin, dass diese oftmals ein entscheidendes Kriterium im Rahmen einer (Interessen-)Abwägung (wie sie etwa im Rahmen von Art. 6 Abs. 4 lit. e oder bei Art. 83 Abs. 2 lit. d erforderlich ist) ist und eine Abwägung mithilfe einer Pseudonymisierung somit eher zugunsten des Unternehmens ausfallen wird.[136] Auch bei der Bußgeldbemessung dürfte die Pseudonymisierung eine wichtige Rolle spielen. **81**

Beispiele für Pseudonyme sind etwa Künstler- oder Decknamen und ggf. E-Mail-Adressen, aber auch Benutzernamen oder eine Nutzer-ID. Auch **biometrische Daten**[137], wie Gangmuster oder Aufnahmen einer Wärmebildkamera können pseudonymisierte Daten darstellen.[138] **82**

131 *Laue/Nink/Kremer* Das neue Datenschutzrecht in der betrieblichen Praxis, § 1 Rn. 23.

132 Zu möglichen Verfahren und den technisch-organisatorischen Anforderungen vgl. *Schwartmann/Weiß* Whitepaper zur Pseudonymisierung der Fokusgruppe Datenschutz 2017, S. 17 f.

133 Zu den Verfügbarkeitsanforderungen im Einzelnen vgl. *Schwartmann/Weiß* Whitepaper zur Pseudonymisierung der Fokusgruppe Datenschutz 2017, S. 19 f.

134 WP 136 der Art.-29-Datenschutzgruppe vom 20. Juni 2007, S. 21.

135 So auch Sydow-*Ziebarth* Art. 4 Nr. 5 Rn. 104.

136 Vgl. dazu Kühling/Buchner-*Klar/Kühling* Art. 4 Rn. 13.

137 Zum Begriff der biometrischen Daten vgl. Kommentierung zu Art. 4 Nr. 14 sowie die Kommentierung zu Art. 9 DS-GVO.

138 Sydow-*Ziebarth* Art. 4 Nr. 5 Rn. 94.

83 Insbesondere im Rahmen folgender Anwendungsszenarien dürfte in der Praxis die Pseudonymisierung eine entscheidende Rolle spielen:

84 Im Rahmen der Nutzung von **Smart-TVs** und sonstigen smarten Endgeräten werden den Nutzern Dienste und Produkte zur Verfügung gestellt, die Statistiken über das Nutzungsverhalten der Nutzer erstellen. So werden auf Plattformen Filme und sonstige Inhalte über das Internet angeboten. Dafür zur Nutzung zur Verfügung gestellte Set-Top-Boxen erstellen im Rahmen der Nutzung (zB beim Betätigen der Fernbedienung) Statistiken über das Nutzungsverhalten und generieren unterschiedliche Ergebnisse. So werden etwa Ein- und Ausschaltvorgänge, Kanalumschaltungen und Informationen zu gesehenen Filmen dokumentiert. Der entsprechende Datensatz enthält dabei in der Regel sowohl Informationen über die Top-Set-Box (Device-ID) als auch die Account-ID des Kunden. Diese Account-ID ist ein Pseudonym im Sinne des Art. 4 Nr. 5, da sie keine Informationen darstellen, die unmittelbar personenbezogene Daten enthalten. Wenn die Device-ID und die Account-ID im Sinne der oben genannten Voraussetzungen getrennt aufbewahrt werden, ist ein Rückschluss auf den einzelnen Kunden nur durch einen zusätzlichen Zugriff auf die Zuordnungstabellen möglich. Im Ergebnis führen solche Verfahren dazu, dass das Nutzungsverhalten eines bestimmten Kunden nicht ausgewertet und anderen mitgeteilt werden kann. Im Zuge der Pseudonymisierung ist damit sowohl eine Einwilligung nach Art. 6 Abs. 1 lit. a zur Datenverarbeitung entbehrlich, als auch dem Grundsatz der Datenminimierung aus Art. 5 Abs. 1 lit. c Rechnung getragen.[139]

85 Praktisch zeigt sich ein immenses Bedürfnis von **Big Data-Anwendungen.**[140] Dies liegt insbesondere daran, dass zahlreiche Anwendungsfelder den Einsatz von Big Data nicht nur erlauben, sondern künftig nützlich und empfehlenswert machen.[141] Big Data-Analysen ermöglichen es, auf fundamentaler Ebene weitreichende Informationen zu generieren, beispielsweise zur proaktiven Problemerkennung (z.B. Krankheit,[142] Stau), für Prognosen (z.B. Wetter,[143] Konjunktur), zur Auswertung und Optimierung (Informationsangebote, Entscheidungsfindung) sowie in Bezug auf demographische Aspekte (z.B. zur Entwicklung neuer Geschäftsmodelle, der Schaffung neuer Arbeitsplätze und generell wirtschaftlichen Wachstums[144]).

139 Beispiel und Erläuterungen aus *Schwartmann/Weiß* Whitepaper zur Pseudonymisierung der Fokusgruppe Datenschutz 2017, S. 28 f.

140 (vgl. dazu insbesondere die sich inhaltlich insoweit überschneidenden Ausführungen im Rahmen der Kommentierung zu Art. 6 Abs. 4 DS-GVO Rn. 58 f.).

141 Vgl. *Weichert* ZD 2013, 251 (253), der unter Nennung der vielfältigen Einsatzmöglichkeiten die Frage nach Big Data als „Baum der Erkenntnis“ aufwirft.

142 Zum Beispiel „Google Flu Trends“, wo Suchanfragen zu Grippeerkrankungen analysiert wurden, dazu *Budras* „Big Data: Google weiß, wo die Grippe lauert“, faz.net vom 15.11.2014, abrufbar unter http://www.faz.net/aktuell/wirtschaft/netzwirtschaft/google-flu-trends-big-data-kann-helfen-uns-gegen-krankheiten-zu-wappnen-13268389.html.

143 *Scheppach* „Und jetzt: Ihr Wetter“, Technology Review vom 6.5.2015, abrufbar unter http://www.heise.de/tr/artikel/Und-jetzt-Ihr-Wetter-2599595.html.

144 So prognostizierte eine vom BITKOM in Auftrag gegebene Studie allein für den Big Data-Analysis-Markt im Jahr 2014 ein Wachstum von 59 Prozent auf 6,1 Milliarden EUR und bis zum Jahr 2016 eine Umsatzverdopplung mit Big-Data-Lösungen auf 13,6 Milliarden EUR, BITKOM-Pressemitteilung vom 5.3.2014, „Großes Wachstum bei Big Data“, abrufbar unter http://www.bitkom.org/Presse/Presseinformation/Grosses-Wachstum-bei-Big-Data.html.

Die Vielgestaltigkeit der damit verbundenen datenschutzrechtlichen Herausforderungen liegt u.a. darin, dass ein Big Data-Projekt in verschiedene Phasen aufgeteilt werden kann und sich in allen diesen Phasen verschiedene datenschutzrechtliche Fragen stellen, beispielsweise nach dem Personenbezug,[145] dem Vorliegen und der Wirksamkeit einer Einwilligung,[146] der Zweckbindung oder gar nach der Anwendbarkeit unterschiedlicher Regelungsbereiche wie DS-GVO/BDSG, TMG oder TKG.[147] Nach der EU-Kommission kommen insoweit übereinstimmend Anonymisierung, Pseudonymisierung und Verschlüsselung zentrale Bedeutung bei Big Data-Analyseverfahren zu.[148] Pauschal lässt sich deshalb feststellen, dass zur Harmonisierung von Big Data Anwendungen mit den Anforderungen der DS-GVO Instrumente wie Anonymisierung und Pseudonymisierung in den Vordergrund rücken müssen.[149] Hier bleibt für Einzelfragen die Auslegung durch die Aufsicht und deren Kontrolle durch den EuGH abzuwarten.[150] **86**

Die Anwendung der Pseudonymisierung auf personenbezogene Daten kann die Risiken für die betroffenen Personen senken und die Verantwortlichen und die Auftragsverarbeiter bei der Einhaltung ihrer Datenschutzpflichten unterstützen.[151] Die „Pseudonymisierung" in der DS-GVO soll aber nicht dazu verleiten, andere Datenschutzmaßnahmen auszuschließen.[152] **87**

VII. Art. 4 Nr. 6: Dateisystem

1. Allgemeines. Art. 4 Nr. 6 definiert das „Dateisystem" als jede strukturierte Sammlung personenbezogener Daten, die nach bestimmten Kriterien zugänglich sind, unabhängig davon, ob diese Sammlung zentral, dezentral oder nach funktionalen oder geografischen Gesichtspunkten geordnet geführt wird. **88**

Die Norm legt die Voraussetzungen fest, wann bei einer nicht-automatisierten Verarbeitung die DS-GVO nach Art. 2 Abs. 1 Anwendung findet. Denn indem Art. 2 Abs. 1 Alt. 1 den Anwendungsbereich der DS-GVO für automatisierte Verarbeitungen personenbezogener Daten eröffnet, ist der Begriff des „Dateisystems" das maßgebliche Kriterium, das den Anwendungsbereich der DS-GVO im Rahmen von Art. 2 Abs. 1 Alt. 2 auch auf nichtautomatisierte Verarbeitungen erstreckt.[153] Ausweislich ErwG 15 S. 1 soll Art. 2 Abs. 1 Alt. 2 gewährleisten, dass das europäische Datenschutzrecht unabhängig von den eingesetzten technischen Mitteln Anwendung findet, um das Risiko einer Umgehung der Vorschriften der DS-GVO zu vermeiden.[154] **89**

---

145 Siehe hierzu ausführlich *Brisch/Pieper* CR 2015, 724.

146 Hierzu *Katko/Babaei-Beigi* MMR 2014, 360.

147 *Helbing* K&R 2015, 145, 145.

148 *EU Kommission* Questions and Answers – Data protection reform, Brussels, 21 December 2015, abrufbar unter http://europa.eu/rapid/press-release_MEMO-15-6385_en.pdf.

149 Gola-*Schulz* Art. 6 Rn. 202.

150 Werden etwa Rahmen einer Due Diligence ausschließlich anonymisierte oder pseudonymisierte Daten verarbeitet, wird vertreten, dass diese Verarbeitung als mit der ursprünglichen Zweckbestimmung vereinbar anzusehen ist, Gola-*Schulz* Art. 6 Rn. 202.

151 ErwG 28.

152 ErwG 28 S. 2.

153 Gierschmann-*Stentzel* Art. 4 Nr. 6 Rn. 1.

154 Gierschmann-*Stentzel* Art. 4 Nr. 6 Rn. 1; Sydow-*Ennöckl* Art. 4 Nr. 6 Rn. 107.

90 Auf nationaler Ebene wurde der Begriff der „nicht automatisierten Datei" in **§ 3 Abs. 2 S. 2 BDSG a.F.** definiert. Danach war eine nicht automatisierte Datei jede nicht automatisierte Sammlung personenbezogener Daten, die gleichartig aufgebaut und nach bestimmten Merkmalen zugänglich ist und ausgewertet werden kann. Insofern ähnelt der Wortlaut demjenigen der DS-GVO, so dass die bisher bestehende Auslegung im Rahmen von Art. 4 Nr. 6 entsprechend herangezogen werden kann, wobei jedoch aufgrund der unmittelbaren Wirkung der DS-GVO in den Mitgliedstaaten eine unionsweit einheitliche Begriffsbestimmung notwendig ist.[155]

91 Im europäischen Datenschutzrecht stellt **Art. 2 lit. c DSRL** die Vorgängerregelung zu Art. 4 Nr. 6 dar. Zwar enthielt die Vorschrift eine Definition zur leicht abweichenden Begrifflichkeit der „Datei mit personenbezogenen Daten", inhaltlich ergeben sich daraus indes keine Änderungen. Dies folgt insbesondere daraus, dass Art. 2 lit. c DSRL und Art. 4 Nr. 6 in der englischen Fassung den Begriff gleichermaßen als „filing system" bezeichnen.

92 Die Änderung der Begrifflichkeit in der deutschen Sprachfassung von „Datei" – wie er noch in Art. 2 Nr. 1 und Art. 4 Abs. 4 des Kommissionsentwurfs[156] zu finden war – zu „Dateisystem" erfolgte erst im Trilog-Verfahren und bringt keine inhaltlichen Abweichungen mit sich.[157]

93 Eine wortgleiche Umsetzung von Art. 4 Nr. 6 im nationalen Recht findet sich in **§ 46 Nr. 6 BDSG n.F.**[158], der sich allerdings auf die RL 2016/680 bezieht. Im Rahmen des Beschäftigtendatenschutzes ist zudem **§ 26 Abs. 7 BDSG n.F.**[159] relevant.

94 **2. Begriff des „Dateisystems".** Die Definition des Dateisystems als „strukturierte Sammlung" zerfällt zunächst in die Begriffe **Sammlung** und **strukturiert**. Der Begriff der Sammlung betont, dass es sich um eine Mehrzahl bzw. um eine Zusammenstellung mehrerer Daten und Einzelangaben handeln muss.[160] Das Strukturmerkmal erfordert, dass die Daten gleichartig aufgebaut und nach bestimmten Merkmalen geordnet sind und ausgewertet werden können. Die Sammlung muss dafür nach ErwG 15 S. 3 also eine nach Kriterien festgelegte äußere Ordnung aufweisen und die Daten nach diesen Kriterien zugänglich machen.[161] So fallen ausweislich ErwG 15 S. 3 Akten oder Aktensammlungen, die nicht nach bestimmten Kriterien geordnet sind, nicht in den Anwendungsbereich der DS-GVO.

95 Zudem müssen nach Art. 4 Nr. 6 die Daten und Einzelangaben **nach bestimmten personenbezogenen Kriterien zugänglich** sein. Das Kriterium bezeichnet dabei die Merkmale und Kategorien (etwa Name, Beruf, Alter oder Anschrift einer Person) anhand

155 Kühling/Buchner-*Kühling/Raab* Art. 4 Nr. 6 Rn. 2; BeckOK DatenSR-*Schild* zu § 3 BDSG Rn. 36 ff.; Simitis-*Dammann* zu § 3 BDSG Rn. 85 ff. sowie Plath-*Schreiber* zu § 3 BDSG Rn. 25 ff.
156 Entwurf der Europäische Kommission v. 25.1.2012 – KOM (2012) 11 endg., S. 46 f.
157 So auch Gierschmann-*Stentzel* Art. 4 Nr. 6 Rn. 6 sowie Kühling/Buchner-*Kühling/Raab* Art. 4 Nr. 6 Rn. 1.
158 Verweis auf Kommentierung zu § 46 BDSG n.F.
159 Verweis auf Kommentierung zu § 26 BDSG n.F.
160 Kühling/Buchner-*Kühling/Raab* Art. 4 Nr. 6 Rn. 3; Sydow-*Ennöckl* Art. 4 Nr. 6 Rn. 110.
161 Auernhammer-*Eßer* Art. 4 Nr. 6 Rn. 33; Kühling/Buchner-*Kühling/Raab* Art. 4 Nr. 6 Rn. 3; Sydow-*Ennöckl* Art. 4 Nr. 6 Rn. 110.

derer die Daten zugänglich gemacht werden.[162] Zugänglich sind die Daten und Einzelangaben dann, wenn sie anhand der Merkmale und Kategorien inhaltlich erschlossen und verfügbar gemacht werden können.[162]

Aufgrund der heutigen technischen Möglichkeiten ist daher davon auszugehen, dass **96**
jede Form der geeigneten und strukturierten Speicherung von Daten, die eine Auswertung anhand verschiedener Kriterien ermöglicht, als Dateisystem im Sinne des Art. 4 Nr. 6 anzusehen ist.[163] So fallen etwa Personenverzeichnisse oder alphabetische Sortierungen unter die Begriffsdefinition. Auch Akten oder Aktensammlungen unterfallen laut ErwG 15 S. 3 der DS-GVO, sofern sie die Begriffsdefinition des Dateisystems erfüllen.

3. Digitalisierung von Daten und Akten. In der Praxis ist insbesondere die Frage **97**
bedeutsam, ob die Digitalisierung von ursprünglich nur in Papierform bestehenden Daten und Akten unter die Begriffsdefinition des „Dateisystems" nach Art. 4 Nr. 6 fällt. Nach ErwG 15 S. 3 fallen Akten oder Aktensammlungen, die nicht nach bestimmten Kriterien geordnet sind, nicht in den Anwendungsbereich der DS-GVO. Entscheidend ist deshalb, ob im Rahmen der Digitalisierung von Datenbeständen Ordnungskriterien erstellt werden, die die personenbezogenen Daten zugänglich machen. Sofern die Daten und Akten lediglich als solches eingescannt und abgelegt werden, wird dies nicht der Fall sein. Sobald aber die Dokumente nach einem vorher festgelegten Ordnungsschema abrufbar sind, kann sich die Beurteilung ändern.[164]

VIII. Art. 4 Nr. 7: Verantwortlicher

1. Allgemeines. Art. 4 Nr. 7 definiert den Begriff des „**Verantwortlichen**" als die **98**
natürliche oder juristische Person, Behörde, Einrichtung oder andere Stelle, die allein oder gemeinsam mit anderen über die Zwecke und Mittel der Verarbeitung von personenbezogenen Daten entscheidet; sind die Zwecke und Mittel dieser Verarbeitung durch das Unionsrecht oder das Recht der Mitgliedstaaten vorgegeben, so kann der Verantwortliche beziehungsweise können die bestimmten Kriterien seiner Benennung nach dem Unionsrecht oder dem Recht der Mitgliedstaaten vorgesehen werden.

Die Norm weist damit den Verantwortlichen als denjenigen, der über Zweck und Mit- **99**
tel der Datenverarbeitung entscheidet und damit als **Adressat** der Pflichten aus, die sich aus der DS-GVO ergeben. Art. 4 Nr. 7 bestimmt somit, an wen sich die Vorgaben der DS-GVO bei der Verarbeitung personenbezogener Daten richten und nimmt damit eine **Zuweisung der Verantwortung** vor.[165]

Die Vorgängerregelung von Art. 4 Nr. 7 stellt auf europäischer Ebene **Art. 2 lit. d** **100**
DSRL dar. Während Art. 2 lit. d DSRL den Begriff des „für die Verarbeitung Verantwortlichen" verwendete, spricht die DS-GVO nunmehr schlicht von „Verantwortlicher". Inhaltlich ergeben sich aus der geänderten Begrifflichkeit keine Änderungen.[166]

---

162 Kühling/Buchner-*Kühling/Raab* Art. 4 Nr. 6 Rn. 4; Sydow-*Ennöckl* Art. 4 Nr. 6 Rn. 112.
163 Ehmann/Selmayr-*Klabunde* Art. 4 Nr. 6 Rn. 24.
164 Zu dieser Problematik vgl. Gierschmann-*Stentzel* Art. 4 Nr. 6 Rn. 9 ff.
165 So auch Auernhammer-*Eßer* Art. 4 Nr. 7 Rn. 34; Kühling/Buchner-*Hartung* Art. 4 Nr. 7 Rn. 1 sowie Gierschmann-*Kramer* in Vorbemerkung zu Art. 4 Nr. 7.
166 Kühling/Buchner-*Hartung* Art. 4 Nr. 7 Rn. 2; Sydow-*Raschauer* Art. 4 Nr. 7 Rn. 115; Plath-*Schreiber* Art. 4 Nr. 7 Rn. 25.

101 Auf nationaler Ebene sprach **§ 3 Abs. 7 BDSG a.F.** – wohl entgegen den Vorgaben der DSRL – von der „verantwortlichen Stelle“. Dabei war insbesondere entscheidend, dass die verantwortliche Stelle die personenbezogenen Daten „für sich“, also für die verantwortliche Stelle selbst, verarbeitet.[167] Damit wurde die Möglichkeit mehrerer gemeinsamer Verantwortlicher nicht erfasst und die Entscheidung über Zwecke und Mittel der Verarbeitung nicht übernommen.[168] Unabhängig von der Frage nach einer daraus folgenden Notwendigkeit einer entsprechenden richtlinienkonformen Auslegung des BDSG a.F.[169], hat dieser Begriff keine Entsprechung in der DS-GVO gefunden und kann mangels Öffnungsklausel nicht beibehalten werden.[170]

102 Art. 4 Nr. 7 ist im Rahmen des Gesetzgebungsverfahrens weitgehend unverändert geblieben. So wurde lediglich im Laufe des Trilog-Verfahrens der anfänglich in den Entwurfsfassungen vorgeschlagene Begriff des „für die Verarbeitung Verantwortlichen“ durch den schlankeren Begriff des „Verantwortlichen“ ersetzt.[171]

103 Der „Verantwortliche“ stellt einen der zentralen Begriffe der DS-GVO dar. Besondere Bedeutung hat die Begrifflichkeit insbesondere im Rahmen der Art. 5 Abs. 2, 24[172,173], 26[174] und 28[175] DS-GVO. Art. 5 Abs. 2 betrifft die Rechenschaftspflicht des Verantwortlichen. Art. 24 beschreibt die grundsätzliche Verantwortung des Verantwortlichen und der Auftragsverarbeiter. Art. 26 nimmt auf die Begrifflichkeit der gemeinsam Verantwortlichen Bezug, während Art. 28 die Abgrenzung zum Auftragsverarbeiter und dessen Aufgabenkreis betrifft.

104 Daneben ist vor allem die Verzahnung und Abgrenzung zu den Begriffen des Auftragsverarbeiters, Empfängers und des Dritten aus **Art. 4 Nr. 8, 9 und 10** zu beachten.

105 **2. Zweck der Vorschrift.** Ausweislich der Art.-29-Datenschutzgruppe dient der Begriff des Verantwortlichen dazu „zu bestimmen, wer für die Einhaltung der Datenschutzbestimmungen verantwortlich ist und wie die betroffenen Personen ihre Rechte in der Praxis ausüben können“[176]. Unter Berücksichtigung des Wortlauts der DS-GVO wird so klargestellt, dass „Verantwortlicher“ nur derjenige ist, der über die Zwecke und Mittel der Verarbeitung personenbezogener Daten alleine oder gemeinsam mit anderen entscheidet.

---

167 Kühling/Buchner-*Hartung* Art. 4 Nr. 7 Rn. 3.

168 Gierschmann-*Kramer* Art. 4 Nr. 7 Rn. 6; Gola-*Gola* Art. 4 Nr. 7 Rn. 47; Kühling/Buchner-*Hartung* Art. 4 Nr. 7 Rn. 3.

169 Vgl. dazu Kühling/Buchner-*Hartung* Art. 4 Nr. 7 Rn. 3; Gierschmann-*Kramer* Art. 4 Nr. 7 Rn. 6; Plath-*Schreiber* zu § 3 BDSG Rn. 66; Taeger/Gabel-*Buchner* zu § 3 BDSG Rn. 3 sowie *Monreal* ZD 2014, 611 (614).

170 Sydow-*Raschauer* Art. 4 Nr. 7 Rn. 116; Kühling/Buchner-*Hartung* Art. 4 Nr. 7 Rn. 2

171 Vgl. dazu 1. Entwurf der DS-GVO durch die Kommission v. 25.1.2012, COM 2012,11; 2. Entwurf des EU-Parlaments v. 12.3.2014, TA 2014-0212; 3. Entwurf des EU-Ministerrats v. 15.6.2015, ST-9565-2015 sowie die finale Fassung der DS-GVO v. 27.4.2016.

172 Vgl. dazu die Kommentierung zu Art. 5 Abs. 2 DS-GVO.

173 Vgl. dazu die Kommentierung zu Art. 24 DS-GVO.

174 Vgl. dazu die Kommentierung zu Art. 26 DS-GVO.

175 Vgl. dazu die Kommentierung zu Art. 28 DS-GVO.

176 *Art.-29-Datenschutzgruppe* WP 169 zu den Begriffen „für die Verarbeitung Verantwortlicher“ und „Auftragsverarbeiter“, S. 6.

Dabei folgt Art. 4 Nr. 7 einem zweigliedrigen Ansatz: Die Norm dient zum einen dem Zweck, die **Verantwortung** für die Einhaltung der Vorschriften zum Datenschutz und den Vorgaben der DS-GVO dem Verantwortlichen **zuzuweisen**. Der Verantwortliche wird damit in einem ersten Schritt zum Adressaten der Pflichten der DS-GVO und so zur Einhaltung der datenschutzrechtlichen Grundsätze verpflichtet. Sollte der Verantwortliche diese Vorgaben nicht einhalten, finden auf ihn in einem zweiten Schritt die Vorschriften über **Haftung und Recht auf Schadensersatz**[177] der betroffenen Person sowie die **Vorschriften über Geldbußen**[178] Anwendung.[179] Insofern ist Art. 4 Nr. 7 sowohl im Rahmen der Ansprüche der Betroffenen als auch für die Maßnahmen der Aufsichtsbehörde bedeutsam.[180] **106**

3. Tatbestandsmerkmale des Verantwortlichen im Einzelnen. Die Feststellung des Verantwortlichen erfolgt nach der Art.-29-Datenschutzgruppe[181] anhand von drei Hauptkomponenten, die der Darstellung im Folgenden zugrunde gelegt werden: **107**

(1.) „die natürliche oder juristische Person, Behörde, Einrichtung oder jede andere Stelle" (Normadressat)

(2.) „die allein oder gemeinsam mit anderen" (alleinige oder gemeinsame Verantwortlichkeit)

(3.) „über die Zwecke und Mittel der Verarbeitung von personenbezogenen Daten entscheidet" (Entscheidungsbefugnisse über Zwecke und Mittel).

a) Normadressaten. Ausweislich des Wortlauts des Art. 4 Nr. 7 können natürliche oder juristische Personen, Behörden oder eine Einrichtung oder andere Stelle Verantwortlicher sein. Der Begriff des „Verantwortlichen" ist daher ein Oberbegriff für verschiedene in Betracht kommende Normadressaten. **108**

Somit können zunächst **natürliche Personen** Adressat und damit Verantwortlicher sein. Dies ist vor dem Hintergrund der Regelung des Art. 2 Abs. 2 lit. c sowie ErwG 18 S. 1 keineswegs selbstverständlich: Danach findet die DS-GVO keine Anwendung auf die Verarbeitung personenbezogener Daten durch natürliche Personen zur Ausübung ausschließlich persönlicher oder familiärer Tätigkeiten. Daraus folgt, dass natürliche Personen jedenfalls dann als Verantwortliche dem Anwendungsbereich der DS-GVO unterfallen, wenn sie im Rahmen einer beruflichen oder wirtschaftlichen Tätigkeit personenbezogene Daten verarbeiten.[182] **109**

Für die Praxis ist in diesem Zusammenhang insbesondere bedeutsam, dass letztlich stets Einzelpersonen als natürliche Personen Daten verarbeiten, so dass sich die Frage stellt, wie die Verantwortlichkeiten zwischen einer natürlichen und einer juristischen Person im Sinne des Art. 4 Nr. 7 voneinander abzugrenzen sind. Grundsätzlich ist hier- **110**

---

177 Vgl. dazu die Kommentierung zu Art. 82 DS-GVO.

178 Vgl. dazu die Kommentierung zu Art. 83 DS-GVO.

179 So auch Kühling/Buchner-*Hartung* Art. 4 Nr. 7 Rn. 6 f.; Sydow-*Raschauer* Art. 4 Nr. 7 Rn. 114 und 121.

180 Sydow-*Raschauer* Art. 4 Nr. 7 Rn. 114, 120 f. sowie Kühling/Buchner-*Hartung* Art. 4 Nr. 7 Rn. 6.

181 *Art.-29-Datenschutzgruppe* WP 169 zu den Begriffen „für die Verarbeitung Verantwortlicher" und „Auftragsverarbeiter", S. 10.

182 So auch Gierschmann-*Kramer* Art. 4 Nr. 7 Rn. 7.

bei von der im WP 169 aufgestellten Leitlinie der Art.-29-Datenschutzgruppe[183] auszugehen. Letztlich lassen sich in diesem Zusammenhang folgende Kernaussagen für die Praxis festhalten:

- Grundsätzlich soll das Unternehmen oder die (öffentliche) Stelle an sich als Verantwortlicher gelten. Hier liegt also die Verantwortlichkeit für die Verarbeitung von personenbezogenen Daten im Rahmen ihres Tätigkeits- und Haftungsbereichs.[184]
- Datenverarbeitungen von Einzelpersonen, deren Bezug zu einer beruflichen oder wirtschaftlichen Tätigkeit aus einem Beschäftigungsverhältnis folgt, führen nicht dazu, dass die natürliche Person als Verantwortlicher anzusehen ist. Verantwortlicher im Sinne des Art. 4 Nr. 7 bleibt der Arbeitgeber.[185]
- Die Zuweisung einer internen Verantwortlichkeit von Einzelpersonen im Rahmen der betrieblichen Organisation hat ebenfalls nicht zur Folge, dass die Einzelperson zum Verantwortlichen wird. Auch hier verbleibt es bei der Verantwortlichkeit des Unternehmens als Arbeitgeber, sofern nicht eindeutig ersichtlich ist oder klare Anzeichen dafür bestehen, dass eine natürliche Person Verantwortlicher ist.[186] Ein derart klares Zeichen kann etwa dann bestehen, wenn die natürliche Person, die für eine juristische Person handelt, Daten für ihre **eigenen** Zwecke **außerhalb** des Tätigkeitsbereichs und der möglichen Kontrolle der juristischen Person nutzt. In diesem Falle ist zumindest eine besondere Analyse erforderlich.[187] Dabei kann aber selbst der Missbrauch eines Funktionsträgers eines Unternehmens oder eines Mitarbeiters als Ergebnis unzureichender Sicherungsmaßnahmen angesehen werden und so zumindest eine Mitverantwortung des Unternehmens begründen.[188]

111 Anhand dieser Kernaussagen sowie aus ErwG 79 ergibt sich in der Praxis die Notwendigkeit für große und komplex strukturierte Organisationen eine „**Datenschutzstrategie**“ festzulegen, bei der sowohl eine klare Verantwortung der natürlichen Person, die das Unternehmen repräsentiert, als auch die konkreten und funktionellen Verantwortlichkeiten innerhalb der Organisationsstruktur sicherzustellen sind.[189] Die konkrete Ermittlung des Verantwortlichen im Rahmen des Datenschutzes erfolgt dabei unter Rückgriff auf die Rechtsnormen des Zivil-, Verwaltungs- und Strafrechts.[190]

183 *Art.-29-Datenschutzgruppe* WP 169 zu den Begriffen „für die Verarbeitung Verantwortlicher“ und „Auftragsverarbeiter“, S. 10 f., 19 f.

184 *Art.-29-Datenschutzgruppe* WP 169 zu den Begriffen „für die Verarbeitung Verantwortlicher“ und „Auftragsverarbeiter“, S. 19; Gierschmann-*Kramer* Art. 4 Nr. 7 Rn. 8.

185 Gierschmann-*Kramer* Art. 4 Nr. 7 Rn. 7.

186 *Art.-29-Datenschutzgruppe* WP 169 zu den Begriffen „für die Verarbeitung Verantwortlicher“ und „Auftragsverarbeiter“, S. 19.

187 *Art.-29-Datenschutzgruppe* WP 169 zu den Begriffen „für die Verarbeitung Verantwortlicher“ und „Auftragsverarbeiter“, S. 20.

188 *Art.-29-Datenschutzgruppe* WP 169 zu den Begriffen „für die Verarbeitung Verantwortlicher“ und „Auftragsverarbeiter“, S. 21 (Bsp. 4 – Heimliche Überwachung von Mitarbeitern) sowie Kühling/Buchner-*Hartung* Art. 4 Nr. 7 Rn. 10.

189 *Art.-29-Datenschutzgruppe* WP 169 zu den Begriffen „für die Verarbeitung Verantwortlicher“ und „Auftragsverarbeiter“, S. 19 f.

190 *Art.-29-Datenschutzgruppe* WP 169 zu den Begriffen „für die Verarbeitung Verantwortlicher“ und „Auftragsverarbeiter“, S. 20 sowie Kühling/Buchner-*Hartung* Art. 4 Nr. 7 Rn. 9.

Hinsichtlich des Begriffs der **juristischen Person** als Verantwortlichem folgt aus der Definition des Art. 4 Nr. 7 DS-GVO, dass es nicht auf die jeweilige Organisationsform ankommt.[191] So werden Unternehmen, die nach europäischen oder nationalen Vorgaben wirksam gegründet wurden von der Vorschrift erfasst, unabhängig davon, ob es sich um eine juristische Person des Öffentlichen Rechts oder des Privatrechts handelt.[192] Zu beachten ist allerdings, dass es stets auf die juristische Person bzw. das Unternehmen als solches ankommt. **Unselbstständige Niederlassungen** oder Zweigstellen sind nicht Verantwortliche nach Art. 4 Nr. 7.[193] Insofern sind die jeweiligen Organisationseinheiten im Rahmen einer Zurechnung in der Praxis sorgsam zu ermitteln.[194] Besondere Bedeutung kommt wegen ihrer Eigenverantwortlichkeit hinsichtlich der Einhaltung der Datenschutzvorschriften insoweit der Einordnung von **Mitarbeitervertretungen** (Betriebs- und Personalräte) zu. Grundsätzlich werden diese nicht als Dritte und damit als eigenständiger Verantwortlicher im Sinne der DS-GVO, sondern als Teil des Unternehmens des Verantwortlichen angesehen.[195] An dieser Beurteilung ändert sich auch dann nichts, wenn Mitarbeitervertretungen selbst und eigenverantwortlich über die vorzunehmenden Datenverarbeitungen entscheiden und insoweit auch nicht der Kontrolle des betrieblichen Datenschutzbeauftragten unterliegen.[196] **112**

Bei Unternehmensverbänden nach Art. 4 Nr. 19[197] ist jedes rechtlich selbstständige Unternehmen, das personenbezogene Daten für eigene Zwecke verarbeitet als Verantwortlicher im Sinne des Art. 4 Nr. 7 zu qualifizieren.[198] **113**

Die **Behörde** ist weder in Art. 4 Nr. 7 noch an sonstiger Stelle in der DS-GVO definiert. Voraussetzung ist jedenfalls ein hoheitliches Handeln, so dass sich in dieser Hinsicht an die Vorgaben der jeweiligen Mitgliedstaaten anknüpfen lässt.[199] In Deutschland wird daher auf den Behördenbegriff nach § 1 Abs. 4 VwVfG abzustellen sein. Danach ist ein funktionelles, d.h. aufgabenorientiertes und kein organisatorisches Verständnis zugrunde zu legen. Ausweislich **§ 2 Abs. 4 S. 2 BDSG n.F.** sind auch „Beliehene", also nichtöffentliche Stellen, die hoheitliche Aufgaben wahrnehmen vom Behördenbegriff umfasst. **114**

Die Begriffe der **sonstigen Stelle und Einrichtungen** sind ebenfalls in der DS-GVO nicht erläutert. Im Zuge einer Negativabgrenzung fallen darunter alle Einrichtungen, die nicht bereits als natürliche oder juristische Person oder Behörde über Zwecke und **115**

---

191 Kühling/Buchner-*Hartung* Art. 4 Nr. 7 Rn. 9; Sydow-*Raschauer* Art. 4 Nr. 7 Rn. 129.

192 Sydow-*Raschauer* Art. 4 Nr. 7 Rn. 129.

193 Übereinstimmend Gola-*Gola* Art. 4 Nr. 7 Rn. 55; Kühling/Buchner-*Hartung* Art. 4 Nr. 7 Rn. 11; Gierschmann-*Kramer* Art. 4 Nr. 7 Rn. 14

194 Vgl. dazu Kühling/Buchner-*Hartung* Art. 4 Nr. 7 Rn. 9; Gierschmann-*Kramer* Art. 4 Nr. 7 Rn. 14.

195 Vgl. dazu etwa Gola-*Gola* Art. 4 Nr. 7 Rn. 55; *BAG* Beschl. v. 18.7.2012 – 7 ABR 23/11, ZD 2013, 36 sowie Gola/Schomerus-*Gola/Klug/Körffer* zu § 3 Rn. 49 sowie Auernhammer-*Eßer* Art. 4 Nr. 7 Rn. 38.

196 Gola-*Gola* Art. 4 Nr. 7 Rn. 55; Gola/Schomerus-*Gola/Klug/Körffer* zu § 3 Rn. 49 sowie Gierschmann-*Kramer* Art. 4 Nr. 7 Rn. 14.

197 Vgl. dazu die Kommentierung in Rn. 257.

198 Gierschmann-*Kramer* Art. 4 Nr. 7 Rn. 14 sowie Sydow-*Raschauer* Art. 4 Nr. 7 Rn. 133.

199 So auch Sydow-*Raschauer* Art. 4 Nr. 7 Rn. 130 sowie Gierschmann-*Kramer* Art. 4 Nr. 7 Rn. 16.

Mittel der Verarbeitung personenbezogener Daten entscheiden. Die BGB-Gesellschaft oder der nicht-rechtsfähige Verein werden unter diese Auffangtatbestände zu subsumieren sein.[200]

116 **b) Alleinige oder gemeinsame Verantwortliche.** Nach Art. 4 Nr. 7 ist es für die Zuweisung der Verantwortlicheneigenschaft nicht notwendig, dass der Verantwortliche ausschließlich alleine Daten verarbeitet. Vielmehr kann nach der DS-GVO die Entscheidung über Zwecke und Mittel der Datenverarbeitung „**allein oder gemeinsam mit anderen**" getroffen werden, indem bei der Verarbeitung personenbezogener Daten mehrere Akteure beteiligt sind und somit verschiedene Verantwortliche bestehen.[201] Die DS-GVO greift damit insbesondere auch mit Blick auf **Art. 26** die Begrifflichkeit und Systematik von Art. 2 lit. d DSRL auf.

117 Um der Komplexität der heutigen tatsächlichen Gegebenheiten der Datenverarbeitung hinreichend Rechnung zu tragen, ist der Begriff „gemeinsam" nicht nur als gemeinsame Entscheidung über eine Verarbeitung und als gemeinsame Verantwortung, sondern vielmehr als „zusammen mit" oder „nicht alleine" in unterschiedlichen Spielarten und Fallgestaltungen auszulegen.[202] Entscheidend ist insoweit die Feststellung einer **gemeinsamen Kontrolle** wobei der Bewertung ein sachbezogener und funktioneller Ansatz zugrunde zu legen ist. So ist letztlich ausschlaggebend, ob mehr als ein Akteur über Zwecke und Mittel der Verarbeitung entscheidet.[202]

118 Folglich ist es im Rahmen einer zunehmenden Arbeitsteilung und komplexer Arbeits- und Geschäftsprozesse wichtig, dass Rollen und Verantwortlichkeiten im Rahmen einer **klaren Organisationsstruktur** leicht zuzuordnen sind, so dass es im Falle einer gemeinsamen Verantwortlichkeit nicht zu einer Beeinträchtigung der Wirksamkeit des Datenschutzes kommt.[203]

119 Schließt beispielsweise der Eigentümer eines Gebäudes zur Installation von Videoüberwachungskameras einen Vertrag mit einem Sicherheitsunternehmen ab, so liegt die Entscheidung über die Zwecke der Videoaufzeichnung und die Art und Weise, wie die Aufnahmen erfasst und gespeichert werden bei dem Gebäudeeigentümer. Insofern ist er als alleiniger Verantwortlicher anzusehen.[204]

120 Darüber hinaus ist zu beachten, dass aus der Tatsache, dass Akteure im Sinne einer Kette hinsichtlich der Verarbeitung personenbezogener Daten zusammenarbeiten und Daten übermitteln, noch nicht folgt, dass sie gemeinsam Verantwortliche sind. Leitet etwa ein Reisebüro Kundendaten an eine Fluggesellschaft oder ein Hotel weiter, werden diese dadurch nicht gemeinsam Verantwortliche, sondern bleiben jeweils eigenständig als für die Datenverarbeitung Verantwortliche anzusehen.[205] Diese Beurtei-

---

200 Gierschmann-*Kramer* Art. 4 Nr. 7 Rn. 18; Sydow-*Raschauer* Art. 4 Nr. 7 Rn. 131 f.
201 Dazu schon das WP 169 der *Art.-29-Datenschutzgruppe* S. 21 f.
202 *Art.-29-Datenschutzgruppe* WP 169 zu den Begriffen „für die Verarbeitung Verantwortlicher" und „Auftragsverarbeiter", S. 22.
203 *Art.-29-Datenschutzgruppe* WP 169 zu den Begriffen „für die Verarbeitung Verantwortlicher" und „Auftragsverarbeiter", S. 22; Gierschmann-*Kramer* Art. 4 Nr. 7 Rn. 21 f.
204 Beispiel aus WP 169 der Art.-29-Datenschutzgruppe zu den Begriffen „für die Verarbeitung Verantwortlicher" und „Auftragsverarbeiter", S. 23.
205 Beispiel aus WP 169 der Art.-29-Datenschutzgruppe zu den Begriffen „für die Verarbeitung Verantwortlicher" und „Auftragsverarbeiter", S. 24.

lung ändert sich, wenn das Reisebüro, die Fluggesellschaft und das Hotel beschließen, zur einfacheren Abwicklung der Reise eine gemeinsame Internetplattform einzurichten und insofern hinsichtlich der Datengewinnung und Auswertung – z.B. im Rahmen von gemeinsamen Werbeaktionen – zusammenarbeiten. Dadurch werden die verschiedenen Akteure zu gemeinsam für die Datenverarbeitung Verantwortlichen.[206]

c) Entscheidungsbefugnisse über Zweck und Mittel. War nach § 3 Abs. 7 BDSG a.F. **121**
noch die Zweckbestimmung der Datenverarbeitung das wesentliche Abgrenzungsmerkmal des Verantwortlichen, so ist dies nach Art. 4 Nr. 7 nunmehr die Entscheidung über **Zweck und Mittel** der Verarbeitung personenbezogener Daten. Mangels weiterer Ausführungen in der DS-GVO sowie im BDSG ist somit als Auslegungshilfe auch hier das WP 169 der Art.-29-Datenschutzgruppe heranzuziehen:[207] Danach ist der **Zweck** ein „erwartetes Ergebnis, das beabsichtigt ist oder die geplanten Aktionen leitet" und das **Mittel** die „Art und Weise, wie ein Ergebnis oder Ziel erreicht wird".[208] Insoweit ist im Wege einer kontextbezogenen Betrachtung zu prüfen, wer die Zwecke und Mittel der Verarbeitung, d.h. das **Ob, Warum und Wie** der Verarbeitung der personenbezogenen Daten festlegt.[209] Dabei ist ausschlaggebend, wie detailliert jemand über Zwecke und Mittel entscheidet und welchen Handlungsspielraum er etwa einem vom Verantwortlichen abzugrenzenden Auftragsverarbeiter[210] einräumt. [208] Dabei kann für die Bestimmung des Verantwortlichen die Entscheidung über Zweck oder Mittel jeweils unterschiedlich im Vordergrund stehen.[211] Als Abwägungskriterien können etwa das Weisungsrecht des Verantwortlichen gegenüber dem Auftragsverarbeiter, die Kontrollmöglichkeiten gegenüber dem Auftragsverarbeiter oder die Abgrenzung der verschiedenen Handlungsspielräume dienen.[209] Letztlich ist zu fragen, wer entscheidet, warum eine Verarbeitung erfolgt und dabei die Rolle und mögliche Beteiligung der jeweiligen Akteure festlegt. Die Entscheidung über die Mittel beinhaltet sowohl technische als auch organisatorische Fragen.[212]

Insgesamt folgt die Prüfung, wer über Zwecke und Mittel entscheidet einem kontext- **122**
bezogenen und pragmatischen Ansatz. Gerade im Rahmen von Datenverarbeitungsprozessen wird etwa das beauftragende Unternehmen zwar über die Zwecke der Verarbeitung entscheiden, demgegenüber besitzt das beauftragte Unternehmen das erforderliche Spezialwissen und trifft somit die Entscheidung hinsichtlich der Mittel der Datenverarbeitung. Daraus folgt, dass die Entscheidung über die Zwecke der Datenverarbeitung stets einen aussagekräftigen Rückschluss auf die Stellung als Ver-

206 Beispiel aus WP 169 der Art.-29-Datenschutzgruppe zu den Begriffen „für die Verarbeitung Verantwortlicher" und „Auftragsverarbeiter", S. 24.

207 So auch Gierschmann-*Kramer* Art. 4 Nr. 7 Rn. 23; Kühling/Buchner-*Hartung* Art. 4 Nr. 7 Rn. 13.

208 *Art.-29-Datenschutzgruppe* WP 169 zu den Begriffen „für die Verarbeitung Verantwortlicher" und „Auftragsverarbeiter", S. 16.

209 *Art.-29-Datenschutzgruppe* WP 169 zu den Begriffen „für die Verarbeitung Verantwortlicher" und „Auftragsverarbeiter", S. 16; Kühling/Buchner-*Hartung* Art. 4 Nr. 7 Rn. 13.

210 Zum Begriff des Auftragsverarbeiters vgl. Kommentierung zu Art. 4 Nr. 8 DS-GVO sowie die Kommentierung zu Art. 28 DS-GVO.

211 *Art.-29-Datenschutzgruppe* WP 169 zu den Begriffen „für die Verarbeitung Verantwortlicher" und „Auftragsverarbeiter", S. 16; Gierschmann-*Kramer* Art. 4 Nr. 7 Rn. 27;

212 *Art.-29-Datenschutzgruppe* WP 169 zu den Begriffen „für die Verarbeitung Verantwortlicher" und „Auftragsverarbeiter", S. 16 f.

antwortlicher zulässt, während die Entscheidung über die Mittel auch einem vom Verantwortlichen abzugrenzenden Auftragsverarbeiter zufallen kann.[213]

123 **4. Einzelfälle/Praxisbeispiele.** Noch nicht abschließend geklärt und Anfang 2018 auf europäischer Ebene zur Debatte steht die **datenschutzrechtliche Mitverantwortlichkeit der Betreiber von Fanpages bei Facebook**.[214] Die Art.-29-Datenschutzgruppe vertritt in ihrem WP 169 die Position, dass derjenige, der weder unter rechtlichen noch tatsächlichen Gesichtspunkten Einfluss auf die Entscheidung der Verarbeitung personenbezogener Daten hat, nicht als Verantwortlicher angesehen werden kann.[215] Unter Bezug darauf legte das BVerwG[216] im Rahmen eines Revisionsverfahrens dem EuGH die Frage zur Vorabentscheidung vor. Der Generalanwalt vertritt in seinem Schlussbericht[217], dass der Betreiber der Fanpage und Facebook als gemeinsame Verantwortliche einzustufen sind.[218] Facebook entscheide über die Ziele und Modalitäten der Datenverarbeitung und habe das Geschäftsmodell als solches entwickelt und der Betreiber der Fanpage schließe sich durch die Nutzung der Fanpage auf Facebook dieser Durchführung der Verarbeitung personenbezogener Daten an.[219] Sollte der EuGH dem folgen, so hätte dies in datenschutzrechtlicher Hinsicht weitreichende Konsequenzen für die Betreiber von Fanpages im Rahmen von Social Media.

124 Ebenfalls nicht geklärt ist die Frage, welche Folgen eine „aufgedrängte Verantwortlichkeit" hat. In diesen Situationen werden einem Dritten personenbezogene Daten z.B. offengelegt, ohne dass er hiervon Kenntnis hat oder dies will. Zu denken ist insbesondere an Fälle von Datenpannen, bei denen ein Verantwortlicher personenbezogene Daten, ob gewollt oder nicht, an die falsche Person übermittelt. Würde man den Dritten in diesen Situationen als Verantwortlichen einstufen, träfen ihn die kompletten Pflichten, die sich aus der DS-GVO für den Verantwortlichen ergeben. Resultierend aus der weiten Definition der Verarbeitung unter der DS-GVO verarbeitet der Dritte bereits bei Kenntnisnahme der personenbezogenen Daten die selbigen. Unabhängig davon, ob auch eine aufgedrängte Verarbeitung unter die Begriffsdefinition des Art. 4 Nr. 7 zu fassen ist, erscheint es unbillig, würde man den Dritten in solchen Fallkonstellationen mit den Verpflichtungen eines Verantwortlichen belasten. Der Dritte hat keine Entscheidungsbefugnis über Zweck und Mittel der Verarbeitung. Er bekommt die Verarbeitung gegen seinen Willen aufgedrängt. Kontextbezogen betrachtet wird man in dieser Situation erkennen, dass der Dritte das Ob, Warum und Wie der Verarbeitung der personenbezogenen Daten nicht festlegt.[220] Untermauert wird dieses Ergebnis auch dadurch, dass im Fall der Datenpanne der Verantwortliche zur Meldung der Panne verpflichtet ist, nicht der Dritte, der die Daten empfängt.[221] Erst dann, wenn der Dritte die personenbezogenen Daten bewusst für eigene Zwecke verarbeitet, wird er zum Verantwortlichen nach der DS-GVO.

---

213 *Art.-29-Datenschutzgruppe* WP 169 zu den Begriffen „für die Verarbeitung Verantwortlicher" und „Auftragsverarbeiter", S. 17 sowie Gierschmann-*Kramer* Art. 4 Nr. 7 Rn. 28.
214 Zu dieser Problematik vgl. *Schwartmann/Keber/Mühlenbeck* Social Media, S. 86 f.
215 *Art.-29-Datenschutzgruppe* WP 169 zu den Begriffen „für die Verarbeitung Verantwortlicher" und „Auftragsverarbeiter", S. 11 ff. sowie Gierschmann-*Kramer* Art. 4 Nr. 7 Rn. 12.
216 *BVerwG* Beschl. v. 25.2.2016 – 1 C 28.14.
217 Schlussanträge des Generalanwalts vom 24.10.2017 in der Rs. C-210/16.
218 Schlussanträge des Generalanwalts vom 24.10.2017 in der Rs. C-210/16 Rn. 42 f.
219 Schlussanträge des Generalanwalts vom 24.10.2017 in der Rs. C-210/16 Rn. 49 f., 55.
220 Vgl. Rn. 121.
221 Vgl. Kommentierung zu Art. 33 Rn. 52.

Wesentliche Pflichten des Verantwortlichen nach der DS-GVO* **125**

Wesentliche Pflichten für den Verantwortlichen	Zuordnung DS-GVO
(Verarbeitungs-) Verbot mit Erlaubnisvorbehalt	Art. 6
Verarbeitung auf rechtmäßige und transparente Art und Weise sowie nach Treu und Glauben	Art. 5 Abs. 1 lit. a
Grundsatz der Zweckbindung	Art. 5 Abs. 1 lit. b
Grundsatz der Datenminimierung	Art. 5 Abs. 1 lit. c
Richtigkeitsgrundsatz	Art. 5 Abs. 1 lit. d
Grundsatz der Speicherbegrenzung	Art. 5 Abs. 1 lit. e
Grundsätze der Integrität und Vertraulichkeit	Art. 5 Abs. 1 lit. f
Rechenschaftspflicht	Art. 5 Abs. 2
Einholung der Einwilligung und Einwilligungsvoraussetzungen	Art. 6 Abs. 1 lit. a, Art. 7
Bedingungen für die Einwilligung	Art. 7
Schutzvorschriften zu Gunsten von Kindern hinsichtlich Einwilligung	Art. 8
Besondere Voraussetzungen für die Verarbeitung von sensiblen Daten	Art. 9
Vorgaben für transparente Information und Kommunikation	Art. 12
Informationspflichten	Art. 13, 14
Auskunftspflichten	Art. 15 Abs. 1 und 2
Zurverfügungstellung einer Kopie der Daten	Art. 15 Abs. 3 und 4
Berichtigung	Art. 16 S. 1
Vervollständigung	Art. 16 S. 2
Löschung	Art. 17
Verarbeitungsbeschränkung	Art. 18
Benachrichtigungen	Art. 19
Datenportabilität	Art. 20
Widerspruchsrecht	Art. 21
Vorgaben für automatisierte Einzelentscheidungen	Art. 22
Vornahme technischer und organisatorischer Maßnahmen	Art. 24 Abs. 1 und 2
Nachweispflicht	Art. 24 Abs. 3
Datenschutz durch Technik und zu datenschutzfreundlichen Voreinstellungen	Art. 25
Vorgaben für gemeinsam für die Verarbeitung Verantwortliche	Art. 26 i.V.m. Art. 4 Nr. 7
Benennung eines Vertreters	Art. 27
Vorgaben für die Auftragsdatenverarbeitung	Art. 28, 29
Erstellung eines Verzeichnisses der Verarbeitungstätigkeiten	Art. 30
Zusammenarbeit mit der Aufsichtsbehörde	Art. 31
Vorgaben für die Datensicherheit	Art. 32

Wesentliche Pflichten für den Verantwortlichen	Zuordnung DS-GVO
Benachrichtigung der Datenschutzaufsichts-behörde bei „Datenpannen“	Art. 33
Benachrichtigung des Betroffenen bei „Datenpannen“	Art. 34
Datenschutz-Folgenabschätzung	Art. 35
Vorherige Konsultation der Datenschutzaufsichtsbehörden	Art. 36
Benennung, Stellung und Aufgaben des Datenschutzbeauftragten	Art. 37, 38, 39
Regeln für die Drittstaatenübermittlung	Art. 44, 45
Interessenabwägung im Zusammenhang mit den Kommunikations-freiheiten	Art. 85
Sonderregeln für den Zugang zu amtlichen Dokumenten	Art. 86
Sonderregeln für nationale Kennziffern	Art. 87
Sonderregeln im Beschäftigungskontext	Art. 88
Sonderregeln für Datenverarbeitung zu archivarischen Zwecken	Art. 89 Abs. 3
Sonderregeln für Datenverarbeitung zu wissenschaftlichen und historischen Forschungszwecken	Art. 89 Abs. 2
Sonderregeln für Datenverarbeitung zu statistischen Zwecken	Art. 89 Abs. 2
Geheimhaltungsvorschriften	Art. 90

* Die Autoren danken Herrn stud. iur. David Merten bei der Unterstützung hinsichtlich der Erstellung der Übersichtstabelle.

126 Darüber hinaus ist die **Einbindung des Facebook Like-Buttons** auf Webseiten derzeit Gegenstand datenschutzrechtlicher Diskussion.[222] So entschied das LG Düsseldorf[223], dass die Praxis vieler Unternehmen hinsichtlich einer Einbindung des Like-Buttons auf ihren Webseiten mangels Vorliegen einer wirksamen Einwilligung dem Datenschutzrecht widerspricht. Problematisch ist in diesem Zusammenhang insbesondere, dass der Einbindende die Datenerhebung durch Facebook erst ermöglicht und diese gleichwohl unterbinden könnte, indem er den Like-Button entfernte. Der Websitenbetreiber als Einbindender wirkt daher unmittelbar an der Datenerhebung mit.[224] Das OLG Düsseldorf[225] hat dem EuGH unter anderem die Frage zur Vorabentscheidung vorgelegt, ob der Einbindende auch dann als Verantwortlicher gelten kann, wenn er selber den Datenverarbeitungsvorgang nicht beeinflussen kann.

IX. Art. 4 Nr. 8: Auftragsverarbeiter

127 **1. Allgemeines.** Als „Auftragsverarbeiter“ definiert Art. 4 Nr. 8 eine natürliche oder juristische Person, Behörde, Einrichtung oder andere Stelle, die personenbezogene Daten im Auftrag des Verantwortlichen verarbeitet. Die Vorschrift dient, so wie auch die Definitionen anderer an der Verarbeitung von personenbezogener Daten beteilig-

222 Vgl. dazu *Schwartmann/Keber/Mühlenbeck* Social Media, S. 91 sowie *Föhlisch/Pilous* MMR 2015, 631 sowie MMR 2016, 328 (Anmerkung zu *LG Düsseldorf* v. 9.3.2016 – 12 O 151/15).

223 *LG Düsseldorf* v. 9.3.2016 – 12 0 151/15.

224 Dazu auch Gierschmann-*Kramer* Art. 4 Nr. 7 Rn. 13.

225 *OLG Düsseldorf* Beschl. v. 19.1.2017 – I-20 40/16, Rn. 48.

ter Akteure, der Festlegung von Verantwortlichkeiten im Anwendungsbereich der DS-GVO. Die Begriffsbestimmung muss im Zusammenhang mit den Definitionen der Begriffe „Verantwortlicher“ und „Dritter“ gesehen werden.[226] Im systematischen Kontext der Definition des Art. 4 Nr. 8 finden sich der Verantwortliche (Nr. 7), der Empfänger (Nr. 9) und der Dritte (Nr. 10). Die weiteren Rollen bei der Begriffsbestimmung wie der Vertreter (Nr. 17) oder die Aufsichtsbehörde (Nr. 21) finden sich wenig systematisch aufgelistet im Art. 4. Aus der Systematik in der Auflistung der Begriffsbestimmungen ergeben sich daher keine besonderen Hinweise oder Ansatzpunkte für die Auslegung.[227]

Die Begriffsbestimmung des Auftragsverarbeiters in der DS-GVO ist identisch mit der Vorgabe in Art. 2 lit. e DSRL. Insoweit kann bei der Auslegung im Rahmen der DS-GVO auf die bisherigen Auslegungen zurückgegriffen werden. Indem Art. 4 Nr. 8 die Definition aus der DSRL übernimmt, ist nunmehr auch klargestellt, dass Auftragsverarbeiter auch außerhalb der EU, d.h. in Drittstaaten, angesiedelt sein können. Die bisherige deutsche Besonderheit des § 3 Abs. 8 S. 2 BDSG a.F., die dies nicht vorsah, ist damit hinfällig.[228] **128**

Aus der Qualifikation als Auftragsverarbeiter nach Art. 4 Nr. 8 folgt zunächst die Pflicht, mit dem Verantwortlichen die Voraussetzungen für eine Auftragsverarbeitung nach Art. 28 zu schaffen.[229] Zusätzlich gibt es in der DS-GVO eine Vielzahl von Normen mit eigenen Rechtspflichten und Rechtsfolgen für den Auftragsverarbeiter. Dies sind insbesondere die Art. 27, 29, 30 Abs. 2, 31, 32, 33 Abs. 2, 35 Abs. 8.[230] Hinzu treten die verschiedenen Rechtsfolgen. Hier ist insbesondere daran zu denken, dass der Auftragsverarbeiter nach Art. 58 Adressat behördlicher Anordnungen werden kann.[231] Weiter muss es nach Art. 79 wirksame Beschwerdemöglichkeiten gegen den Auftragsverarbeiter geben.[232] Zusätzlich haftet dieser bei materiellen und immateriellen Schäden gegenüber dem Betroffenen nach Art. 82[233] und er kann selbst Adressat von Bußgeldern nach Art. 83 Abs. 4 lit. a[234] sein. **129**

2. Inhalt. – a) Privilegierung der Auftragsdatenverarbeitung. Nach dem BDSG a.F. wurde bei der Auftragsdatenverarbeitung überwiegend davon ausgegangen, dass der Auftraggeber für die Weitergabe der personenbezogenen Daten an den Auftragnehmer einer Auftragsdatenverarbeitung keines eigenen Erlaubnistatbestands bedurfte.[235] **130**

Da der Begriff des „Übermittelns“ nicht mehr gesondert definiert ist, sondern als Beispiel der „Verarbeitung“ in Art. 4 Nr. 2 genannt wird, wird vertreten, dass die Über- **131**

---

226 *Art.-29-Datenschutzgruppe* WP 169 zu den Begriffen „für die Verarbeitung Verantwortlicher“ und „Auftragsverarbeiter“, S. 7.
227 So auch Gierschmann-*Kramer* Art. 4 Nr. 8 Rn. 4.
228 *Laue/Nink/Kremer* Das neue datenschutzrecht in der betrieblichen Praxis, § 1 Rn. 65; zur Drittstaatenproblematik auch Gierschmann-*Kramer* Art. 4 Nr. 8 Rn. 23 ff.
229 Vgl. hierzu Kommentierung zu Art. 28.
230 Vgl. umfassend dazu die Kommentierungen der jeweiligen Artikel.
231 Vgl. dazu Kommentierung zu Art. 58.
232 Vgl. Kommentierung zu Art. 79.
233 Vgl. Kommentierung zu Art. 82.
234 Vgl. Kommentierung zu Art. 83 Abs. 4 lit. a.
235 Vgl. zum Überblick des Streitstandes nach BDSG Gierschmann-*Kramer* Art. 4 Nr. 7 Rn. 9 ff.

mittlung von personenbezogenen Daten an den Auftragsverarbeiter jetzt einer gesonderten Rechtsgrundlage bedarf.[236] Demgegenüber geht die Art.-29-Datenschutzgruppe davon aus, dass die Rechtmäßigkeit der Auftragsverarbeitung durch den von dem für die Verarbeitung Verantwortlichen erteilten Auftrag bestimmt wird.[237] Weiter könne dieser und der Auftragsverarbeiter als „innerer Kreis der Datenverarbeitung" angesehen werden und falle nicht unter die speziellen Bestimmungen über Dritte.[238] Diese Auffassung kann man auch damit begründen, dass die Beauftragung eines Dienstleisters als Auftragsverarbeiter kein eigenständiger Akt der Datenverarbeitung ist, sondern sich als Teil der Verarbeitungshandlungen des Verantwortlichen als Auftraggeber nach Art. 4 Nr. 2 darstellt. Sofern die Verarbeitung durch den Verantwortlichen rechtmäßig auf der Grundlage eines Erlaubnistatbestands beruht, erstreckt sich diese Rechtmäßigkeit auch auf den Auftragsverarbeiter nach Maßgabe der Art. 28, 29. Hinzu kommt, dass der Auftragsverarbeiter gem. Art. 29 Daten nur strikt weisungsgebunden verarbeiten darf. Es besteht deshalb kein besonderer Schutzbedarf der betroffenen Person.[239]

132 **b) Datenverarbeitung im Auftrag.** Wesentliches Tatbestandsmerkmal zur Bestimmung des Auftragsdatenverarbeiters ist nach Art. 4 Nr. 8 die Datenverarbeitung „im Auftrag". Es muss hierfür eine nachvollziehbare Beauftragung durch den Verantwortlichen erfolgt sein. Inhaltliche Regelungen bezogen auf diese Beauftragung finden sich in Art. 28.[240] Das zentrale Element der Auftragsverarbeitung ist die Weisungsgebundenheit des Auftragsverarbeiters.

133 Umstritten ist die Abgrenzung zu anderen Dienstleistungen, die durch einen Auftragnehmer erbracht werden, jedoch keine Auftragsverarbeitung darstellen. Insbesondere hat sich dieser Streit an der Einordnung verschiedener freier Berufe entbrannt.

134 Im deutschen Datenschutzrecht wurde bisher der Begriff der **Funktionsübertragung** als Gegenbegriff zur weisungsgebundenen Auftragsverarbeitung gebraucht. Eine Funktionsübertragung wurde angenommen, wenn der Dritte über eine eigene Entscheidungsbefugnis hinsichtlich des „wie" der Datenverarbeitung und diesbezüglich auch die Auswahlbefugnis hat, ihm damit die Aufgabe der Verarbeitung obliegt und er insoweit für die Datenverarbeitung verantwortlich ist und über die Daten verfügen kann.[241] Der Dritte hat in diesem Fall ein eigenes Interesse an den Daten. In Bezug auf freiberufliche Tätigkeiten, wie die eines Steuerberaters oder Wirtschaftsprüfers, wird man davon ausgehen müssen, dass eine Auftragsdatenverarbeitung regelmäßig nicht in Betracht kommt. Freiberufliche Tätigkeiten werden unabhängig, selbstständig und eigenverantwortlich durchgeführt. Diese Merkmale widersprechen grundlegend einer Weisungsgebundenheit, wie sie für die Auftragsverarbeitung elementar ist. So erläutert die Art.-29-

236 So zum Beispiel *Koos/Englisch* ZD 2014, 276, 284.

237 *Art.-29-Datenschutzgruppe* WP 169 zu den Begriffen „für die Verarbeitung Verantwortlicher" und „Auftragsverarbeiter", S. 31.

238 *Art.-29-Datenschutzgruppe* WP 169 zu den Begriffen „für die Verarbeitung Verantwortlicher" und „Auftragsverarbeiter", S. 8.

239 Zum gleichen Ergebnis kommt Gierschmann-*Kramer* Art. 4 Nr. 7 Rn. 11 ff., der den Auftragsverarbeiter als „verlängerte Werkbank" des Verantwortlichen bezeichnet; Auch Gola-*Gola* Art. 4 Nr. 8 Rn. 58.

240 Vgl. dazu Kommentierung zu Art. 28 DS-GVO.

241 BeckOK DatenSR-*Schild* Art. 4 Nr. 8 Rn. 98.

Datenschutzgruppe auch bezogen auf den Rechtsanwalt, dass solche Berufsstände als unabhängige „für die Verarbeitung Verantwortliche“ anzusehen sind, wenn sie im Rahmen der rechtlichen Vertretung ihrer Klienten Daten verarbeiten.[242]

Der Begriff der Funktionsübertragung ist der DS-GVO fremd. Um sachgerechte Abgrenzungen vorzunehmen wird aber am Konstrukt der Funktionsübertragung festzuhalten sein. Es ist auch weiterhin davon auszugehen, dass Rechtsanwälte, Steuerberater und andere freie Berufsträger und Dienstleister, die eine eigenverantwortliche und weisungsfreie Aufgabe übernehmen, selbst Verantwortliche und eben keine Auftragsverarbeiter sind. Sie bedürfen damit einer eigenen Legitimation zur Datenverarbeitung und haben die weiteren Pflichten eines Verantwortlichen zu erfüllen.[243] **135**

Inhalt der Beauftragung muss eine Verarbeitung personenbezogener Daten sein. Der Begriff des Verarbeitens ist auch im Anwendungsbereich des Art. 4 Nr. 8 weit zu verstehen, so dass jeder Verarbeitungsschritt erfasst wird. Ausreichend ist bereits die Auslagerung der Datenerhebung auf den Auftragsverarbeiter, z.B. im Rahmen von Call-Centern.[244] **136**

3. Einzelfälle/Praxisbeispiele. Ein Internet-Dienstanbieter, der Hosting-Dienste bereitstellt, ist grundsätzlich ein Auftragsverarbeiter hinsichtlich der personenbezogenen Daten, die von seinen Kunden – die diesen Anbieter für das Hosting und die Wartung ihrer Websites einsetzen – online veröffentlicht werden. Wenn der Internet-Dienstanbieter die auf den Websites erhaltenen Daten für seine eigenen Zwecke weiterverarbeitet, ist er jedoch der für die Verarbeitung Verantwortliche hinsichtlich dieser spezifischen Verarbeitung. Dieser Sachverhalt unterscheidet sich von einem Internet-Diensteanbieter, der E-Mail- oder Internet-Zugangsdienste bereitstellt.[245] **137**

Die Einstufung von Rechnungsprüfern und Steuerberatern kann je nach Kontext unterschiedlich sein. Wenn Rechnungsprüfer und Steuerberater für die breite Öffentlichkeit und Kleinbetriebe Dienstleistungen auf der Grundlage sehr allgemeiner Weisungen erbringen („Erstellen Sie meine Steuererklärung“), dann handeln sie – wie Rechtsanwälte und Notare unter ähnlichen Umständen und aus ähnlichen Gründen – als für die Verarbeitung Verantwortliche. Wenn ein Rechnungsprüfer jedoch für ein Unternehmen tätig wird, z.B. um eine umfassende Buchprüfung vorzunehmen, und dabei ausführliche Weisungen des fest angestellten Buchprüfers des Unternehmens unterliegt, dann ist er aufgrund der klaren Weisungen und des mithin eingeschränkten Handlungsspielraums generell als Auftragsverarbeiter einzustufen, sofern er nicht ein Angestellter des Unternehmens ist. Diese Einstufung unterliegt jedoch einem großen Vorbehalt: Stellt ein Rechnungsprüfer ein meldepflichtiges Fehlverhalten fest, handelt er aufgrund seiner beruflichen Verpflichtung als für die Verarbeitung Verantwortlicher.[246] **138**

242 *Art.-29-Datenschutzgruppe* WP 169 zu den Begriffen „für die Verarbeitung Verantwortlicher“ und „Auftragsverarbeiter“, S. 35, Beispiel 21.

243 So auch Gierschmann-*Kramer* Art. 4 Nr. 7 Rn. 20; a.A. wohl BeckOK DatenSR-*Schild* Art. 4 Nr. 8 Rn. 98.

244 *Art.-29-Datenschutzgruppe* WP 169 zu den Begriffen „für die Verarbeitung Verantwortlicher“ und „Auftragsverarbeiter“, S. 35, Beispiel 20.

245 *Art.-29-Datenschutzgruppe* WP 169 zu den Begriffen „für die Verarbeitung Verantwortlicher“ und „Auftragsverarbeiter“, S. 31, Beispiel 16.

246 *Art.-29-Datenschutzgruppe* WP 169 zu den Begriffen „für die Verarbeitung Verantwortlicher“ und „Auftragsverarbeiter“, S. 35, Beispiel 23.

X. Art. 4 Nr. 9: Empfänger

139 **1. Allgemeines.** Nach Art. 4 Nr. 9 ist Empfänger eine natürliche oder juristische Person, Behörde, Einrichtung oder andere Stelle, der personenbezogene Daten offengelegt werden, unabhängig davon, ob es sich bei ihr um einen Dritten handelt oder nicht. Eine Ausnahme gilt nach Art. 4 Nr. 9 S. 2 für Behörden. Behörden, die im Rahmen eines Untersuchungsauftrags nach dem Unionsrecht oder dem Recht der Mitgliedstaaten möglicherweise personenbezogene Daten erhalten, gelten jedoch nicht als Empfänger; die Verarbeitung dieser Daten durch die genannten Behörden erfolgt im Einklang mit den geltenden Datenschutzvorschriften gemäß den Zwecken der Verarbeitung.

140 Der Begriff des „Empfängers“ ist der Oberbegriff für alle Stellen, die personenbezogene Daten durch den Verantwortlichen erhalten. In der DS-GVO findet der Begriff insbesondere bei den Rechten des Betroffenen auf Information, Auskunft, Berichtigung und Löschung gemäß den Art. 13, 14, 15 und 19 Anwendung.[247] Auch für das Verzeichnis von Verarbeitungstätigkeiten nach Art. 30 ist der Begriff des Empfängers von Bedeutung.[248]

141 Adressat der Norm ist zunächst der Verantwortliche. Wenn er personenbezogene Daten einem Empfänger offengelegt hat, treffen ihn Informations- und Auskunftspflichten gegenüber dem Betroffenen, Mitteilungspflichten gegenüber dem Empfänger und Dokumentationspflichten.[249] Zusätzlich ist die Norm auch für den Empfänger der personenbezogenen Daten von Bedeutung. Dieser muss prüfen, ob und welche Pflichten ihn nach der DS-GVO treffen, sofern er als Empfänger einzustufen ist.

142 **2. Inhalt.** Voraussetzung für die Einstufung als Empfänger nach Art. 4 Nr. 9 sind eine empfangende Stelle und die Offenlegung personenbezogener Daten dieser Stelle gegenüber.

143 **a) Empfangende Stelle.** Empfänger kann jede natürliche oder juristische Person, jede Behörde, jede Einrichtung und jede andere Stelle sein. Diesen Personen oder Stellen müssen personenbezogene Daten offengelegt werden. Im Kern geht es darum, dass einem Empfänger personenbezogene Daten zugängig gemacht werden, d.h. entweder zur Kenntnis gebracht werden oder die Möglichkeit einer Kenntnisnahme eingeräumt wird.[250]

144 Auch ein Dritter kann Empfänger sein.[251] Damit sind insbesondere Personen und Stellen als Empfänger einzuordnen, die außerhalb der Organisationseinheit des Verantwortlichen stehen. Im Schrifttum umstritten ist die Frage, wie interne **Funktions- und Organisationseinheiten** des Verantwortlichen einzuordnen sind. Es wird vertreten, dass interne Funktions- oder Organisationseinheiten des Verantwortlichen keine Empfänger i.S.d. Art. 4 Nr. 9 seien. So sei z.B. die Personalverwaltung nicht Empfänger von Beschäftigtendaten, wenn eine Organisationseinheit intern eine Mitteilung in

247 Vgl. Kommentierung zu den jeweiligen Artikeln.
248 Vgl. Kommentierung zu Art. 30 Abs. 1 S. 2 lit. d DS-GVO.
249 Gierschmann-*Veil* Art. 4 Nr. 7 Rn. 5.
250 Kühling/Buchner-*Hartung* Art. 4 Nr. 9 Rn. 6.
251 Franzen/Gallner/Oetker-*Franzen* Kommentar zum europäischen Arbeitsrecht, Art. 4 Nr. 9 DS-GVO, Rn. 15; Gola-*Gola* Art. 4 Nr. 9 Rn. 61; Auernhammer-*Eßer* Art. 4 Nr. 9 Rn. 44.

Bezug auf einen Beschäftigten an die Personalverwaltung macht.[252] Vor allem wird angeführt, die Empfängereigenschaft setze eine gewisse Eigenständigkeit voraus.[253]

Diese Auffassung überzeugt nach der DS-GVO jedoch nicht. Sie ist geprägt durch die alte Rechtslage. Danach war ein Datenfluss innerhalb der verantwortlichen Stelle und die Datenübergabe an einen Auftragsdatenverarbeiter als ein „Nutzen“ nach § 3 Abs. 5 BDSG a.F. anzusehen. Den Begriff des „Nutzens“ kennt die DS-GVO jedoch nicht mehr. Eine Unterscheidung zwischen Verarbeiten und Nutzen besteht nicht. Wenn einer Person, auch innerhalb der Organisationseinheit des Verantwortlichen, Daten offengelegt werden, dass ist diese Person Empfänger nach Art. 4 Nr. 9.[254] **145**

b) Begriff der Offenlegung. Die Empfängereigenschaft nach Art. 4 Nr. 9 setzt voraus, dass dem Empfänger personenbezogene Daten durch den Verantwortlichen offengelegt werden. Nach der Definition des Art. 4 Nr. 2 ist die Offenlegung, die Übermittlung, Verbreitung oder eine andere Form der Bereitstellung. Umstritten ist die Frage, ob die Offenlegung auch die Veröffentlichung durch den Verantwortlichen umfasst. Wäre dies der Fall, wäre auch der als Empfänger nach Art. 4 Nr. 9 anzusehen, der von personenbezogenen Daten Kenntnis erlangt, die durch den Verantwortlichen veröffentlicht wurde. **146**

Es wird vertreten, dass auch dann eine Offenlegung vorliegt, wenn „ Daten auf einer Website oder in einem Internet-Forum anderen zur Kenntnis gegeben werden“[255] oder wenn „die Weitergabe an eine unbestimmte Vielzahl von Empfängern“[256] erfolgt. Die Offenlegung nach Art. 4 Nr. 2 erfasst danach auch die Veröffentlichung durch den Verantwortlichen an eine unbestimmte und unbestimmbare Anzahl an Empfängern. **147**

Nach einer anderen Ansicht setzt die Offenlegung voraus, dass der Verantwortliche einer bestimmten oder zumindest bestimmbaren Person oder einem Kreis bestimmter oder bestimmbarer Personen die personenbezogenen Daten zielgerichtet übermittelt. Demnach sei eine Veröffentlichung keine Offenlegung im Sinne der DS-GVO, da sich die Veröffentlichung an einen unbestimmten Personenkreis richtet.[257] Würden „Offenlegung“ und „Verbreitung“ im Sinne von Art. 4 Nr. 2 die Veröffentlichung personenbezogener Daten meinen, müssten die Begriffe in der DS-GVO auch benutzt werden. Stattdessen werden für die Veröffentlichung personenbezogener Daten so konsequent andere Begriffe als „Offenlegung“ und „Verbreitung“ verwendet, dass der Begriff der „Offenlegung“ Veröffentlichungen nicht umfassen dürfte.[258] Vor allem die systematische Auslegung anhand der Verwendung der Begrifflichkeiten in der DS-GVO lässt die letztgenannte Auffassung vorzugswürdig erscheinen. **148**

3. Ausnahmen bei Behörden. Art. 4 Nr. 9 S. 2 enthält eine Ausnahme von der Einordnung als Empfänger. Danach sollen Behörden, die im Rahmen eines bestimmten **149**

252 Auernhammer-*Eßer* Art. 4 Nr. 9 Rn. 44.
253 Paal/Pauly-*Ernst* Art. 4 Rn. 57: Gola-*Gola* Art. 4 Rn. 63.
254 So auch Gierschmann-*Veil* Art. 4 Nr. 7 Rn. 15; BeckOK DatenSR-*Schild* Art. 4 Nr. 9 Rn. 102.
255 Paal/Pauly-*Ernst* Art. 4 Rn. 30.
256 Kühling/Buchner-*Herbst* Art. 4 Nr. 2 Rn. 32.
257 Gierschmann-*Veil* Art. 4 Nr. 9 Rn. 24; Ehmann/Selmayr-*Kamann/Braun* Art. 17 Rn. 40; Auernhammer-*Thomale* Art. 28 Rn. 7.
258 Vgl. dazu Gierschmann-*Veil* Art. 4 Nr. 9 Rn. 19 ff., mit einer sehr übersichtlichen systematischen Auslegung der Begriffe.

Untersuchungsauftrags nach Unionsrecht oder dem Recht der Mitgliedstaaten personenbezogene Daten erhalten, nicht als Empfänger gelten. Der Begriff des Untersuchungsauftrags dürfte nach der deutschen Gesetzesterminologie am ehesten mit „Ersuchen" übersetzt werden können.[259]

150 ErwG 31 nennt beispielhaft und nicht abschließend die Steuer- und Zollbehörden, Finanzermittlungsstellen, unabhängige Verwaltungsbehörden oder Finanzmarktbehörden, die für die Regulierung von Wertpapiermärkten zuständig sind. Mangels Empfängereigenschaft entfallen hier die Informations- und Mitteilungspflichten.[260] Art. 4 Nr. 9 S. 2 stellt jedoch klar, dass die Verarbeitung durch die ausgenommenen Behörden im Einklang mit den geltenden Datenschutzvorschriften erfolgen muss.

151 Grund für die Privilegierung dieses Sachverhalts ist, dass die Verarbeitung durch die genannten Behörden ja ohnehin im Einklang mit den Datenschutzvorschriften der DS-GVO und des bereichsspezifischen Rechts zu erfolgen hat.[261]

XI. Art. 4 Nr. 10: Dritter

152 **1. Allgemeines.** Nach Art. 4 Nr. 10 ist Dritter eine natürliche oder juristische Person, Behörde, Einrichtung oder andere Stelle, außer der betroffenen Person, dem Verantwortlichen, dem Auftragsverarbeiter und den Personen, die unter der unmittelbaren Verantwortung des Verantwortlichen oder des Auftragsverarbeiters befugt sind, die personenbezogenen Daten zu verarbeiten. Der Begriff des Dritten dient der Abgrenzung verschiedener Akteure innerhalb des Regelungsbereiches der DS-GVO. Wenn man aufgrund der Anwendung der Definition und der danach notwendigen Abwägungen zum Schluss kommt, dass ein Dritter – rechtmäßig oder rechtswidrig – personenbezogene Daten empfängt, ist er als ein neuer Verantwortlicher anzusehen und unterliegt damit allein oder gemeinsam mit anderen Verantwortlichen sämtlichen diesen nach der DS-GVO obliegenden Pflichten.[262] Die Definition entspricht Art. 2 lit. f DSRL.

153 Neben der Definition in Art. 4 Nr. 10 nennt die DS-GVO den Begriff des Dritten bei der Definition des Empfängers und im Zusammenhang mit dem Erlaubnistatbestand des Art. 6 Abs. 1 lit. f.[263] Da der Begriff des Dritten in Art. 6 Abs. 1 lit. f und bei den damit zusammenhängende Informationspflichten genannt wird, ist die Definition für den Verantwortlichen relevant, der sich für seine Datenverarbeitung auf die berechtigten Interessen eines Dritten stützen will, und für den Betroffenen, dessen Interessen gegen die berechtigten Interessen des Dritten abgewogen werden müssen. Weitere Erwähnung findet der Begriff des Dritten in den ErwG 47, 54 und 69.

154 **2. Inhalt.** Dritter kann eine natürliche oder juristische Person, eine Behörde, eine Einrichtung oder eine andere Stelle sein. Wie sich aus der Regelung des Art. 6 Abs. 1 lit. f entnehmen lässt, muss es sich bei dem Dritten um eine Person oder Stelle handeln, dessen Interesse vom berechtigten Interesse des Verantwortlichen abweicht.

259 Gierschmann-*Veil* Art. 4 Nr. 9 Rn. 28.
260 Auernhammer-*Eßer* Art. 4 Nr. 9 Rn. 45.
261 Gierschmann-*Veil* Art. 4 Nr. 9 Rn. 30.
262 Kühling/Buchner-*Hartung* Art 4 Nr. 10 Rn. 5; *Art.-29-Datenschutzgruppe* WP 169 zu den Begriffen „für die Verarbeitung Verantwortlicher" und „Auftragsverarbeiter", S. 38.
263 Vgl. Kommentierung zu Art. 6 Abs. 1 lit. f DS-GVO.

Werden dem Dritten personenbezogene Daten offengelegt, wird er zum Empfänger und damit zum Verantwortlichen.[264]

Art. 4 Nr. 10 grenzt den Dritten negativ ab. Danach ist der Dritte kein Betroffener, kein Verantwortlicher, kein Auftragsverarbeiter und keine Person, die unter der unmittelbaren Verantwortung des Verantwortlichen oder des Auftragsverarbeiters befugt ist, personenbezogene Daten zu verarbeiten. Zum Auftragsverarbeiter gehören auch dessen Unterauftragnehmer.[265] **155**

Maßgebliches Kriterium ist, dass der Dritte „außerhalb der verantwortlichen Stelle" steht. Dritter ist damit in Abgrenzung zu einer Behörde jede andere Behörde, auch wenn diese zum gleichen Rechtsträger gehört. Damit ist auch jede andere öffentliche Stelle Dritter. Innerhalb einer Behörde (z.B. Gemeindeverwaltung) können jedoch, wenn funktional mehrere Aufgaben wahrgenommen werden, die „Ämter" dieser Behörde „Dritte" zueinander sein.[266] Dritte sind Personen oder Stellen, die mit dem Verantwortlichen nicht identisch sind.[267] In dem Moment, in dem eine Person oder Stelle verantwortlich wird, ist sie nicht mehr Dritter.[268] Beschäftigte des Verantwortlichen, die nicht befugt sind, personenbezogene Daten zu bearbeiten sind damit als Dritte einzustufen.[269] Gibt also ein Mitarbeiter rechtswidrig personenbezogene Daten an einen Kollegen weiter, so ist darin eine rechtswidrige Übermittlung eines Dritten zu sehen.[270] **156**

3. Praxisbeispiele. Ein Beschäftigter erhält im Rahmen der Durchführung seiner Aufgaben Kenntnis von personenbezogenen Daten, für die er kein Zugangsrecht besitzt. In diesem Fall sollte dieser Mitarbeiter in Bezug auf seinen Arbeitgeber als Dritter angesehen werden, mit allen sich daraus ergebenden Folgen einschließlich der Haftung hinsichtlich der Rechtmäßigkeit der Weitergabe und Verarbeitung der Daten.[271] **157**

XII. Art. 4 Nr. 11: Einwilligung

1. Allgemeines. Art. 4 Nr. 11 definiert die Einwilligung der betroffenen Person als jede freiwillige für den bestimmten Fall, in informierter Weise und unmissverständlich abgegebene Willensbekundung in Form einer Erklärung oder einer sonstigen eindeutigen bestätigenden Handlung, mit der die betroffene Person zu verstehen gibt, dass sie mit der Verarbeitung der sie betreffenden personenbezogenen Daten einverstanden ist. Der Einwilligung kommt unter der DS-GVO eine zentrale Rolle als Erlaubnistatbestand für eine rechtmäßige Datenverarbeitung zu.[272] **158**

Der Begriff findet sich auch außerhalb des Datenschutzrechts, insbesondere im Zivil- und Strafrecht. Zu beachten sind insbesondere die unterschiedlichen lauterkeits- und **159**

---

264 Gierschmann-*Veil* Art. 4 Nr. 10 Rn. 11; Ehmann/Selmayr-*Klabunde* Art. 4 Nr. 10 Rn. 32.
265 Sydow-*Ziebarth* Art. 4 Nr. 10 Rn. 161.
266 BeckOK DatenSR-*Schild* DS-GVO, Art. 4 Rn. 110.
267 Auernhammer-*Eßer* Art. 4 Nr. 10 Rn. 47.
268 So auch Gierschmann-*Veil* Art. 4 Nr. 10 Rn. 14.
269 Sydow-*Ziebarth* Art. 4 Nr. 10 Rn. 162.
270 Paal/Pauly-*Ernst* Art. 4 Nr. 10 Rn. 60.
271 *Art.-29-Datenschutzgruppe* WP 169 zu den Begriffen „für die Verarbeitung Verantwortlicher" und „Auftragsverarbeiter", S. 38, Beispiel 26.
272 Buchner/Kühling-*Buchner/Kühling* Art 4 Nr. 11 Rn. 5.

datenschutzrechtlichen Anforderungen an die Einwilligung.[273] Das Datenschutzrecht ist geprägt von hohen Transparenz- und Bestimmtheitserfordernissen. Dies führt dazu, dass die Einwilligung im Datenschutzrecht einen eigenen Charakter bekommt und sie gesonderten Voraussetzungen unterliegt. Die datenschutzrechtlichen Anforderungen an eine Einwilligung sind unter der DS-GVO maßgeblich.[274]

160 Unionsrechtlich wurde die datenschutzrechtliche Einwilligung bislang durch Art. 2 lit. h DSRL geregelt. Die Definition in Art. 4 Nr. 11 ist die Nachfolgeregelung dieser Norm. Sie wird nunmehr aber durch weitere Wirksamkeitsvoraussetzungen begleitet, die sich vor allem in Art. 7[275] und Art. 8[275] wiederfinden.

161 Im deutschen Recht war die Einwilligung bisher in § 4a BDSG a.F. geregelt. Für eine nationale Regelung bleibt unter DS-GVO kein Raum mehr. Die Einwilligung hat nunmehr den Vorgaben der DS-GVO zu genügen. Lediglich in Bezug auf die **Einwilligung im Beschäftigtenkontext** lässt die DS-GVO über Art. 88 dem nationalen Gesetzgeber Regelungskompetenz. Hiervon wurde mit § 26 Abs. 2 BDSG n.F. Gebrauch gemacht.[276]

162 Adressiert ist die Definition der Einwilligung in erster Linie an den Verantwortlichen. Dieser ist gem. Art. 5 Abs. 2 rechenschaftspflichtig dafür, dass seine Verarbeitung rechtmäßig ist.[277] Art. 7 Abs. 1 verlangt ausdrücklich, dass der Verantwortliche die Einwilligung nachweisen kann.[278]

163 Die Definition steht in einem engen Zusammenhang mit anderen Normen der DS-GVO. Sie ist immer im Zusammenhang mit den Voraussetzungen der Art. 7 und 8 und den ErwG 32, 33, 42, und 43 zu lesen. Maßgeblich ist die Definition der Einwilligung zunächst, um eine Datenverarbeitung gem. Art. 6 rechtmäßig auszugestalten. Beruht die Datenverarbeitung auf einer Einwilligung, ist im Rahmen der Informationspflichten nach Art. 13 und 14 auf das Recht zum Widerruf hinzuweisen. Daneben beziehen sich einige Betroffenenrechte auf Verarbeitungssituationen, die durch eine Einwilligung legitimiert wurden. Hierzu zählen insbesondere das Recht auf Löschung[279], das Recht der Verarbeitung bei Einschränkung der Verarbeitung[280] und das Recht auf Datenübertragbarkeit[281].

164 **2. Inhalt.** Aus der Definition der Einwilligung ergeben sich Wirksamkeitsvoraussetzungen für die datenschutzrechtliche Einwilligung. Tatbestandsmerkmale sind die Freiwilligkeit[275], die Bestimmtheit[275], die Informiertheit[275] und die unmissverständlich abgegebene Willensbekundung[275].

165 Hinzu kommt für besondere Verarbeitungssituationen die Ausdrücklichkeit. Dies gilt für eine Einwilligung in die Verarbeitung besonderer Kategorien personenbezogener

273 Dazu *Schwartmann/Klein* Art. 6 Rn. 23.
274 So auch Gierschmann-*Gierschmann* Art. 4 Nr. 11 Rn. 1.
275 Vgl. Kommentierung zu Art. 7 DS-GVO.
276 Vgl. Kommentierung zu § 26 BDSG n.F. unter Art. 88 DS-GVO.
277 Vgl. Kommentierung zu Art. 5 Abs. 2 DS-GVO.
278 Vgl. Kommentierung zu Art. 7 Abs. 1 DS-GVO.
279 Vgl. Kommentierung zu Art. 17 Abs. 1 lit. b DS-GVO.
280 Vgl. Kommentierung zu Art. 18 Abs. 2 DS-GVO.
281 Vgl. Kommentierung zu Art. 20 Abs. 1 lit. a DS-GVO.

Daten. Zu denken ist hier an Gesundheitsdaten[282], an automatisierte Entscheidungen[283] und an die Datenübermittlungen in Drittländer[284].

Hinsichtlich der Voraussetzungen an eine wirksame Einwilligung ist ein Vorabentscheidungsersuchen des BGH von 2017[285] hinsichtlich der Frage bedeutsam, ob eine nach der DSRL und der DS-GVO wirksame Einwilligung bzw. eine zulässige Datenverarbeitung für die Verwendung von Cookies auch im Falle eines **voreingestellten Ankreuzkästchens** vorliegt, das der Nutzer abwählen muss. Bei der Teilnahme an einem Internetgewinnspiel waren für den Nutzer Name und Anschrift einzutragen. Hier befanden sich zwei mit Ankreuzfeldern versehene Texte. Dabei war der zweite Hinweistext mit einem voreingestellten Häkchen versehen und gab die Einwilligung des Nutzers hinsichtlich der Verwendung von Cookies durch einen Webanalysedienst zu Auswertung des Surf- und Nutzungsverhaltens vor. **166**

Ob voreingestellte Ankreuzkästchen als wirksame Einwilligung gelten oder aus sonstigen Gründen eine zulässige Verarbeitung personenbezogener Daten ermöglichen, hängt von der Auslegung des **Art. 5 Abs. 3 e-Privacy-RL (RL 2002/58/EG) in Verbindung mit Art. 2 lit. h DSRL (RL 95/46/EG)** sowie des **§ 15 Abs. 3 TMG** ab. Im Rahmen der DS-GVO sind **Art. 4 Nr. 11** sowie **Art. 6 Abs. 1 lit. a, f und Abs. 4** bedeutsam. Das Verhältnis der Vorschriften zueinander ist zu klären.[286] **167**

Nach § 15 Abs. 3 TMG darf der Diensteanbieter Cookies einsetzen, solange der Nutzer nach einer Unterrichtung über sein Widerspruchsrecht dem nicht widerspricht (sog. „**Opt-Out-Regelung**"). Dabei ist die Vorschrift im Hinblick auf Art. 5 Abs. 3 e-PrivacyR-RL richtlinienkonform auszulegen. Art. 5 Abs. 3 e-PrivacyR-RL gestattet dabei die Nutzung von Cookies nur dann, wenn der Nutzer nach einer umfassenden Information hinsichtlich der Zwecke der Verarbeitung seine Einwilligung gegeben hat. Insofern sieht Art. 5 Abs. 3 e-PrivacyR-RL eine „**Opt-In-Regelung**" vor. Der deutsche Gesetzgeber hat infolge dieses Widerspruchs allerdings keine Umsetzungsakte vorgenommen und die Widerspruchslösung des § 15 Abs. 3 TMG nicht entsprechend den Vorgaben der e-PrivacyR-RL geändert.[287] **168**

Der BGH geht unter Auslegung des ErwG 17 und 66 e-PrivacyR-RL („Die Einwilligung kann in jeder geeigneten Weise gegeben werden, wodurch der Wunsch des Nutzers in einer spezifischen Angabe zum Ausdruck kommt (…); hierzu zählt auch das Markieren eines Feldes auf einer Internetseite") davon aus, dass der Begriff der spezifischen Angabe dahingehend auszulegen sei, dass eine gesonderte Einwilligung erforderlich ist und Opt-Out-Erklärungen nicht dem Begriff der e-PrivacyR-RL widersprechen.[288] **169**

---

282 Vgl. Kommentierung zu Art. 9 Abs. 2 lit. a DS-GVO.
283 Vgl. Kommentierung zu Art. 22 Abs. 2 lit. c DS-GVO.
284 Vgl. Kommentierung zu Art. 49 Abs. 1 lit. a DS-GVO.
285 *BGH* Beschl. v. 5.10.2017 – I ZR 7/16; Vorabentscheidungsersuchen in der Rs. C-673/17 (Planet49).
286 Vgl. dazu Art. 6 Rn. 114 und 140 f.
287 Vgl. dazu *BGH* Beschl. v. 5.10.2017 – I ZR 7/16; Vorabentscheidungsersuchen in der Rs. C-673/17 (Planet49), S. 9 f.
288 *BGH* Beschl. v. 5.10.2017 – I ZR 7/16; Vorabentscheidungsersuchen in der Rs. C-673/17 (Planet49), S. 10 f.

170 Entscheidend ist aber, ob die e-Privacy-RL neben den derzeitigen Vorgaben der DS-GVO Geltung beanspruchen kann.[289] Unabhängig davon, dass eine opt-out-Lösung die Voraussetzungen an eine Einwilligung gem. ErwG 32 nicht erfüllt,[290] richtet sich die Zulässigkeit der Verwendung von Cookies nach der Interessenabwägung des **Art. 6 Abs. 1 lit. f, Abs. 4 DS-GVO**. Dabei weist **ErwG 47 S. 7** eine Verarbeitung personenbezogener Daten zum Zwecke der Werbung ausdrücklich als berechtigtes Interesse aus. Es kommt also für die Zulässigkeit der Verwendung von Cookies im Rahmen von bereits voreingestellten Häkchen nicht auf die Einwilligung an, sondern sie folgt einer Interessenabwägung. Diese Erwägung steht mit Art. 95 in Einklang, wonach im Anwendungsbereich der e-Privacy-RL durch die DS-GVO keine zusätzlichen Pflichten begründet werden.[291] Eine Anwendung von Art. 6 Abs. 1 lit. f im Rahmen der Werbung legt aber entsprechend Art. 95 dem Verantwortlichen keine zusätzlichen Pflichten auf, sondern verfolgt das gleiche Ziel, ist insoweit aber spezieller als die Anforderungen der ePrivacy-RL.[292] Der Gesetzgeber könnte dies durch eine Anpassung von § 15 Abs. 3 TMG an Art. 5 Abs. 3 ePrivacy-RL klarstellen. Ob die ePrivacy-RL auf nationaler Ebene auch derzeit mit der Folge anwendbar ist, dass der Weg über die Interessenabwägung nach DS-GVO versperrt ist, muss der EuGH entscheiden.

171 Weitere formale Wirksamkeitsvoraussetzungen für die Einwilligung (Transparenz, Form, Zeitpunkt, Person)[293] folgen aus Art. 7 Abs. 2 und aus allgemeinen Grundsätzen. Die Widerrufbarkeit der Einwilligung ist in Art. 7 Abs. 3 geregelt.[294]

XIII. Art. 4 Nr. 12: Verletzung des Schutzes personenbezogener Daten

172 **1. Allgemeines.** Art. 4 Nr. 12 definiert den Begriff „Verletzung personenbezogener Daten“. Der Begriff wurde mit der E-Privacy-RL 2009/136/EG in Art. 2 lit. h DSRL eingeführt. Art. 2 lit. h DSRL i.F.d. RL 2009/136/EG definiert die „Verletzung des Schutzes personenbezogener Daten“ als „eine Verletzung der Sicherheit, die auf unbeabsichtigte oder unrechtmäßige Weise zur Vernichtung, zum Verlust, zur Veränderung und zur unbefugten Weitergabe von bzw. zum unbefugten Zugang personenbezogener Daten führt, die übertragen, gespeichert oder auf andere Weise im Zusammenhang mit der Bereitstellung öffentlich zugänglicher Kommunikationsdienste in der Gemeinschaft verarbeitet werden“. Die Formulierung ist wörtlich fast identisch mit der in Art. 4 Nr. 12.

173 Die Definition des Art. 4 Nr. 12 steht in unmittelbarem Zusammenhang mit Art. 33 und 34[295]. Eine Verletzung des Datenschutzes löst die Verpflichtung zur Mitteilung an die Aufsichtsbehörde und an die betroffene Person aus. Die Definition richtet sich an jeden Rechtsanwender der Art. 33 und 34. In erster Linie adressiert sie damit den Verantwortlichen, da dieser den Meldepflichten direkt unterliegt. Im Verhältnis zum Verantwortlichen als Auftraggeber treffen den Auftragsverarbeiter bei Eintreten einer

289 Vgl. dazu Art. 95.
290 *BGH* Beschl. v. 5.10.2017 – I ZR 7/16; Vorabentscheidungsersuchen in der Rs. C-673/17 (Planet49), S. 14.
291 Vgl. dazu Art. 6 Rn. 140 f.
292 Vgl. dazu Art. 6 Abs. 1 lit. f Rn. 140 f.
293 Vgl. Kommentierung zu Art. 7 DS-GVO.
294 Vgl. Kommentierung zu Art. 7 Abs. 3 DS-GVO.
295 Näher dazu Kommentierungen zu Art. 33 und 34 DS-GVO.

Datenschutzverletzung gem. Art. 33 Abs. 2 und 28 Abs. 3 lit. f Melde- und Mithilfepflichten. Insoweit wird die Definition des Art. 4 Nr. 12 auch für den Auftragsverarbeiter relevant. Für „Anbieter kritischer Infrastrukturen" im Sinne des IT-Sicherheitsgesetzes bzw. „Betreiber wesentlicher Dienste" i.S.d. NIS-RL 2016/1146 gelten daneben Meldepflichten bei Sicherheitsverstößen.

2. Inhalt. Art. 4 Nr. 12 definiert die Verletzung des Schutzes personenbezogener Daten als „Verletzung der Sicherheit, die zur Vernichtung, zum Verlust oder zur Veränderung, ob unbeabsichtigt oder unrechtmäßig, oder zur unbefugten Offenlegung von beziehungsweise zum unbefugten Zugang zu personenbezogenen Daten führt, die übermittelt, gespeichert oder auf sonstige Weise verarbeitet wurden." **174**

Da zunächst eine Verletzung der Sicherheit vorliegen muss, umfasst der Begriff des Art. 4 Nr. 12 nicht sämtliche Verstöße gegen Datenschutzrecht, sondern nur solche Fälle, die entgegen der Vorgaben des Verantwortlichen erfolgen. Dies sind insbesondere Fehler der Mitarbeiter oder gezielte Angriffe von Dritten.[296] Werden die personenbezogenen Daten dagegen unrechtmäßig, z.B. unter Missachtung der in Art. 5 Abs. 1 normierten Grundsätze[297], vom Verantwortlichen an einen Dritten übermittelt, liegt darin keine Verletzung der Sicherheit. Der Verantwortliche nimmt dann eine unrechtmäßige Datenverarbeitung vor. **175**

Die Verletzung kann unbeabsichtigt oder absichtlich geschehen. Der Hintergrund der Datenpanne spielt keine Rolle. Vorsatz wie Fahrlässigkeit, gezieltes Handeln wie auch Nebeneffekte anderer Handlungen oder Versäumnisse können gleichermaßen ursächlich sein. Ein Verschulden ist nicht erforderlich. Selbst rein zufällig entstandene Datenlecks fallen unter den Begriff.[298] **176**

Die Sicherheitsverletzung muss „zur Vernichtung, zum Verlust, zur Veränderung" oder „zur unbefugten Offenlegung von beziehungsweise Zugang" zu personenbezogenen Daten geführt haben. **177**

Die personenbezogenen Daten sind **vernichtet**, wenn sie unwiederbringlich gelöscht sind.[299] **178**

Ein **Verlust** liegt in der Abgrenzung zur Vernichtung vor, wenn Daten dem Verantwortlichen nicht mehr zur Verfügung stehen, beispielsweise im Fall des unbeabsichtigten Abhandenkommen physischer Originaldatenträger.[300] Die Daten müssen dauerhaft verloren gegangen und nicht mehr im Herrschaftsbereich des Verantwortlichen sein. Ein vorübergehendes „Verlegen" stellt noch keinen Verlust da.[301] Die Verschlüsselung durch sog. Ransomware in Form von Verschlüsselungstrojanern, bei denen Daten lokal verschlüsselt und ansonsten gelöscht werden, wobei der Schlüssel nur gegen eine Zahlung angeboten wird, kann bei fehlendem Backup einen Verlust nach Art. 4 Nr. 12 darstellen.[300] **179**

---

296 Ehmann/Selmayr-*Klabunde* Art. 4 Rn. 40.

297 Vgl. Kommentierung zu Art. 5 DS-GVO; dazu auch BeckOK DatenSR-*Schild* DS-GVO, Art. 4 Rn. 133.

298 Paal/Pauly-*Ernst* Art. 4 Rn. 95.

299 *Marshall* DuD 2015, 183 (184).

300 Sydow-*Mantz* Art. 4 Rn. 178.

301 Zustimmend Gierschmann-*Gierschmann* Art. 4 Nr. 12 Rn. 15.

180 Die **Veränderung** der Daten bezieht sich nicht auf den Bestand der Daten selbst, sondern auf ihren Informationsgehalt. Eine Veränderung von Daten wird man i.S.v. § 3 Abs. 4 Nr. 2 BDSG a.F. als das inhaltliche Umgestalten von personenbezogenen Daten verstehen können.[302] Sie kann immer dann angenommen werden, wenn die Daten modifiziert wurden und damit nicht mehr unversehrt sind. Beispielsweise ist dies der Fall, wenn ein Mitarbeiter die Adresse eines Kunden aus Versehen mit einer veralteten Adresse des Kunden überschreibt.

181 Eine **unbefugte Offenlegung** ist bereits dann gegeben, wenn Dritten ohne entsprechende Rechtsgrundlage nach der DS-GVO eine Kenntnisnahmemöglichkeit eingeräumt wird.[303] Das ist beispielsweise der Fall, wenn eine öffentliche Zugänglichmachung personenbezogener Daten auf einer Internetseite erfolgt. Ein **unbefugter Zugang** liegt dann vor, wenn nicht hierzu autorisierte Personen Kenntnis von den personenbezogenen Daten oder auch nur Zugang zu den Geräten, mit denen personenbezogene Daten verarbeitet werden, erlangt haben.[303] Fraglich ist, ob es für eine Verletzung der Sicherheit, insbesondere in den Fällen der unbefugten Offenlegung und des unbefugten Zugangs, erforderlich ist, dass ein unbefugter Zugang oder unbefugte Kenntnisnahme tatsächlich stattgefunden hat oder lediglich möglich ist. So kann der Verlust eines Speichermediums, z.B. ein USB-Stick oder ein Smartphone, dazu führen, dass die Daten von Dritten zur Kenntnis genommen werden. Die Möglichkeit der Kenntnisnahme besteht auch dann, wenn die Daten verschlüsselt sind, dass Handy beispielsweise mit einem Pin geschützt ist. In diesen Fällen wird man davon ausgehen müssen, dass eine Verletzung der Sicherheit bereits eingetreten ist. Die für das weitere Vorgehen entscheidende Frage, wie hoch das Risiko einer Entschlüsselung tatsächlich ist, wird im Rahmen der zu treffenden Maßnahmen, etwa nach Art. 33 f., zu berücksichtigen sein.[304]

182 Eine Datenschutzverletzung ist nur relevant, wenn sie **personenbezogene Daten** betrifft. Ein reiner Zugriff auf technische Daten, die keinen Bezug zu einer natürlichen Person zulassen, stellt keine Verletzung dar. Art. 4 Nr. 12 legt auch fest, dass personenbezogenen Daten, die das Schutzobjekt der Norm sind, in irgendeiner Form **verarbeitet** wurden. Der Begriff der Verarbeitung ist in Art. 4 Nr. 2 definiert und sehr weit gefasst. Dementsprechend kommt dem Merkmal „übermittelt, gespeichert oder sonst verarbeitet" kaum einschränkende Wirkung zu.

XIV. Art. 4 Nr. 13: Genetische Daten

183 **1. Allgemeines.** Genetische Daten sind nach Art. 4 Nr. 13 personenbezogene Daten zu den ererbten oder erworbenen genetischen Eigenschaften einer natürlichen Person, die eindeutige Informationen über die Physiologie oder die Gesundheit dieser natürlichen Person liefern und insbesondere aus der Analyse einer biologischen Probe der betreffenden natürlichen Person gewonnen werden.

184 Darüber hinaus wird der Begriff der genetischen Daten in **ErwG 34** näher erläutert. Danach sollen diese als personenbezogene Daten über die ererbten oder erworbenen

302 Gierschmann-*Gierschmann* Art. 4 Nr. 12 Rn. 16.
303 Sydow-*Mantz* Art. 4 Rn. 179.
304 So auch Gierschmann-*Gierschmann* Art. 4 Nr. 12, der dazu rät, dass bei Verlust von verschlüsselten Speichermedien eine vorsorgliche Meldung an die Aufsichtsbehörde erfolgen sollte.

genetischen Eigenschaften einer natürlichen Person definiert werden, die aus der Analyse einer biologischen Probe der betreffenden natürlichen Person, insbesondere durch eine Chromosomen-, Desoxyribonukleinsäure (DSN)- oder Ribonukleinsäure (RNS)-Analyse oder der Analyse eines anderen Elements, durch die gleichwertige Informationen erlangt werden können, gewonnen werden.

2. Systematik und Verhältnis zu anderen Vorschriften. Die Vorgängerregelung zu Art. 4 Nr. 13 auf europäischer Ebene stellt **Art. 8 DSRL** dar, wobei dieser pauschal auf die Verarbeitung besonderer Kategorien personenbezogener Daten abstellt (nunmehr **Art. 9 DS-GVO**[305]), ohne dabei die besonderen Datentypen näher zu beleuchten. Demgegenüber nehmen **Art. 4 Nr. 13, 14**[306] **und 15**[307] (genetische Daten, biometrische Daten und Gesundheitsdaten) nunmehr eine begriffliche Präzisierung vor.[308] Insofern ist das Zusammenspiel von Art. 4 Nr. 13–15 hinsichtlich der Begrifflichkeiten und Art. 9 hinsichtlich der Datenverarbeitung für das Verständnis der Reichweite des Schutzes der genetischen Daten im Gefüge der DS-GVO wesentlich. **185**

Innerstaatlich definiert **§ 3 Nr. 11 Gendiagnostikgesetz (GenDG)** genetische Daten als „durch eine genetische Untersuchung oder im Rahmen einer genetischen Untersuchung durchgeführte Analyse gewonnener Daten über genetische Eigenschaften" und ist damit enger als Art. 4 Nr. 13, der in erster Linie auf die ererbten Eigenschaften einer natürlichen Person abstellt.[309] **186**

3. Umfang des Schutzes „genetischer Daten". Die Begriffsbestimmung aus Art. 4 Nr. 13 steht in einem unmittelbaren systematischen Kontext zu den Art. 4 Nr. 14 (biometrische Daten) und 15 (Gesundheitsdaten) sowie zu Art. 9, der die Verarbeitung besonderer Kategorien personenbezogener Daten regelt. **187**

Daraus lassen sich folgende Aussagen im Wege der Auslegung ermitteln: Art. 4 Nr. 13 ordnet Informationen über die Physiologie oder die Gesundheit der Begriffsdefinition der genetischen Daten unter. Daraus folgt, dass genetische Daten auch zugleich biometrische Daten nach Art. 4 Nr. 14 oder Gesundheitsdaten nach Art. 4 Nr. 15 sein können. Dies kann im Falle von spezifischen Erbmerkmalen und daraus folgenden Krankheitsdispositionen der Fall sein. Von Gesundheitsdaten lassen sie sich dadurch abgrenzen, dass sie Merkmale beinhalten, die einen einzigartigen Datenbestand darstellen.[310] **188**

Indem Art. 9 Abs. 1 die genetischen Daten in seinen Katalog aufnimmt und einem grundsätzlichen Verarbeitungsverbot unterstellt, folgt daraus, dass genetische Daten als **besonders sensitive Daten** einzustufen sind. Dies bedeutet, dass es sich bei genetischen Daten zunächst um **personenbezogene Daten** nach Art. 4 Nr. 1[311] handeln muss. Damit sind Daten, die ursprünglich zu wissenschaftlichen Forschungszwecken erho- **189**

305 Vgl. dazu die Kommentierung zu Art. 9 DS-GVO.

306 Vgl. dazu die Kommentierung in Rn. 183.

307 Vgl. dazu die Kommentierung in Rn. 207.

308 Kühling/Buchner-*Weichert* Art. 4 Nr. 13 Rn. 1.

309 Dazu auch Plath-*Schreiber* Art. 4 Nr. 13 Rn. 46 sowie Kühling/Buchner-*Weichert* Art. 4 Nr. 13 Rn. 2.

310 Dies ergibt sich insbesondere aus dem WP 91 der *Art.-29-Datenschutzgruppe* S. 4; übereinstimmend Sydow-*Kampert* Art. 4 Nr. 13 Rn. 182; Ehmann/Selmayr-*Klabunde* Art. 4 Nr. 13 Rn. 41.

311 Zu dem Begriff der personenbezogenen Daten vgl. die Kommentierung zu Art. 4 Nr. 1 DS-GVO Rn. 6.

ben, später aber anonymisiert wurden, nicht erfasst.[312] **Ererbte Eigenschaften** sind solche, die eine natürliche Person von Geburt an bzw. bereits im pränatalen Stadium in sich trägt, etwa Erbinformationen. **Erworbene Eigenschaften** sind demgegenüber solche, die die natürliche Person erst im Anschluss an die Geburt erwirbt.[313]

190 Die Systematik der DS-GVO folgt dabei den Vorgaben, die die Art.-29-Datenschutzgruppe bereits in ihrem WP 91[314] aufgestellt hat, wo sie mit Blick auf den wissenschaftlich-technischen Fortschritt die **besondere Schutzbedürftigkeit** genetischer Daten betonte.[315]

191 Die besonderen Merkmale und Eigenschaften genetischer Daten lassen sich entsprechend der Vorgaben der Art.-29-Datenschutzgruppe[316] wie folgt zusammenfassen:

- Genetische Daten stellen einen **einzigartigen Datenbestand** dar, durch den sich eine Person oder Personengruppe von anderen Personen oder Personengruppen unterscheidet.
- Genetische Daten existieren **unabhängig vom Wissen und Wollen** der betroffenen Person und sind nicht veränderbar.
- Angesichts der fortschreitenden technischen Möglichkeiten unterliegen genetischen Daten einer **hohen Verfügbarkeit** und werden weitgehende und teilweise noch unbekannte Informationen offenbaren und dementsprechend für eine **wachsende Zahl von Zwecken** verwendet werden.

192 Indem genetische Daten Informationen zu wissenschaftlichen, medizinischen oder personenbezogenen Informationen vermitteln, wird deren Nutzung zunehmend auch im Rahmen strafrechtlicher Ermittlungen relevant werden, indem biotechnische Anwendungen mit informationstechnischen Systemen verknüpft werden und somit etwa über Biodatenbanken Erkenntnisse über den Gesundheitszustand gewonnen werden können oder die Identifizierbarkeit mittels eines genetischen Fingerabdrucks erfolgt.[317] Darüber hinaus folgt die besondere Sensitivität genetischer Daten daraus, dass diese letztlich von der Befruchtung der Eizelle bis weit über den Tod hinaus erhalten bleiben und dabei sowohl eine eindeutige Identifizierung von Personen ermöglichen als auch Informationen über weitere Personen, etwa Nachkommen, preisgeben.[318] Insofern erlauben genetische Daten Aussagen über Vergangenheit, Gegenwart, etwa zum Gesundheitszustand oder äußerlichen Merkmale und Zukunft. Letzteres betrifft insbesondere im diagnostischen Bereich.[319] Infolge genetischer Ana-

---

312 *Hardenberg* ZD 2014, 115 (116 f.); Plath-*Schreiber* Art. 4 Nr. 13 Rn. 45 sowie Auernhammer-*Eßer* Art. 4 Nr. 13 Rn. 61.

313 Zu den Begrifflichkeiten vgl. auch Auernhammer-*Eßer* Art. 4 Nr. 13 Rn. 62 sowie Plath-*Schreiber* Art. 4 Nr. 13 Rn. 46.

314 *Art.-29-Datenschutzgruppe* WP 91 „Arbeitspapier über genetische Daten" v. 17.3.2004.

315 *Art.-29-Datenschutzgruppe* WP 91 „Arbeitspapier über genetische Daten" v. 17.3.2004, S. 2 f.

316 *Art.-29-Datenschutzgruppe* WP 91 „Arbeitspapier über genetische Daten" v. 17.3.2004, S. 5.

317 *Art.-29-Datenschutzgruppe* WP 91 „Arbeitspapier über genetische Daten" v. 17.3.2004, S. 4; Kühling/Buchner-*Weichert* Art. 4 Nr. 13 Rn. 4f.

318 Vgl. dazu *Art.-29-Datenschutzgruppe* WP 91 „Arbeitspapier über genetische Daten" v. 17.3.2004, S. 4; Sydow-*Kampert* Art. 4 Nr. 13 Rn. 182; Kühling/Buchner-*Weichert* Art. 4 Nr. 13 Rn. 5 sowie Ehmann/Selmayr-*Klabunde* Art. 4 Nr. 13 Rn. 41.

319 Auernhammer-*Eßer* Art. 4 Nr. 13 Rn. 64; Kühling/Buchner-*Weichert* Art. 4 Nr. 13 Rn. 5.

lysen wird dem Risiko der Verwertung dieser Daten oftmals auch nicht durch eine Anonymisierung abzuhelfen sein, weil die genetischen Daten zwangsläufig mit der betroffenen Person verbunden sind.[320]

Darüber hinaus ist ein besonderer Schutz genetischer Daten eine Grundvoraussetzung für die Wahrung des Gleichheitsprinzips sowie des Rechts auf Gesundheit, weil sie ein besonders hohes **Risiko für Diskriminierungen** bergen.[321] Insbesondere ihre Weitergabe unterliegt engen Grenzen.[322] **193**

XV. Art. 4 Nr. 14: Biometrische Daten

1. Allgemeines. Nach Art. 4 Nr. 14 sind biometrische Daten mit speziellen technischen Verfahren gewonnene personenbezogene Daten zu den physischen, physiologischen oder verhaltenstypischen Merkmalen einer natürlichen Person, die die eindeutige Identifizierung dieser natürlichen Person ermöglichen oder bestätigen, wie Gesichtsbilder oder daktyloskopische Daten. **194**

Systematisch ist zu beachten, dass die Begriffsdefinition der biometrischen Daten aus Art. 4 Nr. 14 folgt, während sich die Anforderungen an die Verarbeitung der biometrischen Daten aus **Art. 9**[323] ergeben und insofern einem besonderen Schutz unterstehen. Danach ist die Verarbeitung besonderer Kategorien personenbezogener Daten nach Art. 9 Abs. 1 grundsätzlich unzulässig. Ausnahmen können sich aber im Rahmen der Erlaubnistatbestände aus Art. 9 Abs. 2 ergeben. Indem biometrische Daten auch physiologische und physische Merkmale erfassen, bestehen insofern insbesondere inhaltliche Überschneidungen zu **Art. 4 Nr. 13**[324] und **15**[325]. **195**

Biometrische Daten werden in **ErwG 51 S. 3** insbesondere unter dem Gesichtspunkt von **Lichtbildern** aufgegriffen. Danach soll die Verarbeitung von Lichtbildern grundsätzlich *nicht* den Voraussetzungen der Verarbeitung nach Art. 9 unterfallen. Vielmehr sind diese lediglich dann als biometrische Daten und damit als besondere Kategorie personenbezogener Daten einzustufen, wenn sie mit speziellen technischen Mitteln verarbeitet werden, die die eindeutige Identifizierung oder Authentifizierung einer natürlichen Person ermöglichen.[326] Faktisch erfüllt die weit überwiegende Mehrzahl der Aufnahmen von Smartphones, Dash- und Bodycams und Videokameras diese Voraussetzungen. **196**

2. Tatbestandsmerkmale „biometrischer Daten“. Der Begriff der **Biometrie** im Allgemeinen bezeichnet ein in der Regel digitales Verfahren, bei dem Merkmale des **197**

---

320 Übereinstimmend Kühling/Buchner-*Weichert* Art. 4 Nr. 13 Rn. 5.

321 *Art.-29-Datenschutzgruppe* WP 91 „Arbeitspapier über genetische Daten“ v. 17.3.2004, S. 2 f.; Kühling/Buchner-*Weichert* Art. 4 Nr. 13 Rn. 6.

322 *Art.-29-Datenschutzgruppe* WP 91 „Arbeitspapier über genetische Daten“ v. 17.3.2004, S. 2. Dies hat seinen Ausdruck in Art. 21 der Europäischen Grundrechtecharta, in Art. 11 des Übereinkommens über Menschenrechte und Biomedizin des Europarates sowie in Art. 6 der Allgemeinen Erklärung über Bioethik und Menschenrechte der UNESCO gefunden, die dementsprechend eindeutige Diskriminierungsverbote bei der Nutzung genetischer Daten statuieren.

323 Vgl. dazu die Kommentierung zu Art. 9.

324 Vgl. dazu die Kommentierung zu Art. 4 Nr.13.

325 Vgl. dazu die Kommentierung zu Art. 4 Nr. 13.

326 Vgl. zu Lichtbildern ergänzend die Kommentierung in Rn. 32.

Menschen mittels informationstechnischer Systeme vermessen und analysiert werden.[327] Biometrische Systeme nutzen also bestimmte individuelle Merkmale einer natürlichen Person zur Identifikation oder Authentifikation und stellen so enge Verknüpfungen mit der betroffenen Person her.[328]

198 Der Begriff der **biometrischen Daten** wird dabei durch Art. 4 Nr. 13 sehr weit gefasst, indem ein bloßer Bezug zu physischen, physiologischen oder verhaltenstypischen Merkmalen der natürlichen Person ausreicht.[329] Dementsprechend definiert die Art.-29-Datenschutzgruppe biometrische Daten näher als „biologische Eigenschaften, physiologische Merkmale, Gesichtszüge oder reproduzierbare Handlungen (...) wobei diese Merkmale und/oder Handlungen für die betreffende Person spezifisch und messbar" sind.[330] Biometrische Daten wirken sich insoweit auf die Verbindung von Körper und Identität der betroffenen natürlichen Person aus, indem sie Merkmale des menschlichen Körpers „maschinenlesbar" machen.[330] Unter den Begriff der biometrischen Daten fallen dabei sowohl **Rohdaten** – etwa die Gesichtsvermessung als solche – als auch sog. **Templates**, bei denen aus den Rohdaten Schlüsselmerkmale extrahiert werden, die dann als solche verarbeitet werden und die Grundlage für digitale Zuordnungen bilden.[331] Werden digitale Daten zur Entsperrung eines Smartphones verwendet, so wird dies durch ein Template ermöglicht.[332]

199 Beispiele für biometrische Daten, die einen Paradefall **personenbezogener Daten** darstellen[333] sind etwa Finger- oder Handabdrücke, Gesichtserkennungen oder Sprachidentifikationen aber auch eine charakteristische Gang- oder Sprechart einer Person.[334]

200 Biometrische Daten müssen die **eindeutige Identifizierung** einer natürlichen Person ermöglichen oder bestätigen, etwa indem sie einen Rückschluss auf die Identität erlauben. Eine nicht eindeutige Identifikation ist jedenfalls etwa anhand der Körpergröße oder des Alters (alle Personen im Alter von X Jahren) gegeben. Es kommt also entscheidend darauf an, dass die Daten **einzigartig** und **objektiv unverwechselbar** sind.[335]

201 Die Definition des Art. 4 Nr. 14 nennt darüber hinaus **spezielle technische Verfahren** zur eindeutigen Identifizierung oder Authentifizierung. Hiermit sind insbesondere solche Verfahren gemeint, bei denen Merkmale eines Menschen durch Messverfahren

327 Zum Begriff der Biometrie vgl. auch Sydow-*Kampert* Art. 4 Nr. 14 Rn. 183; Kühling/Buchner-*Weichert* Art. 4 Nr. 14 Rn. 1.

328 *Art.-29-Datenschutzgruppe* WP 193 „zu Entwicklungen im Bereich biometrischer Technologien" v. 27.4.2014, S. 2.

329 Sydow-*Kampert* Art. 4 Nr. 14 Rn. 185.

330 *Art.-29-Datenschutzgruppe* WP 193 „zu Entwicklungen im Bereich biometrischer Technologien" v. 27.4.2014, S. 4.

331 *Art.-29-Datenschutzgruppe* WP 193 „zu Entwicklungen im Bereich biometrischer Technologien" v. 27.4.2014, S. 5; Kühling/Buchner-*Weichert* Art. 4 Nr. 14 Rn. 7.

332 Bsp. aus *Art.-29-Datenschutzgruppe* WP 193 „zu Entwicklungen im Bereich biometrischer Technologien" v. 27.4.2014, S. 8.

333 Auernhammer-*Eßer* Art. 4 Nr. 14 Rn. 66; Ehmann/Selmayr-*Klabunde* Art. 4 Nr. 14 Rn. 42.

334 Weitere Bsp. vgl. Auernhammer-*Eßer* Art. 4 Nr. 14 Rn. 67; Sydow-*Kampert* Art. 4 Nr. 14 Rn. 185 sowie Plath-*Schreiber* Art. 4 Nr. 14 Rn. 50.

335 Vgl. dazu Kühling/Buchner-*Weichert* Art. 4 Nr. 14 Rn. 2; Sydow-*Kampert* Art. 4 Nr. 14 Rn. 185.

erfasst werden.[336] Dabei lassen sich die möglichen biometrischen Verfahren im Grundsatz zwei Kategorien zuordnen:[337] Es gibt zum einen Verfahren, die die **physischen und physiologischen Eigenschaften** einer Person erfassen. Dies ist etwa die Verifikation von Fingerabdrücken, die Iriserkennung oder eine Netzhautanalyse. Die zweite Kategorie erfasst Verfahren, die die **Verhaltensmerkmale** einer Person erfassen. Darunter fallen etwa die Analyse von Unterschriften, das Tippverhalten bzw. der Tastaturanschlag, charakteristische Gangarten oder Bewegungsmuster. Dazu zählen auch der neue Personalausweis und die Lichtbilder eines Reisepasses, die eine elektronische Zuordnung ermöglichen.[336] Allerdings ist hier die **Ausnahmeregelung** aus ErwG 51 S. 3 zu beachten. Diese verfolgt den Zweck herkömmliche, also nicht mit biometriefähigen Kameras aufgenommene Fotografien -aus dem Anwendungsbereich der biometrischen Daten auszuklammern und damit nicht den besonderen Anforderungen an die Verarbeitung aus Art. 9 zu unterstellen.[338] In der Lebenswirklichkeit dürften derartige Fotos aber die Ausnahme bilden. Eine **biometrische Identifikation bzw. Authentifikation** im Sinne des Art. 4 Nr. 14 erfolgt in verfahrenstechnischer Hinsicht gewöhnlich durch den Abgleich biometrischer Daten einer natürlichen Person mit einer Reihe biometrischer Templates in einer Datenbank.[339]

Eine Besonderheit biometrischer Daten liegt darin, dass sie zwar gelöscht oder verändert werden können, aber Änderungen oder Manipulationen der Datenquelle nicht möglich sind.[340] Insofern weisen biometrische Rohdaten eine enge Verknüpfung zu den genetischen Daten aus Art. 4 Nr. 13 auf. Sie enthalten nicht nur Informationen über die betroffene Person selbst, sondern erlauben auch Verknüpfungen zu anderen Personen und sie ermöglichen so die Generierung weiterer personenbezogener Daten.[341] Darüber hinaus sind biometrische Daten wie genetische Daten besonders anfällig für **Diskriminierungen**[342] und unterfallen dem besonderen Schutz des Art. 9. **202**

3. Praxisbeispiele. Die Verarbeitung biometrischer Daten findet durch Behörden im Bereich der **Strafverfolgung** sowie im Rahmen des **Ausweis- und Passwesens** statt.[343] Zunehmend werden biometrische Daten zu Identifikationszwecken auch von Privaten eingesetzt. Das **Entsperren des Smartphones** mittels eines Fingerabdrucks (Touch-ID) oder einer Gesichts- bzw. Iriserkennung (Face-ID) ist ein Beispiel. Zudem machen sich auch die Voreinstellungen von Smartphones die Biometrie zunutze, indem sie auf dieser Basis per Voreinstellung „eigenständig" Alben nach biometrischen Merkmalen anlegen. **203**

Auch wenn die Nutzung biometrischer Daten stark zugenommen hat, darf nicht übersehen werden, dass biometrische Daten unter die besonderen Kategorien personenbezogener Daten nach Art. 9 fallen und daher eine Verarbeitung dieser Daten grund- **204**

---

336 Kühling/Buchner-*Weichert* Art. 4 Nr. 14 Rn. 3.

337 Vgl. dazu *Art.-29-Datenschutzgruppe* WP 193 „zu Entwicklungen im Bereich biometrischer Technologien" v. 27.4.2014, S. 4.

338 Übereinstimmend etwa Auernhammer-*Eßer* Art. 4 Nr. 14 Rn. 68.

339 *Art.-29-Datenschutzgruppe* WP 193 „zu Entwicklungen im Bereich biometrischer Technologien" v. 27.4.2014, S. 6.

340 Vgl. dazu *Art.-29-Datenschutzgruppe* WP 193 „zu Entwicklungen im Bereich biometrischer Technologien" v. 27.4.2014, S. 2.

341 Kühling/Buchner-*Weichert* Art. 4 Nr. 14 Rn. 9; Sydow-*Kampert* Art. 4 Nr. 14 Rn. 186.

342 Vgl. zu dieser Problematik die Kommentierung zu Art. 4 Nr. 13 Rn. 193.

343 Dazu Sydow-*Kampert* Art. 4 Nr. 14 Rn. 187.

sätzlich unzulässig ist. Werden also **Zugangskontrollen** zu Arbeitsstätten oder einem Fitness-Center durch die Nutzung biometrischer Daten durchgeführt (Fingerabdruck-Scanner am Eingang), so wird dies mangels Erforderlichkeit und Verhältnismäßigkeit in der Praxis regelmäßig nur mit Einwilligung zulässig sein. Ohne Einwilligung dürfte auf nicht biometrische Technik auf eine Zugangskarte oder Karte mit Magnetstreifen zurückzugreifen sein.[344]

205 Der Verwendung biometrischer Fotos kommt im Zuge der verstärkten Nutzung von **Social Media-Plattformen** eine besondere Bedeutung zu. So werden Fotos per Messenger verschickt oder auf der eigenen Profilseite der Nutzer hochgeladen. Deren Erfassung und Verarbeitung in biometrischen Systemen ist dabei unter anderem an die strengen Voraussetzungen einer Einwilligung[345] geknüpft und stellt Datenverarbeiter insbesondere bei **Big Data-Anwendungen**[346] hinsichtlich einer klaren Zweckbestimmung vor enorme Herausforderungen.[347]

206 Biometrische Daten werden auch bei der **Videoüberwachung**[348] relevant. Sie findet zunehmend durch biometrische Systeme statt. Dabei werden zunehmend auch Gesichtserkennungen durchgeführt sowie zusätzliche Elemente – etwa die Gangart oder Gestik – erfasst.

XVI. Art. 4 Nr. 15: Gesundheitsdaten

207 **1. Allgemeines.** Gesundheitsdaten sind nach Art. 4 Nr. 15 personenbezogene Daten, die sich auf die körperliche oder geistige Gesundheit einer natürlichen Person, einschließlich der Erbringung von Gesundheitsdienstleistungen, beziehen und aus denen Informationen über deren Gesundheitszustand hervorgehen.

208 Ausweislich **ErwG 35 S. 1** gehören zu den Gesundheitsdaten alle Daten, die sich auf den Gesundheitszustand einer betroffenen Person beziehen und aus denen Informationen über den **früheren, gegenwärtigen und künftigen körperlichen oder geistigen Gesundheitszustand** der betroffenen Person hervorgehen.

209 Hinsichtlich der Systematik ist zum einen die enge Verknüpfung zu **Art. 4 Nr. 13** und **14** zu beachten. Insoweit können Gesundheitsdaten zugleich biometrische oder genetische Daten darstellen, so dass sich inhaltliche Überschneidungen der Begrifflichkeiten ergeben.[349] Zum anderen ist der Zusammenhang zu **Art. 9**[350] hervorzuheben: Während Art. 4 Nr. 15 den Begriff der Gesundheitsdaten definiert, regelt Art. 9 die besonderen Anforderungen an deren Verarbeitung. Dies ergibt sich aus der Aufnahme der Gesundheitsdaten in den Katalog der besonderen Kategorien personenbezogener Daten nach Art. 9 Abs. 1. Darüber hinaus stellen sich gerade im Hinblick auf die praktische Nutzung von

---

344 Bsp. aus *Art.-29-Datenschutzgruppe* WP 193 „zu Entwicklungen im Bereich biometrischer Technologien" v. 27.4.2014, S. 9.

345 Vgl. dazu die Kommentierung zu Art. 4 Nr. 11, Art. 6 Abs. 1 lit a. sowie Art. 7 DS-GVO.

346 Vgl. dazu die Kommentierung zu Art. 4 Nr. 5 sowie Art. 6 Abs. 4 DS-GVO.

347 *Art.-29-Datenschutzgruppe* WP 193 „zu Entwicklungen im Bereich biometrischer Technologien" v. 27.4.2014, S. 13.

348 Vgl. dazu die Kommentierung zu Art. 6 Abs. 2 S. 4 DS-GVO sowie § 4 BDSG n.F.

349 Übereinstimmend Auernhammer-*Eßer* Art. 4 Nr. 15 Rn. 70; Plath-*Schreiber* Art. 4 Nr. 15 Rn. 55; Ehmann/Selmayr-*Klabunde* Art. 4 Nr. 13 Rn. 41.

350 Vgl. dazu die Kommentierung zu Art. 9.

Gesundheitsdaten[351] besondere Herausforderungen für eine wirksame Einwilligung. Insofern sind die Bezüge zu den **Art. 4 Nr. 11**, **6 Abs. 1 lit. a** sowie **7** und **8** wesentlich.

2. Inhalt und Reichweite des Begriffs der Gesundheitsdaten. Weil Gesundheitsdaten alle Daten sind, die sich auf den früheren, gegenwärtigen oder künftigen Gesundheitszustand einer Person beziehen, liegt hier **weites Begriffsverständnis** zugrunde. Nach ErwG 35 S. 2 gehören dazu etwa Informationen über Krankheiten, Behinderungen, Krankheitsrisiken, Vorerkrankungen, klinische Behandlungen oder den physiologischen oder biomedizinischen Zustand der betroffenen Person.[352] Die **Herkunft der Daten** (z.B. Arzt, Medizinprodukt, In-Vitro-Diagnostikum) ist für die Einordnung als Gesundheitsdatum nach ErwG 35 S. 2 unerheblich.[353] **210**

Darüber hinaus stellen auch Informationen, die von der Prüfung oder Untersuchung eines Körperteils oder einer körpereigenen Substanz, auch aus genetischen Daten und biologischen Proben **abgeleitet** wurden, Gesundheitsdaten dar. Die Art.-29-Datenschutzgruppe[354] betont, dass der Begriff der Gesundheitsdaten deutlich weiter als etwa derjenigen der medizinischen Daten zu verstehen ist und weist darauf hin, dass sich Gesundheitsdaten auch aus einer **Kombination mit anderen Daten**, die für sich genommen keine Gesundheitsdaten sind, ergeben können.[355] So muss etwa die Erfassung des Gewichts noch keine Information sein, die Aufschluss über den künftigen Gesundheitszustand einer Person gibt. Durch die Verknüpfung mit Informationen zu Alter und Geschlecht und zum Zeitraum der Dokumentation der Daten, können allerdings Gesundheitsdaten generiert werden.[356] **211**

Gesundheitsdaten sind auch solche Daten, die mittelbar **Rückschlüsse** auf den Gesundheitszustand erlauben (z.B. Schwerbehinderteneigenschaft, Angaben zu Krankheitssymptomen, Krankschreibungen).[357] Während die Art.-29-Datenschutzgruppe die Notwendigkeit eines hohen Schutzniveaus von Gesundheitsdaten betont und daher etwa auch Lichtbilder eines Brillenträgers, Ergebnisse eines IQ-Tests oder das Rauch- oder Trinkverhalten einer Person unter die Begriffsdefinition fasst[358], betonen andere[359] dass es bei der Ableitung von Angaben zum Gesundheitszustand auf den Verwendungszusammenhang und eine Auswertungsabsicht ankomme, um den **212**

351 Vgl. dazu Rn. 216 unter 3. Praxisbeispiele.

352 Zur Abgrenzung zwischen Gesundheit und Krankheit in diesem Kontext: Kühling/Buchner-*Weichert* Art. 4 Nr. 15 Rn. 1; *Art.-29-Datenschutzgruppe* Annex zum Brief v. 5.2.2015 „Health data in apps and devices", S. 2; Plath-*Schreiber* Art. 4 Nr. 15 Rn. 57.

353 Dazu auch Sydow-*Ziebarth* Art. 4 Nr. 15 Rn. 189; Kühling/Buchner-*Weichert* Art. 4 Nr. 15 Rn. 3 sowie Auernhammer-*Eßer* Art. 4 Nr. 15 Rn. 72.

354 *Art.-29-Datenschutzgruppe* Annex zum Brief v. 5.2.2015 „Health data in apps and devices".

355 *Art.-29-Datenschutzgruppe* Annex zum Brief v. 5.2.2015 „Health data in apps and devices", S. 3.

356 *Art.-29-Datenschutzgruppe* Annex zum Brief v. 5.2.2015 „Health data in apps and devices" S. 4.

357 *Art.-29-Datenschutzgruppe* Annex zum Brief v. 5.2.2015 „Health data in apps and devices", S. 3; Kühling/Buchner-*Weichert* Art. 4 Nr. 15 Rn. 3 und 6.

358 *Art.-29-Datenschutzgruppe* Annex zum Brief v. 5.2.2015 „Health data in apps and devices", S. 2 f.

359 Kühling/Buchner-*Weichert* Art. 4 Nr. 15 Rn. 7; Gola-*Gola* Art. 4 Nr. 15 Rn. 75; *Gola/Schomerus* § 3 BDSG Rn. 56a.

Schutzbereich der Gesundheitsdaten mit den Anforderungen an eine Verarbeitung aus Art. 9 nicht über Gebühr auszuweiten. Angesichts des Ziels des Verordnungsgebers das Schutzniveau des Datenschutzrechts zu erhöhen und der Tatsache, dass die Begriffsdefinition ausdrücklich einen möglichen Bezug zum Gesundheitszustand der betroffenen Person ausreichen lässt, erscheint es wertungsfremd in diese objektiven Kriterien ein subjektives Element „hineinzulesen". Gleichwohl bleibt die Notwendigkeit einer Beurteilung im konkreten Einzelfall unentbehrlich.

213 ErwG 35 S. 2 stellt klar, dass zu Gesundheitsdaten auch die Nummer, Symbole oder Kennzeichen, die einer natürlichen Person zugeteilt wurden, um diese Person für gesundheitliche Zwecke eindeutig zu identifizieren, gehören. Damit fallen also auch **pseudonymisierte Daten**[360] – etwa eine Versicherungsnummer – unter den Begriff der Gesundheitsdaten, wenn sie Informationen zum Gesundheitszustand der betroffenen Person enthalten.[361]

214 Nach ErwG 35 S. 2 werden auch Angaben zur **Inanspruchnahme von Gesundheitsdienstleistungen** die im Zuge der Anmeldung sowie der Erbringung von Gesundheitsdienstleistungen im Sinne der RL (EU) 2011/24 erhoben werden unter den Begriff der Gesundheitsdaten gefasst. Dadurch werden alle Formen der Organisation und Erbringung von Gesundheitsleistungen erfasst. So fallen etwa im Rahmen einer Anmeldung erhobene Anamnesedaten oder Dienstleistungen im Rahmen von Pflegediensten unter diese Fallgruppe.[362]

215 Die besondere **Sensibilität** von Gesundheitsdaten folgt insbesondere aus den möglichen Auswirkungen für den Betroffenen. Das Datenschutzrecht knüpft damit an rechtliche Grundsätze an, die bereits in **§ 203 StGB** und **§ 35 SGB I** Eingang gefunden haben und so dem Betroffenen im Falle einer gesundheitlichen Notsituation und Hilfebedürftigkeit versichern, dass ihnen keine Nachteile aus einer unrechtmäßigen Datenverarbeitung oder einer Weitergabe an Dritte erwachsen.[363]

216 **3. Praxisbeispiele.** Da es ausweislich des Wortlauts des Art. 4 Nr. 15 sowie des ErwG 35 nicht darauf ankommt, wer die Gesundheitsdaten generiert, ist in der Praxis insbesondere die Nutzung von **Lifestyle- und Gesundheits-Apps** relevant, bei denen die Benutzer oftmals selbst die Daten generieren und erheben.[364] So werden von Nutzern smarter Endgeräte oftmals im Fitnessbereich Pulsmessungen durchgeführt oder Laufwege der Joggingstrecke aufgezeichnet und ausgewertet. Zur Gewährleistung der Rechtmäßigkeit der Verarbeitung solcher Gesundheitsdaten sind dabei insbesondere die Anforderungen an eine wirksame Einwilligung[365] der Nutzer zu beachten. Darüber hinaus ist sonstigen Datenschutzprinzipien wie dem Zweckbindungsgrundsatz[366] und

360 Zur Pseudonymisierung vgl. die Kommentierung zu Art. 4 Nr. 5 DS-GVO Rn. 62.
361 Auernhammer-*Eßer* Art. 4 Nr. 15 Rn. 72; Kühling/Buchner-*Weichert* Art. 4 Nr. 15 Rn. 3 sowie Plath-*Schreiber* Art. 4 Nr. 15 Rn. 56.
362 Bsp. aus Plath-*Schreiber* Art. 4 Nr. 15 Rn. 56; Kühling/Buchner-*Weichert* Art. 4 Nr. 15 Rn. 2.
363 Dazu auch Kühling/Buchner-*Weichert* Art. 4 Nr. 15 Rn. 4.
364 Dies zeigen auch die von der EU-Kommission veröffentlichten Ergebnisse einer Konsultation zum mobilen Gesundheitswesen vom 13.1.2015. Abrufbar unter https://ec.europa.eu/digital-single-market/news/mhealth-europe-preparing-ground-consultation-results-published-today (zuletzt abgerufen am 14.3.2018) sowie ZD-Aktuell 2015, 04492.
365 Vgl. dazu die Kommentierung zu Art. 4 Nr. 11, 6 Abs. 1 lit. a, 7 und 8 DS-GVO.
366 Vgl. dazu die Kommentierung zu Art. 5 Abs. 1 lit. b DS-GVO.

dem Gebot der Datensparsamkeit[367] Rechnung zu tragen. Gerade Auswertungen von Gesundheitsdaten im Rahmen von **Big Data-Anwendungen**[368] werden Verantwortliche hinsichtlich einer genauen Zweckbestimmungen vor dem Hintergrund der erhöhten Anforderungen an eine Verarbeitung aus Art. 9 vor Herausforderungen stellen.

XVII. Art. 4 Nr. 16: Hauptniederlassung

1. Allgemeines. Der Begriff der **Hauptniederlassung** wird in Art. 4 Nr. 16 definiert. **217**

a) Abgrenzung zum Begriff der Niederlassung. Der mit dem Begriff der Hauptniederlassung eng verknüpfte Begriff der **Niederlassung** hat keine ausdrückliche Definition in der DS-GVO erfahren.[369] Gleichwohl wird dieser Begriff in Art. 4 Nr. 16 zugrunde gelegt, so dass zunächst Inhalt und Reichweite des Niederlassungsbegriffs zu klären sind, bevor auf den Begriff der Hauptniederlassung Bezug genommen wird. **218**

Insofern legen **ErwG 22 S. 2 und 3** fest, dass es sich dabei um eine feste Einrichtung handelt, wo die effektive und tatsächliche Ausübung der Tätigkeit stattfindet: Dabei ist unerheblich, welche Rechtsform diese Einrichtung aufweist oder ob es sich um eine Tochtergesellschaft mit eigener Rechtspersönlichkeit oder eine Zweigstelle ohne eigene Rechtspersönlichkeit handelt. Die DS-GVO übernimmt mit ErwG 22 somit die bereits im Rahmen der DSRL maßgebliche Definition des **Art. 4 Abs. 1 lit. a DSRL**. **219**

Der Begriff der Niederlassung folgt damit einer **flexiblen kontextbezogenen Betrachtungsweise** und erfolgt nicht formalistisch.[370] Insofern befindet sich die Niederlassung eines Unternehmens[371] nicht dort, wo es eingetragen ist. Um festzustellen, ob ein Unternehmen, das für eine Datenverarbeitung verantwortlich ist, über eine Niederlassung verfügt, ist vielmehr der Grad an Beständigkeit der Einrichtung sowie die effektive Ausübung der wirtschaftlichen Tätigkeiten unter Beachtung des besonderen Charakters der Tätigkeit und der in Rede stehenden Dienstleistungen auszulegen.[372] Insofern ist auch eine Datenverarbeitung, die durch eine Niederlassung im Rahmen von Werbemaßnahmen gefördert wird, in diese Abwägung miteinzubeziehen.[373] Eine Niederlassung kann dabei auch unter Umständen in einer effektiven und tatsächlichen Tätigkeit, die nur geringer Natur ist, gesehen werden. Dies gilt etwa dann, wenn die Zweitniederlassung nur in Person eines Vertreters besteht.[374] Diese flexible Betrachtungsweise ist somit einer Prüfung des Begriffs der Hauptniederlassung voranzustellen. Hat der Verantwortliche oder der Auftragsverarbeiter indes nur eine Niederlassung in der Union, stellt sich die Frage nach einer bestehenden Hauptniederlassung nicht.[375] **220**

367 Vgl. dazu die Kommentierung zu Art. 5 Abs. 1 lit. c DS-GVO.
368 Vgl. dazu die Kommentierung zu Art. 6 Abs. 4 DS-GVO.
369 BeckOK DatenSR-*Schild* DS-GVO Art. 4 Nr. 16 Rn. 145; Paal/Pauly-*Ernst* Art. 4 Nr. 16 Rn. 111.
370 BeckOK DatenSR-*Schild* DS-GVO Art. 4 Nr. 16 Rn. 145; Paal/Pauly-*Ernst* Art. 4 Nr. 16 Rn. 112.
371 Zum Begriff des Unternehmens vgl. die Kommentierung in Art. 4 Nr. 18 DS-GVO.
372 EuGH NJW 2015, 3636, Rn. 29 ff.; Paal/Pauly-*Ernst* Art. 4 Nr. 16 Rn. 112.
373 Sydow-*Ziebarth* Art. 4 Nr. 16 Rn. 194; *EuGH* v. 13.5.2014 – C-131/12, NJW 2014, 2257 sowie *Ziebarth* ZD 2014, 394 (395).
374 Vgl. dazu *EuGH* v. 1.10.2015 – C-320/14, ZD 2015, 590 sowie Gola-*Gola* Art. 4 Nr. 16 Rn. 79; Paal/Pauly-*Ernst* Art. 4 Nr. 16 Rn. 112.
375 Ehmann/Selmayr-*Klabunde* Art. 4 Nr. 16 Rn. 46.

221 **b) Systematik und Verhältnis zu anderen Vorschriften der DS-GVO.** Art. 4 Nr. 16 enthält zwei Tatbestandsalternativen: Die **Hauptniederlassung eines Verantwortlichen**[376] findet sich in Art. 4 Nr. 16 lit. a. Die **Hauptniederlassung eines Auftragsverarbeiters**[377] ist in Art. 4 Nr. 16 lit. b geregelt.

222 Insofern ergibt sich bereits aufgrund der Begrifflichkeiten ein unmittelbarer Bezug zu **Art. 4 Nr. 7** und **Art. 4 Nr. 8**.

223 Art. 4 Nr. 16 und der Begriff der Hauptniederlassung haben darüber hinaus insbesondere Bedeutung für die Bestimmung der federführenden Aufsichtsbehörde aus **Art. 56.**[378] Darüber hinaus werden etwa Beschlüsse der federführenden Aufsichtsbehörde an die Hauptniederlassung übermittelt, vgl. **Art. 60 Abs. 7 und 9**[379].

224 Zudem ist der Bezug zu **Art. 3**[380] von Bedeutung. Denn die DS-GVO findet nur Anwendung, soweit die Verarbeitung personenbezogener Daten im Rahmen der Tätigkeit einer in der Union befindlichen Niederlassung stattfindet. Insofern ist der Begriff der Niederlassung für den räumlichen Anwendungsbereich der DS-GVO entscheidend.

225 **2. Hauptniederlassung des Verantwortlichen.** Die maßgebliche Regelung zur Hauptniederlassung des Verantwortlichen findet sich in Art. 4 Nr. 16 lit. a Hs. 1. Danach liegt im Falle eines Verantwortlichen mit Niederlassungen in mehr als einem Mitgliedstaat die Hauptniederlassung am **Ort der Hauptverwaltung** in der Union. Dies gilt allerdings nach Art. 4 Nr. 16 lit. a Hs. 2 nicht, wenn die **Entscheidungen hinsichtlich der Zwecke und Mittel** der Verarbeitung personenbezogener Daten in einer anderen Niederlassung des Verantwortlichen getroffen werden.

226 In diesem Falle ist also abweichend von Art. 4 Nr. 16 lit. a Hs. 1 die Niederlassung, die diese Entscheidungen trifft, als Hauptniederlassung zu qualifizieren.[381] Dies stellt insbesondere **ErwG 36 S. 1** klar: Bei Verantwortlichen ist als Hauptniederlassung diejenige Niederlassung anzusehen, an der tatsächlich die Entscheidungen über Zweck und Mittel der Verarbeitung getroffen werden, sofern diese Entscheidungen für den Verantwortlichen insgesamt wirksam sind und auch durchgesetzt werden können.[382] Zur Bestimmung der Hauptniederlassung eines Verantwortlichen müssen also **objektive Kriterien** herangezogen werden, wobei ein Kriterium die **effektive und tatsächliche Ausübung von Managementtätigkeit** durch eine feste Einrichtung ist, in deren Rahmen die **Grundsatzentscheidungen** zur Festlegung der Zwecke und Mittel der Verarbeitung getroffen werden (**ErwG 36 S. 2**). Dabei sollte indes nicht entscheidend sein, ob die Verarbeitung der personenbezogenen Daten auch tatsächlich an diesem Ort durchgeführt wird. Denn das Vorhandensein und die Verwendung technischer Mittel und Verfahren zur Verarbeitung personenbezogener Daten oder Verarbeitungstätig-

376 Vgl. dazu die Kommentierung in Art. 4 Nr. 7 DS-GVO Rn. 98.
377 Vgl. dazu die Kommentierung in Art. 4 Nr. 8 DS-GVO Rn. 127.
378 Vgl. dazu die Kommentierung zu Art. 56 DS-GVO sowie Sydow-*Ziebarth* Art. 4 Nr. 16 Rn. 190; Kühling/Buchner-*Boehm* Art. 4 Nr. 16 Rn. 1; Ehmann/Selmayr-*Klabunde* Art. 4 Nr. 16 Rn. 44.
379 Vgl. dazu die Kommentierung zu Art. 60 Abs. 7 DS-GVO.
380 Vgl. dazu die Kommentierung zu Art. 3 DS-GVO.
381 Kühling/Buchner-*Boehm* Art. 4 Nr. 16 Rn. 2; Paal/Pauly-*Ernst* Art. 4 Nr. 16 Rn. 114.
382 Ehmann/Selmayr-*Klabunde* Art. 4 Nr. 16 Rn. 47; Sydow-*Ziebarth* Art. 4 Nr. 16 Rn. 196.

keiten begründen an sich noch keine Hauptniederlassung und sind daher kein ausschlaggebender Faktor (**ErwG 36 S. 3 und 4**). Insofern ergibt sich aus den ErwG selbst eine klare Leitlinie für die Prüfung hinsichtlich des Vorhandenseins einer Hauptniederlassung. Insgesamt ist daher der **tatsächliche Geschäfts- und Tätigkeitsschwerpunkt** im Sinne einer flexiblen Betrachtungsweise im o.g. Sinne.[383]

In praktischer Hinsicht folgt aus diesen Erwägungen, dass so etwa eine „**Briefkastenfirma**" zwar Niederlassung, allerdings nicht Hauptniederlassung sein kann.[384] Darüber hinaus kommt es auch nicht auf den Serverstandort an. Dies ist insbesondere vor dem Hintergrund relevant, dass **international agierende Unternehmen und „Internet-Giganten"** sich nicht durch die Wahl eines „geeigneten" Serverstandortes der Geltung der Anforderungen der DS-GVO entziehen können sollen. Gleichwohl bleibt es in der Praxis den Unternehmen überlassen, welcher Niederlassung sie die Grundsatzentscheidungen überlassen. Insofern werden Serverstandorte zwar ausgeklammert, gleichwohl eröffnet sich ein **Missbrauchsrisiko** dahingehend, dass Unternehmen ihren tatsächlichen Tätigkeitsschwerpunkt selbst wählen und damit die Geltung von Art. 4 Nr. 16 lit. a letztlich doch beeinflussen können.[385] Gleichwohl lässt sich die **fehlende Entscheidungskompetenz der zuständigen Aufsichtsbehörde** durch eine Änderung der Hauptniederlassung nicht mehr begründen. Vielmehr bleibt die anfängliche Zuständigkeit der Aufsichtsbehörde in diesem Fall erhalten.[386] **227**

3. Hauptniederlassung des Auftragsverarbeiters. Nach Art. 4 Nr. 16 lit. b ist die Hauptniederlassung des Auftragsverarbeiters bei mehreren Niederlassungen ebenfalls der **Ort der Hauptverwaltung**. Insofern ist aber zu beachten, dass die Bestimmung der Hauptniederlassung des Auftragsverarbeiters nicht nach den Kriterien gemäß Art. 4 Nr. 16 lit. a erfolgen kann, weil der Auftragsverarbeiter in diesem Sinne grundsätzlich keine Grundsatzentscheidungen trifft. Andernfalls wäre er Verantwortlicher.[387] Folglich ist der **Schwerpunkt der wesentlichen Verarbeitungstätigkeiten** entscheidend. Insofern ist daher auch eine flexible und kontextbezogene Betrachtungsweise ausschlaggebend, so dass sich der Prüfungskatalog des Art. 4 Nr. 16 lit. a im Wesentlichen im Rahmen der Feststellung der Hauptniederlassung des Auftragsverarbeiters wiederholt. Dies ergibt sich bereits aus **ErwG 36 S. 5**. **228**

Hat der Auftragsverarbeiter keine Hauptverwaltung in der EU, so gilt nach Art. 4 Nr. 16 lit. b Hs. 2 als Hauptniederlassung die Niederlassung des Auftragsverarbeiters in der Union, in der die Verarbeitungstätigkeit im Rahmen der Tätigkeiten einer Niederlassung eines Auftraggebers hauptsächlich stattfinden. Dies gilt aber nur, soweit der Auftragsverarbeiter den spezifischen Pflichten der DS-GVO unterliegt. Letztlich ist damit gemeint, dass in diesem Falle bei der Bestimmung der Hauptniederlassung nur die Verarbeitungen zu berücksichtigen sind, die der Auftragsverarbeiter gerade in dieser Eigenschaft vornimmt. Hat also ein Unternehmen keine Hauptniederlassung in **229**

---

383 Vgl. Rn. 217 ff. zur Niederlassung. Auch Gola-*Gola* Art. 4 Nr. 16 Rn. 80; BeckOK DatenSR-*Schild* DS-GVO Art. 4 Nr. 16 Rn. 146.

384 Paal/Pauly-*Ernst* Art. 4 Nr. 16 Rn. 115.

385 Vgl. dazu auch Sydow-*Ziebarth* Art. 4 Nr. 16 Rn. 198; Paal/Pauly-*Ernst* Art. 4 Nr. 16 Rn. 115 f.

386 Kühling/Buchner-*Boehm* Art. 4 Nr. 16 Rn. 2; Sydow-*Ziebarth* Art. 4 Nr. 16 Rn. 198.

387 Zur Abgrenzung zwischen Verantwortlichem und Auftragsverarbeiter vgl. insbesondere die Ausführungen zu Art. 4 Nr. 7 und 8 DS-GVO; Sydow-*Ziebarth* Art. 4 Nr. 16 Rn. 199.

der Union, nimmt aber Verarbeitungstätigkeiten für einen Auftraggeber wahr, so wird diese Niederlassung als Hauptniederlassung angesehen.[388]

230 Darüber hinaus enthält **ErwG 36 S. 6** eine Regelung für den Fall, dass sowohl der Verantwortliche als auch der Auftragsverarbeiter von aufsichtsbehördlichen Beschlussmaßnahmen betroffen sind. In diesem Fall soll die Aufsichtsbehörde des Landes, in dem der Verantwortliche seine Hauptniederlassung hat, als zuständige federführende Aufsichtsbehörde gelten und sich die Aufsichtsbehörde des Auftragsverarbeiters am Verfahren als betroffene Aufsichtsbehörde beteiligen. Sofern sich der Beschluss der Aufsichtsbehörde aber nur auf den Verantwortlichen bezieht, sollen die Aufsichtsbehörden des Auftragsverarbeiters nicht als betroffene Aufsichtsbehörden angesehen werden. Dieser Regelungsgehalt ist insbesondere für **Art. 60** und das Zusammenarbeitsverfahren bedeutsam.[389]

231 **4. Hauptniederlassung bei einer Unternehmensgruppe.** Im Falle einer Unternehmensgruppe[390] soll die Hauptniederlassung des herrschenden Unternehmens als Hauptniederlassung der Unternehmensgruppe gelten, es sei denn, die Zwecke und Mittel der Verarbeitung werden von einem anderen Unternehmen festgelegt (vgl. **ErwG 36 S. 8**).

XVIII. Art. 4 Nr. 17: Vertreter

232 **1. Allgemeines.** Nach Art. 4 Nr. 17 ist ein Vertreter eine in der Union niedergelassene natürliche oder juristische Person, die von dem Verantwortlichen oder Auftragsverarbeiter schriftlich gemäß Art. 27 bestellt wurde und den Verantwortlichen oder Auftragsverarbeiter in Bezug auf die ihnen jeweils nach dieser Verordnung obliegenden Pflichten vertritt.

233 Art. 4 Nr. 17 hat keine unmittelbare Vorgängerregelung in der DSRL, wobei der Vertreter allerdings in **Art. 2 Abs. 2 DSRL** erwähnt wird. Dieser normierte die Verpflichtung zur Benennung eines Vertreters durch nicht in der Union niedergelassene Verantwortliche, die dem Datenschutzrecht der EU unterliegen.[391]

234 Der Begriff des Vertreters wird im Gefüge der DS-GVO insbesondere im Rahmen von **Art. 3 Abs. 2**[392] sowie **Art. 27**[393] relevant: Art. 27 bestimmt nämlich, dass ausländische Stellen nach Art. 3 Abs. 2 einen Vertreter im Inland als Ansprechpartner benennen müssen.[394] Darüber hinaus wird der Begriff des Vertreters in **Art. 30**[395] – wonach der Vertreter zum Führen des Verarbeitungsverzeichnisses verpflichtet ist – in **Art. 31**[396], hinsicht-

388 Vgl. dazu Sydow-*Ziebarth* Art. 4 Nr. 16 Rn. 201; Kühling/Buchner-*Boehm* Art. 4 Nr. 16 Rn. 4 und 7.

389 Ehmann/Selmayr-*Klabunde* Art. 4 Nr. 16 Rn. 49; Kühling/Buchner-*Boehm* Art. 4 Nr. 16 Rn. 7.

390 Vgl. dazu die Kommentierung zu Art. 4 Nr. 19 DS-GVO.

391 Vgl. dazu Ehmann/Selmayr-*Klabunde* Art. 4 Nr. 17 Rn. 50; Kühling/Buchner-*Hartung* Art. 4 Nr. 17 Rn. 1.

392 Vgl. dazu die Kommentierung zu Art. 3 Abs. 2 DS-GVO.

393 Vgl. dazu die Kommentierung zu Art. 27 DS-GVO.

394 Dazu Ehmann/Selmayr-*Klabunde* Art. 4 Nr. 17 Rn. 51; Kühling/Buchner-*Hartung* Art. 4 Nr. 17 Rn. 1 f.

395 Vgl. dazu die Kommentierung zu Art. 30 DS-GVO.

396 Vgl. dazu die Kommentierung zu Art. 31 DS-GVO.

lich einer Verpflichtung des Vertreters zur Zusammenarbeit mit der Aufsichtsbehörde, sowie in **Art. 58 Abs. 1 lit. a**[397] mit Blick auf die Auskunftspflicht des Vertreters gegenüber den Aufsichtsbehörden verwendet.[398]

2. Begriff des Vertreters und Regelungszweck. Nach Art. 27 kann als Vertreter eine **natürliche oder juristische Person** benannt werden, die in einem Mitgliedstaat der Union niedergelassen sein muss, in dem sich die von der Datenverarbeitung betroffenen Personen befinden.[399] **235**

Der Begriff des Vertreters ist dabei von dem Vertreter des Betroffenen nach Art. 35 Abs. 9[400], der Aufsichtsbehörden eines Mitgliedstaates oder der Kommission nach Art. 68 Abs. 3 bis 5[401] sowie von den Begriffen des Verantwortlichen nach Art. 4 Nr. 7[402] und des Auftragsverarbeiters nach Art. 4 Nr. 8[403] zu unterscheiden. **236**

Nach **ErwG 80 S. 1** soll jeder Verantwortliche oder Auftragsverarbeiter ohne Niederlassung in der Union einen Vertreter benennen müssen, es sei denn, dass die Datenverarbeitungen nur gelegentlich erfolgen. Nicht eingeschlossen ist die Verarbeitung sensibler Daten und die Verarbeitung von personenbezogenen Daten über strafrechtliche Verurteilungen und Straftaten. Nach ErwG 80 S. 1 a.E. bringt diese Verarbeitung unter Berücksichtigung ihrer Art, ihrer Umstände, ihres Umfangs, ihrer Zwecke wahrscheinlich kein Risiko für die Rechte und Freiheit natürlicher Personen mit sich oder bei dem Verantwortlichen handelt es sich um eine Behörde oder öffentliche Stelle. **237**

Ausweislich **ErwG 80 S. 2** soll der Vertreter im Namen des Verantwortlichen oder des Auftragsverarbeiters tätig werden und den Aufsichtsbehörden als Anlaufstelle dienen. **238**

Davon abgesehen, dass der Vertreter eine Niederlassung in einem Mitgliedstaat haben muss, werden **keine speziellen Anforderungen** an den Vertreter gestellt. Gleichwohl ist zu beachten, dass Art. 4 Nr. 17 ausdrücklich auf Art. 27 Bezug nimmt, so dass dessen Voraussetzungen vorliegen müssen. Insofern muss die Bestellung des Vertreters **schriftlich und ausdrücklich** erfolgen und sie soll sicherstellen, dass der Vertreter Behörden und betroffenen Personen als Anlaufstelle und **Ansprechpartner zur Verfügung steht.**[404] In der Praxis wird dies eine Erklärungsvollmacht sowie die Bestellung des Vertreters zum Empfangsvertreter erfordern.[405] Denn wegen des Erfordernisses der ausdrücklichen Bestellung scheiden Rechtsscheintatbestände wie Anscheins- und Duldungsvollmachten als taugliche Rechtsgrundlagen zur Bestellung eines Vertreters aus. **239**

Darüber hinaus soll der Vertreter nach ErwG 80 S. 5 seine Aufgaben entsprechend dem Mandat des Verantwortlichen oder Auftragsverarbeiters ausführen und insbesondere mit den zuständigen Aufsichtsbehörden **zusammenarbeiten**. **240**

---

397 Vgl. dazu die Kommentierung zu Art. 58 DS-GVO.
398 Kühling/Buchner-*Hartung* Art. 4 Nr. 17 Rn. 4; Sydow-*Ziebarth* Art. 4 Nr. 17 Rn. 202.
399 Ehmann/Selmayr-*Klabunde* Art. 4 Nr. 17 Rn. 53; Paal/Pauly-*Ernst* Art. 4 Nr. 17 Rn. 122.
400 Vgl. dazu die Kommentierung zu Art. 35 DS-GVO.
401 Vgl. dazu die Kommentierung zu Art. 68 DS-GVO.
402 Vgl. dazu in Kommentierung in Rn. 98.
403 Vgl. dazu in Kommentierung in Rn. 127.
404 So Art. 27 Abs. 1 und 4 DS-GVO sowie ErwG 80 S. 3.
405 Kühling/Buchner-*Hartung* Art. 4 Nr. 17 Rn. 8.

241 Bei Verstößen des Verantwortlichen oder des Auftragsverarbeiters wird der Vertreter Durchsetzungsmaßnahmen unterworfen.[406] Diese Regelung ist deshalb in der Praxis wichtig, weil ein Verantwortlicher oder ein Auftragsverarbeiter, der keine Niederlassung in einem Mitgliedstaat hat, nicht den Durchsetzungsmaßnahmen der Union unterliegt. Insofern wird die Rechtsdurchsetzung erleichtert bzw. ermöglicht.[407]

242 Art. 4 Nr. 17 stellt eine abschließende Regelung dar. Für nationale Regelungen und Umsetzungsmaßnahmen bleibt daher kein Raum.[408]

XIX. Art. 4 Nr. 18: Unternehmen

243 **1. Allgemeines.** Die Definition des Unternehmens hat grundsätzliche Bedeutung im Rahmen der DS-GVO. Sie richtet sich an nicht-öffentliche Datenverarbeiter, unabhängig davon, ob Verantwortlicher oder Auftragsverarbeiter. Weder DSRL noch BDSG a.F. enthielten eine Definition des Unternehmens.

244 **2. Inhalt.** Art. 4 Nr. 18 definiert Unternehmen als eine natürliche und juristische Person, die eine wirtschaftliche Tätigkeit ausübt, unabhängig von ihrer Rechtsform, einschließlich Personengesellschaften oder Vereinigungen, die regelmäßig einer wirtschaftlichen Tätigkeit nachgehen.

245 Der datenschutzrechtliche Unternehmensbegriff nach der DS-GVO ist weit gefasst. Er umfasst alle Einzelpersonen und Personenmehrheiten, die einer wirtschaftlichen Tätigkeit nachgehen, mithin bei der datenschutzrechtlich relevanten Handlung in Ausübung ihrer gewerblichen oder selbstständigen Tätigkeit handeln. Unerheblich ist die Branche, sodass auch Freiberufler erfasst sind.[409] Die Spanne reicht damit vom Arzt bis zur börsennotierten Publikumsgesellschaft.[410] Auch juristische Personen des öffentlichen Rechts fallen unter den Unternehmensbegriff, sofern sie wirtschaftlicher Tätigkeit nachgehen. Eine solche setzt voraus, dass die Stelle, um deren Unternehmenseigenschaft es geht, am Markt im Rahmen von Austauschverträgen Waren oder Dienstleistungen anbietet. Hoheitliche Tätigkeit ist damit nicht umfasst.[411] Soweit eine Person gleichzeitig privaten und beruflichen Nutzen aus einer Tätigkeit zieht (Dual Use) ist der Unternehmensbegriff erfüllt.[412]

246 Die DS-GVO gilt grundsätzlich auch für Kleinstunternehmen sowie kleine und mittlere Unternehmen. Nach Art. 40 Abs. 1 und Art. 42 Abs. 1 können für Kleinst- bis mittlere Unternehmen spezielle Verhaltensregeln bzw. Zertifizierungsmöglichkeiten geschaffen werden. Für die Definition des Begriffs Kleinstunternehmen sowie kleine und mittlere Unternehmen ist nach ErwG 13 S. 5 Art. 2 des Anhangs zur Empfehlung 2003/361/EG der Kommission maßgebend. Nach Art. 2 des Anhangs zur Empfehlung dienen die Mitarbeiterzahlen und die finanziellen Schwellenwerte der Definition der Unternehmensklassen. Danach bestimmt sich die Größenklasse der Kleinstunternehmen sowie der kleinen und mittleren Unternehmen (KMU) aus der Beschäftigten-

406 Vgl. ErwG 80 S. 6.
407 Sydow-*Ziebarth* Art. 4 Nr. 17 Rn. 204.
408 Kühling/Buchner-*Hartung* Art. 4 Nr. 17 Rn 10.
409 Paal/Pauly-*Ernst* Art. 4 Nr. 18 Rn. 124.
410 Sydow-*Ziebarth* Art. 4 Rn. 207.
411 So auch Sydow-*Ziebarth* Art. 4 Rn. 208.
412 Paal/Pauly-*Ernst* Art. 4 Nr. 18 Rn. 125.

zahl – „weniger als 250 Personen beschäftigen“ und dem Jahresumsatz „die entweder einen Jahresumsatz von höchstens 50 Mio. EUR erzielen oder deren Jahresbilanzsumme sich auf höchstens 43 Mio. EUR beläuft“. Als kleines Unternehmen wird ein Unternehmen definiert, das weniger als 50 Personen beschäftigt und dessen Jahresumsatz bzw. Jahresbilanz 10 Mio. EUR nicht übersteigt. Innerhalb der Kategorie der KMU wird ein Kleinstunternehmen als ein Unternehmen definiert, das weniger als 10 Personen beschäftigt und dessen Jahresumsatz bzw. Jahresbilanz 2 Mio. EUR nicht überschreitet.[413]

Werden Unternehmen Geldbußen nach Art. 83 auferlegt, kommt dem Unternehmensbegriff eine besondere Bedeutung zu. In diesem Rahmen wird dieser anders verstanden und erhält eine von Art. 4 Nr. 18 abweichende Definition. Werden Unternehmen Geldbußen auferlegt, soll nach ErwG 150 zu diesem Zweck der Begriff „Unternehmen“ im Sinne der Art. 101 und 102 AEUV verstanden werden.[414] **247**

XX. Art. 4 Nr. 19: Unternehmensgruppe

1. Allgemeines. Art. 4 Nr. 19 definiert die Unternehmensgruppe als eine Gruppe, die aus einem herrschenden Unternehmen und den von diesem abhängigen Unternehmen besteht. In einer Unternehmensgruppe besteht danach ein Über-Unterordnungsverhältnis. **248**

Nach ErwG 37 sollte das herrschende Unternehmen dasjenige sein, das zum Beispiel aufgrund der Eigentumsverhältnisse, der finanziellen Beteiligung oder der für das Unternehmen geltenden Vorschriften oder der Befugnis, Datenschutzvorschriften umsetzen zu lassen, einen beherrschenden Einfluss auf die übrigen Unternehmen ausüben kann. Ein Unternehmen, das die Verarbeitung personenbezogener Daten in ihm angeschlossenen Unternehmen kontrolliert, sollte zusammen mit diesen als eine „Unternehmensgruppe“ betrachtet werden. Das macht deutlich, dass es bei der Unternehmensgruppe nicht ausschließlich auf eine Beherrschung im gesellschaftsrechtlichen Sinne ankommt, sondern auch faktische Unternehmensgruppen, bei denen z.B. aufgrund von Verträgen bestimmten Unternehmen die Möglichkeit zum Richtlinienerlass gegeben ist, hierunter fallen können.[415] **249**

Beispiel für eine Unternehmensgruppe ist insbesondere der Konzern. So definiert § 18 Abs. 1 AktG einen solchen als „ein herrschendes und ein oder mehrere abhängige Unternehmen“, die „unter der einheitlichen Leitung des herrschenden Unternehmens zusammengefasst sind“. **250**

2. Bedeutung. Die Unternehmensgruppe ist an verschiedenen Stellen der DS-GVO von Bedeutung. Insbesondere im Zusammenhang mit der Möglichkeit, auf Grundlage von verbindlichen internen Datenschutzvorschriften (binding corporate rules – BCR) personenbezogene Daten in Drittländer zu übermitteln.[416] **251**

ErwG 48 nennt die Unternehmensgruppe als besonderes Beispiel dafür, dass die verantwortlichen Stellen in einer Unternehmensgruppe ein besonderes berechtigtes Interesse an einer Übermittlung von Daten innerhalb der Unternehmensgruppe haben können. **252**

---

413 ABl. 2003 L 124, 36 (39).
414 Eingehend dazu Kommentierung zu Art. 83 DS-GVO.
415 Kühling/Buchner-*Schröder* Art. 4 Nr. 19 Rn. 1.
416 Dazu Kommentierung zu Art. 47 DS-GVO.

253 Nach Art. 37 Abs. 2 darf eine Unternehmensgruppe einen gemeinsamen betrieblichen Datenschutzbeauftragten bestellen, sofern der Datenschutzbeauftragte von jeder Niederlassung leicht erreicht werden kann.[417]

254 Art. 88 Abs. 2 verlangt, dass Mitgliedstaaten, die von der Ausnahme des Art. 88 Abs. 1 Gebrauch machen und gesonderte Regelungen zum Umgang mit Beschäftigtendaten erlassen, besondere Maßnahmen zur Wahrung der menschlichen Würde, der berechtigten Interessen und der Grundrechte der betroffenen Person vorsehen.[418]

XXI. Art. 4 Nr. 20: Verbindliche interne Datenschutzvorschriften

255 Der Begriff der verbindlichen internen Datenschutzvorschriften ist in Art. 4 Nr. 20 legaldefiniert. Danach handelt es sich dabei um Maßnahmen zum Schutz personenbezogener Daten, zu deren Einhaltung sich ein im Hoheitsgebiet eines Mitgliedstaats niedergelassener Verantwortlicher oder Auftragsverarbeiter verpflichtet im Hinblick auf Datenübermittlungen oder eine Kategorie von Datenübermittlungen personenbezogener Daten an einen Verantwortlichen oder Auftragsverarbeiter derselben Unternehmensgruppe oder derselben Gruppe von Unternehmen, die eine gemeinsame Wirtschaftstätigkeit ausüben und zwar in einem oder mehreren Drittländern.

256 Art. 4 Nr. 20 entspricht mit seiner Regelung zu verbindlichen internen Datenschutzvorschriften (binding corporate rules; BCR) im Wesentlichen **Art. 26 Abs. 2 DSRL**.

257 Eine detaillierte Regelung zu den verbindlichen internen Datenschutzvorschriften findet sich in der DS-GVO in **Art. 47**[419]. Darüber hinaus nimmt Art. 4 Nr. 20 Bezug auf die Niederlassung eines Verantwortlichen oder Auftragsverarbeiters. Insofern sind die inhaltlichen Bezüge zu **Art. 4 Nr. 7**, **8** und **16** zu beachten.[420] Ferner ist hinsichtlich des Begriffs des Unternehmens und der Unternehmensgruppe in Art. 4 Nr. 20 auf **Art. 4 Nr. 18**[421] und **19**[422] zu verweisen.

258 Diese internen Datenschutzvorschriften stellen letztlich Regelungen zum Schutz personenbezogener Daten im Hinblick auf Datenübermittlungen in Drittländer dar, zu deren Einhaltung sich ein in der EU niedergelassener Verantwortlicher oder Auftragsdatenverarbeiter verpflichtet.[423] Insofern erlauben diese internen Regelungen dem Verantwortlichen oder Auftragsverarbeiter personenbezogene Daten auch dann an ein verbundenes Unternehmen in einem Drittland zu übermitteln, wenn dieses nicht über ein der DS-GVO entsprechendes Datenschutzniveau verfügt. Die verbundenen Unternehmen werden so zu Maßnahmen zum Schutz personenbezogener Daten verpflichtet.[424]

---

417 Vgl. Kommentierung zu Art. 37 Abs. 2 DS-GVO.
418 Vgl. Kommentierung zu Art. 88 DS-GVO.
419 Vgl. dazu die Kommentierung zu Art. 47 DS-GVO.
420 Dazu auch Paal/Pauly-*Ernst* Art. 4 Nr. 20 Rn. 132; Kühling/Buchner-*Schröder* Art. 4 Nr. 20 Rn. 1 f.; Sydow-*Towfigh/Ulrich* Art. 4 Nr. 20 Rn. 224; BeckOK DatenSR-*Schild* Art. 4 Nr. 20 Rn. 163.
421 Vgl. dazu die Kommentierung in Rn. 243.
422 Vgl. dazu die Kommentierung in Rn. 248.
423 Kühling/Buchner-*Schröder* Art. 4 Nr. 20 Rn. 1; Sydow-*Towfigh/Ulrich* Art. 4 Nr. 20 Rn. 224.
424 Ehmann/Selmayr-*Klabunde* Art. 4 Nr. 20 Rn. 62; Kühling/Buchner-*Schröder* Art. 4 Nr. 20 Rn. 1; Sydow-*Towfigh/Ulrich* Art. 4 Nr. 20 Rn. 224; Gola-*Gola* Art. 4 Nr. 20 Rn. 92.

Folglich können interne Datenschutzvorschriften als geeignete Garantien nach Art. 46 Abs. 1[425] Datenübermittlungen in Drittländer ohne ein der DS-GVO entsprechendes angemessenes Datenschutzniveau rechtfertigen, wenn die Voraussetzungen des Art. 47 Abs. 1 und 2 vorliegen.[426] Dazu müssen die Datenschutzvorschriften insbesondere rechtlich bindend sein und die inhaltlichen Anforderungen des Kataloges des Art. 47 Abs. 2 erfüllen.[427] **259**

Interne Datenschutzvorschriften können somit eine Rechtsgrundlage für die Übermittlung personenbezogener Daten liefern und stellen eine Form der **regulierten Selbstregulierung**[428] dar. Denn die Verantwortlichen oder Auftragsverarbeiter erstellen für verbundene Unternehmen selbstständig inhaltliche Vorgaben zum Datenschutz, wobei sich diese Vorgaben an der DS-GVO orientieren und über die Aufsichts- und Sanktionsbefugnisse der DS-GVO einer Kontrolle unterliegen.[429] **260**

Ausweislich **ErwG 110** soll jede Unternehmensgruppe oder jede Gruppe von Unternehmen, die eine gemeinsame Wirtschaftstätigkeit ausüben, für ihre internationalen Datenübermittlungen aus der Union an Organisationen derselben Unternehmensgruppe oder Gruppe von Unternehmen, die eine gemeinsame Wirtschaftstätigkeit ausüben, genehmigte verbindliche interne Datenschutzvorschriften anwenden dürfen, sofern diese sämtliche Grundprinzipien der durchsetzbaren Rechte enthalten, die geeignete Garantien für die Übermittlungen bzw. Übermittlungen von Kategorien personenbezogener Daten bieten. **261**

Damit sind nicht nur Konzerne vom Anwendungsbereich der verbindlichen internen Datenschutzvorschriften erfasst, bei denen die Unternehmen zueinander in einem Abhängigkeitsverhältnis stehen, sondern auch Unternehmensverbände, die kein derartiges Abhängigkeitsverhältnis aufweisen. [430] Ausreichend ist dabei eine gemeinsame Wirtschaftstätigkeit. Erfasst sind in praktischer Hinsicht damit auch freiwillige Zusammenschlüsse privater Unternehmen wie Joint Ventures oder Arbeitsgemeinschaften.[431] **262**

XXII. Art. 4 Nr. 21: Aufsichtsbehörde

Art. 4 Nr. 21 definiert die Aufsichtsbehörde als eine von einem Mitgliedstaat gemäß Art. 51 eingerichtete und unabhängige Stelle. Die Überwachung der Verarbeitung durch eine solche Stelle ist bereits in Art. 8 GR-Charta der Europäischen Union verankert und auch in Art. 16 AEUV vorgesehen. Die DSRL verwendete noch den Begriff Kontrollstelle, den sie aber nicht selbst definierte. In § 38 BDSG a.F. fand sich bereits der Begriff Aufsichtsbehörde, war aber dort nicht definiert. **263**

Der Begriff Aufsichtsbehörde ist zentral für die Kapitel VI und VII DS-GVO. Da Art. 4 Nr. 21 nur auf Art. 51 verweist, enthält die Norm keine eigentliche Definition der Aufsichtsbehörde. Insofern gibt Art. 51 Abs. 1 die wirkliche Legaldefinition der **264**

---

425 Vgl. dazu die Kommentierung zu Art. 46 DS-GVO.

426 Kühling/Buchner-*Schröder* Art. 4 Nr. 20 Rn. 1; Paal/Pauly-*Ernst* Art. 4 Nr. 20 Rn. 131.

427 Sydow-*Towfigh/Ulrich* Art. 4 Nr. 20 Rn. 224; Kühling/Buchner-*Schröder* Art. 4 Nr. 20 Rn. 1; Paal/Pauly-*Ernst* Art. 4 Nr. 20 Rn. 131.

428 Zu dem Begriff vgl. ausführlich Schwartmann-*Schwartmann* Praxishandbuch Medienrecht Kap. 1 Rn. 19.

429 Sydow-*Towfigh/Ulrich* Art. 4 Nr. 20 Rn. 225; Gola-*Gola* Art. 4 Nr. 20 Rn. 91.

430 Kühling/Buchner-*Schröder* Art, 4 Nr. 20 Rn. 2.

431 Sydow-*Towfigh/Ulrich* Art. 4 Nr. 20 Rn. 226; Kühling/Buchner-*Schröder* Art. 4 Nr. 20 Rn. 2.

Aufsichtsbehörde vor. Danach ist die Aufsichtsbehörde eine von einem Mitgliedstaat eingerichtete unabhängige staatliche Stelle.[432] Jeder Mitgliedstaat sieht hiernach vor, dass eine oder mehrere unabhängige Behörden für die Überwachung der Anwendung der DS-GVO zuständig sind, damit die Grundrechte und Grundfreiheiten natürlicher Personen bei der Verarbeitung geschützt werden und der freie Verkehr personenbezogener Daten in der Union erleichtert wird.

265 Wer Aufsichtsbehörde ist, bestimmt sich nach nationalem Recht. Aktuell sind dies in Deutschland die Bundesbeauftragte für den Datenschutz und die Informationsfreiheit, die Landesdatenschutzbeauftragten der Länder und in Bayern für den nichtöffentlichen Bereich zusätzlich das Landesamt für Datenschutzaufsicht.[433]

266 Gibt es in einem Mitgliedstaat mehr als eine Aufsichtsbehörde, so bestimmt dieser – wie in § 17 Abs. 1 S. 1 BDSG neu zugunsten der/des BfDI geschehen, die Aufsichtsbehörde, die die Behörden im Ausschuss vertritt, und führt ein Verfahren ein, mit dem sichergestellt wird, dass die anderen Behörden die Regeln für das Kohärenzverfahren nach Art. 63 einhalten.[434]

XXIII. Art. 4 Nr. 22: Betroffene Aufsichtsbehörde

267 Art. 4 Nr. 22 nennt **drei Tatbestände** hinsichtlich des Begriffs der „betroffenen Aufsichtsbehörde“: Danach ist eine betroffene Aufsichtsbehörde, eine Aufsichtsbehörde, die von der Verarbeitung personenbezogener Daten betroffen ist, weil:

- der Verantwortliche oder der Auftragsverarbeiter im Hoheitsgebiet des Mitgliedstaates dieser Aufsichtsbehörde niedergelassen ist (Art. 4 Nr. 22 lit. a)
- diese Verarbeitung erhebliche Auswirkungen auf betroffene Personen mit Wohnsitz im Mitgliedstaat dieser Aufsichtsbehörde hat oder haben kann oder (Art. 4 Nr. 22 lit. b)
- eine Beschwerde bei dieser Aufsichtsbehörde eingereicht wurde (Art. 4 Nr. 22 lit. c).

268 Aus dem Wortlaut des Art. 4 Nr. 22 („oder“) folgt, dass sofern einer dieser Tatbestände vorliegt, die Aufsichtsbehörde „betroffen“ ist.[435]

269 Der Begriff der „betroffenen Aufsichtsbehörde“ wurde im Gesetzgebungsverfahren durch den Rat im Zusammenhang mit der Überarbeitung des Verfahrens zur Zusammenarbeit und Kohärenz nach Art. 60[436] eingeführt.[437]

270 Da die DSRL ein derartiges Verfahren nicht kannte, enthielt sie den durch die DS-GVO eingeführten Begriff der „betroffenen Aufsichtsbehörde“ nicht.[438] Weil im Zuge der Einführung des Verfahrens nach Art. 60 im Entwurf der Kommission die Alleinzu-

432 Vgl. Kommentierung zu Art. 51 DS-GVO Rn. 19 ff.
433 BeckOK DatenSR-*Schild* DS-GVO Art. 4 Rn. 165.
434 Vgl. Kommentierung zu Art. 51 Abs. 3 DS-GVO Rn. 49 ff.
435 Sydow-*Ziebarth* Art. 4 Nr. 22 Rn. 240.
436 Vgl. dazu die Kommentierung zu Art. 60 DS-GVO Rn. 15.
437 Vgl. Rat v. 9.3.2015, Nr. 6833/15, S. 17 sowie Stellungnahme der BfDI zum Entwurf des DSAnpUG-EU v. 31.8.2016, S. 11; Kühling/Buchner-*Boehm* Art. 4 Nr. 22 Rn. 1; Ehmann/Selmayr-*Klabunde* Art. 4 Nr. 22 Rn. 64.
438 Kühling/Buchner-*Boehm* Art. 4 Nr. 22 Rn. 1; Ehmann/Selmayr-*Klabunde* Art. 4 Nr. 22 Rn. 64.

ständigkeit der Aufsichtsbehörde der Hauptniederlassung bei mehreren Niederlassungen in der Union vorgesehen war[439], ist der Begriff der „betroffenen Aufsichtsbehörde" eng mit dem **One-Stop-Shop-Prinzip**[440] verknüpft.[441]

1. Niederlassung im Hoheitsgebiet der Aufsichtsbehörde (Art. 4 Nr. 22 lit. a). Nach Art. 4 Nr. 22 lit. a ist Anknüpfungspunkt die **Niederlassung** des Verantwortlichen oder des Auftragsverarbeiters im Hoheitsgebiet des Mitgliedstaates. **271**

Der Begriff der Niederlassung wird dabei in der Rechtsprechung des EuGH **weit ausgelegt.**[442] Sie setzt die effektive und tatsächliche Ausübung einer wirtschaftlichen Tätigkeit mittels einer festen Einrichtung voraus, wobei die Rechtsform unerheblich ist.[443] **ErwG 22 S. 2 und 3** übernehmen diese Wertung. Um festzustellen, ob ein Unternehmen, das für eine Datenverarbeitung verantwortlich ist, über eine Niederlassung verfügt, ist vielmehr der **Grad an Beständigkeit** der Einrichtung sowie die **effektive Ausübung der wirtschaftlichen Tätigkeiten** unter Beachtung des besonderen Charakters der Tätigkeit und der in Rede stehenden Dienstleistungen auszulegen.[444] Eine Niederlassung kann dabei auch unter Umständen in einer effektiven und tatsächlichen Tätigkeit, die nur geringer Natur ist, gesehen werden, etwa dann, wenn die Zweitniederlassung nur in Person eines Vertreters besteht.[445] Der Begriff der Niederlassung folgt damit einer **flexiblen kontextbezogenen Betrachtungsweise** und erfolgt nicht formalistisch.[446] **272**

2. Erhebliche Auswirkungen auf Betroffene mit Wohnsitz im Mitgliedstaat der Aufsichtsbehörde (Art. 4 Nr. 22 lit. b). Art. 4 Nr. 23 lit. b stellt wie Art. 4 Nr. 23 lit. b[447] auf **die erheblichen Auswirkungen** auf die betroffenen Personen ab. **273**

Die **Möglichkeit** erheblicher Auswirkungen ist ausweislich des Wortlauts der Verordnung („haben kann") bereits ausreichend. **„Auswirkungen"** ist dabei weit gefasst und schließt sowohl rechtliche als auch tatsächliche Auswirkungen mit ein, sofern diese nicht unerheblich sind. Es ist nicht zu verleugnen, dass der Begriff der Auswirkungen kaum Konturen aufweist. Eine Definition der Auswirkungen oder Erheblichkeit enthält Art. 4 Nr. 22 lit. b nicht. Insofern betont **ErwG 124 S. 4**, dass der Datenschutzausschuss aufgefordert ist, Leitlinien zu den Kriterien auszugeben, die bei der Feststellung zu berücksichtigen sind, ob die fragliche Verarbeitung erhebliche Auswirkungen auf betroffene Personen hat.[448] **274**

---

439 Kühling/Buchner-*Boehm* Art. 4 Nr. 22 Rn. 1; *Caspar* ZD 2012, 555 (556 f.); *Nguyen* ZD 2015,265 (266).

440 Vgl. dazu die Kommentierung zu Art. 4 Nr. 23 DS-GVO in Rn. 277 ff.

441 Gola-*Gola* Art. 4 Nr. 22 Rn. 94.

442 Vgl. dazu bereits im Rahmen von Art. 4 Nr. 16 DS-GVO in Rn. 217 ff.

443 *EuGH* v. 1.10.2015 – C-320/14 – Google Spain, ZD 2015, 590.

444 *EuGH* Urt. v. 1.10.2015 – C 230/14 – Weltimmo Rn. 29; *EuGH* NJW 2015, 3636 Rn. 29 ff.; Paal/Pauly-*Ernst* Art. 4 Nr. 16 Rn. 112.

445 Vgl. dazu *EuGH* v. 1.10.2015 – C-320/14, ZD 2015, 590 sowie Gola-*Gola* Art. 4 Nr. 16 Rn. 79; Paal/Pauly-*Ernst* Art. 4 Nr. 16 Rn. 112.

446 *EuGH* Urt. v. 1.10.2015 – C 230/14 – Weltimmo Rn. 29; BeckOK DatenSR-*Schild* DS-GVO Art. 4 Nr. 16 Rn. 145; Paal/Pauly-*Ernst* Art. 4 Nr. 16 Rn. 112.

447 Vgl. dazu die Kommentierung zu Art. 4 Nr. 23 lit. b DS-GVO in Rn. 286 f.

448 Vgl. dazu Kühling/Buchner-Boehm Art. 4 Nr. 22 Rn. 5 sowie Kühling/Buchner-*Dix* Art. 4 Nr. 23 Rn. 4.

275 **3. Einreichung einer Beschwerde (Art. 4 Nr. 22 lit. c).** Als dritten Anknüpfungspunkt nennt Art. 4 Nr. 22 lit. c, dass eine **Beschwerde** bei der Aufsichtsbehörde eingereicht wurde.

276 Die Beschwerde steht damit in unmittelbarem Zusammenhang **zu Art. 57 Abs. 1 lit. f**[449] und **Art. 77**[450]. Da im Rahmen von Art. 77 das Beschwerderecht sich etwa nach dem Aufenthaltsort, dem Arbeitsplatz oder dem Ort des mutmaßlichen Verstoßes richtet, eröffnet Art. 4 Nr. 22 lit. c weitreichende Möglichkeiten die Stellung einer Aufsichtsbehörde als „betroffene Aufsichtsbehörde" zu begründen.[451] Dies unterstreicht **ErwG 141**.

XXIV. Art. 4 Nr. 23: Grenzüberschreitende Verarbeitung

277 Eine grenzüberschreitende Verarbeitung ist nach **Art. 4 Nr. 23 lit. a** eine Verarbeitung personenbezogener Daten, die im Rahmen der Tätigkeiten von Niederlassungen eines Verantwortlichen oder eines Auftragsverarbeiters in der Union in mehr als einem Mitgliedstaat erfolgt, wenn der Verantwortliche oder Auftragsverarbeiter in mehr als einem Mitgliedstaat niedergelassen ist.

278 Nach **Art. 4 Nr. 23 lit. b** ist eine grenzüberschreitende Verarbeitung eine Verarbeitung personenbezogener Daten, die im Rahmen der Tätigkeit einer einzelnen Niederlassung eines Verantwortlichen oder Auftragsverarbeiters in der Union erfolgt, die jedoch erhebliche Auswirkungen auf betroffene Personen in mehr als einem Mitgliedstaat hat oder haben kann.

279 Damit können nach Art. 4 Nr. 23 **zwei Anwendungsfälle** eine grenzüberschreitende Verarbeitung begründen: Zum einen liegt eine grenzüberschreitende Verarbeitung vor, wenn die Verarbeitung in mehr als einem Mitgliedstaat stattfindet. Zum anderen ist dies auch der Fall, wenn die Verarbeitung zwar nur im Rahmen einer einzelnen Niederlassung stattfindet, diese aber erhebliche Auswirkungen auf betroffene Personen in mehr als einem Mitgliedstaat haben kann.[452] Insofern kann die grenzüberschreitende Verarbeitung sowohl vom Verantwortlichen bzw. Auftragsverarbeiter ausgehen als auch vom Empfänger.[453]

280 Mit dem Begriff der grenzüberschreitenden Verarbeitung wird damit ein EU-interner Datenverkehr erfasst. Gleichwohl begründet nicht jede Auslandberührung den Charakter einer Verarbeitung als grenzüberschreitend. Vielmehr ist die Berührung mehrerer Mitgliedstaaten bei der Datenverarbeitung gemeint.[454]

281 Die Vorschrift des Art. 4 Nr. 23 ist insbesondere für die Bestimmung und Funktion der federführenden Aufsichtsbehörde nach **Art. 56**[455] wichtig. Denn nach Art. 56 Abs. 1 ist die Aufsichtsbehörde der Hauptniederlassung oder der einzigen Niederlassung des Verantwortlichen oder des Auftragsverarbeiters die zuständige federführende Aufsichtsbehörde für die vom Verantwortlichen oder Auftragsverarbeiter durchgeführte

449 Vgl. dazu die Kommentierung zu Art. 57 Abs. 1 lit. f DS-GVO Rn. 62.
450 Vgl. dazu die Kommentierung zu Art. 77 DS-GVO.
451 Kühling/Buchner-*Boehm* Art. 4 Nr. 23 Rn. 6; Sydow-*Ziebarth* Art. 4 Nr. 24 Rn. 250 f.
452 Ehmann/Selmayr-*Klabunde* Art. 4 Nr. 23 Rn. 66; BeckOK DatenSR-*Schild* Art. 4 Nr. 23 Rn. 169.
453 Kühling/Buchner-*Dix* Art. 4 Nr. 23 Rn. 1; Gola-*Gola* Art. 4 Nr. 23 Rn. 96.
454 Sydow-*Ziebarth* Art. 4 Nr. 23 Rn. 254.
455 Vgl. dazu die Kommentierung zu Art. 56 DS-GVO.

grenzüberschreitende Verarbeitung. Durch die Bezugnahme auf **Art. 55**[456] und **Art. 60**[457] ist Art. 4 Nr. 23 daher auch in diesem Kontext bedeutsam.

Art. 4 Nr. 23 hat darüber hinaus Auswirkungen auf das **One-Stop-Shop-Prinzip**: Denn sowohl Art. 4 Nr. 23 lit. a als auch lit. b setzen tatbestandlich die Niederlassung eines Verantwortlichen oder Auftragsverarbeiters in der Union voraus. Zwar gilt die DS-GVO unter den Voraussetzungen von Art. 3 Abs. 2[458] auch für Verantwortliche oder Auftragsverarbeiter außerhalb der Union. Diese unterfallen aber dem Privileg des **One-Stop-Shop-Prinzips** nur, sofern sie eine Niederlassung in der Union haben. Andernfalls unterliegen sie den Kontrollverfahren der nationalen Aufsichtsbehörden für Verarbeitungen, die Art. 3 Abs. 2 unterliegen. Folglich greift das Privileg nur für Unternehmen, die eine europäische Niederlassung besitzen.[459] **282**

1. Niederlassungen in unterschiedlichen Mitgliedstaaten (lit. a). Nach Art. 4 Nr. 23 lit. a müssen **zwei Voraussetzungen**, **kumulativ** vorliegen: Der Verantwortliche bzw. der Auftragsverarbeiter muss eine Niederlassung in mehreren Mitgliedstaaten besitzen (vgl. Art. 4 Nr. 23 lit. a Hs. 1) und die Verarbeitung muss im Rahmen der Tätigkeiten einer dieser Niederlassungen in mehr als einem Mitgliedstaat erfolgen (vgl. Art. 4 Nr. 23 lit. a Hs. 2).[460] **283**

Hinsichtlich des Begriffs der Niederlassung ist auf die Ausführungen zu Art. 4 Nr. 16 zu verweisen. Damit sind jedenfalls alle Formen der Verarbeitung von personenbezogenen Daten umfasst, an denen Niederlassungen des Verantwortlichen bzw. des Auftragsverarbeiters in mehreren Mitgliedstaaten beteiligt sind, vgl. **ErwG 124 S. 1**. Aus dem Anwendungsbereich fallen somit insbesondere Fälle heraus, in denen der Verantwortliche nur in einem Mitgliedstaat eine Niederlassung besitzt.[461] **284**

Das Kriterium „im Rahmen der Tätigkeiten" wird vom EuGH grundsätzlich weit ausgelegt.[462] Insofern ist entsprechend **ErwG 22** jede Verarbeitung personenbezogener Daten im Rahmen der Tätigkeit einer Niederlassung eines Verantwortlichen oder Auftragsverarbeiters in der Union erfasst. Das gilt unabhängig davon, ob die Verarbeitung innerhalb oder außerhalb der Union stattfindet. Folglich fällt lediglich eine Verarbeitung die bei Gelegenheit oder außerhalb der normalen Niederlassungstätigkeit erfolgt aus dem Anwendungsbereich heraus.[463] **285**

2. Erhebliche Auswirkungen auf Betroffene in unterschiedlichen Mitgliedstaaten (lit. b).
Art. 4 Nr. 23 lit. b knüpft an die **erheblichen Auswirkungen** bei dem oder den Betroffenen an. Da Datenverarbeitungen, die lediglich im Rahmen der Tätigkeit einer einzelnen Niederlassung stattfinden[464] nicht als grenzüberschreitend anzusehen sind, gilt dies abweichend von diesem Grundsatz nach Art. 4 Nr. 23 lit. b dann nicht, wenn die Datenverarbei- **286**

---

456 Vgl. dazu die Kommentierung zu Art. 55 DS-GVO.

457 Vgl. dazu die Kommentierung zu Art. 60 DS-GVO.

458 Vgl. dazu die Kommentierung zu Art. 3 DS-GVO Rn. 21.

459 Kühling/Buchner-*Dix* Art. 4 Nr. 23 Rn. 5; Gola-*Gola* Art. 4 Nr. 23 Rn. 96.

460 Sydow-*Ziebarth* Art. 4 Nr. 23 Rn. 256.

461 Kühling/Buchner-*Dix* Art. 4 Nr. 23 Rn. 3; Sydow-*Ziebarth* Art. 4 Nr. 23 Rn. 257.

462 Vgl. etwa *EuGH* Urt. v. 13.5.2014 – C-131/12 – Google/Agencia Espanola de Protección de Datos; *EuGH* Urt. v. 1.10.2015 – C 230/14 – Weltimmo/Nemetzi Adatvédelmi és Információszabadság Hatóság; Kühling/Buchner-*Dix* Art. 4 Nr. 23 Rn. 2.

463 Kühling/Buchner-*Dix* Art. 4 Nr. 23 Rn. 2.

464 Siehe oben Rn. 278 f.

tung erhebliche Auswirkungen auf die betroffenen Personen haben kann.[465] Insofern ist die **Möglichkeit** erheblicher Auswirkungen ausweislich des Wortlauts der Verordnung bereits ausreichend.

287 Der Begriff der **Auswirkungen** ist auch hier weit gefasst und schließt sowohl rechtliche als auch tatsächliche Auswirkungen mit ein, sofern diese nicht unerheblich sind. Auch hier ist anzumerken, dass der Begriff der Auswirkungen kaum Konturen aufweist, so dass auch nach **ErwG 124 S. 4**, der Datenschutzausschuss aufgefordert ist, Leitlinien für Konturen festzulegen.[466]

XXV. Art. 4 Nr. 24: Maßgeblicher und begründeter Einspruch

288 Nach Art. 4 Nr. 24 ist ein maßgeblicher und begründeter Einspruch ein Einspruch gegen einen Beschlussentwurf (der federführenden Aufsichtsbehörde) im Hinblick darauf, ob ein Verstoß gegen diese Verordnung vorliegt oder ob beabsichtigte Maßnahmen gegen den Verantwortlichen oder den Auftragsverarbeiter im Einklang mit dieser Verordnung stehen, wobei aus diesem Einspruch die Tragweite der Risiken klar hervorgeht, die von dem Beschlussentwurf in Bezug auf die Grundrechte und Grundfreiheiten der betroffenen Personen und gegebenenfalls den freien Verkehr personenbezogener Daten in der Union ausgehen.

289 Die Begriffsdefinition ist insbesondere im Rahmen des **Art. 60 Abs. 4** und **6**[467] im Rahmen des Verfahrens der Zusammenarbeit zwischen federführender Aufsichtsbehörde und anderen betroffenen Aufsichtsbehörden sowie für das Streitbeilegungsverfahren nach **Art. 65 Abs. 1 lit. a**[468] relevant.[469]

290 Der Einspruch kann sich dabei ausschließlich gegen den **Beschlussentwurf der federführenden Aufsichtsbehörde** richten, wobei Art. 4 Nr. 23 dessen **formale Anforderungen** enthält.[470]

291 **Einspruchsbefugt** sind betroffene Aufsichtsbehörden gegenüber der federführenden Aufsichtsbehörde.[471]

292 Ein Einspruch ist nur dann **maßgeblich und begründet**, wenn mit ihm geltend gemacht wird, dass die federführende Aufsichtsbehörde in ihrem Beschlussentwurf zu Unrecht von einem bzw. keinem Verstoß des Verantwortlichen oder des Auftragsverarbeiters gegen die DS-GVO ausgegangen ist. Der Einspruch kann ausweislich des Wortlauts auch damit begründet werden, ob die beabsichtigte Maßnahme gegen den Verantwortlichen oder den Auftragsverarbeiter im Einklang mit der DS-GVO steht.[472] In beiden Alternativen muss der Einspruch den formalen Anforderungen nach Art. 4 Nr. 23 Hs. 2 genügen: So muss sich aus ihm die Tragweite der Risiken ergeben, die von

---

465 Kühling/Buchner-*Dix* Art. 4 Nr. 23 Rn. 4; Gola-*Gola* Art. 4 Nr. 23 Rn. 97; Sydow-*Ziebarth* Art. 4 Nr. 23 Rn. 259.

466 Vgl. dazu Kühling/Buchner-*Dix* Art. 4 Nr. 23 Rn. 4.

467 Vgl. dazu die Kommentierung zu Art. 60 DS-GVO Rn. 30 f.

468 Vgl. dazu die Kommentierung zu Art. 65 DS-GVO Rn. 7 f.

469 Dazu Kühling/Buchner-*Dix* Art. 4 Nr. 24 Rn. 1 f.; Sydow-*Peuker* Art. 4 Nr. 23 Rn. 263 f.; Gola-*Gola* Art. 4 Nr. 23 Rn. 99; Ehmann/Selmayr-*Klabunde* Art. 4 Nr. 23 Rn. 68.

470 Kühling/Buchner-*Dix* Art. 4 Nr. 23 Rn. 2; Paal/Pauly-*Ernst* Art. 4 Nr. 23 Rn. 141.

471 Gola-*Gola* Art. 4 Nr. 23 Rn. 99.

472 Kühling/Buchner-*Dix* Art. 4 Nr. 23 Rn. 3.

dem Beschlussentwurf für die Grundrechte und Grundfreiheiten der betroffenen Personen oder für den freien Verkehr von personenbezogenen Daten in der Union ausgehen. Dabei bezeichnet „begründet“ lediglich, dass die einspruchsführende Behörde ihre Bedenken im Sinne der o.g. Tatbestandsalternativen vortragen muss. Der Verstoß muss aber nicht tatsächlich gegeben sein. Dies folgt bereits daraus, dass der Wortlaut auf die Tragweite der Risiken und nicht auf den Verstoß als solchen abstellt.[473]

Hinzuweisen ist ferner auf **ErwG 124 S. 4**: Danach ist der Datenschutzausschuss aufgefordert, Leitlinien zu den Kriterien auszugeben, was einen maßgeblichen und begründeten Einspruch darstellt. **293**

XXVI. Art. 4 Nr. 25: Dienst der Informationsgesellschaft

1. Allgemeines. Art. 4 Nr. 25 definiert den Dienst der Informationsgesellschaft nicht eigenständig, sondern verweist auf die entsprechende Definition in Art. 1 Nr. 1 lit. b der RL 2015/1535.[474] Dasselbe Begriffsverständnis liegt auch der E-Commerce-Richtlinie zu Grunde.[475] **294**

Besondere Berücksichtigung finden die Dienste der Informationsgesellschaft in der DS-GVO bei der Erteilung der Zustimmung zur Verarbeitung, insbesondere solcher Dienste für Kinder gem. Art. 8[476], sowie beim Recht auf Löschung bzw. Vergessenwerden nach Art. 17[477]. **295**

2. Inhalt. Art. 1 Nr. 1 lit. b RL 2015/1535 definiert Dienste der Informationsgesellschaft als „in der Regel gegen Entgelt elektronisch im Fernabsatz und auf individuellen Abruf eines Empfängers erbrachte Dienstleistung“. **296**

Der Begriff der **Dienstleistung** bezieht sich auf Art. 56 AEUV. Die umfangreiche Rechtsprechung des EuGH zu diesem Begriff stellt unter anderem klar, dass die Bedingung des Erbringens der Dienstleistung in der Regel gegen Entgelt nicht verlangt, dass im konkreten Fall der Nutzer der Dienstleistung eine finanzielle Gegenleistung erbringt.[478] Insbesondere – aber nicht nur- ist hier an Dienste zu denken, die dem Nutzer ohne finanzielle Gegenleistung angeboten werden und die personenbezogene Daten als Gegenleistung nutzen. **297**

Im **Fernabsatz** erbracht ist eine Dienstleistung, wenn sie bei nicht gleichzeitiger körperlicher Anwesenheit der Beteiligten unter Einsatz eines Kommunikationsmittels erbracht wird, wobei es auf den Übertragungsweg nicht ankommt.[479] Die Dienstleistung muss elektronisch erbracht werden, wie es typischerweise bei Onlineangeboten der Fall ist. Erfasst werden nur Dienstleistungen, die auf individuellen Abruf hin **298**

---

473 Übereinstimmend Kühling/Buchner-*Dix* Art. 4 Nr. 23 Rn. 3; Paal/Pauly-*Ernst* Art. 4 Nr. 23 Rn. 141.

474 Richtlinie (EU) 2015/1535 des Europäischen Parlaments und des Rates vom 9. September 2015 über ein Informationsverfahren auf dem Gebiet der technischen Vorschriften und der Vorschriften für die Dienste der Informationsgesellschaft (ABl. L 241 vom 17.09.2015, 1).

475 Vgl. Art. 2 lit. a Richtlinie 200/31/EG.

476 Vgl. Kommentierung zu Art. 8 DS-GVO.

477 Vgl. Kommentierung zu Art. 17 DS-GVO.

478 Ehmann/Selmayr-*Klabunde* Art. 4 Rn. 73.

479 Schwartmann-*Gennen* Praxishandbuch Medien-, IT- und Urheberrecht, Kap. 22 Rn. 83 ff.

erbracht werden. Lineare Angebote wie Rundfunkangebote folgen einem vorab festgelegten Sendeplan und fallen nicht unter die Dienste der Informationsgesellschaft.[480]

XXVII. Art. 4 Nr. 26: Internationale Organisation

299 **1. Allgemeines.** Art. 4 Nr. 26 definiert die internationale Organisation als eine völkerrechtliche Organisation und ihre nachgeordneten Stellen oder jede sonstige Einrichtung, die durch eine zwischen zwei oder mehr Ländern geschlossene Übereinkunft oder auf der Grundlage einer solchen Übereinkunft geschaffen wurde. In Kapitel V der DS-GVO wird die internationale Organisation dem Drittland gleichgestellt, so dass eine Datenübermittlung dorthin nur unter den zusätzlichen Voraussetzungen der Art. 44 ff. zulässig ist.

300 Die DSRL und das BDSG a.F. enthielten keine Definition der internationalen Organisation.

301 **2. Inhalt.** Die Definition der DS-GVO entspricht im Wesentlichen der im Völkerrecht üblichen Begriffsbestimmung, wonach eine solche Organisation auf einem völkerrechtlichen Vertrag beruht und einen mitgliedschaftlich strukturierten Zusammenschluss von zwei oder mehreren Völkerrechtssubjekten darstellt, der mit eigenen Organen Angelegenheiten von gemeinsamem Interesse besorgt.[481]

302 Erwähnung findet der Begriff der internationalen Organisation auch in Art. 96. Die Norm bestimmt, dass internationale Übereinkünfte, die von den Mitgliedstaaten vor dem Inkrafttreten der DS-GVO zur Übermittlung personenbezogener Daten an Drittländer oder die genannten internationalen Organisationen im Einklang mit dem vor Inkrafttreten der DS-GVO geltenden Unionsrecht abgeschlossen wurden, in Kraft bleiben, bis sie geändert, ersetzt oder gekündigt werden.[482]

Anhang

§ 2 BDSG Begriffsbestimmungen

(1) Öffentliche Stellen des Bundes sind die Behörden, die Organe der Rechtspflege und andere öffentlich-rechtlich organisierte Einrichtungen des Bundes, der bundesunmittelbaren Körperschaften, der Anstalten und Stiftungen des öffentlichen Rechts sowie deren Vereinigungen ungeachtet ihrer Rechtsform.

(2) Öffentliche Stellen der Länder sind die Behörden, die Organe der Rechtspflege und andere öffentlich-rechtlich organisierte Einrichtungen eines Landes, einer Gemeinde, eines Gemeindeverbandes oder sonstiger der Aufsicht des Landes unterstehender juristischer Personen des öffentlichen Rechts sowie deren Vereinigungen ungeachtet ihrer Rechtsform.

(3) Vereinigungen des privaten Rechts von öffentlichen Stellen des Bundes und der Länder, die Aufgaben der öffentlichen Verwaltung wahrnehmen, gelten ungeachtet der Beteiligung nichtöffentlicher Stellen als öffentliche Stellen des Bundes, wenn

480 Hoeren/Sieber/Holznagel-*Holznagel* Handbuch Multimedia-Recht, 5. Teil, Rn. 45.
481 Kühling/Buchner-*Schröder* Art. 4 Nr. 26 Rn. 1.
482 Gola-*Gola* Art. 4 Rn. 103; dazu Kommentierung zu Art. 96 DS-GVO.

1. sie über den Bereich eines Landes hinaus tätig werden oder
2. dem Bund die absolute Mehrheit der Anteile gehört oder die absolute Mehrheit der Stimmen zusteht.

Andernfalls gelten sie als öffentliche Stellen der Länder.

(4) Nichtöffentliche Stellen sind natürliche und juristische Personen, Gesellschaften und andere Personenvereinigungen des privaten Rechts, soweit sie nicht unter die Absätze 1 bis 3 fallen. Nimmt eine nichtöffentliche Stelle hoheitliche Aufgaben der öffentlichen Verwaltung wahr, ist sie insoweit öffentliche Stelle im Sinne dieses Gesetzes.

(5) Öffentliche Stellen des Bundes gelten als nichtöffentliche Stellen im Sinne dieses Gesetzes, soweit sie als öffentlich-rechtliche Unternehmen am Wettbewerb teilnehmen. Als nichtöffentliche Stellen im Sinne dieses Gesetzes gelten auch öffentliche Stellen der Länder, soweit sie als öffentlich-rechtliche Unternehmen am Wettbewerb teilnehmen, Bundesrecht ausführen und der Datenschutz nicht durch Landesgesetz geregelt ist.

Übersicht

A. Einordnung und Hintergrund

Gegenstand der Norm ist die Bestimmung der im BDSG verwendeten Begrifflichkeit bezüglich des Kreises der Normadressaten. § 2 trägt so zum Verständnis des BDSG im Übrigen bei. Von Bedeutung ist § 2 im Spannungsverhältnis mit den Vorschritten der DS-GVO insoweit, als letztere den Kreis der Adressaten einheitlich bestimmt und nicht zwischen öffentlichen und nichtöffentlichen Stellen differenziert. 1

2 In § 2 werden die Regelungen des § 2 BDSG a.F. und des § 27 Abs. 1 S. 1 Nr. 2 BDSG a.F., letzterer nunmehr in Abs. 5, hinsichtlich der Stellung als Normadressaten zusammengefasst.

B. Kommentierung

I. Allgemeines: Zweck, Bedeutung, Systematik/Verhältnis zu anderen Vorschriften

3 § 2 enthält lediglich Begriffsbestimmungen. Welche Normen auf die nach § 2 definierten Stellen Anwendung finden, ergibt sich aus dem BDSG im Übrigen, soweit nicht die DS-GVO unmittelbar gilt.

II. Öffentliche Stellen des Bundes (Abs. 1)

4 Abs. 1 definiert die öffentlichen Stellen des Bundes. Dies sind Behörden, die Organe der Rechtspflege und andere öffentlich-rechtlich organisierte Einrichtungen des Bundes, der bundesunmittelbaren Körperschaften, der Anstalten und Stiftungen des öffentlichen Rechts sowie deren Vereinigungen ungeachtet ihrer Rechtsform.

5 **1. Behörden. – a) Behördenbegriff.** Das BDSG enthält selbst keine Definition des Behördenbegriffs. Insoweit liegt zunächst ein Rückgriff auf das VwVfG des Bundes bzw. der VwVfG der Länder nahe. Gemäß § 1 Abs. 4 VwVfG Bund – regelmäßig entsprechend § 1 Abs. 2 VwVfG der Länder – ist eine Behörde jede Stelle, die Aufgaben der öffentlichen Verwaltung wahrnimmt.

6 Diese am Behördenbegriff im funktionellen Sinne orientierte Definition lässt sich nicht zwanglos in die Begrifflichkeit i.S.d. BDSG einpassen. So sind Behörden i.S.d. § 1 Abs. 4 VwVfG alle öffentlichen Stellen, die durch Organisationsakt gebildet werden, vom Wechsel des Amtsinhabers unabhängig und nach der jeweiligen Zuständigkeitsregelung berufen sind, unter eigenem Namen nach außen eigenständige Aufgaben der öffentlichen Verwaltung wahrzunehmen.[1] Anknüpfungspunkt des § 2 sind jedenfalls nicht die Rechtsträger selbst, sondern deren verantwortliche Einrichtungen. Zugleich sind die unselbstständigen Einheiten innerhalb des jeweiligen Rechtsträgers selbst datenschutzpflichtig. Folge der schon unter Geltung des BDSG a.F. vorgenommenen Anknüpfung an die Behörde als unselbstständige Stelle ggf. innerhalb des gleichen Verwaltungsträgers ist, dass die Weiterleitung personenbezogener Daten von einer Stelle zur anderen datenschutzrechtlich relevant ist.[2]

7 So genannte Beliehene, also Private, die durch Gesetz oder aufgrund eines Gesetzes mit hoheitlichen Aufgaben betraut werden, nehmen Aufgaben der öffentlichen Verwaltung wahr. Sie sind so vom funktionalen Behördenbegriff erfasst,[3] finden aber in § 2 Abs. 4 S. 2 noch einmal gesondert Erwähnung.

8 **b) Behörden des Bundes.** Behörden des Bundes sind nach alledem die obersten Bundesbehörden, also die Ministerien, das Kanzleramt, der Bundesrechnungshof, die Bundesbank, aber auch der Präsident des Bundestages sowie des Bundesrates, letztere im Rahmen ihrer Exekutivfunktionen.

---

1 Stelkens/Bonk/Sachs-*Schmitz* VwVfG, § 1 Rn. 231.

2 Vgl. insoweit BeckOK DatenSR-*Hanloser* BDSG, § 2 Rn. 7.

3 So schon die Begründung zum Entwurf des BDSG von 1973, BTDrucks. 7/1022, S. 24. Missverständlich BeckOK DatenSR-*Hanloser* BDSG, § 2 Rn. 14.

In ihrer Exekutivfunktion bezüglich der Gerichts- und Behördenverwaltung sind Behörden auch die Präsidenten des Bundesverfassungsgerichts und der Gerichtshöfe des Bundes, sowie der Generalbundesanwalt. **9**

Ebenso sind Behörden des Bundes alle Bundesoberbehörden und Bundeszentralstellen, die den obersten Bundesbehörden nachgeordnet sind, ebenso die bundeseigenen Mittel- und Unterbehörden, soweit das GG einen eigenen Verwaltungsunterbau vorsieht (Art. 87 Abs. 1 GG). **10**

2. Organe der Rechtspflege des Bundes. Die ausdrückliche Nennung der Organe der Rechtspflege stellt klar, dass diese nicht nur über die verwaltende Tätigkeit, also als „Behörde" als öffentliche Stelle gelten, sondern auch in ihrer originären streitentscheidenden Funktion und im Bereich der freiwilligen Gerichtsbarkeit. **11**

Organe der Rechtsprechung des Bundes sind demzufolge das Bundesverfassungsgericht, die obersten Gerichtshöfe des Bundes, Bundesgerichtshof, Bundesverwaltungsgericht, Bundessozialgericht, Bundesarbeitsgericht und Bundesfinanzhof, sowie Bundesgerichte, hier das Bundespatentgericht. Organ der Rechtspflege des Bundes ist auch Generalbundesanwalt beim Bundesgerichtshof und der Vertreter des Bundesinteresses beim Bundesverwaltungsgericht.[4] **12**

3. Sonstige öffentlich-rechtliche Einrichtungen des Bundes. Zu den sonstigen öffentlich-rechtlichen Einrichtungen des Bundes sind zu rechnen insbesondere die Gesetzgebungsorgane, Bundestag und Bundesrat, sowie der Bundespräsident.[5] Erfasst sind auch Untergliederungen des Bundestages, so bspw. Fraktionen.[6] **13**

4. Stellen mittelbarer Staatsverwaltung auf Bundesebene. Schon nach dem Wortlaut des § 2 BDSG a.F. nicht ganz eindeutig ist die Einbeziehung der „bundesunmittelbaren Körperschaften, Anstalten und Stiftungen des öffentlichen Rechts sowie deren Vereinigungen ungeachtet ihrer Rechtsform", insoweit, als nicht von „die", sondern von „der" die Rede ist. **14**

Insoweit ist ein Bezug herzustellen zum Begriff der „Behörden [...] der bundesunmittelbaren Körperschaften ..." und/oder – im Sinne einer Auffangformulierung – „andere öffentlich-rechtlich organisierte Einrichtungen [...] der bundesunmittelbaren Körperschaften ...".[7] Sinn der Formulierung ist insoweit einerseits, dass die Körperschaften, Anstalten, Stiftungen und deren Vereinigungen umfassend einbezogen sein sollen, diese aber zugleich rechtlich verselbstständigte[8] Rechtsträger und nicht handelnde Stelle sind. **15**

Zu bedenken ist dabei stets das Ziel des § 2, jede denkbare öffentliche Stelle auf Bundesebene mit einzubeziehen. Dieser Überlegung geschuldet ist auch, dass „Vereinigungen [der vorgenannten Stellen] ungeachtet ihrer Rechtsform" als öffentliche Stellen gelten. Hier soll erreicht werden, dass, sofern eine solche Vereinigung Aufgaben **16**

4 So schon zum BDSG a.F. Simitis-*Dammann* § 2 BDSG a.F. Rn. 28.

5 BeckOK DatenSR-*Hanloser* BDSG, § 2 Rn. 16.

6 So schon zur Rechtslage nach BDSG a.F. Simitis-*Dammann* § 2 BDSG a.F. Rn. 29, der aber Abgeordnete, wenn sie nicht in behördenähnlicher Funktion tätig werden (etwa als Ausschussvorsitzende oder Bearbeiter von Petitionen), als nichtöffentliche Stellen einordnet.

7 In diesem Sinne auch zur Rechtslage nach BDSG a.F. Simitis-*Dammann* § 2 BDSG a.F. Rn. 31.

8 Huck/Müller-*Müller* VwVfG, § 1 Rn. 16.

der öffentlichen Verwaltung wahrnimmt, die Einstufung als öffentliche Stelle unabhängig von ihrer Organisationsform gelten soll.[9]

17 Bundesunmittelbare Stellen dieser Art sind als Körperschaften[10] bspw. mittlerweile die Deutsche Rentenversicherung Bund, die Kassenärztliche und die Kassenzahnärztliche Bundesvereinigung oder die Bundesrechtsanwaltskammer, als Anstalten[11] die Bundesagentur für Arbeit, die Bundesanstalt für Finanzdienstleistungsaufsicht (BAFin) oder die Bundesanstalt für Immobilienaufgaben, als Stiftungen[12] die Stiftung Preußischer Kulturbesitz oder die Stiftung Erinnerung, Verantwortung und Zukunft.

III. Öffentliche Stellen der Länder (Abs. 2)

18 Abs. 2 ist parallel zu Abs. 1 konstruiert und verweist auf die entsprechenden öffentlichen Stellen der Länder, die Adressaten des BDSG im Falle der Verarbeitung personenbezogener Daten sind.

19 **1. Behörden der Länder.** Der Behördenbegriff entspricht dem des Abs. 1. Die Behörden der Länder sind entsprechend die obersten, oberen, mittleren und unteren Behörden innerhalb der jeweiligen Länderverwaltungen.

20 **2. Organe der Rechtspflege der Länder.** Angesprochen sind hier die Fachgerichtsbarkeiten der Länder in ihrer rechtsprechenden Funktion. In ihrer verwaltenden Funktion sind sie wie auf Bundesebene als Behörden anzusehen.

21 Erfasst sind Notare als Träger eines öffentlichen Amtes und Organe der Rechtspflege.[13] Organe der Rechtspflege sind zwar auch Rechtsanwälte (§ 1 BRAO), aber nicht solche des Bundes oder der Länder; daher sind sie nicht öffentliche Stellen i.S.d. Ansätze 1 oder 2.

22 **3. Sonstige öffentlich-rechtlich organisierte Einrichtungen der Länder.** Entsprechend der Regelung zum Bund sind hier erfasst die Gesetzgebungskörperschaften, also insbesondere die Landtage.

23 **4. Stellen mittelbarer Staatsverwaltung auf Landesebene.** Erfasst sind die Stellen der mittelbaren Staatsverwaltung auf Landesebene. Als öffentliche Stellen werden insoweit auch die Behörden oder sonstigen öffentlich-rechtlich organisierten Einrichtungen der Gemeinden und Gemeindeverbände angesehen.

---

9 In diesem Sinne schon Gola/Schomerus-*Gola/Klug/Körffer* § 2 BDSG a.F. Rn. 17a.

10 Vgl. insoweit Maunz/Dürig-*Ibler* Art. 86 GG Rn. 71: „Unter Körperschaften des öffentlichen Rechts versteht man durch staatlichen Hoheitsakt geschaffene, rechtsfähige, mitgliedschaftlich verfasste (aber unabhängig vom Wechsel der Mitglieder bestehende) Organisationen des öffentlichen Rechts, die unter staatlicher Aufsicht öffentliche Aufgaben wahrnehmen".

11 Vgl. insoweit Maunz/Dürig-*Ibler* Art. 87 GG Rn. 258: „Eine rechtsfähige Anstalt des öffentlichen Rechts ist eine zu einer rechtsfähigen Verwaltungseinheit verselbstständigte Zusammenfassung von Bediensteten und Sachmitteln (Gebäude, Anlagen, technische Geräte) zur dauerhaften Erfüllung bestimmter Verwaltungsaufgabe".

12 Vgl. insoweit Maunz/Dürig-*Ibler* Art. 87 GG Rn. 260:" Rechtsfähige Stiftungen des öffentlichen Rechts sind durch Hoheitsakt errichtete, mit Hoheitsbefugnissen ausgestattete Rechtsträger, die unter staatlicher Aufsicht einen zweckgebunden bereitgestellten Bestand an Vermögenswerten (Kapital und/oder Sachgüter) zur Erfüllung öffentlicher Aufgaben verwalten".

13 *BGH* Beschl. v. 30.7.1990, NotZ 19/89 (Köln), NJW 1991, 568, 568 f. zur Anwendbarkeit des DSchG NRW.

24 Daneben spricht § 2 Abs. 2 von sonstigen der Aufsicht des Landes unterstehender juristischer Personen des öffentlichen Rechts. Erfasst sind alle derartigen Stellen, gleich, wie intensiv die Aufsicht stattfindet.[14]

25 Erfasst sind so bspw. Landesrundfunkanstalten, Kammern und Innungen, Universitäten und sonstige Hochschulen auf Landesebene sowie auf die Landesebene begrenzte Sozialversicherungsträger.

IV. Öffentlich-rechtlich organisierte Religionsgemeinschaften

26 Nicht als öffentliche Stelle der Länder (oder des Bundes) sind die als Körperschaften des öffentlichen Rechts anerkannten Religionsgemeinschaften. Sie unterliegen für ihre internen Belange selbstgeschaffenen Datenschutzbestimmungen, können aber, wenn sie nach außen wirksame Verwaltungshandlungen vornehmen (bspw. Steuererhebung, Verwaltungshandeln konfessioneller Schulen), dem BDSG unterfallen.[15]

V. Vereinigungen des Privatrechts von öffentlichen Stellen des Bundes und der Länder (Abs. 3)

27 § 2 Abs. 3 S. 1 übernimmt die Fiktion des § 2 Abs. 3 BDSG a.F., wonach Vereinigungen des Privatrechts, die von öffentlichen Stellen von Bund und mindestens eines Landes[16] gebildet werden, zunächst öffentliche Stellen, und weiterhin unter den Voraussetzungen der Nrn 1 und 2 solche des Bundes sind.

28 Gemeint sind privatrechtliche Vereinigungen, die Aufgaben der öffentlichen Verwaltung wahrnehmen. Diese sind öffentliche Stellen des Bundes, wenn sie (1.) über den Bereich eines Landes hinaus tätig werden oder (2.) dem Bund die absolute Mehrheit der Anteile gehört oder die absolute Mehrheit der Stimmen zusteht.

29 Der erste Fall galt bspw. für den Verband der Deutschen Rentenversicherungen e.V., der mittlerweile in der Deutschen Rentenversicherung Bund als Körperschaft des öffentlichen Rechts aufgegangen ist. Der zweite Fall gilt bspw. für den früheren Hauptverband der gewerblichen Berufsgenossenschaften, mittlerweile aufgegangen in der Deutschen Gesetzlichen Unfallversicherung, die – immer noch organisiert als eingetragener Verein – der Spitzenverband der gewerblichen Berufsgenossenschaften und der Unfallkassen ist.

30 Ist eine Zuordnung nach S. 1 nicht möglich, also wenn bspw. eine Vereinigung des Privatrechts von öffentlichen Stellen eines Landes oder mehrerer Länder vorliegt, gelten diese nach S. 2 als öffentliche Stellen der Länder.

VI. Nichtöffentliche Stellen (Abs. 4)

31 Als nichtöffentliche Stellen sieht § 2 Abs. 4 alle natürlichen Personen und alle juristischen Personen, Gesellschaften und andere Personenvereinigungen des privaten Rechts an, sofern diese nicht unter Absätze 1 bis 3 fallen.

---

14 So schon zur Rechtslage nach BDSG a.F. Simitis-*Dammann* § 2 BDSG a.F. Rn. 60.

15 Gola/Schomerus-*Gola/Klug/Körffer* § 2 BDSG a.F. Rn. 14a und ausführlich Simitis-*Dammann* § 2 BDSG a.F. Rn. 84 ff.

16 Simitis-*Dammann* § 2 BDSG a.F. Rn. 65.

32 Für die natürlichen Personen ist dabei ohne Belang, ob sie im Rahmen selbstständiger beruflicher Tätigkeiten, bspw. Kaufleute in Einzelfirma oder als Vertreter eines freien Berufs, oder als Privatpersonen auftreten.

33 Juristische Personen des Privatrechts sind bspw. der eingetragene Verein, die Aktiengesellschaft oder die Gesellschaft mit beschränkter Haftung; erfasst sind auch Personenmehrheiten oder Personengesellschaften ohne eigene Rechtspersönlichkeit, etwa nach BGB (nicht eingetragener Verein, Gesellschaft bürgerlichen Rechts) oder HGB (Kommanditgesellschaft oder offene Handelsgesellschaft). Die sind nur dann ausnahmsweise öffentliche Stellen, wenn sie nicht wegen Wahrnehmung öffentlicher Aufgaben den Absätzen 1 bis 3 zuzuordnen sind.[17]

34 Eine Gegenausnahme stellen die Beliehenen dar, also Private, die durch Gesetz oder aufgrund eines Gesetzes mit hoheitlichen Aufgaben betraut werden. Diese gelten dann (nur) in Ausübung der hoheitlichen Tätigkeit als öffentliche Stellen,[18] sind aber zugleich Behörden i.S.d. der Absätze 1 und 2. Die Zuordnung nach S. 2 ist aufgabenbedingt; ein Beliehener kann insofern je nachdem, welche Aufgabe gerade ausgeführt wird, öffentliche oder nichtöffentliche Stelle sein.

VII. Erwerbswirtschaftliche öffentliche-rechtliche Unternehmen (Abs. 5)

35 Entsprechend der Gesetzesbegründung wird der „Regelungsgehalt des § 27 Abs. 1 S. 1 Nummer 2 BDSG a. F." nachvollzogen.[19] Während § 27 BDSG a.F. die Erstreckung des Anwendungsbereichs der §§ 27–32 auf öffentlich-rechtliche Unternehmen im Wettbewerb regelte, enthält § 2 Abs. 5 lediglich eine Begriffsbestimmung mit dem Ziel der Zuordnung der betreffenden Unternehmen zum Kreis der nichtöffentlichen Stellen, so dass alle Normen, die nach BDSG für nichtöffentliche Stellen gelten, auch auf diese Unternehmen erstreckt werden. Zugleich nimmt S. 2 eine Zuordnung der betreffenden Unternehmen zum Geltungsbereich des Bundes- oder des Landesrechts vor.

36 Sinn der Regelung ist ungeachtet der Zuordnung zu Land oder Bund, auf der datenschutzrechtlichen Ebene Wettbewerbsverzerrungen zugunsten der öffentlich-rechtlichen Unternehmen ggü. privaten Unternehmen zu vermeiden.[20]

37 Unternehmen i.S.d. des S. 1 können bspw. öffentlich-rechtlich organisierte Unternehmen in der Kreditwirtschaft und im Versicherungswesen sein. Ebenso denkbar ist die Einbeziehung von Versorgungs- oder Verkehrsunternehmen.

38 Gegenstand der Begriffsbestimmung sind öffentlich-rechtliche Wettbewerbsunternehmen. Eine Einschränkung nimmt S. 1 aber insoweit vor, als öffentlich-rechtliche Unternehmen nur als nichtöffentliche Stellen gelten, „soweit" sie am Wettbewerb teilnehmen. Die Kreditanstalt für Wiederaufbau gilt im Bereich der Entwicklungshilfe und der Finanzierung von Exportgeschäften inländischer Unternehmen als öffentliche Stelle. Bietet sie im Wettbewerb Wertpapiere auf dem Kapitalmarkt an, gilt sie als nichtöffentliche Stelle.[21]

---

17 Gola/Schomerus-*Gola/Klug/Körffer* § 2 BDSG a.F. Rn. 19.
18 Simits-*Dammann* § 2 BDSG a.F. Rn. 129 ff.
19 BTDrucks. 18/11325, S. 80.
20 So schon zu § 27 BDSG a.F. Simitis-*Simitis* § 27 BDSG a.F. Rn. 7.
21 Simitis-*Simitis* § 27 BDSG a.F. Rn. 13.

Öffentlich-rechtliche Unternehmen auf Landesebene, die Bundesrecht ausführen, könnten Sparkassen sein, die aber regelmäßig landesdatenschutzrechtlichen Regelungen unterliegen. Die flächendeckende Geltung der Landesdatenschutzgesetze lässt somit für ein Eingreifen des § 2 Abs. 5 S. 1 wenig Raum. **39**

VIII. Kritik

Zu kritisieren ist, dass § 2 die Unsicherheiten etwa bezüglich des zugrunde gelegten Behördenbegriffs, die schon nach BDSG a.F. herrschten, durch weithin wortgleiche Übernahme nicht ausgeräumt hat. **40**

C. Praxistipps

Gerade im Fall des § 2 Abs. 5 ist die Formulierung „soweit" ernst zu nehmen. So muss für jeden Fall der Datenverarbeitung ermessen werden, ob das jeweilige Unternehmen im Wettbewerb tätig wird oder nicht. **41**

Ebenso müssen Beliehene i.S.d. § 2 Abs. 4 S. 2 jeweils entscheiden, ob jeweilige Tätigkeit im Rahmen der Beleihung oder außerhalb dessen anzusiedeln ist. Hiervon hängt ab, ob sie als öffentliche oder nichtöffentliche Stelle gelten. **42**

Kapitel II
Grundsätze

Artikel 5 Grundsätze für die Verarbeitung personenbezogener Daten*

(1) Personenbezogene Daten müssen

a) auf rechtmäßige Weise, nach Treu und Glauben und in einer für die betroffene Person nachvollziehbaren Weise verarbeitet werden („Rechtmäßigkeit, Verarbeitung nach Treu und Glauben, Transparenz“);

b) für festgelegte, eindeutige und legitime Zwecke erhoben werden und dürfen nicht in einer mit diesen Zwecken nicht zu vereinbarenden Weise weiterverarbeitet werden; eine Weiterverarbeitung für im öffentlichen Interesse liegende Archivzwecke, für wissenschaftliche oder historische Forschungszwecke oder für statistische Zwecke gilt gemäß Artikel 89 Absatz 1 nicht als unvereinbar mit den ursprünglichen Zwecken („Zweckbindung“);

c) dem Zweck angemessen und erheblich sowie auf das für die Zwecke der Verarbeitung notwendige Maß beschränkt sein („Datenminimierung“);

d) sachlich richtig und erforderlichenfalls auf dem neuesten Stand sein; es sind alle angemessenen Maßnahmen zu treffen, damit personenbezogene Daten, die im Hinblick auf die Zwecke ihrer Verarbeitung unrichtig sind, unverzüglich gelöscht oder berichtigt werden („Richtigkeit“);

e) in einer Form gespeichert werden, die die Identifizierung der betroffenen Personen nur so lange ermöglicht, wie es für die Zwecke, für die sie verarbeitet werden, erforderlich ist; personenbezogene Daten dürfen länger gespeichert werden, soweit die personenbezogenen Daten vorbehaltlich der Durchführung geeigneter technischer und organisatorischer Maßnahmen, die von dieser Verordnung zum Schutz der Rechte und Freiheiten der betroffenen Person gefordert werden, ausschließlich für im öffentlichen Interesse liegende Archivzwecke oder für wissenschaftliche und historische Forschungszwecke oder für statistische Zwecke gemäß Artikel 89 Absatz 1 verarbeitet werden („Speicherbegrenzung“);

f) in einer Weise verarbeitet werden, die eine angemessene Sicherheit der personenbezogenen Daten gewährleistet, einschließlich Schutz vor unbefugter oder unrechtmäßiger Verarbeitung und vor unbeabsichtigtem Verlust, unbeabsichtigter Zerstörung oder unbeabsichtigter Schädigung durch geeignete technische und organisatorische Maßnahmen („Integrität und Vertraulichkeit“);

(2) Der Verantwortliche ist für die Einhaltung des Absatzes 1 verantwortlich und muss dessen Einhaltung nachweisen können („Rechenschaftspflicht“).

– *Andere Vorschriften: Art. 8 Abs. 2 GRCh*

---

* Die Autoren danken Herrn stud. iur. David Merten für die Unterstützung bei der Durchsicht des Manuskriptes.

Übersicht

Literatur: *Art.-29-Datenschutzgruppe* WP 172 zum Grundsatz der Rechenschaftspflicht; *dies.* WP 260-Guidelines in transperancy under Regulation 2016; *GDD-Praxishilfe* DS-GVO IX: Accountability, Stand Oktober 2017; *GDD/ZAW* Werbung und Kundendatenschutz nach der DS-GVO, 2016; *Gierschmann* Was „bringt" deutsche Unternehmen die DS-GVO, ZD 2016, 51; *Gossen/Schramm* Das Verarbeitungsverzeichnis der DS-GVO, ZD 2017, 7; *Härting* Datenschutz-Grundverordnung: Das neue Datenschutzrecht in der betrieblichen Praxis, 2016; *Keppeler* Das „Radierverbot" als „Rettung" vor den umfangreichen DSGVO-Löschpflichten RDV 2/2018; *Laue/Nink/Kremer* Das neue Datenschutzrecht in der betrieblichen Praxis, 2016; *Lepperhoff/Mühlein* Leitfaden zur Datenschutzgrundverordnung, 2017; *Wybitul* EU-Datenschutz-Grundverordnung im Unternehmen, 2016.

A. Einordnung und Hintergrund

I. Erwägungsgründe

1 ErwG 39 nennt die Grundsätze des Art. 5 und beschreibt den Stellenwert der Begriffe bei der Verarbeitung personenbezogener Daten. ErwG 39 dient dabei als erste Hilfe zur Auslegung der Grundsätze des Art. 5.

2 ErwG 50 betont insbesondere in S. 8, dass die in der DS-GVO niedergelegten Grundsätze bei der Verarbeitung personenbezogener Daten zu anderen Zwecken zu gewährleisten sind.

II. Normengenese und -umfeld

3 **1. DSRL.** Art. 5 übernimmt weitgehend die Inhalte des Art. 6 DSRL. Gänzlich neu im Gegensatz zu Art. 6 DSRL ist die Rechenschaftspflicht des Art. 5 Abs. 2.

2. BDSG a.F. Die Grundsätze aus Art. 6 DSRL sind auf nationaler Ebene überwiegend verfassungsrechtlich verankert und wurden im Übrigen mehr oder weniger im BDSG a.F. umgesetzt. So erfuhr beispielsweise der Grundsatz von „Treu und Glauben" aus Art. 6 DSRL keine ausdrückliche Erwähnung im BDSG a.F. 4

3. WP der Art.-29-Datenschutzgruppe.
- WP 260 der Art.-29-Datenschutzgruppe zur Transparenz („Guidelines in transparency under Regulation" 2016/679), 5
- WP 172 der Art.-29-Datenschutzgruppe zum Grundsatz der Rechenschaftspflicht,
- WP 203 der Art.-29-Datenschutzgruppe on purpose limitation.

B. Kommentierung

I. Allgemeines

Art. 5 bildet das Herzstück der DS-GVO und regelt das „Wie" der Verarbeitung.[1] 6

In Art. 5 sind unmittelbar anwendbare, allgemeine Grundsätze als Rechtssätze normiert. Namentlich sind dies die Rechtmäßigkeit, die Verarbeitung nach Treu und Glauben und die Transparenz (Abs. 1 lit. a), der Grundsatz der Zweckbindung mit Ausnahmen für Forschungszwecke (Abs. 1 lit. b) die Datenminimierung (Abs. 1 lit. c), die Datenrichtigkeit (Abs. 1 lit. d), die Speicherbegrenzung (Abs. 1 lit. e) sowie die Integrität und Vertraulichkeit (Abs. 1 lit. f). 7

Inhaltich deckt sich Art. 5 nicht vollständig mit der Vorgängerreglung des Art. 6 DSRL. So ist bereits die Überschrift des Art. 5 mit der Bezeichnung „Grundsätze" eine andere als die Überschrift des Art. 6 DSRL mit „Qualität der Daten". Das bisher nur ungeschriebene Transparenzprinzip wird nunmehr in Art. 5 Abs. 1 lit. a ausdrücklich erwähnt. Der Grundsatz der Transparenz zieht sich durch die gesamte DS-GVO. Insbesondere in den Art. 12 ff. im Rahmen der Informationspflichten und Auskunftsrechten des Betroffenen hat das Transparenzprinzip elementare Bedeutung.[2] Die weiteren, klauselartig formulierten Prinzipien des Art. 5 finden ihre praktische Relevanz insbesondere an den Stellen, an denen die DS-GVO nur sehr allgemeine oder gar keine näheren Regelungen enthält. Hier entfalten sie unmittelbare Wirkung, weil sie im Rahmen gebotener Interessenabwägungen zu gewichten sind. Zu denken ist hier insbesondere an die – für den Geltungsbereich des BDSG n.F. freilich durch § 4 BDSG n.F. präzisierte[3] – Videoüberwachung oder an das Scoring.[4] In diesen Fällen müssen Rechtsanwender vor allem auf den Grundsatz von „Treu und Glauben" nach Art. 5 Abs. 1 lit. a zurückgreifen. 8

Für den deutschen Rechtsanwender ist die Verwendung dieser Grundätze neu. Art. 6 DSRL war insoweit nur sehr eingeschränkt in deutsches Recht übernommen worden. Lediglich die Grundsätze der Datenvermeidung und Datensparsamkeit wurden ins BDSG (§ 3a) übernommen, aber als bloße Programmsätze bezeichnet.[5] 9

---

1 Siehe auch Auernhammer-*Kramer* Art. 5 Rn. 1, der von der Magna Charta der zulässigen Datenverarbeitung spricht, um den Stellenwert der Norm hervorzuheben; Vgl. auch Sydow-*Reimer* Art. 5 Rn. 1.

2 Vgl. dazu Kommentierung zu den Art. 12 ff. DS-GVO.

3 Vgl. dazu Kommentierung zu § 4 BDSG Rn. 9.

4 Gierschmann-*Buchholtz/Stentzel* Art. 5 Rn. 2; Siehe auch Kommentierungen zu Art. 14 DS-GVO Rn. 41 und Art. 22 DS-GVO Rn. 60.

5 Auernhammer-*Kramer* Art. 5 Rn. 3; Gola-*Schomerus* BDSG, § 3a Rn. 8.

10 Die Grundsätze des Art. 5 sind trotz ihrer offenen und unbestimmten Formulierung geltendes Recht.[6] Sie sind verbindlich und stellen nicht nur bloße Programmsätze dar.[7] Bei Programmsätzen handelt es sich nämlich um allgemein gehaltene Begriffe oder Sätze, aus denen sich keine unmittelbaren Vorgaben entnehmen lassen und die auch nicht einklagbar sind.[8] Somit macht bereits die Bußgeldbewährung der Verletzung der Grundsätze[9] des Art. 5 deutlich, dass im Rahmen des Art. 5 nicht von Programmgrundsätzen auszugehen ist.

11 Eine eigenständige Bedeutung kommt den Grundsätzen des Art. 5 insoweit zu, als sie den Verantwortlichen mit Blick auf die Betroffenenrechte auch Pflichten aufgeben. So ergeben sich aus Art. 15 bis 22 eigenständige Pflichten für den Verantwortlichen zur Sperrung und Löschung, auch wenn die Betroffenen diese nicht geltend machen, wenn die Verarbeitung dem Grundsatz der Richtigkeit (Abs. 2 lit. b) nicht entspricht.

12 Die Nachweispflicht nach Art. 5 Abs. 2 hat erhebliche praktische Bedeutung, da sie umfangreiche Dokumentationspflichten nach sich zieht und zu einer Beweislast des Verantwortlichen bei Kontrollen oder Interventionen der Aufsichtsbehörden führt. Nach Art. 5 Abs. 2 hat der Verantwortliche dafür zu sorgen, dass die datenschutzrechtlichen Grundsätze eingehalten werden. Die Einhaltung derselbigen hat der Verantwortliche nachzuweisen. Zu beachten ist, dass nach dem Wortlaut der Regelung lediglich der Verantwortliche (Art. 4 Nr. 7), nicht aber der Auftragsverarbeiter (Art. 4 Nr. 8) von dieser Pflicht erfasst wird.[10]

13 Da Art. 5 als eine Kernnorm der Verordnung elementare Grundsätze der Datenverarbeitung festlegt, muss jede Datenverarbeitung, die in den Anwendungsbereich der DS-GVO fällt, **kumulativ** den Anforderungen jedem dieser Grundsätze entsprechen.[11] Es ist somit nicht genügend, wenn etwa der Grundsatz der Datenminimierung beachtet wird, die Grundsätze der Transparenz und der Richtigkeit aber außer Acht gelassen werden.

Über Art. 5 werden die allgemeinen Grundsätze der DS-GVO vor die Klammer gezogen und damit zur Grundlage der nachfolgenden Bestimmungen gemacht.[12] Die in Art. 5 Abs. 1 und 2 niedergelegten Grundsätze werden in Einzelvorschriften der DS-GVO konkretisiert. So wird insbesondere der Grundsatz der Rechtmäßigkeit in den Vorschriften über die Rechtmäßigkeit der Datenverarbeitung ausgestaltet (Art. 6 Abs. 1) und das Transparenzprinzip ist Grundlage für die Anforderungen an die Art und Weise und den Inhalt der Information und Benachrichtigung der betroffenen Person (Art. 7 Abs. 2, Art. 12–15 und Art. 34).[13]

14 Normadressaten des Art. 5 sind direkt die „Verantwortlichen". Dies war in der Vorgängerregelung in Art. 6 DSRL noch anders, da diese Regelung an die Mitgliedstaaten

6 Schantz/Wolff-*Wolff* Das neue Datenschutzrecht, Rn. 382.
7 *Härting* Datenschutz-Grundverordnung, Rn. 86; Paal/Pauly-*Frenzel* Art. 5 Rn. 2; Plath-*Plath* Art. 5 Rn. 2; a.A. *Laue/Nink/Kremer* Das neue Datenschutzrecht in der betrieblichen Praxis, § 1 Rn. 134.
8 Auernhammer-*Kramer* Art. 5 Rn. 4.
9 Vgl. hierzu Kommentierung zu Art. 83 Abs. 5 lit. a DS-GVO Rn. 80.
10 Gierschmann-*Buchholtz/Stentzel* Art. 5 Rn. 4.
11 Ehmann/Selmayr-*Heberlein* Art. 5 Rn. 5.
12 Gierschmann-*Buchholtz/Stentzel* Art. 5 Rn. 8.
13 Ehmann/Selmayr-*Heberlein* Art. 5 Rn. 6.

Gesellschaftsrecht

Bürgers/Körber

Aktiengesetz

Auf rund 2.700 Seiten erläutern die Autoren nicht nur das Aktiengesetz sondern auch praxisrelevante Nebengesetze und für kapitalmarktorientierte Unternehmen relevante Vorschriften. Das sind:

- §§ 21-30 WpHG,
- §§ 27, 30, 33-33c, 39a-39c WpÜG,
- Spruchgesetz und DCGK.

Mit dem Kauf des Kommentars erhalten Sie diesen gratis als E-Book im Format EPUB.

4. Auflage 2017
2.698 Seiten. € 229,99
ISBN 978-3-8114-4304-4

Frodermann/Jannott

Handbuch des Aktienrechts

Ein erfahrenes Autorenteam aus Wissenschaft, Wirtschaft und Rechtsberatung erläutert systematisch das Recht der Aktiengesellschaften von der Gründung über den laufenden Betrieb bis zur Beendigung. Dabei werden in der Detailtiefe praxisgerechte Schwerpunkte gesetzt.

Der Anhang enthält im Wesentlichen in der Praxis verwendbare Muster einschließlich Satzung. Käufer des Buches erhalten alle Muster des Buches gratis als Word-Datei.

9. Auflage 2017
1.409 Seiten. € 169,99
ISBN 978-3-8114-4301-3

Jannott/Frodermann

Handbuch der Europäischen Aktiengesellschaft – Societas Europaea

Eine umfassende und detaillierte Darstellung für die Praxis unter Berücksichtigung sämtlicher Mitgliedstaaten der EU und des EWR.

Das Handbuch gibt einen guten Überblick über das Recht der SE. Dargestellt werden auch das Umwandlungs-, Konzern-, Kartell-, Mitbestimmungs- und Steuerrecht. In einem eigenen Kapitel werden die wesentlichen Grundlagen und Besonderheiten der SE in den anderen Mitgliedstaaten der EU und des EWR dargestellt.

2. Auflage 2014
1.638 Seiten. € 149,99
ISBN 978-3-8114-3756-2

Bartl/Bartl/Fichtelmann/Koch/Schlarb/Schmitt

GmbH-Recht

Praxisgerecht und präzise: Der Kommentar zum GmbH-Recht erläutert das GmbHG unter Einbeziehung der Leitentscheidungen des BGH und der OLG. In eigenen Kapiteln werden das Konzernrecht und die Besteuerung der GmbH von der Gründung bis zur Auflösung dargestellt.

Für den Praktiker hilfreich sind die zahlreichen Muster.

7. Auflage 2013
1.400 Seiten. € 139,99
ISBN 978-3-8114-4214-6

Rotthege/Wassermann

Unternehmenskauf bei der GmbH

Das Werk behandelt die Besonderheiten beim Unternehmenskauf mit Beteiligung einer GmbH einschließlich Arbeitsrecht, Kartellrecht, Steuerrecht, GmbH-Konzernrecht und Unternehmenstransaktionen mit Auslandsberührung.

„Die Autoren stellen abschließend eine Vielzahl von Mustern (teilweise auch in englischer Sprache) zur Verfügung, die – in Verbindung mit den an diversen Stellen des Buches eingefügten Checklisten – dem Vertragsgestalter helfen, den Überblick über die teilweise sehr komplexe Materie zu wahren." *Notarassessor Simeon Saß in NotBZ 9/2011*

2011
683 Seiten. € 99,95
ISBN 978-3-8114-3548-3

Fett/Spiering

Handbuch Joint Venture

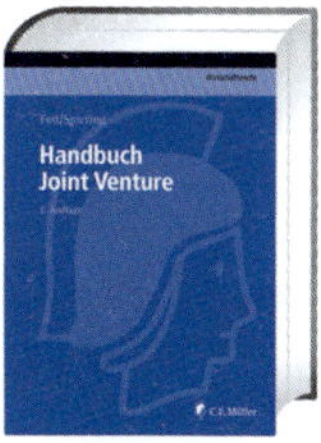

Das Handbuch behandelt alle in Verbindung mit Joint Ventures auftretenden Rechtsfragen. Es beschreibt die zahlreichen Erscheinungsformen von Joint Ventures (wie Equity, Contractual oder Operative Joint Venture) und vermittelt die wesentlichen rechtlichen Rahmenbedingungen (Steuerrecht, bilanzielle Aspekte, Kartellrecht und Arbeitsrecht, Konfliktlösung). Neu ist ein Kapitel zur Vermeidung von Compliance-Risiken bei der Vertragsanbahnung und im Joint Venture-Vertrag selbst.

2. Auflage 2015
653 Seiten. € 119,99
ISBN 978-3-8114-4102-6

Maulbetsch/Klumpp/Rose

Umwandlungsgesetz

Der Heidelberger Kommentar zum Umwandlungsgesetz erläutert die Entwicklungen in Gesetzgebung, Rechtsprechung und Literatur. Berücksichtigt wurde bereits das Gesetz zum Bürokratieabbau und zur Förderung der Transparenz bei Genossenschaften vom 17.7.2017. Erweitert wurde der Kommentar um zwei neue Anhänge zur für die Praxis bedeutsamen Umwandlung im Insolvenzplanverfahren und zur Umwandlung mit Beteiligung einer Europäischen Aktiengesellschaft (SE).

2. Auflage 2017
1.364 Seiten. € 149,99
ISBN 978-3-8114-5557-3

Glanegger/Kirnberger/Kusterer/Ruß/Selder/Stuhlfelner

Handelsgesetzbuch

Handelsrecht – Bilanzrecht – Steuerrecht

Der Heidelberger Kommentar erläutert die Vorschriften des HGB nicht nur spezifisch handelsrechtlich, sondern auch unter steuer- und bilanzrechtlichen Aspekten. Enthalten ist auch eine systematische Darstellung des Steuerrechts der Personengesellschaften.

„Ein auf seine Art einzigartiger und sehr praxisnaher Kommentar, dem weitere Auflagen zu wünschen sind." *Reg.-Dir. G. Haurand in DVP 5/2010*

7. Auflage 2007
1.387 Seiten. € 114,–
ISBN 978-3-8114-5206-0

Inderst/Bannenberg/Poppe

Compliance

Aufbau – Management – Risikobereiche

Das umfassende und bewährte Handbuch zu Compliance.

„Das Buch ist durch eine hohe Praxisorientierung gekennzeichnet und gibt dem interessierten Leser klare Informationen in die Hand, die tatsächlich umsetzbar sind."
Reiner Quick in: Die Wirtschaftsprüfung 9/2014

3. Auflage 2017
856 Seiten. € 139,99
ISBN 978-3-8114-4661-8

Rübenstahl/Idler

Tax Compliance

Prävention – Investigation – Remediation – Unternehmensverteidigung

Im ersten Teil wird der Zusammenhang von Tax Compliance und allgemeinen Compliance-Maßnahmen, der Compliance-Organisation und dem Compliance Management System schlüssig dargestellt. Es folgt ein Besonderer Teil, in dem die besonders risikobehafteten steuerlichen Themengebiete aus sich heraus verständlich knapp dargestellt werden und sich die Ausführungen zur Compliance in spezifischer Weise anschließen. Mit Tax Compliance in USA, GB, F, I, CH und A.

2018
Ca. 1.600 Seiten. € 149,99
ISBN 978-3-8114-4657-1

Szesny/Kuthe

Kapitalmarkt Compliance

Das Handbuch bietet eine Hilfe beim Aufbau bzw. der Effektivierung eines Compliance-Systems im Unternehmen. Im ersten Teil wird das Kapitalmarktrecht verständlich und praxisnah erläutert. Der zweite Teil behandelt ausführlich und abschließend die zahlreichen Ge- und Verbote, die mit Bußgeldern oder gar Geld- und Freiheitsstrafe geahndet werden.

Das Handbuch verbindet so die kapitalmarktrechtliche Compliance mit der Criminal Compliance.

2. Auflage 2018
Ca. 1.300 Seiten. Ca. € 139,99
ISBN 978-3-8114-4659-5

Klösel/Klötzer-Assion/Mahngold

Contractor Compliance

Haftungsprävention und Fallmanagement beim Einsatz von Fremdpersonal

Das Handbuch bietet eine praxistaugliche und lösungsorientierte Darstellung der Probleme und Risiken beim Einsatz von Fremdpersonal. Abgehandelt werden die arbeits-, sozial-, steuer- und strafrechtlichen Aspekte und ihre Wechselwirkungen. Aufgezeigt werden Handlungsmöglichkeiten zur Haftungsprävention für Unternehmen, Organe und leitende Angestellte und geeignete Maßnahmen zur Errichtung einer Compliance-Struktur.

2016
422 Seiten. € 69,99
ISBN 978-3-8114-4312-9

Knierim/Rübenstahl/Tsambikakis

Internal Investigations

Ermittlungen im Unternehmen

„Es bleibt ... festzuhalten, dass es den Herausgebern gelungen ist, den Grundstein für ein Standardwerk zu legen, das allen damit befassten (Unternehmens-)Juristen eine große Hilfe sein wird ..."
Roland Heller in Transparency Deutschland - Scheinwerfer 69/2015

2. Auflage 2016
1.350 Seiten. € 144,99
ISBN 978-3-8114-4309-9

Schemmel/Ruhmannseder/Witzigmann

Hinweisgebersysteme

Implementierung in Unternehmen

„Das Werk überzeugt durch einen sehr stringenten Aufbau und die umfassende Auseinandersetzung mit dem überaus facettenreichen Thema. ... Das Buch ist gemessen an bisherigen Veröffentlichungen zu dem Thema ein Quantensprung. Es gibt nichts annähernd Vergleichbares."
Dr. Rainer Buchert, RA, in CCZ 5/2012

2012
372 Seiten. € 69,99
ISBN 978-3-8114-4220-7

Gercke/Kraft/Richter

Arbeitsstrafrecht

Die grundlegend überarbeitete Neuauflage ist eine wertvolle Arbeitshilfe in der Schnittmenge von Arbeitsrecht und Strafrecht.

„Wegen der Praxisrelevanz ist dieses Werk ein echter Geheimtipp und sollte von jedem Arbeitsrechtler, der Unternehmen berät, gelesen werden. Das Buch wird sicherlich das Flaggschiff im Arbeitsstrafrecht werden."
www.complianceforum.de 19.07.2012

2. Auflage 2015
537 Seiten. € 69,99
ISBN 978-3-8114-3972-6

Söbbing

Handbuch IT-Outsourcing

Recht, Strategien, Prozesse, IT, Steuern und Cloud Computing

Fundierte und anschauliche Erläuertungen der rechtlichen und steuerlichen Themen beim IT-Outsourcing, Business Process Outsourcing und Cloud Computing.

Dabei werden zunächst die betriebswirtschaftlichen und technischen Prozesse ausführlich dargestellt und anschließend rechtlich bewertet.

Mit zahlreichen Formulierungsbeispielen.

4. Auflage 2015
1.245 Seiten. € 139,99
ISBN 978-3-8114-3805-7

Steuerrecht

Kirchhof/Söhn/Mellinghoff

Einkommensteuergesetz

Kommentar. Loseblattwerk in 20 Ordnern.

Ein systematischer Großkommentar, der Grundgedanken und Grundlagen jeder Vorschrift erläutert: ihre Entstehungsgeschichte, ihren rechtssystematischen Zusammenhang und ihre wissenschaftliche Bedeutung. Umfassend werden Rechtsprechung, Verwaltungspraxis und Literatur aufbereitet. Lösungen werden auch für noch nicht entschiedene Sachverhalte aufgezeigt.

Ca. 26.200 Seiten
€ 419,99*
ISBN 978-3-8114-1213-2

Bordewin/Brandt

Einkommensteuergesetz

Kommentar. Loseblattwerk in 8 Ordnern.

Dieser Kommentar zum Einkommensteuergesetz unterstützt Sie bei der Beratung und Gestaltung von Steuersachverhalten durch systematische, klar gegliederte Erläuterungen zum EStG und Kommentierungen der wichtigsten Nebengesetze (u.a. §§ 20-24 UmwStG, InvStG). Autoren aus Finanzgerichtsbarkeit, Steuer- und Rechtsberatung, Finanzverwaltung und Wirtschaft garantieren eine praxisnahe und ausgewogene Kommentierung auf der Grundlage der höchstrichterlichen Rechtsprechung und Verwaltungspraxis.

Ca. 13.300 Seiten
€ 264,99*
ISBN 978-3-8114-1868-4

Offerhaus/Söhn/Lange

Umsatzsteuer

Kommentar. Loseblattwerk in 4 Ordnern.

Kompetente Autoren aus Finanzgerichtsbarkeit, Verwaltung und Beraterschaft kommentieren für die steuerrechtliche Praxis: aktuell, fundiert, auf höchstem Niveau und leicht verständlich. Die Kommentierungen informieren über die jeweilige Rechtsentwicklung und erläutern das geltende deutsche und europäische Mehrwertsteuerrecht unter besonderer Berücksichtigung der Rechtsprechung. Neue EuGH- und BFH-Entscheidungen sind jeder Vorschrift in Kurzform vorangestellt.

Ca. 6.700 Seiten
€ 199,99*
ISBN 978-3-8114-1805-9

Jetzt auch online, besonders günstig für Loseblatt-Abonnenten!

Bei Handelsblatt Fachmedien: www.owlit.de/module

Bei Otto Schmidt Online: www.otto-schmidt.de/bmcfm1, www.otto-schmidt.de/bmcfm2 und www.otto-schmidt.de/bmcfm3

*zur Fortsetzung für mind. 12 Monate. Kündigungsfrist danach 6 Wochen zum nächsten Jahresende.

Horowski/Altehoefer

Lohnsteuerrecht

Kommentar. Loseblattwerk in 3 Ordnern.

Das Werk beinhaltet die Kommentierungen der lohnsteuerrechtlich relevanten Paragraphen des EStG sowie einen Textteil mit dem Einkommensteuergesetz und der Lohnsteuer-Durchführungsverordnung. Weitere für die Lohn- und Gehaltsabrechnung wichtige Vorschriften befinden sich im Anhang des Kommentars.

Ca. 5.400 Seiten
€ 179,99*
ISBN 978-3-8114-3665-7

Haase

Multilaterales Instrument

Die unverzichtbare Ergänzung zum AStG/DBA-Kommentar.

Durch das sog. Multilaterale Instrument (MLI) werden bestimmte DBA zum Teil überschrieben und ergänzt und gelten dann mit den durch das MLI vorgegebenen Änderungen weiter. Der neue Kommentar zum MLI ist somit unverzichtbar für die Bearbeitung internationaler Steuerfälle. Er bietet den Wortlaut des Abkommens in deutscher Sprache und gibt Auslegungshilfen von Experten durch Erläuterung des MLI.

2018. 480 Seiten.
€ 69,99
ISBN 978-3-8114-4715-8

Haase

AStG/DBA

Der Heidelberger Kommentar bietet mit einer systematischen, praxisnahen Erläuterung des AStG und des OECD-Musterabkommens in einem Band einen präzisen 1. Zugriff auf die Instrumente des internationalen Steuerrechts und somit Entlastung in der Beraterpraxis.

„... eine Bereicherung der Kommentarliteratur zum Internationalen Steuerrecht und daher uneingeschränkt empfehlenswert." *Prof. Dr. Harald Schaumburg, RA und FA für SteuerR, in IStR 22/2009*

3. Auflage 2016
1.596 Seiten. € 184,99
ISBN 978-3-8114-4203-0

AStG/DBA und MLI im Set:

Haase

AStG/DBA und Multilaterales Intrument

Sparen Sie € 34,99!

2.102 Seiten. € 219,99
ISBN 978-3-8114-7544-1

Erle/Sauter

Körperschaftsteuergesetz

Die Besteuerung der Kapitalgesellschaft und ihrer Anteilseigner

„Im Gegensatz zu anderen Kommentierungen hat dieser Praxisbezug zur Folge, dass die didaktische Aufbereitung besser gelungen ist als in anderen (inhaltlich gleich hervorragenden) Werken." *steueranwaltsmagazin 2/2011*

Mit Zugangscode für die Online-Version mit dem gesamten Inhalt des Buches und einer Gesetzessammlung.

3. Auflage 2010
2.405 Seiten. € 199,95
ISBN 978-3-8114-3646-6

Kraft/Edelmann/Bron

Umwandlungssteuergesetz

Der Kommentar gliedert sich in zwei Teile: Grundlagen und Kommentierung des UmwStG. Im zweiten Teil wird das UmwStG unter Berücksichtigung des AmtshilfeRL-UmsG und des sog. Streubesitzgesetzes fundiert und praxisgerecht erläutert. Jede Vorschrift wird in ihrem Binnensystem, aber auch in ihren Bezügen zu anderen Vorschriften und den Schwerpunkten des ersten Teils dargestellt.

2. Auflage 2018
Ca. 1.250 Seiten. Ca. € 119,99
ISBN 978-3-8114-4663-2

Adick/Höink/Kurt

Umsatzsteuer und Strafrecht

Strafrechtliche Aspekte im Umsatzsteuer- und Zollrecht

Das Handbuch schafft eine Verbindung zwischen dem Umsatzsteuerrecht und dem unternehmensrelevanten Strafrecht. Dafür werden sowohl die Grundlagen und typischen Risikofelder der Umsatzsteuer als auch die Grundlagen des Steuerstrafverfahrens und die Besonderheiten des Umsatzsteuerstrafrechts präzise erläutert. Ebenso wird die Schnittstelle zwischen Umsatzsteuer und Zoll aus steuerrechtlicher und strafrechtlicher Sicht dargestellt.

2016
334 Seiten. € 69,99
ISBN 978-3-8114-4149-1

Müller-Eiselt/Vonderbank

EU-Zollrecht/Zollwert

Loseblattwerk in 4 Ordnern.

Ausführliche Kommentierungen des Zollwertrechts mit Zollwert-ABC und DV Zollwertrecht sowie den Präferenzbeziehungen der EU, klar und verständlich geschrieben, eröffnen den Zugang zu den umfassenden Materialien und fördern das Verständnis für und den Umgang mit diesen schwierigen Rechtsgebieten.

Abonnenten des Loseblattwerks haben Zugang zu **EU-Zollrecht/Zollwert online** zum Sonderpreis.

Ca. 7.200 Seiten
€ 179,99*
ISBN 978-3-8114-3666-4

*zur Fortsetzung für mind. 12 Monate. Kündigungsfrist danach 6 Wochen zum nächsten Jahresende.

Müller-Eiselt/Vonderbank

EU-Zollrecht/Zollwert online

Die Datenbank des Müller-Eiselt/Vonderbank, EU-Zollrecht/Zollwert.

Abonnenten des Loseblattwerks haben Zugang zur Datenbank zum Sonderpreis: € 19,99. Vierteljahrespreise für 1 Lizenz.

€ 124,99
ISBN 978-3-8114-4535-2

Tonner

Leasing im Steuerrecht

Das Handbuch stellt die Grundlagen des Leasingrechts und die Einordnung in das Zivil- und Steuerrecht dar. Erläutert werden auch die Grundlagen und Auswirkungen des grenzüberschreitenden Leasings.

„... eine grundsolide, umfassende Darstellung der Thematik ... allen einschlägig damit befassten Personen als Lektüre und Nachschlagewerk empfohlen."
Prof. Dr. Georg Arians, StB und WP, in WPg 20/2009

6. Auflage 2014
304 Seiten. € 74,99
ISBN 978-3-8114-4228-3

Schmider/Wagner/Loritz

Handbuch der Bauinvestitionen und Immobilienkapitalanlagen

Steuern – Recht

Loseblattwerk in 5 Ordnern.

Das HdB ist eine wesentliche Arbeitshilfe und ein zuverlässiges Nachschlagewerk zu allen Themen rund um Bauinvestitionen und Immobilienkapitalanlagen. Es enthält Beiträge zur Entwicklung auf dem Immobilienmarkt, ausgewählte zivil- und steuerrechtliche Rechtsprechung mit Kurzkommentierung sowie Verwaltungsanweisungen und einen umfangreichen Zivilrechtsteil.

Ca. 8.300 Seiten
€ 209,99*
ISBN 978-3-8114-2814-0

Steuerstrafrecht

wistra

Zeitschrift für Wirtschafts- und Steuerstrafrecht

wistra informiert mit praxisbezogenen Beiträgen und wissenschaftlich fundierten Aufsätzen über alle materiell-rechtlichen Probleme des Wirtschafts- und Steuerstrafrechts einschließlich seiner internationalen Bezüge und über das einschlägige Verfahrensrecht.

Für Abonnenten kostenlos: Online-Archiv ab Jahrgang 2003 unter www.wistra-online.com.

Inland: € 414,99
Ausland: € 420,99
nur Online: € 384,99

*zur Fortsetzung für mind. 12 Monate. Kündigungsfrist danach 6 Wochen zum nächsten Jahresende.

Adick/Bülte

Fiskalstrafrecht

Das Handbuch Fiskalstrafrecht behandelt alle Straftatbestände, die Schädigungen öffentlichen Vermögens (Steuern, Abgaben, Zölle, Beiträge, Fördermittel etc.) erfassen. Dargestellt werden auch die einschlägigen Verfahrensvorschriften und die Besonderheiten der jeweiligen Verfahrensstadien einschließlich etwaiger europäischer Besonderheiten (EG-Subventionen, Rechts- und Amtshilfe etc.).

2015
757 Seiten. € 99,99
ISBN 978-3-8114-4101-9

Quedenfeld/Füllsack

Verteidigung in Steuerstrafsachen

In der Neuauflage: Novellierte Selbstanzeige ab 1.1.2015, Streitfragen und aktuelle Problemfelder; Nachmeldung in der Verfahrenspraxis; internationale Amts- und Rechtshilfe – aktuelle Entwicklungen, u.a. bei den Gruppenanfragen.

Strafmaßkatalog, Fahndungsstatistik und Mustertexte, insbesondere für die verschiedenen Formen der Selbstanzeige, sowie umfassende Rechtsprechungs- und Literaturangaben erleichtern die praktische Arbeit.

5. Auflage 2016
686 Seiten. € 79,99
ISBN 978-3-8114-6017-1

Füllsack/Bürger

Praxis der Selbstanzeige

Optimal beraten in Selbstanzeigeverfahren!

Die verschärften Regeln der Selbstanzeige ab 2015 haben wichtige Konsequenzen für die steuerstrafrechtliche Praxis.

Nutzen Sie diesen praxisorientierten Leitfaden für die bestmögliche Mandantenberatung und fehlerfreie Erstellung der Selbstanzeige! Ausgehend von konkreten Beratungssituationen und konkreten Fallkonstellationen.

2015
244 Seiten. € 39,99
ISBN 978-3-8114-4139-2

Hüls/Reichling

Steuerstrafrecht

Das neue Werk bietet eine strikt praxisorientierte Kommentierung des Steuerstrafrechts, die zu vielen strittigen Rechtsfragen neue Lösungsansätze bietet.

Es behandelt bislang nicht erörterte praxisrelevante Problemkreise und stellt somit einen erheblichen Mehrwert gegenüber bestehenden Kommentaren zum Steuerstrafrecht dar.

2016
1.112 Seiten. € 129,99
ISBN 978-3-8114-4103-3

Außenhandel

Hocke/Sachs/Pelz

Außenwirtschaftsrecht

Das Standardwerk zum Außenwirtschaftsrecht legt den Schwerpunkt auf die Erörterung der in der Praxis auftretenden Fragen und wird dabei wissenschaftlichen Ansprüchen gerecht. Regelmäßige Neuauflagen im Turnus von zwei Jahren sichern die Aktualität.Erläutert werden: AWG, AWV, Dual-Use-VO, EU-Sanktionsrecht und Embargovorschriften und das US-Exportkontroll- und Sanktionsrecht.

2018
1.085 Seiten. € 169,99
ISBN 978-3-8114-5258-9

Bankrecht

Beck/Samm/Kokemoor

Kreditwesengesetz mit CRR

Das Werk enthält

- eine Einführung in die Änderungen des KWG durch das CRD IV-UmsG
- ausführliche Kommentierungen des KWG oder die Aufbereitung der Gesetzesmaterialien zum CRD IV-UmsG
- eine systematische Einführung in die CRR und abschnittsweise Teilkommentierung der Art. 387-403 Großkredite
- eine systematische Einführung in das SAG.

Ca. 5.600 Seiten
€ 134,99*
ISBN 978-3-8114-5670-9

Beck/Samm/Kokemoor

Kreditwesengesetz mit CRR online

Die Datenbank des Beck/Samm/Kokemoor, Kreditwesengesetz mit CCR. Für Abonnenten € 28,99. Vierteljahrespreis für 1 Lizenz.

€ 139,99
ISBN 978-3-8114-5671-6

Insolvenzrecht

Kayser/Thole

Insolvenzordnung

Das Standardwerk – fundiert, präzise und bewährt. Jetzt mit Konzerninsolvenzrecht, neuem Anfechtungsrecht und neuer EuInsVO.

„Die kritisch konstruktive und wissenschaftlich vertiefte Auseinandersetzung ... bilden daher auch den unverkennbaren Anker des Gesamtwerks und machen seinen besonderen Wert aus. ... kann man den neuen Herausgebern und Autoren nur bescheinigen, dass es ihnen in überzeugender Weise nicht nur gelungen ist, in die hinterlassenen großen Fußstapfen der „Ur-Herausgeber" zu treten, sondern dass sie ... ein Werk von unschätzbarem Wert für Wissenschaft und Praxis geschaffen haben."
RA Prof. Dr. Hans Haarmeyer in ZInsO 23/2016

9. Auflage 2018
Ca. 2.960 Seiten. € 198,99
ISBN 978-3-8114-4716-5

*zur Fortsetzung für mind. 12 Monate. Kündigungsfrist danach 6 Wochen zum nächsten Jahresende.

Hess/Groß/Reill-Ruppe/Roth

Insolvenzplan, Sanierungsgewinn, Restschuldbefreiung und Verbraucherinsolvenz

Das Handbuch für die Planung, Gestaltung und Abfassung von Insolvenzplänen. Dargestellt werden u.a. auch die Sanierung in der Eigenverwaltung und das Schutzschirmverfahren.

4. Auflage 2014
575 Seiten. € 89,99
ISBN 978-3-8114-4205-4

Thierhoff/Müller

Unternehmenssanierung

Das Praktiker-Handbuch zur Unternehmenssanierung. Mit interdisziplinärem Autorenteam.

Die Unternehmenssanierung wird mit Schwerpunkt auf den insolvenzabwehrenden Möglichkeiten, aber auch im Umfeld der Insolvenzordnung ausführlich dargestellt. Das Werkes zeigt praktikable Lösungen für juristische, betriebswirtschaftliche und steuerrechtliche Fragestellungen auf.

2. Auflage 2016
948 Seiten. € 139,99
ISBN 978-3-8114-4133-0

Dannecker/Knierim

Insolvenzstrafrecht

Der erste Griff für alle Probleme auch bei komplexen Insolvenzstrafverfahren!

„Diese Publikation hat Referenzcharakter."
Rechtsanwalt Karl Degenhard, München, in ZIS 3/2014

„Das Werk ist auf dem besten Weg, ein ‚Klassiker' auf seinem Rechtsgebiet zu werden."
Oberstaatsanwalt Raimund Weyand, St. Ingbert, in NZWiSt 1/2012

3. Auflage 2018
Ca. 600 Seiten. Ca. € 69,99
ISBN 978-3-8114-3971-9

Gewerblicher Rechtsschutz, Datenschutz, Medien-, IT- und Urheberrecht

Schwartmann/Jaspers/Thüsing/Kugelmann

Datenschutz-Grundverordnung

mit Bundesdatenschutzgesetz

Der Kommentar enthält neben der Kommentierung eine systematische Einführung, die Beschlüsse der einschlägigen Expertenkreise für den Datenschutz, ausführlichen Erläuterungen und Best Practice für öffentliche Stellen, nichtöffentliche Stellen, betroffene Personen, Aufsichtsbehörden und Datenschutzmanagement. Jedem Artikel der DS-GVO werden die entsprechenden Erwägungsgründe sowie die entsprechende Norm des neuen BDSG zugeordnet und ausführlich kommentiert.

2018. Ca. 1.000 Seiten.
Ca. € 99,99
ISBN 978-3-8114-4664-9

Ekey/Bender/Fuchs-Wissemann

Markenrecht

Band 1: Markengesetz und Markenrecht ausgewählter ausländischer Staaten

„In diesem Kommentar ist alles enthalten, was man von einem Markenkommentar erwartet ... für jeden zu empfehlen, der einen Kommentar zum schnellen Nachschlagen, mit umfassendem Wissen, braucht."
RA Frederik Baltzer in Mitteilungen der Deutschen Patentanwälte 8-9/2009

Band 2: Unionsmarkenverordnung in Vorbereitung

3. Auflage. 2014.
1.865 Seiten.€ 159,99
ISBN 978-3-8114-4218-4

Hoene/Runkel

AnwaltFormulare Gewerblicher Rechtsschutz

In diesem Mix aus Lehrbuch, Kommentar und Formularbuch erläutern die Autoren leicht verständlich und zuverlässig alle Fallgestaltungen des Gewerblichen Rechtsschutzes.

Die systematischen Erläuterungen, Checklisten und zahlreichen Muster unterstützen Sie optimal in der beruflichen Praxis. Alle Muster in Word zum Download.

5. Auflage. 2013.
992 Seiten. € 109,99
ISBN 978-3-8114-4231-3

Dreyer/Kotthoff/Meckel/Hentsch

Urheberrecht

Urheberrechtsgesetz, Verwertungsgesellschaftengesetz, Kunsturhebergesetz

„Insgesamt kann man für die 3. Auflage nur wiederholen, was bereits für die Vorauflagen befunden wurde: Der ‚Dreyer/Kotthoff/Meckel' ist eine Kommentierung, die praxisnah auf hohem wissenschaftlichen Niveau gründlich, dennoch übersichtlich und zuverlässig informiert. Das Werk darf trotz der in den letzten Jahren stark gewachsenen Familie der Urheberrechtskommentare in keiner urheberrechtlichen Bibliothek fehlen."
Rechtsanwältin Dr. Anke Nordemann-Schiffel in GRUR 1/2014

4. Auflage 2018
Ca. 2.050 Seiten. Ca. € 159,9
ISBN 978-3-8114-4305-1

Schwartmann

Praxishandbuch Medien-, IT- und Urheberrecht

Die Schnelllebigkeit des Rechtsgebiets machte zahlreiche Anpassungen erforderlich. Das Handbuch wurde an die sich aus der Digitalisierung ergebenden Neuerungen angepasst. Grundlegende Überarbeitungen waren insbesondere erforderlich beim Datenschutzrecht mit der Datenschutz-Grundverordnung, beim Recht der IT-Sicherheit, im Jugendschutzrecht, beim Recht der Verwertungsgesellschaften mit dem neuen VGG und im IT-Vergaberecht.

4. Auflage 2018
1.786 Seiten. € 189,99
ISBN 978-3-8114-3826-2

Ring

Medienrecht

Bundes- und Landesrecht, EU-Recht, europäisches Recht und internationale Rechtsquellen, Vorschriftensammlung

Loseblattwerk in 4 Ordnern.

In der Sammlung sind alle wichtigen Rechtsvorschriften, Abkommen, Verträge, Satzungen und Vereinbarungen zum Medienrecht übersichtlich und aktuell dokumentiert, beispielsweise zu den Themen Verfassungsrecht, Rundfunk, Multimedia, Presserecht, Filmförderung, Jugendschutz, Datenschutz.

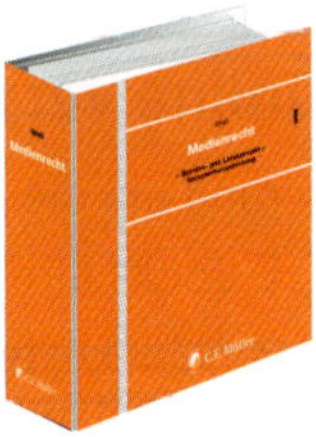

Ca. 5.200 Seiten
€ 219,99*
ISBN 978-3-8114-4134-7

Hartstein/Ring/Kreile/Dörr/Stettner/Cole/Wagner

Rundfunkstaatsvertrag Jugendmedienschutz-Staatsvertrag

Kommentar. Loseblattwerk in 3 Ordnern.

Der Kommentar wird laufend aktualisiert und den jeweiligen Rundfunkänderungsstaatsverträgen sowie Entwicklungen in der Rechtspraxis zügig angepasst. Die Herausgeber dieses umfassenden Großkommentars sind namhafte Experten aus der deutschen Medienlandschaft.

Ca. 5.300 Seiten
€ 199,99*
ISBN 978-3-8073-4145-3

Wirtschaftsstrafrecht

Achenbach/Ransiek/Rönnau

Handbuch Wirtschaftsstrafrecht

„Der Reichtum des Handbuchs an wirtschaftsstrafrechtlichem Material, an glänzenden juristischen Analysen und überzeugenden Systembildern macht die Arbeit mit ihm für jeden wirtschaftlich Interessierten zu einem großen Vergnügen."
Prof. Dr. Christian Jäger in wistra 5/2009

4. Auflage 2015
1.998 Seiten. € 159,99
ISBN 978-3-8114-6019-5

Prozesskostenhilfe

Groß

Beratungshilfe/Prozesskostenhilfe/ Verfahrenskostenhilfe

Die aktuelle Neuauflage arbeitet die sehr dynamische Rechtsanwendung und -entwicklung in allen drei Bereichen auf, neue Entscheidungen wurden akribisch ausgewertet. Die Praxistauglichkeit der Reformregelungen, vor allem der Neuregelung der PKH/VKH in § 120a ZPOl, wird kritisch betrachtet. Die zahlreichen Anlagen sind auf aktuellem Stand, z.B. die neue VKH-Richtlinie.

14. Auflage 2018
637 Seiten. € 89,99
ISBN 978-3-8114-4355-6

*zur Fortsetzung für mind. 12 Monate. Kündigungsfrist danach 6 Wochen zum nächsten Jahresende.

adressiert war. Ergebnis der Ausgestaltung als Verordnung ist, dass die Verpflichtungen der DS-GVO den Verantwortlichen unmittelbar treffen.

Die Öffnungsklauseln der DS-GVO gestatten innerhalb ihres Rahmens, Ausnahmen von Art. 5 durch mitgliedsstaatliches Recht zu normieren.[14] Die Öffnungsklauseln mit dieser Möglichkeit finden sich in Art. 23 hinsichtlich der Rechte der betroffenen Personen und Art. 85 im Bereich des Journalismus. Außerhalb dieser beiden Normen besteht für den nationalen Gesetzgeber keine Möglichkeit von den Grundsätzen des Art. 5 abzuweichen. **15**

II. Rechtmäßigkeit, Verarbeitung nach Treu und Glauben, Transparenz, Abs. 1 lit. a (Lawfulness, Fairness, Transparency)

In Art. 5 Abs. 1 lit. a werden drei Grundsätze aufgestellt: Rechtmäßigkeit (Lawfulness), Verarbeitung nach Treu und Glauben (Fairness) und Transparenz (Transparency). Die Grundsätze weisen wechselseitige Bezüge auf, stehen aber nicht in einem zwingenden Zusammenhang zueinander.[15] So setzen die Verarbeitung nach Treu und Glauben und die Transparenz die Rechtmäßigkeit voraus, selbst wenn sie nicht selber als Rechtmäßigkeitsvoraussetzungen anzusehen sind.[16] Auch nach der Rechtsprechung des EuGH sind Transparenz und Treu und Glauben im Zusammenhang zu sehen.[17] **16**

1. Rechtmäßigkeit (Lawfulness). Nach Art. 5 Abs. 1 lit. a Var. 1 müssen personenbezogene Daten „auf rechtmäßige Weise“ verarbeitet werden. **17**

In Bezug auf die Formulierung „in rechtmäßiger Weise“ kann von einem weiten oder einem engen Verständnis ausgegangen werden. Bei einem engen Verständnis ist die Voraussetzung gemeint, dass entweder eine Einwilligung der betroffenen Person vorliegt oder eine anderweitige Rechtsgrundlage für die Verarbeitung existiert.[18] Es wird vertreten, diesem engen Verständnis trage auch ErwG 40 Rechnung[19]. Dort heißt es: „Damit die Verarbeitung rechtmäßig ist, müssen personenbezogene Daten mit Einwilligung der betroffenen Person oder auf einer sonstigen zulässigen Rechtsgrundlage verarbeitet werden, die sich aus dieser Verordnung oder – wann immer in dieser Verordnung darauf Bezug genommen wird – aus dem sonstigen Unionsrecht oder dem Recht der Mitgliedstaaten ergibt…“. Rechtmäßigkeit in diesem Sinne bedeute also, dass für die betreffende Verarbeitung eine ausreichende Rechtsgrundlage im Unionsrecht oder im unionsrechtlich zulässigen mitgliedsstaatlichen Recht existiert. **18**

Geht man dagegen von einem weiten Verständnis von „in rechtmäßiger Weise“ aus, muss es nicht nur eine Rechtsgrundlage für die Verarbeitung geben, sondern es müssen bei der Verarbeitung auch alle zusätzlichen Anforderungen und Pflichten beachtet werden, die sich aus der DS-GVO oder aus dem nach der DS-GVO zulässigen nationalen Recht ergeben. In diesem weiten Sinne wäre eine Verarbeitung schon dann **19**

---

14 Schantz/Wolff-*Wolff* Rn. 387.

15 Kühling/Buchner-*Herbst* Art. 5 Rn. 7; Paal/Pauly-*Frenzel* Art. 5 Rn. 13.

16 Vgl. *EuGH* v. 1.10.2015 – C-201/14, Rn. 56 – Smaranda Bara.; Paal/Pauly-*Frenzel* Art. 5 Rn. 13.

17 Vgl. *EuGH* v. 1.10.2015 – C-201/14, Rn. 56 – Smaranda Bara.

18 Vgl. dazu Kühling/Buchner-*Herbst* Art. 5 Rn. 8 ff.

19 Kühling/Buchner-*Herbst* Art. 5 Rn. 8.

nicht „rechtmäßig“, wenn für sie zwar eine ausreichende Rechtsgrundlage existiert, aber der Verantwortliche etwa seine Informationspflichten aus Art. 13 und 14 nicht erfüllt.[20]

20 Aus dem Wortlaut der Norm lässt sich nicht entnehmen, ob von einem engen oder weiten Begriffsverständnis auszugehen ist. Beide Ansichten haben zunächst gemeinsam, dass für eine rechtmäßige Datenverarbeitung eine legitimierende Rechtsgrundlage, also entweder eine Einwilligung oder ein gesetzlicher Erlaubnistatbestand, vorliegen muss. Insofern bedeutet das Prinzip der Rechtmäßigkeit mindestens, dass für jede Verarbeitung eine ausreichende Rechtsgrundlage besteht.[21] In Bezug auf weitere Voraussetzungen der Rechtmäßigkeit ist zu differenzieren. Sind die zusätzlichen Anforderungen und Pflichten, die sich aus der DS-GVO oder aus dem nach der DS-GVO zulässigen nationalen Regelungen ergeben, so elementar, dass sie die Datenverarbeitung tragen, schlägt die Verletzung dieser Vorgaben auf die materielle Rechtmäßigkeit der Datenverarbeitung durch. Die Verarbeitung personenbezogener Daten erfolgt dann nicht mehr „in rechtmäßiger Weise“. Liegt die Verarbeitung außerhalb der jeweiligen Rechtsgrundlage ist sie in jedem Fall unrechtmäßig. Wird etwa in einem gesetzlichen Erlaubnistatbestand ein Verarbeitungszweck bestimmt, dann ist eine Verarbeitung jenseits dieses Zwecks nicht mehr von der Rechtsgrundlage gedeckt und damit unrechtmäßig.[22]

21 Damit basiert das Datenschutzrecht weiterhin auf dem **Verbotsprinzip**[23], wonach jede Datenverarbeitung legalisiert werden muss. Die Zulässigkeit der Datenverarbeitung ergibt sich nach der DS-GVO aus den Art. 6 bis 11 sowie aus Art. 23 (automatisierte Einzelentscheidung) und Art. 44 ff. (Drittlandstransfer).

22 Die Rechtsgrundlage kann sich neben der DS-GVO auch, bei Vorhandensein einer entsprechenden Öffnungsklausel, aus dem Recht der Union oder des Mitgliedstaats ergeben. Aus der Perspektive des Unionsrechts bedarf es für diese Rechtsgrundlage keines parlamentarischen Rechtsakts. Nach ErwG 41 bleiben davon Anforderungen gemäß der Verfassungsordnung des betreffenden Mitgliedstaates unberührt. Im nationalen deutschen Recht greift an dieser Stelle die Wesentlichkeitstheorie. Danach müssen Regelungen, die wesentlich für die Verwirklichung von Grundrechten sind, durch den Parlamentsgesetzgeber verabschiedet werden.[24] Im deutschen Recht muss daher eine Regelung, die wesentlich in das Recht auf informationelle Selbstbestimmung aus Art. 2 Abs. 1 i.V.m. Art. 1 Abs. 1 GG eingreift, auf einer Rechtsgrundlage in Form eines Parlamentsgesetzes beruhen.[25]

23 Da der Grundsatz der Rechtmäßigkeit der Sache nach so etwas wie einen Vorbehalt des Gesetzes normiert, ist er vor allem für den Bereich der Datenverarbeitung unter Privaten nach deutschem Rechtsverständnis zwar bemerkenswert, aber durch § 4 BDSG a.F. auf einfacher Rechtsgrundlage schon eingeführt gewesen.[26]

---

20 Vgl. dazu Kühling/Buchner-*Herbst* Art. 5 Rn. 8 ff.; Paal/Pauly-*Frenzel* Art. 5 Rn. 15.
21 Kühling/Buchner-*Herbst* Art. 5 Rn. 8.
22 Vgl. Kühling/Buchner-*Herbst* Art. 5 Rn. 12.
23 *Schaffland/Holthaus* Art. 5 Rn 2.
24 *BVerfG* Beschl. V. 13.7.2014 – 1 BvR 1298, 1299/94, 1332/95, 613/97, BVerfGE 111, 191 (216 f.).
25 So auch Kühling/Buchner-*Herbst* Art. 5 Rn. 8.
26 Schantz/Wolff-*Wolff* Das neue Datenschutzrecht, Rn. 390.

Eine nicht unwesentliche Zahl von Zulässigkeitsregelungen des BDSG a.F. ist in der DS-GVO nicht spezifiziert. Zu nennen sind die Vorschriften über die Videoüberwachung[27], zum Einsatz mobiler personenbezogener Speicher- und Verarbeitungsmedien oder über automatisierte Abrufverfahren. Da die DS-GVO nicht mehr zwischen Stellen, die Daten für eigene Zwecke geschäftsmäßig zur Datenübermittlung in personenbezogener bzw. anonymisierter Form und der Markt- und Meinungsforschung speichern trennt, sind auch die für die verschiedenen Bereiche bestehenden Sonderregelungen entfallen. Ebenfalls nicht mehr speziell angesprochen werden die Zulässigkeit der personalisierten Werbung und die Profilbildung durch Scoring. Die Erlaubnisse hierfür müssen durch die Interessenabwägung des Art. 6 Abs. 1 lit. f beurteilt werden. Teilweise wurden Spezifikationen der Zulässigkeit des BDSG a.F. über die Öffnungsklauseln der DS-GVO in §§ 22 bis 31 BDSG n.F. beibehalten. Damit wird in den im BDSG n.F. geregelten Vorschriften zusätzliche Rechtssicherheit geschaffen. **24**

2. Verarbeitung nach Treu und Glauben (Fairness). Gemäß Art. 5 Abs. 1 lit. a Var. 2 müssen personenbezogene Daten nach Treu und Glauben verarbeitet werden. Der Grundsatz Treu und Glauben findet sich in Konvention Nr. 108 des Europarates, ist in Art. 8 Abs. 2 S. 1 der Europäischen-Grundrechtecharta verbürgt und wurde durch Art. 6 Abs. 1 der DSRL i.V.m. ErwG 38 DSRL ausgefüllt. **25**

Auch wenn das Gebot von Treu und Glauben unter der DS-GVO inhaltlich schwer zu fassen ist[28], verbietet es sich einfach auf den im deutschen nationalen Recht bestimmten Begriff von Treu und Glauben zurückzugreifen. Ein solches Vorgehen widerspricht dem unionsrechtlichen Grundsatz, dass das Unionsrecht eine eigenständige Rechtsordnung aufstellt, „nach der sich die Befugnisse, Rechte und Pflichten der Rechtssubjekte sowie die zur Feststellung und Ahndung etwaiger Rechtsverletzungen erforderlichen Verfahren bestimmen."[29] Der Begriff von Treu und Glauben muss autonom für die DS-GVO als EU-Norm ausgelegt werden. Es kann nicht die Absicht des Gesetzgebers der EU gewesen sein, in Art. 5 Abs. 1 lit. a Var. 2 die vielseitigen Bedeutungsinhalte zu implementieren, die sich im Laufe der Zeit in der deutschen Rechtsordnung mit dem Begriff von Treu und Glauben entwickelt haben.[30] **26**

In der englischen Sprachfassung des Art. 5 Abs. 1 lit. a wird an der Stelle der Begriff „fairly" verwendet. Die deutsche Sprachfassung wäre an dieser Stelle weniger missverständlich, wenn sie hier den Begriff „fair" verwendet hätte. An anderen Stellen der deutschen Sprachfassung ist dies geschehen. So findet sich der Begriff „fair" unter anderem in den Art. 13 Abs. 2, 14 Abs. 2 und Art. 40 Abs. 2 lit. a sowie in den ErwG 39 S. 4, 60 S. 1, 2 und 71 S. 6. **27**

Inhaltlich ist die englische Sprachfassung, die eine **„faire" Verarbeitung** fordert, aussagefähig. Eine „faire" Verarbeitung ist in der Regel nur gegeben, wenn sie mit dem Wissen der betroffenen Person und nicht heimlich erfolgt.[31] Insoweit bedingen sich die Grundsätze der Rechtmäßigkeit und der der Transparenz. So wird es dem Grundsatz der „Fairness" widersprechen, im Wege sogenannter „Freundschaftswerbung" hinter **28**

---

27 Dazu Kommentierung zu § 4 BDSG Rn. 1.

28 Vgl. Kühling/Buchner-*Herbst* Art. 5 Rn. 13; Auernhammer-*Kramer* Art. 5 Rn. 8–10.

29 Auernhammer-*Kramer* Art. 5 Rn. 8-10; *EuGH* Urt. v. 13.11.1964 – 90/93 und 91/63 (Kommission/Luxemburg und Belgien), Slg. 1964, 1321, 1344 (Einfuhrzölle).

30 Vgl. Kühling/Buchner-*Herbst* Art. 5 Rn. 13.

31 Kühling/Buchner-*Herbst* Art. 5 Rn. 15.

dem Rücken der betroffenen Person Wissen für Werbezwecke zu erlangen, obwohl der **Direkterhebungsgrundsatz** des § 4 Abs. 2 BGSG a.F. nicht ausdrücklich in der DS-GVO normiert ist.[32] Auch dürfte die Verwendung verborgener Techniken, wie z.B. heimliche Videoüberwachung oder Spyware, regelmäßig treuwidrig sein.[33]

29 Große praktische Relevanz hat der Grundsatz von Treu und Glauben insbesondere dort, wo die DS-GVO nur sehr allgemeine Vorgaben enthält. Praktische Anwendungsfälle sind etwa das Scoring[34] oder die Videoüberwachung[35] auf Grundlage der DS-GVO. So dürfte ein Verstoß gegen den Zweckbindungsgrundsatz meist treuwidrig sein, etwa wenn Videomaterial, das zur Abwehr und Aufklärung von Straftaten aufgezeichnet wurde, zur Leistungskontrolle bei Beschäftigten eingesetzt wird.[33] Ebenso entspricht eine Datenverarbeitung nicht dem Grundsatz von Treu und Glauben, wenn sie unverhältnismäßig ist.[36] Dies ist dann der Fall, wenn es entweder an einem legitimen Zweck fehlt oder sie nicht zur Zweckerreichung das geeignete, erforderliche und angemessene Mittel darstellt.

30 Der Grundsatz der „fairen" Verarbeitung ist auch Auslegungskriterium im Rahmen der Interessenabwägung des Art. 6 Abs. 1 lit f. Dieser wird konkretisiert durch den ErwG 47 S. 1, wonach auf die „vernünftige Erwartungshaltung" der betroffenen Person abzustellen ist. Eine Weitegabe personenbezogener Daten an Dritte zum Zwecke der werblichen Nutzung ohne vorherige Information dürfte damit in der Regel auch dem Grundsatz der Fairness widersprechen.[37]

31 **3. Transparenz (Transparency).** Es gehört zu den datenschutzrechtlichen Grundpositionen, dass die Verarbeitung personenbezogener Daten nicht „hinter dem Rücken" des Betroffenen stattfinden darf. Eine faire und transparente Verarbeitung setzt daher voraus, dass der Betroffene über die Existenz eines Verarbeitungsvorgangs und dessen Zwecke unterrichtet wird.

32 Dementsprechend beinhaltet der Grundsatz der Transparenz, dass eine für die Öffentlichkeit oder die betroffene Person bestimmte Information präzise, leicht zugänglich und verständlich sowie in klarer und einfacher Sprache abgefasst ist. Dies fordert Art. 12. Auch ErwG 39 präzisiert das Transparenzgebot. Danach sollte für natürliche Personen Transparenz im Hinblick auf den Umstand bestehen, dass sie betreffende personenbezogene Daten erhoben, verwendet, eingesehen oder anderweitig verarbeitet werden. Die Transparenz sollte sich unter anderem auch auf den Umfang der Datenverarbeitung, die Identität des Verantwortlichen, die Zwecke der Verarbeitung, die Rechte der betroffenen Person und die Risiken der Verarbeitung beziehen.

33 Besondere Bedeutung kommt dem Transparenzerfordernis in Situationen zu, wo die große Zahl der Beteiligten und die Komplexität der dazu benötigten Technik den Betroffenen nicht ohne weiteres erkennen lassen, ob, von wem und zu welchem Zweck ihn betreffende personenbezogene Daten erfasst werden. Der Grundsatz transparenter Verarbeitung personenbezogener Daten wird von der DS-GVO somit

---

32 *Schaffland/Holthaus* Art. 5 Rn 18 ff.
33 Gola-*Pötters* Art. 5 Rn. 9.
34 Vgl. Kommentierung zu Art. 22 DS-GVO Rn. 60.
35 Vgl. Kommentierung zu Art. 14 DS-GVO Rn. 41.
36 *Wybitul* EU-Datenschutz-Grundverordnung im Unternehmen, Kap. II Rn. 67.
37 *GDD/ZAW* Werbung und Kundendatenschutz nach der DS-GVO, S. 67.

als Gebot verstanden, dass die betroffene Person die Verarbeitung nachvollziehen können muss.[38] Eine Pflicht zu kleinteiligen Information über jedes Detail der Verarbeitung im Voraus folgt aus dem Transparenzgrundsatz nicht.[39]

Die inhaltlichen Anforderungen ergeben sich vor allem aus den **Informationspflichten** der Art. 12[40], 13[41] und 14[42]. Diese gehen über die Angaben zum Verantwortlichen, Zwecken der Verarbeitung Kategorie von Empfängern hinaus (so § 4 Abs. 3 BDSG a.F.), indem grundsätzlich auch eine umfangreiche Information, insbesondere über die Rechte der Betroffenen Person, zu erfolgen hat. Im Rahmen der Informationspflichten ist es nach Ansicht der Art.-29-Datenschutzgruppe sogar notwendig, dass die Transparenzinformationen gegenüber betroffenen Personen regelmäßig aufzufrischen sind. Dies sei auch dann notwendig, wenn sich inhaltlich keine Änderungen ergeben haben.[43] Dem ist entgegenzuhalten, dass betroffene Personen, die keinen Überblick mehr über die Transparenzinformationen haben, sich diesen im Rahmen des Auskunftsersuchens gem. Art. 15 verschaffen können. Sämtliche Betroffene ungefragt in regelmäßigen Abständen mit Informationen zu behelligen führt lediglich zu „transparency fatigue“.[44] Die Informationen würden dann bei tatsächlicher inhaltlicher Änderung gar nicht mehr zur Kenntnis genommen. Zudem erscheint es unbillig, Verantwortliche gem. Art. 83 für etwas haften zu lassen, das in den Art. 13 und 14 nicht vorgeschrieben ist. 34

Erweitert wurde auch das Auskunftsrecht der betroffenen Person (Art. 15). Weitere Konkretisierungen des Grundsatzes der Transparenz finden sich in der Verpflichtung zur Benachrichtigung des Betroffenen von Datenschutzverstößen (Art. 34) und der Veröffentlichung der Angaben zum betrieblichen oder behördlichen Datenschutzbeauftragten (Art. 37 Abs. 7). 35

Wesentliches Ziel von Zertifizierungen der Datenschutzkonformität ist die Transparenz. Nach ErwG 100 sollen Zertifizierungsverfahren sowie Datenschutzsiegel und -prüfzeichen ermöglichen, den betroffenen Personen einen raschen Überblick über das Datenschutzniveau einschlägiger Produkte und Dienstleistungen zu ermöglichen. Das Zertifizierungsverfahren ist seinerseits in Art. 42 geregelt. Diese Transparenzpflichten werden auf Grundlage der Öffnungsklausel in Art. 23 konkretisiert bzw. eingeschränkt in den §§ 23 bis 36 BDSG n.F. sowie bei der Videoüberwachung öffentlich zugänglicher Räume in § 4 Abs. 2 BDSG n.F. 36

III. Zweckbindung, Abs. 1 lit. b (Purpose Limitation)

Ein wesentlicher Kern der DS-GVO ist auch der Grundsatz der Zweckbindung. Dieser ergibt sich schon aus Art. 8 Abs. 2 S. 1 der EU-Grundrechtecharta. Er soll verhin- 37

38 Auernhammer-*Kramer* Art. 5 Rn. 11.
39 So auch Auernhammer-*Kramer* Art. 5 Rn. 12.
40 Dazu Kommentierung zu Art. 12 DS-GVO.
41 Dazu Kommentierung zu Art. 13 DS-GVO.
42 Dazu Kommentierung zu Art. 14 DS-GVO.
43 *Art.-29-Datenschutzgruppe* WP 260 – Guidelines in transperancy under Regulation 2016/679, S. 16 Rn. 29.
44 Stellungnahme der GDD zum Working Paper 260 vom 23.1.2018, abrufbar unter: https://www.gdd.de/downloads/aktuelles/stellungnahmen/GDD_Comments_WP260.en_de.pdf.

dern, dass einmal erhobenen und gespeicherten Daten nicht für beliebige Zwecke weiterverarbeitet werden.[45] Damit begrenzt der Grundsatz der Zweckbindung die Verarbeitungsmöglichkeiten auf einen legitimen, gegenüber der Betroffenen Person informierten, Zweck.

38 Die Verarbeitung muss für **„festgelegte" Zwecke** erfolgen. Damit muss die Zweckbestimmung schon zum Zeitpunkt der Datenerhebung festgelegt sein. Die Festlegung bedingt entsprechende Informationspflichten gemäß Art. 13 und 14, wonach betroffene Personen über die festgelegten Zwecke zu informieren sind.

39 Eine bestimmte Form ist für die Zweckfestlegung nicht vorgeschrieben. Es ist aber zu berücksichtigen, dass der Verantwortliche nach Art. 5 Abs. 2 die Einhaltung des Zweckbindungsgrundsatzes nachweisen können muss. Eine rein gedankliche Zweckfestlegung wird hierzu nicht ausreichen. Vielmehr muss die Festlegung in einer Weise dokumentiert werden, die es Dritten erlaubt, sie nachzuvollziehen. Geeignet ist hierfür jedenfalls die Dokumentation der Verarbeitungswecke in Schriftform.[46] Sofern andere Formen die notwendige Nachweisfunktion erfüllen, sind auch diese Formen praktikabel.

40 Art. 5 Abs. 1 lit. b fordert die Verarbeitung für **„eindeutig" festgelegte Zwecke.** Damit wird eine hinreichende Bestimmtheit gefordert. Das schließt nicht aus, dass bei bestehenden ausreichenden Rechtsgrundlagen auch umfangreichere Bearbeitungen festgelegt werden können. Die Verwendung des Plurals „Zwecke" macht deutlich, dass auch bei der Datenerhebung mehrere illegale Zwecke zur Datenverarbeitung zulässig sind, z.B. Vertragserfüllung und personalisierte Werbung. Die **„Legitimität"** hinsichtlich der festgelegten Zwecke nimmt Bezug auf die Rechtmäßigkeit, die ihrerseits gem. Art. 5 Abs. 1 lit. a ein Grundsatz der DS-GVO ist.

41 Eine Zweckänderung und damit eine Durchbrechung des Zweckbindungsgrundsatzes stellt Weiterverarbeitung dar. Diese ist unter bestimmten Voraussetzungen gemäß Art. 6 Abs. 4 für eine Datenverarbeitung zu anderen, als dem bei der Datenerhebung festgelegten Zweck, zulässig[47]. Die zweckändernde Datenverarbeitung ist allerdings nur unter eingeschränkten Bedingungen zulässig.

42 Erforderlich ist eine Vereinbarkeit von ursprünglichen und neuen Zweck. Hierzu werden in Art. 6 Abs. 4 einschränkende Kriterien genannt. Falls diese Kriterien nicht erfüllt werden, die Weiterverarbeitung zu geänderten Zweck unvereinbar mit dem ursprünglichen Zweck ist, müssen die Daten erneut erhoben werden.[48] Ansonsten muss der Betroffene nach ErwG 50 in die Verarbeitung für den neuen Zweck einwilligen.

43 Unbestritten ist, dass für zweckändernde Weiterverarbeitung eine Rechtsgrundlage notwendig ist.[49] Nach ErwG 50 S. 2 ist im Fall der Kompatibilität der Verarbeitungszwecke keine andere gesonderte Rechtsgrundlage erforderlich, als diejenige, der Erhebung der personenbezogenen Daten. Die wörtliche Auslegung des ErwG 50 ist vor dem Hintergrund des Grundsatzes der Rechtmäßigkeit der Datenverarbeitung

45 Kühling/Buchner-*Herbst* Art. 5 Rn. 22.
46 *Art.-29-Datenschutzgruppe* WP 203, S. 18.
47 Dazu eingehend Kommentierung zu Art. 6 Abs. 4 DS-GVO Rn. 187.
48 Kühling/Buchner-*Herbst* Art. 5 Rn. 47.
49 Zum Streitstand Kühling/Buchner-*Herbst* Art. 5 Rn. 48 f.

problematisch. Deshalb muss für eine zweckändernde Weiterverarbeitung sowohl dieselbe als auch eine eigenständige Rechtsgrundlage vorliegen.

Eine Weiterverarbeitung ist auch auf Grundlage einer Rechtsvorschrift der Union oder der Mitgliedstaaten zulässig. Die Regelungen der §§ 23 und 25 BDSG n.F. sehen eine zweckändernde Datenverarbeitung bzw. Datenübermittlung durch öffentliche Stellen vor; § 24 n.F. regelt die zweckändernde Datenverarbeitung durch nicht öffentliche Stellen.[50] **44**

Archivzwecke, Forschungszwecke und statistische Zwecke: Eine Weiterverarbeitung für im öffentlichen Interesse liegende Archivzwecke, wissenschaftliche oder historische Forschungszwecke oder für statistische Zwecke gilt als nicht unvereinbar mit dem ursprünglichen Zweck, sofern die Voraussetzungen des Art. 89 Abs. 1 vorliegen. Dies bedeutet, dass nach Abs. 1 lit. e Hs. 2 technische und organisatorische Maßnahmen zu ergreifen sind, um die Weiterverarbeitung auf diese Zwecke zu begrenzen. **45**

IV. Datenminimierung, Abs. 1 lit. c (Data Minimisation)

Gemäß Art. 5 Abs. 1 lit. c müssen personenbezogenen Daten dem Zweck angemessen und erheblich sowie auf das für die Zwecke der Verarbeitung notwendige Maß beschränkt sein. Zusammenfassend bezeichnet die DS-GVO diesen Grundsatz als „Datenminimierung“. Nach der DS-GVO unzulässig ist damit die Verarbeitung personenbezogener Daten, die für den verfolgten Zweck inadäquat, unerheblich oder entbehrlich sind. Die englische Sprachfassung verwendet an dieser Stelle die Begriffe „adequate, relevant and limited“ und beschreibt den Regelungsgehalt der Norm damit sehr genau.[51] **46**

Der Grundsatz der Datenminimierung ergänzt den Grundsatz der Zweckbindung in Art. 5 Abs. 1 lit. b. Er stellt sicher, dass die Verarbeitung personenbezogener Daten durch den festgelegten Zweck begrenzt wird. Umgekehrt wird durch den Grundsatz der Zweckbindung der Orientierungspunkt für den Grundsatz der Datenminimierung festgelegt, in dem in Art. 5 Abs. 1 lit. b normative Aussagen zur Zweckfestlegung und Zweckänderung getroffen werden und damit sichergestellt wird, dass der Zweck bestimmt ist und nicht beliebig gewählt oder geändert werden darf.[52] **47**

Art. 5 Abs. 1 lit. c fordert, dass personenbezogener Daten nur dann verarbeitet werden dürfen, wenn keine alternative Methode zur Verfügung steht, um den angestrebten Zweck zu erreichen. Damit entspricht diese Regelung dem § 3a BDSG a.F., der die Grundsätze der Datenvermeidung und Daten Sparsamkeit beinhaltet.[53] Der Grundsatz der Datenminimierung verbietet damit auch eine Erhebung personenbezogener Daten, die für im Zeitpunkt der Erhebung festgelegten Zweck nicht erforderlich sind, um diese zusätzlichen Daten für mögliche zukünftige Zwecke zu speichern.[54] **48**

Wesentliche Ausprägung des Grundsatzes der Datenminimierung ist die Forderung nach Pseudonymisierung oder Anonymisierung. Sind Daten anonymisiert, sind sie nicht mehr personenbezogen und somit nicht dem Grundsatz der Datenminimierung **49**

50 Dazu Kommentierungen zu §§ 23, 24 und 25 BDSG.
51 Sydow-*Reimer* Art. 5 Rn. 29.
52 Kühling/Buchner-*Herbst* Art. 5 Rn. 56.
53 Gola-*Pötters* Art. 5 Rn. 21; Kühling/Buchner-*Herbst* Art. 5 Rn. 55.
54 Ehmann/Selmayr-*Heberlein* Art. 5 Rn. 22.

unterworfen.[55] Soweit der Verarbeitungszweck auch durch pseudonymisierte oder anonymisierte Daten erreicht werden kann, verstößt die Verarbeitung nicht-pseudonymisierter oder nicht-anonymisierter Daten gegen den Grundsatz der Datenminimierung. Eine solche Verarbeitung wäre nicht auf das notwendige Maß beschränkt.

50 Beispiel einer datenminimierenden Verarbeitung ist der Einsatz synthetischer, erforderlichenfalls pseudonymisierter Daten für Testzwecke bei der Migration auf neue Datenverarbeitungssysteme. Auch der Einsatz aggregierter Daten kann unter dem Aspekt der Datenminimierung zur Zweckerreichung ausreichend sein.[56] Ein weiteres Beispiel ist die Bereitstellung der Daten nur zum Lesen auf den Bildschirm ohne Möglichkeit des Ausdrucks.[57]

51 Der Grundsatz der Datenminimierung gem. Art. 5 Abs. 1 lit. c wird an verschiedenen Stellen der DS-GVO aufgegriffen und damit konkretisiert. So bildet etwa Art. 25 die technische Flanke des Grundsatzes der Datenminimierung mit der Forderung nach einem Datenschutz durch Technikgestaltung und durch datenschutzfreundliche Voreinstellung. Auch Art. 25 nennt als Beispiel die **Pseudonymisierung**[58] als eine geeignete technische Maßnahme zur Umsetzung des Grundsatzes der Datenminimierung.[59] Art. 89 Abs. 1 S. 2, der Garantien und Ausnahmen in Bezug auf die Verarbeitung und im öffentlichen Interesse liegenden Archivzwecken, zu wissenschaftlichen oder historischen Forschungszwecken und zu statistischen Zwecken regelt, nimmt explizit auf den Grundsatz der Datenminimierung Bezug.[60]

V. Richtigkeit, Abs. 1 lit. d (Accuracy)

52 Gemäß Art. 5 Abs. 1 lit. d müssen personenbezogene Daten sachlich richtig und erforderlichenfalls auf dem neuesten Stand sein. Es sind alle angemessenen Maßnahmen zu treffen, damit personenbezogene Daten, die im Hinblick auf die Zwecke ihrer Verarbeitung unrichtig sind, unverzüglich gelöscht oder berichtigt werden. Der Richtigkeit der Daten kommt ein hoher Stellenwert zu.[61] Bereits das BVerfG hat im Volkszählungsurteil vor Persönlichkeitsbildern gewarnt, deren Richtigkeit die betroffene Person nur unzureichend kontrollieren kann.[62]

53 Unter dem Grundsatz der Richtigkeit sind drei Pflichten nach Art. 5 Abs. 1 lit. d zu fassen, nämlich das Verbot der unrichtigen Erhebung oder Speicherung von Daten (Hs. 1 Var. 1), das Gebot der Aktualisierung unrichtig gewordener Daten (Hs. 1 Var. 2) und das Gebot der Löschung oder Berichtigung unrichtig gespeicherter Daten (Hs. 2).[63]

54 Personenbezogene Daten müssen sachlich richtig sein. Sachlich richtig bedeutet, dass über die betroffene Person gespeicherte Daten mit der Realität übereinstimmen müssen.[64] Demgemäß unterliegt die Verpflichtung zur Richtigkeit nur Tatsachenangaben,

---

55 Kühling/Buchner-*Herbst* Art. 5 Rn. 58.
56 Kühling/Buchner-*Herbst* Art. 5 Rn. 57.
57 Gola-*Pötters* Art. 5 Rn. 22.
58 Vgl. Kommentierung zu Art. 4 Nr. 5 DS-GVO Rn. 62.
59 Vgl. Kommentierung zu Art. 25 DS-GVO Rn. 20.
60 Vgl. Kommentierung zu Art. 89 Abs. 1 DS-GVO Rn. 17.
61 So auch BeckOK DatenSR-*Schantz* DS-GVO Art. 5 Rn. 27.
62 BVerfGE 65, 1 (42), NJW 1984, 417 (421).
63 Sydow-*Reimert* Art. 5 Rn. 34.
64 Kühling/Buchner-*Herbst* Art. 5 Rn. 60.

nicht aber Werturteilen. Werturteile sind auf ihre Richtigkeit hin nicht überprüfbar, da sie subjektiver Natur sind. Im Unterschied dazu sind Tatsachenangaben dem Beweis zugänglich und damit überprüfbar.

Das Gebot der Aktualisierung unrichtig gewordener Daten beinhaltet nach Art. 5 Abs. 1 lit. d Hs. 1 Var. 2 Aktualisierungspflichten vor allem in den Fällen, in denen Daten aus berechtigten Gründen zulässig längere Zeit aufbewahrt werden. In Betracht kommen hier neben Behörden namentlich Unternehmen, die – wie Auskunfteien, Detekteien oder Unternehmen bei Dauerschuldverhältnissen – personenbezogene Daten längerfristig aufbewahren.[65] Im Rahmen des Profilings konkretisiert ErwG 71 das Aktualisierungsgebot. Danach hat der Verantwortliche die Aufgabe technische und organisatorische Maßnahmen zu treffen, mit denen in geeigneter Weise sichergestellt wird, dass Faktoren, die zu unrichtigen personenbezogenen Daten führen, korrigiert werden und das Risiko von Fehlern minimiert wird. **55**

Der Grundsatz der Richtigkeit wird jedoch relativiert durch den Zusatz „erforderlichenfalls" in Art. 5 Abs. 1 lit. d Hs. 1 Var. 2. Damit müssen die personenbezogenen Daten nicht in jedem Fall auf dem neuesten Stand sein. Werden beispielsweise Gesundheitsdaten einer betroffenen Person bei einer bestimmten Untersuchung gewonnen, kann sich deren Richtigkeit logischerweise nur auf den Zeitpunkt der Untersuchung beziehen. Eine Berichtigung ist ebenfalls nicht erforderlich, wenn das betreffende Datum zu Zwecken der Beweissicherung auf Grundlage der Interessenabwägung gemäß Art. 6 Abs. 1 lit. f notwendig ist. **56**

Das Kriterium der Richtigkeit muss sich dabei an den Verarbeitungszwecken orientieren. Die Richtigkeit muss im Hinblick auf die Zwecke der Verarbeitung gegeben sein. Eine Berichtigung ist nicht erforderlich, wenn das Datum mit Blick auf die Verarbeitungszwecke in seiner konkreten Ausgestaltung im Detail nicht relevant ist. Falls richtige Daten unter dem Grundsatz der Datenminimierung nicht notwendig sind, besteht insoweit ebenfalls keine Verpflichtung zur Gewährleistung der Richtigkeit. **57**

Der Grundsatz der Richtigkeit korrespondiert mit den Rechten der betroffenen Person auf Berichtigung (Art. 16), Löschung (Art. 17) und Einschränkung der Verarbeitung (Art. 18). Diese sind als Betroffenenrechte ausgestaltet. **58**

Seine eigenständige Bedeutung erfährt der Grundsatz der Richtigkeit dadurch, dass es auch eine Pflicht des Verantwortlichen ist, eigenständig bei Vorliegen der Voraussetzungen der Betroffenenrecht der Art. 16 bis 18 aktiv die Datenverarbeitung anzupassen.[66] Das Betroffenenrecht muss dazu nicht erst ausgeübt werden. **59**

VI. Speicherbegrenzung, Abs. 1 lit. e (Storage Limitation)

Der Grundsatz der Speicherbegrenzung fordert eine zeitliche Begrenzung der Verarbeitung personenbezogener Daten. Eine Identifizierung der Betroffenen Person darf nur so lange möglich sein, wie es die Verarbeitungszwecke erfordern. Der Grundsatz der Speicherbegrenzung konkretisiert damit den Grundsatz der Zweckbindung in zeitlicher Hinsicht. Die Speicherung personenbezogener Daten muss beendet werden, sobald sie für die Zwecke der Verarbeitung nicht mehr erforderlich ist. Entge- **60**

---

65 Auernhammer-*Kramer* Art. 5 Rn. 22.
66 Gola-*Pötters* Art. 5 Rn. 24.

gen dem Wortlaut ist nicht die Größe des Speichermediums, sondern die **Speicherdauerbegrenzung** gemeint.

61 Ähnlich formuliert fand sich der Grundsatz der Speicherbegrenzung bereits in Art. 6 Abs. 1 lit. e DSRL. In der Rechtssache Google Spain schöpfte der EuGH aus der Datenminimierung und der Speicherbegrenzung das Recht auf Vergessenwerden.[67] Danach können Betroffene die Löschung rechtmäßig veröffentlichter Daten verlangen, wenn deren Verarbeitung nicht mehr für die Zwecke erforderlich ist, für die sie ursprünglich verarbeitet wurden.[68] Dieser Löschungsanspruch findet sich nun ausdrücklich in Art. 17.[69]

62 Die Rechtsfolge eines Wegfalls der Zweckbestimmung in zeitlicher Hinsicht ist nach dem Grundsatz der Speicherbegrenzung die Aufhebung des Bezugs der Daten zur betroffenen Person. Dies kann in der Weise geschehen, dass die Datensätze gelöscht werden. Bei Pseudonymen kann der Personenbezug auch durch Auflösung der Referenzliste erreicht werden. Im Ergebnis müssen die Daten derart geändert werden, dass die Identifizierung der betroffenen Person nicht mehr möglich ist. Dies ist dann der Fall, wenn die Daten keiner identifizierten oder identifizierbaren Person mehr zugeordnet werden können.

63 Der Verantwortliche muss also in Datensätzen gegebenenfalls den Namen und weitere personenbezogene Daten, die eine Identifizierbarkeit ermöglichen, löschen, wenn sich die Zwecke erledigt haben.[70] Wenn beispielsweise die Durchführung eines Kaufvertrags mit den zugehörigen Daten beim Verantwortlichen abgebildet ist, müssen diese Kaufvertragsdaten nach dem Grundsatz der Speicherbegrenzung für den Primärzweck der Kaufvertragsdurchführung bis zum Auslaufen von Gewährleistungsansprüchen vorgehalten werden. Danach sind diese Daten nur noch für mitgliedsstaatliche gesetzliche Nebenzwecke, wie handels- und steuerrechtliche Zwecke, vorzuhalten.[71]

64 ErwG 39 S. 10 fordert, dass vom Verantwortlichen Fristen für die Löschung oder der regelmäßigen Überprüfung der personenbezogenen Daten vorgesehen sind. Die vorgesehenen Löschfristen sind auch Bestandteil des Verzeichnisses der Verarbeitungstätigkeiten gemäß Art. 30 Abs. 1 lit f. In zahlreichen einzelnen Vorgaben der DS-GVO wird der Grundsatz der Speicherbegrenzung ebenfalls konkretisiert. Beispielsweise verpflichtet Art. 13 Abs. 2 lit. a bzw. Art. 14 Abs. 2 lit. a den Verantwortlichen dazu, über die Dauer, für die die personenbezogenen Daten gespeichert werden oder, falls dies nicht möglich ist, über die Kriterien für die Festlegung dieser Dauer zu informieren. Art. 15 Abs. 1 lit. d räumt dem Betroffenen ein entsprechendes Auskunftsrecht ein. Von Bedeutung zur Absicherung des Grundsatzes der Speicherbegrenzung sind das Recht auf Löschung gem. Art. 17 Abs. 1 lit. a und das Recht auf Einschränkung der Verarbeitung gem. Art. 18 Abs. 1.

---

67 *EuGH* Urt. v. 13.05.2014 – C-131/12 Rn. 89 ff. – Google Spain.

68 *Albrecht/Jotzo* Das neue Datenschutzrecht der EU, Teil 2 Rn. 7.

69 Vgl. Kommentierung zu Art. 17 DS-GVO Rn. 31; Zur Erfüllung der Löschpflichten durch Software siehe *Keppeler* Das „Radierverbot“ als „Rettung“ vor den umfangreichen DS-GVO-Löschpflichten, RDV 2/2018.

70 Paal/Pauly-*Frenzel* Art. 5 Rn. 44.

71 Auernhammer-*Kramer* Art. 5 Rn. 28.

Eine Ausnahme vom Grundsatz der Speicherbegrenzung für Weiterverarbeitung für im öffentlichen Interesse liegende Archivzwecke, für wissenschaftliche oder historische Forschungszwecke und für statistische Zwecke gemäß Art. 89 Abs. 1 regelt Art. 5 Abs. 1 lit. e Hs. 2. Sie ist eine Durchbrechung des Zweckbindungsgrundsatzes des Art. 5 Abs. 1 lit. b. Die Forderung nach geeigneten Garantien in der Ausnahme vom Speicherbegrenzgrundsatz ist insofern redundant, als nach Art. 89 die gleiche Verpflichtung besteht.[72] **65**

VII. Integrität und Vertraulichkeit, Abs. 1 lit. f (Integrity and Confidentialy)

Der Grundsatz der Integrität und Vertraulichkeit ist die technisch organisatorische Ausprägung des Datenschutzrechts. Danach müssen personenbezogenen Daten in einer Weise verarbeitet werden, die eine angemessene Sicherheit der personenbezogenen Daten gewährleistet. Bereits Art. 17 Abs. 1 DSRL und § 9 BDSG a.F. verpflichtete Verantwortliche und Auftragsverarbeiter dazu, angemessene technische und organisatorische Maßnahme vorzunehmen, die den Betroffenen vor unrechtmäßigen Verarbeitung seiner Daten schützen. Diese Vorgaben zum Systemdatenschutz übernimmt Art. 5 Abs. 1 lit. f und erklärt sie zu einem allgemeinen Grundsatz jeder Datenverarbeitung, um deren Bedeutung zu stärken.[73] **66**

Zum einen sollen Integrität und Vertraulichkeit den Schutz vor unbefugter oder unrechtmäßiger Verarbeitung gewährleisten. Eine unrechtmäßige Verarbeitung liegt vor, wenn hierfür keine Rechtsgrundlage vorliegt. Eine unbefugte Verarbeitung ist gegeben, wenn ein Dritter im Sinne von Art. 4 Nr. 10 ohne Befugnis eine Datenverarbeitung vornimmt. Deshalb ist durch technisch organisatorische Maßnahmen der unbefugte Zugang zu personenbezogenen Daten zu verhindern.[74] **67**

Daneben soll ein unbeabsichtigter Verlust, eine unbeabsichtigte Zerstörung oder eine unbeabsichtigte Schädigung verhindert werden. Ein unbeabsichtigter Verlust, eine unbeabsichtigte Zerstörung oder unbeabsichtigte Schädigung von Daten liegt vor, wenn in der Sphäre des Verantwortlichen durch mit der Datenverarbeitung betrauten Personen Daten verlustig gehen, zerstört oder beschädigt werden. Das ist insbesondere dann der Fall, wenn Daten abhanden kommen oder derart geändert werden, dass sie nicht mehr oder nur noch eingeschränkt für den vorgesehenen Zweck verarbeitet werden können. **68**

Welche Maßnahmen zum Schutz der Daten ergriffen werden müssen, hängt insbesondere von dem Risiko eines unberechtigten Zugriffs, der Art der Verarbeitung[75] sowie der Bedeutung der Daten für die Rechte und Interessen der betroffenen Personen ab.[76] So werden beispielsweise persönliche Finanz- oder Gesundheitsdaten eines höheren Schutzes bedürfen, als der Name oder das Alter einer Person. Nach ErwG 39 gehört zu den Schutzmaßnahmen zumindest, dass personenbezogene Daten so verarbeitet werden, dass ihre Sicherheit und Vertraulichkeit hinreichend gewährleistet ist, wozu auch gehört, dass Unbefugte keinen Zugang zu den Daten haben und weder die Daten noch die Geräte, mit denen diese verarbeitet werden, benutzen können. **69**

---

72 Kühling/Buchner-*Herbst* Art. 5 Rn. 70.
73 *Albrecht/Jotzo* Das neue Datenschutzrecht der EU, Teil 2 Rn. 14.
74 Kühling/Buchner-*Herbst* Art. 5 Rn. 74.
75 Vgl. *EuGH* NJW 2014, 2169 Rn. 54 f.
76 BeckOK DatenSR-*Schantz* DS-GVO, Art. 5 Rn. 35.

70 Vergleichbare Anforderungen wie Art. 5 Abs. 1 lit. f stellte auch § 9 BDSG a.F. auf. Die Anlage zu § 9 BDSG a.F. listet technische und organisatorische Maßnahmen auf, die auch zur Erfüllung der Anforderungen des Art. 5 Abs. 1 lit. f eingesetzt werden können.[77] Zu beachten ist aber, dass diese Auflistung schon in Bezug auf § 9 BDSG a.F. nicht abschließend war. Sie erschöpft somit nicht die nach Art. 5 Abs. 1 lit. f möglichen und erforderlichen Maßnahmen.

71 Der Grundsatz der Vertraulichkeit und Integrität wird durch die in den Art. 25 und 32 geforderten technischen und organisatorischen Maßnahmen konkretisiert. Der Grundsatz der Vertraulichkeit und Integrität korrespondiert zudem mit den in Art. 33 und 34 geregelten Meldepflichten bei der Verletzung des Schutzes personenbezogener Daten.[78] Art. 28 Abs. 3 S. 2 lit. b nimmt auf die organisatorische Verpflichtung Bezug, indem er Auftragsverarbeiter verpflichtet, die mit der Datenverarbeitung betrauten Personen auf die Vertraulichkeit zu verpflichten.

VIII. Rechenschaftspflicht, Abs. 2 (Accountability)

72 Die Rechenschaftspflicht des Art. 5 Abs. 2 ist eines der gewichtigsten und umfänglichsten Gebote der DS-GVO.[79] Die Rechenschaftspflicht des Verantwortlichen nach Art. 5 Abs. 2 hat zwei Bestandteile: Die Einhaltung der Grundsätze des Art. 5 Abs. 1 wird ihm als Pflicht auferlegt, und er muss nachweisen können, dass er diese Pflicht befolgt.[80] Art. 5 Abs. 2 enthält damit die beiden wesentlichen Aspekte des Konzepts der „Accountability".[81] Über den Grundsatz der Rechenschaftspflicht bekommt Art. 5 eine hohe eigenständige Bedeutung mit erheblicher Praxisrelevanz.

73 Der Grundsatz der Rechenschaftspflicht war als Verpflichtung, die Einhaltung der Grundsätze des Art. 6 Abs. 1 DSRL sicherzustellen, bereits in Art. 6 Abs. 2 DSRL enthalten. Die Verpflichtung des Verantwortlichen, die Einhaltung der Grundsätze nun auch nachweisen zu müssen, ist dagegen ein Novum im Rahmen der DS-GVO. Mit dem Grundsatz der Rechenschaftspflicht nimmt der Gesetzgeber die Verantwortlichen stärker in die Pflicht. Statt einer bürokratischen Vorabkontrolle möchte er stärker auf die Eigenverantwortung der Verantwortlichen setzen und diese als sanktionsbewehrten Grundsatz zum Fundament des neuen Datenschutzrechts machen.[82]

74 Adressat des Art. 5 Abs. 2 ist nach dem Wortlaut der Regelung lediglich der Verantwortliche (Art. 4 Nr. 7). Dabei können innerhalb eines Unternehmensverbunds auch mehre als gemeinsam Verantwortliche kooperieren (Art. 26). Der Auftragsverarbeiter (Art. 4 Nr. 8) wird von dieser Pflicht nicht erfasst.[83] Die Gesamtverantwortung und Nachweispflicht des Verantwortlichen umfasst auch die Verarbeitung durch den Auftragsverarbeiter, der die Verarbeitung in seinem Auftrag durchführt.[84] Von der Verantwortung, die von Art. 5 Abs. 2 ausgeht, kann sich der Verantwortliche durch einen

77 Kühling/Buchner-*Herbst* Art. 5 Rn. 76.
78 Gola-*Pötters* Art. 5 Rn. 29.
79 Vgl. auch Auernhammer-*Kramer* Art. 5 Rn. 33, der die Rechenschaftspflicht als eines der schillerndsten Gebote der DS-GVO bezeichnet.
80 Kühling/Buchner-*Herbst* Art. 5 Rn. 77.
81 BeckOK DatenSR-*Schantz* DS-GVO, Art. 5 Rn. 37.
82 *Albrecht/Jotzo* Das neue Datenschutzrecht der EU, Teil 2 Rn. 18.
83 Gierschmann-*Buchholtz/Stentzel* Art. 5 Rn. 4.
84 Ehman/Selmayr-*Heberlein* Art. 5 Rn. 30.

Auftragsverarbeiter nicht befreien. Gänzlich ohne Pflichten bleibt der Auftragsverarbeiter nicht. Vielmehr werden die Pflichten an anderen Stellen der DS-GVO normiert und den Pflichten des Verantwortlichen angepasst. Beispielsweise sind hier die Dokumentationspflichten nach Art. 30 Abs. 2 oder der Schadensersatz des Betroffenen nach Art. 82 zu nennen.

Art. 5 Abs. 2 benennt keine zeitliche Grenze für das „Nachweisenkönnen", so dass die Dokumentationen zunächst dauerhaft aufbewahrt werden müssen. Denkbar wäre die Verkürzung dieses zeitlichen Rahmens, wenn man die Vorschrift dahin verstünde, dass der Nachweis nur gegenüber der Verjährung unterliegenden Ansprüchen Dritter erbracht werden können muss.[85] **75**

Ziel der Regelung ist es, die Unternehmen und sonstigen Verantwortlichen stärker in die Pflicht zu nehmen.[86] Adressat der Rechenschaftspflicht ist ausweislich des Wortlautes des Art. 5 Abs. 2 der Verantwortliche.[87] Der Verantwortliche muss insofern nicht nur seine Pflichten erfüllen, sondern auch nachweisen können, dass in seinem Verantwortungsbereich diese Pflichten erfüllt werden. Inwieweit die in Art. 5 Abs. 2 geregelte Pflicht jedoch über die an sich selbstverständliche Pflicht hinausreicht, eine Verarbeitung personenbezogener Daten nur im Einklang mit der DS-GVO vorzunehmen, wird aus der Norm nicht deutlich.[88] Auch wird nicht deutlich, welche Nachweispflichten den Verantwortlichen treffen, die über die Darlegungs- und Nachweispflichten der sonstigen Vorschriften der DS-GVO hinausgehen.[89] **76**

Unter diesen Voraussetzungen ist fraglich, ob die Rechenschaftspflicht des Art. 5 Abs. 2 eng oder weit zu verstehen ist. So wird vertreten, dass eine enge Auslegung der Rechenschaftspflicht im Einklang mit der DS-GVO steht. Eine weitreichende Auslegung der Vorschrift sei indessen aus mehreren Gründen, wie dem Willen des Gesetzgebers, der Systematik und dem Wortlaut, bedenklich.[90] Demgegenüber steht die weite Auslegung der Rechenschaftspflicht. Diese hat eine umfassende Organisationspflicht des Verantwortlichen zur Folge, die bereits vor der eigentlichen Datenverarbeitung Wirkung entfaltet und daher auch mit Beginn der ersten Verarbeitung sanktioniert werden kann. **77**

Bereits aus Gründen der Rechtsicherheit ist es für den Verantwortlichen sinnvoll von einem weiten Verständnis der Rechenschaftspflicht auszugehen. Sicherlich ist es verlockend, von einem engen Begriffsverständnis der Rechenschaftspflicht auszugehen, da damit für den Verantwortlichen ein geringerer Dokumentationsaufwand zu leisten ist. Der Verantwortliche kann sich einen Rückzug auf rechttheoretische Überlegungen zur Begrenzung seiner Rechenschaftspflicht nach Art. 5 Abs. 2 jedoch nicht leisten. Ein Verstoß gegen die Pflichten des Art. 5 Abs. 2 ist bußgeldbewährt. Solange keine höchstrichterliche Rechtsprechung in diesem Bereich erfolgt ist, muss der Verantwortliche die Rechenschaftspflichten erfüllen, die sich aus einem weiten Begriffsverständ- **78**

85 In diese Richtung *Traung* Cri 2012, 33 (41).
86 Plath-*Plath* Art. 5 Rn. 22.
87 Vgl. zum Begriff des Verantwortlichen Kommentierung zu Art. 4 Nr. 7 Rn. 98.
88 Plath-*Plath* Art. 5 Rn. 22; Ähnlich auch *Gierschmann* ZD 2016, 51 (52).
89 Auernhammer-*Kramer* Art. 5 Rn. 35.
90 Für eine enge Auslegung Gierschmann-*Buchholtz/Stentzel* Art. 5 Rn. 42 ff.; *Veil* Accountability – wie weit reicht die Rechenschaftspflicht der DS-GVO? ZD 2018, 9 ff.

nis ergeben. Dazu ist auch der Zweck der Rechenschaftspflichten zu beachten. Bei der Rechenschaftspflicht der DS-GVO geht es um die Umsetzung der Grundsätze des Datenschutzes.[91] Es sind interne Maßnahmen und Verfahren zur effektiven Umsetzung bestehender Datenschutzgrundsätze festzulegen, ihre Wirksamkeit sicherzustellen und eine Pflicht zum Nachweis einzuführen.[92] Betroffene und Aufsichtsbehörden sollen einfacher prüfen können, ob die personenbezogenen Daten rechtmäßig verarbeitet werden.[93] Es geht also um eine Verbesserung der Beweislage und damit um eine Reaktion auf bisherige Lücken bei der hinreichenden Dokumentation von Verarbeitungsvorgängen.[93] Eine enge Auslegung der Rechenschaftspflichten des Art. 5 Abs. 2 würde diese Ziele konterkarieren.

79 Inhaltlich ist der Grundsatz der Rechenschaftspflicht deutlich in Art. 24 Abs. 1 abgebildet. Danach muss der Verantwortliche die technischen und organisatorischen Maßnahmen ergreifen, um sicherzustellen und den Nachweis zu erbringen, dass die Verarbeitung im Einklang mit der DS-GVO erfolgt. Der Verantwortliche haftet also nicht nur für den Erfolg der Einhaltung der datenschutzrechtlichen Vorgaben. Er muss bereits im Vorfeld interne Compliance-Maßnahmen ergreifen, um Verstöße gegen die DS-GVO zu vermeiden.[94] Im Zentrum der Pflichten des Verantwortlichen steht die Dokumentation folgender Sachverhalte[95]:

- Die einzelnen Verarbeitungen: Art. 30, mit erweiterten Dokumentationspflichten nach Art. 30 Abs. 1 S. 2 und Abs. 2, Abs. 3,
- Erfüllung der Informationspflicht: Art. 12–14,
- Folgenabschätzung: Art. 35, mit erweiterten Dokumentationspflichten nach Art. 35 Abs. 7,
- Maßnahmen der Datensicherheit: Art. 32,
- Datenschutzverletzungen: Art. 33 mit erweiterten Dokumentationspflichten nach Art. 33 Abs. 5,
- Rechtfertigung der Einwilligung: Art. 7 Abs. 1.

80 Art. 5 Abs. 2 schreibt nicht vor, in welcher Form der Nachweis der Einhaltung des Art. 5 Abs. 1 erfolgen muss. Die DS-GVO konkretisiert aber in verschiedenen Regelungen solche Nachweispflichten. Diese sind zwar nicht immer zwingend anzuwenden, dienen aber als guter Anhaltspunkt für vergleichbare Sachverhalte. Eine mögliche Form des Nachweises ist das Verzeichnis der Verarbeitungstätigkeiten nach Art. 30. Zur Führung eines solchen Verzeichnisses sind aber Unternehmen oder Einrichtungen, die weniger als 250 Mitarbeiter beschäftigen gem. Art. 30 Abs. 5 grundsätzlich nicht verpflichtet. Zum Nachweis bietet es sich aber an. Erfolgt der Datenschutz durch Technikgestaltung oder durch datenschutzfreundlich Voreinstellungen[96], kann dies ebenfalls dem Nachweis der Einhaltung der Grundsätze der Verordnung dienen.[97]

81 Im Ergebnis führt der Grundsatz der Rechenschaftspflicht zu erheblichen zusätzlichen Dokumentations- und Nachweispflichten in der Praxis. Unternehmen müssen nicht nur

---

91 *Art.-29-Datenschutzgruppe* WP 172 zum Grundsatz der Rechenschaftspflicht, S. 8 Ziffer 22.
92 *Art.-29-Datenschutzgruppe* WP 172 zum Grundsatz der Rechenschaftspflicht, S. 6 Ziffer 12.
93 *Albrecht/Jotzo* Das neue Datenschutzrecht der EU, S. 56 Rn. 19.
94 BeckOK DatenSR-*Schantz* DS-GVO Art. 5 Rn. 38.
95 Angelehnt an Auernhammer-*Kramer* Art. 5 Rn. 35.
96 Vgl. Kommentierung zu Art. 25 DS-GVO Rn. 21 sowie ErwG 78.
97 Kühling/Buchner-*Herbst* Art. 5 Rn. 80.

sicherstellen, die einzelnen Anforderungen der DS-GVO zu erfüllen, sondern dies jeweils auch nachweisen können. Bei der Planung von Prozessen und Strukturen zum Erfüllen der Anforderungen der Verordnung sollte die entsprechende Dokumentation gleich mit geplant werde.[98] Es empfiehlt sich daher, frühzeitig mit der IT-Abteilung, der Software- und Systementwicklung sowie den Fachbereichen die Dokumentationsanforderungen und –möglichkeiten zu erörtern. Der Umfang der Rechenschaftspflicht lässt es erforderlich erscheinen, ein Datenschutz-Management-System zu implementieren.[99]

IX. Sanktionen

Ein Verstoß gegen die Grundsätze des Art. 5 ist gemäß Art. 83 Abs. 5 lit. a mit dem **82** höheren Bußgeld in Höhe von bis zu 20 Mio. EUR oder 4 % des weltweiten Jahresumsatzes bedroht. Hierzu zählt auch ein Verstoß gegen die Rechenschaftspflichten gem. Art. 5 Abs. 2.[100]

Da die Grundsätze in Art. 5 Abs. 1 in der GS-GVO konkretisiert werden, kommt der **83** Bußgeldbewährung über die Öffnungsklauseln zur Rechtmäßigkeit eine eigenständige Bedeutung zu. Ein Verstoß gegen die Zulässigkeitstatbestände des BDSG n.F. und bereichsspezifischer Regeln ist damit in gleiche Weise sanktioniert wie die nach Art. 6 ff.

Zudem kann ein Betroffener für etwaige Schäden nach Art. 82 Schadensersatz ver- **84** langen.[101]

C. Praxishinweise

I. GDD-Praxishilfe DS-GVO IX „Accountability"

Die GDD hat eine Praxishilfe zur Accountability rausgegeben. Die Accountabilitiy **85** sollte danach durch **folgende Maßnahmen** sichergestellt werden:[102]

- Eine **betriebliche Datenschutz-Policy** soll den Mitarbeitern eine Orientierung über allgemein einzuhaltende Anforderungen geben. Sie legt u.a. Verantwortlichkeiten fest und konkretisiert die Zusammenarbeit mit dem betrieblichen oder behördlichen Datenschutzbeauftragten.
- Eine **Sensibilisierun**g der mit Verarbeitungsvorgängen befassten Mitarbeiter und eine zielorientierte Schulung zum Datenschutz stellen generell eines der wichtigsten Mittel der Datenschutzorganisation dar, um präventiv auf datenschutzkonformes Handeln hinzuwirken.
- Eine **Verpflichtung auf die Vertraulichkeit** ist Basis Accoutaility und des Datenschutzmanagements nach Art. 24. Sie ersetz die Verpflichtung auf das Datengeheimnis nach § 5 BDSG a.F.[103]. Art. 28 Abs. 3 lit. b verpflichtet Auftragsverarbeiter die mit der Datenverarbeitung betrauten Personen auf die Vertraulichkeit zu verpflichten.

---

98 *Wybitul* EU-Datenschutzgrundverordnung im Unternehmen, Kap. III Rn. 77.
99 *Gossen/Schramm* Das Verarbeitungsverzeichnis der DS-GVO, ZD 2017 , 7 (10).
100 Vgl. Kommentierung zu Art. 83 Abs. 5 lit. a DS-GVO Rn. 80.
101 Vgl. Kommentierung zu Art. 82 Abs. 1 DS-GVO Rn. 4
102 GDD-Praxishilfe DS-GVO IX: Accountability, abrufbar unter: https://www.gdd.de/downloads/praxishilfen/GDD-Praxishilfe_DS-GVO_9.pdf.
103 GDD-Praxishilfe DS-GVO XI: Verpflichtung auf die Vertraulichkeit.

- Das Herstellen einer **umfassenden Transparenz** der Verarbeitung der personenbezogenen Daten ist wesentliche Verpflichtung der Accountability nach Art. 5. Hierzu gehört, dass zu jedem der folgenden Artikel der Nachweis erbracht wird, wie die Umsetzung im Unternehmen erfolgt ist. Zum Nachweis der Umsetzung der Accountability ist unternehmensbezogen und risikoorientiert zu jedem einzelnen Element der Betroffenenrechte zu prüfen und zu dokumentieren, welche Prozesse und Maßnahmen bestehen.
- Mit der DS-GVO wird die **Meldung von Verletzungen des Schutzes personenbezogener Daten** an die Aufsichtsbehörde und an betroffene Personen (Art. 33 und 34) auf alle verantwortlichen Stellen ausgedehnt. Die Meldung solcher „Datenpannen", bzw. von solchen Sicherheitsvorfällen ist wesentlicher Teil der Accountability, denn nur so kann die verantwortliche Stelle den Nachweis des verantwortlichen Umgangs mit personenbezogen Daten auch für die Fälle erbringen, in denen Fehler auftreten, die „voraussichtlich zu einem Risiko für die Rechte und Freiheiten natürlicher Personen" führen. Bei einem hohen Risiko sind auch die betroffenen Personen zu informieren.
- Herzstück eines transparenten und effizienten Datenschutzmanagements ist, wie schon bislang das Verfahrensverzeichnis, ein vollständiges, aktuell gehaltenes **Verzeichnis der Verarbeitungstätigkeiten**.[104]
- Verarbeitungen, mit denen voraussichtlich ein hohes Risiko für die Persönlichkeitsrechte von Betroffenen verbunden ist, bedürfen der **Datenschutzfolgenabschätzung (DSFA)**. Auch um zum Ergebnis zu kommen, dass/wo solche Risiken nicht vorliegen, bedarf es eines systematischen Ansatzes zur datenschutzrechtlichen Risikoanalyse. Dies geschieht sinnvollerweise im Zuge der Erfassung der einzelnen Verarbeitungstätigkeiten. Somit bietet es sich an, auch die Dokumentation der Risikoanalysen und der DSFA an das VVT anzufügen.
- Der sog. **PDCA-Zyklus („Plan-Do-Check-Act")**[105] nach Deming beschreibt einen kontinuierlichen Verbesserungsprozess und ist die Grundlage aller Qualitätsmanagement-Systeme. PDCA findet sich z.B. auch in der ISO 27001. Er findet seine Rechtsgrundlage in Art. 24.

II. Relevanz für öffentliche und nichtöffentliche Stellen

86 Die Grundsätze nach Art. 5 verpflichten Behörden und Unternehmen in gleicher Weise. Behörden haben nach dem Prinzip der Rechtmäßigkeit insbesondere das bereichspezifische Datenschutzrecht anzuwenden bzw. den Zweckbindungsgrundsatz bei der hoheitlichen Aufgabenerfüllung zu beachten. Öffentliche und nichtöffentliche Stellen sind damit auch zur Accountability verpflichtet.

III. Relevanz für betroffene Personen

87 Den betroffenen Personen stehen aus den Grundsätzen des Art. 5 keine eigenständigen Rechtsansprüche gegen den Verantwortlichen zu. Diese sind vielmehr in den Betroffenenrechten konkretisiert. Macht der Betroffene nach Art. 82 Abs. 1 einen Anspruch wegen eines **materiellen oder immateriellen Schaden** geltend und kann der

104 Ein Muster-VVT ist in der GDD-Praxishilfe V veröffentlicht.
105 Gute Übersicht zum PDCA-Zyklus in *Lepperhoff/Mühlein* Leitfaden zur Datenschutzgrundverordnung, Teil II 7.3.

Verantwortliche die Einhaltung der Grundsätze nicht nachweisen, geht dies zu seinen Lasten. Die Regelung des Art. 82 Abs. 3 führt de facto zu einer **Beweislastumkehr**.

IV. Relevanz für Aufsichtsbehörden

Die Nachweispflicht hat ihre Bedeutung auch bei Überprüfungen durch die Aufsichtsbehörde. Sie kann gemäß Art. 58 Abs. 1 lit. a vom Verantwortlichen die Bereitstellung von Informationen verlangen. Kann der Verantwortliche die Einhaltung der Grundsätze und deren Konkretisierung in der DS-GVO und Normen, für die eine Öffnung besteht nicht nachweisen, liegt ein Datenschutzverstoß vor. **88**

Artikel 6 Rechtmäßigkeit der Verarbeitung

(1) [1]Die Verarbeitung ist nur rechtmäßig, wenn mindestens eine der nachstehenden Bedingungen erfüllt ist:

a) Die betroffene Person hat ihre Einwilligung zu der Verarbeitung der sie betreffenden personenbezogenen Daten für einen oder mehrere bestimmte Zwecke gegeben;
b) die Verarbeitung ist für die Erfüllung eines Vertrags, dessen Vertragspartei die betroffene Person ist, oder zur Durchführung vorvertraglicher Maßnahmen erforderlich, die auf Anfrage der betroffenen Person erfolgen;
c) die Verarbeitung ist zur Erfüllung einer rechtlichen Verpflichtung erforderlich, der der Verantwortliche unterliegt;
d) die Verarbeitung ist erforderlich, um lebenswichtige Interessen der betroffenen Person oder einer anderen natürlichen Person zu schützen;
e) die Verarbeitung ist für die Wahrnehmung einer Aufgabe erforderlich, die im öffentlichen Interesse liegt oder in Ausübung öffentlicher Gewalt erfolgt, die dem Verantwortlichen übertragen wurde;
f) die Verarbeitung ist zur Wahrung der berechtigten Interessen des Verantwortlichen oder eines Dritten erforderlich, sofern nicht die Interessen oder Grundrechte und Grundfreiheiten der betroffenen Person, die den Schutz personenbezogener Daten erfordern, überwiegen, insbesondere dann, wenn es sich bei der betroffenen Person um ein Kind handelt.

[2]Unterabsatz 1 Buchstabe f gilt nicht für die von Behörden in Erfüllung ihrer Aufgaben vorgenommene Verarbeitung.

(2) Die Mitgliedstaaten können spezifischere Bestimmungen zur Anpassung der Anwendung der Vorschriften dieser Verordnung in Bezug auf die Verarbeitung zur Erfüllung von Absatz 1 Buchstaben c und e beibehalten oder einführen, indem sie spezifische Anforderungen für die Verarbeitung sowie sonstige Maßnahmen präziser bestimmen, um eine rechtmäßig und nach Treu und Glauben erfolgende Verarbeitung zu gewährleisten, einschließlich für andere besondere Verarbeitungssituationen gemäß Kapitel IX.

(3) [1]Die Rechtsgrundlage für die Verarbeitungen gemäß Absatz 1 Buchstaben c und e wird festgelegt durch

a) Unionsrecht oder
b) das Recht der Mitgliedstaaten, dem der Verantwortliche unterliegt.

[2]Der Zweck der Verarbeitung muss in dieser Rechtsgrundlage festgelegt oder hinsichtlich der Verarbeitung gemäß Absatz 1 Buchstabe e für die Erfüllung einer Aufgabe erforderlich sein, die im öffentlichen Interesse liegt oder in Ausübung öffentlicher Gewalt erfolgt, die dem Verantwortlichen übertragen wurde. [3]Diese Rechtsgrundlage kann spezifische Bestimmungen zur Anpassung der Anwendung der Vorschriften dieser Verordnung enthalten, unter anderem Bestimmungen darüber, welche allgemeinen Bedingungen für die Regelung der Rechtmäßigkeit der Verarbeitung durch den Verantwortlichen gelten, welche Arten von Daten verarbeitet werden, welche Personen betroffen sind, an welche Einrichtungen und für welche Zwecke die personenbezogenen Daten offengelegt werden dürfen, welcher Zweckbindung sie unterliegen, wie lange sie gespeichert werden dürfen und welche Verarbeitungsvorgänge und -verfahren angewandt werden dürfen, einschließlich Maßnahmen zur Gewährleistung einer rechtmäßig und nach Treu und Glauben erfolgenden Verarbeitung, wie solche für sonstige besondere Verarbeitungssituationen gemäß Kapitel IX. [4]Das Unionsrecht oder das Recht der Mitgliedstaaten müssen ein im öffentlichen Interesse liegendes Ziel verfolgen und in einem angemessenen Verhältnis zu dem verfolgten legitimen Zweck stehen.

(4) Beruht die Verarbeitung zu einem anderen Zweck als zu demjenigen, zu dem die personenbezogenen Daten erhoben wurden, nicht auf der Einwilligung der betroffenen Person oder auf einer Rechtsvorschrift der Union oder der Mitgliedstaaten, die in einer demokratischen Gesellschaft eine notwendige und verhältnismäßige Maßnahme zum Schutz der in Artikel 23 Absatz 1 genannten Ziele darstellt, so berücksichtigt der Verantwortliche – um festzustellen, ob die Verarbeitung zu einem anderen Zweck mit demjenigen, zu dem die personenbezogenen Daten ursprünglich erhoben wurden, vereinbar ist – unter anderem

a) jede Verbindung zwischen den Zwecken, für die die personenbezogenen Daten erhoben wurden, und den Zwecken der beabsichtigten Weiterverarbeitung,

b) den Zusammenhang, in dem die personenbezogenen Daten erhoben wurden, insbesondere hinsichtlich des Verhältnisses zwischen den betroffenen Personen und dem Verantwortlichen,

c) die Art der personenbezogenen Daten, insbesondere ob besondere Kategorien personenbezogener Daten gemäß Artikel 9 verarbeitet werden oder ob personenbezogene Daten über strafrechtliche Verurteilungen und Straftaten gemäß Artikel 10 verarbeitet werden,

d) die möglichen Folgen der beabsichtigten Weiterverarbeitung für die betroffenen Personen,

e) das Vorhandensein geeigneter Garantien, wozu Verschlüsselung oder Pseudonymisierung gehören kann.

– *ErwG: 32, 40–50, 55, 56*
– *BDSG n.F.: §§ 34, 22–31*

Übersicht

Literatur: *Albrecht* Das neue EU-Datenschutzrecht – von der Richtlinie zur Verordnung, CR 2016, 88; *Antemir* General Data Protection Regulation: Comparison of the legal grounds for the processing of personal data, with a focus on eCommerce, PinG 2016, 65; *Art.-29-Datenschutzgruppe* Stellungnahme 6/2014 zum Begriff des berechtigten Interesses des für die Verarbeitung Verantwortlichen gemäß Artikel 7 der Richtlinie 95/46/EG vom 9.4.2014 (WP 217); *dies.* Stellungnahme 15/2011 zur Definition von Einwilligung vom 13.7.2011 (WP 187); *dies.* Stellungnahme 1/2010 zu den Begriffen „für die Verarbeitung Verantwortlicher“ und „Auftragsverarbeiter“ vom 16.2.2010 (WP 169); *dies.* Stellungnahme 8/2012 mit weiteren Beiträgen zur Diskussion der Datenschutzreform vom 5.10.2012 (WP 199); *dies.* Opinion 3/2013 on purpose limitation vom 2.4.2013 (WP 203); *Bäcker* Grundrechtlicher Informationsschutz gegen Private, Der Staat 2012, 91; *Belke/Neumann/Zier* Datenschutzalltag in deutschen Unternehmen. Ergebnisse der Studie „Datenschutzpraxis 2015", DuD 2015, 753; *Benecke/Wagner* Öffnungsklausel in der Datenschutz-Grundverordnung und das deutsche BDSG – Grenzen und Gestaltungsspielräume für ein nationales Datenschutzrecht, DVBl 2016, 600; *Berberich/Kanschick* Daten in der Insolvenz, NZI 2017, 1; *Beyvers* Stellungnahme der Art.-29-Datenschutzgruppe zur datenschutzrechtlichen Interessenabwägung – Alter Hut oder neuer Besen?, PinG 2015, 60; *Beyvers/Gärtner/Kipker* Data Processing for Research Purposes – Current Basics and Future Needs from a Legal Point of View, PinG 2015, 241; *Blume* The Public Sector and the Forthcoming EU Data Protection Regulation, EDPL 2015, 32; *Bräutigam* Das Nutzungsverhältnis bei sozialen Netzwerken – Zivilrechtlicher Austausch in IT-Leistung gegen personenbezogene Daten, MMR 2012, 635; *Breinlinger/Scheuing* Der Vorschlag für eine EU-Datenschutzgrundverordnung und die Folgen für die Verarbeitung und Nutzung von Daten für werbliche Zwecke, RDV 2012, 64; *Brühann* Mindeststandards oder Vollharmonisierung des Datenschutzes in der EG – Zugleich ein Beitrag zur Systematik von Richtlinien zur Rechtsangleichung im Binnenmarkt in der Rechtsprechung des Europäischen Gerichtshofes, EuZW 2009, 639; *Buchner* Grundsätze und Rechtmäßigkeit der Datenverarbeitung unter der DS-GVO, DuD 2016, 155; *Bull* Netzpolitik, 2013; *Dammann* Erfolge und Defizite der EU-Datenschutzgrundverordnung. Erwarteter Fortschritt, Schwächen und überraschende Innovationen, ZD 2016, 307; *Danwitz* Die Grundrechte auf Achtung der Privatsphäre und auf Schutz personenbezogener Daten. Die jüngere Rechtsprechung des Gerichtshofs der Europäischen Union, DuD 2015, 581; *Dehmel/Hullen* Auf dem Weg zu einem zukunftsfähigen Datenschutz in Europa? Konkrete Auswirkungen der DS-GVO auf Wirtschaft, Unternehmen und Verbraucher, ZD 2013, 147; *Determann* Datenschutz in den USA – Dichtung und Wahrheit, NVwZ 2016, 561; *Deutscher Dialogmarketing Verband e.V.* Best Practice Guide, Europäische Datenschutz-Grundverordnung, Auswirkungen auf das Dialogmarketing, 2016; *Diedrich* Vollharmonisierung des EU-Datenschutzrechts – bereits geltende Vorhaben für deutsche Datenschutzgesetze, CR 2013, 408; *Eckhardt* EU-DatenschutzVO – Ein Schreckgespenst oder Fortschritt?, CR 2012, 195; *Eckhardt/Rheingans* Direktmarketing bei Bestandskunden ohne Einwilligung? Bewertung der Wechselwirkung von Datenschutz- und Wettbewerbsrecht, ZD 2013, 318; *Ehmann* Fahrplan für die BDSG-Nachfolgeregelung, ZD-Aktuell 2016, 05387; *Elbrecht/Schröder* Verbandsklagebefugnisse bei Datenschutzverstößen für Verbraucherverbände, K&R 2015, 361; *Europäischer Datenschutzbeauftragter* Stellungnahme zum Datenschutzreformpaket, 7.3.2012, Zusammenfassung der Stellungnahme des EDSB vom 7. März 2012 zum Datenschutzreformpaket vgl. ABl. C Nr. 192/7, online abrufbar unter http://eur-lex.europa.eu/legalcontent/DE/TXT/PDF/?uri=CELEX:52012XX0630%2801%29&from=DE; *Ferretti* Data Protection and the legitimate Interest of Data Controllers: Much ado about nothing or the winter of rights?, CMLR 51 (2014), 843; *Gierschmann* Was „bringt" deutschen Unternehmen die DS-GVO? Mehr Pflichten, aber die Unsicherheit bleibt, ZD 2016, 51; *Giesen* Kurzes Plädoyer gegen unser Totalverbot: Deine Daten gehören Dir keineswegs! PinG 2013, 62; *Gola* Beschäftigtendatenschutz und EU-Datenschutz-Grundverordnung, EuZW 2012, 332; *Gola/Pötters/Thüsing* Art. 88 DS-GVO: Öffnungsklausel für nationale Regelungen zum Beschäftigtendatenschutz – warum der nationale Gesetzgeber jetzt handeln muss, RDV 2016, 58; *Gola/Schulz* Der Entwurf für eine EU-Datenschutz-Grundverordnung – eine Zwischenbilanz, RDV 2013, 1; *dies.* Listenprivileg, Drittinteresse, Zweckbindung – Anmerkungen zum postalischen Direktmarketing in den Entwürfen für eine EU-Datenschutzgrundverordnung, K&R 2015, 609; *Gola/Wronka* Datenschutzrecht im Fluss, RDV 2015, 3; *Halfmeier* Die neue Datenschutzverbandsklage, NJW 2016, 1126; *Haustein* Datenschutzrechtskonforme Ausgestaltung von Dashcams und mögliche Ableitungen für den autonomen Pkw, DSRITB 2016, 43; *Härting* Zweckbindung und Zweckänderung im Datenschutzrecht NJW 2015, 3284; *ders.* Starke Behörden, schwaches Recht – der neue EU-Datenschutzentwurf, BB 2012, 459; *ders.* Datenschutzreform in Europa: Einigung im EU-Parlament, CR 2013, 715; *Härting/Schneider* Das Dilemma der

Netzpolitik, ZRP 2011, 233; *dies.* Das Ende des Datenschutzes – es lebe die Privatsphäre – Eine Rückbesinnung auf die Kern-Anliegen des Privatsphärenschutzes CR 2015, 819; *Hennemann* Personalisierte Medienangebote im Datenschutz- und Vertragsrecht, ZUM 2017, 544; *Herrmann* Anmerkungen zur Reform des europäischen Datenschutzrechts, ZD 2014, 439; *Holznagel/Hartmann* Das „Recht auf Vergessenwerden" als Reaktion auf ein grenzenloses Internet – Entgrenzung der Kommunikation und Gegenbewegung, MMR 2016, 228; *Hornung* Eine Datenschutz-Grundverordnung für Europa? Licht und Schatten im Kommissionsentwurf vom 25.1.2012, ZD 2012, 99; *Jeschel/Schubert* Neustart im Datenschutz für Beschäftigte, DuD 2016, 782; *Karg* Die Renaissance des Verbotsprinzips im Datenschutz, DuD 2013, 75; *Keppeler* Was bleibt vom TMG-Datenschutz nach der DS-GVO?, MMR 2015, 779; *Knopp* Pseudonym-Grauzone zwischen Anonymisierung und Personenbezug, DuD 2015, 527; *Koch* Big Data und der Schutz der Daten, ITRB 2015, 13; *Kort* Die Zukunft des deutschen Beschäftigtendatenschutzes, ZD 2016, 555; *Kotschy* The proposal for a new General Data Protection Regulation – problems solved?, IDPL 2014, 274; *Kramer* Verbot mit Erlaubnisvorbehalt zeitgemäß?, DuD 2013, 380; *Krohm* Abschied vom Schriftformerfordernis der Einwilligung, ZD 2016, 368; *Krohm/Piltz* Was bleibt vom Datenschutz übrig? Nebenwirkungen der Datenschutz-Grundverordnung, PinG 2013, 56; *Kühling/Martini* Die Datenschutz-Grundverordnung: Revolution oder Evolution im europäischen und deutschen Datenschutzrecht?, EuZW 2016, 448; *Lachenmann* Smart-Groups – Smart Transfers! Konzerndatenübermittlung in der Datenschutzgrund-Verordnung, DSRITB 2016, 535; *Marosi* One (smart) size fits all? – Das (Datenschutz-) TMG heute – und morgen?, DSRITB 2016, 435; *Marquardt/Sörup* Auswirkungen der EU-Datenschutzgrundverordnung auf die Datenverarbeitung im Beschäftigungskontext, ArbR Aktuell 2016, 103; *Martini* Transformation der Verwaltung durch Digitalisierung, DÖV 2017, 443; *Masing* Herausforderungen des Datenschutzes, NJW 2012, 2305; *Monreal* Weiterverarbeitung nach einer Zweckänderung in der DS-GVO, ZD 2016, 507; *Nebel/Richter* Datenschutz bei Internetdiensten nach der DS-GVO, ZD 2012, 407; *Novotny/Spiekermann* Personenbezogene Daten privatwirtschaftlich nachhaltig nutzen. Regulatorische und technische Zukunftskonzepte, DuD 2015, 460; *Peifer* Auswirkungen der EU-Datenschutz-Grundverordnung auf öffentliche Stellen, GewArch 2014, 142; *Petri* Datenschutzrechtliche Zweckbindung und die Weiterverbreitung bereits veröffentlichter Daten JRE 23 (2015), 197; *Petri/Tinnefeld* Kontrollkompetenz in den Bereichen des Verkehrswesens und der Verkehrsinfrastruktur – eine heikle Frage des Datenschutzregimes, RDV 2008, 59; *Piltz* Die Datenschutz-Grundverordnung, Teil 1: Anwendungsbereich, Definitionen und Grundlagen der Datenverarbeitung, K&R 2016, 709; *Piltz/Krohm* Was bleibt vom Datenschutz übrig? – Nebenwirkungen der Datenschutz-Grundverordnung, PinG 2013, 56; *Reding* Sieben Grundbausteine der europäischen Datenschutzreform, ZD 2012, 195; *dies.* The European data protection framework for the twenty-first century, IDPL 2012, 119; *Reibach* Smart Cars – Smart Privacy Law? Regionale Datenschutzregulierung des vernetzten Kfz in EU und USA, DSRITB 2016, 13; *ders.* Private Dashcams & Co. – Household Exemption ade?, DuD 2015, 157; *F. Richter* Dashcam, Datenschutz und materielle Gerechtigkeit vor Gericht SVR 2016, 15; *P. ders.* Datenschutz zwecklos? – Das Prinzip der Zweckbindung im Ratsentwurf der DSGVO, DuD 2015, 735; *Rogall-Grothe* Ein neues Datenschutzrecht für Europa, ZRP 2012, 193; *Roßnagel/Kroschwald* Was wird aus der Datenschutzgrundverordnung? – Die Entschließung des Europäischen Parlaments über ein Verhandlungsdokument, ZD 2014, 495; *Roßnagel/Nebel/Richter* Was bleibt vom Europäischen Datenschutzrecht? Überlegungen zum Ratsentwurf der DS-GVO, ZD 2015, 455; *Roßnagel/Pfitzmann/Garstka* Modernisierung des Datenschutzrechts, DuD 2001, 253; *Sanetra* Dashcams versus Datenschutz, PinG 2015, 179; *Schaar* DS-GVO: Geänderte Vorgaben für die Wissenschaft – Was sind die neuen Rahmenbedingungen und welche Fragen bleiben offen?, ZD 2016, 224; *ders.* Datenschutz-Grundverordnung: Arbeitsauftrag für den deutschen Gesetzgeber, PinG 2016, 62; *Schantz* Die Datenschutz-Grundverordnung – Beginn einer neuen Zeitrechnung im Datenschutzrecht, NJW 2016, 1841; *Schild/Tinnefeld* Datenschutz in der Union – Gelungene oder missglückte Gesetzentwürfe? DuD 2012, 312; *Schirmbacher/Schätzle* Einzelheiten zulässiger Werbung per E-Mail, WRP 2014, 1143; *Schmidt* Dynamische und personalisierte Preise – datenschutz-, wettbewerbs- und kartellrechtliche Grenzen, DSRITB 2016, 1007; *Schneider/Härting* Wird der Datenschutz nun endlich internettauglich? Warum der Entwurf einer Datenschutz-Grundverordnung enttäuscht, ZD 2012, 199; *dies.* Warum wir ein neues BDSG brauchen. Kritischer Beitrag zum BDSG und dessen Defiziten, ZD 2011, 63; *Seiler* Die Datenschutzregelungen in der PSD II – insbesondere Art. 94 – Einwilligungserfordernis statt gesetzlicher Erlaubnis und mögliche praktische Auswirkungen, DSRITB 2016, 591; *Spelge* Der Beschäftigtendatenschutz nach Wirksamwerden der DS-GVO, DuD 2016, 775; *Spindler* Die neue EU-Datenschutz-Grundverordnung, DB 2016, 937; *Steinmüller/Lutterbeck/Mallmann* u.a. Grundfragen des Datenschutzes. Gutachten im Auftrag des Bundesministeriums des Innern, 1971, Abgedruckt als Anlage zu BT-Drs. VI/3826 vom 7.9.1972, abrufbar unter http://dipbt.bundestag.de/doc/btd/06/038/0603826.pdf; *Stentzel* Der datenschutzrechtliche Präventionsstaat – Rechtsstaatliche Risiken der ordnungsrechtlichen Dogmatik des Datenschutzrechts im privaten Bereich, PinG 2016, 45; *Streinz/Michl* Die Drittwirkung des europäischen Datenschutzgrundrechts (Art 8 GRCh) im deutschen Privatrecht, EuZW 2011, 384; *Sydow/Kring* Die Datenschutzgrundverordnung zwischen Technikneutralität und Technikbezug-Konkurrierende Leitbilder für den europäischen Rechtsrahmen, ZD 2014, 271; *Taeger* Scoring in Deutschland nach der EU-Datenschutzgrundverordnung, ZRP 2016, 72; *Taeger/Rose* Zum Stand des deutschen und europäischen Beschäftigtendatenschutz, BB 2016, 819; *Traung* The Proposed New EU General Data Protection Regulation, CRi 2012, 33; *Veil* DS-GVO: Risikobasierter Ansatz statt rigides Verbotsprinzip. Eine erste Bestandsaufnahm, ZD 2015, 347; *Waniorek* Datenschutzrechtliche Anmerkungen zu den zentralen Warn- und Hinweissystemen in der Versicherungswirtschaft, RDV 1990, 228; *Weichert* Kein Patientengeheimnis bei ärztlichen Haftpflichtverfahren, VuR 2017, 138; *ders.* Car-to-Car-Communication zwischen Datenbegehrlichkeit und digitaler Selbstbestimmung, SVR 2016, 361; *ders.* Wieder das Verbot mit Erlaubnisvorbehalt im Datenschutz?, DuD 2013, 246; *ders.* Datenschutzrechtliche Probleme beim Adressenhandel, WRP 1996, 522; *Weinhold* EuGH: Dynamische IP-Adresse ist personenbezogenes Datum – Folgen der Entscheidung für die Rechtsanwendung, ZD-Aktuell 2016, 05366; *Wendehorst/Westphalen* Das Verhältnis zwischen Datenschutz-Grundverordnung und AGB-Recht, NJW 2016, 3745; *dies.* Hergabe personenbezogener Daten für digitale Inhalte – Gegenleistung, bereitzustellendes Material oder Zwangsbeitrag zum Datenbinnenmarkt?, BB 2016, 2179; *Will* Schlussrunde bei der Datenschutz-Grundverordnung?, ZD 2015, 345; *Wybitul/Fladung* EU-Datenschutz-Grundverordnung – Überblick und arbeitsrechtliche Betrachtung des Entwurfs, BB 2012, 509; *Wybitul/Pötters* Der neue Datenschutz am Arbeitsplatz, RDV 2016, 10; *Wybitul/Rauer* EU-Datenschutz-Grundverordnung und Beschäftigtendatenschutz – Was bedeuten die Regelungen für Unternehmen und Arbeitgeber in Deutschland?, ZD 2012, 160; *Wybitul/Sörup/Pötters* Betriebsvereinbarungen und § 32 BDSG. Wie geht es nach der DS-GVO weiter?, ZD 2015, 559; *Ziegenhorn* Die materielle Rechtmäßigkeit der Datenverarbeitung nach der EU-Datenschutz-Grundverordnung, zfm 2016, 3; *Ziegenhorn/Heckel* Datenverarbeitung durch Private nach der europäischen Datenschutzreform, NVwZ 2016, 1585; *Zikesch/Kramer* Die DS-GVO und das Berufsrecht der Rechtsanwälte, Steuerberater und Wirtschaftsprüfer, ZD 2015, 565.

A. Art. 6 lit. a–f

I. Einordnung und Hintergrund

1 **1. Erwägungsgründe.** Ausweislich des ErwG 40 ist die Verarbeitung rechtmäßig, wenn personenbezogene Daten mit Einwilligung der betroffenen Person (Abs. 1 lit. a) oder auf einer sonstigen zulässigen Rechtsgrundlage (Abs. 1 lit. b–f) verarbeitet wer-

den. Die Erwägungsgründe beinhalten entsprechend der Relevanz für die Datenverarbeitung ausführliche Erläuterungen zur Einwilligung[1] und zu den alternativen Legitimationstatbeständen[2].

2. BDSG n.F. – a) Normengenese und -umfeld. – aa) DSRL – RL 95/46/EG. Art. 7 DSRL regelte bisher die rechtmäßige Datenverarbeitung. Wie bislang im Geltungsbereich der DSRL schafft auch die DS-GVO ein generelles Verbot der Datenverarbeitung mit Erlaubnisvorbehalt und weist auch darüber hinaus eine große inhaltliche Ähnlichkeit mit der Vorgängerregelung auf.[3] 2

bb) BDSG a.F. – (1) §§ 4 Abs. 3, 19a, 33 BDSG a.F. als „Entsprechung" zu Art. 13, 14.
Verglichen mit BDSG a.F. unterscheiden sich Art. 6 Abs. 1 lit. b bzw. f nicht grundlegend von § 28 Abs. 1 Nr. 1 bzw. Nr. 2 BDSG a.F.[4] Neu ist, dass der Verantwortliche im Rahmen seiner Informationspflichten nach Art. 13 Abs. 1 lit. d bzw. Art. 14 Abs. 2 lit. b darüber informieren muss, auf welche berechtigten Interessen er seinen Verarbeitungsprozess abstützen will.[5] 3

(2) Änderungen im Vergleich zu den bisher geltenden Informationspflichten. Die Änderungen mit Anwendbarkeit der DS-GVO betreffen insb. den Umfang der Transparenzpflichten; diese werden durch den neuen Sekundärrechtsakt teils erheblich ausgeweitet. Damit in Verbindung steht das nach der DS-GVO bestehende Risiko hoher Bußgelder, die auch als Rechtsfolge für eine Missachtung der Informationspflichten greifen. 4

(3) WP der Art.-29-Datenschutzgruppe und Düsseldorfer Kreis. Ein Beschluss des Düsseldorfer Kreises zur Fortgeltung von Einwilligungen nach BDSG a.F.[6] berührt den neben den gesetzlichen Rechtsgrundlagen zentralen Legitimationstatbestand. Im WP 259 nimmt die Art.-29-Datenschutzgruppe ausführlich Stellung zur Einwilligung als Rechtfertigungsgrund.[7] 5

II. Kommentierung

1. Allgemeines: Zweck, Bedeutung, Systematik/Verhältnis zu anderen Vorschriften.
Das Primärrecht normiert für die Verarbeitung personenbezogener Daten ein Verbot mit Erlaubnisvorbehalt.[8] Mit Art. 5 Abs. 1 lit. a und Art. 6 wird diese Vorgabe sekundärrechtlich konkretisiert. Das Sekundärrecht kann aufgrund der übergeordneten primärrechtlichen Vorgaben nicht von dem Verbot mit Erlaubnisvorbehalt abweichen.[9] Danach ist die Verarbeitung nur rechtmäßig, wenn personenbezogene Daten mit Einwilligung der betroffenen Person (Abs. 1 lit. a) oder auf einer sonstigen zulässigen Rechtsgrundlage (Abs. 1 lit. b–f) verarbeitet werden. 6

---

1 Vgl. ErwG 32, 42, 43.
2 Vgl. ErwG 44-50, 55, 56.
3 Vgl. Plath-*Plath* Art. 4 Rn. 2.
4 Vgl. *Redeker* IT-Recht, Anhang: Künftige Änderungen durch die Datenschutz-Grundverordnung Rn. 1393.
5 Vgl. *Härting* Datenschutz-Grundverordnung Rn. 432.
6 *Düsseldorfer Kreis* Beschluss vom 13./14.9.2016.
7 WP 259 der Art.-29-Datenschutzgruppe „Guidelines on Consent under Regulation 2016/679" v. 28.11.2017.
8 Vgl. Art. 1 Rn. 6. Generell für eine Abkehr von diesem Grundsatz *Bull* Netzpolitik, 2013. Entschieden dagegen äußert sich *Weichert* DuD 2013, 246.
9 Vgl. *Albrecht/Jotzo* Das neue Datenschutzrecht der EU, S. 50.

7 **2. Verhältnis der einzelnen Erlaubnistatbestände.** Eine Datenverarbeitung ist nach der DS-GVO nur gestattet, wenn „mindestens" einer der in Art. 6 Abs. 1 normierten Erlaubnistatbestände einschlägig ist. Im Einklang mit der englischen Sprachfassung („...at least one of the following applies") ist mindestens ein Rechtmäßigkeitstatbestand für eine Verarbeitung personenbezogener Daten zu erfüllen, was im Umkehrschluss das Vorliegen gleich mehrerer Legitimationsgründe nicht ausschließt. Demgegenüber geht die Art.-29-Datenschutzgruppe in ihrem WP 259[10] davon aus, dass eine Datenverarbeitung zu einem bestimmten Zweck nur auf einen Zulässigkeitstatbestand gestützt werden kann.[11] Insoweit ist die DS-GVO konkretisierender formuliert als Art. 7 DSRL, wonach „die Verarbeitung personenbezogener Daten lediglich erfolgen darf, wenn eine der folgenden Voraussetzungen erfüllt ist". Diese Unklarheit spiegelte sich auch im nationalen Recht wieder.[12] Unter der DS-GVO besteht die Möglichkeit eine Verarbeitung zu demselben Zweck durch mehrere Zulässigkeitstatbestände zugleich zu legitimieren. Aufgrund der Eindeutigkeit des sekundärrechtlichen Wortlauts erscheint es abwegig, wenn die Art.-29-Datenschutzgruppe es ausschließt eine Verarbeitung zu einem bestimmten Zweck auf mehrere Rechtsgrundlagen zu stützen („cannot be based on multiple lawful bases").[13]

8 Praktisch relevant wird dieses Vorgehen in den Fällen, in denen etwa die Unsicherheit über das Vorliegen eines gesetzlichen Erlaubnistatbestands (lit. b–f) durch eine Einwilligung nach Abs. 1 lit. a geheilt werden soll. Nicht zuletzt Art. 17 Abs. 1 lit. b, der das Löschen personenbezogener Daten im Fall einer widerrufenen Einwilligung nur erlaubt, wenn es an einer anderweitigen Rechtsgrundlage für die Verarbeitung fehlt, belegt, dass die Tatbestände zur Rechtmäßigkeit nebeneinander zu Anwendung kommen können.[14] In der Konsequenz kann der Betroffene die auf mehreren Rechtsgrundlagen gesiedelte Datenverarbeitung nicht durch den Widerruf der Einwilligung beenden, weswegen im Sinne seiner informationellen Selbstbestimmung die Information über die anderen möglichen Rechtsgrundlagen (Art. 13 Abs. 1 lit. c) unerlässlich wird.[12] Aus Sicht des Verantwortlichen erscheint es in Zukunft empfehlenswert die mit Art. 6 Abs. 1 eröffnete Möglichkeit grundsätzlich immer zu nutzen und die Datenverarbeitung durch eine Einwilligung abzusichern.[15]

9 Das Vorliegen des erforderlichen Erlaubnistatbestands ist für jede einzelne Phase der Verarbeitung personenbezogener Daten („Vorgang" vgl. Art. 4 Nr. 2) gesondert bzw. erneut zu prüfen.[16]

B. Art. 6 Abs. 1 lit. a

(1) Die Verarbeitung ist nur rechtmäßig, wenn mindestens eine der nachstehenden Bedingungen erfüllt ist:

a) Die betroffene Person hat ihre Einwilligung zu der Verarbeitung der sie betreffenden personenbezogenen Daten für einen oder mehrere bestimmte Zwecke gegeben;

– ErwG: 32, 40, 42, 43

---

10 WP 259, 22.
11 Vgl. zu dieser Problematik Rn. 98.
12 Vgl. Schantz/Wolff-*Schantz* Rn. 475.
13 Vgl. WP 259, 22. Vgl. Ausführungen unter Rn. 114.
14 Vgl. Plath-*Plath* Art. 6 Rn. 5.
15 Vgl. Schantz/Wolff-*Schantz* Rn. 475; a.A. WP 259, 22.
16 Vgl. Gola-*Schulz* Art. 6 Rn. 18.

Literatur: *Albrecht* Das neue EU-Datenschutzrecht – von der Richtlinie zur Verordnung, CR 2016, 88; *Krohm* Abschied vom Schriftformgebot der Einwilligung – Lösungsvorschläge und künftige Anforderungen, ZD 2016, 368; *Spelge* Der Beschäftigtendatenschutz nach Wirksamwerden der Datenschutz-Grundverordnung (DS-GVO), DuD 2016, 775; *Wybitul* EU-Datenschutz-Grundverordnung in der Praxis – Was ändert sich durch das neue Datenschutzrecht?, BB 2016, 1077.

I. Einordnung und Hintergrund

Die Einwilligung ist die Entscheidung des Betroffenen, dem Verarbeiter die Verarbei- **10**
tung von personenbezogenen Daten zu gestatten. Art. 6 Abs. 1 lit. a definiert die Funktion der Einwilligung als Erlaubnistatbestand für eine Verarbeitung personenbezogener Daten. Darin ist die Einwilligung als erste Legitimation für eine Datenverarbeitung aufgeführt, womit aber keine Wertung einhergeht. Geht die Rechtmäßigkeit von einem anderen Erlaubnistatbestand als Art. 6 Abs. 1 lit. a aus, kommt es auf eine Einwilligung des Betroffenen nicht mehr an.

II. Kommentierung

1. Einwilligung. – a) Rechtsnatur. Die Einwilligung des Betroffenen in eine Daten- **11**
verarbeitung legitimiert die Verarbeitung. Sie ist eine Willenserklärung, die Rechtsfolgen auslöst, so dass sie einen rechtsgeschäftlichen Erklärungsgehalt hat.[17] Die Bewertung der Rechtsnatur der Einwilligung, mag sie auch mehr rechtstheoretischer Natur sein, als Realhandlung, ist ebenso missverständlich wie überflüssig.[18]

b) Wirksamkeitsanforderungen. Die Wirksamkeitsanforderungen an die Einwilligung **12**
als Legitimierung der Datenverarbeitung sind an verschiedenen Stellen in der Verordnung normiert. Neben Art. 6 Abs. 1 lit. a finden sie sich in den Art. 4 Nr. 11, 7 und 8.

Art. 6 Abs. 1 lit. a legt unmittelbar selbst fest, dass die Einwilligung „für einen oder **13**
mehrere bestimmte Zwecke" erteilt werden muss. Über den Zweck muss die betroffene Person vor oder bei der Erteilung der Einwilligung informiert werden.[19] Die jeweilige Einwilligung soll sich auf alle zu demselben Zweck oder denselben Zwecken vorgenommenen Verarbeitungsvorgängen beziehen.[20] Der Zweck der Verarbeitung ist so konkret wie möglich zu fassen. Um diesen Anforderungen zu genügen, muss die Einwilligung sämtliche Verarbeitungsvorgänge im Sinne von Art. 4 Nr. 2 abdecken.

Art. 4 Nr. 11 definiert die Einwilligung legal. Danach handelt es sich um eine Willens- **14**
bekundung über das Einverständnis zur Verarbeitung personenbezogener Daten. Sie soll daher durch eine freiwillige, bestätigende Handlung erfolgen, die für einen konkreten Fall, in informierter Weise und unmissverständlich zum Ausdruck bringen, dass die betroffene Person mit der Verarbeitung der sie betreffenden personenbezogenen Daten einverstanden ist. Im Ergebnis statuiert Art. 4 Nr. 11 eine Reihe von Wirksamkeitsvoraussetzungen für die Einwilligung.[21] Diese müssen erfüllt sein, um dem Rechtmäßigkeitstatbestand nach Art. 6 Abs. 1 lit. a zu genügen.

---

17 So auch Paal/Pauly-*Frenzel* GVO Art. 6 Rn. 10.
18 Simitis-*Simitis* § 4a BDSG Rn. 20; ablehnend Gola-*Schulz* Art. 7 Rn. 8; vgl. Übersicht zum Streitstand in Gola/Schomerus-*Gola/Klug/Körffer* § 4a BDSG Rn. 2.
19 ErwG 42.
20 ErwG 32.
21 Siehe hierzu Kommentierung zu Art. 7.

15 Art. 7 bestimmt weitere Voraussetzungen, deren Vorliegen konstitutiv für eine rechtmäßige Einwilligung sind. Eine rechtmäßige Einwilligung sieht danach eine Nachweispflicht auf Seiten des Verantwortlichen vor (Art. 7 Abs. 1). Weitere Voraussetzungen sind sowohl die Freiwilligkeit (Art. 7 Abs. 4), als auch die Transparenz und Eigenständigkeit der Einwilligung (Art. 7 Abs. 2). Die Möglichkeit des Betroffenen, jederzeit seine Einwilligung zu widerrufen (Art. 7 Abs. 3), lässt die offenkundige Zielsetzung des Verordnungsgebers erkennen, den Gebrauch von Einwilligungen als legitimierende Grundlage zur Verarbeitung einzuschränken.[22]

16 Sofern sich die Einwilligung auf von Art. 8 erfasste Fälle bezieht, sind die darin spezifizierten Wirksamkeitserfordernisse einer Einwilligung von Minderjährigen zu beachten.[23]

17 Für eine Vielzahl von Verträgen vorformulierte Einwilligungserklärungen unterliegen dem Überprüfungsmaßstab der §§ 305 ff. BGB. Wird die vorformulierte Einwilligungserklärung zusammen mit anderen Vertragspunkten in allgemeinen Geschäftsbedingungen verwendet, hat sie insbesondere dem Transparenzgebot des Art. 5 Abs. 1 lit. a zu genügen.[24]

18 **c) Alteinwilligungen.** Die Einwilligung ist kein Novum, das mit der DS-GVO Einzug erhält. Gerade in der Rechtspraxis im nicht-öffentlichen Bereich ist die vom Betroffenen abgegebene Einwilligung in die Verarbeitung seiner personenbezogenen Daten von hoher Relevanz. Für die Rechtsanwendung steht damit die Frage im Raum, wie mit bereits vorliegenden Einwilligungen gem. DSRL vorzugehen ist. Dazu trifft die DS-GVO in ihren Erwägungsgründen eine klare Aussage: „Beruhen die Verarbeitungen auf einer Einwilligung gemäß der Richtlinie 95/46/EG, so ist es nicht erforderlich, dass die betroffene Person erneut ihre Einwilligung dazu erteilt, wenn die Art der bereits erteilten Einwilligung den Bedingungen dieser Verordnung entspricht, so dass der Verantwortliche die Verarbeitung nach dem Zeitpunkt der Anwendung der vorliegenden Verordnung fortsetzen kann."[25] Diese Sichtweise wird durch die Art.-29-Datenschutzgruppe in ihrem WP 259 unterstützt.[26]

19 Grundsätzlich sind die Aufsichtsbehörden zu dem Schluss gekommen, dass bisher rechtswirksame Einwilligungen diese Bedingungen erfüllen, da insbesondere Informationspflichten nach Art. 13 dafür nicht erfüllt sein müssen.[27]

20 Wurde die Einwilligung aber entgegen den Bestimmungen der DS-GVO von dem Betroffenen abgegeben, so ist die Verarbeitung der Daten in diesem Fall unzulässig.[28]

---

22 *Albrecht* spricht von einem „klar erkennbaren Widerspruchsrecht" in *Albrecht* DuD 2013, 655, 656. Die Einschränkung, wonach bei erheblichem Ungleichgewicht zwischen Betroffenem und Verantwortlichen (Art. 7 Abs. 4-E) die Einwilligung nicht mehr zur Rechtmäßigkeit der Verarbeitung entsprechend Art. 6 Abs. 1 lit. a führt, hat es nicht in die finale Fassung geschafft.

23 Vgl. hierzu Kommentierung zu Art. 8.

24 Siehe dazu auch Ausführungen zu Art. 7.

25 ErwG 171 S. 3.

26 Vgl. WP 259, 29 sowie Rn. 114.

27 *Düsseldorfer Kreis* Beschluss v. 13./14.9.2016: Fortgeltung bisher erteilter Einwilligungen unter der Datenschutz-Grundverordnung; vgl. zur Wirksamkeit von Alteinwilligungen auch GDD-Praxishilfe XIII, S. 9.

28 BeckOK DatenSR-*Schild* Art. 94 Rn. 3.

Besondere Beachtung verdient deswegen das Kriterium der Freiwilligkeit, die für eine rechtmäßige Einwilligung i.S.d. DS-GVO unabdingbar ist.[29]

d) Form. Ein Schriftformerfordernis wie noch aus dem BDSG a.F. bekannt enthält die DS-GVO nicht. Die ausdrückliche Einwilligung kann demzufolge auch elektronisch oder mündlich erklärt werden.[30] Der Formfreiheit steht die Beweispflicht des Verantwortlichen für das Vorliegen einer Einwilligung gegenüber. In der Regel und vor allem bei erheblichen Gefährdungen für das Persönlichkeitsrecht des Betroffenen wird die schriftliche und deswegen am besten dokumentierbare Einwilligungserklärung – mit Blick auf die Rechenschaftspflicht nach Art. 5 Abs. 2, aber auch zum Schutz vor zivilrechtlicher Haftung – zu präferieren sein.[31] **21**

Im Sinne der den Datenschutz kennzeichnenden Transparenz ist die Einwilligungserklärung „in verständlicher und leicht zugänglicher Form in einer klaren und einfachen Sprache“[32] zu verfassen. Eine rechtmäßige Einwilligung kann nach Abkehr vom Schriftformerfordernis bereits durch eine eindeutige bestätigende Handlung erfolgen.[33] Damit ist eine wirksame Einwilligung bereits durch schlüssiges Verhalten (konkludente Einwilligung) möglich, das sich allerdings in einer nachweislichen, also dokumentierbaren, aktiven Handlung ausdrücken muss.[34] **22**

Die Grenze, ab welcher die Einwilligung keine Rechtmäßigkeit mehr i.S.d. Art. 6 Abs. 1 lit. a begründet, beginnt spätestens beim Stillschweigen. Auch die bloße Untätigkeit der betroffenen Person stellt keine Einwilligung dar.[35] Die Abgrenzung einer Einwilligung durch konkludentes Verhalten von bloßer Untätigkeit wird in der Praxis Schwierigkeiten bereiten.[36] Dies gilt auch gerade im Hinblick auf mögliche sogenannte „Opt-Outs“ bei vorformulierten Einwilligungserklärungen, deren Zulässigkeit unter der DS-GVO nicht mehr gegeben ist.[37] Für die Einwilligung in die Datenverarbeitung für Zwecke der Werbung[38] galt bis zum 25.5.2018 Folgendes: Für die datenschutzrechtlich wirksame Einwilligung genügt nach Auffassung des BGH ein „Opt-Out“[39], während für die lauterkeitsrechtliche Einwilligung ein „Opt-In“ notwendig ist. Für die Zeit ab dem 25.5.2018 werden diese Unterschiede eingeebnet, denn ab diesem Zeitpunkt gilt Art. 6 Abs. 1 lit. a DS-GVO bzw. Art. 6 Abs. 1 lit. f sowie ErwG 47 S. 7.[40] Für die Rechtsanwendung wird die Eindeutigkeit der bestätigenden Handlung der Maßstab für die Wirksamkeit der Einwilligung sein. **23**

---

29 Vgl. dazu auch ausführlich Art. 7.

30 ErwG 32 S. 1.

31 Vgl. *Wybitul* BB 2016, 1077.

32 Vgl. Art. 7 Abs. 2 S. 1; ErwG 42 S. 3.

33 Vgl. Art. 4 Nr. 11; ErwG 32.

34 *Spelge* DuD 2016, 775, 780; *Krohm* ZD 2016, 368, 371.

35 Vgl. dazu GDD-Praxishilfe XIII zur Einwilligung, S. 7.

36 *Spelge* DuD 2016, 775, 781.

37 *Krohm* ZD 2016, 368, 372; ferner *Albrecht* CR 2016, 88, 91; für die Zulässigkeit einer Einwilligung durch Streichen der nichtzutreffenden Passagen unter dem BDSG a.F. vgl. *BGH* v. 16.7.2008 – VIII ZR 348/06, Rn. 34; Zu dieser Thematik vgl. auch die Kommentierung *Schwartmann* Art. 4 Nr. 11 Rn. 163 ff.

38 Vgl. dazu Art. 6 Rn. 133.

39 Vgl. *BGH* GRUR 2008, 1010, Rn. 20 ff. – Payback; *BGH* NJW 2010, 864, Rn. 20 ff. – Happy Digits sowie Köhler/Bornkamm/Feddersen-*Köhler* UWG § 7 Rn. 156.

40 Vgl. dazu Köhler/Bornkamm/Feddersen-*Köhler* UWG § 7 Rn. 156 sowie Rn. 133 ff. und 140 ff. dieses Kapitels.

24 **2. Widerruf.** Abzugrenzen ist der Widerruf zunächst vom Widerspruch. Während sich der Widerspruch der betroffenen Person gegen eine rechtmäßige Datenverarbeitung auf Grundlage einer gesetzlichen Erlaubnisnorm richtet, handelt es sich beim Widerruf um die Rücknahme einer durch die betroffene Person vormals abgegebene Einwilligung.[41] Setzt sich ein Betroffener gegen eine Datenverarbeitung zur Wehr, ist seine Erklärung bei Falschbezeichnung in seinem Sinne auszulegen.

25 Stützt ein Verantwortlicher seine Datenverarbeitung auf Art. 6 Abs. 1 lit. a, ist er gem. Art. 13 Abs. 2 lit. c und Art. 14 Abs. 2 lit. d verpflichtet, den Betroffenen über sein jederzeitiges Widerrufsrecht zu informieren.

26 Mit dem Widerruf entfällt die Rechtmäßigkeit einer Datenverarbeitung i.S.d. Art. 6 Abs. 1 lit. a. Vom Zeitpunkt des erklärten Widerrufs an ist die Verarbeitung personenbezogener Daten damit nicht mehr legitimiert und zulässig, sofern sich die Verarbeitung nicht noch auf eine andere Legitimation stützen kann. Der Widerruf wirkt im Ergebnis **ex nunc**.[42]

27 Nach einem Widerruf sind die davon berührten Daten gem. Art. 17 Abs. 1 lit. b zu löschen, sofern sich ihre Verarbeitung nicht noch auf einen anderen Rechtfertigungsgrund stützen kann.

28 **3. Sanktionen.** Bei einem Verstoß im Rahmen des Art. 6 Abs. 1 lit. a kommt gem. Art. 83 Abs. 1, Abs. 5 das nach der DS-GVO höchst mögliche Bußgeld in Höhe von bis zu 20 Mio. EUR „oder im Fall eines Unternehmens von bis zu 4 % seines gesamten weltweit erzielten Jahresumsatzes des vorangegangenen Geschäftsjahrs" in Betracht.

29 Der Verstoß kann sich hierbei aus verschiedenen Anknüpfungstatbeständen des Art. 83 Abs. 5 ergeben. Denkbar sind u.a. Verstöße gegen die Einwilligungsbedingungen des Art. 6 (Art. 83 Abs. 5 lit. a), aber auch Verletzungen der Informationspflichten der Art. 13 Abs. 2 lit. c und Art. 14 Abs. 2 lit. d (Art. 83 Abs. 5 lit. b) und die mangelnde Dokumentation der Einwilligung nach Art. 5 Abs. 2 DS-GVO.

30 Die maximal mögliche Bußgeldhöhe erscheint geboten, weil die Einwilligung die Rechtmäßigkeit der grundsätzlich verbotenen Verarbeitung personenbezogener Daten begründet und ohne die Rechtmäßigkeit ein schwerwiegender Eingriff in das Recht auf informationelle Selbstbestimmung vorliegen kann. Ein solcher persönlichkeitsrechtliche Eingriff ist grundsätzlich verboten und bedarf ausnahmslos einer Erlaubnis wie etwa eine Einwilligung.

C. Art. 6 Abs. 1 lit. b

(1) Die Verarbeitung ist nur rechtmäßig, wenn mindestens eine der nachstehenden Bedingungen erfüllt ist:

a) …

b) die Verarbeitung ist für die Erfüllung eines Vertrags, dessen Vertragspartei die betroffene Person ist, oder zur Durchführung vorvertraglicher Maßnahmen erforderlich, die auf Anfrage der betroffenen Person erfolgen; (…).

– *ErwG: 44*

– *BDSG n.F.: §24*

41 Gola-*Schulz* Art. 21 Rn. 3.
42 Plath-*Plath* Art. 7 Rn. 10; Gola-*Schulz* Art. 7 Rn. 58.

Literatur: *Art.-29-Datenschutzgruppe* Guidelines on Consent under Regulation 2016/679, WP 259 (Entwurf); *Tavanti* Datenverarbeitung zu Werbezwecken nach der Datenschutz-Grundverordnung (Teil 2). RDV 2016, 295; *Wendehorst/von Westphalen* Das Verhältnis zwischen Datenschutz-Grundverordnung und AGB-Recht, NJW 2016, 3745.

I. Einordnung und Hintergrund

Gemäß Art. 6 Abs. 1 lit. b ist eine Datenverarbeitung dann rechtmäßig, wenn die Verarbeitung für die Erfüllung eines Vertrags, dessen Vertragspartei die betroffene Person ist, oder zur Durchführung vorvertraglicher Maßnahmen erforderlich ist, die auf Anfrage der betroffenen Person erfolgen. Die Norm erfasst damit sowohl die Vertragsanbahnung als auch die Durchführung eines Vertrags.[43] Durch den Umstand, dass der Betroffene Vertragspartei sein muss bzw. Anlass für die Durchführung der vorvertraglichen Maßnahmen gegeben hat und somit (zivilrechtlich) eine von seinem Willen getragene Erklärung abgegeben hat, enthält der Erlaubnistatbestand des Art. 6 Abs. 1 lit. b zumindest indirekt ein voluntatives Element des Betroffenen, das entsprechend zu berücksichtigen ist. **31**

Art. 6 Abs. 1 lit. b entspricht fast wortwörtlich der Regelung in Art. 7 lit b der Richtlinie 95/46/EG.[44] In der Handhabung des Erlaubnistatbestands ergeben sich im Hinblick auf die erweiterten Dokumentations- und Informationspflichten allerdings Änderungen durch die DS-GVO.

Verarbeitungstätigkeiten von personenbezogenen Daten, die aufgrund eines Vertragsverhältnisses oder einer Vertragsanbahnung auf Anfrage der betroffenen Person nach Inkrafttreten der DS-GVO beruhen, müssen zum Zeitpunkt der Geltung der DS-GVO entsprechend auf ihre Rechtmäßigkeit geprüft werden.[45] Während eine solche Rechtmäßigkeit in vielen Fällen auch künftig gegeben sein dürfte, wird im Bereich der Gesundheitsdaten die Beschränkung der Erlaubnistatbestände im Rahmen des Art. 9 zu berücksichtigen sein. **32**

II. Kommentierung

Die Rechtfertigung für eine Datenverarbeitung zur Erfüllung eines Vertrages ist eine der zentralen Erlaubnistatbestände im Rahmen der wirtschaftlichen Betätigung nichtöffentlicher Verantwortlicher.[46] Umso schwerer wiegt, dass der europäische Gesetzgeber versäumt hat, ein wesentliches Problem der Vorgängerregelung anzugehen: Es gibt weder ein einheitliches europäisches Vertrags- oder gar Zivilrecht, noch eine Definition des Begriffs der Vertragserfüllung.[47] Dennoch stützt sich Art. 6 Abs. 1 lit. b auf zivilrechtliche Begriffe als Anknüpfungspunkt für die Rechtmäßigkeit einer Datenverarbeitung im datenschutzrechtlichen Sinne, die in den Mitgliedstaaten unter- **33**

43 Kühling/Buchner-*Buchner/Petri* Art. 6 Rn. 34.

44 BeckOK DatenSR-*Albers* Art. 6 Rn. 28; Paal/Pauly-*Frenzel* DS-GVO, Art. 6, Rn. 15; *Schantz/Wolff* Das neue Datenschutzrecht, Rn. 540; Gola-*Schulz* Art. 6 Rn. 25; Sydow-*Reimer* Art. 6 Rn. 21.

45 Vgl. ErwG 171.

46 BeckOK DatenSR-*Albers* Art. 6 Rn. 29.

47 Vgl. überblicksartig zu bisherigen Europäisierungsbestrebungen *Limmer* DNotZ-Sonderheft 2012, 59.

schiedlich ausgelegt und verstanden werden können.[48] Die gebotene autonome Auslegung des Begriffs der Vertragserfüllung als zentraler Begriff eines europäischen Zivilrechts im Rahmen der DS-GVO wirkt daher fehl am Platze und schafft darüber hinaus unnötig Rechtsunsicherheit.[49]

34 **1. Erfüllung eines Vertrages.** Wegen der fehlenden Definition des Begriffs der Vertragserfüllung muss im Rahmen der autonomen Auslegung[50] bestimmt werden, welcher rechtlichen Einordnung die Erfüllung eines Vertrages datenschutzrechtlich unterliegt und welche Rechtsbeziehungen unter den Begriff des Vertrages im Sinne der DS-GVO subsumiert werden bzw. werden sollen.

35 **a) Erfüllung.** In Bezug auf den Begriff der **Erfüllung** ist unklar, ob hieran untechnisch die praktische Durchführung, als jede Rechtshandlung in Zusammenhang mit der Abwicklung (zur Erfüllung aber auch sonstigen Erledigung, z.B. durch Rücktritt) eines wie auch immer gearteten vertraglichen Schuldverhältnisses gemeint ist, oder tatsächlich an einen nicht existenten, einheitlichen europäischen zivilrechtlichen Erfüllungsbegriff anzuknüpfen ist.

36 Im Interesse einer einheitlichen Auslegung des Begriffs dürfte wohl auf eine weite Begriffsbestimmung abzustellen sein, so dass unter den Erfüllungsbegriff jegliche Handlung zu subsumieren ist, die entweder rechtlich oder tatsächlich durch die Vertragspartei, die die entsprechende Datenverarbeitung vornimmt, in irgendeiner Form erbracht wird, um ihre eigenen oder fremden Verpflichtungen aus dem Vertragsverhältnis zu erbringen.[51] Dies umfasst neben der tatsächlichen Erfüllung der Hauptleistungspflichten damit auch Nebenleistungspflichten sowie Handlungen, die diesen unmittelbar vorgelagert sind bzw. notwendig sind, um den Verpflichtungen der Partei zu genügen.[52]

37 **b) Vertrag.** Im Hinblick auf die Auslegung des Begriffs des **Vertrags** muss das zuvor Gesagte ebenso gelten.[53] Die bisherigen Verordnungs- und Richtlinientexte, die den Begriff des „Vertrags" auf europäischer Ebene zum Gegenstand haben, enthalten weder entsprechende Definitionen noch eine klare Abgrenzung. In der Rom-I-Verordnung etwa ist der verwandte Begriff des vertraglichen Schuldverhältnisses nicht definiert; in der Verbraucherrechte-Richtlinie fehlt ebenso ein tauglicher Anknüpfungspunkt. Der Begriff des „Vertrags" muss jedenfalls auch fehlerhafte bzw. nichtige Vertragsverhältnisse umfassen, um diese nicht aus dem Geltungsbereich des Art. 6 Abs. 1 lit. f auszunehmen. Letzteres würde zu unbefriedigenden Ergebnissen führen, da der Verantwortliche etwa bei einer **ex-tunc-**Nichtigkeit eines Vertrages plötzlich seiner Erlaubnis für die Verarbeitung in der Vergangenheit beraubt wäre. Ob in einem solchen Fall – z.B. der Anfechtung wegen Irrtums – eine Verarbeitung alternativ auf ein berechtigtes Interesse des Verantwortlichen nach Art. 6 Abs. 1 lit. f gestützt werden könnte, wäre dann wiederum Frage des Einzelfalls und würde den Verantwortlichen unverschuldet dem Risiko aussetzen, personenbezogene Daten ohne entsprechende

48 Vgl. *Wendehorst/von Westphalen* NJW 2016, 3745, 3745.
49 Vgl. BeckOK DatenSR-*Albers* Art. 6 Rn. 30.
50 Ehmann/Selmayr-*Selmayr/Ehmann* Einführung, Rn. 91.
51 *Schantz/Wolff* Das neue Datenschutzrecht, Rn. 551/553; Gola-*Schulz* Art. 6 Rn. 27.
52 BeckOK DatenSR-*Albers* Art. 6 Rn. 31; *Schantz/Wolff* Das neue Datenschutzrecht, Rn. 553; *Plath* Art. 6 Rn. 9; Kühling/Buchner-*Buchner/Petri* Art. 6 Rn. 33; Sydow-*Reimer* Art. 6 Rn. 20; *Tavanti* RDV 2016, 295, 295.
53 BeckOK DatenSR-*Albers* Art. 6 Rn. 30.

Erlaubnis verarbeitet zu haben, selbst wenn der Betroffene selbst Anlass dafür gegeben hat, dass der Verantwortliche diese Verarbeitung vorgenommen hat.

Bereits hieran wird deutlich, dass eine trennscharfe Unterscheidung zwischen Vertrag, quasivertraglichen oder vertragsähnlichen Schuldverhältnissen nicht zielführend ist. Um unter dem Gesichtspunkt der **ratio** des Erlaubnistatbestandes eine Datenverarbeitung zu ermöglichen, die primär im Interesse des Betroffenen ist, dürften wohl auch vorvertragliche und vertragsähnliche Schuldverhältnisse unter dem Begriff des Vertrags zu subsumieren sein.[54] Eine solche weite Auslegung ist auch im Interesse des Betroffenen, sichert sie doch eine enge Zweckbindung bei der folgenden Verarbeitung und steht in Einklang mit Art. 6 Abs. 1 lit. b Alt. 2. Bestimmte Vertragstypen setzen bereits im Rahmen vorvertraglicher Verhandlungen umfassende Informationspflichten voraus. Hierfür sind in der Regel Daten des Vertragspartners zu erheben und zu verarbeiten, um die Informationspflichten tatsächlich erfüllen zu können. Würde ein solches vorvertragliches Schuldverhältnis nicht unter dem Begriff des Vertrages bzw. die der vorvertraglichen Maßnahme eingeordnet, müsste der Verantwortliche entweder das Risiko eingehen, dass eine solche Erfüllung gesetzlicher Informationspflichten, die primär in seinem eigenen Interesse ist, z.B. einer Interessenabwägung nach Art. 6 Abs. 1 lit. f genügt oder die Einwilligung des Betroffenen einholen. Beides würde dem Interesse der Parteien des Vertrags zuwiderlaufen, einen möglichst unkomplizierten, transparenten Vertragsschluss herbeizuführen.[55] Ebenso spricht in systematischer Hinsicht für eine weite Auslegung des Vertragsbegriffs, dass der europäische Gesetzgeber in der Rom I-VO vorvertragliche Schuldverhältnisse in Art. 1 Abs. 2 lit. i Rom I-VO ausdrücklich vom Anwendungsbereich der Verordnung ausgenommen hat. Eine solche Ausnahme fehlt in der DS-GVO; im Gegenteil sind vorvertragliche Maßnahmen vom Wortlaut ausdrücklich erfasst. **38**

Ferner dürften unter den Begriff des Vertrages auch solche Verträge fallen, die nicht zwischen zwei natürlichen Personen abgeschlossen werden, sondern zwischen Unternehmen oder Verbänden, die die Betroffenen selbst vertreten bzw. eine Regelung zu Gunsten des oder der Betroffenen abschließen, außerdem auch die Geschäftsführung ohne Auftrag,[56] Verträge zu Gunsten Dritter u.a. (s. Rn. 46 sowie 55). **39**

aa) Vorvertragliche Maßnahmen auf Anfrage des Betroffenen. Vorvertragliche Maßnahmen sind an die Voraussetzung gebunden, dass sie auf Anfrage des Betroffenen erfolgten.[57] Auch im Hinblick auf den Begriff „vorvertragliche Maßnahme" fehlt eine Definition in der DS-GVO, so dass wiederum eine autonome Auslegung erfolgen muss. **40**

In Ergänzung zu dem zuvor Gesagten bedeutet dies, dass der Betroffene in irgendeiner Art und Weise erkennbar für die andere Partei den Abschluss eines Vertrages und die hierfür erforderliche Übermittlung von Daten jedenfalls für möglich hält. Nicht erforderlich dürfte es jedoch sein, dass die Parteien bereits die konkreten Parameter für den noch zu schließenden Vertrag zu diesem Zeitpunkt kennen bzw. sich über- **41**

---

54 BeckOK DatenSR-*Albers* Art. 6 Rn. 30/32; Auernhammer-*Kramer* Art. 6 Rn. 15; *Schantz/Wolff* Das neue Datenschutzrecht, Rn. 566 ff.

55 Vgl. BeckOK DatenSR-*Albers* Art. 6 Rn. 33.

56 So zum BDSG Plath-*Plath* § 28 BDSG Rn. 18; Simitis-*Simitis* § 28 BDSG Rn. 94; a.A. Kühling/Buchner-*Buchner/Petri* Art. 6 Rn. 31.

57 Vgl. BeckOK DatenSR-*Albers* Art. 6 Rn. 33; *Schantz/Wolff* Das neue Datenschutzrecht, Rn. 572.

haupt einig sind, tatsächlich einen Vertrag zu schließen.[58] Ebenso wenig ist an dieser Stelle erforderlich, dass alle durch den Betroffenen übermittelten Daten tatsächlich für die spätere Vertragserfüllung notwendig sind. Ihre Verarbeitung, insbesondere ihre Speicherung zum Zeitpunkt der vorvertraglichen Maßnahmen ist jedenfalls so lange zulässig, bis die empfangende Partei erkennen kann, ob die übermittelten Daten unter Umständen für die Erfüllung des Vertrages notwendig sein werden. Dann müssen die Daten allerdings gelöscht werden, sollte sich herausstellen, dass sie für die tatsächliche Vertragserfüllung nicht notwendig sind.[59]

42 Unter den Begriff der **Anfrage** fällt in diesem Zusammenhang auch eine Datenverarbeitung, die von der Gegenseite im Vorfeld eines möglichen Vertragsschlusses verlangt wird. Ein solches Verlangen ist immer dann gegeben, wenn der Betroffene in Kenntnis dieser Verarbeitung eine entsprechende Anfrage zum Abschluss eines Vertrages an den Anbieter übersandt hat.

43 Ferner fallen hierunter auch alle Verarbeitungstätigkeiten des Verantwortlichen, die in diesem Zusammenhang mit Daten vorgenommen werden, die nicht vom Betroffenen selbst stammen. Hiervon losgelöst ist die Frage der Erforderlichkeit.

44 **bb) Betroffener als Vertragspartei.** Eine weitere Schwierigkeit besteht in der offenen Formulierung von Art 6. Abs. 1 lit. b im Hinblick auf die vertragliche Stellung des Betroffenen als „**Partei**".

45 Art 6 Abs. 1 lit. b bezieht sich ausdrücklich auf den Betroffenen als Vertragspartei, worunter zunächst die Parteien des Vertrages fallen, die direkt eine Rechtsbeziehung eingehen, also etwa Käufer und Verkäufer eines Kaufvertrages.

46 Allerdings dürften unter den Parteienbegriff auch solche Personen fallen, die nicht direkt die zuvor genannte Rechtsbeziehung eingehen, sondern nur Begünstigte sind.[60] Im deutschen Zivilrecht würde eine solche Partei etwa der Dritte bei einem Vertrag zu Gunsten Dritter, oder der Arbeitnehmer eines Tarifvertrages bzw. einer Betriebsvereinbarung, soweit diese Bezug auf einzelne Arbeitnehmer nimmt, etwa im Rahmen eines Sozialplans und hierzu eine Datenverarbeitung dieser Betroffenen stattfindet.[61]

47 Darüber hinaus ist Partei auch, wer zum Zwecke der Vertragserfüllung zur Duldung oder einem Unterlassen verpflichtet ist, sofern nicht Art. 6 Abs. 1 lit. c einschlägig ist.

48 Demzufolge ist Partei jeder Beteiligte des Vertragsverhältnisses, der ein Interesse oder eine Pflicht zur Duldung der jeweiligen zivilrechtlichen Handlung hat, die die Datenübermittlung bzw. Datenverarbeitung bedingt.

49 **2. Die Erforderlichkeit der Datenverarbeitung.** Die **Erforderlichkeit** ist in Konsequenz zu dem zuvor Genannten ebenfalls weit zu verstehen. Sie ist eben gerade nicht auf die reine, zivilrechtliche Erfüllungshandlung bezogen, sondern muss vielmehr als für die Durchführung des gesamten Vertrages erforderlich verstanden werden.[62]

---

58 Vgl. Gola-*Schulz* Art. 6 Rn. 36.

59 Paal/Pauly-*Frenzel* Art. 6 Rn. 15; vgl. Auernhammer-*Kramer* Art. 6 Rn. 13.

60 Plath-*Plath* Art. 6 Rn. 11; vgl. *Schantz/Wolff* Das neue Datenschutzrecht, Rn. 545.

61 *Forgó/Helfrich/Schneider* Betrieblicher Datenschutz, Rn. 2 ff.; Schaffland/Wiltfang-*Schaffland/Holthaus* Art. 6 Rn. 61; a.A. Kühling/Buchner-*Buchner/Petri* Art. 6 Rn. 32.

62 Vgl. BeckOK DatenSR-*Albers* Art. 6 Rn. 32; *Schantz/Wolff* Das neue Datenschutzrecht. Rn. 575 f.; Paal/Pauly-*Frenzel* Art. 6 Rn. 14; Kühling/Buchner-*Petri* Art. 6 Rn. 42; Auernhammer-*Kramer* Art. 6 Rn. 17.

Die Unterscheidung in diesem Bereich ist unscharf und bislang nicht zufriedenstellend erfolgt, wie auch die entsprechende Befassung der Art.-29-Datenschutzgruppe zu Art. 7 lit. b der Datenschutzrichtlinie zeigt.[63] So soll eine Datenverarbeitung durch einen Autoversicherer in Bezug auf Zustand und Alter des zu versichernden Fahrzeugs im Rahmen einer vorvertraglichen Maßnahme „auf Anfrage" der betroffenen Person erfolgen, da diese Verarbeitung notwendig für die Berechnung der Versicherungsbeiträge ist.[64] Andererseits soll die Einholung vergleichbarer Daten über den Betroffenen in Bezug auf den Abschluss einer Krankenversicherung dieser Ausnahme nicht unterfallen. Dass ganz offensichtlich in beiden Fällen der Anbieter diese Information benötigt, um überhaupt die Anfrage des Betroffenen beantworten zu können, lässt die Art.-29-Datenschutzgruppe außen vor. **50**

Eine sachliche Rechtfertigung für die Ungleichbehandlung gibt es in diesem Zusammenhang nicht. Man könnte zwar daran denken, dass „besondere Kategorien von personenbezogenen Daten" restriktiver zu behandeln wären. Diese stellen tatsächlich – wie bisher, nun über Art. 9 erhöhte Anforderungen an die Verarbeitung. Eine „Anfrage", die solche Daten enthält ist, jedoch nicht nur bei Vorliegen einer Einwilligung möglich und somit nicht restriktiver zu behandeln als eine Anfrage, die Daten enthält, die die Privatsphäre der betroffenen Person nur unwesentlich berühren. Diese Erwägung spielt offensichtlich und ausweislich der Begründung in der vorher zitierten Stellungnahme der Art.-29-Datenschutzgruppe gerade keine Rolle. **51**

Das bedeutet, dass nicht nur die zuvor genannten vorvertraglichen Maßnahmen unter den geschilderten Voraussetzungen möglich sind, sondern auch die Durchführung und Abwicklung des Vertrages einschließlich der Geltendmachung der Sekundäransprüche im Falle einer Schlechterfüllung. Ansprüche im Zusammenhang mit der Mängelgewährleistung etwa sind so unmittelbar mit der Vertragserfüllung an sich verknüpft, dass eine Trennung zwischen Vertragserfüllung und Abwicklung fehlerhafter Verträge bzw. bei Schlechtleistung willkürlich erschiene.[65] Ein Verweis auf das legitime Interesse desjenigen, der beispielsweise Zahlungsansprüche geltend macht, macht die dogmatische Schwierigkeit einer Zersplitterung in verschiedene Rechtfertigungstatbestände im Rahmen des Art. 6 deutlich. So kann im Rahmen einer streitigen Auseinandersetzung durchaus Uneinigkeit darüber herrschen, ob ein Anspruch überhaupt besteht bzw. wie weit dieser reicht. Wäre nun die Datenverarbeitung durch den Anbieter der Leistung als Gegner des Betroffenen davon abhängig, dass der Anspruch auch tatsächlich besteht, weil im anderen Falle sein berechtigtes Interesse entfiele, wäre die Geltendmachung eines sich später als nichtbestehend herausstellenden Anspruchs und die damit verbundene notwendige Datenverarbeitung aus **ex-post-**Sicht rechtswidrig. Dass dieses Ergebnis nicht im Einklang mit der gesetzlichen Regelung stünde, liegt auf der Hand. **52**

Der deutsche Gesetzgeber hat das soeben beschriebene Risiko wohl erkannt und mit § 24 Abs. 1 Nr. 2 BDSG eine Regelung geschaffen, die der Frage, inwieweit die Durchsetzung von Sekundäransprüchen unter Art. 6 Abs. 1 lit. b fällt, in Deutschland ihre praktische Relevanz nimmt. Nach der auf die Öffnungsklausel in Art. 23 Abs. 1 **53**

---

63 WP 217 9. April 2014, S. 18; dazu auch Entwurf WP 259 28. November 2014, S. 9, in dem die Art.-29-Datenschutzggruppe von einer engen Auslegung des Begriffs der „Erforderlichkeit" ausgeht.

64 Plath-*Plath* Art. 6 Rn. 11; vgl. Paal/Pauly-*Frenzel* Art. 6 Rn. 15.

65 Vgl. *Schantz/Wolff* Das neue Datenschutzrecht, Rn. 558.

gestützten[66] Vorschrift des § 24 Abs. 1 Nr. 2 BDSG ist jede Datenverarbeitung zulässig, die zur Geltendmachung, Ausübung oder Verteidigung zivilrechtlicher Ansprüche erforderlich ist. Davon umfasst ist auch die Abwicklung vertraglicher Gewährleistungs- und sonstiger Sekundäransprüche. In anderen Mitgliedstaaten ohne eine entsprechende nationale Regelung bleibt die Frage nach der Auslegung des Erforderlichkeitsbegriffs des Art. 6 Abs. 1 lit. b aber durchaus relevant.

54 Vor diesem Hintergrund ist festzuhalten, dass eine Datenverarbeitung durch den Verantwortlichen in Konsequenz also dann erforderlich ist, wenn die Verarbeitung objektiv überprüfbar angebracht ist, um dem Verantwortlichen zu erlauben, von ihm für unerlässlich erachtete Informationen und organisatorische Abläufe mit den hierzu notwendigen personenbezogenen Daten des Betroffenen durchführen zu können. Ein Abstellen auf den Horizont des Verantwortlichen ist deswegen geboten, da nur dieser das rechtliche und wirtschaftliche Risiko einschätzen kann, das mit der späteren Erbringung seiner Leistung für den Betroffenen verbunden ist.

55 **3. Fallgruppen.** Demnach zulässig sind alle Datenverarbeitungsvorgänge, die unmittelbar im Zusammenhang mit der Erbringung der Leistung im zivilrechtlichen Sinne stehen, d.h. insbesondere zur Abwicklung von Zahlungen, auch die hierfür notwendige Übermittlung an Dritte, die Zusendung gekaufter Ware,[67] die Löschung von Rechten Dritter, die Aufnahme von Dritten als Zeugen, die Nennung von Dritten im Rahmen eines echten Vertrages zu Gunsten Dritter, ebenso wie die notwendige Verarbeitung von Daten im Rahmen einer Drittschadensliquidierung, die Übermittlung von Daten an eine Versicherung zur Befriedung Ansprüche Dritter,[68] die Übermittlung von Vertragsdaten aus dem Grundgeschäft bei Abschluss eines selbstständigen Garantievertrages mit einem Dritten auf Betreiben des Betroffenen im Rahmen von Unternehmenstransaktionen, die Übermittlung von Daten der betroffenen Arbeitnehmer, sofern ein Betriebsübergang stattfindet bzw. ein Asset-Deal einen bestimmten Unternehmensteil betrifft,[69] in dem die Arbeitnehmer verbleiben sollen,[70] Daten, die im Austausch gegen eine Leistung zur Verfügung gestellt werden[71] sowie die Datenverarbeitung im Rahmen einer Abtretung[72].

D. Art. 6 Abs. 1 lit. c

(1) Die Verarbeitung ist nur rechtmäßig, wenn mindestens eine der nachstehenden Bedingungen erfüllt ist:

…

c) die Verarbeitung ist zur Erfüllung einer rechtlichen Verpflichtung erforderlich, der der Verantwortliche unterliegt;

– ErwG: 40, 41, 45, 47

Literatur: Siehe Hinweise zu Abs. 1.

---

66 Vgl. ohne Präzisierung eines Schutzguts aus dem Katalog des Art. 23 Abs. 1 die Gesetzesbegründung: BT-Drucks. 18/11325, S. 96.

67 Auernhammer-*Kramer* Art. 6 Rn. 15.

68 *Schantz/Wolff* Das neue Datenschutzrecht, Rn. 582.

69 *Nebel* CR 2016, 417 ff.

70 Vgl. *Forgó/Helfrich/Schneider* Betrieblicher Datenschutz, Rn. 37 ff.

71 Vgl. Plath-*Plath* Art. 6 Rn. 11.

72 Vgl. BeckOK DatenSR-*Albers* Art. 6 Rn. 30, 32.

I. Allgemeines: Zweck, Bedeutung, Systematik/Verhältnis zu anderen Vorschriften

Nach Art. 6 Abs. 1 lit. c ist eine Datenverarbeitung dann rechtmäßig, wenn sie zur Erfüllung einer rechtlichen Verpflichtung erforderlich ist, der der Verantwortliche unterliegt. Die Regelung entspricht der Regelungsbefugnis nach Art. 7 Abs. 1 lit. c DSRL. **56**

Die DS-GVO entfaltet an dieser Stelle – wie auch bezüglich Art. 6 Abs. 1 lit. e – Richtliniencharakter,[73] indem sie den Mitgliedstaaten ermöglicht, eigene, spezifischere Regelungen zu treffen. Zugleich ist die Öffnung für mitgliedstaatliche Regelung notwendiger Ausdruck des Grundsatzes der Subsidiarität.[74] Dabei ist das Schutzniveau im Moment einer mitgliedstaatlichen Erweiterung nach wie vor grundsätzlich an dem der DS-GVO zu orientieren,[75] was vornehmlich durch den Hinweis auf die Erforderlichkeit der Datenverarbeitung zum Ausdruck kommt. Dennoch wird über die Erweiterungstatbestände der lit. c und e ein Einfallstor für die Begründung der Rechtmäßigkeit von Datenverarbeitungen auch durch mitgliedstaatliche Regelungen eröffnet.[76] **57**

II. Verantwortlicher

Der Systematik der DS-GVO folgend sind Verantwortliche i.S.d. lit. c sowohl öffentliche als auch nichtöffentliche Stellen.[77] Dass lit. c auf den Verantwortlichen abstellt, schließt die Rechtmäßigkeit einer Auftragsdatenverarbeitung nicht aus, jedoch muss die rechtliche Verpflichtung dem Verantwortlichen obliegen.[78] **58**

III. Rechtliche Verpflichtung

Eine rechtliche Verpflichtung nach lit. c muss eine Verpflichtung kraft objektiven Rechts sein. Insbesondere reicht eine vertragliche Verpflichtung nicht aus, die im Übrigen lit. b unterfiele. Insoweit ist bspw. die französische („obligation légale") und die englische („legal obligation") Fassung eindeutiger, da die offene Formulierung „rechtliche Verpflichtung" auch vertragliche Bindungen einbeziehen könnte; in der deutschen Fassung wird das Verständnis erst in Abgrenzung zu lit. b deutlich.[79] **59**

Nach Art. 6 Abs. 3 kann diese objektive rechtliche Verpflichtung sowohl auf Unionsrecht als auch auf mitgliedstaatlichem Recht beruhen. Gerade bei Letzterem sind keine besonderen Anforderungen an die Rangstufe des betreffenden Rechts zu stellen. Die rechtliche Verpflichtung kann auf Gesetzes-, Verordnungs- oder Satzungsrecht beruhen, bis hin zu Bestimmungen in für allgemeinverbindlich erklärten Tarifverträgen oder auch in Betriebsvereinbarungen.[80] **60**

Eine Einschränkung macht ErwG 41 dahingehend, dass wenn die mitgliedstaatliche Verfassungsordnung Anforderungen an die Qualität grundrechtsrelevanter Bestimmungen stellt, diese auf mitgliedstaatlicher Ebene einzuhalten sind. Im Zusammen- **61**

---

73 *Kühling/Martini* EuZW 2016, 448, 448 f.; Gola-*Schulz* Art. 6 Rn. 47.
74 Vgl. insoweit schon *Rogall-Grothe* ZRP 2012, 193, 193.
75 Gola-*Schulz* Art. 6 Rn. 47.
76 In diesem Sinne BeckOK DatenSR-*Albers* Art. 6 Rn. 35.
77 Paal/Pauly-*Frenzel* Art. 6 Rn. 18.
78 Kühling/Buchner-*Buchner/Petri* Art. 6 Rn. 80.
79 In diesem Sinne auch Kühling/Buchner-*Buchner/Petri* Art. 6 Rn. 77.
80 Gola-*Gola* Art. 6 Rn. 120; auch *Wybitul/Sörup/Pötters* ZD 2015, 559, 560.

spiel mit Abs. 3 wird damit aber deutlich, dass nationales Recht grds. für abweichende Datenschutzregelungen gegenüber der DS-GVO geöffnet werden kann. ErwG 45 formuliert weitere Voraussetzung an derartige Vorschriften. So ist nicht für jede Verarbeitung ein eigenes Gesetz zu fordern, allerdings müssen die Vorschriften hinreichend transparent, insbesondere bezogen auf den Zweck der Datenverarbeitung, ausgestaltet sein.[81]

62 Eine Verpflichtung i.S.d. lit. c ist auch dann anzunehmen, wenn es in der Hand des Verantwortlichen liegt, ob er sich der jeweiligen Verpflichtung unterwerfen will. So ist die Verpflichtung, im Falle der Teilnahme an einer öffentlichen Ausschreibung bestimmte Daten zu übermitteln, eine Verpflichtung i.S.d. lit. c, obgleich selbstverständlich keine Verpflichtung zur Teilnahme an der betreffenden Ausschreibung besteht.[82] Keine Verpflichtung i.S.d. lit. c dürfte anzunehmen sein, wenn die betreffende Vorschrift die Datenverarbeitung nur voraussetzt, aber selbst nicht anordnet. In derartigen Fällen ist aber eine Anwendung von Art. 6 Abs. 1 lit. e denkbar.

63 **1. Erforderlichkeit.** Art. 6 Abs. 1 lit. c stellt die Erfüllung der rechtlichen Verpflichtung zur Verarbeitung personenbezogener Daten unter den Vorbehalt der Erforderlichkeit. Letztlich appelliert die Norm hier an das Erfordernis der Verhältnismäßigkeit insbesondere mitgliedstaatlicher Erlaubnisnormen, durch die verhindert werden soll, dass alleine die Normierung eines hinreichenden Verarbeitungszwecks nicht zu einer zu breiten Datenerhebung verleiten soll.[83] Damit geht aber das Merkmal der Erforderlichkeit nicht über die Anforderungen hinaus, die nach deutschem Recht an grundrechtsbeschränkende Gesetze oder sonstige Vorschiften zu stellen sind.

64 **2. Beispiele nach deutschem Recht.** Nach nationalem Recht finden sich schon jetzt zahlreiche Vorschriften zur Zulässigkeit von Datenverarbeitungen. Es ist wohl zutreffend, dass die Öffnungsklausel nach Art. 6 Abs. 1 lit. c i.V.m. Abs. 3 eine „ganz erhebliche Breitenwirkung“[84] im nationalen Recht zeitigt. Dabei ist es selbstverständlich, dass Art. 6 Abs. 1 lit. c auch für bereits erlassenes Recht gelten muss, das in Einklang mit der DS-GVO steht.[85]

65 Banken dürfen zum Zweck der Risikominimierung bei Kreditvergaben personenbezogene Daten verarbeiten (§ 10 Abs. 2 KWG). Inhaber von Beherbergungsstätten sind verpflichtet, personenbezogene Daten von Gästen zu erheben und ggf. weiterzuleiten (§ 30 Abs. 4 BMG). Auch bestehen Meldepflichten des Arbeitgebers im Rahmen der Sozialversicherung (bspw. § 28a SGB IV) und bezüglich der Einhaltung gesetzlicher Bestimmungen etwa bezogen auf den Mindestlohn (§ 17 Abs. 1 MiLoG).

66 Öffentliche Stellen sind nach §§ 11 GewO zur Erhebung personenbezogener Daten insbesondere zur Feststellung der Zuverlässigkeit Gewerbetreibender befugt. Zugleich

81 Kühling/Buchner-*Buchner/Petri* Art. 6 Rn. 82, 91.
82 So das Beispiel bei Schantz/Wolff-*Wolff* Das neue Datenschutzrecht, Rn. 591.
83 So wiederum Kühling/Buchner-*Buchner/Petri* Art. 6 Rn. 82, 94.
84 So *Kühling/Martini* EuZW 2016, 448, 449; zweifelnd insoweit *Albrecht/Jotzo* Das neue Datenschutzrecht der EU, Teil 3, Rn. 46, die insbesondere Abs. 2 und 3 als Einschränkung mitgliedstaatlicher Öffnungsmöglichkeiten sehen. Anzunehmen ist aber, dass Abs. 2 und 3 vornehmlich allgemeine Rechtmäßigkeitsanforderungen normieren, denen mitgliedstaatliches Recht schon aufgrund nationaler verfassungsrechtlicher Vorgaben zu genügen hat.
85 Schantz/Wolff-*Wolff* Rn. 598.

bestehen – begrenzte – Pflichten zur Weitergabe personenbezogener Daten an Dritte bspw. im Rahmen des Informationsrechts (§ 5 IFG Bund, §§ 9 f. IFG NRW[86]).

E. Art. 6 Abs. 1 lit. d

(1) Die Verarbeitung ist nur rechtmäßig, wenn mindestens eine der nachstehenden Bedingungen erfüllt ist:

…

d) die Verarbeitung ist erforderlich, um lebenswichtige Interessen der betroffenen Person oder einer anderen natürlichen Person zu schützen;

I. Allgemeines: Zweck, Bedeutung, Systematik/Verhältnis zu anderen Vorschriften

Art. 6 Abs. 1 lit. d erklärt die Datenverarbeitung für zulässig, wenn diese zum Schutz lebenswichtiger Interessen der betroffenen Person oder einer anderen natürlichen Person erforderlich ist. Hier wird zu verlangen sein, dass die Datenverarbeitung unumgänglich ist, um die Beeinträchtigung der entsprechenden Interessen abzuwenden.[87] Die Regelung entspricht im Wesentlichen der Regelungsbefugnis nach Art. 7 Abs. 1 lit. d DSRL, erfasst nunmehr aber auch Interessen anderer natürlicher Personen neben denen der Betroffenen. **67**

II. Verantwortlicher

Art. 6 Abs. 1 lit. d bezieht sich nicht explizit auf einen Verantwortlichen. Allerdings muss auch im Falle des lit. d eine Stelle vorhanden sein, die die betreffende Datenverarbeitung vornimmt. Hier ist dann wiederum keine Unterscheidung gegeben; Verantwortliche nach lit. d können sowohl öffentliche als auch nichtöffentliche Stellen sein.[88] **68**

III. Lebenswichtige Interessen

Der Begriff „lebenswichtige Interessen“ lässt zusammen mit dem Umstand, dass nach lit. d die Verarbeitung stets zugunsten natürlicher Personen erlaubt sein soll, erkennen, dass es sich um höchstpersönliche Rechtsgüter handeln muss. Gemeint sind alle wesentlichen Interessen im Bereich des Gesundheitsschutzes. Namentlich erwähnt ErwG 122 die körperliche Unversehrtheit und das Leben. Allerdings ist anzunehmen, dass hierzu keine Lebensgefahr erforderlich ist; vielmehr genügt bereits, wenn ein unmittelbarer Bezug zu Leben und Gesundheit von Menschen gegeben ist.[89] **69**

Beispielhaft zu nennen ist mit ErwG 46 zugleich die Überwachung und Eindämmung von Epidemien und humanitären Notlagen infolge von durch Natur und Mensch verursachten Katastrophenlagen. Erfasst sein könnte aufgrund des weiten Wortlauts und des jedenfalls auch präventiven Charakters der Datenerhebung die vorbeugende Bekämpfung von Terrorgefahren.[90] Allerdings liegt es näher, die Vorschrift insoweit restriktiv auszulegen[91] und bspw. Fälle wie Fluggastdatenerhebungen zur vorbeugen- **70**

86 Dazu BeckOK InfoMedienR-*Pabst* IFG NRW §§ 9 f. IFG NRW.
87 Sydow-*Reimer* Art. 6 Rn. 34.
88 Für letztere explizit Paal/Pauly-*Frenzel* Art. 6 Rn. 20.
89 So Gola-*Schultz* Art. 6 Rn. 45; BeckOK DatenSR-*Albers* Art. 6 Rn. 36.
90 Sydow-*Reimer* Art. 6 Rn. 33.
91 Wie hier *Art.-29-Datenschutzgruppe* Stellungnahme 06/2014, S. 26.

den Terrorbekämpfung nicht unter lit. d zu fassen, es sei denn, wenn deutliche Erkenntnisse für konkrete Gefährdungen von Menschen vorliegen.[92] Nicht ausreichend sind jedenfalls – wenn auch existentielle – Geschäftsinteressen natürlicher Personen.[93]

IV. Betroffener oder Dritter

71 Erfasst sind Datenverarbeitungen zugunsten der durch die Datenverarbeitung betroffenen Person sowie – in Erweiterung zu Art. 7 Abs. 1 lit. d. DSRL – auch zugunsten Dritter. Die vorgenannte Ergänzung geht auf eine Initiative des Rates zurück.[94] Gerade im letzteren Fall kommt der Grundsatz „Lebensschutz vor Datenschutz“ zum Tragen, da insbesondere bei Datenverarbeitungen zugunsten von der Verarbeitung nicht betroffener Dritter Rechte des Betroffenen beschränkt werden können.

V. Notwendigkeit fehlender Einwilligungsfähigkeit?

72 Nicht eindeutig ist, ob die Datenverarbeitung nach lit. d nur dann zum Tragen kommt, wenn die betroffene Person nicht in der Lage ist, ihre Einwilligung zu erklären, und insoweit von einer mutmaßlichen Einwilligung auszugehen ist. So wird bezgl. der Daten i.S.d. Art. 9 Abs. 1 (rassische und ethnische Herkunft, politische Meinungen, religiöse oder weltanschauliche Überzeugungen oder die Gewerkschaftszugehörigkeit, genetische Daten, biometrische Daten zur eindeutigen Identifizierung einer natürlichen Person, Gesundheitsdaten oder Daten zum Sexualleben oder der sexuellen Orientierung einer natürlichen Person) die Verarbeitung nach Art. 9 Abs. 2 lit. c auch zum Schutz lebenswichtiger Interessen nur dann ausnahmsweise erlaubt, wenn die betroffene Person aus körperlichen oder rechtlichen Gründen außerstande ist, ihre Einwilligung zu geben. Aus der Einschränkung nach Art. 9 Abs. 2 lit. c lässt sich schließen, dass der Gesetzgeber das Eingreifen von Art. 6 Abs. 1 lit. d nicht von der Nichteinholbarkeit der Einwilligung abhängig machen wollte.[95] Dennoch erscheint es naheliegend, in Fällen, in denen eine Einwilligung nicht eingeholt werden konnte, nach dem mutmaßlichen Willen des Betroffenen zu fragen.[96] Die Frage dürfte aber hypothetischer Natur sein; bei Betroffenheit lebenswichtiger Interessen sind nur wenige Fälle denkbar, in denen eine mutmaßliche Einwilligung nicht anzunehmen ist. In Betracht kommen hier allenfalls Fälle erkennbarer Suizidabsichten. Hier mag es vertretbar sein, davon auszugehen, dass die lebenswichtigen Interessen stets die Risiken einer Gefährdung der Privatsphäre überwiegen.[97] Verweigert der Betroffene die Einwilligung ausdrücklich, und ist die Verweigerung nicht situativ unbeachtlich, wird dem Recht auf informationelle Selbstbestimmung der Vorrang zu geben sein.

73 Für ein Eingreifen zugunsten anderer natürlicher Personen kann es dagegen auf die Einwilligung des Betroffenen nicht ankommen. Hier muss der Schutz des Dritten das Datenschutzinteresse des Betroffenen nach entsprechender Abwägung regelmäßig überwiegen. Ein Korrektiv besteht in diesen Fällen insoweit, als – wie im Weiteren

---

92 Wohl ohne entsprechende Einschränkung Paal/Pauly-*Frenzel* Art. 6 Rn. 20.
93 Sydow-*Reimer* Art. 6 Rn. 33.
94 Ratsdokument 9565/15, S. 83 zu Art. 6 Abs. 1 lit. d.
95 So auch Paal/Pauly-*Frenzel* Art. 6 Rn. 21.
96 Gola-*Schulz* Art. 6 Rn. 44; anders wohl Kühling/Buchner-*Buchner/Petri* Art. 6 Rn. 110.
97 So die Formulierung bei Kühling/Buchner-*Buchner/Petri* Art. 6 Rn. 110.

ausgeführt – ErwG 46 S. 3 das Eingreifen des lit. d zugunsten Dritter nur dann als gegeben erachtet, wenn kein speziellerer Ermächtigungstatbestand zur Verfügung steht. Die fehlende Einwilligung des Betroffenen muss auch dann unbeachtlich sein, wenn neben ihm zugleich Dritte geschützt werden sollen.[98]

VI. Subsidiärer Rechtfertigungstatbestand

ErwG 46 bringt in S. 2 („Personenbezogene Daten sollten grundsätzlich nur dann aufgrund eines lebenswichtigen Interesses einer anderen natürlichen Person verarbeitet werden, wenn die Verarbeitung offensichtlich nicht auf eine andere Rechtsgrundlage gestützt werden kann.") zum Ausdruck, dass Art. 6 Abs. 1 lit. d nur dann zum Tragen kommen soll, wenn kein anderer Rechtfertigungstatbestand eingreift, wobei nach dem Wortlaut des ErwG 46 diese Subsidiarität nur bei Verarbeitungen zugunsten Dritter zum Tragen kommen soll. Dies können Ermächtigungen gestützt auf lit. c und e sein, aber auch bspw. der Ausnahmetatbestand nach Art. 49 Abs. 1 lit. f. Vorrangig dürfte insoweit auch Art. 9 Abs. 2 lit. c sein. **74**

F. Art. 6 Abs. 1 lit. e

(1) Die Verarbeitung ist nur rechtmäßig, wenn mindestens eine der nachstehenden Bedingungen erfüllt ist:

...

e) die Verarbeitung ist für die Wahrnehmung einer Aufgabe erforderlich, die im öffentlichen Interesse liegt oder in Ausübung öffentlicher Gewalt erfolgt, die dem Verantwortlichen übertragen wurde;

I. Allgemeines: Zweck, Bedeutung, Systematik/Verhältnis zu anderen Vorschriften

Art. 6 Abs. 1 lit. c erklärt die Datenverarbeitung für zulässig, wenn diese für die Wahrnehmung einer Aufgabe erforderlich ist, die entweder im öffentlichen Interesse liegt oder die in Ausübung öffentlicher Gewalt erfolgt, die dem Verantwortlichen übertragen wurde. Die Regelung entspricht im Wesentlichen der Regelungsbefugnis nach Art. 7 Abs. 1 lit. e DSRL. **75**

Mit Art. 6 Abs. 1 lit. e sind zwei rechtfertigende Tatbestände gegeben, die zu trennen sind. Zum einen kann die Datenverarbeitung für die Wahrnehmung eines öffentlichen Interesses erforderlich sein, zum anderen ist sie gerechtfertigt, wenn sie in Ausübung übertragener hoheitlicher Gewalt erfolgt. In beiden Fällen folgt die DS-GVO einem funktionalen Ansatz, indem sie nicht an die Stelle, die Daten verarbeitet, anknüpft, sondern an eine zu erfüllende Aufgabe.[99] **76**

II. Wahrnehmung einer Aufgabe im öffentlichen Interesse

Nach lit. e Var. 1 ist die Datenvereinbarung rechtmäßig, wenn sie erforderlich ist, um eine Aufgabe im öffentlichen Interesse wahrzunehmen. **77**

1. Aufgabenträger. Art. 6 Abs. 1 lit. e spricht im Einklang mit der Vorgehensweise der DS-GVO im Übrigen lediglich vom Verantwortlichen, ohne zu definieren, ob dieser öffentliche oder nichtöffentliche Stelle ist. Ausweislich des ErwG 45 a.E. ist davon **78**

---

98 In diesem Sinne wohl auch Paal/Pauly-*Frenzel* Art. 6 Rn. 21.

99 Schantz/Wolff-*Wolff* Das neue Datenschutzrecht, Rn. 612; Paal/Pauly-*Frenzel* Art. 6 Rn. 23.

auszugehen, dass lit. e sowohl für öffentliche Stellen wie für „eine natürliche oder juristische Person des Privatrechts“ gelten kann, sofern dies durch öffentliche Interessen gerechtfertigt ist und sofern diesem Privaten die eigenverantwortliche Datenverarbeitung zu diesem Zweck obliegt.[100]

79 **2. Begriff der Aufgabe im öffentlichen Interesse.** Keine Aussage trifft die DS-GVO zur Definition des öffentlichen Interesses. Lediglich beispielhaft benannt werden in ErwG 45 gesundheitliche Zwecke, „wie die öffentliche Gesundheit oder die soziale Sicherheit oder die Verwaltung von Leistungen der Gesundheitsfürsorge“; deswegen lässt sich die Einführung der elektronischen Gesundheitskarte nach § 291 SGB V auf Art. 6 Abs. 1 lit. e Var. 1 DS-GVO stützen. In ErwG 46 S. 3 Hs. 2 werden „humanitäre Zwecke einschließlich der Überwachung von Epidemien und deren Ausbreitung oder in humanitären Notfällen insbesondere bei Naturkatastrophen oder vom Menschen verursachten Katastrophen“ angeführt.

80 Zutreffend kann angenommen werden, dass das Verfolgen unionaler Gemeinwohlziele als Ausdruck öffentlicher Interessen angesehen werden kann; als Beispiel derartiger Gemeinwohlziele kann der Inhalt von Art. 3 EUV begriffen werden.[101] Hierzu gehören, neben der sehr allgemein gehaltenen Zielsetzung des Art 3 Abs. 1 EUV, insbesondere die Zielsetzung des Art 3 Abs. 2 EUV, den Unionsbürgerinnen und Unionsbürgern einen Raum der Freiheit, der Sicherheit und des Rechts zu bieten; entsprechend kann mit der Rechtsprechung des EuGH[102] die Bekämpfung von Terrorismus und Kriminalität als öffentliches Interesse erachtet werden. Dem entsprechend sind auch Datenverarbeitungen zum Zwecke der Gefahrenabwehr und zum Zwecke der Beweissicherung bezgl. evtl. Strafverfahren als rechtmäßig i.S.d. lit. e Var. 1 anzusehen. Hierzu würde dann auch die Videoüberwachung, bspw. in Fahrzeugen des öffentlichen Personennahverkehrs[103] oder im öffentlichen Raum im Übrigen[104], zählen.[105] Gleiches gilt für entsprechende Maßnahmen zur Gefahrenabwehr, wenn diese aufgrund hinreichender Anhaltspunkte für konkrete Störungen, also über den Zweck einer „abstrakten Gefahrenabwehr“ hinaus, erfolgt.[106]

81 Jedenfalls kann die Formulierung als Gegenbegriff zum individuell-privaten Interesse gesehen werden.[107] Deswegen ist die Anlage von Warndateien im Austausch zwischen Versicherungsunternehmen nicht auf lit. e zu stützen. Ebenso nicht erfasst sind erwerbswirtschaftliche Zwecke, auch wenn die betreffende Aufgabe im öffentlichen Interesse liegen mag, so beim Betrieb von Verkehrs- oder Telekommunikationsstrukturen.[108] Dagegen ist die Einführung von sog. Smart Metering-Systemen zur Ver-

100 Ehmann/Selmayr-*Heberlein* Art. 6 Rn. 19; ähnlich Paal/Pauly-*Frenzel* Art. 6 Rn. 23.
101 Sydow-*Reimer* Art. 6 Rn. 340.
102 *EuGH (Große Kammer)* v. 8.4.2014 – C-293/12, C-594/12 (Digital Rights Ireland Ldt/ Minister for Communications, Marine and Naturale Recourses u.a.), EuZW 2014, 459, 462 (Rn. 42 ff.).
103 So auch *OVG Nds.* v. 7.9.2107 – 11 LC 59/16 – juris, Rn. 37 ff.; skeptisch *Roßnagel* DuD 2017, 277, 281.
104 Vgl. hierzu *Art.-29-Datenschutzgruppe* Stellungnahme 06/2014, S. 29.
105 Zur Videoüberwachung vgl. Kommentierung zu § 4 BDSG n.F. im Anhang zu der Kommentierung zu Art. 6.
106 In diesem Sinne zum BDSG a.F. Simitis-*Scholz* § 6b BDSG a.F. Rn. 80.
107 Sydow-*Philipp/Reimer* Art. 6 Rn. 39.
108 Paal/Pauly-*Frenzel* Art. 6 Rn. 24.

brauchserfassung jedenfalls dann auf lit. e zurückzuführen,[109] wenn den Versorger die Sorge für das bauliche Netz und eine effiziente, sparsame Energieversorgung trifft.[110] Im Übrigen gilt, dass je näher eine Leistung mit dem Bereich der Daseinsvorsorge verknüpft ist, desto eher die Annahme eines öffentlichen Interesses gerechtfertigt ist. Erfasst ist auch die Förderung des wissenschaftlichen und technischen Fortschritts nach Art. 3 Abs. 3 EUV.[111] Ebenso sollen Datenverarbeitungen durch politische Parteien zur Ermittlung politischer Einstellungen potentieller Wähler von Art. 6 Abs. 1 lit. e gedeckt sein, jedenfalls, wenn diese Tätigkeiten für das Funktionieren des demokratischen Systems erforderlich sind.[112]

3. Notwendigkeit einer Rechtsgrundlage. Entsprechend ErwG 45 ist eine Aufgabe im öffentlichen Interesse wiederum nur dann anzuerkennen, wenn diese eine positivrechtliche Normierung gefunden hat. Damit liegt die Definitionsmacht über die Aufgabe im öffentlichen Interesse nicht in der Hand des Verantwortlichen.[113] Bezgl. der Qualität dieser Rechtsgrundlage gilt das zu Art. 6 Abs. 1 lit. c Gesagte. Die inhaltlichen Anforderungen, die an entsprechende Rechtssätze gestellt werden können, ergeben sich aus Art. 6 Abs. 2 und 3. **82**

Im zuvor geschilderten Fall der Datenverarbeitungstätigkeit politischer Parteien mögen bspw. melderechtliche Bestimmungen der Mitgliedstaaten eine hinreichende Rechtsgrundlage bieten können. **83**

4. Erforderlichkeit. Die in Art. 6 Abs. 1 lit. e geforderte Erforderlichkeit der Datenverarbeitung ist unionsrechtlich auszulegen; Datenverarbeitungen sind daher daraufhin zu überprüfen, ob sie mit den Zielen des DS-GVO in Einklang stehen, insbesondere ob sie verhältnismäßig sind.[114] Dabei lässt sich aus der Rechtsprechung des EuGH herleiten, dass eine Erforderlichkeit auch dann anzunehmen sein kann, wenn ohne die betreffende Tätigkeit ein legitimes Ziel nur weniger effizient zu erfüllen ist.[115] **84**

III. Aufgabe in Ausübung öffentlicher Gewalt

Art. 6 Abs. 1 lit. e Var. 2 bezieht sich auf die Datenverarbeitung im Rahmen der Ausübung öffentlicher Gewalt. Hier stellt die DS-GVO auf die Wahrnehmung hoheitlicher Aufgaben im Rahmen rechtlich festgelegter Befugnisse ab.[116] Zugleich wird die Ausübung von Befugnissen in Ausübung öffentlicher Gewalt immer auch Ausdruck einer Aufgabe im öffentlichen Interesse sein;[117] zugleich ist aber darauf hinzuweisen, **85**

109 Forgó/Helfrich/Schneider-*Wiesemann* Betrieblicher Datenschutz, Kap. 7 Rn. 27.
110 Kühling/Buchner-*Buchner/Petri* Art. 6 Rn. 131.
111 Sydow-*Reimer* Art. 6 Rn. 40.
112 Kühling/Buchner-*Buchner/Petri* Art. 6 Rn. 115.
113 In diesem Sinne auch Schantz/Wolff-*Wolff* Das neue Datenschutzrecht, Rn. 615.
114 Näher Paal/Pauly-*Frenzel* Art. 6 Rn. 23 und BeckOK DatenSR-*Albers* Art. 6 Rn. 44; Kühling/Buchner-*Buchner/Petri* Art. 6 Rn. 118 f.
115 Sydow-*Reimer* Art. 6 Rn. 47; *EuGH* v. 30.5.2013 – C-342/12, ZD 2013, 437, 439, Rn. 36 – Worten; *EuGH* v. 16.12.2008 – C-524/06, Slg 2008, I-9705 Rn. 61 – Huber.
116 So Ehmann/Selmayr-*Heberlein* Art. 6 Rn. 20; darauf, dass vorrangig die Übertragung öffentlicher Befugnisse gemeint sein muss, weist Schantz/Wolff-*Wolff* Das neue Datenschutzrecht, Rn. 617 zutreffend hin.
117 Schantz/Wolff-*Wolff* Das neue Datenschutzrecht, Rn. 617.

dass die konkrete Datenverarbeitung eben im Rahmen dieser Aufgabenwahrnehmung erfolgen muss, die Übertragung der Aufgabe also nicht jede Form der Datenverarbeitung erlauben will.

86 **1. Aufgabenträger.** Aufgabenträger i.S.d. der zweiten Variante können wiederum öffentliche und nichtöffentliche Stellen sein. Auch wird nicht davon auszugehen sein, dass die zweite Variante eine Beleihung Privater voraussetzt. Dies lässt sich aus dem Wortlaut des Art. 6 Abs. 1 lit. e Var. 2 in Abgrenzung zu Art. 49 Abs. 2 und Art. 79 Abs. 2 herleiten, die jeweils von Ausübung hoheitlicher Befugnisse sprechen und damit – auch in Kombination mit dem Begriff der „Behörde" – nur öffentliche Stellen ansprechen.[118] Gleichwohl sind auch Fälle der Beleihung, also der Übertragung hoheitlicher Gewalt durch Gesetz oder aufgrund eines Gesetzes, erfasst.[119] Damit sind alle öffentlichen Stellen, einschließlich der Stellen mittelbarer Staatsverwaltung, die Beliehenen und alle sonstigen mit der Wahrnehmung öffentlicher Aufgaben betrauten Privatrechtssubjekte eingeschlossen. Nicht erfasst sind die Behörden und Einrichtungen der Union, da diese zwar öffentliche Aufgaben wahrnehmen können, aber gemäß Art. 2 Abs. 3 weiterhin der Verordnung (EG) Nr. 45/2001 unterfallen.[120]

87 Die noch in Art. 7 lit. e DSRL enthaltene Variante „dem Dritten, dem die Daten übermittelt werden", ist in Art. 6 Abs. 1 lit. e nicht mehr enthalten.

88 **2. Ausübung öffentlicher Gewalt.** Erforderlich ist, dass die Aufgabe dem betreffenden Verantwortlichen im Einklang mit der Zuständigkeitsordnung übertragen sein muss. Wie die Aufgabe übertragen wird, ist dem nationalen Organisationsrecht anheimgestellt; insoweit müssen hier ggf. Innenrechtssätze für die Aufgabenübertragung genügen.[121]

89 **3. Notwendigkeit einer Rechtsgrundlage.** Entsprechend ErwG 45 ist eine Aufgabe in Ausübung hoheitlicher Gewalt wiederum nur dann anzuerkennen, wenn diese eine positiv-rechtliche Normierung gefunden hat.[122] Legitimierende Wirkung für die betreffende Datenverarbeitung vermittelt damit wiederum nicht Art. 6 Abs. 1 lit. e, sondern der dem Unionsrecht oder dem mitgliedstaatlichen Recht zugehörige Außenrechtssatz, der die Aufgabenzuweisung vornimmt.[123] Bezgl. der Qualität dieser Rechtsgrundlage gilt wiederum das zu Art. 6 Abs. 1 lit. c Gesagte. Die inhaltlichen Anforderungen, die an entsprechende Rechtssätze gestellt werden können, ergeben sich aus Art. 6 Abs. 2 und 3.

90 Festzustellen ist, dass als Rechtsgrundlage nach lit. e auch solche Rechtssätze genügen, die den Verantwortlichen zum Handeln ermächtigen, aber – anders als nach lit. c – nicht zum Handeln verpflichten.[124]

---

118 So zutreffend BeckOK DatenSR-*Albers* Art. 6 Rn. 40 und Kühling/Buchner-*Buchner/Petri* Art. 6 Rn. 117, jeweils unter Bezugnahme auf die englische und französische Fassung, die die gleiche begriffliche Unterscheidung vornehmen.
119 So Ehmann/Selmayr-*Heberlein* Art. 6 Rn. 20.
120 Sydow-*Reimer* Art. 6 Rn. 43.
121 Schantz/Wolff-*Wolff* Das neue Datenschutzrecht, Rn. 620.
122 In diesem Sinne auch Schantz/Wolff-*Wolff* Das neue Datenschutzrecht, Rn. 615.
123 BeckOK DatenSR-*Albers* Art. 6 Rn. 42.
124 Sydow-*Reimer* Art. 6 Rn. 46.

4. Erforderlichkeit. Die in Art. 6 Abs. 1 lit. e normierte Erforderlichkeit der Datenverarbeitung ist auch bezüglich der Ausübung öffentlicher Gewalt unionsrechtlich auszulegen; Datenverarbeitungen sind daher auch hier daraufhin zu überprüfen, ob sie mit den Zielen des DS-GVO in Einklang stehen, insbesondere ob sie verhältnismäßig sind.[125] Auch hier gilt wieder, dass eine Erforderlichkeit auch dann anzunehmen sein kann, wenn ohne die betreffende Tätigkeit ein legitimes Ziel nur weniger effizient zu erfüllen ist.[126] Allerdings ist bei Verarbeitung statistischer Daten im Sinne der Erforderlichkeit zumeist ausreichend, dass anonymisierte, nicht personalisierte Daten verarbeitet werden.[127] **91**

IV. § 3 BDSG Verarbeitung personenbezogener Daten durch öffentliche Stellen

§ 3 BDSG
Verarbeitung personenbezogener Daten durch öffentliche Stellen

Die Verarbeitung personenbezogener Daten durch eine öffentliche Stelle ist zulässig, wenn sie zur Erfüllung der in der Zuständigkeit des Verantwortlichen liegenden Aufgabe oder in Ausübung öffentlicher Gewalt, die dem Verantwortlichen übertragen wurde, erforderlich ist.

1. Einordnung und Hintergrund. Gegenstand der Norm ist die Schaffung einer allgemeinen, ggf. subsidiären Rechtsgrundlage für die Verarbeitung personenbezogener Daten durch öffentliche Stellen. Die Vorschrift korrespondiert insoweit mit Art. 6 Abs. 1 lit. e, der die Rechtmäßigkeit der Datenverarbeitung bei Vorliegen einer Aufgabe im öffentlichen Interesse oder in Ausübung öffentlicher Gewalt betrifft, der aber selbst keine Rechtsgrundlage für solche Verarbeitungen darstellt.[128] **92**

Aufgenommen wird der Regelungsgehalt der §§ 13 Abs. 1, 14 Abs. 1 BDSG a.F., wobei entsprechend der Diktion der DS-GVO allgemein auf die Verarbeitung von personenbezogenen Daten abgestellt und nicht zwischen den einzelnen Phasen des Umgangs mit solchen Daten differenziert wird.[129] **93**

2. Kommentierung. – a) Allgemeines: Zweck, Bedeutung, Systematik/Verhältnis zu anderen Vorschriften. § 3 stellt eine allgemeine Rechtsgrundlage für die Verarbeitung personenbezogener Daten durch öffentliche Stellen dar, auf die stets zurückgegriffen werden kann, sofern öffentliche Stellen als Verantwortliche nicht auf speziellere bereichsspezifische Regelungen innerhalb oder außerhalb des BDSG zurückgreifen können. Gemäß Art. 6 Abs. 1 lit. e ist auch für die Datenverarbeitung zum Zweck der Aufgabenerfüllung im öffentlichen Interesse oder in Ausübung öffentlicher Gewalt stets eine solche Rechtsgrundlage nachzuweisen, die sich aus Unionsrecht oder – wie im Falle des § 3 BDSG – aus nationalem Recht ergeben kann.[129] **94**

---

125 Näher Paal/Pauly-*Frenzel* Art. 6 Rn. 23 und BeckOK DatenSR-*Albers* DS-GVO Art. 6 Rn. 44; Kühling/Buchner-*Buchner*/*Petri* Art. 6 Rn. 118 f.

126 Sydow-*Reimer* Art. 6 Rn. 47; *EuGH* v. 30.5.2013 – C-342/12, ZD 2013, 437, 439, Rn. 36 – Worten; *EuGH* v. 16.12.2008 – C-524/06, Slg 2008, I-9705 Rn. 61 – Huber.

127 So *EuGH* v. 16.12.2008 – C-524/06, Slg 2008, I-9705 Rn. 68 – Huber.

128 So noch einmal klarstellend BT-Drucks. 18/11325, S. 81.

129 BT-Drucks. 18/11325, S. 81.

95 **b) Öffentliche Stellen als Adressaten.** Adressaten des § 3 sind öffentliche Stellen. Der Begriff der öffentlichen Stellen bestimmt sich nach § 2. Die Gesetzesbegründung stellt noch einmal klar, dass zu den öffentlichen Stellen auch Private gehören, die mit hoheitlichen Aufgaben betraut werden, die damit als so genannte Beliehene auch auf § 3 als Grundlage für die Verarbeitung personenbezogener Daten zurückgreifen können.

96 Die öffentlichen Stellen sind damit zugleich die in § 3 benannten Verantwortlichen, die als öffentliche Stellen entweder die in ihrer Zuständigkeit liegenden Aufgaben erfüllen, oder in Ausübung der ihnen übertragenen öffentlichen Gewalt handeln.

97 **c) Umfang der Ermächtigung.** § 3 sieht zwei Fälle vor, in denen die Norm als Ermächtigung für die Verarbeitung personenbezogener Daten dienen kann. Zum einen ist der Fall erfasst, dass die Verarbeitung zur Erfüllung übertragener Aufgaben erfolgt. Zum anderen greift die Norm, wenn die Verarbeitung in Ausübung der der öffentlichen Stelle übertragenen öffentlichen Gewalt geschieht. Beide Varianten stehen unter dem Vorbehalt, dass die Datenverarbeitung im jeweiligen Kontext erforderlich ist.

98 Durch die Orientierung an dem allgemeinen Begriff der Verarbeitung sind auch die Fälle des § 14 Abs. 1 BDSG a.F. vom Regelungsumfang des § 3 erfasst, also neben dem Erheben auch das Speichern, Verändern oder Nutzen personenbezogener Daten.

99 **aa) Erfüllung einer in der Zuständigkeit liegenden Aufgabe.** Voraussetzung für das Eingreifen des § 3 kann zunächst sein, dass die öffentliche Stelle schlicht im Rahmen ihrer Zuständigkeit tätig wird und dabei personenbezogene Daten verarbeiten muss. Damit stellt sich § 3 als relativ unspezifische Ermächtigungsnorm für die Verarbeitung personenbezogener Daten dar. Insoweit ist nachvollziehbar, dass die Gesetzesbegründung die Norm als „eine subsidiäre, allgemeine Rechtsgrundlage für Datenverarbeitungen mit geringer Eingriffsintensität in die Rechte der betroffenen Person" bezeichnet.[130] Damit ist zugleich davon auszugehen, dass von spezifischeren Ermächtigungsnormen für Datenverarbeitungen höherer Intensität eine höhere Regelungsdichte hinsichtlich der Eingriffsvoraussetzungen zu verlangen ist.

100 Ein Korrektiv ergibt sich aus § 3 neben dem Merkmal der Erforderlichkeit insoweit, als hierdurch nicht jede Form der Datenverarbeitung legitimiert wird, sondern nur solche Vorgänge erfasst sind, die in der Zuständigkeit der betreffenden Stelle liegen. Damit ergibt sich die Rechtmäßigkeit der Datenverarbeitung nicht bereits aus der Eigenschaft des Verantwortlichen als öffentliche Stelle, hinzutreten muss vielmehr ein Tätigwerden im Einklang mit der Zuständigkeitsordnung. Damit ist zugleich die Rechtmäßigkeit der Aufgabenerfüllung verlangt, was sich aber bereits aus der Bindung der Verwaltung an Recht und Gesetz ergibt.[131]

101 Wie nach Art. 6 Abs. 3 kann die Zuständigkeit durch Recht gleich welchen Ranges begründet werden. Die Zuständigkeitszuweisung kann auf Gesetzes-, Verordnungs- oder Satzungsrecht beruhen. Auch müssen die Vorschriften hinreichend transparent insbesondere bezogen auf den Zweck der Datenverarbeitung ausgestaltet sein.

---

130 BT-Drucks. 18/11325, S. 81; so schon zur Rechtslage nach § 13 Abs. 1 BDSG a.F. Gola/Schomerus-*Gola/Klug/Körffer* § 13 BDSG a.F. Rn. 2.

131 Wiederum schon zur Rechtslage nach § 13 Abs. 1 BDSG a.F. Gola/Schomerus-*Gola/Klug/Körffer* § 13 BDSG a.F. Rn. 2.

bb) Handeln in Ausübung übertragener öffentlicher Gewalt. Für öffentliche Stellen im Allgemeinen geht das Handeln in Ausübung öffentlicher Gewalt regelmäßig mit dem Handeln im Rahmen der Zuständigkeitsordnung einher. Auch insoweit darf die öffentliche Stelle nicht über die Befugnisse, die ihr durch die Rechtsordnung eingeräumt sind, hinausgehen. **102**

Eigenständige Bedeutung erhält der Fall des Handelns in Ausübung öffentlicher Gewalt wiederum für die Privaten, denen durch Gesetz oder aufgrund Gesetzes hoheitliche Befugnisse eingeräumt sind, womit sie als Beliehene zu öffentlichen Stellen werden. Auch für diese Variante gilt, dass die betreffenden Stellen an die Zuständigkeitsordnung gebunden sind und dem Grundsatz der Rechtmäßigkeit der Verwaltung unterfallen. **103**

cc) Erforderlichkeit. Der Erforderlichkeitsgrundsatz war bereits Gegenstand des § 13 Abs. 1 BDSG a.F. Die Bindung an die Erforderlichkeit der Datenerhebung besagt, dass auch öffentliche Stellen nur diejenigen Daten verarbeiten dürfen, die für die Aufgabenerfüllung vonnöten sind. Erforderlich ist damit nur die Verarbeitung derjenigen Daten, ohne deren Kenntnis die öffentliche Stelle die gestellte Aufgabe nicht vollständig, rechtmäßig oder in angemessener Zeit erfüllen könnte.[132] **104**

Die Bindung an die Erforderlichkeit kann aber auch bedeuten, dass eine Datenerhebung, die für die Aufgabenerfüllung grundsätzlich notwendig sein mag, am vorrangigen Persönlichkeitsrecht des Betroffenen scheitern kann.[133] Insoweit hat auch bei einer Datenverarbeitung im Rahmen der Zuständigkeitsordnung stets eine Abwägung zwischen dem öffentlichen Interesse an der Datenverarbeitung und den schutzwürdigen Belangen des Betroffenen im Sinne einer Verhältnismäßigkeitsprüfung zu erfolgen.[134] **105**

Durch die Bindung an das Erfordernis der Erforderlichkeit ist regelmäßig auch eine Datenerhebung gleichsam auf Vorrat unzulässig, mag die Datenerhebung auch im Rahmen der Zuständigkeit erfolgen und mögen die Daten auch zu einem späteren Zeitpunkt benötigt werden können.[135] **106**

Das Merkmal der Erforderlichkeit ist ein unbestimmter Rechtsbegriff, der in jedem Fall der Konkretisierung im Einzelfall bedarf. **107**

G. Art. 6 Abs. 1 lit. f

(1) Die Verarbeitung ist nur rechtmäßig, wenn mindestens eine der nachstehenden Bedingungen erfüllt ist:

…

f) die Verarbeitung ist zur Wahrung der berechtigten Interessen des Verantwortlichen oder eines Dritten erforderlich, sofern nicht die Interessen oder Grundrechte und Grundfreiheiten der betroffenen Person, die den Schutz personenbezogener Daten

---

132 Zur Rechtslage nach § 13 Abs. 1 BDSG a.F. Gola/Schomerus-*Gola/Klug/Körffer* § 13 BDSG a.F. Rn. 3 und *Auernhammer* § 13 BDSG a.F. Rn. 6.

133 Gola/Schomerus-*Gola/Klug/Körffer* § 13 BDSG a.F. Rn. 3.

134 So zur Rechtslage nach § 13 Abs. 1 BDSG a.F. Simitis-*Sokol* § 13 BDSG a.F. Rn. 26.

135 Vgl. schon *BVerfG* v. 15.12.1983 – 1 BvR 209, 269, 362, 420, 440, 484/83, BVerfGE 65, 1 (46); zur Rechtslage nach § 13 Abs. 1 BDSG a.F. Simitis-*Sokol* § 13 BDSG a.F. Rn. 26; Gola/Schomerus-*Gola/Klug/Körffer* § 13 BDSG a.F. Rn. 4.

erfordern, überwiegen, insbesondere dann, wenn es sich bei der betroffenen Person um ein Kind handelt.

– *ErwG: 47, 48, 49*

Literatur: *Albrecht/Jotzo* Das neue Datenschutzrecht der EU, 2017; *Art.-29-Datenschutzgruppe* WP 217 vom 9.4.2014, S. 38; *Calliess/Ruffert* EUV/AEUV – Das Verfassungsrecht der Europäischen Union mit Europäischer Grundrechtecharta, 5. Aufl. 2016; *Drewes* Dialogmarketing nach der DSGVO ohne Einwilligung der Betroffenen, CR 2016, 721; *Ehmann/Selmayr* Datenschutz-Grundverordnung, 2017; *Gola* DS-GVO – Datenschutz-Grundverordnung VO (EU) 2016/679, 2017; *Härting* Datenschutz-Grundverordnung – Das neue Datenschutzrecht in der betrieblichen Praxis, 2016; *Härting/Gössling/Dimov* „Berechtigte Interessen" nach der DSGVO, ITRB 2017, 169; *Jacobs/Lange-Hausstein* Datenschutzrechtliche Vorgaben des EuGH für Big Data und Direktmarketing Auswirkungen von EuGH, Urt. v. 19.10.2016 – Rs. C-582/14 – Breyer ./. BRD, ITRB 2017, 39–42; *Kring/Marosi* Ein Elefant im Porzellanladen – Der EuGH zu Personenbezug und berechtigtem Interesse, K&R 2016, 773; *Kühling/Buchner* Datenschutz-Grundverordnung: DS-GVO, 2017; *Paal/Pauly* Datenschutz-Grundverordnung, 2017; *Piltz* Die Datenschutz-Grundverordnung – Teil 1: Anwendungsbereich, Definitionen und Grundlagen der Datenverarbeitung, K&R 2016, 557; *Plath* BDSG/DSGVO: Kommentar zum BDSG und zur DSGVO sowie den Datenschutzbestimmungen des TMG und TKG, 2016; *Schantz/Wolff* Das neue Datenschutzrecht, 2017; *Schirmbacher* Onlinemarketing nach der DSGVO – ein Annäherungsversuch Datenschutzrechtliche Anforderungen an E-Mail-Marketing, Tracking und Targeting, ITRB 2016, 274; *Schleipfer* Datenschutzkonformes Webtracking nach Wegfall des TMG, ZD 2017, 460; *Schmitz* E-Privacy-VO – unzureichende Regeln für klassische Dienste, ZRP 2017, 172; *Weidert/Klar* Datenschutz und Werbung – gegenwärtige Rechtslage und Änderungen durch die Datenschutz-Grundverordnung, BB 2017, 1858; *Wolff/Brink* Beck'scher Online Kommentar – Datenschutzrecht, 21. Edition 2017; *Wybitul* Welche Folgen hat die EU-Datenschutz-Grundverordnung für Compliance? CCZ 2016, 194.

I. Einordnung und Hintergrund

108 Art. 6 Abs. 1 lit. f steht gleichwertig[136] neben anderen Erlaubnistatbeständen des Art. 6 Abs. 1. Dies gilt auch im Hinblick auf die Einwilligung nach Art. 6 Abs. 1 lit. a oder die Erlaubnis im Rahmen der Vertragsdurchführung entsprechend lit. b, ohne dass die Interessenabwägung die zum Teil spezielleren Vorgaben dieser Erlaubnistatbestände einhalten muss. So ist die Datenverarbeitung nach Art. 6 Abs. 1 lit. f dann zulässig, wenn die Verarbeitung zur Wahrung der berichtigten Interessen eines Verantwortlichen oder eines Dritten erforderlich ist, sofern nicht die Interessen unter Grundrecht und Grundverhalten der betroffenen Person, die den Schutz personenbezogener Daten fordern, überwiegen. Letzteres ist insbesondere dann der Fall, wenn es sich bei der betroffenen Person um ein Kind handelt.

109 Aufgrund seiner Natur als offener Abwägungstatbestand stellt Art. 6 Abs. 1 lit. f den Auffangtatbestand im Erlaubniskatalog des Art. 6 dar.[137] Damit einher geht die Schwierigkeit, die Reichweite des Erlaubnistatbestandes in Einklang mit den Vorgaben der Art. 7, 8 im Grundrechtecharta autonom korrekt zu bestimmen und den

136 Zur Frage der Gleichwertigkeit des Erlaubnistatbestandes vgl. die sich insoweit widersprechenden Working Paper der Art.-29-Datenschutzgruppe WP 217, 13 und 21 sowie WP 259, 22 f. Vgl. dazu auch die Ausführungen unter Rn. 114.

137 Plath-*Plath* Art. 6 Rn. 17; wenig überzeugend Paal/Pauly-*Frenzel* Art. 6 Rn. 26, der von einem „Ausnahmetatbestand" spricht.

Erlaubnistatbestand nicht über Gebühr zu strapazieren.[138] Auf der anderen Seite hat wie auch schon unter der Vorgängerregelung in Art. 7 der Datenschutzrichtlinie der Abwägungstatbestand die Aufgabe, die notwendige Flexibilität für wirtschaftlich gewollte und im Einklang mit den Grundrechten stehenden Geschäftsmodellen zu ermöglichen.[139] Dennoch konnte sich der europäische Gesetzgeber nicht dazu durchringen, die in ihrer Anwendungen komplexe Norm durch entsprechende Hilfestellungen für die Anwender klarer auszugestalten.[140]

Vor diesem Hintergrund und aufgrund der Tatsache, dass der bisherige Art. 7 lit. f im Wesentlichen der heutigen Vorschrift des Art. 6 Abs. 1 lit. f entspricht, können sowohl die Materialien der Art.-29-Datenschutzgruppe als auch die nationalen Leitlinien und Gesetze der Mitgliedstaaten als Abwägungskriterien im Rahmen der autonomen Auslegung mit herangezogen werden.[141] Dies bietet sich insbesondere im Hinblick auf das deutsche Recht an, wo die allgemeinen Erlaubnistatbestände der Interessenabwägung im alten BDSG durch eine Vielzahl von Regelungen aufgegriffen und umgesetzt wurden. Soweit dies nicht auch im Rahmen des BDSG n.F. etwa bezüglich des Scoring[142] und der Videoüberwachung[143] im Rahmen von Öffnungsklauseln konkret umgesetzt wurden, können zumindest auf Basis der historischen Entwicklung Anhaltspunkte für die Reichweite der Norm gefunden werden. Denn es ist nicht ersichtlich, dass etwas dagegen spricht auch die Erwägungen und Impulse aus Deutschland des BDSG als Auslegungsparameter herauszuziehen. Inwiefern sie aufgegriffen und rechtlich relevant werden, muss die Rechtsprechung des EuGH zeigen.[144] Dadurch darf jedoch in keinem Fall das in ErwG 13 aufgestellte Ziel eines unionsweit gleichmäßigen Datenschutzniveaus unterlaufen werden.[145] **110**

Wie auch in Art. 6 Abs. 1 lit. f gab es unter der Datenschutzrichtlinie keine Spezifizierung des allgemeinen Abwägungstatbestandes. Zudem wurden anders als in Deutschland nicht in allen Mitgliedstaaten Konkretisierungen in die jeweiligen Umsetzungsgesetze aufgenommen. Dies führt dazu, dass sich in den Mitgliedstaaten bislang kein einheitliches Verständnis des Begriffs des berechtigten Interesses etabliert hat. Diese nationalen Unterschiede stellen eine Herausforderung für die autonome Auslegung des Art. 6 Abs. 1 lit. f dar. **111**

Im Bereich des Gesundheitsdatenschutzes gilt Art. 6 Abs. 1 lit. f gemäß Art. 9 Abs. 1, 2 nicht. **112**

Ferner können sich Behörden für Datenverarbeitungen **im Rahmen der Erfüllung ihrer Aufgaben** nicht auf die Regelungen in Art. 6 Abs. 1 lit. f stützen (siehe Art. 6 Abs. 1 S. 2). Der Gesetzgeber hat im Bereich des hoheitlichen Handelns vielmehr ent- **113**

---

138 Vgl. *Kring/Marosi* K&R 2016, 773, 776.

139 Vgl. Ehmann/Selmayr-*Heberlein* Art. 6 Rn. 22.

140 Vgl. Kühling/Buchner-*Buchner/Petri* Art. 6 Rn. 142; *Albrecht/Jotzo* Das neue Datenschutzrecht, Teil 3 Rn. 51; *Albrecht* CR 2016, 88, 92.

141 Vgl. BeckOK DatenSR-*Albers* Art. 6 Rn. 48; Kühling/Buchner-*Buchner/Petri* Art. 6 Rn. 145.

142 Vgl. § 31 BDSG n.F.

143 Vgl. § 4 BDSG n.F.

144 Siehe aber WP 217 der *Art.-29-Datenschutzgruppe* S. 70, mit einer Anleitung zur Durchführung der Prüfung der Ausgewogenheit.

145 Kühling/Buchner-*Buchner/Petri* Art. 6 Rn. 145.

sprechende Rechtsverordnungen zu schaffen, so dass Behörden in Ausübung dieser hoheitlichen Befugnisse wiederum auf die Erlaubnistatbestände der Art. 6 Abs. 1 lit. c bzw. e zurückgreifen können.[146]

II. Kommentierung

114 Hat sich ein Verantwortlicher dafür entschieden, seine Verarbeitung auf einen bestimmten Erlaubnistatbestand zu stützen, kann er grundsätzlich daneben auch weitere Erlaubnistatbestände anführen.[147] Demgegenüber geht die Art.-29-Datenschutzgruppe in ihrem WP 259[148] davon aus, dass eine Datenverarbeitung zu einem bestimmten Zweck nur auf einen Zulässigkeitstatbestand gestützt werden kann. Dieser Zulässigkeitstatbestand soll dabei bereits vor der Datenverarbeitung festgelegt werden. Der Verantwortliche muss insoweit einen Zulässigkeitstatbestand des Art. 6 Abs. 1 für die Datenverarbeitung zu einem bestimmten Zweck auswählen und diese ausschließlich auf den einen Tatbestand stützen. Ein nachträgliches Zurückgreifen auf einen anderen Zulässigkeitstatbestand soll unzulässig sein. Gleichwohl soll eine Datenverarbeitung durch mehrere Erlaubnistatbestände legitimiert werden können. Ebenfalls kann eine Datenverarbeitung zu mehreren Zwecken auf mehrere Zulässigkeitstatbestände gestützt werden. Letztlich will die Art.-29-Datenschutzgruppe wohl ein „Rosinenpicken“ verhindern, indem eine Datenverarbeitung nachträglich durch einen anderen Zulässigkeitstatbestand des Art. 6 Abs. 1 als „back-up“ legitimiert werden soll. Insofern sollen scheinbar insbesondere Fallkonstellationen ausgeschlossen werden, in denen eine Einwilligung nach Art. 6 Abs. 1 lit. a unwirksam ist, die Datenverarbeitung aber dann über Art. 6 Abs. 1 lit. f im Rahmen einer Interessenabwägung legitimiert werden soll. Diese Auffassung ist allerdings weder mit der DS-GVO vereinbar noch steht sie im Einklang mit früheren Aussagen der Art.-29-Datenschutzgruppe: Denn zum einen erklärt Art. 6 Abs. 1 eine Datenverarbeitung ausdrücklich für zulässig, wenn „mindestens“ einer der nachstehenden Bedingungen erfüllt ist und geht dadurch offensichtlich davon aus, dass eine Datenverarbeitung aufgrund mehrerer Zulässigkeitstatbestände rechtmäßig sein kann. Auch Art. 6 Abs. 1 lit. a postuliert explizit, dass eine Einwilligung für mehrere Zwecke erteilt werden kann und nicht auf eine Datenverarbeitung zu nur einem Zweck beschränkt ist. Insofern findet die Ansicht der Art.-29-Datenschutzgruppe keine Stütze im Wortlaut der Verordnung. Ferner räumt die Art.-29-Datenschutzgruppe durch ihre Sichtweise damit dem Einwilligungstatbestand im Verhältnis zu den anderen Zulässigkeitstatbeständen des Art. 6 Abs. 1 einen Vorrang ein und setzt sich damit in Widerspruch zu ihrem WP 217[149] indem sie feststellten, dass „keine rechtliche Unterscheidung (…) vorgenommen und nicht vom Bestehen einer Rangfolge“[150] zwischen den Erlaubnistatbeständen ausgegangen werden

146 Vgl. Ehmann/Selmayr-*Heberlein* Art. 6 Rn. 21; Kühling/Buchner-*Buchner/Petri* Art. 6 Rn. 157.

147 Gola-*Schulz* Art. 6 Rn. 18; Plath-*Plath* Art. 6 Rn. 5.

148 Vgl. *Art.-29-Datenschutzgruppe* WP 259 „Guidelines on Consent under Regulation 2016/679 v. 28.11.2017, S. 22 f.

149 Vgl. *Art.-29-Datenschutzgruppe* WP 217 „Stellungnahme 06/2014 zum Begriff des berechtigten Interesses des für die Verarbeitung Verantwortlichen gemäß Artikel 7 der Richtlinie 94/46/EG.

150 Vgl. *Art.-29-Datenschutzgruppe* WP 217 „Stellungnahme 06/2014 zum Begriff des berechtigten Interesses des für die Verarbeitung Verantwortlichen gemäß Artikel 7 der Richtlinie 94/46/EG, S. 13.

kann. Denn es gebe „keinen Hinweis darauf, dass [die Interessenabwägung] nur in Ausnahmefällen angewendet werden sollte, und dem Text ist auch sonst nicht zu entnehmen, dass die spezielle Reihenfolge der sechs rechtlichen Voraussetzungen irgendeine rechtserhebliche Wirkung hat."[151] Zudem nennt die Art.-29-Datenschutzgruppe als die „wichtigste Erkenntnis [der] Stellungnahme, dass die Einwilligung nicht die Hauptgrundlage, sondern nur eine von mehreren Rechtsgrundlagen für die Verarbeitung personenbezogener Daten darstellt."[152] Zwar bezieht sich das WP 217 auf Art. 7 Abs. 1 lit. f DSRL, gleichwohl entspricht die Vorschrift im Wesentlichen dem heutigen Art. 6 Abs. 1 lit. f DS-GVO[153], so dass die Aussagen des WP 217 übertragbar sind und entsprechende Geltung beanspruchen. Das Gleiche gilt in diesem Zusammenhang selbstverständlich auch für Art. 6 Abs. 1 lit. f.[154] So kann der Verantwortliche z.B. transparent darstellen, dass er seine Verarbeitung auf Art. 6 Abs. 1 lit. f stützt sowie zusätzlich nach seiner Auffassung ein Erlaubnistatbestand z.B. nach Art. 6 Abs. 1 lit. b in Frage kommt. Wesentlich ist lediglich, dass der Betroffene gem. Art. 13 Abs. 1 lit. c und d über den Erlaubnistatbestand transparent informiert wird und der Umstand, warum ein Verantwortlicher der Überzeugung ist, dass seine Verarbeitung nach diesem Erlaubnistatbestand rechtmäßig ist. Ein Zusammentreffen von Einwilligung und Interessenabwägung nach Art. 6 Abs. 1 lit. f dürfte zwar theoretisch zulässig, in den meisten Fällen aber aufgrund tatsächlicher Umstände nicht möglich sein: Verweigert eine betroffene Person ihre Einwilligung, wird dieser entgegenstehende Wille im Rahmen der Interessenabwägung regelmäßig zu einem Überwiegen der Betroffeneninteressen führen.

Die beiden Interessen, die im Rahmen von Art. 6 Abs. 1 lit. f abzuwägen sind, sind auf **115** der einen Seite das berechtigte Interesse des Verantwortlichen und auf der anderen Seite das diesem entgegenstehende überwiegende Interesse oder die Grundrechte und Grundfreiheiten der betroffenen Person.

1. Berechtigtes Interesse. Das **berechtigte Interesse** des Verantwortlichen umfasst **116** alle rechtlichen, wirtschaftlichen, tatsächlichen oder ideellen Interessen.[155] Berechtigt ist das Interesse bereits dann, wenn es nicht gegen die Rechtsordnung der Mitgliedstaaten bzw. der Union einschließlich der datenschutzrechtlichen Grundsätze nach Art. 5 verstößt. Das berechtigte Interesse ist zwingende Voraussetzung für die Eröffnung des Anwendungsbereichs des Art. 6 Abs. 1 lit. f.[156]

Der Begriff des berechtigten Interesses ist damit wie auch schon im deutschen natio- **117** nalen Recht in Bezug auf §§ 28 Abs. 1 Nr. 2, Abs. 2 Nr. 2a BDSG weit zu verstehen.[157] Dies stellt für die Rechte der Betroffenen keinen Nachteil dar: Die Rechte der Betrof-

151 Vgl. *Art.-29-Datenschutzgruppe* WP 217 „Stellungnahme 06/2014 zum Begriff des berechtigten Interesses des für die Verarbeitung Verantwortlichen gemäß Artikel 7 der Richtlinie 94/46/EG, WP 217, S. 13.

152 Vgl. *Art.-29-Datenschutzgruppe* WP 217 „Stellungnahme 06/2014 zum Begriff des berechtigten Interesses des für die Verarbeitung Verantwortlichen gemäß Artikel 7 der Richtlinie 94/46/EG, S. 21.

153 Vgl. dazu Rn. 110 dieses Kapitels.

154 Vgl. *Härting/Gössling/Dimov* ITRB 2017, 169, 170 f.

155 Gola-*Schulz* Art. 6 Rn. 18; Kühling/Buchner-*Buchner/Petri* Art. 6 Rn. 146; BeckOK DatenSR-*Albers* Art. 6 Rn. 49; *Schantz/Wolff* Das neue Datenschutzrecht, Rn. 643.

156 WP 217, 9.4.2014, S. 24.

157 Paal/Pauly-*Frenzel* Art. 6 Rn. 28; *Härting/Gössling/Dimov* ITRB 2017, 169, 171.

fenen werden über die Interessenabwägung selbst gewahrt, so dass für das gleiche berechtigte Interesse in verschiedenen Verarbeitungssituationen durchaus unterschiedliche Ergebnisse erzielt werden können.

118 Die in ErwG 47 ff. erwähnten beispielhaften Verarbeitungssituationen zeigen jedoch, dass die DS-GVO an dieser Stelle durchaus anerkennt, dass gleiche bzw. ähnliche Verarbeitungssituationen schemahaft gelöst werden können. Eine Kategorisierung dieser möglichen uniformen Verarbeitungstätigkeiten hat ihren Weg allerdings nicht in den Verordnungstext des Art. 6 Abs. 1 lit. f selbst gefunden, sondern wurde im Rahmen der Beratungen zugunsten des weiter gefassten Verordnungstextes wieder entfernt.[158]

119 Für die folgende Interessenabwägung ist es erforderlich das berechtigte Interesse so konkret zu fassen, dass eine Abwägung tatsächlich möglich ist.[159] Ferner muss das berechtigte Interesse zum Zeitpunkt der Verarbeitung tatsächlich bestehen.[160] Insbesondere eine reine Datenbevorratung für unbestimmte, in der Zukunft erst noch zu bestimmende Zwecke würde somit nicht unter den Begriff des berechtigten Interesses fallen. Die Person des Empfängers kann zwar zum Zeitpunkt der Erhebung noch variieren, jedoch nur, soweit der Betroffene mit einem weiten und nicht konkret bestimmten Empfängerkreis rechnen muss.[161] Ein einfaches Beispiel sind etwa soziale Medien oder andere Veröffentlichungen im Internet, bei denen zum Zeitpunkt der ersten Verarbeitung nicht klar ist, welche Empfänger Zugriff auf die Daten erhalten können und werden, der Betroffene genau diese Reichweite aber kennt und durch die Nutzung der Dienste deutlich macht, dass eine solche Form der Verarbeitung auch in diesem entsprechenden Umfang gebilligt wird. Selbstverständlich darf dieser Umstand nicht dazu missbraucht werden, das Transparenzkriterium zu unterlaufen und eine Prüfung entgegenstehender Interessen der Berechtigten zu unterhöhlen.

120 Der Zweck der Verarbeitung steht in Zusammenhang mit dem berechtigten Interesse, ist aber nicht deckungsgleich mit diesem. Vielmehr bestimmt der Zweck der Verarbeitung die konkrete Art und Weise der Verarbeitung, während das berechtigte Interesse weiter zu verstehen ist.

121 Das berechtigte Interesse muss nicht in Person des Verantwortlichen vorliegen, es kann auch das **berechtigte Interesse eines Dritten** genügen. Diese Konstellation entspricht dem Grundgedanken des § 28 Abs. 2 Nr. 2 lit. a BDSG bzw. der Regelung in Art. 7 lit. f der Datenschutzrichtlinie.[162]

122 **2. Erforderlichkeit.** Der Begriff der **Erforderlichkeit** der Verarbeitung ist im Rahmen von Art. 6 Abs. 1 lit. f wie auch in Bezug auf Art. 6 Abs. 1 lit. b nicht restriktiv auszulegen. Vielmehr ist die Erforderlichkeit im Rahmen des Art. 6 Abs. 1 lit. f entsprechend den dort erläuterten Grundsätzen zu verstehen.[163] Zu beachten ist auch hier, dass dem Grundsatz der Datensparsamkeit als Korrektiv für das Vorhandensein eines möglicherweise weniger umfangreichen Eingriffs zu entsprechen ist, die Erforderlichkeit

158 Anders noch der Entwurf eines Berichts für die DS-GVO des Europäischen Parlaments vom 16.1.2013 (COM(2012)0011 – C7-0025/2012 – 2012/0011(COD)), S. 78 ff.
159 WP 217, 9.4.2014, S. 24.
160 WP 217, 9.4.2014, S. 25.
161 Zum Kriterium der Vorhersehbarkeit siehe auch ErwG 47 S. 3.
162 Ehmann/Selmayr-*Heberlein* Art. 6 Rn. 21.
163 Siehe Art. 6 Abs. 1 lit. b unter Rn. 49.

damit entfällt, wenn die Verarbeitung auf anderem datensparsameren Wege unter Berücksichtigung der Interessen des Verantwortlichen durchzuführen ist.[164] Es genügt aber eine grundsätzliche Datensparsamkeit, ohne dass der Verantwortliche die Verarbeitung wählen muss, die absolut mit der geringsten Menge an personenbezogenen Daten auskommen mag.

3. Interesse, Grundrechte und Grundfreiheiten. Im Rahmen der Abwägung sind **Interessen oder Grundrechte und Grundfreiheiten der betroffenen Person** dem berechtigten Interesse des Verantwortlichen gegenüberzustellen.[165] **123**

Die durch die DS-GVO geschützten **Interessen der betroffenen Personen** entsprechen nicht den subjektiven Interessen der einzelnen betroffenen Personen, sondern den objektivierten Interessen betroffener Personen in der konkreten Verarbeitungstätigkeit.[166] Eine individuelle Abwägung für jede einzelne betroffene Person würde dazu führen, dass der Erlaubnistatbestand in der Praxis nicht zu beherrschen wäre. Im Einzelfall kann das schutzwürdige Interesse des Einzelnen von den schutzwürdigen Interessen vergleichbarer betroffener Personen abweichen. Diese Fälle sind dann nicht im Rahmen der Abwägung zu lösen, sondern über die Rechte des Einzelnen auf Beschränkung der Verarbeitung. Das Interesse der betroffenen Personen muss nicht berechtigt sein, sondern nur in Zusammenhang mit dem Schutz der betroffenen personenbezogenen Daten stehen.[167] Erst im Rahmen der Interessenabwägung ist festzustellen, ob das Interesse des Betroffenen das berechtigte Interesse des Verantwortlichen überwiegt. **124**

Die **Grundfreiheiten und Grundrechte** natürlicher Personen aus Art. 7, 8 GRCh betreffen den Schutz der Privatsphäre und der informationellen Selbstbestimmung, wobei der Schutz personenbezogener Daten nach Art. 8 GRCh einen besonderen Teil des nach Art. 7 geschützten Privatlebens darstellt.[168] **125**

4. Interessenabwägung. Die **Interessenabwägung** nach Art. 6 Abs. 1 lit. f erfolgt durch den Verantwortlichen und ist zu dokumentieren.[169] Es bietet sich an, diese Dokumentation im Rahmen des Verzeichnisses über Verarbeitungstätigkeiten nach Art. 30 bei dem jeweiligen Verfahren zu führen, das sich auf Art. 6 Abs. 1 lit. f als Rechtsgrundlage für die Verarbeitung stützt. **126**

a) Allgemeine Grundsätze. Der Abwägungsprozess an sich unterliegt keinem strengen Regelwerk oder bestimmten Leitlinien.[170] Der Versuch der Konkretisierung ist insgesamt gescheitert und auf die Erläuterungen in den ErwG 47 bis 49 beschränkt.[171] **127**

Demzufolge ist als Anhaltspunkt für die Abwägung zwischen dem berechtigten Interesse des Verantwortlichen und dem Interesse und den Grundrechten und Grundfrei- **128**

164 Plath-*Plath* Art. 6, Rn. 23; unberechtigte Kritik bei BeckOK DatenSR-*Albers* Art. 6 Rn. 50.
165 *Härting/Gössling/Dimov* ITRB 2017, 169, 171; Ehmann/Selmayr-*Heberlein* Art. 6 Rn. 24.
166 *Drewes* CR 2016, 721, 723.
167 WP 217, 9.4.2014, S. 38.
168 Vgl. Calliess/Ruffert-*Kingreen* EU-GRCharta Art. 7 Rn. 5.
169 *Härting/Gössling/Dimov* ITRB 2017, 169, 171.
170 Siehe Seite 70 WP 2017 der Art.-29-Datenschutzgruppe mit Anleitung zur Prüfung der Ausgewogenheit.
171 *Albrecht/Jotzo* Das neue Datenschutzrecht der EU, Rn. 51.

heiten der betroffenen Personen insbesondere auf die Erwartungshaltung der betroffenen Person aufgrund der Beziehung zum Verantwortlichen abzustellen.[172] Die Transparenz bei der Datenverarbeitung, die maßgeblich durch die Vorhersehbarkeit der Datenverarbeitung für die betroffene Person hinsichtlich Inhalt und Umfang dieser determiniert sind,[173] streitet demzufolge für ein Überwiegen des berechtigten Interesses des Verantwortlichen,[174] wobei einschränkend die Beziehung zum Verantwortlichen[175] heranzuziehen ist. Ob die Bezugnahme auf letztere tatsächlich sinnvoll ist, mag dahinstehen. Sie ist in jedem Fall Indiz dafür, wer für die Bereitstellung der entsprechenden Informationen gegenüber der betroffenen Person verantwortlich ist, wobei es dem Verantwortlichen unbenommen bleiben sollte, diese Verantwortlichkeit zu delegieren. In bestimmten Fällen sind Konstellationen denkbar, in denen der Verantwortliche selbst die Informationen nur durch Dritte zur Verfügung stellen kann (etwa auf fremden Websites), ohne dass dies die Transparenz der Information beeinflusst.

129 Der Verantwortliche kann durch das Bereitstellen entsprechend transparenter Informationen, die nicht nur die Informationspflichten nach Art. 13, insbesondere nach Art. 13 Abs. 1 lit. d enthalten, sondern darüber hinaus dem Betroffenen die konkrete Verarbeitungstätigkeit verständlich darstellen, den Abwägungsprozess zu seinen Gunsten beeinflussen. Denn je transparenter der Verarbeitungsprozess ausgestaltet ist, desto eher muss ein Betroffener mit der vorgenommenen Datenverarbeitung rechnen.[176] Die Pflichtinformationen nach Art. 13 sowie die zusätzlichen Informationen für die Herstellung der notwendigen Transparenz können gemeinsam bereitgestellt werden, ohne dass dies die Erwartung der betroffenen Person in die entsprechende Datenverarbeitung beeinträchtigt.

130 Im Rahmen der Abwägung muss ferner berücksichtigt werden, dass unter der DS-GVO das Widerspruchsrecht der betroffenen Personen gestärkt wurde.[177] Gerade im Rahmen des Art. 6 Abs. 1 lit. f besteht daher das Risiko, dass eine Verarbeitung etwa zu Direktmarketingzwecken, die grundsätzlich im Einklang mit Art. 6 Abs. 1 lit. f steht,[178] durch den Widerspruch der betroffenen Person für die Zukunft unmöglich wird.[179]

131 Diese Widerspruchsmöglichkeit ist unter dem Gesichtspunkt der Erwartungshaltung und Transparenz daher zu Gunsten des Verantwortlichen zu werten, wenn der betroffenen Person eine einfache Möglichkeit zum Widerspruch eingeräumt wird.[180] Eine ähnliche Systematik sieht auch die noch im Entwurf befindliche Verordnung über Pri-

---

172 ErwG 47 S. 3; dazu *Drewes* CR 2016, 721, 723.

173 Vgl. dazu DSK-Kurzpapier Nr. 10 – Informationspflichten bei Dritt- und Direktwerbung, S. 1 f.

174 Gola-*Schulz* Art. 6 Rn. 58.

175 ErwG 47 S. 2.

176 Gola-*Schulz* Art. 6 Rn. 58; vgl. ErwG 47 S. 3.

177 Art. 21 Abs. 1; hierzu Ehmann/Selmayr-*Heberlein* Art. 6 Rn. 21; Kühling/Buchner-*Buchner/Petri* Art. 6 Rn. 156.

178 Siehe ErwG 47 S. 7.

179 Ein berechtigtes Interesse nach Art. 6 Abs. 1 lit. f an der Verarbeitung einer irrtümlich erhaltenen E-Mail besteht regelmäßig nicht, vgl. dazu *Lorenz* K&R 3/2018, 160, 161 sowie *Schwartmann/Schneider* Art. 14 Rn. 68.

180 Ähnlich zum Direktmarketing Plath-*Plath* Art. 6 Rn. 21.

vatsphäre und elektronische Kommunikation[181] vor. Je leichter also eine betroffene Person einer Datenverarbeitung widersprechen kann, desto eher dürfte eine solche Datenverarbeitung bis zum Widerspruch im Rahmen des Art. 6 Abs. 1 lit. f zulässig sein. Dies entspricht im Übrigen der Praxis der deutschen Aufsichtsbehörden, die in der Vergangenheit etwa bei Unternehmenstransaktionen ein Widerspruchsrecht haben ausreichen lassen, um einen Datentransfer gestützt auf das berechtigte Interesse der an der Transaktion beteiligten Unternehmen für zulässig zu erachten.[182]

b) Kinder. Ist ein **Kind** von der Datenverarbeitung betroffen, ist die Abwägung unter 132 Berücksichtigung der besonderen Schutzbedürftigkeit der betroffenen Person durchzuführen. Eine Begriffsbestimmung für das Kind fehlt, insbesondere auch die Beschränkung auf minderjährige Kinder (vgl. insoweit Art. 8 Abs. 1 sowie ErwG 38), so dass das Risiko besteht, kein einheitliches Verständnis für die Begriffsbestimmung in Europa zu Grunde legen zu können.[183] Auch die englische Textversion der DS-GVO gibt keinen Aufschluss über die Beschränkung auf Minderjährige (im englischen Verordnungstext wird durchgehend der Begriff „**child**" verwendet statt „**minor**"). Im Ergebnis dürfte im Rahmen des Art. 6 Abs. 1 lit. f der Begriff des Kindes teleologisch auf Kinder und Heranwachsende bis zur Vollendung des 16. Lebensjahres im Einklang mit Art. 8 Abs. 1 zu beschränken sein.[184] Kindern fehlt bis zu dieser Altersgrenze unter Umständen die notwendige Einsichtsfähigkeit in die Reichweite ihrer Handlung, insbesondere die Preisgabe ihrer personenbezogenen Daten. Entsprechend der Maßgabe des ErwG 38 ist daher eine Interessenabwägung unter Beachtung dieser Grundsätze durchzuführen.

5. Einzelne Verarbeitungstätigkeiten. Auch wenn in dem nun vorliegenden Verord- 133 nungstext keine Regelbeispiele (mehr) aufgeführt sind, so lassen sich doch bestimmte Verarbeitungstätigkeiten als mit Art. 6 Abs. 1 lit. f als grundsätzlich vereinbar einordnen, wobei der Verantwortliche dennoch im Einzelfall eine Abwägung treffen muss, wie dies auch in ErwG 47 klargestellt wird.

a) Direktmarketing (online/offline). Das Direktmarketing ist in ErwG 47 S. 7 aus- 134 drücklich als Beispiel für eine grundsätzlich auch ohne Einwilligung des Betroffenen zulässige Verarbeitungstätigkeit erwähnt. Auch wenn im Einzelfall zu prüfen ist, ob die Interessen und Grundrechte und Grundfreiheiten der betroffenen Person der Verarbeitung entgegenstehen, kann bei entsprechender transparenter Information des Betroffenen und der Möglichkeit des Widerspruchs in die Verarbeitung auf gleiche transparente Weise davon ausgegangen werden, dass ein Direktmarketing ohne Einwilligung der betroffenen Person möglich ist.[185] Dies bezieht sich auf alle Formen des

181 Vorschlag der Europäischen Kommission v. 10.1.2017, COM (2017) final 2017/0003 (COD); Entwurf einer legislativen Entschließung des Europäischen Parlaments v. 23.10.2017 – A8-0324/2017; Rat der Europäischen Union v. 7.3.2018 – 2017/0003 (COD) – 6726/18.

182 Vgl. Pressemitteilung des *BayLDA* Kundendaten beim Unternehmensverkauf – ein Datenschutzproblem, abrufbar unter https://www.lda.bayern.de/media/pm2015_10.pdf.

183 Vgl. *Albrecht/Jotzo* Das neue Datenschutzrecht der EU, Rn. 69.

184 Kühling/Buchner-*Buchner/Petri* Art. 6 Rn. 155; BeckOK DatenSR-*Albers* Art. 6 Rn. 51 stellt dagegen wenig überzeugend auf Art. 8 Abs. 1 S. 3 und die Vollendung des 13. Lebensjahrs ab.

185 So im Ergebnis Plath-*Plath* Art. 6 Rn. 21; *Jacobs/Lange-Hausstein* ITRB 2017, 39, 41; ausführlich und differenziert hierzu *Schirmbacher* ITRB 2016, 274.

Direktmarketings, d.h. der direkten werblichen Interaktion mit der betroffenen Person.[186] Vgl. zur nicht vorhandenen Kollision mit Art. 5 Abs. 3 ePrivacy-RL die Kommentierung in Art. 4 Nr. 11 Rn. 164 ff.

135 Unter diesem Gesichtspunkt dürfte etwa die Bewerbung von natürlichen Personen mit Briefpost entsprechend der bisherigen Regelung unter § 28 Abs. 3 BDSG weiterhin zulässig sein.[187] Dies schließt auch die Nutzung sogenannter in Listen zusammengefasster Daten entsprechend § 28 Abs. 3 BDSG wohl mit ein. Zumindest ist dies der Fall, wenn die besagten Listendaten unter Maßgabe der zuvor skizzierten Erfüllung von Informationspflichten und dem Hinweis auf das Widerspruchsrecht erhoben wurden. Gleichzeitig muss die Erwartungshaltung der betroffenen Person auch darauf gerichtet sein, dass eine eingeschränkte Übermittlung dieser Daten an Dritte zum Zweck der Direktwerbung beabsichtigt ist. Eine abschließende Nennung der Empfänger dürfte zwar grundsätzlich nicht erforderlich sein, führt aber im Rahmen der Abwägung zu einem höheren Maß an Sicherheit für den Verantwortlichen. Wenngleich die DS-GVO mit ErwG 47 S. 7 eine Regelung enthält, schließt dies eine Bezugnahme auf das BDSG als Auslegungsparameter nicht aus.[188] Denn wenngleich die DS-GVO Anwendungsvorrang genießt, beinhaltet dies kein Verbot, die gesetzgeberischen Wertungen auf mitgliedstaatlicher Ebene in die Betrachtung miteinzubeziehen. Gerade sofern der mitgliedstaatlichen Regelung sowie der DS-GVO die gleichen Erwägungen und Wertungen zugrundeliegen, bieten die Regelungen des BDSG eine wertvolle Auslegungshilfe.

136 Zu beachten ist, dass die Grenzen aus anderen Richtlinien und Verordnungen, etwa der Richtlinie über unlautere Geschäftspraktiken[189] oder der Datenschutzrichtlinie für elektronische Kommunikation[190] hiervon unberührt bleiben.[191] Sofern also ein Verantwortlicher Direktmarketing online durchführt, kann er sich nicht auf den Erlaubnistatbestand des Art. 6 Abs. 1 lit. f berufen, sollte er für die Ansprache der betroffenen Personen Direktnachrichten wie zum Beispiel E-Mails einsetzen. In diesem Fall wäre die werbliche Ansprache nur mit Einwilligung der Betroffenen aufgrund der Vorgaben der Richtlinie über elektronische Kommunikation möglich.

137 **b) Profilbildung.** Die Bildung personenbezogener Profile dürfte grundsätzlich aufgrund der Einschränkungen in Art. 22 wohl nicht über Art. 6 Abs. 1 lit. f zu rechtfertigen sein.[192] Allerdings dürfte eine pseudonyme Profilbildung ähnlich der bisherigen Regelung unter § 15 Abs. 3 TMG ohne Verletzung der Vorgaben des Art. 22 möglich sein. Jedenfalls sollte eine solche Profilbildung im Bereich des Online-Marketings grundsätzlich nach Art. 6 Abs. 1 lit. f erlaubt sein, da keine erhebliche Beeinträchti-

186 Noch weitere Auslegung bei Kühling/Buchner-*Buchner/Petri* Art. 6 Rn. 175; nicht nachvollziehbar dagegen die Beschränkung auf eigene Produkte bei *Schantz/Wolff* Das neue Datenschutzrecht, Rn. 665.

187 *Jacobs/Lange-Hausstein* ITRB 2017, 39, 41.

188 Vgl. a.A. DSK-Kurzpapier Nr. 3 – Verarbeitung personenbezogener Daten für Werbung, S. 1.

189 RL 2005/29/EG.

190 RL 2002/58/EG.

191 Vgl. *Härting* Datenschutzgrundverordnung, Rn. 481.

192 Vgl. *Piltz* K&R 2016, 557, 561 f.; weniger skeptisch wohl *Schirmbacher* ITRB 2016, 274, 279.

gung der Rechte der betroffenen Person vorliegen dürfte.[193] Im Rahmen des Abwägungsprozesses ist dabei insbesondere zu berücksichtigen, ob und wie weit Daten aus Drittquellen durch den Verantwortlichen genutzt werden, wie umfangreich die Profilbildung vor dem Hintergrund der genutzten Datenpunkte ist und insbesondere wie lange Daten für die Profilbildung genutzt und aufbewahrt werden.

c) Onlinemarketing und -werbung. Die zuvor aufgeführten Überlegungen zum Direktmarketing und zur Profilbildung führen dazu, dass – soweit nicht die Datenschutzrichtlinie für elektronische Kommunikation betroffen ist – Online-Marketing und Online-Werbung auch im Rahmen der DS-GVO ohne Einwilligung des Betroffenen möglich ist.[194] Bei der Abwägung ist dabei zu berücksichtigen, wie intensiv der Eingriff in die Persönlichkeitsrechte der betroffenen Person erfolgt.[195] Gerade im Bereich des Online-Marketings, einschließlich Techniken wie etwa Retargeting oder Real Time Bidding geht wohl nach derzeitigem Kenntnisstand der durchschnittliche Nutzer von Online-Diensten davon aus, dass seine personenbezogenen Daten bei der Nutzung von Webseiten und Online-Diensten zur Finanzierung dieser zumeist kostenlosen Angebote auch werblich genutzt werden.[196] **138**

Die Anzeige etwaiger zielgerichteter Werbung ist in der Regel transparent für die betroffene Person. Insofern bestehen gerade bei pseudonymer Nutzung der personenbezogenen Daten der betroffenen Person für die Zwecke des Online-Marketings und der Online-Werbung keine Bedenken, im Rahmen der Abwägung des Art. 6 Abs. 1 lit. f die Abwägung zu Gunsten des Verantwortlichen zu zulassen.[197] Wesentlich ist aber, dass im Gegensatz zur heute üblichen Praxis die Verarbeitungstätigkeit einschließlich der Übermittlung an Dritte im Rahmen der Informationspflichten transparent darzustellen ist. Jedenfalls muss der betroffenen Person klar sein, dass bestimmte Daten pseudonymisiert durch den Verantwortlichen und einer entsprechenden Zahl von Dienstleistern genutzt werden. Auch in diesem Falle ist der Nutzer bzw. die betroffene Person durch die Möglichkeiten zur Einschränkung der Verarbeitung ausreichend geschützt. **139**

Wie mit deren Anwendbarkeit zuvor gilt jedoch, dass die Datenschutzrichtlinie für elektronische Kommunikation Einschränkungen vorsehen kann, etwa Einwilligungserfordernisse für bestimmte Verarbeitungstätigkeiten. In diesem Falle gehen diese speziellen Regelungen der Datenschutz-Grundverordnung vor.[198] **140**

Da die Datenschutzrichtlinie für elektronische Kommunikation entgegen des bislang ausgearbeiteten Zeitplans der Kommission nicht mit Beginn der Anwendung der Datenschutz-Grundverordnung am 28.5.2017[199] als neue Verordnung für elektronische Kommunikation in Kraft tritt, bleibt die Datenschutzrichtlinie für elektronische Kom- **141**

---

193 Implizit zustimmend wohl *Jacobs/Lange-Hausstein* ITRB 2017, 39, 41; vgl. *Schleipfer* ZD 2017, 460, 462, a.A. wohl DSK-Kurzpapier Nr. 3, S. 7.

194 Zur Frage der Wirksamkeit der Einwilligung in die Datenverarbeitung zu Werbezwecken unter datenschutz-und lauterkeitsrechtlichen Gesichtspunkten vgl. Rn. 23.

195 Vgl. auch WP 217 der *Art.-29-Datenschutzgruppe* S. 75 Bsp. 4.

196 Vgl. *Schirmbacher* ITRB 2016, 274, 279.

197 Vgl. *Weidert/Klar* BB 2017, 1858, 1862.

198 Ausführlich zum Verhältnis von DS-GVO zur Datenschutzrichtlinie für elektronische Kommunikation und zum Entwurf der Nachfolgeverordnung *Schmitz* ZRP 2017, 172.

199 Art. 99 Abs. 2.

munikation ihrer derzeitigen Fassung in Kraft. Insofern gilt dann insbesondere für das Setzen von sogenannten Cookies, die in vielen Bereichen des Online-Marketings und der Online-Werbung die DS-GVO.[200] Das liegt daran, dass die EG-Datenschutzrichtlinie mit Wirkung vom 25. Mai 2018 außer Kraft gesetzt wird.[201] In der Übergangsphase, die sich nach dem Erkenntnisstand vom März 2018 voraussichtlich mindestens bis in das Jahr 2019 erstreckt, stellt sich die Frage, ob das von § 15 Abs. 3 TMG gedeckte Setzen von Cookies weiterhin im Rahmen einer Opt-out-Lösung zulässig ist. Dafür spricht, dass Werbung nach der DS-GVO grundsätzlich als berechtigtes Interesse im Rahmen der Interessenabwägung nach Art. 6 Abs. 1 lit. f DS-GVO gilt, das dem Regelungsverständnis der DS-GVO nach jedenfalls grundsätzlich nicht von einer Einwilligung abhängig ist. Es spricht viel dafür, diese Wertung unter der DS-GVO fortzuführen und mit WP 217 der Art. 29-Datenschutzgruppe zur Interessenabwägung[202] unter der Datenschutzrichtlinie auf die Intensität der Werbeeingriffs abzustellen. Danach dürften Cookies im Rahmen der Werbung, die keine sensiblen Daten betreffen und nicht auf Personenbezug schließen lassen (wie sie derzeit nach § 15 Abs. 3 TMG gestattet sind), ein berechtigtes Interesse der Wirtschaft darstellen.[203] Gegen diese Auffassung spricht aus Sicht der Aufsicht dem Vernehmen nach die Wertung des Art. 5 Abs. 3 RL 2002/58/EG. Hier ist europaweit eine Opt-in-Einwilligung vorgesehen, die sich auch auf Cookies erstreckt und die im Zuge der noch viel diskutierten Entwurfsfassungen zur ePrivacy-Verordnung[204] für den Bereich der „Online-Ebene" vorgesehen sind. Aus diesem Grund soll das Einwilligungserfordernis der ePrivacy-Richtlinie nach Ansicht der Aufsicht schon mit Anwendbarkeit der DS-GVO die Auslegung der Interessenabwägung nach Art. 6 Abs. 1 lit. f mit der Folge bestimmen, dass jede Form von Cookies auch datenschutzrechtlich ein Einwilligungserfordernis voraussetzt.[205] Diese Auffassung verkennt jedoch, dass der Anwendungsbereich der DS-GVO klar von dem der ePrivacyRL abzugrenzen ist und in ErwG 173 der DS-GVO eine Anpassung der Richtlinie zur Herstellung der Kohärenz mit der Datenschutzrichtlinie verlangt ist. Weil die datenschutzrechtliche Wertung im Sinne der DS-GVO für Cookies im Rahmen der Interessenabwägung gerade keine Einwilligung erfordert, überspannt die letztgenannte Position den Willen des Verordnungsgebers, der bis zur Anwendbarkeit der ePrivacyVO nach Art. 95 DS-GVO und ErwG 173 der DS-GVO als lex specialis Vorrang vor der ePrivacyRL zuspricht. Denn Art. 95 DS-GVO normiert den Vorrang der ePrivacyRL nur dann, wenn sie speziellere Regelun-

---

200 Vgl. *Schmitz* ZRP 2017, 172, 173.

201 Vgl. Kommentierung zu Art. 95 DS-GVO und ErwG 173.

202 WP 217 der Art. 29-Datenschutzgruppe „Stellungnahme 06/2014 zum Begriff des berechtigten Interesses des für die Verarbeitung Verantwortlichen gemäß Art. 7 der Richtlinie 95/46/EG, S. 31 ff.

203 In diesem Sinne *Keppeler* MMR 12/2015, 779, 782.

204 Vorschlag der Europäischen Kommission v. 10.1.2017, COM(2017) final 2017/0003 (COD); Entwurf einer legislativen Entschließung des Europäischen Parlaments v. 23.10.2017, A8-0324/2017; Rat der Europäischen Union v. 7.3.2018 – 2017/0003 (COD) – 6726/18.

205 DSK-Kurzpapier Nr. 3 – Verarbeitung personenbezogener Daten für Werbung, S. 1 f.; dementsprechend auch die Referatsleiterin des Bayerischen Landesamts für Datenschutzaufsicht Kristin Benedikt am 7.3.2018 auf der Veranstaltung „Die ePrivacy-Verordnung im Zusammenspiel mit der DS-GVO" und DSB 04/2018, 80 ff.

gen als die DS-GVO vorschreibt.[206] Mit Blick auf das Ziel der DS-GVO Werbung als berechtigtes Interesse zu klassifizieren und in dem die DS-GVO gerade nicht das strenge Erfordernis der Einwilligung aus Art. 5 Abs. 3 RL 2002/58/EG enthält, ist die DS-GVO hinsichtlich der Frage nach der Zulässigkeit von Werbung die speziellere Regelung. Insofern ist im Rahmen von Art. 95 DS-GVO nicht pauschal entscheidend, ob der Anwendungsbereich der DS-GVO oder der e-PrivacyRL eröffnet ist, sondern welche Ziele verfolgt werden und welche Regelung im Einzelfall spezieller ist. Im Hinblick auf die Interessenabwägung nennt ErwG 47 S. 7 der DS-GVO die Werbung ausdrücklich als berechtigtes Interesse und ist insoweit lex specialis gegenüber der ePrivacyRL. Bis der zu dieser Rechtsfrage angerufene EuGH[207] hierzu Klarheit schafft, kann Rechtssicherheit nur dann gegeben sein, wenn der strengen Auffassung der Aufsicht Rechnung getragen wird und ab dem 25.5.2018 Einwilligungen für das Setzen von Cookies eingeholt werden. In diese Diskussion kam zuletzt (Stand März 2018) zur ePrivacyVO Bewegung.[208] In den aktuellen Diskussionspapieren[209] erbittet die Ratspräsidentschaft Stellungnahmen insbesondere zu Art. 8 und 16 der Entwurfsfassungen sowie der dazugehörigen Erwägungsgründe 21 und 21a und der Fragestellung, ob in Art. 8 Abs. 1 ein Erlaubnistatbestand dahingehend aufzunehmen ist, das auf der Grundlage berechtigter Interessen Unternehmen die Möglichkeit geboten wird, Cookies für werbliche Zwecke einzusetzen.[210] Das aktuelle Diskussionspapier[211] sieht demgegenüber in ErwG 21a bereits Ausnahmen vom Einwilligungserfordernis vor, sofern Cookies zur Verfolgung des Webdatenverkehrs oder zur Behebung von Sicherheitslücken gesetzt werden.[212] Ob sich bereits aus den ErwG eine Trendwende in Richtung einer Opt-Out-Lösung abzeichnet, ist derzeit nicht absehbar. Stichhaltiger sind vielmehr die Entwürfe hinsichtlich einer Änderung von Art. 16 Nr. 6 lit. c und d ePrivacyVO-E, die ausdrücklich die Notwendigkeit statuieren, dass Verantwortliche im Falle der Direktwerbung der betroffenen Person ausreichend Informationen bereitstellen müssen, so dass diese ihr Recht auf Widerspruch oder Widerruf der Einwilligung wirksam ausüben können.[213] Insofern lässt sich festhalten, dass der Weg zu einer Opt-Out-Lösung im Falle des Setzens von Cookies zu Werbezwecken keineswegs ausgeschlossen ist. Dies ist insofern begründet, als dass im Falle der Aufnahme eines Erlaubnistatbestands in Art. 8 der ePrivacyVO eine Angleichung an die Systematik der DS-GVO entsprechend Art. 6 Abs. 1 lit. f DS-GVO und damit eine Harmonisierung auf europäischer Ebene hinsichtlich der Datenverarbeitung zu Werbezwe-

---

206 Vgl. dazu die *Richter* zu Art. 95 Rn. 1 ff. sowie Roßnagel-*Geminn/Richter* Europäische Datenschutz-Grundverordnung, Rn. 257 f.

207 Vgl. BGH Beschl. v. 5.10.2017 – I ZR 7/16 – Vorabentscheidungsersuchen in der Rs. 673/17 (Planet49).

208 Vorschlag der Europäischen Kommission v. 10.1.2017, COM(2017) final 2017/0003 (COD); Entwurf einer legislativen Entschließung des Europäischen Parlaments v. 23.10.2017, A8-0324/2017; Rat der Europäischen Union v. 7.3.2018 – 2017/0003 (COD) – 6726/18; Ratspräsidentschaft v. 22.3.2018 – 2017/0003 (COD) – 7207/10.

209 Ratspräsidentschaft v. 11.1.2018 – 2017/0003 (COD) – 5165/18 sowie v. 22.3.2018 – 2017/0003 (COD) – 7207/10.

210 Ratspräsidentschaft v. 11.1.2018 – 2017/0003 (COD) – 5165/18, S. 21; Ratspräsidentschaft v. 22.3.2018 – 2017/0003 (COD) – 7207/10, S. 2 und 6.

211 Ratspräsidentschaft v. 22.3.2018 – 2017/0003 (COD) – 7207/10.

212 Ratspräsidentschaft v. 22.3.2018 – 2017/0003 (COD) – 7207/10, S. 6.

213 Ratspräsidentschaft v. 22.3.2018 – 2017/0003 (COD) – 7207/10, S. 20.

cken erreicht würde. Für den Rechtsanwender bedeutet dies letztlich eine leichtere Handhabung, da unabhängig von der Frage einer Anwendbarkeit der DS-GVO oder der ePrivacyVO dieselben Voraussetzungen gelten würden.

142 **d) Konzerninterne Datenübermittlung.** Im ErwG 48 ist ausdrücklich als möglicher Anwendungsbereich des Erlaubnistatbestandes des Art. 6 Abs. 1 lit. f die konzerninterne Übermittlung von personenbezogenen Daten genannt.

143 Hierbei soll der Umfang der personenbezogenen Daten der betroffenen Person jedoch beschränkt sein auf interne Verwaltungsmaßnahmen einer solchen Unternehmensgruppe. Typischerweise umfasst dies die Übermittlung von personenbezogenen Daten von Mitarbeitern bzw. Vertragspartnern von Konzerngesellschaften innerhalb eines Konzerns an eine zentrale Stelle. Um hier für bestimmte Aufgaben die notwendige Flexibilität zu besitzen, gerade nicht nur als Auftragsverarbeiter tätig zu sein, ist eine Rechtfertigung solcher Übermittlungen auch im Rahmen eines Transfers von personenbezogenen Daten zwischen Verantwortlichen notwendig.[214]

144 So ist etwa gerade im Bereich der Sicherstellung der Compliance im Konzern regelmäßig davon auszugehen, dass der Empfänger der personenbezogenen Daten diese für eigene Zwecke verarbeitet. Andernfalls ist es oftmals nicht möglich, die gesetzlichen Anforderungen an die Compliance vollständig zu erfüllen. Da es hierbei aber oftmals an der Trennschärfe fehlt, was konkret noch in den Bereich der gesetzlichen Verpflichtung zu rechnen ist, kann sich eine Konzerngesellschaft in diesem Zusammenhang für die Übermittlung von personenbezogenen Daten nur unzureichend auf die Erlaubnistatbestände etwa aus Art. 6 Abs. 1 lit. c stützen. Durch die Klarstellung im Erwägungsgrund 48 steht nunmehr ein weiterer Erlaubnistatbestand zur Verfügung, der jedenfalls in der Regel eine solche Datenübermittlung zulässt.[215]

145 **e) Beschäftigtendatenschutz.** Siehe Kommentierung zu § 26 BDSG n.F., siehe Kommentierung zu Art. 10 Rn. 6 und 7, Anhang zu Art. 88 sowie Kommentierung zu Art. 88.

146 **f) Scoring.** Vgl. Kommentierung zu Art. 22.

147 **g) Videoüberwachung.** Siehe Kommentierung des § 4 BDSG n.F. im Anhang zu Art. 6.

H. Art. 6 Abs. 2 und 3

(2) Die Mitgliedstaaten können spezifischere Bestimmungen zur Anpassung der Anwendung der Vorschriften dieser Verordnung in Bezug auf die Verarbeitung zur Erfüllung von Absatz 1 Buchstaben c und e beibehalten oder einführen, indem sie spezifische Anforderungen für die Verarbeitung sowie sonstige Maßnahmen präziser bestimmen, um eine rechtmäßig und nach Treu und Glauben erfolgende Verarbeitung zu gewährleisten, einschließlich für andere besondere Verarbeitungssituationen gemäß Kapitel IX.

(3) Die Rechtsgrundlage für die Verarbeitungen gemäß Absatz 1 Buchstaben c und e wird festgelegt durch

a) Unionsrecht oder

b) das Recht der Mitgliedstaaten, dem der Verantwortliche unterliegt.

---

214 So im Ergebnis Plath-*Plath* Art. 6 Rn. 22.

215 *Wybitul* CCZ 2016, 194, 196.

Der Zweck der Verarbeitung muss in dieser Rechtsgrundlage festgelegt oder hinsichtlich der Verarbeitung gemäß Absatz 1 Buchstabe e für die Erfüllung einer Aufgabe erforderlich sein, die im öffentlichen Interesse liegt oder in Ausübung öffentlicher Gewalt erfolgt, die dem Verantwortlichen übertragen wurde. Diese Rechtsgrundlage kann spezifische Bestimmungen zur Anpassung der Anwendung der Vorschriften dieser Verordnung enthalten, unter anderem Bestimmungen darüber, welche allgemeinen Bedingungen für die Regelung der Rechtmäßigkeit der Verarbeitung durch den Verantwortlichen gelten, welche Arten von Daten verarbeitet werden, welche Personen betroffen sind, an welche Einrichtungen und für welche Zwecke die personenbezogenen Daten offengelegt werden dürfen, welcher Zweckbindung sie unterliegen, wie lange sie gespeichert werden dürfen und welche Verarbeitungsvorgänge und -verfahren angewandt werden dürfen, einschließlich Maßnahmen zur Gewährleistung einer rechtmäßig und nach Treu und Glauben erfolgenden Verarbeitung, wie solche für sonstige besondere Verarbeitungssituationen gemäß Kapitel IX. Das Unionsrecht oder das Recht der Mitgliedstaaten müssen ein im öffentlichen Interesse liegendes Ziel verfolgen und in einem angemessenen Verhältnis zu dem verfolgten legitimen Zweck stehen.

– ErwG: 41, 45, 50, 55, 56

I. Normengenese und -umfeld

1. DSRL. Die DSRL enthielt mit Art. 7 lit. c DSRL eine Vorläuferbestimmung. **148**

2. BDSG a.F. Das BDSG a.F. enthielt keine Vorläuferbestimmung. Vielmehr nutzt das nationale Recht die Öffnungsklauseln, in dem es auf dieser Grundlage Regelungen insb. innerhalb des BDSG a.F. bzw. BDSG n.F. trifft. **149**

II. Kommentierung

1. Öffnungsklausel: Abs. 2 und 3 S. 3. Art. 6 Abs. 2 und Abs. 3 S. 3 normieren eine allgemeine Öffnungsklausel zugunsten der Mitgliedstaaten.[216] Diese Öffnungsklausel bezieht sich auf die Rechtmäßigkeitstatbestände in Art. 6 Abs. 1 lit. c und e. Insbesondere bei Art. 6 Abs. 1 lit. e handelt es sich um die Datenverarbeitung durch öffentliche Stellen. Auch die Verarbeitung zur Wahrnehmung einer rechtlichen Verpflichtung fällt in diesen Bereich, da sich diese unmittelbar aus einer Rechtsgrundlage ergibt, die das Unionsrecht oder mitgliedstaatliche Recht im öffentlichen Interesse vorsieht.[217] Nach Abs. 2 und 3 kommen dafür insb. die dort genannten unionsrechtlichen bzw. einzelstaatlichen Rechtsgrundlagen in Betracht.[218] Die allgemeinen Öffnungsklauseln erlauben es, die vielfältige Datenverarbeitung im öffentlichen Interesse im bereichsspezifischen nationalen Datenschutzrecht aufrechterhalten zu können.[219] **150**

2. Abs. 2. – a) Mitgliedstaatlicher Gestaltungsspielraum. Den Mitgliedstaaten steht es nach Abs. 2 offen, spezifischere Bestimmungen für öffentliche Aufgaben beizubehalten oder einzuführen. Diese kommen dann neben der DS-GVO zur Anwendung. **151**

---

216 *Kühling/Martini u.a.* Die Datenschutz-Grundverordnung und das nationale Recht, S. 27.

217 Vgl. *Albrecht/Jotzo* Das neue Datenschutzrecht der EU, S. 72; vgl. ferner *Kühling/Martini u.a.* Die Datenschutz-Grundverordnung und das nationale Recht, S. 29.

218 Plath-*Plath* Art. 6 Rn. 13.

219 *Kühling/Martini u.a.* Die Datenschutz-Grundverordnung und das nationale Recht, S. 28.

Demnach können die Unionsmitglieder Rechtsetzung betreiben, um die Anwendung der entsprechenden Vorschriften im Einklang mit Art. 6 Abs. 1 lit. c und e zu konkretisieren und konturieren. Im Ausgangspunkt belässt die DS-GVO dem deutschen Gesetzgeber einen erheblichen normativen Gestaltungsspielraum. Dies ergibt sich bereits aus ErwG 10. Er räumt den Mitgliedstaaten die Möglichkeit ein, spezifischere Regelungen für die Anpassung anzuwendender Verordnungsregeln zu erlassen und auch die Voraussetzungen für die Verarbeitungen auf der Grundlage von Art. 6 Abs. 1 lit. c und e zu bestimmen.[220]

152 Es handelt sich also bei Art. 6 um eine weit gefasste Öffnungsklausel im Unionsrecht, die den Mitgliedstaaten für die Verarbeitung personenbezogener Daten im öffentlichen Interesse innerhalb des Gestaltungsspielraums der DS-GVO weitgehende gesetzgeberische Entscheidungsprärogativen zuschreibt. Weil die DS-GVO selbst an vielen Stellen offen formuliert ist, liegt der Gedanke nahe, dass Konkretisierungen durch nationales Recht gerade dort erwünscht sind, wo Öffnungsklauseln sie erlauben.[221]

153 So kann festgelegt werden, wie der Verantwortliche zu bestimmen ist, welche Art von personenbezogenen Daten verarbeitet werden, welche Personen betroffen sind, welchen Einrichtungen die personenbezogenen Daten offengelegt werden, für welche Zwecke und wie lange sie gespeichert werden dürfen und welche anderen Maßnahmen ergriffen werden, um zu gewährleisten, dass die Verarbeitung rechtmäßig erfolgt.[222] Der Regelungsspielraum soll nach dem Wortlaut sicherstellen, dass die in Art. 6 Abs. 1 genannten Rechtmäßigkeitstatbestände in jedem Mitgliedstaat zur vollen Geltung kommen und dass – mitunter mit Hilfe spezifischer, nationaler Regelungen – kein Vollzugsdefizit entsteht.[223] Gleichwohl ist der von den Mitgliedstaaten freiwillig zu regelnde Bereich insoweit beschränkt, als er innerhalb des Regelungsspektrums der DS-GVO verbleiben muss und Abweichungen verbietet.[224]

154 **b) Konkretisierung des öffentlichen Interesses durch die Mitgliedstaaten.** Im Hinblick auf den Begriff des öffentlichen Interesses entspricht Art. 6 Abs. 1 lit. e, Abs. 2 und 3 dem Art. 7 lit. e DSRL. Herauszustellen ist dabei, dass bereits die Auslegung und Interpretation des Begriffs des öffentlichen Interesses aus Art. 7 lit. e DSRL den Mitgliedstaaten oblag.[225] In der Konsequenz können auf Grundlage von Art. 7 DSRL erlassene mitgliedstaatliche Datenschutzregeln grundsätzlich beibehalten werden.[226] Gleichwohl sind diese auf ihre Vereinbarkeit mit Abs. 2 abzugleichen.

155 Für das Verständnis des öffentlichen Interesses i.S.d. DS-GVO obliegt es somit nach wie vor den Mitgliedstaaten den Wertungsspielraum durch die hinreichende Konkretisierung auszufüllen und für dementsprechende Datenverarbeitungen nationale Rechtsgrundlagen zu schaffen.

---

220 *Kühling/Martini u.a.* Die Datenschutz-Grundverordnung und das nationale Recht, S. 31.
221 Vgl. *Schwartmann* RDV 2017, 51.
222 Vgl. ErwG 45 S. 5.
223 Vgl. BeckOK DatenSR-*Albers* Art. 6 Rn. 56.
224 Vgl. *Benecke/Wagner* DVBl. 2016, 600, 601; Paal/Pauly-*Frenzel* Art. 6 Rn. 32.
225 Vgl. Grabitz/Hilf-*Brühann* Art. 7 EGDSRL Art. 7 Rn. 18.
226 So auch *Albrecht/Jotzo* Das neue Datenschutzrecht der EU, S. 73; Auernhammer-*Kramer* Art. 6 Rn. 45.

c) Öffnungsklausel nur für den öffentlichen Sektor? Die Ausübung einer Aufgabe, die im öffentlichen Interesse liegt, muss nicht notwendig durch öffentliche Stellen erfolgen. Denkbar erscheint etwa das Angebot von Dienstleistungen zur Daseinsvorsorge, welches von im Wettbewerb befindlichen Unternehmen privatrechtlicher Natur erbracht werden kann. Für die Wahrnehmung einer Datenverarbeitung im öffentlichen Interesse besteht ein strikt funktionaler Ansatz, indem allein auf die öffentliche Funktion abgestellt wird, unabhängig davon, ob sie durch öffentliche oder nicht-öffentliche Stellen wahrgenommen bzw. ausgeübt wird.[227] **156**

d) Unionsrechtskonforme Nutzung dieser Öffnungsklauseln. Die Öffnungsklauseln der DS-GVO sind im Kern Ausdruck der Achtung der Union vor den mitgliedstaatlichen Kompetenzen im Sinne des Grundsatzes der begrenzten Einzelermächtigung sowie des Subsidiaritätsprinzips nach Art. 5 Abs. 2 und 3 EUV.[228] **157**

Die unionsrechtskonforme Nutzung der Öffnungsklauseln ist maßgeblich davon abhängig, wie sich das Verhältnis zwischen der unmittelbar geltenden DS-GVO und den nationalen Bestimmungen darstellt. Die Öffnungsklauseln der DS-GVO erinnern an die Umsetzungsmöglichkeiten der Mitgliedstaaten im Sinne einer Richtlinie. So gesehen, stellt die DS-GVO einen Hybrid aus Richtlinie und Verordnung dar.[229] Folglich können die Maßstäbe des Europäischen Gerichtshofes zur Beurteilung der Frage der Unionsrechtswidrigkeit von nationalen Umsetzungsakten im Falle einer Richtlinie jedenfalls dort analog herangezogen werden, wo sich der Richtliniencharakter realisiert. Danach hängt die Beurteilung der EU-Rechtskonformität im Kern maßgeblich von der Regelungsdichte sowie einer Auslegung der Tatbestandsmerkmale der Richtlinie ab. **158**

Für die Unionsmitglieder gilt es bei Nutzung der Öffnungsklauseln innerhalb der Regelungsdichte der DS-GVO zu verbleiben. Ferner ist das Schutzniveau der Grundverordnung als Maßstab für einzelstaatliche Regelungen zu berücksichtigen. Die Öffnungsklauseln des Art. 6 erlauben es den Mitgliedstaaten nicht, ein gegenüber der DS-GVO höheres Schutzniveau zu schaffen.[230] Gleichwohl dürfen die spezifischen Bestimmungen dieses Niveau nicht unterschreiten.[231] Zusammengefasst dürfen die Konkretisierungen also bei wertender Betrachtung keinen abweichenden Charakter entfalten. **159**

e) Bewertung des BDSG n.F. Für die Bewertung der unionsrechtskonformen Nutzung dieser Öffnungsklauseln durch den nationalen Gesetzgeber im BDSG n.F. ist in erster Linie zu überprüfen, ob der Bundesgesetzgeber dem Begriff des öffentlichen Interesses der DS-GVO ausreichend Rechnung trägt. **160**

Im Ergebnis entspricht das BDSG n.F. den unionsrechtlichen Anforderungen der DS-GVO. Dies zeigt sich an folgenden Gesichtspunkten: Zum einen hat die Kommission **161**

---

227 Vgl. ErwG 45 S. 6; so auch BeckOK DatenSR-*Albers* Art. 6 Rn. 41. Dazu ausführlich in konkretem Bezug auf die Videoüberwachung vgl. § 4 BDSG n.F. s. Anhang der Kommentierung zu Art. 6.

228 *Greve* NVwZ 2017, 737, 743 sowie *Kühling/Martini u.a.* Die Datenschutz-Grundverordnung und das nationale Recht, S. 3 f.

229 So auch *Greve* NVwZ 2017, 737, 743; *Kühling/Martini u.a.* Die Datenschutz-Grundverordnung und das nationale Recht, S. 1; *Piltz* Sachverständigenanhörung im Innenausschuss des Bundestages v. 27.3.2017, Protokoll-Nr. 18/110, 70.

230 Ratsdokument 15389/14, 13.11.2014, 5 f.

231 Vgl. Kühling/Buchner-*Buchner/Petri* Art. 6 Rn. 194.

die Regelungen des BDSG n.F. im Rahmen des Notifizierungsverfahrens unbeanstandet gelassen. Zum anderen zeigt die Frage nach der EU-Rechtswidrigkeit des Rundfunkbeitrags[232], in dem ein offener Dissens zwischen der Auffassung der Kommission und der Bundesrepublik Deutschland bestand, darüber hinaus die grundsätzliche Möglichkeit einer Abweichung und Modifikation von europarechtlichen Vorgaben auf, ohne dass diese innerstaatlich unanwendbar wären. Die Weite der Öffnungsklausel der DS-GVO ermöglicht ebendiese Konkretisierung, Vervollständigung und Modifikation und macht diese insb. aufgrund des generalklauselartigen Charakters der Begrifflichkeit des öffentlichen Interesses notwendig.[233]

162 Hinzu tritt, dass die Ausformung des Begriffs des öffentlichen Interesses in Art. 6 Abs. 2, 3 S. 3 die Fortsetzung der Begrifflichkeit aus Art. 7 lit. c und e DSRL darstellt, dessen inhaltlicher Gehalt von den Mitgliedstaaten ausgeformt wurde. Daran ändert sich auch dadurch nichts, dass die DS-GVO im Unterschied zur DSRL unmittelbare Anwendung findet. Denn entgegen der Annahme, dass der Begriff des öffentlichen Interesses keiner Interpretation durch die Mitgliedstaaten zugänglich ist, spricht bereits, dass dieser Begriff in den Mitgliedstaaten unterschiedlich beurteilt wird. Insofern ermöglichen erst Rechtssetzungsakte des nationalen Gesetzgebers eine begriffliche Konkretisierung und unterstreichen deren Notwendigkeit.[234] In der Folge ergeben sich aus einzelstaatlicher Perspektive keine begrifflichen Änderungen gegenüber der DSRL. Als öffentliches Interesse gelten im deutschen Recht demnach etwa die Regelungsbereiche der Ordnungsverwaltung einschließlich der Regelungen des Straßenverkehrs sowie die Leistungsverwaltung wie z.B. in Gestalt der Daseinsvorsorge.[235] Weshalb die Regelungen des BDSG n.F. außerhalb dieses Anwendungsbereichs liegen sollten ist nicht ersichtlich.[236]

f) Voraussetzungen unionsrechtsrechtswidriger Nutzung der Öffnungsklauseln.

163 Grundsätzlich gilt der Vorrang des Unionsrechts gegenüber dem mitgliedstaatlichen Recht bei Kollision unionsrechtlicher und mitgliedstaatlicher Regelungen. Diesem Regelungskomplex folgt auch die bisherige Rechtsprechungspraxis. Das Bundesverfassungsgericht hat in seiner Solange II-Entscheidung die eigene Prüfungskompetenz auf ausbrechende Rechtsakte der Union beschränkt. Ein Regelungskonflikt besteht insoweit gerade dann, wenn eine nationale Vorschrift mit der bereits zuvor normierten DS-GVO nicht vereinbar erscheint. Der Gerichtshof erlaubt in Übereinstimmung mit deutschen Gerichten nicht, mitgliedstaatliches Recht anzuwenden, wenn es nach ihrer Auffassung gegen unmittelbar geltendes EU-Recht verstößt.[237]

---

232 KOM (2007) 1761 endg. „Staatliche Beihilfe E 3/2005 – Die staatliche Finanzierung der öffentlich-rechtlichen Rundfunkanstalten", Ziff. 216, epd medien 39/2007, 12; dazu auch ausführlich *Schwartmann* Praxishandbuch Medien-, IT- und Urheberrecht, Kap. 4 Rn. 68 ff.

233 Zur Unklarheit der inhaltlichen Reichweite der Öffnungsklauseln vgl. auch BeckOK DatenSR-*Albers* Art. 6 Rn. 56; *Kühling/Martini* EuZW 2016, 448, 449.

234 Zu diesem Gedanken ausführlich *Kühling/Martini u.a.* Die Datenschutz-Grundverordnung und das nationale Recht, S. 32.

235 *Kühling/Martini u.a.* Die Datenschutz-Grundverordnung und das nationale Recht, S. 32.

236 Insbesondere im Hinblick auf die in diesem Zusammenhang relevante Videoüberwachung nach § 4 BDSG-n.F. zustimmend, vgl. *Eickelpasch* Sonderveröffentlichung zu RDV 06/2017, 5.

237 Vgl. *EuGH* v. 22.6.1989 – C-103/88, Fratelli Costanzo, Rn. 28 ff; *EuGH* v. 9.9.2003 – C-198/01, CIF, Rn. 49.

Nationales Recht wird in diesem Fall nicht nichtig, sondern bleibt exekutiv unangewendet. Dafür muss ein Unionsmitglied z.B. außerhalb einer in der DS-GVO normierten Öffnung Recht erlassen, etwa außerhalb ihres sachlichen Anwendungsbereichs gem. Art. 2. Um selbst dann von einer Rechtsanwendung ebendieses mitgliedstaatlichen Rechts abzusehen, muss die EU-Rechtswidrigkeit derart offensichtlich sein, dass sie der Gerichtshof der EU auch attestiert.[238] Hier dürften die Hürden hoch sein, weil die Nichtanwendung eine faktische Verwerfung darstellt und den Verantwortlichen in einen Normenkonflikt zwischen BDSG und DS-GVO in der Auslegung durch die Aufsicht bringt. Es besteht bei Nichtanwendung nationalen Rechts insbesondere aus Sicht der Aufsichtsbehörden das Risiko, dass die Norm etwa in einem anschließenden Verwaltungsgerichtsprozess mit Vorlage an den EuGH, doch als unionsrechtskonform eingestuft wird.[239] Das Risiko ausräumen können die Behörden nicht selbstständig, da diese nicht vorlageberechtigt sind und mithin der Weg über Art. 267 AEUV versperrt ist. Wenn einzelstaatliche Gerichte jedoch Unionsrechtsakte außer Anwendung lassen wollen, sind diese zur Vorlage nicht nur berechtigt, sondern verpflichtet.[240] Weil die Aufsicht mit der faktischen Verwerfung nationalen Rechts eine besondere Rechtsunsicherheit erzeugt, ist insbesondere mit Blick auf drohende Amtshaftungsprozesse höchste Sorgfalt bei der Prüfung der Europarechtswidrigkeit geboten. **164**

g) Art der Öffnungsklausel und Anwendungsbereich. Die Öffnungsklausel des Abs. 2 ist aufgrund des Wortes „können“ fakultativer Natur. Auch unter teleologischen Gesichtspunkten ist die legislative Präzisierung verzichtbar und es „wird nicht für jede einzelne Verarbeitung ein spezifisches Gesetz verlangt“[241]. Es handelt es sich also bei Abs. 2 um eine freiwillig zu nutzende Öffnungsklausel und es besteht keine Pflicht der Mitgliedstaaten spezifische Regelungen zu erlassen.[242] **165**

Dies alles gilt auch für die in Kap. IX (Art. 85–91) geregelten Verarbeitungssituationen. **166**

3. Abs. 3. – a) Rechtsgrundlage im Unionsrecht oder im mitgliedstaatlichen Recht.
Die Anforderungen an die Rechtsgrundlagen für die Verarbeitungen gem. Abs. 1 lit. c und e können sich nach Abs. 3 UAbs. 1 sowohl aus dem Unionsrecht (Abs. 3 UAbs. 1 lit. a), als auch aus dem jeweiligen nationalen Recht, „dem der Verantwortliche unterliegt“ (Abs. 3 UAbs. 1 lit. b), ergeben. Erst mit einer rechtlichen Ermächtigung oder Verpflichtungen ist der Verantwortliche befugt eine rechtmäßige Verarbeitung gem. Abs. 1 lit. c und e durchzuführen. Dementsprechend kann die Schaffung einer Rechtsgrundlage als Pflicht angesehen werden. Das Erfordernis des Abs. 3 UAbs. 1 ergibt sich aber bereits aus dem Primärrecht bzw. dem GG und ist dementsprechend lediglich wiederholend.[243] Ein von einem Parlament angenommener Gesetzgebungsakt ist dafür nicht zwingend erforderlich.[244] **167**

---

238 Vgl. *Schwartmann* RDV 2017, 51.

239 Vgl. *Piltz* Sachverständigenanhörung im Innenausschuss des Bundestages v. 27.3.2017, Protokoll-Nr. 18/110, 72.

240 Calliess/Ruffert-*Wegener* Art. 267 AEUV Rn. 33.

241 ErwG 45 S. 2.

242 Vgl. Plath-*Plath* Art. 6 Rn. 25.

243 Vgl. *Kühling/Martini u.a.* Die Datenschutz-Grundverordnung und das nationale Recht, S. 34.

244 Vgl. ErwG 41 S. 1.

168 **b) Anforderungen.** Weiter nennt Abs. 3 eine Reihe von Anforderungen an die Rechtsvorschriften. Danach ist bei beiden Verarbeitungszwecken der Zweck der Verarbeitung in der Rechtsgrundlage festzulegen. Der Zweckbindungsgrundsatz ist aber bereits primär-, als auch sekundärrechtlich normiert und mithin selbstverständlich zu erfüllen.[245] Jenem Erfordernis muss nicht ausdrücklich Rechnung getragen werden, sondern vielmehr reicht die Erkennbarkeit des impliziten Zwecks der Rechtsgrundlage.[246] Zudem muss sie ein im öffentlichen Interesse liegendes Ziel verfolgen sowie verhältnismäßig in Bezug auf den verfolgten Zweck sein.[247]

169 **c) Tatsächliche Öffnungsklausel in Abs. 3.** Die Öffnung für nationale Rechtsetzung in Bezug auf die Datenverarbeitung durch öffentliche Stellen findet sich in Abs. 3 UAbs. 2 S. 2.[248] Die Öffnungsklausel des Abs. 3 geht mit der des Abs. 2 einher, weil Abs. 3 die Existenz einer verordnungsrechtlichen Erlaubnis zum Erlass mitgliedstaatlichen Rechts voraussetzt.[249] Es handelt sich hier um kumulative, ganzheitlich zu erfüllende Anforderungen, die für die Verarbeitungen nach Abs. 1 UAbs. 1 lit. c und e von den Mitgliedstaaten zu erfüllen sind.[248] Gegenwärtig ist das Verhältnis des Abs. 2 und Abs. 3 in dieser Hinsicht noch als „unklar"[250] umschrieben, was nicht unberechtigt erscheint.

III. Praxishinweise

170 **1. Relevanz für öffentliche Stellen.** Für öffentliche Stellen besteht keine Relevanz.

171 **2. Relevanz für nichtöffentliche Stellen.** Unternehmen sollten sich bei ausschließlicher Anwendung von innerstaatlichen Normen, die auf Grundlage von Art. 6 Abs. 2 im BDSG n.F. erlassen wurden – namentlich insbesondere § 4 BDSG n.F. – der Diskussion um eine mögliche Europarechtswidrigkeit bewusst sein. Insofern wird teilweise die Frage aufgeworfen, ob § 4 BDSG n.F. mit Blick auf die Wahrnehmung öffentlicher Interessen wirksam erlassen wurde.[251] Im Falle der Nichtanwendung des BDSG n.F. ist an Amtshaftungsansprüche gegenüber der Aufsicht zu denken.

172 **3. Relevanz für betroffene Personen.** Für betroffene Personen besteht keine Relevanz.

173 **4. Relevanz für Aufsichtsbehörden.** Wenn Aufsichtsbehörden Normen, die im Rahmen der Öffnungsklauseln in den Mitgliedstaaten erlassen wurden, trotz mangelnder Beanstandung der entsprechenden BDSG-Normen durch die EU-Kommission nicht anwenden, dann sind sie schon mit Blick auf drohende Amtshaftungsprozesse gehalten, die Unionsrechtswidrigkeit der im Rahmen der Öffnung erlassenen Regelungen genau zu prüfen. Sie müssen sich bewusst darüber sein, dass in der Nichtanwendung derartiger Bestimmungen deren einstweilige faktische Verwerfung liegt. Weil der Anwendungskonflikt der verantwortlichen Stelle zwischen DS-GVO und BDSG n.F.

---

245 Vgl. *Kühling/Martini u.a.* Die Datenschutz-Grundverordnung und das nationale Recht, S. 35.

246 Vgl. Paal/Pauly-*Frenzel* Art. 6 Rn. 41.

247 Art. 6 Abs. 3 UAbs. 2 S. 3; vgl. Sydow-*Reimer* Art. 6 Rn. 24.

248 Vgl. *Kühling/Martini u.a.* Die Datenschutz-Grundverordnung und das nationale Recht, S. 27 f.

249 Vgl. *Benecke/Wagner* DVBl. 2016, 600, 601.

250 Kühling/Buchner-*Buchner/Petri* Art. 6 Rn. 195 f.

251 Vgl. dazu Erläuterungen und Darstellung des Diskussionsstandes § 4 BDSG n.F.

mit weitreichenden Konsequenzen verbunden ist, bis der EuGH die Rechtslage geklärt hat, geht die Aufsicht bei Nichtanwendung des BDSG n.F. erhebliche Kostenrisiken bei Prozessen ein, wenn sie Bußgelder verhängt. Entscheidet sie sich für ein Vorgehen im Wege der Anweisung, so ist das prozessuale Kostenrisiko erheblich reduziert. Der Streitwert dürfte sich dann nicht nach der Bußgeldhöhe richten, sondern pauschal geringer bemessen lassen. Weil der Anwendungskonflikt der verantwortlichen Stelle zwischen DS-GVO und BDSG n.F. mit weitreichenden Konsequenzen verbunden ist, bis der Europäische Gerichtshof die Rechtslage geklärt hat, geht die Aufsicht bei Nichtanwendung des BDSG n.F. erhebliche Kostenrisiken bei Prozessen ein, wenn sie Bußgelder verhängt. Entscheidet sie sich für ein Vorgehen im Wege der Anweisung, so ist das prozessuale Kostenrisiko erheblich reduziert. Der Streitwert dürfte sich dann nicht nach der Bußgeldhöhe richten, sondern sich pauschal geringer bemessen lassen.[252]

I. Art. 6 Abs. 4

Beruht die Verarbeitung zu einem anderen Zweck als zu demjenigen, zu dem die personenbezogenen Daten erhoben wurden, nicht auf der Einwilligung der betroffenen Person oder auf einer Rechtsvorschrift der Union oder der Mitgliedstaaten, die in einer demokratischen Gesellschaft eine notwendige und verhältnismäßige Maßnahme zum Schutz der in Artikel 23 Absatz 1 genannten Ziele darstellt, so berücksichtigt der Verantwortliche – um festzustellen, ob die Verarbeitung zu einem anderen Zweck mit demjenigen, zu dem die personenbezogenen Daten ursprünglich erhoben wurden, vereinbar ist – unter anderem

a) jede Verbindung zwischen den Zwecken, für die die personenbezogenen Daten erhoben wurden, und den Zwecken der beabsichtigten Weiterverarbeitung,

b) den Zusammenhang, in dem die personenbezogenen Daten erhoben wurden, insbesondere hinsichtlich des Verhältnisses zwischen den betroffenen Personen und dem Verantwortlichen,

c) die Art der personenbezogenen Daten, insbesondere ob besondere Kategorien personenbezogener Daten gemäß Artikel 9 verarbeitet werden oder ob personenbezogene Daten über strafrechtliche Verurteilungen und Straftaten gemäß Artikel 10 verarbeitet werden,

d) die möglichen Folgen der beabsichtigten Weiterverarbeitung für die betroffenen Personen,

e) das Vorhandensein geeigneter Garantien, wozu Verschlüsselung oder Pseudonymisierung gehören kann.

– *ErwG: 50*

– *BDSG n.F.: §§ 23–25*

I. Einordnung und Hintergrund

1. Erwägungsgründe. ErwG 50 benennt die Grundlagen der in Art. 6 Abs. 4 geregelten Zweckänderungen. Im Wesentlichen finden sich dort die Voraussetzungen, die auch im eigentlichen Text der Vorschrift niedergeschrieben sind. Teilweise finden sich dort aber auch darüber hinausgehende Ausführungen, die zum Verständnis und zur **174**

252 Vgl. *Schwartmann* RDV 2017, 51.

Auslegung der Vorschrift herangezogen werden können. Insbesondere wird statuiert, dass im Falle der Vereinbarkeit von neuen Zwecken und denen, für die die personenbezogenen Daten ursprünglich erhoben wurden, keine andere gesonderte Rechtsgrundlage erforderlich ist als diejenige für die Erhebung der personenbezogenen Daten.[253]

175 **2. BDSG n.F.** § 4 BDSG regelt die Videoüberwachung öffentlich zugänglicher Räume. Hier ist eine strenge Zweckbindung vorgesehen (§ 4 Abs. 1 Nr. 3 BDSG). Für einen anderen Zweck dürfen sie nur weiterverarbeitet werden, soweit dies zur Abwehr von Gefahren für die staatliche und öffentliche Sicherheit sowie zur Verfolgung von Straftaten erforderlich ist (§ 4 Abs. 3 S. 3 BDSG).

176 §§ 23 und 24 BDSG enthalten spezielle Regelungen zur Verarbeitung zu anderen Zwecken durch öffentliche Stellen (§ 23) sowie durch nichtöffentliche Stellen (§ 24). § 23 BDSG sieht einen sechs Ziffern umfassenden Katalog vor, nach dem eine Verarbeitung unter neuem Zweck zulässig sein kann. Die Regelung für nichtöffentliche Stellen ist merklich schlanker und erlaubt eine Verarbeitung zu einem anderen als dem ursprünglichen Zweck lediglich für die Gefahrenabwehr oder im Rahmen zivilrechtlicher Ansprüche. Nicht-öffentliche Stellen werden ihre etwaigen im Wege einer Zweckänderung stattfindenden Verarbeitungsvorgänge demnach hauptsächlich an Art. 6 Abs. 4 zu messen haben.

177 In diesem Licht liest sich auch § 48 BDSG, der die „Verarbeitung zu anderen Zwecken" im Rahmen der Verhütung, Ermittlung, Aufdeckung, Verfolgung oder Ahndung von Straftaten oder Ordnungswidrigkeiten erlaubt. § 48 BDSG befindet sich in Teil 3, den „Bestimmungen für Verarbeitungen zu Zwecken gemäß Artikel 1 Absatz 1 der Richtlinie (EU) 2016/680"[254] und ist daher nur im Rahmen der justiziellen Zusammenarbeit in Strafsachen und der polizeilichen Zusammenarbeit anwendbar.

178 **3. Normengenese und -umfeld.** Schon der ursprüngliche Kommissionsentwurf für eine Datenschutz-Grundverordnung[255] sah in deren Art. 6 Nr. 4 die Möglichkeit einer „Weiterverarbeitung" außerhalb des ursprünglichen Zwecks vor. Danach musste der Zweck der Weiterverarbeitung mit dem Zweck, für den die personenbezogenen Daten erhoben wurden, „vereinbar" sein, andernfalls musste auf die Verarbeitung einer der in Abs. 1 genannten allgemeinen Rechtfertigungsgründe zutreffen. Die Norm unterstellte daher bei grundsätzlicher „Vereinbarkeit" mit dem Ursprungszweck eine Weiterverarbeitungsbefugnis. Diese Systematik war so grundsätzlich schon in der Datenschutzrichtlinie 95/46/EG vorgesehen. Gleichwohl enthielt die Version des Berichterstatters eine komplette Streichung des Art. 6 Nr. 4 mit der Begründung, dass für eine Änderung des Zwecks „ohnehin einer der Rechtsgründe gemäß

253 Hierzu ausführlich Rn. 193 ff.

254 Richtlinie (EU) 2016/680 des Europäischen Parlaments und des Rates vom 27. April 2016 zum Schutz natürlicher Personen bei der Verarbeitung personenbezogener Daten durch die zuständigen Behörden zum Zwecke der Verhütung, Ermittlung, Aufdeckung oder Verfolgung von Straftaten oder der Strafvollstreckung sowie zum freien Datenverkehr und zur Aufhebung des Rahmenbeschlusses 2008/977/JI des Rates.

255 Vorschlag für VERORDNUNG DES EUROPÄISCHEN PARLAMENTS UND DES RATES zum Schutz natürlicher Personen bei der Verarbeitung personenbezogener Daten und zum freien Datenverkehr (Datenschutz-Grundverordnung) vom 25.1.2012, KOM(2012) 11 endgültig.

Absatz 1 Anwendung finden muss. Auch die Datenschutzrichtlinie ermöglicht keine Änderung des Zwecks, so dass das Schutzniveau hier beibehalten werden sollte".[256] Auch die Parlamentsversion sah diesen Passus dementsprechend nicht mehr vor. Die Version des Rates sah daraufhin wieder die ursprüngliche Formulierung der Kommission vor und ging noch darüber hinaus. Danach sollte die Weiterverarbeitung durch denselben für die Verarbeitung Verantwortlichen für nicht konforme Zwecke aufgrund der berechtigten Interessen dieses für die Verarbeitung Verantwortlichen oder eines Dritten rechtmäßig sein, sofern diese Interessen gegenüber den Interessen der betroffenen Person überwiegen. Das Parlament hatte jedoch immer wieder klargestellt, dass es kein Zurück hinter den Schutzstandard und damit insbesondere die Grundsätze der Richtlinie aus dem Jahr 1995 geben dürfe, sodass letztlich die Einigung auf die Kompatibilitätsgesichtspunkte des heutigen Art. 6 Abs. 4 erfolgte.[257]

Die Norm ist im engen Zusammenhang mit Art. 5 Abs. 1 lit. b zu lesen.[258] Dieser stellt **179** den Grundsatz der Zweckbindung auf. Die Datenerhebung muss zu festgelegten, eindeutigen und legitimen Zwecken erfolgen und die Weiterverarbeitung muss in einer mit diesen Zwecken zu vereinbarenden Weise geschehen. Insofern stellt Art. 6 Abs. 4 eine Ausnahme zu dieser Regel auf, da dort Voraussetzungen für Verarbeitungen aufgestellt werden, die explizit einem anderen Zweck dienen als dem, zu dem die Daten ursprünglich erhoben wurden.

a) DSRL. Der Zweckbindungsgrundsatz wurzelt in Art. 5 lit. b der Konvention **180** Nr. 108 des Europarates.[259] Dieser wurde in abgewandelter Form auch in die Datenschutzrichtlinie übernommen. Die Datenschutzrichtlinie bestimmte in ErwG 28, dass die Verarbeitung personenbezogener Daten dem angestrebten Zweck zu entsprechen habe, dafür erheblich sein musste und nicht darüber hinauszugehen habe. Es wurde insbesondere festgelegt, dass die Zwecke eindeutig und rechtmäßig sein müssen und bei der Datenerhebung festgelegt werden müssen. Auch fand sich hier der explizite Hinweis, dass die Zweckbestimmungen der Weiterverarbeitung nach der Erhebung nicht mit den ursprünglich festgelegten Zwecken unvereinbar sein dürfen. Diese Weiterverarbeitung wurde sodann nochmals in ErwG 29 näher erläutert. Dort wurde nämlich die Weiterverarbeitung personenbezogener Daten für historische, statistische oder wissenschaftliche Zwecke als „im allgemeinen nicht als unvereinbar mit den Zwecken der vorausgegangenen Datenerhebung" angesehen. Hierfür musste der umsetzende Mitgliedstaat „geeignete Garantien" vorsehen. Diese müssen insbesondere ausschließen, dass die Daten für Maßnahmen oder Entscheidungen gegenüber einzelnen Betroffenen verwendet werden. Die wesentlichen Inhalte dieser Erwägungsgründe finden sich auch in Art. 6 Abs. 1 lit. b der Datenschutzrichtlinie wieder.

b) BDSG a.F. Zentrale Norm im Hinblick auf eine Zweckänderung im BDSG a.F. **181** war § 28 Abs. 2, der die Datenverarbeitung „für einen anderen Zweck" regelte. Bereits

---

256 ENTWURF EINES BERICHTS über den Vorschlag für eine Verordnung des Europäischen Parlaments und des Rates zum Schutz natürlicher Personen bei der Verarbeitung personenbezogener Daten und zum freien Datenverkehr (Datenschutz-Grundverordnung), (COM(2012)0011 – C7-0025/2012 – 2012/0011(COD)).

257 *Albrecht* CR 2016, 88, 92.

258 Plath-*Plath* Art. 6 Rn. 30.

259 Europarat, Übereinkommen zum Schutz des Menschen bei der automatisierten Verarbeitung personenbezogener Daten v. 28.1.1981.

hierin war also eine „Durchbrechung des Zweckbindungsgrundsatzes“ angelegt.[260] Diese Ausnahme beschränkte sich jedoch auf die Übermittlung und die Nutzung, andere Nutzungsarten im Rahmen einer Zweckänderung waren lediglich nach § 28 Abs. 1 BDSG a.F. zulässig. Die geregelten Anwendungsfälle waren auf die Wahrung eigener berechtigter Interessen oder das Vorliegen allgemein zugänglicher Daten sowie auf die Wahrung berechtigter Interessen Dritter, die Gefahrenabwehr sowie die wissenschaftliche Forschung begrenzt. Für die zweckändernde Weiterverarbeitung der öffentlichen Stellen war § 14 Abs. 2 BDSG a.F. die zentrale Norm. Hierin wurden neun Tatbestände geregelt, nach denen bei Vorliegen der entsprechenden Voraussetzungen das Speichern, Verändern oder Nutzen „für andere Zwecke“ als zulässig erachtet wurde. Größtenteils finden sich die dort normierten (Ausnahme-)Tatbestände in der gleichen oder in ganz ähnlicher Form auch im BDSG n.F. wieder.[261]

182 **c) WP der Art.-29-Datenschutzgruppe.** Die Art.-29-Datenschutzgruppe beschloss im Jahr 2013 ihre – bis dato lediglich in englischer Sprache verfügbare – „Opinion 03/2013 on purpose limitation“ (WP203), die den Grundsatz der Zweckbindung analysiert und Leitlinien für die praktische Anwendung des Grundsatzes im Rahmen des damaligen Rechtsrahmens sowie politische Empfehlungen für die Zukunft formuliert.[262] Im Wesentlichen stellte die Art.-29-Datenschutzgruppe fest, dass der Grundsatz der Zweckbindung aus zwei Hauptbausteinen besteht: Personenbezogene Daten müssen für bestimmte, ausdrückliche und legitime Zwecke erhoben werden („Zweckbestimmung“) und die Daten dürfen nicht „mit diesen Zwecken unvereinbar“ weiterverarbeitet werden, was zu einer „kompatiblen Verwendung“ verpflichtet. Eine etwaige Weiterverarbeitung zu einem anderen Zweck wurde allerdings nicht von vornherein grundsätzlich als inkompatibel bezeichnet, vielmehr stellte die Art.-29-Datenschutzgruppe fest, dass die Kompatibilität von Fall zu Fall beurteilt werden müsse. Eine stichhaltige Kompatibilitätsbewertung erfordere eine Bewertung aller relevanten Umstände. Dabei sollte ein Kriterienkatalog zu Rate gezogen werden, anhand dessen die Kompatibilität beurteilt werden sollte. Dieser Kriterienkatalog entspricht weitestgehend dem heute in der DS-GVO in Art. 6 Abs. 4 befindlichen Katalog. Für die Auslegung der Norm dürften daher die von der Art.-29-Datenschutzgruppe erdachten Ausführungen herangezogen werden können.[263] Eine konkrete Ausarbeitung zum Zweckbindungsgrundsatz nach der DS-GVO existiert bisher nicht. Da die Art.-29-Datenschutzgruppe aber bereits in ihrem WP 203 auf die DS-GVO verwiesen hatte und der von ihr erarbeitete Kriterienkatalog insoweit auch Eingang in die finale Fassung der DS-GVO gefunden hat, ist davon auszugehen, dass sich die Art.-29-Datenschutzgruppe in Zukunft mit diesem Thema noch einmal ausführlicher auseinandersetzen wird.

II. Kommentierung

183 **1. Einführung.** Art. 6 Abs. 4 regelt die Verarbeitung zu einem anderen Zweck als zu demjenigen, zu dem die personenbezogenen Daten erhoben wurden. Der Grundsatz der Zweckbindung wurde ohne inhaltliche Veränderungen von der Datenschutzricht-

---

260 Plath-*Plath* § 28 BDSG, Rn. 91; Däubler/Klebe/Wedde/Weichert-*Wedde* § 28 BDSG Rn. 69.
261 Siehe hierzu unten Rn. 208 ff.
262 *Art.-29-Datenschutz-Gruppe* WP 203, Opinion 03/2013 on purpose limitation, abrufbar unter http://ec.europa.eu/justice/data-protection/article-29/documentation/opinion-recommendation/index_en.htm.
263 Ebenso Gola-*Schulz* Art. 6 Rn. 180; differenzierend *Monreal* ZD 2016, 507 (510).

linie in die DS-GVO übernommen. Hinsichtlich der Zweckänderung gab es jedoch eine umfassende Diskussion im Rahmen des Gesetzgebungsprozesses.[264] Als Vorbild der Norm gilt Art. 9 des niederländischen Datenschutzgesetzes.[265] Kerngehalt ist die so genannte „Kompatibilitätsprüfung", wonach eine zweckfremde Weiterverarbeitung unter bestimmten Voraussetzungen zulässig sein kann. Eine Kompatibilitätsprüfung nach einer Zweckänderung sah bereits die Datenschutzrichtlinie vor, allerdings ohne dies konkreter zu spezifizieren. Dies hat nun die DS-GVO getan, dabei jedoch fortwährend auslegungsbedürftige Kriterien aufgestellt.[266]

Bei einer zweckändernden Weiterverarbeitung muss der Verantwortliche feststellen, **184** ob die Verarbeitung zu einem anderen Zweck mit demjenigen, zu dem die personenbezogenen Daten ursprünglich erhoben wurden, „vereinbar" ist. Was mit „Vereinbarkeit" zwischen den Zwecken gemeint ist, lässt die DS-GVO offen und definiert diesen Begriff nicht, sondern statuiert lediglich, dass bei der Prüfung, ob diese Verbindung gegeben ist, bestimmte Kriterien berücksichtigt werden müssen. Die DS-GVO schreibt die Kompatibilitätsprüfung damit bei einer Zweckänderung zwar abstrakt vor, überlässt ihre Durchführung und insbesondere ihre Ausfüllung jedoch dem Verantwortlichen. Sofern eine zweckändernde Weiterverarbeitung unter Verstoß gegen Abs. 4 durchgeführt wird, unterfällt dies grundsätzlich Art. 83 Abs. 5 lit. d. Demnach kann im Verstoßfall eine Geldbuße bis 20 000 000 EUR oder 4 % des gesamten weltweiten Jahresumsatzes eines Unternehmens fällig werden.

Umstritten ist, ob es für die zweckändernde Weiterverarbeitung einer eigenen Rechts- **185** grundlage bedarf, oder ob sie bereits von der ursprünglichen Rechtsgrundlage „gedeckt" ist. Teilweise wird vertreten, dass aufgrund der Regelungssystematik und des Wortlauts des Abs. 4 allein der Kompatibilitätstest eine zweckändernde Datenverarbeitung noch nicht zu einer rechtmäßigen Datenverarbeitung machen könne, sondern eine der Bedingungen des Art. 6 Abs. 1 lit. a bis f erfüllt sein müsse.[267] Art. 6 Abs. 4 sei demnach nur eine Auslegungsregel für das Tatbestandsmerkmal der Vereinbarkeit in Art. 5 Abs. 1 lit. b. Folglich bezöge sich Art. 6 Abs. 4 sodann allein auf die Vorgabe der Zweckbindung einer Datenverarbeitung, nicht aber auch auf die Rechtmäßigkeitsvoraussetzungen nach Art. 6. Dafür spreche auch die Entstehungsgeschichte der Norm, aus der sich ergebe, dass auch eine nach Abs. 4 zweckkompatible Weiterverarbeitung von Daten stets zusätzlich noch einer gesonderten Rechtsgrundlage bedarf und der Gesetzgebungsprozess von Anfang an dadurch bestimmt war, dass für das Europäische Parlament bei der Zweckänderung der Schutzstandard der Datenschutzrichtlinie unter keinen Umständen gemindert werden durfte.[268]

Demgegenüber steht die Auffassung, dass es im Falle der zweckändernden Weiterver- **186** arbeitung keiner gesonderten Rechtsgrundlage bedarf.[269] Hiernach stützt sich die Ver-

---

264 Ausführlich *Monreal* ZD 2016, 507 (507 ff.); *Albrecht* CR 2016, 88, 92.

265 Gola-*Schulz* Art. 6 Rn. 177.

266 Die Kriterien sind größtenteils mit denen des WP 203 der Art.-29-Datenschutzgruppe identisch.

267 Kühling/Buchner-*Petri* Art. 6 Rn. 183.

268 Kühling/Buchner-*Petri* Art. 6 Rn. 182; *Albrecht* CR 2016, 88, 92; *Schantz* NJW 2016, 1841 (1844).

269 Gola-*Schulz* Art. 6 Rn. 185; Plath-*Plath* Art. 6 Rn. 32; *Kühling/Martini* EuZW 2016, 448, 451; *Monreal* ZD 2016, 507 (510); *Ziegenhorn* zfm 2016, 3 (6).

arbeitung grundsätzlich auf die Rechtsgrundlage der ursprünglichen Verarbeitung. Hierfür spricht bereits ErwG 50. Danach ist im Falle der Vereinbarkeit der Zwecke „keine andere gesonderte Rechtsgrundlage erforderlich als diejenige für die Erhebung der personenbezogenen Daten". Diese Formulierung dürfte auch nicht als „redaktioneller Fehler" zu werten sein.[270] Denn gerade der Umstand der Zweckbindung und der Zweckänderung haben im Gesetzgebungsverfahren erhebliche Aufmerksamkeit erfahren. Dies spricht ausdrücklich gegen ein Versehen des Verordnungsgebers an dieser Stelle.[271] Des Weiteren würde auch die Möglichkeit der inkompatiblen Weiterverarbeitung auf Basis einer Einwilligung oder auf Basis von Rechtsvorschriften der Union oder der Mitgliedstaaten, also auf Basis einer gesonderten Rechtsgrundlage, keinen Sinn machen. Hierfür bliebe bei entgegengesetztem Verständnis des Art. 6 Abs. 4 schlicht kein Anwendungsbereich mehr.

187 **2. Norminhalt. – a) Allgemeines.** Der Wortlaut der Vorschrift ist etwas unglücklich formuliert und lässt ihre Stoßrichtung erst nach genauer Analyse erkennen: Sofern eine Datenverarbeitung nicht auf der Einwilligung der betroffenen Person oder auf einer Rechtsvorschrift der Union oder der Mitgliedstaaten beruht, kann ein Verantwortlicher eine Verarbeitung zu einem anderen Zweck als zu demjenigen durchführen, zu dem die personenbezogenen Daten erhoben wurden – vorausgesetzt, er stellt fest, dass die Verarbeitung zu einem anderen Zweck mit dem ursprünglichen Zweck vereinbar ist. Der reine Wortlaut steigt in die Vorschrift ein mit der Voraussetzung „Beruht die Verarbeitung (...)". Dies unterstellt, dass bereits eine Verarbeitung außerhalb des Zwecks stattfindet, zu dem die Daten ursprünglich erhoben wurden.

188 Kerninhalt der Vorschrift ist demnach die Prüfung der Vereinbarkeit von ursprünglichem und neuem, späteren Zweck. Der Wortlaut des ErwG 50 ist deswegen aufschlussreicher: Ein Verantwortlicher muss schrittweise vorgehen, indem er zunächst prüft, ob eine Einwilligung für die zweckfremde Verarbeitung vorliegt oder eine Rechtsvorschrift der Union oder der Mitgliedstaaten die Verarbeitung rechtfertigen würde. In diesem Fall ist es auch möglich, dass die Verarbeitung trotz nicht miteinander zu vereinbarender Zwecke durchgeführt wird.[272] Wenn keiner dieser Tatbestände einschlägig ist, muss der Verantwortliche in die Prüfung der Vereinbarkeit einsteigen.

189 Eine Definition der Vereinbarkeit liefert die DS-GVO nicht. Vielmehr legt die Norm dem Verantwortlichen die Prüfung der Vereinbarkeit anhand der in der Verordnung genannten Kriterien auf. Diese sind nicht abschließend, denn der Wortlaut bezeichnet die genannten als die „unter anderem" für die Feststellung der Kompatibilität relevanten Kriterien. Es ist allerdings nicht ersichtlich, welche weiteren Kriterien hier ernsthaft in die Beurteilung einbezogen werden sollten, da die Möglichkeiten hier prinzipiell grenzenlos sind. So wird beispielsweise vorgeschlagen, die Tatsache der erweiterten Verarbeitung im Rahmen des dem Betroffenen bekannten Unternehmensgegenstandes mit einzubeziehen oder wie in der Vergangenheit verfahren wurde und ob es Datenpannen oder Beschwerden in nennenswertem Umfang gegeben hat.[273] Hierbei ist allerdings problematisch, dass sich dadurch kaum eine Eingrenzung der möglichen Kriterien vornehmen lässt, da insofern grundsätzlich sämtliche – sowohl unmittelbar

270 So aber *Schantz* NJW 2016, 1841, 1844.
271 Ebenso Gola-*Schulz* Art. 6 Rn. 185.
272 Gola-*Schulz* Art. 6 Rn. 178.
273 *Schaffland/Holthaus* Art. 6 Rn. 312.

als auch mittelbar – mit dem jeweiligen Verarbeitungsvorgang im Zusammenhang stehende Umstände theoretisch berücksichtigt werden könnten. So wäre beispielsweise eine Idee, zumindest im Falle großflächiger Datenverarbeitungsvorgänge zu einem eher entfernten (aber gegebenenfalls immer noch zu vereinbarenden) Zweck auch die finanzielle Ausstattung des Verantwortlichen einzubeziehen, um einem höheren Verstoß- und damit Geldbußerisiko vorzubeugen. Dem mag mit verschiedenen Argumenten begegnet werden, allerdings verbleibt in jedem Fall das Risiko, dass die Abgrenzung zu „noch einzubeziehenden“ und „bereits irrelevanten“ Kriterien kaum jemals zielführend und vor allem rechtssicher zu treffen sein wird, zumal die DS-GVO hierfür eben keinerlei Anhaltspunkte bietet, außer dem Rechtsanwender einen vorgegebenen, aber darüber hinaus nach hinten offen gelassenen Katalog vorzugeben. In der Praxis sollte daher zumindest das ganz wesentliche Gewicht auf die fünf in der DS-GVO bereits enthaltenen Kriterien gelegt werden. Insofern dürfte eine Evaluation der Kriterien unter Einbeziehung aller mit der Verarbeitung verbundenen Kriterien am sinnvollsten sein.[274]

Fraglich ist auch, wie die Kriterien zu gewichten sind oder wie damit umzugehen ist, **190** wenn eines der Kriterien „nicht erfüllt“ ist. Der Wortlaut der Norm liefert hierfür keine Erkenntnisse. Allerdings besagt er, dass die Kriterien „berücksichtigt“ werden müssen, nicht aber, dass alle eingehalten werden müssen bzw. in für den Betroffenen positiver Weise erfüllt sein müssen. Hierfür spricht auch, dass die Kriterien teilweise selbst nur als Beispiele formuliert sind (lit. b und lit. c „insbesondere“; lit. e „wozu (…) gehören kann“).[275] Dies ist auch sinnvoll, da die Norm selbst kein Prüfungsergebnis regulieren will, sondern lediglich die Notwendigkeit und Voraussetzungen des Kompatibilitätstests an sich statuiert.

Jedes Kriterium ist vom Verantwortlichen mit Leben zu füllen und die Zulässigkeit **191** des Verarbeitungsvorgangs ergibt sich letztlich anhand einer Gesamtschau der Kriterien. Hierbei ist darauf hinzuweisen, dass lediglich das letzte der fünf Kriterien überhaupt einen „erfüllbaren“ Status festlegt, nämlich die Tatsache, ob „geeignete Garantien“ bei der Datenverarbeitung vorhanden sind, beispielsweise Verschlüsselung oder Pseudonymisierung. Aus dem Wortlaut wird hier deutlich, dass dies nicht unter allen Umständen der Fall sein muss, sondern dieser Punkt lediglich in die Vereinbarkeitsprüfung einbezogen werden muss. Umgekehrt ergibt sich daraus gleichfalls, dass eine Vereinbarkeit auch dann noch gegeben sein kann, wenn keine „geeigneten Garantien“ vorhanden sind. Dies kann beispielsweise der Fall sein, wenn eine Prüfung der anderen vier Kriterien die Erlaubnis einer zweckfremden Vereinbarung in besonderem Maße nahelegt. Die anderen vier Kriterien beschreiben eher einen „Status“ oder bestimmte Umstände eines jeweiligen zweckfremden Verarbeitungsvorgangs. Aus dieser Thematik ergibt sich demnach leider auch die Konturlosigkeit der Vorschrift insgesamt, weil letztlich keine strengen, greif- bzw. messbaren Kriterien für die Vereinbarkeitsprüfung gesetzlich festgelegt wurden, sondern eher unbestimmte, ausfüllungsbedürftige Kriterien. Die Vielzahl wertungsbedürftiger Begriffe erschwert die rechtssichere Entscheidung.[276]

---

274 Gola-*Schulz* Art. 6 Rn. 178.

275 So auch Paal/Pauly-*Frenzel* Art. 6 Rn. 47.

276 Paal/Pauly-*Frenzel* Art. 6 Rn. 47.

192 Hieraus ergibt sich für den Verantwortlichen in jedem Fall eine Unsicherheit in der Beurteilung der Frage, ob eine zweckfremde Verarbeitung zulässig ist oder nicht. Befindet die verantwortliche Stelle positiv über die Zulässigkeit der Verarbeitung, ist eine ausführliche und penible Dokumentation der Prüfungsschritte bis hin zum positiven Ergebnis (aus Sicht des Verantwortlichen), die auch die Gewichtung der einzelnen Kriterien beschreibt, unabdingbar. Andernfalls bleiben die Kriterien lediglich „inhaltslos und dehnbar".[277] Empfehlenswert ist insoweit eine Dokumentation durch den Datenschutzbeauftragten unter Einbeziehung der betroffenen Fachbereiche in schriftlicher Form (Vermerkform),[278] gegebenenfalls abgezeichnet vom zuständigen Entscheidungsträger im Unternehmen.

b) Kriterien der Vereinbarkeitsprüfung. – aa) Verbindung zwischen den Zwecken.

193 Der Verantwortliche hat zunächst „jede Verbindung zwischen den Zwecken, für die die personenbezogenen Daten erhoben wurden, und den Zwecken der beabsichtigten Weiterverarbeitung" zu berücksichtigen. Es kann davon ausgegangen werden, dass unter diesem Punkt eine zumindest irgendwie geartete Verbindung zwischen den Zwecken bestehen muss, um eine zweckfremde Weiterverarbeitung zu rechtfertigen. Je weiter der Zweck der ursprünglichen Verarbeitung und der Zweck der Weiterverarbeitung auseinander liegen, desto schwieriger lässt sich eine Ausnahme von der zweckgebundenen Verarbeitung rechtfertigen.[279] Die Verbindung kann dabei sowohl inhaltlich als auch zeitlich berücksichtigt werden.[280]

194 Einigkeit besteht dahingehend, dass der neue Zweck ein logischer nächster Schritt oder eine naheliegende Folge der ursprünglichen Zweckbestimmung darstellen sollte.[281] Zu weitgehend dürfte es nach dem eindeutigen Wortlaut allerdings sein, es ausreichen zu lassen, dass zwar eine irgendwie geartete denklogische Folge vorliegt, allerdings keinerlei Verbindung zwischen altem und neuem Zweck mehr existiert.[282] Letztlich sollte geprüft werden, ob ein nachvollziehbarer Sachzusammenhang gegeben ist, um eine Verbindung zwischen den Zwecken festzustellen.

195 Ein mögliches Beispiel für eine Zweckänderung ist die gewünschte Verarbeitung von personenbezogenen Daten, die ursprünglich allein zu Zwecken der Erfüllung eines Vertrags erhoben und verarbeitet wurden, zu Werbezwecken zu nutzen. Sollte der Verantwortliche etwa den Zweck einer sich an die Vertragsabwicklung anschließenden werblichen Nutzung der Daten bereits im Zeitpunkt der Erhebung hinreichend definieren, so steht einer späteren werblichen Nutzung der Daten als kompatibler Nutzung grundsätzlich nichts entgegen. Denn die werbliche Verarbeitung von im Rahmen eines Vertragsverhältnisses erhobenen Daten ist insofern eine nach Art. 6 Abs. 4 zulässige Weiterverarbeitung von ursprünglich zu anderen Zwecken erhobenen Daten.[283] Ob demgegenüber die Datennutzung für Werbezwecke Dritter nach Erster-

---

277 *Buchner* DuD 2016, 155 (159).

278 So *Schaffland/Holthaus* Art. 6 Rn. 314.

279 *Art.-29-Datenschutzgruppe* WP 203, S. 23; Kühling/Buchner-*Buchner/Petri* 6 Rn. 187.

280 *Monreal* ZD 2016, 507 (510).

281 Kühling/Buchner-*Buchner/Petri* 6 Rn. 187; Gola-*Schulz* Art. 6 Rn. 180; ebenso bereits *Art.-29-Datenschutzgruppe* WP 203, S. 23.

282 A.A. wohl Gola-*Schulz* Art. 6 Rn. 180.

283 Zustimmend insoweit Plath-*Plath* Art. 6 Rn. 34 sowie GDD-Ratgeber: Werbung und Kundendatenschutz nach der DS-GVO, S. 63.

hebung noch eine mit dem ursprünglichen Erhebungszweck zu vereinbarende Datenverarbeitung darstellt, ist entsprechend des Kompatibilitätstests des Art. 6 Abs. 4 einzelfallbezogen zu ermitteln.[284] Ob im Zuge der Weite des Verarbeitungsbegriffs und der Erwähnung von Drittinteressen in Art. 6 Abs. 1 lit. f auch im Falle von Datenübermittlungen zu Werbezwecken Dritter von einem kompatiblen Zweck auszugehen ist, ist letztlich eine Frage, die durch den Europäischen Gerichtshof abschließend zu klären ist.[285]

bb) Zusammenhang, in dem die personenbezogenen Daten erhoben wurden. Des Weiteren hat der Verantwortliche den Zusammenhang, in dem die personenbezogenen Daten erhoben wurden, insbesondere hinsichtlich des Verhältnisses zwischen den betroffenen Personen und dem Verantwortlichen, zu berücksichtigen. Nach ErwG 50 sind dabei insbesondere die vernünftigen Erwartungen der betroffenen Person, die auf ihrer Beziehung zu dem Verantwortlichen beruhen, in Bezug auf die weitere Verwendung dieser Daten zu berücksichtigen. Die deutsche Sprachfassung des Erwägungsgrundes ist unklar, wie ein Vergleich mit der englischen Fassung zeigt. Letztlich geht es darum, dass ein Zusammenhang des ursprünglichen Erhebungszwecks mit dem späteren Weiterverarbeitungszweck geprüft werden muss. Je weniger beide Zwecke miteinander zu tun haben, desto geringer ist die Wahrscheinlichkeit, dass die Verarbeitung zum neuen Zweck noch rechtmäßig ist. **196**

Um den Zusammenhang festzustellen, ist besonderes Augenmerk auf das Verhältnis zwischen Verarbeiter und Betroffenem zu richten, beispielsweise für den Fall, dass die Zweckänderung im Rahmen eines Kunden- oder Arbeitsverhältnisses stattfindet. In diesem Zusammenhang ist auf die vernünftigen Erwartungen des Betroffenen abzustellen, ob also dieser, beispielsweise als Kunde oder Arbeitnehmer, mit einer entsprechenden Weiterverarbeitung rechnen konnte oder musste. In eine entsprechende Prüfung einzubeziehen ist eine Überlegung dessen, was üblich und allgemein erwartete Praxis im gegebenen Kontext sowie in der gegebenen (kommerziellen oder anderen) Beziehung wäre.[286] Als Faustformel lässt sich daher festhalten: Je unerwarteter oder überraschender die weitere Verwendung ist, desto wahrscheinlicher ist es, dass sie als unvereinbar angesehen wird.[286] **197**

cc) Art der personenbezogenen Daten. Relevant ist ferner die Art der personenbezogenen Daten, insbesondere, ob besondere Kategorien personenbezogener Daten gem. Art. 9 oder personenbezogene Daten über strafrechtliche Verurteilungen und Straftaten gem. Art. 10 verarbeitet werden. Aufgrund des weiten Wortlauts können auch andere Arten personenbezogener Daten zu berücksichtigen sein, denen eine gesteigerte Schutzwürdigkeit zukommt. Die Art.-29-Datenschutzgruppe benennt als Beispiel Kommunikationsdaten oder Standortdaten und sieht sogar eine etwaige Relevanz für den Fall, dass der Betroffene ein Kind ist oder anderweitig zu einem besonders schutzwürdigen Bevölkerungsteil gehört, wie zum Beispiel Asylsuchende oder ältere Menschen.[286] Im Ergebnis gilt auch hier die Faustformel: Je sensitiver die Daten, desto geringer die Möglichkeit der Weiterverarbeitung. Teilweise wird hierin gar ein Schwerpunkt der Beurteilung des gesamten Kompatibilitätstests gesehen.[287] **198**

---

284 GDD-Ratgeber: Werbung und Kundendatenschutz nach der DS-GVO, S. 65.
285 GDD-Ratgeber: Werbung und Kundendatenschutz nach der DS-GVO, S. 67.
286 *Art.-29-Datenschutzgruppe* WP 203, S. 24.
287 *Schaffland/Holthaus* Art. 6 Rn. 309.

199 **dd) Mögliche Folgen der beabsichtigten Weiterverarbeitung.** Ebenso sind die möglichen Folgen der beabsichtigten Weiterverarbeitung für die betroffenen Personen zu berücksichtigen. Bei der Beurteilung der Folgen der Weiterverarbeitung sind sowohl positive als auch negative Konsequenzen zu berücksichtigen. Dazu gehören auch potenzielle künftige Entscheidungen oder Handlungen Dritter und Situationen, in denen die Verarbeitung zum Ausschluss oder zur Diskriminierung von Personen führen kann.[288]

200 Relevante Folgen können auch durch die Art und Weise, in der Daten weiterverarbeitet werden, auftreten, zum Beispiel, ob die Daten von einem anderen Verantwortlichen in einem anderen Kontext mit nicht vorhersehbaren Konsequenzen verarbeitet werden, ob die Daten öffentlich zugänglich gemacht oder auf andere Weise einer großen Zahl von Personen zugänglich gemacht werden oder ob große Mengen von personenbezogenen Daten verarbeitet oder mit anderen Daten kombiniert werden (wie beispielsweise beim Profiling, gegebenenfalls auch im Falle von Big Data-Anwendungen, wie Scoring, Data Mining oder Smart Cars[289]), insbesondere wenn diese Vorgänge zum Zeitpunkt der Erhebung nicht vorhersehbar waren.[288] Als Faustformel lässt sich hier festhalten: Je höher die Wahrscheinlichkeit ist, dass sich ein Risiko realisiert und dies erhebliche Folgen für die Betroffenen hat, desto unwahrscheinlicher ist es, die Zwecke als kompatibel ansehen zu können.

201 **ee) Vorhandensein geeigneter Garantien.** Schließlich ist das Vorhandensein geeigneter Garantien zu berücksichtigen, wozu Verschlüsselung oder Pseudonymisierung[290] gehören können. Dieser Aspekt berücksichtigt die Tatsache, dass in einer Bewertung nach mehreren Kriterien Defizite auftreten können und diese durch bestimmte Faktoren der Absicherung, insbesondere durch technische und organisatorische Maßnahmen, kompensiert werden können.[291] Dementsprechend können auch Datenisolierung, Datenaggregierung oder so genannte „privacy enhancing technologies" für die Abwägung relevant sein.

202 Die Bundesbeauftragte für den Datenschutz und die Informationsfreiheit sieht gerade die Weiterverarbeitung pseudonymisierter Daten für Geschäftsmodelle, die auf der Nutzung von Big-Data-Anwendungen beruhen, als bedeutsam an, da auf diese Weise Big-Data datenschutzkonform ausgestaltet werden könne.[292] Gleichsam führten entsprechende Garantien sogar zu einer „vorsichtigen Privilegierung" der Weiterverarbeitung pseudonymisierter bzw. verschlüsselter Daten im Big Data-Kontext.[293]

203 **ff) Sonstige Kriterien, insbesondere „Informationspflicht".** Wie bereits ausgeführt, ist es schwer einzuordnen, welche weiteren Kriterien gegebenenfalls in die Beurtei-

---

288 *Art.-29-Datenschutzgruppe* WP 203, S. 25.

289 Weitere Beispiele vgl. etwa *Bretthauer* ZD 2016, 267 (268) sowie Gola-*Schulz* zu Art. 6 Rn. 195 ff.

290 Dazu *Schwartmann/Weiß* Whitepaper zur Pseudonymisierung der Fokusgruppe Datenschutz, S. 16.

291 *Art.-29-Datenschutzgruppe* WP 203, S. 26.

292 *Voßhoff/Hermerschmidt* DANA 2016, 68 (69).

293 Die Bundesbeauftragte für den Datenschutz und die Informationsfreiheit (Hrsg.), Info 6, Datenschutz-Grundverordnung, 1. Aufl., S. 11, abrufbar unter http://www.bfdi.bund.de/SharedDocs/Publikationen/Infobroschueren/INFO6.pdf?__blob=publicationFile&v=7, zuletzt abgerufen am 8.3.2018.

lung einbezogen werden sollten, da die Möglichkeiten hier prinzipiell grenzenlos sind. Eine Frage, die sich häufig stellen wird, ist, ob die betroffene Person über die zweckändernde Verarbeitung zu informieren ist. Art. 13 gilt grundsätzlich nur bei „Erhebung“ der personenbezogenen Daten. Art. 6 Abs. 4 sieht gerade keine gesonderte Informationspflicht vor. Es dürfte allerdings nicht von der Hand zu weisen sein, dass eine gesteigerte Transparenz gegenüber der betroffenen Person auch im Rahmen der „Abwägung“ innerhalb des Kompatibilitätstests zugunsten des Verantwortlichen wirken kann. Insofern wirkt das Fehlen einer entsprechenden Information der Weiterverarbeitung kaum zulasten einer „Vereinbarkeit“. Gleichwohl wird eine entsprechende Information über die zweckändernde Weiterverarbeitung jedenfalls ein weiteres positives Kriterium zugunsten des Verantwortlichen darstellen, sofern die betroffene Person hier in fortgeschrittenem Maße über die Hintergründe und Umstände einer etwaigen Weiterverarbeitung aufgeklärt wird, zumal das Informationserfordernis in Art. 13 Abs. 3 bei zweckfremder Weiterverarbeitung explizit formuliert ist.

3. Weiterverarbeitung gemäß Art. 5 Abs. 1 lit. b. Gemäß Art. 5 Abs. 1 lit. b gilt eine 204
Weiterverarbeitung für im öffentlichen Interesse liegende Archivzwecke, für wissenschaftliche oder historische Forschungszwecke oder für statistische Zwecke gemäß Art. 89 Abs. 1 nicht als unvereinbar mit den ursprünglichen Zwecken. Die Kompatibilität wird in diesem Fall und unter Einhaltung der Voraussetzungen des Art. 89 vermutet.[294] Die Verarbeitung zu im öffentlichen Interesse liegenden Archivzwecken, zu wissenschaftlichen oder historischen Forschungszwecken oder zu statistischen Zwecken hat hierfür geeigneten Garantien zu unterliegen. Diese sollen sicherstellen, dass technische und organisatorische Maßnahmen bestehen, mit denen insbesondere die Achtung des Grundsatzes der Datenminimierung gewährleistet wird, wobei hierfür explizit die Pseudonymisierung als Beispiel genannt wird.

4. Vorschriften zur Zweckänderung im BDSG n.F. Die Prüfung der Vereinbarkeit 205
nach Abs. 4 ist nur dann notwendig, wenn die Zweckänderung nicht von einer Einwilligung gedeckt ist oder wenn sich ihre Zulässigkeit nicht aus einer Rechtsvorschrift der Union oder der Mitgliedstaaten ergibt, die in einer demokratischen Gesellschaft eine notwendige und verhältnismäßige Maßnahme zum Schutz der in Art. 23 Abs. 1 genannten Ziele darstellt. Der letztgenannte Passus eröffnet den Mitgliedstaaten grundsätzlich die Möglichkeit, eigene Rechtsvorschriften zur Zulässigkeit einer Zweckänderung zu erlassen. Deutschland hat von dieser Möglichkeit im BDSG n.F. Gebrauch gemacht. Für die Datenverarbeitung, insbesondere die Datenübermittlung zu anderen Zwecken gelten sowohl für den öffentlichen Bereich (§§ 23 und 25 BDSG n.F.) als auch für den nicht öffentlichen Bereich (§ 24 BDSG n.F.) spezifische Regelungen.

a) Verhältnis zwischen DS-GVO und nationalem Recht. Aus Art. 6 Abs. 4 ergibt sich 206
nicht unmittelbar, ob es sich bei dem Verweis auf nationalstaatliches Recht um eine Öffnungsklausel handelt. Das EU-Recht und das Recht der Mitgliedstaaten sind jeweils eigene Rechtsordnungen mit jeweils eigenem Geltungsgrund. Es kann ein komplexes Nebeneinander einer Verordnung des Unionsrechts sowie korrespondierenden deutschen Regelungen entstehen. Fakt ist, dass in einem Konfliktfall die EU-

294 Dies sieht bereits ErwG 156 vor.

Verordnung Anwendungsvorrang genießt.[295] Die Anwendung von nationalen Vorschriften ist nur insoweit eingeschränkt, als sie den Regelungen der Verordnung widersprechen.[296]

207 Im neuen BDSG sind eigenständige Rechtsgrundlagen für zweckändernde Datenverarbeitungen enthalten. Insofern ist davon auszugehen, dass der deutsche Gesetzgeber eine entsprechende Regelungsbefugnis im Rahmen einer Öffnungsklausel für sich in Anspruch nimmt.[297] Hierfür spricht auch, dass der deutsche Gesetzgeber insbesondere die Regelungen der §§ 23 ff. BDSG n.F. „zur Ausgestaltung" der DS-GVO einordnet.[298] In der Gesetzesbegründung zu §§ 23 ff. BDSG n.F. ist zudem explizit von einem durch Art. 6 Abs. 4 „eröffneten Regelungsspielraum" die Rede.

208 **b) Allgemeines zu §§ 23 ff. BDSG n.F.** Die Regelungen entsprechen im Wesentlichen oder orientieren sich zumindest an den vergleichbaren Vorschriften des BDSG a.F. Hierauf wird in der folgenden Kommentierung der jeweiligen Vorschrift gesondert hingewiesen. Insofern kann zur Orientierung auch auf die hierzu bestehende Kommentarliteratur zurückgegriffen werden.

209 **c) § 23 BDSG. – aa) Allgemeines.** Die Vorschrift orientiert sich an den Regelungen des § 13 Abs. 2 und des § 14 Abs. 2 bis 5 BDSG a.F.[299] Sie dient dazu für öffentliche Stellen im Rahmen der jeweiligen Aufgabenerfüllung eine nationale Rechtsgrundlage für die Verarbeitung personenbezogener Daten durch denselben Verarbeiter zu einem anderen Zweck als zu demjenigen, zu dem er sie ursprünglich erhoben hat, zu etablieren. Die Vorschrift stellt damit die zentrale Norm für die Weiterverarbeitung personenbezogener Daten durch nationale öffentliche Stellen dar. Sie gilt ausweislich der Gesetzesbegründung explizit unabhängig davon, ob die Zwecke der Weiterverarbeitung mit den Zwecken, für die die Daten ursprünglich erhoben wurden, nach Art. 6 Abs. 4 VO (EU) Nr. 2016/679 (DS-GVO) vereinbar sind.[300]

210 **bb) Norminhalt des Abs. 1.** Die Norm richtet sich allein an öffentliche Stellen im Sinne des § 2 Abs. 1 und 2 BDSG n.F. Öffentliche Stellen dürfen eine zweckändernde Weiterverarbeitung überhaupt nur dann durchführen, sofern dies „im Rahmen ihrer Aufgabenerfüllung" geschieht. Hiermit ist das Erfordernis der Zuständigkeit reguliert, so dass jede Weiterverarbeitung außerhalb der Zuständigkeit einer Behörde nicht durch die Norm gerechtfertigt werden kann. Es muss ferner einer der im Gesetz explizit vorgesehenen Tatbestände einschlägig sein. Die Tatbestände sind recht konkret gefasst und haben daher einen zwar beschränkten aber gleichwohl bewusst spezifischen Anwendungsbereich. Da es sich um Ausnahmetatbestände handelt, sind die Voraussetzungen grundsätzlich eng auszulegen.

---

295 *EuGH* v. 15.7.1964 – Rs. 6-64, Slg. 1964, 1251, 1269 – Costa/ENEL; *BVerfG* v. 9.6.1971 – 2 BvR 225/6931 = BVerfGE 145, 173 ff.

296 *Roßnagel* MMR 2015, 359, 360. Zum Verhältnis der DS-GVO zu nationalen Bestimmungen vgl. ausführlich Rn. 157 ff. (Art. 6 Abs. 2).

297 Ebenso BeckOK DatenSR-*Albers* 21. Edition, Stand: 1.8.2017, Art. 6 Rn. 72.

298 Gesetzesbegründung zum Entwurf eines Gesetzes zur Anpassung des Datenschutzrechts an die Verordnung (EU) 2016/679 und zur Umsetzung der Richtlinie (EU) 2016/680 (Datenschutz-Anpassungs- und -Umsetzungsgesetz EU – DSAnpUG-EU), BT-Drucks. 18/11325, S. 3 und S. 70.

299 Gesetzesbegründung zum DSAnpUG-EU, BT-Drucks. 18/11325, S. 96.

300 Gesetzesbegründung zum DSAnpUG-EU, BT-Drucks. 18/11325, S. 95.

(1) Interesse der betroffenen Person (Abs. 1 Nr. 1). Der Erlaubnistatbestand entspricht § 14 Abs. 2 Nr. 3 BDSG a.F. Hiernach muss offensichtlich sein, dass die Weiterverarbeitung zu einem anderen Zweck im Interesse der betroffenen Person liegt und kein Grund zu der Annahme besteht, dass die betroffene Person in Kenntnis des anderen Zwecks ihre Einwilligung verweigern würde. Das ist der Fall, wenn z.B. der Aufenthalt des Betroffenen unbekannt oder nur mit unverhältnismäßig hohem Aufwand feststellbar ist.[301] **211**

Fraglich ist, wie der Wortlaut „ihre Einwilligung verweigern würde" zu verstehen und praktisch umzusetzen ist. Nach dem reinen Wortverständnis müsste der Verantwortliche sich eine hypothetische Situation vorstellen, in der eine betroffene Person nach ihrer Einwilligung für die zweckändernde Weiterverarbeitung gefragt wird, und einschätzen, ob die betroffene Person (wohlgemerkt: hypothetisch) ihre Einwilligung zu dieser Verarbeitung erteilen würde. Dies ist mit erheblicher Rechtsunsicherheit für den Verantwortlichen verbunden und wird auch kaum objektiv feststellbar sein. Daher sollte vielmehr darauf abgestellt werden, ob die zweckfremde Verarbeitung der Daten mit Einwilligung des Betroffenen zulässig wäre. Dies wäre jedoch in den allermeisten Fällen so, sofern jedenfalls die sonstigen Voraussetzungen der Einwilligung eingehalten wären. Insofern sollte dieses Tatbestandsmerkmal höchstens korrektive Wirkung entfalten. Im Wesentlichen sollte auf das Interesse des Betroffenen abgestellt werden, was regelmäßig dann zu bejahen ist, wenn die Verarbeitung zu seinem Vorteil gereicht oder sonst für ihn förderlich ist. In einem solchen Fall würde – zumindest objektiv – der Betroffene unter normalen Umständen regelmäßig auch eine Einwilligung erteilen. Hierbei sollte jedenfalls einbezogen werden, ob der Betroffene schon früher einmal seine Einwilligung zu einer vergleichbaren Verarbeitung verweigert hat. **212**

(2) Überprüfung von Angaben der betroffenen Person (Abs. 1 Nr. 2). Der Erlaubnistatbestand entspricht § 14 Abs. 2 Nr. 4 BDSG a.F. Danach ist die Weiterverarbeitung zu einem anderen Zweck zulässig, sofern Angaben der betroffenen Person überprüft werden müssen, weil tatsächliche Anhaltspunkte für deren Unrichtigkeit bestehen. **213**

Angaben der betroffenen Person werden in der Regel nur zu bestimmten Zwecken der Aufgabenerfüllung der Verwaltung erhoben (zum Beispiel Bearbeitung eines bestimmten Antrags, Treffen einer spezifischen Verwaltungsentscheidung). Sofern jedoch im Rahmen der ordnungsgemäßen Verwaltungstätigkeit Tatsachen bekannt werden, die auf eine Unrichtigkeit der Daten schließen lassen, stellt die Vorschrift einen gesonderten Erlaubnistatbestand dar, um die Angaben zu überprüfen und gegebenenfalls zu berichtigen. Daraus lässt sich zweierlei schließen: Erstens muss es einen konkreten Anhaltspunkt geben, aus dem geschlossen werden kann, dass Daten unrichtig sind (zum Beispiel bei Vergleich zweier Formblätter mit Daten der betroffenen Person, oder differierende Angaben über die betroffene Person durch diese in demselben Sachzusammenhang). Eine anlassunabhängige Datenprüfung erlaubt die Vorschrift damit nicht. Zweitens wird die Verwaltung damit in die Lage versetzt, ihre Tätigkeiten effizient und zielführend zu erledigen. Dies sollte als Maßstab bei der Frage herangezogen werden, ob der Tatbestand einschlägig ist und eine entsprechende (zweckfremde) Verarbeitung vorgenommen werden darf. **214**

---

301 Gola-Schomerus-*Gola/Klug/Körffer* § 14 BDSG Rn. 17.

215 **(3) Gefahrenabwehr (Abs. 1 Nr. 3).** Gemäß § 23 Abs. 1 Nr. 3 BDSG n.F. ist eine zweckändernde Weiterverarbeitung erlaubt, wenn sie zur Abwehr erheblicher Nachteile für das Gemeinwohl oder einer Gefahr für die öffentliche Sicherheit, die Verteidigung oder die nationale Sicherheit, zur Wahrung erheblicher Belange des Gemeinwohls oder zur Sicherung des Steuer- und Zollaufkommens erforderlich ist. Der Erlaubnistatbestand entspricht § 14 Abs. 2 Nr. 6 BDSG a.F.

216 Als Gemeinwohlinteressen sind nach verfassungsgerichtlicher Rechtsprechung zum Beispiel die Funktionsfähigkeit des öffentlichen Fernrufnetzes, ordnungsgemäße Arzneimittelversorgung, Sicherung eines geordneten Arbeitsmarktes oder die Verhütung einer Störung der auswärtigen Beziehungen anerkannt.[302] Es reicht bereits, dass „erhebliche Belange" dieses Gemeinwohls gewahrt werden sollen. Der Tatbestand ist daher äußerst weit. Einschränkend wirkt insoweit das Kriterium der Erforderlichkeit. Dieses gilt für sämtliche hierin genannten Zwecke. Im Rahmen der allgemeinen verfassungsrechtlichen Angemessenheitsprüfung wirkt dieses Korrektiv daher in der bekannten Manier, dass grundsätzlich kein milderes, aber gleich effektives Mittel als die zweckändernde Datenverarbeitung zur Erfüllung der Verwaltungsaufgaben in Betracht kommt. Auch hier wird es jedoch regelmäßig ferner auf eine über diese reine Erforderlichkeitsprüfung hinausgehende Abwägung, zwischen den Interessen des Verantwortlichen einerseits und der betroffenen Person andererseits, ankommen. Das Interesse der Verwaltung an einer effektiven Gefahrenabwehr ist abzuwägen mit dem individuellen Interesse des Betroffenen am Ausschluss der Datenverarbeitung.

217 **(4) Straftaten und Ordnungswidrigkeiten (Abs. 1 Nr. 4).** Des Weiteren ist eine zweckändernde Weiterverarbeitung zulässig, wenn sie zur Verfolgung von Straftaten oder Ordnungswidrigkeiten, zur Vollstreckung oder zum Vollzug von Strafen oder Maßnahmen im Sinne des § 11 Absatz 1 Nummer 8 des Strafgesetzbuchs oder von Erziehungsmaßregeln oder Zuchtmitteln im Sinne des Jugendgerichtsgesetzes oder zur Vollstreckung von Geldbußen erforderlich ist. Der Erlaubnistatbestand entspricht § 14 Abs. 2 Nr. 7 BDSG a.F.

218 In der Regel werden für diese Zwecke bereichsspezifische Vorschriften zur Datenverarbeitung existieren. Sofern dies jedoch nicht der Fall ist, beispielsweise, weil die handelnde Behörde keine solche ist, die in den Anwendungsbereich einer solchen bereichsspezifischen Vorschrift fällt, kommt Abs. 1 Nr. 4 zum Tragen. Auch hier existiert das Korrektiv der Erforderlichkeit, sodass nur eine zielführende und gleichzeitig mildeste unter mehreren Varianten gewählt werden kann.

219 **(5) Beeinträchtigung der Rechte einer anderen Person (Abs. 1 Nr. 5).** Ferner können personenbezogene Daten zweckfremd weiterverarbeitet werden, wenn dies zur Abwehr einer schwerwiegenden Beeinträchtigung der Rechte einer anderen Person erforderlich ist. Der Erlaubnistatbestand entspricht § 14 Abs. 2 Nr. 8 BDSG a.F.

Aus dem Wortlaut lässt sich bereits erkennen, dass die Behörde hier eine Abwägungsentscheidung zwischen zweierlei fremden Interessen zu treffen hat, nämlich einerseits denen der betroffenen Person und andererseits zwischen einem Dritten, dessen Rechte von einer schwerwiegenden Beeinträchtigung bedroht sind. Von Bedeutung ist

302 Von Münch/Kunig-*Grubelt* Art. 12 GG Rn. 49; Gola-Schomerus-*Gola/Klug/Körffer* § 13 Rn. 20.

hier, dass die Beeinträchtigung schwerwiegend sein muss, also wesentliche Rechtsgüter betroffen sein müssen und diese in besonders beeinträchtigendem Maße bedroht sind.

(6) Aufsichts- und Kontrollbefugnisse, Rechnungsprüfung (Abs. 1 Nr. 6). Schließlich kann eine zweckändernde Weiterverarbeitung vorgenommen werden, wenn sie der Wahrnehmung von Aufsichts- und Kontrollbefugnissen, der Rechnungsprüfung oder der Durchführung von Organisationsuntersuchungen des Verantwortlichen dient. Nr. 6 stellt ferner klar, dass dies auch für die Verarbeitung zu Ausbildungs- und Prüfungszwecken durch den Verantwortlichen gilt, soweit schutzwürdige Interessen der betroffenen Person dem nicht entgegenstehen. Der Erlaubnistatbestand ist an § 14 Abs. 3 BDSG a.F. angelehnt. Er war im BDSG a.F. noch leicht anders ausgestaltet, nämlich als Fiktion (str.)[303] dahingehend, dass schon keine zweckändernde Weiterverarbeitung vorliegt, wenn Aufsichts- oder Kontrollbefugnisse oder Rechnungsprüfungen vorgenommen oder Ausbildungs- oder Prüfungszwecke verfolgt wurden. Die Verarbeitung zu diesen Zwecken ist als vom Primärzweck der Erhebung mit umfasst anzusehen, um Rechtmäßigkeit, Zweckmäßigkeit, Kostengerechtigkeit und funktionsfähige Kontrollmechanismen einzuhalten, die nicht nur im Interesse der Betroffenen, sondern ebenso im Allgemeininteresse liegen und damit dem öffentlichen Interesse an einer funktionsfähigen Verwaltung dienen.[304] Entsprechende Daten dürfen daher an Aufsichts-, Kontroll- oder Prüfungsbehörden übermittelt und von diesen verarbeitet werden. **220**

cc) Norminhalt des Abs. 2. Abs. 2 regelt, dass die Verarbeitung besonderer Kategorien personenbezogener Daten im Sinne des Art. 9 zu einem anderen Zweck als zu demjenigen, zu dem die Daten erhoben wurden, zulässig ist, wenn die Voraussetzungen des Absatzes 1 und ein Ausnahmetatbestand nach Art. 9 oder nach § 22 BDSG n.F. vorliegen. Sofern bei einer zweckändernden Weiterverarbeitung durch Behörden zu ihrer Aufgabenerfüllung also besondere Kategorien personenbezogener Daten einbezogen sind, müssen über das Vorliegen eines Erlaubnistatbestands des § 23 Abs. 1 BDSG n.F. hinaus weitere Voraussetzungen erfüllt sein. Namentlich muss ein Erlaubnistatbestand des Art. 9 Abs. 1 erfüllt sein oder ein solcher des § 22 BDSG n.F. Beide Vorschriften regeln explizit die Verarbeitung besonderer Kategorien personenbezogener Daten.[305] **221**

d) § 24 BDSG n.F. – aa) Allgemeines. § 24 BDSG n.F. regelt die Verarbeitung zu anderen Zwecken durch nicht-öffentliche Stellen. Sie betrifft damit den unmittelbaren Anwendungsbereich von Art. 6 Abs. 4, stellt jedoch gegenüber diesem andere Anforderungen im Sinne von weiteren Tatbeständen auf, nach denen eine zweckändernde Verarbeitung zulässig sein soll. Insofern gelten die Vorschriften nebeneinander. Die Vorschrift orientiert sich an den Regelungen der § 28 Abs. 2 Nr. 2 lit. b, § 28 Abs. 2 i.V.m. Abs. 1 Nr. 2 sowie § 28 Abs. 8 S. 1 i.V.m. Abs. 6 Nr. 1 bis 3 und Abs. 7 S. 2 BDSG a.F.[306] **222**

303 Hierzu Simitis-*Dammann* § 14 Rn. 93 ff. m.w.N.
304 Gola-Schomerus-*Gola/Klug/Körffer* § 14 BDSG Rn. 24.
305 Siehe zu deren Voraussetzungen insb. Art. 9 Rn. 30 sowie § 22 BDSG n.F., Rn. 95.
306 Gesetzesbegründung zum DSAnpUG-EU, BT-Drucks. 18/11325, S. 96.

223 **bb) Norminhalt des Abs. 1.** Nach § 24 Abs. 1 Nr. 1 BDSG n.F. ist die Verarbeitung personenbezogener Daten zu einem anderen Zweck als zu demjenigen, zu dem die Daten erhoben wurden, durch nicht-öffentliche Stellen zulässig, wenn sie zur Abwehr von Gefahren für die staatliche oder öffentliche Sicherheit oder zur Verfolgung von Straftaten erforderlich ist. Ein weiterer Erlaubnistatbestand für eine zweckändernde Weiterverarbeitung wäre, wenn sie zur Geltendmachung, Ausübung oder Verteidigung zivilrechtlicher Ansprüche erforderlich ist (Nr. 2). In beiden Fällen dürfen zudem nicht die Interessen der betroffenen Person an dem Ausschluss der Verarbeitung überwiegen.

224 **(1) Gefahrenabwehr und Strafverfolgung (Abs. 1 Nr. 1).** Nach dem reinen Wortlaut der Vorschrift, der über den Wortlaut im BDSG a.F. hinausgeht, da dieser nur „Übermittlungen und Nutzungen" regelte und nun sämtliche Verarbeitungen erfasst sind, können nichtöffentliche Stellen zur Gefahrenabwehr und Strafverfolgung personenbezogene Daten zweckfremd verwenden. Da nichtöffentliche Stellen aber regelmäßig keine Aufgaben der Gefahrenabwehr oder der Strafverfolgung übernehmen, wird die Vorschrift in der Regel für Auskunftsverfahren von Behörden gegenüber Privaten dienen. Ein Verantwortlicher sollte darauf achten, ob eine spezialgesetzliche Auskunftspflicht gegenüber Behörden besteht. Sofern dies nicht der Fall ist, wird sie im Rahmen der Interessenabwägung zu beurteilen haben, ob sie personenbezogene Daten herausgeben darf. Hierbei wird man sich der Faustformel bedienen können: Je schwerwiegender die Gefahr oder die zu verfolgende Strafe, desto geringer das Interesse des Betroffenen an einem Ausschluss der Verarbeitung.

225 **(2) Zivilrechtliche Ansprüche (Abs. 1 Nr. 2).** Nach Abs. 1 Nr. 2 können Daten zweckändernd zur Geltendmachung, Ausübung oder Verteidigung zivilrechtlicher Ansprüche verarbeitet werden, sofern dies für die Zweckerreichung erforderlich ist. Sofern man nicht der Ansicht ist, dass die Geltendmachung, Ausübung oder Verteidigung zivilrechtlicher Ansprüche bereits vom ursprünglichen Verarbeitungszweck erfasst ist, weil dies als notwendiges Annex zur Datenverarbeitung anzusehen ist (zum Beispiel im Rahmen eines Vertragsschlusses, bei dem die Parteien in Streit geraten sind), ist der vorliegende Erlaubnistatbestand eine notwendige Vorschrift, um Datenverarbeitungen im Nachgang zu zweckgebundenen Verarbeitungsvorgängen für die Geltendmachung zivilrechtlicher Ansprüche zu rechtfertigen.

226 **cc) Norminhalt des Abs. 2.** Hierzu kann auf die Kommentierung zu § 23 Abs. 2 BDSG n.F. verwiesen werden.[307]

227 **e) § 48 BDSG n.F.** § 48 BDSG erlaubt die „Verarbeitung zu anderen Zwecken" im Rahmen der Verhütung, Ermittlung, Aufdeckung, Verfolgung oder Ahndung von Straftaten oder Ordnungswidrigkeiten. § 48 BDSG befindet sich in Teil 3, den „Bestimmungen für Verarbeitungen zu Zwecken gemäß Art. 1 Abs. 1 RL (EU) 2016/680"[308] und ist daher nur im Rahmen der justiziellen Zusammenarbeit in Strafsachen und der polizeilichen Zusammenarbeit anwendbar.

---

307 Siehe dazu oben Rn. 221.

308 Richtlinie (EU) 2016/680 des Europäischen Parlaments und des Rates vom 27. April 2016 zum Schutz natürlicher Personen bei der Verarbeitung personenbezogener Daten durch die zuständigen Behörden zum Zwecke der Verhütung, Ermittlung, Aufdeckung oder Verfolgung von Straftaten oder der Strafvollstreckung sowie zum freien Datenverkehr und zur Aufhebung des Rahmenbeschlusses 2008/977/JI des Rates.

5. Besonderheiten von Big Data-Projekten. – a) Definition von „Big Data“. Es gibt keine trennscharfe Definition des Begriffs „Big Data“.[309] Nach einer weitgehend anerkannten Begriffsbestimmung bezeichnet Big Data die Analyse großer Datenmengen aus vielfältigen Quellen in hoher Geschwindigkeit mit dem Ziel, wirtschaftlichen Nutzen zu erzeugen.[310] Demnach liegen stets vier Merkmale vor: Eine gigantische Datenmenge aus unterschiedlichsten Quellen, die in enormer Geschwindigkeit einer zuverlässigen Auswertung zugeführt werden.[311] **228**

b) Praktischer Bedarf nach Big Data-Anwendungen. Praktisch zeigt sich ein immenses Bedürfnis, Big Data-Verfahren anzuwenden. Dies liegt nicht nur daran, dass verschiedenste Anwendungsfelder den Einsatz von Big Data nicht nur erlauben, sondern künftig überaus empfehlenswert machen.[312] Big Data-Analysen ermöglichen es, auf fundamentaler Ebene weitreichende und äußerst nützliche Informationen zu generieren, beispielsweise zur proaktiven Problemerkennung (z.B. Krankheit,[313] Stau), für Prognosen (z.B. Wetter,[314] Konjunktur), zur Auswertung und Optimierung (Informationsangebote, Entscheidungsfindung) sowie in Bezug auf demographische Aspekte (z.B. zur Entwicklung neuer Geschäftsmodelle, der Schaffung neuer Arbeitsplätze und generell wirtschaftlichen Wachstums[315]). Die Menschheit hatte bis zum Jahr 2013 etwa 2,8 Zettabyte (eine Billion Gigabyte) an digitalen Daten hervorgebracht, jährlich wird von einer Steigerungsrate von 50 % ausgegangen.[316] Es besteht daher eine Vielzahl von Anwendungsfeldern mit erheblichem Potential für die gesellschaftliche wie auch unternehmerische Wertschöpfung. **229**

Dabei zeigt sich, dass bestimmte Zielsetzungen von besonderer Bedeutung sind: Unternehmen nutzen Big Data vor allem dafür kundenspezifische Informationen zu **230**

---

309 Ähnlich *Härting* CR 2014, 528 (528 f.); Hoeren/Sieber/Holznagel-*Hackenberg* Multimedia-Recht, 42. Ergänzungslieferung 2015, Teil 16.7 Big Data, Rn. 1.

310 Siehe beispielhaft *BITKOM* „Leitfaden Big Data im Praxiseinsatz – Szenarien, Beispiele, Effekte“ (2012), S. 7, abrufbar unter http://www.bitkom.org/Publikationen/2012/Leitfaden/Leitfaden-Big-Data-im-Praxiseinsatz-Szenarien-Beispiele-Effekte/BITKOM_LF_big_data_2012_online1.pdf, zuletzt abgerufen am 8.3.2018.

311 *Helbing* K&R 2015, 145 (145); Hoeren/Sieber/Holznagel-*Hackenberg* Multimedia-Recht, 42. Ergänzungslieferung 2015, Teil 16.7 Big Data, Rn. 1.

312 Vgl. *Weichert* ZD 2013, 251 (253), der unter Nennung der vielfältigen Einsatzmöglichkeiten die Frage nach Big Data als „Baum der Erkenntnis“ aufwirft.

313 Zum Beispiel „Google Flu Trends“, wo Suchanfragen zu Grippeerkrankungen analysiert wurden, dazu Budras, „Big Data: Google weiß, wo die Grippe lauert“, faz.net vom 15.11.2014, abrufbar unter http://www.faz.net/aktuell/wirtschaft/netzwirtschaft/google-flu-trends-big-data-kann-helfen-uns-gegen-krankheiten-zu-wappnen-13268389.html, zuletzt abgerufen am 8.3.2018.

314 *Scheppach* „Und jetzt: Ihr Wetter“, Technology Review vom 6.5.2015, abrufbar unter http://www.heise.de/tr/artikel/Und-jetzt-Ihr-Wetter-2599595.html, zuletzt abgerufen am 8.3.2018.

315 So prognostizierte eine vom BITKOM in Auftrag gegebene Studie allein für den Big Data-Analysis-Markt im Jahr 2014 ein Wachstum von 59 Prozent auf 6,1 Milliarden Euro und bis zum Jahr 2016 eine Umsatzverdopplung mit Big-Data-Lösungen auf 13,6 Milliarden Euro, BITKOM-Pressemitteilung vom 5.3.2014, „Großes Wachstum bei Big Data“, abrufbar unter http://www.bitkom.org/Presse/Presseinformation/Grosses-Wachstum-bei-Big-Data.html, zuletzt abgerufen am 8.3.2018.

316 *Weichert* ZD 2013, 251 (252).

gewinnen und interne Daten zielgerichteter auszuwerten.[317] Dabei werden zahlreiche Einzeldaten kombiniert, um Rückschlüsse über Einzelpersonen und ein entsprechendes „Profiling" zu ermöglichen, wobei Daten zumeist aus verschiedenen Quellen verknüpft werden.[318] Diese Prozesse beschränken sich mittlerweile nicht mehr auf einen einzigen datenschutzrechtlich „Verantwortlichen". Vielmehr wird auch und gerade im Bereich von Big Data-Analysen die Hilfe von Dienstleistern in Anspruch genommen und das Interesse an Datensätzen von Dritten zur eigenen Verwendung wächst.

231 **c) „Big Data" und die DS-GVO.** So einig man sich letztlich über die Begriffsbestimmung und das Bedürfnis nach praktischer Anwendung ist, so weitreichend und unterschiedlich sind die datenschutzrechtlichen Herausforderungen, die mit Big Data-Verfahren einhergehen.[319] Das Datenschutzrecht wird in der Wirtschaft noch immer als Einsatzhemmnis für Big Data Projekte gesehen.[320] Die große Frage ist, ob sich dieser Zustand durch die Einführung der DS-GVO eher manifestiert hat oder entspannen wird. Für Ersteres sprechen gewichtige Argumente. Im November 2015 hat der Europäische Datenschutzbeauftragte (EDSB) Giovanni Buttarelli die Stellungnahme „Meeting the challenges of big data – A call for transparency, user control, data protection by design and accountability" veröffentlicht.[321] Es lässt sich aber nicht entnehmen, dass insoweit noch Restriktionen Eingang in die DS-GVO gefunden hätten.[322] Im Gegenteil: „Big Data" kommt in der DS-GVO schlicht nicht vor.

232 Das ist umso bedauerlicher, als schon zu Beginn der juristischen Auseinandersetzung mit dem Thema die Überlegung entstand, dass das generelle Konzept von Big Data den allgemeinen Datenschutzprinzipien diametral gegenüber steht.[323] Einige Prinzipien, die eine überbordende Datensammlung und -auswertung verhindern könnten, sind zwar in der DS-GVO angelegt, aber nicht so ausgestattet, dass dadurch die wirklichen Gefahren der Transparenz des Einzelnen und dessen heimlicher Ausspähung gebannt wären, wie sie sich über Big Data Anwendungen ergeben können.[324] Vereinzelt wird dementsprechend geschlussfolgert, dass dank Big Data die Grenzen des hergebrachten Datenschutzrechts erreicht seien.[325]

---

317 *IBM Global Business Services* „Analytics: Big Data in der Praxis – Wie innovative Unternehmen ihre Datenbestände effektiv nutzen", S. 1, abrufbar unter http://www-935.ibm.com/services/de/gbs/thoughtleadership/GBE03519-DEDE-00.pdf, zuletzt abgerufen am 8.3.2018.

318 *Bräutigam/Klindt* NJW 2015, 1137, 1140.

319 Vgl. grundlegend *Weichert* ZD 2013, 251; *Roßnagel* ZD 2013, 562; *Schefzig* DSRITB 2014, S. 103.

320 *BITKOM* „Potentiale und Einsatz von Big Data – Ergebnisse einer repräsentativen Befragung von Unternehmen in Deutschland", S. 26, wonach von 507 befragten Unternehmen 48 % (eher) zustimmen, abrufbar unter http://www.bitkom.org/Publikationen/2014/Studien/Studie-Big-Data-in-deutschen-Unternehmen/Studienbericht_Big_Data_in_deutschen_Unternehmen.pdf, zuletzt abgerufen am 8.3.2018.

321 *EDPS* Opinion 7/2015, Meeting the challenges of big data – A call for transparency, user control, data protection by design and accountability. Abrufbar unter https://edps.europa.eu/sites/edp/files/publication/15-11-19_big_data_en.pdf, zuletzt abgerufen am 8.3.2018.

322 Schneider-*Schneider* Handbuch EDV-Recht, 5. Aufl., Kap. A, Rn. 616.

323 *Roßnagel* ZD 2013, 562, 564; *Brisch/Pieper* CR 2015, 724, 725.

324 Schneider-*Schneider* Handbuch EDV-Recht, 5. Aufl., Kap. A, Rn. 618.

325 So ausdrücklich *Bräutigam/Klindt* NJW 2015, 1137, 1140.

Die Vielgestaltigkeit der datenschutzrechtlichen Herausforderungen liegt u.a. darin begründet, dass ein Big Data-Projekt in verschiedene Phasen aufgeteilt werden kann und sich in allen diesen Phasen verschiedenste datenschutzrechtliche Fragen stellen, beispielsweise nach dem Personenbezug,[326] dem Vorliegen und der Wirksamkeit einer Einwilligung,[327] der Zweckbindung oder gar nach der Anwendbarkeit unterschiedlicher Regelungsbereiche wie Inhalte-, Server- oder Leistungsebene.[328] Schon anhand der konstituierenden Merkmale von Big Data „Datenmenge“, „Quellen“ und „Auswertung“ zeigt sich, dass hier erhebliche Diskrepanzen zu den allgemeinen datenschutzrechtlichen Anforderungen insbesondere der Datensparsamkeit, der Erforderlichkeit, der Transparenz oder der Zweckbindung bestehen.[329] **233**

Dem stellt die DS-GVO die Prinzipien der Zweckbindung (Art. 5 Abs. 1 lit. b), Speicherbegrenzung (Art. 5 Abs. 1 lit. e) und Datenminimierung (Art. 5 Abs. 1 lit. c) gegenüber. Gerade Letzteres dürfte Verantwortliche in Big Data-Verarbeitungssituationen vermehrt vor schwere Herausforderungen stellen: Nach Art. 25 muss der Verantwortliche unter Berücksichtigung des Stands der Technik, der Implementierungskosten und der Art, des Umfangs, der Umstände und der Zwecke der Verarbeitung sowie der unterschiedlichen Eintrittswahrscheinlichkeit und Schwere der mit der Verarbeitung verbundenen Risiken für die Rechte und Freiheiten natürlicher Personen (wobei Big Data Projekte ein Paradebeispiel für risikoträchtige Verarbeitungen darstellen dürften) geeignete technische und organisatorische Maßnahmen treffen, die dafür ausgelegt sind, die Datenschutzgrundsätze „wie etwa Datenminimierung“ wirksam umzusetzen. Hier manifestiert sich nicht nur der Gedanke, dass das generelle Konzept von Big Data den allgemeinen Datenschutzprinzipien diametral gegenüber steht, sondern auch ein kardinaler Konflikt zwischen Big Data und dessen Förderung durch die Kommission i.R.d. „Single Market“ und dem Gebot des Datenschutzes durch Technikgestaltung und dabei der Einrichtung datenschutzfreundlicher Voreinstellungen sowie Datenminimierung und Pseudonymisierung.[330] **234**

d) „Big Data“ und Zweckänderung. Aufgrund dieser Feststellungen wird auch nur sehr einschränkend von einer Zulässigkeit großflächiger Big Data-Projekte unter der DS-GVO ausgegangen, wobei die spezifischen Anforderungen an deren Zulässigkeit maßgeblich von der Art der Big Data Anwendung abhängt. So unterscheiden sich die Zulässigkeitsvoraussetzungen im Falle von etwa Profiling, Scoring oder im Rahmen von Smart Devices (Smart Watch, Smart Cars etc.). **235**

Insgesamt wird vertreten, dass man nach der DS-GVO Big Data-Analysen, die ergebnisoffen mit dem Ziel der Mustererkennung oder der Generierung neuer (personenbezogener) Informationen und insoweit ohne konkrete oder mit sich verändernder Zweckbestimmung erfolgen – ein wesentlicher Treiber des Fortschreitens von Big Data-Technologien und ein immerwährend bedeutsamer Anwendungsbereich – nur bei stark intendierter Auslegung von Abs. 4 überhaupt als zulässig erachten können wird.[331] Bei Big Data geht es dagegen gerade darum, unterschiedliche Datenbestände, **236**

326 Siehe hierzu ausführlich *Brisch/Pieper* CR 2015, 724.
327 Hierzu *Katko/Babaei-Beigi* MMR 2014, 360.
328 *Helbing* K&R 2015, 145, 145.
329 *Brisch/Pieper* CR 2015, 724, 725.
330 Schneider-*Schneider* Handbuch EDV-Recht, 5. Aufl., Kap. A, Rn. 616.
331 Gola-*Schulz* Art. 6 Rn. 196.

unabhängig von ihrem Erhebungsgrund und ihrem Verarbeitungszweck zusammenzuführen, zu analysieren und hieraus neue Anwendungsfälle und Geschäftsmodelle zu entwickeln. Es liegt daher in der Natur der Sache, dass in diesem Bereich der Zweck der Datenverarbeitung im Zeitpunkt der Erhebung noch nicht abschließend bestimmt oder auch nur bestimmbar ist.[332] Art. 6 Abs. 4 kann hier teilweise als „letzter Ausweg" für Verantwortliche erscheinen.

237 Nach der EU Kommission kommen insoweit Anonymisierung, Pseudonymisierung und Verschlüsselung zentrale Bedeutung bei Big Data-Analyseverfahren zu.[333] Pauschal lässt sich deshalb feststellen, dass zur Harmonisierung von Big Data Anwendungen mit den Anforderungen der DS-GVO Instrumente wie Anonymisierung und Pseudonymisierung in den Vordergrund rücken müssen.[334] Hier bleibt für Einzelfragen die Auslegung durch die Aufsicht und deren Kontrolle durch den EuGH abzuwarten.[335]

238 Der Umsetzung dieser Prinzipien steht gleichwohl häufig der gleichzeitige zielführende Einsatz von Big Data-Technologien entgegen, die Mustererkennung, kundenspezifische Informationsgewinnung und interne Datenauswertung als primäres Ziel haben. Insgesamt wird auf die Erlaubnistatbestände der Einwilligung und gegebenenfalls noch der Wahrnehmung eines berechtigten Interesses als primäre Erlaubnistatbestände im Zusammenhang mit Big Data-Analysen zurückgegriffen werden können. Allerdings muss man sich hier dem Kriterium der „Bestimmtheit" der Einwilligung stellen – keine leichte Aufgabe bei umfassenden und gegebenenfalls zunächst kontextlosen Weiterverarbeitungen im Big Data-Bereich. Es ist aber auch nicht ausgeschlossen, vielmehr sogar praktisch voraussichtlich von mindestens ebenso gewichtiger Bedeutung, dass Verantwortliche oftmals Art. 6 Abs. 4 in Betracht ziehen werden, um bereits im Rahmen anderer Verarbeitungsvorgänge gesammelte und in unterschiedlichen Datensätzen vorhandene Daten in neuen Big Data-Analysen auszuwerten. Hierbei sind sodann die oben genannten Kriterien sorgfältig in Betracht zu ziehen und ebenso gründlich zu dokumentieren. Darüber hinaus ist bei Big-Data-Anwendungen auch die Durchführung einer Datenschutz-Folgenabschätzung gemäß Art. 35 in Betracht zu ziehen.

III. Praxishinweise

239 **1. Relevanz für öffentliche Stellen.** Die Relevanz von zweckändernden Weiterverarbeitungen für öffentliche Stellen wird sich primär aus § 23 BDSG n.F. ergeben.

240 **2. Relevanz für nichtöffentliche Stellen.** Die Kompatibilität der Zwecke hat für die betroffene Person erhebliche Bedeutung. Gleichfalls hat die zweckändernde Weiterverarbeitung für viele Verantwortliche sicher einen großen Stellenwert, gerade im Zeitalter der Digitalisierung. Sollen Daten für neue Zwecke weiterverarbeitet werden,

332 *Piltz/Brüggemann* Telemedicus v. 23.12.2014, Stellungnahme zur Zweckänderung in der DS-GVO, abrufbar unter http://tlmd.in/a/2880, zuletzt abgerufen am 8.3.2018.

333 *EU Kommission* Questions and Answers – Data protection reform, Brussels, 21 December 2015, abrufbar unter http://europa.eu/rapid/press-release_MEMO-15-6385_en.pdf, zuletzt abgerufen am 8.3.2018.

334 Gola-*Schulz* Art. 6 Rn. 196.

335 Werden etwa Rahmen einer Due Diligence ausschließlich anonymisierte oder pseudonymisierte Daten verarbeitet werden, wird vertreten, dass diese Verarbeitung als mit der ursprünglichen Zweckbestimmung vereinbar anzusehen ist, so Gola-*Schulz* Art. 6 Rn. 202.

ohne dass die Betroffenen diese neuen Zwecke genau kennen, bedingt dies ein „Mehr" an Verantwortung auf Seiten der verantwortlichen Stelle.[336]

Erhebt ein Energieversorgungsunternehmen im Rahmen einer Big Data Anwendung Daten, dürfte die Analyse der Daten „zur Strategieentwicklung" als Zweck jedenfalls zu unspezifisch sein. Eine Formulierung, die den Zweck in der „Bereitstellung kundenbezogener Produkte" definiert, wird den Anforderungen der DS-GVO schon eher gerecht.[337] **241**

Von fehlender Kompatibilität im Rahmen der begrenzten Weiterverarbeitungsbefugnis dürfte auch auszugehen sein, wenn ein Versicherungsunternehmen im Zuge des Versicherungsverhältnisses personalisierte Versichertendaten zu dem Zweck nutzt, Risiken besser einschätzen und neue Produkte entwickeln zu können und diese Daten später an Google zur Anlegung personalisierter Kundenprofile und zur Schaltung personalisierter Werbeangebote bei der Suche im Netz im Hinblick auf andere Produkte weitergibt. Zwar werden Big Data Anwendungen im Rahmen eines Data Minings im Rahmen von Art. 6 Abs. 4 relevant, gleichwohl wird die Weitergabe der personenbezogenen Daten an Google als Drittem zur Erstellung von Kundenprofilen außerhalb des ursprünglichen Verarbeitungszwecks der Big Data Anwendung liegen.[338] **242**

Daten-Backups, die einzig zu technischen Sicherungszwecken angefertigt wurden, können in anderem Zusammenhang relevant werden und zur Auswertung des Verhaltens des „Datenerzeugers" herangezogen werden, obwohl die Originaldatensätze längst gelöscht wurden.[339] Letztlich wird es für den Verantwortlichen darauf ankommen, ob der Mehrwert, der sich aus der Datenverarbeitung ergibt, bereits bei der ursprünglichen Erhebung und Verarbeitung vorgesehen war, oder ob es sich hierbei um ein zufälliges oder bewusstes „Mehr" an Vorteilen aus der Datenverarbeitung handelt, die so bisher nicht vorgesehen war. **243**

Eine in ethischer Hinsicht offene Frage stellt sich im Rahmen von Big Data Anwendungen insbesondere dann, wenn sich im Falle einer Analyse von pseudonymisierten Daten oder Metadaten Resultate ergeben, die eine Information des Betroffenen gebieten könnten. Diese Fallkonstellation wird beispielsweise dann relevant, wenn ein Anbieter einer Gesundheits-App aufgrund der Analyse etwa von pseudonymisierten oder anonymisierten Daten Befunde über gesundheitsgefährdende Krankheiten des Betroffenen feststellt. In der Konsequenz stellt sich somit die Frage, ob der für die Datenverarbeitung Verantwortliche anhand der Daten eine Reidentifikation der betroffenen Person vornehmen darf, wenn er Erkenntnisse zu möglichen gesundheitlichen Risiken für den Betroffenen erlangt und damit unter ethischen Gesichtspunkten zu einer Offenbarung der gewonnenen Information angehalten sein könnte. Für die personenbezogene Datenverarbeitung bedürfte es aber einer Legimitation, die wohl nur in Form einer Einwilligung denkbar wäre. Der Datenschutz würdigt damit das übergeordnete Interesse des Gesundheitsschutzes.[340] **244**

---

336 *Piltz/Brüggemann* Telemedicus v. 23.12.2014, Stellungnahme zur Zweckänderung in der DS-GVO, abrufbar unter http://tlmd.in/a/2880, zuletzt abgerufen am 8.3.2018.

337 Beispiel aus *Bretthauer* ZD 2016, 267 (272).

338 Beispiel angelehnt an *Kühling/Martini u.a.* Die Datenschutz-Grundverordnung und das nationale Recht, S. 41 f. sowie Gola-*Schulz* Art. 6 Rn. 198.

339 Beispiel nach dem Fall „Mappus" in der EnBW-Affäre, Urteil des *VG Karlsruhe* v. 27.5.2013 – 2 K 3249/12.

340 Vgl. dazu Art. 9 Rn. 78 ff.

245 **3. Relevanz für betroffene Personen.** Für betroffene Personen hat die Vorschrift ebenso erhebliche Relevanz, weil durch sie Verarbeitungen zu rechtfertigen sind, von denen der Betroffene bisher nicht gewusst hat oder auch nur geahnt hat, dass sie durch den Verantwortlichen durchgeführt werden würden. Er hat seine Daten grundsätzlich zu einem ganz anderen Zweck zur Verfügung gestellt und sieht sich nun einer Verarbeitung gegenüber, mit der er so nicht rechnen konnte oder musste. Insofern ist es teilweise verwunderlich, dass keine allgemeine Interessenabwägung bei der Kompatibilitätsprüfung mehr vorgesehen ist. Gleichwohl hat der Gesetzgeber hier eine eindeutige Entscheidung getroffen. Dem Betroffenen bleibt daher immerhin mit den Mitteln der Auskunft und weiteren Betroffenenrechten ein probates Mittel, um entsprechende Verarbeitungsvorgänge im Blick zu behalten, wobei freilich der Status der Informationspflicht teilweise ebenfalls dem Betroffenen zum Vorteil gereichen kann.

246 **4. Relevanz für Aufsichtsbehörden.** Die Aufsichtsbehörden dürften auf Verarbeitungsvorgänge, die allein auf Art. 6 Abs. 4 gestützt werden, ein besonderes Augenmerk haben, da das Missbrauchsrisiko sowie das ausufernde Potential und die damit einhergehende Beeinträchtigung des Persönlichkeitsrechts von Betroffenen aus Aufsichtsperspektive sicher einiges Gewicht haben dürften. Insofern wird sicher auch die sowieso schon enorm wichtige und an Bedeutung gewinnende Dokumentation gerade im Hinblick auf den Kompatibilitätstest eine gesteigerte Bedeutung erlangen, da so seitens der Aufsichtsbehörde detailliert nachvollzogen werden kann, ob tatsächlich eine „Abwägung" der Faktoren stattgefunden hat und wie die entsprechenden Entscheidungen des Verantwortlichen getroffen wurden. Dies ist insbesondere vor dem Hintergrund von Bedeutung, dass der Bußgeldrahmen hier bis 20 000 000 EUR oder 4 % des weltweiten jährlichen Unternehmensumsatzes reicht.

247 **5. Relevanz für das Datenschutzmanagement.** Aufgrund dieser erhöhten Dokumentationsnotwendigkeit spielt Art. 6 Abs. 4 auch für das Datenschutzmanagement eine erhebliche Rolle. Zwar sehen aktuelle Softwaretools hier noch kaum spezifische Fragebögen oder Erfassungsmetriken vor. Gleichwohl ist aber im Rahmen eines ordnungsgemäßen Datenschutzmanagements gerade von Bedeutung, ob zweckändernde Weiterverarbeitungen stattfinden (sollen) und, wenn ja, wie dies gerechtfertigt werden kann, was regelmäßig aufgrund des Kompatibilitätserfordernisses schon im Vorfeld entsprechender Verarbeitungsvorgänge abschließend und umfassend zu prüfen ist.

Anhang

§ 4 BDSG Videoüberwachung öffentlich zugänglicher Räume

(1) Die Beobachtung öffentlich zugänglicher Räume mit optisch-elektronischen Einrichtungen (Videoüberwachung) ist nur zulässig, soweit sie

1. zur Aufgabenerfüllung öffentlicher Stellen,
2. zur Wahrnehmung des Hausrechts oder
3. zur Wahrnehmung berechtigter Interessen für konkret festgelegte Zwecke

erforderlich ist und keine Anhaltspunkte bestehen, dass schutzwürdige Interessen der Betroffenen überwiegen. Bei der Videoüberwachung von

1. öffentlich zugänglichen großflächigen Anlagen, wie insbesondere Sport-, Versammlungs- und Vergnügungsstätten, Einkaufszentren oder Parkplätzen, oder
2. Fahrzeugen und öffentlich zugänglichen großflächigen Einrichtungen des öffentlichen Schienen-, Schiffs- und Busverkehrs

gilt der Schutz von Leben, Gesundheit oder Freiheit von dort aufhältigen Personen als ein besonders wichtiges Interesse.

(2) Der Umstand der Beobachtung und der Name und die Kontaktdaten des Verantwortlichen sind durch geeignete Maßnahmen zum frühestmöglichen Zeitpunkt erkennbar zu machen.

(3) Die Speicherung oder Verwendung von nach Absatz 1 erhobenen Daten ist zulässig, wenn sie zum Erreichen des verfolgten Zwecks erforderlich ist und keine Anhaltspunkte bestehen, dass schutzwürdige Interessen der Betroffenen überwiegen. Absatz 1 Satz 2 gilt entsprechend. Für einen anderen Zweck dürfen sie nur weiterverarbeitet werden, soweit dies zur Abwehr von Gefahren für die staatliche und öffentliche Sicherheit sowie zur Verfolgung von Straftaten erforderlich ist.

(4) Werden durch Videoüberwachung erhobene Daten einer bestimmten Person zugeordnet, so besteht die Pflicht zur Information der betroffenen Person über die Verarbeitung gemäß den Artikeln 13 und 14 der Verordnung (EU) 2016/679. § 32 gilt entsprechend.

(5) Die Daten sind unverzüglich zu löschen, wenn sie zur Erreichung des Zwecks nicht mehr erforderlich sind oder schutzwürdige Interessen der Betroffenen einer weiteren Speicherung entgegenstehen.

Übersicht

Literatur: *Auernhammer* BDSG – Bundesdatenschutzgesetz und Nebengesetze, 4. Aufl. 2014; *Bull* Fehlentwicklungen im Datenschutz am Beispiel der Videoüberwachung, JZ 2017, 797; *Düsseldorfer Kreis* Beschluss des Düsseldorfer Kreises v. 19.2.2014; *Eickelpasch* Die Anpassung des deutschen Datenschutzrechts an die DS-GVO, Sonderveröffentlichung zur RDV 06/2017, 5; *GDD-Praxishilfe* DS-GVO VII: Transparenzpflichten bei der Datenverarbeitung, Juni 2017; *Gola/Schomerus* BDSG, 12. Aufl. 2015; *Konferenz der unabhängigen*

Datenschutzbehörden des Bundes und der Länder (DSK) Grundsatzpositionen und Forderungen für die neue Legislaturperiode, Oktober 2017; *dies.* Kurzpapier Nr. 15, Videoüberwachung nach der Datenschutz-Grundverordnung, Stand: 8.1.2018; *Kühling/Buchner* DS-GVO: Datenschutz-Grundverordnung, 2017; *Kühling/Martini* Die Datenschutz-Grundverordnung und das nationale Recht, 2016; *Lachenmann* Neue Anforderungen an die Videoüberwachung, ZD 2017, 407; *Piltz* Sachverständigenanhörung im Innenausschuss des Bundestages v. 27.3.2017, Protokoll-Nr. 18/110, 67; *Plath* Bundesdatenschutzgesetz (BDSG), 2013; *Schantz/Wolff* Das neue Datenschutzrecht, 2017; *Simitis* Bundesdatenschutzgesetz, 6. Aufl. 2016; *Sommer* 39. Jahresbericht der Landesbeauftragten für Datenschutz, 2016; *Wolff/Brink* Beck'scher Online Kommentar Datenschutzrecht, 21. Edition, 2017.

I. Videoüberwachung (§ 4 BDSG n.F.)

1 **1. Herkunft und Struktur der Regelung.** Die Vorschrift enthält eine § 6b BDSG a.F. weitgehend entsprechende Regelung zur Videoüberwachung in öffentlich zugänglichen Räumen unter Beibehaltung des Stufenverhältnisses der Beobachtung (Abs. 1) sowie der Speicherung oder Verwendung (Abs. 3) und der Kennzeichnungs-, Informations- und Löschungspflichten (Abs. 2, 4 und 5).[1] Sie gilt sowohl für öffentliche, als auch für nicht-öffentliche Stellen.[2] Hervorzuheben ist, dass die Videoüberwachung durch öffentliche Stellen in der Regel durch spezielle Rechtsvorschriften wie etwa in den Polizeigesetzen der Länder geregelt ist.[3]

2 **2. Vereinbarkeit mit der DS-GVO.** Mit § 4 BDSG n.F. regelt der deutsche Gesetzgeber selbstständig einen bedeutenden Bereich der Verarbeitung personenbezogener Daten. Da die DS-GVO außer einer Erwähnung in den Erwägungsgründen[4] keine spezifische Regelung trifft und mithin keinen eigenen Erlaubnistatbestand zur Videoüberwachung beinhaltet, gewinnt die Regelung im BDSG n.F. besondere Bedeutung. Solange eine europäische Norm einen Sachverhalt nicht abschließend regelt, können auch nationale Regelungen bestehen bleiben und insbesondere auch eigene Vorgaben vorsehen.[5] Auch wenn die DS-GVO den Sachverhalt nicht regelt, muss die nationale Regelung zur Videoüberwachung mit dem Primärrecht zum Schutz personenbezogener Daten im Allgemeinen und mit dem unmittelbar geltenden Sekundärrechtsakt im Besonderen vereinbar sein, damit sie unionsrechtskonform ist.

3 Das Unionsrecht normiert innerhalb der DS-GVO den Anwendungsbereich, der auch Einfluss auf die Videoüberwachung hat. Zu nennen ist hier zunächst die Ausnahme für private Haushalte vom Anwendungsbereich.[6] Danach findet die DS-GVO keine Anwendung für die vom Datenschutzrecht umfasste Videoüberwachung, die durch

---

1 BT-Drucks. 18/11325, S. 81; krit. dazu *DSK* Grundsatzpositionen und Forderungen für die neue Legislaturperiode, 3: Vorschrift zur Videoüberwachung ist, soweit sie nicht-öffentliche Stellen betrifft, dieser Auffassung nach zu streichen. Sie lässt sich demnach nicht auf den herangezogenen Art. 6 Abs. 1 S. 1 lit. e i.V.m. Art. 6 Abs. 3 S. 1 stützen. Ebenfalls krit. hinsichtlich der Vereinbarkeit von § 4 BDSG n.F. mit Unionsrecht *Helfrich* ZD 2017, 97, 98.

2 Vgl. Schantz/Wolff-*Wolff* Das neue Datenschutzrecht, Rn. 633.

3 Vgl. *Bull* JZ 2017, 797, 798.

4 In ErwG 91 S. 3 wird der Begriff „optoelektronische Vorrichtung" genannt. Dies entspricht in der englischen Fassung dem Begriff „opticelectronic devices".

5 Vgl. *Piltz* Sachverständigenanhörung im Innenausschuss des Bundestages v. 27.3.2017, Protokoll-Nr. 18/110, 67.

6 Vgl. Art. 2 Abs. 2 lit. c; ErwG 18.

natürliche Personen zur Ausübung ausschließlich persönlicher und familiärer Tätigkeiten erfolgt. Konkret handelt es sich hierbei zum Bsp. um die Videoüberwachung des Inneren der eigenen vier Wände. Diese Ausnahme vom Anwendungsbereich ist nach der Rechtsprechung der Unionsgerichtsbarkeit eng auszulegen und endet faktisch unmittelbar hinter den Mauern des privaten Grundstücks.[7] Damit fällt eine solche Überwachung aber auch nicht unter § 4 BDSG n.F., da diese Bestimmung entsprechend der amtlichen Überschrift nur die Überwachung öffentlich zugänglicher Räume regelt.

Die Zulässigkeitsgrundlage für die Videoüberwachung wird insbesondere an der im **4**
Sekundärrechtsakt normierten Rechtmäßigkeit einer Datenverarbeitung (Art. 6) zu messen sein. Die entsprechende Grundlage für die optisch-elektronische Beobachtung ist in der DS-GVO nicht offensichtlich. Sie lässt sich für die Videoüberwachung durch Private jedenfalls nicht auf den herangezogenen Art. 6 Abs. 1 S. 1 lit. e i.V.m. Art. 6 Abs. 3 S. 1 stützen.[8] Vielmehr enthält Art. 6 Abs. 2 eine Ermächtigung an den nationalen Gesetzgeber spezifischere Bestimmungen zu erlassen oder beizubehalten, um eine rechtmäßig erfolgende Verarbeitung zu gewährleisten. Diese Ermächtigung bezieht sich aber neben der Regelungsbefugnis des Art. 6 Abs. 1 S. 1 lit. c ausschließlich auf Verarbeitungen „für die Wahrnehmung einer Aufgabe“, die im öffentlichen Interesse liegt (Art. 6 Abs. 1 S. 1 lit. e). Zweifellos erfüllt ein Verantwortlicher aus dem nicht-öffentlichen Bereich mit der Videoüberwachung auch eigene Interessen wie Verkehrssicherungspflichten oder Diebstahlprävention. Gleichwohl dürften die mit der Überwachung verfolgten Aufgaben häufig auch im öffentlichen Interesse liegen. Dies ist etwa bei der Überwachung der in § 4 Abs. 1 S. 2 BDSG n.F. genannten Risikobereiche der Fall. Deswegen dürfte die Videoüberwachung gefahrträchtiger Räume durch Private häufig unter die öffentlichen Aufgaben subsumierbar sein, da sie u.a. der Ermöglichung von Strafverfolgung durch Polizei und Justiz dient.[9] Unabhängig entgegenstehender, zulässiger Wertungen hat der Bundesgesetzgeber damit insbesondere im Lichte des Terror-Anschlags auf einem Berliner Weihnachtsmarkt Ende des Jahres 2016 eine zulässige und mit dem Unionsrecht vereinbare Gesetzgebung betrieben.

In diesem Zusammenhang ist somit entscheidend, ob der nationale Gesetzgeber mit **5**
§ 4 BDSG n.F. dem Begriff des öffentlichen Interesses der DS-GVO ausreichend Rechnung trägt. Das Verhältnis der Öffnungsklauseln in der DS-GVO in Art. 6 zu der nationalen Bestimmung stellt sich als zulässig dar.[10] Auch die Videoüberwachung durch nichtöffentliche Stellen im öffentlichen Raum kann zum Zwecke der Verfolgung von Straftaten oder der Verhütung von Straftaten erfolgen und damit als Aufgabe im öffentlichen Interesse angesehen werden.[11] Derartig spezifischere Bestimmungen zur Anpassung der Anwendung von Grundlagen für die Verarbeitung als Aufgabe im öffentlichen Interesse können die Mitgliedstaaten gem. Art. 6 Abs. 2 nicht nur erlassen, sondern ausdrücklich auch „beibehalten“. Die Kongruenz von § 6b

---

7 Vgl. *EuGH* v. 11.12.2015 – C-212/13, Ryneš.

8 *DSK* Grundsatzpositionen und Forderungen für die neue Legislaturperiode, 3.

9 Vgl. *Bull* JZ 2017, 797, 804; vgl. auch *Brem. LfDI* 39. TB 2016, 22.

10 Kritisch dazu *Lachenmann* ZD 2017, 407, 410 sowie *Kühling* NJW 2017, 1985, 1987.

11 Schantz/Wolff-*Wolff* Das neue Datenschutzrecht, Rn. 636 f.; Vgl. *OVG Lüneburg* v. 7.9.2017 – 11 LC 59/16.

BDSG a.F. und § 4 BDSG n.F. belegt, dass der Bundesgesetzgeber von dieser Möglichkeit Gebrauch gemacht hat.

6 Das Unionsrecht stößt sich generell nicht an der Übernahme von Aufgaben im öffentlichen Interesse durch Private. Die „Google Spain"-Entscheidung[12] betrifft privatrechtliche Datenverarbeitung und steht dem Rechtsvollzug eines darin geschaffenen Rechts auf Nicht-Indexierung durch Unternehmen ausdrücklich nicht entgegen.

7 Außerhalb des Anwendungsbereichs der DS-GVO besteht kein Bedarf dafür, das BDSG n.F. an dieser Stelle in Einklang mit dem Sekundärrechtsakt zu bringen. Schließlich gilt die Verordnung nicht für die Verarbeitung personenbezogener Daten, die von einer natürlichen Person zur Ausübung ausschließlich persönlicher oder familiärer Tätigkeiten und somit ohne Bezug zu einer beruflichen oder wirtschaftlichen Tätigkeit vorgenommen wird.[13] Solange die Videoüberwachung keinen Dritten innerhalb eines rein persönlichen oder familiären Bereichs berührt, ist das Datenschutzrecht der EU nicht einschlägig.[14]

8 § 4 BDSG n.F. als mitgliedstaatliches Recht (Art. 6 Abs. 3 S. 1 lit. b) erlässt damit über die Öffnungsklausel in Art. 6 im Ergebnis spezifische Bestimmungen i.S.d. Art. 6 Abs. 3 S. 3 und steht in Einklang mit dem Unionsrecht. Nachdem der Bundesgesetzgeber sein Datenschutzrecht überarbeitet hat, dürften die Fragen im Zusammenhang mit Abs. 3 S. 3 und Abs. 2 praktisch deutlich in den Hintergrund treten.[15]

9 **3. Zulässigkeit der Videoüberwachung (Abs. 1).** Die Regelung der Zulässigkeit von Videoüberwachung in Abs. 1 stimmt mit der bisherigen Regelung nach § 6b Abs. 1 BDSG a.F. überein. Als Teil der allgemeinen Bestimmungen des BDSG regelt die Vorschrift die Rechtmäßigkeit dieser spezifischen Verarbeitung personenbezogener Daten.

10 Die Zulässigkeitsvoraussetzungen sind in Abs. 1 S. 1 abschließend aufgeführt, wie sich an dem ausdrücklichen Zusatz „nur" erkennen lässt. Gleichwohl ist die Regelung im Sinne des Unionsrechts zu verstehen und damit in Einklang zu bringen. Das unmittelbar wirkende Sekundärrecht wird hier durch das die Zulässigkeitsgründe einschränkende „nur" nicht vom BDSG n.F. EU-rechtswidrig verdrängt. Die Rechtmäßigkeit der Videoüberwachung basiert vielmehr auch auf der Rechtmäßigkeit gem. Art. 6.

11 Zur Aufgabenerfüllung öffentlich zugänglicher Räume und zur Wahrnehmung des Hausrechts ist die Videoüberwachung zulässig.

12 **a) Aufgabenwahrnehmung öffentlicher Stellen (Nr. 1).** Die Aufgabenwahrnehmung öffentlicher Stellen ist unzweifelhaft als öffentliches Interesse einzuordnen und insofern von der Öffnungsklausel Art. 6 Abs. 1 S. 1 lit. e i.V.m. Art. 6 Abs. 3 S. 1 erfasst und zwingend innerstaatlich zu regeln.[16] Die Videoüberwachung muss nur dazu beitragen die den öffentlichen Stellen auferlegten Aufgaben abzusichern und zu unterstützen.[17]

---

12 *EuGH* v. 13.5.2014 – C-131/12, Google Spain und Google.

13 Brem. LfDI, 39. TB 2016, 21; Vgl. Art. 2 Abs. 2 lit. c.

14 *Argumentum e contrario: EuGH* v. 11.12.2015 – C-212/13, Ryneš, Rn. 33.

15 Schantz/Wolff-*Wolff* Das neue Datenschutzrecht, Rn. 628.

16 Argumentum e contrario: *DSK* Grundsatzpositionen und Forderungen für die neue Legislaturperiode, 3.

17 Vgl. Simitis-*Scholz* § 6b BDSG Rn. 71.

b) Hausrecht (Nr. 2). Der Inhaber des Hausrechts[18] ist befugt, eine Videoüberwachung zur Verhinderung von Straftaten und sonstigen Vergehen durchzuführen. Damit soll das Hausrecht präventiv abgesichert werden.[19] Konkret handelt es sich hierbei um die Videoüberwachung des Inneren, das der Öffentlichkeit zugänglich ist. Dabei kann es sich zum Bsp. um eine Hotellobby oder den Schalterbereich in einer Bank handeln. Die Zulässigkeit endet faktisch unmittelbar hinter den Mauern des privaten Grundstücks.[20] Rein private Videoüberwachung in den eigenen Räumlichkeiten, die nicht öffentlich zugänglich sind, regelt § 4 BDSG n.F. nicht. **13**

Der Zulässigkeitstatbestand Abs. 1 S. 1 Nr. 2 gilt auch für öffentliche Stellen.[21] In dieser Hinsicht ist die unionsrechtliche Ermächtigung für den Erlass mitgliedstaatlicher Regelungen offenkundig.[22] **14**

Bei der Überwachung von Rückzugsorten (Restaurants, Cafés etc.) durch nichtöffentliche Stellen ist die grundsätzlich gebotene Interessenabwägung von besonderer Bedeutung für die Zulässigkeit. Die normative Gewichtungsvorgabe in Abs. 1 S. 2 konkretisiert diese.[23] Damit kann die private Videoüberwachung zur Wahrung des Hausrechts möglicherweise auch Aufgabe des öffentlichen Interesses sein. Selbst für Rückzugsorte wie Restaurants oder Bars erscheint dies denkbar, sofern sich diese Vergnügungsstätten qualifizieren lassen. Es wird Aufgabe der Rechtsanwendung sein die Grenze zu ziehen, inwieweit eine Videoüberwachung durch private Stellen öffentliche Interessen erfüllt. Im Zweifel sollte eine Videoüberwachung allein auf Zulässigkeitsregelungen der DS-GVO gestützt sein. **15**

c) Berechtigte Interessen (Nr. 3). Die Möglichkeit der Videoüberwachung „zur Wahrnehmung berechtigter Interessen für konkret festgelegte Zwecke" ist allgemeiner gehalten, erfährt jedoch durch das konkrete Zweckerfordernis ihre Einschränkung. Konkretisierende Vorgaben für die Interessen enthält Abs. 1 S. 2, wonach der Schutz von Leben, Gesundheit oder Freiheit als besonders wichtiges Interesse gilt. **16**

Sämtliche Erlaubnistatbestände unterliegen der Voraussetzung, dass noch nicht einmal „Anhaltspunkte bestehen, dass schutzwürdige Interessen der Betroffenen überwiegen". Die Vorgaben in Abs. 1 S. 2 hinsichtlich der legitimen Interessen sind dabei entsprechend zu berücksichtigen. Diese mit Abs. 1 S. 2 geschaffene normative Gewichtungsvorgabe für die weiterhin zu treffende Abwägungsentscheidung bei der Entscheidung über die Zulässigkeit von Videoüberwachung hat erst im Jahr 2017 Einzug ins BDSG a.F. gefunden.[24] Bei der gesetzlich vorgeschriebenen Interessenabwägung ist insbesondere die mit der Videoüberwachung einhergehende Eingriffsintensität zu würdigen. Diese wird durch Art der erfassten Informationen (Informationsgehalt), Umfang der erfassten Informationen (Informationsdichte, zeitliches und räumliches Ausmaß), den betroffenen Personenkreis, die Interessenlage der betroffenen Personengruppen, das Vorhandensein von Ausweichmöglichkeiten sowie Art und Umfang **17**

---

18 Zum Personenkreis der Hausrechtsinhaber Auernhammer-*Onstein* § 6b BDSG a.F. Rn. 31.

19 Vgl. Plath-*Becker* § 6b BDSG a.F. Rn. 16; Taeger/Gabel-*Zscherpe* § 6b BDSG a.F. Rn. 46.

20 Vgl. Auernhammer-*Onstein* § 6b BDSG a.F. Rn. 30 sowie die weitere bestehende Kommentarliteratur zu § 6b BDSG a.F.

21 Vgl. Gola/Schomerus-*Gola/Klug/Körffer* § 6b BDSG a.F. Rn. 6.

22 Vgl. Rn. 2 und 12.

23 Vgl. Schantz/Wolff-*Wolff* Das neue Datenschutzrecht, Rn. 636.

24 BT-Drucks. 18/10941, S. 8.

der Verwertung der erhobenen Daten bestimmt.[25] Dabei sind die vernünftigen Erwartungen der betroffenen Person, die auf ihrer Beziehung zu dem Verantwortlichen beruhen, zu berücksichtigen.[26]

18 Diese Interessensabwägung ist für jede Videoüberwachung, als auch für jede daran anknüpfende Speicherung oder gar eine noch folgende Auswertung, durchzuführen. Bei der kurzfristigen Speicherung einer üblichen Videoüberwachung sind entgegenstehende Interessen kaum vorstellbar.[27] Unzulässig dürfte hingegen u.a. eine Dauerüberwachung, die Videoüberwachung in von Intimität bestimmten Bereichen wie Sanitäranlagen oder Umkleidekabinen sowie in privaten Rückzugsbereichen von Restaurants und ähnlichen Freizeiteinrichtungen sein, wo die Entfaltung der Persönlichkeit im Vordergrund steht.[28]

Abs. 1 S. 2 benennt eine Reihe möglicher Beispiele für öffentlich zugängliche Räume: Sport-, Versammlungs- und Vergnügungsstätten, Einkaufszentren, Parkplätze, oder Fahrzeuge und öffentlich zugängliche großflächige Einrichtungen des öffentlichen Schienen-, Schiffs- und Busverkehrs. Die Räume i.S.d. Anwendungsbereichs dieser Bestimmung sind aber nicht abschließend in der Regelung berücksichtigt.

19 Das Ziel des Abs. 1 S. 2 ist es, die Videoüberwachung durch nicht-öffentliche Stellen dann regeln zu wollen, wenn es sich um hochfrequentierte und damit besonders gefährdete Bereiche handelt. In Einkaufszentren und sonstigen baulich abgeschlossenen Anlagen, im Personennahverkehr, der von Privaten betrieben wird oder auf Parkplätzen soll damit dem Sicherheitsaspekt Rechnung getragen werden. Aus Sicht des Verantwortlichen installiert er die Videoüberwachung in allererster Linie zur Verkehrssicherungspflicht und seinen eigenen privaten Interessen. Er deckt damit gleichzeitig auch öffentliche Interessen ab, die im Fall der Fälle sowohl präventiv, aber auch repressiv wertvoll sein können.[29]

20 Eine Videoüberwachung von öffentlichen Räumen durch Private kann im Lichte damit einhergehender öffentlicher Interessen ebenfalls national geregelt werden.[30] Der Fall, in dem die mutmaßlichen Täter des Nagelbombenanschlags in Köln-Mülheim nur von einer privaten Videoüberwachung erfasst wurden und diese Bilder maßgeblich zur Aufklärung der Straftat herangezogen wurden, belegt dies beispielhaft.[31] Es ist diskutabel, ob dieses Szenario ausreicht, private Überwachungsinteressen grundsätzlich auch als öffentliche Interessen im Sinne des Art. 6 Abs. 2, 6 Abs. 1 lit. e einzuordnen. Es bestünde dabei die Gefahr, dass damit jedes Privatinteresse in ein öffentliches Interesse umschlagen kann und eine Differenzierung zwischen ebendie-

25 *Düsseldorfer Kreis* Beschluss v. 19.2.2014: Orientierungshilfe „Videoüberwachung durch nicht-öffentliche Stellen", 9.
26 ErwG 47 S. 1.
27 Vgl. *Bull* JZ 2017, 797, 801.
28 Vgl. *Düsseldorfer Kreis* Beschluss v. 19.2.2014: Orientierungshilfe „Videoüberwachung durch nicht-öffentliche Stellen", 9.
29 Vgl. *Eickelpasch* Sonderveröffentlichung zur RDV 06/2017, 5, 6.
30 Vgl. Rn. 4.
31 Vgl. *KStA* Nagelbomben-Anschlag Neue Aufnahmen von der Keupstraße legen Verdacht auf Mitwisser nahe, 27.2.2015, online abrufbar unter: https://www.ksta.de/politik/nagelbomben-anschlag-neue-aufnahmen-von-der-keupstrasse-legen-verdacht-auf-mitwisser-nahe-2490042, zuletzt abgerufen am 13.3.2018.

sen beiden Interessensebenen aufgehoben wäre. Der Gesetzgeber hat die Wertungsfrage aber entschieden: Die Durchführung von Videoüberwachung im öffentlichen Raum durch nicht-öffentliche Stellen kann als gesetzliche Aufgabe von öffentlichem Interesse verstanden werden.[32]

d) Hilfsweise Legitimation der Videoüberwachung über Art. 6 Abs. 1 lit. f (Ansatz der DSK). Der Streit, ob Interessen im Sinne des Abs. 1 S. 1 Nr. 3 berechtigt sind, ist für das Ergebnis der Zulässigkeit der Videoüberwachung insofern akademisch, als die Interessen, die im Rahmen von Abs. 1 Nr. 2 und 3 angesprochen sind, jedenfalls im Rahmen der allgemeinen Interessenabwägung nach Art. 6 Abs. 1 lit. f berücksichtigt werden können. Das hat nicht zwingend zur Folge, dass die vom Bundesgesetzgeber in Abs. 1 S. 2 normierte Gewichtungsvorgabe die unionsrechtliche gebotene Interessenabwägung (Art. 6 Abs. 1 lit. f) beeinflusst.[32] Ungeachtet der Regelung in § 4 BDSG bewertet die Konferenz der unabhängigen Datenschutzbehörden des Bundes und der Länder (DSK) in ihrem **Kurzpapier Nr. 15 zur „Videoüberwachung nach der Datenschutz-Grundverordnung"** die Videoüberwachung ausschließlich anhand der DS-GVO.[33] Geht es nach der DSK so spielt § 4 BDSG schon mit Blick auf die **Zulässigkeit der Videoüberwachung** keine Rolle. Sie richtet sich ihrer Auffassung nach allein nach Art. 6 Abs. 1 S. 1 lit. f. Da diese Norm die Videoüberwachung nicht in Bezug nimmt, verweist die DSK auf den Maßstab der „vernünftigen Erwartungen" aus ErwG 47. Bei der Interessenabwägung komme es darauf an, was bei einer Videoüberwachung „in bestimmten Bereichen der Sozialsphäre typischerweise akzeptiert oder abgelehnt werde."[34] Auch bei den **Lösch- und Informationspflichten**, geht die DSK nicht auf die Konkretisierung der Transparenzpflichten in § 4 Abs. 2 und 4 BDSG auf Grundlage der Öffnungsklausel in Art. 23[35] ein. Sie hält, namentlich mit Blick auf die Informationspflichten, Art. 12 ff. für anwendbar und definiert Mindestanforderungen für die Informationspflicht bei der Videoüberwachung, die weit über die nach § 4 BDSG hinausgehen.[36] Die praktische Umsetzung der Pflicht „zum Zeitpunkt der Erhebung" – anders als nach BDSG zum „frühestmöglichen Zeitpunkt" – dürften die Praxis, denkt man an Videoüberwachung von (Autobahn)tankstellen oder eine Kennzeichenerfassung bei der Einfahrt in Parkhäusern, vor Herausforderungen bis an die Grenze der praktischen Unmöglichkeit führen. Hervorzuheben ist allerdings, dass die DSK bei den Transparenzanforderungen im Rahmen einer Videoüberwachung, anders als in ihrem Kurzpapier Nr. 10 zur Dritt- und Direkterhebung[37]eine Art Medienbruch durch Aushang zulassen möchte. Das für Art. 13 originär maßgebliche Kurzpapier 10 lehnt eine weiterführende Information im Internet oder „auf dem Papierweg" ausdrücklich ab.[38] 21

Rechtlich betrachtet handelt es sich bei der DSK um einen „losen Zusammenschluss" der deutschen Aufsichtsbehörden ohne formale Konstitution oder gar Rechtspersön- 22

---

32 Vgl. Schantz/Wolff-*Wolff* Das neue Datenschutzrecht, Rn. 636.

33 https://www.lda.bayern.de/media/dsk_kpnr_15_videoueberwachung.pdf, zuletzt abgerufen am 13.3.2018.

34 *DSK* Kurzpapier 15, S. 2. mit Beispielen.

35 Siehe dazu Rn. 23.

36 *DSK* Kurzpapier 15, S. 2 f.

37 *DSK* Kurzpapier 10, abrufbar unter: https://www.lda.bayern.de/media/dsk_kpnr_10_informationspflichten.pdf, zuletzt abgerufen am 13.3.2018.

38 *DSK* Kurzpapier Nr. 10, S. 3.

lichkeit. Es ist auch unklar, an wen eine kritische Eingabe zu DSK-Positionen zu adressieren wäre. Ob nationale Zusammenschlüsse von Aufsichtseinrichtungen nach Anwendbarkeit von Art. 68 im Rahmen des Europäischen Datenschutzausschusses eine Rolle spielen werden, erscheint zweifelhaft und im Sinne einer einheitlichen europäischen Rechtsanwendung auch fragwürdig. Auch wenn die vertretenen Auffassungen, anders als Positionen des Datenschutzausschusses, keine verbindlichen Interpretationen des Rechts enthalten, sind sie Vorschläge zur Rechtsanwendung aus Sicht der deutschen Aufsicht. Jedoch wird das Recht von ihr im Rahmen ihrer Zuständigkeit vollzogen und dient ihr möglicherweise auch als Leitschnur, bis zu einer möglichen Korrektur durch verbindliche Auffassungen des Datenschutzausschusses oder durch die Rechtsprechung.

23 **4. Informationspflicht (Abs. 2 und 4).** Dem Grundsatz der Transparenz bei der Verarbeitung personenbezogener Daten nach ist die Videoüberwachung unzweifelhaft für die betroffene Person transparent zu gestalten. Die vernünftigen Erwartungen der betroffenen Person, die auf ihrer Beziehung zu dem Verantwortlichen beruhen, werden dabei ganz besonders vom Transparenzerfordernis abhängen. Die dafür nach der DS-GVO maßgebenden Informationspflichten nach Art. 13 Abs. 1 und 2 sind jedoch nicht einschlägig.[39]

24 **a) Vereinbarkeit der Informationspflicht mit der DS-GVO.** Im Fall einer nach § 4 BDSG n.F. zulässigen Videoüberwachung wird das Recht der Betroffenen auf Informationserteilung aus Art. 13 beschränkt oder wenigstens modifiziert. Diese Beschränkung der Betroffenenrechte ist unter die entsprechende Gestattung zur Beschränkung nach Art. 23 zu fassen. In Art. 23 Abs. 1 lit. i ist das Ziel des Schutzes der betroffenen Person genannt, was wohl dem Ziel des § 4 Abs. 1 BDSG n.F. dient.[40] Es ist dem Bundesgesetzgeber nach Art. 23 möglich auch nur einzelne Informationspflichten zu beschränken, so wie es in § 4 BDSG n.F. geschehen ist.[41] Einer freiwilligen Informationserteilung, um etwa auch die Informationen gem. Art. 13 und/oder 14 bereit zu stellen, steht indes nichts entgegen. Solche zusätzlichen Informationen schaffen Rechtssicherheit. Im Umkehrschluss wird die ausbleibende Anwendung der Art. 13 und 14 bis zu einer abschließenden Klärung vorerst in jedem Fall keinen Bußgeldtatbestand auslösen, sondern zuvor müsste die zuständige Aufsichtsbehörde erst einmal die Informationspflicht gem. DS-GVO anordnen. Im Rahmen einer solchen Anordnung obläge es der Aufsicht dem Verantwortlichen Hinweise zu geben, wie der Informationspflicht nach Art. 13 und 14 abweichend von §§ 4 Abs. 2, 4 BDSG n.F. im konkreten Fall nachgekommen werden kann. Die umfassende Information des Betroffenen dürfte gerade im Falle der Videoüberwachung an die Grenze der Unmöglichkeit stoßen, weil sie dem Betroffenen zum Zeitpunkt der Erfassung durch die Kamera in einer den Anforderungen des Art. 12 genügenden Weise gegeben sein muss. Dies dürfte etwa bei videoüberwachten Tankstellen, auf deren Grundstück man zügig auffährt, zu erheblichen praktischen Problemen führen. Die Regelung des § 4 Abs. 4 BDSG n.F. beschränkt aufgrund der darin geregelten Zeitfolge ebenfalls die Informationspflichten gem. DS-GVO. Die nationale Regelung bleibt hinter den Anforderungen des Sekundärrechtsakts zurück.

39 A.A. Kühling/Buchner-*Bäcker* Art. 13 Rn. 15; ebenso a.A. Brem. LfDI, 39. TB 2016, 23.
40 *Piltz* Sachverständigenanhörung im Innenausschuss des Bundestages v. 27.3.2017, Protokoll-Nr. 18/110, 77.
41 Vgl. Kühling/Buchner-*Bäcker* Art. 13 Rn. 89.

b) Zeitpunkt der Information. Die gebotene Information auf eine Videoüberwachung soll nach § 4 Abs. 2 BDSG n.F. „zum frühestmöglichen Zeitpunkt" gegeben werden. Die zu erteilenden Informationen müssen in der Regel bereitgestellt werden, bevor der Betroffene einen optisch-elektronisch überwachten Bereich betreten kann. Damit stimmt der Zeitpunkt zur Erteilung der gesetzlich geforderten Information nicht mit dem zur Wahrung der Informationspflicht nach Art. 13 überein. Fährt die betroffene Person mit ihrem Auto in ein Parkhaus am Flughafen, so muss sie vor der ersten Erfassung zumindest eine zumutbare Möglichkeit haben, von den Pflichtinformationen Kenntnis zu erlangen. Aus Sicht der verantwortlichen Stelle ist es als ausreichend zu betrachten, wenn es nur eine entsprechende Möglichkeit vor der Videoerfassung gibt. Zugleich lässt die offenere Formulierung in § 4 BDSG n.F., anders als Art. 13 aber auch die Möglichkeit offen, die Information unter Umständen erst nach der Erfassung durch die Kamera zu geben. Dies wäre etwa denkbar, wenn im entsprechenden Einzelfall eine Information zum Zeitpunkt der Erhebung unmöglich erscheint, etwa weil bei Einfahrt in den Überwachungsbereich aufgrund der örtlichen Gegebenheiten eine Information bei Datenerhebung unmöglich ist.[42] 25

§ 4 Abs. 4 BDSG n.F. schreibt die Informationspflichten nach Art. 13 und 14 erst dann vor, wenn durch Videoüberwachung erhobene Daten einer bestimmten Person zugeordnet werden können. Damit besteht das Problem, dass die Zuordnung bereits eine weitere Verarbeitung nach der Aufnahme, die Erhebung im datenschutzrechtlichen Sinne, darstellt. Der Zeitpunkt der Information nach § 4 Abs. 4 BDSG n.F. lässt sich nicht mit dem Erfordernis in Art. 13 Abs. 1 und 2 („zum Zeitpunkt der Erhebung") in Einklang bringen. Das deutsche Recht bleibt hier hinter den Anforderungen der DS-GVO zurück. Für den Verantwortlichen muss in der Praxis aber auch hier eine Information zum frühestmöglichen Zeitpunkt ausreichend sein. 26

c) Inhalt der Information. – aa) Abs. 2. § 4 Abs. 2 konkretisiert das unionsrechtliche Transparenzgebot (Art. 5 Abs. 1 lit. a) und ist mithin grundsätzlich nur wiederholend.[43] Gegenüber der weitestgehend übereinstimmenden Regelung des § 6b Abs. 2 BDSG a.F. wird sie nur dahingehend konkreter, dass zur geforderten Erkennbarkeit der verantwortlichen Stelle der Name und die Kontaktdaten des Verantwortlichen gehört. In der Rechtsanwendung wird ein Piktogramm als Hinweis auf die Videoüberwachung neben der Nennung der verantwortlichen Stelle und ihrer Kontaktdaten als ausreichend anzusehen sein; in Betrieben kann ein Lageplan mit Darstellung der Aufnahmefelder im Intranet bereitgestellt werden.[44] Der Eigentümer der überwachten Liegenschaft ist nicht zwangsläufig als verantwortliche Stelle anzusehen, da dies auch ein Pächter oder eine dort eingesetzte Sicherheitsfirma sein kann. Weitere Transparenzinformationen erhält die betroffene Person nicht, sie ist stattdessen auf den Auskunftsanspruch nach Art. 15 angewiesen.[45] 27

bb) Abs. 4. Da mittels Videoüberwachung regelmäßig nur das äußere Erscheinungsbild von Menschen und ihre Verhaltensweisen erfasst werden, mangelt es für eine Identifizierung grds. an notwendigen Zusatzinformationen. Der Abs. 4 als besondere Unterrichtungspflicht ist nur dann einschlägig, wenn ausnahmsweise solche Identifi- 28

42 Siehe das Beispiel unter Rn. 31.
43 *Kühling/Martini u.a.* Die Datenschutz-Grundverordnung und das nationale Recht, S. 345.
44 Vgl. *Lachenmann* ZD 2017, 407, 409.
45 *GDD* Transparenzpflichten bei der Datenverarbeitung (2017), S. 10.

zierungsmöglichkeiten bestehen und der Betroffene namentlich bekannt wird.[46] Eine solche Zuordnung stellt eine weitere Verarbeitung nach der Aufnahme, als Erhebung im datenschutzrechtlichen Sinne, dar. Im entsprechenden Fall greifen die Art. 13 und 14 i.V.m. den Ausnahmetatbeständen gem. § 32 BDSG n.F. (Abs. 4 S. 2). Die Informationspflicht nach der DS-GVO wird damit allein auf den in Abs. 4 genannten Fall beschränkt. Auch analoge Videotechnik, die personenbezogene Daten nicht dateimäßig erfasst und damit nicht unter dem sachlichen Anwendungsbereich des Art. 2 subsummiert werden kann, löst hier eine Informationspflicht – nach deutschem Recht – aus.

29 Der Hinweis auf die Videoüberwachung nach § 4 Abs. 2 stellt keine Form der Kenntniserlangung dar, der eine Benachrichtigungspflicht aufheben würde.[47]

30 **d) Art und Weise der Informationsgewährung.** Unter der Berücksichtigung der Möglichkeit zur abgestuften Information i.S.d. WP 100 der Betroffenen müsste es ausreichend sein, wenn neben einem Piktogramm der Name des Verantwortlichen und ggf. seine Adresse unmittelbar kommuniziert wird.[48] Ein Verweis auf weitere Informationen, wie zum Bsp. Informationen nach Art. 13 und/oder 14, in Form eines QR-Code oder mittels eines Flyers aus Papier ist praktikabel und zulässig.[49] Aus Gründen einer beherrschbaren Rechtsanwendung können jedenfalls bei Erhebung nicht alle Informationen körperlich zur Verfügung gestellt werden. Eine nach § 4 Abs. 2 und 4 BDSG n.F. freiwillige darüberhinausgehende Informationsgewährung kann im Umfang der vollständigen Informationen nach Art. 13 und 14 auf einer Website oder aber in ausgedruckter Form etwa in den Räumen einer Tank- oder Raststätte allenfalls noch „zum frühestmöglichen Zeitpunkt" erfolgen. Damit trägt der Verantwortliche den Transparenzanforderungen dennoch am meisten Rechnung. Die Information zum Zeitpunkt der Datenerhebung gem. Art. 13 ist auf diese Weise und zu diesem Zeitpunkt nicht mehr möglich.[50]

31 **Beispiel:** Ein Hinweisschild im Falle des oben genannten Beispiels muss damit unter anderem Name und Kontaktdaten des Verantwortlichen und ein Symbolbild enthalten. So muss bei der Videoüberwachung oder der Erfassung von Kfz-Kennzeichen in Parkhäusern der Betroffene bereits bei Erreichen des überwachten Bereichs zumindest die Informationen der 1. Stufe nach § 4 Abs. 2, 4 BDSG n.F., etwa durch ein Hinweisschild, erhalten, um über den Zutritt in den überwachten Bereich entscheiden zu können. Darauf sind unter anderem

---

46 Vgl. Simitis-*Bizer* § 6b BDSG Rn. 94 (6. Aufl. 2006).

47 Vgl. BeckOK DatenSR-*Brink* § 6b BDSG Rn. 109.

48 Vgl. *Lachenmann* ZD 2017, 407, 409; a.A. *Brem. LfDI* 39. TB 2016, 23: Nach Ansicht der LfDI bestehen folgende Mindestanforderungen an die Information: Ein Hinweis vor Ort mit Piktogramm, Name und Kontaktdaten des Verantwortlichen, Dauer der Speicherung sowie in Schlagworten die Nennung von Zweck, Rechtsgrundlage, Hinweis auf Zugang zu allen Pflichtinformationen nach Art. 13 Abs. 2; letzterem könne durch eine Veröffentlichung im Internet oder ein Informationsblatt vor Ort nachgekommen werden.

49 *Brem. LfDI* 39. TB 2016, 23; a.A. *DSK* Informationspflichten bei Dritt- und Direkterhebung (2017), S. 3.

50 Ein Beispiel für ein vorgelagertes Hinweisschild sowie für ein vollständiges Informationsblatt im Falle der Videoüberwachung hat nunmehr die Landesbeauftragte für Datenschutz Niedersachsen veröffentlicht, abrufbar unter https:www.lfd.niedersachsen.de/startseite/dsgvo/transparenzanforderungen-und-hinweisbeschilderung-bei-einer-videoüberwachung-nach-der-ds-gvo-158959.html, zuletzt abgerufen am 15.3.2018.

die Rechtsgrundlage der Verarbeitung, die Kontaktdaten des Datenschutzbeauftragten, die berechtigten Interessen des Verantwortlichen sowie das Bestehen eines Auskunftsrechts zu nennen.

5. Zweckbindung (Abs. 3). Die grundsätzliche Zweckbindung regelt Art. 5 Abs. 1 lit. b. Die Regelung des Art. 6 Abs. 4 eröffnet den Mitgliedstaaten die Möglichkeit durch Rechtsvorschrift eine Nutzung für andere Zwecke zuzulassen. Von dieser Möglichkeit hat der Gesetzgeber unter anderem in § 24 BDSG n.F. Gebrauch gemacht. Für die Videoüberwachung ist aber die speziellere Regelung in § 4 Abs. 3 BDSG n.F. anzuwenden. 32

Die Speicherung oder Verwendung geht über die bloße Videoüberwachung hinaus. Sie ist zulässig, wenn sie zum Erreichen des verfolgten Zwecks erforderlich ist und keine Anhaltspunkte bestehen, dass schutzwürdige Interessen der Betroffenen überwiegen.[51] 33

Die in § 4 Abs. 1 S. 2 BDSG n.F. vorgegebene Abwägungsentscheidung wird durch § 4 Abs. 3 S. 3 BDSG n.F. ergänzt, wonach der Zweckbindungsgrundsatz aufgehoben werden soll, „soweit dies zur Abwehr von Gefahren für die staatliche und öffentliche Sicherheit sowie zur Verfolgung von Straftaten erforderlich ist". Damit wird dem Ziel, die Sicherheitsbehörden von den verfassungsrechtlichen Vorgaben zur Videoüberwachung durch öffentliche Stellen zu befreien, Rechnung getragen.[52] 34

6. Pflicht zur Löschung (Abs. 5). Die Pflicht zur Löschung gem. Abs. 5 stimmt mit der bisherigen Rechtspflicht nach § 6b Abs. 5 BDSG a.F. gänzlich überein. Eine konkret auf Videoüberwachung bezogene Regelung zur Löschung enthält die DS-GVO nicht. Die allgemeinen Löschpflichten nach Art. 17 dominieren diese Pflicht nicht. Für die Videoüberwachung wird in der Praxis überwiegend die Löschung nach § 4 Abs. 5 BDSG n.F. durchzuführen sein. Ob Material gesichert werden muss, soll und kann grundsätzlich innerhalb weniger Werktage (2 Tage) geklärt werden. Zugleich sind Konstellationen denkbar, in denen der Speicherzweck länger andauert. 35

II. Folgen unzulässiger Videoüberwachung

1. Geldbuße. Im Falle einer unzulässigen Videoüberwachung kommt gem. Art. 83 Abs. 1, Abs. 5 lit. a das nach der DS-GVO höchst mögliche Bußgeld in Höhe von bis zu 20 Mio. EUR „oder im Fall eines Unternehmens von bis zu 4 % seines gesamten weltweit erzielten Jahresumsatzes des vorangegangenen Geschäftsjahrs" in Betracht. Die maximal mögliche Bußgeldhöhe erscheint geboten, weil es einer unzulässigen Videoüberwachung an der Rechtmäßigkeit der grundsätzlich verbotenen Verarbeitung personenbezogener Daten mangelt. Ohne die Rechtmäßigkeit liegt ein unerlaubter schwerwiegender Eingriff in das Recht auf informationelle Selbstbestimmung vor. Da die Informationspflichten bei der Videoüberwachung nach BDSG der Auffassung der DSK nach nicht in Einklang mit denen nach Art. 12 ff. sind, ist nicht auszuschließen, dass dem Rechtsanwender in Deutschland bei ausschließlicher Einhaltung des BDSG eine Geldbuße droht.[53] Wegen des jedenfalls aus Sicht der deutschen Aufsicht bestehenden Normenkonflikts zwischen DS-GVO und BDSG wird die Praxis in eine 36

51 Zur Interessenabwägung, vgl. Rn. 16.
52 Vgl. *Lachenmann* ZD 2017, 407, 410.
53 Auf diese Konsequenz weist das DSK-Kurzpapier 15, S. 3 ausdrücklich hin.

unangenehme Situation mit möglicherweise teuren Rechtsfolgen gedrängt. Dass die auch von der Kommission bei der Notifizierung des BDSG unbeanstandete Nutzung der Öffnungsklauseln aus Art. 5 und 23 in § 4 BDSG tatsächlich europarechtswidrig ist, erscheint schon mit Blick auf deren weite Formulierung äußerst fraglich. Für die Praxis bleibt zu hoffen, dass diese Meinungsverschiedenheit zwischen behördlicher Aufsicht und Gesetzgeber nicht anhand eines Bußgeldes auf dem Rücken der Betroffenen ausgetragen wird. Falls doch, wäre in diesem Fall eine Amtspflichtverletzung der Datenschutzaufsicht wegen unzulässiger Nichtanwendung des BDSG zu erwägen.

37 **2. Beweisverwertung.** Grundsätzlich dient die Überwachung öffentlich zugänglicher Räume auch der Beweissicherung für die etwaige Aufklärung von Straftaten oder der zivilrechtlichen Durchsetzung von Schadensersatzansprüchen.[54] Eine unzulässige Videoüberwachung kann inhaltlich ebenfalls ein Beweismittel darstellen. Fraglich ist nur die Zulässigkeit solch unbefugt erhobener Daten. So hat etwa das OLG Stuttgart die Nutzung von Aufnahmen aus unzulässiger Videoüberwachung durch Autokameras für die Durchsetzung zivilrechtlicher Ansprüche in einem Fall bejaht.[55] Demnach wurden die Aufzeichnungen aufgrund einer Interessenabwägung "im konkreten Einzelfall tendenziell für verwertbar" befunden. Das LG Rottweil hatte eine solche Verwertung nicht gestattet, weil das allgemeine Persönlichkeitsrecht im Verhältnis zum Recht an der Beweisführung überwiegt.[56] Fraglich ist noch, wie die Abwägung bei der Aufklärung von Straftaten ausfällt. Gleichwohl führt der Versuch der Beweisverwertung zunächst zu einer Geldbuße aufgrund des Datenschutzverstoßes.[57]

Artikel 7 Bedingungen für die Einwilligung

(1) Beruht die Verarbeitung auf einer Einwilligung, muss der Verantwortliche nachweisen können, dass die betroffene Person in die Verarbeitung ihrer personenbezogenen Daten eingewilligt hat.

(2) [1]Erfolgt die Einwilligung der betroffenen Person durch eine schriftliche Erklärung, die noch andere Sachverhalte betrifft, so muss das Ersuchen um Einwilligung in verständlicher und leicht zugänglicher Form in einer klaren und einfachen Sprache so erfolgen, dass es von den anderen Sachverhalten klar zu unterscheiden ist. [2]Teile der Erklärung sind dann nicht verbindlich, wenn sie einen Verstoß gegen diese Verordnung darstellen.

(3) [1]Die betroffene Person hat das Recht, ihre Einwilligung jederzeit zu widerrufen. [2]Durch den Widerruf der Einwilligung wird die Rechtmäßigkeit der aufgrund der Einwilligung bis zum Widerruf erfolgten Verarbeitung nicht berührt. [3]Die betroffene Person wird vor Abgabe der Einwilligung hiervon in Kenntnis gesetzt. [4]Der Widerruf der Einwilligung muss so einfach wie die Erteilung der Einwilligung sein.

(4) Bei der Beurteilung, ob die Einwilligung freiwillig erteilt wurde, muss dem Umstand in größtmöglichem Umfang Rechnung getragen werden, ob unter anderem die Erfüllung eines Vertrags, einschließlich der Erbringung einer Dienstleistung, von

54 Vgl. Simitis-*Scholz* § 6b BDSG a.F. Rn. 75.
55 Vgl. *OLG Stuttgart* v. 17.7.2017 – 10 U 41/17.
56 Vgl. *LG Rottweil* v. 20.2.2017 – 1 O 104/ 16.
57 So geschehen in *AG München* v. 9.8.2017 – 1112 OWi 300 Js 121012/17.

der Einwilligung zu einer Verarbeitung von personenbezogenen Daten abhängig ist, die für die Erfüllung des Vertrags nicht erforderlich sind.

- *ErwG: 32, 33, 40, 42, 43, 171*
- *BDSG n.F.: § 27*

Übersicht

Literatur: *Albrecht* Das neue EU-Datenschutzrecht – von der Richtlinie zur Verordnung, CR 2016, 88; *Art.-29-Datenschutzgruppe* Guidelines on Consent und der Regulation 2016/679, WP 259 (Entwurf); *Babaei-Beigi/Katko* Accountability statt Einwilligung? – Führt Big Data zum Paradigmenwechsel im Datenschutz?, MMR 2014, 360; *Buchner* Grundsätze und Rechtmäßigkeit der Datenverarbeitung unter der DS-GVO, DuD 2016, 155; *Ehmann/Selmayr* Datenschutz-Grundverordnung, 2017; *Eßer/Kramer/von Lewinski* Datenschutz-Grundverordnung, Bundesdatenschutzgesetz und Nebengesetze, 5. Aufl. 2017; *Heselhaus/Nowak* Handbuch der Europäischen Grundrechte, 2006; *Jarass* Charta der Grundrechte der Europäischen Union, 3. Aufl. 2016; *Kamp/Rost* Kritik an der Einwilligung – Ein Zwischenruf zu einer fiktiven Rechtsgrundlage in asymmetrischen Machtverhältnissen, DuD 2014, 80; *Kotschy* The proposal for a new General Data Protection Regulation – problems solved?, International Data Privacy Law 2014, 274; *Paal/Pauly* Datenschutz-Grundverordnung Bundesdatenschutzgesetz: DS-GVO/BDSG, 2017; *Plath* Kommentar zum BDSG und zur DSGVO sowie den Datenschutzbestimmungen des TMG und TKG, 2. Aufl. 2016; *Radlanski* Das Konzept der Einwilligung in der datenschutzrechtlichen Realität, 2016; *Rogosch* Die Einwilligung im Datenschutzrecht, 2013; *Schantz* Die Datenschutz-Grundverordnung – Beginn einer neuen Zeitrechnung im Datenschutzrecht, NJW 2016, 1841; *Simitis* Bundesdatenschutzgesetz, 8. Aufl. 2014; *Sloot* International Data Privacy Law 2014, 307; *Spelge* Der Beschäftigtendatenschutz nach Wirksamwerden der Datenschutz-Grundverordnung (DS-GVO), DuD 2016, 775; *Spindler* Die neue EU-Datenschutz-Grundverordnung, DB 2016, 937; *Thüsing/Schmidt/Forst* Das Schriftformerfordernis der Einwilligung nach § 4a BDSG im Pendelblick zu Art. 7, RDV 2017, 116; *Wendehorst/Graf von Westphalen* Das Verhältnis zwischen Datenschutz-Grundverordnung und AGB-Recht, NJW 2016, 3745; *Wolff/Brink* Beck'scher Online Kommentar – Datenschutzrecht, 21. Edition 2017; *Wybitul* EU-Datenschutz-Grundverordnung in der Praxis – Was ändert sich durch das neue Datenschutzrecht?, BB 2016, 1077.

A. Einordnung und Hintergrund

1 Das Einverständnis des Betroffenen unterliegt kraft der DS-GVO höheren Anforderungen als noch in der DSRL[1]: Auch wenn eine Abkehr von dem Schriftformerfordernis gemäß § 4a Abs. 1 S. 3 BDSG a.F. auszumachen ist, wechselt die Beweislast auf die Seite des Verantwortlichen.[2]

B. Kommentierung

I. Art. 7 – Allgemein

2 Damit eine Verarbeitung personenbezogener Daten rechtmäßig ist, bedarf es einer Einwilligung der betroffenen Person oder einer sonstigen zulässigen Rechtsgrundlage. Jede Verarbeitung i.S.v. Art. 4 Nr. 3 stellt einen Grundrechtseingriff dar. Aus diesem Grund verlangt das Primärrecht in Art. 8 Abs. 2 S. 1 GRCh eine gesetzliche Grundlage samt der Bestimmung eines konkreten Zwecks als Rechtfertigung, sofern diese Gründe das informationelle Selbstbestimmungsrecht überwiegen. Dazu alternativ kann der Betroffene mittels Einwilligung die Datenverarbeitung legitimieren. Erfolgt die Datenverarbeitung nach Treu und Glauben für festgelegte Zwecke und mit Einwilligung der betroffenen Person, liegt kein Eingriff in das Grundrecht auf informationelle Selbstbestimmung vor.[3]

3 Die Einwilligung selbst ist in Art. 4 Nr. 11 definiert. Als solche qualifiziert werden kann „jede freiwillig für den bestimmten Fall, in informierter Weise und unmissverständlich abgegebene Willensbekundung in Form einer Erklärung oder einer sonstigen eindeutigen bestätigenden Handlung, mit der die betroffene Person zu verstehen gibt, dass sie mit der Verarbeitung der sie betreffenden personenbezogenen Daten einverstanden ist".

---

1 Vgl. *Sloot* International Data Privacy Law 2014, 307, 314.

2 Art. 7 Abs. 1. Kritisch und sehr ausführlich zu den Anforderungen für eine „explizite Einwilligung" vgl. *Kotschy* International Data Privacy Law 2014, 274, 278 ff.

3 *Jarass* GR-Charta, 2013, Art. 8 Rn. 9; Heselhaus/Nowak-*Mehde* Handbuch der Europäischen Grundrechte, § 21 Rn. 38.

Art. 7 bestimmt die Bedingungen für die Einwilligung, welche gem. Art. 6 Abs. 1 lit. a die Rechtmäßigkeit der Verarbeitung begründen kann. Die DS-GVO trifft keine Wertung darüber, ob die gesetzliche Grundlage oder die Einwilligung der vorrangige Erlaubnistatbestand für eine Datenverarbeitung ist.[4] Für die Rechtsanwendung ist dieser Umstand auch völlig unerheblich. **4**

Eine rechtmäßige Einwilligung sieht eine Nachweispflicht auf Seiten des Verantwortlichen vor (Art. 7 Abs. 1). Weitere Voraussetzungen sind sowohl die Freiwilligkeit (Art. 7 Abs. 4) als auch die Transparenz und Eigenständigkeit der Einwilligung (Art. 7 Abs. 2). Die Möglichkeit des Betroffenen, jederzeit seine Einwilligung zu widerrufen (Art. 7 Abs. 3), lässt die offenkundige Zielsetzung der EU-Gesetzgeber erkennen, den Gebrauch von Einwilligungen als legitimierende Grundlage zur Verarbeitung einzuschränken.[5] **5**

II. Erläuterungen ausschließlich auf Basis der DS-GVO

1. Art. 7 im Gesamtkontext der DS-GVO. Die Anforderungen an eine datenschutzrechtliche Einwilligung ergeben sich aus Art. 6 Abs. 1 lit. a i.V.m. Art. 7. Gem. Art. 6 Abs. 1 lit. a legitimiert eine Einwilligung die Verarbeitung personenbezogener Daten. Die Einwilligung muss nach der DS-GVO nicht mehr schriftlich erteilt werden; ausreichend ist nach der Definition in Art. 4 Nr. 11 vielmehr eine „[...] in informierter Weise und unmissverständlich abgegebene Willensbekundung in Form einer Erklärung oder einer sonstigen eindeutigen bestätigenden Handlung, mit der die betroffene Person zu verstehen gibt, dass sie mit der Verarbeitung der sie betreffenden personenbezogenen Daten einverstanden ist“. Ein stillschweigendes Einverständnis, standardmäßig angekreuzte Kästchen oder die Untätigkeit des Betroffenen stellen nach ErwG 32 keine Einwilligung dar.[6] Die Nachweisbarkeit der Abgabe der Einwilligungserklärung ist allerdings – wie bisher – durch die verantwortliche Stelle zu führen (Art. 7 Abs. 1 und ErwG 42). **6**

Für die Einwilligungserklärung eines Kinds im Bereich der Dienste der Informationsgesellschaft (insbesondere der Online-Vertrieb von Waren und Dienstleistungen, Online-Informationsangebote, die Online-Werbung etc.) gelten nach Art. 8 besondere Bedingungen. Den nationalen Gesetzgebern steht es offen künftig eigene Festlegungen für die Einwilligung von Kindern zwischen dem vollendeten 13. und 16. Lebensjahr vorzunehmen. **7**

a) Definition der Einwilligung in Art. 4 Nr. 11. In Art. 4 definiert die DS-GVO für das Verständnis dieses Sekundärrechtsakts zentrale Begriffe. Dazu zählt auch die Einwilligung. Der Legaldefinition des Verordnungsgebers handelt es sich dabei um eine Willensbekundung über das Einverständnis zur Verarbeitung personenbezogener Daten. **8**

---

4 Auernhammer-*Kramer* Art. 7 Rn. 1 sowie Kommentierung zu Art. 6 Abs. 1 lit. f Rn. 108 wie Rn. 10 dieses Kapitels.

5 *Albrecht* spricht von einem „klar erkennbaren Widerspruchsrecht“, *Albrecht* DuD 2013, 655, 656. Die Einschränkung, wonach bei erheblichem Ungleichgewicht zwischen Betroffenem und Verantwortlichen (Art. 7 Abs. 4 DS-GVO-E) die Einwilligung nicht mehr zur Rechtmäßigkeit der Verarbeitung entsprechend Art. 6 Abs. 1 lit. a führt, hat es nicht in die finale Fassung geschafft.

6 Vgl. *Buchner* DuD 2016, 155, 158. Vgl. dazu auch die Ausführungen zu Art. 6 Rn. 12 ff.

Sie soll daher durch eine freiwillige, bestätigende Handlung erfolgen, die für einen konkreten Fall, in informierter Weise und unmissverständlich zum Ausdruck bringt, dass die betroffene Person mit der Verarbeitung der sie betreffenden personenbezogenen Daten einverstanden ist. Im Ergebnis statuiert Art. 4 Nr. 11 eine Reihe von Wirksamkeitsvoraussetzungen für die Einwilligung.

9 **b) Sonderregelung für Kinder in Art. 8.** Um dem besonderen Schutz von Kindern zu entsprechen, wurde mit Art. 8 eine Vorschrift in die DS-GVO Regelungen eingefügt, welche die Anforderungen an die datenschutzrechtliche Einwilligung für und von Minderjährigen in einem Teilbereich, nämlich bei Diensten der Informationsgesellschaft, gesondert regelt. Für die entsprechend wirksame Einwilligung von Minderjährigen ist der Art. 7 von hoher Bedeutung, denn die Voraussetzungen des Art. 8 und Art. 7 gelten in diesem personellen Anwendungsbereich kumulativ.

10 **c) Bedeutung für Art. 6.** Art. 6 definiert die Funktion der Einwilligung als Erlaubnistatbestand für eine Verarbeitung personenbezogener Daten. Darin ist die Einwilligung als erste Legitimation für eine Datenverarbeitung aufgeführt, womit aber keine Wertung einhergeht. Geht die Rechtmäßigkeit von einem anderen Erlaubnistatbestand als Art. 6 Abs. 1 lit. a aus, sind die Bedingungen an die Einwilligung gem. Art. 7 unerheblich für die entsprechende Datenverarbeitung.

11 Für die Einwilligung als Ausdruck der Selbstbestimmung normiert Art. 7 in zentraler Weise – neben Art. 4 Nr. 11 – die Anforderungen an die Wirksamkeit der Willensbekundung. In Art. 6 Abs. 1 lit. a selbst findet sich wie in Art. 4 Nr. 11 die Bestimmtheit als Anforderung an die Einwilligung.

12 **d) Übergangsregelung für Alteinwilligungen – ErwG 171.** Die Einwilligung ist kein Novum, was mit der DS-GVO Einzug erhält. Gerade in der Rechtspraxis im nichtöffentlichen Bereich ist die vom Betroffenen abgegebene Einwilligung in die seine personenbezogene Daten betreffende Datenverarbeitung von hoher Relevanz.

13 Für die Rechtsanwendung steht damit Frage im Raum wie mit bereits vorliegenden Einwilligungen gem. DSRL vorzugehen ist.[7] Dazu trifft die DS-GVO in ihren Erwägungsgründen eine klare Aussage: „Beruhen die Verarbeitungen auf einer Einwilligung gemäß der Richtlinie 95/46/EG, so ist es nicht erforderlich, dass die betroffene Person erneut ihre Einwilligung dazu erteilt, wenn die Art der bereits erteilten Einwilligung den Bedingungen dieser Verordnung entspricht, so dass der Verantwortliche die Verarbeitung nach dem Zeitpunkt der Anwendung der vorliegenden Verordnung fortsetzen kann.“[8] Mit der Bezugnahme auf die Bedingungen für die Einwilligung, welche der Überschrift des Art. 7 nach darin normiert sind, werden diese zum Prüfmaßstab für Einwilligungen nach bisherigem Recht.

14 Wurde die Einwilligung aber entgegen den Bestimmungen der DS-GVO von dem Betroffenen abgegeben, so ist Verarbeitung der Daten in diesem Fall unzulässig.[9] Besondere Beachtung verdient deswegen das Kriterium der Freiwilligkeit, die für eine rechtmäßige Einwilligung i.S.d. DS-GVO unabdingbar ist.

---

7 Vgl. dazu Kommentierung zu Art. 6 Rn. 18.
8 ErwG 171 S. 3.
9 BeckOK DatenSR-*Schild* DS-GVO Art. 94 Rn. 3.

Grundsätzlich sind die Aufsichtsbehörden zu dem Schluss gekommen, dass bisher rechtswirksame Einwilligungen diese Bedingungen erfüllen, da insbesondere Informationspflichten nach Art. 13 dafür nicht erfüllt sein müssen.[10] 15

e) Sanktion des Art. 83 Abs. 5 lit. a. Bei einem Verstoß gegen Art. 7 kommt gem. Art. 83 Abs. 1, Abs. 5 lit. a das nach der DS-GVO höchst mögliche Bußgeld in Höhe von bis zu 20 Millionen EUR „oder im Fall eines Unternehmens von bis zu 4 % seines gesamten weltweit erzielten Jahresumsatzes des vorangegangenen Geschäftsjahrs". Die maximal mögliche Bußgeldhöhe erscheint geboten, weil die Einwilligung die Rechtmäßigkeit der grundsätzlich verbotenen Verarbeitung personenbezogener begründet und ohne die Rechtmäßigkeit ein schwerwiegender Eingriff in das Recht auf informationelle Selbstbestimmung vorliegen kann. 16

f) Die Rechtsnatur der Einwilligung[11]. Die Einwilligung des Betroffenen in eine Datenverarbeitung legitimiert die Verarbeitung. Sie ist eine Willenserklärung, die Rechtsfolgen auslöst, so dass sie einen rechtsgeschäftlichen Erklärungsgehalt hat.[12] Die Bewertung der Rechtsnatur der Einwilligung, mag sie auch mehr rechtstheoretischer Natur sein, als Realhandlung, ist ebenso missverständlich wie überflüssig.[13] 17

g) Vorgaben aus dem informationellen Selbstbestimmungsrecht und aus Art. 8 Abs. 1 GRCh. Nach Art. 8 Abs. 2 S. 1 GRCh bedarf jede Verarbeitung personenbezogener Daten einer Einwilligung des Betroffenen oder einer gesetzlichen Legitimation. Die Entscheidungsprärogative im Sinne der Privatautonomie wird am besten gewahrt, wenn die Datenverarbeitung vorrangig von der vom Datensubjekt einzuholenden Einwilligung abhängt.[14] Erfolgt die Datenverarbeitung nach Treu und Glauben für festgelegte Zwecke und mit Einwilligung der betroffenen Person, liegt kein Eingriff in das Grundrecht auf informationelle Selbstbestimmung vor.[15] Die Einwilligung bleibt daher ein entscheidender Grundpfeiler des Datenschutzes.[16] 18

2. Beweislast. Die Regelung der Beweislast in Art. 7 Abs. 1 ist eindeutig: Beruht die Verarbeitung auf einer Einwilligung, muss der Verantwortliche nachweisen können, dass die betroffene Person in die Verarbeitung ihrer personenbezogenen Daten eingewilligt hat. Die Wahl des entsprechenden Tempus spiegelt wider, dass die Einwilligung vor der eigentlichen Verarbeitung eingeholt sein muss, um die Rechtmäßigkeit dieser Verarbeitung zu begründen. Die Zuweisung der Beweislast hin zum Verantwortlichen steht im Licht der grundsätzlich bei der Verarbeitung personenbezogener Daten bestehenden Rechenschaftspflicht (Art. 5 Abs. 2). 19

In welcher Form der Nachweis von Seiten der verantwortlichen Stelle im Streitfall zu leisten ist, definiert Art. 7 nicht eindeutig. Mit der Dokumentation der Einwilligung 20

---

10 *Düsseldorfer Kreis* Beschluss v. 13./14.9.2016: Fortgeltung bisher erteilter Einwilligungen unter der Datenschutz-Grundverordnung.

11 Vgl. dazu Kommentierung zu Art. 6 Rn. 11.

12 So auch Paal/Pauly-*Frenzel* Art. 6 Rn. 10.

13 Simitis-*Simitis* § 4a Rn. 20; Gola-*Schulz* Art. 7 Rn. 8; vgl. Übersicht zum Streitstand Gola/Schomerus-*Gola/Klug/Körffer* § 4a Rn. 2.

14 *Roßnagel/Pfitzmann/Garstka* Modernisierung des Datenschutzrechts, 2001, 72 ff.; *Masing* NJW 2012, 2305, 2307.

15 *Jarass* GR-Charta, 2013, Art. 8 Rn. 9; Heselhaus/Nowak-*Mehde* Handbuch der Europäischen Grundrechte, § 21 Rn. 38.

16 *Albrecht* CR 2016, 88, 91.

weist der Verantwortliche die Rechtmäßigkeit nach, weswegen eine schriftliche oder textliche Einwilligung ratsam erscheint. Sie entspricht einer „Willensbekundung in Form einer Erklärung“[17] am besten. Gleichwohl ist eine mündliche Erklärung vom Betroffenen ebenfalls als zulässige Einwilligung qualifizierbar.[18] In diesem Fall wird die Beweislast für den Verantwortlichen jedoch zur Herausforderung. Trotz der Fokussierung auf die Nachweisfunktion wird mit Art. 7 Abs. 1 eine Beweislastpflicht implementiert, ohne dass eine Einwilligung allein aufgrund mangelnder Schriftlichkeit unwirksam ist.[19]

21 Aus den Regelungen der Verordnung ergibt sich nicht, dass eine einmal erteilte Einwilligung allein durch das Verstreichen eines langen Zeitraums unwirksam werden kann. Eine einmal erteilte Einwilligung kann auch nach erheblichem Zeitablauf damit noch dem Beweis dienen. Eine „Auffrischung“ der Einwilligung ist nicht notwendig, von der Verordnung nicht vorgesehen und in der Praxis nicht handhabbar.[20]

22 **3. Informiertheit und Transparenz.** Die Einwilligung muss neben spezifischen Anforderungen wie beispielsweise bei der Einwilligung von Minderjährigen grundsätzlich den Anforderungen aus der Legaldefinition (Art. 4 Nr. 11), dem Legitimationstatbestand zur Einwilligung (Art. 6 Abs. 1 lit. a) und den Bedingungen für die Einwilligung (Art. 7) genügen. Dazu zählt insbesondere, dass die Einwilligung vom Betroffenen gem. Art. 4 Nr. 11 „in informierter Weise“ zu erfolgen hat. Das in Art. 5 Abs. 1 lit. a formulierte Transparenzgebot gilt in der Konsequenz auch für die Einwilligung. Dazu muss der Betroffene die wesentlichen Umstände der Datenverarbeitung, wie die Identität des Verantwortlichen und die Zwecke der Datenverarbeitung, kennen.[21] Insofern ist der Begriff der Transparenz eng mit dem der Vorhersehbarkeit der Datenverarbeitung verzahnt.[22] Vollständige Informationen sind die Voraussetzung dafür, dass der Betroffene seine informationelle Selbstbestimmung legitimierend ausüben kann.

23 Nach Auffassung der Art.-29-Datenschutzgruppe ist von Informiertheit des Betroffenen dann auszugehen, wenn dem Betroffenen die folgenden Informationen vor Erteilung der Einwilligung verfügbar gemacht werden:[23]

- die Identität des für die Verarbeitung Verantwortlichen,
- den Zweck jeder Verarbeitung, für die eine Einwilligung verlangt wird,
- welche Art von Daten werden gesammelt und verwendet,
- das Bestehen des Widerrufsrechts,
- Informationen über die Verwendung der Daten für Entscheidungen, die ausschließlich auf automatisierter Verarbeitung basieren, einschließlich Profiling gemäß Art. 22 Abs. 2,
- wenn die Zustimmung Übertragungen betrifft, über die möglichen Risiken von Datenübertragungen in Drittstaaten in Ermangelung einer Angemessenheitsentscheidung und angemessener Garantien (Art. 49 Abs. 1a).

---

17 Art. 4 Nr. 11.

18 Vgl. ErwG 32 S. 1.

19 *Thüsing/Schmidt/Forst* RDV 2017, 116, 122.

20 Anders dazu Entwurf WP 259 28.11.2017 der Art.-29-Datenschutzgruppe, S. 20 wie hier auch GDD-Praxishilfe XIII der Einwilligung, S. 7.

21 *Albrecht/Jotzo* Das neue Datenschutzrecht der EU, S. 71.

22 So auch DSK-Kurzpapier Nr. 3, S. 1 f. sowie Kommentierung zu Art. 6 Rn. 12.

23 Entwurf WP 259 v. 28.11.2017 der Art.-29-Datenschutzgruppe, S. 13.

Bei gemeinsam für die Verarbeitung Verantwortlichen bzw. Dritten als Empfänger von personenbezogenen Daten aufgrund einer Einwilligung müssen diese Parteien ebenfalls vor Erteilung der Einwilligung genannt werden.[24] 24

4. Anforderungen bei Abgabe einer schriftlichen Erklärung in anderer Sache. – a) Transparenz. Die schriftliche Einwilligung unterliegt dem Erfordernis der Transparenz in besonderer Weise, sofern diese Einwilligung noch andere Sachverhalte betrifft. Als Bsp. ist die datenschutzrechtliche Einwilligung innerhalb Allgemeiner Geschäftsbedingungen denkbar.[25] Bei Abgabe einer schriftlichen Erklärung in anderer Sache soll die Einwilligung nach ErwG 42 in verständlicher und leicht zugänglicher Form in einer klaren und einfachen Sprache zur Verfügung gestellt werden. Im Sinne des Grundsatzes der Transparenz[26] ist sowohl der für die Verarbeitung Verantwortliche, als auch Zweck zu benennen, um die auf einen bestimmten Zweck beschränkte Einwilligung zu erteilen. 25

b) Hervorhebung. Neben der Transparenz soll die Hervorhebung i.S.v. Art. 7 Abs. 2 gewährleisten, dass die Einwilligung für bestimmte Zwecke von den anderen Sachverhalten klar zu unterscheiden ist. 26

aa) Gestalterisch. Damit eine Einwilligung, die zusammen mit anderen Erklärungen schriftlich erteilt wird, für den Betroffenen leicht ersichtlich wird, fordert Art. 7 Abs. 2 S. 1 eine gestalterische Transparenz.[27] Die genaue Ausgestaltung gibt die DS-GVO hingegen nicht vor, weswegen diese Aufgabe der Rechtsanwendung sein wird. Teleologisch verlangt die Bestimmung, dass das Ersuchen um die Einwilligung nicht mehr zu übersehen ist. Es lässt sich vertreten, dass dafür bereits ein eigener Absatz ausreicht.[28] Die Einwilligungserklärungen durch Fettdruck, durch eine Umrandung oder auffällige Einfärbung als Abgrenzung vom übrigen Text ist zweifelsfrei mit der gebotenen Hervorhebung vereinbar, aber wohl nicht notwendig.[29] 27

bb) Inhaltlich. Die gestalterische Anforderung tritt jedoch hinter die inhaltlichen, aber teilweise sich damit überschneidenden Vorgaben nach Art. 7 Abs. 2 S. 1 zurück. Maßgeblich für die Rechtmäßigkeit der Einwilligung ist, dass das Ersuchen um die Einwilligung mit einer eindeutig bestätigenden Handlung Annahme findet. Es kommt nur darauf an, dass aus dem Handeln des Betroffenen unmissverständlich erkennbar wird, in welche konkrete Datenverarbeitung er einwilligt. Damit lässt sich diese nicht in einem Gesamttext (Vertrag, Allgemeine Geschäftsbedingung o.Ä.) integrieren, wo sie vom Betroffenen übersehen werden könnte. Im Ergebnis muss die Abgabe einer schriftlichen Erklärung in anderer Sache „hinreichend deutlich"[30] sein – sowohl optisch, als auch vor allem inhaltlich. 28

c) Rechtsfolge bei Verstoß (Art. 7 Abs. 2 S. 2). Als Folge für Verstöße gegen die Regelungen der DS-GVO innerhalb einer Erklärung, verlieren die unzulässigen Teile 29

---

24 Entwurf WP 259 v. 28.11.2017 der Art.-29-Datenschutzgruppe, S. 14.

25 Vgl. *Wendehorst/Graf von Westphalen* NJW 2016, 3745; Auernhammer-*Kramer* Art. 7 Rn. 8.

26 Art. 5 Abs. 1 lit. a.

27 Vgl. Kühling/Buchner-*Buchner/Kühling* Art. 7 Rn. 25.

28 *Dammann* ZD 2016, 307, 308; Paal/Pauly-*Frenzel* Art. 7 Rn. 12 f.

29 BeckOK DatenSR-*Stemmer* Art. 7 Rn. 66.

30 Kühling/Buchner-*Buchner/Kühling* Art. 7 Rn. 26.

ihre rechtliche Verbindlichkeit. In der Konsequenz behalten die rechtskonformen Teile der Erklärungen ihre Geltung. Eine geltungserhaltende Reduktion hinsichtlich des Ersuchens der Einwilligung scheidet aus, weil die Wirksamkeitsvoraussetzungen alternativlos zu erfüllen sind.[31]

30 **5. Form.** Bei der Einwilligung handelt es sich um eine „unmissverständlich abgegebene Willensbekundung in Form einer Erklärung oder einer sonstigen eindeutigen bestätigenden Handlung“[32]. Art. 7 Abs. 2 S. 1 normiert dafür keine generellen Formvorgaben.[33] Für die Rechtsanwendung dieses zentralen Legitimationstatbestands ist die praktische Ausgestaltung jedoch von hoher Relevanz und bedarf zur Erfüllung der Rechtmäßigkeit einer Verarbeitung personenbezogener Daten entsprechender Rechtssicherheit.[34]

31 **a) Kein Schriftformerfordernis.** Ein Schriftformerfordernis enthält die DS-GVO definitiv nicht. Die ausdrückliche Einwilligung kann demzufolge auch elektronisch oder mündlich erklärt werden.[35] Der Formfreiheit steht die Beweispflicht für das Vorliegen einer Einwilligung gegenüber. In der Regel und vor allem bei erheblichen Gefährdungen für das Persönlichkeitsrecht des Betroffenen wird die schriftliche und deswegen am besten dokumentierbare Einwilligungserklärung – auch zum Schutz vor zivilrechtlicher Haftung – zu präferieren sein.[36]

32 Zum Hintergrund für die Abkehr vom Schriftformerfordernis: Entscheidender als die Form war in den Verhandlungen, ob eine Einwilligung ausdrücklich erteilt werden muss.[37] Für eine rechtmäßige Einwilligung muss immer eine „eindeutig positiv bejahende Handlung“ vorliegen.[38]

33 **b) Einwilligungserklärungen bei Einholung auf elektronischem Wege.** Gerade im digitalen Zeitalter sind die elektronischen Möglichkeiten von hoher praktischer Relevanz. Den Verzicht auf ein Schriftformerfordernis signalisiert die Einwilligung durch das Anklicken eines Kästchens beim Besuch einer Internetseite. Ebenfalls denkbar ist die eindeutige Auswahl in den technischen Einstellungen, mit der die betroffene Person in dem jeweiligen Kontext eindeutig ihr Einverständnis mit der beabsichtigten Verarbeitung ihrer personenbezogenen Daten ausdrückt.[39] Allerdings ist eine eindeutige Willensbekundung in Frage zu stellen, wenn schon die Werkseinstellungen des Browsers das Setzen von Cookies oder die Verarbeitung personenbezogener Daten erlauben.[40]

34 Eine zu beachtende Pflicht ist noch ergänzend in ErwG 32 S. 6 formuliert: „Wird die betroffene Person auf elektronischem Weg zur Einwilligung aufgefordert, so muss die

31 Vgl. Paal/Pauly-*Frenzel* Art. 7 Rn. 15.
32 Art. 4 Nr. 11.
33 Kühling/Buchner-*Buchner/Kühling* Art. 7 Rn. 27.
34 Zum Verhältnis zu den anderen Zulässigkeitstatbeständen des Art. 6 vgl. die Kommentierung zu Art. 6 Rn. 114.
35 ErwG 32 S. 1.
36 Vgl. *Wybitul* BB 2016, 1077.
37 *Schantz* NJW 2016, 1841, 1844.
38 *Albrecht* CR 2016, 88, 91.
39 ErwG 32 S. 2.
40 *Schantz* NJW 2016, 1841, 1844; *Spindler* DB 2016, 937. Vgl. dazu auch die Kommentierung zu Art. 4 Rn. 164 ff.

Aufforderung in klarer und knapper Form und ohne unnötige Unterbrechung des Dienstes." Dieses Gebot, welches an den ErwG 42 S. 3 („in verständlicher und leicht zugänglicher Form in einer klaren und einfachen Sprache") erinnert, stellt wohl aber nur eine unverbindliche, weil praktisch nicht zwangsweise durchsetzbare Zielvorgabe dar. Dem Verantwortlichen ist schließlich zur rechtssicheren Einwilligung zu raten, bei der die Form sich nicht immer dem Pragmatismus beugen kann.

c) Verständliche und leicht zugängliche Form sowie klare und einfache Sprache. Im Sinne der den Datenschutz kennzeichnenden Transparenz ist die Einwilligungserklärung „in verständlicher und leicht zugänglicher Form in einer klaren und einfachen Sprache"[41] zu verfassen. Dieses Gebot gilt nicht nur im Fall des Art. 7 Abs. 1 bei Abgabe einer schriftlichen Erklärung in anderer Sache, sondern im Allgemeinen.[42] Auch hier wird der Rechtssicherheit Vorzug zu geben sein, da ein Verstoß[43] gegen dieses Gebot nicht zur Unzulässigkeit der Verarbeitung führen kann. **35**

d) Konkludente Einwilligung und ihre Grenzen. Eine rechtmäßige Einwilligung kann nach Abkehr vom Schriftformerfordernis bereits durch eine eindeutige bestätigende Handlung erfolgen.[44] Damit ist eine wirksame Einwilligung bereits durch schlüssiges Verhalten (konkludente Einwilligung) möglich.[45] **36**

Die Grenze, ab welcher die Einwilligung keine Rechtmäßigkeit mehr i.S.d. Art. 6 Abs. 1 lit. a begründet, beginnt dort, beginnt spätestens beim Stillschweigen. Auch bereits angekreuzte Kästchen oder die bloße Untätigkeit der betroffenen Person stellt nach ErwG 32 keine Einwilligung dar. Die Abgrenzung einer Einwilligung durch konkludentes Verhalten von bloßer Untätigkeit wird in der Praxis Schwierigkeiten bereiten.[46] Für die Rechtsanwendung wird die Eindeutigkeit der bestätigenden Handlung der Maßstab für die Wirksamkeit der Einwilligung. **37**

6. Art. 7 Abs. 3: Der Widerruf der Einwilligung. – a) Freie Widerrufbarkeit. Art. 7 Abs. 3 normiert erstmals ausdrücklich, dass der Betroffene jederzeit seine Einwilligung widerrufen kann. Damit wird die grundrechtlich geschützte informationelle Selbstbestimmung insofern gewährleistet, dass das Datensubjekt von seiner eigenen eindeutig bejahenden Handlung Abstand nehmen kann und die damit gegebene Rechtmäßigkeit für eine Datenverarbeitung selbstständig entziehen kann. **38**

Von seinem Recht kann er gem. Art. 7 Abs. 3 S. 1 „jederzeit" Gebrauch machen. Eine Begründung für den Entzug dieses Legitimationstatbestands ist nicht erforderlich. Analog zur Formfreiheit der Einwilligung ist der Widerruf ebenfalls frei auszuüben (Art. 7 Abs. 3 S. 3). Unstrittig kann für den Widerruf dieselbe Form wie bei der Einwilligung wirksame Anwendung finden. Im Sinne des Schutzziels dieser Bestimmung, der Ausübung informationeller Selbstbestimmung durch die Einwilligung des Betroffenen als Entscheidungsprärogative, darf der Widerruf nicht an der Form scheitern, so dass **39**

---

41 Vgl. Art. 7 Abs. 2 S. 1; ErwG 42 S. 3.
42 BeckOK DatenSR-*Stemmer* Art. 7 Rn. 61; a.A. Ehmann/Selmayr-*Heckmann/Paschke* Art. 7 Rn. 28, 30.
43 Vgl. Rn. 29 zuvor.
44 Vgl. Art. 4 Nr. 11; ErwG 32.
45 *Spelge* DuD 2016, 775, 780.
46 *Spelge* DuD 2016, 775, 781.

jedwede Form des Widerrufs als zulässig zu qualifizieren ist.[47] So dürfte der Widerruf im Rahmen eines Telefonanrufs zu Werbezwecken auch unmittelbar im Telefonat zulässig sein, sofern an der Identität des Gesprächspartners keine Zweifel bestehen. Damit ist auch in technischer Hinsicht festgelegt, dass der Widerruf der Einwilligung so einfach wie möglich gestaltet sein muss.[48] Gleichermaßen besteht zudem die Möglichkeit die bestätigende Erklärung partiell – etwa bezogen auf bestimmte Datenarten oder einzelne Verarbeitungsformen – zu widerrufen.

40 **b) Folgen des Widerrufs[49]. – aa) Ex nunc-Wirkung.** Mit dem Widerruf entfällt die Rechtmäßigkeit einer Datenverarbeitung i.S.d. Art. 6 Abs. 1 lit. a. Vom Zeitpunkt des erklärten Widerrufs an ist die Verarbeitung personenbezogener Daten damit nicht mehr legitimiert und zulässig, sofern sich die Verarbeitung nicht noch auf eine andere Legitimation stützen kann.[50] Der Widerruf wirkt im Ergebnis ex nunc.[51] Gerade bei der Verarbeitung von Daten zu Forschungszwecken kann dies zu Problemen führen. Gleichwohl sind nach Ansicht der Art.-29-Datenschutzgruppe auch in diesem Falle die Daten zu löschen.[52] Insofern sind die Daten durch den Verantwortlichen zu anonymisieren, wenn er eine Löschung vermeiden will.

41 **bb) Art. 17 Abs. 1 lit. b.** Nach einem Widerruf sind die entsprechend davon berührten Daten gem. Art. 17 Abs. 1 lit. b zu löschen, sofern sich ihre Verarbeitung nicht noch auf einen anderen Rechtfertigungsgrund stützen kann. Über das Recht zum Widerruf und seine Wirkung ist der Betroffene vor Abgabe der Einwilligung in Kenntnis zu setzen.[53]

42 **cc) Einschränkungen der freien Widerrufbarkeit.** Das Recht zum Widerruf einer Einwilligung gilt nur grundsätzlich. Als Ausnahme von diesem Grundsatz ist eine Einschränkung der freien Widerrufbarkeit dann möglich, wenn die auf einer Einwilligung gründende Datenverarbeitung für eine rechtsgeschäftliche Beziehung unverzichtbar ist.[54]

43 **7. Art. 7 Abs. 4: Freiwilligkeit und Zwanglosigkeit.** Zu den materiellen Wirksamkeitsvoraussetzungen der Einwilligung gehört im Besonderen die Freiwilligkeit.

44 **a) Freiwilligkeit.** Die abgegebene Willensbekundung muss gem. Art. 4 Nr. 11 „freiwillig" erfolgen. D.h. der Betroffene muss seine Einwilligung grundsätzlich ohne Zwang erteilt haben, damit sie legitimierenden Charakter entfaltet. Die freiwillige Erteilung einer Einwilligung kann bereits dann in Zweifel gezogen werden, wenn dem Nutzer einer App die Nutzung der selbigen deshalb verwehrt bleibt, weil er nicht in die Erhe-

47 Auernhammer-*Kramer* Art. 7 Rn. 21 ff. hält dies ebenfalls für zulässig, allerdings nur unter der Bedingung, dass der Verantwortliche keine schärferen Bedingungen aufgestellt hat. A.A. Paal/Pauly-*Frenzel* Art. 7 Rn. 17; auch a.A. Plath-*Plath* Art. 7 Rn. 12, wonach ein mündlicher Widerruf bei einer schriftlichen Einwilligung nicht ausreichend wäre.

48 *Wendehorst/Graf von Westphalen* NJW 2016, 3745.

49 Vgl. dazu die Kommentierung zu Art. 6 Rn. 24.

50 A.A. Entwurf WP 259 der *Art.-29-Datenschutzgruppe* S. 22, wonach gesetzliche Erlaubnistatbestände nicht an die Stelle der widerrufenen Einwilligung treten können.

51 Plath-*Plath* Art. 7 Rn. 10.

52 Vgl. WP 259 der *Art.-29-Datenschutzgruppe* „Guidelines on Consent under Regulation 2016/679", S. 29.

53 Art. 7 Abs. 3 S. 3.

54 Vgl. Kühling/Buchner-*Buchner/Kühling* Art. 7 Rn. 38.

bung seiner Daten zum Zweck der personalisierten Werbung einwilligt.[55] Von der Freiwilligkeit ist dagegen auszugehen, wenn dem Betroffenen klar aufgezeigt wird, dass ihm durch die Nichterteilung keine negativen Konsequenzen entstehen und er eine echte Wahl hat. Bittet zum Beispiel eine öffentliche Schule die Schüler um ihre Zustimmung, ihre Fotos in einer gedruckten Studentenzeitschrift zu verwenden mit der Möglichkeit die Zustimmung zu verweigern, ohne dass daraus erkennbare Nachteile folgen, haben die Betroffenen eine echte Wahl.[56]

b) Kopplungsverbot. Art. 7 Abs. 4 definiert einen Maßstab, ob eine Einwilligung als freiwillig qualifiziert werden kann. Danach ist darauf zu achten, ob die Erfüllung eines Vertrags von der Einwilligung abhängig ist, die für die Erfüllung ebendieses Rechtsgeschäfts nicht erforderlich ist. In diesem Fall der Kopplung einer Einwilligung an den Abschluss eines Vertrags ist die Einwilligung als unfreiwillig und damit als unzulässig zu bewerten. **45**

c) Kein absolutes Kopplungsverbot. Es sollte nur dann davon ausgegangen werden, dass der Betroffene seine Einwilligung freiwillig gegeben hat und eine echte oder freie Wahl, ohne Nachteile zu erleiden, bestanden hat.[57] Die Verbindung aus dem Konjunktiv („sollte") mit dem Ausschlussgrund („nur dann") im ErwG korrespondiert nicht wirklich mit dem Wortlaut der Art. 7 Abs. 4, wonach dem Beurteilungsmaßstab über die Freiwilligkeit „in größtmöglichem Umfang Rechnung getragen werden" soll. Ein absolutes Kopplungsverbot lässt sich aus der Bestimmung deswegen nicht ableiten. Auch wenn die Begründungserwägungen eines Gemeinschaftsrechtsakts rechtlich nicht verbindlich sind[58], gehen sie über bloße Empfehlungen hinaus. Die ErwG in Gestalt eines festen Bestandteils einer Rechtsquelle dienen als erste Kriterien der Auslegung.[59] **46**

d) Grenze der Unzulässigkeit. Damit besteht die Frage nach der Grenze, ab der von Unfreiwilligkeit gesprochen werden kann. Von einer deswegen unzulässigen Einwilligung ist auszugehen, wenn der Kauf eines Gerätes an eine Einwilligung in die werbliche Datenverarbeitung geknüpft ist, weil sie für die Erfüllung des Vertrages schlicht nicht erforderlich ist.[60] Eine Freiwilligkeit bei der Zustimmung in dieses Geschäftsgebaren liegt auch dann nicht vor, wenn das Gerät bei anderen Händlern erhältlich ist, die eine solche Koppelung nicht verlangen. Auch in Marktstrukturen, die nicht monopolistischer Art sind, ist über den Vertragsverschluss frei und unabhängig von einer dafür nicht erforderlichen Einwilligung zu entscheiden.[61] **47**

e) Kopplung bei entgeltfreier Vertragsleistung? Die Wahrnehmung entgeltfreier Güter wie die Dienstleistung eines Online-Dienstes ist häufig an die Einwilligung in die Verarbeitung personenbezogener Daten gekoppelt. Die datenschutzrechtliche Zulässigkeit für solche rechtsgeschäftliche Übereinkommen liegt zunächst nicht nahe und ist nicht ohne Grund in Frage zu stellen. Warum muss für die Nutzung eines sozialen Mediums in die Weitergabe privater Kontakte an Dritte eingewilligt **48**

---

55 Vgl. Entwurf WP 259 der *Art.-29-Datenschutzgruppe* S. 7 Beispiel 1.

56 Vgl. Entwurf WP 259 der *Art.-29-Datenschutzgruppe* S. 7 Beispiel 4.

57 Vgl. ErwG 42 S. 5.

58 *EuGH* v. 24.11.2005 – C-136/04.

59 Ebenso Paal/Pauly-*Paal/Pauly* Einleitung Rn. 10.

60 Vgl. *Albrecht/Jotzo* Das neue Datenschutzrecht der EU, 2017, 69.

61 Vgl. Auernhammer-*Kramer* Art. 7 Rn. 25; a.A. Plath-*Plath* Art. 7 Rn. 14.

werden?[62] Die Einwilligung für die Datenverarbeitung ist in solchen Konstellationen als die vertragliche Gegenleistung für die Nutzung entsprechender Online-Dienste anzusehen und nicht als Kopplung eines Vertrages an eine datenschutzrechtliche Einwilligung.[63] Mit der DS-GVO endet diese Geschäftspraxis hingegen nicht, sondern unterliegt ab dann dem Erfordernis den Tausch einer Dienstleistung gegen die kommerzielle Verwertung personenbezogener Daten eindeutig als solchen transparent zu machen.[62]

49 **f) Kopplung bei klarem Ungleichgewicht (ErwG 43).** Nicht immer, aber in „besonderen Fällen, wenn zwischen der betroffenen Person und dem Verantwortlichen ein klares Ungleichgewicht besteht“[64], kann die Einwilligung als nicht freiwillig und mithin nicht rechtswirksam angesehen werden. Daraus kann nicht folgen, dass aus einem strukturellen Ungleichgewicht, wie etwa zwischen Arbeitnehmer und Arbeitgeber, pauschal von einem solchen Ungleichgewicht gesprochen werden kann.[65] Ansonsten wäre die Einwilligung für die Praxis wenig hilfreich, wenn all jene Konstellationen die Unzulässigkeit der Einwilligung nach sich ziehen würden. Der einzelne Verbraucher, der einem Großunternehmen gegenüber steht, unterliegt beim Kauf eines frei verfügbaren Guts jedenfalls nicht einem klaren Ungleichgewicht.[66] Anzunehmen wäre sie hingegen, wenn auch wettbewerbsrechtliche Sanktionen für den Missbrauch einer marktbeherrschenden Stellung drohen und die Einwilligung davon berührt ist.

50 Ob die Einwilligung in einem klaren Ungleichgewicht, unfreiwillig ist und damit keine gültige Rechtsgrundlage liefern kann, muss im jeweiligen Einzelfall überprüft werden. Als Maßstab für die Bewertung der erforderlichen Freiwilligkeit i.S.d. Art. 4 Nr. 11 i.V.m. Art. 7 Abs. 4 und unter Hinzunahme des ErwG 43 ist im Besonderen auch die Ausgestaltung der abverlangten Einwilligung zu würdigen.[67] Die besondere Überprüfung der Freiwilligkeit entspricht den verbraucherschutzrechtlichen Bemühungen des Verordnungsgebers, der den Verbraucher in seinen Rechten und Durchsetzung ebendieser Rechte unterstützen möchte.

51 **8. Verhältnis zu § 13 Abs. 2 TMG und § 94 TKG.** Die spezialgesetzlichen Vorgaben zur Einwilligung werden nach Wirksamwerden der DS-GVO nicht mehr fortgelten. Aufgrund des Verordnungscharakters wirken die Bestimmungen zur Einwilligung vorrangig.[68] Mit Gültigwerden einer ePrivacy-Verordnung wird die DS-GVO wieder durch bereichsspezifisches Recht vom selben Verordnungsgeber abgelöst.

62 *Buchner* DuD 2016, 155, 158 f.
63 So auch Paal/Pauly-*Frenzel* Art. 7 Rn. 21. Kühling/Buchner-*Buchner/Kühling* Art. 7 Rn. 50 f.
64 ErwG 43 S. 1.
65 A.A. Entwurf WP 259 v. 28.11.2017 *Art.-29-Datenschutzgruppe* S. 8, die eine Einwilligung des Arbeitnehmers grundsätzlich als nicht freiwillig wertet.
66 Plath-*Plath* Art. 7 Rn. 15.
67 Kühling/Buchner-*Buchner/Kühling* Art. 7 Rn. 45.
68 Vgl. zum Verhältnis von Einwilligung und Interessenabwägung in der Phase vom 25.5.2018 bis zur Anwendbarkeit der künftigen ePrivacyVO Kommentierung zu Art. 6 Rn. 140 f.

Artikel 8 Bedingungen für die Einwilligung eines Kindes in Bezug auf Dienste der Informationsgesellschaft

(1) [1]Gilt Artikel 6 Absatz 1 Buchstabe a bei einem Angebot von Diensten der Informationsgesellschaft, das einem Kind direkt gemacht wird, so ist die Verarbeitung der personenbezogenen Daten des Kindes rechtmäßig, wenn das Kind das sechzehnte Lebensjahr vollendet hat. [2]Hat das Kind noch nicht das sechzehnte Lebensjahr vollendet, so ist diese Verarbeitung nur rechtmäßig, sofern und soweit diese Einwilligung durch den Träger der elterlichen Verantwortung für das Kind oder mit dessen Zustimmung erteilt wird.

[3]Die Mitgliedstaaten können durch Rechtsvorschriften zu diesen Zwecken eine niedrigere Altersgrenze vorsehen, die jedoch nicht unter dem vollendeten dreizehnten Lebensjahr liegen darf.

(2) Der Verantwortliche unternimmt unter Berücksichtigung der verfügbaren Technik angemessene Anstrengungen, um sich in solchen Fällen zu vergewissern, dass die Einwilligung durch den Träger der elterlichen Verantwortung für das Kind oder mit dessen Zustimmung erteilt wurde.

(3) Absatz 1 lässt das allgemeine Vertragsrecht der Mitgliedstaaten, wie etwa die Vorschriften zur Gültigkeit, zum Zustandekommen oder zu den Rechtsfolgen eines Vertrags in Bezug auf ein Kind, unberührt.

– *ErwG: 38*

Übersicht

Literatur: *Albrecht* Das neue EU-Datenschutzrecht – von der Richtlinie zur Verordnung, CR 2016, 88; *Albrecht/Jotzo* Das neue Datenschutzrecht der EU, 2017; *Arlt* Datenschutzrechtliche Betrachtung von Onlineangeboten zum Erwerb digitaler Inhalte, MMR 2007, 683; *Art.-29-Datenschutzgruppe* Opinion 15/2011 on the definition of consent, WP 187; *dies.* Guidelines on Consent under Regulation 2016/679, WP 259; *Bräutigam* Das Nutzungsverhältnis bei sozialen Netzwerken – Zivilrechtlicher Austausch von IT-Leistung gegen personenbezogene Daten, MMR 2012, 635; *Dammann* Erfolge und Defizite der EU-Datenschutzgrundverordnung, ZD 2016, 307; *Ehmann/Selmayr* Datenschutz-Grundverordnung, 2017; *Ernst* Die Einwilligung des Minderjährigen in der DS-GVO, DANA 2017, 14; *Eßer/Kramer/von Lewinski* Datenschutz-Grundverordnung, Bundesdatenschutzgesetz und Nebengesetze, 5. Aufl. 2017; *Feiler/Forgó* EU-Datenschutz-Grundverordnung, 2016; *Gola* DS-GVO: Datenschutz-Grundverordnung VO (EU) 2016/679, 2017; *Gola/Schomerus* Bundesdatenschutzgesetz, 12. Aufl. 2015; *Gola/Schulz* DS-GVO – Neue Vorgaben für den Datenschutz bei Kindern? – Überlegungen zur einwilligungsbasierten Verarbeitung von personenbezogenen Daten Minderjähriger, ZD 2013, 475; *Härting* Datenschutz-Grundverordnung – Das neue Datenschutzrecht in der betrieblichen Praxis, 2016; *Jandt/Roßnagel* Rechtskonformes Direktmarketing, MMR 2011, 86; *dies.* Social Networks für Kinder und Jugendliche – Besteht ein ausreichender Datenschutz?, MMR 2011, 637; *Kramer* Minderjährigendatenschutz nach BDSG und EU-DSGVO, DSB 2016, 6; *Kress/Nagel* The GDPR and Its Magic Spells Protecting Little Princes and Princesses, CRi 2017, 6; *Kühling/Buchner* Datenschutz-Grundverordnung: DS-GVO, 2017; *Kühling/Martini* Die Datenschutz-Grundverordnung: Revolution oder Evolution im europäischen und deutschen Datenschutzrecht?, EuZW 2016, 448; *Laue/Nink/Kremer* Das neue Datenschutzrecht in der betrieblichen Praxis, 2016; *Meyer* Gratisspiele im Internet und ihre minderjährigen Nutzer, NJW 2015, 3686; *Möhrke-Sobolewski/Klas* Zur Gestaltung des Minderjährigenschutzes in digitalen Informationsdiensten, K&R 2016, 373; *Münchener Kommentar zum Bürgerlichen Gesetzbuch* 7. Aufl. 2017; *Nebel/Richter* Datenschutz bei Internetdiensten nach der DS-GVO-Vergleich der deutschen Rechtslage mit dem Kommissionsentwurf, ZD 2012, 407; *Paal/Pauly* Datenschutz-Grundverordnung Bundesdatenschutzgesetz: DS-GVO/BDSG, 2017; *Plath* Kommentar zum BDSG und zur DSGVO sowie den Datenschutzbestimmungen des TMG und TKG, 2. Aufl. 2016; *Rauda* Gemeinsamkeiten von US Children Online Privacy Protection Act (COPPA) und DS-GVO, MMR 2017, 15; *Rogosch* Die Einwilligung im Datenschutzrecht, 2013; *Roßnagel* Handbuch Datenschutzrecht, 2003; *Roßnagel/Richter/Nebel* Besserer Internetdatenschutz für Europa, ZD 2013, 104; *Schaffland/Wiltfang* Bundesdatenschutzgesetz, Loseblattsammlung; *dies.* Datenschutz-Grundverordnung, Loseblattsammlung; *Schneider/Härting* Wird der Datenschutz nun endlich internettauglich?, ZD 2012, 199; *Sydow* Europäische Datenschutz-Grundverordnung, 2017; *Szoka/Thierer* COPPA 2.0: The new Battle over Privacy, Age Verification, Online Safety & Free Speech, Progress & Freedom Foundation Progress on Point Paper No 16.11; *dies.* Social Networking and Age Verification: Many Hard Questions; No Easy Solutions, Progress & Freedom Foundation Progress on Point Paper No 14.5; *Wagner* Der Entwurf einer Datenschutz-Grundverordnung der Europäischen Kommission, DuD 2012, 676; *Walter* Einwilligung von Minderjährigen im Internet, DSB 2013, 140; *Wolff/Brink* Beck'scher Online Kommentar – Datenschutzrecht, 21. Edition 2017.

A. Einordnung und Hintergrund

I. Erwägungsgründe

1 Ausweislich des ErwG 38 sind nach Ansicht des europäischen Gesetzgebers **Kinder** (die DS-GVO meint damit alle **Minderjährigen**, siehe unten Rn. 24) hinsichtlich der Preisgabe ihrer personenbezogenen Daten **besonders schutzwürdig**, da diese sich insbesondere über die mit der Verarbeitung personenbezogener Daten verbundenen Risiken und Folgen weniger bewusst sein werden. Gefahren werden dabei vor allem bei der Verwendung personenbezogener Daten von Kindern für Werbezwecke oder für die Erstellung von Persönlichkeits- oder Nutzerprofilen gesehen und bei der Erhebung von personenbezogenen Daten von Kindern bei der Nutzung von Diensten, die Kindern direkt angeboten werden.

2 Um dem **besonderen Schutz von Kindern** zu entsprechen, wurde mit Art. 8 eine Vorschrift in die DS-GVO eingefügt, welche die Anforderungen an die datenschutzrechtliche Einwilligung für und von Minderjährigen in einem Teilbereich, nämlich bei Diensten der Informationsgesellschaft, gesondert regelt.

3 Die im ErwG 38 erwähnte **Ausnahme für Präventions- und Beratungsdienste** ist unter dem Gesichtspunkt des Schutzes der Privatsphäre von Kindern einleuchtend, hat aber keinen Niederschlag im Verordnungstext gefunden. Auch ohne die rechtliche Verankerung innerhalb des Art. 8 kann dem ErwG nach bei solchen Diensten die Einwilligung eines Kindes wirksam sein. Stets erforderlich dürfte insoweit aber die Einsichtsfähigkeit des Kindes sein. Die elterliche Einwilligung in die Inanspruchnahme der besagten Dienste ist ausdrücklich „nicht erforderlich". Diese Möglichkeit gründet wohl auf der Annahme, dass Probleme mit den Eltern einen Grund für die Inanspruchnahme der Hilfe darstellen können.[1]

1 Vgl. *Ernst* DANA 2017, 14.

II. BDSG n.F.

4 Zwar eröffnet Art. 8 Abs. 1 UAbs. 2 die Möglichkeit, durch nationale Regelungen auch eine niedrigere Altersgrenze oberhalb des vollendeten 13. Lebensjahrs anzusetzen. Jüngere Kinder sind nach dieser Regelung gar nicht erst in der Lage, in die Verarbeitung ihrer personenbezogenen Daten einzuwilligen.[2] Der deutsche Gesetzgeber lässt diese Öffnungsklausel jedoch ungenutzt und weitet die Regelung nicht durch eine niedrigere Altersgrenze aus.

5 Auch soweit die DS-GVO keine Regelung zur Einwilligungsfähigkeit von Kindern trifft, füllt das BDSG die entstehende Lücke nicht ausdrücklich. Insoweit dürfte es bei der – umstrittenen – Rechtslage nach dem alten BDSG bleiben (siehe Kommentierung zu Art. 7 und unten Rn. 11).

III. Normgenese und -umfeld

6 Weder die **DSRL** noch das **BDSG** enthielten **bislang eine mit Art. 8 vergleichbare, eigenständige Regelung** zu den Bedingungen der Einwilligung von Kindern. Ob bzw. unter welchen Voraussetzungen Minderjährige in die Verarbeitung ihrer personenbezogenen Daten einwilligen konnten, war unter Geltung des BDSG in seiner bisherigen Fassung auch deshalb strittig.[3] Art. 8 Abs. 1 legt nun aus Sicht des deutschen Rechts **erstmals** – zumindest in einem Teilbereich – eine präzise Altersgrenze für die Einwilligungsfähigkeit von Minderjährigen fest.

7 Die Fassung des Art. 8 war dabei Gegenstand von sich zum Teil deutlich unterscheidenden Entwürfen von Seiten der Kommission und des Europäischen Rates, wobei insbesondere der Grad der Harmonisierung zwischen den etablierten Institutionen umstritten war.[4] Gelöst wurde dieser Konflikt insbesondere durch die Implementierung einer spezifischen Öffnungsklausel (Art. 8 Abs. 1 UAbs. 2). Diese ermöglicht sektorale Teilregelungen in diesem einzelnen Regelungsfeld, das nur den sehr beschränkten Bereich der Einwilligung von Personen zwischen 13 und 16 Jahren bei der Nutzung von Diensten der Informationsgesellschaft betrifft.[5]

8 Unionsweit wird in der Konsequenz der spezifischen Öffnungsklausel eine variable Altersgrenze zwischen 13 und 16 Jahren für die Einwilligungsfähigkeit gelten (siehe auch unten Rn. 44 f.). Dieser Umstand steht der mit der DS-GVO verfolgten Vereinheitlichung des Datenschutzrechts entgegen.[6]

9 Neben Art. 8 tragen auch weitere Vorschriften der DS-GVO (v.a. Art. 6 Abs. 1 lit. f; Art. 12 Abs. 1) dem besonderen Schutzbedarf von Kindern im Bereich des Datenschutzes Rechnung.[7] Zwingend für die wirksame Einwilligung von Minderjährigen bleibt, dass neben Art. 8 auch die übrigen Anforderungen des Art. 6 Abs. 1 lit. a i.V.m. Art. 7 erfüllt sind.

2 *Möhrke-Sobolewski/Klas* K&R 2016, 373, 375.

3 Vgl. Kühling/Buchner-*Buchner/Kühling* Art. 7 Rn. 67 ff.

4 Vgl. *Albrecht/Jotzo* Das neue Datenschutzrecht der EU, S. 80.

5 *Kühling/Martini* EuZW 2016, 448, 449.

6 Vgl. *Albrecht/Jotzo* Das neue Datenschutzrecht der EU, S. 80 f.

7 Zu weiteren Minderjährigendatenschutzregelungen der DS-GVO umfassend *Möhrke-Sobolewski/Klas* K&R 2016, 373, 375 f.

B. Kommentierung

I. Allgemein

Art. 8 sieht bei Diensten der Informationsgesellschaft, die einem Kind direkt angeboten werden, **ergänzende Regelungen zu Art. 7** für die **datenschutzrechtliche Einwilligung** vor. Die Regelung des Art. 8 besitzt jedoch nur einen **eingeschränkten Anwendungsbereich**. Es handelt sich somit nicht um generelle Vorgaben für die Einwilligungsfähigkeit von Minderjährigen.[8] Für die Einwilligungsfähigkeit von Kindern in allen anderen Konstellationen enthält die DS-GVO keine Regelung.[9] 10

In Abwesenheit unionsrechtlicher Vorgaben für die nicht von Art. 8 geregelten Konstellationen gilt folglich weiterhin das nationale Recht. Ob eine Einwilligung eines Minderjährigen wirksam sein kann, hängt im deutschen Recht von der Einsichtsfähigkeit des im datenschutzrechtlichen Sinne Betroffenen ab und nicht von der bürgerlichrechtlich geregelten Geschäftsfähigkeit.[10] Diese Überprüfung ist einzelfallbezogen durchzuführen. Grundsätzlich lässt sich in Anlehnung an die Rechtsprechung des BGH konstatieren, dass jedenfalls mit Vollendung des 16. Lebensjahres die Einsichtsfähigkeit in der Regel gegeben ist.[11] Dies schließt eine Einsichtsfähigkeit jüngerer Minderjähriger aber nicht aus, wobei teilweise eine Untergrenze von 7 Jahren vertreten[12] und häufig zumindest in der Tendenz eine Einsichtsfähigkeit auch bei 14- und 15-jährigen Minderjährigen angenommen wird.[13] 11

Kern der Regelung ist Art. 8 Abs. 1, der ein **abgestuftes Schutzkonzept für Minderjährige** bezüglich der von ihnen abgegebenen Einwilligung implementiert.[14] So soll ein Minderjähriger (vorbehaltlich abweichender nationaler Regelungen, siehe Rn. 43) erst ab einem Alter von 16 Jahren wirksam in die Verarbeitung seiner personenbezogenen Daten einwilligen können. Unter dieser Altersgrenze ist die Zustimmung des sog. Trägers der elterlichen Verantwortung zu der zuvor artikulierten Einwilligung des Kindes erforderlich, oder die Einwilligung wird allein vom Träger der elterlichen Verantwortung erteilt.[15] 12

Die Regelung beinhaltet ihrem Wortlaut nach („nur rechtmäßig") **absolute Altersgrenzen**.[16] Auf die früher nach deutschem Recht nach h.M. für die Einwilligungsfähigkeit maßgebliche Einsichtsfähigkeit (vgl. Rn. 11) kommt es im Anwendungsbereich des Art. 8 nicht mehr an. Vielmehr stellt Art. 8 hier eine **unwiderlegbare Annahme der** 13

---

8 Vgl. Sydow-*Kampert* Art. 8 Rn. 7.

9 Vgl. BeckOK DatenSR-*Karg* Art. 8 Rn. 18; Sydow-*Kampert* Art. 8 Rn. 7.

10 Vgl. *Ernst* DANA 2017, 14.

11 Kühling/Buchner-*Buchner/Kühling* Art. 8 Rn. 30.

12 *Möhrke-Sobolewski/Klas* K&R 2016, 373, 374.

13 *Schaffland/Wiltfang* § 4a BDSG, Rn. 13; Gola-*Schulz* Art. 8 Rn. 10; Roßnagel-*Holznagel/Sonntag* Handbuch DatenschutzR, Kap. 4.8 Rn. 22 (jeweils unter Verweis auf aufsichtsbehördliche Stellungnahmen); Sydow-*Kampert* Art. 8 Rn. 4; 40. Tätigkeitsbericht des Hess. Datenschutzbeauftragten, Ziffer 3.6.4., https://www.datenschutz.hessen.de/tb40inhalt.htm (zuletzt abgerufen: 5.3.2018).

14 Vgl. Ehmann/Selmayr-*Heckmann/Paschke* Art. 8 Rn. 2; Kühling/Buchner-*Buchner/Kühling* Art. 8 Rn. 3, 11 ff.

15 Sydow-*Kampert* Art. 8 Rn. 10.

16 Krit. zur Implementierung starrer Altersgrenzen: Gola-*Schulz* Art. 8 Rn. 9 f. Als Grund für mehr Rechtssicherheit wertend vgl. *Möhrke-Sobolewski/Klas* K&R 2016, 373, 378.

Einsichtsfähigkeit auf.[17] Die Bestimmung nimmt die Wertung vor, dass mit Vollendung des 16. Lebensjahrs von einer hinreichenden Einsichts- und Urteilsfähigkeit auszugehen ist.[18] Allerdings kommt eine Unwirksamkeit der Einwilligung nach allgemeinen Grundsätzen in Betracht (siehe Kommentierung zu Art. 6 und Art. 4), was u.U. auch bei einer ganz untypisch verzögerten Entwicklung der Fall sein mag.

II. Abgestufter Minderjährigenschutz (Abs. 1 UAbs. 1)

14 **1. Begrenzter Anwendungsbereich (Abs. 1 UAbs. 1 S. 1).** Der Anwendungsbereich der Vorschrift ist stark **begrenzt.** Er erfasst gem. Art. 8 Abs. 1 UAbs. 1 S. 1 zum einen nur Konstellationen des Art. 6 Abs. 1 lit. a (einwilligungsbasierte Datenverarbeitungen), zum anderen nur das Angebot von Diensten der Informationsgesellschaft, das einem Kind direkt gemacht wird.

15 Für „offline"-Sachverhalte besteht aufgrund der fehlenden Anwendbarkeit des Art. 8 eine Regelungslücke, die jedoch nicht als planwidrig zu beurteilen ist.[18] In der Konsequenz werden Minderjährige deswegen aber nicht schutzlos bleiben. Die speziellen Regelungen des deutschen Minderjährigenschutzes fangen die Gefährdungen aus nicht online angebotenen Diensten in funktionierender Weise auf.[19]

16 **a) Einwilligungsbasierte Datenverarbeitung i.S.v. Art. 6 Abs. 1 lit. a.** Die Vorschrift ist missverständlich formuliert, denn Art. 6 Abs. 1 lit. a „gilt" immer. Die einschränkende Eingangsformulierung verweist auf solche Verarbeitungsvorgänge, deren Rechtfertigung ausschließlich auf die Einwilligung der betroffenen Personen gestützt wird. Nur für diesen Fall sieht Art. 8 ergänzende Vorschriften vor, wenn die betroffene Person ein Kind ist. Die Voraussetzungen der **Art. 8 und Art. 7** gelten für diesen Fall **kumulativ**.[20]

17 Im Umkehrschluss gilt: Für die **übrigen Erlaubnistatbestände des Art. 6** findet Art. 8 **keine Anwendung**. Dies bedeutet jedoch nicht, dass die Verarbeitung von personenbezogenen Daten von Kindern nicht auf diese Tatbestände gestützt werden kann.[20] Die Verarbeitung personenbezogener Daten von Kindern ist somit nicht schon deswegen ausgeschlossen, weil eine Einwilligung nicht vorliegt. Dies ergibt sich schon aus der Vorschrift des Art. 6 Abs. 1 lit. f, wonach das Alter der betroffenen Person bei der Interessenabwägung zu berücksichtigen ist.[21] Die Verarbeitung ist insbesondere auch insoweit zulässig, wie sie zur Erfüllung eines wirksamen Vertrages mit einem Minderjährigen (auch unterhalb der Altersgrenze von 16 Jahren) erforderlich ist (Art. 6 Abs. 1 lit. b).[22]

18 **b) Dienste der Informationsgesellschaft. – aa) Begriffsbestimmung durch Rechtsvorschriften.** Zunächst sind nur sog. **„Dienste der Informationsgesellschaft"** erfasst. Gem. Art. 4 Nr. 25 ist für die begriffliche Konkretisierung die Legaldefinition des

17 Vgl. Kühling/Buchner-*Buchner/Kühling* Art. 8 Rn. 19.
18 *Feiler/Forgó* Art. 8 Rn. 1.
19 *Möhrke-Sobolewski/Klas* K&R 2016, 373, 376.
20 Vgl. Gola-*Schulz* Art. 8 Rn. 3.
21 Vgl. auch *Gola/Schulz* ZD 2013, 475, 477 sowie Ausführungen zu Art. 6.
22 Dies entspricht der bisherigen Rechtslage in Deutschland. Soweit ein Minderjähriger zivilrechtlich wirksam kontrahiert, etwa nach § 110 BGB, dürfen auch seine personenbezogenen Daten nach den allgemeinen Regeln (insb. § 28 Abs. 1 Nr. 1 BDSG a.F.) erhoben und verarbeitet werden; hierzu Gola/Schomerus-*Gola/Klug/Körffer* § 4a Rn. 2a m.w.N.

Art. 1 Nr. 1 lit. b RL (EU) 2015/1535[23] heranzuziehen.[24] Der Anwendungsbereich umfasst somit **jede in der Regel gegen Entgelt elektronisch im Fernabsatz und auf individuellen Abruf eines Empfängers erbrachte Dienstleistung**. Es ist damit eine Dienstleistung erforderlich, die

- ohne gleichzeitige physische Anwesenheit der Vertragsparteien erbracht wird („im Fernabsatz erbrachte Dienstleistung"),
- mittels Geräten für die elektronische Verarbeitung (einschließlich digitaler Kompression) und Speicherung von Daten am Ausgangspunkt gesendet und am Endpunkt empfangen wird und die vollständig über Draht, Funk, auf optischem oder anderem elektromagnetischem Weg gesendet, weitergeleitet und empfangen wird („elektronisch erbrachte Dienstleistung") und
- durch die Übertragung von Daten auf individuelle Anforderung erbracht wird.[25]

Neben dieser Legaldefinition lassen sich in den unterschiedlichen EU-Vorschriften auch Dienste finden, welche den Diensten der Informationsgesellschaft ausdrücklich zugeordnet bzw. hiervon ausgenommen werden. So enthält Anhang I der RL (EU) 2015/1535 eine Beispielliste von Diensten (z.B. Buchung einer Reise im Reisebüro), die gerade nicht unter den Begriff gefasst werden sollen. ErwG 18 der E-Commerce-Richtlinie[26] hingegen benennt exemplarisch Dienste der Informationsgesellschaft (z.B. E-Mail-Services). **19**

bb) Nähere Konkretisierung. Der Begriff der „Dienste der Informationsgesellschaft" erfasst grundsätzlich nur Onlineangebote. Vor dem Hintergrund des Regelungszwecks von Art. 8 sind jedenfalls nicht solche Konstellationen erfasst, in denen der angebotene und ggf. in Anspruch genommene Dienst außerhalb des Internets liegt und der Zugang hierzu nur durch das Internet vermittelt wird.[27] **20**

Erfasst sind aber u.a. das Streamen von Inhalten sowie der Beitritt zu einem sozialen Netzwerk.[28] Zum Teil wird die Ansicht vertreten, dass die Legaldefinition dem Begriff der Telemedien (§ 1 Abs. 1 S. 1 TMG) entspricht.[29] Dem ist beizupflichten, da § 1 Abs. 1 S. 1 TMG die E-Commerce-Richtlinie umsetzt und darin die „Dienste der Informationsgesellschaft" als Dienste im Sinne von Art. 1 Nr. 2 der Richtlinie 98/34/EG legaldefiniert sind. Letztgenannte Richtlinie wurde von der RL (EU) 2015/1535 inhaltlich ersetzt, die hier als Definitionsgrundlage dient. **21**

Die in ErwG 38 genannten Präventions- und Beratungsdienste lassen sich damit kaum unter den Begriff des Dienstes der Informationsgesellschaft subsumieren, weil solche Dienste in der Regel gerade nicht gegen Entgelt erbracht werden. Nicht unproblematisch ist hier, dass diese Dienste keinen ausdrücklichen Niederschlag im Wortlaut des Art. 8 gefunden haben.[30] Aufgrund der klaren und ausdrücklichen Benennung dieser **22**

---

23 RL (EU) Nr. 2015/1535 des Europäischen Parlaments und des Rates, ABL. EU L 241, 1.

24 Auernhammer-*Greve* Art. 8 Rn. 7; Kühling/Buchner-*Buchner/Kühling* Art. 8 Rn. 12. Krit. zu dieser Verweisungsform: Paal/Pauly-*Frenzel* Art. 8 Rn. 6; Ehmann/Selmayr-*Heckmann/Paschke* Art. 8 Rn. 17.

25 Art. 1 Nr. 1 lit. b i)–iii) der RL (EU) 2015/1535.

26 RL 2000/31/EG des Europäischen Parlaments und des Rates, ABL. EU L 178, 1.

27 Vgl. Gola-*Schulz* Art. 8 Rn. 14; Schaffland/Wiltfang-*Schaffland/Holthaus* Art. 8 Rn. 2.

28 Vgl. Gola-*Schulz* Art. 8 Rn. 13.

29 Vgl. *Härting* DSGVO, Rn. 411.

30 Kritisch hierzu: Ehmann/Selmayr-*Heckmann/Paschke* Art. 8 Rn. 23.

Fallgruppe wird jedoch eine entsprechende Ausnahme anzuerkennen sein,[31] sodass solche Dienste ausnahmsweise dem Anwendungsbereich des Art. 8 unterfallen.

23 **c) Direkt an Kinder gerichtetes Angebot.** Weiterhin verlangt Art. 8 Abs. 1 UAbs. 1 S. 1, dass der entsprechende Dienst ein **direktes Angebot für ein Kind** darstellt.

24 **aa) „Kind" i.S.d. Art. 8.** Der Begriff „**Kind**" ist in der DS-GVO nicht ausdrücklich definiert.[32] Die Terminologie der Verordnung deckt sich insoweit zumindest nicht mit der im deutschen Recht sonst gängigen Unterscheidung zwischen Kindern und Jugendlichen (wie sie beispielsweise in § 1 Abs. 1 Nr. 1 und 2 JuSchG zum Ausdruck kommt), sondern erfasst jeden Minderjährigen.[33] Für die Normanwendung bedarf es aber wegen der konkret geregelten Altersgrenze auch keiner genaueren Definition dieses Begriffs.[34]

25 **bb) Direktes Angebot.** Art. 8 kann nur dann Anwendung finden, wenn das Angebot „einem Kind direkt gemacht wird". Unklar ist, unter welchen Voraussetzungen sich ein **Angebot direkt** an ein Kind **richtet**.[35]

26 **(1) Spezifische Adressierung von Minderjährigen.** Relativ unproblematisch werden sich hierunter solche Angebote subsumieren lassen, welche **speziell an Minderjährige adressiert** sind.[36] Hierunter sollen solche Angebote zu fassen sein, die ausschließlich das kindliche Interesse wecken sollen, zur Interaktion mit dem Kind oder plattformbasiert zwischen mehreren Kindern animieren und bei denen Hilfestellungen durch Erwachsene jedenfalls nicht zwingend erforderlich sind.[37]

27 Anhaltspunkte seien hier neben der direkten Ansprache in informeller Anrede und Angeboten „nur für Kids" u.a. auch eine kindgerechte Bebilderung und Sprache oder das Vorhandensein von Inhalten, die auf etablierten Kinderportalen verlinkt sind.[38]

28 Nicht ausreichend ist hingegen der Umstand allein, dass ein Anbieter Waren und Dienstleistungen mit Bezug zu Minderjährigen (z.B. Kinderkleidung, Spielzeug, Online-Lernplattformen) anbietet.[39] Entsprechend soll der gesamte Bereich des E-Commerce mit Waren vom Anwendungsbereich des Art. 8 ausgeschlossen sein.[40]

---

31 Vgl. Sydow-*Kampert* Art. 8 Rn. 11; Gola-*Schulz* Art. 8 Rn. 18 möchte hier sogar die allgemeine Wertung herauslesen, dass die starren Anforderungen des Art. 8 dort keine Wirkung entfalten, wo eine einwilligungsbasierte Datenverarbeitung in sensiblen oder kritischen Situationen (z.B. zum Schutz des Kindes vor den Trägern der elterlichen Verantwortung), erforderlich ist; a.A. hingegen Kühling/Buchner-*Buchner/Kühling* Art. 8 Rn. 14, der eine teleologische Beschränkung des Anwendungsbereichs nicht indiziert sieht.

32 Anders jedoch noch der Kommissionsentwurf (KOM (2012) 11 endg. v. 25.1.2012), in dessen Art. 4 Abs. 18 ein Kind als „jede Person bis zur Vollendung des achtzehnten Lebensjahres" definiert wurde.

33 So auch *Ernst* ZD 2017, 110, 111.

34 Sydow-*Kampert* Art. 8 Rn. 8.

35 Zu den hieraus folgenden Abgrenzung- und Auslegungsschwierigkeiten bereits *Gola/Schulz* ZD 2013, 475, 477 f.

36 Vgl. Sydow-*Kampert* Art. 8 Rn. 7; Gola-*Schulz* Art. 8 Rn. 15.

37 Vgl. *Gola/Schulz* ZD 2013, 475, 478.

38 Vgl. *Gola/Schulz* ZD 2013, 475, 478; Gola-*Schulz* Art. 8 Rn. 15 mit weiteren Beispielen.

39 Vgl. Gola-*Schulz* Art. 8 Rn. 16.

40 Vgl. *Möhrke-Sobolewski/Klas* K&R 2016, 373, 376; *Gola/Schulz* ZD 2013, 475, 478.

(2) „Dual Use". Problematisch ist jedoch, dass in der Praxis ein Großteil der Angebote nicht nur an Minderjährige, sondern gerade auch an Erwachsene („Dual Use")[41] gerichtet ist. 29

Dem Tatbestandsmerkmal „direkt" in Art. 8 Abs. 1 UAbs. 1 kann aber nicht zwingend eine Beschränkung auf ausschließlich an Minderjährige adressierte Dienste entnommen werden. Zum Teil wird daher vertreten, dass entsprechende Angebote generell vom Anwendungsbereich des Art. 8 erfasst sind.[42] Der Schutzzweck gebietet ein solch weites Verständnis.[43] Nach Sinn und Zweck der Bestimmung gebietet der effektive Schutz von Minderjährigen, auch solche Dienste unter dem Anwendungsbereich zu subsumieren, die sich nur „auch" an Minderjährige richten, solange Minderjährige jedenfalls eine von mehreren gezielt angesprochenen Zielgruppen darstellen. 30

Sind Dienste ausweislich ihrer Bewerbung oder ihrer Teilnahmebedingungen sowohl an Erwachsene, als auch an Kinder im Sinne der DS-GVO (also Minderjährige) gerichtet, gilt Art. 8. Das kann zum Beispiel bei sozialen Netzwerken oder Messenger-Diensten der Fall sein, die in ihren AGB ausdrücklich ein Mindestalter von nur 13 Jahren vorsehen.[44] Parallelwertungen aus anderen Rechtsgebieten (etwa im Hinblick auf den Anwendungsbereich der Beschränkungen von Werbung gegenüber Kindern in Nr. 28 des Anhangs zu § 3 Abs. 3 UWG, sowie in § 6 Abs. 2 und Abs. 4 JMStV) legen allerdings nahe, dass ein direktes Angebot an ein Kind dann nicht vorliegt, wenn das Angebot unterschiedslos alle Altersgruppen anspricht.[45] 31

Die Abgrenzung wird jeweils im Einzelfall zu prüfen sein. Rechtsprechung und Rechtspraxis werden spezifischere Kriterien entwickeln müssen, mit denen sich die Einordnung in den Anwendungsbereich des Art. 8 praktikabel und rechtssicher durchführen lässt.[46] 32

(3) Spezifische Adressierung von Erwachsenen. Abzugrenzen davon sind solche Angebote, die sich nur an Erwachsene richten (z.B. digitaler Datingdienst für Volljährige oder Medieninhalte ohne Jugendfreigabe mit entsprechender Alterskennzeichnung), auch wenn Minderjährige den Dienst tatsächlich nutzen. Hier gilt Art. 8 nicht. Konsequenterweise darf der Anbieter eines an ein Publikum ab 16 Jahren gerichteten Dienstes aber auch davon ausgehen, dass seine Nutzer im einwilligungsfähigen Alter sind.[47] 33

2. Einwilligung des Trägers der elterlichen Verantwortung (Abs. 1 UAbs. 1 S. 2). – a) Allgemein. Hat das Kind noch nicht das 16. Lebensjahr vollendet, so bestimmt Art. 8 Abs. 1 UAbs. 1 S. 2, dass eine Datenverarbeitung nur rechtmäßig ist, sofern und soweit die Einwilligung durch den Träger der elterlichen Verantwortung für das Kind oder mit dessen Zustimmung erteilt wird. 34

---

41 Vgl. Paal/Pauly-*Frenzel* Art. 8 Rn. 7.
42 Vgl. Kühling/Buchner-*Buchner/Kühling* Art. 8 Rn. 16 f.
43 Paal/Pauly-*Frenzel* Art. 8 Rn. 7.
44 So auch Auernhammer-*Greve* Art. 8 Rn. 8; Paal/Pauly-*Frenzel* Art. 8 Rn. 7.
45 Vgl. *BGH* v. 12.12.2013 – I ZR 192/12, NJW 2014, 2279, 2280 – Goldbärenbarren.
46 So Ehmann/Selmayr-*Heckmann/Paschke* Art. 8 Rn. 19.
47 Vgl. Paal/Pauly-*Frenzel* Art. 8 Rn. 7; krit. Kühling/Buchner-*Buchner/Kühling* Art. 8 Rn. 17.

35 **b) Träger der elterlichen Verantwortung.** Nach deutschem Recht sind **Träger der elterlichen Verantwortung** grundsätzlich die Eltern (§§ 1626, 1629 BGB).[48] Gem. § 1629 Abs. 1 S. 2 BGB vertreten sie das Kind gemeinschaftlich. Allerdings kann ein Elternteil den anderen auch konkludent zur entsprechenden Vertretung des gemeinsamen Kindes ermächtigen; jedenfalls aufgrund Rechtsscheins genügt bei Geschäften des täglichen Lebens daher regelmäßig die Einwilligung eines Elternteils.[49]

36 **c) Einwilligung für das Kind.** Erlaubt Art. 8 Abs. 1 UAbs. 1 S. 2 ausdrücklich die **Einwilligung für das Kind**, bedeutet dies jedoch nicht, dass die Eltern frei in ihrer Entscheidung über die Verarbeitung der personenbezogenen Daten des Kindes sind. Eine andere Auffassung wäre insbesondere mit dem Gewährleistungsgehalt des Art. 8 GrCh nicht zu vereinbaren.[50] Eine Einwilligung gegen den Willen des Kindes als Grundrechtsträger kommt damit nicht in Betracht.[51] Die Träger der elterlichen Sorge dürfen die Einwilligung ausschließlich im Interesse des Kindes abgeben.[52]

37 **d) Zustimmung des Trägers der elterlichen Verantwortung.** Hinsichtlich der **Einwilligung des Kindes mit Zustimmung der Eltern** ist noch unklar, was genau der Begriff der „Zustimmung" hier meint. Nach deutscher Terminologie kann dieser Terminus sowohl die vorherige Zustimmung (= Einwilligung) als auch die nachträgliche Zustimmung (= Genehmigung) umfassen. Jedenfalls aufgrund des Schutzzwecks und des Wortlauts der Norm auch in anderen Sprachfassungen („**only if and to the extent that consent is given or authorised by the holder of parental responsibility over the child**.") kann hier aber nur die vorherige Zustimmung gemeint sein.[53]

38 **e) Form der Einwilligung.** Hinsichtlich der **Form** der Einwilligung der Träger elterlichen Verantwortung gelten die allgemeinen formalen Anforderungen des Art. 7 (siehe auch dortige Kommentierung, Rn. 30 ff.).[54] Bei Online-Anwendungen soll eine Zustimmung ohne Medienbruch möglich sein.[55]

39 **3. Rechtsfolgen.** Ein Verstoß gegen die Anforderungen des Art. 8 führt zur **Unwirksamkeit der Einwilligung** mit der Folge, dass die Datenverarbeitung rechtswidrig ist.[56]

40 Weiterhin sind die **Daten** des Betroffenen umgehend zu **löschen**.[57]

---

48 Im Einzelfall kommt als entsprechender Träger jedoch auch der Vormund (§§ 1773 ff. BGB) oder der Pfleger (§ 1630 Abs. 1 und 2 BGB) in Betracht.

49 Vgl. MüKo-BGB-*Huber* § 1629 Rn. 37.

50 Vgl. Ehmann/Selmayr-*Heckmann/Paschke* Art. 8 Rn. 26.

51 Vgl. *Möhrke-Sobolewski/Klas* K&R 2016, 373, 375. Kühling/Buchner-*Buchner/Kühling* Art. 8 Rn. 21.

52 Vgl. Ehmann/Selmayr-*Heckmann/Paschke* Art. 8 Rn. 26; Kühling/Buchner-*Buchner/Kühling* Art. 8 Rn. 21; *Möhrke-Sobolewski/Klas* K&R 2016, 373, 375.

53 So auch Sydow-*Kampert* Art. 8 Rn. 10; Gola-*Schulz* Art. 8 Rn. 17; Kühling/Buchner-*Buchner/Kühling* Art. 8 Rn. 21; a.A. Ehmann/Selmayr-*Heckmann/Paschke* Art. 8 Rn. 27; BeckOK DatenSR-*Karg* DS-GVO Art. 8 Rn. 52, wonach auch die nachträgliche Zustimmung genügen soll.

54 Vgl. Kühling/Buchner-*Buchner/Kühling* Art. 8 Rn. 21.

55 Vgl. *Rauda* MMR 2017, 15, 19.

56 Ehmann/Selmayr-*Heckmann/Paschke* Art. 8 Rn. 29.

57 Ehmann/Selmayr-*Heckmann/Paschke* Art. 8 Rn. 29; Kühling/Buchner-*Buchner/Kühling* Art. 8 Rn. 27.

Bei einem Verstoß gegen Art. 8 kommt darüber hinaus gem. Art. 83 Abs. 1, Abs. 4 lit. a auch ein **Bußgeld** in Betracht. 41

Ein aus der unzulässigen Datenverarbeitung entstandener **Schaden** ist auf Grundlage des Art. 81 ersatzfähig. 42

III. Öffnungsklausel (Abs. 1 UAbs. 2)

Art. 8 Abs. 1 UAbs. 2 enthält eine fakultative Öffnungsklausel. Hiernach steht es den Mitgliedstaaten offen, die Altersgrenze von 16 Jahren auf **maximal 13 Jahre herabzusetzen**. Die Regelung orientiert sich dabei an dem US-amerikanischen Children's Online Privacy Protection Act (COPPA).[58] 43

Von der Möglichkeit der Herabsetzung der Altersgrenze hat der **deutsche Gesetzgeber** – im Gegensatz zu einer Vielzahl anderer Mitgliedstaaten, wie Österreich, Schweden, Polen, Irland und UK[59] – **keinen Gebrauch** gemacht. Es gilt hier mithin die Altersgrenze von 16 Jahren. 44

Ermöglicht die Öffnungsklausel zwar die Anpassung der Altersgrenze an die jeweiligen rechtlichen Gegebenheiten innerhalb der Mitgliedstaaten, **konterkariert** diese jedenfalls zum Teil das erklärte Ziel der DS-GVO, einen **einheitlichen Rechtsrahmen für den Datenschutz in Europa** zu schaffen.[60] So ist für die Altersgruppe der 13- bis 15-Jährigen gerade keine vollständige Harmonisierung der Regelungen erreicht worden. 45

Die Öffnungsklausel soll keine Anwendung finden, soweit Unternehmen aus Drittstaaten Einwilligungserklärungen von Nutzern in einem EU-Mitgliedstaat einholen, auf den sich ihr Dienst nicht ausrichtet.[61] In diesen Konstellationen bleibt es ungeachtet der Öffnungsklausel bei der Grenze von 16 Jahren. Die Bestimmung des jeweils anzuwendenden nationalen Rechts lässt Art. 8 ungeregelt. Aufgrund dessen greift das allgemeine Kollisionsrecht der DS-GVO in Art. 3. Nationale Bestimmungen über die jeweilige Altersgrenze sind dann unbedeutend, solange sich das Kind innerhalb der EU befindet.[62] 46

IV. Nachprüfungspflichten des Verantwortlichen (Abs. 2)

1. Allgemein. Nach Art. 8 Abs. 2 muss der Verantwortliche unter Berücksichtigung der verfügbaren Technik angemessene Anstrengungen unternehmen, um sich zu vergewissern, dass die Einwilligung durch den Träger der elterlichen Verantwortung für das Kind oder mit dessen Zustimmung erteilt wurde. 47

Das Erfordernis der Einwilligung oder der Zustimmung nach Abs. 1 UAbs. 1 S. 2 wird durch die Vorschrift dahingehend ergänzt, dass der Verantwortliche zum Nachweis 48

---

58 Children's Online Privacy Protection Act of 1998, 15 U.S.C. 6501–6505. Hierzu: *Rauda* MMR 2017, 15, 16 f.

59 Eine laufend aktualisierte Übersicht findet sich bei *Lievens/Milkaité* Age of consent in the GDPR: updated mapping, https://www.betterinternetforkids.eu/web/portal/practice/awareness/detail?articleId=2733703 (zuletzt abgerufen: 5.3.2018).

60 So auch Sydow-*Kampert* Art. 8 Rn. 18; Kühling/Buchner-*Buchner/Kühling* Art. 8 Rn. 22.

61 *Laue* ZD 2016, 463, 466; strenger BeckOK DatenSR-*Karg* DS-GVO Art. 8 Rn. 21–24, wonach die Öffnungsklausel Anbietern in Drittstaaten nicht zugutekommen soll.

62 Vgl. BeckOK DatenSR-*Karg* DS-GVO Art. 8 Rn. 22.

über die wirksame Einwilligung verpflichtet wird. Die Praxis steht hier vor der großen Herausforderung, geeignete und rechtssichere Wege für die Dokumentation zu finden. Gerade die Frage der Angemessenheit der Maßnahmen wird von den Datenschutzaufsichtsbehörden und final vom EuGH zu entscheiden sein.[63]

49 Nicht geregelt ist die in der Praxis ebenfalls bedeutsame Frage der Überprüfung des Alters des Erklärenden.[64] Hier wird man nach Sinn und Zweck der Regelung und wegen des Fehlens einer ausdrücklichen Vorgabe ebenfalls keine völlige Sicherheit, sondern allenfalls angemessene Anstrengungen fordern können und zugunsten eines Verantwortlichen, der solche angemessenen Anstrengungen unternimmt, von einer (ggf. fingierten) wirksamen Einwilligung ausgehen, solange er nicht positive Kenntnis von einer relevanten Falschangabe des Alters hat (siehe im Einzelnen Rn. 69 ff.). Insofern bietet sich insbesondere die Implementierung eines Altersverifikationssystems nach dem Vorbild der KJM an.[65]

50 **2. Anforderungen an die Nachprüfung.** Den Verantwortlichen treffen bezüglich der Einwilligung des Trägers der elterlichen Verantwortung **Nachprüfungspflichten**. Konkrete technische Überprüfungs- oder Verifikationsverfahren benennt die DS-GVO nicht. Art. 8 stellt jedoch die Pflichten des Verantwortlichen unter den Vorbehalt der **Angemessenheit** und der **verfügbaren Technik**.[66]

51 Art. 8 Abs. 2 verlangt (nur) **angemessene Anstrengungen**, die nicht eine auf Seiten des Verantwortlichen zu berücksichtigenden Gewährleistungen (namentlich Art. 15, 16, 17 GRCh) unverhältnismäßig einschränken.[67] Zur Beurteilung der Angemessenheit sind der finanzielle und organisatorische Aufwand des Verantwortlichen gegen Art, Umfang und Bedeutung der Datenverarbeitung abzuwägen.[68]

52 Hinsichtlich der **verfügbaren Technik** wird es darauf ankommen, welche technischen Möglichkeiten für die Vergewisserung der zutreffenden Autorisierung vorliegen.[66] Da sich die Technik fortlaufend entwickelt, sind die eingesetzten Überprüfungsmethoden kontinuierlich zu evaluieren und ggf. dem aktuellen Stand anzupassen.

53 Weiterhin wird bei der Frage der Bestimmung der erforderlichen Maßnahmen auch Art. 5 Abs. 1 lit. c zu berücksichtigen sein, wonach die Verarbeitung von personenbezogenen Daten auf das für die Zwecke der Verarbeitung notwendige Maß beschränkt sein muss (**Grundsatz der Datensparsamkeit**).[69]

54 Wie sich die Träger elterlicher Verantwortung praktikabel verifizieren lassen, ist von der Rechtspraxis zu beantworten (siehe Hinweise dazu bei Rn. 74 ff.). Die Norm verlangt Anstrengungen anzunehmen, doch dabei weiterhin dem Grundsatz der Verhältnismäßigkeit zu entsprechen.[68] Insbesondere besteht kein Register der Träger elterlicher Verantwortung, und es wäre auch unzumutbar und mit dem Grundsatz der Datensparsamkeit unvereinbar, ein solches aufbauen zu wollen.[70]

---

63 Vgl. Kühling/Buchner-*Buchner/Kühling* Art. 8 Rn. 27.
64 Vgl. hierzu Kühling/Buchner-*Buchner/Kühling* Art. 8 Rn. 28.
65 Vgl. dazu Bornemann/Erdemir-*Erdemir* zu Art. 4 JMStV Rn. 225 f.
66 Vgl. Kühling/Buchner-*Buchner/Kühling* Art. 8 Rn. 23.
67 Vgl. Ehmann/Selmayr-*Heckmann/Paschke* Art. 8 Rn. 33.
68 Vgl. Sydow-*Kampert* Art. 8 Rn. 14.
69 Vgl. *Gola/Schulz* ZD 2013, 475, 479; siehe auch Art.-29-Datenschutzgruppe, WP 259 (Entwurf 28. November 2017), S. 25.
70 *Feiler/Forgó* Art. 8 Rn. 9.

3. Nachweis- und Dokumentationspflicht. Abs. 2 verpflichtet den Verantwortlichen auch zur Dokumentation der erteilten Zustimmung. Daher ist Abs. 2 als eigener Rechtsgrund für Erhebung von Daten der Träger elterlicher Verantwortung zu sehen.[71] Die Nachweispflicht folgt der generellen Rechenschaftspflicht gem. Art. 5 Abs. 2. **55**

4. Rechtsfolgen. Die Rechtsfolgen einer fehlenden Dokumentation sind umstritten. Teilweise wird vertreten, dass die **Rechtmäßigkeit oder Wirksamkeit der Einwilligung von der Erfüllung dieser Verpflichtung unabhängig** sei; vielmehr diene die Vorschrift allein dem Verantwortlichen dahingehend, seiner Nachweispflicht hinsichtlich einer wirksamen Einwilligung nach Art. 7 Abs. 1 nachzukommen.[72] **56**

Allerdings verpflichtet die Vorschrift den Verantwortlichen dahingehend, einen Nachweis hinsichtlich einer wirksamen Einwilligung nach Art. 7 Abs. 1 beizubringen.[72] Als Teil der Anforderungen des Art. 8 führt auch eine Missachtung des Art. 8 Abs. 2 zur **Unwirksamkeit der Einwilligung** mit der Folge, dass die Datenverarbeitung rechtswidrig ist.[73] **57**

Wenn sich die Verifikation trotz angemessener Anstrengungen später als fehlerhaft erweist, dürfte es ab dem Moment, in dem der Verantwortliche positive Kenntnis vom Fehlen der zunächst aufgrund angemessener Verifikationsanstrengungen angenommen Zustimmung hat, an der Rechtmäßigkeit der Datenverarbeitung gem. Art. 6 Abs. 1 lit. a fehlen.[74] Ein bloßer Verdacht oder ein abstraktes Für-möglich-halten genügt insoweit aber nicht, da sonst die ausdrücklich geregelte Beschränkung auf angemessene Anstrengungen unterlaufen werden würde.[75] **58**

Als Teil der aus Art. 8 erwachsenen Pflichten kann eine Missachtung gem. Art. 83 Abs. 4 lit. a mit einem Bußgeld geahndet werden. Es ist sogar denkbar, einen solchen Verstoß aufgrund der kumulativen Anwendung mit Art. 7 als Verstoß gegen die Beachtung der Bedingungen einer Einwilligung gem. Art. 83 Abs. 5 lit. a zu ahnden.[76] **59**

V. Fortgeltung des allgemeinen Vertragsrechts (Abs. 3)

Nach Art. 8 Abs. 3 bleibt das allgemeine Vertragsrecht der Mitgliedstaaten von der Regelung des Art. 8 unberührt. Die Regelung stellt damit klar, dass für andere Erklärungen als (datenschutzrechtliche) Einwilligungen das nationale Recht der Mitgliedstaaten (in Deutschland: §§ 104 ff. BGB) Anwendung findet. **60**

Die DS-GVO nimmt damit Abweichungen zwischen Einwilligungsalter und (unbeschränkter) Geschäftsfähigkeit in Kauf und macht die datenschutzrechtliche Einwilligung nicht von der Geschäftsfähigkeit abhängig. Die mangelnde Kohärenz im Privatrecht innerhalb der EU schlägt sich hier unmittelbar auf das Datenschutzrecht nieder, welches der Verordnungsgeber nicht abschließend genug geregelt hat, sodass das jeweilige nationale Zivilrecht konturierend Anwendung finden muss. **61**

Umgekehrt führt die wirksame Einwilligung allerdings nicht automatisch zur Wirksamkeit eines Vertrages, der nach nationalem Recht unwirksam wäre. Die Wirksam- **62**

71 Paal/Pauly-*Frenzel* Art. 8 Rn. 14.
72 Ehmann/Selmayr-*Heckmann/Paschke* Art. 8 Rn. 32.
73 Ehmann/Selmayr-*Heckmann/Paschke* Art. 8 Rn. 29.
74 Vgl. Plath-*Plath* Art. 8 Rn. 13; Auernhammer-*Greve* Art. 8 Rn. 16.
75 So auch Auernhammer-*Greve* Art. 8 Rn. 16.
76 BeckOK DatenSR-*Karg* Art. 8 Rn. 31.

keit von (datenschutzrechtlicher) Einwilligung und der korrelierenden vertraglichen Vereinbarung sind unabhängig voneinander zu beurteilen.[77]

63 Gemäß Art. 8 Abs. 3 sind nur direkte Auswirkungen auf das Vertragsrecht ausdrücklich ausgeschlossen. Fraglich ist, welche Ausstrahlungswirkungen, auch über das Vertragsrecht hinaus, möglich sind. Die rechtliche Bewertung der einwilligenden Handlungen Minderjähriger in anderen Rechtsgebieten wie dem Strafrecht oder dem Persönlichkeitsrecht bleibt trotz des Art. 8 undeutlich.[78] Aufgrund des Anwendungsvorrangs der unmittelbar geltenden Verordnung kann Art. 8 Auswirkungen auch in anderen Rechtsbereichen haben. Gleichwohl bleibt die Anwendbarkeit der DS-GVO auf ihren Anwendungsbereich beschränkt, wozu das Strafrecht aufgrund mangelnder Regelungskompetenz der EU in jedem Fall nicht zählen kann.

C. Praxishinweise

I. Relevanz für öffentliche Stellen

64 Aufgrund des eingeschränkten materiellen Anwendungsbereichs wird die Norm für öffentliche Stellen kaum Relevanz erlangen. Im Einzelfall ist aber natürlich dennoch denkbar, dass eine öffentliche Stelle einen Dienst der Informationsgesellschaft direkt einem Kind anbietet, insbesondere im Bereich der in ErwG 38 genannten Beratungs- und Präventionsdienste.

II. Relevanz für nichtöffentliche Stellen

65 **1. Allgemein.** Die im Einzelfall erforderliche Einholung von Einwilligungserklärungen der Träger der elterlichen Verantwortung stellt den Anbieter vor **nicht unerheblichen Herausforderungen**, da es schwierig sein wird, deren Identität festzustellen und die Authentizität von Einwilligungserklärungen zu überprüfen.[79]

66 Im Vergleich zu der vorherigen Rechtslage haben die Anbieter jedenfalls bei Minderjährigen der **Altersgruppe 16 bis 18 Jahren** deutlich an **Rechtssicherheit** gewonnen.[80] Aufgrund der in Art. 8 implementierten unwiderlegbaren Annahme der Einsichtsfähigkeit müssen Anbieter hier nicht mehr befürchten, dass aufgrund mangelnder Einsichtsfähigkeit im Einzelfall eine Einwilligung doch unwirksam gewesen ist.

67 **2. Eingeschränkte Fortgeltung bisher erteilter Einwilligungen.** Ausweislich ErwG 171 S. 3 sollen bisher erteilte Einwilligungen fortgelten, sofern sie der Art nach den Bedingungen der DS-GVO entsprechen.

68 Nach Ansicht der Datenschutzbehörden erfüllen bisher rechtswirksame Einwilligungen zwar grundsätzlich diese Bedingungen; eine Ausnahme von der Fortgeltung wird jedoch gerade in der Konstellation gesehen, dass die Altersgrenze von 16 Jahren nicht beachtet wurde.[81]

---

77 Vgl. Kühling/Buchner-*Buchner/Kühling* Art. 8 Rn. 29.
78 Vgl. BeckOK DatenSR-*Karg* Art. 8 Rn. 61.
79 Vgl. *Härting* DSGVO, Rn. 411.
80 So auch Sydow-*Kampert* Art. 8 Rn. 18.
81 Vgl. *Düsseldorfer Kreis* Beschluss vom 13./14.9.2016, https://www.ldi.nrw.de/mainmenu_Service/submenu_Entschliessungsarchiv/Inhalt/Beschluesse_Duesseldorfer_Kreis/Inhalt/2016/Fortgeltung_bisher_erteilter_Einwilligungen_unter_der_Datenschutz-_Grundverordnung/Fortgeltung_bisher_erteilter_Einwilligungen_unter_der_Datenschutz-_Grundverordnung1.pdf (zuletzt abgerufen: 5.3.2018).

3. Anforderungen an neu erteilte Einwilligungen. – a) Einordnung als „Dienst der Informationsgesellschaft“. Aufgrund des stark eingeschränkten materiellen Anwendungsbereichs ist zunächst festzustellen, ob das jeweilige Angebot als ein „Dienst der Informationsgesellschaft“ eingeordnet werden kann. Durch die aufgezeigten Auslegungs- und Abgrenzungsschwierigkeiten im Zusammenhang mit der Bestimmung entsprechender Angebote wird jedoch (jedenfalls derzeit) nicht in allen Fällen eindeutig zu bestimmen sein, ob ein derartiges Angebot vorliegt. Ist letztlich das Vorliegen eines entsprechenden Dienstes zu bejahen, muss der Anbieter Maßnahmen ergreifen, um den Verpflichtungen aus Art. 8 nachzukommen.[82] **69**

b) Implementierung eines zweistufigen Überprüfungsverfahrens. – aa) Erfordernis und Anforderungen an die Altersabfrage des Nutzers. Sieht Art. 8 einen abgestuften Minderjährigenschutz vor, ist es für den Anbieter zukünftig erforderlich, dass er vor der Einholung von datenschutzrechtlichen Einwilligungen zunächst das **Alter des Nutzers** in Erfahrung bringt. **70**

Fraglich ist, welche Anforderungen hier im Einzelnen zu stellen sind. Zum Teil wird hier eine einfache Abfrage („Wie alt bist du?“) bereits als ausreichend erachtet. Im Sinne des Gebots der Datensparsamkeit erscheint sogar eine rein binäre Abfrage („Bist Du mindestens 16 Jahre alt?“) oder eine Checkbox („Ich bin mindestens 16 Jahre alt“) praktikabel und ausreichend.[83] Bei bejahender Antwort genügt die Einwilligung des Nutzers selbst, weil die Altersgrenze des Unionsrechts (und des nationalen Rechts) erfüllt ist; bei verneinender Antwort ist die elterliche Zustimmung erforderlich. Die richtige Angabe des tatsächlichen Alters bringt darüber hinaus keinen Mehrwert.[84] **71**

Dagegen ist es jedenfalls nicht erforderlich, Diensten der Informationsgesellschaft ein komplexes Altersverifikationssystem im Sinne des Jugendmedienschutzrechts (§ 4 Abs. 2 S. 2 JMStV) vorzuschalten.[85] Dies würde aufgrund der jugendschutzrechtlich bedingten Komplexität solcher Systeme die Grenze der Angemessenheit überschreiten, zumal dann die von der DS-GVO erwünschte Einwilligung ohne Medienbruch in Frage stünde. Auch existieren in den anderen Mitgliedstaaten keine vergleichbaren Systeme, sodass mangels Vorgabe konkreter Prüfungsanforderungen durch die DS-GVO nicht davon ausgegangen werden kann, dass der Gesetzgeber unionsweit den strengen deutschen Jugendmedienschutzstandard etablieren wollte. **72**

bb) Weitere Maßnahmen. – (1) Minderjährige Nutzer im Alter von 16 bis 18 Jahren.
Ergibt die Abfrage, dass es sich um einen minderjährigen Nutzer handelt, der das 16. Lebensjahr bereits vollendet hat, ist die Verarbeitung auf Grundlage dessen Einwilligung rechtmäßig, sofern die weiteren Anforderungen des Art. 6 Abs. 1 lit a und **73**

---

82 Zu beachten ist jedoch auch bei anderen Diensten, dass hier die Einwilligung des Kindes freiwillig erfolgen muss, sodass hier auf die Einsichtsfähigkeit und Informiertheit des Kindes im Einzelfall abzustellen ist, vgl. Ehmann/Selmayr-*Heckmann/Paschke* Art. 8 Rn. 37.

83 Vgl. Gola-*Schulz* Art. 8 Rn. 20, der bereits eine Abfrage des vollständigen Geburtsdatums mit Verweis auf die in Art. 5 Abs. 1 lit. c eingeführte Pflicht zu einer möglichst datensparsamen Datenerhebung und -verarbeitung ablehnt; außerdem Plath-*Plath* Art. 8 Rn. 12.

84 Vgl. Kühling/Buchner-*Buchner/Kühling* Art. 8 Rn. 28, wo allerdings die richtige Angabe des Alters als erforderlich erachtet wird.

85 Gola-*Schulz* Art. 8 Rn. 20 mit Verweis auf *Gola/Schulz* ZD 2013, 475, 479; Plath-*Plath* Art. 8 Rn. 12; Auernhammer-*Greve* Art. 8 Rn. 17.

Art. 7 eingehalten sind.[86] Aus Art. 8 ergeben sich hier keine gesonderten Anforderungen. Vielmehr wird diese Altersgruppe mit den volljährigen Nutzern rechtlich gleichgestellt.[87]

74 **(2) Minderjährige Nutzer im Alter bis zu 16 Jahren.** Ergibt die Anfrage, dass es sich um einen Nutzer unter 16 Jahren handelt, muss der Anbieter angemessene Anstrengungen unternehmen, um sich zu vergewissern, dass eine Einwilligung des Trägers der elterlichen Verantwortung vorliegt.

75 Diesbezüglich werden unterschiedliche Ansätze in der Literatur diskutiert. Die **Rechtsunsicherheit** hinsichtlich der zu ergreifenden Maßnahmen wird derzeit als **hoch** eingeschätzt.[88]

76 **(a) Double-Opt-in-Verfahren.** Die bisher wohl h.M. in der Literatur schlägt die Einrichtung eines sog. **Double-Opt-in-Verfahrens** vor.[89]

77 Hierbei muss der Anbieter zunächst sowohl die E-Mail-Adresse des minderjährigen Nutzers als auch des jeweiligen Trägers der elterlichen Verantwortung abfragen. Abhängig davon, ob eine Einwilligung durch die Träger der elterlichen Verantwortung für den Minderjährigen oder eine Einwilligung des Minderjährigen mit dessen Zustimmung erteilt wird, muss daraufhin entweder an das Kind oder den Träger der elterlichen Verantwortung eine E-Mail mit einem Bestätigungslink versendet werden. Erst nach der Bestätigung durch das Anklicken des entsprechenden Links kommt dann die erforderliche datenschutzrechtliche Einwilligung zustande.[90]

78 Problematisch an diesem Verfahren ist, dass über die Eingabe einer bloßen E-Mail-Adresse nicht gewährleistet werden kann, dass diese tatsächlich eine der Eltern ist bzw. der Minderjährige nicht die E-Mail-Konten seiner Eltern ohne deren Kenntnis nutzt.[91] Solange aber jedenfalls kein Anlass zur Annahme einer entsprechend missbräuchlichen Nutzung besteht, wird man solche Missbrauchsmöglichkeiten hinnehmen müssen.[92] Diese ließen sich jedenfalls nach derzeitigem Stand der Technik auch nicht mit angemessenen Mitteln verhindern (vgl. Rn. 53 zum Grundsatz der Datensparsamkeit).

79 **(b) Weitere Möglichkeiten.** Eine Authentifizierung des Trägers der elterlichen Verantwortung mittels einer **Ausweiskopie** scheidet hier jedenfalls aus.[93] Ebenfalls nicht ausreichend wäre die bloße **Ergänzung der Allgemeinen Geschäftsbedingungen** dahingehend, dass bei jüngeren Nutzern zugleich versichert wird, dass die Eltern zugestimmt haben.[94] Strittig ist hingegen, ob bereits eine **Checkbox**, bei der das Kind

86 Vgl. Kühling/Buchner-*Buchner/Kühling* Art. 8 Rn. 3.
87 Vgl. Schaffland/Wiltfang-*Schaffland/Holthaus* Art. 8 Rn. 4.
88 Vgl. Kühling/Buchner-*Buchner/Kühling* Art. 8 Rn. 27.
89 Vgl. Ehmann/Selmayr-*Heckmann/Paschke* Art. 8 Rn. 26; Gola-*Schulz* Art. 8 Rn. 21; Kühling/Buchner-*Buchner/Kühling* Art. 8 Rn. 24; krit. Schaffland/Wiltfang-*Schaffland/Holthaus* Art. 8 Rn. 7. Ausf. dazu auch *Möhrke-Sobolewski/Klas* K&R 2016, 373, 377 f.
90 Vgl. Ehmann/Selmayr-*Heckmann/Paschke* Art. 8 Rn. 26 f.
91 Vgl. *Möhrke-Sobolewski/Klas* K&R 2016, 373, 377 f.; Kühling/Buchner-*Buchner/Kühling* Art. 8 Rn. 24.
92 Vgl. *Möhrke-Sobolewski/Klas* K&R 2016, 373, 378; Kühling/Buchner-*Buchner/Kühling* Art. 8 Rn. 24.
93 Vgl. Gola-*Schulz* Art. 8 Rn. 21 mit Verweis auf *Walter* DSB 2013, 140, 142; Auernhammer-*Greve* Art. 8 Rn. 15; *VG Hannover* ZD 2014, 266, 267.
94 Vgl. Ehmann/Selmayr-*Heckmann/Paschke* Art. 8 Rn. 33; Gola-*Schulz* Art. 8 Rn. 20; krit. auch *Möhrke-Sobolewski/Klas* K&R 2016, 272, 377.

ankreuzt, dass es mit Zustimmung der Eltern handelt, ausreicht. Insofern bietet sich auch etwa die Implementierung eines Altersverifikationssystems nach dem Vorbild der KJM an.[95]

Die DS-GVO macht hier aber keine konkreten Vorgaben, sodass letztlich eine Vielzahl weiterer Gestaltungen und künftig auch entsprechender neuartiger Dienstleistungen denkbar ist. Beispielsweise könnte ein Anbieter innerhalb der App einen **Fragenkatalog** präsentieren, mit dessen Hilfe eine Identifizierung der Eltern mit hoher Wahrscheinlichkeit möglich ist, oder sich an **Child Guard Online**[96] (Name, Adresse, letzte Ziffern der Ausweisnummer) orientieren.[97] Akzeptabel erscheint auch die Methode **„email plus“**, wo die Eltern eine E-Mail erhalten, auf die sie antworten müssen, um ihre Einwilligung zu erteilen, und später unter Bezugnahme auf diese erste E-Mail eine zweite E-Mail mit einem Hinweis auf Widerrufsmöglichkeiten versandt wird.[97] **80**

(c) Orientierung an der Praxis zu COPPA. Orientiert sich die Regelung an den Vorgaben des COPPA, erscheint die Vornahme vorsichtiger Anleihen aus der US-amerikanischen Rechtspraxis möglich.[98] COPPA hält u.a. folgende Methoden für zulässig: **81**

- Schriftliche Einwilligung mit Unterschrift per Post, Fax oder E-Mail;
- Durchführung einer verifizierten Zahlung eines Elternteils mittels Kredit- oder Debitkarte oder eines sonstigen Online-Bezahlsystems oder
- Anruf des Elternteils bei einer kostenlosen Hotline, unter der geschultes Personal zu erreichen ist oder Videokonferenz mit geschultem Personal.[99]

Einige dieser Methoden, wie „print and send“, führen in den USA allerdings dazu, dass der Minderjährigenschutz stark umgangen wird, und dienen daher nicht als geeignetes Vorbild für einen zeitgemäßen Datenschutz.[100] **82**

(d) Beispiel der Art.-29-Datenschutzgruppe. Die Art.-29-Datenschutzgruppe beschreibt ein mögliches Verfahren an einem Beispiel, in dem eine Plattform für Onlinespiele die Nutzung der Dienste durch Minderjährige von der Zustimmung der Eltern abhängig machen will.[101] Dieses Verfahren verläuft in 3 bzw. 4 Schritten: **83**

- Frage an den Benutzer, ob er unter oder über 16 Jahre alt ist (oder alternatives Alter der digitalen Zustimmung). Wenn der Benutzer angibt, dass er das Alter der digitalen Zustimmung nicht erreicht hat, folgt Schritt 2.
- Der Anbieter informiert das Kind, dass ein Elternteil oder Erziehungsberechtigter zustimmen oder die Verarbeitung genehmigen muss, bevor der Dienst zur Verfügung gestellt wird. Der Benutzer wird aufgefordert, die E-Mail-Adresse eines Elternteils oder Erziehungsberechtigten anzugeben.

---

95 Als ausreichend erachtet von: Plath-*Plath* Art. 8 Rn. 12; a.A. hingegen Paal/Pauly-*Frenzel* Art. 8 Rn. 13; Ehmann/Selmayr-*Heckmann/Paschke* Art. 8 Rn. 33; Kühling/Buchner-*Buchner/Kühling* Art. 8 Rn. 23; Bornemann/Erdemir-*Erdemir* zu § 4 JMStV Rn. 225 f.

96 Im Jahr 2013 hat der Dienst Child Guard Online von der FTC die Bestätigung erhalten, dass er mit COPPA in Einklang steht, s. Mitteilung des Unternehmens v. 8.1.2014: http://www. childguardonline.com/FTC-ChildGuard.pdf (zuletzt abgerufen: 5.3.2018).

97 *Rauda* MMR 2017, 15, 19.

98 So auch Kühling/Buchner-*Buchner/Kühling* Art. 8 Rn. 1, 25.

99 Vgl. Kühling/Buchner-*Buchner/Kühling* Art. 8 Rn. 25.

100 *Rauda* MMR 2017, 15, 18.

101 *Art.-29-Datenschutzgruppe* WP 259 (Entwurf 28.11.2017), S. 26.

- Der Dienst kontaktiert den Elternteil oder Erziehungsberechtigten, holt per E-Mail dessen Zustimmung zur Verarbeitung und unternimmt angemessene Schritte, um zu bestätigen, dass der Zustimmende tatsächlich die elterliche Verantwortung hat.
- Nur im Falle von Beschwerden ergreift die Plattform zusätzliche Schritte, um das Alter des Benutzers zu überprüfen. Hat die Plattform die anderen Einwilligungserfordernisse erfüllt, kann die Plattform die zusätzlichen Kriterien von Art. 8 erfüllen, indem sie diese Schritte einleitet.

84 **4. Anbieter von grenzüberschreitenden Diensten.** Insbesondere die divergierenden Altersgrenzen in den Mitgliedstaaten führen bei grenzüberschreitenden Sachverhalten zu Rechtsunsicherheit[102] und nehmen international agierenden Anbietern die Möglichkeit, sich an einem unionsweit geltenden Regime zu orientieren.[103] Aufgrund der uneinheitlichen Altersgrenzen müssen entsprechende Anbieter daher zunächst prüfen, ob und wie im jeweiligen Mitgliedstaat von der Möglichkeit der Reduzierung der Altersgrenze von 16 Jahren Gebrauch gemacht wurde. Nach der Evaluierung der jeweils geltenden Altersgrenzen müssen sie ihr Angebot entsprechend anpassen.[104] Bei Minderjährigen, die noch nicht das 13. Lebensjahr vollendet haben, ist jedenfalls aufgrund der von der Öffnungsklausel vorgegebenen Untergrenze stets eine Zustimmung des Trägers der elterlichen Verantwortung erforderlich.[105]

85 Ebenfalls geprüft werden sollte, wer genau im Einzelnen „Träger der elterlichen Verantwortung“ sein kann. Dies bestimmt sich im Einzelnen nach den Regelungen des kindlichen Sorgerechts in den jeweiligen nationalen Vorschriften der Mitgliedstaaten.[106]

III. Relevanz für betroffene Personen

86 Soweit Minderjährige aufgrund des Art. 8 wirksam in die Verarbeitung von Daten einwilligen können, liegt es nahe, dass auch der Widerruf der Einwilligung dann ohne Zustimmung des Trägers der elterlichen Verantwortung wirksam möglich ist. Dies dürfte auch gelten, wenn ein Betroffener unterhalb der Altersgrenze zuvor mit Zustimmung der Eltern eingewilligt hat und die Einwilligung nach Überschreiten der Altersgrenze widerrufen möchte.

87 Im Hinblick auf die Wertungen der DS-GVO denkbar, aber mangels konkreter Regelungen noch ungeklärt, ist zudem, dass Minderjährige oberhalb der jeweiligen nationalen Altersgrenze auch sonstige Betroffenenrechte wie Auskunft, Berichtigung und Löschung ohne Mitwirkung der Träger der elterlichen Verantwortung geltend machen können.

IV. Relevanz für Aufsichtsbehörden

88 Im Hinblick auf praxistaugliche und zugleich rechtssichere Ansätze zur Prüfung des Alters der Nutzer und der Einwilligung des Trägers der elterlichen Verantwortung ist ein enger Dialog von Aufsicht und Verantwortlichen wünschenswert.

---

102 Ebenfalls krit. Ehmann/Selmayr-*Heckmann/Paschke* Art. 8 Rn. 31.

103 So Plath-*Plath* Art. 8 Rn. 9.

104 Zur Frage der Zulässigkeit von Rechtswahlklauseln in diesem Zusammenhang: *Laue* ZD 2016, 463, 466 f.

105 Vgl. Kühling/Buchner-*Buchner/Kühling* Art. 8 Rn. 22.

106 Kühling/Buchner-*Buchner/Kühling* Art. 8 Rn. 20.

V. Relevanz für das Datenschutzmanagement

Im Hinblick auf die Angemessenheit der Anstrengungen zur Prüfung des Alters der Nutzer und der Einwilligung des Trägers der elterlichen Verantwortung ist die Entwicklung des Standes der Technik laufend zu beobachten. **89**

Artikel 9 Verarbeitung besonderer Kategorien personenbezogener Daten*

(1) Die Verarbeitung personenbezogener Daten, aus denen die rassische und ethnische Herkunft, politische Meinungen, religiöse oder weltanschauliche Überzeugungen oder die Gewerkschaftszugehörigkeit hervorgehen, sowie die Verarbeitung von genetischen Daten, biometrischen Daten zur eindeutigen Identifizierung einer natürlichen Person, Gesundheitsdaten oder Daten zum Sexualleben oder der sexuellen Orientierung einer natürlichen Person ist untersagt.

(2) Absatz 1 gilt nicht in folgenden Fällen:

a) Die betroffene Person hat in die Verarbeitung der genannten personenbezogenen Daten für einen oder mehrere festgelegte Zwecke ausdrücklich eingewilligt, es sei denn, nach Unionsrecht oder dem Recht der Mitgliedstaaten kann das Verbot nach Absatz 1 durch die Einwilligung der betroffenen Person nicht aufgehoben werden,

b) die Verarbeitung ist erforderlich, damit der Verantwortliche oder die betroffene Person die ihm bzw. ihr aus dem Arbeitsrecht und dem Recht der sozialen Sicherheit und des Sozialschutzes erwachsenden Rechte ausüben und seinen bzw. ihren diesbezüglichen Pflichten nachkommen kann, soweit dies nach Unionsrecht oder dem Recht der Mitgliedstaaten oder einer Kollektivvereinbarung nach dem Recht der Mitgliedstaaten, das geeignete Garantien für die Grundrechte und die Interessen der betroffenen Person vorsieht, zulässig ist,

c) die Verarbeitung ist zum Schutz lebenswichtiger Interessen der betroffenen Person oder einer anderen natürlichen Person erforderlich und die betroffene Person ist aus körperlichen oder rechtlichen Gründen außerstande, ihre Einwilligung zu geben,

d) die Verarbeitung erfolgt auf der Grundlage geeigneter Garantien durch eine politisch, weltanschaulich, religiös oder gewerkschaftlich ausgerichtete Stiftung, Vereinigung oder sonstige Organisation ohne Gewinnerzielungsabsicht im Rahmen ihrer rechtmäßigen Tätigkeiten und unter der Voraussetzung, dass sich die Verarbeitung ausschließlich auf die Mitglieder oder ehemalige Mitglieder der Organisation oder auf Personen, die im Zusammenhang mit deren Tätigkeitszweck regelmäßige Kontakte mit ihr unterhalten, bezieht und die personenbezogenen Daten nicht ohne Einwilligung der betroffenen Personen nach außen offengelegt werden,

e) die Verarbeitung bezieht sich auf personenbezogene Daten, die die betroffene Person offensichtlich öffentlich gemacht hat,

f) die Verarbeitung ist zur Geltendmachung, Ausübung oder Verteidigung von Rechtsansprüchen oder bei Handlungen der Gerichte im Rahmen ihrer justiziellen Tätigkeit erforderlich,

g) die Verarbeitung ist auf der Grundlage des Unionsrechts oder des Rechts eines Mitgliedstaats, das in angemessenem Verhältnis zu dem verfolgten Ziel steht, den

---

* Die Autoren danken Herrn stud. iur. David Merten für die Unterstützung bei der Durchsicht des Manuskriptes.

Wesensgehalt des Rechts auf Datenschutz wahrt und angemessene und spezifische Maßnahmen zur Wahrung der Grundrechte und Interessen der betroffenen Person vorsieht, aus Gründen eines erheblichen öffentlichen Interesses erforderlich,

h) die Verarbeitung ist für Zwecke der Gesundheitsvorsorge oder der Arbeitsmedizin, für die Beurteilung der Arbeitsfähigkeit des Beschäftigten, für die medizinische Diagnostik, die Versorgung oder Behandlung im Gesundheits- oder Sozialbereich oder für die Verwaltung von Systemen und Diensten im Gesundheits- oder Sozialbereich auf der Grundlage des Unionsrechts oder des Rechts eines Mitgliedstaats oder aufgrund eines Vertrags mit einem Angehörigen eines Gesundheitsberufs und vorbehaltlich der in Absatz 3 genannten Bedingungen und Garantien erforderlich,

i) die Verarbeitung ist aus Gründen des öffentlichen Interesses im Bereich der öffentlichen Gesundheit, wie dem Schutz vor schwerwiegenden grenzüberschreitenden Gesundheitsgefahren oder zur Gewährleistung hoher Qualitäts- und Sicherheitsstandards bei der Gesundheitsversorgung und bei Arzneimitteln und Medizinprodukten, auf der Grundlage des Unionsrechts oder des Rechts eines Mitgliedstaats, das angemessene und spezifische Maßnahmen zur Wahrung der Rechte und Freiheiten der betroffenen Person, insbesondere des Berufsgeheimnisses, vorsieht, erforderlich, oder

j) die Verarbeitung ist auf der Grundlage des Unionsrechts oder des Rechts eines Mitgliedstaats, das in angemessenem Verhältnis zu dem verfolgten Ziel steht, den Wesensgehalt des Rechts auf Datenschutz wahrt und angemessene und spezifische Maßnahmen zur Wahrung der Grundrechte und Interessen der betroffenen Person vorsieht, für im öffentlichen Interesse liegende Archivzwecke, für wissenschaftliche oder historische Forschungszwecke oder für statistische Zwecke gemäß Artikel 89 Absatz 1 erforderlich.

(3) Die in Absatz 1 genannten personenbezogenen Daten dürfen zu den in Absatz 2 Buchstabe h genannten Zwecken verarbeitet werden, wenn diese Daten von Fachpersonal oder unter dessen Verantwortung verarbeitet werden und dieses Fachpersonal nach dem Unionsrecht oder dem Recht eines Mitgliedstaats oder den Vorschriften nationaler zuständiger Stellen dem Berufsgeheimnis unterliegt, oder wenn die Verarbeitung durch eine andere Person erfolgt, die ebenfalls nach dem Unionsrecht oder dem Recht eines Mitgliedstaats oder den Vorschriften nationaler zuständiger Stellen einer Geheimhaltungspflicht unterliegt.

(4) Die Mitgliedstaaten können zusätzliche Bedingungen, einschließlich Beschränkungen, einführen oder aufrechterhalten, soweit die Verarbeitung von genetischen, biometrischen oder Gesundheitsdaten betroffen ist.

– *BDSG n.F.: §§ 22, 27, 28*

Übersicht

Literatur: *Art.-29-Datenschutzgruppe* zu „Arbeitspapiere über genetische Daten" v. 17.3.2004 (WP 91); *dies.* zu „Entwicklungen im Bereich biometrischer Technologien" v. 27.4.2014 (WP 193); *dies.* Annex zum Brief v. 5.2.2015 „Health data in apps and devices"; *Blobel/Koeppe* Handbuch Datenschutz und Datensicherheit im Gesundheit und Sozialwesen, 4. Aufl. 2016; *Bundesärztekammer* Stellungnahme im Rahmen der öffentlichen Anhörung im Bundestag v. 27.3.2017 zum DSAnpUG; *Datenschutzkonferenz* Kurzpapier Nr. 3 „Verarbeitung personenbezogener Daten für Werbung"; *Deutsche Wissenschaft* Stellungnahme im Rahmen der öffentlichen Anhörung im Bundestag v. 27.3.2017 zum DSAnpUG; *Dochow* Gesundheitsdatenschutz gemäß der EU-Datenschutzgrundverordnung, GesR 2016, 401 ff.; *Ehmann/Selmayr* Datenschutz-Grundverordnung, 2017; *Eßer/Kramer/von Lewinski* DSGVO BDSG: Datenschutz-Grundverordnung, Bundesdatenschutzgesetz und Nebengesetze, Kommentar, 5. Aufl. 2017; *Gierschmann/Schlender/Stentzel/Veil* Datenschutz-Grundverordnung, 2018; *Gola* DS-GVO: Datenschutz-Grundverordnung VO (EU) 2016/679, 2017; *Hardenberg* ZD 2014, 115; *Knyrim* Datenschutz-Grundverordnung Das neue Datenschutzrecht in Österreich und der EU, 2016; *Kühling/Buchner* DS-GVO: Datenschutz-Grundverordnung, 2017; *Kühling/Martini* Die Datenschutz-Grundverordnung und das nationale Recht: Erste Überlegungen zum innerstaatlichen Regelungsbedarf, 2016; *Laune/Nink/Kremer* Das neue Datenschutzrecht in der betrieblichen Praxis, 2016; *Plath* BSDG/DSGVO – Kommentar zum BDSG und zur DSGVO sowie den Datenschutzbestimmungen des TMG und TKG, 2. Aufl. 2016; *Roßnagel* Europäische Datenschutz-Grundverordnung, Vorrang des Unionsrechts- Anwendbarkeit des nationalen Rechts, 2017; *Schwartmann* Der Missbrauch des Seelenlebens, KStA v. 28.12.2017; *Sydow* Europäische Datenschutzgrundverordnung, 2017; *Weichert* RDV 2007, 189 ff.; *Wolff/Brink* Beck'scher Online-Kommentar Datenschutzrecht, 22. Edition, 2017.

A. Einordnung und Hintergrund

1 Art. 9 stellt **besondere restriktive Zulässigkeitsvoraussetzungen** für die Verarbeitung von ausgewählten Datenkategorien auf, die wegen ihrer **Sensibilität** besondere Risiken für die betroffene Person mit sich bringen können.[1]

2 Nach der Systematik der DS-GVO bestehen daher zwei verschiedene Kategorien personenbezogener Daten: Während die DS-GVO grundsätzlich sämtliche personenbezogenen Daten schützt, unterstellt Art. 9 besondere Kategorien personenbezogener Daten einem erhöhten Schutz. Für diese besonders sensiblen Daten besteht somit ein eigenes Regelungsregime. Hintergrund dieses **abgestuften Schutzkonzeptes** ist dabei die Erwägung, dass eine Verarbeitung dieser besonderen personenbezogenen Daten erhöhte Risiken für die Grundrechte und Grundfreiheiten des Betroffenen birgt[2] und daher besondere Restriktionen erforderlich sind. Darüber hinaus beinhaltet die Verarbeitung sensibler Daten ein besonderes Risiko für eine diskriminierende Verwendung[3] oder Weitergabe an Dritte.[4] Das Konzept findet damit seine Rechtfertigung in der besonderen Schutzbedürftigkeit des Betroffenen.[5]

I. Erwägungsgründe[6]

3 Im Rahmen von Art. 9 sind insbesondere die **ErwG 51**, **52**, **53**, **54**, **55** und **56** relevant.

4 Während ErwG 51 den Zweck und Umfang des Begriffs der besonderen Kategorien personenbezogener Daten aufgreift und näher erläutert, bezieht sich ErwG 52 auf die Ausnahmen vom Verbot der Verarbeitung besonderer Kategorien personenbezogener Daten. ErwG 53 beschäftigt sich mit der Verarbeitung von besonderen Kategorien personenbezogener Daten für gesundheitsbezogene Zwecke. ErwG 54 erläutert den

---

1 Gola-*Schulz* Art. 9 Rn. 1; Kühling/Buchner-*Weichert* Art. 9 Rn. 1; *Laue/Nink/Kremer* Datenschutzrecht S. 103 Rn. 58.

2 Vgl. ErwG 51 S. 1.

3 Zu den Risiken einer Diskriminierung vgl. die Kommentierung zu Art. 4 Nr. 13 Rn. 193, Art. 4 Nr. 14 Rn. 202 sowie Art. 4 Nr. 15 Rn. 215.

4 Ehmann/Selmayr-*Schiff* Art. 9 Rn. 1; Kühling/Buchner-*Weichert* Art. 9 Rn. 2.

5 Vgl. dazu auch Sydow-*Kampert* Art. 9 Rn. 1; Gierschmann-*Korge* Art. 9 Rn. 1; Ehmann/Selmayr-*Schiff* Art. 9 Rn. 1 sowie Plath-*Plath* Art. 9 Nr. 1.

6 Die ErwG werden an den relevanten Stellen innerhalb der Kommentierung nochmals aufgegriffen. Hier erfolgt nur eine kurze Übersicht der wesentlichen ErwG.

Begriff des öffentlichen Interesses und der öffentlichen Gesundheit. Dabei nimmt ErwG 55 auf ErwG 54 Bezug und stellt fest, dass die Verarbeitung sensibler Daten durch staatliche Stellen zu verfassungsrechtlich oder völkerrechtlich verankerten Zielen von staatlich anerkannten Religionsgemeinschaften aus Gründen des öffentlichen Interesses erfolgt. ErwG 56 bezieht den Schutz der Staatsstrukturprinzipien in die Reichweite des Begriffs des öffentlichen Interesses ein.

II. BDSG n.F.

Der deutsche Gesetzgeber hat von den zahlreichen durch Art. 9 eröffneten Gestaltungsspielräumen (insbesondere durch Art. 9 Abs. 2 lit. b, g, h, i und j) im Rahmen des neuen Bundesdatenschutzgesetzes[7] in §§ **22[8], 27[9], 28[10] BDSG n.F.** Gebrauch gemacht.[11] **5**

§ 22 BDSG n.F. regelt die Verarbeitung besonderer Kategorien personenbezogener Daten und entspricht dabei im Wesentlichen den § 13 Abs. 2 Nr. 1, 5, 6, 7 und 9 sowie § 28 Abs. 7 BDSG a.F.[12] **6**

§ 27 BDSG n.F. regelt die Datenverarbeitung zu wissenschaftlichen oder historischen Forschungszwecken oder zu statistischen Zwecken. **7**

§ 28 BDSG n.F. bezieht sich auf die Datenverarbeitung zu im öffentlichen Interesse liegenden Archivzwecken. **8**

III. Normengenese und -umfeld

1. DSRL. Die Vorgängerregelung zu Art. 9 stellt **Art. 8 DSRL** dar. Dabei nahm die DSRL ebenso wenig wie die DS-GVO eine abstrakte Definition der besonderen Kategorien von personenbezogenen Daten vor.[13] Vielmehr statuierte Art. 8 DSRL (wie nun Art. 9) ein grundsätzliches Verbot der Verarbeitung besonderer Kategorien personenbezogener Daten. Gleichwohl nannte Art. 8 DSRL noch nicht ausdrücklich die genetischen und biometrischen Daten und erfasste Daten über die sexuelle Orientierung einer Person nicht. Insofern erweitert Art. 9 den Katalog der besonders sensiblen Daten und präzisiert den Inhalt und die Reichweite der Begriffe über die Definitionen in Art. 4 Nr. 13[14] und 14[15] DS-GVO.[16] Daneben verwendete die DSRL noch den Begriff der „philosophischen Überzeugungen", während die deutsche Sprachfassung der DS-GVO nun von „weltanschaulichen Überzeugungen" spricht. In inhaltlicher **9**

---

7 Art. 1 des Entwurfs eines Gesetzes zur Anpassung des Datenschutzrechts an die Verordnung (EU) 2016/679 und zur Umsetzung der RL (EU) 2016/680 v. 27.4.2017, BT-Drucks. 18/11325.

8 Vgl. dazu Kommentierung in Rn. 94.

9 Vgl. dazu die Kommentierung in Rn. 217.

10 Vgl. dazu die Kommentierung in Rn. 294.

11 Entwurf eines Gesetzes zur Anpassung des Datenschutzrechts an die Verordnung (EU) 2016/679 und zur Umsetzung der RL (EU) 2016/680, BT-Drucks. 18/11325, S. 94 und 99 f.

12 Zur Kommentierung im Detail vgl. BeckOK DatenSR-*Stender-Vorwachs* BDSG § 13 Rn. 19 bis 46.

13 Auernhammer-*Greve* Art. 9 Rn. 1 sowie *Laue/Nink/Kremer* Datenschutzrecht S. 103 Rn. 58.

14 Vgl. dazu die Kommentierung zu Art. 4 Nr. 13 DS-GVO.

15 Vgl. dazu die Kommentierung zu Art. 4 Nr. 14 DS-GVO.

16 Gierschmann-*Korge* Art. 9 Rn. 4 sowie Roßnagel-*Jandt* S. 302 Rn. 305.

Hinsicht ergeben sich daraus allerdings keine Änderungen, da die englische Sprachfassung der DS-GVO wie auch schon die DSRL weiterhin die Begrifflichkeit des „philosophical beliefs“ gebraucht.[17] Für die bislang in Art. 8 Abs. 5 und 7 EU-DSRL geregelte Zulässigkeit der Verarbeitung von Daten zu Straftaten, Strafurteilen und damit zusammenhängender Sicherungsmaßnahmen sieht nun Art. 10 eine gesonderte Regelung vor.[18]

10 **2. Entstehungsgeschichte von Art. 9.** Wie bereits oben erörtert, geht die Regelung des Art. 9 inhaltlich aus Art. 8 DSRL als Vorbild hervor.

11 Im Rahmen des **Gesetzgebungsverfahrens** der DS-GVO lassen sich hinsichtlich der Entstehungsgeschichte von Art. 9 folgende Kernaussagen festhalten: Die **Kommission** nahm abweichend zu Art. 8 DSRL in den Katalog des Art. 9 sowohl den Begriff der genetischen Daten auf als auch Daten über Strafurteile und Straftaten, die nun in Art. 10 eine spezifische Regelung erfahren haben. Hinsichtlich der Verarbeitung von Gesundheitsdaten waren diese noch nicht von dem Katalog des Art. 9 erfasst, sondern eigenständig in Art. 81 der Entwurfsfassung geregelt. [19] Für genetische Daten fand sich in der Entwurfsfassung eine Regelung in Art. 81a.[20]

12 Das **Parlament** ergänzte in einem nächsten Schritt den Katalog des Art. 9 um die Aufnahme von weltanschaulichen Überzeugungen und erklärte die sexuelle Orientierung als besonders schützenswert.[21]

13 Ein Verzicht auf Art. 81 in der Entwurfsfassung der Kommission erfolgte durch die Initiative des **Rates** und dessen Inhalt wurde in den Katalog des Art. 9 integriert. Darüber hinaus erwirkte der Rat die Aufnahme der Regelung des Art. 9 Abs. 3 hinsichtlich einer besonderen Regelung für Berufsgeheimnisträger.[22]

14 **3. BDSG a.F. und sonstige Vorschriften.** Eine Begriffsdefinition der sensitiven Daten war bislang in § 3 Nr. 9 BDSG a.F. enthalten, während die spezifischen Verarbeitungsbefugnisse in den §§ 13 Abs. 2, 14 Abs. 2 und 28 Abs. 6 bis 9 BDSG a.F. festgelegt waren.[23]

15 Soweit es sich bei Gesundheitsdaten zugleich um Sozialdaten i.S.v. § 67 SGB X handelt, enthalten die §§ 284 f. SGB V, 67a bis f. SGB X spezifische Vorgaben. Insofern wurden Gesundheitsdaten über § 3 Abs. 9 BDSG a.F. den besonders sensiblen Daten zugerechnet, das Schutzkonzept der Gesundheitsdaten folgte jedoch aus verschiedenen gesetzlichen Regelungen, etwa den Landeskrankenhausgesetzen (vgl. etwa § 24 LKG Berlin) sowie dem oben Genannten SGB V als spezifische Datenschutzvorschriften.[24]

---

17 Gierschmann-*Korge* Art. 9 Rn. 12.
18 Vgl. dazu Kühling/Buchner-*Weichert* Art. 9 Rn. 9; *Härting* DS-GVO Rn. 532.
19 Vgl. dazu Auernhammer-*Greve* Art. 9 Rn. 1; Kühling/Buchner-*Weichert* Art. 9 Rn. 9.
20 Roßnagel-*Jandt* Datenschutzrecht, S. 303 Rn. 308.
21 Sydow-*Kampert* Art. 9 Rn. 4; Kühling/Buchner-*Weichert* Art. 9 Rn. 10.
22 Kühling/Buchner-*Weichert* Art. 9 Rn. 10; Sydow-*Kampert* Art. 9 Rn. 4.
23 Vgl. dazu Gola-*Schulz* Art. 9 Rn. 9 sowie Gierschmann-*Korge* Art. 9 Rn. 5.
24 Roßnagel-*Jandt* Datenschutzrecht, S. 306 Rn. 314; Gola-*Schulz* Art. 9 Rn. 9.

Im ärztlichen Behandlungsverhältnis unterliegen Gesundheitsdaten der ärztlichen Schweigepflicht, so dass insbesondere § 203 StGB zu beachten ist.[25] **16**

Sondervorschriften für die Verarbeitung von genetischen Daten enthält § 3 Nr. 11 Gendiagnostikgesetz.[26] Einzelne der in Abs. 1 aufgezählten Datenkategorien unterfallen zugleich den dem Schutz vor Diskriminierung dienenden Regelungen des Allgemeinen Gleichbehandlungsgesetzes (AGG). **17**

4. Systematik innerhalb der DS-GVO und Verhältnis zu anderen Vorschriften. Indem Art. 9 Teil des Kapitels II der DS-GVO ist und auf zahlreiche Datenkategorien Bezug nimmt, kommt der Vorschrift im System der DS-GVO grundsätzliche Bedeutung zu. **18**

Dies ergibt sich bereits daraus, dass die Normen der **Art. 6 Abs. 4 lit. c**[27], **13 Abs. 2 lit. c**[28], **17 Abs. 1 lit. b**[29], **Abs. 3 lit. c**[30], **20 Abs. 1 lit. a**[31], **22 Abs. 4**[32], **27 Abs. 2 lit. a**[33], **30 Abs. 5**[34], **35 Abs. 3 lit. b**[35], **37 Abs. 1 lit. c**[36], **83 Abs. 5 lit. a**[37] ausdrücklich auf Art. 9 Bezug nehmen.[38] Praktische Bedeutung erlangt Art. 9 insbesondere durch die Aufnahme in den Kriterienkatalog des **Art. 83 Abs. 2** und **5** hinsichtlich der Bemessung der Bußgeldhöhe. Für das Verständnis der einzelnen Datenkategorien im Rahmen von Art. 9 sind daneben die Begriffsbestimmungen aus **Art. 4 Nr. 13**[39], **14**[40] und **15**[41] wesentlich. **19**

Von Bedeutung ist in diesem Zusammenhang insbesondere das **Verhältnis zu Art. 6 Abs. 4** und dessen begrenzter Weiterverarbeitungsbefugnis im Falle einer Zweckänderung. Letztlich stellt sich die Frage, ob die begrenzte Weiterverarbeitungsbefugnis aus Art. 6 Abs. 4 auch im Rahmen von Art. 9 Anwendung findet.[42] Im Verhältnis zu Art. 6 enthält Art. 9 erhöhte und restriktivere Zulässigkeitsvoraussetzungen an eine Datenverarbeitung. Folglich lässt sich Art. 9 als eigenes Regelungssystem verstehen, das einen Rückgriff auf Art. 6 Abs. 4 ausschließt. Zudem enthält Art. 9 auch keinen Verweis auf Art. 6 Abs. 4.[43] Gleichwohl nennt Art. 6 Abs. 4 lit. c ausdrücklich die besonde- **20**

---

25 Gola-*Schulz* Art. 9 Rn. 9; Kühling/Buchner-*Weichert* Art. 4 Nr. 15 Rn. 4.

26 Dazu auch Plath-*Schreiber* Art. 4 Nr. 13 Rn. 46 sowie Kühling/Buchner-*Weichert* Art. 4 Nr. 13 Rn. 2.

27 Vgl. dazu die Kommentierung zu Art. 6 Abs. 4 Rn. 174 ff.

28 Vgl. dazu die Kommentierung zu Art. 13 Rn. 51.

29 Vgl. dazu die Kommentierung zu Art. 17 Rn. 21.

30 Vgl. dazu die Kommentierung zu Art. 17 Rn. 60.

31 Vgl. dazu die Kommentierung zu Art. 20.

32 Vgl. dazu die Kommentierung zu Art. 22 Abs. 4 Rn. 134 ff.

33 Vgl. dazu die Kommentierung zu Art. 27 Abs. 2 Rn. 28 ff.

34 Vgl. dazu die Kommentierung zu Art. 30 Abs. 5 Rn. 85 f.

35 Vgl. dazu die Kommentierung zu Art. 35 Abs. 3 lit. b Rn. 70 ff.

36 Vgl. dazu die Kommentierung zu Art. 37 Abs. 1 lit. c Rn. 19.

37 Vgl. dazu die Kommentierung zu Art. 83 Abs. 5 lit. a Rn. 79 f.

38 Gierschmann-*Korge* Art. 9 Rn. 3; *Laue/Nink/Kremer* Datenschutzrecht, S. 104 Rn. 58.

39 Vgl. dazu die Kommentierung zu Art. 4 Nr. 13 Rn. 183 ff.

40 Vgl. dazu die Kommentierung zu Art. 4 Nr. 14 Rn. 184 ff.

41 Vgl. dazu die Kommentierung zu Art. 4 Nr. 15 Rn. 207 ff.

42 Zum Ganzen vgl. auch *Kühling/Martini u.a.* Die Datenschutz-Grundverordnung und das nationale Recht 2016, S. 54 f.

43 *Kühling/Martini u.a.* Die Datenschutz-Grundverordnung und das nationale Recht 2016, S. 54; Gola-*Schulz* Art. 9 Rn. 6.

ren Kategorien personenbezogener Daten nach Art. 9 als Abwägungskriterium. ErwG 51 S. 5 stellt dabei klar, dass für die Beurteilung der Rechtmäßigkeit einer Verarbeitung auch andere Bestimmungen der Verordnung gelten sollen und nimmt damit zumindest indirekt auch Bezug auf Art. 9.[44] Gleichwohl ist zu beachten, dass unter teleologischen Aspekten aufgrund des hohen Schutzes sensibler Daten infolge der Eingriffsintensität erhöhte Eingriffsvoraussetzungen nach Art. 9 gelten und daher eine Weiterverarbeitung nicht ohne Weiteres zulässig sein kann.[45] Indem Art. 9 somit eine besondere Ausprägung des Verhältnismäßigkeitsgrundsatzes darstellt, lässt sich die Systematik daher so deuten, dass Art. 6 Mindestvoraussetzungen normiert und Art. 9 dabei eine konkretisierende Vorschrift für die Verarbeitung sensibler Daten darstellt.[46] Um aber das hohe Schutzniveau des Art. 9 nicht zu unterlaufen, darf Art. 6 Abs. 4 keinesfalls dazu missbraucht werden, Datenverarbeitungen zu rechtfertigen, die zu einer Aushöhlung von Art. 9 führen.[47]

B. Kommentierung zu Art. 9

I. Allgemeines und Regelungszweck

21 Art. 9 schafft für sensible Datenkategorien einen erhöhten Schutz, indem er **besondere Zulässigkeitsvoraussetzungen** und damit erhöhte Rechtmäßigkeitsanforderungen normiert.[48]

22 Der hauptsächliche Schutzzweck von Art. 9 besteht somit ausweislich des ErwG 51 S. 1 in dem **Schutz der Grundrechte und Grundfreiheiten**, insbesondere dem **Grundrecht auf Datenschutz** aus Art. 7 und 8 GRCh sowie dem **Schutz vor Diskriminierungen** nach Art. 21 GRCh (vgl. 14 EMRK, Art. 3 Abs. 3 GG).[49] Vom Schutz nach Art. 9 werden aber nicht alle rechtlich geschützten Diskriminierungsmerkmale erfasst, insbesondere nicht die in §§ 1, 8 und 10 AGG genannten Daten über das Alter und das Geschlecht.[50]

23 Das besondere Schutzregime dient auch dem **Schutz spezifischer Grundrechte**, so etwa der Gedanken-, Gewissens- und Religionsfreiheit (Art. 10 GRCh) sowie der freien politischen oder gewerkschaftlichen Betätigung (Art. 11 und 12 GRCh, Art. 5 und 9 GG).[51]

24 Art. 9 erfasst aber nicht nur Daten, die ausdrücklich im Katalog des Art. 9 Abs. 1 genannt sind. Vielmehr werden auch **mittelbare Hinweise** auf diese Merkmale dem

---

44 Gola-*Schulz* Art. 9 Rn. 6.

45 *Kühling/Martini u.a.* Die Datenschutz-Grundverordnung und das nationale Recht 2016, S. 54 f.

46 Kühling/Buchner-*Weichert* Art. 9 Nr. 4; Gola-*Schulz* Art. 9 Rn. 6.

47 Übereinstimmend Kühling/Buchner-*Weichert* Art. 9 Rn. 4; *Laue/Nink/Kremer* Datenschutzrecht S. 104 Rn. 58; Gola-*Schulz* Art. 9 Rn. 6; demgegenüber kritisch Gierschmann-*Korge* Art. 9 Rn. 3 und offen gelassen bei *Kühling/Martini u.a.* Die Datenschutz-Grundverordnung und das nationale Recht 2016, S. 54 f.

48 Gola-*Schulz* Art. 9 Rn. 1; Kühling/Buchner-*Weichert* Art. 9 Rn. 1; *Laue/Nink/Kremer* Datenschutzrecht S. 103 Rn. 58.

49 Ehmann/Selmayr-*Schiff* Art. 9 Rn. 5; Gola-*Schulz* Art. 9 Rn. 10 sowie Kühling/Buchner-*Weichert* Art. 9 Rn. 14 f.

50 Gola-*Schulz* Art. 9 Rn. 10; Buchner/Kühling-*Weichert* Art. 9 Rn. 15.

51 Vgl. Buchner/Kühling-*Weichert* Art. 9 Rn. 16.

besonderen Schutz unterworfen.[52] Es kommt also auf den vermittelten Informationsgehalt an, nicht auf die Art und Weise der Darstellung und Bezeichnung. Abzustellen ist dabei auf den Verständnis- und Interpretationshorizont des durchschnittlichen Empfängers im jeweiligen Verarbeitungskontext.[53] Ob im Falle von mittelbaren Hinweisen einschränkend eine Verarbeitungs- und Auswertungsabsicht des Verantwortlichen bestehen muss, ist unklar. Während die Art.-29-Datenschutzgruppe[54] die Notwendigkeit eines hohen Schutzniveaus betont, bringen andere[55] vor, dass es bei der Ableitung von Angaben auf den Verwendungszusammenhang und eine Auswertungsabsicht ankomme, um den Schutzbereich der sensiblen Daten (mit den Anforderungen an eine Verarbeitung aus Art. 9) nicht unnötig auszuweiten. Unabhängig von der Beantwortung der Frage, bleibt die Notwendigkeit einer Beurteilung im konkreten Einzelfall bestehen. Die Beurteilung hat sich dabei an den Schutzzwecken des Art. 9 zu orientieren.[56]

II. Normadressaten

Art. 9 richtet sich in erster Linie an den Verantwortlichen im Sinne des Art. 4 Nr. 7[57]. **25**
Daneben werden die Mitgliedstaaten insbesondere durch Art. 9 Abs. 2 lit b, g, h i.V.m. Abs. 3 lit. i und j sowie im Rahmen von Art. 9 Abs. 4 angesprochen.[58]

III. Besondere Kategorien personenbezogener Daten

Die Verarbeitung besonderer Kategorien personenbezogener Daten ist Ausfluss des **26**
abgestuften Schutzkonzepts der DS-GVO.[59] Dabei wiederholt Art. 9 hinsichtlich der Verarbeitung sensibler Daten das aus Art. 6 Abs. 1 (sowie Art. 8 DSRL) bekannte **Verbot mit Erlaubnisvorbehalt**.

So unterliegt die Verarbeitung der in Art. 9 Abs. 1 benannten besonders schutzwürdi- **27**
gen personenbezogenen Daten einem grundsätzlichen Verarbeitungsverbot (Abs. 1), soweit nicht einer der in Art. 9 Abs. 2 abschließend normierten Ausnahmetatbestände einschlägig ist.[60] Art. 9 Abs. 2 und 3 beinhalten dabei zusätzliche Bedingungen für eine Verarbeitung sensibler Daten. Art. 9 Abs. 3 bezieht sich insbesondere auf Datenverarbeitungen im Gesundheitsbereich, während Art. 9 Abs. 4 besondere Bedingungen für die Verarbeitung genetischer, biometrischer und Gesundheitsdaten festlegt.[61]

---

52 So die *Art.-29-Datenschutzgruppe* Advice paper on spezial categories of data („sensitive data") v. 20.4.2011, S. 6.
53 Vgl. dazu Kühling/Buchner-*Weichert*, Art. 9 Rn. 22. sowie Gola-*Schulz* Art. 9 Rn. 11.
54 *Art.-29-Datenschutzgruppe* Annex zum Brief v. 5.2.2015 „Health data in apps and devices", S. 2 f.
55 Kühling/Buchner-*Weichert* Art. 4 Nr. 15 Rn. 7; Gola-*Gola* Art. 4 Nr. 15 Rn. 75 sowie Art. 9 Rn. 11; *Gola/Schomerus* § 3 BDSG Rn. 56a.
56 Vgl. zu der Problematik auch die Kommentierung in Art. 4 Nr. 15 Rn. 212 m.w.N. und übereinstimmend Kühling/Buchner-*Weichert* Art. 9 Rn. 23.
57 Vgl. dazu die Kommentierung zu Art. 4 Nr. 7 Rn. 98 ff.
58 Gierschmann-*Korge* Art. 9 Rn. 2.
59 Dazu oben bereits in Rn. 1 sowie Gola-*Schulz* Art. 9 Rn. 1; Kühling/Buchner-*Weichert* Art. 9 Rn. 1; *Laue/Nink/Kremer* Datenschutzrecht S. 103 Rn. 58.
60 Sydow-*Kampert* Art. 9 Rn. 5; Gierschmann-*Korge* Art. 9 Rn. 3; Plath-*Plath* Art. 9 Rn. 3.
61 Kühling/Buchner-*Weichert* Art. 9 Rn. 7.

28 Art. 9 entfaltet gegenüber Art. 6 Abs. 1 insoweit eine Sperrwirkung, als dass insbesondere die allgemeine Interessenabwägungsklausel des Art. 6 Abs. 1 lit. f nicht als Grundlage für eine Verarbeitung sensitiver Daten herangezogen werden kann.

29 Die Ausnahmen in Abs. 2 werden durch zusätzliche Möglichkeiten nationalen Rechts konkretisiert. Besondere Bedeutung kommt hier § 22 BDSG zu, der von den Öffnungsklauseln des Art. 9 Gebrauch macht.

30 **1. Grundsätzliches Verbot der Verarbeitung nach Art. 9 Abs. 1.** Das grundsätzliche Verbot der Verarbeitung besonderer Kategorien personenbezogener Daten folgt aus Art. 9 Abs. 1. Der Katalog der in Art. 9 Abs. 1 aufgezählten Datenkategorien ist **abschließend**.[62]

31 Danach ist also die Verarbeitung personenbezogener Daten, aus denen die rassische oder ethnische Herkunft, politische Meinungen, religiöse oder weltanschauliche Überzeugungen oder die Gewerkschaftszugehörigkeit hervorgehen, sowie die Verarbeitung von genetischen Daten, biometrischen Daten zur eindeutigen Identifizierung einer natürlichen Person, Gesundheitsdaten oder Daten zum Sexualleben oder der sexuellen Orientierung einer natürlichen Person untersagt.

32 Dabei kommt es nicht auf die Zweckrichtung oder Zielsetzung der Daten oder deren Verarbeitung an und auch nicht darauf, ob sich die Datenverarbeitung möglicherweise positiv oder negativ für den Betroffenen auswirken kann. Eine strikt objektive Betrachtungsweise, die für eine Anwendbarkeit von Art. 9 ausschließlich darauf abstellt, ob sich mit „hinlänglicher Sicherheit" besonders sensible Daten aus Informationen herleiten lassen und so den Anwendungsbereich des Art. 9 eröffnen, geht wohl zu weit.[63] Zwar folgt Art. 9 Abs. 1 einer gewissen Form der Pauschalisierung[64], entscheidend ist jedoch, dass die Zuordnung zu einer bestimmten Datenkategorie stets anhand des Schutzzwecks des Art. 9 (Schutz vor Persönlichkeitsrechtsverletzungen und vor Diskriminierungen) erfolgt.[65] Es bedarf daher einer **kontextbezogenen Betrachtungsweise** bei der Zuordnung zu einer bestimmten Datenkategorie.[66]

33 **a) Rassische und ethnische Herkunft.** Das Begriffspaar der rassischen und ethnischen Herkunft zielt auf die **Zugehörigkeit zu einer bestimmten Bevölkerungsgruppe** ab, die etwa durch die gemeinsame Herkunft, Kultur oder durch ein Zusammengehörigkeitsgefühl geprägt wird.[67] Informationen über die rassische Herkunft schließen dabei etwa Angaben über die Hautfarbe oder sonstige äußere Merkmale ein.[68]

34 Der Begriff der **Ethnie** bezeichnet dabei eine Menschengruppe oder Minderheit mit einer einheitlichen Kultur und ist insofern nicht deckungsgleich mit dem Begriff der

---

62 Auernhammer-*Greve* Art. 9 Rn. 1; Kühling/Buchner-*Weichert* Art. 9 Rn. 19; Gierschmann-*Korge* Art. 9 Rn. 8.

63 Vgl. dazu Gola-*Schulz* Art. 9 Rn. 11 sowie Knyrim-*Bergauer* DSGVO 2016, S. 60.

64 Kühling/Buchner-*Weichert* Art. 9 Rn. 20.

65 Ehmann/Selmayr-*Schiff* Art. 9 Rn. 2; Gola-*Schulz* Art. 9 Rn. 11; Kühling/Buchner-*Weichert* Art. 9 Rn. 20 f.

66 Übereinstimmend Kühling/Buchner-*Weichert* Art. 9 Rn. 24; Gola-*Schulz* Art. 9 Rn. 11; Ehmann-Selmayr-*Schiff* Art. 9 Rn. 2 f.; Plath-*Plath* Art. 9 Rn. 3.

67 Sydow-*Kampert* Art. 9 Rn. 7.

68 Kühling/Buchner-*Weichert* Art. 9 Rn 25 f.

„Rasse". Unter den Begriff der Ethnie fallen folglich etwa die Sprache sowie die kulturelle Beziehung eines Menschen zu seinen Vorfahren.[69]

Auch aus dem **Namen** lassen sich in Verbindung mit anderen Informationen unter Umständen eine rassische oder ethnische Herkunft ableiten.[70] **35**

Kein Datum über die rassische oder ethnische Herkunft stellt etwa die Staatsangehörigkeit oder geographische Herkunft einer Person dar. Ebenso wenig stellt die Zugehörigkeit zu einer bestimmten sozialen Schicht ein Datum in diesem Sinne dar.[71] **36**

Mit dieser Schutzkategorie sollen bei der Verarbeitung sensibler Daten **Diskriminierungen** entsprechend Art. 21 Abs. 1 GRCh bzw. Art. 3 Abs. 3 GG verhindert werden. Dies stellt auch ErwG 51 S. 2 Hs. 2 klar, indem erklärt wird, dass der Begriff der „rassischen Herkunft" in der DS-GVO nicht bedeutet, dass die Union Theorien, mit denen versucht wird, die Existenz verschiedener menschlicher Rassen zu belegen, gutheißt. **37**

b) Politische Meinungen. Der rassischen und ethnischen Herkunft nachfolgend nennt der Katalog des Art. 9 Abs. 1 Daten, aus denen die politische Meinungen des Betroffenen hervorgeht. Eine nähere Definition des Begriffs der politischen Meinungen enthält die DS-GVO nicht. **38**

Der Begriff der politischen Meinung erstreckt sich dabei im Sinne eines weiten Begriffsverständnisses nicht nur auf das bloße „**Haben**" einer politischen Meinung im Sinne der Unterstützung bzw. Ablehnung bestimmter Ideen, Ideale oder parteipolitischen Überzeugungen, sondern erfasst zugleich die **Tätigkeit** im Sinne dieser Meinung soweit sie im Einklang mit dem geltenden Recht erfolgt.[72] **39**

Zu dieser Schutzkategorie gehört etwa die Zugehörigkeit zu einer politischen Partei, die Mitarbeit in politischen und ähnlichen Stiftungen oder Organisationen, die Teilnahme an Petitionen, Unterschriftenlisten im Rahmen eines Bürgerbegehrens oder das Engagement bei einer Versammlung oder Demonstration.[73] **40**

Insofern weist diese Datenkategorie einen engen Bezug zum **Schutz der Meinung** (Art. 5 GG, Art. 11 GRCh) sowie zur **Versammlungsfreiheit** (Art. 8 GG, Art. 12 GRCh) auf. **41**

Ob der Besuch einer entsprechenden Veranstaltung oder eine bestimmte politische Tätigkeit einen Rückschluss auf eine politische Meinung erlaubt, hängt von der Art der Betätigung und dem Kontext, etwa der Veranstaltung, ab. **42**

Daraus folgt, dass Meinungen, die sich auf rein kommerzielle Sachverhalte ohne jeglichen politischen Kontext beziehen sowie wertende Betrachtungen ausschließlich privater Natur von der Begriffsdefinition nicht erfasst sind.[74] **43**

---

69 Ehmann/Selmayr-*Schiff* Art. 9 Rn. 12 f.

70 Kühling/Buchner-*Weichert* Art. 9 Rn. 26; *Gola/Schomerus* BDSG § 3 Rn. 56a.

71 Sydow-*Kampert* Art. 9 Rn. 7; Gola-*Schulz* Art. 9 Rn. 12.

72 Kühling/Buchner-*Weichert* Art. 9 Rn. 27; Sydow-*Kampert* Art. 9 Rn. 9; Ehmann/Selmayr-*Schiff* Art. 9 Rn. 15.

73 Gierschmann-*Korge* Art. 9 Rn. 12; Kühling/Buchner-*Weichert* Art. 9 Rn. 27.

74 Vgl. dazu Ehmann/Selmayr-*Schiff* Art. 9 Rn. 15 f.

44 **c) Religiöse oder weltanschauliche Überzeugungen.** Die dritte Kategorie des Art. 9 Abs. 1 bilden Daten, aus denen die religiösen oder weltanschaulichen Überzeugungen des Betroffenen hervorgehen.

45 Wie bereits oben erwähnt (vgl. Rn. 12) geht die Ersetzung des Begriffs der philosophischen Überzeugung durch die weltanschaulichen Überzeugungen zurück auf die Initiative des Parlaments.

Inhaltliche Unterschiede folgen daraus nicht.[75]

46 Religiöse und weltanschauliche Überzeugungen zeichnen sich durch ein subjektives gedankliches Konstrukt aus, dass sich etwa mit Fragen des Sinngehalts des Lebens und der Welt beschäftigt.[76]

Die Datenkategorie schützt also sowohl das „Haben" eines Glaubens oder einer weltanschaulichen Überzeugung als auch das dementsprechende Handeln.[77] Folglich dient sie sowohl der **Stärkung des Diskriminierungsverbots** (Art. 21 GRCh, Art. 3 Abs. 3 GG) als auch dem **Schutz der Glaubens- und Gewissensfreiheit** (Art. 10 GRCh, Art. 4 GG).[78]

47 Die Datenkategorie des Art. 9 Abs. 1 erfasst folglich Verarbeitungen von personenbezogenen Daten, aus denen sich religiöse Einstellungen oder die äußere Betätigung des Glaubens oder Bekenntnisses ergeben. Im Rahmen der weltanschaulichen Überzeugungen fehlt freilich das transzendente Element.[79]

48 Es kann hinsichtlich religiöser oder weltanschaulicher Überzeugungen zu Überschneidungen mit dem Begriff der politischen Meinungen kommen, da eine trennscharfe Abgrenzung unter Umständen nicht oder nur schwer gelingt. Als Leitlinie lässt sich dabei zur Abgrenzung festhalten, dass sich politische Meinungen oftmals auf tagespolitische oder einzelne Fragestellungen oder handelnde Personen beziehen und daher eine gewisse Konkretisierung aufweisen, während religiösen oder weltanschauliche Überzeugen oftmals eine gewisse Generalisierung innewohnt.[80]

49 In der Praxis ist dabei indes zu berücksichtigen, dass sich hinsichtlich der Rechtsfolgen keinerlei Unterschiede ergeben, ob eine bestimmte Haltung nun als politische Meinung oder religiöse bzw. weltanschauliche Überzeugung zu qualifizieren ist, da beide Datenkategorien in Art. 9 Abs. 1 gleich behandelt werden.

50 Die Schutzkategorie der religiösen Überzeugung erfasst so etwa die Konfessionszugehörigkeit oder die Mitgliedschaft in religiösen Vereinigungen.[81] Das Tragen von eindeutig der Ausübung der Religion dienender Bekleidung (z.B. Kopftuch) unterfällt ebenfalls Art. 9 Abs. 1.[82] Die steuerrechtliche Erhebung von Daten, etwa im Rahmen

75 Übereinstimmend Gierschmann-*Korge* Art. 9 Rn. 12; Sydow-*Kampert* Art. 9 Rn. 9.
76 Sydow-*Kampert* Art. 9 Rn. 9; BVerwGE 89, 368 (370).
77 Kühling/Buchner-*Weichert* Art. 9 Rn. 28; Ehmann/Selmayr-*Schiff* Art. 9 Rn. 18 f.
78 Kühling/Buchner-Weichert Art. 9 Rn. 28; Ehmann/Selmayr-Schiff Art. 9 Rn. 18.
79 Ehmann/Selmayr-*Schiff* Art. 19 Rn. 18; Sydow-*Kampert* Art. 9 Rn. 9.
80 Kühling/Buchner-*Weichert* Art. 9 Rn. 28; Sydow-*Kampert* Art. 9 Rn. 9; Ehmann/Selmayr-*Schiff* Art. 9 Rn. 18.
81 Gola-*Schulz* Art. 9 Rn. 12; Ehmann/Selmayr-*Schiff* Art. 9 Rn. 19.
82 Gierschmann-*Korge* Art. 9 Rn. 13; einschränkend Gola-*Schulz* Art. 9 Rn. 12.

der Mitgliedschaft in einer Kirche, wird von Art. 9 Abs. 1 jedoch nicht erfasst, denn insoweit verweisen Art. 4 Nr. 9. S. 2 sowie ErwG 31 auf die spezielleren Datenschutzvorschriften des Steuerrechts.[83]

51 Da der Begriff der weltanschaulichen Überzeugung die Gesamtheit der persönlichen Wertungen und Sichtweisen erfasst, wird teilweise[84] einschränkend gefordert, dass bloße Einstellungen wie „Vegetarier" oder „Pazifist" aus dem Anwendungsbereich des Art. 9 Abs. 1 ausgeklammert werden. Gleichwohl folgt Art. 9 Abs. 1 dem Ziel der Gewährung eines hohen Datenschutzniveaus, weshalb sich pauschale Bereichsausnahmen verbieten und vielmehr eine kontextbezogene Betrachtungsweise darüber entscheidet, ob ein Schutz der personenbezogenen Daten über Art. 9 Abs. 1 gewährt wird.[85] Demgegenüber sind als Beispiele für Weltanschauungen etwa Kommunismus oder Pazifismus (die ebenfalls unter den Begriff der politischen Meinung fallen) oder die Mitgliedschaft in einer Umwelt- oder Tierschutzorganisation zu nennen.[86]

52 Hinsichtlich religionsunabhängiger Daten wie etwa dem Namen oder Wohnort verneinen manche[87] die hinreichende Wahrscheinlichkeit daraus eine religiöse oder weltanschauliche Überzeugung abzuleiten, während andere[88] – wie hier vertreten – eine kontextbezogene Einzelfallbetrachtung befürworten.

53 **d) Gewerkschaftszugehörigkeit.** Der Katalog des Art. 9 Abs. 1 verbietet darüber hinaus die Verarbeitung von personenbezogenen Daten, aus denen sich die Zugehörigkeit zu einer Gewerkschaft ergibt.

Gewerkschaften sind Organisationen von Arbeitnehmern mit dem Recht Tarifverträge auszuhandeln und zu schließen sowie bei Interessenkonflikten kollektive Maßnahmen (insbesondere Arbeitskampfmaßnahmen wie etwa Streiks) zu ergreifen, vgl. Art. 28 GRCh.

54 Grundsätzlich sind von dem Verarbeitungsverbot alle Daten erfasst, die einen Rückschluss auf eine Gewerkschaftszugehörigkeit ermöglichen. So ist etwa die Mitgliedschaft in einer Gewerkschaft, der Bezug einer Mitgliederzeitschrift oder die Vergabe von Wohnungen an Gewerkschaftsangehörige erfasst.[89]

55 Die Datenkategorie dient somit dem **Schutz der Koalitionsfreiheit** aus Art. 28 GRCh, Art. 9 GG. Das besondere Verarbeitungsverbot soll darüber hinaus insbesondere gegen eine mögliche **Diskriminierung** auf dem Arbeitsmarkt Schutz bieten.[90]

56 Die Größe und Mitgliederstärke der Gewerkschaft sowie die politische oder konfessionelle Ausrichtung der Gewerkschaft sind dementsprechend unerheblich.[91]

---

83 So Ehmann/Selmayer-*Schiff* Art. 9 Rn. 19; Sydow-*Kampert* Art. 9 Rn. 9 nimmt demgegenüber im Falle der Kirchensteuer einen Bezug zu einer religiösen Überzeugung an.

84 Gola-*Schulz* Art. 9 Rn. 12.

85 Übereinstimmend vgl. etwa Gierschmann-*Korge* Art. 9 Rn. 13; Ehmann/Selmayr-*Schiff* Art. 9 Rn. 20.

86 Sydow-*Kampert* Art. 9 Rn. 9; Gierschmann-*Korge* Art. 9 Rn. 13.

87 Kühling/Buchner-Weichert Art. 9 Rn. 29.

88 Ehmann/Selmayr-*Schiff* Art. 9 Rn. 20; Paal/Pauly-*Frenzel* Art. 9 Rn. 13.

89 Gierschmann-*Korge* Art. 9 Rn. 14; Ehmann/Selmayr-*Schiff* Art. 9 Rn. 21.

90 Buchner/Kühling-*Weichert* Art. 9 Rn. 30.

91 Sydow-*Kampert* Art. 9 Rn. 10; Kühling/Buchner-*Weichert* Art. 9 Rn. 30.

57 **e) Genetische, biometrische oder Gesundheitsdaten.** Art. 9 Abs. 1 untersagt die Verarbeitung von genetischen Daten, biometrischen Daten und Gesundheitsdaten.

58 **aa) Genetische Daten.** Art. 9 Abs. 1 nennt dabei zunächst die Datenkategorie der genetischen Daten.

59 **Genetische Daten** sind nach Art. 4 Nr. 13[92] personenbezogene Daten zu den ererbten oder erworbenen genetischen Eigenschaften einer natürlichen Person, die eindeutige Informationen über die Physiologie oder die Gesundheit dieser natürlichen Person liefern und insbesondere aus der Analyse einer biologischen Probe der betreffenden natürlichen Person gewonnen werden.

60 Darüber hinaus wird der Begriff der genetischen Daten in **ErwG 34** näher erläutert. Danach sollen diese als personenbezogene Daten über die ererbten oder erworbenen genetischen Eigenschaften einer natürlichen Person definiert werden, die aus der Analyse einer biologischen Probe der betreffenden natürlichen Person, insbesondere durch eine Chromosomen-, Desoxyribonukleinsäure (DNS)- oder Ribonukleinsäure (RNS)-Analyse oder der Analyse eines anderen Elements, durch die gleichwertige Informationen erlangt werden können, gewonnen werden.

61 **§ 3 Nr. 11 Gendiagnostikgesetz (GenDG)** definiert genetische Daten als „durch eine genetische Untersuchung oder im Rahmen einer genetischen Untersuchung durchgeführte Analyse gewonnener Daten über genetische Eigenschaften" und ist damit enger als die Regelung des Art. 4 Nr. 13, indem er in erster Linie auf die ererbten Eigenschaften einer natürlichen Person abstellt.[93]

62 Wie oben (vgl. Rn. 9 ff.) bereits erwähnt, stellte Art. 8 DSRL pauschal auf die Verarbeitung besonderer Kategorien personenbezogener Daten ab, ohne dabei die besonderen Datentypen näher zu beleuchten. Demgegenüber nehmen die **Art. 4 Nr. 13, 14**[94] **und 15**[95] (genetische Daten, biometrische Daten und Gesundheitsdaten) nunmehr eine begriffliche Präzisierung vor.[96] Diese Datenkategorien finden sich dementsprechend in Art. 9 Abs. 1 wieder. Insofern ist das Zusammenspiel von Art. 4 Nr. 13–15 hinsichtlich der Begrifflichkeiten und Art. 9 hinsichtlich der Datenverarbeitung für das Verständnis der Reichweite des Schutzes der genetischen Daten im Gefüge der DS-GVO wesentlich.

63 Art. 9 Abs. 1 steht somit in einem unmittelbaren systematischen Kontext zu den Begriffsbestimmungen aus Art. 4 Nr. 13, 14 und 15. Daraus lassen sich folgende Aussagen im Wege der Auslegung ermitteln: Art. 4 Nr. 13 ordnet Informationen über die Physiologie oder die Gesundheit der Begriffsdefinition der genetischen Daten unter. Daraus folgt, dass genetische Daten auch zugleich biometrische Daten (nach Art. 4 Nr. 14) oder Gesundheitsdaten (nach Art. 4 Nr. 15) sein können (z.B. im Falle von spezifischen Erbmerkmalen und daraus folgenden Krankheitsdispositionen), sich aber in der Regel von Gesundheitsdaten dadurch abgrenzen, dass sie Merkmale beinhalten,

92 Vgl. zu dem Begriff der genetischen Daten ausführlich die Kommentierung zu Art. 4 Nr. 13 Rn. 183 ff.

93 Dazu auch Plath-*Schreiber* Art. 4 Nr. 13 Rn. 46 sowie Kühling/Buchner-*Weichert* Art. 4 Nr. 13 Rn. 2.

94 Vgl. dazu die Kommentierung zu Art. 4 Nr. 14 Rn. 194.

95 Vgl. dazu die Kommentierung zu Art. 4 Nr. 15 Rn. 207.

96 Kühling/Buchner-*Weichert* Art. 4 Nr. 13 Rn. 1.

aufgrund derer die Daten einen einzigartigen Datenbestand darstellen.[97] Für Art. 9 Abs. 1 ist es dabei für die Praxis freilich unerheblich, unter welche Datenkategorie des Abs. 1 sich bestimmte Daten fassen lassen.

Die Aufnahme der genetischen Daten in den Katalog des Art. 9 Abs. 1 beinhaltet, dass es sich bei genetischen Daten zunächst um **personenbezogene Daten** nach Art. 4 Nr. 1[98] handeln muss. Somit sind Daten, die ursprünglich zu wissenschaftlichen Forschungszwecken erhoben, aber nunmehr anonymisiert wurden, nicht erfasst.[99] **Ererbte Eigenschaften** sind dabei solche, die die natürliche Person von Geburt an bzw. bereits im pränatalen Stadium in sich trägt (etwa Erbinformationen). **Erworbene Eigenschaften** sind demgegenüber solche, die die natürliche Person im Anschluss an die Geburt erwirbt (etwa aufgrund äußerlicher Umwelteinflüsse).[100] 64

Darüber hinaus ist ein besonderer Schutz genetischer Daten eine Grundvoraussetzung für die Wahrung des **Gleichheitsprinzips** sowie des **Rechts auf Gesundheit**. Denn wegen der o.g. besonderen Merkmale und Eigenschaften genetischer Daten bergen diese ein besonders hohes **Risiko für Diskriminierungen**.[101] So ist der Schutz genetischer Daten eng mit dem Verbot verknüpft, diese an Dritte weiterzugeben, die diese Daten in diskriminierender Weise gegen die betroffene natürliche Person verwenden könnten.[102] Dies hat seinen Ausdruck in Art. 21 der Europäischen Grundrechtecharta, in Art. 11 des Übereinkommens über Menschenrechte und Biomedizin des Europarates sowie in Art. 6 der Allgemeinen Erklärung über Bioethik und Menschenrechte der UNESCO gefunden, die dementsprechend eindeutige Diskriminierungsverbote bei der Nutzung genetischer Daten statuieren. 65

Daher bedürfen genetische Daten einem **besonderen Schutz**, da ihre unzulässige Verarbeitung mit besonders hohen Risiken für den Betroffenen verbunden ist. Vorkehrungen in diesem Sinne werden durch Art. 9 dahingehend getroffen, dass Verarbeitungen genetischer Daten nur unter strengen Vorgaben erfolgen dürfen. 66

bb) Biometrische Daten. Als weitere Datenkategorie benennt Art. 9 Abs. 1 die biometrischen Daten. 67

Nach **Art. 4 Nr. 14**[103] sind biometrische Daten mit speziellen technischen Verfahren gewonnene personenbezogene Daten zu den physischen, physiologischen oder verhal- 68

97 Dies ergibt sich insbesondere aus dem WP 91 der Art.-29-Datenschutzgruppe, S. 4; übereinstimmend Sydow-*Kampert* Art. 4 Nr. 13 Rn. 182; Ehmann/Selmayr-*Klabunde* Art. 4 Nr. 13 Rn. 41.

98 Zu dem Begriff der personenbezogenen Daten vgl. die Kommentierung zu Art. 4 Nr. 1 DS-GVO Rn. 6.

99 *Hardenberg* ZD 2014, 115 (116 f.); Plath-*Schreiber* Art. 4 Nr. 13 Rn. 45 sowie Auernhammer-*Eßer* Art. 4 Nr. 13 Rn. 61.

100 Zu den Begrifflichkeiten vgl. auch Auernhammer-*Eßer* Art. 4 Nr. 13 Rn. 62 sowie Plath-*Schreiber* Art. 4 Nr. 13 Rn. 46.

101 *Art.-29-Datenschutzgruppe* WP 91 „Arbeitspapier über genetische Daten" v. 17.3.2004, S. 2 f.; Kühling/Buchner-*Weichert* Art. 4 Nr. 13 Rn. 6.

102 *Art.-29-Datenschutzgruppe* WP 91 „Arbeitspapier über genetische Daten" v. 17.3.2004, S. 2.

103 Vgl. zu dem Begriff der biometrischen Daten ausführlich die Kommentierung zu Art. 4 Nr. 14 Rn. 194.

tenstypischen Merkmalen einer natürlichen Person, die die eindeutige Identifizierung dieser natürlichen Person ermöglichen oder bestätigen, wie Gesichtsbilder oder daktyloskopische Daten.

69 Hinsichtlich der Systematik ist zu beachten, dass Art. 9 Abs. 1 eine enge Verbindung zur Begriffsdefinition der biometrischen Daten aus Art. 4 Nr. 14 aufweist. So enthält Art. 4 Nr. 14 Aussagen zu Inhalt und Reichweite der biometrischen Daten, während sich die Anforderungen an die Verarbeitung aus Art. 9 ergeben und insofern einem besonderen Schutz unterstehen. Indem biometrische Daten auch physiologische und physische Merkmale erfassen, bestehen insofern insbesondere inhaltliche Überschneidungen zu **Art. 4 Nr. 13** und **15**.

70 Biometrische Daten werden in **ErwG 51 S. 3** insbesondere unter dem Gesichtspunkt von Lichtbildern aufgegriffen. Danach soll die Verarbeitung von Lichtbildern grundsätzlich **nicht** den Voraussetzungen der Verarbeitung nach Art. 9 unterfallen. Vielmehr sind diese lediglich dann als biometrische Daten und damit als besondere Kategorie personenbezogener Daten einzustufen, wenn sie mit speziellen technischen Mitteln verarbeitet werden, die die eindeutige Identifizierung oder Authentifizierung einer natürlichen Person ermöglichen.[104]

71 Biometrische Systeme nutzen bestimmte individuelle Merkmale einer natürlichen Person zur Identifikation oder Authentifikation und stellen so enge Verknüpfungen mit der betroffenen Person her.[105]

72 Der Begriff der **biometrischen Daten** wird dabei durch Art. 4 Nr. 14 sehr weit gefasst, indem ein bloßer Bezug zu physischen, physiologischen oder verhaltenstypischen Merkmalen der natürlichen Person ausreicht.[106] Biometrische Daten wirken sich insoweit auf die Verbindung von Körper und Identität der betroffenen natürlichen Person aus, indem sie Merkmale des menschlichen Körpers „maschinenlesbar" machen.[107] Unter den Begriff der biometrischen Daten fallen dabei sowohl **Rohdaten** (etwa die Gesichtsvermessung als solche) als auch **Templates**, bei denen aus den Rohdaten Schlüsselmerkmale extrahiert werden, die dann als solche verarbeitet werden und die Grundlage für digitale Zuordnungen bilden.[108] So stellt etwa das hochgeladene Foto im Internet oder in Sozialen Netzwerken ein biometrisches Datum dar. Werden diese Daten nunmehr ausgelesen und verarbeitet, so dass in der Folge mittels dieses Fotos das eigene Smartphone entsperrt werden kann, so wird dies durch ein Template ermöglicht.[109]

73 Als Beispiele für biometrische Daten sind etwa Finger- oder Handabdrücke, Gesichtserkennungen oder Sprachidentifikationen aber auch eine charakteristische Gang-

---

104 Vgl. zu Lichtbildern ergänzend die Kommentierung zu Art. 4 Rn. 196.

105 *Art.-29-Datenschutzgruppe* WP 193 „zu Entwicklungen im Bereich biometrischer Technologien" v. 27.4.2014, S. 2.

106 Sydow-*Kampert* Art. 4 Nr. 14 Rn. 185.

107 *Art.-29-Datenschutzgruppe* WP 193 „zu Entwicklungen im Bereich biometrischer Technologien" v. 27.4.2014, S. 4.

108 *Art.-29-Datenschutzgruppe* WP 193 „zu Entwicklungen im Bereich biometrischer Technologien" v. 27.4.2014, S. 5; Kühling/Buchner-*Weichert* Art. 4 Nr. 14 Rn. 7.

109 Bsp. aus *Art.-29-Datenschutzgruppe* WP 193 „zu Entwicklungen im Bereich biometrischer Technologien" v. 27.4.2014, S. 8.

oder Sprechart einer Person zu nennen.[110] Dies beinhaltet die Feststellung, dass biometrische Daten einen Unterfall der **personenbezogenen Daten**[111] bilden.[112]

Darüber hinaus sind auch biometrische Daten wie genetische Daten besonders anfällig für **Diskriminierungen**.[113] Aufgrund dieser **Sensitivität** biometrischer Daten unterfallen sie dem besonderen Schutz des Art. 9. **74**

Biometrische Daten werden zu Identifikationszwecken zunehmend auch von Privaten eingesetzt. Das **Entsperren des Smartphones** mittels eines Fingerabdrucks (Touch-ID) oder einer Gesichts- bzw. Iriserkennung (Face-ID) stellt dabei beispielsweise eine Nutzung biometrischer Daten durch Private dar. Darüber hinaus haben biometrische Daten zunehmend im Rahmen von **Zugangskontrollen**[114] eine große Bedeutung. **75**

Zudem wird die Frage der Verarbeitung biometrischen Daten im Rahmen der **Videoüberwachung**[115] relevant. Im Zuge der technischen Möglichkeiten findet so vermehrt eine Verzahnung von Videoüberwachung und biometrischen Systemen statt. So sind längst an vielen Orten Videoüberwachungssysteme zum Zwecke der Prävention von Straftaten oder der Strafverfolgung installiert. Dabei werden im Rahmen einer intelligenten Videoüberwachung und im Rahmen von Body-Cams zunehmend auch Gesichtserkennungen durchgeführt sowie zusätzliche Elemente (etwa die Gangart oder Gestik) erfasst, so dass diese Aufnahmen unter den Begriff der biometrischen Daten fallen und damit deren Verarbeitung den strengen Anforderungen der Art. 6 und 9 unterliegt. **76**

Von entscheidender Bedeutung für die Praxis ist insbesondere die Frage, ob auch **eingescannte Unterschriften** als biometrische Daten zu qualifizieren sind. Insofern ist zu beachten, dass bereits eine charakteristische Gang- oder Sprechart wie oben bereits erwähnt unter den Begriff der biometrischen Daten fallen. Darüber hinaus nennt die Art.-29-Datenschutzgruppe in ihrem WP 193[116] konsequent auch ausdrücklich die Verifikation von Unterschriften als biometrisches Verfahren für die Erfassung der Verhaltensmerkmale einer Person. So stellt die Erfassung biometrischer Daten zu Unterschriften eine neue Nutzung biometrischer Technologien dar. Folglich stellt die Art.-29-Datenschutzgruppe klar, dass „biometrische Daten zu Unterschriften (...) durch biometrische Verfahren ermittelt [werden], bei denen das Verhalten einer Person aufgrund der Dynamik der jeweiligen Handschrift bewertet wird. Herkömmliche Systeme zur Erkennung von Unterschriften beruhen auf der Analyse statischer oder geometrischer Merkmale des jeweiligen Unterschriftsbildes." Für die Praxis hätte eine derartige Beurteilung weitreichende Konsequenzen: Denn so würde auch ein eingescannter herkömmlicher Personalausweis, nicht wegen des Lichtbildes (vgl. ErwG 51 S. 1), sondern wegen der darauf enthaltenen Unterschrift als biometrisches Datum eingestuft und daher den hohen Anforderungen des Art. 9 unterliegen. Dabei ist aber **77**

---

110 Weitere Bsp. vgl. Auernhammer-*Eßer* Art. 4 Nr. 14 Rn. 67; Sydow-*Kampert* Art. 4 Nr. 14 Rn. 185 sowie Plath-*Schreiber* Art. 4 Nr. 14 Rn. 50.

111 Vgl. dazu die Kommentierung zu Art. 4 Nr. 1 DS-GVO Rn. 6.

112 Auernhammer-*Eßer* Art. 4 Nr. 14 Rn. 66; Ehmann/Selmayr-*Klabunde* Art. 4 Nr. 14 Rn. 42.

113 Vgl. zu dieser Problematik die Kommentierung zu Art. 4 Nr. 13 Rn. 193.

114 Vgl. dazu ausführlich die Kommentierung zu Art. 4 Nr. 14 Rn. 204.

115 Vgl. dazu die Kommentierung zu Art. 6 Abs. 2 S. 4 DS-GVO sowie § 4 BDSG n.F.

116 *Art.-29-Datenschutzgruppe* WP 193 „zu Entwicklungen im Bereich biometrischer Technologien" v. 27.4.2014, S. 4 sowie ausdrücklich auf S. 33.

stets zu beachten, dass beispielsweise die eingescannte Unterschrift unter einem Word-Dokument demgegenüber nicht a priori ein biometrisches Datum darstellt. Denn grundsätzlich ist die eingescannte Unterschrift lediglich ein Lichtbild. Als Leitlinie lässt sich daher für die Praxis festhalten, dass eingescannte Unterschriften zwar biometrische Daten darstellen können, dies aber erst dann der Fall ist, wenn eine **biometrische Erfassung** der Unterschrift stattfindet. Ansonsten bleibt es bei der Beurteilung als schlichtes Lichtbild.

78 **cc) Gesundheitsdaten.** Weiterhin unterliegt die Datenkategorie der Gesundheitsdaten nach Art. 9 Abs. 1 einem grundsätzlichen Verarbeitungsverbot.

79 **Gesundheitsdaten** sind nach Art. 4 Nr. 15[117] personenbezogene Daten, die sich auf die körperliche oder geistige Gesundheit einer natürlichen Person, einschließlich der Erbringung von Gesundheitsdienstleistungen, beziehen und aus denen Informationen über deren Gesundheitszustand hervorgehen.

80 Ausweislich **ErwG 35 S. 1** gehören zu den Gesundheitsdaten alle Daten, die sich auf den Gesundheitszustand einer betroffenen Person beziehen und aus denen Informationen über den **früheren, gegenwärtigen und künftigen körperlichen oder geistigen Gesundheitszustand** der betroffenen Person hervorgehen.

81 Hinsichtlich der Systematik ist zum einen die enge Verknüpfung von Art. 9 sowie Art. 4 Nr. 14 zu den **Art. 4 Nr. 13** und **14** zu beachten. Insoweit können Gesundheitsdaten zugleich biometrische oder genetische Daten darstellen, so dass sich inhaltliche Überschneidungen der Begrifflichkeiten ergeben.[118]

82 Indem unter den Begriff der Gesundheitsdaten alle Daten fallen, die sich auf den früheren, gegenwärtigen oder künftigen Gesundheitszustand einer Person beziehen, liegt der Begrifflichkeit ein **weites Begriffsverständnis** zugrunde.

83 Nach ErwG 35 S. 2 gehören zu den Gesundheitsdaten etwa Informationen über Krankheiten, Behinderungen, Krankheitsrisiken, Vorerkrankungen, klinische Behandlungen oder den physiologischen oder biomedizinischen Zustand der betroffenen Person. Da aber der Anknüpfungspunkt der Gesundheitsdaten ausweislich der Definition des Art. 4 Nr. 15 der **Gesundheitszustand** und nicht die Krankheit ist, stellen auch etwa der Verlauf einer medizinischen Behandlung oder die Feststellung, dass eine Person vollkommen gesund ist, Gesundheitsdaten dar.[119]

Dabei ist die **Herkunft der Daten** (ob sie also etwa von einem Arzt, Krankenhaus oder sonstigem Angehörigen eines Gesundheitsberufes, einem Medizinprodukt oder einem In-Vitro-Diagnostikum stammen) für die Einordnung als Gesundheitsdatum nach ErwG 35 S. 2 unerheblich.[120]

---

117 Vgl. zu den Gesundheitsdaten ausführlich die Kommentierung zu Art. 4 Nr. 15 Rn. 207.

118 Übereinstimmend Auernhammer-*Eßer* Art. 4 Nr. 15 Rn. 70; Plath-*Schreiber* Art. 4 Nr. 15 Rn. 55; Ehmann/Selmayr-*Klabunde* Art. 4 Nr. 13 Rn. 41.

119 Kühling/Buchner-*Weichert* Art. 4 Nr. 15 Rn. 1; Art.-29-Datenschutzgruppe Annex zum Brief v. 5.2.2015 „Health data in apps and devices", S. 2; Plath-*Schreiber* Art. 4 Nr. 15 Rn. 57.

120 Dazu auch Sydow-*Ziebarth* Art. 4 Nr. 15 Rn. 189; Kühling/Buchner-*Weichert* Art. 4 Nr. 15 Rn. 3 sowie Auernhammer-*Eßer* Art. 4 Nr. 15 Rn. 72.

Darüber hinaus stellen auch Informationen, die von der Prüfung oder Untersuchung eines Körperteils oder einer körpereigenen Substanz oder auch aus genetischen Daten und biologischen Proben **abgeleitet** wurden, Gesundheitsdaten dar. So kann etwa die bloße Erfassung des (Normal-)Gewichts einer Person noch keine Information sein, die Aufschluss über den künftigen Gesundheitszustand der betroffenen Person gibt. Durch die Verknüpfung mit Informationen hinsichtlich des Alters und Geschlechts der betroffenen Person und dem Zeitraum der Dokumentation der Daten, können so allerdings Gesundheitsdaten generiert werden.[121] **84**

Gesundheitsdaten sind auch solche Daten, die mittelbar **Rückschlüsse**[122] auf den Gesundheitszustand erlauben (z.B. die Schwerbehinderteneigenschaft, Angaben zu Krankheitssymptomen oder die Krankschreibungen des Arztes).[123] ErwG 35 S. 2 stellt klar, dass zu Gesundheitsdaten auch die Nummer, Symbole oder Kennzeichen, die einer natürlichen Person zugeteilt wurden, um diese Person für gesundheitliche Zwecke eindeutig zu identifizieren, gehören. Damit fallen also auch **pseudonymisierte Daten**[124] (etwa eine Versicherungsnummer) unter den Begriff der Gesundheitsdaten, wenn sie Informationen zum Gesundheitszustand der betroffenen Person enthalten.[125] **85**

Die besondere **Sensibilität** von Gesundheitsdaten folgt dabei insbesondere aus den möglichen Auswirkungen für den Betroffenen. Das Datenschutzrecht knüpft damit an rechtliche Grundsätze an, die bereits in **§ 203 StGB** oder **§ 35 SGB I** Eingang gefunden haben und so dem Betroffenen im Falle einer gesundheitlichen Notsituation und Hilfebedürftigkeit versichern, dass ihnen keine Nachteile aus einer unrechtmäßigen Datenverarbeitung oder einer Weitergabe an Dritte erwachsen.[126] **86**

Da es ausweislich des Wortlauts des Art. 4 Nr. 15 sowie des ErwG 35 nicht darauf ankommt, wer die Gesundheitsdaten generiert, ist in der Praxis insbesondere die Nutzung von **Lifestyle- und Gesundheits-Apps** relevant.[127] Gerade Auswertungen von Gesundheitsdaten im Rahmen von **Big Data-Anwendungen**[128] werden Verantwortliche hinsichtlich einer genauen Zweckbestimmungen vor dem Hintergrund der erhöhten Anforderungen an eine Verarbeitung aus Art. 9 vor Herausforderungen stellen. **87**

f) Daten zum Sexualleben oder der sexuellen Orientierung. Die letzte in Art. 9 Abs. 1 genannte Datenkategorie bilden Daten zum Sexualleben oder der sexuellen Orientierung einer natürlichen Person. Die Verarbeitung von Daten zum Sexualleben oder der sexuellen Orientierung ist daher grundsätzlich verboten. **88**

Während manche[129] hinsichtlich der Begrifflichkeiten keine Unterschiede sehen, lassen sich die Begriffe doch wie folgt voneinander abgrenzen. Dabei ist freilich erneut **89**

121 *Art.-29-Datenschutzgruppe* Annex zum Brief v. 5.2.2015 „Health data in apps and devices“ S. 4.

122 Vgl. dazu die Kommentierung zu Art. 4 Nr. 15 Rn. 212.

123 *Art.-29-Datenschutzgruppe* Annex zum Brief v. 5.2.2015 „Health data in apps and devices“, S. 3; Kühling/Buchner-*Weichert* Art. 4 NR. 15 Rn. 3 und 6.

124 Zur Pseudonymisierung vgl. die Kommentierung zu Art. 4 Nr. 5 Rn. 62 ff.

125 Auernhammer-*Eßer* Art. 4 Nr. 15 Rn. 72; Kühling/Buchner-*Weichert* Art. 4 Nr. 15 Rn. 3 sowie Plath-*Schreiber* Art. 4 Nr. 15 Rn. 56.

126 Dazu auch Kühling/Buchner-*Weichert* Art. 4 Nr. 15 Rn. 4.

127 Vgl. dazu ausführlich die Kommentierung zu Art. 4 Nr. 15 Rn. 216.

128 Vgl. dazu die Kommentierung zu Art. 6 Abs. 4 Rn. 228 ff.

129 So etwa Gierschmann-*Korge* Art. 9 Rn. 18.

zu betonen, dass es in der Praxis keine Auswirkungen hat, ob Daten nun unter den Begriff des Sexuallebens oder der sexuellen Orientierung subsumiert werden, da Art. 9 Abs. 1 hinsichtlich der Rechtsfolgen nicht zwischen den verschiedenen Datenkategorien differenziert.

90 Zum **Sexualleben** gehört so etwa die Wahl der Sexualpartner oder bestimmte sexuelle Vorlieben oder Praktiken.[130] Ob der Einkauf in einem Sexshop unter die Daten zum Sexualleben fällt, wird unterschiedlich beurteilt.[131] Da die Kundeneigenschaft in einschlägigen Läden allerdings oftmals Rückschlüsse auf das Sexualleben zulässt und in Anbetracht der Sensitivität der Daten, sprechen die überzeugenderen Argumente für ein weites Begriffsverständnis.

91 Die **sexuelle Orientierung** erfasst demgegenüber jedenfalls die tradierten Zuordnungen wie Homo- oder Heterosexualität, aber auch alle anderen Formen der sexuellen Orientierung (etwa Bisexualität).[132]

92 Letztlich stellt diese Schutzkategorie aus Art. 9 Abs. 1 eine besondere Ausprägung des **Diskriminierungsverbots** aus Art. 21 GRCh dar.

93 In praktischer Hinsicht ist insbesondere die Frage relevant, ob auch **Dating-Apps** oder **Dating-Seiten** Informationen über die sexuelle Orientierung des Nutzers preisgeben und damit den Anforderungen von Art. 9 unterliegen. Die Dating-App Tinder lässt sich beispielsweise vor der Nutzung das Recht einräumen, etwa Facebook-Likes, Tinder-Chats und Instagram-Bilder auszuwerten. Anhand dieser Einstellungen liefert die App dann den scheinbar perfekten Partner. Aus diesen Angaben und dem Nutzerverhalten lassen sich zweifellos Rückschlüsse auf die sexuelle Orientierung des Nutzers ziehen. So gibt doch die Frage, ob sich ein Nutzer bei Tinder oder bei Grinder anmeldet Aufschluss über dessen Hetero- oder Homosexualität. Die Möglichkeit der Erstellung von Fake-Profilen im Rahmen der Apps reicht dabei nicht aus, um die hinreichende Wahrscheinlichkeit hinsichtlich der Möglichkeit aussagekräftige Rückschlüsse zu ziehen, zu entkräften. Folglich sind auch solche Daten als Daten zur sexuellen Orientierung zu bewerten und unterfallen Art. 9.

94 **g) Bezüge zum BDSG n.F. – Kommentierung § 22 BDSG n.F. – Verarbeitung besonderer Kategorien personenbezogener Daten.** Der Gesetzgeber hat im Zuge der DS-GVO das Gesetz zur Anpassung des Datenschutzrechts an die Verordnung (EU) 2016/679 und zur Umsetzung der Richtlinie (EU) 2016/680 (Datenschutz-Anpassungs- und Umsetzungsgesetz – **DSAnpUG**)[133] verabschiedet. Es tritt zusammen mit der DS-GVO am 25. Mai 2018 in Kraft. Teil des DSAnpUG ist in Art. 1 ein neues BDSG (im Folgenden BDSG n.F.).

95 § 22 BDSG n.F. regelt die Verarbeitung besonderer Kategorien personenbezogener Daten. Dabei macht er von den Öffnungsklauseln des Art. 9 Abs. 2 lit. b (durch § 22 Abs. 1 Nr. 1 lit. a BDSG n.F.), Art. 9 Abs. 2 lit. g (durch § 22 Abs. 1 Nr. 2 lit. a bis d

130 Ehmann/Selmayr-*Schiff* Art. 9 Rn. 25 Kühling/Buchner-*Weichert* Art. 9 Rn. 42.
131 Für eine Einbeziehung in Art. 9 Abs. 1 DS-GVO vgl. etwa Sydow-*Kampert* Art. 9 Rn. 11 sowie Kühling/Buchner-*Weichert* Art. 9 Rn. 42; kritisch demgegenüber Gola-*Schulz* Art. 9 Rn. 12.
132 Ehmann/Selmayr-*Schiff* Art. 9 Rn. 25; Kühling/Buchner-*Weichert* Art. 9 Rn. 42.
133 BT-Drucks. 18/11325, BGBl. 2017 Teil I Nr. 44 vom 5. Juli 2017.

BDSG n.F.), Art. 9 Abs. 2 lit. h i.V.m. Abs. 3 (durch § 22 Abs. 1 Nr. 1 lit. b BDSG n.F.) sowie des Art. 9 Abs. 2 lit. i (durch § 22 Abs. 1 Nr. 1 lit. c BDSG n.F.) Gebrauch.[134]

§ 22 Abs. 1 BDSG n.F. legt die Voraussetzungen fest, unter denen die Verarbeitung besonderer Kategorien personenbezogener Daten ausnahmsweise zulässig sein kann. Hierbei ist zu berücksichtigen, dass § 22 Abs. 1 Nr. 1 BDSG n.F. öffentliche und nicht-öffentliche Stellen erfasst, während § 22 Abs. 1 Nr. 2 BDSG n.F. nur die öffentlichen Stellen nennt. **96**

Die Regelung des **§ 22 Abs. 1 Nr. 1 lit. a BDSG n.F.** schafft die Voraussetzungen, dass die Verarbeitung des Verantwortlichen zur Erfüllung der in Deutschland geltenden sozial- und sozialversicherungsrechtlichen Pflichten unverändert fortgeführt werden können. Neben der Regelung im BDSG n.F. können auch die in den Gesundheits- und Sozialgesetzen geregelten Datenverarbeitungen eine entsprechende Rechtsgrundlage bilden.[135] Die datenschutzrelevanten Vorschriften des SGB sind mit Blick auf die DS-GVO novelliert worden. **97**

Inhaltlich entspricht § 22 Abs. 1 Nr. 1 lit. a BDSG n.F. dem Regelungsgehalt des Art. 9 Abs. 2 lit. b. Insofern ergeben sich keine Abweichungen. Zwar wird deshalb teilweise[136] ein Verstoß gegen das europarechtliche Normwiederholungsverbot diskutiert. Gleichwohl übersieht eine derartige Betrachtung, dass laut ErwG 8 die Mitgliedstaaten Teile der DS-GVO in ihr nationales Recht aufnehmen können, um die Kohärenz zu wahren und die nationalen Rechtsvorschriften verständlicher zu machen. Insofern ist die punktuelle Wiederholung einzelner Passagen der DS-GVO zulässig. Seinem Ausgestaltungs- und Konkretisierungsauftrag kommt der Gesetzgeber dabei durch den Erlass bereichsspezifischer Datenschutzregelungen nach. Insofern hindert die Wiederholung die unmittelbare Wirkung der Verordnung nicht. Der deutsche Gesetzgeber hat daher in zulässiger Weise von der Öffnungsklausel Gebrauch gemacht.[137] **98**

§ 22 Abs. 1 Nr. 1 lit. b BDSG n.F. stellt eine Umsetzung von Art. 9 Abs. 2 lit. h i.V.m. Art. 9 Abs. 3 dar. Dabei wurde auf eine explizite Nennung der Arbeitsmedizin verzichtet, da der Begriff der Gesundheitsvorsorge den Begriff der arbeitsmedizinischen Vorsorge umfasst.[138] Darüber hinaus wurde auf die Aufnahme der Arbeitsmedizin verzichtet, da es in Deutschland keine Verarbeitung von sensiblen Daten zu Zwecken besonderer Facharztrichtungen (z.B. der Arbeitsmedizin) gibt. Die Verarbeitung erfolgt vielmehr jeweils anhand ihrer entsprechenden Zwecke, die sich aus § 22 Abs. 1 Nr. 1 lit. b BDSG n.F. unmittelbar ergeben. Mit der vom deutschen Gesetzgeber gewählten Formulierung wird folglich klargestellt, dass mit § 22 Abs. 1 Nr. 1 lit. b BDSG n.F. in erster Linie der Behandlungsvertrag gemäß §§ 630a ff. BGB, gemeint ist. **99**

---

134 Vgl. Entwurf eines Gesetzes zur Anpassung des Datenschutzrechts an die Verordnung (EU) 2016/679 und zur Umsetzung der Richtlinie (EU) 2016/680 (Datenschutz-Anpassungs- und -Umsetzungsgesetz EU – DSAnpUG-EU) v. 24.2.2017, BT-Drucks. 18/11325, S. 94.

135 Kühling/Buchner-*Weichert* Art. 9 Rn. 60.

136 Vgl. so etwa die Stellungnahme der Bundesärztekammer im Rahmen der öffentlichen Anhörung im Bundestag v. 27.3.2017 zum DSAnpUG, S. 8.

137 Übereinstimmend *Kühling/Martini u.a.* Die Datenschutz-Grundverordnung und das nationale Recht 2016, S. 7 f. sowie die Stellungnahme von *Piltz* im Rahmen der öffentlichen Anhörung im Bundestag v. 27.3.2017 zum DSAnpUG, S. 23.

138 BT-Drucks. 18/11325, S. 95.

Daher findet die Vorschrift vor allem in der Humanmedizin, also für (Zahn-)Ärzte, Psychotherapeuten oder Kinder- und Jugendlichenpsychotherapeuten Anwendung. Darüber hinaus werden vom Behandlungsvertrag auch Angehörige anderer Heilberufe, deren Ausbildung nach Art. 74 Abs. 1 Nr. 19 GG durch Bundesgesetz (Hebammen, Masseure und medizinische Bademeister, Ergotherapeuten, Logopäden, Physiotherapeuten u.a.) geregelt ist, oder Heilpraktiker erfasst. Ein weiteres Anwendungsfeld von § 22 Abs. 1 lit. b BDSG ergibt sich zudem im Rahmen der Tätigkeit von **Krankenkassen**. Sofern diese **Abrechnungsdaten** von Ärzten, etwa in Gestalt eingereichter Rechnungen für Prothesen, erhalten und die Krankenkasse diese Daten in einer Datenbank sammelt und dahingehend auswertet, ob sich Rückschlüsse im Hinblick auf die Qualität der Prothesen ermitteln lassen, so dient diese Maßnahme der Produktverbesserung letztlich ebenfalls der **Gesundheitsvorsorge** und ist abweichend vom Verbotsgrundsatz des Art. 9 Abs. 1 nach § 22 Abs. 1 lit. b BDSG im Rahmen einer Interessenabwägung zulässig. Zu beachten ist allerdings, dass entsprechend der Vorgaben nach § 22 Abs. 2 BDSG angemessene Maßnahmen zum Schutz der Daten der betroffenen Person vorzusehen sind. Dies kann unter anderem dadurch erreicht werden, dass die personenbezogenen Daten, die sich aus den Abrechnungen ergeben, entsprechend den Vorgaben aus § 22 Abs. 2 Nr. 7 BDSG nach Art. 4 Nr. 5 pseudonymisiert werden und nur ein Notar den Schlüssel für eine Reidentifikation besitzt. Die Vorschrift findet damit auch Anwendung auf **Medizingerätehersteller** (etwa von Beatmungsanlagen oder Insulinpumpen), die zur Vorhersage und Minimierung von Fehlerquellen im Rahmen der Produktentwicklung Daten, die sich aus Wartungsarbeiten oder der Herstellung ergeben, auswertet und im Hinblick darauf überprüft, ob diese Daten Rückschlüsse auf mögliche Fehlerquellen und Verbesserungen im Rahmen des Herstellungsprozesses zulassen. Gerade sofern im Rahmen einer Arbeitskontrolle auch Beschäftigtendaten nach Art. 88 verarbeitet werden, so kann diesen besonderen Anforderungen dadurch Rechnung getragen werden, dass im Rahmen einer Betriebsvereinbarung die Einwilligung aller betroffenen Arbeitnehmer eingeholt wird. Auch eine derartige Datenverarbeitung zum Zwecke der Produktverbesserung dient der Gesundheitsvorsorge und ist damit nach § 22 Abs. 1 lit. b BDSG im Rahmen einer Interessenabwägung zulässig, solange der Kriterienkatalog des § 22 Abs. 2 BDSG hinreichend beachtet wird.

100 Soweit gemäß § 22 Abs. 1 Nr. 1 lit. b BDSG n.F. eine Datenverarbeitung auch zulässig ist, „diese Daten von Fachpersonal oder unter dessen Verantwortung verarbeitet werden und dieses Fachpersonal dem Berufsgeheimnis unterliegt" sind auch die Erfüllungsgehilfen der genannten Gesundheits- und Heilberufe erfasst.[139]

101 § 22 Abs. 1 Nr. 1 lit. b BDSG n.F. entspricht also im Wesentlichen § 13 Abs. 2 Nr. 7 und § 28 Abs. 7 BDSG a.F. Zu Inhalt und Reichweite des Berufsgeheimnisses sowie den Geheimhaltungspflichten (vgl. die Ausführungen unter Rn. 207).

102 **§ 22 Abs. 1 Nr. 1 lit. c BDSG n.F.** setzt Art. 9 Abs. 2 lit. i um. Insofern macht der deutsche Gesetzgeber in zulässiger Form von der Öffnungsklausel Gebrauch, indem er ergänzend zu den in § 22 Abs. 2 BDSG n.F. genannten Maßnahmen die berufsrechtlichen und strafrechtlichen Vorgaben zur Wahrung des Berufsgeheimnisses unter den Begriff der spezifischen Schutzmaßnahmen miteinbezieht.

---

139 BT-Drucks. 18/11325, S. 95.

Das Erfordernis einer Interessenabwägung in **§ 22 Abs. 1 Nr. 2 BDSG n.F.** setzt die Vorgaben aus Art. 9 Abs. 2 lit. g sachgerecht um. § 22 Abs. 1 Nr. 2 lit. a bis d BDSG n.F. entsprechen dabei § 13 Abs. 1 Nr. 1, 5, 6 und 9 BDSG a.F. **103**

Zunächst wird in § 22 Abs. 1 Nr. 2 lit. a BDSG n.F. das erhebliche öffentliche Interesse wiederholt. Die Verarbeitung muss demnach der Allgemeinheit als solcher und nicht einzelner partikularen oder, privaten Interessen dienen. Zudem muss das öffentliche Interesse „zwingend" erforderlich sein. Um diese Voraussetzungen zu erfüllen, muss eine besondere Qualifikation vorliegen. Dies kann z.B. der Wahrung der Freiheitsrechte, der Wahrung der Rechtstaatlichkeit, der Strafverfolgung, der Finanzverwaltung zum Zweck der Steuergerechtigkeit, die Wahrung oder der Sicherstellung der öffentlichen Gesundheit und Gesundheitsfürsorge.[140] **104**

Ein erhebliches öffentliches Interesse nach § 22 Abs. 1 Nr. 2 lit. a BDSG n.F. ist insbesondere dann anzunehmen, wenn biometrische Daten zum Zwecke der eindeutigen Identifizierung der betroffenen Person verarbeitet werden.[141] Zwar mutet der Begriff des „öffentlichen Interesses" generalklauselartig an, wird aber gleichwohl durch das zwingende Erfordernis der Datenverarbeitung sachgerecht eingeschränkt. Zur Reichweite und Inhalt des Begriffs des öffentlichen Interesse vgl. Art. 9 Abs. 2 lit. g[142]. **105**

Nach **§ 22 Abs. 1 Nr. 2 lit. d BDSG n.F.** ist aus zwingenden Gründen der Verteidigung oder der Erfüllung über- oder zwischenstaatlicher Verpflichtungen einer öffentlichen Stelle des Bundes auf dem Gebiet der Krisenbewältigung oder Konfliktverhinderung oder für humanitäre Maßnahmen ebenfalls eine Verarbeitung besonderer Kategorien personenbezogener Daten zulässig. **106**

Diese Erlaubnisse nach § 22 Abs. 1 Nr. 2 BDSG n.F. sind nur im Rahmen einer **Interessenabwägung** zulässig, da nach Art. 9 Abs. 2 lit. g die Verarbeitung in einem angemessenen Verhältnis zu dem verfolgten Zweck stehen und den Wesensgehalt des Rechts auf Datenschutz wahren muss.[143] Fallgestaltungen, bei denen das Interesse des Betroffenen in den vorgenannten Fällen überwiegt, sind nur bedingt ersichtlich. Bereits die Regelung in Art. 9 Abs. 2 lit. g, wonach bei einem erheblichen öffentlichen Interesse gleichwohl der Wesensgehalt des Datenschutzes gewahrt werden muss, ist begrifflich und auch normativ vage und bietet in Bezug auf den Datenschutz kaum einen materiellen Mehrwert.[144] **107**

Die Reglung des **§ 22 Abs. 2 BDSG n.F.** setzt die Forderung aus Art. 9 Abs. 2 lit. b, g und i um, die geeignete Garantien für die Grundrechte und die Interessen bzw. angemessene und spezifische Maßnahmen zur Wahrung der Grundrechte und Interesse der Betroffenen Person notwendig machen.[145] Auch § 26 Abs. 3 S. 3 BDSG n.F. verweist für individualarbeitsrechtlich notwendige Verarbeitung sensibler Daten nach Art. 9 Abs. 1 auf § 22 Abs. 2 BDSG n.F. Notwendig sind angemessene und spezifische Maßnahmen zur Wahrung der Interessen der betroffenen Person. Im Rahmen einer Risikobeurteilung werden in § 22 Abs. 2 BDSG n.F. zehn spezifische technische und **108**

140 Kühling/Buchner-*Weichert* Art. 9 Rn. 90.
141 BT-Drucks. 18/11325, S. 95
142 Vgl. dazu die Kommentierung in Rn. 159 f.
143 BT-Drucks. 18/11325, S. 98.
144 Ehmann/Selmayer-*Schiff* Art. 9 Rn. 48.
145 BT-Drucks. 18/11325, S. 95.

organisatorische Maßnahmen als Beispiele aufgeführt. Diese konkretisieren insoweit die Anforderungen an ein Datensicherheitsmanagement gemäß Art. 25[146] und Art. 32[147].

109 **2. Ausnahmen und Erlaubnisvorbehalt nach Art. 9 Abs. 2.** Art. 9 stellt in seiner Systematik ein Verbot mit Erlaubnisvorbehalt dar.[148]

So sieht Art. 9 Abs. 2 für die dort näher konkretisierten Verarbeitungskontexte (abschließende) Ausnahmen vom Verbotsgrundsatz des Art. 9 Abs. 1 vor.

110 Mit Blick auf den Schutzzweck der Regelung ist allerdings zu beachten, dass durch einen extensiven Gebrauch der Ausnahmevorschriften nicht der grundsätzliche Verbotscharakter der Vorschrift und damit die Grundentscheidung des Verordnungsgebers unterlaufen wird. Es bedarf daher einer **restriktiven Interpretation und Auslegung** der Ausnahmetatbestände des Art. 9 Abs. 2.[149]

111 Darüber hinaus darf in der Anwendbarkeit eines Ausnahmetatbestands kein Freibrief für eine Datenverarbeitung gesehen werden. Vielmehr sind neben den Anforderungen des Art. 9 Abs. 1 und 2 die sonstigen Grundsätze, etwa aus Art. 5[150], 6[151], 7[152] und 8[153], zu beachten. Dies wird ausdrücklich durch ErwG 51 S. 5 klargestellt.[154]

112 **a) Einwilligung (Art. 9 Abs. 2 lit. a).** Als Ausnahme vom grundsätzlichen Verarbeitungsverbot des Art. 9 Abs. 1 nennt Art. 9 Abs. 2 lit. a zunächst die Einwilligung[155].

113 Danach gilt Art. 9 Abs. 1 nicht, wenn die betroffene Person in die Verarbeitung der personenbezogenen Daten für einen oder mehrere festgelegte Zwecke eingewilligt hat. Der strenge Maßstab des Art. 9 hinsichtlich der Zulässigkeit einer Verarbeitung sensibler Daten wird bereits daraus ersichtlich, dass Art. 9 Abs. 2 lit. a anders als etwa Art. 6 Abs. 1 lit. a und Art. 7 eine **ausdrückliche** Einwilligung des Betroffenen erfordert.[156] Insofern scheiden etwa schlüssige Handlungen oder konkludente Einwilligungen als taugliche Einwilligung im Sinne des Art. 9 Abs. 2 lit. a aus.[157]

114 Da die Einwilligung letztlich eine Ausprägung des Allgemeinen Persönlichkeitsrechts sowie der allgemeinen Handlungsfreiheit des Betroffenen darstellt, wird diesen Rechten somit nur dadurch Rechnung getragen, wenn der Betroffene in eine Datenverar-

146 Vgl. dazu die Kommentierung zu Art. 25 Rn. 28.
147 Vgl. dazu die Kommentierung zu Art. 32 Rn. 32.
148 Vgl. dazu bereits im Rahmen von Rn. 26.
149 Gierschmann-*Korge* Art. 9 Rn. 19; Kühling/Buchner-*Weichert* Art. 9 Rn. 45 f.; Roßnagel-*Jandt* Datenschutzrecht, S. 303 Rn. 309 f.
150 Vgl. dazu die Kommentierung zu Art. 5 Rn. 7.
151 Vgl. dazu die Kommentierung zu Art. 6.
152 Vgl. dazu die Kommentierung zu Art. 7.
153 Vgl. dazu die Kommentierung zu Art. 8.
154 Vgl. dazu auch Ehmann/Selmayr-*Schiff* Art. 9 Rn. 27; Gierschmann-*Korge* Art. 9 Rn. 19.
155 Zum Begriff der Einwilligung vgl. insbesondere die Kommentierung in Art. 4 Nr. 11, Art. 6 Abs. 1 lit. a sowie Art. 7 DS-GVO.
156 Kühling/Buchner-*Weichert* Art. 9 Rn. 47; Gierschmann-*Korge* Art. 9 Rn. 20.
157 Gierschmann-*Korge* Art. 9 Rn. 20; Kühling/Buchner-*Weichert* Art. 9 Rn. 47; Sydow-*Kampert* Art. 9 Rn. 14.

beitung **freiwillig** und **bewusst** eingewilligt hat. Dies beinhaltet jedenfalls, dass sich die Einwilligung explizit auf die Verarbeitung der sensiblen Daten beziehen muss und daher ein erhöhtes Maß an Bestimmtheit und Genauigkeit erforderlich ist.[158] Das Freiwilligkeitserfordernis unterstreicht, dass die Einwilligung frei von Zwang oder Täuschung oder ähnlichen Mitteln sein muss, die die Willensfreiheit des Betroffenen beeinflussen können.[159] Der Prüfung der Freiwilligkeit kommt dabei gerade im Rahmen von Abhängigkeitsverhältnissen große Bedeutung zu.

Gleichwohl ist zu beachten, dass Art. 9 Abs. 2 lit. a **kein Formerfordernis** enthält. Insofern ist auch eine ausdrücklich mündlich erteilte Einwilligung ausreichend.[160] Gleichwohl ist in der Praxis bereits vor dem Hintergrund des Art. 5 Abs. 2 (Rechenschaftspflicht)[161] eine geeignete Dokumentation ratsam.[162] Zudem sind in der praktischen Anwendung gegebenenfalls einschlägige spezialgesetzliche Regelungen zu beachten, die ein zwingendes Formerfordernis für eine Einwilligung vorsehen. **115**

Praxisrelevanz hat die Ausnahme des Art. 9 Abs. 2 lit. a etwa bei der **Entbindung von der beruflichen Schweigepflicht**. Da die datenschutzrechtliche Einwilligung nicht mit der Entbindung identisch ist, muss aus Gründen der Rechtssicherheit erkennbar sein, dass die von der Einwilligung erfassten Daten auch einem Berufsgeheimnis unterliegen.[163] Dies kann etwa durch zwei getrennte Erklärungen erfolgen, in denen zum einen in die Verarbeitung der sensiblen Daten und zum anderen in die Entbindung der Schweigepflicht eingewilligt wird.[163] Sofern also **Fitness-, Lifestyle- und Gesundheits-Apps** Gesundheitsdaten verarbeiten, ist daher die ausdrückliche Einwilligung (gerade hinsichtlich einer Weiterverarbeitung der Daten) der betroffenen Person nach Maßgabe des Art. 9 Abs. 2 lit. a erforderlich. **116**

Darüber hinaus ist das Freiwilligkeitskriterium insbesondere im Rahmen von **Abhängigkeitsverhältnissen** (wie etwa Arbeitsverhältnissen) und bei der Verarbeitung von **Beschäftigtendaten** relevant. Hier sind insbesondere die Vorgaben nach Art. 88[164] zu beachten.[165] **117**

Ferner wird das Instrument der Einwilligung zukünftig insbesondere bei der Verarbeitung sensibler Daten zu **Werbezwecken** den Verantwortlichen mit den hohen Anforderungen des Art. 9 Abs. 2 lit. a konfrontiert. Dies gilt jedenfalls dann, wenn im Zuge der Werbung Gesundheitsdaten verarbeitet werden. So werden Gesundheitsunternehmen auch im Rahmen von Gesundheits-Apps, aber auch Optiker oder Orthopäden (sofern diese personalisierte Werbung unter Auswertung von Gesundheitsdaten an Kunden übersendet) den Anforderungen von Art. 9 Abs. 2 lit. a Rechnung tragen müssen.[166] Insofern ist stets sorgsam zu prüfen, ob Daten zu allgemeinen Werbezwecken **118**

---

158 Gola-*Schulz* Art. 9 Rn. 14; Kühling/Buchner-*Weichert* Art. 9 Rn. 47 f.

159 Ehmann/Selmayr-*Schiff* Art. 9 Rn. 29.

160 Auernhammer-*Greve* Art. 9 Rn. 9; Gola-*Schulz* Art. 9 Rn. 15; Ehmann/Selmayr-*Schiff* Art. 9 Rn. 30.

161 Vgl. dazu die Kommentierung zu Art. 5 Rn. 72.

162 Gola-*Schulz* Art. 9 Rn. 14 f.; Sydow-*Kampert* Art. 9 Rn. 14 f.

163 Kühling/Buchner-*Weichert* Art. 9 Rn. 49; Gola-*Schulz* Art. 9 Rn. 16

164 Vgl. dazu die Kommentierung zu Art. 88.

165 Vgl. dazu Kühling/Buchner-*Weichert* Art. 9 Rn. 51 f.

166 Vgl. Kurzpapier Nr. 3 der Datenschutzkonferenz „Verarbeitung personenbezogener Daten für Werbung", S. 2.

(z.B. Übersendung der neuen Sonnenbrillen-Kollektion durch den Optiker) oder ob Daten unter Auswertung von Gesundheitsdaten (z.B. Übersendung der neuen Kollektion von Gleitsichtbrillen durch den Optiker) zu Werbezwecken verarbeitet werden. Nur in Letzterem greift Art. 9.

119 Zu beachten ist ferner **Art. 9 Abs. 2 lit. a Hs. 2**: Danach kann die Einwilligung als Erlaubnistatbestand ausgeschlossen sein, wenn das Verbot des Art. 9 Abs. 1 gemäß unionsrechtlicher oder spezieller mitgliedstaatlicher Normen nicht durch die Einwilligung aufgehoben werden kann. Insofern besteht für die Mitgliedstaaten die Möglichkeit die Anforderungen des Art. 9 im Sinne einer **Abweichung „nach oben"** zu verschärfen. So können etwa Verarbeitungsverbote statuiert werden, ohne dem Betroffenen die Möglichkeit einzuräumen, dieses durch seine Einwilligung aufzuheben. Ein Beispiel dafür ist etwa § 20 Abs. 2 PAuswG.[167]

120 **b) Arbeitsrecht und Sozialrecht (Art. 9 Abs. 2 lit. b).** Nach Art. 9 Abs. 2 lit. b gilt das Verarbeitungsverbot nicht, wenn die Verarbeitung erforderlich ist, damit der Verantwortliche oder die betroffene Person die ihm bzw. ihr aus dem Arbeitsrecht oder dem Recht der sozialen Sicherheit und des Sozialschutzes erwachsenden Rechte ausüben bzw. Pflichten nachkommen kann, soweit dies nach dem Unionsrecht oder dem Recht der Mitgliedstaaten oder eine Kollektivvereinbarung nach dem Recht der Mitgliedstaaten, das geeignete Garantien für die Grundrechte und die Interessen der betroffenen Person vorsieht.

121 Inhaltlich knüpft Art. 9 Abs. 2 lit. b an Art. 8 Abs. 1 lit. b DSRL an.

122 Zu beachten ist hierbei, dass Art. 9 Abs. 2 lit. b zwei Voraussetzungen enthält: Die Verarbeitung der sensiblen Daten muss zum einen nach Unionsrecht oder dem Recht eines Mitgliedstaates **zulässig** sein. Der Arbeitnehmerdatenschutz bleibt damit im Wesentlichen eine Materie, die den Mitgliedstaaten übertragen wird und ihnen einen weiten Gestaltungsspielraum eröffnet.[168] Zum anderen muss die Verarbeitung im o.g. Sinne **erforderlich** sein.[169] Hierbei ist insbesondere auf die beispielhafte Aufzählung des ErwG 52 S. 1 zu verweisen. Dieser nennt etwa die Sicherstellung und Überwachung der Gesundheit und Gesundheitswarnungen sowie die Prävention und Kontrolle von Krankheiten oder anderer Gesundheitsgefahren.

123 Unter das **Arbeitsrecht** fallen sowohl das Individual- als auch das Kollektivarbeitsrecht, so dass etwa Tarifverträge, Kollektivvereinbarungen und Betriebsvereinbarungen erfasst sind.[170]

124 Hinsichtlich Verarbeitungen, die den Arbeitnehmer in seiner Beziehung zum Arbeitgeber betreffen ist Art. 88 zu beachten.

125 Das **Recht der sozialen Sicherheit und des Sozialschutzes** erfasst insbesondere die Erbringung von Sozialleistungen (z.B. im Falle einer Pflegebedürftigkeit sowie Kranken- oder Unfallversicherungen). Letztlich eröffnet Art. 9 Abs. 2 lit. b auch hier den

---

167 Dazu Gierschmann-*Korge* Art. 9 Rn. 23; Gola-*Schulz* Art. 9 Rn. 17 sowie *Martini/Kühling u.a.* DSGVO und das nationale Recht 2016, S. 50.

168 Sydow-*Kampert* Art. 9 Rn. 21; Auernhammer-*Greve* Art. 9 Rn. 12.

169 Gierschmann-*Korge* Art. 9 Rn. 24 f.

170 Sydow-*Kampert* Art. 9 Rn. 16; Gierschmann-*Korge* Art. 9 Rn. 24; Kühling/Buchner-*Weichert* Art. 9 Rn. 54.

Mitgliedstaaten einen weitgehenden Gestaltungsspielraum und die Möglichkeit zur Regulierung.[171]

Art. 9 Abs. 2 lit. b ist somit letztlich kein eigenständiger Erlaubnistatbestand, sondern verlangt, dass sich die Erforderlichkeit der Datenverarbeitung zu vorgenannten Zwecken aus einer gesonderten, unionsrechtlichen oder einzelstaatlichen Norm ergibt. **126**

Entscheidende Bedeutung kommt aber nach dem Verordnungswortlaut **geeigneten Garantien** zu, um die Grundrechte und Interessen der Betroffenen zu schützen. Hinsichtlich einer etwaigen Konkretisierung dieses Begriffs, trifft die DS-GVO keine Aussage. Daraus folgt, dass jedenfalls die **Vorgaben der GRCh und des nationalen Verfassungsrechts** einzuhalten sind.[172] Gleichwohl sind davon insbesondere auch **spezifisch datenschutzrechtliche Maßnahmen** der DS-GVO erfasst, wie etwa die Implementierung von Anonymisierungs- und Pseudonymisierungstechniken sowie das Treffen technisch-organisatorischer Maßnahmen im Sinne eines privacy by design als auch die rechtzeitige Bearbeitung im Falle der Geltendmachung von Widerspruchs-, Berichtungs- und Löschungsrechten durch den Betroffenen.[173] Auf nationaler Ebene trägt der Gesetzgeber diesen Anforderungen im Rahmen der Öffnungsklausel in § 22 Abs. 1 Nr. 1 lit. a BDSG n.F. Rechnung. **127**

c) Schutz lebenswichtiger Interessen (Art. 9 Abs. 2 lit. c). Eine weitere Ausnahmeregelung vom Verarbeitungsverbot sensitiver Daten besteht nach Art. 9 Abs. 2 lit. c, wenn zum Schutz lebenswichtiger Interessen der betroffenen Person oder einer anderen natürlichen Person, die betroffene Person aus körperlichen oder rechtlichen Gründen außerstande ist, ihre Einwilligung zu geben. **128**

Art. 9 Abs. 2 lit. c knüpft damit wie die Vorgängernorm des Art. 8 Abs. 2 lit. c DSRL an den Schutz lebenswichtiger Interessen an und erlaubt bei einer Gefährdung dieser Interessen die Verarbeitung sensibler Daten. Darüber hinaus ist der Begriff der lebenswichtigen Interessen im Rahmen des Art. 6 Abs. 1 lit. d[174] von Bedeutung. **129**

In Anbetracht des Schutzgutes sind die Begriffe der physischen und rechtlichen Gründe **weit zu verstehen**. Daher sind die Voraussetzungen in der Regel dann erfüllt, wenn eine Verarbeitung der sensiblen Daten zur Abwehr von Gefahren für Leib oder Leben notwendig ist.[175] **130**

Aus **physischen Gründen** ist eine Einwilligung nicht möglich, wenn eine Person zu einer verantwortlichen Entscheidung und Erklärung unfähig ist, so dass sich der Begriff in erster Linie auf mangelnde körperliche oder geistige Fähigkeiten bezieht, z.B. wegen Bewusstlosigkeit oder einer schweren Erkrankung.[176] Eine Fallkonstella- **131**

171 Kühling/Buchner-*Weichert* Art. 9 Rn. 60 f.

172 *Kühling/Martini u.a.* DSGVO und das nationale Recht 2016, S. 51; Auernhammer-*Greve* Art. 9 Rn. 12.

173 Gierschmann-*Korge* Art. 9 Rn. 25; Ehmann/Selmayr-*Schiff* Art. 9 Rn. 34.

174 Vgl. dazu die Kommentierung zu Art. 6 Abs. 1 lit. d Rn. 67.

175 Kühling/Buchner-*Weichert* Art. 9 Rn. 63; Gierschmann-*Korge* Art. 9 Rn. 26; demgegenüber lässt Sydow-*Kampert* Art. 9 Rn. 20 bereits „Gefahren für die Gesundheit" ausreichen.

176 Sydow-*Kampert* Art. 9 Rn. 19; Kühling/Buchner-*Weichert* Art. 9 Rn. 63 ff.; Ehmann/Selmayr-*Schiff* Art. 9 Rn. 36.

tion kann auch darin bestehen, dass die betroffene Person nicht oder nicht rechtzeitig erreicht werden kann.[177]

132 **Rechtliche Gründe** liegen dann vor, wenn eine wirksame Einwilligungserklärung nach dem Recht der Mitgliedstaaten nicht möglich ist, etwa bei fehlender Erklärungs- oder Geschäftsfähigkeit.[178] Insofern regelt Art. 9 Abs. 2 lit. c Anwendungsfälle, in denen eine Einwilligung entbehrlich ist.

133 Gemäß **ErwG 46** soll lit. c nur dann greifen, wenn die Verarbeitung offensichtlich nicht auf eine andere Rechtsgrundlage gestützt werden kann. Insofern ist eine Verarbeitung sensibler Daten zum Schutz lebenswichtiger Interessen als **ultima ratio** anzusehen.[179]

134 In praktischer Hinsicht ist insbesondere die Frage relevant, wann von einem Schutz lebenswichtiger Interessen im Rahmen der **Nutzung von Social-Media-Profilen** ausgegangen werden kann. So verwendet Facebook seit einiger Zeit ein besonderes Tool, dass Posts und Fotos der Nutzer analysiert und im Falle einer **Suizidgefahr des Nutzers**[180] diesen automatisch kontaktiert und zudem Kontakte zu Seelsorgern vermittelt. Hier stellt sich die Frage, ob die Verarbeitung der personenbezogenen Daten (in diesem Falle insbesondere Gesundheitsdaten und biometrische Daten) abweichend vom Verbotsgrundsatz des Art. 9 Abs. 1 nach Art. 9 Abs. 2 lit. c rechtmäßig ist. Ausgehend von der Begriffsdefinition dient das Tool von Facebook dem Schutz des Lebens der Nutzer und damit lebenswichtigen Interessen. Gleichwohl darf die Möglichkeit, unter Umständen einen Selbstmord eines Nutzers zu verhindern, nicht darüber hinwegtäuschen, dass zunächst einmal alle Postings und Fotos der Nutzer analysiert und gespeichert werden müssen. Eine derartige Verarbeitung von unter anderem Gesundheitsdaten oder biometrischen Daten ist dabei nach Art. 9 Abs. 1 aber zunächst unzulässig. Sofern sich also keine Anzeichen für eine Selbstmordgefahr ergeben, war die Datenverarbeitung rechtswidrig. Insofern besteht für den Verantwortlichen ein enormes Risiko hinsichtlich der Verhängung einer Geldbuße. Daher muss er (etwa durch eine ausdrückliche Einwilligung) besondere, den Anforderungen des Art. 9 genügende, Vorkehrungen treffen, damit eine Verarbeitung der Daten unter allen Gesichtspunkten rechtmäßig ist.

135 **d) Privilegierung von Non-Profit-Organisationen (NGOs) und Tendenzbetrieben (Art. 9 Abs. 2 lit. d).** Nach Art. 9 Abs. 2 lit. d gilt das Verarbeitungsverbot nach Art. 9 Abs. 1 nicht, wenn die Verarbeitung auf der Grundlage geeigneter Garantien durch eine politisch, religiös oder gewerkschaftlich ausgerichtete Stiftung, Vereinigung oder sonstige Organisation ohne Gewinnerzielungsabsicht im Rahmen ihrer rechtmäßigen Tätigkeiten und unter der Voraussetzung erfolgt, dass sich die Verarbeitung ausschließlich auf die (ehemaligen) Mitglieder der Organisation oder auf Personen, die im Zusammenhang mit deren Tätigkeitszweck regelmäßige Kontakte mit ihr unterhalten, bezieht und die personenbezogenen Daten nicht ohne Einwilligung des Betroffenen nach außen offengelegt werden.

---

177 Gierschmann-*Korge* Art. 9 Rn. 26; Kühling/Buchner-*Weichert* Art. 9 Rn. 65 ff. m.w.N.; Ehmann/Selmayr-*Schiff* Art. 9 Rn. 36.

178 Ehmann/Selmayr-*Schiff* Art. 9 Rn. 36; Gierschmann-*Korge* Art. 9 Rn. 26; Kühling/Buchner-*Weichert* Art. 9 Rn. 67.

179 Gola-*Schulz* Art. 9 Rn 19; Sydow-*Kampert* Art. 9 Rn. 22.

180 Vgl. dazu *Schwartmann* Der Missbrauch des Seelenlebens, KStA v. 28.12.2017, S. 4.

Die Vorschrift orientiert sich dabei weitgehend an der Vorgängerregelung des Art. 8 Abs. 2 lit. d DSRL. **136**

Die Ausnahmevorschrift privilegiert demnach **Tendenzbetriebe ohne Gewinnerzielungsabsicht**, bei denen die Verarbeitung von personenbezogenen Daten letztlich im Rahmen ihrer Tätigkeit notwendig ist, weil sie sich für die Ausübung der Grundfreiheiten einsetzen (vgl. **ErwG 51 S. 6 a.E.**) und daher eine Verarbeitung von Daten zu etwa politischen oder religiösen Überzeugungen den Betrieben immanent ist.[181] **137**

Den Einsatz dieser Organisationen zum Schutze und zur Förderung der Grundfreiheit möchte der Verordnungsgeber somit stärken, indem er sie über Art. 9 Abs. 2 lit. d privilegiert. Dabei darf sich der Blick allerdings nicht auf den Schutz der Grundfreiheiten nach ErwG 51 S. 6 verengen. Vielmehr stellt ErwG 55 klar, dass auch die Verarbeitung personenbezogener Daten durch staatliche Stellen zu verfassungs- und völkerrechtlichen Zielen durch staatlich anerkannte Religionsgemeinschaften im öffentlichen Interesse liegt. Insofern steht **ErwG 55** beispielhaft für das Interesse des Verordnungsgebers, Datenverarbeitungen von Tendenzbetrieben zu fördern, deren Tätigkeit im öffentlichen Interesse liegt und die damit eine gesellschaftlich relevante Funktion erfüllen.[182] **ErwG 56** nennt darüber hinaus politische Parteien. **138**

Zu den privilegierten Betrieben und Organisationen gehören demnach jedenfalls politisch ausgerichtete Stellen wie Parteien oder parteinahe Stiftungen. Religiös ausgerichtet sind die daneben jedenfalls Kirchen und deren karitativen Einrichtungen. Gewerkschaftliche Organisationen sind etwa Einzelgewerkschaften und deren Dachorganisationen wie die gewerkschaftsnahen Stiftungen, aber auch Organisationen der verkammerten Berufe und sonstige Berufsverbände, die die wirtschaftlichen, sozialen und politischen Interessen ihrer Mitglieder vertreten, nicht jedoch die als öffentliche Körperschaften ausgestalteten Kammern.[183] **139**

Voraussetzung für die Privilegierung nach Art. 9 Abs. 2 lit. d ist indes, dass **keine Gewinnerzielungsabsicht** vorliegt. Dabei ist insbesondere die wirtschaftliche Tätigkeit entscheidend. Nicht ausgeschlossen ist etwa eine geschäftliche oder kommerzielle Tätigkeit.[184] **140**

Um aber den Privilegierungstatbestand nicht zu sehr auszuweiten und eine ausufernde Anwendung zu vermeiden, enthält der Tatbestand selbst einige **Restriktionen**: So ist die Datenverarbeitung nur dann privilegiert, wenn sie sich auf **Mitglieder oder ehemalige Mitglieder** bezieht. Folglich beschränkt sich der persönliche Anwendungsbereich der Vorschrift auf regelmäßige Kontakte im Rahmen des Tätigkeitszwecks der Organisation.[185] Demnach werden etwa Besucher von Veranstaltungen der Stelle, geschäftliche Kontakte, Interessierte sowie Spender und Unterstützer erfasst.[186] Die Auf- **141**

---

181 Gierschmann-*Korge* Art. 9 Rn. 27; Kühling/Buchner-*Weichert* Art. 9 Rn. 70.

182 Kühling/Buchner-*Weichert* Art. 9 Rn. 70; Sydow-*Kampert* Art. 9 Rn. 24.

183 Sydow-*Kampert* Art. 9 Rn. 25; Kühling/Buchner-*Weichert* Art. 9 Rn. 71.

184 Auernhammer-*Greve* Art. 9 Rn. 14; Kühling/Buchner-*Weichert* Art. 9 Rn. 71.

185 Kühling/Buchner-*Weichert* Art. 9 Rn. 75; Gierschmann-*Korge* Art. 9 Rn. 28; Gola-*Schulz* Art. Art. 9 Rn. 21.

186 Kühling/Buchner-*Weichert* Art. 9 Rn. 75; Gierschmann-*Korge* Art. 9 Rn. 28.

nahme von ehemaligen Mitgliedern in den Katalog der Privilegierung erschließt sich dabei nicht unbedingt auf den ersten Blick.[187] Denn in der Regel wollen ehemalige Mitglieder gerade durch ihren Austritt eine weitere Verarbeitung der personenbezogenen Daten vermeiden. Insofern ist eine kontextbezogene Betrachtung entscheidend, also etwa, ob der Austritt passiv (durch Zeitablauf der Mitgliedschaft oder Wohnortwechsel) erfolgte, aber nach wie vor ein regelmäßiger Kontakt zur Organisation besteht oder der Austritt aber durch den Betroffenen bewusst (etwa durch Kündigung) herbeigeführt wurde. Insbesondere dann, wenn sich das ehemalige Mitglied bewusst von der Organisation distanzieren will oder einer Datenverarbeitung widerspricht, wird diese unzulässig sein.[188]

142 Darüber hinaus ist die Offenlegung der Daten auf **interne Zwecke im Rahmen der jeweiligen Tendenz** beschränkt. Eine Weitergabe und Offenlegung an oder gegenüber Dritten bedarf der ausdrücklichen Einwilligung im Sinne des Art. 9 Abs. 2 lit a.[189] Hinsichtlich des Begriffs der internen Datenverarbeitung ist insofern die jeweilige Organisationseinheit maßgeblich.

143 Die Begrenzung der Verarbeitung auf **rechtmäßige Zwecke** ist dabei dahingehend zu verstehen, dass die Datenverarbeitung im Rahmen der spezifischen Ausrichtung der Organisation und deren Tendenz sowie im Rahmen der allgemeinen Gesetze erfolgt. Somit liegen sachfremde sowie rechtswidrige Verarbeitungszwecke außerhalb des Anwendungsbereichs.[190]

144 Hinsichtlich des Vorliegens **geeigneter Garantien** ist insofern auf die Ausführungen zu Art. 9 Abs. 2 lit. b (vgl. Rn. 120) zu verweisen. Gemeint sind damit nicht bloß die Vorgaben der GRCh und des nationalen Verfassungsrechts, sondern insbesondere auch spezifisch datenschutzrechtliche Maßnahmen der DS-GVO.

145 **e) Offensichtlich öffentlich gemachte Daten (Art. 9 Abs. 2 lit. e).** Nach Art. 9 Abs. 2 lit. e ist die Verarbeitung sensibler Daten ausnahmsweise zulässig, wenn die betroffene Person diese „offensichtlich öffentlich gemacht hat". Die Regelung basiert auf Art. 8 Abs. 2 lit. e DSRL.

146 Hintergrund der Vorschrift ist dabei, dass derjenige, der seine Daten ohnehin veröffentlicht insoweit auf den besonderen durch die DS-GVO (insbesondere Art. 9) gewährten Schutz in freier Selbstbestimmung **verzichtet**.[191] Freilich bleiben die allgemeinen Vorschriften, insbesondere die Vorgaben aus Art. 5 und 6 anwendbar.[192]

147 Unter „**Öffentlichmachen**" ist (mangels eigener Definition der DS-GVO) die Bereitstellung gegenüber der Allgemeinheit, also einem individuell nicht bestimmten Personenkreis, zu verstehen.[193] Dies ist jedenfalls dann der Fall, wenn der Betroffene die Daten selbst veröffentlicht oder jemanden veranlasst hat die Daten zu veröffentli-

---

187 Kritisch etwa Gierschmann-*Korge* Art. 9 Rn. 28.

188 Vgl. dazu soweit ersichtlich nur Gierschmann-*Korge* Art. 9 Rn. 28.

189 Gola-*Schulz* Art. 9 Rn. 22; Auernhammer-*Eßer* Art. 9 Rn. 15.

190 Ehmann/Selmayr-*Schiff* Art. 9 Rn. 38; Sydow-*Kampert* Art. 9 Rn. 27.

191 Sydow-*Kampert* Art. 9 Rn. 30; Kühling/Buchner-*Weichert* Art. 9 Rn. 77; Gierschmann-*Korge* Art. 9 Rn. 30.

192 Kühling/Buchner-Weichert Art. 9 Rn. 77.

193 Ehmann/Selmayr-*Schiff* Art. 9 Rn. 40; Kühling/Buchner-*Weichert* Art. 9 Rn. 78.

chen.[194] Beispiele sind etwa frei zugängliche Bereiche des Internets (Webseiten) oder öffentliche Medien. Daneben sind auch Presseerklärungen oder öffentliche Mitteilungen (z.B. in Branchenverzeichnissen) erfasst.[195]

Als Leitlinie lässt sich festhalten, dass stets entscheidend ist, ob der Kreis der Adressaten für den Betroffenen noch **überschaubar** ist und ob er wusste und wollte, dass die Informationen für jedermann zugänglich sind.[196] **148**

Die Veröffentlichung muss „**offenkundig**" von der betroffenen Person veranlasst worden sein. Damit soll verhindert werden, dass Betroffene den besonderen Schutz ihrer sensiblen Daten durch die DS-GVO verlieren, wenn ein Dritter dessen sensitive Daten veröffentlicht.[197] Erforderlich ist somit ein **eindeutiger und freier Willensakt** des Betroffenen.[198] Bei Bewertung der Offenkundigkeit kommt es dabei auf die Perspektive eines äußeren Beobachters an.[199] **149**

Die familiäre Kommunikation oder der **Chat bei WhatsApp oder Facebook** oder sonstigen Social-Media-Anbietern mit Chatfunktion zwischen wenigen Personen (kleinere Gruppenchats) wird daher nicht vom Anwendungsbereich erfasst sein. Dies kann sich aber je nach Größe des Gruppenchats ändern. **Daten in Sozialen Netzwerken**, etwa auf der Facebook-Seite oder bei Instagram, sind dann öffentlich gemacht, wenn diese allen Nutzern und nicht nur einer geschlossenen Benutzergruppe zur Verfügung gestellt werden. Sind also die auf der Facebook-Seite durch den Nutzer bereit gestellten Informationen nur für den (überschaubaren) Freundeskreis (also die Freundesliste) einsehbar, wird es an einer Veröffentlichung fehlen. Werden demgegenüber Informationen bewusst auch für Nicht-Mitglieder auf der öffentlichen Facebook-Seite freigeschaltet, liegt eine Veröffentlichung vor. **150**

Insofern lässt sich erkennen, dass den Betroffenen selbst in diesem Zusammenhang eine **besondere Verantwortung** trifft, seine Privatsphäre-Einstellungen so einzurichten, dass nicht von einem Öffentlichmachen auszugehen ist. Entscheidend ist auch hier, ob der Kreis der Adressaten für den Betroffenen überschaubar war und ob er wusste und wollte, dass die Informationen für jedermann zugänglich sind.[200] **151**

Bestehen Zweifel an der Veröffentlichung durch den Betroffenen ist der Ausnahmetatbestand nicht anwendbar.[201] **152**

---

194 Auernhammer-*Greve* Art. 9 Rn. 16; Gierschmann-*Korge* Art. 9 Rn. 30.

195 Sydow-*Kampert* Art. 9 Rn. 31; Ehmann/Selmayr-*Schiff* Art. 9 Rn. 40; Kühling/Buchner-*Weichert* Art. 9 Rn. 78.

196 In diesem Sinne auch Sydow-*Kampert* Art. 9 Rn. 31; Gierschmann-*Korge* Art. 9 Rn. 31; Kühling/Buchner-*Weichert* Art. 9 Rn. 78; Ehmann/Selmayr-*Schiff* Art. 9 Rn. 40 sowie Gola-*Schulz* Art. 9 Rn. 24.

197 Kühling/Buchner-*Weichert* Art. 9 Rn. 79; Sydow-*Kampert* Art. 9 Rn. 32.

198 Auernhammer-*Greve* Art. 9 Rn. 16; Ehmann/Selmayr-*Schiff* Art. 9 Rn. 40.

199 Sydow-*Kampert* Art. 9 Rn. 33; Kühling/Buchner-*Weichert* Art. 9 Rn. 80.

200 Sydow-*Kampert* Art. 9 Rn. 31; Gierschmann-*Korge* Art. 9 Rn. 31; Kühling/Buchner-*Weichert* Art. 9 Rn. 78; Ehmann/Selmayr-*Schiff* Art. 9 Rn. 40 sowie Gola-*Schulz* Art. 9 Rn. 24.

201 Kühling/Buchner-*Weichert* Art. 9 Rn 80; Gierschmann-*Korge* Art. 9 Rn. 31.

f) Durchsetzung von Rechtsansprüchen und justizielle Tätigkeiten (Art. 9 Abs. 2 lit. f).

153 Einen in praktischer Hinsicht äußerst bedeutsamen Ausnahmetatbestand enthält Art. 9 Abs. 2 lit. f:

„Für die Geltendmachung, Ausübung oder Verteidigung von Rechtsansprüchen dürfen sensitive Daten abweichend vom Verbotsgrundsatz des Art. 9 Abs. 1 nach Art. 9 Abs. 2 lit. f verarbeitet werden. Die Regelung entspricht dabei Art. 8 Abs. 1 lit. e DSRL, wobei die DS-GVO nunmehr die „Handlungen der Gerichte im Rahmen ihrer justiziellen Tätigkeit" miteinbezieht. Darüber hinaus ist **ErwG 52** zu beachten: Dadurch wird verdeutlicht, dass die DS-GVO ebenfalls im Falle der Verarbeitung sensibler Daten durch Gerichte und andere Justizbehörden sowie in einem Verwaltungsverfahren oder in einem außergerichtlichen Verfahren Anwendung findet."[202]

154 Hintergrund der Regelung ist dabei die **Sicherung der Effektivität der Rechtsdurchsetzung** und des **Justizgewährleistungsanspruchs** (Art. 47 GRCh, Art. 20 Abs. 2 S. 2, Abs. 3 GG): Lässt sich ein geltend gemachter Anspruch oder die Ausübung oder Verteidigung von Rechtsansprüchen oder ein gerichtliches Verfahren nur durch die Verarbeitung personenbezogener Daten durchsetzen, so soll es daran nicht durch ein Verarbeitungsverbot scheitern.[203]

155 Der Begriff der „**Rechtsansprüche**" ist deshalb weit auszulegen und bezieht sich sowohl auf deren Geltendmachung, Ausübung oder Verteidigung als auch auf öffentlich-rechtliche wie auch privatrechtliche Rechtspositionen. Die Entstehungsgründe für Rechtsansprüche können vielfältig sein und sich dabei etwa aus vertraglichen Regelungen ergeben, aus rechtsgeschäftsähnlichen Schuldverhältnissen, aber auch aus schädigenden oder deliktischen Handlungen, die zu Schadenersatzansprüchen führen.[204] Ob der Verantwortliche in dem Rechtsverhältnis **Gläubiger oder Schuldner** ist, ist dabei unerheblich.[205]

156 Die Verarbeitung sensibler Daten nach Abs. 1 muss weiterhin zur Durchsetzung von Rechtsansprüchen **erforderlich** sein. Hinsichtlich der Anforderungen an die Erforderlichkeit sind keine allzu strengen Maßstäbe zu stellen. Nicht jeder Tatsachenvortrag, der sensible Daten eines Betroffenen beinhalte, verstößt allein deswegen gegen Art. 9, wenn der Vortrag vom Gericht als unerheblich bewertet werde. Ausreichend ist vielmehr eine hinreichende Plausibilität der Erheblichkeit. Diese Grenze wird aber bei einer willkürlichen und bewussten Offenlegung von sensiblen Daten, die mit dem Streitstoff in keinerlei Verbindung stünden überschritten.[206]

157 Mit Blick auf die besondere Bedeutung des Art. 9 ist für die Praxis aber dringend angeraten, die Verarbeitung sensibler Daten, insbesondere bei Weitergabe im Rahmen von Rechtsstreitigkeiten, sorgfältig zu prüfen.

---

202 Gierschmann-*Korge* Art. 9 Rn. 32; Kühling/Buchner-*Weichert* Art. 9 Rn. 83.

203 Sydow-*Kampert* Art. 9 Rn. 34; Kühling/Buchner-*Weichert* Art. 9 Rn. 83; Gola-*Schulz* Art. 9 Rn. 25.

204 Kühling/Buchner-*Weichert* Art. 9 Rn 84; Ehmann/Selmayer-*Schiff* Art. 9 Rn. 42: Auernhammer-*Greve* Art. 9 Rn. 17.

205 Gola-*Schulz* Art. 9 Rn. 25; Kühling/Buchner-*Weichert* Art. 9 Rn. 84.

206 Vgl. dazu Ehmann/Selmayer-*Schiff* Art. 9 Rn. 42; Sydow-*Kampert* Art. 9 Rn. 34; Kühling/Buchner-*Weichert* Art. 9 Rn. 86.

In praktischer Hinsicht wird die Vorschrift somit immer dann relevant, wenn sensible Daten in dem o.g. Zusammenhang verarbeitet werden und für den Bestand von Rechtsansprüchen entscheidungserheblich sein können. Einen klassischen Anwendungsfall bildet etwa der Arzt, der eine Forderung gegenüber einem Patienten gerichtlich geltend macht. Daneben sind aber auch andere Fallgestaltungen denkbar: Geht es etwa in einem arbeitsrechtlichen Verfahren um die Frage eines Entschädigungsanspruchs eines Bewerbers wegen eines Verstoßes gegen das AGG durch den Arbeitgeber, so können dabei etwa **Gesundheitsdaten oder politische Meinungen** (z.B. im Rahmen des Fragerechts des Arbeitnehmers nach bestimmten Krankheiten oder einer Parteizugehörigkeit im Bewerbungsgespräch)[207] verarbeitet werden. Auch im Falle von Streitigkeiten hinsichtlich einer Zahlungspflicht für Zusatzangebote im Rahmen der Nutzung einer **Gesundheits-App** kann die Verarbeitung von sensiblen Daten, die im Rahmen der Gesundheits-Apps (z.B. Schrittzähler und Herzfrequenz) erhoben wurden, die Verarbeitung im o.g. Sinne erforderlich machen. **158**

g) Erhebliches öffentliches Interesse (Art. 9 Abs. 2 lit. g). Gemäß Art. 9 Abs. 2 lit. g gilt das Verbot der Verarbeitung sensitiver Daten aus Art. 9 Abs. 1 nicht, soweit die Verarbeitung aus Gründen eines erheblichen öffentlichen Interesses erforderlich ist. In einem solchen Falle kann die Verarbeitung auf der Grundlage des Unionsrechts oder des Rechts eines Mitgliedstaates, das in angemessenem Verhältnis zu dem verfolgten Ziel steht, den Wesensgehalt des Rechts auf Datenschutz wahrt und angemessene und spezifische Maßnahmen zur Wahrung der Grundrechte und Interessen der betroffenen Person vorsieht, zulässig sein. **159**

Art. 9 Abs. 2 lit. g entspricht dabei Art. 8 Abs. 4 DSRL. Die Parallelnorm für personenbezogene Daten, die keiner besonderen Kategorie unterfallen findet sich in Art. 6 Abs. 1 lit. e. **160**

Zu beachten ist, dass Art. 9 Abs. 2 lit. g im Wesentlichen aufgrund seiner generalklauselartigen Formulierung keinen eigenständigen Erlaubnistatbestand darstellt. Es handelt sich vielmehr um eine **Öffnungsklausel** dergestalt, dass konkretisierende Normen der Union oder der Mitgliedstaaten den Begriff des öffentlichen Interesses ausfüllen und infolge dessen der Ausnahmetatbestand Anwendung finden kann.[208] **161**

Letztlich findet daher im Rahmen von Art. 9 Abs. 2 lit. g eine **umfassende Abwägung** zwischen den Interessen der Öffentlichkeit und den aus dem Datenschutzrisiko für den Betroffenen resultierenden schutzwürdigen Belangen anhand der konkretisierenden Normen statt.[209] Insofern wird die Reichweite des Ausnahmetatbestandes weitgehend von der Inanspruchnahme der Regelungskompetenz der Mitgliedstaaten determiniert. In der Praxis wird der Ausnahmetatbestand daher insbesondere im **Gefahrenabwehrrecht** Bedeutung erlangen.[210] Gleichwohl ist zu beachten, dass die Regelung nicht auf eine bestimmte Materie beschränkt ist, so dass Art. 9 Abs. 2 lit. g der **weiteste Anwendungsbereich** im Rahmen des Art. 9 Abs. 2 zukommt.[211] **162**

---

207 Gola-*Schulz* Art. 9 Rn. 26.

208 Gola-*Schulz* Art. 9 Rn. 28; Gierschmann-*Korge* Art. 9 Rn. 40; Auernhammer-*Greve* Art. 9 Rn. 18.

209 Auernhammer-*Greve* Art. 9 Rn. 18; Sydow-*Kampert* Art. 9 Rn. 37; Kühling/Buchner-*Weichert* Art. 9 Rn. 88.

210 Ehmann/Selmayr-*Schiff* Art. 9 Rn. 44; Kühling/Buchner-*Weichert* Art. 9 Rn. 90.

211 Ehmann/Selmayr-*Schiff* Art. 9 Rn. 44.

163 Der Begriff des **öffentlichen Interesses** wird durch die DS-GVO selbst nicht definiert. Ein öffentliches Interesse liegt daher dann vor, wenn ein Interesse der gesamten Bevölkerung oder zumindest eines weiten Teils dieser und damit ein Interesse der Allgemeinheit vorliegt.[212] Demzufolge werden bloße Einzel- oder Privatinteressen aus dem Anwendungsbereich ausgeklammert. Dies schließt freilich nicht aus, dass Interessen der Allgemeinheit gleichzeitig Einzelinteressen sein können (etwa Hilfe zu humanitären Zwecken).[213] Folglich stellt auch **ErwG 46 S. 3** klar, dass einige Arten der Verarbeitung sowohl wichtigen Gründen des öffentlichen Interesses als auch lebenswichtigen Interessen der betroffenen Person dienen können und nennt dabei etwa die Verarbeitung für humanitäre Zwecke einschließlich der Überwachung von Epidemien und deren Ausbreitung oder humanitäre Notfälle im Falle von Naturkatastrophen. Entscheidend ist daher die **Abwehr erheblicher Nachteile** oder die **Wahrung erheblicher Belange des Allgemeinwohls**, wie etwa die Wahrung der Rechtsstaatlichkeit, die Gefahrenabwehr oder die Sicherstellung der öffentlichen Gesundheit.[214]

164 Darüber hinaus müssen die unions- oder mitgliedstaatlichen Regelungen **angemessene Garantien zur Wahrung der Rechte und Freiheiten** der betroffenen Person enthalten. Insofern gelten die Ausführungen aus Art. 9 Abs. 2 lit. b (vgl. Rn. 120 f.) entsprechend.

165 In diesem Zusammenhang ist insbesondere eine **Abgrenzung zu dem Begriff des öffentlichen Interesses aus Art. 6 Abs. 1 lit. e** erforderlich. Während im Rahmen von Art. 6 Abs. 1 lit. e die Datenverarbeitung lediglich an die Voraussetzung einer Aufgabenwahrnehmung im öffentlichen Interesse knüpft und damit letztlich jede öffentliche Aufgabe ausreichend ist, liegen die Anforderungen im Rahmen von Art. 9 Abs. 1 höher.[215] Insofern muss im Rahmen von Art. 9 Abs. 2 lit. g entsprechend seinem Wortlaut eine bestimmte **Erheblichkeitsschwelle** überschritten werden, die Bagatellfälle ausklammert und so die Verarbeitung sensitiver Daten einer spezifischen Legitimation unterwirft, um den Ausnahmecharakter der Vorschrift nicht zu entwerten.

166 Dabei ist aber unklar, wo diese Erheblichkeitsschwelle im Einzelfall anzusiedeln ist. Auch ist fraglich, ob mit dem Begriff der „öffentlichen Interessen" und der „Allgemeinheit" stets die Voraussetzung verbunden ist, dass eine Gefahr für mehrere Personen besteht oder ob auch Gefahren für lebenswichtige Interessen des Einzelnen eine Anwendung des Ausnahmetatbestandes rechtfertigen können.

167 Gerade vor dem Hintergrund einer Ausfüllung des Ausnahmetatbestands durch das Recht der Mitgliedstaaten können hier erhebliche praktische Probleme, insbesondere hinsichtlich des **Gefahrenabwehrrechts** entstehen.

168 Insbesondere wenn es um die Verarbeitung von **Gesundheitsdaten** geht, kann es so zu Verzahnungen mit dem Gefahrenabwehrrecht kommen. Denkbar sind hier etwa Fälle

---

212 Sydow-*Kampert* Art. 9 Rn. 36; Kühling/Buchner-*Weichert* Art. 9 Rn. 89 f.; Ehmann/Selmayr-*Schiff* Art. 9 Rn. 45; Gola-*Schulz* Art. 9 Rn. 28.

213 Kühling/Buchner-*Weichert* Art. 9 Rn. 89.

214 Gierschmann-*Korge* Art. 9 Rn. 34; Kühling/Buchner-*Weichert* Art. 9 Rn. 90.

215 Sydow-*Kampert* Art. 9 Rn. 36; Auernhammer-*Greve* Art. 9 Rn. 19; Kühling/Buchner-*Weichert* Art. 9 Rn. 91.

eines **angedrohten Suizides eines Nutzers bei Facebook.**[216] Nach nationalem Recht kann auch ein (angedrohter) Suizid eine Gefahr für die öffentliche Sicherheit oder Ordnung begründen. Darüber hinaus nimmt ErwG 46 S. 3 auch ausdrücklich auf die lebenswichtigen Interessen des Einzelnen Bezug. Diese Überlegungen sind dabei auf Selbstgefährdungen übertragbar (wie etwa die Ankündigung eines Nutzers in sozialen Netzwerken **lebensgefährliche Handlungen** vorzunehmen, wie z.B. „S-Bahn-Surfing"). Daneben kommen Fälle in Betracht, in denen sich der Betroffene einer Impfung verweigert und dadurch **Dritte gefährdet**. Eine Gefahr für die Allgemeinheit entsteht darüber hinaus im Falle des **Fahrens eines Kraftfahrzeugs im alkoholisierten Zustand** oder **Fahrten unter Drogeneinfluss**. In diesen Fallgruppen geht es stets um lebenswichtige Interessen und damit um hochrangige und besonders schützenswerte Rechtsgüter, die nach nationalem Recht eine Gefahr für die öffentliche Sicherheit und Ordnung darstellen. Bei konsequenter Anwendung der Öffnungsklausel müssen diese Fallgruppen folglich eine Anwendung des Ausnahmetatbestandes des Art. 9 Abs. 2 lit. g rechtfertigen können.

h) Gesundheitsversorgung (Art. 9 Abs. 2 lit. h). Der Ausnahmetatbestand des Art. 9 **169**
Abs. 2 lit. h normiert die datenschutzrechtliche Zulässigkeit der Versorgung und Behandlung im Gesundheits- und Sozialbereich, der medizinischen Diagnostik, der Gesundheitsvorsorge sowie des gesamten Bereichs der Arbeitsmedizin zur Beurteilung der Arbeitsfähigkeit von Beschäftigten. Dabei enthält auch Art. 9 Abs. 2 lit. h eine **Öffnungsklausel**: Danach kann eine Verarbeitung sensibler Daten auf einer unions- oder mitgliedsstaatlichen Rechtsgrundlage oder aufgrund eines Vertrages mit dem Angehörigen eines Gesundheitsberufs basieren. Darüber hinaus sind die besonderen Anforderungen nach Art. 9 Abs. 3[217] zu beachten. Art. 9 Abs. 2 lit. h und Art. 9 Abs. 3 bilden daher eine einheitliche Regelung.[218]

Art. 9 Abs. 2 lit. h entspricht dabei Art. 8 Abs. 3 DSRL, der bisher Fragen der medizi- **170**
nischen Datenverarbeitung regelte.[219]

Hinsichtlich der Systematik und **Abgrenzung zu anderen Ausnahmetatbeständen** des **171**
Art. 9 Abs. 2 ist Folgendes festzuhalten: Art. 9 Abs. 2 lit. h ist dabei zunächst von Art. 9 Abs. 2 lit. i abzugrenzen, der sich ebenfalls mit der Gesundheitsversorgung befasst. Dabei bezieht sich der Anwendungsbereich des Art. 9 Abs. 2 lit. h auf die Notwendigkeit der **informationstechnischen Verarbeitung** von Daten im Gesundheits- und Sozialbereich und nimmt daher Rücksicht auf die systemischen Verarbeitungsabläufe in diesen Bereichen.[220] Demgegenüber erfasst Art. 9 Abs. 2 lit. i die **gefahrenabwehrrechtliche Komponente** im Gesundheitswesen. Der Teilbereich der **medizinischen Forschung** wird demgegenüber von Art. 9 Abs. 2 lit. j erfasst.[220]

Hinsichtlich Art. 9 Abs. 2 lit. h enthält **ErwG 53 S. 1** nähere Erläuterungen: Danach **172**
erfolgt die Datenverarbeitung nach Art. 9 Abs. 2 lit. h insbesondere im Zusammenhang mit der Verwaltung der Dienste und Systeme des Gesundheits- und Sozialbereichs. In diesem Bereich soll also die Verarbeitung sensibler Daten ausnahmsweise erlaubt sein.

---

216 Vgl. dazu *Schwartmann* Der Missbrauch des Seelenlebens, KStA v. 28.12.17, S. 4.
217 Vgl. dazu die Kommentierung in Rn. 201.
218 Sydow-*Kampert* Art. 9 Rn. 42; Ehmann/Selymayr-*Schiff* Art. 9 Rn. 53.
219 Vgl. dazu Gierschmann-*Korge* Art. 9 Rn. 35; Sydow-*Kampert* Art. 9 Rn. 43.
220 Dazu Kühling/Buchner-*Weichert* Art. 9 Rn. 92 f.; Ehmann/Selmayr-*Schiff* Art. 9 Rn. 52.

173 Der Grund dafür liegt insbesondere in der Gewährleistung der **Funktionsfähigkeit der Erbringung von Dienstleistungen im Gesundheits- und Sozialapparates** und der Berücksichtigung der Entwicklungen hinsichtlich der informationstechnischen Verarbeitung von personenbezogenen Daten. Dies zeigt sich bereits an der Zunahme von Big Data-Anwendungen im Gesundheitsbereich.[221]

174 Vom Anwendungsbereich des Art. 9 Abs. 2 lit. h werden somit zunächst **medizinische Dienstleistungen** erfasst. Damit sind sowohl Verarbeitungen im Bereich der Prävention, Diagnostik als auch Behandlungen kurativer oder nachsorgender Art.[222] Die Verarbeitung muss sich dabei **auf die Behandlung selbst** oder auf die **damit zusammenhängende verwaltungstechnische Tätigkeit** beziehen und soll die effektive medizinische Behandlung sicherstellen.[223] Damit wird etwa die Arbeit von Abrechnungsstellen ebenso wie die Buchführung und Dokumentation der Behandlung vom Ausnahmetatbestand erfasst.[224]

175 Daneben werden Datenverarbeitungen im **Sozialbereich** vom Ausnahmetatbestand erfasst. Oftmals ist eine klare Abgrenzung zwischen dem Gesundheits- und dem Sozialbereich nicht möglich, in der Praxis für eine Anwendung der Ausnahmeregelung aber auch nicht notwendig. Als Leitlinie lässt sich allerdings festhalten, dass im Sozialbereich die staatliche Regulierung von (öffentlichen) Leistungen zur Schaffung sozialer Gerechtigkeit in den Vordergrund rückt, während sich die Gesundheitsvorsorge stärker auf die Sicherung der körperlichen und seelische Gesundheit bezieht.[225] Erfasst werden daher insbesondere Sozialleistungen oder sonstige Geldleistungen. Grenzfälle, die eine Zuordnung sowohl zum Gesundheits- als auch zum Sozialbereich zulassen, bilden etwa staatliche Beratungsstellen zur Suchtprävention oder soziale Dienste in Krankenhäusern.[226]

176 Zudem wird ausweislich des Wortlauts Art. 9 Abs. 2 lit. h nunmehr die Verarbeitung für Zwecke der **Verwaltung von System und Diensten im Gesundheits- oder Sozialbereich** vom Ausnahmetatbestand erfasst. Im Anwendungsbereich dieses Begriffs liegt dabei der gesamte organisatorische und administrative Rahmen zur Erbringung von Gesundheitsleistungen.[227] Insofern werden insbesondere **Träger von Versicherungsleistungen** (etwa Kranken- oder Unfallversicherung) erfasst. Dies umfasst etwa Maßnahmen der Administration, Organisation, Planung und Abrechnung im Sinne der §§ 295 ff. SGB V sowie Wirtschaftlichkeitsprüfungen (§ 106 SGB V) in derartigen Systemen.[228] In der Praxis werden so insbesondere Daten verarbeitet, die medizinische Leistungserbringer den Krankenkassen mitteilen (Leistungsdaten), aber auch Sozialdaten, wenn diese an Träger von Sozialleistungen weitergegeben werden.[229] Dabei ist die Ausnahme allerdings nicht auf die Verarbeitung von biometrischen oder geneti-

221 Gola-*Schulz* Art. 9 Rn. 29; Gierschmann-*Korge* Art. 9 Rn. 35; Auernhammer-*Greve* Art. 9 Rn. 20.
222 Sydow-*Kampert* Art. 9 Rn. 43; Kühling/Buchner-*Weichert* Art. 9 Rn. 98.
223 Kühling/Buchner-*Weichert* Art. 9 Rn. 98; Sydow-*Kampert* Art. 9 Rn. 43.
224 Gola-*Schulz* Art. 9 Rn. 29; Kühling/Buchner-*Weichert* Art. 9 Rn. 98.
225 Kühling/Buchner-*Weichert* Art. 9 Rn. 11.
226 Sydow-*Kampert* Art. 9 Rn. 44.
227 Kühling/Buchner-*Weichert* Art. 9 Rn. 105; Sydow-*Kampert* Art. 9 Rn. 45.
228 Kühling/Buchner-*Weichert* Art. 9 Rn. 105 f.; Sydow-*Kampert* Art. 9 Rn. 45.
229 Kühling/Buchner-*Weichert* Art. 9 Rn. 105 f.

schen Daten sowie Gesundheits- oder Sozialdaten beschränkt. Vielmehr können auch religiöse oder weltanschauliche Überzeugungen Teil der Verarbeitung sein, z.B. dann, wenn ein Patient eine Behandlung aus bestimmten religiösen oder weltanschaulichen Überzeugungen verweigert.[230]

Der Begriff der **Arbeitsmedizin** des Art. 9 Abs. 2 lit. h bezieht sich dabei inhaltlich auf **177**
den Erhalt der Gesundheit unter Berücksichtigung der aus dem Arbeitsleben resultierenden Einflüsse, indem Gesundheitsschäden oder Krankheiten frühzeitig erkannt werden und somit elementarer Bestandteil der **Gesundheitsvorsorge am Arbeitsplatz** sind. In praktischer Hinsicht zeichnet sich der Bereich der Arbeitsmedizin häufig durch die Hinzuziehung eines **Betriebsarztes** aus. Dabei geht es in erster Linie darum, dem Arbeitgeber die Daten zur Verfügung zu stellen, die für eine Gesundheitsvorsorge am Arbeitsplatz notwendig sind.[231] Spezialgesetzliche Regelungen auf nationaler Ebene finden sich dabei insbesondere im Arbeitszeitgesetz (ArbZG), den Sozialgesetzbüchern (SGB V). In praktischer Hinsicht sind etwa die Verarbeitung von Gesundheitsdaten in Bewerbungsgesprächen oder Einstellungsuntersuchungen, Behandlungen während eines Beschäftigungsverhältnisses (z.B. Rückenschmerzen wegen falscher Sitzhaltung am Arbeitsplatz), aber auch Maßnahmen im Hinblick auf eine Arbeitsunfähigkeit oder eine Wiedereingliederung in den Arbeitsbetrieb zu nennen.[232]

Die aufgrund ihrer zahlreichen Anwendungsmöglichkeiten weitreichende Erlaubnis- **178**
regel wird dabei über die in **Art. 9 Abs. 3**[233] enthaltene Vorgabe eingegrenzt, wonach der Umgang mit sensitiven Daten nur durch Fachpersonal, dass einem Berufsgeheimnis oder einer sonstigen Geheimhaltungspflicht nach mitgliedstaatlichem Recht unterliegt, sowie unter dessen Verantwortung, zulässig ist.

i) Öffentliches Interesse im Bereich der öffentlichen Gesundheit (Art. 9 Abs. 2 lit. i).
Wie bereits oben im Rahmen von Art. 9 Abs. 2 lit. h angedeutet, bezieht sich der Aus- **179**
nahmetatbestand des Art. 9 Abs. 2 lit. i auf die **gefahrenabwehrrechtliche Komponente** im Gesundheitswesen. Danach ist die Verarbeitung besonderer Kategorien personenbezogener Daten aus Gründen des öffentlichen Interesses im Bereich der öffentlichen Gesundheit zulässig. Die Verarbeitung sensibler Daten für die öffentliche Gesundheit steht dabei ausweislich Art. 9 Abs. 2 lit. i Hs. 2 unter dem Vorbehalt einer unions- oder mitgliedsstaatlichen Regelung und enthält somit eine **Öffnungsklausel**.

Der Ausnahmetatbestand hat keine korrespondierende Vorgängerregelung in der **180**
DSRL.

Unter **öffentlicher Gesundheit** versteht der europäische Gesetzgeber nach **ErwG 54** **181**
S. 3 unter Bezugnahme auf die Verordnung (EG) Nr. 1338/2008 „alle Elemente im Zusammenhang mit der Gesundheit, nämlich den Gesundheitszustand einschließlich Morbidität und Behinderung, die sich auf diesen Gesundheitszustand auswirkenden Determinanten, den Bedarf an Gesundheitsversorgung, die der Gesundheitsversorgung zugewiesenen Mittel, die Bereitstellung von und den allgemeinen Zugang zu Gesundheitsversorgungsleistungen sowie die entsprechenden Ausgaben und die

230 Gola-*Schulz* Art. 9 Rn. 29.
231 Vgl. dazu Kühling/Buchner-*Weichert* Art. 9 Rn. 111 f.
232 *Weichert* RDV 2007, S. 189 ff.; Kühling/Buchner-*Weichert* Art. 9 Rn. 113.
233 Vgl. dazu die Kommentierung zu Art. 9 Abs. 3 DS-GVO in Rn. 201 f.

Finanzierung und schließlich die Ursachen der Mortalität." Eine solche Verarbeitung von Gesundheitsdaten darf nach **ErwG 54 S. 4** nicht dazu führen, dass Dritte, unter anderem Arbeitgeber oder Versicherungs- oder Finanzunternehmen, solche personenbezogenen Daten zu anderen Zwecken verarbeiten.[234] Insofern können sich private Unternehmen nicht auf den Ausnahmetatbestand berufen, es sei denn, das Unternehmen nimmt etwa als Beliehener aufgrund einer gesetzlichen Ermächtigung öffentliche Aufgaben wahr.[235]

182 Der Begriff der öffentlichen Gesundheit wird darüber hinaus in Art. 9 Abs. 2 lit. i näher beschrieben: Erwähnt werden **schwerwiegende grenzüberschreitende Gesundheitsgefahren**, wozu neben übertragbaren Krankheiten unter anderem auch Gefahren chemischen Ursprungs und Gefahren unbekannten Ursprungs zählen.[236] Zudem wird die Gewährleistung hoher Qualitäts- und Sicherheitsstandards bei der Gesundheitsversorgung und bei Arzneimitteln und Medizinprodukten erfasst.[237]

183 Zu beachten ist insofern, dass ErwG 54, sowie die konkretisierenden Beispiele aus Art. 9 Abs. 2 lit. i, **keine abschließende Aufzählung** darstellen. Vielmehr dient die Nennung von Beispielen der Erleichterung der Rechtsanwendung.[238]

184 Anders als im Rahmen des Art. 9 Abs. 2 lit. g ist ausweislich des Wortlauts des Art. 9 Abs. 2 lit. i ein „einfaches" öffentliches Interesse im Bereich der öffentlichen Gesundheit ausreichend.

185 Folglich erfasst der Anwendungsbereich des Ausnahmetatbestandes alle Maßnahmen zur Förderung der öffentlichen Gesundheit, etwa durch Maßnahmen der **Aufklärung und Prävention von Krankheiten**. Darüber hinaus liegt der **Schutz der Bürger vor Gesundheitsgefahren** im Anwendungsbereich, so dass insbesondere die **Meldepflichten im Infektionsschutzgesetz** erfasst werden.[239] In diesem Zusammenhang stellt sich wie im Rahmen von Art. 9 Abs. 2 lit. g die Frage, ob dementsprechend die etwa **Verweigerung einer Impfung**, aus der Gefährdungen für Dritte entstehen können, dem Anwendungsbereich des Ausnahmetatbestandes unterfallen. Jedenfalls werden Krankheitsregister zur Analyse und Prävention von Gesundheitsgefahren dem Ausnahmetatbestand unterfallen. Darüber hinaus werden auf nationaler Ebene etwa die Regelungen des **Arzneimittelgesetzes** (AMG) oder des **Medizinproduktegesetzes** (MPG) erfasst.[240] Ferner erfasst Art. 9 Abs. 2 lit. i Fälle, in denen es um die **Vermeidung von Pandemien oder Epidemien** geht.

186 Darüber hinaus müssen die unions- oder mitgliedstaatlichen Regelungen **angemessene Garantien zur Wahrung der Rechte und Freiheiten** der betroffenen Person enthalten. Insofern gelten die Ausführungen aus Art. 9 Abs. 2 lit. b (vgl. Rn. 120 ff.) entsprechend.

---

234 Auernhammer-*Greve* Art. 9 Rn. 23; *Härting* DSGVO Rn. 546.
235 Kühling/Buchner-*Weichert* Art. 9 Rn. 11; *Härting* DSGVO Rn. 546.
236 Gola-*Schulz* Art. 9 Rn. 32 mit Verweis auf Art. 2 Beschluss Nr. 2082/2013/EG.
237 *Weichert* verweist hierzu in Kühling/Buchner Art. 9 Rn. 120 auf Spezialregelungen in § 299 SGB V, § 5 MBOÄ, §§ 72 Abs. 2, 135 ff., 299 SGB V, § 11a Nr. 2 ApoG, §§ 54 ff. AMG oder § 26 MPG.
238 Sydow-*Kampert* Art. 9 Rn. 46.
239 Vgl. dazu Kühling/Buchner-*Weichert* Art. 9 Rn. 12; Gola-*Schulz* Art. 9 Rn. 33.
240 Kühling/Buchner-*Weichert* Art. 9 Rn. 119 f.

j) Archivierungs-, Forschungs- und statistische Zwecke (Art. 9 Abs. 2 lit. j). Eine Verarbeitung sensibler Daten für im öffentlichen Interesse liegende Archivzwecke, für wissenschaftliche oder historische Forschungszwecke oder für statistische Zwecke gemäß Art. 89 Abs. 1 ist nach dem Ausnahmetatbestand des Art. 9 Abs. 2 lit. j zulässig, wenn das mitgliedsstaatliche Recht im angemessenes Verhältnis zu dem verfolgten Ziel steht, den Wesensgehalt des Rechts auf Datenschutz wahrt und angemessene Maßnahmen zur Wahrung der Grundrechte und Interessen der betroffenen Person vorsieht. **187**

Insofern wird ergänzend auf die Ausführungen im Rahmen von Art. 89 verwiesen.[241] **188**
Art. 9 Abs. 2 lit. j findet seine Vorgängerregelung in Art. 6 Abs. 1 lit. e DSRL, der sich allerdings auf personenbezogene Daten im Allgemeinen und nicht auf besondere Kategorien personenbezogener Daten bezog.[242]

Art. 9 Abs. 2 lit. j enthält wie Art. 9 Abs. 2 lit. i eine **Öffnungsklausel**. Insofern dürfen die Mitgliedstaaten durch nationale Regelungen die Verarbeitung besonderer Kategorien personenbezogener Daten zu den in Art. 9 Abs. 2 lit. j genannten Zwecken erlauben.[243] **189**

Die Aufzählung der zulässigen Zwecke, die im öffentlichen Interesse liegen, sind im Ausnahmetatbestand **abschließend** geregelt.[244] **190**

Hierbei ist zu beachten, dass die Verarbeitung für Archivzwecke, wissenschaftliche oder historische Forschungszwecke sowie für statistische Zwecke im **öffentlichen Interesse** erfolgen muss. So verweist **ErwG 53 S. 1 a.E.** beispielhaft auf Studien im Bereich der öffentlichen Gesundheit. **191**

Hinsichtlich der **Archivzwecke** trifft **ErwG 158 S. 1** konkretisierende Aussagen: Archivzwecke umfassen dabei jede Behörde oder öffentliche sowie private Stelle, die Aufzeichnungen von öffentlichem Interesse führen, wobei das Führen auch den Erwerb, die Bewertung, den Erhalt und die Bereitstellung umfasst. Insofern liegt nach **ErwG 158 S. 2** die Bereitstellung spezifischer Informationen im Zusammenhang mit dem politischen Verhalten unter ehemaligen totalitären Regimen, Völkermord, Verbrechen gegen die Menschlichkeit, insbesondere dem Holocaust und Kriegsverbrechen im öffentlichen Interesse. Auf nationaler Ebene werden die im öffentlichen Interesse liegenden Archivzwecke etwa durch das **Bundesarchivgesetz** geregelt.[245] So verwahrt das Bundesarchiv Unterlagen, die von bleibendem Wert für die Bundesrepublik sind. Dies erfasst etwa die Unterlagen der öffentlichen Stellen des Bundes, aber auch Unterlagen der Stellen der Deutschen Demokratischen Republik sowie der Sozialistischen Einheitspartei Deutschlands (vgl. dazu § 3 Abs. 2 BArchG). Insofern fällt die Verarbeitung der sensiblen Daten von ehemaligen Funktionären in den alten Regimen unter den Ausnahmetatbestand. **192**

---

241 Vgl. dazu die Kommentierung zu Art. 89.
242 Gierschmann-*Korge* Art. 9 Rn. 41; Kühling/Buchner-*Weichert* Art. 9 Rn. 121.
243 Vgl. dazu *Kühling/Martini u.a.* Die Datenschutz-Grundverordnung und das nationale Recht 2016, S. 53.
244 Sydow-*Kampert* Art. 9 Rn. 50.
245 Vgl. dazu auch Sydow-*Kampert* Art. 9 Rn. 51; Kühling/Buchner-*Weichert* Art. 9 Rn. 121 f.

193 Der Begriff der Verarbeitungen für **wissenschaftliche oder historische Forschungszwecke** ist laut ErwG 159 S. 2 weit auszulegen und dabei etwa die Verarbeitung für die technologische Entwicklung und die Demonstration, die Grundlagenforschung, die angewandte Forschung und die privat finanzierte Forschung einzuschließen. Wissenschaftliche Forschungszwecke sind darüber hinaus in Art. 13 GRCh (Art. 5 Abs. 3 GG) geschützt. Insofern wird ausweislich des **ErwG 159 S. 3** dem Ziel, einen europäischen Raum der Forschung zu schaffen, Rechnung getragen. Dafür werden auch Studien, die im öffentlichen Interesse im Bereich der öffentlichen Gesundheit stattfinden erfasst. Insofern sollten nach ErwG 159 S. 5 um den Besonderheiten der Verarbeitung personenbezogener Daten zu wissenschaftlichen Forschungszwecken Rechnung zu tragen spezifische Regelungen insbesondere hinsichtlich der Veröffentlichung oder sonstigen Offenlegung von personenbezogenen Daten im Kontext wissenschaftlicher Zwecke gelten.

194 Der Begriff der **Forschung** umfasst dabei in Anlehnung an die verfassungsrechtliche Definition „alles, was als ernsthafter und planmäßiger Versuch zur Ermittlung der Wahrheit anzusehen ist".

Eine unabhängige Forschung mit Verarbeitung sensibler Daten kann sowohl durch den Verantwortlichen als durch Externe durchgeführt werden.

195 Dem Begriff der historischen Forschungszwecke kommt in diesem Zusammenhang in erster Linie eine ergänzende Funktion zu, zumal es in diesem Anwendungsfall häufig zu inhaltlichen Überschneidungen mit dem Begriff der Archivzwecke kommen wird.[246] In praktischer Hinsicht ist dies für die Einschlägigkeit des Ausnahmetatbestands freilich ohne Belang.

196 Bei der Verwendung und Verarbeitung von **Gesundheitsdaten** im Sinne des Art. 9 Abs. 1 für Forschungszwecke[247] kann nicht nur auf Art. 9 Abs. 2 lit. j, sondern auch auf die Voraussetzungen des Art. 9 Abs. 2 lit. h oder Art, 9 Abs. 2 lit. i zurückgegriffen werden.[248]

197 Hinsichtlich der Forschungszwecke ist in der Praxis insbesondere bedeutsam, dass der Bezug zu einem „öffentlichen Interesse" der Forschungszwecke nicht übersehen werden darf. Insofern wird zwar auch die privat finanzierte Forschung vom Anwendungsbereich erfasst, gleichwohl fallen **rein kommerzielle Forschungszwecke** privater Forschungseinrichtungen somit nicht unter den Ausnahmetatbestand.[249]

198 Hinsichtlich einer **Verarbeitung für statistische Zwecke** im öffentlichen Interesse trifft **ErwG 162 S. 3** eine eindeutige Aussage: Unter dem Begriff „statistische Zwecke" ist jeder für die Durchführung statistischer Untersuchungen und die Erstellung statistischer Ergebnisse erforderliche Vorgang der Erhebung und Verarbeitung personenbezogener Daten zu verstehen. Diese Ergebnisse können auch für wissenschaftliche Forschungszwecke weiterverarbeitet werden, wobei dabei einschränkend erforderlich ist, dass die Ergebnisse der Verarbeitung zu statistischen Zwecken keinen personenbezogenen, sondern aggregierte Daten sind und diese Daten nicht für Maßnahmen oder Entscheidungen gegenüber einzelnen natürlichen Personen verwendet werden.

---

246 Sydow-*Kampert* Art. 9 Rn. 53.

247 *Blobel/Koeppe* Handbuch Datenschutz und Datensicherheit im Gesundheit und Sozialwesen, S. 163 ff.

248 Kühling/Buchner-*Weichert* Art. 9 Rn 130.

249 Vgl. dazu auch Kühling/Buchner-*Weichert* Art. 9 Rn. 130.

Die Anforderungen hinsichtlich einer Wahrung des Wesensgehalt des Rechts auf Datenschutz und des Vorhandenseins angemessener Maßnahmen zur Wahrung der Grundrechte und Interessen der betroffenen Person überschneiden sich insoweit weitestgehend mit denen der geeigneten Garantien (vgl. dazu die Ausführungen zu Art. 9 Abs. 2 lit. b Rn. 120). **199**

Allerdings stellt sich in diesem Zusammenhang die Frage, ob die angemessenen und spezifischen Schutzmaßnahmen über die Sicherungen der DS-GVO hinausgehen oder ob insoweit die Einräumung der Betroffenenrechte aus der DS-GVO genügt.[250] Hier haben die Mitgliedstaaten einen weiten Gestaltungsspielraum, durch den sie über die DS-GVO hinausgehende Schutzmaßnahmen zugunsten der Betroffenen treffen können, wie etwa die Einführung besondere Kontrollgremien im Bereich der Forschung.[251] **200**

3. Verarbeitung nach Art. 9 Abs. 3. Art. 9 Abs. 3 ergänzt den Ausnahmetatbestand des Art. 9 Abs. 2 lit. h und lässt die Verarbeitung in Fällen zu, in denen die besonderen Datenkategorien nach Art. 9 Abs. 1 von Fachpersonal oder unter dessen Verantwortung verarbeitet werden und die Verarbeitung durch Personen erfolgt, die nach dem Recht eines Mitgliedstaates, nach Unionsrecht oder aufgrund von Vorschriften national zuständiger Stellen einem **Berufsgeheimnis** oder einer **Geheimhaltungspflicht** unterliegen.[252] **201**

Art. 9 Abs. 3 findet seine Vorgängerregelung in Art. 8 Abs. 3 DSRL. **202**

Hinsichtlich der Systematik und Stellung des Art. 9 Abs. 3 lässt sich Folgendes festhalten: Art. 9 Abs. 3 und Art. 9 Abs. 2 lit. h stellen einen **einheitlichen Regelungskomplex** dar, bei denen die jeweiligen Voraussetzungen **kumulativ** vorliegen müssen.[253] Insofern verschränkt Art. 9 Abs. 3 die im Rahmen von Art. 9 Abs. 1 geltenden datenschutzrechtlichen Vorschriften, sofern diese zu Zwecken nach Art. 9 Abs. 2 lit. h verarbeitet werden, mit dem Berufsgeheimnis.[254] Folglich erfasst Art. 9 Abs. 3 alle Fälle des Art. 9 Abs. 1, sofern diese zu Zwecken nach Art. 9 Abs. 2 lit. h verarbeitet werden. **203**

Hinsichtlich des Berufsgeheimnisses und der Geheimhaltungspflicht können sich aus dem nationalen Recht zusätzliche Verarbeitungsvoraussetzungen ergeben. Art. 9 Abs. 3 enthält insofern eine **Öffnungsklausel** für mitgliedstaatliche Regelungen.[255] Indem Art. 9 Abs. 3 hinsichtlich der inhaltlichen bzw. qualitativen Anforderungen an die Regelungen des Berufsgeheimnisses der Mitgliedstaaten aufweist, könnten auf den ersten Blick die jeweiligen mitgliedstaatlichen Regelungsinhalte stark voneinander abweichen. Gleichwohl werden diese Unterschiede bereits durch Art. 90[256] insofern abgemildert, indem mitgliedstaatliche Regelungen notwendig und verhältnismäßig sein müssen, um das Recht auf Schutz der personenbezogenen Daten mit der Pflicht zur Geheimhaltung in Einklang zu bringen. **204**

---

250 *Martini/Kühling u.a.* Die Datenschutz-Grundverordnung und das nationale Recht 2016, S. 53; Gola-*Schulz* Art. 9 Rn. 36.

251 *Martini/Kühling u.a.* Die Datenschutz-Grundverordnung und das nationale Recht 2016, S. 53; Gola-*Schulz* Art. 9 Rn. 36.

252 Vgl. dazu *Laue/Nink/Kremer* Datenschutzrecht, S. 107 Rn. 64.

253 Auernhammer-*Greve* Art. 9 Rn. 25; Sydow-*Kampert* Art. 9 Rn. 55.

254 Kühling/Buchner-*Weichert* Art. 9 Rn. 138;

255 Auernhammer-*Greve* Art. 9 Rn. 25; Kühling/Buchner-*Weichert* Art. 9 Rn. 138.

256 Vgl. dazu die Kommentierung zu Art. 90.

205 Als Schutzmaßnahme hinsichtlich der von Art. 9 Abs. 2 lit. h insbesondere erfassten Gesundheits- und Sozialdaten nennt Art. 9 Abs. 3 zunächst das **Berufsgeheimnis**. Insofern werden insbesondere Fallkonstellationen von Art. 9 Abs. 3 erfasst, in denen die Daten von Fachpersonal, das einem Berufsgeheimnis unterliegt, verarbeitet werden. Gleichwohl ist stets entscheidend, dass die verarbeitende Person oder die Person, die die Verarbeitung verantwortet dem Berufsgeheimnis unterliegt. Insofern umfasst der Anwendungsbereich des Art. 9 Abs. 3 nicht nur das Fachpersonal.[257]

206 Diese erste Tatbestandsvariante ist dabei im Zusammenhang mit Art. 90 zu lesen und unterstreicht die Kompetenz der Mitgliedstaaten nationale Regelungen zu erlassen. Insofern ist in Deutschland vor allem **§ 203 StGB** relevant. § 203 Abs. 1 StGB benennt die Berufsgeheimnisträger, wie etwa Ärzte, Psychologen, Notare oder Rechtsanwälte (vgl. dazu §§ 43a Abs. 2 BROA, § 18 BNotO). Darüber hinaus erweitert § 203 Abs. 3 S. 2 StGB den Anwendungsbereich des Berufsgeheimnisses auf alle berufsmäßig tätigen Gehilfen.[258] Darunter fallen etwa Arzthelfer/-innen, aber gegebenenfalls auch Mitarbeiter des administrativen Bereichs einer Arztpraxis. Eine Ergänzung zum Berufsgeheimnis findet sich im Zeugnisverweigerungsrecht aus **§ 53 StPO**.[259] Auch das **Sozialgeheimnis** aus § 35 Abs. 1 SGB I stellt ein Berufsgeheimnis im Sinne des Art. 9 Abs. 3 dar, so dass auch Sozialleistungsträger erfasst sind. Dabei erstreckt sich das Sozialgeheimnis auch auf das **Hilfspersonal** und **Auftragsverarbeiter**, vgl. § 80 SGB X.[260]

207 Daneben erfasst Art. 9 Abs. 3 auch die Verarbeitung durch eine andere Person, die einer **Geheimhaltungspflicht** unterliegt. Um aber das Geheimhaltungserfordernis nicht lückenhaft auszufüllen ist hierbei davon auszugehen, dass die Geheimhaltungspflicht ein ähnliches Schutzniveau aufweisen muss, wie das der Berufsgeheimnisträger. Insofern stellt die Geheimhaltungspflicht gegenüber den Berufsgeheimnisträgern kein qualitatives Weniger dar.[261] Dies ist z.B. bei Rechtsanwälten und den Schweigepflichten nach § 203 Abs. 1 StGB gegeben. Insofern ergeben sich die Geheimhaltungspflichten unmittelbar aus dem Gesetz.[262] Letztlich gewährt die Regelung der Geheimhaltungspflicht einen abschließenden Schutz von Gesundheitsdaten, indem sichergestellt wird, dass nicht nur Berufsgeheimnisträger, sondern im Rahmen eines oftmals arbeitsteiligen Vorgehens auch durch andere Personen ermöglicht werden, die einer entsprechenden Geheimhaltungsverpflichtung unterliegen.[263]

208 **4. Zusätzliche Bedingungen nach Art. 9 Abs. 4.** Art. 9 Abs. 4 sieht zusätzliche Bedingungen im Falle der Verarbeitung von biometrischen, genetischen und von Gesundheitsdaten vor.

257 Sydow-*Kampert* Art. 9 Rn. 56.
258 Vgl. dazu Gierschmann-*Korge* Art. 9 Rn. 41; Kühling/Buchner-*Weichert* Art. 9 Rn. 139.
259 Kühling/Buchner-*Weichert* Art. 9 Rn. 139 f.
260 Kühling/Buchner-*Weichert* Art. 9 Rn. 142.
261 Dazu Sydow-*Kampert* Art. 9 Rn. 56; Kühling/Buchner-*Weichert* Art. 9 Rn. 14.
262 Sydow-*Kampert* Art. 9 Rn. 57; Kühling/Buchner-*Weichert* Art. 9 Rn. 13.
263 Gierschmann-*Korge* Art. 9 Rn. 42; Kühling/Buchner-*Weichert* Art. 9 Rn. 13.

So können die Mitgliedstaaten zusätzliche Bedingungen, einschließlich Beschränkungen, einführen oder aufrechterhalten. Insofern stellt Art. 9 Abs. 4 eine weitere **Öffnungsklausel** dar, die den Mitgliedstaaten eine **Gesetzgebungskompetenz** zugesteht.[264] **209**

Inhaltlich legt Art. 9 Abs. 4 die Kompetenz der Mitgliedstaaten fest, **weitere Beschränkungen oder Bedingungen** sowohl beizubehalten als auch gegebenenfalls neu einzuführen und zu erlassen. Zu beachten ist hierbei, dass die Regelung keineswegs die Ermächtigung der Mitgliedstaaten enthält weitere Ausnahmetatbestände im Sinne des Art. 9 Abs. 2 für die Verarbeitung von biometrischen, genetischen oder Gesundheitsdaten festzulegen. Vielmehr zielt die Regelung des Art. 9 Abs. 4 darauf ab, dass die bereits in Art. 9 enthaltenen Voraussetzungen zur Verarbeitung der o.g. sensiblen Daten zusätzlich verschärft und ausgestaltet werden können. Die DS-GVO legt also insoweit nur einen **Mindeststandard** fest.[265] Art. 9 Abs. 4 zielt also darauf ab, das Schutzniveau im Falle der Verarbeitung der genannten sensiblen Daten gegebenenfalls noch weiter zu erhöhen.[266] **210**

In praktischer Hinsicht ist somit bedeutsam, dass die nationalen Regelungen eine Anwendung der DS-GVO sperren können. Dies gilt insbesondere dann, wenn diese strengere Maßstäbe als die DS-GVO enthalten. So können etwa die Erlaubnistatbestände des Art. 9 Abs. 2 lit. a, sowie c bis f infolge dessen verdrängt werden.[267] **211**

Gleichwohl legt **ErwG 53 S. 5** einschränkend fest, dass die mitgliedstaatlichen Regelungen nicht den freien Verkehr personenbezogener Daten innerhalb der Union beeinträchtigen dürfen, falls die Regelungen für die grenzüberschreitende Verarbeitung von Daten gelten. Daraus folgt, dass die jeweiligen nationalen Regelungen hinsichtlich ihres Schutzzwecks geeignet, erforderlich und hinsichtlich der Vereinbarkeit mit dem freien Datenverkehr angemessen sein müssen.[268] **212**

Im Rahmen der Verarbeitung von **genetischen Daten**[269] finden sich insbesondere im Gendiagnostikgesetz (GenDG) weitere Voraussetzungen, z.B. § 8 Abs. 1 GenDG hinsichtlich des Schriftformerfordernisses. Insofern ist eine ausdrückliche und schriftliche Einwilligung erforderlich. Der Ausnahmetatbestand des Art. 9 Abs. 2 lit. a wird also mangels ausdrücklichen Formerfordernisses von der nationalen Regelung nach Art. 9 Abs. 4 verdrängt. Besondere Anforderungen hinsichtlich genetischer Verfahren finden sich zudem in den §§ 81e bis g StPO. Darüber hinaus sind § 3 Embryonenschutzgesetz und § 1598a BGB zur Feststellung der biologischen Vaterschaft zu beachten. **213**

Spezifische mitgliedstaatliche Regelungen hinsichtlich der Verarbeitung **biometrischer Daten**[270] finden sich etwa in §§ 4 Abs. 4, 16 Abs. 3 PaßG sowie den §§ 5 Abs. 2, 14 ff. PAuswG. Nach § 4 Abs. 4 PaßG sind etwa die in dem Reisepass gespeicherten Daten durch besondere Sicherungsmaßnahmen gegen Manipulationen zu sichern. § 16 Abs. 3 **214**

---

264 Vgl. dazu Auernhammer-*Greve* Art. 9 Rn. 26; Gierschmann-*Korge* Art. 9 Rn. 43.

265 Gola-*Schulz* Art. 9 Rn. 37; Ehmann/Selmayr-*Schiff* Art. 9 Rn. 56; Sydow-*Kampert* Art. 9 Rn. 58; Kühling/Buchner-*Weichert* Art. 9 Rn. 15.

266 Gola-*Schulz* Art. 9 Rn. 37; Ehmann/Selmayr-*Schiff* Art. 9 Rn. 56; Kühling/Buchner-*Weichert* Art. 9 Rn. 15; *Spindler* DB 2016, 937 (944) sowie *Dochow* GesR 2016, 407.

267 Vgl. dazu Sydow-*Kampert* Art. 9 Rn. 59.

268 Ehmann/Selmayr-*Schiff* Art. 9 Rn. 56; Kühling/Buchner-*Weichert* Art. 9 Rn. 15.

269 Vgl. dazu die Kommentierung zu Art. 4 Nr. 13 sowie Rn. 58 ff. dieses Kapitels.

270 Vgl. dazu die Kommentierung in Art. 4 Nr. 14 sowie Rn. 67 ff. dieses Kapitels.

PaßG enthält besondere Bestimmungen hinsichtlich der Speicherung von Daten und enthält Löschfristen.

215 Für **Gesundheitsdaten**[271] finden sich spezifische Bestimmungen z.B. in den **Sozialgesetzbüchern** (§§ 284 ff. SGB V, 15 Abs. 2 Nr. 9 SGB VII, 67 ff. SGB X, 93 ff. SGB XI), im **BGB** (§§ 630a ff. BGB), im **Infektionsschutzgesetz** (§ 9 InfSchG) oder im **Arzneimittel- und Medizinproduktegesetz** (§§ 62 Abs. 2 AMG sowie § 20 Abs. 1 Nr. 2 MPG).

216 Für die Mitgliedstaaten ist somit die Regelung des Art. 9 Abs. 4 Segen und Fluch zugleich: Zwar erhalten sie durch die Öffnungsklausel nationale Regelungskompetenzen, gleichwohl müssen Rechtsanwender und Verantwortliche nunmehr sorgsam prüfen, ob das Schutzniveau der mitgliedstaatlichen Regelungen oder dasjenige der DS-GVO höher ist. Diese Prüfung entscheidet darüber, welche Norm zur Anwendung gelangt und darüber, ob die datenschutzrechtlichen Anforderungen eingehalten wurden. Dies ist insbesondere vor dem Hintergrund einer möglichen Geldbuße entscheidend. Gerade für international agierende Unternehmen wird dies eine besondere Herausforderung darstellen, da sie eine Vielzahl von Normen miteinander vergleichen müssen, um den Anforderungen des Art. 9 Abs. 4 gerecht zu werden. Daher ist es nicht ausreichend, sich strikt an den Vorgaben des Art. 9 zu orientieren. Vielmehr muss stets die Verzahnung der Regelungen der DS-GVO mit den mitgliedstaatlichen Regelungen beachtet und die jeweiligen Tatbestandsvoraussetzungen der einschlägigen Normen sorgsam geprüft werden.

217 **5. Bezüge zum BDSG n.F. – a) Kommentierung zu § 27 BDSG n.F. – Datenverarbeitung zu wissenschaftlichen oder historischen Forschungszwecken und zu statistischen Zwecken.** § 27 BDSG n.F. macht von der Öffnungsklausel des Art. 9 Abs. 2 lit. j Gebrauch.

218 Nach § 27 Abs. 1 BDSG n.F. ist die Verarbeitung sensibler Daten nach Art. 9 Abs. 1 auch ohne Einwilligung für wissenschaftliche oder historische Forschungszwecke oder für statistische Zwecke zulässig, wenn die Verarbeitung für diese Zwecke erforderlich ist und die Interessen des Verantwortlichen an der Verarbeitung die Interessen der betroffenen Person an einem Ausschluss der Verarbeitung erheblich überwiegen.

219 § 27 BDSG n.F. schafft demnach eine zusätzliche Regelung zu Art. 9 Abs. 2 lit. j auf nationaler Ebene.

220 § 27 BDSG n.F. ist dabei § 28 Abs. 6 Nr. 4 BDSG a.F. nachempfunden.

Die Vorschrift gilt für die öffentliche und private Forschung durch öffentliche und nichtöffentliche Stellen.[272]

221 Die Verarbeitung nach **§ 27 Abs. 1 BDSG n.F.** gilt **ausschließlich** für sensible Daten im Sinne des Art. 9 Abs. 1.[273] Die Verarbeitung von nicht unter Art. 9 Abs. 1 fallenden Daten richtet sich entweder unmittelbar nach der DS-GVO (insbesondere Art. 6 Abs. 1) oder nach im Einklang mit der Verordnung erlassenen Rechtsgrundlagen des Unions- oder nationalen Gesetzgebers.[272]

271 Vgl. dazu die Kommentierung in Art. 4 Nr. 15 sowie Rn. 78 ff. dieses Kapitels.
272 BT-Drucks. 18/11325, S. 99.
273 BT-Drucks. 18/11325, S. 99; Gierschmann-*Korge* Art. 9 Rn. 50.

Für die **Weiterverarbeitung** von personenbezogenen Daten durch öffentliche und nichtöffentliche Stellen gilt insoweit: Nach Art. 5 Abs. 1 lit. b können personenbezogene Daten zu wissenschaftlichen oder historischen Forschungszwecken wegen ihrer Kompatibilität weiterverarbeitet werden. Der Verantwortliche kann sich also erneut auf die Rechtsgrundlage stützen, die bereits für die Erstverarbeitung galt. Dies trifft auch auf die Weiterverarbeitung sensibler Daten zu, für die § 27 Abs. 1 BDSG n.F. als Ausnahmetatbestand von dem Verbotsgrundsatz des Art. 9 Abs. 1 gilt. Die §§ 23, 24 BDSG n.F. finden insoweit keine Anwendung [274] **222**

§ 27 Abs. 1 BDSG n.F. trägt damit praktischen Bedürfnissen Rechnung: Ein Anwendungsfall kann beispielsweise in der **Sozialforschung** liegen, wenn sensible Daten von Behörden an Forschungseinrichtungen übermittelt werden. Diese Daten können dann bei Vorliegen der Voraussetzungen von § 27 Abs. 1 BDSG n.F., ohne separate Einwilligungserklärung der betroffenen Personen, unmittelbar zu Forschungszwecken genutzt werden. **223**

Ein weiteres Anwendungsfeld liegt zudem etwa in der **biomedizinischen Forschung** und zwar etwa dann, wenn aus technischen oder organisatorischen Gründen eine Einwilligung des Betroffenen nicht möglich ist. Dies ist etwa beim Umgang mit genetischen Daten und Biomaterialproben, die gerade nicht auf der Grundlage einer Einwilligungserklärung erhoben wurden, der Fall. Hier kann die Einholung einer nachträglichen Einwilligungserklärung ausgeschlossen sein, weil die Identität der betroffenen Person nicht mehr ermittelt werden kann.[275] **224**

Insofern ist für Fälle, bei denen eine Einwilligung als Erlaubnistatbestand ausscheidet, eine gesetzliche Grundlage für Tätigkeiten im o.g. Sinne unerlässlich, die dabei zugleich eine Abwägung aller relevanten Interessen ermöglicht. **225**

Zur Umsetzung der Schutzmaßnahmen wird wieder auf die konkretisierenden technisch organisatorischen Maßnahmen in § 22 BDSG verwiesen. § 22 Abs. 2 BDSG sieht dabei für wissenschaftliche und historische Forschungszwecke die Anonymisierung und getrennte Datenspeicherung vor.[276] **226**

§ 27 Abs. 2 S. 1 BDSG n.F. macht von der Öffnungsklausel des Art. 89 Abs. 2 Gebrauch und schränkt die Rechte nach den Art. 15, 16, 18 und 21 ein.[277] Insofern soll die Regelung die Durchführung von Forschungsvorhaben erleichtern und Forschungsprojekte ohne Einschränkungen ermöglichen.[278] **227**

So sollen etwa Fälle verhindert werden, in denen Datenverarbeitungen zu Forschungs- oder Statistikzwecken dadurch unmöglich werden, dass die zuständige Ethikkommission zum Schutz der betroffenen Person eine Durchführung des Projekts untersagt.[277] **228**

Darüber hinaus schränkt **§ 27 Abs. 2 S. 2 BDSG n.F.** in Anlehnung an § 33 Abs. 2 S. 1 Nr. 5 i.V.m. § 34 Abs. 7 sowie § 19a Abs. 2 Nr. 2 BDSG a.F. das Auskunftsrecht für die Fälle unverhältnismäßigen Aufwands unter Ausnutzung der Öffnungsklausel des **229**

274 BT-Drucks. 18/11325, S. 99; Gierschmann-*Korge* Art. 9 Rn. 50.

275 Vgl. zu den Beispielen die Stellungnahme der *Deutschen Wissenschaft* im Rahmen der öffentlichen Anhörung im Bundestag v. 27.3.2017 zum DSAnpUG, S. 5.

276 Wegen der Einzelheiten siehe Kommentierung zu Art. 89.

277 BT-Drucks. 18/11325, S. 99.

278 BT-Drucks. 18/11325, S. 99; Gierschmann-*Korge* Art. 9 Rn. 51.

Art. 23 Abs. 1 lit. i ein. Das kann beispielsweise dann der Fall sein, wenn ein Forschungsvorhaben mit besonders großen Datenmengen arbeitet. Die Einschränkung der Betroffenenrechte in Abs. 2 gilt für alle Kategorien personenbezogener Daten.[279] Unklar bleibt für den Rechtsanwender allerdings, welche Kriterien zur Einschränkung der Betroffenenrechte heranzuziehen sind. Insofern ist auf § 630g Abs. 1 BGB hinzuweisen, der bereits heute die Einschränkung der Betroffenenrechte bei der Einsichtnahme in die Patientenakte vorsieht. Dies kann zumindest in der Praxis als Leitlinie dienen und Maßstäbe für einen Ausschluss der Betroffenenrechte setzen.[280]

230 **§ 27 Abs. 3 und 4 BDSG n.F.** sind § 40 Abs. 2 und 3 BDSG a.F. entlehnt.

231 **b) Kommentierung zu § 28 BDSG n.F. – Datenverarbeitung zu im öffentlichen Interesse liegenden Archivzwecken. § 28 BDSG n.F.** regelt die Datenverarbeitung zu im öffentlichen Interesse liegenden Archivzwecken durch öffentliche und nichtöffentliche Stellen. In inhaltlicher Hinsicht erstreckt sich der Anwendungsbereich der Vorschrift sowohl auf öffentliches als auch privates Archivgut.[281]

232 § 28 Abs. 1 BDSG n.F. gilt nur für die Verarbeitung sensibler Daten im Sinne des Art. 9 Abs. 1.

233 Mit § 28 Abs. 1 BDSG n.F. wird von der Öffnungsklausel aus Art. 9 Abs. 2 lit. j Gebrauch gemacht und damit auf nationaler Ebene eine Ausgestaltung des Ausnahmetatbestandes vorgenommen.

234 Der Verweis in § 28 Abs. 1 BDSG n.F. auf den Beispielskatalog des § 22 Abs. 2 S. 2 BDSG n.F. hat nicht zur Folge, dass die Anwendung mindestens einer genannten Maßnahme bei der Verarbeitung sensibler Daten zu im öffentlichen Interesse liegenden Archivzwecken zwingend ist. Vielmehr können auch andere angemessene und spezifische Maßnahmen getroffen werden.[281]

235 Für die Weiterverarbeitung von sensiblen Daten gilt: Nach Art. 5 Abs. 1 lit. b ist eine Weiterverarbeitung zu im öffentlichen Interesse liegenden Archivzwecken mit dem ursprünglichen Verarbeitungszweck kompatibel. Daher kann sich der Verantwortliche hinsichtlich der Rechtsgrundlage für die Weiterverarbeitung auf die Rechtsgrundlage stützen, die bereits für die Erstverarbeitung galt. §§ 23, 24 und 25 BDSG n.F. finden dann keine Anwendung. Will der Verantwortliche aber sensible Daten weiterverarbeiten, benötigt er nicht nur eine Rechtsgrundlage, sondern auch einen Ausnahmetatbestand von dem Verbot des Art. 9 Abs. 1. Er muss mithin auch bei der Weiterverarbeitung § 28 Abs. 1 BDSG n.F. beachten.[281]

236 In § 28 Abs. 2 bis 4 BDSG n.F. werden im Sinne der Öffnungsklausel des Art. 89 Abs. 3 der die Rechte gemäß der Artikel 15, 16, 18, 20 und 21 eingeschränkt. Insofern gelten an dieser Stelle die Ausführungen zu § 27 Abs. 2 S. 1 BDSG n.F. sinngemäß.

---

279 BT-Drucks. 18/11325, S. 99.

280 Stellungnahme der *Deutschen Wissenschaft* im Rahmen der öffentlichen Anhörung im Bundestag v. 27.3.2017 zum DSAnpUG, S. 6.

281 BT-Drucks. 18/11325, S. 100.

Artikel 10 Verarbeitung von personenbezogenen Daten über strafrechtliche Verurteilungen und Straftaten

[1]Die Verarbeitung personenbezogener Daten über strafrechtliche Verurteilungen und Straftaten oder damit zusammenhängende Sicherungsmaßregeln aufgrund von Artikel 6 Absatz 1 darf nur unter behördlicher Aufsicht vorgenommen werden oder wenn dies nach dem Unionsrecht oder dem Recht der Mitgliedstaaten, das geeignete Garantien für die Rechte und Freiheiten der betroffenen Personen vorsieht, zulässig ist. [2]Ein umfassendes Register der strafrechtlichen Verurteilungen darf nur unter behördlicher Aufsicht geführt werden.

Übersicht

A. Einordnung und Hintergrund

1 Die Zulässigkeit der Verarbeitung personenbezogener Daten über strafrechtliche Verurteilungen basiert auf Art. 8 der Europäischen Datenschutzkonvention 108, die personenbezogene Daten über Strafurteile unter besonderen Schutz stellt. Die EU-Datenschutzrichtlinie (EU-DSRL) 95/46/EG sah keine Regelung über ein spezifisches Verarbeitungsverbot dieser Daten vor. Demgemäß waren Daten über Strafurteile auch nicht in § 3 Abs. 9 BDSG a.F. als besonderer Art personenbezogener Daten erfasst. Gleichwohl ist die Verarbeitung von Daten über strafrechtliche Verurteilungen und Straftaten für betroffene Personen i.d.R. als höchst sensibel einzustufen.

2 Nicht in den Anwendungsbereich des Art. 10 fallen Register oder Datenbanken der, Ermittlung, Aufdeckung oder Verfolgung von Straftaten oder der Strafvollstreckung, einschließlich des Schutzes vor und der Abwehr von Gefahren für die öffentliche Sicherheit Diese Daten unterfallen der Richtlinie (EU) 2016/680 für den Bereich Justiz und Inneres.

B. Kommentierung

I. Daten zur strafrechtlichen Verurteilung und Straftaten

3 Satz 1 erfasst drei Sachverhalte: strafrechtliche Verurteilungen, Straftaten und sicherungsmaßregeln. Straftaten sind solche nach Recht des Mitgliedstaats, in Deutschland das StGB und des Nebenstrafrechts. Sicherungsmaßregel sind Maßnahmen gegen Straftäter, die keine Strafen darstellen Verknüpfung für die Sicherungsmaßregeln müssen aber auch Straftaten sein. [1] Der Verdacht einer Straftat fällt nach dem Wortlaut nicht unter Art. 10. Jedoch will die GVO die Aufklärung des Verdachts von Straftaten oder deren Prävention nicht verbieten. So weist EG 47 S. 6 darauf, dass die Datenverarbeitung zur Verhinderung von Betrug im Rahmen der Interessenabwägung des Art. 6 Abs. 1 lit f. legitim ist und damit grundsätzlich Internal Investigations ermöglicht[2].

1 Paal/Pauly-*Frenzel* Art. 10 Rn. 9.
2 Gola-*Schulz* Art. 10 Rn. 8.

II. Erlaubnistatbesände

4 **1. Behördliche Aufsicht.** Unter einer behördlichen Aufsicht ist eine regulierte Fach und Rechtaufsicht zu verstehen. Damit scheidet die Gewerbeaufsicht aus, da diese nicht im Einzelfall die Bedingungen einzelner Verarbeitungsvorgänge bestimmen können jetzt auch faktisch kaum in der Lage wären.[3] Geeignete Garantien werden die für die behördliche Aufsicht in Art. 10 nicht gefordert; jedoch werden mit Blick auf die Sensibilität der Daten die Anforderungen an den technisch organisatorischen Datenschutz nach Art. 25 hoch sein müssen.

5 **2. Regulierung.** Die Verarbeitung strafrechtlich Daten ist auch zulässig nach nationalem Recht, das geeignete Garantien für die Rechte und Freiheiten der betroffenen Person vorsieht.

6 Die Regelung zum Recht des Arbeitgebers gemäß § 26 Abs. 1 S. 2 BDSG, Straftaten im Beschäftigungsverhältnis aufzuklären, muss auf dieser Öffnungsklausel basieren. Die geeigneten Garantien sind in den restriktiven Voraussetzungen durch Dokumentationspflichten und Verhältnismäßigkeitsprüfungen zu sehen.

7 Auch ein **Fragerecht des Arbeitgebers** nach einschlägigen **Vorstrafen** des Bewerbers oder Mitarbeiters soll nach der Gesetzesbegründung[4] nach § 26 Abs. 1 S. 1 BDSG zulässig sein, da insoweit Art. 10 umgesetzt werde. Die Forderung nach geeigneten Garantien in Art. 10 sei überdies durch die Verpflichtung zu geeigneten Maßnahmen bei der Beschäftigtendatenverarbeitung nach § 26 durch die Umsetzung der Grundsätze nach Art. 5 in § 26 Abs. 5 erfüllt worden.[5]

8 Eine konkrete das Arbeitsverhältnis betreffende Erlaubnisvorschrift bildet § 30a BZRG, der das bei Einstellungen von Personen zur Wahrnehmung einer „kinder- und jugendnahen Tätigkeit“ vorzulegende erweiterte polizeiliche Führungszeugnis regelt. Nach § 72a SGB VIII dürfen die Träger der öffentlichen Jugendhilfe für die Wahrnehmung der Aufgaben der Kinder- und Jugendhilfe keine Person beschäftigen oder vermitteln, die rechtskräftig wegen einer bestimmten Straftat gegenüber Kindern verurteilt worden ist (Straftaten nach den §§ 171, 174 bis 174c, 176 bis 180a, 181a, 182 bis 184f oder den §§ 225, 232 bis 233a, 234, 235 oder 236 StGB). Ein vergleichbares Beschäftigungsverbot enthält auch § 25 Jugendarbeitsschutzgesetz für Personen, die Lehrlinge ausbilden. Eine Information des Arbeitgebers über Straftaten von Bewerbern des Bewachungsgewerbes regelt das in § 34a GewO geregelte Überprüfungsverfahren. [6]

9 Privatrechtlich geführte Datenbanken, in denen Informationen über Straftaten und Verurteilungen gespeichert sind, sind als **Warndateien** nur zulässig, wenn geeignete Garantien vorgesehen sind, oder eine behördliche Aufsicht vorgenommen wird.[7]

10 **3. Register.** Für umfassende Register über strafrechtliche Verurteilungen gibt es nach Art. 10 S. 2 keine Öffnungsklausel. Solche Register dürfen ausschließlich unter behördlicher Aufsicht geführt werden. In Deutschland wird das beim Generalbundes-

3 Ehmann/Selmayer-*Schiff* Art. 10 Rn. 4; Kühling/Buchner-*Weichert* Art. 10 Rn. 10.
4 BT-Drucks. 18/11325, S. 101.
5 A.A. Gola-*Gola* Art. 10 Rn. 10, der eine konkrete Eingriffsnorm verlangt.
6 Gola-*Gola* Art. 10 Rn 11.
7 Kühling/Buchner-*Weichert* Art. 10 Rn. 20; Gola-*Gola* Art. 10 Rn. 9.

anwalt beim Bundesgerichtshof geführte Bundeszentralregister als Behörde geführt. Die auf Landesebene eingeführten Korruptionsregister werden hoheitlich und unter staatlicher Aufsicht geführt.[8]

C. Praxishinweis – Relevanz

Für Arbeitgeber sind durch die Vorgaben des Art. 10 keine Änderungen an den ehedem sehr restriktiven Zulässigkeitsvoraussetzungen zur Verarbeitung von Daten über Straftaten von Beschäftigten ersichtlich. **11**

Für Auskunfteien mit strafrechtrelevanten Daten müssen Verfahren einer behördlichen Aufsicht geschaffen werden. **12**

D. Sanktionen

Ein Verstoß gegen Art. 10 ist gemäß Art. 83 Abs. 5 lit. a mit dem höheren Bußgeld in Höhe von bis zu 20 Millionen EUR oder 4 % des weltweiten Jahresumsatzes bedroht. Über den Grundsatz der Rechtmäßigkeit in Art. 5 Abs. 1 sind auch Verstöße gegen § 26 BDSG und spezialgesetzlicherer Regelungen gemäß Art. 83 Abs. 5 lit. a bußgeldbewährt. **13**

Artikel 11 Verarbeitung, für die eine Identifizierung der betroffenen Person nicht erforderlich ist

(1) Ist für die Zwecke, für die ein Verantwortlicher personenbezogene Daten verarbeitet, die Identifizierung der betroffenen Person durch den Verantwortlichen nicht oder nicht mehr erforderlich, so ist dieser nicht verpflichtet, zur bloßen Einhaltung dieser Verordnung zusätzliche Informationen aufzubewahren, einzuholen oder zu verarbeiten, um die betroffene Person zu identifizieren.

(2) [1]Kann der Verantwortliche in Fällen gemäß Absatz 1 des vorliegenden Artikels nachweisen, dass er nicht in der Lage ist, die betroffene Person zu identifizieren, so unterrichtet er die betroffene Person hierüber, sofern möglich. [2]In diesen Fällen finden die Artikel 15 bis 20 keine Anwendung, es sei denn, die betroffene Person stellt zur Ausübung ihrer in diesen Artikeln niedergelegten Rechte zusätzliche Informationen bereit, die ihre Identifizierung ermöglichen.

– *ErwG: 57*

Übersicht

8 Kühling Buchner-*Weichert* Art. 10 Rn. 18 f.

Literatur: *Albrecht* Das neue EU-Datenschutzrecht – von der Richtlinie zur Verordnung, CR 2016, 88; *Bull* Persönlichkeitsschutz im Internet: Reformeifer mit neuen Ansätzen, NVwZ 2011, 257; *Hoeren* Luftverkehr, Check-In und Pass-/Personalausweisdaten, NVwZ 2010, 1123; *Laue/Nink/Kremer* Das neue Datenschutzrecht in der betrieblichen Praxis, 2016; *Schwartmann/Weiß* Fokusgruppe Datenschutz, Whitepaper zur Pseudonymisierung, 2017.

A. Einordnung und Hintergrund

I. BDSG n.F.

1 Das BDSG n.F. nimmt keinen Bezug auf die Vorschrift in der DS-GVO. Eine Konkretisierung im nationalen Recht oder gar die Ausfüllung einer Öffnungsklausel erscheint hier weder geboten noch erforderlich.

II. Normengenese und -umfeld

2 **1. DSRL.** Die DSRL enthielt noch keine entsprechende Regelung.[1]

3 **2. BDSG a.F.** Das bisherige nationale Recht kennt keine entsprechende Regelung.[2]

B. Kommentierung

I. Art. 11 Allgemein

4 Die Regelung in Art. 11 stellt eine Entsprechung des Grundsatzes der Datenminimierung (Art. 5 Abs. 1 lit. c) im Verhältnis zu den weiteren Regelungen der Grundverordnung dar. Gemäß dem genannten Grundsatz soll die Verarbeitung personenbezogener Daten auf das für die Zwecke der jeweiligen Datenverarbeitung notwendige Maß beschränkt bleiben. Die gebotene Datensparsamkeit soll nach Art. 11 nicht davon konterkariert werden, dass zusätzliche Informationen über die betroffene Person verarbeitet werden, nur um den Vorgaben der DS-GVO Genüge zu leisten. Sofern eine solche Datenverarbeitung für die verfolgten Zwecke nicht erforderlich ist, gilt es sie zu vermeiden. In der Konsequenz kann der Betroffene möglicherweise seine Betroffenenrechte wahrnehmen, da dafür erforderliche Daten – wie sie etwa zur Identifizierung – nötig sind, nicht verarbeitet wurden. In einem solchen Fall kann der Verantwortliche zusätzliche Informationen entgegennehmen, um die geltend gemachten Betroffenenrechte trotz der grundsätzlich geltenden Datenminimierung zu gewährleisten.

1 Vgl. Sydow-*Kampert* Art. 11 Rn. 2; Paal/Pauly-*Frenzel* Art. 11 Rn. 3.
2 Vgl. Gierschmann-*Veil* Art. 11 Rn. 13.

II. Keine Pflicht für die Identifizierung der betroffenen Person (Abs. 1)

1. Anwendungsbereich. Personenbezogene Daten sind alle Informationen, die sich auf eine identifizierte oder identifizierbare natürliche Person beziehen (Art. 4 Nr. 1). Hat der Verantwortliche Daten im Sinne des Grundsatzes der Datenminimierung so gespeichert, dass er diese dem Betroffenen nicht mehr zuordnen kann, so ist die betroffene Person jedenfalls nicht mehr eindeutig identifiziert. Gleichwohl verschließt der Wegfall des Personenbezugs nicht den Weg der weiterhin möglichen Identifizierbarkeit. 5

Typisch und mithin am häufigsten für den Regelungsgegenstand des Art. 11 ist der Fall der Pseudonymisierung.[3] ErwG 26 S. 1 illustriert die von Art. 11 erfasst Konstellation sehr passend, da dort pseudonymisierte Daten mittels der Heranziehung zusätzlicher Informationen als einer natürlichen Person zuordenbar beschrieben werden. 6

2. Pflichten für den Verantwortlichen. Diese zusätzlichen zur Identifizierung erforderlichen Daten sollen gem. Art. 11 Abs. 1 eben nicht verarbeitet werden, um allein den Vorgaben der DS-GVO Rechnung zu tragen. Dem in Art. 11 Abs. 1 enthaltenen Zweckbindungsgrundsatz nach, sollen diese zur reinen Identifizierung nötigen Daten nur dann aufbewahrt, erhoben oder verarbeitet werden, wenn der Personenbezug für die Zwecke der Datenverarbeitung (weiter) erforderlich ist. Im Umkehrschluss lässt sich konstatieren: Ist die Identifizierung des Betroffenen für die Zwecke, für die ein Verantwortlicher personenbezogene Daten verarbeitet, nicht oder nicht mehr erforderlich ist, entfällt die Erforderlichkeit der Identifizierung und der Verantwortliche muss hierzu keine zusätzlichen Informationen über den Betroffenen verarbeiten. 7

Praktisch erforderlich wird die Identifizierung der betroffenen Person dann, wenn der Verantwortliche in Kontakt mit ihr treten will oder ihre Betroffenenrechte als Erfüllung seiner Rechtspflichten gewährleisten möchte.[4] Im Ergebnis wird der Verantwortliche dann von der (Re-)Identifizierung sowie der Beachtung aller weiteren Vorschriften der DS-GVO, die eine Identifizierung der betroffenen Person erforderlich machen, entbunden, sofern die dazu benötigten Daten nicht vorliegen.[5] Die Einhaltung von Datenschutzvorschriften soll schließlich nicht zum Selbstzweck verkommen. 8

3. Auswirkungen auf den Betroffenen. Wenn die Identität für die Zwecke der Datenverarbeitung nicht oder nicht mehr erforderlich ist, werden dafür keine weiteren personenbezogenen Daten der betroffenen Person erhoben. Die Minimierung der Datenverarbeitung stärkt den Einzelnen grundsätzlich in seinem Recht auf informationelle Selbstbestimmung. Vielmehr dient sie ihm mittelbar insofern, dass dessen Identifizierung erschwert wird und Personenbezug zwischen ihm und seinen Daten nicht mehr herstellbar ist. Der materielle Schutz personenbezogener Daten der von der Datenverarbeitung betroffenen Person wird somit gestärkt. 9

---

3 Vgl. *Schwartmann/Weiß* Fokusgruppe Datenschutz, Whitepaper zur Pseudonymisierung, 2017, https://www.gdd.de/downloads/whitepaper-zur-pseudonymisierung/view (abgerufen am 9.3.2018); vgl. auch Sydow-*Kampert* Art. 11 Rn. 5; Gierschmann-*Veil* Art. 11 Rn. 10; Kühling/Buchner-*Weichert* Art. 11 Rn. 12. A.A. Ehmann/Selmayr-*Klabunde* Art. 11 Rn. 12.

4 Theoretisch kann die Identität einer betroffenen Person für die Umsetzung praktisch sämtlicher Regeln der DS-GVO relevant sein, so zutreffend Kühling/Buchner-*Weichert* Art. 11 Rn. 10.

5 Vgl. Sydow-*Kampert* Art. 11 Rn. 7; Gierschmann-*Veil* Art. 11 Rn. 17.

10 Hat der Verantwortliche die betroffene Person nicht identifiziert, so erscheint es zunächst einmal schwierig in Kontakt mit ihr zu treten. Eine Interaktion zur Erfüllung von Pflichten oder Wahrnehmung von Rechten ist damit mindestens erschwert. Gleichwohl ist die Möglichkeit zur Identifizierung nicht zwingend für eine funktionierende Kommunikation erforderlich. So kann auch ein mittelbarer Kontakt, etwa über Dritte, die Bereitstellung der Transparenzinformationen nach Art. 12–14 ermöglichen.[6]

III. Rechtsfolgen bei der Nicht-Identifizierung des Betroffenen (Abs. 2)

11 **1. Nachweis- und Unterrichtungspflicht (Abs. 2 S. 1). – a) Nachweispflicht.** Sofern der Verantwortliche in Fällen gemäß Abs. 1 nicht in der Lage ist, die betroffene Person zu identifizieren, so muss er hierüber grundsätzlich einen Nachweis beibringen. Über diesen Umstand, dass trotz vorhandener personenbezogener Daten der betroffenen Person die Identifizierung nicht möglich ist, trägt der Verantwortliche die Beweislast.

12 Damit verhindert der Verordnungsgeber, dass der Verantwortliche sich pauschal seiner Verpflichtungen entledigt und der Betroffene Kenntnis besitzt, welche Daten er zur Identifizierung beibringen müsste.[7]

13 Wem gegenüber dieser Nachweis zu leisten ist, lässt die Vorschrift tatsächlich undefiniert.[8] In Frage kommen als Adressaten die zuständige Aufsichtsbehörde in Form entsprechender Dokumentation[9] und die davon betroffene Person[7]. Um sowohl der Rechenschaftspflicht, als auch der grundsätzlich verlangten Transparenz gegenüber der betroffenen Person Rechnung zu tragen, ist der Nachweis beiden Akteuren gegenüber zu erbringen.

14 Der Nachweispflicht kann die verantwortliche Stelle zum Beispiel durch Auskünfte jeder Art, Aussagen von Mitarbeitern des Verantwortlichen, Urkunden und Akten oder Inaugenscheinnahme nachkommen.[10]

15 **b) Unterrichtungspflicht. – aa) Pflicht für den Verantwortlichen.** Nach Abs. 2 S. 1 obliegt dem Verantwortlichen in allen Fällen des Abs. 1 eine Informationspflicht gegenüber der betroffenen Person. Dieser muss dem Betroffenen grundsätzlich über den Umstand informieren, dass er nicht mehr in der Lage ist, das Datensubjekt zu identifizieren. Die damit verfolgte Schaffung von Transparenz zugunsten des Betroffenen verlangt detaillierte Informationen, welche Vorschriften nicht eingehalten werden können und aufgrund welcher fehlenden Daten dies der Fall ist, da die betroffene Person nur so entscheiden kann, ob sie dem Verantwortlichen die fehlenden Daten noch bereitstellen soll.[11]

16 In der Praxis werden davon wohl Datenpools betroffen sein, bei denen der Verantwortliche personenbezogene Daten des Betroffenen verarbeitet, aber nicht mehr feststellen kann, welche Datensätze jeweils der einzelnen Person zuzuordnen sind; dies

---

6 Vgl. Sydow-*Kampert* Art. 11 Rn. 8.
7 Vgl. Gierschmann-*Veil* Art. 11 Rn. 51.
8 So zutreffend nur Auernhammer-*Eßer* Art. 11 Rn. 7.
9 Vgl. dazu Auernhammer-*Eßer* Art. 11 Rn. 7.
10 Vgl. Gierschmann-*Veil* Art. 11 Rn. 52.
11 Vgl. Sydow-*Kampert* Art. 11 Rn. 11.

wird bei der selbst vom Verantwortlichen durchgeführten Pseudonymisierung und daran anschließenden Datenverarbeitung der Fall sein.[12]

bb) Form der Information. Die formalen Anforderungen an die Unterrichtung sind in Abs. 2 nicht beschrieben. Wie in Art. 12 Abs. 4 wird an dieser Stelle von einer Unterrichtung gesprochen. Damit handelt es sich um eine eigenständige Informationspflicht für einen spezifischen Sachverhalt.[13] Der Verantwortliche muss dem Betroffenen gegenüber individuell die Informationspflicht erfüllen. Es steht ihm frei die Information mündlich, schriftlich, elektronisch, fernmündlich, digital, analog oder in welcher Form auch immer zu erteilen.[14] **17**

cc) Ausnahmen. Ausnahmen von der Informationspflicht bestehen nur in Fällen der Unmöglichkeit. Nicht möglich ist die Unterrichtung, wenn dem Verantwortlichen, etwa aufgrund exorbitant hohen Aufwands, kein Kontakt zum Betroffenen gelingt.[15] In diesem Fall könnte er die individuell erforderte Information schließlich nicht erteilen. **18**

c) Wahrnehmung von Betroffenenrechten. Gemäß Abs. 2 S. 2 finden die Betroffenenrechte Art. 15–20 keine Anwendung, sofern ein Fall nach Abs. 1 vorliegt, die betroffene Person nach Abs. 2 S. 1 hierüber informiert wurde bzw. dies unmöglich ist und dass die betroffene Person daraufhin keine zusätzlichen Informationen bereitgestellt hat.[16] Die Vorschrift bringt zum Ausdruck, allein zum Zweck den Betroffenenrechten entsprechen zu können, auf zusätzliche Datenerhebungen zu verzichten und wertet die Datensparsamkeit somit als vorrangig. Sofern der Betroffene allerdings selbst die benötigten Information beibringt, ist der Vollzug der genannten Betroffenenrechte wieder möglich und die Informationspflichten der Art. 15 ff. gelten wieder.[17] **19**

IV. Sanktionen

Die in der DS-GVO vorgesehenen drakonischen Bußgelder sollen Unternehmen von Verstößen abhalten und ein Bewusstsein für Datenschutz schaffen. Auch Verstöße gegen Art. 11 lassen sich als Ordnungswidrigkeiten qualifizieren und können mit einer Geldbuße in Höhe von bis zu 10 Millionen EUR oder im Falle eines Konzerns bis zu 2 % des gesamten weltweit erzielten Vorjahresumsatzes (Art. 83 Abs. 4 lit. a) geahndet werden. **20**

C. Praxishinweise

I. Relevanz für nichtöffentliche Stellen

In nichtöffentlichen Stellen, die personenbezogene Daten etwa selbst pseudonymisieren und im Anschluss weiterverarbeiten, entpflichtet Art. 11 diese weiteren Daten allein zur Ausübung der Betroffenenrechte zu verarbeiten. Gleichzeitig legt er den Unternehmen und sonstigen nichtöffentlichen Stellen eine Pflicht zur Unterrichtung des Betroffenen auf. **21**

---

12 Vgl. BeckOK DatenSR-*Wolff* Art. 11 Rn. 22, 24.
13 Vgl. Art. 12 Rn. 48 ff.
14 Vgl. BeckOK DatenSR-*Wolff* Art. 11 Rn. 23.
15 Vgl. BeckOK DatenSR-*Wolff* Art. 11 Rn. 25; Sydow-*Kampert* Art. 11 Rn. 11.
16 Vgl. Sydow-*Kampert* Art. 11 Rn. 12.
17 Vgl. Paal/Pauly-*Frenzel* Art. 11 Rn. 10.

II. Relevanz für betroffene Personen

22 Die Norm leistet einen weiteren Beitrag zur Schaffung von Transparenz in einem spezifischen Sachverhalt.

III. Relevanz für Aufsichtsbehörden

23 Aufsichtsbehörden fällt nach der Logik der DS-GVO die besondere Verantwortung zu, über die Einhaltung des Datenschutzrechts zu wachen. Dafür besitzen sie mit Art. 83 die weitgehende Möglichkeit finanziell hohe Bußgelder für Verstöße gegen Art. 11 zu verhängen.

Kapitel III
Rechte der betroffenen Person
Abschnitt 1
Transparenz und Modalitäten

Artikel 12 Transparente Information, Kommunikation und Modalitäten für die Ausübung der Rechte der betroffenen Person

(1) [1]Der Verantwortliche trifft geeignete Maßnahmen, um der betroffenen Person alle Informationen gemäß den Artikeln 13 und 14 und alle Mitteilungen gemäß den Artikeln 15 bis 22 und Artikel 34, die sich auf die Verarbeitung beziehen, in präziser, transparenter, verständlicher und leicht zugänglicher Form in einer klaren und einfachen Sprache zu übermitteln; dies gilt insbesondere für Informationen, die sich speziell an Kinder richten. [2]Die Übermittlung der Informationen erfolgt schriftlich oder in anderer Form, gegebenenfalls auch elektronisch. [3]Falls von der betroffenen Person verlangt, kann die Information mündlich erteilt werden, sofern die Identität der betroffenen Person in anderer Form nachgewiesen wurde.

(2) [1]Der Verantwortliche erleichtert der betroffenen Person die Ausübung ihrer Rechte gemäß den Artikeln 15 bis 22. [2]In den in Artikel 11 Absatz 2 genannten Fällen darf sich der Verantwortliche nur dann weigern, aufgrund des Antrags der betroffenen Person auf Wahrnehmung ihrer Rechte gemäß den Artikeln 15 bis 22 tätig zu werden, wenn er glaubhaft macht, dass er nicht in der Lage ist, die betroffene Person zu identifizieren.

(3) [1]Der Verantwortliche stellt der betroffenen Person Informationen über die auf Antrag gemäß den Artikeln 15 bis 22 ergriffenen Maßnahmen unverzüglich, in jedem Fall aber innerhalb eines Monats nach Eingang des Antrags zur Verfügung. [2]Diese Frist kann um weitere zwei Monate verlängert werden, wenn dies unter Berücksichtigung der Komplexität und der Anzahl von Anträgen erforderlich ist. [3]Der Verantwortliche unterrichtet die betroffene Person innerhalb eines Monats nach Eingang des Antrags über eine Fristverlängerung, zusammen mit den Gründen für die Verzögerung. [4]Stellt die betroffene Person den Antrag elektronisch, so ist sie nach Möglichkeit auf elektronischem Weg zu unterrichten, sofern sie nichts anderes angibt.

(4) Wird der Verantwortliche auf den Antrag der betroffenen Person hin nicht tätig, so unterrichtet er die betroffene Person ohne Verzögerung, spätestens aber innerhalb eines Monats nach Eingang des Antrags über die Gründe hierfür und über die Möglichkeit, bei einer Aufsichtsbehörde Beschwerde einzulegen oder einen gerichtlichen Rechtsbehelf einzulegen.

(5) [1]Informationen gemäß den Artikeln 13 und 14 sowie alle Mitteilungen und Maßnahmen gemäß den Artikeln 15 bis 22 und Artikel 34 werden unentgeltlich zur Verfügung gestellt. [2]Bei offenkundig unbegründeten oder – insbesondere im Fall von häufiger Wiederholung – exzessiven Anträgen einer betroffenen Person kann der Verantwortliche entweder

a) ein angemessenes Entgelt verlangen, bei dem die Verwaltungskosten für die Unterrichtung oder die Mitteilung oder die Durchführung der beantragten Maßnahme berücksichtigt werden, oder

b) sich weigern, aufgrund des Antrags tätig zu werden.

[3]Der Verantwortliche hat den Nachweis für den offenkundig unbegründeten oder exzessiven Charakter des Antrags zu erbringen.

(6) Hat der Verantwortliche begründete Zweifel an der Identität der natürlichen Person, die den Antrag gemäß den Artikeln 15 bis 21 stellt, so kann er unbeschadet des Artikels 11 zusätzliche Informationen anfordern, die zur Bestätigung der Identität der betroffenen Person erforderlich sind.

(7) [1]Die Informationen, die den betroffenen Personen gemäß den Artikeln 13 und 14 bereitzustellen sind, können in Kombination mit standardisierten Bildsymbolen bereitgestellt werden, um in leicht wahrnehmbarer, verständlicher und klar nachvollziehbarer Form einen aussagekräftigen Überblick über die beabsichtigte Verarbeitung zu vermitteln. [2]Werden die Bildsymbole in elektronischer Form dargestellt, müssen sie maschinenlesbar sein.

(8) Der Kommission wird die Befugnis übertragen, gemäß Artikel 92 delegierte Rechtsakte zur Bestimmung der Informationen, die durch Bildsymbole darzustellen sind, und der Verfahren für die Bereitstellung standardisierter Bildsymbole zu erlassen.

– *ErwG 58, 59, 60, 73*

Übersicht

Literatur: *Ehmann/Selmayr* Datenschutz-Grundverordnung, 2017; *Gola* DS-GVO – Datenschutz-Grundverordnung VO (EU) 2016/679, 2017; *Gola/Klug* Die Entwicklung des Datenschutzrechts im zweiten Halbjahr, NJW 2016, 691; *Kühling/Buchner* Datenschutz-Grundverordnung: DS-GVO, 2017; *Laue/Nink/Kremer* Das neue Datenschutzrecht in der betrieblichen Praxis, 2016; *Paal/Pauly* Datenschutz-Grundverordnung, 2017; *Plath* BDSG/DSGVO: Kommentar zum BDSG und zur DSGVO sowie den Datenschutzbestimmungen des TMG und

TKG, 2016; *Pollmann/Kipker* Informierte Einwilligung in der Online-Welt, DuD 2016, 378; *Sydow* Europäische Datenschutzgrundverordnung, 2017; *Walter* Die datenschutzrechtlichen Transparenzpflichten nach der Europäischen Datenschutz-Grundverordnung, DSRITB 2016, 367; *Wolff/Brink* Beck'scher Online Kommentar – Datenschutzrecht, 21. Edition, 2017; *Wybitul* EU-Datenschutz Grundverordnung, 2017.

A. Einordnung und Hintergrund

I. Erwägungsgründe

1. ErwG 58. Der 58. ErwG wiederholt und konkretisiert die Anforderungen des Art. 12 Abs. 1 S. 1 hinsichtlich der Modalitäten und Transparenz der Informationserteilung. Danach ist eine präzise und verständliche Information in klarer und einfacher Sprache erforderlich. Insoweit werden nur die in Art. 12 Abs. 1 S. 1 aufgestellten Anforderungen wiederholt. Zudem kann es aus Transparenzgründen und zur Erhöhung der Verständlichkeit erforderlich sein, die Informationen und Mitteilungen mit visuellen Elementen anzureichern. Damit nimmt der ErwG auf die in Art. 12 Abs. 7 und 8 geregelten standardisierten Bildsymbole Bezug. 1

In S. 2 ist dagegen die Form der Informationserteilung geregelt. Dabei wird konkretisiert, wann eine elektronische Informationserteilung in Betracht kommt bzw. sinnvoll erscheint, wobei als Beispiel die Bereitstellung auf einer Website[1] genannt wird. Dies ist bei an die Öffentlichkeit gerichteten Informationen sowie insbesondere dann der Fall, wenn es für den Betroffenen nicht nachvollziehbar ist, wer warum seine Daten verarbeitet, beispielsweise aufgrund komplexer technischer Verarbeitungsvorgänge oder einer Vielzahl beteiligter Personen. 2

Der ErwG nimmt damit explizit auf die Internetwerbung sowie generell auf online abgewickelte Massengeschäfte Bezug. Bereits hier kommt damit das Bestreben zum Ausdruck, dem Betroffenen die Informationen und Mitteilungen möglichst ohne Medienbruch zur Verfügung zu stellen. 3

S. 4 enthält besondere Anforderungen an die Erfüllung der Informationspflichten gegenüber Kindern. Die Formulierung und Sprache müssen so gewählt sein, dass sie problemlos von einem Kind verstanden werden können. Dieses Erfordernis ist in Art. 12 Abs. 1 S. 1 2. Hs. aufgenommen und führt im Ergebnis zu einer verschärften Anwendung der allgemeinen Kriterien des Abs. 1 S. 1 1. Hs. 4

2. ErwG 59. Der 59. ErwG betrifft Art. 12 Abs. 2 S. 1 und enthält konkretisierte Vorgaben für die dort normierte Pflicht zur Erleichterung der Rechteausübung. Zu den Mechanismen, die von dem Verantwortlichen zur Vereinfachung vorzusehen sind, gehören danach insbesondere solche, die eine unentgeltliche Ausübung der Betroffenenrechte ermöglichen sowie die Möglichkeit einer elektronischen Antragstellung. Zudem werden Vorgaben für die Beantwortung von Anträgen des Betroffenen aufgestellt (Frist und Begründungserfordernis). 5

3. ErwG 60. S. 1 bis 4 betreffen das Bestehen und die Reichweite einer Pflicht zur Information und somit die in Art. 13 und 14 geregelten Aspekte der Informationspflicht selbst und nicht nur die Modalitäten ihrer Erfüllung. 6

---

1 Wie sich der englischen Sprachfassung deutlicher als der deutschen entnehmen lässt, bezieht sich das Merkmal der Öffentlichkeit auf die Information und nicht auf die genutzte Website.

7 S. 5 und 6 betreffen dagegen die in Art. 12 Abs. 7 und 8 geregelten standardisierten Bildsymbole und betonen deren Funktion, die Transparenz und Verständlichkeit zu fördern, indem sie dem Betroffenen einen ersten und möglichst umfassenden Überblick über die Informationsgehalte verschaffen.

8 **4. ErwG 63.** ErwG 63 thematisiert das Auskunftsrecht des Betroffenen und dessen Informations- und Kontrollfunktion bezüglich der Datenverarbeitung. S. 1 sieht vor, dass der Betroffene sein Auskunftsrecht problemlos und in angemessenen Abständen ausüben können soll.

9 Zwar ist diese Aussage dem Wortlaut nach auf das Auskunftsrecht beschränkt, sie zeigt jedoch mit Blick auf Art. 12 Abs. 5 S. 2 generell, dass ein wiederholter Antrag nicht bereits allein aufgrund dieser Wiederholung als exzessiv eingeordnet werden kann. Vielmehr muss aufgrund extremer [und überflüssiger] Häufigkeit das wiederholte Stellen des Antrags im konkreten Fall missbräuchlich erscheinen.

II. Normgenese und -Umfeld

10 Art. 12 stellt eine Neuheit im datenschutzrechtlichen Schutzregime dar. Sowohl in der alten DSRL 95/46/EG als auch im BDSG a.F. findet sich keine dem Art. 12 vergleichbare allgemeine Vorschrift, die die prozeduralen Rahmenregelungen zu den Betroffenenrechten vorab regelt. Diese waren vielmehr in zahlreichen Einzelvorschriften aufgeführt. So enthielt beispielsweise Art. 12 lit. a DSRL einen Auskunftsanspruch der betroffenen Person, der frei und ungehindert in angemessenen Abständen ohne unzumutbare Verzögerung oder übermäßige Kosten zu erteilen war. Im einfachgesetzlichen Datenschutzrecht fanden sich etwa in § 19 Abs. 1 S. 2 bis 4, Abs. 3 und Abs. 5 bis 7 sowie in § 34 Abs. 1 S. 2, Abs. 6, Abs. 8 und Abs. 9 BDSG a.F. vergleichbare Verfahrensvorschriften. Die Regelungsdichte dieser Vorschriften blieb jedoch deutlich hinter derjenigen des Art. 12 zurück.

11 Die durch Art. 12 erfolgte Ausweitung und Konkretisierung der prozeduralen Vorgaben ist vor allem den Herausforderungen geschuldet, die moderne Datenverarbeitungsmöglichkeiten mit sich bringen[2]. Insbesondere datengetriebene Geschäftsmodelle machen die Datenverarbeitungsprozesse zunehmend komplexer, wodurch es für betroffene Personen schwieriger wird, die Wahrnehmung ihrer Betroffenenrechte auch tatsächlich zu realisieren[2].

A. Kommentierung

I. Allgemeines

12 Während die Art. 12 Abs. 1 und Abs. 3 bis Abs. 5 in ihrem Kerngehalt schon im Verordnungsentwurf der Kommission vorgesehen waren, gehen die finale Fassung dieser Abschnitte sowie Abs. 2 und Abs. 6 weitestgehend auf den Ratsvorschlag zurück. Die Abs. 7 und 8 basieren hingegen auf einen Parlamentsvorschlag, der jedoch verglichen mit der heutigen Regelung erhebliche Unterschiede erkennen lässt.

13 In Art. 12 werden erstmalig die Regelungen zu Form, Sprache und Verfahren bezüglich der Informations- und Mitteilungspflichten einheitlich in einer eigenen, ausdrücklichen Regelung zusammengeführt.

2 Sydow-*Greve* Art. 12 Rn. 7.

Die Norm enthält einerseits Verfahrensvorschriften zum Umgang mit Anfragen und Rechten des Betroffenen und andererseits eine Konkretisierung des allgemeinen Transparenzgebots des Art. 5 Abs. 1 lit. a. Dabei regelt Art. 12 die Modalitäten der in Art. 13 bis 22 und Art. 34 niedergelegten Betroffenenrechte und zieht diese gleichsam vor die Klammer. Entsprechend dieser Regelungstechnik stellt Art. 12 nur die allgemeinen Rahmenbedingungen der Rechtewahrnehmung auf[3], während die Rechte selbst und ihre Voraussetzungen in den nachfolgenden Artikeln ausgestaltet sind. **14**

II. Anwendungsbereich

Der **sachliche** Anwendungsbereich von Art. 12 ergibt sich grundsätzlich aus Art. 2 und deckt sich mithin mit dem der DS-GVO insgesamt. In **räumlicher** Hinsicht ist dagegen Art. 3 maßgeblich. Auch insoweit deckt sich der Anwendungsbereich mit dem der Verordnung insgesamt. Art. 12 gilt sowohl für private als auch für öffentliche verantwortliche Stellen[4] sowie für Auftragsverarbeiter nach Art. 28 Abs. 3 S. 2 lit. e. **15**

Art. 12 ist hingegen nicht anwendbar auf die Belehrung vor Abgabe der **Einwilligung**. Zwar muss zur Wahrung des Erfordernisses der Informiertheit (vgl. Art. 4 Nr. 11, Art. 6 Abs. 1 lit. a, Art. 7) auch hier eine vorgelagerte transparente Belehrung der betroffenen Person ergehen, allerdings knüpft Art. 12 an einen späteren Zeitpunkt an. So entstehen die Informationspflichten des Art. 13 und 14 nämlich erst **ab dem Zeitpunkt der Datenerhebung** („werden personenbezogene Daten […] erhoben, so teilt der Verantwortliche […] mit"), welche aber unter Umständen selbst eine zuvor wirksam erteilte Einwilligung voraussetzt. Auch die formalen Vorgaben des Art. 7 Abs. 2 im Falle einer schriftlich erteilten Einwilligung wären überflüssig, wenn nicht ohnehin schon die Bestimmungen des Art. 12 für diesen Fall gelten würden. Im Übrigen spricht auch die systematische Stellung des Art. 12 für eine getrennte Betrachtung beider Regelungen[5]. **16**

Daneben findet das Transparenzgebot des Art. 12 Abs. 1 S. 1 ergänzende Anwendung auf Art. 34 Abs. 2, nicht jedoch auf die Art. 17 Abs. 2 und 19 S. 1 sowie Art. 15 Abs. 3 S. 2 und Art. 20 Abs. 1. Hinsichtlich der Formvorgaben des Art. 12 Abs. 1 S. 2 und S. 3 sowie Abs. 3 S. 4 sind außerdem die Sondervorschriften des Art. 15 Abs. 3 S. 3, Art. 21 Abs. 4 Hs. 2 und Art. 34 Abs. 3 lit. c zu beachten[6]. **17**

III. Abs. 1 Transparenzgebot

Abs. 1 enthält ein Transparenzgebot, das im Rahmen der Informationserteilung sowie bei Mitteilungen an den jeweiligen Betroffenen zu beachten ist. So soll u.a. dem Grundsatz der Datenhoheit aus Art. 8 GRCh Rechnung getragen werden. S. 1 regelt allgemein die Art und Weise der in der DS-GVO an anderer Stelle vorgegebenen Informationspflichten. Diese ist nicht erfolgsbezogen, sondern es handelt sich um eine Pflicht zum Ergreifen geeigneter Maßnahmen zur Gewährleistung einer transparenten Übermittlung[7]. Ein zentrales Anliegen des Transparenzgebots ist es dabei, der betroffenen Person im Voraus den Umfang und die Folgen der Verarbeitung zu eröffnen. **18**

---

3 BeckOK DatenSR-*Quaas* Art. 12 Rn. 5.
4 Gola-*Franck* Art. 12 Rn. 3.
5 Ehmann/Selmayr-*Heckmann/Paschke* Art. 12 Rn. 7.
6 Kühling/Buchner-Bäcker Art. 12 Rn. 14.
7 Paal/Pauly-*Paal* Art. 12 Rn. 19.

Hierzu sollte der Verantwortliche der betroffenen Person nicht nur alle erforderlichen Informationen bereitstellen, sondern – soweit absehbar – auch offenlegen, welche konkreten Auswirkungen die spezifische Verarbeitung voraussichtlich haben wird.[8]

19 **1. Anwendungsbereich.** Das Transparenzgebot gilt sowohl für die allgemeinen Informationen gemäß Art. 13 und 14 bei Datenerhebungen bei dem Betroffenen oder bei Dritten als auch für betroffenenspezifische Mitteilungen gem. Art. 15 bis 22 und Art. 34, die sich auf die Verarbeitung personenbezogener Daten beziehen. Das Transparenzgebot gilt somit grundsätzlich für jegliche Informationspflichten des Verantwortlichen mit dem Betroffenen im Zusammenhang mit der Verarbeitung personenbezogener Daten[9].

20 Indes ist der Anwendungsbereich auf solche Informationen und Mitteilungen beschränkt, die **an den Betroffenen gerichtet** sind[10]. Er umfasst nicht Informationen oder Mitteilungen des Verantwortlichen an Dritte. Infolgedessen sind die Vorgaben des Art. 12 Abs. 1 S. 1 nicht anwendbar auf die Art. 17 Abs. 2 und 19 S. 1, denn die darin enthaltenen Pflichten betreffen nur das Verhältnis des Verantwortlichen zu einem Dritten.

21 Überdies findet Art. 12 Abs. 1 S. 1 **keine Anwendung** auf Art. 15 Abs. 3 und Art. 20. Diese Regelungen normieren nämlich gerade die Pflicht, die Daten dem Betroffenen so zu übermitteln, wie der Verantwortliche selbst über sie verfügt. Bestimmungen über die Darstellungsweise passen hierzu jedoch nicht und können sogar insofern dem Sinn und Zweck dieser Vorschriften zuwiderlaufen, als dass sie den Aussagegehalt der herausgegebenen Daten verändern können[11]. Somit stellen Art. 15 Abs. 3 S. 2 und Art. 20 Abs. 1 eigenständige Anforderungen auf. Dagegen findet das Transparenzgebot weiterhin ergänzende Anwendung auf Art. 34 Abs. 2. Diese Sonderregelung bezüglich der Informationspflicht des Art. 34 Abs. 1 bleibt nämlich hinter den Anforderungen der Art. 12 Abs. 1 S. 1 zurück, weshalb dem Einschub lediglich eine klarstellende Funktion beigemessen wird[12].

22 **2. Art und Weise.** S. 1 enthält eine Präzisierung des Transparenzgebots und bildet zugleich den Versuch ab, einer drohenden Informationsüberlastung entgegen zu wirken[13]. Hierzu Stellt S. 1 Anforderungen dahingehend auf, in welcher Form die Informationen bereitzustellen sind. Dies ist jedoch nicht als bloß formale Vorgabe zu verstehen, sondern hat auch Auswirkungen auf die inhaltliche Gestaltung der Informationen[14].

23 Gemäß Art. 12 Abs. 1 S. 1 muss die Information bzw. Mitteilung in präziser, transparenter, verständlicher und leicht zugänglicher Form erfolgen und in klarer und einfacher Sprache abgefasst sein. Insgesamt fällt auf, dass sich die aufgeführten Kriterien

8 Art.-29-Datenschutzgruppe WP 260, S. 8.
9 Ehmann/Selmayr-*Heckmann/Paschke* Art. Rn. 9.
10 Insoweit finden die Vorgaben des Art. 12 Abs. 1 S. 1 nur Anwendung auf die Art. 13, 14, 15 Abs. 1 und 2, 18 Abs. 3, 19 S. 2, 21 Abs. 4 und Art. 34.
11 Kühling/Buchner-*Bäcker* Art. 12 Rn. 10.
12 Paal/Pauly-*Paal* Art. 12 Rn. 23.
13 Paal/Pauly-*Paal* Art. 12 Rn. 5.
14 BeckOK DatenSR-*Quaas* Art. 12 Rn. 11; wohl auch Kühling/Buchner-*Bäcker* Art. 12 Rn. 12, der davon ausgeht, dass die Norm eine über die formale Richtigkeit hinausgehende Prüfung ermöglicht.

nicht hinreichend voneinander unterscheiden und daher einerseits teilweise in einem Spannungsverhältnis zueinander stehen und anderseits teilweise redundant sind. Die Art.-29-Datenschutzgruppe weist ausdrücklich darauf hin, dass eine (zusätzliche) Informationsgewährung auch **mündlich** erfolgen kann.[15]

Präzise ist die Information, wenn sie einen hinreichenden Grad an Genauigkeit aufweist[16]. Die Information darf also wesentliche Aspekte der Datenverarbeitung nicht auslassen. Eine abschließende Darstellung wird jedoch jedenfalls dann nicht zu fordern sein, wenn hierdurch die Verständlichkeit nicht mehr gewährleistet werden kann. Vielmehr werden die darzustellenden Informationen auf ihren für die betroffene Person relevanten Kern zu reduzieren sein[17]. Insoweit steht die Anforderung der „präzisen“ Information unter einem einschränkenden Vorbehalt der Verständlichkeit sowie klarer und einfacher Sprache. **24**

Verständlichkeit erfordert hingegen, dass die Information für den jeweiligen Adressatenkreis aus sich heraus nachvollziehbar[18] und ohne großen oder zusätzlichen Aufwand erfassbar ist. Dies kann einerseits Erläuterungen erforderlich machen, setzt aber auch und insbesondere voraus, dass nicht so viele kleinteilige Informationen und Erläuterungen gegeben werden, dass das Verständnis aufgrund der Informationsfülle wieder erschwert wird. Vielmehr muss die Darstellung so gewählt sein, dass der Inhalt klar und nachvollziehbar wird. Es kommt für die Verständlichkeit daher nicht auf eine umfassende Information an, sondern darauf, der Information die Komplexität zu nehmen und sie so für den Adressaten leichter fassbar zu machen. **25**

Die Merkmale der Präzision und Verständlichkeit stehen dabei in einem Spannungsverhältnis zueinander[19]. Denn eine genaue und umfassende Information wird in aller Regel weniger leicht zu erfassen sein, als eine solche, der durch eine vereinfachte Darstellung die Komplexität genommen. Der Verantwortliche muss mithin die Genauigkeit und Vollständigkeit mit einer anschaulichen, unkomplizierten und nachvollziehbaren Darstellung in Einklang bringen, was ihm im Einzelfall einen beträchtlichen Gestaltungsspielraum[20] eröffnet. So werden neben einer textlichen Wiedergabe der Informationen alle Darstellungsformen zulässig sein, die der Verständlichkeit der Information dienen bspw. durch ergänzende Erläuterungen mit Schaubildern, Piktogrammen oder auch Videos. Denkbar ist auch, nähere Erläuterungen der Datenverarbeitung spielerisch zu vermitteln, bspw. durch spezielle Spielmodi in Online-Spielen[21]. Auch mehrschichtige Datenschutzerklärungen sind in diesem Zusammenhang geeignet, das bestehende Spannungsverhältnis aufzulösen. Die erste Schicht dient dabei dem Überblick und soll der betroffenen Person helfen, alle für sie relevanten Informationen der darauffolgenden Schichten zu ermitteln, die zweite Schicht dient der vertieften Information.[22] **26**

15 *Art.-29-Datenschutzgruppe* WP 260, S. 11.
16 Gola-*Franck* Art. 12 Rn. 18.
17 Ehmann/Selmayr-*Heckmann/Paschke* Art. 12 Rn. 12.
18 Ehmann/Selmayr-*Heckmann/Paschke* Art. 12 Rn. 13.
19 Kühling/Buchner-*Bäcker* Art. 12 Rn. 12; Beck OK-*Quaas* Art. 12 Rn. 13.
20 Kühling/Buchner-*Bäcker* Art. 12 Rn. 12.
21 Ehmann/Selmayr-*Heckmann/Paschke* Art. 12 Rn. 20.
22 *Art.-29-Datenschutzgruppe* WP 260, S. 17.

27 **Transparenz** ist ein Überbegriff für die Gesamtgestaltung und setzt voraus, dass der Inhalt an sich erkennbar ist und die wesentlichen Aussagen nicht verschleiert werden.[23] Auch bei diesem Merkmal geht es letztlich um eine Gestaltung der Information, die diese durchschaubar und damit nachvollziehbar macht und die die wesentlichen Aussagen deutlich zu Tage treten lässt.

28 **Leicht zugänglich** ist die Information, wenn der Empfänger die Mitteilung selbst sowie ihren Inhalt mit den ihm zur Verfügung stehenden Mitteln erreichen kann, ohne dass zusätzliche Hürden errichtet werden[24]. Dabei ist auch die Barrierefreiheit[25] des Zugangs zu berücksichtigen, sowohl hinsichtlich verwendeter Dateiformate als auch bei farblichen Gestaltungen[26]. Die Information darf zudem nicht verdeckt platziert werden[27]. Vielmehr sollte für die betroffene Person sofort ersichtlich sein, wo die erforderlichen Informationen aufzufinden sind.[28] Dies umfasst, insbesondere im Internet, eine aussagekräftige Benennung der Dokumente, in denen die Informationen enthalten sind[29], beispielsweise der Datenschutzerklärung oder der Allgemeinen Geschäftsbedingungen. Ein Link zu diesen Dokumenten sollte deutlich sichtbar und unter einem allgemein geläufigen Begriff (wie z.B. „Datenschutzhinweis") auf der Website erscheinen. Im App-Bereich sollten hingegen bereits vor dem Download alle erforderlichen Informationen bereitgestellt werden. Sobald die App installiert ist, sollten die Informationen nie mehr als „zwei Klicks entfernt" sein.[28] Bei eingeschränkten Darstellungsmöglichkeiten, insbesondere bei mobilen Endgeräten und embedded Systems, werden hinreichend klare und übliche Piktogramme jedoch ebenfalls ausreichend sein. Werden die Informationen schriftlich übermittelt, so umfasst dies in erster Linie die physische Zugänglichkeit und Lesbarkeit[30]. Maßgeblich ist dabei der Gesamteindruck. So wird etwa allein eine vergleichsweise kleine Schrift je nach angesprochenen Verkehrskreisen nicht zwingend dazu führen, dass keine leichte Zugänglichkeit vorliegt.

29 Eine **klare und einfache Sprache** setzt voraus, dass der Kern der Information offen liegt und ohne Schwierigkeiten wahrnehmbar und verständlich ist[31]. Es besteht damit ein enger Zusammenhang zu dem Verständlichkeitsgebot, denn es soll die Verständlichkeit durch eine eindeutige und übersichtliche Formulierung gefördert werden. Dies erfordert eine eindeutige, soweit möglich nicht interpretationsoffene Formulie-

---

23 BeckOK DatenSR-*Quaas* Art. 12 Rn. 14; a.A. Ehmann/Selmayr-*Heckmann/Paschke* Art. 12 Rn. 12: „Transparenz als synonym für die Öffentlichkeit/öffentliche Zugänglichkeit der Information"; Plath-*Kamal* Art. 12 Rn. 2, die dem Transparenzgebot keine inhaltliche Bedeutung beimessen und dies vor allem mit der fehlenden Auflistung der „Transparenz" in ErwG 59 begründen.

24 BeckOK DatenSR-*Quaas* Art. 12 Rn. 16; Paal/Pauly-*Paal* Art. 12 Rn. 32; Ehmann/Selmayr-*Heckmann/Paschke* Art. 12 Rn. 14.

25 Vgl. § 4 Behindertengleichstellungsgesetz.

26 Ehmann/Selmayr-*Heckmann/Paschke* Art. 12 Rn. 20.

27 Gola-*Franck* Art: 12 Rn. 21.

28 *Art.-29-Datenschutzgruppe* WP 260, S. 8.

29 Ehmann/Selmayr-*Heckmann/Paschke* Art. 12 Rn. 14.

30 Ähnlich auch Gola-*Franck* Art. 12 Rn. 21.

31 BeckOK DatenSR-*Quaas* Art. 12 Rn. 18; a.A. Gola-*Franck* Art. 12 Rn. 22, die in dem Kriterium "Klarheit" lediglich eine Widerholung der Merkmale"Präzision" und „Verständlichkeit" sehen.

rung[32]. Auf relativierende und interpretationsoffene Begriffe wie „kann", „könnte", „dürfte", „einige", „oft", „möglich" sollte daher verzichtet werden.[33] Vielmehr muss die betroffene Person absehen können, unter welchen Umständen welche Daten zu welchen Zwecken über sie verarbeitet werden. Einfachheit setzt zudem die Verwendung allgemein gebräuchlicher Worte und kurzer Sätze, deren Satzbau und Wortwahl[34] verständlich sind, voraus. Fachbegriffe müssen je nach Adressatenkreis ggf. erläutert werden, beispielsweise durch weiterführende Links zu ausführlichen Erklärungen. Auch hier besteht ein Spannungsverhältnis zu der Anforderung einer präzisen Information, sodass die Anforderungen an eine klare und einfache Sprache nicht zu hoch gestellt werden dürfen, um Widersprüche zwischen Präzision und Verständlichkeit in einen angemessenen Ausgleich zu bringen.

In welcher **Sprache** die Information zu erfolgen hat, geht dagegen aus Abs. 1 S. 1 nicht **30**
explizit hervor. Dies bestimmt sich vielmehr danach, an wen die Information gerichtet ist, d.h. in welchen Staaten der Verantwortliche seine Leistungen anbietet (Marktortprinzip, vgl. Art. 3)[35]. Stärkster Indikator wird dabei sein, in welcher Sprache der Verantwortliche seine übrigen Leistungen erbringt. Bietet bspw. ein Anbieter seine Leistungen ausschließlich in englischer Sprache an, wird die Information nach Abs. 1 S. 1 auch in englischer Sprache ausreichen[36].

3. Maßstab. Der Maßstab, an dem die Einhaltung der oben genannten Anforderun- **31**
gen auszurichten ist, kann nicht allgemein bestimmt werden, sondern hängt maßgeblich von dem **Durchschnittsadressaten** der Mitteilung ab[37]. Dieser muss den Inhalt der Mitteilung ohne großen Aufwand erfassen können[38]. Dieser adressatenorientierte Maßstab gilt nicht nur für an **Kinder** gerichtete Informationen, auch wenn ihm in diesem Fall besonderes Gewicht zukommt, sondern generell, wie sich aus dem Wortlaut „insbesondere"[39] gegenüber Kindern ergibt[40]. Als Beispiel für eine kinderfreundliche Sprache wird „UN-Konvention über Rechte des Kindes – Für Kinder erklärt" angeführt.[41]

Dabei sollten aufgrund der möglichen Bandbreite unterschiedlicher Informationsemp- **32**
fänger Gruppen[42] gebildet werden, bei denen die Anforderungen an die formale und inhaltliche Darstellung je variieren. Denn eine Anpassung und individuelle Formulierung für jeden einzelnen Adressaten dürfte die Grenzen des Möglichen und Zumutbaren sprengen[43], während eine allgemeingültige Formulierung, die den Anforderungen des Art. 12 für alle erdenklichen Adressaten genügt, schwer zu finden sein dürfte.

32 Ehmann/Selmayr-*Heckmann/Paschke* Art. 12 Rn. 17.
33 *Art.-29-Datenschutzgruppe* WP 260, S. 9.
34 BeckOK DatenSR-*Quaas* Art. 12 Rn. 19; Gola-*Franck* Art. 12 Rn. 22.
35 Sydow-*Greve* Art. 12 Rn. 12.
36 A.A. Gola-*Franck* Art. 12 Rn. 20, der auf Deutsch als die Verkehrssprache im Inland verweist.
37 BeckOK DatenSR-*Quaas* Art. 12 Rn. 15; Paal/Pauly-*Paal* Art. 12 Rn. 25, 30; a.A. Ehmann/Selmayr-*Heckmann/Paschke* Art. 12 Rn. 18.
38 Kühling/Buchner-*Bäcker* Art. 12 Rn. 11 – kognitiver und zeitlicher Aufwand gering.
39 Im Englischen: „*in particular* for any information addressed specifically to a child".
40 A.A. Ehmann/Selmayr-*Heckmann/Paschke* Art. 12 Rn. 18.
41 *Art.-29-Datenschutzgruppe* WP 260, S. 10.
42 Ähnlicher Paal/Pauly-*Paal* Art. 12 Rn. 26.
43 So auch Paal/Pauly-*Paal* Art. 12 Rn. 26.

33 **4. Form.** Die Formvorschrift in S. 2 und 3 gilt für Informationspflichten, die keinen Antrag voraussetzen. Soweit ein Antrag erforderlich ist, wird die Regelung jedenfalls teilweise von der Spezialregelung in Abs. 3 S. 4 überlagert[44].

34 Gemäß S. 2 sind die Informationen „**schriftlich oder in anderer Form**" zu erteilen. Es gelten die §§ 126 ff. BGB entsprechend[45]. Damit ist kein Vorrang einer bestimmten Form gemeint. Dem Verantwortlichen wird vielmehr ein Wahlrecht einräumt, in welcher Form er Informationen übermitteln will[46]. Die gewählte Form muss lediglich eine hinreichende Möglichkeit der Kenntnisnahme vermitteln[47].

35 „Gegebenenfalls" ist auch eine **elektronische** Informationserteilung möglich. Diese etwas missverständliche Formulierung beinhaltet jedoch keinen Vorrang der Schriftform[48]. Dies ergibt sich aus ErwG 58 (S. 2 und 3), wonach die Information elektronisch erteilt werden kann. Explizit als Beispiel benannt ist die Veröffentlichung auf einer Webseite. Die elektronische Form steht somit neben der Schriftform und kann von dem Verantwortlichen frei gewählt werden. In Bezug auf Websites ist zudem die Verwendung von mehrschichtigen Datenschutzerklärungen möglich, um für die betroffenen Personen die bereitzustellenden Informationen möglichst verständlich aufzubereiten.[49] Außerdem sollten zusätzliche Mittel berücksichtigt werden, sofern das Gerät, welches die personenbezogenen Daten umfasst, nicht über einen Bildschirm verfügt. Hier könnten etwa die Angabe eines QR-Codes oder der Internet-Adresse in Betracht gezogen werden, unter der man die Datenschutzerklärung auffinden kann.[50] Die Art.-29-Datenschutzgruppe weist ausdrücklich auf die Möglichkeit hin, die Information je nach Situation zusätzlich auch **mündlich** gewähren zu können. In Betracht kommen dürfte etwa bei mündlichen Datenerhebungen, etwa am Telefon, mündlich auf den Umstand der Datenerhebung hinzuweisen, um wegen der Details der Information auf eine Homepage, E-Mail oder auf Anforderung auch eine schriftliche Information zu verweisen.

36 Unklar ist, ob und inwieweit die betroffene Person aktiv über Änderungen bei veränderten Datenverarbeitungsprozessen informiert werden muss. Stellt der Verantwortliche bspw. eine Verarbeitungsform ein und ändert dementsprechend die Information auf seiner Webseite, stellt sich die Frage, inwiefern die betroffene Person über diese Änderung informiert werden muss. Auch bei einer Zweckänderung i.R.v. Art. 6 Abs. 4 kann eine nachträgliche Änderung der Informationen erforderlich machen. Konkrete Vorgaben hierzu macht Abs. 1 nicht, sodass davon ausgegangen werden kann, dass eine aktive Benachrichtigung des Betroffenen nach Art. 12 nicht gefordert ist.

37 Eine Einschränkung des Grundsatzes der Formfreiheit enthält indes S. 3. Danach ist die **mündliche** Form nur auf Verlangen des Betroffenen ausreichend und nur, wenn

44 Kühling/Buchner-*Bäcker* Art. 12 Rn. 15.
45 Gola-*Franck* Art. 12 Rn. 23.
46 So auch Kühling/Buchner-*Bäcker* Art. 12 Rn. 16; BeckOK DatenSR-*Quaas* Art. 12 Rn. 27; Plath-*Kamlah* Art. 12 Rn. 3; a.A. aber Paal/Pauly-*Paal* Art. 12 Rn. 38, der von einem Vorrang der Schriftform ausgeht.
47 Kühling/Buchner-*Bäcker* Art. 12 Rn. 16.
48 *Walter*, DSRITB 2016, 367 (373); a.A. wohl Wybitul-*Pötters/Bausewein* Art. 12 Rn. 13, wonach die Schriftform „vorzugswürdig" sei.
49 *Art.-29-Datenschutzgruppe* WP 260, S. 10, 17.
50 *Art.-29-Datenschutzgruppe* WP 260, S. 11.

seine Identifizierung anderweitig erfolgt ist. Der Nachweis der Identität kann dabei auf jede beliebige Weise erfolgen[51].

IV. Abs. 2 Rechtewahrnehmung

Abs. 2 begründet eine Pflicht des Verantwortlichen zur Erleichterung der Rechteausübung durch die Betroffenen. Den Verantwortlichen trifft gemäß Art. 12 Abs. 2 S. 1 die allgemeine und nicht näher spezifizierte Pflicht, die Ausübung der Rechte aus den Art. 15 bis 22 zu erleichtern. Die Pflicht aus Abs. 2 S. 1 besteht dabei stets nur in dem Umfang, indem die genannten Betroffenenrechte bestehen[52]. **38**

1. Pflicht zur Erleichterung. Zunächst ist es dem Verantwortlichen durch die Pflicht zur Erleichterung der Rechteausübung untersagt, diese **aktiv zu behindern** beispielsweise indem für die Geltendmachung zusätzliche inhaltliche oder formale Hürden aufgestellt werden. Eine Rechtsverteidigung des Verantwortlichen bleibt hiervon allerdings unberührt[53]. Wie ErwG 59 klarstellt, kann eine solche Erleichterung bspw. durch das Vorsehen einer Möglichkeit zur elektronischen Antragstellung erreicht werden. **39**

Die **Modalitäten der Vereinfachung** bzw. die konkret zu ergreifenden Maßnahmen sind von dem Verantwortlichen festzulegen[54] und liegen im Einzelnen in dessen Ermessen. Da die Ausübung nur erleichtert werden muss, bleibt die Verantwortung für die tatsächliche Rechtsausübung beim Betroffenen[52]. Der Betroffene muss also selbst aktiv werden, während der Verantwortliche ihm hierfür geeignete Zugangswege zur Verfügung stellen muss. **40**

2. Ausnahme bei mangelnder Identifizierbarkeit. Hat die betroffene Person einen Antrag zur Wahrnehmung ihrer Rechte gestellt, so hat der Verantwortliche diesen grundsätzlich zu bearbeiten und insbesondere zu prüfen ob und inwieweit er diesem nachkommt. Eine Verweigerung des Tätigwerdens ist nur zulässig, wenn der Verantwortliche glaubhaft macht, dass er die betroffene Person nicht identifizieren kann und ein Fall des Art. 11 Abs. 2 vorliegt. **41**

Ein Fall des Art. 11 Abs. 2 liegt vor, wenn der Verantwortliche in Fällen des Art. 11 Abs. 1 nachweisen kann, dass er nicht in der Lage ist, die betroffene Person zu identifizieren. Daher ist über die Nicht-Identifizierbarkeit hinaus erforderlich, dass für die Zwecke der Datenverarbeitung eine Identifizierung des Betroffenen nicht (mehr) erforderlich ist. Andernfalls wird der Verantwortliche in der Regel ohnehin von sich aus weitere Daten erheben oder anfordern, um den Betroffenen identifizieren zu können und so die Betroffenenrechte zur Anwendung bringen. **42**

Der Verantwortliche ist **zur Identifizierung außerstande**, wenn er mittels der ihm vorliegenden Informationen die Identität des Betroffenen nicht bestimmen kann. Identifizierbarkeit setzt voraus, dass der Verantwortliche in der Lage ist, mittels der vorhandenen Informationen die Identität des Betroffenen zu bestimmen, dass er mithin die Daten einer bestimmten Person zuordnen kann. Dabei muss der Verantwortliche zwar die ihm möglichen und zumutbaren Maßnahmen zur Identifizierung (erfolglos) ergriffen haben, indes gehört zu diesen Maßnahmen, wie Art. 11 Abs. 1 zeigt, nicht die Anforderung weiterer Informationen. Denn diese soll gerade nicht verpflichtend sein. **43**

---

51 Sydow-*Greve* Art. 12 Rn. 19.
52 Ehmann/Selmayr-*Heckmann/Paschke* Art. 12 Rn. 24.
53 Plath-*Kamlah* Art. 12 Rn. 11.
54 ErwG 59.

44 Berücksichtigt werden müssen vielmehr (nur) solche Mittel, die nach allgemeinem Ermessen von dem Verantwortlichen oder von Dritten wahrscheinlich zur Identifizierung genutzt werden[55]. Dies wiederum bestimmt sich nach objektiven Kriterien, insbesondere dem zeitlichen und finanziellen Aufwand.

45 **Identifizierbar** ist der Betroffene bspw. dann, wenn seine Daten bei dem Verantwortlichen in pseudonymisierter Form vorliegen und der Verantwortliche zudem über die zur Zuordnung zu dem Betroffenen erforderlichen weiteren Informationen, bspw. eine Pseudonymisierungstabelle, verfügt[55].

46 Dagegen ist der Betroffene für den Verantwortlichen **nicht identifizierbar**, wenn er über dessen Daten nur in anonymisierter Form verfügt[55], da aus diesen keinerlei Rückschlüsse auf die Identität des Betroffenen möglich sind. Einer Person zugeordnete **Kennungen** (Cookies, IP Adressen) können hingegen nur in Verbindung mit weiteren Informationen die Identifizierbarkeit begründen. Auch wenn diese Kennungen u.U. ein Aussondern einer abstrakten Person aus einer Menge von Personen ermöglichen können, so ist eine Zuordnung zu einer konkreten Person für den Verantwortlichen regelmäßig gerade nicht möglich.

47 Hat der Verantwortliche nachgewiesen, dass er den Betroffenen nicht identifizieren kann, so muss er dies, anders als der letzte Hs. in Abs. 2 S. 2 suggeriert, nicht zusätzlich glaubhaft machen. Denn in der englischen und französischen Sprachfassung des Art. 11 Abs. 2 und Art. 12 Abs. 2 S. 2 ist eine solche begriffliche Differenzierung nicht vorgesehen. Der abweichende Wortlaut in der deutschen Fassung ist allein der Übersetzung geschuldet und sollte nicht etwa dazu führen, dass Art. 12 Abs. 2 S. 2 insoweit ein über Art. 11 Abs. 2 hinausgehendes Erfordernis aufstellt[56].

V. Abs. 3 Unterrichtung über Abhilfemaßnahmen i.R.d. Rechtewahrnehmung

48 Der Verantwortliche muss den Betroffenen über den Stand des Antrags und die geplanten Maßnahmen unterrichten. Dies stellt eine über Art. 13, 14 hinausgehende, eigenständige Informationspflicht dar. Denn ohne Informationspflicht bedürfte es auch keiner Frist, innerhalb derer diese zu erfüllen ist.

49 Es handelt sich **nicht um eine Pflicht zur Bearbeitung** des Antrags binnen einer bestimmten Frist, sondern lediglich um eine Pflicht zur Unterrichtung über die auf den Antrag des Betroffenen hin von dem Verantwortlichen ergriffenen Maßnahmen[57]. Die Bearbeitung oder Abhilfe selbst kann längere Zeit in Anspruch nehmen.

50 Die Pflicht zur Unterrichtung ist **unverzüglich** nach Eingang des Antrags des Betroffenen, spätestens jedoch innerhalb eines Monats zu erfüllen. Zwar kann der europarechtliche Begriff der „unverzüglichen" Unterrichtung grundsätzlich nicht vom deutschen Recht her interpretiert werden, wird aber im Ergebnis ebenfalls ein Tätigwerden ohne schuldhaftes Zögern erfordern[58].

---

55 ErwG 26.

56 Anders wohl Gola-*Franck* Rn. 31, die die Glaubhaftmachung i.S.v. § 294 ZPO verstehen.

57 So auch Gola-*Franck* Art. 12 Rn. 27.

58 So die Interpretation vom dt. Recht aber Paal/Pauly-*Paal* Art. 12 Rn. 53; BeckOK DatenSR-*Quaas* Art. 12 Rn. 35.

In der Praxis wird es sich jedenfalls in der elektronischen Kommunikation anbieten, mit sog. Ticketsystemen zu arbeiten, bei denen Anfragen betroffener Personen systematisch erfasst werden und diese automatisiert über den weiteren Fortgang der Bearbeitung informiert werden können. **51**

Die Frist des Abs. 3 S. 1 kann **um weitere zwei Monate verlängert** werden, wenn dies unter Berücksichtigung der Komplexität und der Anzahl von Anträgen erforderlich ist. **Komplexität** umfasst sowohl die rechtliche Prüfung wie auch die Aufarbeitung des Sachverhaltes[59]. Demgegenüber sind mit der **Anzahl von Anträgen** alle bei dem Verantwortlichen eingehenden Anträge gemeint. Der Wortlaut deutet dabei auf die Notwendigkeit eines **kumulativen** Vorliegens dieser beiden Gründe hin[60]. Da sich jedoch sowohl aus der Komplexität als auch aus der Anzahl der Anträge unabhängig voneinander ein erheblicher Aufwand für den Verantwortlichen ergeben kann, werden **keine zu hohen Anforderungen** zu stellen sein, wenn jedenfalls eines der Merkmale erfüllt ist, um von dem Verantwortlichen keine praktisch unmögliche Bearbeitungszeit zu verlangen. Das zeigt bereits die Formulierung „unter Berücksichtigung", die indiziert, dass beide Faktoren in eine einheitliche Abwägung einzubeziehen sind. **52**

Der Verantwortliche hat den Betroffenen über die Fristverlängerung bis spätestens zum Ablauf der Monatsfrist zu **informieren**. Die Unterrichtungspflicht muss dabei alle wesentlichen Entscheidungsgründe beinhalten, die den Verantwortlichen zur Inanspruchnahme des Abs. 3 S. 2 bewegt haben. Stellt der Betroffene seinen Antrag elektronisch, ist er gemäß Abs. 3 S. 4 nach Möglichkeit ebenfalls auf elektronischen Weg zu unterrichten, sofern er nichts anderes angibt. Eine diesbezügliche allgemeine Rechtspflicht des Verantwortlichen kann jedoch schon wegen dem schwachen Wortlaut des Abs. 3 S. 4 nicht abgeleitet werden. Aufgrund ihrer systematischen Stellung findet die Vorschrift sowohl auf die Unterrichtungspflichten des S. 1 und als auch auf diejenigen des S. 3 Anwendung. **53**

VI. Abs. 4 Unterrichtung über die Nichtabhilfe i.R.d. Rechtewahrnehmung

Abs. 4 bildet ein Gegenstück zu Abs. 3 und sieht eine Unterrichtungspflicht auch für den Fall vor, dass der Verantwortliche auf den Antrag des Betroffenen hin nicht tätig wird. Er hat dies sodann dem Betroffenen mitzuteilen, zu begründen und daneben auf die Beschwerde- und gerichtlichen Rechtsschutzmöglichkeiten hinzuweisen. Wie schon für die Unterrichtungen nach Abs. 3 gilt auch für die Entscheidungsmitteilung nach Abs. 4 der Maßstab des Abs. 1 entsprechend[61]: **54**

Die Unterrichtung hat der Verantwortliche „**ohne Verzögerung**", jedenfalls aber innerhalb eines Monats ab Eingang des Antrages zu übermitteln. Die Formulierung „ohne Verzögerung" unterscheidet sich insoweit von Abs. 3. Damit soll wohl die unspezifische Wertung zum Ausdruck gebracht werden, der Verantwortliche solle im Falle einer ablehnenden Entscheidung strenger behandelt werden, als im Fall einer stattgebenden[62]. Praktische Unterschiede zwischen einem „unverzüglichen" Handeln und einem solchen „ohne Verzögerung" sind jedoch nicht ersichtlich[63]. **55**

---

59 Plath-*Kamlah* Art. 12 Rn. 15.

60 Ehmann/Selmayr-*Heckmann/Paschke* Art. 12 Rn. 33.

61 Paal/Pauly-*Paal* Art. 12 Rn. 59; BeckOK DatenSR-*Quaas* Art. 12 Rn. 41.

62 Ehmann/Selmayr-*Heckmann/Paschke* Art. 12 Rn. 39.

63 Ebenso sprechen Kühling/Buchner-*Bäcker* Art. 12 in Fn. 23 davon, dass sich die unterschiedlichen Beschleunigungsanforderungen der Abs. 3 und 4 praktisch nicht operationalisieren lassen.

56 Abs. 4 knüpft an den Zeitpunkt an, in dem die Entscheidung, nicht tätig zu werden, gefallen ist[64]. Denn der Verantwortliche kann erst dann mitteilen, dass er auf Antrag des Betroffenen nicht tätig wird, wenn er diesen Entschluss selbst gefasst hat.

57 Diskutiert wird, ob auch die Frist für die Unterrichtung gemäß Abs. 4 entsprechend des Abs. 3 S. 2 **verlängert** werden kann, sofern dies im Einzelfall erforderlich ist[65]. Die Diskussion ist insoweit irreführend, als dass Abs. 4 ohnehin erst ab dem Zeitpunkt gilt, an dem der Verantwortliche die Entscheidung getroffen hat, nicht tätig zu werden. Wenn sich der Verantwortliche also aufgrund Anzahl und rechtlicher Komplexität der Anträge nach Abs. 3 S. 2 eine Fristverlängerung für eine weitere Prüfung ausbedingt, um zu prüfen, ob die Voraussetzungen für einen Anspruch des Betroffenen erfüllt sind, gilt zu diesem Zeitpunkt Abs. 3. Erst wenn sich der Verantwortliche daraufhin entscheidet, nicht tätig zu werden, gilt Abs. 4. Andernfalls könnte die Frist nach Abs. 3 S. 2 nur dann verlängert werden, wenn der Verantwortliche sich bereits zu diesem Zeitpunkt festlegt, dem Antrag stattzugeben. Die Fristverlängerung selbst wäre dann ein Präjudiz für die Entscheidung des Verantwortlichen. Dies wäre jedoch mit dem Sinn der Fristverlängerung, eine angemessene Prüfung zu ermöglichen, nicht vereinbar. Eine Fristverlängerung zu einem Zeitpunkt, in dem der Verantwortliche bereits abschließend entschieden hat, nicht tätig zu werden, ist hingegen ausgeschlossen, in der Praxis aber wohl in aller Regel auch nicht erforderlich.

58 Die Unterrichtung hat eine **Rechtsbehelfsbelehrung** zu enthalten, d.h. einen Hinweis auf die Möglichkeit zur Einlegung einer Beschwerde bei einer Aufsichtsbehörde nach Art. 77 sowie gerichtliche Rechtsbehelfe nach Art. 79.

VII. Abs. 5 Unentgeltlichkeit

59 Im Unterschied zur bisherigen Rechtslage[66] muss die Information des Betroffenen bzw. die Versendung von Mitteilungen an diesen nunmehr **grundsätzlich unentgeltlich** erfolgen. Bisher war es möglich, die tatsächlich entstandenen Kosten von dem Betroffenen einzufordern, auch wenn von dieser Möglichkeit häufig kein Gebrauch gemacht wurde[67].

60 Allerdings sieht Abs. 5 von diesem Grundsatz in S. 2 **Ausnahmen** vor, um missbräuchliche und leichtfertig gestellte Anträge bereits von vornherein zu unterbinden[68]. Insofern ist die Ausnahme nur dann einschlägig, wenn das in Rede stehende Betroffenenrecht einen Antrag voraussetzt[69].

61 Liegt ein offenkundig unbegründeter oder exzessiver Antrag vor, kann der Verantwortliche entweder ein angemessenes Entgelt verlangen oder sich weigern, aufgrund des Antrages tätig zu werden.

---

64 BeckOK DatenSR-*Quaas* Art. 12 Rn. 40.
65 So BeckOK DatenSR-Quaas Art. 12 Rn. 40; a.A. Ehmann/Selmayr-*Heckmann/Paschke* Art. 12 Rn. 39; Kühling/Buchner-*Bäcker* Art. 12 Rn. 34.
66 Art. 12 lit. a: „ohne übermäßige Kosten".
67 Paal/Pauly-*Paal* Art. 12 Rn. 62.
68 Paal/Pauly-*Paal* Art. 12 Rn. 66.
69 Kühling/Buchner-*Bäcker* Art. 12 Rn. 35.

62 **Offenkundig unbegründet** sind Anträge, deren Voraussetzung offensichtlich nicht bestehen[70]. Die Ausnahme schützt Verantwortliche vor unverhältnismäßigem Aufwand, da nach Abs. 4 auch offensichtlich unbegründete Anträge jedenfalls einer Benachrichtigung bedürfen und somit administrativen Aufwand auslösen können.

63 **Exzessive** Anträge umfassen zunächst nach Abs. 5 insbesondere häufige Wiederholungen von Anträgen. Eine Wiederholung allein reicht nicht aus. Dies ergibt sich schon aus ErwG 63 S. 1, wonach dem Betroffenen „ein Auskunftsrecht [...] in angemessenen Abständen" zusteht. Eine Exzessivität wird jedoch dann anzunehmen sein, wenn die Anträge ohne stichhaltigen Grund in so kurz hintereinander geschalteten Zeitintervallen gestellt werden, dass sich die Umstände sowie die rechtlichen Gegebenheiten unmöglich geändert haben können und ein anderer Ausgang daher fernliegend ist. Dann nämlich dient die Antragstellung lediglich der Behinderung des Verantwortlichen und nicht der Geltendmachung der eigenen Rechte. Als Beurteilungsmaßstab kann beispielsweise die Monatsfrist des Abs. 3 S. 1 herangezogen werden. So dürfte eine rechtsmissbräuchliche Antragstellung jedenfalls dann immer anzunehmen sein, wenn innerhalb dieses Zeitraums gleich mehrfach Anträge gestellt werden[71]. Aus dem Wortlaut „insbesondere" lässt sich außerdem folgern, dass der Verordnungsgeber abgesehen von der wiederholten Antragsstellung auch weitere Formen von exzessiven Anträgen erfasst sehen möchte[72].

64 Der Verantwortliche kann bei Vorliegen eines offensichtlich unbegründeten oder exzessiven Antrags ein angemessenes Entgelt verlangen oder das Tätigwerden gänzlich verweigern. Dem Wortklaut ist dabei kein Vorrang einer Rechtsfolge zu entnehmen. Vielmehr stehen beide Folgen gleichberechtigt nebeneinander, wobei dem Verantwortlichen ein **Wahlrecht** zukommt[73].

65 Verlangt der Verantwortliche ein angemessenes Entgelt für sein Tätigwerden, so hat er hierbei die tatsächlich anfallenden Verwaltungskosten zu berücksichtigen. Hierdurch wird jedoch aufgrund der weichen Formulierung keine Bindung an die Höhe der Verwaltungskosten[74] (im Sinne einer Obergrenze) erzielt, sondern lediglich eine Orientierung. Das Entgelt darf mithin zu den Kosten nicht außer Verhältnis stehen. Eine **Pauschalisierung** des Entgelts ist aus Gründen der Verfahrenseffizienz zulässig[75].

66 Gemäß S. 3 hat der Verantwortliche die Berechtigung seiner Verweigerung oder Entgeltforderung und damit den exzessiven oder offensichtlich unbegründeten Charakter der Anfrage des Betroffenen zu beweisen. Nichts anderes ergibt sich schon aus den allgemeinen Beweislastregeln, weshalb S. 3 als bloßer deklaratorischer Hinweis auf die Rechtslage zu verstehen ist. Im Falle einer exzessiven Antragstellung kann ein solcher Nachweis beispielsweise dadurch erbracht werden, dass der Verantwortliche alle Anträge des Betroffenen ausreichend dokumentiert hat[76].

---

70 Ehmann/Selmayr-*Heckmann/Paschke* Art. 12 Rn. 43.
71 *Laue/Nink/Kremer* § 4 Rn. 21.
72 Ehmann/Selmayr-*Heckmann/Paschke* Art. 12 Rn. 43.
73 Paal/Pauly-*Paal* Art. 12 Rn. 63.
74 So auch Paal/Pauly-*Paal* Art. 12 Rn. 68.
75 Paal/Pauly-*Paal* Art. 12 Rn. 68.
76 Sydow-*Greve* Art. 12 Rn. 27.

VIII. Abs. 6 Zweifel an der Identität

67 Abs. 6 regelt den Fall, dass begründete Zweifel des Verantwortlichen an der Identität des Antragstellers bestehen. **Zweifel an der Identität** setzen voraus, dass die vorhandenen Daten auf eine bestimmte Identität hindeuten und somit eine Identifizierung grundsätzlich möglich ist, aber nach den Umständen Zweifel daran bestehen, ob der Antragsteller tatsächlich die als Betroffener identifizierte Person ist[77]. Der Verantwortliche hat seine Zweifel einzelfallbezogen darzulegen. Hintergrund der Regelung ist, dass die Informationen nur denjenigen zur Verfügung gestellt werden sollen, die auch tatsächlich durch die Datenverarbeitung betroffen sind[78]. Eine routinemäßige Identitätsprüfung kann jedoch nicht auf Abs. 6 gestützt werden[79].

68 Art. 12 regelt zwei verschiedene Fallkonstellationen, in denen Identifizierungsmängel[80] vorliegen können: Ist schon eine Identifizierung des Betroffenen nicht möglich, so gelten die Regelungen des Art. 11 und 12 Abs. 2 S. 2 [81]. Abs. 6 betrifft dagegen den Fall, dass der Betroffene zwar identifiziert werden kann, seine Übereinstimmung mit dem Antragsteller aber unklar ist.

69 Auch wenn auf den ersten Blick ein **Exklusivitätsverhältnis** zwischen beiden Fallkonstellationen nahe liegt, ergibt sich dennoch aus dem Wortlaut des Abs. 6 („so kann er unbeschadet des Art. 11 zusätzliche Informationen anfordern“), dass beide Regelungen bei einer entsprechenden Fallkonstellation – zeitlich versetzt – zur Anwendung kommen können. Der Verantwortliche kann also zunächst bei fehlender Identifikation das Tätigwerden verweigern (Abs. 2 S. 2). Erfolgt daraufhin ein Identifikationsnachweis des Betroffenen ist der Verantwortliche selbstredend nicht verpflichtet, diesem zwingend Glauben zu schenken. Ist der Identifikationsnachweis schlechthin ungeeignet für die Identifikation des Betroffenen, gilt erneut Abs. 2 S. 2. Hat der Verantwortliche hingegen bei einem geeigneten Identifikationsmerkmal begründete Zweifel an der Identität des Betroffenen, gilt Abs. 6.

70 Daher bleibt es dem Verantwortlichen, der nachweist, dass er zur Identifizierung nicht in der Lage ist, unbenommen, den Antrag der betroffenen Person nicht stattzugeben. Der Wortlaut des Abs. 6 („unbeschadet“) stellt in diesem Kontext klar, dass der Verantwortliche zwar zusätzliche Informationen zur Identitätsfeststellung anfordern kann[82]. Dem Wortlaut nach gilt dies allerdings nur für die **Rechte des Betroffenen** nach den Art. 15 bis 21. Anders als Abs. 2 S. 1 ist hingegen Art. 22 nicht erfasst. Dies hätte zur Folge, dass der Verantwortliche im Falle eines Widerspruchs nach Art. 22 zwar nicht ohne Identitätsnachweis zum Tätigwerden verpflichtet wäre. Da Art. 22 aber dem Wortlautnach von Abs. 6 nicht erfasst ist, müsste der Verantwortliche jeden noch so unglaubhaften Identitätsnachweis akzeptieren. Dass dies so gewollt ist, erscheint unwahrscheinlich. Vielmehr scheint es sich bei der Bezugnahme in Abs. 6 um ein Redaktionsversehen zu handeln[83].

77 Kühling/Buchner-*Bäcker* Art. 12 Rn. 30.
78 BeckOK DatenSR-*Quaas* Art. 12 Rn. 50.
79 Kühling/Buchner-Bäcker Art. 12 Rn. 30.
80 Kühling/Buchner-*Bäcker* Art. 12 Rn. 28.
81 S.o. unter Rn. 54 ff.
82 So i.E. Gola-*Franck* Rn. 44.
83 Ebenso Kühling/Buchner-*Bäcker* Art. 12 in Fn. 20.

IX. Abs. 7 Bildsymbole

Abs. 7 gilt nur für die gemäß Art. 13 und 14 von dem Verantwortlichen – unabhängig von eventuellen Anträgen des Betroffenen – bereitzustellenden Informationen. Die Norm sieht mögliche zusätzliche Darstellungsweisen für diese Informationen vor. **71**

Die Informationen gemäß der Art. 13 und 14 können mit Hilfe standardisierter Bildsymbole erbracht werden, um eine verständliche und nachvollziehbare Information zu fördern bzw. zu ermöglichen[84]. Die Regelung soll damit dazu beitragen, den potenziellen Widerspruch zwischen präziser und zugleich verständlicher Information nach Abs. 1 aufzulösen. **72**

Die Symbole müssen **standardisiert** sein. Dies ist einerseits zweckmäßig, denn nur bei einheitlicher und klarer Bildsprache können Symbole die Verständlichkeit fördern. Ob es andererseits gelingen wird, einen sowohl universell verständlichen als auch in der Praxis tauglichen Symbolsatz im Rahmen eines formalisierten Prozesses zu entwickeln, bleibt abzuwarten. Allerdings ist die Verwendung nicht standardisierter Bildsymbole unter Art. 12 nicht ausgeschlossen. Diese fallen dann jedoch nicht unter die Privilegierung aus Abs. 7, sondern können als Bestandteil einer verständlichen Information nach Abs. 1 eingesetzt werden. **73**

Die Symbole müssen **maschinenlesbar** sein, um zu gewährleisten, dass sie für den Betroffenen ohne weiteres einsehbar sind. Dies kann einerseits dadurch umgesetzt werden, dass die Grafiken selbst einfache Formen verwenden, die durch automatisierte Grafikerkennungssysteme erkannt und klar voneinander abgegrenzt werden können. Andererseits kann dies auch bedeuten, dass die Grafiken mit entsprechenden Meta-Daten zu versehen sind, die automatisch auslesbar sind. **74**

Aktuell gibt es noch keinen anerkannten standardisierten Symbolsatz im Sinne von Abs. 7. Derweil werden die standardisierten Bildsymbole jedoch auch in anderen Verbraucherschutzbereichen diskutiert[85]. **75**

X. Abs. 8 Ermächtigung der Kommission

Der Kommission wurde die Befugnis übertragen, Verfahren für die Bereitstellung standardisierter Bildsymbole i.S.d. Abs. 7 zu entwickeln und die Informationen festzulegen, zu denen die Bildsymbole korrespondieren sollen. Damit wurde der ursprüngliche Ansatz aufgegeben, diese Bildsymbole bereits in der Verordnung selbst festzulegen. Stattdessen überträgt Abs. 8 in Verbindung mit Art. 92 Abs. 2 diese Befugnis der Europäischen Kommission. **76**

Die Kommission kann danach die Verwendung bestimmter Bildsymbole für bestimmte Informationen – ggf. auch nur für bestimmte Situationen oder bestimmte Verantwortliche – verbindlich anordnen[86]. **77**

---

84 Von einer grundlegenden Orientierung spricht dagegen *Pollmann/Kipker* DuD 2016, 378 (379 ff.).

85 *Gola/Klug* NJW 2016, 691 (692).

86 Kühling/Buchner-*Bäcker* Art. 12 Rn. 24.

XI. DS-GVO und BDSG n.F.

78 Aufgrund der verordnungsunmittelbaren Wirkung kann von der Rahmenregelung des Art. 12 nur abgewichen werden, sofern der nationale Gesetzgeber im Rahmen der Öffnungsklauseln von seiner Gestaltungsmöglichkeit Gebrauch gemacht hat. Für Art. 12 findet sich die maßgebliche Öffnungsklausel in Art. 23 mit einem abschließenden Katalog, wann eine solche Beschränkung zulässig ist. Faktisch besteht bezüglich Art. 12 jedoch nur geringer Regelungsspielraum[87]. Denn sofern bestimmte Betroffenenrechte nicht auch materiell beschränkt werden, werden sich kaum Gründe dafür finden lassen, die bei der prozeduralen Rahmenregelung selbst ansetzen[87]. Daneben kann der nationale Gesetzgeber nach Art. 85 Abs. 2 für eine Verarbeitung, die zu journalistischen Zwecken oder zu wissenschaftlichen, künstlerischen oder literarischen Zwecken erfolgt, unter anderen Abweichungen oder Ausnahmen des Kapitels III vorsehen.

79 Das BDSG n.F. sieht bisher **keine (unmittelbaren) Modifikationen** bezüglich der Rahmenregelung des Art. 12 vor. §§ 32 Abs. 2 und 33 Abs. 2 enthalten zwar keinen Verweis, übernehmen aber i.E. wortgleich die Anforderungen des Art. 12 Abs. 1 für die öffentliche Bereitstellung der Informationen. Nationale Regelungen haben daher nur insoweit (mittelbare) Auswirkungen auf Art. 12, als dass die Informations- oder Mitteilungspflicht als Ganzes entfällt. So bleibt beispielsweise abzuwarten, inwieweit die aus kompetenzrechtlichen Gründen zuständigen Landesparlamente von der Öffnungsklausel des Art. 85 Abs. 2 Gebrauch machen werden. Eine Beibehaltung des bisherigen **Medienprivilegs** nach § 41 BDSG a.F. würde auch sämtliche Informations- und Mitteilungspflichten des dritten Kapitels der DS-GVO abbedingen, wodurch der prozeduralen Rahmenregelung des Art. 12 faktisch kein Anwendungsbereich verbleiben würde.

C. Praxishinweise

I. Relevanz für öffentliche Stellen

80 Die zugleich präzise wie auch transparente und verständliche Information in klarer und einfacher Sprache wird öffentliche und private Stellen gleichermaßen vor Herausforderungen stellen. Dies gilt insbesondere bei komplexen Datenverarbeitungsprozessen.

II. Relevanz für nichtöffentliche Stellen

81 Die auf Initiative des Verantwortlichen zu erfüllenden Informationspflichten erfordern notwendigerweise eine Überarbeitung und Anpassung der bislang verwendeten Datenschutzerklärungen[88]. Dabei stehen öffentliche wie nichtöffentliche Stellen vor der Herausforderung, die teils umfassenden Informationspflichten einerseits präzise und andererseits verständlich zu erfüllen. Dies wird nicht nur einen erheblich größeren administrativen Aufwand, sondern auch ein gewisses Maß an Kreativität erfordern.

82 Durch die konkreten und sehr knappen Fristen bei der Bearbeitung von Anträgen Betroffener erlangt das Datenschutzmanagement für nichtöffentliche Stellen eine besondere Bedeutung. Denn die Fristen gehen davon aus, dass die zu beantwortenden

87 Kühling/Buchner-*Bäcker* Art. 12 Rn. 40.
88 Gola-*Franck* Art. 12 Rn. 12; Sydow-*Greve* Art. 12 Rn. 9, 13.

Sach- und Rechtsfragen sowie ggf. notwendige Daten der Betroffenen nicht erst im Zeitpunkt des Antrags recherchiert werden müssen, sondern dass diese größtenteils bereits vorliegen. Anders wären die Fristen, insbesondere durch größere Unternehmen mit einem entsprechenden hohen Aufkommen an Anträgen, kaum zu erfüllen.

III. Relevanz für betroffene Personen

Betroffene Personen profitieren von erheblich erhöhten Transparenzanforderungen. **83**
Dies betrifft nicht nur die Art und Weise der Informationsvermittlung nach Abs. 1 sondern auch die Unterrichtungspflichten nach Abs. 3 und 4.

IV. Relevanz für Aufsichtsbehörden

Durch die teils schwierigen Abgrenzungsfragen bei der Umsetzung der Informations- **84**
pflichten nach Abs. 1 kommt den Aufsichtsbehörden eine wichtige Orientierungsfunktion zu. So wird ein einheitliches Niveau bei der Umsetzung der Informationspflichten nur gewährleistet werden können, wenn die teils schwammigen und widersprüchlichen Anforderungen nach Abs. 1 durch Empfehlungen und „Best Practice"-Richtlinien der Aufsichtsbehörden konkretisiert werden.

V. Relevanz für das Datenschutzmanagement

Die Informationspflichten nach Abs. 1 erfordern auf Seiten des Datenschutzmanage- **85**
ments nicht nur eine systematische Erfassung sämtlicher Verarbeitungsprozesse, sondern zu dem auch ein so detailliertes Verständnis, dass eine präzise wie verständliche Beschreibung möglich ist. Dies setzt eine enge Zusammenarbeit zwischen Rechts- und Datenschutzabteilungen mit Fachbereichen und Technik voraus, die auch prozessual abgebildet werden muss, um künftige Änderungen und Ergänzungen bei Datenverarbeitungsprozessen entsprechend in den Informationen an die Betroffenen zu berücksichtigen.

Das Datenschutzmanagement wird zudem durch die knappen Fristen nach Abs. 3 **86**
und 4 vor Herausforderungen gestellt. Dabei wird es entscheidend sein, den Eingang und die weitere Bearbeitung von Anträgen hinreichend zu dokumentieren und Prozesse zur Verfügung zu stellen, Betroffene möglichst automatisiert über den Stand der Bearbeitung ihres Antrages zu informieren. Für die elektronische Bearbeitung bieten sich insbesondere Ticketsysteme an, mit denen der Eingang und die systematische Verarbeitung von Anfragen erfasst, Betroffene über Statusänderungen informiert und Bearbeitungszeiten überwacht werden können. Hierbei bietet sich insbesondere ein entsprechendes Eskalationsmanagement bei solchen Anfragen an, bei denen sich die Notwendigkeit einer Fristverlängerung abzeichnet.

Abschnitt 2
Informationspflicht und Recht auf Auskunft zu personenbezogenen Daten

Artikel 13 Informationspflicht bei Erhebung von personenbezogenen Daten bei der betroffenen Person

(1) Werden personenbezogene Daten bei der betroffenen Person erhoben, so teilt der Verantwortliche der betroffenen Person zum Zeitpunkt der Erhebung dieser Daten Folgendes mit:

a) den Namen und die Kontaktdaten des Verantwortlichen sowie gegebenenfalls seines Vertreters;
b) gegebenenfalls die Kontaktdaten des Datenschutzbeauftragten;
c) die Zwecke, für die die personenbezogenen Daten verarbeitet werden sollen, sowie die Rechtsgrundlage für die Verarbeitung;
d) wenn die Verarbeitung auf Artikel 6 Absatz 1 Buchstabe f beruht, die berechtigten Interessen, die von dem Verantwortlichen oder einem Dritten verfolgt werden;
e) gegebenenfalls die Empfänger oder Kategorien von Empfängern der personenbezogenen Daten und
f) gegebenenfalls die Absicht des Verantwortlichen, die personenbezogenen Daten an ein Drittland oder eine internationale Organisation zu übermitteln, sowie das Vorhandensein oder das Fehlen eines Angemessenheitsbeschlusses der Kommission oder im Falle von Übermittlungen gemäß Artikel 46 oder Artikel 47 oder Artikel 49 Absatz 1 Unterabsatz 2 einen Verweis auf die geeigneten oder angemessenen Garantien und die Möglichkeit, wie eine Kopie von ihnen zu erhalten ist, oder wo sie verfügbar sind.

(2) Zusätzlich zu den Informationen gemäß Absatz 1 stellt der Verantwortliche der betroffenen Person zum Zeitpunkt der Erhebung dieser Daten folgende weitere Informationen zur Verfügung, die notwendig sind, um eine faire und transparente Verarbeitung zu gewährleisten:

a) die Dauer, für die die personenbezogenen Daten gespeichert werden oder, falls dies nicht möglich ist, die Kriterien für die Festlegung dieser Dauer;
b) das Bestehen eines Rechts auf Auskunft seitens des Verantwortlichen über die betreffenden personenbezogenen Daten sowie auf Berichtigung oder Löschung oder auf Einschränkung der Verarbeitung oder eines Widerspruchsrechts gegen die Verarbeitung sowie des Rechts auf Datenübertragbarkeit;
c) wenn die Verarbeitung auf Artikel 6 Absatz 1 Buchstabe a oder Artikel 9 Absatz 2 Buchstabe a beruht, das Bestehen eines Rechts, die Einwilligung jederzeit zu widerrufen, ohne dass die Rechtmäßigkeit der aufgrund der Einwilligung bis zum Widerruf erfolgten Verarbeitung berührt wird;
d) das Bestehen eines Beschwerderechts bei einer Aufsichtsbehörde;
e) ob die Bereitstellung der personenbezogenen Daten gesetzlich oder vertraglich vorgeschrieben oder für einen Vertragsabschluss erforderlich ist, ob die betroffene Person verpflichtet ist, die personenbezogenen Daten bereitzustellen, und welche mögliche Folgen die Nichtbereitstellung hätte und
f) das Bestehen einer automatisierten Entscheidungsfindung einschließlich Profiling gemäß Artikel 22 Absätze 1 und 4 und – zumindest in diesen Fällen – aussagekräf-

tige Informationen über die involvierte Logik sowie die Tragweite und die angestrebten Auswirkungen einer derartigen Verarbeitung für die betroffene Person.

(3) Beabsichtigt der Verantwortliche, die personenbezogenen Daten für einen anderen Zweck weiterzuverarbeiten als den, für den die personenbezogenen Daten erhoben wurden, so stellt er der betroffenen Person vor dieser Weiterverarbeitung Informationen über diesen anderen Zweck und alle anderen maßgeblichen Informationen gemäß Absatz 2 zur Verfügung.

(4) Die Absätze 1, 2 und 3 finden keine Anwendung, wenn und soweit die betroffene Person bereits über die Informationen verfügt.

– *ErwG: 58, 60–62*
– *BDSG n.F.: §§ 29, 32*

Übersicht

Literatur: *Albrecht* Das neue EU-Datenschutzrecht – von der Richtlinie zur Verordnung, CR 2016, 88; *Albrecht/Jotzo* Das neue Datenschutzrecht der EU, 2017; *Art. 29-Datenschutzgruppe* WP 100, 2004; *Bräutigam/Schmidt-Wudy* Das geplante Auskunfts- und Herausgaberecht des Betroffenen nach Art. 15 der EU-Datenschutzgrundverordnung, CR 2015, 56; *Buchner* Grundsätze und Rechtmäßigkeit der Datenverarbeitung unter der DS-GVO, DuD 2016, 155; *Byers* Die Zulässigkeit heimlicher Mitarbeiterkontrollen nach dem neuen Datenschutzrecht, NZA 2017, 1086; *DSK* Kurzpapier Nr. 10: Informationspflichten bei Dritt- und Direkterhebung, 2017; *dies.* Videoüberwachung nach der Datenschutz-Grundverordnung, 2018; *Ehmann/Selmayr* Datenschutz-Grundverordnung: DS-GVO, 2017; *Eßer/Kramer/von Lewinski* Datenschutz-Grundverordnung, Bundesdatenschutzgesetz und Nebengesetze, 5. Aufl. 2017; *Franck* System der Betroffenenrechte im Datenschutz, RDV 2016, 111; *GDD*

GDD-Praxishilfe DS-GVO VII, Transparenzpflichten bei der Datenverarbeitung, 2017; *Gola* DS-GVO: Datenschutz-Grundverordnung VO (EU) 2016/679, 2017; *Gola/Schomerus* BDSG, 12. Aufl. 2015; *Gola/Schulz* Der Entwurf für eine EU-Datenschutz-Grundverordnung – eine Zwischenbilanz, RDV 2013, 1; *Greve* Das neue Bundesdatenschutzgesetz, NVwZ 2017, 737; *Hammer* DIN 66398 – Die Leitlinie Löschkonzept als Norm, DuD 2016, 528; *Härting* Datenschutzreform in Europa: Einigung im EU-Parlament – Kritische Anmerkungen, CR 2013, 715; *ders.* Big Data und Profiling nach der DSGVO, ITRB 2016, 209; *Hennemann* Personalisierte Medienangebote im Datenschutz- und Vertragsrecht, ZUM 2017, 544; *Jaspers* Die EU-Datenschutz-Grundverordnung – Auswirkungen der EU-Datenschutz-Grundverordnung auf die Datenschutzorganisation des Unternehmens, DuD 2012, 571; *Keppeler* Was bleibt vom TMG-Datenschutz nach der DS-GVO? Lösung und Schaffung von Abgrenzungsproblemen im Multimedia-Datenschutz, MMR 2015, 779; *Knyrim* Die neuen Pflichten nach der EU-Datenschutz-Grundverordnung im Überblick, Dako 2016/6; *Krüger* Datensouveränität und Digitalisierung, ZRP 2016, 190; *Kugelmann* Datenfinanzierte Internetangebote, DuD 2016, 566; *Kühling/Buchner* DS-GVO: Datenschutz-Grundverordnung, 2017; *Kühling/Martini u.a.* Die Datenschutz-Grundverordnung und das nationale Recht, 2016; *Lachenmann* Neue Anforderungen an die Videoüberwachung, ZD 2017, 407; *Marschall* Erweiterte Informationspflichten in der DSGVO: Änderungen für Unternehmen, DSB 2016, 230; *Meyer* Prüfungsmaßstab für Datenschutzerklärungen und Sanktionierung bei Unwirksamkeit, DSRITB 2012, 643; *Monreal* Weiterverarbeitung nach einer Zweckänderung in der DS-GVO, ZD 2016, 507; *Paal/Pauly* Datenschutz-Grundverordnung, 2017; *Plath* BDSG/DSGVO: Kommentar zum BDSG und zur DSGVO sowie den Datenschutzbestimmungen des TMG und TKG, 2016; *Reding* Sieben Grundbausteine der europäischen Datenschutzreform, ZD 2012, 195; *Roßnagel/Richter/Nebel* Besserer Internetdatenschutz für Europa – Vorschläge zur Spezifizierung der DS-GVO, ZD 2013, 103; *dies.* Was bleibt vom Europäischen Datenschutzrecht? – Überlegungen zum Ratsentwurf der DS-GVO, ZD 2015, 455; *Schantz* Die Datenschutz-Grundverordnung – Beginn einer neuen Zeitrechnung im Datenschutzrecht, NJW 2016, 1841; *Schenke/Graulich/Ruthig* Sicherheitsrecht des Bundes, 2014; *Schneider/Härting* Wird der Datenschutz nun endlich internettauglich? – Warum der Entwurf einer Datenschutz-Grundverordnung enttäuscht, ZD 2012, 199; *Sörup* Gestaltungsvorschläge zur Umsetzung der Informationspflichten der DS-GVO im Beschäftigungskontext, ArbR Aktuell 2016, 207; *Sörup/Marquardt* Auswirkungen der EU-Datenschutzgrundverordnung auf die Datenverarbeitung um Beschäftigungskontext, ArbR Aktuell 2016, 103; *Taeger* Scoring in Deutschland nach der EU-Datenschutzgrundverordnung, ZRP 2016, 72; *Veil* DS-GVO: Risikobasierter Ansatz statt rigides Verbotsprinzip, ZD 2015, 347; *Wagner* Die Datenschutz-Grundverordnung: die Betroffenenrechte (Teil IV), Dako 2015/59; *Walter* Die datenschutzrechtlichen Transparenzpflichten nach der Europäischen Datenschutz-Grundverordnung, DSRITB 2016, 367; *Wilhelm* Auskunftsansprüche in der Informationsgesellschaft, DÖV 2016, 899; *Wolff/Brink* Beck'scher Online Kommentar Datenschutzrecht, 21. Edition, 2017; *Wybitul* EU-Datenschutz-Grundverordnung, 2017; *ders.* EU-Datenschutz-Grundverordnung in der Praxis – Was ändert sich durch das neue Datenschutzrecht, BB 2016, 1077; *Zikesch/Kramer* Die DS-GVO und das Berufsrecht der Rechtsanwälte, Steuerberater und Wirtschaftsprüfer – Datenschutz bei freien Berufen, ZD 2015, 565.

A. Einordnung und Hintergrund

I. Erwägungsgründe

Ausweislich des ErwG 60 machen es die Grundsätze einer fairen und transparenten Verarbeitung erforderlich, dass die betroffene Person über die Existenz des Verarbeitungsvorgangs und seine Zwecke unterrichtet wird. Hinzu kommen noch alle weiteren **1**

Informationen, die zur Erfüllung der Grundsätze notwendig sind.[1] Sämtliche Informationen sollen in leicht wahrnehmbarer, verständlicher und klar nachvollziehbarer Form einen aussagekräftigen Überblick über die beabsichtigte Verarbeitung vermitteln.

2 In ErwG 61 finden sich Ausführungen zum Zeitpunkt der Information, die gem. Art. 13 zu erteilen ist. Überdies formuliert sie die Informationspflicht bei einer Verarbeitung zu anderen Zwecken i.S.d. Art. 13 Abs. 3.

3 Mit ErwG 62 wird deutlich, dass die Informationspflicht nicht vorbehaltlos gilt. Ausnahmen von dieser Pflicht sind denkbar, wenn und soweit die betroffene Person bereits über die Informationen verfügt. Es ist zu überprüfen, ob die weiteren Ausnahmetatbestände des ErwG 62 i.V.m. Art. 13 Anwendung finden können oder sich nur auf Art. 14 beziehen.

II. BDSG n.F.

4 Grds. entfalten die Bestimmungen der DS-GVO als VO unmittelbare und zwingende Wirkung. Öffnungsklauseln können jedoch nationale eigenständige Regelungen für einzelne Bereiche erlauben. Die Beschränkungen gem. Art. 23 sowie die Regelungen in Art. 85 Abs. 2 und Art. 88 Abs. 2 können zu einzelstaatlichen Abweichungen der Informationspflicht führen.[2]

5 Eine entsprechende Ausnahme von der Informationspflicht findet sich in § 29 Abs. 2 BDSG. Danach entfällt die Information, wenn Daten Dritter im Zuge der Aufnahme oder im Rahmen eines Mandatsverhältnisses an einen Berufsgeheimnisträger übermittelt werden. Weitere Ausnahmen von der Pflicht zur Information der betroffenen Person gem. Art. 13 Abs. 3 finden sich in § 32 BDSG. Der § 33 BDSG regelt entsprechend die Informationspflicht, wenn die personenbezogenen Daten nicht bei der betroffenen Person erhoben wurden (Art. 14).

III. Normengenese und -umfeld

6 **1. DSRL – alte RL 95/46/EG.** Die Art. 10 und 11 DSRL regelten bisher die Information der betroffenen Person

2. BDSG a.F. – a) §§ 4 Abs. 3, 19a, 33 BDSG a.F. als „Entsprechung" zu Art. 13, 14.

7 Die §§ 4 Abs. 3, 19a, 33 BDSG a.F. setzen die Art. 10 und 11 der DSRL um. § 4 Abs. 3 BDSG a.F. betrifft die Direkterhebung und damit den Anwendungsbereich von Art. 13, während §§ 19a, 33 BDSG a.F. die Erhebung und Verarbeitung ohne Kenntnis des Betroffenen regeln und damit am ehesten Art. 14 entsprechen, welcher aber nicht auf die Unkenntnis abstellt, sondern vielmehr auf die Erhebung bei Dritten.

8 **b) Änderungen im Vgl. zu den bisher geltenden Informationspflichten.** Die Änderungen ab Anwendbarkeit der DS-GVO betreffen insb. den Umfang der Informationspflichten; diese werden durch den neuen Sekundärrechtsakt teils erheblich ausgeweitet. Damit in Verbindung steht das nach der Grundverordnung bestehende Risiko hoher Bußgelder, die auch als Rechtsfolge für eine Missachtung der Informationspflichten greifen würden.

1 ErwG 60 S. 2.
2 Vgl. Auernhammer-*Eßer* Art. 13 Rn. 47 ff.

3. WP der Art.-29-Datenschutzgruppe und Düsseldorfer Kreis. Ein Beschluss des Düsseldorfer Kreis zur Fortgeltung von Einwilligungen nach BDSG a.F.[3] berührt Art. 13, 14 immerhin insoweit, als die Einhaltung der Informationspflichten die Wirksamkeit von vorher erteilten Einwilligungen nicht berühren soll. Dies ist insofern keineswegs selbstverständlich, da die Informationspflichten der DS-GVO doch weitergehender sind als nach der bisherigen deutschen Rechtslage. Daneben hat die Art.-29-Gruppe im Dezember 2017 ein Arbeitspapier über die Informationspflichten nach Art. 13 und 14 veröffentlicht, an dem sich die verantwortlichen Stellen orientieren können.[4] **9**

B. Kommentierung

I. Allgemeines: Zweck, Bedeutung, Systematik/Verhältnis zu anderen Vorschriften

Mit der rechtlichen Verpflichtung zur Information in den Art. 13 und 14 wird dem Grundsatz der Transparenz (Art. 5 Abs. 1 lit. a) Rechnung getragen. Auch ohne Ersuchen des Betroffenen obliegen dem Datenverarbeitenden gem. Art. 14 über § 4 Abs. 3 BDSG a.F. weit hinausgehende Unterrichtungspflichten.[5] Dabei handelt es sich um einen Hauptpfeiler der neuen Betroffenenrechte. Die Herstellung von Transparenz als grundrechtlicher Schutz personenbezogener Daten hängt auch eng mit der Rechtsschutzgarantie i.S.d. Art. 47 GRCh zusammen.[6] **10**

Gemeinsam mit den Betroffenenrechten lassen diese proaktiven Informationspflichten die Datenverarbeitung aus Sicht der betroffenen Person nachvollziehbar erscheinen und tragen maßgeblich zur Gewährleistung des Schutzziels der Transparenz bei. Die Grundsätze einer fairen und transparenten Verarbeitung verlangen es, dass die betroffene Person über die Existenz des Verarbeitungsvorgangs, seine Zwecke und alle weiteren Zusammenhänge unterrichtet wird.[7] Insgesamt beabsichtigt die DS-GVO, die Verarbeitung ihrer Daten für die Betroffenen nachvollziehbar zu machen[8], damit diese souverän und selbstbestimmt über Datenverarbeitungsvorgänge entscheiden können. **11**

II. Anwendungsbereich und -voraussetzungen

1. Ursprung und Abgrenzung zu Art. 14. Art. 13 regelt ausweislich der amtlichen Überschrift die Informationspflicht bei Erhebung von personenbezogenen Daten bei der betroffenen Person. Art. 14 regelt demgegenüber die Informationspflicht, wenn die personenbezogenen Daten nicht bei der betroffenen Person erhoben wurden. ErwG 61 unterscheidet diesbezüglich, ob die Daten von der betroffenen Person oder aus einer anderen Quelle erlangt werden. Die Informationsgehalte der Art. 13 und 14 sind weitgehend identisch. **12**

Die Unterscheidung von direkter und indirekter Erhebung folgt dem Ansatz, der bereits den Art. 10 und 11 DSRL zu Grunde lag.[9] Als Direkterhebung ist insoweit jede Erhebung personenbezogener Daten mit Kenntnis oder unter Mitwirkung der betroffenen Person zu verstehen. **13**

---

3 *Düsseldorfer Kreis* Beschluss v. 13./14.9.2016.
4 *Art.-29-Datenschutzgruppe* WP 260 (Dezember 2017).
5 So schon *Jaspers* DuD 2012, 571, 572.
6 Kühling/Buchner-*Bäcker* Art. 13 Rn. 8.
7 Vgl. ErwG 60 S. 1.
8 *Schantz* NJW 2016, 1841, 1845.
9 *Albrecht/Jotzo* Das neue Datenschutzrecht der EU, 84.

14 Nicht allein die Art. 13 und 14 gewährleisten die Transparenz. Sie werden flankiert von Informationsansprüchen auf Betreiben des Betroffenen hin, wie zum Bsp. der Auskunft nach Art. 15 und Art. 20 (Datenübertragbarkeit), der Unterrichtung der betroffenen Person im Zusammenhang mit der Berichtigung oder Löschung personenbezogener Daten nach Art. 19 S. 2 oder dem Hinweis auf das Widerspruchsrecht spätestens zum Zeitpunkt der ersten Kommunikation nach Art. 21 Abs. 4. Weiter leistet die Zurverfügungstellung der Vereinbarung zwischen gemeinsam für die Verarbeitung Verantwortlichen nach Art. 26 Abs. 2 S. 2 und die Benachrichtigung der von einer Verletzung des Schutzes personenbezogener Daten betroffenen Person nach Art. 3 ihren Beitrag dem Betroffenen Einsicht im Rahmen der Verarbeitung personenbezogener zu verschaffen.

15 **2. Direkterhebung.** Nach Art. 13 Abs. 1 und aus logischen Gründen trifft den Verantwortlichen die Pflicht zur Information des Betroffenen zum Zeitpunkt der Erhebung personenbezogener Daten nur sofern diese bei der betroffenen Person erfolgt. Dazu zählt jede Erhebung von Daten mit Kenntnis oder unter Mitwirkung der betroffenen Person. Mit der Dritterhebung sind demgegenüber Fälle gemeint, in denen der Verantwortliche Daten von einem Dritten über eine betroffene Person bezieht. Ein typischer Fall wäre etwa Adresshandel oder Kreditscoring. Die Direkterhebung unterscheidet sich also von der Dritterhebung dadurch, dass letztere ohne Beteiligung des Betroffenen erfolgt.

16 Gleichwohl ist der Verantwortliche nicht dazu verpflichtet, die Daten beim Betroffenen selbst zu erheben.[10] Damit der Betroffene in diesem Fall nicht schutzlos bleibt, gilt Art. 14 entsprechend bei der Erhebung von Daten bei Dritten.

17 **3. Öffnungsklauseln.** Art. 23 erlaubt es den Mitgliedstaaten, unter den dort genannten Voraussetzungen von den Betroffenenrechten nach Art. 12 bis 22 abzuweichen und stellt somit eine Öffnungsklausel für Art. 13 dar.[11] Auch die Regelungen zum Recht auf freie Meinungsäußerung (Art. 85 Abs. 2) und zum Beschäftigtendatenschutz (Art. 88 Abs. 2) können zu einzelstaatlichen Abweichungen der Informationspflicht führen.[12] Etwaige Ausnahmen müssen von den Mitgliedstaaten geregelt werden.

18 Geringfügige Ausnahmen enthalten insoweit etwa die §§ 4 Abs. 2, 29, 32 und 33 BDSG n.F.

19 **4. Ausnahmen.** Als Betroffenenrecht gilt die Informationspflicht grundsätzlich. Ausnahmen davon sind in Abs. 4 und im nationalen Recht geregelt.

III. Allgemeine Informationspflicht (Abs. 1)

20 **1. DS-GVO. – a) Allgemeines zu den Informationsgehalten.** In Abs. 1 ist geregelt, welche Informationen dem Betroffenen vom Verantwortlichen bereitzustellen sind. Diese Informationspflicht gilt grundsätzlich bei jeder Verarbeitung personenbezogener Daten und ist an keine weiteren Voraussetzungen geknüpft. Der Betroffene darf unter Geltung des neuen Datenschutzrechts erwarten, umfassender und einfacher verständlich informiert zu werden.[13] Die DS-GVO enthält – abgesehen von den Anforde-

10 Nach § 4 Abs. 2 S. 1 BDSG a.F. waren Daten grundsätzlich beim Betroffenen zu erheben.
11 *Kühling/Martini u.a.* Die Datenschutz-Grundverordnung und das nationale Recht, 315 f.
12 Vgl. Kühling/Buchner-*Bäcker* Art. 13 Rn. 103.
13 *Albrecht* CR 2016, 88, 93.

rungen des Art. 12 Abs. 1 – keine genauen Anforderungen in Bezug auf das Format oder die Modalitäten, in denen der betroffenen Person die Informationen nach Art. 13 bereitgestellt werden müssen. Allerdings hat der Verantwortliche alle erforderlichen Maßnahmen zu treffen, damit die Informationsbereitstellung bestmöglich gewährleistet ist.[14] Die nachfolgenden Grundsätze gelten dabei sowohl für die ursprüngliche Datenschutzerklärung als auch für die Mitteilung nachträglicher Änderungen dieser Erklärung. Eine Änderungsmitteilung muss daher in geeigneter Weise kommuniziert werden, sodass eine Kenntnisnahme des Empfängers sichergestellt ist. Ein allgemeiner Hinweis, dass die betroffene Person die Datenschutzerklärung regelmäßig auf Änderungen untersuchen sollte, ist diesbezüglich nicht ausreichend.[15] Vielmehr muss der Verantwortliche nach Ansicht der Art.-29-Datenschutzgruppe selbst aktive Schritte unternehmen.[16] Denkbar sind bspw. Hinweise auf die Änderungen per E-Mail oder prominente Banner oder Pop-ups innerhalb einer App oder auf einer Webseite.

b) Form und Modalitäten der Information. – aa) Leichte Verständlichkeit. Die betroffene Person soll die Informationen nach Art. 12 Abs. 1 S. 1 „in präziser, transparenter, verständlicher und leicht zugänglicher Form in einer klaren und einfachen Sprache" erhalten und dies stets unentgeltlich (Art. 12 Abs. 5). Art. 12 strahlt als allgemeiner Grundsatz für die Handhabung von Betroffenenrechten maßgeblich auf Art. 13 aus und gewinnt aufgrund darin fehlender Vorgaben für die Form der Informationserteilung an Bedeutung.[17] Wie sich der Anspruch einer einfachen Sprache mit der Komplexität der DS-GVO vereinbaren lässt, muss die Rechtsanwendung beantworten. Angesichts der Komplexität der rechtlichen Zusammenhänge des Informationsgegenstandes ist die Anforderung der leicht verständlichen Sprache eine Herausforderung für die Verantwortlichen. Der Mittelweg zwischen unzulässiger Verkürzung und leichter Verständlichkeit in einer klaren Sprache ist wichtig. Er darf jedenfalls aus Gründen der Rechtssicherheit nicht zu Unklarheiten führen. **21**

bb) Leicht zugängliche Form. Die leicht zugängliche Form der Information weist auf die wichtige Möglichkeit hin, die Information in elektronischer Form wie zum Bsp. auf einer öffentlich zugänglichen Website bereit zu stellen.[18] Weitere Möglichkeiten wären ein QR-Code, einer verkürzte und leicht zu merkende URL oder – bei begrenzten Darstellungsmöglichkeiten – eine klare Bildsprache bspw. durch übliche und verständliche Piktogramme.[19] **22**

cc) Bildsymbole. Gemäß Art. 12 Abs. 7 sind zur Erfüllung der Informationspflichten nach Art. 13 und 14 auch Bildsymbole zulässig.[20] **23**

Bereits die bloße unbefangene Betrachtung der im Zuge des Gesetzgebungsverfahrens durch das EU-Parlament vorgeschlagenen Symbole macht deren Problematik deutlich. Sie können weder intuitiv mit Bedeutungsgehalt gefüllt werden, noch kön- **24**

14 *Art.-29-Datenschutzgruppe* WP 260, 11 f.
15 *Art.-29-Datenschutzgruppe* WP 260, 13.
16 *Art.-29-Datenschutzgruppe* WP 260, 16.
17 Vgl. Auernhammer-*Eßer* Art. 13 Rn. 1, 5.
18 Vgl. ErwG 58; Art. 12 Abs. 1 S. 1; Art. 12 Abs. 7.
19 So auch *Art.-29-Datenschutzgruppe* WP 260, 11.
20 Trilog – Synopse der DS-GVO herausgegeben vom Bayerischen Landesamt für Datenschutzaufsicht, abrufbar unter: https://www.lda.bayern.de/media/baylda_synopse.pdf (zuletzt abgerufen am 24.11.2017).

nen Sie der Komplexität ihres Erklärungsgegenstandes gerecht werden. Sie können also nur ergänzend zur eigentlichen Information Anwendung finden und müssen standardisiert sein.[21] Hierzu soll die EU-Kommission einen der beiden noch verbliebenen delegierten Rechtsakt erlassen.[22]

25 **dd) Art und Weise der Informationsgewährung – Unverzichtbarkeit von Medienbrüchen.** In manchen Verarbeitungssituationen ist es nicht möglich, der betroffenen Person die Transparenzinformationen unmittelbar und vollumfänglich zur Verfügung zu stellen.[23] Als Bsp. drängen sich vor allem Fernabsatzgeschäfte wie etwa am Telefon, aber auch Automatenverkauf oder Flyer für ein Gewinnspiel auf, in denen die Informationspflicht nicht leicht praktikabel zu erfüllen sein wird. Die Art.-29-Datenschutzgruppe weist ausdrücklich darauf hin, dass die Art und Weise der Informationsgewährung situationsabhängig ist. Sie kann schriftlich oder auf andere Weise erfolgen, etwa elektronisch oder zusätzlich mündlich.[24] Relevant ist das etwa bei Datenerhebungen am Telefon. Dort kann man mündlich auf den Umstand der Datenerhebung hinweisen, um wegen der Details der Information auf eine Homepage, E-Mail oder auf Anforderung auch eine schriftliche Information zu verweisen. Letzteres ist gerade bei Datenerhebung am Telefon, etwa einer telefonischen Hotelbuchung oder Bestellung unverzichtbar. Der Situationsabhängigkeit trägt auch § 4 BDSG n.F. mit seiner separat geregelten Informationspflicht bei der Videoüberwachung oder bei der Erfassung und Speicherung von KFZ-Kennzeichen vor der Einfahrt in Parkhäusern Rechnung.[25] Gerade beim Fernabsatzgeschäft am Telefon zeigt sich, wie schwer die Darstellung der Informationsfülle ausfallen kann. Das Bsp. des Flyers belegt, dass der Platz für die Pflichtinformationen nach Art. 13 häufig nicht gegeben ist. Ein Übermaß an Information aufgrund der umfassenden Verpflichtung nach Art. 13 kann betroffene Personen zudem überfordern und dazu führen, dass Informationen gar nicht erst gelesen werden. Dies gilt ganz besonders, wenn gleichzeitig weitere rechtlich erforderliche Informationen, wie zum Bsp. Allgemeine Geschäftsbedingungen oder Informationen nach Fernabsatzrecht, bereitgestellt werden müssen.[26] Damit würde Wesentliches untergehen, wodurch das Schutzziel der Norm leerlaufen würde.[27] In der Konsequenz wird die vollumfängliche Information regelmäßig auch mithilfe eines Medienbruches erteilt werden können.[28]

---

21 Vgl. BeckOK DatenSR-*Quaas* Art. 12 Rn. 53.
22 Vgl. Kommentierung zu Art. 12 Abs. 7.
23 Das BDSG n.F. trägt dem auf der Ebene der Infopflichten unter Nutzung der Öffnungsklausel des Art. 23 für den Sonderfall der Videoüberwachung in § 4 Abs. 2 und 4 BDSG n.F. Rechnung.
24 *Art.-29-Datenschutzgruppe* WP 260, 10 f.
25 Vgl. dazu Kommentierung zu § 4 BDSG n.F. Rn. 23 ff.
26 *Jaspers* DuD 2012, 571, 572.
27 Vgl. zu Einzelheiten beim Medienbruch Rn. 85 f.
28 Vgl. So *Art.-29-Datenschutzgruppe* WP 260, 11; *GDD* Transparenzpflichten bei der Datenverarbeitung, 2017, 6; a.A. *DSK* Informationspflichten bei Dritt- und Direkterhebung, 2017, 3. Gleichwohl hält die DSK die gestufte Informationsgewährung in einer späteren Veröffentlichung doch für praktikabel, vgl. *DSK* Videoüberwachung nach der Datenschutz-Grundverordnung, 3. So auch: *LfD Niedersachsen* Transparenzanforderungen und Hinweisbeschilderung bei einer Videoüberwachung durch nichtöffentliche Stellen, abrufbar unter www.lfd.niedersachsen.de/download/123755/Transparenzanforderung_und_Hinweisbeschilderung_bei_Videoueberwachung.pdf.

ee) Gestufte Informationsgewährung. Daran knüpft die Frage an, welche Informationen dem Betroffenen unmittelbar auf einer ersten Informationsebene gegeben werden müssen und welche nachrangig auf einer zweiten – nicht mehr unmittelbaren – Informationsebene gegeben werden dürfen. Welche Informationen unmittelbar gegeben werden müssen, wird davon abhängig sein, ob die jeweilige Information essentiell für die Entscheidung für eine Preisgabe der Information erscheint. Solch essentiellen Informationen der ersten Stufe werden dem Betroffenen unmittelbar mitgeteilt werden müssen. Für darüber hinausgehende Informationen der zweiten Stufe und insbesondere nähere Erläuterungen der Datenverarbeitung wird hingegen ein Verweis genügen, bspw. über einen QR-Code oder Angabe einer Internetadresse, auf der die vollständigen Informationen nach Art. 13 auffindbar sein müssen.[29] 26

(1) Informationen der ersten Stufe. Es muss sich bei den essentiellen Informationen der ersten Stufe gewissermaßen um sog. „Showstopper" handeln, also um die für den Betroffenen wesentlichen Kernaussagen, die möglicherweise eine Entscheidung zum Abschluss eines Rechtsgeschäfts mit dem informationspflichtigen Unternehmen entgegenstehen. In Betracht kommen hier Informationen wie etwa von wem und zu welchen Zwecken seine Daten verarbeitet werden sowie ob und ggf. wohin eine Weitergabe der personenbezogenen Informationen erfolgt.[30] 27

Beispiel 1: Im Falle einer telefonischen Bestellung erscheint eine Sprachwiedergabe der gesamten Informationen des Art. 13 wenig zweckdienlich und praktikabel. Hier kann per Tasteneingabe die Sprachwiedergabe die Informationen der ersten Stufe vorlesen, bspw. die Identität des Verantwortlichen und der Umstand, ob und zu welchem Zweck ein Telefonat aufgezeichnet wird. Für weitergehende Informationen der zweiten Stufe, wie etwa Hinweise auf eventuelle Auftragsverarbeiter, kann auf eine leicht zu verstehende Internetseite verwiesen werden. 28

Beispiel 2: Schwierig erscheint die vollständige Informationserteilung ebenso bei klassischen Werbeaktionen auf Fußgängerzonen, wo mittels Postkarten die personenbezogenen Daten von Neukunden erfragt werden. Die datenschutzrechtliche Pflichtinformation muss sich hier auf die wesentlichen Informationen der ersten Stufe beschränken, wie die Identität des Verantwortlichen und eine eventuelle Weitergabe von personenbezogenen Daten an Dritte. Für den Rest bedarf es einer anderen Darreichungsform wie eines QR-Codes oder der Angabe eines Internetlinks. 29

(2) Informationen der zweiten Stufe. Demgegenüber sind Informationen 2. Stufe ergänzend hinzu zu liefern, um die Informationspflicht vollumfänglich erfüllt zu haben.[31] Diese Informationen sind solche, die für den Betroffenen zwar auch wichtig sind, die aber mit Blick auf ihre Relevanz für die Persönlichkeitsrechte der betroffenen Person nicht unmittelbar bereitgestellt werden müssen. 30

---

29 Der EuGH erkennt den Medienbruch für den Parallelfall nach 7 Abs. 4 lit. b RL 2005/29 an, wenn Printwerbung zum Besuch eines Internetportals aufruft. Es ist „zu prüfen, ob es aufgrund räumlicher Beschränkungen in dem Werbetext gerechtfertigt ist, Angaben zum Anbieter nur auf der Online-Verkaufsplattform zur Verfügung zu stellen." *EuGH* Urt. v. 30.03.2017 – C -146/16, Rn. 32; so im Ergebnis auch *Art.-29-Datenschutzgruppe* WP 260, 11; a.A. für Art. 13: *DSK* Kurzpapier Nr. 10, Informationspflichten bei Dritt- und Direkterhebung v. 30.8.2017, S. 3 ; Ehmann/Selmayr-*Knyrim* Rn. 15.

30 Vgl. *Jaspers* DuD 2012, 571, 572.

31 Vgl. *GDD* Transparenzpflichten bei der Datenverarbeitung, 2017, 6; a.A. *DSK* Informationspflichten bei Dritt- und Direkterhebung, 2017, 3.

31 **ff) Bereitstellung der Information.** Sämtliche Informationen können grundsätzlich in elektronischer Form bereitgestellt werden. In bestimmten Fällen, etwa telefonischen Bestellvorgängen, scheidet eine elektronische Information allerdings faktisch aus.

32 **c) Zeitpunkt der Information.** Die Informationen gem. Art. 13 Abs. 1 und 2 sind zum Zeitpunkt der Erhebung bereitzustellen. D.h. nicht, dass die Information zwingend vor der Erhebung erfolgen muss, sondern sie genügt auch zeitgleich mit der Datenerhebung.[32] In jedem Fall sind die Informationspflichten aus Abs. 1 und 2 gemeinsam zu erteilen.[33] Das kann im Einzelfall faktisch problematisch sein. So muss etwa im Fall der Kennzeichenerfassung und -speicherung eines Fahrzeuges, das in ein Parkhaus einfährt, die Information spätestens bei der Einfahrt erfolgen. Vergleichbare Probleme stellen sich bei Datenerhebungen zur Einlasskontrolle in Gebäuden. Wie der Einlass in diesen Fällen, die mit der Videoüberwachung[34] vergleichbar sind, informationssicher gewährt werden kann, ist offen. Bis auf weiteres muss die Praxis davon ausgehen können, dass ein bestimmter und wahrnehmbarer Teil der Information unmittelbar gegeben werden muss, während ein anderer Teil auf einer zweiten Ebene bereitstehen muss. Bei Änderungen der Informationen enthält die DS-GVO keine näheren Angaben zum Zeitpunkt der Mitteilung, sodass ein gewisser Einschätzungsspielraum für den Verantwortlichen verbleibt. Bei der Bestimmung des Zeitpunktes sollte der Verantwortliche berücksichtigen, ob es sich hierbei um eine grundlegende Änderung handelt und ob diese für die betroffene Person eine besondere Relevanz haben könnte.[35]

33 **d) Einzelne Informationsgehalte.** Der Umfang der dem Betroffenen zur Verfügung zu stellenden Informationen bemisst sich aus der Summe der einzelnen Informationsgehalte, die im Abs. 1 normiert sind. Im Umkehrschluss gilt: Was nicht in Art. 13 aufgeführt ist, darüber muss der Betroffene nicht unterrichtet werden.[36]

34 **aa) Name und Kontaktdaten (lit. a).** Dem Betroffenen sind sowohl der Name als auch die Kontaktdaten des Verantwortlichen mitzuteilen. Diese Pflicht erstreckt sich auch auf den Vertreter i.S.d. Art. 4 Nr. 17 für nicht in der Union niedergelassene Verantwortliche oder Auftragsverarbeiter.[37] Die Bezeichnung muss so erfolgen, dass der Verantwortliche für die betroffene Person bestimmbar ist.

35 Im Sinne eines effektiven Schutzes personenbezogener ist der Betroffene in seinen Rechten zu stärken.[38] Dazu bedarf es zwingend der Angabe eines Vor- und Nachnamens einer natürlichen Person als verantwortliche Stelle oder deren Vertreter sowie einer postalischen Adresse. Weitergehende Kontaktmöglichkeiten wie insbesondere einen E-Mail-Kontakt sollten im Sinne der Praktikabilität Teil der Information sein. Eine Rechtspflicht dazu lässt sich aus Art. 13 Abs. 1 lit. a allerdings nicht ableiten.[39]

---

32 Plath-*Kamlah* Art. 13 Rn. 7.
33 Auernhammer-*Eßer* Art. 13 Rn. 24.
34 Vgl. dazu die besonderen Informationspflichten nach § 4 Abs. 2 BDSG. Siehe Rn. 23 ff.
35 *Art.-29-Datenschutzgruppe* WP 260, 15 f.
36 Vgl. BeckOK DatenSR-*Schmidt/Wudy* Art. 13 Rn. 38.
37 Plath-*Kamlah* Art. 13 Rn. 9.
38 Vgl. ErwG 11.
39 Vgl. Plath-*Kamlah* Art. 13 Rn. 9; a.A. Auernhammer-*Eßer* Art. 13 Rn. 14; Paal/Pauly-*Paal* Art. 13 Rn. 14.

bb) Kontaktdaten des Datenschutzbeauftragten (lit. b). Als Ansprechpartner für den Schutz personenbezogener Daten ist ein Datenschutzbeauftragter gem. Art. 37 benannt. Hat der Verantwortliche einen solchen bestellt, ist er gem. Abs. 1 lit. b verpflichtet, die Kontaktdaten des Datenschutzbeauftragten zusätzlich zu den Kontaktdaten des Abs. 1 lit. a mitzuteilen. Dazu dürfte zumindest eine postalische Anschrift oder eine elektronische Anschrift erforderlich sein. Die Norm sagt nichts darüber aus, ob der Datenschutzbeauftragte namentlich benannt werden muss, oder ob hier die Angabe eines sog. Role-Accounts, wie bspw. datenschutz@example.com ausreicht. Die Angabe des Namens hilft auch dem Betroffenen nicht zwingend weiter, bspw. im Fall eines externen Datenschutzbeauftragten, der nötigenfalls auch durch Kollegen vertreten wird. In diesem Fall ist für den Betroffenen lediglich ein verantwortlicher Ansprechpartner maßgeblich, der die Funktion des Datenschutzbeauftragten im Zeitpunkt der Anfrage erfüllt. 36

Der Sache nach dürfte die Offenlegung des Namens nicht zwingend erforderlich sein. An einer Angabe zur Erreichbarkeit – zumindest der „Datenschutzabteilung" – dürfe aber kein Weg vorbei führen. 37

cc) Zweckbindungsgrundsatz (lit. c). Art. 13 Abs. 1 lit. c verpflichtet den Verantwortlichen zur Information über die Zwecke, für die die personenbezogenen Daten verarbeitet werden sollen, sowie eine Rechtsgrundlage für die Verarbeitung. Die betroffene Person ist darüber zu informieren, welche konkreten Datenverarbeitungen erfolgen. Folglich sind dafür alle bekannten Zwecke vollumfänglich mitzuteilen.[40] Dieses Informationsgebot trägt sowohl dem Grundsatz der Transparenz (Art. 5 Abs. 1 lit. a), als auch dem Grundsatz der Zweckbindung (Art. 5 Abs. 1 lit. b) Rechnung. Insbesondere dadurch wird es dem Betroffenen möglich, eine informierte Entscheidung über die Verarbeitung seiner personenbezogenen Daten zu treffen und die Rechtmäßigkeit der Datenverarbeitung überprüfen zu können.[41] Wird eine neuer oder nicht kompatibler Zweck (Art. 6 Abs. 4) später bekannt, ist nach Abs. 3 nachzuinformieren. 38

Um der Informationspflicht gem. Art. 13 Abs. 1 lit. c Genüge zu tun, ist mindestens eine Rechtsgrundlage für den Datenumgang zu benennen.[42] Die Angabe mehrerer einschlägiger Rechtsgrundlagen ist zulässig.[43] Dabei muss der Verweis auf Art. 6 zielen, der die Tatbestände für eine rechtmäßige Datenverarbeitung beinhaltet. Ein bloßer allgemeiner Verweis auf diese Norm ist hingegen unzulässig, da die Rechtsgrundlage im Sinne der gebotenen Transparenz hinreichend bestimmt angegeben sein muss.[44] 39

dd) Verfolgung berechtigter Interessen (lit. d). Nach Art. 13 Abs. 1 lit. d muss der Verantwortliche bei einer Verarbeitung auf der Rechtmäßigkeitsgrundlage Art. 6 Abs. 1 lit. f seine berechtigten Interessen oder die eines Dritten der betroffenen Person mitteilen. „Die Interessen oder die Grundrechte und Grundfreiheiten der betroffenen Person"[45] sind dem Wortlaut nach von der Informationspflicht hingegen nicht erfasst. Somit sind nur die für eine Seite der Interessenabwägung maßgeblichen Aspekte Teil 40

---

40 So auch Kühling/Buchner-*Bäcker* Art. 13 Rn. 25. Vgl. auch den Plural in ErwG 60 S. 1.
41 Vgl. BeckOK DatenSR-*Schmidt/Wudy* Art. 14 Rn. 46.
42 Vgl. Plath-*Kamlah* Art. 13 Rn. 11; a.A. Kühling/Buchner-*Bäcker* Art. 13 Rn. 26.
43 Ehmann/Selmayr-*Knyrim* Art. 13 Rn. 27.
44 Vgl. Auernhammer-*Eßer* Art. 13 Rn. 17.
45 ErwG 47 S. 1.

der Transparenzpflicht nach Art. 13. Um das Spannungsverhältnis zwischen einer präzisen und zugleich verständlichen Information[46] aufzulösen, wird der Verantwortliche nicht sämtliche denkbaren Interessen in aller Ausführlichkeit angeben müssen. Vielmehr hat die Information jedenfalls stichpunktartig[47] die wesentlichen Gründe zu nennen, auf die sich die Abwägung stützt. Andernfalls bestünde die Gefahr, den Betroffenen insbesondere bei komplexen Datenverarbeitungen mit länglichen Ausführungen zu denkbaren Interessenslagen zu überfrachten. Im Umkehrschluss bedeutet das, dass sich der Verantwortliche bei der Rechtfertigung der Datenverarbeitung nicht ausschließlich auf die in der Information an den Betroffenen dargelegten Interessen stützen muss, sondern zumindest auch weitere nicht offengelegte Hilfsargumente für ein überwiegendes Interesse anführen kann.[48] Folglich lässt sich nicht pauschal definieren, welche Informationen dem Betroffenen mitgeteilt werden müssen. Erforderlich ist jeweils eine Beurteilung des Einzelfalles. Nichtsdestotrotz ist eine Benennung möglichst zahlreicher Zwecke sinnvoll, um eine (erneute) Informationspflicht im Falle einer Zweckänderung zu vermeiden. Daher ist im Zweifel zu einem Mehr an Informationen zu raten, gerade weil im Falle eines Medienbruchs ein Aussparen von Informationen nicht nötig erscheint.[49]

41 **ee) Empfänger oder Kategorien von Empfängern (lit. e).** Im Sinne der informationellen Selbstbestimmung benötigt der Betroffene Kenntnis über die Empfänger oder Kategorien von Empfängern der personenbezogenen Daten, wenn die Daten vom Verantwortlichen zum Zeitpunkt der Datenerhebung an Dritte übermittelt werden sollen.[50] Im Umkehrschluss entfällt diese Verpflichtung, wenn keine Übermittlung von personenbezogenen Daten erfolgt.

42 Empfänger ist nach Art. 4 Nr. 9 jede natürliche oder juristische Person, Behörde, Einrichtung oder andere Stelle, denen personenbezogene Daten offengelegt werden, unabhängig davon, ob es sich bei ihr um einen Dritten handelt oder nicht. Erfasst sind damit wohl auch gemeinsame Verantwortliche sowie Auftragsverarbeiter.[51] Erforderlich ist jedoch keine namentliche Benennung der Empfänger. Vielmehr hat der Verantwortliche die Wahl[52], stattdessen auch Kategorien von Empfängern zu benennen. Der Begriff lässt sich sowohl personell als auch funktional auslegen. Personell können Kategorien von Empfängern bspw. mehrere personenverbundene Empfänger zusammenfassen, wie bspw. Konzernunternehmen oder Unternehmensgruppen. Funktional lassen sich verschiedene Empfänger nach ihrer Funktion für die Datenverarbeitung zusammenfassen, bspw. „Werbepartner" oder „Versandunternehmen"[53].

---

46 Kühling/Buchner-*Bäcker* Art. 12 Rn. 12; Beck OK DatenSR-*Quaas* Art. 12 Rn. 13.

47 *Walter* DSRITB 2016, 367, 370.

48 A.A. Wybitul-*Pötters/Bausewein* Art. 12–15 Rn. 26.

49 Vgl. dazu auch die GDD-Praxishilfe DS-GVO VII (Transparenzpflichten bei der Datenverarbeitung), S. 5.

50 Vgl. Kühling/Buchner-*Bäcker* Art. 13 Rn. 29.

51 So ausdrücklich der Kommissionsentwurf KOM(2012) 11, 9; Ehmann/Selmayr-*Knyrim* Art. 13 Rn. 33 m.w.N.

52 So *Walter* DSRITB 2016, 367, 370; a.A. Ehmann/Selmayr-*Knyrim* Art. 13 Rn. 29, der eine Nennung von Kategorien nur dann für zulässig hält, wenn die Namen dem Verantwortlichen nicht bekannt sind.

53 *Härting* Datenschutzgrundverordnung, 17.

ff) Übermittlung in Drittländer/an internationale Organisationen (lit. f). Die Bestimmung in lit. f soll dahingehend für Transparenz sorgen, dass das Datensubjekt auch dann eine informierte Entscheidung treffen kann, wenn die Datenübermittlung außerhalb der EU geplant ist. Erst durch die Informationen gem. Abs. 1 lit. f besitzt er die entsprechende Grundlage, um das Entscheidungsrisiko die Verarbeitung seiner personenbezogenen Daten betreffend richtig einschätzen zu können.[54] 43

Bereits über die Absicht des Verantwortlichen die Daten der betroffenen Person an ein Drittland oder eine internationale Organisation i.S.d. Art. 4 Nr. 26 zu übermitteln, gilt es den Betroffenen nach Art. 13 Abs. 1 lit. f zu informieren. Überdies muss das Vorhandensein oder das Fehlen eines Beschlusses der Kommission zur Angemessenheit des Datenschutzniveaus in einem Drittland Teil der Information sein. Alternativ zu einer Datenübermittlung auf Grundlage des Art. 45 lässt sich diese auch auf Art. 46, 47 oder 49 Abs. 1 UAbs. 2 stützen. In diesem Fall ist auf die geeigneten oder angemessenen Garantien und deren Bezugsmöglichkeit hinzuweisen. Zur Transparenz und ausgehend von der grundsätzlichen Dokumentationspflicht erwächst der betroffenen Person aus Abs. 1 lit. f ein Recht auf eine Kopie über die ihn betreffenden Teile der entsprechenden Dokumente. Ein solcher Nachweis muss allerdings nur auf Verlangen ausgestellt werden. 44

IV. Zusätzliche Informationen (Abs. 2)

1. DS-GVO. – a) Allgemeines zu der Pflicht zur Mitteilung von weiteren Informationen. Zusätzlich zu den Informationen gem. Abs. 1 stellt der Verantwortliche der betroffenen Person zum Zeitpunkt der Erhebung dieser Daten folgende weitere Informationen zur Verfügung, mit dem Ziel eine faire und transparente Verarbeitung zu gewährleisten. Er folgt damit derselben Zielsetzung wie die Informationen gem. Abs. 1, denn auch die Informationen nach Abs. 1 dienen einer fairen und transparenten Verarbeitung.[55] 45

Es erscheint zunächst irreführend, warum in Art. 13 ein eigener Absatz für die weiteren Informationen vorgesehen ist, wobei hier keine anderen Tatbestandsvoraussetzungen als in Abs. 1 auszumachen sind.[56] Gleichwohl hat der ausdrückliche Hinweis auf die Notwendigkeit für eine faire und transparente Verarbeitung keine rein deklatorische Bedeutung. Vielmehr ist in jedem Einzelfall die Erforderlichkeit der konkreten Informationspflicht danach zu prüfen, ob die in lit. a bis f aufgeführten Informationen jeweils notwendig zur Gewährleistung einer fairen und transparenten Verarbeitung sind.[57] 46

Die zusätzlichen Informationen sind lediglich dann mitzuteilen, wenn sie notwendig sind, um eine faire und transparente Verarbeitung zu gewährleisten. Welche Informationen der Abs. 2 im Einzelfall wirklich erforderlich sind, kann nicht pauschal festgelegt werden. Im Zweifel ist wegen des hohen Bußgeldrisikos (vgl. Art. 83 Abs. 5 lit. b) stets zu einem Mehr an Information zu raten. Pauschal rechtssicher ist in jedem Fall immer nur die Vorgehensweise, schlicht alle in Abs. 2 aufgeführten Informationen mitzuteilen. 47

---

54 Vgl. Kühling/Buchner-*Bäcker* Art. 13 Rn. 34.
55 Vgl. ErwG 60 S. 1 f. So auch Paal/Pauly-*Paal* Art. 13 Rn. 22.
56 Auernhammer-*Eßer* Art. 13 Rn. 23.
57 Vgl. Paal/Pauly-*Paal* Art. 13 Rn. 23.

48 **b) Einzelne Informationsgehalte. – aa) Dauer der Speicherung (lit. a).** Zur Transparenz einer Datenverarbeitung gehört die Information, wie lange die personenbezogenen Daten gespeichert werden oder, falls dies nicht möglich ist, die Kriterien für die Festlegung dieser Dauer. Gemeint ist dabei wohl die voraussichtliche Dauer, da ex ante die tatsächliche Dauer nur schwer mitgeteilt werden kann. Tatsächlich geregelt ist die zulässige Datenspeicherung innerhalb der DS-GVO nicht. Das Unternehmen muss also ein Speicherkonzept haben und dieses der betroffenen Person für den sie betreffenden Fall mitteilen. Im Falle der Unmöglichkeit einer solchen Prognose genügt alternativ die Information über die Kriterien nach der sich die Dauer bemisst. Auch hier dürfte aber ein Konzept hinter der Speicherung erkennbar sein müssen.

49 Die Angabe der Dauer bzw. der entsprechenden Kriterien muss aus teleologischen Gründen der mit Art. 13 und 14 verfolgten Transparenz vollständig und so konkret sein, dass der Betroffene die Speicherdauer zumindest annähernd überblicken kann.[58] Im Umkehrschluss ist der bloße Verweis auf den Erforderlichkeitsgrundsatz als Kriterium, wie lang personenbezogene Daten gespeichert werden nicht, ausreichend i.S.d. Abs. 2 lit. a.[59]

50 **bb) Bestehen einzelner Betroffenenrechte (lit. b).** Art. 13 Abs. 2 lit. b legt dem Verantwortlichen die Pflicht auf, über das Bestehen einzelner Betroffenenrechte zu informieren. Die von der Informationspflicht umfassten Betroffenenrechte nennt Abs. 2 lit. b abschließend[60]: Das Recht auf Auskunft gegen den Verantwortlichen in Bezug auf personenbezogene Daten (Art. 15), das Recht auf Berichtigung (Art. 16), das Recht auf Löschung, das Recht auf Einschränkung der Verarbeitung (Art. 18), das Recht auf Datenübertragbarkeit (Art. 20) sowie das Recht auf Widerspruch gegen die Verarbeitung (Art. 21). Anders als bei den meisten anderen Informationspflichten genügt hier allein die Benennung der entsprechenden Rechte.[61] Da der Verantwortliche jedoch nach Art. 12 Abs. 2 zugleich zur Erleichterung der Geltendmachung der Rechte verpflichtet ist, bietet es sich jedenfalls im elektronischen Kontext an, eventuelle Kontaktmöglichkeiten zur Geltendmachung der Rechte entsprechend zu verlinken, um mit der Pflicht aus lit. b zugleich die Pflicht aus Art. 12 Abs. 2 zu erfüllen.

51 **cc) Recht auf Widerruf der Einwilligung.** In Anlehnung an die Information über das Bestehen einzelner Betroffenenrechte, ist ebenfalls mitzuteilen, dass eine Einwilligung jederzeit widerrufen werden kann, sofern die Datenverarbeitung auf Grundlage einer Einwilligung[62] erfolgt. Dazu gehört der Hinweis über die Wirkung der möglichen Einwilligung, welche die Rechtmäßigkeit der aufgrund der Einwilligung bis zum Widerruf erfolgten Verarbeitung berührt.[63]

52 **dd) Beschwerderecht bei einer Aufsichtsbehörde.** Auch der Hinweis gem. Abs. 2 lit. d auf das Beschwerderecht bei einer Aufsichtsbehörde ließe sich unter den Hinweis auf Betroffenenrechte (lit. b) subsumieren. Danach hat das Datensubjekt über Art. 57 Auskunft zu erteilen. Hierfür reicht aber erneut der bloße Hinweis auf ebendieses Recht und es besteht keine Pflicht auch die Kontaktdaten der Aufsichtsbehörden zu nennen.[64]

---

58 Vgl. Kühling/Buchner-*Bäcker* Art. 13 Rn. 36.
59 Vgl. Auernhammer-*Eßer* Art. 13 Rn. 26; a.A. Plath-*Kamlah* Art. 13 Rn. 18.
60 BeckOK DatenSR-*Schmidt-Wudy* Art. 15 Rn. 67; a.A. Paal/Pauly-*Paal* Art. 13 Rn. 27.
61 So auch Kühling/Buchner-*Bäcker* Art. 13 Rn. 37.
62 Art. 6 Abs. 1 lit. a oder Art. 9 Abs. 2 lit. a.
63 Siehe dazu ausführlich Art. 7 Rn. 38 ff.
64 Auernhammer-*Eßer* Art. 13 Rn. 31.

ee) (Nicht-)Bestehen einer Bereitstellungspflicht (lit. e). Zur vollständigen Information gehört auch, ob 1. die Bereitstellung von Daten im Zeitpunkt der Erhebung gesetzlich oder vertraglich vorgeschrieben oder für einen Vertragsabschluss erforderlich ist, und 2., ob der Betroffene auf gesetzlicher oder vertraglicher Grundlage verpflichtet ist, die Daten bereitzustellen, und 3., welche möglichen Folgen die Nichtbereitstellung hätte. Der Dreiklang zeigt, wie umfangreich die aus Abs. 2 lit. e erwachsene Informationspflicht ausfallen kann, denn zu allen drei darin gestellten Fragen sind Auskünfte zu liefern.[65] 53

Der Formulierung der „möglichen Folgen" haftet in diesem Zusammenhang eine große Unschärfe an, auf die sich bis zur Klärung innerhalb der Rechtspraxis am besten in abstrakter Form reagieren lässt.[66] Sie könnte dahingehend gefasst sein, dass zunächst mitzuteilen ist, ob der Betroffene zur Bereitstellung der Daten vertraglich oder gesetzlich verpflichtet ist bzw. die Daten für den Vertragsabschluss aus praktischen Gründen erforderlich sind. Ist dies nicht der Fall, kann angegeben werden, dass die Nichtangabe keine Folgen für den Betroffenen hat. Besteht eine Verpflichtung oder ist die Angabe erforderlich, ist auf die Rechtsfolge hinzuweisen, bspw. dass ohne die Angabe der Daten kein Vertragsschluss erfolgt oder der Betroffene einzelne vertraglichen Leistungen nicht in Anspruch nehmen kann. 54

ff) Automatisierte Entscheidungsfindung (lit. f). Im Falle automatisierter Entscheidungsfindung einschließlich Profiling ist der von der Datenverarbeitung Betroffene gem. Abs. 2 lit. f in besonderer Weise zu informieren. Zweck dieser Information ist es, dass die betroffene Person nicht nur darauf hingewiesen wird, dass automatisierte Entscheidungsfindungen oder Profiling Anwendung finden, sondern auch welche Folgen diese haben können.[67] Derartige Folgen liegen etwa darin, dass der betroffenen Person ein geringerer Leistungsumfang aufgrund der durch Profiling ermittelten Informationen zur Verfügung gestellt wird. Im Einzelnen kann diesbezüglich der Leitfaden der Art.-29-Datenschutzgruppe zu Profiling und automatisierten Einzelentscheidungen[68] dienen, der unter der DS-GVO weiterhin Anwendung findet.[69] Im Übrigen gelten außerdem die Ausführungen zu Art. 22. 55

Im Falle von Profiling ist dem Betroffenen dem Wortlaut nach und unter teleologischen Gesichtspunkten zwingend Kenntnis über involvierte Logik, Tragweite und angestrebte Auswirkungen zu verschaffen.[70] Denn ohne zumindest grundlegendes Verständnis der Funktionsweise des hinter dem Profiling steckenden mathematischen Algorithmus ist es der betroffenen Person andernfalls regelmäßig nicht möglich, von außen etwaige Verstöße zu erkennen. Wie immer im Datenschutzrecht bedarf es auch hier einer Abwägung zwischen den Interessen der betroffenen Person und der verarbeitenden Stelle. Insbesondere soll dieses Recht Geschäftsgeheimnisse nicht beeinträchtigen.[71] 56

---

65 Vgl. Paal/Pauly-*Paal* Art. 13 Rn. 30.
66 Vgl. BeckOK DatenSR-*Schmidt/Wudy* Art. 13 Rn. 75.1.
67 Vgl. ErwG 60 S. 3.
68 *Art.-29-Datenschutzgruppe* WP 251.
69 *Art.-29-Datenschutzgruppe* WP 260, S. 19.
70 Vgl. Auernhammer-*Eßer* Art. 13 Rn. 36.
71 Vgl. ErwG 63 S. 5.

57 Geschäftsgeheimnisse werden im Sinne der Einheitlichkeit des Unionsrechts entsprechend Art. 2 Nr. 1 RL 2016/943/EG[72] auszulegen sein und müssen daher geheim, von kommerziellem Wert und Gegenstand von angemessenen Geheimhaltungsmaßnahmen durch die Person sein, welche die rechtmäßige Kontrolle über die Informationen besitzt. Da die DS-GVO in ErwG 63 S. 5 den Geheimnisschutz ausdrücklich unberührt lassen soll, sind solche Geschäftsgeheimnisse grundsätzlich nicht offenzulegen.

58 Um der betroffenen Person dennoch die nach lit. f geforderten Informationen zur Verfügung zu stellen, ist daher ein gewisser Abstraktionsgrad erforderlich, um einerseits den Schutz von Geschäftsgeheimnissen zu wahren und andererseits die geforderte Transparenz der Verarbeitung herzustellen. Dabei wird der Verantwortliche die grundsätzliche Funktionsweise der automatisierten Entscheidungsfindung beschreiben müssen und die einfließenden Faktoren jedenfalls insoweit benennen, wie dies dem Schutz von Geschäftsgeheimnissen nicht entgegensteht. Nötigenfalls sind die Faktoren abstrakt zu beschreiben oder in Gruppen zusammenzufassen. Eine allgemeine, verständliche Beschreibung der Berechnungsgrundlagen und der Methodik dieser Berechnungen zur Erfüllung der Informationspflicht ist demnach ausreichend. Die Mitteilung des mathematischen Algorithmus, der in aller Regel ein Geschäftsgeheimnis darstellen wird, ist hingegen nicht erforderlich, um die Informationspflicht gem. Art. 13 zu erfüllen.

59 Die Tragweite der Verarbeitung betrifft primär die konkreten Folgen für den Betroffenen. So muss etwa darüber informiert werden, dass eine ermittelte schlechtere Bonität zu Einschränkungen bei der Zahlungsweise führen kann.[73]

V. Verarbeitung zu anderen Zwecken (Abs. 3)

60 **1. DS-GVO.** Systematisch ist bei Art. 13 eine Trennung zwischen den Abs. 1 und 2 gegenüber Abs. 3 zu konstatieren.

61 Jede zulässige Zweckänderung gem. Art. 6 Abs. 4 löst eine erneute Informationspflicht aus. Wenn Daten nicht für denjenigen Zweck verarbeitet werden, für den die personenbezogenen Daten ursprünglich erhoben wurden, hat der Verantwortliche der betroffenen Person vor der Weiterverarbeitung Informationen über den anderen Zweck sowie die in Abs. 2 genannten Informationen mitzuteilen. Auf den ersten Blick unverständlich erscheint, warum keine Informationen gem. Abs. 1 zu erteilen sind.[74] Dabei ist allerdings zu berücksichtigen, dass die betroffene Person die Informationen nach Abs. 1 im Falle einer Zweckänderung bereits bei der Erhebung der Daten erhalten hat. So verzichtet Abs. 4 zu Recht auf eine unnötige Wiederholung der regelmäßig unveränderten Informationen nach Abs. 1, wie die Angabe des Namens des Verantwortlichen oder seines Datenschutzbeauftragten. Demgegenüber können abhängig von der Zweckänderung zusätzliche Informationen nach Abs. 2 durchaus nötig sein, um die Transparenz der Verarbeitung sicherzustellen. Insoweit erscheint der alleinige Verweis auf Abs. 2 durchaus sinnvoll. Grundsätzlich sollten dabei alle in Abs. 2 genannten Informationen der betroffenen Person bereitgestellt werden, es sei denn,

---

72 Richtlinie über den Schutz vertraulichen Know-hows und vertraulicher Geschäftsinformationen (Geschäftsgeheimnisse) vor rechtswidrigem Erwerb sowie rechtswidriger Nutzung und Offenlegung.

73 Paal/Pauly-*Paal* Art. 13 Rn. 31.

74 Gola-*Franck Art. 13* Rn. 31.

einzelne Kategorien dieser Informationen existieren nicht oder sind auf den Sachverhalt nicht anwendbar.[75]

Im Übrigen gelten die Anforderungen an Abs. 2 entsprechend. Insbesondere können die Informationen auch elektronisch erteilt werden, bspw. durch Abruf von einer Webseite.[76] **62**

Die nach Abs. 3 erforderliche Information bei der Verarbeitung zu anderen Zwecken ist vor der weiteren Verarbeitung zu erteilen und damit im Gegensatz der Informationspflicht gem. Abs. 1 und 2 zeitlich vorverlagert.[77] Ungeklärt ist, ob eine Information nach Abs. 3 auch dann erforderlich ist, wenn personenbezogene Daten zu Zwecken des Art. 6 Abs. 4 pseudonymisiert werden. Nach Art. 6 Abs. 4 ist bei der für die Bestimmung der Zweckkompatibilität vorzunehmenden Interessenabwägung nach lit. e der Umstand zu berücksichtigen, ob geeignete Garantien vorhanden sind. Als Regelbeispiel hierfür nennt das Gesetz die Verschlüsselung oder Pseudonymisierung der personenbezogenen Daten. Wird die Pseudonymisierung jedoch als Beurteilungskriterium für die Zulässigkeit einer Zweckänderung herangezogen, kann diese nicht gleichzeitig eine rechtfertigungsbedürftige Zweckänderung auslösen. Ansonsten wäre die Pseudonymisierung gleichzeitig sowohl Auslöser als auch Rechtfertigung für eine Zweckänderung und wäre gewissermaßen Rechtfertigungskriterium für sich selbst. Die Pseudonymisierung selbst wird daher keine Zweckänderung, sondern lediglich eine Vorstufe für dieselbe darstellen und mithin auch keine Informationspflicht nach Abs. 3 auslösen. Da die Anonymisierung ein Minus zur Pseudonymisierung darstellt, gilt dies für diese entsprechend. **63**

VI. Ausnahmen von der Informationspflicht (Abs. 4)

1. DS-GVO. – a) Relevante Informationen sind dem Betroffenen bereits bekannt. Die Transparenzrechte gelten nicht vorbehaltlos. Die Informationspflicht entfällt, wenn und soweit der Betroffene bereits über die entsprechenden Informationen verfügt. Öffentlich bereitgestellte Informationen dürften noch nicht zu einer Kenntnis führen, sondern erst das tatsächlich positive Kennen der entsprechend notwendigen Informationen.[78] Dieser Umstand ist zum Bsp. erfüllt, wenn eine weitere Datenerhebung desselben Verantwortlichen erfolgt und dieser bei der ersten Erhebung vollumfänglich gem. Art. 13 informiert hat und sich diese Informationen nicht geändert haben. Aus dem Grundsatz der Rechenschaftspflicht folgt nach Ansicht der Art.-29-Datenschutzgruppe jedoch, dass der Verantwortliche nachzuweisen hat, wie und wann die betroffene Person die Informationen erhalten hat. Außerdem dürfen seitdem keine Änderungen an den Informationen vorgenommen worden sein, wodurch diese überholt sein könnten.[79] **64**

b) Ausnahmen aus den Erwägungsgründen. Im Falle der Dritterhebung bestehen laut ErwG 62 darüber hinaus keine Informationspflichten, wenn die Informationserteilung sich etwa als unmöglich erweist oder einen unverhältnismäßigen Aufwand **65**

75 *Art.-29-Datenschutzgruppe* WP 260, 21.
76 Plath-*Kamlah* Art. 13 Rn. 30.
77 Auernhammer-*Eßer* Art. 13 Rn. 39.
78 Vgl. Kühling/Buchner-*Bäcker* Art. 13 Rn. 84 ff.
79 *Art.-29-Datenschutzgruppe* WP 260, 24.

erfordern würde.[80] Gleichwohl sind Erwägungsgründe nicht Teil des eigentlichen Normtextes und mithin nicht verbindlich.[81] Insbesondere können die Erwägungsgründe nicht zu einer Auslegung herangezogen werden, die dem Wortlaut einer Bestimmung offensichtlich widerspricht.[82] Anders als in Art. 14 Abs. 5 haben die Ausschlusstatbestände des ErwG 62 keinen Niederschlag in Art. 13 Abs. 4 gefunden, weswegen ErwG 62 keine ungeschriebenen Ausnahmen für Art. 13 schafft, sondern sich wohl nur auf Art. 14 bezieht.[83] Weitere Ausnahmen ergeben sich daher nur aus dem Recht der Mitgliedstaaten im Rahmen von Art. 23 sowie aus Primärrecht (wie bspw. dem Grundsatz der Verhältnismäßigkeit nach Art. 52 Abs. 1 S. 2 GRCh), nicht jedoch aus Art. 13 unmittelbar. Teleologisch erscheint es jedoch in Einzelfällen geboten, den Verantwortlichen auch bei der Direkterhebung beim Betroffenen bei unverhältnismäßigem Aufwand und bei Unmöglichkeit von der Informationspflicht nach Art. 13 zu befreien, um die Verhältnismäßigkeit zu wahren. Würde etwa bereits der Erhalt einer E-Mail von einem Betrofffenen eine Informationspflicht auslösen, wäre dies praktisch nicht zu erfüllen. Eine diesbezügliche Pflicht wäre unverhältnismäßig.

66 **2. BDSG n.F.** Der deutsche Gesetzgeber hat die Pflichten der Art. 13 und 14 in § 32 und § 29 Abs. 2 BDSG n.F. bzw. in §§ 33 und 29 BDSG n.F. spezifiziert. Überdies haben die Informationspflichten eine Relevanz für die Videoüberwachung. Das BDSG n.F. nimmt keine grundsätzlichen Modifikationen und insb. keine Ausnahmen der Transparenzpflichten vor. Zusätzliche Ausnahmen betreffen nur Abs. 3 (Information über die Zweckänderung).

a) Ausnahme von der Informationspflicht bei Zweckänderung (§ 29 Abs. 2 BDSG n.F.).

67 § 29 BDSG beschränkt die Informationspflichten des Verantwortlichen im Falle von Geheimhaltungspflichten. Die Rechte der betroffenen Person und aufsichtsbehördliche Befugnisse im Fall von Geheimhaltungspflichten im Zusammenhang mit Art. 13 sind insbesondere in den § 29 Abs. 1 S. 1, Abs. 2 und Abs. 3 BDSG enthalten.

68 § 29 Abs. 1 S. 1 BDSG sieht Ausnahmen von der nach Art. 14 Abs. 1 – 4 bestehenden Informationspflicht vor, wenn dadurch Informationen offenbart würden, die ihrem Wesen nach, insbesondere wegen der überwiegenden berechtigten Interessen eines Dritten, geheim gehalten werden müssen. Der deutsche Gesetzgeber macht damit von seiner Befugnis aus Art. 23 Abs. 1 lit. i Gebrauch.[84] Der Verweis auf Art. 14 Abs. 5 lit. d, der auf das „Recht der Mitgliedstaaten“ verweist, spricht für die Annahme, dass sowohl gesetzliche als auch vertragliche berufliche Geheimhaltungspflichten von § 29 Abs. 1 S. 1 BDSG erfasst sind.[85]

---

80 So auch *DSK* Informationspflichten bei Dritt- und Direkterhebung, 3.
81 *EuGH* v. 24.11.2005 – C-136/04, Rn. 32.
82 *EuGH* v. 19.6.2014 – C-345/13, Rn. 31.
83 Vgl. Paal/Pauly-*Paal* Art. 13 Rn. 35.
84 Vgl. dazu die Gesetzesbegründung zum DSAnpUG-EU, BT-Drucks. 18/11325, S. 101.
85 Dazu auch unter anderem die Stellungnahme des Instituts für Wirtschaftsprüfer in Deutschland e.V. im Rahmen der Öffentlichen Anhörung zum DSAnpUG-EU v. 7.3.2017, 3 abrufbar unter: https://www.bundestag.de/blob/499118/03e65fd8068a8d089c2abdc68766a153/18-4-792-data.pdf sowie Stellungnahme von *Peter Schaar* v. 22.2.2017, 4 abrufbar unter: https://www.bundestag.de/blob/499296/faa96bd7382c848b8d85e0da16aca4ad/18-4-824-a-data.pdf.

§ 29 Abs. 2 BDSG legt fest, dass im Falle der Übermittlung von Daten Dritter im Zuge der Aufnahme oder ihm Rahmen eines Mandatsverhältnisses an einen Berufsgeheimnisträger eine Information des Betroffenen nach Art. 13 Abs. 3 unterbleiben kann, sofern nicht das Interesse der betroffenen Person an der Informationserteilung überwiegt. Insofern stellt Abs. 2 einen Ausnahmetatbestand zur grundsätzlich bestehenden Informationspflicht dar, der insoweit die Datenverarbeitung und -übermittlung im Rahmen von Mandatsverhältnissen privilegiert. In der Praxis wird damit die Arbeit von beispielsweise Ärzten und Rechtsanwälten erleichtert, indem die Kommunikation zwischen Mandant und Berufsgeheimnisträger einem besonderen Schutz unterstellt wird.[86] In diesem Fall muss die übermittelnde Stelle, wobei es sich zum Bsp. um einen Mandanten im Verhältnis zu einem Rechtsanwalt handelt, nach Interessenabwägung nicht den Dritten informieren, der nicht Teil der Beziehung zwischen Berufsgeheimnisträger und der übermittelnden Stelle ist.[87] **69**

Die Regelung beruht auf der Öffnungsklausel zum Schutz der betroffenen Person oder der Rechte und Freiheiten anderer Personen nach Art. 23 Abs. 1 lit. i[88] und dient der Vertraulichkeit der Kommunikation zwischen dem Verantwortlichen und Berufsgeheimnisträgern, die aufgrund einer besonderen Vertrauensbeziehung bereits gesetzlich zur Verschwiegenheit verpflichtet sind. **70**

Die Ausnahme steht unter dem Vorbehalt, dass das Interesse der betroffenen Person an der Informationserteilung nicht überwiegt. Denkbar sind hier eher atypische Fälle bei der Aufnahme oder Durchführung eines Mandatsverhältnisses, bspw. wenn der Verantwortliche sachfremde personenbezogene Daten an einen Rechtsanwalt übermitteln möchte, die für die Mandatsbearbeitung nicht erforderlich sind. **71**

Der § 29 Abs. 3 BDSG hat keine Bedeutung hinsichtlich der Informationspflicht nach der DS-GVO. Dieser beschränkt die Untersuchungsbefugnisse der Aufsichtsbehörden gegenüber den in § 203 Abs. 1, 2a und 3 StGB genannten Personen oder deren Auftragsverarbeitern, soweit die Inanspruchnahme zu einem Verstoß gegen die Geheimhaltungspflichten dieser Personen führen würde. Insoweit nutzt der deutsche Gesetzgeber den durch Art. 90 eröffneten Spielraum. Zwar wird teilweise[89] die Schaffung rechtsfreier Räume befürchtet und sogar eine Verfassungswidrigkeit der Norm angenommen. Diese Sichtweise übersieht allerdings, dass Berufsgeheimnisträger keineswegs pauschal den Kontroll- und Untersuchungsbefugnissen der Aufsichtsbehörde entzogen werden, sondern im Zusammenspiel von Art. 90 und Art. 58 lediglich zwei Untersuchungsbefugnisse ausgenommen werden. Die übrigen Regelungen der Art. 58 und 90 bleiben demgegenüber anwendbar. Gerade für den Fall der oftmals problematischen Datenschutzorganisation bleiben die entscheidenden Regeln des Art. 58 anwendbar. Darüber hinaus entfällt die Problematik dann, wenn die betroffene Person ihrerseits eine Einwilligung erteilt und damit eine Rechtsgrundlage für die Datenverarbeitung schafft. Denn wenn durch diese die Offenbarung nicht mehr nach § 203 **72**

86 Vgl. dazu die Gesetzesbegründung zum DSAnpUG-EU, BT-Drucks. 18/11325, S. 101.
87 Vgl. dazu *Zikesch/Kramer* ZD 2015, 565, 566.
88 BT-Drucks. 18/11325, S. 101.
89 So etwa *Schuler/Weichert* v. 22.5.2017 m.w.N. abrufbar unter: http://www.netzwerk-datenschutzexpertise.de/sites/default/files/gut_2017_dskontrolleinschr_bdsg-neu_03.pdf sowie die Stellungnahme von *Schaar* v. 22.2.2017 abrufbar unter: https://www.bundestag.de/blob/499296/faa96bd7382c848b8d85e0da16aca4ad/18-4-824-a-data.pdf.

StGB strafbewehrt ist, so fällt sie auch nicht mehr unter den Anwendungsbereich des § 29 Abs. 3 BDSG.[90]

b) Ausnahmen von der Informationspflicht bei Zweckänderung (§ 32 BDSG n.F.).

73 Nach § 32 BDSG ist die Informationspflicht gem. Art. 13 Abs. 3 in folgenden Fällen vor einer Weiterverarbeitung von Daten – also bei Verfolgung neuer Verarbeitungszwecke – jeweils nach Interessenabwägung verzichtbar. Die Informationspflicht aus Art. 13 Abs. 1 und 2 wird demgegenüber durch § 32 BDSG nicht beschränkt.

74 Allerdings muss der Verantwortliche bei unterlassener Information gem. § 32 Abs. 1 BDSG n.F. Kompensationsmaßnahmen zum Schutz der berechtigten Interessen der betroffenen Person vornehmen und das schriftlich dokumentieren (§ 32 Abs. 2 S. 1 und 2 BDSG).[91] Diese Maßnahmen entfallen ersatzlos, wenn die Durchsetzung rechtlicher Ansprüche beeinträchtigt ist (Abs. 1 Nr. 4) sowie die vertrauliche Übermittlung an öffentliche Stellen gefährdet ist (Abs. 1 Nr. 5).

75 **aa) § 32 Abs. 1 BDSG n.F. – (1) Analog gespeicherte Daten.** Gem. Abs. 1 Nr. 1 entfällt die Informationspflicht gem. Art. 13 Abs. 3 bei Weiterverarbeitung anlog gespeicherter Daten.[92] Damit sollen Unternehmen der „analogen Wirtschaft"[93] privilegiert werden. Der Anwendungsbereich ist jedoch denkbar gering und greift nur in solchen Fällen, in denen Daten analog gespeichert werden und sich der Verantwortliche unmittelbar in nicht-digitaler Form an die betroffene Person wendet. Als Beispiel drängen sich hier kleine Einzelhändler wie Floristen oder Friseure („Uschis Frisiersalon") auf. Allerdings ist die DS-GVO ohnehin nur auf solche nichtautomatisierten Verarbeitungen anwendbar, bei denen die Daten in einem Dateisystem gespeichert sind (Art. 1 Abs. 1 S. 2). Anwendungsfälle, in denen Daten in einem analogen Dateisystem gespeichert sind, dürften entsprechend selten sein. Ein denkbarer Anwendungsfall wäre bspw. die postalische Ansprache von Personen, die sich manuell in eine Unterschriftenliste eingetragen haben, etwa zu Zwecken der Parteiwerbung oder die Verwaltung von Visitenkarten.

76 **(2) Aufgabengefährdung.** Wenn durch die Informationspflicht die ordnungsgemäße Erfüllung der in der Zuständigkeit des Verantwortlichen liegenden Aufgaben gefährdet (Abs. 1 Nr. 2) oder die öffentliche Sicherheit oder Ordnung gefährdet oder sonst dem Wohle des Bundes oder eines Landes Nachteile bereiten würde (Abs. 1 Nr. 3), sind weitere Ausnahmen von der Informationspflicht einschlägig.

---

90 So auch die Stellungnahmen im Rahmen der Sachverständigenanhörung von unter anderem *Heinrich Amadeus Wolff*, *Carlo Piltz*, dem Landesbeauftragten für Datenschutz und Informationsfreiheit Mecklenburg-Vorpommern a.D. *Karsten Neumann*, *Rechtsanwalt Andreas Jaspers*, Gesellschaft für Datenschutz und Datensicherheit (GDD) e.V. sowie des Gesamtverbandes der Deutschen Versicherungswirtschaft im Rahmen der Öffentlichen Anhörung zum Entwurf eines Gesetzes zur Anpassung des Datenschutzrechts an die Verordnung (EU) 2016/679 und zur Umsetzung der Richtlinie (EU) 2016/680 (Datenschutz-Anpassungs- und Umsetzungsgesetz EU – DSAnpUG-EU), BT-Drucks. 18/11325 v. 27.3.2017 abrufbar unter https://www.bundestag.de/blob/510534/d9759291aa863793e2f6d40a92d8b2b2/protokoll-110-data.pdf.

91 Vgl. *Greve* NVwZ 2017, 737, 740. Vgl. auch Art. 23 Abs. 2.

92 BT-Beschluss im ggü. Regierungsentwurf wurde diesbezüglich geändert, s. BT-Drucks. 18/12144.

93 BT-Drucks. 18/12144, S. 5.

Die Ausnahmetatbestände entsprechen Art. 23 Abs. 1 lit. a–e, d.h. Sicherstellung der nationale Sicherheit, Landesverteidigung, öffentlichen Sicherheit oder die Verhütung, Ermittlung, Aufdeckung und Verfolgung von Straftaten einschließlich Strafvollstreckung sowie der Schutz sonstiger wichtiger Ziele des allgemeinen öffentlichen Interesses. 77

Sonstige wichtige Ziele umfassen nach Art. 23 Abs. 1 lit. e insbesondere wichtige wirtschaftliche oder finanzielle Interessen, etwa im Währungs-, Haushalts- und Steuerbereich sowie im Bereich der öffentlichen Gesundheit und der sozialen Sicherheit. Die Ausnahme ist dementsprechend ausgesprochen weit. Es besteht daher das Risiko, dass die Betroffenenrechte im Hinblick auf die Transparenz ausgehebelt werden. Daher wird an das Merkmal der „wichtigen" Ziele ein strenger Prüfungsmaßstab anzulegen sein. Würde jedwedes wirtschaftliches Interesse einer öffentlichen Stelle ausreichen, ließe sich eine Informationspflicht gegenüber den Betroffenen faktisch in jedem Fall ausschließen. 78

(3) Öffentliche Sicherheit und sonstige Nachteile. Wenn durch die Informationspflicht die ordnungsgemäße Erfüllung der in der Zuständigkeit des Verantwortlichen liegenden Aufgaben gefährdet (Abs. 1 Nr. 2) oder die öffentliche Sicherheit oder Ordnung[94] gefährdet oder sonst dem Wohle des Bundes oder eines Landes Nachteile bereiten würde (Abs. 1 Nr. 3), sind weitere Ausnahmen von der Informationspflicht einschlägig. Das ist etwa der Fall, wenn eine Gefahr für die öffentliche Sicherheit oder Ordnung in Anlehnung an die polizeirechtlichen Grundsätze vorliegt, also dann, wenn ein erheblicher Schaden für den Bestand und die Einrichtungen des Staates, die Rechtsordnung oder Individualrechtsgüter des Einzelnen hinreichend wahrscheinlich ist. Das Tatbestandsmerkmal der „sonstigen Nachteile" tritt dabei flankierend als Auffangtatbestand zu diesem Regelungskomplex hinzu. Dieser Ausnahmetatbestand kann potenziell sehr weitreichend ausgelegt werden und die Transparenz als Betroffenenrecht aushebeln, weil aufgrund der Offenheit der Tatbestandsmerkmale der Tatbestand der Ausnahmeregelung in einer Vielzahl von Fällen eröffnet sein kann und sich damit pauschale Aussagen zugunsten des Betroffenen verbieten. Letztlich droht durch eine übermäßige Inanspruchnahme der Ausnahmeregelung einer Umgehung der Informationspflichten. 79

(4) Beeinträchtigung rechtlicher Ansprüche. Bei einer Beeinträchtigung der Durchsetzung rechtlicher Ansprüche ist die Informationspflicht nach Abs. 1 Nr. 4 nicht zwingend. 80

Auch diese Ausnahme soll die berechtigten Interessen der betroffenen Person mit denjenigen des Verantwortlichen in Einklang bringen. So muss es dem Verantwortlichen möglich sein, zur Vorbereitung oder Sicherung von Rechtsansprüchen auch verdeckt personenbezogene Daten über eine betroffene Person zu verarbeiten. Ist es bspw. zur Vorbereitung eines Gerichtsprozesses erforderlich, personenbezogene Daten zur Erforschung und Dokumentation des Sachverhaltes zu erheben und zu verarbeiten, wird dies nach Abs. 1 Nr. 4 keine Information gegenüber dem Betroffenen auslösen. Dies gilt insbesondere dann, wenn der Betroffene im Lager der gegnerischen Partei steht. Dies gilt freilich nur dann, wenn die Erhebung und Verarbeitung ihrerseits rechtmäßig ist. 81

---

94 Vgl. zur Begriffsdefinition etwa Schenke/Graulich/Ruthig-*Schenke* Sicherheitsrecht des Bundes § 14 BPolG Rn. 10 ff.

82 **(5) Gefährdung vertraulicher Übermittlung.** Abs. 1 Nr. 5 schützt die vertrauliche Übermittlung von Daten an öffentliche Stellen. In diesem Fall bedarf es ausnahmsweise keiner Interessenabwägung zur Erfüllung des Ausnahmetatbestands. Die Regelung erfasst insbesondere Fallgruppen, in denen die Information der betroffenen Person über die Weiterverarbeitung zu einer Vereitelung oder ernsthaften Beeinträchtigung des legitimen Verarbeitungszwecks führen würde. Dies ist beispielsweise dann der Fall, wenn eine Strafverfolgungsbehörde über den Verdacht einer Straftat informiert werden soll.[95] Aus den angeführten Beispielen der Gesetzesbegründung lässt sich ableiten, dass der Begriff der „vertraulichen Übermittelung" sich nicht nur auf Geheimhaltungspflichten bspw. im Rahmen von Mandatsverhältnissen beschränkt, sondern auch Konstellationen erfasst, die zur Zweckerreichung eine Vertraulichkeit voraussetzen. Der Ausnahmetatbestand bezieht sich damit auf spezifische Fälle im Kontext der öffentlichen Sicherheit, indem bestimmte Zwecke der Datenverarbeitung geschützt werden.[96] Eine Gefährdung dieser Zweckerreichung besteht dabei nicht bloß im Falle einer bereits eingetretenen Vereitelung, sondern bereits bei einer ernsthaften Beeinträchtigung.

83 **bb) § 32 Abs. 2 BDSG n.F.** § 32 Abs. 2 BDSG legt fest, dass der Verantwortliche geeignete Maßnahmen zum Schutz der berechtigten Interessen der betroffenen Person zu treffen hat, wenn eine Information nach Absatz 1 unterbleibt. Hierdurch werden die nach Art. 23 Abs. 2 erforderlichen Schutzmaßnahmen beachtet.[97] Als geeignete Maßnahme nennt Abs. 2 die Bereitstellung der Informationen für die Öffentlichkeit, wodurch dem Grundsatz der Transparenz Rechnung getragen wird. Ausweislich des ErwG 58 S. 2 können die Informationen in elektronischer Form bereitgestellt werden, etwa auf einer Website, sofern diese für die Öffentlichkeit bestimmt ist. Dies gilt nach ErwG 58 S. 3 insbesondere in Situationen, in denen die große Zahl der Beteiligten und die Komplexität der benötigten Technik es der betroffenen Person erschweren, nachzuvollziehen, ob, von wem und zu welchem Zweck sie betreffende personenbezogene Daten erfasst werden, wie etwa bei der Werbung im Internet. Die Information hat dabei in präziser, transparenter, verständlicher und leicht zugänglicher Form in einer einfachen und klaren Sprache zu erfolgen. Insbesondere bei einer Verarbeitung von personenbezogenen Daten von Kindern hat sich die Informationserteilung auch an diese zu richten.[98]

84 **cc) § 32 Abs. 3.** Das BDSG verlangt nach Wegfall eines Ausnahmetatbestands i.S.d. § 32 Abs. 1 BDSG n.F. die nachträgliche Information. Abs. 3 bestimmt, dass der Verantwortliche die Information der betroffenen Person zeitnah nachzuholen hat, wenn die Ausschlussgründe des Absatzes 1 nur vorübergehend vorliegen.[99]

85 Die deutsche Präzisierung von dem Grundsatz verlangt sodann eine nachträgliche Information der betroffenen Person, „innerhalb einer angemessenen Frist nach Fort-

---

95 Vgl. dazu die Gesetzesbegründung zum DS-AnpUG-EU BT-Drucks. 18/11325, S. 103.

96 So auch die Stellungnahme der Bundesbeauftragten für den Datenschutz und die Informationsfreiheit *Andrea Voßhoff* im Rahmen der öffentlichen Anhörung zum DSAnpUG-EU, 15 abrufbar unter: https://www.bundestag.de/blob/499112/c1c5844dba7cdbb809878b7d03b676cc/18-4-824-h--18-4-788--data.pdf.

97 Vgl. dazu die Gesetzesbegründung zum DSAnpUG-EU BT-Drucks. 18/11325, S. 103.

98 Vgl. dazu auch die Gesetzesbegründung zum DSAnpUG-EU, BT-Drucks. 18/11325, S. 103.

99 BT-Drucks. 18/11325, S. 103.

fall des Hinderungsgrundes“. Sie muss jedoch dem Wortlaut spätestens innerhalb von zwei Wochen erfolgen.

VII. Sanktionen

Ein Verstoß gegen die Informationspflicht gem. Art. 13 kann nach Art. 83 Abs. 5 lit. b mit einer drakonischen Geldbuße[100] sanktioniert werden. So sind für bestimmte Rechtsverstöße Bußgelder von bis zu 4 % des Jahresumsatzes eines Unternehmens bzw. im Falle einer Unternehmensgruppe, ist der Konzernumsatz maßgebend[101] bzw. 20 Mio. EUR zulässig, wobei dabei der jeweils höhere Wert gilt. Dabei ist auf den weltweit generierten Jahresumsatz des betroffenen Unternehmens abzustellen und nicht nur auf den generierten Jahresumsatz in Europa. In Bezug auf öffentliche Stellen enthält Art. 83 Abs. 7 eine Öffnungsklausel für den nationalen Gesetzgeber, wonach festgelegt werden kann ob und in welcher Höhe Bußgelder verhängt werden können.[102] § 43 Abs. 3 BDSG n.F. macht von diesem Spielraum Gebrauch und bestimmt, dass gegen Behörden und sonstige öffentliche Stellen des Bundes keine Geldbußen verhängt werden. **86**

C. Praxishinweise

I. Relevanz für öffentliche Stellen

Da die Informationspflichten der DS-GVO auch für öffentliche Stellen gelten, sind die nachfolgenden Hinweise auch in diesem Bereich relevant. Es bleibt abzuwarten, inwieweit sich aus den Landesdatenschutzgesetzen hier auf Grundlage der Öffnungsklausel in Art. 23 noch Besonderheiten ergeben werden. **87**

II. Relevanz für nichtöffentliche Stellen

Für nichtöffentliche Stellen können die Informationspflichten durchaus eine Herausforderung darstellen. Die Anforderungen aus Art. 13 sind ausgesprochen spezifisch und erfordern ein umfassendes Management sämtlicher Verarbeitungsprozesse einschließlich ihrer Zwecke und Rechtsgrundlagen. **88**

Die eher engen Ausnahmen von der Pflicht zur Information des Betroffenen können es im Einzelfall durchaus schwierig machen, die Betroffenen überhaupt zu erreichen. Dies gilt insbesondere dann, wenn ein direkter Kontakt mit dem Betroffenen nicht besteht oder nicht praktikabel ist. Mit der Möglichkeit der Erteilung von Informationen durch Abruf von einer Internetseite bietet Art. 13 hier jedoch einen pragmatischen Lösungsweg. Der ausführlichen und transparenten Darstellung von Verarbeitungsprozessen auf Webseiten wird damit eine besondere Bedeutung zukommen. Denn das Internet bietet – anders als die in der Mediengestaltung sehr begrenzte Schriftform – umfassende Möglichkeiten, auch komplexe Verarbeitungsprozesse verständlich und mit kreativen Mitteln darzustellen. Demensprechend wird es auch ein gangbarer Weg sein, in anderen Verarbeitungssituationen den Betroffenen die essentiellen Informationen zwar in Schriftform zur Verfügung zu stellen, ausführliche Erläu- **89**

---

100 *Byers* NZA 2017, 1086, 1088.
101 Vgl. Art. 83 Rn. 5.
102 Vgl. Art. 83 Rn. 55 ff.

terungen und Details jedoch auf einer Internetseite bereitzustellen, auf die in Schriftform lediglich verwiesen wird.

90 Die Erfüllung der komplexen Informationspflichten wird daher bei nichtöffentlichen Stellen ein nicht unerhebliches Maß an Kreativität erfordern, um in sämtlichen Verarbeitungssituationen möglichst verständliche und für die Betroffenen transparente Informationen zur Verfügung zu stellen.

91 **1. Medienbruch. – a) Nahelegung in ErwG 58.** Aus diesem Grund ist der in ErwG 58 genannte Medienbruch bei der Information in der Rechtswirklichkeit unverzichtbar. Danach können nach dem Grundsatz der Transparenz bestimmte Informationen nicht nur in präziser und leicht verständlicher Sprache mitgeteilt werden, sondern es können gegebenenfalls zusätzlich auch visuelle Elemente verwendet werden. Dabei können die Informationen auch in elektronischer Form bereitgestellt werden, etwa auf einer Website.

92 **b) Art.-29-Datenschutzgruppe WP 100.** Die Art.-29-Datenschutzgruppe plädierte bereits im WP 100 für „das Prinzip, nach dem eine Erklärung über eine Verarbeitung nach Treu und Glauben nicht unbedingt in einem einzigen Dokument enthalten sein muss. Stattdessen könnten die Informationen für die Betroffenen auf mehreren Ebenen verteilt werden, solange die Gesamtheit dieser Ebenen den rechtlichen Anforderungen entspricht.“[103]

93 **c) Datenschutzkonferenz (DSK).** Die Datenschutzkonferenz (DSK) äußert sich zur Zulässigkeit eines Medienbruchs in ihrem Kurzpapier Nr. 10[104] dahingehend, dass die Informationen nach Art. 13 schriftlich oder in anderer Form (ggf. elektronisch) zur Verfügung zu stellen seien. Dabei weist die DSK darauf hin, dass die Bezugnahme auf eine elektronisch verfügbare Information zwar zulässig sei, diese allerdings leicht auffindbar sein müsse und dabei ggf. auch Bildsymbole als Hilfestellung herangezogen werden könnten. Allerdings betont die DSK, dass das Erfordernis der leicht zugänglichen Form auch beinhalte, dass die Informationen in der konkreten Unterrichtungssituation verfügbar sein müssen. Im Falle einer Datenerhebung dürfe die betroffene Person somit in der Regel nicht auf Informationen im Internet verwiesen werden. Insgesamt unterstreicht die DSK damit die Notwendigkeit des Nachweises einer ordnungsgemäßen Erledigung der Informationspflichten. Ob die DSK damit einen Medienbruch zumindest im Rahmen einer Unterscheidung zwischen Informationen der ersten und zweiten Stufe und damit eine gestuften Informationsgewährung für zulässig erachtet, bleibt somit offen. Durch die Betonung der Notwendigkeit, dass im Ergebnis eine ordnungsgemäße Erledigung der Informationspflichten entscheidend sei und die Annahme, dass ein Verweis „in der Regel“ unzulässig sei, lässt sich jedoch ableiten, dass ein Medienbruch im Sinne eines gestuften Informationskonzepts in Einzelfällen nach Ansicht der DSK zulässig sein kann. Hinzu kommt, dass nach dem DSK-Papier zur Videoüberwachung der Medienbruch für die Informationsgewährung im Zusammenhang mit Videoüberwachung doch für zulässig erachtet wird.[105]

---

103 *Art.-29-Datenschutzgruppe* WP 29 25.11.2004.

104 *DSK* Kurzpapier Nr. 10 – Informationspflichten bei Dritt- und Direkterhebung der Datenschutzkonferenz abrufbar unter https://www.lfd.niedersachsen.de/startseite/dsgvo/anwendung_dsgvo_kurzpapiere/ds-gvo---kurzpapiere-155196.html.

105 *DSK* Videoüberwachung nach der Datenschutz-Grundverordnung, 3.

d) GDD. Die Gesellschaft für Datenschutz und Datensicherheit e.V. (GDD) erachtet in ihrer Praxishilfe VII zur DS-GVO (Transparenzpflichten bei der Datenverarbeitung)[106] den Medienbruch im Rahmen einer gestuften Informationsgewährung als grundsätzlich zulässig. Dabei betont sie zwar, dass das Gesetz die Frage eines Medienbruchs innerhalb derselben Unterrichtung zwar nicht beantwortet, weist aber unter Bezugnahme auf das WP100 der Art.-29-Datenschutzgruppe auf die Notwendigkeit hin, dass manche Verarbeitungssituationen die unmittelbare Zurverfügungstellung aller Transparenzinformationen (zB bei Telefongeschäften, Automatengeschäfte, Flyer) nicht zuließen und warnt daher vor einer dabei drohenden Überforderung der betroffenen Person. Insgesamt folgert die GDD aus einer Hinwendung der DS-GVO zum Digitalen und damit aus einer Interpretation des Sinns und Zwecks der DS-GVO die Zulässigkeit und Notwendigkeit eines Medienbruchs. Diese Annahme steht dabei freilich unter der Prämisse, dass im Falle einer Direkterhebung dem Betroffenen zumindest die Informationen erster Stufe unmittelbar zur Verfügung gestellt werden. Insofern hält die GDD einen Medienbruch im Rahmen einer Differenzierung zwischen einer Gewährung von Informationen 1. und 2. Stufe und damit ein gestuftes Informationskonzept für zulässig. **94**

2. Checkliste – Inhalte. Im Folgenden wird zum einen eine Tabelle mit den vollständigen den Art. 13 und 14 entsprechenden Informationen (Informationen und zusätzliche Informationen) ohne Berücksichtigung der die den Medienbruch relevanten Abstufung abgebildet (Tabelle 1). Eine weitere Tabelle (Tabelle 2 – Medienbruch) unterscheidet zwischen Informationen der ersten und zweiten Stufe.[107] Je nach Verarbeitung sind nur solche Gesichtspunkte mit Leben zu füllen, die auch wirklich eine Rolle spielen (z.B. Auslandsbezug, Profiling, berechtigte Interessen): **95**

Tabelle 1 **96**

Informationen	Art. 13	Art. 14
Name und Kontaktdaten des Verantwortlichen	X	X
Name und Kontaktdaten des Vertreters (bei Unternehmen ohne Niederlassung/Sitz in der EU)	X	X
Kontaktdaten des Datenschutzbeauftragten (sofern vorhanden)	X	X
Alle Zwecke der Datenverarbeitung	X	X
Nennung der Rechtsgrundlagen für die Verarbeitung	X	X
Bei Interessenabwägungen nach Art. 6 Abs. 1 lit. f: – Berechtigte Interessen des Unternehmens oder eines Dritten und – Hinweis auf Widerspruchsrecht gegen die Interessenabwägung im Einzelfall (zusätzliche Angabe nach Art. 21 Abs. 4)	X	X
Empfänger der Daten (Kategorien)	X	X

106 *GDD*-Praxishilfe DS-GVO VII – Transparenzpflichten bei der Datenverarbeitung, 5 f. abrufbar unter https://www.gdd.de/downloads/praxishilfen/GDD-Praxishilfe_DS-GVO_7.pdf.

107 *GDD* Transparenzpflichten bei der Datenverarbeitung, 2017, 6.

Informationen	Art. 13	Art. 14
Bei Transfer außerhalb der EU/des EWRs: – Existenz oder Fehlen einer Angemessenheitsentscheidung der EU-Kommission – Verwendete Standardverträge oder Binding Corporate Rules inkl. Angabe wie eine Kopie erhalten werden kann und – Bei Interessenabwägungen ohne vorgenannte angemessene Schutzmaßnahmen: Tatsache des Drittstaatentransfers und die legitimen Interessen des Unternehmens (zusätzliche Angabe nach Art. 49 Abs. 1 UAbs. 2)	X	X
Zusätzliche Informationen	Art. 13	Art. 14
Speicherfrist oder Kriterien um die Frist zu bestimmen (Löschung)	X	X
Hinweis auf die Rechte auf Auskunft, Berichtigung, Löschung, Einschränkung der Verarbeitung (Sperrung), Widerspruch, Datenportabilität	X	X
Bei Einwilligungen: Widerrufsmöglichkeit (Angabe auch nach Art. 7 Abs. 3)	X	X
Hinweis auf das Beschwerderecht gegenüber der Datenschutzaufsichtsbehörde	X	X
Datenquellen		X
Angabe, ob die Datenquelle öffentlich zugänglich ist		X
Ob die Angabe der Daten eine gesetzliche oder vertragliche Pflicht ist oder notwendig, um einen Vertrag zu schließen	X	
Ob die Angabe der Daten verpflichtend ist oder nicht und was die Konsequenzen der Nichtangabe sind	X	
Bei automatischen Entscheidungen nach Art. 22 Abs. 1,4: – Existenz des Entscheidungsmechanismus und – Aussagekräftige Darstellung der Entscheidungslogik und – Bedeutung und Konsequenzen für den Betroffenen	X	X
Widerspruchsrecht gegen Direktmarketingmaßnahmen (zusätzliche Angabe nach Art. 21 Abs. 4)	X	X

97 **Tabelle 2 (Medienbruch)**

Informationen 1. Stufe	Informationen 2. Stufe
– Name und Kontaktdaten des Verantwortlichen	– Name und Kontaktdaten des Vertreters in der EU
– Kategorien personenbezogener Daten, die verarbeitet werden	– Kontaktdaten des Datenschutzbeauftragten
– Zwecke, für die die personenbezogenen Daten verarbeitet werden sollen	– Quelle der personenbezogenen Daten und ggf. ob sie aus öffentlich zugänglichen Quellen stammen

Informationen 1. Stufe	Informationen 2. Stufe
– Verpflichtung zur Bereitstellung und mögliche Folgen einer Nichtbereitstellung	– Dauer, für die die personenbezogenen Daten gespeichert werden oder, falls dies nicht möglich ist, die Kriterien für die Festlegung dieser Dauer
– Empfänger oder Kategorien von Empfängern der personenbezogenen Daten	– Rechtsgrundlage für die Verarbeitung berechtigte Interessen im Sinne von Art. 6 Abs. 1 lit. f, die von dem Verantwortlichen verfolgt werden berechtigte Interessen im Sinne von Art. 6 Abs. 1 lit. f, die von einem Dritten verfolgt werden – Bereitstellung der personenbezogenen Daten gesetzlich oder vertraglich vorgeschrieben
– Absicht des Verantwortlichen, die personenbezogenen Daten an ein Drittland oder eine internationale Organisation zu übermitteln	– Bereitstellung der personenbezogenen Daten für einen Vertragsabschluss erforderlich
– Verpflichtung, die personenbezogenen Daten bereitzustellen, und welche möglichen Folgen die nicht Bereitstellung hätte	– Bestehen einer automatisierten Entscheidungsfindung einschließlich Profiling gemäß Art. 22 Abs. 1 und 4 und – zumindest in diesen Fällen – aussagekräftige Informationen über die involvierte Logik sowie die Tragweite und die angestrebten Auswirkungen einer derartigen Verarbeitung für die betroffene Person
– Berechtigte Interessen, die von einem Dritten verfolgt werden	– Vorhandensein oder Fehlen eines Angemessenheitsbeschlusses der Kommission In den Fällen, in denen berechtigte Interessen nach Art. 6 Abs. 1 lit. f verfolgt werden, ist die Verpflichtung zur Aufklärung der betroffenen Person über das Widerspruchsrecht gem. Art. 21 Abs. 4 zu beachten. Der Hinweis muss in einer verständlichen und in einer von anderen Informationen getrennten Form erfolgen.
	– Verweis auf geeignete oder angemessenen Garantien und die Möglichkeit, wie eine Kopie von ihnen zu erhalten ist, oder wo sie verfügbar sind
	– Bestehen eines Rechts auf Auskunft, Berichtigung, Löschung, Einschränkung der Verarbeitung oder eines Widerspruchsrechts gegen die Verarbeitung sowie des Rechts auf Datenübertragbarkeit
	– Bestehen eines Rechts, die Einwilligung im Sinne von Art. 6 Abs. 1 lit. a oder Art. 9 Abs. 2 lit. a jederzeit zu widerrufen, ohne dass die Rechtmäßigkeit der aufgrund der Einwilligung bis zum Widerruf erfolgten Verarbeitung berührt wird
	– Bestehen eines Beschwerderechts bei einer Aufsichtsbehörde

III. Relevanz für betroffene Personen

98 Die Informationspflichten gemäß der DS-GVO gehen über die bisherige Rechtslage (insbes. §§ 4 Abs. 3, 33 BDSG a.F.) hinaus und fokussieren einen unionsweiten wirksamen Schutz personenbezogener Daten und stärken damit die Rechte der Betroffenen. Die Betroffenenrechte umfassen damit sowohl Rechte auf Auskunft, Berichtigung, Löschung und Einschränkung der Verarbeitung einschließlich eines Widerspruchsrechts als auch das Recht die Einwilligung zu widerrufen und Beschwerde bei der Aufsichtsbehörde einzulegen. Insofern wird auch auf nationaler Ebene das Recht auf informationelle Selbstbestimmung gestärkt.

IV. Relevanz für Aufsichtsbehörden

99 Den Aufsichtsbehörden kommt im Rahmen der DS-GVO ein umfassender Auftrag zu, indem sie die einheitliche Durchsetzung des neuen Datenschutzrechts gewährleisten sollen. Auch im Rahmen von Art. 13 kommen der Aufsichtsbehörde weitreichende Untersuchungs- und Kontrollbefugnisse sowie Sanktionsmöglichkeiten zu.[108] Gleichwohl werden gerade durch den Gebrauch des Gestaltungsspielraums durch den deutschen Gesetzgeber auf nationaler Ebene die Befugnisse der Aufsichtsbehörde im Falle des § 29 Abs. 3 BDSG n.F. zurückgedrängt.

V. Relevanz für das Datenschutzmanagement

100 Für das Datenschutzmanagement stellt sich hinsichtlich Abs. 1 die Herausforderung, dass sämtliche Verarbeitungsprozesse im Detail erfasst, dokumentiert und in präziser und verständlicher Weise dargestellt werden müssen. So wird für jeden Verarbeitungsprozess zu dokumentieren sein, zu welchen Zwecken diese erfolgen (und zwar möglichst in aller Ausführlichkeit) und auf welchen Rechtsgrundlagen diese beruhen. In aller Regel werden zudem die Informationen nach Abs. 2 erfasst werden müssen, d.h. Speicherdauer, anwendbare Rechte und Rechtsbehelfe, gesetzliche, vertragliche oder tatsächliche Erforderlichkeit sowie Folgen bei Nichtbereitstellung. Zudem sind auch Prozesse für den Fall einer Zweckänderung vorzusehen.

101 In einem zweiten Schritt sind alle diese Informationen sodann in präziser und doch verständlicher Weise aufzubereiten, was insbesondere bei Profiling und automatisierten Entscheidungsprozessen auch eine Gratwanderung hinsichtlich zu schützender Geschäftsgeheimnisse darstellen kann.

102 Das Datenschutzmanagement wird sich daher den Informationspflichten nach Art. 13 von zwei Seiten aus nähern müssen:

103 Zunächst sind die betroffenen Daten zu erfassen und separat davon die Verarbeitungsprozesse- und zwecke. Letztere werden dabei durch die Möglichkeit der Zweckänderung in der Praxis durchaus variabel sein können.

---

108 Zur Rolle der Aufsichtsbehörden unter der DS-GVO vgl. das Gutachten von *Alexander Roßnagel* „Zusätzlicher Arbeitsaufwand für die Aufsichtsbehörden der Länder unter der DS-GVO vom Januar 2017, abrufbar unter: https://www.datenschutzzentrum.de/uploads/dsgvo/2017-Rossnagel-Gutachten-Aufwand-Datenschutzbehoerden.pdf.

Artikel 14 Informationspflicht, wenn die personenbezogenen Daten nicht bei der betroffenen Person erhoben wurden

(1) Werden personenbezogene Daten nicht bei der betroffenen Person erhoben, so teilt der Verantwortliche der betroffenen Person Folgendes mit:

a) den Namen und die Kontaktdaten des Verantwortlichen sowie gegebenenfalls seines Vertreters;

b) zusätzlich die Kontaktdaten des Datenschutzbeauftragten;

c) die Zwecke, für die die personenbezogenen Daten verarbeitet werden sollen, sowie die Rechtsgrundlage für die Verarbeitung;

d) die Kategorien personenbezogener Daten, die verarbeitet werden;

e) gegebenenfalls die Empfänger oder Kategorien von Empfängern der personenbezogenen Daten;

f) gegebenenfalls die Absicht des Verantwortlichen, die personenbezogenen Daten an einen Empfänger in einem Drittland oder einer internationalen Organisation zu übermitteln, sowie das Vorhandensein oder das Fehlen eines Angemessenheitsbeschlusses der Kommission oder im Falle von Übermittlungen gemäß Artikel 46 oder Artikel 47 oder Artikel 49 Absatz 1 Unterabsatz 2 einen Verweis auf die geeigneten oder angemessenen Garantien und die Möglichkeit, eine Kopie von ihnen zu erhalten, oder wo sie verfügbar sind.

(2) Zusätzlich zu den Informationen gemäß Absatz 1 stellt der Verantwortliche der betroffenen Person die folgenden Informationen zur Verfügung, die erforderlich sind, um der betroffenen Person gegenüber eine faire und transparente Verarbeitung zu gewährleisten:

a) die Dauer, für die die personenbezogenen Daten gespeichert werden oder, falls dies nicht möglich ist, die Kriterien für die Festlegung dieser Dauer;

b) wenn die Verarbeitung auf Artikel 6 Absatz 1 Buchstabe f beruht, die berechtigten Interessen, die von dem Verantwortlichen oder einem Dritten verfolgt werden;

c) das Bestehen eines Rechts auf Auskunft seitens des Verantwortlichen über die betreffenden personenbezogenen Daten sowie auf Berichtigung oder Löschung oder auf Einschränkung der Verarbeitung und eines Widerspruchsrechts gegen die Verarbeitung sowie des Rechts auf Datenübertragbarkeit;

d) wenn die Verarbeitung auf Artikel 6 Absatz 1 Buchstabe a oder Artikel 9 Absatz 2 Buchstabe a beruht, das Bestehen eines Rechts, die Einwilligung jederzeit zu widerrufen, ohne dass die Rechtmäßigkeit der aufgrund der Einwilligung bis zum Widerruf erfolgten Verarbeitung berührt wird;

e) das Bestehen eines Beschwerderechts bei einer Aufsichtsbehörde;

f) aus welcher Quelle die personenbezogenen Daten stammen und gegebenenfalls ob sie aus öffentlich zugänglichen Quellen stammen;

g) das Bestehen einer automatisierten Entscheidungsfindung einschließlich Profiling gemäß Artikel 22 Absätze 1 und 4 und – zumindest in diesen Fällen – aussagekräftige Informationen über die involvierte Logik sowie die Tragweite und die angestrebten Auswirkungen einer derartigen Verarbeitung für die betroffene Person.

(3) Der Verantwortliche erteilt die Informationen gemäß den Absätzen 1 und 2

a) unter Berücksichtigung der spezifischen Umstände der Verarbeitung der personenbezogenen Daten innerhalb einer angemessenen Frist nach Erlangung der personenbezogenen Daten, längstens jedoch innerhalb eines Monats,

b) falls die personenbezogenen Daten zur Kommunikation mit der betroffenen Person verwendet werden sollen, spätestens zum Zeitpunkt der ersten Mitteilung an sie, oder,

c) falls die Offenlegung an einen anderen Empfänger beabsichtigt ist, spätestens zum Zeitpunkt der ersten Offenlegung.

(4) Beabsichtigt der Verantwortliche, die personenbezogenen Daten für einen anderen Zweck weiterzuverarbeiten als den, für den die personenbezogenen Daten erlangt wurden, so stellt er der betroffenen Person vor dieser Weiterverarbeitung Informationen über diesen anderen Zweck und alle anderen maßgeblichen Informationen gemäß Absatz 2 zur Verfügung.

(5) Die Absätze 1 bis 4 finden keine Anwendung, wenn und soweit

a) die betroffene Person bereits über die Informationen verfügt,

b) die Erteilung dieser Informationen sich als unmöglich erweist oder einen unverhältnismäßigen Aufwand erfordern würde; dies gilt insbesondere für die Verarbeitung für im öffentlichen Interesse liegende Archivzwecke, für wissenschaftliche oder historische Forschungszwecke oder für statistische Zwecke vorbehaltlich der in Artikel 89 Absatz 1 genannten Bedingungen und Garantien oder soweit die in Absatz 1 des vorliegenden Artikels genannte Pflicht voraussichtlich die Verwirklichung der Ziele dieser Verarbeitung unmöglich macht oder ernsthaft beeinträchtigt. In diesen Fällen ergreift der Verantwortliche geeignete Maßnahmen zum Schutz der Rechte und Freiheiten sowie der berechtigten Interessen der betroffenen Person, einschließlich der Bereitstellung dieser Informationen für die Öffentlichkeit,

c) die Erlangung oder Offenlegung durch Rechtsvorschriften der Union oder der Mitgliedstaaten, denen der Verantwortliche unterliegt und die geeignete Maßnahmen zum Schutz der berechtigten Interessen der betroffenen Person vorsehen, ausdrücklich geregelt ist oder

d) die personenbezogenen Daten gemäß dem Unionsrecht oder dem Recht der Mitgliedstaaten dem Berufsgeheimnis, einschließlich einer satzungsmäßigen Geheimhaltungspflicht, unterliegen und daher vertraulich behandelt werden müssen.

– *ErwG: 58, 60–62*
– *BDSG n.F.: §§ 29, 33*

Übersicht

Literatur: *Albrecht* Das neue EU-Datenschutzrecht – von der Richtlinie zur Verordnung, CR 2016, 88; *Albrecht/Jotzo* Das neue Datenschutzrecht der EU, 2017; *Art.-29-Datenschutzgruppe* WP 100, 2004 vom 25.11.2004; *Bräutigam/Schmidt-Wudy* Das geplante Auskunfts- und Herausgaberecht des Betroffenen nach Art. 15 der EU-Datenschutzgrundverordnung, CR 2015, 56; *Buchner* Grundsätze und Rechtmäßigkeit der Datenverarbeitung unter der DS-GVO, DuD 2016, 155; *Byers* Die Zulässigkeit heimlicher Mitarbeiterkontrollen nach dem neuen Datenschutzrecht, NZA 2017, 1086; *DSK* Kurzpapier Nr. 10: Informationspflichten bei Dritt- und Direkterhebung, 2017; *Ehmann/Selmayr* Datenschutz-Grundverordnung, 2017; *Eßer/Kramer/von Lewinski* Datenschutz-Grundverordnung, Bundesdatenschutzgesetz und Nebengesetze, 5. Aufl. 2017; *Franck* System der Betroffenenrechte im Datenschutz, RDV 2016, 111; *GDD* Praxishilfe DS-GVO VII, Transparenzpflichten bei der Datenverarbeitung, 2017; *Gola* DS-GVO – Datenschutz-Grundverordnung VO (EU) 2016/679, 2017; *Gola/Schulz* Der Entwurf für eine EU-Datenschutz-Grundverordnung – eine Zwischenbilanz, RDV 2013, 1; *Greve* Das neue Bundesdatenschutzgesetz, NVwZ 2017, 737; *Hammer* DIN 66398 – Die Leitlinie Löschkonzept als Norm, DuD 2016, 528; *Härting* Datenschutzreform in Europa: Einigung im EU-Parlament – Kritische Anmerkungen, CR 2013, 715; *ders.* Big Data und Profiling nach der DSGVO, ITRB 2016, 209; *ders.* Datenschutz-Grundverordnung – Das neue Datenschutzrecht in der betrieblichen Praxis, 2016; *Hennemann* Personalisierte Medienangebote im Datenschutz- und Vertragsrecht, ZUM 2017, 544; *Jaspers* Die EU-Datenschutz-Grundverordnung – Auswirkungen der EU-Datenschutz-Grundverordnung auf die Datenschutzorganisation des Unternehmens, DuD 2012, 571; *Keppeler* Was bleibt vom TMG-Datenschutz nach der DS-GVO? Lösung und Schaffung von Abgrenzungsproblemen im Multimedia-Datenschutz, MMR 2015, 779; *Knyrim* Die neuen Pflichten nach der EU-Datenschutz-Grundverordnung im Überblick, Dako 2016/6; *Krüger* Datensouveränität und Digitalisierung, ZRP 2016, 190; *Kugelmann* Datenfinanzierte Internetangebote, DuD 2016, 566; *Kühling/Buchner* Datenschutz-Grundverordnung: DS-GVO, 2017; *Kühling/Martini* Die Datenschutz-Grundverordnung und das nationale Recht, 2016; *Marschall* Erweiterte Informationspflichten in der DSGVO: Änderungen für Unternehmen, DSB 2016, 230; *Meyer* Prüfungsmaßstab für Datenschutzerklärungen und Sanktionierung bei Unwirksamkeit, DSRITB 2012, 643; *Monreal* Weiterverarbeitung nach einer Zweckänderung in der DS-GVO, ZD 2016, 507; *Plath* BSDG/DSGVO – Kommentar zum BDSG und zur DSGVO sowie den Datenschutzbestimmungen des TMG und TKG 2. Aufl. 2016; *Reding* Sieben Grundbausteine der europäischen Datenschutzreform, ZD 2012, 195; *Roß-*

nagel/Richter/Nebel Besserer Internetdatenschutz für Europa – Vorschläge zur Spezifizierung der DS-GVO, ZD 2013, 103; *dies.* Was bleibt vom Europäischen Datenschutzrecht? – Überlegungen zum Ratsentwurf der DS-GVO, ZD 2015, 455; *Schantz* Die Datenschutz-Grundverordnung – Beginn einer neuen Zeitrechnung im Datenschutzrecht, NJW 2016, 1841; *Schenke/Graulich/Ruthig* Sicherheitsrecht des Bundes, 2014; *Schneider/Härting* Wird der Datenschutz nun endlich internettauglich? – Warum der Entwurf einer Datenschutz-Grundverordnung enttäuscht, ZD 2012, 199; *Sörup* Gestaltungsvorschläge zur Umsetzung der Informationspflichten der DS-GVO im Beschäftigungskontext, ArbR Aktuell 2016, 207; *Sörup/Marquardt* Auswirkungen der EU-Datenschutzgrundverordnung auf die Datenverarbeitung um Beschäftigungskontext, ArbR Aktuell 2016, 103; *Taeger* Scoring in Deutschland nach der EU-Datenschutzgrundverordnung, ZRP 2016, 72; *Veil* DS-GVO: Risikobasierter Ansatz statt rigides Verbotsprinzip, ZD 2015, 347; *Wagner* Die Datenschutz-Grundverordnung: die Betroffenenrechte (Teil IV), Dako 2015/59; *Walter* Die datenschutzrechtlichen Transparenzpflichten nach der Europäischen Datenschutz-Grundverordnung, DSRITB 2016, 367; *Wilhelm* Auskunftsansprüche in der Informationsgesellschaft, DÖV 2016, 899; *Wolff/Brink* Beck'scher Online Kommentar – Datenschutzrecht, 21. Edition 2017; *Wybitul* EU-Datenschutz-Grundverordnung in der Praxis – Was ändert sich durch das neue Datenschutzrecht, BB 2016, 1077; *Zikesch/Kramer* Die DS-GVO und das Berufsrecht der Rechtsanwälte, Steuerberater und Wirtschaftsprüfer – Datenschutz bei freien Berufen, ZD 2015, 565.

Vorbemerkung zu Art. 14

Art. 14 betrifft die Informationspflicht des Verantwortlichen, wenn die personenbezogenen Daten **nicht** bei der betroffenen Person erhoben wurden. Er ergänzt damit die Informationspflichten des Art. 13. In der Folge entsprechen die Ausführungen zu Art. 14 teilweise denen aus Art. 13. Um den Fluss des Lesers bei der Durchsicht nicht zu beeinträchtigen und zur besseren Übersichtlichkeit sind die Ausführungen zu Art. 13 auch an den entsprechenden Stellen im Rahmen von Art. 14 vollständig abgedruckt. 1

A. Einordnung und Hintergrund

I. Erwägungsgründe

Ausweislich des ErwG 60 machen es die Grundsätze einer fairen und transparenten Verarbeitung erforderlich, dass die betroffene Person über die Existenz des Verarbeitungsvorgangs und seine Zwecke unterrichtet wird. Hinzu kommen noch alle weiteren Informationen, die zur Erfüllung der Grundsätze notwendig sind.[1] Sämtliche Informationen sollen in leicht wahrnehmbarer, verständlicher und klar nachvollziehbarer Form einen aussagekräftigen Überblick über die beabsichtigte Verarbeitung vermitteln. 2

In ErwG 61 finden sich Ausführungen zum Zeitpunkt der Information, die gem. Art. 13 und 14 zu erteilen sind. ErwG 61 unterscheidet diesbezüglich, ob die Daten von der betroffenen Person oder aus einer anderen Quelle erlangt werden. Überdies formuliert S. 3 des ErwG die Informationspflicht bei einer Verarbeitung zu anderen Zwecken i.S.d. Art. 14 Abs. 4. 3

---

1 ErwG 60 S. 2.

4 Mit ErwG 62 wird deutlich, dass die Informationspflicht nicht vorbehaltlos gilt. Ausnahmen von dieser Pflicht sind denkbar, wenn und soweit die betroffene Person bereits über die Informationen verfügt. Auch die weiteren Ausnahmetatbestände des ErwG 62 entsprechen denen aus Art. 14 Abs. 5.

II. BDSG n.F.

5 Grds. entfalten die Bestimmungen der DS-GVO als VO i.S.d. Unionsrechts unmittelbare und zwingende Wirkung. Öffnungsklauseln können jedoch nationale eigenständige Regelungen für einzelne Bereiche erlauben. Die Beschränkungen gem. Art. 23 sowie die Regelungen in Art. 85 Abs. 2 und Art. 88 Abs. 2 können zu einzelstaatlichen Abweichungen der Informationspflicht führen.[2]

6 Eine entsprechende Ausnahme von der Informationspflicht bei der Datenerhebung aus einer anderen Quelle im Fall von Geheimhaltungspflichten findet sich in § 29 Abs. 1 S. 1 BDSG. Weitere Ausnahmen von dieser Informationspflicht finden sich neben § 32 BDSG in § 33 BDSG. Letztgenannte Vorschrift regelt entsprechend die Ausnahmen von der Informationspflicht, wenn die personenbezogenen Daten nicht bei der betroffenen Person erhoben wurden (Art. 14).

III. Normengenese und -umfeld

7 **1. DSRL – alte RL 95/46/EG.** Die Art. 10 und 11 DSRL regelten bisher die Information der betroffenen Person.

2. BDSG a.F. – a) §§ 4 Abs. 3, 19a, 33 BDSG a.F. als „Entsprechung" zu Art. 13, 14.

8 Die §§ 4 Abs. 3, 19a, 33 BDSG a.F. setzen die Art. 10 und 11 der DSRL um. § 4 Abs. 3 a.F. betrifft die Direkterhebung und damit den Anwendungsbereich von Art. 13, während §§ 19a, 33 BDSG a.F. die Erhebung und Verarbeitung ohne Kenntnis des Betroffenen regeln und damit am ehesten Art. 14 entsprechen, welcher aber nicht auf die Unkenntnis abstellt, sondern vielmehr auf die Erhebung bei Dritten.

9 **b) Änderungen im Vgl. zu den bisher geltenden Informationspflichten.** Die Änderungen der DS-GVO betreffen insb. den Umfang der Informationspflichten; diese werden durch den neuen Sekundärrechtsakt teils erheblich ausgeweitet. Damit in Verbindung steht das nach der Grundverordnung bestehende Risiko hoher Bußgelder, die auch als Rechtsfolge für eine Missachtung der Informationspflichten greifen würden.

10 **3. WP der Art.-29-Datenschutzgruppe und Düsseldorfer Kreis.** Ein Beschluss des Düsseldorfer Kreises zur Fortgeltung von Einwilligungen nach dem BDSG a.F.[3] berührt die Art. 13, 14 immerhin insoweit, als die Einhaltung der Informationspflichten die Wirksamkeit von vorher erteilten Einwilligungen nicht berühren soll. Dies ist insofern keineswegs selbstverständlich, da die Informationspflichten der DS-GVO weitergehender sind als nach der bisherigen deutschen Rechtslage. Daneben hat die Art.-29-Datenschutzgruppe im Dezember 2017 ein Arbeitspapier für die Informationspflichten nach Art. 13 und 14 veröffentlicht, an dem sich die verantwortlichen Stellen orientieren können.[4]

---

2 Vgl. Auernhammer-*Eßer* Art. 13 Rn. 47 ff.
3 *Düsseldorfer Kreis* Beschluss v. 13./14.9.2016.
4 *Art.-29-Datenschutzgruppe* WP 260.

B. Kommentierung

I. Allgemeines: Zweck, Bedeutung, Systematik/Verhältnis zu anderen Vorschriften

Mit der rechtlichen Verpflichtung zur Information in den Art. 13 und 14 wird dem Grundsatz der Transparenz (Art. 5 Abs. 1 lit. a) Rechnung getragen. Auch ohne Ersuchen der betroffenen Person obliegen dem Verantwortlichen gem. Art. 14 über § 4 Abs. 3 BDSG a.F. weit hinausgehende Unterrichtungspflichten.[5] Dabei handelt es sich um einen Hauptpfeiler der neuen Betroffenenrechte. Die Herstellung von Transparenz als grundrechtlicher Schutz personenbezogener Daten hängt auch eng mit der Rechtsschutzgarantie i.S.d. Art. 47 GRCh zusammen.[6] 11

Gemeinsam mit den Betroffenenrechten lassen diese unaufgefordert zu erteilenden Informationen die Datenverarbeitung aus Sicht der betroffenen Person nachvollziehbar erscheinen und tragen maßgeblich zur Gewährleistung des Schutzziels der Transparenz bei. Die Grundsätze einer fairen und transparenten Verarbeitung verlangen es, dass die betroffene Person über die Existenz des Verarbeitungsvorgangs, seine Zwecke und alle wesentlichen Zusammenhänge unterrichtet wird.[7] Insgesamt beabsichtigt die DS-GVO, für die Betroffenen die Verarbeitung ihrer Daten nachvollziehbar zu machen[8], damit diese selbstbestimmt über Datenverarbeitungsvorgänge entscheiden können. 12

II. Anwendungsbereich und -voraussetzungen

1. Ursprung und Abgrenzung zu Art. 13. Art. 13 regelt ausweislich der redaktionellen Überschrift die Informationspflicht bei Erhebung von personenbezogenen Daten bei der betroffenen Person. Art. 14 regelt demgegenüber die Informationspflicht, wenn die personenbezogenen Daten nicht bei der betroffenen Person erhoben wurden. ErwG 61 unterscheidet diesbezüglich, ob die Daten von der betroffenen Person oder aus einer anderen Quelle erlangt werden. Der Umfang der Informationspflichten der Art. 13 und 14 sind weitgehend identisch. Sie verpflichten den Verantwortlichen zur Mitteilung einer Information an die von der Verarbeitung ihrer personenbezogenen Daten betroffenen Person. 13

Die Unterscheidung von direkter und indirekter Erhebung folgt dem Ansatz, der bereits den Art. 10 und 11 DSRL zu Grunde lag.[9] Der Anwendungsbereich des Art. 14 ist nicht positiv definiert, sondern er ist nur dann eröffnet, wenn Daten nicht bei der betroffenen Person erhoben werden. Der Tatbestand umfasst in jedem Fall die Datenerhebung bei Dritten oder aus öffentlich zugänglichen Quellen.[10] Voraussetzung für die Tatbestandseröffnung ist, dass der Betroffene weder Kenntnis von der Erhebung 14

---

5 So auch *Jaspers* DuD 2012, 571, 572 sowie *Albrecht/Jotzo* Das neue Datenschutzrecht der EU, 2017, 83 Rn. 4 f. sowie zu den Informationspflichten nach dem BDSG und der DS-GVO *Härting* DS-GVO, S. 17 Rn. 51 und 59; Ehmann/Selmayr-*Knyrim* Art. 14 Rn. 3 m.w.N.

6 Kühling/Buchner-*Bäcker* Art. 13 Rn. 8.

7 Vgl. ErwG 60 S. 1. Sowie *Albrecht/Jotzo* Das neue Datenschutzrecht der EU, 2017, 83 Rn. 4 f.; Gola-*Franck* Art. 14 Rn. 1.

8 *Schantz* NJW 2016, 1841, 1845; Ehmann/Selmayr-*Knyrim* Art. 14 Rn. 1 sowie Gola-*Franck* Art. 13 Rn. 3.

9 Vgl. dazu Gola-*Franck* Art. 14 Rn. 2; *Albrecht/Jotzo* Das neue Datenschutzrecht der EU, 2017, 84 sowie Ehmann/Selmayr-*Knyrim* Art. 14 Rn. 2.

10 Kühling/Buchner-*Bäcker* Art. 14 Rn. 9.

seiner personenbezogenen Daten besitzt noch daran in irgendeiner Form aktiv mitwirkt oder mitgewirkt hat. Mit der Dritterhebung sind somit Fälle gemeint, in denen der Verantwortliche Daten von einem Dritten über eine betroffene Person bezieht. Ein typischer Fall wäre etwa der Adresshandel oder ein Kreditscoring. Die Direkterhebung unterscheidet sich also von der Dritterhebung dadurch, dass letztere ohne Beteiligung des Betroffenen erfolgt.

15 Nicht allein die Art. 13 und 14 gewährleisten die Transparenz. Sie werden flankiert von Informationsansprüchen wie zum Bsp. der Auskunft nach Art. 15, der Unterrichtung der betroffenen Person im Zusammenhang mit der Berichtigung oder Löschung personenbezogener Daten nach Art. 19 S. 2 oder dem Hinweis auf das Widerspruchsrecht spätestens zum Zeitpunkt der ersten Kommunikation nach Art. 21 Abs. 4. Weiter leistet die Zurverfügungstellung der Vereinbarung zwischen gemeinsam für die Verarbeitung Verantwortlichen nach Art. 26 Abs. 2 S. 2 und die Benachrichtigung der von einer Verletzung des Schutzes personenbezogener Daten betroffenen Person nach Art. 34 ihren Beitrag dazu, dem Betroffenen Einsicht im Rahmen der Verarbeitung personenbezogener Daten zu verschaffen.

16 **2. Öffnungsklauseln.** Art. 23 erlaubt es den Mitgliedstaaten, von den Betroffenenrechten abzuweichen und stellt somit eine Öffnungsklausel für Art. 14 dar.[11] Auch die Regelungen zum Recht auf freie Meinungsäußerung (Art. 85 Abs. 2) und zum Beschäftigtendatenschutz (Art. 88 Abs. 2) können zu bereichsspezifischen Sonderregelungen im einzelstaatlichen Recht führen.[12] Etwaige Ausnahmen müssen von den Mitgliedstaaten geregelt werden. Geringfügige Ausnahmen enthalten insoweit etwa die §§ 4 Abs. 2, 29 und 33 BDSG n.F.

17 **3. Ausnahmen.** Als Betroffenenrecht gilt die Informationspflicht grundsätzlich. Ausnahmen davon sind in Abs. 5 und im nationalen Recht geregelt.

III. Allgemeine Informationspflicht (Abs. 1)

18 **1. DS-GVO. – a) Allgemeines zu den Informationsgehalten.** In Abs. 1 ist geregelt, welche Informationen dem Betroffenen vom Verantwortlichen bereitzustellen sind, wenn der Verantwortliche die personenbezogenen Daten nicht bei der betroffenen Person erhoben hat. Die Informationspflicht gilt grundsätzlich bei jeder Verarbeitung personenbezogener Daten und ist an keine weiteren Voraussetzungen geknüpft. Der Betroffene darf in Zukunft erwarten, umfassender und verständlicher informiert zu werden.[13] Die DS-GVO enthält – abgesehen von den Anforderungen des Art. 12 Abs. 1 – keine genauen Anforderungen in Bezug auf das Format oder die Modalitäten, in denen der betroffenen Person die Informationen nach Art. 13 bereitgestellt werden müssen. Allerdings hat der Verantwortliche alle erforderlichen Maßnahmen zu treffen, damit die Informationsbereitstellung bestmöglich gewährleistet ist.[14] Die nachfolgenden Grundsätze gelten dabei sowohl für die ursprüngliche Datenschutzerklärung als auch für die Mitteilung nachträglicher Änderungen dieser Erklä-

11 *Kühling/Martini* u.a. Die Datenschutz-Grundverordnung und das nationale Recht, 2016, 407, 452 f. sowie Ehmann/Selmayr-*Knyrim* Art. 14 Rn. 4.
12 Vgl. Kühling/Buchner-*Bäcker* Art. 14 Rn. 78.
13 *Albrecht* CR 2016, 88, 93; *Albrecht/Jotzo* Das neue Datenschutzrecht der EU, 2017, 83 sowie Ehmann/Selmayr-*Knyrim* Art. 14 Rn. 1 und 3.
14 *Art.-29-Datenschutzgruppe* WP 260, S. 11 f.

rung. Eine Änderungsmitteilung muss daher in geeigneter Weise kommuniziert werden, so dass eine Kenntnisnahme des Empfängers sichergestellt ist. Ein allgemeiner Hinweis, dass die betroffene Person die Datenschutzerklärung regelmäßig auf Änderungen untersuchen sollte, ist diesbezüglich nicht ausreichend.[15] Denkbar sind bspw. Hinweise auf die Änderungen per E-Mail oder prominente Banner oder Pop-ups innerhalb einer App oder auf einer Webseite.

Die Informationspflichten des Art. 14 Abs. 1 entsprechen weitestgehend denen aus Art. 13 Abs. 1.[16] Im Vergleich zu letztgenannter Norm wird in Art. 14 Abs. 1 zusätzlich eine Information über die „Kategorien verarbeiteter Daten" verlangt. Dahinter steht die Absicht, dass der Betroffene wissen soll, was der Verantwortliche über ihn weiß. In Art. 13 ist diese Information hingegen unbedeutend, da die Erhebung direkt beim Betroffenen erfolgt und diesem die Kategorien zwangsläufig bekannt sind. **19**

b) Auswirkungen des Unterschieds im Vergleich zu Art. 13. Bei aller inhaltlicher Nähe ist es dennoch nicht zulässig, die Transparenzpflichten gem. Art. 13 und 14 aus Sicht der verantwortlichen Stelle komplett gleich aufzufassen. Die Unterschiede sind insb. relevant für die jeweiligen Pflichtinhalte (Abs. 1 und 2), Fristen (Abs. 3) und anwendbare Ausnahmen (Abs. 5). **20**

c) Form und Modalitäten der Information. – aa) Leichte Verständlichkeit. Die betroffene Person soll die Informationen nach Art. 12 Abs. 1 S. 1 „in präziser, transparenter, verständlicher und leicht zugänglicher Form in einer klaren und einfachen Sprache" erhalten und dies stets unentgeltlich (Art. 12 Abs. 5). Art. 12 strahlt als allgemeiner Grundsatz für die Handhabung von Betroffenenrechten maßgeblich auf Art. 14 aus und gewinnt aufgrund darin fehlender Vorgaben für die Form der Informationserteilung an Bedeutung.[17] Wie sich der Anspruch einer einfachen Sprache mit der Komplexität der DS-GVO vereinbaren lässt, muss die Rechtsanwendung beantworten. Aus Gründen der Rechtssicherheit dürfen im Ergebnis keine Unklarheiten im Rahmen der Informationserteilung bestehen. **21**

bb) Leicht zugängliche Form. Die leicht zugängliche Form der Information weist auf die wichtige Möglichkeit hin, die Information in elektronischer Form wie zum Bsp. auf einer öffentlich zugänglichen Website bereit zu stellen.[18] Weitere Möglichkeiten wären ein QR-Code, eine verkürzte und leicht zu merkende URL oder – bei begrenzten Darstellungsmöglichkeiten – eine klare Bildsprache bspw. übliche und verständliche Piktogramme. **22**

cc) Bildsymbole. Gem. Art. 12 Abs. 7 sind zur Erfüllung der Informationspflichten nach Art. 13 und 14 auch Bildsymbole[19] zulässig. Gleichwohl können diese nur ergänzend zur eigentlichen Information Anwendung finden und müssen standardisiert **23**

15 *Art.-29-Datenschutzgruppe* WP 260, S. 13.

16 Kühling/Buchner-*Bäcker* Art. 14 Rn. 16 sowie Gola-*Franck* Art. 14 Rn. 4 ff.

17 Vgl. Auernhammer-*Eßer* Art. 14 Rn. 5 sowie Ehmann/Selmayr-*Knyrim* Art. 14 Rn. 9; Gola-*Franck* Art. 13 Rn. 34, Art. 14 Rn. 21.

18 Vgl. ErwG 58; Art. 12 Abs. 1 S. 1, Art. 12 Abs. 7.

19 Zu den Bildsymbolen vgl. Trilog-Synopse herausgegeben vom Bayerischen Landesamt für Datenschutzaufsicht, abrufbar unter: https://www.lda.bayern.de/media/baylda_synopse.pdf (zuletzt abgerufen am 21.3.2018) sowie Ehmann/Selmayr-*Knyrim* Art. 13 Rn. 10.

sein.[20] Jedenfalls ist mit der Normierung der ausdrücklichen Möglichkeit Bildsymbole zu benutzen, dem Grundsatz der Transparenz in leicht verständlicher Form Rechnung getragen.

24 **dd) Bereitstellung der Information.** Sämtliche Informationen können in elektronischer Form bereitgestellt werden.

25 **d) Einzelne Informationsgehalte.** Der Umfang der dem Betroffenen zur Verfügung zu stellenden Informationen bemisst sich aus der Summe der einzelnen Informationsgehalte, die im Abs. 1 normiert sind. Im Umkehrschluss gilt: Was nicht in Art. 14 aufgeführt ist, darüber muss der Betroffene nicht unterrichtet werden.[21]

26 **aa) Name und Kontaktdaten (lit. a).** Die Informationspflicht entspricht Art. 13 Abs. 1 lit. a. Dem Betroffenen sind sowohl der Name als auch die Kontaktdaten des Verantwortlichen mitzuteilen. Diese Pflicht erstreckt sich auch auf den Vertreter i.S.d. Art. 4 Nr. 17 für nicht in der Union niedergelassene Verantwortliche oder Auftragsverarbeiter.[22] Die Bezeichnung muss so erfolgen, dass der Verantwortliche für die betroffene Person bestimmbar ist.

27 Im Sinne eines effektiven Schutzes personenbezogener Daten ist der Betroffene in seinen Rechten zu stärken. Dazu bedarf es zwingend der Angabe eines Vor- und Nachnamens einer natürlichen Person als verantwortliche Stelle oder deren Vertreter sowie einer postalischen Adresse. Weitergehende Kontaktmöglichkeiten wie insbesondere einen E-Mail-Kontakt sollte im Sinne der Praktikabilität Teil der Information sein. Eine Rechtspflicht dazu lässt sich aus Art. 14 Abs. 1 lit. a allerdings nicht ableiten.[23]

28 **bb) Kontaktdaten des Datenschutzbeauftragten (lit. b).** Art. 14 Abs. 1 lit. b stimmt mit Art. 13 Abs. 1 lit. b überein. Im deutschen Wortlaut gibt es zwar minimale Abweichungen, was aber wohl nur einer ungenauen Übersetzung der an sich identischen Bestimmung geschuldet ist.[24] Als Ansprechpartner für den Schutz personenbezogener Daten ist ein Datenschutzbeauftragter gem. Art. 37 benannt. Hat der Verantwortliche einen solchen bestellt, ist er gem. Abs. 1 lit. b verpflichtet die Kontaktdaten des Datenschutzbeauftragten zusätzlich zu den Kontaktdaten des Abs. 1 lit. a mitzuteilen. Dazu dürfte zumindest eine postalische Anschrift erforderlich sein. Die Norm sagt nichts darüber aus, ob der Datenschutzbeauftragte namentlich benannt werden muss, oder ob hier die Angabe eines sog. Role-Accounts, wie bspw. datenschutz@example.com ausreicht. Die Angabe des Namens hilft auch dem Betroffenen nicht zwingend weiter, bspw. im Fall eines externen Datenschutzbeauftragten, der nötigenfalls auch durch Kollegen vertreten wird. In diesem Fall ist für den Betroffenen lediglich ein verantwortlicher Ansprechpartner maßgeblich, der die Funktion des Datenschutzbeauftrag-

---

20 Vgl. BeckOK DatenSR-*Quaas* Art. 12 Rn. 53; Ehmann/Selmayr-*Knyrim* Art. 13 Rn. 9.

21 Vgl. BeckOK DatenSR-*Schmidt-Wudy* Art. 13 Rn. 38; Ehmann/Selmayr-*Knyrim* Art. 14 Rn. 20 ff.

22 Plath-*Kamlah* Art. 13 Rn. 9; Ehmann/Selmayr-*Knyrim* Art. 14 Rn. 21; Gola-*Franck* Art. 14 Rn. 4 mit Verweis auf Art. 13 Rn. 7 ff.

23 Vgl. Plath-*Kamlah* Art. 13 Rn. 9; a.A. Auernhammer-*Eßer* Art. 14 Rn. 11; Paal/Pauly-*Paal* Art. 13 Rn. 14.

24 Vgl. englische Sprachfassung des Art. 14 Abs. 1 lit. b bzw. Art. 13 Abs. 1 lit. b: „the contact details of the data protection officer, where applicable".

ten im Zeitpunkt der Anfrage erfüllt. Der Sache nach dürfte die Offenlegung des Namens nicht zwingend erforderlich sein. An einer Angabe zur Erreichbarkeit – zumindest der „Datenschutzabteilung“ – dürfe aber kein Weg vorbei führen.

cc) Zweckbindungsgrundsatz (lit. c). Art. 13 Abs. 1 lit. c verpflichtet kongruent zu Art. 14 Abs. 1 lit. c den Verantwortlichen zur Information über die Zwecke, für welche die personenbezogenen Daten verarbeitet werden sollen, sowie eine Rechtsgrundlage für die Verarbeitung. Die betroffene Person ist darüber zu informieren, welche konkreten Datenverarbeitungen erfolgen. Folglich sind dafür alle Zwecke vollumfänglich mitzuteilen.[25] Dieses Informationsgebot trägt sowohl dem Grundsatz der Transparenz (Art. 5 Abs. 1 lit. a), als auch dem Grundsatz der Zweckbindung (Art. 5 Abs. 1 lit. b) Rechnung. Insbesondere dadurch wird es dem Betroffenen möglich eine informierte Entscheidung über die Verarbeitung seiner personenbezogenen Daten zu treffen und die Rechtmäßigkeit der Datenverarbeitung überprüfen zu können.[26] Wird ein neuer oder nicht kompatibler Zweck (Art. 6 Abs. 4) später bekannt, ist nach Abs. 4 nachzuinformieren. 29

Um der Informationspflicht gem. Art. 13 Abs. 1 lit. c Genüge zu tun, ist mindestens eine Rechtsgrundlage zu benennen.[27] Die Angabe mehrerer einschlägiger Rechtsgrundlagen ist zulässig.[28] Dabei muss der Verweis auf Art. 6 zielen, der die Tatbestände für eine rechtmäßige Datenverarbeitung beinhaltet. Ein bloßer Verweis auf diese Norm ist hingegen unzulässig, da die Rechtsgrundlage im Sinne der gebotenen Transparenz hinreichend bestimmt angegeben sein muss.[29] 30

dd) Kategorien personenbezogener Daten (lit. d). Anders als in Art. 13 Abs. 1 muss der Verantwortliche gem. Art. 14 Abs. 1 lit. d der betroffenen Person die Kategorien personenbezogener Daten mitteilen, die verarbeitet werden. Die Informationspflicht sollte sich an Art. 9 orientieren. Die Erforderlichkeit der Information in dem Fall, in dem Daten nicht bei der betroffenen Person erhoben wurden, resultiert aus dem Umstand, dass die betroffene Person andernfalls oft nicht überblicken kann, welche Daten erhoben wurden.[30] Während der Betroffene im Fall der Direkterhebung die Daten selbst zur Verfügung stellt und daher selbst beurteilen kann, in welchem Umfang personenbezogene Daten über ihn erhoben werden, ist er im Falle der Dritterhebung insoweit auf Informationen angewiesen. 31

ee) Empfänger oder Kategorien von Empfängern (lit. e). Im Sinne der informationellen Selbstbestimmung benötigt der Betroffene gleichermaßen wie in Art. 13 Abs. 1 lit. e Kenntnis über die Empfänger oder Kategorien von Empfängern der personenbezogenen Daten, wenn die Daten vom Verantwortlichen zum Zeitpunkt der Datenerhebung an Dritte übermittelt werden sollen.[31] Im Umkehrschluss entfällt diese Verpflichtung, wenn keine Übermittlung von personenbezogenen Daten erfolgt. 32

25 So auch Kühling/Buchner-*Bäcker* Art. 13 Rn. 25. Vgl. auch den Plural in ErwG 60 S. 1.
26 Vgl. BeckOK DatenSR-*Schmidt-Wudy* Art. 14 Rn. 46.
27 Vgl. Plath-*Kamlah* Art. 13 Rn. 11; a.A. Kühling/Buchner-*Bäcker* Art. 13 Rn. 26.
28 Ehmann/Selmayr-*Knyrim* Art. 13 Rn. 27.
29 Vgl. Auernhammer-*Eßer* Art. 13 Rn. 17.
30 Vgl. Kühling/Buchner-*Bäcker* Art. 14 Rn. 17.
31 Vgl. Ehmann/Selmayr-*Knyrim* Art. 14 Rn. 27, Art. 13 Rn., 51; Kühling/Buchner-*Bäcker* Art. 13 Rn. 29.

33 **Empfänger** ist nach Art. 4 Nr. 9 jede natürliche oder juristische Person, Behörde, Einrichtung oder andere Stelle, denen personenbezogene Daten offengelegt werden, unabhängig davon, ob es sich bei ihr um einen Dritten handelt oder nicht. Erfasst sind damit wohl auch gemeinsame Verantwortliche sowie Auftragsverarbeiter[32]. Erforderlich ist jedoch keine namentliche Benennung der Empfänger. Vielmehr hat der Verantwortliche die Wahl[33], stattdessen auch **Kategorien von Empfängern** zu benennen. Der Begriff lässt sich sowohl personell als auch funktional auslegen. Personell können Kategorien von Empfängern bspw. mehrere personenverbundene Empfänger zusammenfassen, wie bspw. Konzernunternehmen oder Unternehmensgruppen. Funktional lassen sich verschiedene Empfänger nach ihrer Funktion für die Datenverarbeitung zusammenfassen, bspw. „Werbepartner" oder „Versandunternehmen"[34].

34 **ff) Übermittlung in Drittländer/an internationale Organisationen (lit. f).** Bereits über die Absicht des Verantwortlichen die Daten der betroffenen Person an einen Empfänger im Drittland oder eine internationale Organisation i.S.d. Art. 4 Nr. 26 zu übermitteln, gilt es den Betroffenen in Übereinstimmung mit Art. 13 Abs. 1 lit. f nach Art. 14 Abs. 1 lit. f zu informieren. Hervorzuheben ist die sprachliche Konkretisierung in Art. 14 Abs. 1 lit. f, die auch der englischen Sprachfassung entspricht, wonach es auf die Datenübermittlung zu einer Person in einem Drittstaat ankommt und nicht auf den Drittstaat selbst.[35] Überdies muss das Vorhandensein oder das Fehlen eines Beschlusses der Kommission zur Angemessenheit des Datenschutzniveaus in einem Drittland Teil der Information sein. Alternativ zu einer Datenübermittlung auf Grundlage des Art. 45 lässt sich diese auch auf Art. 46, 47 oder 49 Abs. 1 UAbs. 2 stützen. In diesem Fall ist auf die geeigneten oder angemessenen Garantien und deren Bezugsmöglichkeit hinzuweisen. Zur Transparenz und ausgehend von der grundsätzlichen Dokumentationspflicht erwächst der betroffenen Person aus Abs. 1 lit. f ein Recht auf eine Kopie über die ihn betreffenden Teile der entsprechenden Dokumente. Ein solcher Nachweis muss allerdings nur auf Verlangen ausgestellt werden.

35 Die Bestimmung leistet dahingehend Transparenz, dass Datensubjekt auch dann eine informierte Entscheidung trifft, wenn die Datenübermittlung außerhalb der EU geplant ist. Erst durch die Informationen gem. Abs. 1 lit. f besitzt er die entsprechende Grundlage, um das Entscheidungsrisiko die Verarbeitung seiner personenbezogenen Daten betreffend richtig einschätzen zu können.[36]

IV. Zusätzliche Informationen (Abs. 2)

1. DS-GVO. – a) Allgemeines zu der Pflicht zur Mitteilung von weiteren Informationen.

36 Zusätzlich zu den Informationen gem. Abs. 1 stellt der Verantwortliche der betroffenen Person zum Zeitpunkt der Erhebung dieser Daten folgende weitere Informationen zur Verfügung, mit dem Ziel eine faire und transparente Verarbeitung zu gewährleisten. Er

---

32 So ausdrücklich der Kommissionsentwurf KOM(2012) 11, S. 9; Ehmann/Selmayr-*Knyrim* Art. 13 Rn. 33 m.w.N.

33 So *Walter* DSRITB 2016, 367 (370); a.A. Ehmann/Selmayr-*Knyrim* Art. 13 Rn. 29, der eine Nennung von Kategorien nur dann für zulässig hält, wenn die Namen dem Verantwortlichen nicht bekannt sind sowie *Härting* DS-GVO, S. 17 Rn. 59.

34 *Härting* Datenschutzgrundverordnung, S. 17.

35 Vgl. Kühling/Buchner-*Bäcker* Art. 14 Rn. 16.

36 Vgl. Kühling/Buchner-*Bäcker* Art. 13 Rn. 34.

folgt damit derselben Zielsetzung wie die Informationen gem. Abs. 1, denn auch die Informationen nach Abs. 1 dienen einer fairen und transparenten Verarbeitung.[37] Die Differenzierung zwischen Abs. 1 und Abs. 2 entspricht dem Art. 13. Es finden sich zwar leichte sprachliche Divergenzen[38] bei genauerer Betrachtung beider Regelungen, doch diese resultieren aus der ungenauen Übersetzung der ursprünglich gleichläufigen englischen Fassung („the following information necessary").

Es erscheint inhaltlich zunächst irreführend, warum in Art. 14 ein eigener Absatz für die weiteren Informationen vorgesehen ist, wobei hier keine anderen Tatbestandsvoraussetzungen als in Abs. 1 auszumachen sind.[39] Gleichwohl hat der ausdrückliche Hinweis auf die Notwendigkeit für eine faire und transparente Verarbeitung keine rein deklaratorische Bedeutung. Vielmehr ist in jedem Einzelfall die Erforderlichkeit der konkreten Informationspflicht danach zu prüfen, ob die in lit. a bis f aufgeführten Informationen jeweils notwendig zur Gewährleistung einer fairen und transparenten Verarbeitung sind.[40]

Die zusätzlichen Informationen sind lediglich dann mitzuteilen, wenn sie notwendig sind, um eine faire und transparente Verarbeitung zu gewährleisten. Welche Informationen gemäß Abs. 2 im Einzelfall wirklich erforderlich sind, kann nicht pauschal festgelegt werden. Im Zweifel ist wegen des hohen Bußgeldrisikos (vgl. Art. 83 Abs. 5 lit. b) stets zu einem Mehr an Information zu raten. Pauschal rechtssicher ist in jedem Fall immer nur die Vorgehensweise, schlicht alle in Abs. 2 aufgeführten Informationen mitzuteilen. **37**

b) Einzelne Informationsgehalte. Die einzelnen Informationsgehalte sind weitestgehend identisch zu denen aus Art. 13 Abs. 2. Mit Art. 14 Abs. 2 lit. f kommen lediglich Angaben zur Datenquelle hinzu und ein Äquivalent zu Art. 13 Abs. 2 lit. e erübrigt sich außerhalb der Direkterhebung.[41] **38**

aa) Dauer der Speicherung (lit. a). Zur Transparenz einer Datenverarbeitung gehört die Information, wie lange die personenbezogenen Daten gespeichert werden oder, falls dies nicht möglich ist, die Kriterien für die Festlegung dieser Dauer. Gemeint ist dabei wohl die voraussichtliche Dauer, da **ex ante** die tatsächliche Dauer nur schwer mitgeteilt werden kann. Tatsächlich geregelt ist die zulässige Datenspeicherung innerhalb der DS-GVO nicht. Im Falle der Unmöglichkeit einer solchen Prognose genügt alternativ die Information über die Kriterien nach der sich die Dauer bemisst. **39**

Die Angabe der Dauer bzw. der entsprechenden Kriterien muss aus teleologischen Gründen der mit Art. 13 und 14 verfolgten Transparenz vollständig und so konkret sein, dass der Betroffene die Speicherdauer zumindest annähernd überblicken kann.[42] Im Umkehrschluss ist der bloße Verweis auf den Erforderlichkeitsgrundsatz **40**

37 Vgl. ErwG 60 S. 1 f. So auch Ehmann/Selmayr-*Knyrim* Art. 14 Rn. 29; Paal/Pauly-*Paal* Art. 13 Rn. 22.

38 So heißt es in Art. 13: „...weitere Informationen zur Verfügung, die notwendig sind..."; in Art. 14 heißt es: „...die folgenden Informationen zur Verfügung, die erforderlich sind...".

39 Auernhammer-*Eßer* Art. 13 Rn. 23. Zu den Unterschieden zu Abs. 1 vgl. Ehmann/Selmayr-*Knyrim* Art. 14 Rn. 29.

40 Vgl. Paal/Pauly-*Paal* Art. 13 Rn. 23.

41 *Franck* RDV 2016, 111, 115 sowie zur Systematik von Art. 14 Abs. 2 vgl. Ehmann/Selmayr-*Knyrim* Art. 14 Rn. 29 ff.; Gola-*Franck* Art. 14 Rn. 4 ff.

42 Vgl. Kühling/Buchner-*Bäcker* Art. 13 Rn. 36.

als Kriterium wie lange personenbezogene Daten gespeichert werden nicht ausreichend i.S.d. Abs. 2 lit. a.[43]

41 **bb) Verfolgung berechtigter Interessen (lit. b).** Nach Art. 14 Abs. 2 lit. d muss der Verantwortliche bei einer Verarbeitung auf der Rechtmäßigkeitsgrundlage Art. 6 Abs. 1 lit. f seine berechtigten Interessen oder die eines Dritten der betroffenen Person mitteilen. Diese Pflicht findet sich anders als in Art. 13 in Abs. 2 und nicht in Abs. 1.[44] „Die Interessen oder die Grundrechte und Grundfreiheiten der betroffenen Person"[45] sind dem Wortlaut nach von der Informationspflicht hingegen nicht erfasst. Somit sind nur die für eine Seite der Interessenabwägung maßgeblichen Aspekte Teil der Transparenzpflicht nach Abs. 2 lit. b.

42 **cc) Bestehen einzelner Betroffenenrechte (lit. c).** Art. 14 Abs. 2 lit. c sieht gleichläufig zu Art. 13 Abs. 2 lit. b die Pflicht des Verantwortlichen vor, über das Bestehen einzelner Betroffenenrechte zu informieren. Die von der Informationspflicht umfassten Betroffenenrechte nennt Abs. 2 lit. b abschließend[46]. Das Recht auf Auskunft gegen den Verantwortlichen in Bezug auf personenbezogene Daten (Art. 15), das Recht auf Berichtigung (Art. 16), das Recht auf Löschung, das Recht auf Einschränkung der Verarbeitung (Art. 18), das Recht auf Datenübertragbarkeit (Art. 20) sowie das Recht auf Widerspruch gegen die Verarbeitung (Art. 21). Anders als bei den meisten anderen Informationspflichten genügt hier allein die Benennung der entsprechenden Rechte.[47] Da der Verantwortliche jedoch nach Art. 12 Abs. 2 zugleich zur Erleichterung der Geltendmachung der Rechte verpflichtet ist, bietet es sich jedenfalls im elektronischen Kontext an, eventuelle Kontaktmöglichkeiten zur Geltendmachung der Rechte entsprechend zu verlinken, um mit der Pflicht aus lit. c zugleich die Pflicht aus Art. 12 Abs. 2 zu erfüllen.

43 **dd) Recht auf Widerruf der Einwilligung (lit. d).** In Anlehnung an die Information über das Bestehen einzelner Betroffenenrechte, ist ihm ebenfalls mitzuteilen, dass er seine Einwilligung jederzeit widerrufen kann, sofern die Datenverarbeitung auf Grundlage einer Einwilligung[48] erfolgt. Dazu gehört der Hinweis über die Wirkung seiner möglichen Einwilligung, welche die Rechtmäßigkeit der aufgrund der Einwilligung bis zum Widerruf erfolgten Verarbeitung berührt.[49]

44 **ee) Beschwerderecht bei einer Aufsichtsbehörde (lit. e).** Auch der Hinweis gem. Abs. 2 lit. e auf das Beschwerderecht bei einer Aufsichtsbehörde ließe sich unter den Hinweis auf Betroffenenrechte (lit. c) subsummieren. Danach hat das Datensubjekt über Art. 57 Auskunft zu erteilen. Hierfür reicht aber erneut der bloße Hinweis auf ebendieses Recht und es besteht keine Pflicht auch die Kontaktdaten der Aufsichtsbehörden zu nennen.[50]

43 Vgl. Auernhammer-*Eßer* Art. 13 Rn. 26; a.A. Plath-*Kamlah* Art. 13 Rn. 18.
44 Zur Differenzierung zwischen Abs. 1 und Abs. 2 vgl. Ehmann/Selmayr-*Knyrim* Art. 14 Rn. 31, Gola-*Franck* DS-GVO, Art. 14 Rn. 11.
45 ErwG 47 S. 1.
46 BeckOK DatenSR-*Schmidt-Wudy* Art. 15 Rn. 67; a.A. Paal/Pauly-*Paal* Art. 13 Rn. 27.
47 So auch Kühling/Buchner-*Bäcker* Art. 13 Rn. 37 sowie Ehmann/Selmayr-*Knyrim* Art. 14 Rn. 32 mit Verweis auf Art. 13 Rn. 44 f.
48 Art. 6 Abs. 1 lit. a oder Art. 9 Abs. 2 lit. a.
49 Siehe dazu ausführlich Art. 7.
50 Auernhammer-*Eßer* Art. 13 Rn. 31; Ehmann/Selmayr-*Knyrim* Art. 14 Rn. 32 mit Verweis auf Art. 13 Rn. 50.

45 **ff) Quelle der personenbezogenen Daten (lit. f).** Die in Abs. 2 lit. f zu findende Pflicht die Quelle der personenbezogenen Daten mitzuteilen ist die logische Konsequenz aus der Systematik der Art. 13 und 14. Erfolgt die Datenerhebung nicht beim Betroffenen selbst, soll dieser wissen, woher die Informationen stammen, wer über diese verfügt und sie weitergibt. In diesem Fall ist nur Art. 14 einschlägig, der dem verantwortlichen die entsprechende Informationspflicht auferlegt.

46 Die Benennung der Quelle muss in einer Weise erfolgen, dass diese für den Betroffenen bestimmbar ist. Die Angabe des Namens oder der Kontaktdaten des Verantwortlichen, von dem die personenbezogenen Daten bezogen werden, fordert Abs. 2 lit. f hingegen nicht.

47 **gg) Automatisierte Entscheidungsfindung (lit. g).** Im Falle automatisierter Entscheidungsfindung einschließlich **Profiling** ist der von der Datenverarbeitung Betroffene gleichermaßen wie in Art. 13 Abs. 2 lit. f gem. Abs. 2 lit. g in besonderer Weise zu informieren. Zweck dieser Information ist, dass die betroffene Person nicht nur darauf hingewiesen ist, dass automatisierte Entscheidungsfindungen oder Profiling Anwendung finden, sondern auch welche Folgen diese haben können.[51] Derartige Folgen liegen etwa darin, dass der betroffenen Person ein geringerer Leistungsumfang aufgrund der durch Profiling ermittelten Informationen zur Verfügung gestellt wird. Im Übrigen gelten die Ausführungen zu Art. 22. Im Einzelnen kann diesbezüglich das Arbeitspapier der Art.-29-Datenschutzgruppe zu Profiling und automatisierten Einzelentscheidungen[52] als Orientierung dienen. Dieses gilt auch für die neue Rechtslage unter der DS-GVO.[53]

48 Im Falle von Profiling ist dem Betroffenen dem Wortlaut nach und unter teleologischen Gesichtspunkten zwingend darüber Kenntnis über involvierte Logik, Tragweite und angestrebte Auswirkungen zu verschaffen.[54] Denn ohne zumindest grundlegendes Verständnis der Funktionsweise des hinter dem Profiling steckenden mathematischen Algorithmus ist es der betroffenen Person andernfalls regelmäßig nicht möglich, von außen etwaige Verstöße zu erkennen. Wie immer im Datenschutzrecht bedarf es auch hier einer Abwägung zwischen den Interessen der betroffenen Person und der verarbeitenden Stelle. Insbesondere soll dieses Recht Geschäftsgeheimnisse nicht beeinträchtigen.[55]

49 **Geschäftsgeheimnisse** werden im Sinne der Einheitlichkeit des Unionsrechts entsprechend Art. 2 Nr. 1 der Richtlinie 2016/943/EG[56] auszulegen sein und müssen daher geheim, von kommerziellem Wert und Gegenstand von angemessenen Geheimhaltungsmaßnahmen durch die Person sein, die die rechtmäßige Kontrolle über die Informationen

---

51 Vgl. ErwG 60 S. 3. sowie Gola-*Franck* Art. 14 Rn. 24; Ehmann/Selmayr-*Knyrim* Art. 14 36 mit Verweis auf Art. 13 Rn. 52 f.; *Albrecht/Jotzo* Das neue Datenschutzrecht der EU, 2017, 84.

52 *Art.-29-Datenschutzgruppe* WP 251.

53 *Art.-29-Datenschutzgruppe* WP 260, S. 19.

54 Vgl. Auernhammer-*Eßer* Art. 13 Rn. 36; *Albrecht/Jotzo* Das neue Datenschutzrecht der EU, 2017, 84.

55 Vgl. ErwG 63 S. 5.

56 Richtlinie über den Schutz vertraulichen Know-hows und vertraulicher Geschäftsinformationen (Geschäftsgeheimnisse) vor rechtswidrigem Erwerb sowie rechtswidriger Nutzung und Offenlegung.

besitzt. Da die DS-GVO in ErwG 63 S. 5 den Geheimnisschutz ausdrücklich unberührt lassen soll, sind solche Geschäftsgeheimnisse grundsätzlich nicht offenzulegen.

50 Um der betroffenen Person dennoch die nach lit. f geforderten Informationen zur Verfügung zu stellen, ist daher ein gewisser **Abstraktionsgrad** erforderlich, um einerseits den Schutz von Geschäftsgeheimnissen zu wahren und andererseits die geforderte Transparenz der Verarbeitung herzustellen. Dabei wird der Verantwortliche die grundsätzliche Funktionsweise der automatisierten Entscheidungsfindung beschreiben müssen und die einfließenden Faktoren jedenfalls insoweit benennen, wie dies dem Schutz von Geschäftsgeheimnissen nicht entgegensteht. Nötigenfalls sind die Faktoren abstrakt zu beschreiben oder in Gruppen zusammenzufassen. Eine allgemeine, verständliche Beschreibung der Berechnungsgrundlagen und der Methodik dieser Berechnungen zur Erfüllung der Informationspflicht ist demnach ausreichend. Die Mitteilung des mathematischen Algorithmus, der in aller Regel ein Geschäftsgeheimnis darstellen wird, ist hingegen nicht erforderlich, um die Informationspflicht gem. Art. 14 zu erfüllen.

51 Die Tragweite der Verarbeitung betrifft primär die konkreten Folgen für den Betroffenen. So muss etwa darüber informiert werden, dass eine ermittelte schlechtere Bonität zu Einschränkungen bei der Zahlungsweise führen kann.[57]

V. Zeitpunkt der Information (Abs. 3)

52 Die Informationen gem. Art. 14 Abs. 1 und 2 können anders als in Art. 13 nicht zum Zeitpunkt der Erhebung bereitgestellt werden, da die personenbezogenen Daten nicht bei der betroffenen Person selbst erhoben werden und daher im Zeitpunkt der Erhebung regelmäßig kein Kontakt zwischen der betroffenen Person und dem Verantwortlichen besteht, sodass auch keine Benachrichtigung zeitgleich mit der Datenerhebung erfolgen kann. Abs. 3 lit. a normiert einen allgemeinen Tatbestand, wonach die Information unter Berücksichtigung der spezifischen Umstände der Verarbeitung der personenbezogenen Daten innerhalb einer angemessenen Frist nach Erlangung dieser Daten erfolgen muss. Die Zeit bemisst sich anhand einer Abwägung zwischen dem Informationsinteresse des Betroffenen und den Interessen des Verantwortlichen. Bei Letzterem wird es sich im Wesentlichen um den mit der Information verbundenen Aufwand handeln. Im Sinne eines effektiven Grundrechtsschutzes, der Transparenz gebietet, darf die Frist zur Informationserteilung einen Monat nicht überschreiten. Der Verantwortliche hat zudem darzulegen, warum er die Informationen zu dem betreffenden Zeitpunkt zur Verfügung gestellt hat. Dies kann insbesondere dann Schwierigkeiten bereiten, wenn die Informationsbereitstellung erst im letztmöglichen Zeitpunkt erfolgt ist. Es empfiehlt sich daher, den betroffenen Personen die Informationen vor Ablauf der vorgeschriebenen Fristen zur Verfügung zu stellen.[58] Bei Änderungen der Informationen enthält die DS-GVO keine näheren Angaben zum Zeitpunkt der Mitteilung, sodass ein gewisser Einschätzungsspielraum für den Verantwortlichen verbleibt. Bei der Bestimmung des Zeitpunktes sollte der Verantwortliche berücksichtigen, ob es sich hierbei um eine grundlegende Änderung handelt und ob diese für die betroffene Person eine besondere Relevanz haben könnte.[59]

---

57 Paal/Pauly-*Paal* Art. 13 Rn. 31.
58 *Art.-29-Datenschutzgruppe* WP 260, S. 15.
59 *Art.-29-Datenschutzgruppe* WP 260, S. 15 f.

Für die spezifischen Tatbestände der Nutzung personenbezogener Daten zum Zwecke der Kommunikation oder zur Offenlegung an andere Empfänger gehen die Vorgaben des Abs. 3 lit. b und c vor. In diesen Fällen kann kein pauschaler Rückgriff auf die Monatsfrist nach lit. a erfolgen.[60] **53**

Falls die Daten zur Kommunikation mit der betroffenen Person verwendet werden sollen, ist die Informationspflicht gem. Art. 14 spätestens zum Zeitpunkt der ersten Mitteilung an sie zu erfüllen.[61]

Die beabsichtigte Offenlegung von Daten an einen anderen Empfänger ist der zweite Spezialfall, in dem die Information spätestens zum Zeitpunkt der ersten Offenlegung erfolgen muss.[62] Der Tatbestand lässt sich auch schlicht als „Weitergabe" zusammenfassen.[63] **54**

In jedem Fall sind die Informationspflichten aus Abs. 1 und 2 wie bei Art. 13 gemeinsam zu erteilen.[64] **55**

Erhebt bspw. ein Haftpflichtversicherer im Rahmen einer Schadensmeldung eines Versicherten die personenbezogenen Daten des Geschädigten, besteht zunächst kein unmittelbarer Kontaktpunkt zwischen Versicherer und Geschädigtem. Eine individuelle Informationspflicht zum Zeitpunkt der Erhebung wäre daher praktisch nicht umsetzbar, sodass nach Abs. 3 eine nachträgliche Informationspflicht genügt. **56**

Der Versicherer wird daher erst innerhalb der Monatsfrist nach Abs. 3 lit. a eine Information an den Geschädigten übermitteln müssen, es sei denn, es ist eine Kontaktaufnahme mit dem Geschädigten vorgesehen. In diesem Fall gilt Abs. 3 lit. b und die Information muss bei der nächsten Kontaktaufnahme erfolgen. Sollen die personenbezogenen Daten einem Dritten offenbart werden, muss nach Abs. 3 lit. c spätestens zum Zeitpunkt der Offenlegung informiert werden. **57**

Die Vorgaben nach Abs. 3 sind Mindestanforderungen. Eine vorherige Information, bspw. durch Bereitstellung von Informationen zum Abruf über das Internet ist demnach zwar nicht verpflichtend, aber auch nicht ausgeschlossen. Denkbar wäre entsprechend auch eine gestufte Informationserteilung: So könnte der Versicherer bereits zum Zeitpunkt der Erhebung auf seiner Internetseite allgemeine Informationen zum Umgang mit personenbezogener Daten von Geschädigten zum Abruf bereithalten. Auf diese Information könnte sodann innerhalb der Monatsfrist nach lit. a, bei der Kontaktaufnahme nach lit. b oder bei der Offenbarung gegenüber Dritten nach lit. c Bezug genommen werden. **58**

VI. Verarbeitung zu anderen Zwecken (Abs. 4)

Für die Informationspflicht bei nachträglicher Zweckänderung gilt Art. 14 Abs. 4. Dies entspricht der Systematik des Art. 13 Abs. 3. **59**

---

60 Auernhammer-*Eßer* Art. 14 Rn. 27 sowie BeckOK DatenSR-*Schmidt-Wudy* Art. 14 Rn. 83; Kühling/Buchner-*Bäcker* Art. 14 Rn. 27.

61 Vgl. Art. 14 Abs. 3 lit. sowie ausführlich Ehmann/Selmayr-*Knyrim* Art. 14 Rn. 7; BeckOK DatenSR-*Schmidt-Wudy* Art. 14 Rn. 81.

62 Art. 14 Abs. 3 lit. c.

63 *Franck* RDV 2016, 111, 116.

64 Vgl. Auernhammer-*Eßer* Art. 13 Rn. 24.

60 Jede zulässige Zweckänderung gem. Art. 6 Abs. 4 löst eine erneute Informationspflicht aus. Wenn personenbezogene Daten nicht für denjenigen Zweck verarbeitet werden, für den die personenbezogenen Daten ursprünglich erhoben wurden, hat der Verantwortliche der betroffenen Person vor der Weiterverarbeitung Informationen über den anderen Zweck sowie die in Abs. 2 genannten Informationen mitzuteilen. Anders als in Art. 13 Abs. 3 ist gem. Art. 14 Abs. 2 lit. b danach auch über die berechtigten Interessen im Falle einer Verarbeitung auf Grundlage des Art. 6 Abs. 1 lit. f zu informieren.[65] Wie schon in Rahmen von Art. 13 Abs. 3 sollten jedoch alle in Abs. 2 genannten Informationen der betroffenen Person bereitgestellt werden, es sei denn, einzelne Kategorien dieser Informationen existieren nicht oder sind auf den Sachverhalt nicht anwendbar.[66]

61 Auf den ersten Blick unverständlich erscheint, warum keine Informationen gem. Abs. 1 zu erteilen sind.[67] Dabei ist allerdings zu berücksichtigen, dass die betroffene Person die Informationen nach Abs. 1 im Falle einer Zweckänderung bereits erhalten hat. So verzichtet Abs. 4 zu Recht auf eine unnötige Wiederholung der regelmäßig unveränderten Informationen nach Abs. 1, wie die Angabe des Namens des Verantwortlichen oder seines Datenschutzbeauftragten. Demgegenüber können abhängig von der Zweckänderung zusätzliche Informationen nach Abs. 2 durchaus nötig sein, um die Transparenz der Verarbeitung sicherzustellen. Insoweit erscheint der alleinige Verweis auf Abs. 2 durchaus sinnvoll.

62 Die nach Abs. 4 erforderliche Information bei der Verarbeitung zu anderen Zwecken ist vor der weiteren Verarbeitung zu erteilen und damit im Gegensatz der Informationspflicht gem. Abs. 1 und 2 zeitlich vorverlagert.

63 Ungeklärt ist, ob eine Information nach Abs. 4 auch dann erforderlich ist, wenn personenbezogene Daten zu Zwecken des Art. 6 Abs. 4 **pseudonymisiert** werden. Nach Art. 6 Abs. 4 ist bei der für die Bestimmung der Zweckkompatibilität vorzunehmenden Interessenabwägung nach lit. e der Umstand zu berücksichtigen, ob geeignete Garantien vorhanden sind. Als Regelbeispiel hierfür nennt das Gesetz die Verschlüsselung oder Pseudonymisierung der personenbezogenen Daten. Wird die Pseudonymisierung jedoch als Beurteilungskriterium für die Zulässigkeit einer Zweckänderung herangezogen, kann diese nicht gleichzeitig eine rechtfertigungsbedürftige Zweckänderung auslösen. Ansonsten wäre die Pseudonymisierung gleichzeitig sowohl Auslöser als auch Rechtfertigung für eine Zweckänderung und wäre gewissermaßen Rechtfertigungskriterium für sich selbst. Die Pseudonymisierung selbst wird daher keine Zweckänderung, sondern lediglich eine Vorstufe für dieselbe darstellen und mithin auch keine Informationspflicht nach Abs. 4 auslösen. Da die Anonymisierung ein Minus zur Pseudonymisierung darstellt, gilt dies für diese entsprechend.

65 Vgl. Plath-*Kamlah* Art. 14 Rn. 12 sowie zur Reichweite der Informationspflicht Paal/Pauly-*Paal* Art. 14 Rn. 37; Kühling/Buchner-*Bäcker* Art. 14 Rn. 45 ff.

66 *Art.-29-Datenschutzgruppe* WP 260, S. 21.

67 Gola-*Franck* Art. 14 Rn. 17 sowie Art. 13 Rn. 31. Zum Streitstand hinsichtlich der Reichweite der Informationspflichten vgl. BeckOK DatenSR-*Schmidt-Wudy* Art. 14 Rn. 88.1 mit Verweis auf Art. 13 Rn. 88.

VII. Ausnahmen von der Informationspflicht (Abs. 5)

1. DS-GVO. – a) Allgemeines. Die Transparenzrechte gelten nicht vorbehaltlos. Die Ausnahmen von der Informationspflicht normiert der Abs. 5 wesentlich umfangreicher als der Art. 13 Abs. 4.[68] Nimmt man ErwG 62 S. 1 zu der Ausnahmeregelung des Art. 13 hinzu, erhält man die in Abs. 5 vier enumerativ genannten Untergruppen, in denen die Transparenzpflicht des Verantwortlichen entfällt. **64**

b) Bereits vorhandene Informationen (lit. a). Die Informationspflicht entfällt, wenn und soweit der Betroffene bereits über die entsprechenden Informationen verfügt. Damit soll eine unnötige Wiederholung von bereits bekannten Informationen vermieden werden, was die Verständlichkeit der bereitzustellenden Informationen fördert, wenn der Betroffene nur über Umstände informiert wird, die ihm nicht ohnehin längst bekannt sind. **65**

Allein die öffentliche Bereitstellung von Informationen durch den Verantwortlichen wird hierfür regelmäßig nicht ausreichend sein. Vielmehr muss die Information bereits bei dem Betroffenen vorhanden sein, was ein Gelangen in den Herrschaftsbereich des Betroffenen impliziert[69]. Dies kann bspw. durch Übersendung per E-Mail der Fall sein, wobei – analog zu Art. 13 – auch eine bereits erfolgte stufenweise Informationserteilung ausreichen wird, d.h. der Verantwortliche wird nur die wesentlichen Informationen unmittelbar bereitstellen müssen und erläuternde Einzelheiten zum Abruf auf einer Internetseite bereitstellen können. **66**

Eine solche Kenntnis wird in der Regel auch dann vorliegen, wenn eine Datenübermittlung durch einen Dritten an den Verantwortlichen erfolgt; der Erhalt der Information löst eine Informationspflicht gem. Art. 14 aus, die aber auch vom Übermittelnden gem. Art. 13 Abs. 1 oder Abs. 3 zu erfüllen war, sodass davon ausgegangen werden kann, dass der Betroffene diese Informationen bereits hat.[70] **67**

c) Unmöglichkeit oder Unverhältnismäßigkeit (lit. b). Im Falle der Erhebung aus einer anderen Quelle besteht laut Abs. 5 lit. b darüber hinaus keine Informationspflicht, wenn sich entweder die Informationserteilung als unmöglich erweist oder sie einen unverhältnismäßigen Aufwand erfordern würde. Die Unmöglichkeit kann etwa darin liegen, dass der Verantwortliche die betroffene Person nicht kennt. Das betrifft etwa Erhebung von Daten, die zwar bei weitem Verständnis als personenbezogen angesehen werden können, aber gerade keine Kontaktmöglichkeit zu der betroffenen Person eröffnen, wie bspw. KFZ-Kennzeichen. Zu denken ist auch an Fälle, in denen Mails in CC weitergeleitet werden. Eine Offenlegung von Daten ist grundsätzlich nur zulässig, wenn ein Erlaubnistatbestand nach Art. 6 Abs. 1 S. 1 erfüllt ist und die betroffene Person bei Erhebung ihrer personenbezogenen Daten informiert wird. Versendet ein Verantwortlicher eine Mail und nimmt die betroffene Person in CC, findet die Datenerhebung nicht bei der betroffenen Person statt. In einem solchen Fall werden die Interessen der betroffenen Person von der Datenverarbeitung nur gering beeinträchtigt. Sofern die Informationserteilung hier für den Verantwortlichen nicht sogar **68**

---

68 *Byers* NZA 2017, 1086, 1088; Gola-*Franck* Art. 14 Rn. 22 sowie Ehmann/Selmayr-*Knyrim* Art. 14 Rn. 39.

69 Vgl. Kühling/Buchner-*Bäcker* Art. 13 Rn. 86; BeckOK DatenSR-*Schmidt-Wudy* Art. 14 Rn. 96.

70 Kühling/Buchner-*Bäcker* Art. 14 Rn. 52.

unmöglich ist, ist sie zumindest mit unverhältnismäßig hohem Aufwand verbunden und die Informationspflicht nach Art. 14 Abs. 5 lit. b entfällt. Sobald die Gründe, auf denen die Unmöglichkeit der Informationsmitteilung in der Vergangenheit fußte, weggefallen sind, muss der Verantwortliche dem Betroffenen alle relevanten Informationen unverzüglich bereitstellen.[71] Unverhältnismäßig kann die Informationserteilung etwa in dem Fall sein, wenn die Anzahl der Betroffenen derart groß ist und deren Interessen nur gering beeinträchtigt werden von der Datenverarbeitung[72], wie etwa die Nennung persönlicher Ansprechpartner in öffentlichen Unternehmensregistern. Nach Ansicht der Art.-29-Datenschutzgruppe müssen allerdings sowohl die Unmöglichkeit als auch der unverhältnismäßige Aufwand unmittelbar darauf zurückzuführen sein, dass die personenbezogenen Daten nicht von der betroffenen Person stammen. Ansonsten könne sich der Verantwortliche nicht auf Abs. 5 lit. b berufen.[73]

69 Bei Verarbeitungen zu im öffentlichen Interesse liegenden Archivzwecken, zu wissenschaftlichen oder historischen Forschungszwecken oder zu statistischen Zwecke i.S.d. Art. 89 Abs. 1 entfällt die Informationspflicht aufgrund des unvermeidlich hohen Aufwands vorbehaltlich der in Art. 89 Abs. 1 genannten Bedingungen und Garantien.[74]

70 Ein weiterer Ausnahmegrund ist dann erfüllt, soweit die in Abs. 1 genannte Pflicht voraussichtlich die Verwirklichung der Ziele dieser Verarbeitung unmöglich macht oder ernsthaft beeinträchtigt. Dabei handelt es sich zum Bsp. um eine verdeckte Datenerhebung wie beim Engagement eines Privatdetektivs, wo schon die Tatsache der Datenerhebung durch den Privatdetektiv vor der betroffenen Person geheim zu halten ist.[75]

71 **d) Ausdrückliche Regelung im Unionsrecht oder dem Recht der Mitgliedstaaten (lit. c).** Wenn und soweit die Erlangung oder Offenlegung durch Rechtsvorschriften ausdrücklich geregelt ist und darin geeignete Maßnahmen zum Schutz der berechtigten Interessen der betroffenen Person vorgesehen sind, darf die Transparenzpflicht des Art. 14 ausbleiben.

72 **e) Berufsgeheimnis (lit. d).** Wenn die Daten gem. dem Unionsrecht oder dem Recht der Mitgliedstaaten einem Berufsgeheimnis unterliegen, braucht der Verantwortliche die betroffene Person bei Datenerhebung aus einer anderen Quelle nicht gem. Art. 14 informieren. Es handelt sich in der Praxis um vom Mandanten erlangte Information über Dritte, die aber vom Verhältnis des Berufsgeheimnisträgers zum Mandanten umfasst sind.[76] Zusätzlich verlangt der Ausnahmetatbestand des Abs. 5 lit. d das Erfordernis der Vertraulichkeit die entsprechenden Daten betreffend.

73 **2. Kommentierung zu BDSG n.F. – a) Ausnahmen von der Informationspflicht gem. § 29 Abs. 1 S. 1 BDSG n.F.** Der deutsche Gesetzgeber hat die Pflichten der Art. 13 und 14 in §§ 32 und 29 Abs. 2 bzw. in § 33 BDSG spezifiziert. § 33 Abs. 1 BDSG sieht weitere Ausnahmen zu der grundsätzlich bestehenden Pflicht zur Information der

71 *Art.-29-Datenschutzgruppe* WP 260, S. 26.

72 Vgl. ErwG 62 S. 3. Vgl. ausführlich auch etwa Paal/Pauly-Paal Art. 14 Rn. 40; Gola-*Franck* Art. 14 Rn. 23 sowie Kühling/Buchner-*Bäcker* Art. 14 Rn. 53 ff.

73 *Art.-29-Datenschutzgruppe* WP 260, S. 27.

74 Vgl. ErwG 62 S. 2.

75 Vgl. Kühling/Buchner-*Bäcker* Art. 14 Rn. 57 ff.

76 Vgl. *Zikesch/Kramer* ZD 2015, 565, 566.

betroffenen Person nach Art. 14 Abs. 1, 2 und 4 ergänzend zu den in Art. 14 Abs. 5 sowie der in § 29 Abs. 1 Satz 1 BDSG genannten Fällen vor. Durch § 33 BDSG macht der deutsche Gesetzgeber von der Öffnungsklausel des Art. 23 Gebrauch[77]. Nach § 33 BDSG n.F. ist die Informationspflicht gem. Art. 14 Abs. 1, 2 und 4 verzichtbar.

Allerdings muss der Verantwortliche bei unterlassener Information gem. § 33 Abs. 2 BDSG. Kompensationsmaßnahmen zum Schutz der berechtigten Interessen der betroffenen Person vornehmen und dies schriftlich dokumentieren (§ 33 Abs. 2 S. 1 u. 2 BDSG).[78]

b) Ausnahmen von der Informationspflicht gem. § 33 BDSG n.F. – aa) § 33 Abs. 1 BDSG n.F. – (1.) Ausnahmetatbestände des Abs. 1. – (a) Ausnahmen für öffentliche Stellen (§ 33 Abs. 1 Nr. 1 lit. a und b BDSG n.F.). Die Ausnahmetatbestände des § 33 Abs. 1 Nr. 1 lit. a und b BDSG. entsprechen denen aus § 32 Abs. 1 Nr. 2 und 3 BDSG. § 33 Abs. 1 Nr. 1 lit. a und b BDSG schränken die Informationspflicht öffentlicher Stellen dann ein, wenn dadurch die **ordnungsgemäße Erfüllung** der in der Zuständigkeit des Verantwortlichen liegenden Aufgaben (Abs. 1 Nr. 1 lit. a) oder die **öffentliche Sicherheit oder Ordnung**[79] gefährdet oder sonst dem Wohle des Bundes oder eines Landes **Nachteile** bereiten würde (Abs. 1 Nr. 1 lit. b). In diesem Falle sind die weiteren Ausnahmen von der Informationspflicht einschlägig. **74**

Die Ausnahmetatbestände im Sinne des § 33 Abs. 1 Nr. 1 lit. a BDSG entsprechen **75** Art. 23 Abs. 1 lit. a–e, d.h. Sicherstellung der nationale Sicherheit, Landesverteidigung, öffentlichen Sicherheit oder die Verhütung von Straftaten, Ermittlung, Aufdeckung und Verfolgung von Straftaten einschließlich Strafvollstreckung sowie der Schutz sonstiger wichtiger Ziele des allgemeinen öffentlichen Interesses.[77] Sonstige wichtige Ziele umfassen nach Art. 23 Abs. 1 lit. e insbesondere wichtige wirtschaftliche oder finanzielle Interessen, etwa im Währungs-, Haushalts- und Steuerbereich sowie im Bereich der öffentlichen Gesundheit und der sozialen Sicherheit. Teilweise[80] wird bemängelt, dass pauschale Abstellen auf eine Gefährdung der Aufgabenerfüllung genüge nicht den Anforderungen an die Verhältnismäßigkeit des Art. 23. Denn der Ausnahmetatbestand der lit. a ist ausgesprochen weit. Es besteht daher das Risiko, dass die Betroffenenrechte im Hinblick auf die Transparenz ausgehebelt werden. Daher wird an das Merkmal der „wichtigen" Ziele ein strenger Prüfungsmaßstab anzulegen sein. Würde jedwedes wirtschaftliches Interesse einer öffentlichen Stelle ausreichen, ließe eine Informationspflicht gegenüber den Betroffenen faktisch in jedem Fall ausschließen.

Eine Gefahr für die öffentliche Sicherheit oder Ordnung nach § 33 Abs. 1 Nr. 1 lit. b **76** BDSG wird in Anlehnung an die polizeirechtlichen Grundsätze vorliegen, wenn ein erheblicher Schaden für den Bestand und die Einrichtungen des Staates, die Rechts-

77 BT-Drucks. 18/11325, S. 104.

78 Vgl. *Greve* NVwZ 2017, 737, 740; vgl. auch Art. 23 Abs. 2.

79 Vgl. zur Begriffsdefinition etwa Schenke/Graulich/Ruthig-*Schenke* Sicherheitsrecht des Bundes § 14 BPolG Rn. 10 ff.

80 So etwa Stellungnahme von *Peter Schaar* vom 22.2.2017, S. 2 abrufbar unter https://www.bundestag.de/blob/499296/faa96bd7382c848b8d85e0da16aca4ad/18-4-824-a-data.pdf sowie die Stellungnahme von *Andrea Voßhoff* vom 3.3.2017 abrufbar unter https://www.bundestag.de/blob/499112/c1c5844dba7cdbb809878b7d03b676cc/18-4-824-h--18-4-788--data.pdf.

ordnung oder Individualrechtsgüter des Einzelnen hinreichend wahrscheinlich ist. Das Tatbestandsmerkmal der sonstigen Nachteile tritt dabei flankierend als Auffangtatbestand zu diesem Regelungskomplex hinzu. Dieser Ausnahmetatbestand kann potenziell sehr weitreichend ausgelegt werden und die Transparenz als Betroffenenrecht aushebeln, weil aufgrund der Offenheit der Tatbestandsmerkmale der Tatbestand der Ausnahmeregelung in einer Vielzahl von Fällen eröffnet sein kann und sich damit pauschale Aussagen zugunsten des Betroffenen verbieten. Letztlich droht durch eine übermäßige Inanspruchnahme der Ausnahmeregelung einer Umgehung der Informationspflichten.

(b) Ausnahmen für nichtöffentliche Stellen (§ 33 Abs. 1 Nr. 2 lit. a und b BDSG n.F.).

77 Die § 33 Abs. 1 Nr. 2 lit. a und b BDSG gelten nur für nichtöffentliche Stellen und schränken die Informationspflicht dann ein, wenn die Erfüllung der Informationspflichten eine Beeinträchtigung der Durchsetzung rechtlicher Ansprüche oder das Bekanntwerden der Daten die öffentliche Sicherheit oder Ordnung gefährden würde.

Dabei entspricht § 33 Abs. 1 Nr. 2 lit. a BDSG (im Wesentlichen § 33 Abs. 2 S. 1 Nr. 7 lit. b BDSG a.F.) zunächst § 32 Abs. 1 Nr. 4 BDSG, enthält aber eine zusätzliche Alternative dergestalt, dass Daten aus zivilrechtlichen Verträgen, deren Verarbeitung der Verhütung von Schäden durch Straftaten dient. Voraussetzung ist zudem je, dass das Interesse des Betroffenen nicht überwiegt.

78 Auch diese Ausnahme soll die berechtigten Interessen der betroffenen Person mit denjenigen des Verantwortlichen in Einklang bringen. So muss es dem Verantwortlichen möglich sein, zur Vorbereitung oder Sicherung von Rechtsansprüchen auch verdeckt personenbezogene Daten über eine betroffene Person zu verarbeiten. Ist es bspw. zur Vorbereitung eines Gerichtsprozesses erforderlich, personenbezogene Daten zur Erforschung und Dokumentation des Sachverhaltes zu erheben und zu verarbeiten, wird dies nach Nr. 4 keine Information gegenüber dem Betroffenen auslösen. Dies gilt insbesondere dann, wenn der Betroffene im Lager der gegnerischen Partei steht. Dies gilt freilich nur dann, wenn die Erhebung und Verarbeitung ihrerseits rechtmäßig ist.

79 Der Ausnahmetatbestand ist somit eng auszulegen. Die Möglichkeit des Scheiterns einzelner Geschäfte des Verantwortlichen, etwa das Zustandekommen oder die Abwicklung eines Vertrages mit der betroffenen Person begründen ausweislich der Gesetzesbegründung keine Ausnahme von der Informationspflicht. Notwendig ist vielmehr, dass die „allgemein anerkannten Geschäftszwecke" selbst gefährdet werden.[81] Zur Problematik der Weite des Tatbestandes vgl. die obigen Ausführungen zu § 33 Abs. 1 Nr. 1 BDSG.

80 Hinsichtlich des Ausnahmetatbestandes des § 33 Abs. 1 Nr. 2 lit. b 1. Hs. 1 BDSG gelten insoweit die Ausführungen zu Nr. 1b BDSG entsprechend. Im dem Fall der Datenverarbeitung für Zwecke der Strafverfolgung bedarf es nach § 33 Abs. 1 Nr. 2 lit. b Hs. 2 BDSG keiner Feststellung nach dem ersten Halbsatz gem. § 33 Abs. 1 Nr. 2 lit. b Hs. 1 BDSG.

81 **bb) § 33 Abs. 2 BDSG n.F.** § 33 Abs. 2 BDSG legt fest, dass der Verantwortliche geeignete Maßnahmen zum Schutz der berechtigten Interessen der betroffenen Per-

81 BT-Drucks. 18/11325 zu § 33 BDSG n.F. S. 103 a.E.

son zu treffen hat, wenn eine Information nach Abs. 1 unterbleibt. Hierdurch werden die nach Art. 23 Abs. 2 erforderlichen Schutzmaßnahmen beachtet.[82] Als geeignete Maßnahme nennt Abs. 2 die Bereitstellung der Informationen für die Öffentlichkeit, wodurch dem Grundsatz der Transparenz Rechnung getragen wird. Ausweislich des ErwG 58 S. 2 können die Informationen in elektronischer Form bereitgestellt werden, etwa auf einer Website, sofern diese für die Öffentlichkeit bestimmt ist. Dies gilt nach S. 3 insbesondere in Situationen, in denen die große Zahl der Beteiligten und die Komplexität der benötigten Technik es der betroffenen Person erschweren, nachzuvollziehen, ob, von wem und zu welchem Zweck sie betreffende personenbezogene Daten erfasst werden, wie etwa bei der Werbung im Internet. Die Information hat dabei in präziser, transparenter, verständlicher und leicht zugänglicher Form in einer einfachen und klaren Sprache zu erfolgen. Insbesondere bei einer Verarbeitung von personenbezogenen Daten von Kindern hat sich die Informationserteilung auch an diese zu richten.[83]

cc) § 33 Abs. 3 BDSG n.F. § 33 Abs. 3 BDSG entspricht §§ 19a Abs. 3 i.V.m. 19 Abs. 3 BDSG a.F. Er betrifft den Fall der Informationserteilung bei der Datenübermittlung durch öffentliche Stellen an die in Abs. 3 genannten Stellen zu Zwecken der nationalen Sicherheit.[84] **82**

dd) Verweis in § 33 Abs. 1 BDSG n.F. auf § 29 Abs. 1 S. 1 BDSG n.F. § 29 BDSG beschränkt die Informationspflichten des Verantwortlichen im Falle von Geheimhaltungspflichten. Die Rechte der betroffenen Person und aufsichtsbehördliche Befugnisse im Fall von Geheimhaltungspflichten im Zusammenhang mit Art. 14 sind insbesondere in den § 29 Abs. 1 S. 1 und Abs. 3 BDSG enthalten. **83**

§ 29 Abs. 1 S. 1 BDSG sieht Ausnahmen von der nach Art. 14 Abs. 1–4 bestehenden Informationspflicht vor, wenn dadurch Informationen offenbart würden, die ihrem Wesen nach, insbesondere wegen der überwiegenden berechtigten Interessen eines Dritten, geheim gehalten werden müssen. Der deutsche Gesetzgeber macht damit von seiner Befugnis aus Art. 23 Abs. 1 lit. i Gebrauch.[85] Der Verweis auf Art. 14 Abs. 5 lit. d, der auf das „Recht der Mitgliedstaaten“ verweist, spricht für die Annahme, dass sowohl gesetzliche als auch vertragliche berufliche Geheimhaltungspflichten von § 29 Abs. 1 S. 1 BDSG erfasst sind.[86] **84**

Besondere Bedeutung kommt darüber hinaus § 29 Abs. 3 BDSG zu. Dieser beschränkt die Untersuchungsbefugnisse der Aufsichtsbehörden gegenüber den in § 203 Abs. 1 und 3 StGB genannten Personen oder deren Auftragsverarbeitern, soweit die Inanspruchnahme zu einem Verstoß gegen die Geheimhaltungspflichten dieser Personen führen würde. Insoweit nutzt der deutsche Gesetzgeber den durch Art. 90 eröffneten **85**

82 Vgl. dazu die Gesetzesbegründung zum DSAnpUG-EU BT-Drucks. 18/11325, S. 103.
83 Vgl. BT-Drucks. 18/11325, S. 103.
84 Vgl. BT-Drucks. 18/11325, S. 104.
85 Vgl. BT-Drucks. 18/11325, S. 101.
86 Dazu auch unter anderem die Stellungnahme des Instituts für Wirtschaftsprüfer in Deutschland e.V. im Rahmen der Öffentlichen Anhörung zum DSAnpUG-EU vom 7.3.2017, S. 3 abrufbar unter https://www.bundestag.de/blob/499118/03e65fd8068a8d089c2abdc68766a153/18-4-792-data.pdf sowie Stellungnahme von *Peter Schaar* vom 22.2.2017, S. 4 abrufbar unter https://www.bundestag.de/blob/499296/faa96bd7382c848b8d85e0da16aca4ad/18-4-824-a-data.pdf.

Spielraum. Zwar wird teilweise[87] die Schaffung rechtsfreier Räume befürchtet und sogar eine Verfassungswidrigkeit der Norm angenommen. Diese Ansicht übersieht allerdings, dass Berufsgeheimnisträger keineswegs pauschal den Kontroll- und Untersuchungsbefugnissen der Aufsichtsbehörde entzogen werden, sondern im Zusammenspiel von Art. 90 und Art. 58 lediglich zwei Untersuchungsbefugnisse ausgenommen werden. Die übrigen Regelungen der Art. 58 und 90 bleiben demgegenüber anwendbar. Gerade für den Fall der oftmals problematischen Datenschutzorganisation bleiben die entscheidenden Regeln des Art. 58 anwendbar. Darüber hinaus entfällt die Problematik dann, wenn die betroffene Person ihrerseits eine Einwilligung erteilt und damit eine Rechtsgrundlage für die Datenverarbeitung schafft. Denn wenn durch diese die Offenbarung nicht mehr nach § 203 StGB strafbewehrt ist, so fällt sie auch nicht mehr unter den Anwendungsbereich des § 29 Abs. 3 BDSG.[88]

VIII. Sanktionen/Durchsetzung

86 Ein Verstoß gegen die Informationspflicht gem. Art. 14 kann nach Art. 83 Abs. 5 lit. b mit einer Geldbuße sanktioniert werden. So sind für bestimmte Rechtsverstöße Bußgelder von bis zu 4 % des Jahresumsatzes eines Unternehmens bzw. im Falle einer Unternehmensgruppe, ist der Konzernumsatz maßgebend[89] bzw. 20 Mio. EUR zulässig, wobei dabei der jeweils höhere Wert gilt. Dabei ist auf den weltweit generierten Jahresumsatz des betroffenen Unternehmens abzustellen und nicht nur auf den generierten Jahresumsatz in Europa.

87 In Bezug auf öffentliche Stellen enthält Art. 83 Abs. 7 eine Öffnungsklausel für den nationalen Gesetzgeber, wonach festgelegt werden kann ob und in welcher Höhe Bußgelder verhängt werden können.[90] § 43 Abs. 3 BDSG macht von diesem Spielraum Gebrauch und bestimmt, dass gegen Behörden und sonstige öffentliche Stellen des Bundes keine Geldbußen verhängt werden.

C. Praxishinweise

I. Relevanz für öffentliche Stellen

88 Die Informationspflichten des Art. 14 treffen nichtöffentliche wie öffentliche Stellen gleichermaßen. Dabei sind die Ausnahmetatbestände eng gefasst und müssen je nach Tätigkeitsbereich der öffentlichen Stelle sorgfältig evaluiert werden.

---

87 So etwa *Schuler/Weichert* v. 22.5.2017 m.w.N. abrufbar unter http://www.netzwerk-datenschutzexpertise.de/sites/default/files/gut_2017_dskontrolleinschr_bdsg-neu_03.pdf. sowie die Stellungnahme von *Schaar* v. 22.2.2017 abrufbar unter https://www.bundestag.de/blob/499296/faa96bd7382c848b8d85e0da16aca4ad/18-4-824-a-data.pdf.

88 So auch die Stellungnahmen im Rahmen der Sachverständigenanhörung von u.a. *Prof. Dr. Heinrich Amadeus Wolff, Dr. Carlo Piltz*, dem Landesbeauftragten für Datenschutz und Informationsfreiheit Mecklenburg-Vorpommern a.D. *Karsten Neumann*, Rechtsanwalt *Andreas Jaspers* von der Gesellschaft für Datenschutz und Datensicherheit (GDD) e.V. sowie des Gesamtverbandes der Deutschen Versicherungswirtschaft im Rahmen der Öffentlichen Anhörung zum Entwurf eines Gesetzes zur Anpassung des Datenschutzrechts an die Verordnung (EU) 2016/679 und zur Umsetzung der Richtlinie (EU) 2016/680 (Datenschutz-Anpassungs- und Umsetzungsgesetz EU – DSAnpUG-EU), BT-Drucks. 18/11325 vom 27.3.2017 abrufbar unter https://www.bundestag.de/blob/510534/d9759291aa863793e2f6d40a92d8b2b2/protokoll-110-data.pdf (zuletzt abgerufen am 27.11.2017).

89 Vgl. Kommentierung zu Art. 83 Rn. 5.

90 Vgl. Kommentierung zu Art. 83 Rn. 55 ff.

Da der Gesetzgeber in § 33 Abs. 1 Nr. 1 lit. a BDSG insoweit lediglich pauschal auf die DS-GVO verweist, sind insbesondere dann Abgrenzungsschwierigkeiten zu erwarten, wenn der Aufgabenbereich einer Behörde nicht unmittelbar der öffentlichen Sicherheit und Ordnung dient. So wird sich bspw. die Frage stellen, wie öffentliche Register mit den Informationspflichten umgehen, die zwar gesetzlich zur Erhebung und Verarbeitung bestimmter, ggf. auch personenbezogener Daten, verpflichtet, aber nicht ausdrücklich nach § 33 Abs. 1 Nr. 1 BDSG vom Anwendungsbereich ausgenommen sind. Ob bspw. Insolvenzbekanntmachungen von der Informationspflicht nach Art. 13 ausgenommen sind, ist keineswegs selbstverständlich. Öffentliche Stellen stehen daher vor der Herausforderung, ihre Datenverarbeitungsprozesse entsprechend der Kriterien des § 33 BDSG sowie des Art. 23 Abs. 1 zu klassifizieren und individuell festzulegen, ob und in welchem Umfang Informationspflichten zu erfüllen sind **89**

II. Relevanz für nichtöffentliche Stellen

Die Informationspflichten gehören zu den zentralen Pflichten der DS-GVO. Wie auch Art. 13 macht Art. 14 spezifische Anforderungen an die Informationspflichten und erfordert ein umfassendes Management sämtlicher Verarbeitungsprozesse einschließlich ihrer Zwecke und Rechtsgrundlagen. **90**

Insoweit ist zu begrüßen, dass Art. 14 Abs. 3 und 5 dem Verantwortlichen insoweit entgegen kommen, als dass sie die tatsächlichen Herausforderungen bei der Kommunikation mit der betroffenen Person anerkennen, wenn die Erhebung nicht bei der betroffenen Person erfolgt. Insbesondere in den Fällen, in denen Daten zwar als personenbezogen zu behandeln sind, jedoch keine unmittelbare Kontaktaufnahme zu den betroffenen Personen ermöglichen, ergeben sich erhebliche Spielräume. Damit schafft die DS-GVO einen zusätzlichen Anreiz zur Pseudonymisierung von Daten. **91**

Sind die Informationspflichten nach Art. 14 zu erfüllen, stellen sich für nichtöffentliche Stellen die gleichen Herausforderungen wie für Art. 13, insbesondere im Hinblick auf die möglichst verständliche und für die Betroffenen transparente Gestaltung der Informationen. **92**

Im Folgenden wird eine Tabelle mit den vollständigen den Art. 13 und 14 entsprechenden Informationen (Informationen und zusätzliche Informationen) abgebildet. **93**

94

Informationen	Art. 13	Art. 14
Name und Kontaktdaten des Verantwortlichen	X	X
Name und Kontaktdaten des Vertreters (bei Unternehmen ohne Niederlassung/Sitz in der EU)	X	X
Kontaktdaten des Datenschutzbeauftragten (sofern vorhanden)	X	X
Alle Zwecke der Datenverarbeitung	X	X
Nennung der Rechtsgrundlagen für die Verarbeitung	X	X
Bei Interessenabwägungen nach Art. 6 Abs. 1 lit. f: – Berechtigte Interessen des Unternehmens oder eines Dritten und – Hinweis auf Widerspruchsrecht gegen die Interessenabwägung im Einzelfall (zusätzliche Angabe nach Art. 21 Abs. 4)	X	X

Informationen	Art. 13	Art. 14
Empfänger der Daten (Kategorien)	X	X
Bei Transfer außerhalb der EU/des EWRs: – Existenz oder Fehlen einer Angemessenheitsentscheidung der EU-Kommission – Verwendete Standardverträge oder Binding Corporate Rules inkl. Angabe wie eine Kopie erhalten werden kann und – Bei Interessenabwägungen ohne vorgenannte angemessene Schutzmaßnahmen: Tatsache des Drittstaatentransfers und die legitimen Interessen des Unternehmens (zusätzliche Angabe nach Art. 49 Abs. 1 UAbs. 2)	X	X
Zusätzliche Informationen	Art. 13	Art. 14
Speicherfrist oder Kriterien um die Frist zu bestimmen (Löschung)	X	X
Hinweis auf die Rechte auf Auskunft, Berichtigung, Löschung, Einschränkung der Verarbeitung (Sperrung), Widerspruch, Datenportabilität	X	X
Bei Einwilligungen: Widerrufsmöglichkeit (Angabe auch nach Art. 7 Abs. 3)	X	X
Hinweis auf das Beschwerderecht gegenüber der Datenschutzaufsichtsbehörde	X	X
Datenquellen		X
Angabe, ob die Datenquelle öffentlich zugänglich ist		X
Ob die Angabe der Daten eine gesetzliche oder vertragliche Pflicht ist oder notwendig, um einen Vertrag zu schließen	X	
Ob die Angabe der Daten verpflichtend ist oder nicht und was die Konsequenzen der Nichtangabe sind	X	
Bei automatischen Entscheidungen nach Art. 22 Abs. 1, 4: – Existenz des Entscheidungsmechanismus und – Aussagekräftige Darstellung der Entscheidungslogik und – Bedeutung und Konsequenzen für den Betroffenen	X	X
Widerspruchsrecht gegen Direktmarketingmaßnahmen (zusätzliche Angabe nach Art. 21 Abs. 4)	X	X

III. Relevanz für betroffene Personen

95 Für betroffene Personen bietet Art. 14 ein zusätzliches Maß an Transparenz, insbesondere in Verarbeitungssituationen, die für die Betroffenen besonders schwer zu überblicken sind, weil die Erhebung der Daten gerade nicht bei ihnen selbst, sondern bei Dritten erfolgt. Art. 14 kommt insoweit für Betroffene eine zentrale Bedeutung zu.

96 Zugleich ist zu begrüßen, dass Art. 14 eine unnötige Wiederholung von Informationen und damit einen „Information Overflow" bei den betroffenen Personen zu vermeiden sucht, bspw. in Art. 14 Abs. 4, der sich bei Zweckänderungen nur auf die Informationen beschränkt, die der Betroffene noch nicht erhalten hat oder in Art. 14 Abs. 5 lit. a, wenn die Informationen bei der betroffenen Person bereits vorhanden sind.

Dabei lässt Art. 14 Abs. 5 dennoch Raum für solche Datenverarbeitungsprozesse, in denen eine Information an Betroffene nicht zweckmäßig, praktikabel oder schlechthin nicht möglich ist. **97**

IV. Relevanz für das Datenschutzmanagement

Für das Datenschutzmanagement ist Art. 14 Fluch und Segen zugleich. Auf der einen Seite lässt Art. 14 viel Spielraum für Verarbeitungssituationen, in denen eine Erfüllung der Informationspflichten in der Praxis durchaus schwierig sein kann – etwa wenn Betroffene nur mit unverhältnismäßig hohem Aufwand kontaktiert werden können. Auf der anderen Seite ergibt sich hieraus ein kompliziertes **Prüfschema**, um zu bestimmen, wann die Informationspflichten nach Art. 14 anwendbar sind, zu welchem Zeitpunkt die Informationen zu erteilen sind und welchen Umfang sie sodann im Einzelnen haben müssen. **98**

Hierbei bietet es sich an, in einem ersten Schritt die Anwendbarkeit anhand der in Art. 14 Abs. 5 sowie § 33 Abs. 1 Nr. 2 BDSG bestimmten Kriterien zu prüfen. **99**

Sind die Informationen demnach nicht zu erteilen, ist zu prüfen, ob und welche Maßnahmen zum Schutz der Rechte und Freiheiten der betroffenen Personen nach § 33 Abs. 2 BDSG vorhanden bzw. zu implementieren sind. **100**

Sind die Informationen zu erteilen, ist in einem zweiten Schritt sodann anhand von Art. 14 Abs. 3 zu prüfen, zu welchem Zeitpunkt die Informationspflichten erteilt werden müssen und entsprechende Prozesse sind zu etablieren, um die rechtzeitige Erteilung der Informationen sicherzustellen. **101**

Erst dann ist zu definieren, in welchem Umfang die Informationen zu erteilen sind, insbesondere, in welchem Umfang neben den Informationen nach Art. 14 Abs. 1 auch die Informationen nach Art. 14 Abs. 2 bereitzustellen sind. Zudem ist die Form der Informationsbereitstellung entsprechend der im Unternehmen vorhandenen Rahmenbedingungen festzulegen. **102**

Artikel 15 Auskunftsrecht der betroffenen Person*

(1) Die betroffene Person hat das Recht, von dem Verantwortlichen eine Bestätigung darüber zu verlangen, ob sie betreffende personenbezogene Daten verarbeitet werden; ist dies der Fall, so hat sie ein Recht auf Auskunft über diese personenbezogenen Daten und auf folgende Informationen:

a) die Verarbeitungszwecke;

b) die Kategorien personenbezogener Daten, die verarbeitet werden;

c) die Empfänger oder Kategorien von Empfängern, gegenüber denen die personenbezogenen Daten offengelegt worden sind oder noch offengelegt werden, insbesondere bei Empfängern in Drittländern oder bei internationalen Organisationen;

d) falls möglich die geplante Dauer, für die die personenbezogenen Daten gespeichert werden, oder, falls dies nicht möglich ist, die Kriterien für die Festlegung dieser Dauer;

---

* Die Autoren danken Herrn stud. iur. David Merten für die Unterstützung bei der Durchsicht des Manuskriptes.

e) das Bestehen eines Rechts auf Berichtigung oder Löschung der sie betreffenden personenbezogenen Daten oder auf Einschränkung der Verarbeitung durch den Verantwortlichen oder eines Widerspruchsrechts gegen diese Verarbeitung;

f) das Bestehen eines Beschwerderechts bei einer Aufsichtsbehörde;

g) wenn die personenbezogenen Daten nicht bei der betroffenen Person erhoben werden, alle verfügbaren Informationen über die Herkunft der Daten;

h) das Bestehen einer automatisierten Entscheidungsfindung einschließlich Profiling gemäß Artikel 22 Absätze 1 und 4 und – zumindest in diesen Fällen – aussagekräftige Informationen über die involvierte Logik sowie die Tragweite und die angestrebten Auswirkungen einer derartigen Verarbeitung für die betroffene Person.

(2) Werden personenbezogene Daten an ein Drittland oder an eine internationale Organisation übermittelt, so hat die betroffene Person das Recht, über die geeigneten Garantien gemäß Artikel 46 im Zusammenhang mit der Übermittlung unterrichtet zu werden.

(3) [1]Der Verantwortliche stellt eine Kopie der personenbezogenen Daten, die Gegenstand der Verarbeitung sind, zur Verfügung. [2]Für alle weiteren Kopien, die die betroffene Person beantragt, kann der Verantwortliche ein angemessenes Entgelt auf der Grundlage der Verwaltungskosten verlangen. [3]Stellt die betroffene Person den Antrag elektronisch, so sind die Informationen in einem gängigen elektronischen Format zur Verfügung zu stellen, sofern sie nichts anderes angibt.

(4) Das Recht auf Erhalt einer Kopie gemäß Absatz 1b darf die Rechte und Freiheiten anderer Personen nicht beeinträchtigen.

– *ErwG: 63, 64*
– *BDSG n.F.: §§ 27–29, 34*

Übersicht

Literatur: *Albrecht/Jotzo* Das neue Datenschutzrecht der EU, 2017; *Art.-29-Datenschutzgruppe* WP 242 vom 13.12.2016; *Bayerisches Landesamt für Datenschutzaufsicht* BayLDA-Kurzpapiere zur DS-GVO, Auskunftsrecht der betroffenen Person, Stand 21.2.2017; *Bräutigam/Schmidt-Wudy* Das geplante Auskunfts- und Herausgaberecht des Betroffenen nach Art. 15 der EU-Datenschutzgrundverordnung, CR 2015, 56–63; *Ehmann/Selmayr* Datenschutz-Grundverordnung, 2017; *Gola* DS-GVO – Datenschutz-Grundverordnung VO (EU)

2016/679, 2017; *Kremer* Wer braucht warum das neue BDSG, CR 2017, 367, 375; *Kühling/Buchner* Datenschutz-Grundverordnung, 2017; *Paal/Pauly* Datenschutz-Grundverordnung, 2017; *Piltz* Die Datenschutz-Grundverordnung – Teil 2: Rechte der Betroffenen und korrespondierende Pflichten der Verantwortlichen, K&R 2016, 629–636; *Plath* BDSG/DSGVO: Kommentar zum BDSG und zur DSGVO sowie den Datenschutzbestimmungen des TMG und TKG, 2016; *Schantz/Wolff* Das neue Datenschutzrecht, 2017; *Wolff/Brink* Beck'scher Online Kommentar Datenschutzrecht, 21. Edition, 2017.

A. Einordnung und Hintergrund

Das in Art. 15 statuierte Auskunftsrecht der betroffenen Person entspricht Art. 8 Abs. 2 S. 2 GRCh. Das Auskunftsrecht ist eines der notwendigen Werkzeuge der betroffenen Person, um ihr Recht auf informationelle Selbstbestimmung ausüben zu können.[1] Im Zusammenspiel mit den Informationspflichten des Verantwortlichen soll eine so große Transparenz geschaffen werden, dass ein Betroffener den Umfang der Verarbeitungstätigkeit des Verantwortlichen und die damit einhergehende Auswirkung auf seine Rechte absehen kann sowie die ihm zustehenden Rechte wie etwa das Widerspruchsrecht effektiv ausüben kann.[2] Das Auskunftsrecht erlaubt es der betroffenen Person konsequent, die wesentlichen Informationen aus Art. 13 und 15 zu verifizieren.[3] Aus diesem Grund ist es erforderlich, dass der betroffenen Person die Möglichkeit zur Beauskunftung ohne Einschränkung möglich ist.[4] 1

Das Auskunftsrecht des Art. 15 umfasst neben der Auskunft darüber, welche personenbezogenen Daten der betroffenen Person tatsächlich verarbeitet werden, auch die Frage, ob überhaupt personenbezogene Daten der betroffenen Person verarbeitet werden (Negativauskunft). Ferner hat die betroffene Person das Recht, bei Auslandstransfers die geeigneten Garantien gemäß Art. 46 in Zusammenhang mit dieser Übermittlung zu erfragen. Zudem muss der Verantwortliche eine Kopie der personenbezogenen Daten, die Gegenstand der Verarbeitung sind, kostenfrei zur Verfügung stellen. Letzteres darf jedoch nicht dazu führen, dass die Rechte und Freiheiten anderer Personen beeinträchtigt werden, etwa bei der Beauskunftung von Daten, die personenbezogene Daten Dritter enthalten.[5] 2

B. Kommentierung

Das Auskunftsrecht der betroffenen Person wurde im Rahmen von Art. 15 im Vergleich zu Art. 12, 13 erheblich erweitert und gestärkt. Dennoch bleiben auch hier wie in vielen anderen Bereichen der DS-GVO Unsicherheiten bei der Umsetzung der Anforderungen an den Verantwortlichen bestehen. Diese betreffen im Rahmen von Art. 15 insbesondere die konkrete Ausgestaltung des Umfangs und der Durchführung der Auskunftsverpflichtungen. 3

1 Vgl. ErwG 63.
2 Paal/Pauly-*Paal* Art. 15 Rn. 3; BeckOK DatenSR-*Schmidt/Wudy* Art. 15 DS-GVO Rn. 2.
3 BeckOK DatenSR-*Schmidt/Wudy* Art. 15 Rn. 2; *Albrecht/Jotzo* Das neue Datenschutzrecht der EU Rn. 9.
4 Kühling/Buchner-*Bäcker* Art. 15 Rn. 6; Gola-*Franck* Art. 15 Rn. 1.
5 Kühling/Buchner-*Bäcker* Art. 15 Rn. 42; BeckOK DatenSR-*Schmidt/Wudy* Art. 15 Rn. 96 ff.

I. Antrag des Betroffenen

4 Der Betroffene muss zunächst einen entsprechenden **Antrag** auf Auskunft stellen. Der Antrag muss vollständig sein und alle notwendigen Angaben enthalten, damit der Verantwortliche die Beauskunftung vornehmen kann. Hat der Verantwortliche einen bestimmten, zumutbaren Prozess für die Antragstellung vorgesehen, kann der Antragsteller auf diesen verwiesen werden, ohne dass hierdurch die Rechte der betroffenen Personen eingeschränkt würden.[6]

5 **1. Betroffener selbst.** In Hinblick auf die notwendigen Angaben des Antrags muss der Verantwortliche sorgfältig prüfen, ob er die betroffene Person, die um Auskunft ersucht, zweifelsfrei als die betroffene Person identifizieren kann. Eine Auskunft an einen Unberechtigten muss der Verantwortliche in jedem Fall vermeiden.[7] Diese Prüfung darf nicht mit der Frage verwechselt werden, ob die betroffene Person anhand der beim Verantwortlichen gespeicherten Daten identifizierbar ist.[8] Vielmehr geht es um die Authentifizierung der auskunftssuchenden Person in Bezug auf die personenbezogenen Daten der betroffenen Person.

6 Der Verantwortliche muss daher darauf bestehen, dass Betroffene selbst das Auskunftsverlangen stellen oder Vertreter entsprechend Nachweis darüber erbringen, dass sie für das Auskunftsbegehren selbst bevollmächtigt sind. Insbesondere Anträge von Personen, die nicht selbst die betroffene Person im Rahmen des Auskunftsverfahrens sind, müssen daher vom Verantwortlichen regelmäßig abgewiesen werden, sollte sich eine Bevollmächtigung durch den Betroffenen nicht eindeutig und zweifelsfrei nachweisen lassen.[9] Dies ist nur dann der Fall, wenn eine Vollmacht ausdrücklich das Auskunftsbegehren mit einschließt. Der Verantwortliche kann in diesem Zusammenhang weitere Mechanismen verwenden, um die Identität der betroffenen Person festzustellen bzw. die Beauskunftung an die betroffene Person sicherzustellen.[10] Gerade bei der Beauskunftung von besonderen Kategorien personenbezogener Daten oder sensibler Zahlungsdaten hat die Identitätsprüfung einen hohen Stellenwert.

7 Soweit ein Verantwortlicher im Rahmen des Auskunftsverlangens zusätzliche Daten vom Betroffenen verlangt, um diesen zu legitimieren, verstößt dies nicht gegen den Grundsatz der Datensparsamkeit aus ErwG 64, sondern dient ausschließlich dem Schutz der Interessen des Betroffenen. Die in diesem Zusammenhang erhobenen Daten des Betroffenen müssen aber nach Abschluss des Auskunftsverfahrens unverzüglich gelöscht werden. Lediglich der Umstand, dass eine Auskunft erteilt wurde, sollte gespeichert werden, um künftige Auskunftsverlangen entsprechend bearbeiten zu können bzw. exzessive Auskunftsverlangen identifizieren zu können.

8 **2. Inhalt des Antrags.** Der Antrag auf Auskunft muss sich aus der Anfrage der betroffenen Person ergeben. Die Abgrenzung zu der Ausübung anderer Betroffenenrechte, etwa nach Art. 20, kann in dieser Hinsicht Schwierigkeiten bereiten. Daher

---

6 Vgl. ErwG 63; zur Auslegungsmöglichkeit bei unpräzisen Anträgen: Plath-*Kamlah* Art. 15 DS-GVO Rn. 4.

7 Vgl. WP 242 vom 13.12.2016, S. 13.

8 Siehe Kommentierung zu Art. 4 Nr. 1.

9 Paal/Pauly-*Paal* Art. 15 Rn. 7 ff.; Gola-*Franck* Art. 15 Rn. 20.

10 *Piltz,* K&R 2016, 631.

sollten Verantwortliche für die Antragstellung entsprechende Vorgaben unzweifelhaft festlegen, um diese Unklarheiten von Vornherein zu vermeiden.

Ferner kann die betroffene Person ihren Antrag auch auf bestimmte Bearbeitungstätigkeiten beschränken. Je nach Antragfassung muss der Verantwortliche daher unter Umständen das Auskunftsverlangen entsprechend auslegen.[11] **9**

Aber auch der Verantwortliche kann verlangen, dass die betroffene Person ihr Auskunftsverlangen beschränkt. Bei der Verarbeitung großer Mengen von Informationen kann der Verantwortliche eine entsprechende Präzisierung des Auskunftsverlangens in Hinblick auf die Art der Information wie auch die Verarbeitungsvorgänge verlangen.[12] Dies ist der betroffenen Person allerdings nur möglich, wenn der Verantwortliche seiner Informationspflicht nach Art. 13, 14 umfassend nachkommt. Ob eine große Menge von Informationen vorliegt, hängt nicht nur von der Menge der Informationen selbst ab, sondern – wie sich aus ErwG 63 ergibt – auch von der Vielzahl von Verarbeitungstätigkeiten. Die Gesamtschau obliegt dem Verantwortlichen und dürfte in der Regel bei komplexeren Geschäftsmodellen zum Tragen kommen, wie z.B. sozialen Netzwerken. **10**

II. Erteilen

Auch wenn Art. 15 Abs. 1 davon spricht, dass der Verantwortliche die Auskunft an den Betroffenen zu **erteilen** hat, ist dies nicht zwingend als aktiver Akt des Verantwortlichen gegenüber dem Betroffenen zu verstehen. Es genügt, wenn der Verantwortliche dem Betroffenen die Möglichkeit verschafft, selbst die Auskunft zu erstellen, etwa über eine entsprechende Funktion in seinen Online-Dienstleistungen.[13] Der Verantwortliche kann jedoch nicht von den betroffenen Personen verlangen, sich selbst an Dritte zu wenden, die die Beauskunftung an Stelle des Verantwortlichen vornehmen, etwa Auftragsverarbeiter oder andere Dienstleister. **11**

Der Verantwortliche kann die Auskunft dann verweigern, wenn der Antragsteller die Auskunft offenkundig unbegründet oder exzessiv stellt. Hierfür trägt der Verantwortliche gemäß Art. 12 Abs. 5 S. 3 allerdings die Beweislast.[14] **12**

III. Negativauskunft

Aus der Formulierung von Art. 15 Abs. 1 S. 1 1. Hs. DS-GVO lässt sich ablesen, dass der Verantwortliche nach entsprechendem Auskunftsverlangen der betroffenen Person nunmehr unzweifelhaft auch eine Negativauskunft erteilen muss. Sind keine personenbezogenen Daten gespeichert, muss der Verantwortliche dies der betroffenen Person mitteilen. Auch eine Anonymisierung der ursprünglichen personenbezogenen Daten muss beauskunftet werden, sofern dies für den Verantwortlichen noch nachvollziehbar ist. **13**

---

11 Plath-*Kamlah* Art. 15 DS-GVO Rn. 4; Sydow-*Specht* Europäische Datenschutzgrundverordnung Art. 15 Rn. 5.

12 ErwG 63.

13 Vgl. ErwG 63, S. 4.

14 Siehe Kommentierung zu Art. 12.

IV. Fristen

14 Die Auskunft ist regelmäßig innerhalb eines Monats zu erteilen, Art. 12 Abs. 3 S. 1, und kann im Hinblick auf die Komplexität und Vielzahl der Anträge um weitere zwei Monate verlängert werden, Art. 12 Abs. 3 S. 2. Die Fristen für die Beauskunftung gemäß Art. 12 Abs. 3 beginnen dann zu laufen, wenn das Auskunftsverlangen vollständig beim Verantwortlichen eingegangen ist.[15] Der Verantwortliche hat dafür Sorge zu tragen, dass entsprechende Prozesse bestehen, um Auskunftsverlangen unverzüglich zu beantworten.[16]

V. Form, Kosten

15 Für das Auskunftsverfahren bietet sich aufgrund der hohen Datenmengen regelmäßig eine elektronische Beauskunftung an, vgl. insoweit auch Art. 12 Abs. 1 S. 2. Hierbei muss aber sichergestellt werden, dass eine solche Beauskunftung nicht durch unberechtigte Dritte zur Kenntnis genommen werden kann, etwa durch entsprechende gesicherte Fernzugänge.[17] Eine elektronische Übermittlung per unverschlüsselter E-Mail dürfte den Anforderungen an eine sichere Übermittlung nicht gerecht werden. Im Zweifel ist daher die Form des Briefes zu wählen.[18]

16 Der Verantwortliche ist nicht gezwungen, besondere Anforderungen des Betroffenen im Hinblick auf die Form zu berücksichtigen, sofern keine vernünftigen Gründe vorliegen. Eine Ausnahme hiervon bildet das Verlangen der betroffenen Person auf Beauskunftung in mündlicher Form, das ausdrücklich in Art. 12 Abs. 1 S. 3 erwähnt ist. Diese Form der Beauskunftung wird aber in der Regel aus tatsächlichen Gründen scheitern, wenn keine Negativauskunft erteilt werden soll.

17 Wenn eine betroffene Person die durch die Auskunft betroffenen personenbezogenen Daten dem Verantwortlichen ursprünglich z.B. schriftlich übermittelt hat, etwa im Rahmen einer Bestellung oder durch Ausfüllen von Formularen, sollte die Beauskunftung auch auf gleichem Wege erfolgen. Es kann nicht davon ausgegangen werden, dass ein solcher Betroffener über die Möglichkeit verfügt, etwa über eine Onlineplattform oder ähnliche Mechanismen, die Beauskunftung selbst vorzunehmen bzw. einzusehen.

18 Die Beauskunftung ist grundsätzlich kostenlos. Nur in Ausnahmefällen, etwa bei häufiger Wiederholung des Auskunftsbegehrens, darf ein angemessenes Entgelt verlangt werden.[19] In der Regel dürfte eine häufige Auskunft dann vorliegen, wenn die Antragstellung für die folgende Beauskunftung ohne Vorliegen besonderer Gründe weniger als ein Jahr auseinanderliegt.[20]

15 Siehe Kommentierung zu Art. 12.
16 Gola-*Franck* Art. 15, Rn. 21.
17 Vgl. ErwG 63.
18 Vgl. dazu Art. 32.
19 *BayLDA* Kurzpapier XVI, S. 2: „ohne nachvollziehbaren Anlass mehrmals im Jahr"; kein „Missbrauchsentgelt" bei Rechtsmissbrauch, abrufbar unter: https://www.lda.bayern.de/de/datenschutz_eu.html (zuletzt abgerufen am 9.3.2018); *Bräutigam/Schmidt-Wudy* CR 2015, 58.
20 Paal/Pauly-*Paal* Art. 15 Rn. 4–6 mit Einzelheiten in Art. 12 Rn. 61 ff.; Gola-*Franck* Art. 15 Rn. 25.

VI. Umfang

Kann der Verantwortliche eine Person, die ein Auskunftsverlangen stellt, aufgrund der Art der Verarbeitung von personenbezogenen Daten nicht identifizieren, kann er das Auskunftsverlangen zurückweisen.[21] Stellt die betroffene Person von sich aus weitere Informationen bereit, die eine Identifizierung ermöglichen, ist die Zurückweisung des Auskunftsverlangens aus diesem Grund nicht länger möglich,[22] es sei denn, der Verantwortliche kann glaubhaft machen, dass er nicht in der Lage ist, die betroffene Person zu identifizieren. Das ist etwa dann der Fall, wenn eine betroffene Person ein Auskunftsbegehren an den Verantwortlichen richtet, der lediglich einen Identifier o.Ä. von der Person besitzt, ohne dass ihm z.B. Online-Zugangsdaten vorliegen. In diesem Fall kann eine Person selbst mit zusätzlichen Informationen eine Identifizierung nicht ermöglichen.[23] Erhebliche Schwierigkeiten bereiten in diesem Zusammenhang Dienste, die pseudonym angeboten werden. In diesem Falle treten zweierlei Schwierigkeiten auf: Zum einen wird ein Betroffener, der unter Bezugnahme auf das Pseudonym ein Auskunftsverlangen stellt, die Pseudonymisierung aufheben. Zum anderen wird durch das Auskunftsverlangen der Verantwortliche quasi gezwungen, selbst bei pseudonymer Nutzung entsprechende personenbezogene Daten wie etwa E-Mail-Adressen zwingend im Rahmen der Registrierung zu erheben, um Auskunftsverlangen beantworten zu können.[24] Genau einer solchen Praxis steht jedoch Erwägungsgrund 64 entgegen, der aufgrund der Datensparsamkeit eine Erhebung von Daten lediglich für die Durchführung von Auskunftsverlangen untersagt. Wird also eine E-Mail-Adresse bzw. eine Telefonnummer bei einer pseudonymen Nutzung eines Dienstes nicht benötigt, kann eine betroffene Person außerhalb des Dienstes in der Regel nicht nachweisen, dass sie Träger des jeweiligen Pseudonyms ist. Wenn ein Auskunftsverlangen nicht durch eine entsprechende Vorrichtung innerhalb des Dienstes direkt möglich ist, kann der Verantwortliche ein Auskunftsverlangen mangels ausreichender Identifizierbarkeit der betroffenen Person gemäß Art. 11 Abs. 2 nicht beantworten. **19**

Der Verantwortliche kann auch nicht gezwungen werden, für ein Auskunftsverlangen pseudonyme Daten mit anderen personenbezogenen Daten zusammenzuführen. Insbesondere im Bereich pseudonymer Nutzungsdaten ist eine Beauskunftung nur dann durchzuführen, wenn der Verantwortliche ohne Verarbeitung zusätzlicher Daten die entsprechenden Daten des Betroffenen identifizieren kann. Anderenfalls würde eine solche Beauskunftung selbst gegen den Grundsatz der Datensparsamkeit verstoßen, müsste der Verantwortliche neue, zusätzliche und nur für den Auskunftsanspruch erforderliche Daten verarbeiten, insbesondere bei der Zusammenlegung von pseudonymen und personenbezogenen Daten der betroffenen Person.[25] Ein solches Zusammenlegen von pseudonymen und anderen personenbezogenen Daten der betroffenen Person würde den Schutz der Betroffenen konterkarieren und den Verantwortlichen zwingen, eine zusätzliche Verarbeitung, nämlich die Kombination von pseudonymen **20**

---

21 Siehe Kommentierung zu Art. 11 Abs. 1.

22 Siehe Kommentierung zu Art. 11 Abs. 2.

23 Art. 12 Abs. 6 i.V.m. Art. 11 Abs. 2; Paal/Pauly-*Paal* Art. 15 Rn. 10; vgl. auch Gola-*Franck* Art. 15 Rn. 32, der hierin einen Unterfall der Unverhältnismäßigkeit sieht.

24 Vgl. Paal/Pauly-*Paal* Art. 12 Rn. 74. Schantz/Wolff-*Schantz* Das neue Datenschutzrecht, Rn. 1183–1186.

25 Paal/Pauly-*Paal* Art. 12 Rn. 74.

mit personenbezogenen Daten, standardmäßig zu ermöglichen. Dies ist nicht im Interesse der Betroffenen und daher für den Verantwortlichen unzumutbar.

21 Fraglich ist, ob eine pseudonyme Beauskunftung im Rahmen von Art. 15 zulässig ist. Im Bereich der Online-Werbung erfolgt die Identifizierung betroffener Personen in der Regel ausschließlich über IDs (Cookies bzw. sogenannte Mobile Identifier). Stellt eine betroffene Person einen herkömmlichen Antrag auf Auskunft, kann dieser von den an der Verarbeitung Beteiligten in der Regel nicht beantwortet werden, da eine Zuordnung der ID zu der betroffenen Person unmöglich ist. Möglich ist aber eine Beauskunftung zu der jeweiligen ID.[26] Um den Schutz der betroffenen Personen und zugleich ihre Rechte auf Auskunft sicherzustellen, muss es möglich sein, dass die Beauskunftung in diesem Fall gegenüber derjenigen Person erfolgt, die sich anhand der ID authentifiziert. Dies entspricht der gängigen Praxis der Ausübung von Betroffenenrechten unter der Datenschutz-Richtlinie.

22 Ferner kann der Verantwortliche die Beauskunftung beschränken, wenn hierdurch Geschäftsgeheimnisse preisgegeben oder gewerbliche Schutzrechte betroffen wären. Diese Ausnahmen von der Auskunftspflicht müssen sorgfältig geprüft werden und finden etwa Anwendung, soweit die konkrete Berechnung (d.h. die Formel für die Berechnung) des Scoringwerts im Rahmen der Beauskunftung mit herausverlangt wird. Einem solchen Begehren kann der Verantwortliche erfolgreich mit Verweis auf seine Geschäftsgeheimnisse entgegentreten.[27] Insofern entspricht die Rechtslage der bisher geltenden Situation unter der Datenschutz-Richtlinie.[28]

23 Eine mit Art. 14 Abs. 5 lit. b vergleichbare Verhältnismäßigkeitsprüfung ist in Art. 15 nicht ausdrücklich vorgesehen, so dass die Auskunftserteilung durch den Verantwortlichen nicht weiter beschränkt werden kann.[29] Eine solche Beschränkung stünde im Gegensatz zu den Korrektiven, die ausdrücklich bei der Verarbeitung großer Mengen an Daten bzw. im Rahmen der Fristverlängerung nach Art. 12 Abs. 3 S. 2 Berücksichtigung gefunden haben.[30]

VII. Konkrete Anforderungen an die Inhalte der Auskunft

24 Gegenstand des Auskunftsverlangens können nur die personenbezogenen Daten der betroffenen Person sein. Dies umfasst allerdings alle personenbezogenen Daten, die zu der betroffenen Person tatsächlich auch beim Verantwortlichen verarbeitet werden.

25 Fraglich ist vor diesem Hintergrund, ob damit Daten, die lediglich aufgrund von Aufbewahrungspflichten oder zur Sicherstellung der Datensicherheit gespeichert werden, ebenfalls beauskunftet werden müssen. Der Begriff der Verarbeitung umfasst explizit auch den Begriff der Speicherung.[31] Eine entsprechende Ausnahme für Zwecke der

---

26 Paal/Pauly-*Paal* Art. 12 Rn. 74; Schantz/Wolff-*Schantz* Das neue Datenschutzrecht Rn. 1185.

27 Ehmann/Selmayr-*Ehmann* Art. 15 Rn. 16; Kühling/Buchner-*Bäcker* Art. 15 Rn. 42; Gola-*Franck* Art. 15 Rn. 26.

28 Vgl. RL 95/46/EG, ErwG 41.

29 A.A. Gola-*Franck* Art. 15 Rn. 26.

30 A.A. *Härting* Datenschutz-Grundverordnung, Rn. 683/685, Art. 14 analog; Gola-*Franck* Art. 15 Rn. 30 Unmöglichkeit nach § 275 BGB.

31 Vgl. ErwG 63.

Erfüllung von Aufbewahrungspflichten bzw. zur Datensicherung gibt es im europäischen Recht daher nicht.[32]

1. Verarbeitungszwecke. Die Zwecke, für die die personenbezogenen Daten verarbeitet werden, müssen für die jeweilige Kategorie von Daten angegeben werden. Sind jeweils mehrere Verarbeitungszwecke angegeben, sind diese umfänglich zu beauskunften. Dies ist nur dann nicht der Fall, wenn die Auskunft von vornherein beschränkt war. **26**

2. Datenkategorien. Denklogisch muss die Auskunft auch die Kategorien personenbezogener Daten enthalten, die der Verarbeitung unterliegen. Die Verpflichtung in Art. 15 Abs. 1 lit. b ist im Hinblick auf Art. 15 Abs. 1 2. Hs. eigentlich obsolet, da hier die Auskunft über die der Verarbeitung beim Verantwortlichen unterliegenden personenbezogenen Daten schon erteilt werden muss.[33] **27**

3. Kategorien von Empfängern. Die Besonderheit in Bezug auf die Empfänger personenbezogener Daten besteht darin, dass entgegen des leicht missverständlichen Wortlautes wohl sämtliche Empfänger der betroffenen personenbezogener Daten anzugeben sind. Eine Einschränkung ist durch die Bezugnahme auf Empfänger in Drittländern nicht beabsichtigt. Empfänger sind auch Auftragsverarbeiter.[33] **28**

4. Dauer der Speicherung. Die geplante Dauer der Speicherung richtet sich nach dem jeweiligen Zweck der Datenspeicherung. Dieser dürfte im Zweifel auch das Kriterium für die Festlegung dieser Dauer darstellen. Sofern ein entsprechendes Datenlöschungskonzept besteht, das keinen Geheimhaltungspflichten unterliegt, kann auch auf dieses verwiesen werden.[33] **29**

5. Betroffenenrechte. Die Auflistung der Betroffenenrechte in Art. 15 Abs. 1 lit. e mag konsequent in der Systematik der DS-GVO sein, wirkt jedoch etwas befremdlich. Dennoch hat der Verantwortliche der Beauskunftung den Hinweis auf die entsprechenden Betroffenenrechte beizufügen. Dies betrifft das Recht auf Berichtigung (Art. 16), Löschung (Art. 17), Einschränkung der Verarbeitung (Art. 18), Widerspruch gegen die Verarbeitung (Art. 21) sowie die Beschwerderechte (Art. 79). **30**

6. Herkunftsangabe. Werden die personenbezogenen Daten nicht bei der Person selbst erhoben, sondern an anderer Stelle, ist fraglich, wie weit der Begriff der „verfügbaren" Informationen zu verstehen ist. Diese Informationen können sich nur aus den Dokumentationspflichten des Verantwortlichen herleiten lassen, soweit solche bestehen. Ein Speichern dieser Daten allein für den Zweck der Beauskunftung dürfte ErwG 64 entgegenstehen.[33] **31**

7. Automatisierte Entscheidungsfindung. Im Bereich der automatisierten Entscheidungsfindung soll eine aussagekräftige Information über die involvierte Logik sowie die Tragweite und angestrebte Auswirkung einer derartigen Verarbeitung für die betroffene Person erteilt werden.[33] **32**

---

32 A.A. Plath-*Kamlah* Art. 15 DS-GVO Rn. 5; siehe aber zur Öffnungsklausel im BDSG n.F. die Kommentierung unter Rn. 46.

33 Siehe im Übrigen Kommentierung zu Art. 13 und 14.

VIII. Drittlandtransfers

33 Nach Art. 15 Abs. 2 muss ferner über die **geeigneten Garantien** gemäß Art. 46 Auskunft erteilt werden, sofern die personenbezogenen Daten der betroffenen Person in ein Drittland übermittelt werden. Aufgrund der Formulierung stellt sich hierbei die Frage, ob sich der Antrag auf Auskunft explizit auf diese Garantien beziehen muss oder immer hierüber zu beauskunften ist. Angesichts der Formulierung „unterrichtet zu werden" muss davon ausgegangen werden, dass diese Informationen nach Art. 15 Abs. 2 der betroffenen Person grundsätzlich zur Verfügung zu stellen sind.

IX. Herausgabe von Kopien

34 In Art. 15 Abs. 3 und 4 ist das Recht der betroffenen Person auf Herausgabe einer Kopie ihrer personenbezogenen Daten geregelt, die Gegenstand des Auskunftsverlangens sind. Die Regelung in Art. 15 Abs. 3 muss wohl so verstanden werden, dass tatsächlich eine Herausgabe der Rohdaten an den Betroffenen erfolgen soll, ohne dass der Verantwortliche die Daten in irgendeiner Art aufbereitet (siehe aber zur Einschränkung Art. 15 Abs. 4). Der Betroffene soll anhand der Daten ergänzend zum allgemeinen Auskunftsanspruch nach Art. 15 Abs. 1 und 2 die Möglichkeit der Prüfung der Rechtmäßigkeit der Verarbeitung erhalten. Ein solcher Datenauszug kommt dabei einem Audit am nächsten.

35 Nur die erste Kopie der Daten ist kostenfrei. Die Herausgabe der Kopien soll in der Regel elektronisch erfolgen und darf nicht die Rechte und Freiheiten Dritter beeinträchtigen. Dies führt in der Regel dazu, dass die personenbezogenen Daten Dritter bei der Zurverfügungstellung der Kopie zu anonymisieren sind. Dies kann gerade bei der Verarbeitung personenbezogener Daten verschiedener betroffener Personen gemeinsam zu erheblichen Schwierigkeiten führen. Aus Art. 15 Abs. 4 sowie ErwG 63 S. 5 und 6 ergibt sich daher, dass eine inhaltliche Beschränkung der Kopie durchaus erlaubt und geboten sein kann.[34]

36 Ferner besteht kein Auskunftsanspruch gegen nichtöffentliche Stellen, sofern eine Auskunft die Geltendmachung, Ausübung oder Verteidigung zivilrechtlicher Ansprüche beeinträchtigen würde oder die Verarbeitung Daten aus zivilrechtlichen Verträgen beinhaltet und der Verhütung von Schäden durch Straftaten dient, sofern nicht das berechtigte Interesse der betroffenen Person an der Informationserteilung überwiegt.

C. Kommentierung BDSG n.F.

37 Der deutsche Gesetzgeber hat von der Möglichkeit in Art. 23 Gebrauch gemacht, Art. 15 zu beschränken:

I. § 27 BDSG n.F.

38 Für Statistische- und Forschungszwecke besteht ein Recht des Betroffenen auf Auskunft dann nicht, wenn hierdurch die Verwirklichung der Forschungs- oder Statistikzwecke unmöglich gemacht oder ernsthaft beeinträchtigt werden würde. Ferner muss die Beschränkung für die Erfüllung der Forschungs- oder Statistikzwecke notwendig sein.

34 Ehmann/Selmayr-*Ehmann* Art. 15 Rn. 31; Gola-*Franck* Art. 15 Rn. 25.

Sind die Daten für Zwecke der wissenschaftlichen Forschung erforderlich und würde die Auskunftserteilung einen unverhältnismäßigen Aufwand erfordern, besteht ebenfalls kein Auskunftsrecht. **39**

II. § 28 BDSG n.F.

Erfolgt die Datenverarbeitung zu im öffentlichen Interesse liegenden Archivzwecken, besteht das Auskunftsrecht nach Art. 15 nicht, wenn das Archivgut nicht durch den Namen der Person erschlossen ist oder keine Angaben gemacht werden, die das Auffinden des betreffenden Archivguts mit vertretbarem Verwaltungsaufwand ermöglichen. **40**

III. § 29 BDSG n.F.

Ergänzend zu den schon zumindest in ErwG 63 Satz 4 erwähnten Beschränkungen des Auskunftsrechts bei Geschäftsgeheimnissen formuliert § 29 BDSG diese Einschränkung noch einmal explizit und weitergehend, indem das Auskunftsrecht auch beschränkt wird, soweit durch die Auskunft Informationen offenbart würden, die nach einer Rechtsvorschrift oder ihrem Wesen nach, insbesondere wegen der überwiegenden berechtigten Interessen eines Dritten, geheim gehalten werden müssen. Unter diese Ausnahme fallen neben den besagten Geschäftsgeheimnissen und durch die beruflichen Verschwiegenheitsverpflichtungen geschützten Daten auch solche, die vertraglich vor der Weitergabe an Dritte geschützt sind, z.B. solche, die im Rahmen einer Verschwiegenheitsvereinbarung überlassen wurden. **41**

IV. § 30 BDSG n.F.

§ 30 BDSG sieht in Abs. 1 auch mit Blick auf Auskunftsverlangen für Verbraucherkredite im Zusammenhang mit der Bewertung von Verbraucherkrediten eine innerstaatliche Regelung vor, die eine Inländergleichbehandlung innerhalb der EU ausdrücklich vorschreibt. Bei Ablehnung eines Verbraucherdarlehensvertrages oder eines Verbrauchervertrags über eine entgeltliche Finanzierungshilfe sieht Abs. 2 eine Pflicht zur unverzüglichen Unterrichtung vor: es sei denn, die Unterrichtung gefährdet die öffentliche Sicherheit. Die Norm lässt § 37 BDSG zur automatisierten Einzelfallentscheidung ausdrücklich unberührt. **42**

V. § 34 BDSG n.F.

§ 34 BDSG enthält einen weiteren, umfangreichen Katalog von Ausnahmen zu Art. 15. **43**

Das Recht auf Auskunft der betroffenen Person besteht nach **§ 34 Abs. 1 Nr. 1 BDSG** ferner dann nicht, wenn die Erteilung der Auskunft bei öffentlichen Stellen die ordnungsgemäße Erfüllung der in Art. 23 Abs. 1 lit. a bis e genannten Aufgaben der öffentlichen Sicherheit oder Ordnung gefährden oder sonst dem Wohl des Bundes oder eines Landes Nachteile bereiten würde. Bei Nicht-Beauskunftung kann unter den Voraussetzungen des **§ 34 Abs. 3 BDSG** eine Beauskunftung an den oder die Bundesbeauftragte für den Datenschutz erfolgen, der bzw. die die Betroffenenrechte auf Prüfung der Rechtmäßigkeit der Verarbeitung an Stelle der betroffenen Person vornimmt und die betroffene Person entsprechend informiert, soweit zulässig. Ob der allgemeine Rückverweis in § 34 Abs. 1 Nr. 1 BDSG in die DS-GVO den Anforderungen an die Konkretisierung in Art. 23 genügt, darf bezweifelt werden.

44 Ferner besteht kein Auskunftsanspruch bei nicht-öffentlichen Stellen, sofern dieser die Geltendmachung, Ausübung oder Verteidigung zivilrechtlicher Ansprüche beeinträchtigen würde oder die Verarbeitung Daten aus zivilrechtlichen Verträgen beinhaltet und der Verhütung von Schäden durch Straftaten dient, sofern nicht das berechtigte Interesse der betroffenen Person an der Informationserteilung überwiegt.

45 Auch bei nichtöffentlichen Stellen ist die Beauskunftung zu beschränken, wenn die zuständige öffentliche Stelle gegenüber dem Verantwortlichen festgestellt hat, dass das Bekanntwerden der Daten die öffentliche Sicherheit oder Ordnung gefährden oder sonst dem Wohl des Bundes oder eines Landes Nachteile bereiten würde. Erfolgt die betroffene Datenverarbeitung für Zwecke der Strafverfolgung, bedarf es keiner Feststellung durch die öffentliche Stelle, um den Auskunftsanspruch zu beschränken.

46 Von erheblich größerer praktischer Bedeutung ist die Ausnahmeregelung in **§ 34 Abs. 1 Nr. 2 BDSG**, die im Wesentlichen der alten Regelung in § 34 Abs. 6 i.V.m. § 33 Abs. 2 Nr. 2 BDSG a.F. entspricht. Demnach muss eine Beauskunftung dann nicht erfolgen, wenn die betroffenen Daten nur noch aufgrund von gesetzlichen – nicht vertraglichen[35] – Aufbewahrungspflichten gespeichert werden bzw. zur Datensicherung oder Datenschutzkontrolle. Damit entfällt die Beauskunftung aus Backups genauso wie aus Datenbeständen, die zugriffsgesperrt archiviert sind, wenn die Beauskunftung – wie regelmäßig der Fall – einen unverhältnismäßigen Aufwand erfordern würde. Der Verantwortliche muss allerdings sicherstellen, dass eine Verarbeitung zu anderen Zwecken als der Aufbewahrung bzw. Datensicherung ausgeschlossen ist. **§ 34 Abs. 2 BDSG** statuiert eine spezielle Dokumentationspflicht des Verantwortlichen im Falle einer Auskunftsverweigerung. Ferner ist gegenüber der betroffenen Person die Ablehnung entsprechend zu begründen, soweit nicht durch die Mitteilung der tatsächlichen und rechtlichen Gründe, auf die die Entscheidung gestützt wird, der mit der Auskunftsverweigerung verfolgte Zweck gefährdet würde. Durch diese Einschränkung der Begründungspflicht ist außer im Fall der Archivierung bzw. Datensicherung eine Begründung in der Regel entbehrlich oder auf einen allgemeinen, wenig transparenten Hinweis beschränkt. Klarstellend enthält § 34 Abs. 2 BDSG n.F. darüber hinaus die Vorgabe, die für die Auskunftserteilung bzw. deren Vorbereitung gespeicherten Daten nur zweckgebunden zu verwenden.

47 Eine Beschränkung des Auskunftsrechts besteht schließlich nach § 34 Abs. 4 BDSG für Daten, die durch eine öffentliche Stelle weder automatisiert noch nicht automatisiert verarbeitet und in einem Dateisystem gespeichert werden. In diesem Fall muss die betroffene Person Angaben machen, die das Auffinden der Daten ermöglichen, um dennoch eine Beauskunftung zu erhalten. Der für die Erteilung der Auskunft erforderliche Aufwand darf dabei nicht außer Verhältnis zu dem von der betroffenen Person geltend gemachten Informationsinteresse stehen.

35 Vgl. *Kremer* CR 2017, 367, 375.

Abschnitt 3
Berichtigung und Löschung

Artikel 16 Recht auf Berichtigung

[1]Die betroffene Person hat das Recht, von dem Verantwortlichen unverzüglich die Berichtigung sie betreffender unrichtiger personenbezogener Daten zu verlangen. [2]Unter Berücksichtigung der Zwecke der Verarbeitung hat die betroffene Person das Recht, die Vervollständigung unvollständiger personenbezogener Daten – auch mittels einer ergänzenden Erklärung – zu verlangen.

- *ErwG: 65*
- *BDSG n. F.: §§ 58 und 75 regeln das Recht auf Berichtigung im Hinblick auf die Richtlinie 2016/680. Ähnliche Regelungen in Bezug auf spezifische Rechtsbereiche bestehen in § 84 SGB X, § 489 StPO und § 32 BKAG.*

Übersicht

Literatur: *Franck* Das System der Betroffenenrechte nach der Datenschutz-Grundverordnung, RDV 2016, 111; *Piltz* Die Datenschutz-Grundverordnung, Teil 2: Rechte der Betroffenen und korrespondierende Pflichten des Verantwortlichen, K&R 2016, 629.

A. Einordnung und Hintergrund

I. Normengenese und -umfeld

1. DSRL. Art. 12 lit. b DSRL sah vor, dass jede betroffene Person das Recht hatte, vom für die Verarbeitung Verantwortlichen je nach Fall die Berichtigung, Löschung oder Sperrung von Daten, deren Verarbeitung mit den Vorgaben der DSRL unvereinbar war – insbesondere wenn die Daten unvollständig oder unrichtig waren – zu verlangen. **1**

2 **2. BDSG a.F.** Das BDSG a.F. regelte in § 35 Abs. 1 S. 1 die Verpflichtung, unrichtige personenbezogene Daten zu berichtigen. Dabei wurde nicht zwischen unrichtigen und unvollständigen Daten differenziert. Die Vervollständigung von unvollständigen Daten wurde nicht ausdrücklich erwähnt, aber unter die Berichtigung von Daten gefasst.[1] Es bestand ein Recht des Betroffenen (§ 6 Abs. 1 BDSG a.F.) und eine Verpflichtung des Verantwortlichen, unrichtige Daten zu berichtigen. Wurden Daten geschätzt, musste das nach § 35 Abs. 1 S. 2 BDSG a.F. deutlich gekennzeichnet werden. Eine entsprechende ausdrückliche Regelung findet sich in der DS-GVO nicht (siehe unter Rn. 7). Über die in der DS-GVO vorgesehenen Möglichkeiten hinausgehend statuiert § 35 Abs. 6 BDSG a.F. die Verpflichtung des Verantwortlichen, auf Verlangen des Betroffenen unrichtige Daten, die im Rahmen der geschäftsmäßigen Datenspeicherung zum Zweck der Übermittlug aus allgemein zugänglichen Quellen entnommen wurden, mit einer Gegendarstellung zu versehen.

B. Kommentierung

I. Art. 16 Allgemein

3 Um die nach Kapitel III der DS-GVO zu schützenden Rechte des Betroffenen zu stärken, gibt Art. 16 S. 1 der betroffenen Person ein subjektives Recht auf Berichtigung unrichtiger personenbezogener Daten an die Hand.[2] S. 2 beinhaltet ein Recht auf Vervollständigung unvollständiger personenbezogener Daten und ergänzt damit den Berichtigungsanspruch. Im Gesamtgefüge der Betroffenenrechte in Kapitel III der DS-GVO basiert das Berichtigungsrecht auf dem Auskunftsrecht nach Art. 15, da es die Kenntnis des Betroffenen von der Unrichtigkeit der Daten voraussetzt. Freilich kann der Betroffene auch auf andere Weise Kenntnis von einer Unrichtigkeit erlangen, etwa wenn ihm ein Ergebnis einer auf falschen Daten beruhenden Verarbeitung mitgeteilt wird. Art. 16 stellt einen „speziellen Unterlassungsanspruch“[3] dar.[4] Die betroffene Person kann in den Datenverarbeitungsprozess intervenieren und somit selbst zum Schutz ihrer Daten beitragen.[5]

4 Ein Zusammenhang besteht zu Art. 5 Abs. 1 lit. d, in dem die Richtigkeit der personenbezogenen Daten im Hinblick auf deren Verarbeitung gefordert wird. Dass Art. 5 die Grundsätze der Datenverarbeitung regelt, verpflichtet den Verantwortlichen, – unabhängig von der Geltendmachung eines Berichtigungsanspruchs – dazu, unrichtige Daten zu berichtigen oder ggf. zu löschen.[6] Die Durchsetzung des Berichtigungsrechts liegt also nicht allein in der Hand des Betroffenen, sondern ist eine primäre Pflicht des Verantwortlichen.[6] Im Zusammenhang mit der Berichtigung der Daten ergibt sich aus Art. 19 die Pflicht des Verantwortlichen, alle Empfänger der nunmehr berichtigten Daten über die Berichtigung und auch den Betroffenen über die Empfänger der

1 So wohl Plath-*Kamlah* § 35 BDSG Rn. 11 und Gola/Schomerus-*Gola/Klug/Körffer* § 20 Rn. 6. Dass die Vervollständigungspflicht aber über die Regeln des BDSG hinausgeht meint Paal/Pauly-*Paal* Art. 16 Rn. 22.

2 Ehmann/Selmayr-*Kamann/Braun* Art. 16 Rn. 2; Kühling/Buchner-*Herbst* Art. 16 Rn. 2.

3 So *Franck* RDV 2016, 111, 115; BeckOK DatenSR-*Worms* Art. 16 Rn. 40 geht von einem „(öffentlich-rechtlichen) Folgenbeseitigungsanspruch“ aus.

4 So auch Gola-*Reif* Art. 16 Rn. 2.

5 Gola-*Reif* Art. 16 Rn. 2.

6 Gola-*Reif* Art. 16 Rn. 4.

Daten zu informieren (siehe dazu die Kommentierung zu Art. 19). Dadurch wird die umfassende Wirkung des Berichtigungsrechts gewährleistet.[7] Das Recht auf Löschung („Recht auf Vergessenwerden") gemäß Art. 17 steht dem Betroffenen alternativ zum Recht auf Berichtigung und Vervollständigung – je nach Interessenlage – zur Verfügung.[8] Primärrechtlich ist das Berichtigungsrecht in Art. 8 Abs. 2 GRCh verankert, der das Recht der betroffenen Person statuiert, die Berichtigung der Daten zu erwirken.

II. Anwendungsbereich

1. Unrichtige personenbezogene Daten. – a) Tatsachen. Das objektive Erfordernis der Unrichtigkeit personenbezogener Daten impliziert die Beweiszugänglichkeit und damit das Vorliegen von Tatsachen. Tatsachen sind gegenwärtige oder vergangene Zustände, die dem Beweis zugänglich sind.[9] Insoweit sind sie abzugrenzen von Werturteilen, die eine Stellungnahme des Dafür- oder Dagegenhaltens darstellen.[10] Auch Werturteile können personenbezogene Daten sein, indem sie im Sinne des Art. 4 Nr. 1 Rückschlüsse auf eine identifizierte oder identifizierbare natürliche Person zulassen. Da diese aber die subjektive Beziehung zu einer Tatsache verkörpern, können sie dem Beweis nicht zugänglich und damit ferner nicht richtig oder unrichtig sein.[11] **5**

Die Grenze zwischen Tatsachen und Werturteilen kann im Einzelfall fließend und schwer zu ziehen sein.[12] Demnach muss – im Interesse des Betroffenen sowie der Allgemeinheit an der effektiven Rechtsdurchsetzung des Datenschutzes – das Recht aus Art. 16 auch Werturteile tatbestandlich umfassen, sofern diese auf Tatsachen zurückzuführen sind und im Ergebnis den Betroffenen gleichermaßen beeinträchtigen können.[13] Das kann der Fall sein, wenn Tatsachen die Grundlage einer (subjektiven) Bewertung sind, die für den Betroffenen nicht nachvollziehbar sind und der Verantwortliche zu einer selbstständigen Beurteilung, die gerichtlicher Überprüfung nicht zugänglich ist, ermächtigt ist.[14] Einer uferlosen Ausweitung des Anwendungsbereichs von Art. 16 kann auf der Rechtsfolgenseite begegnet werden, indem im konkreten Einzelfall eine Abwägung zwischen dem Interesse des Betroffenen an der Berichtigung und den Interessen Dritter – wie beispielsweise die Meinungsfreiheit – vorgenommen wird.[15] Sinn und Zweck von Art. 16 ist es nicht, die in der nationalen und europäischen Rechtsprechung zum Äußerungs- bzw. Presserecht gefundene Balance zu verändern. In allen anderen Rechtsbereichen, insbesondere bei der Speicherung von unrichtigen Daten von Arbeitgebern, Kunden, Vertragspartnern und Werbesub- **6**

7 So auch Ehmann/Selmayr-*Kamann/Braun* Art. 16 Rn. 9.

8 Ehmann/Selmayr-*Kamann/Braun* Art. 16 Rn. 7.

9 *BGH* v. 25.11.1997 – VI ZR 306/96, juris, Rn. 29; *BGH* v. 24.1.2006 – XI ZR 384/03, juris, Rn. 63.

10 Vgl. BVerfGE 7, 198, 210 = NJW 1958 257; ferner auch Kühling/Buchner-*Herbst* Art. 16 Rn. 8.

11 Gola-*Reif* Art. 16 Rn. 10.

12 So z.B. auch EGMR v. 13.11.2003 – Nr. 39394/98, ECHR 2003-XI Rn. 40 – Scharsach und News Verlagsgesellschaft/Österreich.

13 Ehmann/Selmayr-*Kamann/Braun* Art. 16 Rn. 20 und Kühling/Buchner-*Herbst* Art. 16 Rn. 9; siehe dazu ferner *EuGH* 17.7.2014 – C-141/12 und C-372/12, ECLI:EU:C:2014:2081, Y.S., Rn. 45.

14 So Kühling/Buchner-*Herbst* Art. 16 Rn. 9.

15 Ehmann/Selmayr-*Kamann/Braun* Art. 16 Rn. 21, 32.

jektiven, muss mit einer eher großzügigen Auslegung des Begriffs der Tatsache gerechnet werden.

7 **b) Unrichtigkeit.** Tatsachen sind dann unrichtig, wenn sie in Widerspruch mit der Wirklichkeit stehen und damit nicht der objektiven Sachlage entsprechen. Ein falscher oder falsch geschriebener Name, eine falsche oder nicht mehr aktuelle Adresse sowie ein falsch datiertes Geburtsdatum stellen die Wiedergabe unrichtiger Tatsachen dar und unterfallen dem Berichtigungsanspruch.[16] Nicht mehr aber ehemals richtige Daten unterfallen damit ebenso dem Berichtigungsanspruch. Art. 5 Abs. 1 lit. d erfordert, dass die Daten „erforderlichenfalls auf dem neuesten Stand" sein müssen, womit sie dann – aber auch nur dann – korrigiert werden müssen, wenn sie für den aktuellen Sachverhalt relevant sind; ein Berichtigungsanspruch für die Vergangenheit, der keinen Bezug zur Gegenwart aufweist, ist nicht sinnvoll und würde die Verpflichtung des Verantwortlichen vor nahezu unmögliche Aufgaben stellen.[17] Unrichtig können Daten auch dann sein, wenn die an sich richtigen Daten ihren erforderlichen Bezug verlieren, aus dem Kontext gerissen werden und damit eine nicht der Wirklichkeit entsprechende Wahrnehmung ermöglichen.[18] Im Gegensatz zu § 35 Abs. 1 S. 2 BDSG a.F. ordnet Art. 16 keine Verpflichtung des Verantwortlichen an, geschätzte Daten entsprechend zu kennzeichnen. Das Erfordernis der Richtigkeit der Datenverarbeitung impliziert aber bereits eine solche Kennzeichnungspflicht, da ansonsten die Gefahr bestünde, dass die durch Schätzung ermittelten Daten in Bezug zu einer Person gesetzt und nicht als geschätzte Daten, die auf einer Wahrscheinlichkeitsanalyse basieren, erkannt würden. In welchem Maß die Daten unrichtig sein müssen, kann nur für den Einzelfall bestimmt werden.[19] Auch eine geringfügige Unrichtigkeit in der Schreibweise eines Namens kann zu Unstimmigkeiten und Verwechslungen führen.[20]

8 **c) Non liquet.** Soweit ein Dissens zwischen Betroffenem und Verarbeiter über die Richtigkeit einer Information besteht, muss die Verarbeitung zunächst gemäß Art. 18 bis zu einer Klärung eingeschränkt werden. In einer Situation, in der der Verantwortliche nach der Prüfung zu der Überzeugung gelangt, dass die Richtigkeit bzw. Falschheit der Tatsache nicht geklärt werden kann („non liquet") besteht kein Anspruch auf Berichtigung nach Art. 16. Die generellen Regelungen in der DS-GVO über Rechenschaftspflicht aus Art. 5 Abs. 2 (siehe Art. 5 Rn. 72 ff.) und die Verschuldensvermutung aus Art. 82 (siehe Art. 82 Rn. 23 ff.) sind auf den Anspruch des Betroffenen aus Art. 16 nicht anwendbar. Fraglich ist jedoch, ob die Einschränkung der Verarbeitung nach Art. 18 in einem solchen Fall fortbesteht. Aus dem klaren Wortlaut des Art. 18 Abs. 1 lit. a ergibt sich jedoch, dass die Einschränkung der Verarbeitung nur für die Dauer der Überprüfung gilt. Kommt die Überprüfung zu dem Ergebnis, dass sich die Falschheit einer Tatsache nicht nachweisen lässt, so darf eine weitere Verarbeitung nach dem

---

16 Ehmann/Selmayr-*Kamann/Braun* Art. 16 Rn. 14.

17 Gola-*Reif* Art. 16 Rn. 12; ähnlich Ehmann/Selmayr-*Kamann/Braun* Art. 16 Rn. 17.

18 Gola-*Reif* Art. 16 Rn. 10; Gola/Schomerus-*Gola/Schomerus* § 35 Rn. 5; Ehmann/Selmayr-*Kamann/Braun* Art. 16 Rn. 3, 14.

19 So können auch nach Ehmann/Selmayr-*Kamann/Braun* Art. 16 Rn. 16 marginale Unrichtigkeiten und Bagatellfehler unrichtig sein.

20 Gola-*Reif* Art. 16 Rn. 13.

ursprünglichen Zweck weiter erfolgen.[21] Soweit die ursprüngliche Verarbeitung im Rahmen einer Interessenabwägung (etwa auf Basis von Art. 6 Abs. 1 lit. f) gerechtfertigt war, muss nun im Rahmen einer erneuten Abwägung berücksichtigt werden, dass die Tatsache möglicherweise falsch ist. Jedenfalls in Fällen mit Bezug zum Äußerungs- und Presserecht müssen im Sinne der Meinungs- und Pressfreiheit personenbezogene Tatsachenbehauptungen, die nur möglicherweise falsch sind, weiter bzw. wieder online gestellt werden.

d) Auswirkung auf „Fake News", Äußerungsrecht und das NetzDG. Ohne dass dies 9
beabsichtigt war – jedenfalls lässt sich dies weder aus den Erwägungsgründen noch aus den Vorentwürfen erkennen – wird Art. 16 die gelebte Praxis des Äußerungsrechts, insbesondere mit Bezug zu typischerweise tatsachenbasierten „Fake News", deutlich verändern. Während gerade die strengen Pflichten zur Löschung von rechtswidrigen Inhalten gemäß § 3 Abs. 2 NetzDG zu großer Kritik und verfassungsrechtlichen Bedenken geführt haben,[22] wird eine konsequente Anwendung von Art. 16 bei „Fake News" zu weitaus drastischeren Folgen führen. Denn zum einen ist schon bei der Behauptung der „Falschheit" einer Tatsache gemäß Art. 18 Abs. 1 lit. a eine „Einschränkung der Verarbeitung", also die Herausnahme einer Information aus einem Foreninhalt, vorzunehmen. Damit wird die Zeitvorgabe aus § 3 Abs. 2 Nr. 3 NetzDG („in der Regel innerhalb von sieben Tagen nach Eingang der Beschwerde") ad absurdum geführt. Zum anderen wird die abweichende Beurteilung der Beweislast im Datenschutzrecht insbesondere bei **non liquet** zu einer Praxis **in dubio pro** Löschung der (behaupteten) „Fake News" führen. Die Grenze dieser neuen Möglichkeiten im Äußerungsrecht dürfte allenfalls in der Pressefreiheit (siehe hierzu Art. 85 Rn. 36) zu suchen sein.[23]

e) Aktivlegitimation der Berichtigungspflicht. Berichtigungsgegenstand sind – aus- 10
weislich des Wortlautes – nur die die Person betreffenden personenbezogenen Daten. Derjenige, der den Berichtigungsanspruch ausübt, muss also auch derjenige sein, auf den sich die personenbezogenen Daten beziehen. Eine Dritter kann nicht die Berichtigung personenbezogener Daten verlangen, die mit seiner Person nicht in Verbindung stehen; insoweit ist auch ein Popularrecht ausgeschlossen.[24]

---

21 Siehe zu diesem Thema, das zumeist auf Ebene von Art. 18 diskutiert wird, auch BeckOK DatenSR-*Worms* Art. 18 Rn. 35. Gegen ein Recht auf Einschränkung der Verarbeitung im Falle eines **non liquet** spricht sich Paal/Pauly-*Paal* Art. 18 Rn. 3 – ohne nähere Begründung – aus. Zur Beweislast in diesem Zusammenhang Kühling/Buchner-*Herbst* Art. 18 Rn. 13.

22 Siehe etwa *Weberling* NJ 2017, 407; *Nolte* ZUM 2017, 552; *Heckmann/Wimmers* CR 2017, 310; *Elsaß/Labusga* CR 2017, 234; siehe zudem *Ladeur/ Gostomzyk* Gutachten zur Verfassungsmäßigkeit des Entwurfs eines Gesetzes zur Verbesserung der Rechtsdurchsetzung in sozialen Netzwerken (Quelle: https://www.bitkom.org/Bitkom/Publikationen/Zur-Verfassungsmaessigkeit-des-Netzwerkdurchsetzungsgesetzes-Ergebnisse-eines-Gutachtens.html).

23 Nach teilweise vertretener Ansicht besteht hier gesetzgeberischer Handlungsbedarf, da die derzeitige Regelung aus § 57 RStV einen pauschalen Vorrang für die Pressefreiheit regelt, ohne die nach Art. 85 geforderte Abwägung im Einzelfall zu berücksichtigen (so Kühling/Buchner-*Buchner/Tinnefeld* Art. 85 Rn. 31 ff.; *Albrecht/Janson* CR 2016, 500, 508; a.A. wohl Gola-*Pötters* Art. 85 Rn. 22).

24 Ehmann/Selmayr-*Kamann/Braun* Art. 16 Rn. 23.

11 Noch keine befriedigende Lösung zeichnet sich für das Problem ab, dass eine Vielzahl von Daten nur mit einer gewissen Wahrscheinlichkeit einer Person zugerechnet werden können. Wem ist die (dynamische oder statische) IP-Adresse zuzuordnen? Demjenigen, der die Webseite aufgerufen hat, oder dem Anschlussinhaber?[25] Wem ist die festgestellte Nutzung des Herds zu einem bestimmten Zeitpunkt in einem Smartphone zuzuordnen?[26] Wer sitzt in dem Car-Sharing-Kfz, dessen Kennzeichen auf einem Parkplatz aufgenommen wurde? Gerade aufgrund der sehr weiten Auslegung des Begriffes des Personenbezuges in der Rechtsprechung (Art. 4 Rn. 24) muss in vielen Fällen von einem Personenbezug ausgegangen werden, obwohl dieser für einen Verantwortlichen kaum zu ermitteln ist. Hieraus ergibt sich die Frage, ab welchem Grad der Wahrscheinlichkeit eine Tatsache unrichtig ist (**wahrscheinlich** wurde der Internetzugang soeben durch das jüngste Kind verwendet).

12 Angesichts der Komplexität und auch der Effektivität des Datenschutzes dürfen die Grenzen des Anwendungsbereichs allerdings auch nicht zu eng gezogen werden. Das bedeutet, dass Daten, die nicht ausschließlich denjenigen, der den Berichtigungsanspruch geltend macht, sondern auch einen Dritten betreffen, ebenso berichtigt werden müssen, sofern diese unrichtig sind.[27] Auch wenn sich nur aus S. 1 der Bezug auf die Berichtigung der die Person betreffenden unrichtigen personenbezogenen Daten ergibt, muss dieser Gedanke konsequenterweise auch auf den Vervollständigungsanspruch des S. 2 bezogen werden, um einen gleichmäßigen und sich ergänzenden Anwendungsbereich zu gewährleisten.[28]

13 **2. Unvollständige personenbezogene Daten. – a) Unvollständigkeit.** Art. 16 S. 2, der die Unvollständigkeit der Daten voraussetzt, ist gegenüber S. 1 spezieller, was sich auch aus der allgemein gehaltenen Überschrift des Art. 16 und der fehlenden Differenzierung zwischen **unrichtig** und **unvollständig** in Art. 5 lit. d ergibt.[29] Über die Unvollständigkeit von Daten muss im konkreten Einzelfall und damit unter Berücksichtigung der Zwecke der Datenverarbeitung entschieden werden.[30] Erforderlich ist, dass die Daten als solche richtig sind (da sie ansonsten in den Anwendungsbereich des S. 1 fallen würden), aber nur in einer Gesamtschau zu einer objektiv richtigen Aussage werden.[31] Wenn es im Rahmen der Datenverarbeitung zu einer falschen Einschätzung von Tatsachen kommt, die auf fehlenden Daten und damit fehlender Information beruht, müssen diejenigen Daten ergänzt werden, die zu einer richtigen Einschätzung benötigt werden. Als Beispiel kommt die Übermittlung von personenbezogenen Daten, die sich auf das Vorliegen einer Schuld beziehen, aber nicht die Gegenrechte gegen den Schuldgrund oder die -höhe beinhalten, in Betracht.[32] Dadurch ergäbe sich die Erkenntnis, dass der Betroffene eine Verpflichtung zur einredefreien Erfüllung hat und sich nicht etwa auf Verjährung beru-

25 *Keppeler* CR 2016, 360, 362 ff.; *Keppeler* CR 2017, 662, 666.
26 *Keppeler* EnWZ 2016, 99, 101 f.
27 Ehmann/Selmayr-*Kamann/Braun* Art. 16 Rn. 23, die als Beispiel einen Kommunikationsvorgang nennen.
28 Ehmann/Selmayr-*Kamann/Braun* Art. 16 Rn. 38.
29 So Kühling/Buchner-*Herbst* Art. 16 Rn. 4.
30 Gola-*Reif* Art. 16 Rn. 14; Ehmann/Selmayr-*Kamann/Braun* Art. 16 Rn. 36.
31 Ehmann/Selmayr-*Kamann/Braun* Art. 16 Rn. 36.
32 Dieses Beispiel findet sich bei Gola-*Reif* Art. 16 Rn. 14 unter Verweis auf Simitis-*Mallmann* § 35 Rn. 15 und Wolf/Brink-*Brink* § 35 BDSG Rn. 12.

fen kann. In der Praxis kann sich dies vor allem im Rahmen von (unvollständigen) Eintragungen in Personalakten auswirken.

b) Zweckbindung. Das Vervollständigungsrecht aus S. 2 hat die betroffene Person nur unter Berücksichtigung der Zwecke der Verarbeitung. Dieses Erfordernis wurde erst im laufenden Gesetzgebungsverfahren auf Vorschlag des Rates aufgenommen.[33] Die in S. 2 genannte Zweckbindung dient einerseits dazu, der treuwidrigen Geltendmachung des Vervollständigungsanspruchs vorzubeugen sowie andererseits das Interesse des Betroffenen und des Verantwortlichen auszugleichen.[34] **14**

c) Ergänzende Erklärung. Der Betroffene kann die Vervollständigung unvollständiger Daten auch mittels einer ergänzenden Erklärung – oder wie es der Kommissionsentwurf nannte: „einem Korrigendum"[35] – verlangen. Das ist die über die dafür vorhandenen Möglichkeiten des Verantwortlichen hinausgehende Verpflichtung, die Daten situationsgerecht darzustellen und dient der Erläuterung sowie der Richtigstellung der Information.[36] **15**

3. Unverzügliche Berichtigung. Hinsichtlich der unverzüglichen Berichtigung ist nur auf den Adressaten des Berichtigungsanspruchs abzustellen und nicht auf die Geltendmachung durch den Betroffenen.[37] Das wird einerseits durch die Satzstellung in Art. 16 deutlich sowie durch den ErwG 59, der die unverzügliche Pflichtenerfüllung des Verantwortlichen verdeutlicht.[37] Auch wenn die Unverzüglichkeit nur in S. 1 – der Berichtigungspflicht – genannt ist, stellt sie – in Anbetracht des gleichen Zwecks der Pflichten aus Art. 16 – ebenso einen zeitlichen Maßstab für die Vervollständigungspflicht aus S. 2 dar.[38] Die unverzügliche Berichtigung muss ohne schuldhaftes Zögern so erfolgen, dass dem Verantwortlichen kein Verschuldensvorwurf gemacht werden kann.[39] Wie der Maßstab des schuldhaften Zögerns bemessen werden kann, muss im Einzelfall entschieden werden. Gemein muss aber sein, dass eine Berichtigung erfolgt, bevor die – ehemals unrichtigen – Daten berichtigt wurden, um den Folgen der Weitergabe unrichtiger Daten entgegenzuwirken.[39] Bedarf der Verantwortliche einer längeren Zeit, um die Unrichtigkeit der Daten zu überprüfen und diese zu korrigieren, dann kann der Betroffene dem unsicheren Zustand durch die Ausübung seines Rechts auf Einschränkung der Verarbeitung gemäß Art. 18 Abs. 1 lit. a begegnen.[40] Dass der Gesetzgeber die Möglichkeit der Sperrung als Zwischenlösung bereits berücksichtigt hat, zeigt, dass ein „unverzügliches" Berichtigen keinesfalls stets als „sofortiges" und „unmittelbares" Berichtigen zu verstehen ist. Rechtsfolge wäre, dass die Datenverarbeitung angehalten wird und nur aufgrund bestimmter in Art. 18 Abs. 2 genannter Voraussetzungen weiterverfolgt werden darf. Ein nachweislich falscher Eintrag in einem Forum, ein unrichtiger Tweed und ähnliche Diskussionsbeiträge im Internet müssten von dem jeweiligen Plattformbetreiber – soweit dieser Verantwortlicher ist, **16**

33 Vgl. Rats-Dok. Nr. 9565/15 Art. 16 und BeckOK DatenSR-*Worms* Art. 16 Rn. 37, 50.

34 Ehmann/Selmayr-*Kamann/Braun* Art. 16 Rn. 37.; Kühling/Buchner-*Herbst* Art. 16 Rn. 27.

35 Legislative Entschließung des Europäischen Parlaments v. 12.3.2014, COM (2012)0011 – C7-0025/2012 – 2012/0011 (COD), Art. 16.

36 Ehmann/Selmayr-*Kamann/Braun* Art. 16 Rn. 42.

37 Kühling/Buchner-*Herbst* Art. 16 Rn. 22.

38 BeckOK DatenSR-*Worms* Art. 16 Rn. 62; Paal/Pauly-*Paal* Art. 16 Rn. 20.

39 Gola-*Reif* Art. 16 Rn. 17.

40 Zum Verhältnis des Art. 18 zu Art. 16: Ehmann/Selmayr-*Kamann/Braun* Art. 16 Rn. 8.

was in der Regel der Fall sein dürfte, – also schnell **offline** genommen und nach Art. 18 nur noch eingeschränkt verarbeitet werden, bis eine endgültige Klärung herbeigeführt ist. Gerade in solchen Fällen ist die strenge Begrenzung der Anwendbarkeit auf Tatsachen freilich besonders wichtig, um die Meinungsfreiheit nicht auszuhebeln. Für falsche Tatsachen in Bewertungsportalen steht mit Art. 16 ein ganz neues Instrument bereit, welches nicht an die Störereigenschaft eines Portalbetreibers, sondern an die datenschutzrechtliche Verantwortlichkeit anknüpft.[41]

17 Im Kontext mit der unverzüglichen Berichtigungspflicht ist Art. 12 Abs. 3 zu sehen, wonach der Verantwortliche der betroffenen Person Informationen über den Antrag nach Art. 16 innerhalb eines Monats nach Eingang des Antrags bereitstellen muss. Daraus ergibt sich, dass ein (mehr als) einmonatiges Zuwarten in jedem Fall die Ausnahme darstellen soll.[42] Erfordert die Prüfung indes eine entsprechende Zeit, etwa weil gemäß der Rechtsprechung zur Löschung von (möglicherweise) unzutreffenden Foreneinträgen zunächst derjenige angehört werden soll, der den Forenbeitrag veröffentlicht hat,[43] muss in Einzelfällen auch eine längere Zeitspanne gewährt werden.

18 **4. Beschränkungen.** Das Recht auf Berichtigung und Vervollständigung wird nicht unbeschränkt gewährleistet. Art. 23 eröffnet die Möglichkeit, durch europäische oder nationale Rechtsvorschriften das Recht aus Art. 16 zu beschränken, sofern dies beispielsweise zur Sicherstellung der nationalen Sicherheit oder anderen in Art. 23 genannten Zwecken erforderlich ist (siehe dazu die Kommentierung zu Art. 23). Eine weitere Beschränkung kann Art. 16 aufgrund des Art. 89 Abs. 2 und 3 erfahren, wenn der europäische oder nationale Gesetzgeber Ausnahmevorschriften im Hinblick auf die Verarbeitung personenbezogener Daten zu wissenschaftlichen, historischen, forschenden oder statistischen Zwecken vorsieht.

19 Das Recht aus Art. 16 wird nicht dadurch beschränkt, dass der Betroffene ursprünglich selber falsche Angaben gemacht hat; insoweit ist ein „Mitverschulden" nicht berücksichtigungsfähig.[44] Auch ist der Anspruch nicht von einem Verschulden des Verantwortlichen für die Unrichtigkeit oder Unvollständigkeit der Daten abhängig.[44]

20 **5. Durchsetzung. – a) Adressat der Verpflichtung.** Ausweislich des Wortlauts ist der Verantwortliche (und nicht der Auftragsverarbeiter) Adressat der Berichtigungs- und Vervollständigungspflicht. In diesem Zusammenhang besteht für den Verantwortlichen gemäß Art. 12 Abs. 2 die Pflicht, die Ausübung des Rechts aus Art. 16 zu erleichtern. Schon das Einrichten einer Hürde wie z.B. die Information, dass Berichtigungsanträge nur postalisch empfangen werden, kann folglich zu einem Verstoß gegen Art. 12 Abs. 2 und somit zu einem Bußgeld führen (siehe Art. 12 Rn. 39).

21 Der Verantwortliche ist gemäß Art. 5 Abs. 1 lit. d dazu verpflichtet, die Richtigkeit der personenbezogenen Daten zu gewährleisten. Ihn trifft damit – unabhängig von einem Antrag des Betroffenen – die Pflicht, unrichtige Daten zu berichtigen oder unvollstän-

---

41 Siehe zuletzt *BGH* MMR 2017, 562 zur Haftung von Portalbetreibern für Äußerungen Dritter.

42 Kühling/Buchner-*Herbst* Art. 16 Rn. 24.; ähnlich auch Paal/Pauly-*Paal* Art. 16 Rn. 17.

43 Siehe *BGH* GRUR 2012, 311 zur Erforderlichkeit der Stellungnahme des Verfassers eines Blogs und einer etwaigen Replik des Betroffenen.

44 Kühling/Buchner-*Herbst* Art. 16 Rn. 14.

dige Daten zu vervollständigen.[45] Der Antrag einer betroffenen Person ist nicht an eine Form gebunden, sollte jedoch die unrichtigen oder unvollständigen Daten und den entsprechenden Korrekturwunsch beinhalten, um dem Verantwortlichen eine unverzügliche Berichtigung zu ermöglichen.[46] Es ist nicht erforderlich, dass die Person ein besonderes Interesse an der Berichtigung nachweist oder dass ihr gar ein Schaden durch die Unrichtigkeit oder Unvollständigkeit der Daten entstanden ist.[47]

b) Darlegungs- und Beweislast. Die Darlegungs- und Beweislast ist nicht gesetzlich geregelt. Aus einer Gesamtschau der Verpflichtung des Verantwortlichen gemäß Art. 5 Abs. 1 lit. d für die Richtigkeit der Daten zu sorgen und dem Recht des Betroffenen, die Berichtigung unrichtiger Daten zu verlangen, lässt sich erkennen, dass der Betroffene bei Ausübung seines Rechts nach Art. 16 die Tatsachen vortragen muss, die die Unrichtigkeit der Daten begründen.[48] Es reicht nicht aus, dass der Betroffene lediglich behauptet, dass die personenbezogenen Daten unrichtig seien; vielmehr ist erforderlich, dass die Möglichkeit der Unrichtigkeit nicht von vorneherein ausgeschlossen ist, wobei an diese Möglichkeit – in Anbetracht der Effektivität des Datenschutzes – auch wiederum keine zu hohen Anforderungen gestellt werden dürfen.[49] **22**

c) Rechtsschutz. Um dem Betroffenenrecht aus Art. 16 zur Geltung zu verhelfen, kann der Betroffene eine Beschwerde nach Art. 77 einlegen und gemäß Art. 78 und 79 das Recht auf einen wirksamen Rechtsbehelf gegen eine Aufsichtsbehörde bzw. das Recht auf einen gerichtlichen Rechtsbehelf gegen Verantwortliche oder Auftragsverarbeiter ausüben. Der Verwaltungsrechtsweg kann mit einer Verpflichtungsklage gegen eine Behörde als Verantwortlicher beschritten werden sofern diese es ablehnt, (unrichtige) Daten zu berichtigen oder zu vervollständigen. Auf dem Zivilrechtsweg kann das Recht aus Art. 16 mit einer Leistungs- oder Unterlassungsklage durchgesetzt werden. Verletzt der Verantwortliche seine sich aus Art. 16 ergebenden Verpflichtungen, muss er mit einer Geldbuße rechnen, da ein Verstoß gegen die Verpflichtung aus Art. 16 gemäß Art. 83 Abs. 5 lit. b) bußgeldbewährt ist. Der Betroffene kann – sofern die Verarbeitung der ihn betreffenden unrichtigen Daten zu einem materiellen oder immateriellen Schaden führt – Schadensersatz vom Verantwortlichen oder Auftragsverarbeiter gemäß Art. 82 verlangen (siehe Art. 82 Rn. 15). **23**

C. Praxishinweise

I. Relevanz für betroffene Personen

Für Betroffene enthält das Recht auf Berichtigung einen wichtigen Baustein zur Erlangung der Datensouveränität. In einer Welt, in der immer mehr Informationen über jede Person gespeichert werden, erscheint es immer zwingender, dass sich jeder Betroffene auch selbst um die Richtigkeit der Daten kümmert. Gerade im Arbeitsrecht sind daher große Auswirkungen auf die Praxis zu erwarten. Auch das Thema „Fake News" könnte mithilfe des Berichtigungsrechts – vor allem aufgrund der Ver- **24**

---

45 BeckOK DatenSR-*Worms* Art. 16 Rn. 45; Gola-*Reif* Art. 16 Rn. 4.

46 Plath-*Kamlah* Art. 16 Rn. 5.

47 Ehmann/Selmayr-*Kamann/Braun* Art. 16 Rn. 18; Kühling/Buchner-*Herbst* Art. 16 Rn. 11; BeckOK DatenSR-*Worms* Art. 16 Rn. 45; *EuGH* v. 13.5.2014 – C-132/12, NJW 2014, 2257, Rn. 96.

48 So auch Ehmann/Selmayr-*Kamann/Braun* Art. 16 Rn. 22.

49 Ähnlich Ehmann/Selmayr-*Kamann/Braun* Art. 16 Rn. 7.

pflichtung, bestrittene Angaben unverzüglich zu „sperren" – effizienter als zuvor durchgesetzt werden.

II. Relevanz für das Datenschutzmanagement

25 Das Datenschutzmanagement muss Berichtigungsanträge berücksichtigen. Insbesondere sollten Prozesse zur Prüfung und Bewertung der „Unrichtigkeit" bestehen, damit in größeren Organisationen eine Einheitlichkeit gewahrt und eine schnelle (unverzügliche) Reaktion ermöglicht wird.

Artikel 17 Recht auf Löschung („Recht auf Vergessenwerden")

(1) Die betroffene Person hat das Recht, von dem Verantwortlichen zu verlangen, dass sie betreffende personenbezogene Daten unverzüglich gelöscht werden, und der Verantwortliche ist verpflichtet, personenbezogene Daten unverzüglich zu löschen, sofern einer der folgenden Gründe zutrifft:

a) Die personenbezogenen Daten sind für die Zwecke, für die sie erhoben oder auf sonstige Weise verarbeitet wurden, nicht mehr notwendig.
b) Die betroffene Person widerruft ihre Einwilligung, auf die sich die Verarbeitung gemäß Artikel 6 Absatz 1 Buchstabe a oder Artikel 9 Absatz 2 Buchstabe a stützte, und es fehlt an einer anderweitigen Rechtsgrundlage für die Verarbeitung.
c) Die betroffene Person legt gemäß Artikel 21 Absatz 1 Widerspruch gegen die Verarbeitung ein und es liegen keine vorrangigen berechtigten Gründe für die Verarbeitung vor, oder die betroffene Person legt gemäß Artikel 21 Absatz 2 Widerspruch gegen die Verarbeitung ein.
d) Die personenbezogenen Daten wurden unrechtmäßig verarbeitet.
e) Die Löschung der personenbezogenen Daten ist zur Erfüllung einer rechtlichen Verpflichtung nach dem Unionsrecht oder dem Recht der Mitgliedstaaten erforderlich, dem der Verantwortliche unterliegt.
f) Die personenbezogenen Daten wurden in Bezug auf angebotene Dienste der Informationsgesellschaft gemäß Artikel 8 Absatz 1 erhoben.

(2) Hat der Verantwortliche die personenbezogenen Daten öffentlich gemacht und ist er gemäß Absatz 1 zu deren Löschung verpflichtet, so trifft er unter Berücksichtigung der verfügbaren Technologie und der Implementierungskosten angemessene Maßnahmen, auch technischer Art, um für die Datenverarbeitung Verantwortliche, die die personenbezogenen Daten verarbeiten, darüber zu informieren, dass eine betroffene Person von ihnen die Löschung aller Links zu diesen personenbezogenen Daten oder von Kopien oder Replikationen dieser personenbezogenen Daten verlangt hat.

(3) Die Absätze 1 und 2 gelten nicht, soweit die Verarbeitung erforderlich ist

a) zur Ausübung des Rechts auf freie Meinungsäußerung und Information;
b) zur Erfüllung einer rechtlichen Verpflichtung, die die Verarbeitung nach dem Recht der Union oder der Mitgliedstaaten, dem der Verantwortliche unterliegt, erfordert, oder zur Wahrnehmung einer Aufgabe, die im öffentlichen Interesse liegt oder in Ausübung öffentlicher Gewalt erfolgt, die dem Verantwortlichen übertragen wurde;

c) aus Gründen des öffentlichen Interesses im Bereich der öffentlichen Gesundheit gemäß Artikel 9 Absatz 2 Buchstaben h und i sowie Artikel 9 Absatz 3;
d) für im öffentlichen Interesse liegende Archivzwecke, wissenschaftliche oder historische Forschungszwecke oder für statistische Zwecke gemäß Artikel 89 Absatz 1, soweit das in Absatz 1 genannte Recht voraussichtlich die Verwirklichung der Ziele dieser Verarbeitung unmöglich macht oder ernsthaft beeinträchtigt, oder
e) zur Geltendmachung, Ausübung oder Verteidigung von Rechtsansprüchen.

– *ErwG: 65, 66*
– *BDSG n.F.: § 35*

Übersicht

Literatur: *Arning/Moos/Schefzig* Vergiss(!) Europa!, CR 2014, 447; *Boehme-Neßler* Das Recht auf Vergessenwerden – Ein neues Internet – Grundrecht im Europäischen Recht, NVwZ 2014, 825; *Buchholz* Das „Recht auf Vergessen" im Internet, ZD 2015, 570; *von Danwitz* Die Grundrechte auf Achtung der Privatsphäre und auf Schutz personenbezogener Daten – Die jüngere Rechtsprechung des Gerichtshofs der Europäischen Union, DuD 2015, 581; *Deutsches Institut für Vertrauen und Sicherheit im Internet (DIVSI)* Oktober 2015; *Ehmann/Selmayr* Datenschutz-Grundverordnung: DS-GVO, 2017; *Gola* Datenschutz-Grundverordnung, 2017; *Hornung/Hofmann* Ein „Recht auf Vergessenwerden"? – Anspruch und Wirklichkeit eines neuen Datenschutzrechts, JZ 2013, 163; *Koreng/Feldmann* Das „Recht auf Vergessen", ZD 2012, 311; *Kreutzer* Das Recht auf Vergessenwerden, DIVSI und iRights, 2014; *Kühling/Buchner* Datenschutzgrundverordnung, 2017; *Leupold* Google und der Streisand-Effekt: Das Internet vergisst nicht, MR-Int 2014, 3; *Leutheusser-Schnarrenberger* Das Recht auf Vergessenwerden – ein Durchbruch oder ein digitales Unding?, ZD 2015, 149; *von Lewinski* Staat als Zensurhelfer – Staatliche Flankierung der Löschpflichten Privater nach dem Google-Urteil des EuGH, AfP 2015, Sonderdruck; *Mayer-Schönberger* Delete, Die Tugend des Vergessens in digitalen Zeiten, 2011; *Nolte* Das Recht auf Vergessenwerden – mehr als nur ein Hype?, NJW 2014, 2238; *Paal/Pauly* Datenschutz-Grundverordnung, 2017; *Schaffland/Wiltfang* Datenschutz-Grundverordnung (DS-GVO)/Bundesdatenschutzgesetz (BDSG), 2017; *Schantz* Die Datenschutz-Grundverordnung – Beginn einer neuen Zeitrechnung im Datenschutzrecht, NJW 2016, 1841; *Schantz/Wolff* Das neue Datenschutzrecht, 2017; *Schweda* Court of Appeal OBLIGES Press Operator to prevent name search in archived articles, Edpl 2015, 299; *Spindler* Durchbruch für ein Recht auf vergessen(werden)? – Die Entscheidung des EuGH in Sachen Google Spain und ihre Auswirkungen auf das Datenschutz- und Zivilrecht, JZ 2014, 981; *Tinnefeld* Meinungsfreiheit durch Datenschutz, ZD 2014, 151; *Wybitul* Handbuch EU-Datenschutz-Grundverordnung, 2017.

A. Allgemeines

I. Hintergrund

1 In der Entstehungsgeschichte der DS-GVO hat die öffentliche Diskussion über das **sog. Recht auf Vergessenwerden** große Aufmerksamkeit weit über seine eigentliche juristische Bedeutung hinausgehend genossen. Hintergrund war der immer wieder geforderte „digitale Radiergummi", der im Zeitalter der weltweiten ubiquitären Verbreitung von Informationen und besonders der personenbezogenen Daten der Behauptung, das Netz vergesse nichts, das Vergessen von bestimmten persönlichen Informationen entgegensetzen sollte. Jeder Bürger solle Einfluss darauf nehmen können, wie lange Informationen von ihm im Netz zugänglich sein sollten. Das digitale Vergessen brauche eine breite Debatte in der Gesellschaft. Erinnern und Vergessen bekämen eine neue Dimension im digitalen Zeitalter.[1] Deshalb nahmen dazu die Regelungsvorschläge in den ersten, teilweise widersprüchlichen Entwürfen der DS-GVO einen größeren Raum ein als sie letztendlich Niederschlag in Art. 17 gefunden haben. Von den weitergehenden Überlegungen einer umfassenden Pflicht des Verantwortlichen für die Datenverarbeitung, selbst Vorkehrungen zur Überprüfung von Löschungsfristen und zu deren weiterer Notwendigkeit zu setzen,[2] ist die normale Verpflichtung zur Löschung korrespondierend mit dem Recht auf Löschung der betroffenen Person übrig geblieben, wie sie auch schon in § 35 Abs. 2 BDSG a.F. und in der europäischen Datenschutzrichtlinie 95/46/EG[3] (DSRL) enthalten war.

---

1 Grundsätzlich dazu *Mayer-Schönberger* Delete.
2 Kühling/Buchner-*Herbst* Art. 17 Rn. 6, 7.
3 Richtlinie 95/46/EG, ABl. EG Nr. L 281 v. 23.11.1995.

II. Einordnung

Am meisten hat die bahnbrechende **Google Spain-Entscheidung des EuGH**[4] die Debatte um die Verantwortlichkeiten von **Suchmaschinenbetreibern** und um entsprechende verbesserte Regelungen in der DS-GVO geprägt. Diese auf den Verpflichtungen der europäischen Datenschutzrichtlinie 95/46/EG (DSRL) beruhende Entscheidung hat den Anspruch der von der Datenverarbeitung personenbezogener Daten Betroffenen auf Achtung ihres Rechtes auf Datenschutz und ihrer Privatsphäre klar konturiert und die Suchmaschinenbetreiber mit Blick auf diese Grundrechte zu einem Datenschutz verantwortlichen Handeln verpflichtet. Bei aller Kritik an dieser Entscheidung[5] besonders wegen angeblicher Verkennung der Bedeutung der Suchmaschinenbetreiber im Internetzeitalter und der überragenden Bedeutung der Meinungsfreiheit hat sie die Kehrseite der weltweiten Verfügbarkeit von personenbezogenen Daten sichtbar gemacht wie die Verletzung elementarer Grundrechte des Einzelnen. **2**

Auch für nicht Inhaltsverantwortliche wie die Suchmaschinenbetreiber muss es richtigerweise Verantwortung für die von ihnen verarbeiteten Daten und die auf dieser Grundlage erstellten Ergebnislisten geben. Die Durchsetzung des Anspruchs auf Löschung oder Korrektur ist nicht einfach und weltweit rechtlich und tatsächlich schwierig durchzusetzen (Rn. 46). Der intensiven Debatte zum Vergessen im digitalen Zeitalter ist zu verdanken, dass der Begriff des „Rechts auf Vergessenwerden" im Klammerzusatz des Art. 17 verortet wurde. Es ist ein unbestimmter und inhaltlich nicht eindeutiger Begriff, aber er gibt umgangssprachlich wieder, was die Bürgerinnen und Bürger neben der schnellen Information und Kommunikation auch von der Allgegenwärtigkeit des Netzes erwarten: Dass ihre persönlichen Informationen nicht ein Leben lang öffentlich und einfach frei zugänglich sind, sondern gelöscht oder zumindest schwer auffindbar, besser versteckt und damit vergessen werden. Das „Recht auf Vergessenwerden" ist ein Fall des klassischen Löschungsrechts, das in Art. 17 geregelt ist. Das Löschbegehren kann auch zu Konflikten mit den Rechten auf freie Meinungsäußerung und auf Zugang zu Informationen führen, die miteinander abgewogen werden müssen. Grundsätzlich hat der EuGH dem Recht auf Löschung der Links zu Beiträgen mit personenbezogenen Nachrichten einen hohen Stellenwert eingeräumt.[6] **3**

Diese Entscheidung und die Debatte um das Vergessenwerden haben sich in Art. 17 Abs. 2 dahingehend niedergeschlagen, dass es eine Verpflichtung des betroffenen Verantwortlichen für die Datenverarbeitung, der die Daten veröffentlicht hat, gibt mit der Maßgabe, Dritte, die die Daten weiter verarbeiten, über das Löschungsbegehren zu informieren (Rn. 42 ff.). **4**

III. Grundlage

Konstitutionelle Grundlagen des Löschungsrechts sind Art. 8 GRCh, das **Datenschutzgrundrecht** und Art. 7 GRCh, das **Recht auf Achtung der Privatsphäre**, die in einem Verhältnis des Art. 8 GRCh als lex specialis zu Art. 7 GRCh stehen.[7] Ein eigenständi- **5**

4 *EuGH* v. 13.5.2014 – C-131/12, ECLI:EU:C:2014:317, Google Spain und Google = NJW 2014, 2263.

5 *Arning/Moos/Schefzig* CR 2014, 447, 455.

6 *EuGH* v. 13.5.2014 – C-131/12, ECLI:EU:C:2014:317, Google Spain und Google = NJW 2014, 2257, 2263.

7 *EuGH* v. 9.11.2010 – C-92/09 und 93/09, EuZW 2010, 939. Sydow-*Peuker* Art. 17 Rn. 7.

ges formuliertes Grundrecht auf Vergessenwerden gibt es nicht. Der EuGH hat mit seiner Google Spain-Entscheidung den Anspruch auf Löschung von Links seitens der Suchmaschinenbetreiber aus der europäischen Datenschutzrichtlinie herleitend begründet und dem Datenschutzrecht grundsätzlich den Vorrang vor wirtschaftlichen Interessen zugewiesen,[8] es sei denn, Abwägungen mit anderen Grundrechten führen zu einem anderen Ergebnis.

6 Das Recht auf Löschung und die Verpflichtung zur Löschung sind Ausdruck des Grundsatzes der Datenminimierung, der zu den anerkannten Datenschutzstandards gehört und durch die Zweckbindung und Angemessenheit der Verwendung personenbezogener Daten (Art. 5 Abs. 1 lit. c) sowie ihrer Löschung seine konkrete Ausgestaltung findet. ErwG 65 führt das ausführlich aus.

7 Der in Art. 17 verankerte Löschungsanspruch geht in einigen Aspekten über die Google Spain-Entscheidung hinaus, indem es nicht immer zwingend für alle in Art. 17 enthaltenen Fallgestaltungen eines ausdrücklichen Antrags auf Löschung bedarf und der Löschungsanspruch sich nicht nur gegen Suchmaschinenbetreiber richtet, sondern gegen jeden privaten Verantwortlichen, auch gegen die Betreiber sozialer Netzwerke. Auch öffentliche Stellen können betroffen sein.

8 Der ErwG 65 bringt die grundsätzliche Bedeutung des Rechts auf Berichtigung und Löschung personenbezogener Daten zum Ausdruck, wenn die allgemeinen Datenschutzgrundsätze wie Rechtmäßigkeit der Verarbeitung und Zweckbindung nicht mehr erfüllt werden. Hervorzuheben ist insbesondere, dass ein verstärkter Schutz von Kindern, die wegen ihres jungen Alters die Reichweite ihrer Einwilligung nicht in vollem Umfang erkennen können, mit einem weitgehenden Recht auf spätere Löschung ihrer Daten durchgesetzt werden soll. Die Konfliktsituation zwischen Löschungsrecht und Wahrnehmung öffentlicher Interessen sowie der Grundrechte vieler Nutzer kommt ebenfalls in ErwG 65 zum Ausdruck. Die eigentliche Durchsetzung des „Rechts auf Vergessenwerden" findet seinen Niederschlag in ErwG 66 mit der Informationspflicht des für die Veröffentlichung der Daten Verantwortlichen, Dritte, die diese Daten verarbeiten, auf das Löschungsbegehren und die Löschung von Links, Kopien oder Replikationen hinzuweisen.

IV. Rechtslage nach BDSG n.F.

9 § 35 Abs. 1 BDSG n.F. enthält eine über die Löschungsregelungen des Art. 17 hinausgehende Regelung mit dem Ziel, die Ausnahmen von der Löschungsverpflichtung zu erweitern, um der Abwägung zwischen den Interessen der betroffenen Person und dem Aufwand des Verantwortlichen an der Löschung angemessen Rechnung tragen zu können (Rn. 63). Die in Art. 17 über die Löschgründe des § 35 BDSG a.F. hinausgehenden Regelungen, wie beim Widerspruch der betroffenen Person gegen die Datenverarbeitung, gelten mit Inkrafttreten der DS-GVO unmittelbar in Deutschland. Während nach den §§ 20 Abs. 8, 35 Abs. 7 BDSG a.F. der Dritte nur über die Löschung informiert werden musste, geht Art. 17 Abs. 2 darüber hinaus, weil die Information über das Löschungsbegehren verlangt wird. Eine Erwähnung des „Rechts auf Vergessenwerden" gibt es in § 35 BDSG n.F. nicht. Eine weitere Erweiterung der Ausnahme von der Löschung sieht § 35 Abs. 3 BDSG n.F. im Fall des Entgegenstehens bestimm-

8 *EuGH* v. 13.5.2014 – C-131/12, ECLI:EU:C:2014:317, Google Spain und Google.

ter vertraglicher oder satzungsmäßiger Aufbewahrungsfristen vor, die neben den gesetzlichen Speicherungsverpflichtungen z.B. für Register und Grundbücher gem. Art. 17 Abs. 3 lit. b die Vereinbarungen z.B. in Gesellschaftsverträgen oder in Satzungen betreffen.

V. Bisherige EU-Rechtslage

Als unvollständige Vorgängerregelung ist Art. 12 lit. b DSRL[9] zu sehen, der außer dem allgemeinen Löschungsanspruch keine konkreten Löschgründe enthielt, sondern sie nur teilweise und exemplarisch anspricht, wenn es heißt, „insbesondere wenn diese Daten unvollständig oder unrichtig sind". 10

Hinsichtlich der Informationsverpflichtung an Dritte formuliert Art. 12 lit. c DSRL die „Gewähr, dass jede Löschung den Dritten, denen die Daten übermittelt wurden, mitgeteilt wird, sofern sich dies nicht als unmöglich erweist oder kein unverhältnismäßiger Aufwand damit verbunden ist." Keine Korrespondenzregelung gibt es bisher hinsichtlich der Ausnahmen von der Löschungsverpflichtung gem. Art. 17 Abs. 3. 11

B. Kommentierung

I. Recht auf Löschung gem. Art. 17 Abs. 1

Die Voraussetzungen für das Recht auf Löschung sind in Art. 17 Abs. 1 festgelegt. Liegen sie vor, ist der Verantwortliche zur unverzüglichen Löschung der personenbezogenen Daten verpflichtet. Nach dem Wortlaut des Abs. 1 ist ein Antrag der betroffenen Person nicht ausdrücklich notwendig, denn Abs. 1 normiert explizit die **Verpflichtung zur Löschung** („... und der Verantwortliche ist verpflichtet ..."). Die Rechtslage in den aufgezählten Fallgestaltungen in Abs. 1 a–f ist diesbezüglich unterschiedlich zu bewerten. Denn wenn es auch das Recht der betroffenen Person gibt, anstelle der Löschung eine Einschränkung der Verarbeitung verlangen zu können wie in Abs. 1 lit. a und d, dann würde dieses Recht bei sofortiger Löschung vereitelt. Der Betroffene muss also zumindest über die beabsichtigte Löschung informiert werden, um sein Recht ausüben zu können. Auf der anderen Seite kann sich der Verantwortliche nicht darauf berufen, dass kein Antrag vorliegt. Er darf nicht weiterverarbeiten.[10] 12

1. Anspruchsberechtigter. Die anspruchsberechtigte betroffene Person ist nach der Legaldefinition des Art. 4 Nr. 1 Hs. 1 eine identifizierte oder identifizierbare natürliche Person, auf die sich die personenbezogenen Daten beziehen. **Juristische Personen** als Träger des Datenschutzrechtes sind nach der Formulierung des ErwG 14 Abs. 2, dass diese Verordnung nicht für die Verarbeitung personenbezogener Daten juristischer Personen und insbesondere als juristische Person gegründeter Unternehmen, einschließlich Name, Rechtsform oder Kontaktdaten der juristischen Person gilt, nicht einbezogen. Gem. Art. 1 dient die DS-GVO dem Schutz der Grundrechte und Grundfreiheiten **natürlicher Personen**. 13

2. Anspruchsgegner. Anspruchsgegner ist der **Verantwortliche** gem. der Legaldefinition des Art. 4 Nr. 7, also jede natürliche oder juristische Person, Behörde, Einrichtung oder andere Stelle, die allein oder gemeinsam mit anderen über die Zwecke und Mittel der Verarbeitung von personenbezogenen Daten entscheidet. Nach Art. 4 Nr. 7 14

9 Richtlinie 95/46/EG Datenschutzrichtlinie, ABl. EG Nr. L 281 vom 23.11.1995.
10 Kühling/Buchner-*Herbst* Art. 17 Rn. 10.

2. Hs. sind die Zwecke und Mittel dieser Verarbeitung durch das Unionsrecht oder das Recht der Mitgliedstaaten vorgegeben. So können der Verantwortliche beziehungsweise die bestimmten Kriterien seiner Benennung nach dem Unionsrecht oder dem Recht der Mitgliedstaaten geregelt werden. Auftragsverarbeiter i.S.v. Art. 4 Nr. 8 sind nicht Anspruchsgegner.[11] Um den Löschungsanspruch auch ausüben zu können, hat die betroffene Person ein **Auskunftsrecht** gem. Art. 15 gegen den Verantwortlichen.

15 Ausdrücklich sind Suchmaschinenbetreiber nach der Rechtsprechung des EuGH Verantwortliche i.S.d. Art. 1 Abs. 1.[12] Sie verbreiten den Zugang zu Informationen weltweit an Millionen Menschen ohne zeitliche Begrenzung. Ubiquität und Dezentralität des Internets ermöglichen dies. Das kann die Privatsphäre viel stärker verletzen als ein einmaliger Artikel in einer Lokalzeitung. Der Löschanspruch führt deshalb zu Recht zu einer stärkeren Verantwortung der Suchmaschinenbetreiber. Der Betroffene kann sich an ihn und bei fehlerhafter Berichterstattung auch erfolgreich an den Inhaltsverantwortlichen, also den Webmaster, wenden. Aber er darf nicht darauf verwiesen werden, sich immer zuerst an die Quelle wenden zu müssen, beide Ansprüche bestehen nebeneinander.[12]

16 Suchmaschinenbetreiber verantworten mit der Organisation und Aggregation von im Internet veröffentlichten Informationen einen eigenständigen Datenverarbeitungsvorgang und ermöglichen jedem Nutzer mit einer namensbasierten Recherche anhand der erstellten Ergebnisliste einen strukturierten Überblick über die zu dieser Person auffindbaren Informationen, die einen häufig tiefgehenden Einblick in deren Privatsphäre geben, was ohne die Suchmaschine nicht möglich wäre.[12]

17 **3. Die Löschungsgründe des Art. 17 Abs. 1 lit. a–f.** Abs. 1 lit. a–f enthalten eine abschließende Aufzählung der Tatbestände, bei deren Vorliegen der Voraussetzungen der Löschungsanspruch der betroffenen Person die Löschpflicht des Verantwortlichen auslöst und diesen zur unverzüglichen Löschung verpflichtet. Unverzüglich ist die Löschung dann, wenn sie innerhalb einer nach den Umständen des Einzelfalls zu bemessenden Prüfungs- und Überlegungszeit vorgenommen wird. Es gilt eine Maximalfrist von einem Monat nach der Äußerung des Löschanspruchs (Rn. 43).[13] Die **Löschungsgründe** sind sehr ausdifferenziert und werden damit in der Anwendung etwas kompliziert. Im Kern geht es meistens darum, dass Daten zu löschen sind, wenn es für ihre weitere Verarbeitung und Speicherung keine Rechtsgrundlage gibt.[14]

18 **a) Zweckerfüllung der Verarbeitung gem. Abs. 1 lit. a.** Gem. Abs. 1 lit. a hat eine Löschung zu erfolgen, wenn die personenbezogenen Daten für die Zwecke, für die sie erhoben oder auf sonstige Weise verarbeitet wurden, nicht mehr notwendig sind.[15] Dieser Tatbestand beschreibt den im Datenschutzrecht geltenden **Zweckbindungsgrundsatz** und dient der Durchsetzung der Datensparsamkeit und Datenvermeidung. Dies ist der Maßstab, der bei der Prüfung der Notwendigkeit zu Grunde zu legen ist und zur Folge hat, dass es einen unmittelbaren Zusammenhang zwischen der Datenspeicherung und dem konkreten Verwendungszweck geben muss. Gibt es einen recht-

11 *Sartor* IDPL 2015, 64 f.
12 *EuGH* v. 13.5.2014 – C-131/12, ECLI:EU:C:2014:317, Google Spain und Google.
13 So ErwG 59.
14 Schantz/Wolff-*Schantz* Rn. 1213.
15 Siehe auch Art. 5 Abs. 1 lit. a.

fertigenden Zweck, entfällt die Löschpflicht. Das gilt zum Beispiel bei der Erfüllung von Verträgen auch nach Kündigung und kann auch bis zum Ablauf der Verjährungsfristen gelten. Immer kommt es dabei auf eine Interessenabwägung[16] zwischen dem Gewicht möglicher Ansprüche, und dem Ausmaß der Beeinträchtigung der Interessen der betroffenen Person an.

Im **Arbeitsverhältnis** besteht z.B. eine Löschpflicht entsprechend des arbeitsrechtlichen Status der Arbeitsbeziehungen. Nach Ablauf der Bewerbungsphase ist die Speicherung der personenbezogenen Unterlagen des/r nicht eingestellten Bewerbers/Bewerberin grundsätzlich nicht mehr notwendig, da der Zweck erreicht ist. Während eines Arbeitsverhältnisses wird für die meisten Daten das Gegenteil der Fall sein und nach Kündigung geht es um eine zweckbezogene Bewertung hinsichtlich der für die Abwicklung notwendigen Daten und den Daten, die wegen Zweckerfüllung nicht mehr gebraucht werden. **19**

Ist der ursprüngliche Zweck erreicht und die Datenspeicherung deshalb nicht mehr notwendig, kann sich eine Rechtfertigung der weiteren Speicherung aus einer zulässigen **Zweckänderung** ergeben. Dazu müssen die für die Zweckänderung normierten Voraussetzungen des Art. 5 Abs. 1 lit. b und Art. 6 Abs. 4 erfüllt sein. In jedem Fall muss die **Vereinbarkeit** des ursprünglichen Zwecks mit dem geänderten vorliegen. Für die im öffentlichen Interesse liegenden Archivzwecke gibt es für die Vereinbarkeit eine spezielle Regelung in Art. 5 Abs. 1 lit. b i.V.m Art. 89 Abs. 1, wenn also die in Art. 89 Abs. 1 genannten Garantien für die Rechte der betroffenen Person bei der Verarbeitung zu diesen Zwecken gegeben sind.[17] **20**

b) Widerruf der Einwilligung gem. Abs. 1 lit. b. Beruht die Verarbeitung der Daten auf einer Einwilligung der betroffenen Person i.S.v. Art. 6 Abs. 1 lit. a oder Art. 9 Abs. 2 lit. a und widerruft sie diese, was gem. Art. 7 jederzeit möglich ist, entfällt die Berechtigung zur Datenverarbeitung. Durch den **Widerruf** der Einwilligung wird die Rechtmäßigkeit der aufgrund der Einwilligung bis zum Widerruf erfolgten Verarbeitung nach Art. 7 Abs. 3 nicht berührt. Die Daten ab Widerruf sind zu löschen, es sei denn, es gibt eine andere Rechtsgrundlage. So ist z.B. nach Art. 6 Abs. 1 lit. f die Verarbeitung weiter zulässig, wenn sie zur **Wahrung der berechtigten Interessen des Verantwortlichen oder eines Dritten erforderlich ist** und die Interessen oder Grundrechte und Grundfreiheiten der betroffenen Person, die den Schutz personenbezogener Daten erfordern, nicht überwiegen. Aus Art. 6 Abs. 1 lit. b–e können sich mögliche gesetzliche Grundlagen für eine weitere Verarbeitung trotz des Widerrufs der Einwilligung ergeben. Damit es zur berechtigten Löschung kommt, muss in einer dreistufigen Prüfung festgestellt werden, dass eine Einwilligung vorlag, die rechtmäßig widerrufen wurde und es keine anderweitige gesetzliche Rechtfertigung der weiteren Datenverarbeitung gibt. **21**

c) Widerspruch der betroffenen Person gegen die Verarbeitung gem, Abs. 1 lit. c. Ein Recht auf Löschung besteht nach diesem Tatbestand, wenn die betroffene Person der Datenverarbeitung widerspricht, also eine entsprechende Erklärung vorliegt. Die Regelung erfasst zwei Fallgestaltungen: Den **Widerspruch** gem. Art. 21 Abs. 1 gegen die Verarbeitung personenbezogener Daten, die auf Grund von Art. 6 Abs. 1 lit. e **22**

16 Vgl. Art. 6 Abs. 1 lit. f.
17 Kühling/Buchner-*Herbst* Art. 17 Rn. 22, 23.

oder f erfolgt ist und für deren Verarbeitung es keine vorrangigen berechtigten Gründe gibt. Und den Widerspruch gem. Art. 21 Abs. 2 gegen die Verarbeitung zum Zweck der Direktwerbung.

23 Art. 21 Abs. 1 gibt der betroffenen Person das Recht, auf Grund ihrer persönlichen Situation einer weiteren Verarbeitung zu widersprechen, wenn deren Rechtmäßigkeit darauf beruht, dass sie für die Wahrnehmung einer Aufgabe erforderlich ist, die im öffentlichen Interesse liegt oder in Ausübung öffentlicher Gewalt erfolgt (Art. 6 Abs. 1 lit. e) oder zur Wahrung der berechtigten Interessen des Verantwortlichen oder eines Dritten erforderlich ist, sofern die Interessen oder Grundrechte oder Grundfreiheiten der betroffenen Person nicht überwiegen. Das gilt insbesondere dann, wenn es sich bei der betroffenen Person um ein Kind handelt (Art. 6 Abs. 1 lit. f). Der Widerspruch bezieht sich auch auf das auf diese Bestimmungen gestützte Profiling (Art. 21 Abs. 1 S. 1).

24 Aus diesem Widerspruchsrecht begründet sich ein Löschungsrecht dann, wenn es gem. Art. 17 Abs. 1 lit. c Var. 1 keine vorrangigen **berechtigten Gründe** für die Verarbeitung gibt. Diese können sich wiederum aus Art. 21 Abs. 1 S. 2 Hs. 2 ergeben, wenn entweder der Verantwortliche zwingende schutzwürdige Gründe für die Verarbeitung nachweisen kann, die die Interessen, Rechte und Pflichten der betroffenen Person überwiegen oder die Verarbeitung der Geltendmachung, Ausübung oder Verteidigung von Rechtsansprüchen dient. Solange noch nicht feststeht, ob die berechtigten Gründe des Verantwortlichen zur Verarbeitung wirklich überwiegen, kann die betroffene Person die Einschränkung der Verarbeitung gem. Art. 18 Abs. 1 lit. d verlangen, (noch) nicht die Löschung.

25 Die DS-GVO enthält keine Legaldefinition der vorrangig berechtigten Gründe für die Verarbeitung. Es hat eine Gesamtabwägung statt zu finden, die die Rechtmäßigkeit der Verarbeitung und ihre Gründe dafür abwägt mit den Gründen, die dagegen geltend gemacht werden. Dabei spielen für die Vorrangigkeit der Gründe grundrechtsrelevante Interessen eine wichtige Rolle. Für den Verantwortlichen können sich diese vorrangig berechtigten Gründe aus dem **Schutz seines Eigentums** und seiner wirtschaftlichen Interessen ableiten, denen gegenüber das Recht auf Datenschutz der betroffenen Person zurückstehen muss. Beispielsweise kann das der Fall sein, wenn die betroffene Person eine Straftat begangen hat und diese Informationen trotz Eintragung in entsprechende Register gelöscht wissen will. Die Sensibilität der personenbezogenen Daten für das Privatleben des Betroffenen müssen bei dieser Abwägung genauso berücksichtigt werden wie das Interesse der Öffentlichkeit an diesen Informationen.

26 Widerspricht die betroffene Person der Datenverarbeitung zu Zwecken der **Direktwerbung** gem. Art. 21 Abs. 2, findet keine Interessenabwägung statt und die Daten sind gem. Art. 17 Abs. 1 lit. c zu löschen. Trotz eines Wertungswiderspruches dieser Rechtsfolge mit der Rechtsfolge des Widerspruchs nach Art. 21. Abs. 2, die gem. Art. 21. Abs. 3 darin besteht, dass die personenbezogenen Daten nicht mehr für Zwecke der Direktwerbung verarbeitet werden dürfen, aber die Verarbeitung für andere Zwecke bei Vorliegen einer Rechtsgrundlage nicht ausgeschlossen wird, ist die Rechtsfolgenregelung des Art. 17 Abs. 1 lit. c so eindeutig, dass sich ein anderes Auslegungsergebnis als die Löschung nicht begründen lässt.[18]

---

18 Kühling/Buchner-*Herbst* Rn. 22.

d) Unrechtmäßige Verarbeitung gem. Abs. 1 lit. d. Dieser Löschungsgrund erfasst wie eine Art Auffangtatbestand alle die Verarbeitungen, die unzulässig sind, auch die von vornherein ohne Rechtsgrundlage erfolgen und entspricht der Vorgängerregelung in Art. 12 lit. b DSRL und § 35 Abs. 2 Nr. 1 BDSG a.F. Der Prüfungsmaßstab der **unrechtmäßigen Verarbeitung** ist sehr weit. **27**

Für die Beurteilung kommt es auf die Unrechtmäßigkeit zum Zeitpunkt der Beurteilung an. War also die Verarbeitung ursprünglich unrechtmäßig und ist z.B. zwischenzeitlich eine Einwilligung erfolgt, wird der Mangel nachträglich geheilt und der Löschungsanspruch entfällt. Ein anderes Ergebnis wäre unsinnig, da es den Interessen der beiden Beteiligten widersprechen würde. So wurde auch § 35 Abs. 2 Nr. 1 BDSG a.F. verstanden. **28**

Unrichtige Daten stellen einen Verstoß gegen den Grundsatz der Richtigkeit nach Art. 5 Abs. 1 lit. d dar und können deshalb auch die Voraussetzungen von Art. 17 Abs. 1 lit. d erfüllen. Dieser Qualitätsanspruch an die Datenverarbeitung ist mit der Entscheidung des EuGH zu Google Spain ausdrücklich festgestellt worden. Der für die Verarbeitung Verantwortliche hatte nach dem Wortlaut des Art. 6 DSRL dafür zu sorgen, dass die personenbezogenen Daten „nach Treu und Glauben und auf rechtmäßige Weise verarbeitet werden", „für festgelegte eindeutige und rechtmäßige Zwecke erhoben und nicht in einer mit diesen Zweckbestimmungen nicht zu vereinbarenden Weise weiterverarbeitet werden", „den Zwecken entsprechen, für die sie erhoben und/oder weiterverarbeitet werden, dafür erheblich sind und nicht darüber hinausgehen", sachlich richtig und, wenn nötig, auf den neuesten Stand gebracht sind" und „nicht länger, als es für die Realisierung der Zwecke, für die sie erhoben oder weiterverarbeitet werden, erforderlich ist, in einer Form aufbewahrt werden, die die Identifizierung der betroffenen Person ermöglicht." [19] Die Anforderungen an die Rechtmäßigkeit, wie sie der EuGH aus den Vorgängerregelungen herleitet, sind jetzt in Art. 5 und 6 enthalten. **29**

Ist eine Berichtigung nicht möglich oder macht die betroffene Person von ihrem Berichtigungsanspruch gem. Art. 16 keinen Gebrauch, ist die Angabe zu löschen. Die betroffene Person kann aber auch ihr Recht auf Einschränkung der Datenverarbeitung nach Art. 18 Abs. 1 lit. b geltend machen. **30**

e) Rechtspflicht zur Löschung gem. Abs. 1 lit. e. Dieser Löschungsgrund besteht dann, wenn die Löschung zur Erfüllung einer **rechtlichen Verpflichtung** nach dem Unionsrecht oder dem Recht der Mitgliedstaaten erforderlich ist, der der Verantwortliche unterliegt. Der Begriff der rechtlichen Verpflichtung entspricht dem in Art. 6 Abs. 1 lit. c i.V.m. Art. 6 Abs. 2 und 3. Es können bestehende oder künftige Regelungen sein, die nicht nur datenschutzspezifisch sein müssen oder Verpflichtungen, die sich aus der Rechtsprechung ergeben. Eine vertraglich eingegangene Verpflichtung reicht dagegen nicht aus. Die Öffnungsklausel in Art. 17 Abs. 1 lit. e stellt ein Einfallstor für weitere Löschungspflichten aus dem Unionsrecht und dem Recht der Mitgliedstaaten dar, so dass von einer Erweiterung der Anwendbarkeit der Norm im Vergleich zum BDSG a.F. auszugehen ist. Es gelten sowohl Regelungen des Staates wie auch von Regionen, wie z.B. das Landesdatenschutzrecht der Bundesländer in Deutschland. **31**

---

19 *EuGH* v. 13.5.2014 – C-131/12, ECLI:EU:C:2014:317, Google Spain und Google.

32 **f) Datenerhebung bei Kindern für Dienste der Informationsgesellschaft gem. Abs. 1 lit. f.** Bei diesem Löschungsrecht geht es um den Schutz von Kindern, wenn deren personenbezogene Daten gemäß Art. 8 Abs. 1 für Dienste der Informationsgesellschaft erhoben wurden. Es geht um den Schutz der Kinder, die sich der Reichweite und Auswirkungen der Datenverarbeitung in jungen Jahren noch nicht so bewusst sein können. Besonders gilt der Schutz, wenn die Dienste der Informationsgesellschaft direkt Kindern angeboten werden (siehe auch ErwG 38) und sie diese Daten später wieder löschen lassen möchten. Das Recht auf Löschen hat einen hohen Stellenwert und gilt auch noch dann, wenn die betroffene Person erwachsen ist (ErwG 65).

33 Die nach Art. 8 Abs. 1 direkt den Kindern **angebotenen Dienste der Informationsgesellschaft** sind Dienste i.S.d. Art. 4 Nr. 25 i.V.m. Art. 1 Nr. 1 lit. b der Richtlinie (EU) 2015/1535 des Europäischen Parlaments und des Rates.[20] Eine Dienstleistung der Informationsgesellschaft betrifft jede in der Regel gegen Entgelt elektronisch im Fernabsatz und auf individuellen Abruf eines Empfängers erbrachte Dienstleistung. Dazu gehören vor allem der E-Commerz-Bereich wie Online-Vertrieb, Online Werbung, Online-Informationsangebote, elektronische Suchmaschinenbetreiber und Plattformbetreiber zur Übermittlung von Informationen. Für Kinder sind besonders Streaming-Dienste und die sozialen Netzwerke von Bedeutung.

34 Nach Art. 8 Abs. 1 ist diese Verarbeitung personenbezogener Daten ab der Vollendung des 16. Lebensjahres des Kindes rechtmäßig. Ist das Kind jünger, ist die Verarbeitung bei Einwilligung des **Trägers der elterlichen Verantwortung** für das Kind rechtmäßig oder mit dessen Zustimmung zur Einwilligung des Kindes. Nach speziellen mitgliedstaatlichen Regelungen kann das Alter des Kindes auch unter 16 Jahren, aber nicht unter Vollendung des 13. Lebensjahres liegen. Ist das Kind unter 16 Jahren und liegt die Einwilligung bzw Zustimmung des Trägers elterlicher Verantwortung nicht vor, bedarf es des Rückgriffs auf den Löschungsgrund nach Art. 17 Abs. 1 lit. f eigentlich nicht, denn dann besteht bereits nach Abs. 1 lit. d ein Löschungsanspruch, weil die Verarbeitung unrechtmäßig erfolgt ist.

35 Eine gewisse Widersprüchlichkeit ergibt sich aus dem Wortlaut des Art. 17 Abs. 1 lit. f und seiner Verweisung auf Art. 8 Abs. 1 dann, wenn die Voraussetzungen des Art. 8 Abs. 1 vorliegen und die Verarbeitung mit Einwilligung des Trägers elterlicher Verantwortung rechtmäßig war und sich dennoch daraus der Löschungsanspruch des Kindes ergeben soll. Hier greift die Schutzüberlegung des ErwG 65 nicht, denn der Träger elterlicher Verantwortung hat gerade die Einsichtsfähigkeit in die mit der Verarbeitung verbundenen Gefahren und hat vor diesem Hintergrund die Einwilligung erklärt. Das Kind ist nicht besonders schutzbedürftig. Dennoch sollen die verarbeiteten Daten gelöscht werden. Dieses Ergebnis überzeugt nicht und wird der Systematik der Löschungsrechte dieser Vorschrift nicht gerecht, die alle an die Unrechtmäßigkeit anknüpfen. Danach käme es ja nicht auf das Vorliegen der Voraussetzungen des Art. 8 Abs. 1 an. Minderjährige (das Alter ist in den Mitgliedstaaten unterschiedlich festgesetzt) können aber gerade bei Zustimmung des gesetzlichen Vertreters wirksam am Rechtsgeschäft teilnehmen, weil mit seiner Beteiligung unübersehbare Risiken und Nachteile verhindert werden sollen. Dieser Grundsatz findet sich auch in Art. 8 Abs. 1. Schutzzweck des Art. 8 Abs. 1 und des ErwG 38 ist die Bewahrung der Kinder vor

20 ABl. L 241 v. 17.9.2015.

unübersichtlichen Folgen und Risiken der digitalen Verarbeitung ihrer personenbezogenen Daten, die weltweit benutzt werden können und zu Persönlichkeitsprofilen zusammengeführt werden können. Ihr Familienleben, ihr Privatestes wird sichtbar, Dritte können sich Einblicke verschaffen, von denen das Kind keine oder nur wenig Vorstellung hat, auch wenn Kinder in immer jüngeren Lebensjahren mobile Endgeräte nutzen.

Es wird deshalb die Auffassung vertreten, dass mittels einschränkender Auslegung aus teleologischen und systematischen Gründen Art. 17 Abs. 1 lit. f nur bei Kindern unter 16 bzw. bis 13 Jahren zur Anwendung kommt, wenn die Einwilligung des Trägers elterlicher Verantwortung oder seine Zustimmung zur Einwilligung nicht vorliegt.[21] **36**

Haben Kinder ihre Einwilligung in die Verarbeitung ihrer personenbezogenen Daten ab dem 16. Lebensjahr für Dienste, die ihnen angeboten werden, erklärt, so haben sie die Möglichkeit, diese Daten auch noch später löschen zu lassen.[22] Darin könnte ein eigener Anwendungsbereich dieses Löschrechtes liegen. Da aber mit dem Widerruf der Einwilligung im späteren Alter, also z.B. mit 17 Jahren, der Löschungsanspruch nach Abs. 1 lit. b vorliegt, hätte es dazu eigentlich der Regelung des Abs. 1 lit. f nicht bedurft.[23] Da aber der Löschungsgrund nach Abs. 1 lit. b nur vorliegt, wenn sich bei Widerruf der Einwilligung nicht aus einer anderen Rechtsgrundlage die Rechtmäßigkeit der Verarbeitung ergibt, diese Alternative in Abs, 1 lit. f aber nicht vorgesehen ist, sondern nur auf die Einwilligung nach Art. 8 Abs. 1 S. 1 abgestellt wird, liegt darin der eigene Anwendungsbereich des Abs. 1 lit. f.[24] Die Verletzung der Nachprüfpflicht durch den Verantwortlichen gem. Art. 8 Abs. 2 begründet wegen des insoweit eindeutigen Wortlauts des Art. 17 Abs. 1 lit. f, der nur auf Art. 8 Abs. 1 verweist, dagegen keinen Löschungsanspruch.[25] **37**

4. Inhalt des Löschungsanspruchs. – a) Begriff des Löschens. Hinsichtlich des **Begriffs der Löschung** wird in Art. 4 Nr. 2 zwischen Löschung und Vernichtung unterschieden. Die DS-GVO enthält keine Legaldefinition und gibt auch keine informationstechnische Löschmethode vor. Gem. § 3 Abs. 4 S. 2 Nr. 5 BDSG a.F. ist Löschen das Unkenntlichmachen gespeicherter personenbezogener Daten ohne technische Vorgaben. Schutzzweck des Löschens ist, dass die Daten endgültig nicht mehr verwendbar sind, irreversibel unleserlich und nicht mehr verarbeitbar. Folglich ist jegliche Informationsgewinnung aus den Daten unmöglich geworden.[26] Sie dürfen nicht reproduzierbar sein. Technisch kann die Löschung auch durch mehrfaches Überschreiben geschehen. Die Daten dürfen bei Anonymisierung und Pseudonymisierung nicht wieder herstellbar sein, auch nicht durch Hinzuziehen zusätzlicher Informationen. Auch Kopien, Sicherheitskopien und jede Form gegenständlicher Doppel müssen zerstört werden. **38**

Andere Formen des Löschens sind die physische Zerstörung des Datenträgers oder die Löschungen von Verknüpfungen, die zur Wahrnehmung der Information erforderlich sind.[27] **39**

---

21 Sydow-*Peuker* Art. 17 Rn. 30.
22 ErwG 65.
23 *Schantz* NJW 2016, 1841, 1845; Paal/Pauly-*Paal* Art. 17 Rn. 28.
24 Kühling/Buchner-*Herbst* Art. 17 Rn. 35.
25 Zutreffend Sydow-*Peuker* Art. 17 Rn. 30.
26 Gundsätzlich Simitis-*Dammermann* Art. 12 Rn. 14.
27 Kühling/Buchner-*Herbst* Art. 17 Rn. 39.

40 **b) Löschen und das sog. Recht auf Vergessenwerden.** Die Verpflichtung von Suchmaschinenbetreibern zur **Löschung von Links** als eine Form des Löschens wurde sehr schnell als Recht auf Vergessenwerden bezeichnet, was gut in den Kontext einer seit Jahren andauernden Diskussion zu passen schien, die die mit der digitalen Kommunikationstechnologie verbundene immense Ausweitung der Potenziale zur Informationsspeicherung und -verbreitung als soziokulturelle Gefahr eines Nicht-mehr-Vergessen-Könnens begreift.[28] Entgegen des öffentlichen Eindrucks hat der EuGH in seiner Google Spain-Entscheidung die Worte des Rechts auf Vergessenwerden nicht gebraucht, sondern die Begrifflichkeiten der DSRL verwandt.[29] Umgangssprachlich hat dieser Begriff erst den Blick vieler Nutzer und von der Verarbeitung personenbezogener Daten Betroffener auf die Verletzung ihrer Rechte nach der Europäischen Grundrechte Charta und des sekundären europäischen Rechtes gelenkt. Die teilweise harsche Kritik an der Bezeichnung [30] ist überzogen und nicht angebracht. Der neue Begriff hilft, Kenntnis von den eigenen Rechten zu bekommen und von ihnen auch Gebrauch zu machen.[31] Art. 17 ist kein Spezialgesetz zum Recht auf Vergessenwerden, sondern regelt die Bedingungen für das allgemeine Löschungsrecht, das seit langem Bestandteil des allgemeinen Datenschutzrechtes ist. Der Klammerzusatz in der Überschrift gibt einen Hinweis darauf, dass es sich beim Recht auf Vergessenwerden ebenfalls um einen Löschungsvorgang handelt. Der Begriff des Vergessenwerdens ist etwas unscharf, denn eigentlich geht es um die Möglichkeit, durch Löschen von Links nach einer namensbezogenen Recherche nicht mehr im Netz mit einer bestimmten personenbezogenen Information aufgefunden zu werden.[32]

41 Zur Gewährleistung eines effektiven Datenschutzes ist eine Löschung von Links, die weltweit den Zugang zu personenbezogenen Daten bewirken, unverzichtbar. Anspruchsgegner nach der Google Spain-Entscheidung des EuGH ist der Suchmaschinenbetreiber. Nur darüber hatte das Gericht zu entscheiden. Nach Art. 17 i.V.m. Art. 4 Nr. 7 sind Verantwortliche u.a. natürliche oder juristische Personen, Behörden, Einrichtungen oder andere Stellen, die allein oder gemeinsam mit anderen über die Zwecke und Mittel der Verarbeitung von personenbezogenen Daten entscheiden. Es können also mit der Verarbeitung i.S.d. Art. 4 Nr. 2 befasste Unternehmen sein, also auch Netzwerk- und andere Plattformbetreiber wie Facebook.

42 **c) Löschen und Big Data-Anwendungen.** Unter Big Data werden große, komplexe und sich schnell ändernde Massendatenmengen verstanden, auf deren Auswertung und Analyse vielfältige digitale Geschäftsmodelle beruhen. Es geht auf der einen Seite um die Chancen technologischer Entwicklung für die Wirtschaft und ihre Wettbewerbsfähigkeit und auf der anderen Seite um massenweise verarbeitete personenbezogene Daten und die damit verbundene Gefahr der Verletzung von Persönlich-

---

28 *Mayer-Schöneberger* Delete 26 ff., 199 ff., der das Verhältnis zwischen Erinnern und Vergessen umkehren und das Vergessen wieder leichter machen will.

29 RL 95/46/EG DSRL, ABl. EG Nr. L 281 vom 23.11.1995, Art. 2, 6, 9, 12.

30 Sydow-*Peuker* Art. 17 Rn. 33–36; zur Diskussion *Spiecker* gen. *Döhmann* KritV 2014, 28, 34 ff.; positiver *Schantz* NJW 2016, 1841, 1845.

31 Im ersten Jahr nach der Google Spain-Entscheidung wurden bereits 279 766 Anträge auf Löschung eines Links zu Artikeln mit der Namensnennung des Antragstellers gestellt, davon in Deutschland mit ca. 47 599 die zweitmeisten nach Frankreich (ca. 57 800), die europaweit über 1 017 557 URLs betrafen.

32 *Leutheusser-Schnarrenberger* ZD 2015, 149.

keitsrechten.[33] Auch bei Big Data-Anwendungen gibt es Betroffenenrechte und Big Data ist nicht grundsätzlich von der Anwendung von Löschungsrechten ausgenommen, es gibt keinen entsprechenden Tatbestand. Somit sind Löschungsrechte nach den allgemeinen Kriterien des Art. 17 zu bestimmen, was aber die Identifizierbarkeit der personenbezogenen Daten erfordert. Das ist wegen der häufigen Anonymisierung und der Verknüpfung von Daten schwierig und könnte auch einmal die Wiederherstellung der Personalisierung verlangen. Das liefe dem Grundanliegen der DS-GVO und dem Datenschutz durch Technikgestaltung gem. Art. 25 diametral entgegen. Deshalb werden Löschungsansprüche bei Big Data Prozessen nach Art. 17 auf Grund des **vorliegenden Personenbezugs** durchsetzbar sein, wenn nicht Ausnahmen nach Art. 17 Abs. 3 lit. b und c vorliegen.

d) Unverzüglich. Nach Art. 17 Abs. 1 hat die betroffene Person das Recht, die **unverzügliche Löschung** zu verlangen. Und der Verantwortliche ist verpflichtet, die Daten bei Vorliegen eines Löschungsgrundes unverzüglich zu löschen. Zur Erläuterung des Begriffs „unverzüglich" kann Art. 12 Abs. 3 und 4 herangezogen werden, der spätestens innerhalb eines Monats nach Eingang eines Antrags die Antwort vorschreibt, ggf. verlängerbar um maximal 2 Monate z.B. wegen der Komplexität des Antrags und der Prüfung der Identität des Betroffenen. In diesem zeitlichen Rahmen muss sich die Befassung mit den Löschungsbegehren bewegen, Art. 12 Abs. 3 verweist ausdrücklich auch auf Art. 17. **43**

e) Ausübung des Löschungsrechts. Art. 12 Abs. 3 setzt einen Antrag voraus, an dessen Erhebung die Fristen anknüpfen. Obwohl ein Antrag in Art. 17 nicht ausdrücklich vorgesehen ist, ist zur Durchsetzung des Löschungsgrundes nach Abs. 1 lit. b (Widerruf der Einwilligung) und Abs. 1 lit. c (Widerspruch) eine Willensäußerung der betroffenen Person notwendig, die nicht ein formeller Antrag sein muss. Bei den Fällen in Abs. 1 lit. a, d und e (Wegfall der Notwendigkeit der Zweckerfüllung, Unrechtmäßigkeit der Datenverarbeitung und beim Bestehen einer Rechtsverpflichtung zum Löschen) scheint ein Antrag nicht unbedingt notwendig zu sein, aber mit Blick auf die Auswahl mehrerer Rechtsfolgen wie der Löschung und der Einschränkung der Bearbeitung nach den verschiedenen Fallgruppen des Art. 18 Abs. 1 lit. a bis d zur Wahrung der Interessen der Beteiligten doch sinnvoll. **44**

Der Verantwortliche der Datenverarbeitung soll unabhängig von einem Antrag der betroffenen Person regelmäßige Überprüfungen oder Fristen zur Löschung vorsehen, damit die Daten nicht länger als nötig gespeichert werden, so sieht es der ErwG 39 vor.[34] Der Umfang der Prüfpflicht richtet sich nach dem Einzelfall und kann bei großen Mengen verarbeiteter Daten auch mal unzumutbar sein.[35] **45**

II. Informationspflicht gem. Art. 17 Abs. 2

1. Allgemeines. Diese Bestimmung ist die konkrete Ausprägung des Rechts auf Vergessenwerden. Dafür reicht es nämlich nicht allein aus, dass der Verantwortliche für die Erhebung, Speicherung und Verarbeitung seiner Pflicht zur Löschung der in seinem Verantwortungsbereich gespeicherten Daten nachkommt, sondern die Ubiquität **46**

33 *Bitkom* Big Data im Praxiseinsatz, S. 21; Sydow-*Peuker* Art. 17 Rn. 37.
34 Simitis-*Dix* BDSG § 35 Rn. 24.
35 *BGH* v. 14.5.2013 – VI ZR 269/12, NJW 2013, 2348, 2350.

und Unbegrenztheit des Netzes erfordert es, dass auch andere Verantwortliche ihre mögliche Löschungsverpflichtung erfüllen. Andernfalls würde dem berechtigten Anliegen auf Löschung nur ansatzweise Rechnung getragen, denn die zu löschenden Daten wären an vielen Stellen weiterhin auffindbar und nutzbar. Die Entscheidung des EuGH zum Recht auf Vergessenwerden[36] wollte mit der Verpflichtung der Suchmaschinenbetreiber zur Löschung von Ergebnislisten erreichen, dass das Recht auf Schutz der personenbezogenen Daten auch den Zugang zu ursprünglich rechtmäßigen Inhalten unmöglich macht bzw. sehr erschwert, wenn sie personenbezogene Daten enthalten. Eine logische Fortsetzung dieses Rechts auf Löschung ist die Inanspruchnahme des Verantwortlichen für die beanstandeten Inhalte mit dem Ziel, dass sie von der Webseite, vom Blog oder aus den Archivbeiträgen genommen werden. Diese Informationspflicht geht über die Entscheidung des EuGH hinaus. Dafür stellt der EuGH in seiner Google Spain-Entscheidung fest, dass die betroffene Person vom Suchmaschinenbetreiber nicht darauf verwiesen werden darf, zuerst gegen den Inhaltsverantwortlichen vorzugehen.[36] Um das Recht auf Datenschutz und Schutz des Privatlebens der betroffenen Person wirklich so umfassend wie möglich zu gewährleisten, muss der Inhaltsverantwortliche davon in Kenntnis gesetzt werden. Das soll mittels der Informationsverpflichtung gem. Abs. 2 erfolgen. Damit soll eine weitere Verbreitung der Daten unterbunden und die bestehenden weitest möglich gelöscht werden. Die Absicht des Verordnungsgesetzgebers schlägt sich auch in ErwG 66 nieder. Ob der weitere Verantwortliche zur Löschung verpflichtet ist, richtet sich nach der allgemeinen Regelung, also danach, ob die Verarbeitung zum Zeitpunkt des Löschungsbegehrens rechtmäßig ist. Dazu kann es notwendig sein, zwischen dem Datenschutzrecht und dem Recht auf Schutz der Privatsphäre der betroffenen Person und der Meinungs- und Pressefreiheit und den Rechten der Nutzer auf Meinungsfreiheit und Zugang zur Information abzuwägen.

47 **2. Tatbestandsvoraussetzungen des Abs. 2.** Art. 17 Abs. 2 verpflichtet den zur Löschung veröffentlichter personenbezogener Daten herangezogenen Verantwortlichen zu angemessenen Maßnahmen unter Berücksichtigung der **verfügbaren Technologie und der Implementierungskosten**, um für die Datenverarbeitung Verantwortliche über das Löschungsverlangen zu informieren. Das ist sehr allgemein formuliert, die Kriterien sind unbestimmt, was dem Verantwortlichen größere Entscheidungsspielräume einräumt.

48 Eine selbstverständliche Voraussetzung der Informationspflicht ist, dass der Verantwortliche die Daten öffentlich gemacht hat, also diese Daten für die Allgemeinheit zugänglich sind, in dem sie z.B. von einer Webseite abgerufen werden können. Der Adressatenkreis dieser Information ist unbestimmt, sie sind dem Verantwortlichen nicht bekannt. Und es kann für den Verantwortlichen schwierig und aufwändig, vielleicht sogar unmöglich sein, sie namentlich auch aufzufinden. Deshalb werden in Abs. 2 nur **angemessene Maßnahmen** verlangt. Das können Informationen über das Löschungsverlangen auf der Webseite des Verantwortlichen sein.[37] Für Suchmaschinenbetreiber kann das bedeuten, die Webseitenbetreiber, deren Links nach dem Suchergebnis einer namensbezogenen Recherche zu löschen sind, zu informieren. Der Rechercheaufwand für die Information soll die Kosten für die Implementierung und

36 *EuGH* v. 13.5.2014 – C-131/12, ECLI:EU:C:2014:317, Google Spain und Google.
37 Zu den technischen Maßnahmen *Hornung/Hofmann* JZ 2013, 163, 168.

die verfügbare Technologie angemessen berücksichtigen. Zumutbar werden automatisierte Techniken mit entsprechenden Voreinstellungen sein. Die Größe der Unternehmen und die IT-Ausstattung werden beim Einsetzen der dem Verarbeitenden zur Verfügung stehenden Mitteln i.S.d. ErwG 66 angemessen berücksichtigt werden müssen. Diese unbestimmte Regelung eröffnet einen weiten Beurteilungsspielraum, der für die betriebliche Datenschutzpraxis einige Unwägbarkeiten mit sich bringt.

Abs. 2 unterscheidet sich von den Mitteilungspflichten nach Art. 19 dadurch, dass **49** der Adressatenkreis nicht nur auf die gezielten Datenübermittlungen beschränkt ist, denen gegenüber z.B. als Kunden oder Vertragspartner die Daten offengelegt werden, sondern dass es ein Empfängerkreis ist, der durch ständige Weiterverbreitung wie den Zugriff auf die Daten erweitert wird. Genau das ist für das Recht auf Vergessenwerden typisch und erzeugt die spezifische Problematik. Die Informationspflicht über das Löschungsverlangen richtet sich deshalb an alle Verantwortliche, die die Daten verarbeiten, unabhängig davon, wie sie an die Daten gelangt sind. Darin liegt die Schwierigkeit begründet, wirklich alle Empfänger über das Löschungsbegehren zu informieren, damit bei Vorliegen der rechtlichen Voraussetzungen alle Datenveröffentlichungen in der Praxis zeigen.

Noch nicht ausdiskutiert ist die Frage der **geografischen Reichweite**.[38] Wie weit reicht **50** der Löschungsanspruch? Nur innerhalb der Europäischen Union und zwar dort nicht nur in den Mitgliedstaaten, in denen die Daten veröffentlicht wurden, sondern in allen Mitgliedstaaten, von denen aus der Zugang zu den Informationen hergestellt werden kann? Das ist zu bejahen, denn es macht keinen Sinn, wenn Suchmaschinenbetreiber die Links in Frankreich löschen und über Deutschland der Zugang möglich bleibt. Offen ist, ob die Reichweite über die europäische Union hinausreicht, also z.B. auch Domains in die Vereinigten Staaten von Amerika wie Google.com erfasst.[39] Der EuGH hatte in seiner Google Spain-Entscheidung darüber nicht zu entscheiden. Die Datenschutzbeauftragten in Deutschland haben sich in ihrer Stellungnahme für die weltweite Reichweitenregelung ausgesprochen[40], wie auch die Art. 29 Working Group.[41] Entscheidungen in Frankreich[42] und Kanada[43] haben einen globalen Löschungsanspruch anerkannt. Google hat seine Praxis in den letzten Jahren schrittweise in Richtung umfangreicherer Löschung der Links innerhalb der Europäischen Union verändert. Gegen eine weltweite Löschung argumentiert Google mit dem Territorialprinzip und der Verletzung des nationalen Rechts.

---

38 Dazu ausführlich *Hornung/Hofmann* JZ 2013, 163, 167.

39 Im Google Beirat wurde diese Frage sehr kontrovers beraten, nur Leutheusser-Schnarrenberger hatte sich dafür ausgesprochen. *Leutheusser-Schnarrenberger* ZD 2015, 149 f.; Google Advisory Council 2015, Report oft he Advisory Council to Google on the Right to be Forgotten, https;//www.google.com/advisorycouncil/.

40 88. Konferenz der Datenschutzbeauftragten des Bundes und der Länder am 8. und 9. Oktober 2014.

41 *Art.-29-Datenschutzgruppe* Leitlinien für die Umsetzung des Urteils des EuGH in der Rechtssache C-131/12 Google Spain/AEPD und Mario Costeja Gonzalez, WP 225 v. 26.11.2014.

42 High Court of Paris Cri 2015, 54 (54) – M. et Mme. X et M. Y. v. Google France.

43 Court of Appeal für British Columbia, Equustek Solutions Inc. v. Google Inc. 2015 BBCA 265, para 81–99.

51 Art. 17 Abs. 2 verpflichtet den Erst-Verantwortlichen nicht dazu, die Löschung auch bei Dritten tatsächlich zu erreichen, sondern er muss die anderen Verantwortlichen über das Löschungsbegehren, das auf die Löschung aller Links zu diesen personenbezogenen Daten oder von Kopien oder Replikationen gerichtet ist, informieren. Der Löschungsanspruch muss von der betroffenen Person direkt gegenüber dem Dritten geltend gemacht werden und richtet sich nach den allgemeinen Löschungsregelungen. Über die Drittinformation oder ihr begründetes Unterlassen muss der Verantwortliche dem Betroffenen gem. Art. 12 Abs. 3 und 4 berichten. Der Verstoß gegen das Drittinformationsrecht ist gem. Art. 83 Abs. 5 lit. b bußgeldbewehrt.

52 Eine gewisse Konkretisierung der allgemein formulierten Pflichten erfolgt gem. Art. 70 Abs. 1 lit. d durch den EDSA. Dieser soll Leitlinien, Empfehlungen und bewährte Verfahren bereitstellen „zu Verfahren für die Löschung gem. Art. 17 Abs. 2 von Links zu personenbezogenen Daten oder Kopien oder Replikationen dieser Daten aus öffentlich zugänglichen Kommunikationsquellen".

III. Ausnahmetatbestände gem. Art. 17 Abs. 3

53 Art. 17 Abs. 3 regelt erschöpfend[44] einige Ausnahmen vom Löschungsanspruch bzw. von der Löschungspflicht nach Abs. 1 und den Informationspflichten nach Abs. 2. Damit soll dem Spannungsfeld zwischen dem Recht der betroffenen Person auf informationelle Selbstbestimmung und auf Achtung der Privatsphäre und dem Recht auf Meinungs- und Informationsfreiheit Dritter nach Art. 11 GRCh sowie öffentlichen Interessen Rechnung getragen werden. Es wird diesen Ausnahmetatbeständen teilweise geringe Bedeutung beigemessen, weil viele ihrer Voraussetzungen schon bei den Löschungsgründen zu prüfen seien.[45] Diese Kritik ist nicht von der Hand zu weisen, denn die Abwägungsentscheidungen bei der Prüfung der Löschungsgründe nach Abs. 1 sind ähnlich wie die bei Prüfung der Ausnahmen von der Löschung gem. Abs. 3.

54 Nach Art. 85 Abs. 1 und 2 können die Mitgliedstaaten konkretisierende Vorschriften erlassen. ErwG 153 fordert die Mitgliedstaaten auf, für die Verarbeitung personenbezogener Daten ausschließlich zu journalistischen Zwecken oder zu wissenschaftlichen, künstlerischen und literarischen Zwecken Abweichungen und Ausnahmen von bestimmten Vorschriften der DS-GVO zu treffen, wenn dies erforderlich ist, um das Recht auf Schutz der personenbezogenen Daten mit dem Recht auf Freiheit der Meinungsäußerung in Einklang zu bringen. Für alle Fallgestaltungen gilt nach Abs. 3, dass die **Ausnahmen vom Löschungsanspruch erforderlich** sein müssen. Es darf also keine mildere Maßnahme, die denselben Erfolg mit gleicher Sicherheit erzielt, geben. Dieser Maßstab nach dem Verhältnismäßigkeitsgrundsatz legt einen strengen Prüfmaßstab an die Ausnahmen an, die nicht zur Regel werden dürfen. Da es immer wieder zu Grundrechtskollisionen zwischen dem Datenschutz und dem Privatsphärenschutz des Betroffenen und der Meinungs- und auch Eigentumsfreiheit bei Verarbeitung zu wirtschaftlichen Zwecken kommen kann, muss eine Abwägung stattfinden. Der EuGH hat in seiner Google Spain-Entscheidung den wirtschaftlichen Interessen eben keinen Vorrang vor den Datenschutz- und Persönlichkeitsrechtsinteressen eingeräumt, sondern ganz im Gegenteil den Datenschutz als vorrangiger bewertet, was auf deutliche

44 Sydow-*Peuker* Art. 17 Rn. 57 mit Hinweis auf die Begründung des Standpunktes des Rates in 1. Lesung v. 8.4.2016.
45 Schantz/Wolff-*Schantz* Rn. 1217 ff.

Kritik gestoßen ist.[46] Dem ist entgegen zu halten, dass es sich um einen potenziell schweren Eingriff in das Persönlichkeitsrecht des Betroffenen handelt, wenn personenbezogene Daten, teilweise auch besonders sensible Daten mit den Möglichkeiten des Internets verarbeitet werden und die Gefahr von Persönlichkeitsprofilen und von strukturiertem Überblick über die betroffene Person besteht. Da können die Interessen von Unternehmen nicht generell schwerer wiegen. Der EuGH hat aber die widerstreitenden Interessen sehr wohl erkannt und deshalb gefordert, einen angemessenen Ausgleich zwischen den Interessen der Internetnutzer und den Grundrechten des Betroffenen zu finden. Abwägungskriterien sind die Bedeutung der Information für das Privatleben der betroffenen Person und besonders die Rolle, die die Person im öffentlichen Leben spielt.[47] Je sensibler die Information wie z.B. über die sexuelle Orientierung und je weniger die betroffene Person in der Öffentlichkeit eine Rolle spielt, umso vorrangiger ist das Recht auf Löschung der Daten zur Durchsetzung des Persönlichkeitsrechtsschutzes.[48] Je länger die Berichterstattung über die betroffene Person zurückliegt, umso begründeter ist ihr Recht auf Löschung. Je stärker die betroffene Person eine Person der Zeitgeschichte ist, umso geringer wird ihr Recht auf Schutz der Privatsphäre.

Die Ausnahmeregelungen des Abs. 3 sind insgesamt restriktiver als die Regelungen in **55**
§ 20 Abs. 3 und 7 BDSG a.F. sowie § 35 Abs. 3 und 8 BDSG a.F.

1. Recht auf freie Meinungsäußerung und Information gem. Abs. 3 lit. a. Abs. 3 lit. a **56**
normiert den Konflikt zwischen dem Recht auf informationelle Selbstbestimmung und dem Recht auf Meinungsäußerungsfreiheit, das zu den essentiellen Grundlagen der Demokratie gehört (Art. 5 Abs. 1 GG). Dennoch gilt die Meinungsfreiheit nicht schrankenlos. Abs. 3 lit. a gibt nicht strikt der Meinungsfreiheit und dem Recht auf Information Vorrang vor dem Datenschutz. Das wäre mit der europäischen Grundrechtecharta auch nicht vereinbar. [49]

Deutschland hat bisher mit § 41 BDSG a.F. und § 57 RStV, dem sog. **Medienprivileg,** die **57**
Nutzung personenbezogener Daten zu ausschließlich eigenen journalistisch-redaktionellen oder literarischen Zwecken erlaubt. Art. 85 Abs. 2 als Nachfolgeregelung des Art. 9 DSRL verpflichtet weiterhin die Mitgliedstaaten zu Ausnahmeregelungen vom Löschungsbegehren, wenn die Datenverarbeitung zu journalistischen, wissenschaftlichen, künstlerischen oder literarischen Zwecken erfolgt. Eine § 41 BDSG a.F. entsprechende Nachfolgeregelung gibt es im BDSG n.F. nicht, da der Bundesgesetzgeber sich nach der Föderalismusreform nicht für zuständig hielt und deshalb die Ländergesetzgeber nicht verpflichten konnte. Auch nach Wegfall des Medienprivilegs nach BDSG a.F. gibt es für Telemedien (§ 57 RStV) und den privaten Rundfunk (§ 47 i.V.m. § 57 RStV) sowie für die Presse in den Landespressegesetzen und für den öffentlich-rechtlichen Rundfunk in den entsprechenden Landesrundfunkgesetzen ähnliche Regelungen.[50]

---

46 *EuGH* v. 13.5.2014 – C-131/12, NJW 2014, 2257, 2263, Kritik daran u.a. *Kühling* EuZW 2014, 527 (529).

47 *EuGH* 13.5.2014 – C-131/12, ECLI:EU:C:2014:317, Google Spain und Google.

48 Google Advisory Council 2015, Report oft he Advisory Council to Google on the Right to be Forgotten, https;//www.google.com/advisorycouncil/, 4.1.f.

49 Siehe zur Abwägung Apollonia Entscheidung *BGH* v. 13.11.2012 – VI ZR 330/11, GRUR 2013, 200.

50 Schantz/Wolff-*Schantz* Rn. 1317, 1319.

58 Das Medienprivileg gilt nicht für Suchmaschinenbetreiber, da sie Daten nicht ausschließlich zu journalistischen Zwecken verarbeiten, sondern nur den Zugang zu Informationen, die von Dritten erstellt werden, eröffnen und überwiegend aus wirtschaftlichen Gründen handeln. Anbieter von Online-Inhalten können sich auf das Medienprivileg berufen, wenn sie selbst recherchieren und Inhalte erarbeiten. Reine Bewertungsportale sind nach der Rechtsprechung des Bundesgerichtshofs nicht zu privilegieren, weil sie nur Kommentare und Bewertungen sammeln, ohne sie selbst redaktionell zu bearbeiten.[51]

59 **2. Erfüllung einer rechtlichen Verpflichtung gem. Art. 17 Abs. 3 lit. b.** Diese Ausnahme von der Löschungspflicht betrifft die Datenverarbeitung, die zur **Erfüllung einer rechtlichen Verpflichtung** z.B. im Arbeits-, Sozial-, Steuer- und Gesellschaftsrecht erfolgen muss oder für die Wahrnehmung einer Aufgabe im öffentlichen Interesse liegt oder in Ausübung öffentlicher Gewalt erfolgt. Es soll sichergestellt werden, dass die Erfüllung öffentlicher Aufgaben durch Löschungspflichten nicht verhindert oder behindert werden sollen. Diese Ausnahme entspricht der Rechtsgrundlage für die Verarbeitung zur Erfüllung einer rechtlichen Verpflichtung gem. Art. 6 Abs. 1 lit. c. Um trotz dieser Ausnahmeregelungen spezifische datenschutzrechtliche Löschungsregeln zu erlassen, sind der Unions- oder der nationale Gesetzgeber zuständig. Die Anforderungen stellt Art. 6 Abs. 3 auf. Anhaltspunkte für das öffentliche Interesse können Art. 23 Abs. 1 lit. e entnommen werden. Eine Ausnahme gilt nach § 35 Abs. 3 BDSG n.F. dann, wenn einer nach Art. 17 Abs. 1 lit. a eigentlich gebotenen Löschung wegen Zweckerreichung satzungsmäßige oder vertragliche Aufbewahrungsfristen entgegenstehen.[52]

60 **3. Öffentliche Gesundheit gem. Art. 17 Abs. 3 lit. c.** Diese Ausnahme betrifft die fortgesetzte Datenverarbeitung im Bereich des Gesundheitswesens, die wegen der besonders sensiblen Daten den strengen Anforderungen des Art. 9 Abs. 2 lit. h i.V.m. Abs. 3 und Art. 9 Abs. 2 lit. i unterliegt. Art. 9 Abs. 3 beschränkt den Personenkreis für die Verarbeitung nach Art. 9 Abs. 2 lit. h auf bestimmtes zur Verschwiegenheit verpflichtetes Fachpersonal.

61 **4. Archiv-, Forschungs- und statistische Zwecke gem. Art. 17 Abs. 3 lit. d.** Die Ausnahme vom Löschungsanspruch für die in Abs. 3 lit. d genannten Zwecke ist an strenge Kriterien geknüpft. Nur wenn durch die Löschung eine ernsthafte Beeinträchtigung oder Unmöglichkeit der Verarbeitung eintreten würde, darf die Löschung ausgeschlossen werden. Das Fehlen von Daten kann z.B. die Belastbarkeit der statistischen Grundlagen entscheidend beeinträchtigen. Art. 89 Abs. 1 regelt konkret die Verarbeitung von personenbezogenen Daten für die in Abs. 3 lit. d genannten Zwecke. Die verarbeitende Stelle muss geeignete technische und organisatorische Maßnahmen treffen, mit denen der Grundsatz der Datenminimierung gewährleistet werden soll. Dazu gehört auch die Pseudonymisierung personenbezogener Daten.

62 **5. Geltendmachung, Ausübung oder Verteidigung von Rechtsansprüchen gem. Art. 17 Abs. 3 lit. e.** Nach dieser Fallgestaltung ist eine Löschung und Informationspflicht ausgeschlossen, wenn Rechtsansprüche geltend gemacht, ausgeübt oder verteidigt werden sollen. Wenn Auseinandersetzungen anstehen oder mit hinreichender Wahrscheinlich-

51 *BGHZ* 181, 328, Rn. 21 f. – spickmich.de.
52 Schaffland/Wiltfang-*Schaffland/Holthaus* Art. 17 Rn. 41 mit Beispielen.

keit zu erwarten sind, sollen Löschpflichten nicht mögliche Beweisanforderungen gefährden. Allein die Berufung auf den Ablauf von Verjährungsfristen ohne konkrete Anhaltspunkte auf streitige Auseinandersetzungen wird nicht ausreichen. Die Datenspeicherung ist auf das für die Durchführung notwendige Maß zu beschränken.

6. Weitere Einschränkungsregelungen. Gem. Art. 23 können durch unionsrechtliche oder mitgliedstaatliche Regelungen weitere Ausnahmen von der Löschungspflicht vorgesehen werden, wenn sie die gesetzlichen Voraussetzungen gem. Art. 23 Abs. 2 beachten. § 35 Abs. 1 BDSG macht von dieser Möglichkeit Gebrauch, in dem bei unverhältnismäßig hohem Löschungsaufwand einerseits und nur geringem Interesse des Betroffenen an der Löschung andererseits an die Stelle der Löschung eine Einschränkung der Verarbeitung gem. Art. 18 tritt. § 35 Abs. 2 BDSG, bisher § 35 Abs. 3 Nr. 2 BDSG a.F. enthält die eher selbstverständliche Ausnahme von der Löschung, wenn durch sie schutzwürdige Interessen des Betroffenen beeinträchtigt werden. **63**

C. Praxishinweise

I. Relevanz für öffentliche Stellen

Art. 17 regelt den Löschungsanspruch gegenüber allen Verantwortlichen, also auch für öffentliche Stellen. Davon gelten aber u.a. Ausnahmen nach dem ErwG 19 und nach Art. 2 Abs. 2 lit. d, wenn die personenbezogenen Daten von Behörden **zum Zwecke der Verhütung, Ermittlung, Aufdeckung oder Verfolgung von Straftaten** oder der Strafverfolgung einschließlich des Schutzes vor und der Abwehr von Gefahren für die öffentliche Sicherheit verarbeitet werden. Hier gilt die Richtlinie (EU) 2016/680 des Europäischen Parlaments und des Rates vom 27.4.2016[53] zum Schutz natürlicher Personen bei der Verarbeitung personenbezogener Daten zum Zweck der Verhütung, Ermittlung, Aufdeckung von Straftaten oder der Strafvollstreckung sowie zum freien Datenverkehr und zur Aufhebung des Rahmenbeschlusses 2008/977/JI des Rates, die als zweiter Teil des „Datenschutzpakets" der Kommission zusammen mit der DS-GVO verabschiedet wurde.[54] **64**

Für öffentliche Stellen ergibt sich eine Relevanz des Art. 17, wenn sie als Verantwortliche der Datenverarbeitung einem Löschungsrecht nachkommen müssen z.B. Löschung von Einträgen in die Verkehrssünder-Datei oder wenn insbesondere Ausnahmen von der Löschung gem. Art. 17 Abs. 3 lit. b, c, oder d wegen öffentlicher Interessen vorliegen. Art. 17 ersetzt grundsätzlich sowohl § 20 Abs. 2 als auch § 35 Abs. 2 BDSG n.F.[55]

II. Relevanz für nichtöffentliche Stellen

Die Löschungs-, Informations- und Prüfungsverpflichtungen nach Art. 17 verlangen von natürlichen und juristischen Personen jeglicher Rechtsform, Vorkehrungen zu treffen, um Löschungsverlangen betroffener Personen fristgemäß („unverzüglich" löschen gem. Art. 17 Abs. 1) nachkommen zu können und diese auch an Dritt-Verantwortliche weiterzuleiten. Der Verordnungsgeber sieht dazu vor, dass der Verantwortliche die angemessenen Maßnahmen unter Beachtung der verfügbaren Technologie und Implementie- **65**

53 ABl. EU v. 4.5.2016 – L 119/89.
54 Schantz/Wolff-*Wolff* Rn. 230.
55 Kühling/Buchner-*Herbst* Art. 17 Rn. 89.

rungskosten treffen muss. Anschaffungskosten, Kosten für das Vorhalten der IT-Infrastruktur, Lizenzkosten, Raum- und Sicherheitskosten[56] müssen von den Unternehmen ermittelt und dokumentiert werden, um dann je nach Größe des Unternehmens Bewertungen anstellen zu können, welche Begrenzungen technischer Handlungsspielräume sie für ihr Unternehmen sehen. Gleichwohl besteht bei einem unverhälnitsmäßigen Aufwand des Löschens nach § 35 Abs. 1 BDSG a.F. nur für Daten aus einer nicht automatisierten Verarbeitung eine Ausnahme. Im Hinblick auf sämtliche digitale Daten gilt die Verpflichtung zur Löschung ohne Angemessenheitsvorbehalt. Die implementierten Maßnahmen zur Umsetzung des Rechts auf Vergessenwerden sollten in den Datenschutzrichtlinien des Verantwortlichen abgebildet werden.

66 Für internationale Konzerne ist von herausragender Bedeutung, dass sie mit der Einführung des **Marktortprinzips** nach Art. 3 Abs. 2 auch den Löschungsanforderungen nach Art. 17 unterliegen, wenn sie mit einer gewissen wirtschaftlichen Tätigkeit ihrer Niederlassung Aktivitäten für die Menschen in der EU anbieten. Suchmaschinenbetreiber werden organisatorische und personelle Vorkehrungen zur Umsetzung des Löschungsbegehrens treffen müssen. Für Google bedeutete dies bereits nach der EuGH-Entscheidung 2014 erheblichen Aufwand. Verantwortliche sollten Mechanismen entwickeln, die es den betroffenen Personen erleichtern, ihr Löschungsbegehren nach Art. 17 einfach und unentgeltlich auszuüben.[57] Google hat ein Antragsformular ins Netz gestellt und berichtet in Transparenzreports u.a. über Löschungsverfahren, Löschungsentscheidungen und Rechtsmittel.[58] Die Anforderungen an transparente Information gem. Art. 12 Abs. 1 müssen Verantwortliche beachten.

67 Kommt der Verantwortliche der Löschpflicht nicht nach, drohen ihm gem. Art. 83 Abs. 5 lit. b Geldbußen von bis zu 20 000 000 EUR bzw. 4 Prozent des gesamten weltweit erzielten Jahresumsatzes des vorangegangenen Geschäftsjahres.

III. Relevanz für betroffene Personen

68 Betroffene Personen sollten ihr Löschbegehren in **passender schriftlicher Form** mit allen notwendigen Angaben geltend machen, damit der Verantwortliche über das Löschbegehren möglichst ohne weitere Anforderung von Dokumenten entscheiden kann. Die betroffenen Personen sollten sich identifizieren, um Missbräuchen vorzubeugen. Die Speicherung von Personalausweisen ist gem. § 20 Abs. 2 PAuswG unzulässig. Es kann eine Versichertenkarte oder ein Bibliotheksausweis als Ausweispapier verwandt werden.

69 Die betroffene Person kann bei Ablehnung oder Nichtentscheiden ihres Löschbegehrens Beschwerde bei der zuständigen Aufsichtsbehörde gem. Art. 77 Abs. 1 einlegen. Sie kann auch im Klageweg gegen den Verantwortlichen gem. Art. 79 Abs. 1 beim zuständigen Gericht an ihrem Aufenthaltsort vorgehen. Wegen materiellen oder immateriellen Schadens kann die betroffene Person gem. Art. 82 Abs. 1 Schadensersatz verlangen. Löscht der Verantwortliche unrechtmäßig verarbeitete personenbezogene Daten der betroffenen Person nicht, können ihr Nachteile im Geschäftsleben entstehen und schwerwiegende Persönlichkeitsrechtsverletzungen eintreten, die zu entsprechenden Schadensersatzansprüchen führen können.

56 Wybitul-*Fladung* Art. 17 Rn. 28, 45.
57 ErwG 59.
58 Transparenzbericht Google/www.google.com/transparencyreport/removals/europeprivacy.

IV. Relevanz für Aufsichtsbehörden

Gem. Art. 77 Abs. 2 hat die Aufsichtsbehörde über das Verfahren und das Ergebnis der Beschwerde wegen fehlerhafter oder mangelnder Löschung die betroffene Person zu unterrichten. Sie kann gem. Art. 58 Abs. 2 lit. g die Löschung oder die Information gem. Art. 17 Abs. 2 anordnen. 70

V. Relevanz für das Datenschutzmanagement

Verantwortliche sollten ein Löschkonzept für die von ihnen verarbeiteten personenbezogenen Daten erarbeiten, besonders für die personenbezogenen Daten, die im Internet öffentlich gemacht werden und damit in Ergebnislisten von Suchmaschinenbetreibern aufgeführt werden.[59] 71

Anhang

§ 35 BDSG Recht auf Löschung

(1) Ist eine Löschung im Fall nicht automatisierter Datenverarbeitung wegen der besonderen Art der Speicherung nicht oder nur mit unverhältnismäßig hohem Aufwand möglich und ist das Interesse der betroffenen Person an der Löschung als gering anzusehen, besteht das Recht der betroffenen Person auf und die Pflicht des Verantwortlichen zur Löschung personenbezogener Daten gemäß Artikel 17 Absatz 1 der Verordnung (EU) 2016/679 ergänzend zu den in Artikel 17 Absatz 3 der Verordnung (EU) 2016/679 genannten Ausnahmen nicht. In diesem Fall tritt an die Stelle einer Löschung die Einschränkung der Verarbeitung gemäß Artikel 18 der Verordnung (EU) 2016/679. Die Sätze 1 und 2 finden keine Anwendung, wenn die personenbezogenen Daten unrechtmäßig verarbeitet wurden.

(2) Ergänzend zu Artikel 18 Absatz 1 Buchstabe b und c der Verordnung (EU) 2016/679 gilt Absatz 1 Satz 1 und 2 entsprechend im Fall des Artikels 17 Absatz 1 Buchstabe a und d der Verordnung (EU) 2016/679, solange und soweit der Verantwortliche Grund zu der Annahme hat, dass durch eine Löschung schutzwürdige Interessen der betroffenen Person beeinträchtigt würden. Der Verantwortliche unterrichtet die betroffene Person über die Einschränkung der Verarbeitung, sofern sich die Unterrichtung nicht als unmöglich erweist oder einen unverhältnismäßigen Aufwand erfordern würde.

(3) Ergänzend zu Artikel 17 Absatz 3 Buchstabe b der Verordnung (EU) 2016/679 gilt Absatz 1 entsprechend im Fall des Artikels 17 Absatz 1 Buchstabe a der Verordnung (EU) 2016/679, wenn einer Löschung satzungsgemäße oder vertragliche Aufbewahrungsfristen entgegenstehen.

59 Wybitul-*Fladung* Art. 17 Rn. 44.

Übersicht

Literatur: *Anke/Berning/Schmidt/Zinke* IT-gestützte Methodik zum Management von Datenschutzanforderungen, HMD Praxis der Wirtschaftsinformatik 54 (1), Heft 313, 2017, 67; *Berning/Meyer/Keppeler* Datenschutzkonformes Löschen personenbezogener Daten in betrieblichen Anwendungssystemen – Methodik und Praxisempfehlungen mit Blick auf die EU-DSGVO, in Knoll/Strahringer (Hrsg.) IT-GRC-Management – Governance, Risk und Compliance: Grundlagen und Anwendungen (Edition HMD); *Henn/Kuballa* Streitpunkt: Unveränderbarkeit von (elektronischen) Büchern, Aufzeichnungen und Unterlagen, DB 2016, 2749; *Katko/Knöpfle/*Kirschner Archivierung und Löschung von Daten, ZD 2014, 238; *Keppeler* Das „Radierverbot“ als „Rettung“ vor den umfangreichen DS-GVO-Löschpflichten, RDV 2018, 70; *Keppeler/Berning* Technische und rechtliche Probleme bei der Umsetzung von DS-GVO-Löschpflichten, ZD 2017, 314.

I. Probleme und Lösungsansätze der Löschpflicht in der Unternehmenspraxis

1 Der effektiven Umsetzung der Löschpflicht stehen in der Praxis einige (technische) Probleme entgegen, die in diesem Anhang zu Art. 17 näher beleuchtet werden sollen. Insbesondere in großen HR-Datenbanken und CRM-Systemen wurde das automatische und punktuelle Löschen von Datenbankinhalten nicht vorgedacht. Während alle großen Anbieter für Unternehmenssoftware derzeit intensiv an Lösungen für dieses Problem arbeiten, sind viele Unternehmen, die Individualsoftware oder eine individuelle Anpassung ihrer Standardsoftware einsetzen, auf sich gestellt. Bei größeren Unternehmen, die bislang kein systematisches Löschkonzept durchgesetzt haben, werden sehr große Aufwände für die Implementierung von Löschroutinen veranschlagt. Bei kleineren Mittelständlern, die über Jahrzehntelang gewachsene IT-Systeme verfügen, fehlen oftmals die Ressourcen, um ein umfassendes Löschkonzept umzusetzen. Angesichts der Komplexität und des Umfangs des Themas wissen viele Unternehmen bereits jetzt, dass sie die Verpflichtung aus Art. 17 nicht bis zum 25.5.2018 und vielfach auch nicht bis zum Ende 2018 erfüllt haben werden.[1]

II. Komplexität und Interaktion moderner Datenbankstrukturen

2 Gründe für die technischen Hürden im Hinblick auf das Löschen personenbezogener Daten liegen in den „modernen“ Datenbankstrukturen in der Unternehmenssoftware.

1 Siehe eine übersichtsartige Darstellung des Problems bei *Keppeler/Berning* ZD 2017, 314; *Keppeler* RDV 2018, 70; *Katko/Knöpfle/Kirschner* ZD 2014, 238–241.

Auf zentrale Datenbanken und einzelne Teildatensätze wird häufig von einer Vielzahl an Prozesses zugegriffen. Die Datenbanken sind vor diesem Hintergrund dahingehend optimiert, einen möglichst geringen Verbrauch von Speicherplatz, eine hohe Konsistenz von Daten und eine hohe Performance der Datenbank zu ermöglichen. Um eine hohe Konsistenz zu erhalten, erfolgt ein ständiger Abgleich zur Konsolidierung und Überarbeitung etwaiger veralteter Daten mit neuen Informationen aus unterschiedlichen Quellen.

III. Beispiel: HR-Software

So besteht etwa ein typischer Personaldatensatz aus einer kleinen Tabelle mit Stamm- 3
daten und weiteren gesonderten Tabellen für verschiedenste Unternehmensprozesse (z.B. Talent Management; Betriebsrente; Payroll-Services; Abmahnungen usw.). Bei einem Löschen der Daten, die für einen Vorgang wichtig sind (so müssen etwa Abmahnungen in der Regel nach ca. drei Jahren aus der Personalakte entfernt werden)[2], muss sichergestellt werden, dass die gelöschten Daten nicht etwa noch von anderen Prozessen benötigt werden. So kann etwa auch nach Ausscheiden des Mitarbeiters nicht einfach der Stammdatensatz gelöscht werden (auch nicht nach Ablauf der Verjährungsfristen etwaiger Ansprüche des Unternehmens oder dem Lauf etwaiger Wettbewerbsverpflichtungen aus dem Arbeitsvertrag). Denn z.B. für den Prozess der Betriebsrente werden nicht nur die gesonderten Datenfelder für die Betriebsrente, sondern zahlreiche einzelne Datenbankrelationen (etwa die Tabelle mit den Stammdaten, aber auch sämtliche Tabellen, die über die Dauer der Betriebszugehörigkeiten etwaiger Unterbrechungen Auskunft geben können) benötigt. Es müsste also bei jedem einzelnen Prozessschritt sehr sorgfältig geprüft werden, welchen Teil der relationalen Dankenbank jeweils gelöscht werden kann (wobei bereits in der HR-Datenbank häufig mehrere 100 Einzelinformationen gespeichert sind).

IV. Beispiele für Interaktion von Datenbanken und unterschiedlicher Software

Ein anderes Beispiel wäre eine Buchhaltungssoftware, in der unternehmensweit sämt- 4
liche Kreditoren und Debitoren angelegt sind. Auf diese Datensätze greifen viele unterschiedliche Buchhaltung- und Reportingprozesse aus einer Finanzabteilung zurück. Typischerweise werden Datenbanken auch softwareübergreifend genutzt. So kommuniziert die Datenbank eines Warenwirtschaftssystem häufig mit dem später entwickelten Backend eines Webshops, der wiederum über eine (vielleicht standardisierte, vielleicht individuell entwickelte) Software auf die Buchhaltungssoftware zugreift, um die entsprechenden Rechnungsstellung zu realisieren und zu hinterlegen. Im Falle einer Kundenbeschwerde muss eine Customer Care Software auf alle genannten Daten zugreifen und der Bearbeiter der Beschwerde löst wiederum Veränderungen in allen genannten Datenbanken aus. In solchen Szenarien laufen neben den operativ notwendigen Prozessen noch eine Reihe an Prüf- und Test-Prozessen im Hintergrund ab, um die Richtigkeit und Revisionssicherheit der Daten zu gewährleisten. Die Komplexität der ineinandergreifenden Prozesse und miteinander interagierenden

---

2 Es sei denn der Arbeitnehmer hat ausnahmsweise noch ein weiteres berechtigtes Interesse an der Dokumentation der gerügten Pflichtverletzung (siehe *BAG* Urt. v. 19.7.2012 – 2 AZR 782/11, BAGE 142, 331 ff., AP BGB § 611 Abmahnung Nr. 34). BeckOK Arbeitsrecht-*Rolfs* KSchG, 46. Ed. 2017, § 1 Rn. 249). Selbst nach 3 ½ Jahren verliere eine Abmahnung daher nicht zwingend ihre Wirkung (*BAG* Urt. v. 10.10.2002 – 2 AZR 418/01, NZA 2003, 1295).

Datenbanken wurde in diesem Ansatz angedeutet. Es entsteht dadurch insgesamt das Problem, dass das Löschen einzelner personenbezogener Daten das Risiko birgt, einen Prozess in einer oder mehrerer Softwareapplikationen in einer unvorhergesehenen Weise zu beeinflussen oder zu verhindern.[3]

V. Zusätzliche Schwierigkeit bei unstrukturierten Daten

5 Das Löschen von Daten wird zudem durch unstrukturierte Daten erschwert. Bei strukturierten Daten liegt für jedes Datenfeld eine klare Information über den Inhalt des Datenfeldes, etwa einen Namen, eine Anschrift oder eine Prüfziffer vor. Bei unstrukturierten Datenbankinhalten wird der Inhalt der Information erst offenkundig, wenn er aufgerufen und durchgesehen wird. Typischerweise entstehen solche unstrukturierten Datenbankinhalte etwa bei der Verwendung von Freitextfeldern oder wenn (beliebige) Dateien/Dokumente zu einem Datensatz hinzugefügt werden können.

VI. Backup-Routinen

6 Zudem ist es im Zeitalter der modernen Technologien für nahezu jedes Unternehmen wichtig, Daten zu verarbeiten und zu speichern. Damit einhergehen auch umfangreiche Backup-Routinen, die von der Unternehmensleitung und den Cyber-Policen gefordert werden. Wird eine Löschpflicht für bestimmte personenbezogene Daten ausgelöst, macht diese auch vor den Backups nicht halt.

VII. Datenbankstrukturen in einer Microservices-Architektur

7 Nur am Rande sei erwähnt, dass die dargestellten Probleme mit herkömmlichen zentralen bzw. umfangreich interagierenden Datenbanken nicht zwingend bei jedem einzelnen Software-System gleichermaßen erfolgen. Im Bereich der Web- und App-Entwicklung ist derzeit ein Trend festzustellen, nachdem sämtliche Prozesse einer Software als sogenannte autarke „Microservices" behandelt werden. In einer solchen Struktur ist es nicht selten der Fall, dass – etwa bei einem Shop-System – ein separater Service, wie etwa die Warenkorb-Funktion, über eine einzelne möglichst vollständige Datenbank verfügt, in der sämtliche etwaig notwendigen Informationen gespeichert sind. Es erfolgt zwar teilweise wiederum eine Interaktion mit einem separaten Stammkundendatensatz; aber der Idee nach soll ein Microservice auch im Fall des Ausfalls anderer Softwareteile weiter funktionieren können. Deshalb besteht wiederum für jeden Kunden und für jede neu angelegte Instanz eines Warenkorbes eine separate Datenbank, die sämtliche Informationen über den Kunden enthält. Bei umfangreichen Anwendungen dieser Art kommen schnell 20 oder mehr Microservices und damit 20 oder mehr entsprechende Datenbanken zur Anwendung. Auch in diesen Microservicesstrukturen wurde bislang nur selten an ein systematisches Löschen von personenbezogenen Daten gedacht. Es besteht hier das Problem, dass den Entwicklern das Problem nicht bewusst ist, während Rechtsabteilung und Datenschutzbeauftragte bislang noch nirgendwo nachlesen konnten, dass im Bereich der Microservices

3 Siehe hierzu ausführlich *Anke/Berning/Schmidt/Zinke* IT-gestützte Methodik zum Management von Datenschutzanforderungen, HMD Praxis der Wirtschaftsinformatik 54 (1), Heft 313, 2017, 67. Knoll/Strahringer-*Berning/Meyer/Keppeler* Datenschutzkonformes Löschen personenbezogener Daten in betrieblichen Anwendungssystemen – Methodik und Praxisempfehlungen mit Blick auf die EU DS-GVO; *Keppeler/Berning* ZD 2017, 314.

ein gesondertes Problem besteht, dass vielleicht sogar standardmäßig eine Datenschutzfolgeabschätzung gemäß Art. 35 notwendig macht. Ein letztes „typisches“ Problem der Löschverpflichtungen ist damit aufgezeigt: Die Entwicklung der Informationstechnologie ist bislang wesentlich rasanter als die datenschutzrechtliche Analyse der Implikationen neuer Technologien für die Löschpflichten nach Art. 17.

VIII. Software sieht bis dato nur selten „Lösch-Funktion“ vor

Die bisherige in Unternehmen genutzte Software sieht bislang nur selten eigene Funktionen vor, um personenbezogene Daten punktuell zu löschen. Da die Löschverpflichtung unter der Geltung des BDSG bis dato nur sehr eingeschränkt verfolgt wurde, bestand auf Seiten der Softwareanbieter schlichtweg kein Bedürfnis, eine „Lösch-Funktion“ zu entwickeln und in die Unternehmenssoftware zu integrieren.[4] **8**

IX. Keine allgemeine Angemessenheits- bzw. Zumutbarkeitsschwelle im BDSG n.F.

In der Praxis mussten die Löschverpflichtungen bis zum 25.5.2018 auch deshalb nicht so ernst genommen werden, weil gemäß § 35 Abs. 3 BDSG a.F. an die Stelle einer Löschung auch eine Sperrung treten konnte, soweit „eine Löschung wegen der besonderen Art der Speicherung nicht oder nur mit unverhältnismäßig hohem Aufwand möglich ist“. Freilich handelte es sich um eine Ausnahmevorschrift, die dementsprechend eng auszulegen war.[5] Betrachtet man jedoch die oben skizzierten Praxisprobleme, die mit dem Löschen von personenbezogenen Daten in größeren Datenbankstrukturen einhergehen und nimmt noch die nahezu faktisch unmögliche Problematik des Löschens in Backups hinzu, lag es nahe, den Ausnahmetatbestand aus § 35 Abs. 3 Nr. 3 BDSG a.F. häufig anzuwenden.[6] **9**

Eine mit § 35 Abs. 3 Nr. 3 BDSG a.F. vergleichbare Regelung enthält die DS-GVO nicht. Art. 17 gilt uneingeschränkt und unabhängig von Unternehmensgröße und eingesetzter Software und unabhängig von dem Aufwand, der mit dem Löschen von personenbezogenen Daten verbunden ist. Der deutsche Gesetzgeber hatte es allerdings in der Hand, auf Basis von Art. 23 für Deutschland eine ähnliche oder gleiche Regelung zu erlassen, die das Recht aus Art. 17 eingeschränkt hätte. Indes hat sich der deutsche Gesetzgeber in § 35 Abs. 1 BDSG dazu entschieden, eine Regelung mit deutlich verringerten Anwendungsbereich zu erlassen: Nur die Verpflichtung zur Löschung von „Papierdaten“ kann bei unverhältnismäßig hohem Aufwand durch eine Einschränkung der Verarbeitung nach Art. 18 ersetzt werden. **10**

X. Rechtliche Lösung über nationale Aufbewahrungspflichten

Art. 17 Abs. 3 lit. b sieht eine Ausnahme von der Löschpflicht vor, wenn „die Verarbeitung erforderlich ist zur Erfüllung einer rechtlichen Verpflichtung, die die Verarbeitung nach dem Recht der Union oder der Mitgliedstaaten, dem der Verantwortli- **11**

4 *Keppeler* RDV 2018, 70.

5 Dies betonen Simitis-*Dix* BDSG, § 25 Rn. 50; Däubler/Klebe/Wedde/Weichert-*Däubler* BDSG, § 35 Rn. 27; Taeger/Gabel-*Meents* BDSG, § 35 Rn. 35; Däubler/Hjort/Schubert/Wolmerath-*Hilbrans* Arbeitsrecht, BDSG § 35 Rn. 7–9.

6 Überwiegend wurde vor allem der Effekt der Kostenersparnis von § 35 Abs. 3 BDSG betont, so Plath-*Kamlah* BDSG/DSGVO, § 35 Rn. 36; Spindler/Schuster-*Nink* Recht der elektronischen Medien, BDSG, § 35 Rn. 39.

che unterliegt, erfordert […]". Unter diesen Ausnahmetatbestand fallende Verpflichtungen des deutschen Rechts sind unter anderem § 257 HGB und § 147 AO.[7] Danach sind Handelsbriefe sechs Jahre nach dem Abschluss der Durchführung des Handelsgeschäfts aufzubewahren. Der Begriff des Handelsbriefs erfasst dabei sämtliche Schriftstücke, die im Zusammenhang mit der Vorbereitung, dem Abschluss oder der Durchführung eines Handelsgeschäfts stehen.[8] Somit werden etwa Verträge und Vertragsdaten, Kommunikationen während der Vertragslaufzeit über den Vertrag, Entwürfe und die entsprechende Kommunikation im Rahmen der Entwürfe von der Aufbewahrungspflicht erfasst. Dies ist etwa wichtig, um zu begründen, weshalb nicht nur der geschlossene Vertrag an sich, sondern etwa auch sämtliche E-Mails, die im Vorfeld des Vertragsabschlusses und während der Vertragslaufzeit versendet wurden, mindestens sechs Jahre nach Ende des Vertrages gespeichert werden müssen. Zehn Jahre lang müssen Buchungsbelege aufbewahrt werden, hiervon sind sämtliche Belege umfasst, die Grundlagen für eine Buchung sind. Dies können auch ganz triviale Notizen, interne Anweisungen, Kontoauszüge oder eher typische Buchungsbelege, wie etwa Rechnungen, Rechnungskopien, Zinsberechnungen usw. sein.[9] Die Aufbewahrungsfrist beginnt in dem Moment, in dem der Buchungsbeleg entstanden ist (§ 257 Abs. 5 HGB, § 147 Abs. 4 AO). Weitere gesetzliche Aufbewahrungspflichten finden sich bspw. in § 28f Abs. 1 S. 1 SGB IV, wonach der Arbeitgeber für jeden Beschäftigten Entgeltunterlagen bis zum Ablauf des auf die letzte Prüfung folgenden Kalenderjahres geordnet aufzubewahren hat und in § 630f Abs. 3 BGB, der den Arzt zur Aufbewahrung der Patientenakte für zehn Jahre nach Behandlungsabschluss verpflichtet. Eine umfassende Auflistung sämtlicher denkbarer Aufbewahrungspflichten ist derzeit – soweit ersichtlich – in der Literatur nicht verfügbar und stellt ein Desiderat dar.

XI. Reichweite der handels- und steuerrechtlichen Aufbewahrungspflichten („Radierverbot")

12 Zahlreiche Normen aus dem HGB und der AO weisen darauf hin, dass die Daten stets konsistent und damit eben „revisionssicher" sein müssen.[10] So dürfen Eintragungen und Aufzeichnungen gemäß § 146 Abs. 4 AO und § 239 Abs. 3 HGB in Handelsbüchern nicht so verändert werden, dass der ursprüngliche Inhalt nicht mehr feststellbar ist. Dies bedeutet, dass über jede Veränderung ein entsprechendes Protokolldatum existieren muss, welches die Veränderung vollständig nachvollziehbar macht. Insbesondere der Zeitpunkt einer Veränderung muss jederzeit einsehbar sein. Auch dies zeigt insgesamt: Die Aufbewahrungspflichten müssen umfassend sein. Teilweise wird gerade aufgrund der Revisionssicherheit eine komplexe Datenbankstruktur verlangt. Vor diesem Hintergrund wurde etwa eine Kassenbuchführung in einer Excel-Tabelle aufgrund mangelnder Nachvollziehbarkeit von Veränderungen als unzulässig angese-

7 Siehe hierzu *Katko/Knöpfle/Kirschner* ZD 2014, 238; *Keppeler/Berning* ZD 2017, 314; *Keppeler* RDV 2018, 70.

8 § 257 Abs. 2 HGB und ferner, BeckOK HGB-*Regierer* 18. Ed. 2017, § 257 Rn. 7.

9 Buchungsbelege sind alle für die Dokumentation und den Beweis erforderlichen Unterlagen, die mit der Buchung im Zusammenhang stehen MüKo HGB-*Ballwieser*, 3. Aufl. 2013, § 257 Rn. 13.

10 Siehe hierzu etwa *Henn/Kuballa* DB 2016, 2749.

hen.[11] Als Grundsatz ordnet § 239 Abs. 2 HGB zudem an, dass die Eintragungen in Büchern „vollständig" sein müssen. Das hinter dieser weiten Auslegung der Aufbewahrungspflichten stehende Prinzip nennt sich „Radierverbot". Der Gedanke, dass in buchführungsrelevanten Unterlagen keine Veränderung vorgenommen wurde,[12] ist auf die modernen Datenbankstrukturen zu übertragen: Wenn erkennbar ist, dass ein Datenfeld, eine E-Mail, ein Kalendereintrag oder eine digitale Notiz für eine Buchung in irgendeinem Zusammenhang mit einem aufbewahrungspflichtigen Vorgang steht, so können diese keinesfalls vor Ablauf der Aufbewahrungsfrist gelöscht werden. Ansonsten würde bei einer steuerlichen Prüfung die Frage aufkommen, welche Informationen in dem entsprechenden Datenfeld gespeichert waren. Aus Sicht der Steuerfahndung ist gerade der Hinweis darauf, dass bestimmte Informationen gelöscht wurden, andere aber nicht, ein typischer Verdachtsmoment. Im Rahmen eines großen Compliance-Skandals, in dem ein Unternehmen nachweisen muss, dass keine Wirtschaftsstraftaten begangen wurden und dass sämtliche Steuern ordnungsgemäß abgeführt wurden, wäre es fatal, wenn eine Vielzahl von Lücken in den Büchern (bzw. Datenbankstrukturen) vorläge, die durch ein – datenschutzrechtlich gut gemeinten – „vorauseilenden Gehorsams" entstanden sind, obwohl dies angesichts des Umfangs einer gesetzlichen Aufbewahrungspflicht nicht notwendig gewesen wäre.

Artikel 18 Recht auf Einschränkung der Verarbeitung

(1) Die betroffene Person hat das Recht, von dem Verantwortlichen die Einschränkung der Verarbeitung zu verlangen, wenn eine der folgenden Voraussetzungen gegeben ist:

a) die Richtigkeit der personenbezogenen Daten von der betroffenen Person bestritten wird, und zwar für eine Dauer, die es dem Verantwortlichen ermöglicht, die Richtigkeit der personenbezogenen Daten zu überprüfen,

b) die Verarbeitung unrechtmäßig ist und die betroffene Person die Löschung der personenbezogenen Daten ablehnt und stattdessen die Einschränkung der Nutzung der personenbezogenen Daten verlangt,

c) der Verantwortliche die personenbezogenen Daten für die Zwecke der Verarbeitung nicht länger benötigt, die betroffene Person sie jedoch zur Geltendmachung, Ausübung oder Verteidigung von Rechtsansprüchen benötigt, oder

d) die betroffene Person Widerspruch gegen die Verarbeitung gemäß Artikel 21 Absatz 1 eingelegt hat, solange noch nicht feststeht, ob die berechtigten Gründe des Verantwortlichen gegenüber denen der betroffenen Person überwiegen.

(2) Wurde die Verarbeitung gemäß Absatz 1 eingeschränkt, so dürfen diese personenbezogenen Daten – von ihrer Speicherung abgesehen – nur mit Einwilligung der betroffenen Person oder zur Geltendmachung, Ausübung oder Verteidigung von Rechtsansprüchen oder zum Schutz der Rechte einer anderen natürlichen oder juristischen Person oder aus Gründen eines wichtigen öffentlichen Interesses der Union oder eines Mitgliedstaats verarbeitet werden.

---

11 Dazu auch *FG Hamburg* Urt. v. 17.9.2015 – 2 K 253/14, DStRE 2016, 1066.

12 Auch heute gibt es hierzu noch Fallbeispiele, in denen mit „Tip Ex" Verbesserungen vorgenommen werden, die etwa zu einem Verstoß gegen § 146 Abs. 4 AO führen: *FG Köln* Beschl. v. 15.7.2014 – 6 V 1134/14, BB 2015, 2736.

(3) Eine betroffene Person, die eine Einschränkung der Verarbeitung gemäß Absatz 1 erwirkt hat, wird von dem Verantwortlichen unterrichtet, bevor die Einschränkung aufgehoben wird.

– *ErwG: 67*

Übersicht

Literatur: *Berning/Keppeler* Technische und rechtliche Probleme bei der Umsetzung der DS-GVO-Löschpflichten, ZD 2017, 314; *Hornung* Eine Datenschutz-Grundverordnung für Europa? – Licht und Schatten im Kommissionsentwurf vom 25.1.2012, ZD 2012, 99; *Piltz* Die Datenschutz-Grundverordnung, Teil 2: Rechte der Betroffenen und korrespondierende Pflichten des Verantwortlichen, K&R 2016, 629.

A. Einordnung und Hintergrund

I. BDSG n.F.

1 Nach § 35 Abs. 1 S. 2 BDSG greift im Falle einer (nahezu) unmöglichen Löschung bei nicht automatisierten Datenverarbeitungen stattdessen die Einschränkung der Datenverarbeitung unter Verweis auf Art. 18 ein. § 35 Abs. 2 BDSG und Abs. 3 bestimmen die Anwendbarkeit der Einschränkung der Verarbeitung gemäß Art. 18 auf weitere Fälle, Rn. 17).

II. Normengenese und -umfeld

2 **1. DSRL.** Art. 12 lit. b DSRL enthielt die Bestimmung, dass der Betroffene vom Verantwortlichen je nach Fall auch die Sperrung von Daten, deren Verarbeitung nicht den Bestimmungen der Richtlinie entsprach, verlangen konnte, insbesondere wenn die Daten unvollständig oder unrichtig waren. Was ein „Sperren" im Sinne der DSRL sein sollte, wurde indes nicht deutlich. Die DSRL selber definierte den Begriff „Sperren" zwar in Art. 2 lit. b als eine mögliche Verarbeitung personenbezogener Daten.

Eine darüberhinausgehende Ausgestaltung des Begriffsverständnisses fand sich nicht in der DSRL, sodass es den Mitgliedstaaten überlassen blieb, den Begriff zu konkretisieren.[1]

2. BDSG a.F. Deutsches Äquivalent zum Recht auf Einschränkung der Verarbeitung war die Sperrung von Daten nach §§ 20 Abs. 3 und 4, 35 Abs. 3 und 4 BDSG a.F.[2] § 3 Abs. 4 S. 2 Nr. 4 BDSG a.F. definierte das „Sperren" von Daten – ähnlich wie Art. 4 Nr. 3 – als das Kennzeichnen gespeicherter personenbezogener Daten, um ihre weitere Verarbeitung oder Nutzung einzuschränken. Gleichwohl bestehen zwischen den Normen des BDSG a.F. und Art. 18 auch deutliche Unterschiede. So ist Art. 18 nicht als Verpflichtung formuliert (siehe aber zur Verpflichtung aus Art. 5 Abs. 1 lit. b DS-GVO unter Rn. 5). 3

B. Kommentierung

I. Art. 18 Allgemein

1. Grundlagen von Art. 18. Art. 18 gibt der betroffenen Person das Recht, die Einschränkung der Datenverarbeitung vom Verantwortlichen zu verlangen. Nach Art. 58 Abs. 2 lit. f hat auch jede Aufsichtsbehörde die Befugnis, die Datenverarbeitung einschränken zu lassen (siehe dazu die Kommentierung von Art. 58 Rn. 100). Das Recht auf Einschränkung der Verarbeitung findet seine primärrechtliche Grundlage in Art. 7 und 8 GRCh sowie Art. 16 Abs. 1 AEUV und fungiert – im Gefüge der weiteren Betroffenenrechte in Kapitel III – als Kontrollinstrument über die personenbezogenen Daten.[3] Es stellt somit ein Sicherungsrecht dar, um den Rechten des Betroffenen – insbesondere jenen aus Art. 16 und 17 – zur Geltung zu verhelfen.[4] Nach dem ursprünglichen Kommissionsentwurf sollte das Recht auf Einschränkung der Datenverarbeitung systematisch unselbstständig an das Recht auf Löschung gemäß Art. 17 geknüpft und in dessen Abs. 4 geregelt werden.[5] Die „Einschränkung der Verarbeitung" wird in Art. 4 Nr. 3 definiert als die „Markierung gespeicherter personenbezogener Daten mit dem Ziel, ihre künftige Verarbeitung einzuschränken". 4

2. Beziehung zum Zweckbindungsgrundsatz und zur Dokumentationspflicht. Die nach Art. 4 Nr. 3 geforderte Markierung zum Zweck der Einschränkung der Verarbeitung ist indes keine Besonderheit der Daten, die einem Anspruch nach Art. 18 unterliegen. Vielmehr zwingt der Zweckbindungsgrundsatz aus Art. 5 Abs. 1 lit. b dazu, die Verarbeitung jedes personenbezogenen Datums auf den jeweiligen Verarbeitungszweck zu begrenzen. Gemäß Art. 30 lit. b müssen die Zwecke der Verarbeitung zudem im Verzeichnis der Verarbeitungstätigkeit dokumentiert werden. Auch aufgrund der Rechenschaftspflicht aus Art. 5 Abs. 2 sollte jeder Verantwortliche im eigenen Interesse eine entsprechende Dokumentation der Verarbeitungszwecke vornehmen. Zudem ergibt sich diese Dokumentationsverpflichtung als Bestandteil eines **Datenschutz Compliance Management Systems** gemäß Art. 24, da ansonsten nicht sicherge- 5

1 Kühling/Buchner-*Herbst* Art. 18 Rn. 5.
2 *Franck* RDV 2016, 111 (114).
3 Ehmann/Selmayr-*Kamann/Braun* Art. 18 Rn. 2.
4 So auch Ehmann/Selmayr-*Kamann/Braun* Art. 18 Rn. 5, die von einem „vorläufigen Schutzrecht" ausgehen, oder Paal/Pauly-*Paal* Art. 18 Rn. 3, der von einem „quasi-einstweiligen Rechtsschutz" spricht.
5 Kommissionsentwurf v. 25.1.2012, KOM(2012) 11 endgültig, 2012/0011 (COD).

stellt werden kann, dass die Verarbeitung gemäß der DS-GVO erfolgt. Mithin ist jeder Verantwortliche von vornherein verpflichtet, die Verarbeitung auf die zulässigen Zwecke einzuschränken. Im Unterschied zu Art. 18 ergibt sich aus der oben erwähnten allgemeinen Dokumentationspflicht jedoch keine zwingende Verpflichtung, die Daten selbst zu markieren. Die Dokumentation kann etwa auch auf Ebene des Verzeichnisses der Verarbeitungstätigkeit erfolgen. Eine Markierung von Daten gemäß Art. 5 Abs. 2 ist nur dort zwingend, wo eine Sicherstellung des Zweckbindungsgrundsatzes nicht anderweitig realisiert werden kann.

II. Voraussetzungen für die Einschränkung der Datenverarbeitung

6 Der Betroffene kann in vier verschiedenen Situationen die Einschränkung der Verarbeitung verlangen: Erstens, wenn die Richtigkeit der Daten bestritten und entsprechend überprüft wird (lit. a), zweitens, wenn die Verarbeitung der Daten unrechtmäßig ist aber der Betroffene statt der Löschung die Einschränkung der Verarbeitung verlangt (lit. b), drittens, wenn der Zweck der Datenverarbeitung zwar erreicht ist und die Daten deswegen nicht mehr gespeichert werden müssten aber der Betroffene aufgrund der Geltendmachung von Rechtsansprüchen ein Interesse an der Speicherung hat (lit. c) und viertens, solange über die Einlegung eines Widerspruchs des Betroffenen gemäß Art. 21 Abs. 1 entschieden wird (lit. d). Die Ausnahmetatbestände sind – ausweislich des Wortlautes – abschließend und alternativ zu verstehen.[6] Allgemein dienen die Ausnahmetatbestände dem Interessenausgleich zwischen den Interessen des Verantwortlichen und denen des Betroffenen an der Datenverarbeitung.[7]

7 **1. Bestrittene Richtigkeit der Daten (Abs. 1 lit. a).** Soweit der Betroffene die Berichtigung von – aus seiner Sicht – unrichtigen Daten begehrt, der Verantwortliche die etwaige Unrichtigkeit aber zunächst anders beurteilt, ist die weitere Verarbeitung der entsprechenden Daten gemäß Art. 18 Abs. 1 lit. a für die Dauer einer Prüfung einzuschränken.[8] Die Beurteilung der „Richtigkeit" von Daten kann zwischen dem Betroffenen und dem Verantwortlichen zu divergierenden Ergebnissen führen.[9] Verlangt der Betroffene, dass unrichtige Daten berichtigt werden (siehe dazu die Kommentierung Art. 16 Rn. 22), muss er grundsätzlich vortragen, warum die Daten unrichtig sind. Allzu hohe Anforderungen sind an das Darlegen der Unrichtigkeit der Daten nicht zu stellen, um dem Betroffenen sein Recht auf Berichtigung nicht über Gebühr zu erschweren; indes muss der Maßstab derart gesetzt werden, dass ein bloßes Behaupten der Unrichtigkeit nicht ausreicht.[10] Die Folge davon wäre nämlich, dass die Datenverarbeitung im Belieben der betroffenen Person stünde, die durch substanzlose oder gar missbräuchliche Anträge auf Berichtigung gleichsam die Datenverarbeitung über den Anspruch auf Einschränkung erheblich behindern könnte.[11]

6 So auch Ehmann/Selmayr-*Kamann/Braun* Art. 18 Rn. 8.
7 Ehmann/Selmayr-*Kamann/Braun* Art. 18 Rn. 9.
8 Ehmann/Selmayr-*Kamann/Braun* Art. 18 Rn. 12.
9 Gola-*Gola* Art. 18 Rn. 8.
10 Ehmann/Selmayr-*Kamann/Braun* Art. 18 Rn. 12; Kühling/Buchner-*Herbst* Art. 18 Rn. 5 scheint noch niedrigere Maßstäbe anzusetzen und fordert noch nicht einmal das plausible Vortragen der Unrichtigkeit.
11 So auch Gola-*Gola* Art. 18 Rn. 8.

Ein Recht auf Einschränkung der Verarbeitung im Falle eines **non liquet** ist damit aber nicht dauerhaft anzunehmen, sondern nur für den plausiblerweise benötigten Zeitraum der Überprüfung. Liegt auch nach Abschluss der Überprüfung der Unrichtigkeit des Datums eine **non liquet**-Situation vor, kann die Verarbeitung fortgeführt werden (siehe hierzu Art. 16 Rn. 8). **8**

Die Folge hiervon ist dann aber auch, dass bei jeder plausiblen Darlegung der Unrichtigkeit einer über Social Media bzw. in Foren verbreiteten personenbezogenen Tatsache, dieses aus dem Forum zu entfernen und so lange der beschränkten Verarbeitung zu unterwerfen ist, bis die Prüfung der Unrichtigkeit der Daten abgeschlossen ist. Dies ist ein zu begrüßendes, „scharfes Schwert" gegen „Fake News" (siehe hierzu Art. 16 Rn. 9), welches jedoch im Ergebnis auch mit der Meinungsfreiheit und der Pressefreiheit in Einklang zu bringen ist. **9**

Die Dauer der beschränkten Verarbeitungstätigkeit bemisst sich danach, wie lange der Verarbeiter für die Überprüfung des Berichtigungsantrags benötigt.[12] Spätestens nach einem Monat muss der Verantwortliche dem Betroffenen Informationen über die von ihm ergriffenen Maßnahmen nach Art. 15 bis 22 zur Verfügung stellen. **10**

2. Unrechtmäßige Datenverarbeitung (Abs. 1 lit. b). Voraussetzung für das Eingreifen des Tatbestandes nach Abs. 1 lit. b ist – im Gegensatz zu der noch festzustellenden Unrichtigkeit nach Abs. 1 lit. a – die objektive Unrechtmäßigkeit der Datenverarbeitung.[13] Der Betroffene kann nicht durchsetzen, dass die Daten beschränkt gespeichert werden, weil insoweit das Löschungsrecht aus Art. 17 vorrangig ist.[14] Der Anspruch auf Löschung der Daten und der Anspruch auf Einschränkung der Verarbeitung stehen zwar in einem Alternativverhältnis zueinander, jedoch schließt die einmal verlangte Einschränkung der Verarbeitung eine spätere Geltendmachung des Rechts auf Löschung nicht aus.[15] Umgekehrt ist es aber nicht möglich, zuerst die Löschung der Daten zu verlangen und dann das Begehren auf eine eingeschränkte Verarbeitung dieser Daten zu lenken, da erforderlich ist, dass der Betroffene zuvor eine Löschung abgelehnt hat.[16] **11**

Die betroffene Person kann die Einschränkung der Datenverarbeitung nach Art. 18 Abs. 1 lit. b nur beantragen, wenn sie – einerseits – über die Unrechtmäßigkeit der Datenverarbeitung Bescheid weiß und – andererseits – davon in Kenntnis ist, dass der Verantwortliche die Daten löschen möchte.[17] Die Kenntniserlangung kann – mangels ausdrücklicher Informationspflicht des Verantwortlichen – im Zusammenhang mit Art. 13 Abs. 2 lit. a sowie Art. 14 Abs. 2 lit. a gesehen werden, wonach der Verantwortliche den Betroffenen über die Dauer der Datenverarbeitung oder – sofern das nicht abschätzbar bzw. möglich ist – über die Kriterien für die Bemessung der Dauer zu unterrichten hat. **12**

3. Zur Geltendmachung von Rechtsansprüchen (Abs. 1 lit. c). Der Verantwortliche hat das Interesse an der Datenverarbeitung regelmäßig verloren, wenn der damit ver- **13**

---

12 Ehmann/Selmayr-*Kamann/Braun* Art. 18 Rn. 13.
13 Ehmann/Selmayr-*Kamann/Braun* Art. 18 Rn. 15.
14 So auch Ehmann/Selmayr-*Kamann/Braun* Art. 18 Rn. 16.
15 Ehmann/Selmayr-*Kamann/Braun* Art. 18 Rn. 17.
16 Ehmann/Selmayr-*Kamann/Braun* Art. 18 Rn. 16.
17 Gola-*Gola* Art. 18 Rn. 11.

bundene Zweck erreicht wurde. Besteht seitens des Betroffenen ein Interesse an der Geltendmachung, Ausübung oder Verteidigung von Rechtsansprüchen im Hinblick auf eine Datenverarbeitung, so sind die entsprechenden Daten – auch wenn deren Verarbeitungs- und damit auch Speicherzweck an sich weggefallen ist – unter eingeschränkter Bearbeitung zu erhalten. Die Daten müssen zur Geltendmachung der rechtlichen Interessen benötigt werden.[18] Diese „Kausalitätsbeziehung" schließt einerseits eine missbräuchliche Geltendmachung des Rechts aus Art. 18 aus, indem nur diejenigen rechtlichen Interessen berücksichtigt werden, auf die sich der Betroffene redlicherweise berufen kann.[19] Andererseits wird der Speicherung der Daten im Interesse des Betroffenen gleichzeitig eine zeitliche Grenze gesetzt, die dann überschritten ist, wenn die rechtlichen Interessen des Betroffenen befriedigt oder rechtskräftig abgelehnt wurden.[20] Im Kontext mit Art. 13 Abs. 2 lit. a sowie Art. 14 Abs. 2 lit. a kann der betroffenen Person die Kenntnis verschafft werden, das Löschvorhaben des Datenverarbeiters zu erkennen und durch den Antrag nach Art. 18 zu verhindern.

14 **4. Im Rahmen der Einlegung eines Widerspruchs (Abs. 1 lit. d).** Um die Interessen des Betroffenen, der einen Widerspruch gegen die Datenverarbeitung eingelegt hat, während der Entscheidung über den Widerspruch zu wahren, kann die Datenverarbeitung für diesen Zeitraum eingeschränkt werden. Widerspruch im Sinne des Abs. 1 lit. d kann nur der in Art. 21 Abs. 1 genannte allgemeine Widerspruch sein.[21] Grund dafür ist, dass nur im Rahmen des Art. 21 Abs. 1 eine Abwägung zwischen den Interessen des Verantwortlichen und denen des Betroffenen erforderlich ist, was sich auch aus Art. 17 Abs. 1 lit. c Alt. 1 ergibt. Für die übrigen Widerrufstatbestände – namentlich und insbesondere das Widerrufsrecht im Fall der Direktwerbung nach Art. 21 Abs. 2 – ist keine oder nur eine eingeschränkte Interessenabwägung erforderlich, sodass eine Sicherung des Anspruchs auf Löschung mithilfe des Art. 18 nicht notwendig ist.[22] Für welchen Zeitraum der Betroffene die Einschränkung der Datenverarbeitung verlangen kann hängt davon ab, wann eine Entscheidung des Verantwortlichen über den Widerspruch erfolgt. Nach dem Sinn und Zweck der Regelung, dem Betroffenen bis zur endgültigen Klärung der Rechtslage Sicherheit zu verschaffen, muss auch der Zeitraum einer möglichen gerichtlichen Auseinandersetzung über den Widerspruch miteinbezogen werden.[23]

15 **5. Rechtsfolge.** Art. 18 Abs. 1 ordnet die Einschränkung der Datenverarbeitung an. Gemäß Art. 4 Nr. 3 bezeichnet die Einschränkung der Verarbeitung die Markierung gespeicherter personenbezogener Daten mit dem Ziel, ihre künftige Verarbeitung einzuschränken. Mit anderen Worten besteht ein grundsätzliches Verarbeitungsverbot, welches die Speicherung der Daten im Sinne einer „eingeschränkten Verarbeitung" aber nicht ausschließt.[24] Durch die Markierung soll deutlich werden, dass die Verarbeitung verboten ist, es sei denn, dass ein in Abs. 2 genannter Zweck vorliegt und die

18 Gola-*Gola* Art. 18 Rn. 12.
19 Ehmann/Selmayr-*Kamann/Braun* Art. 18 Rn. 19; im entfernteren Sinne auch Kühling/Buchner-*Herbst* Art. 18 Rn. 22 f.; *EuGH* v. 17.6.1998 – T-111/96, ECLI:EU:T:1998:183, ITT Promedia/Kommission, Rn. 55.
20 Ähnlich Ehmann/Selmayr-*Kamann/Braun* Art. 18 Rn. 20.
21 Vgl. Ehmann/Selmayr-*Kamann/Braun* Art. 18 Rn. 21.
22 BeckOK DatenSR-*Worms* Art. 18 Rn. 45; Ehmann/Selmayr-*Kamann/Braun* Art. 18 Rn. 21.
23 So Ehmann/Selmayr-*Kamann/Braun* Art. 18 Rn. 22; Kühling/Buchner-*Herbst* Art. 18 Rn. 27.
24 Ehmann/Selmayr-*Kamann/Braun* Art. 18 Rn. 24.

Verarbeitung ausnahmsweise erlaubt.[25] Mit welchen Methoden die eingeschränkte Verarbeitung vorgenommen werden kann, erklärt ErwG 67 beispielhaft, indem ausgewählte personenbezogene Daten vorübergehend auf ein anderes Verarbeitungssystem übertragen, für Nutzer gesperrt oder veröffentlichte Daten vorübergehend von einer Website entfernt werden. Konkret kann an eine gesonderte Verwahrung der Datenträger oder eine entsprechende Kennzeichnung gedacht werden.[26] Liegt eine automatische Verarbeitung vor ist überdies erforderlich, dass die Einschränkung der Verarbeitung grundsätzlich durch technische Mittel so erfolgt, dass die personenbezogenen Daten in keiner Weise weiterverarbeitet werden und nicht verändert werden können. Ferner besteht für den Verantwortlichen eine Hinweispflicht auf die beschränkte Datenverarbeitung.

6. Probleme bei komplexen Datenbankstrukturen und ungeeigneter Software. Die „Markierung“ auf Ebene der Datenbank oder die Herauslösung bestimmter Datensätze aus einem Verarbeitungsprozesses ist nur möglich, wenn das jeweils eingesetzte IT-System entsprechende Funktionen bereitstellt. Häufig trifft man in gewachsenen IT-Landschaften auf Datenbankstrukturen, die schlichtweg keine entsprechende Markierung vorsehen. Die Anpassung der Systeme, die im Hinblick auf die Erfüllung der Löschverpflichtung gemäß Art. 17 ohnehin erfolgen muss, kann in der Praxis sehr aufwendig werden.[27] In der Zukunft wird eine Software, die entsprechende Funktionen nicht vorsieht, obwohl der Zweck der Software in der Verarbeitung von personenbezogenen Daten besteht, als mangelhaft gelten müssen.[28] **16**

III. Ausnahmen von der beschränkten Verarbeitung (Abs. 2)

1. Ausnahmetatbestände. Liegen die Voraussetzungen für eine beschränkte Verarbeitung nach Art. 18 Abs. 1 vor, sieht Abs. 2 eine Rückausnahme vor, wenn einer der genannten Gründe vorliegt. Eine Verarbeitungserlaubnis besteht – trotz Vorliegens der Voraussetzungen des Abs. 1 – dann, wenn die betroffene Person in die Verarbeitung eingewilligt hat (Alt. 1) und damit die Rechtsfolge des Abs. 1 dem wahren Interesse des Betroffenen zuwider liefe. Ferner ist eine Rückausnahme für den Fall vorgesehen, dass die Verarbeitung für die Geltendmachung, Ausübung oder Verteidigung von Rechtsansprüchen notwendig ist (Alt. 2). Wenn die Verarbeitung dem Schutz der Rechte einer anderen natürlichen oder juristischen Person dient, kann die Beschränkung auch aufgehoben werden (Alt. 3). Praxisrelevanz für diesen Ausnahmetatbestand kann insoweit bestehen, als der Verantwortliche ein Interesse an der Datenverarbeitung – z.B. im Zusammenhang mit Rechtsansprüchen gegen eine natürliche Person – hat.[29] Oder wenn aus Gründen eines wichtigen öffentlichen Interesses der Union oder eines Mitgliedstaats eine Rückausnahme von der beschränkten Datenverarbeitung geboten ist (Alt. 4). **17**

---

25 Kühling/Buchner-*Herbst* Art. 18 Rn. 29.

26 Ehmann/Selmayr-*Kamann/Braun* Art. 18 Rn. 26; Kühling/Buchner-*Herbst* Art. 18 Rn. 30 sieht mit guten Argumenten das bloße Kennzeichnen nicht als ausreichende Maßnahme an.

27 *Berning/Keppeler* ZD 2017, 314, 317.

28 *Schuster/Hunzinger* CR 2017, 141, 147; *Berning/Keppeler* ZD 2017, 314, 318.

29 BeckOK DatenSR-*Worms* Art. 18 Rn. 50.

18 **2. Erforderlichkeit.** Damit das Betroffenenrecht auf Beschränkung der Verarbeitung gemäß Art. 18 Abs. 1 nicht durch Abs. 2 „ausgehöhlt“ wird, ist jede Rückausnahme der Beschränkung der Verarbeitung so zu lesen, dass diese – erstens – tatsächlich erforderlich ist und – zweitens – auch im Falle der unbeschränkten Datenverarbeitung erlaubt wäre.[30] Ersteres Erfordernis impliziert also insbesondere in Abs. 2 Alt. 2 und 3 ein Überwiegen der privaten oder öffentlichen Interessen gegenüber jenen des Betroffenen. Es reicht nicht aus, dass irgendwelche privaten oder öffentlichen Interessen bestehen.[31] Ferner ist ein – eigentlich selbstverständliches – Erfordernis die genannte grundsätzliche Zulässigkeit der Datenverarbeitung. Was bei uneingeschränkter Datenverarbeitung nicht erlaubt ist, kann erst recht nicht bei Eingreifen eines Tatbestandes aus Art. 18 Abs. 1 erlaubt sein. In diesem Zusammenhang forderte § 35 Abs. 8 Nr. 2 BDSG a.F. ausdrücklich, dass die Rückausnahme von der Sperrung – vom Vorliegen eines der Ausnahmetatbestände abgesehen – nur dann zulässig ist, wenn eine erfolgende Datenverarbeitung auch dann zulässig wäre, wenn die Daten keiner beschränkten Verarbeitung unterlägen.[32]

IV. Beschränkungen durch nationalen Gesetzgeber

19 Art. 23 eröffnet dem europäischen sowie dem nationalen Gesetzgeber die Möglichkeit, das Recht auf Einschränkung der Verarbeitung zu beschränken. Werden die Daten zu wissenschaftlichen, historischen, archivierenden oder statistischen Zwecken verarbeitet, können außerdem Ausnahmen von Art. 18 auf Grundlage des Art. 89 Abs. 2 und 3 gemacht werden. Deutschland hat bislang hiervon nur in einem sehr geringem Umfang Gebrauch gemacht (siehe hierzu Kommentierung zu Art. 89).

V. Informationspflicht (Abs. 3)

20 Der Verantwortliche ist verpflichtet, den Betroffenen über die Aufhebung der einschränkenden Verarbeitung zu unterrichten, bevor diese eintritt. Damit kann sich der Betroffene gegen eine unbeschränkte Datenverarbeitung schützen und ggf. Maßnahmen ergreifen, um den beschränkten Verarbeitungsumfang wiederherzustellen. Damit muss der Verantwortliche zu warten bis er davon ausgehen kann, dass der Betroffene von der bald eintretenden Aufhebung der beschränkten Verarbeitung Kenntnis erlangt hat und nicht gegen die Entscheidung des Verarbeiters vorgehen wird. Wie genau die Information zu erfolgen hat und welche Anforderungen an die Dauer des „Abwartens“ zu stellen sind, ist nicht gesetzlich geregelt.[33] Es wird aber deutlich, dass das Recht aus Art. 18 nur vorübergehender Natur ist und keinen „Dauerzustand“ darstellen kann, was den Sicherungscharakter nochmals hervorhebt.[34]

21 Für den Fall, dass die Voraussetzungen der Einschränkbarkeit der Datenverarbeitung nach Abs. 1 nicht vorliegen – z.B. weil die betroffene Person einen nicht den Anforderungen der Art. 16 und 18 entsprechenden Antrag gestellt hat –, ist der betroffenen Person mitzuteilen, dass eine Einschränkung der Datenverarbeitung nicht stattfindet.[35]

---

30 Kühling/Buchner-*Herbst* Art. 18 Rn. 40 stellt auf eine „enge Auslegung“ ab.
31 Ähnlich Ehmann/Selmayr-*Kamann/Braun* Art. 18 Rn. 28.
32 So auch Gola-*Gola* Art. 18 Rn. 17.
33 Gola-*Gola* Art. 18 Rn. 18, der davon ausgeht, dass eine Woche regelmäßig ausreichen wird.
34 Ehmann/Selmayr-*Kamann/Braun* Art. 18 Rn. 29.
35 Gola-*Gola* Art. 18 Rn. 9.

VI. Rechtsschutz und Sanktionen

Um dem Betroffenenrecht aus Art. 18 zur Geltung zu verhelfen kann der Betroffene eine Beschwerde nach Art. 77 einlegen und gemäß Art. 78 und 79 das Recht auf einen wirksamen Rechtsbehelf gegen eine Aufsichtsbehörde bzw. das Recht auf einen gerichtlichen Rechtsbehelf gegen Verantwortliche oder Auftragsverarbeiter ausüben. Der Verwaltungsrechtsweg kann mit einer Verpflichtungsklage gegen eine Behörde als Verantwortlicher beschritten werden, sofern diese es ablehnt die Datenverarbeitung zu beschränken. Auf dem Zivilrechtsweg kann das Recht aus Art. 18 mit einer Leistungs- oder Unterlassungsklage durchgesetzt werden. Verletzt der Verantwortliche seine sich aus Art. 18 ergebenden Verpflichtungen, muss er mit einer Geldbuße rechnen, da ein Verstoß gegen die Verpflichtung aus Art. 16 gemäß Art. 83 Abs. 5 lit. b bußgeldbewährt ist. Der Betroffene kann – sofern die unterlassene Beschränkung der Datenverarbeitung zu einem materiellen oder immateriellen Schaden führt – Schadensersatz vom Verantwortlichen oder Auftragsverarbeiter gemäß Art. 82 verlangen. **22**

Artikel 19 Mitteilungspflicht im Zusammenhang mit der Berichtigung oder Löschung personenbezogener Daten oder der Einschränkung der Verarbeitung

[1]Der Verantwortliche teilt allen Empfängern, denen personenbezogenen Daten offengelegt wurden, jede Berichtigung oder Löschung der personenbezogenen Daten oder eine Einschränkung der Verarbeitung nach Artikel 16, Artikel 17 Absatz 1 und Artikel 18 mit, es sei denn, dies erweist sich als unmöglich oder ist mit einem unverhältnismäßigen Aufwand verbunden. [2]Der Verantwortliche unterrichtet die betroffene Person über diese Empfänger, wenn die betroffene Person dies verlangt.

Übersicht

Literatur: *Hornung* Eine Datenschutz-Grundverordnung für Europa? – Licht und Schatten im Kommissionsentwurf vom 25.1.2012, ZD 2012, 99; *Piltz* Die Datenschutz-Grundverordnung. Teil 2: Rechte der Betroffenen und korrespondierende Pflichten des Verantwortlichen, K&R 2016, 629.

A. Einordnung und Hintergrund

I. Erwägungsgründe

Für Art. 19 besteht kein korrelierender Erwägungsgrund. Allerdings steht Art. 19 im Kontext mit weiteren Betroffenenrechten, namentlich Art. 16, 17 und 18, deren Erwägungsgründe für das Normverständnis des Art. 19 herangezogen werden können. **1**

Zusätzlich dazu wird in ErwG 159 von der Veröffentlichung als ein Unterpunkt der Offenlegung gesprochen („Um den Besonderheiten der Verarbeitung personenbezogener Daten zu wissenschaftlichen Forschungszwecken zu genügen, sollten spezifische Bedingungen insbesondere hinsichtlich der Veröffentlichung oder sonstigen Offenlegung personenbezogener Daten im Kontext wissenschaftlicher Zwecke gelten.“).

II. BDSG n.F.

2 Das BDSG n.F. enthält keine ergänzende Vorschrift.

III. Normengenese und -umfeld

3 Art. 19 ist im Kontext mit den vorausgehenden Betroffenenrechten Art. 16, 17 Abs. 1 und 18 zu sehen und schließt diese systematisch ab. Im Verlauf des Gesetzgebungsverfahrens wurde auch die eingeschränkte Datenverarbeitung nach Art. 18 in den Anwendungsbereich der Informations- und Unterrichtungspflicht nach Art. 19 aufgenommen.[1]

4 **1. DSRL.** Nach Art. 12 lit. c DSRL muss jede Berichtigung, Löschung oder Sperrung von personenbezogener Daten auch Dritten, denen die Daten übermittelt wurden, mitgeteilt werden. Die Einschränkungen aus Art. 12 lit. c DSRL wurden in Art. 19 S. 1 sinngemäß übernommen. Eine Auskunftspflicht nach Art. 19 S. 2 war noch nicht vorgesehen.

5 **2. BDSG a.F.** Im deutschen Datenschutzrecht war die Mitteilungspflicht in § 20 Abs. 8 und § 35 Abs. 7 BDSG a.F. normiert. Die Pflicht wurde dahingehend eingeschränkt, dass die Mitteilung nicht erforderlich war, wenn diese einen „unverhältnismäßigen Aufwand erfordert und schutzwürdige Interessen des Betroffenen nicht entgegenstehen“. Auf die entgegenstehenden Interessen des Betroffenen wird in Art. 19 nicht explizit eingegangen, da der Verantwortliche von sich aus die Rechte und Interessen des Betroffenen berücksichtigen muss.[2] Abgesehen davon wird von „Weitergabe“ und nicht von „Offenlegung“ gesprochen, diese Begriffe unterscheiden sich jedoch nur unwesentlich. Die Auskunftspflicht aus Art. 19 S. 2 wurde im BDSG a.F. nicht explizit genannt.

B. Kommentierung

I. Art. 19 Allgemein

6 Um die Betroffenenrechte aus Art. 16, 17 und 18 effektiv zu gewährleisten, verpflichtet Art. 19 S. 1 den Verantwortlichen zur Information über Veränderungen personenbezogener Daten. Diese – auch als Nachberichtspflicht bezeichnete – Pflicht besteht gegenüber dem Empfänger (siehe dazu die Kommentierung Art. 4 Rn. 139 ff.) der veränderten Daten. Den Betroffenenrechten aus Art. 16, 17 Abs. 1 und 18 wäre nicht ausreichend Genüge getan, wenn jeweils nur der Verantwortliche die Daten entsprechend verändern, löschen oder einem eingeschränkten Verarbeitungsmaßstab unterziehen müsste. Insoweit schließt Art. 19 S. 1 die Lücke, die zwischen dem Betroffenen und dem Empfänger der Daten besteht, um einer unrechtmäßigen Datenverarbeitung entgegenzuwir-

1 Rats-Dok. 9565/15; BeckOK DatensR-*Worms* Art. 19 Rn. 3.
2 BeckOK DatenSR-*Worms* Art. 19 Rn. 9.

ken und den Betroffenenrechten zur Wirksamkeit zu verhelfen.[3] Wenn die Daten an Empfänger weitergegeben wurden, ist es zum einen im Interesse des Betroffenen, auch die Empfänger über die Unrichtigkeit der Daten, deren Löschung oder des eingeschränkten Bearbeitungsumfangs zu unterrichten. Zum anderen sind auch Empfänger daran interessiert, über Veränderungen im Hinblick auf personenbezogene Daten unterrichtet zu werden.[4] Indes ist Art. 19 S. 1 nicht so zu verstehen, dass die Informationspflicht auch dem Schutz der Empfänger dient; sie ist also keine diese begünstigende Schutznorm.[5] Dagegen spricht klar die systematische Auslegung, denn Art. 19 befindet sich in dem Kapitel der Betroffenenrechte. Zusätzlich ist der Verantwortliche auf Verlangen des Betroffenen nach S. 2 dazu verpflichtet, den Betroffenen über die Information der Empfänger zu unterrichten.

II. Ausschluss der Informationspflicht

Art. 19 S. 1 schließt die grundsätzlich bestehende Informationspflicht für den Fall der Unmöglichkeit oder des unverhältnismäßigen Aufwands aus. Die Darlegungs- und Beweislast trifft den Verantwortlichen.[6] 7

1. Unmöglichkeit. Die Erfüllung der Informationspflicht ist unmöglich, wenn sie aus tatsächlichen Gründen nicht erfolgen kann.[7] Kann der Verantwortliche den Empfänger der Daten – unabhängig vom sachlichen, personellen oder zeitlichen Aufwand – nicht mehr ausfindig machen, liegt Unmöglichkeit vor. Dies kann etwa im Rahmen einer unrechtmäßigen oder unbefugten Offenlegung von personenbezogenen Daten i.S.d. Art. 4 Nr. 12 der Fall sein. Allerdings darf diese Unmöglichkeit nicht darauf beruhen, dass eine fehlerhafte Dokumentation der Datenweitergabe stattgefunden hat.[8] Denn dann würde der Verantwortliche gegen seine Dokumentationspflicht aus Art. 30 Abs. 1 lit. d verstoßen, die ihn verpflichtet, die Empfänger der durch ihn verarbeiteten personenbezogenen Daten in einem Verzeichnis aufzuführen.[9] 8

Unverhältnismäßiger Aufwand

Für den Fall, dass die Informationspflichterfüllung auf Seiten des Verantwortlichen zwar möglich wäre aber einen unverhältnismäßigen Aufwand erfordert, kann sie unterbleiben. Unverhältnismäßigkeit erfordert eine Interessenabwägung im Einzelfall.[10] Ein unverhältnismäßiger Aufwand kann angenommen werden, wenn das Interesse des Betroffenen an der Informationspflichterfüllung durch den Verantwortlichen dem Interesse des Verantwortlichen am Unterlassen der Informationspflicht unterliegt. Konkret ist an die Fälle zu denken, in denen der Verantwortliche erhebliche sachliche oder personelle Mittel aufwenden müsste, um die Informationspflicht zu erfüllen und der Betroffene an der Informationspflichterfüllung kein nachvollziehba- 9

---

3 Ehmann/Selmayr-*Kamann/Braun* Art. 19 Rn. 2.
4 Gola-*Gola* Art. 19 Rn. 4.
5 Gola-*Gola* Art. 19 Rn. 11.; a.A. Ehmann/Selmayr-*Kamann/Braun* Art. 19 Rn. 3, 19.
6 BeckOK DatenSR-*Worms* Art. 19 Rn. 16.
7 Ehmann/Selmayr-*Kamann/Braun* Art. 19 Rn. 12; *Piltz*, K&R, 629, 633.
8 Gola-*Gola* Art. 19 Rn. 8; Ehmann/Selmayr-*Kamann/Braun* Art. 19 Rn. 12.
9 Kühling/Buchner-*Herbst* Art. 19 Rn. 13; eine ähnliche Problematik betreffend *EuGH* v. 7.5.2009 – C-553/07, Slg. 2009, I-3889 Rn. 70.
10 Kühling/Buchner-*Herbst* Art. 19 Rn. 9; Ehmann/Selmayr-*Kamann/Braun* Art. 19 Rn. 13.

res Interesse hat.[11] Dies könnte etwa der Fall sein, wenn ein Auftragsverarbeiter als bloßer Server bzw. Hosting Dienstleister auftritt und dementsprechend kein eigenes Interesse an den Daten hat und diese gemäß Art. 28 auch nicht selbst verarbeiten darf. Gleiches gilt für einen Dienstleister, der nicht zielgerichtet, sondern nur im Rahmen seiner Supporttätigkeit mit personenbezogenen Daten in Berührung kommt. Es wäre dennoch etwas überfällig, die Korrektur eines personenbezogenen Datums, welches in der Office 365 Cloud gespeichert ist, an Microsoft zu melden. In der Abwägung kann ebenso berücksichtigt werden, ob ein Informationsinteresse auf Seiten des Empfängers überhaupt besteht; es kann nämlich sein, dass der Zweck der Datenübermittlung entfallen ist und die Daten beim Empfänger aufgrund seiner Löschpflicht aus Art. 17 Abs. 1 nicht mehr bestehen.[12]

10 **2. Entgegenstehende Interessen des Betroffenen.** Steht die Information der Empfänger den Interessen des Betroffenen entgegen, sieht Art. 19 S. 1 keine Ausnahme von der grundsätzlich bestehenden Informationspflicht vor. §§ 20 Abs. 8 und 35 Abs. 7 BDSG a.F. sahen indes vor, dass bei entgegenstehender Interessen des Betroffenen eine Information der Empfänger ausscheiden musste. Wie mit dieser Situation auf Grund der DS-GVO umgegangen werden soll, ist ungewiss. Möglich erscheint, dass den Mitgliedstaaten im Rahmen ihrer Öffnungsklauseln Spielräume geschaffen werden, entsprechende Ausnahmen im nationalen Recht vorzusehen (siehe dazu Art. 23).[13]

III. Empfänger

11 Empfänger kann gemäß Art. 4 Nr. 9 jede natürliche oder juristische Person, eine Behörde, Einrichtung oder eine andere Stelle sein, der die Daten offen gelegt wurden (siehe dazu die Kommentierung zu Art. 4 Rn. 139). Hierzu zählen auch Auftragsverarbeiter und gemeinschaftliche Verantwortliche. Dem Art. 19 entsprechenden Art. 12 lit. c DSRL war nur eine Informationspflicht über Dritte, denen die Daten übermittelt wurden, zu entnehmen. Dritter konnte aber nicht zugleich auch der Verantwortliche sein. Indem der Begriff Empfänger auch Verantwortliche und Auftragsdatenverarbeiter einbezieht, geht Art. 1 über den Anwendungsbereich des Art. 12 lit. c DSRL hinaus.[14]

12 Empfänger im Sinne des Art. 19 S. 1 können nur diejenigen sein, gegenüber denen die Daten vom Verantwortlichen offengelegt wurden. Art. 4 Nr. 2 nennt die „Offenlegung durch Übermittlung, Verbreitung oder eine andere Form der Bereitstellung" als Beispiel der Verarbeitung von personenbezogenen Daten im Wege der Übermittlung, Verbreitung oder einer anderen Form der Bereitstellung. In den Anwendungsbereich der Vorschrift können nicht solche Datenempfänger fallen, die zwar im Besitz der Daten sind, aber diesen nicht aufgrund einer Übermittlung durch den Verantwortlichen erlangt haben.[15]

11 Gola-*Gola* Art. 19 Rn. 9.
12 Gola-*Gola* Art. 19 Rn. 9; Ehmann/Selmayr-*Kamann/Braun* Art. 19 Rn. 13.
13 Kühling/Buchner-*Herbst* Art. 19 Rn. 11.
14 Ehmann/Selmayr-*Kamann/Braun* Art. 19 Rn. 4, 10.
15 Kühling/Buchner-*Herbst* Art. 19 Rn. 10.

IV. Art und Weise der Informationspflicht (S. 1)

Die Informationspflicht aus Art. 19 S. 1 ist eine objektive Pflicht des Verantwortlichen und damit nicht von einem Antrag des Betroffenen abhängig.[16] 13

Auf welchem Weg die Information über die Unrichtigkeit des Datensatzes vom Verantwortlichen an den Empfänger zu erfolgen hat, wird nicht explizit vorgeschrieben. Der praktisch sinnvollste Weg wäre die Information auf dem Wege vorzunehmen, auf dem auch die ursprüngliche Datenübermittlung stattgefunden hat. Inwiefern die Informationspflicht unter einem zeitlichen Limit steht, ist ebenfalls nicht geregelt. Um die Effektivität der Betroffenenrechte zu gewährleisten, spricht viel dafür, in einem Fall mit einer besonders gravierenden Bedeutung für den Betroffenen, einen Gleichlauf mit dem zeitlichen Maßstab aus den Art. 16 und 17, also eine „unverzügliche" Informationspflicht gegenüber den Betroffenen, anzunehmen.[17] In den übrigen Fällen genügt es nach dem Wortlaut von Art. 19, wenn die Informationspflicht zeitlich im Rahmen des üblichen Geschäftsgangs erfüllt wird. 14

Für den Fall eines Datensatzes, der in einem Abrufverfahren für verschiedene Empfänger bereit steht, ist die Reichweite der Korrektur- und Informationspflicht fraglich.[18] Die Korrektur des eigenen Datensatzes kann nur dann ausreichend sein, wenn dieser sehr häufig aufgerufen wird, sodass die aktuellen Daten unverzüglich dem Empfänger auf diesem Weg mitgeteilt werden.[17] Liegt eine solche Konstellation vor, wäre die Informationspflicht gegenüber den Empfängern eine bloße Förmelei. 15

V. Unterrichtungspflicht (S. 2)

Auf Verlangen der betroffenen Person muss der Verantwortliche diese über seine Informationspflichterfüllung gegenüber den Empfängern unterrichten. Dem Wortlaut nach und im Umkehrschluss zu Art. 19 S. 1 ist erforderlich, dass der Betroffene die Unterrichtung durch den Verantwortlichen beantragt.[19] Ein solcher Antrag ist nicht an Formvorschriften gebunden und kann – im Interesse einer wirksamen und einfachen Rechtsdurchsetzung – auch gleichzeitig mit den Betroffenenrechten aus Art. 16, 17 Abs. 1 und 18 geltend gemacht werden.[19] Wie die Unterrichtung ausgestaltet sein soll, wird nicht explizit geregelt. Entsprechend kann auf Art. 12 Abs. 1 zurückgegriffen werden, der den Verantwortlichen verpflichtet, geeignete Maßnahmen zu treffen, um der betroffenen Person alle Informationen, die sich auf die Verarbeitung der Daten beziehen, präzise, transparent, verständlich und in einer leicht zugänglichen Form zur Verfügung zu stellen[20] Gemäß Art. 13 Abs. 1 lit. e bereits sämtliche Empfänger benannt wurden, genügt es, den Betroffenen hierauf zu verweisen. 16

Beschränkungen

Art. 19 unterliegt den Beschränkungsvorbehalten aus Art. 23 und 89 Abs. 3 (siehe dazu die Kommentierungen zu Art. 23 Rn. 13 und Art. 89 Rn. 26). 17

---

16 BeckOK DatenSR-*Worms* Art. 19 Rn. 17.
17 Kühling/Buchner-*Herbst* Art. 19 Rn. 12.
18 Dazu auch Gola-*Gola* Art. 19 Rn. 6.
19 Ehmann/Selmayr-*Kamann/Braun* Art. 19 Rn. 16.
20 Ehmann/Selmayr-*Kamann/Braun* Art. 19 Rn. 6.

VI. Rechtsschutz und Sanktionen

18 Auf primärer Ebene stehen der betroffenen Person die Rechtsdurchsetzungsmöglichkeiten aus Art. 77, 78 und 79 zu. Ferner kann der Betroffene gemäß Art. 82 Schadensersatz verlangen, wenn der Verantwortliche seine Informationspflicht nach S. 1 unterlässt diese unzureichend erbringt und dem Betroffenen dadurch ein materieller oder immaterieller Schaden entstanden ist. Verstößt der Verantwortliche gegen die Informationspflicht oder die Unterrichtungspflicht des Art. 19, muss er mit einem Bußgeld nach Art. 83 Abs. 5 rechnen.

Artikel 20 Recht auf Datenübertragbarkeit

(1) Die betroffene Person hat das Recht, die sie betreffenden personenbezogenen Daten, die sie einem Verantwortlichen bereitgestellt hat, in einem strukturierten, gängigen und maschinenlesbaren Format zu erhalten, und sie hat das Recht, diese Daten einem anderen Verantwortlichen ohne Behinderung durch den Verantwortlichen, dem die personenbezogenen Daten bereitgestellt wurden, zu übermitteln, sofern

a) die Verarbeitung auf einer Einwilligung gemäß Artikel 6 Absatz 1 Buchstabe a oder Artikel 9 Absatz 2 Buchstabe a oder auf einem Vertrag gemäß Artikel 6 Absatz 1 Buchstabe b beruht und

b) die Verarbeitung mithilfe automatisierter Verfahren erfolgt.

(2) Bei der Ausübung ihres Rechts auf Datenübertragbarkeit gemäß Absatz 1 hat die betroffene Person das Recht, zu erwirken, dass die personenbezogenen Daten direkt von einem Verantwortlichen einem anderen Verantwortlichen übermittelt werden, soweit dies technisch machbar ist.

(3) [1]Die Ausübung des Rechts nach Absatz 1 des vorliegenden Artikels lässt Artikel 17 unberührt. [2]Dieses Recht gilt nicht für eine Verarbeitung, die für die Wahrnehmung einer Aufgabe erforderlich ist, die im öffentlichen Interesse liegt oder in Ausübung öffentlicher Gewalt erfolgt, die dem Verantwortlichen übertragen wurde.

(4) Das Recht gemäß Absatz 2 darf die Rechte und Freiheiten anderer Personen nicht beeinträchtigen.

– *ErwG: 68*

Übersicht

Literatur: *Bräutigam/Schmidt-Wudy* Das geplante Auskunfts- und Herausgaberecht des Betroffenen nach Art. 15 DS-VO-E, CR 2015, 56; *Brüggemann* Das Recht auf Datenportabilität, DSRITB 2017, 1; *Drexl* Neue Regeln für die Europäische Datenwirtschaft? NZKart 2017, 415; *Hennemann* Datenportabilität, PinG 2017, 5; *Jülicher/Röttgen/von Schönfeld* Das Recht auf Datenübertragbarkeit – Ein datenschutzrechtliches Neuland, ZD 2016, 358; *Paal/Hennemann* Big Data im Recht, Wettbewerbs- und daten(schutz)rechtliche Herausforderungen, NJW 2017, 1697; *Roßnagel/Richter/Nebel* Besserer Internetdatenschutz für Europa, Vorschläge zur Spezifizierung der DS-GVO, ZD 2013, 103; *Schantz* Die Datenschutz-Grundverordnung – Beginn einer neuen Zeitrechnung im Datenschutzrecht, NJW 2016, 1841; *Schätzle* Ein Recht auf die Fahrzeugdaten – Das Recht auf Datenportabilität aus der DS-GVO, PinG 2016, 71; *Strubel* Anwendungsbereich des Rechts auf Datenübertragbarkeit, Auslegung des Art. 20 DS-GVO unter Berücksichtigung des Guidelines der Art.-29-Datenschutzgruppe, ZD 2017, 355.

A. Einordnung und Hintergrund

I. Erwägungsgrund 68

1 Das Recht auf Datenübertragbarkeit wird in ErwG 68 erläutert. Eine Nennung findet sich zudem in ErwG 73, der Art. 23 betrifft und in ErwG 156, der sich auf Art. 89 bezieht.

II. BDSG n.F.

2 Gem. § 28 Abs. 4 BDSG besteht Art. 20 nicht, soweit das Recht auf Datenübertragbarkeit voraussichtlich die Verwirklichung der im öffentlichen Interesse liegenden Archivzwecke unmöglich macht oder ernsthaft beeinträchtigt und die Ausnahme für die Erfüllung dieser Zwecke erforderlich ist.

3 Nach den im Entwurf des 21. RÄStV enthaltenen Medienprivilegien (§§ 9c, 57 RStV-E) findet Art. 20 bei einer Datenverarbeitung zu journalistischen Zwecken keine Anwendung.[1]

III. Normgenese und -umfeld

4 **1. DSRL.** In der DSRL war ein Recht auf Datenübertragbarkeit noch nicht enthalten.

5 **2. BDSG a.F.** Das BDSG a.F. sah ebenfalls kein Recht auf Datenübertragbarkeit vor.

6 **3. WP der Art.-29-Datenschutzgruppe/Beschlüsse des DD-Kreises.** Die Artikel-29-Datenschutzgruppe hat am 13.12.2016 **Leitlinien zum Recht auf Datenübertragbarkeit** angenommen, die am 5.4.2017 überarbeitet worden sind (Leitlinien 16/EN WP 242 rev.01).[2] In diesen Leitlinien erläutert die Art.-29-Datenschutzgruppe ausführlich ihr Verständnis von den wesentlichen Elementen des Rechts auf Datenübertragbarkeit, welche Datenverarbeitungen und welche personenbezogenen Daten erfasst werden, wie die allgemeinen Regeln betreffend der Ausübung der Rechte von betroffenen Personen auf das Recht der Datenübertragbarkeit Anwendung finden und wie die zu übertragenden personenbezogenen Daten zur Verfügung gestellt werden müssen.

---

1 S. Bremische Bürgerschaft, Drucks. 19/1282.

2 Guidelines on the right to data portability, 16/EN WP 242 rev.01 ("Leitlinien 16/EN WP 242 rev.01").

Der **Europäische Datenschutzausschuss** als Nachfolger der Art.-29-Datenschutzgruppe[3] kann von sich aus Leitlinien, Empfehlungen und bewährte Verfahren zwecks Sicherstellung einer einheitlichen Anwendung der DS-GVO bereitstellen (Art. 70 Abs. 1 lit. e). Es ist nicht zu erwarten, dass der Europäische Datenschutzausschuss den Inhalt der Richtlinien 16/EN WP 242 rev.01 wesentlich verändern wird, sodass diese Richtlinien bis zu gerichtlichen Klärungen nicht unbeachtliche Relevanz für die Auslegung und Anwendung von Art. 20 erlangen.[4] **7**

Entschließungen des **DD-Kreises** zum Recht auf Datenübertragbarkeit liegen bislang nicht vor. **8**

B. Kommentierung

I. Überblick und Regelungsgehalt

Art. 20, der unmittelbar anwendbar ist, schafft ein neues Recht auf Datenübertragbarkeit zugunsten betroffener Personen, das es bislang noch nicht gab. Das Recht auf Datenübertragbarkeit ist ein **Novum**. **9**

Strukturell lässt sich das Recht auf Datenübertragbarkeit in drei einzelne Rechte[5] weiter untergliedern, die in- und miteinander verwoben sind. Abs. 1 Alt. 1 enthält ein **Recht auf Erhalt** personenbezogener Daten in einem strukturierten, gängigen und maschinenlesbaren Format, die eine betroffene Person einem (ersten) Verantwortlichen bereitgestellt hat. Adressat der Übertragung der personenbezogenen Daten sind dabei die betroffenen Personen selbst. Abs. 1 Alt. 2 und Abs. 2 verschieben demgegenüber die Zielrichtung der Datenübertragung von der betroffenen Person hin zu einem anderen (zweiten) Verantwortlichen. So sieht Abs. 2 das **Recht auf Erwirkung der direkten Übermittlung** der dem (ersten) Verantwortlichen bereitgestellten personenbezogenen Daten an einen anderen (zweiten) Verantwortlichen vor. Dieses Recht wird von dem Recht flankiert, dass der (erste) Verantwortliche die ihm bereitgestellten personenbezogenen Daten **ohne Behinderung** an einen anderen (zweiten) Verantwortlichen übermitteln muss. **10**

Inhaltlich bezieht sich das Recht auf Datenübertragbarkeit in allen drei Ausprägungen auf die personenbezogenen Daten, die eine betroffene Person einem Verantwortlichen **bereitgestellt** hat und richtet sich jeweils gegen den Verantwortlichen, der die bereitgestellten Daten verarbeitet. Dabei trifft den anderen (zweiten) Verantwortlichen, an den die personenbezogenen Daten zu übermitteln sind, eine Pflicht zur Mitwirkung. Gegenstand des Rechts auf Datenübertragbarkeit sind zudem nur die einem Verantwortlichen bereitgestellten personenbezogenen Daten, deren Verarbeitung durch den Verantwortlichen auf einer **Einwilligung** (Art. 6 Abs. 1 lit. a, Art. 9 Abs. 2 lit. a) oder auf einem **Vertrag** (Art. 6 Abs. 1) beruht und deren Verarbeitung mithilfe **automatisierter Verfahren** erfolgt. **11**

Abs. 3 S. 1 stellt ausdrücklich klar, dass das **Recht auf Löschung/Vergessenwerden** (Art. 17) durch die Ausübung des Rechts auf Datenübertragbarkeit unberührt bleibt. **12**

3 Vgl. ErwG 139 S. 3. Dabei wurde auch Kritik der Kommission mit aufgenommen.
4 S. zur Frage der Verbindlichkeit solcher Leitlinien Art. 70 Rn. 9.
5 So auch Sydow-*Sydow* Art. 20 Rn. 9; Gola-*Piltz* Art. 20 Rn. 8 f. will in Art. 20 hingegen ein zweistufiges Recht sehen.

13 Das Recht auf Datenübertragbarkeit gilt nicht, wenn bereitgestellte personenbezogene Daten für die Wahrnehmung von **Aufgaben**, die **im öffentlichen Interesse** liegen, durch den Verantwortlichen verarbeitet werden oder die Verarbeitung in Ausübung **öffentlicher Gewalt** erfolgt, die dem Verantwortlichen übertragen wurde (Abs. 3 S. 2).

14 Darüber hinaus darf das Recht auf Datenübertragbarkeit die **Rechte und Freiheiten anderer Personen** nicht beeinträchtigen (Abs. 4).

15 Gem. Art. 11 gilt das Recht auf Datenübertragbarkeit nicht, wenn der Verantwortliche nachweisen kann, dass er **nicht in der Lage** ist, die betroffene Person zu **identifizieren**, es sei denn, die betroffene Person stellt zur Ausübung ihres Rechts auf Datenübertragbarkeit zusätzliche Informationen bereit, die ihre Identifizierung ermöglichen.

16 Bezüglich **Information**, **Kommunikation** und **Modalitäten** für die **Ausübung** des Rechts auf Datenübertragbarkeit gilt Art. 12. Betroffene Personen müssen über das Bestehen des Rechts auf Datenübertragbarkeit **informiert** werden (Art. 13 Abs. 2 lit. b, Art. 14 Abs. 2 lit. c).

17 Das Recht auf Datenübertragbarkeit kann im Wege von Gesetzgebungsmaßnahmen gem. Art. 23 beschränkt werden, und es können Ausnahmen von dem Recht auf Datenübertragbarkeit vorgesehen werden, wenn personenbezogene Daten für **im öffentlichen Interesse liegende Archivzwecke** verarbeitet werden (Art. 89 Abs. 3). Der deutsche Gesetzgeber hat eine Ausnahme von dem Recht auf Datenübertragbarkeit insofern vorgesehen, als in **§ 28 Abs. 4 BDSG n.F.** geregelt wird, dass Art. 20 nicht besteht, soweit das Recht auf Datenübertragbarkeit voraussichtlich die Verwirklichung der im öffentlichen Interesse liegenden Archivzwecke unmöglich macht oder ernsthaft beeinträchtigt und die Ausnahme für die Erfüllung dieser Zwecke erforderlich ist.

18 Für die Verarbeitung, die zu **journalistischen Zwecken** oder zu **wissenschaftlichen, künstlerischen** oder **literarischen Zwecken** erfolgt, können die Mitgliedstaaten außerdem Abweichungen oder Ausnahmen von dem Recht auf Datenübertragbarkeit vorsehen, wenn dies erforderlich ist, um das Recht auf Schutz der personenbezogenen Daten mit der Freiheit der Meinungsäußerung und der Informationsfreiheit in Einklang zu bringen (Art. 85 Abs. 2). Eine auf Art. 85 Abs. 2 beruhende Ausnahme von Art. 20 machen beispielsweise die Medienprivilegien (§§ 9c, 57 RStV-E) des Entwurfs des 21. RÄStV.[6]

II. Entstehungsgeschichte, systematische Einordnung, ratio legis, Kritik und Ausblick

19 **1. Entstehungsgeschichte.** Bereits der **Vorschlag der Kommission**[7] enthielt in Art. 18 ein Recht auf Datenübertragbarkeit, das darauf abzielte, dass die betroffene Person von dem für die Verarbeitung Verantwortlichen eine Kopie der verarbeiteten Daten in einem von ihr weiter verwendbaren strukturierten gängigen elektronischen Format verlangen kann. Das Recht sollte so weit reichen, dass die betroffene Person berechtigt sein sollte zu verlangen, die von ihr zur Verfügung gestellten personenbezogenen Daten sowie etwaige sonstige von ihr zur Verfügung gestellte Informationen, die in einem automatisierten Verarbeitungssystem gespeichert sind, in einem gängigen elektroni-

6 S. Bremische Bürgerschaft, Drucks. 19/1282.
7 25.1.2012 (KOM(2012) 11 endgültig; 2012/0011 (COD).

schen Format in ein anderes System zu überführen, ohne dabei von dem für die Verarbeitung Verantwortlichen, dem die personenbezogenen Daten entzogen werden, behindert zu werden. Nach Ansicht der Kommission sollte das Recht auf Datenübertragung nicht nur der besseren Kontrolle über die eigenen Daten, sondern auch der besseren Ausübung des Auskunftsrechts dienen[8], sodass die Kommission von einer engen Verknüpfung des Rechts auf Datenübertragbarkeit mit dem Auskunftsrecht ausging.

Diesen Schritt der Verknüpfung zwischen dem Auskunftsrecht und dem Recht auf Datenübertragbarkeit vollzog das **Europäische Parlament**[9]. Es integrierte das Recht auf Datenübertragbarkeit in das Auskunftsrecht (Art. 15) und sah ein „Recht der betroffenen Person auf Auskunft und auf Herausgabe der Daten" vor. Dabei sollte die betroffene Person berechtigt sein, eine Kopie der zur Verfügung gestellten personenbezogenen Daten nicht nur in einem gängigen elektronischen Format zu verlangen, das sie weiter verwenden kann, sondern auch in einem interoperablen Format, und – soweit technisch machbar und verfügbar – dass die Daten unmittelbar von dem für die Verarbeitung Verantwortlichen an einen anderen für die Verarbeitung Verantwortlichen übermittelt werden.[10] 20

Der **Rat der Europäischen Union**[11] zog das Auskunftsrecht und das Recht auf Datenübertragbarkeit wieder auseinander. Er schuf eine Fassung des Rechts auf Datenübertragbarkeit, die im Ergebnis der Fassung, die im **Trilog**[12] gefunden worden ist, sehr nahe kam. Ein inhaltlich bedeutender Unterschied zum Europäischen Parlament – der sich auch in der endgültigen Fassung findet – besteht darin, dass sich die Interoperabilität des Formats, die das Europäischen Parlament vorsah, im Normtext nicht wiederfindet; ebenso ließ die endgültige Fassung den Vorschlag der Kommission, dass ein weiter verwendbares Format genutzt werden soll, wieder fallen. 21

2. Systematische Einordnung des Rechts auf Datenübertragbarkeit. Das Recht auf Datenübertragbarkeit gehört systematisch zu den **Rechten der betroffenen Personen** des Kapitel III der DS-GVO und ist dort Teil des Abschnittes 3 betreffend Berichtigung und Löschung. 22

Wie schon der Entstehungsprozess von Art. 20 verdeutlicht, hängt das Recht auf Datenübertragbarkeit sehr **eng mit dem Auskunftsrecht** gem. Art. 15 **zusammen**.[13] 23

8 ErwG 55 S. 1, Vorschlag der Kommission v. 25.1.2012 (KOM(2012) 11 endgültig; 2012/0011 (COD).

9 Beschl. des Europäischen Parlaments v. 12.3.2014 im Rahmen der ersten Lesung zu dem Vorschlag der Europäischen Kommission (Interinstitutionelles Dossier des Rats der Europäischen Union vom 27.3.2014, 2012/0011 (COD); 7427/1/14, REV 1.

10 Vgl. zum EU-Parlament *Bräutigam/Schmidt*-Wudy CR 2015, 56 ff.

11 Beschl. des Rats der Europäischen Union v. 15.6.2015, 9565/15.

12 (Arbeits-)Ergebnisses der Trilogparteien v. 15.12.2015, Dokument des Rates 15039/15.

13 Als Spezialfall des Art. 15 erachtend Plath-*Kamlah* Art. 20 Rn. 13; als modifizierten Auskunftsanspruch erachtend BeckOK DatenSR-*von Lewinski* DS-GVO Art. 20 Rn. 7 und 49. Aufgrund der Ähnlichkeiten beider Rechte, sind sie zweifellos eng mit einender verwandt. Wegen der bestehenden deutlichen Unterschiede hinsichtlich der betroffenen Daten und der verschiedenen Stoßrichtungen ist das Recht auf Datenübertragbarkeit jedoch etwas anderes als das Auskunftsrecht und man würde seinem Wesen nicht gerecht, es als Spezialfall des Rechts auf Datenübertragbarkeit zu deuten. Auernhammer-*Schürmann* Art. 20 DS-GVO Rn. 31 sieht eine Überschneidung mit Art. 15 und dessen Erweiterung.

Zwar kann eine betroffene Person nach Art. 15 Auskunft über alle sie betreffenden personenbezogenen Daten verlangen. Inhaltlich reicht dieses Recht daher weiter als das Recht auf Datenübertragbarkeit, das nur ein Recht auf Übermittlung der dem Verantwortlichen bereitgestellten personenbezogenen Daten gewährt. Das Auskunftsrecht der betroffenen Person reicht auch insofern weiter, als nicht nur ein Anspruch auf Auskunft über die sie betreffenden personenbezogenen Daten besteht, sondern auch flankierende Informationen verlangt werden können, wie Verarbeitungszwecke, die Kategorien personenbezogener Daten, die verarbeitet werden, die Empfänger etc. Hinter dem Recht auf Datenübertragbarkeit bleibt das Auskunftsrecht aber insoweit zurück, als ein Verantwortlicher nur eine Kopie der verarbeiteten personenbezogenen Daten zur Verfügung zu stellen hat. Erfolgt die Geltendmachung der Auskunft nicht elektronisch, müssen diese Daten auch nicht elektronisch zur Verfügung gestellt werden. Die Pflicht hierzu besteht nur, wenn ein Antrag elektronisch gestellt wird. Aber auch dann sind die Informationen lediglich in einem elektronischen Format zur Verfügung zu stellen, das gängig ist, nicht indes in einem ebenfalls strukturierten und maschinenlesbaren Format, wie Art. 20 verlangt. Schließlich folgt nur aus dem Recht auf Datenübertragbarkeit, dass eine betroffene Person die Übermittlung der personenbezogenen Daten ohne Behinderung an einen anderen (zweiten) Verantwortlichen verlangen kann, die sie einem (ersten) Verantwortlichen bereitgestellt hat.

24 **3. Ratio legis, Wirkungen und Kritik.** Die ratio legis des Rechts auf Datenübertragbarkeit besteht darin, betroffenen Personen im Fall der Verarbeitung von personenbezogenen Daten mit automatischen Mitteln eine **bessere Kontrolle über die eigenen Daten** zu geben.[14] Das Recht auf Datenübertragbarkeit ist damit Ausfluss des u.a. von der DS-GVO verfolgten Ziels, dass natürliche Personen die Kontrolle über ihre eigenen Daten besitzen sollten.[15] Der Verlust der Kontrolle einer betroffenen Person über ihre personenbezogenen Daten wird auch explizit als Schaden natürlicher Personen wegen Verletzung des Schutzes personenbezogener Daten genannt.[16]

25 Das Recht auf Datenübertragbarkeit führt zu einer Verbesserung der Kontrolle betroffener Personen über ihre eigenen Daten. Die Verbesserung der Kontrolle über die eigenen Daten bewirkt aber noch keine ausschließliche Kontrolle über die eigenen Daten, die einer **eigentumsähnlichen Rechtsposition**[17] vergleichbar ist. Zu einer Übertragung der Daten in einem dinglichen Sinn kommt es nicht, da Art. 20 nur die Übermittlung der Vervielfältigung der Daten, nicht indes auch die Löschung der Daten vorsieht.[18]

26 Das Recht auf Datenübertragbarkeit fördert zudem den **Wettbewerb** zwischen Anbietern, da es betroffenen Personen einen Anbieterwechsel erleichtert. Wenn betroffene Personen von ihrem bisherigen Anbieter verlangen können, die ihm bereitgestellten personenbezogenen Daten direkt an einen Konkurrenten ohne Behinderung zu übermitteln, wirkt sich dies zweifellos auf den Wettbewerb aus. Regelungen zu Anbieter-

---

14 ErwG 68 S. 1; in diesem Sinne auch Art.-29-Datenschutzgruppe, Leitlinien 16/EN WP 242 rev.01, S. 1.

15 ErwG 7 S. 2.

16 ErwG 85, S. 1.

17 Vgl. hierzu z.B. *Paal/Hennemann* NJW 2017, 1697, 1698 m.w.N., *Drexl* NKart 2017, 339, 340 ff.; BeckOK DatenSR – *von Lewinski* Art. 20 Rn. 8.

18 Vgl. insoweit auch Sydow-*Sydow* Art. 20 Rn. 11.

wechseln finden sich z.B. im Banken-, Telekommunikations- und Elektrizitäts-/Gassektor.[19] **Lock-in-Effekte**[20] lassen sich so reduzieren. Gleichwohl ist dieser wettbewerbliche Effekt eher eine Folge des Rechts auf Datenübertragbarkeit. Eine wettbewerbsrechtliche Regelung ist in dem Recht aus Datenübertragbarkeit deshalb noch nicht zwingend zu sehen. Schließlich bezieht sich Art. 20 nur auf personenbezogene Daten, und auch nur auf personenbezogene Daten, die einem Anbieter bereitgestellt worden sind.

In der Logik, die Betroffenenrechte weiter zu stärken, ist das Recht auf Datenübertragbarkeit eine logische Konsequenz und führt zugleich zu einer Stärkung der **Verbraucherrechte**.[21] 27

Teilweise wird **kritisiert**, dass es sich bei Art. 20 lediglich um ein Recht auf Herausgabe und Datenübertragung handle, und daher die Bezeichnung als Recht auf Datenübertragbarkeit unpassend sei; es sollte besser von einem Recht auf Datenübermittlung[22] oder auf Datenübertragung[23] gesprochen werden. Zudem seien Ursprung des Rechts auf Datenübertragbarkeit eher wettbewerbsrechtliche Erwägungen und der verbraucherschützende sowie marktregulierende Charakter seien unübersehbar.[24] Das Recht auf Datenübertragbarkeit als systemfremden Fremdkörper[25] zu bezeichnen, überzeugt gleichwohl nicht.[26] Es ergänzt das Auskunftsrecht und fördert die bessere Kontrolle über die eigenen Daten. 28

4. Ausblick. Auf der Ebene der EU läuft aktuell ein Gesetzgebungsverfahren zu einem Vorschlag der Kommission für eine **„Richtlinie des Europäischen Parlaments und des Rates über bestimmte vertragsrechtliche Aspekte der Bereitstellung digitaler Inhalte“**.[27] Art. 13 Abs. 2c des Vorschlags sieht ebenfalls ein Recht auf Übertragung von Daten vor, wobei dieses nur im Fall einer Vertragsbeendigung gelten soll und auf Inhalte fokussiert ist. 29

III. Berechtigte des Rechts auf Datenübertragbarkeit

Berechtigte bezüglich des Rechts auf Datenübertragbarkeit sind **alle betroffenen Personen** i.S.d. Art. 4 Nr. 1. Mit dem Tod endet das Recht auf Datenübertragbarkeit.[28] Es wird insoweit auf die entsprechende Kommentierung verwiesen. 30

IV. Gegner des Rechts auf Datenübertragbarkeit

1. Verantwortliche. Das Recht auf Datenübertragbarkeit richtet sich gegen **Verantwortliche** i.S.d. Art. 4 Nr. 7. Gegner des Rechts auf Datenübertragbarkeit sind folglich 31

---

19 Vgl. § 46 TKG, § 20 EnWG sowie Abschnitt 3 des Zahlungskontengesetzes (§§ 20 f. ZKG).
20 Art.-29-Datenschutzgruppe, Leitlinien 16/EN WP 242 rev.01, S. 5.
21 Vgl. Auernhammer-*Schürmann* Art. 20 DS-GVO Rn. 4.
22 Vgl. Sydow-*Sydow* Art. 20 Rn. 8 und 10, sodass besser von einem Recht auf Datenübermittlung gesprochen werden sollte.
23 Vgl. *Hennemann* PinG 2017, 5 f.
24 Vgl. Auernhammer-*Schürmann* Art. 20 DS-GVO Rn. 2.
25 Einen knappen, gleichwohl hilfreichen Überblick zum Sachstand liefern *Laue/Nink/Kremer* § 4 Rn. 60.
26 Wie hier Sydow-*Sydow* Art. 20 Rn. 21.
27 COM(2015) 634 final 2015/0287 (COD).
28 Vgl. ErwG 27.

nicht nur natürliche und juristische Personen, sondern auch Behörden, Einrichtungen oder andere Stellen, die von betroffenen Personen bereitgestellte personenbezogene Daten verarbeiten.[29] Dabei gilt es jedoch Abs. 3 S. 2 zu berücksichtigen. Danach gilt das Recht auf Datenübertragbarkeit nicht, wenn durch den Verantwortlichen die bereitgestellten personenbezogene Daten für die Wahrnehmung von **Aufgaben**, die **im öffentlichen Interesse** liegen, verarbeitet werden oder die Verarbeitung in Ausübung **öffentlicher Gewalt** erfolgt, die dem Verantwortlichen übertragen wurde.

32 Das Recht auf Datenübertragbarkeit richtet sich auch gegen den **anderen (zweiten) Verantwortlichen**, an den die personenbezogenen Daten von dem (ersten) Verantwortlichen direkt übermittelt werden müssen, wenn es die betroffene Person verlangt.[30] Anders als z.B. die in Art. 15, 16, 17 und 18 vorgesehenen Rechte, ist das Recht auf Datenübertragbarkeit nicht als Recht formuliert, „von dem Verantwortlichen" die direkte Übermittlung an den anderen (zweiten) Verantwortlichen zu verlangen, sondern zu erwirken, „dass die personenbezogenen Daten direkt von einem Verantwortlichen einem anderen Verantwortlichen übermittelt werden." Das Recht auf Datenübertragbarkeit richtet sich damit gegen beide Verantwortlichen, die an dem Datenübertragungsvorgang beteiligt sind. Dies ist auch folgerichtig. Wäre der andere (zweite) Verantwortliche als Adressat des Rechts ausgeschlossen, könnte die Erwirkung der Datenübertragung scheitern.

33 Allerdings besteht eine Mitwirkungspflicht nicht in jedem Fall. Art. 20 darf freilich nicht dazu führen, dass eine betroffene Person durch Ausübung ihres Rechts auf Datenübertragbarkeit jedem beliebigen anderen (zweiten) Verantwortlichen ihre personenbezogenen Daten aufoktroyiert. Art. 20 enthält nämlich **keinen** generellen **Anspruch auf Entgegennahme** personenbezogener Daten durch einen anderen (zweiten) Verantwortlichen.[31] Die Mitwirkungspflicht entsteht nur unter der Voraussetzung, dass die Übermittlung der Daten an den anderen (zweiten) Verantwortlichen auf der Basis einer gesonderten rechtlichen Grundlage erfolgt, wie etwa auf der Basis eines Gesetzes oder eines Vertrags[32]. Mit Blick auf die Praxis wird dieser Aspekt indes regelmäßig in den Hintergrund treten. In den meisten Konstellationen dürfte die Übertragung der Daten nach Art. 20 einen Vertragswechsel vom (ersten) Verantwortlichen hin zum anderen (zweiten) flankieren, sodass der andere (zweite) Verantwortliche in aller Regel ein (wirtschaftliches) Interesse daran haben wird, dass die Datenübermittlung erfolgreich verläuft. Bereits aus diesem Grund wird er an der Datenübermittlung mitwirken.[33]

34 **2. Gemeinsam Verantwortliche.** Soweit zwei oder **mehr Verantwortliche gemeinsam** die Zwecke der und die Mittel zur Verarbeitung festlegen, sind sie gemeinsam für die Verarbeitung Verantwortliche (Art. 26). In diesem Fall steht betroffenen Personen ihr Recht auf Datenübertragbarkeit gegenüber jedem einzelnen der Verantwortlichen zu (Art. 26 Abs. 3).

29 S. zur Unterscheidung zwischen öffentlichen und nichtöffentlichen Stellen § 2 BDSG.
30 A.A. Kühling/Buchner-*Herbst* Art. 20 Rn. 22.
31 Vgl. auch Ehmann/Selmayr-*Kamann/Braun* Art. 20 Rn. 25 und 29; vgl. auch *Art.-29-Datenschutzgruppe* Leitlinien 16/EN WP 242 rev.01, S. 6.
32 Vgl. Ehmann/Selmayr-*Kamann/Braun* Art. 20 Rn. 29.
33 So auch Ehmann/Selmayr-*Kamann/Braun* Art. 20 Rn. 25.

3. Auftragsverarbeiter. Gegen **Auftragsverarbeiter**, die personenbezogene Daten im Auftrag eines Verantwortlichen verarbeiten, dem Daten von betroffenen Personen bereitgestellt worden sind, wird das Recht auf Datenübertragbarkeit grundsätzlich nicht bestehen. Nach dem Wortlaut richtet sich das Recht gegen Verantwortliche, denen betroffene Personen personenbezogene Daten bereitgestellt haben. Adressiert werden damit nicht Auftragsverarbeiter, die diese Daten im Auftrag eines Verantwortlichen verarbeiten. Für dieses Normverständnis spricht zudem, dass die Verarbeitung der bereitgestellten personenbezogenen Daten auf einer Einwilligung oder auf einem Vertrag beruhen muss (Abs. 1 lit. a). Sowohl eine Einwilligung als auch ein zugrunde liegender Vertrag bestehen im Verhältnis der betroffenen Personen zu dem Verantwortlichen, der diese Daten verarbeitet, nicht jedoch im Verhältnis zu Auftragsbearbeitern. Unbeschadet dessen muss der Verantwortliche gegenüber einem Auftragsverarbeiter vertraglich sicherstellen, dass letzterer das Recht auf Datenübertragbarkeit befolgen kann.[34] 35

V. Daten, die Gegenstand des Rechts auf Datenübertragung sind

Gegenstand des Rechts auf Datenübertragbarkeit sind personenbezogene Daten, die Verantwortlichen von betroffenen Personen bereitgestellt werden und deren Verarbeitung durch die Verantwortlichen auf einer Einwilligung oder einem Vertrag mithilfe automatisierter Verfahren beruht. 36

1. Personenbezogenen Daten, die die betroffene Person betreffen (Abs. 1). Alle personenbezogenen Daten einer betroffenen Person können Gegenstand des Rechts auf Datenübertragbarkeit sein. Es gilt insoweit die Begriffsbestimmung gem. Art. 4 Nr. 1. Auf die entsprechende Kommentierung wird verwiesen. 37

Werden personenbezogene Daten durch den Verantwortlichen **pseudonymisiert**, also in einer Weise verarbeitet, dass sie ohne Hinzuziehung zusätzlicher Informationen nicht mehr einer spezifischen betroffenen Person zugeordnet werden können (vgl. Art. 4 Nr. 5), stellen diese Daten weiterhin personenbezogene Daten dar, die Gegenstand des Rechts auf Datenübertragbarkeit sein können, da eine Reidentifizierung durch den Verantwortlichen im Fall einer Pseudonymisierung weiterhin möglich ist.[35] 38

Kann der Verantwortliche nachweisen, dass er **nicht in der Lage** ist, die betroffene Person zu **identifizieren**, muss er die betroffene Person hierüber unterrichten, sofern dies möglich ist (Art. 11 Abs. 2 S. 1). In diesem Fall findet das Recht auf Datenübertragbarkeit **keine Anwendung** mehr, es sei denn die betroffene Person stellt zur Ausübung ihres Rechts auf Datenübertragbarkeit zusätzliche Informationen bereit, die ihre Identifizierung ermöglichen (Art. 11 Abs. 2 S. 2). 39

Sind die von betroffenen Personen bereitgestellten personenbezogenen Daten **anonymisiert** worden, ist eine Identifizierung der betroffenen Personen nicht mehr möglich.[36] 40

---

34 Vgl. Art.-29-Datenschutzgruppe, Leitlinien 16/EN WP 242 rev.01, S. 6.

35 S. insoweit auch ErwG 26 S. 2, wonach einer Pseudonymisierung unterzogene personenbezogene Daten, die durch Heranziehung zusätzlicher Informationen einer natürlichen Person zugeordnet werden könnten, als Informationen über eine identifizierbare natürliche Person betrachtet werden sollten; wie hier BeckOK DatenSR-*von Lewinski* Art. 20 Rn. 31; Art.-29-Datenschutzgruppe, Leitlinien 16/EN WP 242 rev.01, S. 9.

36 S. ErwG 26 S. 5; vgl. BeckOK DatenSR-*von Lewinski* Art. 20 Rn. 31.

Da die Daten keinen Personenbezug mehr aufweisen, bezieht sich das Recht auf Datenübertragbarkeit nicht auf personenbezogene Daten, die anonymisiert worden sind.[37] Art. 11 Abs. 2 wird in diesen Fällen nicht zu einem Aufleben des Rechts auf Datenübertragbarkeit führen.

41 Gegenstand des Rechts auf Datenübertragbarkeit können nur die **eigenen personenbezogenen Daten** einer betroffenen Person sein.[38] Verarbeite ein Verantwortlicher zugleich personenbezogene Daten einer dritten Person, bezieht sich das Recht auf Datenübertragbarkeit nicht auf diese Daten.[39] Sind personenbezogene Daten mit personenbezogenen Daten anderer betroffener Personen verwoben, wie dies z.B. in sozialen Medien nicht selten der Fall ist, darf der Verantwortliche die personenbezogenen Daten anderer betroffener Personen nur übertragen, wenn die Rechte und Freiheiten anderer Personen nicht beeinträchtigt werden (Abs. 4).[40] S. hierzu Abs. 4.

42 **2. Dem Verantwortlichen bereitgestellte personenbezogene Daten (Abs. 1).** Nicht alle personenbezogenen Daten einer betroffenen Person, die ein Verantwortlicher von ihr verarbeitet, sind Gegenstand des Rechts auf Datenübertragbarkeit. Gegenstand sind nur die personenbezogenen Daten, die eine betroffene Person dem Verantwortlichen **bereitgestellt hat**. Das Kriterium der Bereitstellung erweist sich als **zentrales Kriterium**, um den Gegenstand des Rechts auf Datenübertragbarkeit einzugrenzen.

43 Eine **Legaldefinition** des Bereitstellens enthält die DS-GVO nicht. Zwar findet sich in der Begriffsbestimmung zur „Verbreitung" (Art. 4 Nr. 2) das Wort „Bereitstellung". In diesem Kontext bezieht sich das Bereitstellen auf die Verarbeitung von personenbezogenen Daten durch einen Verantwortlichen. Um eine Verarbeitung durch einen Verantwortlichen geht es aber beim Bereitstellen durch die betroffene Person nicht. Aus der Begriffsbestimmung der Verarbeitung können folglich keine Rückschlüsse für die Auslegung des Begriffs des Bereitstellens in Abs. 1 gewonnen werden.[41] Auch ErwG 68 enthält keine Bespiele, was nicht verwundert, da eine abschließende Aufzählung nicht möglich ist.

44 Anknüpfungspunkte dafür, dass in den Begriff des Bereitstellens das (ungeschriebene) Kriterium einer **Schutzbedürftigkeit** betroffener Personen hineingelesen werden muss, da dies dem Sinn und Zweck des Art. 20 entspräche[42], überzeugen nicht. Nach dem klaren Wortlaut von Art. 20 ist für die Geltendmachung des Rechts auf Datenübertragbarkeit ohne Relevanz, ob eine betroffene Person schutzbedürftig ist oder nicht.

---

37 Vgl. Art.-29-Datenschutzgruppe, Leitlinien 16/EN WP 242 rev.01, S. 9.

38 Vgl. Plath-*Kamlah* Art. 20 Rn. 5.

39 A.A. BeckOK DatenSR-*von Lewinski* DS-GVO Art. 20 Rn. 32, der nur reine Drittdaten ausschließt.

40 Für Chat-Protokolle ablehnend Kühling/Buchner-*Herbst* Art. 20 Rn. 11, da hier Daten anderer Nutzer eines Dienstes bereitgestellt würden; weitgehend ablehnend für soziale Medien *Jülicher/Röttgen/von Schönfeld* ZD 2016, 358, 361; vgl. für ein restriktives Verständnis Art.-29-Datenschutzgruppe, Leitlinien 16/EN WP 242 rev.01, S. 9, bei Anrufen sollen z.B. die Daten der Angerufenen an die betroffene Person mit herausgegeben werden dürfen; bejahend für Chat-Verläufe, E-Mails oder Bilder *Schantz* NJW 2016, 1841, 1845; vgl. auch *Brüggemann* DSRITB 2017, 1, 7.

41 Wie hier BeckOK DatenSR-*von Lewinski* Art. 20 Rn. 38; a.A. Plath-*Kamlah* Art. 20 Rn. 6; *Jülicher/Röttgen/v. Schönfeld* ZD 2016, 358, 359; *Strubel* ZD 2017, 355, 357.

42 Plath-*Kamlah* Art. 20 Rn. 7.

Darüber hinaus gilt Art. 20 nicht nur für internetbezogene Sachverhalte, wie z.B. Plattformanbieter im Internet oder Anbieter von Apps[43], sondern **branchenübergreifend**[44] und auch im **Arbeitsverhältnis**[45], denn Beschränkungen auf bestimmte Branchen etc. sind in Art. 20 nicht enthalten. **45**

a) Von betroffenen Personen gemachte Angaben. Unzweifelhaft sind solche personenbezogenen Daten vom Begriff des Bereitstellens umfasst, die betroffene Personen gegenüber einem Verantwortlichen bei Vertragsschluss **selbst angeben**, wie z.B. Namen, Anschrift, E-Mail-Adresse, Telefonnummer, Alter etc.[46] Dies ergibt sich zudem bereits aus Abs. 1 lit. a. Gleiches gilt für personenbezogene Daten, die Verantwortlichen auf der Basis einer Einwilligung bereitgestellt werden (Abs. 1 lit. a). **46**

Auf welche Art und Weise die personenbezogenen Daten (technisch) bereitgestellt werden, d.h. ob eine betroffene Person z.B. personenbezogene Daten auf einem Papier-Formular, in einem Online-Formular[47], in einem Account[47], per E-Mail, per App[48], per Einstellungen[49], telefonisch oder per Sprachassistenten angibt, ist für eine Bereitstellung im Sinne des Art. 20 ohne Belang, da eine Differenzierung in technischer Hinsicht nicht erfolgt[50]; Art. 20 ist – wie die gesamte DS-GVO – **technologieneutral**[51] formuliert. **47**

b) Während der Vertragslaufzeit bzw. der Dauer einer bestehenden Einwilligung aggregierte personenbezogene Daten. In der Regel werden durch Verantwortliche auch während der Vertragslaufzeit bzw. während der Geltungsdauer einer Einwilligung personenbezogene Daten von betroffenen Personen **aggregiert** und im Zusammenhang mit und zur Erbringung von Leistungen gegenüber den betroffenen Personen verarbeitet. Damit stellt sich die wichtige Abgrenzungsfrage, welche dieser Daten noch zu den personenbezogenen Daten zählen, die von einer betroffenen Person **48**

---

43 Wie hier Gola-*Piltz* Art. 20 Rn. 6 m.w.N. betreffend die Entstehungsgeschichte; BeckOK DatenSR-*von Lewinski* DS-GVO Art. 20 Rn. 25.

44 Ehmann/Selmayr-*Kamann/Braun* Art. 20 Rn. 5; vgl. z.B. eine Auflistung bei BeckOK DatenSR-*von Lewinski* Art. 20 Rn. 25; *Jülicher/Röttgen/von Schönfeld* ZD 2016, 358, 361.

45 Vgl. Auernhammer-*Schürmann* Art. 20 DS-GVO Rn. 16; *Wybitul/Rauer* ZD 2012, 160, 162; *Laue/Nink/Kremer* § 4 Rn. 62; *Hennemann* PinG 2017, 5; differenzierend je nach Fall Art.-29-Datenschutzgruppe, Leitlinien 16/EN WP 242 rev.01, S. 8, wegen des Ungleichgewichts zwischen Arbeitnehmer und Arbeitgeber; BeckOK DatenSR-*von Lewinski* Art. 20 Rn. 26, der dies in diesem Zusammenhang nur befürwortet, wenn das Personaldienstleistungssystem auf einer Einwilligung beruht.

46 Vgl. BeckOK DatenSR-*von Lewinski* Art. 20 Rn. 41; Plath-*Kamlah* Art. 20 Rn. 6, der insoweit von Stammdaten spricht; vgl. auch Art.-29-Datenschutzgruppe, Leitlinien 16/EN WP 242 rev.01, S. 9 f.

47 Art.-29-Datenschutzgruppe, Leitlinien 16/EN WP 242 rev.01, S. 9.

48 Vgl. *Laue/Nink/Kremer* § 4 Rn. 62.

49 Nach BeckOK DatenSR-*von Lewinski* Art. 20 Rn. 46 sollen technische Einstellungen von Diensten und Apps („Preferences/Settings"), Paawörter, Entgeltdaten und biometrische Daten nicht erfasst sein.

50 Plath-*Kamlah* Art. 20 Rn. 7, spricht sich dafür aus, wenn die Nutzung „technischer Feature" im Vordergrund stünden, personenbezogene Daten nicht erfasst würden, da eine betroffene Person diese Daten nur „schlicht angibt oder hinterlässt" und die betroffene Person in aller Regel die Daten wieder zu löschen. Eine Stütze für diese Auslegung lässt sich Art. 20 jedoch nicht entnehmen.

51 Vgl. ErwG 15.

bereitgestellt werden und bei welchen Daten es sich um (neue) Daten eines Verantwortlichen handelt, die nicht mehr von dem Recht auf Datenübertragbarkeit erfasst sind.

49 **aa) Aktives Handeln betroffener Personen.** Zu den bereitgestellten personenbezogenen Daten werden auch solche gehören, die Verantwortliche während der Vertragslaufzeit oder während der Geltungsdauer einer Einwilligung infolge eines **aktiven Handelns**[52] einer betroffenen Person erlangen. Kern der Tätigkeit eines „Bereitstellens" bildet eine aktive Handlung, gleich einem „Geben", „Übermitteln" und „zur Verfügung stellen"[53]. Erhält ein Verantwortlicher infolge eines solchen aktiven Handelns personenbezogene Daten von einer betroffenen Person, werden diese bereitgestellt.

50 Entsprechend **vielfältig** und **unterschiedlich** sind in der Praxis die anzutreffenden personenbezogenen Daten, die den Gegenstand des Rechts auf Datenübertragung bilden können. Das Spektrum reicht von Daten zu getätigten Einkäufen in Online-Shops[54] und im stationären Einzelhandel[55], zur Auswahl von Filmen und Musiktiteln bei entsprechenden (Streaming-)Diensten[56], zu Überweisungsaufträgen bei Banken[57], bei Finanzdienstleistern[58], bei Versicherungen[59], beim Leasing[60], Kundenrezensionen oder Bewertungen auf einem Händlerportal[61] über Daten aufgerufener Online-Artikel und Webseiten bis hin zu Posts, Tweets, Freundelisten und Likes[62] sowie Profilen[63], Kontakten[64], geteilten Inhal-

52 Vgl. Art.-29-Datenschutzgruppe, Leitlinien 16/EN WP 242 rev.01, S. 9 f., die von wissentlich und aktiv bereitgestellten personenbezogenen Daten sprechen; so auch Gola-*Piltz* Art. 20 Rn. 14, der von einer aktiven und wissentlichen Handlung spricht; ebenso Ehmann/Selmayr-*Kamann/Braun* Art. 20 Rn. 13; vgl. *Strubel* ZD 2017, 355; *Brüggemann* DSRITB 2017, 1, 4 f.

53 Dieser Begriff findet sich ausdrücklich in ErwG 68 S. 3, der auf den Vorschlag der Kommission zurückgeht (vgl. 25.1.2012 (KOM(2012) 11 endgültig; 2012/0011 (COD), dort Art. 18 Abs. 2) und erst durch den Europäischen Rat in den Begriff „bereitgestellt" verändert worden ist (Beschl. des Rats der Europäischen Union v. 15.6.2015, 9565/15 zu Art. 18).

54 Vgl. Kühling/Buchner-*Herbst* Art. 20 Rn. 9; Auernhammer-*Schürmann* Art. 20 DS-GVO Rn. 15; *Jülicher/Röttgen/von Schönfeld* ZD 2016, 358, 361; *Hennemann* PinG 2017, 5; BeckOK DatenSR-*von Lewinski* Art. 20 Rn. 42 will auf die Umstände des Einzelfalls abstellen.

55 A.A. Plath-*Kamlah* Art. 20 Rn. 6.

56 Vgl. Art.-29-Datenschutzgruppe, Leitlinien 16/EN WP 242 rev.01, S. 8; BeckOK DatenSR-*von Lewinski* Art. 20 Rn. 42 will auf die Umstände des Einzelfalls abstellen.

57 Vgl. Sydow-*Sydow* Art. 20 Rn. 13; Auernhammer-*Schürmann* Art. 20 DS-GVO Rn. 15; *Jülicher/Röttgen/von Schönfeld* ZD 2016, 358, 361; *Hennemann* PinG 2017, 5; auch BeckOK DatenSR-*von Lewinski* Art. 20 Rn. 43 bei weitem Verständnis.

58 BeckOK DatenSR-*von Lewinski* Art. 20 Rn. 25.

59 Vgl. Sydow-*Sydow* Art. 20 Rn. 8; Auernhammer-*Schürmann* Art. 20 DS-GVO Rn. 15; *Jülicher/Röttgen/v. Schönfeld* ZD 2016, 358, 361; *Hennemann* PinG 2017, 5.

60 BeckOK DatenSR-*von Lewinski* Art. 20 Rn. 25; *Schnabel* PinG 2016, 71, 73¸*Hennemann* PinG 2017, 5.

61 *Hennemann* PinG 2017, 5.

62 Vgl. Auernhammer-*Schürmann* Art. 20 DS-GVO Rn. 26.

63 Kühling/Buchner-*Herbst* Art. 20 Rn. 2 sieht hier den typischen Anwendungsfall; BeckOK DatenSR-*von Lewinski* DS-GVO Art. 20 Rn. 44.

64 BeckOK DatenSR-*von Lewinski* Art. 20 Rn. 44.

ten[65] etc. in Sozialen Medien[66], Formen des Cloud-Computing[67], der Surfhistorie einer Webseite[68] und Suchanfragen in Suchmaschinen[69], vorausgesetzt, diese bereitgestellten Daten weisen einen Personenbezug auf. Auch wenn die personenbezogenen Daten infolge eines aktiven Handelns der betroffenen Person über einen Außenstehenden zu dem Verantwortlichen gelangen, wird ein Bereitstellen noch vorliegen.[70]

bb) Automatisiert ablaufende Datenerfassung und -übermittlung. Unklar ist, ob der Begriff des Bereitstellens noch weiter verstanden werden muss, d.h. ob hierunter auch personenbezogene Daten subsumiert werden können, die Verantwortliche nicht als Folge aktiver Handlungen einer betroffenen Person erlangen, sondern infolge einer **automatisiert ablaufenden Datenerfassung** und **-übermittlung**. Zu denken ist an technische Geräte, Anwendungen, Applikationen etc., die personenbezogene Daten bei betroffenen Personen in automatisiert ablaufenden Prozessen erfassen und an Verantwortliche übermitteln, ohne dass die betroffenen Personen vor der Erfassung und Übermittlung eines jeden Datums noch aktiv werden. Die in der Praxis anzutreffenden Konstellationen sind auch insoweit sehr vielschichtig. Beispiele sind Gesundheits-Tracker/-Apps[71] sowie Geräte mit Sensoren von Pharmaherstellern[72], die jeweils Gesundheits(Sensor-)daten[73] erfassen und übermitteln, Navigations-Apps, die Standort-Daten[69] nutzen, Daten aus Connected Cars[74] und anderen smarten Geräten[69] etc. Qualitativ handelt es sich um Daten, die durch und anlässlich von Nutzungshandlungen entstehen. 51

Es spricht Einiges dafür, dass auch solche automatisiert erfassten und an Verantwortliche übermittelten personenbezogenen Daten unter den Begriff des Bereitstellens fallen. Das Recht auf Datenübertragbarkeit besteht nur dann, wenn die Verarbeitung 52

65 BeckOK DatenSR-*von Lewinski* Art. 20 Rn. 44.

66 Auf soziale Netzwerke wird in dem Vorschlag der Kommission 25.1.2012 (KOM(2012) 11 endgültig; 2012/0011 (COD) unter ErwG 55 ausdrücklich Bezug genommen und sind das einzige genannte Beispiel. ErwG 55 in der Fassung des Europäischen Rats enthielt die ausdrückliche Nennung der sozialen Netzwerke als Beispiel nicht mehr. Es ergeben sich aber keine Hinweise, dass in sozialen Nutzwerken bereitgestellte personenbezogene Daten von dem Recht auf Datenübertragbarkeit deshalb ausgeschlossen sein sollten, Beschl. des Rats der Europäischen Union vom 15.6.2015, 9565/15. Im Ergebnis wie hier auch Sydow-*Sydow* Art. 20 Rn. 13; Auernhammer-*Schürmann* Art. 20 DS-GVO Rn. 5 und 14; *Laue/Nink/Kremer* § 4 Rn. 62; BeckOK DatenSR-*von Lewinski* Art. 20 Rn. 44, wobei regelmäßig zu berücksichtigen ist, dass auch personenbezogene Daten von anderen betroffenen Personen berührt sein werden.

67 *Laue/Nink/Kremer* § 4 Rn. 62; BeckOK DatenSR-*von Lewinski* Art. 20 Rn. 43; Kühling/Buchner-*Herbst* Art. 20 Rn. 3 weist dabei zur Recht daraufhin, dass dies nur für die personenbezogenen Daten der betroffenen Person gilt.

68 Art.-29-Datenschutzgruppe, Leitlinien 16/EN WP 242 rev.01, S. 10.

69 Vgl. Art.-29-Datenschutzgruppe, Leitlinien 16/EN WP 242 rev.01, S. 10.

70 Vgl. i.E. Auernhammer-*Schürmann* Art. 20 DS-GVO Rn. 17; *Jülicher/Röttgen/von Schönfeld* ZD 2016, 358, 359.

71 Vgl. BeckOK DatenSR-*von Lewinski* Art. 20 Rn. 25; *Jülicher/Röttgen/von Schönfeld* ZD 2016, 358, 359; *Hennemann* PinG 2017, 5.

72 BeckOK DatenSR-*von Lewinski* Art. 20 Rn. 25.

73 Vgl. Art.-29-Datenschutzgruppe, Leitlinien 16/EN WP 242 rev.01, S. 10; *Hennemann* PinG 2017, 5; *Brüggemann* DSRITB 2017, 1, 5.

74 Vgl. *Schnabel* PinG 2016, 71 ff.; Art.-29-Datenschutzgruppe, Leitlinien 16/EN WP 242 rev.01, S. 10, allgemein zu connected objects; Fahrprofile aus Bordcomputern *Hennemann* PinG 2017, 5; a.A. Kühling/Buchner-*Herbst* Art. 20 Rn. 11.

der personenbezogenen Daten **mithilfe automatisierter Verfahren** erfolgt (Abs. 1 lit. b). Eine automatisierte Datenerfassung und -übermittlung ist Art. 20 folglich immanent. Der Begriff des Bereitstellens personenbezogener Daten findet sich in der DS-GVO zudem im Zusammenhang mit den Informationspflichten bei Erhebung von personenbezogenen Daten bei der betroffenen Person (Art. 13 Abs. 2 lit. e). Danach müssen Verantwortliche betroffene Personen darüber informieren, ob die Bereitstellung der personenbezogenen Daten gesetzlich oder vertraglich vorgeschrieben oder für einen Vertragsabschluss erforderlich ist, ob die betroffene Person verpflichtet ist, die personenbezogenen Daten bereitzustellen und welche möglichen Folgen die Nichtbereitstellung hätte. Es dürfte kein Zweifel daran bestehen, dass über automatisiert erhobene und an Verantwortliche übermittelte personenbezogene Daten entsprechend informiert werden muss. Anhaltspunkte dafür, dass der Begriff des Bereitstellens in Art. 20 eine engere Bedeutung erlangen soll als in Art. 14, sind nicht ersichtlich. Schließlich wird dieser Befund durch die ratio legis von Art. 20 gestützt, wonach betroffene Personen im Fall der Verarbeitung personenbezogener Daten mit automatischen Mitteln eine bessere Kontrolle über die eigenen Daten haben sollen.[75]

53 **cc) Durch Verantwortliche neu generierte Daten.** Sobald Verantwortliche mithilfe der von betroffenen Personen bereitgestellten personenbezogenen Daten **neue Daten** generieren, handelt es sich bei diesen neu generierten Daten nicht mehr um die ursprünglich bereitgestellten personenbezogenen Daten.[76] Daten z.B., die infolge einer Auswertung[77] (mittels Algorithmen[78]) der bereitgestellten personenbezogenen Daten gewonnenen werden, sind nicht mehr die ursprünglichen bereitgestellten Daten, sondern Daten des Verantwortlichen, die durch sein Handeln erzeugt werden. Von dem Recht auf Datenübertragbarkeit sind solche Daten nicht mehr mit eingeschlossen.[79] Beispiele für solche neu gewonnen Daten sind z.B. Kreditscores und Profiling-Daten[80], Gesundheitsbewertungen[78], erstellte Trainingspläne etc.

54 **c) Gelöschte Daten.** Personenbezogene Daten, die ein Verantwortlicher zum Zeitpunkt der Geltendmachung des Rechts auf Datenübertragbarkeit bereits **gelöscht** hat, sind selbstverständlich nicht mehr Gegenstand des Rechts auf Datenübertragbarkeit. Aus dem Recht aus Datenübertragbarkeit folgt keine gesonderte Pflicht, Daten zu speichern, um sie bei Ausübung des Rechts auf Datenübertragbarkeit an die betrof-

---

75 ErwG 68. Die Art.-29-Datenschutzgruppe, Leitlinien 16/EN WP 242 rev.01, S. 10 bildet insoweit die Fallgruppe „Observed data provided by the data subject by virtue oft he use oft he service or device"; ausdrücklich befürwortend *Brüggemann* DSRITB 2017, 1, 5. Gegen diese Auslegung wendet sich *Strubel* ZD 2017, 355, 357 ff. unter Berufung auf Wortlaut, Systematik und Historie.

76 Art.-29-Datenschutzgruppe, Leitlinien 16/EN WP 242 rev.01, S. 10 sprechen insoweit von „inferred data" und „derived data". Als zu weit erachtet *Brüggemann* DSRITB 2017, 1, 5 f. diesen Ansatz, der nur solche personenbezogenen Daten einschließen will, die für den Wechsel des Dienstes erforderlich sind.

77 Vgl. Kühling/Buchner-*Herbst* Art. 20 Rn. 11; *Art.-29-Datenschutzgruppe* Leitlinien 16/EN WP 242 rev.01, S. 10.

78 Vgl. Art.-29-Datenschutzgruppe, Leitlinien 16/EN WP 242 rev.01, S. 10.

79 Vgl. i.E. Auernhammer-*Schürmann* Art. 20 DS-GVO Rn. 17, der diese Daten als Analyse-Daten bezeichnet; BeckOK DatenSR-*von Lewinski* Art. 20 Rn. 47; *Art.-29-Datenschutzgruppe* Leitlinien 16/EN WP 242 rev.01, S. 10.

80 So auch BeckOK DatenSR-*von Lewinski* Art. 20 Rn. 47.

fene Person oder einen anderen (zweiten) Verantwortlichen übermitteln zu können; das Recht bezieht sich allein auf die personenbezogenen Daten, die der Verantwortliche (noch) gespeichert hat.[81]

d) Umfang der Daten. Bis auf Daten, die im Rahmen der Beeinträchtigung von Rechten und Freiheiten anderer Personen zu berücksichtigen sind, enthält Art. 20 keine Einschränkung hinsichtlich des Umfangs der personenbezogenen Daten, die Gegenstand des Rechts auf Datenübertragbarkeit sind. Gegenstand des Rechts auf Datenübertragbarkeit sind somit im Grundsatz **alle bereitgestellten personenbezogene Daten**, mögen diese auch sehr umfangreich sein. **55**

Wenn ein Verantwortlicher eine große Menge von Informationen über eine betroffene Person verarbeitet, ergibt sich für das Auskunftsrecht der betroffenen Person (Art. 15) aus ErwG 63, dass der Verantwortliche verlangen können sollte, dass die betroffene Person **präzisiert**, auf welche Information oder welche Verarbeitungsvorgänge sich ihr Auskunftsersuchen bezieht, bevor der Verantwortliche ihr Auskunft erteilt. Aufgrund der engen Verbindung zwischen dem Auskunftsrecht und dem Recht auf Datenübertragbarkeit sollte dies entsprechend für die Ausübung des Rechts auf Datenübertragbarkeit gelten. Eine betroffene Person, die ihr Recht auf Datenübertragbarkeit ausübt, sollte folglich auf Verlangen des Verantwortlichen verpflichtet sein zu präzisieren, auf welche bereitgestellten Daten sich das von ihr geltend gemachte Recht auf Datenübertragbarkeit bezieht, wenn die betroffene Person dem Verantwortlichen große Datenmengen an personenbezogenen Daten bereitgestellt hat. **56**

3. Verarbeitung beruht auf einer Einwilligung oder auf einem Vertrag (Abs. 1 lit. a). Gegenstand des Rechts auf Datenübertragbarkeit bilden nur die von einer betroffenen Person bereitgestellten personenbezogen Daten, sofern deren Verarbeitung auf einer **Einwilligung** oder auf einem **Vertrag** beruht und die Daten mithilfe **automatisierter Verfahren** verarbeitet werden.[82] Gegenüber **Auskunfteien** sowie **Datenanalyseunternehmen** wird ein Recht auf Datenübertragbarkeit in der Regel bereits deshalb nicht bestehen, da betroffene Personen regelmäßig nicht selbst gegenüber Auskunfteien sowie Datenanalyseunternehmen personenbezogenen Daten bereitstellen. Zusätzlich wird dieses Recht aber auch deshalb nicht bestehen, da die Verarbeitung von personenbezogenen Daten der betroffenen Personen in der Regel ebenfalls nicht auf einer vertraglichen Beziehung bzw. auf einer Einwilligung gegenüber einer Auskunftei oder einem Datenanalyseunternehmen beruht.[83] **57**

a) Einwilligung. Bezüglich der Einwilligung wird in Abs. 1 lit. a ausdrücklich auf Art. 6 Abs. 1 lit. a und 9 Abs. 2 lit. a Bezug genommen.[84] Damit sind vom Recht auf **58**

81 Vgl. BeckOK DatenSR-*von Lewinski* Art. 20 Rn. 52; *Art.-29-Datenschutzgruppe* Leitlinien 16/EN WP 242 rev.01, S. 6.

82 Grammatikalisch ist in der deutschen Sprachfassung nicht ganz klar, ob sich diese Voraussetzungen nur auf das Recht der Übermittlung ohne Behinderung bezieht (Abs. 1 S. 1 2. Variante) oder auch auf das Recht auf Erhalt der Daten (Abs. 1 S. 1 1. Variante). Richtigerweise beziehen sich diese Voraussetzungen auf alles Ausprägungen des Rechts auf Datenübertragbarkeit. Dies wird z.B. der englischen und auch der französischen Sprachfassung deutlich, vgl. auch *Laue/Nink/Kremer* § 4 Rn. 62.

83 Vgl. BeckOK DatenSR-*von Lewinski* Art. 20 Rn. 27.

84 Dabei kann es sich auch um die Einwilligung gegenüber einer öffentlichen Stelle handeln, BeckOK DatenSR-von Lewinski Art. 20 Rn. 34.

Datenübertragbarkeit auch **besondere Kategorien von personenbezogenen Daten**, d.h. Daten, aus denen die rassische und ethnische Herkunft, politische Meinungen, religiöse oder weltanschauliche Überzeugungen oder die Gewerkschaftszugehörigkeit hervorgehen, sowie genetische Daten, biometrischen Daten zur eindeutigen Identifizierung einer natürlichen Person, Gesundheitsdaten oder Daten zum Sexualleben oder der sexuellen Orientierung, umfasst.

59 Aus der Formulierung, dass die Verarbeitung der bereitgestellten personenbezogenen Daten auf einer Einwilligung „beruhen" muss, wird man zudem schlussfolgern müssen, dass alle **Bedingungen für eine Einwilligung** (gem. Art. 7, 8 und 9 Abs. 2 lit. a) vorzuliegen haben.

60 Der **Widerruf** einer Einwilligung führt nicht dazu, dass das Recht auf Datenübertragbarkeit entfällt.[85] Personenbezogene Daten, die bis zur Wirksamkeit des Widerrufs bereitgestellt worden sind, können Gegenstand des Rechts auf Datenübertragbarkeit sein. Dies gilt solange, bis diese Daten gelöscht werden oder ein Fall des Art. 11 Abs. 2 vorliegt.

61 **b) Vertrag.** Neben von betroffenen Personen bereitgestellten personenbezogenen Daten, deren Verarbeitung durch Verantwortliche auf einer Einwilligung beruht, können gegen Gegenstand des Rechts auf Datenübertragbarkeit personenbezogene Daten sein, die von betroffenen Personen bereitgestellt werden und auf der Basis eines Vertrags[86] verarbeitet werden (Abs. 1 lit. a). Auch insoweit wird man einen wirksamen Vertrag voraussetzen müssen.

62 Wenn ein **Vertrag**, auf dem die Verarbeitung der bereitgestellten personenbezogenen Daten beruht, **beendet** wird, sei es durch Ablauf der Vertragslaufzeit sei es infolge Kündigung, können Gegenstand des Rechts auf Datenübertragbarkeit personenbezogenen Daten sein, die bis zur Beendigung des Vertrags bereitgestellt worden sind. Dies gilt solange, bis diese Daten gelöscht werden oder ein Fall des Art. 11 Abs. 2 vorliegt.

63 **c) Sonstige Fälle rechtmäßiger Verarbeitung von personenbezogenen Daten ausgeschlossen.** Ausgeschlossen von dem Recht auf Datenübertragbarkeit sind bereitgestellte personenbezogene Daten in allen **sonstigen Fällen**, in denen ein Verantwortlicher sie **rechtmäßig verarbeiten** kann.[87] Ist die Verarbeitung von bereitgestellten personenbezogenen Daten z.B. wegen Wahrnehmung berechtigter Interessen gem. Art. 6 lit. f rechtmäßig, können diese Daten nicht Gegenstand des Rechts auf Datenübertragung sein, sofern nicht zugleich die Verarbeitung auf einer Einwilligung oder einem Vertrag beruht. In der Praxis wird man daher in jedem Einzelfall zu prüfen haben, ob die Verarbeitung der bereitgestellten personenbezogenen Daten (noch) auf einer Einwilligung oder auf einem Vertrag beruht und ob die Daten infolgedessen dem Recht auf Datenübertragbarkeit unterliegen.

64 **d) Rechtswidrige Verarbeitung von personenbezogenen Daten.** Stellt sich (im Nachhinein) heraus, dass eine Einwilligung oder ein Vertrag von Anfang an **unwirksam**

---

85 Wie hier i.E. BeckOK DatenSR-*von Lewinski* Art. 20 Rn. 36; A.A. Gola-*Piltz* Art. 20 Rn. 16 ohne Begründung.

86 Dies kann auch ein öffentlich-rechtlicher Vertrag sein, BeckOK DatenSR-*von Lewinski* DS-GVO Art. 20 Rn. 34.

87 Vgl. ausdrücklich hierzu ErwG 68.

sind, oder dass ein Vertrag z.B. infolge einer Anfechtung[88] ex tunc **nichtig** ist, beruht die Verarbeitung der von betroffenen Personen bereitgestellten personenbezogenen Daten infolge des Wegfalls der Einwilligung bzw. des Vertrags streng genommen nicht auf einer Einwilligung oder auf einem Vertrag. Eine ausdrückliche Regelung, wie solche Fälle zu behandeln sind, enthält Art. 20 nicht. Nach der ratio legis von Art. 20 sollen betroffene Personen im Fall der Verarbeitung personenbezogener Daten mit automatischen Mitteln eine bessere Kontrolle über die eigenen Daten haben[89]. Würde betroffenen Personen wegen des Wegfalls einer wirksamen Einwilligung bzw. eines Vertrags die Ausübung des Rechts auf Datenübertragbarkeit genommen, ließe sich dieser Befund schwerlich mit der ratio legis von Art. 20 vereinbaren. Betroffene Personen müssen somit auch in einer solchen Konstellation berechtigt sein, ihr Recht auf Datenübertragbarkeit auszuüben.[90]

Werden die Daten **rechtswidrig verarbeitet**, da z.B. von Anfang an weder eine wirksame Einwilligung noch ein wirksamer Vertrag vorlagen, muss eine berechtigte Person ebenfalls berechtigt sein, ihr Recht auf Datenübertragbarkeit auszuüben. Andernfalls würden Verantwortliche entgegen der ratio legis des Rechts auf Datenübertragbarkeit privilegiert. **65**

4. Verarbeitung mithilfe automatisierter Verfahren (Abs. 1 lit. b). Das Recht auf Datenübertragung bezieht sich zudem nur auf von betroffenen Personen bereitgestellte personenbezogene Daten, die von Verantwortlichen mithilfe automatisierter Verfahren verarbeitet werden. Da der Schutz der betroffenen Personen technologieneutral gewährt werden muss, kommen alle Techniken in Betracht, mit denen personenbezogene Daten automatisiert verarbeitet werden.[91] Auf die Kommentierung von Art. 4 Nr. 2 wird in diesem Zusammenhang verwiesen. **66**

VI. Recht auf Erhalt der personenbezogenen Daten in einem strukturierten, gängigen und maschinenlesbaren Format (Abs. 1)

Betroffene Personen haben in Bezug auf die personenbezogenen Daten, die Gegenstand des Rechts auf Datenübertragbarkeit sind, ein Recht auf Erhalt in einem **strukturierten**, **gängigen** und **maschinenlesbaren Format**.[92] Die noch im Vorschlag der Kommission vorgesehene Möglichkeit, dass sie durch Durchführungsrechtsakte elektronische Formate und technische Standards festlegen kann, wurde im weiteren Verlauf des Gesetzgebungsverfahrens fallen gelassen.[93] Die Daten müssen erst im **Zeitpunkt der Ausübung** des Rechts auf Datenübertragbarkeit in einem strukturierten, gängigen und maschinenlesbarem Format vorliegen.[94] Verantwortliche sind – vorbehaltlich von Art. 5 Abs. 1 lit. d, wonach die Daten richtig und aktuell sein müssen –, nicht verpflichtet, die Qualität der personenbezogenen Daten vor der Übermittlung zu überprüfen.[95] **67**

---

88 Wie hier BeckOK DatenSR-*von Lewinski* Art. 20 Rn. 36 unter Berufung auf Art. 12 Abs. 2 und 5 Abs. 1.

89 Siehe ErwG 68.

90 A.A. ohne Begründung Gola-*Piltz* Art. 20 Rn. 16.

91 Siehe ErwG 15.

92 BeckOK DatenSR-*von Lewinski* Art. 20 Rn. 49 will hierin nur eine akzessorische Pflicht zur Formatierung von Daten zu einem modifizierten Auskunftsanspruch sehen.

93 25.1.2012 (KOM(2012) 11 endgültig; 2012/0011 (COD), Art. 18 Abs. 3.

94 Vgl. BeckOK DatenSR-*von Lewinski* Art. 20 Rn. 53.

95 Vgl. Art.-29-Datenschutzgruppe, Leitlinien 16/EN WP 242 rev.01, S. 6.

68 **1. Strukturiertes Format.** Um die Bedeutung eines strukturierten Formats zu erfassen, wird man auf die Begriffsbestimmung des Dateisystems (Art. 4 Nr. 6) zurückgreifen können. Ein Dateisystem ist jede strukturierte Sammlung personenbezogener Daten, die nach **bestimmten Kriterien** zugänglich sind. Übertragen auf ein Format bedeutet dies, dass die zu übertragenden personenbezogenen Daten in und durch das Format nach bestimmten Kriterien geordnet sein müssen. Ob damit einhergeht, dass diese Struktur auch logisch und leicht – insbesondere durch die betroffene Person – verständlich sein muss, gibt Art. 20 nicht ausdrücklich vor.[96] Die Grenze dessen, was noch strukturiert ist, wird allerdings dort erreicht, wo die personenbezogenen Daten auch bei Nutzung bestimmter Kriterien nicht mehr gefunden werden.[97]

69 Strukturierte Formate werden Datenbankformate wie **XML**[98] und **SQLite** sowie **Excel-Daten**[99] sein.[100] Ggf. kommen auch **Ordnerstrukturen** in Betracht.[101] Ob **HTML**[98] und **TXT**-Dateien strukturierte Formate sind, lässt sich in Frage stellen, da diese Formate keine bestimmte Struktur vorgeben. Fasst man auch kommaseparierte Listen (**CSV**) unter strukturierte Formate, fallen auch die zuvor genannten Dateien hierunter.[102] Auch vCards[103] wird man für Adressdaten zu strukturierten Formaten rechnen können.

70 **2. Gängiges Format.** Unter welchen Voraussetzungen ein Format gängig ist, wird in Art. 20 nicht konkretisiert. Der Begriff wird ebenfalls in Art. 15 Abs. 3 verwendet, dort aber auch nicht präzisiert. Hinweise darauf, was unter gängigen Formaten zu verstehen ist, finden sich ebenfalls nicht in den Erwägungsgründen

71 Was gängig ist, ist daher im Lichte des **allgemeinen Sprachgebrauchs** auszulegen. Im allgemeinen Sprachgebrauch steht gängig z.B. für gebräuchlich, allgemein üblich, viel gekauft, weit verbreitet und handelsüblich. Das Recht, von einem Verantwortlichen die ihm bereitgestellten personenbezogenen Daten in einem gängigen Format zu erhalten, bedeutet folglich, dass der Verantwortliche der betroffenen Person diese Daten in einem allgemein üblichen, gebräuchlichen, weit verbreiteten und handelsüblichen Format übermitteln muss.[104]

72 Für die Gängigkeit eines Formats genügt jedoch nicht, dass es von einem marktstarken oder marktmächtigen Anbieter verwendet wird. Wenn das Format nicht zugleich

96 Gola-*Piltz* Art. 20 Rn. 21.
97 Nach BeckOK DatenSR-*von Lewinski* Art. 20 Rn. 73 wird die Strukturiertheit kontextabhängig und sektorspezifisch zu beantworten sein.
98 Bejahend Ehmann/Selmayr-*Kamann/Braun* Art. 20 Rn. 23.
99 Bejahend Ehmann/Selmayr-*Kamann/Braun* Art. 20 Rn. 23; *Brüggemann* DSRITB 2017, 1, 8.
100 BeckOK DatenSR-*von Lewinski* Art. 20 Rn. 73.1.
101 Vgl. BeckOK DatenSR-*von Lewinski* Art. 20 Rn. 73.2.
102 Vgl. hierzu BeckOK DatenSR-*von Lewinski* Art. 20 Rn. 73.3.
103 Kühling/Buchner-*Herbst* Art. 20 Rn. 20 Fn. 24.
104 Vgl. BeckOK DatenSR-*von Lewinski* Art. 20 Rn. 76, der auf Praktiken und Gegebenheiten auf den Markt abstellt; auch Ehmann/Selmayr-*Kamann/Braun* Art. 20 Rn. 23; vgl. auch Gola-*Piltz* Art. 20 Rn. 21, der insoweit von einem am Markt bekannten und genutzten Format ausgeht; den Stand der Technik wollen insoweit anwenden *Laue/Nink/Kremer* § 4 Rn. 666; Plath-*Kamlah* Art. 20 Rn. 8; Ehmann/Selmayr-*Kamann/Braun* Art. 20 Rn. 23; *Hennemann* PinG 2017, 5, 7 stellt auf Formate ab, die in weiten Teilen der Digitalwirtschaft Anwendung finden.

von anderen Diensteanbietern akzeptiert wird, indiziert dieser Umstand nicht zwingend, dass ein Format allgemein üblich, gebräuchlich und weit verbreitetet ist.[105] Lizenzierbare **proprietäre Formate** werden, wenn die Kosten hierfür zu hoch sind, nicht gängig sein.[106] **Offene Formate** sind nur gängig, wenn sie auch weit verbreitet sind.[107] Rohdaten wie **CSV**[108] werden ein gängiges Format sein.[109] Bei E-Mails werden **MSG**[110]- und **EML**[110]-Dateien und allgemein **XML**[108] als gängig erachtet werden müssen.[110] **Office-Formate**[111] und **PDF/A**[112] werden gängig sein, möglicherweise aber nicht in jeder Hinsicht strukturiert.[113] Soweit bei proprietären oder neuartigen Diensten ggf. (noch) kein gängiges Format existiert, läuft das Recht auf Datenübertragbarkeit leer, denn eine Pflicht, interoperable Formate zu entwickeln, enthält Art. 20 nicht.[114]

3. Maschinenlesbares Format. Damit ein Format maschinenlesbar ist, muss es durch technische Geräte, wie z.B. Computer, lesbar sein. *Laue/Nink/Kremer*[115] verweisen hierzu beispielhaft auf die unter OpenDataSachsen abrufbaren maschinenlesbaren Dateiformate.[116] **Papierausdrucke** und **PDFs**[117] sind nicht maschinenlesbar.[118] Im konkreten Einzelfall kann eine OCR-Lesbarkeit genügen, sodass Maschinenlesbarkeit scannbarer Papierausdrucke u.U. denkbar ist.[119] **73**

4. Interoperables Format? Nach ErwG 68 soll das Format auch interoperabel sein. Diese zusätzliche Eigenschaft eines Formats findet sich indes in Abs. 1 nicht ausdrücklich. Es stellt sich daher die Frage, wie dieses Auseinandergehen der Erwägungsgründe und des Normtextes aufzulösen ist. **74**

Als **Interoperabilität** bezeichnet man die Fähigkeit unabhängiger, heterogener Systeme, möglichst nahtlos zusammenzuarbeiten, um Informationen auf effiziente und verwertbare Art und Weise auszutauschen bzw. dem Benutzer zur Verfügung zu stellen, ohne dass dazu gesonderte Absprachen zwischen den Systemen notwendig sind bzw. als die Fähigkeit zur Zusammenarbeit von verschiedenen Systemen, Techniken oder Organisationen, wozu in der Regel die Einhaltung gemeinsamer Standards not- **75**

105 Vgl. BeckOK DatenSR-*von Lewinski* Art. 20 Rn. 76.
106 Vgl. BeckOK DatenSR-*von Lewinski* Art. 20 Rn. 77.
107 Vgl. BeckOK DatenSR-*von Lewinski* Art. 20 Rn. 77; bejahend für OpenDocument/ODF Ehmann/Selmayr-*Kamann/Braun* Art. 20 Rn. 23.
108 Ehmann/Selmayr-*Kamann/Braun* Art. 20 Rn. 23; *Art.-29-Datenschutzgruppe* Leitlinien 16/EN WP 242 rev.01, S. 18.
109 Vgl. BeckOK DatenSR-*von Lewinski* Art. 20 Rn. 77.1.
110 Vgl. BeckOK DatenSR-*von Lewinski* Art. 20 Rn. 77.1; *Hennemann* PinG 2017, 5, 7.
111 Vgl. BeckOK DatenSR-*von Lewinski* Art. 20 Rn. 77.2; *Hennemann* PinG 2017, 5, 7; bzgl. Excel Ehmann/Selmayr-*Kamann/Braun* Art. 20 Rn. 23.
112 Vgl. BeckOK DatenSR-*von Lewinski* Art. 20 Rn. 77; *Hennemann* PinG 2017, 5,7.
113 Vgl. BeckOK DatenSR-*von Lewinski* Art. 20 Rn. 77.2.
114 Vgl. BeckOK DatenSR-*von Lewinski* Art. 20 Rn. 78.
115 § 4 Rn. 66.
116 http://search.sachsen.de/web/viewAsHtml;jsessionid=EF82FDFCA7B8DBB325BEBB182CC6F7C2.sachsen_search_1?reference=https://www.opendata.sachsen.de/HLF/8_Maschinenlesbare_Dateiformate.pdf&searchTerm=maschinenlesbar.
117 Kritisch *Art.-29-Datenschutzgruppe* Leitlinien 16/EN WP 242 rev.01, S. 18.
118 Vgl. BeckOK DatenSR-*von Lewinski* Art. 20 Rn. 75.1.
119 Vgl. BeckOK DatenSR-*von Lewinski* Art. 20 Rn. 75.1; vgl. auch Kühling/Buchner-*Herbst* Art. 20 Rn. 20; *Hennemann* PinG 2017, 5, 7.

wendig ist.[120] Unter einem interoperablen Format wird man folglich ein Format verstehen können, das mit anderen Formaten einen Datenaustausch herbeiführen kann.

76 Nicht wenige gebräuchliche, weit verbreitete und handelsübliche Formate sind mit anderen Formaten auch interoperabel. Gängige Formate können folglich durchaus interoperabel sein. Interoperabilität ist jedoch nicht derart weit verbreitet und gebräuchlich, dass sie bereits gängig ist. Das Kriterium der Gängigkeit beinhalte somit nicht zwingend, dass Formate auch interoperabel mit anderen Formaten sein müssen.

77 Zwar heißt es am Beginn des **ErwG 68**, dass betroffene Personen berechtigt sein sollen, die sie betreffenden personenbezogenen Daten in einem u.a. interoperablen Format zu erhalten[121]. Die weiteren Erläuterungen des Rechts auf Datenübertragbarkeit in ErwG 68 legen gleichwohl nahe, dass diese Passage lediglich als ein **wünschenswertes Ziel**, nicht aber als zwingende Eigenschaft eines Formats zu verstehen ist. Im sich unmittelbar anschließenden Satz heißt es nämlich in ErwG 68, dass die Verantwortlichen dazu aufgefordert werden sollten, interoperable Formate zu entwickeln, die die Datenübertragbarkeit ermöglichen. Diese Aufforderung wäre überflüssig, wenn Interoperabilität bereits zwingende Eigenschaft des Formats wäre, in dem die Übertragung der personenbezogenen Daten zu erfolgen hat. Schließlich wird dieses Verständnis durch die weitere Aussage in ErwG 68 gestützt, wonach das Recht der betroffenen Personen, sie betreffende personenbezogene Daten zu übermitteln oder zu empfangen, nicht die Pflicht für Verantwortliche begründen sollte, technisch kompatible Datenverarbeitungssysteme zu übernehmen oder beizubehalten.

78 **5. Antrag und Fristen.** Die Verantwortlichen trifft die Pflicht, den betroffenen Personen die Ausübung des Rechts auf Datenübertragbarkeit zu erleichtern (Art. 12 Abs. 2 S. 1). Zur Ausübung des Rechts auf Datenübertragbarkeit ist ein **Antrag** einer betroffenen Person beim Verantwortlichen erforderlich (vgl. Art. 12 Abs. 3 S. 1). Für einen Antrag ist **keine Frist** vorgesehen; er bedarf **keiner** bestimmten **Form** und **keiner Begründung**.[122]

79 Der Verantwortliche hat die personenbezogenen Daten, die Gegenstand des Rechts auf Datenübertragbarkeit sind, sodann **unverzüglich**, in jedem Fall aber **innerhalb eines Monats** an die betroffene Person zu übermitteln (Art. 12 Abs. 3 S. 1). Diese Frist kann um weitere zwei Monate verlängert werden, wenn dies unter Berücksichtigung der Komplexität und der Anzahl von Anträgen erforderlich ist (Art. 12 Abs. 3 S. 2). In diesem Fall muss der Verantwortliche die betroffene Person innerhalb eines Monats nach Eingang des Antrags über eine Fristverlängerung zusammen mit den Gründen für die Verzögerung unterrichten (Art. 12 Abs. 3 S. 3). Stellt die betroffene Person den Antrag elektronisch, so ist sie nach Möglichkeit auf elektronischem Weg zu unterrichten, sofern sie nichts anderes angibt (Art. 12 Abs. 3 S. 4).

---

120 Siehe Wikipedia: Stichwort Interoperabilität.

121 Kühling/Buchner-*Herbst* Art. 20 Rn. 20 folgert hieraus, dass das Format interoperabel sein muss.

122 Vgl. BeckOK DatenSR-*von Lewinski* Art. 20 Rn. 62 f.; vgl. auch Kühling/Buchner-*Herbst* Art. 20 Rn. 32.

Im Stellen eines Antrags auf Datenübertragbarkeit liegt **nicht** zugleich eine **Kündigung** eines bestehenden Vertrags der betroffenen Person mit dem Verantwortlichen.[123] **80**

Es ist nicht ausgeschlossen, dass eine betroffene Person **mehrmals** das Recht auf Datenübertragbarkeit ausübt, was auch grundsätzlich unentgeltlich erfolgen müsste, da eine Art. 15 Abs. 3 S. 2 vergleichbare Regelung oder ein Verweis auf diese Vorschrift fehlt. Je nach den konkreten Umständen kann ein Verantwortlicher dann aber ggf. die Übermittlung der Daten gem. Art. 12 Abs. 5 verweigern oder ein angemessenes Entgelt verlangen. **81**

Ob das Recht auf Datenübertragbarkeit **abbedungen** werden kann, ist nicht explizit geregelt. Aus der ratio legis, dass betroffene Personen eine bessere Kontrolle über ihre eigenen Daten bekommen sollen, sowie aus Art. 12 Abs. 2 ff. folgt indes, dass eine Abdingbarkeit ausgeschlossen ist.[124] **82**

Die **Darlegungs- und Beweislast** für das Vorliegen der Voraussetzungen des Rechts auf Datenübertragbarkeit liegt bei der betroffenen Person.[125] **83**

VII. Recht auf Übermittlung ohne Behinderung (Abs. 1)

Das Recht auf Datenübertragbarkeit umfasst nicht nur das Recht betroffener Personen, die Übertragung von personenbezogenen Daten, die sie Verantwortlichen bereitgestellt haben, an sich selbst zu verlangen, sondern auch das Recht, dass diese Daten von dem (ersten) Verantwortlichen an einen anderen (zweiten) Verantwortlichen **ohne Behinderung** übermittelt werden.[126] Da sich Abs. 1 nur auf den (ersten) Verantwortlichen bezieht, trifft das Behinderungsverbot nicht unmittelbar den anderen (zweiten) Verantwortlichen.[127] **84**

Dass betroffene Personen personenbezogene Daten, die sie in Ausübung ihres Rechts auf Erhalt dieser Daten in einem strukturierten, gängigen und maschinenlesbaren Format erhalten haben, an einen anderen (zweiten) Verantwortlichen übermitteln dürfen, ist selbstverständlich.[128] Eines gesonderten Rechts auf Übermittlung dieser Daten bedürfte es daher nicht. **Kerngehalt** des Rechts ist folglich eine **Übermittlung ohne Behinderung**.[128] Das Recht auf Übermittlung ohne Behinderung gilt nicht nur, wenn eine betroffene Personen die erhaltenen personenbezogenen Daten selbst an einen anderen (zweiten) Verantwortlichen übermitteln möchte, sondern insbesondere auch dann, wenn eine betroffene Person von ihrem Recht Gebrauch macht, die Erwirkung der Datenübertragung von dem ersten Verantwortlichen an den anderen (zweiten) Verantwortlichen zu verlangen (Abs. 2). **85**

---

123 Vgl. Auernhammer-*Schürmann* Art. 20 DS-GVO Rn. 33; *Jülicher/Röttgen/von Schönfeld* ZD 2016, 358, 360; Vgl. BeckOK DatenSR-*von Lewinski* DS-GVO Art. 20 Rn. 77.1; *Hennemann* PinG 2017, 5, 7; *Brüggemann* DSRITB 2017, 1 f, 4.

124 So auch Ehmann/Selmayr-*Kamann/Braun* Art. 20 Rn. 4; Differenzierend BeckOK DatenSR-*von Lewinski* Art. 20 Rn. 109.

125 Ehmann/Selmayr-*Kamann/Braun* Art. 20 Rn. 12.

126 BeckOK DatenSR-*von Lewinski* Art. 20 Rn. 49 und 79 will hierin kein eigenes Recht erkennen, sondern bestenfalls einen negatorischen (Hilfs-)Anspruch, aber eigentlich nur ein flankierendes Behinderungsverbot.

127 So auch Gola-*Piltz* Art. 20 Rn. 12.

128 Vgl. auch Plath-*Kamlah* Art. 20 Rn. 9.

86 Das Recht auf Übermittlung ohne Behinderung gilt nach dem Normtext unbeschränkt. Der Begriff der Behinderung wird deshalb weit auszulegen sein und **jegliche Erschwerungen** betreffend die Übermittlung der personenbezogenen Daten erfassen[129]. Unzulässige Behinderungen können ganz unterschiedlicher Natur sein. Denkbar sind zeitliche Behinderungen, d.h. die Übermittlung der Daten würde verzögert. In Betracht kommen auch faktische Behinderungen z.B. auf technischer Ebene[130], formale Behinderungen, wenn die Übermittlung etwa an besondere Formen wie Anträge oder Verfahren gebunden wird, oder finanzielle Behinderungen, wenn für die Übermittlung der Daten eine Vergütung anfällt.[131]

87 Obgleich der Begriff einer Behinderung weit zu verstehen ist, wird es Fälle geben, in denen bestimmte Erschwerungen der Übermittlung **sachlich gerechtfertigt** sein werden. In solchen Fällen wird man nicht von einer Behinderung sprechen können.

88 Unzulässige Behinderungen werden **DRM-Maßnahmen**[132], **Kopierschutzmaßnahmen**[133] oder die Geltendmachung von **Datenbankschutz**[134] sein.

VIII. Recht auf Erwirkung der direkten Übermittlung (Abs. 2)

89 Das Recht auf Datenübertragbarkeit sieht nicht nur das Recht vor, eine Übermittlung der von einem Verantwortlichen bereitgestellten personenbezogenen Daten an sich selbst zu verlangen. Es sieht auch das Recht vor zu erwirken, dass die einem (ersten) Verantwortlichen bereitgestellten personenbezogenen Daten direkt von diesem an einen anderen (zweiten) Verantwortlichen übermittelt werden. Der betroffenen Person soll so der **Umzug ihrer Daten**[135] im Vergleich zu Abs. 1 nochmals **erleichtert** werden, indem ihr der Umweg der Datenübermittlung über sich selbst erspart bleibt. Die betroffene Person muss folglich nicht in einem ersten Schritt die bereitgestellten personenbezogenen Daten an sich selbst übertragen lassen, um sie dann in einem zweiten Schritt an einen anderen (zweiten) Verantwortlichen zu übermitteln.

90 **1. Die zu übermittelnden Daten und das zu verwendende Format.** Aus dem Bezug auf Abs. 1 folgt, dass von dem Verantwortlichen für die direkte Übermittlung der Daten kein Mehr an Datenübertragung verlangt werden kann, als die betroffene Person berechtigt ist, an sich selbst zu beanspruchen. Es handelt sich um **dieselben personenbezogenen Daten**, deren Übermittlung eine betroffene Person an sich verlangen darf.

91 Daraus folgt, dass eine betroffene Person nur verlangen kann, dass die dem (ersten) Verantwortlichen bereitgestellten personenbezogenen Daten in **demselben strukturierten**, **gängigen** und **maschinenlesbaren Format** übertragen werden, in dem die Daten an ihn selbst übermittelt werden müssten. Die Verpflichtung, ein anderes For-

---

129 Für ein weites Verständnis der Behinderung Gola-*Piltz* Art. 20 Rn. 11; Ehmann/Selmayr-*Kamann/Braun* Art. 20 Rn. 24.

130 Kühling/Buchner-*Herbst* Art. 20 Rn. 22; Gola-*Piltz* Art. 20 Rn. 11; *Schnabel* PinG 2016, 71, 73; Vgl. BeckOK DatenSR-*von Lewinski* DS-GVO Art. 20 Rn. 77.1; *Hennemann* PinG 2017, 5, 7.

131 Vgl. zu Beispielen auch Art.-29-Datenschutzgruppe, Leitlinien 16/EN WP 242 rev.01, S. 15.

132 BeckOK DatenSR-*von Lewinski* Art. 20 Rn. 80.

133 Vgl. *Brüggemann* DSRITB 2017, 1, 7.

134 BeckOK DatenSR-*von Lewinski* DS-GVO Art. 20 Rn. 80.

135 Siehe hierzu Kühling/Buchner-*Herbst* Art. 20 Rn. 24.

mat zu verwenden, besteht nicht. Nach ErwG 68 nämlich sollte das Recht der betroffenen Personen nicht die Pflicht für Verantwortliche begründen, technisch kompatible Datenverarbeitungssysteme zu übernehmen oder beizubehalten.

2. Soweit dies technisch möglich ist. Das Recht auf Erwirkung der Übermittlung der personenbezogenen Daten gegenüber dem (ersten) Verantwortlichen an einen anderen (zweiten) Verantwortlichen gilt nur, soweit dies technisch möglich ist. Ob es für die Beurteilung des technisch Möglichen auf einen **subjektiven** oder auf einen **objektiven Maßstab** ankommt, ergibt sich aus dem Wortlaut von Art. 20 nicht. Den Erwägungsgründen lassen sich hierzu keine Hinweise entnehmen. **92**

Zöge man einen objektiven Maßstab heran, würde die Beschränkung der Ausübung des Rechts auf Datenübertragbarkeit durch das technisch Mögliche in der Praxis kaum relevant werden. In der Regel lassen sich immer technische Möglichkeiten schaffen, um eine Übermittlung von Daten herbeizuführen. Ob dies technisch möglich ist oder nicht, ist letztlich nur eine Frage des Aufwands und der damit verbundenen Kosten. Nach ErwG 68 sollen Verantwortliche nicht verpflichtet sein, technisch kompatible Datenverarbeitungssysteme zu übernehmen oder beizubehalten, sondern nur dazu aufgefordert werden, interoperable Formate zu entwickeln, die die Datenübertragbarkeit ermöglichen. Dies legt nahe, nicht auf einen objektiven Maßstab für das technisch Mögliche abzustellen, sondern auf die jeweiligen technischen Möglichkeiten des zur Datenübermittlung Verantwortlichen. Allerdings wird die subjektive Perspektive nicht allein den Ausschlag geben dürfen, sondern begrenzt sein, durch das, was technisch gängig ist. Der **Maßstab des technisch Gängigen** gilt für das von dem Verantwortlichen zu wählende Format, in dem der betroffenen Person die bereitgestellten personenbezogenen Daten zu übermitteln sind. Es ist daher nur konsequent, diesen Maßstab, der Art. 20 immanent ist, auch in diesem Zusammenhang heranzuziehen.[136] **93**

Speziallösungen können daher – auch im Hinblick auf die Unentgeltlichkeit des Rechts auf Datenübertragbarkeit – nicht verlangt werden.[137] **94**

3. Die Rolle des anderen (zweiten) Verantwortlichen. Das Recht auf Datenübertragbarkeit richtet sich auch gegen den anderen (zweiten) Verantwortlichen, sofern er etwa aufgrund Gesetzes oder eines Vertrags die Daten übernehmen muss.[138] Er ist ver- **95**

---

136 *Laue/Nink/Kremer* § 4 Rn. 65 wollen einen objektiven Standard unter Berücksichtigung subjektiver Faktoren anwenden, sodass Größe und wirtschaftliche Stärke des jeweiligen Verantwortlichen sowie wirtschaftlicher und zeitlicher Aufwand berücksichtigt werden können; auch Kamann/Braun-*Ehmann/Selmayr* Art. 20 Rn. 28; *Brüggemann* DSRITB 2017, 1, 10; Auernhammer-*Schürmann* Art. 20 DS-GVO Rn. 30 sieht hingegen die Grenze in einem wirtschaftlich unverhältnismäßigen Aufwand; vgl. auch BeckOK DatenSR-*von Lewinski* Art. 20 Rn. 91; den Stand der Technik ablehnend Kühling/Buchner-*Herbst* Art. 20 Rn. 27, der auf die beim Verantwortlichen vorhandenen technischen Möglichkeiten abstellen will. Wählt man als Maßstab das technisch Gängige, wird dies, da es gängig ist, regelmäßig auch wirtschaftlich vernünftig sein; Gola-*Piltz* Art. 20 Rn. 25 weist zutreffend daraufhin, dass ein Verhältnismäßigkeitskriterium, das der Rat der Europäischen Union noch vorgeschlagen, hat letztlich fallen gelassen worden ist, will aber dennoch eine Verhältnismäßigkeitsprüfung durchführen.

137 Vgl. BeckOK DatenSR-*von Lewinski* Art. 20 Rn. 88.

138 S. oben Rn. 33; vgl auch Gola-*Piltz* Art. 20 Rn. 27 in Bezug auf Abs. 2.

pflichtet, an der Datenübertragung mitzuwirken.[139] Spiegelbildlich zum (ersten) Verantwortlichen bewegt sich die **Mitwirkungspflicht** ebenfalls nur im **Rahmen des technisch Möglichen**. Insofern ist derselbe Maßstab wie für den (ersten) Verantwortlichen anzulegen, d.h. der Maßstab des technisch Gängigen.

96 Daraus folgt, dass die Datenübertragung nicht zwingend erfolgreich ablaufen muss. Wenn das von dem anderen (zweiten) Verantwortlichen verwendete Format strukturiert, gängig und maschinenlesbar, aber nicht mit dem des (ersten) Verantwortlichen **interoperabel** ist, besteht weder für den (ersten) Verantwortlichen noch für den anderen (zweiten) Verantwortlichen die Pflicht, die eigenen Datenverarbeitungssysteme an die des anderen anzupassen bzw. dessen Datenverarbeitungssysteme zu übernehmen.[140] Die Datenübertragbarkeit wird oft mit einem Anbieterwechsel einer betroffenen Person einhergehen. Da der andere (zweite) Verantwortliche in dieser Konstellation ein **(wirtschaftliches) Interesse** daran hat, die erforderliche Infrastruktur zu schaffen, um die personenbezogenen Daten von dem (ersten) Verantwortlichen entgegenzunehmen und in die eigenen Systeme zu übernehmen, wird man damit rechnen können, dass Schwierigkeiten in der Praxis nicht die Regel sein werden.[141]

97 Art. 20 stellt sowohl für den (ersten) Verantwortlichen als auch für den anderen (zweiten) Verantwortlichen eine **Rechtsgrundlage** für die Übermittlung und den Empfang der personenbezogenen Daten von der betroffenen Person dar, die letztere dem (ersten) Verantwortlichen bereitgestellt hat.[142] Sieht man in der (Um-)Formatierung bzw. Konvertierung der Daten in ein portables Format und in der Übermittlung der Daten keinen neuen Verarbeitungszweck, dürfte eine besondere datenschutzrechtliche Rechtsgrundlage allerdings schon nicht erforderlich sein.[143]

98 Der (erste) Verantwortliche ist im Übrigen nicht für den **weiteren Umgang** mit den übermittelten personenbezogenen Daten durch die betroffene Person oder den anderen (zweiten) Verantwortlichen verantwortlich.[144] Für alle Verarbeitungen dieser Daten durch die betroffene Person oder den anderen (zweiten) Verantwortlichen müssen die betroffene Person oder der andere (zweite) Verantwortliche unabhängig von Art. 20 selbst sicherstellen, dass die Datenverarbeitung **rechtmäßig** erfolgt. Es gelten insofern alle datenschutzrechtlichen Regelungen, insbesondere die der DS-GVO. Der andere (zweite) Verantwortliche wird z.B. sicherstellen müssen, nur die personenbezogenen Daten der betroffenen Person zu übernehmen, die er benötigt, um die im Verhältnis zwischen ihm und der betroffenen Person bestehenden Zwecke der Datenverarbeitung zu erreichen.[145]

---

139 A.A. BeckOK DatenSR-*von Lewinski* Art. 20 Rn. 57 und 80.2 unter Bezugnahme auf die Privatautonomie; vgl. BeckOK DatenSR-*von Lewinski* Art. 20 Rn. 77.1; *Hennemann* PinG 2017, 5, 7.

140 S. ErwG 68.

141 Vgl. Ehmann/Selmayr-*Kamann/Braun* Art. 20 Rn. 27.

142 A.A. wohl Gola-*Piltz* Art. 20 Rn. 9 in Bezug auf den Transfer der Daten an die betroffene Person, die selbst eine Zweckbestimmung vornehmen müsse. BeckOK DatenSR-*von Lewinski* Art. 20 Rn. 56 weist zu Recht daraufhin, dass man die Geltendmachung des Rechts auf Datenübertragbarkeit durch die betroffene Person stets auch als Einwilligung (Art. 6 Abs. 1 a) wird auslegen müssen oder sich auf Art. 6 Abs. 1 c wird stützen können.

143 Vgl. BeckOK DatenSR-*von Lewinski* Art. 20 Rn. 82.

144 Vgl. Art.-29-Datenschutzgruppe, Leitlinien 16/EN WP 242 rev.01, S. 6.

145 Vgl. Art.-29-Datenschutzgruppe, Leitlinien 16/EN WP 242 rev.01, S. 6 f.

IX. Recht auf Löschung/Vergessenwerden bleibt unberührt (Abs. 3 S. 1)

Die Ausübung des Rechts auf Datenübertragbarkeit lässt das Recht auf Löschung/Vergessenwerden gem. Art. 17 unberührt. Betroffenen Personen steht auch bei Ausübung ihres Rechts auf Datenübertragbarkeit ihr Recht auf Löschung/Vergessenwerden nach Art. 17 in dem Umfang zu, in dem dies in Art. 17 verbürgt ist.[146] Der Verantwortliche ist nach Übermittlung der personenbezogenen Daten an die betroffene Person oder an den anderen (zweiten) Verantwortlichen zudem nicht zwangsläufig verpflichtet, die übermittelten Daten zu löschen. Ob eine solche Pflicht besteht, entscheidet sich am Maßstab der geltenden Vorschriften. Soweit und solange die zu übertragenden personenbezogenen Daten z.B. für die Erfüllung des Vertrags noch notwendig sind[146], müssen diese Daten nicht allein wegen der Ausübung des Rechts auf Datenübertragbarkeit gelöscht werden. Das Recht auf Datenübertragbarkeit ist **kein Recht des „digitalen Auszugs"**[147]. Andererseits kann ein Verantwortlicher die Löschung von personenbezogenen Daten nicht mit der Begründung verweigern oder verzögern, er könne sonst das Recht auf Datenübertragbarkeit nicht mehr erfüllen.[148] **99**

Unerwähnt lässt Abs. 3 S. 1, dass auch alle **anderen Betroffenenrechte** durch die Ausübung des Rechts auf Datenübertragbarkeit unberührt bleiben.[149] **100**

X. Verarbeitungen im öffentlichen Interesse und in Ausübung öffentlicher Gewalt (Abs. 3 S. 2)

Das Recht auf Datenübertragbarkeit gilt nicht, wenn bereitgestellte personenbezogene Daten für die Wahrnehmung von **Aufgaben**, die **im öffentlichen Interesse** liegen, durch den Verantwortlichen verarbeitet werden oder die Verarbeitung in Ausübung **öffentlicher Gewalt** erfolgt, die dem Verantwortlichen übertragen wurde (Abs. 3 S. 2). Es kann folglich – naturgemäß – nicht gegen Verantwortliche ausgeübt werden, die personenbezogene Daten in Erfüllung ihrer öffentlichen Aufgaben verarbeiten.[146] **101**

Ob und inwieweit das Recht auf Datenübertragbarkeit gegenüber dem Staat – in der Diktion des BDSG gegenüber „öffentlichen Stellen" [150] – ausgeübt werden kann, beurteilt sich folglich danach, ob die Aufgaben, in deren Rahmen betroffene Personen personenbezogene Daten bereitstellen, im öffentlichen Interesse wahrgenommen werden oder ob deren Verarbeitung in Ausübung öffentlicher Gewalt erfolgt. Abs. 3 S. 2 bezieht sich inhaltlich auf **Art. 6 lit. e**. Das Recht auf Datenübertragbarkeit ist somit in dem Umfang ausgeschlossen, wie die Rechtmäßigkeit der Verarbeitung von personenbezogenen Daten, die betroffene Personen Verantwortlichen bereitgestellt haben, auf Art. 6 lit. e gestützt werden kann.[151] **102**

Nach ErwG 68 S. 6 sollte das Recht auf Datenübertragbarkeit nicht gelten, wenn die Verarbeitung der personenbezogenen Daten „zur Erfüllung einer rechtlichen Verpflichtung, der der Verantwortliche unterliegt", erforderlich ist. Diese Formulierung **103**

146 S. ErwG 68.
147 BeckOK DatenSR-*von Lewinski* Art. 20 Rn. 59.
148 Vgl. Art.-29-Datenschutzgruppe, Leitlinien 16/EN WP 242 rev.01, S. 7.
149 Vgl. Plath-*Kamlah* Art. 20 Rn. 13; vgl. auch Art.-29-Datenschutzgruppe, Leitlinien 16/EN WP 242 rev.01, S. 7.
150 S. zur Unterscheidung zwischen öffentlichen und nichtöffentlichen Stellen § 2 BDSG.
151 Für einen Gleichlauf mit Art. 6 Abs. 1 e auch BeckOK DatenSR-*von Lewinski* Art. 20 Rn. 19.

könnte als Hinweis gedeutet werden, dass in Fällen des Art. 6 Abs. 1 lit. c das Recht auf Datenübertragbarkeit keine Anwendung finden soll. Eine Entsprechung des ErwG findet sich im Normtext nicht. Der Wortlaut von Art. 20 ist jedoch entscheidend.[152]

XI. Rechte und Freiheiten anderer Personen dürfen nicht beeinträchtigt werden (Abs. 4)

104 Bei der Bezugnahme in Abs. 4 auf Abs. 2, der das Recht auf Erwirkung der direkten Übermittlung von dem (ersten) Verantwortlichen an einen andern (zweiten) Verantwortlichen regelt, handelt es sich um ein **Redaktionsversehen** der deutschen Sprachfassung. In allen anderen Sprachfassungen der DS-GVO erfolgt der Verweis auf Abs. 1.[153]

105 Liegt eine Beeinträchtigung nicht vor, dürfen die personenbezogenen Daten anderer von dem (ersten) Verantwortlichen an die betroffene Person und/oder an den anderen (zweiten) Verantwortlichen übermittelt werden; das Recht auf Datenübertragbarkeit stellt insofern neben Art. 6 Abs. 1 lit. c oder ggf. Art. 6 Abs. 1 lit. f[154] eine entsprechende **Rechtsgrundlage**[155] dar.

106 **1. Andere Personen.** Unter andere Personen fallen in diesem Zusammenhang unzweifelhaft andere **betroffene Personen**, d.h. natürliche Personen (vgl. Art. 4 Nr. 1).

107 Da in Abs. 4 aber nur andere „Personen“, nicht indes andere „betroffenen Personen“ genannt werden, stellt sich die Frage, ob der Begriff in einem weiteren Sinn zu verstehen ist, d.h. ob z.B. auch **juristische Personen** eingeschlossen sind. Im Fokus dieses Absatzes stehen – wie sich aus ErwG 68 ergibt – die Rechte und Freiheiten anderer betroffener Personen. So soll das Recht auf Empfang der Daten die Grundrechte und Grundfreiheiten anderer betroffener Personen nach dieser Verordnung unberührt lassen. Anders als in der deutschen Sprachfassung der DS-GVO heißt es in der **englischsprachigen Fassung** in Abs. 4 schlicht **„others“**.[156] Da die englische Sprachfassung der des Trilog-Ergebnisses entspricht, spricht viel dafür, dass nach Abs. 4 die Rechte und Freiheiten **sämtlicher anderer** gemeint sind.[157]

108 Die Formulierung in Abs. 4 findet sich ebenfalls im **Auskunftsrecht betroffener Personen** (Art. 15 Abs. 4), das mit dem Recht auf Datenübertragbarkeit sehr eng verbunden

---

152 Vgl. BeckOK DatenSR-*von Lewinski* Art. 20 Rn. 23; Paal/Pauly-*Paal* Art. 20 Rn. 24; Kühling/Buchner-*Herbst* Art. 20 Rn. 15 hält dies für ein Redaktionsversehen in ErwG 68.

153 Vgl. auch Paal/Pauly-*Paal* Art. 20 Rn. 25; Sydow-*Sydow* Art. 20 Rn. 14; BeckOK DatenSR-*von Lewinski* Art. 20 Rn. 92; Ehmann/Selmayr-*Kamann/Braun* Art. 20 Rn. 31; Kühling/Buchner-*Herbst* Art. 20 Rn. 16; Vgl. BeckOK DatenSR-*von Lewinski* Art. 20 Rn. 77.1; *Hennemann* PinG 2017, 5, 7; i.E. Gola-*Piltz* Art. 20 Rn. 32 ff.

154 Vgl. *Art.-29-Datenschutzgruppe* Leitlinien 16/EN WP 242 rev.01, S. 11, sofern es um ausschließlich persönliche oder familiäre Tätigkeiten der betroffenen Person geht.

155 Vgl. auch Kühling/Buchner-*Herbst* Art. 20 Rn. 3.

156 Ebenso z.B. die spanische Sprachfassung, in der es „otros“ heißt.

157 In der französischen Sprachfassung heißt es wiederum „tiers“, wie auch in Art. Nr. 10 ein „Dritter“ („tiers“) definiert ist. In der Konsequenz dürften nur die Rechte und Freiheiten von „Dritten“ gem. Art. 4 Nr. 10 nicht beeinträchtigt werden. In der englischen Sprachfassung sind demgegenüber „Dritte“ gem. Art. 4 Nr. 10 „third party“, nicht indes „others“, sodass insofern von einem weiteren Verständnis als „Dritten“ ausgegangen werden muss.

ist. Aus **ErwG 63** folgt, dass unter den Begriff der Personen nicht nur natürliche Personen fallen sollen, sondern durchaus auch juristische Personen. Das Auskunftsrecht soll nämlich ausdrücklich die Rechte und Freiheiten anderer Personen, etwa Geschäftsgeheimnisse oder Rechte des geistigen Eigentums und insbesondere das Urheberrecht an Software, nicht beeinträchtigen. Diese Rechtspositionen beziehen sich typischerweise auch auf juristischen Personen. Dieser Befund stützt ein weites Verständnis der anderen Personen in Abs. 4.

Nicht unter andere Personen werden indes die **Verantwortlichen** selbst fallen, gegen die sich das Recht auf Datenübertragbarkeit richtet.[158] Entsprechende Hinweise enthalten die ErwG 68 und 63 nicht. Da Verantwortliche allein die personenbezogenen Daten, die ihnen von betroffenen Personen bereitgestellt worden sind, an letztere oder an andere Verantwortliche übermitteln müssen, erscheint dies auch sachgerecht. Eine Beeinträchtigung von eigenen Rechten und Freiheiten ist in der Regel nicht ersichtlich. 109

2. Rechte und Freiheiten. – a) Grundrechte und Grundfreiheiten nach der DS-GVO.
Zu den Rechten und Freiheiten von anderen Personen, die durch die Ausübung des Rechts auf Datenübertragbarkeit nicht beeinträchtigt werden dürfen, gehören in jedem Fall die **Grundrechte** und **Grundfreiheiten nach der DS-GVO**, wie sich auch ErwG 68 ergibt. Der Begriff der Grundrechte und Grundfreiheiten in ErwG 68 ist nicht im verfassungsrechtlichen Sinn zu verstehen, sondern beschreibt die Rechte und Freiheiten, die die DS-GVO betroffenen Personen verbürgt. 110

b) Sonstige Rechte. Darüber hinaus sind unter Rechten und Freiheiten **Geschäftsgeheimnisse**[159] oder **Rechte des geistigen Eigentums**[160] und insbesondere das **Urheberrecht an Software**[161] zu verstehen, wie aus ErwG 63 in Bezug auf das Auskunftsrecht zu folgern ist; dies gilt für das Recht auf Datenübertragbarkeit entsprechend. Wie aus ErwG 63 durch den Zusatz „etwa" folgt, handelt es sich bei den vorstehend genannten Rechten nur um beispielhafte Nennungen, die nicht abschließend sind. Im Ergebnis kann damit **jedes Recht** oder jede Freiheit[162], die zugunsten einer Person erwächst, die Ausübung des Rechts auf Datenübertragbarkeit beeinträchtigen. 111

c) Beeinträchtigung. Angesichts des denkbar weiten Spektrums möglicher Rechte und Freiheiten anderer Personen, das beeinträchtigt sein kann, kommt der Frage besondere Relevanz zu, unter welchen Umständen eine Beeinträchtigung vorliegt. 112

Der Begriff der Beeinträchtigung wird in Abs. 4 nicht konkretisiert. In der DS-GVO wird – anders als in Abs. 4 – an mehreren Stellen eine „ernsthafte" Beeinträchtigung verlangt (vgl. Art. 14 Abs. 5 lit. b, 17 Abs. 3 lit. d). Aus dem Unterschied ergibt sich jedenfalls, dass es nicht erst zu **Nachteilen von erheblichem Gewicht** durch die Aus- 113

---

158 A.A. Auernhammer-*Schürmann* Art. 20 DS-GVO Rn. 17; *Brüggemann* DSRITB 2017, 1, 9; BeckOK DatenSR-*von Lewinski* Art. 20 Rn. 102 hält ein weites Verständnis als möglich.

159 Vgl. hierzu BeckOK DatenSR-*von Lewinski* Art. 20 Rn. 99 ff.; Art.-29-Datenschutzgruppe, Leitlinien 16/EN WP 242 rev.01, S. 12.

160 Vgl. *Art.-29-Datenschutzgruppe* Leitlinien 16/EN WP 242 rev.01, S. 12.

161 Vgl. *Art.-29-Datenschutzgruppe* Leitlinien 16/EN WP 242 rev.01, S. 12; *Brüggemann* DSRITB 2017, 1, 9 fürs Urheberrecht.

162 Für ein umfassendes Verständnis auch Gola-*Piltz* Art. 20 Rn. 36; Kühling/Buchner-*Herbst* Art. 20 Rn. 18; BeckOK DatenSR-*von Lewinski* Art. 20 Rn. 93 schließt jedes vom europäischen Primärrecht geschütztes Individualinteresse ein.

übung des Rechts auf Datenübertragbarkeit kommen muss, damit eine Beeinträchtigung vorliegt. Als Ausfluss des Verhältnismäßigkeitsgrundsatzes, der gerade auch im Rahmen von Beschränkungen des Rechts auf Datenübertragbarkeit zu berücksichtigen ist (vgl. Art. 23 Abs. 1), kann allerdings auch nicht schon jede Berührung von Rechten und Freiheiten anderer Personen eine Beeinträchtigung darstellen. Ob es zu einer Beeinträchtigung kommt, ist deshalb im Wege einer **umfassenden Abwägung der berührten Rechte** und **Freiheiten** zu bewerten.[163]

114 Das Ergebnis der Abwägung sollte gleichwohl grundsätzlich nicht dazu führen, dass der betroffenen Person jegliches Recht auf Datenübertragbarkeit verweigert wird.[164] Lassen sich aber beispielsweise personenbezogene Daten der betroffenen Person, die ihr Recht auf Datenübertragbarkeit ausübt, von personenbezogenen Daten anderer Betroffener technisch nicht oder nicht sinnvoll trennen, wie etwa bei Likes[165], Ortsangaben etc.[166] in sozialen Medien, spricht viel dafür, dass die Ausübung des Rechts auf Datenübertragbarkeit zu einer Beeinträchtigung der anderen betroffenen Personen führt[167], es sei denn die anderen Betroffenen sind mit der Datenübertragung einverstanden. Werden die personenbezogenen Daten bei dem anderen (zweiten) Verantwortlichen für **dieselben Zwecke** verarbeitet, spricht Einiges dafür, dass eine Behinderung von Rechten anderer zumindest im Hinblick auf die personenbezogenen Daten nicht zwingend vorliegt.[168]

115 **d) Verpflichtete zur Verhinderung von Beeinträchtigungen.** Ob die betroffene Person bei Geltendmachung ihres Rechts auf Datenübertragbarkeit oder der Verantwortliche im Rahmen der Übermittlung der ihm von der betroffenen Person bereitgestellten personenbezogenen Daten verpflichtet ist, Beeinträchtigungen von Rechten und Freiheiten anderer Personen zu verhindern, lässt sich aus Abs. 4 nicht unmittelbar entnehmen.

116 Gegenstand des Rechts auf Datenübertragbarkeit sind nur die eigenen personenbezogenen Daten einer betroffenen Person. Da die eigenen personenbezogenen Daten nur die betroffene Person selbst betreffen, nicht aber andere Personen, wird sie grundsätzlich nicht Adressatin der Verpflichtung sein. Bei Übermittlung der personenbezogenen Daten hat somit in **der Regel der Verantwortliche** sicherzustellen, dass Rechte und Freiheiten anderer Personen nicht beeinträchtigt werden.[169]

---

163 I.E. so auch Ehmann/Selmayr-*Kamann/Braun* Art. 20 Rn. 17; vgl auch *Strubel* ZD 2017, 355, 360.

164 Vgl. hierzu ErwG 63 zum Auskunftsrecht gem. Art. 15.

165 Vgl. *Jülicher/Röttgen/von Schönfeld* ZD 2016, 358, 361.

166 Vgl. Auernhammer-*Schürmann* Art. 20 DS-GVO Rn. 37.

167 Vgl. BeckOK DatenSR-*von Lewinski* Art. 20 Rn. 94.1.

168 Vgl. *Art.-29-Datenschutzgruppe* Leitlinien 16/EN WP 242 rev.01, S. 11, z.B. beim Umzug eines Webmail-Services bezüglich der Kontakte, Freunde, Verwandte, Familie etc. der betroffenen Person oder bei einem Bankkonto personenbezogen Daten von Zahlungsempfängern etc.; BeckOK DatenSR-*von Lewinski* Art. 20 Rn. 97; a.A. wohl *Jülicher/Röttgen/von Schönfeld* ZD 2016, 358, 361.

169 Ehmann/Selmayr-*Kamann/Braun* Art. 20 Rn. 32 sehen die Beweislast bei dem Verantwortlichen; Vgl. BeckOK DatenSR-*von Lewinski* Art. 20 Rn. 77.1; *Hennemann* PinG 2017, 5, 8.

Dieses Regelverhältnis kann sich aber **umdrehen**, wenn die betroffene Person Kenntnis davon hat, dass durch Ausübung ihres Rechts auf Datenübertragbarkeit Rechte und Freiheiten anderer Personen beeinträchtigt werden. In diesem Fall muss die betroffene Person den Verantwortlichen davon unterrichten. Ein denkbarer Fall sind von einer betroffenen Person in sozialen Medien hochgeladene Fotos, obgleich der betroffenen Person an dem Foto die urheberrechtlichen Nutzungsrechte nicht zustehen.[170] **117**

C. Praxishinweise

I. Relevanz für öffentliche Stellen

Jede öffentliche Stelle[171] wird für alle personenbezogenen Daten, die ihr von betroffenen Personen – also von den Bürgern – bereitgestellt werden, zu beurteilen haben, ob und in welchem Umfang sie als Verantwortliche unter Berücksichtigung der Einschränkungen des Rechs auf Datenübertragbarkeit gem. Abs. 3 S. 2 von betroffenen Personen auf Datenübertragung in Anspruch genommen werden kann. Maßgeblich wird dafür das Kriterium der **Erforderlichkeit** sein. Nach Abs. 3 S. 2 ist aus Sicht der öffentlichen Stelle nämlich nur eine Verarbeitung ausgenommen, die für die Wahrnehmung einer Aufgabe „erforderlich" ist, die im öffentlichen Interesse liegt oder in Ausübung öffentlicher Gewalt erfolgt, die dem Verantwortlichen übertragen wurde. Sonstige Verarbeitungen personenbezogener Daten, die öffentlichen Stellen von betroffenen Personen bereitgestellt worden sind, werden von der Beschränkung des Rechts auf Datenübertragbarkeit in Abs. 3 S. 2 nicht erfasst. **118**

In dem Umfang, in dem eine öffentliche Stelle Gegner des Rechts auf Datenübertragbarkeit ist, muss sie **Vorkehrungen** ergreifen und (Verwaltungs-)Prozesse aufsetzten, die sicherstellen, dass die personenbezogenen Daten, die eine betroffene Person der öffentlichen Stelle bereitgestellt hat, in einem strukturierten, gängigen und maschinenlesbaren Format übermittelt werden können, wenn die betroffene Person ihr Recht auf Datenübertragbarkeit ausübt. Dabei muss auch sichergestellt werden, dass dies unentgeltlich[172] und unverzüglich, spätestens innerhalb eines Monats nach Eingang eines entsprechenden Antrags[173], geschieht. Bei der Ausgestaltung der Prozesse gilt es zu berücksichtigen, dass Verantwortliche verpflichtet sind, betroffenen Personen die Ausübung ihrer Rechte, mithin auch des Rechts auf Datenübertragbarkeit, zu erleichtern. **119**

Geldbußen werden bei Verstößen gegen das Recht auf Datenübertragbarkeit durch öffentliche Stellen nicht verhängt (§ 43 BDSG n.F.). **120**

II. Relevanz für nichtöffentliche Stellen

Sehr große Relevanz hat das Recht auf Datenübertragbarkeit für alle nichtöffentlichen Stellen, d.h. für alle natürlichen oder juristischen Personen, Einrichtungen oder anderen Stellen im Sinne des Art. 4 Nr. 7, die allein oder gemeinsam mit anderen über die Zwecke und Mittel der Verarbeitung personenbezogener Daten entscheiden. **121**

---

170 Kühling/Buchner-*Herbst* Art. 20 Rn. 17 sieht generell die betroffene Person als verpflichtet, dass es zu keinen Beeinträchtigungen von Rechten und Freiheiten anderer kommt.

171 S. zur Unterscheidung zwischen öffentlichen und nichtöffentlichen Stellen § 2 BDSG.

172 S. Art. 12 Abs. 5 S. 1.

173 Vgl. hierzu Art. 12 Abs. 3.

Sofern sie personenbezogene Daten, die ihnen von betroffenen Personen bereitgestellt werden, auf der Grundlage von Verträgen und/oder Einwilligungen automatisiert verarbeiten, sind sie Gegner des Rechts auf Datenübertragbarkeit. Da Verantwortliche, denen die bereitgestellten personenbezogenen Daten zu übermitteln sind, Mitwirkungspflichten treffen[174], entfaltet das Recht auf Datenübertragbarkeit auch für sie Relevanz.

122 Nichtöffentliche Stellen müssen ebenfalls **Vorkehrungen** ergreifen und Prozesse aufsetzten, um sicherstellen, dass im Fall der Ausübung des Rechts auf Datenübertragbarkeit die personenbezogenen Daten, die betroffene Personen ihnen bereitgestellt haben, an die betroffenen Personen in einem strukturierten, gängigen und maschinenlesbaren Format übermittelt werden können. Dabei müssen die Prozesse ebenfalls so ausgestaltet werden, dass eine Übermittlung der Daten unentgeltlich[175] und unverzüglich, spätestens aber innerhalb eines Monats nach Eingang eines entsprechenden Antrags[176] erfolgt sowie vor Übermittlung geprüft wird, ob Rechte und Freiheiten von anderen Personen beeinträchtigt werden. Auch hier gilt es zu berücksichtigen, dass Verantwortliche verpflichtet sind, betroffenen Personen die Ausübung ihrer Rechte, mithin auch des Rechts auf Datenübertragbarkeit, zu erleichtern.

123 Die besondere Relevanz des Rechts auf Datenübertragbarkeit wird durch dadurch verstärkt, dass bei Verstößen gegen das Recht auf Datenübertragbarkeit Geldbußen von bis zu **20 Mio. EUR** oder im Fall eines Unternehmens von **bis zu 4 %** seines gesamten weltweiten erzielen **Jahresumsatzes** des vorausgegangenen Geschäftsjahres verhängt werden können.[177]

III. Relevanz für betroffene Personen

124 Für betroffene Personen bedeutet das neu geschaffene Recht auf Datenübertragbarkeit eine **wesentliche Stärkung** ihrer datenschutzrechtlichen Rechtsposition. Das Recht auf Datenübertragbarkeit vermittelt betroffenen Personen – wie sich aus ErwG 68 ergibt – eine bessere Kontrolle über ihre eigenen Daten und verschafft ihnen die Möglichkeit vereinfachter Anbieterwechsel, da sie die Übermittlung der einem (ersten) Verantwortlichen auf Grundlage eines Vertrags und/oder einer Einwilligung bereitgestellten personenbezogenen Daten an einen anderen (zweiten) Verantwortlichen erwirken können. Betroffene Personen werden nicht länger durch den sog. „Lock-in-Effekt“[178] blockiert. Ob und in welchem Umgang betroffene Personen von diesem neuen Recht in der Praxis tatsächlich Gebrauch machen, bleibt abzuwarten.

IV. Relevanz für Aufsichtsbehörden

125 Soweit es zu Verstößen gegen die in Art. 20 verbürgten Rechte kommt, haben die betroffenen Personen bzw. auch andere Personen, deren Rechte und Freiheiten im

174 Vgl. Rn. 33.
175 S. Art. 12 Abs. 5 S. 1.
176 Vgl. hierzu Art. 12 Abs. 3.
177 Geldbußen können auch gegen Verantwortliche verhängt werden, an die die personenbezogenen Daten übermittelt werden sollen, wenn sie den ihnen obliegenden Mitwirkungspflichten nicht nachkommen, i.E. auch Auernhammer-*Schürmann* Art. 20 DS-GVO Rn. 38
178 Hierzu *Art.-29-Datenschutzgruppe* Leitlinie 16/EN WP 242 rev.01, S. 5.

Sinne des Abs. 4 beeinträchtigt werden, die Möglichkeit, eine **Beschwerde** bei der jeweils zuständigen Aufsichtsbehörde einzulegen.[179]

126 Das Spektrum an **Befugnissen** der Aufsichtsbehörden bei Verstößen gegen Art. 20 ergibt sich aus Art. 58. Der vorherigen Durchführung des **Kohärenzverfahrens** (Art. 63 ff.) bedarf es nicht zwingend, da Art. 20 in dem Katalog von Art. 64 Abs. 1 nicht aufgeführt ist. Soweit allerdings die Regelungsgegenstände, derentwegen ein Kohärenzverfahren gem. Art. 64 Abs. 1 durchzuführen ist, Regelungen zum Recht auf Datenübertragbarkeit enthalten, wie z.B. möglicherweise Entwürfe von Verhaltensregeln, kann Art. 20 mittelbar Gegenstand eines Kohärenzverfahrens werden. Das Gleiche gilt, wenn eine Aufsichtsbehörde unter den Voraussetzungen des Art. 64 Abs. 2 beantragt, dass eine Angelegenheit, die Art. 20 betrifft, vom Ausschuss geprüft wird, um eine Stellungnahme zu erhalten.

127 Der **Europäische Datenschutzausschuss** als Nachfolger der Artikel-29-Datenschutzgruppe kann von sich aus Leitlinien, Empfehlungen und bewährte Verfahren zwecks Sicherstellung einer einheitlichen Anwendung der DS-GVO bereitstellen (Art. 70 Abs. 1 lit. e). Dass der Europäische Datenschutzausschuss den Inhalt der Richtlinien 16/EN WP 242 rev.01 wesentlich ändern wird, ist nicht zu erwarten, sodass diesen Richtlinien nicht unbeachtliche Relevanz für die Auslegung und Anwendung von Art. 20 durch Aufsichtsbehörden zukommen wird.[180]

128 Bei Verstößen gegen das Recht auf Datenübertragbarkeit können Geldbußen von bis zu **20 Mio. EUR** oder im Fall eines Unternehmens von **bis zu 4 %** seines gesamten weltweiten erzielen **Jahresumsatzes** des vorausgegangenen Geschäftsjahres verhängt werden.

V. Relevanz für Datenschutzmanagement

129 Bereits im Vorfeld der Ausübung des Rechts auf Datenübertragbarkeit durch betroffene Personen müssen – ggf. untergliedert nach verschiedenen Standardkonstellationen – die **personenbezogenen Daten identifiziert** werden, die einem Verantwortlichen von betroffenen Personen auf Basis eines Vertrags und/oder Einwilligung bereitgestellt werden. Betroffene Personen sind über das Bestehen des Rechts auf Datenübertragbarkeit zu **informieren** (Art. 13 Abs. 2 lit. b, Art. 14 Abs. 2 lit. c)[181], was im Datenschutzmanagement entsprechend vorgesehen werden muss.

130 Im Datenschutzmanagement eines Verantwortlichen empfiehlt es sich, **standardisierte Prozesse** zu **definieren** und Standardformulierungen vorzusehen, um auf die Geltendmachung des Rechts auf Datenübertragbarkeit durch betroffene Personen, namentlich durch Kunden, in der gem. Art. 12 Abs. 3 vorgesehenen **Frist**, d.h. unverzüglich, spätestens aber innerhalb eines Monats nach Eingang eines entsprechenden Antrags, reagieren zu können. Da diese Frist um weitere zwei Monate verlängert werden kann, wenn dies unter Berücksichtigung der Komplexität und der Anzahl von Anträgen erforderlich ist (Art. 12 Abs. 3 S. 2), sollte diese Option in den standardisierten Prozessen mit abgebildet werden, wobei dann mit zu berücksichtigen ist, dass der Verant-

---

179 Zu den Einzelheiten der Beschwerde wird auf die entsprechende Kommentierung von *Schwartmann/Keppeler* zu Art. 77 verwiesen.

180 S. zur Frage der Verbindlichkeit solcher Leitlinien Art. 70 Rn. 9.

181 Vgl. hierzu *Art.-29-Datenschutzgruppe* Leitlinien 16/EN WP 242 rev.01, S. 13.

wortliche in diesem Fall die betroffene Person innerhalb eines Monats nach Eingang des Antrags über eine Fristverlängerung, zusammen mit den Gründen für die Verzögerung unterrichtet (Art. 12 Abs. 3 S. 3). In den definierten Prozessen muss auch die Möglichkeit abgebildet werden, dass der Verantwortliche auf den Antrag der betroffenen Person hin nicht tätig wird und er in diesem Fall die betroffene Person ohne Verzögerung, spätestens aber innerhalb eines Monats nach Eingang des Antrags über die Gründe hierfür und über die Möglichkeit, bei einer Aufsichtsbehörde Beschwerde einzulegen oder einen gerichtlichen Rechtsbehelf einzulegen, unterrichtet.

131 Festzulegen ist in den Prozessen, wie **Anträge** von betroffenen Personen bei dem Verantwortlichen intern behandelt werden, ob ggf. betroffenen Personen besondere Kommunikationswege vorgeschlagen werden sollen, wie z.B. Online-Formulare und wie und ggf. durch welche interne(n) Stelle(n) des Verantwortlichen die Kommunikation mit betroffenen Personen – ggf. mittels vorformulierter Texte und Dokumente – (standardmäßig) ablaufen soll. Dabei gilt es zu berücksichtigen, dass Verantwortliche verpflichtet sind, betroffenen Personen die Ausübung ihrer Rechte, mithin auch des Rechts auf Datenübertragbarkeit, zu erleichtern (Art. 12 Abs. 2 S. 1).

132 Die Erhebung eines **Entgelts** darf für die Bearbeitung eines Antrags nicht vorgesehen werden.[182] Da es bei offenkundig unbegründeten oder – insbesondere im Fall von häufiger Wiederholung – exzessiven Anträgen einer betroffenen Person zulässig ist, ein angemessenes Entgelt zu verlangen, bei dem die Verwaltungskosten für die Unterrichtung oder die Mitteilung oder die Durchführung der beantragten Maßnahme berücksichtigt werden (Art. 12 Abs. 5 S. 2 lit. a), bietet es sich an, diesen Aspekt in die Standardprozesse mit zu integrieren. Alternativ wäre es zulässig, dass sich der Verantwortliche weigert, dem Antrag nachzukommen (Art. 12 Abs. 5 S. 2 lit. a), was als Handlungsoption ebenfalls im zu definierenden Prozess festgelegt werden sollte. Dabei ist der Umstand mit abzubilden, dass der Verantwortliche den Nachweis für den offenkundig unbegründeten oder exzessiven Charakter des Antrags zu erbringen hat (Art. 12 Abs. 5 S. 3).[183]

133 Im Datenschutzmanagement sollte zusätzlich vorgesehen werden, dass die **Identität** der einen Antrag auf Datenübertragbarkeit stellenden betroffenen Person überprüft wird und, sollten sich Zweifel ergeben, zusätzliche Informationen von der betroffenen Person angefordert werden, die zur Bestätigung der Identität der betroffenen Person erforderlich sind (Art. 12 Abs. 6)[184].

134 Im Datenschutzmanagement sind auch die **technischen Prozesse** abzubilden, die erforderlich sind, um betroffenen Personen die bereitgestellten personenbezogenen Daten je nach Wunsch an sich selbst oder an einen anderen (zweiten) Verantwortlichen zu übermitteln. Hierzu gehört insbesondere, ein strukturiertes, gängiges und maschinenlesbares Format festzulegen. Darüber hinaus ist zu prüfen, ob es in den Standardkonstellationen bei der Ausübung des Rechts auf Datenübertragbarkeit durch betroffene Personen zu einer Beeinträchtigung von Rechten und Freiheiten anderer Personen kommen kann. Wenn ja, sollten diese Fälle identifiziert und zusätzliche interne Prozesse entwickelt werden, damit im Rahmen der Übermittlung von personenbezogenen Daten keine Beeinträchtigungen erfolgen.

---

182 S. Art. 12 Abs. 5 S. 1.

183 Vgl. hierzu auch *Art.-29-Datenschutzgruppe* Richtlinien 16/EN WP 242 rev.01, S. 15.

184 Vgl. hierzu *Art.-29-Datenschutzgruppe* Richtlinien 16/EN WP 242 rev.01, S. 13.

Abschnitt 4
Widerspruchsrecht und automatisierte Entscheidungsfindung im Einzelfall

Artikel 21 Widerspruchsrecht

(1) [1]Die betroffene Person hat das Recht, aus Gründen, die sich aus ihrer besonderen Situation ergeben, jederzeit gegen die Verarbeitung sie betreffender personenbezogener Daten, die aufgrund von Artikel 6 Absatz 1 Buchstaben e oder f erfolgt, Widerspruch einzulegen; dies gilt auch für ein auf diese Bestimmungen gestütztes Profiling. [2]Der Verantwortliche verarbeitet die personenbezogenen Daten nicht mehr, es sei denn, er kann zwingende schutzwürdige Gründe für die Verarbeitung nachweisen, die die Interessen, Rechte und Freiheiten der betroffenen Person überwiegen, oder die Verarbeitung dient der Geltendmachung, Ausübung oder Verteidigung von Rechtsansprüchen.

(2) Werden personenbezogene Daten verarbeitet, um Direktwerbung zu betreiben, so hat die betroffene Person das Recht, jederzeit Widerspruch gegen die Verarbeitung sie betreffender personenbezogener Daten zum Zwecke derartiger Werbung einzulegen; dies gilt auch für das Profiling, soweit es mit solcher Direktwerbung in Verbindung steht.

(3) Widerspricht die betroffene Person der Verarbeitung für Zwecke der Direktwerbung, so werden die personenbezogenen Daten nicht mehr für diese Zwecke verarbeitet.

(4) Die betroffene Person muss spätestens zum Zeitpunkt der ersten Kommunikation mit ihr ausdrücklich auf das in den Absätzen 1 und 2 genannte Recht hingewiesen werden; dieser Hinweis hat in einer verständlichen und von anderen Informationen getrennten Form zu erfolgen.

(5) Im Zusammenhang mit der Nutzung von Diensten der Informationsgesellschaft kann die betroffene Person ungeachtet der Richtlinie 2002/58/EG ihr Widerspruchsrecht mittels automatisierter Verfahren ausüben, bei denen technische Spezifikationen verwendet werden.

(6) Die betroffene Person hat das Recht, aus Gründen, die sich aus ihrer besonderen Situation ergeben, gegen die sie betreffende Verarbeitung sie betreffender personenbezogener Daten, die zu wissenschaftlichen oder historischen Forschungszwecken oder zu statistischen Zwecken gemäß Artikel 89 Absatz 1 erfolgt, Widerspruch einzulegen, es sei denn, die Verarbeitung ist zur Erfüllung einer im öffentlichen Interesse liegenden Aufgabe erforderlich.

- *ErwG: 69, 70*
- *BDSG n.F.: §§ 27 Abs. 2, 28 Abs. 4, 36*

Übersicht

Literatur: *Gierschmann* Was „bringt" deutschen Unternehmen die DS-GVO?, ZD 2016, 51; *Lepperhoff/Müthlein* Leitfaden zur DS-GVO, Kap. 10.8, S. 144 f.; *Tavanti* Datenverarbeitung zu Werbezwecken nach der Datenschutz-Grundverordnung (Teil 2), RDV 2016, 295.

A. Einordnung und Hintergrund

Art. 21 ergänzt das Instrumentarium der Betroffenenrechte um ein allgemeines und zwei besondere Abwehrrechte und verpflichtet gleichzeitig Verantwortliche dazu, Betroffene auf das Bestehen dieser Abwehrrechte ausdrücklich hinzuweisen[1]. Der Verordnungsgeber hat insoweit auch für die DS-GVO das schon in der DSRL bewährte Schutzkonzept, Verarbeitungserlaubnissen seitens der Daten verarbeitenden Stellen, Rechte der Betroffenen sowie Pflichten Verantwortlicher gegenüber zu stellen, übernommen.[2] 1

Der Verordnungsgeber untergliedert das Widerspruchsrecht in ein allgemeines Widerspruchsrecht des Betroffenen (Abs. 1 S. 1), sowie zwei besondere Widerspruchsrechte; einerseits gegen Direktwerbung (Abs. 2) sowie andererseits gegen die Datenverarbeitung zu wissenschaftlichen, historischen oder statistischen Zwecken (Abs. 6). 2

I. Erwägungsgründe

Inhaltlich lassen sich Art. 21 die ErwG 69 und 70 zuordnen. 3

Die Erwägungen des ErwG 69 S. 1 berücksichtigend, können Betroffene mittels Einlegung eines Widerspruchs nach Art. 21 von Verantwortlichen die Unterlassung von – ansonsten datenschutzrechtlich zulässigen – Verarbeitungen personenbezogener Daten verlangen, wobei der Unterlassungsanspruch ausschließlich Verarbeitungen erfasst, die die personenbezogenen Daten des Widerspruchsführers selbst betreffen. 4

Eine unmittelbare Umsetzung sämtlicher Forderungen des ersten Satzes des Erwägungsgrunds Nr. 70, nach denen Betroffene das Recht zum Widerspruch gegen Verarbeitung für Zwecke des Direktmarketing sowie mit hierzu in Verbindung stehendem Profiling haben sollen, findet sich – abgesehen vom Kriterium der Unentgeltlichkeit der Widerspruchseinlegung, das vom Verordnungsgeber in Art. 12 Abs. 5 Satz 1 normiert wurde – in Art. 21 Abs. 2 wieder. Die in ErwG 70 S. 2 enthaltene Erwägung, wonach Verantwortliche die Betroffenen „in einer verständlichen und von anderen Informationen getrennten Form" auf das Bestehen des Widerspruchsrechts gegen die Verarbeitung ihrer personenbezogenen Daten zu Zwecken des Direktmarketings hinweisen sollen, wurde in Art. 21 Abs. 4 normiert. 5

1 Details zur Hinweispflicht siehe Rn. 78.
2 Vgl. DSRL, ErwG 25.

II. BDSG n.F.

6 Sowohl in § 27 als auch in § 36 BDSG schränkt der deutsche Gesetzgeber, von der Öffnungsklausel des Art. 23 Gebrauch machend, den Anwendungsbereich des Art. 21 ein.

7 § 36 BDSG adressiert hierbei ausschließlich öffentliche Stellen und privilegiert unter bestimmten Voraussetzungen die Verarbeitung von personenbezogenen Daten im Falle eines eingelegten Widerspruchs. Betroffenen bleibt danach gegenüber öffentlichen Verantwortlichen auch dann die Berufung auf das Widerspruchsrecht verwehrt, wenn die Daten verarbeitende Stelle ein „zwingendes öffentliches Interesse" vorweisen kann, das das Interesse des Betroffenen an der Nichtverarbeitung seiner personenbezogenen Daten überwiegt. Die sich aus § 36 BDSG ergebende Beschränkung des Widerrufsrechts gem. Art. 21 gilt auch falls eine „Rechtsvorschrift" existiert, welche die öffentliche Stelle „zur Verarbeitung verpflichtet" (siehe Ausführungen unter Rn. 50 f.).

8 § 27 BDSG stellt eine Privilegierung der Datenverarbeitung zu „Forschungs- oder Statistikzwecken" dar und adressiert sowohl private als auch öffentliche Stellen. Mittels § 27 Abs. 2 BDSG macht der deutsche Gesetzgeber Gebrauch von der in Art. 89 Abs. 2 enthaltenen Öffnungsklausel zur Schaffung nationalstaatlicher Ausnahmebestimmungen und stellt sicher, dass Betroffenen die Ausübung ihrer Rechte auf Auskunft (Art. 15), Berichtigung (Art. 16), Einschränkung der Verarbeitung (Art. 18) und Widerspruch (Art. 21) dann verwehrt ist, wenn diese „Beschränkung für die Erfüllung der Forschungs- und Statistikzwecke notwendig ist", weil die Ausübung des Widerspruchs (bzw. der anderen vorgenannten Rechte) „voraussichtlich die Verwirklichung der Forschungs- oder Statistikzwecke unmöglich machen oder ernsthaft beeinträchtigen" würde (siehe ausführlich Rn. 109 f.).

9 Ob diese nationalstaatlichen Einschränkungen den Anforderungen des Art. 23 genügen, ist zweifelhaft. Denn Art. 23 setzt den nationalen Gesetzgebern im unmittelbaren Vergleich zur unbedingten Formulierung der in Art. 14 DSRL enthaltenen Öffnungsklausel beachtliche Hürden: Nationale Gesetzgebungsmaßnahmen zur Beschränkung des Widerspruchrechts müssen nach dem Wortlaut des Art. 23 „den Wesensgehalt der Grundrechte und Grundfreiheiten" achten und zugleich „in einer demokratischen Gesellschaft eine notwendige und verhältnismäßige Maßnahme" darstellen und nicht nur eine der alternativ in Art. 23 Abs. 1 lit. a bis j gelisteten Zielsetzungen verfolgen, sondern gleichzeitig auch in den Vorschriften spezifischen Bezug auf die im Katalog des Art. 23 Abs. 2 genannten Aspekte nehmen. Gleichwohl sollten Verantwortliche deren Verarbeitungen dem Geltungsbereich des BDSG unterworfen sind angesichts der Höhe der bei etwaigen Verstößen potenziell drohenden Bußgeldsanktionen zunächst von der Geltung des BDSG ausgehen.

III. Normengenese und -umfeld

10 **1. DSRL.** Art. 21 entspricht in seinen Absätzen 1 bis 4 weitgehend der Vorgängerregelung in Art. 14 Abs. 1 DSRL – dessen Vorgaben wurden vom deutschen Gesetzgeber im Rahmen der BDSG-Novellierung 2001 in den §§ 20 Abs. 5, 28 Abs. 4 und 35 Abs. 5 normiert[3]. Die Reichweite der Hinweispflicht nach Art. 21 Abs. 4 wurde gegenüber der Vorgabe der DSRL erweitert, da Verantwortliche zukünftig Betroffene aus-

3 BGBl. I 2001 S. 904 (917).

drücklich auch auf das Bestehen des allgemeinen Widerspruchsrechts nach Art. 21 Abs. 1 hinweisen müssen. Der Wortlaut des Art. 14 S. 2 DSRL sah demgegenüber lediglich eine Verpflichtung zum Hinweis auf den Widerspruch gegen Direktwerbung vor.

In Abweichung zum Aufbau des Art. 14 lit. a Hs. 2 DSRL hat der Verordnungsgeber eine Öffnungsklausel (bzw. Möglichkeit der Mitgliedstaaten der Europäischen Union, nationalstaatlich entgegenstehende Bestimmungen zu erlassen, um das Widerspruchsrecht der Betroffenen gegenüber europarechtlichen Vorgaben einzuschränken), nicht unmittelbar in Art. 21 selber normiert, sondern in Art. 23[4]. Ebenfalls ausgelagert wurde die Maßgabe, die Widerspruchseinlegung nicht von Entrichtung eines Entgelts abhängig zu machen. Diese Maßgabe findet sich nun in Art. 12 Abs. 5 S. 1 wieder, gilt jedoch für die Art. 13 bis 22 und 34. **11**

2. BDSG a.F. Die nationalstaatliche Umsetzung der europarechtlichen Vorgaben zum Recht auf Widerspruch gem. Art. 14 erfolgte durch den deutschen Gesetzgeber anlässlich der BDSG-Novellierung 2001[5]. Das allgemeine Widerspruchsrecht des Art. 14 gegen Datenverarbeitungen durch öffentliche Stellen wurde in § 20 Abs. 5 BDSG a.F. und durch nichtöffentliche Stellen in § 35 Abs. 5 normiert; das Recht zum Widerspruch gegen Direktmarketing normierte der Bundesgesetzgeber in § 28 Abs. 4 S. 1 BDSG a.F. **12**

Personenbezogene Daten durften nach der in §§ 20 Abs. 5 S. 1 und 35 Abs. 5 S. 1 BDSG a.F. wortgleichen Regelung „nicht für eine automatisierte Verarbeitung oder Verarbeitung in nicht automatisierten Dateien erhoben, verarbeitet oder genutzt werden, soweit der Betroffene dieser bei der verantwortlichen Stelle“ widerspricht und eine Prüfung ergibt, dass das schutzwürdige Interesse des Betroffenen wegen seiner besonderen persönlichen Situation das Interesse der verantwortlichen Stelle an dieser Erhebung, Verarbeitung oder Nutzung überwiegen. Eine Ausnahme hiervon sah der deutsche Gesetzgeber in § 20 Abs. 5 S. 2 und § 35 Abs. 5 S. 2 BDSG a.F. für den Fall vor, dass die verantwortliche Stelle auf Grund einer Rechtsvorschrift zur Vornahme der widersprochenen Datenverarbeitung verpflichtet ist. **13**

3. Materialien. Zum Widerspruch nach Art. 21 existieren von offizieller Stelle derzeit keine aussagekräftigen Materialien. **14**

B. Kommentierung

I. Allgemeiner Widerspruch gegen Datenverarbeitung und Profiling (Abs. 1)

Art. 21 Abs. 1 S. 1 gewährt Betroffenen ein allgemeines Widerspruchsrecht, mittels dessen der Betroffene eine unverzügliche Beendigung der Verarbeitung ihn betreffender personenbezogener Daten – inklusive eines Profiling[6] im Sinne von Art. 4 Nr. 4 – erwirken kann. **15**

---

4 Nach Art. 23 Abs. 1 können „Pflichte und Rechte gemäß den Artikeln 12 bis 22 und Artikel 34 sowie Artikel 5“ im Wege von Gesetzgebungsmaßnahmen „durch Rechtsvorschriften der Union oder der Mitgliedstaaten“ beschränkt werden, sofern diese in Art. 23 aufgeführte Voraussetzungen erfüllen.

5 BGBl I S. 904.

6 Zum Profiling suche ausführlich Art. 4 Rn. 54 f. sowie Art. 22 Rn. 58 f.

16 Voraussetzung der Ausübung des allgemeinen Widerspruchsrechts nach Abs. 1 S. 1 ist, dass der Betroffene seinen Widerspruch aus Gründen einlegt, die sich „aus seiner besonderen Situation ergeben". Das Tatbestandsmerkmal „besondere Situation" setzt voraus, dass ausnahmsweise ein vom „Normalfall abweichender Sonderfall"[7] vorliegt, und insoweit die grundsätzlichen Erwägungen des Verordnungsgebers auf den konkreten Sachverhalt unanwendbar sind, die jedoch bezogen auf den Normfall Veranlassung zur Schaffung der Erlaubnisnormen gaben.

17 **1. Anwendungsbereich des allgemeinen Widerspruchs.** Der Verordnungsgeber hat das allgemeine Widerspruchsrecht nach Art. 21 Abs. 1 und dessen Rechtsfolge ausdrücklich auf Sachverhalte beschränkt, in denen die Datenverarbeitung auf Grund vorrangiger öffentlicher (Art. 6 Abs. 1 lit. e) oder privater (Art. 6 Abs. 1 lit. f) Interessen erfolgt. Durch die **Beschränkung des Anwendungsbereichs** können Betroffene keinen allgemeinen Widerspruch nach Abs. 1 S. 1 gegen solche Datenverarbeitungen einlegen, hinsichtlich deren Zulässigkeit sich Verantwortliche auf alternative Erlaubnistatbestände stützen, wie bspw. die ausdrückliche Einwilligung des Betroffenen (Art. 6 Abs. 1 lit. a), die Erforderlichkeit zur Vertragserfüllung (Art. 6 Abs. 1 lit. b), Bestehen einer Rechtspflicht (Art. 6 Abs. 1 lit. c) oder zum Schutz lebenswichtiger Betroffeneninteressen (Art. 6 Abs. 1 lit. d). Zwar steht dem Betroffenen im Falle einer zuvor erteilten Einwilligung weiterhin das Recht zum jederzeitigen Widerruf der Einwilligung zu (Art. 7 Abs. 3 S. 1), allerdings kann der Betroffene hiermit – anders als beim allgemeinen Widerspruch – nur ein relatives Verarbeitungsverbot herbeiführen.[8] Hierin kommt die Wertung des Verordnungsgebers zum Ausdruck, dass er Betroffene im Hinblick auf das allgemeine Widerspruchsrecht in den Fällen für weniger schutzwürdig erachtet, in denen sich die Zulässigkeit der Datenverarbeitung auf andere Erlaubnisnormen gründet, als den Vorrang privater oder öffentlicher Interessen.

18 Der Anwendungsbereich des allgemeinen Widerspruchsrechts nach Abs. 1 S. 1 ist unabhängig davon eröffnet, ob die Verarbeitung der Betroffenendaten durch Verantwortliche in **rechtmäßiger oder rechtswidriger Weise** erfolgt. Auf die Rechtmäßigkeit bzw. das tatsächliche Vorliegen der Tatbestandsvoraussetzungen der Erlaubnisnormen kommt es nach dem Wortlaut des Abs. 1 S. 1 nicht an. Es liefe nicht nur dem Prinzip von Treu und Glauben zuwider, sondern wäre auch seitens des Verordnungsgebers paradox, den Betroffenen einerseits im Falle **rechtmäßiger** Datenverarbeitung ein Widerspruchsrecht einzuräumen und gleichzeitig andererseits für den vergleichsweise stärker in sein Grundrecht auf informationelle Selbstbestimmung eingreifenden Fall, dass sich ein Verantwortlicher **rechtswidriger Weise** auf das tatbestandliche Vorliegen vorrangiger Interessen beruft, ihm diese Möglichkeit zum Widerspruch zu versagen, und ihn stattdessen auf die Beschwerdemöglichkeiten nach Art. 77 ff. zu verweisen, dazu zu zwingen auf das Eingreifen von Aufsichtsbehörde bzw. Gericht zu warten bis dahin durch die Datenverarbeitung ggf. eintretende Schäden hinzunehmen.

19 Das allgemeine Widerspruchsrecht gilt nach Abs. 1 S. 1 Hs. 2 ferner, soweit es sich gegen ein auf vorrangige Interessen gründendes **Profiling**[9] wendet. Die Erwähnung des Profiling hat an dieser Stelle lediglich deklaratorischen Charakter, da allein aus

7 BeckOK DatenSR-*Brink* § 35 BDSG Rn. 77.

8 Vgl. Art. 7 Abs. 3 S. 2: „Durch den Widerruf der Einwilligung wird die Rechtmäßigkeit der aufgrund der Einwilligung bis zum Widerruf erfolgten Verarbeitung nicht berührt."

9 Vgl. Legaldefinition Art. 4 Nr. 4 bzw. Ausführungen zu Art. 22 Rn. 58 f.

der Erwähnung des Profiling heraus keine Erweiterung des Anwendungsbereichs des Art. 21 Abs. 1 resultiert.[10] Denn nur das „auf diese Bestimmungen gestützte“ Profiling wird vom allgemeinen Widerspruchsrecht erfasst. Aber auch ohne eine explizite Erwähnung wäre Profiling im Sinne der Begriffsdefinition der DS-GVO – sofern sich der Verantwortliche zu dessen Legitimierung auf vorrangige Interessen im Sinne der Art. 6 Abs. 1 lit. e und f stützt – ohnehin als spezielle Form einer Verarbeitung im Sinne der Legaldefinition des Art. 4 Nr. 2 vom Widerspruchsrecht nach Art. 21 Abs. 1 S. 1 umfasst.

2. Widerspruchsvoraussetzungen bzw. Aktivlegitimation. Allgemeinen Widerspruch nach Art. 21 Abs. 1 S. 1 können ausschließlich Betroffene erheben, die den Widerspruch aus Gründen einlegen, „die sich aus ihrer besonderen Situation ergeben“; ihr Widerspruch darf sich allerdings nur gegen die Verarbeitung „sie betreffender personenbezogener Daten“ richten. 20

a) Beweggrund „besondere Situation“. Art. 21 Abs. 1 enthält keine Legaldefinition des Tatbestandsmerkmals „besondere Situation“, so dass diese Formulierung einer Auslegung bedarf. Bei dem Beweggrund handelt es sich um einen **unbestimmten Rechtsbegriff**, dessen Bedeutungsgehalt, also normativer Sinn und Zweck, sich allein aus dem Gesetzeswortlaut nicht erschließt. Dies traf bereits auf Art. 14 lit. a DSRL als auch dessen nationale Umsetzungen in §§ 20 Abs. 5 und 35 Abs. 5 zu[11]. Auch ein Rückgriff auf die Rechtsprechung zu Art. 14 DSRL[12] sowie zu §§ 20 Abs. 5 und 35 Abs. 5 BDSG a.F. erweist sich als wenig ergiebig, da diese auf Grund ihrer Einzelfallbezogenheit keine allgemeingültige Rechtsdefinition enthalten kann. Insoweit kann dessen inhaltliche Bestimmung abschließend allein in Abhängigkeit von dem **konkreten Sachverhalt** beurteilt werden, auf den die Norm angewandt werden soll. 21

Nach **grammatischer Auslegung** – ohne Bezug auf einen konkreten Sachverhalt – folgt aus der Verwendung des Personalpronomens „ihrer“ im Wortlaut[13], dass es sich um eine „persönliche“ bzw. individuelle, also ausschließlich auf die betroffene Person bezogene, Situation handeln muss und insoweit bei einer Vielzahl von Widersprüchen deren Statthaftigkeit keinesfalls pauschaliert, sondern jeweils nur bezogen auf den konkreten Einzelfall erfolgen kann. Nicht tatbestandsmäßig sind insoweit vom Widerspruchsführer vorgebrachte Gründe, die aus „allgemeinen“ Situationen wie bspw. dem politischen Zeitgeschehen herrühren und – abgesehen vom Betroffenen – auch für eine Vielzahl Betroffener gleichermaßen zutreffen. Treten jedoch kumulativ zu einer „allgemeinen Situation“, in der sich mehrere Betroffene befinden, individuelle, den Widerspruchsführer speziell beeinträchtigende Aspekte hinzu, können auch diese tatbestandsmäßig im Sinne einer für den Betroffenen „besonderen Situation“ sein (z.B. Rechtsänderung durch Inkrafttreten eines Gesetzes; technologische Erfindung, die neue, bislang unbekannte Datennutzungsart ermöglicht). 22

---

10 Ausführlich: Kühling/Buchner-*Herbst* Art. 21 Rn. 13, der Abs. 1 S. 1 2. Hs. eine Warnfunktion zuschreibt.

11 Art. 14 lit. a DSRL: „sich aus ihrer besonderen Situation ergebenden Gründen“ bzw. §§ 20 Abs. 5 und 35 Abs. 5 BDSG a.F.: „wegen seiner besonderen persönlichen Situation“.

12 *EuGH* v. 9.3.2017 – C-398/15, ECLI:EU:C:2017:197, Manni.

13 In der englischen Sprachfassung ist die Rede von „his or her particular situation“.

23 In **teleologischer**[14] **Hinsicht** ist anzunehmen, dass der allgemeine Widerspruch nach Art. 21 Abs. 1 S. 1 die atypischen und besonderen Fälle auffangen soll, bei denen eine Interessenabwägung zu Grundrechtsreingriffen bzw. -verletzungen auf Seiten des Betroffenen führen würde, die sich alleine auf die stark pauschalisierenden Wertungen des Verordnungsgebers in den Erlaubnisnormen Art. 6 Abs. 1 lit. e und f stützt. Erforderlich ist demnach eine Abweichung der Lebensumstände des Widerspruchsführers vom Regelfall in der Form, dass dem Widerspruchsführer durch die Verarbeitung seiner personenbezogenen Daten ein Eingriff in seine Interessen, Rechte und Freiheiten droht, anderen Betroffenen hingegen nicht, auch wenn ihre Daten in selber Art und Weise vom Verantwortlichen verarbeitet würden.

24 Eine „besondere Situation" im Sinne des Art. 21 Abs. 1 liegt – um ein extremes Beispiel zu bemühen – unzweifelhaft dann vor, wenn durch die Datenverarbeitung das **Leben oder die Gesundheit des Widerspruchsführers bedroht** ist (z.B. durch eine Website, die die Privatanschrift eines mit Mordanschlägen bedrohten Journalisten zum Abruf bereithält). Allerdings greifen die Voraussetzungen für das Vorliegen einer „besonderen Situation" auch bei weitaus geringeren Eingriffsintensitäten, die vom Verantwortlichen nicht vorhergesehen werden konnten.

25 Dass der Verordnungsgeber hohe Anforderungen[15] an eine Berufung auf eine **Verbotsausnahme** nach Art. 21 Abs. 1 S. 2 knüpft[16], offenbart die Absicht des Verordnungsgebers, die Anforderungen für eine Berufung auf eine „besondere Situation" zu verringern. Gemäß der bislang geltenden Rechtslage war das Widerspruchsrecht nach herrschender Meinung[17] eng auszulegen.

26 **b) Personenbezogene Daten, die den Widerspruchführer betreffen („sie betreffender personenbezogener Daten").** Betroffene sind nur dann widerspruchsberechtigt, wenn es sich einerseits bei den in der Datenverarbeitung involvierten Daten um personenbezogenen Daten im Sinne der Legaldefinition des Art. 4 Nr. 1[18] handelt und deren Personenbezug zugleich den Widerspruchsführer „betrifft".

27 Diese im Rahmen des Trilogverfahrens erst vom Ministerrat eingebrachte Beschränkung des allgemeinen Widerspruchsrechts (sowie der speziellen Widerspruchsrechte gem. Art. 21 Abs. 3 und Abs. 5) soll verhindern, dass das durch den Widerspruch eines einzelnen Betroffenen ausgelöste Verarbeitungsverbot auch die Verarbeitung personenbezogener Daten ggf. unbeteiligter Betroffener erfasst.[19]

28 Inwieweit der Widerspruchsführer von personenbezogenen Daten im Sinne der Vorschrift „betroffen" ist, bemisst sich nach dem konkreten Sachverhalt des jeweiligen Einzelfalls sowie der zur Anwendung gelangenden normativen Auslegung. Differenzieren lassen sich Fälle des unmittelbaren, gemeinsamen sowie des indirekten, lediglich mittelbaren Personenbezugs.

---

14 Hinw. d. Verf.: Sinn und Zweck der Norm betreffend.

15 Siehe Rn. 46.

16 Ebenso i.E. wohl *Laue/Nink/Kremer* Das neue Datenschutzrecht in der betrieblichen Praxis, § 4 Rn. 71; a.A. Gola-*Schulz* Art. 21 Rn. 9, der für einen strengen Maßstab plädiert.

17 Vgl. *Gola/Schomerus* § 20 BDSG Rn. 23 und Simitis-*Mallmann* § 20 BDSG Rn. 88., die beide auf die amtliche Entwurfsbegründung des BDSG-Gesetzgebers BT-Drucks. 14/4329, S. 41 hinweisen.

18 Siehe Kommentierung zu Art. 4 Nr. 1.

19 So bereits Ehmann/Selmayr-*Kamann/Braun* Art. 21 Rn. 16.

Einigkeit[20] herrscht darüber, dass die **Betroffenheit** immer dann gegeben ist, wenn es sich bei den vom Widerspruch erfassten Daten um eigene Daten des Widerspruchsführers handelt, also solche Daten, die einen **direkten, unmittelbaren Personenbezug** zu ihm aufweisen. **29**

Hinsichtlich weiterer denkbarer Anwendungsfälle, in denen sich personenbezogene Daten nicht ausschließlich oder nur indirekt auf den Widerspruchsführer beziehen, besteht in der juristischen Literatur Uneinigkeit über das Vorliegen dieser Tatbestandsvoraussetzung. **30**

Eine weitergehende Auffassung[21] nimmt eine Betroffenheit auch dann an, wenn die widersprochene Verarbeitung neben den Daten Dritter auch die personenbezogenen Daten des Widerspruchsführers erfasst (**gemeinsamer Personenbezug**). **31**

Kamann/Braun[22] nehmen demgegenüber nicht nur eine Aktivlegimitation für den Fall an, dass der Widerspruchsführer „auch betroffen" ist, sondern schließen sogar einen „mehrdimensionalen" Personenbezug nicht aus, bei dem lediglich ein indirekter, **mittelbarer Bezug** des Widerspruchsführers zu den vom Widerspruch erfassten personenbezogenen Daten besteht. Ihr Denkansatz beruht auf dem von Dix[23] behandelten Beispielsfall[24], wonach ein Betroffener der Verarbeitung personenbezogener genetischer Daten eines verstorbenen Verwandten widerspricht, der zu Lebzeiten hierin eingewilligt hatte. **32**

Vorzugswürdig ist die zuletzt genannte Auffassung. Ein Schutz personenbezogener Daten gem. Art. 8 EU-Grundrechtecharta würde gerade für atypische Sachverhalte nicht in ausreichender Weise gewährleistet, wenn lediglich eine restriktive Auslegung des Wortlauts des Art. 21 Abs. 1 vertreten würde. Denn Sinn und Zweck des Art. 21 Abs. 1 ist – wie zuvor dargestellt – gerade atypische Sachverhalte zu erfassen, was nicht der Fall wäre, wenn das allgemeine Widerspruchsrecht auf Sachverhalte beschränkt würde, bei denen die widersprochene Verarbeitung lediglich einen unmittelbaren Personenbezug zum Widerspruchsführers aufweist. Selbst das Argument, die weite Auslegung des Tatbestandsmerkmals der Betroffenheit führe zu einer unverhältnismäßigen Ausuferung des Widerspruchsrechts, vermag nicht zu überzeugen. Der Verordnungsgeber hat Verantwortlichen durch die Ausgestaltung des allgemeinen Widerspruchsrechts, das die Prüfung dem Verantwortlichen und nicht der Aufsichtsbehörde überlässt, bereits ein ausreichendes Regulativ gegenübergestellt. Schließlich können Verantwortliche nach Maßgabe des Art. 21 Abs. 1 S. 2 personenbezogene Daten des Widerspruchsführers bei Vorliegen bestimmter Voraussetzungen sogar trotz Einlegung eines zulässigen Widerspruchs (weiter) verarbeiten.[25] **33**

3. Form- und fristlose Widerspruchseinlegung/Unentgeltlichkeit. Art. 21 Abs. 1 S. 1 selbst sieht dem Wortlaut nach **keinerlei formelle Hürden** für die Einlegung eines Widerspruchs vor. Die Ausübung des Widerspruchsrechts erfolgt seitens des Wider- **34**

20 Kühling/Buchner-*Herbst* Art. 21 Rn. 14; Paal/Pauly-*Martini* Art. 21 Rn. 18; Ehmann/Selmayr-*Kamann/Braun* Art. 21 Rn. 16.
21 Kühling/Buchner-*Herbst* Art. 21 Rn. 14.
22 Ehmann/Selmayr-*Kamann/Braun* Art. 21 Rn. 17.
23 So bereits Simitis-*Dix* § 35 BDSG Rn. 59.
24 Stellungnahme des *Nationalen Ethikrats* Biobanken für die Forschung, 2004, S. 80
25 Ausführlich hierzu Rn. 46.

spruchsführers mittels Abgabe einer einseitigen, empfangsbedürftigen Willenserklärung gegenüber dem **Adressaten** des allgemeinen Widerspruchs; also entweder gegenüber dem Verantwortlichen selbst oder dessen Auftragsverarbeiter, der angesichts der sich aus Art. 28 Abs. 3 lit. e ergebenden Unterstützungspflicht verpflichtet ist, dem Verantwortlichen bei der Bearbeitung/Umsetzung des Widerspruchsbegehrens zu assistieren.[26] Betroffene können den Widerspruch nicht nur **formlos** – mündlich oder auf elektronischem Weg etc. – sondern ggf. auch konkludent, d.h. durch schlüssiges Handeln einlegen.[27]

35 Ferner ist die Einlegung des allgemeinen Widerspruchs **fristlos** („jederzeit"), ohne Einhaltung einer Frist möglich. Insofern sind Betroffene nicht daran gehindert, ihren Widerspruch bereits **vor Beginn der Verarbeitung** einzulegen, also zu einem Zeitpunkt an dem weder der Verantwortliche noch dessen Auftragsverarbeiter mit der Verarbeitung der personenbezogenen Daten des Widerspruchsführers begonnen haben.

36 Angesichts des Umstands, dass die Betroffenenrechte der DS-GVO grundsätzlich unabdingbar sind[28], ist eine hiervon abweichende Vereinbarung strengerer, die Rechte des Widerspruchsführers beschränkender, Form- oder Fristvorgaben nicht möglich.

37 Dies gilt auch für die **Unentgeltlichkeit** der Einlegung eines Widerspruchs. Verantwortliche dürfen insoweit die Einlegung von Widersprüchen oder der Bearbeitung nicht von der Entrichtung eines vom Betroffenen zu zahlenden Entgelts abhängig machen. Denn Art. 12 Abs. 5 schreibt vor, dass „alle Mitteilungen und Maßnahmen gemäß den Art. 15 bis 22 und Art. 34" „unentgeltlich zur Verfügung gestellt" müssen. Unter „Mitteilung" ist insoweit die Erfüllung der sich aus Art. 21 Abs. 4 ergebenden Hinweispflicht, sowie die Bekanntgabe des Ergebnisses der Prüfung der Zulässigkeit und der Begründetheit des Widerspruchs zu verstehen. „Maßnahmen"[29] sind demgemäß alle Handlungen der Normadressaten, die erforderlich sind, um Betroffenen die Wahrnehmung ihrer Rechte aus Art. 21 zu gewährleisten und die Rechtsfolgen eines Widerspruchs umzusetzen.

4. Wirkung des Widerspruchs sowie Verarbeitung trotz Widerspruchs (Abs. 1 S. 2).

38 Bezüglich der Folgen eines allgemeinen Widerspruchs ist hinsichtlich seiner unmittelbaren Wirkung durch bloße Einlegung des Widerspruchs einerseits und der Rechtsfolge eines begründeten Widerspruchs andererseits zu differenzieren. Abs. 1 S. 2 definiert als Rechtsfolge eines begründeten Widerspruchs grundsätzlich ein absolutes Verarbeitungsverbot[30] sowie zwei Ausnahmen hiervon. Das absolute Verarbeitungsverbot wird hierbei nur dann nicht ausgelöst, wenn sich der Verantwortliche darauf beruft, dass die Tatbestandsvoraussetzungen von einer der zwei ebenfalls in Abs. 1 S. 2 normierten Verbotsausnahmen vorliegen und er dies nachweist.

26 Das BDSG a.F. wies keine entsprechende Regelung auf. Hier leitete sich die Unterstützungspflicht des Auftragsdatenverarbeiters aus § 241 Abs. 2 BGB ab.

27 So bereits Ehmann/Selmayr-*Kamann/Braun* Art. 21 Rn. 33.

28 Näher hierzu siehe Gola-*Franck* Art. 12 Rn. 30.

29 Die sich aus der deutschen Sprache ergebende Irritation darüber, ob „Maßnahmen" überhaupt „zur Verfügung gestellt werden" können, löst sich angesichts der englischen Sprachfassung, die zugleich Arbeitsfassung des Verordungsgebers war, auf: Dort ist die Rede von „any actions taken under articles 15 to 22 and 34 shall be provided free of charge". „Actions" sind jedoch im englischen Sprachgebrauch zweifellos „providable".

30 Siehe ausführlich zu der Rechtsfolge eines allgemeinen Widerspruchs unter Rn. 57.

a) Unmittelbare Wirkung des Widerspruchs durch bloße Einlegung. Bereits die bloße Einlegung des Widerspruchs durch Erklärung gegenüber dem Adressaten verpflichtet den Verantwortlichen dazu, bis zum Abschluss der Widerspruchsprüfung, also der endgültigen Entscheidung über die Begründetheit des Widerspruchs, die Verarbeitung der personenbezogenen Daten des Widerspruchsführers gem. Art. 18 Abs. 1 lit. d einzuschränken. Denn als Minus zum absoluten Verarbeitungsverbot enthält das Widerspruchsbegehren bereits implizit die Aufforderung des Widerspruchsführers gegenüber dem Verantwortlichen, die Verarbeitung seiner personenbezogenen Daten bis zur abschließenden Entscheidung über die Begründetheit seines Widerspruchs einzuschränken. Der Wortlaut des Art. 18 Abs. 1 lit. d statuiert zwar lediglich, dass die betroffene Person das Recht „hat", die Einschränkung der Verarbeitung ihrer Daten im Falle der Einlegung eines Widerspruchs bis zur Entscheidung über dessen Begründetheit zu verlangen, nicht jedoch ob der Widerspruchsführer dieses Recht auch ausdrücklich einfordern muss oder nicht. Der Verordnungsgeber hat jedoch in der Verordnung deutlich gemacht[31], dass Betroffenenrechte möglichst diskriminierungsfrei gewährt werden sollen. Ein Informationsvorsprung durch Rechtskenntnis über die Existenz des Rechts aus Art. 18 Abs. 1 lit. d zum Zeitpunkt der Widerspruchseinlegung[32] gäbe insoweit darüber den Ausschlag, ob Betroffenenrechte gewährt werden, oder nicht. Dies wiederum widerspräche dem Verarbeitungsgrundsatz nach Art. 5 Abs. 1 lit. a (Treu und Glauben), würde der Verantwortliche den Standpunkt einnehmen, dass nur derjenige in den Genuss dieses Rechts gelangt, der ausdrücklich im Rahmen seiner Widerspruchserklärung die Einschränkung der Verarbeitung seiner Daten verlangt. 39

Die Verpflichtung zur Einschränkung der Verarbeitung der Daten des Widerspruchsführers greift unverzüglich mit Zugang der Widerspruchserklärung. 40

b) Inhaltliche und rechtliche Prüfung des Widerspruchs. Voraussetzung des Eintritts der in Abs. 1 S. 2 genannten Rechtsfolge ist die **inhaltliche und rechtliche Prüfung bzw. Bewertung des Widerspruchs** durch den Verantwortlichen. Keinesfalls genügt bereits der bloße Zugang der Willenserklärung in den Machtbereich des Verantwortlichen (bzw. des Autragsverarbeiters) um als Rechtsfolge ein absolutes Verarbeitungsverbot nach Abs. 1 S. 2 auszulösen. 41

Nur kraft vorheriger Prüfung der besonderen Anspruchsvoraussetzungen ist der Verantwortliche im Stande zu verifizieren, ob seitens des Betroffenen die Anspruchsvoraussetzungen des allgemeinen Widerspruchsrechts nach Abs. 1 S. 1 gegeben sind oder ob die Voraussetzung einer Verbotsausnahme vorliegen. Betroffene müssen ihren Widerspruch somit mit einer **prüffähigen Begründung** versehen, aus der für den Verantwortlichen nachvollziehbar hervorgeht, dass seitens des Widerspruchsführers die Widerspruchsvoraussetzungen vorliegen. Der Betroffene muss den Widerspruch allerdings nicht explizit als solchen bezeichnen, weshalb Verantwortliche bisweilen erst durch Auslegung der Betroffenenerklärung zu dem Schluss gelangen, dass ein Widerspruch beabsichtigt ist. 42

---

31 So z.B. in Art. 12 Abs. 1 S. 1.

32 Verantwortliche müssen Betroffenen nach Art. 13 Abs. 2 lit. b/14 Abs. 2 lit. c zum Zeitpunkt der Erhebung Informationen über das Recht auf Einschränkung der Verarbeitung nach Art. 18 zur Verfügung stellen.

43 Stellt sich insoweit im Rahmen der Prüfung der Widerspruchsvoraussetzungen heraus, dass der Widerspruch auf eine Datenverarbeitung abstellt, die nicht in den Anwendungsbereich des allgemeinen Widerspruchsrechts nach Art. 21 Abs. 1 fällt, weil die Verarbeitung sich nicht auf Art. 6 Abs. 1 lit. e oder f stützt, muss der Verantwortliche prüfen, ob nicht ggf. die Voraussetzungen eines Widerrufs einer Einwilligung gem. Art. 7 Abs. 3 vorliegen und eine Umdeutung der fälschlich als Widerspruch deklarierten Betroffeneneingabe erforderlich ist.[33]

44 Hat der Betroffene den Widerspruch nicht oder nur unzureichend begründet, muss der Verantwortliche den Betroffenen um diesbezügliche Substantiierung bzw. zur Nachreichung der Begründung auffordern und darf die Verarbeitung nicht oder erst nach erfolglosem Ablauf einer Frist zur Nachreichung fortsetzen.

45 Die zuvor beschriebene inhaltliche Prüfung des Widerspruchs kann lediglich in dem vermutlich seltenen Fall unterbleiben, dass die Verantwortliche Stelle personenbezogene Daten des Widerspruchsführers ausschließlich zur „Geltendmachung, Ausübung oder Verteidigung von Rechtsansprüchen" verarbeitet, Art. 21 S. 2 Alt. 2.

46 **c) Verbotsausnahmen (Abs. 1 S. 2).** Art. 21 Abs. 1 S. 2 enthält zwei Ausnahmetatbestände bei deren Vorliegen Verantwortliche die personenbezogenen Daten Betroffener trotz Vorliegen eines ansonsten statthaften bzw. begründeten Widerspruchs weiterverarbeiten dürfen. Das Verarbeitungsverbot greift nach dem Willen des Verordnungsgebers dann nicht, wenn Verantwortliche entweder (a) „zwingende schutzwürdige Gründe für die Verarbeitung nachweisen" können, die die „Interessen, Rechte und Freiheiten der betroffenen Person überwiegen" oder (b) die Verarbeitung der „Geltendmachung, Ausübung oder Verteidigung von Rechtsansprüchen" dient.

aa) Das Betroffeneninteresse überwiegende zwingende Gründe (Abs. 1 S. 2 Alt. 1).

47 Wann Verarbeitungsgründe im Sinne der Ausnahmevorschrift „**schutzwürdig**" sind, definiert der Verordnungsgeber nicht. Hierbei dürfte es sich, um eine „Unschärfe" bei der Übersetzung der englischsprachigen Arbeitsfassung der Verordnung handeln, da – wie bereits Kamann/Braun[34] ausführen – das Tatbestandsmerkmal „legitimate" in Art. 6 Abs. 1 lit. f mit „berechtigt" übersetzt wurde. Insoweit sind Gründe des Verantwortlichen dann als „schutzwürdig" anzusehen, wenn es sich bei ihnen zwar um „berechtigte Interessen" des Verantwortlichen handelt, diese jedoch – was kumulativ hinzutreten muss – im Rahmen einer Interessenabwägung das Betroffeneninteresse an der Nichtverarbeitung überwiegen[35]. Entgegen des Plurals des Wortlauts („Gründe") genügt ein einziger schutzwürdiger Grund.

48 „**Zwingend**" im Sinne der Verbotsausnahme des Abs. 1 S. 2 bedeutet, dass die Verarbeitung alternativlos ist, es also dem Verantwortlichen an alternativen Mitteln fehlt, den Verarbeitungszweck zu erreichen.[36] Das Tatbestandsmerkmal schlicht mit der hinlänglich aus deutschem Datenschutzrecht bekannten „Erforderlichkeit"[37] gleichzusetzen, griffe zu kurz und entspräche angesichts der englischsprachigen Fassung der DS-

33 Gola-*Schulz* Art. 21 Rn. 3; zu den Vorrausetzungen des Widerrufs einer Einwilligung siehe ausführlich Art. 7.

34 Ehmann/Selmayr-*Kamann/Braun* Art. 21 Rn. 23.

35 Zur Frage der Durchführung einer Abwägung siehe im Detail Art. 6 Abs. 1 lit. f.

36 So auch: Kühling/Buchner-*Herbst* Art. 21 Rn. 20.

37 Siehe m.w.N. Gola-Schomerus-*Klug/Körffer* § 28 BDSG Rn. 14 f.

GVO, bei der „erforderlich“ regelmäßig[38] mit „necessary“ übersetzt wird, wohl schlichtweg nicht dem Willen des Verordnungsgebers. Teilweise[39] wird das Tatbestandsmerkmal „zwingend“ als Zusatz gewertet und lediglich herausgelesen, dass die berechtigten Interessen des Verantwortlichen auch angesichts des atypischen Sachverhalts nun das Betroffeneninteresse an der Nichtverarbeitung überwiegen müssen; andere[40] legen einen besonders strengen Maßstab an und fordern, dass die berechtigten Interessen des Verantwortlichen i.S.d. Art. 6 Abs. 1 lit. f so stark sein müssen, dass dem Verantwortlichen durch die Nichtverarbeitung der personenbezogenen Daten des Widerspruchsführers ein „schwerwiegender, unumkehrbarer Nachteil“ entsteht.

Vorzugswürdig ist der letztgenannte strenge Maßstab. Schließlich dient die Verbotsausnahme – wie das allgemeine Widerspruchsrecht – als Korrektiv im System der Datenverarbeitungserlaubnisse der DS-GVO der Ermöglichung einer einzelfallgerechteren Abwägung zwischen den Interessen des Betroffenen und denen des Verantwortlichen. Das allgemeine Widerspruchsrecht nimmt Rücksicht auf die besondere Situation des Betroffenen, die im Rahmen der pauschalen Interessensabwägung nach Art. 6 Abs. 1 lit. f auf die Masse der Betroffenen nicht zutrifft und insoweit vom Verantwortlichen in Unkenntnis dessen nicht berücksichtigt werden konnte. Die Verbotsausnahme nach Abs. 1 S. 2 soll aus dem Kreis dieser „besonderen“ Einzelfälle nun ausschließlich diejenigen Fallgestaltungen auffangen, in denen es infolge eines absoluten Verarbeitungsverbots infolge des allgemeinen Widerspruchs des Betroffenen zu einem inakzeptablen ungerechten Endergebnis für den Verantwortlichen käme. Hierbei kann es sich – spiegelbildlich zur besonderen Situation des Betroffenen – nur um eine besondere Ausnahmesituation des Verantwortlichen handeln, die überhaupt eines solchen Korrektivs bedarf. Insofern kann es nach der hier vertretenen Auffassung nur dann zu einem **Überwiegen schutzwürdiger Interessen des Verantwortlichen** kommen, wenn die schutzwürdigen Interessen des Verantwortlichen die schutzwürdigen Interessen des Betroffenen so deutlich überwiegen, dass quasi das Ermessen des Verantwortlichen auf null reduziert und die Entscheidung „zwingend“ ist. Die „zwingenden schutzwürdigen Gründe“ des Verantwortlichen überwiegen das Betroffeneninteresse im Rahmen der **Interessensabwägung** also nur dann, wenn der Nachteil, den der Verantwortliche durch die Nichtverarbeitung der Daten des Widerspruchsführers voraussichtlich erleiden würde, völlig außer Verhältnis zu demjenigen Nachteil steht, den der Widerspruchsführer ggf. durch die Duldung der Verarbeitung erleidet. **49**

§ 36 BDSG:

§ 36 BDSG stellt den fehlgeschlagenen Versuch des deutschen Gesetzgebers dar, die Verbotsausnahmen des Art. 21 Abs. 1 S. 2 durch Gebrauch der sich aus der Öffnungsklausel des Art. 23 ergebenden Beschränkungsbefugnisse in Bezug auf öffentliche Stellen zu konkretisieren. Normadressat des § 36 BDSG sind ausschließlich öffentliche Stellen. **50**

Nach § 36 BDSG können Betroffene den allgemeinen Widerspruch nach Art. 21 Abs. 1 dann nicht einlegen, wenn seitens der öffentliche Stelle ein „zwingendes öffentliches **51**

38 Z.B. in Art. 6 Abs. 1 lit. b bis f.

39 So Ehmann/Selmayr-*Kamann/Braun* Art. 21 Rn. 23.

40 *Laue/Nink/Kremer* Das neue Datenschutzrecht in der betrieblichen Praxis, § 4 Rn. 75.

Interesse“ an der Verarbeitung ihrer personenbezogenen Daten besteht (Alt. 1), oder „eine Rechtsvorschrift zur Verarbeitung verpflichtet“ (Alt. 2).

52 Der Gesetzgeber definiert nicht, wann eine öffentliche Stelle „ein zwingendes öffentliches Interesse“ an der Verarbeitung der Daten des Widerspruchsführers vorweisen kann. Als „Zwingend“ kann ein „öffentliches Interesse“ – also jegliches Interesse, das nicht lediglich Individualinteresse ist[41] – nur dann bezeichnet werden, wenn das Ermessen des Verantwortlichen auf der Rechtsfolgenseite nach Abwägung aller für und gegen die Datenverarbeitung sprechenden Argumente im Hinblick auf das Ob der Datenverarbeitung auf null reduziert ist. Denn nur in Fallgestaltungen bei denen öffentlichen Stellen kein Ermessenspielraum verbleibt, weil das Ergebnis einer Interessenabwägung zweifelsfrei ergibt, dass das öffentliche Interesse des Verantwortlichen an der Datenverarbeitung das Interesse des Betroffenen an der Nicht-Verarbeitung seiner personenbezogenen Daten überwiegt, kann angesichts des aus Art. 3 Grundgesetz abgeleiteten Grundsatzes der Selbstbindung der Verwaltung tatsächlich ein Zwang zur Datenverarbeitung unterstellt werden.

53 Alt. 2 des § 36 BDSG ist vermutlich einem Redaktionsversehen des deutschen Gesetzgebers zuzuschreiben. Denn Betroffene sind ausschließlich in Fallkonstellationen zur Einlegung eines Allgemeinen Widerspruchs befugt, in denen der Anwendungsbereich des Art. 21 Abs. 1 eröffnet ist[42]; dies wäre jedoch bei einer Verarbeitung, die sich auf die Erlaubnisnorm Art. 6 Abs. 1 lit. c – Erforderlichkeit der Verarbeitung zur Erfüllung einer Rechtspflicht – stützt, ohnehin nicht der Fall.

54 Nicht eingeschränkt durch § 36 BDSG wird jedoch das Recht der Betroffenen, bis zum Abschluss der Prüfung der Stattgabe des Widerspruchs zu verlangen, dass die Verarbeitung sie betreffender Daten gemäß Art. 18 Abs. 1 lit. d beschränkt wird.[43]

55 **bb) Geltendmachung, Ausübung oder Verteidigung von Rechtsansprüchen (Abs. 1 S. 2 Alt. 2).** Die Einlegung eines statthaften Widerspruchs setzt ferner auch dann kein absolutes Verarbeitungsverbot nach Abs. 1 S. 2 in Kraft, wenn die Verarbeitung ausschließlich deshalb erfolgt, weil sie dem Verantwortlichen zur **Geltendmachung, Ausübung oder Verteidigung eines Rechtsanspruches** dient. Das ist beispielsweise der Fall, bei Speicherung abgelichteter Dokumente bis zum Ablauf von Klage- oder Verjährungsfristen, die ansonsten keiner gesetzlichen Aufbewahrungspflicht unterliegen, oder im Falle der Übermittlung von personenbezogenen Daten an die beauftragte Rechtsanwältin/Rechtsanwalt zur (außer-)gerichtlichen Anspruchsdurchsetzung.

56 Die vom Verantwortlichen berücksichtigten Rechtsansprüche müssen jedoch nicht notwendiger Weise gegenüber dem Betroffenen bestehen, der den Widerspruch einlegt, da der Wortlaut des Abs. 1 S. 2 Alt. 2 keine Beschränkung auf das Verhältnis zwischen Verantwortlichem und Betroffenen enthält.

d) Absolutes Verarbeitungsverbot als Rechtsfolge des begründeten Widerspruchs.

57 Erst wenn die Widerspruchsprüfung ergibt, dass der Anwendungsbereich des allgemeinen Widerspruchs eröffnet ist, der Betroffene im konkreten Einzelfall die spezielle Berechtigung vorweist und zudem seitens des Verantwortlichen keine Voraussetzun-

41 Vgl. ausführlich zum Begriff des „öffentlichen Interesses“ die Kommentierung zu Art. 6 Abs. 1 lit. e, Rn. 75 f.

42 Siehe Rn. 17 f.

43 Vgl. Rn. 60.

gen für eine Berufung auf Verbotsausnahmen nach Abs. 1 S. 2 gegeben sind, tritt als Rechtsfolge in Bezug auf die personenbezogenen Daten des Betroffenen ein **absolutes Verarbeitungsverbot** in Kraft.

Verantwortliche müssen infolgedessen unverzüglich sämtliche der in der Legaldefinition der „Verarbeitung" (Art. 4 Nr. 2) genannten Vorgänge bzw. Vorgangsreihen unterlassen, die sich auf die personenbezogenen Daten des Betroffenen beziehen bzw. mit ihnen in Verbindung stehen. **58**

D.h. andauernde, bereits begonnene Verarbeitungen sind unverzüglich zu beenden (z.B. Speichern von personenbezogenen Daten des Widerspruchsführers oder deren Bereitstellung zum automatisierten Abruf durch Dritte) und der Beginn bevorstehender Verarbeitungsvorgänge (z.B. Übermittlung an Dritte, automatisierte Auswertung) unverzüglich zu verhindern.

aa) Betroffenenrecht auf Löschung bzw. Löschpflicht des Verantwortlichen. Allerdings resultiert aus dem Inkrafttreten des Absoluten Verarbeitungsverbots für den Verantwortlichen kein Verbot zur Löschung von personenbezogenen Daten des Widerspruchsführers.[44] Denn Art. 17 Abs. 1 lit. c verpflichtet Verantwortliche bei Vorliegen eines Widerspruchs ausdrücklich dazu, personenbezogenen Daten, die den Widersprechenden betreffen, „unverzüglich zu löschen", was in Bezug auf die alte Rechtslage[45] eine Klarstellung des Verordnungsgebers darstellt. Zudem sieht Art. 17 Abs. 1 lit. c eine Befreiung von der Löschpflicht für den Ausnahmefall vor, dass der Verantwortliche darlegen – und im Zweifelsfall beweisen – kann, dass die Tatbestandsvoraussetzungen (einer) der Verbotsausnahmen vorliegen[46]. Insofern kann diese **Löschverpflichtung** denknotwendig **nur bei begründeten Widersprüchen** entstehen, was seitens des Verantwortlichen erst bei Vorliegen der Ergebnisse der Widerspruchsprüfung beurteilt werden kann. **59**

bb) Recht des Betroffenen auf Einschränkung der Verarbeitung statt Löschung.
Betroffene können im Rahmen der Einlegung eines Widerspruchs anstelle einer Löschung die Sperrung bzw. Einschränkung der Verarbeitung ihrer personenbezogenen Daten gem. Art. 18 verlangen, bspw. zu Beweissicherungszwecken. Zwar lässt sich die Zulässigkeit einer freiwilligen Beschränkung des Widerspruchs seitens des Betroffenen nicht unmittelbar aus dem Wortlaut des Art. 21 ableiten, doch wenn Betroffene schon im Falle eines begründeten Widerspruchs die Löschung ihrer personenbezogenen Daten verlangen können, wäre es – argumentum a maiore ad minus[47] – doch widersprüchlich, dem Betroffenen nicht die weniger in die Rechte des Verantwortlichen – konkret dessen Datenbestand – eingreifende Einschränkung der Verarbeitung als wesensgleiches Minus zu einer Löschung zuzugestehen. Freilich kann der Betroffene die Einschränkung der Verarbeitung seiner personenbezogenen Daten nicht auf unbestimmte Zeit verlangen; schließlich erfolgt ja die Speicherung seiner Daten auf **60**

44 Die Legaldefinition der Verarbeitung in Art. 4 Nr. 2 enthält als Unterfall auch „das Löschen oder die Vernichtung".

45 Zur Rechtsfolge eines begründeten Widerspruchs s. m.w.N. KG v. 17.2.2016 – 26 U 197/12, ZD 2016, 289–295.

46 S. Wortlaut des Art. 17 Abs. 1 lit. c Alt. 1: „[…] und es liegen keine vorrangigen, berechtigten Gründe für die Verarbeitung vor […]".

47 Logischer Schluss vom Größeren auf das Kleinere, von einer weitergehenden Regelung auf einen weniger Voraussetzungen erfordernden Fall.

Kosten des Verantwortlichen ohne dass dieser jene gemäß der ursprünglichen Zweckbestimmung verarbeiten darf. Wie lange ein Verantwortlicher verpflichtet ist, die personenbezogenen Daten des Widerspruchsführers trotz Sperrung aufzubewahren, muss jeweils anhand der Umstände des Einzelfalls unter Beachtung der Verarbeitungsgrundsätze nach Art. 5 beurteilt werden.

61 **cc) Nebenpflichten bei begründetem Widerspruch.** Aus der Verpflichtung, bis zum Abschluss der Prüfung der Begründetheit des Widerspruchs die Verarbeitung der personenbezogenen Daten des Widerspruchsführers nach Maßgabe des Art. 18 einzuschränken, resultiert nach Art. 19 die Nebenpflicht des Verantwortlichen, andere Stellen, denen die personenbezogenen Daten des Widerspruchsführers übermittelt wurden, über die Einlegung des Widerspruchs bzw. die damit einhergehende einstweilige Verarbeitungssperre zu informieren, und sofern der Widerspruchsführer dies beantragt hat, ihn über diese Stellen zu unterrichten.

II. Widerspruch gegen Direktmarketing (Abs. 2 Hs. 1) und diesbezügliches Profiling (Abs. 2 Hs. 2)

62 An den Widerspruch gegen die Verarbeitung von personenbezogenen Daten im Rahmen von Maßnahmen des Direktmarketings oder des hiermit verbundenen Profiling (Abs. 2 Hs. 2) hat der Verordnungsgeber – abgesehen von der Betroffenheit der den Widerspruch einlegenden Person – keine weitergehenden formalen oder materiellen Voraussetzungen geknüpft.

1. Anwendungsbereich und Widerspruchsvoraussetzungen des Werbewiderspruchs.

63 Mittels des sich aus Abs. 2 ergebenden Widerspruchsrechts können Betroffene sich zwar ausschließlich gegen die Verarbeitung ihrer personenbezogenen Daten im Zusammenhang mit „Direktwerbung“ wehren.[48] Allerdings existiert – anders als bei dem allgemeinen Widerspruchsrecht nach Abs. 1 – keine Beschränkung des Widerspruchsrechts auf Verarbeitungen, die sich auf eine bestimmte Rechtsgrundlage stützen.

64 Widerspruchsberechtigt sind danach ausschließlich solche Betroffene, deren personenbezogene Daten entweder für Zwecke der Direktwerbung verarbeitet werden (Hs. 1), oder aber zu diesen Zwecken dienendem Profiling herangezogen werden (Hs. 2). Die Angabe von Gründen seitens des Betroffenen ist – wie bereits beim Werbewiderspruch nach Art. 14 lit. b DSRL – nicht erforderlich.

65 **a) „Direktwerbung“.** Der Betroffene muss sich mit seinem Widerspruch gegen „Direktwerbung“ wenden. Die Verwendung des Begriffs „Direktwerbung“ ob der europarechtlichen Legaldefinition des Begriffs „Werbung“ in Artikel 2 lit. a der europäischen Richtlinie „über irreführende und vergleichende Werbung“[49] verdeutlicht die Absicht des Verordnungsgebers, nicht jegliche Art von Werbung einzubeziehen[48] und insoweit das Recht auf Werbewiderspruch nach Art. 21 Abs. 2 auf solche Formen der werblichen Ansprache zu beschränken, die gegenüber anderen Werbeformen gemein-

---

48 So bereits Gola-*Schulz* Art. 21 Rn. 17.

49 Die Werberichtlinie RL 2006/114/EG, ABL. EU 2006 L 376, 21 legaldefiniert „Werbung“ in Art. 2 lit. b als „jede Äußerung bei der Ausübung eines Handels, Gewerbes, Handwerks oder freien Berufs mit dem Ziel, den Absatz von Waren oder die Erbringung von Dienstleistungen, einschließlich unbeweglicher Sachen, Rechte und Verpflichtungen, zu fördern“.

hin als belästigender empfunden werden. Der Anwendungsbereich des Werbewiderspruchs der DS-GVO bleibt angesichts dessen gegenüber der Vorgängerregelung in Art. 14 lit. b DSRL nahezu unverändert.

Mangels entsprechender Legaldefinition in der DS-GVO[50] oder naheliegenden europäischen Richtlinien, wie bspw. Werbe-[51] oder UGP-[52] oder Datenschutz[53]-Richtlinie ist „Direktwerbung" als unbestimmter Rechtsbegriff einzustufen, der vom Rechtsanwender mit Deutungsinhalt gefüllt werden muss. **66**

Martini[54] weist darauf hin, dass mehrere Erwägungsgründe der „Datenschutzrichtlinie für elektronische Kommunikation"[55] auf Direktwerbung abstellen. Laut EWG 40 dieser Richtlinie zählt der Richtliniengeber „insbesondere [...] automatische Anrufsysteme, Faxgeräte und elektronische Post, einschließlich SMS" zu den typischen Formen der Direktwerbung. Vermutlich deshalb wird teilweise[56] im Rahmen der grammatischen Auslegung aus dem Präfix „Direkt" geschlussfolgert, dass der Werbetreibende einen **unmittelbaren Kontakt** zu dem Betroffenen herstellen muss, um „Direktwerbung" im Sinne von Art. 21 Abs. 2 zu betreiben. **67**

Keine Voraussetzung des Vorliegens von „Direktwerbung" ist es, dass Werbetreibender in diesem Sinne nur derjenige sein kann, dessen Absatz von Waren oder Dienstleistungen durch die Werbemaßnahme gefördert werden sollen. Anderenfalls wäre selbst dann jede Form der **Beipack-Werbung** für fremde Waren und Dienstleistungen vom Widerspruchsrecht nach Art. 21 Abs. 2 ausgeschlossen – wie sie bspw. bei großen Internet-Versandhändlern erfolgt-, wenn die Vorauswahl der Beipackwerbung auf Grundlage eines detaillierten Werbe-Profiling erfolgt (z.B. Werbeadressat hat zuvor Feinkost bestellt und erhält deshalb Werbung für zum Käse passenden Wein, der nicht vom Versandhändler selbst vertrieben wird). **68**

Betreiber von „Direktwerbung" im Sinne des Art. 21 Abs. 2 sind somit – neben Verantwortlichen, die Betroffenen unmittelbar hinsichtlich eigener Waren/Dienstleistungen kontaktieren – auch solche Verantwortliche die entscheidend Einfluss darauf nehmen, ob die werbliche Ansprache überhaupt stattfindet, oder welche Werbung an welche Betroffenen versandt wird. **69**

b) Erforderlichkeit der Datenverarbeitung zum Betrieb der Direktwerbung. Ferner setzt Art. 21 Abs. 2 voraus, dass personenbezogene Daten des Betroffenen verarbeitet werden, „um Direktwerbung zu betreiben". Insoweit sind alle Varianten der Direktwerbung, bei der keine personenbezogenen Daten verarbeitet werden müssen, um Betroffene werblich anzusprechen, vom Widerspruchsrecht des Art. 21 Abs. 2 ausgenommen (z.B. „An alle Hausbewohner/Diesen Haushalt" adressierte Postwurfsendung ohne Verwendung einer spezifischen Anschrift). **70**

---

50 So bereits Wolff/Brink-*Forgo* Art. 21 Rn. 22; Sydow-*Helfrich* Art. 21 Rn. 77.

51 RL 2006/114/EG, ABL. EU 2006 L 376, 21.

52 RL 2005/29/EG, ABL. EU 2005 L 149, 22.

53 Nach Art. 14 lit. b DSRL konnten Betroffene „kostenfrei gegen eine vom für die Verarbeitung Verantwortlichen beabsichtigte Verarbeitung sie betreffender Daten für Zwecke der Direktwerbung Widerspruch" einlegen.

54 Paal/Pauly-*Martini* Art. 21 Rn. 48.

55 RL 2002/58/EG, ABL. EU 2002 L 201, 37.

56 Ehmann/Selmayr-*Kamann/Braun* Art. 21 Rn. 47.

71 Angesichts dieser Kriterien ist es naheliegend, auch **Online-Werbung** auf Internetseiten als „Direktwerbung" zu klassifizieren, weshalb diese ebenfalls vom Recht auf Werbewiderspruch nach Art. 21 Abs. 2 erfasst ist.

72 Zwar haben die Websitebetreiber in der Regel keinen oder nur geringen Einfluss auf die dem Betroffenen dargestellten Werbeinhalte, allerdings wird bei Besuch einer Werbung betreibenden Internet-Website technisch bedingt die IP-Adresse des Endgeräts des Betroffenen an den die Werbebotschaft zum Abruf bereitstellenden Ad-Server übermittelt und insoweit ein unmittelbarer Kontakt zwischen dem Werbetreibenden und dem Betroffenen hergestellt.

73 Ebenfalls vom Anwendungsbereich des Werbewiderspruchsrechts nach Art. 21 Abs. 2 erfasst sind Werbeeinblendungen von Applikationen/Betriebssystemen sofern diese den Inhalt der Werbebotschaft aus dem Internet nachladen und die IP-Adresse des Betroffenen verwenden (z.B. Herstellerhinweis auf neue Version bzw. anderes Softwareprodukt) oder hierzu sonstige personenbezogene Informationen des Betroffenen von dessen Endgerät verwenden (z.B. Software-Lizenzschlüssel, IMEI, Versionsnummer installierter Software etc.). **Ausgenommen vom Widerspruchsrecht** sind nur solche nachgeladenen Meldungen – wie bspw. **Sicherheitsupdates** –, bei denen die Eigenschaft als Werbebotschaft hinter ihrer Funktion als technisch-organisatorische Maßnahme zurückfällt.

74 **2. Form und Frist.** Hinsichtlich Form- und Fristerfordernissen für Widersprüche nach Abs. 2 gelten die Erörterungen zu Abs. 1 S. 1 entsprechend.[57] Im Hinblick auf den Werbewiderspruch lassen sich folgende Beispiele für konkludentes Handeln des Widerspruchsführers anführen: Stillschweigendes Handeln in Form einer die werbliche Ansprache betreffenden Abmahnung[58], Drohung mit Abbruch einer Geschäftsbeziehung[59].

75 **3. Rechtsfolge eines Werbewiderspruchs (Abs. 3). Rechtsfolge** der Einlegung eines Widerspruchs gegen Direktwerbung nach Art. 21 Abs. 2 ist für Verantwortliche – genau wie bei einem Allgemeinen Widerspruch nach Abs. 1 – ein **absolutes Verarbeitungsverbot;** also ein Verbot der (Weiter-)Verarbeitung aller auf die Person des den Widerspruch einlegenden Betroffenen bezogenen personenbezogenen Daten für Zwecke der Direktwerbung.

76 Die Klarstellung in Abs. 2 Hs. 2 wonach sich das Verarbeitungsverbot als Rechtsfolge auch auf ein Profiling zu Werbezwecken auswirkt, ist angesichts des oben beschriebenen Umstands, dass Profiling lediglich ein Unterfall einer Verarbeitung im Sinne der weiten Legaldefinition in Art. 4 Nr. 2 darstellt, insoweit auch an dieser Stelle lediglich deklaratorischer Natur.[60] Durch die Erwähnung stellt der Gesetzgeber klar, dass von dem Verarbeitungsverbot auch solche Verarbeitungen erfasst sind, die Werbemaßnahmen vorbereiten bzw. optimieren, z.B. Werbescoring[61], also die Bewertung des bisherigen & Prognose des zukünftigen Kaufverhaltens Betroffener.

---

57 Siehe Rn. 34.
58 Gola-*Schulz* Art. 21 Rn. 28.
59 Ehmann/Selmayr-*Kamann/Braun* Art. 21 Rn. 33; Gola-*Schulz* Art. 21 Rn. 28.
60 Vgl. Rn. 19.
61 So bereits Gola-*Schulz* Art. 21 Rn. 18.

Abhängig von der Spezifität des vom Betroffenen eingelegten Widerspruchs sind **legale Restzwecke** bzw. eine vom Betroffenen ausgehende **Beschränkung des absoluten Verarbeitungsverbots** auch angesichts eines begründeten Widerspruchs nach Abs. 2 denkbar. Hat der Betroffene seinen Widerspruch freiwillig auf bestimmte Aspekte der Verarbeitung seiner Daten durch den Verantwortlichen beschränkt, darf der Verantwortliche trotz Vorliegen eines begründeten Werbewiderspruchs in dem vom Widerspruchsführer zugelassenen Rahmen weiter dessen personenbezogene Daten verarbeiten. Z.B. wenn der Betroffene explizit dem Werbemaßnahme vorbereitenden Profiling widerspricht, ansonsten aber zukünftig weiterhin werblich angesprochen werden möchte. 77

III. Hinweispflicht (Abs. 4)

In Abs. 4 normiert der Verordnungsgeber eine **Hinweispflicht**, wonach die betroffene Person „spätestens zum **Zeitpunkt** der ersten Kommunikation mit ihr ausdrücklich" „in einer verständlichen und von anderen Informationen getrennten Form" auf die ihr gemäß Abs. 1 und 2 zustehenden Widerspruchsrechte hingewiesen werden „muss". 78

1. Normadressaten. Normadressaten der sich aus Abs. 4 ergebenden Hinweispflicht sind der für die Verarbeitung Verantwortliche sowie ggf. der Auftragsverarbeiter, sofern die Erfüllung der Hinweispflicht zu den vertraglich vom Verantwortlichen zugewiesenen Aufgaben innerhalb der Auftragsverarbeitung gehört. Adressaten der Hinweise wiederum sind die Betroffenen. 79

2. Zeitpunkt der Hinweiserteilung. Verantwortliche müssen gewährleisten, dass Hinweise nach Abs. 4 Betroffenen „spätestens zum Zeitpunkt der ersten Kommunikation" mit ihnen zugehen. Infolgedessen muss in Fällen, in denen die Kommunikation vom Kunden ausgeht, z.B. durch Aufruf einer Website, die Gleichzeitigkeit genügen, indem die Pflichthinweise dem Betroffenen bspw. durch Einblendung einer Bauchbinde/eines Banners mitgeteilt werden. Die bloße Aufnahme solcher Hinweise in die Datenschutzerklärung dürfte hingegen nicht ausreichen[62], da hier die Kenntnisnahme auf Seiten des Betroffenen nicht sichergestellt ist. 80

3. Anforderungen an Form und Inhalt des Pflichthinweises. Verantwortliche sind nach Abs. 4 verpflichtet, Betroffenen sämtliche Informationen mitzuteilen, die sie benötigen, um tatsächlich die sich aus Art. 21 Abs. 1 und 2 ergebenden Widerspruchsrechte in Anspruch nehmen zu können. Die Pflicht zum Hinweis auf Widerspruchsrechte ist abschließend auf die Widersprüche nach den Abs. 1 und 2 beschränkt; Verantwortliche sind somit nicht verpflichtet, Betroffene auf das etwaige Bestehen eines Widerspruchsrechts nach Abs. 6 hinzuweisen. 81

Bezüglich Inhalt und Form müssen Verantwortliche bei der Hinweiserteilung zusätzlich zu den für sämtliche Mitteilungen nach den Art. 15–22 grundsätzlich einzuhaltenden prozeduralen Vorgaben des Art. 12 auch die sich unmittelbar aus Abs. 4 selbst ergebenden Anforderungen berücksichtigen. 82

„Ausdrücklich" im Sinne von Abs. 4 ist ein Hinweis auf das Bestehen der Widerspruchsrechte nach Abs. 1 und 2 nur, soweit der Verantwortliche die dem Betroffenen zustehenden „Widerspruchsrechte" auch explizit als solche bezeichnet und hierbei keine Umschreibung vornimmt.[63] 83

62 A.A. Gola-*Schulz* Art. 21 Rn. 26; Gierschmann ZD 2016, 51 (54).

63 So bereits Kühling/Buchner-*Herbst* Art. 21 Rn. 39.

84 Dabei muss der Verantwortliche nach Abs. 4 sicherstellen, dass er die Hinweise „in einer verständlichen und von anderen Informationen getrennten Form“ erteilt. Sinn und Zweck dieser Verfahrensvorschrift entspricht in Bezug auf die „**getrennte Form**“ der bereits aus § 4a BDSG a.F. bekannten Pflicht zur besonderen Hervorhebung einer datenschutzrechtlichen Einwilligung, sofern diese zusammen mit anderen Erklärungen schriftlich erteilt wird. Beide Vorschriften sollen verhindern, dass eine datenschutzrechtliche Einwilligung durch optische bzw. Layout-technische Tricks oder die Seitenzahl des Gesamtdokuments seitens des Betroffenen nicht eindeutig als datenschutzrechtlich relevante Information zu erkennen ist und die vom Verordnungsgeber intendierte Transparenzwirkung unterlaufen wird. Unzulässig ist folglich jede Form der **Verschleierung von Pflichtinformationen** i.S.d. Abs. 4, z.B. durch nicht hervorhebenden Abdruck in „Bleiwüsten“, wie bspw. besonders klein gedruckte, mehrseitige, allgemeine Geschäftsbedingungen. Zur Informationellen Trennung in diesem Sinne geeignet dürften bisherige Hervorhebungen durch Fett-/Kursivdruck sein, oder die Verwendung größerer Schriftartgrößen, Umrahmungen etc.

85 Angesichts des vom Verordnungsgeber geforderten **Primats der Verständlichkeit**, muss der Verantwortliche in seinem Widerspruchshinweis gegebenenfalls Umschreibungen verwenden, um Betroffene **diskriminierungsfrei** über Sachverhalte zu informieren, also unabhängig von ihrem Bildungsstand[64] oder Alter[65]. Bspw. dürfte bereits der Begriff des „Profiling“ für die Mehrheit der Betroffenen erklärungsbedürftig sein.

86 Welche formulierungs- oder Layout-technischen Maßnahmen genau erforderlich sind, um die vom Verordnungsgeber geforderte Verständlichkeit bzw. informationelle Abtrennung von anderen nicht datenschutzrechtlich relevanten Informationen zu erzielen, beurteilt sich jeweils anhand der Gesamtumstände des Einzelfalls.

87 **4. Grundsätzliche prozedurale Vorgaben nach Art. 12.** Verantwortliche müssen bei der Kommunikation mit Betroffenen zwecks Erfüllung der sich aus Abs. 4 ergebenden Hinweispflicht – wie bei allen Mitteilungen nach Art. 15–22 – die hierbei grundlegenden Verfahrensvorschriften des Art. 12 beachten.[66]

88 Hinweise nach Abs. 4 müssen demnach nach Maßgabe des Art. 12 Abs. 1 S. 1 Hs. 1 in „**klarer und einfacher Sprache**“ gehalten sein und Betroffenen in präziser, transparenter, verständlicher und leicht zugänglicher Form übermittelt werden. Verantwortliche können, je nachdem wie die „erste Kommunikation“ mit dem Betroffenen stattfindet, die **Form der Hinweiserteilung** – Schriftform, elektronische Post etc. – frei wählen[67].

89 Auf **Verlangen des Betroffenen** und wenn jener gegenüber dem Verantwortlichen seine Identität in beliebiger Weise[68] nachgewiesen hat (z.B. durch Beantwortung von Fragen zum Geburtsdatum, oder anderer zuvor vereinbarter Sicherheitsfragen, Ausweisvorlage), darf der Verantwortliche den Pflichthinweis auf das Bestehen von Widerspruchsrechten **ausnahmsweise mündlich** mitteilen, vgl. Art. 12 Abs. 1 S. 3.

64 So bereits Kühling/Buchner-*Herbst* Art. 21 Rn. 39.
65 Art. 12 Abs. 1 S. 1 Hs. 2 fordert die Verwendung einer klaren und einfachen Sprache „insbesondere für Informationen, die sich speziell an Kinder richten“.
66 Details hierzu vgl. Ausführungen zu Art. 12.
67 Vgl. Wortlaut d. Art. 12 Abs. 1 S. 2: „Die Übermittlung der Informationen erfolgt schriftlich oder in anderer Form, gegebenenfalls auch elektronisch.“
68 Vgl. Art. 12 Rn. 37.

Verantwortliche dürfen Etwaige, durch die Erfüllung der Hinweispflicht entstehende Kosten nicht den Betroffenen auferlegen. Denn nach Art. 12 Abs. 5 S. 1 müssen Verantwortliche Mitteilungen und Maßnahmen nach den Art. 15–22 Betroffenen **unentgeltlich** zur Verfügung stellen. **90**

IV. Widerspruch mittels automatisierten Verfahren (Abs. 5)

Abs. 5 stellt in Zeiten allgegenwärtiger Digitalisierung sicher, dass die betroffene Person ihren Willen, der Verarbeitung der „sie betreffenden personenbezogenen Daten" zu widersprechen, auch mittels „automatisierter Verfahren" zum Ausdruck bringen kann. Eine Legaldefinition dessen, was der Rechtsanwender unter „automatisierten Verfahren" zu verstehen hat, findet sich weder in Abs. 5 noch an anderer Stelle der DS-GVO. **91**

Der Verordnungsgeber hat diese Art der Ausübung des Widerspruchsrechts an das kumulative Vorliegen zweier Voraussetzungen geknüpft: Die automatisierte Einlegung des Widerspruchs muss (a) „im Zusammenhang mit der Nutzung von Diensten der Informationsgesellschaft" erfolgen, (b) müssen hierbei „technische Spezifikationen verwendet werden". **92**

1. Im Zusammenhang mit der Nutzung eines Diensts der Informationsgesellschaft. Die automatisierte Ausübung des Widerspruchsrechts erfolgt „im Zusammenhang" mit einem „Dienst der Informationsgesellschaft", wenn der Betroffene eine Dienstleistung im Sinne der Begriffsbestimmung in Art. 4 Nr. 25 in Anspruch nimmt, die ihrerseits auf die Legaldefinition in Art. 1 Nr. 1 lit. b der Richtlinie „über ein Informationsverfahren auf dem Gebiet der technischen Vorschriften und der Vorschriften für die Dienste der Informationsgesellschaft"[69] (InfoVerf-RL) verweist; also „jede in der Regel gegen Entgelt elektronisch im Fernabsatz und auf individuellen Abruf eines Empfängers erbrachte Dienstleistung". Nach Maßgabe des Art. 1 Nr. 1 lit. b Nr. i InfoVerf-RL liegt eine „im Fernabsatz erbrachte Dienstleistung" vor, wenn die Dienstleistung ohne gleichzeitige physische Anwesenheit der Vertragspartner erbracht wird. Für eine „elektronisch erbrachte Dienstleistung" ist nach Art. 1 Nr. 1 lit. b Nr. ii InfoVerf-RL ferner erforderlich, dass die Dienstleistung „[…] mittels Geräten für die elektronische Verarbeitung (einschließlich digitaler Kompression) und Speicherung von Daten am Ausgangspunkt gesendet und am Endpunkt empfangen wird und […] vollständig über Draht, über Funk, auf optischem oder anderem elektromagnetischem Wege gesendet, weitergeleitet und empfangen wird". Schließlich definiert Art. 1 Nr. 1 lit. b Nr. iii InfoVerf-RL, dass eine Dienstleistung nur dann „auf individuellen Abruf eines Empfängers" erbracht wird, wenn dies „durch die Übertragung von Daten auf individuelle Anforderung" geschieht. **93**

Eine „individuelle Anforderung" ist jedoch nicht ausschließlich bei bewussten bzw. willentlich vom Betroffenen angeforderten Datenübertragungen gegeben, sondern auch bei allen automatisierten Datenübermittlungen, die ein individuelles Endgerät erfordern. Nur bei dieser Interpretation dürfte diese Regelung auch laterionsbasierte[70] Verfahren zur Lokalisierung von Nutzern innerhalb geschlossener Räume wie Apples **94**

69 RL EU/2015/1535, ABL. EU 2015 L 241, 1.
70 Lateration = auf Abstands- bzw. Entfernungsmessung zu mehreren Punkten beruhendes Messverfahren zur Positionsbestimmung.

iBeacon, Googles Eddystone oder Radius Networks Alt Beacons erfassen, bei denen sog. Beacons ihre Positionen mobilen Endgeräten ohne bewusste Anforderung ihrer Nutzer zusenden und – Installation einer Beacon-Anwendung auf dem Endgerät vorausgesetzt – ohne Wissen des Betroffenen eine Auswertung der empfangenen Beacon-Positionsinformation auf dem individuellen Endgerät erfolgt.

95 Neben internetbasierten Web-Anwendungen (z.B. Office-Suites, also Zusammenstellungen aufeinander abgestimmter bürotypischer Applikationen) und internetbasierten Apps für mobile Endgeräte sind somit auch proprietäre Dienste erfasst, die über Mobilfunknetze erbracht werden, wie bspw. Telematikgeräte in Agrarfahrzeugen oder PKW-Assistenzsysteme.

96 **2. Verwendung technischer Spezifikationen.** Zwar definiert die DS-GVO selbst nicht, was der Rechtsanwender unter „technische Spezifikation„ zu verstehen hat, allerdings existiert eine Legaldefinition dieses Begriffs in Art. 1 Abs. 1 lit. c der EU-Richtlinie „über ein Informationsverfahren auf dem Gebiet der technischen Vorschriften und der Vorschriften für die Dienste der Informationsgesellschaft“[71] auf die der Verordnungsgeber bereits in Art. 4 Nr. 25 zwecks Bestimmung des Begriffs „Dienst der Informationsgesellschaft“ verweist. Ob das Fehlen eines erneuten Verweises einem Redaktionsversehen des Verordnungsgebers zuzuschreiben ist, kann dahinstehen. Denn auch ohne expliziten Verweis liegt rechtsdogmatisch bei Auslegung von unbestimmten Rechtsbegriffen, deren Regelungsgehalt sich nicht aus sich selbst heraus ableiten lässt und daher verschiedenen Interpretationen zugänglich ist, der Rückgriff auf in anderer Rechtsmaterie vorhandene Legaldefinitionen dieser Begriffe nahe; insbesondere, wenn sich andere Formen der Auslegung als nicht zielführend erweisen.

97 Gem. der in der Richtlinie EU/2015/1535 unter Art. 1 Abs. 1 lit. c enthaltenen Legaldefinition ist unter „technische Spezifikation“ eine Spezifikation, zu verstehen, „die in einem Schriftstück enthalten ist, das Merkmale für ein Erzeugnis vorschreibt, wie Qualitätsstufen, Gebrauchstauglichkeit, Sicherheit oder Abmessungen, einschließlich der Vorschriften über Verkaufsbezeichnung, Terminologie, Symbole, Prüfungen und Prüfverfahren, Verpackung, Kennzeichnung und Beschriftung des Erzeugnisses sowie über Konformitätsbewertungsverfahren. […]“

98 **Paradebeispiel** eines „automatisierten Verfahrens“ im Sinne von Absatz 5 das der Verordnungsgeber bei der Normierung des Abs. 5 wohl vor dem geistigen Auge hatte, ist die vom World Wide Web Consortium (W3C) spezifizierte **Do-Not-Track-Technologie (DNT)**[72], mittels derer Internetnutzer in ihren Browsereinstellungen ihrer Internetbrowser (sofern diese die DNT-Technik implementiert haben) ihre persönliche Präferenz in Bezug auf ihre Erfassung durch Werbetracker einstellen können. Diese wird dann zukünftig bei jedem Website-Aufruf browserseitig dem Websiteanbieter übermittelt wodurch dieser in die Lage versetzt wird, sein Trackingverhalten an den jeweiligen Nutzer zu orientieren.

99 Tavanti[73] gibt jedoch zu bedenken, dass es zukünftig – bedingt durch die Verpflichtung der Browserhersteller zu datenschutzfreundlichen Voreinstellungen – keinem willentlichen Zutun des Betroffenen bedarf, um seinen Widerspruch gegen die Verarbeitung

71 Siehe Art. 1 Abs. 1 lit. c RL EU/2015/1535, ABl. EU 2015 L 241, 1.
72 Siehe https://www.w3.org/TR/tracking-dnt/.
73 *Tavanti* RDV, 295 (302) Pkt. IV.

seiner personenbezogenen Daten zu erklären. Dies stehe im Widerspruch zur Systematik der Betroffenenrechte und zum Wortlaut des Art. 21, der die Einlegung des Widerspruchs von Handlungen des Betroffenen abhängig macht (Abs. 2: „einzulegen"; Abs. 5 „ausüben").

Es erscheint jedoch angesichts der derzeit zunehmend exzessiv betriebenen Trackingpraxis der Werbetreibenden (teilweise cross device, d.h. über verschiedene Endgeräte hinweg) eher wahrscheinlich, dass der Verordnungsgeber diese Ausnahme bewusst implementieren wollte. Insoweit muss Abs. 5 als **gesetzliche Fiktion** verstanden werden, auf Grund derer eine Widerspruchseinlegung („ausübung") auch dann durch ein automatisches Verfahren möglich ist, wenn – z.b. wegen datenschutzfreundlicher Voreinstellung des Browsers – keine weitere Handlung des Betroffenen mehr erforderlich ist, um einer Verarbeitung personenbezogener Daten zu widersprechen. **100**

Mit steigender Verbreitung autonom fahrender Pkw sowie technischer Ausstattung von Pkws mit **Sprachassistenzsystemen** dürften -sofern nicht auf einer Einwilligung der Betroffenen fußend – mittel- bis langfristig zu einem automatisierten Verfahren i.S.d. Abs. 5 auch **Fahrzeugeinstellungen** zählen, die Fahrzeugführer an den Betriebssystemen ihrer intelligenten vernetzten Fahrzeuge vornehmen, um die personenbezogene Rückmeldung von **Telematikdaten** zu modifzieren bzw. zu unterbinden. Dies setzt jedoch seitens der Automobilindustrie die Schaffung entsprechender herstellerübergreifender „technischer Spezifikationen" voraus. **101**

V. Widerspruch gegen Verarbeitungen im Kontext von Forschung und Statistik (Abs. 6)

Mittels Art. 21 Abs. 6 sollen Betroffene die Verarbeitung ihrer personenbezogenen Daten mittels Einlegung eines Widerspruchs auch dann unterbinden können, wenn diese zu Zwecken der wissenschaftlichen oder historischen Forschung oder zu statistischen Zwecken gemäß erfolgt. **102**

1. Anwendungsbereich. Der Anwendungsbereich des Widerspruchsrechts aus Art. 21 Abs. 6 ist – unabhängig von der Rechtsgrundlage auf die sich der Verantwortliche stützt[74] – grundsätzlich bei jeder Verarbeitung personenbezogener Daten eröffnet, „die die zu wissenschaftlichen oder historischen Forschungszwecken oder zu statistischen Zwecken gemäß Artikel 89 Absatz 1 erfolgt". **103**

2. Widerspruchsvoraussetzungen bzw. Aktivlegitimation. Sofern der Anwendungsbereich des Widerspruchsrechts nach Abs. 6 eröffnet ist, ist Voraussetzung der Aktivlegitimation Betroffener, dass jene „aus Gründen" widersprechen, „die sich aus ihrer besonderen Situation ergeben" (bzgl. dieses Tatbestandsmerkmals s. Rn. 21 f.) und ferner die verarbeiteten Daten die Widerspruchsführer betreffen („sie betreffender personenbezogener Daten"). **104**

Bei der zusätzlichen Tatbestandsvoraussetzung „sie betreffende Verarbeitung" handelt es sich um ein vermutlich der Schwierigkeit der **deutschen Sprache geschuldetes Redaktionsversehen** im Rahmen der Übersetzung der englischsprachigen Fassung der DS-GVO, die zugleich auch Arbeitsfassung der am Verordnungserlass Beteiligten EU-Gesetzgebungsorgane war. Einerseits fordert die englischsprachige Fassung des **105**

74 So bereits Kühling/Buchner-*Herbst* Art. 21 Rn. 46.

Abs. 6 **keine doppelte Betroffenheit** des Betroffenen; andererseits findet sich in Abs. 1 mit „processing of personal data concerning him or her" exakt die identische Formulierung wie in Abs. 6 wieder, jedoch ohne das Abs. 1 in der deutschsprachigen Übersetzung eine Verschärfung wie in Abs. 6 enthält. Art. 21 Abs. 6 ist daher so zu lesen, dass Betroffene Widerspruch „[…] gegen die Verarbeitung sie betreffender personenbezogener Daten […]" einlegen.[75] Zum Tatbestandsmerkmal der Betroffenheit s. Rn. 26.

106 **3. Begründetheit des Widerspruchs.** Der Widerspruch nach Art. 21 Abs. 6 ist begründet, wenn eine Prüfung des Verantwortlichen ergibt, dass der Anwendungsbereich des Abs. 6 eröffnet, der Widerspruchsführer widerspruchsbefugt ist und sich der Verantwortliche nicht auf eine Privilegierung seiner Verarbeitung nach Abs. 6 oder § 27 Abs. 2 Satz 1 BDSG berufen kann.

a) „erforderlich zur Erfüllung einer im öffentliche Interesse liegenden Aufgabe".

107 Nach Abs. 6 ist dies dann der Fall, wenn „die Verarbeitung […] zur Erfüllung einer im öffentlichen Interesse liegenden Aufgabe erforderlich" ist. Diese Tatbestandsvoraussetzung „im öffentlichen Interesse liegende Aufgabe" finden sich im Wortlaut der Erlaubnisnorm des Art. 6 Abs. 1 lit. e wieder; insoweit siehe Ausführungen hierzu unter Art. 6 Rn. 75 f.

108 Die „Erforderlichkeit" in diesem Sinne ist gegeben, wenn keine milderen, gleichwirksamen Mittel existieren (z.B. Anonymisierung), um die Forschungs- /Statistikzwecke zu erreichen.[76] Herbst[77] hält angesichts des aus Art. 8 GRChr folgenden Grundrechtsschutzes insoweit eine Interessenabwägung zwischen dem öffentlichen Interesse an der Erfüllung der Aufgabe und dem Betroffeneninteresse für geboten.

b) Privilegierung bei Unmöglichmachung bzw. Beeinträchtigung des Verarbeitungszwecks. § 27 Abs. 2 S. 1 BDSG

109 Mit den Regelungen in § 27 Abs. 2 S. 1 BDSG hat der Bundesdeutsche Gesetzgeber durch Gebrauch der in Art. 89 Abs. 2 und Abs. 3 enthaltenen Öffnungsklauseln einen **zusätzlichen Ausnahmetatbestand** geschaffen. Danach ist das Widerspruchsrecht nach Abs. 6 für Fallkonstellationen eingeschränkt, in denen die Ausübung des Widerspruchsrechts bzw. die durch den Widerspruch ausgelöste Rechtsfolge voraussichtlich die „Verwirklichung der Forschungs- oder Statistikzwecke" „unmöglich macht" oder „ernsthaft beeinträchtigt". Verantwortliche dürfen sich jedoch nur auf das Vorliegen einer Ausnahme nach § 27 Abs. 2 S. 1 BDSG berufen, wenn die Beschränkung des Widerspruchsrechts des Betroffenen „für die Erfüllung der Forschungs- oder Statistikzwecke notwendig ist", mildere Mittel also nicht ersichtlich sind.

110 Eine **Unmöglichmachung** im Sinne der Regelung liegt vor, wenn Verantwortliche das selbst gesteckte Ziel der Verarbeitung auf Grund eines widerspruchsbedingten Verarbeitungsverbots nicht mehr erreichen kann.

---

75 So bereits explizit Kühling/Buchner-*Herbst* Art. 21 Rn. 48, die auch auf die französische Übersetzung der englischen Arbeitsfassung abstellen; im Ergebnis – weil ohne Erwähnung dieser Verschärfung – wohl auch Ehmann/Selmayr-*Kahmann-Braun* Art. 21 Rn. 63; Gola-*Schulz* Art. 21 Rn. 33; Paal/Pauly-*Martini* Art. 21 Rn. 56.

76 Kühling/Buchner-*Herbst* Art. 21 Rn. 54; Paal/Pauly-*Martini,* DSGVO, Art. 21, Rn. 60.

77 Kühling/Buchner-*Herbst* Art. 21 Rn. 54.

Eine „**ernsthafte Beeinträchtigung**“ der Verarbeitungszwecke ist hingegen anzunehmen, wenn das Verarbeitungsverbot zwar nicht die Verwirklichung der Forschungs- oder Statistikzwecke gänzlich unmöglich macht, die Verwirklichung der Verarbeitungsziele jedoch in einem nicht nur unwesentlichen Maß gefährdet werden. Durch das Tatbestandsmerkmal „ernsthaft“ stellt der Gesetzgeber sicher, dass Verantwortliche sich nicht bereits bei lediglich marginaler Beeinträchtigung ihrer Forschungsergebnisse auf die Privilegierung berufen können (z.B. widerspruchsbedingt 99 999 statt 100 000 Probanden in der Studiengruppe). **111**

Aus dem Tatbestandsmerkmal „**voraussichtlich**“ folgt, dass der Verantwortliche nicht erst den Eintritt negativer Folgen des Verarbeitungsverbots für seine Forschungs- oder Statistikzwecke abwarten muss, um sich auf diese Ausnahme berufen zu können. Vielmehr genügt bereits dessen **negative Prognose** im Hinblick auf die zu erwartenden Auswirkungen der Rechtsfolgen des Widerspruchs.[78] **112**

c) Privilegierung im öffentlichen Interesse liegender Archivzwecke, § 28 Abs. 4 BDSG n.F. In § 28 Abs. 4 BDSG hat der Gesetzgeber einen weiteren Ausnahmetatbestand geschaffen, um zu verhindern, dass ein Widerspruch mit im öffentlichen Interesse liegenden Archivzwecken kollidiert. Angesichts der fast wortgleichen Formulierung der Regelungen gelten die vorstehenden Ausführungen zu § 27 Abs. 2 S. 1 BDSG im Hinblick auf § 28 Abs. 4 BDSG entsprechend. „Erforderlich“ ist eine Beschränkung der in § 28 Abs. 4 BDSG genannten Betroffenenrechte – Art. 18 Abs. 1 lit. a, b und d sowie die Art. 20 und 21 – jedoch nur, wenn kein gleichwirksames, milderes Mitteln zu einer Beschränkung der Betroffenenrechte existiert. **113**

4. Rechtsfolge des Forschungs- und Statistik-Widerspruchs nach Abs. 6. Rechtsfolge eines begründeten Widerspruchs nach Abs. 6 ist nach herrschender Meinung[79] ein **relatives Verarbeitungsverbot** (s. hierzu ausführlich Rn. 57). **114**

Anders als bei den Widersprüchen nach Art. 21 Abs. 1 und Abs. 2 hat der Verordnungsgeber die Rechtsfolge eines Widerspruchs nach Art. 21 Abs. 6 nicht ausdrücklich geregelt. Allerdings erscheint es widersprüchlich, zu unterstellen, dass der Verordnungsgeber einem begründeten Widerspruch nach Abs. 6 keinerlei Rechtsfolge zuweisen wollte.[80] Martini[81] schreibt die diesbezügliche Nichtregelung dem Bemühen des Verordnungsgebers zu, auf Wiederholungen zu verzichten und sieht hierin dessen „selbstverständliche Annahme“, dass für Widersprüche nach Abs. 6 „nichts anderes als nach Abs. 1 und 3 gelten soll“. Tatsächlich ist aus rechtsdogmatischer Sicht kein Grund ersichtlich, warum –zumal angesichts der besonderen Ausnahmesituation des Betroffenen (vgl. Rn. 16) – ein Widerspruch nach Abs. 6 rechtsfolgenlos bleiben sollte. **115**

---

78 So auch *Piltz* BDSG, 2018, § 27 Rn. 23, 3. Auflage Nr. 1.

79 Ehmann/Selmayr-*Kahmann-Braun* Art. 21 Rn. 68; Kühling/Buchner-*Herbst* Art. 21 Rn. 52 u. 55; Paal/Pauly-*Martini* Art. 21 Rn. 61; Sydow-*Helfrich* Art. 21 Rn. 101; i.E. wohl auch *Wolff/Brink-Forgó* Datenschutzrecht, Art. 21 Rn. 30f. und Gola-*Schulz* Art. 21 Rn. 33, die nicht näher auf die Rechtsfolge eingehen.

80 So bereits Kühling/Buchner-*Herbst* Art. 21 Rn. 55; Paal/Pauly-*Martini* Art. 21 Rn. 61.

81 Paal/Pauly-*Martini* Art. 21 Rn. 61.

116 Angesichts der Übereinstimmung wesentlicher Tatbestandsmerkmale[82] zwischen Abs. 1 und Abs. 6 scheint es sachangemessen, dem Widerspruch nach Abs. 6 insgesamt dieselben Rechtsfolgen zuzugestehen, wie einem Allgemeinen Widerspruch nach Abs. 1. Insoweit kann ein Betroffener – obwohl Art. 21 Abs. 6 nicht ausdrücklich im Art. 18 Abs. 1 lit. d erwähnt – vom Verantwortlichen die einstweilige Einschränkung der Verarbeitung seiner personenbezogenen Daten bis zum Entscheid über die Begründetheit des Widerspruchs nach Abs. 6 verlangen (vgl. ausführlich hierzu Rn. 60).

C. Praxishinweise

I. Relevanz für öffentliche Stellen

117 **Öffentliche Stellen** müssen technisch und organisatorisch sicherstellen, dass die Einlegung eines Widerspruchs als solche erkannt wird, und entsprechende **stelleninterne Prozesse** existieren, die nach Eingang/Erkennung eines Widerspruchs eine Prüfung der Begründetheit des Widerspruchs initiieren und in der Lage sein, bis zum Ende dieser Prüfung die Verarbeitung der Daten des Widerspruchsführers einstweilen im Sinne des Art. 18 Abs. 1 lit. d einzuschränken und für jegliche (Weiter-)Verarbeitung zu sperren. Vorbereitungen zur einstweiligen Einschränkung der Verarbeitung der Daten von Widerspruchsführern sind nur in den Fällen entbehrlich, in denen die öffentliche Stelle ausschließlich Datenverarbeitungen ausführt, für die stets die tatbestandlichen Voraussetzungen einer Verbotsausnahme gegeben sind, z.B. weil die Stelle im Sinne von § 36 Alt. 2 BDSG auf Grund von Rechtsvorschriften zur Verarbeitung der personenbezogenen Daten Betroffener verpflichtet ist.

118 Öffentliche Stellen, die sich mit einem allgemeinen Widerspruch nach Abs. 1 konfrontiert sehen, müssen vornehmlich prüfen, ob nicht Tatbestandsvoraussetzungen von **Verbotsausnahmen**, ggf. flankiert durch § 36 BDSG[83], § 27 Abs. 2 BDSG oder § 28 Abs. 4 BDSG, vorliegen, welche ggf. Verantwortliche ausnahmsweise auch in Ansehung eines grundsätzlich wirksamen Widerspruchs zur Fortsetzung der Verarbeitung berechtigen.

II. Relevanz für nichtöffentliche Stellen

119 Genau wie öffentliche Stellen müssen nichtöffentliche Stellen technisch-organisatorisch die korrekte Erkennung und Prüfung eines zugegangenen Widerspruchs gewährleisten. Hierbei ist die **Einmonatsfrist** des Art. 12 Abs. 3 S. 1 zu beachten; ist die technische/faktische Umsetzung der Rechtsfolgen des Widerspruchs hochkomplex oder liegen Verantwortlichen eine Vielzahl von (ggf. gleichgelagerten) Anträgen gem. der Artikel 15 bis 22 vor, können Verantwortliche ausnahmsweise – allerdings nur soweit dies tatsächlich erforderlich ist – diese Monatsfrist um „weitere zwei Monate“ verlängern, sie müssen Betroffene jedoch über die Verlängerung bzw. den Zwischenstand informieren (Verzögerungsmitteilung).

120 **Medienbrüche** sind zu vermeiden; geht dem Verantwortlichen der Widerspruch auf elektronischem Wege zu, ist der Betroffene über Pflichtinformationen nach Art. 12 Abs. 3 „nach Möglichkeit“, „auf elektronischem Weg zu unterrichten“.

---

82 Sowohl Abs. 1 als auch Abs. 6 enthalten den Passus „aus Gründen, die sich aus ihrer besonderen Situation ergeben“.

83 Details zu § 36 BDSG s. Rn. 6 f., 50 f.

III. Relevanz für betroffene Personen

Betroffene sollten sicherheitshalber bei Einlegung eines Widerspruchs explizit die **Einschränkung der Verarbeitung** ihrer vom Widerspruch erfassten personenbezogenen Daten gemäß Art. 18 Abs. 1 lit. d verlangen, damit bis zum Zeitpunkt der Entscheidung des Verantwortlichen über die Begründetheit des Widerspruchs ein Schadenseintritt durch die (Weiter-)Verarbeitung ihrer personenbezogenen Daten ausgeschlossen ist. **121**

Spätestens einen Monat nach Zugang des Widerspruchs beim Verantwortlichen kann der Betroffene mit dessen Rückmeldung zum Stand des Widerspruchverfahrens rechnen (**Einmonatsfrist**). Verstöße gegen diese Pflicht des Verantwortlichen können Betroffene gegenüber der Aufsichtsbehörde gem. Art. 77 rügen. **122**

Verantwortliche dürfen vom Betroffenen angesichts der Vorgaben des Art. 12 Abs. 5 kein Entgelt für „Mitteilungen und Maßnahmen" nach Art. 21 verlangen. **123**

Betroffene können gem. Art. 77 Abs. 1 „unbeschadet eines anderweitigen verwaltungsrechtlichen oder gerichtlichen Rechtsbehelfs" bei einer Aufsichtsbehörde **Beschwerde** einlegen, wenn sie der Auffassung sind, dass ein Verantwortlicher im Zusammenhang mit der Widerspruchseinlegung gegen datenschutzrechtliche Bestimmungen verstößt (z.B. wenn sich ein Verantwortlicher unrechtmäßiger Weise auf das Vorliegen der Ausnahmetatbestände nach Art. 21 Abs. 1 S. 2 beruft oder nicht innerhalb der Einmonatsfrist den Betroffenen über den Stand des Widerspruchverfahrens informiert). **124**

IV. Relevanz für Aufsichtsbehörden

Für Aufsichtsbehörden relevant sind die in Art. 21 enthaltenen Regelungen im Hinblick auf die Bearbeitung von Beschwerden Betroffener gem. Art. 77, wegen Weiterverarbeitung ihrer Daten durch Verantwortliche **trotz Widerspruchseinlegung**, die aufsichtsbehördliche anlassunabhängige oder anlassbezogene Prüfung Verantwortlicher auf Einhaltung datenschutzrechtlicher Bestimmungen zur Wahrung der Betroffenenrechte gem. Art. 15 bis 22 sowie – ggf. – die Sanktionierung hierbei festgestellter Verstöße. **125**

V. Relevanz für das Datenschutzmanagement

Angesichts der mit Zugang der Willenserklärung in Gang gesetzten einmonatigen Reaktionsfrist, sowie des bestehenden Bußgeldrisikos bei diesbezüglichem Verstoß, muss technisch-organisatorisch sichergestellt sein, dass seitens Betroffener eingelegte Widersprüche unverzüglich geprüft bzw. bewertet oder im Falle von Auftragsverarbeitern, an den Verantwortlichen weitergeleitet werden, sofern der Auftrag des Verantwortlichen nicht die inhaltliche Prüfung und Bewertung von Widersprüchen Betroffener mit umfasst. Angesichts der sich aus Art. 5 Abs. 2 und 24 ergebenden **Rechenschaftspflicht** sowie der hieraus resultierenden Beweislastumkehr, könnte ggf. ein mit Mystery-Calls vergleichbarer Test der technisch-organisatorischen Maßnahmen zur Wahrung des Widerspruchsrechts erforderlich sein, aus dem hervorgeht, dass die Eingabe eines Widerspruchs im Produktivbetrieb tatsächlich erkannt und dessen Prüfung initiiert wird, sowie ggf. die Einschränkung der Verarbeitung der auf den Widerspruchsführer bezogenen Daten. **126**

VI. Relevanz im Hinblick auf Sanktionen

127 Verstöße Verantwortlicher gegen die sich aus Art. 21 ergebenden Betroffenenrechte („die Rechte der betroffenen Person gemäß den Artikeln 15 bis 22"), also bspw. die Unterlassung der fristgerechten Mitteilung des Ergebnisses der Widerspruchsprüfung oder die Unterlassung der Mitteilung etwaiger Fristverlängerungen, können Aufsichtsbehörden gem. Art. 83 Abs. 5 lit. b je nach Schweregrad mit Geldbußen in Höhe von bis zu 20 Mio. EUR bzw. bis zu 4 % des weltweit erzielten Vorjahresumsatzes sanktionieren, wobei nach § 41 Abs. 1 S. 3 BDSG „das Landgericht entscheidet, wenn die festgesetzte Geldbuße den Betrag von einhunderttausend Euro übersteigt".

Artikel 22 Automatisierte Entscheidungen im Einzelfall einschließlich Profiling

(1) Die betroffene Person hat das Recht, nicht einer ausschließlich auf einer automatisierten Verarbeitung – einschließlich Profiling – beruhenden Entscheidung unterworfen zu werden, die ihr gegenüber rechtliche Wirkung entfaltet oder sie in ähnlicher Weise erheblich beeinträchtigt.

(2) Absatz 1 gilt nicht, wenn die Entscheidung

a) für den Abschluss oder die Erfüllung eines Vertrags zwischen der betroffenen Person und dem Verantwortlichen erforderlich ist,

b) aufgrund von Rechtsvorschriften der Union oder der Mitgliedstaaten, denen der Verantwortliche unterliegt, zulässig ist und diese Rechtsvorschriften angemessene Maßnahmen zur Wahrung der Rechte und Freiheiten sowie der berechtigten Interessen der betroffenen Person enthalten oder

c) mit ausdrücklicher Einwilligung der betroffenen Person erfolgt.

(3) In den in Absatz 2 Buchstaben a und c genannten Fällen trifft der Verantwortliche angemessene Maßnahmen, um die Rechte und Freiheiten sowie die berechtigten Interessen der betroffenen Person zu wahren, wozu mindestens das Recht auf Erwirkung des Eingreifens einer Person seitens des Verantwortlichen, auf Darlegung des eigenen Standpunkts und auf Anfechtung der Entscheidung gehört.

(4) Entscheidungen nach Absatz 2 dürfen nicht auf besonderen Kategorien personenbezogener Daten nach Artikel 9 Absatz 1 beruhen, sofern nicht Artikel 9 Absatz 2 Buchstabe a oder g gilt und angemessene Maßnahmen zum Schutz der Rechte und Freiheiten sowie der berechtigten Interessen der betroffenen Person getroffen wurden.

– *ErwG: 71, 72, 91*
– *BDSG n.F.: §§ 22, 30, 31, 37*

Übersicht

Literatur: *Albrecht/Jotzo* Das neue Datenschutzrecht der EU, 2017; *Born* Bonitätsprüfungen im Online-Handel – Scorewert-basierte automatisierte Entscheidung über das Angebot von Zahlungsmöglichkeiten, ZD 2015, 66; *Brecht/Steinbrück/Wagner* Der Arbeitnehmer 4.0 – Automatisierte Arbeitgeberentscheidungen durch Sensorik am smarten Arbeitsplatz PinG 2018, 10–15; *Bretthauer/Krempel/Birnstill* Intelligente Videoüberwachung in Kranken- und Pflegeeinrichtungen von morgen, CR 4/2015, 239, 245; *Dammann* Erfolge und Defizite der EU-Datenschutzgrundverordnung, ZD 7/2016, 307–314; *Drewes* Dialogmarketing nach der DSGVO ohne Einwilligung der Betroffenen CR 2016, 721–729; *Eichler* Zulässigkeit der Tätigkeit von Auskunfteien nach der DS-GVO, RDV 2017, 10–13; *Ernst* Algorithmische Entscheidungsfindung und personenbezogene Daten, JZ 2017, 1026–1036; *Klug* Der Datenschutzbeauftragte in der EU – Maßgaben der Datenschutzgrundverordnung, ZD 2016, 315; *Kugelmann* Datenfinanzierte Internetangebote, DuD 2016, 566–570; *von Lewinski/Pohl* Auskunfteien nach der europäischen Datenschutzreform, ZD 2018, 17–23; *Martini* Algorithmen als Herausforderung für die Rechtsordnung JZ 2017, 1017–1072; *Piltz* Die Datenschutz-Grundverordnung (Teil 2) K&R 2016, 629; *Richter* Big Data, Statistik und die Datenschutzgrundverodnung, DuD 2016, 581; *Roßnagel* Europäische Datenschutz-Grundverordnung, 2017; *Taeger* Scoring in Deutschland nach der EU-Datenschutzgrundverordnung, ZRP 2016, 72; *ders.* Verbot des Profiling nach Art. 22 DS-GVO und die Regulierung des Scoring ab Mai 2018, RDV 2017, 3–9.

A. Einordnung und Hintergrund

1 Art. 22 ergänzt das Instrumentarium der Betroffenenrechte der DS-GVO um ein weiteres **Abwehrrecht** in Gestalt eines **Verbots mit Erlaubnisvorbehalten**. Nach Abs. 1 hat die betroffene Person das Recht, keiner Entscheidung unterworfen zu werden, die ausschließlich auf automatisierter Verarbeitung ihrer personenbezogenen Daten basiert und Rechtsfolgen[1] bzw. vergleichbare Auswirkungen mit sich bringt.

2 Obwohl nach Wortlaut und Gesetzessystematik[2] als Betroffenenrecht ausgestaltet – ist Art. 22 Abs. 1 als ein **Verbot** zu qualifizieren. Anderenfalls müssten Betroffene ihr Recht erst gegenüber Verantwortlichen beanspruchen bzw. (außer-)gerichtlich geltend machen, um nicht den Risiken automatisierter Entscheidungsfindung ausgesetzt zu sein.[3] Gleichzeitig ist Art. 22 nicht als Erlaubnis *sui generis* zur Verarbeitung personenbezogener Daten aufzufassen.[4] Er erhöht die allgemeinen Zulässigkeitsanforderungen an Datenverarbeitungen nach Art. 6[5] ausschließlich für **automatisierte Einzelfallentscheidungen**, was insoweit auch deutlicher aus der amtlichen Überschrift der englischen Fassung des Art. 22 hervorgeht („Automated individual decision-making, including pro-

1 Zur Frage, ob es sich um „nachteilige Rechtsfolgen" für den Betroffenen handeln muss, siehe Rn. 32 f.

2 Kühling/Buchner-*Buchner* Art. 22 Rn. 12; Paal/Pauly-*Martini* Art. 22 Rn. 29, der auf die Normierung des Art. 22 in Kapitel III (Rechte der Betroffenen) hinweist; wohl auch Roßnagel-*Hohmann* Europäische Datenschutz-Grundverordnung, § 3 Rn. 153 ff., der Art. 22 im Umfeld der Betroffenenrechte bespricht.

3 So bereits Paal/Pauly-*Martini* Art. 22 Rn. 29.

4 Gola-*Schulz* Art. 22 Rn. 2.

5 *Albrecht/Jotzo* Das neue Datenschutzrecht der EU, Teil 3 Rn. 62.

fling“). Diese **spezielle Form der Nutzung von Ergebnissen automatisierter Datenverarbeitung** wird von Art. 22 Abs. 1 nur dann erfasst, wenn diese unter faktischem Ausschluss der Einwirkung natürlicher Personen ermittelt wurden (zu den Anwendungsvoraussetzungen s. Rn. 19 ff.). Buchner[6] spricht insoweit zutreffend von **zusätzlichen Rechtmäßigkeitsvoraussetzungen**. Die Zulässigkeit der Datenverarbeitungen, auf deren Grundlage die von Art. 22 Abs. 1 regulierten automatisierten Entscheidungen ergehen, richtet sich insoweit nach den allgemeinen Grundsätzen des Art. 6.

In den **Abs. 2–4** sieht der Verordnungsgeber ausdrücklich **Erlaubnisvorbehalte** von dem grundsätzlichen Verbot vor (zu Erlaubnisvorbehalten siehe Rn. 41). Abs. 3 verpflichtet Verantwortliche im Falle von automatisierten Einzelentscheidungen spezielle Mindestmaßnahmen zum Schutz der Betroffenenrechte zu ergreifen. 3

Sinn und Zweck des Art. 22 ist der Schutz der Betroffenen vor menschenunwürdiger Ausnutzung technischer Möglichkeiten zur Automatisierung von Lebenssachverhalten. Art. 22 verhindert, dass der **Mensch zum bloßen Objekt[7] voll automatisierter Datenverarbeitungsverfahren** verkommt. Verantwortliche sollen Entscheidungen, die für Betroffene rechtlich relevant sind oder sie gar beschweren nicht **„ausschließlich“** auf rationale Erwägungen bzw. eine Schematisierung von Lebenssachverhalten[8] stützen dürfen und zugleich den **emotionalen Faktor „Mensch“** systematisch ausklammern können. 4

Schulz[9] gibt zu bedenken, dass der Verordnungsgeber durch die Normierung eines grundsätzlichen Verbots ausschließlich automatisierter Entscheidungsfindung die **Vorteile rein maschineller, objektiver Entscheidungsfindung** ignoriert und die „naturgemäß auch von nicht-sachlichen Erwägungen geleiteten Entscheidungen natürlicher Personen unbeachtet“ lässt. [10] 5

Diese Argumentation berücksichtigt nicht, dass Entscheidungen künstlicher Intelligenzen[11] auf Algorithmen[12] beruhen, die von nicht fehlerfrei arbeitenden natürlichen Personen programmiert und implementiert werden müssen.[13] Der Risikoanteil auf Grund des fehlerfanfälligen Faktors „Mensch“ ist somit auch der ausschließlich automatisierten Entscheidungsfindung per se immanent. Der Verordnungsgeber stellt mithilfe des Art. 22 sicher, dass auch im Zeitalter der ubiquitären Digitalisierung Raum für menschliches Ermessen sowie Mitgefühl bleibt und somit die Berücksichtigung von atypischen bzw. Härtefällen weiterhin gewährleistet ist. 6

---

6 Kühling/Buchner-*Buchner* Art. 22 Rn. 12.

7 So bereits Paal/Pauly-*Martini* Art 22, Rn. 1; Kühling/Buchner-*Buchner* Art. 22 Rn. 11.

8 Grabitz/Hilf-*Brühmann* Das Recht der Europäischen Union, 40. Aufl. Art. 15 EG-DSRL, Rn. 1.

9 Gola-*Schulz* Art. 22 Rn. 2.

10 Wobei WP 29 WP 251 Rev. 01 vom 3.10.2017, S. 13, zuletzt geändert am 6.2.2018, dies trotz Art. 22 weiterhin für möglich hält: „Controllers may wish to use automated decision-making, for example, because they: potentially allow for greater consistency or fairness in the decision making process (e.g. by reducing the potential for human error, dicrimination and abuse of power […].“

11 Zum Begriff der „Künstlichen Intelligenz“ siehe *Ernst* Algorithmische Entscheidungsfindung und personenbezogene Daten JZ 1026, 1027, dort Pkt. II Nr. 2 m.w.N.

12 S. zum Begriff Rn. 36.

13 Laut *Ernst* a.a.O., 1028 fehlt Algorithmen u.a. die Fähigkeit zur Selbstreflexion insoweit verweist er auf das Fallbeispiel der „Three black Teenager“ m.w.N.

I. Erwägungsgründe

7 Den in Art. 22 enthaltenen Regelungen lassen sich inhaltlich die ErwG 71, 72 und 91 zuordnen.

8 Mit Art. 22 setzt der Verordnungsgeber angesichts der offensichtlichen inhaltlichen Übereinstimmungen zu großen Teilen den Normierungsauftrag in ErwG 71 um, der ein **Abwehrrecht des Betroffenen bezüglich automatisierter Einzelfallentscheidung** beschreibt und zudem ausführt, in welchen Fällen Verbotsausnahmen zulässig sein sollen und welche Mindestgarantien den Betroffenen in diesen Ausnahmefällen ausgleichshalber zugestanden werden sollen. Ferner enthält ErwG 71 neben Anwendungsszenarien eines solchen Rechts und der Profiling-Definition (eingeflossen in die „Profiling"-Legaldefinition in Art. 4 Nr. 4) die Mindestanforderungen an die Rahmenbedingungen, unter denen Verantwortliche Profiling betreiben dürfen.

9 Nach ErwG 71 Satz 1 sollte die betroffene Person „das Recht haben, keiner Entscheidung – was eine Maßnahme einschließen kann – zur Bewertung von sie betreffenden persönlichen Aspekten unterworfen zu werden, die ausschließlich auf einer automatisierten Verarbeitung beruht und die rechtliche Wirkung für die betroffene Person entfaltet oder sie in ähnlicher Weise erheblich beeinträchtigt". Gegenüber diesem Textvorschlag weist Art. 22 einen **stark erweiterten Anwendungsbereich** auf. Während die Formulierung in ErwG 71 S. 1 lediglich Entscheidungen in Bezug auf Betroffene reguliert, die „zur Bewertung von sie betreffenden persönlichen Aspekten" ergehen und insoweit starke Kongruenzen zur Profiling-Definition des Art. 4 Nr. 4 aufweist, erfasst das Verbot des Art. 22 Abs. 1 nun jegliche Entscheidung, die einerseits auf einer automatisierten Verarbeitung beruht und andererseits gegenüber einem Betroffenen „rechtliche Wirkung entfaltet" oder ihn „in ähnlicher Weise erheblich beeinträchtigt". In dem Spiegelstrich-Zusatz „einschließlich Profiling", ist insoweit nur eine **deklaratorische Klarstellung des Verordnungsgebers** zu sehen, dass eine automatisierte Entscheidungsfindung ausdrücklich auch dann von Art. 22 Abs. 1 erfasst ist, wenn sie auf Profiling im Sinne von Art. 4 Nr. 4 – also der automatisierten Verarbeitungen zur Bewertung persönlicher Aspekte – beruht. Auf die Übernahme des Gedankens, dass Betroffenen das Abwehrrecht aus Art. 22 auch gegenüber **hoheitlichen Maßnahmen**[14] zusteht, hat er hingegen verzichtet. Ebenso findet die Erwägung, dass kein Kind einer automatisierten Einzelentscheidung unterworfen werden soll, im Normentext der DS-GVO keinen Widerhall.

10 Als ein mögliches Anwendungsszenario des Abwehrrechts führt ErwG 71 die automatische „**Ablehnung eines Online-Kreditantrags** oder **Online-Einstellungsverfahren ohne jegliches menschliches Eingreifen**" an.

11 Die Erwägung des ErwG 72, dem nach Art. 68 einzurichtenden europäischen Datenschutzausschuss die Kompetenz zu verleihen, Leitlinien in Bezug auf das „Profiling" herauszugeben, wurde vom Verordnungsgeber in Art. 70 Abs. 1 lit. f umgesetzt. Art. 70, der einen angesichts seines Wortlauts („insbesondere") nicht abschließenden Katalog an Tätigkeiten enthält, die dem Datenschutzausschuss aufgabenhalber zugewiesen werden, ermächtigt in Buchstabe f den de facto-Nachfolger der Art.-29-Daten-

14 Der Begriff der „Maßnahme" findet sich sowohl in Art. 26 des Vertrags über die Arbeitsweise der Europäischen Union (AEUV), ABl. EG Nr. C 115 vom 9.5.2008, S. 47, als auch in der Legaldefinition des Verwaltungsakts in § 35 S. 1 VwVfG, BGBl. I 2003 S. 102 wieder.

schutzgruppe der Europäischen Kommission dazu, „von sich aus oder gegebenenfalls auf Ersuchen der Kommission" „**Kriterien und Bedingungen für die auf Profiling beruhenden Entscheidungen** gem. Art 22 Abs. 2" zu bestimmen, indem den DS-GVO-Anwendern neben Leitlinien auch Empfehlungen und bewährte Verfahren gemäß Art. 70 Abs. 1 lit. e bereitgestellt werden. Ob die seitens der Art. 29 Datenschutzgruppe in ihrem Arbeitspapier Nr. 251 veröffentlichten Leitlinien zur automatisierten Entscheidungsfindung und Profiling vom Datenschutzausschuss übernommen oder abgeändert werden, bleibt abzuwarten.

In ErwG 91 S. 2 führt der Verordnungsgeber die automatisierte Einzelentscheidung **12** sowie Profiling als Beispiel für Verarbeitungstätigkeiten an, bei denen Verantwortliche zur Durchführung einer Datenschutzfolgenabschätzung verpflichtet sein sollten. Diese Erwägung wurde in Art. 35 Abs. 3 lit. a umgesetzt (siehe auch Rn. 165).

II. BDSG n.F.

Mit Normierung der §§ 31, 37 BDSG hat der deutsche Gesetzgeber von der in Art. 22 **13** Abs. 2 lit. b enthaltenen Öffnungsklausel Gebrauch gemacht und auf nationalstaatlicher Ebene explizite **Regelungen für Scoring und Bonitätsauskünfte** (§ 31 BDSG) sowie der automatisierten Einzelfallentscheidung – einschließlich Profiling – im Versicherungswesen (§ 37 BDSG) normiert. Dabei zeigt dessen amtliche Überschrift „Schutz des Wirtschaftsverkehrs bei Scoring und Bonitätsauskünften" deutlich, dass der Gesetzgeber mit Erlass dieser Regelungen allein auf den Schutz des Wirtschaftsverkehrs abzielt.

Demgegenüber dient § 30 BDSG – wie zuvor § 29 Abs. 6 und 7 BDSG a.F. – der **14** Umsetzung von Vorgaben des Art. 9 Verbraucherkreditrichtlinie[15]. § 30 Abs. 1 BDSG beinhaltet zudem eine Formulierung, die zur Definition des in § 31 verwandten Begriffs „Auskunfteien" herangezogen werden kann (s. Rn. 104)

§ 31 BDSG wurde laut Begründung des deutschen Gesetzgebers[16] mit der Zielvorgabe **15** normiert, den „materiellen Schutzstandard" der §§ 28a und 28b BDSG a.F. zu erhalten. Deshalb greift Abs. 1 des § 31 BDSG inhaltlich überwiegend die Vorgaben des § 28b BDSG a.F. zur **Zulässigkeit von Scoring**[17] im Zusammenhang mit der Begründung, Durchführung oder Beendigung eines Vertragsverhältnisses auf, während Abs. 2 von § 31 BDSG teilweise regelungstechnisch deckungsgleich mit § 28a BDSG a.F. ist, der die Zulässigkeit einer Übermittlung von forderungsbezogenen personenbezogenen Daten an Auskunfteien regulierte. Auffällig ist allerdings, dass die Reglungen des § 31 Abs. 2 BDSG an zentraler Stelle von der Regelung in § 28a BDSG a.F. zu Lasten der Betroffenen abweicht (s. hierzu ausführlich Rn. 106).

Demgegenüber basiert § 37 BDSG teilweise auf den Regelungen des § 6a BDSG a.F. **16** und trägt nach Auffassung des Bundesrats[18] „den spezifischen Belangen der Versicherungswirtschaft Rechnung".

---

15 2008/48/EG, ABl. EU 2008 L 133, 66.

16 BT-Drucks. 18/11325 vom 24.2.2017, S. 102, zu § 31.

17 Siehe umfassend zur Zulässigkeit des Scoring aus europäischer Perspektive *von Lewinski/Pohl* Auskunfteien nach der europäischen Datenschutzreform, ZD 2018, 17 m.w.N.

18 BR-Drucks. 110/17, S. 107.

§ 37 ermöglicht es Verantwortlichen – bei Vorliegen bestimmter Voraussetzungen – automatisierte Einzelfallentscheidungen auch dann zu treffen, wenn dies nach Art. 22 Abs. 2 lit. a und c nicht zulässig wäre. Erforderlich ist jedoch stets, dass die Entscheidung „im Rahmen der Leistungserbringung nach einem Versicherungsvertrag ergeht" (s. Rn. 149 f.).

III. Normengenese und -umfeld

17 Die Struktur des Art. 22 wurde teilweise vom Verordnungsgeber aus Art. 15 übernommen und ergänzt. Der ursprünglich in Art. 20 (jetzt Art. 22) des Kommissionsentwurfs[19] bzw. Parlamentsvorschlag verwandte Begriff der „Maßnahme" (engl. measures) wurde – wohl mit der Prämisse die bereits aus Art. 15 DSRL bekannte Formulierung wieder aufzugreifen – auf Vorschlag des Rats wieder in „Entscheidung" umformuliert.

18 Die nun in Art. 22 Abs. 3 enthaltene **Trias verpflichtender Mindestmaßnahmen** war im Kommissionsentwurf ursprünglich nicht vorgesehen[20] und wurde seitens des Rats aus dem Parlamentsvorschlag und schließlich in die Trilogfassung übernommen. Letztere entspricht – abgesehen von der Nummerierung der Artikel (dort noch als Art. 20 geführt) – dem aktuellen Wortlaut des Art. 22 Abs. 3.

19 Die noch im KOM-Entwurf[21] in Art. 20 Abs. 5 vorgesehene Selbstermächtigung der EU-Kommission, delegierte Rechtsakte zu erlassen, um Kriterien und Bedingungen näher zu regeln, die für geeignete Maßnahmen zur Wahrung der berechtigten Interessen im Zusammenhang mit der ausnahmsweise erlaubten automatisierten Einzelfallentscheidung sowie Profiling gelten sollen, wurde durch den Parlamentsentwurf zu einem diesbezüglichen Auftrag des Europäischen Datenschutzausschusses abgeschwächt bzw. modifiziert und letztlich in der Trilogfassung aus Art. 20 herausgelöst. Der Arbeitsauftrag findet sich nunmehr in der amtlichen Fassung in Art. 70 Abs. 1 lit. f wieder.

20 **1. DSRL.** Inhaltlich lehnt sich der Verordnungsgeber bei Art. 22 stark an der Grundstruktur des Art. 15 DSRL an, der gleichfalls als Verbot mit Erlaubnisvorbehalt ausgestaltet wurde.[22] Sowohl das Recht des Betroffenen keiner Entscheidung unterworfen zu werden, die ausschließlich auf einer automatisierten Verarbeitung beruht (Abs. 1), als auch die Ausnahmen hiervon (Erforderlichkeit der Entscheidung für den Abschluss eines Vertrags (Abs. 2 lit. a) oder Existenz einer Erlaubnisnorm der EU oder eines Mitgliedstaats (Abs. 2 lit. b) orientieren sich inhaltlich und strukturell eng am Vorbild des Art. 15 DSRL. Der Verordnungsgeber ergänzt die in Art. 15 DSRL enthalten Verbotsausnahmen jedoch in Art. 22 Abs. 2 lit. c um die Klarstellung, dass Entscheidungen nach Abs. 1 auch dann zulässig sind, wenn Betroffene ausdrücklich hierin eingewilligt haben.

---

19 KOM(2012)11, S. 61, http://eur-lex.europa.eu/LexUriServ/LexUriServ.do?uri=COM:2012:0011:FIN:DE:PDF.

20 KOM(2012)11 führt in Art. 20 Abs. 2 lit. a lediglich das „Recht auf direkten persönlichen Kontakt" als Beispiel für eine geeignete Maßnahme zur Wahrung der berechtigten Interessen der betroffenen Person auf.

21 KOM(2012) 11, S. 62.

22 So bereits *Laue/Nink/Krämer* Das neue betriebliche Datenschutzrecht in der Praxis, § 2 Rn. 72.

Während Art. 15 DSRL noch keine spezifischen Regelungen hinsichtlich besonderer Kategorien von personenbezogenen Daten vorsah, regelt der Verordnungsgeber nun automatisierte Entscheidungen im Einzelfall bzw. Profiling in Bezug auf diese Datenkategorie ausdrücklich in Abs. 4. Abs. 4 wurde – wie Art. 22 – gleichfalls als Verbot mit Erlaubnisvorbehalt ausgestaltet und verbietet es Verantwortlichen grundsätzlich, automatisierte Entscheidungen auf besondere Kategorien personenbezogener Daten zu stützen, sofern nicht die Voraussetzungen einer der zwei ebenfalls in Abs. 4 normierten Ausnahmetatbestände vorliegen (qualifizierte Einwilligung der Betroffenen nach Art. 9 Abs. 2 lit. a bzw. Vorliegen vorrangiger Erlaubnisvorschriften gem. Art. 9 Abs. 2 lit. g) und zusätzlich seitens des Verantwortlichen „angemessene Maßnahmen zum Schutz der Rechte und Freiheiten sowie der berechtigten Interessen der betroffenen Personen getroffen wurden“. **21**

2. BDSG a.F. Die Maßgaben des Art. 15 DSRL hatte der deutsche Gesetzgeber in § 6a Abs. 1 und 2. BDSG a.F. umgesetzt. Dessen inhaltlicher Aufbau – Verbot (Abs. 1) mit Erlaubnisvorbehalt (Abs. 2) – entspricht Art. 22 weitgehend[23], enthält jedoch – anders als Art. 22 – keine spezifischen Regelungen im Hinblick auf besondere Kategorien von personenbezogenen Daten. Verglichen mit Art. 22 Abs. 2 lit. a hatte der Bundesgesetzgeber den Erlaubnisvorbehalt des § 6a Abs. 2 Nr. 1 BDSG a.F. enger gefasst. Gegenüber Art. 22 Abs. 2 lit. a setzt die Verbotsausnahme nach § 6a Abs. 2 Nr. 1 BDSG a.F. zusätzlich voraus, dass dem Begehren des Betroffenen stattgegeben wurde. **22**

3. WP der Art.-29-Datenschutzgruppe. Umfangreiche Hilfestellung zu Fragestellungen der automatisierten Entscheidungsfindung und Profiling bietet das Arbeitspapier Nr. 251 der Europäischen Art.-29-Datenschutzgruppe vom 3. Oktober 2017[24]. **23**

B. Kommentierung

I. Allgemeines Abwehrrecht gegen automatisierte Einzelfallentscheidung und Profiling (Abs. 1)

Art. 22 Abs. 1 verbietet es Verantwortlichen, Betroffene einer „Entscheidung“ zu „unterwerfen“. Das aus Art. 22 Abs. 1 resultierende Verbot[25] erfasst dabei nur solche Entscheidungen des Verantwortlichen, die „ausschließlich auf einer automatisierten Verarbeitung – einschließlich Profiling-“ „beruhen“ und zudem dem Betroffenen gegenüber eine „rechtliche Wirkung“ entfalten (1. Alt.), oder ihn „in anderer Weise erheblich beeinträchtigen“ (2. Alt.). **24**

Insoweit normiert der Verordnungsgeber in Art. 22 Abs. 1 keine besonderen Zulässigkeitsvoraussetzungen die anstelle des Art. 6 treten sollen, sondern reguliert mittels **„zusätzlicher Rechtmäßigkeitsvoraussetzungen„**[26] eine spezifische Art der „Nutzung bestimmter Ergebnisse einer Datenverarbeitung“[27], der er ein besonders hohes Risiko beimisst. Die Zulässigkeit der Datenverarbeitungen, auf deren Grundlage die von **25**

---

23 Paal/Pauly-*Martini* Art. 22 Rn. 32.

24 WP 251 Rev. 01 v. 3.10.2017, zuletzt geändert am 6.2.2018, http:/ec.europa.eu/newsroom/article29/document.cfm?doc_id=49826.

25 Siehe hierzu Rn. 1.

26 *Albrecht/Jotzo* Das neue Datenschutzrecht der EU, Teil 3 Rn. 62; Kühling/Buchner-*Buchner* Art. 22 Rn. 9.

27 Kühling/Buchner-*Buchner* Art. 22 Rn. 11.

Art. 22 Abs. 1 regulierten automatisierten Entscheidungen ergehen, richtet sich insoweit nach den allgemeinen Grundsätzen des Art. 6.

26 **1. „Entscheidung" im Sinne von Art. 22 Abs. 1.** Zentrale Anwendungsvoraussetzung des Verbots aus Abs. 1 ist, dass Betroffene einer „Entscheidung" des Verantwortlichen „unterworfen" werden. Rechtsanwender müssen – wie auch schon bei der Rechtsvorgängervorschrift Art. 15 DSRL – mangels Definition der Tatbestandsmerkmale „Entscheidung" und „unterwerfen" deren Bedeutung im Wege der Auslegung ermitteln.

27 **a) „Entscheidung".** Eine „**Entscheidung**„ im Sinne des Art. 22 Abs. 1 setzt voraus, dass der Verantwortliche eine **Wahl aus mindestens zwei faktisch vorhandenen Handlungsalternativen** trifft; wobei anstelle einer Handlung auch eine Unterlassung[28] zur Auswahl stehen kann.[29] Diese Auswahl des Verantwortlichen muss zudem in einer der in Abs. 1 genannten Auswirkungen – "rechtliche Wirkung" bzw. „ähnlich erhebliche Beeinträchtigung" – resultieren. Da der Verordnungsgeber das Verbot automatisierter Einzelentscheidungen im Hinblick auf Normadressaten nicht beschränkt hat, können Verantwortliche von „Entscheidungen" nach Abs. 1 **natürlichen Personen** und **juristische Personen** sein.[30]

28 Art. 22 Abs. 1 erfasst dabei sowohl **reaktive** als auch vom Verantwortlichen **selbst initiierte automatisierte Entscheidungsfindungen;** also neben Entscheidungen, denen ein Impuls des Betroffenen vorausgeht (z.B. Antragstellung), auch solche, die auf die Eigeninitiative des Verantwortlichen zurückgehen (z.B. automatische Kündigung bei Überschreiten eines zuvor vom Verantwortlichen definierten Schwellwerts).

29 **b) Unterwerfung des Betroffenen.** Aus dem Wortlaut der Formulierung „**unterworfen zu werden**" lässt sich die Voraussetzung ableiten, dass Betroffene an dem Prozess der Entscheidungsfindung des Verantwortlichen zu keinem Zeitpunkt beteiligt waren bzw. zumindest vor dem Zeitpunkt, auf dem sie sich ggf. auf ihre Rechte nach Abs. 3 oder Abs. 2 lit. b berufen, **keinen entscheidenden Einfluss auf den Ausgang der Entscheidung** gehabt haben. Letzteres ist immer gegeben, wenn allein der Verantwortliche die Bedingungen und Kriterien der automatisierten Verarbeitung vorgibt und somit die allein über die Grundlagen der Entscheidungsfindung disponiert.[31]

30 von Lewinski[32] verneint das Tatbestandsmerkmal des „Unterworfen"-Sein im Falle von **Suchmaschinenergebnissen**, da die Nutzung auf der Entscheidung des Nutzers beruhe. Zwar ist von Lewinski im Hinblick auf das Ergebnis uneingeschränkt zuzustimmen, da bspw. Google bei mehr als 2 Billionen Suchanfragen pro Jahr[33] wohl kaum zugemutet werden kann, Nutzern bei jedem einzelnen Suchergebnis die Mindestschutzmaßnahmen nach Abs. 3 – u.a. Recht auf Darlegung des eigenen Standpunkts – zuzugestehen. Allerdings scheitert das Greifen des Verbots der automatisier-

28 Gierschmann-*Veil* Art. 22 Rn 58.
29 Ähnlich Gola-*Schulz* Art. 22 Rn. 18, der darüber hinaus eine „in gewisser Weise abschließende Wirkung" fordert.
30 Gola-*Schulz* Art. 22 Rn. 18.
31 *Gola*-Schomerus-*Klug/Körffer* § 6a BDSG Rn. 3, zum Tatbestandsmerkmal „unterworfen" i.S.d. Art. 15 Abs. 1 DSRL.
32 BeckOK DatenSR-*von Lewinski* Stand 1.11.2017, Art. 22 Rn. 19, unter Bezugnahme auf *Golla* Abgenickt von Algorithmik, PinG 2014, 61 (65).
33 Meldung von SearchEngineLand vom 24.5.2016, https://searchengineland.com/google-now-handles-2-999-trillion-searches-per-year-250247 (abgerufen am 14.1.2018).

ten Entscheidungsfindung nach Art. 22 Abs. 1 nicht am Fehlen des Unterworfen-Seins, sondern daran dass die Tatbestandsmerkmale „rechtliche Wirkung" bzw. „einer ähnlichen Weise erheblichen Beeinträchtigung" nicht gegeben sind. Denn auch wenn Nutzern angesichts moderner **SEO-Verfahren**[34] Möglichkeiten zur Verfügung stehen, die Ergebnisse der Suchmaschine zu beeinflussen, sind Nutzer den Entscheidungen von Suchmaschinenbetreibern völlig „unterworfen" im Sinne des Art. 22 Abs. 1. Denn Letzteren steht es jederzeit frei unangekündigt die Bedingungen der meist unentgeltlich angebotenen Entscheidungsfindung in Form der Priorisierung von Suchergebnissen abzuändern und somit im obigen Sinne des „Unterwerfens" alleinig über die Kriterien der zur Entscheidung führenden Verarbeitung zu disponieren.

Anders ist das Vorliegen des Tatbestandsmerkmals „Unterworfen werden" ggf. bei **SmartHome-Systemen**[35] zu beurteilen, jedoch nur solange dem SmartHome-Bewohner jederzeit die Option eines Eingriffs in die Verarbeitung zusteht und der Betroffene tatsächlich entscheidenden Einfluss auf die faktischen Folgen der vom SmartHome getroffenen Entscheidung nehmen kann. Handelt es sich hingegen um herstellerseitig fest vorgegebene Algorithmen/Entscheidungsfindungsprozesse, die vom Nutzer nicht übergangen werden können, dürfte das Kriterium des Unterworfen-Seins auch hier erfüllt sein (z.B. denkbar bei smarten Rauchmeldern oder Alarmsystemen). In diesen Fällen ist insoweit das Vorliegen der Voraussetzung einer Ausnahme nach Art. 22 Abs. 2 lit. a zu prüfen (zu Erlaubnisvorbehalten siehe Ausführungen zu Abs. 2). **31**

c) Rechtliche und faktische Auswirkungen der automatisierten Einzelfallentscheidung. Eine Entscheidung muss ferner gegenüber dem Betroffenen eine für ihn rechtlich vorteilhafte oder nachteilige[36] „Wirkung entfalten" oder „ihn in ähnlicher Weise erheblich beeinträchtigen". **32**

aa) „rechtliche Wirkung" (1. Alt.). Wann automatisierte Entscheidungen gegenüber dem Betroffenen eine „rechtliche Wirkung entfalten" definiert die DS-GVO selbst – wie schon zuvor § 6a BDSG a.F. – nicht. **33**

Nach der zutreffenden **Definition des Begriffs „Entscheidung"** von Buchner[37] ist dies immer dann der Fall, wenn die Entscheidung „die Rechtsposition der betroffenen Person in irgendeiner Weise verändert, ein Recht oder Rechtsverhältnis begründet oder aufgehoben wird oder in ein Recht eingegriffen wird". In der Zusammenschau mit der Tatbestandsvoraussetzung „unterworfen zu werden" kommt hierbei allein **einseitiges Handeln oder Unterlassen**[38] seitens des Verantwortlichen in Betracht. **34**

Hierzu zählen neben rechtsgeschäftlichen rechtsgestaltenden Handlungen auf privatrechtlicher Ebene, wie Mahnungen oder Kündigungen (ggf. auch von Arbeitsverträgen[39]), insbesondere auch **öffentlich-rechtliche Maßnahmen**[40], also einseitiges, behörd- **35**

34 SEO steht für Search Enginge Optimization.

35 Beispiel nach BeckOK DatenSR-*von Lewinski* Art. 22 Rn. 20.

36 Siehe hierzu den im Folgenden geschilderten Streitstand.

37 Kühling/Buchner-*Buchner* Art. 22 Rn. 23 f.

38 Gierschmann-*Veil* Art. 22 Rn 58.

39 BeckOK DatenSR-*von Lewinski* Stand 1.11.2017, Art. 22 Rn. 31 verweist auf *Gross/Gressel* Entpersonalisierte Arbeitsverhältnisse als rechtliche Herausforderung – Wenn Roboter zu Kollegen und Vorgesetzten werden, NZA 2016, 990 (993).

40 „Maßnahmen" werden ausdrücklich in EWG71 S. 1 erwähnt: „Die betroffene Person sollte das Recht haben, keiner Entscheidung – was eine Maßnahme einschließen kann- […]"

liches Handeln zur Regelung eines Einzelfalls wie der (Nicht-)Erlass von Verwaltungsakten[41]. Teilweise wird der Begriff der Maßnahme im Zusammenhang mit Art. 22 auch abweichend interpretiert.[42]

36 Tatbestandsmäßig wären insoweit die automatische Verweigerung von Leistungsbescheiden[43] bzw. Genehmigungsbescheiden oder die Schätzung der Steuerlast. Zur **Reichweite des Tatbestandsmerkmals „rechtliche Folgen"** gilt Folgendes:

37 Wie weit das Tatbestandsmerkmal „rechtliche Wirkung" zu fassen ist, wird in der juristischen Literatur derzeit uneinheitlich beantwortet. Insbesondere wird hinterfragt, ob **allein nachteilige Rechtsfolgen** für den Betroffenen erfasst sind, oder das Tatbestandsmerkmal „rechtliche Folge" auch **lediglich vorteilhafte Rechtsfolgen** (z.B. vollumfängliche Stattgabe des Betroffenenantrags) mit umfasst.

38 *Schulz*[44] und *Buchner*[45] verneinen den Anwendungsbereich des Art. 22 für vollumfänglich stattgebende Entscheidungen und leiten dies im Wege **grammatischer Auslegung** aus dem Wortlaut des Abs. 1 ab, der – über die Formulierungen von Art. 15 DSRL und § 6a BDSG a.F. hinausgehend[46] – auch greift, wenn eine automatisierte Entscheidung den Betroffenen „**in ähnlicher Weise** erheblich belastet". Nach dieser Auffassung ist in der zweiten Tatbestandsalternative „in ähnlicher Weise erheblich beeinträchtigend" eine Rückbezugnahme auf die erste Tatbestandsalternative „rechtliche Wirkung" zu sehen, so dass der Verordnungsgeber angesichts der Verwendung des Tatbestandsmerkmals der „Ähnlichkeit" letztlich nur nachteilige „rechtliche Wirkungen" gemeint haben kann.

39 Demgegenüber vertreten Hladjk[47], Martini[48] und von Lewinski[49] die Auffassung, dass es nicht darauf ankomme, ob die „rechtliche Wirkung" von dem Betroffenen als positiv oder negativ bewertet wird. Diese Auffassung wird im Rahmen **historischer Auslegung** durch die **Entstehungsgeschichte des Art. 22** gestützt, auf die Veil[50] verweist. So hatten ursprünglich die Länder Spanien und Deutschland darauf gedrängt, den Anwendungsbereich des Verbots der automatisierten Einzelfallentscheidung auf nachteilige Wirkungen zu beschränken, weshalb zeitweise das Verbot des Art. 20 Abs. 1 des KOM-Entwurfs nur bei „significant adverse effects„ gegolten hätte.[51] Berücksichtigt

41 Bzgl. Legaldefinition des Begriffs „Verwaltungsakt" s. § 35 S. 1 Verwaltungsverfahrensgesetz, BGBl. I 2003 S. 102.

42 *Piltz* Die Datenschutz-Grundverordnung (Teil 2) K&R 2016, 629(635) der die Maßnahme einer Entscheidung vorlagert sieht, sowie Gierschmann-*Veil* Art. 22 Rn 63, der Maßnahmen als Handlungen mit faktischer Wirkung definiert.

43 Beispiele nach Wolff/Brink-*von Lewinski* Datenschutzrecht des Bundes und der Länder, § 6a Rn. 24 zu Rechtsfolgen im öffentlichen Bereich.

44 Gola-*Schulz* Art. 22 Rn. 22.

45 Kühling/Buchner-*Buchner* Art. 22 Rn. 24.

46 Beide Normen stellen neben der rechtlichen Folge lediglich auf eine „erhebliche Beeinträchtigung" des Betroffenen ab.

47 Ehmann/Selmayr-*Hladjk* Art. 22 Rn. 9, offen lassend unter Hinweis auf das dringende Erfordernis seitens des Europäischen Datenschutzausschusses diesbezügliche Leitlinien zu entwickeln.

48 Ohne Begründung Paal/Pauly-*Martini* Datenschutz-Grundverordnung, Art. 22 Rn. 26.

49 BeckOK DatenSR-*von Lewinski* Stand 1.11.2017, Art. 22 Rn. 33.

50 Gierschmann-*Veil* Art. 22 Rn 69.

51 Gierschmann-*Veil* Art. 22 Rn 69 verweist auf Art. 20 Abs. 1 des Ratsentwurfs vom 26.2.2013, Ratsdok. 6814/13 S. 10f., abrufbar unter https://lobbyplag.eu/governments/assets/pdf/CD-6814_13.pdf.

man neben der Entstehungsgeschichte des Art. 22, in dessen Verlauf sich die deutsch-spanische Bestreben letztlich nicht durchsetzen konnte[52] auch den Umstand, dass die Bedeutung der in der englischsprachigen Fassung der DS-GVO verwandten Formulierung („affects him or her") neutraler[53] ist, als das in der deutschen Sprache eindeutig negativ konnotierte Wort „beeinträchtigen", lässt sich durchaus die Auffassung vertreten, dass das Verbot aus Art. 22 Abs. 1 auch lediglich rechtlich vorteilhafte Rechtsfolgen erfasst.

Veil[54] hingegen, der im Wege der **teleologischen Auslegung** auf den **Sinn und Zweck** des Art. 22 Abs. 1 abstellt, den Betroffenen zu schützen, erscheint es widersinnig, den Betroffenen im Falle einer automatisierten Einzelentscheidung mit lediglich rechtlich vorteilhafter Rechtsfolge den Betroffenen auch gegen seinen erklärten Willen davor zu schützen, dass die Entscheidung zu seinen Gunsten ergeht. Insoweit plädiert er dafür, auch für Betroffene günstige Entscheidungen generell zuzulassen und dem Verbot des Art. 22 Abs. 1 zu entziehen. 40

In der **Gesamtwürdigung** ist die zweitgenannte Auffassung, die **neben Nachteiligen auch vorteilhafte Rechtsfolgen für Betroffene** in den Anwendungsbereich des Abs. 1 mit einbezieht, gegenüber den anderen genannten Auffassungen vorzugswürdig. Denn sie gewährleistet Betroffenen nicht nur das vom Verordnungsgeber – ausweislich der Entstehungsgeschichte der Norm – intendierte Schutzniveau und berücksichtigt die unterschiedliche Lesart des in der englischen Sprachfassung der Norm verwandten Ausdrucks „affects him or her", sondern eliminiert als einzige genannte Auffassung das Risiko, dass Rechtsanwender auf Grund von Fehlern im Rahmen der Prüfung, ob eine Einzelfallentscheidung nun den Maßgaben des Art. 22 unterliegt oder nicht, wegen Verstößen gegen Vorgaben des Art. 22 – z.B. Nichttreffen von angemessenen Schutzmaßnahmen nach Abs. 3 – einem hohen Bußgeldrisiko ausgesetzt sind. Außerdem sind Irrtümer des Verantwortlichen in Bezug auf die Günstigkeit einer „rechtlichen Wirkung" der automatisierten Entscheidung nach dieser Auffassung kategorisch ausgeschlossen, was insofern für ein Plus an Rechtssicherheit sorgt; zumal der „Anreiz" für Verantwortliche entfällt, Entscheidungsfindungen so zu konzipieren, dass sie ggf. gezielt aus dem Anwendungsbereich des Art. 22 herausfallen. Für diese Auffassung spricht auch, dass der deutsche Gesetzgeber es für erforderlich hielt, in § 37 Abs. 1 Nr. 1 BDSG ausdrücklich vorteilhafte Wirkungen in Form der Stattgabe des Betroffenenbegehrens von dem Verbot des Art. 22. Abs. 1 auszunehmen.[55] 41

von Lewinski[56] fordert darüber hinaus, dass die **„rechtliche Wirkung"** sich **„entfalten"** muss, da dies in der englischen Sprachfassung des Art. 22 Abs. 1 Voraussetzung ist („producing legal effects"). Eine „rechtliche Wirkung" im Sinne des Art. 22 gesteht er insoweit rein-formaljuristisch weder der Unterbreitung eines Angebots zum Vertragsschluss noch der bonitätsbasierten Entscheidung eines Online-Versandhändlers zu, 42

52 In der im Amtsblatt der EU veröffentlichten Fassung lautet die Formulierung nunmehr: „similarly significantly affects".

53 So auch Gierschmann-*Veil* Art. 22 Rn. 70.

54 Gierschmann-*Veil* Art. 22 Rn. 71.

55 M.w.N. *Brecht/Steinbrück/Wagner* Der Arbeitnehmer 4.0, PinG 2018, 10, 13, dort II Nr. 3 b; a.A. *Piltz* BDSG, § 37 Rn. 4, der genau hierin den Grund für die Europarechtswidrigkeit des § 37 BDSG sieht.

56 BeckOK DatenSR-*von Lewinski* Stand 1.11.2017, Art. 22 Rn. 35.

eine Ware nur gegen Vorkasse statt „auf Rechnung" zu versenden, da es – wie bei einem Nicht-Vertragsschluss – gerade nicht zu einer „Entfaltung" der „rechtlichen Wirkung" auf Seiten des Betroffenen komme.

43 Die Art.-29-Datenschutzgruppe[57] ist bei der Auslegung der „legal effects" weniger trennscharf und fasst unter „rechtliche Wirkung" im Sinne von Art. 22 Abs. 1 jede „Verarbeitungstätigkeit, die sich auf die Rechte einer Person auswirkt, wie z.B. die Freiheit, sich mit anderen zu treffen, an einer Wahl teilzunehmen oder rechtliche Schritte einzuleiten. Eine Rechtswirkung kann auch etwas sein, das die Rechtsstellung einer Person oder ihre Rechte aus einem Vertrag berührt."[58]

44 Diese Auffassung zu Grunde legend, wäre auch den von von Lewinski vorgebrachten Beispielen eine rechtliche Wirkung zu attestieren, da bspw. eine Vertragsablehnung – in Form der Nichtverbesserung der Rechtsposition des Betroffenen – Auswirkungen auf jenen hat.

45 Eine Entscheidung darüber, ob die „Entfaltung" der „rechtlichen Wirkung" Tatbestandsvoraussetzung des Art. 22 ist, kann in der Praxis des Rechtsanwenders jedoch dahinstehen, wenn die „rechtliche Wirkung" den Betroffenen **zumindest „in ähnlicher Weise erheblich beeinträchtigt"**. In beiden Fällen bleibt der Anwendungsbereich des Art. 22 eröffnet.[59] **Beispiel** für eine – allerdings für den Betroffenen nachteilige – rechtliche Folge im Sinne des Art. 22 ist die automatisiert getroffene Entscheidung eines Online-Versandhändlers dem Käufer im Falle des Gebrauchs des 14tägigen Widerrufsrechts nur in den Fällen die Kosten der Rücksendung aufzuerlegen, in denen der Kunde keine Gründe für den Widerruf angibt; hingegen bei Angabe eines Widerrufsgrunds jedoch von Rücksendekosten absieht.

46 **bb) „in ähnlicher Weise erheblich beeinträchtigen" (2. Alt.).** Neben rechtlichen Folgen umfasst das Verbot nach Art. 22 Abs. 1 auch **faktische Folgen** der automatisierten Einzelentscheidung für den Betroffenen, die ihn „in ähnlicher Weise erheblich beeinträchtigen" (z.B. Realakte und tatsächliche Handlungen/Unterlassungen[60]), wobei der Verordnungsgeber auch diese Voraussetzung nicht näher konkretisiert.

47 Dem **Wortlaut** nach erfasst Art. 22 Abs. 1 **nur „erhebliche" Beeinträchtigungen**. Aus dem Umkehrschluss folgt, dass der Gesetzgeber davon ausgeht, dass neben tatbestandsmäßigen „erheblichen" auch unerhebliche Beeinträchtigungen existieren – die Art.-29-Datenschutzgruppe sprach insoweit von trivialen Beeinträchtigungen[61] –, die insoweit dem Anwendungsbereich des Verbots nach Abs. 1 nicht unterfallen, weil Betroffene sie auf Grund ihrer **Sozialadäquanz**[62] tolerieren müssen und ein Schutzbedarf deshalb nicht gegeben ist.

57 WP 29 WP 251, S. 10.

58 Übersetzung durch Verf.

59 BeckOK DatenSR-*von Lewinski* Stand 1.11.2017, Art. 22 Rn. 36.

60 Wolff/Brink-*von Lewinski* Datenschutzrecht des Bundes und der Länder, § 6a Rn. 32.

61 WP 29: WP 251 vom 3.10.2017, S. 10, http://ec.europa.eu/newsroom/just/document.cfm?doc_id=47963.

62 So bereits BeckOK DatenSR-*von Lewinski* Stand 1.11.2017, Art. 22 DS-GVO Rn. 40.

Zu Recht weist Veil[63] daraufhin, dass die Bestimmung dieses Tatbestandsmerkmals „in ähnlicher Weise“ durch die Rückbezugnahme auf das Tatbestandsmerkmal „rechtliche Wirkungen“ erschwert wird; da rechtliche Wirkungen in ihrer Intensität stark variieren können. Hladjk[64] hält es auf Grund dessen sogar für erforderlich, dass der Europäische Datenschutzausschuss „bald“ diesbezügliche Leitlinien veröffentlicht[65]. **48**

Buchner[66] fordert – zutreffend – für ein Vorliegen einer „erheblichen Beeinträchtigung“ im Sinne des Art. 22 Abs. 1, dass Betroffene durch die Entscheidung in ihrer **wirtschaftlichen oder persönlichen Entfaltung nachhaltig**[67] **gestört** werden. Veil[68] plädiert – zur Vermeidung von Rechtsunsicherheit und um einen objektiveren Bewertungsmaßstab anzulegen – dafür, nicht auf das subjektive Beeinträchtigungsgefühl des Betroffenen und stattdessen pauschalierend auf die **Sichtweise des Durchschnittsmenschen** abzustellen. Als Störung im Sinne der Buchnerschen Formel genügt insoweit jede Unterbrechung eines hypothetischen Geschehensablaufs, der ohne Unterbrechung zu einer wirtschaftlichen oder persönlichen Entfaltung des Betroffenen geführt hätte. Bei einem **Online-Recruting** bzw. **Online-Assessment** läge eine solche Störung bei Nicht-Einladung zum Bewerbungsgespräch vor, sofern diese auf einer ausschließlich automatisierten **negativen Personalvorauswahl** basiert. Denn hierdurch wird die wirtschaftliche/persönliche Entfaltung nachhaltig (jedenfalls bis zum nächsten erfolgreichen Bewerbungsgespräch) gehemmt.[69] **49**

Da der Verordnungsgeber in ErwG 71 als Anwendungsbeispiel der Vorschriften des Art. 22 die Ablehnung eines Online-Kredits aufführt, wird auch in der **Verweigerung eines Vertragsabschlusses** oder in dem **Verweis auf bestimmte Zahlungsarten** (Vorkasse statt Rechnungskauf) regelmäßig eine „erhebliche Beeinträchtigung“ zu sehen sein.[70] Dies stellt auch keinen Eingriff in die Privatautonomie dar; denn Betroffene können mittels ihres Rechts auf Anfechtung der Entscheidung (s. hierzu ausführlich Rn. 129) nicht einen Vertragsschluss erzwingen – und wie teils[71] behauptet die Privatautonomie unterlaufen-, sondern lediglich die erstmalige Involvierung eines Menschen in den Prozess der Entscheidungsfindung herbeiführen. Dieser Person bleibt es **50**

63 Gierschmann-*Veil* Art. 22 Rn. 63, beispielhaft die Kreditversagung der Nichtauszahlung eines Gewinnspiel-Preises gegenüberstellend.

64 Ehmann/Selmayr-*Hladjk* Art. 22 Rn. 9.

65 Zu diesem Zeitpunkt war allerdings das Arbeitspapier Nr. 251 der Art.-29-Datenschutzgruppe noch nicht veröffentlicht.

66 Kühling/Buchner-*Buchner* Art. 22 Rn. 26.

67 Ähnlich Paal/Pauly-*Martini* Datenschutz-Grundverordnung, Art. 22 Rn. 28, der fordert, dass die Entscheidung nachhaltig in die Rechte und Freiheiten der Betroffenen hineinwirkt.

68 Gierschmann-*Veil* Art. 22 Rn. 66.

69 *Diercks* https://diercks-digital-recht.de/2016/11/big-data-im-zeitalter-der-eu-datenschutzgrund verordnung-dsgvo-teil-6-zur-eu-dsgvo/ (abgerufen am 25.1.2018) weist zu Recht auf den Wertungswiderspruch hin, dass manuelle Personalvorauswahlen trotz identischer Beschwer der Betroffenen weiterhin zulässig sind.

70 Paal/Pauly-*Martini* Art. 22 Rn. 32, *Born* Bonitätsprüfungen im Online-Handel-Scorewert-basierte automatisierte Entscheidung über das Angebot von Zahlungsmöglichkeiten, ZD 2015, 66(69) m.w.N. a.A. Gola-*Schulz* Art. 22 Rn. 25 und BeckOK DatenSR-*von Lewinski* Stand 1.11.2017, Art. 22 Rn. 39, die eine Anwendbarkeit nur im Falle der Verweigerung des Vertragsschlusses durch einen Monopolisten bejahen.

71 Gola-*Schulz* Art. 22 Rn. 25.

unbenommen, nach Abwägung aller entscheidungserheblichen Gesichtspunkte unter Berücksichtigung des Standpunkts des Betroffenen, bei dem maschinell getroffenen Ergebnis zu verbleiben.

51 Diskutiert wird auch, ob von **Direktwerbung** eine „erhebliche Beeinträchtigung" im o.g. Sinne ausgehen kann. von Lewinski[72] verneint dies für Fälle, in denen die Voraussetzungen der wettbewerbsrechtlichen Vorschriften[73] zum Belästigungsschutz eingehalten sind (§ 7 UWG). Genauso Buchner[74], der anderenfalls die Relevanzlosigkeit des sich aus Art. 21 Abs. 2 ergebenden Rechts zum Widerspruch gegen Direktwerbung konstatiert.

52 Wesentlich weiter ist demgegenüber die Auffassung der Art. 29-Datenschutzgruppe in ihrem Arbeitspapier[75], die die Anwendbarkeit des Art. 22 lediglich in „vielen klassischen Fällen zielgerichteter Werbung" („target advertising„) verneint, allerdings dessen Anwendbarkeit „bezogen auf die besonderen Umstände des Einzelfalls" auch in Abhängigkeit von der „Invasivität des Profilerstellungsprozesses" („intrusiveness of the profiling process"), „den Erwartungen und Wünschen der Betroffenen", der „Art/Auslieferung der werblichen Ansprache" oder „besonderen Schwachstellen der von der Werbung adressierten Betroffenen" für möglich erachtet.[76]

53 Angesichts der neuen **Verbandsklagemöglichkeit** gem. Art. 80 Abs. 2 ist insoweit kurz- bis mittelfristig eine abschließende Klärung dieser Fragestellung durch die Rechtsprechung zu erwarten. In jedem Fall „erheblich beeinträchtigend" sind automatisierte hoheitliche Entscheidungen, wie Platzverweis, Gefährderansprache, vorläufige Festnahme oder Personenkontrolle/Identitätsfeststellung, die im Wege des **Predictive Policing**[77] ergehen.

54 **d) ausschließlich auf einer automatisierten Verarbeitung beruhend.** Weitere Voraussetzung einer maschinellen Einzelfallentscheidung nach Art. 22 Abs. 1 ist, dass eine solche Entscheidung „ausschließlich auf einer automatisierten Verarbeitung – einschließlich Profiling" „beruht".

55 **aa) „automatisierte Verarbeitung – einschließlich Profiling".** Während der sachliche Anwendungsbereich der DS-GVO nach Art. 2 Abs. 1 neben der „ganz oder teilweise automatisierten Verarbeitung personenbezogener Daten" auch die „nichtautomatisierte Verarbeitung personenbezogener Daten" erfasst, „die in einem Dateisystem gespeichert sind oder gespeichert werden sollen", erfasst Art. 22 Abs. 1 lediglich die „automatisierte Verarbeitung – einschließlich Profiling". In den Anwendungsbereich

72 BeckOK DatenSR-*von Lewinski* Stand 1.11.2017, Art. 22 Rn. 40.
73 Gierschmann-*Veil* Art. 22 Rn. 66 weist zutreffend darauf hin, dass insoweit die e-Privacy-RL 2002/58/EG für den Belästigungseffekt von Werbung lex specialis ist.
74 Kühling/Buchner-*Buchner* Art. 22 Rn. 26.
75 WP 29 WP 251 Rev. 01, S. 11.
76 Übersetzungen durch Verf.
77 Unter „Predictive Policing" zu deutsch etwa „vorhergesagte Polizeiarbeit", wird die meist Big Data gestützte, auf der algorithmischen Auswertung von Wahrscheinlichkeitswerten basierende Vorhersage verstanden, wann und wo polizeiliche Kräfte erforderlich sein werden, um die Begehung von Straftaten zu verhindern oder zu verfolgen; unterfällt jedoch nicht der DSGVO sondern der Richtlinie (EU) 2016/680 des Europäischen Parlaments und des Rates, ABL. EU 2016 L 119, 89.

des Verbots nach Abs. 1 fallen somit ausschließlich Verarbeitungen im Sinne der Legaldefinition von Art. 4 Nr. 2, die „automatisiert" ablaufen.

Da – wie oben ausgeführt[78] – Art. 22 Abs. 1 nur die Nutzung der Ergebnisse reglementiert, ist das Erfordernis der **„ausschließlich automatisierten Verarbeitung" allein auf den Prozess der Entscheidungsfindung** zu beziehen. Insoweit unterfallen auch solche Entscheidungen dem Verbot des Art. 22 Abs. 1 bei dem die Entscheidungsfindung zwar auf Grundlage einer Datenverarbeitung erfolgt, bei der natürliche Personen involviert waren (z.B. bei der Erfassung personenbezogener Daten von analogen Datenträgern) der eigentliche Prozess der Entscheidungsfindung – ohne Mitwirkung natürlicher Personen – rein automatisiert abläuft. **56**

bb) „einschließlich Profiling". Mit dem Spiegelstrich-Zusatz „einschließlich Profiling" stellt der Verordnungsgeber klar, dass auch Profilingverfahren unter die „automatisierten Verarbeitungen" nach Art. 22 Abs. 1 zu subsumieren sind. Hierbei handelt es sich rechtsdogmatisch jedoch um eine **Klarstellung rein deklaratorischer Natur**[79], da bereits aus Art. 4 Nr. 4 folgt, dass es sich bei Profiling um eine spezielle Variante der „automatisierten Verarbeitung" handelt, die – sofern die Entscheidung des Verantwortlichen „ausschließlich" darauf beruht – ohnehin von Art. 22 erfasst ist. Diese Auffassung wird seitens der Art. 29 Datenschutzgruppe gestützt, die allenfalls die Möglichkeit von Überschneidungen zwischen Automatisierter Entscheidungsfindung und Profiling sieht.[80] **57**

Nach **Legaldefinition des Art. 4 Nr. 4** ist unter **„Profiling"** „jede Art der automatisierten Verarbeitung personenbezogener Daten" zu verstehen, „die darin besteht, dass diese personenbezogenen Daten verwendet werden, um bestimmte persönliche Aspekte, die sich auf eine natürliche Person beziehen, zu bewerten, insbesondere um Aspekte bezüglich Arbeitsleistung, wirtschaftliche Lage, Gesundheit, persönliche Vorlieben, Interessen, Zuverlässigkeit, Verhalten, Aufenthaltsort oder Ortswechsel dieser natürlichen Person zu analysieren oder vorherzusagen". **58**

Offenbar misst der Verordnungsgeber Profilingverfahren ein derart hohes Risikopotenzial bei, dass er es zur Vermeidung von Zweifeln bei der Normenanwendung für erforderlich hielt, die bereits in EWG 71 S. 2 enthaltene Klarstellung im Sinne einer **Warnfunktion gegenüber Verantwortlichen** an zahlreichen Stellen im Normentext der DS-GVO[81] zu wiederholen und in Art. 70 Abs. 1 lit. f den **Europäischen Datenschutzausschuss mit der Erstellung von Leitlinien zum Thema** zu beauftragen. Wie Albrecht/Jotzo[82] zutreffend ausführen, ist hierin eine Reaktion des Verordnungsgebers auf die jüngst gesellschaftlich breit geführten Debatten über Data-Mining[83] und **59**

---

78 Siehe Rn. 2.

79 So bereits *Schantz* Die Datenschutz-Grundverordnung, NJW 2016, 1841(1844), der sogar von „reiner Symbolik" des Verordnungsgebers spricht.

80 WP 29 WP 251 Rev. 01, S. 8 „Automated decision-making has a different scope and may partially overlap with profiling."

81 U.a. in den Art. 13 Abs. 2 lit. f, 14 Abs. 2 lit. g, 15 Abs. 1 lit. h, 21 Abs. 1 S. 1 u. Abs. 2, 35 Abs. 3 lit. a und 47 Abs. 2 lit. e.

82 *Albrecht/Jotzo* Das neue Datenschutzrecht in der EU, Teil 3, Rn. 66.

83 „Data-Mining" laut deutschsprachiger Wikipedia „Die systematische Anwendung statistischer Methoden auf große Datenbestände (insbesondere „Big Data" bzw. Massendaten) mit dem Ziel, neue Querverbindungen und Trends zu erkennen." https://de.wikipedia.org/wiki/Data-Mining (abgerufen am 12.1.2018).

Big-Data-Anwendungen[84] zu sehen. Angesichts der stark zunehmenden Verbreitung der Anwendung dieser Technologien ist es indes erstaunlich, dass sich die am Trilogverfahren beteiligten Gesetzgebungsorgane nicht auf eine diesbezügliche spezifische Regelung einigen[85] konnten. Nicht weniger erstaunlich ist der Umstand, dass reines **Scoring**[86] unabhängig von der Menge der hierzu herangezogenen personenbezogenen Daten – solange nicht dem Verbot des Art. 22 Abs. 1 unterfällt, wie Verantwortliche hierauf keine automatisierte Entscheidungsfindung im o.g. Sinne gründen.[87]

60 Folgende **Anwendungszenarien von Profiling werden von Art. 22 erfasst:**

Profiling im Sinne des Art. 22 Abs. 1 liegt insoweit auch beim Einsatz eines **intelligenten Videoüberwachungssystems** bzw. einer **Smart Cam** vor, bei dem ein **Algorithmus**[88] innerhalb eines überwachten Bildbereichs Personen erkennt und deren Verhalten bewertet (z.B. verdächtiges Verhalten) und ggf. weitere Maßnahmen mit Entscheidungs-Charakter einleitet (Versand einer Push-Nachricht, Alarmierung von Sicherheits-/Aufsichtspersonal etc.). Voraussetzung für die Bejahung eines Profiling in diesem Zusammenhang ist jedoch das **Vorliegen eines zumindest mittelbaren Personenbezugs** bzw. die **Verarbeitung von personenbezogenen Daten im Sinne von Art. 4 Nr. 2** („direkt oder indirekt […] identifiziert werden kann"). Zumindest die indirekte Identifizierbarkeit von natürlichen Personen ist in **Krankenhäusern**, **Gefängnissen**, **Pflege- und Logistikeinrichtungen** und sonstigen **videoüberwachten Arbeitsplätzen** regelmäßig gegeben, da Verantwortliche die aufgezeichneten Personen entweder kennen oder unter Zuhilfenahme weiterer Informationen wie Belegungslisten bzw. Fahr- oder Dienstplänen leicht identifizieren können. Auch das seit Ende Juli 2017 laufende **Pilotprojekt zur Gesichtserkennung am Berliner Südkreuz Bahnhof** erfüllt – zumindest gemäß des zukünftig geplanten Einsatzszenarios – die Kriterien einer automatisierten Einzelfallentscheidung nach Art. 22 Abs. 1. Denn seiner Zielsetzung nach soll das System zur automatisierten Gesichtserkennung in naher Zukunft die Gesichter der Passagiere und Passanten mit Passfotos aus einer Fahndungsliste abgleichen und anhand dessen Entscheidungen darüber treffen, ob eine Person zur Fahndung ausgeschrieben ist, oder nicht und je nach Ergebnis Einsatzkräfte alarmieren, die ggf. identifizierte Flüchtige festnehmen.

61 Auf Grund des stetigen Fortschritts im Bereich von **Erkennungsalgorithmen** sowie deren steigender Verfügbarkeit/Verbreitung wird mittelfristig bis langfristig der Personenbezug bzw. die Identifizierbarkeit von natürlichen Personen auch dann bejaht werden müssen, wenn Verantwortlichen die aufgezeichnete Person zum Zeitpunkt der

---

84 Das „Big" in „Big Data" steht für Extreme Werte der Datenverarbeitung; z.B. bzgl. ihrer Geschwindigkeit, der Datenmenge oder Anzahl unterschiedlicher Daten-/Signalquellen.

85 *Albrecht/Jotzo* Das neue Datenschutzrecht in der EU, Teil 3, Rn. 66.

86 Zur Begriffsdefinition siehe Rn. 84 f.

87 *Martini* Algorithmen als Herausforderung für die Rechtsordnung JZ 2017, 1017, 1020.

88 Algorithmus = eindeutige, ausführbare Handlungsanweisungen zur Lösung eines Problems; Begriffsdefinition siehe *Ernst* Algorithmische Entscheidungsfindung und personenbezogene Daten JZ 2017, 1026, Pkt. II Nr. 1 m.w.N.

Erhebung (noch) unbekannt ist[89]. So existieren seit längerem[90], Methoden zur gesichtslosen Erkennung von Personen anhand biometrischer Merkmale unter Zuhilfenahme von Verfahren der Anthropometrie[91], setzen jedoch meist zu Abgleichzwecken eine ausreichend große Datenbasis voraus, deren Vorhandensein angesichts der Zunahme von Big Data-Applikationen nur noch ein Frage der Zeit sein wird.

Ferner fallen auch **Sprachassistenzsysteme**, die per Stimmerkennungstechnologie in Verbindung mit einem akustischer Fingerabdruck in der Lage sind, unterschiedliche Personen anhand des biometrischen Merkmals „Stimme" zu erkennen und fallweise ohne gesonderte Nutzereingabe Anwendungsprofile darauf abzustimmen und nutzerspezifische Anwendungen bereit zu stellen, genauso unter Profiling im Sinne des Art. 4 Nr. 4 wie Cloud-basierte SmartHome-Plattformen, die – differenziert nach Nutzerprofilen – aus der Ferne heraus die heimische Ansteuerung bzw. Kontrolle von Verbrauchern (Kaffeemaschine, TV, Radio), Heizungs-/Beschattungs- oder Videoüberwachungsanlagen sowie die Nutzung von **Zugangskontrollsystemen** ermöglichen (z.B. automatische Hochregelung der Heizung, weil die baldige Ankunft der Bewohner algorithmisch prognostiziert wird). Diese Systeme treffen zwar Entscheidungen im Sinne des Abs. 1; diesen werden Betroffen jedoch in aller Regel nicht unterworfen sein. Ein Unterworfen-Sein dürfte hingegen zukünftig bei **Ambient Assisted Living-Systemen** zu bejahen sein, bspw. wenn Assistenzsysteme im Rahmen der Betreuung von Pflegebedürftigen bei Auftreten bestimmter Parameter autark die Entscheidung treffen, ambulante Rettungskräfte hinzuzuziehen.[92] Die „erhebliche Beeinträchtigung" dürfte nicht nur in einer etwaigen Kostenfolge bestehen, diese kann schließlich neben Betroffenen selbst auch ausschließlich gegenüber Dritten (z.B. pflegende Angehörige) eintreten, sondern bereits in der bloßen Alarmierung der Rettungskräfte, die sich u.U. gewaltsam Zutritt zur Wohnung des Betroffenen verschaffen. Angesichts der in heutigen Callcentern teils im Einsatz befindlicher Sprachanalysesysteme zur Erkennung der inneren Gefühlslage des Anrufers[93] sind in naher Zukunft auch Sprachassistenzsysteme in Pkw denkbar, die am **Sprachduktus** vollautomatisch erkennen, ob die Person auf dem Fahrersitz auf Grund Alkoholgenusses fahruntauglich ist und sie einer Entscheidung im Sinne von Abs. 1 unterwerfen, indem sie dem Fahrer die Fahrerlaubnis durch Verweigerung des Motorstarts entziehen. 62

cc) „Ausschließliches Beruhen". Die Entscheidung nach Abs. 1 muss – um dem Verbot des Art. 22 Abs. 1 zu unterliegen – ferner **ausschließlich** auf einer automatisierten Verarbeitung – einschließlich Profiling beruhen. 63

89 So wurde 2016 die Gesichtserkennungs-App Findface dazu missbraucht, um die Real-Identitäten von russischen Pornodarstellerinnen aufzudecken, durch Abgleich ihrer Darstellungen mit den Profilfotos ihrer privaten Konten innerhalb des in Russland weit verbreiteten russischen sozialen Netzwerks vkontakte, vgl. Meldung von heise-online vom 26.04.2016, https://heise.de/-3186957.

90 *Klasén/Li* Faceless Identification, *Wechsler et al.* Face Recognition, NATO ASI Series (Series F: Computer and Systems Sciences), vol 163, 1998, S. 513–527 m.w.N.

91 Anthropometrie = Lehre der Ermittlung und Anwendung der Maße des menschlichen Körpers.

92 Zu datenschutzrechtlichen Risiken siehe *Geminn* Das Smart Home als Herausforderung für das Datenschutzrecht, DuD 2016, 575 m.w.N.

93 http://news.mit.edu/2016/startup-cogito-voice-analytics-call-centers-ptsd-0120 (abgerufen am 15.1.2018).

64 Ein „**Beruhen**„ in diesem Sinne ist dann gegeben, wenn die automatisierte Datenverarbeitung ursächlich bzw. notwendige Bedingung für die Entscheidungsfindung ist; sie also nach der **conditio sine qua non-Formel** nicht hinweggedacht werden kann, ohne dass die Entscheidung in ihrer konkreten Form entfiele.

65 Das tatbestandlich geforderte **„ausschließliche Beruhen"** im Sinne des Art. 22 Abs. 1 ist dann gegeben, wenn die automatisierte Verarbeitung wie zuvor ausgeführt condition sine qua non für die Entscheidungsfindung ist und zudem an dem gesamten Entscheidungsfindungsprozess keine natürlichen Personen mitgewirkt haben.[94]

Verantwortliche können somit auf Grund dieser Tatbestandsvoraussetzung gezielt verhindern, dass eine automatisierte Entscheidungsfindung dem Verbot nach Abs. 1 unterfällt, bspw. indem sie verfahrenstechnisch ausnahmslos eine **menschliche Letztentscheidung** vorsehen.

II. Abs. 1 zzgl. BDSG n.F.

66 Für spezielle Fallgestaltungen hebt der deutsche Gesetzgeber das Verbot des Art. 22 Abs. 1 mittels § 37 BDSG auf (s. hierzu Rn. 147 f.)

III. Ausnahmen vom Verarbeitungsverbot (Abs. 2)

67 In Art. 22 Abs. 2 definiert der Verordnungsgeber drei alternative Ausnahmen von dem grundsätzlichen Verbot nach Abs. 1.

68 Danach unterliegen „automatisierte Entscheidungen" einem Verbot nach Art. 22 Abs. 1 dann nicht, wenn die Entscheidung zur Vertragserfüllung oder -abschluss „erforderlich" ist (lit. a) oder der Betroffene explizit eingewilligt hat (lit. c) oder sofern auf europäischer oder nationalstaatlicher Ebene spezialgesetzliche Ermächtigungen existieren, die eine solche Entscheidung erlauben (lit. b).

69 **1. Erforderlich zum Vertragserfüllung (Abs. 2 lit. a).** Nach Abs. 2 lit. a dürfen Verantwortliche ausnahmsweise einer automatisierten Einzelentscheidung im Sinne des Abs. 1 unterwerfen, wenn diese „für den Abschluss oder die Erfüllung eines Vertrags zwischen der betroffenen Person und dem Verantwortlichen erforderlich ist" und der Verantwortliche „angemessene Maßnahmen"[95] im Sinne des Art. 22 Abs. 3. getroffen hat.

70 Die Regelung ermöglicht Verantwortlichen im Fall von Verarbeitungen, die nach Art. 6 Abs. 1 lit. b zulässig sind, die automatisierte Entscheidungsfindung ohne vorher eine – jederzeit gem. Art. 7 Abs. 3 widerrufliche – Einwilligung nach Art. 7 einzuholen.[96]

Was zur Vertragserfüllung „erforderlich" ist, kann sich nur durch Auslegung des vereinbarten Vertragsinhalts zu klären. Unabdingbar ist hierbei ein **„unmittelbarer sachlicher Zusammenhang zwischen Datenverwendung und konkretem Vertragszweck**"[97].

94 WP 29: WP 251 Rev. 01 vom 3.10.2017, zuletzt geändert am 6.2.2018, S. 10.
95 Zu den Anforderungen des Abs. 3 siehe Rn. 121.
96 Wie schon bei § 28 Abs. 1 S. 1 Nr. 1 BDSG a.F. vgl. Simitis-*Simitis* § 28 BDSG Rn. 69.
97 Paal/Pauly-*Martini* Art. 22 Rn. 31, der auf die umfassenden Ausführungen von Simitis-*Simitis* § 28 BDSG Rn. 69 m.w.N. verweist; ebenso Kühling/Buchner-*Buchner* Art. 22 Rn. 30.

Ausweislich des Wortlauts des Art. 22 Abs. 2 lit. a – muss der Vertrag „zwischen der betroffenen Person und dem Verantwortlichen" geschlossen sein bzw. abgeschlossen werden. Verantwortliche können sich somit nur gegenüber solchen Betroffenen auf die Verbotsausnahme berufen, die ihre Vertragspartner sind; keinesfalls zulässig wäre – eine Ausdehnung der Verbotsausnahme auf andere Betroffene außerhalb des Vertragsverhältnisses (z.B. Familienangehörige des Vertragspartners). **71**

Die Art.-29-Datenschutzgruppe vertritt – zutreffend – die Auffassung, dass der Begriff **„erforderlich"** im Zusammengang mit Abs. 2 lit. a **eng ausgelegt werden muss**.[98] Inhaltlich ähnelt die Vorschrift stark der Zulässigkeitsvorschrift des Art. 6 Abs. 1 lit. b weshalb im Übrigen auf die dortige Kommentierung verwiesen wird (dort Rn. 36 f.). **72**

2. Europäische oder nationalstaatliche erlaubende Rechtsvorschrift (Abs. 2 lit. b). Die automatisierte Entscheidungsfindung im Sinne des Art. 22 Abs. 1 ist auch dann ausnahmsweise nach Art. 22 Abs. 2 lit. b zulässig, wenn dies eine **unionsrechtliche oder nationalstaatliche Rechtsvorschrift** erlaubt und diese Rechtsvorschrift „angemessene Maßnahmen zur Wahrung der Rechte und Freiheiten sowie der berechtigten Interessen der betroffenen Person" enthält. Insofern stellt Art. 22 Abs. 2 lit. b eine **Öffnungsklausel** dar, die es – entgegen des Grundgedankens der Vollharmonisierung des Datenschutzrechts in allen EU-Mitgliedstaaten – einzelnen Mitgliedstaaten erlaubt, von den Regelungen der DS-GVO durch Erlass einer Rechtsvorschrift abzuweichen. **73**

Der Verordnungsgeber erwähnt beispielhaft in Erwägungsgrunds Nr. 71 S. 3 die Szenarien der Überwachung und Verhinderung von Betrug und Steuerhinterziehung, die Gewährleistung der Sicherheit und Zuverlässigkeit eines vom Verantwortlichen bereitgestellten Dienstes. **74**

Wie Martini[99] ausführt, muss es sich bei den Rechtsvorschriften im Sinne des Art. 22 Abs. 2 lit. b nicht notwendigerweise um formelle Gesetze handeln; so reicht ihm zufolge – "jedenfalls aus dem Blickwinkel des Unionsrechts" – angesichts des ErwG 41 S. 1 auch „**materielles Gesetzesrecht** wie z.B. Satzungsrecht". **75**

Der Bundesgesetzgeber hat von der Öffnungsklausel des Art. 22 Abs. 2 lit. b durch Normierung des § 37 BDSG Gebrauch gemacht (s. zu Ausführungen zu Abs. 4 bzgl. BDSG). **76**

Die von Art. 22 Abs. 2 lit. b geforderten „**angemessenen Schutzmaßnahmen**" hat der Gesetzgeber nicht näher konkretisiert. Hinweise hierzu gibt der Verordnungsgeber jedoch in Erwägungsgrund Nr. 71[100]: **77**

„Angemessene Garantien", die ausweislich ErwG 71 S. 4 „in jedem Fall" mit einer automatisierten Einzelentscheidung verbunden sein sollen, sind „einschließlich der spezifischen Unterrichtung der betroffenen Person" der „Anspruch auf direktes Eingreifen einer Person, auf Darlegung des eigenen Standpunkts, auf Erläuterung der **78**

98 WP 29: WP 251 Rev. 01 v. 3.10.2017, zuletzt geändert am 6.2.2018, S. 12 verweist auf die Ausführungen in WP 29 WP 217 v. 9.4.2014, 21 zu Art. 7 lit. b DSRL, der fast gleich lautende Regelungen zu Art. 22 Abs. 2 lit. a enthält: „die Verarbeitung ist erforderlich für die Erfüllung eines Vertrags, dessen Vertragspartei die betroffene Person ist, oder für die Durchführung vorvertraglicher Maßnahmen, die auf Antrag der betroffenen Person erfolgen".

99 Paal/Pauly-*Martini* Art. 22 Rn. 34.

100 WP 29: WP 251 Rev. 01 v. 3.10.2017, zuletzt geändert am 6.2.2018, S. 16.

nach einer entsprechenden Bewertung getroffenen Entscheidung“ sowie das „Rechts auf Anfechtung der Entscheidung“.

79 ErwG 71 S. 6 sieht darüber hinaus weitere Schutzmaßnahmen vor, „um unter Berücksichtigung der besonderen Umstände und Rahmenbedingungen, unter denen die personenbezogenen Daten verarbeitet werden, der betroffenen Person gegenüber eine **faire und transparente Verarbeitung** zu gewährleisten:

So sind im Zusammenhang mit Profiling „geeignete mathematische oder statistische Verfahren für das Profiling“ zu verwenden sowie technisch-organisatorische Maßnahmen zur Sicherung der Datenqualität und der Datenverfügbarkeit sowie zum Schutz vor Diskriminierungen[101] zu treffen.

80 **3. Ausdrückliche Einwilligung (Abs. 2 lit. c).** Zuletzt erlaubt Art. 22 Abs. 2 lit. c Verantwortlichen Betroffene einer Entscheidung nach Abs. 1 zu unterwerfen, sofern diese in die automatisierte Entscheidungsfindung „**ausdrücklich**“ eingewilligt haben (sog. **qualifizierte Einwilligung**). Auch die Anforderungen an das Vorliegen einer „ausdrücklichen Einwilligung“ hat der Verordnungsgeber nicht definiert. Allerdings folgt schon allein auf Grund der Tatsache, dass der Verordnungsgeber eine ausdrückliche Einwilligung nur in drei Fallgestaltungen einfordert, dass die Anforderungen einer „ausdrücklichen Einwilligung“ die Anforderungen an eine „normale“ Einwilligung nach Art. 7 Abs. 1 übersteigen. So wird eine „ausdrückliche“ Einwilligung in der DS-GVO – abgesehen von Art. 22 Abs. 2 lit. c – nur in Art. 9 Abs. 2 im Zusammenhang mit der Verwendung von besonderen Kategorien personenbezogener Daten des Betroffenen sowie in Art. 49 Abs. 1 für die Übermittlung von personenbezogenen Daten des Betroffenen in Drittstaaten eingefordert; mithin allesamt Fälle, denen „signifikante Datenschutzrisiken immanent sind, und insoweit ein hohes Ausmaß an individueller Kontrolle über personenbezogene Daten angemessen erscheint“.[102]

IV. Abs. 2 zzgl. BDSG n.F.

81 Verantwortliche, die im Anwendungsbereich des BDSG Scoring betreiben und darauf basierend automatisiert Entscheidungen treffen wollen, müssen neben den Vorgaben aus Art. 22 auch die Regelungen der §§ 31 und 37 BDSG beachten (zu § 37 siehe Ausführungen unter Rn. 147 f.).

1. Schutz des Wirtschaftsverkehrs bei Scoring und Bonitätsauskünften (§ 31 BDSG).

82 § 31 Abs. 1 BDSG ist eine „Rechtsvorschrift“ im Sinne des Art. 22 Abs. 2 lit. b und definiert – anders als seine Vorgängervorschrift § 28b BDSG a.F.[103] – den Begriff des „Scoring“ und normiert zugleich Regelungen zu dessen Zulässigkeit um eine Entscheidung nach Art. 22 zu treffen.

83 Demgegenüber regelt § 31 Abs. 2 BDSG unter welchen Voraussetzungen die „Verwendung“ eines bonitätsbezogenen „von Auskunfteien ermittelten“ Wahrscheinlichkeitswerts „im Fall der Einbeziehung von Informationen über Forderungen“ zulässig ist und entspricht insoweit teilweise[104] den Regelungen des § 28a BDSG a.F.

101 Siehe ausführlich Gierschmann-*Veil* DSGVO Art. 22 Rn. 105f. m.w.N.
102 WP 29: WP 251 Rev. 01 v. 3.10.2017, zuletzt geändert am 6.2.2018, S. 24; zum Begriff der „ausdrücklichen Einwilligung“ siehe ausführlich WP 29, WP 259 v. 28.11.2017, S. 18, Pkt. 4.
103 *Gola*-Schomerus-*Klug/Körffer* § 28b BDSG Rn. 3.
104 Zu den Unterschieden siehe Rn. 99.

2. Zulässigkeit des Scoring (§ 31 Abs. 1). In § 31 Abs. 1 normiert der Gesetzgeber wann Scoring zulässig ist und legt mittels Legaldefinition des Scorings fest, in welchen Fällen Verantwortliche die in Abs. 1 Nr. 1 bis 4 aufgeführten Zulässigkeitsanforderungen erfüllen müssen. **84**

So müssen Verantwortliche Vorgaben des § 31 Abs. 1 nur berücksichtigen, wenn eine Verarbeitung die **Legaldefinition des Scoring** in Abs. 1 erfüllt. Dies ist der Fall bei einer *„Verwendung eines Wahrscheinlichkeitswerts über ein bestimmtes zukünftiges Verhalten einer natürlichen Person zum Zweck der Entscheidung über die Begründung, Durchführung oder Beendigung eines Vertragsverhältnisses mit dieser Person"*. **85**

Die Definition des Scoring nach § 31 Abs. 1 weicht von der bisherigen Definition des Scoring ab, die nach h.M. [105] bei Anwendung des § 28b BDSG a.F. aus der Begründung des Gesetzesentwurfs der Bundesregierung[106] abzuleiten war. Bisher war Scoring definiert, als „ein mathematisch-statistisches Verfahren, mit dem die Wahrscheinlichkeit, mit der eine bestimmte Person ein bestimmtes Verhalten zeigen wird, berechnet werden kann. Diese Wahrscheinlichkeit wird angegeben durch den sogenannten Scorewert [...] Vorwiegend werden Scoringverfahren zur Berechnung der Wahrscheinlichkeit des Zahlungsverhaltens und damit zur Ermittlung der Kreditwürdigkeit einer Person benutzt." **86**

Die bislang verwandte Scoring-Definition wurde in § 31 Abs. 1 insoweit um die **zusätzliche Zweckbestimmung** – „zum Zweck der Entscheidung über die Begründung, Durchführung oder Beendigung eines Vertragsverhältnisses mit dieser Person" – erweitert. **87**

War der originäre Anwendungsfall des **Verbraucher-Scorings** der Kreditvertrag[107], wird Scoring inzwischen darüber hinaus bei diversen Verträgen mit Verbrauchern eingesetzt – z.B. Mietvertrag, Onlinekauf auf Rechnung –, insbesondere jedoch bei **Dauerschuldverhältnissen**, wie Internet-/Telefonverträgen im Bereich der Telekommunikation, Energielieferungsverträgen oder dem Finanzierungskauf (z.B. im Rahmen einer Nullprozentfinanzierung). § 31 gilt – weil keine diesbezüglichen Beschränkungen enthaltend – für sämtliche Wirtschaftsbereiche.[108] **88**

Anders als § 28b BDSG a.F. der neben der „Verwendung" noch die „Erhebung" erfasst, stellt § 31 Abs. 1 BDSG nunmehr alleinig auf die „Verwendung" eines solchen Wahrscheinlichkeitswerts ab. **89**

a) „Verwendung" i.S.d. § 31 Abs. 1 BDSG: Der Begriff der „Verwendung" selbst ist weder in der DS-GVO noch im BDSG i.d.F. ab dem 25.5.2018 legaldefiniert und ist insoweit auslegungsbedürftig: **90**

Bei **restriktiver Begriffsauslegung** erfasst die „Verwendung" ausschließlich den Unterfall des in Art. 4 Nr. 2 legaldefinierten Oberbegriffs „Verarbeitung". **91**

---

105 *Bergmann/Möhrle/Herb* Datenschutzrecht, 46. EGL April 2013, § 28b Rn. 3; Gola/Schomerus-*Klug/Körffer* § 28b BDSG Rn. 3; Simitis-*Ehmann* § 28b BDSG Rn. 20; Taeger/Gabel-*Mackenthun* § 28b BDSG Rn. 6; Wolff/Brink-*von Lewinski* Datenschutzrecht in Bund und Ländern, § 28b BDSG Rn. 1.

106 BT-Drucks. 16/10529 vom 10.10.2008, S. 9.

107 *Schaffland/Wiltfang* BDSG, EGL 2/2014, § 28b, Rn. 1.

108 *Schaffland/Wiltfang* BDSG, EGL 2/2014, § 28b, Rn. 1 bejaht dies bereits für § 28b BDSG a.F.

92 Nach deutscher Rechtsdogmatik unterlägen somit allein solche Verarbeitungstätigkeiten den Zulässigkeitsanforderungen des § 31 Abs. 1 BDSG, die auffanghalber unter dem Begriff **„Verwenden“** subsumiert werden müssen, weil sie sich nicht eindeutig einem der anderen namentlich in der Legaldefinition des Art. 4 Nr. 2 aufgeführten Begriffe zuordnen lassen. Insoweit wären folgende Unterfälle des Oberbegriffs „Verarbeitung“ nicht vom Anwendungsbereich des § 31 Abs. 1 erfasst: „das Erheben, das Erfassen, die Organisation, das Ordnen, die Speicherung, die Anpassung, oder Veränderung, das Auslesen, das Abfragen, […] die Offenlegung durch Übermittlung, Verbreitung oder eine andere Form der Bereitstellung, den Abgleich oder die Verknüpfung, die Einschränkung, das Löschen oder die Vernichtung“.

93 Dies würde jedoch eine signifikante Abweichung vom Anwendungsbereich des § 28b BDSG a.F. darstellen, der demgegenüber neben dem „verwenden“ auch „erheben“ erfasst.

94 Demgegenüber ließ sich die Bedeutung des Begriffs „Verwendung“ aus der amtlichen Überschrift des § 45 BDSG a.F. ableiten. Denn § 45 BDSG a.F. fasste die Trias der Datenverarbeitungsvorgänge des BDSG a.F. – “Erhebung, Verarbeitung und Nutzung“ – in seiner amtlichen Überschrift als „Laufende Verwendungen“ zusammen.

95 Insoweit ist es – im Rahmen einer **weiten Auslegung** – theoretisch denkbar, den Begriff der „Verwendung“ in § 31 BDSG i.d.F. ab 25.5.2018 losgelöst von den Begriffsbestimmungen der DSGVO im historischen Kontext als Oberbegriff sämtlicher Verarbeitungsvorgänge zu verstehen.

96 Allerdings spricht **gegen diese weite Auslegung**, dass dem deutschen Gesetzgeber auf Grund der begrenzten Reichweite der ihm zur Verfügung stehenden Öffnungsklauseln zur Regelung einer von den allgemeinen Vorschriften der Verarbeitung von Daten abweichenden Übermittlung keine entsprechende Gesetzgebungskompetenz zustand. Insoweit konnte der Gesetzgeber sich nur des Begriffs der „Verwendung“ im Sinne eines Unterfalls des Oberbegriffs der „Verarbeitung“ im Sinne von Art. 4 Nr. 2 bedienen.

97 **b) Zweckbestimmung der Verwendung des Wahrscheinlichkeitswerts.** § 31 Abs. 1 regelt die „Verwendung“ eines tatbestandsmäßigen Wahrscheinlichkeitswerts nur sofern die Verwendung „zum Zweck der Entscheidung über die Begründung, Durchführung oder Beendigung eines Vertragsverhältnisses“ erfolgt.

Durch die Formulierung stellt der Gesetzgeber sicher, dass die Vorschrift auch schon anzuwenden ist, bevor ein Vertrag tatsächlich begründet, durchgeführt oder beendet wird.

98 **3. Zulässigkeit der Verwendung von forderungsbezogenem Scoring durch Auskunfteien (§ 31 Abs. 2).** § 31 Abs. 2 normiert die tatbestandlichen Voraussetzungen, unter denen **„Informationen über Forderungen“** zur Berechnung eines Wahrscheinlichkeitswerts über die Zahlungsfähig- und Zahlungswilligkeit des Betroffenen „verwendet“[109] werden dürfen (sog. Kreditscoring).

109 Zur Frage, warum der Bundesgesetzgeber sich dieses Begriffs und nicht der „Verarbeitung“ bedient hat, siehe Rn. 106 f.

Die Regelungen des § 31 Abs. 2 BDSG erscheinen jedoch nur bei kursorischer Betrachtung als eine inhaltlich kongruente Übernahme der **Regelungen des § 28a BDSG a.F.:** **99**

Während der Gesetzgeber die Tatbestandsvoraussetzungen in § 28a Abs. 1 Nr. 1–5 BDSG a.F. (vgl. Synopse, Rn. 176) nahezu wortwörtlich übernommen hat, weicht der zentrale Ansatz der Vorschrift signifikant von seiner angeblichen Vorgängerregelung ab (siehe zu den Abweichungen ausführlich Rn. 106). **100**

a) Anwendungsbereich des Abs. 2. Die Anwendbarkeit des § 31 Abs. 2 setzt das Vorliegen eines „Wahrscheinlichkeitswerts über die Zahlungsfähigkeit und Zahlungswilligkeit einer natürlichen Person" voraus, der zudem „von Auskunfteien" ermittelt wurde. Dabei ist aus der Verwendung des Plurals („Auskunfteien") keinesfalls zu schlussfolgern, dass ein Wahrscheinlichkeitswert nur dann im Sinne des § 31 BDSG Abs. 2 tatbestandsmäßig ist, wenn er unter Mitwirkung von mehreren Auskunfteien „ermittelt" wurde. Dies würde zu einer vom Gesetzgeber ausweislich seiner Begründung[110] nicht beabsichtigten Verkürzung des Anwendungsbereichs führen. **101**

Alle Informationen, die sich zwar auf eine Forderung bezüglich des Betroffenen beziehen, jedoch keine Wahrscheinlichkeit im Hinblick auf dessen Zahlungsfähigkeit und Zahlungswilligkeit prognostizieren, fallen somit aus dem Anwendungsbereich des § 31 Abs. 2 heraus (z.B. Bestehen der Forderung, Name des Gläubigers/Schuldners, etc.). Dies gilt für Wahrscheinlichkeitswerte über die Zahlungsfähigkeit und Zahlungswilligkeit von juristischen Personen genauso wie für Wahrscheinlichkeitswerte im Sinne des § 31 Abs. 2, die nicht „von Auskunfteien" ermittelt wurden (z.B. betriebsinternes Bonitäts-Scoring ohne Bereitstellung der Ergebnisse für Dritte). **102**

Verantwortliche, die zwar Bonitätsinformationen zu Betroffenen auf Grundlage von eigenen Informationen über Forderungen ermittelt haben, diese Erkenntnisse Dritten nicht zur Verfügung stellen – somit mangels Auskunfterteilung nicht als Auskunfteien im Sinne des § 31 Abs. 2 zu deklarieren sind, unterliegen insoweit – anders als nach der Vorgängerregelung des § 28b – nicht den Verwendungsauflagen des § 31 Abs. 2. **103**

b) „Auskunfteien". Auch die Bedeutung des Begriffs „Auskunfteien" bedarf der Auslegung. Weder die DS-GVO noch das BDSG n.F. enthalten – genauso wenig wie das BDSG a.F. vor ihnen – eine Definition des insoweit **unbestimmten Rechtsbegriffs „Auskunfteien"**.[111] **104**

Obwohl ein klarstellender Klammerzusatz „(Auskunftei)" fehlt, liegt es nahe, die Formulierung des § 30 Abs. 1 zur **Definition des Tatbestandsmerkmals „Auskunftei"** heranzuziehen.

Danach ist „Auskunftei" im Sinne des § 31 Abs. 2 jede „Stelle, die geschäftsmäßig personenbezogene Daten, die zur Bewertung der Kreditwürdigkeit von Verbrauchern genutzt werden dürfen, zum Zweck der Übermittlung erhebt, speichert oder verändert", wobei – um den Schutzbereich des § 31 nicht unnötig zu verkürzen – ein unentgeltliches Tätigwerden einer „Geschäftsmäßigkeit" in diesem Sinne nicht entgegensteht sondern die Geschäftsmäßigkeit – ähnlich wie nach § 3 Nr. 10 TKG – bei nachhaltiger Tätigkeit als gegeben anzunehmen ist.

110 Vgl. Rn. 15.
111 Gola/Schomerus-*Klug/Körffer* § 28a BDSG Rn. 2.

105 Anders als das Scoring zum „Zweck der Entscheidung über die Begründung, Durchführung oder Beendigung eines Vertragsverhältnisses" nach § 31 Abs. 1 ist vom Wortlaut des Abs. 2 auch die Verwendung von **Wahrscheinlichkeitswerten mit reiner Warnfunktion** erfasst, deren Hauptzweck darin besteht, die Begründung von Vertragsverhältnissen zu vermeiden.

106 **c) „Verwendung" im Sinne von § 31 Abs. 2 BDSG.** Genau wie Abs. 1 stellt der Bundesgesetzgeber auch in Abs. 2 auf den Begriff „Verwendung" ab. Insoweit sehen sich Rechtsanwender bezogen auf dessen Auslegung mit vergleichbaren Herausforderungen konfrontiert wie bereits bei Abs. 1:

107 Denn während § 28a BDSG a.F. die Zulässigkeit einer „Übermittlung personenbezogener Daten über eine Forderung" an Auskunfteien normierte, reguliert § 31 Abs. 2 nunmehr lediglich die „Verwendung eines **von Auskunfteien ermittelten Wahrscheinlichkeitswerts** über die Zahlungsfähig- und Zahlungswilligkeit einer natürlichen Person […] im Fall der Einbeziehung von Informationen über Forderungen".

108 Stellt man im Rahmen **weiter Auslegung** des Verwendungsbegriffs darauf ab, dass unter Verwendung sämtliche Varianten der Unterfälle der Legaldefinition des Verarbeitens nach Art. 4 Nr. 2 zu verstehen sind (vgl. ausführlich hierzu oben Rn. 53) – wären die sich aus § 31 Abs. 2 ergebenden Regelungen bereits zu einem Zeitpunkt anzuwenden, noch bevor Verantwortliche bonitätsrelevante Informationen in Bezug auf Forderungen gegen den Betroffenen bei Auskunfteien einmelden.

109 Allerdings spricht auch bei § 31 Abs. 2 gegen die weite Auslegung des Verwendungsbegriffs, dass dem **deutschen Gesetzgeber die entsprechende Gesetzgebungskompetenz fehlte** (vgl. Rn. 96). Insoweit konnte der Gesetzgeber auch bei dem Versuch der Übernahme des § 28a BDSG a.F. sich nur des Begriffs der „Verwendung" im Sinne eines Unterfalls des Oberbegriffs der „Verarbeitung" im Sinne von Art. 4 Nr. 2 bedienen.

110 Bei der somit gebotenen **restriktiven Auslegung** des **Verwendungsbegriffs** erscheint der Anwendungsbereich des § 31 Abs. 2 BDSG im direkten Vergleich mit § 28a Abs. 1 BDSG a.F. allerdings geradezu drastisch verkürzt:

111 Bei Beschränkung des Tatbestandsmerkmals „Verwendung" auf den konkreten Unterfall der „Verarbeitung" im Sinne der Legaldefinition des Art. 4 Nr. 2 steht § 31 Abs. 2 allen sonst in der Verarbeitungsdefinition genannten Verarbeitungsvarianten nicht entgegen.

112 Anders als bei § 28a BDSG a.F. – der bereits die Übermittlung an die Auskunftei regulierte und somit eine Streuung personenbezogener Bonitätsdaten unterband – wäre die bloße Übermittlung eines tatbestandsmäßigen Wahrscheinlichkeitswerts an andere Stellen nach § 31 Abs. 2 S. 1 BDSG zulässig. Erst die sich an eine Übermittlung anschließende Verwendung dieser Wahrscheinlichkeitswerte wäre von dessen Anwendungsbereich erfasst. Die Streuung der von Auskunfteien ermittelten Wahrscheinlichkeitswerte ließe bei dieser Auslegung mittels § 31 Abs. 2 S. 1 nicht begrenzen.

113 Die seitens des Bundesgesetzgebers geäußerte Prämisse[112], mittels Normierung des § 31 BDSG den **Schutzstandard der §§ 28a und 28b BDSG a.F.** zu erhalten, erscheint nur dann zutreffend bzw. von Erfolg gekrönt gewesen zu sein, wenn damit – wie aller-

112 BT-Drucks. 18/11325, S. 102, zu § 31.

dings schon die amtliche Überschrift der Norm überdeutlich aussagt – allein der **Schutz des Wirtschaftsverkehrs** gemeint war. Verbraucher dürften durch die neue Formulierung weniger Schutz erfahren als durch § 28a BDSG a.F.

Ähnlich wie im US-amerikanischen Datenschutzrecht werden somit Risiken für Betroffene eher in der speziellen Art der Nutzung von personenbezogenen Daten verortet, als im Falle ihrer Übermittlung oder der bloßen Anzahl der datenverarbeitenden Stellen.

Zudem hat es der Gesetzgeber versäumt Verstöße gegen § 31 BDSG in der Bußgeldvorschrift des § 43 als Ordnungswidrigkeit zu qualifizieren. Da derzeit noch nicht abschließend geklärt ist, ob Verstöße gegen BDSG-Vorschriften, die nach BDSG selbst nicht bußgeldbewehrt sind, als **Verstöße gegen die jeweils korrespondierende Öffnungsklausel** nach Maßgabe des Art. 83 sanktioniert werden können, sollten Verbraucher sich wenig Hoffnung machen, dass ihre bonitätsbezogenen Daten zukünftig in geringerem Umfang „verwendet“ werden. **114**

Die Verwendung der von Auskunfteien ermittelten Wahrscheinlichkeitswerte setzt neben Vorliegen der Voraussetzungen nach Ab. 1 auch voraus, dass „nur solche Forderungen über eine geschuldete Leistung“ „berücksichtigt werden“, „die trotz Fälligkeit nicht erbracht worden ist“ und zumindest eine der in § 31 Abs. 2 S. 1 Nr. 1 bis 5 BDSG genannten Sachverhalte gegeben sind. **115**

Die in § 31 Abs. 2 S. 1 Nr. 1 bis 5 BDSG aufgeführten Tatbestandsalternativen entsprechen – abgesehen vom grundsätzlich unterschiedlichen Ansatz der Norm sowie formulierungstechnisch notwendigen Änderungen u.a. angesichts des vom Gesetzgeber nun verwandten Plurals[113] – inhaltlich den Regelungen in § 28a Abs. 1 S. 1 Nr. 1 bis 5 BDSG a.F. (vgl. Synopse Rn. 176). **116**

Eine Verletzung der Rechte und Freiheiten sowie der berechtigten Interessen der betroffenen Person durch die Berücksichtigung der Forderung im Rahmen der Ermittlung eines Wahrscheinlichkeitswerts durch Auskunfteien wird – wie bei § 28a Abs. 1 – regelungstechnisch dadurch ausgeschlossen, dass vor einer Berücksichtigung **die Zahlungsunwilligkeit bzw. Zahlungsunfähigkeit** des Schuldners anhand von **objektiv nachprüfbaren Kriterien festgestellt** worden sein muss.[114] **117**

Während bei den Alternativen des § 31 Abs. 2 S. 1 Nr. 1 bis 3 das Bestehen der Forderung von der „Rechtsordnung“[115] oder dem Schuldner bzw. Betroffenen selbst anerkannt wurde, stellen die Nr. 4 bis 5 sicher, dass eine Berücksichtigung von Forderungen auch möglich ist, wenn eine solche Anerkenntnis der Forderung nicht vorliegt. Liegt kein Anerkenntnis der Forderung nach Nr. 1 bis 3 vor, können Forderungen auch dann berücksichtigt werden, wenn kumulativ die in Nr. 4 lit. a bis d normierten Bedingungen erfüllt sind. **118**

Allerdings wurde § 28a Abs. 1 S. 1 Nr. 4 lit. d BDSG a.F. dahingehend kritisiert, dass Schuldner eine Übermittlung auch dadurch verhindern können, dass sie „grundlos und treuwidrig“ der Forderung widersprechen.[116]

---

113 „Forderungen“ statt „Forderung“.
114 Gola-Schomerus-*Klug/Körffer* § 28a BDSG Rn. 6 spricht von „gesicherter“ Feststellung.
115 Gola-Schomerus-*Klug/Körffer* § 28a BDSG Rn. 6.
116 Gola-Schomerus-*Klug/Körffer* § 28a BDSG Rn. 10.

119 Doch selbst wenn der Betroffene, um eine Nutzung des Negativmerkmals zu verhindern treuwidrig und grundlos widerspricht, ist eine Berücksichtigung durch eine Auskunftei auch dann möglich, wenn das zu Grunde liegende Vertragsverhältnis auf Grund von Zahlungsrückständen fristlos gekündigt werden kann. Allerdings müssen Verantwortliche sicherstellen, dass der Schuldner „zuvor über eine mögliche Berücksichtigung durch eine Auskunftei unterrichtet worden ist".

120 Mit Abs. 2 S. 2 stellt der Gesetzgeber klar, dass Abs. 2 S. 1 nicht die Verarbeitung „von anderen bonitätsrelevanten Daten nach allgemeinem Datenschutzrecht" erfassen soll.

Insoweit richtet sich die Verarbeitung von anderen personenbezogenen Daten, die zwar Rückschlüsse auf die Bonität zulassen, jedoch keine Informationen über Forderungen einbeziehen, nach den allgemeinen Zulässigkeitsvoraussetzungen des Art. 6; wobei der Gesetzgeber hierzu ausdrücklich auch die Ermittlung von Wahrscheinlichkeitswerten zählt.[117]

V. Verpflichtende Schutzmaßnahmen des Verantwortlichen (Abs. 3)

121 Mit Art. 22 Abs. 3 schafft der Verordnungsgeber einen Ausgleich dafür, dass sich Verantwortliche bewusst für die automatisierte Entscheidungsfindung entscheiden – mithin eine Datenverarbeitungsvariante, die Betroffene potenziell höheren Risiken aussetzt – indem er diese dazu verpflichtet, „angemessene Maßnahmen" zu treffen, um „die Rechte und Freiheiten sowie die berechtigten Interessen der betroffenen Person zu wahren".

122 Obwohl die Begehung von Verstößen des Verantwortlichen gegen Auflagen des Abs. 3 gemäß Art. 83 Abs. 5 lit. b zur Verhängung von aufsichtsbehördlichen Sanktionen führen können, liegt in dem Treffen der Mindestmaßnahmen **keine Wirksamkeitsvoraussetzung für die automatisierte Entscheidungsfindung.**[118]

123 **1. Mindestmaßnahmen.** Um EU-weit eine einheitliche Auslegung dessen zu gewährleisten, was unter „angemessene Maßnahme" verstanden werden muss, gibt der Verordnungsgeber in Abs. 3 eine **Trias technisch-organisatorischer Schutzmaßnahmen** vor, die Verantwortliche „mindestens" ergreifen müssen, sobald sie sich auf das Vorliegen von Verbotsausnahmen nach Abs. 2 lit. a oder lit. c berufen.

124 Die drei Mindestschutzmaßnahmen nach Abs. 3 umfassen das Recht des Betroffenen auf (a) Erwirkung des Eingreifens einer Person seitens des Verantwortlichen, (b) auf Darlegung des eigenen Standpunkts, sowie (c) Anfechtung der Entscheidung. Die Mindestmaßnahmen wurden – abgesehen vom Anspruch auf Erläuterung der ergangenen automatisierten Einzelfallentscheidung – den Erwägungen des ErwG 71 S. 6 entnommen.

125 Wie bei allen Betroffenenrechten der Art. 15 bis 22 muss der Verantwortliche die prozeduralen Vorgaben des Art. 12 beachten. Hierzu gehört u.a., dass der Verantwortliche Betroffenen gem. Art. 12 Abs. 2 S. 1 die Ausübung ihrer Rechte erleichtert und ihn gem. Art. 12 Abs. 3 S. 1 spätestens einen Monat nach Eingang des Antrags über die seitdem ergriffenen Maßnahmen informiert.

---

117 Kühling/Buchner-*Buchner* Art. 22 Rn. 38, der auf ErwG 72 verweist.
118 Gola-*Schulz* Art. 22 Rn. 35 stellt auf den Wortlaut des Abs. 3 ab; wegen des Verweises auf die Zulässigkeitsvoraussetzungen nach Abs. 2 lit. a und c – "In den […] Fällen" – sei Abs. 3 keine Zulässigkeitsvoraussetzung.

a) Erwirkung des Eingreifens einer natürlichen Person seitens des Verantwortlichen. Mittels des Rechts auf Eingriff einer natürlichen Person sollen Betroffene den eingangs geschilderten Risiken rein maschineller Entscheidungsfindung (vgl. Rn. 1) durch Ausübung des Interventionsrechts begegnen können, indem – auf ihren Antrag hin – außerplanmäßig eine natürliche Person in den eigentlich rein maschinellen Prozess der Entscheidungsfindung involviert wird. Voraussetzung, dass die **Involvierung der natürlichen Person** die Maßgabe des Abs. 3 erfüllt, ist, dass der Verantwortliche der eingesetzten natürlichen Person auch **tatsächliche Entscheidungsbefugnis eingeräumt** hat; entweder die Entscheidung selbst zu treffen oder das Ergebnis einer bereits maschinell getroffenen Entscheidung nachträglich inhaltlich abzuändern. Das Interventionsrecht wird nicht automatisch gewährt, sondern setzt einen diesbezüglichen Antrag des Betroffen voraus. 126

Da aus dem Wortlaut des Abs. 3 nicht hervorgeht, dass die Entscheidung bereits getroffen worden sein muss, ist eine mögliche Differenzierung zwischen dem Interventionsrecht und dem Recht auf Anfechtung, dass das **Interventionsrecht vor dem Treffen der Entscheidung** seitens des Verantwortlichen gewährt wird und demgegenüber das Recht auf Anfechtung nachgelagert entsteht, nachdem die Entscheidung bereits mit den Folgen im Sinne des Abs. 1 ohne Beteiligung eines Menschen getroffen wurde. 127

So ist es durchaus denkbar, dass der Verantwortliche standardmäßig automatisiert entscheidet jedoch wahlweise z.B. auf Wunsch des Betroffenen eine Entscheidungsfindung mit menschlicher Letztentscheidung anbietet.

b) Recht auf Darlegung des eigenen Standpunkts. Eine weitere Maßnahme zur Wahrung der schutzwürdigen Interessen des Betroffen ist das Recht des Betroffenen, dem Verantwortlichen den eigenen Standpunkt im Hinblick auf die Entscheidung darzulegen und den Verantwortlichen somit in die Lage zu versetzen auf Grundlage der zusätzlichen Informationen eine Revision der maschinell getroffenen Entscheidung zu ermöglichen und auf besondere Situationen des Betroffenen angemessen zu reagieren und von seinem sonstigen Entscheidungsmuster abzuweichen. Laut Gola[119] wird dieses Recht des Betroffenen im Regelfall dadurch sichergestellt, „dass ihm gegenüber ausdrücklich die Bereitschaft erklärt wird, eventuelle Einwände gegen die Entscheidung zu überprüfen." Insofern muss Betroffenen zur Ermöglichung ihres Rechts zur Darlegung ihres Standpunkts entsprechende **Ansprachemöglichkeiten eingeräumt** werden. Von dem Recht umfasst ist insoweit auch die tatsächliche Kenntnisnahme bzw. Befassung mit dem seitens des Betroffenen dargelegten Standpunkt.[120] Weist der Verantwortliche den Betroffenen auf das Bestehen dieser Möglichkeit nicht hin, liegt hierin ein Verstoß gegen die sich aus Art. 12 Abs. 2 S. 1 ergebende Verpflichtung, dem Betroffenen die Wahrnehmung seiner Rechte zu erleichtern. Von Lewinski[121] weist jedoch darauf hin, dass es in der Praxis grundsätzlich nicht erforderlich ist, dem Betroffenen die Möglichkeit einer persönlichen Vorsprache einzuräumen. 128

c) Recht auf Anfechtung der Entscheidung. Das **Recht auf Anfechtung der automatisierten Entscheidung** darf nicht mit der Anfechtung im Sinne der § 119 ff. BGB oder 129

119 Gola-Schomerus-*Klug/Körffer* § 6a Rn. 14b.
120 BeckOK DatenSR-*von Lewinski* Stand 1.11.2017, Art. 22 Rn. 49.1.
121 BeckOK DatenSR-*von Lewinski* Stand 1.11.2017, Art. 22 DS-GVO, Rn. 49.

der Anfechtungsklage nach § 42 Abs. 1 VwGO gleichgesetzt werden.[122] Vielmehr ist hierin ein Anspruch auf (nochmalige) „Überprüfung der Entscheidung" zu verstehen.[123] Im Verwaltungsverfahren könnte das Recht auf Anfechtung als **Widerspruch** interpretiert werden.[124] In Ermangelung ähnlicher Rechtsinstrumente im Privatrecht schlägt von Lewinski[125] **de lege ferenda**[126] vor, im Rahmen der „Weiterentwicklung der bisherigen Rechtslage" in dem Betroffenenrecht auf Anfechtung die Pflicht des Verantwortlichen zu sehen, seine „Entscheidung zu überprüfen bzw. zu überdenken". Auch sei es denkbar, die sonstigen, dem Betroffenen zustehenden datenschutzrechtlichen Betroffenenrechte als „Möglichkeit der „Anfechtung"„ zu werten, wie das Widerspruchsrecht (Art. 21) und das Recht auf Beschwerde bei der Aufsichtsbehörde nach Art. 77 Abs. 1.

130 **2. Fakultative Schutzmaßnahmen.** Aus dem Wortlaut des Abs. 3 („wozu mindestens") folgt hierbei, dass es sich keinesfalls um einen **abschließenden Maßnahmenkatalog** handelt. Angesichts dessen steht es Verantwortlichen frei ggf. weitere, den jeweiligen Risiken „angemessene Maßnahmen" zu ersinnen und diese Betroffenen bereit zu stellen. Angesichts der Grundsätze der Verarbeitung nach Art. 5[127] können Verantwortliche je nach Sensibilität der verarbeiteten Daten sogar dazu verpflichtet sein, Schutzmaßnahmen zu ergreifen, die über die drei vom Gesetz geforderten Mindestmaßnahmen hinausgehen.

131 Bei der Verarbeitung von **Beschäftigtendaten** ist beispielsweise ergänzungshalber eine Konturierung der Pflichtmaßnahmen des Abs. 3 durch **kollektivrechtliche Mittel** denkbar. Laut Gola[128] könnte der Vollzug einer automatisierten Einzelfallentscheidung mittels **Betriebs-/Dienstvereinbarung** an eine vorherige Mitbestimmung des Betriebs-/Personalrats gekoppelt werden.

132 De lege ferenda schlägt *Martini*[129] die Normierung einer Begründungspflicht vor, die Verantwortliche dazu verpflichtet, Entscheidungen nach Abs. 1 mit einer Begründung zu versehen, die Betroffenen das Zustandekommen der Entscheidung erläutert. Unabhängig von der Normierung einer solchen Begründungspflicht könnte eine Entscheidungsbegründung auch eine fakultative Schutzmaßnahme im Sinne des Abs. 3 darstellen.

VI. Abs. 3 bzgl. BDSG n.F.

133 Stützen sich Verantwortliche bei Entscheidungen nach Abs. 1, auf die Ausnahme nach § 37 BDSG, müssen sie hierbei, sofern sie dem Antrag eines Betroffenen nicht vollumfänglich stattgeben, sowohl die Betroffenenrechte nach § 37 Abs. 1 Nr. 2 Hs. 1 BDSG sicherstellen und die **Informationspflicht nach § 37 Abs. 1 Nr. 2 Hs. 2** beachten und den

122 Zutreffend BeckOK DatenSR-*von Lewinski* Stand 1.11.2017, Art. 22 DS-GVO, Rn. 50.
123 BeckOK DatenSR-*von Lewinski* Stand 1.11.2017, Art. 22 DS-GVO, Rn. 50 verweist auf *Kühling/Martini u.a.* Die Datenschutz-Grundverordnung und das nationale Recht, S. 65.
124 BeckOK DatenSR-*von Lewinski* Stand 1.11.2017, Art. 22 DS-GVO, Rn. 51.
125 BeckOK DatenSR-*von Lewinski* Stand 1.11.2017, Art. 22 DS-GVO, Rn. 52.
126 Nach zukünftigen, noch zu schaffenden Recht.
127 Siehe Kommentierung zu Art. 5.
128 Vorschlag lt. Gola/Schomerus-*Klug/Körffer* § 6a BDSG Rn. 14b.
129 *Martini* Algorithmen als Herausforderung für die Rechtsordnung JZ 2017, 1017, 1020, Pkt. III Nr. 1 bb).

Betroffenen rechtzeitig, d.h. spätesten zum Zeitpunkt der Mitteilung der teilweise ablehnenden Entscheidung – über das Bestehen dieser Rechte in Kenntnis setzen.

VII. Verbot und Ausnahmen in Bezug auf besondere Kategorien personenbezogener Daten (Abs. 4)

Art. 22 Abs. 4, der als Verbot mit Erlaubnisvorbehalt formuliert wurde, schränkt die Erlaubnisvorbehalte des Abs. 2 ein[130] und verbietet Verantwortlichen, Entscheidungen nach Absatz 2[131] auf die Verarbeitung **besonderer Datenkategorien im Sinne von Art. 9 Abs. 1** zu stützen, sieht jedoch zugleich von diesem Verbotsgrundsatz zwei Ausnahmen vor. **134**

Das Verbot des Abs. 4 erfasst ausschließlich solche Entscheidungen nach Abs. 2, die sich auf die Verarbeitung **besonderer Kategorien von personenbezogenen Daten – gemäß Art. 9 Abs. 1**[132] stützen. Danach zählen zu den besonderen Kategorien von personenbezogenen Daten neben Daten zu rassischer oder ethnischer Herkunft, politischen Meinungen, religiösen oder weltanschaulichen Überzeugungen oder Gewerkschaftszugehörigkeit", auch Gesundheitsdaten sowie „genetische oder biometrische Daten" oder Angaben zum Sexualleben oder der sexuellen Orientierung einer natürlichen Person". **135**

Laut diesen Erlaubnisvorbehalten ist eine automatisierte Einzelentscheidung unter Verarbeitung hochsensibler Datenkategorien ausnahmsweise doch zulässig, wenn die Betroffenen explizit mittels **qualifizierter Einwilligung** ihre Zustimmung erteilt haben (d.h. zusätzlich zu den Voraussetzungen einer informierten Einwilligung nach Art. 7 in voller Kenntnis des Umstands, dass die Verarbeitung ihrer Daten auch Datenkategorien des Art. 9 involviert) oder aber Verantwortliche sich darauf berufen können, dass dies nach Art. 9 Abs. 2 lit g erlaubt ist, also auf „Grundlage des Unionsrechts oder des Rechts eines Mitgliedsstaats" erfolgt, oder „aus Gründen eines erheblichen öffentlichen Interesses erforderlich" ist. **136**

Berufen sich Verantwortliche auf eine der beiden Erlaubnisvorbehalte, fordert der Verordnungsgeber zum Ausgleich des durch die Verarbeitung sensiblerer Betroffenendaten erhöhten Risikos für Betroffene durch etwaige Verletzungen des Schutzes personenbezogener Daten Schäden zu erleiden, dass Verantwortliche „angemessene Maßnahmen zum Schutz der Rechte und Freiheiten sowie der berechtigten Interessen der betroffenen Personen getroffen" haben (siehe Rn. 121 f.). **137**

1. Qualifizierte Einwilligung (Art. 9 Abs. 2 lit. a). Eine qualifizierte Einwilligung des Betroffenen nach Art. 9 Abs. 2 Buchstabe a liegt vor, wenn der Betroffene „ausdrücklich" in die Verarbeitung seiner personenbezogenen Daten, die in die Kategorie des Art. 9 Abs. 1 fallen, „für einen oder mehrere festgelegte Zwecke" „eingewilligt" hat (Details zu den Voraussetzungen des Art. 9 Abs. 2 lit. a siehe dortige Kommentierung Rn. 112 f.). **138**

Schließlich darf nach Art. 9 Abs. 2 lit. a keine europarechtliche oder nationalstaatliche Norm existieren, nach der die Erteilung einer qualifizierten Einwilligung in der Verarbeitungssituation verboten ist. **139**

---

130 Kühling/Buchner-*Buchner* Art. 22 Rn. 44 spricht insoweit zutreffend von einer Rückausnahme.

131 Zu den Voraussetzungen siehe 41.

132 Siehe Legaldefinition dieser Datenkategorien in Art. 9 Abs. 1.

140 **2. „Vorrangige Rechtsvorschrift der EU oder eines Mitgliedstaats" (Art. 9 Abs. 2 lit. g).** **Alternativ** dürfen Verantwortliche – falls keine qualifizierte Einwilligung des Betroffenen vorliegt – automatisierte Einzelfallentscheidungen im Sinne des Abs. 2 auch dann auf die Verarbeitung besonderer Datenkategorien stützen, wenn eine Rechtsvorschrift (der EU oder des Mitgliedsstaats) existiert, die explizit Entscheidungen nach Abs. 2, die auf der Verarbeitung von besonderen Kategorien von personenbezogenen Daten im Sinne des Art. 9 beruht.

141 Voraussetzung für eine unionsrechtlich tragfähige Nutzung der Öffnungsklausel ist nach Art. 9 Abs. 2 lit g jedoch, dass „die Verarbeitung […] auf der Grundlage des Unionsrechts oder des Rechts eines Mitgliedstaats, das in angemessenem Verhältnis zu dem verfolgten Ziel steht, den Wesensgehalt des Rechts auf Datenschutz wahrt und angemessene und spezifische Maßnahmen zur Wahrung der Grundrechte und Interessen der betroffenen Person vorsieht, aus Gründen eines erheblichen öffentlichen Interesses erforderlich" ist.

142 Der Wortlaut „gilt" des Abs. 4 – Veil[133] bezeichnet ihn zutreffend als verunglückt – impliziert, dass Rechtsanwender das Vorliegen der Tatbestandsvoraussetzungen des Art. 9 Abs. 2 lit. g inzident zu prüfen haben.

143 Rechtsanwender müssen zwar regelmäßig auf Grund des **Anwendungsvorrangs der DS-GVO** die Vereinbarkeit des nationalstaatlichen mit Unionsrechts prüfen. Allerdings stellt die englische Sprachfassung des Art. 22 Abs. 4 darauf ab, dass das Verbot nach Abs. 4 nur greift, „unless point (a) or (g) of Article 9(2) applies". Dies lässt sich auch „mit Anwendung findet" übersetzen, was wiederum bereits dann der Fall ist, sobald überhaupt eine unionsrechtliche oder nationalstaatliche Regelung im Sinne des Art. 9 Abs. 2 lit. g existiert.

144 Insofern dürfte es an dieser Stelle genügen, dass Verantwortliche, sofern und solange sich nicht die Unwirksamkeit der betreffenden Rechtsvorschrift angesichts der Kriterien des Art. 9 Abs. 2 lit. g aufdrängt, prüfen müssen, ob eine solche Rechtsvorschrift – auf die sie sich berufen können – überhaupt existiert (z.B. § 37 BDSG).

145 **3. „angemessene Schutzmaßnahmen".** Weitere Voraussetzung zur Berufung auf das Vorliegen einer der Erlaubnisvorbehalte nach Abs. 4 – neben der Geltung von Art. 9 Abs. 2 lit. a oder g – ist, dass „angemessene Maßnahmen zum Schutz der Rechte und Freiheiten sowie der berechtigten Interessen der betroffenen Personen getroffen wurden". Durch die offene Formulierung, ohne Adressierung eines konkreten Normadressaten (Gesetzgeber bzw. Verantwortlicher), stellt der Verordnungsgeber sicher, dass sowohl Fallgestaltungen abgedeckt sind, in denen die Schutzmaßnahmen vom Verantwortlichen getroffen wurden, als auch solche, in denen der Gesetzgeber entsprechende Vorkehrungen in der die automatisierte Entscheidungsfindung ausnahmsweise erlaubenden Rechtsvorschrift selbst verankert hat. Ein Beispiel für eine sich auf Art. 9 Abs. 2 lit. g stützende Erlaubnisnorm auf nationalstaatlicher Ebene ist § 37 BDSG (s. Rn. 147).

146 Leider enthält auch Abs. 4 – wie schon bei Abs. 2 lit. b und Abs. 3 – keine Angaben des Verordnungsgebers dazu, wann „Maßnahmen zum Schutz der Rechte und Frei-

133 Gierschmann-*Veil* DSGVO, Art. 22 Rn. 89, der die Verweise auf Art. 9 Abs. 2 lit. a und g als Rechtsgrundverweisung interpretiert.

heiten sowie der berechtigten Interessen der betroffenen Person" „angemessen" sind. Die sprachlichen Unterschiede in Bezug auf die zu treffenden Schutzmaßnahmen in Abs. 3 und Abs. 4 – Abs. 3 spricht von „Wahrung" und Abs. 4 vom „Schutz" der Betroffenenrechte – sind ausweislich der englischen Sprachfassung, in der die Formulierung deckungsgleich ist, übersetzungsbedingt. Insoweit wird hinsichtlich der zu treffenden angemessenen Schutzmaßnahmen auf die Ausführungen unter Rn. 121 verwiesen.

VIII. Abs. 4 bzgl. BDSG n.F.

Mit Normierung des § 37 BDSG hat der deutsche Gesetzgeber **Ausnahmen** zu den grundsätzlichen Verboten nach Art. 22 Abs. 1 und 4 geschaffen und hierzu von den sich aus Art. 22 Abs. 2 lit. b, Abs. 4 in Verbindung mit Art. 9 Abs. 2 lit. g ergebenden Öffnungsklausel Gebrauch gemacht. **147**

Sinn und Zweck des § 37 Abs. 1 BDSG ist es der Versicherungsbranche zu ermöglichen, weiterhin automatisierte Einzelentscheidungen nach Art. 22 zu treffen, sofern „die Entscheidung im Rahmen der Leistungserbringung nach einem Versicherungsvertrag ergeht". **148**

Voraussetzung für eine Berufung auf § 37 Abs. 1 BDSG ist somit das **Vorhandensein eines Versicherungsvertrag**s (bspw. im Sinne von § 1 Versicherungsvertragsgesetz (VVG)) und, dass die Entscheidung nach Art. 22 Abs. 1 „im Rahmen der Leistungserbringung" erfolgt. **149**

„Im Rahmen der Leistungserbringung" ergeht eine Entscheidung nach Art. 22 Abs. 1 dann, wenn diese einen konkreten inhaltlichen Bezug zu den durch den geschlossenen Versicherungsvertrag abgesicherten Risiken aufweist. Zur Klärung des Vorliegens dieses Tatbestandsmerkmals ist insoweit neben dem konkreten Inhalt des Versicherungsvertrags auch – sofern vorhanden – auf die jeweils gültigen allgemeinen Versicherungsbedingungen (AVB) sowie einschlägige Rechtsprechung abzustellen. **150**

Auf Grund der Beschränkung des Anwendungsbereichs unterscheidet sich die Ausnahmeregelung des § 37 Abs. 1 BDSG deutlich von der in § 6a Abs. 2 BDSG a.F., der neben der Erfüllung des Vertragsverhältnisses auch „sonstige Rechtsverhältnisse" und Entscheidungen im Rahmen des Vertragsabschlusses erfasste und insofern ein wesentlich breiteres Anwendungsspektrum aufwies. **151**

Ergeht eine Entscheidung im Rahmen der Leistungserbringung nach einem Versicherungsvertrag müssen – damit Verantwortliche sich auf die nationale Erlaubnisnorm des § 37 Abs. 1 berufen können – zusätzlich **alternativ** entweder die **Tatbestandsvoraussetzungen nach § 37 Abs. 1 Nr. 1 oder 2** gegeben sein.[134] **152**

Nach § 37 Abs. 1 Nr. 1 BDSG ist dies bei Stattgabe des Betroffenenantrags der Fall. Diese Regelung übernimmt insoweit den Gedanken des § 6a Abs. 2 Nr. 1 BDSG a.F., wonach eine Beschwer des Betroffenen dann als ausgeschlossen gilt, wenn die automatisierte Entscheidung des Verantwortlichen dem Begehren des Betroffenen **vollumfänglich abhilft.** **153**

---

134 BT-Drucks. 18/11325, S. 106.

Denn bei vollumfänglicher Stattgabe des Betroffenenantrags kann – anders als bei lediglich teilweiser Stattgabe des Antrags oder Stattgabe unter Änderung – unterstellt werden, dass der Betroffene durch die automatisierte Einzelentscheidung nicht beschwert ist.[135]

154 Nicht erfüllt ist dieses Kriterium demnach, wenn dem Begehren des Betroffen zwar statt gegeben wird, jedoch nur in Verbindung mit der Erfüllung einer Auflage oder nur in Verbindung mit der Erhöhung der vom Betroffenen zu zahlenden Versicherungsprämie.

155 Ob eine stattgebende Entscheidung rechtliche Verpflichtungen für den Betroffenen nach sich zieht, bleibt im Hinblick auf die Zulässigkeit der automatisierten Einzelentscheidung bei vollumfänglicher Stattgabe unberücksichtigt.[136]

156 Entscheidungen nach Art. 22 Abs. 1 sind daneben auch dann nach § 37 Abs. 1 Nr. 2 BDSG zulässig, wenn „die Entscheidung auf der Anwendung verbindlicher Entgeltregelungen für Heilbehandlungen beruht und der Verantwortliche für den Fall, dass dem Antrag nicht vollumfänglich stattgegeben wird, angemessene Maßnahmen zur Wahrung der berechtigten Interessen der betroffenen Person trifft".

157 Diese gesetzliche Privilegierung soll Krankenkassen ermöglichen, durch automatisierte Bearbeitung von Anträgen auf Erstattung von Heilbehandlungskosten Kosten einzusparen und die Antragsbearbeitung zu beschleunigen.[137]

158 Gibt der Verantwortliche dem Antrag des Betroffenen nicht vollumfänglich statt, ist er nach § 37 Abs. 1 Nr. 2 Hs. 1 dazu verpflichtet, „angemessene Maßnahmen zur Wahrung der berechtigten Interessen der betroffenen Person" zu treffen, die deckungsgleich mit den Mindestmaßnahmen nach Art. 22 Abs. 3 entsprechen, weshalb an dieser Stelle auf die obigen Ausführungen unter Rn. 79 verwiesen wird.

159 **1. Hinweispflicht auf Betroffenenrechte nach § 37 Abs. 1 Nr. 2 Hs. 2.** Der Gesetzgeber schafft in **§ 37 Abs. 1 Nr. 2 Hs. 2** eine **zusätzliche Informationspflicht** des Verantwortlichen. Nach ihr sind Verantwortliche im Falle einer automatisierten Einzelfallentscheidung, die dem Betroffenenantrag nicht vollumfänglichen stattgibt, dazu verpflichtet, den Betroffenen „spätestens" zum Zeitpunkt der Mitteilung der Entscheidung über die ihm gem. § 37 Abs. 1 Nr. 2 Hs. 1 BDSG zustehenden Rechte zu unterrichten.

Diese Verpflichtung stellt – wie Art. 12 Abs. 3 für die Betroffenenrecht gem. Art. 15 bis 22 – sicher, dass Betroffenen die Wahrnehmung ihrer Betroffenenrechte aus § 37 BDSG erleichtert wird und ähnelt insoweit der sich aus Art. 21 Abs. 4 ergebenden Vorgabe, Betroffene auf das Bestehen ihres Widerspruchsrechts hinzuweisen.

160 **2. § 37 Abs. 2.** § 37 Abs. 2 BDSG stellt zwar eine Ausnahme von dem grundsätzlichen Verbot nach Art. 22 Abs. 4 dar, allerdings erlaubt der Gesetzgeber nicht, Entscheidungen nach Art. 22 auf sämtliche besondere Kategorien personenbezogener Daten im Sinne von Art. 9 Abs. 1 zu stützen. Vielmehr hat der Gesetzgeber in § 37 Abs. 2 BDSG die Ausnahme von Art. 22 Abs. 4 ausdrücklich auf Gesundheitsdaten, also „personenbezogene Daten, die sich auf die körperliche oder geistige Gesundheit einer natürli-

135 *Bergmann/Möhrle/Herb* BDSG, 39. EGL 2009, § 6a, Rn. 15.
136 Simitis-*Scholz* § 6a BDSG Rn. 31.
137 BR-Drucks. 110/17, S. 108; so bereits *Piltz* § 37 BDSG Rn. 12, der auf BR-Drucks. 110/17 (Beschluss), S. 41 verweist.

chen Person, einschließlich der Erbringung von Gesundheitsdienstleistungen, beziehen und aus denen Informationen über deren Gesundheitszustand hervorgehen" beschränkt.

Durch den präzisen Verweis auf S. 2 des Abs. 2 des § 22 BDSG n.F. stellt der Gesetzgeber klar, dass der Verantwortliche die Maßnahmen auch dann zu treffen hat, wenn die Voraussetzungen einer zulässigen Verarbeitung besonderer Kategorien personenbezogener Daten im Sinne von § 22 Abs. 1 BDSG n.F. nicht erfüllt sind; insoweit handelt es sich hierbei um eine **Rechtsfolgenverweisung**[138]. **161**

C. Praxishinweise

I. Relevant für öffentliche Stellen

In der Praxis dürften keine Besonderheiten bzgl. der automatisierten Einzelfallentscheidung im Sinne von Art. 22 für öffentliche Stellen bestehen. Auch die Regelungen des BDSG hinsichtlich Scoring adressieren öffentliche und nicht-öffentliche Stellen gleichermaßen. **162**

Insoweit wird auf die Praxishinweise für nicht-öffentliche Stellen verwiesen.

II. Relevant für nichtöffentliche Stellen

Nichtöffentliche Stellen, die automatisierte Entscheidungen auf Profiling im Sinne der Legaldefinition des Art. 4 Nr. 4 stützen, sollten prüfen, ob sie zur Benennung einer Datenschutzbeauftragten bzw. eines Datenschutzbeauftragten verpflichtet sind, da sie in aller Regel die Voraussetzungen des Art. 37 Abs. 1 lit. b erfüllen dürften.[139] **163**

Denn mit dem Einsatz eines Profilingverfahrens gehen grundsätzlich Maßnahmen zur „umfangreichen, regelmäßigen und systematischen Überwachung betroffener Personen" einher. Angesichts des für ein Profiling grundsätzlich erforderlichen Umfangs der Datenverarbeitungsvorgänge dürften jene auch regelmäßig der Kerntätigkeit der Verantwortlichen zuzurechnen sein. **164**

Ferner verpflichtet Art. 35 Abs. 3 Verantwortliche, die natürliche Personen im Hinblick auf persönliche Aspekte „systematisch und umfangreich" bewerten und diese Bewertung „auf automatisierte Verarbeitung einschließlich Profiling" stützen, dazu, vor Beginn einer solchen Verarbeitung („vorab") eine Datenschutzfolgenabschätzung nach Art. 35 Abs. 1 durchzuführen. **165**

Bereits die Einführung einer automatisierten Verarbeitung personenbezogener Daten, die eine Entscheidung nach Art. 22 lediglich vorbereitet, kann Verantwortliche insoweit zur Durchführung einer Datenschutzfolgenabschätzung nach Maßgabe des Art. 35 Abs. 1 verpflichten. **166**

Nach § 38 Abs. 1 S. 2 BDSG folgt alleine hieraus die Verpflichtung einen Datenschutzbeauftragten zu benennen. **167**

---

138 Im Gegensatz zu einer Rechtsgrundverweisung, die ihrerseits voraussetzen würde, dass die gesamten Tatbestandsvoraussetzungen der Norm vorliegen, auf die verwiesen wird.

139 So auch: Kühling/Buchner-*Bergt* Art. 37 Rn. 23; Paal/Pauly-*Paal* Art. 37 Rn. 8; *Klug* ZD 2016, 315, 316.

168 Bei Entscheidungen nach Abs. 1, deren Zulässigkeit sich auf die Ausnahme nach § 37 BDSG stützt, müssen Verantwortliche, sofern sie dem Antrag eines Betroffenen nicht vollumfänglich stattgeben, sowohl die Betroffenenrechte nach § 37 Abs. 1 Nr. 2 Hs. 1 BDSG sicherstellen und die Informationspflicht nach § 37 Abs. 1 Nr. 2 Hs. 2 beachten und den Betroffenen rechtzeitig, d.h. spätestens zum Zeitpunkt der Mitteilung der teilweise ablehnenden Entscheidung – über das Bestehen dieser Rechte in Kenntnis setzen.

169 Verantwortliche werden nach Art. 22 Abs. 3 dazu verpflichtet, besondere technisch-organisatorische Schutzmaßnahmen zu treffen, „um die Rechte und Freiheiten der Betroffenen Personen zu wahren", sowie es den Betroffenen zu ermöglichen, ihre Rechte nach Art. 22 Abs. 3 wahrzunehmen.

III. Relevant für betroffene Personen

170 Betroffene Personen können gegenüber Verantwortlichen, die Entscheidungen auf Grundlage von automatisierten Datenverarbeitungen im Sinne des Art. 22 fällen – abgesehen von der Möglichkeit nach Art. 21 Abs. 1 S. 2 und Abs. 2 Hs. 2 Widerspruch einzulegen –, gem. Abs. 3 mindestens drei verschiedene Betroffenenrechte geltend machen:

1. Erwirken, dass ein (menschlicher) Mitarbeiter in die maschinell getroffene Einzelentscheidung eingreift und überprüft,
2. Das Recht, den eigenen Standpunkt in Bezug auf die Richtigkeit der Entscheidungsfindung darzustellen,
3. Das Recht, die vom Verantwortlichen automatisch getroffene Entscheidung anzufechten

Hilft der Verantwortliche dem Begehren des Betroffenen nicht ab, kann der Betroffene Beschwerde bei der Aufsichtsbehörde einlegen, Art. 77 Abs. 1.

IV. Relevant für Aufsichtsbehörden

171 Aufsichtsbehörden müssen nach Art. 47 Abs. 2 lit. e im Rahmen eines Verfahrens zur Genehmigung verbindlicher unternehmensinterner Datenschutzvorschriften (engl. **Binding Corporate Rules** oder **Corporate Binding Rules**) beachten, dass die seitens der Verantwortlichen vorgelegten BCR-Entwürfe auch ausdrücklich auf das Recht der Betroffenen hinweisen, „nicht einer ausschließlich auf einer automatisierten Verarbeitung — einschließlich Profiling — beruhenden Entscheidung nach Art. 22 unterworfen zu werden". Anderenfalls wäre der Verantwortliche zur Nachbesserung aufzufordern oder die Genehmigung zu versagen, da es sich bei einem solchen Hinweis um eine der im Katalog des Art. 47 Abs. 2 aufgeführten Pflichtangaben handelt.

V. Relevant für das Datenschutzmanagement

172 Verantwortliche müssen organisatorisch sicherstellen, dass ohne ihr Wissen bzw. ihre vorherige Freigabe keine Verarbeitungstätigkeiten im Sinne des Art. 22 bzw. der §§ 31, 37 BDSG stattfinden oder ohne Beteiligung des Datenschutzbeauftragten neu eingeführt werden. Ein Anknüpfungspunkt im Datenschutzmanagementsystem zur Implementierung einer diesbezüglichen **Prüfschleife** sollte hier mindestens das Vertragsmanagement sein.

Betreibt der Verantwortliche Verfahren im Sinne des Art. 22 bzw. der §§ 31, 37 BDSG, müssen Verantwortliche insbesondere die sich aus Art. 13 Abs. 2 lit. f, 14 Abs. 2 lit. g und 15 Abs. 1 lit. h ergebenden Informations-/Auskunftspflichten beachten und Betroffene ausdrücklich auf „das Bestehen einer automatisierten Entscheidungsfindung einschließlich Profiling" hinweisen und „aussagekräftige Informationen über die involvierte Logik[140] sowie die Tragweite und die angestrebten Auswirkungen einer derartigen Verarbeitung für die betroffene Person" bereit stellen. **173**

Verfahren zur automatisierten Entscheidungsfindung unterliegen der Datenschutzfolgenabschätzung. **174**

VI. Sanktionen

Bei Verstößen gegen Maßgaben des Art. 22, insbesondere die Nichtergreifung von Mindestschutzmaßnahmen nach Abs. 3, droht Verantwortlichen gem. Art. 83 Abs. 5 lit. b ein Bußgeld in Höhe von bis zu 20 000 000 EUR. **175**

D. Appendix – Synopse § 31 Abs. 2 BDSG n.F. und § 28a Abs. 1 BDSG a.F.

(inhaltliche Übereinstimmungen unterstrichen, **Abweichungen im Fettdruck**) **176**

§ 31 Abs. 1 BDSG i.d.F. ab 25.5.2018	**§ 28b BDSG 2009 (Nr. 2 und 1 getauscht)**
Die **Verwendung** eines Wahrscheinlichkeitswerts über ein bestimmtes zukünftiges Verhalten einer natürlichen Person zum Zweck der Entscheidung über die Begründung, Durchführung oder Beendigung eines Vertragsverhältnisses mit dieser Person (Scoring) ist nur zulässig, wenn	Zum Zweck der Entscheidung über die Begründung, Durchführung oder Beendigung eines Vertragsverhältnisses mit dem Betroffenen darf ein Wahrscheinlichkeitswert für ein bestimmtes zukünftiges Verhalten des Betroffenen **erhoben oder** verwendet werden, wenn
1. **die Vorschriften des Datenschutzrechts eingehalten wurden,**	2. **im Fall der Berechnung des Wahrscheinlichkeitswerts durch eine Auskunftei die Voraussetzungen für eine Übermittlung der genutzten Daten nach § 29 und in allen anderen Fällen die Voraussetzungen einer zulässigen Nutzung der Daten nach § 28 vorliegen,**
2. die zur Berechnung des Wahrscheinlichkeitswerts genutzten Daten unter Zugrundelegung eines wissenschaftlich anerkannten mathematisch-statistischen Verfahrens nachweisbar für die Berechnung der Wahrscheinlichkeit des bestimmten Verhaltens erheblich sind,	1. die zur Berechnung des Wahrscheinlichkeitswerts genutzten Daten unter Zugrundelegung eines wissenschaftlich anerkannten mathematisch-statistischen Verfahrens nachweisbar für die Berechnung der Wahrscheinlichkeit des bestimmten Verhaltens erheblich sind,
3. für die Berechnung des Wahrscheinlichkeitswerts nicht ausschließlich Anschriftendaten genutzt wurden und	3. für die Berechnung des Wahrscheinlichkeitswerts nicht ausschließlich Anschriftendaten genutzt werden,
4. im Fall der Nutzung von Anschriftendaten die betroffene Person vor Berechnung des Wahrscheinlichkeitswerts über die vorgesehene Nutzung dieser Daten unterrichtet worden ist; die Unterrichtung ist zu dokumentieren.	4. im Fall der Nutzung von Anschriftendaten der Betroffene vor Berechnung des Wahrscheinlichkeitswerts über die vorgesehene Nutzung dieser Daten unterrichtet worden ist; die Unterrichtung ist zu dokumentieren.

140 Vgl. *AG Düsseldorf* v. 18.1.2018 zu § 6a BDSG a.F. – 22 C 136/17.

§ 31 Abs. 2 BDSG i.d.F. ab 25.5.2018	**§ 28a Abs. 1 BDSG 2009**
(S. 1) Die **Verwendung** eines **von Auskunfteien ermittelten Wahrscheinlichkeitswerts über die Zahlungsfähig- und Zahlungswilligkeit einer natürlichen Person** ist **im Fall der Einbeziehung von Informationen über Forderungen** nur zulässig, soweit die **Voraussetzungen nach Absatz 1 vorliegen** und nur solche Forderungen über eine geschuldete Leistung, die trotz Fälligkeit nicht erbracht worden ist, **berücksichtigt werden**,	(S. 1) Die **Übermittlung personenbezogener Daten über eine Forderung an Auskunfteien** ist nur zulässig, soweit die geschuldete Leistung trotz Fälligkeit nicht erbracht worden ist, **die Übermittlung zur Wahrung berechtigter Interessen der verantwortlichen Stelle oder eines Dritten erforderlich ist** und
1. die durch ein rechtskräftiges oder für vorläufig vollstreckbar erklärtes Urteil festgestellt worden sind oder für die ein Schuldtitel nach § 794 der Zivilprozessordnung vorliegt,	1. die Forderung durch ein rechtskräftiges oder für vorläufig vollstreckbar erklärtes Urteil festgestellt worden ist oder ein Schuldtitel nach § 794 der Zivilprozessordnung vorliegt,
2. die nach § 178 der Insolvenzordnung festgestellt und nicht vom Schuldner im Prüfungstermin bestritten worden sind,	2. die Forderung nach § 178 der Insolvenzordnung festgestellt und nicht vom Schuldner im Prüfungstermin bestritten worden ist,
3. **die der Schuldner** ausdrücklich anerkannt hat,	3. **der Betroffene** die Forderung ausdrücklich anerkannt hat,
4. bei denen a) **der Schuldner** nach Eintritt der Fälligkeit der Forderung mindestens zweimal schriftlich gemahnt worden ist, b) die erste Mahnung mindestens vier Wochen zurückliegt, c) der Schuldner zuvor, jedoch frühestens bei der ersten Mahnung, über eine **mögliche Berücksichtigung durch eine Auskunftei** unterrichtet worden ist und d) **der Schuldner** die Forderung nicht bestritten hat oder	4. a) **der Betroffene** nach Eintritt der Fälligkeit der Forderung mindestens zweimal schriftlich gemahnt worden ist, b) zwischen der ersten Mahnung und der Übermittlung mindestens vier Wochen liegen, c) die verantwortliche Stelle den Betroffenen rechtzeitig vor der Übermittlung der Angaben, jedoch frühestens bei der ersten Mahnung über **die bevorstehende Übermittlung** unterrichtet hat und d) **der Betroffene** die Forderung nicht bestritten hat oder
5. deren zugrunde liegendes Vertragsverhältnis aufgrund von Zahlungsrückständen fristlos gekündigt werden kann und bei denen der Schuldner zuvor über eine **mögliche Berücksichtigung durch eine Auskunftei** unterrichtet worden ist.	5. das der Forderung zugrunde liegende Vertragsverhältnis aufgrund von Zahlungsrückständen fristlos gekündigt werden kann und die verantwortliche Stelle **den Betroffenen** über **die bevorstehende Übermittlung** unterrichtet hat.
(S. 2) Die Zulässigkeit der Verarbeitung, einschließlich der Ermittlung von Wahrscheinlichkeitswerten, von anderen bonitätsrelevanten Daten nach allgemeinem Datenschutzrecht bleibt unberührt.	(S. 2) Satz 1 gilt entsprechend, wenn die verantwortliche Stelle selbst die Daten nach § 29 verwendet.

Abschnitt 5
Beschränkungen

Artikel 23 Beschränkungen

(1) Durch Rechtsvorschriften der Union oder der Mitgliedstaaten, denen der Verantwortliche oder der Auftragsverarbeiter unterliegt, können die Pflichten und Rechte gemäß den Artikeln 12 bis 22 und Artikel 34 sowie Artikel 5, insofern dessen Bestimmungen den in den Artikeln 12 bis 22 vorgesehenen Rechten und Pflichten entsprechen, im Wege von Gesetzgebungsmaßnahmen beschränkt werden, sofern eine solche Beschränkung den Wesensgehalt der Grundrechte und Grundfreiheiten achtet und in einer demokratischen Gesellschaft eine notwendige und verhältnismäßige Maßnahme darstellt, die Folgendes sicherstellt:

a) die nationale Sicherheit;
b) die Landesverteidigung;
c) die öffentliche Sicherheit;
d) die Verhütung, Ermittlung, Aufdeckung oder Verfolgung von Straftaten oder die Strafvollstreckung, einschließlich des Schutzes vor und der Abwehr von Gefahren für die öffentliche Sicherheit;
e) den Schutz sonstiger wichtiger Ziele des allgemeinen öffentlichen Interesses der Union oder eines Mitgliedstaats, insbesondere eines wichtigen wirtschaftlichen oder finanziellen Interesses der Union oder eines Mitgliedstaats, etwa im Währungs-, Haushalts- und Steuerbereich sowie im Bereich der öffentlichen Gesundheit und der sozialen Sicherheit;
f) den Schutz der Unabhängigkeit der Justiz und den Schutz von Gerichtsverfahren;
g) die Verhütung, Aufdeckung, Ermittlung und Verfolgung von Verstößen gegen die berufsständischen Regeln reglementierter Berufe;
h) Kontroll-, Überwachungs- und Ordnungsfunktionen, die dauernd oder zeitweise mit der Ausübung öffentlicher Gewalt für die unter den Buchstaben a bis e und g genannten Zwecke verbunden sind;
i) den Schutz der betroffenen Person oder der Rechte und Freiheiten anderer Personen;
j) die Durchsetzung zivilrechtlicher Ansprüche.

(2) Jede Gesetzgebungsmaßnahme im Sinne des Absatzes 1 muss insbesondere gegebenenfalls spezifische Vorschriften enthalten zumindest in Bezug auf

a) die Zwecke der Verarbeitung oder die Verarbeitungskategorien;
b) die Kategorien personenbezogener Daten;
c) den Umfang der vorgenommenen Beschränkungen;
d) die Garantien gegen Missbrauch oder unrechtmäßigen Zugang oder unrechtmäßige Übermittlung;
e) die Angaben zu dem Verantwortlichen oder den Kategorien von Verantwortlichen;
f) die jeweiligen Speicherfristen sowie die geltenden Garantien unter Berücksichtigung von Art, Umfang und Zwecken der Verarbeitung oder der Verarbeitungskategorien;
g) die Risiken für die Rechte und Freiheiten der betroffenen Personen und
h) das Recht der betroffenen Personen auf Unterrichtung über die Beschränkung, sofern dies nicht dem Zweck der Beschränkung abträglich ist.

– *ErwG: 73*

Übersicht

Literatur: *Albrecht* Das neue EU-Datenschutzrecht – von der Richtlinie zur Verordnung, CR 2016, 88; *Ashkar* Durchsetzung und Sanktionierung des Datenschutzrechts nach den Entwürfen der Datenschutz-Grundverordnung, DuD 2015, 796; *von Bogdandy/Schill* Die Achtung der nationalen Identität unter dem reformierten Unionsvertrag, ZaöRV 2010, 701; *Dieterich* Rechtsdurchsetzungsmöglichkeiten nach der DS-GVO – Einheitlicher Rechtsrahmen führt nicht zwangsläufig zu einheitlicher Rechtsanwendung, ZD 2016, 260; *Greve* Das neue Bundesdatenschutzgesetz, NVwZ 2017, 737; *Härting* Datenschutzreform in Europa: Einigung im EU-Parlament, CR 2013, 715; *Johannes/Richter* Privilegierte Verarbeitung im

BDSG-E, DuD 2017, 300; *Neun/Lubitzsch* EU-Datenschutz-Grundverordnung – Behördenvollzug und Sanktionen, BB 2016, 1538; *Spindler* Die neue EU-Datenschutz-Grundverordnung, DB 2016, 937.

A. Einordnung und Hintergrund

I. Erwägungsgründe

Art. 23 nimmt ErwG 73 in Bezug. Hiernach soll hinsichtlich bestimmter Grundsätze und hinsichtlich des Rechts auf Unterrichtung, Auskunft zu und Berichtigung oder Löschung von personenbezogenen Daten, des Rechts auf Datenübertragbarkeit und Widerspruch, Entscheidungen, die auf der Erstellung von Profilen beruhen, sowie Mitteilungen über eine Verletzung des Schutzes personenbezogener Daten an eine betroffene Person und bestimmten damit zusammenhängenden Pflichten der Verantwortlichen möglich sein, soweit dies in einer demokratischen Gesellschaft notwendig und verhältnismäßig ist. ErwG 73 nennt als Gründe beispielsweise die Aufrechterhaltung der öffentlichen Sicherheit, den Schutz von Menschenleben und die Strafverfolgung und -vollstreckung. 1

II. Normengenese und -umfeld

Die Datenschutz-Richtlinie enthielt in Art. 13 Abs. 1 eine Art. 23 in Teilen entsprechende Vorschrift, allerdings ist der Ausnahmenkatalog des Art. 23 GG deutlich weiter gefasst als der des Art 13 Abs. 1 DSRL. Gleichzeitig sind die in Abs. 2 formulierten Anforderungen an die Ausnahmetatbestände umfangreicher.[1] 2

B. Kommentierung

I. Allgemeines: Zweck, Bedeutung, Systematik/Verhältnis zu anderen Vorschriften

Grundgedanke des Art. 23 ist es, für bestimmte Fälle Rechte von Betroffenen, die sich aus der DS-GVO ergeben, beschränken zu können oder bestehende Beschränkungen aufrecht zu erhalten. Art. 23 beinhaltet eine der Öffnungsklauseln, durch die die DS-GVO den Mitgliedstaaten Spielraum für eigene Datenschutzregelungen eröffnet. Adressat der Regelung ist aber auch die Union selbst, die so in anderen Rechtssätzen von der DS-GVO abweichen darf. 3

Art. 23 bestimmt, in welchen Fällen Abweichungen vom Transparenzgebot zulässig sind und an welche Voraussetzungen diese Abweichungen gebunden sind. Die Norm ermöglicht Beschränkungen für die Vorschriften des Kapitels III, sofern hier Rechte für Betroffene geregelt sind, für Art. 34 und für Art. 5, sofern dieser den Rechten und Pflichten des Kapitels III entspricht. 4

Art. 23 normiert allgemeine Grundsätze für mögliche Beschränkungen, die dann in den entsprechenden unionsrechtlichen oder nationalen Regelungen im Sinne der Vorgaben des Art. 23 konkretisiert werden müssen. Dies liegt nicht zuletzt daran, dass die Vorschriften, die den Betroffenen Rechte einräumen, unterschiedliche Funktionen haben und unterschiedlich wirken, so dass an die Beschränkung der so vermittelten Rechte unterschiedliche Anforderungen zu stellen sind.[2] 5

---

1 BeckOK DatenSR-*Stender-Vorwachs* DS GVO, Art. 23 Rn. 2.

2 Kühling/Buchner-*Bäcker* Art. 23 Rn. 2.

6 Mit Art. 23 selbst geht keine Verpflichtung für die Mitgliedstaaten oder die Union einher, in bestimmten Situationen Rechte der Betroffenen zu beschränken. Derartige Gebote können sich aus primärem Unionsrecht oder nationalem Verfassungsrecht ergeben, so etwa bezogen auf die Verwirklichung staatlicher Schutzpflichten zugunsten Dritter. Art. 23 selbst enthält so nur ein fakultatives Beschränkungsrecht.

7 Auf Betreiben des Parlaments enthält Art. 23 neben der Festlegung auf die Einhaltung des Grundsatzes der Verhältnismäßigkeit eine Verpflichtung, bei der Normierung von Beschränkungen im Sinne des Abs. 1 den Wesensgehalt der Grundrechte und der Grundfreiheiten nach dem Primärrecht der Union zu wahren. Der deutsche Gesetzgeber muss sich bei Ausgestaltung von Beschränkungen auf Grundlage des Art. 23 an den Bestimmungen des Grundgesetzes im Übrigen messen lassen,[3] also auch an der Wesensgehaltsgarantie nach Art. 19 Abs. 2 GG und am Grundsatz der Verhältnismäßigkeit.

8 Anforderungen an die beschränkenden Vorschriften nach Abs. 1 ergeben sich aus dem Katalog des Abs. 2. Die Vorschrift soll sicherstellen, dass sich der Gesetzgeber bei der Normierung von Beschränkungen mit der Notwendigkeit der Maßnahme in Beziehung zu den Rechten der Betroffenen auseinandersetzen muss.[4]

II. Beschränkungstatbestände und deren Grenzen (Abs. 1)

9 Abs. 1 regelt die Tatbestände, die auf Unionsebene und auf Ebene der Nationalstaaten eine Beschränkung von Betroffenenrechten ermöglichen und bezeichnet zugleich deren Grenzen.

10 **1. Regelungen auf Unionsebene und nationaler Ebene.** Die Möglichkeit, Beschränkungen zu normieren, räumt Art. 23 sowohl der Union als auch den Mitgliedstaaten ein. Beide unterliegen dabei den gleichen zulässigen Zielsetzungen bzw. Beschränkungszwecken des Abs. 1 und den gleichen inhaltlichen Anforderungen des Abs. 2.

11 **2. Abweichungsfähige Rechte und Pflichten.** Abweichungsfähig sind die Rechte und Pflichten nach Kapitel III, Art. 12–22, nach Art. 34, sowie nach Art. 5, soweit darin Rechte nach Art. 12–22 verankert sind.

12 **a) Abweichungsgfähige Rechte und Pflichten nach Kapitel III, Art. 12–22.** Art. 12 ist Ausdruck des Transparenzgebotes für Verantwortliche, und verweist auf die §§ 13 f. sowie 15 ff. Art. 13 und 14 beinhalten Informationspflichten bez. der Erhebung personenbezogener Daten bei betroffenen und nicht betroffenen Personen. Gemäß Art. 15 kann die betroffene Person vom Verantwortlichen Auskunft über den Umstand, den Umfang, den Zweck und die Speicherdauer personenbezogener Daten verlangen einschließlich evtl. Beschwerdemöglichkeiten.

13 Art. 16 enthält das Recht auf Berichtigung unrichtiger Daten, Art. 17 das Recht auf Löschung. Aufgrund Art. 18 kann unter den dortigen Voraussetzungen eine Einschränkung der Verarbeitung verlangt werden. Art. 19 verpflichtet den Verantwortlichen, allen Empfängern personenbezogener Daten Mitteilung von den Begehren der betroffenen Person nach Art. 16–18 zu machen.

3 Kühling/Buchner-*Bäcker* Art. 23 Rn. 7.
4 Ehmann/Selmayr-*Bertermann* Art. 23 Rn. 5.

14 Gemäß Art. 20 kann die betroffene Person die erhobenen Daten beim Verantwortlichen heraus verlangen und Dritten unter den dort genannten Voraussetzungen zugänglich machen.

15 Art. 21 enthält das Widerspruchsrecht der betroffenen Person. Art. 21 vermittelt das grundsätzliche Recht, nicht einer ausschließlich auf einer automatisierten Verarbeitung – einschließlich Profiling – beruhenden Entscheidung unterworfen zu werden.

16 **b) Abweichungsgfähige Rechte und Pflichten nach Art. 34.** Art. 34 Abs. 1 verpflichtet den Verantwortlichen, bei Datenschutzverletzungen, die mit einem hohen Risiko der Verletzung von Persönlichkeitsrechten und Freiheiten natürlicher Personen einhergehen, diese unter den Voraussetzungen der weiteren Absätze hiervon zu unterrichten.

17 **c) Abweichungsgfähige Rechte und Pflichten nach Art. 5.** Art. 5 normiert allgemeine Pflichten bei der Verarbeitung personenbezogener Daten, die die zuvor beschriebenen Rechte nach Art. 12 bis 22 auslösen können.

18 **3. Regelungsform.** Die Einschränkung von Betroffenenrechten kann „durch Rechtsvorschriften" erfolgen. Damit ist zunächst auf der Ebene der DS-GVO keine parlamentsgesetzliche Grundlage verlangt.

19 Auf der Ebene der Union sind alle rechtsverbindlichen Rechtakte im Sinne des Art. 288 AEUV erfasst, also Verordnungen, die Richtlinien und Beschlüsse; gleichermaßen erfasst sind delegierte Rechtsakte und Durchführungsakte gemäß Art. 290 f. AEUV.[5]

20 Eine Öffnungsklausel hin zu speziellen Regelungen zum Datenschutz in Kollektivvereinbarungen enthält Art. 88 für Datenverarbeitungen in Beschäftigungsverhältnissen. Umfasst sind hier neben Tarifverträgen auch Haustarifverträge und Betriebsvereinbarungen.[6]

21 Generell muss es sich (lediglich) um außenwirksame Vorschriften handeln. Damit würde etwa Innenrecht der Verwaltung nicht ausreichen, Rechtsverordnungen dagegen würden den Begriff der Rechtsvorschrift erfüllen.

22 Schärfere Anforderungen an beschränkende Vorschriften können sich gleichwohl aus nationalem Verfassungsrecht ergeben. So wird auf Grundlage des Grundgesetzes üblicher Weise für die Einschränkungen des allgemeinen Persönlichkeitsrechts eine Regelung durch Parlamentsgesetz gefordert.

23 **4. Katalog der Beschränkungszwecke.** Der Katalog der Beschränkungszwecke ist in Abs. 1 relativ breit angelegt. Zwar ist die Aufzählung als abschließend anzusehen.[7] Allerdings wird zutreffend angeführt, dass sobald sich ein rechtliches Interesse an der Beschränkung von Betroffenenrechten findet, sich dieses zumeist auch unter einen der Zwecke des Abs. 1 subsumieren lässt.[8] Insbesondere die weite Öffnungsklausel nach lit. e lässt das Konzept der abschließenden Aufzählung zweifelhaft erscheinen.[9]

---

5 Kühling/Buchner-*Bäcker* Art. 23 Rn. 38.
6 BeckOK DatenSR-*Riesenhuber* DS-GVO, Art. 88 Rn. 51.
7 Ehmann/Selmayr-*Bertermann* Art. 23 Rn. 3; Sydow-*Enrico Peuker* Art. 23.
8 So Kühling/Buchner-*Bäcker* Art. 23 Rn. 11.
9 In diesem Sinne wohl auch Kühling/Buchner-*Bäcker* Art. 23 Rn. 22.

24 **a) Nationale Sicherheit (lit. a).** Der Begriff „nationale Sicherheit" ist bezogen auf die Mitgliedstaaten im Lichte der Staatsfunktionsgarantie[10] des Art. 4 Abs. 2 S. 2 EUV auszulegen und meint über den deutschen Begriff der öffentlichen Sicherheit hinaus den Schutz vor Ereignissen, die über die Gefährdung von Schutzgütern der öffentlichen Sicherheit hinaus die Sicherheit des Staates in Frage stellen.[11]

25 In Anlehnung an Art. 4 Abs. 2 S. 3 fällt die nationale Sicherheit allerdings weiterhin in die alleinige Verantwortung der Mitgliedstaaten, ist damit bereits gemäß Art. 2 Abs. 2 lit. a vom Anwendungsbereich der DS-GVO ausgenommen. Denkbar ist allerdings, dass Daten außerhalb der Zwecksetzung der nationalen Sicherheit und zugleich im Anwendungsbereich der DS-GVO erhoben, und dann rechtmäßig zu Zwecken der nationalen Sicherheit werden, Für diese Verantwortlichen kann die Ausnahme nach lit. a zum Tragen kommen.[12]

26 **b) Landesverteidigung (lit. b).** Eine Angelegenheit der Landesverteidigung liegt vor, wenn sie im Kontext der Verteidigung gegen potentielle Angriffe auf das Gebiet eines Mitgliedstaates mit Waffengewalt von außen steht. Es muss dabei kein Angriff bevorstehen, es reicht aus, dass es sich um Maßnahmen der Landesverteidigung in Friedenszeiten handelt.

27 Aus bundesdeutscher Sicht wird der Bereich der Landesverteidigung über Art. 24 Abs. 2 GG auf die bestehenden Bündnisverpflichtungen erweitert. Da dies für verschiedene Mitgliedstaaten der Fall ist, liegt ein derartiges erweitertes Verständnis des Begriffs Landesverteidigung auch für die DS-GVO nahe.[13]

28 Wie auch für die nationale Sicherheit gilt, dass aus Sicht der DS-GVO vornehmlich mittelbar der Landesverteidigung dienende Maßnahmen erfasst sind; auch die Landesverteidigung ist gemäß Art. 4 Abs. 2 S. 2 EUV in der Verantwortung der Mitgliedstaaten, so dass auch insoweit Art. 2 Abs. 2 lit. a zum Tragen kommt.

29 **c) Öffentliche Sicherheit (lit. c).** Der Begriff der öffentlichen Sicherheit ist unionsrechtlich zu bestimmen und umfasst angelehnt an die ordre-public-Klausel etwa des Art. 36 AEUV etwa die zentralen und für das Funktionieren des Staates unerlässlichen Regelungen der geschriebenen Rechtsordnung und die darin niedergelegten grundlegenden Werte eines Staates.[14] Zugleich sieht der EuGH die innere und äußere Sicherheit des Staates erfasst.[15] Der Begriff geht damit über das nationale Begriffsverständnis nach deutschem Recht hinaus.

30 Aber auch insoweit ist die Organisation der öffentlichen Sicherheit nicht von der Rechtsetzung der Union erfasst; es ist Sache der Mitgliedstaaten, entsprechende

10 Vgl. von *Bogdandy/Schill* ZaÖRV 2010, 701, 709.
11 *EuGH* Urt. v. 29.1.2008 – C-275/06, MMR 2008, 227, 228, Rn. 49.
12 So Kühling/Buchner-*Bäcker* Art. 23 Rn. 16 unter Bezugnahme auf *EuGH* Urt. v. 29.1.2008 – C-275/06, MMR 2008, 227, 228, Rn. 49.
13 In diesem Sine auch Paal/Pauly-*Paal* Art. 23 Rn. 19; hierauf Bezug nehmend Kühling/Buchner-*Bäcker* Art. 23 Rn. 16.
14 Vgl. etwa *Frey/Pfeifer* EuR 2015, 721,730.; anders wohl – eher vom deutschen Begriff der öffentlichen Sicherheit dominiert – BeckOK DatenSR-*Stender-Vorwachs* DS GVO, Art. 23 Rn. 19; wie hier Sydow-*Enrico Peukert* Art. 23 Rn. 21.
15 *EuGH* Urt. v. 11.3.2003 – C-186/97, NJW 2003, 1379, 1380 Rn. 36.

Regelungen zu treffen.[16] So dient auch Art. 23 Abs. 1 lit. c der Möglichkeit, nationalstaatliche Regelungen zur Wahrung der öffentlichen Sicherheit zu erlassen, die aber nicht gleichzeitig die Datenverarbeitung in diesem Kontext betreffen.[17]

Ausgenommen sind insoweit Regelungen im Kontext drohender oder begangener Straftaten, die vornehmlich Art. 2 Abs. 2 lit. d unterfallen und damit ursprünglich von den Regelungen der DS-GVO ausgenommen sind. Erfasst sind dagegen im Einklang mit ErwG 73 Anwendungsfälle der öffentlichen Sicherheit zum „Schutz von Menschenleben insbesondere bei Naturkatastrophen oder vom Menschen verursachten Katastrophen“[18], die in den Anwendungsbereich der DS-GVO fallen und entsprechenden Beschränkungen durch Mitgliedstaaten unterworfen werden können. 31

d) Verhütung und Verfolgung von Straftaten, Strafvollstreckung, Gefahrenabwehr (lit. d). Der Komplex der Verhütung und Verfolgung von Straftaten, der Strafvollstreckung und der Gefahrenabwehr für die öffentliche Sicherheit ist wiederum nach Art. 2 Abs. 2 lit. d von der Geltung des DS-GVO ausgenommen und findet seine speziellen Regelungen in der RL (EU) 2016/680. 32

Dabei ist eine Straftat eine nach nationalstaatlichem Recht mit Strafe bedrohte Tat. Während die Verhütung von Straftaten die präventive Tätigkeit der staatlichen Stellen meint, betrifft die Ermittlung, Aufdeckung und Verfolgung von Straftaten das repressive Handeln der Strafverfolgungsbehörden. Als Strafverfolgung wird die Erzwingung von Strafe durch die nach nationalem Recht zuständigen Stellen angesehen. Dass die DS-GVO von lit. d auch den Schutz vor und die Abwehr von Gefahren für die öffentliche Sicherheit erfasst, entfaltet insoweit Wirkung, als in Abgrenzung zu lit. c der spezielle Bereich der Gefahrenabwehr im Kontext der Verhütung und Verfolgung von Straftaten gemeint ist. 33

Zuständige Stellen i.S.d. RL (EU) 2016/680 sind gemäß Art. 3 Nr. 7 nach lit. a solche Stellen, die für die Verhütung, Ermittlung, Aufdeckung oder Verfolgung von Straftaten oder die Strafvollstreckung, einschließlich des Schutzes vor und der Abwehr von Gefahren für die öffentliche Sicherheit, zuständig sind, oder nach lit. b eine andere Stelle oder Einrichtung, der durch das Recht der Mitgliedstaaten die Ausübung öffentlicher Gewalt und hoheitlicher Befugnisse zur Verhütung, Ermittlung, Aufdeckung oder Verfolgung von Straftaten oder zur Strafvollstreckung, einschließlich des Schutzes vor und der Abwehr von Gefahren für die öffentliche Sicherheit, übertragen wurde. 34

Damit verbleibt als Regelungsbereich der Öffnungsklausel nach Art. 23 Abs. 1 lit. d die Datenverarbeitung durch Verantwortliche, die nicht zuständige Stellen im Sinne der Richtlinie sind, zugleich aber Daten verarbeiten, die zum Zwecke der Strafverfolgung, der Strafvollstreckung oder der Gefahrenabwehr Verwendung finden sollen.[19] ErwG 11 verweist insoweit auf Maßnahmen von Finanzdienstleistern zur Ermittlung, Aufdeckung und Verfolgung von Geldwäsche. In diesem Kontext können personenbezogene Daten erfasst und – unter gesetzlichen Einschränkungen nach Art. 23 Abs. 1 – an die zuständigen Stellen übermittelt werden.[20] 35

16 *EuGH* Urt. v. 11.3.2003 – C-186/97, NJW 2003, 1379, 1380 Rn. 37; hier Sydow-*Enrico Peukert* Art. 23 Rn. 22.

17 Paal/Pauly-*Paal* Art. 23 Rn. 23.

18 Kühling/Buchner-*Bäcker* Art. 23 Rn. 20.

19 Paal/Pauly-*Paal* Art. 23 Rn. 24.

20 Sydow-*Enrico Peukert* Art. 23 Rn. 24.

36 Einen entsprechenden Ausnahmetatbestand enthält bspw. § 4 BDSG in Bezug auf die Videoüberwachung öffentlich zugänglicher Räume.

37 **e) Schutz wichtiger Interessen der Union und der Mitgliedstaaten (lit. e).** Beschränkungen sollen nach lit. e zulässig sein zum „Schutz sonstiger wichtiger Ziele des allgemeinen öffentlichen Interesses der Union oder eines Mitgliedstaats, insbesondere eines wichtigen wirtschaftlichen oder finanziellen Interesses der Union oder eines Mitgliedstaats, etwa im Währungs-, Haushalts- und Steuerbereich sowie im Bereich der öffentlichen Gesundheit und der sozialen Sicherheit".

38 In lit. e ist damit ein breit angelegter Auffangtatbestand für den Schutz aller denkbaren öffentlichen Interessen auf Unionsebene und mitgliedstaatlicher Ebene normiert. Die konkret benannten Interessen haben dabei lediglich den Charakter von Regelbeispielen.[21] In der Konsequenz können also auch weitere, in lit. e nicht aufgeführte Interessen benannt werden.

39 Dass es sich um „wichtige" Interessen handeln muss, dürfte keine über das Erfordernis der Verhältnismäßigkeit hinausgehende Steuerungswirkung haben.[22]

40 Soweit ein wichtiges öffentliches Interesse im Sinne des lit. e mit der Inanspruchnahme eines entsprechenden Rechts durch einen Betroffenen gefährdet wird, kann eine dahingehende Beschränkungsregelung im Unionsrecht oder im nationalen Recht zum Schutz des betreffenden Interesses aktiviert werden.

41 **f) Schutz von richterlicher Unabhängigkeit und von Gerichtsverfahren (lit. f).** Art. 23 Abs. 1 lit. f betrifft zwei verwandte, aber letztlich unterschiedliche Tatbestände. So sind Ausnahmetatbestände zulässig zum Schutz der richterlichen Unabhängigkeit und zum Schutz von Gerichtsverfahren.

42 Die richterliche Unabhängigkeit ist ein letztlich immer noch unionsweit anerkanntes Rechtsgut. Allerdings sind Gefährdungen der unabhängigen Justiz durch Inanspruchnahme von Rechten nach der DS-GVO nur ausnahmsweise vorstellbar.[23]

43 Von praktisch größerer Relevanz dürfte der Schutz von Gerichtsverfahren sein. Hier ist bspw. vorstellbar, dass die Chancengleichheit im Verfahren durch die Geltendmachung von Betroffenenrechten gefährdet wird, so dass entsprechende rechtliche Vorkehrungen zur Wahrung der Chancengleichheit getroffen werden können.

44 Für den Schutz strafgerichtlicher Verfahren gelten allerdings vorrangig vor den Vorschriften der DS-GVO Art. 12 ff. RL (EU) 2016/680, bspw. Art. 15 bez. der Einschränkung der Auskunftsrechte betroffener Personen.

45 **g) Verhütung, Aufdeckung, Ermittlung und Verfolgung von Verstößen gegen die berufsständischen Regeln reglementierter Berufe (lit. g).** Reglementierte Berufe lassen sich bestimmen in Anlehnung an Art. 3 Abs. 1 lit. a RL 2005/36/EG über die Anerkennung von Berufsqualifikationen. Demgemäß ist ein reglementierter Beruf eine berufliche Tätigkeit oder eine Gruppe beruflicher Tätigkeiten, bei der die Aufnahme oder Ausübung oder eine der Arten der Ausübung direkt oder indirekt durch Rechts-

---

21 Kühling/Buchner-*Bäcker* Art. 23 Rn. 22.

22 So letztlich auch BeckOK DatenSR-*Stender-Vorwachs* DS GVO, Art. 23 Rn. 26; abwartend Kühling/Buchner-*Bäcker* Art. 23 Rn. 22.

23 So auch Kühling/Buchner-*Bäcker* Art. 23 Rn. 24.

und Verwaltungsvorschriften an den Besitz bestimmter Berufsqualifikationen gebunden ist; eine Art der Ausübung ist insbesondere die Führung einer Berufsbezeichnung, die durch Rechts- oder Verwaltungsvorschriften auf Personen beschränkt ist, die über eine bestimmte Berufsqualifikation verfügen. Trifft S. 1 dieser Begriffsbestimmung nicht zu, so wird ein unter Abs. 2 fallender Beruf als reglementierter Beruf behandelt."

In verschiedenen Mitgliedstaten unterliegen die reglementierten Berufe verstärkter staatlicher Kontrolle, die durch die Einhaltung von Transparenzvorschriften eingeschränkt werden kann. **46**

Berufsständische Regelungen sind neben den durch die seitens der Selbstverwaltungskörperschaften erlassenen Vorschriften alle nach nationalem Recht für den jeweils betroffenen Beruf geltenden Vorschriften.[24] **47**

h) Kontroll-, Überwachungs- und Ordnungsfunktionen in Ausübung öffentlicher Gewalt (lit. h). Art. 23 Abs. 1 lit. h soll insoweit klarstellenden Charakter haben, als die beschränkenden Vorschriften nach lit. a bis e und g (also nicht die nach lit. f) auch die Befugnisse der ausführenden Gewalt betreffen können.[25] Ob es dieser Klarstellung bedurfte, ist insoweit zweifelhaft, als die Durchsetzung der gesetzlich angelegten Beschränkungsmöglichkeiten stets sinnlogisch der Exekutive überlassen ist. **48**

Voraussetzung ist jedenfalls, dass die Tätigkeit in dauernder oder zeitweiser Ausübung öffentlicher Gewalt erfolgt. Damit ist das Handeln Privater insoweit erfasst, als diese als Beliehene mit hoheitlichen Befugnissen ausgestattet werden.[26] **49**

i) Schutz betroffener Personen oder Rechte und Freiheiten anderer Personen (lit. i).
Art. 23 Abs. 1 lit. i unterschiedet zwischen dem Schutz betroffener Personen und dem Schutz der Rechte anderer Personen. **50**

Der Anwendungsbereich der ersten Variante wird allgemein als sehr gering erachtet. So soll es nur in Ausnahmesituationen zulässig sein, die Entscheidung über die Preisgabe von Daten aus der Hand des Betroffenen zu nehmen und diese Befugnisse dem Gesetzgeber zu übertragen. Dies mag dann der Fall sein, wenn die Betroffenen die Konsequenzen einer Weitergabe aufgrund der Art der Informationen (bspw. komplexe medizinischen Daten[27]) oder aufgrund Willensmängeln in der Person der Betroffenen (bspw. fehlende Geschäfts- oder Einsichtsfähigkeit) nicht abschätzen können. **51**

Angesprochen wird auch die Situation, in der objektive Pflichten des Verantwortlichen im Interesse der betroffenen Person eingeschränkt werden, so wenn die Erfüllung einer Löschungspflicht die Möglichkeit der Betroffenen einschränkt, sich über den Bestand der über sie erhobenen Daten umfassend zu informieren.[28] **52**

---

24 Kühling/Buchner-*Bäcker* Art. 23 Rn. 27.
25 BeckOK DatenSR-*Stender-Vorwachs* DS GVO, Art. 23 Rn. 30; Paal/Pauly-*Paal* Art. 23 Rn. 38; Kühling/Buchner-*Bäcker* Art. 23 Rn. 27.
26 Paal/Pauly-*Paal* Art. 23 Rn. 39.
27 In diesem Sinne wohl auch BeckOK DatenSR-*Stender-Vorwachs* DS GVO, Art. 23 Rn. 31.
28 Kühling/Buchner-*Bäcker* Art. 23 Rn. 31.

53 Relevanter dürften die Beschränkungen in Bezug auf Rechte und Freiheiten anderer Personen sein. Ditte können der Verantwortliche oder außenstehende Personen sein.[29] Hier kann jede unmittelbare oder mittelbare Beeinträchtigung von Rechten, die mit der Erfüllung des Tarnsparenzgebotes einhergeht, beschränkende Maßnahmen rechtfertigen. Da von Rechten und Freiheiten die Rede ist, wird die Geltendmachung von Interessen ideeller oder wirtschaftlicher Natur, die keine rechtliche Verankerung gefunden haben, nicht ausreichen.[30] Dagegen sind bspw. Geschäfts- und Betriebsgeheimisse und Berufsgeheimnisse denkbare Auslöser beschränkender Regelungen.[31]

54 Die Breite des Einschränkungstatbestandes kann seinerseits wieder nur, aber immerhin über den Grundsatz der Verhältnismäßigkeit begrenzt werden.

55 **j) Durchsetzung zivilrechtlicher Ansprüche (lit. j).** Art. 23 Abs. 1 lit. j erlaubt beschränkende Vorschriften im Kontext der Durchsetzung zivilrechtlicher Ansprüche und ist damit letztlich bereits von lit. i miterfasst, da unter Rechte und Freiheiten anderer Personen jedenfalls auch zivilrechtliche Ansprüche zu fassen sind.

56 Denkbarer Anwendungsfall ist die verdeckte Beschaffung von Informationen, um zivilrechtliche Ansprüche – auch solche in der Zwangsvollstreckung[32] – durchsetzen zu können.[33] Lit. j unterscheidet sich dabei insoweit vom Anwendungsbereich des lit. f, als letzterer den Schutz des Verfahrens, nicht den der Verfahrensbeteiligten betrifft.

57 **5. Begrenzung durch den Wesensgehalt der Grundrechte und Grundfreiheiten und den Grundsatz der Verhältnismäßigkeit.** Die umfänglichen Abweichungsmöglichkeiten vom Transparenzgebot bedingen entsprechend Art. 23 Abs. 1 neben den inhaltlichen Anforderungen an Rechtsvorschriften, wie sie in Abs. 2 normiert sind, ein Korrektiv, das zum einen in der Wahrung des Wesensgehalts der Grundrechte und Grundfreiheiten und zum anderen in der Wahrung des Grundsatzes der Verhältnismäßigkeit liegt.

58 **a) Achtung des Wesensgehaltes der Grundrechte und Grundfreiheiten.** Der betreffende Passus ist auf Betreiben des EU-Parlaments in Art. 23 Abs. 1 aufgenommen worden.[34] Gemeint sind die Grundrechte nach der Grundrechtecharta und der EMRK, sowie die vom EuGH entwickelten ungeschriebenen Grundrechte und allgemeinen Grundsätze.[35] Die Grundfreiheiten sind diejenigen nach dem AEUV. Im Vordergrund der Regelung stehen aber eindeutig die Grundrechte der Betroffenen, namentlich Art. 8 GrRCh.

59 Die Forderung nach Achtung des Wesensgehalts der Grundrechte steht vor dem Problem, dass der genaue Inhalt der Wesensgehaltsgarantie in der Rechtsprechung des EuGH letztlich nicht geklärt ist. Zu erinnern ist insoweit an die Safe-Harbour-Rechtsprechung[36], in der EuGH den Wesensgehalt bezogen auf Art. 7 und Art. 47

---

29 In diesem Sinne Paal/Pauly-*Paal* Art. 23 Rn. 42; Kühling/Buchner-*Bäcker* Art. 23 Rn. 32; a.A. *Johannes/Richter* DuD 2017, 300, 303; unentschlossen *Greve* NVwZ 2017, 737, 743.

30 Kühling/Buchner-*Bäcker* Art. 23 Rn. 32.

31 Paal/Pauly-*Paal* Art. 23 Rn. 42.

32 So ausdrücklich Paal/Pauly-*Paal* Art. 23 Rn. 43.

33 Kühling/Buchner-*Bäcker* Art. 23 Rn. 33.

34 BeckOK DatenSR-*Stender-Vorwachs* DS GVO, Art. 23 Rn. 1.

35 Paal/Pauly-*Paal* Art. 23 Rn. 13.

36 *EuGH* Urt. v. 6.10.2015 – C-362/14, NVwZ, 2016, 43, 49, Rn. 94 f.

GrRCh zum separaten Prüfmaßstab erhoben. Das Urteil nahm bezüglich der generellen Zugriffsmöglichkeiten auf personenbezogene Daten einen Verstoß gegen den Wesensgehalt des Art. 7 GrRCh (Recht auf Privatleben) und bezüglich der fehlenden Rechtsschutzmöglichkeiten hiergegen einen Verstoß gegen den Wesensgehalt von Art. 47 GrRCh (Anspruch auf gerichtlichen Rechtsschutz) an. Eine Klärung, ob die Wesensgehaltsgarantie damit relative oder absolute Bedeutung erlangt, gerade ggü. dem Grundsatz der Verhältnismäßigkeit, bleibt in der Entscheidung ungeklärt.[37] Insoweit hilft auch die Entscheidung zur Vorratsdatenspeicherung[38] nicht weiter, die einen Verstoß gegen den Wesensgehalt von Art. 8 GrRCh mit Blick auf bestehende Vorschriften zum Datenschutz und zur Datensicherheit verneint.

Jedenfalls dürfte im Lichte der vorgenannten Grundrechte feststehen, dass beschränkende Rechtsvorschriften im Sinne des Absatzes 1 die Rechte der Betroffenen nicht vollständig aushöhlen dürfen. **60**

b) Grundsatz der Verhältnismäßigkeit. Sofern der Grundsatz der Verhältnismäßigkeit nicht im Zusammenhang mit der Wesensgehaltsgarantie geprüft wird, muss feststehen, dass die Regelung einen Beschränkungszweck verfolgt, der von einigem Gewicht ist. Dabei wird der Kreis der legitimen Beschränkungszwecke durch Art. 23 Abs. 1 lit. a–j vorgegeben. **61**

Zugleich muss feststehen, dass trotz der Beschränkung des Transparenzgebots im Interesse des legitimen Zwecks hinreichende Verfahrensgarantien und materielle Absicherungen der Betroffenenrechte erhalten bleiben. **62**

Im bundesdeutschen Recht würden die Grundrechte, insbesondere das allgemeine Persönlichkeitsrecht nach Art. 2 Abs. 1 i.V.m. Art. 1 Abs. 1 GG zum Maßstab der nationalen Regelung erhoben werden und insoweit eine Abwägung zwischen der Gewichtigkeit des Beschränkungszwecks und den legitimen Interessen der Betroffenen vorgenommen. **63**

III. Inhaltliche Mindestanforderungen an beschränkende Rechtsvorschiften

Art. 23 Abs. 2 formuliert inhaltliche Mindestanforderungen an gesetzliche Vorschriften im Sinne des Abs. 1, wobei diese – wie der Begriff „gegebenenfalls" zeigt – nur dann zu berücksichtigen sind, wenn es im konkreten Fall einer solchen Angabe bedarf.[39] Durch die Anforderungen des Abs. 2 entfaltet sich eine Hinweis- und Warnfunktion gegenüber dem jeweiligen Gesetzgeber, der damit zugleich gehalten ist, die Beschränkungen der Betroffenenrechte möglichst durch kompensatorische Schutzvorkehrungen zu wahren.[40] **64**

1. Beschreibung der Datenverarbeitung nach Zweck, Art der Daten und den Verantwortlichen. Die betreffende Rechtsvorschrift muss zunächst erkennen lassen, zu welchem Zweck Daten verarbeitet werden, bzw. welche Verarbeitungskategorien vorgenommen werden (lit. a). Dabei dürfte unter Zugrundelegen der englischen Fassung („the purposes of the processing or categories of processing") der Verarbeitungszweck im Vordergrund stehen. Daneben sind die Kategorien der verarbeiteten Daten zu **65**

37 So auch Sydow-*Enrico Peukert* Art. 23 Rn. 39.
38 *EuGH* Urt. v. 8.4.2014 – C-293/12, C-594/12, NJW 2014, 2169, 2171, Rn. 40.
39 Paal/Pauly-*Paal* Art. 23 Rn. 44.
40 In diesem Sinne auch Sydow-*Enrico Peukert* Art. 23 Rn. 46.

beschreiben (lit. b) und die Verantwortlichen bzw. die Kategorien von Verantwortlichen (lit. e). Neben den genannten Kategorien dürfte zu erwarten sein, dass die betreffende Vorschrift auch das Ziel beschreibt, dass mit der Beschränkung erreicht werden soll,[41] jedenfalls soweit dies nicht aus der Benennung der Zwecke der Verarbeitung nach lit. a eindeutig hervorgeht.

66 **2. Umfang der Beschränkung.** Daneben muss der Umfang der Beschränkung skizziert werden (lit. c). Es müssen also diejenigen Betroffenenrechte bezeichnet werden, von denen die Rechtsvorschrift abweicht.

67 **3. Kompensatorische Verfahrensgarantien und Schutzvorkehrungen.** Art. 23 Abs. 2 verlangt in lit. d eine Absicherung gegen missbräuchliche und rechtswidrige Weiterverarbeitungen von Daten durch Gewährung von Zugang, durch Weitervermittlung oder sonstigen Missbrauch von Daten.

68 Im Falle der Beschränkung von vorgesehenen Löschungen verlangt lit. f die Benennung von Speicherfristen. Im Übrigen enthält lit. f einen Auffangtatbestand dahingehend, dass alle möglichen und in den übrigen Anforderungen nicht benannten Garantien normiert werden müssen.

69 Nach lit. g ist eine Risikoabschätzung bezüglich der Rechte und Freiheiten betroffener Personen vorzunehmen, die dann Grundlage für die Formulierung erforderlicher Schutzvorkehrungen sein kann.

70 Schließlich ist nach lit. h vorzusehen, dass die betroffenen Personen nach Möglichkeit vom Umstand der Beschränkung in Kenntnis zu setzen sind, sofern dies den Beschränkungszweck nicht gefährdet.

IV. § 4 BDSG als Anwendungsfall der Beschränkung nach Art. 23 DS-GVO

71 Als Anwendungsfall des Art. 23 kommt § 4 BDSG in Betracht, der die Videoüberwachung öffentlich zugänglicher Räume regelt.

72 Die Norm benennt in Abs. 1 die Zwecke und Ziele der konkreten Datenverarbeitung im Wege der Videoüberwachung (Art. 23 Abs. 2 lit. a), letztere als Kategorie erhobener Daten (Art. 23 Abs. 2 lit. b).

73 § 4 Abs. 1 S. 2 BDSG benennt dabei zusätzlich im Einklang mit Art. 23 Abs. 2 lit. a den Schutz von Leben, Körper und Gesundheit als besonders wichtige Interessen und als Ziel der Beschränkung.

74 § 4 Abs. 1 S. 1 a.E. BDSG sieht im Einklang mit Art. 23 Abs. 1 eine Abwägung mit schutzwürdigen Interessen Betroffener vor.

75 § 4 Abs. 1 S. 2 BDSG beschreibt mittelbar den Umfang der Beschränkung (Art. 23 Abs. 2 lit. c).

76 § 4 Abs. 2 BDSG schreibt die Information über den Umstand der Datenverarbeitung frühzeitige Kenntlichmachung des Verantwortlichen vor (Art. 23 Abs. 2 lit. e).

77 § 4 Abs. 3 BDSG normiert die Zweckbindung der erhobenen Daten und die Absicherung gegen Risiken missbräuchlicher Verwendung (Art. 23 Abs. 2 lit. d, f).

41 So Kühling/Buchner-*Bäcker* Art. 23 Rn. 44.

§ 4 Abs. 4 BDSG nF betrifft die Notwendigkeit der Unterrichtung betroffener Personen in den dort genannten Fällen (Art. 23 Abs. 2 lit. h). **78**

Schließlich regelt § 4 Abs. 5 BDSG die Dauer der Speicherung und die Notwendigkeit der Löschung bei Zweckerreichung bzw. bei Gefährdung schutzwürdiger Interessen Betroffener. **79**

Die mehrfach vorgesehene Abwägung mit den Interessen Betroffener trägt dem Schutz des Wesensgehalts, hier vornehmlich im Lichte des Rechts auf informationelle Selbstbestimmung nach Art. 2 Abs. 1, 1 Abs. 1 GG und dem Grundsatz der Verhältnismäßigkeit Rechnung. § 4 BDSG erfüllt somit im Wesentlichen die Anforderungen, die an eine Beschränkungsvorschrift im Sinne des § 23 zu stellen sind und dürfte in der jetzigen Verfassung europarechtskonform ausgestaltet sein. **80**

V. Kritik

Art. 23 versucht, einen Ausgleich herzustellen zwischen dem Schutz der Rechte Betroffener und den schützenswerten öffentlichen Interessen. Die Norm trägt dem Bedürfnis der Rechtsanwendung insoweit Rechnung, als in verschiedenen Situationen der Datenverarbeitung im öffentlichen Interesse das Transparenzgebot nicht immer gleichermaßen Rechnung getragen werden kann. **81**

Die Absicherung der Betroffenenrechte erfolgt dabei zum einen über die klare Formulierung von Anforderungen an gesetzliche Vorschriften, wie sie in Art. 23 Abs. 2 niedergelegt sind, zum anderen aber über das Gebot der Achtung des Wesensgehalts der Grundrechte und die strikte Bindung an den Grundsatz der Verhältnismäßigkeit nach Art. 23 Abs. 1. **82**

Kapitel IV

Verantwortlicher und Auftragsverarbeiter

Abschnitt 1
Allgemeine Pflichten

Artikel 24 Verantwortung des für die Verarbeitung Verantwortlichen

(1) [1]Der Verantwortliche setzt unter Berücksichtigung der Art, des Umfangs, der Umstände und der Zwecke der Verarbeitung sowie der unterschiedlichen Eintrittswahrscheinlichkeit und Schwere der Risiken für die Rechte und Freiheiten natürlicher Personen geeignete technische und organisatorische Maßnahmen um, um sicherzustellen und den Nachweis dafür erbringen zu können, dass die Verarbeitung gemäß dieser Verordnung erfolgt. [2]Diese Maßnahmen werden erforderlichenfalls überprüft und aktualisiert.

(2) Sofern dies in einem angemessenen Verhältnis zu den Verarbeitungstätigkeiten steht, müssen die Maßnahmen gemäß Absatz 1 die Anwendung geeigneter Datenschutzvorkehrungen durch den Verantwortlichen umfassen.

(3) Die Einhaltung der genehmigten Verhaltensregeln gemäß Artikel 40 oder eines genehmigten Zertifizierungsverfahrens gemäß Artikel 42 kann als Gesichtspunkt herangezogen werden, um die Erfüllung der Pflichten des Verantwortlichen nachzuweisen.

– *ErwG: 74–78*

Übersicht

Literatur: *Ehmann/Selmayr* Datenschutz-Grundverordnung, 2017; *Franck* Bring your own device – rechtliche und tatsächliche Aspekte, RDV 2013, 185–192; *Gola* Datenschutz-

Grundverordnung, 2017; *Kremer/Sander* Bring Your Own Device, ITBR 2012, 275–280; *Kühling/Buchner* Datenschutz-Grundverordnung, 2017; *Laue/Nink/Kremer* Das neue Datenschutzrecht in der betrieblichen Praxis, 2016; *Paal/Pauly* Datenschutz-Grundverordnung, 2. Aufl. 2018; *Piltz* Die Datenschutz-Grundverordnung. Teil 3: Rechte und Pflichten des Verantwortlichen und Auftragverarbeiters, K&R 2016, 709–717; *Plath* BDSG/DSGVO. Kommentar zum BDSG und zur DSGVO sowie den Datenschutzbestimmungen des TMG und TKG, 2. Aufl. 2016; *Schneider* Handbuch EDV-Recht, 5. Aufl. 2017; *Söbbing* Rechtsrisiken durch Bring Your Own Device, RDV 2013, 77–79; *Sydow* Europäische Datenschutz-Grundverordnung, 2017.

A. Einordnung und Hintergrund

I. Normzweck

1 Art. 24 zielt auf die Umsetzung der sich aus der DS-GVO ergebenden Anforderungen an eine rechtmäßige Verarbeitung ab. Er nimmt den Verantwortlichen in die Pflicht, fortlaufend **technische und organisatorische Maßnahmen** zu treffen, zu überprüfen und zu aktualisieren, u.a. in Form von Datenschutzvorkehrungen, welche die Einhaltung der DS-GVO garantieren und den Nachweis hierüber erbringen.

II. Erwägungsgründe

2 ErwG 74 und ErwG 76 sind Grundlage für Abs. 1, Abs. 2. ErwG 74 stellt zugleich klar, dass die Verantwortlichkeit nach Abs. 1 mit der Haftung nach Art. 82 einhergeht (dazu Art. 82 Rn. 15 ff.). ErwG 75 konkretisiert, wann Risiken für die Rechte und Freiheiten natürlicher Personen gegeben sind, die vom Verantwortlichen bei Beurteilung der Geeignetheit der von ihm nach Abs. 1 zu treffenden Maßnahmen einzustellen sind (ausführlich zu Risiken und Risikobewertung Art. 35 Rn. 41 ff.).

3 ErwG 77 führte zu Abs. 3, wonach die Einhaltung genehmigter Verhaltensregeln nach Art. 40 oder genehmigter Zertifizierungen nach Art. 42 als Nachweis für die Erfüllung der Pflichten des Verantwortlichen aus Abs. 1 zu berücksichtigen sind. Ergänzend stellt ErwG 77 klar, dass auch die Beachtung von Leitlinien des Ausschusses (dazu Art. 70 Rn. 9 ff.) oder Hinweisen eines Datenschutzbeauftragten (dazu Art. 39 Rn. 11 ff.) als Nachweis des Verantwortlichen in Betracht kommen.

4 ErwG 78 konkretisiert die Anforderungen an die Eignung der technischen und organisatorischen Maßnahmen (ausführlich Art. 32 Rn. 21 ff.) des Verantwortlichen zur Erfüllung seiner Pflichten. Dabei wird insbesondere auf die Grundsätze data protection by design nach Art. 25 Abs. 1 (ausführlich Art. 25 Rn. 27 ff.) und data protection by default (ausführlich Art. 25 Rn. 58) abgestellt.

III. Normengenese und -umfeld

5 **1. DSRL und BDSG a.F.** Die DSRL enthielt keine dem Art. 24 entsprechende Regelung. Teile von Abs. 1 finden sich jedoch in Art. 6 Abs. 1, Abs. 2 DSRL und Art. 17 Abs. 1 DSRL wieder, insbesondere die Verpflichtung des Verantwortlichen, geeignete technische und organisatorische Maßnahmen für den Schutz der von ihm verarbeiteten personenbezogenen Daten zu treffen. Entsprechendes gilt für das BDSG a.F. und die dort in § 9 getroffene Regelung zur Umsetzung von Art. 17 Abs. 1 DSRL. Art. 24 geht damit über die bisherigen Regelungen deutlich hinaus.

2. Änderungen im Gesetzgebungsverfahren. Ursprünglich als Art. 22 geführt wurde der jetzige Art. 24 im Gesetzgebungsverfahren wesentlich erweitert. Abs. 1 des Entwurfs der Kommission vom 25.1.2012[1] wurde durch den Ratsentwurf vom 11.6.2015[2] ergänzt. Zugleich hielten mit dem Ratsentwurf[2] der als Abs. 2a geführte jetzige Abs. 2 und der als Abs. 2b geführte jetzige Abs. 3 Einzug in Art. 24. Demgegenüber wurde die Auflistung verschiedener, konkreter Maßnahmen im damaligen Abs. 2 des Kommissionsentwurfs[1] ersatzlos gestrichen. Erst in der verabschiedeten Fassung wurde die zunächst vorgesehene Sanktionierung von Zuwiderhandlungen gegen Art. 24 gestrichen (unten Rn. 27). 6

B. Kommentierung

Art. 24 ist lex generalis und wird durch Art. 25, 32 und 35 konkretisiert.[3] 7

I. Verantwortlicher als alleiniger Adressat

Adressat der Pflichten aus Art. 24 ist ausschließlich der Verantwortliche i.S.v. Art. 4 Nr. 7 (dazu Art. 4 Rn. 98 ff.). Art. 24 richtet sich damit weder an den Auftragsverarbeiter i.S.v. Art. 4 Nr. 8 noch an den Hersteller von Systemen, mit denen Verarbeitungen durchgeführt werden. Insoweit obliegt es dem Verantwortlichen, bei Auftragsverarbeitungen i.S.v. Art. 28 (dazu Art. 28 Rn. 145) die ihm obliegenden Pflichten an den Auftragsverarbeiter durchzureichen[4] und bei der Beschaffung von Verarbeitungssystemen gemäß Art. 25 die Eignung derselben sicherzustellen (ausführlich Art. 25). 8

II. Abs. 1: Verpflichtung zur verordnungsgemäßen Verarbeitung

Abs. 1 verpflichtet den Verantwortlichen, geeignete, ggf. zu überprüfende und zu aktualisierende technische und organisatorische Maßnahmen umzusetzen, um eine gemäß der DS-GVO erfolgende Verarbeitung sicherzustellen und den Nachweis hierüber führen zu können. 9

1. Zweck der zu treffenden Maßnahmen. Zweck der vom Verantwortlichen (oben Rn. 8) zu treffenden Maßnahmen (unten Rn. 11 ff.) ist zweierlei: Zum einen soll er mit den Maßnahmen eine gemäß der DS-GVO erfolgende Verarbeitung sicherstellen, zum anderen den Nachweis darüber führen, dass die Verarbeitung tatsächlich gemäß der DS-GVO erfolgt. Für beide Zwecke sind damit ggf. separate Maßnahmen vom Verantwortlichen zu treffen (Praxishinweis unten Rn. 28). 10

2. Umsetzung geeigneter Maßnahmen. Art. 24 gibt keine Beispiele für die vom Verantwortlichen umzusetzenden, also tatsächlich zu treffenden Maßnahmen. Hinweise für denkbare Maßnahmen ergeben sich aus ErwG 78 sowie Art. 25 und 32, die Abs. 1 konkretisieren (oben Rn. 7). Abs. 1 S. 1 differenziert dabei zwischen technischen Maßnahmen (ausführlich Art. 32 Rn. 21 ff.) und organisatorischen Maßnahmen (ausführlich Art. 32 Rn. 21 ff.). Geeignet ist dabei jede Maßnahme, die unter Berücksichtigung der in Abs. 1 S. 1 definierten Kriterien (unten Rn. 15 ff.) der Erreichung mindestens einem der Zwecke „Sicherstellung" oder „Nachweis" verordnungskonformer Verar- 11

1 Entwurf der Kommission 2012/0011 (COD) S. 63.
2 Ratsdokument Nr. 9565/15 S. 109.
3 Kühling/Buchner-*Hartung* Art. 24 Rn. 1.
4 Ebenso Paal/Pauly-*Martini* Art. 24 Rn. 18 f.

beitung (oben Rn. 10) dienen.[5] Zu Datenschutzvorkehrungen i.S.d. Abs. 2 als Maßnahmen unten Rn. 18 ff.

12 **3. Überprüfung und Aktualisierung der Maßnahmen.** Abs. 1 S. 2 verpflichtet den Verantwortlichen, die umgesetzten Maßnahmen erforderlichenfalls zu überprüfen und zu aktualisieren. Abs. 1 S. 2 ergänzt damit die Umsetzungspflicht aus Abs. 1 S. 1 (oben Rn. 11) um eine sich fortlaufend wiederholende Komponente des Überprüfens auf der 1. Stufe und – sofern erforderlich – des Aktualisierens auf der 2. Stufe.

13 Überprüfung und Aktualisierung sind nur erforderlichenfalls vorzunehmen (Praxishinweis unter Rn. 29). Diese Erforderlichkeit kann sich ergeben aus Änderungen an der Verarbeitung oder den damit verbundenen Risiken für die Rechte und Freiheiten natürlicher Personen (Rn. 15 ff.), sowie neuen Erkenntnissen betreffend die fachlichen Anforderungen an die Geeignetheit der umgesetzten Maßnahmen zur Zweckerreichung (Rn. 11). Anlass für Überprüfungen können auch Änderungen an der DS-GVO oder anderen datenschutzrechtlichen Regelungen sein, ebenso gerichtliche Entscheidungen, Leitlinien des Ausschusses oder Hinweise des Datenschutzbeauftragten (Rn. 3).[6]

14 Überprüfen und Aktualisieren der umgesetzten Maßnahmen können unterschiedliche Folgen haben. Denkbar sind Umsetzung neuer Maßnahmen, Ausweitung oder Verschärfung bereits umgesetzter Maßnahmen sowie Reduzierung, Beschränkung[7] oder Entfall bereits umgesetzter Maßnahmen. Entscheidend ist allein, dass die nach der Aktualisierung vom Verantwortlichen umgesetzten Maßnahmen weiterhin i.S.d. Abs. 1 S. 1 geeignet sind (Rn. 11).

15 **4. Kriterien für Festlegung geeigneter Maßnahmen.** Abs. 1 S. 1 legt abschließend die Kriterien fest, die vom Verantwortlichen ex-ante zu betrachten sind, um die Geeignetheit der von ihm umzusetzenden Maßnahmen für die Erreichung der in Abs. 1 S. 1 festgelegten Zwecke (oben Rn. 10) zu ermitteln und damit die ihm obliegenden Pflichten zu konkretisieren.[8] Die Maßnahmen sind wegen ihrer Geeignetheit für jede Verarbeitung separat vom Verantwortlichen zu betrachten. Dabei differenziert Abs. 1 S. 1 zwischen den verarbeitungsbezogenen Kriterien Art, Umfang, Umstände und Zwecke der Verarbeitung einerseits (unten Rn. 16) und den personenbezogenen Kriterien unterschiedliche Eintrittswahrscheinlichkeit und Schwere der Risiken für die Rechte und Freiheiten natürlicher Personen andererseits (unten Rn. 17).

16 **a) Art, Umfang, Umstände und Zweck der Verarbeitung.** Die Geeignetheit der vom Verantwortlichen nach Abs. 1 S. 1 umzusetzenden Maßnahmen richtet sich zunächst in einer Gesamtabwägung nach Art, Umfang, Umständen und Zweck der Verarbeitung. Dabei werden alle Kriterien gleich gewichtet.[9] Zu den Details der verarbeitungsbezogenen Kriterien siehe Art. 32 Rn. 74 ff.

17 **b) Risiken für Rechte und Freiheiten natürlicher Personen.** Weiterhin richtet sich die Geeignetheit der vom Verantwortlichen nach Abs. 1 S. 1 umzusetzenden Maßnahmen nach der unterschiedlichen Eintrittswahrscheinlichkeit und Schwere der Risiken für

5 Paal/Pauly-*Martini* Art. 24 Rn. 20 f.
6 weitere Beispiele Paal/Pauly-*Martini* Art. 24 Rn. 38.
7 Beispiel bei Gola-*Piltz* Art. 24 Rn. 51.
8 *Piltz* K&R 2016, 709, 710.
9 Paal/Pauly-*Martini* Art. 24 Rn. 31.

die Rechte und Freiheiten natürlicher Personen. Schutzgut sind damit nicht nur betroffene Personen i.S.d. Art. 4 Nr. 1 (dazu Art. 4 Rn. 10), sondern alle natürlichen Personen, für die materielle oder immaterielle Risiken[10] aus der Verarbeitung folgen können. Dabei hat die Ermittlung der Risiken ausweislich ErwG 76 nach objektiven Kriterien zu erfolgen; bei einem hohen Risiko ist zwingend eine Datenschutz-Folgenabschätzung nach Art. 35 vorzunehmen. Zu den Details der personenbezogenen Kriterien siehe Art. 32 Rn. 79 ff.

III. Abs. 2: Verpflichtung zur Anwendung geeigneter Datenschutzvorkehrungen

Abs. 2 konkretisiert die Pflichten des Verantwortlichen aus Abs. 1 S. 1. Er muss als Bestandteil der Maßnahmen nach Abs. 1 S. 1 (oben Rn. 9 ff.)[11] geeignete Datenschutzvorkehrungen anwenden, sofern dies in einem angemessenen Verhältnis zu den Verarbeitungstätigkeiten steht. **18**

1. Anwendung geeigneter Datenschutzvorkehrungen. Der Begriff Datenschutzvorkehrung wird in der DS-GVO nicht definiert und ausschließlich in Abs. 2 genutzt. In der englischen Fassung der DS-GVO wird statt Datenschutzvorkehrung der Begriff „data protection policies" genutzt, die vom Verantwortlichen zu implementieren sind. Gemeint sein dürften mit den Datenschutzvorkehrungen i.S.d. Abs. 2 mithin Datenschutzrichtlinien, die vom Verantwortlichen regelmäßig als organisatorische Maßnahme umgesetzt werden.[12] **19**

Datenschutzvorkehrungen i.S.d. Abs. 2, verstanden als Datenschutzrichtlinien, können sich auf unterschiedliche Verarbeitungen oder Umstände der Verarbeitung beziehen, z.B. Verarbeitungen in Telearbeit (mobiles Arbeiten) oder im Home-Office,[13] Verarbeitungen auf privaten Endgeräten („Bring Your Own Device")[14] oder Verarbeitungen im Kontaktmanagement gegenüber Endkunden (z.B. im Callcenter). **20**

2. Angemessenes Verhältnis zur Verarbeitungstätigkeit. Geeignete Datenschutzvorkehrungen nach Abs. 2 sind anders als die Maßnahmen nach Abs. 1 S. 1 nicht zwingend anzuwenden, sondern nur wenn dies in einem angemessenen Verhältnis zu den Verarbeitungstätigkeiten steht. Ergibt sich jedoch in einer Verhältnismäßigkeitsprüfung, dass die Anwendung geeigneter Datenschutzvorkehrung angemessen für die jeweilige Verarbeitungstätigkeit ist, wird dies ausweislich des Wortlauts von Abs. 2 zur Pflicht des Verantwortlichen. **21**

Mit Blick auf den Wortlaut von Abs. 2, der von einem „angemessenen Verhältnis zu den Verarbeitungstätigkeiten" spricht und damit anders als Abs. 1 S. 1 nicht auf die einzelne Verarbeitung abstellt (oben Rn. 15), sind bei Prüfung der Angemessenheit auch die Größe und der Organisationsgrad des Verantwortlichen sowie die Verarbeitungen insgesamt einschließlich der mit ihnen verbundenen Risiken (oben Rn 16 f.) zu berücksichtigen.[15] **22**

---

10 Paal/Pauly-*Martini* Art. 24 Rn. 29.

11 *Piltz* K&R 2016, 709, 710.

12 Ehmann/Selmayr-*Baumgartner* Art. 24 Rn. 10; Paal/Pauly-*Martini* Art. 24 Rn. 39 f.; Plath-*Plath* Art. 24 Rn. 11.

13 Dazu Schneider-*Schneider* Teil A, Kap. 11.6, Rn. 892 ff.

14 Dazu *Kremer/Sander* ITRB 2012, 275; *Söbbing* RDV 2013, 77 ff.; *Franck* RDV 2013, 185 ff.

15 Ähnlich Kühling/Buchner-*Hartung* Rn. 22; Paal/Pauly-*Martini* Art. 24 Rn. 42.

IV. Abs. 3: Einhaltung genehmigter Verhaltensregeln oder Zertifizierungsverfahren

23 Art. 24 lässt offen, mit welchen Maßnahmen der Verantwortliche die Erfüllung seiner Pflichten aus Abs. 1, Abs. 2 nachweisen kann (oben Rn. 11). Als Beispiele für einen solchen Nachweis nennt Abs. 3 die Einhaltung genehmigter Verhaltensregeln gemäß Art. 40 oder eines genehmigten Zertifizierungsverfahrens gemäß Art. 42. Weitere Beispiele sind ausweislich ErwG 77 die Umsetzung von Leitlinien des Ausschusses oder von Hinweisen des Datenschutzbeauftragten (oben Rn. 3).

24 Abs. 3 enthält keine im Sinne eines intendierten Ermessens wirkende, widerlegliche Vermutung dahingehend, dass der Verantwortliche, der genehmigte Verhaltensregeln oder ein genehmigtes Zertifizierungsverfahren einhält, den Nachweis über die Erfüllung seiner Pflichten aus Abs. 1, Abs. 2 geführt hat.[16] Angesichts des eindeutigen Wortlauts von Abs. 3 **kann** dies vielmehr nur als ein **Gesichtspunkt** für die Beantwortung der Frage herangezogen werden, ob der Verantwortliche seine Pflichten erfüllt.[17] Eine andere Auslegung wäre weder mit Art. 42 Abs. 4 vereinbar, wonach eine Zertifizierung nicht die Verantwortung des Verantwortlichen für die Einhaltung der DS-GVO mindert (dazu Art. 42 Rn. 46), noch mit Art. 83 Abs. 2 lit. j, der für die Bemessung von Geldbußen verlangt, dass die Einhaltung genehmigter Verhaltensregeln oder genehmigter Zertifizierungsverfahren – bußgeldmindernd – berücksichtigt wird (dazu Art. 83 Rn. 44).

25 Abs. 3 soll im Ergebnis die Selbstregulierung des Verantwortlichen stärken, ohne diesem aber einen Freifahrtschein zu verschaffen. Verhaltensregeln und Zertifizierungsverfahren wirken nur insoweit zugunsten des Verantwortlichen, wie diese im Verhältnis zu den Verarbeitungen ihrerseits i.S.d. Abs. 1 S. 1 geeignet sind (Rn. 11) und vom Verantwortlichen auch tatsächlich umgesetzt sind.[18] Dabei nimmt die Aussagekraft einer Verhaltensregel oder eines Zertifizierungsverfahren ab, je älter diese ist bzw. je länger die Zertifizierung zurückliegt.[19]

26 Neben der Einhaltung genehmigter Verfahrensregeln oder genehmigter Zertifizierungsverfahren sind regelmäßig weitere Gesichtspunkte erforderlich, aus denen sich der Nachweis über die Erfüllung der Pflichten durch den Verantwortlichen ergibt. Solche Gesichtspunkte können alle i.S.v. Abs. 1, Abs. 2 denkbaren, geeigneten und vom Verantwortlichen umgesetzten Maßnahmen sowie hierüber gefertigte Dokumentationen sein (Praxishinweise unten Rn. 28 f.)

V. Rechtsfolgen bei Missachtung

27 Zuwiderhandlungen gegen Art. 24 werden durch Art. 83 nicht mit Geldbußen sanktioniert; erst die Missachtung der Art. 25, 32 und 35 als Konkretisierungen von Art. 24 (Rn. 7) kann nach Art. 83 Abs. 4 lit. a mit Geldbußen belegt werden (dazu Art. 83 Rn. 76). Die Untersuchungsbefugnisse nach Art. 58 Abs. 1 sowie die Abhilfebefugnisse nach Art. 58 Abs. 2 stehen der Aufsichtsbehörde jedoch auch im Zusammenhang mit den Pflichten des Verantwortlichen aus Art. 24 zu.

---

16 So aber Paal-Pauly-*Martini* Art. 24 Rn. 45; Sydow-*Raschauer* Art. 24 Rn. 49.
17 Ebenso Gola-*Piltz* Art. 24 Rn. 60.
18 Paal/Pauly-*Martini* Art. 24 Rn. 45.
19 So zu Zertifizierungen *Laue/Nink/Kremer* § 8 Rn. 42.

C. Praxishinweise

Das Verzeichnis von Verarbeitungstätigkeiten (dazu Art. 30 Rn. 15 ff.) enthält gemäß Art. 30 Abs. 1 lit. g allenfalls eine allgemeine Beschreibung der vom Verantwortlichen getroffenen Maßnahmen gemäß Art. 32 (dazu Art. 30 Rn. 57). Da Art. 24 Abs. 1 durch Art. 32 konkretisiert wird (oben Rn. 7), empfiehlt es sich, über die Anforderungen von Art. 30 Abs. 1 lit. g hinaus ergänzend zu dokumentieren, welchem der Zwecke aus Abs. 1 S. 1 (Rn. 10) die Maßnahmen des Verantwortlichen dienen. Dies kann im Verzeichnis von Verarbeitungstätigkeiten oder an anderer Stelle im Datenschutzmanagement geschehen. Die Dokumentation kann dann zugleich als Nachweis für die Erfüllung der Rechenschaftspflicht aus Art. 5 Abs. 2 (dazu Art. 5 Rn. 72 ff.) herangezogen werden. **28**

Die Verpflichtung zur Überprüfung und Aktualisierung der umgesetzten Maßnahmen aus Abs. 1 S. 2 sollte in der Praxis als PDCA-Zyklus[20] beim Verantwortlichen umgesetzt werden, der in dessen Datenschutzmanagement (dazu Art. 32 Rn. 70) umschrieben ist. Anderenfalls dürfte es an den erforderlichen Festlegungen beim Verantwortlichen für eine dauerhafte, verordnungsgemäße Verarbeitung (Rn. 10) fehlen mit der Folge, dass der Verantwortliche seiner Rechenschaftspflicht aus Art. 5 Abs. 2 (dazu Art. 5 Rn. 72 ff.) nicht nachkommt. Entgegen der nach Abs. 1 S. 2 nur erforderlichenfalls vorzunehmenden Überprüfung und Aktualisierung (Rn. 13) empfiehlt sich ein das anlassbezogene Vorgehen ergänzender, regelmäßiger Prüfzyklus; anderenfalls läuft der Verantwortliche Gefahr, Änderungsbedarf nicht oder nicht rechtzeitig zu erkennen.[21] **29**

Artikel 25 Datenschutz durch Technikgestaltung und durch datenschutzfreundliche Voreinstellungen

(1) Unter Berücksichtigung des Stands der Technik, der Implementierungskosten und der Art, des Umfangs, der Umstände und der Zwecke der Verarbeitung sowie der unterschiedlichen Eintrittswahrscheinlichkeit und Schwere der mit der Verarbeitung verbundenen Risiken für die Rechte und Freiheiten natürlicher Personen trifft der Verantwortliche sowohl zum Zeitpunkt der Festlegung der Mittel für die Verarbeitung als auch zum Zeitpunkt der eigentlichen Verarbeitung geeignete technische und organisatorische Maßnahmen – wie z. B. Pseudonymisierung – trifft, die dafür ausgelegt sind, die Datenschutzgrundsätze wie etwa Datenminimierung wirksam umzusetzen und die notwendigen Garantien in die Verarbeitung aufzunehmen, um den Anforderungen dieser Verordnung zu genügen und die Rechte der betroffenen Personen zu schützen.

(2) [1]Der Verantwortliche trifft geeignete technische und organisatorische Maßnahmen, die sicherstellen, dass durch Voreinstellung grundsätzlich nur personenbezogene Daten, deren Verarbeitung für den jeweiligen bestimmten Verarbeitungszweck erforderlich ist, verarbeitet werden. [2]Diese Verpflichtung gilt für die Menge der erhobenen personenbezogenen Daten, den Umfang ihrer Verarbeitung, ihre Speicherfrist und ihre Zugänglichkeit. [3]Solche Maßnahmen müssen insbesondere sicherstellen, dass per-

---

20 Zum Begriff ausführlich https://de.wikipedia.org/wiki/Demingkreis.

21 Ebenso Ehmann/Selmayr-*Bertermann* Art. 24 Rn. 8; Sydow-*Raschauer* Art. 24 Rn. 46.

sonenbezogene Daten durch Voreinstellungen nicht ohne Eingreifen der Person einer unbestimmten Zahl von natürlichen Personen zugänglich gemacht werden.

(3) Ein genehmigtes Zertifizierungsverfahren gemäß Artikel 42 kann als Faktor herangezogen werden, um die Erfüllung der in den Absätzen 1 und 2 des vorliegenden Artikels genannten Anforderungen nachzuweisen.

– *ErwG: 78 (ehem. ErwG 61)*

Übersicht

Literatur: *Albrecht* Das neue EU-Datenschutzrecht – von der Richtlinie zur Verordnung, CR 2016, 88; *Albrecht/Jotzo* Das neue Datenschutzrecht der EU, 2016; *Auer-Reinsdorff/Conrad* Handbuch IT- und Datenschutzrecht, 2. Aufl. 2016; *Baumgartner/Gausling* Datenschutz durch Technikgestaltung und datenschutzfreundliche Voreinstellungen, ZD 2017, 308; *Berning/Meyer/Keppeler* Datenschutzkonformes Löschen personenbezogener Daten in betrieblichen Anwendungssystemen, HMD Praxis der Wirtschaftsinformatik, Ausgabe 4/2017, 619; *Bieker* Die Risikoanalyse nach dem neuen EU-Datenschutzrecht und dem Standard-Datenschutzmodell, DuD 2018, 27; *Bieker/Hansen* Normen des technischen Datenschutzes nach der europäischen Datenschutzreform, DuD 2017, 285; *dies.* Datenschutz „by Design und „by Default“ nach der DS-GVO, RDV 2017, 165; *Bizer* Freundesgabe Büllesbach, S. 193; *ders.* Datenschutz in die Prozesse, DuD 2006, 598; *Borking* Einsatz datenschutzfreundlicher Technologien in der Praxis, DuD 1998, 636; *Bornemann/Erdemir* Jugendmedienschutz-Staatsvertrag, 2017; *Cavoukian* Privacy by Design, The 7 Foundational Principles, Dokument abrufbar unter: https://www.ipc.on.ca/wp-content/uploads/Resources/7foundationalprinciples.pdf; *ders.* Operationalizing Privacy by Design: A Guide to Implementing Strong Privacy Practices, December 2012, http://www.cil.cnrs.fr/CIL/IMG/pdf/operationalizing-pbd-guide.pdf; *ders.* in: Privacy by Design in Law, Policy and Practice, A White Paper for Regulators, Decision-makers and Policy-makers, https://gpsbydesign.org/wp-content/uploads/2016/07/privacy-by-design-in-law-policy-and-practice-a-white-paper-for-regulators-decision-makers-and-policy-makers.pdf; *Conrad/Hausen* in: Auer-Reinsdorff/Conrad IT- und Datenschutzrecht, Teil F (Datenschutz, Sicherheit und Insolvenz, Compliance und Sicherheitsrecht); *Dammann* Erfolge und Defizite der EU-Datenschutzgrundverordnung – Erwarteter Fortschritt, Schwächen und überraschende Innovationen, ZD 2016, 307; *Deng/Wuyts/Scandariato/Preneel/Joosen* A Privacy Threat Analysis Framework: supporting the elicitation and fulfillment of privacy requirements, Requirements Engineering 2011, S. 3–32; *Ehmann/Selmayr* Datenschutz-Grundverordnung: DS-GVO, 2017; *Falker* Risikomanagement unter der Datenschutz-Grundverordnung, DSRITB 2017, 29; *Gola* Beschäftigtendatenschutz und EU-Datenschutz-Grundverordnung, EuZW 2012, 332; *ders.* Datenschutz-Grundverordnung VO (EU) 2016/6/79, 2017; *Gola/Schomerus* BDSG, 12. Aufl. 2015; *Grabitz/Hilf/Nettesheim* Das Recht der Europäischen Union: EUV/AEUV, 62. Aufl. 2017; *Härting* Art. 23 Abs. 1 (Privacy by Design): Cupcake ohne Rezept, PinG 05.15, 193; *ders.* Datenschutz-Grundverordnung, 2016; *Hartmann* Gutachten zu den Auswirkungen der DS-GVO auf das deutsche Datenschutzrecht, MMR-Aktuell 2016, 380922; *Hornung* Eine Datenschutz-Grundverordnung für Europa? – Licht und Schatten im Kommissionsentwurf vom 25.1.2012, ZD 2012, 99; *ders.* Datenschutz durch Technik in Europa – Die Reform der Richtlinie als Chance für ein modernes Datenschutzrecht, ZD 2011, 51; *Hornung/Hartl* Datenschutz durch Marktanreize – auch in Europa? – Stand der Diskussion zu Datenschutzzertifizierung und Datenschutzaudit, ZD 2014, 219; *Jandt* Datenschutz durch Technik in der DS-GVO, DuD 2017, 562; *Jarass* (Hrsg.) Charta der Grundrechte der Europäischen Union unter Einbeziehung der vom EUGH entwickelten Grundrechte, der Grundrechtsregelungen der Verträge und der EMRK, 2016; *Jaspers* Die EU Datenschutz-Grundverordnung, DuD 2012, 571; *Keber* Big Data im Hybrid-TV, RDV 2013, 235 ff.; *Keppeler/Berning* Technische und rechtliche Probleme bei der Umsetzung der DS-GVO-Löschpflichten, ZD 2017, 314; *Knyrim* Praxishandbuch zur DS-GVO, 2017; *Koops/Leenes* International Review of Law, Computers & Technology 28 (2), 2014, p. 159–171; *Kühling/Buchner* Datenschutz-Grundverordnung, 2017; *Kühling/Martini u.a.* Die Datenschutz-Grundverordnung und das nationale Recht, 2016; *Laue/Nink/Kremer* Das neue Datenschutzrecht in der betrieblichen Praxis, 2016; *Lessig* Code: Version 2.0. Basic Books, New York 2001; *Leutheusser-Schnarrenberger* Zur Reform des europäischen Datenschutzrechts, MMR 2012, 709; *Loser/Degeling/Nolte* Integrating a Practice Perspective to Privacy by Design, in: Tryfonas (ed.), Human Aspects of Information Security, Privacy and Trust, (Proceedings 5th International Conference, HAS 2017) S. 691; *Martini* Babylon in Brüssel? Das Recht und die europäische Sprachenvielfalt, ZEuP 1998, 227; *Michaelis* Der „Stand der Technik" im Kontext regulatorischer Anforderungen, DuD 2016, 458; *Piltz* Die Datenschutz-Grundverordnung, Teil 1: Anwendungsbereich, Definitionen und Grundlagen der Datenverarbeitung, K&R 2016, 557; *ders.* Die Datenschutz-Grundverordnung, Teil 3: Rechte und Pflichten des Verantwortlichen und Auftragsverarbeiters, K&R 2016, 709; *Richter* Datenschutz durch Technik und die Grundverordnung der EU-Kommission, DuD 2012, 576; *Rose* Smart World – Smart Law? Zähmt smart Law allgegenwärtige Bilderfassung? DSRITB 2016, 75; *Rost/Bock* Privacy By Design und die Neuen Schutzziele, DuD 2011, 30; *Roßnagel* Europäische Datenschutz-Grundverordnung, 2017; *ders.* Gesetzgebung im Rahmen der Datenschutz-Grundverordnung, DuD 2017, 277; *Roßnagel/Richter/Nebel* Besserer Internetdatenschutz für Europa – Vorschläge zur Spezifizierung der DS-GVO, ZD 2013, 103; *dies.* Was bleibt vom Europäischen Datenschutzrecht? – Überlegungen zum Ratsentwurf der DS-GVO, ZD 2015, 455; *Schaar* Privacy by design. Identity Inf. Soc. 3(2); *Schantz* Die Datenschutz-Grundverordnung – Beginn einer neuen Zeitrechnung im Datenschutzrecht, NJW 2016, 1841; *Schantz/Wolff* Das neue Datenschutzrecht, 2017; *Schefzig* „State of the Art"-Datenschutzorganisation, DSRITB 2017, 43; *Schmitz/von Dall'Armi* Datenschutz-Folgenabschätzung – verstehen und anwenden, ZD 2017, 57; *Schneider/Härting* Wird der Datenschutz nun endlich internettauglich? – Warum der Entwurf einer Datenschutz-Grundverordnung enttäuscht, ZD 2012, 199; *Schübel-Pfister* Sprache und Gemeinschaftsrecht, 2004; *Schulzki-Haddouti* Ideengeschichte des Privacy by Design, abrufbar unter: https://www. datenschutzbeauftragter-online.de/datenschutz-ideengeschichte-privacy-by-design-teil-1/9929/; *Schwartmann* Praxishandbuch Medien, IT- und Urheberrecht, 4. Aufl. 2017, Abschnitt Datenschutzrecht; *Seibel* Abgrenzung der „allgemein anerkannten Regeln der Technik" vom „Stand der Technik", NJW 2013, 3000; *Simitis* Bundesdatenschutzgesetz, 8. Aufl. 2014; *Sowa* IT-Prüfung, Sicherheitsaudit und Datenschutzmodell, neue Ansätze für die IT-Revision, 2017; *Spiekermann/Cranor* Engineering Privacy, IEEE Transaction on Software Enigeneering 2009, S. 67–82; *Steinebach/Krempel/Jung/Hoffmann* Datenschutz und Datenanalyse, DuD 2016, 440; *Sydow* Europäische Datenschutzgrundverordnung 2017; *Sydow/Kring* Die Datenschutzgrundverordnung zwischen Technikneutralität und Technikbezug – Konkurrierende Leitbilder für den europäischen Rechtsrahmen, ZD 2014, 271; *Tsormpatzoudi/Berendt/Coudert* Privacy by Design: From Research and Policy to Practice, in: Berendt/Engel u.a. (Hrsg.) Privacy Technologies and Policy, (Third Annual Privacy Forum, APF 2015), S. 199 ff.; *Veil* DS-GVO: Risikobasierter Ansatz statt rigides Verbotsprinzip – Eine erste Bestandsaufnahme, ZD 2015, 347; *Vogel* Datenschutzrechtliche Fragen um Smart-TV-Dienste, K&R 2017, 441; *Wichtermann* Die Datenschutz-Folgenabschätzung in der DS-GVO, DuD 2016, 797; *Wright/Friedewald* Integrating Privacy and ethical Impact Assessment, in: Science and Public Policy 40, Nr. 6, S. 755–766; *Wybitul* Handbuch: EU-Datenschutz-Grundverordnung, 2017.

A. Einordnung und Hintergrund

I. BDSG n.F.

1 **1. § 71 BDSG n.F.** Das Datenschutz-Anpassungs- und -Umsetzungsgesetz EU (DSAnpUG-EU) vom 30.6.2017[1] adressiert Datenschutz durch Technik und datenschutzfreundliche Voreinstellungen in § 71 BDSG n.F. Die Vorschrift spricht, zum Teil an § 3a BDSG a.F. anknüpfend, in Abs. 1 hinsichtlich der Maßnahmen zur Technikgestaltung insbesondere von Anonymisierung und Pseudonymisierung (§ 71 Abs. 1 S. 4) und sieht in Abs. 2 im Zusammenhang mit den Voreinstellungen eine strenge Orientierung am Verarbeitungszweck (§ 71 Abs. 2 S. 1) und korrespondierende Zugriffsbeschränkungen (§ 71 Abs. 2 S. 3) vor.

2 Für Art. 25 ist § 71 BDSG indes ohne Relevanz. Wie Normsystematik[2] und Gesetzesbegründung[3] belegen, setzt § 71 BDSG lediglich den ähnlich formulierten Art. 20 der

1 BGBl. I 2017 S. 2097 ff.

2 Teil 3 (§§ 45–84) DSAnpUG-EU betrifft Bestimmungen für Verarbeitungen zu Zwecken gem. Art. 1 Abs. 1 der Richtlinie (EU) 2016/680.

3 BR-Drucks. 110/17, S. 123.

Richtlinie (EU) 2016/680[4] um und betrifft damit nur die Verarbeitung personenbezogener Daten durch die zuständigen Behörden zum Zwecke der Verhütung, Ermittlung, Aufdeckung oder Verfolgung von Straftaten oder der Strafvollstreckung. Eine Konkretisierung der Vorgaben in Art. 25 hat der nationale Gesetzgeber im DSAnpUG-EU nicht vorgenommen.

2. Keine weitergehende Präzisierung durch den nationalen Gesetzgeber. Fraglich ist, wie weit eine Konkretisierung des Art. 25 durch einen nationalen Gesetzgebungsakt unionsrechtlich zulässig gewesen wäre. Eine explizite Öffnungsklausel fehlt, allerdings könnte man mit Rücksicht auf die recht rudimentären Vorgaben der Vorschrift einen impliziten Spielraum annehmen.[5] Im Ergebnis wäre dies aus Sicht der Rechtsanwender ohne Frage wünschenswert.[6] **3**

Unionsrechtlich zulässig wäre eine solche Präzisierung aber nicht.[7] Aus Art. 288 UAbs. 2 AEUV folgt, dass den Mitgliedstaaten außerhalb der expliziten Öffnungsklauseln der DS-GVO die Befugnis zur Rechtssetzung grundsätzlich genommen ist, womit auch das Verbot der Setzung (nur) gleichlautenden, wiederholenden Rechts verbunden ist.[8] Ausnahmsweise können die Mitgliedstaaten zwar Durchführungsregeln erlassen, um Verordnungsrecht zur Wirksamkeit zu verhelfen. Namentlich wenn das Unionsrecht keine vollständige, unmittelbar subsumtionsfähige Regelung enthält, käme dies in Betracht und könnte sich ausnahmsweise sogar zu einer Pflicht zur Rechtssetzung (Art. 291 Abs. 1 AEUV) verdichten.[9] Dieser Ausnahmebereich ist im Lichte des unionsrechtlichen Effizienzgebots (**effet utile**) allerdings sehr eng und darf insbesondere nicht dazu führen, dass die Tragweite einer Verordnungsbestimmung geändert oder eine verbindliche Auslegungsregel normiert wird.[10] **4**

Genau das würde durch eine in Art. 25 Abs. 1 präzisierende Vorschrift aber geschehen. Der Unionsgesetzgeber hat, wie die Vorarbeiten zur Vorschrift belegen, die Vorgaben zum Datenschutz durch Technikgestaltung und durch datenschutzfreundliche Voreinstellungen bewusst abstrakt formuliert. Ein hoher Abstraktionsgrad war erforderlich, **5**

---

4 Richtlinie (EU) 2016/680 zum Schutz natürlicher Personen bei der Verarbeitung personenbezogener Daten durch die zuständigen Behörden zum Zwecke der Verhütung, Ermittlung, Aufdeckung oder Verfolgung von Straftaten oder der Strafvollstreckung sowie zum freien Datenverkehr und zur Aufhebung des Rahmenbeschlusses 2008/977/JI des Rates, ABl. EU L 119/89 ff.

5 Dazu grundsätzlich Roßnagel-*Roßnagel* Europäische Datenschutz-Grundverordnung, S. 73–74.

6 *Roßnagel* DuD 2017, 277, 279.

7 Im Ergebnis ebenso: *Bieker/Hansen* DUD 2017, 288; a.A. *Roßnagel* DuD 2017, 279.

8 *EuGH* v. 10.10.2013 – C 34/73, ECLI:EU:C:1973:101, Fratelli Variola Spa / Amministrazione delle finanze dello Stato, Rn. 11; *EuGH* v. 26.4.1988 – 74/86, ECLI:EU:C:1988:198, Kommission/Deutschland, Rn. 10; *EuGH* v. 15.10.1986 – C 168/85, ECLI:EU:C:1986:381, Rn. 14. Dazu auch: *Kühling/Martini* Gutachten zu den Auswirkungen der DS-GVO auf das deutsche Datenschutzrecht; S. 3 ff. Das Dokument ist abrufbar unter: http://www.foev-speyer.de/files/de/downloads/Kuehling_Martini_et_al_Die_DSGVO_und_das_nationale_Recht_2016.pdf.

9 Roßnagel-*Roßnagel* Europäische Datenschutz-Grundverordnung, S. 74, mit Nachweisen zur Rechtsprechung des EuGH.

10 Zur Problematik eingehend mit Nachweisen zur Rechtsprechung des EuGH: Grabitz/Hilf/Nettesheim-*Nettesheim* Art. 288 AEUV Rn. 101–102.

um die Bestimmung technikneutral und somit zukunftsfähig zu halten.[11] Vollständig und subsumierbar ist die Norm gleichwohl gefasst. Die erforderlichen Präzisierungen an dieser Stelle dem nationalen Gesetzgeber zu überlassen bedeutete, das angesichts der Öffnungsklauseln ohnehin strapazierte Ziel der Vollharmonisierung des europäischen Datenschutzrechts weiter zu gefährden.

II. Normgenese und Umfeld

6 **1. DSRL und BDSG a.F.** Eine direkte Vorgängervorschrift zu Art. 25 gibt es weder im Unionsrecht (DSRL 95/46 sowie Datenschutzrichtlinie eKom 2002/58, i.d.F. d. Richtlinie 2009/136/EG), noch im BDSG a.F. Einige Teilaspekte der Vorschrift klingen allerdings in diversen Bestimmungen der **Datenschutzrichtlinie**, der **Datenschutzrichtlinie elektronische Kommunikation** und im nationalen Datenschutzrecht an.

7 Der Grundsatz der Datenminimierung (wenn man ihn aus dem Erforderlichkeitsprinzip ableitet) lässt sich in Art. 6 Abs. 1 lit. c und lit. e der Datenschutzrichtlinie nachweisen. Noch deutlicher und unter der Überschrift „Datenvermeidung und Datensparsamkeit" bestimmt § 3a BDSG a.F., dass die Erhebung, Verarbeitung und Nutzung personenbezogener Daten und die Auswahl und Gestaltung von Datenverarbeitungssystemen an dem Ziel auszurichten sind, so wenig personenbezogene Daten wie möglich zu erheben, zu verarbeiten oder zu nutzen. Insbesondere sind personenbezogene Daten zu anonymisieren oder zu pseudonymisieren, soweit dies nach dem Verwendungszweck möglich ist und keinen im Verhältnis zu dem angestrebten Schutzzweck unverhältnismäßigen Aufwand erfordert. Normverstöße gegen § 3a BDSG a.F. sind nicht sanktioniert,[12] weshalb die Vorgaben dort bisweilen als „soft law" bezeichnet wurden.[13]

8 Vorgaben zur Datensicherheit enthält Art. 17 DSRL,[14] der wie der korrespondierende ErwG 46 zeigt, sogar (bereits) für den Zeitpunkt der Planung der Verarbeitungssysteme das Ergreifen geeigneter technischer und organisatorischer Maßnahmen vorsieht. Auf nationaler Ebene korrespondierende Vorgaben zur Datensicherheit sieht § 9 BDSG a.F., konkretisiert in den Datensicherheitsgeboten der Anlage zu § 9 S. 1 BDSG a.F., vor.

---

11 *Bieker/Hansen* DuD 2017, 285 f.

12 Auer-Reinsdorff/Conrad-*Conrad/Hausen* Handbuch IT- und Datenschutzrecht, Teil F. Rn. 164.

13 *Hornung* ZD 2011, 51 (53).

14 Unter dem Titel „Sicherheit der Verarbeitung" heißt es in Art. 17 Abs. 1 DSRL:
(1) Die Mitgliedstaaten sehen vor, dass der für die Verarbeitung Verantwortliche die geeigneten technischen und organisatorischen Maßnahmen durchführen muss, die für den Schutz gegen die zufällige oder unrechtmäßige Zerstörung, den zufälligen Verlust, die unberechtigte Änderung, die unberechtigte Weitergabe oder den unberechtigten Zugang – insbesondere wenn im Rahmen der Verarbeitung Daten in einem Netz übertragen werden – und gegen jede andere Form der unrechtmäßigen Verarbeitung personenbezogener Daten erforderlich sind. Diese Maßnahmen müssen unter Berücksichtigung des Standes der Technik und der bei ihrer Durchführung entstehenden Kosten ein Schutzniveau gewährleisten, das den von der Verarbeitung ausgehenden Risiken und der Art der zu schützenden Daten angemessen ist.

Privacy by default klingt in der Datenschutzrichtlinie für elektronische Kommunikation (RL 2002/58/EG, neu gefasst durch Richtlinie 2009/136/EG) an. Art. 5 Abs. 3 dieser Richtlinie bestimmt, dass die Speicherung von Informationen oder der Zugriff auf Informationen, die bereits im Endgerät eines Teilnehmers oder Nutzers gespeichert sind, nur gestattet ist, wenn der betreffende Teilnehmer oder Nutzer […] seine Einwilligung gegeben hat. Für das Setzen sogenannter Cookies gilt demnach das "Opt-in"-Prinzip, oder anders gesprochen: die datenschutzfreundliche Voreinstellung, dass Cookies anderenfalls nicht gesetzt werden dürfen.[15] **9**

2. Genese der Vorschrift. Im Rechtssetzungsverfahren, in dem die Vorgaben zum Datenschutz durch Technikgestaltung und durch datenschutzfreundliche Voreinstellungen noch unter Art. 23 geführt wurden, nahmen die beteiligten Organe durchaus unterschiedliche Positionen ein.[16] **10**

Vorgaben zum Datenschutz durch Technik und datenschutzfreundliche Voreinstellungen, die nach Auffassung der Kommission bedeutende Bausteine des neuen europäischen Datenschutzrahmens für das 21. Jahrhundert sein sollten,[17] waren im Vorschlag der Europäischen Kommission vom 25.1.2012 (DS-GVO-E(KOM))[18] in Art. 23 geregelt. Inhaltlich waren die Reglungen der Absätze 1 und 2 mit der in Kraft getretenen Fassung des Art. 25 schon recht ähnlich, namentlich fand sich in Abs. 1 mit Blick auf die zu ergreifenden technischen und organisatorischen Maßnahmen bereits der Hinweis auf den Stand der Technik und die Implementierungskosten. Gleiches gilt für den maßgeblichen Zeitpunkt (sowohl zum Zeitpunkt der Festlegung der Verarbeitungsmittel als auch zum Zeitpunkt der Verarbeitung). Datenschutzfreundliche Voreinstellungen wurden in Art. 23 Abs. 2 E(KOM) weniger betont als die Grundsätze der Zweckbindung und der Datenminimierung. **11**

Im Unterschied zur finalen Fassung sah Art. 23 Abs. 3 DS-GVO-E(KOM) die Möglichkeit delegierter Rechtsakte (Art. 290 AEUV) vor, „um etwaige weitere Kriterien und Anforderungen in Bezug auf die in den Absätzen 1 und 2 genannten Maßnahmen und Verfahren festzulegen, speziell was die Anforderungen an den Datenschutz durch Technik und datenschutzfreundliche Voreinstellungen für ganze Sektoren und bestimmte Erzeugnisse und Dienstleistungen betrifft." Nach Art. 23 Abs. 4 DS-GVO-E(KOM) konnte die Kommission daneben Durchführungsakte (Art. 291 AEUV) hinsichtlich „der technischen Standards für die in den Abs. 1 und 2 genannten Anforderungen" festlegen. Auch mit Blick auf die Regelungen zum Datenschutz durch Technik und datenschutzfreundliche Voreinstellungen trat demnach die den Kommissionsentwurf insgesamt prägende starke Stellung der Kommission zu Tage, die überwiegend kritisiert wurde,[19] in Hinblick auf die Vorgaben zum Datenschutz durch Technik und datenschutz- **12**

---

15 Zur Problematik Schwartmann-*Keber* Praxishandbuch Medien, IT- und Urheberrecht, Kap. 20 Rn. 11.

16 Zum Vorschlag der Kommission, des Parlaments und des Rats zu (vormals) Art. 23 *Härting* PinG 05.15, 193 f. Zur Entstehungsgeschichte auch Kühling/Buchner-*Hartung* Art. 25 Rn. 4 ff.

17 KOM (2012) 9, S. 7.

18 KOM (2012) 11 endgültig; 2012/0011 (COD).

19 *Hornung* ZD 2012, 99, 106; *Schneider/Härting* ZD 2012, 199; *Gola* EuZW 2012, 332, 333; *Jaspers* DuD 2012, 571. Vgl. auch Konferenz der Datenschutzbeauftragten des Bundes und der Länder, Stellungnahme zur Datenschutz-Grundverordnung v. 11.6.2012, S. 2.

freundliche Voreinstellungen aber auch eine schnelle Anpassung an technische Entwicklungen ermöglicht hätte.[20]

13 Stark modifiziert erschien die Vorschrift dann in der Position des Parlaments.[21] Explizit adressiert wurde in Art. 23 Abs. 1-E(EP) neben dem für die Verarbeitung Verantwortlichen der Auftragsverarbeiter. Neben dem Stand der Technik waren nun auch neueste technische Errungenschaften, bewährte internationale Verfahren sowie die von der Verarbeitung ausgehenden Risiken zu berücksichtigen.[22] Zusätzlich zum Zeitpunkt der Festlegung der Verarbeitungsmittel sollte auch derjenige der Festlegung der Verarbeitungszwecke entscheidend sein. Die technischen und organisatorischen Maßnahmen und Verfahren sollten geeignet und verhältnismäßig sein. Neben einem expliziten Verweis auf die Grundsätze in Art. 5-E(EP) adressierte ein neuer Passus das „gesamte Lebenszyklusmanagement personenbezogener Daten" und „umfassende Verfahrensgarantien hinsichtlich der Richtigkeit, Vertraulichkeit, Vollständigkeit, physischen Sicherheit und Löschung personenbezogener Daten." Ausdrücklich wurde auch ein Bezug zur Datenschutz-Folgenabschätzung (Art. 35) hergestellt.

14 Neben kleineren Änderungen in Art. 23 Abs. 2 S. 1 DS-GVO-E(EP) wurde Art. 23 Abs. 2 S. 2 insoweit ergänzt, als der Zugriff auf personenbezogene Daten nicht nur zu beschränken ist, sondern dass die betroffenen Personen auch in der Lage sein müssen, die Verbreitung ihrer personenbezogenen Daten zu kontrollieren.

15 Der Weg zurück zu einer schlankeren, dafür aber (wiederum) abstrakteren Regelung führte dann über die Position des Rats,[23] mit der die Vorschrift an ihre heutige Form angenähert wurde. Namentlich die Konzeption der Voreinstellungen in Art. 23 Abs. 2 E(Rat) und die Implikationen eines genehmigten Zertifizierungsverfahrens (jetzt Art. 25 Abs. 3) erhielten hier ihr wesentliches Gepräge.[24]

16 **3. Systematischer Kontext.** Art. 25 ist eine über zahlreiche Querbezüge im Gesamtgefüge der DS-GVO kapitelübergreifend vernetzte Vorschrift. Nach Art. 25 Abs. 3 kann ein genehmigtes Zertifizierungsverfahren nach Art. 42 als „Faktor" herangezogen werden, um die Erfüllung der in Abs. 1 und 2 genannten Anforderungen nachzuweisen.

17 Art. 25 folgt auch inhaltlich auf Art. 24, der die Einhaltung der Datenschutzregeln v.a. über die Begründung einer Rechenschaftspflicht des Verantwortlichen stärken will. Wie in Art. 24, kommt auch in Art. 25 der risikobasierte Ansatz zum Tragen. Abweichend von den allgemeinen Pflichten des Verantwortlichen nach Art. 24 Abs. 1 adressiert Art. 25 aber bereits Maßnahmen im Vorfeld einer geplanten Datenverarbeitung und macht einen schon vor Beginn der eigentlichen Verarbeitung zu dokumentierenden (!) Reflexionsprozess des Verantwortlichen im Dienste der Einhaltung der Daten-

20 *Sydow/Kring* ZD 2014, 271, 274.
21 Beschluss des Europäischen Parlaments vom 12.3.2014 (Interinstitutionelles Dossier des Rats der Europäischen Union vom 27.3.2014, 2012/0011 (COD); 7427/1/14, REV 1).
22 Hierzu *Veil* ZD 2015, 347, 350.
23 Rat der Europäischen Union, Drucks. vom 15.6.2015, 9565/15.
24 Vgl. dazu auch Paal/Pauly-*Martini* Art. 25 Rn. 16–19.

schutzgrundsätze (gem. Art. 5) erforderlich.[25] Art. 25 Abs. 1 hat weiter Schnittpunkte zur in Art. 32 Abs. 1 geregelten Sicherheit der Verarbeitung und dessen Vorgängervorschrift in Art. 17 DSRL. Im Gegensatz zu Art. 32, der den IT-Sicherheits-Schutzzwecken der Vertraulichkeit, Integrität und Verfügbarkeit dient, adressiert Art. 25 aber den (weitergehenden) Schutz der Rechte betroffener Personen.[26] Dies erfordert auch – aber eben nicht nur – Maßnahmen zur Datensicherheit.

Bezüge bestehen darüber hinaus zur Datenschutz-Folgenabschätzung (Art. 35) wo die **18** auch im Rahmen der Art. 24, 25 und 32 durchzuführende Risikoanalyse Bestandteil der im Rahmen der Mindestanforderungen zu dokumentierenden Aspekte ist (Art. 35 Abs. 7 lit. c). Ein Anknüpfungspunkt in Kapitel 5 der DS-GVO besteht schließlich insoweit, als im Rahmen einer Übermittlung in Drittstaaten nach Art. 47 Abs. 2 lit. d Angaben zum Datenschutz durch Technikgestaltung und datenschutzfreundliche Voreinstellungen gemacht werden müssen.

B. Kommentierung

I. Art. 25 Allgemein

1. Ursprung des Konzepts. Die in Art. 25 geregelten Vorgaben werden (auch im **19** deutschsprachigen Raum) häufig unter den Schlagworten Privacy by Design bzw. Privacy by Default diskutiert. Das ist nicht präzise und hat letztlich historische Gründe.[27] Privacy by Design (PbD) als neues, proaktives Konzept, bei dem die Technik in den Dienst der Rechtsdurchsetzung[28] gestellt wird, geht auf die Arbeiten von A. Cavoukian (ehemalige Informationsfreiheits- und Datenschutzbeauftragte der kanadischen Provinz Ottawa) und ihren niederländischen Kollegen J. Borking zurück, die in der ersten Hälfte der 1990er Jahre eine Studie zu „Privacy Enhancing Technologies" (PET) angefertigt hatten, deren Ergebnisse Borking auf der 17. Internationalen Konferenz im September 1995 in Kopenhagen präsentierte.[29]

Cavoukian verdichtete die Erkenntnisse später zu sieben Grundprinzipien,[30] die sie **20** drei verschiedenen Verantwortungsbereichen[31] und neun unterschiedlichen Anwen-

25 A.A. und für einen neben Art. 24 und 32 (praktisch) überschaubaren Anwendungsbereich Kühling/Buchner-*Hartung* Art. 25 Rn. 10.

26 Gola-*Nolte/Werkmeister* Art. 25 Rn. 8.

27 Zum historischen Hintergrund eingehend: *Schulzki-Haddouti* Ideengeschichte des Privacy by Design, abrufbar unter: https://www.datenschutzbeauftragter-online.de/datenschutz-ideengeschichte-privacy-by-design-teil-1/9929/. Vgl. ferner *Baumgartner/Gausling* ZD 2017, 308; *Rost/Bock* DuD 2011, 30, 31.

28 Dazu *Hornung* ZD 2011, 51.

29 Zu diesem Ansatz grundlegend *Borking* DuD 1998, 636.

30 The 7 Foundational Principles of Privacy by Design: 1. Proactive not Reactive; Preventative not Remedial; 2. Privacy as the Default Setting; 3. Privacy Embedded into Design; 4. Full Functionality – Positive-Sum, not Zero-Sum; 5. End-to-End Security – Full Lifecycle Protection; 6. Visibility and Transparency – Keep it Open; 7. Respect for the User – Keep it User-Centric.

31 A „Trilogy" of encompassing applications: 1) IT systems; 2) accountable business practices; and 3) physical design and networked infrastructure. *Cavoukian*, Privacy by Design, The 7 Foundational Principles, https://www.ipc.on.ca/wp-content/uploads/Resources/7foundationalprinciples.pdf.

dungsfeldern[32] zuwies.[33] In der „Resolution on Privacy by Design“ der 32. Internationalen Konferenz der Beauftragten für den Datenschutz und für die Privatsphäre (Jerusalem 2010) wurden diese Grundprinzipien ausdrücklich bekräftigt.[34]

21 Ausgangspunkt der Privacy by Design zugrunde liegenden Idee ist die auf L. Lessig zurückgehende Überlegung, dass im virtuellen Raum der Computernetzwerke der „Code“ der Hard- und Softwaresysteme die Freiräume des Einzelnen ebenso determiniert, wie das Recht im realen Raum Grenzen setzt.[35] Eine dadurch mögliche „Codierung des Datenschutzrechts“[36] darf sich indes nicht bloß auf technische Vorgaben beschränken, sondern muss auch die Gestaltung betriebs- und behördeninterner Prozesse zum Gegenstand haben (Organisations- und Prozessmanagement).[37] Über diesen Gesichtspunkt ist Privacy by Design eng mit der Durchführung von Privacy Impact Assessments (PIAs)[38] und damit auch der Datenschutzfolgenabschätzung nach Art. 35 verwoben.[39]

22 Der Schutzgegenstand des Art. 25 ist vordergründig enger, da in den amtlichen Überschriften gerade nicht von Privatheit oder Privatsphäre („privacy“), sondern parallel zu den in Art. 1 Abs. 2 normierten Zielen, vom Schutz personenbezogener Daten, also von Datenschutz („data protection“) die Rede ist. Ausgestaltet und konkretisiert werden in Art. 25 damit in erster Linie die gegenüber dem Recht auf Achtung des Privatlebens (Art. 7 GRCh) spezielleren[40] Gewährleistungen des Art. 8 Abs. 1 GRCh sowie Art. 16 Abs. 1 AEUV.[41]

---

32 Privacy by Design Application Areas: 1. CCTV/Surveillance Cameras in Mass Transit Systems; 2. Biometrics Used in Casinos and Gaming Facilities; 3. Smart Meters and the Smart Grid; 4. Mobile Devices & Communications; 5. Near Field Communications (NFC); 6. RFIDs and Sensor Technologies; 7. Redesigning IP Geolocation Data; 8. Remote Home Health Care; 9. Big Data and Data Analytics.

33 Grundlegend zum Vorgesagten: *Cavoukian* Operationalizing Privacy by Design: A Guide to Implementing Strong Privacy Practices, Information & Privacy Commissioner of Ontario, Canada, December 2012, Dokument abrufbar unter: http://www.cil.cnrs.fr/CIL/IMG/pdf/operationalizing-pbd-guide.pdf.

34 Text der Resolution abrufbar unter: https://www.bfdi.bund.de/SharedDocs/Publikationen/Entschliessungssammlung/IntDSK/2010PrivacyByDesign.html?nn=5217132.

35 *Lawrence Lessig* Code: Version 2.0. Basic Books, New York 2001, S. 5: „In real space, we recognize how laws regulate—through constitutions, statutes and other legal codes. In cyberspace we must understand how a different „code“ regulates— how the software and hardware (i.e., the „code“ of cyberspace) that make cyberspace what it is also regulate cyberspace as it is. [...] this code is cyberspace‘s „law.“[...] or better, „code is law.“

36 *Bizer* Freundesgabe Büllesbach, S. 193 ff., http://www.alfred-buellesbach.de/PDF/19_Bizer_Codierung.pdf.

37 *Bizer* DuD 2006, 598.

38 *Cavoukian* in: Privacy by Design in Law, Policy and Practice, A White Paper for Regulators, Decision-makers and Policy-makers, S. 15, Dokument abrufbar unter: https:// gpsbydesign.org/wp-content/uploads/2016/07/privacy-by-design-in-law-policy-and-practice-a-white-paper-for-regulators-decision-makers-and-policy-makers.pdf.

39 Vgl. hierzu *Art.-29-Datenschutzgruppe* WP 248: „Guidelines on Data Protection Impact Assessment (DPIA) and determining whether processing is „likely to result in a high risk“ for the purposes of Regulation 2016/679“, S. 14.

40 Zum Verhältnis zwischen Art. 7 und Art. 8 GRCh: Jarass-*Jarass* Charta der Grundrechte der Europäischen Union, Art. 8 Rn. 4–4a.

41 Zu den primärrechtlichen Vorgaben des unionsrechtlichen Datenschutzes Schwartmann-*Keber* Praxishandbuch Medien-, IT- und Urheberrecht, Kap. 20 Rn. 1.

2. Datenschutz durch Technikgestaltung und organisatorische Maßnahmen. In der deutschen Sprachfassung ist im Titel von Art. 25 von „Datenschutz durch Technikgestaltung und durch datenschutzfreundliche Voreinstellungen" die Rede. Dies weicht von den Titeln anderer Sprachfassungen insoweit ab, als jene hinsichtlich der Gestaltungsmaxime ohne Verengung auf den Bereich der Technik weitergehend von „Data protection by design" (en), „Protection des données dès la conception" (fr) oder „Protección de datos desde el diseño" (es) sprechen. 23

In der Sache wirkt sich das – wie auch das offensichtliche Redaktionsversehen hinsichtlich des doppelt auftauchenden Verbs „trifft" – nicht aus, da bei Widersprüchlichkeiten zwischen verschiedenen Sprachfassungen[42] auf weitere Methoden der Auslegung zurückgegriffen werden muss und (normsystematisch) in Art. 25 Abs. 1 anschließend (auch) organisatorische Maßnahmen explizit adressiert werden. Im Titel dürfte es sich insoweit um eine zu vernachlässigende Ungenauigkeit in der Übersetzung handeln.[43] 24

3. Konkretisierungsbedarf. Bei Art. 25 geht es nach alledem nicht nur darum, Datenvermeidung und Datenminimierung proaktiv und durch technisch-organisatorische Steuerungsmechanismen zu adressieren. Es geht auch um Nachhaltigkeit in der Datenwirtschaft, um vertrauensbildende Maßnahmen in einem hochtechnisierten, vernetzten Umfeld. [44] Letztlich bezeichnet Privacy by Design auch eine Haltung, die Teil der Unternehmenskultur werden muss.[45] Während sich das „Wie" hinsichtlich der Umsetzung datenschutzfreundlicher Voreinstellungen (Privacy by Default) i.S.d. Art. 25 Abs. 2 noch vergleichsweise praktisch gut greifen lässt, fehlt für die Umsetzung der Vorgaben des Art. 25 Abs. 1 nach wie vor eine, im besten Falle durch Papiere der Art. 29-Arbeitsgruppe oder des Düsseldorfer Kreises dokumentierte oder anderweitig bereits präzisierte und kontextübergreifende (skalierbare) Methodik, an der sich die Verantwortlichen orientieren könnten.[46] Wissenschaftliche Arbeiten zur Frage, wie sich Privacy by Design operationalisieren lässt, gibt es zwar schon,[47] allerdings besteht 25

---

42 Ein Hinweis auf Englisch als Verhandlungssprache im Gesetzgebungsprozess ist wenig hilfreich, denn den unterschiedlichen Amtssprachen kommt für die Zwecke der Auslegung das gleiche Gewicht zu. Statt vieler: *EuGH* v. 9.3.20016 – C-174/05, ECLI:EU:C:2006:170, Zuid-Hollandse Milieufederatie und Natur en Milieu, Rn. 20; *EuGH* C-39/98 (Spanien/Rat), Slg. 2001, I-779 Rn. 47; Zu Einzelheiten mit eingehender Analyse der EuGH-Rechtsprechung vgl. auch *Schübel-Pfister* Sprache und Gemeinschaftsrecht, S. 135 (168 ff.).

43 Zu Übersetzungsfehlern vgl. *Martiny* ZEuP 1998, 227–252 (240) m.w.N.

44 Grundlegend Roßnagel-*Barlag* Europäische Datenschutz-Grundverordnung, Art. 25 Rn. 222 ff.; *Dammann* ZD 2016, 307, 309; *Schaar* Privacy by design. Identity Inf. Soc. 3(2), S. 267 ff.

45 Knyrim-*Hötzendorfer* Praxishandbuch Datenschutzrecht, S. 148.

46 Für einzelne Bereiche, etwa *Privacy by Design* im Rahmen der Entwicklung von Software und Apps oder *Privacy by Default* in Bezug auf soziale Netzwerke existieren zum Teil Leitlinien, die praktische Vorgaben für die Umsetzung enthalten. Dazu unter C. Praxishinweise.

47 *Spiekermann/Cranor* Engineering Privacy, IEEE Transaction on Software Engineering 2009, S. 67–82; *Cavoukian* Operationalizing Privacy by Design (2012); *Tsormpatzoudi/Berendt/Coudert* Privacy by Design: From Research and Policy to Practice, in: Berendt/Engel u.a. (Hrsg.) Privacy Technologies and Policy, (Third Annual Privacy Forum, APF 2015), S. 199 ff.; *Loser/Degeling/Nolte* Integrating a Practice Perspective to Privacy by Design, in: Tryfonas (ed.), Human Aspects of Information Security, Privacy and Trust, (Proceedings 5th International Conference, HAS 2017) S. 691 ff.

vor allem mit Blick auf den in diesem Zusammenhang in der Diskussion häufig vernachlässigten Aspekt zureichender organisatorischer Maßnahmen[48] nach wie vor erheblicher Forschungsbedarf.[49]

26 Insgesamt muss sich das Art. 25 immanente Konkretisierungsdefizit (auch) auf der Ebene der Rechtsfolgen und Sanktionen (dazu Rn. 70 ff.) angemessen niederschlagen. Verantwortliche sollten Privacy by Design aber nicht nur aus der Perspektive eines drohenden Bußgelds betrachten, denn die (auch freiwillige) Verpflichtung auf Datenschutz und die Maxime des Privacy by Design wird im Markt zunehmend als von Konkurrenten abgrenzendes „Feature" kommuniziert und insgesamt als Wettbewerbsvorteil wahrgenommen.[50]

II. Art. 25 Abs. 1 „Privacy by Design"

27 **1. Adressaten.** Unmittelbarer Adressat der Vorschrift ist nur der Verantwortliche (Art. 4 Nr. 7). Im Entwurf des Parlaments waren auch Auftragsverarbeiter explizit verpflichtet worden.[51] Eine in Hinblick auf den Adressatenkreis breitere Konzeption hat sich aber, genau wie die im Gesetzgebungsverfahren diskutierte Einbeziehung der Hersteller von Hard- und Software,[52] nicht durchgesetzt, womit die Vorschrift nach verbreiteter Auffassung vieles von ihrem Wirkungspotential eingebüßt hat.[53]

28 Über die Querbezüge in Art. 28 Abs. 1 und 32 Abs. 1 wird der Auftragsverarbeiter zumindest mittelbar bzw. indirekt[54] einbezogen. Im Rahmen der Auswahlentscheidung nach Art. 28 Abs. 1 wird der Verantwortliche angehalten, nur mit solchen Auftragsverarbeitern zusammenzuwirken, die hinreichende Garantien dafür bieten, dass geeignete technische und organisatorische Maßnahmen so durchgeführt werden, dass die Verarbeitung im Einklang mit den Anforderungen der DS-GVO erfolgt und den

48 Die Bedeutung organisatorischer Vorkehrungen zum Schutz vor Rechtsverletzungen betont auch das *BVerfG* im 2. Leitsatz des Volkszählungsurteils von 1983 (Urt. v. 15.12.1983 – 1 BvR 209, 269, 362, 420, 440, 484/83, BVerfGE 65, 1), hier allerdings zunächst nur an den Gesetzgeber adressiert.

49 Dazu *Schefzig* „State of the Art" Datenschutzorganisation, Recht 4.0, DSRITB 2017, 43 ff.

50 Vgl. hier beispielsweise die Werbeaussagen von Apple, abrufbar unter https://www.apple.com/privacy/, die Angaben des Social Network Anbieters „MeWe", abrufbar unter https://mewe.com/about, die Erklärung des E-Mail Providers „ProtonMail" unter https://protonmail.com/about sowie die Aussagen von Vai Kai, dem Hersteller „smarter" Spielzeuge (ohne Kamera und Mikrofon), abrufbar unter https://vaikai.com.

51 Dazu oben: A. III. 2.

52 Vgl. dazu *Albrecht* Entwurf eines Berichts über den Vorschlag für eine Verordnung des Europäischen Parlaments und des Rates zum Schutz natürlicher Personen bei der Verarbeitung personenbezogener Daten und zum freien Datenverkehr (Datenschutz-Grundverordnung), (COM(2012)0011 – C7-0025/2012 – 2012/0011(COD)), 16.1.2013, Änderungsanträge 88, 98 und 178.

53 *Richter* DuD 2012, 576, 578; *Roßnagel/Richter/Nebel* ZD 2013, 103, 105 und ZD 2015, 455, 459; *Leutheusser-Schnarrenberger* MMR 2012, 709; *Schantz* NJW 2016, 1841, 1846; *Jandt* DuD 2017, 562, 563; *Bieker/Hansen* RDV 2017, 165, 166.

54 „Mittelbar": Kühling/Buchner-*Hartung* Art. 25 Rn. 12, 13.; Sydow-*Mantz* Art. 25 Rn. 16. „Indirekt": Ehmann/Selmayr Art. 25 Rn. 4 f. Richtigerweise wird man im Fall des Auftragsdatenverarbeiters und den über Art. 28, 32 normvermittelten Pflichten von „mittelbar", im Fall der Hersteller wegen der loseren Bezugnahme auf die Hersteller (nur) in den Erwägungsgründen (hier: ErwG 78) von „indirekt" sprechen müssen.

Schutz der betroffenen Person gewährleistet. Das schließt die Anforderungen des Art. 25 mit ein.[55] Nach Art. 32 ist auch der Auftragsverarbeiter zur Ergreifung geeigneter technisch-organisatorischer Maßnahmen originär verpflichtet, was zwar nicht deckungsgleiche, aber zumindest ähnliche Pflichten zum Gegenstand hat.[56]

Hersteller werden ausweislich ErwG 78 lediglich „ermutigt […], das Recht auf Datenschutz bei der Entwicklung und Gestaltung der Produkte, Dienste und Anwendungen zu berücksichtigen und unter gebührender Berücksichtigung des Stands der Technik sicherzustellen, dass die Verantwortlichen und die Verarbeiter in der Lage sind, ihren Datenschutzpflichten nachzukommen." Dem liegt die Vorstellung zugrunde, dass die Pflichten des Verantwortlichen die Nachfrage nach entsprechenden Herstellerleistungen steuern, sodass der Mechanismus Privacy by Design „übers Dreieck"[57] bzw. in Gestalt einer Ausstrahlungswirkung[58] zum Tragen kommt. Wie weit diese indirekte Hebelwirkung[59] tatsächlich reichen kann, wird sich zeigen. **29**

2. Maßgeblicher Zeitpunkt. Nach Art. 25 Abs. 1 sind sowohl zum Zeitpunkt der Festlegung der Mittel für die Verarbeitung als auch zum Zeitpunkt der eigentlichen Verarbeitung geeignete technische und organisatorische Maßnahmen zu treffen. Damit sind initiale Maßnahmen in der Planungsphase, laufende Maßnahmen in der Verarbeitungsphase und – was im Wortlaut des Art. 25 Abs. 1 zunächst weniger deutlich anklingt – auch Maßnahmen innerhalb der auf die Verarbeitung nachfolgenden Phase[60] (dort geht es u.a. um Löschung) erfasst. Der Zeitpunkt der Festlegung der Mittel bezeichnet den Zeitpunkt der verbindlichen Entscheidung über das jeweils in Rede stehende Mittel der Verarbeitung. Die Verbindlichkeit kann sich aus rechtlich relevanten Absprachen mit Dritten (bspw. Auftrag an Softwarehersteller) oder aus internen Entscheidungen der Geschäftsleitung (Weisungen oder Erlass interner Richtlinien) ergeben.[61] **30**

3. Einsatz geeigneter technischer und organisatorischer Maßnahmen (TOMs). Art. 25 Abs. 1 spricht von geeigneten technisch-organisatorischen Maßnahmen[62] (TOMs) und greift damit eine Begrifflichkeit auf, die auch in Art. 24, 28 und 32 Verwendung findet; im Rahmen des Art. 25 aber im Lichte seines spezifischen (zeitlich vorwirkenden) Ziels gesehen werden muss, Technik von Anfang an so zu entwickeln, dass sie nur datenschutzfreundlich arbeiten kann. **31**

Unter technischen Maßnahmen werden im Allgemeinen Vorkehrungen verstanden, die sich entweder physisch auf den Vorgang der Verarbeitung von Daten erstrecken, oder solche, die den Software- oder Hardwareprozess der Verarbeitung (logisch) steuern. Organisatorische Maßnahmen richten sich auf die äußeren Rahmenbedingungen **32**

---

55 *Laue/Nink/Kremer* Das neue Datenschutzrecht in der betrieblichen Praxis, § 7 Rn. 9 f.

56 *Laue/Nink/Kremer* Das neue Datenschutzrecht in der betrieblichen Praxis, § 7 Rn. 10.

57 Paal/Pauly-*Martini* Art. 25 Rn. 25–26.

58 Info 6 der BfDI, September 2017, S. 22. Dokument abrufbar unter: https://www.bfdi.bund.de/SharedDocs/Publikationen/Infobroschueren/INFO6.html.

59 Roßnagel-*Barlag* Europäische Datenschutz-Grundverordnung, Rn. 230.

60 Deutlicher war dies im noch im Parlamentshinweis enthaltenen ausdrücklichen Hinweis auf das „gesamte Lebenszyklusmanagement personenbezogener Daten".

61 Gola-*Nolte/Werkmeister* Art. 25 Rn. 12.

62 „appropriate technical and organisational measures"; mesures techniques et organisationnelles appropriées; medidas técnicas y organizativas apropiadas.

zur Gestaltung des technischen Verarbeitungsprozesses.[63] In Art. 25 Abs. 1 werden die Maßnahmen insoweit konkretisiert, als sie dafür ausgelegt sein müssen, die Datenschutzgrundsätze (Art. 5), namentlich die Datenminimierung (Art. 5 Abs. 1 lit. c) wirksam umzusetzen, wobei als konkretes Beispiel (nur) die Pseudonymisierung (Art. 4 Nr. 5) explizit genannt wird.

33 **4. Pseudonymisierung als potentiell geeignete technische Maßnahme.** Eine geeignete Maßnahme ist die Pseudonymisierung nur dann, wenn ohne Hinzuziehung zusätzlicher Informationen keine Zuordnung der Daten zu einer spezifischen Person möglich ist, der Identifikationsschlüssel (zusätzliche Informationen) getrennt vom übrigen Datensatz aufbewahrt wird und die zusätzlichen Informationen (weiteren) technisch-organisatorischen Maßnahmen zugeführt werden, die gewährleisten, dass die personenbezogenen Daten nicht einer identifizierten oder identifizierbaren natürlichen Person zugewiesen werden können.[64] Im Rahmen des Art. 25 geht es bei der Pseudonymisierung also weniger um den Aspekt der Sicherheit der Verarbeitung (vgl. insoweit auch Art. 32 Abs. 1 lit. a), sondern um den mit der „Maskierung" des Betroffenen bezweckten Schutz vor (unmittelbarer) Identifikation. Wenn bereits in einem frühen Stadium der Datenverarbeitung eine Entkoppelung persönlicher Informationen von anderen Daten erfolgt, kann dies zu einem wirksamen Schutz für die Betroffenen führen, zumindest wirkt sich diese technisch-organisatorische Maßnahme nach der Vorstellung des Verordnungsgebers risikomindernd aus.[65]

34 Die Fokusgruppe Datenschutz der Plattform Sicherheit, Schutz und Vertrauen für Gesellschaft und Wirtschaft hat im Rahmen des Digital-Gipfels 2017 ein Whitepaper mit Leitlinien für die rechtssichere Nutzung von Pseudonymisierungslösungen unter Berücksichtigung der Vorgaben der DS-GVO veröffentlicht. Dort werden die Rahmenbedingungen der Pseudonymisierung, Verfahren und technisch-organisatorische Anforderungen in verschiedenen Anwendungsszenarien eingehend erörtert.[66]

35 **5. Weitere TOMs nach ErwG 78.** Art. 25 Abs. 1 illustriert die zu ergreifenden TOMs lediglich über die Pseudonymisierung. Welche Maßnahmen darüber hinaus in Betracht kommen und hinreichend sind, lässt die Vorschrift offen. Für die Praxis, namentlich mit Blick auf konkrete technische Maßnahmen (PETS) äußerst hilfreich sind die Arbeitspapiere der Europäischen Agentur für Netz- und Informationssicherheit (ENISA).[67] Dort werden unter anderem auch Verfahren zur Verschlüsselung und

---

63 Vgl. Paal/Pauly-*Martini* Art. 25 Rn. 28.

64 *Piltz* K&R 2016, 557 (562).

65 Vgl. ErwG 28.

66 Das Dokument ist abrufbar unter: https://www.gdd.de/downloads/whitepaper-zur-pseudonymisierung.

67 Privacy and Data Protection by Design – from policy to engineering (2014), Dokument abrufbar unter:
https://www.enisa.europa.eu/publications/privacy-and-data-protection-by-design;
Privacy by design in big data – An overview of privacy enhancing technologies in the era of big data analytics (2015), Dokument abrufbar unter: https://www.enisa.europa.eu/publications/big-data-protection; Readiness Analysis for the Adoption and Evolution of Privacy Enhancing Technologies (2016), Dokument abrufbar unter:
https://www.enisa.europa.eu/publications/pets.

Anonymisierung näher beschrieben.[68] Die Art.-29-Datenschutzgruppe hat in dem Arbeitspapier 168[69] Maßnahmen über mehrere Nutzungsszenarien illustriert.[70]

Auch die teleologische Auslegung des Art. 25 unter Einbeziehung der Erwägungsgründe liefert durchaus wertvolle Erkenntnisse. Der Vorschrift ist ErwG 78 zugewiesen, wo zunächst die auch in Art. 5 Abs. 2 zum Ausdruck gelangende Pflicht des Verantwortlichen, die Einhaltung der Verordnung nachweisen zu können (sog. Rechenschaftspflicht) zum Ausdruck kommt.[71] **36**

Der Verantwortliche soll „interne Strategien" festlegen und Maßnahmen ergreifen,[72] die „... unter anderem darin bestehen können, dass die Verarbeitung personenbezogener Daten minimiert wird, personenbezogene Daten so schnell wie möglich pseudonymisiert werden, Transparenz in Bezug auf die Funktionen und die Verarbeitung personenbezogener Daten hergestellt wird, der betroffenen Person ermöglicht wird, die Verarbeitung personenbezogener Daten zu überwachen, und der Verantwortliche in die Lage versetzt wird, Sicherheitsfunktionen zu schaffen und zu verbessern."[73] **37**

Interne Strategien bezeichnen dabei wohl die Gesamtheit möglicher Maßnahmen der Datenschutzorganisation im Sinne eines gesteuerten Zusammenspiels unterschiedlicher Akteure innerhalb einer organisatorischen Gesamtheit.[74] Zusammengefasst werden sie in einem Datenschutzkonzept.[75] Teilaspekte einer solchen „Data Strategy" sind u.a. Vorgaben über interne Richtlinien, Maßnahmen interner Durchsetzung (Stichproben und Ahndung von Datenschutzverstößen) und die Durchführung von Schulungen. Sinnvoll und bei komplexeren Projekten unumgänglich ist auch die Bil- **38**

---

68 ENISA, Privacy and Data Protection by Design – from policy to engineering (2014), S. 22 ff. Zu TOMs nach dem ENISA Modell *Steinebach/Krempel/Jung/Hoffmann* DuD 2016, 440, 442.

69 The Future of Privacy; Joint contribution to the Consultation of the European Commission on the legal framework for the fundamental right to protection of personal data, 01 December 2009, WP 168, abrufbar unter: http://ec.europa.eu/justice/data-protection/article-29/documentation/opinion-recommendation/index_en.htm.

70 Es heißt dort auszugsweise: „Biometric identifiers should be stored in devices under control of the data subjects (i.e. smart cards) rather than in external data bases. Video surveillance in public transportation systems should be designed in a way that the faces of traced individuals are not recognizable or other measures are taken to minimize the risk for the data subject. [...] Patient names and other personal identifiers maintained in hospitals' information systems should be separated from data on the health status and medical treatments. They should be combined only in so far as it is necessary for medical or other reasonable purposes in a secure environment. Where appropriate, functionality should be included facilitating the data subjects' right to revoke consent, with subsequent data deletion in all servers involved (including proxies and mirroring)."

71 Zu diesem Aspekt *Albrecht* CR 2016, 88, 91.

72 ErwG 78 S. 2.

73 ErwG 78 S. 3.

74 Zur Datenschutzorganisation *Schefzig* „State of the Art"-Datenschutzorganisation, DSRITB 2017, 43.

75 Vgl. hierzu auch die GDD-Praxishilfe DS-GVO VIII, Unternehmensrichtlinie zur Datenschutz-Organisation, abrufbar unter: https://www.gdd.de/gdd-arbeitshilfen/praxishilfen-ds-gvo/praxishilfen-ds-gvo.

dung interdisziplinärer Projektteams.[76] Mit Blick auf komplexe Abwägungsentscheidungen ist die Einbeziehung einer unabhängigen Ethik-Kommission zu erwägen.[77] Als geeignete organisatorische Maßnahme kommt auch die Durchführung einer Datenschutz-Folgenabschätzung (Art. 35) unterhalb der Relevanzschwelle (Art. 35 Abs. 1 i.V.m. dem nicht abschließenden Katalog in Art. 35 Abs. 3)[78] in Betracht.[79] Gerade in diesem Schnittstellenbereich zwischen Recht und Ethik[80] dürfte die Expertise externer Ethik-Kommissionen von großem Wert sein.

39 Die in ErwG 78 S. 3 erwähnte Datenminimierung knüpft an dem in Art. 5 Abs. 1 lit. c geregelten Grundsatz an, wonach die Verarbeitung personenbezogener Daten für den verfolgten Zweck angemessen, erheblich und auf das notwendige Maß beschränkt sein muss. In der Praxis lässt sich dies u.a. durch ein System von Rollen- und Zugriffsrechten, Kennzeichnung der Daten zur Gewährleistung der zweckkonformen Weiterverarbeitung („Tagging"),[81] aber auch durch ein speziell ausgewiesenes Löschkonzept für solche Daten adressieren, die (zumindest für den konkreten Zweck) nicht mehr benötigt werden.[82]

40 Die in ErwG 78 angesprochene Transparenz (vgl. auch Art. 5 Abs. 1 lit. a) hat mehrere Aspekte. Einmal geht es darum, dass der Verantwortliche über den Vorgang der Datenverarbeitung und die Funktionen des Dienstes informiert und dabei unter Angabe der Arten der verarbeiteten Daten sowie der Beteiligten den Prozess nachvollziehbar dokumentiert.[83] Diese Informations- und Dokumentationspflichten stehen im Dienste der Betroffenenrechte i.S.v. Kap. III, da sie ihre Inanspruchnahme zum Teil erst ermöglichen. Die Europäische Agentur für Netz- und Informationssicherheit (ENISA) hat in ihrem Papier „Privacy and Data Protection by Design" (2014) konkrete Empfehlungen für „Transparency-enhancing techniques" zusammengestellt.[84]

41 ErwG 78 S. 3 greift schließlich den Grundsatz der Intervenierbarkeit mit Blick auf die Verarbeitung personenbezogener Daten auf; dies ebenfalls sowohl aus der Perspektive des Verantwortlichen, als auch aus der Perspektive der betroffenen Nutzer. Den

76 Zur Aufgabe dieser Teams und den Herausforderungen *Tsormpatzoudi/Berendt/Coudert* Privacy by Design: From Research and Policy to Practice, in: Berendt/Engel u.a. Privacy Technologies and Policy, (Third Annual Privacy Forum, APF 2015), S. 199, 205.

77 Gola-*Nolte/Werkmeister* Art. 25, Rn. 16, die als Beispiel für externe, interdisziplinäre Expertise unter Einbeziehung ethischer Aspekte den Google Advisory Council on the Right to be Forgotten nennen.

78 Dazu sowie zu den Elementen eines Prozesses zur Datenschutz-Folgenabschätzung: Forum Privatheit, White Paper Datenschutz-Folgenabschätzung, S. 20 ff. Dokument abrufbar unter: https://www.forum-privatheit.de/forum-privatheit-de/publikationen-und-downloads/veroeffentlichungen-des-forums/themenpapiere-white-paper/Forum_Privatheit_White_Paper_Datenschutz-Folgenabschaetzung_2016.pdf.

79 Gola-*Nolte/Werkmeister* Art. 25 Rn. 16.

80 Dazu *Wright/Friedewald* Integrating privacy and ethical impact assessment, Science and Public Policy 40, Nr. 6, S. 755–766.

81 Paal/Pauly-*Martini* Art. 25 Rn. 30.

82 Zu weiteren Verfahren vgl. auch Ziffer 7.1 und Ziffer 7.5 des Standard-Datenschutzmodells (SDM), S. 30, 31. Zum Löschkonzept *Berning/Meyer/Keppeler* Datenschutzkonformes Löschen personenbezogener Daten in betrieblichen Anwendungssystemen, S. 619, 621. *Keppeler/Berning* ZD 2017, 314.

83 Sydow-*Mantz* Art. 25 Rn. 53; Einzelheiten und Beispiele in Ziffer 7.6, S. 32 des SDM.

84 Dort: S. 44 f.

Betroffenen müssen nutzerfreundliche, effektive Einsichts- und Kontrollmechanismen (z.B. über Dashboards) zur Verfügung gestellt werden. Andererseits muss auch der Verantwortliche (stets) in der Lage sein, Sicherheitsfunktionen einzubeziehen und erforderlichenfalls anzupassen.[85]

Fraglich ist, ob den in ErwG 78 genannten Aspekten und Zielen im Rahmen der Verpflichtungen aus Art. 25 Abs. 1 kumulativ Rechnung zu tragen ist. Dem Wortlaut kann man jedenfalls entnehmen, dass die Durchführung einer Pseudonymisierung allein noch nicht ausreicht.[86] **Best Practice** wird sein, zumindest allen in ErwG 78 ausdrücklich genannten Aspekten gebührend Rechnung zu tragen[87] und diese soweit irgend möglich technisch und organisatorisch abzubilden. **42**

6. Aufnahme notwendiger Garantien. Unklar ist, welchen Bedeutungsgehalt die „notwendigen Garantien"[88] i.S.d. Art. 25 Abs. 1 haben. Da sie neben den technisch-organisatorischen Maßnahmen erwähnt werden, müssten sie daher auch einen von den TOMs verschiedenen Inhalt haben. Insoweit verwundert dann, dass die Pseudonymisierung, in Art. 25 Abs. 1 als Beispiel einer technischen Maßnahme fungiert, in Art. 6 Abs. 4 lit. e aber (zusammen mit der Verschlüsselung) als Anwendungsfall geeigneter Garantien geführt wird.[89] Die deutsche Sprachfassung lässt sogar eine Lesart zu, wonach Garantien durch TOMs implementiert werden.[90] Der Begriff der Garantie, der innerhalb des Gesetzgebungsverfahrens in den Entwürfen der Kommission, des Parlaments und des Rats zum heutigen Art. 25 noch nicht enthalten war,[91] taucht in einer Vielzahl von Vorschriften der DS-GVO in sehr unterschiedlichem Kontext[92] auf. Für die Zwecke der Interpretation des Art. 25 Abs. 1 wird man ihm wohl eine Auffangfunktion zusprechen und ihn als (von den TOMs verselbstständigten) Oberbegriff für solche Maßnahmen zum Schutz der Rechte der betroffenen Personen verstehen müssen, die sich im engeren Sinne weder (ausschließlich) als technische noch als organisatorische Maßnahme verstehen lassen. Solche Prinzipien können in Dokumenten-Management-Systemen implementiert sein,[93] finden sich in Empfehlungen und Standards einschlägiger Fachverbände und -institutionen und können auch Gegenstand von Verhaltensregeln i.S.d. Art. 40 und den in Art. 25 Abs. 3 ausdrücklich adressierten, genehmigten Zertifizierungsverfahren i.S.d. Art. 42 werden. **43**

---

85 Kühling/Buchner-*Hartung* Art. 25 Rn. 17; vgl. dazu auch Ziffer 7.7 des SDM, S. 32 sowie ENISA (2014), S. 47.

86 Paal/Pauly-*Martini* Art. 25 Rn. 29.

87 So auch *Bieker/Hansen* RDV 2017, 165, 168.

88 „Necessary safeguards"; „garanties nécessaires", „garantías necesarias".

89 Ehmann/Selmayr-*Baumgartner* Art. 25 Rn. 10.

90 Ehmann/Selmayr-*Baumgartner* Art. 25 Rn. 10: Der Satzteil „die dafür ausgelegt sind" bezieht sich wohl (auch) noch auf die geeigneten Garantien. In der englischen Sprachfassung ist das weniger deutlich: „implement appropriate technical and organisational measures, such as pseudonymisation, which are designed to implement data-protection principles, such as data minimisation, in an effective manner and to integrate the necessary safeguards into…".

91 Im Kommissions- und Parlamentsentwurf war (nur) von „technische[n] und organisatorische[n] Maßnahmen und Verfahren" die Rede.

92 Unterschiedlich auch die jeweils zugewiesenen Adjektive (bspw. „geeignet", „hinreichend", „angemessen").

93 Dazu *Laue/Nink/Kremer* Das neue Datenschutzrecht in der betrieblichen Praxis, § 7 Rn. 27.

44 **7. Abwägungskriterien. – a) Stand der Technik.** Schwierigkeiten bereitet der Begriff des „Stands der Technik" i.S.d. Art. 25 Abs. 1, da die DS-GVO, wie dies auch schon bei der Vorgabe zur Verarbeitungssicherheit in Art. 17 der Datenschutzrichtlinie 95/46 der Fall war, für die Interpretation dieses unbestimmten Rechtsbegriffs wenig Anhaltspunkte liefert. In der englischen Sprachfassung ist in Art. 25 Abs. 1 von „state of the art", in der französischen Sprachfassung von „l'état des connaissances" und in der spanischen Sprachfassung von „el estado de la técnica" die Rede. Das ist insoweit bemerkenswert, als die deutsche und englische Sprachfassung im Rahmen der DS-GVO begrifflich bei der Terminologie der Datenschutzrichtlinie bleiben („Stand der Technik", „state of the art"), während die spanische und französische Sprachfassung eine gegenüber der Formulierung in der Datenschutzrichtlinie abweichende Begrifflichkeit verwenden.[94] Mit der grammatikalischen Auslegung kommt man an dieser Stelle also nicht weiter.

45 Bedingt hilfreich ist der Blick ins nationale Recht, wo sich der Gesetzgeber (auch die Vorgaben der Datenschutzrichtlinie umsetzend) in der Anlage zu § 9 BDSG[95] zwar der Terminologie bedient, ebenso wie in anderem Kontext[96] aber auch ohne größere Erläuterungen auskommt. Allgemein wird mit dem Stand der Technik der Entwicklungsstand fortschrittlicher Verfahren, Einrichtungen oder Betriebsweisen verstanden, der die praktische Eignung der Maßnahme im Hinblick auf die angestrebten Ziele insgesamt gesichert erscheinen lässt.[97] Damit ist einerseits ein vom (fortschrittlichsten) Stand der Wissenschaft und Technik[98] – die Kommission spricht insoweit bisweilen von der „besten verfügbaren Technik"[99] – abzugrenzender, geringerer Standard gemeint.[100] Andererseits wird ein über den anerkannten Regeln der Technik[101] liegender, also insoweit höherer Mindeststandard bezeichnet.[102] Die bezeichneten Stufen[103] adressieren das rezi-

---

94 Die spanische Sprachfassung des Art. 17 der Datenschutzrichtlinie adressiert „conocimientos técnicos existentes", die französische „l'état de l'art".

95 Dazu Simitis-*Ernestus* Anlage zu § 9 Abs. 1 BDSG Rn. 47 ff.

96 Vgl. bspw. § 3 BImSchG, § 13 Abs. 7 TMG, § 11 JMStV, § 8a ITSiG.

97 Zum Stand der Technik bei Jugendschutzprogrammen i.S.d. § 11 JMStV vgl. etwa Bornemann/Erdemir-*Keber* Jugendmedienschutz-Staatsvertrag, § 11 Rn. 32.

98 In diese Richtung war wohl auch der Parlamentsentwurf mit Hinweis auf die „neuesten technischen Errungenschaften" zu verstehen.

99 So heißt es in Ziffer 2 lit. f der Empfehlung der Kommission vom 10.10.2014 (2014/724/EU) über das Muster für die Datenschutz-Folgenabschätzung für intelligente Netze und intelligente Messsysteme: „Beste verfügbare Techniken" bezeichnet das effektivste und am weitesten fortgeschrittene Stadium der Entwicklung von Aktivitäten und ihrer Arbeitsmethoden; der Begriff bringt zum Ausdruck, dass bestimmte Techniken in der Praxis prinzipiell dafür geeignet sind, die Grundlage für die Einhaltung des EU-Datenschutzrahmens zu bilden. Sie sind zur Vorbeugung oder Minderung von Risiken für die Privatsphäre, für personenbezogene Daten und für die Sicherheit konzipiert. Abl. EU L 300, p. 63–68, 18.10.2014.

100 Kühling/Buchner-*Hartung* Art. 25 Rn. 21; Gola-*Nolte/Werkmeister* Art. 25 Rn. 22.

101 In diese Richtung tendierte wohl der Rat, der „verfügbare Technologie" adressiert wissen wollte.

102 Zu einer Methodik für die Bestimmung des Stands der Technik im IT-sicherheitsrechtlichen Kontext *Michaelis* DuD 2016, 458 ff. Vgl. in diesem Kontext auch die von TeleTrusT vorgelegte Handreichung zum „Stand der Technik" im Sinne des IT-Sicherheitsgesetzes (ITSiG), Stand 2017, abrufbar unter: https://www.teletrust.de/arbeitsgremien/recht/stand-der-technik/.

103 Diesem Drei-Stufen-Modell folgt auch das *BVerfG* v. 8.8.1978 – 2 BvL 8/77, BVerfGE 49, 89, 135 f. = NJW 1979, 359, 362.

proke Verhältnis zwischen dem (nur) in technischen Fachkreisen vorhanden Spezialwissen und der tatsächlichen Marktdurchdringung sowie Erprobung und Bewährung einer Technik in der Praxis.[104] Der Stand der Technik bezeichnet vor diesem Hintergrund das obere Ende des technisch Möglichen aber praktisch Bewährten zu einem bestimmten Zeitpunkt.[105]

Weil es sich um ein dynamisches Konzept[106] handelt, folgt aus dem Gesagten für die Praxis, dass von der Beachtung (noch praktizierter) nationaler oder internationaler Normen (bspw. ISO 27001) nicht ohne weiteres auf die Einhaltung des Stands der Technik i.S.d. Art. 25 Abs. 1 geschlossen werden kann.[107] Der Verantwortliche muss sich laufend vergewissern, dass die ergriffenen Maßnahmen (noch) dem jeweils aktuellen Stand der Technik entsprechen und dabei Leitlinien von Aufsichtsbehörden oder Orientierungshilfen von Fachverbänden berücksichtigen.[108] Mit Blick auf Privacy by Design-Techniken sind auch insoweit die Papiere der Europäischen Agentur für Netz- und Informationssicherheit (ENISA) relevant.[109] Aus Sicht der Rechtsanwender wäre auch die Schaffung eines unionsweiten, sachverständig administrierten Repositoriums zum jeweils aktuellen Stand der Technik wünschenswert.[110] **46**

b) Implementierungskosten. Einigkeit besteht in der Kommentarliteratur weitgehend dahin, dass Implementierungskosten dem insoweit klaren Wortlaut[111] folgend nur initial entstehende, nicht aber auch laufende Betriebs- und Folgekosten erfassen können.[112] Um eine unzulässige Doppelbewertung innerhalb der im Rahmen von Art. 25 Abs. 1 anzustellenden Abwägung zu vermeiden, wird man hinsichtlich der Höhe der Kosten zunächst einen eher objektiven Maßstab ansetzen müssen,[113] bei dem die Bewertung der individuellen wirtschaftlichen Leistungsfähigkeit des Verantwortlichen (erst) Faktor der insgesamt anzustellenden Verhältnismäßigkeitsprüfung ist und sachgerecht ins Verhältnis zu den übrigen Kriterien gesetzt werden kann. An diesem Punkt erscheint es dann durchaus legitim, größeren Konzernen, deren Kerngeschäft die automatisierte Datenverarbeitung darstellt, unter Berücksichtigung des Umfangs und der Risiken der Datenverarbeitung sowie des Stands der Technik gegebenenfalls höhere Implementierungskosten abzuverlangen.[114] **47**

---

104 *Michaelis* DuD 2016, 458, 459.
105 *Seibel* NJW 2013, 3000, 3003.
106 *Bieker/Hansen* DuD 2017, 285, 287.
107 Sydow-*Mantz* Art. 25 Rn. 38.
108 Ehmann/Selmayr-*Baumgartner* Art. 25 Rn. 11.
109 Privacy and Data Protection by Design – from policy to engineering (2014), Dokument abrufbar unter: https://www.enisa.europa.eu/publications/privacy-and-data-protection-by-design Privacy by design in big data – An overview of privacy enhancing technologies in the era of big data analytics (2015), Dokument abrufbar unter: https://www.enisa.europa.eu/publications/big-data-protection, Readiness Analysis for the Adoption and Evolution of Privacy Enhancing Technologies (2016), Dokument abrufbar unter: https:// www.enisa.europa.eu/publications/pets.
110 *Bieker/Hansen* RDV 2017, 165, 166.
111 In anderen Sprachfassungen heißt es beispielsweise „cost of implementation", „des coûts de mise en œuvre", „el coste de la aplicación".
112 Paal/Pauly-*Martini* Art. 25 Rn. 41, 56; Kühling/Buchner-*Hartung* Art. 25 Rn. 22 (Fn. 15); Sydow-*Mantz* Art. 25 Rn. 45; a.A. Gola-*Nolte/Werkmeister* Art. 25 Rn. 23 (Fn. 58).
113 Offen bei Sydow-*Mantz* Art. 25 Rn. 46.
114 Im Ergebnis ebenso Sydow-*Mantz* Art. 25 Rn. 46.

48 **c) Verarbeitungsmodus, Zweck und Risikoanalyse.** Ein nach Art. 25 Abs. 1 im Rahmen der Abwägung zu berücksichtigender Faktor ist weiter die Eintrittswahrscheinlichkeit und Schwere der mit der Verarbeitung verbundenen Risiken für die Rechte und Freiheiten natürlicher Personen. Damit klingt der risikobasierte Ansatz an, der auch in Art. 24, 32 und 35 sowie ErwG 4 zum Ausdruck kommt.[115]

49 Mögliche Risiken für die Rechte und Freiheiten natürlicher Personen adressiert ErwG 75 über einen breit gefächerten Abwägungskatalog,[116] der grundsätzlich potentielle Schädigungen physischer, materieller oder immaterieller Art erfasst.

50 Unter anderem werden dort Diskriminierung, Identitätsdiebstahl oder -betrug, Rufschädigung, der Verlust der Vertraulichkeit der von dem Berufsgeheimnis unterliegenden personenbezogenen Daten, die unbefugte Aufhebung der Pseudonymisierung sowie der Umstand, dass betroffene Personen daran gehindert werden, die sie betreffenden personenbezogenen Daten zu kontrollieren, genannt.

51 Weitere Beispiele betreffen besonders sensible personenbezogene Daten (vgl. auch Art. 9, 10). In diesem Zusammenhang genannt werden auch die Arbeitsleistung, wirtschaftliche Lage, Gesundheit, persönliche Vorlieben oder Interessen, die Zuverlässigkeit oder das Verhalten, der Aufenthaltsort oder Ortswechsel, wenn Analysen, Prognosen oder eine Profilbildung (vgl. auch Art. 22) damit verbunden sind. Abschließend adressiert wird die Situation, dass personenbezogene Daten schutzbedürftiger natürlicher Personen, insbesondere Daten von Kindern, verarbeitet werden (vgl. auch Art. 8) oder dass die Verarbeitung eine große Menge personenbezogener Daten und eine große Anzahl von betroffenen Personen betrifft.[117]

52 Nach ErwG 76 sollten Eintrittswahrscheinlichkeit und Schwere des Risikos in Bezug auf die Art, den Umfang, die Umstände und die Zwecke der Verarbeitung bestimmt werden. Art, Umfang, Umstände und die Zwecke der Verarbeitung sind also die Bezugsgrößen, um die Eintrittswahrscheinlichkeit und die Schwere der Risiken bestimmen zu können.[118] Es gilt ein objektiver Maßstab für die Risikoanalyse,[119] der über die Kategorien „geringe Eintrittswahrscheinlichkeit", „mittlere Eintrittswahrscheinlichkeit" und „hohe Eintrittswahrscheinlichkeit" sowie „geringes Risiko", „mittleres Risiko" und „hohes Risiko" abgebildet und anschließend in einer Risikomatrix dargestellt werden kann. Innerhalb dieser Risikomatrix ist der für die Verarbeitung Verantwortliche selbst ein Faktor: Da Art und Umfang der Daten, der Modus ihrer Verarbeitung und die potentielle Schadenshöhe in einer Wechselbeziehung stehen, kann der Verantwortliche selbst gestaltend auf das Risiko einwirken, indem er beispielsweise sein System, das personenbezogene Daten ohne hinreichende Authentifizierungsverfahren (hohes Risiko), durch ein System mit einem wirksamen Zugriffsschutz (Verwendung sicherer Passwörter) ersetzt.

---

115 Überblick bei *Falker* Risikomanagement unter der Datenschutz-Grundverordnung, DSRITB 2017, 29. Grundlegend bereits *Veil* ZD 2015, 347 ff. Zur Problematik auch: *Bieker* DuD 2018, 27 f.

116 Vgl. dazu *Härting* Datenschutz-Grundverordnung, Rn. 129 ff.

117 ErwG 75.

118 Paal/Pauly-*Martini* Art. 24 Rn. 26.

119 ErwG 76 S. 2.

Solange (auch) für die Risikoanalyse im Sinne des Art. 25 Abs. 1 zertifizierte Verfahren und Leitlinien des Europäischen Datenschutzausschusses im Sinne des Art. 70 Abs. 1 lit. d fehlen, wird man sich an Methodik und den Modellen der ENISA,[120] des BSI[121] und des im Auftrag der Datenschutzkonferenz entwickelten Standard-Datenschutzmodells (SDM)[122] orientieren können.[123] **53**

Hilfreich sind ferner das in der Literatur[124] entwickelte LINDDUN-Modell[125] sowie Papiere der französischen Aufsichtsbehörde für Informatik und Freiheiten (CNIL), der Aufsichtsbehörde des Vereinigten Königreichs ICO, sowie der spanischen AGPD, die zum Teil mehrteilige Dossiers mit „Good Practices" erarbeitet haben.[126] **54**

Eine Risikoanalyse ist auch Bestandteil der im Rahmen der Mindestanforderungen einer Datenschutz-Folgenabschätzung zu dokumentierenden Aspekte (Art. 35 Abs. 7 lit. c). Daher können die im Rahmen des Art. 35 entwickelten Ansätze fruchtbar gemacht werden. [127] Sachgerecht erscheint vor diesem Hintergrund, als die Schwere des Risikos potentiell mitbestimmenden Faktor den Umstand zu bewerten, dass neue Technologien bzw. Verarbeitungsmethoden[128] zum Einsatz gelangen, was ausweislich der Wertung in ErwG 89 ein hohes Risiko für die Rechte und Freiheiten natürlicher Personen bedingen kann. **55**

---

120 ENISA, Privacy and Data Protection by Design (2014), S. 12, 13.

121 BSI-Standard 200-3, Risikoanalyse auf der Basis von IT-Grundschutz, Final Draft (6.10.2017), S. 21 ff. abrufbar unter: https://www.bsi.bund.de/SharedDocs/Downloads/DE/BSI/Grundschutz/Kompendium/standard_200_3.html. BSI-Standard 200-3 mit Bezügen zu ISO/IEC 31000, Riskmanagement – Principles and guidelines, ISO/TC 262, 2009 und ISO/IEC 27005, Security techniques – Information security risk management, ISO/IEC JTC 1/SC 27, 2011.

122 Dazu: *Rost* Organisationen grundrechtskonform mit dem Standard-Datenschutzmodell gestalten, in: Sowa, IT-Prüfung, Sicherheitsaudit und Datenschutzmodell, neue Ansätze für dio IT Revision, S. 23–56

123 SDM S. 39–40.

124 *Deng/Wuyts/Scandariato/Preneel/Joosen* A privacy threat analysis framework: supporting the elicitation and fulfillment of privacy requirements, Requirements Engineering 2011, S. 3–32, Dokument abrufbar unter: https://www.esat.kuleuven.be/cosic/publications/article-1412.pdf.

125 Das LINDDUN Modell leitet seinen Namen aus der Bezeichnung der Bedrohungskategorien (threat categories) der „Linkability, Identifiability, Non-repudiation, Detectability, Disclosure of information, Unawareness und Non-compliance ab. Einzelheiten abrufbar unter: https://linddun.org/linddun.php.

126 CNIL (Commission Nationale de l'Informatique et des Libertés) Measures for the Privacy Risk Treatment, 2015. Dokumente abrufbar unter: https://www.cnil.fr/fr/node/15798; ICO (Information Commissioner's Office); Conducting privacy impact assessments code of practice. Version 1.0; 2014. Dokument abrufbar unter: https://ico.org.uk/for-organisations/guide-to-data-protection/privacy-by-design/. Guía para una Evaluación de Impacto en la Protección de Datos Personales (EIPD), Agencia española de protección de datos (AGPD), 2014. Dokument abrufbar: https://www.agpd.es/portalwebAGPD/canaldocumentacion/publicaciones/common/Guias/Guia_EIPD.pdf. Zu diesen Texten auch *Wichtermann* DuD 2016, 797.

127 Die Datenschutzfolgenabschätzung ist eine besondere Ausprägung des Privacy by Design-Prinzips, *Schmitz/von Dall'Armi* ZD 2017, 57.

128 Bspw. Autonomik, Big Data, Machine Learning und Cloud Computing.

56 Diese Wertung klingt auch in den Leitlinien des im April 2017 zur Diskussion gestellten und jüngst überarbeiteten Arbeitspapiers 248[129] der Art.-29-Datenschutzgruppe zur Risikobewertung im Rahmen der Folgenabschätzung nach Art. 35 an. Die dort näher ausgeführten Kriterien zur Risikobeurteilung sind (den Vorgaben aus Art. 35 Rechnung tragend) auf die Ermittlung des Vorliegens eines hohen Risikos zugeschnitten, sind aber auch für die Prüfung im Rahmen des Art. 25 verwertbar. Nach der Leitlinie gilt es als je wahrscheinlicher, desto mehr der aufgelisteten zehn Kriterien vorliegen. Als Faustregel soll gelten, dass eine Folgenabschätzung bei Erfüllung von zwei oder mehr Kriterien durchgeführt werden muss. Die Kriterien sind: (1) Scoring, Profiling, Evaluation, z.B. Einschätzung der Kreditwürdigkeit, Behavioral Marketing etc., (2) automatisierte Einzelfallentscheidungen, (3) systematische Überwachung, (4) Verarbeitung sensibler Daten, (5) umfangreiche Datenverarbeitungen (bezogen auf die Anzahl betroffener Personen und Datenkategorien, die Dauer der Verarbeitung, die geographische Ausdehnung), (6) das Zusammenführen oder Abgleichen von Datenbeständen, wenn Betroffene nicht damit rechnen können, (7) die Verarbeitung von Daten besonders schutzbedürftiger Personen, (8) Neuartigkeit von Verarbeitungsvorgängen, Verwendung neuer Technologien (bspw. Fingerabdrucksensoren oder Gesichtserkennung), (9) Verarbeitungen, die es betroffenen Personen erschweren, ihre Rechte auszuüben oder eine Leistung in Anspruch zu nehmen, z.B. die Beurteilung der Kreditwürdigkeit durch eine Bank vor der Vergabe eines Darlehens.[130]

57 **8. Bewertung der Angemessenheit.** Mit Blick auf das Abwägungsergebnis der Verhältnismäßigkeitsprüfung (Angemessenheit) und die Auswahl der konkreten Maßnahme (Entscheidungs- und Gestaltungsspielraum) wird dem Verantwortlichen in Art. 25 Abs. 1 einerseits ein erheblicher Spielraum zugestanden.[131] Insoweit lassen sich die für TOMs i.S.d. § 9 BDSG a.F. angestellten Überlegungen übertragen, wonach nicht „mit Kanonen auf Spatzen geschossen werden muss".[132] Andererseits handelt es sich nicht um einen freien, d.h. aufsichts- bzw. gerichtsfesten Beurteilungsspielraum, sondern konzeptionell um eine Ermessensentscheidung.[133]

Beispielhaft folgt daraus einerseits, dass sich der Verantwortliche vor dem Hintergrund der Kosten für die Implementierung gegen eine optimale bzw. effektivere Maßnahme entscheiden kann, wenn deren Kosten unangemessen hoch wären, andererseits der Schutz der Betroffenen aber auch mit den ausgewählten Maßnahmen (noch) erfüllt werden kann.[134] Darüber hinaus reicht es nicht, wenn der Verantwortliche anlässlich der Auswahlentscheidung hinsichtlich einer künftig einzusetzenden Soft-

---

129 Guidelines on Data Protection Impact Assessment (DPIA) and determining whether processing is "likely to result in a high risk" for the purposes of Regulation 2016/679, wp248rev.01.pdf, Fassung vom 4.10.2017, abrufbar unter: http://ec.europa.eu/newsroom/just/item-detail.cfm?item_id=50083.

130 WP 248rev.01, Fassung vom 4.10.2017, S. 10/11. Dort finden sich auch Beispielszenarien mit Bewertung auf Grundlage dieser Kriterien (S. 11 ff.).

131 Ehmann/Selmayr-*Baumgartner* Art. 25, Rn. 10; *Laue/Nink/Kremer* Das neue Datenschutzrecht in der betrieblichen Praxis, § 7 Rn. 14. Kritisch dazu *Koops/Leenes* International Review of Law, Computers & Technology 28 (2), S. 159–171, 163.

132 *Gola/Schomerus* § 9 BDSG Rn. 7–9.

133 Sydow-*Mantz* Art. 25 Rn. 36.

134 Vor dem Hintergrund der Verhältnismäßigkeitsprüfung im Rahmen von § 9 BDSG a.F.: Simitis-*Ernestus* Anlage zu § 9 Abs. 1 BDSG Rn. 23.

ware, (nur) die Produkte verschiedener Hersteller vergleicht und sich, wenn auf dem Markt keine datenschutzfreundliche Technik existiert, ohne weiteres für die Anschaffung einer (marktüblichen, aber nicht pbd-konformen Lösung) entscheidet.[135] Die Etablierung im Markt ist, wie oben gezeigt wurde, gerade nicht ausschließlich bestimmendes Merkmal des Stands der Technik.[136] Damit wäre ein Faktor innerhalb der Verhältnismäßigkeitsprüfung schon tatbestandlich falsch ermittelt und die Entscheidung insgesamt ermessensfehlerhaft (Ermessensfehlgebrauch). Im Rahmen der Ausübung seines Entscheidungs- und Gestaltungsermessens hätte der Verantwortliche in diesem Fall vielmehr auch bewerten müssen, ob eine (wirtschaftlich vertretbare) Anpassung der Software möglich gewesen wäre.

III. Art. 25 Abs. 2 „Privacy by Default"

1. Ratio und Anwendungsbereich. In Art. 25 Abs. 2 werden die auch in Abs. 1 zu Tage tretenden Prinzipien nutzerseitiger Kontrolle und Transparenz abermals technisch adressiert, und noch einen Schritt weitergehend, speziell hinsichtlich ihrer jeweiligen Standardeinstellung auf Datenschutzfreundlichkeit vorprogrammiert.[137] Damit wird erstens dem Umstand Rechnung getragen, dass es (auch unter dem Aspekt der Datensicherheit) einen Unterschied macht, ob Daten nur nicht verwendet oder gar nicht erst erhoben werden.[138] Zweitens haben Studien gezeigt, dass Nutzer vom System vorgegebene Einstellungen üblicherweise beibehalten (sog. **status quo bias**),[139] was gerade im Rahmen der Profileinstellungen bei Sozialen Netzwerken, auf die die Vorschrift in erster Linie zugeschnitten ist, eine wichtige Rolle spielt.[140] In den Anwendungsbereich der Norm fallen daneben aber nicht nur Online-Portale, Online-Shops, Webseiten und Apps, über die personenbezogene Daten erhoben werden, sondern auch Betriebssysteme für Computer, Tablets, Smartphones sowie die Steuerungssoftware von Wearables, Drohnen oder „smarten" Kraftfahrzeuge.[141] **58**

Im Lichte des Art. 11 GRCh und des auch in Art. 85 zum Ausdruck gelangenden Medienprivilegs wird man vom Anwendungsbereich solche Dienste ausklammern müssen, deren vornehmlicher Zweck gerade die Verbreitung öffentlich zugänglicher Informationen an ein nicht näher bestimmtes (disperses) Publikum ist. Das sind z.B. Blogs sowie mit einer Kommentarfunktion ausgestaltete Webseiten.[142] **59**

2. Adressaten und erforderliche Maßnahmen. Adressat der Regelung ist (wie auch bei Abs. 1) der für die Verarbeitung personenbezogener Daten Verantwortliche und **60**

---

135 So aber wohl Kühling/Buchner-*Hartung* Art. 25 Rn 13.

136 Zutreffend Sydow-*Mantz* Art. 25 Rn. 38.

137 Abs. 1 und 2 der Norm stehen teilweise im Verhältnis der Spezialität dem Datenschutz durch datenschutzfreundliche Voreinstellungen (Abs. 2) ist eine Sonderform der Technikgestaltung (Abs. 1). Die Voreinstellungen im Sinne des Absatzes 2 stehen aber nicht unter dem Verhältnismäßigkeitsvorbehalt des Abs. 1, d.h. für diese Maßnahmen sind insbesondere nicht die Faktoren der Implementierungskosten und der mit der Verarbeitung verbundenen Risiken zu berücksichtigen.

138 Wybitul-*Hanßen* EU Datenschutz-Grundverordnung, S. 396.

139 Schantz/Wolff-*Wolff* Das neue Datenschutzrecht, Rn. 838.

140 Vgl. dazu *Art.-29-Datenschutzgruppe* Stellungnahme 5/2009 zur Nutzung sozialer Online-Netzwerke, WP 163.

141 Wybitul-*Hanßen* EU-Datenschutz-Grundverordnung, S. 397.

142 Kühling/Buchner-*Hartung* Art. 25, Rn. 26; *Roßnagel/Nebel/Richter* ZD 2015, 455, 459.

nicht der Hersteller.[143] Daraus folgt, dass das in der Literatur bisweilen als Anwendungsfall für Privacy by Default i.S.d. Art. 25 Abs. 2 geführte Beispiel im Zusammenhang mit den Standardeinstellungen eines Web-Browsers unglücklich gewählt ist. Der Browser-Hersteller, der die standardmäßige Voreinstellung „Cookies grds. nicht akzeptieren" implementieren könnte, ist nicht der für die Verarbeitung personenbezogener Daten Verantwortliche i.S.d. DS-GVO und dem Grundsatz von Privacy by Default mithin nicht (unmittelbar) verpflichtet.[144]

61 Nach Art. 25 Abs. 2 S. 1 hat der Verantwortliche geeignete TOMs zu ergreifen, um sicherzustellen, dass durch Voreinstellungen grundsätzlich nur personenbezogene Daten, deren Verarbeitung für den jeweiligen bestimmten Verarbeitungszweck erforderlich ist, verarbeitet werden. Ausgangspunkt ist demnach der datenschutzrechtliche Zweckbindungs- und Erforderlichkeitsgrundsatz (Art. 5 Abs. 1 lit. b und c). Nur diejenigen Datenarten, die für die jeweils konkret festgelegten Verarbeitungszwecke (Art. 30 Abs. 1 lit. b) erforderlich sind, sollen erhoben werden. Mit dem in Art. 25 Abs. 2 S. 1 so nur in der deutschen Sprachfassung auftauchenden Adjektiv „grundsätzlich" könnte eine Einschränkung verbunden sein. Wie ein Vergleich mit anderen Sprachfassungen[145] zeigt, lassen sich damit Ausnahmen aber nicht begründen.[146]

62 Art. 25 Abs. 2 S. 2 konkretisiert weiter dahingehend, dass sich die Erforderlichkeit auf die Menge der erhobenen personenbezogenen Daten, den Umfang ihrer Verarbeitung, ihre Speicherfrist und ihre Zugänglichkeit bezieht. Der Umfang bezeichnet dabei (in Abgrenzung zur reinen Menge der Daten) die Tiefe der Verarbeitung, beispielsweise durch Erstellung von Persönlichkeitsprofilen.[147] Da der Verantwortliche den Verarbeitungszweck festlegt, entscheidet er zugleich über den Umfang der dafür erforderlichen Daten.[148] Die Speicherfrist für personenbezogene Daten muss nach ErwG 39 auf das unbedingt erforderliche Mindestmaß beschränkt bleiben. Im Zuge dessen hat der Verantwortliche Fristen für ihre Löschung vorzusehen (sog. Löschkonzept).

63 Unzulässig nach Art. 25 Abs. 2 S. 1 und 2 wäre die ohne gesonderte Einwilligung des Betroffenen erfolgende Weitergabe der bei ihm gespeicherten Adressdaten im Rahmen des Anmeldeverfahrens für ein soziales Netzwerk ebenso wie eine diesbezügliche Einwilligung, welche durch ein standardmäßig angekreuztes Kästchen erklärt worden ist.[149]

64 Nach Art. 25 Abs. 2 S. 3 müssen die Maßnahmen insbesondere sicherstellen, dass personenbezogene Daten durch Voreinstellungen nicht ohne Eingreifen der (betroffenen) Person einer unbestimmten Zahl von natürlichen Personen zugänglich gemacht werden. S. 3 adressiert erkennbar Social-Media-Plattformen wie bspw. Facebook, die

---

143 Für die Hersteller gilt mit Blick auf ErwG 78 das oben Gesagte.

144 Zutreffend bei Knyrim-*Hötzendorfer* Praxishandbuch zur DS-GVO, S. 146. Weitere Beispiele bei Sydow-*Mantz* Art. 25 Rn. 65.

145 Die engl. Sprachfassung des Art. 25 Abs. 2 S. 1 lautet: „The controller shall implement appropriate technical and organisational measures for ensuring that, by default, only personal data which are necessary for each specific purpose of the processing are processed."

146 *Bieker/Hansen* RDV 2017, 165, 167.

147 Paal/Pauly-*Martini* Art. 25, Rn. 50.

148 *Roßnagel/Richter/Nebel* ZD 2013, 103, 105.

149 Vgl. auch ErwG 32.

danach Nutzerprofile in der Ausgangskonfiguration (Default-Zustand) nicht öffentlich, sondern nur im kleinstmöglichen Empfängerkreis anzeigen dürfen. Wünscht der Nutzer (betroffene Person) gleichwohl, dass sein Profil einer größeren oder gar unbestimmten Zahl von natürlichen Personen (öffentlich) zugänglich gemacht werden soll, so muss er dies ausdrücklich erklären, in dem er die Einstellungen entsprechend aktiv ändert (**opt-in**).

Dem Umstand, dass in der deutschen Sprachfassung in diesem Zusammenhang statt von „betroffener Person" lediglich von „Person" die Rede ist,[150] kommt, wie ein Vergleich mit der französischen Sprachfassung nahe legt,[151] keine Bedeutung zu.[152] **65**

IV. Art. 25 Abs. 3, Nachweis der Erfüllung

Gemäß Art. 25 Abs. 3 kann ein genehmigtes Zertifizierungsverfahren nach Art. 42 als „Faktor" herangezogen werden, um die Erfüllung der in den Art. 25 Abs. 1 und 2 genannten Anforderungen nachzuweisen. Wie sich aus dem Wortlaut ergibt („kann [...] als Faktor herangezogen werden"), besteht kein Automatismus dergestalt, dass mit einer erfolgreichen Zertifizierung die Fiktion der Rechtmäßigkeit des in Frage stehenden Verarbeitungsprozesses verbunden wäre.[153] **66**

Will man dem vom Verordnungsgeber gegenüber der alten Rechtslage deutlich gestärkten Steuerungskonzept regulierter Selbstregulierung[154] gebührend Rechnung tragen, wird man der mit einem Zertifizierungsverfahren verbundenen Indizwirkung gleichwohl erhebliches Gewicht zusprechen müssen. **67**

In Art. 25 Abs. 3 nicht ausdrücklich genannt, jedoch nach Art. 40 Abs. 1, 2 lit h auch für die Beurteilung von Maßnahmen und Verfahren im Rahmen von Privacy by Design und Privacy by Default ein potentiell geeignetes Instrumentarium können Verhaltensregeln im Sinne des Art. 40 sein.[155] Verhaltensregeln müssen von Wirtschaftsverbänden und anderen Vereinigungen ausgearbeitet und durch die zuständige Aufsichtsbehörde gem. Art. 40 Abs. 5 genehmigt worden sein. **68**

Gegen die Anerkennung genehmigter Verhaltensregeln als berücksichtigungsfähiger Faktor im Rahmen des Art. 25 Abs. 3 könnte sprechen, dass der Verordnungsgeber diese an anderer Stelle (Art. 24 Abs. 3, Art. 32 Abs. 3) ausdrücklich einbezieht.[156] Solchen Verhaltensregeln bei Art. 25, gerade auch mit Blick auf dessen hohen Abstraktionsgrad und der damit einhergehenden Rechtsunsicherheit keine Signifikanz beizumessen, erschiene rechtsstaatlich jedoch bedenklich.[157] **69**

---

150 Darauf weist *Piltz* K&R 2016, 709, 711, hin.

151 In der französischen Fassung ist in Abs. 1 von „personne concernée" einerseits und in Abs. 2 von „personne physique concernée" andererseits die Rede.

152 Im Ergebnis ebenso: Knyrim-*Hötzendorfer* Praxishandbuch zur DS-GVO, S. 146.

153 Ehmann/Selmayr-*Baumgartner* Art. 25 Rn. 19; Kühling/Buchner-*Hartung* Art. 25 Rn. 30 (Fn. 15); a.A. wohl Wybitul-*Hanßen* EU-Datenschutz-Grundverordnung, S. 398.

154 *Hornung/Hartl* ZD 2014, 219, 220.

155 So auch *Albrecht/Jotzo* Das neue Datenschutzrecht der EU, S. 92; Wybitul-*Hanßen* EU-Datenschutz-Grundverordnung, S. 399; *Baumgartner/Gausling* ZD 2017, 308, 313.

156 Paal/Pauly-*Martini* Art. 25 Rn. 53.

157 Im Ergebnis ebenso: *Mantz*, der im Fall von genehmigten Verhaltensregeln von einer Selbstbindung der Verwaltung ausgeht, Sydow-*Mantz* Art. 25 Rn. 73.

V. Sanktionen und Rechtsfolgen

70 **1. Bußgeld.** Die Verletzung von Vorgaben des Art. 25 ist gemäß Art. 83 Abs. 4 lit. a mit bis zu 10 000 000 EUR bzw. bis zu 2 % des gesamten im vorausgegangenen Jahr durch das Unternehmen weltweit erzielten Jahresumsatzes bußgeldbewehrt. Wegen der zahlreichen Querbezüge der Norm zu anderen Vorschriften der DS-GVO ist auch der höhere Bußgeldrahmen (bis zu 20 000 000 EUR bzw. bis zu 4 % des gesamten im vorausgegangenen Jahr durch das Unternehmen weltweit erzielten Jahresumsatzes, Art. 83 Abs. 5 lit. a denkbar, etwa weil den Vorgaben der Transparenz, Art. 5 Abs. 1 lit. a, bzw. der Datenminimierung, Art. 5 Abs. 1 lit. c nicht Rechnung getragen wurde. Wie Art. 83 Abs. 2 lit. d zeigt, können bei der Höhe und dem Grad der Verantwortung des Verantwortlichen die (gleichwohl) getroffenen (übrigen) technisch organisatorischen Maßnahmen berücksichtigt werden. Das in Art. 25 (auch) verankerte Gebot der Datenminimierung wird damit gegenüber der noch bis zum 24.5.2018 geltenden Rechtslage (vgl. § 3a BDSG a.F.) ganz erheblich aufgewertet.

71 Auch wenn es praktisch die Ausnahme sein wird, ist die mit den Pflichten in der Planungsphase ausgelöste Vorfeldwirkung des Art. 25 Abs. 1 der Sache nach bereits vor Eintritt in die Verarbeitungsphase sanktionierbar.[158] Im Regelfall wird die Aufsichtsbehörde von dem unter Missachtung der Vorgaben des Art. 25 Abs. 1 geplanten System aber erst im Stadium der Verarbeitung Kenntnis haben. Im Rahmen der Bemessung des Bußgelds wird es dann aber eine Rolle spielen, wenn der Verantwortliche nicht nachweisen kann, dass er schon zum Zeitpunkt der Festlegung der Mittel Überlegungen hinsichtlich der zu ergreifenden TOMs angestellt hat.[159]

72 Der Verantwortliche, der sich wegen der Verletzung von Pflichten aus Art. 25 aufsichtsrechtlichen Maßnahme (Art. 58) gegenüber sieht, kann gegen einen entsprechenden Beschluss der Aufsichtsbehörde gerichtlich vorgehen (Art. 78 Abs. 1).

73 **2. Schadensersatz.** Nach Art. 82 Abs. 1 hat jede Person, der wegen eines Verstoßes gegen die Verordnung ein materieller oder immaterieller Schaden entstanden ist, Anspruch auf Schadenersatz gegen den Verantwortlichen. Art. 82 Abs. 2 konkretisiert dies weiter dahingehend, dass es sich um Schäden handeln muss, die durch eine nicht der Verordnung entsprechende Verarbeitung verursacht wurden. Soweit es eine Datenverarbeitung also zum Zeitpunkt der Festlegung der Mittel noch nicht gibt, ist für den Schadensersatzanspruch (mangels Schaden) kein Raum.[160] Ist jedoch (später) ein Schaden eingetreten und gelingt dem Verantwortlichen der Nachweis nach Art. 82 Abs. 3 (schuldhaftes Verhalten des Verantwortlichen wird vermutet) nicht, ist ein Schadensersatzanspruch denkbar.[161]

74 **3. Vertragsgestaltung.** Eine konsequente Umsetzung von **Privacy by Design** hat ferner Auswirkungen auf die Vertragsgestaltung. Soweit Hersteller dem Verantwortlichen Systeme zur Datenverarbeitung anbieten, mit denen jene (Verantwortliche) die Erfüllung ihrer Pflichten zur Technikgestaltung i.S.d. Art. 25 (betroffenen Dritten

---

158 A.A. Kühling/Buchner-*Hartung* Art. 25 Rn. 23 mit Hinweis auf Art. 1 Abs. 1, welcher die Anwendbarkeit der DS-GVO vor Verarbeitung personenbezogener Daten ausschließe, Rn. 23.
159 Sydow-*Mantz* Art. 25 Rn. 35.
160 Gola-*Nolte/Werkmeister* Art. 25 Rn. 33.
161 Sydow-*Mantz* Art. 25 Rn. 77.

gegenüber) tatsächlich nicht nachkommen können, dies aber (im Verhältnis Hersteller – Verantwortlicher) ausdrücklich geschuldet war, stehen Schadensersatzansprüche (Mängelgewährleistungsrecht) im Raum.

C. Praxishinweise

I. Leitlinien und Orientierungshilfen

Während sich übergreifende Ansätze für Methoden zur Operationalisierung von Privacy by Design und Privacy by Default im Wesentlichen auf die oben bereits dargestellten Papiere der ENISA[162] beschränken, existiert Anwendungsszenarien-spezifisch eine ganze Reihe von Empfehlungen, Leitlinien und Orientierungshilfen, in denen die Grundsätze von Privacy by Design und Privacy by Default näher konkretisiert und damit operationalisierbarer werden. Das gilt beispielsweise für die Bereiche smart/connected Car,[163](smarte) Videoüberwachung,[164] Smart TV,[165] Apps,[166] oder soziale Netzwerke.[167] **75**

---

162 Europäische Agentur für Netz- und Informationssicherheit (ENISA) Dezember 2014 Empfehlungen für „Privacy by Design", Dokument abrufbar unter: https://www.enisa.europa.eu/publications/privacy-and-data-protection-by-design und 2015, „Privacy by design in big data", Dokument abrufbar unter: https://www.enisa.europa.eu/publications/big-data-protection.

163 In Hongkong hat die Internationale Datenschutzkonferenz Ende September 2017 Vorgaben zum Datenschutz für autonomes und vernetztes Fahren in einer Entschließung zusammengefasst: 39th International Conference of Data Protection and Privacy Commissioners, Hong Kong, 25–29 September 2017, Resolution on Data Protection in Automated and Connected Vehicles, Dokument abrufbar unter: https://icdppc.org/wp-content/uploads/2015/02/Resolution-on-data-protection-in-automated-and-connected-vehicles-.pdf.
Schon zuvor (1.6.2017) hatte die BfDI datenschutzrechtliche Empfehlungen zum automatisierten und vernetzten Fahren kommuniziert (13 Punkte-Plan). Das Dokument ist abrufbar unter: https://www.bfdi.bund.de/SharedDocs/Publikationen/Allgemein/DatenschutzrechtlicheEmpfehlungenVernetztesAuto.html;jsessionid=BBBDCACE7C370CB2AFC615670FDC874B.1_cid319?nn=5217154
Vgl. zur Thematik auch die Gemeinsame Erklärung der Konferenz der unabhängigen Datenschutzbehörden des Bundes und der Länder und des Verbandes der Automobilindustrie (VDA) vom 26.1.2016, abrufbar unter: https://www.vda.de/de/themen/innovation-und-technik/vernetzung/gemeinsame-erklaerung-vda-und-datenschutzbehoerden-2016.html.

164 Dazu *Rose* Smart World – Smart Law?, DSRITB 2016, S. 75 ff.

165 Gemeinsame Position der Aufsichtsbehörden für den Datenschutz im nichtöffentlichen Bereich (*Düsseldorfer Kreis*) und die Datenschutzbeauftragten der öffentlich-rechtlichen Rundfunkanstalten, „Smartes Fernsehen nur mit smartem Datenschutz", 2014. Vgl. dazu auch *Vogel* K&R 2017, 441 ff. *Keber* RDV 2013, 235 ff.

166 *Düsseldorfer Kreis* Orientierungshilfe Datenschutzanforderungen an App-Entwickler und App-Anbieter, 16.6.2014, zu den datenschutzfreundlichen Voreinstellungen: S. 26, abrufbar unter: https://www.datenschutz-bayern.de/technik/orient/OH_Apps.pdf. Vgl. ferner: European Data Protection Supervisor, "Guidelines on the protection of personal data processed by mobile applications provided by European Union institutions", November 2016, Dokument abrufbar unter: https://edps.europa.eu/sites/edp/files/publication/16-11-07_guidelines_mobile_apps_en.pdf; BMJV, „Verbraucherfreundliche Best-Practice bei Apps, Orientierungshilfe für die Praxis", Februar 2017, Dokument abrufbar unter: http://www.bmjv.de/SharedDocs/Downloads/DE/StudienUntersuchungenFachbuecher/Apps_Best_Practise_StiWa_DE.pdf?__blob=publicationFile&v=1.

167 Orientierungshilfe „Soziale Netzwerke" der Konferenz der Datenschutzbeauftragten des Bundes und der Länder, Stand: 14.3.2013.

II. Relevanz für öffentliche und nichtöffentliche Stellen

76 Art. 25 adressiert allgemein den Verantwortlichen (Art. 4 Nr. 7) und damit zunächst sowohl öffentliche als auch nichtöffentliche Stellen. Besondere Vorgaben bestehen angesichts der Verarbeitung personenbezogener Daten von Behörden zum Zwecke der Verhütung, Ermittlung, Aufdeckung oder Verfolgung von Straftaten oder der Strafverfolgung einschließlich des Schutzes vor und der Abwehr von Gefahren für die öffentliche Sicherheit. In diesem Bereich gehen die Vorgaben der Richtlinie (EU) 2016/680 des Europäischen Parlaments und des Rates vom 27.4.2016 und des § 71 BDSG n.F. Rn. 1 vor.

77 Relevanz hat insoweit ferner ErwG 78, in dem es heißt, dass den Grundsätzen des Datenschutzes durch Technik und durch datenschutzfreundliche Voreinstellungen auch bei öffentlichen Ausschreibungen Rechnung getragen werden sollte.[168]

III. Relevanz für betroffene Personen

78 Hinsichtlich des Rechts auf Beschwerde bei einer Aufsichtsbehörde nach Art. 77 Abs. 1 bzw. dem Recht auf einen wirksamen gerichtlichen Rechtsbehelf nach Art. 79 Abs. 1 gegen den Verantwortlichen gelten die allgemeinen Grundsätze, wobei jedenfalls Rechtsbehelfe in direktem Zusammenhang mit den Vorgaben des Art. 25 Abs. 1 und – insbesondere soweit Maßnahmen im Vorfeld einer Verarbeitung betroffen sind – (mangels Kenntnis des Betroffenen) unwahrscheinlich sind. Auch angesichts einer „leichteren" Nachweisbarkeit ist die Ahndung von Verstößen gegen die Vorgaben des Art. 25 Abs. 2 wahrscheinlicher.[169]

IV. Relevanz für Aufsichtsbehörden

79 Für die Präzisierung stehen die Aufsichtsbehörden im Rahmen des Europäischen Datenschutzausschusses, wo Leitlinien und Empfehlungen für technische Standards gesetzt werden können (Art. 70 Abs. 1 lit. e),[170] letztlich (auch) in der Pflicht. Mit rechtsstaatlichen Prämissen jedenfalls schwer vereinbar wäre die Sanktionierung von Verstößen im Rahmen des Art. 25, ohne dass es vorab und spezifisch für Art. 25 entwickelte konkretisierende Vorgaben zur technisch-organisatorischen Umsetzung gegeben hätte. In diesem Fall sollte einem Bußgeld immer zuerst eine konkretisierende Anordnung der Aufsichtsbehörde vorausgehen.[171]

V. Relevanz für das Datenschutzmanagement

80 Unternehmen sehen sich angesichts der sehr abstrakt formulierten Pflichten und Abwägungskriterien im Rahmen des Art. 25 einem schwer kalkulierbaren Sanktionsrisiko gegenüber. Diese Problematik ist allerdings nicht gänzlich neu, sondern bestand für das Datensicherheitsmanagement schon nach alter Rechtslage, wo konkrete Vor-

---

168 Im Vorschlag des Parlaments war dies noch im operativen Teil der Verordnung in Art. 23 Abs. 1 lit. a vorgesehen.

169 Dazu Schantz/Wolff-*Wolff* Das neue Datenschutzrecht, Rn. 840.

170 *Abrecht/Jotzo* Das neue Datenschutzrecht der EU, S. 92. Im Katalog des Art. 70 Abs. 1 wird Art. 25 nicht ausdrücklich erwähnt, allerdings ist die Aufzählung dort nicht abschließend („insbesondere").

171 Paal/Pauly-*Martini* Art. 25 Rn. 5.

gaben über die Anlage zu § 9 S. 1 BDSG a.F. hinaus fehlten.[172] An den vor dem Hintergrund von § 3a und 9 BDSG a.F. entwickelten (auch softwaretechnischen) Lösungen lässt sich für die Erfüllung der Pflichten aus Art. 25 zumindest anknüpfen.[173] Bei der Umsetzung von Privacy by Design und Privacy by Default hilfreich ist ein strukturiertes Datensicherheitsmanagement-System mit entsprechendem IT- und Sicherheitskonzept, das die technisch-organisatorische Gestaltung des Datenverarbeitungssystems sowie die Maßnahmen dokumentiert, mit denen die Erreichung der Schutzziele des Art. 25 sichergestellt werden sollen. Über eine systematische Abfrage müssen sodann die Gefahren für die Schutzziele abgefragt und (in Ansehung sich wandelnder Umstände gegebenenfalls neu) bewertet werden (Risikoanalyse). Zu dokumentieren sind weiter Art, Umfang, Umstände sowie die Zwecke der Datenverarbeitung. Das System kann schließlich dadurch beim Nachweis der Angemessenheit der getroffenen TOMs helfen, als auch dokumentiert wird, welche Technologien zum Zeitpunkt der Einführung verfügbar waren (Stand der Technik) und mit welchen Implementierungskosten sie jeweils verbunden sind.[173]

Artikel 26 Gemeinsam für die Verarbeitung Verantwortliche

(1) [1]Legen zwei oder mehr Verantwortliche gemeinsam die Zwecke der und die Mittel zur Verarbeitung fest, so sind sie gemeinsam Verantwortliche. [2]Sie legen in einer Vereinbarung in transparenter Form fest, wer von ihnen welche Verpflichtung gemäß dieser Verordnung erfüllt, insbesondere was die Wahrnehmung der Rechte der betroffenen Person angeht, und wer welchen Informationspflichten gemäß den Artikeln 13 und 14 nachkommt, sofern und soweit die jeweiligen Aufgaben der Verantwortlichen nicht durch Rechtsvorschriften der Union oder der Mitgliedstaaten, denen die Verantwortlichen unterliegen, festgelegt sind. [3]In der Vereinbarung kann eine Anlaufstelle für die betroffenen Personen angegeben werden.

(2) [1]Die Vereinbarung gemäß Absatz 1 muss die jeweiligen tatsächlichen Funktionen und Beziehungen der gemeinsam Verantwortlichen gegenüber betroffenen Personen gebührend widerspiegeln. [2]Das Wesentliche der Vereinbarung wird der betroffenen Person zur Verfügung gestellt.

(3) Ungeachtet der Einzelheiten der Vereinbarung gemäß Absatz 1 kann die betroffene Person ihre Rechte im Rahmen dieser Verordnung bei und gegenüber jedem einzelnen der Verantwortlichen geltend machen.

– *ErwG: 79*

Übersicht

172 Zu Datenschutzmanagementsystem im Rahmen des § 9 BDSG a.F. eingehend BeckOK DatenSR-*Karg* § 9 BDSG Rn. 82 ff.

173 *Laue/Nink/Kremer* Das neue Datenschutzrecht in der betrieblichen Praxis, S. 220.

Literatur: *Dovas* Joint Controllership – Möglichkeiten oder Risiken der Datennutzung? Regelung der gemeinsamen datenschutzrechtlichen Verantwortlichkeit in der DS-GVO, ZD 2016, 512; *Ehmann/Selmayr* Datenschutz-Grundverordnung, 2017; *Gola* Datenschutz-Grundverordnung, 2017; *Gola/Piltz* Die Datenschutz-Haftung nach geltendem und zukünftigem Recht – ein vergleichender Ausblick auf Art. 77 DS-GVO, RDV 2015, 269; *Kühling/Buchner* Datenschutz-Grundverordnung, 2017; *Lachenmann* Datenübermittlung im Konzern, 2016; *Laue/Nink/Kremer* Das neue Datenschutzrecht in der betrieblichen Praxis, 2016; *Marosi* Mehrstufige Anbieterverhältnisse im Datenschutz: letzte Station Unionsrecht? Zugleich Kommentar zu BVerwG, Beschl. v. 25.2.2016 – 1 C 28.14, K&R 2016, 437; *Monreal* „Der für die Verarbeitung Verantwortliche“ – das unbekannte Wesen des deutschen Datenschutzrechts. Mögliche Konsequenzen aus einem deutschen Missverständnis, ZD 2014, 611; *Paal/Pauly* Datenschutz-Grundverordnung, 2. Aufl. 2018; *Petri* Datenschutzrechtliche Verantwortlichkeit im Internet – Überblick und Bewertung der aktuellen Rechtsprechung, ZD 2015, 103; *Plath* BDSG/DSGVO, Kommentar zum BDSG und zur DSGVO sowie den Datenschutzbestimmungen von TMG und TKG, 2. Auflage 2016; *Sydow* Europäische Datenschutzgrundverordnung, 2017.

A. Einordnung und Hintergrund

I. Normzweck

Über Art. 26 sollen bei gemeinsam für die Verarbeitung Verantwortlichen (zum Begriff Rn. 11) deren jeweilige Verantwortlichkeiten, Haftung und die sich daraus ergebenden Pflichten transparent und strukturiert ausgestaltet werden, um so die Rechte und Freiheiten der betroffenen Personen auch bei der gemeinsamen Verarbeitung personenbezogener Daten zu schützen.[1] **1**

II. Erwägungsgründe

ErwG 79 legt fest, dass es ebenso wie bei einer Auftragsverarbeitung (zur Abgrenzung Rn. 22) auch bei einer gemeinsam mit anderen Verantwortlichen erfolgenden Verarbeitung einer „klaren Zuteilung der Verantwortlichkeiten" und von deren Haftung durch die DS-GVO bedarf. Über den Wortlaut von Art. 26 Abs. 1 hinaus stellt ErwG 79 klar, dass dies neben der Wahrung der Rechte und Freiheiten der betroffenen Personen (Rn. 44) auch der Absicherung von „Überwachungs- und sonstigen Maßnahmen von Aufsichtsbehörden" i.S.d. Art. 58 gegenüber gemeinsam Verantwortlichen dient. **2**

III. BDSG n.F.

§ 63 BDSG bezieht sich nicht auf die DS-GVO, sondern dient der Umsetzung der Richtlinie (EU) 2016/680[2] in nationales Recht. Abs. 1 S. 2 erlaubt über eine fakultative Öffnungsklausel, die Gestaltungsfreiheit gemeinsamer Verantwortlicher in der von diesen nach Abs. 1 S. 2 zwingend abzuschließenden Vereinbarung (Rn. 37) zu beschränken.[3] Zudem greifen alle nationalen Regelungsbefugnisse für Rechte und Pflichten der Verantwortlichen auch für gemeinsam Verantwortliche, insbesondere auch für die nach Art. 23 zulässigen Beschränkungen der Rechte und Pflichten aus Art. 12 ff.[4] (zu Beschränkungen aus dem nationalen Recht für die nach Abs. 2 S. 2 abzuschließende Vereinbarung Rn. 37). Denn ungeachtet der gemeinsamen Entscheidung über Zwecke und Mittel der Verarbeitung bleibt jeder gemeinsam Verantwortliche i.S.d. Art. 26 auch ein Verantwortlicher nach Art. 4 Nr. 7 (dazu Art. 4 Rn. 116). **3**

IV. Normengenese und -umfeld

1. DSRL. Art. 2 lit. d DSRL enthielt eine zu Art. 4 Nr. 7 wortgleiche Begriffsbestimmung für den (gemeinsam) Verantwortlichen. Eine zu Art. 26 vergleichbare Regelung gab es jedoch nicht. **4**

2. BDSG a.F. Die Begriffsbestimmung des Verantwortlichen in § 3 Abs. 7 BDSG a.F. war bereits vor der DSRL entstanden und kannte keine gemeinsam Verantwortli- **5**

1 Kühling/Buchner-*Hartung* Art. 26 Rn. 10; Sydow-*Ingold* Art. 26 Rn. 1.
2 Richtlinie (EU) 2016/680 des Europäischen Parlaments und des Rates vom 27.4.2016 zum Schutz natürlicher Personen bei der Verarbeitung personenbezogener Daten durch die zuständigen Behörden zum Zwecke der Verhütung, Ermittlung, Aufdeckung oder Verfolgung von Straftaten oder der Strafvollstreckung sowie zum freien Datenverkehr und zur Aufhebung des Rahmenbeschlusses 2008/977/JI des Rates.
3 Kühling/Buchner-*Hartung* Art. 26 Rn. 23; Paal/Pauly-*Martini* Art. 26 Rn. 26.
4 Paal/Pauly-*Martini* Art. 26 Rn. 40.

chen.[5] Eine Anpassung an Art. 2 lit. d DSRL nach dessen Inkrafttreten ist im BDSG a.F. nicht erfolgt.

6 **3. Änderungen im Gesetzgebungsverfahren.** Der Kommissionsentwurf vom 25.1.2012[6] für Art. 26, im Gesetzgebungsverfahren noch als Art. 24 geführt, beschränkte sich auf eine zum heutigen Abs. 1 S. 2 inhaltsgleiche Regelung (dazu Rn. 31).

7 Der Parlamentsentwurf vom 12.3.2014[7] ergänzte dann als Satz 2 eine zum heutigen Abs. 2 inhaltsgleiche Regelung (dazu Rn. 36 ff.). Zugleich wollte das Parlament durch die Ergänzung einer gesamtschuldnerischen Haftung der gemeinsam Verantwortlichen bei „unklaren Verantwortlichkeiten" die Überlegungen der Art.-29-Datenschutzgruppe zur Haftung gemeinsam Verantwortlicher[8] in der DS-GVO festschreiben. Der Satz wurde jedoch wieder gestrichen, die Haftung mehrerer Verantwortlicher oder Auftragsverarbeiter ist nunmehr im heutigen Art. 82 Abs. 4 geregelt (dazu Art. 82 Rn. 28 f.).

8 Die die Begriffsbestimmung in Art. 4 Nr. 7 aufnehmende Definition des gemeinsam Verantwortlichen in Abs. 1 S. 1 (dazu Rn. 11) fand mit dem Ratsentwurf vom 11.6.2015[9] Eingang in die DS-GVO, ebenso der damals noch als Abs. 2 vorgesehene heutige Abs. 3 (dazu Rn. 43 ff.). Die heute in Abs. 1 S. 3 vorgesehene optionale Festlegung einer Anlaufstelle für die betroffene Person (dazu Rn. 40 ff.) ist ebenfalls vom Rat ergänzt worden, damals noch als Pflicht zur Festlegung einer solchen Anlaufstelle. Die vom Parlament als S. 2 vorgenommene Ergänzung des heutigen Abs. 2 wurde vom Rat in Abs. 3 überführt und um eine in der heutigen DS-GVO wieder gestrichene Ausnahmeklausel von den Transparenzpflichten ergänzt.

9 **4. Working Paper der Art.-29-Datenschutzgruppe.** In der noch zur DSRL (Rn. 4) ergangenen Stellungnahme 1/2010 zu den Begriffen „für die Verarbeitung Verantwortlicher" und „Auftragsverarbeiter" (WP 169)[10] hat die Art.-29-Datenschutzgruppe ausführlich auch zu gemeinsam für die Verarbeitung Verantwortlichen Stellung genommen. Im WP 169 stellt die Art.-29-Datenschutzgruppe klar, dass die gemeinsame Entscheidung über Zwecke und Mittel der Verarbeitung i.S.d. Art. 2 lit. d DSRL (heutiger Art. 4 Nr. 7, Rn. 8) keine Gleichrangigkeit der gemeinsam Verantwortlichen bedinge; vielmehr sei der Begriff „gemeinsam" im Sinne eines „zusammen mit" oder „nicht allein" auszulegen. Die Erstellung einer geschlossenen „Liste oder Kategorisierung der verschiedenen Formen der gemeinsamen Kontrolle" sei hiernach „nicht möglich", sodass für die Bewertung der gemeinsamen Verantwortlichkeit ein „sachbezogener funktioneller Ansatz" zu verfolgen sei.[11] Ausreichend sei insoweit für eine gemeinsame Verantwortlichkeit, wenn die gemeinsame Entscheidung sich entweder auf den Zweck oder auf wesentliche Elemente der Mittel beziehe.[12]

5 Kühling/Buchner-*Hartung* Art. 26 Rn. 3.
6 Entwurf der Kommission 2012/0011 (COD), S. 63.
7 Interinstitutionelles Dossier des Rats vom 27.03.2014, 2012/0011 (COD); 7427/1/14, REV 1.
8 *Art.-29-Datenschutzgruppe* WP 169, S. 30; kritisch dazu *Lachenmann* Datenübermittlung im Konzern, S. 321.
9 Ratsdokument Nr. 9565/15, S. 109.
10 WP 169, abrufbar unter: http://ec.europa.eu/justice/policies/privacy/docs/wpdocs/2010/wp169_de.pdf.
11 *Art.-29-Datenschutzgruppe* WP 169, S. 22.
12 *Art.-29-Datenschutzgruppe* WP 169, S. 23.

In den Leitlinien für die Bestimmung der federführenden Aufsichtsbehörde eines Verantwortlichen oder Auftragsverarbeiters vom 5.4.2017 (WP 244)[13] hat die Art.-29-Datenschutzgruppe auch zur Bestimmung der federführenden Aufsichtsbehörde i.S.v. Art. 56 (dazu Art. 56 Rn. 13) bei gemeinsamen Verantwortlichen Stellung genommen. Da die DS-GVO hierzu keine Regelung enthalte, sollten die gemeinsam Verantwortlichen in der von Ihnen nach Abs. 1 S. 2 abzuschließenden Vereinbarung (Rn. 31) festlegen, welche entscheidungsbefugte Niederlassung eines der gemeinsam Verantwortlichen als Hauptniederlassung i.S.v. Art. 4 Nr. 16 zu betrachten sei (zum Begriff Art. 4 Rn. 225 ff.) mit der Folge, dass die für diese (fiktive) Hauptniederlassung zuständige Aufsichtsbehörde die federführende Aufsichtsbehörde i.S.v. Art. 56 werde (dazu Rn. 20 ff.).[14] **10**

B. Kommentierung

I. Gemeinsame Verantwortlichkeit

1. Gemeinsam Verantwortliche, Abs. 1 S. 1. – a) Begriffsbestimmung. Art. 26 trägt die Überschrift „gemeinsam für die Verarbeitung Verantwortliche", in Abs. 1 S. 1 wird der „gemeinsam Verantwortliche" definiert. Beide Begriffe sind gleichbedeutend und können alternativ genutzt werden. **11**

b) Vorhandensein mehrerer Verantwortlicher. Eine gemeinsame Verantwortlichkeit bedingt, dass zwei oder mehr Verantwortliche i.S.v. Art. 4 Nr. 7 (zum Begriff Art. 4 Rn. 98) gemeinsam personenbezogene Daten verarbeiten (dazu Rn. 13 ff.). Jeder Verantwortliche unterliegt dabei vollumfänglich auch wegen der gemeinsamen Verarbeitungen den sich aus der DS-GVO ergebenden Rechten und Pflichten.[15] Ist einer der Verarbeiter kein Verantwortlicher, weil er als Auftragsverarbeiter i.S.d. Art. 28 tätig wird (zur Abgrenzung Rn. 22 ff.) oder sein Handeln außerhalb des sachlichen oder räumlichen Anwendungsbereichs der DS-GVO nach Art. 2, 3 liegt, scheidet auch eine gemeinsame Verantwortlichkeit aus. **12**

c) Gemeinsame Entscheidungen über Zwecke und Mittel. Art. 4 Nr. 7 verlangt eine gemeinsame Entscheidung mit anderen über die Zwecke und Mittel der Verarbeitung personenbezogener Daten (zu den Begriffen Zwecke und Mittel Art. 4 Rn. 121). Demgegenüber definiert Abs. 1 S. 1 gemeinsam Verantwortliche als diejenigen, die gemeinsam die Zwecke und Mittel der Verarbeitung festlegen. Die Begriffe „festlegen" und „entscheiden" sind gleichbedeutend, wie der Vergleich mit der englischen Sprachfassung zeigt, die jeweils von „jointly determine" spricht. **13**

Was „gemeinsam" meint, legt die DS-GVO nicht fest. Mit dem Abstellen auf die Entscheidung über Zwecke und Mittel der Verarbeitung macht die DS-GVO ebenso wie zuvor Art. 2 lit. d DSRL (Rn. 4) deutlich, dass jeder der gemeinsam Verantwortlichen einen steuernden und kontrollierenden Einfluss auf die gemeinsamen Verarbeitungen nehmen können muss.[16] **14**

---

13 WP 244, abrufbar unter https://www.datenschutz-hamburg.de/uploads/media/wp244rev01_de.pdf.

14 *Art.-29-Datenschutzgruppe* WP 244, S. 8 f.

15 Ebenso *Art.-29-Datenschutzgruppe* WP 169, S. 27.

16 Ebenso *OVG Schleswig-Holstein* Urt. v. 4.9.2014 – 4 LB20/13, Rn. 80, ZD 2014, 643 m. Anm. *Werkmeister/Schröder*.

15 Das bloße Mitwirken an oder mitursächlich sein für eine Verarbeitung reicht demgegenüber nicht aus, weil es am gemeinsam steuernden Element beim Handelnden fehlt.[17] Dies gilt ebenso, wenn personenbezogene Daten offengelegt werden, ohne dass vorher eine gemeinsame Entscheidung über Zwecke und Mittel getroffen wurde.[18] In den letztgenannten Fällen agiert jeder Verantwortliche allein i.S.v. Art. 4 Nr. 7.

16 Der steuernde und kontrollierende Einfluss jedes gemeinsam Verantwortlichen verlangt keine Gleichrangigkeit; es genügt jedes „zusammen miteinander"[19], bei dem die gemeinsam Verantwortlichen über Zwecke und Mittel der gemeinsamen Verarbeitungen übereinkommen.[20] Ist dies geschehen und in einer Vereinbarung nach Abs. 1 S. 2 festgelegt (Rn. 31), sind fortwährend gemeinsame Entscheidungen nicht länger erforderlich.[21]

17 Für eine gemeinsame Verantwortlichkeit genügt es, wenn der steuernde Einfluss jedes gemeinsam Verantwortlichen (Rn. 11) sich entweder auf den Zweck oder die wesentlichen Mittel der gemeinsamen Verarbeitung erstreckt.[22] Würde eine Steuerung aller Verarbeitungen durch jeden gemeinsam Verantwortlichen nach Zweck und Mitteln verlangt,[23] bedingte dies eine vollständige Kontrolle der Verarbeitung durch jeden gemeinsam Verantwortlichen. Der Anwendungsbereich von Art. 26 wäre dann auf gleichrangig agierende Akteure beschränkt, statt alle Formen des „zusammen miteinander" (Rn. 16) zu erfassen. Die Vielgestaltigkeit der gemeinsamen Verarbeitung im Tatsächlichen[24] bliebe bei einer solchen Auslegung unberücksichtigt.

18 Beschließen mehrere Verantwortliche die Errichtung einer gemeinsamen Infrastruktur für die Erreichung unterschiedlicher Zwecke, handelt es sich um gemeinsam Verantwortliche.[25] Dies kann insbesondere bei Unternehmensgruppen i.S.v. Art. 4 Nr. 19 (dazu Art. 4 Rn. 248 ff.) in Konzernen der Fall sein. Die in der Praxis vielfach anzutreffenden Verträge zur Auftragsverarbeitung sind hierfür meist ungeeignet (Praxishinweis Rn. 50 f.).

19 Anders ist dies, wenn ein Verantwortlicher für seine Verarbeitungen die von einem anderen Verantwortlichen bereitgestellte Plattform nutzt, ohne auf diese als Mittel der Verarbeitung einen steuernden Einfluss (Rn. 51) nehmen zu können, etwa bei der Nutzung fremder Social Media Dienste wie Facebook oder Cloud Services für eigene Angebote. Allein durch den Abschluss eines nicht mit Weisungsrechten versehenen Vertrags (dann läge ggf. eine Auftragsverarbeitung i.S.v. Art. 28 vor, Rn. 24) mit dem Plattform-Betreiber, der dem Verantwortlichen nur die Entscheidung über Nutzen oder Nicht-Nutzen gewährt, erlangt der Verantwortliche keinen steuernden Einfluss im Sinne eines „Miteinander" (Rn. 16) über die vom Plattform-Betreiber als Verantwortlichem für des-

17 Paal/Pauly-*Martini* Art. 26 Rn. 19.
18 *Art.-29-Datenschutzgruppe* WP 169, 24; *Laue/Nink/Kremer* § 1 Rn. 56.
19 *Art.-29-Datenschutzgruppe* WP 169, S. 22.
20 Kooperative Determinierung nennt dies Paal/Pauly-*Martini* Art. 26 Rn. 21.
21 Beispiele bei *Art.-29-Datenschutzgruppe* WP 169, S. 23 ff.
22 *Art.-29-Datenschutzgruppe* WP 169, S. 23.
23 So Gola-*Piltz* Art. 26 Rn. 3; Plath-*Plath* Art. 26 Rn. 4; Sydow-*Ingold* Art. 26 Rn. 4; wohl auch *Dovas* ZD 2016, 512, 514 f.
24 *Art.-29-Datenschutzgruppe* WP 169, S. 23, S. 25; Kühling/Buchner-*Hartung* Art. 26 Rn. 13.
25 *Art.-29-Datemschutzgruppe* WP 169, 24.

sen Verarbeitungen festgelegten Zwecke und Mittel. Diese kann der Plattform-Betreiber tatsächlich jederzeit ändern. Damit sind beide für die von Ihnen durchgeführten Verarbeitungen jeweils allein Verantwortliche, jedoch keine gemeinsam Verantwortlichen.[26] Hierüber wird in absehbarer Zeit der EuGH entscheiden.[27]

Ausreichend für gemeinsame Verantwortliche ist weiterhin, wenn sich deren steuernder Einfluss nicht auf jeden Verarbeitungsschritt (Mikroebene) erstreckt, sondern erst übergeordnet für eine Verarbeitungstätigkeit (Makroebene) oberhalb der einzelnen Verarbeitungsschritte ergibt.[28] Die gemeinsame Verarbeitung und mithin die gemeinsame Verantwortlichkeit i.S.d. Abs. 1 S. 1 bezieht sich damit nicht zwingend auf jede einzelne Verarbeitung i.S.d. Art. 4 Nr. 2 (dazu Art. 4 Rn. 34 ff.), sondern liegt schon bei einer gemeinsamen Verarbeitungstätigkeit i.S.v. Art. 30 als Abfolge mehrerer einzelner Verarbeitungen[29] vor, die nicht zwingend jeweils gemeinsam erfolgen oder entschieden werden müssen.[30] **20**

Einer gemeinsamen Verantwortlichkeit steht nicht entgegen, dass ggf. nicht jeder gemeinsam Verantwortliche alle Rechte und Pflichten aus der DS-GVO erfüllen kann, obwohl seine Rolle als Verantwortlicher ihn zur verordnungskonformen Verarbeitung personenbezogener Daten verpflichtet (Rn. 12). Ausreichend ist es, wenn der gemeinsam Verantwortliche sich zur Erfüllung seiner Rechte und Pflichten eines der anderen gemeinsam Verantwortlichen bedienen kann.[31] Die DS-GVO verlangt insoweit nicht die unmittelbare Erfüllung durch den Verantwortlichen selbst. An der vollumfänglichen Haftung des gemeinsam Verantwortlichen (Rn. 46) bei etwaigen Zuwiderhandlungen gegen die DS-GVO ändert diese Pflichtendelegation im Außenverhältnis jedoch nichts. **21**

II. Abgrenzung zur Auftragsverarbeitung (Art. 28)

Merkmal zur Abgrenzung zwischen gemeinsam Verantwortlichen i.S.v. Abs. 1 S. 1 (Rn. 11 ff.) und Auftragsverarbeitung i.S.v. Art. 28 ist die Weisungsgebundenheit der Beteiligten im Verhältnis zueinander. Während bei gemeinsam Verantwortlichen jeder beteiligte Verantwortliche einen steuernden und kontrollierenden Einfluss auf Zwecke oder wesentliche Mittel der Verarbeitungen nimmt (Rn. 13 ff.), legt bei der Auftragsverarbeitung der Verantwortliche allein Zwecke und Mittel der Verarbeitung fest und gibt dem Auftragsverarbeiter weisungsgebunden die von ihm vorzunehmen- **22**

---

26 Ebenso *Petri* ZD 2015, 103, 105; für gemeinsame Verantwortlichkeit Generalanwalt beim *EuGH* Schlussanträge v. 24.10.2017, C-210/16, abrufbar unter http://curia.europa.eu/juris/document/document.jsf?text=&docid=195902; für alleinige Verantwortlichkeit des Plattform-Betreibers *BVerwG* Beschl. v. 25.2.2016 – 1 C 28/14 Rn. 24 ff.; *OVG Schleswig-Holstein* Urt. v. 4.9.2014 – 4 LB20/13, Rn. 77 ff. ZD 2014, 643 m. Anm. *Werkmeister/Schröder*, dazu *Petri* ZD 2015, 103, 105.

27 Verfahren wird beim *EuGH* unter dem Aktenzeichen C-210/16 geführt auf ein Vorabentscheidungsersuchen des *BVerwG* Beschl. v. 25.2.2016 – 1 C 28/14 m. Anm. *Petri* ZD 2016, 398; dazu *Marosi* K&R 2016, 389.

28 So formuliert von *Art.-29-Datenschutzgruppe* WP 169, S. 25.

29 Ausführlich Kühling/Buchner-*Hartung* Art. 30 Rn. 15.

30 *Art.-29-Datenschutzgruppe* WP 169, S. 25; Kühling/Buchner-*Hartung* Art. 26 Rn. 13; *Monreal* ZD 2014, 611, 612.

31 *Art.-29-Datenschutzgruppe* WP 169, S. 27.

den Verarbeitungen vor[32] (zur Weisungsgebundenheit Art. 29 Rn. 6, Rn. 10). Mithin fehlt es dem Auftragsverarbeiter am steuernden oder kontrollierenden Einfluss auf die Verarbeitung, welche für gemeinsam Verantwortliche nach Abs. 1 S. 1 kennzeichnend ist.

23 Fehlt es im Zusammenwirken mehrerer Beteiligter sowohl am gemeinsamen steuernden und kontrollierenden Einfluss als auch an der Weisungsgebundenheit, ist jeder Beteiligte allein Verantwortlicher i.S.v. Art. 4 Nr. 7 (dazu Art. 4 Rn. 116 ff.). Der Weisungsgebundenheit des Auftragsverarbeiters steht es jedoch nicht entgegen, dass der Verantwortliche ihm ggf. einen Entscheidungsspielraum bezogen auf einzelne Mittel der Verarbeitung und deren Auswahl oder Konfiguration einräumt, solange sich der Auftragsverarbeiter wegen der Verarbeitung personenbezogener Daten mit den von ihm ausgewählten technischen oder organisatorischen Mitteln uneingeschränkt der Weisungen des Verantwortlichen unterwirft (ausführlich Art. 28 Rn. 38). Die Grenze zur eigenen Verantwortlichkeit des Auftragsverarbeiters wird jedoch überschritten, wenn dieser wesentliche Entscheidungen etwa über den Zugang zu personenbezogenen Daten, deren Aufbewahrung oder gar die Verarbeitung zu eigenen Zwecken trifft.[33]

24 Möglich ist eine Auftragsverarbeitung mit gemeinsamen Verantwortlichen als Auftraggebern. Nicht erforderlich ist hierfür, dass der Auftrag i.S.v. Art. 28 Abs. 1 (dazu Art. 28 Rn. 81 ff.) durch alle gemeinsam Verantwortlichen erteilt wird. Es genügt, wenn einer der gemeinsam Verantwortlichen i.S.v. Abs. 1 S. 1 den Auftrag erteilt und den Vertrag oder das andere Rechtsinstrument i.S.v. Art. 28 Abs. 3 (dazu Art. 28 Rn. 85 ff.) im Verhältnis zu diesem Verantwortlichen besteht. Die Weisungsgebundenheit des Auftragsverarbeiters auch gegenüber den anderen gemeinsam Verantwortlichen ist dann entweder in diesem Vertrag festzulegen oder in der Vereinbarung i.S.v. Abs. 1 S. 2 (Rn. 31) festzuhalten, dass Weisungen der anderen gemeinsam Verantwortlichen an den Auftragsverarbeiter durch den vertragshaltenden Verantwortlichen auszuführen sind, sofern das Weisungsrecht nicht in der Vereinbarung vollständig an einen gemeinsam Verantwortlichen delegiert wird. Anderenfalls fehlt es wegen der vom Auftragsverarbeiter für die Verarbeitung eingesetzten Mittel am kontrollierenden und steuernden Einfluss der anderen gemeinsam Verantwortlichen.

III. Offenlegung personenbezogener Daten zwischen gemeinsam Verantwortlichen

25 Art. 26 trifft keine Aussage darüber, ob die Offenlegung (zum Begriff Art. 4 Rn. 146 ff.) der gemeinsam verarbeiteten personenbezogenen Daten im Verhältnis der gemeinsam Verantwortlichen zueinander einer Rechtfertigung bedarf. Denn auch die gegenseitige Kenntniserlangung personenbezogener Daten anderer gemeinsam Verantwortlicher ist eine Verarbeitung i.S.d. Art. 4 Nr. 2 (dazu Art. 28 Rn. 57).

26 Gemeinhin wird deshalb vertreten, dass die zwischen gemeinsam Verantwortlichen erfolgende Offenlegung zu ihrer Rechtmäßigkeit einer Erlaubnis aus Art. 6, Art. 9, Art. 10 bedarf.[34] Ebenso wie bei der Auftragsverarbeitung (dazu Art. 28 Rn. 59) stellt sich jedoch die Frage, ob bei gemeinsam Verantwortlichen nicht von einer Privilegie-

32 Ebenso Kühling/Buchner-*Hartung* Art. 26 Rn. 12.
33 Kühling/Buchner-*Hartung* Art. 28 Rn. 43.
34 U.a. Kühling/Buchner-*Hartung* Art. 26 Rn. 27; *Dovas* ZD 2016, 512, 515; *Monreal* ZD 2014, 611, 616.

rung der Offenlegung mit der Folge auszugehen ist, dass es einer Rechtfertigung i.S.d. Art. 6, Art. 9, Art. 10 hierfür nicht bedarf, vorausgesetzt, die Verarbeitung der für den jeweiligen Verantwortlichen relevanten personenbezogenen Daten ist jeweils für sich durch einen Erlaubnistatbestand gerechtfertigt.

Ein Verantwortlicher ist im Verhältnis zu einem anderen Verantwortlichen ein Dritter i.S.d. Art. 4 Nr. 10, da der andere Verantwortliche eben nicht „der Verantwortliche" ist, wie es Art. 4 Nr. 10 formuliert (zum Dritten ausführlich Art. 4 Rn. 152 ff.). Hieraus folgt die Erlaubnispflichtigkeit der Offenlegung personenbezogener Daten des einen selbstständig personenbezogene Daten verarbeitenden Verantwortlichen gegenüber dem anderen selbstständig ebenfalls personenbezogene Daten verarbeitenden Verantwortlichen.[35] **27**

Offen lässt Art. 4 Nr. 10 aber, ob der gemeinsam Verantwortliche ebenfalls eine „natürliche oder juristische Person [...] außer [...] dem Verantwortlichen", mithin ein Dritter ist. Dagegen spricht, dass es ausreichend ist, wenn übergeordnet für eine Verarbeitungstätigkeit (Rn. 20) die handelnden Verantwortlichen gemeinsam über Zwecke oder wesentliche Mittel entscheiden, sodass innerhalb einer gemeinsamen Verantwortlichkeit einzelne Verarbeitungen ausschließlich durch einen der gemeinsam Verantwortlichen erfolgen können, ohne dass dies einer gemeinsamen Verantwortlichkeit i.S.v. Abs. 1 S. 1 entgegensteht (Rn. 20). Diese Verklammerung der gemeinsam Verantwortlichen auf der Makroebene (Rn. 20) schließt aus, dass sie im Verhältnis zueinander Dritte i.S.v. Art. 4 Nr. 10 sind. Vielmehr handelt es sich bei jedem gemeinsam Verantwortlichen um einen Empfänger i.S.v. Art. 4 Nr. 9 (zum Empfänger ausführlich Art. 4 Rn. 139 ff.). **28**

Insbesondere aus der fehlenden Stellung des Auftragsverarbeiters als Dritter im Verhältnis zum Verantwortlichen ist abzuleiten, dass es für die Offenlegung personenbezogener Daten durch den Verantwortlichen gegenüber dem Auftragsverarbeiter keiner gesonderten Erlaubnis bedarf, sondern diese Offenlegung privilegiert ist, wenn es einen Vertrag oder ein anderes Rechtsinstrument gibt und damit den Anforderungen aus Art. 28 Abs. 3 entsprochen wird (zum Vertrag Art. 28 Rn. 85 ff., zur Privilegierung der Auftragsverarbeitung Art. 28 Rn. 52 ff.). Eines weitergehenden, besonderen Schutzes der betroffenen Personen vor der Offenlegung bedarf es in diesem Fall nicht (dazu Art. 4 Rn. 131). Ebenso ist es bei gemeinsam Verantwortlichen und der von diesen gemäß Abs. 1 S. 2 abzuschließenden Vereinbarung (dazu Rn. 31). **29**

Die Verarbeitung des einen gemeinsam Verantwortlichen ist Teil der Verarbeitung des anderen gemeinsam Verantwortlichen, weil gemeinsam mindestens über Zwecke oder Mittel der Verarbeitung entschieden wird (Rn. 13 ff.). Da hierbei jeder Verantwortliche weiterhin vollumfänglich für alle gemeinsamen Verarbeitungstätigkeiten den Anforderungen der DS-GVO unterfällt (Rn. 12) und zusätzlich durch die den betroffenen Personen in den wesentlichen Aussagen wegen Abs. 2 S. 2 (Rn. 42) zur Verfügung zu stellende Vereinbarung nach Abs. 1 S. 2 (Rn. 31) das Zusammenwirken und die Pflichtenteilung transparent festgelegt wird, bedarf es auch bei gemeinsamen Verantwortlichen keines besonderen Schutzes der betroffenen Personen durch eine Rechtfertigung für die Offenlegung der gemeinsam verarbeiteten personenbezogenen Daten. Diese ist dann ebenso privilegiert wie bei der Auftragsverarbeitung und gilt **30**

35 Kühling/Buchner-*Hartung* Art. 4 Nr. 10 Rn. 5.

unabhängig davon, ob bei Erhebung oder Erfassung der personenbezogenen Daten (zu den Begriffen Art. 4 Rn. 35) die gemeinsame Verantwortlichkeit bereits bestand oder nicht.[36]

IV. Vereinbarung zwischen gemeinsam Verantwortlichen

31 **1. Zwingende Vereinbarung, Abs. 1 S. 2.** Abs. 1 S. 2 verpflichtet die gemeinsam Verantwortlichen zum Abschluss einer Vereinbarung mit den sich aus Abs. 1 S. 2, Abs. 2 ergebenden Mindestinhalten (Rn. 36 ff.). Fehlt es an der Vereinbarung, bleiben die Beteiligten beim Vorliegen der Voraussetzungen gleichwohl gemeinsam Verantwortliche und müssen jeder für sich sämtliche sich aus der DS-GVO ergebenden Pflichten erfüllen.[37] Eine fehlende oder unvollständige Vereinbarung ist ein sanktionierter Verstoß gegen diese Pflichten (Rn. 47).

32 **2. Form der Vereinbarung und der zur Verfügung zu stellenden Inhalte.** Eine bestimmte Form sieht Art. 26 für die Vereinbarung nicht vor, sodass sie auch mündlich von den gemeinsam Verantwortlichen getroffen werden kann. Der mündliche Abschluss der Vereinbarung entbindet die gemeinsam Verantwortlichen jedoch nicht von der Pflicht aus Abs. 2 S. 2, das Wesentliche der Vereinbarung den betroffenen Personen zur Verfügung zu stellen.

33 Auch für Abs. 2 S. 2 legt Art. 26 keine bestimmte Form fest. Mit Blick auf die Informationspflicht aus Art. 13 Abs. 1 lit. a, c und e bzw. Art. 14 Abs. 1 lit. a, c und e, die sich mit der Pflicht aus Abs. 2 S. 2 überschneidet (dazu Art. 13 Rn. 34 ff. und Art. 14 Rn. 39 ff.), sowie dem mit Art. 26 bezweckten Schutz der betroffenen Personen (Rn. 1) erscheint ein flüchtiges zur Verfügung stellen als mit dem Wortlaut „zur Verfügung stellen“ nicht vereinbar. Vielmehr wird man Art. 12 Abs. 1 S. 2 entsprechend anwenden und Schriftlichkeit oder ein anderes, insbesondere elektronisches Format für Abs. 2 S. 2 verlangen müssen. Hierfür ist jedwede für die betroffene Person leicht zugängliche (dazu Art. 12 Rn. 28) Verkörperung des Erklärungsinhalts genügend (dazu Art. 27 Rn. 27).[38] Dieses Format sollte zu Nachweiszwecken deshalb auch für die Vereinbarung von den gemeinsam Verantwortlichen genutzt werden (Praxishinweis Rn. 52).

34 **3. Transparenz der Vereinbarung.** Nach Abs. 1 S. 2 ist die Vereinbarung in „transparenter Form“ festzulegen. Diese ist ebenso wie bei Art. 12 Abs. 1 S. 1 gegeben, wenn der Inhalt an sich erkennbar ist und wesentliche Aussagen nicht verschleiert werden (siehe Art. 4 Rn. 31). Einer weitergehenden, besonderen Verständlichkeit, Präzision sowie klaren und einfachen Sprache i.S.v. Art. 12 Abs. 1 S. 1 (dazu Art. 12 Rn. 24 f., 29) bedarf es nicht.[39] Hätte der Gesetzgeber dies gewollt, hätte er in Art. 12 Abs. 1 S. 1 einen Verweis auf Abs. 1 S. 2 oder Abs. 2 S. 2 aufnehmen können, was jedoch nicht geschehen ist.

---

36 A.A. *Lachenmann* Datenübermittlung im Konzern, zum BDSG a.F. S. 319 f.; zur DS-GVO S. 338.

37 Gola-*Piltz* Art. 26 Rn. 27; Kühling/Buchner-*Hartung* Art. 26 Rn. 20; Paal/Pauly-*Martini* Art. 26 Rn. 22.

38 Ebenso Paal/Pauly-*Martini* Art. 26 Rn. 34 f.; Gola-*Piltz* Art. 26 Rn. 21.

39 A.A. Kühling/Buchner-*Hartung* Art. 26 Rn. 20; Paal/Pauly-*Martini* Art. 26 Rn. 25.

4. Inhalte der Vereinbarung. Die Mindestinhalte der von allen gemeinsam Verantwortlichen zwingend (Rn. 31) abzuschließenden Vereinbarung ergeben sich aus Abs. 1 S. 2 und Abs. 2. Optional erlaubt Abs. 1 S. 3 die Festlegung einer Anlaufstelle für die betroffenen Personen.[40] Zum Praxishinweis Rn. 52 ff. 35

a) Festlegung der Verpflichtungen der gemeinsam Verantwortlichen, Abs. 2 S. 1. Abs. 1 S. 2 verlangt, dass die gemeinsam Verantwortlichen in der Vereinbarung selbstständig festlegen, wer von ihnen welche Verpflichtung gemäß der DS-GVO bezogen auf die gemeinsamen Verarbeitungen (Rn. 11 ff.) erfüllt. Nur exemplarisch aufgeführt von Abs. 2 S. 1 werden dabei die Pflichten im Zusammenhang mit der Wahrnehmung der Rechte der betroffenen Personen aus Art. 15 ff. und mit der Erfüllung der Informationspflichten aus Art. 13 und Art. 14. 36

Dieser Gestaltungsfreiheit der gemeinsam Verantwortlichen sind nach Abs. 1 S. 2 nur dort Grenzen gesetzt, wo die jeweiligen Aufgaben der Verantwortlichen nach Art oder Umfang durch Rechtsvorschriften der Union oder der Mitgliedstaaten festgelegt sind, denen der jeweilige Verantwortliche unterfällt. Derart zwingende Pflichtzuweisungen können durch eine Vereinbarung nach Abs. 1 S. 2 nicht außer Kraft gesetzt werden; derartige Versuche sind als Zuwiderhandlungen gegen die DS-GVO sanktionierbar (Rn. 47 f.). 37

b) Widerspiegeln der tatsächlichen Funktionen und Beziehungen, Abs. 2 S. 1. Abs. 2 S. 1 knüpft an die Vielgestaltigkeit der gemeinsamen Verantwortlichkeit an (Rn. 11 ff.) und verlangt, dass die Vereinbarung die jeweiligen tatsächlichen Funktionen und Beziehungen der gemeinsamen Verantwortlichen gegenüber betroffenen Personen gebührend widerspiegelt. Gebührend meint dabei eine der Verarbeitung angemessene Dokumentation, die der Anzahl der gemeinsam Verantwortlichen, der Komplexität der gemeinsamen Verarbeitung sowie den damit einhergehenden Risiken für die Rechte und Freiheiten der betroffenen Personen Rechnung trägt. Vollständigkeit ist insoweit nicht der von der Vereinbarung zu erreichende Maßstab. 38

Die Vereinbarung muss zu dem vorgenannten Zweck transparent machen (Rn. 34), welche Verantwortlichen in welchen Verarbeitungen oder Verarbeitungstätigkeiten (Rn. 36) beteiligt sind, sodann wer von den gemeinsam Verantwortlichen diese Verarbeitungen oder Verarbeitungstätigkeiten ausführt.[41] Schließlich dürfte festzuhalten sein, woraus sich die gemeinsame Verantwortlichkeit ergibt, welche Entscheidungen zu Zwecken und Mitteln der Verarbeitung (Rn. 13 ff.) also gemeinsam von den Verantwortlichen getroffen wurden. 39

c) Optionale Angabe einer Anlaufstelle, Abs. 1 S. 3, und Rechte betroffener Personen, Abs. 3. Gemäß Abs. 1 S. 3 können die gemeinsamen Verantwortlichen in der Vereinbarung optional eine Anlaufstelle für die betroffenen Personen angeben. Die Anlaufstelle kann einer der gemeinsam Verantwortlichen sein oder, wenn dieser nicht in einem Mitgliedstaat niedergelassen ist, sein Vertreter nach Art. 27.[42] Dem Vertreter 40

---

40 Checkliste zur Vereinbarung vom bitkom abrufbar unter https://www.bitkom.org/NP-Themen/NP-Vertrauen-Sicherheit/Datenschutz/EU-DSG/170515-Joint-Controllership-online.pdf.

41 Kühling/Buchner-*Hartung* Art. 26 Rn. 22.

42 Anders wohl Paal/Pauly-*Martini* Art. 26 Rn. 29.

kommt über Art. 27 Abs. 4 ohnehin die Funktion einer Anlaufstelle für betroffene Personen zu (dazu Art. 27 Rn. 46 ff.).

41 Die Aufgabe einer Anlaufstelle ist die eines Ansprechpartners. Gleich einem Empfangs- und Erklärungsboten steht der als Anlaufstelle fungierende gemeinsam Verantwortliche Rede und Antwort für den Verantwortlichen wegen aller die gemeinsame Verantwortlichkeit betreffenden Fragen betroffener Personen. Er kanalisiert und koordiniert damit die Kommunikation zwischen den gemeinsam Verantwortlichen auf der einen und den betroffenen Personen auf der anderen Seite, was insbesondere bei einer Vielzahl gemeinsam Verantwortlicher von Vorteil sein kann.[43] Eine Befugnis zu Erklärungen mit Wirkung für oder gegen alle gemeinsam Verantwortlichen ist damit ebenso wie beim Vertreter nach Art. 27 (dazu Art. 27 Rn. 51) nicht verbunden. Auch ergibt sich aus der Tätigkeit als Anlaufstelle keine Zustellungsbevollmächtigung in gerichtlichen Verfahren. Zur Geltendmachung von Rechten betroffener Personen Rn. 43 ff.

42 **5. Zur Verfügung stellen des Wesentlichen der Vereinbarung, Abs. 2 S. 2.** Gemäß Abs. 2 S. 2 wird das Wesentliche der Vereinbarung der betroffenen Person zur Verfügung gestellt. Für die Ermittlung des durch die DS-GVO nicht näher bestimmten Wesentlichen ist auf die Sicht der betroffenen Person abzustellen. Wesentlich ist demnach, was für die betroffene Person über die von Abs. 2 S. 2 unberührt bleibenden Informationspflichten gemäß Art. 13, Art. 14 hinaus für die Geltendmachung ihrer Rechte gegenüber den gemeinsam Verantwortlichen von Bedeutung ist.[44] Dies gilt insbesondere für die Festlegungen nach lit. a bis lit. g und o, soweit nicht bereits durch die Informationspflichten gemäß Art. 13, Art. 14 abgedeckt. Zur Form Rn. 32 ff.

V. Geltendmachung von Rechten betroffener Personen und Haftung, Abs. 3

43 Abs. 3 ermächtigt die betroffene Person, ungeachtet der in der Vereinbarung nach Abs. 1 S. 2 (Rn. 31) getroffenen Festlegungen ihre Rechte, bei und gegenüber jedem einzelnen der gemeinsam Verantwortlichen i.S.v. Abs. 1 S. 1 (Rn. 11) wegen der gemeinsamen Verarbeitung insgesamt geltend zu machen. Diese Berechtigung kann weder durch die Angabe einer Anlaufstelle i.S.v. Abs. 1 S. 3 (Rn. 40 f.)[45] noch durch das zur Verfügung stellen des Wesentlichen der Vereinbarung i.S.v. Abs. 2 S. 2 (Rn. 42) mit Festlegungen zur Pflichtenverteilung zwischen den gemeinsam Verantwortlichen unterlaufen werden. Abweichungen in der Vereinbarung wirken insoweit nur im Innenverhältnis der gemeinsam Verantwortlichen.

44 Ausweislich des Wortlauts können sich Aufsichtsbehörden nicht auf Abs. 3 berufen.[46] Gibt es in der Vereinbarung nach Abs. 1 S. 2 eine abweichende Festlegung bezogen auf die Pflichtenverteilung der gemeinsam Verantwortlichen gegenüber den Aufsichtsbehörden, etwa für die Durchführung der Datenschutz-Folgenabschätzung gemäß Art. 35 sowie die vorherige Konsultation gemäß Art. 36 (weitere denkbare Festlegungen Praxishinweis Rn. 52), sind diese für die Aufsichtsbehörde verbindlich. Dies wird durch ErwG 79 bestätigt, wonach die mit Art. 26 bezweckte klare Zuteilung von Verantwortlichkeiten auch bei gemeinsam Verantwortlichen (Rn. 1) auch mit Blick auf

43 Paal/Pauly-*Martini* Art. 26 Rn. 28.
44 Ähnlich Gola-*Piltz* Art. 26 Rn. 20; *Dovas* ZD 2016, 512, 515.
45 *Dovas* ZD 512, 515 f.; *Laue/Nink/Kremer* § 1 Rn. 61; Paal/Pauly-*Martini* Art. 26 Rn. 33.
46 Sydow-*Ingold* Art. 26 Rn. 10.

die „Überwachungs- und sonstigen Maßnahmen von Aufsichtsbehörden" gewollt ist (zu ErwG 79 Rn. 2).

Abs. 3 wirkt sich auch auf die Haftung der gemeinsam Verantwortlichen im Außenverhältnis aus. Bereits Art. 82 Abs. 2, 4 legen fest, dass bei einer Beteiligung mehrerer Verantwortlicher an derselben Verarbeitung jeder für den gesamten Schaden haftet, der durch eine nicht verordnungskonforme Verarbeitung verursacht wird (dazu Art. 82 Rn. 28, zum Regress im Innenverhältnis Art. 82 Abs. 5). Diese gesamtschuldnerische Haftung auf Schadensersatz wird durch Abs. 3 auf alle Ansprüche gegen die gemeinsam Verantwortlichen ausgedehnt.[47] Dies gilt insbesondere für Beschwerden und Klagen der betroffenen Person nach Art. 79 i.V.m. § 44 Abs. 1, Abs. 2 BDSG (dazu Art. 79). **45**

Macht die betroffene Person bei oder gegenüber einem nach der Pflichtenverteilung im Innenverhältnis unzuständigen gemeinsam Verantwortlichen ihre Rechte geltend, kann dieser die Erledigung im Innenverhältnis vollständig an den zuständigen gemeinsam Verantwortlichen übertragen,[48] bleibt jedoch für das verordnungskonforme Handeln des zuständigen gemeinsam Verantwortlichen vollumfänglich selbst im Außenverhältnis verantwortlich (Rn. 21). **46**

VI. Rechtsfolgen bei Missachtung

Ein Verstoß gegen Art. 26 liegt vor, wenn die Vereinbarung der gemeinsam Verantwortlichen nicht den Anforderungen aus Abs. 1 S. 2, Abs. 2 entspricht (Rn. 31 ff.), die sich daraus ergebenden Pflichten nicht erfüllt werden oder die Geltendmachung von Rechten der betroffenen Person gegenüber jedem einzelnen der Verantwortlichen gemäß Abs. 3 (Rn. 43) durch die gemeinsam Verantwortlichen verweigert wird. **47**

Zuwiderhandlungen gegen Art. 26 können nach Art. 83 Abs. 4 lit. a mit Geldbußen von bis zu 10 Mio. EUR oder im Fall eines Unternehmens i.S.d. Art. 4 Nr. 18 (dazu Art. 4 Rn. 243 ff.) von bis zu 2 % des gesamten weltweit erzielten Jahresumsatzes des vorangegangenen Geschäftsjahrs sanktioniert werden (dazu Art. 83 Rn. 76 ff.), ggf. auch als Straftat nach § 42 Abs. 1 oder Abs. 2 BDSG. Derartige Sanktionen unterfallen nicht der gesamtschuldnerischen Haftung (Rn. 45), sondern sind gegenüber jedem gemeinsam Verantwortlichen separat zu verhängen.[49] Daneben stehen der Aufsichtsbehörde die Untersuchungsbefugnisse nach Art. 58 Abs. 1 sowie die Abhilfebefugnisse nach Art. 58 Abs. 2 im Zusammenhang mit Zuwiderhandlungen gegen Art. 26 zu (beachte aber Rn. 44). **48**

C. Praxishinweise

I. Relevanz für öffentliche und nichtöffentliche Stellen

1. Überprüfung sämtlicher Leistungsbeziehungen. Sämtliche Leistungsbeziehungen zu Dritten, gleich ob als Auftraggeber oder Auftragnehmer, sollten einer Prüfung unterzogen werden, ob es sich hierbei um eine Auftragsverarbeitung i.S.v. Art. 28, eine gemeinsame Verantwortlichkeit i.S.v. Abs. 1 S. 1 oder eine jeweils selbstständige Verar- **49**

---

47 Ehmann/Selmayr-*Bertermann* Art. 26 Rn. 14; *Gola/Piltz* RDV 2015, 279, 283; Paal/Pauly-*Martini* Art. 26 Rn. 36; zurückhaltender noch Art.-29-Datenschutzgruppe, WP 169, S. 27.
48 Gola-*Piltz* Art. 26 Rn. 25.
49 Ehmann/Selmayr-*Bertermann* Art. 26 Rn. 14.

beitung personenbezogener Daten durch allein Verantwortliche handelt (zur Abgrenzung Rn. 22 ff.). Dies gilt insbesondere auch für die unter dem BDSG a.F. als Funktionsübertragung eingeordneten Sachverhalte (dazu Art. 28 Rn. 46 ff.).

50 **2. Gemeinsame Nutzung von Infrastrukturen oder Plattformen in Unternehmensgruppen.** Werden innerhalb von Unternehmensgruppen i.S.v. Art. 4 Nr. 19 (dazu Art. 4 Rn. 248 ff.) in Konzernen gemeinsame Infrastrukturen und Plattformen genutzt, ist dies bislang meist als Auftragsdatenverarbeitung gemäß § 11 BDSG a.F. ausgestaltet worden (Rn. 18 ff.). Die Auftragsdatenverarbeitung passt hierauf aber ebenso wenig wie die Auftragsverarbeitung gemäß Art. 28, wenn es dem Auftragsverarbeiter tatsächlich an der Möglichkeit zur Erfüllung der bei der Auftragsverarbeitung nach Art. 29 bestehenden Weisungsgebundenheit (dazu Art. 29 Rn. 6, Rn. 10) gegenüber allen ihn beauftragenden Verantwortlichen fehlt.

51 Zwar wird das Weisungsrecht der Verantwortlichen in den Formularverträgen zur Auftragsverarbeitung festgeschrieben, tatsächlich erfolgt die Steuerung des Auftragsverarbeiters dann aber meist allein durch das herrschende Unternehmen in der Unternehmensgruppe oder ggf. über ein von diesem eingerichteten Steuerungsgremium, in dem dann alle oder einzelne andere Verantwortliche vertreten sein können. Diese Verteilung der Entscheidung über Zwecke und Mittel der Verarbeitung dürfte deshalb vielfach zu einer gemeinsamen Verantwortlichkeit aller Unternehmen der Unternehmensgruppe führen,[50] die sodann als gemeinsam Verantwortliche i.S.v. Abs. 1 S. 1 (Rn. 11) ein einzelnes Unternehmen der Unternehmensgruppe als Auftragsverarbeiter i.S.v. Art. 28 mit dem Betrieb der Infrastruktur oder Plattform beauftragen.

52 **3. Wesentliche Inhalte einer Vereinbarung nach Abs. 1 S. 2.** Aus dem Zusammenspiel von Abs. 1 S. 2, S. 3 und Abs. 2 S. 1 (Rn. 38 f.) ergeben sich die wesentlichen Inhalte, die in der von den gemeinsam Verantwortlichen zwingend (Rn. 31) abzuschließenden Vereinbarung (Rn. 32 ff.) festgehalten werden sollten, vorbehaltlich einer abweichenden Festlegung durch Rechtsvorschriften der Union oder der Mitgliedstaaten:

- Bezeichnung der beteiligten gemeinsam Verantwortlichen i.S.v. Abs. 1 S. 1 (Rn. 11),
- Beschreibung der gemeinsamen Verarbeitungen oder Verarbeitungstätigkeiten (Rn. 13 ff.) sowie der hierfür jeweils gemeinsam Verantwortlichen, wenn diese nicht stets identisch sind,
- Bezeichnung der die gemeinsame Verantwortlichkeit begründenden Umstände durch Angaben dazu, welche Entscheidungen zu Zwecken und Mitteln der Verarbeitung gemeinsam getroffen werden,
- Bezeichnung von Gegenstand und Dauer sowie Art und Zweck der gemeinsamen Verarbeitung, ferner von Kategorien der gemeinsam verarbeiteten personenbezogenen Daten und Kategorien betroffener Personen entsprechend Art. 28 Abs. 3 S. 1 (dazu Art. 28 Rn. 85 ff.),
- Bezeichnung der Erlaubnistatbestände für die gemeinsamen Verarbeitungen, einschließlich Zuständigkeit und Verfahren bei Einholung und Management etwaiger Einwilligungen oder Widersprüche betroffener Personen,

---

50 Möglichkeit zur gemeinsamen Verantwortlichkeit in diesem Fall auch in Betracht gezogen von Datenschutzkonferenz, Kurzpapier Nr. 13 v. 16.1.2018, S. 4 (rechte Spalte), abrufbar unter https://www.lda.bayern.de/media/dsk_kpnr_13_auftragsverarbeitung.pdf; ausführlich zum Kurzpapier Art. 28 Rn. 22 ff.

- Zuständigkeit und Verfahren bei Erfüllung der Pflichten im Zusammenhang mit der Wahrnehmung der Rechte der betroffenen Personen aus Art. 15 ff.,
- Zuständigkeit und Verfahren bei Erfüllung der Pflichten im Zusammenhang mit den Informationspflichten aus Art. 13, Art. 14; es muss sichergestellt sein, dass jeder gemeinsam Verantwortliche alle von der gemeinsamen Verarbeitung betroffenen Personen vollumfänglich gem. Art. 13, Art. 14 informiert,[51]
- Zuständigkeit und Verfahren bei Erfüllung der Pflichten im Zusammenhang mit dem Verzeichnis von Verarbeitungstätigkeiten gemäß Art. 30 Abs. 1; es genügt, wenn einer der gemeinsam Verantwortlichen die Verarbeitungstätigkeit in seinem Verzeichnis dokumentiert und die weiteren Pflichten aus Art. 30 erfüllt, wenn die anderen gemeinsam Verantwortlichen sich auf dieses Verzeichnis von Verarbeitungstätigkeiten beziehen können,
- Zuständigkeit der Hauptniederlassung eines der gemeinsam Verantwortlichen i.S.v. Art. 4 Nr. 16 für alle gemeinsam Verantwortlichen zwecks Ermittlung der federführenden Aufsichtsbehörde i.S.v. Art. 56 (dazu Rn. 10, Praxishinweis Rn. 55),
- Zuständigkeit und Verfahren bei Erfüllung der Pflichten aus Art. 33, Art. 34 im Zusammenhang mit der Verletzung des Schutzes personenbezogener Daten i.S.v. Art. 4 Nr. 12 (dazu Art. 4 Rn. 172 ff.), einschließlich der Benennung von Ansprechpartnern für die interne Abstimmung der gemeinsam Verantwortlichen,
- Zuständigkeit und Verfahren bei Erfüllung der Pflichten aus Art. 28 bei einer Auftragsverarbeitung gemäß Art. 28 für die gemeinsam Verantwortlichen, ggf. getrennt nach einzelnen Verarbeitungen, einschließlich der Berechtigung zur Erteilung von Aufträgen i.S.v. Art. 28 Abs. 1 (dazu Art. 28 Rn. 81 ff.) und zur Erteilung von Weisungen an den Auftragsverarbeiter (Art. 29 Rn. 6),
- Zuständigkeit und Verfahren bei Erfüllung der Pflichten aus Art. 24, Art. 32 über die Festlegung geeigneter technischer und organisatorischer Maßnahmen (dazu Art. 24 Rn. 9 ff., Art. 32 Rn. 70 ff.) sowie aus Art. 25 Abs. 1 zum Datenschutz durch Technikgestaltung und aus Art. 25 Abs. 2 zu datenschutzfreundlichen Voreinstellungen,
- Zuständigkeit und Verfahren bei Erfüllung der Pflichten im Zusammenhang mit der Datenschutz-Folgenabschätzung nach Art. 35 und der ggf. erforderlichen vorherigen Konsultation der Aufsichtsbehörde nach Art. 36,
- Benennung eines (ggf. gemeinsamen) Vertreters gemäß Art. 27 durch die gemeinsam Verantwortlichen ohne Niederlassung in den Mitgliedstaaten,
- Festlegung eines von allen gemeinsam Verantwortlichen einheitlich zu benennenden Datenschutzbeauftragten (zur Benennungspflicht Art. 37 Rn. 14 ff.),
- optionale Angabe einer Anlaufstelle für die betroffenen Personen (Rn. 40 f.),
- Festlegungen zur Haftung im Innenverhältnis mit Blick auf Art. 82 Abs. 4 (dazu Art. 82 Rn. 28),
- Festlegungen zur im Innenverhältnis ggf. von den gemeinsam Verantwortlichen für die Pflichtendelegation zu leistende Vergütungen oder sonst zu erbringende Gegenleistungen, und
- ggf. erforderliche Mitwirkungen und Beistellungen der anderen Verantwortlichen gegenüber dem nach der Vereinbarung jeweils für die Erfüllung einer Pflicht zuständigen Verantwortlichen.

---

51 Ehmann/Selmayr-*Bertermann* Art. 26 Rn. 11.

II. Relevanz für betroffene Personen

53 Abs. 2 S. 2 verschafft über die Informationspflichten gemäß Art. 13, Art. 14 hinaus der betroffenen Person einen Einblick in das Wesentliche der im Innenverhältnis von den gemeinsam Verantwortlichen getroffenen Vereinbarung (Rn. 42). Dies kann die Durchsetzung von Rechten der betroffenen Person erleichtern, die ihr ungeachtet abweichender Festlegungen im Innenverhältnis der gemeinsam Verantwortlichen wegen Abs. 3 stets gegenüber jedem gemeinsam Verantwortlichen wegen der gesamten gemeinsamen Verarbeitung zustehen (Rn. 43 ff.).

54 Die optional mögliche Festlegung einer Anlaufstelle gemäß Abs. 1 S. 3 durch die gemeinsam Verantwortlichen für die betroffene Person ist demgegenüber weniger bedeutsam, da es sich hierbei lediglich um einen Ansprechpartner ohne Rechte und Pflichten im Verhältnis zur betroffenen Person handelt. Dies erleichtert die Kommunikation und damit die Transparenz der Verarbeitung, hilft aber nicht bei der Durchsetzung von Rechten gegenüber einem, mehreren oder allen gemeinsam Verantwortlichen (Rn. 40 f.).

III. Relevanz für Aufsichtsbehörden

55 Sollten Verantwortliche mit Hauptniederlassungen i.S.v. Art. 4 Nr. 16 (dazu Art. 4 Rn. 217 ff.) in verschiedenen Mitgliedstaaten gemeinsam Verantwortliche i.S.v. Abs. 1 S. 1 sein (Rn. 11), kann dies dazu führen, dass es mehrere federführende Aufsichtsbehörden i.S.v. Art. 56 gibt.[52] Dieser Fall ist von der DS-GVO nicht vorgesehen, sodass im Zweifel das Verfahren für die Zusammenarbeit der federführenden Aufsichtsbehörde mit anderen betroffenen Aufsichtsbehörden gemäß Art. 60 entsprechend angewendet werden sollte. Vermeiden lässt sich dies, wenn die gemeinsam Verantwortlichen in der von ihnen nach Abs. 1 S. 2 zu treffenden Vereinbarung (Rn. 31) freiwillig eine Festlegung vornehmen, welche Hauptniederlassung eines der gemeinsam Verantwortlichen i.S.v. Art. 4 Nr. 16 die (fiktive) Hauptniederlassung für alle gemeinsam Verantwortlichen zwecks eindeutiger Ermittlung der federführenden Aufsichtsbehörde sein soll. Ein solches Wahlrecht der gemeinsam Verantwortlichen ist der DS-GVO auch nicht fremd, wie Art. 4 Nr. 16 lit. a zeigt, der ohnehin dem Verantwortlichen überlässt, in welchem Mitgliedstaat er die Hauptniederlassung platziert.

IV. Relevanz für Datenschutzmanagement

56 Im Datenschutzmanagement sollten Verantwortliche festlegen, wann eine gemeinsame Verantwortlichkeit mit anderen Verantwortlichen eingegangen werden kann, wer hier einschließlich des vorherigen Abschlusses der Vereinbarung nach Abs. 1 S. 2 (Rn. 31) zuständig ist, welche Mindestfestlegungen ggf. in der Vereinbarung nach Abs. 1 S. 2 zu treffen sind, wie und durch wen die anschließende Steuerung der gemeinsamen Verarbeitungen oder Verarbeitungstätigkeiten (Rn. 36) erfolgt, und welche Dokumentationen über gemeinsame Verantwortlichkeiten mit Blick auf die Erfüllung der Rechenschaftspflicht aus Art. 5 Abs. 2 (dazu Art. 5 Rn. 72 ff.) zu führen sind.

52 Siehe *Piltz* DSGVO: Zerschießt die „gemeinsame Verantwortlichkeit" das Konzept der „federführenden Behörde"? v. 27.10.2017, abrufbar unter https://www.delegedata.de/2017/10/dsgvo-zerschiesst-die-gemeinsame-verantwortlichkeit-das-konzept-der-federfuehrenden-behoerde/.

Artikel 27 Vertreter von nicht in der Union niedergelassenen Verantwortlichen oder Auftragsverarbeitern

(1) In den Fällen gemäß Artikel 3 Absatz 2 benennt der Verantwortliche oder der Auftragsverarbeiter schriftlich einen Vertreter in der Union.

(2) Die Pflicht gemäß Absatz 1 des vorliegenden Artikels gilt nicht für

a) eine Verarbeitung, die gelegentlich erfolgt, nicht die umfangreiche Verarbeitung besonderer Datenkategorien im Sinne des Artikels 9 Absatz 1 oder die umfangreiche Verarbeitung von personenbezogenen Daten über strafrechtliche Verurteilungen und Straftaten im Sinne des Artikels 10 einschließt und unter Berücksichtigung der Art, der Umstände, des Umfangs und der Zwecke der Verarbeitung voraussichtlich nicht zu einem Risiko für die Rechte und Freiheiten natürlicher Personen führt, oder
b) Behörden oder öffentliche Stellen.

(3) Der Vertreter muss in einem der Mitgliedstaaten niedergelassen sein, in denen die betroffenen Personen, deren personenbezogene Daten im Zusammenhang mit den ihnen angebotenen Waren oder Dienstleistungen verarbeitet werden oder deren Verhalten beobachtet wird, sich befinden.

(4) Der Vertreter wird durch den Verantwortlichen oder den Auftragsverarbeiter beauftragt, zusätzlich zu diesem oder an seiner Stelle insbesondere für Aufsichtsbehörden und betroffene Personen bei sämtlichen Fragen im Zusammenhang mit der Verarbeitung zur Gewährleistung der Einhaltung dieser Verordnung als Anlaufstelle zu dienen.

(5) Die Benennung eines Vertreters durch den Verantwortlichen oder den Auftragsverarbeiter erfolgt unbeschadet etwaiger rechtlicher Schritte gegen den Verantwortlichen oder den Auftragsverarbeiter selbst.

– *ErwG. 80*
– *BDSG n.F.: § 44*

Übersicht

Literatur: *Datenschutzkonferenz* Kurzpapier Nr. 7, S. 2; *Dauner-Lieb/Heidel/Ring* Bürgerliches Gesetzbuch Allgemeiner Teil – EGBGB, NomosKommentar, Band 1, 3. Aufl. 2016; *Eckhardt* DS-GVO: Anforderungen an die Auftragsverarbeitung als Instrument zur Einbindung Externer, CCZ 2017, 211; *Gola* Datenschutz-Grundverordnung, 2017; *Kahler* Auftragsdatenverarbeitung im Drittstaat: europarechtskonform! – Unmittelbare Anwendung der Datenschutzrichtlinie 95/46/EG in Deutschland, RDV 2012, 167; *Koós/Englisch* Eine „neue" Auftragsdatenverarbeitung, ZD 2014, 276; *Koreng/Lachenmann* Formularhandbuch Datenschutz, 2. Aufl. 2018; *Kremer* Datenschutzerklärungen von Social Media Diensten: Anwendbares Recht und AGB-Kontrolle, RDV 2014, 73; *Kremer/Schmidt* Übermittlung elektronischer Entgeltabrechnungen an Arbeitnehmer: Erteilung per E-Mail oder Cloud-Service nach § 108 Abs. 1 GewO möglich?, CR 2014, 228; *Kühling/Buchner* Datenschutz-Grundverordnung, 2017; *Kühn* Formerfordernisse in der IT-Beschaffung im regulierten Bereich und die elektronische Signatur, CR 2017, 834–840; *Laue/Nink/Kremer* Das neue Datenschutzrecht in der betrieblichen Praxis, 2016; *Meyer* Charta der Grundrechte der

Europäischen Union, 4. Aufl. 2014; *Moos* Datennutzungs- und Datenschutzverträge, 2014; *Paal/Pauly* Datenschutz-Grundverordnung, 2. Aufl. 2018; *Palandt* Bürgerliches Gesetzbuch: BGB, 76. Auflage, 2017; *Piltz* BDSG, Praxiskommentar für die Wirtschaft, 2018; *ders.* Die Datenschutz-Grundverordnung, K&R 2016, 709–717; *Sydow* Europäische Datenschutzgrundverordnung, 2017; *Thüsing/Schmidt/Forst* Das Schriftformerfordernis der Einwilligung nach § 4a BDSG im Pendelblick zu Art. 7 DS-GVO, RDV 2017, 116; *Veil* DS-GVO Risikobasierter Ansatz statt rigides Verbotsprinzip, ZD 2015, 347–353; *Wolff/Brink* Beck'scher Online-Kommentar Datenschutzrecht, 21. Edition, Stand 1.2.2017.

A. Einordnung und Hintergrund

I. Normzweck

Art. 3 Abs. 2 erweitert den räumlichen Anwendungsbereich der DS-GVO über die Anwendung des sog. Marktortprinzips (ausführlich Art. 3 Rn. 24) auf die Verarbeitung personenbezogener Daten von in der Union befindlichen betroffenen Personen durch einen nicht in der Union niedergelassenen Verantwortlichen oder Auftragsverarbeiter, wenn die Datenverarbeitung entweder im Zusammenhang steht mit (a) dem Angebot von Waren oder Dienstleistung an betroffene Personen in der Union, unabhängig davon ob hierfür von diesen betroffenen Personen eine Zahlung zu leisten ist, oder (b) der Beobachtung des Verhaltens betroffener Personen, soweit ihr Verhalten in der Union erfolgt. Art. 27 knüpft hieran an und verpflichtet Verantwortliche und Auftragsverarbeiter im Anwendungsbereich von Art. 3 Abs. 2 zur Benennung eines obligatorischen Vertreters,[1] wenn nicht einer der Ausnahmetatbestände in Abs. 2 greift (unten Rn. 28 ff.). 1

Die Benennung eines Vertreters innerhalb der Union soll Transparenz für betroffene Personen und Aufsichtsbehörden über Verarbeitungen des außerhalb der Union niedergelassenen Verantwortlichen oder Auftragsverarbeiters schaffen[2] und damit die verordnungsgemäße Verarbeitung im räumlichen Anwendungsbereich der DS-GVO auch außerhalb der Union stärken. Ohne Art. 27 wären wegen der Einführung des Marktortprinzips mit Art. 3 Abs. 2 (oben Rn. 1) und der damit verbundenen territorialen Ausdehnung des Anwendungsbereichs der DS-GVO gegenüber der DSRL (unten Rn. 5) Durchsetzungsbarrieren und eine erschwerte Kommunikation mit dem Verantwortlichen oder Auftragsverarbeiter im Drittland zu befürchten gewesen. Mit Art. 27 soll verhindert werden, dass ein nicht in der Union niedergelassener Verantwortlicher oder Auftragsverarbeiter sich durch Nichtpräsenz dem Geltungsanspruch der DS-GVO entziehen kann und damit deren Schutzniveau mangels Kontroll- und Durchsetzungsmöglichkeiten unterlaufen wird[3] (zur Verantwortlichkeit des Vertreters bei Zuwiderhandlungen gegen die DS-GVO unten Rn. 63 ff.). 2

II. Erwägungsgründe

ErwG 80 (im Gesetzgebungsverfahren ErwG 63) beschreibt die Anforderungen an den Vertreter, die in Art. 27 niedergelegt sind. Welche Auftragsverarbeiter oder Verantwortliche über das Marktortprinzip unter die Benennungspflicht fallen, wird neben Art. 3 Abs. 2 durch ErwG 23 und 24 konkretisiert (dazu Art. 3 Rn. 24 ff.). 3

1 Sydow-*Ingold* Art. 27 Rn. 5.
2 Gola-*Piltz* Art. 27 Rn. 7.
3 Gola-*Piltz* Art. 27 Rn. 1; Paal/Pauly-*Martini* Art. 27 Rn. 7.

III. Normengenese und -umfeld

4 **1. DSRL.** Die Pflicht zur Benennung eines obligatorischen Vertreters für nicht in der Union niedergelassene Verantwortliche war bereits in Art. 4 Abs. 2 DSRL festgeschrieben. Eine Pflicht zur Benennung eines Vertreters für nicht in der Union niedergelassene Auftragsverarbeiter kannte die DRSL jedoch nicht; diese ist mit der DS-GVO erstmals eingeführt worden.

5 Voraussetzung für die Benennungspflicht war nach Art. 4 Abs. 2 DSRL i.V.m. Art. 4 Abs. 1 lit. c DSRL, dass der für die Verarbeitung Verantwortliche nicht in der Union niedergelassen ist und „zum Zwecke der Verarbeitung personenbezogener Daten auf automatisierte oder nicht automatisierte Mittel zurückgreift, die im Hoheitsgebiet des betreffenden Mitgliedstaats belegen sind", sofern diese Mittel nicht nur zum Zweck der Durchfuhr durch das Gebiet der Europäischen Gemeinschaft verwendet werden. Über die Verknüpfung der Benennungspflicht in Abs. 1 (unten Rn. 18) mit dem Marktortprinzip in Art. 3 Abs. 2 (oben Rn. 1) und die Erstreckung auf Auftragsverarbeiter wird die Benennungspflicht durch die DS-GVO gegenüber der DSRL also deutlich erweitert.

6 Art. 4 Abs. 2 DSRL sah vor, dass die Benennung eines Vertreters sich nicht auf die Verantwortlichkeit des Verantwortlichen auswirkt,[4] sondern gegen diesen ungeachtet der Vertreterbenennung vorgegangen werden konnte. Hieran ändert sich ausweislich von Abs. 5 nichts (unten Rn. 73). Die Aufgaben des Vertreters beschränkten sich auf die Information der betroffenen Personen (Art. 10 und Art. 11 Abs. 1 DSRL) und die Meldepflicht bei der Aufsichtsbehörde (Art. 28 Abs. 1 DSRL). Abs. 4 geht darüber hinaus und macht den Vertreter zur Anlaufstelle für die Aufsichtsbehörden und betroffene Personen (unten Rn. 46 ff.).

7 Zur Verantwortlichkeit verhielt Art. 4 Abs. 2 DSRL sich nicht (zur DS-GVO unten Rn. 63 ff.). Die Festlegung von Sanktionen bei Zuwiderhandlungen gegen die Benennungspflicht oblag nach Art. 24 DSRL ausschließlich den Mitgliedstaaten (zum BDSG a.F. unten Rn. 10, zu Sanktionen nach der DS-GVO unten Rn. 74 f.).

8 **2. BDSG a.F.** Art. 4 Abs. 2 DSRL wurde in § 1 Abs. 5 S. 3 BDSG a.F. nur unvollständig umgesetzt.[5] Nach § 1 Abs. 5 S. 3 BDSG a.F. waren lediglich „Angaben über im Inland ansässige Vertreter" durch nicht in der Union belegene Verantwortliche zu machen, wenn „die verantwortliche Stelle nach diesem Gesetz zu nennen ist". Eine ausdrückliche Benennungspflicht oder Aufgabenzuweisung sah das BDSG a.F. nicht vor.

9 Die Umsetzung von Art. 4 Abs. 2 DSRL im BDSG a.F. war europarechtswidrig. Bereits 2003 hat der EuGH entschieden, dass sich die DSRL nicht auf eine Mindestharmonisierung beschränke, sondern grundsätzlich zu einer „umfassenden Harmonisierung" führe.[6] Da die vom EuGH befürwortete „umfassende Harmonisierung"

---

4 Paal/Pauly-*Martini* Art. 27 Rn. 2.

5 Sydow-*Ingold* Art. 27 Rn. 2.

6 *EuGH* v. 6.11.2003 – C-101/01, Lindqvist, Rn. 96 = RDV 2004, 16; ebenso *EuGH* v. 16.12.2008 – C-524/06, Huber, Rn. 51 = RDV 2009, 65; *EuGH* v. 24.11.2011 – C-468/10, ASNEF/FECEMD m. Anm. *Freund* CR 2012, 29; dazu *Kahler* RDV 2012, 167, 169 ff.; *Kremer* RDV 2014, 73, 75 f.

durch die DSRL nicht mit einer Vollharmonisierung gleichzusetzen war,[7] war in jedem Einzelfall zu prüfen, ob nationale Regelungen Vorschriften der DSRL ändern, die keinerlei Flexibilität oder Ermessensspielraum zu Gunsten des nationalen Gesetzgebers kennen. Art. 4 Abs. 2 DSRL gab jedoch mit der Anordnung einer obligatorischen Benennungspflicht („hat ... zu benennen", oben Rn. 3) keine solchen Spielräume. Art. 4 Abs. 2 DSRL war vielmehr aus sich heraus so verständlich, „dass sich ein Einzelner darauf berufen und ein nationales Gericht ihn anwenden kann"[8], sodass er nach der EuGH-Rechtsprechung unmittelbare Wirkung in jedem Mitgliedsstaat entfaltete. § 1 Abs. 5 S. 3 BDSG a.F. war damit nicht richtlinienkonform auszulegen, sondern unmittelbar anzuwenden.

Eine Sanktionierung bei Nichtbenennung eines Vertreters in Ausübung der durch Art. 24 DSRL eingeräumten Kompetenzen (oben Rn. 7) sah das BDSG a.F. nicht vor (zu Sanktionen nach der DS-GVO unten Rn. 74 f.). Die Benennung eines Vertreters galt daher unter dem BDSG a.F. eher als Ausdruck der Kooperationsbereitschaft des außerhalb der Union niedergelassenen Verantwortlichen denn als eine verpflichtende Regelung.[9] Festlegungen zur Verantwortlichkeit des Vertreters für eigene oder fremde Zuwiderhandlungen sah das BDSG n.F. ebenso wenig vor wie die DSRL (oben Rn. 7). 10

3. Änderungen im Gesetzgebungsverfahren. Art. 4 Nr. 17 (im Gesetzgebungsverfahren noch Art. 4 Nr. 14) mit der Begriffsbestimmung „Vertreter" (unten Rn. 13 ff.) und Art. 27 (im Gesetzgebungsverfahren noch Art. 25) wurden wegen der Benennungspflicht (unten Rn. 18 ff.) erst im Trilog über den Verantwortlichen hinaus auch auf den Auftragsverarbeiter erstreckt. Die Pflicht zur schriftlichen statt zur „ausdrücklichen" Benennung (unten Rn. 19 ff.) wurde mit dem Ratsentwurf vom 11.6.2015[10] ergänzt. 11

Wesentliche Änderungen ergaben sich im Gesetzgebungsverfahren bei den Ausnahmen von der Benennungspflicht in Abs. 2 (unten Rn. 28 ff.). In den Entwürfen der Kommission vom 25.1.2012[11], des Parlaments vom 12.3.2014[12] und des Rats war vorgesehen, dass die Benennungspflicht für Verantwortliche mit einer Niederlassung in einem Drittland entfällt, für dass es einen Angemessenheitsbeschluss i.S.v. Art. 45 Abs. 1 gibt (dazu Art. 45 Rn. 6 ff.). Diese Ausnahme wurde im Trilog gestrichen, ebenso die vorgesehenen Ausnahmen für Unternehmer mit weniger als 250 Beschäftigten (anders Art. 30 Abs. 5, dazu Art. 30 Rn. 85 ff.), für Verantwortliche mit nur „gelegentlichen" Angeboten von Waren und Dienstleistungen, sowie für Verantwortliche mit weniger als 5 000 betroffenen Personen in einem Zeitraum von zwölf aufeinander folgenden Monaten. Übernommen wurde in Abs. 2 lit. a letztlich eine angepasste Variante der im Ratsentwurf formulierten Ausnahme für gelegentlich erfolgende Verarbeitungen, die voraussichtlich nicht zu einem Risiko für die Rechte und Freiheiten natürlicher Personen führt (unten Rn. 30 ff.). In allen Entwürfen vorhanden und in Abs. 2 lit. b übernommen wurde jedoch die Ausnahme für Behörden oder öffentliche Stellen (unten Rn. 40 ff.). 12

7 *Kahler* RDV 2012, 167, 172; *Kremer* RDV 2014, 73, 75.
8 *EuGH* v. 24.11.2011 – C-468/10, ASNEF/FECEMD, Rn. 52 = RDV 2012, 22.
9 Kühling/Buchner-*Hartung* Art. 27 Rn. 2.
10 Ratsdokument Nr. 9565/15, S. 109.
11 Entwurf der Kommission 2012/0011 (COD), S. 63.
12 Interinstitutionelles Dossier des Rats vom 27.3.2014, 2012/0011 (COD); 7427/1/14, REV 1.

B. Kommentierung

I. Begriff Vertreter

13 Nach der Begriffsbestimmung in Art. 4 Nr. 17 (dazu Art. 4 Rn. 232 ff.) ist Vertreter eine in der Union niedergelassene natürliche oder juristische Person, die von dem Verantwortlichen oder Auftragsverarbeiter schriftlich gemäß Art. 27 bestellt wurde (zur Schriftlichkeit unten Rn. 19 ff.) und den Verantwortlichen oder Auftragsverarbeiter in Bezug auf die ihnen jeweils nach dieser Verordnung obliegenden Pflichten vertritt (zu den Aufgaben des Vertreters unten Rn. 46 ff.).

14 Besondere Anforderungen an den Vertreter stellt die DS-GVO mit Ausnahme seines Niederlassungsortes nicht (unten Rn. 43; anders beim Datenschutzbeauftragten, dazu Art. 37 Rn. 40 ff., zur Abgrenzung unten Rn. 16 f.). Damit kann jeder Vertreter sein, genauso wie jeder Verantwortlicher oder Auftragsverarbeiter sein kann; einer besonderen Eignung, Qualifikation oder Vertrauenswürdigkeit bedarf es nicht.[13]

15 In Betracht kommen als Vertreter nach Art. 4 Nr. 17 natürliche und juristische Personen (strittig beim Datenschutzbeauftragten, dazu Art. 37 Rn. 45). Die Tätigkeit als Vertreter kann durch Beschäftigte des Verantwortlichen oder Auftragsverarbeiters wahrgenommen werden, wenn diese einen i.S.d. Abs. 3 geeigneten Niederlassungsort haben (unten Rn. 43 ff.), ebenso durch eine juristische Person oder durch eine dort beschäftigte natürliche Person innerhalb einer Unternehmensgruppe i.S.d. Art. 4 Nr. 19 (Konzern, dazu Art. 4 Rn. 250).[14] Zulässig ist auch, dass ein Vertreter gleichzeitig für mehrere Verantwortliche oder Auftragsverarbeiter i.S.d. Art. 27 tätig wird (zum Auftrag beachte Rn. 61 f.).

16 Begriff (oben Rn. 13) und Aufgaben des Vertreters (unten Rn. 46 ff.) sind streng vom Datenschutzbeauftragten nach Art. 37 (dazu Art. 37 Rn. 14 ff.) abzugrenzen. Wer Vertreter ist und damit weisungsgebunden im Lager des Verantwortlichen oder Auftragsverarbeiters steht (Rn. 49) kann nicht gleichzeitig derjenige sein, der eine weisungsfreie (Art. 38 Rn. 17) Überwachungsaufgabe über den Verantwortlichen oder Auftragsverarbeiter ausübt, so wie dies Art. 39 Abs. 1 lit. b (dazu Art. 39 Rn. 12 ff.) für den Datenschutzbeauftragten vorsieht.[15] Die Tätigkeit als Vertreter einerseits und als Datenschutzbeauftragter andererseits für denselben Verantwortlichen oder Auftragsverarbeiter schließen sich damit gegenseitig aus.

17 Wird eine natürliche oder juristische Person innerhalb einer Unternehmensgruppe (oben Rn. 15) für den einen Verantwortlichen oder Auftragsverarbeiter als Vertreter, für den anderen jedoch als Datenschutzbeauftragter tätig, kann eine Interessenkollision i.S.d. Art. 38 Abs. 6 (dazu Art. 38 Rn. 26 ff.) vorliegen. Diese hätte zur Folge, dass die Tätigkeit als Datenschutzbeauftragter nicht ausgeübt werden kann. Die natürliche oder juristische Person müsste sich dann entweder für die Tätigkeit als Vertreter oder für die Tätigkeit als Datenschutzbeauftragter in der Unternehmensgruppe entscheiden (Praxishinweis unten Rn. 79).

---

13 A.A. Paal/Pauly-*Martini* Art. 27 Rn. 25.

14 Für den Auftragsverarbeiter ebenso *Koós/Englisch* ZD 2014, 276, 279.

15 *Piltz* K&R 2016, 712.

II Abs. 1: Pflicht zur schriftlichen Benennung

1. Voraussetzungen für Benennungspflicht. Abs. 1 verweist auf Art. 3 Abs. 2 und nennt damit drei kumulativ erforderliche Tatbestandsmerkmale, die zur Pflicht für die Benennung eines obligatorischen Vertreters (oben Rn. 1) durch einen Verantwortlichen oder Auftragsverarbeiter führen: (a) der Verantwortliche oder Auftragsverarbeiter ist nicht in der Union niedergelassen (zum Begriff Niederlassung Art. 3 Rn. 15 ff.), (b) es werden personenbezogene Daten von betroffenen Personen i.S.d. Art. 4 Nr. 1 (dazu Art. 4 Rn. 6 ff.) verarbeitet i.S.d. Art. 4 Nr. 2 (dazu Art. 4 Rn. 34 ff.), die sich in der Union befinden (gemeint ist der tatsächliche Aufenthaltsort, nicht der Wohnort oder die Staatsangehörigkeit), und (c) die vorgenannte Datenverarbeitung steht im Zusammenhang mit einer Tätigkeit des Verantwortlichen oder Auftragsverarbeiters i.S.v. Art. 3 Abs. 2 lit. a **oder** lit. b (ausführlich zu den drei Merkmalen Art. 3 Rn. 21 ff.). 18

2. Schriftlichkeit der Benennung. – a) Gegenstand der Schriftlichkeit. Abs. 1 verpflichtet den Verantwortlichen oder Auftragsverarbeiter zur schriftlichen Benennung. Die Benennung des Vertreters ist ebenso wie diejenige des Datenschutzbeauftragten (dazu Rn. 37, Rn. 20 ff.) eine einseitige Willenserklärung des Verantwortlichen oder Auftragsverarbeiters[16] (zum Vertragsverhältnis mit dem Vertreter unten Rn. 48 f., 61 f.). Sie umfasst wegen Art. 30 Abs. 1 lit. a, Abs. 2 lit. a (dazu Art. 30 Rn. 32 ff. und Rn. 69 ff.) Namen und Kontaktdaten des Vertreters die Festlegung, dass die bezeichnete natürliche oder juristische Person (oben Rn. 15) als Vertreter für den angegebenen Verantwortlichen oder Auftragsverarbeiter benannt wird,[17] und wegen Abs. 4 die Festlegung, ob der Vertreter zusätzlich oder an Stelle des vertretenen Verantwortlichen oder Auftragsverarbeiters tätig wird (dazu Rn. 52 f.). Diese Angaben ermöglichen es dem Normzweck entsprechend (oben Rn. 2) der Aufsichtsbehörde und den betroffenen Personen, den Vertreter zu ermitteln und Kontakt zu diesem aufzunehmen. 19

Art. 4 Nr. 17 (oben Rn. 13) spricht anders als Abs. 1 nicht von einer schriftlichen Benennung, sondern von einer schriftlichen Bestellung. Die Begriffe Benennung und Bestellung sind jedoch gleichbedeutend und Abweichungen allein der Übersetzung geschuldet; in der englischen Sprachfassung wird jeweils der Begriff „designate" genutzt. Unterschiedliche Anforderungen ergeben sich hieraus nicht.[18] 20

ErwG 80 sieht demgegenüber vor, dass der Verantwortliche oder Auftragsverarbeiter den Vertreter „ausdrücklich bestellen" **und** „schriftlich beauftragen" soll, an dessen Stelle wegen der sich aus der DS-GVO ergebenden Verpflichtungen zu handeln. In der englischen Sprachfassung geht es insoweit um die Erteilung eines „written mandate". Während also Art. 4 Nr. 17 und Abs. 1 eine schriftliche Benennung verlangen, liest sich ErwG 80 so, als ob es einen schriftlichen Auftrag **neben** einer ausdrücklichen (aber wiederum nicht zwingend schriftlichen) Benennung geben müsste. 21

Der vermeintliche Widerspruch lässt sich über die Gesetzeshistorie aufklären. In den Entwürfen von Kommission und Parlament war zunächst nur die ausdrückliche Benennung vorgesehen; erst im Ratsentwurf wurde dies durch eine schriftliche Benennung ersetzt und die obige Formulierung im ErwG 80 ergänzt, welche dann in die finale Fas- 22

16 Zur Benennung des Datenschutzbeauftragten vgl. Koreng/Lachenmann-*Kremer/Sander* Formularbuch Datenschutzrecht, Kap. B.I.1 Rn. 1.

17 Ebenso Gola-*Piltz* Art. 27 Rn. 13.

18 Übersehen u.a. von Gola-*Piltz* Art. 27 Rn. 12.

sung der DS-GVO übernommen wurden (oben Rn. 11). Die Formulierung im ErwG 80 beschreibt insoweit die Nachweis- und Warnfunktion der Schriftlichkeit[19], ohne ein über Abs. 1 und Art. 4 Nr. 17 hinausgehendes, zusätzliches Schriftlichkeitsgebot begründen zu wollen. Den Beteiligten (Verantwortlicher oder Auftragsverarbeiter sowie Vertreter) sollte mithin bewusst sein, welches „Mandat" der Vertreter übernimmt. Hierfür genügt jedoch auch nach dem Sinn und Zweck des Formerfordernisses die Schriftlichkeit der Benennung mit dem oben bezeichneten Inhalt (Rn. 19). Der Schriftlichkeit eines in seiner Ausgestaltung in das – unter Beachtung von Art. 27 – freie Ermessen von Verantwortlichem oder Auftragsverarbeiter einerseits und Vertreter andererseits gestellten „Mandats" bedarf es hierfür nicht (zum Auftrag des Vertreters unten Rn. 48 f.; 59 f.); nicht ohne Grund legen weder Art. 27 noch die DS-GVO irgendwelche Vorgaben für dieses Mandat fest (Praxishinweise unten Rn. 78 f.).

23 **b) Begriff der Schriftlichkeit.** Die DS-GVO erläutert den in Art. 27, Art. 4 Nr. 17 und ErwG 80 verwendeten Begriff schriftlich nicht. ErwG 32 spricht für die Einwilligung von der „schriftlichen Erklärung, die auch elektronisch erfolgen kann" (dazu Art. 7 Rn. 31), Art. 12 Abs. 1 kennt die Information „schriftlich oder in anderer Form, gegebenenfalls auch elektronisch" (dazu Art. 12 Rn. 34 f.) und Art. 28 Abs. 9 bzw. Art. 30 Abs. 3 sehen das schriftliche Abfassen eines Vertrags oder anderen Rechtsinstruments bzw. das schriftliche Führen des Verzeichnisses von Verarbeitungstätigkeiten vor, „was auch in einem elektronischen Format erfolgen kann" (dazu Art. 28 Rn. 164 ff., Art. 30 Rn. 80 ff.). Die Begrifflichkeiten in der DS-GVO sind damit alles andere als konsistent.

24 Europarechtliche Formerfordernisse sind autonom auszulegen.[20] Ein Rückgriff auf die gesetzliche Schriftform in § 126 Abs. 1, Abs. 2 BGB und die diese gemäß § 126 Abs. 3, § 126a BGB substituierende elektronische Form verbietet sich damit.[21] Die DS-GVO spricht auch nicht von „Schriftform" und „elektronischer Form", sondern von Schriftlichkeit und vom elektronischen Format. Diese Begrifflichkeiten sind zwecks Vermeidung von Missverständnissen sauber zu differenzieren.[22] Schriftlich i.S.d. Abs. 1 (und der DS-GVO insgesamt) verlangt damit nicht zwingend eine eigenhändige Unterschrift oder eine qualifizierte elektronische Signatur.

25 Aus Art. 12 Abs. 1 und der Formulierung „schriftlich oder in anderer Form, gegebenenfalls auch elektronisch" könnte abgeleitet werden, dass der europäische Gesetzgeber – ebenso wie der deutsche Gesetzgeber (oben Rn. 24) zwischen der Schriftlichkeit auf der einen sowie einer „anderen Form" auf der anderen Seite zu differenzieren beabsichtigt. Hiergegen spricht jedoch schon der Wortlaut von ErwG 32 sowie von Art. 28 Abs. 9 und Art. 30 Abs. 3, welche das elektronische Format auf eine Ebene mit der Schriftlichkeit stellen. Zudem ist der andere Normzweck von Art. 12 Abs. 1 zu beachten (dazu Art. 12 Rn. 18 ff.). Art. 12 Abs. 1 dient in Erfüllung der Transparenzpflicht des Verantwortlichen aus Art. 5 Abs. 1 lit. a (dazu Art. 5 Rn. 31 ff.) dem Transport von Informationen oder Mitteilungen des Verantwortlichen an die betroffene

19 Zu den Funktionen von Formvorschriften NomosKommentar-BGB-*Noack/Kremer* § 125 Rn. 10; *Thüsing/Schmidt/Forst* RDV 2017, 116 f.

20 Palandt-*Ellenberger* § 126 BGB Rn. 1.

21 Zu den Anforderungen NomosKommentar-BGB-*Noack/Kremer* § 126 Rn. 9 ff. und 48 ff..; § 126a Rn. 45 ff.

22 Ungenau insoweit Paal/Pauly-*Martini* Art. 27 Rn. 17; so zum BDSG a.F. ausdrücklich *Thüsing/Schmidt/Forst* RDV 2017, 116, 118.

Person, also dem Nachweis von Wissenserklärungen. Die Differenzierung zwischen schriftlich und anderer Form geschieht hier, um dem Schutzbedürfnis der betroffenen Personen Rechnung zu tragen, nicht in einem ihr nicht zugänglichen Format die Information oder Mitteilung i.S.d. Art. 12 ff. zu erhalten. Dies wird auch durch Art. 15 Abs. 3 bestätigt, wonach die Informationen stets dann in einem elektronischen Format zur Verfügung zu stellen sind, wenn die betroffene Person den Antrag elektronisch stellt (dazu Art. 15 Rn. 17). Die betroffene Person, die etwa schriftlich einen Antrag stellt, soll also gerade keine elektronische Antwort vom Verantwortlichen aufgezwungen bekommen können. Demgegenüber dienen Abs. 1, Art. 28 Abs. 9 und ErwG 32 dem Nachweis von Willenserklärungen zwischen bzw. im Verhältnis von grundsätzlich gleichrangigen Rechtssubjekten, insbesondere auch in grenzüberschreitenden, gegebenenfalls auch die Grenzen der Union überschreitenden Sachverhalten, bei dem der bzw. die Erklärenden frei zwischen „schriftlich" und „dem elektronischen Format" sollen wählen können. Dies gilt ebenso für Art. 30 Abs. 3, auch wenn es sich dort wiederum um eine Wissenserklärung des Verantwortlichen oder Auftragsverarbeiters handelt. Die DS-GVO betrachtet Schriftlichkeit und elektronisches Format damit als grundsätzlich gleichwertig und differenziert in separaten Formtypen nur dort, wo dies nach dem Schutzzweck der Norm geboten ist.[23]

Trotz der Feststellung, dass Schriftlichkeit und elektronisches Format in der DS-GVO **26** grundsätzlich gleichwertig sind (oben Rn. 25), enthalten Art. 27 Abs. 1, Art. 4 Nr. 17 und ErwG 80 jedoch nur die Festlegung, wonach die Benennung (oben Rn. 19 ff.) schriftlich zu erfolgen hat. Der Zusatz „auch in einem elektronischen Format" fehlt dort anders als in Art. 28 Abs. 9 und Art. 30 Abs. 3 (zum vergleichbaren Problem in Art. 28 Abs. 2 siehe Art. 28 Rn. 154 ff.). Der Wortlaut spricht damit zunächst dafür, für die Benennung tatsächlich eine Schriftlichkeit zu verlangen, die nicht durch ein elektronisches Format ersetzt werden kann. Allerdings ist eine abweichende Auslegung nach dem Normzweck zulässig, wenn sich hieraus ergibt, dass es der Schriftlichkeit zur Erreichung des Formzweckes (oben Rn. 21) nicht bedarf.[24] Dies ist hier der Fall: Ebenso wie Art. 28 Abs. 9, 30 Abs. 3 und ErwG 32 dient Art. 27 mit der schriftlichen Benennung nach Abs. 1 dem Nachweis einer verordnungskonformen Verarbeitung und stärkt damit die Durchsetzung der DS-GVO insgesamt (oben Rn. 1 f.). Hierfür bedarf es nach dem Willen des Gesetzgebers aber keiner zwingenden Schriftlichkeit, was letztlich auch die Möglichkeit zur formfreien Benennung des Datenschutzbeauftragten nach Art. 37 Abs. 1 (dazu Art. 37 Rn. 20) selbst bei einer obligatorischen Benennungspflicht bestätigt. Ob es sich beim fehlenden Zusatz „auch in einem elektronischen Format" zudem um ein Redaktionsversehen handelt,[25] ist dann nicht mehr von Bedeutung, bestätigt aber das Ergebnis der Auslegung von Abs. 1 nach dem Normzweck.

Konkretisierungen von „schriftlich" kennt die DS-GVO nicht (oben Rn. 23). ErwG 58 **27** stellt klar, dass das elektronische Format (dort ungenau als „elektronische Form" bezeichnet) auch bei der Bereitstellung von Informationen auf einer Website eingehalten werden kann. Damit geht das elektronische Format in der DS-GVO deutlich

---

23 Offen gelassen von Paal/Pauly-*Martini* Art. 27 Rn. 18; *Kühn* CR 2017, 834, 836, spricht vom Wegfall des konstitutiven Schriftformerfordernisses in Art. 28 Abs. 9 gegenüber § 11 Abs. 2 S. 1 BDSG.

24 NomosKommentar-BGB-Noack/Kremer § 126b Rn. 6 m.w.N. zum Streitstand.

25 So, aber mit anderem Ergebnis Paal/Pauly-*Martini* Art. 27 Rn. 18.

über das herrschende, gleichwohl unzutreffende Verständnis von der Textform in § 126b BGB hinaus, wonach Websites mangels Verkörperung des Erklärungsinhalts beim Erklärungsempfänger der Textform nicht genügen.[26] Erfasst mithin das elektronische Format auch Websites[27] und sind Schriftlichkeit und elektronisches Format grundsätzlich gleichwertig (oben Rn. 25), ergibt sich hieraus, dass jedwede Verkörperung des Erklärungsinhalts für die Formerfordernisse der DS-GVO genügt. Schriftlichkeit, die auch in einem elektronischen Format erfolgen kann, liegt mithin bei jeder dokumentierten, nicht nur mündlich erteilten Erklärung vor, gleich ob es sich um eine Wissens- oder Willenserklärung handelt.[28] Hiermit wird dem von der DS-GVO allein verfolgten Nachweiszweck (oben Rn. 25) vollständig entsprochen.[29] Einer eigenhändigen Unterschrift oder qualifizierten elektronischen Signatur zwecks Übereilungsschutz oder Verifikation der Erklärenden bedarf es nicht.[30]

III. Abs. 2: Ausnahmen von der Benennungspflicht

28 Abs. 2 legt fest, wann ausnahmsweise von der Benennungspflicht nach Abs. 1 abgesehen werden kann (zu Änderungen der Ausnahmen im Gesetzgebungsverfahren oben Rn. 12). Keine Benennungspflicht besteht alternativ bei einer Verarbeitung i.S.d. Abs. 1 (dazu oben Rn. 18), die (a) gelegentlich erfolgt, nicht die umfangreiche Verarbeitung besonderer Datenkategorien im Sinne des Art. 9 Abs. 1 oder die umfangreiche Verarbeitung personenbezogener Daten über strafrechtliche Verurteilungen und Straftaten im Sinne des Art. 10 einschließt und unter Berücksichtigung der Art, der Umstände, des Umfangs und der Zwecke der Verarbeitung voraussichtlich nicht zu einem Risiko für die Rechte und Freiheiten natürlicher Personen führt (unten Rn. 30 ff.), oder (b) durch Behörden oder öffentliche Stellen (unten Rn. 40 ff.).

29 Bei den beiden in Abs. 2 geregelten Fällen geht der Gesetzgeber davon aus, dass bei der Verarbeitung personenbezogener Daten durch einen Verantwortlichen oder Auftragsverarbeiter mit Niederlassung außerhalb der Union auch ohne Benennung eines Vertreters das mit der DS-GVO verfolgte Schutzniveau nicht unterlaufen wird (oben Rn. 2).[31] Als Ausnahmevorschrift ist Abs. 2 eng auszulegen und restriktiv anzuwenden.[32]

---

26 Zu Websites als Textform h.M. *EuGH* v. 5.7.2012 – C-49/11, ECLI:EU:C:2012:126, Content Services; *BGH* v. 15.5.2014 – III ZR 368/13, K&R 2014, 519; *BGH* v. 29.4.2010 – I ZR 66/08, CR 2010, 804, Rn 19 (Holzhocker); vermittelnd für den Fall, dass die Erklärung in einem dem Erklärungsempfänger zugeordneten persönlichen Bereich auf der Website eingestellt wird, *EFTA-Gerichtshof* v. 27.1.2010 – E-4/09, Rn 31, 62 ff; a.A. und ausführlich zum Streitstand NomosKommentar-BGB-*Noack/Kremer* § 126b Rn. 21 ff.; *Kremer/Schmidt* CR 2014, 228, 230.

27 Ebenso *Laue/Nink/Kremer* Das neue Datenschutzrecht in der betrieblichen Praxis, Kap. 2 Rn. 5 ff.

28 Enger beschränkt auf Textform Gola-*Piltz* Art. 27 Rn. 15; Ehmann/Sedlmayr-*Bertermann* Art. 28 Rn. 9; Plath-*Plath* Art. 28, Rz. 17; Forgó/Helfrich/Schneider-*Schneider* Betrieblicher Datenschutz, Kap. 2 Rn. 27; Kühling/Buchner-*Hartung* Art. 28 Rn. 96; *Eckhardt* CCZ 2017, 111 (116); a.A. für Schriftform und qualifizierte elektronische Signatur BeckOK DatenSR-*Spoerr* Art. 28 Rn. 103; vermittelnd *Kühn* CR 2017, 834, 836.

29 Ebenso für die Einwilligung *Thüsing/Schmidt/Forst* RDV 2017, 116, 121; ähnlich mit dem Ergebnis Textform ausreichend Gola-*Piltz* Art. 27 Rn. 14.

30 A.A. ausdrücklich BeckOK DatenSR-*Spoerr* Art. 28 Rn. 103.

31 Paal/Pauly-*Martini* Art. 27 Rn. 28.

32 Gola-*Piltz* Art. 27 Rn. 20.

1. Abs. 2 lit. a: Ausnahme bei gelegentlicher Verarbeitung ohne Risiken für natürliche Personen. Abs. 2 lit. a ist sprachlich unglücklich formuliert.[33] Die Ausnahme soll greifen, wenn folgende Tatbestandsmerkmale kumulativ vorliegen: (a) die Verarbeitung erfolgt gelegentlich, (b) die Verarbeitung schließt nicht die umfangreiche Verarbeitung personenbezogener Daten i.S.d. Art. 9 Abs. 1 oder alternativ die umfangreiche Verarbeitung personenbezogener Daten i.S.d. Art. 10 ein, und (c) die Verarbeitung führt unter Berücksichtigung der Art, der Umstände, des Umfangs und der Zwecke der Verarbeitung voraussichtlich nicht zu einem Risiko für die Rechte und Freiheiten natürlicher Personen.[34] 30

Ein anderes Verständnis, wonach die Merkmale (a) und (b) in einem Alternativverhältnis zueinanderstehen und für das Vorliegen der Ausnahme nur eines der dortigen Merkmale kumulativ mit dem Merkmal (c) vorliegen muss,[35] mag nach dem Satzbau von Abs. 2 lit. a begründbar sein, passt aber nicht zu dem insoweit eindeutig formulierten Art. 30 Abs. 5 (dazu Art. 30 Rn. 85 f., unten Rn. 32) und stünde auch im Widerspruch zur englischen Sprachfassung mit der dortigen Interpunktion.[36] Vielmehr wollte der Gesetzgeber hier auch ausweislich der Historie von Art. 27 Abs. 2 (oben Rn. 12) die Ausnahme in Abs. 2 lit. a) von mehreren, nacheinander geschalteten Wertungskategorien abhängig machen.[33] Eine andere Auslegung könnte insbesondere zu dem Ergebnis führen, dass auch bei einer nur gelegentlichen Verarbeitung besonderer Kategorien personenbezogener Daten i.S.d. Art. 9 Abs. 1 oder bei einer nur gelegentlichen Verarbeitung personenbezogener Daten über strafrechtliche Verurteilungen und Straftaten (dazu Art. 10 Rn. 3) die Benennungspflicht aus Abs. 1 (oben Rn. 19 ff.) entfiele, obwohl die Durchsetzung der DS-GVO und damit der Normzweck von Art. 27 (oben Rn. 2) in diesem Fall gerade die Benennung eines Vertreters gebietet. 31

a) Gelegentliche Verarbeitung. Art. 30 Abs. 5 entbindet ähnlich wie Abs. 2 lit. a Verantwortliche und Auftragsverarbeiter in bestimmten Fällen von der Pflicht zum Führen eines Verzeichnisses von Verarbeitungstätigkeiten, es sei denn die Verarbeitung erfolgt nicht nur gelegentlich (dazu Art. 30 Rn. 85). Die nur gelegentlich erfolgende Verarbeitung wird damit vom Gesetzgeber als weniger eingriffsintensiv verstanden, was auch durch ErwG 31 und ErwG 111 bestätigt wird. In diesen Fällen erscheint der mit der Benennung eines Vertreters verbundene, auch wirtschaftliche Aufwand für den Verantwortlichen oder Auftragsverarbeiter als nicht gerechtfertigt. 32

Erste Voraussetzung der in Abs. 2 lit. a formulierten Ausnahme ist als Positivmerkmal[37] die nur gelegentlich erfolgende Verarbeitung i.S.d. Art. 4 Nr. 2 (dazu Art. 4 Rn. 34 ff.). Gelegentlich ist ein weiterer unbestimmter Rechtsbegriff[38] in der DS-GVO und daher auszulegen. Angesichts der im Gesetzgebungsverfahren unternommenen, aber nicht die in DS-GVO übernommenen Versuche zur Konkretisierung des gelegentlich (oben Rn. 12) verbietet sich jeder Versuch, die gelegentliche Verarbeitung an 33

33 Paal/Pauly-*Martini* Art. 27 Rn. 32.

34 Ebenso Paal/Pauly-*Martini* Art. 27 Rn. 32; Plath-*Plath* Art. 27 Rn. 2; Kühling/Buchner-*Hartung* Art. 27 Rn. 7; *Datenschutzkonferenz* Kurzpapier Nr. 7, S. 2.

35 So wohl Gola-*Piltz* Art. 27 Rn. 20 ff.

36 Paal/Pauly-*Martini* Art. 27 Rn. 33.

37 Paal/Pauly-*Martini* Art. 27 Rn. 34.

38 Kühling/Buchner-*Hartung* Art. 27 Rn. 7.

quantitativen Parametern festzumachen.[39] Die damit einhergehende Rechtsunsicherheit wird sich nur über aufsichtsbehördliche und gerichtliche Entscheidungen oder Leitlinien des Ausschusses (dazu Art. 70 Rn. 9 ff.) dauerhaft beseitigen lassen.[40]

34 Die Einordnung einer Verarbeitung als gelegentlich hat mithin nach qualitativen Kriterien[41] und einem risikobasierten Ansatz[42] zu erfolgen. Im allgemeinen Sprachgebrauch meint gelegentlich, dass eine Verarbeitung „hin und wieder", „manchmal", oder „von Zeit zu Zeit" ausgeführt wird.[43] Aus der englischen Sprachfassung „occasional" und dem zugehörigen Substantiv „occasion" ergibt sich außerdem ein Verständnis von gelegentlich als anlassbezogen oder vereinzelt. Die Verarbeitung darf mithin zeitlich nur einen vorübergehenden, ggf. aber unregelmäßig wiederkehrenden Charakter haben[44] und eine für die Tätigkeit des Verantwortlichen oder Auftragsverarbeiters nur untergeordnete Bedeutung haben[41] (im Gegensatz zur Kerntätigkeit als Voraussetzung für die Benennungspflicht eines Datenschutzbeauftragten in Art. 37 Abs. 1 lit. b, lit. c, dazu Art. 37 Rn. 14 ff.). Dann entfällt über Abs. 2 lit. a die Benennungspflicht aus Abs. 1. Bei sich regelmäßig wiederholenden Verarbeitungen greift Abs. 2 lit. a demgegenüber nicht.[41]

b) keine Verarbeitung personenbezogener Daten i.S.v. Art. 9 Abs. 1 oder i.S.v. Art. 10.

35 Zweite Voraussetzung der in Abs. 2 lit. a formulierten Ausnahme ist als Negativmerkmal[45], dass die (nur gelegentliche, oben Rn. 32 ff.) Verarbeitung nicht die umfangreiche Verarbeitung besonderer Kategorien personenbezogener Daten i.S.d. Art. 9 Abs. 1 (dazu Art. 9 Rn. 30 ff.) oder alternativ die umfangreiche Verarbeitung personenbezogener Daten über strafrechtliche Verurteilungen und Straftaten (dazu Art. 10 Rn. 3) einschließt.

36 Allein die Verarbeitung personenbezogener Daten i.S.v. Art. 9 Abs. 1 oder Art. 10 ist nicht ausreichend, um die Ausnahme auszuschließen;[46] erforderlich ist hierfür eine umfangreiche Verarbeitung. Dies ist zugleich einer der Fälle, in denen nach Art. 35 Abs. 3 lit. b eine Datenschutz-Folgenabschätzung durch den Verantwortlichen erforderlich ist und ein Datenschutzbeauftragter nach Art. 37 Abs. 1 lit. c zu benennen ist. Der Begriff der umfangreichen Verarbeitung wird durch ErwG 91 konkretisiert, der zur Konkretisierung auf die quantitativen Elemente der Verarbeitung großer Mengen personenbezogener Daten von einer großen Zahl betroffener Personen abstellt. Anders als das qualitative Positivmerkmal gelegentlich (oben Rn. 32 ff.) handelt es sich bei dem Merkmal umfangreich um ein quantitatives Negativmerkmal. Die Intensität der Verarbeitung ist demgegenüber erst beim dritten Tatbestandsmerkmal von Abs. 2 lit. a (unten Rn. 39) zu berücksichtigen.[47] Zu den Details der Auslegung des Merkmals umfangreich siehe Art. 35 Rn. 71 und Art. 37 Rn. 17.

39 Paal/Pauly-*Martini* Art. 27 Rn. 35; Gola-*Piltz* Art. 27 Rn. 23.
40 Kritisch deshalb schon Art. 29 Gruppe, Stellungnahme 1/2012, WP 191, S. 16.
41 Paal/Pauly-*Martini* Art. 27 Rn. 36.
42 Dazu lesenswert *Veil* ZD 2015, 347.
43 Siehe Duden: https://www.duden.de/rechtschreibung/gelegentlich_zeitweise_bisweilen; Kühling/Buchner-*Hartung* Art. 27 Rn. 8.
44 Kühling/Buchner-*Hartung* Art. 27 Rn. 8.
45 Paal/Pauly-*Martini* Art. 27 Rn. 37.
46 Gola-*Piltz* Art. 27 Rn. 25.
47 a.A. für die Einbeziehung qualitativer Elemente beim Begriff umfangreich Paal/Pauly-*Martini* Art. 27 Rn. 39.

c) Voraussichtlich keine Risiken für Rechte und Freiheiten natürlicher Personen. Dritte und letzte Voraussetzung der in Abs. 2 lit. a formulierten Ausnahme ist als weiteres Negativmerkmal, dass die Verarbeitung unter Berücksichtigung der Art, der Umstände, des Umfangs und der Zwecke der Verarbeitung voraussichtlich nicht zu einem Risiko für die Rechte und Freiheiten natürlicher Personen führt. Hierbei handelt es sich um eine dem risikobasierten Ansatz der DS-GVO Rechnung tragende Generalklausel,[48] die eine Prognoseentscheidung[49] durch den Verantwortlichen oder Auftragsverarbeiter (oben Rn. 18) über die mit der gelegentlichen (oben Rn. 32 ff.), nicht umfangreichen (oben Rn. 35 f.) Verarbeitung verbundenen Risiken verlangt. **37**

Die Formulierung, wonach es „voraussichtlich nicht zu einem Risiko für die Rechte und Freiheiten natürlicher Personen" kommen darf, wird auch in Art. 33 Abs. 1 genutzt, um die Ausnahme von der Pflicht zur Meldung einer Verletzung des Schutzes personenbezogener Daten i.S.d. Art. 4 Nr. 12 (dazu Art. 4 Rn. 172 ff.) durch den Verantwortlichen zu beschreiben (dazu Art. 33 Rn. 44 ff., ähnlich Art. 30 Abs. 5, dazu Art. 30 Rn. 85). Gemeint ist mit „nicht zu einem Risiko führt" jedoch kein Null-Risiko der Verarbeitung;[49] ein solches wäre auch bei einer Prognoseentscheidung stets ausgeschlossen mit der Folge, dass die Ausnahme von der Benennungspflicht in Abs. 2 lit. a niemals Anwendung finden könnte. Ausreichend ist demnach, wenn nach der Abwägung ein voraussichtlich geringes Risiko für die Rechte und Freiheiten natürlicher Personen verbleibt, also die Wahrscheinlichkeit des Schadenseintritts einschließlich der dann zu erwartenden Schadenshöhe[50] nicht zu hohen Risiken führt (zum Begriff hohes Risiko Art. 34 Rn. 2 ff. und Art. 35 Rn. 48). Zu den Details der Auslegung von „voraussichtlich nicht zu einem hohen Risiko führend" siehe Art. 33 Rn. 48 ff. **38**

Bei der Risikobewertung sind Art, Umstände, Umfang und Zwecke der Verarbeitung zu berücksichtigen. Hierbei handelt es sich um quantitative und qualitative, gleich zu gewichtende Bewertungsmerkmale (oben Rn. 36 und Art. 24 Rn. 16). In die Bewertung einfließen muss insbesondere die Intensität der Verarbeitung aus Sicht der betroffenen natürlichen Personen.[51] Diese Merkmale sind auch für die Ermittlung der vom Verantwortlichen nach Art. 24 Abs. 1 für eine verordnungskonforme Verarbeitung umzusetzenden, geeigneten technischen und organisatorischen Maßnahmen zu berücksichtigen (dazu Art. 24 Rn. 16), ebenso für die vom Verantwortlichen und vom Auftragsverarbeiter nach Art. 32 Abs. 1 zur Gewährleistung eines dem Risiko angemessenen Schutzniveaus zu treffenden technischen und organisatorischen Maßnahmen. Zu den Details der Bewertungsmerkmale siehe ausführlich Art. 32 Rn. 70 ff. **39**

2. Abs. 2 lit. b: Ausnahme bei Behörden oder öffentlichen Stellen. Die Ausnahme von der Benennungspflicht in Abs. 2 lit. b geht auf den völkerrechtlichen Grundsatz „par in parem non habet imperium" zurück (Gleiche haben über Gleiche keine Macht)[52] und ist Ausdruck der souveränen Gleichheit aller Staaten.[53] **40**

Behörde und öffentliche Stelle sind als unionsrechtliche Begriffe autonom ohne Rückgriff auf § 1 Abs. 4 VwVfG auszulegen (ebenso wie die Schriftlichkeit in Abs. 1, oben **41**

48 Paal/Pauly-*Martini* Art. 27 Rn. 42 f.
49 Kühling/Buchner-*Hartung* Art. 27 Rn. 10.
50 Paal/Pauly-*Martini* Art. 27 Rn. 43.
51 Paal/Pauly-*Martini* Art. 27 Rn. 39, jedoch mit Verortung im Merkmal „umfangreich".
52 Erläuterung unter https://de.wikipedia.org/wiki/Par_in_parem_non_habet_imperium.
53 Paal/Pauly-*Martini* Art. 27 Rn. 44.

Rn. 24).[54] Der Begriff Behörde in der DS-GVO folgt dabei jedoch wie das deutsche Verwaltungsrecht und das BDSG a.F.[55] dem funktionalen Behördenbegriff. Behörden sind hiernach ungeachtet des Rechtsträgers und der Organisationsform alle öffentlichen und nicht-öffentlichen Stellen, die selbstständig Aufgaben der öffentlichen Verwaltung wahrnehmen.[54] Die Aufzählung Behörden oder öffentliche Stellen dient insoweit der Klarstellung, dass auch Stellen, die hoheitliche Aufgaben kraft einer formalen Aufgabenzuweisung übernehmen, ohne jedoch Behörde zu sein, in den Anwendungsbereich der Ausnahme in Abs. 2 lit. b fallen. Nicht erfasst sind demgegenüber dem unselbstständigen Verwaltungshelfer[56] gleichzustellende Werkzeuge von Behörden und öffentlichen Stellen; deren Verarbeitung dient ausschließlich nicht-öffentlichen Zwecken.

42 Zur Einordnung eines Verantwortlichen oder Auftragsverarbeiters als Behörde oder öffentliche Stelle i.S.v. Abs. 2 lit. a kommt es auf den Zweck der jeweiligen Verarbeitung an. Ob die Verarbeitung Außenwirkung entfaltet oder nach außen erkennbar der Wahrnehmung hoheitlicher Aufgaben dient, ist ohne Bedeutung.

IV. Abs. 3: Niederlassungsort des Vertreters

43 Abs. 3 legt fest, in welchem Mitgliedstaat der Vertreter niedergelassen sein muss. Im Übrigen stellt Art. 27 keine Anforderungen an die Person des Vertreters (oben Rn. 14, zur Abgrenzung vom Datenschutzbeauftragten oben Rn. 16 f.). Wird ein Vertreter benannt (zu den Voraussetzungen oben Rn. 18 ff.), der in einem nach Abs. 3 ungeeigneten Mitgliedsstaat niedergelassen ist, liegt eine Zuwiderhandlung gegen die sich aus Art. 27 ergebenden Pflichten vor[57] (zu möglichen Sanktionen unten Rn. 72 f.).

44 Der Vertreter muss in einem der Mitgliedstaaten niedergelassen sein, in denen sich die betroffenen Personen befinden, deren personenbezogene Daten im Zusammenhang mit den ihnen angebotenen Waren oder Dienstleistungen verarbeitet werden oder deren Verhalten beobachtet wird. Der Niederlassungsort des Vertreters folgt damit dem Aufenthaltsort der von der Verarbeitung durch den Verantwortlichen oder Auftragsverarbeiter (oben Rn. 11) betroffenen Personen: der Vertreter muss an einem der Marktorte niedergelassen sein, die wegen der Bezugnahme in Abs. 1 auf das Marktortprinzip in Art. 3 Abs. 2 (oben Rn. 18) überhaupt erst zur Benennungspflicht für den Vertreter geführt haben. Adressiert der Verantwortliche oder Auftragsverarbeiter mit seiner Verarbeitung mehrere Mitgliedstaaten, genügt ausweislich des eindeutigen Wortlauts von Abs. 3, dass der Vertreter seine Niederlassung in einem dieser Mitgliedstaaten hat. Der Verantwortliche oder Auftragsverarbeiter hat dann das Wahlrecht.

45 Die Anforderungen an die Niederlassung des Vertreters in der Union entsprechen denen für die Niederlassung des Verantwortlichen oder Auftragsverarbeiters nach Art. 3 Abs. 1; zu den Details des Begriffs Niederlassung ausführlich Art. 3 Rn. 15 ff.[58]

---

54 Paal/Pauly-*Martini* Art. 27 Rn. 45.
55 BeckOK DatenSR-*Hanloser* § 2 Rn. 10 ff.
56 Zum Begriff Münchener Kommentar BGB-*Papier/Shirvani*, § 839 Rn. 135 f.
57 Sydow-*Ingold* Art. 27 Rn. 7.
58 Zur Rechtsprechung zur DSRL vgl. etwa *EuGH* v. 13.5.2014 – C-131/12, ECLI:EU:C:2013:424, Google Spain and Google, Rn. 48 ff.; *EuGH* v. 15.2.1996 – C-53/95, ECLI:EU:C:1996:5, Inasti/Kemmler, Rn. 8.

V. Abs. 4: Aufgaben des Vertreters

Die dem Vertreter obliegenden Aufgaben werden von der DS-GVO nur grob umrissen. Nach Art. 4 Nr. 17 (oben Rn. 13) „vertritt" der Vertreter den Verantwortlichen oder Auftragsverarbeiter „in Bezug auf die ihnen jeweils nach dieser Verordnung obliegenden Pflichten". Abs. 4 spricht demgegenüber von einem Auftrag, der dem Vertreter vom Verantwortlichen oder Auftragsverarbeiter erteilt wird (zur Schriftlichkeit oben Rn. 19 ff.), unter dem der Vertreter „zusätzlich" zum Auftragsverarbeiter oder Verantwortlichen oder an seiner Stelle „insbesondere für Aufsichtsbehörden und betroffene Personen bei sämtlichen Fragen im Zusammenhang mit der Verarbeitung zur Gewährleistung der Einhaltung dieser Verordnung als Anlaufstelle [dient]". ErwG 80 (oben Rn. 3) ergänzt dies weiter um den Aspekt, dass der Vertreter „seine Aufgaben entsprechend dem [ihm erteilten] Mandat" auszuführen hat und dabei insbesondere mit „den zuständigen Aufsichtsbehörden in Bezug auf Maßnahmen [zusammenarbeitet], die die Einhaltung dieser Verordnung sicherstellen sollen". Außerdem sollte der Vertreter „Durchsetzungsverfahren" bei „Verstößen des Verantwortlichen oder Auftragsverarbeiters" unterworfen werden (zur Verantwortlichkeit und Haftung des Vertreters unten Rn. 63 ff.; zu gleichwohl möglichen rechtlichen Schritten gegen Verantwortlichen oder Auftragsverarbeiter unten Rn. 73). Die Aufgaben des Vertreters ergeben sich damit einerseits aus der DS-GVO (unten Rn. 47 ff.), andererseits aus dem ihm durch Verantwortlichen oder Auftragsverarbeiter erteilten Mandat (unten Rn. 61 f.). **46**

1. Gesetzliche Aufgaben des Vertreters. Aus Art. 4 Nr. 17, Abs. 4 und ErwG 80 ergeben sich folgende zwingende Aufgaben des Vertreters, die er entsprechend dem ihm erteilten Mandat (zur Erweiterung der Aufgaben des Vertreters durch den Auftrag unten Rn. 61 f.) auszuführen hat: (a) Anlaufstelle insbesondere für Aufsichtsbehörden und betroffene Personen bei Fragen im Zusammenhang mit der Gewährleistung einer verordnungskonformen Verarbeitung zusätzlich oder anstelle von Verantwortlichem oder Auftragsverarbeiter, (b) Vertretung des Verantwortlichen oder Auftragsverarbeiters in Bezug auf die ihnen durch die DS-GVO auferlegten Pflichten, und (c) Zusammenarbeit mit den zuständigen Aufsichtsbehörden in Bezug auf Maßnahmen zur Einhaltung der DS-GVO. **47**

a) Erfüllung der Aufgaben entsprechend dem erteilten Mandat. Wenn ErwG 80 die Beauftragung nach Abs. 4 dahingehend konkretisiert, dass der Vertreter „seine Aufgaben entsprechend dem [ihm erteilten] Mandat" auszuführen hat, ergibt sich hieraus zunächst, dass das Tätigwerden des Vertreters einen entsprechenden Auftrag von Verantwortlichem oder Auftragsverarbeiter voraussetzt. Dieser Auftrag ist zivilrechtlich das der Benennung zugrundeliegende Vertragsverhältnis zwischen Auftragsverarbeiter oder Verantwortlichem einerseits sowie dem Vertreter andererseits. Die Benennung und das Vertragsverhältnis sind zwei selbstständig nebeneinanderstehende Rechtsakte (sog. Trennungsprinzip)[59], können aber zusammenfallen, wenn sich die Erteilung des Auftrags auf die Benennung des Vertreters beschränkt (zur Schriftlichkeit nach Abs. 1 oben Rn. 19 ff., zum Auftrag unten Rn. 61 f.). **48**

59 Dazu für den Datenschutzbeauftragten Koreng/Lachenmann-*Kremer/Sander* Kap. B.I.1 Rn. 1.

49 Die Ausführung seiner Aufgaben entsprechend dem ihm erteilten Mandat bedingt weiterhin eine Weisungsgebundenheit des Vertreters gegenüber dem ihn beauftragenden Verantwortlichen oder Auftragsverarbeiter. Der Vertreter nach Art. 27 darf deshalb nicht als Stellvertreter i.S.d. § 164 Abs. 1 BGB missverstanden werden, der im Rahmen der ihm durch den Vertretenen eingeräumten Vertretungsmacht agiert und hierbei regelmäßig einen eigenen Entscheidungsspielraum hat.[60] Gleichzustellen ist der Vertreter eher mit dem Empfangs- und Erklärungsboten des Verantwortlichen oder Auftragsverarbeiters.[61]

50 **b) Anlaufstelle für Fragen im Zusammenhang mit einer verordnungsgemäßen Verarbeitung.** Aufgabe des Vertreters ist nach Abs. 4 das Tätigwerden als Anlaufstelle insbesondere für Aufsichtsbehörden und betroffene Personen bei sämtlichen Fragen im Zusammenhang mit der Verarbeitung zur Gewährleistung der Einhaltung der DS-GVO. Der Vertreter übernimmt damit für den Verantwortlichen oder Auftragsverarbeiter bei der Kommunikation innerhalb der Union eine Doppelfunktion. Er gewährleistet einerseits die horizontale Kommunikation zu den betroffenen Personen, aber auch zu anderen Verantwortlichen (insbesondere bei gemeinsam für die Verarbeitung Verantwortlichen nach Art. 26) und/oder zu anderen Auftragsverarbeitern (etwa bei Leistungsketten, dazu Art. 28 Rn. 134 ff.). Andererseits gewährleistet der Vertreter die vertikale Kommunikation für den Verantwortlichen oder Auftragsverarbeiter zu den Aufsichtsbehörden und dient insoweit der Erfüllung öffentlicher Aufgaben.[62]

51 Die Aufgabe als Anlaufstelle ist die eines Ansprechpartners. Gleich einem Empfangs- und Erklärungsboten steht der Vertreter Rede und Antwort für den Verantwortlichen oder Auftragsverarbeiter wegen aller die verordnungskonforme Verarbeitung betreffenden Fragen Dritter. Eine Befugnis zu Erklärungen mit Wirkung für oder gegen den vertretenen Verantwortlichen oder Auftragsverarbeiter ist mit dieser Funktion des Vertreters nicht verbunden (oben Rn. 49). Ebenso wenig ergibt sich aus der Tätigkeit als Anlaufstelle für Aufsichtsbehörden und betroffene Personen eine Zustellungsbevollmächtigung in gerichtlichen Verfahren (unten Rn. 60 f.).[63]

52 Abhängig von dem ihm erteilten Auftrag (unten Rn. 61 f. und Praxishinweise Rn. 78 f.) wird der Vertreter in seiner Aufgabe als Anlaufstelle nach Abs. 4 entweder zusätzlich zu dem Verantwortlichen oder Auftragsverarbeiter oder an seiner Stelle exklusiv tätig. Der Verantwortliche oder Auftragsverarbeiter ist insoweit in seiner Entscheidung frei. Die Entscheidung für oder gegen eine Exklusivität der Aufgabenwahrnehmung durch den Vertreter als Anlaufstelle für Dritte (oben Rn. 50) wirkt jedoch solange nur im Innenverhältnis, wie sie nicht gegenüber den jeweiligen Dritten kommuniziert worden ist, ohne dass es jedoch auf eine Kenntnisnahme dort ankommt.[64] Ansonsten könnte der Verantwortliche oder Auftragsverarbeiter durch eine (jedenfalls zunächst) nur ihm bekannte Benennung eines exklusiv als Anlaufstelle tätigen Vertreters dem Normzweck von Art. 27 zuwider (oben Rn. 2) die in seine Richtung bestehenden Kommunikationsmöglichkeiten (oben Rn. 50) einseitig beschränken. Denn anders als Art. 37 Abs. 7 für den Datenschutzbeauftragten (dazu Art. 37 Rn. 47 f.) kennt die DS-

---

60 Gola-*Piltz* Art. 27 Rn. 33.
61 Paal/Pauly-*Martini* Art. 27 Rn. 50.
62 *Koós/Englisch* ZD 2014, 279.
63 A.A. Paal/Pauly-Martini Art. 27 Rn. 50; BeckOK DatenSR-*Hanloser* Art. 17 Rn. 15.
64 A.A. Paal/Pauly-*Martini* Art. 27 Rn. 50.

GVO keine Verpflichtung zur Veröffentlichung oder Mitteilung der Kontaktdaten des Vertreters (ausgenommen gegenüber betroffenen Personen nach Art. 13 Abs. 1 lit. a, dazu Art. 13 Rn. 34, oder Art. 14 Abs. 1 lit. a, dazu Art. 14 Rn. 26 f.).

Die Festlegung, ob der Vertreter zusätzlich neben dem Verantwortlichen oder Auftragsverarbeiter oder an dessen Stelle als Anlaufstelle tätig wird, soll sich aus der Benennung ergeben (oben Rn. 19). Fehlt es an der Festlegung, ist die Benennung gleichwohl nicht unwirksam (zu den Rechtsfolgen einer unwirksamen Benennung unten Rn. 74 f.). In diesem Fall ist davon auszugehen, dass die Tätigkeit als Anlaufstelle durch den Vertreter zusätzlich zu dem Verantwortlichen oder Auftragsverarbeiter geschieht; hierdurch werden mit Blick auf den Normzweck von Art. 27 (oben Rn. 2) die Kommunikationsmöglichkeiten zum Verantwortlichen oder Auftragsverarbeiter hin erweitert, nicht beschränkt. **53**

c) Vertretung des Verantwortlichen oder Auftragsverarbeiters. Art. 4 Nr. 17 (oben Rn. 13 ff.) spricht abweichend vom Wortlaut des Abs. 4 (oben Rn. 50) dem Vertreter die Aufgabe zu, „den Verantwortlichen oder Auftragsverarbeiter in Bezug auf die ihnen jeweils nach dieser Verordnung obliegenden Pflichten [zu vertreten]." Mit dem weisungsgebundenen Tätigwerden des Vertreters innerhalb des ihm vom Verantwortlichen oder Auftragsverarbeiter erteilten Mandats (oben Rn. 48 f.) wäre jedoch eine im Sinne des deutschen Rechts verstandene Tätigkeit als Stellvertreter des Verantwortlichen oder Auftragsverarbeiters nicht vereinbar (oben Rn. 49, 51). Eine Erweiterung des Aufgabenkreises aus Abs. 4 (oben Rn. 50 ff.) ist deshalb mit der abweichenden Formulierung in der Begriffsbestimmung in Art. 4 Nr. 17 nicht verbunden (dazu Art. 4 Rn. 235 ff.). **54**

d) Zusammenarbeit mit den Aufsichtsbehörden bei Maßnahmen und Durchsetzungsverfahren. ErwG 80 beschreibt als Aufgabe des Vertreters abweichend vom Wortlaut von Abs. 4 (oben Rn. 50 ff.) und Art. 4 Nr. 17 (oben Rn. 54) ergänzend die Verpflichtung, „entsprechend dem Mandat" (dazu oben Rn. 48 f., Rn. 61 f., Praxishinweise unten Rn. 78 f.) „mit den zuständigen Aufsichtsbehörden in Bezug auf Maßnahmen, die die Einhaltung dieser Verordnung sicherstellen, zusammen[zu]arbeiten". Zudem sollte der Vertreter nach ErwG 80 bei „Verstößen des Verantwortlichen oder Auftragsverarbeiters [...] Durchsetzungsverfahren unterworfen" werden. **55**

Maßnahmen zur Sicherstellung einer verordnungskonformen Verarbeitung sind alle von Aufsichtsbehörden im Zusammenhang mit der Erfüllung ihrer Aufgaben nach Art. 57 in Ausübung ihrer Befugnisse aus Art. 58 ergriffenen Handlungen. Solche Maßnahmen stehen jedoch stets „im Zusammenhang mit der Verarbeitung zur Gewährleistung der Einhaltung dieser Verordnung" i.S.v. Abs. 4. Die Verpflichtung zur Zusammenarbeit mit der Aufsichtsbehörde bei derartigen Maßnahmen ist damit ein Teilbereich der dem Vertreter als Anlaufstelle nach Abs. 4 ohnehin obliegenden Aufgaben (oben Rn. 50 ff.), die durch Art. 31 noch einmal ausdrücklich festgeschrieben wird (dazu Art. 31 Rn. 20 ff.). **56**

Die Unterwerfung des Vertreters bei Durchsetzungsverfahren wegen Verstößen des Verantwortlichen oder Auftragsverarbeiters betrifft die Verantwortlichkeit des Vertreters für vom Verantwortlichen oder Auftragsverarbeiter zu verantwortende Verletzungen der DS-GVO, nicht die Aufgaben dies Vertreters. Die englische Sprachfassung von ErwG 80 spricht ausdrücklich von „enforcement proceedings in the event of non-compliance by the controller or processor". Dazu ausführlich unten Rn. 63 ff. **57**

e) Führen und zur Verfügung stellen des Verzeichnisses von Verarbeitungstätigkeiten.

58 Art. 30 Abs. 1, Abs. 2 und Abs. 4 konkretisieren die dem Vertreter mit seiner Tätigkeit als Anlaufstelle nach Abs. 4 auferlegten Aufgaben (oben Rn. 50 ff.). Nach Art. 30 Abs. 1 bzw. Abs. 2 ist der Vertreter verpflichtet, das Verzeichnis von Verarbeitungstätigkeiten des Verantwortlichen bzw. Auftragsverarbeiters (zusätzlich oder an Stelle des Verantwortlichen bzw. Auftragsverarbeiters, oben Rn. 52 f.) zu führen und dieses in dem sich aus Art. 30 Abs. 4 ergebenden Umfang der Aufsichtsbehörde auf Anfrage zur Verfügung zu stellen (dazu Art. 30 Rn. 84).

59 **f) Zustellungsbevollmächtigung nach § 44 Abs. 3 BDSG n.F.** § 44 Abs. 3 BDSG fingiert eine Zustellungsbevollmächtigung des Vertreters i.S.d. § 171 ZPO für den Verantwortlichen oder Auftragsverarbeiter ausschließlich[65] im zivilgerichtlichen Verfahren, wenn der Verantwortliche oder Auftragsverarbeiter von einer betroffenen Person an einem Gerichtsstand i.S.d. § 44 Abs. 1 BDSG verklagt wird. Ausweislich der Gesetzesbegründung soll diese „sachgerechte" Regelung praktische Schwierigkeiten bei der grenzüberschreitenden Zustellung einer Klage in einem Drittland vermeiden.[66] Ungeachtet dessen sind die Gerichte ausweislich § 44 Abs. 3 S. 2 BDSG berechtigt, den Verantwortlichen oder Auftragsverarbeiter zur Benennung eines Zustellungsbevollmächtigten nach § 184 ZPO aufzufordern. Erfolgt eine solche Aufforderung durch das Gericht, kommt der Verantwortliche oder Auftragsverarbeiter dem jedoch nicht nach, kann das Gericht hiernach gemäß § 184 Abs. 1 S. 2, Abs. 2 ZPO die Zustellung durch Aufgabe eines Schriftstücks unter der Anschrift der Partei zur Post bewirken, ebenso aber auch durch Zustellung an den Vertreter.

60 Anders als für § 44 Abs. 1, Abs. 2 BDSG benennt die Gesetzesbegründung keine Grundlage für die mit § 44 Abs. 3 BDSG vorgenommene Aufgabenzuweisung zum Vertreter.[67] Dies mag daran liegen, dass es eine solche Grundlage nicht gibt. Zwar ist der Gesetzesbegründung zuzustimmen, dass die Anordnung einer solchen Bevollmächtigung für den Vertreter praktische Schwierigkeiten bei der Zustellung vermeidet (siehe auch unten Rn. 83). Gleichwohl verändert die Zustellungsbevollmächtigung die gesetzlichen Aufgaben des Vertreters über Abs. 4 hinaus (oben Rn. 47 ff.) und ignoriert, dass Rechtshandlungen mit Wirkung für oder gegen den vertretenen Verantwortlichen oder Auftragsverarbeiter durch oder gegenüber dem Vertreter nicht durch den Normzweck von Art. 27 (oben Rn. 2) gedeckt sind (oben Rn. 51).[68] Zustellungen von Gerichten an den Vertreter unter Bezugnahme auf § 44 Abs. 3 S. 1 BDSG wären deshalb unwirksam, weil § 44 Abs. 3 S. 1 BDSG mit Abs. 4 nicht vereinbar ist.

61 **2. Auftragsbezogene Aufgaben des Vertreters.** Neben die Benennung des Vertreters tritt selbstständig dessen Beauftragung durch den Verantwortlichen oder Auftragsverarbeiter als vertragliche Grundlage der Benennung (oben Rn. 48 f., Praxishinweis unten Rn. 78 f.). Ebenso wie beim Datenschutzbeauftragten (dazu Art. 39 Rn. 8) ist der Verantwortliche oder Auftragsverarbeiter frei darin, dem Vertreter über die gesetzlichen Aufgaben (oben Rn. 47 ff.) hinaus weitere Aufgaben zu übertragen (zu Grenzen der Tätigkeit des Vertreters bei gleichzeitiger Benennung als Datenschutzbeauftragter oben Rn. 16 f.) Diese vertraglich übernommenen zusätzlichen Aufgaben stehen jedoch

65 *Piltz* § 44 BDSG Rn. 29.
66 BT-Drucks. 18/11325, S. 111.
67 BT-Drucks. 18/11325, S. 110 f.
68 Ebenso *Piltz* § 44 BDSG Rn. 24.

selbstständig neben den gesetzlichen Aufgaben des Vertreters und haben auf das Verhältnis des Vertreters zu Dritten in seiner ihm durch Abs. 4 übertragenen Funktion als Anlaufstelle (oben Rn. 50 ff.) keine Auswirkungen.

Soweit die dem Vertreter vertraglich zugleich vom Verantwortlichen oder Auftragsverarbeiter übertragenen Aufgaben in einer (weiteren) Auftragsverarbeitung nach Art. 28 bestehen sollten, sind die sich hieraus ergebenden Aufgaben und Pflichten aus Art. 27 einerseits sowie andererseits aus Art. 28 in Verbindung mit dem jeweiligen Vertrag oder anderen Rechtsinstrument i.S.d. Art. 28 Abs. 3, Abs. 4 (dazu Art. 28 Rn. 85 ff.) jeweils vollständig von der beauftragten natürlichen oder juristischen Person (oben Rn. 15) zu erfüllen. Aus dem Auftrag (oben Rn. 48 f., Praxishinweise unten Rn. 78 f.) sollte sich dann ergeben, welche Aufgabe in welcher Rolle (Vertreter oder Auftragsverarbeiter) wahrgenommen wird. **62**

3. Verantwortlichkeit des Vertreters gegenüber Dritten. ErwG 80 sieht vor, dass der Vertreter „bei Verstößen des Verantwortlichen oder Auftragsverarbeiters […] Durchsetzungsverfahren unterworfen“ werden sollte (oben Rn. 46, 57) und knüpft damit an jedwede Verletzung der DS-GVO durch den Verantwortlichen oder Auftragsverarbeiter an (oben Rn. 57).[69] Demgegenüber sieht Art. 58 Abs. 1 lit. a vor, dass neben dem Verantwortlichen oder Auftragsverarbeiter unmittelbar der Vertreter im Rahmen der Untersuchungsbefugnisse der Aufsichtsbehörde von dieser angewiesen werden kann, „alle Informationen bereitzustellen, die für die Erfüllung ihrer Aufgaben erforderlich sind“. Bei der Verantwortlichkeit des Vertreters gegenüber Dritten ist mithin zwischen der Verantwortlichkeit für die verordnungskonforme Verarbeitung durch den Verantwortlichen oder Auftragsverarbeiter einerseits und der Verantwortlichkeit des Vertreters für sein eigenes Tun oder Unterlassen andererseits zu differenzieren.[70] Weitergehende Festlegungen hierzu enthält die DS-GVO jedoch ebenso wenig wie zuvor die DSRL oder das BDSG a.F. (oben Rn. 7, 10). **63**

a) Verantwortlichkeit für Zuwiderhandlungen von Verantwortlichem oder Auftragsverarbeiter. Aus seiner durch Abs. 4 ihm zur Realisierung des Normzwecks (oben Rn. 2) zugewiesenen Aufgabe als Anlaufstelle insbesondere für Aufsichtsbehörden und betroffene Personen, ebenso aber auch für andere als dem von ihm vertretenen Verantwortlichen oder Auftragsverarbeiter (oben Rn. 50 ff.), ergibt sich, dass der Vertreter eine Kommunikations- und Informationsfunktion wahrnehmen soll.[71] Dies geschieht weisungsabhängig innerhalb des dem Vertreter durch den Verantwortlichen oder Auftragsverarbeiter erteilten Mandats (oben Rn. 48 f.). Eine Haftung des Vertreters für eine etwaige „non-compliance“ von Verantwortlichem oder Auftragsverarbeiter, so die englische Sprachfassung von ErwG 80 (oben Rn. 57), scheidet deshalb aus.[72] **64**

Ein weiteres Verständnis von der Verantwortlichkeit des Vertreters wäre mit der DS-GVO im Übrigen nicht in Einklang zu bringen. Nach Art. 58 Abs. 1 lit. a stehen der Aufsichtsbehörde dem Vertreter gegenüber ausschließlich eine Untersuchungsbefugnis gerichtet auf Bereitstellung aller für die Erfüllung ihrer Aufgaben erforderlichen Informationen zu (oben Rn. 62, ausführlich dazu Art. 58 Rn. 51 ff.). Gegen den Vertre- **65**

69 BeckOK DatenSR-*Hanloser* Art. 27 Rn. 8.
70 *Piltz* K&R 2016, 709, 712.
71 Paal/Pauly-*Martini* Art. 27 Rn. 54.
72 Strittig, siehe dazu auch Gola-*Piltz* Art. 27 Rn. 34.

ter gerichtete Abhilfebefugnisse aus Art. 58 Abs. 2 bestehen demgegenüber nicht.[73] Auch die Verhängung von Geldbußen nach Art. 83 scheidet aus, da diese gemäß Art. 83 Abs. 2 S. 1, Abs. 3, Abs. 6 ausschließlich gegen Verantwortliche oder Auftragsverarbeiter, aber nicht gegen Vertreter verhängt werden können.[74] Spiegelbildlich hierzu gewährt Art. 82 Abs. 1 jeder Person einen Schadensersatzanspruch gegen den Verantwortlichen oder Auftragsverarbeiter, jedoch nicht gegen den Vertreter. Die DS-GVO spricht sich bewusst gegen eine Verantwortlichkeit und Haftung des Vertreters für Zuwiderhandlungen gegen die DS-GVO durch Verantwortlichen oder Auftragsverarbeiter aus. Der Vertreter steht damit nicht auf einer Stufe mit dem von ihm vertretenen Verantwortlichen oder Auftragsverarbeiter, was auch Abs. 5 bestätigt (unten Rn. 73).

66 Die gegenteilige Ansicht, wonach der Vertreter selbst nach seiner gemäß Abs. 1 erfolgten Benennung (oben Rn. 18 ff.) jedenfalls die Erfüllung der Rechte der betroffenen Personen gegenüber dem Verantwortlichen aus Art. 12 ff. schulde (insbesondere Information, Auskunft, Berichtigung, Löschung, Einschränkung der Verarbeitung und Datenübertragbarkeit), geht fehl.[75] Sie verkennt bereits, dass dem Vertreter ob seiner Aufgaben (oben Rn. 46 ff.) überhaupt nicht die Rechte gegenüber dem Verantwortlichen zustehen, die er zur Erfüllung der vorgenannten Rechte benötigt. Übersehen wird weiterhin, dass die Erfüllung von Ansprüchen betroffener Personen etwas anderes als die Tätigkeit als Anlaufstelle ist, deren Aufgabe nach dem Normzweck von Art. 27 insbesondere die Gewährleistung der Kommunikation vom und zum Verantwortlichen oder Auftragsverarbeiter durch den Vertreter gegenüber jedwedem Dritten ist (oben Rn. 2, 50, 63). Wer dem Vertreter eine selbstständige Verantwortlichkeit neben dem Verantwortlichen oder Auftragsverarbeiter für dessen Zuwiderhandlungen zusprechen will, interpretiert damit letztlich den von der DS-GVO gewollten Boten-Vertreter in einen rechtlichen Vertreter i.S.d. deutschen Zivilrechts um, ohne dass dies nach dem Normzweck von Art. 27 geboten ist. Eine Erfüllung von Rechten betroffenen Personen i.S.d. Art. 12 ff. durch einen anderen als den nicht in der Union niedergelassenen Verantwortlichen kommt deshalb ausschließlich in Betracht, wenn der Verantwortliche diese ihm obliegende Pflicht – unabhängig von der Benennung eines Vertreters – an einen anderen gemeinsam Verantwortlichen i.S.d. Art. 26 Abs. 1 (dazu Art. 26 Rn. 11 ff.) oder einen Auftragsverarbeiter i.S.d. Art. 28 weitergibt. Zum Tätigwerden einer natürlichen oder juristischen Person als Vertreter und Auftragsverarbeiter für einen Verantwortlichen oder Auftragsverarbeiter oben Rn. 62.

67 Die in ErwG 80 getroffene Formulierung, wonach der Vertreter bei Verstößen des Verantwortlichen oder Auftragsverarbeiters Durchsetzungsverfahren unterworfen werden kann, ist deshalb unglücklich gewählt, weil sie außerhalb von Art. 58 Abs. 1 lit a (oben Rn. 62, 65) keine weitere Umsetzung in der DS-GVO findet. Sie kann sich deshalb bezogen auf die Aufsichtsbehörden ausschließlich auf die Bereitstellung der erforderlichen Informationen für die Erfüllung von deren Aufgaben beziehen, die von der Aufsichtsbehörde sodann zur Durchsetzung von Ansprüchen gegen den Verantwortlichen oder Auftragsverarbeiter genutzt werden können. Im Übrigen scheiden jedoch angesichts des eindeutigen Wortlauts von Art. 58 Abs. 2, 82, 83 (oben Rn. 65)

---

73 Ebenso *Piltz* K&R 2016, 709, 712.
74 Ebenso Kühling/Buchner-*Hartung* Art. 27 Rn. 18.
75 BeckOK DatenSR-*Hanloser* Art. 27 Rn. 11.

Maßnahmen durch Aufsichtsbehörde oder andere Dritte (oben Rn. 50) gegenüber dem Vertreter wegen Zuwiderhandlungen durch den Verantwortlichen oder Auftragsverarbeiter aus.

b) Verantwortlichkeit für eigene Zuwiderhandlungen des Vertreters. Eigene Zuwiderhandlungen des Vertreters kommen in Betracht, wenn er seine gesetzlichen Aufgaben (oben Rn. 47 ff.) nicht, nicht vollständig oder nicht in der hierfür ggf. zu beachtenden Frist erfüllt. Überträgt der Verantwortliche oder Auftragsverarbeiter dem Vertreter zusätzliche Aufgaben, berührt dies nicht seine Verantwortlichkeit als Vertreter (oben Rn. 61 f.). **68**

aa) Verantwortlichkeit des Vertreters gegenüber Verantwortlichem oder Auftragsverarbeiter. Im Verhältnis zum Verantwortlichen oder Auftragsverarbeiter richtet sich die Verantwortlichkeit des Vertreters nach dem vertraglichen Innenverhältnis (oben Rn. 48, 61). Dabei wird es sich in der Regel ebenso wie beim Tätigwerden des Datenschutzbeauftragten um einen (entgeltlichen) Dienstvertrag i.S.d. § 611 BGB als Geschäftsbesorgungsvertrag i.S.d. § 675 Abs. 1 BGB handeln (dazu Art. 37 Abs. 6 Rn. 44).[76] Soweit sich der Vertreter jedoch im Rahmen der ihm vom Verantwortlichen oder Auftragsverarbeiter erteilten Weisungen zur Erledigung des ihm übertragenen Mandats gehalten hat (oben Rn. 49), dürfte seine Inanspruchnahme regelmäßig am fehlenden Verschulden scheitern. **69**

bb) Verantwortlichkeit des Vertreters gegenüber Dritten. Anders als gegenüber dem Verantwortlichen oder Auftragsverarbeiter, welcher den Vertreter benennt und ihm sein Mandat erteilt (oben Rn. 69), besteht zwischen dem Vertreter und Dritten (mit Ausnahme der Aufsichtsbehörde, dazu unten Rn. 71) wegen der ihm kraft Gesetzes obliegenden Aufgaben (oben Rn. 47 ff.) regelmäßig kein vertragliches oder gesetzliches Schuldverhältnis. Rechtliche Schritte wegen Zuwiderhandlungen des Vertreters gegen seine gesetzlichen Aufgaben sind deshalb gegen den jeweiligen Verantwortlichen oder Auftragsverarbeiter zu richten, was auch durch Art. 82, 83 (oben Rn. 65) bestätigt wird. Anders ist dies nur bei selbstständigen, deliktischen Handlungen des Vertreters, die zu Rechtsgutverletzungen bei Dritten führen. Dann kommen Schadensersatzansprüche insbesondere aus § 823 Abs. 1 BGB sowie ggf. Unterlassungs- und Beseitigungsansprüche aus § 1004 BGB i.V.m. § 823 Abs. 1 BGB in Betracht. **70**

Die Aufsichtsbehörde kann gegenüber dem Vertreter die Erfüllung der ihm durch Abs. 4 übertragenen Aufgabe als Anlaufstelle (oben Rn. 50 ff.) wegen der ihr insoweit durch Art. 58 Abs. 1 lit. a eingeräumten Untersuchungsbefugnisse (oben Rn. 62, 65, 67) ggf. auch mit Zwangsmitteln nach dem allgemeinen Verwaltungsverfahrensrecht durchsetzen. Die Vollstreckung eines titulierten Anspruchs auf Erzwingung der Handlung „Bereitstellung aller erforderlichen Informationen" vom Vertreter wird dabei gemäß § 169 Abs. 2 VwGO regelmäßig nach den landesrechtlichen Bestimmungen durchzuführen sein. Weitergehende Abhilfe- oder Sanktionsbefugnisse stehen der Aufsichtsbehörde jedoch mangels ihr insoweit durch die DS-GVO eingeräumter Befugnisse (oben **71**

---

76 Zum Datenschutzbeauftragten Koreng/Lachenmann-*Kremer/Sander* Formularhandbuch Datenschutz, Kap. B.I.1 Rn. 3; Vertragsmuster für externe Datenschutzbeauftragte bei Koreng/Lachenmann-*Kremer/Sander* Formularhandbuch Datenschutz, B.II.1 und B.II.2; Moos-*Henkel* Datennutzungs- und Datenschutzverträge, Teil 1, II.

Rn. 65) nicht zu.[77] Eine analoge Anwendung der gegenüber dem Verantwortlichen oder Auftragsverarbeiter bestehenden Abhilfe- oder Sanktionsbefugnisse scheidet mit Blick auf das aus Art. 49 GRCh abzuleitende[78] Analogieverbot aus.

cc) Verantwortlichkeit des Verantwortlichen oder Auftragsverarbeiters für Vertreter.

72 Eigene Zuwiderhandlungen des Vertreters (oben Rn. 68, ausgenommen bei deliktischem Handeln des Vertreters, oben Rn. 70) sind im Außenverhältnis wie Zuwiderhandlungen des den Vertreter beauftragenden Verantwortlichen oder Auftragsverarbeiters zu bewerten und können insoweit wegen der damit einhergehenden Verletzung von Art. 27 Gegenstand eigener rechtlicher Schritte Dritter (Art. 82) oder der Aufsichtsbehörden (Art. 58, 83) sein. Der Vertreter als Bote des Verantwortlichen oder Auftragsverarbeiters (oben Rn. 49) ist insoweit mit einem Erfüllungsgehilfen i.S.d. § 278 S. 1 BGB vergleichbar. Zur fortbestehenden Verantwortlichkeit für vom Vertreter unabhängige, nicht verordnungskonforme Verarbeitungen siehe Abs. 5 (unten Rn. 73).

VI. Abs. 5: Rechtliche Schritte gegen Vertretenen nach Benennung eines Vertreters

73 Abs. 5 enthält die Klarstellung, wonach die Benennung eines Vertreters durch den Verantwortlichen oder Auftragsverarbeiter keinen Einfluss auf etwaige rechtliche Schritte gegen den Verantwortlichen oder Auftragsverarbeiter selbst hat. Da Abs. 4 die Aufgaben des Vertreters auf Kommunikation und Information beschränkt (oben Rn. 46 ff.), der Vertreter keine Erklärungen mit Wirkung für oder gegen den Verantwortlichen abgibt (oben Rn. 51) und er für Zuwiderhandlungen des Verantwortlichen oder Auftragsverarbeiters nicht haftet (oben Rn. 74), hat Abs. 5 ausschließlich deklaratorische Wirkung.

VII. Rechtsfolgen bei Missachtung

74 Ein Verstoß gegen Art. 27 liegt vor, wenn trotz Benennungspflicht ein Vertreter nicht benannt wird oder die Benennung unwirksam ist; letzteres kann insbesondere bei einer Kollision mit der Tätigkeit als Datenschutzbeauftragter (oben Rn. 17) oder bei fehlender Schriftlichkeit der Benennung (oben Rn. 19 ff.) gegeben sein.

75 Zuwiderhandlungen gegen Art. 27 können anders als noch in DSRL und BDSG a.F. (oben Rn. 7, Rn. 10) nach Art. 83 Abs. 4 lit. a mit Geldbußen von bis zu 10 000 000 EUR oder im Fall eines Unternehmens i.S.d. Art. 4 Nr. 18 (dazu Art. 4 Rn. 243 ff.) von bis zu 2% des gesamten weltweit erzielten Jahresumsatzes des vorangegangenen Geschäftsjahrs sanktioniert werden (dazu Art. 83 Rn. 76 ff.). Daneben stehen der Aufsichtsbehörde die Untersuchungsbefugnisse nach Art. 58 Abs. 1 sowie die Abhilfebefugnisse nach Art. 58 Abs. 2 im Zusammenhang mit den Pflichten des Verantwortlichen oder Auftragsverarbeiters aus Art. 27 zu.

C. Praxishinweise

I. Relevanz für öffentliche Stellen

76 Nach Abs. 2 lit. b sind Behörden und öffentliche Stellen von der Pflicht zur Benennung eines Vertreters befreit (dazu oben Rn. 28 f., 40 ff.). Art. 27 hat deshalb für Behörden und öffentliche Stellen keine Bedeutung.

---

77 Kühling/Buchner-*Hartung* Art. 27 Rn. 18.

78 Meyer-*Eser* Art. 49 Rn. 23.

II. Relevanz für nichtöffentliche Stellen

Art. 27 ist von allen außerhalb der Union niedergelassenen Verantwortlichen oder Auftragsverarbeitern zwingend zu beachten, die über das Marktortprinzip in Art. 3 Abs. 2 in den räumlichen Anwendungsbereich der DS-GVO fallen (oben Rn. 18). **77**

Neben der schriftlichen Benennung i.S.d. Abs. 1 (oben Rn. 19 ff.) sollte ergänzend zur Benennung ein Dienstvertrag (oben Rn. 69) zwischen Verantwortlichem oder Auftragsverarbeiter als Geschäftsherrn und Vertreter als Geschäftsbesorger abgeschlossen werden, aus dem sich der – ggf. über Abs. 4 hinausgehende (oben Rn. 61 f.) – Auftrag des Vertreters ergeben sollte (oben Rn. 48 f.). In dem Vertrag sollten weiterhin mindestens die Stellung des Vertreters im Innenverhältnis sowie die Verantwortlichkeit und Haftung der Beteiligten geregelt sein. **78**

Wer als Vertreter tätig wird, sollte wegen der damit einhergehenden Haftungsrisiken (oben Rn. 63 ff.) prüfen, ob diese Tätigkeit versicherbar ist. Dies gilt auch, wenn bereits eine Versicherung für die Tätigkeit als externer Datenschutzbeauftragter besteht; regelmäßig erfasst diese nicht zugleich auch die Tätigkeit als Vertreter i.S.d. Art. 27 für Dritte (zur Abgrenzung oben Rn. 16 f.). **79**

Eine Pflicht des Verantwortlichen oder Auftragsverarbeiters zur Information Dritter, insbesondere der Aufsichtsbehörden, über die Benennung eines Vertreters besteht ausschließlich gegenüber betroffenen Personen bei Erfüllung der Informationspflichten aus Art. 13, 14 (oben Rn. 52; anders Art. 26 Abs. 2 S. 2 bei gemeinsam für die Verarbeitung Verantwortlichen, dazu Art. 26 Rn. 42 ff., und Art. 37 Abs. 7 bei der Benennung des Datenschutzbeauftragten, dazu Art. 37 Rn. 47 f.). Wird der Vertreter jedoch als Anlaufstelle i.S.d. Abs. 4 (oben Rn. 50 ff.) anstelle des Verantwortlichen oder Auftragsverarbeiters benannt, wirkt die Exklusivität der Benennung solange nur im Innenverhältnis, wie sie Dritten nicht kommuniziert worden (oben Rn. 52). In den Fällen einer exklusiven Tätigkeit des Vertreters anstelle von Verantwortlichem oder Auftragsverarbeiter empfiehlt sich deshalb eine aktive Kommunikation der Benennung an alle relevanten Dritten (z.B. über die Website). **80**

III. Relevanz für betroffene Personen

Der Vertreter ist nach Abs. 4 insbesondere Anlaufstelle für betroffene Personen (oben Rn. 50 ff.). Dies kann er zusätzlich oder an Stelle des Verantwortlichen oder Auftragsverarbeiters sein (oben Rn. 52 f.). Solange betroffenen Personen die Benennung eines Vertreters nicht kommuniziert worden ist (insbesondere bei Erfüllung der Informationspflichten aus Art. 13, 14, oben Rn. 52), sind betroffene Personen berechtigt, sich jederzeit auch unmittelbar an den Verantwortlichen oder Auftragsverarbeiter zu wenden. **81**

Rechtliche Schritte gegen den Vertreter durch betroffene Personen wegen seiner gesetzlichen Aufgaben als Vertreter scheiden regelmäßig ebenso aus (oben Rn. 70 f.) wie rechtliche Schritte gegen den Vertreter wegen Zuwiderhandlungen gegen die DS-GVO durch den vertretenen Verantwortlichen oder Auftragsverarbeiter (oben Rn. 64 ff.). Rechtliche Schritte sind deshalb stets gegen den Verantwortlichen oder Auftragsverarbeiter selbst zu richten, was Abs. 5 (oben Rn. 73) deklaratorisch bestätigt. Ausnahmen sind nur bei einem selbstständigen, deliktischen Handeln des Vertreters außerhalb der ihm durch Abs. 4 übertragenen Aufgaben denkbar (oben Rn. 70). **82**

IV. Relevanz für Aufsichtsbehörden

83 Zuwiderhandlungen gegen Art. 27 durch Verantwortliche oder Auftragsverarbeiter werden anders als noch durch DSRL und BDSG a.F. (oben Rn. 7, 10) durch die DS-GVO sanktioniert und können durch die Aufsichtsbehörde verfolgt werden (oben Rn. 74 f.). An dem bereits vor der DS-GVO bekannten Durchsetzungsproblemen gegenüber außerhalb der Union niedergelassenen Verantwortlichen oder Auftragsverarbeitern ändert sich hierdurch jedoch nichts. Wird trotz einer diesbezüglichen Pflicht kein Vertreter benannt, wäre die Zuwiderhandlung gegenüber dem Verantwortlichen oder Auftragsverarbeiter außerhalb der Union durchzusetzen.

84 Gegenüber dem Vertreter selbst besteht ausschließlich die Untersuchungsbefugnis aus Art. 58 Abs. 1 lit. a) (oben Rn. 65, 67). Dieser auf Informationserteilung gerichtete Anspruch kann ggf. auch zwangsweise durchgesetzt werden (oben Rn. 71). Andere Befugnisse der Aufsichtsbehörden gegenüber dem Vertreter bestehen jedoch mangels entsprechender Festlegungen in der DS-GVO nicht (oben Rn. 71).

85 Wird der Aufsichtsbehörde bekannt, dass innerhalb einer Unternehmensgruppe eine natürliche oder juristische Person zugleich als Vertreter und als Datenschutzbeauftragter tätig wird, ist zu prüfen, ob wegen der Tätigkeit als Datenschutzbeauftragter eine Interessenkollision i.S.d. Art. 38 Abs. 6 vorliegt (dazu Art. 38 Rn. 26 ff.), welche der Tätigkeit dieser Person als Datenschutzbeauftragter entgegensteht (ausführlich oben Rn. 16 f.).

V. Relevanz für das Datenschutzmanagement

86 Verantwortliche oder Auftragsverarbeiter haben, ggf. auch für ihre gesamte Unternehmensgruppe i.S.v. Art. 4 Nr. 19, dazu Art. 4 Rn. 248 ff.), einen Prozess zu etablieren, der im Fall einer Benennungspflicht aus Abs. 1 deren Beachtung sicherstellt. Besteht eine Benennungspflicht, sind schriftliche Benennung und Auftragserteilung durchzuführen (oben Rn. 78). Der Vertreter ist dahingehend zu kontrollieren, ob er das ihm erteilte Mandat wie vom Verantwortlichen oder Auftragsverarbeiter vorgegeben erfüllt (oben Rn. 49).

Artikel 28 Auftragsverarbeiter

(1) Erfolgt eine Verarbeitung im Auftrag eines Verantwortlichen, so arbeitet dieser nur mit Auftragsverarbeitern, die hinreichend Garantien dafür bieten, dass geeignete technische und organisatorische Maßnahmen so durchgeführt werden, dass die Verarbeitung im Einklang mit den Anforderungen dieser Verordnung erfolgt und den Schutz der Rechte der betroffenen Person gewährleistet.

(2) [1]Der Auftragsverarbeiter nimmt keinen weiteren Auftragsverarbeiter ohne vorherige gesonderte oder allgemeine schriftliche Genehmigung des Verantwortlichen in Anspruch. [2]Im Fall einer allgemeinen schriftlichen Genehmigung informiert der Auftragsverarbeiter den Verantwortlichen immer über jede beabsichtigte Änderung in Bezug auf die Hinzuziehung oder die Ersetzung anderer Auftragsverarbeiter, wodurch der Verantwortliche die Möglichkeit erhält, gegen derartige Änderungen Einspruch zu erheben.

(3) [1]Die Verarbeitung durch einen Auftragsverarbeiter erfolgt auf der Grundlage eines Vertrags oder eines anderen Rechtsinstruments nach dem Unionsrecht oder dem Recht der Mitgliedstaaten, der bzw. das den Auftragsverarbeiter in Bezug auf den Verantwortlichen bindet und in dem Gegenstand und Dauer der Verarbeitung, Art und Zweck der Verarbeitung, die Art der personenbezogenen Daten, die Kategorien betroffener Personen und die Pflichten und Rechte des Verantwortlichen festgelegt sind. [2]Dieser Vertrag bzw. dieses andere Rechtsinstrument sieht insbesondere vor, dass der Auftragsverarbeiter

a) die personenbezogenen Daten nur auf dokumentierte Weisung des Verantwortlichen – auch in Bezug auf die Übermittlung personenbezogener Daten an ein Drittland oder eine internationale Organisation – verarbeitet, sofern er nicht durch das Recht der Union oder der Mitgliedstaaten, dem der Auftragsverarbeiter unterliegt, hierzu verpflichtet ist; in einem solchen Fall teilt der Auftragsverarbeiter dem Verantwortlichen diese rechtlichen Anforderungen vor der Verarbeitung mit, sofern das betreffende Recht eine solche Mitteilung nicht wegen eines wichtigen öffentlichen Interesses verbietet;

b) gewährleistet, dass sich die zur Verarbeitung der personenbezogenen Daten befugten Personen zur Vertraulichkeit verpflichtet haben oder einer angemessenen gesetzlichen Verschwiegenheitspflicht unterliegen;

c) alle gemäß Artikel 32 erforderlichen Maßnahmen ergreift;

d) die in den Absätzen 2 und 4 genannten Bedingungen für die Inanspruchnahme der Dienste eines weiteren Auftragsverarbeiters einhält;

e) angesichts der Art der Verarbeitung den Verantwortlichen nach Möglichkeit mit geeigneten technischen und organisatorischen Maßnahmen dabei unterstützt, seiner Pflicht zur Beantwortung von Anträgen auf Wahrnehmung der in Kapitel III genannten Rechte der betroffenen Person nachzukommen;

f) unter Berücksichtigung der Art der Verarbeitung und der ihm zur Verfügung stehenden Informationen den Verantwortlichen bei der Einhaltung der in den Artikeln 32 bis 36 genannten Pflichten unterstützt;

g) nach Abschluss der Erbringung der Verarbeitungsleistungen alle personenbezogenen Daten nach Wahl des Verantwortlichen entweder löscht oder zurückgibt, sofern nicht nach dem Unionsrecht oder dem Recht der Mitgliedstaaten eine Verpflichtung zur Speicherung der personenbezogenen Daten besteht;

h) dem Verantwortlichen alle erforderlichen Informationen zum Nachweis der Einhaltung der in diesem Artikel niedergelegten Pflichten zur Verfügung stellt und Überprüfungen einschließlich Inspektionen –, die vom Verantwortlichen oder einem anderen von diesem beauftragten Prüfer durchgeführt werden, ermöglicht und dazu beiträgt.

[3]Mit Blick auf Unterabsatz 1 Buchstabe h informiert der Auftragsverarbeiter den Verantwortlichen unverzüglich, falls er der Auffassung ist, dass eine Weisung gegen diese Verordnung oder gegen andere Datenschutzbestimmungen der Union oder der Mitgliedstaaten verstößt.

(4) [1]Nimmt der Auftragsverarbeiter die Dienste eines weiteren Auftragsverarbeiters in Anspruch, um bestimmte Verarbeitungstätigkeiten im Namen des Verantwortlichen auszuführen, so werden diesem weiteren Auftragsverarbeiter im Wege eines Vertrags oder eines anderen Rechtsinstruments nach dem Unionsrecht oder dem Recht des betreffenden Mitgliedstaats dieselben Datenschutzpflichten auferlegt, die in dem Vertrag oder

anderen Rechtsinstrument zwischen dem Verantwortlichen und dem Auftragsverarbeiter gemäß Absatz 3 festgelegt sind, wobei insbesondere hinreichende Garantien dafür geboten werden muss, dass die geeigneten technischen und organisatorischen Maßnahmen so durchgeführt werden, dass die Verarbeitung entsprechend den Anforderungen dieser Verordnung erfolgt. [2]Kommt der weitere Auftragsverarbeiter seinen Datenschutzpflichten nicht nach, so haftet der erste Auftragsverarbeiter gegenüber dem Verantwortlichen für die Einhaltung der Pflichten jenes anderen Auftragsverarbeiters.

(5) Die Einhaltung genehmigter Verhaltensregeln gemäß Artikel 40 oder eines genehmigten Zertifizierungsverfahrens gemäß Artikel 42 durch einen Auftragsverarbeiter kann als Faktor herangezogen werden, um hinreichende Garantien im Sinne der Absätze 1 und 4 des vorliegenden Artikels nachzuweisen.

(6) Unbeschadet eines individuellen Vertrags zwischen dem Verantwortlichen und dem Auftragsverarbeiter kann der Vertrag oder das andere Rechtsinstrument im Sinne der Absätze 3 und 4 des vorliegenden Artikels ganz oder teilweise auf den in den Absätzen 7 und 8 des vorliegenden Artikels genannten Standardvertragsklauseln beruhen, auch wenn diese Bestandteil einer dem Verantwortlichen oder dem Auftragsverarbeiter gemäß den Artikeln 42 und 43 erteilten Zertifizierung sind.

(7) Die Kommission kann im Einklang mit dem Prüfverfahren gemäß Artikel 93 Absatz 2 Standardvertragsklauseln zur Regelung der in den Absätzen 3 und 4 des vorliegenden Artikels genannten Fragen festlegen.

(8) Eine Aufsichtsbehörde kann im Einklang mit dem Kohärenzverfahren gemäß Artikel 63 Standardvertragsklauseln zur Regelung der in den Absätzen 3 und 4 des vorliegenden Artikels genannten Fragen festlegen.

(9) Der Vertrag oder das andere Rechtsinstrument im Sinne der Absätze 3 und 4 ist schriftlich abzufassen, was auch in einem elektronischen Format erfolgen kann.

(10) Unbeschadet der Artikel 82, 83 und 84 gilt ein Auftragsverarbeiter, der unter Verstoß gegen diese Verordnung die Zwecke und Mittel der Verarbeitung bestimmt, in Bezug auf diese Verarbeitung als Verantwortlicher.

– *ErwG: 81*

Übersicht

Literatur: *Albrecht/Jotzo* Das neue Datenschutzrecht der EU, 2016; *Becker* EU-Datenschutz-Grundverordnung. Anforderungen an Unternehmen und Datenschutzbeauftragte, ITRB 2016, 107; *Eckhardt/Kramer* EU-DSGVO – Diskussionspunkte aus der Praxis, DuD 2013, 287; *Ehmann/Selmayr* Datenschutz-Grundverordnung, 2017; *Fechtner/Haßdenteufel* Die Novelle des § 203 StGB und weiterer berufsrechtlicher Normen (§ 203 StGB), CR 2017, 355; *Gola/Schomerus* Bundedatenschutzgesetz, 12. Aufl. 2015; *Härting* Auftragsverarbeitung nach der DSGVO, ITRB 2016, 137; *ders.* Datenschutz-Grundverordnung, 2016; *Hartung/Steinweg* Vereinbarungen mit Dienstleistern nach dem neuen § 203 StGB und der DSGVO – Abdeckung der gesetzlichen Anforderungen bei der Vertragsgestaltung (§ 203 StGB), PinG 2018, 21; *Kraus* Neuregelung von § 203 StGB: Endlich Rechtssicherheit für Outsourcing bei Berufsgeheimnisträgern?, PinG 2018, 6; *Kremer/Sander* Gestaltung von Verträgen zur Auftragsdatenverarbeitung – Spielräume bei der Erfüllung der Pflichten aus § 11 BDSG, ITRB 2014, 187; *Krohm/Müller-Peltzer* (Fehlende) Privilegierung der Auftragsverarbeitung unter der Datenschutz-Grundverordnung?, RDV 2016, 307; *Kühling/Buchner* Datenschutz- Grundverordnung, 2017; *Kühn* Formerfordernisse in der IT-Beschaffung im regulierten Bereich und die elektronische Signatur, CR 2017, 834; *Laue/Nink/Kremer* Das neue Datenschutzrecht in der betrieblichen Praxis, 2016; *Lissner* Auftragsdatenverarbeitung nach der DSGVO – Was kommt, was bleibt?, DSRITB 2016, 401; *Monreal* „Der für die Verarbeitung Verantwortliche" – das unbekannte Wesen des deutschen Datenschutzrechts – Mögliche Konsequenzen aus einem deutschen Missverständnis, ZD 2014, 611; *Müthlein* ADV 5.0 – Neugestaltung der Auftragsdatenverarbeitung in Deutschland, RDV 2016, 74; *Paal/Pauly* Datenschutz-Grundverordnung, 2. Aufl. 2018; *Petri* Auftragsdatenverarbeitung – heute und morgen, Reformüberlegungen zur Neuordnung des Europäischen Datenschutzrechts, ZD 2015, 305; *Piltz* BDSG – Praxiskommentar für die Wirtschaft, 2018; *ders.* Die Datenschutz-Grundverordnung. Teil 3: Rechte und Pflichten des Verantwortlichen und Auftragsverarbeiters, K&R 2016, 709, *Pohle/Ghaffari* Die Neufassung des § 203 StGB – der Befreiungsschlag für IT-Outsourcing am Beispiel der Versicherungswirtschaft?, CR 2017, 489; *Roßnagel/Korschwald* Was wird aus der Datenschutzgrundverordnung? Die Entschließung des Europäischen Parlaments über ein Verhandlungsdokument, ZD 2014, 495; *Ruppert* Der neue strafrechtliche Geheimnisschutz – Der Weg in die Zukunft des IT-Outsourcings?, K&R 2017, 609; *Sander* Technische und organisatorische Maßnahmen im Rahmen der Auftragsverarbeitung gemäß Art. 28 DSGVO, PinG 2017, 250; *Schmidt/Freund* Perspektiven der Auftragsverarbeitung. Wegfall der Privilegierung mit der DS-GVO? ZD 2017, 14; *Schmitz/von Dall'Armi* Auftragsdatenverarbeitung in der DS-GVO – das Ende der Privilegierung? Wie Daten künftig von Dienstleistern verarbeitet werden müssen, ZD 2016, 427; *Simitis* Bundesdatenschutzgesetz, 8. Aufl. 2014; *Wolff/Brink* BeckOK Datenschutzrecht, 21. Edition, Stand 1.2.2017.

A. Einordnung und Hintergrund

I. Normzweck

Noch mehr als der frühere Art. 17 (Rn. 8) und § 11 BDSG a.F. (Rn. 12) tragen die Regelungen zur Auftragsverarbeitung in Art. 28 dem Umstand Rechnung, dass eine Arbeitsteilung in der Verarbeitung personenbezogener Daten aus technischen, wirtschaftlichen und rechtlichen Gründen wegen der zunehmend größeren Komplexität **1** der Art und Weise dieser Verarbeitung[1] nicht nur unvermeidlich, sondern regelmäßig auch gewollt und sinnvoll ist.[2] Dies gilt insbesondere für die Auslagerung („Outsourcing") der Infrastruktur (z.B. Informationstechnologie), einzelner Fachabteilungen (z.B. Personal) oder Funktionen (z.B. Telefon-Support) vom Verantwortlichen auf einen Dienstleister, oder bei der Inanspruchnahme von Services eines Dienstleisters aus der Cloud durch den Verantwortlichen, insbesondere Infrastruktur (z.B. Dateiablage, „Infrastructure as a Service" oder „IaaS"), Plattformen (z.B. Entwicklungsumgebung, „Platform as a Service" oder „PaaS") oder Anwendungen (z.B. Zeiterfassung, „Software as a Service" oder „SaaS").

2 Um zu vermeiden, dass in einem arbeitsteiligen Vorgehen für den Verantwortlichen die Beauftragung eines Dienstleisters stets zu einer erlaubnispflichtigen Offenlegung personenbezogener Daten i.S.v. Art. 4 Nr. 2 (dazu Art. 4 Rn. 35) führt und damit der Dienstleister in der Folge selbst Verantwortlicher für die ihm vom Verantwortlichen offengelegten personenbezogenen Daten wird, also selbstständig über Zwecke und Mittel der Verarbeitung i.S.v. Art. 4 Nr. 7 entscheiden kann (dazu Art. 4 Rn. 121 f.), räumt die DS-GVO dem Verantwortlichen unter Beachtung der Regelungen in Art. 28 zur Auftragsverarbeitung das Recht zur Erteilung eines Auftrags an den Dienstleister ein, bei dem der Verantwortliche stets seine Entscheidungshoheit über Zwecke und Mittel der Verarbeitung der von ihm offengelegten personenbezogenen Daten während der Verarbeitung wahren kann. Die Entscheidung darüber, ob es einen Auftragsverarbeiter gibt oder die Verarbeitung ausschließlich innerhalb der Organisation des Verantwortlichen erfolgt, obliegt dabei allein dem Verantwortlichen selbst.[3]

3 Art. 28 dient damit als eine der zentralen Vorschriften der DS-GVO[4] dem Schutz einer verordnungskonformen Verarbeitung personenbezogener Daten bei der Beauftragung Dritter mit dieser Verarbeitung durch und für den Verantwortlichen. Zu Erreichung dieses Zwecks ergänzt Art. 28 die sich aus Art. 29 ergebende Weisungsgebundenheit des Auftragsverarbeiters (dazu Art. 29 Rn. 6, Rn. 10 ff.) insbesondere um die Verpflichtung zur Verarbeitung der personenbezogenen Daten des Verantwortlichen ausschließlich auf Grundlage eines Vertrags oder anderen Rechtsinstruments mit sich aus Abs. 3 ergebenden Mindestinhalten (dazu Rn. 85 ff.), sowie um die sich aus Abs. 2, Abs. 4 ergebenden, konkreten Vorgaben für die Beauftragung weiterer Auftragsverarbeiter (Unterauftragsverarbeiter) in der Leistungskette durch den Auftragsverarbeiter (dazu Rn. 134 ff.).

4 Wesentliche Wirkung von Art. 28 ist die durch ihn geschaffene Rechtssicherheit in der Ausgestaltung der Beziehung zwischen Verantwortlichem und Auftragsverarbeiter. Art. 28 ist jedoch nicht abschließend; er lässt insbesondere offen, wann tatsächlich eine Auftragsverarbeitung gegeben ist (dazu Rn. 28 ff.), noch enthält er eine Aussage darüber, ob die Auftragsverarbeitung trotz Beachtung aller in Art. 28 formulierter Anforderungen gleichwohl einer Rechtfertigung seitens des Verantwortlichen bedarf (dazu Rn. 57 ff.).[5]

1 So 2010 bereits *Art.-29-Datenschutzgruppe* WP 169, S. 38.
2 Ähnlich wegen der wirtschaftlichen und Effizienzvorteile Paal/Pauly-*Martini* Art. 28 Rn. 8.
3 *Art.-29-Datenschutzgruppe* WP 169, S. 30.
4 So Ehmann/Selmayr-*Bertermann* Art. 28 Rn. 1.
5 Kühling/Buchner-*Hartung* Art. 28 Rn. 2.

II. Erwägungsgründe

ErwG 81 ergänzt Art. 28. Er stellt ergänzend klar, dass die vom Auftragsverarbeiter zu bietenden Garantien für eine verordnungskonforme Verarbeitung unter Wahrung der Rechte betroffener Personen (Rn. 82 ff.) sich insbesondere auch aus deren Fachwissen, Zuverlässigkeit und Ressourcen ergeben und ebenso auf die Sicherheit der Verarbeitung erstrecken sollen. Bei der Ausgestaltung der Auftragsverarbeitung sollen Verantwortlicher und Auftragsverarbeiter die besonderen Aufgaben und Pflichten des Auftragsverarbeiters bei der geplanten Verarbeitung und das Risiko für die Rechte und Freiheiten der betroffenen Person berücksichtigen. 5

III. BDSG n.F.

§ 62 BDSG bezieht sich nicht auf die DS-GVO, sondern dient der Umsetzung der Richtlinie (EU) 2016/680[6] in nationales Recht. Dies gilt ebenso für die weiteren, den Auftragsverarbeiter betreffenden Regelungen in den §§ 45 bis 84 BDSG. § 38 Abs. 1 BDSG verpflichtet über Art. 37 Abs. 1, Abs. 4 hinaus den Auftragsverarbeiter zur Benennung eines Datenschutzbeauftragten in den dort genannten Fällen (ausführlich Art. 37 Rn. 14 ff.). 6

IV. Normengenese und -umfeld

1. DSRL. Die Auftragsverarbeitung war bereits in der DSRL etabliert. Art. 2 lit. e DSRL definierte den Auftragsverarbeiter inhaltsgleich zu Art. 4 Nr. 8 (dazu Art. 4 Rn. 128) als „die natürliche oder juristische Person, Behörde, Einrichtung oder jede andere Stelle, die personenbezogene Daten im Auftrag des für die Verarbeitung Verantwortlichen verarbeitet“. Ebenso wie nach Art. 4 Nr. 10 (dazu Art. 4 Nr. 149 ff.) war der Auftragsverarbeiter kein Dritter i.S.v. Art. 2 lit. f DSRL, sondern Empfänger i.S.d. Art. 4 Nr. 9 (dazu Art. 4 Rn. 139 ff.) inhaltsgleichen Art. 2 lit. g DSRL. Nach dem zu Art. 29 inhaltsgleichen Art. 16 DSRL war der Auftragsverarbeiter nur zur weisungsgebundenen Verarbeitung personenbezogener Daten für den Verantwortlichen berechtigt (dazu Art. 29 Rn. 6, 10 ff.). 7

Deutlich rudimentärer als der heutige Art. 28 regelten Art. 17 Abs. 2 bis Abs. 4 DSRL die Anforderungen an die Auftragsverarbeitung. Art. 17 Abs. 2 DSRL mit der Verpflichtung zur Auswahl eines geeigneten Auftragsverarbeiters sowie zur Überprüfung desselben durch den Verantwortlichen ist in Abs. 1 (dazu Rn. 81 ff.) und Abs. 3 S. 2 lit. h (dazu Rn. 129 ff.) aufgegangen. Art. 17 Abs. 3 DSRL enthielt die heute in Abs. 3 S. 2 lit. a und c i.V.m. Art. 32 enthaltenen Anforderungen an den Vertrag oder das Rechtsinstrument als Grundlage der Auftragsverarbeitung. Art. 17 Abs. 4 DSRL entsprach dem heutigen Abs. 9 zur Form des Vertrags oder anderen Rechtsinstruments (dazu Rn. 164 ff.). 8

2. BDSG a.F. Anders als Art. 2 lit. e DSRL (Rn. 7) enthielt das BDSG a.F. keine Begriffsbestimmung für den Auftragsverarbeiter, in Deutschland als Auftragsdaten- 9

6 Richtlinie (EU) 2016/680 des Europäischen Parlaments und des Rates vom 27.4.2016 zum Schutz natürlicher Personen bei der Verarbeitung personenbezogener Daten durch die zuständigen Behörden zum Zwecke der Verhütung, Ermittlung, Aufdeckung oder Verfolgung von Straftaten oder der Strafvollstreckung sowie zum freien Datenverkehr und zur Aufhebung des Rahmenbeschlusses 2008/977/JI des Rates.

verarbeiter bezeichnet. § 11 BDSG a.F. ging im Wesentlichen noch auf das BDSG 1990 zurück und wurde mit der BDSG-Novelle 2001 nur notdürftig an Art. 16, Art. 17 DSRL (Rn. 7 f.) angepasst.[7]

10 § 3 Abs. 8 S. 3 BDSG a.F. enthielt die Klarstellung, dass der Auftragsdatenverarbeiter kein Dritter sei, solange er „im Inland, in einem anderen Mitgliedstaat der Europäischen Union oder in einem anderen Vertragsstaat des Abkommens über den Europäischen Wirtschaftsraum" personenbezogene Daten im Auftrag verarbeitet. Diese regionale Beschränkung kannte Art. 2 lit. f DSRL nicht und war europarechtswidrig. Die grundsätzlich eine „umfassende Harmonisierung" bezweckende DSRL[8] gewährte insoweit dem nationalen Gesetzgeber keinerlei Flexibilität oder Ermessenspielräume für eine derartige Beschränkung (ausführlich Art. 27 Rn. 9). § 3 Abs. 8 S. 3 BDSG a.F. führte dazu, dass Auftragsdatenverarbeiter in Drittländern als Dritte i.S.d. § Abs. 8 S. 2 BDSG a.F. galten[9] und damit die Privilegierungswirkung des § 11 BDSG (dazu Rn. 52 ff.) für Auftragsdatenverarbeiter im Drittland strittig war.[10]

11 Art. 16 ging unvollständig in § 11 Abs. 3 S. 1 BDSG a.F. auf (dazu Art. 29 Rn. 3). Die Umsetzung von Art. 17 Abs. 2 bis Abs. 4 DSRL (Rn. 8) erfolgte in § 11 BDSG a.F. zur Auftragsdatenverarbeitung (statt Auftragsverarbeitung wie in der DSRL). Art. 17 Abs. 2 DSRL wurde mit § 11 Abs. 2 S. 1, Abs. 2 S. 2 Nr. 3, Abs. 2 S. 4, S. 5 BDSG a.F. abgebildet sowie Art. 17 Abs. 3 DSRL mit § 11 Abs. 2 S. 2 BDSG a.F. Das Formerfordernis aus Art. 17 Abs. 4 DSRL wurde zur Anordnung der konstitutiven[11], gesetzlichen Schriftform i.S.d. § 126 BGB in § 11 Abs. 2 S. 2 BDSG a.F.,[12] die aus den vorgenannten Gründen ebenfalls überschießend und europarechtswidrig war (Rn. 10, ausführlich Art. 27 Rn. 9).

12 Mit § 11 Abs. 5 BDSG a.F. wurde der Anwendungsbereich der Auftragsdatenverarbeitung auf diejenigen Fälle erweitert, in denen „die Prüfung oder Wartung automatisierter Verfahren oder von Datenverarbeitungsanlagen durch andere Stellen im Auftrag vorgenommen wird und dabei ein Zugriff auf personenbezogene Daten nicht ausgeschlossen werden kann". Begrifflich lag hier gar keine Verarbeitung personenbezogener Daten i.S.d. § 3 Abs. 3 bis Abs. 5 BDSG a.F. vor, da bereits die tatsächliche Möglichkeit zur Kenntnisnahme auftragsdatenverarbeitungsbegründend wirken sollten also der Zugang zu personenbezogenen Daten (zum Begriff Art. 29 Rn. 8). Diese Regelung ist in der DS-GVO nicht fortgeführt worden (zu den Rechtsfolgen Rn. 58 ff.).

---

7 Ausführlich zu den Änderungen in § 11 BDSG a.F. Gola/Schomerus-*Gola/Klug/Körffer* BDSG § 11 Rn. 1.

8 *EuGH* Urt. v. 6.11.2003 – C-101/01, *Lindqvist* Rn. 96 = RDV 2004, 16; ebenso *EuGH* Urt. v. 16.12.2008 – C-524/06, *Huber* Rn. 51 = RDV 2009, 65; *EuGH* Urt. v. 24.11.2011 – C-468/10, ASNEF/FECEMD m. Anm. *Freund* CR 2012, 29; dazu *Kahler* RDV 2012, 167, 169 ff.; *Kremer* RDV 2014, 73, 75 f.

9 Statt vieler Gola/Schomerus-*Gola/Klug/Körffer* § 3 BDSG Rn. 55.

10 Ausführlich Gola/Schomerus-*Gola/Klug/Körffer* § 11 BDSG Rn. 16.

11 Gegen eine solche Wirkung des Formerfordernisses ausdrücklich Art.-29-Datenschutzgruppe, WP 169, S. 33.

12 Zur Schriftlichkeit i.S.v. § 11 Abs. 2 S. 2 BDSG a.F. Gola/Schomerus-*Gola/Klug/Körffer* § 11 BDSG Rn. 17; Simitis-*Petri* § 11 BDSG Rn. 64.

Eine Sanktionierung von Zuwiderhandlungen sah das BDSG a.F. in Ausübung der durch Art. 24 DSRL eingeräumten Kompetenzen (Rn. 7) in § 43 Abs. 1 Nr. 2b BDSG a.F. vor, wenn entgegen § 11 Abs. 2. S. 2 BDSG a.F. ein Auftrag nicht richtig, nicht vollständig oder nicht in der vorgeschriebenen Weise erteilt war oder entgegen § 11 Abs. 2 S. 4 BDSG a.F. der Verantwortliche sich nicht vor Beginn der Datenverarbeitung von der Einhaltung der beim Auftragsdatenverarbeiter getroffenen technischen und organisatorischen Maßnahmen überzeugt hatte, ferner in § 43 Abs. 2 Nr. 2 BDSG a.F. für eine unbefugte Erhebung oder Verarbeitung nicht allgemein zugänglicher personenbezogener Daten. Eine Strafbarkeit einer nicht § 11 BDSG a.F. konformen Auftragsdatenverarbeitung konnte sich aus § 44 Abs. 1 BDSG a.F. i.V.m. § 43 Abs. 2 Nr. 1 BDSG a.F. ergeben (zu Rechtsfolgen bei Zuwiderhandlungen gegen Art. 28 Rn. 172). 13

3. Änderungen im Gesetzgebungsverfahren. Der heutige Art. 28 wurde im Gesetzgebungsverfahren als Art. 26 geführt. Die heutige Fassung geht in ihren wesentlichen Teilen auf den Ratsentwurf vom 11.6.2015[13] zurück. Dieser brachte umfangreiche Erweiterungen und Änderungen im Vergleich zum früheren Kommissionsentwurf vom 25.1.2012[14] und zum Parlamentsentwurf vom 12.3.2014[15]. 14

Abs. 1 war seinem wesentlichen Inhalt nach bereits Gegenstand des Kommissionsentwurfs vom 25.1.2012. Abs. 2 wurde mit dem Ratsentwurf vom 11.6.2015 als Abs. 1a nahezu inhaltsgleich zum heutigen Abs. 2 eingefügt. Abs. 3 war als Erweiterung des früheren Art. 17 Abs. 3 DSRL (Rn. 8) schon im Kommissionsentwurf vom 25.1.2012 als Abs. 2 enthalten und wurde sowohl durch den Parlamentsentwurf vom 12.3.2014 als auch durch den Ratsentwurf vom 11.6.2015 konkretisiert und um weitere Einzelaspekte ergänzt, insb. der Unterstützungspflicht im heutigen Abs. 3 lit. e. Der heutige Abs. 4 wurde inhaltsgleich mit dem Ratsentwurf vom 11.6.2015 als Abs. 2 lit. d und Abs. 2aa ergänzt. Abs. 5 entstand mit dem Parlamentsentwurf vom 12.3.2014 als Abs. 3a und wurde in der abgeschwächten Fassung des Ratsentwurfs vom 11.6.2015 in Abs. 2aa inhaltsgleich in die DS-GVO übernommen. 15

Die durch Abs. 6 bis Abs. 8 eingeräumte Möglichkeit zur Nutzung von durch die Kommission im Prüfverfahren nach Art. 93 Abs. 2 (dazu Art. 93 Rn. 11 ff.) oder einer Aufsichtsbehörde im Kohärenzverfahren (dazu Art. 63 Rn. 8 ff.) festgelegten Standardvertragsklauseln für den Vertrag oder das andere Rechtsinstrument i.S.v. Abs. 3 (dazu Rn. 162 f.) stammen inhaltsgleich aus den mit dem Ratsentwurf vom 11.6.2015 ergänzten Abs. 2ab, 2b und 2c. Das Recht der Kommission zur Festlegung solcher Standardvertragsklauseln ist aus dem im Kommissionentwurf vom 25.1.2012 vorgeschlagenen Abs. 5 abgeleitet worden,[16] welcher die Kommission zum Erlass delegierter Rechtsakte (dazu Art. 92 Rn. 6 ff.) ermächtigen sollte betreffend die „Kriterien und Anforderungen für die Verantwortlichkeiten, Pflichten und Aufgaben des Auftragsverarbeiters“ sowie „die Bedingungen, durch die die Verarbeitung personenbezogener Daten in Unternehmensgruppen speziell zu Kontroll- und Berichterstattungszwecken vereinfacht werden kann“. 16

---

13 Ratsdokument Nr. 9565/15, S. 109.
14 Entwurf der Kommission 2012/0011 (COD), S. 63.
15 Interinstitutionelles Dossier des Rats vom 27.3.2014, 2012/0011 (COD); 7427/1/14, REV 1.
16 Kühling/Buchner-*Hartung* Art. 28 Rn. 10.

17 Das Formerfordernis im heutigen Abs. 9 (dazu Rn. 164 ff.) war im Kommissionsentwurf vom 25.1.2012 zunächst als Dokumentationspflicht von Verantwortlichem und Auftragsverarbeiter für Vertrag oder Rechtsinstrument und die Weisungen des Verantwortlichen in einem Abs. 3 ausgestaltet. Erst mit dem Ratsentwurf vom 11.6.2015 wurde ein dem heutigen Abs. 9 inhaltsgleicher Abs. 3 aufgenommen. Die dabei entfallene Dokumentationspflicht für Weisungen wurde im Trilog dann im heutigen Abs. 3 S. 2 lit. a wieder ergänzt (dazu Rn. 100 ff., zur Dokumentation von Weisungen auch Art. 29 Rn. 12).

18 Eine dem heutigen Abs. 10 inhaltlich im Kern entsprechende Regelung war bereits in Abs. 4 des Kommissionsentwurfs vom 25.1.2012 enthalten und wurde durch den Parlamentsentwurf vom 12.3.2014 näher an die heutige Fassung herangeführt.

19 **4. Working Paper der Art.-29-Datenschutzgruppe.** In der noch zur DSRL (Rn. 7 f.) ergangenen Stellungnahme 1/2010 zu den Begriffen „für die Verarbeitung Verantwortlicher" und „Auftragsverarbeiter" (WP 169)[17] hat die Art.-29-Datenschutzgruppe ausführlich auch zum Auftragsverarbeiter Stellung genommen. Sie stellt zunächst klar, dass der Auftragsverarbeiter zwei wesentliche Bedingungen erfüllen müsse, einerseits die rechtliche Eigenständigkeit, andererseits die Verarbeitung personenbezogener Daten im Auftrag des Verantwortlichen. Die Rolle als Auftragsverarbeiter ergebe sich damit aus „seinen konkreten Tätigkeiten in einem spezifischen Kontext" sowie „in Bezug auf spezifische Daten- oder Vorgangsreihen", nicht aus seiner Organisation[18] (ausführlich Rn. 27 ff.).

20 Ein Handeln im Auftrag des Verantwortlichen läge dabei vor, wenn der Auftragsverarbeiter die vom Verantwortlichen „erteilten Weisungen zumindest hinsichtlich des Zwecks der Verarbeitung und der wesentlichen Elemente der Mittel [befolge]", die Rechtmäßigkeit der Verarbeitung also durch den ihm vom Verantwortlichen erteilten Auftrag bestimmt würde (dazu Rn. 36 f.). Dies schließe jedoch einen „gewissen Ermessensspielraum in der Wahl der technischen und organisatorischen Mittel" durch den Auftragsverarbeiter oder die Delegation der Entscheidung über die Mittel der Verarbeitung nicht aus[19] (dazu Rn. 48). Ebenso wenig schließe das Vorhandensein standardisierter Leistungen und ggf. durch einen großen, verhandlungsstärkeren Auftragsverarbeiter vorgegebener Verträge ein auftragsbezogenes, weisungsgebundenes Tätigwerden für Verantwortliche aus, da diese vom Verantwortlichen „aus freien Stücken angenommen" und „akzeptiert" würden und der Verantwortliche „damit die volle Verantwortung für sie [übernehme]".[20]

21 Es spreche nichts dagegen, bei der Auftragsverarbeitung mehrstufige Auftragsverhältnisse mit weiteren Auftragsverarbeitern in der Leistungskette (Unterauftragsverarbeiter) gerade bei „komplexen (mehrstufigen oder diffusen) Strukturen der Verarbeitung personenbezogener Daten […] aufgrund neuer Technologien" zuzulassen, solange bei Durchführung der Verarbeitung „alle diese Auftragsverarbeiter die Weisungen des […] Verantwortlichen befolgen"[21] und die Leistungsketten nicht zu einer Aufweichung

---

17 WP 169, abrufbar unter:
http://ec.europa.eu/justice/policies/privacy/docs/wpdocs/2010/wp169_ de.pdf.

18 *Art.-29-Datenschutzgruppe* WP 169, S. 30 und S. 40.

19 *Art.-29-Datenschutzgruppe* WP 169, S. 31 und S. 39.

20 *Art.-29-Datenschutzgruppe* WP 169, S. 32.

21 *Art.-29-Datenschutzgruppe* WP 169, S. 33.

„von wirksame[r] Kontrolle und klare[r] Verantwortung für die [Verarbeitung]" führten oder diese sogar verhinderten (ausführlich Rn. 150 f.). Erforderlich sei deshalb, dass der Verantwortliche „zumindest über die wichtigsten Elemente der Verarbeitungsstruktur informiert wird (z.B. beteiligte Akteure, Sicherheitsmaßnahmen, Gewähr hinsichtlich der Verarbeitung in Drittländern usw.)".[22]

5. Kurzpapier der Datenschutzkonferenz. Im Kurzpapier Nr. 13 der Konferenz der unabhängigen Datenschutzbehörden des Bundes und der Länder (Datenschutzkonferenz – DSK)[23] vom 16.1.2018[24] nimmt die DSK „mit einer ersten Orientierung insbesondere für den nicht-öffentlichen Bereich" zur Anwendung von Art. 28 „im praktischen Vollzug" Stellung. Die DSK stellt zunächst klar, dass das von der Art.-29-Datenschutzgruppe noch zur DSRL (Rn. 7 f.) ergangene WP 169 der Art.-29-Datenschutzgruppe (Rn. 19 ff.) in seinen „grundsätzlichen Erwägungen" auch zur Auslegung von Art. 28 herangezogen werden könne.[25] **22**

In Übereinstimmung mit der Art.-29-Datenschutzgruppe (Rn. 19) wird zunächst klargestellt, dass die Entscheidung über die Zwecke der Verarbeitung bei einer Auftragsverarbeitung stets dem Verantwortlichen vorbehalten bleibe, aber die Entscheidung über „die technisch-organisatorischen Fragen der Verarbeitung auch auf den Auftragsverarbeiter delegiert werden" könne.[25] Dies stehe im Zusammenspiel mit den Regelungen zur gemeinsamen Verantwortlichkeit in Art. 26 (zur Abgrenzung Art. 26 Rn. 22 ff. und Rn. 44) der weiteren Verwendung der zum BDSG a.F. entwickelten Figur der Funktionsübertragung entgegen, die nicht länger erforderlich sei[26] (zur Funktionsübertragung Rn. 46 ff.). **23**

Wegen § 1 Abs. 2 S. 3 BDSG sei es weiterhin untersagt, dem Auftragsverarbeiter personenbezogene Daten außerhalb der in § 203 Abs. 3, Abs. 4 StGB zu offenbaren, „die aufgrund gesetzlicher Geheimhaltungspflichten oder von Berufs- oder besonderen Amtsgeheimnissen, die nicht auf gesetzlichen Vorschriften beruhen, vertraulich zu behandeln sind" (dazu Rn. 72 f.). Im Übrigen bedürfe die Offenlegung personenbezogener Daten i.S.v. Art. 4 Nr. 2 (dazu Art. 4 Rn. 35) „keiner weiteren Rechtsgrundlage im Sinne von Art. 6 bis 10 [...] als derjenigen, auf die der Verantwortliche selbst die Verarbeitung" stütze[27] (ausführlich zur Privilegierung Rn. 52 ff.). Da für den notwendigen Inhalt des Vertrags gem. Abs. 3 zwischen Verantwortlichem und Auftragsverarbeiter „in großen Teilen das Gleiche wie bisher" gelte, könnten die „bestehenden Verträge [...] fortgelten, wenn sie den Anforderungen der DS-GVO entsprechen oder darüber hinausgehen."[28] (kritisch dazu Rn. 177 f.). **24**

Nach dem Wegfall von § 11 Abs. 5 BDSG a.F. zur Auftragsverarbeitung bei Prüfung oder Wartung automatisierter Verfahren oder von Datenverarbeitungsanlagen im Auftrag (Rn. 12) komme es für das Vorliegen einer Auftragsverarbeitung i.S.v. Art. 28 darauf an, ob es sich bei Durchführung der vorgenannten Tätigkeiten um eine **25**

22 *Art.-29-Datenschutzgruppe* WP 169, S. 34.
23 Zur Datenschutzkonferenz siehe https://de.wikipedia.org/wiki/Konferenz_der_unabhängigen_Datenschutzbehörden_des_Bundes_und_der_Länder.
24 Abrufbar unter https://www.lda.bayern.de/media/dsk_kpnr_13_auftragsverarbeitung.pdf.
25 *Datenschutzkonferenz* Kurzpapier Nr. 13, S. 1 (linke Spalte).
26 *Datenschutzkonferenz* Kurzpapier Nr. 13, S. 1 (rechte Spalte).
27 *Datenschutzkonferenz* Kurzpapier Nr. 13, S. 2 (linke Spalte).
28 *Datenschutzkonferenz* Kurzpapier Nr. 13, S. 2 (rechte Spalte).

„rein technische Wartung der Infrastruktur einer IT" handele oder „für den Auftragsverarbeiter die Notwendigkeit oder Möglichkeit des Zugriffs auf personenbezogene Daten" bestehe; im letzteren Fall handele „es sich im Hinblick auf die weite Definition einer Verarbeitung in Art. 4 Nr. 2 […] (z.B. Auslesen, Abfragen, Verwenden) ebenfalls um eine Form oder Teiltätigkeit einer Auftragsverarbeitung und die Anforderungen des Art. 28 [… seien] umzusetzen"[29] (kritisch dazu Rn. 77 ff.).

B. Kommentierung

I. Einordnung der Auftragsverarbeitung

26 Die Einordnung eines an einer Verarbeitung personenbezogener Daten Beteiligten als Verantwortlicher i.S.v. Art. 4 Nr. 7 einerseits (dazu Art. 4 Rn. 107 ff.) oder als Auftragsverarbeiter andererseits entscheidet darüber, wer für die verordnungskonforme Verarbeitung der personenbezogenen Daten und für den Schutz der Rechte und Freiheiten der betroffenen Personen verantwortlich ist.[30] Die Abgrenzung der Verarbeitung durch den Verantwortlichen von der Auftragsverarbeitung durch den Auftragsverarbeiter ist deshalb für die Pflichtenverteilung von herausragender Bedeutung.

27 **1. Begriffe Auftragsverarbeiter und Auftragsverarbeitung.** Auftragsverarbeiter ist gemäß Art. 4 Nr. 8 (dazu auch Art. 4 Rn. 127 ff.) eine natürliche oder juristische Person, Behörde, Einrichtung oder andere Stelle, die personenbezogene Daten im Auftrag des Verantwortlichen verarbeitet. Wesensmerkmal der Auftragsverarbeitung sind damit wie schon unter der DSRL (Rn. 7, 19) die Personenverschiedenheit von Verantwortlichem und Auftragsverarbeiter einerseits (Rn. 29 ff.) sowie die Verarbeitung im Auftrag andererseits (Rn. 33 ff.),[31] wobei durch Art. 28 die für eine Verarbeitung im Auftrag erforderlichen Mindestanforderungen festgelegt und konkretisiert werden.[32]

28 Eine selbstständige Definition der Auftragsverarbeitung kennt die DS-GVO ebenso wie die DSRL und das BDSG a.F. nicht. Rückgriffe auf Definitionsversuche zu § 11 BDSG a.F., etwa die Auftragsdatenverarbeitung als „technische Durchführung von Datenverarbeitungsprozessen"[33] mit dem Auftragsdatenverarbeiter als „verlängertem Arm des Verantwortlichen", verbieten sich, da § 11 BDSG a.F. noch auf das BDSG 1990 zurückging und nur notdürftig an die DSRL angepasst wurde (Rn. 9). Insbesondere Art. 28 bedarf daher einer selbstständigen, nicht durch die bisherige nationale Sicht auf die Auftragsdatenverarbeitung nach § 11 BDSG a.F. geprägten europäischen Auslegung.[34]

29 **2. Personenverschiedenheit von Verantwortlichem und Auftragsverarbeiter.** Wer Teil der Organisation des Verantwortlichen ist, gehört zum Verantwortlichen i.S.v. von Art. 4 Nr. 7 (dazu Art. 4 Rn. 107 ff.) und fällt damit unter die vom Verantwortlichen getroffene Entscheidung über Zwecke und Mittel der Verarbeitung als Wesensmerk-

---

29 *Datenschutzkonferenz* Kurzpapier Nr. 13, S. 3 (rechte Spalte).

30 So schon zur DSRL die *Art.-29-Datenschutzgruppe* WP 169, S. 38.

31 So schon zur DSRL die *Art.-29-Datenschutzgruppe* WP 169, S. 30.

32 Kühling/Buchner-*Hartung* Art. 28 Rn. 24.

33 Formulierung zur Umschreibung der Auftragsdatenverarbeitung verwendet von *Müthlein* RDV 2016, 74.

34 Ähnlich unter Verweis auf das WP 169 der Art.-29-Datenschutzgruppe Kühling/Buchner-*Hartung* Art. 28 Rn. 26.

mal der Verantwortlichkeit i.S.v. Art. 4 Nr. 7 (dazu Art. 4 Rn. 121 ff., zu gemeinsam Verantwortlichen Art. 26 Rn. 13 ff.). Dies schließt eine gleichzeitige Verarbeitung personenbezogener Daten im Auftrag i.S.v. Art. 4 Nr. 8 aus.

Der Auftragsverarbeiter muss rechtlich eine vom Verantwortlichen abweichende **30** „natürliche oder juristische Person, Behörde, Einrichtung oder andere Stelle" sein.[35] Hieraus folgt zugleich, dass wegen derselben Verarbeitung ein Beteiligter nicht zugleich Verantwortlicher oder Auftragsverarbeiter sein kann, was jedoch nicht ausschließt, dass die Rollen wegen anderer Verarbeitungen derselben personenbezogenen Daten auseinanderfallen. Im Übrigen steht der Auftragsverarbeiter selbstständig neben dem Verantwortlichen und muss die ihm durch die DS-GVO auferlegten Pflichten selbstständig erfüllen,[36] z.B. das Führen des Verzeichnisses von Verarbeitungstätigkeiten gemäß Art. 30 Abs. 2 (dazu Art. 30 Rn. 66 ff.) oder die Benennung eines Datenschutzbeauftragten nach Art. 37 Abs. 1 oder Art. 37 Abs. 4 i.V.m. § 38 Abs. 1 BDSG (dazu Art. 37 Rn. 14 ff.), zum BDSG Rn. 6).

Trotz der Personenverschiedenheit zum Verantwortlichen ist der Auftragsverarbeiter **31** nicht Dritter i.S.v. Art. 4 Nr. 9. Er ist ebenso wie die dem Auftragsverarbeiter unterstellten, zur Verarbeitung personenbezogener Daten bei ihm befugten Personen (dazu Art. 29 Rn. 7 f.), ausdrücklich vom Begriff des Dritten ausgenommen. Im Datenschutz steht der Begriff des Dritten damit ebenso wie im Zivilrecht für jeden Beteiligten außerhalb des Verantwortlichen, Auftragsverarbeiters und der diesen unterstellten Personen, sodass es für die Offenlegung personenbezogener Daten gegenüber einem Dritten einer Rechtfertigung i.S.d. Art. 6 ff. bedarf, weil diesem anderenfalls deren Verarbeitung untersagt ist[37] (ausführlich Art. 4 Rn. 153 ff.).

Beim Auftragsverarbeiter handelt es sich stattdessen um einen Empfänger i.S.v. Art. 4 **32** Nr. 9, worunter unabhängig von der Stellung als Dritter i.S.v. Art. 4 Nr. 10 (Rn. 31) jeder fällt, dem gegenüber vom Verantwortlichen personenbezogene Daten i.S.v. Art. 4 Nr. 2 offengelegt werden (zum Empfänger Art. 4 Rn. 143 ff., zur Offenlegung Art. 4 Rn. 146 ff.). Anders als ein Dritter kann der Empfänger in die Verarbeitung durch den Verantwortlichen eingebunden sein, sodass eine Privilegierung der Offenlegung gegenüber dem Empfänger im Verhältnis zur erlaubnispflichten Offenlegung gegenüber einem Dritten in Betracht kommt (für die Auftragsverarbeitung Rn. 52 ff.).

3. Verarbeitung im Auftrag und Weisungsgebundenheit. Die Verarbeitung im Auf- **33** trag i.S.v. Art. 4 Nr. 8 (Rn. 27) ist geprägt durch das Handeln des Auftragsverarbeiters im Rahmen der vom Verantwortlichen gemäß Art. 4 Nr. 7 getroffenen Entscheidung über Zwecke und Mittel der Verarbeitung (dazu Art. 4 Rn. 121 f.), also durch ein Handeln des Auftragsverarbeiters im Interesse des Verantwortlichen. Dieses Handeln im Interesse des Verantwortlichen spiegelt sich in der Weisungsgebundenheit des Auftragsverarbeiters im Verhältnis zum Verantwortlichen wieder, die durch Art. 29 (dazu Art. 29 Rn. 6, Rn. 10) angeordnet wird und im Vertrag oder anderen Rechtsinstrument nach Abs. 3 S. 2 lit. a festzulegen ist (Rn. 100 ff.). Die Feststellung der Weisungsgebundenheit erfolgt dabei anhand einer sachbezogenen, funktionalen Betrachtung der tat-

35 Ehmann/Selmayr-*Bertermann* Art. 28 Rn. 3; BeckOK DatenSR-*Spoerr* Art. 28 Rn. 17.
36 *Laue/Nink/Kremer* § 5 Rn. 6.
37 So schon zur DSRL die Art.-29-Datenschutzgruppe, WP 169, S. 36.

sächlichen Verhältnisse zwischen Verantwortlichem und Auftragsverarbeiter.[38] Fehlt es an der Weisungsgebundenheit, liegt keine Auftragsverarbeitung vor. Die vormals zum BDSG a.F. vertretene Vertragstheorie ist damit hinfällig.[39]

34 **a) Weisungsgebundenheit bei der Auftragsdatenverarbeitung nach § 11 Abs. 3 S. 1 BDSG a.F.** In § 11 Abs. 3 S. 1 BDSG a.F. (Rn. 11) wurde die Weisungsgebundenheit zur Vermeidung von Haftungslücken für die Betroffenen i.S.v. § 3 Abs. 1 BDSG a.F. im Außenverhältnis vielfach mit einer vollständigen Steuerung des Auftragsdatenverarbeiters durch die verantwortliche Stelle i.S.v. § 3 Abs. 7 BDSG a.F. gleichgesetzt. Dies hatte zur Folge, dass dem Auftragsdatenverarbeiter ausschließlich eine Hilfs- oder Unterstützungsfunktion bei der Verarbeitung personenbezogener Daten für die verantwortliche Stelle ohne eigene Entscheidungsspielräume zukam.[40]

35 **b) Weisungsgebundenheit bei der Auftragsverarbeitung nach Art. 28.** Für die Abgrenzung zwischen dem Verantwortlichen i.S.v. Art. 4 Nr. 7 und dem Auftragsverarbeiter i.S.v. Art. 4 Nr. 8 kommt es für die Ermittlung der Reichweite der erforderlichen Weisungsgebundenheit darauf an, wann der Verantwortliche nicht mehr (allein oder gemeinsam mit anderen Verantwortlichen, dazu Art. 26 Rn. 11 ff.) die Entscheidung über Zwecke und Mittel der Verarbeitung trifft, sondern diese soweit dem Auftragsverarbeiter überlässt, dass der Auftragsverarbeiter selbst an der Entscheidung i.S.v. Art. 4 Nr. 7 beteiligt ist und damit zum Verantwortlichen wird.

36 Festzuhalten ist, dass die Entscheidung über die Zwecke einer Verarbeitung personenbezogener Daten, also über das Ob und Warum der Verarbeitung (Art. 4 Rn. 121), ureigene Aufgabe des Verantwortlichen i.S.v. Art. 4 Nr. 7 ist und nicht an den Auftragsverarbeiter delegiert werden kann. Eine Entscheidung über die Zwecke der Verarbeitung durch den Auftragsverarbeiter führt stets aus der Auftragsverarbeitung nach Art. 4 Nr. 8, Art. 28 heraus und macht den Auftragsverarbeiter zum Verantwortlichen i.S.v. Art. 4 Nr. 7 (siehe auch Art. 4 Rn. 121 ff.).[41]

37 Anders verhält es sich bei der Entscheidung über die Mittel der Verarbeitung. Mittel der Verarbeitung i.S.v. Art. 4 Nr. 7 legen die Art und Weise der Verarbeitung personenbezogener Daten fest, also das Wie (Art. 4 Rn. 121). Werden diese Mittel im arbeitsteiligen Vorgehen von Verantwortlichem und Auftragsverarbeiter (Rn. 1 f.) durch den Auftragsverarbeiter gestellt oder bedient, verfügt dieser über die größere Fachkenntnis bei der Auswahl und Anwendung der für eine verordnungskonforme Verarbeitung im Auftrag des Verantwortlichen erforderlichen Mittel.

38 Ein eigener Ermessensspielraum des Auftragsverarbeiters in der Wahl der technischen und organisatorischen Mittel für die von ihm vorgenommene Verarbeitung oder die Delegation der Entscheidung hierüber an den Auftragsverarbeiter durch den Verantwortlichen entspricht der tatsächlichen Aufgabenverteilung zwischen Verantwortli-

---

38 Kühling/Buchner-*Hartung* Art. 28 Rn. 27; ebenso für die Ermittlung des Verantwortlichen zur DSRL die Art.-29-Datenschutzgruppe, WP 169, S. 22.

39 *Laue/Nink/Kremer* § 5 Rn. 18; *Taeger/Gabel* § 11 BDSG Rn. 150.

40 Statt vieler Simitis-*Petri* § 11 BDSG Rn. 20 ff.; kritisch dazu BeckOK DatenSR-*Spoerr* § 11 BDSG Rn. 47.

41 Ebenso Datenschutzkonferenz, Kurzpapier Nr. 13, S. 1 (linke Spalte); Art.-29-Datenschutzgruppe zur Abgrenzung unter der DSRL im WP 169, S. 32 und S. 39; Ehmann/Selmayr-*Bertermann* Art. 28 Rn. 3.

chem und Auftragsverarbeiter. Diese Aufgabenteilung steht einer Entscheidung des Verantwortlichen über die Mittel der Verarbeitung solange nicht entgegen, wie sich der Verantwortliche insgesamt für oder gegen die vom Auftragnehmer eingesetzten Mittel entscheiden (zu den technischen und organisatorischen Maßnahmen Rn. 109 ff.) und jede Einflussnahme des Auftragsverarbeiters auf den Zweck der Verarbeitung durch die von ihm eingesetzten Mittel unterbinden kann[42] sowie über die wesentlichen Elemente der vom Auftragsverarbeiter eingesetzten Mittel informiert ist (zur Gestaltung des Vertrags oder anderen Rechtsinstruments Rn. 85 ff., zur Nachweispflicht des Auftragsverarbeiters Rn. 129 ff.).[43] Überschreitet der Auftrag diese Grenzen nicht, wird der Auftragsverarbeiter damit trotz des ihm eingeräumten Ermessensspielraums nicht zum Verantwortlichen i.S.v. Art. 4 Nr. 7.[44]

Die zu § 11 Abs. 3 S. 1 BDSG a.F. als Begründung für die strenge Weisungsgebunden- 39
heit des Auftragsdatenverarbeiters herangezogene Haftungslücke (Rn. 34) ist unter der DS-GVO nicht zu befürchten. Art. 82 Abs. 1 gewährt jeder, nicht nur der betroffenen Person (dazu Art. 82 Rn. 16) einen Anspruch auf Schadensersatz gegen den Verantwortlichen oder Auftragsverarbeiter, der über Art. 82 Abs. 4 zu einer gesamtschuldnerischen Haftung auch des Auftragsverarbeiters im Außenverhältnis führt (dazu Art. 82 Rn. 28 f.). Aus Art. 79 Abs. 1 i.V.m. § 44 Abs. 1, Abs. 2 BDSG ergibt sich außerdem eine Klagebefugnis der betroffenen Person gegen den Auftragsverarbeiter bei einer nicht verordnungskonformen Verarbeitung (dazu Art. 79 Rn. 12 ff.) und Art. 83 Abs. 4 lit. a erlaubt unmittelbare Sanktionen der Aufsichtsbehörden gegenüber dem Auftragsverarbeiter (zu Rechtsfolgen bei Zuwiderhandlungen Rn. 172). Schwingt sich der Auftragsverarbeiter zur Entscheidung über Zwecke und Mittel der Verarbeitung auf, wird er wegen Abs. 10 selbst zum Verantwortlichen mit allen sich daraus für die Verarbeitung personenbezogener Daten ergebenden Pflichten (Rn. 171).

c) Weisungsgebundenheit und vertragliche Übermacht des Auftragsverarbeiters. Die 40
Weisungsgebundenheit des Auftragsverarbeiters wird nicht durch das Vorhandensein eines vom Auftragsverarbeiter kraft seiner Größe oder Verhandlungsstärke vorgegebenen, standardisierten Leistungskatalogs und Vertragswerks ausgeschlossen. Solange der Verantwortliche frei darin bleibt, die vom Auftragsverarbeiter angebotenen Leistungen nebst Vertrag anzunehmen und zu akzeptieren, übernimmt er damit die für Art. 4 Nr. 7 erforderliche Entscheidung über Zwecke und Mittel der Verarbeitung (Rn. 35 ff., ergänzend Art. 4 Rn. 121 ff.) sowie für ggf. im Vertrag enthaltene, verordnungswidrige Regelungen.[45] Anders wäre dies nur, wenn der Verantwortliche durch eine marktbeherrschende Stellung des Auftragsverarbeiters zum Vertrag mit diesem gedrängt würde, ohne dass ihm eine zumindest grundsätzlich vergleichbare Alternative als Entscheidungsmöglichkeit offensteht.

d) Missachtung der Weisungsgebundenheit durch den Auftragsverarbeiter. Missach- 41
tet der Auftragsverarbeiter ihm vom Verantwortlichen erteilte rechtmäßige (Rn. 100) Weisungen oder handelt diesen zuwider, ohne dass die weisungswidrige Verarbeitung

42 Ähnlich *Datenschutzkonferenz* Kurzpapier Nr. 13, S. 1 (linke Spalte); Art.-29-Datenschutzgruppe zur Abgrenzung unter der DSRL im WP 169, S. 31 und S. 39; *Monreal* ZD 2014, 611, 614.

43 So schon zur DSRL *Art.-29-Datenschutzgruppe* WP 169, S. 34.

44 Ebenso Paal/Pauly-*Martini* Art. 28 Rn. 36; Kühling/Buchner-*Hartung* Art. 28 Rn. 30.

45 So schon zur DSRL die *Art.-29-Datenschutzgruppe* WP 169, S. 32.

i.S.v. Art. 29, Art. 28 Abs. 3 S. 2 lit. a durch das Unionsrecht oder das Recht eines Mitgliedstaates verpflichtend angeordnet wird (dazu Art. 29 Rn. 17 ff., Rn. 104), liegt hierin zunächst eine Pflichtverletzung des Auftrags oder anderen Rechtsinstruments i.S.v. Abs. 3 S. 1 (Rn. 97 f.) durch den Auftragsverarbeiter und ein Verstoß gegen Art. 29 (zu den Rechtsfolgen Art. 29 Rn. 20).

42 Durch die weisungswidrige Verarbeitung verliert der Auftragsverarbeiter außerdem die ihm mit Blick auf die Haftung aus Art. 82 Abs. 1 im Außenverhältnis (dazu Art. 82 Rn. 4 ff.) über Art. 82 Abs. 2 bei weisungskonformer Verarbeitung gewährte Exkulpationsmöglichkeit (dazu Art. 82 Rn. 22, zum Umgang mit rechtswidrigen Weisungen Rn. 106). Führt das weisungswidrige Handeln zur Entscheidung des Auftragsverarbeiters über Zwecke und Mittel der Verarbeitung i.S.v. Art. 4 Nr. 7, gilt er gemäß Abs. 10 insoweit als Verantwortlicher (Rn. 171).

43 **4. Abgrenzung zu anderen Formen arbeitsteiliger Verarbeitung.** Der Auftragsverarbeiter i.S.v. Art. 4 Nr. 7, Art. 28 ist von den gemeinsam Verantwortlichen i.S.v. Art. 26 (zum Begriff Art. 26 Rn. 11 ff.), der Offenlegung personenbezogener Daten i.S.v. Art. 4 Nr. 2 gegenüber Dritten i.S.v. Art. 4 Nr. 10 und ggf. auch der zum BDSG a.F. entwickelten sog. Funktionsübertragung abzugrenzen.

44 **a) Gemeinsame Verantwortliche, Art. 26.** Bei gemeinsamen Verantwortlichen i.S.v. Art. 26 Abs. 1 S. 1 fehlt es an der Weisungsgebundenheit als ein Wesensmerkmal der Auftragsverarbeitung im Verhältnis der Beteiligten zueinander (Rn. 33 ff.). Stattdessen entscheiden alle gemeinsam Verantwortlichen gemeinsam über Zwecke und Mittel der Verarbeitung (Art. 26 Rn. 13 ff., ausführlich zur Abgrenzung Art. 26 Rn. 22 ff., zur Privilegierung der Offenlegung gegen anderen gemeinsam Verantwortlichen Art. 26 Rn. 25 ff.).

45 **b) Offenlegung gegenüber Dritten i.S.v. Art. 4 Nr. 10.** Legt der Verantwortliche gegenüber einem anderen Beteiligten personenbezogene Daten offen i.S.v. Art. 4 Nr. 2 (zum Begriff Art. 4 Rn. 146 ff.), ohne dass es sich bei dem anderen Beteiligten um einen Auftragsverarbeiter i.S.v. Art. 4 Nr. 8, Art. 28 oder einen gemeinsam Verantwortlichen i.S.v. Art. 26 Abs. 1 S. 1 handelt, bedarf diese Offenlegung einer Rechtfertigung i.S.d. Art. 6 bis Art. 10 DS-GVO, da es an einer Privilegierung wie bei der Auftragsverarbeitung (Rn. 57 ff.) oder den gemeinsam Verantwortlichen (dazu Art. 26 Rn. 25 ff.) fehlt.

46 **c) Funktionsübertragung im BDSG a.F. und nach der DS-GVO.** Die Funktionsübertragung war im BDSG a.F. als ungeschriebener Sonderfall der Übermittlung personenbezogener Daten i.S.v. § 3 Abs. 4 S. 2 Nr. 3 BDSG anerkannt und bedurfte anders als die privilegierte Auftragsdatenverarbeitung nach § 11 BDSG a.F. (dazu Rn. 52 ff.) einer Erlaubnis i.S.v. § 4 As. 1 BDSG a.F. als Rechtmäßigkeitsvoraussetzung.[46] Dieser Sonderfall lag vor, wenn nicht nur die Verarbeitung personenbezogener Daten, sondern auch die der Verarbeitung zu Grunde liegende Aufgabe vom Verantwortlichen auf einen Dritten i.S.v. § 3 Abs. 8 S. 2 BDSG a.F. übertragen wurde.[47]

47 Anders als bei der von einer strengen Weisungsgebundenheit in § 11 Abs. 3 S. 1 BDSG a.F. ausgehenden Auftragsdatenverarbeitung (Rn. 34) oblag dem Dritten bei der Funktionsübertragung i.S.d. BDSG a.F. ggf. sogar vollständig die Entscheidung

---

46 *Laue/Nink/Kremer* § 5 Rn. 5.

47 BT-Drucks. 11/4306; *Petri* ZD 2015, 305, 307.

über das Wie der Verarbeitung, die vom Dritten sodann eigenverantwortlich ausgeführt wurde.[48] Immer dann, wenn die Tätigkeit des Dritten sich nicht auf die bloße Verarbeitung personenbezogener Daten im Auftrag der verantwortlichen Stelle i.S.v. § 3 Abs. 7 BDSG a.F. oder bloße Unterstützungsleistungen zu einer solchen Verarbeitung beschränkten, sollte eine Funktionsübertragung vorliegen,[49] ebenso bei einem Handeln des Dritten gegenüber betroffenen Personen im eigenen Namen und eigenen Interesse einschließlich der eigenständigen Wahrnehmung von Rechten der Betroffenen gemäß §§ 33 ff. BDSG a.F.[50]

Nachdem Art. 4 Nr. 8, Art. 28 nunmehr eine Auftragsverarbeitung auch zulassen, wenn **48** dem Auftragsverarbeiter eigene Ermessenspielräume wegen der organisatorischen und technischen Mittel für die Verarbeitung im Auftrag des Verantwortlichen zustehen oder der Verantwortliche die Entscheidung über die Mittel der Verarbeitung an den Auftragsverarbeiter delegiert (Rn. 35 ff.), besteht keine Erforderlichkeit mehr für die Fortführung der Funktionsübertragung.[51] Diese können unter der DS-GVO unmittelbar unter die Auftragsverarbeitung i.S.v. Art. 28 gefasst werden.[52] Soll der die Verarbeitung vornehmende andere Beteiligte über die bisherige Funktionsübertragung hinaus auch über die Zwecke der Verarbeitung entscheiden,[53] überschreitet dies die Grenzen der Auftragsverarbeitung (Rn. 36). Dann agieren die Beteiligten entweder als gemeinsame Verantwortliche i.S.v. Art. 26 Abs. 1 S. 1 (Rn. 44)[54] oder es liegt eine Offenlegung i.S.v. Art. 4 Nr. 2 im Verhältnis zweier voneinander unabhängiger, jeweils allein i.S.v. Art. 4 Nr. 7 Verantwortlicher vor (Rn. 45).

Für die Abgrenzung zwischen Auftragsverarbeitung, gemeinsamer Verantwortlichkeit **49** und Offenlegung bieten sich in Anlehnung an die bereits zur DSRL (Rn. 19 ff.) ergangenen Empfehlungen der Art.-29-Datenschutzgruppe im WP 169[55] vorgeschlagen folgende Kriterien an:

- Ausführlichkeit der vom Verantwortlichen erteilten Weisungen, die den eigenen Ermessensspielraum des Auftragsverarbeiters bezogen auf die Mittel der Verarbeitung festlegen, in Abgrenzung zu den Handlungsspielräumen der Beteiligten bei der Verarbeitung,
- Überprüfung der vom Auftragsverarbeiter erbrachten Leistungen durch den Verantwortlichen, bei der eine permanente und sorgfältige Kontrolle zur Sicherstellung der auftrags- und weisungskonformen Verarbeitung für die Weisungsgebundenheit des Auftragsverarbeiters spricht,
- Eindruck, der den betroffenen Personen vom Verantwortlichen wegen der Verarbeitung ihrer personenbezogenen Daten vermittelt wird (z.B. in den Informationen nach Art. 13, 14 auf einer Website oder in einer App), und

48 *Laue/Nink/Kremer* § 5 Rn. 5.
49 Kühling/Buchner-*Hartung* Art. 28 Rn. 41.
50 Simitis-*Petri* § 11 Rn. 23.
51 Ebenso *Datenschutzkonferenz* Kurzpapier Nr. 13, S. 1 (rechte Spalte). *Härting* ITRB 2016, 137, 138; Kühling/Buchner-*Hartung* Art. 28 Rn. 44; *Mühlein* RDV 2016, 74, 84 f.
52 Ebenso BeckOK DatenSR-*Spoerr* Art. 28 Rn. 26; *Härting* ITRB 2016, 137, 138; *Mühlein* RDV 2016, 74, 84 f.
53 Auf die Entscheidungsbefugnisse zur Abgrenzung stellt auch ab Kühling/Buchner-*Hartung* Art. 4 Nr. 2 Rn. 44.
54 Zur Abgrenzung auch Gola-*Klug* Art. 28 Rn. 5.
55 *Art.-29-Datenschutzgruppe* WP 169, S. 34 ff.

– Fachkompetenz der an der Verarbeitung Beteiligten, die bei einer hervorgehobenen Stellung des für den Verantwortlichen tätigen Dienstleisters gegen eine Auftragsverarbeitung und für eine (gemeinsame) Verantwortlichkeit sprechen kann.

50 **5. Auftragsverarbeiter im Drittland. – a) Niederlassung des Auftragsverarbeiters im Drittland.** Art. 4 Nr. 10 mit der Begriffsbestimmung für den Dritten (Rn. 149 ff.) enthält anders als § 3 Abs. 8 S. 3 BDSG a.F. (Rn. 10) keine Beschränkung dahingehend, dass nur Auftragsverarbeiter mit einer Niederlassung in einem Mitgliedstaat von der Rolle als Dritter ausgenommen werden. Auch nicht in der Union niedergelassene Auftragsverarbeiter sind damit keine Dritten i.S.v. Art. 4 Nr. 10, sondern lediglich Empfänger i.S.v. Art. 4 Nr. 9 (Rn. 136 ff.) mit der Folge, dass auch ihnen gegenüber die Privilegierung der Auftragsverarbeitung nach Art. 28 (Rn. 57 ff.) greift. Allerdings sind für eine verordnungskonforme Verarbeitung bei einem außerhalb der Union niedergelassenen Auftragsverarbeiter neben Art. 28 zusätzlich die sich aus Kapitel 5 (Art. 44 ff.) ergebenden Anforderungen an die Übermittlung personenbezogener Daten in ein Drittland zu beachten.

51 **b) Anwendbarkeit der DS-GVO auf den Auftragsverarbeiter im Drittland.** Der Auftragsverarbeiter mit einer Niederlassung außerhalb der Union hat die DS-GVO unmittelbar zu beachten, sofern er sich in deren räumlichem Anwendungsbereich gemäß Art. 3 Abs. 2 befindet (dazu Art. 3 Rn. 24 ff.) oder sich deren Anwendbarkeit aus dem Völkerrecht gemäß Art. 3 Abs. 3 ergibt (dazu Art. 3 Rn. 39 f.). Ist der Auftragsverarbeiter vom räumlichen Anwendungsbereich der DS-GVO nicht erfasst, hat der Verantwortliche gleichwohl sämtliche für den Vertrag oder das andere Rechtsinstrument (Rn. 87 ff.) in Abs. 3 formulierten Festlegungen und Inhalte zu beachten (dazu Rn. 85 ff.). Zugleich sollte vertraglich die Anwendbarkeit der DS-GVO auf den Auftragsverarbeiter vereinbart werden, um zumindest im Innenverhältnis zwischen Verantwortlichem und Auftragsverarbeiter Regelungslücken zu vermeiden. Im Übrigen richtet sich das auf die Rechtsbeziehung zwischen Verantwortlichem und Auftragsverarbeiter anwendbare Recht nach dem Internationalen Privatrecht.

II. Privilegierung der Offenlegung bei der Auftragsverarbeitung

52 **1. Privilegierung der Auftragsdatenverarbeitung nach dem BDSG a.F. – a) Keine Übermittlung personenbezogener Daten durch verantwortliche Stelle.** Voraussetzung einer Übermittlung i.S.d. § 3 Abs. 4 S. 2 Nr. 3 BDSG a.F. als eine Form der Verarbeitung personenbezogener Daten i.S.v. § 3 Abs. 4 S. 1 BDSG a.F. war „das Bekanntgeben […] personenbezogener Daten an einen Dritten […]“. Eine solche Übermittlung an einen Dritten i.S.d. § 3 Abs. 8 S. 2 BDSG a.F. bedurfte einer Erlaubnis gemäß § 4 Abs. 1 BDSG a.F.

53 § 3 Abs. 8 S. 3 BDSG a.F. nahm den innerhalb von EU und EWR niedergelassenen Auftragsdatenverarbeiter jedoch vom Begriff des Dritten aus; dieser war lediglich Empfänger personenbezogener Daten i.S.v. § 3 Abs. 8 S. 1 BDSG a.F. (Rn. 10).[56] Im Verhältnis von verantwortlicher Stelle i.S.d. § 3 Abs. 7 BDSG a.F. zum Auftragsdatenverarbeiter i.S.d. § 11 Abs. 1 S. 1 BDSG a.F. lag deshalb keine erlaubnispflichtige Übermittlung personenbezogener Daten i.S.v. § 3 Abs. 4 S. 2 Nr. 3 BDSG a.F. vor.[57]

56 Statt vieler Gola/Schomerus-*Gola/Klug/Körffer* § 11 BDSG Rn. 3; *Härting* ITRB 2016, 137, 138.
57 *Härting* ITRB 2016, 137, 138; Plath-*Plath* § 11 Rn. 2; Kühling/Buchner-*Hartung* Art. 28 Rn. 14.

b) Weitergabe personenbezogener Daten als privilegierte Nutzung durch verantwortliche Stelle. Statt einer Übermittlung i.S.v. §3 Abs.4 S.2 Nr.3 BDSG a.F. war die Weitergabe personenbezogener Daten durch die verantwortliche Stelle an den Auftragsdatenverarbeiter und deren nachfolgende Verwendung[58] durch den Auftragsdatenverarbeiter als Nutzung personenbezogener Daten i.S.v. §3 Abs.5 BDSG a.F. durch die verantwortliche Stelle einzuordnen.[59] Denn verantwortliche Stelle und der ihr gegenüber streng weisungsgebundene (Rn.40) Auftragsdatenverarbeiter waren bei einer Verarbeitung im Auftrag i.S.d. §11 Abs.1 S.1 BDSG a.F. rechtlich als Einheit zu betrachten.[60] War die verantwortliche Stelle selbst wegen einer Erlaubnis i.S.d. §4 Abs.1 BDSG a.F. zur Nutzung berechtigt, wirkte diese Erlaubnis auch für die durch den Auftragsdatenverarbeiter erfolgenden Verarbeitungen.[61] 54

Die Auftragsdatenverarbeitung gemäß §11 Abs.1 S.1 BDSG a.F. war also privilegiert, weil für die bei ihr erfolgende Weitergabe personenbezogener Daten durch die verantwortliche Stelle anders als bei der Übermittlung (Rn.51) keine Erlaubnis i.S.v. §4 Abs.1 BDSG a.F. erforderlich war.[62] An dieser Erlaubnis hätte es bei typischen Fällen arbeitsteiligen Vorgehens (Rn.1f.) regelmäßig gefehlt mit der Folge, dass die Arbeitsteilung zwischen verantwortlicher Stelle und Dienstleister datenschutzrechtlich unzulässig gewesen wäre. Dies galt insbesondere bei der Verarbeitung besonderer Arten personenbezogener Daten i.S.d. §3 Abs.9 BDSG a.F. (Art.9 Abs.1) wegen der hohen Anforderungen der gesetzlichen Erlaubnistatbestände in §28 Abs.6 bis Abs.9 BDSG a.F. (Art.9 Abs.2). 55

Die Absenkung der Anforderungen an die Weitergabe personenbezogener Daten an den Auftragsdatenverarbeiter durch die verantwortliche Stelle wurden durch zusätzliche Pflichten kompensiert, welche der verantwortlichen Stelle über §11 BDSG a.F. auferlegt wurden, insb. zur sorgfältigen Auswahl des Auftragsdatenverarbeiters gemäß §11 Abs.2 S.1 BDSG a.F., zur Festlegung der vom Auftragsdatenverarbeiter i.S.d. §9 BDSG a.F. zu treffenden technischen und organisatorischen Maßnahmen gemäß §11 Abs.2 S.2 Nr.3 BDSG a.F. und der beim Auftragsdatenverarbeiter durchzuführenden Kontrollen gemäß §11 Abs.2 S.4, S.5 BDSG a.F.[63] 56

2. Privilegierung der Auftragsverarbeitung nach der DS-GVO. – a) Offenlegung personenbezogener Daten gegenüber dem Auftragsverarbeiter. Die Übermittlung i.S.d. §3 Abs.4 S.2 Nr.3 BDSG a.F. ist in Art.4 Nr.2 zu einem Fall der Verarbeitung durch Offenlegung geworden („[…] Offenlegung durch Übermittlung, Verbreitung oder eine andere Form der Bereitstellung […]“, dazu Art.4 Rn.35). Ebenso wie der Auftragsdatenverarbeiter i.S.d. §11 Abs.1 S.1 BDSG (Rn.10) ist der Auftragsverarbeiter nicht Dritter i.S.v. Art 4 Nr.10, sondern Empfänger i.S.v. Art 4 Nr.9 (Rn.136ff.), da ihm gegenüber personenbezogene Daten durch den Verantwortlichen i.S.v. Art.4 Nr.7 (Rn.106ff.) offengelegt werden. 57

58 Verwenden fasst das Verarbeiten i.S.v. §3 Abs.4 S.1 BDSG a.F. und Nutzen i.S.d. §3 Abs.5 BDSG a.F. zusammen, siehe Gola/Schomerus-*Gola/Klug/Körffer* §3 Rn.42.

59 Ausführlich *Kremer/Sander* ITRB 2014, 187f.

60 Statt vieler Gola/Schomerus-*Gola/Klug/Körffer* §11 BDSG Rn.4; Plath-*Plath* §11 BDSG Rn.2.

61 Kühling/Buchner-*Hartung* Art.28 Rn.13.

62 Ebenso Simitis-*Petri* §11 Rn.43; Plath-*Plath* §11 Rn.4; *Monreal* ZD 2014, 611, 615; *Petri* ZD 2015, 305, 306.

63 Ähnlich *Petri* ZD 2015, 305, 306; Krohm/Müller-*Peltzer* RDV 2016, 307.

58 Anders als das BDSG a.F. differenziert die DS-GVO nicht zwischen der Übermittlung i.S.v. § 3 Abs. 4 S. 2 Nr. 3 BDSG a.F., die nur gegenüber einem Dritten i.S.v. § 3 Abs. 8 S. 2 BDSG a.F. erfolgen konnte (Rn. 51), und dem sonstigen „Erhalt" von Daten durch einen Empfänger i.S.v. § 3 Abs. 8 S. 1 BDSG a.F.[64] Vielmehr führt die DS-GVO in Art. 4 Nr. 2 mit einer Legaldefinition der Verarbeitung alle Vorgänge im Zusammenhang mit personenbezogenen Daten zusammen und nennt anschließend Beispiele für Verarbeitungen (ausführlich Art. 4 Rn. 39 ff.).[65]

b) Rechtfertigung der Offenlegung als Voraussetzung einer Auftragsverarbeitung?

59 An diese Legaldefinition knüpft Art. 6 Abs. 1 an, der eine Verarbeitung nur dann für rechtmäßig erachtet, wenn einer der Erlaubnistatbestände in Art. 6 Abs. 1 S. 1 lit. a bis f beim Verantwortlichen gegeben ist. Entsprechendes gilt für Verarbeitungen im Anwendungsbereich der Art. 9, Art. 10, insbesondere bei besonderen Kategorien personenbezogener Daten i.S.v. Art 9 Abs. 1 (dazu Art. 9 Rn. 30 ff.). Hieraus wird z.T. abgeleitet, dass die Auftragsverarbeitung wegen der bei ihr erfolgenden Offenlegung personenbezogener Daten durch den Verantwortlichen gegenüber dem Auftragsverarbeiter als Verarbeitung einer Rechtfertigung i.S.d. Art. 6 Abs. 1, Art. 9 Abs. 2, Art. 10 bedürfe und anders als im BDSG a.F. (Rn. 54) nicht privilegiert sei.[66]

60 Festzuhalten ist dazu, dass die DS-GVO mit dem gemeinsam Verantwortlichen gemäß Art. 26 Abs. 1 S. 1 (dazu Art. 26 Rn. 11 ff.) und dem Auftragsverarbeiter gemäß Art. 4 Nr. 7, Art. 28 ein arbeitsteiliges Vorgehen in der Verarbeitung personenbezogener Daten durch den Verantwortlichen ausdrücklich zulassen wollte. Eine Auslegung der DS-GVO, die dieses Ziel in typischen Anwendungsfällen eines arbeitsteiligen Vorgehens (dazu Rn. 1 f.) sicher vereitelt, wäre mit dem Willen des Gesetzgebers und dem Zweck von Art. 26, Art. 28 nicht vereinbar. Die Annahme, eine Privilegierung der Auftragsverarbeitung sei mit der DS-GVO wegen des Zusammenspiels von Art. 4 Nr. 2, Nr. 9 und Art. 6 Abs. 1, Art. 9, Art. 10 ausgeschlossen, ist vor diesem Hintergrund nicht haltbar, würde sie doch zu einer Zweckvereitelung gegen den Willen des Gesetzgebers führen.[67]

61 **c) Annahme einer rechtlichen Privilegierung der Auftragsverarbeitung?** Ein erster Lösungsansatz ist die Annahme einer rechtlichen Privilegierung über Art. 6 Abs. 1 S. 1 lit. f (zur Interessenabwägung allgemein Art. 6 Rn. 126 ff.). Sind die sich aus Art. 28 ergebenden Pflichten für Verantwortlichen und Auftragsverarbeiter eingehalten, liegt stets ein berechtigtes Interesse des Verantwortlichen i.S.d. Art. 6 Abs. 1 S. 1 lit. f vor, welches die schutzwürdigen Interessen, Grundrechte und Grundfreiheiten der von der Offenlegung betroffenen Personen überwiegt.[68]

62 Diese Annahme ist zutreffend, denn nach der durch Abs. 1 vorgeschriebenen sorgfältigen Auswahl des Auftragsverarbeiters durch den Verantwortlichen (Rn. 81 ff.), der Festlegung der in Abs. 3 S. 1 bezeichneten Anforderungen im Vertrag oder anderen Rechtsinstrument zwischen Verantwortlichem und Auftragsverarbeiter einschließlich der gemäß Art. 32 zu treffenden, geeigneten technischen und organisatorischen Maß-

64 Krohm/Müller-*Peltzer* RDV 2016, 307, 308.
65 Kühling/Buchner-*Herbst* Art. 4 Nr. 2 Rn. 4.
66 U.a. *Roßnagel/Korschwald* ZD 2014, 495, 497.
67 Im Ergebnis ebenso Paal/Pauly-*Martini* Art. 28 Rn. 10.
68 So noch der Autor in *Laue/Nink/Kremer* § 5 Rn. 6; dazu *Krohm/Müller-Peltzer* RDV 2016, 307, 308; *Koós/Englisch* ZD 2014, 276, 284.

nahmen (Rn. 109 ff.) und dem durch Abs. 2, Abs. 4 gewährleisteten Schutz vor der Inanspruchnahme beliebiger Unterauftragsverarbeiter sind keine überwiegenden schutzwürdigen Interessen, Grundrechte und Grundfreiheiten betroffener Personen mehr denkbar. Mehr kann vom Verantwortlichen und Auftragsverarbeiter tatsächlich und rechtlich nicht verlangt werden.

Allerdings greift die rechtliche Privilegierung aus Art. 6 Abs. 1 S. 1 lit. f nicht, wenn Gegenstand der Auftragsverarbeitung auch oder sogar im Schwerpunkt die Verarbeitung besonderer Kategorien personenbezogener Daten i.S.v. Art. 9 Abs. 1 (dazu Art. 9 Rn. 30 ff.) ist; Art. 9 Abs. 2 enthält keinen der Interessenabwägung in Art. 6 Abs. 1 S. 1 lit. f vergleichbaren Rechtmäßigkeitstatbestand. Damit wäre schon das Outsourcing der Infrastruktur für die Verarbeitung personenbezogener Daten von Beschäftigten i.S.d. § 26 Abs. 8 BDSG durch Personalabteilungen als Auftragsverarbeitung unzulässig, weil hier regelmäßig besondere Kategorien personenbezogener Daten anfallen, z.B. als Bestandteil der Abrechnung des Arbeitsentgelts gemäß § 108 Abs. 1 GewO. Entsprechendes würde für die Auslagerung der Videoüberwachung wg. der dabei anfallenden, zur eindeutigen Identifizierung einer natürlichen Person gedachten biometrischen Daten i.S.d. Art. 9 Abs. 1 (dazu Art. 9 Rn. 67 ff.) oder die durch § 80 SGB X[69] ausdrücklich zugelassene Verarbeitung von Sozialdaten im Auftrag gelten. **63**

Eine derartige Beschränkung ist aus der DS-GVO heraus nicht begründbar. Abs. 3 S. 1 legt fest, dass die Art oder Kategorien der im Auftrag zu verarbeitenden personenbezogenen Daten u.a. zusammen mit Gegenstand, Art und Zweck der Verarbeitung im Vertrag oder anderen Rechtsinstrument (dazu Rn. 90 ff.) von Verantwortlichem und Auftragsverarbeiter festzulegen sind. Hieran haben sich die vom Auftragsverarbeiter nach Abs. 1 zu gewährenden Garantien für die Durchführung der geeigneten technischen und organisatorischen Maßnahmen für eine verordnungskonforme Verarbeitung auszurichten (dazu Rn. 109 ff.). ErwG 79 stellt ergänzend klar, dass bei den Festlegungen im Vertrag oder anderen Rechtsinstrument „die besonderen Aufgaben und Pflichten des Auftragsverarbeiters bei der geplanten Verarbeitung und das Risiko für die Rechte und Freiheiten der betroffenen Person zu berücksichtigen sind“. **64**

Eine Aussage dahingehend, dass die Verarbeitung besonderer Kategorien personenbezogener Daten i.S.d. Art. 9 Abs. 1 der Auftragsverarbeitung nach Art. 28 regelmäßig entzogen sein soll, gibt es in der DS-GVO nicht. Die Lösung über eine rechtliche Privilegierung entspricht damit ebenfalls nicht dem Willen des Gesetzgebers und dem Normzweck von Art. 28 (Rn. 1 ff.),[70] weil sie die Auftragsverarbeitung besonderer Kategorien personenbezogener Daten nur in den seltenen Ausnahmefällen ermöglicht, wenn die besonderen Voraussetzungen von Art. 9 Abs. 2 (dazu Art. 9 Rn. 109 ff.) vorliegen. **65**

d) Art. 28 als selbstständige Erlaubnis für die Offenlegung bei der Auftragsverarbeitung? Die Offenlegung personenbezogener Daten durch den Verantwortlichen gegenüber dem Auftragsverarbeiter ist tatsächliche Voraussetzung jeder Auftragsverarbeitung; ohne den Zugang (zum Begriff Art. 29 Rn. 8) zu den personenbezogenen Daten beim Verantwortlichen ist dem Auftragsverarbeiter die Durchführung des ihm **66**

69 Gesetz zur Änderung des Bundesversorgungsgesetzes und anderer Vorschriften v. 17.7.2017, BGBl. I S. 2541.

70 Ebenso Krohm/Müller-*Peltzer* RDV 2016, 307, 310.

erteilten Auftrags nicht möglich.[71] Daher könnte angenommen werden, dass sich die Privilegierung der Offenlegung gegenüber dem Auftragsverarbeiter unmittelbar aus Art. 28 ergibt, der insoweit als einer Art. 6, Art. 9 vergleichbaren Erlaubnis wirkt.[72]

67 Einem solchen Verständnis von Art. 28 steht jedoch die Systematik der DS-GVO entgegen. Die Anforderungen an die Rechtmäßigkeit der Verarbeitung und die hierfür möglichen Erlaubnistatbestände sind im Kap. 2 in den Art. 6 ff. festgelegt. Demgegenüber befasst sich Kap. 4 mit den Art. 24 bis Art. 43 mit den von an der Verarbeitung personenbezogener Daten Beteiligten zu beachtenden Pflichten und der Pflichtenverteilung im Verhältnis der Beteiligten zueinander. Art. 28 setzt mithin die Rechtmäßigkeit der Verarbeitung im Übrigen voraus. Eine Einordnung als Erlaubnistatbestand vergleichbar zu Art. 6 Abs. 1 oder Art. 9 Abs. 2 scheidet damit aus.[73]

68 **e) Privilegierung aus der Gesamtbetrachtung der Verarbeitungstätigkeit.** Im Ergebnis kann sich die auch unter der DS-GVO erforderliche Privilegierung der mit der Auftragsverarbeitung einhergehenden Offenlegung personenbezogener Daten durch den Verantwortlichen gegenüber dem Auftragsverarbeiter (Rn. 57 f.) nur aus einer Gesamtbetrachtung der von Verantwortlichem und Auftragsverarbeiter durchgeführten Verarbeitungstätigkeit ergeben.

69 Art. 4 Nr. 2 stellt bei der Legaldefinition der Verarbeitung (Rn. 33) nicht allein auf den einzelnen Verarbeitungsschritt (Vorgang auf der Mikroebene) ab, sondern betrachtet auch eine übergeordnete Verarbeitungstätigkeit i.S.v. Art. 30 (dazu Art. 30 Rn. 15), also eine Summe mehrerer aufeinanderfolgender, miteinander im Zusammenhang stehender Verarbeitungsschritte (Vorgangsreihe auf der Makroebene) [74] als eine einzige Verarbeitung i.S.v. Art. 4 Nr. 2 (dazu Art. 4 Rn. 39).[75] In der Folge muss sich auch die Betrachtung der Rechtmäßigkeit der Verarbeitung gemäß Art. 6 ff. nicht auf jeden einzelnen Verarbeitungsschritt beziehen, sondern kann anders als bei § 4 Abs. 1 BDSG a.F.[76] sich auf eine übergeordnete Verarbeitungstätigkeit erstrecken, die aus mehreren einzelnen Verarbeitungsschritten besteht.[77]

70 Die Top-Down Betrachtung der Rechtmäßigkeit einer übergeordneten Verarbeitungstätigkeit ist stets aus Sicht des Verantwortlichen i.S.v. Art. 4 Nr. 7 vorzunehmen, da der Verantwortliche über Zwecke und Mittel der Verarbeitung entscheidet (Rn. 120 ff.) und gemäß Art. 5 Abs. 2, Abs. 1 lit. a die Rechtmäßigkeit der Verarbeitung zu gewährleisten hat (dazu Art. 5 Rn. 16 ff.). Greift dann zugunsten des Verantwortlichen für die übergeordnete Verarbeitungstätigkeit einer der Erlaubnistatbestände aus den Art. 6 ff. erstreckt sich die Rechtmäßigkeit der Verarbeitungstätigkeit insgesamt auch auf denjenigen untergeordneten Verarbeitungsschritt, der zur Offenlegung personenbezogener Daten durch den Verantwortlichen gegenüber dem Auftragsverarbeiter führt.[78]

---

71 Krohm/Müller-*Peltzer* RDV 2016, 307, 310.
72 Siehe etwa *Eckhardt/Kramer* DuD 2013, 287, 291.
73 Ebenso Krohm/Müller-*Peltzer* RDV 2016, 307, 310.
74 Zu den Begriffen siehe *Art.-29-Datenschutzgruppe* WP 169, S. 25.
75 Kühling/Buchner-*Herbst* Art. 4 Nr. 2 Rn. 15.
76 Statt vieler Simitis-*Scholz/Sokol* § 4 Rn. 12.
77 Ebenso Krohm/Müller-*Peltzer* RDV 2016, 307, 311; *Härting* ITRB 2016, 137, 139.
78 Ebenso Krohm/Müller-*Peltzer* RDV 2016, 307, 309; *Härting* Datenschutz-Grundverordnung, S. 84 f.

Dies entspricht dem Vorgehen bei der Feststellung, ob zwei oder mehrere Verantwortliche gemeinsam Verantwortliche i.S.v. Art. 26 Abs. 1 S. 1 sind (dazu Art. 26 Rn. 11 ff.).

Das Abstellen auf die übergeordnete, vom Verantwortlichen unter Einbeziehung des Auftragsverarbeiters vorgenommene Verarbeitungstätigkeit führt damit zu einer mit § 11 Abs. 1. S. 1 BDSG a.F. (Rn. 55) gleichartigen Privilegierung der Auftragsverarbeitung gemäß Art. 4 Nr. 7, Art. 28. Ist die Verarbeitungstätigkeit rechtmäßig, erstreckt sich dies auch auf den Auftrag an den Auftragsverarbeiter, ohne dass es hierfür einer weiteren Erlaubnis aus den Art. 6 ff. bedarf.[79] Die Auftragsverarbeitung ist damit vom „Rechtfertigungsregime"[80] der Art. 6 ff. ausgenommen. Diese Betrachtung trägt auch dem Umstand Rechnung, dass unter der DS-GVO Verantwortlicher und Auftragsverarbeiter eine Verarbeitungseinheit bilden,[81] was ebenso wie bei den gemeinsam Verantwortlichen (dazu Art. 26 Rn. 11) einer separierenden Sichtweise entgegensteht. **71**

3. Privilegierung der Auftragsverarbeitung sowie Geheimhaltungs- oder Geheimnispflichten. § 1 Abs. 2 S. 3 BDSG stellt wie zuvor § 1 Abs. 3 S. 2 BDSG a.F. klar, dass neben dem formalen Datenschutzrecht das materielle Datenschutzrecht unberührt bleibt, soweit sich dieses auf die „Verpflichtung zur Wahrung gesetzlicher Geheimhaltungspflichten oder von Berufs- oder besonderen Amtsgeheimnissen, die nicht auf gesetzlichen Vorschriften beruhen" bezieht.[82] Aus der Rechtmäßigkeit der Offenlegung personenbezogener Daten gegenüber Empfängern i.S.v. Art. 4 Nr. 9, also auch gegenüber dem Auftragsverarbeiter (Rn. 32), folgt damit nicht zugleich die Erlaubnis für die Durchbrechung einer dem Verantwortlichen obliegenden Geheimhaltungs- oder Geheimnispflicht i.S.d. § 1 Abs. 2 S. 3 BDSG.[83] **72**

Regelmäßig bedarf es für die Offenlegung personenbezogener Daten, die neben der DS-GVO zusätzlich geschützt sind durch eine gesetzliche Geheimhaltungspflicht oder ein Berufs- oder besonderes Amtsgeheimnis, welches nicht auf gesetzlichen Vorschriften beruht, der Einwilligung der betroffenen Person.[84] Anderenfalls kann trotz einer rechtmäßigen Auftragsverarbeitung gemäß Art. 4 Nr. 7, Art. 28 der Straftatbestand der Verletzung von Privatgeheimnissen gemäß § 203 Abs. 1, Abs. 2 StGB verwirklicht sein. **73**

Ausnahmen von diesem Einwilligungserfordernis hat der Gesetzgeber mit der Neufassung von § 203 Abs. 3 StGB für die Offenbarung gegenüber solchen Personen und deren Unterauftragnehmer geschaffen, „die an [der] beruflichen oder dienstlichen Tätigkeit [des Geheimnisträgers] mitwirken, soweit dies für die Inanspruchnahme der Tätigkeit der sonstigen mitwirkenden Personen erforderlich ist […]", allerdings unter Einbeziehung der Offenlegungsempfänger in den Straftatbestand des § 203 StGB über den neu geschaffenen § 203 Abs. 4 StGB.[85] Diese Änderung wird durch entsprechende Anpassungen im Berufsrecht wie in § 43e BRAO ergänzt, um neben dem Entfallen **74**

---

79 Ebenso *Datenschutzkonferenz* Kurzpapier Nr. 13, S. 2 (linke Spalte).

80 Paal/Pauly-*Martini* Art. 28 Rn. 10.

81 *Albrecht/Jotzo* Teil 5 Rn. 22.

82 Ausführlich Piltz, BDSG, § 1 Rn. 18 ff.

83 *Datenschutzkonferenz* Kurzpapier Nr. 13, S. 2 (linke Spalte).

84 Kühling/Buchner-*Hartung* Art. 28 Rn. 114.

85 Gesetz zur Neuregelung des Schutzes von Geheimnissen bei der Mitwirkung Dritter an der Berufsausübung schweigepflichtiger Personen vom 30.10.2017, BGBl. I S. 3618; dazu *Kraus* PinG 2018, 16; *Hartung/Steinweg* PinG 2018, 21; *Pohle/Ghaffari* CR 2017, 489; *Fechtner* CR 2017, 355; *Ruppert* K&R 2017, 609.

der Strafbarkeit auch eine Verletzung der Berufspflichten bei einer befugten Offenlegung durch den Geheimnisträger zu beseitigen.

III. Prüfung oder Wartung als Auftragsverarbeitung

75 **1. Entsprechende Anwendung der Auftragsdatenverarbeitung gemäß § 11 Abs. 5 BDSG a.F.** § 11 Abs. 5 BDSG a.F. führte zu einer entsprechenden Anwendung der Regelungen für die Auftragsdatenverarbeitung in § 11 Abs. 1 bis Abs. 4 BDSG a.F. auf die „Prüfung oder Wartung automatisierter Verfahren oder Datenverarbeitungsveranlagen [...] im Auftrag", wenn „dabei ein Zugriff auf personenbezogene Daten nicht ausgeschlossen werden kann" (Rn. 12). Die tatsächliche Möglichkeit des Zugangs (zum Begriff Art. 29 Rn. 7 f.) zu personenbezogenen Daten führte mithin nach § 11 Abs. 5 BDSG a.F. bereits zur Auftragsdatenverarbeitung unabhängig davon, ob es tatsächlich auch zur Verarbeitung personenbezogener Daten durch den von der verantwortlichen Stelle i.S.v. § 3 Abs. 7 BDSG a.F. beauftragten Dienstleister kam.

76 **2. Keine Regelung in der DS-GVO zu Prüfung und Wartung als Auftragsverarbeitung.** § 11 Abs. 5 BDSG a.F. ist mit der DS-GVO ersatzlos entfallen. Der deutsche Gesetzgeber scheint jedoch mit der Neufassung der Auftragsverarbeitung bei Sozialdaten in § 80 Abs. 5 SGB X[86] zu unterstellen, dass Prüfungs- oder Wartungsleistungen bei tatsächlicher Möglichkeit des Zugangs zu personenbezogenen Daten beim Verantwortlichen durch den Auftragsverarbeiter dies weiterhin eine Auftragsverarbeitung sei. Ebenso geht die Datenschutzkonferenz (Rn. 25) davon aus, dass eine Auftragsverarbeitung i.S.v. Art. 4 Nr. 7, Art. 28 bei Prüfung oder Wartung vorliege, wenn „für den Auftragsverarbeiter die Notwendigkeit oder Möglichkeit des Zugriffs auf personenbezogene Daten" bestehe.[87]

77 **3. Keine zwingende Auftragsverarbeitung bei Prüfung und Wartung.** Art. 4 Nr. 2 definiert die Verarbeitung als Vorgang oder Vorgangsreihe „im Zusammenhang mit personenbezogenen Daten" (Rn. 38, ausführlich Art. 4 Rn. 34). Die sich hieran anschließenden Bespiele beginnen mit dem „Erheben" und „Erfassen", sie enden mit dem „Löschen" oder „Vernichten" personenbezogener Daten. Legt man wie bei § 3 Abs. 3 BDSG a.F. für Art. 4 Nr. 2 zu Grunde, dass für ein Erheben die tatsächliche Kenntnisnahme von personenbezogenen Daten nicht erforderlich ist, sondern die Verschaffung der Möglichkeit zur Kenntnisnahme ausreichend ist,[88] wäre der bislang unter § 11 Abs. 5 BDSG a.F. geregelte Sachverhalt bei einer „Möglichkeit zum Zugang zu personenbezogenen Daten" anlässlich von Prüfung oder Wartung bereits als Verarbeitung personenbezogener Daten durch den Auftragsverarbeiter in Form des Erhebens zu qualifizieren und fiele damit unmittelbar in den Anwendungsbereich der Auftragsverarbeitung gemäß Art. 4 Nr. 7, Art. 28.[89] Einer analogen Anwendung von Art. 28 bedürfte es dann nicht.[90]

---

86 Gesetz zur Änderung des Bundesversorgungsgesetzes und anderer Vorschriften v. 17.7.2017, BGBl. I S. 2541.

87 *Datenschutzkonferenz* Kurzpapier Nr. 13, S. 3 (rechte Spalte).

88 So Kühling/Buchner-*Herbst* Art. 4 Nr. 2 Rn. 21 unter Berufung auf Simitis-*Dammann* § 3 BDSG Rn. 106.

89 So etwa *Schmidt/Freund* ZD 2017, 14, 17; im Ergebnis auch Kühling/Buchner-*Hartung* Art. 28 Rn. 54.

90 So aber Ehmann/Selmayr-*Bertermann* Art. 28 Rn. 7; Sydow-*Ingold* Art. 28 Rn. 20; *Mühlein* RDV 2016, 74, 83.

Eine Auslegung des Erhebens i.S.v. Art. 4 Nr. 2 oder vormals § 3 Abs. 3 BDSG a.F. als Verschaffung der Möglichkeit zur Kenntnisnahme ist jedoch keinesfalls zwingend.[91] Denn im Übrigen besteht Einigkeit darüber, dass allein das zielgerichtete Verschaffen personenbezogener Daten den Tatbestand des Erhebens und des Erfassens erfüllt.[92] Gibt es allein die tatsächliche Möglichkeit eines Zugangs (zum Begriff Art. 29 Rn. 7 f.) zu personenbezogenen Daten durch einen Dienstleister, fehlt es bis zur Kenntniserlangung noch an jeglichem Verschaffen derselben. **78**

Selbst bei Kenntniserlangung liegt solange kein zielgerichtetes Verschaffen personenbezogener Daten durch den Dienstleister vor, wie dieser nur bei Gelegenheit von Prüfung oder Wartung hiervon Kenntnis erlangt oder ihm diese gar durch den Verantwortlichen aufgedrängt werden,[93] z.B. bei der Bereitstellung nicht anonymisierter Dokumente oder Protokolldateien zur Prüfung eines Fehlers in einem vom Dienstleister gewarteten IT-System. Erst eine etwaige hiernach erfolgende weitere Verarbeitung der bei Gelegenheit zur Kenntnis genommenen oder aufgedrängten personenbezogenen Daten, z.B. durch Speicherung, wäre eine Verarbeitung i.S.v. Art. 4 Nr. 2 durch den Dienstleister. **79**

Die Notwendigkeit zur Einbeziehung von Prüfung und Wartung in die Auftragsverarbeitung gemäß Art. 4 Nr. 7, Art. 28 besteht deshalb nur dann, wenn Prüfung und Wartung sich gerade auf personenbezogene Daten beziehen, die Prüfungs- oder Wartungsleistung also die zielgerichtete Verarbeitung personenbezogener Daten i.S.v. Art. 4 Nr. 2 stets mit sich bringt.[94] Dies wäre etwa beim zwingenden Zugriff auf Datenbanken mit personenbezogenen Daten bei der Fernwartung eines produktiven IT-Systems der Fall, nicht jedoch bei einer Fernwartung, die sich auf Entwicklungs- oder Testsysteme mit Testdaten ohne Personenbeziehbarkeit i.S.v. Art. 4 Nr. 1 (dazu Art. 4 Rn. 17) erstreckt. Auch bloße technische Prüfungs- oder Wartungsleistungen, die üblicherweise ohne Kenntnisnahme personenbezogener Daten möglich sind, z.B. durch die Analyse technischer Logfiles oder die Inaugenscheinnahme von Hardware, sind dann nicht mehr von der Auftragsverarbeitung erfasst. **80**

IV. Auswahl des Auftragsverarbeiters durch den Verantwortlichen, Abs. 1

Abs. 1 verpflichtet den Verantwortlichen zur sorgfältigen Auswahl der für ihn tätigen Auftragsverarbeiter.[95] Er darf nur mit solchen Auftragsverarbeitern zusammenarbeiten, die hinreichende Garantien dafür bieten, dass sie die geeigneten technischen und organisatorischen Maßnahmen so ausführen, dass eine verordnungskonforme Verarbeitung und der Schutz der Rechte betroffener Personen gewährleistet ist. **81**

---

91 Offen gelassen u.a. von Gola/Schomerus-*Gola/Klug/Körffer* § 3 BDSG Rn. 24; Beck-OK DatenSR-*Schild* § 3 BDSG Rn. 51; Paal/Pauly-*Ernst* Art. 4 Rn. 23.

92 Kühling/Buchner-*Herbst* Art. 4 Nr. 2 Rn. 21; Gola/Schomerus-*Gola/Klug/Körffer* § 3 BDSG Rn. 24; Beck-OK DatenSR-*Schild* § 3 BDSG Rn. 51; Paal/Pauly-*Ernst* Art. 4 Rn. 23; vom Willensmoment bei der Verarbeitung spricht insoweit *Lissner* DSRITB 2016, 401, 415.

93 Sydow-*Reimer* Art. 4 Rn. 55.

94 Ebenso *Bayerisches Landesamt für Datenschutzaufsicht* Kurzpapier Nr. 10 zur Auftragsverarbeitung vom 26.10.2016, S. 2 (rechte Spalte), abrufbar unter https://www.lda.bayern.de/media/baylda_ds-gvo_10_processor.pdf, zwischenzeitlich ersetzt durch Kurzpapier Nr. 13, S. 3 (rechte Spalte), S. 4 (linke Spalte).

95 Paal/Pauly-*Martini* Art. 28 Rn. 19; Sydow-*Ingold* Art. 28 Rn. 32.

82 Aus der Formulierung von Abs. 1 ergibt sich, dass sich die Auswahl des Auftragsverarbeiters nach den von ihm durchzuführenden, technischen und organisatorischen Maßnahmen zu richten hat, die sich ausweislich ErwG 81 auch auf die Sicherheit der Verarbeitung i.S.d. Art. 32 (dazu Art. 32 Rn. 24 ff.) zu erstrecken haben; insoweit ist § 11 Abs. 2 S. 1 BDSG a.F. in Abs. 1 aufgegangen.[96] Dabei muss der Auftragsverarbeiter hinreichend Garantien dafür bieten, dass mit seinen Maßnahmen eine verordnungskonforme, den Schutz der Rechte betroffener Personen achtende Verarbeitung gewährleistet ist. Dabei ist mit Garantie jedoch keine unbedingte Einstandspflicht gemeint, sondern nur eine hinreichende Wahrscheinlichkeit.[97]

83 Zur Bewertung dieser hinreichenden Garantien soll der Verantwortliche ausweislich von ErwG 81 auf das Fachwissen, die Zuverlässigkeit und die Ressourcen des Auftragsverarbeiters abstellen (zur Überwachung des Auftragsverarbeiters nach der Auswahl Rn. 129 ff.). Ergänzend kann er in seine Bewertung gemäß Abs. 5 vom Auftragsverarbeiter eingehaltene genehmigte Verhaltensregeln i.S.v. Art. 40 oder genehmigte Zertifizierungsverfahren i.S.v. Art. 42 einbeziehen (Rn. 160 ff.).

84 Die vom Verantwortlichen vorgenommene Auswahlentscheidung und die hierbei von ihm einbezogenen Nachweise der Auftragsverarbeiter in die von ihnen getroffenen Maßnahmen und deren Eignung sollte wegen der durch Art. 5 Abs. 2 statuierten Rechenschaftspflicht (dazu Art. 5 Rn. 72 ff.) vom Verantwortlichen dokumentiert werden. Denn er trägt für die sorgfältige Auswahl i.S.d. Abs. 1 die die Darlegungs- und Beweislast.[98] (zu Sanktionen Rn. 172).

V. Inhalt des Vertrags oder anderen Rechtsinstruments zur Auftragsverarbeitung, Abs. 3

85 Abs. 3 S. 1 legt fest, dass die Auftragsverarbeitung stets auf der Grundlage eines Vertrags (dazu Rn. 87) oder eines anderen Rechtsinstruments nach dem Unionsrecht oder dem Recht der Mitgliedstaaten (dazu Rn. 88) zu erfolgen hat, wodurch der Auftragsverarbeiter in Bezug auf den Verantwortlichen gebunden wird (dazu Rn. 89). Dabei schreibt Abs. 3 verschiedene Festlegungen und Inhalte fest, die der Vertrag oder das andere Rechtsinstrument gleichermaßen zwingend enthalten müssen (Rn. 90 ff.). Insoweit ist Abs. 3 grundsätzlich mit § 11 Abs. 2 S. 2 BDSG a.F. (Rn. 90) vergleichbar, [99] geht aber bei den Anforderungen im Einzelnen noch über § 11 Abs. 2 S. 2 BDSG a.F. hinaus (Praxishinweis Rn. 177).[100]

86 Ungeachtet der durch Abs. 3 formulierten Anforderungen haben der Vertrag oder das andere Rechtsinstrument keine konstitutive Wirkung.[101] Ob eine Auftragsverarbeitung vorliegt, ist mittels einer sachbezogenen, funktionalen Betrachtung der tatsächlichen Verhältnisse zwischen Verantwortlichem und Auftragsverarbeiter festzustellen (Rn. 33). Ergibt sich hieraus eine Auftragsverarbeitung i.S.d. Art. 4 Nr. 7, Art. 28, ist der Vertrag i.S.d. Abs. 3 abzuschließen oder ein anderes Rechtsinstrument zu schaffen. Allein der Vertrag oder das andere Rechtsinstrument führen zu

---

96 *Sander* PinG 2017, 250, 252.
97 Offen gelassen von Kühling/Buchner-*Hartung* Art. 28 Rn. 56.
98 Sydow-*Ingold* Art. 28 Rn. 32.
99 *Mühlein* RDV 2016, 74, 76.
100 *Laue/Nink/Kremer* § 5 Rn. 16.
101 Kühling/Buchner-*Hartung* Art. 28 Rn. 61, 64.

keiner Auftragsverarbeitung, wenn die tatsächlichen Verhältnisse eine solche nicht begründen (dazu Rn. 86).

Vertrag i.S.d. Abs. 3 meint jede rechtsgeschäftliche Vereinbarung zwischen Verant- **87**
wortlichem und Auftragsverarbeiter über den Auftrag.[102] Sind die Festlegungen und anderen Inhalte des Vertrags gemäß Abs. 3 bereits in einer anderen Vereinbarung zwischen Verantwortlichem und Auftragsverarbeiter enthalten, etwa in einem Rahmenvertrag, einem Einzelvertrag, einem Leistungsschein, einem Leistungsverzeichnis oder einer Leistungsbeschreibung, kann im Vertrag nach Abs. 3 auf diese andere Vereinbarung verwiesen werden (Praxishinweis Rn. 178). Die andere Vereinbarung unterfällt dann jedoch ebenfalls dem Formerfordernis aus Abs. 9 für den Vertrag (dazu Rn. 164 ff.) oder Abs. 2 für die Genehmigung von Unterauftragsverarbeitern durch den Verantwortlichen (dazu Rn. 152 ff.).[103]

Anderes Rechtsinstrument nach dem Unionsrecht oder dem Recht der Mitgliedstaa- **88**
ten meint die Erteilung des Auftrags durch Verordnung, Richtlinie oder formelles Gesetz.[104] Die anderen Rechtsinstrumente sind dabei insbesondere im Verhältnis verschiedener öffentlicher Stellen als Grundlage einer Auftragsverarbeitung dort denkbar, wo der Abschluss eines Vertrags ungewöhnlich ist.[105]

1. Bindung des Auftragsverarbeiters in Bezug auf den Verantwortlichen, Abs. 3 S. 1.
Der Vertrag oder das andere Rechtsinstrument muss gemäß Abs. 3 S. 1 den Auftrags- **89**
verarbeiter in Bezug auf den Verantwortlichen binden. Für die Weisungsgebundenheit des Auftragsverarbeiters ergibt sich dies bereits unmittelbar aus Art. 29 (dazu Art. 29 Rn. 6, Rn. 10), wegen des Vorhandenseins einer Auftragsverarbeitung aus den tatsächlichen Verhältnissen zwischen Verantwortlichem und Auftragsverarbeiter (Rn. 33). Gemeint ist mithin das Bewirken der rechtlichen Bindung des Auftragsverarbeiters an den Verantwortlichen durch Abschluss des Vertrags oder Zustandekommen des anderen Rechtsinstruments, nicht die Aufnahme einer besonderen auf die Bindung abzielenden Klausel im Vertrag oder anderen Rechtsinstrument.[106]

2. Festlegungen zur Auftragsverarbeitung, Abs. 3 S. 1. Der Vertrag oder das andere **90**
Rechtsinstrument muss Festlegungen zu (a) Gegenstand und Dauer der Verarbeitung, (b) Art und Zweck der Verarbeitung, (c) die Art (gemeint: Kategorien) der personenbezogenen Daten sowie (d) den Kategorien betroffener Personen enthalten. Dies entspricht im Wesentlichen den bislang nach § 11 Abs. 2 S. 2 lit. a, b BDSG a.F. zu treffenden Festlegungen. Die Festlegungen müssen so detailliert erfolgen, dass hieraus für den Verantwortlichen, den Auftragsverarbeiter und die Aufsichtsbehörde ohne Hinzuziehung anderer Informationsquellen ersichtlich ist, welche Verarbeitungen im Auftrag des Verantwortlichen von dem Auftragsverarbeiter durchgeführt werden.[107]

Die Festlegungen fließen gemäß Art. 30 Abs. 1 lit. b, c in Teilen in das vom Verant- **91**
wortlichen zu führende Verzeichnis von Verarbeitungstätigkeiten ein oder werden von

102 Eine einseitige Verpflichtung für ausreichend erachtet ohne Begründung *Lissner* DSRITB 2016, 401, 407.
103 Kühling/Buchner-*Hartung* Art. 28 Rn. 65.
104 Ehmann/Selmayr-*Bertermann* Art. 28 Rn. 13.
105 Gola-*Klug* Art. 28 Rn. 7.
106 Paal/Pauly-*Martini* Art. 28 Rn. 28.
107 Ehmann/Selmayr-*Bertermann* Art. 28 Rn. 15.

dort für den Vertrag oder das andere Rechtsinstrument übernommen (dazu Art. 30 Rn. 38 ff.). Sie sind teilweise auch für die Erfüllung anderer Pflichten des Verantwortlichen relevant, z.B. bei den Informationspflichten gemäß Art. 13, 14, bei der Meldung von Verletzungen des Schutzes personenbezogener Daten i.S.v. Art. 4 Nr. 12 an die Aufsichtsbehörde gemäß Art. 33 oder bei der Durchführung der Datenschutz-Folgenabschätzung nach Art. 35.

92 **a) Gegenstand und Dauer der Verarbeitung.** Die Festlegung von Gegenstand und Dauer der Verarbeitung dienen der Konkretisierung des Auftrags in qualitativer, quantitativer und zeitlicher Hinsicht.[108] Die Angaben können bezogen auf eine übergeordnete Verarbeitungstätigkeit erfolgen und müssen nicht für jeden einzelnen zugehörigen Verarbeitungsschritt erfolgen (zu den Begriffen Rn. 69). Auch kann sich der Gegenstand der Verarbeitung auf einen spezifischen Gegenstand oder einen spezifischen Kontext der Verarbeitung beziehen oder allgemein und weit gefasst sein, wenn die vom Verantwortlichen in Anspruch genommenen Leistungen des Auftragsverarbeiters zu einer entsprechenden Bandbreite an Auftragsverarbeitungen führen.[109]

93 **b) Art und Zweck der Verarbeitung.** Die Festlegung der Art der Verarbeitung dient der Konkretisierung der vom Auftragsverarbeiter i.S.v. Art. 4 Nr. 2 (dazu Art. 4 Rn. 34 ff.) vorzunehmenden Verarbeitungen und konkretisiert damit sachbezogenen und funktional die tatsächlich vom Auftragsverarbeiter erbrachten Leistungen (Rn. 100 ff.). Die Angabe eines eindeutigen Zwecks[110] für jede vom Auftragsverarbeiter durchgeführte Verarbeitung oder Verarbeitungstätigkeit (Rn. 69) ist für die Beurteilung der Rechtmäßigkeit der Verarbeitung erforderlich, da zur Entscheidung hierüber gemäß Art. 4 Nr. 7 allein der Verantwortliche befugt ist (Rn. 97) und die Beachtung des Zweckbindungsgrundsatzes aus Art. 5 Abs. 1 lit. b (dazu Art. 5 Rn. 37 ff.) sowie die Erfüllung der Rechenschaftspflicht aus Art. 5 Abs. 2 (dazu Art. 5 Rn. 72 ff.) durch den Verantwortlichen von der Erteilung eines Auftrags gemäß Art. 28 unberührt bleiben.

94 **c) Art oder Kategorien der personenbezogenen Daten.** Die Begriffe Art der personenbezogenen Daten bzw. Kategorien von personenbezogenen Daten werden in der DS-GVO gleichbedeutend verwendet. Gemeint ist die Festlegung der durch den Auftragsverarbeiter verarbeiteten Datenkategorien, damit diese bei der Bewertung der mit der Verarbeitung durch den Auftragsverarbeiter verbundenen Risiken sowie der Ermittlung der hierfür geeigneten technischen und organisatorischen Maßnahmen i.S.v. Art. 32 vom Verantwortlichen und Auftragsverarbeiter berücksichtigt werden (Rn. 100 ff.).

95 Festzulegen ist insbesondere, wenn besondere Kategorien personenbezogener Daten i.S.v. Art. 9 Abs. 1 (dazu Art. 9 Rn. 30 ff.) oder personenbezogene Daten über strafrechtliche Verurteilungen und Straftaten i.S.v. Art. 10 (dazu Art. 10 Rn. 3 ff.) Gegenstand der Verarbeitung (Rn. 33) sein sollen[111] (zur Zulässigkeit der Auftragsverarbeitung bei derartigen Daten Rn. 63).

---

108 Paal/Pauly-*Martini* Art. 28 Rn. 30; Ehmann/Selmayr-*Bertermann* Art. 28 Rn. 15.
109 So zur DSRL schon *Art.-29-Datenschutzgruppe* WP 169, S. 30.
110 Kühling/Buchner-*Hartung* Art. 28 Rn. 65.
111 Paal/Pauly-*Martini* Art. 28 Rn. 32.

d) Kategorien betroffener Personen. Die Festlegung der Kategorien betroffener Personen dient ebenso wie die Festlegung der Kategorien personenbezogener Daten der Bewertung der mit der Verarbeitung durch den Auftragsverarbeiter verbundenen Risiken und sind bei der Ermittlung der hierfür geeigneten technischen und organisatorischen Maßnahmen i.S.v. Art. 32 vom Verantwortlichen und Auftragsverarbeiter zu berücksichtigen (Rn. 109 ff.). Die Kategorien ergeben sich durch die Zusammenfassung der betroffenen Personen in typisierten Gruppen mit gemeinsamen Merkmalen,[112] z.B. Kinder, Beschäftigte i.S.v. § 26 Abs. 8 BDSG, Patienten, Kunden oder Interessenten. **96**

3. Festlegung der Pflichten und Rechte des Verantwortlichen, Abs. 3. S. 1. Im Vertrag oder anderen Rechtsinstrument sind die Pflichten und Rechte des Verantwortlichen festzulegen, was in der DS-GVO anders als die über Abs. 3 S. 2 dem Auftragsverarbeiter auferlegten Pflichten (Rn. 99 ff.) nicht weiter konkretisiert wird. Gemeint ist hiermit mindestens die konkrete[113] Festlegung, dass jede Entscheidung über die Zwecke und – sofern nicht an den Auftragsverarbeiter delegiert (Rn. 37) – Mittel der Verarbeitung durch den Verantwortlichen zu erfolgen hat (Recht des Verantwortlichen), der Verantwortliche für die Erfüllung der Rechte betroffener Personen verantwortlich ist (Pflicht des Verantwortlichen, zur Unterstützungspflicht des Auftragsverarbeiters Rn. 115 ff.), der Verantwortliche gem. Art. 29 ein Weisungsrecht und eine Weisungspflicht hat (Recht und Pflicht des Verantwortlichen, dazu Art. 29 Rn. 13, zur Konkretisierung im Vertrag Art. 29 Rn. 12), der Verantwortliche die Verarbeitung durch den Auftragsverarbeiter zu überprüfen berechtigt ist (Recht des Verantwortlichen, Rn. 131) und der Verantwortliche die Rechtmäßigkeit der Verarbeitung zu gewährleisten hat (Pflicht des Verantwortlichen, Rn. 168). **97**

Die Verpflichtung zur Festlegung der Pflichten und Rechten des Verantwortlichen beschränkt sich auf den durch die DS-GVO eröffneten Gestaltungsspielraum für das Verhältnis zwischen Verantwortlichem und Auftragsverarbeiter. Hiervon abweichende Festlegungen, etwa ein Recht des Verantwortlichen zur Übertragung der Entscheidung über die Zwecke der Verarbeitung auf den Auftragsverarbeiter entgegen Art. 4 Nr. 7 (Rn. 120 f.) oder ein selbstständiges Auftreten des Auftragsverarbeiters im eigenen Namen gegenüber betroffenen Personen im Außenverhältnis, ist durch Abs. 3 S. 1 nicht gedeckt;[114] insbesondere bei öffentlichen Stellen könnte dies gesetzlichen Aufgabenzuweisungen zuwiderlaufen.[115] **98**

4. Festlegung der Pflichten des Auftragsverarbeiters, Abs. 3 S. 2, S. 3. Die Pflichten des Auftragsverarbeiters werden durch die im Vertrag oder anderen Rechtsinstrument zwingend festzuschreibenden Mindestinhalte gemäß Abs. 3 S. 2, S. 3 konkretisiert (zu möglichen optionalen Inhalten Praxishinweis Rn. 179). **99**

a) Verarbeitung nur auf dokumentierte Weisung, Abs. 3 S. 2 lit. a. Gemäß Abs. 3 S. 2 lit. a ist im Vertrag oder anderen Rechtsinstrument (Rn. 88) vorzusehen, dass vom Auftragsverarbeiter die personenbezogenen Daten nur auf dokumentierte Weisung des Verantwortlichen verarbeitet werden. Dabei ergibt sich die Weisungsgebunden- **100**

---

112 Paal/Pauly-*Martini* Art. 28 Rn. 33.
113 Paal/Pauly-*Martini* Art. 28 Rn. 38.
114 Kühling/Buchner-*Hartung* Art. 28 Rn. 66.
115 *Petri* ZD 2015, 305, 308.

heit des Auftragsverarbeiters und der ihm unterstellten Personen bereits aus Art. 29 (dazu Art. 29 Rn. 6, Rn. 14 ff.), sodass Abs. 3 S. 2 lit. a im Anwendungsbereich der DS-GVO neben der gesetzlichen Weisungsgebundenheit zusätzlich eine vertragliche Weisungsgebundenheit des Auftragsverarbeiters begründet.

101 Der Umfang der dem Auftragsverarbeiter zu erteilenden Weisungen wird weder in Art. 29 noch in Abs. 3 S. 2 lit. a festgeschrieben. Er richtet sich damit vorbehaltlich abweichender Festlegungen im Vertrag[116] oder anderen Rechtsinstrument (Rn. 88) nach den für die Verarbeitung vom Verantwortlichen zu treffenden, geeigneten technischen und organisatorischen Maßnahmen (dazu Art. 29 Rn. 13). Zwingender Gegenstand der Weisungsbefugnis ist die Erstreckung auf die vom Auftragsverarbeiter zu treffenden technischen und organisatorischen Maßnahmen (Rn. 109 ff.) jedoch nicht;[117] das bislang in § 80 Abs. 2 S. 3 SGB X a.F. enthaltene Weisungsrecht wurde mit der Neufassung zum 25.5.2018 ersatzlos gestrichen (Rn. 174).

102 Über den Wortlaut von Art. 29 hinaus erstreckt Abs. 3 S. 2 lit. a die Weisungsgebundenheit ausdrücklich auch auf die Übermittlung personenbezogener Daten an ein Drittland oder eine internationale Organisation. Für derartige Übermittlungen sind die besonderen Anforderungen im Kapitel 5 in den Art. 44 bis Art. 50 einzuhalten (zum Auftragsverarbeiter im Drittland Rn. 50 f.). Durch Art. 3 Abs. 2 lit. a wird damit klargestellt, dass dem Verantwortlichen die alleinige Entscheidung über Übermittlungen an ein Drittland oder eine internationale Organisation sowie die Prüfung von deren Rechtmäßigkeit obliegt[118] (Praxishinweis Rn. 179).

103 Art. 29 sieht keine Pflicht zur Dokumentation der Weisungen vor. Die durch Abs. 3 S. 2 lit. a angeordnete, in § 11 Abs. 2 S. 2 Nr. 9, Abs. 3 BDSG a.F. noch nicht enthaltene Dokumentationspflicht[119] ändert jedoch nichts daran, dass auch mündlich erteilte und nicht dokumentierte Weisungen vom Auftragsverarbeiter und den ihm unterstellten Personen zu beachten sind[120] (dazu und den Rechtsfolgen nicht dokumentierter Weisungen Art. 29 Rn. 12). Wie und durch wen die Dokumentation der Weisungen erfolgt, wird durch Abs. 3 S. 2 lit. a nicht vorgegeben und obliegt der vertraglichen Ausgestaltung durch Verantwortlichen und Auftragsverarbeiter (Praxishinweis bei Art. 29 Rn. 22).

104 Die Weisungsgebundenheit besteht gemäß Art. 29 und Abs. 3 S. 2 lit. a nicht, wenn der Auftragsverarbeiter durch das auf ihn anwendbare Recht der Union oder der Mitgliedstaaten zur Verarbeitung verpflichtet ist (zu den Ausnahmen ausführlich Art. 29 Rn. 17 ff.). Ergänzend sieht Abs. 3 S. 2 lit. a eine Mitteilungspflicht des Auftragsverarbeiters gegenüber dem Verantwortlichen vor Beginn der Verarbeitung wegen des ihn zur Verarbeitung verpflichtenden Rechts vor, soweit dieses nicht wiederum wegen eines wichtigen öffentlichen Interesses eine solche Mitteilung verbietet. Von der Öffnungsklausel in Abs. 3 S. 2 lit. a und Art. 29 hat der deutsche Gesetzgeber bislang keinen Gebrauch gemacht.

---

116 Dazu *Sander* PinG 2017, 250, 251.
117 Ebenso mit ausführlicher Begründung *Sander* PinG 2017, 250, 255 f.
118 Kühling/Buchner-*Hartung* Art. 28 Rn. 69.
119 *Härting*, ITRB 2016, 137, 139; *Mühlein* RDV 2016, 74, 76.
120 Paal/Pauly-*Martini* Art. 28 Rn. 39; *Mühlein* RDV 2016, 74, 78.

Abs. 3 S. 3 verpflichtet den Auftragsverarbeiter zur unverzüglichen Information des Verantwortlichen, falls er eine Weisung für verordnungswidrig oder sonst für einen Verstoß gegen Datenschutzbestimmungen der Union oder der Mitgliedstaaten erachtet. Keine Aussage ist damit darüber getroffen, wie der Auftragsverarbeiter nach der Information des Verantwortlichen mit aus seiner Sicht rechtswidrigen Weisungen verfährt. Denn nur bei der Beachtung rechtmäßiger Weisungen des Verantwortlichen greift die Exkulpationsmöglichkeit in Art. 82 Abs. 2 S. 2 bei gegen den Auftragsverarbeiter gerichteten Schadensersatzansprüchen (dazu Art. 82 Rn. 22). **105**

Aus Art. 82 Abs. 2 S. 2 ist abzuleiten, dass der Auftragsverarbeiter durch rechtswidrige Weisungen nicht gebunden wird[121] und deren Ausführung zu verweigern hat, ohne dass dies zu Nachteilen beim Auftragsverarbeiter führt[122] oder diesen über Abs. 10 zum Verantwortlichen macht (zu Abs. 10 Rn. 171, zu Rechtsfolgen bei der Missachtung von Weisungen Rn. 172 und Art. 29 Rn. 20). Kann der Auftragsverarbeiter die Rechtmäßigkeit bei nicht offensichtlich rechtswidrigen Weisungen nicht sicher beurteilen, weil ihm anders als dem Verantwortlichen die zur Beurteilung erforderlichen Informationen nicht vorliegen, geht das Risiko der Erteilung einer rechtswidrigen Weisung zu Lasten des Verantwortlichen.[123] Führt der Auftragsverarbeiter eine offensichtlich rechtswidrige Weisung aus, haftet er für den dadurch entstehenden Schaden gemäß Art. 82, ebenso wenn er eine rechtmäßige Weisung im Glauben an deren Rechtswidrigkeit nicht ausführt[124] (Rn. 167 f.). **106**

b) Gewährleistung der Vertraulichkeit der Verarbeitung, Abs. 3 S. 2 lit. b. Gemäß Abs. 3 S. 2 lit. b ist im Vertrag oder anderen Rechtsinstrument (Rn. 87 f.) die Gewährleistung des Auftragsverarbeiters vorzusehen, dass sich die zur Verarbeitung der personenbezogenen Daten befugten Personen zur Vertraulichkeit verpflichtet haben oder einer angemessenen gesetzlichen Verschwiegenheitspflicht unterliegen, z.B. als Berufsgeheimnisträger.[125] **107**

Der Auftragsverarbeiter muss damit einerseits durch organisatorische oder technische Maßnahmen i.S.d. Art. 32 (Rn. 21 ff.) sicherstellen, dass nur befugte Personen Zugang (zum Begriff Art. 29 Rn. 8) zu den im Auftrag verarbeiteten personenbezogenen Daten haben,[126] andererseits deren Verpflichtung auf die Vertraulichkeit beim Fehlen einer gesetzlichen Verschwiegenheitspflicht vornehmen (zur Verpflichtung auf die Vertraulichkeit und allgemein auf das Datengeheimnis nach der DS-GVO Art. 5 Rn. 71). Die Verpflichtung auf die Vertraulichkeit steht insoweit selbstständig neben der Weisungsgebundenheit des Auftragsverarbeiters und der ihm unterstellten Personen (Art. 29 Rn. 9). **108**

c) Ergreifen aller gemäß Art. 32 erforderlichen Maßnahmen, Abs. 3 S. 2 lit. c. Gemäß Abs. 3 S. 2 lit. c ist im Vertrag oder anderen Rechtsinstrument (Rn. 87 f.) vorzusehen, dass der Auftragsverarbeiter alle gemäß Art. 32 erforderlichen Maßnahmen (zum Begriff Art. 32 Rn. 21) ergreift. Erforderlich sind dabei diejenigen i.S.d. Abs. 1 **109**

121 Paal/Pauly-*Martini* Art. 29 Rn. 20a.
122 Kühling/Buchner-*Bergt* Art. 82 Rn. 30; Plath-*Becker* Art. 82 Rn. 6.
123 Ebenso Kühling/Buchner-*Bergt* Art. 82 Rn. 30.
124 Kühling/Buchner-*Bergt* Art. 82 Rn. 36; so für alle rechtswidrigen Weisungen Sydow-*Ingold* Art. 28 Rn. 69.
125 Ehmann/Selmayr-*Bertermann* Art. 28 Rn. 20.
126 Gola-*Klug* Art. 28 Rn. 10.

(Rn. 81 ff.) geeigneten technischen und organisatorischen Maßnahmen, die eine verordnungskonforme Verarbeitung und den Schutz der Rechte der betroffenen Personen gewährleisten. Abs. 3 S. 2 lit. c begründet insoweit im Anwendungsbereich der DS-GVO neben der gesetzlichen Pflicht des Auftragsverarbeiters aus Art. 32 Abs. 1 (dazu Art. 32 Rn. 19) zusätzlich eine vertragliche Pflicht des Auftragsverarbeiters.[127]

110 Anders als § 11 Abs. 2 S. 2 Nr. 3 BDSG a.F. (Rn. 56) sind nach Abs. 3 S. 2 lit. c die gemäß Art. 32 erforderlichen Maßnahmen nicht zum Bestandteil des Vertrags oder anderen Rechtsinstruments i.S.v. Abs. 3 S. 1 (Rn. 89 ff.) zu machen.[128] Ebenso wenig sieht Abs. 3 S. 2 lit. c vor, die vom Verantwortlichen für die Auswahl des Auftragsverarbeiters nach Abs. 1 anzulegende Methodik zur Risikobewertung wegen der geeigneten technischen und organisatorischen Maßnahmen im Vertrag oder anderen Rechtsinstrument festzuschreiben.[129]

111 Ausreichend ist die Verpflichtung des Auftragsverarbeiters, derartige Maßnahmen zu ergreifen.[130] Mit Blick auf die dem Verantwortlichen durch Art. 24 (dazu Art. 24 Rn. 9 ff.) und Art. 32 (dazu Art. 32 Rn. 21 ff.) auferlegten Pflichten wegen der von ihm zu treffenden technischen und organisatorischen Maßnahmen und die von ihm gemäß Art. 5 Abs. 2 zu erfüllende Rechenschaftspflicht (dazu Art. 5 Rn. 72 ff.) sollten gleichwohl weiterhin die bei Zustandekommen des Vertrags oder anderen Rechtsinstruments als Anlage hierzu aufgenommen und dokumentiert werden[131] (Praxishinweis Rn. 182).

112 **d) Einhalten der Bedingungen für Unterauftragsverarbeiter, Abs. 3 S. 2 lit. d).** Gemäß Abs. 3 S. 2 lit. d ist im Vertrag vorzusehen, dass die in Abs. 2 und Abs. 4 genannten Bedingungen für die Inanspruchnahme der Dienste eines weiteren Auftragsverarbeiters (Unterauftragsverarbeiter oder Unterauftragnehmer, ausführlich dazu Rn. 134 ff.) vom Auftragsverarbeiter eingehalten werden. Diese Verpflichtung beschränkt wegen der sich aus Abs. 2 und Abs. 4 ergebenden Grenzen die bislang durch § 11 Abs. 2 S. 2 Nr. 6 BDSG a.F. (Rn. 134) gewährte Gestaltungsfreiheit erheblich.

113 Durch den Verantwortlichen und den Auftragsverarbeiter kann in dem durch Abs. 2 und Abs. 4 vorgegebenen Rahmen im Vertrag oder anderen Rechtsinstrument festgelegt werden, ob für den Auftrag die Inanspruchnahme von Unterauftragsverarbeitern grundsätzlich möglich sein soll und wie sodann bei einer solchen Inanspruchnahme konkret verfahren werden,[132] insbesondere ob dem Auftragsverarbeiter eine allgemeine schriftliche Genehmigung für die Inanspruchnahme von Unterauftragsverarbeitern (dazu Rn. 137 ff., zur Form Rn. 152 ff.) durch den Verantwortlichen erteilt werden soll.

---

127 Von einer deklaratorischen Wirkung geht aus Ehmann/Selmayr-*Bertermann* Art. 28 Rn. 21.

128 Ebenso *Müthlein* RDV 2016, 74, 81; a.A. *Sander* PinG 2017, 250, 254.

129 So aber Ziff. 8 der Formulierungshilfe für einen Auftragsverarbeitungsvertrag nach Art. 28 Abs. 3 DS-GVO vom Bayerischen Landesamt für Datenschutzaufsicht vom 22.12.2017, abrufbar unter https://www.lda.bayern.de/media/muster_adv.pdf.

130 *Müthlein* RDV 2016, 74, 81.

131 Ehmann/Selmayr-*Bertermann* Art. 28 Rn. 21; für eine Mischform *Müthlein* RDV 2016, 74, 81.

132 Kühling/Buchner-*Hartung* Art. 28 Rn. 73.

114 Wird keine Festlegung getroffen, ist die Inanspruchnahme von Unterauftragsverarbeitern durch den Auftragsverarbeiter ohne vorherige gesonderte schriftliche Genehmigung des Verantwortlichen i.S.d. Abs. 2 S. 1 (dazu Rn. 137 ff., zur Form Rn. 152 ff.) stets ausgeschlossen.

e) Unterstützung bei der Erfüllung von Rechten betroffener Personen, Abs. 3 S. 2 lit. e.

115 Gemäß Abs. 3 S. 2 lit. e ist im Vertrag oder anderen Rechtsinstrument (Rn. 87 f.) vorzusehen, dass der Auftragsverarbeiter angesichts der Art der Verarbeitung den Verantwortlichen nach Möglichkeit mit geeigneten technischen und organisatorischen Maßnahmen dabei unterstützt, seiner Pflicht zur Beantwortung von Anträgen auf Wahrnehmung der in Kapitel 3 genannten Rechte der betroffenen Person nachzukommen.

116 Die Unterstützungspflicht aus Abs. 3 S. 2 lit. e geht über § 11 Abs. 2 S. 2 Nr. 4 BDSG a.F. (Rn. 13) hinaus, weil dort überhaupt nur eine Regelung zum Umgang mit Betroffenenrechten verlangt wurde, während Abs. 3 S. 2 lit. e eine konkrete Unterstützungspflicht des Auftragsverarbeiters festschreibt.[133] In der Praxis fand sich die jetzt normierte Unterstützungspflicht jedoch meist schon in den Aufträgen nach § 11 Abs. 2 S. 2 BDSG.

117 Mit der Unterstützungspflicht des Auftragsverarbeiters wird die verordnungskonforme Erfüllung der Rechte der betroffenen Personen aus den Art. 12 ff. durch den Verantwortlichen gewährleistet.[134] Der Verantwortliche wird regelmäßig ohne die Mitwirkung des Auftragsverarbeiters insbesondere nicht in der Lage sein, Auskünfte i.S.v. Art. 15 zu erteilen oder personenbezogene Daten gemäß Art. 17 zu löschen.

118 Auf die Erfüllung dieser Rechte der betroffenen Personen sind die vom Auftragnehmer nur im Rahmen des tatsächlich Möglichen und objektiv Zumutbaren[135] zu treffenden technischen und organisatorischen Maßnahmen auszurichten. Dies kann etwa durch Bereitstellung von Anwendungen oder Funktionalitäten geschehen, mit denen der Verantwortliche selbstständig die für die Auskunftserteilung gemäß Art. 15 Abs. 1 zu berücksichtigenden personenbezogenen Daten (dazu Art. 15 Rn. 27), gemäß Art. 15 Abs. 3 Kopien hiervon (dazu Art. 15 Rn. 31 ff.) ermitteln oder Löschungen personenbezogener Daten i.S.v. Art. 17 Abs. 1 (dazu Art. 17 Rn. 12 ff.) vornehmen kann.[136]

119 Sollen die vom Auftragsverarbeiter zu ergreifenden Maßnahmen den betroffenen Personen unmittelbar zur selbstständigen Wahrnehmung ihrer Rechte aus Art. 12 ff. zugänglich sein, ist dies wegen der dem Verantwortlichen insoweit obliegenden Erfüllungspflicht (Rn. 97) im Vertrag oder anderen Rechtsinstrument (Rn. 87 f.) festzulegen.[134] Ob die Unterstützungspflicht im Übrigen im Vertrag oder anderen Rechtsinstrument (Rn. 87 f.) oder im Einzelfall durch Weisungen des Verantwortlichen (Rn. 100 ff.) konkretisiert wird, unterliegt der Gestaltungsfreiheit der Parteien. Der Festschreibung einer bestimmten Aufgabenverteilung zwischen Verantwortlichem und Auftragsverarbeiter bedarf es nicht.[137]

---

133 Anders *Petri* ZD 2015, 305, 308.
134 Paal/Pauly-*Martini* Art. 28 Rn. 47.
135 Paal/Pauly-*Martini* Art. 28 Rn. 47; Ehmann/Selmayr-*Bertermann* Art. 28 Rn. 23.
136 Siehe zu Beispielen auch Kühling/Buchner-*Hartung* Art. 28 Rn. 74.
137 Kühling/Buchner-*Hartung* Art. 28 Rn. 74.

f) Unterstützung bei Einhaltung der Pflichten gemäß Art. 32 bis 36, Abs. 3 S. 2 lit. f.

120 Gemäß Abs. 3 S. 2 lit. f ist im Vertrag oder anderen Rechtsinstrument (Rn. 87 f.) vorzusehen, dass der Auftragsverarbeiter unter Berücksichtigung der Art der Verarbeitung und der ihm zur Verfügung stehenden Informationen den Verantwortlichen bei der Einhaltung der in den Artikeln 32 bis 36 genannten Pflichten unterstützt. Dies geht über § 11 Abs. 2 S. 2 Nr. 8 BDSG a.F. hinaus, weil dort überhaupt nur eine Regelung über Mitteilungspflichten verlangt wurde, während Abs. 3 S. 2 lit. f konkrete Unterstützungspflichten des Auftragsverarbeiters festschreibt.[138] In der Praxis fand sich die jetzt normierte Unterstützungspflicht jedoch meist schon in den Aufträgen nach § 11 Abs. 2 S. 2 BDSG.

121 Abs. 3 S. 2 lit. f mit der dort normierten Unterstützungspflicht erstreckt sich auf
- die Gewährleistung der Sicherheit der Verarbeitung durch den Verantwortlichen wegen der von diesem gemäß Art. 32 zu treffenden technischen und organisatorischen Maßnahmen,
- die Meldung von Verletzungen des Schutzes personenbezogener Daten durch den Verantwortlichen an Aufsichtsbehörden gemäß Art. 33,
- die Benachrichtigung der von einer Verletzung des Schutzes personenbezogener Daten betroffenen Person durch den Verantwortlichen gemäß Art. 34,
- die vom Verantwortlichen vorzunehmende Datenschutz-Folgenabschätzung gemäß Art. 35, und
- die vorherige Konsultation der Aufsichtsbehörde durch den Verantwortlichen gemäß Art. 36.

122 Die Unterstützungspflicht des Auftragsverarbeiters bei der Meldung von Verletzungen des Schutzes personenbezogener Daten i.S.v. Art. 4 Nr. 12 (dazu Art. 4 Rn. 172 ff.) ergibt sich im Anwendungsbereich der DS-GVO bereits aus Art. 33 Abs. 2, wonach der Auftragsverarbeiter eine Verletzung des Schutzes personenbezogener Daten unverzüglich nach ihrem Bekanntwerden dem Verantwortlichen zu melden hat (dazu Art. 33 Rn. 27 ff.). Abs. 3 S. 2 lit. f begründet insoweit neben der gesetzlichen Pflicht des Auftragsverarbeiters aus Art. 33 Abs. 2 im Anwendungsbereich der DS-GVO zusätzlich eine vertragliche Pflicht des Auftragsverarbeiters.

123 Die Unterstützung ist vom Auftragsverarbeiter nur im Rahmen des tatsächlich Möglichen und objektiv Zumutbaren (Rn. 118) unter Berücksichtigung der Art der Verarbeitung zu leisten. Art und Umfang der Unterstützung sind dabei vom konkreten Auftrag abhängig. Je näher der Auftragsverarbeiter an den personenbezogenen Daten beim Verantwortlichen ist, je mehr Ermessenspielraum ihm bei den technischen und organisatorischen Mitteln der Verarbeitung eingeräumt wird (Rn. 38) und je risikobehafteter für die Rechte und Freiheiten natürlicher Personen (dazu Art. 24 Rn. 17) die Verarbeitung durch den Auftragsverarbeiter ist, umso weiter reicht die Unterstützungspflicht. Dies gilt insbesondere für die Unterstützung bei den technischen und organisatorischen Maßnahmen des Verantwortlichen gemäß Art. 32 und der Durchführung der Datenschutz-Folgenabschätzung durch den Verantwortlichen gemäß Art. 35.

---

138 Von einer Vergleichbarkeit in den wesentlichen Grundzügen spricht Kühling/Buchner-*Hartung* Art. 28 Rn. 76.

Ob die Unterstützungspflicht aus Abs. 3 S. 2 lit. f im Übrigen im Vertrag oder anderem Rechtsinstrument (Rn. 87 f.) oder im Einzelfall durch Weisungen des Verantwortlichen (Rn. 100 ff.) konkretisiert wird, unterliegt der Gestaltungsfreiheit der Parteien. Der Festschreibung einer bestimmten Aufgabenverteilung zwischen Verantwortlichem und Auftragsverarbeiter bedarf es auch insoweit nicht. **124**

g) Löschung oder Rückgabe personenbezogener Daten, Abs. 3 S. 2 lit. g. Gemäß Abs. 3 S. 2 lit. g ist im Vertrag oder anderen Rechtsinstrument (Rn. 87 f.) vorzusehen, ob nach Abschluss der Verarbeitung alle personenbezogenen Daten nach Wahl des Verantwortlichen vom Auftragsverarbeiter entweder gelöscht oder zurückgegeben werden, sofern nicht nach dem Unionsrecht oder dem Recht der Mitgliedstaaten eine Verpflichtung zur Speicherung der personenbezogenen Daten besteht. Dies entspricht inhaltlich der sich aus § 11 Abs. 2 S. 2 Nr. 10 BDSG a.F. ergebenden Verpflichtung zur Rückgabe und Löschung.[139] **125**

Mit Abschluss der Verarbeitung endet jedes Recht des Auftragsverarbeiters an den von ihm im Auftrag des Verantwortlichen verarbeiteten personenbezogenen Daten.[140] Zu diesem Zeitpunkt ggf. noch beim Auftragsverarbeiter vorhandene personenbezogene Daten des Verantwortlichen sind deshalb zu löschen oder an den Verantwortlichen zurückzugeben, weil es kein der Löschpflicht aus Art. 17 Abs. 1 (dazu Art. 17 Rn. 12 ff.) entgegenstehendes Recht des Verantwortlichen zur weiteren Speicherung von personenbezogenen Daten beim Auftragsverarbeiter gibt. Auch Abs. 3 S. 2 lit. g begründet insoweit neben der gesetzlichen Pflicht zur Löschung oder Rückgabe im Anwendungsbereich der DS-GVO zusätzlich eine vertragliche Pflicht des Auftragsverarbeiters zur Löschung oder Rückgabe. **126**

Nur ausnahmsweise ist der Auftragsverarbeiter zur weiteren Speicherung berechtigt, wenn sich eine Verpflichtung hierzu aus dem Unionsrecht oder dem Recht der Mitgliedstaaten ergibt. Abs. 3 S. 2 lit. g setzt insoweit eine sich aus anderen Rechtsnormen ergebende Speicherpflicht des Auftragsverarbeiters, nicht des Verantwortlichen voraus[141] und ist keine Öffnungsklausel für Abweichungen von der Lösch- oder Rückgabepflicht durch die Union oder die Mitgliedstaaten.[142] **127**

Ob die Löschung oder Rückgabe gemäß Abs. 3 S. 2 lit. g im Übrigen im Vertrag oder anderem Rechtsinstrument (Rn. 87 f.) oder im Einzelfall durch Weisungen des Verantwortlichen (Rn. 100 ff.) konkretisiert wird, unterliegt der Gestaltungsfreiheit der Parteien. **128**

h) Nachweis der Pflichtenerfüllung und Überprüfungsrecht des Verantwortlichen, Abs. 3 S. 2 lit. h. Gemäß Abs. 3 S. 2 lit. h ist im Vertrag oder anderem Rechtsinstrument (Rn. 87 f.) vorzusehen, dass dem Verantwortlichen vom Auftragsverarbeiter alle erforderlichen Informationen zum Nachweis der Einhaltung der in Art. 28 niedergelegten Pflichten durch den Auftragsverarbeiter zur Verfügung gestellt werden und der Auftragsverarbeiter Überprüfungen des Verantwortlichen oder einem von diesem beauftragten Prüfer, einschließlich Inspektionen, ermöglicht und dazu beiträgt. **129**

---

139 Kühling/Buchner-*Hartung* Art. 28 Rn. 77.
140 Ehmann/Selmayr-*Bertermann* Art. 28 Rn. 24.
141 Paal/Pauly-*Martini* Art. 28 Rn. 51.
142 Kühling/Buchner-*Hartung* Art. 28 Rn. 112.

130 In Abs. 3 S. 2 lit h sind § 11 Abs. 2 S. 2 Nr. 5, Nr. 7 und S. 4, S. 5 BDSG a.F. mit einem deutlich veränderten Fokus aufgegangen. Anders als in § 11 BDSG a.F. steht nicht länger die Pflicht des Verantwortlichen zu regelmäßigen Kontrollen des Auftragsverarbeiters im Vordergrund, sondern die Verpflichtung des Auftragsverarbeiters zum Nachweis der Einhaltung der ihm durch Art. 28 auferlegten, ggf. durch den Vertrag oder das andere Rechtsinstrument (Rn. 87 ff.) konkretisierten Pflichten gegenüber dem Verantwortlichen. Die originäre Handlungspflicht trifft damit nicht länger den Verantwortlichen, sondern den Auftragsverarbeiter als besondere Treuepflicht[143], dies gemäß Abs. 3 S. 3 auch wegen etwaiger vom Auftragsverarbeiter für rechtswidrig erachteter Weisungen des Verantwortlichen (dazu Rn. 106).[144]

131 Kommt der Verantwortliche zum Ergebnis, dass die ihm vom Auftragsverarbeiter mit den Nachweisen erteilten Informationen hierzu Anlass geben, etwa weil diese unvollständig, widersprüchlich oder sonst fehlerhaft sind, oder hält der Verantwortliche sonst wegen der mit der Verarbeitung durch den Auftragsverarbeiter verbundenen Risiken oder zum Schutz der Rechte und Freiheiten der betroffenen Personen (Rn. 97) eine Überprüfung beim Auftragsverarbeiter anlass- oder stichprobenbezogen für erforderlich, ist er durch Abs. 3 S. 2 lit. h hierzu jederzeit berechtigt, bei Mängeln der Nachweise auch verpflichtet, und der Auftragsverarbeiter zur Mitwirkung[145] verpflichtet. Diese Überprüfung kann der Verantwortliche nach billigem Ermessen selbst oder durch von ihm beauftragte Prüfer durchführen, bei einer Inspektion auch vor Ort beim Auftragsverarbeiter oder den von diesem für die Verarbeitung eingesetzten technischen Mitteln.

132 Werden dem Auftragsverarbeiter durch den Verantwortlichen eigene Ermessensspielräume wegen der vom Auftragsverarbeiter genutzten technischen und organisatorischen Mittel eingeräumt (Rn. 38), erstreckt sich die Nachweispflicht des Auftragsverarbeiters auch auf die wesentlichen Elemente der von ihm eingesetzten Mittel.[146] Dies gilt ebenso, wenn die vom Auftragnehmer gemäß Abs. 3 S. 2 lit. c (Rn. 109 ff.) zu treffenden Maßnahmen nicht Bestandteil des Vertrags oder anderen Rechtsinstruments werden.

133 Ob die Nachweis- und Mitwirkungspflicht des Auftragsverarbeiters aus Abs. 3 S. 2 lit. h im Übrigen im Vertrag oder anderem Rechtsinstrument (Rn. 87 f.) oder im Einzelfall durch Weisungen des Verantwortlichen (Rn. 100 ff.) konkretisiert wird, unterliegt der Gestaltungsfreiheit der Parteien. Der Festschreibung einer bestimmten Aufgabenverteilung zwischen Verantwortlichem und Auftragsverarbeiter bedarf es dafür nicht.

VI. Inanspruchnahme von Unterauftragsverarbeitern, Abs. 2 und Abs. 4

134 § 11 Abs. 2 S. 2 Nr. 6 BDSG a.F. (Rn. 112) gewährte dem Verantwortlichem und seinem Auftragsverarbeiter Freiheit in der Gestaltung ihrer Regelungen zur Begründung von Unterauftragsverhältnissen, solange hierbei die Herrschaft des Verantwortlichen über die Verarbeitung personenbezogener Daten in der Leistungskette gewahrt blieb.[147]

143 Paal/Pauly-*Martini* Art. 28 Rn. 52.
144 Für eine fortbestehende Kontrollpflicht Kühling/Buchner-*Hartung* Art. 28 Rn. 60; Paal/Pauly-*Martini* Art. 28 Rn. 21.
145 Paal/Pauly-*Martini* Art. 28 Rn. 53.
146 So schon zur DSRL *Art.-29-Datenschutzgruppe* WP 169, S. 34.
147 So zur DSRL *Art.-29-Datenschutzgruppe* WP 169, S. 34; ausführlich *Kremer/Sander* ITRB 2014, 187, 190 f.

Abs. 2 legt demgegenüber Bedingungen für die Inanspruchnahme von Unterauftragnehmern im Verhältnis vom Auftragsverarbeiter zum Verantwortlichen fest (dazu Rn. 137 ff.), die in Abs. 4 S. 1 durch weitere Bedingungen für die Ausgestaltung des Innenverhältnisses zwischen Auftragsverarbeiter und Unterauftragsverarbeiter erweitert werden (dazu Rn. 145 ff.), ergänzt durch Festlegungen zur Haftung des Auftragsverarbeiters für den Unterauftragsverarbeiter in Abs. 4 S. 2 (dazu Rn. 158 f.). Auf die Beachtung der Bedingungen aus Abs. 2 und Abs. 4 muss sich der Auftragsverarbeiter gemäß Abs. 3 S. 2 lit. d gegenüber dem Verantwortlichen im Vertrag oder anderem Rechtsinstrument verpflichten (Rn. 112 ff.). **135**

Dabei macht Abs. 2 S. 1 mit der Verwendung des Begriffs weiterer Auftragsverarbeiter für den Unterauftragsverarbeiter deutlich, dass dieser ebenfalls ein Auftragsverarbeiter i.S.d. Art. 4 Nr. 7, Art. 28 ist, ihn also wegen der von ihm für den Verantwortlichen vorgenommenen Verarbeitungen oder Verarbeitungstätigkeiten (dazu Rn. 69) dieselben Pflichten wie den unmittelbar vom Verantwortlichen beauftragten Auftragsverarbeiter treffen.[148] Die Inanspruchnahme des Unterauftragsverarbeiters findet also nicht allein im Innenverhältnis zwischen Auftragsverarbeiter und Unterauftragsverarbeiter statt (dazu Rn. 144 ff.), sondern führt insbesondere auch zu einer Haftung des Unterauftragsverarbeiters aus Art. 82 im Außenverhältnis (dazu Rn. 167 ff., zur Mithaftung des Auftragsverarbeiters Rn. 158 f.). **136**

1. Genehmigung des Verantwortlichen, Abs. 2. Gemäß Abs. 2 darf der Auftragsverarbeiter keine Unterauftragsverarbeiter ohne vorherige gesonderte oder allgemeine schriftliche Genehmigung des Verantwortlichen in Anspruch nehmen. Bei einer solchen Inanspruchnahme ist demnach zwischen den beiden Fällen der vorherigen gesonderten Genehmigung (sog. Genehmigungslösung, Rn. 140) und der allgemeinen Genehmigung (sog. Einspruchslösung, Rn. 141 ff.) zu differenzieren (zur Form der Genehmigung Rn. 152 ff.). Dabei meint Genehmigung i.S.v. Abs. 2 nicht gemäß der Legaldefinition in § 184 Abs. 1 BGB die nachträgliche Zustimmung des Verantwortlichen,[149] sondern überhaupt dessen Zustimmung ohne jede zeitliche Verortung. **137**

Wird im Vertrag oder anderem Rechtsinstrument i.S.v. Abs. 3 S. 1 (Rn. 112 ff.) keine Festlegung zur Inanspruchnahme von Unterauftragsverarbeitern getroffen, ist die Inanspruchnahme von Unterauftragsverarbeitern durch den Auftragsverarbeiter ohne vorherige gesonderte schriftliche Genehmigung des Verantwortlichen i.S.d. Abs. 2 S. 1 (Rn. 114) stets ausgeschlossen. Abs. 2 wirkt insoweit als Verbot mit Erlaubnisvorbehalt.[150] **138**

Vorbehaltlich einer abweichenden Festlegung im Vertrag oder anderem Rechtsinstrument (Rn. 112 ff.) ist jede Genehmigung vom Verantwortlichen nach billigem Ermessen jederzeit widerruflich[151] (Praxishinweis Rn. 179). Nicht ausgeschlossen werden kann durch den Vertrag oder das andere Rechtsinstrument das Recht zum Widerruf einer einmal erteilten gesonderten oder allgemeinen Genehmigung aus einem wichtigem Grund i.S.v. § 314 Abs. 1 S. 2 BGB; anderenfalls würde sich der Verantwortliche **139**

---

148 *Mühlein* RDV 2016, 74, 82.
149 Kühling/Buchner-*Hartung* Art. 28 Rn. 87; Paal/Pauly-*Martini* Art. 28 Rn. 60; Plath-*Plath* Art. 28 Rn. 10.
150 Sydow-*Ingold* Art. 28 Rn. 36.
151 Sydow-*Ingold* Art. 28 Rn. 38.

der Entscheidung über Zwecke und Mittel der Verarbeitung insoweit vollständig begeben (dazu Rn. 35 ff.).

a) Genehmigungslösung: Vorherige gesonderte Genehmigung des Verantwortlichen.

140 Bei der Genehmigungslösung bedarf jede Inanspruchnahme eines Unterauftragsverarbeiters durch den Auftragsverarbeiter der vorherigen gesonderten Genehmigung durch den Verantwortlichen (zur Form der Genehmigung Rn. 152 ff.). Ob, wie, wann und durch wen der Verantwortliche diese Genehmigung erteilt, liegt vorbehaltlich einer abweichenden Festlegung im Vertrag oder anderen Rechtsinstrument i.S.d. Abs. 3 S. 1 (Rn. 112 ff.) allein im billigen Ermessen des Verantwortlichen. Eine Verpflichtung zur Erteilung der Genehmigung besteht nicht (Praxishinweis Rn. 179).

141 **b) Einspruchslösung: Allgemeine Genehmigung des Verantwortlichen.** Bei der Einspruchslösung erteilt der Verantwortliche dem Auftragsverarbeiter entweder im Auftrag oder anderem Rechtsinstrument i.S.v. Abs. 3 S. 1 (Rn. 112 ff.) oder separat zu einem beliebigen Zeitpunkt während der Dauer des Auftrags (dazu Rn. 92) eine allgemeine Genehmigung für die Inanspruchnahme von Unterauftragnehmern (zur Form der allgemeinen Genehmigung Rn. 152 ff.). Eine solche allgemeine Genehmigung kann sich etwa auf bestimmte vom Auftragsverarbeiter vorzunehmende Verarbeitungen, auf bestimmte Kategorien personenbezogene Daten oder bestimmte Kategorien betroffener Personen (dazu Rn. 93 und 94) oder auf bestimmte Arten von Unterauftragsverarbeitern beziehen (zu Unterunterauftragsverarbeitern Rn. 144); die Parteien sind hier in der Gestaltung der allgemeinen Genehmigung frei.[152]

142 Das Recht zur Inanspruchnahme von Unterauftragsverarbeitern in dem durch die allgemeine Genehmigung gesteckten Rahmen ohne vorherige gesonderte Genehmigung für jeden einzelnen Unterauftragsverarbeiter (dazu Rn. 140) wird gemäß Abs. 2 S. 2 kompensiert durch die Verpflichtung des Auftragsverarbeiters zur Information des Verantwortlichen über jede beabsichtigte Änderung in Bezug auf die Hinzuziehung oder die Ersetzung von Unterauftragsverarbeitern. Diese Information durch den Auftragsverarbeiter muss ausweislich des Wortlauts „beabsichtigt" so rechtzeitig vor der Inanspruchnahme eines neuen Unterauftragsverarbeiters erfolgen, dass der Verantwortliche nach Abs. 2 S. 2 noch die Möglichkeit hat, gegen diese Inanspruchnahme Einspruch zu erheben und damit die Verarbeitung personenbezogener Daten für den Verantwortlichen durch den angezeigten neuen Unterauftragsverarbeiter zu verhindern.

143 Mit welcher Vorfrist die Information i.S.d. Abs. 2 S. 2 über beabsichtigte neue Unterauftragsverarbeiter durch den Auftragsverarbeiter zu erfolgen hat, wie lange die dem Verantwortlichen zu gewährende Einspruchsfrist beschaffen sein muss und welche Gründe ggf. nur zum Einspruch berechtigen, kann durch die Parteien im Vertrag oder anderem Rechtsinstrument (Rn. 112) festgelegt werden, ebenso durch wen die Information oder der Einspruch zu erfolgen hat. Fehlt es an entsprechenden Festlegungen, liegt der Einspruch im billigen Ermessen des Verantwortlichen. Die Fristen sind dann im Einzelfall so zu wählen, dass bei einem üblichen Geschehensablauf die Erhebung eines in angemessener Frist erhobenen Einspruchs noch rechtzeitig geschieht (Praxishinweis Rn. 179).

152 *Piltz* K&R 2016, 709, 713.

2. Bindung der Unterauftragsverarbeiter an den Verantwortlichen, Abs. 4 S. 1. –
a) Auswahl der Unterauftragsverarbeiter. Die Auswahl der Unterauftragsverarbeiter erfolgt regelmäßig durch den Auftragsverarbeiter; anderenfalls macht das durch Abs. 2 statuierte Genehmigungserfordernis zugunsten des Verantwortlichen (Rn. 137) keinen Sinn. Verantwortlichem und Auftragsverarbeiter bleibt jedoch vorbehalten, im Auftrag oder anderem Rechtsinstrument i.S.d. Abs. 3 S. 1 (Rn. 112 ff.) festzulegen, dass Unterauftragsverarbeiter ggf. zu den dort genannten Bedingungen durch den Verantwortlichen vorgeschlagen oder (mit-)ausgewählt werden können. 144

b) Vertrag oder anderes Rechtsinstrument mit dem Unterauftragsverarbeiter. Abs. 4 S. 1 gibt vor, dass bei der Inanspruchnahme eines Unterauftragsverarbeiters durch den Auftragsverarbeiter für die Ausführung von Verarbeitungen oder Verarbeitungstätigkeiten (dazu Rn. 69) für den Verantwortlichen dem Unterauftragsverarbeiter durch den Auftragsverarbeiter über einen Vertrag oder ein anderes Rechtsinstrument (dazu Rn. 87 f.) dieselben Datenschutzpflichten aufzuerlegen sind, wie sie in dem zwischen Verantwortlichem und Auftragsverarbeiter geltenden Vertrag oder anderem Rechtsinstrument i.S.d. Abs. 3 S. 1 (Rn. 108) festgelegt sind. 145

Zudem hat der Auftragsverarbeiter gemäß Abs. 4 S. 1 seine Unterauftragsverarbeiter ebenso sorgfältig auszuwählen wie der Verantwortliche den Auftragsverarbeiter gemäß Abs. 1 (dazu Rn. 81 ff.).[153] Soweit in Abs. 4 S. 1 nur von der Verarbeitung entsprechend den Anforderungen dieser Verordnung die Rede ist, während Abs. 1 zusätzlich auf den Schutz der Rechte der betroffenen Personen abstellt, handelt es sich mangels eines erkennbar abweichenden Willens des Gesetzgebers um ein Redaktionsversehen. 146

Soweit Abs. 4 S. 1 den Auftragsverarbeiter zum inhaltsgleichen, aber nicht zum wortgleichen Durchreichen der ihn im Verhältnis zum Verantwortlichen aus dem Vertrag oder anderem Rechtsinstrument (dazu Rn. 81 ff.) treffenden Datenschutzpflichten an den Unterauftragsverarbeiter anhält, stellt die Bezugnahme auf die Datenschutzpflichten klar, dass hiervon unabhängige Pflichten des Auftragsverarbeiters gegenüber dem Verantwortlichen von Abs. 4 S. 1 nicht erfasst sind. Dies können etwa organisatorische, wirtschaftliche oder allgemein zivilrechtliche Bestimmungen sein. 147

3. Verhältnis des Unterauftragsverarbeiters zum Verantwortlichen. Der Auftragsverarbeiter muss die ihn im Verhältnis zum Verantwortlichen treffenden Datenschutzpflichten an den Unterauftragsverarbeiter durchreichen (Rn. 145). Damit unterliegt der Unterauftragsverarbeiter zunächst derselben Bindung zum Verantwortlichen mit denselben sich hieraus wie beim Auftragsverarbeiter ergebenden Pflichten. Der Verantwortliche kann mithin etwa unmittelbar Weisungen gegenüber dem Unterauftragsverarbeiter erteilen (zum Weisungsrecht Rn. 33 ff.). 148

Verantwortlichem und Auftragsverarbeiter bleibt jedoch vorbehalten, im Vertrag oder anderem Rechtsinstrument i.S.d. Abs. 3 S. 1 (dazu Rn. 87 f.) die Steuerung des Unterauftragsverarbeiters durch Weisungen (dazu Rn. 100 ff.) sowie ggf. dessen Überprüfung (dazu Rn. 131) auf den Auftragsverarbeiter zu delegieren.[154] Insoweit handelt es sich beim Unterauftragsverarbeiter um ein Mittel der Verarbeitung, bei dem der Verantwortliche ohne Verlust seiner Entscheidungsbefugnis i.S.v. Art. 4 Nr. 7 (dazu 149

153 Sydow-*Ingold* Art. 28 Rn. 40.
154 Ebenso für zulässig erachtet von *Mühlein* RDV 2016, 74, 82.

Rn. 37) zur Delegation von Entscheidungsbefugnissen an den Auftragsverarbeiter berechtigt ist (Rn. 38). Die Nachweispflicht des Auftragsverarbeiters (Rn. 129 ff.) erweitert sich dann um den Nachweis der verordnungskonformen Steuerung der Unterauftragsverarbeiter.

150 **4. Inanspruchnahme weiterer Unterauftragsverarbeiter in der Leistungskette.** Auch bei der Inanspruchnahme weiterer Unterauftragsverarbeiter in mehrstufigen Leistungsketten unterhalb des vom Auftragsverarbeiter in Anspruch genommenem Unterauftragsverarbeiters (Unterunterauftragsverarbeiter usw.) sind die Bedingungen aus Abs. 2 (Rn. 137 ff.) und Abs. 4 (Rn. 135, zur Haftung Rn. 158 f.) zu beachten. Die Genehmigung i.S.v. Abs. 2 wäre dann in der Leistungskette zunächst durch den Auftragsverarbeiter[155] und sodann durch den Verantwortlichen zu erteilen.

151 Um dies zu vermeiden, steht es Verantwortlichem und Auftragsverarbeiter frei, im Zusammenhang mit der Delegation der Steuerung und Überprüfung der Unterauftragsverarbeiter zugleich auch die Berechtigung zur Erteilung von Genehmigungen aus Abs. 2 einschließlich der hierfür vom Auftragsverarbeiter zu beachtenden Bedingungen an diesen im Vertrag oder anderem Rechtsinstrument i.S.d. Abs. 3 S. 1 (Rn. 113) zu delegieren. Die Nachweispflicht des Auftragsverarbeiters (Rn. 129 ff.) umfasst dann zusätzlich noch den Nachweis der verordnungs- und vertrags- bzw. rechtsinstrumentenkonformen Erteilung der Genehmigungen für weitere Unterauftragsverarbeiter.

5. Form der Genehmigung, Abs. 2 S. 1. – a) Reichweite des Formerfordernisses.

152 Abs. 2 S. 1 legt fest, dass der Verantwortliche eine „vorherige gesonderte oder allgemeine schriftliche Genehmigung" dem Auftragsverarbeiter vor der Inanspruchnahme eines Unterauftragsverarbeiters zu erteilen hat (dazu Rn. 137). Mit dieser im Aufbau unglücklichen Formulierung bleibt unklar, worauf sich im Einzelnen die „Schriftlichkeit" bezieht. Gemeint sein kann die „vorherige gesonderte schriftliche Genehmigung und die „allgemeine schriftliche Genehmigung",[156] ebenso aber auch die „vorherige gesonderte Genehmigung" und die Schriftlichkeit allein für die allgemeine Genehmigung.[157]

153 Zweck des Formerfordernisses in Abs. 2 S. 1 ist der Nachweis einer verordnungskonformen Verarbeitung im Rahmen der durch den Verantwortlichen gemäß Art. 4 Nr. 7 getroffenen Entscheidung über Zwecke und Mittel der Verarbeitung (dazu Rn. 132) auch bei der Inanspruchnahme von Unterauftragsverarbeitern durch den Auftragsverarbeiter. Würde der Verantwortliche den Vertrag oder das andere Rechtsinstrument i.S.d. Abs. 3 S. 1 (Rn. 87 ff.) unmittelbar mit dem Unterauftragsverarbeiter abschließen, unterläge dieser gemäß Abs. 9 stets der Schriftlichkeit oder einem elektronischen Format (dazu Rn. 164 ff.). Da auch Abs. 9 dem Nachweis einer verordnungskonformen Verarbeitung durch den Verantwortlichen dient (Rn. 129 f.), ist es erforderlich, die Schriftlichkeit in Abs. 2 S. 1 auf jede der beiden Genehmigungsvarianten zu erstrecken.

---

155 Siehe Paal/Pauly-*Martini* Art. 28 Rn. 63.

156 So Paal/Pauly-*Martini* Art. 28 Rn. 62; Sydow-*Ingold* Art. 28 Rn. 47; Kühling/Buchner-*Hartung* Art. 28 Rn. 98.

157 So *Kühn* CR 2017, 834, 837.

b) Gegenstand des Formerfordernisses. Abs. 2 S. 1 kennt seinem Wortlaut nach abweichend von Abs. 9 für den Vertrag oder das andere Rechtsinstrument i.S.v. Abs. 3 und Abs. 4 (Rn. 97 f. und 144 ff.) ausschließlich die schriftliche Genehmigung. Insgesamt sind die in der DS-GVO für Formerfordernisse verwendeten Begrifflichkeiten inkonsistent (ausführlich Art. 27 Rn. 23). **154**

Die in der DS-GVO begründeten, europarechtlichen Formerfordernisse sind grundsätzlich autonom und losgelöst vom nationalen Recht auszulegen; jede Vermischung mit der gesetzlichen Schriftform gemäß § 126 Abs. 1, Abs. 2 BGB oder der elektronischen Form gemäß § 126 Abs. 3, § 126a BGB verbietet sich (ausführlich Art. 27 Rn. 24). Ergebnis dieser Auslegung ist, dass die DS-GVO Schriftlichkeit und elektronisches Format als grundsätzlich gleichwertig betrachtet und in separaten Formtypen nur dort differenziert, wo dies nach dem Schutzzweck der Norm geboten scheint (ausführlich Art. 27 Rn. 25). **155**

Anders als in Abs. 9 (dazu Rn. 164 ff.) und in Art. 30 Abs. 3 (dazu Art. 30 Rn. 80) fehlt in Abs. 2 S. 1 ebenso wie in Art. 27 Abs. 1, Art. 4 Nr. 17 (dazu insgesamt Art. 27 Rn. 23 ff.) die Festlegung, wonach die Schriftlichkeit auch durch ein elektronisches Format erreicht wird. Der Wortlaut von Abs. 2 S. 1 spricht damit zunächst dafür, dass tatsächlich ausschließlich eine schriftliche Genehmigung des Verantwortlichen möglich ist, die nicht in einem elektronischen Format erfolgen kann. Schriftlichkeit meint dabei jedoch anders als § 126 Abs. 1, Abs. 2 BGB keine eigenhändige Unterschrift des Verantwortlichen auf einer Urkunde, sondern über § 126b BGB hinaus jedwede Verkörperung des Erklärungsinhalts auf einer Urkunde;[158] mehr ist zur Erreichung des mit den Formerfordernissen in der DS-GVO allein verfolgten Nachweiszwecks nicht erforderlich (ausführlich Art. 27 Rn. 27). **156**

Eine vom Wortlaut abweichende Auslegung ist jedoch zulässig, wenn sich aus dem Normzweck ergibt, dass es der Schriftlichkeit zur Erreichung des Formzweckes (Rn. 153) nicht bedarf.[159] Dies ist ebenso wie bei Art. 27 Abs. 1, Art. 4 Nr. 17 (dazu Art. 27 Rn. 26) auch bei Abs. 2 S. 1 der Fall: Wie ausgeführt würde beim Zustandekommen von Vertrag oder anderem Rechtsinstrument unmittelbar zwischen Verantwortlichem und Unterauftragsverarbeiter das Formerfordernis aus Abs. 9 greifen, welches schriftlich auch in einem elektronischen Format zulässt (Rn. 164). Ein strengeres Formerfordernis bei der Erteilung der Genehmigung zur Unterbeauftragung statt der unmittelbaren Beauftragung selbst ist nicht ersichtlich.[160] Zudem dienen die Formerfordernisse in Abs. 2 S. 1 und Abs. 9 gleichermaßen ausschließlich Nachweiszwecken (Rn. 153, 156), sodass auch insoweit eine Gleichstellung der schriftlichen Genehmigung mit dem schriftlichen oder im elektronischen Format vorliegenden Vertrag oder anderem Rechtsinstrument geboten ist.[161] **157**

---

158 Enger beschränkt auf Textform Gola-*Piltz* Art. 27 Rn. 15; Ehmann/Sedlmayr-*Bertermann* Art. 28 Rn. 9; Plath-*Plath*, Art. 28, Rz. 17; Forgó/Helfrich/Schneider-*Schneider* Betrieblicher Datenschutz, Kap. 2 Rn. 27; Kühling/Buchner-*Hartung*, Art. 28 Rn. 96; *Eckhardt*, CCZ 2017, 111 (116); a.A. für Schriftform oder elektronische Form mit qualifizierter elektronischer Signatur BeckOK DatenSR-*Spoerr* Art. 28 Rn. 103; vermittelnd *Kühn* CR 2017, 834, 836.

159 Nomos Kommentar-BGB-*Noack/Kremer* § 126b Rn. 6 m.w.N. zum Streitstand.

160 Ebenso Kühling/Buchner-*Hartung* Art. 28 Rn. 97; Plath-*Plath* Art. 28 Rn. 9; *Schmitz/von Dall'Armi* ZD 2016, 427, 432.

161 Ebenso *Datenschutzkonferenz* Kurzpapier Nr. 13, S. 3 (linke Spalte); Sydow-*Ingold* Art. 28 Rn. 47; Kühling/Buchner-*Hartung* Art. 28 Rn. 97; Plath-*Plath* Art. 28 Rn. 9 (Redaktionsversehen), *Mühlein* RDV 2016, 74, 82; a.A. *Kühn* CR 2017, 834, 837; *Laue/Nink/Kremer* § 5 Rn. 20; sogar für gesetzliche Schriftform i.S.v. § 126 Abs. 1 BGB Paal/Pauly-*Martini* Art. 28 Rn. 62.

158 **6. Haftung für Unterauftragsverarbeiter, Abs. 4 S. 2.** Kommt der Unterauftragsverarbeiter seinen Datenschutzpflichten (zum Begriff Rn. 148) nicht nach, haftet gemäß Abs. 4 S. 2 der Auftragsverarbeiter gegenüber dem Verantwortlichen für die Einhaltung der Datenschutzpflichten durch den Unterauftragsverarbeiter. Die allgemeine Haftung des Auftragsverarbeiters (Rn. 167 ff.) wird damit im Innenverhältnis zum Verantwortlichen auf Pflichtverletzungen seiner Unterauftragsverarbeiter erweitert, was sich auf den Regress gemäß Art. 82 Abs. 5 im Innenverhältnis (dazu Rn. 170) im Rahmen der gesamtschuldnerischen Haftung von Verantwortlichem und Auftragsverarbeiter gemäß Art. 82 Abs. 4 (ausführlich Art. 82 Rn. 28 f.) auswirkt.

159 Im Außenverhältnis haften Verantwortlicher und Auftragsverarbeiter ohnehin jeweils gemäß Art. 82 Abs. 2 S. 1, Abs. 4 gesamtschuldnerisch auf den gesamten Schaden;[162] dem Auftragsverarbeiter ist durch die ihm zurechenbare Pflichtverletzung des Unterauftragsverarbeiters zudem der Rückgriff auf die Exkulpationsmöglichkeit in Art. 82 Abs. 2 S. 2 verwehrt (Rn. 42 und 105, ausführlich Art. 82 Rn. 22).[163] Da auch der Unterauftragsverarbeiter ein Auftragsverarbeiter i.S.d. Art. 4 Nr. 8 ist (Rn. 136), haftet er im Übrigen ebenso wie der Auftragsverarbeiter im Außenverhältnis (Rn. 136); eine Abstufung der Haftung oder Freistellungen hiervon abhängig von der Stellung in der Leistungskette kennt die DS-GVO nicht.[164] Im Innenverhältnis zwischen Auftragsverarbeiter und Unterauftragsverarbeiter kommt es dann ggf. zum Regress gemäß Art. 82 Abs. 5[165] (dazu Art. 82 Rn. 30).

VII. Einhaltung genehmigter Verhaltensregeln oder Zertifizierungsverfahren, Abs. 5

160 Gemäß Abs. 5 kann die Einhaltung genehmigter Verhaltensregeln gemäß Art. 40 (dazu Art. 40 Rn. 18 ff.) oder eines genehmigten Zertifizierungsverfahrens gemäß Art. 42 (dazu Art. 42 Rn. 26 ff.) durch einen Auftragsverarbeiter als Faktor für den Nachweis hinreichender Garantien durch den Auftragsverarbeiter i.S.d. Abs. 1 (Rn. 84) und Abs. 4 (Rn. 149) herangezogen werden.

161 Abs. 5 ist in seiner Wirkung mit Art. 24 Abs. 3 beim Verantwortlichen vergleichbar (dazu Art. 24 Rn. 23 ff.). Die Begriffe Faktor (in Abs. 5) und Gesichtspunkt (in Art. 24 Abs. 3) sind insoweit gleichbedeutend; im Englischen wird jeweils der Begriff „element" verwendet. Hält der Auftragsverarbeiter mithin genehmigte Verhaltensregeln oder Zertifizierungsverfahren ein, ergibt sich daraus keine widerlegliche Vermutung hinreichender Garantien i.S.v. von Abs. 1 und Abs. 4 (ausführlich Art. 24 Rn. 24 f.).

VIII. Standardvertragsklauseln, Abs. 6 bis Abs. 8

162 Der Vertrag zwischen Verantwortlichem und Auftragsverarbeiter i.S.d. Abs. 3 (dazu Rn. 87 f.) sowie der Vertrag zwischen Auftragsverarbeiter und Unterauftragsverarbeiter i.S.d. Abs. 4 S. 1 (dazu Rn. 145 ff.) kann individuell durch die Parteien ausgestaltet werden. Daneben gestattet Abs. 6 für die Ausgestaltung des Vertrags oder anderen Rechtinstruments i.S.v. Abs. 3 und Abs. 4 (zum Begriff Rechtsinstrument Rn. 88) die Nutzung von Standardvertragsklauseln nach Maßgabe von Abs. 7, Abs. 8, wobei diese

162 *Müthlein* RDV 2016, 74, 82; Paal/Pauly-*Martini* Art. 28 Rn. 66.
163 A.A. wohl Kühling/Buchner-*Bergt* Art. 82 Rn. 39.
164 Sydow-*Ingold* Art. 28 Rn. 42.
165 Plath-*Plath* Art. 28 Rn. 14.

Standardvertragsklauseln auch Bestandteil einer dem Verantwortlichen oder Auftragsverarbeiter gemäß Art. 42, Art. 43 erteilten Zertifizierung sein können.

Gemäß Abs. 7 können Standardvertragsklauseln i.S.v. Abs. 6 durch die Kommission im **163**
Prüfverfahren nach Art. 93 Abs. 2 (dazu Art. 93 Rn. 11 ff.) festgelegt werden, gemäß Abs. 8 auch durch eine Aufsichtsbehörde im Kohärenzverfahren (dazu Art. 64 Rn. 18). Die zuletzt mit dem Beschluss der Kommission vom 16.12.2016[166] angepassten EU-Standardvertragsklauseln zur Auftragsdatenverarbeitung mit Drittlandsbezug sind (bislang) keine Standardvertragsklauseln i.S.v. Abs. 6. Ob im Übrigen die bisherigen EU-Standardvertragsklauseln den Anforderungen von Abs. 3, Abs. 4 entsprechen und deshalb insbesondere bei Auftragsverarbeitungen in Drittländern ohne einen ergänzenden weiteren Vertrag i.S.d. Abs. 3, Abs. 4 verordnungskonform genutzt werden können, ist ungeklärt.

IX. Form des Vertrags oder anderen Rechtsinstruments, Abs. 9

Gemäß Abs. 9 bedürfen der Vertrag oder das andere Rechtsinstrument i.S.d. Abs. 3 **164**
(Rn. 87 f.) und Abs. 4 (Rn. 145 ff.) der Schriftlichkeit, die auch in einem elektronischen Format erfolgen kann. Weder der Vertrag bzw. das andere Rechtsinstrument (zum Begriff Rn. 87 f.) oder das Formerfordernis in Abs. 9 wirken dabei konstitutiv für die Auftragsverarbeitung;[167] ob ein an einer Verarbeitung personenbezogener Daten Beteiligter Auftragsverarbeiter nach Art. 4 Nr. 8, Art. 28 ist, richtet sich ausschließlich nach einer sachbezogenen, funktionalen Betrachtung der tatsächlichen Verhältnisse (Rn. 86).

Schriftlichkeit und elektronisches Format sind in der DS-GVO grundsätzlich gleich- **165**
wertig (Rn. 155; ausführlich Art. 27 Rn. 25). Dabei meint Schriftlichkeit, die auch in einem elektronischen Format erfolgen kann, über die Textform i.S.d. § 126b BGB hinaus jedwede Verkörperung des Erklärungsinhalts auf einem beliebigen Erklärungsträger (ausführlich Art. 27 Rn. 27 auch zu den anderen Ansichten). Ein Rückgriff auf die gesetzliche Schriftform gemäß § 126 Abs. 1, Abs. 2 BGB oder die elektronische Form gemäß § 126 Abs. 3 BGB, § 126a BGB verbieten sich demgegenüber wegen der autonomen Auslegung europarechtlicher Formerfordernisse losgelöst vom nationalen Recht (siehe Art. 27 Rn. 24).

Die sich aus Abs. 9 an die Form des Vertrags oder anderen Rechtsinstruments i.S.v. **166**
Abs. 3, Abs. 4 ergebenden Anforderungen sind damit außerordentlich gering. Sie bleiben deutlich hinter dem nach § 11 Abs. 2 S. 2 BDSG a.F. für Aufträge geltenden strengen Schriftformerfordernis gemäß § 126 Abs. 1, Abs. 2 BGB zurück.[168] Der Abschluss entsprechender Verträge wird damit zukünftig deutlich vereinfacht und insbesondere auch über elektronische Formulare auf Websites oder in Apps möglich.

---

166 Durchführungsbeschluss der Kommission vom 16.12.2016, C(2016)8471, Abl. L 344/100, abrufbar unter http://eur-lex.europa.eu/legal-content/EN/TXT/?uri=CELEX:32016D2297.

167 Ebenso zur DSRL schon *Art.-29-Datenschutzgruppe* WP 169, S. 33.

168 Enger beschränkt auf Textform Gola-*Piltz* Art. 27 Rn. 15; Ehmann/Sedlmayr-*Bertermann* Art. 28 Rn. 9; Plath-*Plath* Art. 28, Rz. 17; Gola-*Klug* Art. 28 Rn. 12; Forgó/Helfrich/Schneider-*Schneider* Betrieblicher Datenschutz, Kap. 2 Rn. 27; Kühling/Buchner-*Hartung* Art. 28 Rn. 96; *Laue/Nink/Kremer* § 2 Rn. 8; *Eckhardt* CCZ 2017, 111 (116); a.A. für Schriftform oder elektronische Form mit qualifizierter elektronischer Signatur BeckOK DatenSR-*Spoerr* Art. 28 Rn. 103; wohl auch *Mühlein* RDV 2016, 74, 76; vermittelnd Paal/Pauly-*Martini* Art. 28 Rn. 75; *Kühn* CR 2017, 834, 836.

X. Haftung des Auftragsverarbeiters

167 **1. Schadensersatzansprüche betroffener Personen, Art. 82.** Art. 82 Abs. 1, Abs. 2 S. 1 gewähren jeder, nicht nur der betroffenen Person (dazu Art. 82 Rn. 16) einen Anspruch auf Ersatz materieller und immaterieller Schäden gegen den Verantwortlichen oder Auftragsverarbeiter, der über Art. 82 Abs. 4 zu einer gesamtschuldnerischen Haftung auch des Auftragsverarbeiters im Außenverhältnis führt (dazu Art. 82 Rn. 28 f.).

168 Da für die Rechtmäßigkeit der Verarbeitung im Außenverhältnis der Verantwortliche einzustehen hat,[169] besteht der Schadensersatzanspruch gegenüber dem Auftragsverarbeiter gemäß Art. 82 Abs. 2 S. 2 (dazu Art. 82 Rn. 22) jedoch nur, wenn dieser den ihm durch die DS-GVO auferlegten Pflichten nicht nachgekommen ist, Weisungen des Verantwortlichen nicht beachtet oder solchen Weisungen zuwidergehandelt hat (auch zu rechtswidrigen Weisungen Rn. 106 und Art. 29 Rn. 11). Hierfür trägt gemäß Art. 82 Abs. 3 der Auftragsverarbeiter die Darlegungs- und Beweislast (dazu Art. 82 Rn. 23 ff., zum Mitverschulden der betroffenen Person siehe Art. 82 Rn. 27).

169 **2. Klagebefugnis betroffener Personen, Art. 79 i.V.m. § 44 BDSG n.F.** Aus Art. 79 Abs. 1 i.V.m. § 44 Abs. 1, Abs. 2 BDSG ergibt sich neben dem Schadensersatzanspruch (Rn. 12 ff.) eine Klagebefugnis der betroffenen Person gegen den Auftragsverarbeiter bei einer nicht verordnungskonformen Verarbeitung (dazu Art. 79 Rn. 12 ff.), etwa zur Geltendmachung der Schadensersatzansprüche aus Art. 82 Abs. 1, insbesondere aber auch für Beseitigungs- und Unterlassungsansprüche gemäß §§ 1004, 823 BGB i.V.m. dem allgemeinen Persönlichkeitsrecht der betroffenen Person aus Art. 2 Abs. 1, Art. 1 Abs. 3 GG (zu den Sanktionsbefugnissen der Aufsichtsbehörden Rn. 172).

170 **3. Haftung gegenüber dem Verantwortlichen, Art. 82 Abs. 5 und Vertrag.** Neben dem Regress im Innenverhältnis nach Art. 82 Abs. 5 (dazu Art. 82 Rn. 30) durch den Verantwortlichen bei einer zumindest auch vom Auftragsverarbeiter zu vertretenden Verletzung der ihm durch die DS-GVO auferlegten Pflichten oder einer weisungswidrigen oder Weisungen ignorierenden Verarbeitung (auch zu rechtswidrigen Weisungen Rn. 106 und Art. 29 Rn. 11) steht die vertragliche Haftung des Auftragsverarbeiters gegenüber dem Verantwortlichen bei vom Auftragsverarbeiter zu vertretenden Pflichtverletzungen des gemäß Abs. 3 S. 1 abgeschlossenen Vertrags (Rn. 85 f.).

171 **4. Haftung beim Funktionsexzess, Abs. 10.** Schwingt sich der Auftragsverarbeiter zur Entscheidung über Zwecke und Mittel der Verarbeitung auf und kommt es damit zum sog. Funktionsexzess[170], wird der Auftragsverarbeiter wegen Abs. 10 selbst zum Verantwortlichen mit allen sich daraus für die Verarbeitung personenbezogener Daten ergebenden Pflichten,[171] einschließlich der Haftung als Verantwortlicher gemäß Art. 82 (dazu Art. 82 Rn. 15, 22) für die weitere, regelmäßig offensichtlich rechtswidrige Verarbeitung der dem früheren Verantwortlichen und vormaligen Auftraggeber zuzuordnenden personenbezogenen Daten. Ob ein Funktionsexzess vorliegt, richtet sich wiederum nach einer sachbezogenen, funktionalen Betrachtung der tatsächlichen Verhältnisse (Rn. 86).

---

169 Paal/Pauly-*Martini* Art. 28 Rn. 6; Plath-*Plath* Art. 28 Rn. 6.

170 Kühling/Buchner-*Hartung* Art. 28 Rn. 103; Paal/Pauly-*Martini* Art. 28 Rn. 77.

171 So schon zu Art. 17 DSRL ohne eine ausdrückliche Regelung hierüber Art.-29-Datenschutzgruppe, WP 169, S. 31.

XI. Rechtsfolgen bei Missachtung

Eine Verletzung von Art. 28 durch den Auftragsverarbeiter liegt vor, wenn dieser gegen eine der ihm durch Abs. 2, 3, 4 oder 9 auferlegten Pflichten verstößt oder sich im Funktionsexzess gemäß Abs. 10 befindet. Der Verantwortliche verletzt Art. 28, wenn er seine Pflichten aus Abs. 1, Abs. 3 oder Abs. 9 verletzt. Zuwiderhandlungen gegen Art. 28 können nach Art. 83 Abs. 4 lit. a mit Geldbußen von bis zu 10 Mio. EUR oder im Fall eines Unternehmens i.S.d. Art. 4 Nr. 18 (dazu Art. 4 Rn. 244 ff.) von bis zu 2 % des gesamten weltweit erzielten Jahresumsatzes des vorangegangenen Geschäftsjahrs sanktioniert werden (dazu Art. 83 Rn. 76), ggf. auch als Straftat nach § 42 Abs. 1 oder 2 BDSG. Derartige Sanktionen unterfallen nicht der gesamtschuldnerischen Haftung (Rn. 45), sondern sind gegenüber Verantwortlichem und Auftragsverarbeiter separat zu verhängen. Daneben stehen der Aufsichtsbehörde die Untersuchungsbefugnisse nach Art. 58 Abs. 1 sowie die Abhilfebefugnisse nach Art. 58 Abs. 2 im Zusammenhang mit Zuwiderhandlungen gegen Art. 28 zu. **172**

XII. Sondervorschriften zur Auftragsverarbeitung

Öffnungsklauseln für von Art. 28 abweichende Ausgestaltungen der Auftragsverarbeitung in den Mitgliedstaaten kennt die DS-GVO nicht (zur Öffnungsklausel in Abs. 3 S. 2 lit. a Rn. 104). **173**

Allerdings erlaubt Art. 6 Abs. 2 in Verbindung mit Art. 6 Abs. 1 S. 1 lit. e bei einer Verarbeitung, die für die Wahrnehmung einer im öffentlichen Interesse liegenden oder in Ausübung öffentlicher Gewalt erfolgenden Verarbeitung erforderlich ist, die Festlegung spezifischerer Bestimmungen zur Anpassung der Anwendung der Vorschriften der DS-GVO (dazu Art. 6 Rn. 151 f.). Unter Berufung hierauf ist der ebenfalls zum 25.5.2018 in Kraft getretene § 80 SGB X[172] zur Verarbeitung von Sozialdaten im Auftrag verabschiedet worden.[173] Dieser sieht u.a. in Abs. 1 und Abs. 3 besondere Zulässigkeitsvoraussetzungen für eine Verarbeitung von Sozialdaten im Auftrag vor und beschränkt in Abs. 2 die Verarbeitung von Sozialdaten im Auftrag auf die EU, den EWR und Drittländer, für die ein Angemessenheitsbeschluss i.S.d. Art. 45 vorliegt (zu Auftragsverarbeitern im Drittland Rn. 50 f.) **174**

Weitere Sondervorschriften zur Auftragsdatenverarbeitung fanden sich bislang insbesondere in vielen Landesdatenschutz- und Landeskrankenhausgesetzen. Ob hierauf unter der DS-GVO vollständig verzichtet wird oder es weitere unter Berufung auf Art. 6 Abs. 2, Abs. 1 S. 1 lit. e von Art. 28 abweichende Sondervorschriften zur Auftragsverarbeitung in den Bundesländern geben wird, bleibt abzuwarten. **175**

C. Praxishinweise

I. Relevanz für öffentliche und nichtöffentliche Stellen

Art. 28 ist für öffentliche und nichtöffentliche Stellen gleichermaßen relevant. Insbesondere öffentliche Stellen haben neben Art. 28 auf etwaige zukünftige Sondervorschriften zur Auftragsverarbeitung in Landesgesetzen zu achten (Rn. 175). **176**

---

172 Gesetz zur Änderung des Bundesversorgungsgesetzes und anderer Vorschriften v. 17.7.2017, BGBl. I S. 2541.

173 BT-Drucks. 18/12611, S. 114.

177 Wegen der Unterschiede zwischen § 11 Abs. 2 S. 2 BDSG a.F. und Art. 28 Abs. 3[174] (Rn. 85 ff.) sollten von Verantwortlichen und Auftragsverarbeitern die vorhandenen Verträge zur Auftragsdatenverarbeitung gemäß § 11 BDSG a.F. geprüft und ggf. durch Abschluss von Ergänzungsvereinbarungen oder neuer Verträge an Art. 28 angepasst werden.[175] Das Fehlen eines den Anforderungen aus Abs. 3 entsprechenden Vertrags ist durch die Aufsichtsbehörden sanktionierbar (Rn. 172).

178 Bei der Gestaltung der Verträge gemäß Art. 28 Abs. 3 (Rn. 85 ff.) kann auf Festlegungen und Inhalte in bestehenden anderen Vereinbarungen zwischen Verantwortlichem und Auftragsverarbeiter zurückgegriffen werden (Rn. 87). Hierbei droht jedoch das Risiko von Leerverweisen (Vertrag nach Abs. 3: „Die Festlegungen gemäß Art. 28 Abs. 3 DS-GVO finden sich in den Einzelverträgen zum Rahmenvertrag."; Einzelvertrag zum Rahmenvertrag. „Die Festlegungen gemäß Art. 28 Abs. 3 DS-GVO finden sich in der Vereinbarung zur Auftragsverarbeitung."), sodass besondere Vorsicht bei derartigen Referenzen geboten ist. Die anderen Vereinbarungen müssen außerdem dem Formerfordernis gemäß Abs. 9 entsprechen (Rn. 164 ff.) und in dem Vertrag nach Abs. 3 identifizierbar benannt sein.

179 Optionale, über Abs. 3 S. 1 (Rn. 90 ff.) hinausgehende Inhalte im Vertrag oder anderen Rechtsinstrument (Rn. 87 f.) können insbesondere sein

- Festlegungen zum Ort der Verarbeitung personenbezogener Daten durch den Auftragsverarbeiter; insbesondere der Ausschluss von Verarbeitungen in Drittländern oder durch internationale Organisationen oder die Festschreibung einer geografischen Region für die vom Auftragsverarbeiter vorzunehmenden Verarbeitungen (zur Auftragsverarbeitung in Drittländern Rn. 50 f., zu Auftragsverarbeitern in Drittländern Rn. 50 f.),
- Festlegungen zur Schutzbedarfsanalyse durch Verantwortlichen und ggf. Auftragsverarbeiter wegen der im Auftrag erfolgenden Verarbeitungen; einschließlich Festlegungen zu den Prüfschritten zur Ermittlung der geeigneten technischen und organisatorischen Maßnahmen i.S.v. Abs. 1, Abs. 3 S. 2 lit. c oder der Methodik zur Risikobewertung (Rn. 81 ff. und 109 ff.),[176]
- Festlegungen zur Zulässigkeit der Übermittlung personenbezogener Daten unter der Auftragsverarbeitung an ein Drittland oder eine internationale Organisation, ggf. in Form einer allgemeinen Genehmigung entsprechend Abs. 2 (dazu Rn. 50 f., 137); Verarbeitungen in einem Drittland oder durch eine internationale Organisation unterfallen anderenfalls gemäß Abs. 3 S. 2 lit. a dem Weisungsrecht des Verantwortlichen (Rn. 100 ff.),
- Festlegung der vom Auftragsverarbeiter zu treffenden technischen und organisatorischen Maßnahmen i.S.v. Abs. 3 S. 2 lit. c, Art. 32 (Rn. 109 ff.); ggf. ergänzt um Festlegungen zum Vorgehen bei Änderungen dieser Maßnahmen mit oder ohne Auswirkungen auf das vereinbarte Schutzniveau,

---

174 Ebenso *Sander* PinG 2017, 250, 251; nicht zutreffend insoweit *Datenschutzkonferenz* Kurzpapier Nr. 13, S. 2 (rechte Spalte).

175 Hilfsmittel kann etwa die Gegenüberstellung BDSG und DS-GVO des bitkom sein, abrufbar unter https://www.bitkom.org/NP-Themen/NP-Vertrauen-Sicherheit/Datenschutz/EU-DSG/170515-LF-Auftragsverarbeitung-online.pdfm dort S. 11 ff.

176 Siehe Ziff. 8 der Formulierungshilfe für einen Auftragsverarbeitungsvertrag nach Art. 28 Abs. 3 DS-GVO vom Bayerischen Landesamt für Datenschutzaufsicht vom 22.12.2017, abrufbar unter https://www.lda.bayern.de/media/muster_adv.pdf.

- Festlegungen zu den Folgen einer verweigerten Genehmigung des Verantwortlichen oder eines von ihm erhobenen Einspruchs bei der Inanspruchnahme von Unterauftragsverarbeitern durch den Auftragsverarbeiter (dazu Rn. 134 ff.); denkbar wäre etwa ein Sonderkündigungsrecht des Auftragsverarbeiters, insbesondere bei fehlender Möglichkeit zur Durchführung der vom Auftrag betroffenen Verarbeitungen ohne den Unterauftragsverarbeiter,[177] ebenso eine Notgeschäftsführungsbefugnis des Auftragsverarbeiters mit dem abgelehnten Unterauftragsverarbeiter bis zur Beauftragung einer vom Verantwortlichen genehmigten Alternative,
- Festlegungen zu den Ansprechpartnern beim Verantwortlichen oder Auftragsverarbeiter; insbesondere für die Erteilung oder den Empfang von Weisungen (dazu Rn. 33 ff.), und
- Festlegungen zur Haftung im Innenverhältnis von Verantwortlichem und Auftragsverarbeiter; insbesondere, wenn beim Regress im Innenverhältnis von der gesamtschuldnerischen Haftung gemäß Art. 82 Abs. 4 abgewichen (dazu Rn. 158 f. und Art. 82 Rn. 28 f.) oder der Pflichtenverteilung der Parteien folgend Haftungsobergrenzen festgeschrieben werden sollen.

II. Relevanz für betroffene Personen

Für betroffene Personen ergibt sich die Relevanz von Art. 28 mittelbar über die Haftungsregeln in Art. 82 (Rn. 167 f.). Denn die Schadensersatzhaftung des Auftragsverarbeiters knüpft an eine Verletzung der ihm durch Art. 28 auferlegten Pflichten an. Dabei muss wegen Art. 82 Abs. 3 der Auftragsverarbeiter den Beweis führen, die ihm vorgeworfene Pflichtverletzung nicht begangen zu haben. Im Übrigen hat die betroffene Person das Wahlrecht, ob sie gegenüber dem Verantwortlichen, dem Auftragsverarbeiter oder beiden Schadensersatzansprüche geltend macht. Demgegenüber bleibt die Erfüllung der Rechte betroffener Personen aus Kap. 3 allein Pflicht des Verantwortlichen (Rn. 97). **180**

III. Relevanz für Aufsichtsbehörden

Für Aufsichtsbehörden ist Art. 28 von erheblicher Relevanz, regelt er doch den Pflichtenkreis von Verantwortlichem, Auftragsverarbeiter und ggf. weiteren Auftragsverarbeitern in der Leistungskette (Unterauftragsverarbeiter, Unterunterauftragsverarbeiter usw., Rn. 150 f.) und legt über Abs. 3, Abs. 4 die Mindestinhalte der im Innenverhältnis zwischen den Beteiligten jeweils abzuschließenden Verträge oder zu beachtenden anderen Rechtsinstrumente fest (Rn. 85 ff. und 134 ff.). Dabei unterliegen der Auftragsverarbeiter und jeder weitere Auftragsverarbeiter ebenso wie der Verantwortliche vollumfänglich den Untersuchungs- und Abhilfebefugnissen gemäß Art. 58 Abs. 1, Abs. 2 und können bei Zuwiderhandlungen sanktioniert werden (Rn. 172). **181**

IV. Relevanz für Datenschutzmanagement

Im Datenschutzmanagement sollten Verantwortliche festlegen, wann eine Auftragsverarbeitung eingegangen werden kann, wer hierfür einschließlich des Abschlusses des Vertrags oder der Sicherstellung des Vorhandenseins eines anderen Rechtsinstruments i.S.d. Abs. 3 S. 1 (Rn. 85 ff.) zuständig ist, welche Mindestfestlegungen ggf. im Vertrag zu treffen sind (Rn. 85 ff. und 134 ff.), wie und durch wen die anschließende **182**

177 Kühling/Buchner-*Hartung* Art. 28 Rn. 73.

Steuerung der Auftragsverarbeiter und etwaiger weiterer Auftragsverarbeiter erfolgt (Rn. 150 f.), und welche Nachweise vom Auftragsverarbeiter mit Blick auf die Erfüllung der Rechenschaftspflicht aus Art. 5 Abs. 2 (dazu Art. 5 Rn. 72 ff.) bereitzustellen sind und wie deren Richtigkeit und Vollständigkeit durch den Verantwortlichen überprüft wird (Rn. 131). Dies gilt entsprechend für das Datenschutzmanagement des Auftragsverarbeiters, dies sowohl in Richtung des Verantwortlichen als auch bezogen auf etwaige weitere Auftragsverarbeiter in der Leistungskette (Rn. 150 f.).

Artikel 29 Verarbeitung unter der Aufsicht des Verantwortlichen oder des Auftragsverarbeiters

Der Auftragsverarbeiter und jede dem Verantwortlichen oder dem Auftragsverarbeiter unterstellte Person, die Zugang zu personenbezogenen Daten hat, dürfen diese Daten ausschließlich auf Weisung des Verantwortlichen verarbeiten, es sei denn, dass sie nach dem Unionsrecht oder dem Recht der Mitgliedstaaten zur Verarbeitung verpflichtet sind.

Übersicht

Literatur: *Ehmann/Selmayr* DS-GVO Datenschutz-Grundverordnung, Kommentar, 2017; *Gola* Datenschutz-Grundverordnung, 2017; *ders.* Neues Recht – neue Fragen: Einige aktuelle Interpretationsfragen zur DSGVO, K&R 2017, 145–149; *Kühling/Buchner* Datenschutz-Grundverordnung, 2017; *Laue/Nink/Kremer* Das neue Datenschutzrecht in der betrieblichen Praxis, 2016; *Plath* BDSG/DS-GVO, 2. Aufl. 2016; *Sydow* Europäische Datenschutzgrundverordnung, 2017.

A. Einordnung und Hintergrund

I. Normzweck

1 Art. 29 erweitert die sich aus Art. 28 Abs. 3 S. 2 lit. a ergebende Weisungsgebundenheit des Auftragsverarbeiters bei der Verarbeitung personenbezogener Daten (s. Art. 28 Rn. 100 ff.) auf jede dem Verantwortlichen oder Auftragsverarbeiter unterstellte Person, die Zugang zu personenbezogenen Daten hat. Damit wird eine lückenlose Weisungskette vom Verantwortlichen zu jeder mit der Verarbeitung personenbezogener

Daten befassten Person gebildet,[1] die Grundlage der umfänglichen Haftung des Verantwortlichen ist (zur Haftung Art. 82 Rn. 4 ff.).[2] Art. 29 gewährleistet damit die jederzeitige Herrschaft des Verantwortlichen über Zwecke und Mittel der Verarbeitung i.S.d. Art. 4 Nr. 7 (s. Art. 4 Rn. 121 ff.)[3] und konkretisiert zugleich die sich aus Art. 24 Abs. 1 für den Verantwortlichen ergebenden Handlungspflichten (s. Art. 24 Rn. 9 ff.).[4]

II. Erwägungsgründe und BDSG n.F.

Weder in den Erwägungsgründen noch im BDSG n.F. wird auf Art. 29 Bezug genommen. 2

III. Normgenese und -umfeld

1. DSRL und BDSG a.F. Art. 29 entspricht inhaltlich Art. 16 DSRL. Umgesetzt war Art. 16 DSRL nur unvollständig in § 11 Abs. 3 S. 1 BDSG a.F., der die Weisungsgebundenheit des Auftragsdatenverarbeiters im Verhältnis zur verantwortlichen Stelle festschrieb. Die Weisungsgebundenheit der mit der Verarbeitung personenbezogener Daten befassten Personen beim Verantwortlichen oder Auftragsverarbeiter wurde demgegenüber im BDSG a.F. nicht festgeschrieben. Sie ergab sich bereits aus dem zwischenzeitlich in § 106 GewO normierten Weisungsrecht des Arbeitgebers. Zuwiderhandlungen gegen die Weisungsgebundenheit des Auftragsdatenverarbeiters waren über § 43 Abs. 2 Nr. 1 BDSG a.F. als Ordnungswidrigkeit und ggf. auch § 44 Abs. 1 BDSG a.F. als Straftat sanktionierbar. 3

2. Änderungen im Gesetzgebungsverfahren. Der im Gesetzgebungsverfahren noch als Art. 27 geführte heutige Art. 29 blieb während des gesamten Gesetzgebungsverfahrens inhaltlich unverändert. 4

3. Working Paper der Art.-29-Datenschutzgruppe. Art. 16 DSRL (Rn. 3) ist Gegenstand des WP 169 der Art.-29-Datenschutzgruppe vom Januar 2010 zu den Begriffen „für die Verarbeitung Verantwortlicher" und „Auftragsdatenverarbeiter". Entsprechend dem Normzweck (Rn. 1) geht die Art.-29-Datenschutzgruppe davon aus, dass die Norm der Zuordnung und Abgrenzung der Verantwortlichkeit bei der Verarbeitung personenbezogener Daten und der Regelung der daran anknüpfenden Haftung dient. 5

B. Kommentierung

I. Anwendungsbereich

Der Anwendungsbereich von Art. 29 ist dreigeteilt: Er erstreckt sich (a) auf die Weisungsgebundenheit der dem Verantwortlichen unterstellten Personen, die Zugang zu personenbezogenen Daten haben, (b) auf die Weisungsgebundenheit der dem Auftragsverarbeiter unterstellten Personen, die Zugang zu personengebundenen Daten haben, und (c) auf die Weisungsgebundenheit des Auftragsverarbeiters selbst gegenüber dem Verantwortlichen. Demgegenüber bezieht sich Art. 28 Abs. 3 S. 2 lit. a ausschließlich auf die Festlegung der sich aus Art. 29 im letzten Fall ergebenden Wei- 6

1 *Gola* K&R 2017, 148.
2 Kühling/Buchner-*Hartung* Art. 29 Rn. 5.
3 Kühling/Buchner-*Hartung* Art. 29 Rn. 1.
4 Sydow-*Ingold* Art. 29 Rn. 6.

sungspflicht, also die Weisungsgebundenheit des Auftragsverarbeiters im Verhältnis zum Verantwortlichen (Art. 28 Rn. 35 ff.).[5]

7 Nach dem Wortlaut von Art. 29 kommt es darauf an, ob die Personen mit Zugang zu personenbezogenen Daten beim Verantwortlichen oder Auftragsverarbeiter diesem unterstellt sind. Ein Arbeitsvertrag i.S.d. § 611a BGB ist hierfür nicht erforderlich, es genügt auch jede andere rechtliche oder tatsächliche Unterstellung der Person unter den Verantwortlichen oder Auftragsverarbeiter.[6] Im Übrigen erstreckt sich die Weisungsgebundenheit gegenüber dem Verantwortlichen auf alle Personen, die rein tatsächlich beim Verantwortlichen oder Auftragsverarbeiter Zugang zu personenbezogen Daten haben. Gemeint ist dabei jeweils der Zugang zu solchen personenbezogenen Daten, für die der Verantwortliche Zwecke und Mittel der Verarbeitung i.S.v. Art. 4 Nr. 7 beherrscht (s. Art. 4 Rn. 121 ff.).

8 Der Begriff des Zugangs zu personenbezogenen Daten ist als Verarbeitungstätigkeit in Art. 4 Nr. 2 nicht aufgeführt (s. Art. 4 Rn. 35). Da die Durchführung einer jeden Verarbeitung i.S.d. Art. 4 Nr. 2 einen solchen Zugang zu personenbezogenen Daten jedoch bedingt, fallen jedenfalls alle Personen, die für den Verantwortlichen oder Auftragsverarbeiter an einer Verarbeitung beteiligt sind, unter die Weisungsgebundenheit aus Art. 29. Zudem sind alle Personen erfasst, die auch ohne selbst schon eine Verarbeitung auszuführen, tatsächlich die Möglichkeit hierzu haben. Die Weisungsgebundenheit greift mithin schon bei der konkret bestehenden Möglichkeit zur Verarbeitung personenbezogener Daten. Ein abstraktes Risiko genügt demgegenüber nicht[7] (zum Begriff Zugang auch Art. 32 Rn. 36 ff.).

9 Selbstständig neben der Weisungsgebundenheit aus Art. 29 steht die Verpflichtung der zur Verarbeitung befugten Personen auf die Vertraulichkeit aus Art. 28 Abs. 3 lit. b[8] (s. Art. 28 Rn. 107 ff., zur Verpflichtung auf die Vertraulichkeit oder das Datengeheimnis nach der DS-GVO allgemein Art. 5 Rn. 71).

II. Weisungsgebundenheit

10 **1. Verarbeitungsverbot ohne Weisungsgebundenheit.** Art. 29 untersagt Verarbeitungen außerhalb der Weisungsgebundenheit und begründet damit zu Lasten des Verantwortlichen ein Verbot nicht weisungsgebundener Verarbeitungen (zu den Ausnahmen Rn. 17 ff.).[9] Der Nachweis der Beachtung dieser Weisungsgebundenheit ist vom Verantwortlichen im Rahmen der Rechenschaftspflicht aus Art. 5 Abs. 2 zu führen (s. Art. 5 Rn. 72 ff.).

11 Weisungen können allgemein (z.B. in Verträgen oder über Richtlinien, dazu Art. 24 Rn. 19 f.) oder im Einzelfall erteilt werden.[10] Erfolgt die Verarbeitung außerhalb der Weisungen, wird beim Verantwortlichen regelmäßig eine Offenlegung der betroffenen personenbezogenen Daten i.S.v. Art. 4 Nr. 2 (s. Art. 4 Rn. 35) im Verhältnis zu der die Verarbeitung durchführenden Person vorliegen mit der Folge, dass die die Verarbei-

5 Sydow-*Ingold* Art. 29 Rn. 4; Gola-*Klug* Art. 29 Rn. 1.
6 Ehmann/Selmayr-*Bertermann* Art. 29 Rn. 3.
7 So aber Ehmann/Selmayr/*Bertermann* Art. 29 Rn. 3.
8 Ungenau Ehmann/Selmayr-*Bertermann* Art. 29 Rn. 5 f.
9 Sydow-*Ingold* Art. 29 Rn. 1.
10 Ehmann/Selmayr-*Bertermann* Art. 29 Rn. 4.

tung durchführende Person selbst zum Verantwortlichen i.S.d. Art. 4 Nr. 7 wird, weil der die weisungsunabhängige Verarbeitung veranlassende Verantwortliche die Verarbeitung nicht mehr i.S.v. Art. 4 Nr. 7 (s. Art. 4 Rn. 121 ff.) nach Mitteln und Zwecken beherrscht. Für die Auftragsverarbeitung wird dies durch Art. 28 Abs. 10 ausdrücklich angeordnet (s. Art. 28 Rn. 171).

2. Dokumentation der Weisungen. Anders als Art. 28 Abs. 3 S. 2 lit. a spricht Art. 29 nicht von „dokumentierten" Weisungen (s. Art. 28 Rn. 100 ff.). Die Weisungsgebundenheit besteht aber uneingeschränkt selbst dann, wenn die Weisungen des Verantwortlichen mündlich erteilt und nicht dokumentiert werden.[11] Die fehlende Nachweisbarkeit nicht dokumentierter Weisungen kann zu Lasten des Verantwortlichen oder Auftragsverarbeiters als nicht verordnungskonforme Verarbeitung haftungsbegründend i.S.d. Art. 82 Abs. 2 wirken (s. Art. 82 Rn. 22, Praxishinweis Rn. 21). Die Dokumentation der Weisungsgebundenheit und der erteilten Weisungen sind insoweit Schritte i.S.d. Art. 32 Abs. 4, welche die weisungsgebundene Verarbeitung sicherstellen (s. Art. 32 Rn. 102 ff.). **12**

3. Weisungspflicht. Da dem Verantwortlichen eine weisungsfreie Verarbeitung untersagt ist (Rn. 10 f.), folgt aus der Weisungsgebundenheit zugleich eine Weisungspflicht des Verantwortlichen. Der Zugang zu personenbezogenen Daten (Rn. 8) darf dem Auftragsverarbeiter oder den Personen beim Verantwortlichen und Auftragsverarbeiter nicht gewährt werden, bevor die für den Zugang oder die Verarbeitung der personenbezogenen Daten erforderlichen Weisungen vom Verantwortlichen erteilt sind. Der Umfang der Weisungen richtet sich dabei nach den für die Verarbeitung vom Verantwortlichen zu treffenden, geeigneten technischen und organisatorischen Maßnahmen (s. Art. 24 Rn. 9 ff.). **13**

4. Verhältnis zum Weisungsrecht des Auftragsverarbeiters. Art. 29 erstreckt die Weisungsgebundenheit gegenüber dem Verantwortlichen wegen der von ihm beherrschten personenbezogenen Daten auch auf dem Auftragsverarbeiter unterstellte Personen (Rn. 7). Denn schon aus Haftungsgründen (Rn. 1, 12) muss der Verantwortliche jederzeit die Weisungskette bis zum letzten Glied beherrschen.[12] Diese Weisungsgebundenheit der dem Auftragsverarbeiter unterstellten Personen im Verhältnis zum Verantwortlichen kann aber im Widerspruch zu einem dem Auftragsverarbeiter zustehenden Weisungsrecht gegenüber diesen Personen stehen, insbesondere zum Weisungsrecht des Auftragsverarbeiters als Arbeitgeber aus § 106 GewO gegenüber diesen Personen. **14**

Die Weisungsgebundenheit der dem Auftragsverarbeiter unterstellten Personen unmittelbar gegenüber dem Verantwortlichen i.S.d. Art. 29 könnte zunächst so verstanden werden, dass wegen des Zugangs zu personenbezogenen Daten (Rn. 8) das Weisungsrecht das Auftragsverarbeiters gegenüber den ihm unterstellten Personen insoweit durchbrochen wird, wie dieses im Widerspruch zur Weisungsgebundenheit und den Weisungen des Verantwortlichen steht.[12] Einer solchen Auslegung von Art. 29 steht jedoch Art. 32 Abs. 4 entgegen, der neben dem Verantwortlichen auch den Auftragsverarbeiter verpflichtet, die weisungsgebundene Verarbeitung durch „Schritte" sicherzustellen (s. Art. 32 Rn. 102 ff., Rn. 12). **15**

11 *Laue/Nink/Kremer* § 5 Rn. 17; Ehmann/Selmayr-*Bertermann* Art. 29 Rn. 4.
12 Kühling/Buchner-*Hartung* Art. 29 Rn. 10.

16 Es obliegt der Entscheidung von Verantwortlichem und Auftragsverarbeiter als Bestandteil des nach Art. 28 Abs. 3 abzuschließenden Vertrags (s. Art. 28 Rn. 85 ff.), ob dem Verantwortlichen ein Weisungsrecht unmittelbar gegenüber den dem Auftragsverarbeiter unterstellten Personen eingeräumt und damit das Weisungsrecht des Auftragsverarbeiters insoweit durchbrochen wird, oder aber der Verantwortliche seine Weisungen an den ebenfalls durch Art. 29 weisungsgebunden Auftragsverarbeiter zu richten hat (Rn. 6), der diese dann zwingend in Ausübung seines eigenen Weisungsrechts an die ihm unterstellten Personen weiterzugeben hat.[13]

III. Ausnahmen von der Weisungsgebundenheit

17 Die Weisungsgebundenheit aus Art. 29 greift nicht, wenn der Auftragsverarbeiter oder die ihm oder dem Verantwortlichen unterstellten Personen (Rn. 6) nach dem Unionsrecht oder dem Recht der Mitgliedstaaten zur Verarbeitung verpflichtet sind. Ebenso formulieren dies Art. 28 Abs. 3 S. 2 lit. a für die Verpflichtung zur Festschreibung der Weisungsgebundenheit des Auftragsverarbeiters (s. Art. 28 Rn. 100 ff., zur Mitteilungspflicht des Auftragsverarbeiters gegenüber dem Verantwortlichen Art. 28 Rn. 104) und Art. 32 Abs. 4 wegen der vom Verantwortlichen und Auftragsverarbeiters zu unternehmenden Schritte zur Sicherstellung der Weisungsgebundenheit (s. Art. 32 Rn. 102 ff., Rn. 12, 15).

18 Greift die Ausnahme von der Weisungsgebundenheit für den Auftragsverarbeiter oder eine dem Verantwortlichen oder Auftragsverarbeiter unterstellte Person, ändert dies nichts an der fortbestehenden Weisungskette im Übrigen (Rn. 1). Anders als bei einer weisungsungebundenen oder weisungswidrigen Verarbeitung (Rn. 11) behalten der Verantwortliche und der Auftragsverarbeiter ihre Rollen bei. Art. 28 Abs. 10, der den Auftragsverarbeiter bei einer verordnungswidrigen Bestimmung über Zwecke und Mittel der Verarbeitung zum Verantwortlichen macht, sog. Funktionsexzess, ist in diesem Fall nicht anwendbar (s. Art. 28 Rn. 171).

19 Die Ausnahme von der Weisungsgebundenheit greift nur bei gesetzlichen Verarbeitungspflichten. Folgt die Verarbeitungspflicht aus einer Kollektivvereinbarung i.S.d. Art. 88 Abs. 1 (s. Art. 88 Rn. 39 ff.) oder aus einem Vertrag zwischen der weisungsgebundenen Person bzw. dem weisungsgebundenen Auftragsverarbeiter und einem Dritten, ändert dies nichts am Fortbestand der Weisungsgebundenheit. Eine dieser zuwider erfolgende Verarbeitung wäre ungeachtet der kollektivrechtlichen oder vertraglichen Pflicht hierzu eine weisungswidrige Verarbeitung (Rn. 11).

IV. Rechtsfolgen bei Missachtung

20 Ein Verstoß gegen Art. 29 liegt vor, wenn die Weisungsgebundenheit nicht sichergestellt ist oder missachtet wird (Rn. 11). Zuwiderhandlungen gegen Art. 29 können nach Art. 83 Abs. 4 lit. a mit Geldbußen von bis zu 10 000 000 EUR oder im Fall eines Unternehmens i.S.d. Art. 4 Nr. 18 (s. Art. 4 Rn. 18 ff.) von bis zu 2 % des gesamten weltweit erzielten Jahresumsatzes des vorangegangenen Geschäftsjahrs sanktioniert werden (s. Art. 83 Rn. 76), ggf. auch als Straftat nach § 42 Abs. 1 oder Abs. 2 BDSG n.F. Daneben stehen der Aufsichtsbehörde die Untersuchungsbefugnisse nach Art. 58 Abs. 1 sowie die Abhilfebefugnisse nach Art. 58 Abs. 2 im Zusammenhang mit Zuwi-

13 Plath-*Plath* Art. 29 Rn. 2.

derhandlungen gegen Art. 27 zu. Beim Auftragsverarbeiter kann die Verarbeitung trotz rechtmäßiger Weisung durch den Verantwortlichen (s. Art. 28 Rn. 41) gemäß Art. 28 Abs. 10 dazu führen, dass dieser zum Verantwortlichen für die von ihm vorgenommene Verarbeitung wird, sog. Funktionsexzess (s. Art. 28 Rn. 171).

C. Praxishinweise

Verantwortliche sollten die bei der Verarbeitung personenbezogener Daten bestehende Weisungsgebundenheit der ihnen unterstellten Personen im Datenschutzmanagement in Textform (§ 126b BGB) dokumentieren. Ergänzend sind etwaige Weisungsketten bei Auftragsverarbeitungen zum Auftragsverarbeiter und den ihm unterstellten Personen zu dokumentieren, ebenso die erteilten Weisungen. Dies gilt umgekehrt auch für Auftragsverarbeiter, da der Nachweis der ausschließlich weisungsgebundenen Tätigkeit für den Verantwortlichen nach Art. 82 Abs. 2 S. 2 haftungsbefreiend zugunsten des Auftragsverarbeiters wirkt (s. Art. 82 Rn. 22). **21**

Bei Auftragsverarbeitungen sollte im Vertrag nicht nur i.S.d. Art. 28 Abs. 3 lit. a festgelegt sein, dass personenbezogene Daten nur auf dokumentierte Weisung verarbeitet werden (s. Art. 28 Rn. 100 ff.), sondern auch, wie und durch wen die Dokumentation der Weisungen gegenüber wem erfolgt,[14] ferner, ob Weisungen an die dem Auftragsverarbeiter unterstellten Personen unmittelbar durch den Verantwortlichen oder über den Auftragsverarbeiter selbst erteilt werden (Rn. 16). Diese Festlegungen sind ggf. über Art. 28 Abs. 4 an weitere Auftragsverarbeiter in der Leistungskette durchzureichen (s. Art. 28 Rn. 144 ff.). **22**

Artikel 30 Verzeichnis von Verarbeitungstätigkeiten

(1) [1]Jeder Verantwortliche und gegebenenfalls sein Vertreter führen ein Verzeichnis aller Verarbeitungstätigkeiten, die ihrer Zuständigkeit unterliegen. [2]Dieses Verzeichnis enthält sämtliche folgenden Angaben:

a) den Namen und die Kontaktdaten des Verantwortlichen und gegebenenfalls des gemeinsam mit ihm Verantwortlichen, des Vertreters des Verantwortlichen sowie eines etwaigen Datenschutzbeauftragten;

b) die Zwecke der Verarbeitung;

c) eine Beschreibung der Kategorien betroffener Personen und der Kategorien personenbezogener Daten;

d) die Kategorien von Empfängern, gegenüber denen die personenbezogenen Daten offengelegt worden sind oder noch offengelegt werden, einschließlich Empfänger in Drittländern oder internationalen Organisationen;

e) gegebenenfalls Übermittlungen von personenbezogenen Daten an ein Drittland oder an eine internationale Organisation, einschließlich der Angabe des betreffenden Drittlands oder der betreffenden internationalen Organisation, sowie bei den in Artikel 49 Absatz 1 Unterabsatz 2 genannten Datenübermittlungen die Dokumentierung geeigneter Garantien;

f) wenn möglich, die vorgesehenen Fristen für die Löschung der verschiedenen Datenkategorien;

---

14 Ehmann/Selmayr-*Bertermann* Art. 28 Rn. 19.

g) wenn möglich, eine allgemeine Beschreibung der technischen und organisatorischen Maßnahmen gemäß Artikel 32 Absatz 1.

(2) Jeder Auftragsverarbeiter und gegebenenfalls sein Vertreter führen ein Verzeichnis zu allen Kategorien von im Auftrag eines Verantwortlichen durchgeführten Tätigkeiten der Verarbeitung, die Folgendes enthält:

a) den Namen und die Kontaktdaten des Auftragsverarbeiters oder der Auftragsverarbeiter und jedes Verantwortlichen, in dessen Auftrag der Auftragsverarbeiter tätig ist, sowie gegebenenfalls des Vertreters des Verantwortlichen oder des Auftragsverarbeiters und eines etwaigen Datenschutzbeauftragten;

b) die Kategorien von Verarbeitungen, die im Auftrag jedes Verantwortlichen durchgeführt werden;

c) gegebenenfalls Übermittlungen von personenbezogenen Daten an ein Drittland oder an eine internationale Organisation, einschließlich der Angabe des betreffenden Drittlands oder der betreffenden internationalen Organisation, sowie bei den in Artikel 49 Absatz 1 Unterabsatz 2 genannten Datenübermittlungen die Dokumentierung geeigneter Garantien;

d) wenn möglich, eine allgemeine Beschreibung der technischen und organisatorischen Maßnahmen gemäß Artikel 32 Absatz 1.

(3) Das in den Absätzen 1 und 2 genannte Verzeichnis ist schriftlich zu führen, was auch in einem elektronischen Format erfolgen kann.

(4) Der Verantwortliche oder der Auftragsverarbeiter sowie gegebenenfalls der Vertreter des Verantwortlichen oder des Auftragsverarbeiters stellen der Aufsichtsbehörde das Verzeichnis auf Anfrage zur Verfügung.

(5) Die in den Absätzen 1 und 2 genannten Pflichten gelten nicht für Unternehmen oder Einrichtungen, die weniger als 250 Mitarbeiter beschäftigen, es sei denn die von ihnen vorgenommene Verarbeitung birgt ein Risiko für die Rechte und Freiheiten der betroffenen Personen, die Verarbeitung erfolgt nicht nur gelegentlich oder es erfolgt eine Verarbeitung besonderer Datenkategorien gemäß Artikel 9 Absatz 1 bzw. die Verarbeitung von personenbezogenen Daten über strafrechtliche Verurteilungen und Straftaten im Sinne des Artikels 10.

Übersicht

Literatur: *Art.-29-Datenschutzgruppe* WP 243 rev.01 – Leitlinien in Bezug auf Datenschutzbeauftragte („DSB"), angenommen am 13.12.2016, zuletzt überarbeitet und angenommen am 5.4.2017, http://ec.europa.eu/newsroom/just/item-detail.cfm?item_id=50083 (Stand 19.12.2017); *Bitkom* Das Verarbeitungsverzeichnis Verzeichnis von Verarbeitungstätigkeiten nach Art. 30 EU-Datenschutz-Grundverordnung (DS-GVO), 2017, https://www.bitkom.org/NP-Themen/NP-Vertrauen-Sicherheit/Datenschutz/FirstSpirit-1496129138918170529-LF-Verarbeitungsverzeichnis-online.pdf (Stand 19.12.2017); *DSK* Kurzpapier Nr. 1 Verzeichnis von Verarbeitungstätigkeiten – Art. 30 DS-GVO, https://www.datenschutz.rlp.de/fileadmin/lfdi/Dokumente/Orientierungshilfen/DSK_KPNr_1_Verzeichnis_Verarbeitungstaetigkeiten.pdf (Stand 19.12.2017); *Duda* Das Verfahrensverzeichnis und die DS GVO – ohne geht es nicht!, PinG 2016, 248 ff.; *GDD* GDD-Praxishilfe DS-GVO V – Verzeichnis von Verarbeitungstätigkeiten, Stand 04-2017, https://www.gdd.de/downloads/praxishilfen/GDD-Praxishilfe_DS-GVO_5.pdf (Stand 19.12.2017); *Gossen/Schramm* Das Verarbeitungsverzeichnis der DS-GVO, ZD 2017, 7; *LDI RP* Hinweise zum Verzeichnis von Verarbeitungstätigkeiten, nach Art. 30 DS-GVO (Erarbeitet von einer Arbeitsgruppe des „Düsseldorfer Kreises" der Datenschutzaufsichtsbehörden – Stand: September 2017), https://www.datenschutz.rlp.de/fileadmin/lfdi/Dokumente/Orientierungshilfen/hinweise_verarbeitungsverzeichnis.pdf (Stand 19.12.2017); *Lehnert/Luther/Christoph/Pluder* Datenschutz mit SAP, 2017; *Müthlein* ADV 5.0 – Neugestaltung der Auftragsdatenverarbeitung in Deutschland, RDV 2016, 74 ff.

A. Einordnung und Hintergrund

I. Erwägungsgründe

1 Dem Art. 30 ist der ErwG 82 zuzuordnen.

II. BDSG

2 Zum Art. 30 sieht die DS-GVO keine Öffnungsklausel vor. Dementsprechend findet sich keine Regelung zu Art. 30 im BDSG. Die Regelung des § 70 BDSG betrifft die Umsetzung der RL (EU) 2016/680 und ist daher im Bezug auf die DS-GVO nicht anwendbar.

3 Aufgrund der fehlenden Öffnungsklausel wären modifizierende Regelungen in den Datenschutzgesetzen der Länder schwerlich zu legitimieren.

III. Normengenese und -umfeld

4 **1. DSRL.** Art. 30 führt die Rechtsgedanken der Art. 18, 19 RL 95/46/EG ohne wesentliche Abweichungen fort.

5 **2. BDSG a.F.** Die Art. 18, 19 RL 95/46/EG wurden im BDSG a.F. durch §§ 4d, 4e, 4g umgesetzt. Aufgrund dieses „Stammbaums" des Art. 30 wies das LDA Bayern[1] frühzeitig darauf hin: „Verantwortliche Stellen, die bereits jetzt über eine strukturierte Verfahrensübersicht verfügen, sollten mit den geforderten Pflichtangaben des neuen Artikels aus der DS-GVO keine größeren Probleme haben."

6 Dennoch weist Art. 30 für die Praxis bedeutsame Unterschiede zu den Vorgängerregelungen auf:

- Das Verzeichnis von Verarbeitungstätigkeiten (VVT) kann nur noch von den Aufsichtsbehörden angefordert werden (nicht mehr von „Jedermann").
- Ein „öffentliches Verfahrensverzeichnis", das sich in der praktischen Anwendung des BDSG a.F. etabliert hatte, wird nicht mehr benötigt.
- Die nach BDSG a.F. vorgesehene weitere Trennung nach unterschiedlichen Informationen für „Jedermann", die Aufsichtsbehörden und den Datenschutzbeauftragten (hinsichtlich zugriffsberechtigter Personen) entfällt.
- Die Dokumentation der Zugriffsberechtigten ist im VVT, anders als nach § 4g Abs. 2 BDSG a.F. nicht mehr erforderlich, a.A. wohl der „Düsseldorfer Kreis" der Datenschutzaufsichtsbehörden[2].
- Im Gegensatz zum Verfahrensverzeichnis nach BDSG a.F. ist das VVT nicht vom Verantwortlichen an den Datenschutzbeauftragten zu übergeben.

---

1 *Bayerisches Landesamt für Datenschutzaufsicht* Verarbeitungsübersicht nach BDSG ist gute Grundlage (Positionspapier vom 2.8.2016), inzwischen ersetzt durch DSK-Kurzpapier Nr. 1 – Verzeichnis von Verarbeitungstätigkeiten – Art. 30 mit wörtlicher Übernahme dieser Passage, https://www.lda.bayern.de/media/dsk_kpnr_1_verzeichnis_verarbeitungstaetigkeiten.pdf (Stand 19.12.2017); So auch *Deutscher Dialogmarketing Verband* Anforderungen sind mit denen an die bestehende Verarbeitungsübersicht im Prinzip identisch (Practise Guide DS-GVO).

2 *LDI RP* Hinweise zum Verzeichnis von Verarbeitungstätigkeiten, nach Art. 30 (Erarbeitet von einer Arbeitsgruppe des „Düsseldorfer Kreises" der Datenschutzaufsichtsbehörden – Stand: September 2017), https://www.datenschutz.rlp.de/fileadmin/lfdi/Dokumente/Orientierungshilfen/hinweise_verarbeitungsverzeichnis.pdf (Stand 19.12.2017).

3. WP d. Artikel-29-Datenschutzgruppe / Beschlüsse des Düsseldorfer Kreises u.a.

Frühzeitig im August 2016 hat das **LDA Bayern** Hinweise zu Art. 30 veröffentlicht[3]. Hierin wies es insbesondere auf die Gemeinsamkeiten mit dem Verfahrensverzeichnis nach § 4e BDSG a.F. hin, erläuterte die Pflicht für Auftragsverarbeiter, ein kundenbezogenes Verzeichnis zu führen (s. Abs. 2) und kritisiert die Quasi-Unanwendbarkeit der Ausnahmeregelung für KMU (s. Abs. 5). **7**

Die **DSK**[3] greift die Gedanken des LDA Bayern in ihrem Hinweis Nummer 1 vom 29.6.2017 auf und vertieft sie, ohne hiervon inhaltlich abzuweichen. **8**

Die Art.-29-Datenschutzgruppe greift im **WP 243 rev.01**[4] zum Datenschutzbeauftragten den Aspekt der Führung des VVT auf. Sie weist darauf hin, dass die Verantwortung zur Erstellung und Führung beim Verantwortlichen bzw. beim Auftragsverarbeiter liegt, sie aber nicht gehindert seien, „den DSB die Aufgabe zu übertragen, unter der Verantwortung des Verantwortlichen oder des Auftragsverarbeiters ein Verzeichnis der Verarbeitungsvorgänge zu führen."

Der **Düsseldorfer Kreis** greift mit seinen Hinweisen[5] die einzelnen Aspekte des Art. 30 auf und versucht konkrete Beispiele für die Erstellung eines solchen Verzeichnisses zu bieten. Dabei ist auffallend, dass empfohlen wird, die durch Art. 30 vorgegebenen Inhalte zu ergänzen. Hierbei wird teilweise versucht, Inhalte nach BDSG a.F. zu „reaktivieren", so zum Beispiel das Merkmal der zugriffsberechtigten Personen. **9**

B. Kommentierung

I. Überblick

Aus dem Verfahrensverzeichnis bzw. der Verarbeitungsübersicht gemäß § 4e und § 4g BDSG a.F./Art. 18, 19 EU-Datenschutz-Richtlinie 95/46/EG (DSRL) wird das Verzeichnis von Verarbeitungstätigkeiten (VVT) gemäß Art. 30. Gemäß ErwG 82 der DS-GVO soll der Verantwortliche oder der Auftragsverarbeiter „zum Nachweis der Einhaltung dieser Verordnung" [DS-GVO] das Verzeichnis der Verarbeitungstätigkeiten führen. Weiterhin kann die zuständige Aufsichtsbehörde die Vorlage dieses Verzeichnisses auf Anfrage verlangen, „damit die betreffenden Verarbeitungsvorgänge anhand dieser Verzeichnisse kontrolliert werden können" (ErwG 82), s. Abs. 4. **10**

Die Norm verpflichtet Verantwortliche, s. Abs. 1. Soweit Auftragsverarbeitungen erbracht werden, hat der Auftragsverarbeiter auch diese nach besonderen Vorgaben kundenbezogen zu dokumentieren, s. Abs. 2. **11**

---

3 *Bayerisches Landesamt für Datenschutzaufsicht* Verarbeitungsübersicht nach BDSG ist gute Grundlage (Positionspapier vom 2.8.2016), inzwischen ersetzt durch DSK-Kurzpapier Nr. 1 – Verzeichnis von Verarbeitungstätigkeiten – Art. 30 mit wörtlicher Übernahme dieser Passage, https://www.lda.bayern.de/media/dsk_kpnr_1_verzeichnis_verarbeitungstaetigkeiten.pdf (Stand 19.12.2017); So auch *Deutscher Dialogmarketing Verband* Anforderungen sind mit denen an die bestehende Verarbeitungsübersicht im Prinzip identisch (Practise Guide DS-GVO).

4 *Art.-29-Datenschutzgruppe* WP 243 rev.01 Leitlinien in Bezug auf Datenschutzbeauftragte („DSB"), angenommen am 13.12.2016, zuletzt überarbeitet und angenommen am 5.4.2017, http://ec.europa.eu/newsroom/just/item-detail.cfm?item_id=50083 (Stand 19.12.2017).

5 *LDI RP* Hinweise zum Verzeichnis von Verarbeitungstätigkeiten, nach Art. 30 (Erarbeitet von einer Arbeitsgruppe des „Düsseldorfer Kreises" der Datenschutzaufsichtsbehörden – Stand: September 2017), https://www.datenschutz.rlp.de/fileadmin/lfdi/Dokumente/Orientierungshilfen/hinweise_verarbeitungsverzeichnis.pdf (Stand 19.12.2017).

12 Von der Führung des schriftlich oder in elektronischer Form zu erstellenden Verzeichnisses, s. Abs. 3, sollen KMU unter 250 Mitarbeitern befreit werden, s. Abs. 5. Durch eine Reihe von Rückausnahmen kommt diese Erleichterung in der Praxis kaum zum Tragen.

13 Mit Blick auf weitere Dokumentationspflichten der DS-GVO[6] kann es sinnvoll sein, das VVT zum zentralen Bestandteil der Dokumentation insbesondere auch für den DSB zu machen. Das VVT kann beispielsweise zur Grundlage für Risikobewertungen durch den DSB für dessen risikoorientierten Überwachungsauftrag werden (Art. 39 Abs. 2). Denkbar sind auch Erweiterungen des VVT durch Risikoabschätzungen bzw. eine zusätzliche Strukturierung, die festhält, welche Verarbeitungen einer Datenschutzfolgeabschätzung unterfallen müssen und welche mit welcher Begründung nicht[7]. Insbesondere im Hinblick darauf, dass die Einhaltung des Art. 30 unter die Bußgeldandrohung des Art. 83 Abs. 4 lit. a fällt, erscheint es allerdings nicht sinnvoll, das VVT zu sehr aufzublähen um es im Hinblick auf Aktualität und Vollständigkeit pflegbar zu gestalten. So sollte es sollte beispielsweise von der allgemeinen Informationssicherheit und ihren Übersichten klar getrennt sein. Einen entsprechenden Ansatz verfolgen die Hinweise von GDD[8] und Bitkom[9].

II. Abs. 1: Erstellung und Führung durch Verantwortliche

14 **1. Normadressat.** Nach Abs. 1 S. 1 sind alle Verantwortlichen i.S.d. Art. 4 Nr. 7 (z.B. Unternehmen/Legaleinheiten, Behörden, Freiberufler, Vereine) verpflichtet, ein VVT zu führen, soweit sie nicht nach der Ausnahmeregelung des Abs. 5 hiervon befreit sind. Die Regelung bezieht sich dabei auch auf den Vertreter im Sinne von Art. 4 Nr. 17[10].

15 **2. Verzeichnis der Verarbeitungstätigkeiten (VVT).** Das VVT ist – wie auch schon das Verfahrensverzeichnis nach der DSRL und im BDSG a.F. – nicht als Listung ein-

---

6 Vgl. die Auflistung bei *Lepperhoff* RDV 2006, 197, 202 ff.; darauf, dass neben dem VVT weitere Dokumentationspflichten bestehen, weist insbesondere die DSK in ihrem Kurzpapier Nr. 1 hin, s. Bayerisches Landesamt für Datenschutzaufsicht Verarbeitungsübersicht nach BDSG ist gute Grundlage (Positionspapier vom 2.8.2016), inzwischen ersetzt durch DSK-Kurzpapier Nr. 1 – Verzeichnis von Verarbeitungstätigkeiten – Art. 30 mit wörtlicher Übernahme dieser Passage, https://www.lda.bayern.de/media/dsk_kpnr_1_verzeichnis_verarbeitungstaetigkeiten.pdf (Stand 19.12.2017); So auch *Deutscher Dialogmarketing Verband* Anforderungen sind mit denen an die bestehende Verarbeitungsübersicht im Prinzip identisch (Practise Guide DS-GVO).

7 Zu einer diesbezüglichen Verknüpfung s. *Gossen/Schramm* Das Verarbeitungsverzeichnis der DS-GVO, ZD 2017, 7, 11.

8 *GDD* GDD-Praxishilfe DS-GVO V – Verzeichnis von Verarbeitungstätigkeiten, Stand: 04.2017. https://www.gdd.de/downloads/praxishilfen/GDD-Praxishilfe_DS-GVO_5.pdf (Stand 19.12.2017).

9 *Bitkom* Das Verarbeitungsverzeichnis Verzeichnis von Verarbeitungstätigkeiten nach Art. 30 EU-Datenschutz-Grundverordnung (DS-GVO), 2017, https://www.bitkom.org/NP-Themen/NP-Vertrauen-Sicherheit/Datenschutz/FirstSpirit-1496129138918170529-LF-Verarbeitungsverzeichnis-online.pdf (Stand 19.12.2017).

10 *LDI RP* Hinweise zum Verzeichnis von Verarbeitungstätigkeiten, nach Art. 30 (Erarbeitet von einer Arbeitsgruppe des „Düsseldorfer Kreises" der Datenschutzaufsichtsbehörden – Stand: September 2017), https://www.datenschutz.rlp.de/fileadmin/lfdi/Dokumente/Orientierungshilfen/hinweise_verarbeitungsverzeichnis.pdf (Stand 19.12.2017).

zelner Verarbeitungsschritte, sondern als prozessorientierte Übersicht der Verarbeitungen zu verstehen. Entscheidend ist, dass über das VVT der einzelne Verarbeitungsprozess und nicht jeder hierunter aggregierte Verarbeitungsschritt zu identifizieren ist. Insoweit legt Hartung[11] überzeugend dar, dass der Begriff „Verarbeitungstätigkeit" in Art. 30 verwendet wird, „um eine Mehrzahl von Verarbeitungsschritten auszudrücken" mit der Konsequenz, dass diesbezüglich das gleiche Verständnis zugrunde zu legen ist, wie dem des Verfahrens nach BDSG a.F. und der EU-DS-RL Mithin kann die Summe aller Datenverarbeitungen, die für einen bestimmten Zweck oder für mehrere miteinander zusammenhängende Zwecke durchgeführt werden, als eine Verarbeitungstätigkeit verstanden werden[12]. Es ist also für die Erstellung des VVT ein Ansatz zu wählen, der sich an den Geschäftsprozessen und nicht an der eingesetzten Technik orientiert.

Im Hinblick auf den angestrebten Detaillierungsgrad des VVT ist durch den Verantwortlichen eine Entscheidung unter Berücksichtigung folgender Komponenten zu treffen: **16**

- Zweck des VVT,
- Transparenz der Geschäftsprozesse,
- Wirksame Umsetzung/Pflege.

Nach ErwG 82 soll der Zweck des VVT darin liegen, dass der Verantwortliche und der Auftragsverarbeiter hierüber einen Nachweis der Einhaltung der DS-GVO führen. Daneben soll das VVT auf Anfrage der Aufsichtsbehörde vorgelegt werden, „damit die betreffenden Verarbeitungsvorgänge anhand dieser Verzeichnisse kontrolliert werden können". Nicht zuletzt im Hinblick auf die wechselhafte Entstehungsgeschichte des Art. 30[13] ist zweifelhaft, ob die Norm diesem Gedanken des Erwägungsgrundes überhaupt gerecht werden kann. Schon im Hinblick auf die enumerativen Inhalte des VVT werden die Anforderungen der DS-GVO nur ansatzweise aufgegriffen. Allein der gesamte Bereich der Organisation des Datenschutzes bleibt außen vor. **17**

Auch die Frage, inwieweit das VVT geeignet ist, eine abschließende Kontrolle von Verarbeitungsvorgängen durch eine Aufsichtsbehörde zu ermöglichen, wird zu verneinen sein. Vielmehr heißt es schon im Wortlaut des ErwG 82 lediglich, dass eine Kontrolle **anhand** des VVT erfolgen soll. „Anhand" heißt aber insoweit, dass hierüber ein Einstieg in die Kontrolle möglich sein soll, diese aber nicht – ausschließlich – auf der „Papierlage" des VVT durchgeführt wird. Insofern „soll es nach der Intention der VO den Aufsichtsbehörden ermöglichen, einen **Eindruck** von der eingesetzten Datenverarbeitung zu erhalten."[14] Ausgehend von diesen Überlegungen dient das VVT also nur eingeschränkt im Außenverhältnis. Insofern wird der Verantwortliche entscheiden müssen, wie er den Aufwand für das VVT so gestaltet, dass es die gesetzlichen Zwecke aber auch eigene Zwecke hinreichend berücksichtigt. Mit anderen Worten, die Frage der Detaillierung ist pragmatisch so zu beantworten, dass mit der Dokumentation im VVT vor allem auch eigene Zielsetzungen des Verantwortlichen im Hinblick auf seine Verpflichtungen zur Umsetzung der DS-GVO verwirklicht werden. Hierzu gehört insbesondere seine Einschätzung, wie detailliert er im datenschutzrechtlichen **18**

11 Kühling-*Hartung* 2016, Art. 30 Rn. 15 m.w.N.
12 *Feiler/Forgó* EU-DSGVO, 2017, Art. 30 Rn. 2.
13 S. ausf. hierzu Kühling-*Hartung* Art. 30 Rn. 4 ff.
14 *Spyra* Die Datenschutzgrundverordnung – Forderungen und Hinweise, 2016, S. 142.

Sinne des VVT einen Geschäftsprozess beschrieben haben muss, um seine hiermit verbundenen datenschutzrechtlichen Pflichten abschätzen zu können. Insoweit kann ein Geschäftsprozess im Sinne des VVT identisch mit dem Zweck eines Fachbereiches sein, kann aber auch Teilprozesse im Fachbereich betreffen. Insbesondere im Fachbereich Personal wird regelmäßig durch die sehr unterschiedlichen Aufgabenstellungen (zum Beispiel Bewerbermanagement, Personalverwaltung, Personalabrechnung, Fuhrparkmanagement etc.) eine Dokumentation unterhalb der Fachbereichsebene angebracht sein.

19 Weitere Zwecke des VVT sehen die Aufsichtsbehörden hinsichtlich folgender Aspekte[15]:

- „für eine Festlegung der Verarbeitungszwecke nach Art. 5 Abs. 1 lit. b,
- für Zwecke der Rechenschafts- und Dokumentationspflicht, Art. 5 Abs. 2, Art. 24,
- als geeignete Maßnahme zur Erfüllung der Betroffenenrechte nach Art. 12 Abs. 1,
- zur Schaffung und als Nachweis geeigneter technisch-organisatorischer Maßnahmen nach Art. 24 Abs. 1 und Art. 32,
- zur Prüfung, ob eine Datenschutzfolgenabschätzung nach Art. 35 erfolgen muss,
- als Basis für die Aufgabenerfüllung des Datenschutzbeauftragten nach Art. 39".

20 Sie weisen allerdings in diesem Zusammenhang auch darauf hin, dass für solche – ggf. zusätzlichen – Zwecke auch weitere Informationen im VVT aufgenommen werden müssen.

21 Im Hinblick auf die Tatsache, dass Art. 30 der Bußgeldandrohung unterliegt, (s. Rn. 87), ist auch für die Verfahrensdefinition zu beachten, dass das Verzeichnis leicht pflegbar ist. Insofern wird eine zu kleinteilige Dokumentation im VVT, zum Beispiel auf der Ebene einzelner Verarbeitungsschritte oder Dokumente, dazu führen, dass die Vollständigkeit und Aktualität auf Dauer nicht gewährleistet werden kann. Weiterhin sollte in diesem Zusammenhang beachtet werden, dass die Erstellung und Pflege des VVT regelmäßig auf die Fachbereiche delegiert werden wird. Hier sind regelmäßig datenschutzrechtliche Laien anzutreffen, die mit einer zu komplexen Darstellung im VVT häufig überfordert sind.

22 Einzubeziehen in das VVT sind neben automatisierten Verarbeitungen personenbezogener Daten auch nicht automatisierte Verarbeitungen, die in einem Dateisystem gespeichert sind oder gespeichert werden sollen.

23 **3. Führung.** Die Anforderung, das VVT auf Anfrage der Aufsichtsbehörde zur Verfügung zu stellen, legt es nahe, das Verzeichnis zentral zu führen. Im Gegensatz zum Verfahrensverzeichnis nach BDSG a.F. ist das VVT aber nicht vom Verantwortlichen an den Datenschutzbeauftragten zur Führung zu übergeben. Insoweit steht es dem Verantwortlichen frei, die Erstellung/Pflege/Führung des VVT im Hinblick auf seine Organisation pragmatisch zu organisieren. Sicherzustellen ist dabei allerdings, dass bei

15 S. *Bayerisches Landesamt für Datenschutzaufsicht* Verarbeitungsübersicht nach BDSG ist gute Grundlage (Positionspapier vom 2.8.2016), inzwischen ersetzt durch DSK-Kurzpapier Nr. 1 – Verzeichnis von Verarbeitungstätigkeiten – Art. 30 mit wörtlicher Übernahme dieser Passage, https://www.lda.bayern.de/media/dsk_kpnr_1_verzeichnis_verarbeitungstaetigkeiten.pdf (Stand 19.12.2017); So auch *Deutscher Dialogmarketing Verband* Anforderungen sind mit denen an die bestehende Verarbeitungsübersicht im Prinzip identisch (Practise Guide DS-GVO).

Anforderung durch die Aufsichtsbehörde das VVT kurzfristig vollständig zur Verfügung gestellt werden kann.

Die Art.-29-Datenschutzgruppe zeigt in ihrem WP 243 rev.01 auf, dass es keine inkompatible Tätigkeit sei, wenn der Datenschutzbeauftragte mit der Erstellung/Führung/Pflege betraut wird, um eine zentrale Führung zu gewährleisten. Allerdings betont die Art.-29-Datenschutzgruppe in diesem Zusammenhang, dass das Verzeichnis wie die anderen Pflichten der DS-GVO in der Verantwortung des Unternehmens bzw. der öffentlichen Stellen bleibt. Daher muss auch bei einer solchen Konstellation deutlich sein, dass es sich bei der Beibringung der Angaben zum Verzeichnis um eine Bringschuld des Verantwortlichen, also in der Praxis des Unternehmens/der öffentlichen Stelle bzw. – durch Delegation – der Fachbereiche handelt. In diesem Sinne kann es als „Best practice Ansatz“ sinnvoll sein, dass das Verzeichnis analog zum bisherigen BDSG-Ansatz als wichtiger Baustein im Datenschutzmanagement beim Datenschutzbeauftragten quasi treuhänderisch vorgehalten wird. **24**

Wird die Führung des VVT der Intention der DS-GVO folgend unabhängig vom DSB organisiert, sollte dem DSB – soweit vorhanden – in jedem Fall der Zugriff auf das VVT zur Unterstützung seiner Aufgabenerfüllung möglich sein. **25**

Unabhängig von der Frage, ob der DSB das VVT führt, kann er im Rahmen seines Bratungsauftrags Vorschläge für Vorgaben zum VVT machen und im Rahmen seines Überwachungsauftrags die Führung und Pflege dieses VVT überprüfen. **26**

4. Gliederung des VVT. Abs. 1 S. 2 beschreibt, welche Angaben das Verzeichnis enthält. Da sich diese Aufzählung nur auf das Verzeichnis, nicht aber auf die Beschreibung jeder Verarbeitungstätigkeit bezieht, ist der Verantwortliche frei, eine nach seiner Organisationsstruktur angemessene Gliederung des Verzeichnisses vorzusehen. So schlagen zum Beispiel GDD[16] und Bitkom[17] vor, sich wiederholende für alle Verarbeitungstätigkeiten geltende Angaben auch nur einmal zu dokumentieren, um den Pflegeaufwand und damit die Fehleranfälligkeit zu reduzieren. Dies gilt insbesondere für die Angaben, die den Verantwortlichen beschreiben, Art. 30 Abs. 2 lit. a. Weiterhin kann es auch sinnvoll sein, andere Aspekte, die grundsätzlich für alle Verarbeitungstätigkeiten gelten, nur einmal zu dokumentieren und bei der Dokumentation der einzelnen Verarbeitungstätigkeiten mit Verweisen und gegebenenfalls dokumentierten Abweichungen zu arbeiten. Dies gilt zum Beispiel hinsichtlich der technischen und organisatorischen Maßnahmen i.S.d. Art. 32, soweit hierzu ein einheitliches, unternehmens-/behördenweit geltendes Sicherheitskonzept besteht. **27**

Das Verzeichnis an sich muss sämtliche der in Art. 30 Abs. 1 S. 2 lit a bis g aufgezählten Angaben enthalten. Diese Aufzählung ist für den Gesetzgeber zur Umsetzung der **28**

---

16 S. *GDD* GDD-Praxishilfe DS-GVO V – Verzeichnis von Verarbeitungstätigkeiten, Stand: 04.2017.https://www.gdd.de/downloads/praxishilfen/GDD-Praxishilfe_DS-GVO_5.pdf (Stand 19.12.2017).

17 S. *Bitkom* Das Verarbeitungsverzeichnis Verzeichnis von Verarbeitungstätigkeiten nach Art. 30 EU-Datenschutz-Grundverordnung (DS-GVO), 2017, https://www.bitkom.org/NP-Themen/NP-Vertrauen-Sicherheit/Datenschutz/FirstSpirit-1496129138918170529-LF-Verarbeitungsverzeichnis-online.pdf (Stand 19.12.2017).

Norm abschließend und insofern keine Mindestanforderung[18]. Soweit die DS-GVO weitere Angaben fordert und die in der DS-GVO genannten Anforderungen nur als Mindestanforderungen sieht, benennt sie dies auch ausdrücklich so, siehe zum Beispiel in Art. 33 Abs. 3, 34 Abs. 2, 35 Abs. 7, 39 Abs. 1.

29 Dennoch steht es dem Verantwortlichen frei, das Verzeichnis im Hinblick auf seine Organisationsanforderungen zu organisieren und dementsprechend mit weiteren Dokumentationen zu verbinden. Sinnvoll ist dies zum Beispiel hinsichtlich der Aufnahme von Informationen, die die genaue Identifikation der beschriebenen Verarbeitungstätigkeiten ermöglichen. Solche Angaben, die die genaue interne Bezeichnung der Verarbeitungstätigkeit oder die Fachverantwortlichkeit beschreiben, sieht Art. 30 selbst nicht vor. Soweit über die Angaben des Art. 30 Abs. 1 S. 2 weitere Angaben aus Sicht des Verantwortlichen in VVT aufgenommen werden sollen, z.B. zur Unterstützung bei der Erfüllung der Nachweispflichten i.S.d. Art. 5, 24, sollte er die Fragen des Pflegeaufwands hinreichend berücksichtigen (s. hierzu Rn. 18). Im Hinblick darauf schlagen die Verbände GDD und Bitkom auf der Grundlage der Praxiserfahrung ihrer Mitglieder einen Aufbau des VVT vor, der eine eindeutige Trennung der Pflichtangaben von weiteren Angaben im eigenen Interesse des Verantwortlichen vorsieht. Präferiert wird hierbei, das VVT als führendes Verzeichnis auf Geschäftsprozessebene zu nutzen und gegebenenfalls detailliertere Dokumentationen zu einzelnen Aspekten der Geschäftsprozesse einzelne Verarbeitungsschritte oder Systeme „anzuhängen".[19]

30 Soweit die Verarbeitungen personenbezogener Daten vom Verantwortlichen ausgelagert wurde und im Rahmen einer Auftragsverarbeitung gemäß Art. 28 durch Dienstleister erfolgt, ist diese Datenverarbeitung im Rahmen des VVT Verantwortlichen mit zu berücksichtigen. Die Auslagerung kann einzelne Verarbeitungsschritte oder auch ganze Geschäftsprozesse umfassen.

31 **5. Einzelne Angaben.** Die nach Art. 30 Abs. 1 S. 2 lit a bis g zu dokumentierenden Angaben unterscheiden sich nur geringfügig von denen nach der RL 95/46/EG und dem BDSG a.F. geforderten. Die Abweichungen, die durch die DS-GVO bedingt sind, betreffen insbesondere die Angaben zum Verantwortlichen (Abs. 1 lit. a), Details bei der Übermittlung in Drittländer (Abs. 1 lit. c) sowie den Verzicht auf die Angabe der mit der Leitung der Datenverarbeitung beauftragten Personen (§ 4e Nr. 2 BDSG a.F.) und den Verzicht auf die Angaben zu zugriffsberechtigten Personen (§ 4g Abs. 2 S. 1 BDSG a.F.). Allerdings werden sich die zugriffsberechtigten Personen auch unter der DS-GVO im Wesentlichen unter den „Empfängern", s. Abs. 1 lit. d und Art. 4 Nr. 9, finden.

---

18 A.A. wohl die Aufsichtsbehörden im Düsseldorfer Kreis, s. *LDI RP* Hinweise zum Verzeichnis von Verarbeitungstätigkeiten, nach Art. 30 (Erarbeitet von einer Arbeitsgruppe des „Düsseldorfer Kreises" der Datenschutzaufsichtsbehörden – Stand: September 2017), https://www.datenschutz.rlp.de/fileadmin/lfdi/Dokumente/Orientierungshilfen/hinweise_verarbeitungsverzeichnis.pdf (Stand 19.12.2017); Paal/Pauly-*Martini* Datenschutz-Grundverordnung, 2017, Art. 30, Rn. 6 ohne weitere Begründung.

19 S. *GDD* GDD-Praxishilfe DS-GVO V – Verzeichnis von Verarbeitungstätigkeiten, Stand: 04.2017.https://www.gdd.de/downloads/praxishilfen/GDD-Praxishilfe_DS-GVO_5.pdf (Stand 19.12.2017), *Bitkom* Das Verarbeitungsverzeichnis Verzeichnis von Verarbeitungstätigkeiten nach Art. 30 EU-Datenschutz-Grundverordnung (DS-GVO), 2017, https://www.bitkom.org/NP-Themen/NP-Vertrauen-Sicherheit/Datenschutz/FirstSpirit-1496129138918170529-LF-Verarbeitungsverzeichnis-online.pdf (Stand 19.12.2017).

a) Informationen zum Verantwortlichen. Nach Abs. 1 lit. a sind die Namen und die Kontaktdaten **32**

- des Verantwortlichen (s. Art. 4 Nr. 7),
- gegebenenfalls des gemeinsam mit ihm Verantwortlichen (s. Art. 26),
- gegebenenfalls des Vertreters des Verantwortlichen (s. Art. 4 Nr. 9, 27),
- eines etwaigen Datenschutzbeauftragten (s. Art. 37, §§ 5, 38 BDSG)

zu dokumentieren.

Die Angaben sollen, zumindest hinsichtlich des Verantwortlichen, eine eindeutige Identifikation der verantwortlichen Stelle bzw. ihres Ansprechpartners in der EU ermöglichen[20]. Dies wird nach deutschem Rechtsverständnis regelmäßig durch die Angaben Name/Firmierung und ladungsfähige Anschrift ermöglicht. Im Hinblick darauf, dass die Aufsichtsbehörden die Zurverfügungstellung des VVT für ihre Zwecke verlangen dürfen, siehe Abs. 4, wird auch von der Erforderlichkeit der Dokumentation der gesetzlichen Vertreter ausgegangen werden müssen. **33**

Zur Interpretation des Begriffs der „Kontaktdaten“ hat die Art.-29-Datenschutzgruppe im WP 243rev.01 im Hinblick auf die Veröffentlichung der Kontaktdaten des Datenschutzbeauftragten gemäß Art. 37 wie folgt Stellung genommen[21]: **34**

„… Die Kontaktdaten des DSB sollten Angaben enthalten, die Betroffene ebenso wie die Aufsichtsbehörde in die Lage versetzen, den DSB auf einfachem Wege (postalisch, über eine persönliche Telefonnummer und/oder über eine persönliche E-Mail-Adresse) zu erreichen. Wo dies angezeigt ist, können zum Zwecke der Kommunikation mit der Öffentlichkeit weitere Kommunikationsmöglichkeiten (z.B. eine persönliche Hotline oder ein an den DSB persönlich adressiertes Kontaktformular auf der Website der Einrichtung) angeboten werden.

Artikel 37 Absatz 1 schreibt nicht vor, dass in den veröffentlichten Kontaktdaten auch der Name des DSB aufzuführen ist. …“

Während es im Hinblick auf die vertrauliche Kontaktaufnahme durch einen Betroffenen mit dem Datenschutzbeauftragten gegebenenfalls noch angemessen ist, einen direkten Kommunikationsweg über eine **persönliche** E-Mail-Adresse oder eine **persönliche** Telefonnummer zu fordern, ist eine solche Forderung im Zusammenhang mit dem VVT, das extern allenfalls den Aufsichtsbehörden zur Verfügung steht, unangemessen. Hier muss es reichen, dass die Aufsichtsbehörden die Informationen haben, um über die allgemein üblichen Kommunikationswege wie zum Beispiel Funktions-E-Mail-Adressen oder Telefonzentralen mit ihren Kommunikationspartnern in Erstkontakt zu treten.[22] **35**

---

20 Kühling-*Hartung* Art. 30 Rn. 17.

21 S. *Art.-29-Datenschutzgruppe* WP 243 rev.01 Leitlinien in Bezug auf Datenschutzbeauftragte („DSB“), angenommen am 13.12.2016, zuletzt überarbeitet und angenommen am 5.4.2017, http://ec.europa.eu/newsroom/just/item-detail.cfm?item_id=50083 (Stand 19.12.2017), S. 15.

22 Die Anknüpfung von Paal/Pauly-*Martini* Datenschutz-Grundverordnung, 2017, Art. 30 Rn. 7, an die Wahrnehmung von Betroffenenrechten und Haftungsansprüchen geht insofern fehl, als dass das VVT ausschließlich der internen Nutzung des Verantwortlichen und Aufsichtsbehörden, nicht aber Betroffenen, zur Verfügung steht.

36 Die entsprechenden Angaben wie zum Verantwortlichen sind auch für benannte Vertreter des Verantwortlichen (Art. 4 Nr. 17, 27) anzugeben, soweit der Verantwortliche keine Niederlassung in der Europäischen Union hat.

37 Diese Angaben sind im gleichen Umfang auch in dem Falle zu dokumentieren, dass eine gemeinsame Verantwortung i.S.d. Art. 26 gegeben ist. Während der Umstand, dass ein Vertreter nach Art. 4 Nr. 17, 27 zu bestellen ist, für alle Verarbeitungstätigkeiten eines Verantwortlichen zutreffen wird, liegt die gemeinsame Verantwortung regelmäßig nur im Bezug auf einzelne Verarbeitungstätigkeiten oder Verarbeitungen vor. Dementsprechend wird die Tatsache einer gemeinsamen Verantwortung regelmäßig zur konkreten Verarbeitungstätigkeit, in der Regel ein Geschäftsprozess wie oben beschrieben, zu dokumentieren sein, während die Angaben zum Verantwortlichen, zu einem gegebenenfalls benennenden Vertreter sowie zum gegebenenfalls benannten Datenschutzbeauftragten in einen „Vorblatt" zur einmaligen Dokumentation erfasst werden können.[23]

38 **b) Zwecke der Verarbeitung.** Nach Art. 30 Abs. 1 S. 2 lit b sind die Zwecke der Verarbeitung zu dokumentieren. Das VVT verfolgt einen geschäftsprozessbezogenen Ansatz, s. Rn. 15. Von daher kann eine Verarbeitung (aus der Anwendung des BDSG als „Verfahren" vertraut) mehrere Teil-Geschäftsprozesse zusammenfassen. Folglich kann eine Verarbeitung auch mehrere Zwecke umfassen, so dass auch mehrere Zweckbestimmungen angegeben werden können.

39 In der Literatur wird immer wieder darauf hingewiesen, dass die „Zwecke" wesentlichen Einfluss auf die Bestimmung der Rechtmäßigkeit haben und auch im Rahmen der Information und Auskunftsrechte dem Betroffenen gegenüber zu nennen sind[24]. Aufgrund der unterschiedlichen Zielrichtungen der betroffenen Normen zur Zulässigkeit, den Transparenzrechten der Betroffenen sowie zum VVT erscheint jedoch eine pauschale Gleichsetzung nicht gerechtfertigt. Zwar ist der Hinweis, dass zumindest aufgrund der Transparenzrechte gegenüber dem Betroffenen Informationen zu den Zwecken vorliegen müssen[25], gerechtfertigt, heißt aber nicht, dass die Beschreibung der Zwecke an allen Stellen identisch formuliert sein muss.

40 Die Zwecke sind jeweils im Hinblick auf die konkrete Verarbeitung in den jeweiligen Geschäftsprozessen zu beschreiben, zum Beispiel bei der Verarbeitung: „Allgemeine Kundenverwaltung" können die verfolgten Zweckbestimmungen lauten: „Auftragsbearbeitung, Buchhaltung und Inkasso" oder bei der Verarbeitung: „Customer-Relationship-Management" können die verfolgten Zweckbestimmungen sein: „Dokumentation und Verwaltung von Kundenbeziehungen, Marketing, Neukundenakquise, Kundenbindungsmaßnahmen, Kundenberatung, Beschwerdemanagement, Kündigungsprozess".[26]

---

23 zum Beispiel auf den Vorschlag der *GDD* GDD-Praxishilfe DS-GVO V – Verzeichnis von Verarbeitungstätigkeiten, Stand: 04.2017.https://www.gdd.de/downloads/praxishilfen/GDD-Praxishilfe_DS-GVO_5.pdf (Stand 19.12.2017).

24 Kühling-*Hartung* Rn. 18; Paal/Pauly-*Martini* Datenschutz-Grundverordnung, 2017, Art. 30 Rn. 8.

25 So Kühling-*Hartung* Rn. 18.

26 S. *GDD* GDD-Praxishilfe DS-GVO V – Verzeichnis von Verarbeitungstätigkeiten, Stand: 04.2017.https://www.gdd.de/downloads/praxishilfen/GDD-Praxishilfe_DS-GVO_5.pdf (Stand 19.12.2017).

Zu beachten ist bei einer geschäftsprozessbezogenen Dokumentation im VVT, dass neben dem Fachprozess auch regelmäßig begleitende mitarbeiterbezogene Unterstützungsprozesse vorliegen können wie z.B. zur Personalführung/-einsatzplanung. Deren Zwecke sind entweder als Teil einer anderen Verarbeitung, oder als eigene Verarbeitung zu beschreiben. Der Düsseldorfer Kreis nennt als Beispiele für Zwecke in einzelnen Verzeichnissen unter anderem: Personalaktenführung/Stammdaten, Lohn-, Gehalts- und Bezügeabrechnung, Firmenparkplatzverwaltung[27]. **41**

c) Kategorien betroffener Personen. Art. 30 Abs. 1 S. 2 lit. c fordert eine Beschreibung der Kategorien betroffener Personen und der Kategorien personenbezogener Daten. Eine Kategorie stellt eine Gruppe dar, der jemand oder etwas aufgrund typisierender Merkmale zugeordnet wird. Als solche Kategorien betroffener Personen kommen beispielsweise Kunden, Interessenten, Beschäftigte, Geschäftspartner, Schuldner, Versicherungsnehmer usw. in Betracht. **42**

d) Kategorien personenbezogener Daten. Auch hier ist von Kategorien die Rede. Damit ist eine typisierte zum Zusammenfassung mehrerer Daten gemeint. Zu dokumentieren sind also keine konkreten personenbezogenen Daten oder zum Beispiel einzelne Datenfelder. **43**

Die gemeinsame Nennung der Kategorien betroffener Personen und der Kategorien personenbezogener Daten legt es nahe, dass ein Bezug hergestellt werden soll in der Weise, dass der jeweiligen Personengruppe die zugehörigen Daten auch in der Darstellung des VVT zugeordnet werden. **44**

Dementsprechend verweist zum Beispiel die GDD auf folgende Zuordnung[28]: **45**

- „Kunden: Adressdaten, Kontaktkoordinaten (einschl. Telefon-, Fax-und E-Mail-Daten), Geburtsdatum, Vertragsdaten, Bonitätsdaten, Betreuungsinformationen einschließl. Kundenentwicklung, Produkt- bzw. Vertragsinteresse, Statistikdaten, Abrechnungs- und Leistungsdaten, Bankverbindung,
- Beschäftigtendaten (Lohn und Gehalt): Kontaktdaten, Bankverbindung, Sozialversicherungsdaten."

und der Düsseldorfer Kreis in ähnlicher Weise[27]: **46**

- „... „Kategorie Beschäftigte" in die Daten-Kategorien:
  - Mitarbeiter-Stammdaten mit Adressdaten, Geburtsdatum, Bankverbindung, Steuermerkmale, Lohngruppe, Arbeitszeit, bisherige Tätigkeitsbereiche, Qualifikationen etc.,
  - Bewerbungen mit Kontaktdaten, Qualifikationsdaten, Tätigkeiten etc.,
  - Arbeitszeugnisse mit Adressdaten, Leistungsdaten, Beurteilungsdaten etc.,
  - Abmahnungen mit Adressdaten, Arbeitsverhalten, Leistungsdaten etc.,
  - Betriebsarztuntersuchungen mit Adressdaten, Gesundheitsdaten etc.,
  - Stundenplan als Einsatzplan für Lehrkräfte,
  - Videoüberwachung an Arbeitsplätzen etc.

27 *LDI RP* Hinweise zum Verzeichnis von Verarbeitungstätigkeiten, nach Art. 30 (Erarbeitet von einer Arbeitsgruppe des „Düsseldorfer Kreises" der Datenschutzaufsichtsbehörden – Stand: September 2017), https://www.datenschutz.rlp.de/fileadmin/lfdi/Dokumente/Orientierungshilfen/hinweise_verarbeitungsverzeichnis.pdf (Stand 19.12.2017).

28 *GDD* GDD-Praxishilfe DS-GVO V – Verzeichnis von Verarbeitungstätigkeiten, Stand: 04.2017. https://www.gdd.de/downloads/praxishilfen/GDD-Praxishilfe_DS-GVO_5.pdf (Stand 19.12.2017).

– … „Kategorie Kundendaten“ in die Kategorien:
– Kunden-Kontaktdaten mit Adressdaten, Ansprechpartnern etc.,
– Kundengruppe/-interesse,
– Umsatzdaten bisher,
– Bonitätsdaten,
– Zahlungsdaten usw. …“

47 **e) Kategorien von Empfängern.** Die Kategorien[29] von Empfängern, gegenüber denen die personenbezogenen Daten offengelegt worden sind oder noch offengelegt werden, sind nach Art. 30 Abs. 1 S. 2 lit. d einschließlich der Empfänger in Drittländern oder internationalen Organisationen zu dokumentieren. Der Begriff des Empfängers ist definiert in Art. 4 Nr. 9 und umfasst alle Personen oder Institutionen, denen personenbezogene Daten weitergeleitet werden, unabhängig davon, ob es sich um interne Stellen des Verantwortlichen oder um Dritte i.S.d. Art. 4 Nr. 10 handelt.

48 Solche Empfänger, die Daten – ggf. über Schnittstellen – erhalten, sind z.B. in den Prozess eingebundene weitere Fachabteilungen, Vertragspartner, Kunden, Behörden, Versicherungen, Auftragsverarbeiter (z.B. Dienstleistungsrechenzentrum, Call-Center, Datenvernichter, Cloud Service Provider) usw. Der Düsseldorfer Kreis[30] nennt als Beispiele im Bereich der Lohn- und Gehaltsabrechnung u.a. folgende Empfänger: Banken, Sozialversicherungsträger, Finanzämter, unternehmensinterne andere Datenempfänger (z.B. Betriebsrat, Fachvorgesetzte), ggf. Gläubiger bei Lohn-/Gehaltspfändungen.

49 Der Hinweis auf Empfänger in Drittländern oder internationalen Organisationen an dieser Stelle kann nur deklaratorischen Charakter haben, da per Definition Empfänger in Drittländern auch Empfänger Sinne des Art. 4 Nr. 9 sind. Damit sind Empfänger in Drittländern in jedem Fall auch ohne besondere Erwähnung mit zu erfassen. Weiterhin sind die näheren Umstände einer Weitergabe in Drittländer nach Art. 30 Abs. 1 S. 2 lit. e detaillierter zu dokumentieren.

50 Zu beachten ist, dass Behörden, die auf gesetzlicher Grundlage im Rahmen eines bestimmten Untersuchungsauftrags möglicherweise personenbezogenen Daten erhalten, nicht als Empfänger gelten und mithin hier nicht zu dokumentieren sind, s. Art. 4 Nr. 9.

51 **f) Übermittlungen an ein Drittland oder an eine internationale Organisation. – aa) Angabe des Drittlands oder der internationalen Organisation.** Wenn personenbezogene Daten im Rahmen des Verfahrens – also prozessimmanent – in ein Drittland, d.h. ein Land außerhalb der EU/des EWR, oder eine internationale Organisation wie zum Beispiel die UNO oder deren Institutionen der UNO weitergegeben werden, sind die betroffenen Drittstaaten oder internationalen Organisationen zu benennen. Ein typischer Fall betrifft die Weitergabe personenbezogener Daten in internationalen, weltweit operierenden Konzernen.

---

29 Zum Begriff „Kategorie“ s. Rn. 42.

30 *LDI RP* Hinweise zum Verzeichnis von Verarbeitungstätigkeiten, nach Art. 30 (Erarbeitet von einer Arbeitsgruppe des „Düsseldorfer Kreises“ der Datenschutzaufsichtsbehörden – Stand: September 2017), https://www.datenschutz.rlp.de/fileadmin/lfdi/Dokumente/Orientierungshilfen/hinweise_verarbeitungsverzeichnis.pdf (Stand 19.12.2017).

bb) Dokumentation geeigneter Garantien bei den in Art. 49 Abs. 1 UAbs. 2 genannten Datenübermittlungen. Art. 30 Abs. 1 S. 2 lit. e verlangt zudem die Dokumentation geeigneter Garantien ausschließlich bei den in Art. 49 Abs. 1 UAbs. 2 genannten Datenübermittlungen. Diese Dokumentation der „Garantien" ist jedoch in normalen Prozessen regelmäßig entbehrlich[31]. Art. 49 Abs. 1 UAbs. 2 betrifft nämlich einen sehr restriktiv ausgelegten Ausnahmetatbestand zur Übermittlung in Drittländer, wenn keine der Voraussetzungen der Art. 45 oder 46 oder 49 Abs. 1 UAbs. 1 eingehalten werden kann. Dann darf unter näher definierten Umständen eine Übermittlung an ein Drittland oder eine internationale Organisation auch dann erfolgen, wenn die Übermittlung **nicht wiederholt** erfolgt, nur eine **begrenzte Zahl** von betroffenen Personen betrifft, und weitere einschränkende Voraussetzungen erfüllt sind. Die auf Art. 49 Abs. 1 UAbs. 2 gestützten Weitergaben erfolgen also nicht wiederholt. Die im VVT zu dokumentierenden Prozesse sind hingegen gerade auf Wiederholung angelegt. 52

Eine Dokumentation anderer Garantien, wie zum Beispiel eines Angemessenheitsbeschlusses der Kommission oder durch Standardvertragsklauseln zur Drittlandsweitergabe ist nicht gefordert, kann aber – optional – sinnvoll sein. 53

g) Löschfristen. – aa) Fristen für die Löschung. Die vorgesehenen Fristen für die Löschung der verschiedenen Datenkategorien sind nach Art. 30 Abs. 1 S. 2 lit. f anzugeben. Die DS-GVO sieht grundsätzlich vor, dass personenbezogene Daten zu löschen sind, soweit sie für die Zwecke, für die sie für erhoben oder verarbeitet wurden, nicht mehr notwendig sind, Art. 17 Abs. 1 lit a. Allerdings kann eine weitere Aufbewahrung aufgrund gesetzlicher Aufbewahrungsfristen erforderlich sein. Insoweit soll festgelegt werden, wann personenbezogene Daten tatsächlich gelöscht werden. Es sollten daher hier die konkreten Aufbewahrungs-/Löschfristen angegeben werden, die in Verfahren implementiert sind. Soweit diese in einem Löschkonzept dokumentiert sind, kann ein Verweis auf das vorhandene und im Verfahren umgesetzte Löschkonzept, das die Vorgaben zur Datenlöschung beim Verantwortlichen beschreibt, ausreichen. 54

Besteht ein solches Löschkonzept, auf das verwiesen werden kann, nicht, sind die Fristen hier näher zu konkretisieren. Ein konkreter Löschtermin wird im Blick darauf, dass das VVT Geschäftsprozesse dokumentiert, regelmäßig nicht angegeben werden können. Es muss daher ausreichen, die Fristdauer und gegebenenfalls den Fristenbeginn anzugeben, z.B.: „Die Daten werden nach zehn Jahren ab … gelöscht."[32] Ähnlich pragmatische Beispiele führt der Düsseldorfer Kreis an[33]: 55

„…

- die geltenden handels- und steuerrechtlichen Aufbewahrungspflichten für Personaldaten, Kundendaten etc.
- geltende Aufbewahrungs- und Löschfristen für Schülerdaten, Prüfungsunterlagen etc.

31 S.a. Auernhammer-*Brüggemann* DSGVO/BDSG, 5. Aufl., Art. 30 Rn. 8.

32 Kühling-*Hartung* Rn. 23.

33 *LDI RP* Hinweise zum Verzeichnis von Verarbeitungstätigkeiten, nach Art. 30 (Erarbeitet von einer Arbeitsgruppe des „Düsseldorfer Kreises" der Datenschutzaufsichtsbehörden – Stand: September 2017), https://www.datenschutz.rlp.de/fileadmin/lfdi/Dokumente/Orientierungshilfen/hinweise_verarbeitungsverzeichnis.pdf (Stand 19.12.2017).

– gesetzlich vorgesehene Löschungsfristen (z.B. § 14 Bundesmeldegesetz)
– vom Verantwortlichen festgelegte Überprüfungs-/Löschungsfristen …“

56 **bb) Wenn möglich.** Der Möglichkeitsvorbehalt in Art. 30 Abs. 1 lit. f und g verwirrt, da nicht klar ist, wann es unmöglich wäre, diese Angaben zu machen[34]. Dies gilt insbesondere, da die Löschfristen schon im Rahmen der Informationspflichten nach Art. 13 Abs. 2 lit. a und 14 Abs. 2 lit a bei der Erhebung anzugeben und die Festlegung technischer und organisatorischer Maßnahmen nach Art. 32 verpflichtend, bußgeldbewehrt und im Rahmen der Acountability-Regelungen der Art. 5 Abs. 2, 24 Abs. 1 nachweispflichtig sind. Insoweit kann sich dieser Vorbehalt nicht auf das „Ob“ der Angaben, sondern allenfalls auf das „Wie“ beziehen[35]. Entsprechend ist z.B. auch der Möglichkeitsvorbehalt bei den Informationspflichten formuliert[36]. Es wird also in der Regel erwartet werden, dass die Informationen vorliegen.[37] Daher ist es nicht verwunderlich, dass diesem Möglichkeitsvorbehalt wenig praktische Bedeutung prophezeit wird.[38]

57 **h) Technische und organisatorische Maßnahmen gemäß Art. 32 Abs. 1.** Nach Abs. 1 lit. g ist, „wenn möglich[39], eine allgemeine Beschreibung der technischen und organisatorischen Maßnahmen gemäß Artikel 32 Absatz 1“ in das VVT aufzunehmen. Der Zusatz des § 4e Nr. 9 BDSG a.F. im Hinblick auf die Möglichkeit, vorläufig zu beurteilen, ob die Maßnahmen zur Gewährleistung der Sicherheit der Verarbeitung angemessen sind, fehlt hingegen. Die DSK interpretiert jedoch genau diesen Zusatz hier hinein[40]. Soll tatsächlich anhand des VVT eine erste Beurteilung der Angemessenheit der ergriffenen technischen und organisatorischen Maßnahmen ermöglicht werden, kann dies nur geschehen, wenn zugleich die technische Infrastruktur über den Wortlaut der Norm hinaus zu mindestens in ihrer wesentlichen Struktur hier auch dokumentiert wird. Dies erscheint insbesondere dann sinnvoll, wenn das VVT zur Absicherung des Verantwortlichen selbst genutzt werden soll, weil er durch die Dokumentation gleichzeitig überprüfen will, ob tatsächlich ausreichende Schutzmaßnahmen vorgenommen wurden.[41]

58 Gefordert wird eine **allgemeine** Beschreibung der technischen und organisatorischen Maßnahmen. Insofern sollten auch Verweise auf angewendete und dokumentierte Sicherheitskonzepte ausreichen. So weist auch der Düsseldorfer Kreis auf Verweise

34 BeckOK DatenSR-*Spoerr* Stand: 1.11.2017, Rn. 10 m.w.N.

35 So auch BeckOK DatenSR-*Spoerr* Stand: 1.11.2017, Rn. 19 unter Verweis auf die französische Fassung der DS-GVO m.w.N.

36 Art. 13 Abs. 2 lit. a bzw. Art. 13 Abs. 2 lit. b lautet: „… a) die Dauer, für die die personenbezogenen Daten gespeichert werden oder, **falls dies nicht möglich ist**, die Kriterien für die Festlegung dieser Dauer; …“, entsprechend auch die Formulierung in Art. 15 Abs. 1 lit. d.

37 S.a. Sydow-*Ingold* Europäische Datenschutzgrundverordnung, 2017, Art. 30, Rn. 7; *Mühlein* Auftragsverarbeitung 5.0, RDV 2016, 74, 81.

38 Ehmann/Selmayr-*Bertermann* Datenschutz-Grundverordnung, 2017, Art. 30 Rn. 10.

39 Zum Möglichkeitsvorbehalt s. Rn. 50.

40 DSK-Kurzpapier Nr. 1 – Verzeichnis von Verarbeitungstätigkeiten – Art. 30 mit wörtlicher Übernahme dieser Passage, https://www.lda.bayern.de/media/dsk_kpnr_1_verzeichnis_verarbeitungstaetigkeiten.pdf (Stand 19.12.2017): „ … Jedenfalls sollte die Beschreibung der Maßnahmen nach Art. 32 so konkret erfolgen, dass die Aufsichtsbehörden eine erste Rechtmäßigkeitsüberprüfung vornehmen können.“ Zum Problem der „Rechtmäßigkeitsprüfung“ anhand des VVT s. Rn. 17 und 18.

41 So Kühling-*Hartung* Rn. 24 m.w.N.

auf bestehende Dokumente hin: „… Bei größeren Unternehmen genügt ggf. auch ein Verweis auf schon vorhandene Dokumentationen und Sicherheitskonzepte (z.B. Standarddatenschutzmodell (SDM)), ohne dass diese hier in Gänze dargestellt werden. …“[42].

Bestehen derartige übergeordnete Sicherheitskonzept allerdings nicht, werden die getroffenen Sicherheitsmaßnahmen in konkreterer Form direkt im VVT zu dokumentieren sein. Aber auch bei bestehendem Sicherheitskonzept, auf das verwiesen wird, wird stets zu überprüfen sein, ob die tatsächlich umgesetzten Maßnahmen denen des Sicherheitskonzeptes entsprechen. Bei Abweichungen sind diese in das VVT aufzunehmen. **59**

Im Hinblick auf die Frage, wie konkret die Maßnahmen beschrieben werden sollen, ist neben der Forderung nach einer allgemeinen Beschreibung und den Vorgaben des Art. 32 auch zu bedenken, dass das VVT ggf. an die Aufsichtsbehörde weitergegeben wird und damit das Unternehmen verlässt. Um durch diese Weitergabe keine Risiken im Sicherheitskonzept entstehen zu lassen, sollte es keine schutzbedürftigen, internen Informationen im Zusammenhang mit den IT-Sicherheitsmaßnahmen (z.B. Implementationsdetails technischer Sicherheitsmaßnahmen) enthalten. **60**

III. Abs. 2

Das VVT, das ein Auftragsverarbeiter nach Art. 30 Abs. 2 zu führen hat, hat primär zum Ziel, eine erste Übersicht darüber zu geben, welche Kategorien von Verarbeitungen – oder mit anderen Worten: Leistungen – für welchen Auftraggeber erbracht werden. **61**

Im Vordergrund stehen also die durch den Auftragsverarbeiter angebotenen Leistungen. Im Gegensatz zu den bisherigen datenschutzrechtlichen Regelungen treffen den Auftragsverarbeiter für seine Leistungen eigene Verantwortlichkeiten. So ist er zum Beispiel dafür verantwortlich, dass bezüglich seiner Leistungen hinreichende Sicherheitskonzepte (s. Art. 32) umgesetzt werden. Unter diesen Prämissen sollte Folgendes für die Erstellung des VVT beachtet werden: **62**

- Auftragsverarbeiter müssen explizit ein VVT im Hinblick auf die Auftragsverarbeitung führen. Das schließt die Führung eines weiteren VVT als Verantwortlicher für eigene Geschäftsprozesse nicht aus.
- In der Praxis wird es sinnvoll sein, für die sehr unterschiedlichen Anforderungen an das VVT für Verantwortliche und Auftragsverarbeiter gesonderte VVT-Vorlagen jeweils mit eigenem Aufbau zu nutzen.

Auch dieses VVT der Auftragsverarbeiter dient allein der internen Dokumentation und der Zurverfügungstellung an die Aufsichtsbehörde auf Anforderung. Die Einsichtnahme durch andere Stellen, insbesondere durch Betroffene oder die Auftraggeber selber sieht der Gesetzgeber nicht vor. Ein Anspruch auf Einsichtnahme oder einen Aushändigung besteht daher nicht. **63**

---

42 *LDI RP* Hinweise zum Verzeichnis von Verarbeitungstätigkeiten, nach Art. 30 (Erarbeitet von einer Arbeitsgruppe des „Düsseldorfer Kreises“ der Datenschutzaufsichtsbehörden – Stand: September 2017), https://www.datenschutz.rlp.de/fileadmin/lfdi/Dokumente/Orientierungshilfen/hinweise_verarbeitungsverzeichnis.pdf (Stand 19.12.2017).

64 **1. Normadressat.** Nach Abs. 2 sind alle Auftragsverarbeiter i.S.d. Art. 4 Nr. 8 (natürliche oder juristische Person, Behörde, Einrichtung oder andere Stelle, die personenbezogene Daten im Auftrag des Verantwortlichen verarbeitet) verpflichtet, ein „Verzeichnis zu allen Kategorien von im Auftrag eines Verantwortlichen durchgeführten Tätigkeiten der Verarbeitung“ zu führen, soweit sie nicht nach der Ausnahmeregelung des Abs. 5 hiervon befreit sind.

65 Die Regelung bezieht sich dabei auch auf den Vertreter im Sinne von Art. 4 Nr. 17[43]. Allerdings ist hierbei zu beachten, dass gemäß Art. 27 Abs. 1 die Pflicht zur Bestellung eines Vertreters nur dann besteht, wenn die Voraussetzungen des Art. 3 Abs. 2 gegeben sind, also in der Regel nur dann, wenn sich die Leistung des Auftragsverarbeiters als Angebot an die **betroffenen** Personen darstellt.

66 **2. Verzeichnis.** Die DSK weist darauf hin, dass „… hier die Pflichtangaben überschaubar [sind], so dass der Aufwand, dieses Verzeichnis zu erstellen, als eher gering einzustufen sein wird.“[44] Eine solche Aussage wird jedoch nur dann haltbar sein, wenn der Auftragsverarbeiter über einen beschränkten Kreis von Auftraggebern und eine geringe Anzahl unterschiedlicher angebotener Dienstleistungen verfügt. Je mehr Auftraggeber zum Beispiel im Massengeschäft mit Cloud-Dienstleistungen bedient werden bzw. je weiter das Angebot ausgebaut wird umso komplexer wird die Darstellung bzw. der Umfang des Verzeichnisses werden. Also wird es eine Einzelfallentscheidung sein müssen, wie der Auftragsverarbeiter die Erstellung und Führung dieses Verzeichnisses am sinnvollsten organisiert. Daher hat zum Beispiel die GDD auf die Erarbeitung eines konkreten Musters verzichtet und lediglich unterschiedliche Vorschläge für die Dokumentation gemacht (dreiteiliger Aufbau in Anlehnung an den Aufbau des VVT der Verantwortlichen mit unterschiedlichen Arten der Darstellung der Kunden/Leistungsbeziehung)[45].

67 **3. Führung.** Siehe hierzu grundsätzlich Rn. 23. Das Verzeichnis ist vom Auftragsverarbeiter zu führen, der entscheiden muss, ob er dieses zentral oder dezentral tut.

68 Zu beachten ist allerdings hier, dass sich das Verzeichnis lediglich auf bestimmte Fachbereiche in einem Unternehmen bezieht, nämlich die, die tatsächlich Dienstleistungen im Rahmen einer Auftragsverarbeitung erbringen. Soweit die Erbringung solcher Dienstleistungen das Kerngeschäft des Auftragsverarbeiters darstellt, fällt die Identifikation der entsprechenden Fachbereiche relativ leicht. Insbesondere im Konzernumfeld bei arbeitsteiliger Verarbeitung durch unterschiedliche Konzernunternehmen verschwimmen diese klaren Zuordnungen jedoch schnell. Von daher wird es situationsbedingt zu entscheiden sein, ob das Verzeichnis zentral, zum Beispiel in Kombination mit einer Kundenverwaltung, oder dezentral durch die jeweilig betroffenen Fachabteilun-

---

43 *LDI RP* Hinweise zum Verzeichnis von Verarbeitungstätigkeiten, nach Art. 30 (Erarbeitet von einer Arbeitsgruppe des „Düsseldorfer Kreises“ der Datenschutzaufsichtsbehörden – Stand: September 2017), https://www.datenschutz.rlp.de/fileadmin/lfdi/Dokumente/Orientierungshilfen/hinweise_verarbeitungsverzeichnis.pdf (Stand 19.12.2017).

44 DSK-Kurzpapier Nr. 1 – Verzeichnis von Verarbeitungstätigkeiten – Art. 30 mit wörtlicher Übernahme dieser Passage, https://www.lda.bayern.de/media/dsk_kpnr_1_verzeichnis_verarbeitungstaetigkeiten.pdf (Stand 19.12.2017)

45 *GDD* GDD-Praxishilfe DS-GVO V – Verzeichnis von Verarbeitungstätigkeiten, Stand: 04.2017.https://www.gdd.de/downloads/praxishilfen/GDD-Praxishilfe_DS-GVO_5.pdf (Stand 19.12.2017), s.a. Rn. 24 ff.

gen geführt wird. Sicherzustellen ist jedoch, dass quasi auf „Knopfdruck" ein umfassendes Verzeichnis auf Anforderung der Aufsichtsbehörde zur Verfügung gestellt werden kann. Eine Übergabe des Verzeichnisses an den Datenschutzbeauftragten sieht das Gesetz nicht vor. Ob die Führung dieses Verzeichnisses des Auftragsverarbeiters durch den Datenschutzbeauftragten dennoch sinnvoll ist, ist insbesondere im Hinblick auf die Dynamik von Kunden- und Leistungsbeziehungen zu bezweifeln. Zudem ist es nicht offensichtlich, welchen Nutzen der Datenschutzbeauftragte für seine Arbeit aus der Führung dieses Verzeichnisses ziehen sollte.

4. Inhalte. Die geforderten Inhalte nach Abs. 2 lit. a bis d unterscheiden sich zwar auf den ersten Blick nicht wesentlich von den Angaben des Abs. 1. Dennoch ist ein wesentlicher Unterschied darin zu sehen, dass nicht eigene Geschäftsprozesse, sondern die Leistungserbringung je Verantwortlichen dokumentiert werden soll. Insofern sind neben Angaben zu zum Auftragsverarbeiter Abs. 2 lit. a (analog zu Abs. 1 lit. a) Angaben zu den Kunden des Auftragsverarbeiters (Verantwortliche, Abs. 2 lit. a) sowie zu den erbrachten Leistungen zu dokumentieren. Dies betrifft zunächst die Leistungen sich (Kategorien von Verarbeitungen, Abs. 2 lit. b) sowie die hierzu getroffenen technischen und organisatorischen Maßnahmen (Abs. 2 lit. d) und – sofern eine Weiterleitung der Daten in Drittländer erfolgt – Details bei der Übermittlung in Drittländer (Abs. 2 lit. c). Weitere Angaben werden gesetzlich nicht gefordert. Da die Komplexität sehr schnell steigen kann, sollte eine freiwillige Ausweitung der Angaben wohl bedacht sein. 69

a) Informationen zum Auftragsverarbeiter und zu Verantwortlichen. Wenn es in Abs. 2 lit. a heißt, anzugeben sind „…Namen und die Kontaktdaten des Auftragsverarbeiters oder der Auftragsverarbeiter und jedes Verantwortlichen, in dessen Auftrag der Auftragsverarbeiter tätig ist, sowie gegebenenfalls des Vertreters des Verantwortlichen oder des Auftragsverarbeiters und eines etwaigen Datenschutzbeauftragten;" wird hier einiges zusammengewürfelt, was grundsätzlich nicht zusammengehört. Zunächst soll analog zu Abs. 1 lit. a der Auftragsverarbeiter selber beschrieben werden. Soweit Informationen zum Verantwortlichen gefordert werden, sind dies die Informationen zu den jeweiligen Kunden (Auftraggeber) des Auftragsverarbeiters, die datenschutzrechtlich weiterhin verantwortlich für die durch den Auftragsverarbeiter durchgeführten Verarbeitungen bleiben. 70

aa) Informationen zum Auftragsverarbeiter. Zu Informationen zum Auftragsverarbeiter zählen Namen und die Kontaktdaten: 71

- des Auftragsverarbeiters oder der Auftragsverarbeiter,
- gegebenenfalls des Vertreters des Auftragsverarbeiters,
- eines etwaigen Datenschutzbeauftragten.

Zum Umfang der Informationen siehe entsprechend oben Rn. 29 ff.

bb) Informationen zum Verantwortlichen. Zu Informationen zum jeweiligen Verantwortlichen zählen Namen und die Kontaktdaten: 72

- jedes Verantwortlichen, in dessen Auftrag der Auftragsverarbeiter tätig ist,
- gegebenenfalls des Vertreters des Verantwortlichen.

Auch wenn Abs. 2 lit. a diesbezüglich vielleicht missverständlich formuliert ist, ist es nicht Aufgabe des Auftragsverarbeiters über die Angaben des Art. 28 hinaus Angaben 73 zu einem gegebenenfalls von dem Verantwortlichen benannten Datenschutzbeauftragten zu erheben.

Zum Umfang der Informationen siehe entsprechend oben Rn. 29 ff.

74 **b) Kategorien von Verarbeitungen, die im Auftrag jedes Verantwortlichen durchgeführt werden.** Die „Kategorien von Verarbeitungen, die im Auftrag jedes Verantwortlichen durchgeführt werden" lassen sich grundsätzlich aus Sicht des Auftragsverarbeiters aus seinen Standardleistungen (Produkten) als Dienstleister ableiten[46]. Dementsprechend allgemein gehaltene Kategorien[47] führt der Düsseldorfer Kreis als Beispiele auf wie „Lohn- und Gehaltsabrechnung, Finanzbuchhaltung, eMail-Datenbank, Übernahme der betrieblichen/behördlichen Telefonanlage, Werbeadressenverarbeitung, Einscannen von betrieblichen/behördlichen Schriftstücken, Support-/Wartungsservice, Rechnerservice mit Support und Datensicherung, bei denen allein der Auftraggeber den Zweck und die Verarbeitungen festlegt, Archivierung von Datenbeständen, Löschung sowie Entsorgung von Datenträgern, Lernplattform, Datenverarbeitung in einem externen Rechenzentrum[48]."

75 Kundenspezifische Abweichungen von der angebotenen Standardleistung ergeben sich regelmäßig aus den konkreten vertraglichen Vereinbarungen, insbesondere aus dem Vertrag nach Art. 28 und den Weisungen des Verantwortlichen. Aus der Beschränkung der Dokumentationspflicht des Art. 30 Abs. 2 auf „Kategorien von Verarbeitungen" ergibt sich allerdings, dass die Dokumentation von diesen „Kategorien von Verarbeitungen" modifizierenden Verträgen oder Weisungen nicht Gegenstand des Verzeichnisses eines Auftragsverarbeiters ist[49]. Dies betrifft insbesondere die allgemeinen Weisungen sowie die Weisungen zur Weitergabe von personenbezogenen Daten in ein Drittland, s. Art. 28 Abs. 3 lit. a. Zwar besteht in diesen Fällen eine ausdrückliche Dokumentationspflicht, die aber unabhängig von Art 30 Abs. 2 ist. Diesbezüglich ist der Auftragsverarbeiter frei zu entscheiden, wie er eine entsprechende Dokumentation führt. Bei einer Reihe von Dienstleistern bietet es sich an, hierzu für die Kommunikation mit den Auftraggebern eingerichtete Ticketsysteme zu nutzen. Wichtig ist allerdings dabei, dass die entsprechenden Weisungen quasi auf „Knopfdruck" aus einem solchen System herausgefiltert werden können.

76 **c) Übermittlungen an ein Drittland oder an eine internationale Organisation.** Auch der Auftragsverarbeiter hat Übermittlungen an ein Drittland oder eine internationale Organisation in seinem Verzeichnis zu dokumentieren. Da er allerdings seine Dokumentation im Verzeichnis nach Abs. 2 bezogen auf die „Kategorien von Verarbeitungen", also bezogen auf die von ihm angebotenen Dienstleistungen, zu führen hat, kann sich diese Dokumentation der Drittlandsweitergabe nur auf solche Fälle bezie-

---

46 Zur Bestimmung, was eine Standarddienstleistung ausmacht, siehe zum Beispiel den Standard „Anforderungen an Auftragnehmer nach § 11 BDSG" – DATENSCHUTZSTANDARD DS-BVD-GDD-01 – der GDD und des BvD, http://www.dsz-audit.de/wp-content/uploads/GDD-BvD-DATENSCHUTZSTANDARD-DS-BVD-GDD-01-V1-0.pdf.

47 Zum Begriff „Kategorie" s. Rn. 42.

48 *LDI RP* Hinweise zum Verzeichnis von Verarbeitungstätigkeiten, nach Art. 30 (Erarbeitet von einer Arbeitsgruppe des „Düsseldorfer Kreises" der Datenschutzaufsichtsbehörden – Stand: September 2017), https://www.datenschutz.rlp.de/fileadmin/lfdi/Dokumente/Orientierungshilfen/hinweise_verarbeitungsverzeichnis.pdf (Stand 19.12.2017).

49 So auch Kühling-*Hartung* Rn. 28.

hen, in denen der Auftragsverarbeiter sie selbst vorsieht, zum Beispiel durch Einschaltung eines weiteren Auftragsverarbeiters (Unterauftragnehmer) in einem Drittland. Daher sollte bei der Bestimmung der Leistung – insbesondere bei der vertraglichen Gestaltung – klar darauf geachtet werden, was in den Verantwortungsbereich des Auftragsverarbeiters bzw. des Auftraggebers fällt. So ist z.B. die Weitergabe personenbezogener Daten an einen vom Auftragsverarbeiter eingesetzten weiteren Auftragsverarbeiter im Drittland Bestandteil der vom Auftragsverarbeiter angebotenen Leistungskette. Insoweit fällt diese Weitergabe in die Sphäre des Auftragsverarbeiters und ist von ihm in seinem Verzeichnis nach Art. 30 Abs. 2 zu dokumentieren. Dagegen fällt eine vom Auftraggeber angewiesene Weitergabe seiner Daten an eine Stelle im Drittland in die Sphäre des Auftraggebers. Die entsprechende Weisung ist zwar zu dokumentieren, nicht aber Gegenstand des Verzeichnisses eines Auftragsverarbeiters.

Hinsichtlich weiterer Erläuterungen siehe Rn. 48, bezüglich der Dokumentation geeigneter Garantien bei den in Art. 49 Abs. 1 UAbs. 2 genannten Datenübermittlungen siehe Rn. 49. **77**

d) Wenn möglich, eine allgemeine Beschreibung der technischen und organisatorischen Maßnahmen gemäß Art. 32 Abs. 1. Auch hier gilt der Bezug zur angebotenen Dienstleistung („ Kategorien von Verarbeitungen"), also die Standardmaßnahmen, die der Dienstleister vorsieht. **78**

Kundenspezifische Abweichungen von der angebotenen Standardleistung ergeben sich regelmäßig aus den konkreten vertraglichen Vereinbarungen, insbesondere aus dem Vertrag nach Art. 28. Zur Dokumentation dieser vertraglichen Abweichungen von der Standardleistung kann auf den entsprechenden Vertrag verlinkt werden. Dabei können Anpassungen insbesondere Änderungen der Standardleistung, z.B. durch Customizing, oder der vereinbarten technischen und organisatorischen Maßnahmen betreffen. Allerdings ist durch die Dokumentationsbeschränkung auf „Kategorien von Verarbeitungen" die Dokumentation der konkreten (angepassten) Leistung im Verzeichnis nach Art. 30 Abs. 2 nicht erforderlich. Hinsichtlich weiterer Erläuterungen siehe oben Rn. 54, zum Möglichkeitsvorbehalt siehe Rn. 52. **79**

IV. Abs. 3

Nach Abs. 3 ist das in den Abs. 1 und 2 genannte Verzeichnis schriftlich zu führen, was auch in einem elektronischen Format erfolgen kann. Es kann also explizit in einem elektronischen Format geführt werden. Dies ist nicht an die Form des deutschen Rechts i.S.d. § 126a BGB gebunden.[50] Allerdings verpflichtet Art. 30 Abs. 4 den Verantwortlichen, das Verzeichnis der Aufsichtsbehörde auf Anfrage „zur Verfügung zu stellen". Daher muss ein elektronisch geführtes Verzeichnis exportierbar sein. Damit ist eine einfache Zusammenstellung von internen Hyperlinks nicht tauglich, wohl aber ein Dokument, das nach Anfrage der Aufsichtsbehörde aus Hyperlinks auf interne Dokumente und Informationen zusammengestellt wird. **80**

Ein solches Dokument, das an die Aufsichtsbehörde weitergegeben wird und damit das Unternehmen verlässt, sollte keine schutzbedürftigen, internen Informationen im Zusammenhang mit den IT-Sicherheitsmaßnahmen (z.B. Implementationsdetails technischer Sicherheitsmaßnahmen) enthalten. **81**

---

50 S. Kühling-*Hartung* Rn. 32.

82 Offen bleibt, in welcher Sprache das jeweilige Verzeichnis zu führen ist. Dieses Thema wird insbesondere bei international tätigen Unternehmen eine Rolle spielen. Auch wenn die DS-GVO hierzu keine eindeutige Aussage macht, bleibt es der zuständigen Aufsichtsbehörde unbenommen, gemäß nationaler Regelungen zu verfahren. Diesbezüglich weisen die deutschen Aufsichtsbehörden darauf hin, dass sie berechtigt sind, eine deutsche Fassung zu erhalten[51]. Jedes Abweichen hiervon kann allenfalls im Rahmen von direkten Verhandlungen mit der jeweiligen Aufsichtsbehörde ohne jeglichen Rechtsanspruch erfolgen.

83 Zweifellos haben die Verzeichnisse nach Art. 30 den jeweils aktuellen Stand darzustellen. Insoweit ist es unerlässlich, die Erstellung und Pflege der Verzeichnisse im Unternehmen bzw. bei der Behörde zu organisieren. Das Gesetz geht aber nach seinem Wortlaut hierüber nicht hinaus. Anders allerdings die deutschen Aufsichtsbehörden[51], die eine Änderungshistorie mit einer „Dokumentation der Änderungen mit einer Speicherfrist von einem Jahr" aus Art. 5 Abs. 2 herleiten wollen. Ob sich diese Ansicht im europäischen Kontext halten wird, bleibt insbesondere im Hinblick auf den Wortlaut des Art. 30 abzuwarten.

V. Abs. 4

84 Die Verzeichnisse nach Art. 30 sind der zuständigen Aufsichtsbehörde auf deren Anfrage hin zur Verfügung zu stellen. Eine proaktive Weitergabe an Aufsichtsbehörden ist weder verlangt noch notwendig. Neben den Aufsichtsbehörden gibt es nach dem Gesetzeswortlaut keine weiteren berechtigten Personen oder Institutionen, die Einsicht in die oder Herausgabe der Verzeichnisse verlangen können.

VI. Abs. 5

85 Nach Art. 30 Abs. 5 soll für KMU mit weniger als 250 Mitarbeitern eine Entlastung geschaffen werden. Danach ist die Führung der Verzeichnisse zwar beschränkt auf Unternehmen mit mehr als 250 Mitarbeitern. Allerdings gibt es zu dieser Ausnahme Rückausnahmen, die Abs. 5 quasi ins Leere laufen lassen.[52] Die Rückausnahmen bestehen bei

– Risiko in der Verarbeitung;

oder

– Verarbeitung von Daten nach Art. 9 oder 10;

oder

– nicht nur gelegentlich stattfindender Verarbeitung.

86 Die DSK[53] weist in diesem Zusammenhang auf das Risiko hin: „… Da es anders als in Art. 35 (Datenschutz-Folgenabschätzung) nicht darauf ankommt, dass es sich voraus-

---

51 *LDI RP* Hinweise zum Verzeichnis von Verarbeitungstätigkeiten, nach Art. 30 (Erarbeitet von einer Arbeitsgruppe des „Düsseldorfer Kreises" der Datenschutzaufsichtsbehörden – Stand: September 2017), https://www.datenschutz.rlp.de/fileadmin/lfdi/Dokumente/Orientierungshilfen/hinweise_verarbeitungsverzeichnis.pdf (Stand 19.12.2017).

52 Kühling-*Hartung* Rn. 39, *Müthlein* Auftragsverarbeitung 5.0, RDV 2016, 81, Paal/Pauly-*Martini* Datenschutz-Grundverordnung, 2017, Art. 30 Rn. 31.

53 DSK-Kurzpapier Nr. 1 – Verzeichnis von Verarbeitungstätigkeiten – Art. 30 mit wörtlicher Übernahme dieser Passage, https://www.lda.bayern.de/media/dsk_kpnr_1_verzeichnis_verarbeitungstaetigkeiten.pdf (Stand 19.12.2017).

sichtlich um ein hohes Risiko für die Rechte und Freiheiten natürlicher Personen handelt, sondern jedes Risiko für die Rechte und Freiheiten bezüglich der Verarbeitung zu betrachten ist, wird vielfach das Erstellen eines Verzeichnisses von Verarbeitungstätigkeiten geboten sein." Der Düsseldorfer Kreis[54] stellt dagegen auf die regelmäßige Verarbeitung ab: „… Wegen der regelmäßig erfolgenden Lohnabrechnungen werden damit kaum Unternehmen von der Pflicht eines solchen Verzeichnisses generell befreit sein, allenfalls Unternehmen, die diese Tätigkeiten komplett durch einen Steuerberater erledigen lassen sowie eventuell kleinere Vereine. Zudem liegen bei Lohnabrechnungen oder in der Schülerverwaltung mit der Angabe der Konfessionszugehörigkeit zumeist auch gleich besondere Datenkategorien i.S.d. Art. 9 Abs. 1 vor. …"

C. Sanktionen

Verstöße gegen die Führung bzw. Vorlage der Verzeichnisse auf Anforderung der 87
Aufsichtsbehörden sind sanktioniert. Gemäß Art. 83 Abs. 4 lit. a führt insbesondere die fehlende oder nicht vollständige Führung eines Verzeichnisses durch Verantwortliche oder Auftragsverarbeiter oder das Nichtvorlegen des Verzeichnisses nach Aufforderung durch die Aufsichtsbehörde zu Geldbußen von bis zu 10 Mio. EUR oder im Fall eines Unternehmens von bis zu 2 % seines gesamten weltweit erzielten Jahresumsatzes des vorangegangenen Geschäftsjahrs, je nachdem, welcher der Beträge höher ist[54].

Artikel 31 Zusammenarbeit mit der Aufsichtsbehörde

Der Verantwortliche und der Auftragsverarbeiter und gegebenenfalls deren Vertreter arbeiten auf Anfrage mit der Aufsichtsbehörde bei der Erfüllung ihrer Aufgaben zusammen.

- *ErwG: 82*
- *BDSG n.F.: §§ 16, 40*

Übersicht

54 *LDI RP* Hinweise zum Verzeichnis von Verarbeitungstätigkeiten, nach Art. 30 (Erarbeitet von einer Arbeitsgruppe des „Düsseldorfer Kreises" der Datenschutzaufsichtsbehörden – Stand: September 2017), https://www.datenschutz.rlp.de/fileadmin/lfdi/Dokumente/Orientierungshilfen/hinweise_verarbeitungsverzeichnis.pdf (Stand 19.12.2017).

Literatur: *von Danwitz* Europäisches Verwaltungsrecht, 2008; *Dietrich* Rechtsdurchsetzungsmöglichkeiten nach der DS-GVO – Einheitlicher Rechtsrahmen führt nicht zwangsläufig zu einheitlicher Rechtsanwendung, ZD 2016, 260; *Kranig* Zuständigkeit der Datenschutzaufsichtsbehörden – Feststellung des Status quo mit Ausblick auf die DS-GVO, ZD 2013, 550.

A. Einordnung und Kontext[1]

1 Art. 31 enthält eine Regelung zur **Zusammenarbeit** des Verantwortlichen, des Auftragsverarbeiters und des Vertreters mit den Datenschutzaufsichtsbehörden. Die Regelung ist neuartig. Die Vorgängernormen der Richtlinie 95/46/EG enthielten keine entsprechende Vorschrift. Im Gesetzgebungsverfahren war die Norm umstritten und Gegenstand zahlreicher Änderungen.

2 Art. 31 hat **deklaratorischen Charakter**.[2] Die Normverpflichteten sind bereits nach den allgemeinen (Art. 58) sowie besonderen Eingriffsbefugnissen zur Duldung und Mitwirkung verpflichtet. Der Zusammenarbeitsverpflichtung liegt die Eingriffsbefugnis zugrunde, die ihrerseits als Eingriff in grundrechtlich geschützte Positionen der Betroffenen Verwaltungsaktcharakter hat.

I. Erwägungsgründe

3 Zum Normgehalt eines Teilbereichs des Art. 31 korrespondiert der ErwG 82. Demnach sollte jeder Verantwortliche und jeder Auftragsverarbeiter verpflichtet sein, mit der Aufsichtsbehörde zusammenzuarbeiten und dieser auf Anfrage das **Verzeichnis von Verarbeitungstätigkeiten** (Art. 30) vorzulegen, damit die betreffenden Verarbeitungsvorgänge anhand dieser Verzeichnisse kontrolliert werden können.

II. BDSG n.F.

4 **Besondere Zusammenarbeitsverpflichtungen** sind im BDSG in der Fassung der Bekanntmachung des DSAnpUG-EU[3] niedergelegt. In Bezug auf öffentliche Stellen des Bundes enthält § 16 Abs. 4 BDSG die Verpflichtung, der oder dem Bundesbeauftragten und ihren oder seinen Beauftragten jederzeit Zugang zu den Grundstücken und Diensträumen, einschließlich aller Datenverarbeitungsanlagen und -geräte, sowie zu allen personenbezogenen Daten und Informationen, die zur Erfüllung ihrer oder seiner Aufgaben notwendig sind, zu gewähren (§ 16 Abs. 4 Nr. 1 BDSG) und alle Informationen, die für die Erfüllung ihrer oder seiner Aufgaben erforderlich sind, bereitzu-

1 Der Verfasser vertritt seine persönliche Auffassung, die nicht notwendigerweise der Auffassung des Dienstherrn entspricht.

2 Kühling/Buchner-*Hartung* Art. 31 Rn. 1; Gola-*Klug* Art. 31 Rn. 1; a.A. BeckOK DatenSR-*Spoerr* Art. 31 Rn. 19.

3 BGBl. I 2017 S. 2097.

stellen (§ 16 Abs. 4 Nr. 2 BDSG). Nichtöffentliche Stellen sind gemäß § 40 Abs. 5 S. 2 BDSG im Rahmen der Kontrolle durch Aufsichtsbehörden der Länder verpflichtet, die Betretung von Grundstücken und Geschäftsräumen und den Zugang zu allen Datenverarbeitungsanlagen und -geräten zu dulden. Zudem ordnet § 40 Abs. 5 S. 3 BDSG die entsprechende Geltung des § 16 Abs. 4 BDSG für nichtöffentliche Stellen an. Sie sind demnach gegenüber den Aufsichtsbehörden der Länder ebenfalls zur Gewährung des Zugangs zu Räumlichkeiten, Anlagen und personenbezogenen Daten sowie zur Bereitstellung von Informationen verpflichtet.

Gegen die **Vereinbarkeit** der Regelungen des § 16 Abs. 4 BDSG und des § 40 Abs. 5 S. 2, S. 3 BDSG mit den Vorgaben des Art. 31 bestehen Bedenken. Zum einen ist der Umfang der im BDSG enthaltenen Verpflichtungen dem Wortlaut nach geringer als in Art. 31 und umfasst lediglich Zugangs-, Betretungs- und Bereitstellungspflichten. Zum anderen ist der Anwendungsbereich der Regelungen des BDSG nicht ausdrücklich auf Bereiche beschränkt, in denen die DS-GVO keine Anwendung findet (z.B. Nachrichtendienste gemäß Art. 2 Abs. 2 lit. b) oder in denen die DS-GVO dem nationalen Gesetzgeber Umsetzungsspielraum gewährt (z.B. Beschäftigtendatenschutz gemäß Art. 88). Da Art. 31 unmittelbar anwendbar ist und keinen Umsetzungsspielraum eröffnet[4], sprechen europarechtliche Argumente für einen Anwendungsvorrang des Art. 31 vor den §§ 16 Abs. 4, 40 Abs. 5 S. 2, S. 3 BDSG.[5] 5

III. Normgenese

1. Kommissionsentwurf. Der Kommissionsentwurf[6] aus dem Jahr 2012 sah hinsichtlich der Zusammenarbeitsverpflichtung in Art. 29 Abs. 1 S. 1 die Pflicht vor, dass der für die Verarbeitung Verantwortliche, der Auftragsverarbeiter sowie der etwaige Vertreter des für die Verarbeitung Verantwortlichen der Aufsichtsbehörde auf Verlangen **zuarbeiten**, um ihr die Erfüllung ihrer Pflichten zu erleichtern. Ebenfalls in Art. 29 Abs. 1 S. 1 des Kommissionsentwurfs wurden als Gegenstand der Zuarbeitsverpflichtung nicht abschließend die Befugnis zur Übermittlung von Informationen und die Gewährung des Zugangs zu Geschäftsräumen und Datenverarbeitungsanlagen genannt. Schließlich enthielt der Kommissionsentwurf in Art. 29 Abs. 2 die ausdrückliche Verpflichtung, innerhalb einer von der Aufsichtsbehörde zu setzenden angemessenen Frist zu antworten und die im Anschluss an die Bemerkungen der Aufsichtsbehörde getroffenen Maßnahmen und die erzielten Ergebnisse zu benennen. Im Vergleich zur inkraftgetretenen Regelung des Art. 31 ist der Wortlaut des Kommissionsentwurfs weitergehend (Zuarbeits- statt Zusammenarbeitsverpflichtung) und durch ausdrückliche Benennung einzelner Befugnisse der Aufsichtsbehörde sowie Vorgaben zu Frist und Inhalt der Beantwortung sprachlich präziser. 6

2. Entwurf des Europäischen Parlaments. Die in der ersten Lesung vom Plenum des Europäischen Parlaments am 12.3.2014 verabschiedete Fassung[7] des Art. 29 enthielt lediglich sprachliche Änderungen. Insbesondere behielt der Parlamentsentwurf die **Zuarbeitsverpflichtung** und die nicht abschließende Aufzählung der Aufsichtsbefugnisse bei. 7

---

4 Auernhammer-*Kieck* Art. 31 Rn. 11.
5 Vgl. *EuGH* v. 15.7.1964 – C-6/64, ECLI:EU:C:1964:51, Costa/E.N.E.L.
6 KOM(2012) 11 endgültig.
7 P7_TC1-COD(2012)0011.

8 **3. Entwurf des Europäischen Rats.** Die am 8.4.2016 verabschiedete Position des EU-Rats[8] **kürzte** den Text der nunmehr in Art. 31 enthaltenen Verpflichtung zur Zusammenarbeit auf den Verordnungstext zusammen. Dem Kompromiss vorausgegangen waren Diskussionen über die Funktion der Norm und Vorschläge, die Norm aus der Datenschutz-Grundverordnung gänzlich zu streichen.

9 **4. Besondere Zusammenarbeitspflicht.** Neben der in Art. 31 geregelten allgemeinen Zusammenarbeitsverpflichtung enthält Art. 30 Abs. 4 eine besondere Pflicht zur Zusammenarbeit. Danach ist der Verantwortliche oder der Auftragsdatenverarbeiter sowie gegebenenfalls der Vertreter des Verantwortlichen oder des Auftragsverarbeiters verpflichtet, der Aufsichtsbehörde auf Anfrage das **Verzeichnis von Verarbeitungstätigkeiten** zur Verfügung zu stellen. Auf diese Pflicht bezieht sich ErwG 82.[9]

10 **5. BDSG a.F.** Das auf der Grundlage der Richtlinie 95/46/EG erlassene Bundesdatenschutzgesetz enthielt ebenso wie die Richtlinie **keine allgemeine Zusammenarbeitsverpflichtung**, wie sie in Art. 31 vorgesehen ist.

11 **a) Nichtöffentlicher Bereich.** Für nichtöffentliche Stellen sah § 38 Abs. 4 S. 4 BDSG a.F. die **Pflicht zur Duldung der Ausübung aufsichtsbehördlicher Befugnisse** vor. Dies betraf zum einen die Befugnis, während der Betriebs- und Geschäftszeiten Grundstücke und Geschäftsräume der Stelle zu betreten und dort Prüfungen und Besichtigungen vorzunehmen (§ 38 Abs. 4 S. 1 BDSG a.F.). Zum anderen betraf dies die Befugnis, geschäftliche Unterlagen, insbesondere die Übersicht der von der Meldepflicht gemäß § 4e BDSG a.F. umfassten Angaben (§ 4g Abs. 2 S. 1 BDSG a.F.) sowie sonstige gespeicherte personenbezogene Daten und die Datenverarbeitungsprogramme einzusehen (§ 38 Abs. 4 S. 2 BDSG a.F.). Aufgrund der Verweisung auf § 38 BDSG a.F. in § 11 Abs. 4 Nr. 2 BDSG a.F. galten die genannten Duldungspflichten auch für nichtöffentliche Auftragnehmer einer Auftragsdatenverarbeitung.

12 **b) Öffentlicher Bereich/Post, Telekommunikation.** Im öffentlichen Bereich in der Zuständigkeit des bzw. der Bundesbeauftragten waren Stellen gemäß § 24 Abs. 4 S. 1 BDSG a.F. grundsätzlich verpflichtet, die Bundesbeauftragte oder den Bundesbeauftragten für den Datenschutz und ihre oder seine Beauftragten bei der Erfüllung ihrer oder seiner Aufgaben zu **unterstützen**. Insbesondere bezog sich die Unterstützungsleistung auf die Auskunft zu Fragen sowie auf die Einsicht in alle Unterlagen, in gespeicherte Daten und in Datenverarbeitungsprogramme (§ 24 Abs. 4 S. 2 Nr. 2 BDSG a.F.). Des Weiteren bezog sich die Verpflichtung auf die Gewährung des Zutritts zu allen Diensträumen (§ 24 Abs. 4 S. 2 Nr. 2 BDSG a.F.).

13 Eine Erweiterung erfuhr die Pflicht zur Unterstützungsleistung zum einen aufgrund des Verweises des § 11 Abs. 4 Nr. 1 BDSG a.F. auf § 24 BDSG a.F. für **Auftragnehmer**, die öffentliche Stellen (§ 11 Abs. 4 Nr. 1 lit. a BDSG a.F.) oder nichtöffentliche Stellen sind, bei denen der öffentlichen Hand die Mehrheit der Anteile gehört oder die Mehrheit der Stimmen zusteht und der Auftraggeber eine öffentliche Stelle ist (§ 11 Abs. 4 Nr. 1 lit. b BDSG a.F.). Der Anwendungsbereich der Unterstützungspflicht des § 24 Abs. 2 BDSG a.F. wurde zum anderen erweitert durch die Anordnung der entsprechenden Geltung gegenüber privaten Stellen, die geschäftsmäßig **Telekommunikations-** (§ 115 Abs. 4 S. 1 TKG) **oder Postdienste** (§ 42 Abs. 3 S. 1 PostG) erbringen.

---

8 5419/1/16 REV1.

9 Siehe Rn. 3.

6. Allgemeines Verwaltungsverfahrensrecht. Über die genannten Vorschriften hinaus waren vor Anwendbarkeit der DS-GVO die Vorschriften des allgemeinen Verwaltungsverfahrensrechts zu beachten. Demnach waren Beteiligte eines Verwaltungsverfahrens verpflichtet, bei der Ermittlung des Sachverhalts **mitzuwirken** (§ 26 Abs. 2 S. 1 VwVfG[10]). Sie sollten insbesondere ihnen bekannte Tatsachen und Beweismittel angeben (§ 26 Abs. 2 S. 2 VwVfG). Allerdings beansprucht gegenüber diesen Anforderungen im Anwendungsbereich der DS-GVO die Norm des Art. 31 Anwendungsvorrang.[11] 14

B. Kommentierung

I. Normadressat

Art. 31 benennt als **Verpflichtete** drei Personenkreise: den Verantwortlichen (Art. 4 Nr. 7), den Auftragsverarbeiter (Art. 4 Nr. 8) und den Vertreter (Art. 4 Nr. 17). Zum Berechtigten der Norm ist die **Aufsichtsbehörde** (Art. 4 Nr. 21) bestimmt. 15

1. Insbesondere der Vertreter. Die Aufnahme des Vertreters in den Verpflichtetenkreis stellt eine Neuerung im Vergleich zum zuvor im BDSG a.F. geregelten innerstaatlichen Recht dar. Besondere Bedeutung erlangt der Vertreter im Hinblick auf das in Art. 3 Abs. 2 enthaltene **Marktortprinzip**. Demnach soll der Aufsichtsbehörde auch dann ein zur Zusammenarbeit verpflichteter Ansprechpartner zur Verfügung stehen, wenn Verantwortlicher oder Auftragsverarbeiter keine Niederlassung im Gebiet ihrer örtlichen Zuständigkeit haben, jedoch z.B. gegenüber betroffenen Personen in diesem Gebiet Waren oder Dienstleistungen anbieten und in diesem Zusammenhang deren personenbezogene Daten verarbeiten (Art. 3 Abs. 2 lit. a). 16

2. Aufsichtsbehörde. Berechtigte der Zusammenarbeitsverpflichtung sind die Aufsichtsbehörden (Art. 4 Nr. 21). Die **Einrichtung der Aufsichtsbehörde** durch die Mitgliedstaaten ist in Art. 51 geregelt. Der Bund ist dieser Verpflichtung in seiner Gesetzgebungszuständigkeit durch die Regelung über die Bundesbeauftragte/den Bundesbeauftragten für den Datenschutz in §§ 8 ff. BDSG nachgekommen. Entsprechend fällt die Kompetenz zur Bestimmung der Aufsichtsbehörde eines Bundeslandes in dessen Gesetzgebungszuständigkeit (vgl. § 40 BDSG). 17

Dem Wortlaut des Art. 31 nach wird nicht zwischen federführender (Art. 56) und betroffenen Aufsichtsbehörden (Art. 4 Nr. 22) unterschieden. Ob eine Aufsichtsbehörde demnach federführend oder betroffen ist, hat keine Auswirkung auf die Zusammenarbeitsverpflichtung. Voraussetzung für die Berechtigung nach Art. 31 ist jedoch, dass die Aufsichtsbehörde, welche die Zusammenarbeit verlangt, **sachlich und örtlich zuständig** ist. Insofern greift Art. 31 nicht in bestehende Zuständigkeitsregelungen ein.[12] 18

Nicht zur Zusammenarbeit berechtigt sind mangels Benennung in Art. 31 spezifische **Aufsichtsbehörden** für besondere Verarbeitungssituationen nach Art. 85, 91, der **Europäische Datenschutzausschuss** gemäß Art. 68 sowie der **Europäische Datenschutzbeauftragte** gemäß Art. 41 Verordnung (EG) Nr. 45/2001. Jedoch ist im Rahmen der Entscheidungen des Ausschusses die teilnehmende Aufsichtsbehörde eines Mitglied- 19

10 Sowie die jeweils entsprechende Norm in den Verwaltungsverfahrensgesetzen der Länder.
11 Paal/Pauly-*Martini* Art. 31 Rn. 10 m.w.N.
12 I.E. ebenso BeckOK DatenSR-*Spoerr* Art. 31 Rn. 7.

staats berechtigt, den Verpflichteten um Zusammenarbeit zu ersuchen. Der Ausschuss kann die auf diese Weise erlangten Informationen anschließend seinen Beratungen zugrunde legen.

II. Zusammenarbeit

20 Inhalt und Umfang des Begriffs der Zusammenarbeit sind unklar. Die Ausgestaltung der Zusammenarbeit hat das Spannungsfeld zwischen den Interessen der Verpflichteten und der Berechtigten zu berücksichtigen und einen angemessenen **Interessenausgleich** herbeizuführen. Zu berücksichtigen sind zum einen grundrechtlich geschützte Positionen der Verpflichteten. Primärrechtlich sind von der Verpflichtung zur Zusammenarbeit regelmäßig eigentumsrechtliche Positionen sowie justizielle Grundrechte betroffen. So schützt die Charta der Grundrechte der Europäischen Union[13] als Freiheitsrechte die Berufsausübung, die unternehmerische Freiheit und das Eigentum (Art. 15, 16, 17 GRCh). Gegenüber der Verwaltung sieht die Charta grundsätzlich nicht Zusammenarbeitspflichten, sondern vielmehr Beteiligungsrechte vor (z.B. rechtliches Gehör, Art. 41 Abs. 2 GRCh). Des Weiteren gelten im Unionsrecht ebenfalls das Verbot der Selbstbezichtigung und der Amtsermittlungsgrundsatz.[14] Zum anderen ist dem Umstand Rechnung zu tragen, dass Betroffene primärrechtlich das Recht auf Schutz der sie betreffenden personenbezogenen Daten haben (Art. 8 Abs. 1 GRCh) und dass zur Überwachung der Einhaltung der Vorschriften zum Schutz personenbezogener Daten die Aufsichtsbehörden als unabhängige Stellen berufen sind (Art. 8 Abs. 3 GRCh; Art. 16 Abs. 2 S. 2 AEUV). Zudem ist zu berücksichtigen, dass in der Aufsichtspraxis die Ausübung der Befugnisse durch die Behörde vielfach die Mitarbeit der zu kontrollierenden Stelle erfordert. So ist z.B. der Zugang zu Räumlichkeiten oder der Zugriff auf Datenbestände regelmäßig seitens der zu kontrollierenden Stelle durch technische und organisatorische Maßnahmen (vgl. Art. 32) gesichert. Damit die Aufsichtsbehörde ihre Befugnisse überhaupt ausüben kann, bedarf es der praktischen Unterstützung durch den Verpflichteten, z.B. indem er Räumlichkeiten aufschließt oder sich durch Eingabe von Benutzername und Passwort am Computer als Berechtigter identifiziert.

21 Hinsichtlich der Ausübung der Befugnisse der Aufsichtsbehörden gelten die **allgemeinen innerstaatlichen Voraussetzungen an die Rechtmäßigkeit eines Verwaltungsakts** (ErwG 129), insbesondere an die Zuständigkeit der Behörde sowie die Bestimmtheit und die Verhältnismäßigkeit der Maßnahme. Die Zusammenarbeit ist auf das für die Aufgabenerfüllung erforderliche Maß zu reduzieren.[15] Hierzu bedarf der weite Wortlaut der Zusammenarbeitsverpflichtung der Konkretisierung durch die Aufsichtsbehörde im Rahmen der Anfrage.[16]

22 Die Zusammenarbeitsverpflichtung ist auf die der Aufsichtsbehörde gemäß Art. 58 eingeräumten allgemeinen **Befugnisse** sowie auf ihre sonstigen Befugnisse beschränkt. Demnach ist die Aufsichtsbehörde unter anderem befugt, den Verantwortlichen, den Auftragsverarbeiter und gegebenenfalls den Vertreter des Verantwortlichen oder des

---

13 2000/C 364/01.

14 S. hierzu *EuGH* v. 21.9.1983, 205/82, 2633, Rn. 35; *von Danwitz* Europäisches Verwaltungsrecht, S. 533.

15 Paal/Pauly-*Martini* Art. 31 Rn. 25.

16 Plath-*Plath* Art. 31 Rn. 3; Paal/Pauly-*Martini* Art. 31 Rn. 25.

Auftragsverarbeiters anzuweisen, alle Informationen bereitzustellen, die für die Erfüllung ihrer Aufgaben erforderlich sind (Art. 58 Abs. 1 lit. a)[17], sowie Zugang zu allen personenbezogenen Daten und Informationen, die zur Erfüllung ihrer Aufgaben notwendig sind (Art. 58 Abs. 1 lit. e), und zu den Geschäftsräumen, einschließlich aller Datenverarbeitungsanlagen und -geräte, des Verantwortlichen und des Auftragsverarbeiters zu erhalten (Art. 58 Abs. 1 lit. f).

Die Verpflichtung zur Zusammenarbeit umfasst auch **Geschäftsgeheimnisse**.[18] Diese sind allerdings von der Aufsichtsbehörde, z.B. durch Schwärzung in den Akten, entsprechend zu schützen und nicht weiterzugeben.[19] Umstritten ist die Pflicht zur Zusammenarbeit bei Anfragen der Aufsichtsbehörde ins Blaue hinein.[20] Nicht zulässig sind jedenfalls Ersuchen zur Zusammenarbeit, die nur der Arbeitserleichterung der Aufsichtsbehörde dienen.[21] Anders als die Entwürfe der Kommission und des Parlaments sieht Art. 31 gerade nicht die Verpflichtung zur Zuarbeit zur Aufsichtsbehörde vor. 23

Die **praktische Durchführung** der Zusammenarbeit obliegt gemäß Art. 39 Abs. 1 lit. d dem Datenschutzbeauftragten des Verantwortlichen bzw. des Auftragsverarbeiters. Die Pflicht zur Benennung eines internen Datenschutzbeauftragten ist in Art. 37 sowie in § 38 BDSG geregelt. Unterliegt eine Unternehmensgruppe verbindlichen unternehmensinternen Datenschutzvorschriften (Art. 47 Abs. 1), dann sind Angaben zum Verfahren der Zusammenarbeit mit den Aufsichtsbehörden verpflichtend Bestandteil dieser Vorschriften (Art. 47 Abs. 2 lit. l). 24

III. Anfrage

Art. 31 enthält das Erfordernis der Anfrage, aufgrund derer der Verpflichtete mit der Aufsichtsbehörde zusammenarbeiten muss. Das Merkmal „auf Anfrage" bedeutet eine Beschränkung auf **zeitlich befristete Maßnahmen im Einzelfall**. Es besteht somit keine Pflicht zum proaktiven Tätigwerden[22] sowie zur ständigen Zusammenarbeit.[23] Andererseits bleiben Vorschriften, die eine proaktive, zeitlich nicht befristete Verpflichtung gegenüber der Aufsichtsbehörde darstellen, z.B. die Meldung von Verletzungen des Schutzes personenbezogener Daten an die Aufsichtsbehörde (Art. 33), von Art. 31 unberührt. 25

Die Anfrage stellt nach einhelliger Auffassung **keinen Verwaltungsakt** dar.[24] Hierzu fehlt es der Anfrage als Mitwirkungs- und Duldungsverpflichtung gegenüber den weiterreichenden Eingriffsbefugnissen der Aufsichtsbehörde an einer eigenständigen Regelung i.S.d. § 35 VwVfG. 26

---

17 S. hierzu insb. Paal/Pauly-*Martini* Art. 31 Rn. 17.

18 Paal/Pauly-*Martini* Art. 31 Rn. 21; BeckOK DatenSR-*Spoerr* Art. 31 Rn. 12.

19 Kühling/Buchner-*Hartung* Art. 31 Rn. 14.

20 Ablehnend: Paal/Pauly-*Martini* Art. 31 Rn. 30; zustimmend: Kühling/Buchner-*Hartung* Art. 31 Rn. 11.

21 Paal/Pauly-*Martini* Art. 31 Rn. 19; BeckOK DatenSR-*Spoerr* Art. 31 Rn. 12.

22 Kühling/Buchner-*Hartung* Art. 31 Rn. 8.

23 Auernhammer-*Kieck* Art. 31 Rn. 5.

24 Kühling/Buchner-*Hartung* Art. 31 Rn. 9; Paal/Pauly-*Martini* Art. 31 Rn. 24 f.; BeckOK DatenSR-*Spoerr* Art. 31 Rn. 14.

IV. Aufgabenerfüllung

27 Ziel der Zusammenarbeit ist die Aufgabenerfüllung der Aufsichtsbehörden. Die Aufgaben der Aufsichtsbehörden sind in Art. 57 festgelegt. Die Aufgabenbeschreibung ist **weit gefasst**. Hierzu zählen u.a. die Überwachung und Durchsetzung der Anwendung der Vorschriften der DS-GVO (Art. 57 Abs. 1 lit. a), die Befassung mit Beschwerden einer betroffenen Personen, die Untersuchung des Gegenstands der Beschwerde sowie die Unterrichtung des Beschwerdeführers innerhalb einer angemessenen Frist über den Fortgang der Beschwerde (Art. 57 Abs. 1 lit. f) sowie jede sonstige Aufgabe im Zusammenhang mit dem Schutz personenbezogener Daten (Art. 57 Abs. 1 lit. v).

C. Praxishinweise

I. Relevanz für öffentliche Stellen

28 Für öffentliche Stellen erhalten die Vorschriften des Art. 31 insbesondere im Hinblick auf die **neu eingeräumten Befugnisse** des Art. 58 i.V.m § 16 BDSG Bedeutung. Demnach kann der/die Bundesbeauftragte für den Datenschutz erstmals gegenüber öffentlichen Stellen anordnen, die Verarbeitungsvorgänge in Einklang mit der DS-GVO zu bringen (Art. 58 Abs. 2 lit. d) sowie die Berichtigung, Löschung oder Einschränkung der Verarbeitung personenbezogener Daten (Art. 58 Abs. 2 lit. g) anordnen.

II. Relevanz für nichtöffentliche Stellen

29 Relevanz für nichtöffentliche Stellen erlangt die Zusammenarbeitsverpflichtung des Art. 31 vor allem aufgrund der **Bußgeldregelung** in Art. 83. Anfragen zur Zusammenarbeit können durch verwaltungsgerichtliches Urteil auf ihre Rechtmäßigkeit überprüft werden. Mangels VA-Qualität ist zulässige Klageart regelmäßig die allgemeine Feststellungsklage.[25] Ebenso kann die Zusammenarbeitsverpflichtung inzident zum Gegenstand der verwaltungsgerichtlichen Überprüfung der Ausübung der Befugnisse der Aufsichtsbehörde werden, welche der Zusammenarbeit zugrunde liegen.

III. Relevanz für betroffene Personen

30 Die Vorschrift zur Zusammenarbeitsverpflichtung gemäß Art. 31 ermöglicht eine **bessere Durchsetzung** der Rechte der Bürgerinnen und Bürger auf Schutz ihrer personenbezogenen Daten. Zu diesem Zweck und im Interesse einer effektiven Kontrolle der Datenverarbeitung ergänzt die Vorschrift die Befugnisse der Aufsichtsbehörden durch Pflichten des Verantwortlichen, des Auftragsverarbeiters und des Vertreters zur Duldung und zur Hilfeleistung.

IV. Relevanz für Aufsichtsbehörden

31 Relevanz für die Aufsichtsbehörden erlangt Art. 31 insbesondere aufgrund des Anwendungsvorrangs der DS-GVO vor entsprechenden Normen des BDSG, welcher vom Normanwender zu beachten ist. Bei der praktischen Anwendung ist aufgrund des weiten Tatbestands besonderes Augenmerk auf die **Bestimmtheit und Verhältnismäßigkeit** der Anfrage zur Zusammenarbeit zu richten. Die widerstreitenden Interessen sind in der Anfrage so weit wie möglich in Einklang zu bringen.

25 Paal/Pauly-*Martini* Art. 31 Rn. 43.

V. Datenschutzmanagement

Das Datenschutzmanagement hat zur Umsetzung der Zusammenarbeitsverpflichtung insbesondere den Vorschriften zu den Aufgaben des **internen Datenschutzbeauftragten** (Art. 39 Abs. 1 lit. d) sowie zu **verbindlichen internen Datenschutzvorschriften** (Art. 47 Abs. 2 lit. l) Rechnung zu tragen. 32

VI. Sanktionen

Eine unterbliebene Zusammenarbeit kann gemäß Art. 83 Abs. 4 lit. a mit einer **Geldbuße** von bis zu 10 000 000 EUR oder im Fall eines Unternehmens von bis zu 2 % seines gesamten weltweit erzielten Jahresumsatzes des vorangegangenen Geschäftsjahrs geahndet werden, je nachdem, welcher der Beträge höher ist. Umgekehrt kann die erfolgte Zusammenarbeit, um einem Verstoß abzuhelfen und seine möglichen nachteiligen Auswirkungen zu mindern, gemäß Art. 83 Abs. 2 lit. f bei der Bemessung der Geldbuße mindernd berücksichtigt werden. 33

Abschnitt 2
Sicherheit personenbezogener Daten

Artikel 32 Sicherheit der Verarbeitung

(1) Unter Berücksichtigung des Stands der Technik, der Implementierungskosten und der Art, des Umfangs, der Umstände und der Zwecke der Verarbeitung sowie der unterschiedlichen Eintrittswahrscheinlichkeit und Schwere des Risikos für die Rechte und Freiheiten natürlicher Personen treffen der Verantwortliche und der Auftragsverarbeiter geeignete technische und organisatorische Maßnahmen, um ein dem Risiko angemessenes Schutzniveau zu gewährleisten; diese Maßnahmen schließen unter anderem Folgendes ein:

a) die Pseudonymisierung und Verschlüsselung personenbezogener Daten;

b) die Fähigkeit, die Vertraulichkeit, Integrität, Verfügbarkeit und Belastbarkeit der Systeme und Dienste im Zusammenhang mit der Verarbeitung auf Dauer sicherzustellen;

c) die Fähigkeit, die Verfügbarkeit der personenbezogenen Daten und den Zugang zu ihnen bei einem physischen oder technischen Zwischenfall rasch wiederherzustellen;

d) ein Verfahren zur regelmäßigen Überprüfung, Bewertung und Evaluierung der Wirksamkeit der technischen und organisatorischen Maßnahmen zur Gewährleistung der Sicherheit der Verarbeitung.

(2) Bei der Beurteilung des angemessenen Schutzniveaus sind insbesondere die Risiken zu berücksichtigen, die mit der Verarbeitung verbunden sind, insbesondere durch – ob unbeabsichtigt oder unrechtmäßig – Vernichtung, Verlust, Veränderung oder unbefugte Offenlegung von beziehungsweise unbefugten Zugang zu personenbezogenen Daten, die übermittelt, gespeichert oder auf andere Weise verarbeitet wurden.

(3) Die Einhaltung genehmigter Verhaltensregeln gemäß Artikel 40 oder eines genehmigten Zertifizierungsverfahrens gemäß Artikel 42 kann als Faktor herangezogen werden, um die Erfüllung der in Absatz 1 des vorliegenden Artikels genannten Anforderungen nachzuweisen.

(4) Der Verantwortliche und der Auftragsverarbeiter unternehmen Schritte, um sicherzustellen, dass ihnen unterstellte natürliche Personen, die Zugang zu personenbezogenen Daten haben, diese nur auf Anweisung des Verantwortlichen verarbeiten, es sei denn, sie sind nach dem Recht der Union oder der Mitgliedstaaten zur Verarbeitung verpflichtet.

– *ErwG: 83, 84*

Übersicht

Literatur: *Bieker/Hansen/Friedewald* Die grundrechtskonforme Ausgestaltung der Datenschutz-Folgenabschätzung nach der neuen europäischen Datenschutz-Grundverordnung, RDV 2016, 188; *Däubler/Klebe/Wedde/Weichert (Hrsg.)* Bundesdatenschutzgesetz, 3. Aufl. 2009; *Dieterich* Rechtsdurchsetzungsmöglichkeiten der DS-GVO, ZD 2016, 260; *Feiler/Forgó* EU-DSGVO, 2016; *Franck* Das System der Betroffenenrechte nach der Datenschutzgrundverordnung (DS-GVO), RDV 2016, 111; *Gehrke/Rajchowski* Auswirkung von Sicherheitsvorfällen begrenzen, KES Special „Kritische Infrastrukturen" 2017, 20; *Gierschmann* Was „bringt" deutschen Unternehmen die DS-GVO?, ZD 2016, 51; *Härting* Datenschutzgrundverordnung, 2016; *Hansen* Vertraulichkeit und Integrität von Daten und IT-Systemen im Cloud-Zeitalter, DuD 2012, 407; *Hennrich* Cloud Computing – Herausforderung für den Datenschutz, 2015; *Herdegen* Europarecht, 17. Aufl. 2015; *Keppeler* Was bleibt vom TMG-Datenschutz nach der DS-GVO?, MMR 2015, 779; *Kranig/Sachs/Gierschmann* Datenschutz-Compliance nach der DS-GVO, 2017; *Kraska* Datenschutz-Zertifizierungen in der EU-Datenschutzgrundverordnung, ZD 2016, 153; *Krings/Mammen* Zertifizierungen und Verhaltensregeln – Bausteine eines modernen Datenschutzes für die Industrie 4.0, RDV 2015, 231; *Kroschwald* Verschlüsseltes Cloud Computing, ZD 2014, 77; *Laue* Öffnungsklauseln in der DS-GVO – Öffnung wohin?, ZD 2016, 463; *Laue/Nink/Kremer* Das neue Datenschutzrecht in der Praxis, 2016; *Lepperhoff* Dokumentationspflichten in der DS-GVO, RDV 2016, 199; *Roßnagel* Wie zukunftsfähig ist die Datenschutz-Grundverordnung?, DuD 2016, 561; *Schwartmann/Weiß* Ko-Regulierung vor einer neuen Blüte, RDV 2016, 68; *Seibel* Abgrenzung der „allgemein anerkannten Regeln der Technik" vom „Stand der Technik", NJW 2013, 3000; *Steinebach/Jung/Krempel/Hoffmann* Datenschutz und Datenanalyse, DuD 2016, 440; *Sydow/Kring* Die Datenschutzgrundverordnung zwischen Technikneutralität und Technikbezug – Konkurrierende Leitbilder für den europäischen Rechtsrahmen, ZD 2014, 271.

A. Einordnung

I. Erwägungsgründe

Wie er die Sicherheit der Verarbeitung ausgestaltet wissen will, hat der europäische Gesetzgeber in der Regelung des Art. 32 selbst niedergelegt, aber auch darüber hinaus. So geben teilweise auch die ErwG weitere Hinweise, die bei der Ausgestaltung der Sicherheit berücksichtigt werden sollten. In ErwG 83 werden nicht nur weitgehend die Regelungsinhalte des Art. 32 zusammengefasst, sondern darüber hinaus auch Hinweise darauf gegeben, welche Risiken für die Betroffenen durch die Verantwortlichen oder Auftragsverarbeiter konkret in den Blick zu nehmen sind. 1

Daneben dienen die ErwG auch als gedankliche Klammer, mit der einzelne Regelungen verbunden werden. So stellt ErwG 84 noch einmal klar, dass die Ergebnisse der Datenschutz-Folgenabschätzung nach Art. 35 bei der Auswahl geeigneter Maßnahmen (u.a. nach Art. 32) zu berücksichtigen sind. Er gibt auch Hinweise, wie damit umzugehen ist, wenn Maßnahmen aus Kostengründen nicht ergriffen werden, obwohl ein Risiko für die Betroffenen besteht. Damit schlägt er zum einen den Bogen zwischen der Absicherungspflicht des Art. 32 und der Konsultationspflicht aus Art. 36. Zum anderen macht er noch einmal deutlich, dass Kostengründe auch nach der DS-GVO auch bei höheren Verarbeitungsrisiken ein grundsätzlich berücksichtigenswerter Belang sind. 2

II. BDSG n.F.

Der deutsche Gesetzgeber hat die DS-GVO mit dem Datenschutzanpassungs- und Umsetzungsgesetz (DSAnpUG)[1] in deutsches Recht umgesetzt. Eine Umsetzung des Art. 32 in das BDSG n.F. ist **nicht** erfolgt. Anders als in anderen Bereichen[2] sieht die DS-GVO im Bereich der Sicherheit der Verarbeitung keine Öffnungsklausel vor, die 3

1 Gesetz vom 30.6.2017, BGBl. I S. 2097.
2 Vgl. *Laue* ZD 2016, S. 463 (464) m.w.N.

dem nationalen Gesetzgeber einen entsprechenden Umsetzungsspielraum eingeräumt hätte. Gleichwohl findet sich eine dem Art. 32 vergleichbare Regelung zur Sicherheit der Verarbeitung in § 64 BDSG. Diese betrifft allerdings nur die Verarbeitung personenbezogener Daten nach Art. 29 der Richtlinie EU 2016/680 zum Schutz natürlicher Personen bei der Verarbeitung personenbezogener Daten durch die zuständigen Behörden zum Zwecke der Verhütung, Ermittlung, Aufdeckung oder Verfolgung von Straftaten oder der Strafvollstreckung.[3] Inhaltlich orientiert sich der nationale Gesetzgeber dabei an den Regelungen des Art. 32[4] und konkretisiert sie in § 64 Abs. 3 BDSG für die Fälle automatisierter Verarbeitungen.

4 Teilweise baut der deutsche Gesetzgeber jedoch Bezüge zu Art. 32 auf, wo er bestehende Öffnungsklauseln der DS-GVO bei der Umsetzung in deutsches Recht nutzt. So nutzt er die Öffnungsklausel des Art. 9 hinsichtlich der Verarbeitung besonderer Kategorien personenbezogener Daten durch Schaffung einer Ausnahmeregelung in § 22 BDSG. Soll diese Ausnahme genutzt werden, müssen nach § 22 Abs. 2 BDSG jedoch angemessene Maßnahmen ergriffen werden. Die dabei zu beachtenden Aspekte stellen teilweise einen Verweis u.a. auf Art. 32 (§ 22 Abs. 2 S. 2 Nr. 1 BDSG) bzw. eine Wiederholung von dessen Regelungen in teilweise nur leicht anderer Form (z.B. § 22 Abs. 2 S. 1 und S. 2 Nr. 6–8, etc.) dar.

III. Hinweise der Aufsichtsbehörden

5 Die Datenschutzaufsichtsbehörden versuchen bereits vor Ablauf der Umsetzungsfrist Orientierungshilfen zur DS-GVO zur Verfügung zu stellen. Das Bayerische Landesamt für Datenschutzaufsicht hat eine solche auch für Art. 32 veröffentlicht, in der zumindest ein erster kurzer Überblick über die Norm gegeben wird.[5] Auch die Bundesbeauftragte für Datenschutz hat eine solche Kurzübersicht veröffentlicht.[6] Angesichts fehlender Umsetzungserfahrungen bleibt zu hoffen, dass die Aufsichtsbehörden künftig auch tiefergehende Hinweise zur Umsetzung der Absicherungspflichten geben werden.

IV. Verhältnis zu anderen Vorschriften

6 **1. § 13 Abs. 7 TMG.** Wie Art. 32 verlangt auch § 13 Abs. 7 TMG eine Pflicht zur Umsetzung technisch organisatorischer Maßnahmen zum Schutz gegen Verletzungen personenbezogener Daten. Vor der DS-GVO wurde angenommen, dass § 13 Abs. 7 TMG insoweit enger als § 9 BDSG a.F. war, da sich der Schutz von § 13 TMG nur auf die bei Betrieb und Nutzung anfallenden Bestands- und Nutzungsdaten im Sinne des TMG bezieht, wohingegen § 9 BDSG a.F. grundsätzlich auch den Schutz von Inhaltsdaten erfasst. Allerdings sollte § 13 Abs. 7 TMG im Bereich der Telemediendienste als lex specialis den Regelungen des § 9 BDSG a.F. vorgehen.[7] Dieses Rangverhältnis war unter Geltung der Richtlinie unproblematisch möglich, da diese von den Mitgliedstaaten in nationales Recht transformiert werden musste und ihnen dabei Gestaltungs-

---

3 ABl. EU L 119/89.
4 BT-Drucks. 18/11325, S. 116.
5 https://www.lda.bayern.de/media/baylda_ds-gvo_1_security.pdf.
6 https://www.bfdi.bund.de/SharedDocs/Publikationen/Infobroschueren/INFO6.pdf?__blob=publicationFile&v=34.
7 Zusammenfassend Auernhammer-*Schreibauer* § 13 TMG Rn. 58 f.

spielraum zukam, wie sie die Ziele der Richtlinie umsetzen. Da die DS-GVO unmittelbare Geltung beansprucht und den Mitgliedstaaten somit kein Umsetzungsspielraum verbleibt, sind Regelungen wie § 13 Abs. 7 TMG jedoch nach Ablauf der Umsetzungsfrist im Mai 2018 nicht mehr anzuwenden[8], soweit es um Sachverhalte geht, die vom Regelungsbereich der DS-GVO erfasst werden. Aufgrund von Art. 288 AEUV gilt die DS-GVO selbst unmittelbar in den Mitgliedstaaten.[9] Aufgrund des Vorrangs des Unionsrechts[10], werden nationale Regelungen insoweit **verdrängt** und sind – soweit sie nicht aufgehoben werden – nicht mehr anzuwenden.

2. § 109 TKG. § 109 Abs. 1 S. 1 Nr. 2 TKG verpflichtet Diensteanbieter i.S.d. TKG zu den „erforderliche[n] technische[n] Vorkehrungen und sonstigen Maßnahmen [...] gegen die Verletzung des Schutzes personenbezogener Daten". Insoweit ist die Zielrichtung des § 109 TKG mit der von Art. 32 vergleichbar. Anders als § 13 TMG (s. Rn. 6) muss § 109 TKG jedoch nicht in jedem Fall hinter Art. 32 zurücktreten, da Art. 95 explizit klarstellt, dass mit der DS-GVO keine zusätzlichen Pflichten für Anbieter öffentlich zugänglicher Kommunikationsdienste in öffentlichen Telekommunikationsnetzen einhergehen, soweit sie bereits entsprechenden Verpflichtungen aus der RL 2002/58/EG unterliegen. Mit § 109 TKG wurden die Art. 4 Abs. 1 und Abs. 1a der RL 2002/58/EG in deutsches Recht umgesetzt[11]. Bei der Umsetzung hat der deutsche Gesetzgeber allerdings von seinem Recht Gebrauch gemacht, neben den Anbietern öffentlicher Dienste und Netze auch solche zu verpflichten, die ihre Dienste und Netze nicht öffentlich anbieten. Da die RL 2002/58/EG dies weder vorsah noch verbot, kommt es nun zu einem Zerfall der Regelungssystematik in § 109 TKG. Denn nur soweit die darin enthaltenen Regelungen Erbringer öffentlich zugänglicher Telekommunikationsdienste und Betreiber öffentlicher Telekommunikationsnetze verpflichten, gilt der lex specialis-Grundsatz des Art. 95. Für die übrigen Anbieter nicht-öffentlicher Dienste und Netze gilt die Ausnahmeregelung des Art. 95 nicht, so dass für diese unmittelbar die Regelung des Art. 32 gilt und die Vorgaben des § 109 TKG durch den Anwendungsvorrang **verdrängt** werden.[12] 7

3. Art. 29 der Richtlinie EU 2016/680 und § 64 BDSG n.F. Regelungen zur Sicherheit der Verarbeitung finden sich auch im § 64 BDSG und dem diesem zugrundeliegenden Art. 29 der Richtlinie 2016/680. Diese findet jedoch nur Anwendung auf die Verarbeitung durch Behörden, soweit diese bestimmte Aufgaben (z.B. der Strafverfolgung) wahrnehmen. Insoweit sind die beiden Regelungen lex specialis gegenüber Art. 32 und verdrängen diesen. Ungeachtet dessen können die in § 64 Abs. 3 aufgezeigten Kontrollmaßnahmen aus rein technisch organisatorischer Sicht durchaus als Orientierung herangezogen werden, wenn die eher allgemein gehaltenen Anforderungen des Art. 32 praktisch umgesetzt werden. Diese Kontrollmaßnahmen orientieren sich weitgehend an den Zielen, die bisher schon in der Anlage 1 zu § 9 BDSG a.F. aufgeführt wurden. 8

8 So für die Regelungen der §§ 11 ff. TMG insgesamt auch *Keppeler* MMR 2015, 779, 780.

9 Zum diesem Grundsatz *Herdegen* Europarecht § 8 Rn. 40; speziell zur DS-GVO *Keppeler* MMR 2015, 779, 780.

10 Dazu *Herdegen* Europarecht § 10 Rn. 1.

11 Auernhammer-*Heun* § 109 TKG Rn. 2.

12 So auch Auernhammer-*Heun/Assion* Art. 95 Rn. 6; *Keppeler* MMR 2015, 779, 781.

9 **4. § 22 Abs. 2 BDSG n.F.** Nach § 22 Abs. 2 BDSG n.F. müssen Maßnahmen zur Wahrung der Interessen der Betroffenen ergriffen werden, wenn besondere Kategorien personenbezogener Daten auf der Grundlage des § 22 Abs. 1 BDSG n.F. verarbeitet werden sollen. Die Öffnungsklausel des Art. 9, auf die § 22 BDSG zurückgeht, lässt grundsätzlich keine Ausnahme von Art. 32 zu. Insofern kann Art. 32 daher auch nicht durch § 22 Abs. 2 BDSG verdrängt werden. Da Art. 9 jedoch vorsieht, dass eine Öffnung davon abhängt, ob Maßnahmen zum Schutz der Betroffenen ergriffen wurden, ist den Gesetzgebern der Mitgliedstaaten ein gewisser Gestaltungsspielraum eingeräumt worden, wie entsprechende Maßnahmen auszusehen haben. Die Mitgliedstaaten dürfen Art. 32 daher zwar nicht aushebeln, es spricht aber einiges dafür, dass sie dessen Anforderungen zumindest für besondere Kategorien personenbezogener Daten konkretisieren können. Da die aufgelisteten Maßnahmen weitgehend identisch mit den Anforderungen aus Art. 32 sind, dürften sich daraus keine praktischen Probleme oder Widersprüche ergeben.

10 **5. ePrivacyVO.** Die EU-Kommission hat zur Ergänzung der DS-GVO bereits Anfang 2017 den Entwurf für eine Verordnung über Privatsphäre und elektronische Kommunikation (ePrivacyVO) veröffentlicht.[13] Diese soll in ihrem Anwendungsbereich lex specialis zur DS-GVO werden. Soweit keine Regelungen zur Informationssicherheit ergänzt werden, dürfte insoweit Art. 32 gelten. In Art. 8 Abs. 2 lit. b des ePrivacyVO-Entwurfes wird die Anwendung technischer und organisatorischer Maßnahmen nach Art. 32 sogar explizit zur Voraussetzung gemacht, damit Daten, die von Endgeräten zur Verbindungssuche ausgesendet werden (z.B. WLAN, Bluetooth), erhoben werden dürfen. Dies ist vor allem für Offline-Tracking (z.B. bei der Verfolgung in Kaufhäusern oder Verkehrsflussmessungen) relevant.

11 **6. NIS-RL und BSIG.** Weitere Absicherungspflichten hinsichtlich der Datenverarbeitung ergeben sich auch aus Art. 14 und Art. 16 der NIS-RL[14]. Diese verpflichten Betreiber Kritischer Infrastrukturen und Anbieter digitaler Dienste (Suchmaschinen, Online-Marktplätze und Cloud-Computing-Dienstleister) zur Absicherung ihrer IT nach dem Stand der Technik. Diese Pflichten wurden weitgehend in § 8a und § 8c BSI-Gesetz in deutsches Recht umgesetzt.[15] Unter diese gesetzlichen Regelungen können auch Systeme fallen, die personenbezogene Daten verarbeiten. Gerade bei den Anbietern digitaler Dienste (u.a. Cloud-Computing Dienste) ist dies sogar wahrscheinlich. Gleichwohl gelten für die Anforderungen an die Verarbeitung personenbezogener Daten die Regelungen des Art. 32. Nach Art. 2 NIS-RL sind personenbezogene Daten nach Maßgabe der RL 95/46/EG zu verarbeiten. Zwar wird diese RL durch die DS-GVO abgelöst und die Verweisung in Art. 2 NIS-RL ist nicht dynamisch formuliert, allerdings kommt das vom europäischen Gesetzgeber gewünschte Rangverhältnis zwischen NIS-RL und europäischen Datenschutzregelungen hinreichend klar zum Ausdruck.

---

13 Vorschlag für eine Verordnung über die Achtung des Privatlebens und den Schutz personenbezogener Daten in der elektronischen Kommunikation und zur Aufhebung der Richtlinie 2002/58/EG vom 10.1.2017.

14 Richtlinie (EU) 2016/1148 vom 6.7.2016 über Maßnahmen zur Gewährleistung eines hohen gemeinsamen Sicherheitsniveaus von Netz- und Informationssystemen in der Union.

15 Die Umsetzung der Pflichten für Betreiber Kritischer Infrastrukturen wurde mit dem IT-Sicherheitsgesetz aus dem Jahr 2015 sogar schon vor Verabschiedung der NIS-RL vorweggenommen.

In praktischer Hinsicht sind auch keine Probleme bei der Umsetzung zu erwarten. Wer beiden Regelungsregimen unterfällt, wird in der Regel die jeweils höchsten Anforderungen hinsichtlich der Absicherung erfüllen müssen, die sich aus NIS-RL (und den nationalen Umsetzungen) und DS-GVO ergeben. Zielkonflikte werden sich dabei i.d.R. nicht ergeben, da beide Regime weitgehend auf die klassischen IT-Sicherheitsschutzziele abstellen. **12**

B. Erläuterungen

I. Einleitung

Art. 32 verpflichtet die für die Datenverarbeitung Verantwortlichen, die Sicherheit der Datenverarbeitung zu gewährleisten. Diese Verpflichtung ist nicht neu, sondern fand sich im Wesentlichen bereits in Art. 17 der Datenschutzrichtlinie 95/46/EG (DSRL), sowie den darauf basierenden nationalen Regelungen in § 9 BDSG a.F.[16] und den Datenschutzgesetzen der Bundesländer. § 9 BDSG a.F. forderte bisher nur abstrakt zu „technischen und organisatorischen Maßnahmen“ auf, die „erforderlich sind“, um die Anforderungen des Bundesdatenschutzgesetzes zu erfüllen. Zur deren Konkretisierung wurde bisher auf einen Maßnahmenkatalog in der Anlage verwiesen. **13**

Demgegenüber enthält die DS-GVO eine solche Konkretisierung der Maßnahmen in Art. 32 Abs. 1 selbst. Die dort aufgeführten Maßnahmen sind nicht mit denen aus der Anlage zu § 9 S. 1 BDSG a.F. identisch. Jedoch lassen sich die Maßnahmen der Anlage zu § 9 BDSG a.F. auch nutzbar machen, um die Anforderungen des Art. 32 zu erfüllen. **14**

Nach Art. 17 DSRL und dem § 9 BDSG a.F. sollten die technisch-organisatorischen Maßnahmen auch zur Sicherstellung der Rechtmäßigkeit der Verarbeitung getroffen werden. Sie umfassten damit auch Maßnahmen, die mit der Sicherheit der Daten nichts zu tun hatten, wie die Sicherstellung der Auskunftspflichten[17]. Diese weite Verpflichtung wurde für Art. 32 nicht übernommen, sondern findet sich nunmehr in Art. 24.[18] Dadurch, dass die Sicherheit der Verarbeitung in Art. 32 eigenständig geregelt wurde, erfährt sie eine – wenn auch nur graduelle – gesetzliche Aufwertung. Das ist angesichts zunehmender Bedrohungen für die Datenverarbeitung ebenso zu begrüßen wie der Risiko-basierte Ansatz der Absicherungspflicht. **15**

Die Pflicht zur Absicherung der Verarbeitung ist dem Grunde nach auch **unabdingbar**.[19] Gleichwohl dürfte es den Verantwortlichen und Auftragsverarbeitern freistehen, mit den Betroffenen Vereinbarungen zu treffen, welches Sicherheitsniveau im Hinblick auf die von ihnen verarbeiteten Daten eingehalten werden soll. Es ist Ausfluss der Selbstbestimmung der Betroffenen zu entscheiden, welche Risiken für ihre personenbezogenen Daten noch akzeptabel sind und welche nicht. Voraussetzung ist freilich, dass sie die Entscheidung informiert und freiwillig treffen. Da die Risikobereitschaft der verschiedenen Betroffenen stark variieren dürfte, die technischen und organisatorischen Maß- **16**

---

16 Vgl. Plath-*Grages* Art. 32 DS-GVO Rn. 1.

17 Plath-*Plath* § 9 BDSG Rn. 1

18 *Feiler/Forgo* Art. 32 Rn. 12; a.A. in Teilen offenbar Kühling/Buchner-*Jandt* Art. 32 Rn. 5, die „Schutz gegen jegliche Arten der (datenschutz-)rechtswidrigen Verarbeitung“ als Ziel der Maßnahmen nach Art. 32 ansieht.

19 Zum Streit dazu siehe Kühling/Buchner-*Jandt* Art. 32 Rn. 40.

nahmen jedoch tatsächlich nur einheitlich umgesetzt werden können, dürfte die praktische Relevanz solcher Vereinbarungen jedoch gegen Null tendieren.[20]

II. Regelungsadressaten

17 Die Verpflichtung richtet sich sowohl an Verantwortliche als auch Auftragsverarbeiter, derer sich Verantwortliche bedienen. Dies stellen Art. 32 Abs. 1 Hs. 1 und Abs. 4 klar. Insoweit unterscheiden sie sich von Art. 24, der die Verpflichtung zu technisch organisatorischen Maßnahmen für die **Rechtmäßigkeit** der Verarbeitung zunächst alleine den Verantwortlichen auferlegt.

18 Zwar schreibt Art. 28 Abs. 3 S. 2 lit. c vor, dass der Auftragsverarbeiter vertraglich verpflichtet werden muss, alle nach Art. 32 notwendigen Maßnahmen zu ergreifen. Dem kommt aufgrund der unmittelbaren Pflichten des Auftragsverarbeiters aus Art. 32 jedoch praktisch keine eigenständige Bedeutung zu. Anders ist dies bei der nach Art. 28 Abs. 3 S. 2 lit. f vertraglich vorzusehenden Pflicht des Auftragsverarbeiters, den Verantwortlichen bei der Erfüllung von dessen Verpflichtungen nach Art. 32 zu unterstützen. Diese reine Unterstützungspflicht des Auftragsverarbeiters entsteht erst durch den Vertrag und ungeachtet seiner eigenen gesetzlichen Absicherungspflichten.

19 Auch wenn ein Verantwortlicher selbst gar keine Daten verarbeitet, sondern dies komplett dem Auftragsverarbeiter überlässt, bleibt er selbst verpflichtet, die Sicherheit der Verarbeitung zu gewährleisten.[21] Gerade in diesen Fällen kommt der vertraglich zu vereinbarenden Unterstützungspflicht des Auftragsverarbeiters besondere Bedeutung zu, da der Verantwortliche seine Pflicht ohne dessen Unterstützung nicht selbst erfüllen könnte.

20 Die Verpflichtung sowohl des Verantwortlichen als auch des Auftragsverarbeiters ist zu begrüßen. Zuständigkeitsfragen durch unklare Verträge zwischen beiden werden so schon im Ansatz vermieden[22]. Der Verantwortliche, der das (i.d.R. auch wirtschaftliche) Interesse an der Datenverarbeitung hat, kann sich seiner Verantwortung nicht durch Verlagerung der Datenverarbeitung entziehen. Gleichzeitig wird der Tatsache Rechnung getragen, dass nur der Auftragsverarbeiter tatsächlich in der Lage ist, unmittelbar auf den Verarbeitungsvorgang technisch und organisatorisch einzuwirken.[23]

III. Maßnahmen – Abs. 1

21 Art. 32 Abs. 1 fordert geeignete **technische und organisatorische Maßnahmen**. Darunter fallen nicht nur IT-bezogene Maßnahmen, wie z.B. Passwortschutz oder Updates, sondern auch über die IT hinausgehende Datensicherheitsmaßnahmen, wie z.B. die Schulung der Mitarbeiter im Hinblick auf den Datenschutz und der bauliche Schutz der Daten vor unbefugten Zugriffen durch Einbruchsschutzvorkehrungen[24].

---

20 So im Ergebnis auch: Kühling/Buchner-*Jandt* Art. 32 Rn. 40.

21 Gola-*Piltz* Art. 32 Rn. 8.

22 Siehe auch ErwG 79, der dieses Bedürfnis hervorhebt.

23 So im Ergebnis auch Kühling/Buchner-*Jandt* Art. 32 Rn. 4. Ähnlich *Sydow/Kring* ZD 2014, 271, 274f. hinsichtlich der Pflicht des Auftragsverarbeiters, aber kritisch im Hinblick auf die zusätzliche Verpflichtung des Verantwortlichen.

24 Auernhammer-*Kramer/Meints* Art. 32 DS-GVO Rn. 8.

Eine abschließende Liste der notwendigen Maßnahmen enthält Art 32 nicht. Durch die Formulierung „unter anderem" in Art. 32 Abs. 1 Hs. 2 wird, wie schon durch die Formulierung „insbesondere" in § 9 S. 1, letzter Hs. BDSG a.F. klargestellt, dass die in Art. 32 Abs. 1 Hs. 2 lit. a bis d aufgelisteten Maßnahmen keinen Anspruch auf Vollständigkeit erheben. Sie sollen als Regelbeispiele nur aufzeigen, welche Maßnahmen in jedem Fall in Betracht zu ziehen sind.[25] Das Erfüllen dieser Maßnahmen stellt daher nicht in jedem Fall sicher, dass die Absicherungspflicht aus Art. 32 Abs. 1 Hs. 1 damit erfüllt ist. **22**

Entgegen des scheinbar eindeutigen Wortlauts der deutschen Fassung der DS-GVO besteht allerdings auch kein bedingungsloser Zwang, alle der in lit. a–d genannten Maßnahmen zu ergreifen.[26] Vielmehr handelt es sich – wie ein Vergleich mit der englischen Sprachfassung („including inter alia as appropriate") zeigt – um einen Übersetzungsfehler. Richtig übersetzt hieße es daher vielmehr: „diese Maßnahmen schließen gegebenenfalls unter anderem Folgendes ein:"[27] **23**

1. Maßnahmenkatalog des Abs. 1 2. Hs. lit. a–d. Im Katalog des Abs. 1 2. Hs. lit. a–d führt der Gesetzgeber einige Maßnahmen auf, die zumindest in Betracht gezogen werden müssen. **24**

a) Pseudonymisierung und Verschlüsselung. Zu den vom Verordnungsgeber exemplarisch aufgeführten Beispielen gehören die in lit. a genannte Pseudonymisierung sowie die Verschlüsselung personenbezogener Daten. Im System der Informationssicherheit dienen beide Maßnahmen vor allem dem Schutzgut der Vertraulichkeit. Die Verschlüsselung kann darüber hinaus auch dem Ziel der Integrität dienen.[28] **25**

Was unter Pseudonymisierung zu verstehen ist, regelt Art. 4 Nr. 5 (Rn. 61). **26**

Aufgrund der Pseudonymisierung sinkt das Risiko für die Rechte und Freiheiten der Betroffenen, wenn deren pseudonymisierte Daten verloren gehen und Personen zugänglich werden, für die sie nicht bestimmt waren.[29] Ohne Kenntnis zusätzlicher Informationen können die personenbezogenen Daten dann nicht wieder im Klartext lesbar gemacht werden, so dass Nachteile für die Betroffenen weitgehend ausgeschlossen werden können. **27**

Unter **Verschlüsselung** werden in der Regel mathematische Methoden und Techniken verstanden, die dem Schutz von Informationen gegen unbefugte Kenntnisnahme oder absichtliche Manipulation dienen. Dabei wird ein Klartext nach einem bestimmten Verfahren – dem Algorithmus – in einen unlesbaren verschlüsselten Text – das Chiffrat – umgewandelt.[30] Dabei werden als Algorithmen üblicherweise solche mathematischen Verfahren gewählt, denen bestimmte mathematische Probleme zugrunde liegen, die ein Rückrechnen des Chiffrats aufgrund des daraus resultierenden Aufwandes kaum praktikabel erscheinen lassen. Da dies in erster Linie eine Frage der Rechen- **28**

25 Plath-*Grages* Art. 32 DS-GVO Rn. 5.

26 Ebenso *Feiler/Forgo* Art. 32 Rn. 7, Gola-*Piltz* Art. 32 Rn. 24; Kühling/Buchner-*Jandt* Art. 32 Rn. 14.

27 So auch *Feiler/Forgo* Art. 32 Rn. 7, Gola-*Piltz* Art. 32 Rn. 24.

28 Kühling/Buchner-*Jandt* Art. 32 Rn. 20; *Hansen* DuD 2012, 407, 409.

29 Auernhammer-*Kramer/Meints* Art 32 DS-GVO Rn. 12.

30 *Hennrich* Cloud Computing, S. 137; *Kroschwald* ZD 2014, 75 (77).

leistung ist, können Krypto-Algorithmen auch niemals als absolut sicher gelten.[31] Vielmehr beruhen Sicherheitsaussagen über Algorithmen und Schlüssellängen auf einer Prognose realistischer Angriffszenarien in einem bestimmten vorhersehbaren Zeitraum von wenigen Jahren.[32] Als Szenario wird dabei u.a. unterstellt, dass mittels sogenannter Brute-Force-Angriffe versucht werden kann, jede mögliche Schlüsselkombination auf das Chiffrat anzuwenden und das daraus resultierende Klartextergebnis auf Plausibilität zu überprüfen.[33] Mit steigender Rechenleistung steigt die Wahrscheinlichkeit, dass Angreifer auf diese Art den echten Klartext wiederherstellen können.

29 Konkrete Vorgaben, wie pseudonymisiert oder verschlüsselt werden soll, macht die Norm nicht. Diese Technikneutralität ist zu begrüßen, da sich sowohl die eingesetzte Technik als auch die daraus erwachsenden Gefahren für die personenbezogenen Daten sehr dynamisch entwickeln. Gerade im Bereich der Verschlüsselung ist jedoch darauf zu achten, dass ein Verschlüsselungsalgorithmus gewählt wird, der noch als sicher angesehen werden kann. Zur Orientierung bei der Auswahl kann u.a. auf entsprechende (wissenschaftliche) Fachliteratur zurückgegriffen werden. Bisher wurde diesbezüglich auch immer auf den Algorithmenkatalog der Bundesnetzagentur verwiesen, in dem diese die sicheren Algorithmen für qualifiziert elektronische Signaturen nach dem Signaturgesetz (SigG) aufführte. Da das SigG nach Einführung der eIDAS-VO durch den deutschen Gesetzgeber aufgehoben wurde, ist die Grundlage für Feststellungen der BNetzA entfallen und die Zukunft des Kataloges unklar. Aufgrund des ohnehin auf einer Prognose basierenden Charakters der Auflistung kann der zuletzt veröffentlichte Katalog aber zumindest vorübergehend als Anhaltspunkt für die Auswahl sicherer Verfahren dienen. Außerdem kann auch auf die Veröffentlichungen des BSI[34] zurückgegriffen werden, da dessen Krypto-Expertise auch bisher schon dem Katalog der BNetzA zugrunde lag. Verschlüsselungsalgorithmen, die bekannt unsicher sind (z.B. RC 4), sollten nicht mehr für die Verarbeitung personenbezogener Daten eingesetzt werden.

30 Neben der Auswahl eines geeigneten Verschlüsselungsverfahrens ist außerdem darauf zu achten, dass dieses technisch sauber in der Verarbeitungssoftware implementiert ist. Ansonsten besteht die Möglichkeit, Schwächen der jeweiligen Software (z.B. bei der Art, den Krypto-Schlüssel zu verarbeiten) auszunutzen und – trotz eigentlich sicherem Algorithmus – Zugriff auf den Klartext der Daten zu erhalten.

31 Die Sicherheit der Verschlüsselung steigt grundsätzlich mit zunehmender Länge des Kryptoschlüssels. Welche Länge mindestens zu wählen ist, hat der Verordnungsgeber nicht festgelegt. Da mit der Schlüssellänge jedoch auch der Ressourcenbedarf für die Verarbeitung steigt, was insbesondere bei der Massenverarbeitung schnell enorme Aufwände erzeugen kann, müssen nicht generell möglichst die längsten Schlüssel gewählt werden. Entscheidend ist eine dem Schutzbedarf der jeweiligen Daten angemessene Schlüssellänge. Je sensibler die Daten sind und je höher die Wahrscheinlich-

---

31 Ebenso *Hennrich* Cloud Computing, S. 138 und *Kroschwald* ZD 2014, 75, 78.

32 Vgl. die Darstellung zum Algorithmenkatalog der BNetzA bei *Kroschwald* ZD 2014, 75, 79, sowie die Einleitung des Algorithmenkataloges 2017 selbst: BAnz AT 30.12.2016 B 5, S. 1 f.

33 *Kroschwald* ZD 2014, 75, 77.

34 Z.B. im BSI Grundschutz, BSI-Cybersicherheitsempfehlungen und dergleichen. Zu finden auf www.bsi.bund.de.

keit ist, dass Unbefugte den Willen und die Ressourcen haben, diese Daten zu erlangen, desto länger sollte grundsätzlich der auch der verwendete Schlüssel sein.[35]

Da der personenbezogene Klartext aus einem Chiffrat nur durch Hinzuziehung des geheimen Schlüssels wiederhergestellt werden kann, sind Verschlüsselungsverfahren gleichzeitig auch eine Methode der Pseudonymisierung.[36] **32**

Gerade auch bei der Auslagerung von personenbezogenen Daten auf Systeme Dritter, z.B. im Rahmen des Cloud-Computings, ist Verschlüsselung ein geeignetes Mittel, um die Daten zu schützen. Derzeit funktioniert dies jedoch nur für die Speicherung der Daten problemlos. Ideal wäre es, wenn die Daten verschlüsselt an Dritte übertragen und durch diese so verarbeitet (z.B. analysiert) werden könnten und erst das durch den Verantwortlichen erhaltene Ergebnis der Verarbeitung wieder entschlüsselt werden müsste. Die Verarbeiter könnten dann niemals Kenntnis vom Klartext, also den personenbezogenen Daten selbst, erlangen. Dieses Prinzip nennt man homomorphe Verschlüsselung und es ist derzeit noch weitgehend Zukunftsmusik. Selbst für den ohnehin ressourcenintensiven Sektor des Cloud-Computings sind die für homomorphe Verschlüsselung nötigen Rechenressourcen derzeit noch unverhältnismäßig groß.[37] Gerade in diesem Bereich könnten durch technische Fortschritte Veränderungen anstehen, die Verantwortliche und Auftragsverarbeiter im Blick behalten sollten. **33**

b) Vertraulichkeit, Integrität, Verfügbarkeit, Belastbarkeit – lit. b. Zu den Absicherungsmaßnahmen soll insbesondere die Fähigkeit gehören, **auf Dauer** die Vertraulichkeit, Integrität, Verfügbarkeit und Belastbarkeit der **Systeme** und **Dienste** im Zusammenhang mit der Verarbeitung sicherzustellen. Dabei wird mit Vertraulichkeit, Integrität und Verfügbarkeit auf die Grundwerte der Informationssicherheit Bezug genommen.[38] Diese sollen nicht in Bezug auf die personenbezogenen Daten selbst sichergestellt werden. Vielmehr sind die Grundwerte in Bezug auf die IT-Systeme und die auf diesen laufenden bzw. durch diese erbrachten Dienste zu gewährleisten, da genau dadurch der Schutz der personenbezogenen Daten erreicht wird. Zu den IT-Systemen zählen insbesondere die Hard- und Software von Servern, Arbeitsplatzrechnern, Netzwerktechnik oder sog. Embedded Systems. Bei letzten handelt es sich um Computer, die zur Erfüllung bestimmter Aufgaben in einen oftmals größeren technischen Rahmen (z.B. in Produktionsanlagen) eingebunden werden. Der Begriff „System" ist also weit zu verstehen und umfasst praktisch jede Form von elektronischer Informationstechnik. **34**

Aus der Formulierung, dass „die Fähigkeit" bestehen muss, folgt anders, als teilweise vertreten wird, nicht, dass hinsichtlich der Schutzzielerreichung nicht von einem absoluten Sicherheitsverständnis auszugehen ist.[39] Die Formulierung „die Fähigkeit, [die Schutzgüter] auf Dauer sicherzustellen" legt sogar im Gegenteil eher ein absolutes Verständnis nahe. Allerdings, und insoweit besteht daher Einigkeit, ist diese Forderung letztlich vor dem allgemeinen Grundsatz des „angemessenen Schutzniveaus" aus Abs. 1 zu lesen, der die rigide Formulierung des lit. b wieder relativiert. **35**

---

35 *Kroschwald* ZD 2014, 75, 77.
36 *Hennrich* Cloud Computing, S. 137; *Kroschwald* ZD 2014, 75, 78.
37 Siehe *Steinebach/Krempel/Jung/Hoffmann* DuD 2016, 440, 443.
38 Ehmann/Selmayr-*Hladjk* Art. 32 Rn. 8.
39 So aber Sydow-*Mantz* Art. 32 Rn. 14.

36 **aa) Vertraulichkeit.** Die **Vertraulichkeit** dient dem Ziel, dass auf Daten nicht unbefugt zugegriffen wird[40] oder diese unbefugt offenbart werden. Sie sollen also nur denjenigen zugänglich sein, für die sie bestimmt sind. Alle anderen sollen vom Zugang zu den Daten ausgeschlossen werden.[41] Zu den Maßnahmen, mit denen die Vertraulichkeit sichergestellt werden kann, gehören Zugangs-, Zutritts-, Zugriffs- und Weitergabekontrollen, die schon bisher nach der Anlage zu § 9 BDSG a.F. umzusetzen waren.[42]

37 Die **Zutrittskontrolle** zielt darauf ab, den Zugang zu Datenverarbeitungssystemen physisch zu verhindern (z.B. durch bauliche Maßnahmen wie einbruchshemmende und durch Schlösser oder andere Zutrittskontrollsysteme gesicherte Türen).[43] Ausgangspunkt ist zunächst die notwendige Festlegung, welche Personen berechtigterweise Zutritt zu welchen konkreten Datenverarbeitungsanlagen benötigen und für welche Zwecke sie dies dürfen[44]. Die Einhaltung dieser Berechtigungen ist dann sicherzustellen.

38 Als Organisationsmaßnahme ist denkbar, den Zutritt zu Verarbeitungsanlagen rund um die Uhr durch Personal überwachen zu lassen, welches Unbefugte erkennt und am Zutritt zu den Anlagen hindert. Praktikabel ist dies jedoch i.d.R. nur als Perimeterabsicherung von Gebäuden oder einzelnen besonders schützenswerten Bereichen.

39 Baulich kann der Zutritt durch abgeschottete Räume mit verschließbaren Türen und Fenstern reguliert werden. Es kann auch angebracht sein, den Zutritt zu einzelnen Datenverarbeitungsanlagen innerhalb eines baulichen Raumes dadurch feingliedriger zu steuern, dass die Verarbeitungsanlagen ihrerseits durch technische Maßnahmen nochmals vor unbefugtem Zutritt geschützt werden (Sicherheitszonen). Dies ist z.B. in der Form denkbar, dass Serverschränke in nochmals durch Gitter abgetrennten Bereichen stehen oder die Serverschränke abschließbar sind. Solche Maßnahmen bieten sich z.B. an, wenn Dienstleister in einem Raum Datenverarbeitungsanlagen für verschiedene Kunden betreiben. Der Zutritt zu den Anlagen sollte protokolliert werden.

40 Neben der baulichen Absicherung muss organisatorisch sichergestellt werden, dass der Zugang zu den Schließmitteln (Schlüssel, Codes, biometrische Daten, etc.) für den Zugang zu den geschützten Bereichen nur denjenigen eingeräumt ist, die berechtigterweise Zutritt zu genau diesen Bereichen benötigen. Einräumung und Entzug der Mittel sollten dokumentiert werden.

41 Demgegenüber bezwecken **Zugangskontrollen**, dass auf die Daten bei vernetzten Systemen auch aus der Ferne nicht zugegriffen werden kann.[45] Technisch sind Zugangskontrollen auf verschiedene Art möglich. Veröffentlichungen wie der BSI-Grundschutzkatalog oder auch internationale Normen wie die ISO-Reihe bieten hier einen umfangreichen Fundus. So kann z.B. durch ein **Rechtemanagement** sichergestellt werden, dass die Verarbeitungsanlagen tatsächlich nur von den Personen genutzt werden können, die dies dürfen bzw. für deren Aufgabenerfüllung (Rolle) dies notwendig ist. Für jede berechtigte Person oder Rolle sollte ein entsprechendes Nutzerkonto im Sys-

40 So u.a. *Hennrich* Cloud Computing, S. 207 f.
41 Vgl. BVerfGE 120, 274 (314 f.); *Hansen* DuD 2012, 407 und 409.
42 *Härting* DS-GVO Rn. 144.
43 Vgl. Simitis-*Ernestus* § 9 BDSG Rn. 77.
44 Vgl. Simitis-*Ernestus* § 9 BDSG Rn. 79.
45 Vgl. Kühling/Buchner-*Jandt* Art. 32 Rn. 23.

tem angelegt werden. Damit Unbefugte nicht den Zugang von Berechtigten in deren Abwesenheit nutzen können, sollten der Zugang zum System gesperrt werden, wenn es nicht vom berechtigten Nutzer verwendet wird. Die entsprechenden Mitarbeiter sollten entsprechend geschult werden, dass sie die Sperre aktivieren, wenn sie die Anlage verlassen. Nach einer gewissen Zeit ohne Nutzerinteraktion sollte sich das System aber auch automatisch sperren. Damit nur Berechtigte Zugang zu den Systemen erlangen, müssen die Nutzerkonten eine **geeignete Authentifizierung** der Berechtigten vorsehen. Hier sind je nach Schutzbedarf verschiedenste Varianten denkbar. In einfachen Fällen reichen Ein-Faktor-Verfahren. Bei diesen muss ein Faktor erfüllt sein, um Zugang zu dem System zu erlangen. Gängige Faktoren sind Besitz (z.B. (USB-)Token, Zugangskarten, etc.), Wissen (PIN-Codes, Passwörter, Muster, etc.) und biometrische Merkmale (z.B. Fingerabdrücke, Iris-Muster, Venen-Muster, Gesichtsform, etc.). Bei höherem Schutzbedarf können auch sicherere Zwei- oder Drei-Faktor-Verfahren angebracht sein. Sie schaffen ein höheres Sicherheitsniveau, weil für den Zugang zu einem System mehrere der genannten Faktoren benötigt werden. Wird z.B. ein Token gefunden, kann der Finder es dann nicht nutzen, wenn er die dem Token zugehörige PIN nicht kennt. Schafft es ein Unbefugter, die PIN eines Berechtigten auszuspähen, nutzt ihm das nichts, wenn der Berechtigte weiterhin in Besitz des Tokens ist. Sofern Wissenselemente (z.B. Passwörter) als Authentisierungsfaktor verwendet werden, spielen die Rahmenbedingungen der Implementierung eine besondere Rolle für das Sicherheitsniveau. Daher sollte darauf besonderes Augenmerk gelegt werden, wenn nur eine Ein-Faktor-Authentisierung vorgesehen ist. So sollten Passwörter eine hinreichende Komplexität aufweisen, damit Unbefugte sie nicht einfach erraten oder durch Ausprobieren herausfinden können. Die Passwörter sollten eine Länge von 6 Zeichen nicht unterschreiten. Die Zeichen sollten aus Groß- und Kleinbuchstaben, Zahlen und Sonderzeichen gewählt werden.[46] Es sollte systemseitig sichergestellt werden, dass die Passwörter in regelmäßigen Zeiträumen (i.d.R. alle 90-180 Tage) gewechselt werden müssen. Im Idealfall sollte das System bei der Wahl eines neuen Passwortes keine Kombinationen akzeptieren, die die o.g. Mindestanforderungen (z.B. Länge) nicht erfüllen oder die in der (überschaubaren) Vergangenheit bereits einmal vom Nutzer verwendet wurden. Je nach Risiko, sollte das System nach mehreren erfolglosen Anmeldeversuchen automatisch gesperrt werden oder zumindest weitere Versuche nur mit (ansteigender) zeitlicher Verzögerung zulassen. Werden Nutzername und Passwort als Authentifizierungsmethode verwendet, sollte das System fehlerhafte Anmeldeversuche auch nicht mit der Ausgabe quittieren, ob jeweils der Nutzername oder das Passwort falsch waren. Stattdessen sollte dem Nutzer nur gezeigt werden, dass die Anmeldung nicht erfolgreich war. So wird Unbefugten ein Erraten der Zugangsdaten deutlich erschwert.

Mit **Zugriffskontrolle** ist gemeint, dass die Berechtigten nur auf die Daten zugreifen können sollen, auf die sich ihre Berechtigung bezieht und personenbezogene Daten nicht unbefugt gelesen, kopiert, verändert oder entfernt werden können.[47] Insbesondere ein klares Rollen- und Rechtemanagement kann eine gute Zugriffskontrolle darstellen. Dabei können zunächst bestimmte Rollen festgelegt werden, die den einzelnen Nutzern zugewiesen werden. Jeder Rolle werden dann nur die Rechte zum **42**

46 Siehe dazu auch Baustein M 2.11 zur „Regelung für den Passwortgebrauch" aus dem BSI-Grundschutz.

47 Vgl. Auerhammer-*Kramer/Meints* § 9 BDSG Rn. 46.

Schreiben, Lesen, Ändern, etc. von Daten zugewiesen, die sie zur Erfüllung ihrer Aufgaben (z.B. Administrator, Call-Center, Kontrolle, etc.) benötigt. Welcher Rolle welche Rechte zugewiesen werden, sollte als Rollen- und Rechtekonzept ebenso dokumentiert werden, wie die Zuordnung, welchen Nutzern welche Rollen wann zugeordnet und entzogen wurden (Berechtigungskonzept).[48] Besonders relevant ist dies auf Systemen auf denen durch mehrere Verantwortliche oder Auftragsverarbeiter personenbezogene Daten verarbeitet werden, wie z.b. beim Cloud-Computing. In solchen Fällen sollte sichergestellt werden, dass die Systeme **mandantenfähig** sind.[49] Die Systeme müssen ermöglichen, dass die Kunden nur Zugriff auf die für sie verarbeiteten personenbezogenen Daten haben.[50]

43 Mit einer **Weitergabekontrolle** soll den Risiken entgegenwirkt werden, denen personenbezogene Daten bei der Weitergabe auf Datenträgern oder über Netzwerke ausgesetzt sind. So soll sichergestellt werden, dass die Daten nur an diejenigen weitergegeben bzw. übertragen werden, für die sie bestimmt sind. Ein unbefugtes Lesen, Kopieren, Verändern oder Entfernen soll verhindert werden. Erreicht werden kann dies u.a. mit einem Rollenmanagement, bei dem die Rollen, die Daten weitergeben oder empfangen dürfen, festgelegt werden. Diese Rollen werden dann den entsprechenden Personen zugewiesen. Um sicherzustellen, dass die Daten auf dem Transportweg nicht von Unberechtigten gelesen oder verändert werden, kann auf Verschlüsselung zurückgegriffen werden. Um sicherzustellen, dass Absender und Empfänger tatsächlich die Berechtigten sind und nicht Unbefugte, die sich als diese ausgeben, kann auf starke Authentifizierungsverfahren mit Zertifikaten und ggf. hardwarebasierten Identifikationstoken zurückgegriffen werden, wie sie z.B. auch im elektronischen Personalausweis Anwendung finden.

44 Um unberechtigte Zutritte, Zugriffe und Weitergaben erkennen und verhindern zu können, kann auch eine Anomalie-Erkennung angebracht sein, die Alarm schlägt, wenn eine Datenweitergabe erfolgen soll, die aufgrund ihrer Umstände eher einen Missbrauchsfall nahelegt (z.B. wenn die Weitergabe unter den Zugangsdaten eines Mitarbeiters veranlasst wird, der zu der Zeit gar nicht im Dienst ist.). Ebenso kann es angebracht sein, die Datenweitergabe über die Netze grundsätzlich zu sperren und nur für die berechtigten Absender und Empfänger einzeln zu ermöglichen (sog. Whitelisting). Dies kann z.B. erfolgen, indem die Möglichkeit des E-Mailversandes von bestimmten Systemen und E-Mail-Konten eingeschränkt oder unterbunden wird.

45 **bb) Integrität.** Mit dem Begriff der **Integrität** ist gemeint, dass die Unversehrtheit der Daten sichergestellt und unbefugte Veränderungen der Daten verhindert werden.[51] Risiken für die Integrität der Systeme und Dienste drohen vor allem durch externe Angreifer. Diese nutzen oft Schadsoftware, um Daten auf fremden Systemen zu verändern – die Systeme und Dienste also manipulieren zu können. Oftmals sind Sys-

48 Vgl. Auerhammer-*Kramer/Meints* § 9 BDSG Rn. 46.
49 Siehe dazu auch die vom AK Technik der Konferenz der unabhängigen Datenschutzbehörden beschlossene Orientierungshilfe „Mandantenfähigkeit". Online abrufbar z.B. unter https://www.datenschutz-bayern.de/technik/orient/oh_mandantenfaehigkeit.pdf.
50 Weitere Anforderungen speziell für Cloud-Computing-Dienste können z.B. dem BSI C5 (Cloud Computing Compliance Controls Catalogue) und der „Orientierungshilfe – Cloud Computing" des AK Technik entnommen werden.
51 *BVerfGE* 120, 274, 314; *Hennrich* Cloud Computing, S. 208; *Hansen* DuD 2012, 407, 409.

teme und Dienste gegen unbefugte Zugriffe aber auch nicht ausreichend geschützt (z.B. weil unsichere Passwörter verwendet werden) und Angreifer können ohne Nutzung einer Schadsoftware Zugriff erlangen. Schadsoftware nutzt oft Lücken in den Systemen und Diensten aus. Diese können auf eine schlechte Programmierung und Konzeption des Herstellers zurückgehen oder auch durch fehlerhaftes Anwenderverhalten verursacht werden (z.B. wenn Systeme und Dienste falsch konfiguriert werden). Oftmals finden sich in Systemen und Diensten auch Mischformen, z.B. wenn Sicherheitslücken vorhanden sind, die mit vorhandenen Sicherheitsupdates geschlossen werden könnten, die der Anwender aber nicht in Systeme oder Dienste einspielt.

Zu den integritätssichernden Maßnahmen gehören daher sowohl Maßnahmen, die auf eine laufende Erkennung und Abwehr von Angriffen setzen (z.B. Firewalls, Antiviren-Scanner, Intrusion-Detection-Systeme, etc.), als auch entsprechende Vorfeldmaßnahmen, die entsprechende Angriffe von vorneherein ins Leere laufen lassen (z.B. das Einspielen von Sicherheitsupdates, eine sichere Konfiguration, etc.). Daneben dienen auch viele der o.g. Maßnahmen zur Vertraulichkeitssicherung gleichzeitig dem Schutz der Integrität.[52] **46**

cc) Verfügbarkeit. Der Grundwert der **Verfügbarkeit** bedeutet, dass IT-Systeme erreichbar sind und bestimmungsgemäß funktionieren.[53] Die dahingehenden Maßnahmen sollen das System vor inneren und äußeren Einflüssen schützen.[54] Innere Einflüsse können insbesondere technische Fehlfunktionen sein, z.B. der Ausfall von Komponenten zur Stromversorgung. Als Schutz bietet sich eine redundante Auslegung wichtiger Komponenten an, wie sie im Bereich der Servertechnik ohnehin weit verbreitet ist. Zu den externen Einflüssen können z.B. der Ausfall der Stromversorgung, Unwettereinflüsse (Blitzschlag, Überschwemmung, auf das Gebäude und die IT stürzende Bäume, etc.) oder auch vorsätzliche menschliche Handlungen (gezielte Sabotage, ungezielter Vandalismus, etc.) gehören. Gegen Stromnetzschwankungen oder kurzfristige Stromausfälle schützen sog. unterbrechungsfreie Stromversorgungen (USV)[55]. Wenn die Verfügbarkeitsanforderungen und das Risiko längerer Stromausfälle hoch sind (z.B. wegen instabiler lokaler Stromnetze), können auch Netzersatzanlagen sinnvoll sein, die längere Ausfälle überbrücken können. Dies sind oftmals mit Treibstoff betriebene Notstromgeneratoren, teilweise aber auch enorm große Batteriebänke. **47**

Schutz gegen Beeinträchtigung durch natürliche Einflüsse kann z.B. durch entsprechende Wahl der Standorte (z.B. weg von Hochwasser- bzw. Überschwemmungsgebieten) und technische bzw. bauliche Sicherungsmaßnahmen (Wasserdichtheit der Räume, Blitzschutzeinrichtungen, etc.) erreicht werden. Gegen menschliche Einflüsse ist eine bauliche Sicherung der Systeme und Anlagen (z.B. Zutrittsschutz durch abgeschlossene Räume, abschließbare Serverschränke, verdeckt liegende und nicht leicht zugreifbare Versorgungsleitungen) ratsam. **48**

---

52 So generell für die Zutritts-, Zugangs-, Zugriffs- und Weitergabekontrolle: *Härting* DS-GVO Rn. 144.

53 *Hennrich* Cloud Computing, S. 208.

54 Sydow-*Mantz* Art. 32 Rn. 16.

55 Dabei handelt es sich im Wesentlichen um Batteriesysteme, die einen kurzfristigen Weiterbetrieb bei Stromausfall gewährleisten. Über entsprechende Software stellen sie auch sicher, dass die Systeme sicher heruntergefahren werden, wenn die Batterieenergie zur Neige geht. So kann Datenverlusten und Systemschäden vorgebeugt werden.

49 Zu beachten ist dabei, dass die Verfügbarkeit der datenverarbeitenden Systeme oder Dienste kein Selbstzweck ist. Mit der Verfügbarkeitsanforderung soll gewährleistet werden, dass die Verarbeitung der personenbezogenen Daten auf Dauer sichergestellt ist. Es müssen daher nicht alle Systeme oder Dienste jederzeit und in vollem Umfang verfügbar sein[56], sofern die personenbezogenen Daten auch anderweitig verarbeitet werden können (z.B. auf Ausweich-Systemen) oder die betroffenen Systeme für die Verarbeitung der personenbezogenen Daten schlicht irrelevant sind. Welches Maß der Verfügbarkeit erforderlich ist und welche Maßnahmen zur Sicherstellung der Verfügbarkeit ergriffen werden müssen, hängt daher im Wesentlichen von der Bedeutung der Systeme und Dienste sowie den verarbeiteten Daten ab.[57]

50 **dd) Belastbarkeit.** Der Begriff der **Belastbarkeit** ist im Bereich der IT-Sicherheit bisher untypisch. Gemeint ist damit, dass ein IT-System oder ein Dienst in der Lage ist, seine Funktion auch unter widrigen Umständen aufrechtzuerhalten[58] – z.B. wenn es gerade Angriffen ausgesetzt ist. Es gibt insoweit starke Überschneidungen mit dem Begriff der Verfügbarkeit und gewisse Abgrenzungsschwierigkeiten, die jedoch eher theoretischer Natur sind. Für die Praxis spielt es keine Rolle, ob eine Maßnahme der Sicherstellung der Verfügbarkeit oder Belastbarkeit dient. Die Belastbarkeit kann auf verschiedenen Wegen erreicht werden.

51 Gegen Angriffe, die eine besondere Last erzeugen, können Systeme dadurch geschützt werden, dass sie von vorneherein überdimensioniert geplant werden (z.B. eine Anbindung an das Internet mit besonders großer Bandbreite, um Denial of Service Angriffen zu begegnen, die ansonsten die Leitungskapazität ausschöpfen würden). Der Nachteil ist, dass die Systeme dann im Normalfall praktisch nie vollständig genutzt werden, gleichzeitig aber die Kosten enorm steigen.

52 Sinnvoller ist es daher, sich gegen solche Angriffe vor allem organisatorisch zu schützen. So können Leistungen zur Abwehr von Überlastungs- bzw. Verfügbarkeitsangriffen, z.B. auch sog. DDoS-Mitigation-Leistungen, vorab eingekauft werden. Diese Leistungen müssen nicht dauernd erbracht werden, sondern können im Fall eines Angriffes umgehend durch den Verantwortlichen beim Dienstleister angefordert werden. Neben Maßnahmen, die die Belastbarkeit der Netzanbindung gewährleisten, können auch Server- und Rechenkapazitäten auf Abruf bereitgehalten werden, die im Bedarfsfall schnell aktiviert werden, ohne dass im Normalbetrieb dauerhaft hohe Kosten anfallen würden.

53 Bei gewissen Systemfunktionen sollte je nach Gefährdungsszenario zur Sicherstellung der Belastbarkeit auf Redundanzen gesetzt werden, da die o.g. (Abruf-)Maßnahmen den Gefahren nicht oder kaum sinnvoll begegnen können. Dies wird z.B. regelmäßig im Bereich der Stromversorgung der Fall sein. In essentiellen Server-Systemen sollten redundante Netzteile vorhanden sein. Auch der Datenspeicher sollte redundant ausgelegt werden, da auch moderne Datenträger unvorhergesehen ausfallen können. Einen gewissen Schutz bieten RAID-Systeme, bei denen Daten so gespeichert werden

---

56 Hinsichtlich der Bedeutung der Systeme zutreffend Sydow-*Mantz* Art. 32 Rn. 16.

57 Sydow-*Mantz* Art. 32 Rn. 16.

58 Kühling/Buchner-*Jandt* Art. 32 Rn. 26 übersetzt den Begriff mit Verweis auf die englische Sprachfassung „resilience“ als „Widerstandsfähigkeit oder Ausfallsicherheit“. *Kranig/Sachs/Gierschmann* Datenschutz-Compliance nach der DS-GVO, S. 139 verstehen den Begriff gut vertretbar als Fehlertoleranz.

können, dass sie beim Ausfall eines oder mehrerer Datenträger weiterhin verfügbar sind oder zumindest wiederhergestellt werden können[59]. Für einen sicheren Schutz ist die Auswahl des richtigen RAID-Levels wichtig, da manche RAID-Konfigurationen keinen Schutz vor Datenverlust bieten, sondern allein der Geschwindigkeitserhöhung dienen[60].

c) Wiederherstellung der Verfügbarkeit – lit. c. Art. 32 Abs. 1 lit. c soll sicherstellen, dass die Verfügbarkeit von und der Zugang zu personenbezogenen Daten nach einem Zwischenfall schnell wiederhergestellt werden kann. Anders als in lit. b geht es nicht mehr um Vorfallsvermeidung, sondern darum, einen eingetretenen Vorfall zu bewältigen, indem nicht oder nur noch eingeschränkt verfügbare Daten wiederhergestellt werden (Disaster-Recovery). **54**

Während lit. b Systeme und Dienste in den Blick nimmt (und damit nur indirekt die personenbezogenen Daten), bezieht sich lit. c direkt auf die personenbezogenen Daten selbst. Es geht also nicht mehr darum, bestimmte Systeme oder Dienste zu retten, sondern darum, personenbezogene Daten wiederherstellen zu können. Hinsichtlich der adressierten Grundwerte beschränkt sich lit. c auf die Verfügbarkeit (und implizit die Integrität). **55**

Wie bei praktisch allen Maßnahmen sollten sich die Verantwortlichen auch bei der Umsetzung von lit. c zunächst eine Übersicht darüber verschaffen, welchen Verfügbarkeitsrisiken die personenbezogenen Daten ausgesetzt sind und wie schnell diese Daten im Ernstfall wiederhergestellt müssen, um Schäden für die betroffenen Personen zu vermeiden. Davon ausgehend können die angemessenen (Vorbereitungs-) Maßnahmen ergriffen werden.[61] **56**

Für die Umsetzung der Wiederherstellungspflicht des Art. 32 Abs. 1 lit. c kann auch ein Blick auf die Maßnahmen hilfreich sein, die bisher im Zusammenhang mit der Verfügbarkeitskontrolle nach Anlage 1 S. 2 Nr. 7 zu § 9 BDSG a.F. angezeigt waren. Denn schon die bisherige Verpflichtung sollte sicherstellen, dass Daten gegen (zufällige) Zerstörung und Verlust geschützt sind. **57**

Hierfür kann gegebenenfalls auf Maßnahmen des Business Continuity Managements (BCM) zurückgegriffen werden[62], welches zumindest größere Unternehmen schon aus betriebswirtschaftlichen Gründen ohnehin implementiert haben. Das sind vor allem der Aufbau einer Organisationsstruktur für das Notfallmanagement, die Erstellung von Konzepten für den Notfall und die Überprüfung der geplanten Notfallmaßnahmen. Neben diesen theoretischen Vorbereitungsmaßnahmen gehört auch das regelmäßige Üben von Notfällen dazu.[63] Zum einen spielen sich die Notfallprozesse bei den zuständigen Personen dadurch ein, zum anderen zeigen gerade Übungen oft erst auf, wo bei der praktischen Umsetzung noch Defizite bestehen. Auch Konzeptionsfehler in **58**

59 So auch Kühling/Buchner-*Jandt* Art. 32 Rn. 26.

60 Zu den einzelnen Raid-Leveln, vgl. die Darstellung unter https://de.wikipedia.org/wiki/RAID.

61 *Gehrke/Rajchowski* KES special „Kritische Infrastrukturen" 2017, 20 f. in Bezug auf Geschäftsprozesse allgemein.

62 Vgl. auch Auernhammer-*Kramer/Meints* Art. 32 DS-GVO Rn. 29.

63 Vgl. Auernhammer-*Kramer/Meints* § 9 BDSG Rn. 50; *Gehrke/Rajchowski* KES special „Kritische Infrastrukturen" 2017, 20 (21).

der Notfallplanung können durch Übungen zu Tage gefördert werden. Diese können dann bei der Nachjustierung der Notfallplanungen ausgemerzt werden.

59 Schon nach alter Rechtslage, waren Datensicherungskonzepte zu planen und umzusetzen. Dies bezieht sowohl das Erstellen regelmäßiger Datensicherungen ein, als auch deren regelmäßige Überprüfung daraufhin, dass die Daten im Ernstfall wieder korrekt hergestellt werden können.[64] In jedem Fall wird man davon ausgehen können, dass die Daten durch Backups gegen Verlust gesichert werden müssen.[65] Diese in erster Linie technischen Maßnahmen müssen in organisatorischer Hinsicht durch Planungen bzw. Prozesse ergänzt werden, wie die in den Backups gesicherten Daten im Ernstfall wiederhergestellt und für die Verarbeitung verfügbar gemacht werden. Je dringender die Daten wiederherzustellen sind und um je mehr Daten es sich handelt, desto sorgfältiger sollten diese Recovery-Planungen durchgeführt werden. Bei wenigen Daten und geringen Auswirkungen einer vorübergehenden Nichtverfügbarkeit kann ein einfacher Plan mit klaren Zuständigkeitsregelungen und einer Ablaufplanung bereits reichen. Auf der anderen Seite des Spektrums kann es dagegen bei großen Datenmengen, die ständig verfügbar sein müssen (z.B. behandlungsrelevante Patientendaten), angezeigt sein, neben den o.g. Planungen auch Ausweichsysteme vorzuhalten, auf die im Ernstfall schnellstmöglich umgeschaltet wird.

60 Konkrete Anforderungen, **innerhalb welcher Zeiträume** Daten wiederhergestellt sein müssen, finden sich in der Norm nicht. Der Wortlaut „rasch“ ist bisher rechtlich nicht vorgeprägt.[66] Es ist fraglich, ob bewusst nicht auf den üblichen Begriff „unverzüglich“ zurückgegriffen wurde, der ein Handeln „ohne schuldhaftes Zögern“ einfordert[67]. Sprachlich verdeutlicht der Begriff „rasch“ jedoch genau wie „unverzüglich“, dass die Wiederherstellung schnell zu erfolgen hat. Was noch als schnell anzusehen ist, hängt von der Bedeutung der Daten und Systeme einerseits und der Schwere des Zwischenfalles andererseits ab.[68] Als Orientierung kann hier jedoch Art. 33 dienen. Dieser sieht vor, dass der Verantwortliche nach einem Zwischenfall unverzüglich möglichst binnen 72 Stunden die Aufsichtsbehörden informieren muss. Der Gesetzgeber sieht demnach 72 Stunden ohne weiteres als unverzügliche – also schnelle – Reaktion an. Sofern keine gesteigerten Verfügbarkeitsanforderungen an personenbezogene Daten bestehen, wird man vermutlich auch eine Wiederherstellung in einem Zeitrahmen von 24–72 Stunden noch als „rasch“ ansehen können. Bei Zwischenfällen, die trotz (!) ergriffener Vorsorgemaßnahmen gravierende Ausmaße haben (z.B. außergewöhnliche Katastrophen, die ganze Gebiete in den Ausnahmezustand versetzen), können sicherlich auch längere Fristen noch als „rasch“ im Sinne der Norm gelten.

61 **d) Verfahren zur Überprüfung, Bewertung, Wirksamkeitsevaluierung – lit. d.** Nach lit. d ist ein **Verfahren** zur **regelmäßigen Überprüfung, Bewertung und Evaluierung der Wirksamkeit der Maßnahmen** und zur **Gewährleistung der Sicherheit** der Verarbeitung erforderlich.

---

64 Siehe dazu: Auernhammer-*Kramer/Meints* § 9 BDSG Rn. 50
65 *Härting* DS-GVO Rn. 146.
66 Auf die Umgangssprachlichkeit verweisend Ehmann/Selmayr-*Hladjk* Art. 32 Rn. 9.
67 So die Legaldefinition im dt. Recht in § 121 Abs. 1 S. 1 BGB.
68 Sydow-*Mantz* Art. 32 Rn. 19.

Die Absicherungspflicht aus Abs. 1 insgesamt erfordert ohnehin eine ständige Überprüfung und Anpassung der Absicherungsmaßnahmen. Das Erfordernis der regelmäßigen Überprüfung, Bewertung und Evaluierung entsteht daher nicht erst aufgrund des lit. d, sondern ist Ausfluss des risikobasierten Ansatzes der Absicherung nach dem Stand der Technik.[69] Allerdings wird hier das Anpassungserfordernis dahingehend konkretisiert, dass es ein entsprechendes Verfahren zur regelmäßigen Überprüfung, Bewertung und Evaluierung geben muss.[70] Es genügt also nicht, sporadisch und zufällig in beliebigen Zeiträumen die ergriffenen Maßnahmen in Frage zu stellen und zu prüfen. Vielmehr muss dieser Prozess planvoll erfolgen. Damit regelt lit. d etwas, das aus IT-Sicherheitssicht ohnehin selbstverständlich sein sollte. Zur Realisierung bietet sich z.B. der PDCA-Zyklus[71] nach dem BSI-Standard 100-1 oder der ISO 27001 an. Die dahingehenden organisatorischen Maßnahmen zur Implementierung eines solchen Managementsystems sind zu dokumentieren.[72] **62**

Bei der Erarbeitung eines entsprechenden Verfahrens sollten sich Verantwortliche mit der Frage auseinandersetzen, welche **Mittel** zur Überprüfung, Bewertung und Evaluierung eingesetzt werden sollen, in welchen **Abständen** dies erfolgt und wer die **Verantwortung** für diesen Prozess innehat. **63**

Welche konkreten Überprüfungs-, Bewertungs- und Evaluierungsverfahren bzw. -mittel notwendig sind, hängt u.a. davon ab, welche Maßnahmen zur Absicherung ergriffen wurden. Wenn Verschlüsselung eingesetzt wird, ist z.B. zu überprüfen, ob die eingesetzten Verfahren tatsächlich noch sicher genug sind oder durch bessere Verfahren ersetzt werden müssen[73], z.B. weil neue Risiken für die Daten oder Angriffsszenarien für die alten Verschlüsselungsmethoden bekannt geworden sind. Im Hinblick auf das Update- und Verfügbarkeitsmanagement sollten die eigenen Systeme und Netze regelmäßig auf Verwundbarkeiten überprüft werden. So kann z.B. durch einfache Portscans überprüft werden, ob unberechtigt oder versehentlich abgesicherte Kommunikationsschnittstellen geöffnet wurden, die Angreifer wieder als Einfallstore nutzen könnten. Zur Überprüfung des Schwachstellen- und Patchmanagements können die eigenen Systeme und Netze mit Schwachstellen- und Netzwerkscannern (z.B. OpenVAS) automatisch durchsucht werden. Denkbar sind auch sogenannte Penetrationstests, bei denen beauftragte Dritte versuchen, wie ein Angreifer in das System einzudringen. Dadurch kann insbesondere geprüft werden, ob die Maßnahmen auch gegen zielgerichtete Angriffe hinreichend schützen.[74] Dies ist bei Systemen und Daten angebracht, deren Kritikalität und Risiko als hoch einzustufen ist.[73] **64**

Da die Verantwortlichen bei der Überprüfung und Bewertung auch neue Risiken und technische Entwicklungen berücksichtigen müssen, sollten sie sich über die entsprechenden Entwicklungen auf dem Laufenden halten. Zu diesem Zweck kann auf Fach- **65**

---

69 Zumindest in diese Richtung tendiert wohl auch *Härting* DS-GVO Rn. 147, der von einer „flankierenden Verpflichtung" spricht.
70 *Lepperhoff* RDV 2016, 197, 201.
71 PDCA = Plan, Do, Check, Act; Instruktiv dazu *Lepperhoff* RDV 2016, 197, 199 ff.
72 *Lepperhoff* RDV 2016, 197, 199.
73 Sydow-*Mantz* Art 32 Rn. 20.
74 Ehmann/Selmayr-*Hladjk* Art. 32 Rn. 10.

zeitschriften, Fortbildungen und Veröffentlichungen und Warnungen (z.B. des BSI[75]) zurückgegriffen werden.

66 Wie groß die **Abstände** zwischen den regelmäßigen Überprüfungen, Bewertungen und Evaluierungen sein dürfen, hängt vom Risikoprofil der Systeme und der konkreten Datenverarbeitung ab. Hier können Zeiträume von wenigen Monaten bis hin zu Jahren vertretbar sein. Die Obergrenze wird man vermutlich bei 2 Jahren sehen müssen[76], da andere gesetzliche Regelungen zur Datensicherheit (wie § 8a BSI-Gesetz) unter „regelmäßig" maximal 2 Jahre verstehen. Die Antwort hängt immer vom jeweiligen Einzelfall und den spezifischen Risiken ab. So ist bei der Bestimmung der Zeiträume zu berücksichtigen, wie stark sich die Risiken für die einzelnen Systeme im Laufe der Zeit verändern können. Bei Verarbeitungsvorgängen, die konstant neuen Angriffen ausgesetzt sind (z.B. Content-Management-Systeme oder Datenbank-Software, bei denen regelmäßig neue Verwundbarkeiten bekannt werden), müssen deutlich kürzere Abstände vorgesehen werden als bei Systemen, deren Risiken weitgehend statisch oder nur in etwas längeren Zyklen einem Wandel unterworfen sind (z.B. im Bereich der Kryptographie).

67 Auch im Bereich der Überprüfungs-, Bewertungs- und Evaluierungsverfahren sind klare **Verantwortlichkeiten** essentiell. Es sollte geregelt werden, wer die Gesamtverantwortung trägt und wer für die einzelnen Teilaspekte (z.B. Sammeln von Informationen, Planung der Überprüfungen, Durchführung einzelner Überprüfungen, etc.) zuständig ist.

68 Die Festlegungen zu Verantwortlichkeiten, der Überprüfungsplanung und deren Umsetzung[77] sollten dokumentiert werden. Dies trägt einerseits zu einer besseren Umsetzung der Absicherungsmaßnahmen bei und erleichtert andererseits die Zusammenarbeit mit den Aufsichtsbehörden, da diesen gegenüber leichter der Nachweis der Pflichterfüllung geführt werden kann.

69 Zu beachten ist auch, dass solche Überprüfungen nicht erst dann notwendig sind, wenn die Absicherungsmaßnahmen bereits einige Zeit umgesetzt sind. Vielmehr muss eine Überprüfung ihrer Wirksamkeit bereits unmittelbar nach der Implementierung durchgeführt und dokumentiert werden.[78]

70 **2. Auswahl der Maßnahmen und Abwägungsbelange. – a) Allgemein.** Bei der Auswahl der Maßnahmen sind verschiedene Belange in die Entscheidung einzustellen. Ziel ist es, ein dem Risiko **angemessenes Schutzniveau** zu gewährleisten. Die zu ergreifenden Maßnahmen werden also je nach Anwendungsfall und gegebener Bedrohungslage variieren. Wenn sich das Risiko mit der Zeit ändert – z.B. weil neue Angriffstechniken bekannt werden oder kryptographische Funktionen durch steigende Rechenleistung keinen adäquaten Schutz der mit ihnen verschlüsselten Daten mehr bieten – müssen auch die Maßnahmen entsprechend angepasst werden.[79] Die Absicherungspflicht ist daher nicht erledigt, wenn einmal angemessene Maßnahmen

---

75 https://www.bsi.bund.de/DE/Themen/Cyber-Sicherheit/Gefaehrdungslage/WID/wid.html.
76 Sydow-*Mantz* Art. 32 Rn. 21.
77 Ebenso Sydow-*Mantz* Art 32 Rn. 21.
78 *Bieker/Hansen/Friedewald* RDV 2016, 188, 195.
79 *Kroschwald* ZD 2014, 75, 77.

implementiert wurden.[80] Vielmehr ist sie in einem kontinuierlichen Prozess von Planung, Umsetzung, Prüfung und Nachsteuerung zu erfüllen[81]. Hierfür hat sich der PDCA-Zyklus in verschiedenen Risikomanagementsystemen etabliert.[82]

Die Maßnahmen müssen **geeignet** sein, also dem Ziel, die aus der Datenverarbeitung resultierenden Risiken zu vermindern, zumindest förderlich sein.[83] **71**

b) Stand der Technik. Bei der Auswahl der geeigneten Maßnahmen ist der **Stand der Technik** zu berücksichtigen. Der Stand der Technik ist eines der drei rechtlich vorgeprägten Sicherheitsniveaus, die sich am häufigsten in gesetzlichen Regelungen wiederfinden. Er ist nach unten von den „allgemein anerkannten Regeln der Technik“ und nach oben gegenüber dem „Stand von Wissenschaft und Technik“ abzugrenzen.[84] Die anerkannten Regeln der Technik müssen sich – verkürzt gesagt – sowohl wissenschaftlich als auch praktisch bei einer Mehrheit der Fachleute als richtig und bewährt durchgesetzt haben. Aufgrund dessen sind Maßnahmen nach allgemein anerkannten Regeln der Technik praktisch niemals neu, sondern eher alt, da die Akzeptanz unter den Fachleuten oftmals Zeit benötigt.[85] Demgegenüber verlangt der Stand der Technik die Umsetzung von Maßnahmen, die dichter an der „Front des technischen Fortschritts“ liegen.[86] Anders als beim „Stand von Wissenschaft und Technik“ müssen jedoch noch keine Maßnahmen ergriffen werden, die sich noch im Forschungsstadium befinden und deren praktische Bewährung unklar ist. Für den Bereich der Datensicherheit enthielt die Gesetzesbegründung des Regierungsentwurfes für das IT-Sicherheitsgesetz eine Definition, die als Anhaltspunkt dienen kann: „Stand der Technik in diesem Sinne ist der Entwicklungsstand fortschrittlicher Verfahren, Einrichtungen oder Betriebsweisen, der die praktische Eignung einer Maßnahme zum Schutz der Funktionsfähigkeit von informationstechnischen Systemen, Komponenten oder Prozessen gegen Beeinträchtigungen der Verfügbarkeit, Integrität, Authentizität und Vertraulichkeit gesichert erscheinen lässt.“ .[87] **72**

Was genau den Stand der Technik darstellt, kann im konkreten Einzelfall schwer zu ermitteln sein. Zur Konkretisierung kann auf Fachveröffentlichungen, etwa auch des BSI (BSI-Grundschutzkataloge, Cybersicherheits-Empfehlungen[88] etc.) oder der Datenschutzaufsichtsbehörden, zurückgegriffen werden. **73**

---

80 Gola-*Piltz* Art. 32 Rn. 12; Kühling/Buchner-*Jandt* Art. 32 Rn. 9.

81 Ähnlich schon zu § 9 BDSG Däubler/Klebe/Wedde/Weichert-*Wedde* § 9 Rn. 30 und Simitis-*Ernestus* § 9 BDSG Rn 67.

82 Siehe dazu auch *Kranig/Sachs/Gierschmann* Datenschutz-Compliance nach der DS-GVO, S. 90; *Lepperhoff* RDV 2016, 197, 199.

83 So auch Kühling/Buchner-*Jandt* Art. 32 Rn. 5.

84 Siehe Handbuch der Rechtsförmlichkeit, BAnz 2008, Nr. 160a v. 22.10.2008, S. 84 (online abrufbar unter: http://www.bmjv.de/SharedDocs/Downloads/DE/PDF/Themenseiten/RechtssetzungBuerokratieabbau/HandbuchDerRechtsfoermlichkeit_deu.pdf?__blob=publicationFile).

85 Tiefergehend *Seibel* NJW 2013, 3000, 3001.

86 Vgl. *Seibel* NJW 2013, 3000, 3003.

87 BT-Drucks. 18/4096, S. 26. Eine entsprechende Legaldefinition in § 8a Abs. 2 BSIG-E sah noch der 2013 veröffentlichten RefE des IT-Sicherheitsgesetzes vor.

88 Z.B. für Anbieter von Telemedien: https://www.bsi.bund.de/ACS/DE/_/downloads/BSI-CS_125.pdf?__blob=publicationFile&v=6.

c) Berücksichtigung von Art, Umfang, Umständen und Zwecken der Verarbeitung.

74 **Art, Umfang, Umstände und Zwecke der Verarbeitung** sind bei der Wahl der Maßnahmen ebenfalls zu berücksichtigen. Die Einbeziehung dieser Aspekte dient auch dem Ausgleich der Interessen von Verantwortlichen und Betroffenen. Von der Art, dem Umfang und den Umständen der Verarbeitung hängen die Risiken für die Daten und damit für die Rechte der Betroffenen ab[89].

75 Je nach **Art** der Verarbeitung variieren die Möglichkeiten für Datensicherheitsverletzungen. Werden Daten rein lokal auf Systemen verarbeitet, die nicht an Netzwerke angeschlossen sind, folgen daraus andere Gefahren, als wenn die Daten in Netzwerkumgebungen verarbeitet werden, z.B. Cloud-Services.[90] Daran muss sich auch die Auswahl der Schutzmaßnahmen orientieren.

76 Mit dem **Umfang** der Verarbeitung ist gemeint, in welchen Mengen personenbezogene Daten verarbeitet werden. Dies ist deshalb relevant, da mit dem Umfang der Verarbeitung grundsätzlich auch das Risiko für die Betroffenen insgesamt, aber auch als Individuum steigt. So steigt das Risiko für den Einzelnen, wenn sich seine Daten in großen Datensammlungen befinden, da diese z.B. für Angreifer regelmäßig sehr attraktive Ziele darstellen – die Wahrscheinlichkeit von erfolgreichen Angriffen also steigt.[91] Gleichzeitig treffen Angriffe auf große Datensammlungen zu vielen Personen auch mehr Betroffene und entfalten alleine deshalb größere Schäden für die Gesamtheit der Betroffenen. Dies muss bei der Wahl der Absicherungsmaßnahmen angemessen berücksichtigt werden.

77 Mit den **Umständen** der Verarbeitung sind – in Abgrenzung zu Art und Umfang – die externen Rahmenbedingungen der Verarbeitung gemeint. Zu diesen Rahmenbedingungen können neben der globalen IT-Sicherheitslage (z.B. Welche Angriffe werden aktuell besonders häufig durchgeführt und welche Vorgehensweisen sind dabei zu beobachten?) auch betriebliche Rahmenbedingungen zählen (z.B. herrschen Umstände in der Organisation, die Datensicherheitsverletzungen begünstigen – z.B. überarbeitete oder frustrierte Mitarbeiter).[92]

78 Die Berücksichtigung des **Zwecks** der Verarbeitung hat doppelte Bedeutung.[93] Zum einen dürfen Daten grundsätzlich nur zweckgebunden verwendet werden. Dafür muss die Reichweite des Zweckes zunächst ermittelt werden. Erst danach kann festgelegt werden, welche Verarbeitungen der Daten notwendig und erlaubt sind und gegen welche Gefahren unbefugter Zugriffe demnach zu schützen ist. [94] Zum anderen wird man dem Verantwortlichen je nach Zweck der Verarbeitung mehr (z.B. wenn die Daten der Gewinnmaximierung dienen) oder weniger (z.B. wenn die Verarbeitung in erster Linie und weit überwiegend den Interessen der Betroffenen dient) Maßnahmen zumuten können.

---

89 Siehe *Roßnagel* DuD 2016, 561, 566 zu den unterschiedlichen Risiken für die Betroffenenrechte bei Big Data, Cloud Computing und datengetriebenen Geschäften einerseits und einfachen Kundenlisten andererseits.

90 So auch *Kranig/Sachs/Gierschmann* Datenschutz-Compliance nach der DS-GVO, S. 136.

91 Zutreffend *Kranig/Sachs/Gierschmann* Datenschutz-Compliance nach der DS-GVO, S. 136.

92 Vgl. *Kranig/Sachs/Gierschmann* Datenschutz-Compliance nach der DS-GVO, S. 136.

93 Siehe auch *Lepperhoff* RDV 2016, 197, 199.

94 Ähnlich *Kranig/Sachs/Gierschmann* Datenschutz-Compliance nach der DS-GVO, S. 136.

d) Eintrittswahrscheinlichkeit und Schwere des Risikos. Zwei Abwägungsposten sind verhältnismäßig leicht für die Abwägungsentscheidung zu operationalisieren. Denn neben den o.g. Aspekten sind auch die **Eintrittswahrscheinlichkeit** und die **Schwere des Risikos** für die Rechte und Freiheiten natürlicher Personen zu berücksichtigen. Die Eintrittswahrscheinlichkeit kann als einer der Faktoren einer **quantitativen Risikobewertung** dienen. Bei dieser werden Risiken in Geldbeträgen ausgedrückt, indem die Höhe eines potentiellen Einzelschadens mit dem Faktor der jährlichen Häufigkeit des Schadens – eben der Eintrittswahrscheinlichkeit – multipliziert wird.[95] Neben einer quantitativen Risikobewertung ist auch die Berücksichtigung in einer Risikomatrix denkbar, in der Risiko und Eintrittswahrscheinlichkeiten jeweils in Kategorien (vernachlässigbar bis maximal) eingeteilt werden. Jedem Quadranten der Matrix können dann bestimmte Anforderungen und Maßnahmen zugeordnet werden.[96] **79**

Bei der Schwere des Risikos wird eine (grund-)rechtsbezogene Prognose der Schadensschwere gefordert, die die individuellen Folgen (also auch rein moralische Schäden wie z.B. Diskriminierungen) berücksichtigt.[97] Allerdings sind z.B. moralische Schäden für sich genommen kaum operabel. Gleichwohl gelingt es der Rechtsprechung immer wieder, sie als Schadensersatz in Geldbeträgen auszudrücken. Es erscheint daher sinnvoll, zur Ermittlung der Schadensschwere zu ermitteln, welche finanziellen Folgen bestimmte Verletzungen des Datenschutzes hätten, und dazu typisierte Fallgruppen zu bilden.[98] Da ErwG 83 von physischen, materiellen und immateriellen Schäden spricht, sollten die Verantwortlichen zunächst untersuchen, welcher dieser Schadenstypen bei der Verletzung des Datenschutzes jeweils einschlägig ist und welches finanzielle Gewicht diesem von der Rechtsprechung zugemessen wird. **80**

Beispiele: **81**

1. Werden Daten aus dem höchstpersönlichen Bereich verarbeitet, verletzt deren unbefugte Offenbarung die Persönlichkeitsrechte der Betroffenen (z.B. durch Bloßstellung oder Rufschädigung). Die Höhe des potentiellen Einzelschadens könnte in diesen Fällen anhand der Rechtsprechung zum Ersatz immaterieller Schäden ermittelt werden.

2. Ist die Verarbeitung personenbezogener Daten notwendig, um gegenüber einem Kunden (z.B. dem Betroffenen selbst) kostenpflichtige Dienste zu erbringen, verletzt der Ausfall der Verfügbarkeit dieser Daten üblicherweise die Leistungsrechte des Kunden aus dem Vertrag.

Die Höhe des potentiellen Einzelschadens richtet sich dann nach der Höhe von Schadensersatz- bzw. Minderungsrechten des Betroffenen. In der Regel entstehen diese zumindest in Höhe des Betrages, um den der Kunde die Rechnung wegen Nichterfüllung mindern kann. Benötigt der Kunde die Daten für eigene Erwerbszwecke, z.B. weil sie zur Abwicklung von Bestellungen benötigt werden, kann der Schaden deutlich höher ausfallen. Dann ist eine seriöse Abschätzung des potentiellen Schadens i.d.R. nur möglich, wenn mehr über das Geschäft und den Geschäftsverlauf des Kunden bekannt ist (z.B. Umsatz oder Gewinnkennzahlen). Indizien für ein hohes Scha-

---

95 Tiefergehend *Feiler/Forgo* Art. 32 Rn. 2 m.w.N.

96 *Kranig/Sachs/Gierschmann* Datenschutzcompliance nach der DS-GVO, S. 105.

97 Vgl. Gola-*Piltz* Art. 24 Rn. 26 ff., Kühling/Buchner-*Jandt* Art. 32 Rn. 5.

98 A.A. *Bieker/Hansen/Friedewald* RDV 2016, 188, 193.

denspotenzial können Service-Level-Agreements sein, die ein hohes Interesse des Kunden hinsichtlich der Verfügbarkeit nahelegen.

3. Sofern die Datenverarbeitung nötig ist, um dringende medizinische Hilfe leisten zu können, können physische Schäden drohen. Denkbar ist dies etwa, wenn in einem Krankenhaus dringend für eine Behandlung benötigte Daten durch einen Krypto-Trojaner verschlüsselt werden. Würde der Patient dann nicht behandelt und könnten gesundheitliche Verschlechterung eintreten, die nur noch durch irreversible Methoden – z.B. Amputation von Gliedmaßen – aufgehalten werden können, würde dem Patienten ein Schadensersatz zustehen. Zur Einschätzung der Höhe solcher Schäden kann auf entsprechende Tabellen zurückgegriffen werden, die von der Rechtsprechung ausgeurteilte Schadensersatzbeträge übersichtlich aufzeigen.

82 Die Verantwortlichen sollten sich mit der Art der Daten und den Gefahren für die Interessen der Betroffenen vertraut machen. Die identifizierten Risiken und deren Schwere sind ebenso zu dokumentieren wie die Art, in der beides ermittelt wurde.[99] Unter Umständen bietet sich auch eine Einteilung in Kategorien von Risikograden an, die sich an den Auswirkungen auf die Betroffenen orientieren.[100]

83 Für die Bestimmung der Eintrittswahrscheinlichkeit kann entweder auf statistische Daten aus der Vergangenheit zurückgegriffen oder eine fundierte Abschätzung für die Zukunft durchgeführt werden. Dies ist nicht immer einfach.[101] Für die statistische Auswertung kann auf entsprechende Veröffentlichungen, etwa zu Vertraulichkeitsbrüchen bei E-Mail-, Online-Banking- und sonstigen Zugangsdaten zurückgegriffen werden. Für die zukunftsbezogene Abschätzung kann z.B. auf die Notfallplanungen der Verantwortlichen oder – sofern vorhanden – ihr Business Continuity Management zurückgegriffen werden. Aus diesen sollte sich ergeben, welche Leistungen auch beim Ausfall von betriebswichtigen Mitteln noch aufrechterhalten werden können. Es gibt auch Vorschläge, die Wahrscheinlichkeit für externe Angriffe grob in die Kategorien vernachlässigbar (scheinbar unmögliche Risikorealisierung), begrenzt (schwierig aber mit gewissem Aufwand realisierbar), wesentlich (auch mit geringem Aufwand möglich) und maximal (einfach zu realisieren) einzuordnen.[102] Eine Näherung ist damit auch gut möglich. Sie bedarf dann für eine quantitative Operationalisierung trotzdem noch der Übersetzung in Zahlen.

84 **e) Implementierungskosten.** Art. 32 Abs. 1 gestattet es explizit, die **Implementierungskosten** bei der Auswahl der geeigneten Maßnahmen zu berücksichtigen. Hohe Implementierungskosten alleine rechtfertigen jedoch noch nicht den Verzicht auf Sicherheitsmaßnahmen oder die Wahl günstiger aber unzureichender Maßnahmen.[103] Vielmehr soll mit der Berücksichtigung der Kosten den allgemeinen Grundsätzen der Verhältnismäßigkeit und der Erforderlichkeit Rechnung getragen werden[104]. Eine Maßnahme ist nicht erforderlich, wenn ein vergleichbarer Schutz auch mit günstigeren Mitteln erreicht werden kann. Verhältnismäßig sind Maßnahmen, wenn ihre Kosten

99 Siehe auch *Bieker/Hansen/Friedewald* RDV 2016, 188, 195.

100 Detaillierte Vorschläge machen *Kranig/Sachs/Gierschmann* Datenschutzcompliance nach der DS-GVO, S. 104.

101 Die Praktikabilität generell bezweifelnd *Bieker/Hansen/Friedewald* RDV 2016, 188, 193.

102 *Kranig/Sachs/Gierschmann* Datenschutzcompliance nach der DS-GVO, S. 104.

103 Vgl. Plath-*Grages* Art. 32 DS-GVO Rn. 3.

104 Vgl. Gola-*Piltz* Art. 32 Rn. 20 und Auernhammer-*Kramer/Meints* Art. 32 DS-GVO Rn. 34.

für den Verantwortlichen in keinem eklatanten Missverhältnis zu den potentiellen materiellen oder immateriellen Schäden der Betroffenen und deren Eintrittswahrscheinlichkeit stehen.

Nach einer quantitativen Risikobewertung (Rn. 79) können die als Geldbetrag bezifferbaren Risiken besonders leicht den Implementierungskosten einer Sicherheitsmaßnahme gegenübergestellt werden. Dies kann helfen, die Angemessenheit der Sicherheitsmaßnahmen zu bestimmen.[105] Wenn die Implementierungskosten das bezifferte Risiko übersteigen, rechtfertigt das alleine noch keinen Verzicht auf die Umsetzung der Maßnahmen. Vielmehr muss auch dann noch eine Abwägung stattfinden, bei der insbesondere auch die Schwere der Folgen einer Datenschutzverletzung für den Betroffenen berücksichtigt werden muss.[106] Je wahrscheinlicher technische Risiken sind und je größer die teilweise auch nicht in Geld bezifferbaren Schäden für den Betroffenen sein können, desto weniger tauglich wird die rein an Beträgen orientierte Abwägung. Ist die Eintrittswahrscheinlichkeit hoch – wie z.B. beim Diebstahl und Bekanntwerden von Login-Daten für E-Mail-Accounts oder Online-Banking[107] –, sind entsprechende Schutzmaßnahmen auch dann verpflichtend umzusetzen, wenn ihre Implementierungskosten das in Geld quantifizierbare Risiko übersteigen. Das Gleiche gilt, wenn z.B. aufgrund der Art der verarbeiteten personenbezogenen Daten besonders schwere Folgen für die Betroffenen drohen. In besonderem Maße gilt dies für immaterielle Schäden (z.B. massive Rufschädigungen), da finanzieller Schadensersatz diese nur begrenzt kompensieren kann. Je wahrscheinlicher Datensicherheitsverletzungen und je tiefgreifender ihre Auswirkungen sind, desto eher sind auch Implementierungskosten zu akzeptieren, die über den in einer quantitativen Risikoanalyse ermittelten Risikobeträgen liegen. Bei einer sehr hohen Wahrscheinlichkeit von schweren Folgen einer Datensicherheitsverletzung kann der Abwägungsbelang der Implementierungskosten auch völlig in den Hintergrund treten. Dass dies jedoch nicht die vom Gesetzgeber intendierte Regelfolge ist, wird in ErwG 84 deutlich. Dort wird explizit der Fall angesprochen, dass ein hohes Risiko besteht, welches der Verantwortliche aus technischen Gründen oder aufgrund der Implementierungskosten nicht eindämmen kann. Als Folge sieht der ErwG dann weder die Unterlassung der Verarbeitung vor, noch geht er davon aus, dass der Verantwortliche trotzdem beliebig hohe Kosten auf sich zu nehmen hat. Vielmehr sehen die ErwG 84 und 94 dann die Konsultation der Aufsichtsbehörden vor. Diese können dann gemeinsam mit dem Verantwortlichen eruieren, ob und welche Maßnahmen dem Verantwortlichen noch zuzumuten sind, um das Risiko zumindest zu reduzieren. Im Hinblick auf die in den ErwG 84 und 94 sichtbare Intention der Norm ist zu hoffen, dass die Konsultation der Aufsichtsbehörden nur in seltenen Fällen damit endet, dass eine Verarbeitung final unterlassen werden muss. **85**

Als Implementierungskosten kann nur der finanzielle Implementierungsaufwand berücksichtigt werden – z.B. Materialkosten, Personalkosten, Kosten für die Beauftra- **86**

105 So auch *Feiler/Forgo* Art. 32 Rn. 3.

106 *Härting* DS-GVO Rn. 131 betont sogar, dass eine Betrachtung von Menge und Art der Datenverarbeitung nicht ausreicht um das Gewicht des Eingriffs für den Betroffenen zu bewerten. Vielmehr sei darauf zu achten, welche Informationen aus den Daten gewonnen werden können. Eine so feingranulare Betrachtung wird jedoch in vielen Fällen kaum praktikabel sein.

107 Absolut zutreffend Kühling/Buchner-*Jandt* Art. 32 Rn. 13.

gung Dritter. Faktische Schwierigkeiten oder ein Zeitaufwand, der nicht gleichzeitig auch finanziell ausdrückbar ist (z.B. weil es bei gleichem Personalaufwand einfach nur länger dauert), zählen nicht zu den Implementierungskosten.[108] Ebenso wenig zählen dazu solche Kosten, die dem Betroffenen ohnehin entstanden wären (**Sowieso-Kosten**). Daher dürfen die Kosten für betrieblich ohnehin erforderliche Maßnahmen (z.B. Beschaffung von Servern) nicht bei der Frage der Angemessenheit der Implementierungskosten berücksichtigt werden. Berücksichtigungsfähig sind nur Zusatzkosten für besondere Sicherheitsfunktionalitäten. Auch wenn der Begriff der **Implementierungs**kosten nahelegt, dass es nur um die Kosten der Einführung der Sicherheitsmaßnahmen geht, dürften auch die laufenden Kosten (**Betriebskosten**) für die Sicherheitsmaßnahmen in die Kostenabwägung einzubeziehen sein.

87 Wie bei fast allen Entscheidungen im Rahmen des Datenschutzes, sollten die Verantwortlichen und Auftragsverarbeiter auch ihre Auswahl- und Abwägungsentscheidung hinsichtlich bestimmter Maßnahmen und die ihr zu Grunde liegenden Tatsachen und Erwägungen gründlich dokumentieren.

IV. Risikoberücksichtigung – Abs. 2

88 In Abs. 2 wird klargestellt, welche Risiken bei der Ermittlung des angemessenen Schutzniveaus insbesondere in Betracht gezogen werden müssen. Die Verantwortlichen sollen situationsabhängig[109] ermitteln, welche Risiken ganz konkret für die von ihnen geplanten oder durchgeführten Datenverarbeitungen bestehen, und dies bei der Auswahl der Maßnahmen berücksichtigen.

89 Auch wenn Art. 32 – anders als Art. 17 DSRL und § 9 BDSG a.F. – nicht grundsätzlich die Rechtmäßigkeit der Datenverarbeitung sicherstellen soll[110], sind auch bestimmte Formen rechtswidrigen oder unbefugten Umgangs mit Daten bei der Risikobetrachtung mit einzubeziehen[111]. So sollen nicht nur solche Fälle von **Vernichtung, Verlust oder Veränderungen** in Betracht gezogen werden, die unbeabsichtigt – also durch bloße Fehler – erfolgen. Vielmehr sind in die Beurteilung auch die Fälle einzustellen, in denen Vernichtung, Verlust oder Veränderung unrechtmäßig herbeigeführt werden. Hierbei geht es vor allem um Angriffe von Dritten, von denen in zunehmendem Maße Gefahren auch für personenbezogene Daten ausgehen.

90 Neben möglichen unrechtmäßigen Einwirkungen durch Dritte sind allerdings auch solche aus der Sphäre des Verantwortlichen selbst in den Blick zu nehmen. Das gleiche gilt für die Fälle der unbefugten Offenlegung von bzw. den unbefugten Zugang zu personenbezogenen Daten.

91 Typische Risiken für die Verfügbarkeit durch **Verlust bzw. Veränderung der Daten** drohen z.B. durch Schadsoftware, mit der Angreifer versuchen, wichtige Daten zu verschlüsseln (also zunächst zu verändern), um sie dem Zugriff der Berechtigten zu ent-

---

108 Vgl. Gola-*Piltz* Art. 32 Rn. 21. Gleichwohl können faktische Schwierigkeiten im Rahmen der Angemessenheitsabwägung berücksichtigt werden.

109 Zur Situationsabhängigkeit Schantz/Wolff-*Wolff* Das neue Datenschutzrecht Rn. 849 ff.

110 A.A. Kühling/Buchner-*Jandt* Art. 32 Rn. 5.

111 A.A. scheinbar *Feiler/Forgo* Art. 32 Rn. 12, die den Schutz vor „unbefugter oder unrechtmäßiger Verarbeitung" kategorisch aus Art. 32 ausschließen, ohne jedoch zum gegensätzlichen und eindeutigen Wortlaut des Abs. 2 („ob unbeabsichtigt oder unrechtmäßig") Stellung zu nehmen.

ziehen (sog. Krypto-Trojaner). Der zur Wiederherstellung notwendige elektronische Schlüssel wird dann im Gegenzug zur Zahlung eines Lösegeldes angeboten. Zahlen die Verantwortlichen nicht, sind die Daten für die Verantwortlichen verloren, wenn die Angreifer ein gutes Verschlüsselungsverfahren gewählt und dieses richtig in ihre Schadsoftware implementiert haben.

Verlustrisiken bestehen auch aufgrund von Schadprogrammen, die darauf angelegt sind, schlicht alle Daten zu löschen oder die Datenverarbeitungssysteme insgesamt zu sabotieren. **92**

Neben diesen aus Angriffen resultierenden Risiken sollte bedacht werden, dass Daten auch durch schlichte Fehler in der Hard- oder Software vernichtet werden oder verloren gehen können. Fehlerhafte Algorithmen können zur Veränderung von Daten während der Verarbeitung führen, z.B. eine fehlerhafte interne Software eines Scanners. Wurden mit diesem Gerät Papiere eingescannt, hat dessen fehlerhafte Bildverarbeitungs-Software die Daten in bestimmten Fällen so verfälscht, dass die Zahlen auf dem Scan-Ergebnis nicht mehr mit den Zahlen auf dem eingescannten Papier übereinstimmten.[112] Solche Fehler sind dem Grunde nach bei jeder Software denkbar. Zur Vermeidung sollte regelmäßig – auch nach Updates – die ordnungsgemäße Funktionsfähigkeit stichprobenartig geprüft werden. **93**

Das **Risiko der unbefugten Offenbarung** personenbezogener Daten sollte insbesondere im Rahmen der Entscheidung über den Einsatz von Verschlüsselungsverfahren bedacht werden. Bei der Auswahl der Algorithmen sollten Gefahren durch Hacking-Angriffe in Betracht gezogen werden. Wenn verschlüsselt werden soll, sollte bei der Wahl der Verschlüsselung und weiterer Schutzmaßnahmen auch die Frage gestellt werden, inwiefern der durch die gewählte Verschlüsselung gewährte Schutz unterlaufen werden könnte. Hier ist zu prüfen, wie wahrscheinlich es ist, dass der Schlüssel durch eine Person unberechtigt weitergegeben wird. Beim sog. „social engineering" versuchen Angreifer gezielt, Mitarbeiter zur Offenbarung von vertraulichen Informationen oder zur Vornahme bestimmter Handlungen zum Vorteil des Angreifers zu bewegen. Je größer eine Organisation ist und je mehr Personen Zugriff auf personenbezogene Daten haben, desto größer ist das Risiko der Preisgabe – auch wenn diese Daten durch Verschlüsselung eigentlich geschützt sind. Mit der Zahl der Schlüsselinhaber steigt das Risiko. Als Gegenmaßnahmen kommen z.B. Mitarbeiterschulungen in Betracht, bei denen hinsichtlich solcher Risiken sensibilisiert wird. **94**

Die genannten Risiken sind nach dem Willen des Gesetzgebers grundsätzlich im Hinblick auf die Rechte und Freiheiten der Betroffenen zu betrachten, deren Daten verarbeitet werden[113]. Sofern eine Datenschutz-Folgenabschätzung durchzuführen ist, kann dabei auch auf deren Ergebnisse zurückgegriffen werden. **95**

Verantwortliche und Auftragsverarbeiter sollten dokumentieren, welche Risiken sie identifiziert, wie sie bewertet und welche Maßnahmen sie daraufhin zur Risikoverhinderung oder -minimierung ergriffen bzw. aus welchen Gründen sie bestimmte Maßnahmen unterlassen haben.[114] **96**

112 Zum Scan-Fehler siehe https://heise.de/-1931956.

113 Siehe dazu die ständige Bezugnahme auf die „Rechte und Freiheiten]" der Personen in den Erwägungsgründen (z.B. ErwG 78).

114 Siehe *Bieker/Hansen/Friedewald* RDV 2016, 188, 195.

V. Genehmigte Verhaltensregeln und Zertifizierungsverfahren – Abs. 3

97 Die Verantwortlichen und die Auftragsverarbeiter müssen in der Lage sein, die Erfüllung der Anforderungen nach Abs. 1 nachzuweisen. Dies folgt nicht aus Abs. 3 selbst, sondern aus den Regelungen zur Rechenschaftspflicht z.B. in Art. 5 Abs. 2 i.V.m. Art. 5 Abs. 1 lit. f oder auch Art. 24 Abs. 1 S. 1.

98 Es muss der Nachweis geführt werden können, dass angemessene technische oder organisatorische Maßnahmen umgesetzt wurden. Der Nachweis muss sich daher auf die Risikoermittlung, die Eignung der Maßnahmen, die Abwägungsentscheidung, die Umsetzung der Maßnahmen und die Überprüfungsverfahren beziehen.[115]

99 Im Hinblick auf diese Nachweispflicht konkretisiert Abs. 3, wie dieser Nachweis u.a. geführt werden kann. Es wird klargestellt, dass die Einhaltung genehmigter Verhaltensregeln nach Art. 40 oder eines genehmigten Zertifizierungsverfahrens nach Art. 42 bei dem erforderlichen Nachweis „als Faktor" herangezogen werden und insoweit den Nachweis erleichtern können. Innerhalb der jeweiligen Geltungsbereiche wird man eine Verarbeitung, die den genehmigten Zertifizierungen oder Verhaltensregeln entspricht, nicht mehr als unvereinbar mit den Vorschriften der DS-GVO ansehen können.[116] Für die Verantwortlichen und Auftragsverarbeiter steigt damit die Rechtssicherheit.[117]

100 Dabei ist zu beachten, dass beides für die Beurteilung der Datenverarbeitung als Ganzes jedoch nur „als Faktor" herangezogen werden kann. Das bedeutet, die Einhaltung von genehmigten Verhaltensregeln oder genehmigten Zertifizierungsverfahren muss nicht zwingend und vollumfänglich bedeuten, dass dies alleine ausreicht, um den Nachweis der Einhaltung der Anforderungen des Abs. 1 zu erbringen. Nach dem insoweit eindeutigen Wortlaut können daneben auch andere Faktoren relevant sein. [118] Wichtig ist das vor allem dort, wo die genehmigten Zertifizierungen oder Verhaltensregeln nur einen Teil der Datenverarbeitungsvorgänge abdecken.

101 Gleichzeitig stellt Abs. 3 auch keine Einschränkung auf genehmigte Zertifizierungsverfahren dar. Vielmehr können auch nicht genehmigte Zertifizierungen ausreichende Nachweise darstellen. Diese müssen freilich hinsichtlich der materiellen Anforderungen, des Verfahrens und der Form die Gewähr bieten, die Einhaltung der Anforderungen des Art. 32 unabhängig und fachlich fundiert abzuprüfen und geeignet und transparent zu bescheinigen.[119]

VI. Unterstellte Personen – Abs. 4

102 Um die Sicherheit der Verarbeitung zu gewährleisten, müssen Verantwortliche und Auftragsverarbeiter auch sicherstellen, dass die ihnen unterstellten natürlichen Perso-

---

115 Siehe dazu auch Sydow-*Mantz* Art 32 Rn. 29; *Bieker/Hansen/Friedewald* RDV 2016, 188, 195.

116 *Krings/Mammen* RDV 2015, 231, 235.

117 Diesen Vorteil genehmigter Verhaltensregeln und Zertifizierungen begrüßend *Kraska* ZD 2016, 153, 154.

118 Ebenso Gola-*Piltz* Art. 32 Rn. 46. Zertifikat und Verhaltensregeln alleine scheinbar generell nicht als ausreichend ansehend Sydow-*Mantz* Art. 32 Rn. 29.

119 Zu den Anforderungen an Zertifizierungsverfahren s. *Schwartmann/Weiß* RDV 2016, 68, 70 ff.; *Krings/Mammen* RDV 2015, 231, 232.

nen, die Zugang zu personenbezogenen Daten haben, diese nur auf Anweisung des Verantwortlichen verarbeiten, es sei denn, sie sind nach dem Recht der Union oder der Mitgliedstaaten zur Verarbeitung verpflichtet.

Das bedeutet, dass unterstellte natürliche Personen die personenbezogenen Daten nur verarbeiten dürfen, wenn sie dazu von den Verantwortlichen oder Auftragsverarbeitern angewiesen werden oder sie aufgrund rechtlicher Vorgaben eine Verarbeitungspflicht trifft. Abs. 4 begründet die Pflicht sicherzustellen, dass die Verarbeitung auch tatsächlich nur bei Anweisung oder anderweitigen rechtlichen Verpflichtung erfolgen kann. Da der Gesetzgeber die Formulierung „auf Anweisung" verwendet hat, adressiert Abs. 4 nur die Frage des „Ob" der Verarbeitung durch die unterstellten Personen. Hätte Abs. 4 auch das „Wie" erfassen wollen, hätte der Gesetzgeber eher die Formulierung „entsprechend der Anweisung" gewählt. **103**

Der Wortlaut spricht allgemein von unterstellten Personen und nicht von Mitarbeitern oder Angestellten. Damit werden z.B. auch Leiharbeiter erfasst, die in die Weisungsstrukturen der Verantwortlichen oder Auftragsverarbeiter eingebunden sind. Entscheidend ist, dass eine rechtliche Weisungsmöglichkeit zwischen dem jeweiligen Normadressaten und der ihm unterstellten Person besteht. Grundsätzlich könnte auch an Mitarbeiter von externen Dritten zu denken sein. Wenn z.B. externe IT-Dienstleister eingebunden sind, haben deren Mitarbeiter oftmals umfassenden Zugriff auf die IT-Systeme und damit auch auf die personenbezogenen Daten. Allerdings ist hier fraglich, wie weit das Merkmal „unterstellt" zu verstehen ist. Oftmals stehen unmittelbare Weisungsrechte gegenüber externen Mitarbeitern nur dem externen Dienstleister zu, bei dem sie angestellt sind. Anderenfalls droht schnell die Gefahr, dass die Tätigkeit des externen Mitarbeiters beim Verantwortlichen oder Auftragsverarbeiter als (ggf. unzulässige) Arbeitnehmerüberlassung zu qualifizieren ist. Um dies zu verhindern und die Einheit der Rechtsordnung zu wahren, spricht daher einiges dafür, dass solche Mitarbeiter von eingeschalteten Dienstleistern nicht als unterstellte natürliche Personen im Sinne des Abs. 4 anzusehen sind.[120] **104**

Die Pflicht aus Abs. 4 kann sowohl organisatorisch als auch technisch erfüllt werden. Zum einen können die natürlichen Personen vertraglich verpflichtet werden, die personenbezogenen Daten nur auf Anweisung zu verarbeiten oder wenn eine Verpflichtung nach dem Recht der Union oder der Mitgliedstaaten besteht. Die Einhaltung der Verpflichtungen ist zu kontrollieren.[121] Zum anderen können die Normadressaten die ihnen unterstellten Mitarbeiter auch schulen.[121] So können sie über die rechtlichen Rahmenbedingungen der Verarbeitung und insbesondere eventuell bestehender Verarbeitungspflichten nach dem Recht der Union oder der Mitgliedstaaten informiert werden. **105**

Daneben kann aber auch durch technische Maßnahmen sichergestellt werden, dass eine Verarbeitung nur in den genannten Fällen möglich ist.[122] Hier kann ein ausdifferenziertes Rechtemanagement hilfreich sein, mit dem die (Verarbeitungs-)Rechte vom Verantwortlichen oder Auftragsverarbeiter anlassbezogen eingeräumt werden. **106**

---

120 A.A. scheinbar Sydow-*Mantz* Art. 32 Rn. 23.
121 Sydow-*Mantz* Art. 32 Rn. 25.
122 Gola-*Piltz* Art. 32 Rn. 49; Sydow-*Mantz* Art. 32 Rn. 25.

107 Auch die Planungen und ergriffenen Maßnahmen (Verträge, durchgeführte Schulungsmaßnahmen nebst Teilnehmerlisten, technische Absicherungen, etc.) sollten für die Datenschutzkontrolle dokumentiert werden.[123]

VII. Aufsichtsmaßnahmen – Kontrollen und Sanktionen

108 Die Aufsichtsbehörden haben nach Art. 57 Abs. 1 lit. a die Aufgabe, die Anwendung der DS-GVO zu überwachen und durchzusetzen. Dazu gehört auch die Einhaltung der Verpflichtungen zur Datensicherheit aus Art. 32. Damit die Aufsichtsbehörden ihre Aufgaben erfüllen können, wird ihnen in Art. 58 Abs. 1 und Abs. 2 ein breit gefächertes Arsenal an Untersuchungs- und Abhilfebefugnissen eingeräumt.

109 **1. Kontrollrechte.** Um die Sicherheit der Datenverarbeitung überprüfen zu können, dürfen die Aufsichtsbehörden nach Art. 58 Abs. 1 lit. a vom Verantwortlichen oder dem Auftragsverarbeiter die notwendigen **Informationen verlangen** und **Datenschutzprüfungen** durchführen. Im Hinblick auf Art. 32 wird man zu den notwendigen Informationen, neben der Dokumentation der ergriffenen Maßnahmen, auch die Dokumentation des Risikomanagements (inkl. Darlegung der Abwägungsentscheidungen) zählen können.

110 Sofern bei den Nachweisen der Absicherungen gem. Art. 32 Abs. 1 i.V.m. Abs. 3 auf Zertifizierungen gemäß Art. 47 abgestellt wird, können die Aufsichtsbehörden die erteilten Zertifizierungen überprüfen (Art. 58 Abs. 1 lit. c).

111 Nach Art. 58 Abs. 1 lit. c umfassen die **Kontrollrechte** der Aufsichtsbehörden auch den Zugang zu den Geschäftsräumen einschließlich der Datenverarbeitungsanlagen und -geräte, entsprechend des jeweiligen Verfahrensrechts der Union oder der Mitgliedstaaten[124].

112 **2. Sanktionen.** Neben den reinen Kontrollrechten können die Aufsichtsbehörden sowohl Verantwortliche als auch Auftragsverarbeiter nach Art. 58 Abs. 2 lit. a **warnen**, wenn eine beabsichtigte (aber noch nicht vorgenommene) Verarbeitung voraussichtlich gegen die DS-GVO verstößt, etwa weil die Absicherungsmaßnahmen voraussichtlich nicht den Anforderungen des Art. 32 genügen. Dieser schwächste Eingriff wird vor allem dann Anwendung finden, wenn die Aufsichtsbehörden vor der Aufnahme der Verarbeitung schon in der Planungsphase konsultiert werden.

113 Ist die Verarbeitung dagegen schon aufgenommen worden, kann die Aufsichtsbehörde verschiedene Befugnisse nutzen, um auf eine angemessene Sicherheit der Verarbeitung hinzuwirken. Die verschiedenen Instrumente sind in Art. 58 Abs. 2 in aufsteigender Reihenfolge vom schwächsten zum härtesten aufgeführt.[125] Als schwächstes Instrument kann eine **Verwarnung** (Art. 58 Abs. 2 lit. b) ausgesprochen werden. Im Hinblick auf den Verhältnismäßigkeitsgrundsatz wird dies als „erster Warnschuss" gegenüber dem Betroffenen der Regelfall sein. Erst wenn dieser daraufhin nicht ausreichend einlenkt, um die Datensicherheit herzustellen, dürften stärker eingreifende Instrumente gerechtfertigt sein. Von dieser Regel dürften Ausnahmen zulässig sein, wenn aufgrund unzureichender Datensicherheitsmaßnahmen ein sehr hohes Risiko

---

123 Vgl. Sydow-*Mantz* Art. 32 Rn. 25.
124 Siehe dazu die Kommentierung zu Art. 58.
125 So auch *Dieterich* ZD 2016, 260, 263.

mit potenziell schwerwiegenden Folgen für die Betroffenen besteht, deren personenbezogene Daten verarbeitet werden.

Zu den stärkeren Maßnahmen zählt auch das Recht der Datenschutzbehörden, **Anweisungen** zu erteilen, Datenschutzverstöße auf bestimmte Weise und innerhalb einer bestimmten Zeit zu beseitigen (Art. 58 Abs. 2 lit. d). Sie können also nicht nur anordnen, dass Maßnahmen zur Erfüllung des Art. 32 ergriffen werden, sondern auch, welche Maßnahmen umgesetzt werden sollen und innerhalb welcher Frist Verantwortliche und Auftragsverarbeiter dies zu erledigen haben. Freilich werden sich auch solche Anordnungen hinsichtlich der Vorgabe bestimmter Maßnahmen und der Fristsetzung am Verhältnismäßigkeitsgrundsatz messen lassen müssen. **114**

Sicherlich eines der schärfsten Eingriffsrechte stellt die Möglichkeit nach Art. 58 Abs. 2 lit. f dar, ein vorübergehendes oder endgültiges **Verbot der Verarbeitung** zu verhängen. Dies dürfte im Hinblick auf die Sicherheit der Verarbeitung in erster Linie dann in Frage kommen, wenn ein sehr hohes Risiko von der Datenverarbeitung ausgeht, dem z.B. aus Kostengründen nicht durch entsprechende Maßnahmen begegnet wird, oder wenn Pflichtverletzungen trotz Anweisung der Aufsichtsbehörden nicht beseitigt werden[126]. **115**

Zu beachten ist, dass nicht nur solch direkte Maßnahmen der Aufsichtsbehörden Auswirkungen auf die Verarbeitung haben. Einzelne Aufsichtsbefugnisse können mittelbar die Erfüllung der Anforderungen des Art. 32 betreffen. So können Aufsichtsbehörden nach Art. 58 Abs. 2 lit. h **Zertifizierungen widerrufen** oder per Anweisung an die Zertifizierungsstelle widerrufen zu lassen. Sofern die Zertifizierung die Grundlage für den Nachweis gem. Art. 32 Abs. 3 darstellt, führt deren Widerruf automatisch zum Problem, dass diese Nachweisverpflichtung nicht erfüllt werden kann. Verantwortliche und Auftragsverarbeiter sollten daher darauf achten, dass die Voraussetzungen für die Zertifizierung stets eingehalten werden, um einem Widerruf vorzubeugen. **116**

Verstöße gegen die Pflicht zur Gewährleistung der Sicherheit der Verarbeitung können gem. Art. 58 Abs. 2 lit. i **anstelle oder zusätzlich** zu den vorstehenden Aufsichtsmaßnahmen auch mit **Geldbußen** nach Art. 83 geahndet werden. Nach Art. 83 Abs. 4 lit. a kann diese für Verstöße gegen Art. 32 bis zu 10 Mio. EUR oder im Fall von Unternehmen bis zu 2 % des weltweiten Jahresumsatzes des Vorjahres betragen – je nachdem, welcher Betrag höher ist. Sofern ein Verstoß gegen die Pflichten aus Art. 32 vorliegt, die Aufsichtsbehörden aufgrund von Art. 58 Abs. 2 dessen Abstellung verlangen und ein Verantwortlicher oder Auftragsverarbeiter dieser Anordnung nicht nachkommt, kann dafür gem. Art. 83 Abs. 6 sogar ein Bußgeld in doppelter Höhe verhängt werden. Da sich die Höhe des Bußgeldes ohnehin u.a. daran orientiert, wie kooperativ sich die Verantwortlichen und Auftragsverarbeiter zeigen und wie sehr sie versuchen, die Schäden für die Betroffenen zu minimieren[127], sollten die Verpflichteten im Fall einer Verletzung der Pflichten aus Art. 32 nicht die Konfrontation mit den Aufsichtsbehörden suchen. **117**

---

126 Nach § 38 Abs. 5 S. 2 BDSG a.F. war eine Untersagung nur möglich, wenn schwerwiegende Mängel trotz Anordnung und Verhängung eines Zwangsgeldes nicht abgestellt wurden, vgl. *Dieterich* ZD 2016, 260, 263, dort Fn. 51.

127 Vgl. insoweit Art. 83 Abs. 2.

C. Praxishinweise

I. Hinweise für Verantwortliche und Auftragsverarbeiter

118 **1. Umsetzung.** Zur Umsetzung der Anforderungen können sich Verantwortliche oder Auftragsverarbeiter an verschiedenen Modellen wie z.B. der ISO 27000er Reihe, dem Standard-Datenschutz-Modell (SDM) oder auch dem BSI-Grundschutz orientieren. Es gibt eine Reihe von Software-Tools, die die Umsetzung auch in größeren Organisationen erleichtern, indem sie Kontrollfragen und Checklisten je nach Anwendungsbereich vorgeben. Sie unterstützen u.a. bei der Risikoerhebung, der Wahl der Maßnahmen und der Dokumentation.

119 **2. Verpflichtung der Mitarbeiter nach Abs. 4.** Nach hier vertretener Auffassung betrifft die Verpflichtung aus Abs. 4 nicht die Mitarbeiter von Auftragnehmern der Verantwortlichen oder der Auftragsverarbeiter, da diesen gegenüber kein direktes Weisungsrecht besteht. Gleichwohl sollten Verantwortliche und Auftragsverarbeiter in den Verträgen mit ihren Auftragnehmern vorsehen, dass deren Mitarbeiter die personenbezogenen Daten nur entsprechend der Anweisungen des Auftraggebers verarbeiten. Die Anweisungsverhältnisse bestehen dann einerseits zwischen Auftraggeber und dem Auftragnehmer, sowie andererseits zwischen dem Auftragnehmer und dessen Mitarbeitern. So können die Ziele des Art. 32 gewahrt werden, obwohl die Mitarbeiter des Auftragnehmers keine natürlichen Personen sind, die arbeitsrechtlich dem Verantwortlichen oder dem Auftragsverarbeiter unterstellt sind.

120 **3. Haftung.** Neben Maßnahmen der Aufsichtsbehörden können Verstöße gegen die Pflichten aus Art. 32 Haftungsfolgen auslösen. Verantwortliche und Auftragsverarbeiter haften nach Art. 82 gegenüber den Personen, denen daraus ein Schaden entsteht, dass die jeweiligen Pflichten zur Implementierung von technischen und organisatorischen Maßnahmen nach Art. 32 Abs. 1 verletzt wurde.[128] Sind mehr als nur ein Verantwortlicher oder Auftragsverarbeiter für den Schaden verantwortlich, haften sie **gesamtschuldnerisch**. Die jeweils zuerst in Anspruch Genommenen können dann vom jeweils anderen im Innenverhältnis entsprechend der Verschuldensanteile einen Ausgleich verlangen.[129] Da der Geschädigte sich in solchen Fällen aussuchen kann, bei wem er den Schaden liquidiert, sollten sich Verantwortliche und Auftragsverarbeiter bei der Vertragsanbahnung absichern, dass ihr jeweiliger Partner solvent oder entsprechend versichert ist. Ansonsten droht ihnen, dass sie zwar dem Geschädigten den gesamten Schadensersatz zahlen, im Innenausgleich mit ihrem Vertragspartner (Verantwortlicher oder Auftragsverarbeiter) aber selbst (teilweise) leer ausgehen.

121 Verantwortliche und Auftragsverarbeiter sollten zur Reduzierung ihres Haftungsrisikos auch vertraglich vorsehen, dass die Stellen, mit denen sie u.U. gesamtschuldnerisch haften, sie informieren müssen, wenn Betroffene Schadensersatz geltend machen. Auch eine vertragliche Verpflichtung zur gemeinsamen oder zumindest **abgestimmten Rechtsverteidigung** gegen Schadensersatzansprüche durch Betroffene kann sinnvoll sein.

122 Zu beachten ist, dass die Betroffenen ihr Recht auf Schadensersatz wegen einer Verletzung der Pflicht zur Gewährleistung der Sicherheit der Verarbeitung nicht mehr

128 Siehe Auernhammer-*Eßer* Art. 82 DS-GVO Rn. 8.
129 Vgl. *Franck* RDV 2016, 111, 119.

selbst geltend machen müssen. Sie können dieses Recht aufgrund der Regelung des Art. 80 Abs. 1 auch durch gemeinnützige Organisationen wahrnehmen lassen (**Verbandsklagen**). Dies sollte bei der betriebswirtschaftlichen Betrachtung des Risikos von Klagen der Betroffenen berücksichtigt werden. Bisher war das Risiko von Klagen Betroffener insbesondere dann gering, wenn es sich bei Verantwortlichen oder Auftragsverarbeitern um große Konzerne handelte, da die Betroffenen geringe Erfolgsaussichten für sich sahen und den Aufwand oft scheuten.[130] Den Verantwortlichen oder Auftragsverarbeitern drohte daher kaum ein betriebswirtschaftlich signifikantes Risiko, wenn sie Maßnahmen für die Sicherheit der Verarbeitung nicht vornahmen. Das dürfte sich mit der der Einführung des Verbandsklagerechtes ändern[131], so dass Unternehmen, die dies bisher so gehandhabt haben, ihr Verhalten dringend überdenken sollten.

Verantwortliche und Auftragsverarbeiter sollten auch die Möglichkeit einer Versiche- **123**
rung ihres Haftungsrisikos in Betracht ziehen. Auch die Versicherungen werden einen Nachweis verlangen, dass die Risiken durch technische und organisatorische Maßnahmen minimiert werden. Deren Zusage von Versicherungsschutz ist daher – neben dem Aspekt der finanziellen Absicherung – ein guter Indikator, dass die ergriffenen Maßnahmen einen hinreichenden Schutz bieten.

4. Konsultation der Aufsichtsbehörden. Im Hinblick darauf, dass zur DS-GVO bisher **124**
weder Aufsichtspraxis noch Rechtsprechung existieren und auch die Regelung des Art. 32 reichlich Interpretationsspielraum bietet, sollten Verantwortliche und Auftragsverarbeiter von der Möglichkeit Gebrauch machen, die Datenschutzaufsichtsbehörden zu konsultieren. So können sie wertvolle Hinweise erhalten, welche Erwartungen die Aufsichtsbehörden an die Umsetzung haben. Gerade bei Fragen mit viel Auslegungsspielraum (z.B. der Risikobewertung und der Angemessenheit der Mittel) können dadurch verlorene Investitionen ebenso vermieden werden, wie spätere Aufsichtsmaßnahmen.

II. Hinweise für Betroffene

Sofern Betroffenen ein Schaden entsteht, weil die Verantwortlichen oder Auftragsver- **125**
arbeiter die Pflichten aus Art. 32 nicht erfüllt haben, können sie Schadensersatz geltend machen. Sind mehrere für den Schaden verantwortlich, haften diese gesamtschuldnerisch. In diesen Fällen sollten die Betroffenen den gesamten Schaden bei der Stelle liquidieren, die solventer ist und/oder den Schadensersatz mit geringerer Wahrscheinlichkeit abwehren wird (z.B. weil sie es erfahrungsgemäß nicht auf Klagen ankommen lässt.

Da Verbandsklagen zugelassen sind, sollten Betroffene bei unklaren Erfolgsaussich- **126**
ten ihrer Schadensersatzbegehren prüfen, ob sie ihr Anliegen auch durch Verbandsklagen verfolgen können. Gerade bei Fragen zur Verletzung der Absicherungspflichten nach Art. 32 ist das Prozessrisiko nicht zu unterschätzen. Die Ermittlung des Sachverhalts im Hinblick auf die ergriffenen Maßnahmen kann ebenso schwierig sein wie die rechtliche Frage, welche Maßnahmen in einer Gesamtschau durch den Anbieter hätten ergriffen werden müssen. Das insoweit bestehende Prozessrisiko kann für den Betroffenen über den Weg der Verbandsklagen u.U. reduziert werden.

130 Siehe dazu auch *Dieterich* ZD 2016, 260, 265.
131 *Gierschmann* ZD 2016, 51, 53.

III. Hinweise für öffentliche Stellen

127 Behörden und sonstige öffentliche Stellen des Bundes genießen eine Privilegierung, was die Sanktionen bei Verstößen gegen die Pflichten aus der DS-GVO angeht. Diese erstreckt sich auch auf Verstöße gegen die Absicherungspflichten aus Art. 32. Mit § 43 Abs. 3 BDSG n.F. hat der dt. Gesetzgeber von der entsprechenden Öffnungsklausel in Art. 83 Abs. 7 Gebrauch gemacht.

128 Zu beachten ist, dass diese Privilegierung nicht für die sonstigen Folgen gilt. Schon um sich vor Schadensersatzforderungen zu schützen, wären auch Behörden und sonstige öffentliche Stellen des Bundes gut beraten, ihre Absicherungspflicht aus Art. 32 zu erfüllen.

IV. Hinweise für Aufsichtsbehörden

129 Die Anforderungen des Art. 32 treten neben eine Reihe anderer Verpflichtungen zur Sicherheit der Datenverarbeitung. Verantwortliche oder Auftragsverarbeiter stehen vor der Aufgabe, diesen allen gerecht zu werden. Die Umsetzung verschiedener materieller oder formeller Anforderungen kann dabei zum praktischen Problem werden. Daher sollten es die Aufsichtsbehörden den Verpflichteten ermöglichen, wo immer dies passend ist, auf bestehende nationale, europäische und internationale IT-Sicherheitsstandards und IT-Sicherheitszertifizierungssysteme (ISO 27000er Reihe, BSI-Grundschutz, etc.) aufzusetzen. Dadurch würde den Unternehmen Rechtssicherheit geboten und ein Zersplittern der IT-Compliance-Anforderungen verhindert. Teilweise sind bestehende Standards zu generisch oder lassen Zertifizierungen Abweichungen von den Datenschutzinteressen zu.[132] Hier wäre es hilfreich, wenn die Aufsichtsbehörden entsprechende Hinweise – auch abseits genehmigter Regeln und Verfahren – veröffentlichen, unter welchen einschränkenden Randbedingungen die Verpflichteten auf solche Standards und Zertifizierungen zurückgreifen können – z.B. durch Vorgaben, wo die Grenzen tragbarer Risiken gesehen werden.

Artikel 33 Meldung von Verletzungen des Schutzes personenbezogener Daten an die Aufsichtsbehörde

(1) [1]Im Falle einer Verletzung des Schutzes personenbezogener Daten meldet der Verantwortliche unverzüglich und möglichst binnen 72 Stunden, nachdem ihm die Verletzung bekannt wurde, diese der gemäß Artikel 55 zuständigen Aufsichtsbehörde, es sei denn, dass die Verletzung des Schutzes personenbezogener Daten voraussichtlich nicht zu einem Risiko für die Rechte und Freiheiten natürlicher Personen führt. [2]Erfolgt die Meldung an die Aufsichtsbehörde nicht binnen 72 Stunden, so ist ihr eine Begründung für die Verzögerung beizufügen.

(2) Wenn dem Auftragsverarbeiter eine Verletzung des Schutzes personenbezogener Daten bekannt wird, meldet er diese dem Verantwortlichen unverzüglich.

(3) Die Meldung gemäß Absatz 1 enthält zumindest folgende Informationen:

a) eine Beschreibung der Art der Verletzung des Schutzes personenbezogener Daten, soweit möglich mit Angabe der Kategorien und der ungefähren Zahl der betroffe-

132 Siehe dazu *Kraska* ZD 2016, 153.

nen Personen, der betroffenen Kategorien und der ungefähren Zahl der betroffenen personenbezogenen Datensätze;

b) den Namen und die Kontaktdaten des Datenschutzbeauftragten oder einer sonstigen Anlaufstelle für weitere Informationen;

c) eine Beschreibung der wahrscheinlichen Folgen der Verletzung des Schutzes personenbezogener Daten;

d) eine Beschreibung der von dem Verantwortlichen ergriffenen oder vorgeschlagenen Maßnahmen zur Behebung der Verletzung des Schutzes personenbezogener Daten und gegebenenfalls Maßnahmen zur Abmilderung ihrer möglichen nachteiligen Auswirkungen.

(4) Wenn und soweit die Informationen nicht zur gleichen Zeit bereitgestellt werden können, kann der Verantwortliche diese Informationen ohne unangemessene weitere Verzögerung schrittweise zur Verfügung stellen.

(5) [1]Der Verantwortliche dokumentiert Verletzungen des Schutzes personenbezogener Daten einschließlich aller im Zusammenhang mit der Verletzung des Schutzes personenbezogener Daten stehenden Fakten, von deren Auswirkungen und der ergriffenen Abhilfemaßnahmen. [2]Diese Dokumentation muss der Aufsichtsbehörde die Überprüfung der Einhaltung der Bestimmungen dieses Artikels ermöglichen.

– *ErwG: 85, 87 und 88*
– *BDSG n.F.: §§ 42 Abs. 4, 43 Abs. 4*

Übersicht

Literatur: *ENISA* Recommendations for a methodology of the assessment of severity of personal data breaches, Version 1.0, 2013; *Green* Ransomware and the GDPR, Network Security 3/2017, 18 f.; *Kaufmann* Meldepflichten und Datenschutz-Folgenabschätzung – Kodifizierung neuer Pflichten in der EU-Datenschutz-Grundverordnung, ZD 2012, 358 ff.; *Krügel* Der Einsatz von Angriffserkennungssystemen im Unternehmen, MMR 2017, 795 ff.; *Marschall* Datenpannen – „neue" Meldepflicht nach der europäischen DS-GVO?, DuD 2015, 183 ff.; *Neufeld* Notfallmanagement bei Cyberangriffen durch Cyber Incident Response Plan, DSB 2017, 209 ff.; *Schneider* Meldepflichten im IT-Sicherheitsrecht, 2017; *Spittka* Nur noch 72 Stunden – Data Breach Notification nach der EU-Datenschutz-Grundverordnung, DSRITB 2016, 387 ff.; *Thode* Die neuen Compliance-Pflichten nach der Datenschutz-Grundverordnung, CR 2016, 714 ff.; *Voss* Internal Compliance Mechanisms for Firms in the EU General Data Protection Regulation RJTUM 50.3, 2018.

A. Einordnung und Hintergrund

I. Überblick

1 Die Art. 33 und 34 statuieren Meldepflichten gegenüber Aufsichtsbehörden und Benachrichtigungspflichten gegenüber betroffenen Personen, wenn sich Verletzungen des Schutzes personenbezogener Daten ereignen. ErwG 85 erklärt, dass solche Verletzungen ggf. physische, materielle oder immaterielle Schäden für natürliche Personen nach sich ziehen können, wenn nicht rechtzeitig und angemessen reagiert wird. Beide Vorschriften stehen in unmittelbarem Zusammenhang mit dem **Transparenz**gebot des Art. 5 Abs. 1 lit. a und den Geboten der **Integrität** und **Vertraulichkeit** gem. Art. 5 Abs. 1 lit. f.

2 Die Meldung nach Art. 33 vermittelt der Aufsichtsbehörde insoweit zunächst ein **Lagebild** über vorhandene Bedrohungen und Fehlerquellen bei der Verarbeitung personenbezogener Daten. Hierdurch wird eine sachgemäße Beratung von Verantwortlichen und Betroffenen sichergestellt. Art. 58 Abs. 2 lit. e i.V.m. Art. 34 Abs. 4 gestattet es der Behörde zudem, den Verantwortlichen anzuweisen, betroffene Personen entsprechend zu benachrichtigen (Art. 34 Rn. 44 ff.). Somit dient Art. 33 mittelbar auch dem Schutz von **Betroffeneninteressen**, falls das originäre Betroffenenrecht des Art. 34 vom Verantwortlichen im Einzelfall nicht bedient werden sollte. Schließlich

setzt die drohende Publizität einen gewichtigen **Anreiz** für den Verantwortlichen, es gar nicht erst zu Schutzverletzungen kommen zu lassen.[1]

II. Normengenese und -umfeld

So genannte Security Breach Notification Laws existieren im US-amerikanischen Raum bereits seit 2002[2]. Im Jahr 2007 regte die EU-Kommission eine Änderung der RL 2002/58/EG über die Verarbeitung personenbezogener Daten und den Schutz der Privatsphäre in der elektronischen Kommunikation an. Sicherheitsverletzungen, die zum Verlust oder zur Preisgabe personenbezogener Daten führen, könnten demnach erhebliche wirtschaftliche Schäden und soziale Nachteile nach sich ziehen. Betroffene sollten daher in die Lage versetzt werden, entsprechende Gegenmaßnahmen zu ergreifen[3]. Die Arbeiten auf europäischer Ebene mündeten in Art. 4 Abs. 3 der RL 2002/58/EG i.d.F. der RL 2009/136/EG (ePrivacy-RL/Cookie-RL, in Deutschland später umgesetzt durch § 93 Abs. 3 i.V.m. § 109a TKG).[4] Adressaten der RL waren ausschließlich die Erbringer öffentlich zugänglicher Telekommunikationsdienste. Für diesen Sektor ist später die eigenständige VO (EU) 611/2013 über Maßnahmen für die Benachrichtigung von Verletzungen des Schutzes personenbezogener Daten hinzugetreten.[5] **3**

Der deutsche Gesetzgeber übernahm die Ausgangsüberlegungen der Kommission bei den Arbeiten am BDSG. Vor allem sei es darum gegangen, potenzielle Schäden bei Betroffenen einzudämmen. Damit einhergehen sollten verstärkte Anstrengungen bei den Unternehmen zur Sicherung der Daten[6]. Die **BDSG-Novelle II** trat am 1.9.2009 in Kraft. Zu den damaligen Neuerungen gehörte u.a. die Benachrichtigungspflicht bei Datenpannen gem. § 42a BDSG a.F. Zusätzlich wurden Verweisketten aus dem TKG und TMG[7] angelegt, damit die BDSG-Vorschrift zugleich umfassend auf datenverarbeitende Stellen aus diesen Bereichen Anwendung finden konnte. 2010 folgte die Neufassung des § 83a SGB X a.F., der für den Sozialdatenschutz ebenfalls auf die Regelung des BDSG a.F. verwies. **4**

Die Meldepflicht des Art. 4 Abs. 3 RL 2002/58/EG i.d.F. von RL 2009/136/EG war trotz des spezifischen Adressatenkreises der **Prototyp** für die Art. 33 und 34. Insbesondere decken sich die Definitionen der Schutzverletzung in Art. 2 lit. h RL 2002/58/EG i.d.F von RL 2009/136/EG sowie Art. 4 Nr. 12. **5**

---

1 So auch Art.-29-Datenschutzgruppe, WP 250 Rev. 1 v. 6.2.2018, 7; *Schneider* Meldepflichten im IT-Sicherheitsrecht, S. 246.

2 Übersicht online unter http://www.ncsl.org/research/telecommunications-and-information-technology/security-breach-notification-laws.aspx. Zu den Erfahrungen in den USA siehe *Duisberg/Picot* CR 2009, 827.

3 KOM (2007) 698, S. 12.

4 Hierzu *Hanloser* MMR 2010, 300 ff.

5 Eingehend *Schneider* Meldepflichten im IT-Sicherheitsrecht, S. 281 ff.; *Werkmeister/Görlich* K&R 2014, 632.

6 BT-Drucks. 17/12319, S. 2.

7 Für § 15a TMG bleibt nach Mai 2018 kein Raum, vgl. Roßnagel-*Geminn/Richter* S. 300; Sydow-*Sassenberg* Art. 33 Rn. 33; ferner *Keppeler* MMR 2015, 779 zum TMG-Datenschutz insgesamt.

6 **1. DSRL.** Die RL 95/46/EG enthielt zu keinem Zeitpunkt eine Regelung über die Meldung von Datenpannen. Die allgemeine Meldepflicht nach Art. 18 f. RL 95/46/EG steht mit dem hiesigen Themenkomplex nicht in Zusammenhang.

7 **2. BDSG a.F.** Nicht der auf Art. 4 Abs. 3 RL 2002/58/EG i.d.F von RL 2009/136/EG beruhende § 93 Abs. 3 i.V.m. § 109a TKG galt als die Standardvorschrift für die Meldung von Datenpannen, sondern § 42a BDSG a.F.[8] Dies war im Wesentlichen der Priorisierung durch den Bundesgesetzgeber geschuldet. Dabei war der Anwendungsbereich für obligatorische Meldungen recht eingeschränkt.

8 **a) Adressaten.** Die Informationspflicht des § 42a S. 1 BDSG a.F. betraf ausschließlich nicht-öffentliche Stellen sowie öffentliche Stellen im Wettbewerb. Dass hierdurch der Verwaltung weitestgehend die Meldepflicht erlassen wurde, stieß auf gerechtfertigte Kritik.[9]

9 **b) Meldung.** Die Meldepflicht galt zudem nur bei unrechtmäßiger Übermittlung oder sonstiger Kenntniserlangung durch Dritte, und auch nur für gesondert bezeichnete Risikodaten des § 42a S. 1 Nr. 1–4 BDSG a.F. Darüber hinaus mussten auf Grund des Datenverlustes schwerwiegende Beeinträchtigungen für die Rechte oder schutzwürdigen Interessen der Betroffenen drohen. Bei bestehender Meldepflicht hatte die Benachrichtigung von Datenschutzaufsicht und Betroffenen unverzüglich zu erfolgen. Art und Weise der Meldung sowie deren Pflichtinhalte waren in § 42a S. 3 bis 5 BDSG a.F. umrissen.

10 **c) Verwendungsverbot.** § 42a S. 6 BDSG a.F. statuierte ein umfassendes Verwendungsverbot zugunsten der Meldepflichtigen.[10] Die Bundesregierung sah in § 42a S. 6 BDSG a.F. eine verfassungskonforme Auflösung des Spannungsverhältnisses von Mitteilungspflicht und Selbstbezichtigungsfreiheit.[11]

11 **d) Evaluation.** Gemäß § 48 BDSG a.F. war die Bundesregierung verpflichtet, § 42a BDSG a.F. bis Ende 2012 zu evaluieren und einen entsprechenden Bericht vorzulegen. In 177 Fällen bejahten die Aufsichtsbehörden eine Meldepflicht. Zu den typischen Fällen gehörten dabei der Verlust von Hardware, der falsche Versand bzw. der Verlust von Dokumenten sowie der unberechtigte Zugriff auf Webserver.[12] Die Einführung der Benachrichtigungspflicht wurde, obschon anfangs als „Datenschutzpranger" verrufen, von den Befragten überwiegend positiv bewertet.[13]

12 **3. Landesgesetze.** Benachrichtigungspflichten ähnlich derjenigen in § 42a BDSG a.F. sind derzeit (noch) in den LDSG von Berlin, Mecklenburg-Vorpommern, Rheinland-Pfalz und Schleswig-Holstein enthalten. Im Hamburgischen Melderecht findet sich eine vergleichbare Vorschrift. Bremen verzichtete auf die Einführung einer eigenständigen Datenpannenregelung, als die Europäische Kommission ihren DS-GVO-Entwurf veröffentlichte.[14]

---

8 Eingehend *Franck* GDD-Ratgeber Datenpannen, 2. Aufl. 2015.

9 *BfDI* RDV 2011, 263; *BfDI* 24. TB 2013, S. 58; *Gabel* BB 2009, 2046; *Hornung* NJW 2010, 1842; Simitis-*Dix* § 42a BDSG Rn. 2.

10 Einzelheiten bei *Franck* GDD-Ratgeber Datenpannen, 2. Aufl. 2015, S. 31 ff.

11 BT-Drucks. 16/12011, S. 35; BT-Drucks. 17/12319, S. 5.

12 BT-Drucks. 17/12319, S. 2.

13 BT-Drucks. 17/12319, S. 5.

14 LfDI Bremen, 39. TB 2016, S. 64.

a) Berlin, Mecklenburg-Vorpommern, Rheinland-Pfalz und Schleswig-Holstein. Die Vorschriften richten sich an **öffentliche Stellen der Länder** sowie Private, die Aufgaben der öffentlichen Verwaltung wahrnehmen. 13

- § 18a BlnDSG: Besondere Risikodaten müssen nicht betroffen sein, allerdings müssen schwerwiegende Beeinträchtigungen drohen. Die Verfahrensweise ähnelt derjenigen des BDSG. Die Vorschrift erfasst auch Daten Verstorbener (vgl. § 4 Abs. 1 S. 2 BlnDSG). Ein ausdrückliches Verwendungsverbot ähnlich § 42a S. 6 BDSG a.F. existiert nicht.
- § 18a DSG Rlp: Besondere Risikodaten müssen nicht betroffen sein, allerdings müssen schwerwiegende Beeinträchtigungen drohen. Die Verfahrensweise ähnelt derjenigen des BDSG. Ein ausdrückliches Verwendungsverbot ähnlich § 42a S. 6 BDSG a.F. existiert nicht.
- § 23 DSG MV: Risikodaten müssen nicht betroffen sein. Auf das Merkmal der schwerwiegenden Beeinträchtigung wurde verzichtet, es genügt jeder eventuelle Nachteil. Das mecklenburgische Recht knüpft nicht an die unrechtmäßige Kenntnisnahme durch Dritte an, sondern die unzulässige Verarbeitung, wobei offengelassen wird, ob diese Verarbeitung bei der meldenden Behörde selbst stattfinden muss. Auch die unrichtige Verarbeitung kann eine Informationspflicht auslösen, bspw. wenn hierdurch ein zu geringer Förderbetrag ausgezahlt wurde o.Ä. Die konkrete Verfahrensweise ist nicht geregelt. Ein ausdrückliches Verwendungsverbot ähnlich § 42a S. 6 BDSG a.F. existiert nicht.
- § 27a DSG SH: Risikodaten müssen nicht betroffen sein, aber es müssen schwerwiegende Beeinträchtigungen drohen. S. 2 der Vorschrift verweist sodann vollumfänglich auf § 42a S. 2 bis 6 BDSG a.F. und damit auch auf das Verwendungsverbot. Die Information der Öffentlichkeit erfolgt nicht über Kommunikationskanäle der verantwortlichen Stelle, sondern über die Website des ULD.

b) Hamburg. Im Hamburgischen Datenschutzgesetz ist keine ausdrückliche Skandalisierungspflicht für Datenpannen enthalten. Bei der Anpassung der Hamburgischen Verordnung über regelmäßige Datenübermittlungen und automatisierte Abrufe aus dem **Melderegister** (HmbMDÜV) an das BMG wurde aber auf Betreiben des HmbBfDI[15] entsprechend Vorsorge getroffen. 14

§ 18 Abs. 4 S. 5–8 HmbMDÜV betrifft unzulässige Meldedatenabrufe. Die Meldepflicht greift nur in schwerwiegenden Fällen und verweist überdies auf den Ausnahmekatalog in § 12a Abs. 3 S. 2 Nr. 3–5 HmbDSG. Die wesentlichen Gründe für ein Ausbleiben der Benachrichtigung sind allerdings an den HmbBfDI zu melden. 15

c) Bayern. Art. 13 BayDSG-E[16] soll künftig eine Regelung zu Datenschutzverletzungen vorsehen, statuiert jedoch lediglich weitergehende Ausnahmen von der Benachrichtigungspflicht nach Art. 34. 16

4. RL 2016/680 und BDSG n.F. Die RL 2016/680 (DSRL-Polizei/Justiz) enthält in Art. 30 und 31 RL 2016/680 eine Vorgabe für die Mitgliedstaaten, die **nahezu wortgleich** zur DS-GVO-Regelung ist. Ein Alleinstellungsmerkmal besteht hier hinsicht- 17

15 HmbBfDI, 25. TB 2014/2015, S. 104.
16 Entwurf v. 28.9.2017, https://www.stmi.bayern.de/assets/stmi/ser/gesetzentwuerfe/baydsg_stand_28_09_2017.pdf.

lich Art. 30 Abs. 6 RL 2016/680, der den innereuropäischen Datentransfer betrifft und weitergehende Meldepflichten gegenüber Verantwortlichen in anderen EU-Mitgliedstaaten begründet. Die Umsetzung der RL erfolgte in Deutschland durch die §§ 65 und 66 BDSG. § 46 Nr. 10 BDSG. enthält die notwendige mitgliedsstaatliche Definition der Schutzverletzung.

18 **5. RL 2016/1148 (NIS-RL) und ITSG.** Die RL 2016/1148 über Maßnahmen zur Gewährleistung eines hohen gemeinsamen Sicherheitsniveaus von Netz- und Informationssystemen in der Union regelt in Art. 14 und Art. 16 die Meldung von Sicherheitsvorfällen bei sog. wesentlichen und digitalen Diensten.[17] Die RL verfolgt das Ziel, eine „Kultur des Risikomanagements" zu fördern.[18]

19 Die Umsetzung der NIS-RL im BSIG und anderen bereichsspezifischen Vorschriften[19] stellt nicht auf das Vorhandensein von personenbezogenen Daten ab. Sie kann sich im Einzelfall mit datenschutzrechtlichen Meldepflichten decken, hat aber keinen spezifisch datenschutzrechtlichen Gehalt.

20 **6. VO (EU) Nr. 910/2014 (eIDAS).** Die VO (EU) Nr. 910/2014 über elektronische Identifizierung und Vertrauensdienste für elektronische Transaktionen im Binnenmarkt (sog. eIDAS-VO) regelt die elektronische Identifizierung und elektronische Vertrauensdienste. Gem. Art. 10 Abs. 1 VO (EU) Nr. 910/2014 ist im Falle einer Verletzung oder partiellen Beeinträchtigung von elektronischen Identifizierungssystemen oder Authentifizierungen ist der jeweilige Mitgliedstaat verpflichtet, die übrigen Mitgliedstaaten und die Kommission zu unterrichten.

21 Gem. Art. 19 Abs. 1 UAbs. 1 und 2 VO (EU) Nr. 910/2014 melden Vertrauensdiensteanbieter der Aufsichtsstelle (und ggf. der für Informationssicherheit zuständigen nationalen Stelle oder der Datenschutzbehörde) unverzüglich und spätestens innerhalb von 24 Stunden nach Kenntnisnahme jede Sicherheitsverletzung oder jeden Integritätsverlust, die bzw. der sich erheblich auf den erbrachten Vertrauensdienst oder die darin vorhandenen personenbezogenen Daten auswirkt.[20] Wenn sich die Sicherheitsverletzung oder der Integritätsverlust voraussichtlich nachteilig auf eine natürliche oder juristische Person auswirken, für die der Vertrauensdienst erbracht wurde, unterrichtet der Vertrauensdiensteanbieter auch diese.

22 Je nach Fallgestaltung können Meldepflichten nach DS-GVO, NIS-RL und eIDAS-VO durchaus zusammentreffen.[21]

23 **7. ePrivacyVO-E.** Die Entwürfe einer Verordnung über die Achtung des Privatlebens und den Schutz personenbezogener Daten in der elektronischen Kommunikation (sog. „ePrivacyVO") enthalten keine der DS-GVO entsprechende Datenpannenrege-

17 Einzelheiten bei *Schneider* Meldepflichten im IT-Sicherheitsrecht, 2017, S. 361 ff.
18 ErwG 4 RL 2016/1148.
19 Hierzu *Bräutigam/Wilmer* ZRP 2015, 38, 40 ff.; *Kipker* MMR-Aktuell 2017, 389121; *Kipker* ZD-Aktuell 2016, 05261; *Kipker* MMR 2017, 143 ff.; *Rosenthal/Trautwein* PinG 2017, 148 ff.; *Schallbruch* CR 2016, 663 ff.; *Voigt/Gehrmann* ZD 2016, 355 ff.; *Witt/Freudenberg* CR 2016, 657 ff.
20 Einzelheiten bei *Schneider* Meldepflichten im IT-Sicherheitsrecht, S. 541 ff.
21 *Art.-29-Datenschutzgruppe* WP 250 Rev. 1 v. 6.2.2018, 29.

lung.[22] Es ist daher davon auszugehen, dass die VO (EU) Nr. 611/2013 für diesen Sektor bestehen bleibt.

24 Art. 17 ePrivacyVO-E begründet unterdessen für Betreiber elektronischer Kommunikationsdienste die Pflicht, im Falle eines besonderen Risikos, das die Sicherheit von Netzen und elektronischen Kommunikationsdiensten gefährden kann, die Endnutzer hierüber zu unterrichten. Wenn das Risiko außerhalb der Sphäre des Diensteanbieters liegt, sind die Endnutzer über mögliche Abhilfemaßnahmen zu informieren.

25 **8. Behördenpapiere.** Zwei Arbeitspapiere der Art.-29-Datenschutzgruppe sind hervorzuheben. Das WP 213 („Opinion 3/2014 on Personal Data Breach Notification" vom 25.3.2014[23] war seinerzeit bezogen auf Art. 4 Abs. 3 der RL 2002/58/EG i.d.F. der RL 2009/136/EG. Es hat insoweit den Grundstein für den behördlichen Umgang mit data breach notifications gelegt.

26 Das WP 250 („Guidelines on Personal data breach notification under Regulation 2016/679")[24] ist unmittelbar auf die Art. 33 und 34 bezogen. Seit Veröffentlichung der „revised"-Fassung wird es (zumindest aus Behördensicht) als verbindlich angesehen werden können.

B. Kommentierung

I. Meldepflicht des Verantwortlichen (Abs. 1)

27 **1. Schutzverletzung.** Art. 4 Nr. 12 definiert die Verletzung des Schutzes personenbezogener Daten als „eine Verletzung der Sicherheit, die zur Vernichtung, zum Verlust oder zur Veränderung, ob unbeabsichtigt oder unrechtmäßig, oder zur unbefugten Offenlegung von beziehungsweise zum unbefugten Zugang zu personenbezogenen Daten führt, die übermittelt, gespeichert oder auf sonstige Weise verarbeitet wurden". Wegen dieser breiten Definition wird davon ausgegangen, dass zukünftig weit mehr Vorfälle gemeldet werden als bislang.[25] Schutzverletzungen von **Daten juristischer Personen** sind ggf. im Sozialdatenschutz (§ 35 Abs. 4 SGB I n.F. i.V.m. § 67 Abs. 2 S. 2 SGB X n.F.) sowie im Steuerdatenschutz (§ 2a Abs. 5 Nr. 2 AO n.F.) meldepflichtig.

28 Die Schutzverletzung unterliegt nur dann der Melde- und Benachrichtigungspflicht nach den Art. 33 und 34, wenn sie beim Pflichtigen aufgetreten ist.[26] Die Daten müssen also vom Pflichtigen selbst „übermittelt, gespeichert oder auf sonstige Weise verarbeitet" worden sein. Erhält der Verantwortliche Kenntnis von Schutzverletzungen, die **außerhalb seiner Sphäre** liegen, kann er ggf. aus vertraglicher Rücksichtnahme (vgl. § 241 Abs. 2 BGB) oder Verkehrssicherung (vgl. § 823 BGB) verpflichtet sein, die betroffenen Personen zu informieren. Die Aufsichtsbehörde bleibt hierbei außen vor. Problematisch ist insoweit das sog. **Skimming**, also das Auslesen von EC-Karten und

22 KommE v. 10.1.2017 (http://eur-lex.europa.eu/legal-content/DE/TXT/PDF/?uri=CELEX:52017PC0010) sowie ParlE v. 9.6.2017 (http://www.europarl.europa.eu/sides/getDoc.do?pubRef=-%2f%2fEP%2f%2fNONSGML%2bCOMPARL%2bPE-606.011%2b01%2bDOC%2bPDF%2bV0%2f%2fEN).

23 Online unter http://ec.europa.eu/newsroom/article29/item-detail.cfm?item_id=613101.

24 Online unter http://ec.europa.eu/newsroom/article29/document.cfm?doc_id=49827.

25 *Thode* CR 2016, 714, 720; *Neufeld/Schemmel* DSB 2017, 209, 211 *Spittka* DSRITB 2016, 387, 389.

26 A.A. wohl *Marschall* DuD 2015, 183, 184.

Abfangen der PIN, da Automaten-Attrappen und falsche Tastenfelder keine Verarbeitung durch den Verantwortlichen darstellen und die PIN überhaupt nicht auf der EC-Karte gespeichert ist.[27]

29 **a) Sicherheit.** Der Begriff der Sicherheit ist identisch mit demjenigen in Art. 32. Daher ist die Melde- und Benachrichtigungspflicht in unmittelbarer Nähe hierzu und nicht etwa bei den Betroffenenrechten geregelt. Bereits in Art. 17 Abs. 1 RL 95/46/EG waren die nunmehr in Art. 4 Nr. 12 genannten Sicherheitseinbußen unter dem Aspekt der Sicherheit vereint. Art. 32 Abs. 2 nimmt diesen Kanon erneut auf.

30 Die **rechtswidrige Verarbeitung** von personenbezogenen Daten – etwa entgegen Art. 6 Abs. 1 – stellt als solche noch keine Schutzverletzung dar.[28] Die Verwendung des Ausdrucks „Verletzung" (engl.: „breach") lässt allerdings den Eindruck entstehen, es würden ggf. nur rechtswidrige Vorkommnisse erfasst. Dem ist ausweislich Art. 4 Nr. 12 nicht so: Die unrechtmäßige Verletzung steht demnach gleichrangig neben der unbeabsichtigten. Auf **Vorsatz oder Fahrlässigkeit** kommt es ebenfalls nicht an. Die Befugnis, auf eine bestimmte Weise mit Daten umzugehen, entbindet nicht von der Meldepflicht, falls etwas schiefläuft. Willigt die betroffene Person bspw. in den Verzicht auf technisch-organisatorische Maßnahmen ein, besteht die Meldepflicht bei tatsächlich eingetretener Schutzverletzung dennoch.[29]

31 **b) Vernichtung, Verlust, Veränderung.** Die Art.-29-Datenschutzgruppe unterscheidet seit jeher zwischen „availability", „integrity" und confidentiality breaches".[30] Freilich können mehrere hiervon gemeinsam auftraten. Die drei disruptiven Tatbestandsvarianten – Vernichtung, Verlust und Veränderung – sind unmittelbar auf die Schutzziele **Integrität und Verfügbarkeit** im Sinne von Art. 32 Abs. 1 lit. b und c bezogen. Beispiele sind etwa die versehentliche oder absichtliche Löschung von Patientendokumentation bzw. Kommunikationsinhalten durch Mitarbeiter oder auch der Befall mit einem Krypto-Trojaner[31] (Ransomware).

32 **Vernichtung** meint die Zerstörung des verwendeten Datenträgers, unabhängig davon, ob es sich um magnetische, optische, papierne oder sonstige Speichermethoden handelt. **Verlust** erfasst alle Fälle der Löschung sowie die tatsächliche Nichtauffindbarkeit. Bei der Löschung ist es nicht von Belang, ob es sich um sog. „sicheres" Löschen oder die bloße Freigabe im Dateisystem zum Überschreiben handelt, solange hierdurch die Verfügbarkeit der Daten in Mitleidenschaft gezogen wird.[32] **Veränderung** lässt die vorhandenen Datenfelder bzw. Dokumente zwar bestehen, verfälscht jedoch die gespeicherten Informationen. Irrelevant ist, ob die Veränderung durch das verwendete System nachweisbar ist, sofern nicht zugleich verhindert wird, dass die modifizierten Daten in die weitere Verarbeitung gelangen. Wird eine Veränderung umgehend festgestellt, die ursprünglichen Daten sind jedoch nicht wiederherstellbar, ist tatbestandlich Verlust eingetreten.

---

27 Zum Skimming unter § 42a BDSG a.F. *Franck* ZD-Aktuell 2016, 05030.

28 Zutreffend *Piltz* K&R 2017, 709, 715.

29 Näher *Franck* CR 2016, 238, 239 f.; a.A. Gola-*Reif* Art. 33 Rn. 22.

30 *Art.-29-Datenschutzgruppe* WP 213 v. 25.3.2014, 4; *dies.* WP 250 Rev. 1 v. 6.2.2018, 7.

31 Ein grassierendes Problem, Einzelheiten bei *LDI NRW* 23. TB 2017, S. 106 ff.; ferner *BlnBDI* TB 2016, S. 161 f.; *BayLDA* 7. TB 2015/2016, S. 133 f. *Green* Network Security 3/2017, 15 f.

32 A.A. wohl Kühling/Bucher-*Jandt* Art. 4 Rn. 7.

Die aufgeführten Tatbestandsvarianten sind keineswegs abschließend zu verstehen. Auch das Vergessen einer Passphrase zu verschlüsselten Daten und die damit einhergehende Verfügbarkeitseinbuße stellen insoweit eine Schutzverletzung im Sinne von Art. 4 Nr. 12 dar.[33] Das Gleiche gilt für den zeitweisen oder dauerhaften Ausfall von Datenverarbeitungssystemen (Stromausfall etc.). Insoweit ist ggf. von einem „vorübergehenden Verlust" auszugehen.[34] Die unbeabsichtigte Beschädigung oder Löschung eines Backup-Datenträgers stellt eine Schutzverletzung dar, nicht jedoch planmäßiger Austausch und Vernichtung des Backup-Mediums.[35] **Bagatellfälle** werden mittels der obligatorischen Risikobewertung korrigiert. **33**

Unklar ist, ob auch geplante Maßnahmen wie **Wartungsarbeiten** als Schutzverletzung gewertet werden können, wenn hierdurch ein Risiko für betroffene Personen hervorgerufen wird.[36] Nach hiesiger Ansicht stellen Erhaltungsmaßnahmen gem. Art. 5 Abs. 1 lit. f und Art. 32 Abs. 1 zulässige Fremdgefährdungen dar. Ggf. ist vor der Wartungsmaßnahme ein funktionierender Notbetrieb sicherzustellen. Lediglich dann, wenn der Wegfall der Verarbeitungsmöglichkeit planwidrig länger andauert, ist die Grenze zur Schutzverletzung überschritten. **34**

c) Unbefugte Offenlegung, unbefugter Zugang. Bei den „confidentiality breaches" existieren zwei Nuancen. Die **unbefugte Offenlegung** rekurriert auf die Definition der Verarbeitung in Art. 4 Nr. 2. Es handelt sich um die Weitergabe von personenbezogenen Daten durch Übermittlung, Verbreitung oder eine andere Form der Bereitstellung. Die Übermittlung ist dabei ziel- und ggf. zweckgerichtet, die Verbreitung hingegen an eine unbestimmte Vielzahl von Empfängern gerichtet. Der **unbefugte Zugang** umfasst die unmittelbare Einsichtnahme oder die Abrufmöglichkeit. Dabei kommt es nicht darauf an, ob der Zugang vom Verantwortlichen wissentlich und willentlich gewährt oder vom Zugreifenden eigenmächtig geschaffen wird (z.B. Hacker-Angriff, social engineering). **35**

Weder die unbefugte Offenlegung noch der unbefugte Zugang verlangen tatbestandlich einen **Dritten** im Sinne von Art. 4 Nr. 10. Eine Schutzverletzung ist daher auch dann gegeben, wenn sich ein Mitarbeiter des Verantwortlichen außerhalb seiner Zuständigkeit oder zu privaten Zwecken personenbezogene Daten verschafft. **36**

Beispiele: Bankangestellter nutzt Kundentelephonnummer für Flirt-SMS;[37] Mitarbeiter einer Pflegeeinrichtung speichert Videoaufnahmen der Bewohner auf dem ihm zugeordneten Dienst-PC.[38] Als unbefugte Offenlegung ist auch die versehentliche interne Weitergabe wegen eines fehlerhaften Berechtigungskonzepts anzusehen. **37**

Der **Verlust von Datenträgern** stellt eine Schutzverletzung im Sinne von Art. 4 Nr. 12 dar.[39] Sofern die Daten dem Stand der Technik entsprechend verschlüsselt sind, mag die Benachrichtigungspflicht gem. Art. 34 Abs. 3 lit. a entfallen, für die Meldung **38**

---

33 So auch *Art.-29-Datenschutzgruppe* WP 250 Rev. 1 v. 6.2.2018, 8.
34 *Art.-29-Datenschutzgruppe* WP 250 Rev. 1 v. 6.2.2018, 8.
35 So auch *Schneider* Meldepflichten im IT-Sicherheitsrecht, S. 253.
36 Ablehnend Gola-*Reif* Art. 33 Rn. 20.
37 *LAG Rheinland-Pfalz* v. 10.11.2011 – 10 Sa 329/11, ZD 2012, 437 f. zur arbeitsrechtlichen Dimension des Falles.
38 *LfDI Bremen* 39. TB 2016, S. 91 f.
39 Ebenso Gola-*Reif* Art. 33 Rn. 26.

gegenüber der Aufsicht gilt dies nicht.[40] Der Behörde obliegt nämlich gem. Art. 34 Abs. 4 die letzte Entscheidung darüber, ob eine sichere Verschlüsselung gewählt wurde, die das Risiko in den Hintergrund treten lässt.

39 **d) Bekanntwerden.** Nach Art. 33 Abs. 1 S. 1 muss die Schutzverletzung dem Verantwortlichen „bekannt geworden" sein. Die unbefugte Offenlegung mag insoweit zweifelsfrei feststellbar sein, beim unbefugten Zugang ist dies ggf. nicht so einfach. Bei begründetem **Verdacht** kann den Verantwortlichen insoweit eine Nachforschungspflicht treffen, etwa wenn Kontodaten in die Hände Dritter gelangt sind und Anhaltspunkte dafür sprechen, dass diese aus der eigenen Buchhaltung stammen oder wenn ein bestimmter Rechner Teil eines Bot-Netzes geworden ist. Richtigerweise muss bereits die **hohe Wahrscheinlichkeit** einer Kenntnisnahme durch Dritte genügen. Diese Interpretation entspricht dem Schutzzweck der Norm, Betroffene rechtzeitig vor einem möglichen Datenmissbrauch zu warnen und Behörden ein zutreffendes Lagebild zu vermitteln. Die deutschen Aufsichtsbehörden teilten dieses Verständnis bereits hinsichtlich § 42a BDSG a.F. durchweg.[41] Es setzt sich bei der Art.-29-Datenschutzgruppe fort.[42] Im Falle geschickter Angreifer, die ihre Spuren auf dem datenverarbeitenden System weitgehend verwischen, bliebe eine Meldung ansonsten aus, obwohl eine missbräuchliche Verwendung der gewonnenen Informationen umso wahrscheinlicher sein dürfte.

40 Ein **„Kennenmüssen"**, d.h. die fahrlässige Unkenntnis von der Schutzverletzung, ist der DS-GVO fremd. Dem Verantwortlichen bzw. einem seiner Wissensvertreter müssen zumindest hinreichende Anhaltspunkte bekannt geworden sein, um die Pflichten aus Art. 33 und 34 auszulösen.[43] Entzieht sich der Verantwortliche hingegen bewusst der Kenntnis, ist er so zu behandeln, als seien ihm die notwendigen Tatsachen bekanntgeworden.[44]

41 **e) Altpannen.** U.U. wird eine gem. § 42a BDSG a.F. meldepflichtige Datenpanne erst nach Mai 2018 bemerkt oder eine von § 42a BDSG a.F. noch nicht erfasste Datenpanne nach den Art. 33 f. meldepflichtig.[45]

42 Offen ist bislang, ob eine Schutzverletzung i.S.d. Art. 33 f. erst mit Geltung der entsprechenden Definition in Art. 4 Nr. 12 gegeben ist, oder ob der die Meldepflicht auslösende Tatbestand bereits vor Mai 2018 eingetreten sein kann. Die Art. 33 und 34 verlangen lediglich (irgend-)eine Schutzverletzung. Einen bestimmten Zeitpunkt legt die DS-GVO insoweit nicht fest. Aus der kurzen Meldefrist des Art. 33 Abs. 1 S. 1 von

---

40 A.A. kurioserweise *Art.-29-Datenschutzgruppe* WP 250 Rev. 1 v. 6.2.2018, 19 in Verkennung des mehrfach betätigten ausdrücklichen Willens des Unionsgesetzgebers, vgl. Art. 4 Abs. 3 UAbs. 3 der RL 2002/58/EG i.d.F. der RL 2009/136/EG, Art. 4 Abs. 1 und Abs. 2 lit. a VO (EU) 611/2013 sowie Art. 34 Abs. 3 lit. a.

41 *BayLDA* 4. TB 2011, S. 95; *BlnBDI* TB 2010, S. 176; *BlnBDI* TB 2011, S. 165; *Hessischer DSB* 40. TB 2012, S. 161, *LDI NRW* 20. TB 2011, S. 61; *LVwA Sachsen-Anhalt* 5. TB 2011, S. 20; *LfD Sachsen-Anhalt* 12. TB 2016, S. 153.

42 *Art.-29-Datenschutzgruppe* WP 250 Rev. 1 v. 6.2.2018, 11.

43 A.A. offenbar *Laue/Nink/Kremer* Das neue Datenschutzrecht in der betrieblichen Praxis, § 7 Rn. 41.

44 Paal/Pauly-*Martini* Art. 33 Rn. 19.

45 Dass im Gegensatz dazu eine ehemals meldepflichtige Panne unter die Skandalisierungsschwelle rutschen könnte, ist nicht anzunehmen.

72 Stunden ab Kenntnis der Datenpanne kann sich unterdessen keine Präklusion von Altpannen ergeben, da jene erst mit Bekanntwerden zu laufen beginnt.

Tatbestandlicher Anknüpfungspunkt für die Skandalisierungspflicht ist freilich nicht allein die Schutzverletzung, sondern das fortdauernde Risiko für die betroffenen Personen. So lange also das Risiko für die betroffenen Personen fortbesteht, sind Altpannen gem. der Art. 33 f. zu melden.[46] Irrelevant ist hierbei, ob die Schutzverletzung bereits nach altem BDSG meldepflichtig war. Die Benachrichtigung der Betroffenen kann unterdessen entfallen, wenn das hohe Risiko aller Wahrscheinlichkeit nach nicht mehr gegeben ist (Art. 34 Rn. 24 ff.). **43**

2. Risiko. – a) Interessen und Rechtsgüter. ErwG 85 zeichnet ein sehr genaues Bild, welche Szenarien dem Unionsgesetzgeber vor Augen standen. Schutzverletzungen können ggf. **physische, materielle oder immaterielle Schäden** zur Folge haben. Hierzu zählt der Verlust der Kontrolle über die eigenen Daten oder die Einschränkung von Betroffenenrechten. Darüber hinaus werden Diskriminierung, Identitätsdiebstahl, Identitätsbetrug, finanzielle Einbußen, unbefugte Aufhebung der Pseudonymisierung,[47] Rufschädigung sowie Verlust der Vertraulichkeit von dem Berufsgeheimnis unterliegenden Daten genannt. Diese Aufzählung ist selbstverständlich nicht abschließend, sondern dient lediglich der Illustration. Jeder erhebliche wirtschaftliche oder gesellschaftliche Nachteil für die betroffene oder jede andere natürliche Person ist erfasst. **44**

Ein Risiko besteht grundsätzlich immer dann, wenn ein Schaden noch nicht eingetreten ist und daher noch abwendbar erscheint. Dies bedeutet jedoch nicht, dass die Mitteilungspflicht entfiele, wenn der Nachteil tatsächlich **bereits eingetreten** ist.[48] Zum einen erscheint eine Vertiefung des Schadens u.U. noch möglich, zum anderen wäre schlichtweg nicht erklärbar, warum die Aufsichtsbehörde über all jene Fälle unterrichtet werden sollte, in denen die Beeinträchtigung von Betroffeneninteressen noch abgewendet werden konnte, die echten Schadensfälle aber durch einen Mantel des Schweigens verdeckt werden dürften. Es gibt überdies keine Ausnahme i.S.v. Art. 13 Abs. 4, Art. 14 Abs. 5 lit. a, soweit die betroffene Person bereits aus eigener Anschauung über die Information verfügt. **45**

b) Risikobewertung. Die Gefahrenprognose obliegt dem Verantwortlichen. Art. 33 Abs. 1 S. 1 enthält diesbezüglich eine **Beweislastumkehr** („es sei denn"). Insoweit ist jede Schutzverletzung an die Aufsichtsbehörde zu melden, wenn der Verantwortliche im Rahmen seiner Accountability-Pflichten nicht von sich aus nachweisen kann, dass voraussichtlich kein Risiko für die Rechte und Freiheiten natürlicher Personen besteht. Ist der Verantwortliche objektiv oder subjektiv nicht in der Lage, festzustellen, ob ein Risiko besteht (**non liquet**), ist eine Meldung abzusetzen. Die Beweislastumkehr kann unterdessen nicht zum Anlass genommen werden, pauschal jede Verletzung zu melden, ohne sich überhaupt Gedanken über das Risiko zu machen: Art. 33 Abs. 3 lit. c verlangt insoweit stets eine Beschreibung der wahrscheinlichen Folgen. **46**

---

46 *Franck* RDV 2017, 289 ff. zu Altpannen und Alt-Ordnungswidrigkeiten, etwa wegen pflichtwidrigen Unterlassens einer Meldung.

47 Die Aufhebung der Pseudonymisierung ist insb. wegen der ihr innewohnenden Schutz- und Ermöglichungsfunktion brisant, vgl. *Schwartmann/Weiß* Whitepaper zur Pseudonymisierung, S. 14 ff.

48 A.A. *Marschall* RDV 2015, 17, 18 zu § 42a BDSG a.F.

47 Die Risikobewertung ist stets auf den **Zeitpunkt der Schutzverletzung** bezogen. Eine nachträgliche Kompensation des Risikos (vgl. Art. 34 Abs. 3 lit. b) ist für die Meldepflicht ohne Belang. Die Prognose kann ggf. auf einer bestehenden Datenschutz-Folgenabschätzung gem. Art. 35 Abs. 7 lit. c aufbauen. Sie ist damit jedoch nicht abgeschlossen, da in Abhängigkeit der Umstände weitere Aspekte des Einzelfalls berücksichtigt werden müssen.

48 Die Bedrohungslage ist anhand objektiver Kriterien zu bewerten. Ein allzu strenger Maßstab sollte hierbei nicht angelegt werden. Die Risikobewertung im Rahmen des Art. 33 Abs. 1 S. 1 soll lediglich **Bagatellfälle** ausschließen.[49] Je größer der potentielle Schaden ausfallen könnte, desto geringer sollten die Anforderungen an die Eintrittswahrscheinlichkeit veranschlagt werden.[50] Dieses Axiom lässt sich wie folgt darstellen:

$$\text{Risiko} = \text{Schadensintensität} \times \text{Eintrittswahrscheinlichkeit}$$

$$\text{Risiko}_{\text{gesamt}} = \text{Risiko}_1 + \text{Risiko}_2 + \ldots + \text{Risiko}_n$$

49 Die Art.-29-Datenschutzgruppe hat einen Kriterienkatalog zur Risikobewertung mit weiteren Details aufgestellt:[51]

- Art der Schutzverletzung,
- Art, Sensibilität und Menge der personenbezogenen Daten,
- leichte Identifizierung von Individuen,
- schwerwiegende Konsequenzen für Individuen,
- besondere Eigenschaften der Individuen (Kinder oder sonstig schutzbedürftige Betroffene),
- Zahl der betroffenen Personen,
- besondere Eigenschaften des Verantwortlichen (Rolle und Bedeutung, erhöhte Sensibilität der typischerweise verarbeiteten Daten).

Bereits 2013 stellte die ENISA ihre Methodologie zur Bestimmung der Schwere einer Schutzverletzung vor.[52]

50 Die Bewertungskriterien können ferner in Anlehnung an Art. 3 Abs. 2 VO (EU) Nr. 2013/611 festgelegt werden. Immerhin steht die VO (EU) Nr. 2013/611 laut ihrem ErwG 19 in vollem Einklang mit dem seinerzeitigen Kommissionsentwurf zur DS-GVO. Auch das **Alter der Daten** kann eine Rolle bei der Gefahrenprognose spielen.[53] Bei Rechtsunsicherheit kann es sinnvoll sein, vor der offiziellen Meldung die zuständige Aufsichtsbehörde informell um Rat zu fragen.

51 Das **Risiko gesellschaftlicher Nachteile** wird in der Regel nur schwer vorherzusehen sein.[54] Hier kommt es auf die individuellen Beziehungen der betroffenen Person zu ihrem **Soziotop** an, die i.d.R. von der datenverarbeitenden Stelle kaum überblickt werden können. Die Art. 33 und 34 ermächtigen jedenfalls nicht zur Ausforschung Betroffener, um die Risikoprognose auf eine geeignete Tatsachengrundlage stellen zu

49 So bereits *BayLDA* 4. TB 2011, S. 96 zu § 42a BDSG a.F.

50 Vgl. auch ErwG 75 und 76.

51 *Art.-29-Datenschutzgruppe* WP 250 Rev. 1 v. 6.2.2018, 23 ff.

52 *ENISA* Recommendations for a methodology of the assessment of severity of personal data breaches, Version 1.0, Dezember 2013, https://www.enisa.europa.eu/publications/dbn-severity.

53 *BlnBDI* TB 2013, S. 171.

54 So bereits *Holländer* RDV 2009, 220 zu § 42a BDSG a.F.

können. Besonders kompromittierende Daten sind regelmäßig solche der Art. 9 und 10. Der BlnBDI geht etwa bei unbefugter Kenntnisnahme Dritter von Gesundheitsdaten per se davon aus, dass schwerwiegende Beeinträchtigungen drohen.[55]

3. Pflichtiger. Die Meldepflicht des Art. 33 Abs. 1 S. 1 trifft den Verantwortlichen im Sinne von Art. 4 Nr. 7. Öffentliche und nichtöffentliche Stellen sind gleichermaßen angesprochen. Den Adressaten einer unbefugten Offenlegung oder eines unbefugten Zugangs treffen nicht die Pflichten aus Art. 33.[56] **Auftragsverarbeiter** haben in Art 33 Abs. 2 eine eigenständige Regelung erfahren, die Meldung im Namen des Verantwortlichen kann ihnen jedoch vertraglich auferlegt werden.[57] Mitarbeiter, denen **„bring your own device“** (BYOD) gestattet wird,[58] werden hierdurch weder zu eigenverantwortlichen Stellen, noch zu Auftragsverarbeitern. Mitarbeiter, denen die Abgabe von Meldungen übertragen ist (ggf. auch Datenschutzbeauftragte), handeln im Namen des Verantwortlichen. 52

Im **Konzern** meldet die jeweilige Legaleinheit, bei der die Schutzverletzung aufgetreten ist, nicht die Konzernmutter. Etwaige anderslautende Vereinbarungen sind bestenfalls als Stellvertretungsregelungen zu verstehen (vgl. §§ 164 ff. BGB). Dies hat u.a. Auswirkungen auf die Dokumentationspflicht nach Art. 33 Abs. 5 und das Bereitstellen eines Ansprechpartners gem. Art. 33 Abs. 3 lit. b. Lediglich **gemeinsam für die Verarbeitung Verantwortliche** können gem. Art. 26 Abs. 1 frei festlegen, wer die Meldung abgibt. Dies freilich nur, solange hierdurch keine Verzögerung droht. Fehlt es an einer entsprechenden Regelung, meldet allein derjenige Verantwortliche, in dessen Sphäre die Schutzverletzung aufgetreten ist.[59] 53

Der **Vertreter in der Union** gem. Art. 27 kann die Meldung gegenüber der Aufsichtsbehörde und ggf. weiterer Behörden im Namen des Meldepflichtigen abgeben. 54

4. Empfänger. Gemäß Art. 33 Abs. 1 S. 1 ist die Meldung bei der nach Art. 55 zuständigen **Datenschutzaufsichtsbehörde** abzusetzen. Sie ist vor dem Auftreten einer Schutzverletzung zu ermitteln. Bei grenzüberschreitender Datenverarbeitung, also Betroffenen in mehreren Staaten, ist die federführende Behörde im Sinne von Art. 56 zu bestimmen.[60] 55

Die Meldung bei einer örtlich oder sachlich **unzuständigen Behörde** wirkt nicht befreiend.[61] Sie ist verfristet, wenn sie nicht rechtzeitig bei der zuständigen Aufsicht eingeht.[62] Anders als § 16 Abs. 2 SGB I oder § 17a Abs. 2 GVG regelt das VwVfG nicht die Weiterverweisung an die zuständige Behörde. Die Weiterleitung wird jedoch in Anlehnung an jene Vorschriften sowie Art. 60 Abs. 1 S. 2, 61 Abs. 1 S. 1 für zulässig erachtet werden dürfen.[63] 56

---

55 *BlnBDI* TB 2011, S. 166; *BlnBDI* TB 2014, S. 150.
56 Zur Problematik aufgedrängter Daten auch *Franck* ZD 2016, 324 ff.
57 *Art.-29-Datenschutzgruppe* WP 250 Rev. 1 v. 6.2.2018, 14.
58 Zu BYOD insgesamt *Franck* RDV 2013, 185 ff.
59 So auch Sydow-*Sassenberg* Art. 33 Rn. 6.
60 Sydow-*Sassenberg* Art. 33 Rn. 26.
61 Auch dann nicht, wenn Zweifel hinsichtlich der örtlichen Zuständigkeit bestehen, insoweit missverständlich *Art.-29-Datenschutzgruppe* WP 250 Rev. 1 v. 6.2.2018, 17.
62 Zum Zugangshindernis auf Seiten der Behörde → Rn. 63.
63 Kühling/Buchner-*Jandt* Art. 33 Rn. 17; *Kranig* ZD 2013, 550, 557 wertet dies als Routinevorgang.

57 In gesetzlich geregelten Sonderfällen (z.B. § 83a SGB X n.F.; § 109a Abs. 1 S. 1 TKG) können parallel weitere **Fachbehörden** zuständig sein.

58 Ungelöst ist die Frage, **an wen die Aufsichtsbehörde meldet**, wenn bei ihr selbst eine Verletzung des Schutzes personenbezogener Daten auftritt. Sie ist insoweit nicht vor Datenschutzverstößen gefeit[64] und auch nicht von den Art. 33 und 34 ausgenommen. Die Vorschriften über die federführende Behörde in Art. 56 helfen nicht weiter. Dem Wortlaut nach müsste die Meldung im eigenen Hause bearbeitet werden. Zweifelhaft ist, ob dies mit den Anforderungen an eine unabhängige Datenschutzaufsicht i.S.v. Art. 52 Abs. 2 und 3[65] in Deckung zu bringen ist.

59 **5. Frist.** Art. 33 Abs. 1 S. 1 sieht eine Meldung an die Aufsichtsbehörde **unverzüglich und möglichst binnen 72 Stunden** vor. Die Meldefrist beginnt mit Bekanntwerden, nicht mit Auftreten der Schutzverletzung. Bekanntwerden setzt voraus, dass die Information in die Sphäre des Verantwortlichen gelangt, es gelten die Grundsätze der Wissensvertretung (§ 166 Abs. 1 BGB analog). Nicht als Wissensvertreter gelten Auftragsverarbeiter.[66]

60 Die Verwendung des zivilrechtlichen Begriffs der Unverzüglichkeit in § 42a BDSG a.F. war ein indirekter Verweis auf § 121 Abs. 1 S. 1 BGB. Unverzüglich sei demnach eine Handlung, die „ohne schuldhaftes Zögern" erfolgt. Dies straffte einerseits den Entscheidungsfindungsprozess bei der verantwortlichen Stelle, bedeutete jedoch andererseits, dass die Meldung keineswegs „sofort" zu erfolgen hatte. Stattdessen war ein nach den Umständen des Einzelfalles zu bemessendes **beschleunigtes Verhalten** an den Tag zu legen.[67]

61 Eine europarechtlich fundierte Definition fehlt derweil. Die englische Fassung („without undue delay") weist deutliche Verwandtschaft mit der deutschen Lesart auf. Die Maßgabe, „möglichst" binnen 72 Stunden zu melden, deutet darauf hin, dass auch nach der DS-GVO in begründeten Fällen durchaus längere Fristen in Kauf zu nehmen sind. ErwG 87 will zudem bei der Beurteilung Art und Schwere der Schutzverletzung sowie deren Folgen und nachteilige Auswirkungen berücksichtigt wissen. Nach ErwG 86 ist zumindest die Benachrichtigung der betroffenen Person „stets so rasch wie nach allgemeinem Ermessen möglich" vorzunehmen. Die hergebrachte BGB-Definition kann daher weiterhin herangezogen werden.[68]

62 Werden die 72 Stunden überschritten, ist gem. Art. 33 Abs. 1 S. 2 eine **Begründung** zu liefern. Umfangreiche und schwierige Sachverhaltsermittlungen können zur Verzögerung führen.[69] Je nachdem kann die unverzügliche Meldung durchaus mehrere Monate beanspruchen, wenn etwa der Nachmieter einer Geschäftsimmobilie Unterlagen der zuvor dort ansässigen Bank in Besitz nimmt und die Bank daraufhin zunächst

---

64 Dem Verfasser sind bspw. mehrere Fälle der Verwendung offener CC-Verteiler durch Datenschutzaufsichtsbehörden bekannt.

65 Vgl. auch *EuGH* v. 9.3.2010 – C-518/07, RDV 2010, 121 ff.

66 Arg. ex Art. 33 Abs. 2 Rn. 65 ff. Nunmehr auch *Art.-29-Datenschutzgruppe* WP 250 Rev. 1 v. 6.2.2018, 13.

67 *RG* v. 22.2.1929 – II 357/28, RGZ 124, 115, 118.

68 So bereits *Hanloser* MMR 2010, 300, 302 zur RL 2009/136/EG; ferner *Marschall* DuD 2015, 183, 186; Paal/Pauly-*Martini* Art. 31 Rn. 34; Gola-*Reif* Art. 33 Rn. 37; Kühling/Buchner-*Jandt* Art. 33 Rn. 15.

69 *Kamps/Schneider* K&R-Beilage 1/2017, 24, 29.

gezwungen ist, auf Herausgabe zu klagen.[70] Dass noch nicht sämtliche Pflichtinhalte einer Meldung ermittelt sind, ist hingegen kein genügender Grund für ein Zuwarten, wie sich aus Art. 33 Abs. 4 ergibt.

Die stundenmäßige (und nicht etwa werktägige) Angabe deutet darauf hin, dass ggf. auch **außerhalb der typischen Geschäftszeiten** Vorkehrungen getroffen sein müssen, die die zeitnahe Meldung sicherstellen.[71] Inwiefern hiermit auch eine Pflicht der Aufsichtsbehörden korrespondiert, außerhalb der Geschäftszeiten ansprechbar zu sein, ergibt sich nicht unmittelbar aus der Verordnung. Da die Behörde jedoch einen umfassenden Beratungsauftrag hat und ihr gem. Art. 34 Abs. 4 die letztgültige Entscheidung obliegt, ob parallel zur Meldung auch eine Benachrichtigung der Betroffenen notwendig ist, dürfte ein entsprechender behördlicher **Notdienst** tunlich sein. **63**

Technische Hindernisse beim Empfänger – z.B. Systemdefekte, leeres Faxpapier, überfüllte Mailbox oder der Verlust des private key für verschlüsselte eMails – hindern den fristgemäßen Zugang grds. nicht.[72] Lediglich dann, wenn bereits die Abgabe der Meldung als solche unmöglich ist, etwa wegen Komplettausfalls des behördlichen Web-Portals, müssen umgehend anderweitige Zustellversuche unternommen werden. Der Grund für die Verzögerung ist beweiskräftig zu dokumentieren und ggf. mitzuteilen (Rn. 62). **64**

II. Meldepflicht des Auftragsverarbeiters (Abs. 2)

Den Auftragsverarbeiter trifft keine eigenständige Pflicht aus Art. 33 Abs. 1. Gemäß Art. 28 Abs. 3 lit. f hat er jedoch den Auftraggeber unter Berücksichtigung der Art der Verarbeitung und der ihm zur Verfügung stehenden Informationen bei der Einhaltung der in den Art. 32–36 genannten Pflichten zu unterstützen, was auch zwingend im Auftrag zu berücksichtigen ist. **65**

Art. 33 Abs. 2 flankiert jene Regelung zur Auftragsverarbeitung, sodass die Meldung gegenüber dem Verantwortlichen schon von Gesetzes wegen zu erfolgen hat, selbst wenn sie im Auftrag nicht oder nicht in geeigneter Form niedergelegt sein sollte.[73] Gleichzeitig unterliegt der Auftragsverarbeiter hierdurch der Haftung gem. Art. 83 Abs. 4 lit. a. Der Auftragnehmer versetzt den Auftraggeber durch Weiterleitung der nötigen Informationen überhaupt erst in die Lage, seinerseits der Meldeverpflichtung nachzukommen. Deshalb sind **sämtliche Informationen** zur Verfügung zu stellen, die dem Verantwortlichen die Risikobewertung und die Meldung ermöglichen, wenngleich sich dies nicht unmittelbar aus Abs. 2 ergibt. Der Auftragnehmer hat seiner Meldepflicht unverzüglich nach Bekanntwerden der Schutzverletzung nachzukommen, wobei dieselben Grundsätze zur Anwendung kommen, wie in Art. 33 Abs. 1 S. 1. **66**

Die Meldepflicht gegenüber dem Verantwortlichen besteht unabhängig von der Frage, ob ein Risiko für betroffene Personen gegeben ist. Irrelevant ist auch, ob die Schutz- **67**

70 *LfD Niedersachsen* 21. TB 2015, S. 34. Erst nach zehn Monaten konnte die Bank überhaupt in die Risikoprüfung einsteigen.

71 Vgl. § 31 Abs. 6 VwVfG; a.A. Sydow-*Sassenberg* Art. 33 Rn. 13, der bei Vorfällen am Wochenende eine längere Frist für zulässig erachtet.

72 *Herwig* MMR 2001, 145, 146; MüKo BGB-*Einsele* § 130 Rn. 34 ff.; Spindler/Schuster-*Spindler* Recht der elektronischen Medien, § 130 BGB Rn. 15 f.

73 Irrig insoweit BeckOK DatenSR-*Brink* 21. Ed. 2017, Art. 33 Rn. 22, der eine rein vertragliche Pflicht annimmt.

verletzung der **Sphäre des Auftragsverarbeiters** zuzurechnen ist. Anders war dies bislang gem. § 11 Abs. 2 Nr. 8 BDSG a.F., wonach lediglich Regelungen über mitzuteilende Verstöße des Auftragnehmers oder der bei ihm beschäftigten Personen gegen Datenschutzvorschriften bzw. gegen die im Auftrag getroffenen Festlegungen getroffen werden mussten.

68 Bei der Bemessung des Bußgeldes gegenüber dem Verantwortlichen kann erschwerend berücksichtigt werden, wenn er durch seinen Dienstleister ausdrücklich auf die Pflicht zur Benachrichtigung hingewiesen wurde, daraufhin jedoch untätig geblieben ist (vgl. Art. 83 Abs. 2 lit. b).[74]

69 Auch der **Subdienstleister** ist Auftragsverarbeiter i.S.v. Art. 33 Abs. 2 (vgl. Art. 28 Abs. 4: „weiterer Auftragsverarbeiter"). Er hat Schutzverletzungen daher genauso an den Verantwortlichen zu melden, wie der Hauptauftragnehmer. Es dürfte unterdessen sinnvoll erscheinen, vertraglich festzuhalten, dass der Subauftragnehmer parallel den Hauptauftragnehmer in Kenntnis setzt.

III. Mindestinhalt (Abs. 3)

70 **1. Inhalt.** Die Mindestinhalte der Meldung sind in Art. 33 Abs. 3 festgelegt. Optionale Zusätze werden in der Verordnung nicht erwähnt, können aber ggf. von der Behörde im weiteren Verlauf abgefragt werden (vgl. Art. 58 Abs. 1 lit. e).

71 **a) Beschreibung der Schutzverletzung (lit. a).** Die Beschreibung der Art der Verletzung des Schutzes personenbezogener Daten muss zumindest eine der in Art. 33 Abs. 1 S. 1 genannten Verletzungsmodalitäten (Vernichtung, Verlust, Veränderung, unbefugte Offenlegung, unbefugter Zugang) enthalten. Das Vorkommnis kann technisch detailliert geschildert werden, da bei der Meldung gegenüber der Behörde keine **Nachahmer** drohen. In Anlehnung an Anhang I der VO (EU) Nr. 611/2013 sollten Datum und Zeitpunkt der Schutzverletzung und ihrer Feststellung sowie der physische Ort und die betroffenen Datenträger mitgeteilt werden. Ggf. auch, wer der mutmaßliche Verursacher der Schutzverletzung gewesen ist.

72 Darüber hinaus sind Kategorien und ungefähre Zahl der betroffenen Personen sowie Kategorien und ungefähre Zahl[75] der betroffenen personenbezogenen Datensätze zu nennen, soweit dies möglich ist. Es müssen alle von der Schutzverletzung betroffenen Datenkategorien benannt werden, nicht nur diejenigen, die das Risiko begründen. Die Übermittlung der betroffenen Daten als solche ist nicht gemeint.[76] **Personenkategorien** können bspw. sein: Kunden; Mitarbeiter; Vereins-, Partei- oder Gewerkschaftsmitglieder, Schüler, Patienten, Mandanten etc. Als **Datenkategorien** kommen bspw. in Betracht: Name, Adresse, Telefonnummer, Zugangsdaten, Auftragsdaten, Konto- und Kreditkartendaten, Personalakten, Lohnabrechnungen, Mitgliederverzeichnisse, Patientenakten etc.

---

74 Ferner *Hessischer DSB* 42. TB 2014, S. 178 zu § 43 Abs. 2 Nr. 7 BDSG a.F.

75 „Ungefähr" möglicherweise ein redaktionelles Überbleibsel aus Art. 31 Abs. 3 lit. a RatsE, wonach sowohl Personenkategorien, Betroffenenzahl, Datenkategorien als auch die Zahl der Datensätze näherungsweise gemeldet werden sollten. Der Schätzaspekt hat jedoch im verabschiedeten Text keine eigenständige Bedeutung mehr (nun: „soweit möglich").

76 *Schneider* Meldepflichten im IT-Sicherheitsrecht, S. 258.

b) Datenschutzbeauftragter, Anlaufstelle (lit. b). Der Datenschutzbeauftragte ist bereits gem. Art. 39 Abs. 1 lit. d und e DS-GVO als **Ansprechpartner** für die Behörde dediziert. Sofern ihm auch das Handling von Datenpannen übertragen ist, sind dessen Name und Kontaktdaten mitzuteilen. Dass die Information strenggenommen gem. Art. 37 Abs. 7 bereits bei der Behörde vorliegt, ist irrelevant. Alternativ kann eine spezialisierte Anlaufstelle (ggf. ein **incident response team**) genannt werden, auch hier sind Name(n) und Kontaktdaten gefordert. 73

c) Beschreibung der Folgen (lit. c). Die Beschreibung der wahrscheinlichen Folgen orientiert sich am Katalog, der in ErwG 85 festgehalten ist. Dieser ist freilich nicht abschließend. Der deutsche Verordnungstext suggeriert, es müsse ein erhöhter Wahrscheinlichkeitsgrad für den Eintritt der Folgen gegeben sein, um diese zum Gegenstand der Meldung zu machen. Im Vergleich mit der englischen Fassung („unlikely", „likely") ergibt sich jedoch, dass die „wahrscheinlichen Folgen" in Art. 33 Abs. 3 lit. c mit dem „voraussichtlichen Risiko" in Art. 33 Abs. 1 S. 1 deckungsgleich sind. 74

d) Beschreibung der Maßnahmen (lit. d). Die in Abs. 3 lit. d genannten Maßnahmen richten sich zunächst ausschließlich an den Verantwortlichen (engl.: „measures taken or proposed to be taken by the controller"). Sie wirken in der Sphäre des Verantwortlichen oder seines Auftragsverarbeiters und dienen der Behebung der Schutzverletzung bzw. der nachträglichen Abmilderung des Risikos (vgl. Art. 34 Abs. 3 lit. b). **Beispiele für Maßnahmen des Verantwortlichen**: Systemweites Ändern von Zugangsdaten; Absichern des betroffenen Systems; Ermitteln des (Innen-)täters, Warnen Dritter vor etwaigen betrügerischen Handlungen, Auffordern unberechtigter Empfänger zur Löschung, Nacherheben verlorengegangener Daten.[77] 75

„Ergriffene Maßnahmen" sind bereits durchgeführt worden oder werden zum Zeitpunkt der Meldung durchgeführt. „Vorgeschlagene Maßnahmen" benötigen mehr Vorlauf bzw. Informationen, ggf. auch eine Absprache mit der zuständigen Behörde. 76

Maßnahmen, die die betroffene Person ergreifen sollte, sind lediglich mittelbar erfasst. Eine Pflicht zum Handeln ergibt sich für betroffene Personen nicht aus den Art. 33 und 34, sondern allenfalls aus ihrer Schadensminderungspflicht (vgl. § 253 BGB). Es ist jedoch Aufgabe des Verantwortlichen im Sinne von Abs. 3 lit. d, betroffene Personen zum Handeln aufzufordern und ggf. anzuleiten.[78] **Beispiele für Maßnahmen der betroffenen Person**: Ändern gleichlautender Passwörter bei anderen Anbietern, Achten auf verdächtige Kontoaktivitäten, Achten auf verdächtiges Streuen von Informationen im Umfeld, Überprüfen der gespeicherten Daten auf Vollständigkeit und Richtigkeit, etc. 77

2. Form. – a) Darreichung. Art. 33 trifft (anders als Art. 34 i.V.m. Art. 12 Abs. 1 S. 2 und 3) keine Anordnungen hinsichtlich Form oder Übertragungsweg der Meldung. Ein Äquivalent zu Art. 2 Abs. 4 VO (EU) Nr. 2013/611 aus dem Bereich der öffentlich zugänglichen Kommunikationsdienste fehlt.[79] Art. 31 Abs. 6 KommE enthielt noch die Befugnis der Kommission, das Standardformat für derartige Meldungen, die Verfah- 78

77 Weitere denkbare Maßnahmen s. Art. 34 Rn. 24 ff.

78 *Art.-29-Datenschutzgruppe* WP 250 Rev. 1 v. 6.2.2018, 20.

79 Immerhin veranschlagt Art. 2 Abs. 2 UAbs. 1 VO (EU) 2013/611 eine lediglich 24-stündige Meldefrist, weshalb die Vergleichbarkeit zur DS-GVO-Regelung diskutabel ist. Beachte jedoch die einst geplante 24-Stunden-Frist in Art. 31 Abs. 1 KommE.

rensvorschriften sowie Form und Modalitäten der Dokumentation festzulegen. Der Passus ist im weiteren Verlauf ersatzlos entfallen.

79 Es existiert daher keine allgemeine Verpflichtung der Aufsichtsbehörden, **gesicherte elektronische Mittel** zur Verfügung zu stellen sowie Informationen über den Zugang hierzu und deren Benutzung bereitzuhalten.[80]

80 Es ist dennoch zu vermuten, dass der **Postweg** nach Vorstellung des Unionsgesetzgebers ungeeignet sein dürfte, da insoweit die Frist von 72 Stunden ihre Bedeutung verlöre. Zwar gelten Briefe in Deutschland typischerweise am dritten Tag **nach der Aufgabe zur Post** als zugegangen (vgl. § 41 Abs. 2 S. 1 VwVfG, § 4 Abs. 2 S. 2 VwZG), dann sind die 72 Stunden **nach Bekanntwerden der Schutzverletzung** jedoch de facto bereits abgelaufen. Vorzugswürdig sind daher instantane Kommunikationsmittel wie (gesicherte) Online-Formulare,[81] (verschlüsselte) eMail, De-Mail oder Fax.[82] Meldepflichtige müssen sich freilich nicht auf den von der Behörde präferierten Kommunikationskanal verweisen lassen, solange deswegen keine unverhältnismäßige Verzögerung droht.

81 In dringenden Fällen, insb. wenn der Verantwortliche unmittelbar auf die Unterstützung durch die Aufsichtsbehörde angewiesen ist, sind auch **telefonische Meldungen** denkbar. Diese sind jedoch anschließend gem. Art. 33 Abs. 5 S. 1 zu verschriftlichen.[83]

82 **b) Sprache.** Die Meldung hat in der jeweiligen **Amtssprache** der Behörde zu erfolgen, selbst wenn die Unternehmens- oder Konzernsprache eine andere sein sollte.[84] Das Erfordernis der klaren und einfachen Sprache i.S.v. Art. 34 Abs. 1 bzw. Art. 12 Abs. 1 besteht gegenüber der Aufsicht nicht.

IV. Schrittweise Information (Abs. 4)

83 Die Möglichkeit zur schrittweisen Information ist keine Privilegierung, sondern erhöht den zeitlichen Druck. Zwar sind ggf. auch Meldungen nach Ablauf der in Art. 33 Abs. 1 S. 1 festgelegten 72 Stunden möglich, dies soll jedoch in Ansehung von Art. 33 Abs. 1 S. 2 sowie Abs. 4 die Ausnahme bleiben. Liegen im konkreten Fall noch nicht alle Mindestinhalte der Meldung vor, soll nicht länger zugewartet werden. Nach erfolgter Teilmeldung ist der Verantwortliche keineswegs befreit. Er ist vielmehr gehalten, seine Meldung ohne unangemessene weitere Verzögerung zu **vervollständigen**.[85]

84 Die schrittweise Information kann auch dazu führen, dass eine zunächst angenommene Meldepflicht **nachträglich entfällt**, z.B., wenn ein verloren oder gestohlen geglaubter Backup-Datenträger lediglich falsch abgelegt und wieder aufgefunden wurde.[86]

---

80 Vgl. stattdessen die Bereitstellung elektronischer Beschwerdeformulare für betroffene Personen in Art. 57 Abs. 2.

81 Vorreiter ist hier das Web-Portal des BayLDA für Meldungen nach § 42a BDSG a.F., https://www.lda.bayern.de/de/datenpanne.html.

82 Vgl. das von BNetzA und BfDI erstellte PDF-Formular für Meldungen gem. § 109a TKG via eMail oder Fax, online unter https://www.bundesnetzagentur.de/SharedDocs/Downloads/DE/Sachgebiete/Telekommunikation/Unternehmen_Institutionen/Anbieterpflichten/Datenschutz/Meldeformular.pdf.

83 Sydow-*Sassenberg* Art. 33 Rn. 25.

84 Für die Dokumentation gem. Art. 33 Abs. 5 gilt dies nicht (Rn. 87). Zur Sprache der Benachrichtigung s. Art. 34 Rn. 16.

85 Eine ähnliche Regelung trifft Art. 2 Abs. 3 VO (EU) 2013/611.

86 *Art.-29-Datenschutzgruppe* WP 250 Rev. 1 v. 6.2.2018, 16.

V. Dokumentation (Abs. 5)

1. Inhalt. Der Verantwortliche hat sämtliche Schutzverletzungen zu dokumentieren,[87] d.h. auch solche, die **unter der Risikoschwelle** des Art. 33 Abs. 1 S. 1 liegen. Die Forderung steht im engen Zusammenhang mit den Accountability-Pflichten nach Art. 5 Abs. 2. Die Dokumentation dient vor allem dem Verantwortlichen zu Nachweis-, der Behörde darüber hinaus zu Überprüfungszwecken. Sie umfasst daher alle **Fakten** zum Vorfall, die **Auswirkungen** und die ergriffenen **Abhilfemaßnahmen**.[88] 85

Der Vollständigkeit halber sollte sich die Dokumentation auch auf die nur möglichen Auswirkungen und die lediglich vorgeschlagenen Maßnahmen (vgl. Art. 33 Abs. 3 lit. d) beziehen, dies ist jedoch dem Wortlaut nicht zu entnehmen. Jene Details über den ausdrücklichen Wortlaut hinaus als vorfallbezogene Fakten in die Vorschrift hineinzuinterpretieren, erscheint unter Berücksichtigung des Haftungsrisikos für eine unvollständige Dokumentation gem. Art. 83 Abs. 4 lit. a heikel. 86

2. Sprache. Die Dokumentation kann in der jeweiligen Unternehmens- oder Konzernsprache abgefasst werden, und damit von der **Landes- oder Amtssprache** abweichen.[89] Etwas anderes ergibt sich nicht aus der Verordnung. Wegen des Haftungsrisikos für eine unrichtige Dokumentation müsste die Sprache unmittelbar vom Unionsgesetzgeber vorgeschrieben werden. Eine solche Regelung wäre jedoch spätestens dann sinnlos, wenn im Einzelfall eine andere europäische Behörde federführend wird. 87

3. Aufbewahrungsdauer. Art. 31 Abs. 6 KommE enthielt noch einen Passus zu **Löschfristen** hinsichtlich der Dokumentation. Das Fehlen vergleichbarer Regelungen in den konsekutiven Entwurfsfassungen sowie Art. 70 Abs. 1 lit. g deutet darauf hin, dass eine Löschung nicht länger vorgesehen ist. Zur Vermeidung dauerhafter Hochrisiko-Datenpools sollten die betroffenen Daten als solche nach Möglichkeit weder gemeldet noch dokumentiert werden (Rn. 72).[90] 88

VI. Verwendungsverbot

1. Nemo-tenetur-Grundsatz. Die Freiheit, sich nicht selbst bezichtigen zu müssen (lat.: „nemo tenetur se ipsum accusare"), besitzt **Grundrechtsrang** und stellt eine notwendige Prämisse des Strafprozesses nach Art. 47 und 48 GRCh dar. Sie ergibt sich darüber hinaus ausdrücklich aus Art. 14 Abs. 3 lit. g IPbpR sowie aus Art. 6 Abs. 1 S. 1 MRK.[91] Sie kommt grds. nicht nur natürlichen, sondern auch juristischen Personen zugute.[92] 89

87 Zweifelhaft *Spittka* DSRITB 2016, 387, 396, der annimmt, die Dokumentation könne auf den Auftragsverarbeiter übertragen werden. Dies darf höchstens dann angenommen werden, wenn dem Dienstleister auch das Absetzen der Meldung als solcher obliegt.

88 *Veil* will den nemo-tenetur-Grundsatz (Rn. 89 ff.) bereits im Rahmen der Dokumentation berücksichtigt wissen, ZD 2018, 12.

89 Für das Verzeichnis von Verarbeitungstätigkeiten gilt das Gleiche, GDD, Praxishilfe DS-GVO V – Verzeichnis von Verarbeitungstätigkeiten, 2017, S. 4.

90 Etwas anderes kann im Falle der Veränderung personenbezogener Daten (s. Rn. 32) gelten.

91 Das deutsche Verfassungsrecht bietet Anknüpfungspunkte in der Menschenwürdegarantie (Art. 1 Abs. 1 GG), der freien Entfaltung der Persönlichkeit (Art. 2 Abs. 1 GG), der Freiheit als solcher (Art. 2 Abs. 2 S. 2 GG), dem allgemeinen Persönlichkeitsrecht (Art. 1 Abs. 1 i.V.m. Art. 2 Abs. 1 GG), der Gewissensfreiheit (Art. 4 Abs. 1 Var. 2 GG) sowie dem Rechtsstaatsprinzip (Art. 20 Abs. 3 GG).

92 Zutreffend *Dannecker* ZStW 127 (2015), 991 ff.; *Eckhardt/Menz* DuD 2018, 143.

90 Weder in Art. 33 und 34 noch im vorangegangenen Art. 4 Abs. 3 RL 2002/58/EG i.d.F. von RL 2009/136/EG findet der Nemo-tenetur-Grundsatz expressis verbis Berücksichtigung. Dies verwundert, da die Meldung an die Aufsichtsbehörde und die Benachrichtigung der betroffenen Personen in erheblicher Weise belastendes Material enthalten kann. Nicht umsonst wird von einer **„Skandalisierungspflicht"** gesprochen.[93]

91 Integrity und availability breaches sind u.a. von den §§ 269, 303a und 303b StGB erfasst. Confidentiality breaches finden sich u.a. in den §§ 203–206 StGB. Eine Vielzahl ordnungswidrigkeitenrechtlicher Verstöße ergeben sich aus Art. 83 Abs. 4 und 5.

92 Der Verantwortliche gerät u.U. in die Situation, Behörden und Betroffenen belastendes Material liefern zu müssen, welches im weiteren Fortgang gegen ihn verwendet werden könnte.[94] Indes der Verantwortliche schweigt, droht wiederum ein Bußgeld gem. Art. 83 Abs. 4 lit. a. Dieser Konflikt ist mit Bordmitteln der DS-GVO nicht zu lösen.[95]

93 Nach Art. 47 und 48 GRCh sind insofern zwei Wege denkbar:

1. Unmittelbarer Wegfall der Skandalisierungspflicht gem. Art. 33 und 34, sofern sich der Verantwortliche selbst bezichtigen müsste oder
2. Verwendungsverbot kraft höherrangigen Rechts.

Richtigerweise wird die zweitgenannte Lösung zum Einsatz kommen müssen, um die grundrechtsdefizitäre Regelung der DS-GVO zu kompensieren, gleichzeitig aber den Betroffeneninteressen sachgemäß Rechnung zu tragen.[96] Quasi in weiser Voraussicht führt ErwG 87 S. 3 aus, dass die Meldung zwar zu einem Tätigwerden der Aufsichtsbehörde führen kann, aber eben nur im Einklang mit ihren Aufgaben und Befugnissen. Die eingeräumten Befugnisse bewegen sich gem. Art. 58 Abs. 4 per se nur in dem von der GRCh gesteckten Rechtsrahmen.

94 Bemerkenswert ist insoweit, dass die Art.-29-Datenschutzgruppe ebenfalls nur das Ausbleiben einer Meldung zum Anlass nehmen möchte, das Fehlen von adäquaten Sicherheitsmechanismen zu ahnden, nicht aber den Inhalt einer Meldung an sich.[97]

95 Da es sich bei Art. 47 und 48 GRCh um höherrangiges Recht handelt, besteht die Möglichkeit, den Nemo-tenetur-Gedanken mittels verbandseigener **Verhaltensregeln** gem. Art. 40 Abs. 2 lit. i bzw. **Leitlinien** des EDSA gem. Art. 70 Abs. 1 lit. g zu konkre-

93 *Schneider* ZD 2011, 6, 8; *Helfrich* in: *Forgó/Helfrich/Schneider* Betrieblicher Datenschutz, 2. Aufl. 2017, Teil IV 2 Rn. 70.; *Franck* GDD-Ratgeber Datenpannen, 2. Aufl. 2015, S. 38; ähnlich *Ernst* „Pflicht zur Öffentlichkeit", DuD 2010, 7.

94 Der in dem Urteil des *EuGH* v. 18.10.1989 – 374/87, Slg. 1989, 3283 beschrittene Irrweg, den Nemo-tenetur-Grundsatz zum bloßen Geständnisverweigerungsrecht herabzuwürdigen, ist dringend zu verlassen. Die Selbstbezichtigung beginnt schon dann, wenn Auskünfte rein tatsächlicher Art gegeben werden müssen, ebenso BeckOK DatenSR-*Brink* 21. Ed. 2017, Art. 33 Rn. 41; Paal/Pauly-*Martini* Art. 33 Rn. 27/64. A.A. Kühling/Buchner-*Bergt* Art. 83 Rn. 111.

95 Entsprechende grundrechtliche Bedenken auch bei *Kaufmann* ZD 2012, 358, 360; Paal/Pauly-*Martini* Art. 33 Rn. 27/64; Gola-*Reif* Art. 33 Rn. 43.

96 Bereits jetzt h.M., vgl. BeckOK DatenSR-*Brink* 21. Ed. 2017, Art. 33 Rn. 42; Sydow-*Sassenberg* Art. 33 Rn. 29; *Schneide*r Meldepflichten im IT-Sicherheitsrecht, S. 276 f.

97 *Art.-29-Datenschutzgruppe* WP 250 Rev. 1 v. 6.2.2018, 10.

tisieren. Dies freilich nicht in der Form, dass die grundsätzliche Meldepflicht gänzlich unterlaufen wird.[98]

2. §§ 43 und 44 BDSG n.F. Der deutsche Gesetzgeber hat versucht, das **Spannungsverhältnis** von Mitteilungspflicht und Selbstbezichtigungsfreiheit auf nationaler Ebene verfassungskonform aufzulösen.[99] Weder der Inhalt noch der Umstand einer Information dürfen gem. §§ 42 Abs. 4 und § 43 Abs. 4 BDSG in einem Straf- oder Ordnungswidrigkeitenverfahren ohne Zustimmung des Meldepflichtigen oder Benachrichtigenden verwendet werden. Derselbe Schutz gilt zugleich **Angehörigen** im Sinne des § 52 Abs. 1 StPO.[100] Dieser Regelungsansatz hat den Vorteil, dass die Behörde weiterhin ein zutreffendes Lagebild erhält und auch die Betroffeneninteressen geschützt bleiben. **Gleichgelagerte Vorschriften** finden sich in § 384a Abs. 3 AO n.F. für Datenpannen im Bereich des Steuergeheimnisses sowie in § 85 Abs. 3, § 85a Abs. 2 SGB X n.F. für den Sozialdatenschutz. 96

Da die BDSG-Vorschriften lediglich Konkretisierungen der in Art. 47 und 48 GRCh niedergelegten Garantien darstellen, bedarf es keiner **Öffnungsklausel** in der DS-GVO. Für das Ordnungswidrigkeitenverfahren ergeben sich entsprechende Regelungsspielräume dennoch unmittelbar aus Art. 58 Abs. 4 und Art. 83 Abs. 8.[101] Hinsichtlich des Strafverfahrens stellt die Bundesregierung auf Art. 84 Abs. 1 ab.[102] 97

Die Formulierung von §§ 42 Abs. 4 und 43 Abs. 4 BDSG ist missverständlich geraten. Dem Wortlaut nach wird allein der für die Verarbeitung Verantwortliche selbst geschützt. Bei **juristischen Personen** sind aber ggf. auch die Organe und Mitarbeiter von Verfolgung bedroht. Aus diesem Grund sind die Vorschriften des BDSG dahingehend grundrechtskonform auszulegen, dass die mitgeteilten Tatsachen in keiner irgendwie gearteten Form für ein straf- oder ordnungswidrigkeitenrechtliches Verfahren nutzbar gemacht werden dürfen. Mithin handelt es sich keineswegs um ein bloßes Beweisverwertungsverbot, sondern um ein vollumfängliches **Verwendungsverbot**, welches zugleich **Fernwirkung** für alle anderen hierdurch aufgefundenen Beweismittel besitzt (insoweit auch h.M. zum gleichgelagerten § 97 Abs. 1 S. 2 InsO[103]). 98

Das Verwendungsverbot betrifft allerdings nur diejenigen Tatsachen, die sich auf die vorangegangene Schutzverletzung beziehen. Es greift nicht, wenn gegen Art. 33 oder 34 als solche verstoßen wurde, etwa, indem die gesetzlichen Pflichtinhalte nicht 99

---

98 Verhaltensregeln bspw. dahingehend, dass die Verpflichtung zur Meldung und die Auswirkungen der Selbstbelastungsfreiheit klargestellt und erläutert werden, die Aufsicht genehmigt solche Verhaltensregeln gem. Art. 40 Abs. 5 und bindet sich hierdurch. Leitlinien ggf. insofern, als dass zunächst eine anonyme Beratung zur Risikoeinschätzung angeboten wird. Im medizinischen Bereich existieren bereits anonyme und sanktionsfreie Critical Incident Reporting Systems (CIRS).

99 Siehe bereits BT-Drucks. 16/12011, S. 35; BT-Drucks. 17/12319, S. 5. zu § 42a S. 6 BDSG a.F.; ferner *Eckhardt/Menz* DuD 2018, 142 f. zum BDSG n.F.

100 Verlobte (auch zwecks eingetragener Lebenspartnerschaft); Ehegatten; Ex-Ehegatten; Lebenspartner; Ex-Lebenspartner; Verwandte, Verschwägerte und Ex-Verschwägerte in gerader Linie; Verwandte in der Seitenlinie bis zum dritten Grad; Verschwägerte und Ex-Verschwägerte bis zum zweiten Grad.

101 A.A. *Bergt* DuD 2017, 555, 560, der irrig von der vollständigen Europarechtswidrigkeit der §§ 42 Abs. 4, 43 Abs. 4 BDSG n.F. ausgeht.

102 BT-Drucks. 18/11325, S. 109.

103 *Hanloser* CCZ 2010, 29; *Hornung* NJW 2010, 1844.

berücksichtigt oder die Meldung verfristet abgegeben wurde. Insofern werden eben nicht Umstand und Inhalt der Meldung verwertet, sondern das Ausbleiben der Meldung und das Fehlen von Inhalten.

100 Auch im **Zivilprozess** gilt das Verwendungsverbot nicht. Der Wortlaut erfasst ausdrücklich Straf- und Ordnungswidrigkeitenverfahren. Eine Ausdehnung auf bürgerliche Rechtsstreitigkeiten ist wegen der weniger drastischen Folgen eines solchen Verfahrens auch nicht angezeigt.[104]

101 Ebenso wenig sperrt die Benachrichtigung eine anlassbezogene Prüfung durch die Aufsichtsbehörde gem. Art. 58 Abs. 1 lit. b.[105] Zufallsfunde, die bei einer solchen Prüfung zutage treten, und die mit dem gemeldeten Sachverhalt nicht in Beziehung stehen, können durchaus verwertet werden[106].

102 **3. Irrtümliche und missbräuchliche Meldungen.** Das Verwendungsverbot muss auch gelten, wenn die verantwortliche Stelle irrtümlicherweise eine Meldung abgibt, etwa weil das Risiko falsch eingeschätzt wurde.[107] Dies gilt sowohl für die grundrechtsunmittelbare als auch die mitgliedsstaatliche Geltung des Nemo-tenetur-Grundsatzes. §§ 42 Abs. 4 und 43 Abs. 4 BDSG setzen zwar jeweils einen „Pflichtigen" voraus und verweisen somit tatbestandlich auf die Art. 33 und 34. Jedoch darf der Verantwortliche, der sich irrigerweise für pflichtig hält, in seinem Streben nach Rechtskonformität nicht schlechter behandelt werden. Sein **Gewissenskonflikt** ist derselbe.

103 Unter den tatsächlich gemeldeten Datenpannen fanden sich bisher stets auch solche, die eigentlich keine Meldepflicht begründeten. Dies war bereits bei der Evaluation von § 42a BDSG a.F. durch die Bundesregierung der Fall[108] und setzte sich in den Tätigkeitsberichten der Aufsichtsbehörden fort[109]. Der Verdacht liegt nahe, dass auch niederschwellige Versäumnisse oder allgemeine Verstöße gegen die Grundsätze des Art. 5 (z.B. Verarbeitung ohne rechtliche Grundlage) gemeldet werden könnten, um dadurch ein **drohendes Bußgeld zu verhindern**. Mangels Gewissenskonflikt ist hier für ein Verwendungsverbot kein Raum. Die insoweit missbräuchliche Meldung ist nicht genauso privilegiert, wie die irrtümlich abgegebene.[110] Freilich werden sich in diesem Zusammenhang Beweisprobleme ergeben.

---

104 Wohl aber für berufsgerichtliche Streitigkeiten, BeckOK DatenSR-*Brink* 21. Ed. 2017, Art. 33 Rn. 42; Paal/Pauly-*Martini* Art. 33 Rn. 27.

105 Siehe auch ErwG 87 S. 3.

106 So bereits *Krupna* BB 2014, 2254 zu § 42a BDSG a.F.

107 Hiervon zu unterscheiden ist die Situation, in der das Risiko gar nicht eingeschätzt werden kann, da die Meldung dann bereits von Gesetzes wegen vorgeschrieben ist, Rn. 46.

108 BT-Drucks. 17/12319, S. 2.

109 *BayLDA* 4. TB 2011, S. 96; *BlnBDI* TB 2012, S. 149; *LfDI Bremen* 39. TB 2016, S. 92; *HmbBfDI* 23. TB 2012, S. 199; *HmbBfDI* 24. TB 2014, S. 252; *Hessischer DSB* 40. TB 2012, S. 162; *Hessischer DSB* 42. TB 2014, S. 23; *Hessischer DSB* 44. TB 2015, S. 26; *Hessischer DSB* 45. TB 2016, S. 41; *Sächsischer DSB* 5. TB NÖB 2011, S. 133; *Sächsischer DSB* 6. TB NÖB 2013, S. 109; *Sächsischer DSB* 7. TB NÖB 2015, S. 98; *Sächsischer DSB* 8. TB NÖB 2015/2016, S. 148; *LfD Sachsen-Anhalt* 12. TB 2016, S. 154.

110 Gegenteilig noch *Franck* GDD-Ratgeber Datenpannen, 2. Aufl. 2015, S. 33 f. wegen des Zusammenspiels von § 42a S. 6 BDSG a.F. mit § 43 Abs. 2 Nr. 7 BDSG a.F.

C. Praxishinweise

I. Öffentliche Stellen

Hinsichtlich der Meldepflicht gem. Art. 33 bestehen für öffentliche Stellen keine Besonderheiten gegenüber nicht-öffentlichen Stellen. Erstere können jedoch bereichsspezifischen Meldepflichten unterliegen, etwa nach Landesrecht, § 65 BDSG oder § 83a SGB X n.F. (parallele Meldepflicht gegenüber der Fachaufsicht). **104**

II. Nichtöffentliche Stellen

Es bestehen keine Besonderheiten für nichtöffentliche Stellen. **Verbände und andere Vereinigungen**, die Kategorien von Verantwortlichen oder Auftragsverarbeitern vertreten, sind jedoch vornehmlich im nicht-öffentlichen Bereich anzutreffen. Diese Verbände sind gem. Art. 40 Abs. 2 lit. i in der Lage, präzisierende **Verhaltensregeln** auszuarbeiten, die die Meldung von Schutzverletzungen an Aufsichtsbehörden und die Benachrichtigung der betroffenen Personen betreffen. **105**

III. Betroffene Personen

Betroffene Personen werden unmittelbar durch Art. 33 nicht berührt. Die Benachrichtigung Betroffener richtet sich stattdessen nach Art. 34. Auskunfts- oder Einsichtsrechte insb. hinsichtlich der Dokumentation können im Einzelfall bestehen (Art. 34 Rn. 54). **106**

IV. Aufsichtsbehörden

Die Datenschutzaufsichtsbehörden haben die Aufgabe, eingehende Meldungen entgegenzunehmen und mit ihrer Hilfe ein **Lagebild** zu erstellen, welche typischen und ggf. atypischen Gefahren und Fehlerquellen bei der Verarbeitung personenbezogener Daten drohen. Je größer der Erfahrungsschatz der Behörde ist, desto besser kann sie ihren **Beratungsauftrag** erfüllen. Sie sollte sich insoweit mit anderen Behörden austauschen. **107**

Innerhalb des **Europäischen Datenschutzausschusses** können die Aufsichtsbehörden gem. Art. 70 Abs. 1 lit. g **Leitlinien, Empfehlungen und bewährte Verfahren** bereitstellen für die Feststellung von Verletzungen des Schutzes personenbezogener Daten und die Festlegung der Unverzüglichkeit und zu den spezifischen Umständen, unter denen der Verantwortliche oder der Auftragsverarbeiter die Verletzung des Schutzes personenbezogener Daten zu melden hat. Art. 70 Abs. 1 lit. h sieht darüber hinaus Leitlinien, Empfehlungen und bewährte Verfahren vor bezüglich der Umstände, unter denen eine Verletzung des Schutzes personenbezogener Daten voraussichtlich ein hohes Risiko für die Rechte und Freiheiten natürlicher Personen zur Folge hat. Das WP 250 der Art.-29-Datenschutzgruppe (Rn. 26) dürfte den Grundstein hierfür gelegt haben. **108**

Um eine zeitnahe Bearbeitung der Meldung und eine sachgemäße Beratung der Verantwortlichen zu gewährleisten, sind **unmittelbare Kommunikationsmittel** zur Verfügung zu stellen, dies ggf. auch außerhalb der typischen Geschäftszeiten (Rn. 63, 79 ff.). **109**

Die Meldung kann in Ansehung von ErwG 87 zu einem Tätigwerden der Aufsichtsbehörde gem. Art. 58 Abs. 1 lit. b führen, dies freilich nur in den Grenzen des Verbots der Selbstbezichtigung (Rn. 89 ff.). Zugleich können die gesammelten Informationen **110** in eine allgemeine Information der Öffentlichkeit über bestehende Risiken gem. Art. 57 Abs. 1 lit. b einfließen.

V. Datenschutzmanagement

111 **1. Incident response plan.** Verletzungen des Schutzes personenbezogener Daten gilt es zuvörderst zu vermeiden. Doch darf sich ein effektives Datenschutz-Management nicht allein auf Sicherungsmaßnahmen beschränken. Der Verantwortliche (und der Auftragsverarbeiter) sollte daher interne Prozesse festlegen, um Verletzungen des Schutzes personenbezogener Daten und sonstige Unregelmäßigkeiten aufdecken und abstellen zu können.[111]

112 Im Anschluss hieran ist ein **incident response plan** erforderlich.[112] Bekanntgewordene Schutzverletzungen müssen korrekt identifiziert und umgehend an die zuständige Management-Ebene weitergeleitet werden.[113] Das Hauptaugenmerk sollte nicht allein darauf liegen, die Schutzverletzung einzudämmen, sondern auch frühzeitig in die Risikobewertung (Rn. 49 ff.) einzusteigen. Ein Flussdiagramm und illustrative Beispielsfälle finden sich im WP 250 der Art.-29-Datenschutzgruppe.[114]

a) Interne Richtlinien.

113
- Definition von Datenpannen,
- Festlegung von Data-Breach-Notification-Verantwortlichen und weiteren Ansprechpartnern,
- ggf. Schaffung eines Krisenteams,
- Unterrichtung sämtlicher Mitarbeiter.

b) Implementierung eines geeigneten Incident Response Systems.

114
- Monitoring der IT-Systeme auf sicherheitsrelevante Zugriffe,[115]
- Bestimmung von Art und Umfang der Schutzverletzung,
- Beseitigung von Datenlecks und Sicherheitsrisiken,
- Sicherstellung computerforensischer Analyse,
- Festlegung von Kommunikationswegen
  - Kooperation verschiedener Untergliederungen,
  - Informationsaustausch mit Auftragsverarbeitern,
  - rechtzeitige Benachrichtigung der Entscheidungsträger,
  - Regelung von Whistleblowing-Situationen,
  - ggf. Beteiligung der Mitarbeitervertretung,
- Vorbereitung von Mustern für Meldung an Behörden und Benachrichtigung von betroffenen Personen[116]
  - ggf. Anpassung von behördlicherseits zur Verfügung gestellten Mustern,
  - Modalitäten für die öffentliche Bekanntmachung oder ähnliche Maßnahme (Art. 34 Abs. 3 lit. c),
- Sicherstellung der Dokumentation, auch unterhalb der Risikoschwelle.

---

111 *Art.-29-Datenschutzgruppe* WP 250 Rev. 1 v. 6.2.2018, 12 zu entsprechenden technischen Maßnahmen.
112 Hierzu auch *Neufeld/Schemmel* DSB 2017, 209 ff.
113 *Hamann* BB 2017, 1090, 1096.
114 *Art.-29-Datenschutzgruppe* WP 250 Rev. 1 v. 6.2.2018, 30 ff.
115 Vgl. *Krügel* MMR 2017, 795 ff.
116 *Koreng/Lachenmann-Koreng* Formularhandbuch Datenschutzrecht, 2. Aufl. 2018, S. 222 ff.

c) Kontakt zu Aufsichts- und Strafverfolgungsbehörden.
- Identifizierung der zuständigen Aufsichtsbehörde, **115**
- Erörterung von Zweifelsfällen schon vor offizieller Meldung,
- Beachtung behördlicher Hinweise,
- Vermeidung behördlicher Benachrichtigungsaufforderungen nach Art. 34 Abs. 4,
- Erstattung einer Strafanzeige/ggf. Stellen eines Strafantrages,
- Abstimmung, ob Benachrichtigung von betroffenen Personen Ermittlungen gefährden könnte.

2. Einbindung des Datenschutzbeauftragten. Der Datenschutzbeauftragte ist bereits gem. Art. 39 Abs. 1 lit. d und e sowie Art. 33 Abs. 3 lit. b als **Ansprechpartner** der Behörde gedacht. Auch wenn ein spezialisiertes incident response team die Führung übernimmt, sollte der Datenschutzbeauftragte stets involviert werden. Er spielt während der Meldung und der weiteren Ermittlungen eine wichtige Rolle.[117] **116**

3. Vertragsmanagement. Sowohl Verträge zur Auftragsverarbeitung gem. Art. 28 als auch Vereinbarungen zwischen gemeinsam für die Verarbeitung Verantwortlichen i.S.v. Art. 26 müssen daraufhin überprüft werden, ob entsprechende Meldeverpflichtungen und Kommunikationswege festgehalten sind. **117**

VI. Sanktionen

Verstöße gegen die Meldeverpflichtung gem. Art. 33 Abs. 1 S. 1 werden grds. gem. Art. 83 Abs. 4 lit. a mit Geldbußen von bis zu 10 000 000 EUR oder im Fall eines Unternehmens von bis zu 2 % seines gesamten weltweit erzielten Vorjahresumsatzes geahndet, je nachdem, welcher der Beträge höher ist. **118**

Das Ignorieren einer Benachrichtigungsaufforderung nach Art. 34 Abs. 4 wird gem. Art. 83 Abs. 5 lit. e i.V.m. Art. 58 Abs. 2 lit. e mit Geldbußen von bis zu 20 000 000 EUR oder im Fall eines Unternehmens von bis zu 4 % seines gesamten weltweit erzielten Vorjahresumsatzes geahndet, je nachdem, welcher der Beträge höher ist. **119**

Behörden und sonstige öffentliche Stellen sind gem. § 43 Abs. 3 BDSG vom Bußgeld ausgenommen, solange sie nicht am Wettbewerb teilnehmen (§ 2 Abs. 5 BDSG). **120**

Artikel 34 Benachrichtigung der von einer Verletzung des Schutzes personenbezogener Daten betroffenen Person

(1) Hat die Verletzung des Schutzes personenbezogener Daten voraussichtlich ein hohes Risiko für die persönlichen Rechte und Freiheiten natürlicher Personen zur Folge, so benachrichtigt der Verantwortliche die betroffene Person unverzüglich von der Verletzung.

(2) Die in Absatz 1 genannte Benachrichtigung der betroffenen Person beschreibt in klarer und einfacher Sprache die Art der Verletzung des Schutzes personenbezogener Daten und enthält zumindest die in Artikel 33 Absatz 3 Buchstaben b, c und d genannten Informationen und Maßnahmen.

---

117 *Art.-29-Datenschutzgruppe* WP 250 Rev. 1 v. 6.2.2018, 27 f.

(3) Die Benachrichtigung der betroffenen Person gemäß Absatz 1 ist nicht erforderlich, wenn eine der folgenden Bedingungen erfüllt ist:

a) der Verantwortliche geeignete technische und organisatorische Sicherheitsvorkehrungen getroffen hat und diese Vorkehrungen auf die von der Verletzung betroffenen personenbezogenen Daten angewandt wurden, insbesondere solche, durch die die personenbezogenen Daten für alle Personen, die nicht zum Zugang zu den personenbezogenen Daten befugt sind, unzugänglich gemacht werden, etwa durch Verschlüsselung;

b) der Verantwortliche durch nachfolgende Maßnahmen sichergestellt hat, dass das hohe Risiko für die Rechte und Freiheiten der betroffenen Personen gemäß Absatz 1 aller Wahrscheinlichkeit nach nicht mehr besteht;

c) dies mit einem unverhältnismäßigen Aufwand verbunden wäre. In diesem Fall hat stattdessen eine öffentliche Bekanntmachung oder eine ähnliche Maßnahme zu erfolgen, durch die die betroffenen Personen vergleichbar wirksam informiert werden.

(4) Wenn der Verantwortliche die betroffene Person nicht bereits über die Verletzung des Schutzes personenbezogener Daten benachrichtigt hat, kann die Aufsichtsbehörde unter Berücksichtigung der Wahrscheinlichkeit, mit der die Verletzung des Schutzes personenbezogener Daten zu einem hohen Risiko führt, von dem Verantwortlichen verlangen, dies nachzuholen, oder sie kann mit einem Beschluss feststellen, dass bestimmte der in Absatz 3 genannten Voraussetzungen erfüllt sind.

– *ErwG: 86–88*
– *BDSG n. F.: §§ 29 Abs. 1 S. 3 und 4, 42 Abs. 4 und 43 Abs. 4*

Übersicht

A. Einordnung und Hintergrund

1 Die Benachrichtigungspflicht gegenüber betroffenen Personen steht in unmittelbarem Zusammenhang mit der Meldepflicht in Art. 33 und teilt deren Genese (Art. 33 Rn. 3 ff.). In ihr kommt verstärkt der betroffenenrechtliche Aspekt zum Tragen (Art. 33 Rn. 2), da es vornehmlich um die Vermeidung und Minimierung von Folgeschäden geht. Anders als bei der Meldepflicht, die den Verantwortlichen immer trifft, wenn ein Risiko für die betroffenen Personen nicht ausgeschlossen werden kann, greift die Benachrichtigungspflicht nur ein, wenn tatsächlich ein hohes Risiko besteht. Darüber hinaus wartet die Benachrichtigungspflicht u.a. in Abs. 3 mit weiteren Einschränkungen auf.

B. Kommentierung

I. Benachrichtigungspflicht des Verantwortlichen (Abs. 1)

2 **1. Schutzverletzung und hohes Risiko.** Der Begriff der **Verletzung des Schutzes personenbezogener Daten** ist identisch mit demjenigen in Art. 33 Abs. 1 S. 1 (Art. 33 Rn. 27 ff.). Für Altpannen gilt dasselbe wie bei der Meldung an die Aufsichtsbehörde (Art. 33 Rn. 41 ff.). Auslösendes Moment für die Benachrichtigung Betroffener ist jedoch nicht schon das Bekanntwerden (Art. 33 Rn. 39 f.) einer Schutzverletzung, sondern das **Ergebnis der Risikobewertung**. Die Risikoeinschätzung gleicht derjenigen in Art. 33 Abs. 1 S. 1 (Art. 33 Rn. 44 ff.).

3 Es bedarf der positiven Feststellung, dass ein **„hohes Risiko“** gegeben ist. Die Art.-29-Datenschutzgruppe sieht ein solches hohes Risiko immer dann gegeben, wenn der Schadenseintritt wahrscheinlich ist.[1] Die lediglich abstrakte Möglichkeit eines Schadenseintritts genügt nicht. Ein bestimmter Wahrscheinlichkeitsgrad ist freilich nicht vorgesehen, insoweit wird wiederum auf das zu Art. 33 entwickelte Axiom zurückgegriffen werden müssen (Art. 33 Rn. 48). **Leitlinien** zur Bestimmung des hohen Risikos gem. Art. 70 Abs. 1 lit. h fehlen derzeit.

4 Die Benachrichtigungspflicht besteht auch, wenn der Schaden bereits eingetreten ist (Art. 33 Rn. 45).[2] Insbesondere existiert keine Ausnahme i.S.v. Art. 13 Abs. 4, 14 Abs. 5 lit. a, soweit die betroffene Person bereits aus eigener Anschauung über die Information verfügt.

5 **2. Pflichtiger.** Die Benachrichtigungspflicht trifft im Wesentlichen den Verantwortlichen. **Auftragsverarbeiter** bleiben weitgehend außen vor (Art. 33 Rn. 52). **Gemeinsam für die Verarbeitung Verantwortliche** können intern vereinbaren, wer der Pflicht nachkommt (Art. 33 Rn. 53). Der **Vertreter in der Union** gem. Art. 27 kann die Benachrichtigung im Namen des Pflichtigen vornehmen.

6 **3. Empfänger.** Der Wortlaut des Art. 34 Abs. 1 bezieht sich vordergründig auf die betroffene Person im Sinne von Art. 4 Nr. 1. Nichtsdestotrotz können sich Abweichungen ergeben. An die Stelle der Betroffenen treten im Falle von Minderjährigen deren **Eltern**,[3] im

1 *Art.-29-Datenschutzgruppe* WP 250 Rev. 1 v. 6.2.2018, 23; detaillierter Sydow-*Sassenberg* Art. 34 Rn. 5, der bei vernünftiger Betrachtung eines objektiven Dritten eine gewisse, realistische Wahrscheinlichkeit eines Schadenseintritts voraussetzt.

2 BeckOK DatenSR-*Brink* 21. Ed. 2017, Art. 34 Rn. 2; a.A. Paal/Pauly-*Martini* Art. 34 Rn. 17.

3 BlnBDI, TB 2014, S. 151.

Falle von Betreuungsverhältnissen deren **Betreuer.**[4] Sofern etwa wegen des Sozial- oder Steuergeheimnisses eine Benachrichtigungspflicht gegenüber juristischen Personen besteht (Art. 33 Rn. 27), sind **Vorstand oder Geschäftsleitung** zu informieren.

7 Sozialdatenschutz (§ 35 Abs. 5 SGB I n.F.) und Steuergeheimnis (§ 2a Abs. 5 Nr. 1 AO n.F.) umfassen zudem die Daten Verstorbener. Im Einzelfall kann sich daher die Pflicht zur Benachrichtigung der **Angehörigen bzw. Erben** ergeben,[5] wenngleich strengere Anforderungen an das drohende Risiko zu stellen sein dürften (z.B. Einbußen an der Erbmasse; mittelbarer Schutz Dritter bei Identitätsbetrug; erhebliche Verletzungen des postmortalen Persönlichkeitsrechts).

8 **4. Frist.** Die Benachrichtigung hat **unverzüglich** zu erfolgen. Die Bemessung gleicht derjenigen in Art. 33 Abs. 1 S. 1 (Art. 33 Rn. 59 ff.), allerdings ohne die Anforderung, möglichst binnen 72 Stunden zu informieren. Unverzüglichkeit ist hier insofern weiter zu verstehen, als dass zusätzliche Bestimmungskriterien einfließen. Nach ErwG 88 sollte etwa den berechtigten **Interessen der Strafverfolgungsbehörden** Rechnung getragen werden, wenn die Untersuchung der Umstände einer Schutzverletzung durch eine frühzeitige Offenlegung in unnötiger Weise behindert würde. Um das Risiko eines unmittelbaren Schadens mindern zu können, sollen betroffene Personen in Ansehung von ErwG 86 sofort benachrichtigt werden, wohingegen eine längere Benachrichtigungsfrist gerechtfertigt sein kann, wenn Maßnahmen gegen fortlaufende oder vergleichbare Schutzverletzungen zu treffen sind. Die Zeit läuft auch hier mit Bekanntwerden der Schutzverletzung, insofern ist ein gestraffter Prozess für die Risikobewertung vonnöten.

9 Es gibt kein Äquivalent zur schrittweisen Information in Art. 33 Abs. 4 (Art. 33 Rn. 83). Dies darf jedoch nicht dahingehend missverstanden werden, dass die Benachrichtigung der Betroffenen erst dann zu erfolgen braucht, wenn der gesamte Sachverhalt vom Verantwortlichen **ausermittelt** worden ist und geeignete Abhilfemaßnahmen i.S.v. Art. 33 Abs. 3 lit. d feststehen. Zweck der Vorschrift ist ein effektiver Betroffenenschutz, daher ist eine **möglichst frühzeitige Information** essentiell, selbst wenn der Verantwortliche noch keine gescheite Antwort auf die Fragen der Betroffenen hat.

II. Mindestinhalt und Form (Abs. 2)

10 **1. Inhalt.** Der Informationsgehalt der ordnungsgemäßen Benachrichtigung deckt sich weitestgehend mit demjenigen der Meldung an die Aufsichtsbehörde. Zunächst ist die **Art der Schutzverletzung** anzugeben (Art. 33 Rn. 69 f.). Dabei ist es insb. im Hinblick auf etwaige Nachahmer nicht erforderlich, zu sehr in technische Details zu gehen.[6] Außerdem kann je nach Komplexität des Vorfalls die klare und einfache Sprache im Sinne von Art. 33 Abs. 2 i.V.m. Art. 12 Abs. 1 S. 1 leiden. Auf die Angabe der Personenkategorien und Zahl der betroffenen Personen im Sinne von Art. 33 Abs. 3 lit. a kann bei der Benachrichtigung i.d.R. verzichtet werden.[7] Demgegenüber können die konkreten Datenkategorien und die Zahl der jeweiligen Datensätze für die persönli-

4 BlnBDI, TB 2012, S. 152.

5 Vgl. *BlnBDI* TB 2014, S. 151 f. zu § 18a BlnDSG, welcher ebenfalls die Daten Verstorbener erfasst.

6 *Eckhardt/Schmitz* DuD 2010, 394; *Hornung* NJW 2010, 1843.

7 Kühling/Buchner-*Jandt* Art. 34 Rn. 11.

che Risikoeinschätzung durch die betroffenen Personen durchaus relevant sein.[8] Insb. bei Veränderung, unbefugter Offenlegung oder unbefugtem Zugang kann es erforderlich sein, auch die tatsächlichen **inhaltlichen Daten** zu übermitteln.[9]

Die weiteren Informationen sind mit Art. 33 Abs. 3 lit. b, c und d identisch (Art. 33 Rn. 73 ff.) Besondere Bedeutung erlangen hierbei Empfehlungen, die unmittelbar an betroffene Personen gerichtet sind. (Art. 33 Rn. 77). 11

2. Form. – a) Darreichung. Die Benachrichtigung der betroffenen Personen erfolgt gem. Art. 12 Abs. 1 S. 2 schriftlich oder in anderer Form, ggf. auch elektronisch. Vorrangig ist stets die vereinbarte Form im Sinne von § 127 BGB (z.B. PGP-signiert) zu berücksichtigen. Nach Art. 12 Abs. 1 S. 2 und 3 ist ggf. die mündliche Erteilung von Informationen möglich. Dem kommt vor allem bei großer Eile Bedeutung zu. Erfolgt die Benachrichtigung (fern-)mündlich, ist der Inhalt im Rahmen der Accountability zu dokumentieren.[10] 12

Nach dem parallelgelagerten Art. 3 Abs. 4 S. 2 VO (EU) Nr. 611/2013 darf die Benachrichtigung nicht als **Gelegenheit zur Verkaufsförderung oder Werbung** für neue oder zusätzliche Dienste genutzt werden. Gem. Art. 3 Abs. 6 S. 2 VO (EU) Nr. 611/2013 darf die Information generell nicht mit anderen Themen verbunden werden. Dies sollte auch unter der DS-GVO selbstverständlich sein, da die eigentliche Benachrichtigung anderenfalls untergehen könnte.[11] Aus demselben Grund sollte bei brieflicher Benachrichtigung ein Posttarif gewählt werden, der spezifisch für die Übersendung rechtlich erheblicher Informationen gedacht ist, da Werbebriefe beim Empfänger oft schon anhand der Frankierung aussortiert und entsorgt werden.[12] 13

Sofern die Ausnahme nach Art. 34 Abs. 3 lit. c greift, ist die Benachrichtigung durch öffentliche Bekanntmachung oder eine ähnliche Maßnahme vorzunehmen. Die **öffentliche Zustellung** durch Aushang an der Gerichtstafel (vgl. etwa § 186 Abs. 1 S. 1 ZPO) scheidet freilich aus, da es bei Art. 34 Abs. 2 nicht um eine bloße Zustellfiktion geht, sondern um effektiven Schutz der Betroffeneninteressen. Die öffentliche Information wurde vormals gem. § 42a S. 5 BDSG a.F. sichergestellt durch Anzeigen in mindestens zwei bundesweit erscheinenden **Tageszeitungen**, welche jeweils mindestens eine halbe Seite umfassen mussten.[13] Regionale Zeitungen mögen unterdessen genügen, wenn der Kreis der Betroffenen entsprechend lokal angesiedelt ist.[14] **Amts- und Verkündungsblätter** sind mangels einschlägigen Leserkreises ungeeignet.[15] Der parallel gelagerte Art. 3 Abs. 7 S. 1 VO (EU) Nr. 611/2013 fordert insb. bei grenzüberschreitenden Verarbeitungen Bekanntmachungen in großen nationalen oder regionalen Medien der betreffenden Mitgliedstaaten. Es reicht nicht aus, dass die Medien von sich aus über den Vorfall berichten.[16] 14

---

8 Gola-*Reif* Art. 34 Rn. 11.

9 Bei der Meldung an die Aufsichtsbehörde ist dies nicht erforderlich, Art. 33 Rn. 72, 88.

10 So bereits *BlnBDI* TB 2012, S. 160 zu § 42a BDSG a.F.

11 So auch *Art.-29-Datenschutzgruppe* WP 250 Rev. 1 v. 6.2.2018, 21.

12 Vgl. *Franck* ZJS 2015, 635, 637.

13 FAZ, FR, SZ, Welt, taz, BILD, Neues Deutschland und junge welt, wobei die beiden letztgenannten ob ihrer Auflagenstärke vmtl. nicht geeignet sein dürften.

14 *Duisberg/Picot* CR 2009, 825; *Hanloser* DSB 2009, 13; *Hornung* NJW 2010, 1843 jeweils zu § 42a S. 5 BDSG a.F.

15 A.A. Paal/Pauly-*Martini* Art. 34 Rn. 41.

16 Sydow-*Sassenberg* Art. 34 Rn. 13.

15 Eine anderweitige öffentlichkeitswirksame Maßnahme ist ggf. die Verbreitung über **elektronische Medien** (Unternehmens-Website,[17] Facebook-Page, Twitter). Eine Veröffentlichung auf der Website der jeweiligen zuständigen Datenschutzaufsichtsbehörde mag bei behördlichen Datenpannen angehen (vgl. § 27a S. 3 DSG SH), erscheint hingegen für privatwirtschaftlichen Unternehmen ungeeignet. Unterdessen ist gem. Art. 57 Abs. 1 lit. b i.V.m. Art. 62 Abs. 1 der Weg offen für ein **europaweites behördliches Datenpannenportal** im Internet. Der Verantwortliche kann nötigenfalls mehrere der genannten Maßnahmen verknüpfen, um deren Wirksamkeit sicherzustellen.

16 **b) Sprache.** Die Benachrichtigung hat in klarer und einfacher Sprache zu erfolgen. Hier wiederholt Art. 34 Abs. 2 einen Teil des Pflichtenkatalogs aus Art. 12 Abs. 1. Die dort ebenfalls festgeschriebenen Merkmale der präzisen, transparenten, verständlichen und leicht zugänglichen Form werden unterdessen keineswegs verdrängt, insbesondere da Art. 12 Abs. 1 auf die hiesige Vorschrift unmittelbar verweist. Es ist diejenige **Landessprache** zu verwenden, die üblicherweise für die Kommunikation mit dem Betroffenen gewählt wird.[18] Bei längeren Texten[19] ist auf eine sinnvolle Ordnung und **Untergliederung** zu achten, sie sollten nicht zu klein gedruckt oder blass wiedergegeben werden.

17 Die konkreten Besonderheiten der Mitteilung an Kinder gem. Art. 12 Abs. 1 S. 1 Hs. 2 spielen bei der Benachrichtigung über Schutzverletzungen eine untergeordnete Rolle, da Kinder i.d.R. nicht die intendierten Empfänger sind (Rn. 6). Insgesamt ist die Art der Formulierung aber durchaus am erwarteten Empfängerkreis auszurichten.[20]

18 **3. Unentgeltlichkeit.** Die Benachrichtigung erfolgt gem. Art. 12 Abs. 5 S. 1 stets unentgeltlich. Die Ausnahmen des Art. 12 Abs. 5 S. 2 greifen in den Fällen aktiver Transparenz nicht.[21] Die Unentgeltlichkeit spielt richtigerweise auch dann eine Rolle, wenn gem. Art. 33 Abs. 3 lit. c telefonische Kontaktdaten oder ein Faxabruf für weitere Informationen zur Verfügung gestellt werden.

III. Ausnahmen (Abs. 3)

19 Sofern Ausnahmen von der Benachrichtigungspflicht greifen, sind deren Voraussetzungen im Rahmen der Accountability i.S.v. Art. 5 Abs. 2, 33 Abs. 5 nachzuweisen.[22] Es ist zu erwarten, dass weitere Ausnahmen in bereichspezifischen Vorschriften und LDSGs folgen werden.[23]

20 **1. Inhärente Ausnahmen.** Art. 34 Abs. 3 erklärt die Benachrichtigung in bestimmten Fällen für **nicht erforderlich**. Die Vorschrift gewährt insoweit ein Leistungsverweigerungsrecht hinsichtlich der spezifisch-datenschutzrechtlichen Obliegenheit. Manifestiert sich das Risiko anschließend trotzdem, bleiben Ersatzansprüche wegen der unterlassenen Benachrichtigung denkbar (Rn. 49 ff.).

---

17 Dann jedoch direkt auf der Startseite, Sydow-*Sassenberg* Art. 34 Rn. 15.
18 So auch Kühling/Buchner-*Jandt* Art. 34 Rn. 10.
19 Sydow-*Sassenberg* Art. 34 Rn. 19 plädiert für ein Maximum von zwei DIN A4-Seiten.
20 Gola-*Franck* Art. 12 Rn. 22.
21 Gola-*Franck* Art. 12 Rn. 36.
22 *Art.-29-Datenschutzgruppe* WP 250 Rev. 1 v. 6.2.2018, 22.
23 Zum Entwurfsstadium in Bayern s. Art. 33 Rn. 16.

Wird eine Benachrichtigung **überobligatorisch** vorgenommen, muss sie nicht vollends den gesetzlichen Anforderungen genügen, was Inhalt und Form angeht.[24] Dies ergibt sich aus dem Umkehrschluss zu Art. 34 Abs. 4. Nur die Aufsichtsbehörde kann zur Nachholung der ordnungsgemäßen Benachrichtigung auffordern, der Verantwortliche hingegen kann nicht durch eigenes Informationshandeln in den (bußgeldbewehrten) Anwendungsbereich des Art. 34 Abs. 1 zurückfallen. 21

a) Technische und organisatorische Sicherheitsvorkehrungen, Verschlüsselung (Abs. 3 lit. a). Die Benachrichtigung **wegen unbefugter Offenbarung oder unbefugten Zugangs** ist nicht erforderlich, wenn der Verantwortliche geeignete technische und organisatorische Sicherheitsvorkehrungen getroffen hat wenn die Daten hierdurch für alle Personen, die nicht zum Zugang zu den personenbezogenen Daten befugt sind, unzugänglich gemacht werden. Der Wortlaut nennt ausdrücklich die **Verschlüsselung**. Diese muss dem aktuellen Stand der Technik entsprechen.[25] Sichere kryptographische **Hashes**, die keine Aufhebung der Pseudonymisierung erlauben, können im Einzelfall ebenfalls geeignet sein.[26] ErwG 88 deutet in diesem Zusammenhang technische Sicherheitsvorkehrungen an, die die Wahrscheinlichkeit eines Identitätsbetrugs oder anderer Formen des Datenmissbrauchs wirksam verringern. 22

Trotz des verunglückten Wortlauts sind nur solche Sicherheitsvorkehrungen gemeint, die auch nach dem Auftreten einer Schutzverletzung noch wirken. Nicht in den Anwendungsbereich des lit. a fallen überdies availability und integrity breaches (Art. 33 Rn. 31). Die Vorschrift ist allein auf den Zugang zu den personenbezogenen Daten beschränkt. 23

b) Nachträgliche Maßnahmen (Abs. 3 lit. b). Die Benachrichtigungspflicht entfällt außerdem, sofern der Verantwortliche durch nachfolgende Maßnahmen sichergestellt hat, dass das hohe Risiko aller Wahrscheinlichkeit nach nicht mehr besteht. Gefordert ist eine erneute Risikoprognose unter geänderten Bedingungen. Der Verantwortliche muss nicht völlig ausschließen können, dass sich das Risiko doch noch verwirklicht. Es muss sich lediglich als vernachlässigbar darstellen. Bei gewöhnlichem Geschehensablauf soll kein Eintritt des Schadens mehr zu erwarten sein.[27] **Beispiele**: Ermitteln und Festsetzen des unbefugt Zugreifenden; Sperren von Zugangsdaten oder Abschaltung von Zugängen, solange noch kein Missbrauch stattgefunden hat; Sperren von Kreditkartendaten und Neuvergabe; Zusicherung seitens unberechtigter Empfänger, die personenbezogenen Daten zu löschen und nicht weiterzugeben. 24

Sofern ein Datenträger gelöscht oder beschädigt wird, aber durch technische und organisatorische Sicherheitsvorkehrungen zeitnah ein **Backup** eingespielt werden kann, handelt es sich um eine nachträgliche Maßnahme. Das bloße Vorhandensein einer Backup-Lösung lässt noch nicht das hohe Risiko entfallen, da auch hier Fehlerquellen (Vollständigkeit, Aktualität, Übertragungsvorgang) bestehen können. 25

Das **umgehende Nacherheben** fehlender Daten kann als Maßnahme im Sinne des lit. b gewertet werden, falls availability oder integrity breaches vorangegangen sind. Dies 26

24 Sie bleibt jedoch unentgeltlich gem. Art. 12 Abs. 5 und muss in der Sache zutreffend sein.
25 Das BayLDA weist in diesem Zusammenhang auf AES-256 hin, *BayLDA* 6. TB 2015, S. 153.
26 Zum Personenbezug kryptographischer Hashes *Voitel* DuD 2017, 686 ff.
27 Paal/Pauly-*Martini* Art. 34 Rn. 39.

freilich nur außerhalb der Direkterhebung. Wird in die Direkterhebung eingestiegen, gebietet es schon der Grundsatz von Treu und Glauben nach Art. 5 Abs. 1 lit. a, zugleich die Schutzverletzung mitzuteilen. Die Ausnahme des Art. 34 Abs. 3 lit. b soll verhindern, dass betroffene Personen ohne Not alarmiert werden. Bei einer Direkterhebung verloren gegangener Daten geschieht dies jedoch unweigerlich.

27 Die **Meldung an die Aufsichtsbehörde** gem. Art. 33 Abs. 1 kann niemals die Benachrichtigung entfallen lassen. Das Gleiche gilt für zeitlich eng beieinanderliegende Benachrichtigungen, denen zwar unterschiedliche Schutzverletzungen zu Grunde liegen, jedoch identische Empfehlungen zur Folge haben.

28 **c) Unverhältnismäßiger Aufwand (Abs. 3 lit. c).** Die individuelle Benachrichtigung kann unterbleiben, wenn sie mit einem unverhältnismäßigen Aufwand verbunden wäre. An ihre Stelle tritt die öffentliche Bekanntmachung (Rn. 14 f.). Bei der Bestimmung des Aufwandes ist zunächst die **Zahl der betroffenen Personen** im Verhältnis zur Leistungsfähigkeit des Verantwortlichen heranzuziehen.[28] Außerdem kann es von Bedeutung sein, inwieweit der Verantwortliche den gesteigerten Aufwand selbst verschuldet hat, z.B. durch vorschnelle Vernichtung der beim unbefugten Empfänger sichergestellten Daten.

29 Eine Benachrichtigung sämtlicher Betroffener per eMail wird niemals einen unverhältnismäßigen Aufwand darstellen.[29] Eine hierüber hinausgehende Faustformel fehlt bislang, hier könnten Verhaltensregeln i.S.v. Art. 40 Abs. 2 lit. i helfen. Leitlinien gem. Art. 70 Abs. 1 lit. h sind zu diesem Themenkomplex nicht vorgesehen.[30]

30 Wenn mangels Kontaktdaten überhaupt kein Kommunikationskanal zu den Betroffenen besteht, ist ebenfalls die öffentliche Bekanntmachung zu wählen.[31] Bei der insoweit bestehenden **Unmöglichkeit** (vgl. § 275 Abs. 1 BGB) einer individuellen Benachrichtigung greift Abs. 3 lit. c im Wege des Erstrechtschlusses.

31 Wenn stattdessen nur **unbekannt** ist, wessen personenbezogene Daten konkret durch die Schutzverletzung in Mitleidenschaft gezogen wurden, ist zunächst die individuelle Benachrichtigung **aller potentiell Betroffenen** einschlägig. Art. 34 Abs. 1 ist im Interesse eines effektiven Schutzes (vgl. ErwG 11) dahingehend auszulegen, dass „wenigstens" die betroffene Person zu benachrichtigen ist. Nur, wenn hierdurch wiederum die Zahl der Benachrichtigungsempfänger überbordend anschwillt, ist von einem unverhältnismäßigen Aufwand auszugehen.

32 Der Verantwortliche wird **durch öffentliche Bekanntmachung frei**. Verringert sich der unverhältnismäßige Aufwand für die individuelle Benachrichtigung nachträglich, da der betroffene Personenkreis besser eingegrenzt werden kann, ist keine zweite individuelle Benachrichtigung vorgesehen. Dies ist ein Versäumnis des Unionsgesetzgebers, ist aber wegen des drohenden Bußgeldes für pflichtwidrig ausgebliebene Informationen kaum anders lösbar. Auch Art. 34 Abs. 4 hilft nicht weiter.

33 **2. § 29 Abs. 1 S. 3 und 4 BDSG.** Die Pflicht zur Benachrichtigung besteht gem. § 29 Abs. 1 S. 3 BDSG nicht, soweit durch die Benachrichtigung Informationen offenbart

---

28 Art. 32 Abs. 3 lit. c RatsE stellte allein auf die Zahl der betroffenen Fälle ab.
29 Gola-*Reif* Art. 34 Rn. 9; ferner *Hornung* NJW 2010, 1841, 1843 zu § 42a BDSG a.F.
30 Art. 70 Abs. 1 lit. h bezieht sich ausschließlich auf die Bestimmung des hohen Risikos.
31 *Art.-29-Datenschutzgruppe* WP 250 Rev. 1 v. 6.2.2018, 22.

würden, die nach einer Rechtsvorschrift oder ihrem Wesen nach, insb. wegen der überwiegenden berechtigten Interessen eines Dritten, geheim gehalten werden müssen.

In § 29 Abs. 1 S. 4 BDSG ist eine Gegenausnahme enthalten, falls die Interessen der betroffenen Person unter Berücksichtigung drohender Schäden, gegenüber dem Geheimhaltungsinteresse überwiegen. **34**

Die Regelung soll vor allem Berufsgeheimnisträgern mit gesetzlicher oder satzungsmäßiger **Verschwiegenheitspflicht** zu Gute kommen, also vor allem den Katalogberufen des § 203 Abs. 1 StGB. **Beispiel**: Rechtsanwalt verliert USB-Stick mit Informationen über die Gegenpartei, die Benachrichtigung würde das Mandatsverhältnis offenbaren. Der Wortlaut erfasst überdies alle sonstigen Informationen, an denen ein berechtigtes Geheimhaltungsinteresse bestehen könnte, bspw. **Geschäfts- und Betriebsgeheimnisse** oder Informationen, die nach den Grundsätzen des **therapeutischen Privilegs** (vgl. § 630g Abs. 1 S. 1 BGB) nicht einmal an die betroffene Person selbst gelangen sollen. **35**

Die BDSG-Vorschrift ist dabei gleich in mehrerlei Hinsicht problematisch. Sie ist tatbestandsmäßig verunglückt, in der Sache unangemessen und **europarechtswidrig**. Die Vorschrift ist daher keinesfalls anzuwenden. **36**

a) Ausnahme ohne Anwendungsfall. Zunächst fehlt ein dem § 29 Abs. 1 S. 3 BDSG entsprechender Gegenstand. Die Norm bezieht sich expressis verbis auf Informationen die nach einer Rechtsvorschrift oder ihrem Wesen nach geheim gehalten werden müssen. Art. 34 Abs. 1 stellt jedoch seinerseits eine **Offenbarungsbefugnis** im Sinne des § 203 StGB dar. Insoweit war bereits § 42a S. 1 Nr. 2 BDSG a.F. ausdrücklich auf personenbezogene Daten bezogen, die einem Berufsgeheimnis unterlagen. Wohlweislich hat der Unionsgesetzgeber in ErwG 85 den Verlust der Vertraulichkeit von dem Berufsgeheimnis unterliegenden Daten ausdrücklich als schwerwiegende Risikokategorie benannt.[32] **37**

Ein sachlicher Anwendungsbereich bliebe nur übrig, wenn es bereits genügen würde, dass die betreffenden Informationen nach „einer Rechtsvorschrift" geheim gehalten werden müssen, das Zusammenspiel mit „anderen Rechtsvorschriften" hingegen geflissentlich ignoriert würde. So unterläge jede nur potentiell als geheimhaltungswürdig denkbare Information der Ausnahme, also sogar dann, wenn in der konkreten Situation eine Schweigepflichtentbindung existierte. **38**

Unterbleibt die Benachrichtigung, kann die Aufsichtsbehörde amtlich feststellen, dass eine in Art. 34 Abs. 3 lit. a–c aufgeführte Ausnahme einschlägig ist (Rn. 46). Für sonstige Ausnahmen wie diejenige gem. § 29 Abs. 1 S. 3 BDSG trifft dies nicht zu, da es an einer entsprechenden nationalen Regelung fehlt. Gleichsam wird Art. 58 Abs. 2 lit. e nicht durch § 29 Abs. 3 S. 1 BDSG eingeschränkt. Insoweit ist stets zwingend die Aufforderung gem. Art. 34 Abs. 4 (Rn. 44 ff.) die Folge. **39**

b) Gegenausnahme ohne Bewertungskriterien. Falls die Interessen der betroffenen Person gegenüber dem Geheimhaltungsinteresse überwiegen – insb. unter Berücksichtigung drohender Schäden – soll die Pflicht zur Benachrichtigung gem. § 29 Abs. 1 S. 4 BDSG bestehen bleiben. Mit der Frage, welche besonderen Schadens- und Risikoklassen das sein sollen, ist der Berufsgeheimnisträger auf sich allein gestellt. Der Bundesgesetzgeber hat auch keine Obliegenheit geschaffen, zunächst um Schweigepflicht- **40**

32 In Art. 32 Abs. 1 RatsE war das Berufsgeheimnis sogar als Regelbeispiel enthalten.

entbindung zu ersuchen, um das Geheimhaltungsinteresse entfallen zu lassen. Die Empfehlung kann freilich nicht sein, gar nicht zu benachrichtigen und stattdessen auf eine Aufforderung durch die Behörde gem. Art. 34 Abs. 4 zu warten.

41 **c) Voraussetzungen der Öffnungsklausel.** Die Bundesregierung stützt § 29 Abs. 1 BDSG ausweislich der Gesetzesbegründung auf Art. 23 Abs. 1 lit. i,[33] also den Schutz der betroffenen Person oder der Rechte und Freiheiten anderer Personen. Sowohl die Privatsphäre Dritter als auch die Berufsausübung der Berufsgeheimnisträger kann hierbei gemeint sein. Die Öffnungsklausel ist jedoch **kein Freibrief**. Gem. Art. 23 Abs. 1 darf vom Regelungsspielraum nur Gebrauch gemacht werden, sofern die Beschränkung von Betroffenenrechten den Wesensgehalt der Grundrechte und Grundfreiheiten achtet und in einer demokratischen Gesellschaft eine notwendige und verhältnismäßige Maßnahme darstellt.[34] Die Gesetzesbegründung schweigt sich zu diesem wesentlichen Punkt aus.

42 Darüber hinaus fehlt es an geeigneten **kompensierenden gesetzgeberischen Maßnahmen** i.S.d. Art. 23 Abs. 2, hier insb. lit. c („Umfang der vorgenommenen Beschränkungen"), lit. d („Garantien gegen Missbrauch oder unrechtmäßigen Zugang oder unrechtmäßige Übermittlung") und lit. g („Risiken für die Rechte und Freiheiten der betroffenen Personen").[35] Einfach eine neue Risikoklasse in § 29 Abs. 1 S. 4 BDSG einzuführen und die Bewertung dem Geheimnisträger aufzubürden, reicht nicht aus.

43 **d) Parallelwertung zu Art. 14 Abs. 5 lit. c.** Dem Unionsgesetzgeber waren bei der Regelung der Transparenzregeln die Komplikationen durch Berufsgeheimnisse wohl bekannt. Deshalb wurde im Rahmen der Informationspflicht außerhalb der Direkterhebung gem. Art. 14 Abs. 5 lit. c unmittelbar eine Ausnahme für Daten aufgenommen, die vertraulich behandelt werden müssen. Es wäre ein arger Wertungswiderspruch, wenn der Unionsgesetzgeber die banalen Fälle selbst regelte, die hochriskanten Fälle aber den Mitgliedstaaten zur freien Verfügung überantwortete. Vor allem würde hierdurch das von ErwG 11 gesteckte Ziel eines wirksamen Schutzes personenbezogener Daten und einer Stärkung und präzisen Festlegung von Betroffenenrechten unterlaufen.

IV. Behördliche Aufforderung (Abs. 4)

44 Ist eine Benachrichtigung zunächst ausgeblieben, kann die Aufsichtsbehörde gem. Art. 34 Abs. 4 i.V.m. Art. 58 Abs. 2 lit. e verlangen, dies nachzuholen. Die Behörde entscheidet **unter Berücksichtigung der Wahrscheinlichkeit**, mit der die Verletzung des Schutzes personenbezogener Daten zu einem hohen Risiko führt. Sie kann stattdessen auch feststellen, dass eine in Art. 34 Abs. 3 lit. a–c genannte Voraussetzungen erfüllt ist.

45 Die Aufforderung ergeht im Wesentlichen in all jenen Fällen, in denen eine Benachrichtigungspflicht per se besteht, jedoch **pflichtwidrig missachtet** wurde. Art. 34 Abs. 4 greift auch, wenn lediglich eine unvollständige Benachrichtigung erfolgt ist. Der Wortlaut lässt allerdings offen, ob auch in Fällen aufgefordert werden kann, in denen das **hohe Risiko nicht positiv festgestellt** wird. Dass sich Art. 58 Abs. 2 lit. e auf „Abhilfebefugnisse" bezieht, bedeutet nicht notwendigerweise, dass zuvor ein Rechtsverstoß

---

33 BT-Drucks. 18/11325, S. 100.

34 Eingehend *Kühling/Martini u.a.* Die Datenschutz-Grundverordnung und das nationale Recht, S. 68 ff.

35 Zurückhaltender, aber im Ergebnis ebenso *Johannes* ZD-Aktuell 2017, 05533.

geschehen sein muss. Im Interesse eines wirksamen Schutzes personenbezogener Daten und einer Stärkung von Betroffenenrechten (ErwG 11) muss die Behörde daher in der Lage sein, unter der Schwelle des hohen Risikos oder trotz eines Ausnahmetatbestandes für die Benachrichtigung zu sorgen.[36]

Aus der Formulierung des Art. 34 Abs. 4 („kann") ergibt sich keineswegs, dass die Behörde nach dem **Opportunitätsprinzip** von der Aufforderung absehen darf. Es existieren auch keinerlei Kriterien, die das pflichtgemäße Ermessen in diese Richtung lenkten. Stattdessen stehen die Aufforderung und die Feststellung einer Ausnahme nach Art. 34 Abs. 3 lit. a–c in einem Alternativverhältnis. **46**

Die Aufsichtsbehörde übernimmt die Benachrichtigung nicht selbst im Wege der **Ersatzvornahme** (arg. e Art. 58 Abs. 2 lit. e).[37] Das Fehlen dieser typisch-ordnungsrechtlichen Befugnis ist freilich verschmerzbar. Die unterlassene Benachrichtigung ist gem. Art. 83 Abs. 4 lit. a mit Geldbuße bedroht. Mit der rechtskräftigen Sanktion tritt eine Zäsur ein, sodass bei fortgesetzter Weigerung ein erneutes Bußgeld verhängt werden kann (kein ne bis in idem). Darüber hinaus ist das Ignorieren einer Anweisung nach Art. 34 Abs. 4 gem. Art. 83 Abs. 5 lit. e i.V.m. Art. 58 Abs. 2 lit. e als eigenständiges Delikt mit dem höheren Bußgeldrahmen belegt. **47**

V. Verwendungsverbot

Das Verwendungsverbot (Art. 33 Rn. 89 ff.) der § 42 Abs. 4 und § 43 Abs. 4 BDSG (parallel: § 384a Abs. 3 AO n.F.; § 85 Abs. 3, § 85a Abs. 2 SGB X n.F.) greift auch für Umstand und Inhalt der Benachrichtigung. **48**

C. Praxishinweis – Relevanz

I. Öffentliche Stellen

Wird das hohe Risiko verneint, ist die öffentliche Stelle noch nicht vollends befreit. Das der Bundesrepublik zu Grunde liegende **Rechtsstaatsprinzip**, welches u.a. in Art. 20 Abs. 3 GG seine textliche Ausprägung erfährt, verpflichtet die Verwaltung zur Schadensminimierung.[38] Manifestiert sich ein Risiko, sei es auch zunächst unwahrscheinlich erschienen, nachdem die verantwortliche Behörde die Information unterlassen hat, drohen ggf. Amtshaftungsansprüche,[39] Folgenbeseitigungsansprüche oder dienstaufsichtsrechtliche Konsequenzen. Hieraus folgt, dass ggf. auch unter der Schwelle des hohen Risikos i.S.v. Art. 34 Abs. 1 eine Benachrichtigung der Betroffenen tunlich ist. **49**

II. Nichtöffentliche Stellen

Ebenso kann die Benachrichtigungspflicht aus dem **vertraglichen Rücksichtnahmegebot** erwachsen.[40] Gemäß § 241 Abs. 2 BGB verpflichten bestehende Schuldverhältnisse **50**

36 Die Situation ähnelt derjenigen der konstitutiven Blacklist im Sinne von Art. 35 Abs. 4 DS-GVO, hierzu *Franck* PinG 2018, 41, 42. A.A. indes Paal/Pauly-*Martini* Art. 34 Rn. 56.

37 So auch Paal/Pauly-*Martini* Art. 34 Rn. 55; Kühling/Buchner-*Jandt* Art. 34 Rn. 16; BeckOK DatenSR-*Brink* 21. Ed. 2017, Art. 34 Rn. 44.

38 *Albrecht* DSB 2010, 15; *Gabel* BB 2009, 2046.

39 *Albrecht* DSB 2010, 15.

40 Gabel BB 2009, 2046.

zur Rücksicht auf die Rechte, Rechtsgüter und Interessen des anderen Teils. Sofern also ein Schuldverhältnis zwischen dem für die Verarbeitung Verantwortlichen und betroffener Person besteht,[41] müssen etwaige Risiken mitgeteilt werden. Wird die Benachrichtigung unterlassen, können im Falle der Risikoverwirklichung Schadensersatzansprüche gem. der §§ 280 ff. BGB die Folge sein.

51 Eine Benachrichtigungspflicht kann sich zudem aus **Verkehrssicherungspflichten** gem. Art. 82 Abs. 1 bzw. §§ 823 ff. BGB ergeben. Beruht etwa die unrechtmäßige Kenntniserlangung durch Dritte auf unzureichenden IT-Sicherheitsmaßnahmen, hat der für die Verarbeitung Verantwortliche dadurch eine Gefahrenquelle geschaffen. Er ist deshalb deliktsrechtlich verpflichtet, weitere Schäden abzuwenden.

III. Betroffene Personen

52 Betroffene Personen werden in die Lage versetzt, **Haftungsansprüche** wegen Schutzverletzungen geltend zu machen. Sie sind im Rahmen ihrer **Schadensminderungspflicht** (vgl. § 254 BGB) gehalten, den Empfehlungen im Sinne von Art. 33 Abs. 3 lit. d (Art. 33 Rn. 77) Folge zu leisten und ggf. eigene Abwehrmaßnahmen zu ergreifen.

53 Bleibt die Benachrichtigung aus, ergeben sich aber z.B. aus der Presseberichterstattung oder den Tätigkeitsberichten der Aufsichtsbehörden Anhaltspunkte für Schutzverletzungen, kann die betroffene Person über den **Auskunftsanspruch** gem. Art. 15 Abs. 1 lit. c zumindest die unbefugten Empfänger erfragen. Ggf. besteht auch ein **Urkundeneinsichtsanspruch** gem. § 810 BGB hinsichtlich der Dokumentation i.S.v. Art. 33 Abs. 5, wenn die betroffene Person ein entsprechendes rechtliches Interesse daran hat.

54 Gelangt die betroffene Person zu dem Schluss, die Benachrichtigung sei pflichtwidrig unterlassen worden, kann sie gem. § 823 Abs. 2 BGB i.V.m. Art. 34 Abs. 2, Art. 33 Abs. 3 lit. d die **Abgabe geeigneter Abhilfeempfehlungen** verlangen.

IV. Aufsichtsbehörden

55 Die Aufsichtsbehörden sind vor allem in Art. 34 Abs. 4 angesprochen. Sie können zur **Nachholung unterlassener Benachrichtigungen** auffordern oder eine Ausnahme feststellen (Rn. 44 ff.). Die Möglichkeit zur Ersatzvornahme besteht nicht (Rn. 47).

56 Hinsichtlich der öffentlichen Bekanntgabe i.S.v. Art. 34 Abs. 3 lit. c bietet es sich an, gem. Art. 57 Abs. 1 lit. b i.V.m. Art. 62 Abs. 1 ein **europaweites behördliches Datenpannenportal** im Internet zu schaffen. Innerhalb des Europäischen Datenschutzausschusses, können die Behörden **Leitlinien** zur Bestimmung des hohen Risikos herausgeben (Art. 33 Rn. 108).

V. Datenschutzmanagement

57 Die Management-Elemente decken sich mit denen der Meldung an die Aufsichtsbehörde (Art. 33 Rn. 109 ff.). Insb. sind Vorgaben für die **Bestimmung des hohen Risikos** erforderlich und **Mustertexte** für die Benachrichtigung vorzubereiten. Für die öffentliche Bekanntmachung bedarf es geeigneter technischer Vorkehrungen und ggf. passender Anzeigenkontakte bei Printmedien (Rn. 14 f.).

---

41 Die Verarbeitung personenbezogener Daten stellt nicht per se ein Schuldverhältnis im Sinne des § 311 BGB dar.

VI. Sanktionen

Verstöße gegen die Benachrichtigungspflicht gem. Art. 34 Abs. 1 werden grundsätzlich gem. Art. 83 Abs. 4 lit. a mit Geldbußen von bis zu 10 000 000 EUR oder im Fall eines Unternehmens von bis zu 2 % seines gesamten weltweit erzielten Vorjahresumsatzes geahndet, je nachdem, welcher der Beträge höher ist. **58**

Die Nichtbefolgung einer Benachrichtigungsaufforderung nach Art. 34 Abs. 4 wird gem. Art. 83 Abs. 5 lit. e i.V.m. Art. 58 Abs. 2 lit. e mit Geldbußen von bis zu 20 000 000 EUR oder im Fall eines Unternehmens von bis zu 4 % seines gesamten weltweit erzielten Vorjahresumsatzes geahndet, je nachdem, welcher der Beträge höher ist. **59**

Behörden und sonstige öffentliche Stellen sind gem. § 43 Abs. 3 BDSG vom Bußgeld ausgenommen, solange sie nicht am Wettbewerb teilnehmen (§ 2 Abs. 5 BDSG). **60**

Abschnitt 3
Datenschutz-Folgenabschätzung und vorherige Konsultation

Artikel 35 Datenschutz-Folgenabschätzung

(1) [1]Hat eine Form der Verarbeitung, insbesondere bei Verwendung neuer Technologien, aufgrund der Art, des Umfangs, der Umstände und der Zwecke der Verarbeitung voraussichtlich ein hohes Risiko für die Rechte und Freiheiten natürlicher Personen zur Folge, so führt der Verantwortliche vorab eine Abschätzung der Folgen der vorgesehenen Verarbeitungsvorgänge für den Schutz personenbezogener Daten durch. [2]Für die Untersuchung mehrerer ähnlicher Verarbeitungsvorgänge mit ähnlich hohen Risiken kann eine einzige Abschätzung vorgenommen werden.

(2) Der Verantwortliche holt bei der Durchführung einer Datenschutz-Folgenabschätzung den Rat des Datenschutzbeauftragten, sofern ein solcher benannt wurde, ein.

(3) Eine Datenschutz-Folgenabschätzung gemäß Absatz 1 ist insbesondere in folgenden Fällen erforderlich:

a) systematische und umfassende Bewertung persönlicher Aspekte natürlicher Personen, die sich auf automatisierte Verarbeitung einschließlich Profiling gründet und die ihrerseits als Grundlage für Entscheidungen dient, die Rechtswirkung gegenüber natürlichen Personen entfalten oder diese in ähnlich erheblicher Weise beeinträchtigen;

b) umfangreiche Verarbeitung besonderer Kategorien von personenbezogenen Daten gemäß Artikel 9 Absatz 1 oder von personenbezogenen Daten über strafrechtliche Verurteilungen und Straftaten gemäß Artikel 10 oder

c) systematische umfangreiche Überwachung öffentlich zugänglicher Bereiche.

(4) [1]Die Aufsichtsbehörde erstellt eine Liste der Verarbeitungsvorgänge, für die gemäß Absatz 1 eine Datenschutz-Folgenabschätzung durchzuführen ist, und veröffentlicht diese. [2]Die Aufsichtsbehörde übermittelt diese Listen dem in Artikel 68 genannten Ausschuss.

(5) [1]Die Aufsichtsbehörde kann des Weiteren eine Liste der Arten von Verarbeitungsvorgängen erstellen und veröffentlichen, für die keine Datenschutz-Folgenabschätzung erforderlich ist. [2]Die Aufsichtsbehörde übermittelt diese Listen dem Ausschuss.

(6) Vor Festlegung der in den Absätzen 4 und 5 genannten Listen wendet die zuständige Aufsichtsbehörde das Kohärenzverfahren gemäß Artikel 63 an, wenn solche Listen Verarbeitungstätigkeiten umfassen, die mit dem Angebot von Waren oder Dienstleistungen für betroffene Personen oder der Beobachtung des Verhaltens dieser Personen in mehreren Mitgliedstaaten im Zusammenhang stehen oder die den freien Verkehr personenbezogener Daten innerhalb der Union erheblich beeinträchtigen könnten.

(7) Die Folgenabschätzung enthält zumindest Folgendes:

a) eine systematische Beschreibung der geplanten Verarbeitungsvorgänge und der Zwecke der Verarbeitung, gegebenenfalls einschließlich der von dem Verantwortlichen verfolgten berechtigten Interessen;

b) eine Bewertung der Notwendigkeit und Verhältnismäßigkeit der Verarbeitungsvorgänge in Bezug auf den Zweck;

c) eine Bewertung der Risiken für die Rechte und Freiheiten der betroffenen Personen gemäß Absatz 1 und

d) die zur Bewältigung der Risiken geplanten Abhilfemaßnahmen, einschließlich Garantien, Sicherheitsvorkehrungen und Verfahren, durch die der Schutz personenbezogener Daten sichergestellt und der Nachweis dafür erbracht wird, dass diese Verordnung eingehalten wird, wobei den Rechten und berechtigten Interessen der betroffenen Personen und sonstiger Betroffener Rechnung getragen wird.

(8) Die Einhaltung genehmigter Verhaltensregeln gemäß Artikel 40 durch die zuständigen Verantwortlichen oder die zuständigen Auftragsverarbeiter ist bei der Beurteilung der Auswirkungen der von diesen durchgeführten Verarbeitungsvorgänge, insbesondere für die Zwecke einer Datenschutz-Folgenabschätzung, gebührend zu berücksichtigen.

(9) Der Verantwortliche holt gegebenenfalls den Standpunkt der betroffenen Personen oder ihrer Vertreter zu der beabsichtigten Verarbeitung unbeschadet des Schutzes gewerblicher oder öffentlicher Interessen oder der Sicherheit der Verarbeitungsvorgänge ein.

(10) Falls die Verarbeitung gemäß Artikel 6 Absatz 1 Buchstabe c oder e auf einer Rechtsgrundlage im Unionsrecht oder im Recht des Mitgliedstaats, dem der Verantwortliche unterliegt, beruht und falls diese Rechtsvorschriften den konkreten Verarbeitungsvorgang oder die konkreten Verarbeitungsvorgänge regeln und bereits im Rahmen der allgemeinen Folgenabschätzung im Zusammenhang mit dem Erlass dieser Rechtsgrundlage eine Datenschutz-Folgenabschätzung erfolgte, gelten die Absätze 1 bis 7 nur, wenn es nach dem Ermessen der Mitgliedstaaten erforderlich ist, vor den betreffenden Verarbeitungstätigkeiten eine solche Folgenabschätzung durchzuführen.

(11) Erforderlichenfalls führt der Verantwortliche eine Überprüfung durch, um zu bewerten, ob die Verarbeitung gemäß der Datenschutz-Folgenabschätzung durchgeführt wird; dies gilt zumindest, wenn hinsichtlich des mit den Verarbeitungsvorgängen verbundenen Risikos Änderungen eingetreten sind.

- *ErwG: 75, 84, 89–96*
- *BDSG n.F. § 38 Abs. 1*
- *DSRL: Art. 17, 18, 20*
- *BDSG a.F.: § 4d BDSG*
- *WP der Art.-29-Datenschutzgruppe:*
  - *WP 243 rev.01, 16/DE*: Leitlinien in Bezug auf Datenschutzbeauftragte („DSB")
  - *WP 251, 17/EN*: Guidclincs on Automated individual decision-making and Profiling for the purposes of Regulation 2016/679
  - *WP 203, 00569/13/EN*: Opinion 03/2013 on purpose limitation
  - *WP 218, 14/EN*: Statement on the role of a risk-based approach in data protection legal frameworks
  - *WP209, 2064/13/DE*: Stellungnahme 7/2013 zum Muster für die Datenschutzfolgenabschätzung für intelligente Netze und intelligente Messsysteme, erstellt durch die Sachverständigengruppe 2 der Taskforce der Kommission für intelligente Netze
  - *WP 248 rev.01, 17/EN*: Guidelines on Data Protection Impact Assessment (DPIA) and determining whether processing is "likely to result in a high risk" for the purposes of Regulation 2016/679
- *Kurzpapiere der Datenschutzkonferenz (DSK) zur DS-GVO:*
  - *Kurzpapier Nr. 5*: Datenschutz-Folgenabschätzung nach Art. 35
- *Kurzpapiere des Bayerisches Landesamt für Datenschutzaufsicht (BayLDA) zur DS-GVO:*
  - *Kurzpapier Nr. 1*: Veröffentlichung zum Art. 32 DS-GVO – Sicherheit der Verarbeitung
  - *Kurzpapier Nr. 18*: Datenschutz-Folgenabschätzung (DSFA) – Art. 35
  - *Kurzpapier Nr. 17*: Verhaltensregeln – Art. 40 DS-GVO

Übersicht

Literatur: *Baumgartner/Gausling* Datenschutz durch Technikgestaltung und datenschutzfreundliche Voreinstellungen; ZD 2017, S. 308; *Bieker/Hansen/Friedewald* Die grundrechtskonforme Ausgestaltung der Datenschutz-Folgenabschätzung nach der europäischen Datenschutz-Grundverordnung, RDV 2016, 188; *BITKOM – AK Datenschutz* Leitfaden – Risk Assessment & Datenschutz-Folgenabschätzung; *Engelien-Schulz* Die Vorabkontrolle gemäß § 4d Abs. 5 und Abs. 6 Bundesdatenschutzgesetz (BDSG), RDV 2003, 270; *Franck* Nachträgliche Datenschutz-Folgenabschätzung, PinG 2018, 41; *ders.* Altverhältnisse unter DS-GVO und neuem BDSG, ZD 2017, 509; *Friedewald*, Datenschutz-Folgenabschätzung – Chancen, Grenzen, Umsetzung, TATuP, Bd. 26 Nr. 1-2 (2017), 66; *Friedewald/Obersteller/Nebel/Bieker/Rost* Whitepaper Datenschutz-Folgenabschätzung, Ein Werkzeug für einen besseren Datenschutz, 2016; *GDD* Praxishilfe DS-GVO I – Der Datenschutzbeauftragte nach der Datenschutz-Grundverordnung; *dies.* Praxishilfe DS-GVO II – Verantwortlichkeiten und Aufgaben nach der Datenschutz-Grundverordnung; *dies.* Praxishilfe DS-GVO V – Verzeichnis von Verarbeitungstätigkeiten; *dies.* Praxishilfe DS-GVO X – Voraussetzungen der Datenschutz-Folgenabschätzung; *Gola* DS-GVO: Datenschutz-Grundverordnung VO (EU) 2016/679, 2017; *ders.* Neues Recht – neue Fragen: Einige aktuelle Interpretationsfragen zur DS-GVO, K&R 2017, 145; *Gola/Schomerus* BDSG: Bundesdatenschutzgesetz, 12. Aufl. 2015; *Hansen* Datenschutz-Folgenabschätzung – gerüstet für Datenschutzvorsorge?, DuD 2016, 587?; *Jaspers/Reif* Der Datenschutzbeauftragte nach der Datenschutz-Grundverordnung: Bestellpflicht, Rechtsstellung und Aufgaben, RDV 2016, 61; *Kaufmann* Meldepflicht und Datenschutz-Folgeabschätzung, ZD 2012, 358; *Kiesche* So funktioniert die Folgenabschätzung, CuA 2017, 31; *Kühling/Buchner* DS-GVO: Datenschutz-Grundverordnung, 2017; *Paal/Pauly* Datenschutz-Grundverordnung, 2017; *Piltz* Die Datenschutz-Grundverordnung, Teil 3: Rechte und Pflichten des Verantwortlichen und Auftragsverarbeiters, K&R 2016, 709; *Richter* Datenschutz durch Technik und die Grundverordnung der EU-Kommission, DuD 2012, 576; *Schmitz/von Dall, Armi* Datenschutz-Folgenabschätzung – verstehen und anwenden, ZD 2017, 57; *Sydow* Europäische Datenschutz-Grundverordnung, 2017; *Veil* DS-GVO: Risikobasierter Ansatz statt rigides Verbotsprinzip, ZD 2015, 347; *Volkmer/Kaiser* Das Verzeichnis von Verarbeitungstätigkeiten und die Datenschutz-Folgenabschätzung in der Praxis, PinG 2017, 153; *Wagner/Scheuble* Working Paper Datenschutz-Folgenabschätzung – mehr Rechtssicherheit durch die Art. 29-Datenschtzgruppe, ZD-Aktuell 2017, 05664; *Wichtermann* Die Datenschutz-Folgenabschätzung in der DS-GVO, DuD 2016, 797; *Wolff/Brink* Beck'scher Online-Kommentar Datenschutzrecht.

A. Einordnung und Hintergrund

I. Überblick

1 Die Datenschutz-Folgenabschätzung (DSFA) soll gemäß Art. 35 eine **umfassende Risikoeinschätzung** von Datenverarbeitungsvorgängen ermöglichen[1]. Die Datenschutz-Folgenabschätzung ist grundsätzlich nur dann durchzuführen, wenn **voraussichtlich** ein **hohes Risiko** für die **Rechte und Freiheiten Betroffener** angenommen

---

1 *DSK* Kurzpapier Nr. 5., Datenschutz-Folgenabschätzung nach Art. 35, S.1.; 17/EN WP 248 rev.01: Guidelines on Data Protection Impact Assessment (DPIA) and determining whether processing is "likely to result in a high risk" for the purposes of Regulation 2016/679, S. 4.

werden kann. Besonders risikobehaftete Verarbeitungsvorgänge sollen vor dem **Produktivbetrieb** oder vor einer **tiefergehenden Änderung** im Rahmen des Produktivbetriebs, einer entsprechenden Analyse unterworfen werden. Daran sollen sich **geeignete Maßnahmen** anschließen, die das hohe Risiko für die betroffene Person im Idealfall gänzlich beseitigen.

2 Der für die Verarbeitung Verantwortliche muss einerseits jede relevante Datenverarbeitung dahingehend bewerten, ob diese mit einem voraussichtlich hohen Risiko für die Rechte und Freiheiten der betroffenen Person behaftet ist. Andererseits enthält die DS-GVO **keine konkrete Definition**, mit deren Hilfe der Verantwortliche zu einer verlässlichen Einschätzung in der Lage wäre, ob das Risiko dermaßen hoch ist, dass es als **Auslöser** einer Datenschutz-Folgenabschätzung betrachtet werden muss. Die Einschätzung eines Risikos ohne objektive Leitlinien birgt die Gefahr, dass die Wertung der Risikolage einen subjektiven Einschlag erhält und in der Praxis zu erheblichen Unsicherheiten führen kann[2].

3 Aus Art. 35 Abs. 1 S. 1 ergeben sich jedoch mehrere **Anhaltspunkte**, welches zu erwartende Risiko als Auslöser einer Datenschutz-Folgenabschätzung in Frage kommt. So soll die Verwendung **neuer Technologien** das Risiko soweit erhöhen können, dass das Risiko die **Relevanzschwelle** einer Datenschutz-Folgenabschätzung zu überschreiten vermag. Die bestehende Unsicherheit hinsichtlich des Bestehens eines hohen Risikos wird jedoch durch die Bezugnahme auf Technologien oder neue Technologien nicht eliminiert, da beide Begriffe zwar in der DS-GVO erwähnt, aber dort weder näher beschrieben noch definiert werden[3].

4 Auch die **Art**, der **Umfang** sowie die **Zwecke** der Verarbeitung gem. Art. 35 Abs. 1 S. 1 können Anhaltspunkte für die Notwendigkeit zur Durchführung einer Datenschutz-Folgenabschätzung bieten, soweit diese dazu dienen, **große Mengen** personenbezogener Daten auf **regionaler**, **nationaler** oder **supranationaler** Ebene zu verarbeiten. ErwG 91 stellt klar, dass ein voraussichtlich hohes Risiko zudem bei Verarbeitungsvorgängen bestehen kann, die dazu führen, dass den betroffenen Personen die Ausübung ihrer **Rechte erschwert** wird. Aber auch diese Anhaltspunkte sind, vor allem in Anbetracht der Höhe der Bußgeldandrohung für die Nichtdurchführung einer DSFA, nicht ausreichend konkret. Als Unsicherheitsfaktor kommt hinzu, dass es dem Wandel der Zeit unterworfen ist, was unter dem Begriff der neuen Technologie zu verstehen ist.

5 Die **Regelbeispiele** des Art. 35 Abs. 3 lit. a bis c konkretisieren die in Abs. 1 genannten Anhaltspunkte und geben dem Verantwortlichen eine weitere Orientierung, bei welchen Verarbeitungsvorgängen eine Datenschutz-Folgenabschätzung durchgeführt werden muss. Diese Konkretisierungen lassen sich wiederum den einzelnen Indizien aus Abs. 1 zuordnen. Weitere **Hinweise**, die den Begriff des hohen Risikos konturieren, finden sich in zahlreichen Erwägungsgründen[4], so dass eine größere **Rechtssicherheit** hinsichtlich der Frage, ob eine Datenschutz-Folgenabschätzung durchzuführen ist oder nicht, durch die Berücksichtigung der Erwägungsgründe erlangt werden kann.

---

2 Sydow-*Sassenberg* Art. 35 Rn. 7.
3 *Schmitz/von Dall, Armi* ZD, 57, 58.
4 ErwG 71 sowie 91.

Es obliegt damit den Aufsichtsbehörden die verbleibenden Unsicherheiten hinsichtlich der Annahme eines hohen Risikos durch eigene **Konkretisierungen** zu verringern oder bestenfalls zu beseitigen. Die Aufsichtsbehörden haben gem. Art. 35 Abs. 4 S. 1 den gesetzlichen Auftrag, sog. **„Blacklists"** derjenigen Verarbeitungsvorgänge zu erstellen, für die stets eine Datenschutz-Folgenabschätzung durchzuführen ist. Die praktische Anwendung der Datenschutz-Folgenabschätzung könnte damit in absehbarer Zeit dadurch erleichtert werden. Die Liste wird nach der Erstellung, dem in Art. 68 genannten Ausschuss übermittelt und veröffentlicht. 6

In bestimmten Fällen müssen diese Listen im Rahmen eines **Kohärenzverfahrens** gemäß Art. 35 Abs. 6 im Sinne des Art. 63 **harmonisiert** werden. Die Erstellung und Veröffentlichung einer sog. **Whitelist** ist jedoch gem. Art. 35 Abs. 5 für die Aufsichtsbehörden nicht verpflichtend. Noch existieren diese Listen nicht. Stattdessen existiert ein erstes Kurzpapier aus der Feder der Datenschutz-Konferenz zur Datenschutz-Folgenabschätzung [5]. Darüber hinaus hat die sog. Art.-29-Datenschutzgruppe[6] ein **Working Paper** zur Datenschutz-Folgenabschätzung verabschiedet. Es darf vermutet werden, dass die darin entwickelten **Kriterien** zum Begriff des hohen Risikos Eingang in die vorgenannten Listen der Aufsichtsbehörden finden werden[7]. Es stellt sich auch die Frage, ob eine solche Liste die Handhabbarkeit der Datenschutz-Folgenabschätzung als Compliance-Instrument in der praktischen Anwendung tatsächlich erleichtert oder ggf. sogar zu mehr Rechtsunsicherheit führt[8]. 7

Eine weitere Konkretisierung und mehr Rechtssicherheit kann der Verantwortliche durch Zuhilfenahme der Working Paper der Art.-29-Datenschutzgruppe und zukünftiger Papiere des Europäischen Datenschutz-Ausschusses[9] erlangen. Das Working Paper 248 der Art.-29-Datenschutzgruppe zeigt bspw. auf, unter welchen Voraussetzungen und zu welchem Zeitpunkt eine Datenschutz-Folgenabschätzung durchzuführen ist. Sofern es dem Verantwortlichen nicht durch einen Abgleich mit der Blacklist oder Whitelist möglich ist, ausreichend sicher zu bewerten, ob für die beabsichtigte Datenverarbeitung eine Datenschutz-Folgenabschätzung durchgeführt werden soll, bleibt ihm die Möglichkeit, mittels obig aufgezeigter Indizien zu einer abschließenden Entscheidung darüber zu gelangen. 8

Nicht nur die Auslöser einer Datenschutz-Folgenabschätzung sind im Gesetzestext lediglich vage beschrieben und können nur durch eine Zusammenschau von Erwägungsgründen sowie durch Aufsichtsbehörden zur Verfügung gestellte Arbeitspapiere, für die praktische Anwendung der Datenschutz-Folgenabschätzung nutzbar gemacht werden. Auch zu der Frage der **Durchführung** einer Datenschutz-Folgenabschätzung gibt Art. 35 Abs. 7 lediglich Anhaltspunkte. Die **Mindestinhalte** ergeben sich aus den 9

---

5 *DSK* Kurzpapier Nr. 5., Datenschutz-Folgenabschätzung nach Art. 35.

6 Article 29 Working Party: http://ec.europa.eu/newsroom/just/item-detail.cfm?item_id=50083

7 17/EN WP 248 rev.01: Guidelines on Data Protection Impact Assessment (DPIA) and determining whether processing is "likely to result in a high risk" for the purposes of Regulation 2016/679, S. 4.

8 Kritisch dazu: *Hansen* DuD 2017, 588.; BeckOK DatenSR-*Hansen* Art. 35 Rn. 21.

9 Der Europäische Datenschutzausschuss ist eine Einrichtung der Europäischen Union. Er soll sicherstellen, dass die Datenschutz-Grundverordnung in den EU-Mitgliedstaaten einheitlich angewandt wird. De facto ist der Europäische Datenschutzausschuss der Nachfolger der sog. Art.-29-Datenschutzgruppe.

in Art. 35 Abs. 7 lit. a bis d niedergelegten Punkten. Aus den Regelbeispielen des Abs. 7 lässt sich ein viergliedriges Prüfschema mit den groben dazugehörigen Inhalten erstellen.

10 Derzeit sind mehrere **Modelle** in der Diskussion, wie bei einer Datenschutz-Folgenabschätzung am besten vorzugehen ist[10]. Weiterhin existieren zur Durchführung einer Datenschutz-Folgenabschätzung innerhalb der EU auch Papiere, die sich mit **branchenspezifischen Rahmenbedingungen** beschäftigen[11]. Diese können ebenfalls bis zu einer etwaigen Konkretisierung des Verfahrensablaufs einer Datenschutz-Folgenabschätzung durch die Aufsichtsbehörden genutzt werden, um die weiterhin bestehende Unsicherheit darüber, in welchen Fällen eine Datenschutz-Folgenabschätzung erforderlich ist, teilweise zu beseitigen[12].

11 Ökonomischen Erwägungen folgend, erlaubt Art. 35 Abs. 1 S. 2 mehrere **ähnliche Verarbeitungsvorgänge**, die mit ähnlich hohen Risiken behaftet sind, durch eine **einzige** Datenschutz-Folgenabschätzung auf ihre möglicherweise schädliche Auswirkung hinsichtlich der Rechte und Freiheiten der betroffenen Person zu untersuchen[13]. In Bezug auf die Datenschutz-Folgenabschätzung sieht die DS-GVO gem. Art. 35 Abs. 2 ausdrücklich die **frühzeitige Einbindung des Datenschutzbeauftragten (DSB)** vor und besagt, dass der Verantwortliche bei der Durchführung solcher Folgenabschätzungen den DSB **zu Rate zu ziehen** hat[14].

12 Die Abs. 8 bis 11 ergänzen diese komplexe Regelung. Im Rahmen einer Datenschutz-Folgenabschätzung ist Abs. 8 insoweit immer dahingehend zu überprüfen, ob ggf. **genehmigte Verhaltensregeln** zu berücksichtigen sind. Nach Art. 35 Abs. 9 holt der Verantwortliche ggf. den **Standpunkt der Betroffenen** oder ihrer **Vertreter** ein. Wann und wie dies zu erfolgen hat, ist weder in Art. 35 noch in den Erwägungsgründen näher beschrieben.

13 Art. 35 Abs. 10 befasst sich mit den Bedingungen, unter denen als **Ausnahmefall** eine Pflicht von der Durchführung einer Datenschutz-Folgenabschätzung gegeben ist, obwohl ein hohes Risiko angenommen werden muss. Art. 35 Abs. 11 regelt die Überprüfung, ob die Verarbeitung (noch) nach der ursprünglichen Datenschutz-Folgenabschätzung durchgeführt wird. Daraus ergibt sich für den Verantwortlichen eine permanente Kontrolle, ob die einst bestehenden Prämissen weiterhin gelten können.

---

10 Deutschland: Standard Datenschutzmodell, V.1.0 –Testversion, 2016; Spanien: Guía Para Una Evaluación de Impacto de la Protección de Datos Personales (EIPD), Agencia Española de Protección de Datos (AEPD), 2014; Frankreich: Privacy Impact Assessment (PIA), Commission Nationale de l'Informatique et des Libertés (CNIL), 2015; Großbritannien: Conducting privacyimpact assessments code of practice, Information Commissioner's Office (ICO), 2014.

11 Privacy and Data Protection Impact Assessment Framework for RFID Applications; Data Protection Impact Assessment Template for Smart Grid and Smart Metering systems; ISO: Ein internationaler Standard wird auch der ISO-Standard zu Methoden für die Durchführung einer Datenschutz-Folgenabschätzung (ISO/IEC 29134) sein.

12 Die Durchführung einer DSFA als Planspiel am Beispiel eines Pay-as-you-drive-Tarifs, ULD, https://datenschutzzentrum.de/artikel/1174-.html.

13 ErwG 92.

14 Im Detail zur Rolle des DSB innerhalb der DSFA: WP 243 rev.01 – Guidelines on Data Protection Officers (‚DPOs'), S. 17.

Für den Fall, dass der Verantwortliche nach Durchführung einer Datenschutz-Folgenabschätzung zu dem Ergebnis gelangt, dass trotz bereits getroffener oder noch zu treffender Maßnahmen weiterhin ein hohes Risiko für die Rechte und Freiheiten der betroffenen Person angenommen werden muss, hat er die Pflicht gem. Art. 36 Abs. 1 die Aufsichtsbehörde bzgl. einer Rechtmäßigkeitsprüfung zu **konsultieren**. Die Aufsichtsbehörde kontrolliert daraufhin, ob die Risiken richtig eingeschätzt wurden und überprüft die Effektivität der geplanten oder getroffenen Gegenmaßnahmen[15]. **14**

Eine Datenschutz-Folgenabschätzung ist neben dem **Verzeichnis von Verarbeitungstätigkeiten** ein zentrales Werkzeug, welches der Verantwortliche nutzen kann, um der von der DS-GVO geforderten **Rechenschaftspflicht** systematisch nachzukommen und diese nachvollziehbar zu **dokumentieren**. Die angemessenen Maßnahmen, die der Verantwortliche zum Schutz des Betroffenen und der Verringerung des Risikos für dessen Rechte und Freiheiten ergreifen muss, tragen dazu bei, die geforderte **Compliance** auch nach außen sichtbar zu machen[16]. **15**

Etwaige Unsicherheiten bei der praktischen Anwendung der Datenschutz-Folgenabschätzung rühren zum einen aus der Komplexität der Norm[17] und zum anderen aus den wenigen, in der Norm selbst formulierten sowie in den Erwägungsründen verstreuten Hinweisen, die sich mit der Notwendigkeit einer Datenschutz-Folgenabschätzung befassen. Unsicherheiten bestehen bislang auch hinsichtlich der Vorgaben, die sich auf die Durchführung der Datenschutz-Folgenabschätzung beziehen. Diese können aber in der Regel durch die Orientierung an anderweitig bestehenden Prüfverfahren für sog. DPIAs kompensiert werden. **16**

Es ist nicht fernliegend anzunehmen, dass das Prüfverfahren einer Datenschutz-Folgenabschätzung in naher Zukunft auch durch ein **softwaregestütztes Werkzeug** weiter **standardisiert** und **systematisiert** werden könnte. Bspw. könnte eine Institution wie das Bundesamt für Sicherheit in der Informationstechnik (BSI) die Entwicklung einer graphischen Benutzerführung für ein **kohärentes Prüfschema** übernehmen, um diese dem Rechtsanwender zur Verfügung zu stellen. **17**

Sobald ein von den Aufsichtsbehörden freigegebenes **Prüfschema** für die Durchführung vorhanden ist, dürften auch keine Bedenken gegen eine durch die Privatwirtschaft programmierte Anwendung bestehen. Für ein **softwaregestütztes Werkzeug**, das den Benutzer bei der Durchführung der Datenschutz-Folgenabschätzung begleitet, dürfte ein gewisser Bedarf bestehen[18]. Vorstellbar und sinnvoll wäre im Falle einer softwaregestützten Datenschutz-Folgenabschätzung eine Verknüpfung weiterer mit der Datenschutz-Folgenabschätzung verwandter Instrumente der DS-GVO vorzunehmen[19]. **18**

15 Kühling/Buchner-*Jandt* Art. 36 Rn. 1.

16 Diese Transparenz ist durch die Detailtiefe eines optional zu veröffentlichenden DSFA-Berichts skalierbar.

17 *Jandt* DuD 2017, 562, 563.

18 Für die softwaregestützte Erstellung eines Verfahrensverzeichnisses nach BDSG-Anforderungen gab es einen recht großen Markt an Produktlösungen.

19 Es gibt bereits Anstrengungen in dieser Hinsicht. Bsp: Das im September 2017 gestartete und vom BMBF geförderte Projekt "Datenschutz-Folgenabschätzung für den betrieblichen und behördlichen Einsatz“.
Die französische Aufsichtsbehörde CNIL hat ebenfalls ein Online-Tool für Datenschutz-Folgenabschätzung angekündigt.

19 Die DS-GVO sieht mehrere Instrumente vor, die wie die Datenschutz-Folgenabschätzung, einem risikobasierten Ansatz folgen. Eine funktionelle Verknüpfung der Art. 25 und 32 würde sich geradezu anbieten. Als zentrales Element und Ankerpunkt für die Art. 25, 32 sowie 35 würde sich das Verzeichnis von Verarbeitungstätigkeiten (VVT) gem. Art. 30 eignen. Ein Verarbeitungsverzeichnis stellt die Grundlage zur Umsetzung des Art. 32 und der Art. 35 und 36 dar. Kann der Verantwortliche bei einer Datenschutz-Risikobeurteilung nicht auf ein gut gepflegtes Verzeichnis von Verarbeitungstätigkeiten zurückgreifen, droht diese an der Komplexität des Vorhabens zu scheitern[20].

II. Unterschiede und Gemeinsamkeiten zur Vorabkontrolle

20 Bereits das BDSG a.F. enthielt einen Vorläufer zur Datenschutz-Folgenabschätzung, der als sog. **Vorabkontrolle** bekannt war. Auch in den Erwägungsgründen der DSRL[21] finden sich Überlegungen zur Einführung der Vorabkontrolle, wie sie auch in den Erwägungsgründen zur Datenschutz-Folgenabschätzung nachzulesen sind.

21 Die **nationale Umsetzung** der Vorgaben in das jeweilige Datenschutzrecht des Mitgliedslands wurde durch Art. 20 Abs. 1 DSRL geregelt. Dem nationalen Gesetzgeber oblag die Festlegung, welche Verarbeitungen spezifische Risiken für die Rechte und Freiheiten der betroffenen Person beinhalten können, wobei Art. 20 DSRL dem nationalen Gesetzgeber die Freiheit darüber ließ, ob die Vorabkontrolle von einer staatlichen Kontrollbehörde oder vom betrieblichen oder behördlichen Datenschutzbeauftragten durchzuführen war[22].

22 Die **nationale Ausgestaltung** dieser Vorgaben manifestierte sich in Deutschland in § 4d Abs. 5 BDSG a.F. Danach sollten automatisierte Verarbeitungen, soweit sie besondere Risiken für die Rechte und Freiheiten der Betroffenen aufwiesen, vor Beginn der Verarbeitung einer Prüfung, der Vorabkontrolle unterliegen. Schon damals war für die Einführung der Vorabkontrolle die Befürchtung bestimmend, dass spezielle Verarbeitungen aufgrund ihrer **Art**, ihrer **Tragweite** oder ihrer **Zweckbestimmung** sowie aufgrund der **besonderen Verwendung einer neuen Technologie**, **besondere Risiken** im Hinblick auf die Rechte und Freiheiten der betroffenen Personen aufweisen könnten[23].

23 **Zuständig** für die Vorabkontrolle sollte kraft Gesetzes der betriebliche Datenschutzbeauftragte (§ 4d Abs. 6 S. 1 BDSG a.F.) sein. Dem Gesetzeswortlaut des Art. 35 nach hat der Datenschutzbeauftragte bei der Vornahme der Datenschutz-Folgenabschätzung auf dem ersten Blick keine dermaßen exponierte Position inne[24], denn anders als die Vorabkontrolle nach dem BDSG a.F. ist die Durchführung der Datenschutz-Folgenabschätzung nicht dem Datenschutzbeauftragten **übertragen**. Zuständig ist vielmehr der für die Verarbeitung Verantwortliche und damit in abgeleiteter Verantwortung die jeweilige **Fachabteilung**[25]. Die Aufgaben des Datenschutzbeauftragten im

20 *BITKOM* Leitfaden: Risk Assessment & Datenschutz-Folgenabschätzung, S. 13.
21 ErwG 53 und 54 der Richtlinie 95/46/EG.
22 *Engelien-Schulz* RDV 2003, 270, 272.
23 Eine ähnliche Motivation tritt auch aus zahlreichen Erwägungsgründen der DS-GVO, insbesondere aus ErwG 91 zu Tage.
24 Gola/Schomerus-*Gola/Klug/Körffer* § 4d BDSG Rn. 9.
25 *GDD* Praxishilfe DS-GVO II; Verantwortlichkeiten und Aufgaben nach der Datenschutz-Grundverordnung, S. 4.

Zusammenhang mit der Datenschutz-Folgenabschätzung liegen zum einen in der **Überwachung**, ob diese durchgeführt wird, und zum anderen in der Verpflichtung, auf Anfrage im Hinblick auf deren Durchführung zu **beraten** (Art. 39 Abs. 1 lit. c)[26]. Die Verpflichtung der Fachabteilung gem. Art. 35 Abs. 2 den Rat des DSB einzuholen, korrespondiert mit der **Beratungspflicht** des Datenschutzbeauftragten.

Nach der gesetzlichen Regelung des BDSG a.F. war eine Vorabkontrolle insbesondere dann durchzuführen, wenn **24**

- besondere Arten personenbezogener Daten (§ 3 Abs. 9 BDSG a.F.) verarbeitet wurden. Dazu zählten Angaben über die rassische und ethnische Herkunft, politische Meinungen, religiöse oder philosophische Überzeugungen, Gewerkschaftszugehörigkeit, Gesundheit oder Sexualleben, oder
- die Verarbeitung personenbezogener Daten dazu bestimmt war, die Persönlichkeit des Betroffenen zu bewerten einschließlich seiner Fähigkeiten, seiner Leistung oder seines Verhaltens.

Bei diesen Konstellationen handelte es sich um keine abschließende Aufzählung, d.h. die Annahme „besonderer Risiken" nach § 4d Abs. 5 S. 1 BDSG a.F. konnte sich auch aus anderen Umständen ergeben. Somit war jede beabsichtigte Erhebung, Verarbeitung und Nutzung personenbezogener Daten vorweg auf ihre Vorabkontrollbedürftigkeit zu überprüfen. Eine Vorabkontrollpflicht konnte jedoch entfallen, wenn einer der in § 4d Abs. 5 S. 2 BDSG a.F. genannten Ausnahmetatbestände vorlag, nämlich:

- im Fall einer gesetzlichen Verpflichtung zur Datenverarbeitung,
- bei Einwilligung des Betroffenen oder
- wenn die Videoüberwachung für die Erhebung, Verarbeitung oder Nutzung für die Begründung, Durchführung oder Beendigung eines rechtsgeschäftlichen oder rechtsgeschäftsähnlichen Schuldverhältnisses erforderlich war.

Diese vorgenannten **Ausnahmen** finden sich in der DS-GVO im Wesentlichen nicht mehr. Nur wenn die Verarbeitung auf Art. 6 Abs. 1 lit. c oder e beruht, also zu Erfüllung einer rechtlichen Verpflichtung erforderlich ist, der der Verantwortliche unterliegt, oder die Verarbeitung erforderlich ist zur Wahrnehmung einer Aufgabe, die im öffentlichen Interesse liegt oder in Ausübung öffentlicher Gewalt erfolgt, die dem Verantwortlichen übertragen wurde, kann eine Datenschutz-Folgenabschätzung entfallen. Dies gilt jedoch nur, wenn die Rechtsvorschrift den konkreten Verarbeitungsvorgang regelt und bereits im Rahmen der allgemeinen Folgenabschätzung bei Erlass der Vorschrift eine Datenschutz-Folgenabschätzung erfolgte[27]. Darüber hinaus ergeben sich die Ausnahmen, im Gegensatz zum BDSG a.F., nicht aus der Norm selbst. Es obliegt nunmehr den Aufsichtsbehörden in Listen aufzuführen, für welche Verarbeitungen eine Datenschutz-Folgenabschätzung entfallen kann und für welche sie zwingend vorgeschrieben ist[28]. **25**

Neben diesen Ausnahmen war die Schlagkraft der Vorabkontrolle auch dadurch gemindert, dass die Prüfung lediglich auf das konkrete Verfahren und auch nur auf **26**

26 *GDD* Praxishilfe DS-GVO I, Der Datenschutzbeauftragte nach der Datenschutz-Grundverordnung, S. 10.
27 *GDD* Praxishilfe DS-GVO X – Voraussetzungen der Datenschutz-Folgenabschätzung, S. 8.
28 Bislang existiert eine solche Liste nicht. Es ist aber davon auszugehen, dass diese spätestens nach Wirksam-Werden der DS-GVO veröffentlicht werden wird.

automatisierte Datenverarbeitungen[29] beschränkt war und sich nicht auf die Entwicklung und Gestaltung eines Systems im Allgemeinen erstreckte[30]. Anstatt ein datenschutzrelevantes System oder einen Verarbeitungsvorgang zu **gestalten**, konnte mit der Vorabkontrolle lediglich ein bereits fertiges und einsatzbereites System **beanstandet** werden[31]. Kein Autohersteller käme jedoch bspw. auf die Idee, erforderliche Sicherheitsmaßnahmen wie Airbags erst nach der Herstellung eines Fahrzeugs in diesen einbauen zu wollen, anstatt den Einbau während des Herstellungsvorgangs zu berücksichtigen. Mit der Datenschutz-Folgenabschätzung, insbesondere i.V.m. mit dem Konzept des Art. 25 kann eine ganzheitlichere Bewertung darüber getroffen werden, wie technologische Entwicklungen und die **Schutzgüter** der DS-GVO besser in **Einklang** gebracht werden können.

27 Sofern im Ergebnis die **Erforderlichkeit** einer Vorabkontrolle nach § 4d Abs. 5 BDSG a.F. zu bejahen war, lag die Zuständigkeit für deren Durchführung gemäß 4d Abs. 6 BDSG a.F. bei dem Datenschutzbeauftragten. **Unabhängig** von der **Anzahl** der damit **beschäftigten Personen** hatten nichtöffentliche Stellen gemäß § 4f Abs. 1 S. 6 BDSG a.F. einen Datenschutzbeauftragten zu bestellen, sofern sie entweder automatisierte Verarbeitungen vornahmen, welche der Vorabkontrolle (§ 4d Abs. 5 BDSG a.F.) unterlagen, oder soweit sie personenbezogene Daten **geschäftsmäßig** zum Zweck der Übermittlung, der **anonymisierten Übermittlung** oder für **Zwecke der Markt- oder Meinungsforschung** automatisiert verarbeiteten. Dies bedeutete gem. § 4f Abs. 1 S. 6 BDSG a.F., dass in diesen Fällen die verantwortliche Stelle einen betrieblichen Datenschutzbeauftragten zu bestellen hatte und zwar unabhängig von der Anzahl der mit der automatisierten Verarbeitung beschäftigten Personen.

28 Eine damit **vergleichbare Regelung** ergibt sich unmittelbar aus der DS-GVO selbst nicht. Das inzwischen verabschiedete und mit Anwendbarkeit der DS-GVO zum 25.5.2018 in Kraft tretende **BDSG n.F.** legt jedoch in § 38 Abs. 1 fest, dass immer dann, wenn eine Datenschutz-Folgenabschätzung durchgeführt werden muss, zwingend ein Datenschutzbeauftragter zu bestellen ist. Der **Schwellenwert** von 10 Beschäftigten, bis zu der kein Datenschutzbeauftragter zu bestellen ist, gilt in diesen Fällen nicht. Nehmen der Verantwortliche oder der Auftragsverarbeiter Verarbeitungen vor, die einer Datenschutz-Folgenabschätzung unterliegen, haben sie gem. § 38 Abs. 1 S. 2 BDSG n.F. unabhängig von der Anzahl ihrer Beschäftigten einen DSB zu benennen. Die sich aus § 38 Abs. 1 S. 2 BDSG n.F. ergebende **Bestellpflicht**, deckt sich folglich mit derjenigen bei der Vorabkontrolle nach § 4f Abs. 1 S. 6 BDSG a.F. Die **Öffnungsklausel** hierfür ergibt sich aus Art. 37 Abs. 4 S. 1 2. Hs. Ob künftig für deutlich mehr Unternehmen eine Pflicht zur Bestellung eines Datenschutzbeauftragten bestehen wird als bisher, hängt auch davon ab, welche Verarbeitungsvorgänge durch die Aufsichtsbehörden demnächst in die Liste der DSFA-pflichtigen Verarbeitungen (Blacklist) aufgenommen werden[32].

29 Die Vorabkontrolle ergänzten in der Systematik des BDSG a.F. sowohl die **Zulässigkeitsprüfung** der §§ 4, 28 BDSG a.F. als auch die Anforderungen, die sich aus den

29 Roßnagel-*Marschall* Europäische Datenschutz-Grundverordnung § 3 Rn. 170.
30 *Engelien-Schulz* RDV 2003, S. 270, 272.
31 Gola-*Nolte/Werkmeister* Art. 35 Rn. 9.
32 *GDD* Praxishilfe DS-GVO X – Voraussetzungen der Datenschutz-Folgenabschätzung, S. 10.

technischen und organisatorischen Maßnahmen aus § 9 BDSG a.F. ergaben. In der risikoorientierten Ausrichtung und Systematik der DS-GVO gliedert sich die Datenschutz-Folgenabschätzung in die Liste der Werkzeuge[33] ein, mit Hilfe der Verantwortliche seiner im Vergleich zum BDSG a.F. gesteigerten Rechenschaftspflicht systematischer nachkommen kann[34]. Auf die Frage, ob die Vorabkontrolle, wie sie von der Datenschutz-Richtlinie gefordert und im BDSG a.F. umgesetzt wurde, ein Erfolgsmodell darstellte, gibt ErwG 89 eine recht klare Antwort. Danach waren gemäß der Richtlinie 95/46/EG Verarbeitungen personenbezogener Daten bei den Aufsichtsbehörden generell **meldepflichtig**. Die **unterschiedslosen allgemeinen Meldepflichten** wurden jedoch als zu bürokratisch empfunden[35]. Bei einer Gegenüberstellung von finanziellem und zeitlichem Aufwand für die Durchführung einer Vorabkontrolle und dem hierdurch erzielten Schutz personenbezogener Daten, stellte sich die Verbesserung des Schutzes für die Betroffenen oftmals als nicht effektiv genug dar.

Die Einführung einer Datenschutz-Folgenabschätzung ist daher auch ein Ergebnis der **30** Erkenntnis, dass diese uneffektiven Meldepflichten abgeschafft und durch wirksamere Verfahren und Mechanismen ersetzt werden sollten. Im Vergleich zu den unterschiedslosen und allgemeinen Meldepflichten soll sich der Verantwortliche stattdessen vorrangig mit denjenigen Arten von Verarbeitungsvorgängen befassen, die aufgrund ihrer Art, ihres Umfangs, ihrer Umstände und ihrer Zwecke wahrscheinlich ein hohes Risiko für die Rechte und Freiheiten natürlicher Personen mit sich bringen[36].

Als eben solche Verarbeitungsvorgänge identifizierte der europäische Gesetzgeber **31** insbesondere solche, bei denen neue Technologien eingesetzt werden oder die neuartig sind und bei denen der Verantwortliche noch keine Datenschutz-Folgenabschätzung durchgeführt hat bzw. bei denen aufgrund der seit der ursprünglichen Verarbeitung vergangenen Zeit eine Datenschutz-Folgenabschätzung notwendig geworden ist[37]
.

B. Kommentierung

I. Notwendigkeit einer Datenschutz-Folgenabschätzung

Eine Datenschutz-Folgenabschätzung ist ein Instrument, um das Risiko zu erkennen **32** und zu bewerten, dass für das Individuum in dessen **unterschiedlichen Rollen** (als Bürger, Kunde, Patient etc.) durch den Einsatz einer bestimmten Technologie oder eines Systems durch eine Organisation entsteht[38] und dient damit zur Beschreibung einer risikoreichen Verarbeitung, zur Beurteilung ihrer Notwendigkeit und Verhältnismäßigkeit.

Dabei soll die Datenschutz-Folgenabschätzung nachvollziehbar darlegen, wie die **33** Beherrschung der Risiken für die Rechte und Freiheiten natürlicher Personen, die aus der Verarbeitung personenbezogener Daten[39] voraussichtlich entstehen werden,

---

33 I.V.m. bspw. Art. 25 und Art. 32.
34 Zur Idee des risikobasierten Ansatzes: *Veil* ZD, 2015, 347, 348.
35 ErwG 89 S. 2.
36 Zur Idee des risikobasierten Ansatzes: *Veil* ZD 2015, 347, 348.
37 ErwG 89.
38 *Friedewald/Obersteller/Nebel/Bieker/Rost* Whitepaper Datenschutz-Folgenabschätzung, S. 5.
39 Die DS-GVO definiert den Begriff einer Datenschutz-Folgenabschätzung formal nicht als solche, spezifiziert aber den Mindestinhalt in Art. 35 Abs. 7 lit. a–d.

gemildert oder bestenfalls verhindert werden soll. Dazu muss der Verantwortliche eine Bewertung des Risikos durchführen und **geeignete Maßnahmen** zur **Bewältigung des Risikos** festlegen. **Zentraler Begriff** der Datenschutz-Folgenabschätzung ist damit der Begriff des „**hohen Risikos**“[40].

34 **1. Risikobegriff.** Art. 35 Abs. 1 S. 1 schreibt die Durchführung einer Datenschutz-Folgenabschätzung vor, wenn eine Form der Verarbeitung aufgrund der Art, des Umfangs, der Umstände und der Zwecke der Verarbeitung **voraussichtlich ein hohes Risiko** für die Rechte und Freiheiten natürlicher Personen zur Folge hat. Der Verordnungsgeber verweist in zahlreichen anderen Artikeln der DS-GVO immer wieder auf den Begriff des Risikos[41]. Der Begriff bleibt jedoch mangels einer Definition trotzdem **unscharf**. Dies ist misslich, da von der Bestimmung eines hohen Risikos, die **Erforderlichkeit** für die Prüfung und Durchführung einer Datenschutz-Folgenabschätzung abhängt. Auch wenn, wie das Wort „voraussichtlich“ in Art. 35 Abs. 1 S. 1 signalisiert, keine Gewissheit, sondern nur eine **Prognoseentscheidung** von dem Verantwortlichen erwartet wird, führt eine Unschärfe in diesem Fall zu bedenklichen **Unsicherheiten**.

35 Allgemein formuliert, wird ein hohes Risiko angenommen werden können, wenn das mit einer Verarbeitung verbundene Risiko, über die allgemeinen Gefahren hinausgeht, die mit der Datenverarbeitung üblicherweise einhergehen[42]. Die **Risikoprognose** soll nach dem Willen des Verordnungsgebers, wie aus den in Art. 35 Abs. 1 genannten vier Grundbedingungen „Art, Umfang, Umstände und Zwecke“ hervorgeht, anhand dieser Attribute erfolgen. Daraus ist nicht zu schlussfolgern, dass ein Verarbeitungsvorgang alle vier Attribute aufweisen muss, um als hoch riskant zu gelten. Wohl kann aber **vermutet** werden, dass die **Wahrscheinlichkeit**, dass der Verarbeitungsvorgang mit einem hohen Risiko behaftet ist, umso **höher** zu bewerten sein wird, **je mehr dieser Attribute** auf die Datenverarbeitung zutreffen.

36 Nach Auffassung des Gesetzgebers haben rasche technologische Entwicklungen und die Globalisierung den Datenschutz vor neue Herausforderungen gestellt[43]. Der Zusatz „insbesondere bei Verwendung neuer Technologien“ in Abs. 1 S. 1 spiegelt diese Sichtweise des Gesetzgebers wieder und gibt zugleich einen weiteren Anhaltspunkt, um die vier genannten Attribute zu kolorieren und einzugrenzen. Erfolgt die Verarbeitung personenbezogener Daten, insbesondere durch Nutzung von Technologien wie bspw. **Big Data**, **Smart Cars**, **Smart Home**, **Autonomik**, **Tracking-Verfahren** oder innerhalb von **IoT-Systemen** kann dieser Umstand bei der zu treffenden Prognoseentscheidung hinsichtlich der Annahme eines hohen Risikos mitberücksichtigt werden[44].

37 Allgemein erwartet der Verordnungsgeber offensichtlich ein höheres Risiko für die Rechte und Freiheiten des Einzelnen, wenn die persönlichen und sozialen Folgen des Einsatzes einer neuen Technologie noch **nicht vollständig untersucht** sind und noch **viele Unbekannte** aufweisen. Aber auch der Begriff der neuen Technologien bzw. was man darunter wird subsumieren können, wird dem Wandel der Zeit unterworfen sein. Autonomik, Big Data, Cloud Computing, Smart Cars, Smart Cities oder Datenverar-

40 *Veil* ZD 2015, 347, 348.

41 Im Besonderen hat der Risikogedanke im gesamten Kapitel IV der DS-GVO Eingang gefunden.

42 Gola-*Nolte/Werkmeister* Art. 35 Rn. 13.

43 ErwG 6.

44 Kühling/Buchner-*Jandt* Art. 35 Rn. 8.

beitung innerhalb von IoT-Systemen können irgendwann soweit entwickelt und im Hinblick auf Datenschutz und Datensicherheit abgesichert und ausgereift sein, dass diese zumindest nicht mehr per se unter den Begriff der neuen Technologien subsumiert werden können. Die **technikneutrale** Verwendung des Begriffs „neue Technologien" mag in der Verordnung zwar zu einer Unschärfe führen, ist aber daher aus dem Blickwinkel der **Gesetzgebungsmethodik** unvermeidlich und sinnvoll. Weiterhin eröffnet auch ErwG 75 die Möglichkeit, der Bedeutung des Risikobegriffs näher zu kommen, in dem er zumindest die **nachteiligen Folgen** beschreibt, die aus der Verletzung der Rechte und Freiheiten natürlicher Personen resultieren können[45].

2. Auslöser einer Datenschutz-Folgenabschätzung. Schon nach dem BDSG war es erforderlich, in bestimmten Fällen eine Vorabkontrolle durchzuführen, nämlich dann, wenn sich aus der automatisierten Verarbeitung personenbezogener Daten besondere Risiken für die Betroffenen ergaben (§ 4d Abs. 5 BDSG a.F.). Art. 35 Abs. 1 enthält eine abstrakte Beschreibung, **wann** eine Datenschutz-Folgenabschätzung durchzuführen ist. Entsprechend dem **risikobasierten Ansatz** der DS-GVO ist die **Durchführung** einer Datenschutz-Folgenabschätzung nicht für jeden Verarbeitungsvorgang **verpflichtend.** Eine Datenschutz-Folgenabschätzung ist nur dann erforderlich, wenn die Verarbeitung "ein hohes Risiko für die Rechte und Freiheiten natürlicher Personen darstellen kann" (Art. 35 Abs. 1, illustriert durch Art. 35 Abs. 3 und ergänzt durch Art. 35 Abs. 4)[46]. Sie ist besonders relevant, wenn eine **neuartige** Datenverarbeitungstechnologie eingeführt wird[47]. 38

Im Mittelpunkt der Betrachtung steht der Verarbeitungsvorgang. Dieses kann als die Summe von Daten, Systemen und Prozessen verstanden werden, wobei sich die Betrachtung sowohl auf die Hardware als auch die Software erstreckt[48]. Bereits bei der sog. Vorabkontrolle gem. § 4d Abs. 5 S. 1 BDSG a.F. gab es keine abschließende Antwort, wodurch eine Vorabkontrolle ausgelöst werden kann. Darüber, dass die Vorabkontrolle nur bei automatisierten Verfahren notwendig wurde, die „besondere Risiken für die Rechte und Freiheiten der Betroffenen ausweisen, gab es zwar Klarheit. Die Erklärung, dass ein „besondere Risiko" insbesondere dann angenommen werden kann, wenn besondere Arten personenbezogener Daten (§ 3 Abs. 9 BDSG a.F.) verarbeitet werden (Nr. 1) oder die Verarbeitung personenbezogener Daten dazu bestimmt, ist die Persönlichkeit des Betroffenen zu bewerten, einschließlich seiner Fähigkeiten, seiner Leistung oder seines Verhaltens, war jedoch **nicht abschließend**. Damit ergaben sich bei der Frage, ob eine Vorabkontrolle durchzuführen ist, oder nicht, oftmals Unsicherheiten. In der Praxis dürfte dieser Unsicherheit nicht selten damit begegnet worden sein, dass im **Zweifelsfalle** lieber eine Vorabkontrolle durchgeführt wurde, da eine nachträgliche Änderung aufwändiger war als eine ggf. überobligatorisch durchgeführte Vorabkontrolle[49]. 39

---

45 ErwG 75 unterscheidet zwischen einem Risiko, welches dem technischen Verarbeitungsvorgang entspringt und den physischen, materiellen oder immateriellen Schäden, die aus der Realisierung dieses Risikos entstehen könne.

46 17/EN WP 248 rev.01: Guidelines on Data Protection Impact Assessment (DPIA) and determining whether processing is "likely to result in a high risk" for the purposes of Regulation 2016/679, S. 8.

47 Weitere Beispiele siehe ErwG 89, 91 und 35 Abs. 1 und 3.

48 *DSK* Kurzpapier Nr. 5., Datenschutz-Folgenabschätzung nach Art. 35, S. 1.

49 *Volkmer/Kaiser* PinG 2017, 153, 155.

40 Ähnlich formuliert es Art. 35 Abs. 1, ohne jedoch ausdrücklich zu definieren, wann eine Verarbeitung ein hohes Risiko für den Betroffenen zur Folge hat. Allerdings werden in Art. 35 Abs. 3 Anwendungsfälle (Regelbeispiele) aufgeführt, die im Wesentlichen den bisherigen Beispielen des BDSG a.F. entsprechen. Ergänzt werden diese Anwendungsfälle durch die ErwG 89 bis 91, die zusätzlich auf den Umfang der Verarbeitung und den Einsatz neuer Technologien abstellen.

41 **3. Regelbeispiele für ein hohes Risiko: Abstrakte Auslösekriterien.** Die Regelbeispiele des Art. 35 Abs. 3 lit. a bis c konkretisieren die in Abs. 1 genannten Anhaltspunkte und geben dem Verantwortlichen eine weitere Orientierung, bei welchen Verarbeitungsvorgängen eine Datenschutz-Folgenabschätzung durchgeführt werden muss.

a) Automatisierte systematische und umfassende Bewertung persönlicher Aspekte.

42 Gem. Art. 35 Abs. 3 lit. a kann eine Datenschutz-Folgenabschätzung erforderlich sein, wenn der Verantwortliche vor der Einführung einer Verarbeitung steht, die eine **automatisierte, systematische** und **umfassende Bewertung persönlicher Aspekte** ermöglicht. Die Erforderlichkeit leitet sich aber noch nicht aus diesen Umständen selbst ab. Dieses Regelbeispiel verlangt, dass diese **Bewertung** wiederum gerade als **Basis** für **Entscheidungen** genutzt wird, die eine **Rechtswirkung** gegenüber natürlichen Personen entfalten oder diese in ähnlich erheblicher Weise beeinträchtigen. Diese könnten möglicherweise **Persönlichkeitstests** oder **Scorewertberechnungen** sein. Bei reinen **Mitarbeiterbefragungen**, wie sie bspw. oftmals im Unternehmensumfeld vorkommen, sind in der Regel unmittelbare Rückschlüsse auf einzelne Beschäftigte nicht möglich. Eine Datenschutz-Folgenabschätzung würde sich in diesen Fällen erübrigen.

43 **b) Umfangreiche Verarbeitung von Daten besonderer Kategorien nach Art. 9 Abs. 1 oder umfangreiche Daten über strafrechtliche Verurteilungen und Straftaten.** Das Regelbespiel des Art. 35 Abs. 3 lit. b 1. Alt. wird bspw. im Bereich des **Arbeitnehmerdatenschutzes** eine Rolle spielen. **Besondere Kategorien** personenbezogener Daten nach Art. 9 Abs. 1 sind häufig Bestandteil in **Personalprozessen** wie **Arbeitsmedizin** und **Gesundheitsvorsorge** (Gesundheitsdaten) innerhalb des **Betrieblichen Eingliederungsmanagements** (BEM) und adressieren daher oftmals Fragen der Tauglichkeit im Unternehmensumfeld. Daneben zählen zu den besonderen Kategorien personenbezogener Daten Informationen zur r**assischen** und **ethnischen Herkunft**, **politische Meinungen**, **religiöse** oder **weltanschauliche Überzeugung**, **Gewerkschaftszugehörigkeit**, **genetische** und **biometrische Daten** zur eindeutigen Identifikation, **Gesundheitsdaten** und Daten zum **Sexualleben** oder **sexueller Orientierung**[50]. Von der 2. Alt. des Regelbeispiels können bspw. Datenverarbeitungen im Zusammenhang mit **Führungszeugnissen** und **Sicherheitsüberprüfungen** berührt sein.

c) Systematische umfangreiche Überwachung (öffentlich) zugänglicher Bereiche.

44 Eine Datenschutz-Folgenabschätzung soll nach dem Willen des Gesetzgebers auch für die **weiträumige Überwachung öffentlich zugänglicher Bereiche** erforderlich sein. Dies gilt insbesondere, wenn diese mittels **optoelektronischer Vorrichtungen** erfolgt, oder für alle anderen Vorgänge, bei denen nach Auffassung der zuständigen Aufsichtsbehörde die Verarbeitung wahrscheinlich ein hohes Risiko für die Rechte und Freiheiten der betroffenen Personen mit sich bringt, insbesondere weil sie die betroffenen Personen an der **Ausübung eines Rechts** oder der **Nutzung einer**

---

50 Gola-*Schulz* Art. 9 Rn. 11–13.

Dienstleistung bzw. **Durchführung eines Vertrags hindern** oder weil sie **systematisch** in **großem Umfang** erfolgen.

Klassische Beispiele für den Anwendungsfall dieses Regelbeispiels stellt die **Videoüberwachung** in Gebäuden wie Einkaufszenten, Bahnhöfen, aber Zügen oder Bussen sowie die systematische Erfassung von Autokennzeichen auf Autobahnen zur Identifikation dar[51]. Was die Definition für den Begriff „öffentlich zugängliche Bereiche" angeht, wird eine Orientierung an der bisherigen Rechtslage und den Anwendungsfällen des BDSG a.F. möglich sein. Es bleibt aber abzuwarten, ob dieser Begriff, genauso wie viele andere, im Laufe der Zeit nicht eine **europäischere Prägung** erhalten wird. Ob bspw. das Areal, welches von verschiedenen Unternehmen geteilt wird ggf. ein öffentlich zugänglicher Bereich ist, kann in in anderen europäischen Ländern möglicherweise anders bewertet werden, als in Deutschland. **45**

Als abstrakte Kriterien lassen sich zusammenfassen: **46**

- Verarbeitungsform
- Verwendung neuer Technologien
- aufgrund der Art
- aufgrund des Umfangs
- aufgrund der Umstände
- aufgrund der Zwecke
- hohes Risiko

Ob es um die Verwendung einer neuen Technologie, um die Art, den Umfang, die Umstände und Zwecke der Verarbeitung handelt, spielt für die Notwendigkeit der Durchführung einer Datenschutz-Folgenabschätzung eine wichtige Rolle. Das Vorliegen dieser Kriterien kann aber letztlich nur als **Anhaltspunkt** für das das Erfordernis der Durchführung einer Datenschutzfolgenabschätzung dienen. **Entscheidend ist im Ergebnis**, ob daraus ein hohes Risiko für die Rechte und Freiheiten natürlicher Personen entstehen kann. Der **kritische Auslöser** ist und bleibt damit das Vorhandensein eines voraussichtlich **hohen Risikos.**

Mangels einer Legaldefinition in der DS-GVO für den Begriff des hohen Risikos ist die Konturierung mit Hilfe der Erwägungsgründe hilfreich. Die Erwägungsgründe können als weitere Orientierung dafür dienen, welche Auswirkungen einer Datenverarbeitung als Risiko für die Recht der betroffenen Personen betrachtet werden. **47**

Eine Verarbeitung führt zu physischen, materiellen oder immateriellen Schäden im Sinne eines hohen Risikos, insbesondere bei: **48**

- Diskriminierung
- Identitätsdiebstahl oder -betrug,
- Finanziellem Verlust,
- Rufschädigung,
- Verlust der Vertraulichkeit von dem Berufsgeheimnis unterliegenden personenbezogenen Daten
- Unbefugter Aufhebung der Pseudonymisierung,

---

51 17/EN WP 248 rev.01: Guidelines on Data Protection Impact Assessment (DPIA) and determining whether processing is "likely to result in a high risk" for the purposes of Regulation 2016/679, S. 9.

– anderen erheblichen wirtschaftlichen oder gesellschaftlichen Nachteilen, oder wenn
– betroffene Personen um ihre Rechte und Freiheiten gebracht oder daran gehindert werden[52].

Diese Beispiele machen deutlich, dass die Datenschutz-Folgenabschätzung die Rechte der betroffenen Person im Fokus hat und sich nicht auf die Gewährleistung der Informationssicherheit beschränkt[53].

49 **4. Kriterienkatalog für ein hohes Risiko: Konkrete Auslösekriterien.** Die Art.-29-Datenschutzgruppe hat eine revidierte Fassung des Arbeitspapiers 248 zur Datenschutz-Folgenabschätzung veröffentlicht, die diese gesetzlichen Vorgaben und Auslöse-Kriterien mit weiteren Beispielen konkretisiert[54]. Dieses Arbeitspapier ist deshalb von besonderer Bedeutung, weil sich die Art.-29-Datenschutzgruppe (die mit der DS-GVO durch den Europäischen Ausschuss nach Art. 68 abgelöst wird) aus Vertretern der Aufsichtsbehörden der Mitgliedstaaten zusammensetzt – also derjenigen Behörden, die durch Positiv- und Negativlisten klarstellen sollen, wann eine Datenschutz-Folgenabschätzung durchzuführen ist.

50 Aber auch das WP 248 definiert den Risikobegriff nicht abschließend. Stattdessen werden im WP 248 insgesamt 9 Kriterien ausgearbeitet[55], die als **Indiz** für ein hohes Risiko bewertet werden können. Darin wird angenommen, dass die **Wahrscheinlichkeit** eines hohen Risikos für die Rechte und Freiheiten der Betroffenen steigt, je **mehr dieser Kriterien gleichzeitig erfüllt** sind.

51 Die Art.-29-Datenschutzgruppe versteht ihre Ausarbeitung für konkrete die Auslöse-Kriterien zur Datenschutz-Folgenabschätzung als ein Schritt für ein **vereinheitlichtes Verständnis** der abstrakten Auslöser, die in Abs. 3 des Art. 35 genannt sind. Die in diesem Zusammenhang gemachten Präzisierungen der Begriffe werden dann voraussichtlich bei der Erstellung der Listen nach Art. 35 Abs. 4 (Blacklist) oder auch Art. 35 Abs. 5 (Whitelist) zur Orientierung herangezogen.

52 Die veröffentlichte Leitlinie ist **nicht rechtsverbindlich**, zeigt aber auf, welche Kriterien die Datenschutzbehörden vermutlich anlegen werden, wenn sie von einer Pflicht zur Datenschutz-Folgenabschätzung (Blacklist) ausgehen.

53 Wie das Wort "insbesondere" im Einleitungssatz von Art. 35 Abs. 3 andeutet, handelt es sich hierbei um **keine abschließende Aufzählung**. Einerseits kann es "risikoreiche" Verarbeitungsprozesse geben, die in dieser Liste nicht erfasst werden, die aber ähnlich hohe Risiken bergen. Andererseits könnten aber theoretisch auch Verarbeitungen existieren, auf die alle Kriterien passen, ohne dass am Ende einer Datenschutz-Folgenabschätzung ein hohes Risiko verbleibt.

54 Eine Datenschutz-Folgenabschätzung soll nach dem Willen der Art.-29-Datenschutzgruppe durchgeführt werden, wenn mindestens zwei der neun aufgeführten Kriterien erfüllt sind. In der Abstimmungsfassung war hier noch als zehntes Kriterium die Dritt-

---

52 ErwG 75.

53 BeckOK DatenSR-*Hansen* Art. 35. Rn. 3.

54 17/EN WP 248 rev.01: Guidelines on Data Protection Impact Assessment (DPIA) and determining whether processing is „likely to result in a high risk" for the purposes of Regulation 2016/679, S. 9 bis 11.

55 In einer früheren Version des WP 248 waren 10 Kriterien genannt. Der Punkt „Datenübermittlung in Drittstaaten außerhalb der EU" wurde in der ersten Revision gestrichen.

staatenübermittlung aufgeführt[56], welche aber in der revidierten Fassung vom Oktober 2017 weggefallen ist. Mit Beispielen, wann eine Datenschutz-Folgenabschätzung durchzuführen sein soll und wann nicht, bietet das WP 248 zwar konkrete Vorgaben, insgesamt wird die Rechtsunsicherheit dadurch aber nicht gänzlich beseitigt werden.

Die Aufsichtsbehörden schlagen für die Identifizierung einer Verarbeitung, für die eine Datenschutz-Folgenabschätzung obligatorisch sein soll, die Berücksichtigung folgender **neun Kriterien als Auslöser** vor: **55**

a) Bewertung oder Scoring, inklusive Profilbildung und Vorhersagen. Ziffer 1. des Kriterienkatalogs der Art.-29-Datenschutzgruppe betrifft Verarbeitungsvorgänge, die zur **Evaluierung**, **Scoring**, inklusive **Profilbildung** und zur Erstellung von **Prognosen** dienen. Bei diesen handelt es sich um Konkretisierungen von Art. 35 Abs. 3 lit. a. **56**

Zur Konkretisierung wird im WP 248 das Beispiel eines Finanzinstituts herangezogen, das seine Kunden gegen eine Kreditreferenzdatenbank oder gegen eine Datenbank zur Bekämpfung von Geldwäsche, Terrorismusfinanzierung oder auch Betrug prüft. **57**

Soweit eine Profilbildung durch einen Erlaubnistatbestand im Sinne von Art. 6 Abs. 1 lit. a–f legitimiert werden kann, ist diese erst einmal datenschutzrechtlich erlaubt. Die Durchführung einer Datenschutz-Folgenabschätzung ist kein bloßer Reflex, welcher automatisch auf die beabsichtigte Erstellung von Profilen folgt. Eine Datenschutz-Folgenabschätzung kann unterbleiben, wenn aus **rechtmäßig erhobenen** und verarbeiteten personenbezogenen Daten Profile erstellt werden, soweit diese im Weiteren **nicht die Grundlage** für eine **automatisierte Entscheidung** gegen die Betroffenen bilden. Mangels einer risikobehafteten Datenverarbeitung besteht dann nämlich für die Durchführung einer Datenschutz-Folgenabschätzung keine Notwendigkeit. **58**

Als Auslöser einer Datenschutz-Folgenabschätzung kommt die Profilbildung als Bewertung persönlicher Aspekte jedoch dann in Frage, wenn diese Bewertung für automatisierte Entscheidungen mit rechtswirksamer Wirkung oder Beeinträchtigung für die Betroffenen genutzt werden soll[57]. **59**

Sollten die erstellten Profile also für automatisierte Entscheidungen genutzt werden, die **rechtswirksame Auswirkungen** auf die betroffenen Personen haben, hat der Betroffene gem. Art. 22 das Recht, einer solcher Entscheidung nicht unterworfen zu werden. Es bedarf in diesem Fall einer Datenschutz-Folgenabschätzung, die neben den Anforderungen aus Art. 35 auch die Anforderungen aus Art. 22 Abs. 3 zu berücksichtigen hat. **60**

Bei einer Datenschutz-Folgenabschätzung, die durch Verarbeitungsvorgänge ausgelöst wird, welche sich mit Profiling im Sinne des Art. 22 beschäftigen, empfiehlt die Art.-29-Datenschutzgruppe in ihrem WP 251 zum Thema „Profiling“ den Einsatz bestimmter Gegenmaßnahmen, um das Risiko für die Rechte und Freiheiten der betroffenen Person zu mildern[58]. Zu diesen Maßnahmen sollen Informationen hinsichtlich der **61**

---

56 WP 248, Guidelines on Data Protection Impact Assessment (DPIA) and determining whether processing is “likely to result in a high risk" for the purposes of Regulation 2016/679, Adopted on 4 April 2017.

57 *Schmitz/von Dall, Armi* ZD 2017, 57 (61).

58 Abschnitt VI. Data protection impact assessments (DPIA), WP 251, Guidelines on Automated individual decision-making and Profiling for the purposes of Regulation 2016/679, Adopted on 3 October 2017, S. 27.

Logik des **automatisierten Entscheidungsprozesses** gehören sowie eine **Erläuterung**, welche **Folgen** die geplante Verarbeitung auf die Rechte und Freiheiten der betroffenen Person haben könnte. Diese Informationen sollen der betroffenen Person zur Verfügung gestellt werden. Weiterhin gehört zu den vorgeschlagenen Maßnahmen, dass die betroffene Person die Möglichkeit haben soll, die automatisierte Entscheidung abzulehnen und ihren eigenen Standpunkt klar zu machen[59]. Es bleibt jedoch unklar, ob diese „mildernden Maßnahmen" im Ergebnis dazu führen können, dass kein hohes Risiko mehr angenommen werden muss.

62 **b) Automatisierte Entscheidungsfindung mit rechtlicher oder ähnlicher bedeutender Wirkung.** Als zweites Kriterium wird im Katalog des WP 248 eine **automatisierte Entscheidungsfindung** mit rechtlicher oder ähnlich bedeutender Wirkung für die Rechte und Freiheiten der betroffenen Person genannt. Hierbei handelt es sich um eine Konkretisierung des Art. 35 Abs. 3 lit. a 2. Alt. Als Indiz hierfür kann eine Verarbeitung genannt werden, die zum **Ausschluss** oder **Diskriminierung** von Einzelpersonen führen kann. Damit der Ausschluss oder die Diskriminierung tatsächlich als Auslöser einer Datenschutz-Folgenabschätzung gewertet werden kann, darf die Auswirkung auf den Einzelnen als **nicht gering** gewertet werden.

63 Plant der Verantwortliche eine Verarbeitung einzuführen, die eine rechtliche Wirkung für die betroffene Person entfaltet oder sie ähnlicher Weise beeinträchtigt, hat der Verantwortliche Sorge dafür zu tragen, dass die betroffene Person keiner Entscheidung von sie betreffenden persönlichen Aspekten unterworfen ist, die **ausschließlich** auf einer automatisierten Verarbeitung beruht und rechtliche Wirkung für die betroffene Person entfaltet oder sie in ähnlicher Weise erheblich beeinträchtigt.

64 Bespielhaft hierfür werden die automatische Ablehnung eines **Online-Kreditantrags** oder **Online-Einstellungsverfahren** ohne jegliches **menschliche** Eingreifen genannt[60]. Diese Ausführungen lassen den Rückschluss zu, dass sich die Wertung als Auslösekriterium für eine Datenschutz-Folgenabschätzung ggf. wesentlich ändern dürfte, wenn das Verfahren an einer geeigneten Stelle um eine **menschliche Komponente ergänzt** werden würde und nicht vollständig automatisiert abläuft.

65 **c) Systematische Überwachung: Verarbeitung zur Beobachtung, Überwachung oder Kontrolle der betroffenen Personen.** Die Ausarbeitungen zur Konkretisierung des hohen Risikos in Ziffer 3 des WP 248 betreffen Art. 35 Abs. 3 lit. c. Danach soll die Datenschutz-Folgenabschätzung insbesondere in Fällen einer **systematischen Überwachung öffentlich zugänglicher Bereiche** erforderlich sein.

66 Der Begriff der systematischen Überwachung ist in der DS-GVO zwar nicht definiert, doch das Konzept einer „**Beobachtung des Verhaltens von betroffenen Personen**" erstreckt sich nach dem Willen des europäischen Gesetzgebers auf jede Form des **Trackings und Profilerstellung im Internet**, darunter auch zu Zwecken der **verhaltensbasierten Werbung**[61].

67 Beobachtung bzw. Überwachung ist dabei nicht im engeren Wortsinne als Wahrnehmung mit den Augen zu verstehen. Gemeint ist vielmehr, dass umfangreiche regelmä-

59 Diese Maßnahmen stehen spiegelbildlich zu den Art. 13 Abs. 2 lit. f, 14 Abs. 2 lit. g und Art. 22 Abs. 3.
60 ErwG 71.
61 ErwG 24.

ßige und systematische personenbezogene Auswertungen, insbesondere Profilbildungen erfolgen, wie die bspw. oftmals auf die Tätigkeit von Auskunfteien und Detekteien zutrifft. Auch Versicherungsunternehmen, die zwecks Beurteilung ihrer Risiken und zur ggf. notwendigen Anpassung der Verträge ihre Versicherungsnehmer „beobachten" oder individualisierte Tarife („Pay as you drive") anbieten, werden erfasst[62].

Eine Verarbeitung erfolgt den Anforderungen der Art.-29-Datenschutzgruppe entsprechend systematisch, wenn sie dadurch gekennzeichnet ist, dass sie im **Voraus geplant**, **organisiert** oder **methodisch** erfolgt, im Rahmen eines allgemeinen Plans zur Datenerhebung erfolgt und Teil einer **Strategie** darstellt. Zur Verdeutlichung werden von den Aufsichtsbehörden folgende Beispiele genannt[63]: **68**

„Betrieb eines Telekommunikationsnetzes, Anbieten von Telekommunikationsdienstleistungen, E-Mail-Werbung mit Tracking, Typisierung und Scoring zu Zwecken der Risikobewertung (zum Beispiel zu Zwecken der Kreditvergabe, der Festlegung von Versicherungsprämien, Maßnahmen zur Verhinderung von betrügerischen Handlungen, Ermittlung von Geldwäsche), Standortverfolgung (beispielsweise durch Mobilfunkanwendungen), Treueprogramme, verhaltensbasierte Werbung, Überwachung von Wellness-, Fitness- und gesundheitsbezogenen Daten über in Kleidung integrierte Geräte (Wearables), Überwachungskameras oder vernetzte Geräte (zum Beispiel intelligente Stromzähler, intelligente Autos, Haustechnik usw.)".

Die Annahme, dass es sich bei einer systematischen Überwachung nicht lediglich um ein „herkömmliches" Risiko handelt, wie sie jeglicher Verarbeitung von personenbezogenen Daten innewohnt, sondern ein hohes Risiko darstellt, beruht auf der Überlegung, dass die Daten unter Umständen erhoben werden können, **ohne das Wissen der betroffenen Person** darüber, **wer** seine Daten erfasst und **wie** sie verwendet werden. Das hohe Risiko einer systematischen Überwachung kann auch darauf beruhen, dass Einzelpersonen **kaum die Möglichkeit** haben, einer solchen **Verarbeitung in öffentlichen Räumen zu entgehen**. **69**

d) Sensible oder höchstpersönliche Daten. Bei diesem Punkt des von der Art.-29-Datenschutzgruppe aufgestellten Kriterienkatalogs handelt es sich um eine Konkretisierung des Art. 35 Abs. 3 lit. b 1. Alt. DS-GVO. Darunter fallen Daten zur rassischen und ethnischen Herkunft, politische Meinungen, religiöse oder weltanschauliche Überzeugung, Gewerkschaftszugehörigkeit, genetische und biometrische Daten zur eindeutigen Identifikation, Gesundheitsdaten und Daten zum Sexualleben oder sexueller Orientierung. Insbesondere **Gesundheitsdaten** sind häufig Bestandteil in **Personalprozessen** wie **Arbeitsmedizin** und **Gesundheitsvorsorge (BEM)** oder in Verfahren zur Tauglichkeit[64]. **70**

e) Datenverarbeitung im großen Maßstab. Zwar findet sich in der DS-GVO auch für den Begriff **„umfangreich"** keine Legaldefinition. Gleichwohl liefert ErwG 91 für den Begriff „umfangreich" einen gewissen Anhaltspunkt. Diesem ErwG zufolge bezieht sich dieser Begriff insbesondere auf „umfangreiche Verarbeitungsvorgänge […], die dazu dienen, **große Mengen personenbezogener Daten auf regionaler, nationaler oder supranationaler Ebene** zu verarbeiten, eine **große Anzahl von Personen** betreffen **71**

---

62 *Jaspers/Reif* RDV 2016, 61, 62.

63 6/DE, WP 243, Leitlinien in Bezug auf Datenschutzbeauftragte („DSB"), S. 10.

64 Gola-*Schulz* Art. 9 Rn. 11–13.

könnten und – beispielsweise aufgrund ihrer Sensibilität – **wahrscheinlich** ein hohes Risiko mit sich bringen".

72 Andererseits ist im ErwG 91 ausdrücklich vorgesehen: „Die Verarbeitung personenbezogener Daten sollte nicht als umfangreich gelten, wenn die Verarbeitung personenbezogene Daten von Patienten oder von Mandanten betrifft und durch einen einzelnen Arzt, sonstigen Angehörigen eines Gesundheitsberufes oder Rechtsanwalt erfolgt."

73 Der europäische Gesetzgeber differenziert bei der Bewertung des Risikos zwischen der Verarbeitung der personenbezogenen Daten durch einen **einzelnen Arzt** und der **landes- oder europaweiten Verarbeitung** der Daten. Gem. ErwG 91 soll eine Verarbeitung **nicht als umfangreich** gelten und damit die Durchführung einer Datenschutz-Folgenabschätzung in Konsequenz nicht zwingend vorgeschrieben sein, wenn die Verarbeitung personenbezogene Daten von **Patienten** oder von **Mandanten** betrifft und durch einen einzelnen Arzt, sonstigen **Angehörigen eines Gesundheitsberufes** oder **Rechtsanwalt** erfolgt. Jedoch erfolgt die Differenzierung zum einen ohne jegliche weitere Begründung[65] und zum anderen nicht im Normtext selbst, sondern lediglich in den Erwägungsgründen. Die im ErwG 91 genannte Ausnahme bietet sowohl Raum für die Vermutung, dass sie Ergebnis einer erfolgreichen **Lobbyarbeit**[66] sein kann, als auch Anhaltspunkte für eine andere schlüssige Erklärung. Ein Erklärungsansatz führt als Argument an, dass die Regelung in ErwG 91 lediglich als Hinweis zu verstehen ist, dass solche **Verarbeitungen nicht auf der Positivliste** gem. Art. 35 Abs. 4 enthalten sein sollen und das Kriterium **„umfangreich"** verneint werde[67].

74 Vor dem Hintergrund, dass **Erwägungsründe** zwar als **Interpretationshilfe** hinzugezogen werden können, jedoch nicht als Bestimmungen mit eigenständiger normativer Bedeutung betrachtet werden[68], ist zu befürchten, dass diese unterschiedliche Wertung, die Rechtsunsicherheit bei der Anwendung der Datenschutz-Folgenabschätzung nicht mindern wird.

75 Generell ist hinsichtlich dieses Kriteriums festzustellen, dass es nicht möglich ist, eine genaue, auf jeden Einzelfall anwendbare Zahlenangabe bezüglich der Menge an verarbeiteten Daten oder der Zahl an betroffenen natürlichen Personen zu machen[69]. Es kann jedoch angenommen werden, dass der Begriff der „umfangreichen Verarbeitung" von Seiten der Aufsichtsbehörden in Zukunft noch **präzisiert** werden wird, da der Begriff auch für den **Schwellwert** maßgeblich ist, von dem die verpflichtende **Benennung** eines Datenschutzbeauftragten maßgeblich ist[70].

76 **f) Abgleich oder Zusammenführen von Datensätzen.** Nach Einschätzung der Art.-29-Datenschutzgruppe kann auch der **Abgleich** oder das **Zusammenführen von Datensätzen** zu einem **erhöhten Risiko** führen, welches dann wieder als Auslöser für eine Datenschutz-Folgenabschätzung betrachtet werden kann. Die erhöhte Risikolage kommt in diesen Fällen durch die **Verletzung des Transparenzgebots** und des **Grundsatzes der Zweckbindung** zustande.

65 Kühling/Buchner-*Jandt* Art. 35. Rn. 10.
66 Paal/Pauly-*Martini* Art. 35 Rn. 38.
67 BeckOK DatenSR-*Hansen* Art. 35, Rn. 22.
68 Zum Problem überschießender Erwägungsgründe: *Gola* K&R 2017, 145 ff.
69 6/DE, WP 243, Leitlinien in Bezug auf Datenschutzbeauftragte („DSB"), S. 19.
70 Vgl. Art. 37 Abs. 1 lit. b.

Ausschlaggebend für die Bewertung ist die **Perspektive eines objektiven Dritten** als betroffene Person. Durfte die betroffene Person im konkreten Fall mit einem derartigen Abgleich ihrer personenbezogenen Daten **rechnen** oder durfte die betroffene Person berechtigterweise darauf **vertrauen**, dass ihre Daten, die ggf. von **verschiedenen Verantwortlichen** oder für **unterschiedliche Zwecke** erhoben wurden, nicht zusammengeführt werden, können als Kontrollfragen hierfür genutzt werden. 77

Für natürliche Personen sollte **Transparenz** dahingehend bestehen, welche personenbezogenen Daten erhoben, verwendet, eingesehen oder anderweitig verarbeitet werden und in welchem Umfang die personenbezogenen Daten verarbeitet werden und künftig noch verarbeitet werden sollen. Dieser Grundsatz betrifft insbesondere die Informationen über die **Identität des Verantwortlichen** und die **Zwecke der Verarbeitung** und sonstige Informationen, die eine **faire** und **transparente** Verarbeitung im Hinblick auf die betroffenen natürlichen Personen gewährleisten, sowie deren Recht, eine **Bestätigung und Auskunft** darüber zu erhalten, welche sie betreffende personenbezogene Daten verarbeitet werden. Natürliche Personen sollten über die Risiken, Vorschriften, Garantien und Rechte im Zusammenhang mit der Verarbeitung personenbezogener Daten informiert und darüber aufgeklärt werden, wie sie ihre diesbezüglichen Rechte geltend machen können[71]. 78

Die **Zwecke** der Datenverarbeitung müssen dabei bereits **bei der Erhebung** personenbezogener Daten **festgelegt**, **eindeutig** und **legitim** sein. Eine **Weiterverarbeitung zu anderen Zwecken** ist gleichwohl möglich, sofern die Zwecke der Weiterverarbeitung **nicht** mit den **ursprünglichen Erhebungszwecken unvereinbar** sind und eine **Rechtsgrundlage** hierfür vorliegt[72]. 79

In Art. 5 Abs. 1 lit. b ist festgelegt, dass personenbezogene Daten nur für **eindeutige und legitime** Zwecke erhoben werden dürfen. Wenn eine Erhebung für einen bestimmten Zweck erfolgt, dürfen die Daten nicht **außerhalb** dieser Zweckbestimmung genutzt werden. Allerdings ist in Ausnahmefällen eine Zweckänderung durchaus möglich. 80

Grundsätzlich ist eine **Zweckänderung** nur dann zulässig, wenn die Verarbeitung mit denjenigen **Zwecken vereinbar** ist, für die die Daten ursprünglich erhoben worden sind[73]. Die Erhebung kann dabei sowohl von dem Verantwortlichen, dem Auftragsverarbeiter oder einem Dritten erfolgt sein. Hierzu hat Art. 6 Abs. 4 verschiedene Kriterien benannt. Dabei sind die Kriterien nicht abschließend benannt. Zu berücksichtigen sind für die Frage der Zweckvereinbarkeit unter anderem der **Erhebungskontext**, die **Art** der Daten, das **Verhältnis zwischen dem Verantwortlichen** und den betroffenen Personen. Auch soll auf die **vernünftigen Erwartungen** der betroffenen Personen abgestellt werden, die auf ihrer Beziehung zum Verantwortlichen beruhen. 81

g) Daten gefährdeter Personen. Der Datenschutz thematisiert u.a. die **Machtasymmetrie** zwischen Organisationen und betroffenen Personen und hat die Aufgabe, die Betroffenenrechte zu gewährleisten. Dabei wird zunächst jede **Organisation als poten-** 82

---

71 ErwG 39.

72 Gola-*Pötters* Art. 5 Rn. 12–20.

73 Kühling/Buchner-*Buchner/Petri* Art. 6 Rn. 186.

zieller Angreifer auf die Rechte des Individuums als strukturell schwächeren Risikonehmer betrachtet, dessen faktisch notorische Übergriffe abgewehrt werden müssen[74].

83 Das 7. Kriterium, welches die Art.-29-Datenschutzgruppe ausgearbeitet hat, um die Frage der Notwendigkeit der Durchführung einer Datenschutz-Folgenabschätzung beantworten zu können, hat ihren Bezugspunkt in dieser Machtasymmetrie, welche in bestimmten Fällen als wahrscheinlich erachtet wird. Das Hinzuziehen dieses Kriteriums für die Ermittlung der Notwendigkeit einer Datenschutz-Folgenabschätzung wird als ein **Gegenmittel für das zunehmende Ungleichgewicht** zwischen den Betroffenen und der für die Verarbeitung Verantwortlichen betrachtet. Dieses Kriterium sollte immer dann als möglicher Auslöser betrachtet werden, wenn die betroffenen Personen möglicherweise nicht ohne Weiteres der **Verarbeitung ihrer Daten zustimmen** oder diese **ablehnen** oder ihre **Rechte ausüben** können. Zu diesem Kreis betroffener Personen werden im Working Paper 248 bspw. **Kinder**, **Beschäftigte** und **besonders schutzbedürftige Bevölkerungsgruppen**[75] gezählt.

84 Die Festlegung **starrer Personenkategorien** innerhalb des Kriterienkatalogs hat ihre Tücken. Für **Kinder unter 16 Jahren** schreibt Art. 8 vor, dass die Einwilligung nur dann wirksam ist, wenn sie entweder von den Eltern **selbst** erteilt wurde oder zumindest mit deren **Zustimmung**. Die **Einwilligung des Kindes** allein **genügt** dann **nicht**. Dies gilt zumindest für Einwilligungen hinsichtlich der Dienste der Informationsgesellschaft.

85 Hinsichtlich der informationellen Selbstbestimmung kam es nach alter Rechtslage (BDSG a.F.) mangels Bestehen einer gesetzlichen Altersgrenze für die Wirksamkeit von kindlichen Einwilligungen in die Datenverarbeitung auf die **Einsichtsfähigkeit** an[76]. Die **Einwilligung** eines Kindes in die Verarbeitung seiner Daten war dann **wirksam**, wenn es die **Tragweite seiner Entscheidung** vernünftigerweise absehen konnte. Die Geschäftsfähigkeit war dagegen nicht maßgeblich. Was die Durchführung einer Datenschutz-Folgenabschätzung angeht, scheint die Art.-29-Datenschutzgruppe bzgl. der Schutzbedürftigkeit/Gefährdung des Kindes, nicht mal mehr dieser Differenzierung des Art. 8 zu folgen.

86 In Konsequenz könnte diese starre Grenze dazu führen, dass für die Verarbeitung Verantwortliche bei der Erhebung der Daten insbesondere auch das **Alter** bzw. **Geburtsdatum** erheben werden, obwohl dies für den Verarbeitungsvorgang an sich gar nicht erforderlich ist, sondern nur für die Frage der Notwendigkeit der Durchführung einer Datenschutz-Folgenabschätzung benötigt wird.

Generell wird ein **Ungleichgewicht** in der Beziehung zwischen der Position der betroffenen Person und der Position des für die Verarbeitung Verantwortlichen als Indiz dafür gewertet, dass dieses Kriterium erfüllt ist[77].

---

74 *Friedewald/Obersteller/Nebel/Bieker/Rost* Whitepaper Datenschutz-Folgenabschätzung, S. 1; *Friedewald* TATuP 26/1–2 (2017), 66.

75 Beispielhaft erwähnt hier das WP 248: geistig kranke Personen, Asylbewerber oder ältere Menschen, Patienten usw.).

76 Gola/-*Gola/Klug/Körffer* § 4a BDSG Rn. 2–3a.

77 Buchner/Kühling-*Jandt* Art. 7 Rn. 42–45.

h) Innovative Nutzung oder Anwendung neuer technologischer oder organisatorischer Lösungen. Die beiden ErwG 89 und 91 DS-GVO erwähnen explizit den Begriff der **neuen Technologie**, ohne diesen noch näher zu spezifizieren. Das für die Durchführung einer Datenschutz-Folgenabschätzung relevante Risiko wird insbesondere für **umfangreiche Verarbeitungsvorgänge** als wahrscheinlich erachtet, bei denen entsprechend dem jeweils aktuellen Stand der Technik, in großem Umfang eine neue Technologie eingesetzt wird. **87**

Aus den Konkretisierungen des WP 248 wird deutlich, dass die Aufsichtsbehörden das gesteigerte Risiko darin begründet sehen, dass bei Einsatz **neuer Technologien** noch **Unsicherheit** über deren **Beherrschbarkeit** bestehen kann und die möglicherweise **weitreichenden Konsequenzen** einer solchen Verarbeitung noch nicht in jeglicher Konsequenz eingeschätzt werden können. Das zur Veranschaulichung dieses Kriteriums bemühte Beispiel einer Kombination von Fingerabdruck- und Gesichtserkennung für eine verbesserte physische Zugangskontrolle weist darauf hin, dass auch bereits **einzeln** für sich **etablierte Technologien** eine Brisanz im Sinne dieser Regelung aufweisen können, wenn sie in **Kombination** genutzt werden. **88**

Allgemein wird ein hohes Risiko für die Rechte und Freiheiten des Einzelnen erwartet, wenn die **persönlichen und sozialen Folgen** des Einsatzes einer neuen Technologie noch nicht vollständig untersucht sind und noch viele **Unbekannte** aufweisen. Zu Recht wird exemplarisch auf den Bereich des **Internet of Things** (IoT) verwiesen[78], der in jüngster Vergangenheit dadurch aufgefallen ist, dass die Nutzer und mannigfaltige Hardware auf Grund der vielfach **unsicheren Werkeinstellungen** ganz ohne Wissen der Nutzer für verschiedene Formen der Computer-Kriminalität missbraucht wurden[79]. **89**

Insofern ist dieses Kriterium auch eng mit den Vorgaben aus **Art. 25** verwandt und adressiert vor allem auch Verantwortliche aus dem Bereich der Soft- und Hardware-Produzenten und die Nutzer dieser Produkte als für die Verarbeitung Verantwortliche. Sofern die Prinzipien des **Privacy by Design und Privacy by Default** unmittelbare Beachtung durch die Hersteller finden, kann sich das als Wettbewerbsvorteil für die Produzenten darstellen und gleichzeitig die Datenschutz-Folgenabschätzung der Verantwortlichen in der Position der Nutzer vereinfachen und im besten Fall obsolet machen[80]. **90**

Technik oder **neue Technologien** können als Auslöser neuer datenschutzrechtlicher Risiken eingestuft werden und gleichzeitig kann Datenschutz durch Technik durch seinen enormen Vorteil des unmittelbaren und **faktischen Wirkens** als Mittel zur Vorbeugung von Datenschutz-Risiken bevorzugt zum Einsatz gebracht werden[81]. **91**

Datenschutzfreundliche Technikgestaltung spielt auch im Rahmen der Datenschutz-Folgenabschätzung eine wichtige Rolle. Was die datenschutzfreundliche Technikge- **92**

78 17/EN WP 248 rev.01: Guidelines on Data Protection Impact Assessment (DPIA) and determining whether processing is "likely to result in a high risk" for the purposes of Regulation 2016/679, S. 10.

79 PM des BSI vom 25.10.2016: Cyber-Angriffe durch IoT-Botnetze: BSI fordert Hersteller zu mehr Sicherheitsmaßnahmen auf.

80 *Baumgartner/Gausling* ZD 2017, 308, 309.

81 *Richter* DuD 2012, 576.

staltung im Rahmen der Konzeption, Architektur und Programmierung von Datenverarbeitungssystemen angeht, sind zwar überwiegend die Hersteller dieser Produkte Adressat des Art. 25[82]. Jedoch können Verantwortliche durch die bevorzugte Auswahl und Implementierung datenschutzfreundlicher Produkte den Aspekt des **Privacy by Design und Privacy by Default** auch im Hinblick auf die Datenschutz-Folgenabschätzung zu Ihrem Vorteil nutzen. Die Empfehlung, dass Produkte und Dienste für den betroffenen Nutzer bzw. für den Verantwortlichen derart **konfiguriert** sein müssen, dass bei der **erstmaligen Nutzung die datenschutzfreundlichste Verarbeitungsvariante** durch entsprechende **Voreinstellungen** gewährleistet sein muss, lässt sich gerade auch auf die Datenschutz-Folgenabschätzung übertragen.

93 Entwickelt jedoch ein Verantwortlicher Soft- oder Hardware (auch) für die eigene Nutzung, können Art. 25 und Art. 35 noch viel enger miteinander verwoben sein. In diesen Fällen ist auch Raum für die Frage, was genau die Vorgabe **„vorab"** in Art. Art. 35 Abs. 1 S. 1 zu bedeuten hat. Aus der Perspektive eines Verantwortlichen, der die Individual-Programmierung selbst nutzen möchte, verschiebt die Zeitvorgabe „vorab" die Durchführung einer Datenschutz-Folgenabschätzung bereits in die **Phase der Entwicklung und der Konzeption**, so dass hier zwangsläufig eine Überlagerung der Art. 25 und 35 erfolgt.

94 Wird die Daten verarbeitende Soft- oder Hardware jedoch von einem Verantwortlichen erst erworben, bedeutet „vorab", dass die Datenschutz-Folgenabschätzung lediglich vor dem erstmaligen Einsatz im Produktivbetrieb (ggf. auch Testbetrieb, wenn Echtdaten genutzt werden) einer Datenschutz-Folgenabschätzung unterzogen werden muss. Die Verbindung des Art. 35 zum Art. 25 ist hierbei nicht so eng. Privacy by Design und by Default werden hier jedoch als Kaufkriterium eine gewichtige Rolle spielen und damit sowohl für den Ersteller der Soft-und Hardware als auch für den Verantwortlichen in der Rolle des Nutzers einen Wettbewerbsvorteil darstellen.

95 Produkte sollten vor allem im Hinblick auf eine relevante Datenschutz-Folgenabschätzung[83] in den **Werkseinstellungen auf maximale Datenschutzfreundlichkeit** eingestellt werden, um dann ggf. durch **bewusste Nutzeraktionen deaktiviert**[84] werden zu können. Allein die Verpflichtung sich mit dem Prinzip einer Datenschutz-Folgenabschätzung zu beschäftigen, dürfte positive Effekte auf das Verständnis und das Bewusstsein der Verantwortlichen in punkto Verbesserung der Datensicherheit haben.

96 **i) Benachteiligung oder Ausschluss der betroffenen Person.** Die Art.-29-Datenschutzgruppe vermutet im Einklang mit ErwG 91 und unter Bezugnahme auf Art. 22, dass ein hohes Risiko im Sinne des Art. 35 immer dann vorliegen kann, wenn die Verarbeitung an sich, die betroffene Person daran **hindert**, ein Recht **auszuüben** oder eine Dienstleistung oder einen Vertrag in **Anspruch zu nehmen**. Jegliche Verarbeitung, die darauf abzielt, den Betroffenen den Zugang zu einer Dienstleistung oder den Abschluss eines Vertrages zu **gestatten**, zu **ändern** oder zu **verweigern** sollte damit einer Datenschutz-Folgenabschätzung unterzogen werden. Das WP 248 führt hierfür den Abgleich mit einer Kreditreferenzdatenbank an, die für die Entscheidung einer Kreditvergabe genutzt wird.

---

82 Kühling/Buchner-*Hartung* Art. 25 Rn. 13.
83 *Jandt* DuD 2017, 562, 563.
84 *Baumgartner/Gausling* ZD 2017, 308, 312.

5. Zwischenergebnis: Erforderlichkeit / Auslösekriterien. Ergibt die Abschätzung der Risiken hinsichtlich der Verarbeitungsvorgänge (**„Schwellenwertanalyse“**), dass voraussichtlich ein hohes Risiko besteht, so ist eine Datenschutz-Folgenabschätzung durchzuführen. Stellt der für die Verarbeitung Verantwortliche jedoch an diesem Punkt fest, dass der Verarbeitungsvorgang kein hohes Risiko aufweist, dann ist die Durchführung einer Datenschutz-Folgenabschätzung nicht zwingend erforderlich[85]. **97**

Als **Faustregel** empfiehlt die Art.-29-Datenschutzgruppe Verantwortlichen davon auszugehen, dass die Durchführung einer Datenschutz-Folgenabschätzung erforderlich ist, wenn **zwei** der **neun** beschriebenen **Kriterien erfüllt** sind. In konsequenter Fortführung dieses Ansatzes steigt die Wahrscheinlichkeit dafür, dass eine Datenschutz-Folgenabschätzung durchgeführt werden sollte, je mehr Kriterien auf den jeweiligen Verarbeitungsvorgang passen. Je mehr Kriterien eine Verarbeitung erfüllt, des höher wird das Risiko für die Rechte und Freiheiten der betroffenen Person eingeschätzt. **98**

Es ist und bleibt jedoch eine **Prognose**. Es ist nicht ausgeschlossen, dass auch beim Vorliegen eines einzigen Kriteriums, eine Datenschutz-Folgenabschätzung durchzuführen ist, genauso wie es rein theoretisch sein kann, dass die Datenschutz-Folgenabschätzung letztlich nicht durchgeführt zu werden braucht, obwohl 5 Kriterien oder mehr bejaht werden müssen. Die Quantität der Kriterien trifft lediglich eine **grobe Aussage** über die mit der Anzahl der Kriterien s**teigende Wahrscheinlichkeit** hinsichtlich des Zutreffens eines hohen Risikos. Verbleiben Zweifel darüber, ob Anzahl und Qualität der Kriterien als Auslöser für eine Datenschutz-Folgenabschätzung taugen und damit eine Datenschutz-Folgenabschätzung durchgeführt werden soll, kann nur empfohlen werden, stets eine Datenschutz-Folgenabschätzung durchzuführen[86]. **99**

Zeitökonomische Gründe sprechen zumindest nicht dagegen, sondern eher dafür. Zum einen muss auch die **unterlassene Durchführung** einer Datenschutz-Folgenabschätzung **ausführlich begründet** werden, wenn der Verantwortliche seiner Rechenschaftspflicht aus Art. 5. Abs. 2 nachkommen möchte. Dazu muss er nämlich ohnehin dokumentieren, die technisch-organisatorischen Anforderungen und Datenschutzgrundsätze aus Art. 5 Abs. 1 eingehalten zu haben. Die sog. **Vorbereitungsphase** dürfte sich inhaltlich größtenteils mit den Angaben aus dem **Verzeichnis von Verarbeitungstätigkeiten** gem. Art. 30 **decken**. Betrachtet man die Aufwände, die der Verantwortliche ohnehin regemäßig hinsichtlich der Einhaltung der Anforderungen aus den Art. 24, 25, 30 und auch 32 betreiben muss, bleibt als **DSFA-spezifischer Mehraufwand** im Wesentlichen nur der Aspekt des hohen Risikos. **100**

Dieser Mehraufwand dürfte in der Praxis nicht allzu sehr ins Gewicht fallen und würde aber aus Compliance-Sicht einen gewichtigen Vorteil mit sich bringen, da durch die überobligatorisch durchgeführte Datenschutz-Folgenabschätzung **Klarheit und Überblick** über die unternehmensinternen Datenverarbeitungsvorgänge erlangt werden kann. So ließen sich Risiken im Unternehmen besser erkennen und die gewonnen Zusatz-Infos bei der Kommunikation mit Behörden und Fachabteilungen einbringen. **101**

---

85 *DSK* Kurzpapier Nr. 5: Datenschutz-Folgenabschätzung nach Art. 35, S. 1.

86 17/EN WP 248 rev.01: Guidelines on Data Protection Impact Assessment (DPIA) and determining whether processing is “likely to result in a high risk" for the purposes of Regulation 2016/679; S. 8; *Rath/Feuerherdt* CR 2017, 500, 501.

102 Denkbar sind **interne Erweiterungen des Verzeichnisses von Verarbeitungstätigkeiten** durch Risikoabschätzungen bzw. eine zusätzliche Strukturierung, die festhält, welche Verarbeitungen ggf. eine Datenschutz-Folgenabschätzung erfordern und welche nicht. Daneben können die durchgeführten Prüfungen zur Datenschutz-Folgenabschätzung aufgenommen werden[87].

103 Stellt man nun diesem spezifischen Mehraufwand das Haftungsrisiko im Falle einer pflichtwidrig unterlassenen Datenschutz-Folgenabschätzung gegenüber, kann sogar die Empfehlung ausgesprochen werden, das gesamte Risikomanagement im Unternehmen den Vorgaben einer Datenschutz-Folgenabschätzung entsprechend auszurichten[88].

104 Das Argument, bei einer Datenverarbeitung im **Konzern** werde stets eine Datenschutz-Folgenabschätzung notwendig sein, ist seit der Veröffentlichung der überarbeiteten Fassung des Working Paper 248 nicht mehr haltbar[89]. Diese Ansicht stützte sich auf die Annahme, dass bei international tätigen Unternehmen mit entsprechend **hoher Arbeitnehmerzahl** bzw. **Kunden**, regelmäßig zwei oder mehr Kriterien aus der Leitlinie des WP 248 erfüllt sein würden, insbesondere das Kriterium „**Datenverarbeitung in großem Umfang**" sowie „**Datentransfer außerhalb der EU**". Datentransfers außerhalb der EU wurden jedoch in der überarbeiteten Leitlinie WP 248 ersatzlos aus dem Kriterienkatalog gestrichen.

II. Zeitpunkt der Durchführung einer DSFA

105 **1. Vor Beginn des Verarbeitungsvorgangs.** Eine Datenschutz-Folgenabschätzung muss durchgeführt werden, **bevor** der zu betrachtende Verarbeitungsvorgang **aufgenommen** wird. Bei der Aufnahme eines gänzlich **neuen Verarbeitungsvorgangs** ist zu bedenken, dass die Durchführung einer Datenschutz-Folgenabschätzung, angefangen von der Vorabprüfung hinsichtlich der Notwendigkeit einer Datenschutz-Folgenabschätzung, bis zum Abschluss der Berichtsphase eine **gewisse Zeit in Anspruch** nehmen kann und **nicht ad hoc** erstellt werden kann.

106 **2. Nach Beginn des Verarbeitungsvorgangs.** Es lassen sich jedoch zahlreiche realistische Szenarien für die betriebliche Praxis ausmalen, wo die Durchführung einer Datenschutz-Folgenabschätzung erst **nach dem Beginn** des relevanten Verarbeitungsvorgangs durchgeführt werden muss und kann.

107 Soweit es sich um eine Datenschutz-Folgenabschätzung handelt, die im Sinne von Art. 35 Abs. 11, bedingt durch eine **wesentliche Änderung** des Verarbeitungsvorgangs, während des **Produktivbetriebs** relevant wird, kann dies dazu führen, den Betrieb des Verarbeitungsvorgangs so lange zu **stoppen**, bis durch eine Datenschutz-Folgenabschätzung **das Fehlen** eines **hohen Risikos erneut bestätigt** wurde. In einem Fall wie diesem wird die Durchführung einer Datenschutz-Folgenabschätzung aller Wahrscheinlichkeit nach schneller gelingen, da ein Großteil der für die Durchführung der Datenschutz-Folgenabschätzung benötigten Daten **bereits vorhanden** sein werden[90].

87 *GDD* Praxishilfe DS-GVO V – Verzeichnis von Verarbeitungstätigkeiten, S. 5.
88 *Hamann* BB 2017, 1090, 1091; *Rath/Feuerherdt* CR 2017, 500, 501.
89 *Rath/Feuerherdt* CR 2017, 500, 502.
90 Idealerweise finden sich diese Angaben bereits im VVT oder können aus einem allgemeinen Datenschutz-Management-System extrahiert werden.

Die für die erneute Prüfung benötigten Daten können dem Bericht entnommen werden, der nach Abschluss der Datenschutz-Folgenabschätzung angefertigt werden muss.

Neben der **Änderung des Risikos im laufenden Betrieb**, existieren durchaus noch **weitere Szenarien,** die die Durchführung einer **nachträglichen Datenschutz-Folgenabschätzungen** bedingen. Dazu gehören bspw. Datenschutz-Folgenabschätzungen, die durch eine **sog. nachgeschobene Blacklist** gem. Art. 35. Abs. 4 S. 1 relevant werden oder aber auch durch den Umstand erforderlich werden, dass die Durchführung einer Datenschutz-Folgenabschätzung anfänglich auf Grund einer **Fehleinschätzung des Risikos unterlassen** wurde[91]. **108**

3. Altverhältnisse. Die Frage nach der **Anwendung der DS-GVO** auf bereits **laufende Datenverarbeitungen** stellt sich in der Praxis in besonderem Maße, da die Antwort darauf für die Verantwortlichen, je nach Wertung, schwerwiegende rechtliche Probleme oder zumindest ernsthafte organisatorische Aufwände verursachen kann. Die **Frage der Wirksamkeit für laufende Verarbeitungsvorgänge** stellt sich dabei nicht nur für **Einwilligungen**, **Verträge zur Auftragsdatenverarbeitungen**[92] oder auch **Betriebsvereinbarungen** unter dem Regime des BDSG a.F., sondern auch für **Fälle der Datenschutz-Folgenabschätzung**. Da die Datenschutz-Folgenabschätzung, die aus dem BDSG a.F. bekannte Vorabkontrolle ablöst, **ohne** jedoch mit ihr völlig **identisch** zu sein, sind auch die **„Altfälle“** aus dem Wirkbereich des BDSG a.F. von dieser Problematik erfasst. **109**

Die Art.-29-Datenschutzgruppe scheint in der revidierten Fassung ihres WP 248 zumindest in der Tendenz davon auszugehen, dass **nicht nur** solche Verarbeitungsvorgänge von der Pflicht zur Durchführung einer Datenschutz-Folgenabschätzung erfasst sind, **deren Beginn nach dem 25.5.2018 datiert**e oder die eine **wesentliche Änderung** erfahren haben. **110**

Durch den **Wortlaut des Gesetzes** lässt sich diese Ansicht nicht untermauern. Vielmehr stützt bereits der Wortlaut die Ansicht, dass durch die Formulierung **„vorab“** der **präventive Charakter** der Datenschutz-Folgenabschätzung zur Geltung kommen soll[93]. Folgerichtig und sinnvoll sind jedoch die Ausführung der Art.-29-Datenschutzgruppe, wenn sie im WP 248 die Durchführung einer Datenschutz-Folgenabschätzung dann dringend empfehlen, wenn Altfälle von der **Einführung neuer Technologien** betroffen sind oder sich **Änderungen in punkto Risikobewertung** sowie **Änderungen der Begleitumstände** des Verarbeitungsvorgangs ergeben[94]. **111**

III. Beteiligte einer Datenschutz-Folgenabschätzung

Die bereits angesprochene Komplexität der Norm rührt unter anderem auch daher, dass sich die Datenschutz-Folgenabschätzung an unterschiedliche Adressaten richtet[95]. **112**

---

91 Ausführlich dazu *Franck* PinG 2018, 41 ff.

92 Weitere Fälle der nachträglichen Datenschutz-Folgenabschätzung: *Franck* ZD 2017, 510.

93 Überzeugend *Franck* PinG 2018, 43.

94 17/EN WP 248 rev.01: Guidelines on Data Protection Impact Assessment (DPIA) and determining whether processing is “likely to result in a high risk" for the purposes of Regulation 2016/679, S. 11–12.

95 Vgl. *Friedewald/Obersteller/Nebel/Bieker/Rost* Whitepaper Datenschutz-Folgenabschätzung; S. 45.

113 **1. Verantwortlicher.** Nach dem Willen des Verordnungsgebers stellt sich die Durchführung einer Datenschutz-Folgenabschätzung als **Managementaufgabe** dar, so dass dafür die **Unternehmens- oder Behördenleitung verantwortlich** ist[96]. Art. 35 Abs. 1 bis 3, Abs. 7 bis 9 sowie Abs. 10 beschäftigen sich mit der Konkretisierung der Pflichten, die den Verantwortlichen bei der Durchführung der Datenschutz-Folgenabschätzung treffen.

114 Die Aufsichtsbehörden **empfehlen** für die Durchführung einer Datenschutz-Folgenabschätzung ein **interdisziplinäres Team** zusammenzustellen[97]. Hinsichtlich der Durchführung einer Datenschutz-Folgenabschätzung dürfte diese Empfehlung in der Praxis Anklang finden. Es ist nachvollziehbar, dass die verschiedenen Phasen einer Datenschutz-Folgenabschätzung nicht im **Alleingang** von den nachfolgend dargestellten Beteiligten bestritten werden können[98]. Für eine erfolgreiche Datenschutz-Folgenabschätzung ist ein **durchgängiger und wechselseitiger Informationszufluss** zwischen Verantwortlichem, Fachabteilung, DSB und ggf. Auftragsverarbeiter, gemeinsam Verantwortlichen und im Einzelfall auch dem Hersteller einer IT-Systems/Software-Anwendung erforderlich[99].

115 An dieser Stelle fordert Art. 35 Abs. 1, dass die Risiken aus **Sicht der Betroffenen** zu betrachten sind. Eine Datenschutz-Folgenabschätzung zielt schließlich auf den Schutz der Betroffenen ab. In der Informationssicherheit wird sonst regelmäßig die **Risikoperspektive der Organisation** eingenommen, bei der jedoch der Schutz der **Geschäftspraktiken** oder **Geschäftsgeheimnisse** im **Vordergrund steht**. Da die Organisation, die die Datenschutz-Folgenabschätzung durchführt, ebenfalls als Risiko für die Betroffenenrechte zu sehen ist, besteht ein **Interessenskonflikt**[96]. Diesem Konflikt können Verantwortliche in der Form begegnen, dass der DSB der Organisation oder eine unabhängige Instanz die Betroffenenperspektive einnimmt.

116 **2. Gemeinsam Verantwortliche.** Wenn die Zwecke und die Mittel einer Verarbeitung, deren erhöhtes Risiko im Rahmen einer Datenschutz-Folgenabschätzung untersucht werden soll, von **zwei** oder **mehreren Verantwortlichen gemeinsamen** festgelegt worden sind, so betrifft die Datenschutz-Folgenabschätzung die Verarbeitung eines sog. **Joint-Controllerships** im Sinne des Art. 26. Gemeinsam für die Verarbeitung Verantwortliche müssen in diesem Fall ihre **jeweiligen Pflichten** genau **definieren**. Ihre Datenschutz-Folgenabschätzung sollte darlegen, welche Partei für die verschiedenen Maßnahmen zuständig ist, die darauf abzielen, Risiken einzudämmen und die Rechte und Freiheiten der betroffenen Personen zu schützen. Jeder Einzelne der gemeinsam Verantwortlichen sollte **seinen Teil** zur Datenschutz-Folgenabschätzung **beitragen** und **notwendige Informationen weitergeben**, ohne dabei die eigene Compliance zu gefährden (z.B. Schutz von Geschäftsgeheimnissen, geistiges Eigentum, vertrauliche Geschäftsinformationen) oder andere Schwachstellen offenzulegen. In den Fällen des Art. 26 ist es wahrscheinlich,

---

96 *Friedewald* TATuP 26/1–2 (2017), 66, 68.

97 *Bieker/Hansen/Friedewald* RDV 2017, 188, 190; WP 248, (Guidelines on Data Protection Impact Assessment (DPIA) and determining whether processing is “likely to result in a high risk" for the purposes of Regulation 2016/679), S. 14.

98 *Friedewald/Obersteller/Nebel/Bieker/Rost* Whitepaper Datenschutz-Folgenabschätzung, S. 21.

99 Zur Zusammenstellung eines DSFA-Teams: Kurzpapier Nr. 5 (Datenschutz-Folgenabschätzung) der *DSK*.

dass von der Möglichkeit des Art. 35 Abs. 1 S. 2 Gebrauch gemacht werden kann. Für die Untersuchung **mehrerer ähnlicher Verarbeitungsvorgänge** mit ähnlich hohen Risiken kann dann eine einzige Abschätzung vorgenommen werden.

3. Datenschutzbeauftragter. Art. 35 Abs. 2 lässt, was die Tätigkeit des Datenschutzbeauftragten bei der Durchführung der Datenschutz-Folgenabschätzung angeht, kaum Zweifel an der ihm **gesetzlich zugewiesenen Rolle**: „Der Verantwortliche holt bei der Durchführung einer Datenschutz-Folgenabschätzung den Rat des Datenschutzbeauftragten, sofern ein solcher benannt wurde, ein." Art. 39 Abs. 1, der die Aufgaben des DSB beschreibt, wiederholt: „Dem Datenschutzbeauftragten obliegen zumindest folgende Aufgaben: ... c) Beratung – auf Anfrage – im Zusammenhang mit der Datenschutz-Folgenabschätzung und Überwachung ihrer Durchführung". **117**

a) Klare Rollenverteilung. Damit scheint die **Rollenverteilung** abschließend und klar geregelt. Dem Verantwortlichen obliegt die Durchführung der Datenschutz-Folgenabschätzung und der Datenschutzbeauftragte hat einen **Beratungs- und Überwachungsauftrag**[100]. Zu den Pflichten des Datenschutzbeauftragten gehört es **nicht**, die Datenschutz-Folgenabschätzung **anzustoßen**, **durchzuführen** oder ein Ergebnis zu **beurteilen**. Im Bereich des Change-Management bspw., wo die Datenschutz-Folgenabschätzung bei wesentlichen Änderungen an der Unternehmens-EDV eine Rolle spielt, dürfte es praxisnah und sinnvoll dein, die Eigentümerschaft weiterhin bei dem Prozess-Owner zu belassen. Die Aufgabenverteilung der DS-GVO sieht nicht vor, dass der Datenschutzbeauftragte **proaktiv Nachforschungen** über neue Verarbeitungen anstellt oder selbst aktiv wird, um Änderungen in Verarbeitungsvorgängen zu ermitteln. **118**

Ratsam ist es den **Accountability-Gedanken** der DS-GVO auch bei der **Einbindung** des Datenschutzbeauftragten zu beachten. Die Einbindung des Datenschutzbeauftragten (soweit vorhanden) sollte **schriftlich dokumentier**t werden, damit ggf. ein **Nachweis** über diesen Umstand gelingen kann[101]. Die Dokumentation sollte sich auch darauf erstrecken, wie sich die Einbindung des Datenschutzbeauftragten in die Datenschutz-Folgenabschätzung **ausgewirkt** hat. Dazu gehören sowohl **Angaben** darüber, welche **Empfehlungen**, **Hinweise** oder aber auch **Warnungen** von Seiten des Datenschutzbeauftragten erfolgten. Im Falle, dass Warnungen oder Ratschläge des Datenschutzbeauftragten nicht umgesetzt wurden, empfiehlt es sich schriftlich **festzuhalten**, welche Erwägungen hierfür eine Rolle spielten. Sollten Warnungen und Ratschläge des Datenschutzbeauftragten aus nicht nachvollziehbaren Gründen ignoriert werden, kann es aus der Perspektive des Datenschutzbeauftragten zur **Exkulpation** der eigenen Person sinnvoll sein, sich nicht nur auf die Dokumentation durch den Verantwortlichen zu verlassen, sondern ggf. eine eigene Dokumentation dazu zu führen. **119**

Der Umstand, dass mögliche **Beratungsressistenzen** seitens der Verantwortlichen, was **sinnvolle** und **angemessene Ratschläge/Empfehlungen** des Datenschutzbeauftragten angeht, im Rahmen der Datenschutz-Folgenabschätzung zu dokumentieren sind, dürfte einen erheblichen Einfluss darauf haben, die Position des Datenschutzbeauftragten als Fachkompetenz im Betrieb a**ufzuwerten**. **120**

---

100 *Jaspers/Reif* RDV 2016, 61, 66.

101 WP 248, (Guidelines on Data Protection Impact Assessment (DPIA) and determining whether processing is "likely to result in a high risk" for the purposes of Regulation 2016/679), S. 13 ff.

121 Es dürfte auch der betrieblichen Wirklichkeit nicht widersprechen, dass insbesondere in kleineren Betrieben, die **Erwartungshaltung** an den Datenschutzbeauftragten und seine Rolle bei der Durchführung der Datenschutz-Folgenabschätzung, im Vergleich zu der tatsächlichen Rolle, die die Verordnung im zuweist, **überschießend** sein dürfte. Möglicherweise wird dieser überschießenden Rollenverteilung, besonders in den Fällen einer externen Benennung eine größere Akzeptanz durch den Datenschutzbeauftragten entgegengebracht werden. Aber auch, wenn externe Datenschutzbeauftragte naturgemäß eine größere Bereitschaft haben werden ihre Einbindung in die Datenschutz-Folgenabschätzung breiter zu fassen, entbindet das den Verantwortlichen nicht davon, dass die Datenschutz-Folgenabschätzung seine originäre Verantwortung bleibt[102].

122 **b) Kooperative Tätigkeit.** Dass eine so strikte Trennung der Rollen in der Praxis zumindest Schwierigkeiten bereiten wird, dürfte sich allen erschließen, die sich in der Vergangenheit mit dem **Vorgänger** zur Datenschutz-Folgenabschätzung, der **Vorabkontrolle**, beschäftigt haben. Wie schon bei der Vorabkontrolle als **Best Practice** etabliert, ist es empfehlenswert, bei der Durchführung der Datenschutz-Folgenabschätzung auf eine **wechselseitige Kommunikation** zwischen dem für den Verarbeitungsvorgang Verantwortlichen und dem Datenschutzbeauftragten zu setzen. Allerdings muss, in Abgrenzung zur Vorabkontrolle, für die Durchführung der Datenschutz-Folgenabschätzung ganz klar betont werden, dass die **datenschutzrechtliche Verantwortung** zur ordnungsgemäßen Durchführung der Datenschutz-Folgenabschätzung gem. Art. 35 Abs. 1 bei der verantwortlichen Stelle liegt.

123 Der Verantwortliche hat zunächst die Pflicht, den geplanten Verarbeitungsvorgang **systematisch** zu **beschreiben**. Für die **Bewertungsphase,** das heißt für die Einschätzung der Risiken, sollte er sich mit dem DSB beraten, bzw. ihn so früh wie möglich einbeziehen. Beide Funktionen sollten gemeinsam überlegen, welche Maßnahmen geeignet sind, die ermittelten Risiken einzudämmen.

124 Den Verantwortlichen mit diesen Aufgaben alleine zu lassen, wäre nicht zielführend. Der DSB wird in der Regel weiterhin auf Grund seines **Wissensvorsprungs** die **Datenschutz-Kompetenz** im Unternehmen bleiben. Andererseits wäre es aber auch abwegig, die Durchführung einer Datenschutz-Folgenabschätzung insgesamt auf den DSB zu **delegieren**[103].

125 **c) Interessenskonflikt.** Abgesehen davon, dass der Datenschutzbeauftragte zwingend auf Informationen zu dem geplanten Verarbeitungsvorgang angewiesen ist, bedeutete eine Aufgabendelegierung einen Interessenkonflikt. Denn ein DSB kann seine gesetzliche Überwachungspflicht einer Datenschutz-Folgenabschätzung nicht interessenfrei wahrnehmen, die er selbst und alleine durchgeführt hat. Zudem würde eine Delegierung der Durchführung der Datenschutz-Folgenabschätzung auf den DSB der gesetzlich in Art. 35 Abs. 2 festgelegten **Rollenverteilung widersprechen**, die insoweit dem Verantwortlichen als Aufgabe auferlegt ist. Der Vorschlag, eine weitere **objektive**

---

102 WP 248: „The controller is responsible to ensure that the DPIA is carried out. Carrying out the DPIA may be done by someone else, inside or outside the organization, but the controller remains ultimately accountable for that task".

103 *GDD* Praxishilfe DS-GVO X – Voraussetzungen der Datenschutz-Folgenabschätzung, S. 11.

Instanz[104] einzubinden bzw. eine nachträgliche Überprüfung durchzuführen, um auszuschließen, dass sich die Organisation bei der Analyse als mögliche Risikoquelle ausblendet[105], dürfte insbesondere die Ressourcen der meisten kleineren Unternehmen sprengen.

126 Dieser Interessenskonflikt dürfte jedoch bereits auch bei der Vorabkontrolle, unter dem Regime des BDSG a.F. existent gewesen sen. Zuständig für die Vorabkontrolle war kraft Gesetzes der betriebliche Datenschutzbeauftragte (§ 4d Abs. 6 S. 1 BDSG a.F.). Es wurde jedoch davon ausgegangen, dass die **Weisungsfreiheit** des Datenschutzbeauftragten der Erteilung von konkreten **Prüfaufträgen** durch die Geschäftsleitung grds. nicht entgegen steht[106].

127 Mit Verantwortlicher ist nach Art. 4 Nr. 7 die jeweilige natürliche oder juristische Person gemeint, die über die Zwecke und Mittel der Verarbeitung von personenbezogenen Daten entscheidet. Das kann nicht der Datenschutzbeauftragte sein, dessen Aufgaben in Art. 39 klar umrissen sind. Hier sind also Verantwortlicher und DSB aufgerufen, in einer **abgestimmten und kooperativen Vorgehensweise** den Prozess der Datenschutz-Folgenabschätzung zu beginnen und iterativ durchzuführen. Dabei sind gegebenenfalls und idealerweise auch die Meinungen der betroffenen Personen oder ihrer Vertreter, z.B. Gremien der Mitbestimmung, einzuholen.

128 **4. Auftragsverarbeiter.** Die Datenschutz-Folgenabschätzung ist nach der DS-GVO Aufgabe des Verantwortlichen[107]. Der Auftragsverarbeiter muss keine solche Abschätzung durchführen. Es ist aber gem. Art. 28 Abs. 3 lit. f **im Vertrag** sicherzustellen, dass er den Verantwortlichen bei der Datenschutz-Folgenabschätzung **unterstützt**, bspw. beim **Identifizieren** technisch-organisatorischer Maßnahmen[108] zur Seite steht. Bei der Frage, ob und welche Rolle ein Auftragsverarbeiter bei der Durchführung oder sogar für die Notwendigkeit einer Datenschutz-Folgenabschätzung spielt, lassen sich Schnittmengen mit den Grundsätzen des Privacy by Design und Privacy by Default erkennen.

129 Bietet ein Auftragsverarbeiter seine Dienstleistung für eine Form der Verarbeitungstätigkeit an, die thematisch die Durchführung einer Datenschutz-Folgenabschätzung nahelegt, kann der Auftragsverarbeiter bereits bei der Entwicklung seines Produkts (Standard-Software oder Standard-IT) die **Grundsätze der Art. 25** dergestalt in seine Produkte implementieren, dass diese bei Nutzung der **default-Einstellungen** im Rahmen der angebotenen Auftragsverarbeitung keine Datenschutz-Folgenabschätzung auslösen.

130 Anbieter von Hard-und Software-Lösungen, deren Produkte im Rahmen einer Verarbeitung im DSFA-Umfeld genutzt werden, können die default-Einstellungen für die zur Datenverarbeitung genutzten Funktion auf „inaktiv“ belassen, damit diese erst

---

104 *Friedewald/Obersteller/Nebel/Bieker/Rost* Whitepaper Datenschutz-Folgenabschätzung, S. 22: Im Whitepaper wird die Abteilung Qualitätssicherung als eine solche neutrale Stelle genannt, jedoch ohne weitere Erklärung, warum die Qualitätssicherung als eine neutralere Stelle begriffen werden sollte, als der DSB.

105 *Friedewald* TAT*u*P 26/1–2 (2017), 66, 68.

106 *Klug* RDV 2001, 12, 13.

107 Vgl. ErwG 84 und 90.

108 *Kiesche* CuA 2017, 31, 35.

von den eigentlichen Nutzern und damit den Verantwortlichen jeweils individuell konfiguriert werden können. Der Dienstleister kann seine **Standard-IT** oder **Standard-Software** also ab Werk als **Nicht-DSFA-auslösend** anbieten, so wie ein Autohersteller seine Fahrzeuge ab Werk als verkehrssicher anbietet. Dem Nutzer steht es dann frei **Modifikationen** an dem **Werkszustand** vorzunehmen. Jedoch hat dann der Nutzer die Pflicht dafür Sorge zu tragen, dass die Verarbeitung, spiegelbildlich zum Fahrzeug, weiterhin sicher bleibt.

131 **5. Betroffene oder Vertreter.** Die EU-Kommission hatte bereits in ihrer Stellungnahme zum von der EU-Kommission vorgeschlagenen Rahmen einer Datenschutz-Folgenabschätzung für RFID (RFID-Empfehlung)[109] gefordert, dass eine Konsultation der Beteiligten, auf die sich der Einsatz der Technik auswirke, vorzunehmen sei[110]. Diese Forderung hat mit der Norm des Art. 35 Abs. 9 Gehör gefunden.

132 Nach Art. 35 Abs. 9 holt der Verantwortliche ggf. den **Standpunkt der Betroffenen** oder ggf. ihrer **Vertreter** ein. Wann und wie dies zu erfolgen hat, ist weder in Art. 35 noch in den Erwägungsgründen näher ausgeführt. Als Vorteil dieser Maßnahme wird hier die **Vermeidung von Betriebsblindheit** und einer **verengten Sichtweise** ins Feld geführt, die mit der der ausschließlichen Einholung von **Expertenmeinungen** einhergehen kann[111].

133 Nach Auffassung der Datenschutz-Konferenz umfasst dies beispielsweise die Einbindung der Mitbestimmungsgremien.[112] Diese erfolgt bei der Einführung neuer IT-Systeme im **Beschäftigtenkontext** regelmäßig ohnehin im Rahmen der Mitbestimmung nach § 87 BetrVG. So wäre im Beispiel der Art.-29-Datenschutzgruppe (Einführung eines umfassenden MA-Monitoring-Systems) der Betriebsrat zu beteiligen und der Abschluss einer Betriebsvereinbarung empfehlenswert[113].

134 Ob **Betriebs- und Personalräte** über die Konsultation hinaus auch Anspruch darauf haben, dass ihnen der jeweilige DSFA-Bericht gem. § 80 Abs. 1 Nr. 1 BetrvG (§ 68 Abs. 2 BPersVG) zur Verfügung gestellt wird, kann an dieser Stelle offenbleiben. Nachvollziehbar ist jedoch der Gedanke, dass Interessenvertretungen motiviert sein werden, für **alle Datenverarbeitungen mit Beschäftigtendaten** eine Datenschutz-Folgenabschätzung zu fordern, um deren, im Idealfall objektive Ergebnisse, zur **Grundlage einer Betriebs- oder Dienstvereinbarung** zu machen[114]. Denkbar ist es natürlich auch umgekehrt, gedankliche Vorarbeiten aus Dienst- und Betriebsvereinbarungen für die eigentliche Durchführung der Datenschutz-Folgenabschätzung nutzbar zu machen, soweit sich darin geeignete Informationen und Bewertungen dafür finden lassen.

---

109 *EU-Kommission* Empfehlung vom 12.5.2009 zur Umsetzung der Grundsätze der Wahrung der Privatsphäre und des Datenschutzes in RFID-gestützten Anwendungen, S. 47–51.

110 *Art.-29-Datenschutzgruppe* Stellungnahme 5/2010 zum Vorschlag der Branche für einen Rahmen für Datenschutz-Folgenabschätzungen für RFID-Anwendungen, Arbeitspapier 00066/10/DE, WP 175.

111 Kritische und ausführliche Auseinandersetzung mit dem Thema der Einbindung von Betroffenen und Vertretern im Sinne von Art. 35 Abs. 9 bei: *Friedewald* TATuP 26/1–2 (2017), 66 ff.

112 *DSK* Kurzpapier Nr. 5., Datenschutz-Folgenabschätzung nach Art. 35, S. 2

113 So auch *Wichtermann* DuD 2016, 797, 799.

114 *Kiesche* CuA 2017, 31, 36.

Sofern ein Unternehmen über einen Kundenbeirat verfügt, könnte dieser in eine Datenschutz-Folgenabschätzung eingebunden werden. Darüber hinaus ist auch denkbar, eine **abstrakte Beteiligung** Betroffener durch die Berücksichtigung von vorangegangenen **Studien oder Umfragen** sicherzustellen[115]. **135**

6. Aufsichtsbehörde. In einem direkten Zusammenhang mit der Folgenabschätzung steht die Verpflichtung nach Art. 36 Abs. 1, wonach der Verantwortliche die **Aufsichtsbehörde konsultieren** muss, wenn das Ergebnis einer zuvor durchgeführten Folgenabschätzung ist, dass die beabsichtigte Verarbeitung ein hohes Risiko zur Folge hätte und der Verantwortliche keine Maßnahmen zur Eindämmung dieses hohen Risikos trifft. Grundsätzlich soll die Aufsichtsbehörde das **Beratungsersuchen** des Verantwortlichen **innerhalb einer bestimmten Frist beantworten**[116]. Nach Art. 36 Abs. 2 S. 1 soll die Aufsichtsbehörde innerhalb eines Zeitraums von bis zu 8 Wochen nach Erhalt des Ersuchens um Konsultation eine schriftliche Empfehlung an den Verantwortlichen aussprechen. Gleichzeitig kann sie jedoch auch sämtliche Befugnisse nach Art. 58 ausüben, wozu sowohl **Untersuchungsbefugnisse** nach Art. 58 Abs. 1 als auch **Abhilfebefugnisse** nach Art. 58 Abs. 2 (also etwa auch eine Untersagung der Verarbeitung; vgl. auch ErwG 94 S. 4) zählen[117]. **136**

IV. Prüfschema einer Datenschutz-Folgenabschätzung

1. Vorprüfung: Ist eine Datenschutz-Folgenabschätzung relevant? Beim Verantwortlichen muss jederzeit Klarheit darüber bestehen, wie mit **neuen** oder **geänderten** Verfahren umzugehen ist. Dafür muss er sich zunächst mit der Frage auseinandersetzen, ob im konkreten Fall die Durchführung einer Datenschutz-Folgenabschätzung überhaupt notwendig ist. Insbesondere ist bei neuen oder geänderten Verfahren sicherzustellen, dass jemandem die **Entscheidung obliegt**, ob eine Datenschutz-Folgenabschätzung durchzuführen ist[118]. **137**

Nach der Vorstellung des Verordnungsgebers trifft diese Entscheidung der Verantwortliche, während der DSB hierbei berät[119]. **Auslösendes Ereignis** für die Prüfung kann das **Bekanntwerden** oder die **Bekanntgabe** einer Neuerung, z.B. im Rahmen eines Projektantrages oder im Austausch zwischen Fachbereich und DSB sein. Vor der Durchführung einer Datenschutz-Folgenabschätzung steht daher immer eine **gedankliche Vorprüfung**, ob die Durchführung einer Datenschutz-Folgenabschätzung überhaupt in Frage kommt. **138**

Den Verantwortlichen trifft wie bereits ausgeführt die Pflicht, die Folgen eines Verarbeitungsvorgangs im Sinne der Datenschutz-Folgenabschätzung abzuschätzen nur, soweit die Datenverarbeitung „voraussichtlich" ein hohes Risiko für die Rechte und Freiheiten der betroffenen Person mit sich bringt. Eine Prognose im Hinblick auf das voraussichtliche Risiko **bedingt** aber bereits eine **vorab** durchgeführte Risikobewertung. Eine **seriöse Feststellung**, ob ein hohes Risiko besteht, erfordert bereits eine **139**

115 *GDD* Praxishilfe DS-GVO X – Voraussetzungen der Datenschutz-Folgenabschätzung, S. 11.
116 ErwG 94 S. 3.
117 *Piltz* K&R 2017, 716.
118 Prüfschema angelehnt an: *GDD* Praxishilfe DS-GVO X – Voraussetzungen der Datenschutz-Folgenabschätzung.
119 Vgl. Art. 35 Abs. 2 und Art. 39 Abs. 1 lit. c.

Abschätzung potentieller Folgen, welche dokumentiert werden müssen. Um zu entscheiden, ob ggf. die Pflicht zur Datenschutz-Folgenabschätzung besteht, muss also bereits formal mit einer Datenschutz-Folgenabschätzung begonnen werden.

140 Dieses Problem der **Zirkularität** mag teilweise dadurch gelöst werden, dass sich der Verantwortliche bei der Prognose an den Kriterienkatalog der Art.-29-Datenschutzgruppe hält, um zu entscheiden, ob ein Auslöser für eine Datenschutz-Folgenabschätzung vorliegt. Hilfreich werden in diesem Zusammenhang auch die in Zukunft zu veröffentlichenden **Blacklists** der Aufsichtsbehörden sein. Jedoch sind weder die Blacklists noch der Kriterienkatalog als abschließende Aufzählung zu verstehen. In diesem Stadium muss der Verantwortliche lediglich eine **kursorische Prüfung** anstoßen, um festzustellen, ob eine Datenschutz-Folgenabschätzung formal beginnen muss[120].

141 Je nach Größe des Unternehmens und je nachdem wie der Verantwortliche die Datenschutz-Folgenabschätzung in die Datenschutz-Organisation implementiert hat, kann die **Prüfschleife** für eine Datenschutz-Folgenabschätzung an unterschiedlichen Punkten angedockt werden. Vorstellbar ist, dass alle neuen **Projektanträge** neben der Abfrage, ob personenbezogene Daten verarbeitet werden, auch eine Abfrage zur Relevanz einer etwaigen Datenschutz-Folgenabschätzung enthalten. In einem Wechselspiel von Informationsaustausch zwischen Projekteigentümer (Owner), Fachbereich, Verantwortlichem und einem ggf. vorhandenem Datenschutzbeauftragten kann der Beginn des Projekts von der Vorprüfung auf eine Erforderlichkeit zur DSFA-Prüfung abhängig gemacht werden.

142 Soweit ein **Change-Management** im Unternehmen vorhanden ist, kann die Prüfung einer Datenschutz-Folgenabschätzung auch verankert werden, in dem die für die durchzuführende Änderung benötigten **Freigaben** von der Einbindung einer Datenschutz-Kompetenz abhängig gemacht werden. Diese Kompetenz sollte im Sinne von Art. 35 Abs. 2 und Art. 39 Abs. 1 lit. c idealerweise bei einem bestellten DSB gesucht und gefunden werden.

143 Wichtig ist es, die Prüfschleife für die Datenschutz-Folgenabschätzung an einem Punkt aufzuhängen, der sowohl für die Einführung von neuen Verfahren als auch für die Änderung **bereits etablierter Verfahren** einen Fixpunkt bildet. Dies kann bspw. der Aspekt der Kostenstelle bzw. der Budgetfreigabe sein. Sowohl die Einführung als auch die Änderung bestehender Verfahren wird in der betrieblichen Praxis regelmäßig mit einem freizugebenden Budget verbunden sein. Wird die Vorprüfung einer Datenschutz-Folgenabschätzung an diesen Punkt angedockt, dürfte dies in der Regel dafür sorgen, dass der Punkt Datenschutz-Folgenabschätzung nicht in Vergessenheit gerät.

144 Vorstellbar ist es ebenfalls, bei der Erstellung oder der Pflege des **Verzeichnisses von Verarbeitungstätigkeiten** nach Art. 30 die DSFA-Relevanz eines Verfahrens als Merkposten zu kennzeichnen[121].

145 **2. Schritt: Rechtmäßigkeit.** Wenn die Prüfung der **Relevanzschwelle** ergeben hat, dass eine Datenschutz-Folgenabschätzung formal eingeleitet werden muss, stellt die

120 *Wagner/Scheuble* ZD Aktuell, 05664.
121 *GDD* Praxishilfe DS-GVO V – Verzeichnis von Verarbeitungstätigkeiten, S. 5.

Rechtmäßigkeitsprüfung den nächsten logischen Schritt dar[122]. Kann bereits die Rechtmäßigkeit eines Verfahrens im Sinne von Art. 6 nicht festgestellt werden, kann die formal begonnene Prüfung einer Datenschutz-Folgenabschätzung **abgebrochen** werden. Die Prüfung, ob die Verarbeitung voraussichtlich ein hohes Risiko mit sich bringt, kann nicht sinnvoll sein, wenn die Verarbeitung bereits **mangels eines Erlaubnistatbestands** nicht zulässig ist.

Dieses Vorgehen ergibt sich auch aus ErwG 39. Danach sollten insbesondere die **bestimmten Zwecke**, zu denen die personenbezogenen Daten verarbeitet werden, **eindeutig** und **rechtmäßig** sein und zum Zeitpunkt der Erhebung der personenbezogenen Daten **feststehen**. Als Grundrechtseingriff kann die Datenverarbeitung nur rechtmäßig sein, wenn einer der in Art. 6 Abs. 1 abschließend aufgezählten Gründe einschlägig ist[123]. **146**

Im Sinne einer von der DS-GVO geforderten Accountability sollte auch der **Abbruch** einer Prüfung mangels eines Erlaubnistatbestandes **nachweisbar dokumentiert** werden. Die Dokumentation der angestellten Überlegungen und juristischen Bewertungen, die zum Abbruch führten, sollten unbedingt überprüfbar und nachvollziehbar festgehalten werden. **147**

3. Schritt: Pflicht zur Durchführung einer DSFA. – a) Verarbeitungsvorgang lässt sich Whitelist zuordnen. Die Behörden haben die Möglichkeit, gem. Art. 35 Abs. 5 spezifische Ausnahmen von der Datenschutz-Folgenabschätzung in „Whitelists" zu erfassen. Noch existieren diese Listen nicht. Wenn sich der überprüfte Verarbeitungsvorgang in der Whitelist befindet, ist die Prüfung formal beendet, da keine Datenschutz-Folgenabschätzung notwendig ist. **148**

b) Vorweggenommene Datenschutz-Folgenabschätzung im Sinne des Art. 35 Abs. 10.
Art. 35 Abs. 10 enthält eine verordnungsseitig getroffene **Ausnahme von der Durchführungspflicht**, die im Einzelfall gelten kann. Es ist weitestgehend eine Ermessensentscheidung des einzelnen Mitgliedsstaats, ob die Durchführung einer Datenschutz-Folgenabschätzung nach Art. 35 Abs. 1 bis 7 im Einzelfall erforderlich ist. Dies gilt, wenn die Verarbeitung dieser Daten aufgrund einer im konkreten Fall einschlägigen europäischen oder mitgliedsstaatlichen Rechtsvorschrift erfolgt[124]. **149**

Liegt bereits eine vorweggenommene Folgenabschätzung im Sinne des Art. 35 Abs. 10 vor und hat der Mitgliedsstaat keine gesonderte Datenschutz-Folgenabschätzung angeordnet, kann die Durchführung der Datenschutz-Folgenabschätzung an diesem Prüfungspunkt abgebrochen werden. **150**

c) Ähnlicher Verarbeitungsvorgang mit ähnlich hohem Risiko. Der Verordnungsgeber erlaubt dem für die Verarbeitung Verantwortlichen unter bestimmten Umständen **unterschiedliche Geschäftsprozesse** und **mehrere Verfahren** im **Gesamtkontext** zu prüfen, sofern sie einen gemeinsamen Verarbeitungszweck verfolgen. Der Vernunft und ökonomischen Gesichtspunkten folgend, muss dann eine Datenschutz-Folgenabschätzung nicht lediglich auf ein bestimmtes Projekt beschränkt sein, sondern kann **thematisch breiter** angelegt werden. Als Beispiel hierfür nennt der Verordnungsgeber eine **gemeinsame** **151**

---

122 *Friedewald/Obersteller/Nebel/Bieker/Rost* Whitepaper Datenschutz-Folgenabschätzung, S. 23.

123 *Bieker/Hansen/Friedewald* RDV 2016, 188, 191.

124 Paal/Pauly-*Martini* Art. 35 Rn. 64–71.

Anwendung oder **Verarbeitungsplattform**, die von Behörden betrieben wird oder den Fall, dass mehrere Verantwortliche eine **gemeinsame Anwendung** oder **Verarbeitungsumgebung** für einen **gesamten Wirtschaftssektor**, für ein **bestimmtes Marktsegment** oder für eine **weit verbreitete horizontale Tätigkeit** einführen möchten[125].

152 So kann es ausreichen, bei der Videoüberwachung **gleichgelagerte Überwachungsanlagen** – z.B. die Videoüberwachung **verschiedener Filialen oder Niederlassungen** eines Unternehmens nach einem feststehenden Konzept – nur **einer Datenschutz-Folgenabschätzung** zu unterziehen[126]. Demgegenüber wäre eine solche stationäre Videoüberwachung nicht vergleichbar mit dem Einsatz **mobiler Videosysteme** wie z.B. beim Einsatz von Drohnen oder Bodycams bzw. intelligenter Videosysteme zum Tracking mit Personen- oder Gesichtserkennung.

153 Ob diese Möglichkeit, wie vermutet insbesondere in **Konzernunternehmen** und bei Verarbeitungstätigkeiten der **Joint Controller** nach Art. 26, bei Auftragsverarbeitern nach Art. 28 und bei neuen Themen in einer Branche Anklang finden wird, bleibt abzuwarten[127].

154 Liegt bereits eine Datenschutz-Folgenabschätzung für einen **ähnlichen Verarbeitungsvorgang mit ähnlich hohem Risiko** im Sinne von Art. 35 Abs. 1 S. 2 vor, ist keine Datenschutz-Folgenabschätzung notwendig und die Prüfung kann an dieser Stelle beendet werden. In jedem Falle ist eine kursorische Prüfung erforderlich, ob die in Rede stehenden Fälle wirklich „gleichgelagert“ sind[128].

155 **d) Verarbeitungsvorgang lässt sich Blacklist zuordnen.** Die Aufsichtsbehörden haben gem. Art. 35 Abs. 4 S. 1 den gesetzlichen Auftrag, sog. **„Blacklists“** derjenigen Verarbeitungsvorgänge zu erstellen, für die stets eine DSFA durchzuführen ist. Noch existieren diese Listen nicht. Möglicherweise wird eine Liste von DSFA-pflichtigen Verarbeitungen gem. Art. 35 Abs. 4 S. 1 auch solche Verarbeitungsvorgänge enthalten, die nicht unmittelbar und offenkundig einen Tatbestand des Art. 35 Abs. 3 lit. a bis c erfüllen. Da in der Verordnung kein bestimmter Zeitpunkt für die Aufsichtsbehörde geregelt ist, bis wann die Listen nach Art. 35 Abs. 4 und 5 veröffentlicht sein müssen, bleibt abzuwarten, wie die Listen genau aussehen werden. Es ist auch nicht ausgeschlossen, dass veröffentlichte Listen nachträglich überarbeitet werden.

156 Hierdurch ist es möglich, dass Verantwortliche zunächst auf eine DSFA verzichten dürfen, um dann von der **nachgeschobenen Blacklist** eingeholt zu werden. Hierbei handelt es sich um einen Anwendungsfall des Art. 35 Abs. 11, da sich die rechtlichen Rahmenbedingungen der Verarbeitung geändert haben. Eine nachträgliche DSFA ist dann notwendig.

157 Lässt sich ein Verarbeitungsvorgang einer solchen Blacklist zuordnen, ist die Durchführung einer Datenschutz-Folgenabschätzung **obligatorisch**. Der nächste Prüfungsschritt wäre dann damit **Schritt vier**[129].

---

125 ErwG 92.

126 WP 248 (Guidelines on Data Protection Impact Assessment (DPIA) and determining whether processing is "likely to result in a high risk" for the purposes of Regulation 2016/679), S. 7.

127 *Wichtermann* DuD 2016, 797, 798.

128 Gola-*Nolte/Werkmeister* Art. 35 Rn. 44.

129 Siehe Rn. 123.

e) Besteht ein hohes Risiko für die Rechte und Freiheiten natürlicher Personen? Als Beispiele für ein **besonderes Risiko** nennt das BDSG a.F. die Verarbeitung besonderer Arten personenbezogener Daten sowie die Verarbeitung personenbezogener Daten zur Bewertung einer Person. Ähnlich formuliert es Art. 35, ohne jedoch ausdrücklich zu definieren, wann eine Verarbeitung ein hohes Risiko für den Betroffenen zur Folge hat. Allerdings werden in Abs. 3 **Anwendungsfälle** aufgeführt, die im Wesentlichen den bisherigen Beispielen des BDSG a.F. entsprechen. Ergänzt werden diese Anwendungsfälle durch die ErwG 89 bis 91, die zusätzlich auf den Umfang der Verarbeitung und den **Einsatz neuer Technologien** abstellen. Damit muss sich der für die Verarbeitung Verantwortliche folgende Fragen stellen: **158**

- Ist eine der Fallgruppen des Art. 35 Abs. 3 lit. a bis c erfüllt?
  Wenn ja: Datenschutz-Folgenabschätzung ist notwendig; Prüfung geht weiter mit Schritt vier.
- Ist ein sonstiges hohes Risiko im Sinne des Art. 35 Abs. 1 erkennbar?
  Wenn ja: Datenschutz-Folgenabschätzung ist notwendig, Prüfung geht weiter mit Schritt vier.

Die an diesem Punkt zu erfolgende Prüfung der Notwendigkeit kann bspw. anhand des bereits erläuterten **Kriterienkatalogs**[130] aus dem WP 248 erfolgen. Die Notwendigkeit kann aber möglicherweise genauso mittels einer **eigenen Checkliste** des Datenschutzbeauftragten ermittelt werden. Je spezieller der Datenverarbeitungsvorgang ist, desto konkreter können die Checklisten ausgestaltet und verfeinert werden. Ganz im Sinne der Empfehlung, für die Durchführung der Datenschutz-Folgenabschätzung ein **interdisziplinäres Team**[131] einzusetzen, kann die Entwicklung einer **Checkliste** auch durch eine **interdisziplinär besetzte Mannschaft** erfolgen. **159**

Sofern der Verantwortliche zu dem **Ergebnis** kommt, dass **kein hohes Risiko** für den Betroffenen zu erwarten ist und eine Datenschutz-Folgenabschätzung demzufolge **nicht erforderlich** ist, ist dieses Ergebnis zu dokumentieren (**Rechenschaftspflicht**). Da aber ungeachtet einer etwa erforderlichen Datenschutz-Folgenabschätzung in jedem Fall angemessene Maßnahmen zum Schutz personenbezogener Daten zu treffen sind (u.a. nach Art. 5, 32), sollte dieser Schritt (Prüfung und Dokumentation der Erforderlichkeit) keinen besonderen Zusatzaufwand darstellen. Denkbar ist, diesen Prüfschritt in der Dokumentation der Verarbeitungstätigkeiten zu verankern[132]. **160**

Wenn festgestellt wird, dass voraussichtlich ein hohes Risiko für die Rechte und Freiheiten natürlicher Personen besteht und somit eine Datenschutz-Folgenabschätzung notwendig ist, kann die Prüfung mit **Schritt 4**. fortgeführt werden. **161**

4. Schritt: Durchführung einer Datenschutz-Folgenabschätzung. Eine genaue Vorgehensweise zur Durchführung einer DSFA enthält das WP 248 der Art.-29-Datenschutzgruppe nicht. Derzeit sind mehrere Modelle in der Diskussion, wie bei einer DSFA am besten vorzugehen ist. Ein Verweis auf eine Reihe von möglichen Methoden und Ansätzen sind jedoch im Anhang des WP 248 erwähnt[133]. Darin enthalten ist **162**

130 Siehe Rn. 44.
131 *Friedewald/Obersteller/Nebel/Bieker/Rost* Whitepaper Datenschutz-Folgenabschätzung, S. 44.
132 *GDD* Praxishilfe DS-GVO IX – Accountability, S. 12.
133 WP 248, Annex 1 – Examples of existing EU DPIA frameworks, S. 21.

auch das sog. Standard-Datenschutzmodell (SDM). Das Unabhängige Landeszentrum für Datenschutz Schleswig-Holstein (ULD) und die Datenschutzaufsicht Mecklenburg-Vorpommern haben das Standard-Datenschutzmodell als Basis für ein Ablaufmodel[134] genommen und anhand dieses Modells eine Datenschutz-Folgenabschätzung als Planspiel durchgeführt[135]. Das Bayerische Landesamt für Datenschutzaufsicht (BayLDA) führte die Datenschutz-Folgenabschätzung mit einer an ISO angelehnten Methodik durch. Die im Planspiel entwickelte Durchführung dürfte dabei, allein wegen des zeitlichen und oragnisatorischen Aufwands, eine idealtypische Lösung darstellen. Eine über 60 Seiten umfassende Datenschutz-Folgenabschätzung dürfte das dafür einplanbare Zeitbudget der meisten Verantwortlichen sprengen.

163 **a) Mindestinhalt einer DSFA.** Art. 35 Abs. 7 beschreibt den **Mindestinhalt** einer Datenschutz-Folgenabschätzung. Interessanterweise stellt Art. 35 keine Anforderung an die **Form** der Folgenabschätzung[136]. Diese kann daher grundsätzlich in jeglicher Form durchgeführt werden, wobei die generelle Dokumentations- und Nachweispflicht des Art. 5 Abs. 2 zu beachten ist. In der Praxis dürfte sich daher eine Durchführung bzw. damit einhergehende **Dokumentation in Textform** oder in einem **elektronischen Format** anbieten[137]. Es ist zu erwarten, dass die bereits auf nationaler und europäischer gemachten Vorschläge zu einer Vereinheitlichung der Abläufe und Dokumentationen sich langfristig als offizielle Leitfäden etablieren werden. Vorschläge und Leitfäden für eine vereinheitlichte Durchführung der Datenschutz-Folgenabschätzung sind in jedem Fall zu begrüßen, da diese zusätzlich das Verständnis von Risiken für die Rechte und Freiheiten und von technischen, organisatorischen und juristischen Lösungsmöglichkeiten verbessern dürften[138].

164 Bis eine konkretere Vorgehensweise ggf. aufsichtsbehördlich festgelegt ist, können Verantwortliche sich an der grundsätzlichen Vorgehensweise und den allgemeinen Anforderungen des Art. 35 Abs. 7 orientieren. Dem Gesetzeswortlaut lassen sich folgende Anforderungen als Mindestinhalt entnehmen:

- **systematische Beschreibung** der geplanten Verarbeitungsvorgänge und der Zwecke der Verarbeitung
- ggf. einschließlich der von dem Verantwortlichen verfolgten **berechtigten Interessen**
- eine Bewertung der **Notwendigkeit** und **Verhältnismäßigkeit** der Verarbeitungsvorgänge in Bezug auf den Zweck
- eine **Bewertung** der Risiken für die Rechte und Freiheiten der betroffenen Personen gemäß Abs. 1
- die zur Bewältigung der Risiken geplanten Abhilfemaßnahmen (einschließlich Garantien, Sicherheitsvorkehrungen und Verfahren, durch die der Schutz personenbezogener Daten sichergestellt und der Nachweis dafür erbracht wird, dass diese Verordnung eingehalten wird, wobei den Rechten und berechtigten Interessen der betroffenen Personen und sonstiger Betroffener Rechnung getragen wird).

---

134 Dieses wurde im Rahmen des Forum Privatheit entwickelt.

135 *ULD* Planspiel zur Datenschutz-Folgenabschätzung gem. Art. 35, https://datenschutzzentrum.de/artikel/1174-.html.

136 BeckOK DatenSR-*Hansen* Art. 35 Rn. 26.

137 *Piltz* K&R 2016, 716.

138 *Hansen* DuD, 2016, 587, 589; Kühling/Buchner-*Jandt* Art. 35 Rn. 31.

165 Bei genauerer Betrachtung lassen sich diese Inhalte zu insgesamt **drei Schritten** zusammenfassen. Naturgemäß können Mindestinhalte nicht dem Anspruch gerecht werden, all jene Fragestellungen zu erfassen, die sich im Rahmen der Durchführung einer Datenschutz-Folgenabschätzung in der Praxis stellen werden. Es wird sowohl der Rechtspraxis als auch weiteren Hilfestellungen der Aufsichtsbehörden überlassen bleiben, inhaltliche und organisatorische Anforderungen aufzugreifen und diese bestenfalls durch Entwicklung von Best Practices einer Lösung zuzuführen und zu verfeinern[139].

166 **aa) Vorbereitungsphase:** Aus Art. 35 Abs. 7 lit. a ergibt sich die **Vorbereitungsphase**. Diese soll nach dem Willen des Verordnungsgebers eine **systematische Beschreibung** der geplanten Verarbeitungsvorgänge und der **Zwecke der Verarbeitung**, gegebenenfalls einschließlich der von dem Verantwortlichen verfolgten **berechtigten Interessen** enthalten.

167 Aus der Zusammenschau mit Art. 35 Abs. 1 S. 1 ergibt sich, dass zum einen der **Datenverarbeitungsprozess** selbst beschrieben werden muss und die Beschreibung daneben zumindest Angaben über die **eingesetzte Technik** sowie **Art**, **Umfang** und **Umstände** der Datenverarbeitung umfassend erläutern muss. Hierbei kann der Verantwortliche ggf. auf bereits geleistete Vorarbeiten zurückgreifen.

168 Die Art der Datenverarbeitung sollte der Verantwortliche bereits bei der Erstellung des **Verzeichnisses von Verarbeitungstätigkeiten** erläutert haben. In diesem Falle wird die relevante Verarbeitung mit Angaben zu den Kategorien der Daten, den Umgang mit Daten, insbesondere die Weitergabe der Daten an einen Auftragsverarbeiter und die Speicherdauer im Verzeichnis von Verarbeitungstätigkeiten beschrieben worden sein. Auch die Konkretisierungen zum Umfang der Daten werden sich bei einem gut geführten Verzeichnis von Verarbeitungstätigkeiten aus den **inhaltlichen Vorgaben** des Art. 30 Abs. 1 S. 2 ableiten lassen.

169 Darin werden sich im Idealfall bereits Angaben zu den Daten und ihrer Formate, Verschlüsselungsmethoden, Übertragungsprotokolle, verwendete IT-Systeme und deren Schnittstellen, Zugriffsberechtigungen sowie beteiligte Person und ihre rechtlichen Beziehungen zueinander finden lassen[140].

170 Zum **Umfang** der verwendeten Daten zählt nicht nur die Anzahl dieser selbst, sondern auch die **Häufigkeit** ihres Abrufs. Bei der **Bestimmung der Umstände** des Verarbeitungsvorgangs lassen sich Angaben wie automatisiert/nicht automatisiert, Transparenz für die betroffene Person gewährleistet/nicht gewährleistet und Möglichkeit der betroffenen Person sich der Verarbeitung zu entziehen als Beschreibung für die Umstände heranziehen[141].

171 Zu der Vorbereitungsphase gehört es auch, den **Prüfgegenstand** im Hinblick auf die **Zwecke** der Datenverarbeitung zu beschreiben. Zur weiteren Charakterisierung des Zwecks wird es bspw. erforderlich sein, zu konkretisieren, ob es sich um einen Verarbeitungsvorgang im Arbeitsverhältnis handelt oder um eine Kundenbeziehung und damit um die Durchführung eines rechtsgeschäftlichen oder rechtsgeschäftsähnlichen

---

139 *Friedewald/Obersteller/Nebel/Bieker/Rost* Whitepaper Datenschutz-Folgenabschätzung, S. 22.
140 Vgl. *Hansen* DuD 2016, 587, 590.
141 *Jandt* DuD 2017, 562, 564.

Schuldverhältnisses mit der betroffenen Person. Sowohl die Bewertung des Risikos als auch die normativen Bewertungen können davon abhängen, in welcher Beziehung die betroffene Person zum Verantwortlichen steht (Schutzbedürftigkeit etc.)[142].

172 Für die spätere Bewertungsphase relevant und damit bereits in der Vorbereitungsphase anzugeben, sind umfassende **Angaben über die Beteiligten** des Verarbeitungsvorgangs. Dies können Angaben zum Hersteller und Betreiber des Prüfungsgegenstands, die eigenen Mitarbeiter und auch die betroffenen Personen sein. Wichtig ist dabei die Kennzeichnung, welche Rollen die einzelnen Akteure im Rahmen des Verarbeitungsvorgangs einnehmen[143].

173 Die Vorgabe, dass gem. Art. 35 Abs. 7 lit. b zur Beschreibung des Prüfgegenstandes ggf. auch die vom Verantwortlichen verfolgten berechtigten Interessen gehören, lässt die Frage aufkommen, ob diese Beschreibung nicht zwangsläufig **Redundanzen** enthalten würde. Unter dem Gesichtspunkt, dass die Prüfung einer Datenschutz-Folgenabschätzung erst **nach einer Rechtmäßigkeitsprüfung** ansetzt, erscheint diese Vorgabe wie eine unnötige Doppelung. Diese Redundanz träfe aber nur für die Fälle zu, bei deren Prüfung der Zulässigkeit eine Interessenabwägung als Erlaubnistatbestand für die Legitimierung des Verarbeitungsvorgangs herangezogen wurde.

174 Auch im Sinne einer **Schlüssigkeit und Nachvollziehbarkeit** der nachfolgenden Prüfschritte sollte der Verantwortliche generell darauf achten, eine Beschreibung des Prüfgegenstands, die verwendete Technik, Art, Umfang, Umstände, Zwecke, Verantwortliche und betroffene Personen zumindest so konkret zu beschreiben, dass auch eine in die Datenschutz-Folgenabschätzung nachgelagert einbezogene **Aufsichtsbehörde** die Beschreibung des Prüfgegenstands als **Basis für eine eigene Verifizierung** des DSFA-Ergebnisses nutzen kann. Sollten bspw. die Infos zur verwendeten Technik nicht ausreichend sein, wäre das Herausarbeiten von Abhilfemaßnahmen, für die im Rahmen der Risikobewertung prognostizierten Gefahren für die Rechte und Freiheiten der betroffenen Person kaum möglich. Ein zu erstellender Ergebnisbericht zu der Vorbereitungsphase gibt somit den **verbindlichen Rahmen** für die darauffolgenden Bewertungsschritte vor.

175 **bb) Bewertungsphase.** Eine Bewertungsphase ergibt sich aus den Anforderungen des Art. 35 Abs. 7 lit. b und lit. c. Innerhalb der Bewertungsphase lassen sich zwei unterschiedliche Blickwinkel unterscheiden.

176 **(1.) Normative Bewertung gem. Art. 35 Abs. 7 lit. b.** Art. 35 Abs. 7 lit. b hat den Fokus auf einer **juristischen Bewertung**. Es muss eine Bewertung der **Notwendigkeit** und **Verhältnismäßigkeit** der Verarbeitungsvorgänge in Bezug auf den zuvor **beschriebenen Zweck** vorgenommen werden. Die Erforderlichkeit beschreibt das Verhältnis eines eingesetzten Mittels zu einem erstrebten Zweck. Ein Mittel ist genau dann erforderlich, wenn es geeignet ist, den erstrebten Zweck zu erreichen und unter gleichermaßen geeigneten Mitteln das mildeste Mittel darstellt[144].

142 Gola-*Nolte/Werkmeister* Art. 35 Rn. 41.

143 Vgl. Die Durchführung einer DSFA als Planspiel am Beispiel eines Pay-as-you-drive-Tarifs (V 0.10), *ULD* S. 13, https://datenschutzzentrum.de/artikel/1174-.html.

144 *Bieker/Hansen/Friedewald* RDV 2016, 188, 191.

Personenbezogene Daten sollten nur verarbeitet werden dürfen, wenn der Zweck der Verarbeitung nicht in zumutbarer Weise durch andere Mittel erreicht werden kann[145]. Diese Vorgabe entspricht damit auch dem **Datenminimierungs-Grundsatz** aus Art. 5 Abs. 1 lit. c. Danach müssen personenbezogene Daten dem Zweck angemessen und erheblich sowie auf das für die Zwecke der Verarbeitung notwendige Maß beschränkt sein. **177**

Aus der Definition der **Erforderlichkeit** ergibt sich ein konkreter Hinweis für den Verantwortlichen. Der Verantwortliche kommt den Anforderungen des Art. 35 Abs. 7 lit. b nach, wenn er darlegen kann, dass er **minimalinvasive und datenschutzfreundlichere** Alternativen gesucht hat. Das Ergebnis kann dann selbstverständlich auch sein, dass diese Alternativen entweder nicht existierten oder die Alternative nicht gleich gut oder gar nicht geeignet war, um den Zweck der Datenverarbeitung in gleichem Maße zu erreichen. **178**

Jeder Aspekt, der im Rahmen der systematischen Beschreibung geschildert wurde, muss in Relation zum vorgegebenen Zweck erforderlich sein. Die vom Verantwortlichen eingesetzte Technik, Art, Umfang und Umstände der Datenverarbeitung sollten die mildesten Mittel darstellen, um das Ziel des Verarbeitungsvorgangs in gleichem Maße zu erreichen. **179**

Aus den sog. Grundsätzen der Datenverarbeitung[146] ergeben sich weitere Vorgaben, die der Verantwortliche bei seiner normativen Bewertung der Erforderlichkeit berücksichtigen muss. Die personenbezogenen Daten müssen im Hinblick auf den Verarbeitungszweck angemessen und erheblich sowie auf das für die Zwecke ihrer Verarbeitung notwendige Maß beschränkt sein. Dies erfordert insbesondere, dass die **Speicherfrist** für personenbezogene Daten auf das unbedingt erforderliche **Mindestmaß** beschränkt bleibt. Ein Verarbeitungsvorgang ganz ohne Retention-Policy dürfte damit bspw. in jedem Fall ein deutlicher Hinweis sein, dass das Ergebnis der normativen Bewertung nicht positiv ausfallen kann. **180**

Die Anforderung „verhältnismäßig" in Art. 35 Abs. 7 lit. b lässt sich durch „angemessen" ersetzen. Die Maßnahme ist angemessen, wenn der verfolgte Zweck **nicht außer Verhältnis** zu der Schwere des Eingriffs steht[147]. **181**

Je invasiver die eingesetzte Technik und je intensiver die Art, Umfang und die Umstände der Datenverarbeitung im konkreten Fall sind, desto **höherrangiger** wird das verfolgte Zweck sein müssen, um noch als verhältnismäßig eingestuft zu werden. Dieser Teil einer Datenschutz-Folgenabschätzung wird im Regelfall immer als Einzelfallbetrachtung ausgestaltet werden müssen und dem Verantwortlich viel **Raum für Argumentationen** lassen, warum die konkreten Verarbeitungsvorgänge in Bezug auf den Zweck als (noch) verhältnismäßig gelten[148]. **182**

(2.) Bewertung des Risikos gem. Art. 35 Abs. 7 lit. c. Nachdem der Verantwortliche die Notwendigkeit und Verhältnismäßigkeit der Verarbeitungsvorgänge in Bezug auf den verfolgten Zweck bewertet hat, sollte er im **dritten Schritt** der Datenschutz-Folgenabschätzung die Risiken für die Rechte und Freiheiten der betroffenen Personen **183**

145 ErwG 39.
146 Detailliert in ErwG 39.
147 *DSK* Kurzpapier Nr. 5., Datenschutz-Folgenabschätzung nach Art. 35, S. 3.
148 Kühling/Büchner-*Jandt* Art. 35 Rn. 41.

bewerten. Was zu diesem Zeitpunkt der Prüfung **bereits feststeht**, ist die **Existenz eines voraussichtlich hohen Risikos** für die Rechte und Freiheiten der betroffenen Person. Diese **Prognose** muss der Verantwortliche bereits **zeitlich vorgelagert** und ggf. kursorisch getroffen haben[149], da er sonst die formal angefangene Vorprüfung der Datenschutz-Folgenabschätzung nicht bis zu diesem Punkt verfolgt hätte.

184 Im Rahmen der jetzt anstehenden Risikobewertung muss der Verantwortliche nun detaillierter auf die zu erwartenden Rechtsbeeinträchtigungen der betroffenen Person eingehen. Eine sehr allgemeine Betrachtung, welche Rechte das sein können, bietet Art. 1 Abs. 1. Die DS-GVO schützt die Grundrechte und Grundfreiheiten natürlicher Personen und insbesondere deren Recht auf Schutz personenbezogener Daten. Konsequenterweise müssen alle Beeinträchtigungen, die zu einem voraussichtlich hohen Risiko führen können, unter diese Rechte subsumierbar sein. Die Risikobetrachtung konzentriert sich auf die technischen Risiken für die Datensicherheit. Mit der Verletzung der Datensicherheit geht die Verletzung der Rechte und Freiheiten der betroffenen Person einher[150].

185 Diese Risiken werden in ErwG 75 DS-GVO konkretisiert.

Eine Verarbeitung kann zu **physischen**, **materiellen** oder **immateriellen Schäden** führen und damit zu einem Risiko führen. Damit gibt ErwG 75 einen recht genauen **Risikokatalog** bereits vor. Diese kann durch die Zuhilfenahme des Working Paper 248 noch weiter ausgebaut werden.

186 Es hat sich im Bereich der IT-Sicherheit bzw. Informationssicherheit bewährt, Anforderungen als Schutzziele zu formulieren.

187 Nach der Eingrenzung des Risikos kann der für die Verarbeitung Verantwortliche, im nächsten Schritt die **Eintrittswahrscheinlichkeit und Schwere** des Risikos für die Rechte und Freiheiten der betroffenen Person in Bezug auf die Art, den Umfang, die Umstände und die Zwecke der Verarbeitung bestimmen. Das Risiko sollte der Verantwortliche anhand einer objektiven Bewertung beurteilen, bei der festgestellt wird, ob die Datenverarbeitung lediglich ein Risiko oder gar ein hohes Risiko birgt[151]. Das BayLDA empfiehlt die Faktoren Eintrittswahrscheinlichkeit und Schaden zu unterteilen, um dann die Ausprägungen der beiden Faktoren zueinander in Beziehung zu setzen[152].

188 So mag der Schaden bei einem Meteoriteneinschlag auf die IT eines Unternehmens zwar groß bis vernichtend sein. Die Wahrscheinlichkeit wird aber für solch ein Ereignis als gering einzustufen sein[153]. Die Gefahren für die Schutzziele Integrität und Verfügbarkeit in Bezug auf Kontaktdaten von Arbeitnehmern durch Fehlverhalten oder das Ausnutzen von Schwächen im IT-System werden höher sein als ein Meteoriteneinschlag. Dafür dürfte die Schwere des Risikos überschaubarer sein als im ersten Fall.

---

149 Vgl. Rn. 105 ff. „Vorprüfung: Ist eine Datenschutz-Folgenabschätzung relevant?".
150 *Jandt* DuD 2017, 562, 565.
151 ErwG 76.
152 *DSK* Kurzpapier *Nr. 5.* Datenschutz-Folgenabschätzung nach Art. 35, S. 3.
153 Zudem dürfte ein räumlich getrenntes backup-Konzept zumindest die Verfügbarkeit der Daten weiterhin gewährleisten.

Die Bewertungsphase ist abgeschlossen, wenn die Schutzziele zusammengestellt sind, mögliche Angreifer und ihre Motive herausgearbeitet und danach die Risiken identifiziert und bewertet wurden. Bei einer klassischen Risikoanalyse im Bereich der Informationssicherheit werden die Risiken aus der Sicht eines möglichen Schadens für das jeweilige Unternehmen vorgenommen. Eine Risikobetrachtung, die den Anforderungen der DS-GVO entspricht, muss eine Bewertung der Höhe eines Datenschutzrisikos aus Sicht des Betroffenen vornehmen[154]. **189**

Der Verantwortliche kann sich hier an zahlreich bestehenden Ablaufmustern und Modellen orientieren, die zum Thema existieren. Bei der Verwendung eines vorhandenen Ablaufschemas sollte nicht der Fehler gemacht werden, unberücksichtigt zu lassen, dass einige Modelle nicht die Rechte und Freiheiten der betroffenen Person im Fokus haben[155], sondern primär die Assets der Organisation. Dieses Vorgehen wäre nicht im Einklang mit der DS-GVO[156]. **190**

cc) Maßnahmenphase. Die Inhalte einer **Maßnahmenphase** lassen sich Art. 35 Abs. 7 lit. d entnehmen. In der Maßnahmenphase entscheidet sich, ob der für die Verarbeitung Verantwortliche den **identifizierten** und einer **Bewertung** zugeführten **Risiken** auch **geeignete Schutzmaßnahmen** entgegensetzen kann und welche genau das sind[157]. **191**

Der Verantwortliche muss beschreiben, welche Maßnahmen er ergreifen wird, um eine Verletzung der Datenschutz-Prinzipien zu vermeiden. Insbesondere fordert die DS-GVO in Art. 35 Abs. 7 lit. d die Festlegung von Abhilfemaßnahmen (einschließlich Garantien, Sicherheitsvorkehrungen und Verfahren), durch die der Schutz personenbezogener Daten sichergestellt und der Nachweis dafür erbracht wird, dass diese Verordnung eingehalten wird. Dabei ist den Rechten der betroenen Personen und sonstiger Betroener Rechnung zu tragen. **192**

Datenschutzkonformität setzt daher neben der Zulässigkeit der Verarbeitung personenbezogener Daten, die in Art. 6 grundsätzlich geregelt ist, die Sicherheit der Verarbeitung voraus. Gem. Art. 4 Nr. 12 ist eine Verletzung des Schutzes personenbezogener Daten anzunehmen bei einer Verletzung der Sicherheit, die zur Vernichtung, zum Verlust oder zur Veränderung, ob unbeabsichtigt oder unrechtmäßig, oder zur unbefugten Offenlegung von beziehungsweise zum unbefugten Zugang zu personenbezogenen Daten führt, die übermittelt, gespeichert oder auf sonstige Weiseverarbeitet wurden. **193**

Diese Daten und System- Sicherheit kann nur durch technische und organisatorische Maßnahmen realisiert werden. Konkrete rechtliche Anforderungen, wie dieses Ziel der Datensicherheit zu erreichen ist, sind in Art. 25 und den Art. 32 ff. geregelt. Diese Vorschriften sehen sowohl präventive als auch repressive technische und organisatorische Maßnahmen zur Gewährleistung der Sicherheit vor, die sich gegenseitig ergänzen. **194**

Jede standardisierter der Prozess in dieser Phase abläuft, desto reproduzierbarer werden die Ergebnisse letztlich sein. Die Standardisierung wird zudem die behördliche Überprüfbarkeit, aber auch, sofern gewünscht, die Überprüfbarkeit durch die betrof- **195**

154 *BITKOM* Leitfaden Risk Assessment & Datenschutz-Folgenabschätzung, S. 13; Gola-*Nolte/Werkmeister* Art. 35 Rn. 4.
155 Bspw. Grundschutzmodell für Informationssicherheit.
156 *Hansen* DuD 2016, 590.
157 *Bieker/Hansen/Friedewald* RDV 2016, 188, 194.

fenen Personen sicherstellen und verbessern. Der Umstand, dass die betroffene Person im Sinne eines Rankings konkurrierende technische Systeme vergleichen und ggf. das datenschutzfreundlichere System wählen kann, dürfte kein unwesentlicher Wettbewerbsfaktor sein[158].

196 **dd) Berichtsphase.** Ein **Bericht** für eine Datenschutz-Folgenabschätzung muss gemäß Art. 35 Abs. 7 mindestens die folgenden **Angaben** enthalten:

– eine systematische Beschreibung der geplanten Verarbeitungsvorgänge und der Zwecke der Verarbeitung, gegebenenfalls einschließlich der von dem Verantwortlichen verfolgten berechtigten Interessen;
– eine Bewertung der Notwendigkeit und Verhältnismäßigkeit der Verarbeitungsvorgänge in Bezug auf den Zweck;
– eine Bewertung der Risiken für die Rechte und Freiheiten der betroffenen Personen gemäß Abs. 1 und
– die zur Bewältigung der Risiken geplanten Abhilfemaßnahmen, einschließlich Garantien, Sicherheitsvorkehrungen und Verfahren, durch die der Schutz personenbezogener Daten sichergestellt und der Nachweis dafür erbracht wird, dass diese Verordnung eingehalten wird, wobei den Rechten und berechtigten Interessen der betroffenen Personen und sonstiger Betroffener Rechnung getragen wird.

197 Sofern eine **Konsultation** der Aufsichtsbehörde notwendig ist, muss ein DSFA-Bericht um die folgenden Angaben ergänzt werden (Art. 36 Abs. 3):

– ggf. Angaben zu den jeweiligen Zuständigkeiten des Verantwortlichen, der gemeinsam Verantwortlichen und der an der Verarbeitung beteiligten Auftragsverarbeiter, insbesondere bei einer Verarbeitung innerhalb einer Gruppe von Unternehmen;
– die Zwecke und die Mittel der beabsichtigten Verarbeitung;
– die zum Schutz der Rechte und Freiheiten der betroffenen Personen gemäß dieser Verordnung vorgesehenen Maßnahmen und Garantien;
– gegebenenfalls die Kontaktdaten des Datenschutzbeauftragten;
– die Datenschutz-Folgenabschätzung gemäß Art. 35 und
– alle sonstigen von der Aufsichtsbehörde angeforderten Informationen.

198 Der Bericht zur Datenschutz-Folgenabschätzung dient auch zur **Dokumentation**, dass der für die Verarbeitung Verantwortliche seiner in Art. 5 Abs. 2 normierten **Rechenschaftspflicht** nachgekommen ist. Ob und welche Teile aus dem DSFA-Bericht ggf. für die betroffenen Personen **veröffentlicht** werden sollten, muss im Einzelfall unter Abwägung der Gesichtspunkte **Transparenz** und **Geschäftsgeheimnisse** entschieden werden[159].

5. Schritt: Überprüfung und Wiederholung der Datenschutz-Folgenabschätzung.

199 Art. 35 Abs. 11 regelt die **Überprüfung**, ob die Verarbeitung (noch) nach der ursprünglichen Datenschutz-Folgenabschätzung durchgeführt wird. Dies bedeutet eine permanente Kontrolle, ob die einst zugrunde gelegten Vorstellungen weiterhin Geltung beanspruchen.

---

158 Vgl. *Friedewald* TAT*u*P 26/1–2 (2017), 66, 70.

159 *Friedewald* hält die Datenschutz-Folgenabschätzung gar für ein Mittel der Transparenz gegenüber der Öffentlichkeit und der Politik, mit der eine informierte Debatte über Risiken ermöglicht und über Verantwortlichkeiten verdeutlicht werden könne, TAT*u*P, 26/1–2 (2017), 66.

In Art. 35 Abs. 11 2. Hs. ist die **anlassbezogene Kontrolle** geregelt. So könnte z.B. nach einem Hinweis oder einer Beschwerde offenkundig sein, dass vormals festgelegte Abhilfemaßnahmen nicht eingehalten werden oder sich die rechtlichen bzw. tatsächlichen Rahmenbedingungen der Verarbeitung geändert haben. **200**

Art. 35 Abs. 11 1. Hs. befasst sich demgegenüber mit der **turnusmäßigen Kontrolle**, die dann konsequenterweise ohne einen **konkreten Anlass** erfolgt[160]. Hier ist zumindest eine kursorische Prüfung notwendig, um zu beurteilen, ob sich eine Änderung des Risikos ergeben haben könnte. Für die turnusmäßige Kontrolle bietet sich ein **Jahresrhythmus** an. Maßgebliches Kriterium sollte jedoch nicht die zeitliche Komponente, sondern die **tatsächliche Risikoeinschätzung** sein. **201**

Auch die Möglichkeit der Aufsichtsbehörden gem. Art. 35 Abs. 4 S. 1 einen Verarbeitungsvorgang einer Blacklist zuordnen zu können, stellt den für die Verarbeitung Verantwortlich vor das Problem, dass das Ergebnis einer Datenschutz-Folgenabschätzung **periodisch hinterfragt** werden sollte. Denkbar ist es, dass Verantwortliche legitimerweise auf die Durchführung einer Datenschutz-Folgenabschätzung verzichten, aber sich dann durch die normative Wirkung einer nachgeschobenen Blacklist trotzdem in der Pflicht zur Durchführung einer Datenschutz-Folgenabschätzung befinden können. Eine **kontinuierliche Überprüfung**, ob ein Verarbeitungsvorgang einer Datenschutz-Folgenabschätzung unterfällt, stellt daher einen Teil des Datenschutz-Managements nach DS-GVO dar[161]. **202**

6. Bußgeld. Fraglich ist, wie das Bußgeldrisiko für den Fall zu bewerten ist, dass die Durchführung einer Datenschutz-Folgenabschätzung trotz einer gesetzlichen Verpflichtung unterbleibt. Art. 83 Abs. 4 setzt bei Verstößen ein Bußgeld in Höhe von bis zu 10 000 000 EUR bzw. bis zu zwei Prozent des gesamten weltweit erzielten Vorjahresumsatzes des Unternehmens an. **203**

Zwei Alternativen dürften jedoch in der praktischen Ausgestaltung der Bußgeldhöhe besondere Berücksichtigung finden. Zum einen ist vorstellbar, dass der Verantwortliche die Datenschutz-Folgenabschätzung noch gar nicht in seine Datenschutz-Organisation implementiert hat. Vorstellbar und bei einer solche komplexen Norm sogar praxisnah ist das Szenario, dass der Verantwortliche das zu bestimmende Risiko fehlerhaft als nicht hoch genug eingeschätzt hat bzw. verkannt hat, dass der relevante Verarbeitungsvorgang durch die Aufsichtsbehörden gem. Art. 35 Abs. 4 S. 1 nachträglich in eine Blacklist aufgenommen wurde[162]. **204**

Auch wenn die Aufsichtsbehörde für diese Fälle rein formal gar nicht umhin kommt einen Verstoß gem. Art. 83 Abs. 4 lit. a i.V.m. Art. 35 Abs. 1 zu attestieren, wäre es interessengerecht bei der Gesamtwürdigung der Umstände, eine ggf. nachträglich durchgeführte Datenschutz-Folgenabschätzung im Sinne eines Verfahrens gem. Art. 83 Abs. 2 S. 2 lit. c oder f (Schadensminderung; Zusammenarbeit mit der Aufsichtsbehörde) zu berücksichtigen und von der Verhängung einer Geldbuße abzusehen. Dieser Ansatz wäre zumindest dann zu erörtern, wenn die verspätete Prüfung tatsächlich Rechte der betroffenen Personen stärkt, die Sicherheit der Verarbeitung erhöht oder eine bestehende Beeinträchtigung abmildert[163]. **205**

160 *Franck* PinG 2018, 41.
161 *Kiesche* CuA 2017, 31, 35.
162 *Franck* PinG 2018, 42.
163 *GDD* Praxishilfe DS-GVO X – Voraussetzungen der Datenschutz-Folgenabschätzung, S. 9.

C. Praxishinweise

I. Relevanz für öffentliche Stellen

206 Hier besteht keine besondere Relevanz.

II. Relevanz für nichtöffentliche Stellen

207 Eine frühzeitig durchgeführte Datenschutz-Folgenabschätzung kann dabei helfen die Anforderungen aus Art 25 des Datenschutzes durch Technik (data protection by design) und durch datenschutzfreundliche Voreinstellungen (data protection by default) zu erfüllen. Durch eine frühzeitige Einbindung des Datenschutzbeauftragten (DSB) und Durchführung einer Datenschutz- Folgenabschätzung können hohe Folgekosten für Verfahrens- bzw. Produktanpassungen vermieden werden. Gleichzeitig kann die Datenschutz-Folgenabschätzung auch als ein Teil einer internen Datenschutzstrategie und -maßnahme verstanden werden, um die Einhaltung der DS-GVO nachweisen zu können. Durch die Analyse der bestehenden Risiken können entsprechende Sicherheitsvorkehrungen und Maßnahmen, insbesondere technische und organisatorische Lösungen, abgeleitet und nachgewiesen werden. Durch den Prozess und die Dokumentation der Datenschutz- Folgenabschätzung wird eine Transparenz über die Verarbeitung geschaffen, die es auch Externen (z.B. Kunden, Aufsichtsbehörden) ermöglicht die Rechtmäßigkeit und die Risiken zu bewerten und einzuschätzen und entsprechende Schwächen beim Datenschutz und -sicherheit zu erkennen.

III. Relevanz für betroffene Personen

208 Die Datenschutz-Folgenabschätzung stellt ein systematisch einsetzbares Instrument dar, das die betroffene Person so gut es geht vor dem Risiko bewahren soll, dass seine Grundrechte und Grundfreiheiten trotz einer rechtmäßigen Verarbeitung verletzt werden. Durch die systematische und dokumentierte Arbeitsweise wird sowohl dem Transparenzerfordernis im Hinblick auf die Rechte der betroffenen Person Genüge getan als auch die Nachvollziehbarkeit für anstehende Überprüfungen der Verarbeitung durch die Aufsichtsbehörden erleichtert[164].

IV. Relevanz für Aufsichtsbehörden

209 Hier besteht keine besondere Relevanz.

V. Relevanz für das Datenschutzmanagement

210 Nicht zuletzt gibt die Datenschutz-Folgenabschätzung jedoch auch dem Verantwortlichen eine Struktur vor, bei deren Einhaltung er relativ sicher sein kann, dem erhöhten Accountibility-Prinzip der DS-GVO gerecht zu werden. Das Ergebnis der Datenschutz-Folgenabschätzung ist im Idealfall für alle Beteiligten reproduzierbar und auch überprüfbar[165]. Die Überprüfbarkeit der Lösung ist damit ein entscheidender Vorteil. Denn so können verschiedene Lösungen für vergleichbare Risiken in einem Ranking gegenübergestellt werden, um ggf. konzernweite oder sogar branchenweite Best Practices entwickeln zu können.

---

164 *Wichtermann* DuD 2016, 797, 798.
165 *Bieker/Hansen/Friedewald* RDV 2016, S. 188.

Artikel 36 Vorherige Konsultation

(1) Der Verantwortliche konsultiert vor der Verarbeitung die Aufsichtsbehörde, wenn aus einer Datenschutz-Folgenabschätzung gemäß Artikel 35 hervorgeht, dass die Verarbeitung ein hohes Risiko zur Folge hätte, sofern der Verantwortliche keine Maßnahmen zur Eindämmung des Risikos trifft.

(2) [1]Falls die Aufsichtsbehörde der Auffassung ist, dass die geplante Verarbeitung gemäß Absatz 1 nicht im Einklang mit dieser Verordnung stünde, insbesondere weil der Verantwortliche das Risiko nicht ausreichend ermittelt oder nicht ausreichend eingedämmt hat, unterbreitet sie dem Verantwortlichen und gegebenenfalls dem Auftragsverarbeiter innerhalb eines Zeitraums von bis zu acht Wochen nach Erhalt des Ersuchens um Konsultation entsprechende schriftliche Empfehlungen und kann ihre in Artikel 58 genannten Befugnisse ausüben. [2]Diese Frist kann unter Berücksichtigung der Komplexität der geplanten Verarbeitung um sechs Wochen verlängert werden. [3]Die Aufsichtsbehörde unterrichtet den Verantwortlichen oder gegebenenfalls den Auftragsverarbeiter über eine solche Fristverlängerung innerhalb eines Monats nach Eingang des Antrags auf Konsultation zusammen mit den Gründen für die Verzögerung. [4]Diese Fristen können ausgesetzt werden, bis die Aufsichtsbehörde die für die Zwecke der Konsultation angeforderten Informationen erhalten hat.

(3) Der Verantwortliche stellt der Aufsichtsbehörde bei einer Konsultation gemäß Absatz 1 folgende Informationen zur Verfügung:

a) gegebenenfalls Angaben zu den jeweiligen Zuständigkeiten des Verantwortlichen, der gemeinsam Verantwortlichen und der an der Verarbeitung beteiligten Auftragsverarbeiter, insbesondere bei einer Verarbeitung innerhalb einer Gruppe von Unternehmen;

b) die Zwecke und die Mittel der beabsichtigten Verarbeitung;

c) die zum Schutz der Rechte und Freiheiten der betroffenen Personen gemäß dieser Verordnung vorgesehenen Maßnahmen und Garantien;

d) gegebenenfalls die Kontaktdaten des Datenschutzbeauftragten;

e) die Datenschutz-Folgenabschätzung gemäß Artikel 35 und

f) alle sonstigen von der Aufsichtsbehörde angeforderten Informationen.

(4) Die Mitgliedstaaten konsultieren die Aufsichtsbehörde bei der Ausarbeitung eines Vorschlags für von einem nationalen Parlament zu erlassende Gesetzgebungsmaßnahmen oder von auf solchen Gesetzgebungsmaßnahmen basierenden Regelungsmaßnahmen, die die Verarbeitung betreffen.

(5) Ungeachtet des Absatzes 1 können Verantwortliche durch das Recht der Mitgliedstaaten verpflichtet werden, bei der Verarbeitung zur Erfüllung einer im öffentlichen Interesse liegenden Aufgabe, einschließlich der Verarbeitung zu Zwecken der sozialen Sicherheit und der öffentlichen Gesundheit, die Aufsichtsbehörde zu konsultieren und deren vorherige Genehmigung einzuholen.

– *ErwG: 94–96*

Übersicht

Literatur: *Bieker/Hansen/Friedewald* Die grundrechtskonforme Ausgestaltung der Datenschutz-Folgenabschätzung nach der europäischen Datenschutz-Grundverordnung, RDV 2016, 188; *Gola* Datenschutz-Grundverordnung: DS-GVO, 2017; *Hansen-Oest* Datenschutzrechtliche Dokumentationspflichten nach dem BDSG und der Datenschutz-Grundverordnung, PinG, 79; *Jaspers/Reif* RDV 2016, Der Datenschutzbeauftragte nach der Datenschutz-Grundverordnung: Bestellpflicht, Rechtsstellung und Aufgaben, S. 61; *Kaufmann* Meldepflicht und Datenschutz-Folgeabschätzung, ZD 2012, 358; *Volkmer/Kaiser* Das Verzeichnis von Verarbeitungstätigkeiten und die Datenschutz-Folgenabschätzung in der Praxis, PinG 2017, 153; *Wichtermann* Die Datenschutz-Folgenabschätzung in der DS-GVO, DuD 2016, 797.

A. Einordnung und Hintergrund

I. Überblick

1 Die **Datenschutz-Folgenabschätzung** nach Art. 35 und die sich ggf. daran anschließende vorherige Konsultation nach Art. 36 lösen die bisher aus der DSRL bekannten **Meldepflicht** ab und kommen in den Fällen zur Anwendung, in denen eine Verarbeitung ein **hohes Risiko** nach sich zieht und der Verantwortliche keine **Maßnahmen zur Eindämmung** dieses erkannten Risikos ergreift[1].

2 Sollte der Verantwortliche bei einer **Risikoabschätzung** der einzelnen Verarbeitungsvorgänge zu dem Ergebnis kommen, dass diese voraussichtlich ein hohes Risiko für die Rechte und Freiheiten des Betroffenen darstellt, muss er eine Datenschutz-Folgeabschätzung durchführen – insbesondere dann, wenn es um eine **automatisierte Entscheidung** für den Betroffenen geht, **massenhaft sensible Daten** verarbeitet werden oder **systematisch öffentlich zugängliche Bereiche massenhaft beobachtet** werden. Auch bei der **Einführung neuer Technologien** kann eine Datenschutzfolgeabschätzung notwendig werden.

3 Stellt der Verantwortliche im Rahmen der Durchführung der Datenschutz-Folgenabschätzung fest, dass das von ihm identifizierte hohe Risiko für die Rechte und Freiheiten der betroffenen Person die **Relevanzschwelle** verletzt[2], wird er nach einer Risiko-

1 ErwG 91 S. 1.

2 Dies wird der Verantwortliche innerhalb des 4. Schrittes im Rahmen der DSFA-Prüfung erkennen.

beurteilung dazu übergehen **Maßnahmenkataloge** und **Abwehrmaßnahmen** zu überdenken, die ihm ermöglichen, dass prognostizierte Risiko auf ein akzeptables Maß zu drücken oder bestenfalls gänzlich zu eliminieren. Sollte ihm das nicht gelingen, muss sich an die Durchführung der DSFA, die vorherige Konsultation nach Art. 36 Abs. 1 anschließen. Art. 36 erlegt dem Verantwortlichen die Pflicht auf, den mit einem hohen Risiko behafteten Verarbeitungsvorgang der zuständigen Aufsichtsbehörde zu melden. Damit ist diese Konsultationspflicht mit der Vorschrift des § 4d Abs. 6 S. 3 BDSG a.F. vergleichbar[3].

Es ist vorgesehen, dass die Aufsichtsbehörde auf das **Beratungsersuchen** des Verantwortlichen innerhalb eines Zeitraums von bis zu 8 Wochen nach dessen Erhalt mit einer **schriftlichen Empfehlung** reagiert[4]. Daneben kann die konsultierte Aufsichtsbehörde auch sämtliche Möglichkeiten ausschöpfen, die ihr durch Art. 58 zur Verfügung gestellt werden. Dazu gehören **Untersuchungsbefugnisse** nach Art. 58 Abs. 1, genauso wie **Abhilfebefugnisse** gem. Art. 58 Abs. 2. In Konsequenz dürfte die Aufsichtsbehörde somit den relevanten Verarbeitungsvorgang auch **untersagen**[5]. 4

II. Unterschiede und Gemeinsamkeiten zur Meldepflicht

Bereits die DSRL enthielt eine vergleichbare Regelung, wonach die verantwortliche Stelle im Grundsatz, Verarbeitungen bei den Aufsichtsbehörden zu melden hatte. Der europäische Richtliniengeber eröffnete jedoch den Mitgliedstaaten die Möglichkeit von dieser Regel abzuweichen. In Deutschland spiegelte sich diese Ausnahme in § 4 d BDSG a.F. wieder. Andere Länder machten von dieser Ausnahme keinen Gebrauch. 5

Vergleichbar mit der Verschiebung der Pflichten von dem Datenschutzbeauftragten, hin zum Verantwortlichen (was die Vorabkontrolle und die Datenschutz-Folgenabschätzung angeht), führt die DS-GVO ebenfalls zu einer Verlagerung der Rollen hinsichtlich der Meldepflicht gem. § 4d Abs. 5 BDSG a.F. und Art. 36. Was die **Vorabkontrolle** betrifft, verlagert sich die Zuständigkeit des Datenschutzbeauftragten hinsichtlich der Durchführung der Datenschutz-Folgenabschätzung zum Verantwortlichen. Sollte eine nachgelagerte Überprüfung angebracht sein, weil der Verarbei tungsvorgang trotz angedachter Maßnahmen zur Bewältigung der prognostizierten hohen Risiken weiterhin hochriskant erscheint, muss der Verantwortliche die Aufsichtsbehörde im Wege der vorherigen Konsultation involvieren. Für diejenigen Mitgliedstaaten, die nach alter Rechtslage einer grundsätzlichen Meldepflicht von Verarbeitungsvorgängen unterlagen, kommt die aktuelle Rechtslage einer **Vereinfachung und Erleichterung** der bisherigen Anforderungen gleich. 6

Für Verantwortliche in Deutschland führt die neue Regelung jedoch zu einer **Verschärfung**[6] ihrer Pflichten, da das **Prinzip der innerbetrieblichen Selbstkontrolle**[7] in diesem Fall eine einschneidende Änderung erfährt. Eine Lösung des innerbetrieblichen Problems ist durch eine Beteiligung des Datenschutzbeauftragten allein nicht mehr möglich. Was die konzeptionelle Neuausrichtung der DS-GVO angeht, ent- 7

3 *Hansen-Oest* PinG 2016, 79, 84.
4 ErwG 94 S. 3.
5 ErwG 94 S. 4.
6 Gola-*Nolte/Werkmeister* Art. 36 Rn. 1.
7 *Jaspers/Reif* RDV 2016, 61 ff.

spricht diese Änderung jedoch in Konsequenz dem **risikobasierten Ansatz** der DS-GVO, der sich wie ein roter Faden durch wesentliche Regelungen der DS-GVO zieht[8].

8 Eine Verschärfung, im Vergleich zu der aktuellen Rechtslage, kann auch insbesondere für Branchen vermutet werden, deren **Geschäftsmodelle** und **Wettbewerbsvorteile** gerade darauf beruhen, schnell, flexibel und unkonventionell auf die sich dynamisch ändernden äußeren Bedingungen reagieren zu können[9]. In der Tat lassen hier, vor allem die in Aussicht gestellten Zeitvorgaben, die ein Verantwortlicher für eine weiterführende Stellungnahme durch die Aufsichtsbehörde im schlimmsten Fall zu erwarten hat, befürchten, dass diese für insbesondere junge Unternehmen mit **zeitkritischen Geschäftsmodellen** und wenig finanziellem Polster eine nicht zu unterschätzende Eintrittsbarriere und laufende Gefahr für den Geschäftsbetrieb darstellen können.

9 Datenschutz-Folgenabschätzungen und somit auch die Pflicht zur vorherigen Konsultation können sich auch aus einem Umstand ergeben, der nicht unmittelbar aus der Sphäre des Verantwortlichen stammt. Bspw. könnte ein Verarbeitungsvorgang durch das Auftauchen von Sicherheitslücken in einer als bisher sicher geglaubten Verschlüsselung **unerwartet** zu einem hohen Risiko führen, weil eine Verschlüsselung gebrochen wurde. Der Verantwortliche müsste hier eine Datenschutz-Folgenabschätzung im Sinne von Art. 35 Abs. 1 2. Hs anstoßen. Damit stünde der Verantwortliche vor dem Problem, dass ein bereits **etablierter Geschäftsprozess** bis zur Klärung durch die Aufsichtsbehörde **untersagt** werden könnte und hätte zudem das Risiko zu tragen, den Geschäftsbetrieb zu stoppen oder gänzlich zu beenden. Damit ist eine Aufstockung der Aufsichtsbehörden in punkto Personalausstattung und technisches Know-how ein wichtiges Argument für den Erfolg der vorherigen Konsultation gem. Art. 36. Die Wartezeit sollte für den Verantwortlichen in diesen Fällen auf ein Minimum bzw. erträgliches Maß reduziert werden können.

B. Kommentierung

I. Auslöser einer Konsultationspflicht

10 Ohne eine genaue Betrachtung der Datenschutz-Folgenabschätzung nach Art. 35 lässt sich nicht bestimmen, ob eine vorherige Konsultation von dem Verantwortlichen verpflichtend durchzuführen ist. Die Voraussetzungen, die zu einer vorherigen Konsultation führen, sind denkbar kurz in Art. 36 Abs. 1 beschrieben. Der sehr wortkarge Wortlaut erklärt, dass die vorherige Konsultation für die Fälle von durchgeführten Datenschutz-Folgenabschätzungen obligatorisch ist, bei denen der Verantwortliche zwar ein hohes Risiko festgestellt hat, aber gleichzeitig keine Maßnahmen zur Eindämmung des Risikos trifft.

11 Der Wortlaut des Art. 36 Abs. 1 verleitet zu der Annahme, dass hier der Fall eines Verantwortlichen beschrieben wird, der trotz einer erlangten Prognose oder Gewissheit, dass ein hohes Risiko für die Rechte und Freiheiten der betroffenen Person besteht, **untätig** bleibt, was die **Umsetzung von Abwehrmaßnahmen** hinsichtlich dieser Gefahren angeht. Der eigentlichen Motivation der Regelung käme es ggf. näher, wenn es

8 *Veil* ZD 2015, 347, 348.

9 *Hansen-Oest* Ping 2016, 79 (84): Wahrscheinlich sind hier insbesondere Vorgehensmodelle des Projekt- und Produktmanagements aus dem Bereich der agilen Softwareentwicklung, wie bspw. „Scrum" gemeint.

hieße, dass der „Verantwortliche zwar ein hohes Risiko festgestellt hat, aber gleichzeitig nicht in der Lage ist, geeignete Maßnahmen zur Eindämmung des Risikos zu treffen".

Der dazugehörige ErwG scheint etwas näher an dem **eigentlichen Willen des Verordnungsgebers** zu liegen. Der Verantwortliche muss danach der Auffassung sein, dass das Risiko nicht durch **verfügbare Technologien und Implementierungskosten** vertretbare Mittel eingedämmt werden kann, **obwohl** aus einer durchgeführten Datenschutz-Folgenabschätzung hervorgeht, dass die Verarbeitung bei Fehlen von Garantien, Sicherheitsvorkehrungen und Mechanismen zur Minderung des Risikos ein **hohes Risiko** für die Rechte und Freiheiten natürlicher Personen mit sich bringen würde[10]. Diese Ansicht wird durch einen weiteren ErwG, der sich mit der Risikoevaluierung und Folgenabschätzung allgemein beschäftigt, gestützt[11]. Darin wird erläutert, dass die Aufsichtsbehörde vor der Verarbeitung konsultiert werden sollte, sofern aus einer Datenschutz-Folgenabschätzung hervorgeht, dass Verarbeitungsvorgänge ein hohes Risiko bergen, welches der Verantwortliche nicht durch geeignete Maßnahmen in Bezug auf verfügbare Technik und Implementierungskosten eindämmen kann. **12**

Der konkrete Auslöser einer vorherigen Konsultation ist damit als dasjenige Risiko zu charakterisieren, dass **trotz aller Maßnahmen** zur Eindämmung des hohen Risikos, weiterhin **verbleibt**. Wäre das Risiko auf Grund der möglichen oder eingeleiteten Maßnahmen zwar noch vorhanden, aber nicht mehr als hoch zu qualifizieren, wäre das Ergebnis der Datenschutz-Folgenabschätzung negativ ausgefallen. Die Verarbeitung dürfte damit in den Produktivbetrieb übergehen. Das trotz der Maßnahmen verbleibende Restrisiko muss also daher nach wie vor als hoch zu qualifizieren sein[12]. Der Auslöser ist damit ein Verarbeitungsvorgang, dessen Risiko nach erfolgter Durchführung der Datenschutz-Folgenabschätzung und dem Einsatz von Eindämmungsmaßnahmen zur Reduzierung des Risikos, nach wie vor als hochriskant einzustufen ist, so dass der Verantwortliche im Anschluss an die Durchführung der Datenschutz-Folgenabschätzung und vor einem Beginn des relevanten Verarbeitungsvorgangs die zuständige Aufsichtsbehörde konsultieren muss. **13**

In Anbetracht der Bußgelder, die eine Verletzung der Konsultationspflicht nach sich ziehen würde, kann Unternehmen nur geraten werden, für Zwecke der **Dokumentation** der vorherigen Konsultation zumindest die **Textform** zu wählen[13]. **14**

II. Pflichten und Befugnisse der Aufsichtsbehörde gem. Art. 36 Abs. 2

Nach dem die Aufsichtsbehörde das **Konsultationsersuchen** des Verantwortlichen erhalten hat, stehen ihr bis zu 8 Wochen zur Verfügung, um dem Verantwortlichen eine **schriftliche Empfehlung** zu kommen zu lassen. **15**

Nach dem Wortlaut trifft diese Pflicht die Aufsichtsbehörde zwar nur, wenn sie der Auffassung ist, dass die geplante Verarbeitung gem. Art. 36 Abs. 1 **nicht im Einklang** mit dieser Verordnung steht. Als exemplarischen Grund für diese mögliche Bewertung durch die Aufsichtsbehörde spricht der Verordnungsgeber die Möglichkeit an, **16**

10 ErwG 94 S. 1.
11 ErwG 84.
12 Gola-*Nolte/Werkmeister* Art. 36 Rn. 4.
13 *Hansen-Oest* ZD 2016, 79, 84.

dass der Verantwortliche das Risiko nicht ausreichend genug eingedämmt hat. Jedoch dürfte klar sein, dass die Aufsichtsbehörde auch bei einem Konsultationsersuchen, welches auf einem Verarbeitungsvorgang beruht, das nicht als hoch riskant eingestuft wird, ebenfalls innerhalb des genannten Zeitraums schriftlich Stellung beziehen muss.

17 Denkbar wäre es, dass ein Verantwortlicher, eine **nicht zeitkritische Freigabe** der Verarbeitung vorausgesetzt, sogar Verarbeitungen zur vorherigen Konsultation einreicht, die offensichtlich nicht risikobehaftet sind. Die Möglichkeit, dass ein Verantwortlicher in Zweifelsfällen den geplanten Verarbeitungsvorgang sicherheitshalber immer der Aufsichtsbehörde zur Konsultation vorlegen wird, ist nachvollziehbar und von der Intention der Regelung gedeckt. Ähnlich wurde dies auch in der Praxis bei der Vorabkontrolle gehandhabt, mit dem Unterschied, dass der gesamte Ablauf durch das Prinzip der betrieblichen Selbstkontrolle gedeckt, nicht nach außen drang. Auch nach alter Rechtslage wurde **im Zweifel lieber eine Vorabkontrolle** durchgeführt[14].

18 Es könnte sich in der Praxis jedoch die Frage stellen, wie die Aufsichtsbehörden mit Verantwortlichen umgehen, die **offensichtlich risikolose Verarbeitungen**, der Aufsichtsbehörde zur Prüfung und Stellungnahme vorlegen. Es steht nicht außerhalb jeglicher Lebenserfahrung, dass die behördliche **„Freigabe"** eines Verarbeitungsvorgangs als **Marketingaspekt** betrachtet werden könnte, wenn bspw. Auftragsverarbeiter diese Verarbeitung dann im Nachgang als Dienstleitung vermarkten und dieses Produkt oder System als **„von der Aufsichtsbehörde für unbedenklich gehalten"** bewerben.

19 Sollte eine Aufsichtsbehörde bei offensichtlicher Unbedenklichkeit des zur Konsultation eingereichten Verarbeitungsvorgangs eine **Missbräuchlichkeit** sehen und die Konsultation ohne qualifizierte Stellungnahme abgeben, könnte der Verantwortliche zur Kaschierung der Offensichtlichkeit eine wieder leicht behebbare Schwäche in seine technisch-organisatorischen Maßnahmen einbauen und diese dann nach der Empfehlung der Aufsichtsbehörde wieder beseitigen[15].

20 Mögliche Missbräuche in dieser Hinsicht könnten ggf. dadurch eingedämmt werden, dass die Möglichkeit der vorherigen Konsultation mit einer Gebühr für die Inanspruchnahme durch den Verantwortlichen belegt wird. Es sollte dann nur Sorge dafür getragen werden, dass die Höhe der Gebühr kein Dilemma zwischen „abschreckend genug gegen Missbrauch" und „zu abschreckend" für eine rechtskonforme Nutzung des Instruments darstellt. Ein deutlicher Mehraufwand für die Aufsichtsbehörden scheint hierbei wahrscheinlich[16].

21 Nicht nur der **Verantwortliche**, sondern auch der Auftragsverarbeiter können in das Instrument der vorherigen Konsultation eingebunden werden. Ihre schriftlichen Empfehlungen kann die Aufsichtsbehörde auch direkt an den Auftragsverarbeiter richten. Dies schließt ein, dass die Aufsichtsbehörde im Rahmen ihrer in der Verordnung festgelegten Aufgaben und Befugnisse eingreifen kann, was die Befugnis einschließt, **Verarbeitungsvorgänge** auch beim Auftragsverarbeiter zu **untersagen**. Hat die Aufsichtsbehörde Zweifel und macht davon Gebrauch und untersagt das geplante Vorgehen im

14 *Volkmer/Kaiser* PinG 153, 155.

15 Bspw. könnte im Rahmen eines Verarbeitungsvorgangs auf eine Verschlüsselung oder Anonymisierung verzichtet werden, um diese nach der Rüge der Aufsichtsbehörde zu implementieren.

16 *Hansen-Oest* PinG, 2016, 79, 84.

Rahmen ihrer Kompetenzen gem. Art. 58, verpflichtet Art. 36 Abs. 2 S. 1 sie ausdrücklich zur Unterbreitung von **Vorschlägen zur Mängelbeseitigung**[17].

22 In Einzelfällen kann die Frist von 8 Wochen auch um **weitere 6 Wochen ausgedehnt** werden. Der Anwendungsfall dafür wird die **Komplexität** des vorliegenden Falls sein. Da der Begriff der Komplexität einer objektiven Prüfung nicht zugänglich ist, ist die Befürchtung nicht ganz fernliegend, dass ggf. auch andere Gründe für eine Verlängerung der Frist angeführt werden könnten[18]. In jedem Fall muss der Verantwortliche oder ggf. der Auftragsverarbeiter über die **Verzögerung** und die Gründe dafür innerhalb eines Monats nach Eingang der Konsultation **unterrichtet** werden.

23 Es ist nicht ausgeschlossen, dass der Verantwortliche oder der Auftragsverarbeiter auch länger als 14 Wochen auf eine schriftliche Empfehlung warten müssen. Zum Repertoire der Aufsichtsbehörde, was ihre Befugnisse angeht, gehört es auch, dass sie die **Fristen aussetzen** kann, bis sie von dem Verantwortlichen oder Auftragsverarbeiter die für die Zwecke der Konsultation **angeforderten Informationen** erhalten hat.

24 Der Umstand, dass die für die Zwecke der Konsultation angeforderten und für eine Stellungnahme durch die Aufsichtsbehörde erforderlichen Informationen ggf. nur ausreichend schnell zu beschaffen sind, wenn der Auftragsverarbeiter gut **kooperiert**, verdeutlicht die Wichtigkeit, entsprechende Klauseln in die Vereinbarungen zur Auftragsverarbeitung gem. Art. 28 aufzunehmen[19]. Es ergibt sich auch aus den Erwägungsgründen[20], dass der **Auftragsverarbeiter** erforderlichenfalls den Verantwortlichen auf Anfrage bei der Gewährleistung der Einhaltung der sich aus der Durchführung der Datenschutz-Folgenabschätzung und der vorherigen Konsultation der Aufsichtsbehörde ergebenden Auflagen **unterstützen** sollte. Im Rahmen einer Vereinbarung nach Art. 28 kann diese Unterstützungspflicht deutlich mehr konkretisiert und ggf. auch mit Haftungsmöglichkeiten für die Fälle einer fehlenden Kooperationsbereitschaft erweitert werden.

III. Basisinformationen des Konsultationsersuchens

25 Art. 36 Abs. 3 legt die Inhalte fest, die der Verantwortliche im Rahmen einer vorherigen Konsultation der Aufsichtsbehörde vorzulegen hat. Verpflichtet diese Informationen zusammenzutragen ist zwar originär der Verantwortliche. Jedoch wird er in der Praxis, insbesondere bei der Einbindung von Auftragsverarbeitern, auf die **Kooperation aller Beteiligten** angewiesen sein, die auch im Rahmen der Datenschutz-Folgenabschätzung als Beteiligte involviert waren.

26 So sind auch in Art. 36 Abs. 3 lit. a **Angaben** derjenigen **Beteiligten** gefordert, die bei der Durchführung der Datenschutz-Folgenabschätzung eine **Rolle gespielt** haben[21]. Eines der zur Verfügung zu stellenden Angaben, sind gem. Art. 36 Abs. 3 lit. e die Informationen aus der Datenschutz-Folgenabschätzung selbst. Das ist verständlich, da

17 *Kaufmann* ZD 2012, 358, 362.

18 Die nach alter Rechtslage existierende Personalknappheit dürfte sich mit Wirksamwerden der DS-GVO nicht sofort erledigt haben. Ebenfalls kritisch: *Kaufmann* ZD 2012, 358, 362.

19 Wie bspw. in Ziffer 5. f) und h) GDD-Praxishilfe DS-GVO IV – Vertragsmuster zur Auftragsverarbeitung, https://www.gdd.de/downloads/praxishilfen/GDD-Praxishilfe_DS-GVO_4.pdf.

20 ErwG 96.

21 Vgl. Art. 35 Rn. 106 ff.

die Aufsichtsbehörde anhand dieser Informationen am schnellsten und sichersten eine Beurteilung fällen kann. Insbesondere die Informationen, die der Verantwortliche zur **Eindämmung des hohen Risikos** für die Rechte und Freiheiten natürlicher Personen als Maßnahme ins Feld führt, werden für die Beurteilung und Empfehlung der Aufsichtsbehörde von Relevanz sein.

27 Auch alle anderen Angaben, die gem. Art. 36 Abs. 3 lit a bis f der Aufsichtsbehörde zur Verfügung gestellt werden sollen, dürften bei dem Verantwortlichen **keine wesentlichen Mehraufwände** verursachen, sofern er bei der Durchführung der Datenschutz-Folgenabschätzung gewissenhaft gearbeitet und wie erforderlich dokumentiert hat. Alle geforderten Informationen können eins zu eins aus dem **Bericht** zur Datenschutz-Folgenabschätzung entnommen oder abgeleitet werden.

28 Nach Art. 36 Abs. 3 lit. d sollen auch die **Kontaktdaten des Datenschutzbeauftragten** ggf. zur Verfügung gestellt werden. Unklar ist, ob sich das ggf. auf den Umstand bezieht, dass ein Datenschutzbeauftragter benannt ist oder den Umstand, dass dieser nicht ohnehin schon nach Art. 37 Abs. 7 gemeldet und damit der Aufsichtsbehörde bekannt ist.

29 Da die in Art. 36 Abs. 3 lit. a bis f genannten Informationen nicht abschließend sind, liegt es in der Befugnis der Aufsichtsbehörde weitere Informationen anzufordern, soweit diese zum **weiteren Erkenntnisgewinn** in der Sache dienlich sind.

IV. Konsultation im Rahmen von Gesetzgebungsverfahren

30 Art. 36 Abs. 4 adressiert Mitgliedstaaten, sofern sie den **Erlass von Rechts- oder Verwaltungsvorschriften** planen. Danach soll eine Konsultation der Aufsichtsbehörde auch während der Ausarbeitung von Gesetzes- oder Regelungsvorschriften, in denen eine Verarbeitung personenbezogener Daten vorgesehen ist, erfolgen[22].

31 Um die Vereinbarkeit von Verordnung und eben solchen Regelungen zu gewährleisten, normiert Art. 36 Abs. 4 diese **Konsultationspflicht für den nationalen Gesetzgeber**. Damit ist klar, dass ihn diese Pflicht immer dann trifft, wenn es um die Verarbeitung personenbezogener Daten geht. Die Konsultation der Aufsichtsbehörde soll nach den Konkretisierungen des dazugehörigen ErwG erfolgen, um bei der Ausarbeitung von Gesetzes- oder Regelungsvorschriften, in denen eine Verarbeitung personenbezogener Daten vorgesehen ist, die Vereinbarkeit der geplanten Verarbeitung mit dieser Verordnung sicherzustellen und insbesondere das mit ihr für die betroffene Person verbundene Risiko einzudämmen.

32 Eine damit vergleichbare Vorschrift existierte nach alter Rechtslage gem. Art. 20 Abs. 3 DSRL. Auf nationaler Ebene existiert ein vergleichbares Konzept im Rahmen der gemeinsamen Geschäftsordnung der Bundesministerien. Eine Beteiligung der BfDI durch das federführende Bundesministerium entsprechend den Vorgaben der Gemeinsamen Geschäftsordnung der Bundesministerien soll im Regelfall ebenfalls für eine Vereinbarkeit im Bereich der Verarbeitung personenbezogener Daten sorgen[23]. Die Regelung berührt das verfassungsrechtlich in Art. 76 ff. GG geregelte Verfahren der Gesetzgebung, ohne jedoch generell das Verfahren zu ändern, in dem Par-

22 ErwG 96.

23 Gemeinsame Geschäftsordnung der Bundesministerien: Abschn. 3 Beteiligungen und Unterrichtungen.

lamentsgesetze im Zusammenspiel der Institutionen entsprechend der Verfassung zustande kommen. Betroffen sind nur bestimmte Konstellationen von Normen mit datenschutzrechtlichem Charakter[24]. Die Regelung geht **nicht auf die Konsequenzen im Falle einer unterbliebenen Konsultation** ein.

V. Öffnungsklausel zur Konsultationspflicht

Bei Art. 36 Abs. 5 handelt es sich um eine der zahlreichen **Öffnungsklauseln**, die die DS-GVO vorsieht. Diese Öffnungsklausel sieht insoweit eine Abweichung zu Art. 36 Abs. 1 vor. Klarer wird die Motivation des europäischen Gesetzgebers bei Betrachtung der Erwägungsgründe[25]. **33**

Der Verordnungsgeber eröffnet den Mitgliedstaaten die Möglichkeit nationale Bestimmungen, mit denen die Anwendung der Vorschriften dieser Verordnung genauer festgelegt wird, beizubehalten oder einzuführen, sofern es um eine Verarbeitung personenbezogener Daten zur Erfüllung einer rechtlichen Verpflichtung oder zur Wahrnehmung einer Aufgabe geht, die im öffentlichen Interesse liegt oder in Ausübung öffentlicher Gewalt erfolgt, die dem Verantwortlichen übertragen wurde. **34**

Eine beispielhafte Aufzählung, welche Aufgaben darunterfallen, kann der nicht abschließenden Aufzählung in Art. 23 Abs. 1 lit. e entnommen werden[26]. Dazu zählt der Verordnungsgeber bspw. den Währungs-, Haushalts- und Steuerbereich sowie den Bereich der öffentlichen Gesundheit und der sozialen Sicherheit. **35**

C. Praxishinweise

I. Relevanz für öffentliche Stellen

Hier besteht keine besondere Relevanz. **36**

II. Relevanz für nichtöffentliche Stellen

Es ist zu erwarten, dass viele Verantwortliche zu Beginn der Wirksamkeit der DS-GVO noch Unsicherheiten in der Anwendung dieses neuen Instruments haben werden. Das bisherige Pendant zur Datenschutz-Folgenabschätzung, in Form der Vorabkontrolle, war eher ein Instrument der betrieblichen Selbstkontrolle, so dass sich in der Regel der Datenschutzbeauftragte mit den Fragen rund um die Vorabkontrolle befasste. Auch jetzt wird der Datenschutzbeauftragte manche der Fragen und Unsicherheiten rund um die Datenschutz-Folgenabschätzung und eine mögliche vorherige Konsultation ggf. abfangen können. **37**

Verbleibende Restfragen werden aber sowohl der Datenschutzbeauftragte als auch der Verantwortliche mit der Aufsichtsbehörde klären wollen, und in Anbetracht der möglichen Geldbußen auch klären müssen, um gerade bei diesem neuen Instrument keine Fehler zu begehen. **38**

Sollte sich jedoch herausstellen, dass die Aufsichtsbehörden dieser Aufgabe, die sowohl in personeller als auch organisatorischer Hinsicht anspruchsvoll sein wird, nicht in einer für die Unternehmen zumutbaren Geschwindigkeit und Güte nachkom- **39**

---

24 *Kühling Martini u.a.* Die Datenschutz-Grundverordnung und das nationale Recht, S. 92.
25 ErwG 10 S. 3.
26 Gola-*Nolte/Werkmeister* Art. 36 Rn. 13.

men können, dürfte sich die Motivation der Verantwortlichen, den Schritt der vorherigen Konsultation zu gehen, trotz der verschärften Geldbußen verringern. Ob die Unternehmen dann tatsächlich diesen Schritt gehen und erforderlichenfalls eine vorherige Konsultation einleiten, dürfte zu einem rein monetär betrachteten Risikoabwägungsprozess verkümmern.

40 Diese Risikoabwägungsprozesse könnten zumindest bei lukrativen Geschäftsvorhaben durch die Einholung von juristischen oder technischen Gutachten zusätzlich flankiert werden, um der Aufsichtsbehörde im Falle einer näheren Untersuchung des Geschäftsvorhabens eine belastbare Durchführung einer Datenschutz-Folgenabschätzung vorlegen zu können.

III. Relevanz für betroffene Personen

41 Hier besteht keine besondere Relevanz.

IV. Relevanz für Aufsichtsbehörden

42 Im Falle, dass die Aufsichtsbehörde nicht innerhalb der in Art. 36 Abs. 2 genannten Fristen eine positive Rückmeldung gibt oder schriftliche Empfehlungen zur Nachbesserung vorlegt, könnte der für die Verarbeitung Verantwortliche, gegen die Aufsichtsbehörde Untätigkeitsklage erheben[27]. Ausgehend von der aktuellen personellen Ausstattung der meisten Aufsichtsbehörden, erscheint es jedoch nicht allzu unwahrscheinlich, dass es den konsultierten Aufsichtsbehörden Schwierigkeiten bereiten dürfte, binnen 14 Wochen die geforderte Rückmeldung oder schriftliche Empfehlung zu liefern. Datenverarbeitungsvorgänge können sowohl technisch wie auch juristisch beliebig komplex und anspruchsvoll sein. Insbesondere bis eine gewisse Sicherheit bei der Anwendung dieses neuen Instruments eingekehrt ist, könnte es sein, dass die Anzahl der zeitgleich eingereichten Konsultationen so hoch ist, dass die Aufsichtsbehörden in personelle Engpässe geraten.

43 Die bei den Verantwortlichen zu befürchtende Unsicherheit, welche Maßnahmen sie nach der Datenschutz-Folgenabschätzung und der vorherigen Konsultation vornehmen müssen, dürfte einen nicht zu vernachlässigenden zusätzlichen Beratungsbedarf bei den Aufsichtsbehörden verursachen.

44 Die Beratung dürfte mit einem wechselseitigen Austausch von Informationen zwischen der Aufsichtsbehörde und dem Verantwortlichen, der Konzipierung von Gestaltungsvorschlägen für die Verarbeitungsvorgänge und die Erörterung von Alternativen einhergehen[28].

45 In eher untypischen Fällen muss die Aufsichtsbehörde umfangreiche Untersuchungen und Abschätzungen durchführen, um zu ihrer in ErwG 91 erwähnten Auffassung der Notwendigkeit einer Datenschutz-Folgenabschätzung zu gelangen. Dies wird einen hohen Beratungsbedarf für die zur Datenschutz-Folgenabschätzung Verpflichteten nach sich ziehen.

---

27 *Laue/Nink/Kremer* Das neue Datenschutzrecht, 2017, 244.
28 *Roßnagel* Zusätzlicher Arbeitsaufwand für die Aufsichtsbehörden der Länder durch die Datenschutz-Grundverordnung, S. 99.

Ob diese Prognosen eintreffen, wird zum einen davon abhängen, wie schnell es zum einen gelingt, eine ausreichende Rechtssicherheit darüber zu erlangen, wann eine Konsultation tatsächlich erforderlich ist und zum anderen, wie gut sich die Aufsichtsbehörden auf den Bedarf von mehr Personal sowie ggf. auch einem breiteren juristischen und technischen Know-how einstellen können. **46**

V. Relevanz für das Datenschutzmanagement

Bei der Erstellung oder der Anpassung des Datenschutz-Managements muss das Erfordernis einer ggf. erforderlichen vorherigen Konsultation mitberücksichtigt werden. Dies gilt für die Frage, auf Basis welcher Bewertungen und durch welche Beteiligte eine solche Entscheidungen getroffen werden soll. **47**

Abschnitt 4
Datenschutzbeauftragter

Artikel 37 Benennung eines Datenschutzbeauftragten

(1) Der Verantwortliche und der Auftragsverarbeiter benennen auf jeden Fall einen Datenschutzbeauftragten, wenn

a) die Verarbeitung von einer Behörde oder öffentlichen Stelle durchgeführt wird, mit Ausnahme von Gerichten, die im Rahmen ihrer justiziellen Tätigkeit handeln,

b) die Kerntätigkeit des Verantwortlichen oder des Auftragsverarbeiters in der Durchführung von Verarbeitungsvorgängen besteht, welche aufgrund ihrer Art, ihres Umfangs und/oder ihrer Zwecke eine umfangreiche regelmäßige und systematische Überwachung von betroffenen Personen erforderlich machen, oder

c) die Kerntätigkeit des Verantwortlichen oder des Auftragsverarbeiters in der umfangreichen Verarbeitung besonderer Kategorien von Daten gemäß Artikel 9 oder von personenbezogenen Daten über strafrechtliche Verurteilungen und Straftaten gemäß Artikel 10 besteht.

(2) Eine Unternehmensgruppe darf einen gemeinsamen Datenschutzbeauftragten ernennen, sofern von jeder Niederlassung aus der Datenschutzbeauftragte leicht erreicht werden kann.

(3) Falls es sich bei dem Verantwortlichen oder dem Auftragsverarbeiter um eine Behörde oder öffentliche Stelle handelt, kann für mehrere solcher Behörden oder Stellen unter Berücksichtigung ihrer Organisationsstruktur und ihrer Größe ein gemeinsamer Datenschutzbeauftragter benannt werden.

(4) [1]In anderen als den in Absatz 1 genannten Fällen können der Verantwortliche oder der Auftragsverarbeiter oder Verbände und andere Vereinigungen, die Kategorien von Verantwortlichen oder Auftragsverarbeitern vertreten, einen Datenschutzbeauftragten benennen; falls dies nach dem Recht der Union oder der Mitgliedstaaten vorgeschrieben ist, müssen sie einen solchen benennen. [2]Der Datenschutzbeauftragte kann für derartige Verbände und andere Vereinigungen, die Verantwortliche oder Auftragsverarbeiter vertreten, handeln.

(5) Der Datenschutzbeauftragte wird auf der Grundlage seiner beruflichen Qualifikation und insbesondere des Fachwissens benannt, das er auf dem Gebiet des Datenschutzrechts und der Datenschutzpraxis besitzt, sowie auf der Grundlage seiner Fähigkeit zur Erfüllung der in Artikel 39 genannten Aufgaben.

(6) Der Datenschutzbeauftragte kann Beschäftigter des Verantwortlichen oder des Auftragsverarbeiters sein oder seine Aufgaben auf der Grundlage eines Dienstleistungsvertrags erfüllen.

(7) Der Verantwortliche oder der Auftragsverarbeiter veröffentlicht die Kontaktdaten des Datenschutzbeauftragten und teilt diese Daten der Aufsichtsbehörde mit.

– *ErwG: 24, 91 und 97*
– *BDSG n.F.: §§ 5, 38*

Übersicht

Literatur: *Art.-29-Datenschutzgruppe* WP 243 rev. 01 „Leitlinien in Bezug auf Datenschutzbeauftragte („DSB“)“, http://ec.europa.eu/newsroom/just/document.cfm?doc_id=48137; *Bittner* Der Datenschutzbeauftragte gemäß EU-Datenschutz-Grundverordnungs-Entwurf, RDV 2014, 183; *Datenschutzkonferenz* Kurzpapier Nr. 12 „Datenschutzbeauftragte bei Verantwortlichen und Auftragsverarbeitern“ (Stand: 16.1.2018); *Eckhardt/Kramer/Mester* Auswirkungen der geplanten EU-DS-GVO auf den deutschen Datenschutz, DuD 2013, 623; *Franck* Altverhältnisse unter DS-GVO und neuem BDSG, ZD 2017, 509; *Gierschmann* Was „bringt“ deutschen Unternehmen die DS-GVO? Mehr Pflichten, aber die Rechtsunsicherheit bleibt, ZD 2016, 51; *Jaspers/Reif* Der Datenschutzbeauftragte nach der Datenschutz-Grundverordnung: Pflicht zur Benennung, Rechtsstellung und Aufgaben, RDV 2016, 61; *Klug* Der Datenschutzbeauftragte in der EU – Maßgaben der Datenschutzgrundverordnung, ZD 2016, 315; *Lantwin* Risikoberuf Datenschutzbeauftragter? Die Haftung nach der neuen DS-GVO, ZD 2017, 411; *LDI NRW* Häufig gestellte Fragen zum Datenschutzbeauftragten (FAQ), Stand: 09/2017; *Marschall/Müller* Der Datenschutzbeauftragte im Unternehmen zwischen BDSG und DS-GVO, ZD 2016, 415; *Niklas/Faas* Der Datenschutzbeauftragte nach der Datenschutz-Grundverordnung, NZA 2017, 1091; *Weichert* Die Zukunft des Datenschutzbeauftragten, CuA 4/2016, 8; *Wybitul/von Gierke* Checklisten zur DSGVO – Teil 2: Pflichten und Stellung des Datenschutzbeauftragten im Unternehmen, BB 2017, 181.

A. Einordnung und Hintergrund

I. Einführung

Die Art. 37 bis 39 dienen der **Effektivierung der Datenschutzpraxis durch betriebliche und behördliche Selbstkontrolle.**[1] Über die Verpflichtung zur Benennung eines Datenschutzbeauftragten durch die datenverarbeitenden Stellen wurde während des Verfahrens zum Erlass der DS-GVO heftig gestritten.[2] Die Mehrheit im Europäischen Rat lehnte eine Benennungspflicht strikt ab, weil sie diese für eine zu hohe Kostenbelastung hielt. Das Ergebnis der Verhandlungen war ein Kompromiss, wonach nach der **DS-GVO** eine **Benennungspflicht nur in relativ wenigen Fällen** besteht, nämlich nur für öffentliche Stellen sowie Verantwortliche und Auftragsverarbeiter, deren Kerntätigkeit eine umfangreiche regelmäßige und systematische Überwachung von betroffenen Personen erfordert bzw. deren Kerntätigkeit in der umfangreichen Verarbeitung besonders geschützter Daten (Art. 9 und 10) besteht[3], es aber über eine Öffnungsklausel in Art. 37 Abs. 4 gestattet ist, auf nationaler Ebene eine weiterreichende Benennungspflicht vorzusehen. Auf Art. 37 Abs. 4 basiert § 38 Abs. 1 BDSG n.F., der für nichtöffentliche Stellen **in Deutschland im Kern diejenigen Voraussetzungen für die verpflichtende Benennung eines Datenschutzbeauftragten** festschreibt, **wie sie auch schon unter dem BDSG a.F. galten.** 1

1 Gola-*Klug* Art. 37 Rn. 1.
2 *Albrecht/Jotzo* Das neue Datenschutzrecht der EU, S. 95.
3 Zu den Benennungsvoraussetzungen nach der DS-GVO vgl. im Einzelnen Rn. 14 ff.

2 Die Umsetzung der DS-GVO stellt die Unternehmen vor große Herausforderungen und der Druck, die datenschutzrechtlichen Vorgaben einzuhalten, ist aufgrund der drastischen Bußgeldrahmen der Verordnung höher als je zuvor. Der Datenschutzbeauftragte als fachkundiges internes Beratungs- und Kontrollorgan leistet insoweit nicht nur einen wichtigen Beitrag zum **Persönlichkeitsrechtsschutz**, sondern hilft auch bei der **Reduzierung von Unternehmensrisiken**. Dies sieht auch die Art.-29-Datenschutzgruppe[4] ähnlich, die den Datenschutzbeauftragten als „Schlüsselfigur" bezeichnet, die die Einhaltung der Bestimmungen der DS-GVO erleichtert und als Mittler zwischen den maßgeblichen Interessenträgern (z.B. Aufsichtsbehörden, betroffene Personen und Unternehmensleitung) fungiert. Insofern ist es sehr zu begrüßen, dass der nationale Gesetzgeber sein Versprechen[5] gehalten und das bewährte System der Datenschutzbeauftragten in Deutschland beibehalten hat, auch wenn es im Hinblick auf die mit der DS-GVO bezweckte europaweite Harmonisierung des Datenschutzrechts vorzugswürdig gewesen wäre, wenn sich dem deutschen Standard entsprechende Anforderungen an die Pflicht zur Benennung europaweit durchgesetzt hätten.

3 Art. 37 regelt insbesondere, unter welchen Voraussetzungen Verantwortliche und Auftragsverarbeiter einen Datenschutzbeauftragten benennen müssen. Zusätzlich finden sich u.a. Regelungen zum sog. gemeinsamen Datenschutzbeauftragten in Unternehmensgruppen und bei öffentlichen Stellen, zu den Anforderungen an die berufliche Qualifikation des Datenschutzbeauftragten, zur Option der Benennung eines externen Datenschutzbeauftragten sowie zur Kommunikation der Kontaktdaten des Datenschutzbeauftragten. Die Rechtsstellung des Datenschutzbeauftragten regelt nachfolgend Art. 38, seine Aufgaben Art. 39.

II. Erwägungsgründe

4 ErwG 97 hat den Datenschutzbeauftragten zum Gegenstand und befasst sich u.a. mit den Voraussetzungen, unter denen ein solcher zu benennen ist. Satz 1 des ErwGes gibt dabei im Wesentlichen die in Art. 37 Abs. 1 geregelten Benennungsvoraussetzungen wieder. **Die im ErwG und in Art. 37 Abs. 1 enthaltenen Benennungsvoraussetzungen sind allerdings nicht exakt identisch**. So werden nach Art. 37 Abs. 1 lit. a von der Benennungspflicht bei Behörden oder öffentlichen Stellen lediglich Gerichte ausgenommen, die im Rahmen ihrer justiziellen Tätigkeit handeln. Nach ErwG 97 S. 1 sollen Gerichte oder unabhängige Justizbehörden, die im Rahmen ihrer justiziellen Tätigkeit handeln, von der Pflicht zur Benennung ausgenommen sein. Vieles spricht insofern für eine **weite Auslegung des Begriffs des Gerichts** in Art. 37 Abs. 1 lit. a, so dass auch im Fall von „unabhängigen Justizbehörden, die im Rahmen ihrer justiziellen Tätigkeit handeln" kein Datenschutzbeauftragter erforderlich ist.[6] Zwar haben Erwägungsgründe lediglich die Funktion einer (amtlichen) Auslegungshilfe und unmittelbare Rechtsfolgen können aus ihnen nicht abgeleitet werden. Das Nichteingreifen der Benennungspflicht als vorliegend relevante Rechtsfolge hat seine Grundlage jedoch in Art. 37 Abs. 1 lit. a und damit im normativen Teil selbst. Lediglich zur Interpretation der Reichweite der Ausnahme wird auf die Erwägungsgründe zurückgegriffen. Die

---

4 WP 243 rev. 01, S. 4 f.

5 BT-Drucks. 17/11325, Abschnitt II., Nr. 21.

6 Kühling/Buchner-*Bergt* Art. 37 Rn. 16; ähnlich Gola-*Klug* Art. 37 Rn. 6; Paal/Pauly-*Paal* Art. 37 Rn. 6; anderer Ansicht Ehmann/Selmayr-*Heberlein* Art. 37 Rn. 22.

weite Auslegung entspricht der in ErwG 97 zum Ausdruck kommenden Intention des Verordnungsgebers, die Unabhängigkeit der Justiz nicht durch eine datenschutzrechtliche Kontrolle in Frage stellen zu wollen.[7] Die S. 2 und 3 des ErwG 97 enthalten Informationen zur Auslegung der Bestimmungen des Art. 37, nämlich zur **Interpretation des Begriffs der Kerntätigkeit** i.S.v. Art. 37 Abs. 1 lit. b und c und zur **Bestimmung des erforderlichen Niveaus des Fachwissens** i.S.v. Art. 37 Abs. 5.

ErwG 91, der sich mit der Datenschutz-Folgenabschätzung (Art. 35) befasst, enthält Anhaltspunkte dafür, wann eine umfangreiche Verarbeitung i.S.v. Art. 37 Abs. 1 lit. b und c vorliegt. **ErwG 24** gibt Hinweise, wann eine Überwachung von betroffenen Personen im Sinne von Art. 37 Abs. 1 lit. b vorliegt. 5

III. BDSG n.F.

1. Öffentliche Stellen des Bundes. Regelungen zur Benennung eines Datenschutzbeauftragten enthält das **BDSG n.F.** in **§ 5 für sämtliche öffentliche Stellen des Bundes.**[8] Die §§ 5 bis 7 dienen nicht lediglich der Umsetzung der Richtlinie (EU) 2016/680 und damit für solche Stellen des Bundes, die mit der Verhütung, Ermittlung, Aufdeckung oder Verfolgung von Straftaten oder der Strafvollstreckung befasst sind. Der Gesetzgeber hat sich vielmehr entschieden, Benennung, Rechtsstellung und Aufgaben behördlicher Datenschutzbeauftragter in der Bundesverwaltung im Anwendungsbereich der DS-GVO, der Richtlinie (EU) 2016/680 und für die Bereiche außerhalb des Unionsrechts (z.B. für die Nachrichtendienste) einheitlich auszugestalten.[9] Für den Bereich der Richtlinie (EU) 2016/680 wird zu diesem Zweck zum Teil über deren Vorgaben hinausgegangen. 6

Aus Sicht des Rechtsanwenders ist die einheitliche Ausgestaltung prinzipiell begrüßenswert. Im Ergebnis unproblematisch dürfte sein, dass zu diesem Zweck die Richtlinienvorgaben überschritten werden. Es ist anzunehmen, dass die Richtlinie (EU) 2016/680 im Hinblick auf den Datenschutzbeauftragten lediglich einen Mindeststandard setzt. Fraglich ist jedoch, ob die gewählte Regelungstechnik mit dem **sog. Wiederholungsverbot**[10] des EuGH zu vereinbaren ist. Dieses soll verhindern, dass die unmittelbare Geltung einer Verordnung verschleiert wird, weil die Normadressaten über den wahren Urheber des Rechtsaktes oder die Jurisdiktion des EuGH im Unklaren gelassen werden. Die Gesetzesbegründung[11] zum BDSG n.F. geht auf das Verbot ausführlich ein und stützt die angewendete Regelungstechnik darauf, dass diese im Interesse der Kohärenz des Datenschutzrechts sowie der Erhöhung der Verständlichkeit und Übersichtlichkeit für den Rechtsanwender zweckmäßig sei. Durch den integrativen Ansatz des Gesetzentwurfs werde dem mit dem EU-Datenschutzpaket verbundenen Harmonisierungsziel in besonderer Weise und über das Soll hinaus Rechnung getragen. Zu beachten ist allerdings, dass die DS-GVO in **ErwG 8** selbst eine explizite Aussage zur Aufnahme von Tei- 7

---

7 Kühling/Buchner-*Bergt* Art. 37 Rn. 16.

8 Für die Landes- und Kommunalebene fehlt dem Bundesgesetzgeber die Gesetzgebungszuständigkeit. Sollten die Landesgesetzgeber vergleichbare Regelungen vorsehen, stellt sich auch insofern die Frage nach der Europarechtskonformität.

9 BT-Drucks. 18/11325, S. 81.

10 *EuGH* v. 10.10.1973 – Rs. C-34/73, Variola, Rn. 9 ff.; *EuGH* v. 31.1.1978 – Rs. C-94/77, Zerbone, Rn. 22, 27.

11 BT-Drucks. 18/11325, S. 73 f.

len der Verordnung in nationales Recht trifft und die Wiederholung im nationalen Recht auf Sachverhalte beschränkt, in denen in der DS-GVO Präzisierungen und Einschränkungen ihrer Vorschriften durch das Recht der Mitgliedstaaten vorgesehen sind. Das trifft für die Benennungspflicht behördlicher Datenschutzbeauftragter in der Bundesverwaltung aber nicht zu.

8 § 5 BDSG enthält in Abs. 1 Regelungen zur Benennungspflicht.[12] § 5 Abs. 2 BDSG enthält eine Art. 37 Abs. 3 entsprechende Regelung zum gemeinsamen Datenschutzbeauftragten bei öffentlichen Stellen. § 5 Abs. 3 BDSG regelt die Anforderungen an die Qualifikation des Datenschutzbeauftragten und entspricht inhaltlich Art. 37 Abs. 5. § 5 Abs. 4 BDSG enthält das inhaltliche Äquivalent zu Art. 37 Abs. 6 und sieht vor, dass ein interner oder externer Datenschutzbeauftragter benannt werden kann. § 5 Abs. 5 BDSG verpflichtet zur Veröffentlichung der Kontaktdaten des Datenschutzbeauftragten sowie zur Weitergabe der Informationen an den/die BfDI und stellt die Entsprechung zu Art. 37 Abs. 7 dar.

9 **2. Nichtöffentliche Stellen.** Für **nichtöffentliche Stellen** enthält **§ 38 Abs. 1 BDSG n.F.**[13] Regelungen zur Benennungspflicht. Mit diesen Regelungen wird von der in Art. 38 Abs. 4 enthaltenen Öffnungsklausel Gebrauch gemacht, um für nichtöffentliche Stellen **im Wesentlichen die Rechtslage zu erhalten, wie sie auch schon unter dem BDSG a.F. galt**.

IV. Normengenese und -umfeld

10 **1. DSRL.** Beim Datenschutzbeauftragten handelte es sich lange um ein rein deutsches Phänomen und die **Aufnahme der Rechtsfigur in die DSRL (95/46/EG)** erforderte viel Überzeugungsarbeit von deutscher Seite.[14] In der Richtlinie war allerdings noch keine Verpflichtung zur Bestellung vorgesehen. Den Mitgliedstaaten war **nur** die **Option** eingeräumt, Vereinfachungen der Meldung an die Aufsichtsbehörde bzw. Ausnahmen von der Meldepflicht vorzusehen, sofern der für die Verarbeitung Verantwortliche entsprechend dem einzelstaatlichen Recht einen Datenschutzbeauftragten bestellte, vgl. im Detail Art. 18 Abs. 2 der Richtlinie.

11 **2. BDSG a.F.** Bereits die erste Fassung des **BDSG von 1977** kannte die Verpflichtung zur Bestellung eines Datenschutzbeauftragten. Bis zur Geltung der DS-GVO und dem Inkrafttreten des BDSG n.F. am 25. Mai 2018 bestimmte sich die Verpflichtung zur Bestellung eines Datenschutzbeauftragten nach **§ 4f Abs. 1 BDSG a.F.** Hiernach galt für nichtöffentliche Stellen abhängig von der Form der personenbezogenen Datenverarbeitung ein **Schwellenwert für die Bestellung von 10 datenverarbeitenden Personen (automatisierte Verarbeitung) bzw. 20 Personen (Erhebung, Verarbeitung oder Nutzung auf andere Weise).** Zudem bestand für sie eine schwellenwertunabhängige Bestellpflicht, sofern sie entweder automatisierte Verarbeitungen vornahmen, welche der Vorabkontrolle (§ 4d Abs. 5 BDSG a.F.) unterlagen, oder soweit sie personenbezogene Daten geschäftsmäßig zum Zweck der Übermittlung, der anonymisierten Übermittlung oder für Zwecke der Markt- oder Meinungsforschung automatisiert verarbeiteten. **Öffentliche Stellen des Bundes** hatten nach dem BDSG a.F. **im Fall der automatisierten perso-**

---

12 Vgl. hierzu im Einzelnen Rn. 25.
13 Vgl. hierzu im Einzelnen Rn. 26 f.
14 *Klug* RDV 2005, 163.

nenbezogenen Datenverarbeitung einen Datenschutzbeauftragten **unabhängig von der Anzahl der damit beschäftigten Personen** zu bestellen (§ 4f Abs. 1 S. 1). Im Fall der nicht automatisierten Verarbeitung griff die Bestellpflicht, sobald regelmäßig mindestens 20 Personen mit personenbezogener Datenerhebung, -verarbeitung bzw. -nutzung beschäftigt waren (§ 4f Abs. 1 S. 3 BDSG a.F.).

Auch die für die Landesbehörden und Kommunalverwaltungen einschlägigen **Landesdatenschutzgesetze** sahen sämtlich Regelungen zur Selbstkontrolle durch einen Datenschutzbeauftragten vor. Dieser war somit ein durchgängiges Organisationsprinzip auch im öffentlichen Bereich.[15] Nicht alle Länder sahen allerdings eine Verpflichtung zur Bestellung behördlicher Datenschutzbeauftragter vor. Vielmehr war die Bestellung zum Teil nur als Option geregelt. Aufgrund der verbindlichen Vorgabe in Art. 37 Abs. 1 lit. a ist eine solche optionale Lösung nicht mehr möglich.[16] 12

3. WP der Art.-29-Datenschutzgruppe/Papiere der Datenschutzkonferenz. Am 13.12.2016 wurde von der Art.-29-Datenschutzgruppe das **WP 243 „Leitlinien in Bezug auf Datenschutzbeauftragte („DSB")"** angenommen, welches sich mit der Auslegung der Art. 37 bis 39 befasst und seit dem 5.4.2017 auch in einer überarbeiteten Fassung existiert (WP 243 rev. 01). Die Art.-29-Datenschutzgruppe äußert sich darin u.a. zu den Voraussetzungen der Benennungspflicht nach DS-GVO, zur Benennung eines gemeinsamen Beauftragten für mehrere Organisationen bzw. Unternehmen sowie zu den Fachkundeanforderungen. Auch auf nationaler Ebene existieren bereits **Verlautbarungen der Aufsichtsbehörden** zum Datenschutzbeauftragten nach der DS-GVO.[17] Die **Datenschutzkonferenz** hat sich in ihrem **Kurzpapier Nr. 12 „Datenschutzbeauftragte bei Verantwortlichen und Auftragsverarbeitern" (Stand: 16.1.2018)** ebenfalls mit dem Datenschutzbeauftragten beschäftigt. 13

B. Kommentierung

I. Pflicht zur Benennung eines Datenschutzbeauftragten (Abs. 1)

1. DS-GVO-Regelung. – a) Pflicht öffentlicher Stellen zur Benennung. Gemäß Art. 37 Abs. 1 besteht eine Verpflichtung zur Benennung eines Datenschutzbeauftragten in drei Fällen. Nach Art. 37 Abs. 1 lit. a sind **Behörden bzw. öffentliche Stellen** generell zur Benennung eines Datenschutzbeauftragten verpflichtet. Eine Ausnahme gilt nur, soweit Gerichte oder unabhängige Justizbehörden[18] personenbezogene Daten im Rahmen ihrer justiziellen Tätigkeit verarbeiten. **Nicht erfasst** von der Pflicht zur Benennung nach DS-GVO sind **Behörden der Mitgliedstaaten nach Art. 3 Nr. 7 RL (EU) 2016/680,** also insbesondere die Polizei, die Staatsanwaltschaften, die Strafgerichte und die Justizvollzugsbehörden. 14

b) Pflicht nichtöffentlicher Stellen zur Benennung. Private Stellen trifft die Benennungspflicht aus der DS-GVO nur, wenn deren Datenverarbeitung mit Blick auf den Persönlichkeitsrechtsschutz einen gewissen Risikograd erreicht.[19] Die für private Stel- 15

15 GDD-Ratgeber: Der betriebliche Datenschutzbeauftragte (2014), S. 20.

16 Vgl. auch Gola-*Klug* DS-GVO, Art. 37 Rn. 3.

17 *BayLDA* Hinweise zur Umsetzung der DS-GVO, Kurzpapier XIX, Stand: 2.5.2017; *LDI* Häufig gestellte Fragen zum Datenschutzbeauftragten (FAQ), Stand: 09/2017.

18 Vgl. Rn. 4.

19 Gola-*Klug* Art. 37 Rn. 1.

len maßgeblichen Regelungen in Art. 37 Abs. 1 lit. b und c haben jeweils zwei Anforderungen. Zum einen muss die die Benennungspflicht auslösende personenbezogene Datenverarbeitung zur **„Kerntätigkeit" des Verantwortlichen bzw. Auftragsverarbeiters** gehören. Zum anderen muss es sich um eine besonders risikobehaftete Tätigkeit in dem Sinne handeln, dass entweder eine umfangreiche regelmäßige und systematische Überwachung von betroffenen Personen erforderlich ist (lit. b) oder dass in umfangreicher Weise Daten nach Art. 9 oder 10 verarbeitet werden (lit. c).

16 In **ErwG 97** ist ausgeführt, dass sich die **Kerntätigkeit („core activities")** eines Verantwortlichen auf „seine **Haupttätigkeiten** und nicht auf die Verarbeitung personenbezogener Daten als **Nebentätigkeit**" bezieht. **Als Kerntätigkeit sind** nach Auffassung der Art.-29-Datenschutzgruppe[20] **die wichtigsten Arbeitsabläufe zu betrachten, die zur Erreichung der Ziele des Verantwortlichen oder des Auftragsverarbeiters erforderlich sind.**[21] Dazu sollen auch sämtliche Tätigkeiten gehören, bei denen die Verarbeitung von Daten einen untrennbaren Bestandteil bildet. So sei etwa die Verarbeitung von gesundheitsbezogenen Daten als Kerntätigkeit eines jeden Krankenhauses anzusehen, weshalb Krankenhäuser zur Benennung eines Datenschutzbeauftragten verpflichtet seien. **Bei den Nebentätigkeiten handelt es sich um Hilfsfunktionen für den eigentlichen Geschäftszweck.**[22] Allein die Unverzichtbarkeit oder Notwendigkeit einer Tätigkeit macht diese nicht zur Kerntätigkeit. Als Beispiele für Nebentätigkeiten führt die Art.-29-Datenschutzgruppe die Entlohnung der Mitarbeiter bzw. den Standard-IT-Support an. Indiz für eine Nebentätigkeit kann sein, dass eine Tätigkeit nicht nur von Unternehmen der jeweiligen Branche durchgeführt wird, sondern von allen Einrichtungen. Festzustellen ist, dass dem Kriterium der Kerntätigkeit – ebenso wie den weiteren Voraussetzungen in Art. 37 Abs. 1 lit. b und c – die notwendige klare Konturierung fehlt[23], was **Rechtsunsicherheit** begründet und umso problematischer ist, weil die DS-GVO immense Bußgeldandrohungen (Art. 83 Abs. 4) an die pflichtwidrige Nichtbenennung eines Datenschutzbeauftragten knüpft.[24] Die Abgrenzungsschwierigkeiten zeigen sich eindrucksvoll daran, dass noch nicht einmal ein Standardverfahren wie die **Beschäftigtendatenverarbeitung** in der Literatur eindeutig als Kern- oder Nebentätigkeit eingeordnet werden kann.[25] Richtig ist wohl, dass es sich im Ausgangspunkt um einen **Unterstützungsprozess und damit eine Nebentätigkeit** handelt.[26] Dies gilt insbesondere für Kleinunternehmen, deren Beschäftigtendatenverarbeitung sich im Wesentlichen auf die Bereiche Gehaltsabrechnung, Zeiterfassung und gelegentliche Bewerbungsverfahren beschränkt. Die Personalverwaltung und -gewinnung dient nicht der Wertschöpfung des Unternehmens bzw. den eigentlichen Zielen des Verant-

---

20 WP 243 rev. 01, S. 8 und 24.

21 Ähnlich *Jaspers/Reif* RDV 2016, 61, 62.

22 Ehmann/Selmayr-*Heberlein* Art. 37 Rn. 25; ähnlich Kühling/Buchner-*Bergt* Art. 37 Rn. 20.

23 *Niklas/Faas* NZA 2017, 1092.

24 So zu Recht Kühling/Buchner-*Bergt* Art. 37 Rn. 22.

25 Für Kerntätigkeit *Weichert* CuA 4/2016, 8, 9 f. Für Nebentätigkeit sprechen sich Paal/Pauly-*Paal* Art. 37 Rn. 8; *Laue/Nink/Kremer* Das neue Datenschutzrecht in der betrieblichen Praxis, S. 194 und *Niklas/Faas* NZA 2017, 1091, 1092 aus. Differenzierend Kühling/Buchner-*Bergt* Art. 37 Rn. 21.

26 So auch die *Art.-29-Datenschutzgruppe* WP 243 rev. 01, S. 8 bezogen auf die Gehaltsabrechnung; ebenso auch die Datenschutzkonferenz, Kurzpapier Nr. 12 (Stand: 16.1.2018), S. 1 bezogen auf die Verarbeitung von Beschäftigtendaten allgemein.

wortlichen oder Auftragsverarbeiters, was sich u.a. auch daran zeigt, dass diese Prozesse in der Praxis nicht selten ausgelagert werden. An der Bewertung als Nebentätigkeit dürfte sich auch dann nichts ändern, wenn der Umfang der Tätigkeit steigt[27], sondern nur, wenn die Qualität sich ändert, z.B. Funktionen der Personalabteilung für andere Stellen ausgeübt werden[28]. Knüpfte man an den Umfang der Datenverarbeitung an, würden die Abgrenzungsschwierigkeiten nicht geringer, sondern mehr. Im Übrigen ist der Umfang der Datenverarbeitung ein eigenständiges Tatbestandsmerkmal und vom Begriff der Kerntätigkeit zu differenzieren.

Sowohl Art. 37 Abs. 1 lit. b als auch Art. 37 Abs. 1 lit. c knüpft an das Vorliegen einer **umfangreichen Verarbeitung** an. Auch dieses Kriterium ist schwer greifbar. Bei der Beurteilung, ob sich von einer umfangreichen Verarbeitung sprechen lässt, sollen nach der Art.-29-Datenschutzgruppe insbesondere **folgende Faktoren** einbezogen werden:[29] die Zahl der betroffenen Personen – entweder als bestimmte Zahl oder als Anteil an der maßgeblichen Bevölkerung –, das Datenvolumen und/oder das Spektrum an in Bearbeitung befindlichen Daten, die Dauer oder Permanenz der Datenverarbeitungstätigkeit sowie die geografische Ausdehnung der Verarbeitungstätigkeit. **Beispiele für eine umfangreiche Verarbeitung** sollen nach der Art.-29-Datenschutzgruppe sein:[30] die Verarbeitung von Patientendaten im gewöhnlichen Geschäftsbetrieb eines Krankenhauses, die Verarbeitung von Reisedaten natürlicher Personen, die ein Verkehrsmittel des kommunalen ÖPNV nutzen (z.B. Nachverfolgung über Netzkarten), die Verarbeitung von Geolokalisierungsdaten von Kunden einer internationalen Fast-Food-Kette in Echtzeit zu statistischen Zwecken durch einen auf Dienstleistungen dieser Art spezialisierten Auftragsverarbeiter, die Verarbeitung von Kundendaten im gewöhnlichen Geschäftsbetrieb eines Versicherungsunternehmens oder einer Bank, die Verarbeitung personenbezogener Daten durch eine Suchmaschine zu Zwecken der verhaltensbasierten Werbung oder die Verarbeitung von Daten (Inhalte, Datenverkehrsaufkommen, Standort) durch Telefon- oder Internetdienstleister. **Explizit nicht als umfangreich gelten soll** nach ErwG 91 S. 4 die **Verarbeitung** personenbezogener Daten, wenn diese Patienten oder Mandanten betrifft und **durch einen einzelnen Arzt, sonstigen Angehörigen eines Gesundheitsberufes oder Rechtsanwalt** erfolgt. [31] ErwG 91 hat zwar die Datenschutz-Folgenabschätzung (Art. 35) zum Gegenstand. Die Aussagen zur umfangreichen bzw. nicht umfangreichen Verarbeitung können aber auch im Rahmen der Interpretation von Art. 37 Abs. 1 lit. b und c herangezogen werden, da nicht anzunehmen ist, dass der Begriff hier anders zu verstehen ist. 17

Eine **regelmäßige und systematische Überwachung von betroffenen Personen** ist Anknüpfungspunkt i.R. von Art. 37 Abs. 1 lit. b. Wie **ErwG 24** zeigt, wird die **Nachverfolgung und Profilerstellung im Internet, etwa zu Zwecken der verhaltensbasierten Werbung,** diesen Tatbestand regelmäßig erfüllen. Der Tatbestand ist jedoch nicht auf den Online-Bereich beschränkt.[32] **Eine regelmäßige und systematische Überwachung von betroffenen Personen können** nach der Art.-29-Datenschutzgruppe **beispielsweise** 18

27 So aber Kühling/Buchner-*Bergt* Art. 37 Rn. 21.
28 *Laue/Nink/Kremer* Das neue Datenschutzrecht in der betrieblichen Praxis, S. 194.
29 WP 243 rev. 01, S. 9.
30 WP 243 rev. 01, S. 9 f.
31 Einschränkend insofern Datenschutzkonferenz, Kurzpapier Nr. 12 (Stand: 16.1.2018), S. 1 f.
32 WP 243 rev. 01, S. 10.

folgende Tätigkeiten darstellen:[33] Betrieb eines Telekommunikationsnetzes, Anbieten von Telekommunikationsdienstleistungen, verfolgende E-Mail-Werbung, datengesteuerte Marketingaktivitäten, Typisierung und Scoring zu Zwecken der Risikobewertung (zum Beispiel zu Zwecken der Kreditvergabe, der Festlegung von Versicherungsprämien, Maßnahmen zur Verhinderung von betrügerischen Handlungen, Ermittlung von Geldwäsche), Standortverfolgung (beispielsweise durch Mobilfunkanwendungen), Treueprogramme, verhaltensbasierte Werbung, Überwachung von Wellness-, Fitness- und gesundheitsbezogenen Daten über in Kleidung integrierte Geräte (Wearables), Überwachungskameras oder vernetzte Geräte (zum Beispiel intelligente Stromzähler, intelligente Autos, Haustechnik usw.). Auskunfteien[34] und Detekteien nehmen ebenfalls eine regelmäßige und systematische Überwachung von betroffenen Personen vor.[35] Auch das Bewachungsgewerbe ist erfasst.[36]

19 Art. 37 Abs. 1 lit. c ist einschlägig, wenn die Kerntätigkeit des Verantwortlichen oder Auftragsverarbeiters in der umfangreichen Verarbeitung von **Daten nach Art. 9 oder 10** besteht. Sog. **sensitive Daten** i.S.v. Art. 9 sind nach Abs. 1 der Vorschrift personenbezogene Daten, aus denen die rassische und ethnische Herkunft, politische Meinungen, religiöse oder weltanschauliche Überzeugungen oder die Gewerkschaftszugehörigkeit hervorgehen, sowie genetische Daten, biometrische Daten zur eindeutigen Identifizierung einer natürlichen Person, Gesundheitsdaten oder Daten zum Sexualleben oder der sexuellen Orientierung. Art. 10 regelt die Verarbeitung personenbezogener **Daten über strafrechtliche Verurteilungen und Straftaten oder damit zusammenhängende Sicherungsmaßregeln.** Straftaten, die Gegenstand eines Ermittlungsverfahrens waren, dürften nach dem Schutzziel von Art. 10 ebenfalls erfasst sein.[37] Eine Pflicht zur Benennung nach Art. 37 Abs. 1 lit. c wird sich etwa für größere[38] Gesundheitseinrichtungen, insbesondere Krankenhäuser, mit genetischen oder allgemeinen Gesundheitsuntersuchungen befasste Labors, Beratungsstellen wie Pro Familia, Dienstleister im biometrischen ID-Management oder Anbieter erotischen Zubehörs ergeben.[39]

20 **c) Anforderungen an die Benennung.** Der **Zeitpunkt der Benennung** ist in der DS-GVO nicht explizit geregelt, insbesondere wird anders als nach § 4f Abs. 1 S. 2 BDSG a.F. keine Frist für die Benennung nach Aufnahme der Datenverarbeitung eingeräumt. Die Benennung muss also bereits erfolgt sein, wenn der Verantwortliche bzw. Auftragsverarbeiter mit der Datenverarbeitung beginnt. Auch eine bestimmte **Form** der Benennung ist nicht vorgegeben, so dass eine mündliche Benennung möglich ist. Zu beachten ist allerdings, dass der Verantwortliche bzw. Auftragsverarbeiter nachweispflichtig im Hinblick auf die Benennung ist; die Benennung ist insofern in geeigneter Weise zu dokumentieren.[40] Da die engen Schriftformvoraussetzungen des § 126 BGB nicht einschlägig sind, ist auch eine Benennung per E-Mail (Textform) möglich. Sinnvol-

---

33 WP 243 rev. 01, S. 10 f.

34 Gola-*Klug* Art. 37 Rn. 10.

35 *Jaspers/Reif* RDV 2016, 61, 62; ähnlich Paal/Pauly-*Paal* Art. 37 Rn. 8; Kühling/Buchner-*Bergt* Art. 37 Rn. 20.

36 Kühling/Buchner-*Bergt* Art. 37 Rn. 20; *Eckhardt/Kramer/Mester* DuD 2013, 623, 628; Plath-*v. d. Bussche* Art. 37 Rn. 4.

37 Gola-*Gola* Art. 10 Rn. 3.

38 Der einzelne Arzt wird nicht erfasst, vgl. ErwG 91 S. 4.

39 *Jaspers/Reif* RDV 2016, 61, 62.

40 Datenschutzkonferenz, Kurzpapier Nr. 12 (Stand: 16.1.2018), S. 3.

lerweise sollte der Datenschutzbeauftragte bestätigen, z.B. durch seine Unterschrift im Fall der Schriftform, dass er mit der Benennung einverstanden ist.[41]

Befristungen der Benennung sind mangels entgegenstehender Aussagen in der Verordnung zulässig, allerdings dürfen die Fristen nicht so kurz bemessen sein, dass sie den Beauftragten hindern, effektiv seine Aufgaben wahr- und auch unliebsame Positionen einzunehmen. Solche Fristen sind mit der Unabhängigkeit des Datenschutzbeauftragten (ErwG 97) nicht zu vereinbaren. Eine befristete Benennung für weniger als zwei Jahre dürfte danach regelmäßig unwirksam sein.[42] **21**

Zur Frage, ob auch **juristische Personen** zum Datenschutzbeauftragten benannt werden können, vgl. Rn. 45. **22**

Eine **Benennung mehrerer Personen** zum Datenschutzbeauftragten kommt nur in Betracht, sofern eine klare Aufgabentrennung besteht. Eine solche Trennung ist etwa dann anzunehmen, wenn die eine Person ausschließlich für den Mitarbeiterdatenschutz zuständig ist und die andere Person für den Schutz der Daten von Kunden, Interessenten, Lieferanten usw.[43] **23**

d) Arbeits- und mitbestimmungsrechtliche Aspekte. Wird ein Arbeitnehmer von seinem Arbeitgeber zum Datenschutzbeauftragten benannt, führt dies nach Auffassung des Bundesarbeitsgerichts[44] in der Regel zu einer **Änderung des Inhalts des Arbeitsvertrages**, ist also nicht über das Direktionsrecht gedeckt. Eine einvernehmliche Benennung beinhaltet zugleich den notwendigen arbeitsrechtlichen Änderungsvertrag. Ein spezielles auf die Benennung des Datenschutzbeauftragten bezogenes **Mitbestimmungsrecht der Mitarbeitervertretung** existiert nicht. Mitbestimmungsrechte können im Einzelfall dennoch eingreifen, sofern mit der Benennung eine Einstellung, Eingruppierung, Umgruppierung oder Versetzung verbunden ist (§ 99 BetrVG und § 75 Abs. 1 Nr. 1, 2 und 3 BPersVG). **24**

2. BDSG n.F. – a) Öffentliche Stellen des Bundes. **§ 5 Abs. 1 BDSG** regelt, wann ein Datenschutzbeauftragter in öffentlichen Stellen des Bundes zu benennen ist, nämlich stets (S. 1) und auch dann, wenn es sich um eine öffentliche Stelle nach § 2 Abs. 5 BDSG handelt, die am Wettbewerb teilnimmt (S. 2). **§ 7 Abs. 1 S. 2 BDSG** stellt diesbzgl. klar, dass die Aufgaben eines Datenschutzbeauftragten eines Gerichtes sich nicht auf das Handeln im Rahmen der justiziellen Tätigkeit beziehen. **25**

b) Nichtöffentliche Stellen. Wie bereits angesprochen, eröffnet **Art. 37 Abs. 4** den Mitgliedstaaten die Möglichkeit, die relativ engen Voraussetzungen der DS-GVO für eine Benennungspflicht zu erweitern und auf nationaler Ebene eine weitergehende Verpflichtung vorzusehen. Von dieser Option wurde in Deutschland mit **§ 38 Abs. 1 BDSG** Gebrauch gemacht. Nach § 38 Abs. 1 S. 1 BDSG haben nichtöffentliche Verantwortliche und Auftragsverarbeiter einen Datenschutzbeauftragten verpflichtend zu benennen, **soweit sie in der Regel mindestens zehn Personen ständig mit der automa-** **26**

---

41 *Laue/Nink/Kremer* Das neue Datenschutzrecht in der betrieblichen Praxis, S. 192.

42 Kühling/Buchner-*Bergt* Art. 38 Rn. 29; ähnlich Ehmann/Selmayr-*Heberlein* Art. 37 Rn. 18; anderer Ansicht Paal/Pauly-*Paal* Art. 37 Rn. 16.

43 *Franck/Reif* ZD 2015, 405.

44 *BAG* v. 13.3.2007 – 9 AZR 612/05, NJW 2007, 2507, 2508 = DB 2007, 1199 = RDV 2007, 123; vgl. auch *BAG* v. 29.9.2010 – 10 AZR 588/09, NJW 2011, 476 = BB 2011, 637 = NZA 2011, 151 = RDV 2011, 88.

tisierten Verarbeitung personenbezogener Daten beschäftigen. Unabhängig von der Zahl der mit der Datenverarbeitung beschäftigten Personen besteht überdies für nichtöffentliche Stellen die Pflicht zur Benennung eines Datenschutzbeauftragten, sofern Verarbeitungen durchgeführt werden, die einer Datenschutz-Folgenabschätzung nach Art. 35 unterliegen, oder wenn personenbezogene Daten geschäftsmäßig zum Zweck der Übermittlung, der anonymisierten Übermittlung oder für Zwecke der Markt- oder Meinungsforschung verarbeitet werden (§ 38 Abs. 1 S. 2 BDSG). Diese **Anforderungen entsprechen im Wesentlichen denjenigen, wie sie auch unter dem BDSG a.F. bestanden**. Ein Unterschied zu § 4f Abs. 1 BDSG a.F. ergibt sich allerdings insoweit, als § 38 Abs. 1 S. 1 BDSG eine schwellenwertbezogene Benennungspflicht nur noch im Fall der automatisierten Verarbeitung vorsieht. Demgegenüber knüpft § 38 Abs. 1 S. 2 BDSG anders als § 4f Abs. 1 S. 6 BDSG a.F. gerade nicht mehr an automatisierte Verarbeitungen an.

27 Die gesetzlich vorgesehene Mindestzahl von 10 Personen muss **„in der Regel"** erreicht werden. Eine zeitweilige Unterschreitung des Schwellenwerts, z.B. infolge eines zeitweisen Arbeitsrückgangs, bleibt außer Betracht und führt nicht zum Wegfall der Benennungspflicht. Entscheidend für die Beurteilung der Benennungspflicht ist die Anzahl der Personen, die das Unternehmen normalerweise beschäftigt. Zum BDSG a.F. ging die wohl h.M. davon aus, dass eine Bestellpflicht gegeben ist, wenn der maßgebliche Schwellenwert über einen **Zeitraum von mindestens einem Jahr** erreicht wurde bzw. im Rahmen einer vorausschauenden Betrachtung erreicht werden wird.[45] **„Ständig"** beschäftigt ist die Person, wenn sie die Aufgabe, die nicht ihre Hauptaufgabe zu sein braucht, regelmäßig wahrnimmt. Der Begriff wird gebraucht, um von einer rein gelegentlichen Tätigkeit abzugrenzen.[46] **Geschäftsmäßig** ist eine Tätigkeit schon dann, wenn sie auf Wiederholung gerichtet und auf gewisse Dauer angelegt ist.[47] Nicht nötig ist, dass die Tätigkeit mit Gewinnerzielungsabsicht betrieben wird oder (Haupt-)Geschäftszweck ist.

28 Nach dem BDSG n.F. kann ein weiterer Anknüpfungspunkt für die Benennung eines Datenschutzbeauftragten auch die **Verarbeitung besonderer Kategorien personenbezogener Daten** sein. § 22 Abs. 1 BDSG enthält Zulässigkeitstatbestände zur Verarbeitung solcher Daten, die in Ausgestaltung von Art. 9 Abs. 2 lit. b, g, h und i der Verordnung ergangen sind. Generell sind dabei nach § 22 Abs. 2 BDSG **angemessene und spezifische Maßnahmen zur Wahrung der Interessen der betroffenen Person** vorzusehen. Als derartige Maßnahme ist explizit auch die Benennung eines Datenschutzbeauftragten genannt (§ 22 Abs. 2 S. 2 Nr. 4 BDSG). Ob die zu ergreifenden Maßnahmen im Einzelfall so stark auf den Datenschutzbeauftragten zulaufen können, dass eine mittelbare Benennungspflicht entsteht, erscheint allerdings zweifelhaft. Bemerkenswert an der Bestimmung ist vor allem, dass die Benennung eines Datenschutzbeauftragten danach nicht nur eine allgemeine organisatorische Maßnahme ist, sondern konkret zur Datenschutzkonformität von Verarbeitungen besonderer Kategorien personenbezogener Daten beiträgt.

---

45 *Bergmann/Möhrle/Herb* § 4f BDSG Rn. 33; Simitis-*Simitis* § 4f Rn. 19; *Gola/Schomerus* § 4f Rn. 11; a.A. Taeger/Gabel-*Scheja* § 4f BDSG Rn. 20, der diesen Zeitraum allerdings auf das Tatbestandsmerkmal „ständig" bezieht.

46 BT-Drucks. 16/1407, S. 9 f.

47 Simitis-*Ehmann* § 29 Rn. 58.

3. Fortgeltung von Altbestellungen. Der Wechsel vom BDSG a.F. hin zur DS-GVO und zum BDSG n.F. führt nicht zu einem automatischen Wegfall nach dem BDSG a.F. oder früherer BDSG-Fassungen vorgenommener Bestellungen. Insbesondere lässt die Rechtsänderung sowohl die Voraussetzungen der Bestellung (jetzt: Benennung) als auch Rechtsstellung und Aufgaben des Datenschutzbeauftragten im Kern unberührt. Es ändern sich vor allem die einschlägigen Rechtsgrundlagen. Die marginale Änderung der gesetzlich übertragenen Aufgaben und der damit verbundenen Tätigkeitsbeschreibung kann auch keinen wichtigen Grund für eine Abberufung i.S.v. § 626 BGB[48] bilden.[49] **Der aufgrund von früheren BDSG-Fassungen benannte Datenschutzbeauftragte wird damit automatisch zum Datenschutzbeauftragten nach neuem Recht.**[50] Die Urkunde und etwaige darin enthaltene Zusatzvereinbarungen und Aufgabenzuweisungen sollten aber auf ihre Vereinbarkeit mit den neuen Regelungen überprüft und ggf. angepasst werden.[51] **29**

Im Fall der externen Bestellung ist der zugrundeliegende Geschäftsbesorgungsvertrag an die geänderten rechtlichen Rahmenbedingungen anzupassen (§ 313 BGB).[52] Im Rahmen der Anpassung ist auch der erhöhte zeitliche Aufwand zu berücksichtigen, der sich durch die Beratung im Hinblick auf die Umsetzung der DS-GVO ergibt. **30**

II. Gemeinsamer Datenschutzbeauftragter bei Unternehmensgruppen (Abs. 2)

1. Entfallen der Verpflichtung zur Mehrfachbestellung. In der Praxis ist die Benennung sog. **Konzerndatenschutzbeauftragter** verbreitet. Die Benennung derselben Person für alle Konzerngesellschaften bietet vor allem den Vorteil, dass eine einheitliche Behandlung von Datenschutzfragen konzernweit gewährleistet ist. Da das BDSG bisheriger Fassung bezüglich der Bestellung auf die verantwortliche Stelle abstellt, bedarf es dabei bislang der Bestellung durch jedes einzelne Konzernunternehmen. Die DS-GVO nimmt sich dieses administrativen Aufwands an, indem sie in Art. 37 Abs. 2 Unternehmensgruppen i.S.v. Art. 4 Nr. 19 die **Benennung eines gemeinsamen Datenschutzbeauftragten** gestattet, vorausgesetzt, dieser ist leicht erreichbar aus allen Niederlassungen. Somit kann ein Konzern nunmehr für alle konzernangehörigen Unternehmen verpflichtende oder freiwillige Benennungen in einem Akt vornehmen.[53] Die **Zentralisierung einer bislang dezentralen Datenschutzorganisation** setzt in Deutschland wegen des hier geltenden Kündigungsschutzes (§ 6 Abs. 4 BDSG, für nichtöffentliche Stellen i.V.m. § 38 Abs. 2 BDSG) jedoch das Einverständnis der von der Maßnahme betroffenen Datenschutzbeauftragten voraus.[54] **31**

---

48 I.V.m. § 6 Abs. 4 und ggf. § 38 Abs. 2 BDSG.

49 *Franck* ZD 2017, 509, 512.

50 *Laue/Nink/Kremer* Das neue Datenschutzrecht in der betrieblichen Praxis, S. 199; ebenso *Datenschutzkonferenz* Kurzpapier Nr. 12 (Stand: 16.1.2018), S. 3.

51 *Datenschutzkonferenz* Kurzpapier Nr. 12 (Stand: 16.1.2018), S. 3.

52 GDD-Praxishilfe DS-GVO I: Der Datenschutzbeauftragte nach der Datenschutz-Grundverordnung (November 2016), S. 5.

53 Ebenso Kühling/Buchner-*Bergt* Art. 37 Rn. 27; Gola-*Klug* Art. 37 Rn. 17; Paal/Pauly-*Paal* Art. 37 Rn. 10; Roßnagel-*Maier/Ossoinig* Europäische Datenschutz-Grundverordnung, S. 210; *Gierschmann* ZD 2016, 51, 52; *Marschall/Müller* ZD 2016, 415, 416; wohl auch Ehmann/Selmayr-*Heberlein* Art. 37 Rn. 29; a.A. *Laue/Nink/Kremer* Das neue Datenschutzrecht in der betrieblichen Praxis, S. 195.

54 Vgl. *BAG* v. 23.3.2011 – 10 AZR 562/09, RDV 2011, 237 = NZA 2011, 1036, wonach das bloße Interesse, die Datenschutzorganisation umzugestalten, keinen wichtigen Grund i.S.v. § 626 BGB bildet.

32 **2. Leichte Erreichbarkeit des Konzerndatenschutzbeauftragten.** Art. 37 Abs. 2 führt mit der Voraussetzung **der leichten Erreichbarkeit aus allen Niederlassungen** eine bisher nicht bekannte tatsächliche Grenze für die Benennung von Konzerndatenschutzbeauftragten ein.[55] Der Begriff der Erreichbarkeit bezieht sich dabei einerseits auf die Aufgaben des Datenschutzbeauftragten als Ansprechpartner für Betroffene (Art. 38 Abs. 4) und die Aufsichtsbehörde (Art. 39 Abs. 1 lit. e), gilt aber andererseits auch für dessen Aufgaben als einrichtungsinterner Ansprechpartner (Art. 39 Abs. 1 lit. a).[56] Die leichte Erreichbarkeit erfordert zunächst, dass mit dem Datenschutzbeauftragten per **Telefon oder** über **andere gesicherte Kommunikationskanäle** persönlich Kontakt aufgenommen werden kann.[57] Da sachgerechte Beratung nach Art. 39 Abs. 1 lit. a auch ein **persönliches Zusammentreffen** erforderlich machen kann, muss der Datenschutzbeauftragte zudem unter Aufwand zumutbarer zeitlicher und finanzieller Ressourcen von der Niederlassung aus aufgesucht werden können.[58] Nach Auffassung der Art.-29-Datenschutzgruppe soll der Datenschutzbeauftragte seinen Sitz regelmäßig in der Europäischen Union haben.[59] Als maximale Grenze der Zumutbarkeit dürfte wohl eine **Tagesreise innerhalb der üblichen Arbeitszeit** per PKW bzw. mit öffentlichen Verkehrsmitteln – Hin- und Rückreise eingerechnet – anzusehen sein,[60] wobei räumliche Entfernung in gewissem Umfang durch regelmäßige Vor-Ort-Termine in den Niederlassungen kompensiert werden können wird[61]. Leichte Erreichbarkeit impliziert auch, dass der Kommunikation mit dem Datenschutzbeauftragten in multinationalen Konzernen **keine Sprachbarrieren** entgegenstehen dürfen.[62] Die fließende Beherrschung der Arbeitssprache des Konzerns allein ist insofern nicht ausreichend, denn der Datenschutzbeauftragte hat nicht nur interne Aufgaben, sondern ist auch Ansprechpartner im Verhältnis zu den betroffenen Personen und zur Aufsichtsbehörde.[63] Relevant ist vielmehr die Sprache des Landes, in dem sich die Niederlassung befindet,[64] wobei Sprachbarrieren auch mit Hilfe von vor Ort ansässigem Hilfspersonal des Datenschutzbeauftragten überwunden werden können.[55] Zur leichten Erreichbarkeit gehört schließlich auch, intern und extern angemessen zu **kommunizieren, wie der Datenschutzbeauftragte erreicht werden kann**. Hierzu kann eine ergänzende Beschreibung erforderlich sein, die über die Veröffentlichung[65] bzw. Mitteilung[66] der Kontaktdaten des Datenschutzbeauftragten hinausgeht, z.B. die Angabe von Sprech-

55 *Laue/Nink/Kremer* Das neue Datenschutzrecht in der betrieblichen Praxis, S. 196.
56 Art.-29-Datenschutzgruppe WP 243 rev. 01, S. 12.
57 Art.-29-Datenschutzgruppe WP 243 rev. 01, S. 12; *Laue/Nink/Kremer* Das neue Datenschutzrecht in der betrieblichen Praxis, S. 196; ähnlich auch *Datenschutzkonferenz* Kurzpapier Nr. 12 (Stand: 16.1.2018), S. 2.
58 Paal/Pauly-*Paal*, Art. 37 Rn. 10.
59 Art.-29-Datenschutzgruppe WP 243 rev. 01, S. 13.
60 Paal/Pauly-*Paal* Art. 37 Rn. 10; Kühling/Buchner-*Bergt* Art. 37 Rn. 28.
61 Kühling/Buchner-*Bergt* Art. 37 Rn. 28.
62 Ehmann/Selmayr-*Heberlein* Art. 37 Rn. 30; Paal/Pauly-*Paal* Art. 37 Rn. 10; Kühling/Buchner-*Bergt* Art. 37 Rn. 29; *Bittner* RDV 2014, 183, 184.
63 Kühling/Buchner-*Bergt* Art. 37 Rn. 29; *Datenschutzkonferenz* Kurzpapier Nr. 12 (Stand: 16.1.2018), S. 2.
64 Kühling/Buchner-*Bergt* Art. 37 Rn. 29; Paal/Pauly-*Paal* Art. 37 Rn. 10; *Bittner* RDV 2014, 183, 184.
65 Art. 37 Abs. 7.
66 Vgl. Art. 13 Abs. 1 lit. b, 14 Abs. 1 lit. b, 30 Abs. 1 lit. a, 30 Abs. 2 lit. a, 33 Abs. 3 lit. b, 34 Abs. 2 i.V.m. 33 Abs. 3 lit. b, 36 Abs. 3 lit. d, Art. 37 Abs. 7.

zeiten in den Niederlassungen oder die Veröffentlichung der Kontaktdaten des Hilfspersonals im Intranet.[67]

3. Unterstützung des Konzerndatenschutzbeauftragten. Wird ein Konzerndatenschutzbeauftragter benannt, bezieht sich die Unterstützungspflicht (Art. 38 Abs. 2) ihm gegenüber insbesondere auch darauf, dass er **angemessene zeitliche Ressourcen** erhält sowie entsprechendes **Hilfs- und Korrespondenzpersonal**[68] in den einzelnen Unternehmen, um dort entsprechend präsent zu sein. 33

III. Gemeinsamer Datenschutzbeauftragter bei Behörden oder öffentlichen Stellen (Abs. 3)

1. DS-GVO-Regelung. Auch im öffentlichen Bereich können nach Art. 37 Abs. 3 **mehrere Stellen** einen **gemeinsamen Datenschutzbeauftragten** benennen, wobei die Organisationsstruktur sowie die Größe der Behörden bzw. Stellen zu berücksichtigen ist. Letzteres bedeutet vor allem, dass sicherzustellen ist, dass der gemeinsame Datenschutzbeauftragte in der Lage ist, die Aufgaben zu erfüllen, welche ihm in Bezug auf sämtliche Behörden oder öffentlichen Stellen übertragen wurden.[69] Dazu muss er insbesondere über angemessene zeitliche Kapazitäten verfügen sowie über entsprechendes Hilfs- und Korrespondenzpersonal bei den jeweiligen öffentlichen Stellen, für die er zuständig ist.[70] 34

2. BDSG n.F. § 5 Abs. 2 BDSG enthält für **Datenschutzbeauftragte in öffentlichen Stellen des Bundes** eine inhaltsgleiche Regelung zu Art. 37 Abs. 3. Die vorstehenden Ausführungen gelten entsprechend. 35

IV. Öffnungsklausel, freiwillige Benennung, Benennung durch Verbände (Abs. 4)

1. Öffnungsklausel. Art. 37 Abs. 4 enthält eine **Öffnungsklausel**, die es ermöglicht, auf der Ebene des Unionsrechts bzw. des nationalen Rechts **Regelungen zur verpflichtenden Benennung von Datenschutzbeauftragten** vorzusehen, **welche über die Vorgaben des Art. 37 Abs. 1 hinausgehen**. Nicht möglich ist hingegen, die Benennungspflicht aus Art. 37 Abs. 1 einzuschränken oder Rechtsstellung und Aufgaben des Datenschutzbeauftragten abweichend zu regeln. Von der Öffnungsklausel, die maßgeblich auch auf deutsches Betreiben in die DS-GVO aufgenommen wurde, wurde durch **Einführung von § 38 Abs. 1 BDSG**[71] Gebrauch gemacht. 36

2. Freiwillige Benennung. Die Möglichkeit, einen Datenschutzbeauftragten **freiwillig zu benennen**, wird in Art. 37 Abs. 4 ausdrücklich angesprochen. Für eine Benennung ohne rechtliche Verpflichtung spricht, dass Datenschutzbeauftragte einen zentralen Beitrag zur Gewährleistung von Datenschutzkonformität und damit zur **Vermeidung von Unternehmensrisiken**[72] darstellen. Ein gewisser Anreiz für die freiwillige Benennung mag auch sein, dass Datenschutzbeauftragte – anders als für die Verarbeitung 37

67 *Laue/Nink/Kremer* Das neue Datenschutzrecht in der betrieblichen Praxis, S. 196.

68 Ehmann/Selmayr-*Heberlein* Art. 37 Rn. 30.

69 *LDI NRW* Häufig gestellte Fragen zum Datenschutzbeauftragten (FAQ), Stand: 09/2017, S. 5.

70 Vgl. insoweit auch die Ausführungen zum Konzerndatenschutzbeauftragten vorstehend unter Rn. 33.

71 Zur Regelung in § 38 Abs. 1 BDSG vgl. im Einzelnen Rn. 26 f.

72 *Klug* ZD 2016, 315, 317.

Verantwortliche bzw. Auftragsverarbeiter – Anspruch auf unentgeltliche Beratung durch die Aufsichtsbehörde haben (Art. 57 Abs. 3). In Deutschland hat die Möglichkeit der freiwilligen Benennung allerdings weniger praktische Relevanz als in den anderen Mitgliedstaaten, weil hier die über die DS-GVO hinausgehende Pflicht zur Benennung nach § 38 Abs. 1 BDSG gilt.

38 Auch sofern ein Datenschutzbeauftragter freiwillig benannt wird, ergeben sich **Aufgaben und Rechtsstellung aus der DS-GVO**. Es besteht kein Gestaltungsspielraum.[73] Sollen im Falle einer freiwilligen Benennung Aufgaben und Rechtsstellung von der DS-GVO abweichen, bedarf es einer anderen Bezeichnung, z.B. als Datenschutzkoordinator oder Referent für Datenschutz, und einer entsprechenden Stellenbeschreibung. Im Falle der nur fakultativen Benennung besteht allerdings kein Kündigungsschutz nach BDSG n.F., da insofern an das Bestehen einer Pflicht zur Benennung angeknüpft ist (§ 38 Abs. 2 BDSG).

39 **3. Verbände/Vereinigungen.** Art. 37 Abs. 4 beinhaltet schließlich Regelungen für die **Benennung von Datenschutzbeauftragten durch Verbände und andere Vereinigungen, die Kategorien von Verantwortlichen oder Auftragsverarbeitern vertreten**. Leider sind die Regelungen missglückt und die dahinterstehende Intention ist kaum verständlich,[74] was sich auch an den sehr verschiedenen Kommentierungen zeigt. Mit der Regelung in Art. 37 Abs. 4 S. 1 dürfte jedenfalls nicht der Fall gemeint sein, dass Verbände oder andere Vereinigungen einen Datenschutzbeauftragten bezogen auf die verbandseigene Datenverarbeitung benennen, denn in diesem Fall handelt es sich um eine Benennung als Verantwortlicher und der besonderen Regelung für Verbände und Vereinigungen hätte es nicht bedurft. Gemeint sein dürfte wohl, dass Verbände oder andere Vereinigungen, die Kategorien von Verantwortlichen oder Auftragsverarbeitern vertreten, einen Datenschutzbeauftragten zu dem Zweck benennen, dass die Mitglieder über die berufsständische Vereinigung fachkundige branchenspezifische Datenschutzberatung erhalten können.[75] Der Datenschutzbeauftragte vertritt den Verband oder die Vereinigung und damit die jeweilige Branche im Verhältnis zur Aufsichtsbehörde (Art. 37 Abs. 4 S. 2).

V. Anforderungen an die Qualifikation (Abs. 5)

40 **1. DS-GVO-Regelung. – a) Fachliche Qualifikation.** Regelungsgegenstand von Art. 37 Abs. 5 sind die fachliche Qualifikation des Datenschutzbeauftragten und dessen Fähigkeit zur Erfüllung der in Art. 39 genannten Aufgaben. Hinsichtlich der notwendigen **fachlichen Qualifikation** des Datenschutzbeauftragten ergeben sich keine gravierenden Unterschiede zur Rechtslage nach § 4f Abs. 2 S. 1 BDSG a.F. Erforderlich ist weiterhin eine **Trias rechtlicher, technischer und (betriebs-)organisatorischer Kenntnisse**.[76] Das Rechtswissen muss die nationalen und europäischen Datenschutzgesetze umfassen einschließlich vertiefter Kenntnisse der DS-GVO und der nationalen Anpassungs- und Umsetzungsgesetzgebung, also in Deutschland des BDSG n.F. Auf technischer Ebene muss der potenzielle Datenschutzbeauftragte die Funktionsweise

73 *Art.-29-Datenschutzgruppe* WP 243 rev. 01, S. 24; Ehmann/Selmayr-*Heberlein* Art. 37 Rn. 37; Kühling/Buchner-*Bergt* Art. 37 Rn. 26.

74 So auch Kühling/Buchner-*Bergt* Art. 37 Rn. 31.

75 Ehmann/Selmayr-*Heberlein* Art. 37 Rn. 36.

76 Gola-*Klug* Art. 37 Rn. 18.

der einschlägigen Informationstechnologien verstehen sowie Wissen auf dem Gebiet der Datensicherheit mitbringen. In organisatorischer Sicht bedarf es einer guten Kenntnis der Strukturen der zu betreuenden Stelle bzw. des einschlägigen Wirtschaftszweigs sowie der dort stattfindenden Datenverarbeitungsprozesse. Die Anforderungen an die Fachkunde sind dabei nicht universell, sondern werden je nach Eigenart des Verantwortlichen bzw. Auftragsverarbeiters z.B. dann besonders hoch sein, wenn besonders komplexe Datenverarbeitungen durchgeführt, große Mengen von sensitiven Daten verarbeitet oder systematisch Datentransfers in Länder außerhalb der EU vorgenommen werden.[77] Dies zeigt auch ErwG 97, wonach sich das erforderliche Niveau des Fachwissens insbesondere nach den durchgeführten Datenverarbeitungsvorgängen und dem erforderlichen Schutz für die von dem Verantwortlichen oder Auftragsverarbeiter verarbeiteten personenbezogenen Daten richten sollte. Für die berufliche Qualifikation i.S.d. DS-GVO kommt es dabei nicht nur auf theoretische Kenntnisse an. Nach Art. 37 Abs. 5 soll sich das Fachwissen der zu benennenden Person explizit auch auf die **Datenschutzpraxis** beziehen, also darauf, wie datenschutzrechtliche Vorgaben konkret umgesetzt werden können.

Angesichts der Abstraktheit der DS-GVO-Anforderungen zur Fachkunde und bereits in der Vergangenheit festzustellender großer qualitativer Unterschiede im Hinblick auf die Ausbildung von Datenschutzbeauftragten bedarf es der **Entwicklung einheitlicher europaweiter Standards im Hinblick auf** deren **berufliche Qualifikation.**[78] **41**

b) Fähigkeit zur Aufgabenerfüllung. Der **Fähigkeit zur Erfüllung der in Art. 39 genannten Aufgaben**, die Art. 37 Abs. 5 verlangt, kommt neben der fachlichen Qualifikation eigenständige Bedeutung zu. Erforderlich sind die **persönliche Integrität** und ein entsprechender **Berufsethos** der zu benennenden Person.[79] Darüber hinaus bedarf es **sozialer Kompetenz, Kommunikationsfähigkeit und der Fähigkeit zum Risiko-Management** i.S.v. Art. 39 Abs. 2.[80] Ebenfalls im Sinne der Fähigkeit zur Aufgabenerfüllung erforderlich ist, dass bei Datenschutzbeauftragten, die für den Verantwortlichen bzw. Auftragsverarbeiter noch andere Aufgaben und Pflichten wahrnehmen, **keine Interessenkonflikte** bestehen. Dieser Umstand ist in Art. 38 Abs. 6 speziell geregelt. **42**

2. BDSG n.F. § 5 Abs. 3 BDSG regelt die Qualifikationsanforderungen an **Datenschutzbeauftragte in öffentlichen Stellen des Bundes** und entspricht inhaltlich Art. 37 Abs. 5, auf dessen Kommentierung insofern verwiesen wird. **43**

VI. Interner und externer Datenschutzbeauftragter (Abs. 6)

1. DS-GVO-Regelung. – a) Vergleich interner und externer Datenschutzbeauftragter.
Nach Art. 37 Abs. 6 kann der Datenschutzbeauftragte Beschäftigter des Verantwortlichen bzw. Auftragsverarbeiters sein oder aber seine Aufgaben aufgrund eines Dienstleistungsvertrages erfüllen. Es kann sich also um einen **internen oder externen Datenschutzbeauftragten** handeln. Der Einsatz eines externen Datenschutzbeauftragten kann insbesondere bei kleinen und mittleren Unternehmen sinnvoll sein. Für eine Entscheidung zugunsten eines externen Datenschutzbeauftragten spricht, dass dessen **44**

77 *Art.-29-Datenschutzgruppe* WP 243 rev. 01, S. 13.
78 Ehmann/Selmayr-*Heberlein* Art. 37 Rn. 39.
79 *Art.-29-Datenschutzgruppe* WP 243 rev. 01, S. 14.
80 Ehmann/Selmayr-*Heberlein* Art. 37 Rn. 40.

Expertise und Erfahrungen sofort in Anspruch genommen werden können und der initiale Aufwand für die Ausbildung eines eigenen Mitarbeiters zum Datenschutzbeauftragten entfällt. Vorteile des internen Datenschutzbeauftragten sind demgegenüber die regelmäßig bessere Kenntnis der Prozesse und Spezifika des Verantwortlichen bzw. Auftragsverarbeiters. Aufgaben und Rechtsstellung des internen wie externen Datenschutzbeauftragten ergeben sich aus Art. 38 und 39 und sind identisch. Kündigungsschutz nach § 6 Abs. 4 BDSG, ggf. in Verbindung mit § 38 Abs. 2 BDSG steht allerdings nur dem internen Datenschutzbeauftragten zu, da nur er in einem Arbeitsverhältnis mit dem Verantwortlichen bzw. Auftragsverarbeiter steht. Externer Datenschutzbeauftragter ist auch der Konzerndatenschutzbeauftragte und zwar bei all denjenigen Konzernunternehmen, für die er zwar benannt, bei denen er jedoch nicht beschäftigt ist.

45 **b) Juristische Personen als Datenschutzbeauftragte.** Praktisch bedeutsam für externe Datenschutzdienstleister ist, ob auch eine **Benennung juristischer Personen** zum Datenschutzbeauftragten zulässig ist oder ob lediglich natürliche Personen benannt werden können. In der Literatur wird die Benennung einer juristischen Person teilweise abgelehnt[81] bzw. zumindest im Hinblick auf das drohende Bußgeldszenario geraten, es sollte „besser eine natürliche Person benannt werden“[82]. Diese Auffassung bringt nicht unerhebliche Praxisprobleme mit sich, wenn im Falle der Beauftragung eines externen Dienstleistungsunternehmens mit den Aufgaben aus Art. 39 die konkret benannte natürliche Person ihren bisherigen Arbeitgeber, den Vertragspartner des Verantwortlichen bzw. Auftragsverarbeiters, verlässt. Diese Probleme werden ohne Not in Kauf genommen. Selbst wenn der Unionsgesetzgeber primär die Benennung einer natürlichen Person im Blick gehabt haben sollte,[83] so gibt es auch keine Vorgaben, die die Benennung einer juristischen Person explizit ausschließen.[84] Fachkenntnisse der Gesellschafter bzw. Mitarbeiter können der juristischen Person zugerechnet, das Vorliegen von Interessenkonflikten kann anhand der Personen beurteilt werden, welche die Aufgaben des Datenschutzbeauftragten konkret wahrnehmen. So sieht dies offenbar auch die Art.-29-Datenschutzgruppe, die in ihren „Leitlinien in Bezug auf Datenschutzbeauftragte („DSB“)“[85] ohne Umschweife davon ausgeht, dass auch juristische Personen zum Datenschutzbeauftragten benannt werden können und die praktische Aufgabenwahrnehmung durch deren Angehörige erfolgt. Im Interesse der Rechtssicherheit und einer ordnungsgemäßen Organisation sowie um Interessenkonflikte der Teammitglieder zu vermeiden empfiehlt die Art.-29-Datenschutzgruppe, eine klare Aufgabenverteilung innerhalb des Datenschutzbeauftragten-Teams vorzusehen sowie eine einzelne Person als primären Ansprechpartner festzulegen, der zugleich für den jeweiligen Kunden zuständig ist.

46 **2. BDSG n.F.** § 5 Abs. 4 BDSG enthält für **Datenschutzbeauftragte in öffentlichen Stellen des Bundes** eine inhaltsgleiche Regelung zu Art. 37 Abs. 6. Die Ausführungen zu Art. 37 Abs. 6 gelten insoweit entsprechend.

81 Ehmann/Selmayr-*Heberlein* Art. 37 Rn. 43; *Laue/Nink/Kremer* Das neue Datenschutzrecht in der betrieblichen Praxis, S. 197.
82 Kühling/Buchner-*Bergt* Art. 37 Rn. 36.
83 Dieser Auffassung ist Paal/Pauly-*Paal* Art. 37 Rn. 15.
84 So auch Paal/Pauly-*Paal* Art. 37 Rn. 15; Kühling/Buchner-*Bergt* Art. 37 Rn. 36.
85 WP 243 rev. 01, S. 14 f.

VII. Veröffentlichung der Kontaktdaten (Abs. 7)

1. DS-GVO-Regelung. Nach Art. 37 Abs. 7 veröffentlicht der Verantwortliche oder Auftragsverarbeiter die **Kontaktdaten des Datenschutzbeauftragten** und teilt diese der Aufsichtsbehörde mit. [86] Die Veröffentlichung der Kontaktdaten soll gewährleisten, dass betroffene Personen von ihrem Recht zur Anrufung des Datenschutzbeauftragten (Art. 38 Abs. 4) Gebrauch machen können und die Aufsichtsbehörde mit diesem in Kontakt treten kann (Art. 39 Abs. 1 lit. d und e). Mittelbar ermöglicht sie den Behörden zudem die Feststellung, ob ein Datenschutzbeauftragter benannt wurde. Erforderlich sind **Informationen, die es ermöglichen, den Datenschutzbeauftragten auf einfache Weise zu erreichen.** Dazu gehören mindestens die Adresse, die Telefonnummer und die E-Mail-Adresse des Datenschutzbeauftragten.[87] Die **Angabe des Namens des Datenschutzbeauftragten** ist im Rahmen von Art. 37 Abs. 7 **keine Pflicht**.[88] Dies zeigt ein Vergleich mit Art. 13 Abs. 1 lit. a und Art. 14 Abs. 1 lit. a, wo anders als von „Kontaktdaten" von „Name und Kontaktdaten" die Rede ist. Im Verhältnis zur Aufsichtsbehörde wird die Angabe des Namens gleichwohl regelmäßig sinnvoll sein. Über das Verzeichnis der Verarbeitungstätigkeiten wäre dieser der Name des Datenschutzbeauftragten ohnehin zur Verfügung zu stellen (Art. 30 Abs. 1 lit. a und Abs. 2 lit. a) bzw. sie kann den Namen nach Art. 58 Abs. 1 lit. a erfragen. Mittel der Wahl für die Veröffentlichung der Kontaktdaten wird regelmäßig sein, dass diese für außenstehende Dritte auf der **Unternehmenshomepage sowie** innerhalb der Organisation **im Intranet und auf den vorhandenen Organisationsplänen** bereitgestellt werden.[87] 47

2. BDSG n.F. Im Hinblick auf **Datenschutzbeauftragte in öffentlichen Stellen des Bundes** verpflichtet § 5 Abs. 5 BDSG zur Veröffentlichung der Kontaktdaten sowie zur Weitergabe der Informationen an den/die BfDI und stellt das inhaltliche Äquivalent zu Art. 37 Abs. 7 dar, auf dessen Kommentierung insofern verwiesen wird. 48

C. Praxishinweis – Relevanz

I. Für öffentliche Stellen

Die DS-GVO führt dazu, dass in Deutschland mehr öffentliche Stellen als zuvor einen Datenschutzbeauftragten benennen müssen, nämlich grundsätzlich alle. Insbesondere entfällt die Möglichkeit, den behördlichen Datenschutzbeauftragten lediglich als Option vorzusehen, wie es bislang in den Landesdatenschutzgesetzen teilweise der Fall war. Auch der 20-Personen-Schwellenwert für nicht automatisierte Datenverarbeitungen durch bundesöffentliche Stellen nach § 4f Abs. 1 S. 3 BDSG a.F. gilt nicht mehr. **Gestaltungsmöglichkeiten der benennenden Stelle** bestehen insofern, als die Wahl zwischen einem internen oder externen Datenschutzbeauftragten besteht[89] und bei mehreren öffentlichen Stellen unter bestimmten Voraussetzungen ein gemeinsamer Beauftragter[90] benannt werden kann. 49

---

86 Die Aufsichtsbehörden stellen zur Zurverfügungstellung der Daten entsprechende (Online-)Formulare bereit.

87 *LDI* Häufig gestellte Fragen zum Datenschutzbeauftragten (FAQ), Stand: 09/2017, S. 11.

88 So auch die *Art.-29-Datenschutzgruppe* WP 243 rev. 01, S. 15; ebenso Ehmann/Selmayr-*Heberlein* Art. 37 Rn. 45.

89 Zu den jeweiligen Vorteilen vgl. Rn. 44.

90 Vgl. Rn. 34 f.

II. Für nichtöffentliche Stellen

50 Für nichtöffentliche Stellen ergeben sich ab dem 25.5.2018 **nur marginale Änderungen im Hinblick auf die Pflicht zur Bestellung bzw. jetzt Benennung eines Datenschutzbeauftragten**. Zwar sind die Voraussetzungen der Pflicht für nichtöffentliche Stellen nach der DS-GVO deutlich enger als der bislang einschlägige § 4f Abs. 1 BDSG a.F., allerdings hat der nationale Gesetzgeber mit § 38 Abs. 1 BDSG n.F. von der ihm durch die DS-GVO eingeräumten Möglichkeit Gebrauch gemacht, auf nationaler Ebene strengere Regelungen zur Benennung vorzusehen. § 38 Abs. 1 BDSG n.F. ist im Wesentlichen identisch mit § 4f Abs. 1 BDSG a.F. Ein Unterschied besteht allerdings insofern, als im Rahmen der Schwellenwertregelung nur noch automatisierte Verarbeitungen eine Benennungspflicht auslösen. Auch nichtöffentliche Stellen haben die Wahl zwischen **interner oder externer Benennung** und können im Unternehmensverbund ggf. einen gemeinsamen Beauftragten benennen.

III. Für betroffene Personen

51 Die Verpflichtung zur Benennung eines Datenschutzbeauftragten dient dem Schutz der Persönlichkeitsrechte der betroffenen Personen und damit deren Interessen. Ist ein Datenschutzbeauftragter benannt, können sie sich mit ihren datenschutzrechtlichen Anliegen an diesen wenden (Art. 38 Abs. 4) und haben einen kompetenten **Ansprechpartner**. Die betroffene Person hat bei Vorliegen der Voraussetzungen indes **keinen Anspruch auf Benennung.**

IV. Für Aufsichtsbehörden

52 Ist ein Datenschutzbeauftragter benannt, sind der Aufsichtsbehörde vom Verantwortlichen bzw. Auftragsverarbeiter ab dem 25.5.2018 zumindest[91] dessen **Kontaktdaten** mitzuteilen (Art. 37 Abs. 7). Er ist **sachkundige Anlaufstelle für die Behörde und arbeitet mit dieser zusammen** (Art. 39 Abs. 1 lit. d und e). Ist **pflichtwidrig kein Datenschutzbeauftragter** benannt, kann die Aufsichtsbehörde hieran ein **Bußgeld** knüpfen, allerdings nur dann, wenn auf die Stelle die in Art. 37 Abs. 1 lit. b oder c genannten Voraussetzungen zutreffen. Ein Verstoß gegen § 38 Abs. 1 BDSG rechtfertigt ein Bußgeld nicht, weil das BDSG in Art. 83 Abs. 4 nicht Anknüpfungspunkt ist und das BDSG keinen eigenen entsprechenden Bußgeldtatbestand enthält. Verstöße von öffentlichen Stellen können generell nicht mit Bußgeld geahndet werden (§ 43 Abs. 3 BDSG).

V. Für das Datenschutzmanagement

53 Wie auch das BDSG a.F. sieht auch die DS-GVO die Verantwortung für den Datenschutz bei der verantwortlichen Stelle, die nunmehr als „Verantwortlicher“ (Art. 4 Nr. 7) bezeichnet wird. **Dem Verantwortlichen kommt die Aufgabe zu, den Datenschutz** so **zu organisieren**, dass er unternehmensweit gelebt und seine Umsetzung jederzeit nachgewiesen werden kann. Im Hinblick auf die Umsetzungsmaßnahmen wird der **Datenschutzbeauftragte zugleich beratend** (Art. 39 Abs. 1 lit. a) **und überwachend** (Art. 39 Abs. 1 lit. b) **tätig**.[92] Auftragsverarbeiter sind nicht für die Datenverar-

---

91 Vgl. Rn. 47.

92 Zur Rolle des Datenschutzbeauftragten im Datenschutzmanagement vgl. GDD-Praxishilfe DS-GVO II: Verantwortlichkeiten und Aufgaben nach der DS-GVO (Dezember 2016), S. 7 f.

beitung des Auftraggebers verantwortlich. Auch sie unterliegen aber nach der DS-GVO eigenen Pflichten und haben bei Überschreiten des Schwellenwerts einen Datenschutzbeauftragten zu bestellen, der sie gleichsam berät und überwacht.

VI. Sanktionen

Verletzungen des Art. 37 können gemäß Art. 83 Abs. 4 mit Geldbußen von bis zu 10 Mio. EUR oder im Fall eines Unternehmens von bis zu 2 % seines gesamten weltweit erzielten Jahresumsatzes des vorangegangenen Geschäftsjahrs, je nachdem, welcher der Beträge höher ist, belegt werden. Dies gilt allerdings nicht für öffentliche Stellen. Zwar sind auch öffentliche Stellen nach Art. 37 Abs. 1 lit. a zur Benennung eines Datenschutzbeauftragten verpflichtet, jedoch kann gegen diese nach § 43 Abs. 3 BDSG n.F. kein Bußgeld verhängt werden. Auch die **Verletzung einer Benennungspflicht, die allein aus § 38 Abs. 1 BDSG** resultiert, kann nicht mit einem Bußgeld geahndet werden.[93] **54**

Artikel 38 Stellung des Datenschutzbeauftragten

(1) Der Verantwortliche und der Auftragsverarbeiter stellen sicher, dass der Datenschutzbeauftragte ordnungsgemäß und frühzeitig in alle mit dem Schutz personenbezogener Daten zusammenhängenden Fragen eingebunden wird.

(2) Der Verantwortliche und der Auftragsverarbeiter unterstützen den Datenschutzbeauftragten bei der Erfüllung seiner Aufgaben gemäß Artikel 39, indem sie die für die Erfüllung dieser Aufgaben erforderlichen Ressourcen und den Zugang zu personenbezogenen Daten und Verarbeitungsvorgängen sowie die zur Erhaltung seines Fachwissens erforderlichen Ressourcen zur Verfügung stellen.

(3) [1]Der Verantwortliche und der Auftragsverarbeiter stellen sicher, dass der Datenschutzbeauftragte bei der Erfüllung seiner Aufgaben keine Anweisungen bezüglich der Ausübung dieser Aufgaben erhält. [2]Der Datenschutzbeauftragte darf von dem Verantwortlichen oder dem Auftragsverarbeiter wegen der Erfüllung seiner Aufgaben nicht abberufen oder benachteiligt werden. [3]Der Datenschutzbeauftragte berichtet unmittelbar der höchsten Managementebene des Verantwortlichen oder des Auftragsverarbeiters.

(4) Betroffene Personen können den Datenschutzbeauftragten zu allen mit der Verarbeitung ihrer personenbezogenen Daten und mit der Wahrnehmung ihrer Rechte gemäß dieser Verordnung im Zusammenhang stehenden Fragen zu Rate ziehen.

(5) Der Datenschutzbeauftragte ist nach dem Recht der Union oder der Mitgliedstaaten bei der Erfüllung seiner Aufgaben an die Wahrung der Geheimhaltung oder der Vertraulichkeit gebunden.

(6) [1]Der Datenschutzbeauftragte kann andere Aufgaben und Pflichten wahrnehmen. [2]Der Verantwortliche oder der Auftragsverarbeiter stellt sicher, dass derartige Aufgaben und Pflichten nicht zu einem Interessenkonflikt führen.

- *ErwG: 97*
- *BDSG n.F.: §§ 6, 7, 38*

---

93 Vgl. Rn. 52.

Übersicht

Literatur: *Art.-29-Datenschutzgruppe* WP 243 rev. 01 „Leitlinien in Bezug auf Datenschutzbeauftragte („DSB")", http://ec.europa.eu/newsroom/just/document.cfm?doc_id=48137; *Bittner* Der Datenschutzbeauftragte gemäß EU-Datenschutz-Grundverordnungs-Entwurf, RDV 2014, 183; *Datenschutzkonferenz* Kurzpapier Nr. 12 „Datenschutzbeauftragte bei Verantwortlichen und Auftragsverarbeitern" (Stand: 16.1.2018); *Eckhardt/Kramer/Mester* Auswirkungen der geplanten EU-DS-GVO auf den deutschen Datenschutz, DuD 2013, 623; *Franck* Altverhältnisse unter DS-GVO und neuem BDSG, ZD 2017, 509; *Gierschmann* Was „bringt" deutschen Unternehmen die DS-GVO? Mehr Pflichten, aber die Rechtsunsicherheit bleibt, ZD 2016, 51; *Jaspers/Reif* Der Datenschutzbeauftragte nach der Datenschutz-Grundverordnung: Pflicht zur Benennung, Rechtsstellung und Aufgaben, RDV 2016, 61; *Klug* Der Datenschutzbeauftragte in der EU – Maßgaben der Datenschutzgrundverordnung, ZD 2016, 315; *Lantwin* Risikoberuf Datenschutzbeauftragter? Die Haftung nach der neuen DS-GVO, ZD 2017, 411; *LDI NRW* Häufig gestellte Fragen zum Datenschutzbeauftragten (FAQ), Stand: 09/2017; *Marschall/Müller* Der Datenschutzbeauftragte im Unternehmen zwischen BDSG und DS-GVO, ZD 2016, 415; *Niklas/Faas* Der Datenschutzbeauftragte nach der Datenschutz-Grundverordnung, NZA 2017, 1091; *Weichert* Die Zukunft des Datenschutzbeauftragten, CuA 4/2016, 8; *Wybitul/von Gierke* Checklisten zur DSGVO – Teil 2: Pflichten und Stellung des Datenschutzbeauftragten im Unternehmen, BB 2017, 181.

A. Einordnung und Hintergrund

I. Erwägungsgründe

ErwG 97 befasst sich mit dem Datenschutzbeauftragten. Auf die Stellung des Datenschutzbeauftragten bezieht sich S. 4, wonach Datenschutzbeauftragte unabhängig davon, ob es sich bei ihnen um Beschäftigte des Verantwortlichen[1] handelt oder nicht, ihre Pflichten und Aufgaben in **vollständiger Unabhängigkeit** ausüben können sollten. Die Garantie der Unabhängigkeit ist Dreh- und Angelpunkt für eine effektive Aufgabenwahrnehmung durch den Datenschutzbeauftragten. Zugleich bildet die Unabhängigkeit die Grundlage diverser Einzelgewährleistungen gegenüber dem Datenschutzbeauftragten, insbesondere der Weisungsfreiheit und des Abberufungs- und Kündigungsschutzes. 1

II. BDSG n.F.

1. Öffentliche Stellen des Bundes. Regelungen zur Stellung des Datenschutzbeauftragten enthält **§ 6 BDSG für sämtliche[2] öffentliche Stellen des Bundes**. Die Regelungen in § 6 Abs. 1 und 2 BDSG entsprechen den Regelungen in Art. 38 Abs. 1 und 2 (ordnungsgemäße und frühzeitige Einbindung des Datenschutzbeauftragten, Unterstützung bei der Aufgabenerfüllung). § 6 Abs. 3 BDSG entspricht inhaltlich Art. 38 Abs. 3 (Weisungsfreiheit, Abberufungs- und Benachteiligungsschutz, Bericht zur höchsten Leitungsebene), nur ist die Reihenfolge der letzten beiden Sätze umgekehrt. Art. 38 Abs. 4 (Anrufungsrecht gegenüber dem Datenschutzbeauftragten) findet sich in § 6 Abs. 5 S. 1 BDSG wieder mit dem Unterschied, dass das Recht in § 6 Abs. 5 S. 1 BDSG etwas weiter gefasst ist.[3] § 6 Abs. 5 S. 2 BDSG (Verschwiegenheitspflicht) stellt ebenso wie § 6 Abs. 6 BDSG (Zeugnisverweigerungsrecht) eine Umsetzung von Art. 38 Abs. 5 dar. § 6 Abs. 4 BDSG enthält eine Regelung zum Kündigungsschutz des Datenschutzbeauftragten, welche in der DS-GVO keine Entsprechung hat. Die Kompetenz zur Regelung des Kündigungsschutzes ergibt sich daraus, dass es sich insofern um eine arbeitsrechtliche Regelung handelt, die ergänzend zu den Vorgaben der DS-GVO beibehalten werden kann.[4] Die Regelung aus Art. 38 Abs. 6 zum nebenamtlichen Datenschutzbeauftragten und die diesbezügliche Pflicht zur Vermeidung von Interessenkollisionen wurde nicht in § 6 BDSG aufgenommen, sondern findet sich in § 7 Abs. 2 BDSG. § 7 BDSG regelt die Aufgaben behördlicher Datenschutzbeauftragter in der Bundesverwaltung. 2

2. Nichtöffentliche Stellen. Über einen **Verweis in § 38 Abs. 2 BDSG** finden **Teile des § 6 BDSG auch für nichtöffentliche Stellen** Anwendung. Im Einzelnen handelt es sich um den Kündigungsschutz (§ 6 Abs. 4 BDSG), die Verschwiegenheitspflicht (§ 6 Abs. 5 S. 2 BDSG) und das Zeugnisverweigerungsrecht (§ 6 Abs. 6 BDSG) des Datenschutzbeauftragten. 3

---

1 Obgleich S. 4 des ErwG 97 den Auftragsverarbeiter nicht explizit benennt, ist davon auszugehen, dass auch dessen Datenschutzbeauftragter Unabhängigkeit genießt. Es handelt sich insoweit wohl um ein Redaktionsversehen.

2 Zur Frage der Zulässigkeit einer solchen einheitlichen Regelung vgl. Art. 37 Rn. 6 f.

3 Vgl. dazu Rn. 24.

4 Ehmann/Selmayr-*Heberlein* Art. 37 Rn. 14; Paal/Pauly-*Paal* Art. 38 Rn. 10; Kühling/Buchner-*Bergt* Art. 38 Rn. 33; anderer Ansicht *Härting* Rn. 16.

III. Normengenese und -umfeld

4 **1. DSRL.** Wie bereits bei Art. 37 erläutert, enthielt die **DSRL (95/46/EG)** den Datenschutzbeauftragten nur als Option für die Mitgliedstaaten, falls diese Vereinfachungen der Meldung an die Aufsichtsbehörde bzw. Ausnahmen von der Meldepflicht vorsehen wollten. Im Hinblick auf die Stellung des Datenschutzbeauftragten verlangte die DSRL in **ErwG 49**, der im Kern identisch ist mit ErwG 97 S. 4, die **vollständige Unabhängigkeit** des Datenschutzbeauftragten. Die Unabhängigkeit der Aufgabenwahrnehmung durch den Datenschutzbeauftragten wurde darüber hinaus in Art. 18 Abs. 2 DSRL aufgegriffen, nunmehr als tatbestandliche Voraussetzung für die Zulässigkeit der Einschränkung der Meldepflicht. Die Ausgestaltung der **Rechtsstellung im Einzelnen** blieb den **Mitgliedstaaten überlassen**.

5 **2. BDSG a.F.** Für die privaten Stellen und die Bundesbehörden war die Stellung des Datenschutzbeauftragten bislang in **§ 4f BDSG a.F.** geregelt. Für die öffentlichen Stellen unterhalb der Bundesebene waren die Bestimmungen der jeweiligen Landesdatenschutzgesetze einschlägig. Die bisherigen nationalen Anforderungen an die Rechtsstellung des Datenschutzbeauftragten stimmten dabei weitgehend mit denen des Art. 38 überein.[5]

6 **3. WP der Art.-29-Datenschutzgruppe/Papiere der Datenschutzkonferenz.** Die Art.-29-Datenschutzgruppe äußert sich in ihren **„Leitlinien in Bezug auf Datenschutzbeauftragte („DSB")" (WP 243 rev. 01)** u.a. zur Stellung des Datenschutzbeauftragten, insbes. zu den Anforderungen an die frühzeitige und ordnungsgemäße Einbeziehung, zu den notwendigen Ressourcen, zur Weisungsfreiheit, zum Abberufungs- und Benachteiligungsschutz sowie zu möglichen Interessenkonflikten bei nebenamtlichen Datenschutzbeauftragten. In Deutschland hat sich die LDI NRW[6] zum Datenschutzbeauftragten nach DS-GVO geäußert. Auf nationaler Ebene hat sich zudem die **Datenschutzkonferenz** in ihrem **Kurzpapier Nr. 12 „Datenschutzbeauftragte bei Verantwortlichen und Auftragsverarbeitern" (Stand: 16.1.2018)** mit dem Datenschutzbeauftragten beschäftigt.

B. Kommentierung

I. Einbindung des Datenschutzbeauftragten (Abs. 1)

7 **1. DS-GVO-Regelung.** Gemäß Art. 38 Abs. 1 hat der Verantwortliche bzw. Auftragsverarbeiter sicherzustellen, dass der Datenschutzbeauftragte ordnungsgemäß und frühzeitig in alle mit dem Schutz personenbezogener Daten zusammenhängenden Fragen eingebunden wird. Diese unscheinbare Vorschrift regelt eine Kernvoraussetzung für eine erfolgreiche Aufgabenwahrnehmung durch den Datenschutzbeauftragten und damit für einen effektiven Datenschutz. Insbesondere kann der Datenschutzbeauftragte seinem Beratungs- (Art. 39 Abs. 1 lit. a und c) und Überwachungsauftrag (Art. 39 Abs. 1 lit. b) nicht sachgemäß nachkommen, sofern er über datenschutzrelevante Sachverhalte nicht oder nur verspätet informiert wird. Die frühzeitige Einbindung des Datenschutzbeauftragten liegt im Übrigen auch im wohlverstandenen Eigeninteresse des Verantwortlichen bzw. Auftragsverarbeiters, da Prozessänderungen, die aufgrund datenschutzrechtlicher Vorgaben erforderlich werden, zu erheblichen Kos-

5 So im Hinblick auf das BDSG auch Gola-*Klug* DS-GVO, Art. 38 Rn. 2.

6 *LDI* Häufig gestellte Fragen zum Datenschutzbeauftragten (FAQ), Stand: 09/2017.

ten und/oder Zeitverzögerungen führen können. **Ordnungsgemäße Einbindung** meint, dass dem Datenschutzbeauftragten ungefragt alle für seine Beurteilung potenziell relevanten Informationen zur Verfügung zu stellen sind.[7] Er steht nicht in der Holschuld, auch wenn es selbstverständlich ihm obliegt, zu erläutern, welche Informationen für ihn von besonderer Relevanz sind. Der Datenschutzbeauftragte muss über die mit den Verarbeitungen betrauten Personen informiert werden, Zugang zu den Verarbeitungsvorgängen[8] und ein Vorspracherecht bei den die Verarbeitung betreffenden Leitungsbesprechungen erhalten.[9] Sinnvollerweise steht der Datenschutzbeauftragte ohnedies in einem regelmäßigen Informationsaustausch mit der Leitungsebene und dem mittleren Management.[10] **Frühzeitig** ist die Einbindung, wenn sie erfolgt, sobald ein Verfahren personenbezogener Datenverarbeitung bzw. dessen Änderung konkret in Erwägung gezogen wird. Jedenfalls muss der Datenschutzbeauftragte über angemessene Zeit verfügen, seinem Beratungs- und Kontrollauftrag nachzukommen, bevor das Verfahren in Betrieb genommen wird.

2. BDSG n.F. Die Regelung für **Datenschutzbeauftragte in öffentlichen Stellen des** 8
Bundes in § 6 Abs. 1 BDSG entspricht inhaltlich Art. 38 Abs. 1. Die Ausführungen zu Art. 38 Abs. 1 gelten insofern entsprechend.

II. Unterstützung des Datenschutzbeauftragten (Abs. 2)

1. DS-GVO-Regelung. – a) Überblick. Die Unterstützungspflicht des Verantwortli- 9
chen bzw. Auftragsverarbeiters gegenüber dem Datenschutzbeauftragten nach Art. 38 Abs. 2 bezieht sich auf drei Aspekte. Erstens sind dem Datenschutzbeauftragten die zur Aufgabenerfüllung erforderlichen **Ressourcen** zur Verfügung zu stellen. Zweitens muss der Datenschutzbeauftragte **Zugang zu den verarbeiteten personenbezogenen Daten und den Verarbeitungsvorgängen** erhalten. Drittens hat der **Datenschutzbeauftragte Anspruch auf Fort- und Weiterbildung** einschließlich entsprechender Kostenübernahme und Freistellung.

b) Zurverfügungstellung der erforderlichen Ressourcen. Die relevanten Ressourcen 10
entsprechen im Wesentlichen den in § 4f Abs. 5 S. 1 BDSG a.F. Genannten, also Hilfspersonal, Räume, Einrichtungen, Geräte sowie finanzielle und sonstige Mittel. Unter anderem sind dem Datenschutzbeauftragten alle gängigen Kommunikationsmittel zur Verfügung zu stellen, wobei jegliche Kontrolle der Kommunikation im Hinblick auf deren Vertraulichkeit (Art. 38 Abs. 5 DS-GVO i.V.m. § 6 Abs. 5 S. 2 BDSG) zu unterbleiben hat[11]. Praktisch bedeutsam ist darüber hinaus, dass nebenamtlichen Datenschutzbeauftragten, also solchen, die neben dieser Position noch weitere Aufgaben wahrnehmen,[12] die notwendigen **zeitlichen Kapazitäten** für die Erfüllung der Aufgaben nach Art. 39 eingeräumt werden.[13] Der Amtsinhaber muss also im Hinblick auf seine sonstigen Aufgaben angemessen entlastet werden. Andernfalls liegt eine Verletzung von Art. 38 Abs. 2 vor. Das **konkrete Maß der erforderlichen Unterstützung** ist

7 Ehmann/Selmayr-*Heberlein* Art. 38 Rn. 7.
8 Vgl. auch Art. 38 Abs. 2 DS-GVO.
9 Paal/Pauly-*Paal* Art. 38 Rn. 4.
10 So auch die *Art.-29-Datenschutzgruppe* WP 243 rev. 01, S. 16.
11 Vgl. auch Rn. 25.
12 In diesem Fall dürfen keine Interessenkonflikte bestehen, vgl. Art. 38 Abs. 6 S. 2 DS-GVO.
13 So auch die *Art.-29-Datenschutzgruppe* WP 243 rev. 01, S. 16 f.

im Einzelfall zu bestimmen. Kriterien für die erforderliche finanzielle und materielle Ausstattung sowie ein angemessenes Zeitbudget können dabei etwa sein:[14]
- Größe des Unternehmens
- Anzahl der Mitarbeiter
- Anzahl der Standorte/Betriebsstätten
- Organisation des Unternehmens
- Einbindung in eine Konzernstruktur
- national oder international
- Matrixorganisation
- Komplexität der Geschäftsprozesse
- Home-Office/Telearbeit
- Außendienst-/Vertriebsorganisation
- Delegationsmöglichkeiten (Rechtsabteilung/Revisionsabteilung/IT-Sicherheitsbeauftragter/externe Berater)
- Inanspruchnahme externer Dienstleister (Outsourcing)
- Branche
- Art und Anzahl der zu verwaltenden Personengruppen (Mitarbeiter, Kunden, Lieferanten, Dritte, Kontaktpersonen etc.)
- Sensibilität der verarbeiteten personenbezogenen Daten bzw. der verwendeten Verfahren

11 In größeren Organisationen sollte der Datenschutzbeauftragte zur Gewährleistung seiner Unabhängigkeit ein **eigenes Budget** erhalten, mittels dessen er die Ausgaben für Fortbildung, Fachliteratur etc. bestreiten kann.

12 Zu den Ressourcen zählt auch, dass der Datenschutzbeauftragte **Zugang zu fachkundiger Beratung** erhält, soweit erforderlich. Beratung kann etwa notwendig sein, sofern sehr komplexe Systeme oder besonders sensible Datenverarbeitungen zu beurteilen sind. Die Unterstützung kann durch Bereitstellen interner Ressourcen[15] (z.B. Rechtsabteilung, IT-Sicherheitsbeauftragter, Revision) wie auch durch Zurverfügungstellen externer Beratungsleistungen[16], z.B. eines IT-Experten oder einschlägig spezialisierten Rechtsanwalts, geschehen, wobei ein Anspruch des Datenschutzbeauftragten auf Unterstützung von extern erst besteht, nachdem alle zur Verfügung gestellten internen Beratungsmöglichkeiten ausgeschöpft wurden.[17]

13 **c) Zugang zu Daten und Verarbeitungsvorgängen.** Gemeint ist hier nicht nur der physikalische Zutritt zu den Bereichen, in denen personenbezogene Daten verarbeitet werden, z.B. Serverräumen, sondern auch ein lesender Zugriff auf die relevanten EDV-Systeme.

14 **d) Anspruch auf Fort- und Weiterbildung.** Bereits erworbene Kenntnisse vermögen dem Stelleninhaber stets nur temporäre Fachkunde zu garantieren.[18] Er ist deshalb

14 GDD-Praxishilfe DS-GVO I, Der Datenschutzbeauftragte nach der Datenschutz-Grundverordnung, Stand: November 2016, S. 8.
15 *Art.-29-Datenschutzgruppe* WP 243 rev. 01, S. 17.
16 Kühling/Buchner-*Bergt* Art. 38 Rn. 21.
17 GDD-Ratgeber, Der betriebliche Datenschutzbeauftragte, 2014, S. 68.
18 Vgl. auch Gola-*Klug* DS-GVO, Art. 38 Rn. 4, der insofern auf die „Dynamik im Bereich des Datenschutzes“ verweist.

berechtigt und verpflichtet, sich durch den regelmäßigen Besuch von Seminaren, Fachforen, Erfahrungsaustauschkreisen etc. über die relevanten technischen und rechtlichen Entwicklungen auf dem Laufenden zu halten. Die Verpflichtung des Verantwortlichen bzw. Auftragsverarbeiters, dem Datenschutzbeauftragten vor Aufnahme der Tätigkeit eine **angemessene initiale Ausbildung** zukommen zu lassen, regelt Art. 38 Abs. 2 nicht. Dies erklärt sich aus der Gesetzessystematik, beschreibt Art. 38 doch die Rechtsstellung des bereits benannten Datenschutzbeauftragten. Die Verpflichtung, dem Stelleninhaber bereits vor Aufnahme der Tätigkeit eine angemessene Ausbildung angedeihen zu lassen, resultiert aus Art. 37 Abs. 5, wonach nur fachkundige Personen überhaupt benannt werden dürfen.[19] Der konkrete Umfang der notwendigen Fachkunde sowie der Aus- und Fortbildungsbedarf hängen von den jeweiligen Anforderungen beim Verantwortlichen bzw. Auftragsverarbeiter ab.[20] Teil des Anspruchs auf Fort- und Weiterbildung ist auch, dass dem Datenschutzbeauftragten die für die tägliche Arbeit benötigte **Fachliteratur** gestellt wird, wozu insbesondere Gesetzeskommentierungen und Fachzeitschriften gehören.[21]

2. BDSG n.F. Für **Datenschutzbeauftragte in öffentlichen Stellen des Bundes** enthält 15
§ 6 Abs. 2 BDSG eine Art. 38 Abs. 2 entsprechende Regelung. Die Ausführungen zu Art. 38 Abs. 2 gelten insofern entsprechend.

III. Unabhängigkeit und Schutz des Datenschutzbeauftragten (Abs. 3)

1. DS-GVO-Regelung. – a) Überblick. Art. 38 Abs. 3 regelt die **Weisungsfreiheit** des 16
Datenschutzbeauftragten, den **Schutz gegen Abberufung und Benachteiligung** sowie die **Berichterstattung an die höchste Managementebene**.

b) Weisungsfreiheit. Die **Weisungsfreiheit** ist Kern der in ErwG 97 postulierten voll- 17
ständigen Unabhängigkeit des Datenschutzbeauftragten und hat insbesondere zur Konsequenz, dass dieser unabhängig ist im Hinblick auf die Bewertung stattfindender und geplanter Verarbeitungsvorgänge. Er ist nicht Anwalt des Verantwortlichen bzw. Auftragsverarbeiters und verteidigt dessen Verarbeitungsprozesse, sondern ist zur Meinungsbildung nach eigenen Erkenntnissen nicht nur berechtigt, sondern verpflichtet.[22] Keinen Konflikt mit der Weisungsfreiheit stellt es dar, wenn der Datenschutzbeauftragte vom Verantwortlichen bzw. Auftragsverarbeiter **datenschutzrechtliche Anfragen** mit der Bitte um Prüfung erhält. Solche Anfragen zu bearbeiten ist Teil der Beratungsaufgabe nach Art. 39 Abs. 1 lit. a. Aufgrund seiner Unabhängigkeit obliegt es allerdings dem Beauftragten selbst, solche Eingaben nach Maßgabe von Art. 39 Abs. 2 zu priorisieren und ggf. zunächst zurückzustellen, sofern andere Angelegenheiten für vordringlich erachtet werden. Teil der Weisungsfreiheit ist außerdem, dass der Datenschutzbeauftragte grundsätzlich selbst entscheiden kann, ob bzw. wann er sich an die Aufsichtsbehörde wendet.[23] Er wird hierbei aber seine arbeitsvertragliche Treuepflicht (interner Datenschutzbeauftragter) bzw. die Nebenpflichten aus dem Dienstleistungsvertrag (externer Datenschutzbeauftragter) angemessen zu berück-

19 Kühling/Buchner-*Bergt* Art. 38 Rn. 23.
20 Vgl. auch Art. 37 Rn. 40.
21 Paal/Pauly-*Paal* Art. 38 Rn. 6.
22 GDD-Ratgeber, Der betriebliche Datenschutzbeauftragte, 2014, S. 55.
23 Ehmann/Selmayr-*Heberlein* Art. 38 Rn. 13.

sichtigen haben.[24] **Allgemeine organisatorische Vorgaben**, z.B. Vorgaben zur Arbeitszeit, Reisekosten- oder IT-Richtlinien, sind auch vom Datenschutzbeauftragten zu beachten, sofern sie nicht ausnahmsweise mit seinen Aufgaben kollidieren.[25] Weisungsfreiheit bedeutet schließlich nicht, dass der Datenschutzbeauftragte, mit Ausnahme der ihm zugewiesenen Hilfspersonen, seinerseits weisungsbefugt wäre.[26] Insbesondere bleibt die Letztverantwortung für den Datenschutz bei der Leitung des Verantwortlichen bzw. Auftragsverarbeiters, die sich über die Ansichten des Datenschutzbeauftragten auch hinwegsetzen kann.

18 **c) Abberufungs- und Kündigungsschutz.** Wie auch das BDSG a.F. enthält die DS-GVO einen **Abberufungsschutz** zugunsten des Datenschutzbeauftragten, allerdings ist Letzterer nicht gleich weitreichend. Während die Bestellung nach § 4f Abs. 3 S. 4 BDSG a.F. regelmäßig nur bei Vorliegen eines wichtigen Grundes i.S.v. § 626 BGB widerrufen werden durfte, kann im Rahmen von Art. 38 Abs. 3 prinzipiell jeder Grund die Abberufung gestatten, solange zur Begründung nicht die Aufgabenwahrnehmung des Datenschutzbeauftragten herangezogen wird. Insbesondere können auch betriebliche bzw. organisatorische Gründe die Abberufung nach Art. 38 Abs. 3 rechtfertigen.[27] Diese Regelung ist insofern problematisch, als Gefahr besteht, dass zulässige Abberufungsgründe lediglich vorgeschoben werden. Sofern dies der Fall ist, ist die Abberufung unwirksam. Die Beweislast für das Vorliegen eines nicht mit der Amtsführung zusammenhängenden Grundes liegt bei der benennenden Stelle.[28] Das BDSG a.F. sah außerdem vor, dass der Datenschutzbeauftragte auch auf Verlangen der Aufsichtsbehörde abberufen werden konnte. Eine vergleichbare Regelung enthält die DS-GVO nicht.[29]

19 Handelt es sich um einen internen Datenschutzbeauftragten und wird im Zuge der Abberufung eine (Änderungs-)[30]Kündigung nötig, ist als zusätzliche Hürde neben dem Abberufungsschutz auch der **Kündigungsschutz** nach § 6 Abs. 4 BDSG (für nichtöffentliche Stellen i.V.m. § 38 Abs. 2 BDSG) zu beachten. Insofern hat das BAG[31] 2011 festgestellt, dass allein die Organisationsentscheidung, nunmehr konzernweit einen externen Datenschutzbeauftragten mit dem Datenschutz betrauen zu wollen, keinen wichtigen Grund i.S.v. § 626 BGB bildet. Die DS-GVO selbst sieht keinen Kündigungsschutz zugunsten des DSB vor. Der deutsche Gesetzgeber war aber zur Schaffung einer entsprechenden Regelung berechtigt, weil die DS-GVO die nationale Gesetzgebungskompetenz im Bereich des materiellen Arbeitsrechts unberührt lässt. Wie schon die Vorgängerregelung im BDSG a.F. begründet die Regelung in § 6 Abs. 4 BDSG auch sog. nachwirkenden Kündigungsschutz, indem sie die Wirkungen desselben auf ein Jahr nach der Beendigung der Tätigkeit als Datenschutzbeauftragter erstreckt. Der Kündigungsschutz bezieht sich auch auf **stellvertretende Datenschutzbeauftragte**, sofern diese tatsächlich aktiv werden.[32]

24 Vgl. auch Art. 39 Rn. 20.
25 Kühling/Buchner-*Bergt* Art. 38 Rn. 26; Ehmann/Selmayr-*Heberlein* Art. 38 Rn. 14.
26 Ehmann/Selmayr-*Heberlein* Art. 38 Rn. 14.
27 Kühling/Buchner-*Bergt* Art. 38 Rn. 30; Paal/Pauly-*Paal* Art. 38 Rn. 10.
28 Kühling/Buchner-*Bergt* Art. 38 Rn. 30.
29 Vgl. dazu Rn. 35.
30 Vgl. Art. 37 Rn. 24.
31 *BAG* Urt. v. 23.3.2011 – 10 AZR 562/09, RDV 2011, 237; NZA 2011, 1036.
32 *BAG* Urt. v. 27.7.2017 – 2 AZR 812/16; im Hinblick auf den Stellvertreter des Datenschutzbeauftragten und sein Hilfspersonal ausführlich *Franck/Reif* ZD 2015, 405.

d) Benachteiligungsverbot. Das **Benachteiligungsverbot** ist weit zu verstehen, insbesondere genügt das Vorliegen einer objektiven Benachteiligung und die Benachteiligung muss nicht vorsätzlich erfolgen.[33] Eine Benachteiligung kann etwa darin liegen, dass der Amtsinhaber keine Gehaltserhöhungen mehr erhält, er räumlich isoliert und von den unternehmensinternen Informationsflüssen ausgeschlossen wird oder er keine adäquate Büroausstattung erhält.[33] Die Beweislast liegt bei der benennenden Stelle, d.h., diese muss beweisen, dass die Benachteiligung nicht mit der Amtstätigkeit zusammenhängt.[34] **20**

e) Verhältnis des Datenschutzbeauftragten zur Leitungsebene. Nach Art. 38 Abs. 3 S. 3 **berichtet** der Datenschutzbeauftragte **unmittelbar der höchsten Managementebene.** Hierbei handelt es sich nicht allein um die Vorgabe eines Berichtswegs, sondern zugleich um eine Vorgabe in hierarchischer Hinsicht, die es verbietet, den Datenschutzbeauftragten einer anderen Stelle als unmittelbar der Leitung zu unterstellen.[35] Den Datenschutzbeauftragten unmittelbar unter der Leitung zu verorten ist organisatorische Konsequenz seiner Unabhängigkeit (ErwG 97 S. 4). Zugleich spricht hierfür die englische Fassung der DS-GVO, welche Gegenstand der Trilogverhandlungen war („shall directly report to the highest management level"). In der englischen Sprache bedeutet „to report to" auch jemandem unterstellt zu sein. **21**

2. BDSG n.F. Für **Datenschutzbeauftragte in öffentlichen Stellen des Bundes** findet Art. 38 Abs. 3 sein inhaltliches Äquivalent in § 6 Abs. 3 BDSG, nur ist bei letzterer Regelung die Reihenfolge der letzten beiden Sätze umgekehrt, es findet sich also der Bericht zur höchsten Leitungsebene vor dem Abberufungs- und Benachteiligungsschutz. Im Hinblick auf die Inhalte des § 6 Abs. 3 BDSG wird auf die vorstehende Kommentierung zu Art. 38 Abs. 3 verwiesen. **22**

IV. „Anwalt der betroffenen Personen" (Abs. 4)

1. DS-GVO-Regelung. Nach Art. 38 Abs. 4 können betroffene Personen den Datenschutzbeauftragten zu allen mit der Verarbeitung ihrer personenbezogenen Daten und mit der Wahrnehmung ihrer Rechte aus der DS-GVO im Zusammenhang stehenden Fragen zu Rate ziehen. Die Regelung ist als Recht der betroffenen Personen formuliert. Aus ihr resultiert aber zugleich auch die Pflicht des Datenschutzbeauftragten, sich Beschwerden der betroffenen Personen anzunehmen, d.h. den Sachverhalt zu prüfen, auf die Abstellung etwaiger Datenschutzverstöße hinzuwirken und dem Beschwerdeführer innerhalb einer angemessenen Zeit eine Antwort zukommen zu lassen.[36] Auf entsprechende Nachfrage hat er zu erläutern, welche Rechte der betroffenen Person zustehen und wie diese ihre Rechte wahrnehmen kann. Der Datenschutzbeauftragte fungiert insofern als **„Anwalt der betroffenen Personen"**[37]. Zu **23**

---

33 GDD-Ratgeber, Der betriebliche Datenschutzbeauftragte, 2014, S. 57.

34 Kühling/Buchner-*Bergt* Art. 38 Rn. 31.

35 Ähnlich Ehmann/Selmayr-*Heberlein* Art. 38 Rn. 16 und Plath-*von der Bussche* Art. 38 Rn. 2; anderer Auffassung, allerdings die unmittelbare Unterstellung empfehlend Kühling/Buchner-*Bergt* Art. 38 Rn. 25.

36 Kühling/Buchner-*Bergt* Art. 38 Rn. 36.

37 Wie hier Paal/Pauly-*Paal* Art. 38 Rn. 12; die Bezeichnung „Anwalt der Betroffenen" für zu weitgehend hält Ehmann/Selmayr-*Heberlein* Art. 38 Rn. 18. In einer „Zwickmühle" zwischen den Interessen der datenverarbeitenden Stelle und denjenigen der betroffenen Personen sehen den Datenschutzbeauftragten *Marschall/Müller* ZD 2016, 415, 420.

beachten ist, dass der Datenschutzbeauftragte die betroffenen Personen nur im Hinblick auf die Wahrnehmung ihrer Rechte berät, die Rechte selbst sich aber nicht gegen ihn, sondern gegen den Verantwortlichen richten. Von Eingaben nach Art. 38 Abs. 4 sind etwa Auskunftsbegehren (Art. 15) und Widersprüche (Art. 21) zu unterscheiden. Die Bearbeitung dieser Sachverhalte ist nicht originär Aufgabe des Datenschutzbeauftragten, kann ihm aber übertragen werden. Eng mit dem Recht auf Anrufung des Datenschutzbeauftragten zusammen hängt dessen **Verschwiegenheitsverpflichtung** (§ 6 Abs. 5 S. 2 BDSG, für nichtöffentliche Stellen i.V.m. § 38 Abs. 2 BDSG).[38] Während es Kunden teilweise sogar recht sein mag, wenn ihre Eingabe der Geschäftsleitung kommuniziert wird, werden sich Beschäftigte aus Angst vor karrieretechnischen Nachteilen häufig nur dann an den Datenschutzbeauftragten wenden, wenn die Vertraulichkeit sichergestellt ist. Dem Datenschutzbeauftragten müssen gemäß Art. 38 Abs. 2 die notwendigen zeitlichen Kapazitäten für die Wahrnehmung der Aufgaben aus Art. 38 Abs. 4 zur Verfügung gestellt werden.

24 **2. BDSG n.F.** Im Hinblick auf **Datenschutzbeauftragte bei öffentlichen Stellen des Bundes** findet sich das Anrufungsrecht der betroffenen Personen in § 6 Abs. 5 S. 1 BDSG, wobei die Regelung etwas weiter gefasst ist als Art. 38 Abs. 4. Während Art. 38 Abs. 4 lediglich die Verordnung in Bezug nimmt, bezieht sich § 6 Abs. 5 S. 1 BDSG auch auf das BDSG und das sonstige Datenschutzrecht.

V. Geheimhaltung/Vertraulichkeit (Abs. 5)

25 Art. 38 Abs. 5 verpflichtet den Datenschutzbeauftragten zur **Wahrung der Geheimhaltung bzw. Vertraulichkeit** bei der Erfüllung seiner Aufgaben, überlässt allerdings die nähere Ausgestaltung dieser Verpflichtung dem Unionsrecht bzw. Recht der Mitgliedstaaten.[39] Von dieser Regelungsmöglichkeit wurde in Deutschland Gebrauch gemacht und § 6 Abs. 5 S. 2 BDSG geschaffen, wonach der Datenschutzbeauftragte zur Verschwiegenheit über die Identität der betroffenen Person sowie über Umstände, die Rückschlüsse auf die betroffene Person zulassen, verpflichtet ist, soweit er nicht von dieser hiervon befreit wird. Diese Regelung entspricht § 4f Abs. 4 BDSG a.F. Die Verletzung der Vertraulichkeit durch für Berufsgeheimnisträger tätige Datenschutzbeauftragte ist gemäß § 203 Abs. 4 S. 1 StGB zudem strafbar. Das Zeugnisverweigerungsrecht in § 6 Abs. 6 BDSG sichert die Verschwiegenheitspflicht ab und entspricht § 4f Abs. 4a BDSG a.F. Die Regelungen in § 6 Abs. 5 S. 2 und Abs. 6 BDSG gelten unmittelbar nur für Datenschutzbeauftragte in öffentlichen Stellen des Bundes. Über den Verweis in § 38 Abs. 2 BDSG wird ihr Anwendungsbereich aber auf Datenschutzbeauftragte nichtöffentlicher Stellen erstreckt. Im Hinblick auf die Verpflichtung zur Geheimhaltung bzw. Vertraulichkeit ist dem Datenschutzbeauftragten ein **vertrauliches E-Mail-Postfach** speziell für die Tätigkeit als Datenschutzbeauftragter (dsb@firma.de) sowie eine von Dritten **nicht abhörbare Mailbox** zur Verfügung zu stellen.[40] Sein Anschluss ist **von einer ggf. stattfindenden Telefondatenerfassung auszunehmen**. An den Datenschutzbeauftragten adressierte **Post ist ungeöffnet weiterzuleiten**.

38 Zu den Details vgl. die nachstehende Kommentierung zu Abs. 5.
39 Ehmann/Selmayr-*Heberlein* Art. 38 Rn. 19; Kühling/Buchner-*Bergt* Art. 38 Rn. 38.
40 *Laue/Nink/Kremer* Das neue Datenschutzrecht in der betrieblichen Praxis, S. 196.

VI. Vermeidung von Interessenkollisionen (Abs. 6)

1. DS-GVO-Regelung. Gemäß Art. 38 Abs. 6 ist es dem Datenschutzbeauftragten ausdrücklich gestattet, auch andere Aufgaben und Pflichten wahrzunehmen (sog. **nebenamtlicher Datenschutzbeauftragter**). Die Zulässigkeit der Wahrnehmung anderer Aufgaben und Pflichten steht allerdings unter der Bedingung, dass diese nicht zu einem **Interessenkonflikt** mit der Tätigkeit als Datenschutzbeauftragter führen. Ein Interessenkonflikt ergibt sich regelmäßig dann, wenn der Datenschutzbeauftragte im Rahmen seiner sonstigen Tätigkeit für die gleiche Organisation Zwecke und Mittel der Verarbeitung personenbezogener Daten festlegt[41] und sich insofern selbst kontrollieren müsste. Lebensfremd wäre allerdings die Annahme, dass sich allein durch die kluge Auswahl des Amtsinhabers Interessenkollisionen völlig ausschließen lassen.[42] Gewisse Konflikte sind dem Amt des Datenschutzbeauftragten vielmehr immanent. So wird der interne Datenschutzbeauftragte auch die Interessen seines Arbeitgebers schützen wollen, die mit dem Interesse an datenschutzkonformer Verarbeitung in Konflikt stehen können. Ähnlich ist es bei externen Dienstleistern, die auf zufriedene Kunden und die Fortsetzung ihrer Vertragsbeziehungen angewiesen sind. Ob ein „echter" Interessenkonflikt vorliegt, der die Amtsübernahme ausschließt, kann regelmäßig nur im konkreten Einzelfall entschieden werden[43], allerdings gibt es einige Leitlinien, die zu berücksichtigen sind. 26

Von der Wahrnehmung des Amtes als Datenschutzbeauftragter ausgeschlossen sind insbesondere der **Inhaber** des Verantwortlichen bzw. Auftragsverarbeiters **oder Personen, die mit der Leitung betraut sind, wie z.B. Geschäftsführer oder Vorstände.**[44] Auch der **Leiter und andere Schlüsselfiguren aus den Abteilungen IT, Personal, Vertrieb oder Marketing** scheiden als Datenschutzbeauftragte regelmäßig aus.[45] Vor Anwendbarkeit der DS-GVO gingen die Aufsichtsbehörden zudem davon aus, dass der Datenschutzbeauftragte nicht in Personalunion auch **Geldwäschebeauftragter** sein dürfe.[46] Da Letzterer in seiner Funktion umfangreich mit personenbezogenen Daten umgehen müsse, sei sonst eine neutrale bzw. unabhängige Datenschutzkontrolle nicht gewährleistet. 27

Praxisrelevant ist, dass die Aufgabe des Datenschutzbeauftragten von einem Mitarbeiter der (Innen-)**Revision** bzw. deren Leiter wahrgenommen wird. Für eine solche Kombination spricht, dass dieser Personenkreis über eine besondere Kenntnis der organisatorischen Abläufe beim Verantwortlichen bzw. Auftragsverarbeiter verfügt sowie Prüf- und Audittechniken beherrscht, die auch im Rahmen der Datenschutz- 28

41 *Art.-29-Datenschutzgruppe* WP 243 rev. 01, S. 19.

42 GDD-Ratgeber, Der betriebliche Datenschutzbeauftragte, 2014, S. 33.

43 GDD-Ratgeber, Der betriebliche Datenschutzbeauftragte, 2014, S. 33; ebenso *Art.-29-Datenschutzgruppe* WP 243 rev. 01, S. 19; Kühling/Buchner-*Bergt* Art. 38 Rn. 40.

44 *Art.-29-Datenschutzgruppe* WP 243 rev. 01, S. 19; Ehmann/Selmayr-*Heberlein* Art. 38 Rn. 22; Kühling/Buchner-*Bergt* Art. 38 Rn. 40; *Laue/Nink/Kremer* Das neue Datenschutzrecht in der betrieblichen Praxis, S. 201.

45 Kühling/Buchner-*Bergt* Art. 38 Rn. 40; Ehmann/Selmayr-*Heberlein* Art. 38 Rn. 22.

46 Vgl. 5. Tätigkeitsbericht des Innenministeriums Baden-Württemberg zum Datenschutz im nicht öffentlichen Bereich, LT-Drucks. 14/4963, S. 45; BayLDA, 5. TB (2011/2012), S. 16; ablehnend auch Kühling/Buchner-*Bergt* Art. 38 Rn. 42; ebenfalls kritisch *Laue/Nink/Kremer* Das neue Datenschutzrecht in der betrieblichen Praxis, S. 201.

kontrolle zur Anwendung kommen.[47] Ein Konflikt entsteht allerdings, sofern der Datenschutzbeauftragte im Rahmen seiner Revisionstätigkeit selbst Datenauswertungen durchführt bzw. verantwortet.[48] Entsprechend wird man auch die Benennung von **Mitarbeitern aus dem Bereich Compliance** zu bewerten haben.

29 Ob **Betriebs- bzw. Personalräte** zum Datenschutzbeauftragten benannt werden können, war unter Geltung des alten BDSG umstritten. Gegen eine solche Personalunion wurde insbesondere angeführt, dass die Betriebs- bzw. Personalräte die Datenschutzrechte der Mitarbeiter „verkaufen" könnten, indem sie um den Preis anderer von ihnen angestrebter Regelungen Konzessionen beim Arbeitnehmerdatenschutz machen.[49] Im Jahr 2011 entschied jedoch das BAG[50], dass allein die bloße Mitgliedschaft im Betriebsrat kein ausreichender Grund sei, die Zuverlässigkeit eines Datenschutzbeauftragten in Frage zu stellen. Ein Interessenkonflikt kann sich aber etwa dann ergeben, wenn der Datenschutzbeauftragte als Betriebsratsmitglied für die EDV des Betriebsrats zuständig ist.[51] In diesem Fall müsste er sich selbst kontrollieren.[52]

30 Als empfehlenswerte Ämterkombination wird es vielfach angesehen, wenn der **IT-Sicherheitsbeauftragte oder ein Mitarbeiter der IT-Sicherheit** benannt wird.[53] So entschied auch das LAG Hamm[54], dass allein die Mitarbeit im IT-Bereich (im konkreten Fall: IT-Projektarbeit, Umsetzung von IT-Sicherheitsstandards) nicht die Zuverlässigkeit des Datenschutzbeauftragten in Frage stellt. Vorhandene Spezialkenntnisse einer Person böten auch die Chance, jemanden mit ausgewiesener Fachkunde für die Tätigkeit als Datenschutzbeauftragter zu gewinnen, so das Gericht. Auch der **Leiter bzw. Mitarbeiter der Rechtsabteilung** werden regelmäßig zulässig benannt werden können.[55]

31 **2. BDSG n.F.** Für **Datenschutzbeauftragte in öffentlichen Stellen des Bundes** findet sich eine Art. 38 Abs. 6 entsprechende Regelung in § 7 Abs. 2 BDSG. Für die Interpretation von § 7 Abs. 2 BDSG wird auf die vorstehenden Ausführungen verwiesen.

C. Praxishinweis – Relevanz

I. Für öffentliche Stellen

32 Es empfiehlt sich, der Benennung eine **Stellenbeschreibung** beizufügen, die Aufgaben und Stellung des jeweiligen Datenschutzbeauftragten im Einzelnen und bezogen auf die individuellen Besonderheiten beim Verantwortlichen bzw. Auftragsverarbeiter

---

47 GDD-Ratgeber, Der betriebliche Datenschutzbeauftragte, 2014, S. 35; für Revisionsmitarbeiter als Datenschutzbeauftragte BayLDA, 5. TB (2011/2012), S. 16 f.
48 Kühling/Buchner-*Bergt* Art. 38 Rn. 42; Ehmann/Selmayr-*Heberlein* Art. 38 Rn. 23.
49 Simitis-*Simitis* BDSG, § 4f Rn. 108.
50 *BAG* Urt. v. 23.3.2011 – 10 AZR 562/09, RDV 2011, 237; NZA 2011, 1036.
51 Kühling/Buchner-*Bergt* Art. 38 Rn. 45.
52 Zur Kontrolle des Betriebsrats durch den Datenschutzbeauftragten vgl. Art. 39 Rn. 15.
53 Einschränkend Kühling/Buchner-*Bergt* Art. 38 Rn. 42.
54 Beschl. v. 8.4.2011 – 13 TaBV 92/10.
55 GDD-Ratgeber, Der betriebliche Datenschutzbeauftragte, 2014, S. 34 f. m.w.N.; für Beschäftigte der Rechtsabteilung als Datenschutzbeauftragte BayLDA, 5. TB (2011/2012), S. 16 f.; differenzierend Kühling/Buchner-*Bergt* Art. 38 Rn. 42; Ehmann/Selmayr-*Heberlein* Art. 38 Rn. 23; *Laue/Nink/Kremer* Das neue Datenschutzrecht in der betrieblichen Praxis, S. 201.

beschreibt. Ziel ist es, die rechtlichen Vorgaben zu Aufgaben und Stellung des Datenschutzbeauftragten unter Berücksichtigung von Größe und Organisation der benennenden Stelle sowie der Komplexität der Datenverarbeitung zu konkretisieren. Auch die Verpflichtung der benennenden Stelle, diesem die notwendige Unterstützung in Form von Ressourcen und Zugang zu Daten und Verarbeitungsvorgängen zukommen zu lassen (Art. 38 Abs. 2), ist entsprechend zu konkretisieren. Praxisrelevant ist in diesem Zusammenhang insbesondere die Bestimmung, welche zeitlichen Kapazitäten für die Wahrnehmung der Aufgaben nach Art. 39 zur Verfügung stehen.

II. Für nichtöffentliche Stellen

Die vorstehenden **Ausführungen für öffentliche Stellen gelten entsprechend**. Auch bei **33**
nichtöffentlichen Stellen sollte die Benennung auf Basis einer dezidierten Stellenbeschreibung erfolgen.

III. Für betroffene Personen

Aus Sicht der betroffenen Personen ist im Hinblick auf Art. 38 vor allem Abs. 4 von **34**
Bedeutung, wonach diese den Datenschutzbeauftragten zu allen mit der Verarbeitung ihrer personenbezogenen Daten und mit der Wahrnehmung ihrer Rechte gemäß der DS-GVO im Zusammenhang stehenden Fragen zu Rate ziehen können (**„Anwalt der Betroffenen“**). Der Datenschutzbeauftragte hat den betroffenen Personen eine Antwort zukommen zu lassen, Beschwerden nachzugehen und auf die Abstellung etwaiger Datenschutzverstöße hinzuwirken.[56]

IV. Für Aufsichtsbehörden

Während im Rahmen des BDSG a.F. **Bußgelder** nur an die fehlende, fehlerhafte oder **35**
nicht rechtzeitige Bestellung des Datenschutzbeauftragten geknüpft werden konnten (vgl. § 43 Abs. 1 Nr. 2 BDSG a.F.), können nach Art. 83 Abs. 4 sämtliche Verstöße gegen Pflichten aus Art. 37 bis 39 geahndet werden, also z.B. auch Verstöße gegen die Verpflichtung zur Einbindung (Art. 38 Abs. 1), die Unterstützungspflicht (Art. 38 Abs. 2) oder die Weisungsfreiheit (Art. 38 Abs. 3 S. 1). Anders als im BDSG a.F. (vgl. § 4f Abs. 3 S. 4) ist in der DS-GVO **nicht vorgesehen, dass der Datenschutzbeauftragte auf Verlangen der Aufsichtsbehörde abberufen werden kann**. Auch im BDSG a.F. war die Abberufung auf Verlangen nicht in dem Sinne ausgestaltet, dass das Verlangen der Behörde automatisch zum Wegfall der Bestellung führte. Die verantwortliche Stelle hatte vielmehr pflichtgemäß zu prüfen, ob das Verlangen berechtigt war und sie dem Begehren nachkommen wollte.[57] Die Regelung diente vor allem dazu, für die verantwortliche Stelle keinen Konflikt mit den engen Abberufungsvorgaben nach dem BDSG a.F. entstehen zu lassen, wenn die Behörde den Datenschutzbeauftragten für ungeeignet hielt. Nach der DS-GVO kann aber genau dieses Problem entstehen, da nach Art. 38 Abs. 3 S. 2 die Abberufung nicht auf die Aufgabenerfüllung des Datenschutzbeauftragten gestützt werden darf und es eine Regelung zur Abberufung auf behördliches Verlangen nicht gibt.

---

56 Vgl. im Einzelnen Rn. 23.

57 Wolff/Brink-*Moos* BDSG, § 4f Rn. 83; für eine Pflicht zum Widerruf dagegen Simitis-*Simitis* BDSG, § 4f Rn. 194.

V. Für das Datenschutzmanagement

36 Die Leitung des Verantwortlichen bzw. Auftragsverarbeiters muss sicherstellen, dass eine **Einbindung des Datenschutzbeauftragten** in allen Fragen mit Datenschutzbezug gewährleistet ist (Art. 38 Abs. 1) und sein Rat eingeholt wird, wenn eine Datenschutz-Folgenabschätzung (Art. 35) durchzuführen ist (Art. 35 Abs. 2). Erforderlich sind organisationsinterne Richtlinien, die den Fachabteilungen vorgeben, unter welchen Voraussetzungen der Datenschutzbeauftragte über die Einführung bzw. Änderung von Prozessen zu informieren ist. Auch geregelt werden sollte die Beteiligung des Datenschutzbeauftragten an Gremien, die personenbezogene Verarbeitungen zum Gegenstand haben.

VI. Sanktionen

37 Verletzungen des Art. 38 durch den Verantwortlichen bzw. Auftragsverarbeiter können gemäß Art. 83 Abs. 4 mit **Geldbußen** von bis zu 10 Mio. EUR oder im Fall eines Unternehmens von bis zu 2 % seines gesamten weltweit erzielten Jahresumsatzes des vorangegangenen Geschäftsjahrs, je nachdem, welcher der Beträge höher ist, belegt werden. Dies gilt jedoch nicht für öffentliche Stellen. Zwar sind auch diese nach Art. 37 Abs. 1 lit. a zur Bestellung eines Datenschutzbeauftragten verpflichtet und müssen Art. 38 beachten, jedoch kann gegen öffentliche Stellen wegen § 43 Abs. 3 BDSG kein Bußgeld verhängt werden. Auch Verstöße des Datenschutzbeauftragten gegen seine Pflichten sind nicht bußgeldbewehrt.[58]

Artikel 39 Aufgaben des Datenschutzbeauftragten

(1) Dem Datenschutzbeauftragten obliegen zumindest folgende Aufgaben:

a) Unterrichtung und Beratung des Verantwortlichen oder des Auftragsverarbeiters und der Beschäftigten, die Verarbeitungen durchführen, hinsichtlich ihrer Pflichten nach dieser Verordnung sowie nach sonstigen Datenschutzvorschriften der Union bzw. der Mitgliedstaaten;

b) Überwachung der Einhaltung dieser Verordnung, anderer Datenschutzvorschriften der Union bzw. der Mitgliedstaaten sowie der Strategien des Verantwortlichen oder des Auftragsverarbeiters für den Schutz personenbezogener Daten einschließlich der Zuweisung von Zuständigkeiten, der Sensibilisierung und Schulung der an den Verarbeitungsvorgängen beteiligten Mitarbeiter und der diesbezüglichen Überprüfungen;

c) Beratung – auf Anfrage – im Zusammenhang mit der Datenschutz-Folgenabschätzung und Überwachung ihrer Durchführung gemäß Artikel 35;

d) Zusammenarbeit mit der Aufsichtsbehörde;

e) Tätigkeit als Anlaufstelle für die Aufsichtsbehörde in mit der Verarbeitung zusammenhängenden Fragen, einschließlich der vorherigen Konsultation gemäß Artikel 36, und gegebenenfalls Beratung zu allen sonstigen Fragen.

(2) Der Datenschutzbeauftragte trägt bei der Erfüllung seiner Aufgaben dem mit den Verarbeitungsvorgängen verbundenen Risiko gebührend Rechnung, wobei er die Art, den Umfang, die Umstände und die Zwecke der Verarbeitung berücksichtigt.

– *ErwG: 77, 97*
– *BDSG n.F.: § 7*

58 Vgl. Art. 39 Rn. 34.

Übersicht

Literatur: *Art.-29-Datenschutzgruppe* WP 243 rev. 01 „Leitlinien in Bezug auf Datenschutzbeauftragte („DSB")", http://ec.europa.eu/newsroom/just/document.cfm?doc_id=48137; *Bittner* Der Datenschutzbeauftragte gemäß EU-Datenschutz-Grundverordnungs-Entwurf, RDV 2014, 183; *Datenschutzkonferenz* Kurzpapier Nr. 12 „Datenschutzbeauftragte bei Verantwortlichen und Auftragsverarbeitern" (Stand: 16.1.2018); *Eckhardt/Kramer/Mester* Auswirkungen der geplanten EU-DS-GVO auf den deutschen Datenschutz, DuD 2013, 623; *Franck* Altverhältnisse unter DS-GVO und neuem BDSG, ZD 2017, 509; *Gierschmann* Was „bringt" deutschen Unternehmen die DS-GVO? Mehr Pflichten, aber die Rechtsunsicherheit bleibt, ZD 2016, 51; *Jaspers/Reif* Der Datenschutzbeauftragte nach der Datenschutz-Grundverordnung: Pflicht zur Benennung, Rechtsstellung und Aufgaben, RDV 2016, 61; *Klug* Der Datenschutzbeauftragte in der EU – Maßgaben der Datenschutzgrundverordnung, ZD 2016, 315; *Lantwin* Risikoberuf Datenschutzbeauftragter? Die Haftung nach der neuen DS-GVO, ZD 2017, 411; *LDI NRW* Häufig gestellte Fragen zum Datenschutzbeauftragten (FAQ), Stand: 09/2017; *Marschall/Müller* Der Datenschutzbeauftragte im Unternehmen zwischen BDSG und DS-GVO, ZD 2016, 415; *Niklas/Faas* Der Datenschutzbeauftragte nach der Datenschutz-Grundverordnung, NZA 2017, 1091; *Steffen* Zivilrechtliche Haftung von Datenschutzbeauftragten für Bußgelder, DüD 2018, 145; *Weichert* Die Zukunft des Datenschutzbeauftragten, CuA 4/2016, 8; *Wybitul/von Gierke* Checklisten zur DSGVO – Teil 2: Pflichten und Stellung des Datenschutzbeauftragten im Unternehmen, BB 2017, 181.

A. Einordnung und Hintergrund

I. Erwägungsgründe

In den Erwägungsgründen finden sich **nur wenige Stellen, welche auf die Aufgaben des Datenschutzbeauftragten Bezug nehmen.** So findet zwar die **Überwachungsfunktion** (Art. 39 Abs. 1 lit. b) des Datenschutzbeauftragten Erwähnung in ErwG 97. Eine 1 nähere Erläuterung dieser Aufgabe erfolgt allerdings nicht und weitere Aufgaben werden nicht genannt. Eine gewisse Konkretisierung bezüglich der **Unterrichtungs- und Beratungspflicht** (Art. 39 Abs. 1 lit. a) findet sich in ErwG 77. Danach können Datenschutzbeauftragte dem Verantwortlichen bzw. Auftragsverarbeiter Hinweise auf geeignete (technische und organisatorische) Maßnahmen geben sowie darauf, wie die Einhaltung der Verordnung nachgewiesen werden kann. Die Hinweise können sich insbesondere beziehen auf die Ermittlung des mit der Verarbeitung verbundenen Risikos, dessen Abschätzung in Bezug auf Ursache, Art, Eintrittswahrscheinlichkeit und Schwere und die Festlegung bewährter Verfahren für dessen Eindämmung.

II. BDSG n.F.

2 § 7 BDSG enthält Regelungen zu den Aufgaben des Datenschutzbeauftragten **für sämtliche[1] öffentliche Stellen des Bundes**. Wie Art. 39 Abs. 1 regelt § 7 Abs. 1 S. 1 BDSG in Form eines Katalogs die Aufgaben des Datenschutzbeauftragten. § 7 Abs. 3 BDSG verpflichtet den Datenschutzbeauftragten zur risikoorientierten Tätigkeit. Die Regelung ist inhaltlich identisch mit Art. 39 Abs. 2.

3 Zudem bestimmt § 7 Abs. 1 S. 2 BDSG, dass im Fall eines bei einem Gericht bestellten Datenschutzbeauftragten sich dessen Aufgaben nicht auf das **Handeln im Rahmen der justiziellen Tätigkeit** beziehen. Diese Regelung entspricht inhaltlich den Vorgaben aus Art. 37 Abs. 1 lit. a. Nach dieser DS-GVO-Bestimmung benennen der Verantwortliche bzw. der Auftragsverarbeiter einen Datenschutzbeauftragten, wenn die Verarbeitung von einer Behörde oder öffentlichen Stelle durchgeführt wird, mit Ausnahme von Gerichten, die im Rahmen ihrer justiziellen Tätigkeit handeln. Diese Formulierung ist deshalb unglücklich, weil tatsächlich wohl nicht die Bestellpflicht von Gerichten eingeschränkt werden soll, sondern nur der Aufgabenbereich der dort tätigen Datenschutzbeauftragten auf Bereiche außerhalb der justiziellen Tätigkeit beschränkt sein soll.[2] Die Regelung im nationalen Recht, also im Zusammenhang mit den Aufgaben des Datenschutzbeauftragten, ist insofern geglückter.

4 § 7 Abs. 2 BDSG regelt die **Wahrnehmung von anderen Aufgaben durch den Datenschutzbeauftragten** und die **Unzulässigkeit von Interessenkonflikten**. Die Bestimmungen entsprechen denen in Art. 38 Abs. 6. Während der Verordnungsgeber die Thematik im Zusammenhang mit der Stellung des Datenschutzbeauftragten regelt, verortet der nationale Gesetzgeber sie bei dessen Aufgaben.

III. Normengenese und -umfeld

5 **1. DSRL.** Wie bereits ausgeführt,[3] war der **Datenschutzbeauftragte in der DSRL (95/46/EG) nur als Option geregelt**, um Vereinfachungen der Meldung gegenüber der Aufsichtsbehörde bzw. Ausnahmen von der Meldepflicht vorsehen zu können. Damit von der Meldepflicht abgewichen werden konnte, musste nach Art. 18 Abs. 2 der Richtlinie dem Datenschutzbeauftragten nach einzelstaatlichem Recht mindestens die **unabhängige Überwachung der Anwendung der zur Umsetzung der Richtlinie erlassenen einzelstaatlichen Bestimmungen sowie** die **Führung eines Verzeichnisses** über die durch den Verantwortlichen vorgenommene Verarbeitung obliegen.

---

1 Zur Frage der Zulässigkeit einer solchen einheitlichen Regelung vgl. Art. 37 Rn. 6 f.
2 Kühling/Buchner-*Bergt* Art. 37 Rn. 17.
3 Vgl. Art. 37 Rn. 10.

2. BDSG a.F. Für die privaten Stellen und die Bundesbehörden waren die Aufgaben des Datenschutzbeauftragten bislang in **§ 4g BDSG a.F.** geregelt. Für die öffentlichen Stellen unterhalb der Bundesebene waren die Bestimmungen der jeweiligen Landesdatenschutzgesetze einschlägig. Die bisherigen Aufgaben des Datenschutzbeauftragten nach nationalem Recht stimmen weitgehend mit denen aus Art. 39 überein. Neu im Verhältnis zum BDSG a.F. ist die explizite Verpflichtung des Datenschutzbeauftragten zur risikoorientierten Tätigkeit (Art. 39 Abs. 2). 6

3. WP der Art.-29-Datenschutzgruppe/Papiere der Datenschutzkonferenz. Die Art.-29-Datenschutzgruppe befasst sich in ihren **„Leitlinien in Bezug auf Datenschutzbeauftragte („DSB")" (WP 243 rev. 01)** u.a. mit den Aufgaben des Datenschutzbeauftragten. Das Dokument geht insbesondere auf die Überwachung der Einhaltung der DS-GVO durch den Datenschutzbeauftragten, seine Funktion bei der Datenschutz-Folgenabschätzung (Art. 35), die Zusammenarbeit mit der Aufsichtsbehörde sowie den risikobasierten Ansatz (Art. 39 Abs. 2) ein. Darüber hinaus finden sich in dem Papier Aussagen zur Funktion, die der Datenschutzbeauftragte nach Ansicht der Art.-29-Datenschutzgruppe bei der Führung von Verzeichnissen nach Art. 30 hat.[4] Auch auf nationaler Ebene gibt es **Positionspapiere der Aufsichtsbehörden**[5] zum Datenschutzbeauftragten nach der DS-GVO und die **Datenschutzkonferenz** hat sich in ihrem **Kurzpapier Nr. 12 „Datenschutzbeauftragte bei Verantwortlichen und Auftragsverarbeitern" (Stand: 16.1.2018)** mit dem Thema befasst. 7

B. Kommentierung

I. Aufgaben des Datenschutzbeauftragten (Abs. 1)

1. DS-GVO-Regelung. – a) Allgemeines. Nach dem ausdrücklichen Wortlaut des Art. 39 Abs. 1 („zumindest") handelt es sich bei den dort aufgeführten Aufgaben lediglich um einen **Mindestkatalog**. Es ist folglich **zulässig, dem Datenschutzbeauftragten zusätzliche Aufgaben zu übertragen**, die über die in Art. 39 Abs. 1 ausdrücklich erwähnten Aufgaben hinausgehen, oder solche Aufgaben zu präzisieren.[6] Voraussetzung ist allerdings, dass die zusätzlich übertragenen Aufgaben nicht in Konflikt mit der Unabhängigkeit des Datenschutzbeauftragten stehen, insbesondere keine Interessenkonflikte begründen. Auch müssen genügend zeitliche Ressourcen für die Pflichtaufgaben verbleiben. Zur **Übertragung der Schulungsaufgabe** vgl. nachstehend Rn. 10. **Nicht übertragen werden kann** dem Datenschutzbeauftragten **die Durchführung der Datenschutz-Folgenabschätzung (Art. 35)**. Nach der DS-GVO handelt es sich hierbei um eine Aufgabe des Verantwortlichen, welcher wiederum vom Datenschutzbeauftragten kontrolliert wird. Würde der Datenschutzbeauftragte die Datenschutz-Folgenabschätzung selbst durchführen, entfiele die zusätzliche Kontrollinstanz und der Datenschutzbeauftragte müsste sich selbst kontrollieren.[7] Nach der Art.-29-Datenschutzgruppe soll dem Datenschutzbeauftragten auch die **Führung des Verzeichnisses der Verarbeitungstätigkeiten (Art. 30)** übertragen werden können.[8] Tatsächlich können sich hierdurch sogar Synergien ergeben, bilden die enthaltenen Informationen 8

4 Vgl. dazu nachfolgend unter Rn. 8.
5 *LDI* Häufig gestellte Fragen zum Datenschutzbeauftragten (FAQ), Stand: 09/2017.
6 Vgl. auch Art.-29-Datenschutzgruppe WP 243 rev. 01, S. 20, Fn. 35.
7 Ehmann/Selmayr-*Heberlein* Art. 39 Rn. 21.
8 WP 243 rev. 01, S. 22.

doch auch für den Datenschutzbeauftragten die Grundlage seiner Kontrolltätigkeit. Wichtig ist allerdings, dass sich die Aufgabenübertragung nur auf das Führen des Verzeichnisses beziehen kann. Die notwendigen Informationen für das Verzeichnis beizubringen bleibt Aufgabe der Fachabteilung, die auch die Verantwortung für die Verarbeitung trägt. Die Verantwortung für das Vorhandensein und die Vollständigkeit der Dokumentation trägt weiterhin der für die Verarbeitung Verantwortliche bzw. Auftragsverarbeiter.

9 **b) Unterrichtung und Beratung.** Der Datenschutzbeauftragte hat den Verantwortlichen bzw. Auftragsverarbeiter sowie die konkret mit der Datenverarbeitung Beschäftigten hinsichtlich ihrer Pflichten nach der DS-GVO sowie nach den sonstigen Datenschutzvorschriften der Union bzw. der Mitgliedstaaten zu **unterrichten und beraten** (Art. 39 Abs. 1 lit. a). **Unterrichtung** meint die Information über die bestehenden datenschutzrechtlichen Vorgaben, insbesondere auch über gesetzliche Änderungen.

10 Umstritten ist, ob der Datenschutzbeauftragte – wie nach dem BDSG a.F. – auch noch die Aufgabe hat, die **Schulung der Mitarbeiter** zum Datenschutz durchzuführen.[9] Die unterschiedlichen Auffassungen hierzu resultieren daraus, dass die in Art. 39 Abs. 1 lit. b enthaltene Passage „einschließlich der Zuweisung von Zuständigkeiten, der Sensibilisierung und Schulung der an den Verarbeitungsvorgängen beteiligten Mitarbeiter und der diesbezüglichen Überprüfungen" teilweise auf das Art. 39 Abs. 1 lit. b einleitende Wort „Überwachung", teilweise dagegen auf die Strategien des Verantwortlichen bzw. Auftragsverarbeiters bezogen wird.[10] Im ersten Fall handelt es sich bei der Schulung um eine Aufgabe des Datenschutzbeauftragten, im zweiten Fall nicht. Für erstere Interpretation spricht, dass es weder inhaltlich nachvollziehbar noch sauber abgrenzbar wäre, wenn die Unterrichtung über die datenschutzrechtlichen Pflichten dem Datenschutzbeauftragten, die Schulung dagegen dem Verantwortlichen bzw. Auftragsverarbeiter übertragen wäre.[10] Für die zweite Interpretation spricht zum einen, dass, wenn der DS-GVO-Gesetzgeber dem Datenschutzbeauftragten die Schulungsaufgabe hätte zuweisen wollen, es naheliegend gewesen wäre, hierfür einen eigenen Unterpunkt in Art. 39 Abs. 1 vorzusehen bzw. die Schulungsfunktion in lit. a der Regelung explizit anzusprechen. Zum anderen sind in der zitierten Passage neben der Sensibilisierung und Schulung auch die Zuweisung von Zuständigkeiten sowie „Überprüfungen" zur Sicherstellung des Datenschutzes angesprochen. Im Rahmen der Gesamtverantwortung für den Datenschutz handelt es sich hierbei aber um Aufgaben des Verantwortlichen (Art. 24 Abs. 1). Jedenfalls ist es unbedenklich, dem Datenschutzbeauftragten die Durchführung der Schulungsaufgabe zusätzlich zu übertragen,[11] sofern dieser über die hierfür erforderlichen zeitlichen Kapazitäten verfügt.

11 **Beratung** meint die Unterstützung bei der Lösung von konkreten datenschutzrechtlichen Fragestellungen,[12] etwa der Entwicklung von Datenschutzstrategien des Verantwortlichen oder Auftragsverarbeiters. Die Beratungspflicht ist wie die Unterrichtungspflicht unabhängig von einer Anfrage, der Datenschutzbeauftragte muss selbst proak-

---

9 Bejahend Paal/Pauly-*Paal* Art. 39 Rn. 5 ff.; ablehnend Kühling/Buchner-*Bergt* Art. 39 Rn. 12; Gola-*Klug* Art. 39 Rn. 4; *Marschall/Müller* ZD 2016, 415, 418.

10 *Laue/Nink/Kremer* Das neue Datenschutzrecht in der betrieblichen Praxis, S. 208.

11 Kühling/Buchner-*Bergt* Art. 39 Rn. 12.

12 GDD-Praxishilfe DS-GVO I: Der Datenschutzbeauftragte nach der Datenschutz-Grundverordnung, Stand: November 2016, S. 9; Paal/Pauly-*Paal* Art. 39 Rn. 5.

tiv tätig werden.[13] Gemäß ErwG 77 gibt der Datenschutzbeauftragte insbesondere Hinweise auf geeignete (technische und organisatorische) Maßnahmen sowie darauf, wie die Einhaltung der Verordnung nachgewiesen werden kann.[14] Ein Sonderfall der Beratung ist in Art. 39 Abs. 1 lit. c geregelt, wonach der Datenschutzbeauftragte – auf zwingende Anfrage (Art. 35 Abs. 2) – im Zusammenhang mit der Datenschutz-Folgenabschätzung zu beraten hat.

c) Überwachung der Einhaltung des Datenschutzes. Dem Datenschutzbeauftragten 12
obliegt gemäß Art. 39 Abs. 1 lit. b die **Überwachung der Einhaltung der DS-GVO, anderer Datenschutzvorschriften der Union bzw. der Mitgliedstaaten sowie der Strategien des Verantwortlichen oder des Auftragsverarbeiters** für den Schutz personenbezogener Daten. Tätigkeitsschwerpunkte im Rahmen der Überwachungsfunktion sind das Sammeln von Informationen, um Verarbeitungsaktivitäten zu identifizieren, die Analyse und Überprüfung der Verarbeitungsaktivitäten auf Einhaltung der rechtlichen Vorgaben, die Information und Beratung des Verantwortlichen oder Auftragsverarbeiters sowie die Abgabe von Empfehlungen an diesen.[15]

Die Aufgabe des Datenschutzbeauftragten, die Einhaltung des Datenschutzes zu über- 13
wachen, stellt im Verhältnis zum bisherigen Recht keine Neuerung dar. So war der Hinwirkungspflicht nach § 4g Abs. 1 S. 1 BDSG a.F. stets auch eine Kontroll- und Überwachungskomponente immanent.[16] Auch sah § 4g Abs. 1 S. 4 Nr. 1 BDSG a.F. die „Überwachung" der ordnungsgemäßen Anwendung der Datenverarbeitungsprogramme, mit deren Hilfe personenbezogene Daten verarbeitet werden sollen, durch den Datenschutzbeauftragten vor. Allerdings erfährt die Überwachungsfunktion des Datenschutzbeauftragten durch die DS-GVO eine gewisse Verstärkung. Denn einerseits entfallen operative Aufgaben des Datenschutzbeauftragten wie die Mitarbeiterschulung, die Vorabkontrolle und die Bereitstellung des Verfahrensverzeichnisses für jedermann, andererseits wird ihm zudem die Kontrolle der Einhaltung der Datenschutzstrategien des Verantwortlichen bzw. Auftragsverarbeiters übertragen.[17]

Zum Teil wird davon ausgegangen, dass mit Geltung der DS-GVO die **Haftungsrisi-** 14
ken für den Datenschutzbeauftragten deutlich steigen. Anknüpfungspunkt ist in diesem Zusammenhang insbesondere der Überwachungsauftrag aus Art. 39 Abs. 1 lit. b. So wird aus der Überwachungsaufgabe **teilweise eine Stellung als sog. Überwachergarant abgeleitet**.[18] Dem ist entgegenzuhalten, dass sich außer der erwähnten stärkeren Betonung des Überwachungsauftrags an den Aufgaben des Datenschutzbeauftragten nichts Grundlegendes geändert hat. Wie bereits ausgeführt, hatte der Datenschutzbe-

---

13 Kühling/Buchner-*Bergt* Art. 39 Rn. 11; Ehmann/Selmayr-*Heberlein* Art. 39 Rn. 8.

14 Vgl. auch Rn. 1.

15 WP 243 rev. 01, S. 20; *LDI* Häufig gestellte Fragen zum Datenschutzbeauftragten (FAQ), Stand: 09/2017, S. 19.

16 GDD-Ratgeber: Der betriebliche Datenschutzbeauftragte (2014), S. 41.

17 GDD-Praxishilfe DS-GVO I: Der Datenschutzbeauftragte nach der Datenschutz-Grundverordnung (November 2016), S. 9.

18 Kühling/Buchner-*Bergt* Art. 37 Rn. 55; *Wybitul* ZD 2016, 203, 205; *Wybitul/von Gierke* BB 2017, 181, 182; *Laue/Nink/Kremer* Das neue Datenschutzrecht in der betrieblichen Praxis, S. 211; tendenziell dafür, im Ergebnis aber offen *Golla* RDV 2017, 123, 127; für nicht ausgeschlossen und klärungsbedürftig halten die Garantenstellung Paal/Pauly-*Paal* Art. 39 Rn. 12; unentschieden letztlich auch *Nolde* PinG 2017, 114, 119. Bereits unter dem BDSG a.F. sprach sich *Marschall* ZD 2014, 66, 68 für eine Garantenstellung aus.

auftragte schon nach § 4g BDSG a.F. auch eine Überwachungsfunktion. Entscheidend ist, dass der Datenschutzbeauftragte – jedenfalls allein auf Basis der gesetzlichen Aufgabenbeschreibung – nach wie vor keine eigenen Entscheidungs- oder Weisungsbefugnisse besitzt, um Datenschutzverletzungen zu unterbinden. Der Datenschutzbeauftragte überwacht diese, ist aber gleichwohl nicht verantwortlich für die Einhaltung der datenschutzrechtlichen Vorgaben. Sicherzustellen und nachzuweisen, dass die Datenverarbeitungen im Einklang mit der DS-GVO stehen, bleibt nach Art. 24 Abs. 1 vielmehr Pflicht des Verantwortlichen.[19] Der Datenschutzbeauftragte übt weiterhin nur eine beratende und kontrollierende Tätigkeit aus.[20] Die Garantenstellung eines Betriebsbeauftragten kann sich zwar auch aus einem bestehenden „Informationsvorsprung" gegenüber der Geschäftsleitung ergeben.[21] Die internen Datenverarbeitungsprozesse werden der Leitung des Verantwortlichen bzw. Auftragsverarbeiters in der Regel aber ebenso bekannt sein wie dem Datenschutzbeauftragten.[22] Ein Informationsvorsprung im vorgenannten Sinne ergibt sich auch nicht schon allein aus dem Umstand, dass der Datenschutzbeauftragte über bessere Kenntnisse des Datenschutzrechts verfügt als die Leitung des Verantwortlichen bzw. Auftragsverarbeiters.[23] Eine Überwachergarantenstellung des Datenschutzbeauftragten ist nach alledem regelmäßig abzulehnen.[24]

15 Fraglich ist, ob der Datenschutzbeauftragte nach DS-GVO auch berechtigt ist, die personenbezogene **Datenverarbeitung des Betriebsrates zu kontrollieren**. Nach einer Entscheidung des BAG[25] aus dem Jahr 1997 sollte der Datenschutzbeauftragte nach BDSG a.F. nicht berechtigt sein, eine Datenschutzkontrolle beim Betriebsrat durchzuführen, was faktisch zu einem kontrollfreien Raum bei der verantwortlichen Stelle führte. Diese Beschränkung der Kompetenzen des Datenschutzbeauftragten war insbesondere auch deshalb bedenklich, weil es beim Betriebsrat oft zur Verwendung von besonders sensiblen personenbezogenen Informationen kommt. Nunmehr dürften aufgrund der unmittelbaren Geltung der höherrangigen DS-GVO die Argumente für ein Kontrollrecht des Datenschutzbeauftragten auch gegenüber dem Betriebsrat überwiegen.[26] Dabei ist der Datenschutzbeauftragte berechtigt und verpflichtet, Informationen vertraulich zu behandeln, die ihm im Rahmen einer Beratung oder Kontrolle des Betriebsrates bekannt geworden sind.[27]

16 **d) Aufgaben im Zusammenhang mit der Datenschutz-Folgenabschätzung.** Sinnvoll wäre gewesen, die Datenschutz-Folgenabschätzung (Art. 35) entsprechend dem Vorbild der deutschen Vorabkontrolle vom Datenschutzbeauftragten als der internen Fachperson zur Kontrolle des Datenschutzes durchführen zu lassen.[28] Stattdessen wurde diese wesentliche Datenschutzaufgabe dem Verantwortlichen und in abgeleite-

---

19 WP 243 rev. 01, S. 20; Ehmann/Selmayr-*Heberlein* Art. 39 Rn. 10.
20 *Lantwin* ZD 2017, 411, 414; ähnlich *Steffen* DuD 2018, 145, 148.
21 So für den Gewässerschutzbeauftragten *Böse* NStZ 2003, 636, 640.
22 GDD-Ratgeber: Der betriebliche Datenschutzbeauftragte (2014), S. 74 f.
23 Anderer Ansicht *Barton* RDV 2010, 247, 252 und wohl auch *Marschall* ZD 2014, 66, 68.
24 *Lantwin* ZD 2017, 411, 414; Sydow-*Helfrich* Art. 39 Rn. 71 f.
25 Beschl. v. 11.11.1997 – 1 ABR 21/97, RDV 1998, 64; NJW 1998, 2466; NZA 1998, 385.
26 *Gola/Pötters* RDV 2017, 279, 283; *Kort* ZD 2017, 3, 6; *Taeger/Rose* BB 2016, 819, 828; Kühling/Buchner-*Bergt* Art. 38 Rn. 18.
27 *Gola/Pötters* RDV 2017, 279, 283.
28 *Jaspers/Reif* RDV 2016, 61, 66.

ter Verantwortung der jeweiligen Fachabteilung übertragen. Die Fachabteilungen werden sich das hierzu erforderliche Know-how jedoch erst aneignen müssen.[29] Dem Datenschutzbeauftragten selbst kommt bei der Datenschutz-Folgenabschätzung **nur** noch eine **Beratungs- und Kontrollaufgabe** zu (Art. 39 Abs. 1 lit. c).[30]

Korrespondierend zur Beratungspflicht des Datenschutzbeauftragten nach Art. 39 Abs. 1 lit. c besteht **eine Verpflichtung der Fachabteilung, den Rat** des Datenschutzbeauftragten **einzuholen**, sofern ein solcher benannt wurde (Art. 35 Abs. 2). Die Fachabteilung hat insofern kein Ermessen.[31] Die Art.-29-Datenschutzgruppe [32] empfiehlt, den Datenschutzbeauftragten insbesondere zurate zu ziehen, wenn es darum geht, ob eine Datenschutz-Folgenabschätzung durchgeführt werden muss, welche Methodik anzuwenden ist, ob die Datenschutz-Folgenabschätzung intern oder extern erfolgen sollte, welche Sicherheitsvorkehrungen getroffen werden sollten, um bestehenden Bedrohungen der Rechte und Interessen der Betroffenen zu begegnen, und ob eine solche Datenschutz-Folgenabschätzung ordnungsgemäß durchgeführt worden ist und ob die daraus gezogenen Schlussfolgerungen im Einklang mit der DS-GVO stehen. Falls der Verantwortliche der Empfehlung des Datenschutzbeauftragten nicht zustimme, sei in der Dokumentation zur Datenschutz-Folgenabschätzung ausdrücklich schriftlich zu begründen, warum der Empfehlung nicht Folge geleistet wurde, so die Art.-29-Datenschutzgruppe unter Hinweis auf die Nachweispflicht aus Art. 24 Abs. 1. Vor dem Hintergrund seiner Verpflichtung zur risikoorientierten Tätigkeit (Art. 39 Abs. 2) wird der Datenschutzbeauftragte Beratungsanfragen im Zusammenhang mit Art. 35 regelmäßig bevorzugt nachkommen müssen.[33] **17**

Die **Überwachung der Durchführung der Datenschutz-Folgenabschätzung** ist eine Konkretisierung des allgemeinen Überwachungsauftrages des Datenschutzbeauftragten aus Art. 39 Abs. 1 lit. b.[34] Zu prüfen ist, ob eine Datenschutz-Folgenabschätzung Pflicht ist und, falls ja, ob diese korrekt durchgeführt wurde. Hält die Fachabteilung eine Datenschutz-Folgenabschätzung für notwendig, ergibt sich eine Information des Datenschutzbeauftragten zwangsläufig über Art. 35 Abs. 2. Unabhängig davon muss der Datenschutzbeauftragte ordnungsgemäß und frühzeitig in alle mit dem Schutz personenbezogener Daten zusammenhängenden Fragen eingebunden werden (Art. 38 Abs. 1). **18**

e) Verhältnis zur Aufsichtsbehörde. Art. 39 Abs. 1 lit. d und e stehen in Zusammenhang und regeln das **Verhältnis des Datenschutzbeauftragten zur Aufsichtsbehörde**. Art. 39 Abs. 1 lit. e stellt insofern die Funktion des Datenschutzbeauftragten als **direkter Ansprechpartner der Aufsichtsbehörde** klar („Anlaufstelle für die Aufsichtsbehörde"). Dies ist insofern sinnvoll, als der Behörde mit dem Datenschutzbeauftragten im Regelfall die fachkundigste Auskunftsperson zur Verfügung gestellt wird.[35] Bislang **19**

29 Für unkritisch erachtet dies Ehmann/Selmayr-*Heberlein* Art. 39 Rn. 13, der die Aufgabenteilung zwischen Datenschutzbeauftragtem und Fachabteilung für sachgerecht hält.

30 Gola-*Klug* Art. 39 Rn. 5.

31 Ehmann/Selmayr-*Heberlein* Art. 39 Rn. 15; Kühling/Buchner-*Bergt* Art. 39 Rn. 16; *Klug* ZD 2016, 315, 318 f.; Paal/Pauly-*Paal* Art. 39 Rn. 7.

32 WP 243 rev. 01, S. 20 f.

33 Kühling/Buchner-*Bergt* Art. 39 Rn. 16; vgl. zudem nachstehend Rn. 23.

34 Ehmann/Selmayr-*Heberlein* Art. 39 Rn. 13.

35 *Jaspers/Reif* RDV 2016, 61, 67.

hatte die Aufsichtsbehörde sich bei formaler Betrachtung regelmäßig an die Leitung der jeweiligen Stelle zu wenden.[36] Die Tätigkeit als Anlaufstelle für die Behörde bezieht sich auf die Fälle der vorherigen Konsultation durch den Verantwortlichen gemäß Art. 36 sowie alle anderen mit der Verarbeitung personenbezogener Daten zusammenhängenden Fragen. Durch die Pflicht des Verantwortlichen bzw. Auftragsverarbeiters, der Aufsichtsbehörde die Kontaktdaten des Datenschutzbeauftragten aktiv zur Verfügung zu stellen (Art. 37 Abs. 7), ist gewährleistet, dass eine direkte Kontaktaufnahme seitens der Behörde problemlos möglich ist.

20 Über die Tätigkeit als Kontaktpunkt der Aufsichtsbehörde hinaus sieht Art. 39 Abs. 1 lit. e vor, dass sich der Datenschutzbeauftragte ggf. zu allen sonstigen Fragen mit dieser berät, und regelt damit die **Konsultation der Behörde durch den Datenschutzbeauftragten** (vgl. englische Fassung „and to consult, where appropriate, with regard to any other matter“).[37] Ein Anlass hierzu wird sich insbesondere dann ergeben, wenn sich der Datenschutzbeauftragte über die Auslegung einschlägiger gesetzlicher Regelungen oder die Angemessenheit einzelner Datenschutzmaßnahmen im Unklaren ist. Im Hinblick auf die **Anzeige von Datenschutzverstößen gegenüber der Aufsichtsbehörde** wurde auf nationaler Ebene bislang vertreten, dass der Datenschutzbeauftragte insofern seine Treuepflicht gegenüber dem Arbeit- bzw. Auftraggeber zu beachten hat mit der Konsequenz, dass er zunächst bestehende interne Möglichkeiten zur Beseitigung des Verstoßes auszuschöpfen hat, bevor er sich an die staatliche Stelle wendet.[38] Wenn eine vertrauensvolle Zusammenarbeit zwischen dem Datenschutzbeauftragten und der Leitung der jeweiligen Stelle möglich bleiben soll, vgl. hierzu auch nachstehende Ausführungen, wird dies auch im Rahmen der DS-GVO gelten müssen.[39] Eine **Pflicht des Datenschutzbeauftragten, eigeninitiativ Datenschutzverstöße an die Behörde zu melden**, ist angesichts fehlender konkreter Anhaltspunkte hierfür in der DS-GVO und aufgrund der damit verbundenen weitreichenden Konsequenzen für den Datenschutzbeauftragten abzulehnen.[40] Nach Art. 57 Abs. 3 erfolgt die Beratungstätigkeit der Behörde gegenüber dem Datenschutzbeauftragten unentgeltlich.

21 Gemäß Art. 39 Abs. 1 lit. d ist der Datenschutzbeauftragte zur **Zusammenarbeit** mit der Aufsichtsbehörde verpflichtet. Ähnlich dem Gebot der vertrauensvollen Zusammenarbeit im Betriebsverfassungsrecht wird das Gebot der Zusammenarbeit zwischen

---

36 Vgl. dazu Regierung von Mittelfranken, 2. Tätigkeitsbericht (2006), S. 18 f.; LDI, Häufig gestellte Fragen zum Datenschutzbeauftragten (FAQ), Stand: 09/2017, S. 19 f.

37 Anders Paal/Pauly-*Paal* Art. 39 Rn. 9, der aus der Passage eine Beratungspflicht des Beauftragten gegenüber der Behörde herausliest.

38 *Gola/Schomerus* § 4g BDSG Rn. 16; Wolff/Brink-*Moos* Datenschutzrecht in Bund und Ländern, § 4g BDSG Rn. 13; *Schaffland/Wiltfang* § 4g BDSG Rn. 5; einschränkend Simitis-*Simitis* § 4g BDSG Rn. 23 und Auernhammer-*Raum* BDSG, § 4g Rn. 74. Taeger/Gabel-*Scheja* § 4g BDSG Rn. 37 bejahte eine Pflicht zur Anrufung der Behörde nur bei strafrechtlich relevanten Sachverhalten.

39 *Jaspers/Reif* RDV 2016, 61, 67; ebenso Ehmann/Selmayr-*Heberlein* Art. 39 Rn. 19; Paal/Pauly-*Paal* Art. 39 Rn. 8; einschränkend Kühling/Buchner-*Bergt* Art. 39 Rn. 19.

40 Für eine Pflicht zur Information der Aufsichtsbehörde im Falle schwerer Beeinträchtigungen der betroffenen Personen: Ehmann/Selmayr-*Heberlein* Art. 39 Rn. 19; Kühling/Buchner-*Bergt* Art. 39 Rn. 19 nimmt eine Meldepflicht des Datenschutzbeauftragten „allenfalls“ bei besonders schweren Datenschutzverstößen wie Straftaten an. Unklar Paal/Pauly-*Paal* Art. 39 Rn. 8.

Datenschutzbeauftragtem und Behörde zu einer offenen Kommunikation, Fairness und Rücksichtnahme verpflichten. Der Datenschutzbeauftragte ist aber nicht verlängerter Arm der Behörde beim Verantwortlichen bzw. Auftragsverarbeiter.[41] Dies zeigt insbesondere die Abkehr von der Fassung der Aufgaben des Datenschutzbeauftragten, wie sie noch im DS-GVO-Entwurf der EU-Kommission (KOM(2012) 11) enthalten war.[42] Danach sollte der Datenschutzbeauftragte nicht nur mit der Aufsichtsbehörde zusammenarbeiten, sondern auch überwachen, dass auf Anfrage der Behörde ergriffene Maßnahmen beim Verantwortlichen bzw. Auftragsverarbeiter durchgeführt werden. Nach der Fassung, die sich im Ergebnis durchgesetzt hat, sind **Behörde und Datenschutzbeauftragter voneinander unabhängige Kontrollorgane** und der Datenschutzbeauftragte ist zur eigenständigen Meinungsbildung berechtigt und verpflichtet, so dass seine Meinung also auch von derjenigen der Behörde abweichen kann. Daran ändert auch die Pflicht zur Zusammenarbeit nichts.

2. BDSG n.F. Ausweislich der Gesetzesbegründung[43] soll § 7 Abs. 1 S. 1 BDSG die 22
Aufgaben der Datenschutzbeauftragten bundesöffentlicher Stellen für alle Verarbeitungszwecke einheitlich ausgestalten, also für den Anwendungsbereich der DS-GVO, der Richtlinie (EU) 2016/680 und für die Bereiche außerhalb des Unionsrechts.[44] Die Formulierung von § 7 BDSG spiegelt diese Intention allerdings nicht wider. Vielmehr legt die Einleitung von § 7 BDSG an sich nahe, dass durch diesen nur Aufgaben „neben" der DS-GVO geregelt werden.

II. Verpflichtung zur risikoorientierten Tätigkeit (Abs. 2)

1. DS-GVO-Regelung. Nach Art. 39 Abs. 2 hat der Datenschutzbeauftragte bei der 23
Erfüllung seiner Aufgaben dem mit den Verarbeitungsvorgängen verbundenen Risiko gebührend Rechnung zu tragen, wobei er die Art, den Umfang, die Umstände und die Zwecke der Verarbeitung berücksichtigt, sog. **Pflicht zur risikoorientierten Tätigkeit**. Diese Verpflichtung entspricht dem risikobasierten Ansatz, der der gesamten DS-GVO zugrunde liegt,[45] und ist grundsätzlich zu befürworten. Der Datenschutzbeauftragte hat seine Tätigkeiten nach Priorität zu ordnen und seine Anstrengungen auf Sachverhalte zu konzentrieren, von denen größere Bedrohungen für den Datenschutz ausgehen, was letztlich einem allgemeinen und auf dem gesunden Menschenverstand basierenden Grundsatz entspricht.[46] Insbesondere mit Verarbeitungen, die aufgrund des hohen Risikos für die Rechte und Freiheiten der betroffenen Personen einer Datenschutz-Folgenabschätzung (Art. 35)[47] bedürfen, wird der Datenschutzbeauftragte sich regelmäßig zeitnah befassen müssen.[48] Zur Gewährleistung der garantierten Unabhängigkeit muss die Bewertung, welche Verarbeitungsvorgänge wegen des

41 Ähnlich Ehmann/Selmayr-*Heberlein* Art. 39 Rn. 16.
42 Hierauf weist auch Paal/Pauly-*Paal* Art. 39 Rn. 8 hin.
43 BT-Drucks. 18/11325, S. 81 f.
44 Vgl. hierzu auch Art. 37 Rn. 6 f.
45 Gola-*Klug* Art. 39 Rn. 2.
46 *Art.-29-Datenschutzgruppe* WP 243 rev. 01, S. 22.
47 Die Datenschutz-Folgenabschätzung selbst ist keine Aufgabe des Datenschutzbeauftragten, sondern des Verantwortlichen. Der Datenschutzbeauftragte berät aber im Zusammenhang mit der Datenschutz-Folgenabschätzung und überwacht ihre Durchführung (Art. 39 Abs. 1 lit. c).
48 Ehmann/Selmayr-*Heberlein* Art. 39 Rn. 22.

mit ihnen verbundenen Risikos einer vorrangigen Betrachtung bedürfen, im Übrigen aber grundsätzlich dem Datenschutzbeauftragten selbst obliegen.[49] Auch weniger risikobehaftete Datenverarbeitungsvorgänge dürfen schließlich nicht vernachlässigt werden.[50]

24 **2. BDSG n.F.** Die Regelung für **Datenschutzbeauftragte in öffentlichen Stellen des Bundes** in § 7 Abs. 3 BDSG entspricht inhaltlich Art. 39 Abs. 2. Die vorstehenden Ausführungen zu Art. 39 Abs. 2 gelten insofern entsprechend.

III. Haftung des Datenschutzbeauftragten

25 Eine Haftung des Datenschutzbeauftragten auf Grundlage von Art. 82 scheidet aus, da sich dieser nur an Verantwortliche und Auftragsverarbeiter richtet. Mangels abschließendem Charakter der Regelung kommen daneben aber vertragliche Haftungsansprüche bzw. Ansprüche aufgrund nationaler deliktischer Normen in Frage.[51] Da mit dem internen Datenschutzbeauftragten ein Arbeitsverhältnis und mit dem externen Datenschutzbeauftragten ein Geschäftsbesorgungsvertrag (§ 675 BGB) besteht, ist mögliche Rechtsgrundlage für die **Haftung gegenüber dem Verantwortlichen bzw. Auftragsverarbeiter** regelmäßig **§ 280 Abs. 1 BGB**, wobei ggf. eine Minderung der Haftung infolge Mitverschuldens (§ 254 BGB) des Verantwortlichen bzw. Auftragsverarbeiters zu bedenken ist. Rechtsgrundlage einer möglichen **Haftung** des Datenschutzbeauftragten **im Verhältnis zur betroffenen Person** ist **§ 823 Abs. 1 BGB bzw. § 823 Abs. 2 BGB i.V.m. Art. 39**. Auf Basis ihres Schutzzwecks (Art. 1 Abs. 1) sind die Normen der DS-GVO regelmäßig als deliktsrechtliche Schutzgesetze einzuordnen.[52]

26 Möglicher Ansatzpunkt für eine Haftung des Datenschutzbeauftragten kann dabei z.B. sein, dass der Datenschutzbeauftragte den Verantwortlichen bzw. Auftragsverarbeiter **falsch beraten** hat und es in der Folge zu einem Schaden bei der betroffenen Person, einem Bußgeld oder dazu kommt, dass die Datenverarbeitung unter finanziellem Aufwand angepasst werden muss. Vom Fall der aktiven Falschberatung zu unterscheiden ist der Fall, dass der Vorwurf gegenüber dem Datenschutzbeauftragten darin liegt, dass er seinem **Überwachungsauftrag (Art. 39 Abs. 1 lit. b) nicht ordnungsgemäß nachgekommen** ist mit der Folge, dass eine datenschutzwidrige Maßnahme durchgeführt wurde. Die Inanspruchnahme wegen Nichtverhinderung des Datenschutzverstoßes setzt eine Garantenstellung des Datenschutzbeauftragten voraus, die angesichts seiner fehlenden Entscheidungs- und Weisungsbefugnis zweifelhaft erscheint.[53] Sofern die Haftung darauf gestützt wird, dass der Datenschutzbeauftragte den Verstoß gegenüber dem Verantwortlichen bzw. Auftragsverarbeiter nicht moniert hat, stellt sich die Frage nach der haftungsbegründenden Kausalität. Selbst wenn der Datenschutzbeauftragte gebotene Kontrollmaßnahmen unterlassen und nicht auf bestehende Rechtsverstöße hingewiesen hat, so bedeutet dies nicht zwingend, dass die Unternehmens- bzw. Behördenleitung entsprechende Hinweise andernfalls auch

49 GDD-Praxishilfe DS-GVO I: Der Datenschutzbeauftragte nach der Datenschutz-Grundverordnung (November 2016), S. 10; Kühling/Buchner-*Bergt* Art. 39 Rn. 23.

50 *Art.-29-Datenschutzgruppe* WP 243 rev. 01, S. 22.

51 Gola-*Gola/Piltz* Art. 82 Rn. 20.

52 Gola-*Gola/Piltz* Art. 82 Rn. 26. Bejahend für Art. 39 und Art. 38 Abs. 4 auch Kühling/Buchner-*Bergt* Art. 37 Rn. 54.

53 Vgl. hierzu Rn. 14.

umgesetzt hätte und damit die Rechtsverletzung unterblieben wäre.[54] Liegt der Vorwurf gegenüber dem Datenschutzbeauftragten in einem Unterlassen, ist im Übrigen stets zu prüfen, ob der Datenschutzbeauftragte über die betreffende Datenverarbeitung überhaupt rechtzeitig informiert war.

Für die Haftung interner Datenschutzbeauftragter gelten die von der Rechtsprechung aufgestellten Grundsätze zur **Haftungserleichterung bei Arbeitnehmern**.[55] Da externe Datenschutzbeauftragte hierüber keinen Schutz erfahren, empfiehlt sich insbesondere für sie der Abschluss einer entsprechenden **Vermögensschadenhaftpflichtversicherung.**[56] **27**

IV. Dokumentation der Arbeit des Datenschutzbeauftragten

Der Kommissionsentwurf zur DS-GVO (KOM(2012) 11) sah noch die explizite Verpflichtung vor, dass der Datenschutzbeauftragte seine Unterrichtungs- und Beratungstätigkeit zu dokumentieren hat. Obgleich die explizite Verpflichtung entfallen ist, bleibt eine **Dokumentation im Eigeninteresse ratsam**, insbesondere damit der Datenschutzbeauftragte sich entlasten kann, falls er haftbar gemacht werden soll.[57] Gleiches gilt für die Überwachungstätigkeit des Datenschutzbeauftragten. Eine Dokumentation ist vor allem angezeigt, wenn Empfehlungen und Einwänden des Datenschutzbeauftragten nicht oder nicht ausreichend Rechnung getragen wird.[58] Ein Mittel zur Entlastung des Datenschutzbeauftragten können auch regelmäßige an die Leitung gerichtete **Tätigkeitsberichte** sein.[56] **28**

C. Praxishinweis – Relevanz

I. Für öffentliche Stellen

Die Benennung sollte auf Basis einer **Stellenbeschreibung** erfolgen, die Aufgaben und Stellung des jeweiligen Datenschutzbeauftragten im Einzelnen und bezogen auf die individuellen Besonderheiten beim Verantwortlichen bzw. Auftragsverarbeiter beschreibt.[59] Dort kann ggf. auch geregelt werden, dass der Datenschutzbeauftragte zusätzliche Aufgaben übernehmen soll, die über den Aufgabenkatalog in Art. 39 Abs. 1 hinausgehen.[60] **29**

II. Für nichtöffentliche Stellen

Die vorstehenden **Ausführungen für öffentliche Stellen gelten entsprechend**. Auch bei nichtöffentlichen Stellen sollte die Benennung auf Grundlage einer detaillierten Stellenbeschreibung erfolgen. **30**

---

54 *Schlemann* Recht des betrieblichen Datenschutzbeauftragten, 2. Aufl., S. 286 f.
55 Kühling/Buchner-*Bergt* Art. 37 Rn. 53.
56 *Laue/Nink/Kremer* Das neue Datenschutzrecht in der betrieblichen Praxis, S. 211.
57 Ehmann/Selmayr-*Heberlein* Art. 39 Rn. 8; ebenso *Datenschutzkonferenz* Kurzpapier Nr. 12 (Stand: 16.1.2018), S. 4.
58 Ehmann/Selmayr-*Heberlein* Art. 39 Rn. 8.
59 Vgl. auch Art. 38 Rn. 32.
60 Vgl. dazu Rn. 8.

III. Für betroffene Personen

31 Die in Art. 39 geregelten Aufgaben des Datenschutzbeauftragten dienen dem Schutz der Persönlichkeitsrechte der von der Datenverarbeitung betroffenen Personen. Aus Art. 39 ergibt sich indes kein individualrechtlicher Anspruch in dem Sinne, dass die betroffenen Personen verlangen können, dass der Datenschutzbeauftragte in ihrem Interesse tätig wird. Dazu dient das **Anrufungsrecht der betroffenen Personen nach Art. 38 Abs. 4**.[61]

IV. Für Aufsichtsbehörden

32 Unmittelbaren Bezug zur Aufsichtsbehörde haben die Aufgaben des Datenschutzbeauftragten aus Art. 39 Abs. 1 lit. d und e, wonach der Datenschutzbeauftragte mit der Behörde **zusammenarbeiten** soll und deren **Anlaufstelle** ist.[62] Im Sinne eines effektiven Datenschutzes greifen insofern externe und interne Datenschutzkontrolle ineinander.

V. Für das Datenschutzmanagement

33 Zur Umsetzung der DS-GVO gehört auch, dass die Leitung des Verantwortlichen bzw. Auftragsverarbeiters sicherstellt, dass der Datenschutzbeauftragte seine Aufgaben nach Art. 39 DS-GVO erfüllen kann. Die hierzu **notwendigen Unterstützungsleistungen sind insbesondere in Art. 38 spezifiziert**, wonach der Datenschutzbeauftragte in allen datenschutzrelevanten Fragen ordnungsgemäß und frühzeitig einzubinden ist (Abs. 1) und er die zur Wahrnehmung seiner Aufgaben und Erhaltung seines Fachwissens erforderlichen Ressourcen sowie Zugang zu personenbezogenen Daten und Verarbeitungsvorgängen erhält (Abs. 2). Die Verpflichtung zur frühzeitigen Einbindung und der Zugang zu Daten und Verarbeitungsvorgängen sind zentral für die Beratungs- und Überwachungsfunktion (Art. 39 Abs. 1 lit. a und b) des Datenschutzbeauftragten. Die Einbindung des Datenschutzbeauftragten nach Maßgabe von Art. 38 Abs. 1 setzt entsprechende **organisationsinterne Vorgaben, z.B. in Form einer Richtlinie zum Datenschutz**, voraus.[63] Über diese ist auch sicherzustellen, dass entsprechend Art. 35 Abs. 2 sein Rat eingeholt wird, sofern eine Datenschutz-Folgenabschätzung durchzuführen ist (Art. 39 Abs. 1 lit. c).

VI. Sanktionen

34 Verletzungen des Art. 39 können gemäß Art. 83 Abs. 4 lit. a theoretisch mit Geldbußen von bis zu 10 Millionen EUR oder im Fall eines Unternehmens von bis zu 2 % seines gesamten weltweit erzielten Jahresumsatzes des vorangegangenen Geschäftsjahrs, je nachdem, welcher der Beträge höher ist, belegt werden. Allerdings sanktioniert der genannte Bußgeldtatbestand nach seinem expliziten Wortlaut nur Pflichtverletzungen des Verantwortlichen bzw. Auftragsverarbeiters. Die Aufgaben aus Art. 39 gehören jedoch nicht zu deren Pflichtenkreis. Es handelt sich vielmehr um Pflichten des Datenschutzbeauftragten selbst, gegen den mangels Einbeziehung in den Bußgeldtatbestand aber kein Bußgeld verhängt werden kann.[64]

61 Vgl. Art. 38 Rn. 23.

62 Vgl. im Einzelnen oben unter Rn. 19 ff.

63 Vgl. Art. 38 Rn. 36.

64 *Bergt* DuD 2017, 555, 561; *Piltz* K&R 2017, 85, 91. Zur umstrittenen Frage, ob der Datenschutzbeauftragte als Überwachergarant einzustufen ist, vgl. Rn. 14.

Abschnitt 5
Verhaltensregeln und Zertifizierung

Artikel 40 Verhaltensregeln

(1) Die Mitgliedstaaten, die Aufsichtsbehörden, der Ausschuss und die Kommission fördern die Ausarbeitung von Verhaltensregeln, die nach Maßgabe der Besonderheiten der einzelnen Verarbeitungsbereiche und der besonderen Bedürfnisse von Kleinstunternehmen sowie kleinen und mittleren Unternehmen zur ordnungsgemäßen Anwendung dieser Verordnung beitragen sollen.

(2) Verbände und andere Vereinigungen, die Kategorien von Verantwortlichen oder Auftragsverarbeitern vertreten, können Verhaltensregeln ausarbeiten oder ändern oder erweitern, mit denen die Anwendung dieser Verordnung beispielsweise zu dem Folgenden präzisiert wird:
a) faire und transparente Verarbeitung;
b) die berechtigten Interessen des Verantwortlichen in bestimmten Zusammenhängen;
c) Erhebung personenbezogener Daten;
d) Pseudonymisierung personenbezogener Daten;
e) Unterrichtung der Öffentlichkeit und der betroffenen Personen;
f) Ausübung der Rechte betroffener Personen;
g) Unterrichtung und Schutz von Kindern und Art und Weise, in der die Einwilligung des Trägers der elterlichen Verantwortung für das Kind einzuholen ist;
h) die Maßnahmen und Verfahren gemäß den Artikeln 24 und 25 und die Maßnahmen für die Sicherheit der Verarbeitung gemäß Artikel 32;
i) die Meldung von Verletzungen des Schutzes personenbezogener Daten an Aufsichtsbehörden und die Benachrichtigung der betroffenen Person von solchen Verletzungen des Schutzes personenbezogener Daten;
j) die Übermittlung personenbezogener Daten an Drittländer oder an internationale Organisationen oder
k) außergerichtliche Verfahren und sonstige Streitbeilegungsverfahren zur Beilegung von Streitigkeiten zwischen Verantwortlichen und betroffenen Personen im Zusammenhang mit der Verarbeitung, unbeschadet der Rechte betroffener Personen gemäß den Artikeln 77 und 79.

(3) [1]Zusätzlich zur Einhaltung durch die unter diese Verordnung fallenden Verantwortlichen oder Auftragsverarbeiter können Verhaltensregeln, die gemäß Absatz 5 des vorliegenden Artikels genehmigt wurden und gemäß Absatz 9 des vorliegenden Artikels allgemeine Gültigkeit besitzen, können auch von Verantwortlichen oder Auftragsverarbeitern, die gemäß Artikel 3 nicht unter diese Verordnung fallen, eingehalten werden, um geeignete Garantien im Rahmen der Übermittlung personenbezogener Daten an Drittländer oder internationale Organisationen nach Maßgabe des Artikels 46 Absatz 2 Buchstabe e zu bieten. [2]Diese Verantwortlichen oder Auftragsverarbeiter gehen mittels vertraglicher oder sonstiger rechtlich bindender Instrumente die verbindliche und durchsetzbare Verpflichtung ein, die geeigneten Garantien anzuwenden, auch im Hinblick auf die Rechte der betroffenen Personen.

(4) Die Verhaltensregeln gemäß Absatz 2 des vorliegenden Artikels müssen Verfahren vorsehen, die es der in Artikel 41 Absatz 1 genannten Stelle ermöglichen, die obli-

gatorische Überwachung der Einhaltung ihrer Bestimmungen durch die Verantwortlichen oder die Auftragsverarbeiter, die sich zur Anwendung der Verhaltensregeln verpflichten, vorzunehmen, unbeschadet der Aufgaben und Befugnisse der Aufsichtsbehörde, die nach Artikel 55 oder 56 zuständig ist.

(5) [1]Verbände und andere Vereinigungen gemäß Absatz 2 des vorliegenden Artikels, die beabsichtigen, Verhaltensregeln auszuarbeiten oder bestehende Verhaltensregeln zu ändern oder zu erweitern, legen den Entwurf der Verhaltensregeln bzw. den Entwurf zu deren Änderung oder Erweiterung der Aufsichtsbehörde vor, die nach Artikel 55 zuständig ist. [2]Die Aufsichtsbehörde gibt eine Stellungnahme darüber ab, ob der Entwurf der Verhaltensregeln bzw. der Entwurf zu deren Änderung oder Erweiterung mit dieser Verordnung vereinbar ist und genehmigt diesen Entwurf der Verhaltensregeln bzw. den Entwurf zu deren Änderung oder Erweiterung, wenn sie der Auffassung ist, dass er ausreichende geeignete Garantien bietet.

(6) Wird durch die Stellungnahme nach Absatz 5 der Entwurf der Verhaltensregeln bzw. der Entwurf zu deren Änderung oder Erweiterung genehmigt und beziehen sich die betreffenden Verhaltensregeln nicht auf Verarbeitungstätigkeiten in mehreren Mitgliedstaaten, so nimmt die Aufsichtsbehörde die Verhaltensregeln in ein Verzeichnis auf und veröffentlicht sie.

(7) Bezieht sich der Entwurf der Verhaltensregeln auf Verarbeitungstätigkeiten in mehreren Mitgliedstaaten, so legt die nach Artikel 55 zuständige Aufsichtsbehörde – bevor sie den Entwurf der Verhaltensregeln bzw. den Entwurf zu deren Änderung oder Erweiterung genehmigt – ihn nach dem Verfahren gemäß Artikel 63 dem Ausschuss vor, der zu der Frage Stellung nimmt, ob der Entwurf der Verhaltensregeln bzw. der Entwurf zu deren Änderung oder Erweiterung mit dieser Verordnung vereinbar ist oder – im Fall nach Absatz 3 dieses Artikels – geeignete Garantien vorsieht.

(8) Wird durch die Stellungnahme nach Absatz 7 bestätigt, dass der Entwurf der Verhaltensregeln bzw. der Entwurf zu deren Änderung oder Erweiterung mit dieser Verordnung vereinbar ist oder – im Fall nach Absatz 3 – geeignete Garantien vorsieht, so übermittelt der Ausschuss seine Stellungnahme der Kommission.

(9) [1]Die Kommission kann im Wege von Durchführungsrechtsakten beschließen, dass die ihr gemäß Absatz 8 übermittelten genehmigten Verhaltensregeln bzw. deren genehmigte Änderung oder Erweiterung allgemeine Gültigkeit in der Union besitzen. [2]Diese Durchführungsrechtsakte werden gemäß dem Prüfverfahren nach Artikel 93 Absatz 2 erlassen.

(10) Die Kommission trägt dafür Sorge, dass die genehmigten Verhaltensregeln, denen gemäß Absatz 9 allgemeine Gültigkeit zuerkannt wurde, in geeigneter Weise veröffentlicht werden.

(11) Der Ausschuss nimmt alle genehmigten Verhaltensregeln bzw. deren genehmigte Änderungen oder Erweiterungen in ein Register auf und veröffentlicht sie in geeigneter Weise.

– *ErwG: 77, 98, 99, 148, 168*
– *BDSG n.F.: § 21*

Übersicht

Literatur: *Abel* Umsetzung der Selbstregulierung im Datenschutz: Probleme und Lösungen, RDV 2003, 11; *Albrecht* Das neue EU-Datenschutzrecht – von der Richtlinie zur Verordnung – Überblick und Hintergründe zum finalen Text für die Datenschutz-Grundverordnung der EU nach der Einigung im Trilog, CR 2016, 88; *Art.-29-Datenschutzgruppe* Künftige Arbeit im Hinblick auf Verhaltensregeln: Arbeitsunterlage über das Verfahren für die Prüfung der Verhaltensregeln der Gemeinschaft durch die Arbeitsgruppe (WP 13); *dies.* Stellungnahme 3/2003 zum europäischen Verhaltenskodex von FEDMA zur Verwendung personenbezogener Daten im Direktmarketing (WP 77); *Bergt* Anmerkung zu EuGH, Urteil v. 6.10.2015 – C-362/14, MMR 2015, 759; *ders.* Die Bedeutung von Verhaltensregeln und Zertifizierungen nach der Datenschutz-Grundverordnung, DSRITB 2016, 483; *ders.* Verhaltensregeln als Mittel zur Beseitigung der Rechtsunsicherheit in der Datenschutz-Grundverordnung, CR 2016, 670; *Bizer/Körffer* Gütesiegel: Mit den besten Empfehlungen – Konzeption und Erfahrung mit der Datenschutzzertifizierung in Schleswig-Holstein, digma 1/2006; *von Braunmühl* Ansätze zur Ko-Regulierung in der Datenschutz-Grundverordnung, PinG 2015, 231; *ders.* Selbstregulierung im Datenschutz – Chancen, Grenzen, Herausforderungen, DIVSI magazin 7/2013, 11; *Christiansen* Selbstregulierung, regulatorischer Wettbewerb und staatliche Eingriffe im Internet, MMR 2000, 123; *Dehmel* Umsetzungsoptionen der Ko-Regulierung im Datenschutz, Kompendium Digitale Standortpolitik (2013), 162; *Düsseldorfer Kreis* Orientierungshilfe der Datenschutzaufsichtsbehörden für den Umgang mit, Verhaltensregeln nach § 38a BDSG, v. 26./27.2.2013; *Härting* Datenschutzreform in Europa: Einigung im EU-Parlament – Kritische Anmerkungen, CR 2013, 715; *Hofmann* Zertifizierungen nach der DS-GVO, ZD 12/2016, XVI (ZD-Aktuell 2016, 05324); *Hornung/Hartl* Datenschutz durch Marktanreize – auch in Europa?, ZD 2014, 219; *Kaper* Datenschutzsiegel und Zertifizierungen nach der Datenschutz-Grundverordnung, PinG 2016, 201; *Kinast/Schröder* Audit & Rating: Vorsprung durch Selbstregulierung, ZD 2012, 207; *Koós/Englisch* Eine „neue" Auftragsdatenverarbeitung? – Gegenüberstellung der aktuellen Rechtslage und der DS-GVO in der Fassung des LIBE-Entwurfs, ZD 2014, 276; *Kranig/Peintinger* Selbstregulierung im Datenschutzrecht-Rechtslage in Deutschland, Europa und den USA unter Berücksichtigung des Vorschlags zur DS-GVO, ZD 2014, 3; *Kraska* Datenschutz-Zertifizierungen in der EU-Datenschutzgrundverordnung, ZD 2016, 153; *Krings/Mammen* Zertifizierungen und Verhaltensregeln – Bausteine eines modernen Datenschutzes für die Industrie 4.0, RDV 2015, 231; *Krohm* Anreize für Selbstregulierung nach der Datenschutz-Grundverordnung, PinG 2016, 205; *Krüger* Datensouveränität und Digitalisierung, ZRP 2016, 190.; *Lachaud* Why the certification process in the General Data Protection Regulation cannot be successful, CLSR 2016, 814; *Martini* Do it yourself im Datenschutzrecht – Der „GeoBusiness Code of Conduct", NVwZ-Extra 6/2016, 1; *Moos* Die Entwicklung des Datenschutzrechts im Jahr 2013, K&R 2014, 149; *Polenz* Verbraucherdatenschutz durch Selbstregulierung?, VuR 2012, 303; *Roßnagel/Nebel/Richter* Was bleibt vom Europäischen Datenschutzrecht? – Überlegungen zum Ratsentwurf der DS-GVO, ZD 2015, 455; *Roßnagel/Richter/Nebel* Besserer Internetdatenschutz für Europa – Vorschläge zur Spezifizierung der DS-GVO, ZD 2013, 103; *Schaar* Selbstregulierung im Datenschutz – Chancen, Grenzen, Risiken, DIVSI magazin 7/2013, 8; *ders.* Selbstregulierung und Selbstkontrolle – Auswege aus dem Kontrolldilemma?, DuD 2003, 421; *Schantz* Die Datenschutz-Grundverordnung – Beginn einer neuen Zeitrechnung im Datenschutzrecht, NJW 2016, 1841; *Schreiber/Kohm* Rechtssicherer Datentransfer unter dem EU-US-Privacy-Shield? – Der transatlantische Datentransfer in der Unternehmenspraxis, ZD 2016, 255; *Schwartmann/Weiß* Ko-Regulierung vor einer neuen Blüte – Verhaltensregeln und Zertifizierungsverfahren nach der Datenschutz-Grundverordnung (1. Teil Zertifizierung), RDV 2016, 68; *dies.* Ko-Regulierung vor einer neuen Blüte – Verhaltensregeln und Zertifizierungsverfahren nach der Datenschutz-Grundverordnung (2. Teil Verhaltensregeln), RDV 2016, 240; *Spindler* Die neue EU-Datenschutz-Grundverordnung, DB 2016, 937; *ders.* Selbstregulierung und Zertifizierungsverfahren nach der DS-GVO, ZD 2016, 407; *Spindler/Thorun* Die Rolle der Ko-Regulierung in der Informationsgesellschaft, MMR 2016, 1; *dies.* Eckpunkte einer digitalen Ordnungspolitik-Politikempfehlungen zur Verbesserung der Rahmenbedingungen für eine effektive Ko-Regulierung in der Informationsgesellschaft (2015) (Abrufbar unter: https://sriw.de/images/pdf/Spindler_Thorun-Eckpunkte_digitale_Ordnungspolitik_final.pdf (zuletzt abgerufen: 15.9.2017)); *Traung* The Proposed New EU General Data Protection Regulation – Further Opportunities, CRi 2012, 33; *Vomhof* Verhaltensregeln nach § 38a BDSG – Der Code of Conduct der Versicherungswirtschaft, PinG 2014, 209; *Wilhelm* Auskunftsansprüche in der Informationsgesellschaft, DÖV 2016, 899; *Wronka* Anmerkungen zu den Verhaltensregeln der Deutschen Versicherungswirtschaft, RDV 2014, 93.

A. Einordnung und Hintergrund

I. Erwägungsgründe

1 Nach ErwG 98 und 99 will die DS-GVO datenschutzrechtliche Verhaltensregeln für Verbände und andere Vereinigungen von Verantwortlichen[1] bzw. Auftragsverarbeitern bzw. deren Mitglieder oder für vertraglich an entsprechende Verhaltensregeln Gebundene fördern. Solche Verhaltensregeln sollen ein wesentliches Element der Ko-Regulierung bzw. der regulierten Selbstregulierung[2] werden. Verbände bzw. Vereinigungen sollen „*ermutigt*“ werden, „*in den Grenzen der DS-GVO*“ solche Verhaltensregeln aufzustellen. Bei der Erstellung solcher Verhaltensregeln sollen insbesondere die Betroffenen beteiligt werden bzw. die Möglichkeit zur Stellungnahme erhalten.

2 ErwG 98 sieht das Aufstellen von Verhaltensregeln als Chance, den Besonderheiten in bestimmten Sektoren bzw. Branchen Rechnung tragen zu können[3]. Außerdem[4] sollen Verhaltensregeln in der Lage sein, den Bedürfnissen und Kleinstunternehmen und KMU[5] in der jeweiligen Branche besser Rechnung zu tragen. Möglicherweise geht hiermit die sich auch aus der datenschutzrechtlichen Praxis ableitende Vorstellung einher, über Verbände und vergleichbare Vereinigungen und die von diesen aufgestellten Verhaltensregeln in kleineren Unternehmen eher für datenschutzkonforme Zustände sorgen zu können, als wenn Unternehmen unterhalb einer bestimmten Größenordnung, die typischerweise eher wenig für ein strukturiertes und konsequentes Vorgehen im Bereich Datenschutz zu begeistern sind, dies selbst übernehmen. Dafür spricht auch, dass nach ErwG 98 S. 2 insbesondere die Pflichten der Verantwortlichen und Auftragsverarbeiter in solchen Verhaltensregeln angesprochen sein sollen. Nach

1 Hierunter fallen auch gemeinsam Verantwortliche nach Art. 26, vgl. *Schwartmann/Weiß* RDV 2016, 240, 242.

2 Zu einem frühen Ansatz von regulierter Selbstregulierung für das Internet vgl. *Christiansen* MMR 2000, 123.

3 Zum Datenschutz durch Marktanreize (unter dem Blickwinkel von Zertifizierungen) vgl. *Hornung/Hartl* ZD 2014, 219.

4 Die Norm ist nicht so auszulegen, dass nur KMU Verhaltensregeln nach Art. 40 aufstellen könnten, vgl. *Spindler* ZD 2016, 407.

5 *Spindler/Thorun* Studie Eckpunkte einer digitalen Ordnungspolitik, S. 33, sieht entsprechende Vorteile gegenüber einem „one size fits all“ des Gesetzgebers.

ErwG 77, der insoweit u.a. mit Art. 40 Abs. 2 lit. d und h korreliert, können Gegenstand einer Verhaltensregel insbesondere Anleitungen sein, wie Verantwortliche oder Auftragsverarbeiter mit Blick auf die vorzunehmende Risikobewertung geeignete Maßnahmen durchzuführen haben und wie die Einhaltung der sich daraus ergebenden Anforderungen nachzuweisen ist, insbesondere bezüglich der Ermittlung des Risikos, dessen Abschätzung in Bezug auf Ursache, Art, Eintrittswahrscheinlichkeit und Schwere und die Festlegung valider Verfahren für die Eindämmung des ermittelten Risikos.

3 Nach ErwG 99 sollten bei der Ausarbeitung, Änderung oder Erweiterung entsprechender Verhaltensregeln die maßgeblichen Interessenträger, insbesondere die Betroffenen, um Stellungnahmen gebeten werden und diese Stellungnahmen sollen bei der Ausarbeitung berücksichtigt werden. Eine hiermit korrelierende gesetzliche Anforderung, solche Stellungnahmen einzuholen bzw. eingereichte Eingaben zu berücksichtigen, gibt es im Verordnungstext selbst nicht[6]; gemäß der DSRL bestand noch die – nicht in § 38a BDSG a.F. übernommene – Anregung, dies zu tun. Für länderübergreifende Verhaltensregeln sei auf Art. 70 Abs. 4 verwiesen, wonach der Ausschuss (im Rahmen des Verfahrens nach Art. 40 Abs. 7 die Möglichkeit hat, interessierte Kreise zu konsultieren.

4 Nach ErwG 148 ist im Rahmen der Bemessung des Bußgeldes bei Verstößen gegen die DS-GVO auch zu bewerten, inwiefern wirksame Verhaltensregeln eingehalten wurden. Damit wird u.a. dem Gesichtspunkt Rechnung getragen, dass derjenige, der sich in den Grenzen genehmigter Verhaltensregeln bewegt, sich auch darauf verlassen darf, sich im Rahmen dieser Genehmigung datenschutzkonform zu verhalten. Umgekehrt dürfte wahrscheinlich ein nicht unerhebliches Verschulden vorliegen, wenn sich ein Verantwortlicher oder Auftragsverarbeiter nicht an genehmigte Verhaltensregeln hält, die speziell für die Bedürfnisse seiner Branche entwickelt wurden und daher speziell an diese Bedürfnisse angepasste Regelungen enthalten, die für ihn per se verständlicher sein dürften als die recht abstrakten Regelungen der DS-GVO und ihm voraussichtlich auch entsprechend von dem Verband nahegebracht wurden.

5 Aus ErwG 168 wird auf das Prüfverfahren verwiesen, soweit die Zuständigkeit der Kommission für den Erlass von Durchführungsrechtsakten (auch) für Verhaltensregeln gegeben ist.

II. BDSG n.F.

6 Für Art. 40 und 41 existieren keine Öffnungsklauseln, sodass eine Regelung im BDSG n.F. nicht in Betracht kommt.

7 Nach § 21 Abs. 1 BDSG hat eine mit einer Datenschutzangelegenheit befasste, zuständige Aufsichtsbehörde ihr Verfahren, in dem eine Verhaltensregel eine Rolle spielt, auszusetzen und einen Antrag auf gerichtliche Entscheidung (im Verwaltungsgerichtsweg) zu stellen, wenn sie einen Beschluss der Kommission über Allgemeingültigkeit

6 Nach Ansicht von *Spindler* ZD 2016, 407, m.H.a. BVerwGE 77, 285, 291 f.; BVerwGE 79, 254, 264; BVerwGE 81, 197, 203 ff.; BGH NJW 1987, S. 2222 ff. ist aus deutscher (verfassungs-)rechtlicher Sicht eine Beteiligung von sog. Stakeholdern, also Vertretern anderer Interessen als derjenigen der Verbandsmitglieder, bei der Ausarbeitung von Kodizes erforderlich, um ihnen eine stärkere rechtliche Wirkung beizumessen.

von genehmigten Verhaltensregeln (Art. 40 Abs. 9, Art. 93 Abs. 2), auf dessen Gültigkeit es für die entsprechende Entscheidung der Aufsichtsbehörde ankommt, für rechtswidrig hält.

III. Normengenese und -umfeld

8 **1. DSRL.** Art. 40 hat einen Vorläufer in Art. 27 DSRL. Während nach Art. 40 Abs. 2 S. 1 Initiativen für Verhaltensregeln nunmehr von Gesetzes wegen auch von Verbänden bzw. Vereinigungen ausgehen können, die Kategorien von Auftragsverarbeitern vertreten, beschränkte Art. 27 DSRL dieses Recht auf Verbände von Verantwortlichen. Die Kommentarliteratur stand jedoch im Wesentlichen auch bisher auf dem Standpunkt, dass auch Vereinigungen von Auftragsverarbeitern ein solches Vorlagerecht gemäß § 38a BDSG hatten a.F.[7] Damit ergibt sich mit Wirkung für Deutschland insoweit keine erhebliche Änderung der Rechtslage.

9 Nach Art. 27 Abs. 3 DSRL konnten auch gemeinschaftliche Verhaltensregeln aufgestellt werden. Zuständig für deren Bewertung ist die Art.-29-Datenschutzgruppe. Nach Art. 27 Abs. 3 S. 3 DSRL konnte die Kommission Verhaltensregeln, die von der Art.-29-Datenschutzgruppe positiv bewertet wurden, veröffentlichen. Zu solchen gemeinschaftlichen Verhaltensregelungen ist es auch gekommen, wenn auch nicht in erheblichem Umfang. So wurde der europäische Verhaltenskodex des Fachverbands FEDMA zur Verwendung personenbezogener Daten im Direktmarketing im Jahr 2003 anerkannt[8] (WP 77) und der von der Art.-29-Datenschutzgruppe hierzu geforderte erläuternde Anhang für Online-Aktivitäten im Jahr 2010 (WP 174)[9].

10 **2. BDSG a.F.** § 38a BDSG a.F. stellte eine eher knappe Umsetzung von Art. 27 DSRL in bundesdeutsches Recht dar. Hiernach konnten Berufsverbände und andere Vereinigungen, die bestimmte Gruppen von verantwortlichen Stellen vertreten, Entwürfe für Verhaltensregelungen zur Förderung der Durchführung von datenschutzrechtlichen Regelungen der zuständigen Aufsichtsbehörde unterbreiten. Diese überprüfte die Vereinbarkeit der entworfenen Verhaltensregeln mit dem geltenden Datenschutzrecht. Das entsprechende Verwaltungsverfahren endete, sofern positiv, mit einem Verwaltungsakt, der die Vereinbarkeit des Entwurfs mit geltenden Datenschutzrecht feststellte[10]. Bei positiver Feststellung (und übereinstimmender Bewertung im Düsseldorfer Kreis) entstand eine Bindung für die deutschen Aufsichtsbehörden.

11 Die bisherige föderale Struktur und die damit einhergehenden unterschiedlichen Auffassungen der zuständigen Aufsichtsbehörden haben wohl dazu geführt, dass § 38a BDSG a.F. sehr wenig praktische Bedeutung erlangt hat. Nach der Orientierungshilfe des Düsseldorfer Kreises zu Verhaltensregeln[11] soll die Zurückhaltung auch darin begründet sein, dass verschiedene Datenschutzaufsichtsbehörden das Wort „Förderung" in § 38a Abs. 1 BDSG a.F. so verstanden haben, dass durch die Verhaltensregeln

---

7 Taeger/Gabel-*Kinast* § 38a BDSG Rn. 16 m.w.N.

8 Weitere Versuche, Verhaltensregeln zu etablieren, schildern *Schwartmann/Weiß* RDV 2016, 240, 241.

9 Vgl. auch WP 13, 77, 174 der Art.-29-Datenschutzgruppe.

10 Orientierungshilfe der Datenschutzaufsichtsbehörden für den Umgang mit Verhaltensregeln nach § 38a BDSG, Februar 2013, S. 7.

11 Orientierungshilfe der Datenschutzaufsichtsbehörden für den Umgang mit Verhaltensregeln nach § 38a BDSG, Februar 2013.

ein datenschutzrechtlicher Mehrwert im Sinne einer Steigerung des Datenschutzniveaus relativ zu den gesetzlichen Anforderungen erreicht werden sollte. Diese offenbar missverstandene Anforderung und zudem eine nach Ansicht des Düsseldorfer Kreises unklare Situation über die Schaffung von (im Zweifel bundesweit notwendiger) Rechtsverbindlichkeit sollen dazu beigetragen haben, dass das Aufstellen von Verhaltensregeln für die Wirtschaft nicht hinreichend attraktiv war. Mit Wirkung für den Anwendungsbereich des BDSG sind von 2001 bis zum Inkrafttreten der DS-GVO lediglich zwei Regelwerke anerkannt worden, zum einen 2013 die „Verhaltensregeln für den Umgang mit personenbezogenen Daten“[12] der deutschen Versicherungswirtschaft (GDV)[13] und zum anderen 2015 der sog. „GeoBusiness Code of Conduct“[14].

12 **3. WP der Art.-29-Datenschutzgruppe/Beschlüsse des Düsseldorfer-Kreises.** Der Düsseldorfer Kreis hatte im Februar 2013 eine Orientierungshilfe für den Umgang mit Verhaltensregeln nach § 38a BDSG a.F. veröffentlicht, um die von der Wirtschaft beklagte mangelnde Einheitlichkeit der Anforderungen der deutschen Aufsichtsbehörden an solche Verhaltensregeln zu beseitigen. Auf folgende Teile der Ergebnisse sei hingewiesen:

– Vereinigungen im Sinne des § 38a BDSG a.F. können nicht nur klassische Berufsverbände, sondern auch öffentlich-rechtlich organisierte Kammern sein. Nicht notwendig ist, dass ein solcher Verband bzw. eine Kammer **sämtliche** im jeweiligen räumlichen Anwendungsbereich sitzende Mitgliedsunternehmen repräsentiert. Auch Konzerne sind nicht von vornherein als Vereinigung ausgeschlossen. Nicht Normadressaten sind jedenfalls Verbraucherverbände, Arbeitnehmervertretungen oder Vertretungen von Betroffenen, denn es geht nur um Verbände bzw. Vereinigungen von verantwortlichen Stellen.
– Es geht bei Verhaltensregeln lediglich um Vollzugsregelungen, nicht um gesetzesergänzende oder gar gesetzesändernde Regelungen, sodass weder eine Erhöhung noch eine Absenkung des Datenschutzniveaus in gesetzlichen Regelungen möglich ist. Auch Verhaltensregeln, die lediglich gesetzliche Regelungen wiederholen, sind untauglich. „Förderung“ ist so zu verstehen, dass die Verhaltensregeln zwar einen branchenbezogenen und datenschutzrechtlichen Mehrwert vermitteln müssen, darunter ist jedoch keine Steigerung des Datenschutzniveaus relativ zu gesetzlichen Anforderungen zu verstehen. Insbesondere sollen das Ausfüllen unbestimmter Rechtsbegriffe, Ermessenskriterien, Musterklauseln, verfahrensrechtliche Vorkehrungen, Vorgaben für die Bearbeitung von Betroffenenrechten oder technisch organisatorische Maßnahmen Aufgabe von Verhaltensregeln sein. Ihr Mehrwert kann sich aus bereichsspezifischen Präzisierungen, ergänzenden konkretisierenden Regelungen und Anforderungen, fördernden Verfahren oder Standardisierungen und technischen Festlegungen ergeben. Ergänzend zieht der Düsseldorfer Kreis das nachfolgend noch angesprochene WP 13 der Art.-29-Datenschutzgruppe zur Auslegung des Begriffs der Förderung heran.

12 *Wronka* RDV 2014, 93.
13 S.a. die ausführliche Besprechung von *Vomhof* PinG 2014, 209.
14 Verhaltensregeln gemäß § 38 a BDSG zur Geodaten-Nutzung durch Wirtschaftsunternehmen des Vereins Selbstregulierung Informationswirtschaft e.V. (SRIW) und der Kommission für Geoinformationswirtschaft des Bundesministeriums für Wirtschaft und Energie (GIW-Kommission).

13 Die Art.-29-Datenschutzgruppe hatte bereits 1998 im WP 13[15] allgemeine Regeln für gemeinschaftliche Verhaltensregeln aufgestellt. Das kurze WP befasst sich im Wesentlichen mit Formalien des Verfahrens. Mit Blick auf die Anforderungen an den sachlichen Gehalt solcher Verhaltensregeln wird lediglich die 2013 auch vom Düsseldorfer Kreis in der o.a. Orientierungshilfe aufgenommene allgemeine Maßgabe angesprochen, dass Verhaltensregeln „ausreichende Qualität und Kohärenz aufweisen" und genügenden „zusätzlichen Nutzen" für dic Datenschutzrechtsvorschriften liefern müssen, wobei insbesondere maßgeblich ist, dass (i) die Verhaltensregeln ausreichend auf die spezifischen Fragen und Probleme des Datenschutzes in der jeweiligen Organisation oder dem Sektor bzw. der Branche ausgerichtet sind, für den/die sie gelten sollen, und (ii) insoweit ausreichend klare Lösungen bieten.

14 In zwei weiteren WP 77 (2003) und 174 (2010) befasste sich die Art.-29-Datenschutzgruppe mit Verhaltensregeln des FEDMA (Federation of European Direct and Interactive Marketing, Dachverband nationaler europäischer Verbände von Direktmarketingunternehmen); dabei wurde der untersuchte Kodex im Ergebnis angenommen. WP 77 befasste sich mit dem grundlegenden Verhaltenskodex, WP 174 mit einem ergänzenden Anhang, den die Art.-29-Datenschutzgruppe im WP 77 für Online-Aktivitäten gefordert hatte. Jedenfalls aus dem WP 77 lässt sich beispielhaft ablesen, welchen „zusätzlichen Nutzen" in dem vorgenannten Sinne die Art.-29-Datenschutzgruppe aus solchen Verhaltensregeln erwartet oder zumindest positiv zur Kenntnis nimmt. Der Kodex enthält beispielsweise (i) eine Reihe von Definitionen für den Sektor des Direktmarketings, (ii) Regelungen für Kernfragen des Direktmarketings, insbesondere die Erläuterung verschiedener Szenarien für die Sammlung von Daten beim Direktmarketing, (iii) Erläuterungen spezieller Marketingszenarien, (iv) Detailfragen im Zusammenhang mit Bewerbung von Kindern, (v) ausreichende Compliance- und Monitoring-Regelungen. Verbunden wurde die Annahme des Kodex nebst Anhang u.a. mit der Maßgabe, dass die Datenschutzverantwortlichen des FEDMA der Gruppe jährlichen Bericht über die Wirksamkeit des Kodex zu erstatten hatte.

B. Kommentierung

I. Überblick

15 Die genehmigten Verhaltensregeln nach Art. 40 stellen einen Kernbereich der sog. regulierten Selbstregulierung im Datenschutzbereich dar. Die DS-GVO enthält zahlreiche unbestimmte Rechtsbegriffe und ist daher schon im Sinne der Rechtssicherheit auslegungsbedürftig. Hinzu kommt, dass sich die DS-GVO als technikneutral versteht, sodass sich die Regelungen auf entsprechend hohem Abstraktionsniveau befinden müssen und Einzelheiten der technischen Entwicklung und Umsetzung nicht unmittelbar Rechnung getragen werden kann. Insoweit ist es willkommen, dass mit Art. 40 Gelegenheit gegeben wird, entsprechende Generalklauseln zu konkretisieren und auf bestimmte, für die Adressaten der Verhaltensregeln bedeutsame Lebenssachverhalte anwendbar zu machen und branchenintern (z.B. technische) Mindeststandards zu setzen. Entsprechend ErwG 98 sollen Verhaltensregeln nach Art. 40 insbesondere branchentypische Rechtsfragen behandeln und sich zudem in besonderer Weise Fragestel-

15 Künftige Arbeit im Hinblick auf Verhaltensregeln: Arbeitsunterlage über das Verfahren für die Prüfung der Verhaltensregeln der Gemeinschaft durch die Arbeitsgruppe, WP 13 v. 10.9.1998.

lungen annehmen, die Kleinstunternehmen oder KMU berühren. Insoweit mag man sich von Verhaltensregeln auch erhoffen, dass das datenschutzrechtliche Bewusstsein und Schutzniveau in Kleinstunternehmen und KMU, in denen Datenschutzthemen eher als Kostenfaktor behandelt werden, gesteigert wird. Außerdem signalisiert derjenige, der sich, nach außen wahrnehmbar oder gar aktiv beworben, Verhaltensregeln unterwirft, in den Markt, dass ihm Datenschutzfragen wichtig sind – so mag die Einhaltung anerkannter Datenschutzregelungen zum Marketinginstrument[16] werden.

16 Wer den Weg über Art. 40 zu genehmigten Verhaltensregeln wählt, kann ein gewisses Maß an Rechtssicherheit erlangen, wenn die Verhaltensregeln über eine Genehmigung (Abs. 6) (feststellender Verwaltungsakt) oder bei Allgemeingültigerklärung durch die Kommission (Abs. 9/10) dadurch[17] auch für die Aufsichtsbehörden bindend werden. Die Verhaltensregeln nach Art. 40 geben der Wirtschaft damit Gestaltungsmöglichkeiten und treten damit zur Erlangung höherer Rechtssicherheit neben Standardvertragsklauseln (Art. 28 Abs. 6), Zertifizierungen (Art. 42), Standarddatenschutzklauseln (Art. 46 Abs. 2 lit. c und d) und verbindliche interne Datenschutzvorschriften/Binding Corporate Rules (BCR) (Art. 47).

17 Dementsprechend können Verhaltensregeln nach der DS-GVO dazu dienen, Nachweise bzw. Garantien, zumindest aber Anhaltspunkte für eine datenschutzkonforme Verarbeitung zu bieten und dadurch das notwendige Datenschutzniveau für Produkte und Anwendungen zu implementieren, vgl.

- Art. 24 Abs. 3 (Erfüllung der Verpflichtungen des Verantwortlichen),
- Art. 28 Abs. 5 (datenschutzkonforme Auftragsverarbeitung),
- Art. 32 Abs. 3 (Nachweis der Erfüllung der Anforderungen an ein wirksames Datenschutzkonzept),
- Art. 35 Abs. 8 (Beurteilung der Auswirkungen von Verarbeitungsvorgängen im Zusammenhang einer Datenschutz-Folgenabschätzung) und
- Art. 46 Abs. 2 lit. e (Übermittlung personenbezogener Daten durch Verantwortliche oder Auftragsverarbeiter in ein Drittland oder an eine internationale Organisation).

II. Rechtsnatur und Funktion von Verhaltensregeln

18 **1. Begriff und Rechtsnatur.** Verhaltensregeln[18] sind eine Zusammenstellung von Regelungen, die von Wirtschaftsverbänden bzw. Vereinigungen (Verantwortliche/Auftragsverarbeiter) aufgestellt werden. Diese regulierte Selbstregulierung erfolgt in erster Linie durch eine Genehmigung (Abs. 5), ohne die eine Rechtswirkung der Verhaltensregeln nicht entfaltet werden kann.

---

16 Vgl. schon das Plädoyer von *Kinast/Schröder* ZD 2012, 207 für den Datenschutz als Chance für den Wettbewerb.

17 Zur Bindungswirkung gegenüber Behörden, die nicht die Genehmigung erteilt haben, vgl. nachstehend Rn. 25.

18 Der Singular „Verhaltensregel" mag dabei insoweit für die einzelne Regelung innerhalb eines Kodex stehen, aber auch für eine Summe von Regelungen, die zu einem bestimmten Kodex zusammengefasst sind, also als Synonym für den Kodex selbst. Für Zwecke der Kommentierung des Art. 40 wird stets der Plural „Verhaltensregeln" für alle Anwendungsfälle gebraucht.

Unabhängig von der Genehmigung muss im Verhältnis zu den Standards unterworfenen Verbindlichkeit hergestellt werden, Art. 40 Abs. 4 („*verpflichten*“). Hierzu stehen zwei Möglichkeiten zur Verfügung, eine Beachtung der Regelungen kraft Satzung des Verbandes anzuordnen, und die Möglichkeit zur freiwilligen – vertraglichen – Verpflichtung zur Einhaltung der Regelungen gegenüber dem Verband. Eine Verpflichtung sich dem Kodex anzuschließen, besteht für ein Verbandsmitglied nicht, dann kann der Verband aber natürlich nicht damit werben, dass alle seine Mitglieder per se bestimmte Verhaltensregeln einhalten. **19**

Ein gesonderter Zwang zur Herbeiführung der Verbindlichkeit besteht aber im Verhältnis zu Betroffenen, wenn Verhaltensregelungen nach Abs. 3 dazu dienen sollen, einen Datenexport in ein Drittland zu rechtfertigen (Art. 46 Abs. 2 lit. e). Bei unmittelbarer Vertragsbeziehung, kann die Verbindlichkeit durch Einbeziehung der Verhaltensregeln in den Vertrag erfolgen. **20**

2. Weitere Funktion/Rolle von Verhaltensregeln. Eine zentrale Rolle im Zusammenhang mit der Aufstellung branchenspezifischer Regeln und der Präzisierung von Regelungen der DS-GVO[19] können, und zwar nur in diesem Rahmen, Verhaltensregeln nach den Vorgaben der DS-GVO als Garantie oder zumindest als „*ein Faktor*“ für die Wahrung der Rechte der Betroffenen bzw. der Einhaltung der Verpflichtungen des Verantwortlichen bzw. Auftragsverarbeiters spielen. **21**

In der DS-GVO sind hierzu fünf Fälle benannt. **22**

a) Art. 24 Abs. 1 verpflichtet den Verantwortlichen zum Einsatz geeigneter technischer und organisatorischer Maßnahmen, damit dieser sicherstellen und den Nachweis dafür erbringen kann, dass die Verarbeitung gemäß der DS-GVO erfolgt. Nach Art. 24 Abs. 3 können genehmigte Verhaltensregeln als „ein Gesichtspunkt“ bei der Beurteilung der Erfüllung der Verpflichtungen des Verantwortlichen, also zur Ausfüllung der Rechenschaftspflicht, herangezogen werden.
b) Nach Art. 28 Abs. 1 und Abs. 4 sind Auftragsverarbeiter verschiedener Stufen verpflichtet, hinreichende Garantien dafür zu bieten, dass geeignete technische und organisatorische Maßnahmen bestehen und so durchgeführt werden, dass die Verarbeitung durch den Auftragsverarbeiter im Einklang mit der DS-GVO erfolgt. Art. 28 Abs. 5 sieht genehmigte Verhaltensregeln als „einen Faktor“ dafür an, dass der Auftragsverarbeiter hinreichende Garantien für eine datenschutzkonforme Auftragsverarbeitung nachweisen kann.
c) Art. 32 Abs. 1 verpflichtet den Verantwortlichen und den Auftragsverarbeiter zum Einsatz von in Ansehung einer getroffenen Risikoabwägung geeigneten technischen und organisatorischen Maßnahmen (Datenschutzkonzept). Nach Art. 32 Abs. 3 stellt die Einhaltung genehmigter Verhaltensregeln „einen Faktor“ zum Nachweis der Erfüllung der Anforderungen an ein wirksames Datenschutzkonzept dar.
d) Art. 35 Abs. 1 fordert von dem Verantwortlichen die Durchführung einer Datenschutz-Folgenabschätzung, wenn eine bestimmte Form der Verarbeitung voraussichtlich ein hohes Risiko für die möglicherweise Betroffenen darstellen kann. Gemäß Art. 35 Abs. 8 stehen genehmigte Verhaltensregeln als ein Maßstab bei der Beurteilung der Auswirkungen von Verarbeitungsvorgängen im Zusammenhang

19 Vgl. Rn. 41.

mit der Datenschutz-Folgenabschätzung zur Verfügung, d.h. sie sind im Rahmen einer solchen Abschätzung „gebührend zu berücksichtigen".

e) Art. 46 behandelt die Voraussetzungen der Zulässigkeit einer Datenübermittlung in Drittländer oder internationale Organisationen außerhalb eines Angemessenheitsbeschlusses nach Art. 45. Nach Art. 46 Abs. 2 lit. e, vgl. auch Art. 40 Abs. 3, dienen genehmigte Verhaltensregeln als eine mögliche Garantie im Zusammenhang mit der Übermittlung personenbezogener Daten durch Verantwortliche oder Auftragsverarbeiter in ein Drittland oder an eine internationale Organisation, also außerhalb des räumlichen Anwendungsbereichs der DS-GVO. Dies gilt aber nur unter der weiteren Voraussetzung, dass sich der Verantwortliche bzw. der Auftragsverarbeiter in dem Drittland rechtsverbindlich und durchsetzbar verpflichten, die Verhaltensregeln anzuwenden.

23 Nach keiner der vorstehend in lit. a bis d genannten Vorschriften ist, geht man vom Wortlaut der Normen aus, die Etablierung und Einhaltung genehmigter Verhaltensregeln jeweils für sich genommen vollständig ausreichend, um die nach der entsprechenden Norm jeweils angeforderten Garantien zu geben. Das führt dazu, dass bei einer Prüfung auf Bestehen insgesamt ausreichender Garantien eine einzelfallbezogene Betrachtung anzustellen ist. Dabei kann der Verantwortliche bzw. Auftragsverarbeiter die genehmigten Verhaltensregeln und den Nachweis ihrer Einhaltung nur als einen Baustein für die Erbringung der jeweils geforderten Nachweise betrachten und muss ergänzend ggf. weiter gehende oder andere Garantien geben. Das ist nachvollziehbar, weil Verhaltensregeln schon ihrer Funktion nach Abs. 2 zufolge, wonach mit ihrer Hilfe lediglich die „Anwendung" der DS-GVO „präzisiert" werden soll, diese also nicht ersetzen können. Jedoch wird man Unternehmen nur dazu bringen können, das Mittel der Verhaltensregeln einzuführen, wenn sich dadurch für sie die Rechtssicherheit[20] erhöht.

24 Gleicht man die vorstehend in lit. a bis d genannten Fälle mit den möglichen Inhalten von Verhaltensregeln nach Abs. 2 ab, so ergibt sich jedenfalls in Bezug auf Abs. 2 lit. h insofern eine Lücke, als Art. 25 (Privacy by Design und by Default)[21] keine explizite Verweisung auf Art. 40 bzw. Verhaltensregeln als Faktor/Mittel zum Nachweis ausreichender Garantien aufweist, so dass diese sofern sie sich zu Art. 25 verhalten, bestenfalls entsprechend heranzuziehen sind.

25 **3. Bindungswirkung.** Entsprechend der bereits in der Orientierungshilfe des Düsseldorfer Kreises von 2013 zur bisherigen Rechtslage geäußerten Ansicht handelt es sich bei genehmigten Verhaltensregeln um einen feststellenden Verwaltungsakt (§ 35 VwVfG). Dieser wirkt zunächst zwischen der für die Genehmigung zuständigen Aufsichtsbehörde und einem den Antrag stellenden Verband bzw. einer Vereinigung bzw. denjenigen, die sich der Geltung der Verhaltensregeln unterwerfen.

26 Offen ist jedoch, ob unter der neuen Konzeption der DS-GVO ein solcher Verwaltungsakt auch alle anderen Aufsichtsbehörden bindet, die innerhalb der EU mit

20 Zu einer mögl. zivilrechtlichen Vermutungswirkung (wie im Produktsicherheitsrecht) bei der Einhaltung von Verhaltensregeln und zum Gegenbeweis (hier: durch den Betroffenen), jedenfalls in den Bereichen, in denen die Verhaltensregeln nicht nur einen „Faktor" darstellen, vgl. *Spindler* ZD 2016, 407, 414.

21 Siehe dazu Art. 25 Rn. 27.

einem möglichen Datenschutz(vor)fall befasst sind, der auf der Basis im konkreten Fall anwendbarer, genehmigter Verhaltensregeln zu beurteilen ist. Dies wurde für die Rechtslage unter § 38a BDSG a.F. in der Kommentarliteratur bejaht[22]. Anders ist die nach Art. 40 gewünschte Rechtswirkung nicht zu erzielen und die erwünschte Förderungswirkung dürfte häufig nicht eintreten. Nach anderer Ansicht[23] ist eine solche Bindungswirkung für „dritte" Behörden nur dann gegeben, wenn (i) diese der Genehmigung zugestimmt haben, z.B. mit Wirkung für Deutschland innerhalb des Düsseldorfer Kreises (vgl. auch Kap. C.4 Satz 2 der Orientierungshilfe des Düsseldorfer Kreises zu § 38a BDSG a.F.[24], § 18 Abs. 1 BDSG n.F.) oder in einem Kohärenzverfahren nach Art. 51 Abs. 3, 63, 64 oder (ii) bei Allgemeingültigkeitserklärung durch die Kommission nach Abs. 8, 9 bzw. nach Maßgabe eines verbindlichen Beschlusses des Ausschusses nach Art. 65. Folgt man der strengeren Auffassung, müsste man, wenn es um die Verarbeitung nur in Deutschland geht, als einen Antrag stellender Verband im Verfahren nach Art. 40 Abs. 5 die zuständige nationale Behörde dazu bewegen, die Verhaltensregeln nach Kap. C.4 der Orientierungshilfe zu § 38a BDSG a.F. in der Datenschutzkonferenz zu behandeln bzw. bei Abs. 7 (Datenverarbeitung in mehreren Ländern der Union) für jede Änderung oder Erweiterung gesondert, eine Allgemeinverbindlichkeitserklärung bewirken. Darauf besteht jedoch kein Rechtsanspruch. Auch ein verbindlicher Beschluss nach Art. 65 ist daran geknüpft, dass Meinungsverschiedenheiten in bestimmten Fällen bestehen. Initiativ außerhalb rein nationaler Sachverhalte auf eine für alle etwa zuständigen Aufsichtsbehörden verbindliche Verhaltensregeln hinzuwirken wäre nach der strengeren Ansicht für einen Antragsteller nicht möglich[25] – was der Intention von Art. 40 widerspricht.

III. Förderungspflicht bzgl. Verhaltensregeln (Abs. 1)

Was unter einer Förderung durch die in Abs. 1 angesprochenen Mitgliedstaaten, Auf- **27**
sichtsbehörden (gesetzliche Aufgabe nach Art. 57 Abs. 1 lit. m), Ausschuss (gesetzliche Aufgabe nach Art. 70 Abs. 1 lit. n) und/oder Kommission zu verstehen ist, bleibt unter der DS-GVO wie unter der DSRL unklar. Aus Sicht der Verbände und Vereinigungen kann eine sinnvolle Förderung nur am Ergebnis gemessen werden, insbesondere dadurch, dass sich durch Verhaltensregeln die Rechtssicherheit für die Mitglieder des Verbandes bzw. die Institutionen in den erfassten Verarbeitungssituationen spürbar erhöht und sie sich sicher sein dürfen, dass die Einhaltung genehmigter Verhaltensregeln ganz erhebliche Beiträge zur Einhaltung der DS-GVO leisten.

---

22 Taeger/Gabel-*Kinast* § 38a BDSG Rn. 30; *Ritzer* DSRITB 2014, S. 501, 503; Simitis-*Petri* § 38a BDSG Rn. 25.

23 Kühling/Buchner-*Bergt* Art. 40 Rn. 41; vgl. zur Begrenzung auf eine Selbstbindungswirkung im Vgl. zu einer allseits bindenden Wirkung gegenüber Gerichten auch *Spindler* ZD 2016, 407, 411, auch mit Blick auf die Allgemeinverbindlichkeitserklärung nach Abs. 9.

24 „Die Aufsichtsbehörden stimmen sich untereinander ab, um die bundesweite Bindungswirkung zu gewährleisten." Fehlt eine solche Abstimmung, dürfte es hiernach keine bundesweite Bindungswirkung geben.

25 Insoweit wird von den Vertretern der strengeren Auffassung angeregt, die Regelungen zum freiwilligen Kohärenzverfahren nach Art. 64 Abs. 2 weit auszulegen und eine entsprechende Stellungnahme des Ausschusses zu erwirken, vgl. Kühling/Buchner-*Bergt* Art. 40 Rn. 29, s.a. Rn. 71.

28 Die in Abs. 1 genannten Gesichtspunkte dürfen nicht überbewertet werden. Jedenfalls dem Wortlaut nach würde sich die Förderung nur auf solche Verhaltensregeln beziehen, die die Besonderheiten der einzelnen Verarbeitungsbereiche berücksichtigen. Darunter kann man einerseits verschiedene Verarbeitungsschritte, andererseits die spezifischen Sektoren/Branchen einschließlich Kleinstunternehmen/KMU verstehen. Verhaltensregeln, die diese Gesichtspunkte nicht aufnehmen, wären danach nicht förderungswürdig. Jedenfalls kommt in Abs. 1 die Hoffnung zum Ausdruck, dass Verhaltensregeln auch in Unternehmen geringer Größe einen aus Sicht des einzelnen Unternehmens leichter zu erreichenden Beitrag zur Datenschutzkonformität zu leisten vermögen.

IV. Verfasser von Verhaltensregeln, Ausarbeitung (Abs. 2)

29 **1. Verbände und andere Vereinigungen, die Kategorien von Verantwortlichen oder Auftragsverarbeitern vertreten.** Nur Verbände und andere Vereinigungen, die Kategorien von Verantwortlichen oder Auftragsverarbeitern vertreten, können Entwürfe von Verhaltensregeln einreichen, etwa Industrie- und Wirtschaftsverbände, Freiberuflerverbände sowie Kammern und Innungen[26]. Nicht notwendig ist, dass der Verband oder Verein sämtliche Mitglieder einer entsprechenden Kategorie vertritt oder auch nur einen mengenmäßigen oder in der wirtschaftlichen Bedeutung überwiegenden Anteil[27]. Nicht ausgeschlossen ist die Gründung eines Verbandes allein zum Zweck der Einreichung von Entwürfen von Verhaltensregeln für seine Mitglieder, sofern dieser Zusammenschluss Beständigkeit aufweist und damit als dauerhaft tätiger Verband gelten kann, wobei Mindestmaß an Homogenität in der Gruppe verlangt wird[28]. Auch verbundene Unternehmen/Konzerne können eine solche Vereinigung darstellen[29].

30 Nicht vorlageberechtigt sind Verbände oder Vereinigungen, die im Datenschutz Tätige oder solche, die Betroffene[30], Verbraucher oder Arbeitnehmer vertreten, weil dies keine Kategorien von Verantwortlichen oder Auftragsverarbeitern sind. Da diese Organisationen aber ihrerseits Verantwortliche sind, können sie, gleichsam eine Organisationsebene höher, wiederum Verbände/Vereinigungen bilden.

31 Die Berechtigung zur Vorlage des Entwurfs von Verhaltensregeln führt jedoch nicht zu einer entsprechenden Verpflichtung. Denkbar sind daher auch Verhaltensregeln, die nicht genehmigt, sondern innerhalb des Verbandes bzw. der Vereinigung nur tatsächlich und unverbindlich gelten sollen. Im Zweifel werden solche Verhaltensregeln anlässlich eines Datenschutzvorfalls oder anlässlich einer Initiative der Aufsichtsbehörde auf den Prüfstand gelangen. Nach Art. 58 Abs. 2 lit. a dürfte es der zuständigen Aufsichtsbehörde unbenommen bleiben, entsprechende Warnungen bei Verwendung ungeeigneter freier Verhaltensregeln auszusprechen.

32 **2. Ausarbeitung, Änderung oder Erweiterung.** Abs. 2 stellt klar, dass die Regelungen auch für Änderungen oder Erweiterungen gelten. Hiermit korrelieren Abs. 5 S. 1,

26 Simitis-*Petri* § 38a Rn. 12.
27 Taeger/Gabel-*Kinast* § 38a BDSG Rn. 17.
28 Vgl. zur alten Rechtslage Simitis-*Petri* § 38a BDSG Rn. 12, s.a. *Bergt* CR 2016, 670, 674.
29 Vergleiche schon zum BDSG a.F. Orientierungshilfe *Düsseldorfer Kreis* zu § 38a BDSG, Februar 2013 , Ziff. C.1., S. 4, wonach Konzerne „nicht ausgeschlossen" sind; *Bergt* CR 2016, 670, 674.
30 *Bergt* CR 2016, 670, 674.

wonach das Verfahren zur Genehmigung nicht nur bei erstmaliger Ausarbeitung der Verhaltensregeln gilt, sondern auch bei entsprechenden Änderungen oder Erweiterungen und Abs. 9, der auch Änderungen oder Erweiterungen allgemeingültiger Verhaltensregeln erfasst.

Unter einer Änderung ist eine inhaltliche Änderung einer bestehenden Regelung zu 33
verstehen, die fachlich denselben Gesichtspunkt regelt wie vor der Änderung.

Eine Erweiterung ist demgegenüber eine räumliche, sachliche oder persönliche Änderung des Anwendungsbereichs der Verhaltensregeln. Nach anderem Verständnis könnte Erweiterung auch eine fachlich-inhaltliche Präzisierung sein, also beispielsweise die deutliche Spezifikation bestehender Verhaltensregeln. Letzteres spielt im Ergebnis keine Rolle, da dann jedenfalls einer der beiden Gesichtspunkte – Änderung oder Erweiterung – vorliegt.

Inhaltliche Anforderungen an den Umfang der Änderung oder Erweiterung, der über- 34
schritten sein muss, damit erneut die entsprechenden Verfahren durchzuführen sind, werden nicht gestellt. Man wird im Zweifel vertreten können, dass marginale, sprachlich den Inhalt unverändert lassende Änderungen oder Erweiterungen nicht hierunter fallen. Im Zweifel kann nur im Verfahren nach Abs. 5 geklärt werden, ob nach einer Modifikation der Verhaltensregeln weiterhin „ausreichende geeignete Garantien" geboten werden.

V. Inhalt und Anwendungsbereich der Verhaltensregeln (Abs. 2)

1. Übersicht. Sofern es um Sachverhalte ausschließlich innerhalb der Union geht, 35
macht Abs. 2 keine zwingenden Vorgaben für die Inhalte von Verhaltensregeln, wenn sich diese mit der Präzisierung der Anwendung der DS-GVO befassen. Nach dem Wortlaut sind die in Abs. 2 genannten Topoi[31] beispielhaft zu verstehen. Eine zwingende Vorgabe enthält jedoch Abs. 4, wonach Verhaltensregeln gemäß Abs. 2 Verfahren vorsehen müssen, die es der Überwachungsstelle nach Art. 41 Abs. 1 ermöglichen, die (obligatorische) Überwachung der Einhaltung der Verhaltensregeln durch die Verpflichteten vorzunehmen.[32]

Von den Sachverhalten innerhalb der Union zu unterscheiden sind Fallgestaltungen, 36
in denen über die Verhaltensregeln, vgl. Art. 40 Abs. 2 lit. j i.V.m. Abs. 3, ein Datenexport nach Art. 46 Abs. 2 lit. e gerechtfertigt werden soll. Ob eine solche Rechtfertigung Teil der Verhaltensregeln werden soll, ist dem Verband/der Vereinigung anheimgestellt, weil die Inhalte nach Abs. 2 als solche nicht verpflichtend sind. Entscheidet man sich jedoch für eine solche Funktion der Verhaltensregeln, und tritt der Fall des Abs. 3 ein[33], dann besteht die Bindung der Verantwortlichen oder Auftragsverarbeiter, die nicht gemäß Art. 3 unter die DS-GVO fallen. Für diese Situation besteht der Zwang, dass die Verhaltensregeln sämtliche grundrechtlichen Anforderungen gemäß der Rechtsprechung des EuGH und des EGMR einhalten.[34]

2. Berücksichtigung der Besonderheiten der einzelnen Verarbeitungsbereiche. Abs. 1 37
fordert die Berücksichtigung der Besonderheiten der einzelnen Verarbeitungsbereiche

31 Dazu nachfolgend Rn. 44 ff.
32 Dazu nachfolgend Rn. 58 ff.
33 Vgl. nachfolgend Rn. 55 ff.
34 Siehe dazu Ausführungen bei Art. 44.

(Sektoren/Branchen). Damit ist nicht der Katalog des Abs. 2 angesprochen, sondern eine grundlegende inhaltliche Ausrichtung der Verhaltensregeln. Jedenfalls im praktischen Ergebnis werden die Mitglieder der Vereinigung bzw. des Verbandes inhaltliche Anforderungen an die Verhaltensregeln stellen, die ihnen helfen, die sie interessierenden Verarbeitungssituationen zu erfassen und hierbei entstehende Problemstellungen zu lösen.

38 **3. Berücksichtigung von Kleinstunternehmen und KMU.** Abs. 1 fordert die Berücksichtigung der besonderen Bedürfnisse von Kleinstunternehmen sowie KMU[35]. Sofern nicht die DS-GVO ohnehin Ausnahmen für diese Größenklasse vorsieht, z.B. in ErwG 13 und Art. 30 Abs. 5 (Führen des Verzeichnisses von Verarbeitungstätigkeiten, vorbehaltlich der dort normierten Rückausnahmen)[36], ordnet ErwG 167 an, dass die Kommission, soweit ihr zur Gewährleistung einheitlicher Bedingungen für die Durchführung der DS-GVO Durchführungsbefugnisse nach Maßgabe der Verordnung (EU) Nr. 182/2011 übertragen werden, besondere Maßnahmen für Kleinstunternehmen sowie KMU erwägen soll.

39 Damit bleibt im Verordnungstext aber letztlich unklar, welche besonderen Maßgaben Verhaltensregeln in Bezug auf Kleinstunternehmen und KMU insoweit enthalten können.

40 **4. Beitrag zur ordnungsgemäßen Anwendung der DS-GVO.** Gefordert wird in Abs. 1 ferner, dass Verfahrensregeln einen „Beitrag" zur ordnungsgemäßen Anwendung der DS-GVO leisten sollen. Dies dürfte mit dem bereits von der Art.-29-Datenschutzgruppe 1998 im WP 13 im Zusammenhang mit dem Begriff der „Förderung" des Datenschutzes angesprochenen „zusätzlichen Nutzen" korrelieren. Er liegt vor, wenn solche Verhaltensregeln „ausreichende Qualität und Kohärenz" aufweisen und ebendiesen genügenden „zusätzlichen Nutzen" für Datenschutzrechtsvorschriften liefern. Das ist insbesondere der Fall, wenn die Verhaltensregeln „ausreichend auf die spezifischen Fragen und Probleme des Datenschutzes in der Organisation oder dem Sektor ausgerichtet" [sind], für die [sie] gelten [sollen], und „für diese Fragen und Probleme ausreichend klare Lösungen" [bieten].

41 **5. Präzisierung von Vorschriften.** Eine Aufgabe von Verhaltensregeln ist die Präzisierung der Vorschriften zur Anwendung der DS-GVO. Diese schließt zwar begrifflich eine Verschärfung nicht zwingend aus[37]; eine solche ist aber nicht geboten und wird wohl auch bei einer Selbstregulierung z.B. durch einen Verband nicht Ziel sein. Eine Unterschreitung des Schutzniveaus bzw. der Vorgaben und Rechtsfolgen einzelner Vorschriften ist demgegenüber nicht zugelassen. Jedenfalls letzteres ergibt sich auch aus Abs. 5, 7 und 8, in denen jeweils auf die Vereinbarkeit der Verhaltensregeln mit der DS-GVO und auf die Gewährung ausreichender bzw. geeigneter Garantien abgestellt wird. Daran dürfte es fehlen, wenn die Verhaltensregeln das Datenschutzniveau absenken würden.

35 Nach ErwG 13 S. 5 sind dies Unternehmen, die unter Art. 2 des Anhangs zur Empfehlung 2003/361/EG der Kommission fallen.

36 Vgl. dazu Art. 30 Rn. 85.

37 Vgl. z.B. *Schwartmann/Weiß* RDV 2016, 240, 242. Ein datenschutzrechtlicher Mehrwert ist demnach nicht erforderlich, vgl. *Martini* NVwZ-Extra 6/2016, 1, 10.

Eine Präzisierung in diesem Sinne wird man jedenfalls dann annehmen können, wenn die Verhaltensregeln, wie bereits unter Art. 27 DSRL, entsprechend dem vorstehend zitierten WP 13 wie dem WP 77 (dort Ziffer 2) ausreichend klare Lösungen für in den Verhaltensregeln aufgeworfene (branchentypische) Probleme bieten[38]. Nicht nötig und nicht sinnvoll ist auch, dass solche Verhaltensregeln (stets) die Möglichkeit offenhalten, aufgrund besonderer Umstände eines Einzelfalls eine abweichende Entscheidung zu ermöglichen. Vielmehr ist es gerade Aufgabe solcher Verhaltensregeln, nach Möglichkeit viele einzelne Situationen im Detail anzusprechen (Präzisierung) und für diese einzelnen Situationen verbindliche Vorgaben zu treffen. Die inhaltliche Kontrolle solcher Entscheidungen erfolgt letztlich im Genehmigungsverfahren nach Abs. 5. Die Möglichkeit, in Einzelfällen stets wieder von getroffenen Wertungen abzuweichen, würde den Sinn der Verhaltensregeln an dieser Stelle in ihr Gegenteil verkehren. Es geht um die Erhöhung der Rechtssicherheit und die Steigerung des Grades an Verbindlichkeit, nicht darum, zu einem in den Verhaltensregeln diskutierten und gelösten Fall wiederum Abweichungen zuzulassen. **42**

Abschließend bleibt auf Abs. 2 lit. k hinzuweisen, wo als einziger nicht ohnehin in der DS-GVO behandelter Gesichtspunkt aus dem Abs. 2 (letztlich für die betroffene Person nicht verbindliche) außergerichtliche Verfahren und sonstige Beilegungsverfahren für Streitigkeiten zwischen Verantwortlichen (nicht: Auftragsverarbeitern) und betroffenen Personen angesprochen sind. Regelungen in Verhaltensregeln zu solchen Verfahren stehen unter dem Vorbehalt der Rechte betroffener Personen nach Art. 77 und 79, Regelungen zur Streitbeilegung in Verhaltensregeln können also die Rechtsbehelfe aus der DS-GVO nicht übersteuern. Eine Besonderheit gilt damit insofern, als solche Verfahren bzw. Streitbeilegungsverfahren keine Erwähnung in der DS-GVO finden und Abs. 2 damit an dieser Stelle keine „Präzisierung“ ermöglicht, sondern eine zusätzliche und für die betroffenen Personen nicht verbindliche Regelung. **43**

6. Einzelne inhaltliche Gesichtspunkte für Verhaltensregeln gemäß Abs. 2. Die Aufzählung in Abs. 2 ist nicht abschließend. Insoweit können auch andere Regelungen aus der DS-GVO, die eine Präzisierung in dem von Art. 40 gemeinten Sinne erfahren können, Gegenstand von Verhaltensregeln sein. Denkbare Regelungsgegenstände gemäß Abs. 2 können z.B. sein: **44**

a) Faire und transparente Verarbeitung. Denkbare Inhalte von Verhaltensregeln sind in diesem Zusammenhang (vgl. auch ErwG 39, 60) formale oder technisch gelagerte Informationsprozeduren, die Bestimmung etwa zu übermittelnder Informationen über den Kerngehalt von Art. 12 bis 14 hinaus. In Betracht kommt auch eine Präzisierung der Fälle, in denen Zweifel an der Identität im Sinne des Art. 12 Abs. 6 bestehen. Im Übrigen enthalten die Art. 12 bis 14 eine Reihe von inhaltlich der Präzisierung zugänglichen Regelungen, beginnend mit der Generalklausel in Art. 12 Abs. 1, wonach lediglich vorgegeben ist, dass „geeignete Maßnahmen“ zu treffen sind, um der betroffenen Person alle Informationen bzw. Mitteilungen gemäß Art. 13 bis 22, 34 zu übermitteln.[39] **45**

---

38 Weitere Hinweise zu möglichen Inhalten, z.B. mit Blick auf die RL 2006/123/EG und deren EG 114/115 in *Schwartmann/Weiß* RDV 2016, 240, 243, 244.

39 Vgl. dazu auch § 32 BDSG n.F.

b) Berechtigte Interessen des Verantwortlichen in bestimmten Zusammenhängen.

46 Nach Art. 6 Abs. Abs. 1 lit. f ist die Verarbeitung zulässig, wenn sie zur Wahrung der berechtigten Interessen des Verantwortlichen oder eines Dritten erforderlich ist und im konkreten Fall nicht die Interessen oder Grundrechte und Grundfreiheiten der betroffenen Person überwiegen. ErwG 47 bis 49 nennen Beispiele, in denen ein berechtigtes Interesse des Verantwortlichen an einer Verarbeitung personenbezogener Daten bestehen kann.

47 Als Gegenstand von Verhaltensregeln kommt daher eine Fülle branchenbezogener Fälle in Betracht, in denen das berechtigte Interesse des Verantwortlichen gegen die Interessen der betroffenen Person abgewogen werden und für bestimmte Verarbeitungsfälle das Überwiegen der Interessen des Verantwortlichen und den anderen das Überwiegen der Interessen der betroffenen Person festgestellt werden. So werden in ErwG 47 beispielsweise Situationen angesprochen, in denen eine betroffene Person „vernünftigerweise nicht mit einer weiteren Verarbeitung rechnen muss". Solche Fälle könnten präzisiert werden, ebenso wie konzerninterne Fallgestaltungen, die ErwG 48 kurz adressiert, die aber keinen Niederschlag im eigentlichen Verordnungstext gefunden haben.

48 Ob der Umstand, dass Dritte, deren berechtigte Interessen gemäß Art. 6 Abs. 1 lit. f eine Verarbeitung rechtfertigen könnten, in Art. 40 Abs. 2 lit. b nicht genannt sind, lediglich ein redaktionelles Versehen darstellt, ist offen. Es spricht jedoch nach dem Sinn und Zweck der Vorschrift nichts dagegen, auch Fälle in Verhaltensregeln aufzunehmen, die in diesem Sinne die berechtigten Interessen Dritter betreffen. Adressat der Verhaltensregeln bleiben schließlich die entsprechenden Unternehmen, die im Zweifel nachzuweisen haben, welche berechtigten Interessen Dritter die Verarbeitung rechtfertigen.

49 **c) Erhebung personenbezogener Daten.** Hiermit sind alle Erhebungssituationen angesprochen. Soweit im Zusammenhang damit Informationspflichten des Verantwortlichen angesprochen sind, dürften diese unter lit. b fallen, womit es bei lit. c mehr um den technisch-fachlichen Erhebungsvorgang als solchen einschl. damit verbundener organisatorischer Fragen geht, bis hin zu der Frage, welche – notwendigen – Daten in welchen Erhebungs- und Zwecksituationen tatsächlich erhoben werden (sollen) und welche (noch) nicht.

50 **d) Pseudonymisierung (Art. 4 Nr. 5) personenbezogener Daten.** Hier ist als Regelungsgegenstand beispielsweise die Beschreibung geeigneter Pseudonymisierungsverfahren in technischer Hinsicht in bestimmten Erhebungs- oder sonstigen Verarbeitungssituationen denkbar. Mitumfasst sind Maßnahmen, die zu einer Vermeidung unbefugter Aufhebung der Pseudonymisierung (EG 79) führen könnten, vgl. auch ErwG 26, 28, 29, Art 6 Abs. 4 lit. e. Soweit Pseudonymisierung eine Maßnahme nach Art. 25 Abs. 1 oder nach Art. 32 sein kann, wird dies ohnehin nach lit. h Gegenstand von Verfahrensregeln sein.

51 **e) Unterrichtung/Schutz von Kindern und Art und Weise, in der die Einwilligung des Trägers der elterlichen Verantwortung für das Kind einzuholen ist.** Hier sind Art. 12 Abs. 1 (Information für Kinder) und Art. 8 Abs. 1 (Einholen der Einwilligung) angesprochen. Nach ErwG 58 müssen Informationen und Hinweise für Kinder in einer

dergestalt klaren und einfachen Sprache[40] erfolgen, dass ein Kind sie verstehen kann – hierzu könnten in Verhaltensregeln Musterformulierungen enthalten sein. Zudem können z.B. die angemessenen Anstrengungen, die nach Art. 8 Abs. 2 unter Berücksichtigung der verfügbaren Technik zu unternehmenden sind, um sich in zu vergewissern, dass eine Einwilligung durch den Träger der elterlichen Verantwortung für das Kind oder mit dessen Zustimmung erteilt wird, in Verhaltensregeln beschrieben werden.

f) Maßnahmen und Verfahren gem. Art. 24/25 und Maßnahmen gem. Art. 32. Im Zusammenhang mit den o.a. Normen, die sich im Wesentlichen mit Fragen der Risikoabwägung und der Risikobewältigung in den unterschiedlichsten Verarbeitungssituationen befassen, besteht eine Fülle von Möglichkeiten, beispielsweise einzelne konkrete technische und/oder organisatorische Maßnahmen vorzuschlagen. Im Zusammenhang mit der notwendigen Risikoabwägung kommt ferner die Darstellung (und Lösung) typisierter Fragestellungen und Risikosituationen in Betracht. **52**

Nach ErwG 78 und Art. 25 Abs. 1 ist die Pseudonymisierung eine Maßnahme bei Privacy by Design; hiernach soll diese „so schnell wie möglich erfolgen". **53**

g) Meldung von Datenschutzvorfällen an Aufsichtsbehörden und Benachrichtigung der betroffenen Person hiervon. Damit sind die Maßnahmen nach Art. 33, 34 angesprochen. Mögliche Regelungsgegenstände von Verhaltensregeln sind z.B. typisierte Fallgestaltungen, in denen aller Voraussicht nach nicht mit einem Risiko für die Rechte und Freiheiten natürlicher Personen zu rechnen ist oder in denen mit einem solchen Risiko gerade zu rechnen ist (Art. 33 Abs. 1, Art. 34 Abs. 1), typisierte Aufgabenzuweisungen und Organisationsmaßnahmen, die die Einhaltung der 72-Stunden-Frist des Art. 33 Abs. 1 ermöglichen oder Checklisten und Muster für Mindestanforderungen an die Meldung nach Art. 33 Abs. 2. Hinzu kommen Dokumentation nach Art. 33 Abs. 5, die Mitteilung an die betroffene Person nach Art. 34 Abs. 2 oder zur Beschreibung ausreichender Sicherheitsvorkehrungen nach Art. 34 Abs. 3 lit. a, typische Maßnahmen nach Art. 34 Abs. 3 lit. b oder Fälle von unverhältnismäßigem Aufwand, die unter Art. 34 Abs. 3 lit. c fallen sollen. **54**

VI. Ausweitung der Anwendung von Verhaltensregeln – Datentransfer in ein Drittland (Abs. 3)

Abs. 3 benennt einen zusätzlichen Fall für den Anwendungsbereich von Verhaltensregeln: Verantwortliche oder Auftragsverarbeiter, die nicht bereits gemäß dem in Art. 3 vorgegebenen räumlichen Anwendungsbereich unter die DS-GVO fallen, können sich vertraglich verpflichten, nach Abs. 5 (Abs. 7) und Abs. 9 wirksam gewordene Verhaltensregelungen einzuhalten, um Garantien für eine konforme Übermittlung an Drittländer oder internationale Organisationen gemäß Art. 46 Abs. 2 lit. e zu bieten. **55**

Die Anwendung von Abs. 3 setzt voraus, dass die Verhaltensregeln als nicht obligatorischen sachlichen Regelungsgegenstand gemäß Abs. 2 lit. j auch die Übermittlung personenbezogener Daten an Drittländer oder an internationale Organisationen enthält. Dies hat nichts mit der Frage zu tun, ob außerhalb dieser Übermittlung die Verarbeitung lediglich in einem Mitgliedstaat erfolgt bzw. sich die Verhaltensregeln hierauf beziehen (dann Verfahren nach Abs. 5) oder mehrere Mitgliedstaaten betrof- **56**

40 Vgl. dazu Art. 7 Rn. 35.

fen sind (dann Verfahren zusätzlich nach Abs. 7). Jedoch geht der Wortlaut von Abs. 3 Satz 1, erster Halbsatz („... die gemäß Abs. 5 des vorliegenden Artikels genehmigt wurden **und** gemäß Abs. 9 des vorliegenden Artikels allgemeine Gültigkeit besitzen ...,") davon aus, dass in beiden genannten Fällen eine Allgemeinverbindlichkeitserklärung nach Abs. 9 erfolgt sein muss[41], weil anderenfalls der vorstehend zitierte Bezug sinnlos wäre. Hierfür spricht auch der Bezug auf Abs. 3 in Abs. 8. Das ergibt sich zudem auch daraus, dass die Verweisung in Art. 46 Abs. 2 lit. e auf Art. 40 nicht auf einen bestimmten Teil dieser Norm verweist, sondern auf die Norm im Ganzen[42].

57 Die Möglichkeit der Ausgestaltung über Verhaltensregeln ist in diesem Fall aber nur gegeben, wenn die außerhalb des räumlichen Anwendungsbereichs gemäß Art. 3 liegenden Verantwortlichen oder Auftragsverarbeiter vertragliche oder sonst rechtlich bindende und durchsetzbare Verpflichtungen eingehen, die dazu führen, dass die sich aus den Verhaltensregeln ergebenden geeigneten Garantien für sie verbindliche Vorgaben enthalten bzw. anzuwenden sind. Genehmigungsfähig dürften Verhaltensregeln nach Art. 3 Abs. 2 nur sein, wenn diese Verhaltensregeln auch gegenüber den Unternehmen durchgesetzt werden können. Die Verbindlichkeit muss auch im Verhältnis zu den betroffenen Personen bestehen, damit diese sich auf dieser Verbindlichkeit im Verhältnis zu den Unternehmen berufen können.

VII. Obligatorischer Inhalt von Verhaltensregeln: Ermöglichung von Kontrolle durch die nach Art. 41 geschaffene Institution (Abs. 4)

58 Nach Abs. 4 müssen Verhaltensregeln als zwingenden Inhalt ein Verfahren vorsehen, dass einer nach Art. 41 Abs. 1 zuständigen, akkreditierten Stelle die Kontrolle darüber ermöglicht, ob die Verhaltensregeln eingehalten wurden. Abs. 4 stellt damit sicher, dass jenseits der anfänglichen Genehmigungs- bzw. Allgemeinverbindlicherklärung eine regelmäßige Kontrolle und Überwachung der Einhaltung erfolgen kann, und zwar jenseits der Aufgaben und Befugnisse der Aufsichtsbehörde gemäß Art. 57, 58. Damit sind Verhaltensregeln nur dann genehmigungsfähig bzw. können für allgemeinverbindlich erklärt werden, wenn die Vorgaben von Abs. 4 eingehalten sind und entsprechende Regelungen zur Überwachung in die Verhaltensregeln aufgenommen wurden. Mit dieser Kontrollmöglichkeit unterscheiden sich Verhaltensregeln auch von etwaigen freiwilligen Selbstverpflichtungen. Hierzu im Widerspruch steht jedoch der Wortlaut von Art. 41 Abs. 1, wonach solche Überwachungsstellen geschaffen und akkreditiert werden „können". Der Wortlaut von Art. 40 Abs. 4 ist jedoch insoweit eindeutig und, sollte man darin auch in der Sache einen Widerspruch erkennen wollen, vorrangig, weil am Ende des Absatzes ausdrücklich festgehalten ist, dass entsprechende Verfahrensregeln „unbeschadet" der Aufgaben und Befugnisse der zuständigen Aufsichtsbehörde aufzunehmen sind. Art. 40 Abs. 4 sieht also ausdrücklich vor, dass es eine originäre Zuständigkeit der Aufsichtsbehörde für die Überwachung/Regulierung über Verhaltensregeln geben soll und fordert gleichwohl die Aufnahme

---

41 So auch *Bergt* CR 2016, 670, 672; *Schantz* NJW 2016, 1841, 1846; Plath-*von Braunmühl* Art. 40 DSGVO Rn. 20.

42 Zur Auflösung des evtl. Widerspruchs zwischen Art. 40 Abs. 5, 9 einerseits und Art. 46 Abs. 2 lit. e andererseits vgl. *Spindler* ZD 2016, 407, 410.

entsprechende Regelungen in die Verhaltensregeln[43]. In der Praxis dürfte die Einhaltung von Verhaltensregeln eher durch akkreditierte Überwachungsstellen kontrolliert werden als durch Aufsichtsbehörden. Es bleibt also dabei, dass Regelungen zur Ermöglichung der Kontrolle von Verhaltensregeln durch akkreditierte Überwachungsstellen zwingender Bestandteil von Verhaltensregeln sein müssen, wenn diese genehmigungsfähig sein sollen.

Nicht fernliegend ist, dass Verbände zugleich eine Stelle etablieren und nach Art. 41 **59** akkreditieren lassen wollen, die über die Einhaltung der Verhaltensregeln wacht. Sofern die Voraussetzungen des Artikels 41 Abs. 2 eingehalten sind, insbesondere die Unabhängigkeit gewahrt ist und Interessenkonflikte nicht bestehen (Art. 41 Abs. 2 lit. a und d), steht dem nichts entgegen. In solchen Fällen wird bei der Akkreditierung besonderer Wert darauf gelegt werden, dass die Stelle einerseits und der Verband und seine Mitglieder andererseits nach Maßgabe von Art. 41 Abs. 2 ausreichend unabhängig voneinander sind. Anderenfalls könnte der Verdacht bestehen, dass ein Verband zugleich Regeln setzt und deren Einhaltung kontrollieren lässt.

Offen bleibt aufgrund des Wortlauts, welche Regelungen im Einzelnen in Verhaltens- **60** regeln aufzunehmen sind, damit eine entsprechende Kontrolle gewährleistet werden kann. Beispielsweise folgende Maßgaben dürften künftig in Verhaltensregeln vorhanden sein:

- Zu denken ist an Meldepflichten, die dazu führen, dass Mitglieder von Vereinigungen oder Verbänden, die sich Verhaltensregeln unterwerfen, diesen Umstand auch der Überwachungsstelle melden müssen.
- In Betracht kommen Berichtspflichten im Verhältnis zur Überwachungsstelle, und zwar sowohl regelmäßige (wohl i.d.R. jährliche), jedenfalls aber anlassbezogene bzw. außerordentliche (z.B. bei Auftreten von Datenschutzvorfällen bzw. erfolgten oder konkret zu vermutenden Verstößen gegen die Verhaltensregeln).
- Regelungen können auch zu Anhörungsrechten getroffen werden, womöglich verbunden, soweit es um Verstöße geht, mit Äußerungspflichten des Unternehmens.
- Möglich sind zudem Bestimmungen, die das Eingreifen der Stelle bei Verstößen gegen die Verhaltensregeln und anderen in der Zuständigkeit der Stelle liegenden Fällen regeln. Dies dürfte das Recht zu einseitigen Anordnungen gegenüber den Mitgliedern bzw. Unternehmen bedingen, einschließlich der Verhängung von Sanktionen, die auch in Vertragsstrafen bestehen können.
- Dementsprechend kann es auch interne Rechtsmittelmaßnahmen geben, beispielsweise im Sinne einer Art Revision einer Beschwerde, die zur nochmaligen internen Überprüfung des in Rede stehenden Sachverhalts auf einer intern höheren Eskalationsebene führen wird. Hieran wird man jedenfalls dann denken, wenn ein Verband bzw. eine Einigung ein ernstliches Interesse daran hat, Maßnahmen nach Art. 41 Abs. 4 zu vermeiden.
- Zu beachten schließlich der nach Art. 41 Abs. 4 notwendige Inhalt, d.h. das Recht der Stelle zum Ergreifen geeigneter Maßnahmen einschließlich des vorläufigen oder endgültigen Ausschlusses des Unternehmens bzw. Mitglieds von den Verhaltensregeln.

---

43 AA wohl *Krings/Mammen* RDV 2015, 231, 235; wie hier Kühling/Buchner-*Bergt* Art. 40 Rn. 22 (der insoweit wohl Plath-*von Braunmühl* Art. 40 Rn. 13 missversteht, wenn er meint, dass dieser anderer Ansicht sei), *Spindler* ZD 2016, 407, 408.

61 Schließlich dürften außerhalb des obligatorischen Inhalts Bestimmungen in Verhaltensregeln zu Kosten des Überwachungsverfahrens und zum Kostenschuldner eingeführt werden. Ein Gesichtspunkt hierbei kann die Größe des Unternehmens sein, denn Art. 40 Abs. 1 fordert die Berücksichtigung der Bedürfnisse von Kleinstunternehmen und KMU.

62 Für Verhaltensregeln nach Abs. 3 ergibt sich die Geltung von Abs. 4, obschon im ersten Halbsatz von Abs. 4 nur Abs. 2 in Bezug genommen ist. Das liegt daran, dass Verhaltensregeln nach Abs. 3 genehmigt sein müssen und allgemeine Gültigkeit besitzen müssen (Abs. 5, Abs. 9). Genehmigungsfähig nach Abs. 5 sind sie aber nur, wenn sie ihrerseits den vorgeschriebenen Inhalt nach Abs. 4 aufweisen. Zudem haben die Verhaltensregeln in diesem Fall eine weitergehende Funktion, weil eine konkurrierende Zuständigkeit der Aufsichtsbehörden (Art. 40 Abs. 4, letzter Hs., Art. 41 Abs. 1, 1. Hs.), wie sie für Vorgänge besteht, die im Rahmen des räumlichen Anwendungsbereichs gemäß Art. 3 erfolgen, gerade nicht vorhanden ist.

63 Diese Aufgaben der Stelle bestehen „unbeschadet" der Aufgaben und Befugnisse der nach Art. 55 und 56 zuständigen Aufsichtsbehörde. Damit bleibt trotz Abs. 4 die Aufsichtsbehörde konkurrierend für die Überwachung der Einhaltung der Verhaltensregeln zuständig. Ein paralleles Vorgehen von Überwachungsstelle einerseits und Aufsichtsbehörde andererseits, beispielsweise bei einem Datenschutzvorfall, sind also nicht ausgeschlossen. Die Aufsichtsbehörde ist dabei jedoch insoweit gebunden, als bei Einhaltung genehmigter Verhaltensregeln ein Einschreiten rechtswidrig sein dürfte, sofern sie den sachlichen, räumlichen und zeitlichen Anwendungsbereichs der Verhaltensregeln betreffen.

VIII. Übersicht zu Abs. 5 bis 11

64 Die Regelungen zum Verfahren sind knapp und z.T. unglücklich und unübersichtlich gefasst. Sie seien vor der Kommentierung im Überblick vorgestellt:
- Abs. 5 enthält das grundlegende Verfahren zur Genehmigung von Verhaltensregeln nach deren Ausarbeitung, Änderung oder Erweiterung. Die dort genannten Regelungen betreffen grundsätzlich alle Anträge auf Genehmigung von Verhaltensregeln und sind erschöpfend, soweit Verhaltensregeln zur Genehmigung beantragt werden, die sich auf die Verarbeitung in nur einem Land der EU beziehen.
- Der entsprechende Entwurf wird der gemäß Art. 55 zuständigen Aufsichtsbehörde vorgelegt, die sodann eine Stellungnahme dazu abgibt, ob der Entwurf mit der DS-GVO vereinbar ist.
- Eine Genehmigung erfolgt, wenn die Aufsichtsbehörde der Auffassung ist, dass der Entwurf ausreichende geeignete Garantien hierfür bietet. Der Fall, dass die Aufsichtsbehörde nicht von einer Genehmigungsfähigkeit ausgeht, und ein sich etwa daran anschließendes Verfahren sind nicht erwähnt.
- Abs. 6 stellt klar, dass genehmigte Entwürfe, die Verarbeitungstätigkeiten nur in einem Mitgliedstaat erfassen, von der zuständigen Aufsichtsbehörde in ein Verzeichnis aufgenommen und veröffentlicht werden.
- Abs. 7 erfasst im Unterschied zu Abs. 5 zusätzliche Anforderungen an das Verfahren für den Fall, dass der Entwurf Verarbeitungstätigkeiten in mehreren Mitgliedstaaten erfasst. In diesem Fall ist der Entwurf vor einer beabsichtigten Genehmigung gemäß Art. 63 dem Ausschuss vorzulegen. Der Ausschuss nimmt sodann zu

der Frage Stellung, ob der Entwurf mit der DS-GVO vereinbar ist oder, sofern ein Fall des Abs. 3 vorliegt, geeignete Garantien vorsieht.
- Nach Abs. 8 übermittelt der Ausschuss eine positive Stellungnahme nach Abs. 7 (auch für den Fall des Abs. 3) der Kommission.
- Die Kommission hat sodann nach Abs. 9 die Möglichkeit im Prüfverfahren nach Art. 93 Abs. 2 zu beschließen, dass ihr nach Abs. 8 (also auch den Fall von Abs. 3 erfassende) übermittelte, genehmigte Verhaltensregeln/Änderungen/Erweiterungen Allgemeingültigkeit in der Union erhalten sollen.
- Abs. 10 trägt der Kommission auf, die nach Abs. 9 behandelten Verhaltensregeln in geeigneter Weise zu veröffentlichen.
- Abs. 11 stellt klar, dass alle genehmigten Verhaltensregeln/Änderungen/Erweiterungen in ein Register aufzunehmen und in geeigneter Weise zu veröffentlichen sind.

IX. Überprüfung und Genehmigung von Verhaltensregeln durch die Aufsichtsbehörde, Wirkung der Genehmigung (Abs. 5)

Erster Schritt der Etablierung, Änderung oder Erweiterung von Verhaltensregelung **65** ist die Ausarbeitung eines Entwurfs durch den Verband bzw. die Vereinigung. Dabei geht ErwG 99 davon aus, dass bei dieser Ausarbeitung die maßgeblichen Interessenträger, möglichst auch die betroffenen Personen, konsultiert und deren Stellungnahmen berücksichtigt werden. Eine hiermit korrelierende Verpflichtung ist mit dieser Empfehlung jedoch in der DS-GVO wie auch unter der DSRL nicht verbunden.

Der Entwurf ist der nach Art. 55 zuständigen Aufsichtsbehörde vorzulegen. Zuständig **66** ist jede Aufsichtsbehörde, in deren örtlichen Zuständigkeitsbereich jedenfalls auch Verarbeitungen gemäß den Verhaltensregeln erfolgen sollen. Fällt der räumliche Anwendungsbereich der entworfenen Verhaltensregeln in den örtlichen Zuständigkeitsbereich mehrerer Aufsichtsbehörden, so hat der Antragsteller die freie Wahl. Es ließe sich auch die Auffassung vertreten, dass über Art. 56 Abs. 1 in diesem Fall die Aufsichtsbehörde der Hauptniederlassung zuständig ist; Abs. 5 verweist jedoch ausschließlich auf Art. 55 und nicht, wie beispielsweise Abs. 4, auf Art. 55 und Art. 56. Auch aus Abs. 7 lässt sich kein anderer Rückschluss ziehen; auch dort wird lediglich auf Art. 55 und nicht auch auf Art. 56 Bezug genommen.

Da Art. 40 keine Verpflichtung zur Vorlage in einem Verband oder einer Vereinigung **67** tatsächlich gehandhabter Verhaltensregeln statuiert, kommt auch in Betracht, dass ein Verband bzw. eine Vereinigung Verhaltensmaßregeln zunächst ohne Vorlage gegenüber der Aufsichtsbehörde einführt und erst nach einer gewissen Zeit der Anwendung das Genehmigungsverfahren durchführt. Zwar spricht Art. 40 Abs. 5 bis 8 ausdrücklich von einem „Entwurf". Dieser liegt so lange vor, bis eine Genehmigung erteilt oder endgültig abgelehnt wurde. Das stillschweigende Anwenden eines Entwurfs kann keine Genehmigung ersetzen.

Die Aufsichtsbehörde prüft den Entwurf[44] darauf hin, ob er mit der DS-GVO „vereinbar ist". **68** Maßstab der Prüfung ist, ob der Entwurf „ausreichende geeignete Garantien bietet". Weitere Anhaltspunkte für den Prüfungsmaßstab werden nicht gegeben. Die

44 *Spindler* ZD 2016, 407, 408 geht hierbei (eher) von einer gebundenen Entscheidung aus und nicht von einer Ermessensentscheidung.

Aufsichtsbehörde gibt unabhängig vom Ergebnis der Prüfung eine Stellungnahme ab und genehmigt den Entwurf oder verweigert die Genehmigung. Befasst sich die Aufsichtsbehörde nicht mit dem Entwurf und sucht auch nicht den Dialog zum Antragsteller, kann dieser gegebenenfalls Untätigkeitsklage erheben (Art. 78; zuständig ist das Gericht des Mitgliedstaats, in dem die Aufsichtsbehörde ihren Sitz hat).

69 Bei Genehmigung erfolgt eine Veröffentlichung durch die Aufsichtsbehörde, vgl. Abs. 6. Sofern es innerhalb des deutschen Rechtsraums um Verhaltensregeln mit Wirkung über ein Bundesland hinaus geht, dürfte intern die Abstimmung zwischen den Aufsichtsbehörden zu suchen sein. Jedenfalls regelt Abs. 5 kein innerstaatliches Abstimmungsverfahren; es wird demnach Gegenstand innerstaatliche Regelungen sein dürfen und müssen, vgl. auch § 18 Abs. 1 BDSG n.F. Nach Kap. C.4 der Orientierungshilfe des Düsseldorfer Kreises zu § 38a BDSG a.F. (2013) wird das Verfahren, wenn eine bundesweite Anerkennung der Verhaltensregeln gewünscht ist, von der für den Hauptsitz des Verbandes bzw. der Vereinigung zuständigen Aufsichtsbehörde durchgeführt. Dabei erfolgt auch eine interne Abstimmung zwischen den Aufsichtsbehörden. Das dürfte sich unter Art. 40 nicht ändern. Das Kohärenzverfahren gemäß Art. 63 jedenfalls wird nach Art. 40 Abs. 7 ausdrücklich nur für Verhaltensregeln angeordnet, die Verarbeitungstätigkeiten in mehreren Mitgliedstaaten betreffen.

70 Zu beachten ist, dass Abs. 6 und Abs. 7 bei der Abgrenzung zu rein nationalen Sachverhalten nicht darauf abstellen, ob es um die Verarbeitung personenbezogener Daten von Personen aus mehreren Mitgliedstaaten geht, sondern allein darauf, ob die von den Verhaltensregeln erfassten Verarbeitungstätigkeiten in mehreren Mitgliedstaaten oder nur in einem Mitgliedstaat erfolgen. Der Begriff der Verarbeitung ist zwar legaldefiniert, nicht aber der hier verwendete Begriff der Verarbeitungstätigkeit. Er dürfte synonym zu verstehen oder zumindest so auslegen sein, dass die konkreten Handlungen gemeint sind, die im Rechtssinne eine Form der Verarbeitung darstellen. Damit ist nur dann ein rein nationaler Fall im Sinne von Abs. 5 gegeben, wenn alle auf eine Verarbeitung gerichteten Tätigkeiten, beginnend mit der Erhebung und schließend mit der Löschung, ausschließlich in einem Mitgliedstaat erfolgen. Alle anderen Fälle, die nicht in diesem Sinne rein national sind, dürften unter Abs. 7 fallen.

71 Folgt man der strengeren Auffassung zur jeweils innerhalb der Zuständigkeit eingeschränkten Bindungswirkung und lässt eine solche für die gesamte Union nur dann zu, wenn ein verpflichtendes Kohärenzverfahren durchgeführt wird oder ein Kommissionsbeschluss nach Abs. 9 ergeht, so ist in dem nationalen Verfahren nach Abs. 5 eine Bindungswirkung für die gesamte Union nicht zu erreichen[45]. Naturgemäß stellt sich in einem solchen Fall ohnehin die Frage nach dem Bedürfnis einer unionsweiten Regelung. Nicht umsonst geht es bei Abs. 5 nämlich ausschließlich um Verarbeitungstätigkeiten innerhalb eines einzelnen Mitgliedstaates. Sobald unter dem weit gefassten Begriff der Verarbeitung eine einzelne Verarbeitungstätigkeit in einem anderen Mitgliedstaat erfolgt, ist keine Zuständigkeit nach Abs. 5 gegeben, sondern nach Abs. 7.

72 Regelungen dazu, dass nur uneingeschränkte Genehmigungen erteilt werden, enthält Abs. 5 nicht. Daher dürften zu einem entsprechenden Verwaltungsakt auch Nebenbestimmungen aufgenommen werden, zu dem insbesondere eine Befristung gehören kann. Angemessen erscheint auch, den Antragsteller zu regelmäßigen Berichten an

45 Kühling/Buchner-*Bergt* Art. 40 Rn. 29.

die Aufsichtsbehörde über die Anwendung der Verfahrensregeln zu verpflichten. Auf diese Weise kann die Aufsichtsbehörde beispielsweise auch bei sich verändernden technischen Maßnahmen, die sinnvollerweise in den Verhaltensregeln angesprochen und behandelt sind, rechtzeitig gegensteuern. Ein steter oder zumindest regelmäßiger Abgleich von Verhaltensregeln und dem in technisch-fachlicher Hinsicht anzuwendenden Stand der Technik bleibt damit der Aufsichtsbehörde vorbehalten, vgl. z.B. Art. 24, 25, 32 i.V.m. Art. 40 Abs. 2 lit. h. Wenn im Rahmen der Beobachtungszyklen Verhaltensregeln veralten und Begünstigte sich weigern nachzubessern, dürfte die Genehmigung mangels europarechtlicher Vorschriften nach nationalem Recht zurückgenommen oder widerrufen werden (vgl. §§ 48 ff VwVfG) müssen.

Das weitere Verfahren für den Fall, dass die zuständige Behörde zunächst oder endgültig die Genehmigung verweigert, ist in Art. 40 nicht geregelt. **73**

X. Veröffentlichung bei Verarbeitung in nur einem Mitgliedstaat (Abs. 6)

Die nach Abs. 5 genehmigten Verhaltensregeln sowie deren Änderungen und Erweiterungen (überarbeitete Fassungen) werden von der genehmigenden Aufsichtsbehörde in ein Register aufgenommen und veröffentlicht. Das ermöglicht insbesondere interessierten Kreisen eine Information über genehmigte Verhaltensregeln und damit eine Anregung für die Auslegung der DS-GVO in den behandelten Fällen. **74**

XI. Genehmigung bei Verarbeitungstätigkeiten in mehreren Mitgliedstaaten, Übermittlung der Stellungnahme an die Kommission, Veröffentlichung (Abs. 7, Abs. 8, Abs. 11)

Abs. 7 greift, wenn unter den Verhaltensregeln in mehr als einem Mitgliedstaat Verarbeitungstätigkeiten erfolgen sollen. Dann legt die Aufsichtsbehörde gemäß Abs. 7 i.V.m. Art. 63, 64 Abs. 1 lit. b den Entwurf der Verhaltensregeln gemeinsam mit ihrer Stellungnahme und einem Entwurf der Entscheidung dem Ausschuss vor, und zwar unabhängig davon, ob die Aufsichtsbehörde die Genehmigung erteilen will oder nicht. **75**

Nach Zugang der Dokumente führt der Ausschuss das Kohärenzverfahren nach Art. 63 ff. durch und erarbeitet eine eigene Stellungnahme parallel zu der der Aufsichtsbehörde. Geht es um ein Fall des Abs. 3, bezieht sich die Stellungnahme auch darauf, ob die Verhaltensregeln in Bezug auf den Datentransfer ausreichende Garantien für die Rechte der Betroffenen vorsehen. Abs. 8 sieht vor, dass eine Stellungnahme des Ausschusses, die bestätigt, dass der Entwurf mit der DS-GVO vereinbar ist bzw. geeignete Garantien enthält, der Kommission zu übermitteln ist. Dies wird aber nur gelten, wenn insoweit die Stellungnahme der Aufsichtsbehörde bestätigt wird. Eine Übermittlung an die Kommission kann nicht erfolgen, wenn Aufsichtsbehörde und Ausschuss übereinstimmend der Auffassung sind, dass der Entwurf in der vorgelegten Form nicht genehmigungsfähig ist. Sind Aufsichtsbehörden und Ausschuss nicht vollständig einer Meinung, hat der Ausschuss seine Stellungnahme an die Aufsichtsbehörde zurück zu übermitteln, damit innerhalb von zwei Wochen (Art. 64 Abs. 7) entscheiden kann, den Entwurf ihres Beschlusses beizubehalten oder zu ändern. Trägt die betroffene Aufsichtsbehörde dem Beschluss nicht vollständig Rechnung, beginnt nach Art. 64 Abs. 8 das Streitbeilegungsverfahren nach Art. 65[46]. Das Verfahren endet mit **76**

---

46 Siehe dazu Art. 64 Rn. 36.

einem verbindlichen Beschluss des Ausschusses und auf dieser Basis erfolgt die abschließende Entscheidung der Aufsichtsbehörde über Genehmigung oder deren Ablehnung.

77 Gemäß Abs. 11 werden die nach Abs. 7 genehmigten Verhaltensregeln sowie deren Änderungen und Erweiterungen vom Ausschuss in ein Register aufgenommen und veröffentlicht. Ungeachtet dessen existiert beim Ausschuss nach Art. 70 Abs. 1 lit. y ein öffentliches, elektronisches Register der Beschlüsse der Aufsichtsbehörden und Gerichte zu Fragen, die im Kohärenzverfahren behandelt wurden.

XII. Allgemeingültigkeitserklärung durch die Kommission und deren Veröffentlichung (Abs. 9, Abs. 10)

78 Trifft der Ausschuss nach Abs. 8 eine positive Entscheidung, übermittelt er seine diesbezügliche Stellungnahme der Kommission. Daraufhin hat die Kommission die Möglichkeit[47], im Prüfverfahren nach Art. 93 Abs. 2 einen Durchführungsakt zu erlassen (Art. 291 AEUV) und zu beschließen, dass die im Verfahren befindlichen Verhaltensregeln allgemeine Gültigkeit in der Union besitzen. Es bedarf mithin einer Zustimmung einer qualifizierten Mehrheit des nach Art. 5 VO (EU) Nr. 182/2011 dafür zuständigen Ausschusses der Kommission. Nicht erfasst vom Wortlaut des Abs. 9 ist der Fall, dass das Verfahren über die Genehmigung nach Abs. 7 erst über die Durchführung des Kohärenzverfahrens und einen Beschluss des Ausschusses nach Art. 65 positiv abgeschlossen wird. Man wird diesen Fall jedoch als erfasst ansehen müssen, weil Abs. 9 alle Fälle erfassen soll, in denen in einem Verfahren des Abs. 7 über das Kohärenzverfahren eine verbindliche positive Entscheidung über die Genehmigung herbeigeführt worden ist.

79 Ein Beschluss der Kommission hat die Bindungswirkung des Art. 288 AEUV.

Damit ist er innerhalb der Union für Aufsichtsbehörden und die nationalen Gerichte insofern verbindlich, als bei Einhaltung der Verhaltensregeln, soweit diese persönlich und sachlich-inhaltlich reichen, auch die Anforderungen der DS-GVO eingehalten sind.

Gibt es beispielsweise eine zivilrechtliche Auseinandersetzung zwischen einem Betroffenen und einem Adressaten der Verhaltensregeln, in dem der Betroffene geltend macht, die DS-GVO sei aus zu vertretenden Gründen nicht eingehalten und ihm stehe daher ein Schadensersatzanspruch zu, so kann diese Klage nicht erfolgreich sein, wenn (i) sich der angebliche Verstoß ausschließlich auf eine Situation bezieht, die einschließlich eines vollständigen Vorschlags zur Lösung in den Verhaltensregel abgebildet ist und (ii) der Adressat darlegen und beweisen (Art. 82 Abs. 3) kann, dass er die Verhaltensregeln insoweit eingehalten hat. Zu beachten bleiben jedoch einerseits die begrenzte Reichweite des möglichen Inhalts von Verhaltensregeln (lediglich Präzisierung der DS-GVO) und andererseits der Umstand, dass in den vier Fällen, in denen Verhaltensregeln in der DSG-VO ausdrücklich angezogen werden (Art. 24 Abs. 3, Art. 28 Abs. 5, Art. 32 Abs. 3 und Art. 35 Abs. 8), diese lediglich „einen Faktor" für ausreichende Garantien darstellen, und damit nicht vollständig für die entsprechenden Garantien sorgen. Damit muss dem Betroffenen mindestens in diesen vier Fällen der Einwand offenbleiben, dass die Einhaltung der Verhaltensregel als solche nicht schon stets unter allen Umständen ausreichend ist, um den eingetretenen Datenschutzver-

47 Es besteht keine Verpflichtung der Kommission, vgl. *Spindler* ZD 2016, 407, 408.

stoß zu vermeiden. Die Berechtigung, als Verletzter diesen Einwand vorbringen zu können, ergibt sich indirekt auch daraus, dass nach Art. 83 Abs. 2 lit. j die Einhaltung genehmigter Verfahrensregeln lediglich ein Zumessungsmerkmal für Geldbußen ist. Würde die Einhaltung einer genehmigten Verfahrensregel für sich genommen bereits stets zu einem vollständig DS-GVO-konformen Verhalten führen, müsste die Einhaltung der Verfahrensregeln kein einzelnes Kriterium für die Verhängung der Geldbuße sein. Denn ansonsten läge bei Einhaltung der Verfahrensregeln ohnehin niemals einen Verstoß vor, so dass es gar keine Geldbuße geben könnte. Einen entsprechenden Hinweis gibt indirekt auch Art. 41 Abs. 4 S. 1, wonach die Überwachungsstelle im Falle einer Verletzung von Verhaltensregeln geeignete Maßnahmen nur „vorbehaltlich geeigneter Garantien" zu ergreifen hat; dies kann man so verstehen, dass Unternehmen für den Fall der Verletzung von Verhaltensregeln auf ergänzend oder vorsorglich ergriffene weitere Maßnahmen zurückfallen können, die ihrerseits geeignete Garantien darstellen. Das wiederum lässt den Schluss zu, dass von Unternehmen durchaus erwartet wird, sich nicht ausschließlich auf Verhaltensregeln zu verlassen. Lediglich im Fall des Abs. 3 i.V.m. Art. Abs. 2 lit. e wird daher eine genehmigte Verhaltensregel bzw. deren Einhaltung als solche ausreichen können.

Die Kommission trägt nach Abs. 10 dafür Sorge, dass nach Abs. 9 für allgemeingültig erklärte Verhaltensregeln im Amtsblatt (Art. 297 Abs. 2 UAbs. 2 S. 1 AEUV) veröffentlicht wird. **80**

XIII. Gebühren im Verfahren

Das Verfahren nach Art. 40 ist grundsätzlich nicht kostenfrei. Einen ausdrücklichen Fall der Kostenfreiheit enthält nur Art. 57 Abs. 3 für den Fall der Tätigkeit der Aufsichtsbehörden gegenüber der betroffenen Person und ggf. dem Datenschutzbeauftragten. **81**

XIV. Rechtsfolgen

Nach Art. 83 Abs. 2 lit. j stellt die Einhaltung bzw. Nichteinhaltung genehmigter Verhaltensregeln ein Kriterium bei der Verhängung und bei der Bestimmung der Höhe des Bußgeldes dar. Ist die zuständige Aufsichtsbehörde nach Maßgabe der geltenden Regelungen rechtlich an die genehmigten Verhaltensregeln gebunden, wird bei Einhaltung der Verhaltensregeln ein Bußgeld nicht in Betracht kommen, sofern nicht zugleich ein sonstiger Verstoß gegeben ist. Zu beachten ist jedoch, dass zumindest in vier in der DS-GVO genannten Fällen die Einhaltung genehmigter Verfahrensregeln dem Wortlaut nach nicht abschließend sind, sondern auch bei Einhaltung genehmigter Verfahrensregeln noch weitere Maßgaben einzuhalten sind bzw. Garantien angemessen sein können. Sind in einem solchen Fall zumindest die zugehörigen Verhaltensregeln eingehalten worden, dürfte sich dies aus Sicht des Unternehmens positiv auf die Höhe des Bußgeldes auswirken. **82**

Artikel 41 Überwachung der genehmigten Verhaltensregeln

(1) Unbeschadet der Aufgaben und Befugnisse der zuständigen Aufsichtsbehörde gemäß den Artikeln 57 und 58 kann die Überwachung der Einhaltung von Verhaltensregeln gemäß Artikel 40 von einer Stelle durchgeführt werden, die über das geeignete Fachwissen hinsichtlich des Gegenstands der Verhaltensregeln verfügt und die von der zuständigen Aufsichtsbehörde zu diesem Zweck akkreditiert wurde.

(2) Eine Stelle gemäß Absatz 1 kann zum Zwecke der Überwachung der Einhaltung von Verhaltensregeln akkreditiert werden, wenn sie

a) ihre Unabhängigkeit und ihr Fachwissen hinsichtlich des Gegenstands der Verhaltensregeln zur Zufriedenheit der zuständigen Aufsichtsbehörde nachgewiesen hat;

b) Verfahren festgelegt hat, die es ihr ermöglichen, zu bewerten, ob Verantwortliche und Auftragsverarbeiter die Verhaltensregeln anwenden können, die Einhaltung der Verhaltensregeln durch die Verantwortlichen und Auftragsverarbeiter zu überwachen und die Anwendung der Verhaltensregeln regelmäßig zu überprüfen;

c) Verfahren und Strukturen festgelegt hat, mit denen sie Beschwerden über Verletzungen der Verhaltensregeln oder über die Art und Weise, in der die Verhaltensregeln von dem Verantwortlichen oder dem Auftragsverarbeiter angewendet werden oder wurden, nachgeht und diese Verfahren und Strukturen für betroffene Personen und die Öffentlichkeit transparent macht, und

d) zur Zufriedenheit der zuständigen Aufsichtsbehörde nachgewiesen hat, dass ihre Aufgaben und Pflichten nicht zu einem Interessenkonflikt führen.

(3) Die zuständige Aufsichtsbehörde übermittelt den Entwurf der Kriterien für die Akkreditierung einer Stelle nach Absatz 1 gemäß dem Kohärenzverfahren nach Artikel 63 an den Ausschuss.

(4) [1]Unbeschadet der Aufgaben und Befugnisse der zuständigen Aufsichtsbehörde und der Bestimmungen des Kapitels VIII ergreift eine Stelle gemäß Absatz 1 vorbehaltlich geeigneter Garantien im Falle einer Verletzung der Verhaltensregeln durch einen Verantwortlichen oder einen Auftragsverarbeiter geeignete Maßnahmen, einschließlich eines vorläufigen oder endgültigen Ausschlusses des Verantwortlichen oder Auftragsverarbeiters von den Verhaltensregeln. [2]Sie unterrichtet die zuständige Aufsichtsbehörde über solche Maßnahmen und deren Begründung.

(5) Die zuständige Aufsichtsbehörde widerruft die Akkreditierung einer Stelle gemäß Absatz 1, wenn die Voraussetzungen für ihre Akkreditierung nicht oder nicht mehr erfüllt sind oder wenn die Stelle Maßnahmen ergreift, die nicht mit dieser Verordnung vereinbar sind.

(6) Dieser Artikel gilt nicht für die Verarbeitung durch Behörden oder öffentliche Stellen.

– *ErwG: 77, 98, 99, 148, 168*
– *BDSG n.F.: § 21*

Übersicht

Literatur: *Abel* Umsetzung der Selbstregulierung im Datenschutz: Probleme und Lösungen, RDV 2003, 11; *Albrecht* Das neue EU-Datenschutzrecht – von der Richtlinie zur Verordnung – Überblick und Hintergründe zum finalen Text für die Datenschutz-Grundverordnung der EU nach er Einigung im Trilog, CR 2016, 88; *Art.-29-Datenschutzgruppe* Künftige Arbeit im Hinblick auf Verhaltensregeln: Arbeitsunterlage über das Verfahren für die Prüfung der Verhaltensregeln der Gemeinschaft durch die Arbeitsgruppe (WP 13); *dies.* Stellungnahme 3/2003 zum europäischen Verhaltenskodex von FEDMA zur Verwendung personenbezogener Daten im Direktmarketing (WP 77); *Bergt* Anmerkung zu EuGH, Urteil v. 6.10.2015 – C-362/14, MMR 2015, 759; *ders.* Die Bedeutung von Verhaltensregeln und Zertifizierungen nach der Datenschutz-Grundverordnung, DSRITB 2016, 483; *ders.* Verhaltensregeln als Mittel zur Beseitigung der Rechtsunsicherheit in der Datenschutz-Grundverordnung, CR 2016, 670; *Bizer/Körffer* Gütesiegel: Mit den besten Empfehlungen – Konzeption und Erfahrung mit der Datenschutzzertifizierung in Schleswig-Holstein, digma 1/2006; *von Braunmühl* Ansätze zur Ko-Regulierung in der Datenschutz-Grundverordnung, PinG 2015, 231; *ders.* Selbstregulierung im Datenschutz – Chancen, Grenzen, Herausforderungen, DIVSI magazin 7/2013, 11; *Christiansen* Selbstregulierung, regulatorischer Wettbewerb und staatliche Eingriffe im Internet, MMR 2000, 123; *Dehmel* Umsetzungsoptionen der Ko-Regulierung im Datenschutz, Kompendium Digitale Standortpolitik (2013), 162; *Düsseldorfer Kreis* Orientierungshilfe der Datenschutzaufsichtsbehörden für den Umgang mit, Verhaltensregeln nach § 38a BDSG v. 26./27.2.2013; *Härting* Datenschutzreform in Europa: Einigung im EU-Parlament – Kritische Anmerkungen, CR 2013, 715; *Hofmann* Zertifizierungen nach der DS-GVO, ZD 12/2016, XVI (ZD-Aktuell 2016, 05324); *Hornung/Hartl* Datenschutz durch Marktanreize – auch in Europa?, ZD 2014, 219; *Kaper* Datenschutzsiegel und Zertifizierungen nach der Datenschutz-Grundverordnung, PinG 2016, 201; *Kinast/Schröder* Audit & Rating: Vorsprung durch Selbstregulierung, ZD 2012, 207; *Koós/Englisch* Eine „neue" Auftragsdatenverarbeitung? – Gegenüberstellung der aktuellen Rechtslage und der DS-GVO in der Fassung des LIEBE-Entwurfs, ZD 2014, 276; *Kranig/Peintinger* Selbstregulierung im Datenschutzrecht-Rechtslage in Deutschland, Europa und den USA unter Berücksichtigung des Vorschlags zur DS-GVO, ZD 2014, 3; *Kraska* Datenschutz-Zertifizierungen in der EU-Datenschutzgrundverordnung, ZD 2016, 153; *Krings/Mammen* Zertifizierungen und Verhaltensregeln – Bausteine eines modernen Datenschutzes für die Industrie 4.0, RDV 2015, 231; *Krohm* Anreize für Selbstregulierung nach der Datenschutz-Grundverordnung, PinG 2016, 205; *Krüger* Datensouveränität und Digitalisierung, ZRP 2016, 190; *Lachaud* Why the certification process in the General Data Protection Regulation cannot be successful, CLSR 2016, 814; *Martini* Do it yourself im Datenschutzrecht – Der „GeoBusiness Code of Conduct", NVwZ-Extra 6/2016, 1; *Moos* Die Entwicklung des Datenschutzrechts im Jahr 2013, K&R 2014, 149; *Polenz* Verbraucherdatenschutz durch Selbstregulierung?, VuR 2012, 303; *Roßnagel/Nebel/Richter* Was bleibt vom Europäischen Datenschutzrecht? – Überlegungen zum Ratsentwurf der DS-GVO, ZD 2015, 455; *dies.* Besserer Internetdatenschutz für Europa – Vorschläge zur Spezifizierung der DS-GVO, ZD 2013, 103; *Schaar* Selbstregulierung im Datenschutz – Chancen, Grenzen, Risiken, DIVSI magazin 7/2013, 8; *ders.* Selbstregulierung und Selbstkontrolle – Auswege aus dem Kontrolldilemma?, DuD 2003, 421; *Schantz* Die Datenschutz-Grundverordnung – Beginn einer neuen Zeitrechnung im Datenschutzrecht, NJW 2016, 1841; *Schreiber/Kohm* Rechtssicherer Datentransfer unter dem EU-US-Privacy-Shield? – Der transatlantische Datentransfer in der Unternehmenspraxis, ZD 2016, 255; *Schwartmann/Weiß* Ko-Regulierung vor einer neuen Blüte – Verhaltensregeln und Zertifizierungsverfahren nach der Datenschutz-Grundverordnung (1. Teil Zertifizierung), RDV 2016, 68; *dies.* Ko-Regulierung vor einer neuen Blüte – Verhaltensregeln und Zertifizierungsverfahren nach der Datenschutz-Grundverordnung (2. Teil Verhaltensregeln), RDV 2016, 240; *Spindler* Die neue EU-Datenschutz-Grundverordnung, DB 2016, 937; *ders.* Selbstregulierung und Zertifizierungsverfahren nach der DS-GVO, ZD 2016, 407; *Spindler/Thorun* Die Rolle der Ko-Regulierung in der Informationsgesellschaft, MMR 2016, 1; *dies.* Eckpunkte einer digitalen Ordnungspolitik-Politikempfehlungen zur Verbesserung der Rahmenbedingungen für eine effektive Ko-Regulierung in der Informationsgesellschaft (2015) (Abrufbar unter: https://sriw.de/images/pdf/Spindler_Thorun-Eckpunkte_digitale_Ordnungspolitik_final.pdf (zuletzt abgerufen: 15.9.2017)); *Traung* The Proposed New EU General Data Protection Regulation – Further Opportunities, CRi 2012, 33; *Vomhof* Verhaltensregeln nach § 38a BDSG – Der Code of Conduct der Versicherungswirtschaft, PinG 2014, 209; *Wilhelm* Auskunftsansprüche in der Informationsgesellschaft, DÖV 2016, 899; *Wronka* Anmerkungen zu den Verhaltensregeln der Deutschen Versicherungswirtschaft, RDV 2014, 93.

A. Einordnung und Hintergrund

1 Hierzu wird auf die Kommentierung zu Art. 40 verwiesen.

B. Kommentierung

I. Einleitung, Sinn und Zweck

2 Unter der DS-GVO sollen Verhaltensregeln gefördert werden. Um die damit beabsichtigte Regulierung ernst nehmen zu können, muss auch eine Überwachung der Einhaltung genehmigter Verhaltensregeln erfolgen, einschließlich etwa notwendiger Maßnahmen zur Steuerung der Einhaltung, notfalls bis hin zum Ausschluss eines Unternehmens bzw. einer Institution von der Begünstigung durch Verhaltensregeln. Unterstellt man eine beabsichtigte Zunahme der Menge genehmigter Verhaltensregeln relativ zu den bisher geltenden, könnte eine Kanalisierung der Überwachung ausschließlich über eine zuständige Aufsichtsbehörde wegen der Überlastung zu Verzögerungen führen. Auch aus diesem Grund wird es nach dem Willen der DS-GVO vermehrte Selbstregulierungsmechanismen geben, auch in Bezug auf Verhaltensregeln. Verpflichtend müssen daher nicht nur die materiellen Verhaltensregeln selbst sein, sondern auch innerhalb derselben die mehr prozeduralen Vorschriften zur Überwachung und zur Steuerung für den Fall der Nichteinhaltung, vgl. Art. 40 Abs. 4. Sollen außerhalb der Aufsichtsbehörden Stellen geschaffen werden, die geeignet und bestimmt sind, die Einhaltung von Verhaltensregeln zu überwachen, so ergibt sich zwangsläufig als Regelungsgehalt:

- Voraussetzungen für die Schaffung und Akkreditierung von Überwachungsstellen einschließlich Handhaben der Aufsichtsbehörde bei Fortfall der Akkreditierungsvoraussetzungen,
- Verhältnis der Zuständigkeit der akkreditierten Überwachungsstelle zur Zuständigkeit der Aufsichtsbehörde,

- Voraussetzungen für das Eingreifen akkreditierter Überwachungsstellen im Rahmen der Überwachung, verbunden mit einer Verpflichtung der Überwachungsstelle zum Eingreifen,
- Handhaben der Aufsichtsbehörde bei Versagen der Akkreditierungsstelle.

Dem dient Art. 41. 3

II. Ausnahmen vom Anwendungsbereich (Abs. 6)

Ausgenommen aus dem Anwendungsbereich der Selbstregulierung sind nach Abs. 6 4
Behörden und öffentliche Stellen. Insoweit verbleibt es bei der ausschließlichen Zuständigkeit der Aufsichtsbehörde.

III. Überwachungsstellen, Kriterien für die Akkreditierung (Abs. 1, Abs. 3)

1. Schaffung von Überwachungsstellen. Nach Art. 41 Abs. 1 „*kann*“ unbeschadet der 5
Aufgaben und Befugnisse der Aufsichtsbehörde (Art. 57, 58) die Überwachung der Einhaltung von Verhaltensregeln gemäß Art. 40 von einer außerhalb der Aufsichtsbehörden geschaffenen akkreditierten Überwachungsstelle durchgeführt werden[1]. Demgegenüber fordert Art. 40 Abs. 4 als obligatorischen Bestandteil von Verhaltensregeln ein Verfahren, das es einer nach Art. 41 akkreditierten Überwachungsstelle ermöglicht, die für eine Regulierung notwendige obligatorische Überwachung auch vorzunehmen, und zwar unbeschadet der Aufgaben und Befugnisse der zuständigen Aufsichtsbehörde.[2]

Die Überwachungsstelle muss über das geeignete Fachwissen[3] hinsichtlich des Gegen- 6
stands der Verhaltensregeln verfügen und von der zuständigen Aufsichtsbehörde zu diesem Zweck akkreditiert werden.[4]

2. Befugnisse der Aufsichtsbehörden, Kriterien für die Akkreditierung, Abs. 3. Nach 7
Abs. 1, letzter Halbsatz, besteht die Notwendigkeit einer Akkreditierung der Überwachungsstelle und der Schaffung von Akkreditierungskriterien. Hierbei ist es Aufgabe einer jeden Aufsichtsbehörde, nach Art. 57 Abs. 1 lit. p Kriterien für die Akkreditierung von Überwachungsstellen zu schaffen und, vgl. lit. q, die Überwachungsstelle gemäß den für die Akkreditierung geltenden Kriterien zu prüfen und zu akkreditieren[5]. Abs. 3 fordert i.V.m. Art. 64 Abs. 1 lit. c, dass die Aufsichtsbehörde den Entwurf ihrer Kriterien vorab im Kohärenzverfahren dem Ausschuss vorlegt. Folgt der Ausschuss ausweislich seiner Stellungnahme dem Entwurf, werden die Kriterien verbindlich. Bestehen zwischen Aufsichtsbehörde und Ausschuss unterschiedliche Auffassungen, so ist nach Art. 64 Abs. 7, Abs. 8, Art. 65 das Streitbeilegungsverfahren durchzuführen, an dessen Ende in der Regel ein verbindlicher Beschluss des Ausschusses steht, vgl. Art. 65 Abs. 1.

---

1 Die Organisation, die die Verhaltensregeln erlassen hat, kann die Überwachung selbst übernehmen, vgl. *Schwartmann/Weiß* RDV 2016, 240, 242.

2 Vgl. Art. 40 Rn. 58 f.

3 S.a. *Spindler* ZD 2016, 407, 408.

4 Vgl. nachfolgend Ziff. III.

5 Nach Ansicht von Kühling/Buchner-*Bergt* DSGVO, Art. 41 Rn. 4 a.E. besteht bei Erfüllung der Kriterien ein Rechtsanspruch auf Akkreditierung; es besteht kein Ermessensspielraum auf der Rechtsfolgenseite.

8 Existiert eine akkreditierte Überwachungsstelle, ist von einer konkurrierenden Zuständigkeit mit Blick auf die für das Verhalten des Verantwortlichen bzw. Auftragsverarbeiters bzw. den Verarbeitungsvorgang zuständige Aufsichtsbehörde auszugehen[6]. In die Zuständigkeit der Aufsichtsbehörde fällt neben der Billigung der Verhaltensregeln nach Art. 57 Abs. 1 lit. m, der Schaffung von Kriterien für die Akkreditierung der Überwachungsstelle nach lit. p, verbunden mit der Befugnis nach Art. 58 Abs. 3 lit. d, Stellungnahmen abzugeben und Entwürfe von Verhaltensregeln nach Art. 40 Abs. 5 zu billigen, auch die Überwachung und Durchsetzung der Anwendung der DS-GVO, vgl. Art. 57 Abs. 1 lit. a.

9 Eine maximale Dauer der Akkreditierung oder deren Befristung ist, anders als bei Zertifizierungsstellen nach Art. 43, nicht vorgesehen. Eine behördliche Überprüfung auf deren Eigeninitiative ist davon unbenommen.

IV. Anforderungen an die Überwachungsstelle (Abs. 1, Abs. 2)

10 **1. Notwendigkeit einer Akkreditierung.** Abs. 1, letzter Hs., fordert eine Akkreditierung der Überwachungsstelle. Die Akkreditierung wird anhand der von der zuständigen Aufsichtsbehörde aufgestellten Kriterien (Abs. 3) geprüft. Erfüllt die Überwachungsstelle alle Kriterien, besteht ein Anspruch auf Akkreditierung.

11 **2. Vorhandensein und Nachweis von Fachwissen und Unabhängigkeit/Abwesenheit von Interessenkonflikten, Abs. 2 lit. a und d.** Art. 41 Abs. 1, Abs. 2 lit. a DS-GVO fordert das Vorhandensein und den Nachweis von Fachwissen auf Seiten der Überwachungsstelle, allerdings nur „hinsichtlich des Gegenstands der Verhaltensregeln". Auch wenn Fachwissen mit Blick auf die sonstigen Regelungsinhalte der DS-GVO nicht verlangt wird, muss man dieses als ungeschriebene Notwendigkeit voraussetzen. Das ergibt sich indirekt aus Abs. 2 lit. b und c, die vertieftes Wissen über die Bewertung der Einhaltung von Verhaltensregeln und den Umgang mit Beschwerden von betroffenen Personen voraussetzen.

12 Zudem muss die Überwachungsstelle nach lit. a unabhängig sein. Dies entspricht der Anforderung nach lit. d, wonach keine Interessenkonflikte bestehen dürfen. Beide Voraussetzungen müssen nachgewiesen sein. Die Voraussetzung der Unabhängigkeit lässt sich auch so lesen, dass die Überwachungsstelle auch wirtschaftlich unabhängig vom zu überwachenden Unternehmen sein muss. Jedenfalls darf ihre Finanzierung nicht unmittelbar von den Mitgliedern abhängig sein, was etwa bei einer Beitrags- oder Gebührenfinanzierung der Fall wäre. Auch darf es keine Möglichkeit geben, auf die Überwachungsstelle einzuwirken, insbesondere Weisungen zu erteilen[7] oder Sanktionen auszusprechen. Ein Problem dürfte auch Personenidentität bei den zu überwachenden Unternehmen und der Überwachungsstelle darstellen. Eine Beteiligung an der Gründung einer Überwachungsstelle dürfte indes nicht von vorneherein unzulässig sein. Grundsätzlich dürften vertragliche Verbindungen zwischen Verband bzw. Vereinigung und Überwachungsstelle problematisch sein[8].

---

6 Kühling/Buchner-*Bergt* DSGVO, Art. 41 Rn. 17 geht davon aus, dass die Aufsichtsbehörden bei funktionierenden Verfahrensregeln mit effektiver Selbstregulierung oft von entsprechenden Verstößen erfahren wird.

7 *Spindler* ZD 2016, 407, 408; hiernach können Überwachungsstellen auch „in einen Verband integriert sein".

8 Kühling/Buchner-*Bergt* DSGVO, Art. 41 Rn. 7.

3. Festlegung von Verfahren zur Bewertung, Abs. 2 lit. b. Abs. 2 lit. b verlangt die Etablierung wirksamer interner Arbeitsverfahren, die es der Überwachungsstelle ermöglichen zu bewerten, ob die Unternehmen die Verhaltensregeln anwenden können und die Einhaltung der Verhaltensregeln zu überwachen bzw. zu überprüfen[9]. **13**

Mit dem erstgenannten Gesichtspunkt ist eine Bewertung daraufhin angesprochen, ob die Verhaltensregeln aus Sicht der Unternehmen, beispielsweise unter dem Gesichtspunkt der Verständlichkeit und des Detaillierungsgrades, überhaupt praxistauglich sind („anwenden können"). Das hat einerseits grundlegenden Charakter, ermöglicht andererseits noch einmal im Besonderen die Überprüfung der Verhaltensregeln daraufhin, ob sie für Kleinstunternehmen und KMU anwendbar[10] sind. Hierbei wird die Überwachungsstelle nicht die Möglichkeit haben, von sich aus entsprechende Anpassungen der Verhaltensregeln vorzunehmen. Es bleibt lediglich der Weg, der Institution, die die Verhaltensregeln geschaffen hat, gegenüber entsprechende Anregungen zu geben. Eine Änderung oder Erweiterung der Verhaltensregeln ist nur der Institution möglich, die sie aufgestellt hat. In diesem Fall wäre erneut das Genehmigungsverfahren nach Art. 40 zu durchlaufen. **14**

Die beiden weiteren Kriterien in lit. b, die Einhaltung der Verhaltensregeln überwachen und deren Anwendung regelmäßig überprüfen zu können, fließen ineinander. Je detaillierter dabei Verhaltensregeln ein Überwachungsverfahren nach Art. 40 Abs. 4 ansprechen und in einer Weise regeln, die es den zu überwachenden Unternehmen ermöglicht, für sie negative Konsequenzen eher zu vermeiden, desto größer ist die Gefahr, dass diese Verhaltensregeln bereits in den Verfahren nach Art. 40 Abs. 5, 7 nicht genehmigt werden. Zudem wird dies dazu führen, dass für die Akkreditierungsstelle nach Art. 41 Abs. 2 lit. b sowie mit Blick auf lit. a und d nur noch ein sehr knapper Gestaltungsraum verbleibt, was wiederum zur Folge haben mag, dass jedenfalls im Rahmen der Akkreditierung der Überwachungsstelle solche Verhaltensregeln durchfallen. **15**

Unter die gemäß Abs. 2 lit. b zu regelnden Gesichtspunkte fällt auch die Konkretisierung von Voraussetzungen, unter denen ein Ausschluss nach Art. 41 Abs. 4 erfolgen kann. **16**

4. Festlegung von (Beschwerde-)Verfahren, Abs. 2 lit. c. Abs. 2 lit. c fordert ein Beschwerdemanagement als Teil der inneren Verfahrensregeln. Im Unterschied zu lit. b, wo nur Verfahren angesprochen sind, geht es in lit. c um „Verfahren und Strukturen". Das stellt auf eine gewisse konstante und planmäßige Aufgabenverteilung und stabile Organisation ab, die personell und strukturell in der Lage sein muss, allen aufkommenden Beschwerden über Verstöße zeitnah nachzugehen. Zudem müssen Verfahren und Strukturen für die betroffenen Personen und die Öffentlichkeit transparent gemacht werden. **17**

---

9 Mittel hierzu sind nicht vorgegeben; in Betracht kommen hierzu z.B. zu beantwortende Fragebögen oder Vor-Ort-Kontrollen, vgl. *Schwartmann/Weiß* RDV 2016, 240, 242.

10 Damit ist nicht zwingend eine realistische Möglichkeit der Umsetzung gemeint oder gar eine besondere Praxistauglichkeit der Verhaltensregeln. Aus der Differenzierung zwischen Einhaltung und Anwendung ergibt sich, dass ein Datenverarbeiter sein Handeln an den Verhaltensregeln auszurichten hat, vgl. *Schwartmann/Weiß* RDV 2016, 240, 242.

18 Die Verpflichtung zur Transparenz führt dazu, dass die einschlägigen Regelungen zum Beschwerdeverfahren öffentlich bekannt gemacht werden müssen[11]. Hierfür kommt die Webseite der Überwachungsstelle in Betracht, möglicherweise aber auch im Zusammenhang mit der Behandlung einer Beschwerde im Einzelfall, beispielsweise als automatisierte Mitteilung bei Eingang einer Beschwerde. Diese Transparenz erleichtert es einem Betroffenen, bei von ihm vermuteten Fehlleistungen der Überwachungsstelle an die Aufsichtsbehörden heranzutreten.

V. Befugnisse der Überwachungsstelle bei Verletzung der Verhaltensregeln (Abs. 4)

19 **1. Übersicht.** Nach Abs. 4 ist die Überwachungsstelle verpflichtet, vorbehaltlich geeigneter Garantien im Falle einer Verletzung der Verhaltensregeln geeignete Maßnahmen zu ergreifen, die auch in einem vorläufigen oder endgültigen Ausschluss von den Verhaltensregeln bestehen können. Dies gilt ungeachtet der dem Betroffenen bzw. der Aufsichtsbehörde offenstehenden Instrumentarien in Kap. VIII. Ergreift die Überwachungsstelle solche Maßnahmen, hat sie die zuständige Aufsichtsbehörde darüber und über die Begründung für das Ergreifen der Maßnahmen zu unterrichten; ergreift sie solche Maßnahmen nicht, weil sie bewirken konnte, dass über andere Vorgehensweisen den Beschwerden abgeholfen werden konnte, entfällt die Informationspflicht.

20 Die Wendung „vorbehaltlich geeigneter Garantien" bedeutet, dass es dem Unternehmen möglich sein muss, bei eventueller Verletzung von Verhaltensregeln eigeninitiativ Vorsorge zu treffen und über das bloße Aufstellen der Verhaltensregeln hinaus für kritische Verarbeitungssituationen weitere Garantien zu stellen. Wenn man berücksichtigt, dass nach Art. 24 Abs. 3 (Erfüllung der Verpflichtungen des Verantwortlichen), Art. 28 Abs. 5 (datenschutzkonforme Auftragsverarbeitung), Art. 32 Abs. 3 (Nachweis der Erfüllung der Anforderungen an ein wirksames Datenschutzkonzept) und Art. 35 Abs. 8 (Beurteilung der Auswirkungen von Verarbeitungsvorgängen im Zusammenhang einer Datenschutz-Folgenabschätzung) die Verhaltensregeln von vornherein lediglich „einen Faktor" für entsprechende Garantien darstellen, ist insbesondere für diese vier Fälle dazu zu raten, von vornherein über die präzisierende Aufstellung von Verhaltensregeln hinaus technisch-organisatorische Maßnahmen bereitzustellen.

21 **2. Verletzung der Verhaltensregeln.** Dem Wortlaut nach greift Abs. 4 nur im Falle einer Verletzung der Verhaltensregeln. Da Verhaltensregeln lediglich zu einer Präzisierung der DS-GVO führen können, bleibt möglicherweise eine Lücke zwischen einer Verletzung von Verhaltensregeln und einer Verletzung von Vorschriften der DS-GVO. Dann wäre die Überwachungsstelle für eine solche Verletzung insoweit nicht zuständig. Das gilt auch dann, wenn zwar keine Verletzung der Verhaltensregeln vorliegt, wohl aber eine solche der DS-GVO, deren Ahndung den allgemeinen Regeln unterliegt.[12]

---

11 Nach *Spindler* ZD 2016, 407, 408, würde es ausreichen, wenn die Regelungen auf Anfrage offengelegt werden.

12 In wettbewerbsrechtlicher Hinsicht dürfte es eine irreführende geschäftliche Handlung im Sinne von § 5 Abs. 1 S. 2 Nr. 6 UWG darstellen, wenn ein Unternehmen lediglich im Rechtsverkehr behauptet, es halte Verhaltensregeln ein, dies aber tatsächlich nicht erfolgt; vgl. BeckOK DatenSR-*Meltzian* BDSG § 38a Rn. 27 (zu § 38a BDSG).

3. Ergreifung geeigneter Maßnahmen. Liegt eine Verletzung der Verhaltensregeln vor, sind diejenigen Maßnahmen zu ergreifen, die geeignet sind, die Verletzung zu sanktionieren und die Verletzung abzustellen. Mögliche Maßnahmen sind die Erteilung von Auflagen an das Unternehmen, Verwarnungen, möglicherweise verbunden mit der Androhung eines vorläufigen oder endgültigen Ausschlusses oder Vertragsstrafen. Voraussetzung für eine wirksame Verhängung ist stets, dass im Verhältnis zwischen Überwachungsstelle und Unternehmen die Sanktion auch durchgesetzt werden kann. 22

Damit ist fraglich, ob die Überwachungsstelle Maßnahmen ergreifen kann, die nicht in den Verhaltensregeln vorgesehen sind und/oder darüber hinausgehen. Inhaltliche Anforderung an die Verhaltensregeln ist nach Art. 40 Abs. 4 lediglich, dass diese Verfahren vorsehen müssen, es der Überwachungsstelle ermöglichen, die Überwachung vorzunehmen. Zwar müssen nicht sämtliche möglicherweise geeigneten Maßnahmen in den Verhaltensregeln selbst beschrieben werden. Andererseits ist auf Wirksamkeit zu achten. Denkbar ist aber, dass Verhaltensregeln ihrerseits der Überwachungsstelle die Möglichkeit eröffnen, nach festen Kriterien eine Abstufung der Sanktionen zu ermöglichen. Eine Grenze für zu ergreifende Maßnahmen stellt Abs. 5 dar; hiernach kann die zuständige Aufsichtsbehörde die Akkreditierung einer Überwachungsstelle widerrufen, wenn die Stelle Maßnahmen ergreift, die nicht mit der DS-GVO vereinbar sind. Danach müssen also alle angeordneten Maßnahmen ihrerseits DS-GVO-konform sein. Die möglichen Sanktionen völlig zur Disposition der Überwachungsstelle zu stellen, widerspräche jedenfalls dem Sinn und Zweck von Verhaltensregeln. Sie dienen der Präzisierung und sollen unbestimmte Rechtsbegriffe und einseitige Leistungsbestimmungen vermeiden. 23

Für Rechtsschutz gegen Sanktionen steht der Zivilrechtsweg offen. Bei Fehlverhalten der Überwachungsstelle kann gemäß Art. 83 Abs. 4 lit. c ein Bußgeld verhängt werden, wenn die Überwachungsstelle gegen ihre Verpflichtungen gemäß Art. 41 Abs. 4 verstößt. Das ist der Fall, wenn keine Maßnahmen oder nicht ausreichende Maßnahmen verhängt und/oder die Aufsichtsbehörde über die Maßnahmen und deren Begründung nicht unterrichtet wird. Andere Fälle des Fehlverhaltens, beispielsweise eine mangelhafte Durchführung der Überwachungsverfahren, sind nicht bußgeldbewehrt. Hier dürfte aber ein Verstoß gegen Art. 41 Abs. 4 vorliegen. Lässt sich ein Fehlverhalten daran nicht festmachen, bleibt der Aufsichtsbehörde mit Wirkung für Deutschland nur der Widerruf der Akkreditierung. Dort wurde von Art. 84 im Zusammenhang mit Überwachungsstellen keinen Gebrauch gemacht hat. 24

VI. Widerruf der Akkreditierung (Abs. 5)

Nach Abs. 5 widerruft die zuständige Aufsichtsbehörde die Akkreditierung in zwei Fällen, zum einen bei Nichtbestehen/Fortfall der Akkreditierungsvoraussetzungen und zum anderen bei Ergreifen von Maßnahmen, die nicht mit der DS-GVO vereinbar sind. Die Aufsichtsbehörde ist dann nach dem eindeutigen Wortlaut zum Widerruf verpflichtet. 25

Für den letztgenannten Fall ist unklar, ob auch das Unterlassen erforderlicher Maßnahmen bei Verstößen zum Widerruf verpflichtet. Dies ist über Art. 83 Abs. 4 lit. c zwar sanktioniert. Diese Sanktion ist aber nicht abschließend. Untätigkeit ist nach Sinn und Zweck von Verhaltensregeln jedenfalls dann Grund nach Abs. 5, wenn neben 26 dem Verstoß gegen die Verhaltensregeln zugleich gegen die DS-GVO verstoßen wird und die Überwachungsstelle einen Beitrag dazu, den Verstoß abzustellen, verweigert.

27 Nach einem Widerruf der Akkreditierung nach Abs. 5, stellt sich die Frage nach dem Schicksal der festgeschriebenen Verhaltensregeln. Sie verstoßen nicht gegen die DS-GVO. Sie könnten fortgelten bis wieder eine akkreditierte Überwachungsstelle existiert[13], weil sie materiell wirksam sind. Hierfür spricht auch, dass sich die Situation eines Widerrufs der Akkreditierung von der in Art. 40 Abs. 4 geregelten Fallgestaltung unterscheidet, wo in den zur Genehmigung anstehenden Verhaltensregeln gar nicht erst die Möglichkeit einer Überwachung durch eine akkreditierte Überwachungsstelle geschaffen wurde. Zweckmäßigerweise wäre ein etwaiger Widerruf der Akkreditierung und die daraus resultierenden Folgen, auf eine Überwachung durch die Aufsichtsbehörde angewiesen zu sein, auch in den Verhaltensregeln selbst anzusprechen.

VII. Gebühren und Kosten

28 **1. Gebühren.** Art. 41 sieht keine Kostenfreiheit für die Akkreditierung vor. Im Rahmen nationalen Rechts[14] können also Aufsichtsbehörden Gebühren für die Akkreditierung vorsehen.

29 **2. Kosten der Überwachung.** Die Kosten des Überwachungsvorgangs selbst und die sonstigen laufenden Kosten der Überwachung sind in der DS-GVO nicht geregelt. Sie werden voraussichtlich, sollte eine für die Unternehmen verbindliche Kostentragungsregelung etabliert werden, in der Satzung bzw. dem sonstigen, die Verhaltensregeln insgesamt verbindlich machenden Rechtsakt oder in den Verhaltensregeln selbst enthalten sein.[15]

Artikel 42 Zertifizierung

(1) [1]Die Mitgliedstaaten, die Aufsichtsbehörden, der Ausschuss und die Kommission fördern insbesondere auf Unionsebene die Einführung von datenschutzspezifischen Zertifizierungsverfahren sowie von Datenschutzsiegeln und -prüfzeichen, die dazu dienen, nachzuweisen, dass diese Verordnung bei Verarbeitungsvorgängen von Verantwortlichen oder Auftragsverarbeitern eingehalten wird. [2]Den besonderen Bedürfnissen von Kleinstunternehmen sowie kleinen und mittleren Unternehmen wird Rechnung getragen.

(2) [1]Zusätzlich zur Einhaltung durch die unter diese Verordnung fallenden Verantwortlichen oder Auftragsverarbeiter können auch datenschutzspezifische Zertifizierungsverfahren, Siegel oder Prüfzeichen, die gemäß Absatz 5 des vorliegenden Artikels genehmigt worden sind, vorgesehen werden, um nachzuweisen, dass die Verantwortlichen oder Auftragsverarbeiter, die gemäß Artikel 3 nicht unter diese Verordnung fallen, im Rahmen der Übermittlung personenbezogener Daten an Drittländer oder internationale Organisationen nach Maßgabe von Artikel 46 Absatz 2 Buchstabe f geeignete Garantien bieten. [2]Diese Verantwortlichen oder Auftragsverarbeiter gehen mittels ver-

---

13 A.A. Kühling/Buchner-*Bergt* DS-GVO, Art. 41 Rn. 11 mit dem Argument, das Vorhandensein einer akkreditierten Überwachungsstelle sei auch in diesem Fall zwingend.

14 Verweisung auf während der Drucklegung noch geschaffene Regelung.

15 Ohne eine entsprechende Bestimmung besteht kein Anspruch auf Kostenersatz, vgl. *Bergt* CR 2016, 670, 673; Siehe dazu auch Art. 40 Rn. 81.

traglicher oder sonstiger rechtlich bindender Instrumente die verbindliche und durchsetzbare Verpflichtung ein, diese geeigneten Garantien anzuwenden, auch im Hinblick auf die Rechte der betroffenen Personen.

(3) Die Zertifizierung muss freiwillig und über ein transparentes Verfahren zugänglich sein.

(4) Eine Zertifizierung gemäß diesem Artikel mindert nicht die Verantwortung des Verantwortlichen oder des Auftragsverarbeiters für die Einhaltung dieser Verordnung und berührt nicht die Aufgaben und Befugnisse der Aufsichtsbehörden, die gemäß Artikel 55 oder 56 zuständig sind.

(5) [1]Eine Zertifizierung nach diesem Artikel wird durch die Zertifizierungsstellen nach Artikel 43 oder durch die zuständige Aufsichtsbehörde anhand der von dieser zuständigen Aufsichtsbehörde gemäß Artikel 58 Absatz 3 oder – gemäß Artikel 63 – durch den Ausschuss genehmigten Kriterien erteilt. [2]Werden die Kriterien vom Ausschuss genehmigt, kann dies zu einer gemeinsamen Zertifizierung, dem Europäischen Datenschutzsiegel, führen.

(6) Der Verantwortliche oder der Auftragsverarbeiter, der die von ihm durchgeführte Verarbeitung dem Zertifizierungsverfahren unterwirft, stellt der Zertifizierungsstelle nach Artikel 43 oder gegebenenfalls der zuständigen Aufsichtsbehörde alle für die Durchführung des Zertifizierungsverfahrens erforderlichen Informationen zur Verfügung und gewährt ihr den in diesem Zusammenhang erforderlichen Zugang zu seinen Verarbeitungstätigkeiten.

(7) [1]Die Zertifizierung wird einem Verantwortlichen oder einem Auftragsverarbeiter für eine Höchstdauer von drei Jahren erteilt und kann unter denselben Bedingungen verlängert werden, sofern die einschlägigen Voraussetzungen weiterhin erfüllt werden. [2]Die Zertifizierung wird gegebenenfalls durch die Zertifizierungsstellen nach Artikel 43 oder durch die zuständige Aufsichtsbehörde widerrufen, wenn die Voraussetzungen für die Zertifizierung nicht oder nicht mehr erfüllt werden.

(8) Der Ausschuss nimmt alle Zertifizierungsverfahren und Datenschutzsiegel und -prüfzeichen in ein Register auf und veröffentlicht sie in geeigneter Weise.

– *ErwG: 100*

Übersicht

Literatur: *Bergt* Verhaltensregeln als Mittel zur Beseitigung der Rechtsunsicherheit in der Datenschutz-Grundverordnung, CR 2016, 670–678; *Centre for Information Policy Leadership GDPR Implementation Project* Certifications, Seals and Marks under the GDPR and Their Roles as Accountability Tools and Cross-Border Data Transfer Mechanisms (April 2017); *Feik/von Lewinski* Der Markt für Datenschutz-Zertifizierungen – Eine Übersicht, ZD 2014, 59; *Hornung/Hartl* Datenschutz durch Marktanreize – auch in Europa?, ZD 2014, 219; *Karper* Datenschutzsiegel und Zertifizierungen nach der Datenschutz-Grundverordnung, PiNG 2016, 201; *Krings/Mammen* Zertifizierungen und Verhaltensregeln – Bausteine eines modernen Datenschutzes für die Industrie 4.0, RDV 2015, 231; *Kühling/Buchner* Datenschutz-Grundverordnung: DS-GVO (2017); *Lachaud* The General Data Protection Regulation Contributes to the Rise of Certification as Regulatory Instrument (March 25, 2017); *ders.* Why the certification process defined in the General Data Protection Regulation cannot be successful, Computer Law & Security Review Volume 32, Issue 6, 814; *Laue/Nink/Kremer* Das neue Datenschutzrecht in der betrieblichen Praxis (2016); *Paal/Pauly* Datenschutz-Grundverordnung: DS-GVO (2017); *Plath* BDSG/DSGVO – Kommentar zum BDSG und zur DSGVO sowie den Datenschutzbestimmungen des TMG und TKG (2016); *Richter* Chancen für die Zertifizierung im Datenschutz, RDV 2017, 63; *Roßnagel* Handbuch Datenschutzrecht – Die neuen Grundlagen für Wirtschaft und Verwaltung (2003); *Schwartmann/Weiß* Ko-Regulierung vor einer neuen Blüte – Verhaltensregelungen und Zertifizierungsverfahren nach der Datenschutzgrundverordnung (Teil 1), RDV 2016, 68; *dies.* Ko-Regulierung vor einer neuen Blüte – Impulse für datenschutzspezifische Zertifizierungsverfahren und Verhaltensregeln (2. Teil Verhaltensregeln) RDV 2016, 240; *Schwartmann/Weiß (Hrsg.)* Whitepaper zur Pseudonymisierung der Fokusgruppe Datenschutz der Plattform Sicherheit, Schutz und Vertrauen für Gesellschaft und Wirtschaft im Rahmen des Digital-Gipfels 2017; *Spindler* Selbstregulierung und Zertifizierungsverfahren nach der DS-GVO – Reichweite und Rechtsfolgen der genehmigten Verhaltensregeln, ZD 2016, 407; *Stoll/Rost* Technische Herausforderungen in der DS-GVO – Im Spannungsfeld zwischen Prüfungen und Sanktionen, RDV 2017, 53; *Wolff/Brink* BeckOK Datenschutzrecht (2017).

A. Einordnung und Hintergrund

I. Erwägungsgründe

1 ErwG 100 formuliert den Fördergedanken des Gesetzgebers hinsichtlich Zertifizierungsverfahren sowie Datenschutzsiegel und -prüfzeichen. Er enthält rudimentäre Vorgaben zur Ausgestaltung solcher Verfahren.

II. BDSG n.F.

Das BDSG n.F. enthält keine Regelungen zu Zertifizierungsverfahren sowie Datenschutzsiegel und -prüfzeichen im Sinne des Art. 42. 2

III. Normengenese und -umfeld

1. DSRL. Die DSRL 95/46/EG sah keine Regelungen zu Zertifizierungsverfahren vor, sondern lediglich zu bereichsspezifischen Verhaltensregeln.[1] 3

2. BDSG a.F. In § 9a BDSG a.F. fand sich eine Programmnorm des Gesetzgebers für ein Datenschutzaudit, wobei die nähere Ausgestaltung einem gesonderten Gesetz überlassen wurde. Zu einer Verabschiedung des Gesetzes ist es nie gekommen. 4

3. WP der Art.-29-Datenschutzgruppe/Beschlüsse des DD-Kreises. Ein dediziertes WP der Art.-29-Datenschutzgruppe wurde zu den Zertifizierungsverfahren in der Grundverordnung bis dato nicht veröffentlicht. Ausführungen zum Zusammenspiel zwischen der Rechenschaftspflicht und den Zertifizierungsverfahren finden sich in der Stellungnahme 3/2010 zum Grundsatz der Rechenschaftspflicht[2]. Der Düsseldorfer Kreis hat sich in 2014 mit Rahmenbedingungen für Modelle zur Vergabe von Prüfzertifikaten befasst.[3] 5

B. Kommentierung

I. Einführung

1. Datenschutz-Zertifizierungen in Deutschland. Die Zertifizierungslandschaft in Deutschland zum Datenschutz zeichnet sich durch eine ausgeprägte Heterogenität aus, wobei sich gesetzlich konkretisierte Zertifizierungsverfahren nur sehr vereinzelt auf Länderebene finden.[4] § 9a BDSG a.F. diente als Merkposten des Bundesgesetzgebers, der jedoch nicht mit Regelungen für Siegelverfahren befüllt wurde.[5] Versuche eines Bundesgesetzes kamen über parlamentarische Beratungen nicht hinaus.[6] Neben dem Versuch einer gesetzlichen Regelung manifestiert sich das staatliche Engagement primär in Initiativen mit Bezug zum Datenschutz. So beschäftigt sich die Fokusgruppe Datenschutz des Digital-Gipfels der Bundesregierung in Gestalt eines Whitepapers zur Pseudonymisierung mit den Grundlagen für eine Standardisierung und Zertifizierung für Prozesse zur Pseudonymisierung personenbezogener Daten.[7] Daneben befasst sich das vom Bundesministerium für Wirtschaft und Energie (BMWi) getra- 6

1 Vgl. BeckOK DatenSR-*Schantz* BDSG § 9a Rn. 8; Ehmann/Selmayr-*Will* Datenschutz-Grundverordnung, Rn. 8.

2 WP 29, Stellungnahme 3/2010 zum Grundsatz der Rechenschaftspflicht (WP 173); siehe auch Rn. 18.

3 *Düsseldorfer Kreis* Modelle zur Vergabe von Prüfzertifikaten, die im Wege der Selbstregulierung entwickelt und durchgeführt werden, Beschluss vom 25./26.2.2014.

4 Vgl. § 4 Abs. 2 LDSG Schleswig-Holstein a.F.; § 7b BREMDSG a.F.

5 *Roßnagel* Hdb. Datenschutzrecht, 2003, Kap. 3.7 Rn. 59–62.

6 BT-Drucks. 16/12011.

7 *Schwartmann/Weiß (Hrsg.)* Whitepaper zur Pseudonymisierung der Fokusgruppe Datenschutz der Plattform Sicherheit, Schutz und Vertrauen für Gesellschaft und Wirtschaft im Rahmen des Digital-Gipfels 2017.

gene Projekt „Trusted Cloud“[8] mit der Sicherheit von Cloud-Diensten, ohne wiederum selbst ein Zertifizierungsverfahren anzubieten.[9]

7 Da jedoch gerade die Privatwirtschaft auf das Vertrauen Betroffener hinsichtlich eines adäquaten Schutzes ihrer Daten ebenso angewiesen ist, wie rechtssichere Prozesse, haben sich auf nationaler Ebene verschiedene Zertifizierungsverfahren privater Stellen herausgebildet, um diesen Bedürfnissen mit einer Nachweisführung nachzukommen. Als Modell der Ko-Regulierung kann das durch den Landesbeauftragten für Datenschutz und Informationsfreiheit Mecklenburg-Vorpommern betriebene Verfahren angesehen werden, das ein behördliches Gütesiegel für privat- oder öffentlich-rechtliche Zertifizierungsverfahren vorsieht. Hierbei muss ein entwickeltes Zertifizierungsverfahren den Anforderungen der Aufsicht auf Basis eines Prüfverfahrens genügen, bevor es das „Gütesiegel Datenschutz M-V“ vergeben darf. Eine elementare Voraussetzung ist hierbei, dass die zertifizierten Produkte oder Verfahren zur Nutzung durch öffentliche Stellen des Landes Mecklenburg-Vorpommern geeignet sind.[10] Ein konkreter Kriterienkatalog seitens der Aufsichtsbehörde besteht jedoch nicht, vielmehr muss eine Zertifizierungsstelle den von ihr entwickelten Anforderungskatalog übermitteln, der technische sowie organisatorische Aspekte beinhaltet und regelmäßig fortgeschrieben wird.

8 Ein Zusammenspiel aus Privatwirtschaft und Aufsichtsbehörde zeigt sich auch bei der von den Datenschutzverbänden Gesellschaft für Datenschutz und Datensicherheit e.V. und Berufsverband der Datenschutzbeauftragten Deutschlands e.V. betriebenen Zertifizierung von Auftragsdatenverarbeitern, deren Gesamtkonzept eine Befürwortung von der Landesbeauftragten für Datenschutz und Informationsfreiheit Nordrhein-Westfalen erhalten hat.[11] Im Bereich der Auftragsdatenverarbeitung haben sich im Übrigen weitere Testate von Zertifizierungsanbietern hervorgetan, die im Rahmen der in § 11 Abs. 2 S. 4 BDSG a.F. auferlegten Prüfpflicht des Auftraggebers Unterstützung bei der Überzeugung über angemessene technisch-organisatorische Maßnahmen beim Auftragnehmer leisten konnten.[12]

9 Insgesamt ist festzustellen, dass sich das Gros der Zertifizierungen der Einhaltung technisch-organisatorischer Maßnahmen widmet, dicht gefolgt von Prüfungen von Effektivität und Effizienz einer Datenschutzorganisation.[13] Hierbei bleibt festzustellen, dass die hierzu entwickelten Verfahren sowie die diesen zugrunde liegenden Prüfparameter und -grundlagen derzeit noch sehr unterschiedlich ausgestaltet sind. Dies zeigt der Blick auf eine durch die Stiftung Datenschutz veröffentlichte Übersicht über Zertifizierungsanbieter im Datenschutz und deren Verfahren.[14] Folglich ist das Bedürfnis nach einem einheitlichen gesetzlichen Rahmen wie er durch die Grundver-

---

8 https://www.trusted-cloud.de (zuletzt abgerufen am 16.10.2017).

9 Insofern wird auf eine Liste anerkannter Cloud-Zertifikate der ENISA verwiesen, vgl. https://www.trusted-cloud.de/sites/default/files/enisa_cloud_certification_schema_listing.pdf (zuletzt abgerufen am 9.3.2018).

10 https://www.datenschutz-mv.de/datenschutz/guetesiegel/ (zuletzt abgerufen am 9.3.2018).

11 https://www.dsz-audit.de/datenschutzsiegel/aus-den-aufsichtsbehoerden/ (zuletzt abgerufen am 9.3.2018).

12 So bereits auch vorgesehen furch den Gesetzgeber, vgl. BT-Drucks. 15/13657, S. 18.

13 *Feik/von Lewinski* ZD 2014, 59 (60); ebenso *Richter* RDV 2/2017, 63 (64).

14 https://stiftungdatenschutz.org/fileadmin/Redaktion/PDF/Zertifizierungsuebersicht/SDS-Zertifi zierungsuebersicht_02_2017.pdf (zuletzt abgerufen am 9.3.2018).

ordnung vorgesehen ist, nicht von der Hand zu weisen, möchten Datenschutzzertifizierungen an Akzeptanz gewinnen.

2. Datenschutz-Zertifizierungen in Europa. Auch auf europäischer Ebene gibt es Bestrebungen für Zertifizierungs- bzw. Gütesiegelverfahren in Sachen Datenschutz, auch wenn die Datenschutzrichtlinie 95/46/EG das Thema der Gütesiegel nicht explizit thematisiert und lediglich andere selbstregulierende Maßnahmen wie Codes of Conduct im Richtlinientext befürwortet.[15] Entsprechend wurde auf einem nicht-gesetzlichem Weg versucht, eine Gesetzeskonformität mit einem europäischen Geltungscharakter sichtbar zu machen. Ein Beispiel hierzu bildet das European Privacy Seal.[16] Was in 2007 noch als Pilotvorhaben unter der Schirmherrschaft des Unabhängigen Landeszentrums für Datenschutz Schleswig-Holstein (ULD) in Kooperation mit der Aufsichtsbehörde für den Datenschutz der Gemeinde Madrid (Agencia de Protección de Datos de la Communidad de Madrid) und der französischen Aufsicht (Commission Nationale de l'Informatique et de Libertés, CNIL) sowie anderen begann, hat sich zu einem eigenständigen, mittlerweile privatrechtlich gesteuertem Verfahren entwickelt. **10**

Aber auch nationale Aufsichtsbehörden versuchen teilweise entsprechende Verfahren zu entwickeln, so bspw. das sich weiterhin in der Planung befindliche „ICO Privacy Seal" der Aufsichtsbehörde für den Datenschutz Großbritanniens (Information Commissioner's Office, ICO) als Modell der Ko-Regulierung[17], wobei erste Prüfkriterien im Rahmen eines Konsultationsprozesses bereits veröffentlicht wurden.[18] **11**

Teilweise besteht auch die Möglichkeit eines freiwilligen Audits außerhalb eines Zertifizierungs- oder Gütesiegelverfahrens durch eine Aufsichtsbehörde, das in die Bescheinigung einer datenschutzkonformen Datenverarbeitung bezogen auf den Auditierungsgegenstand münden kann, jedoch seine Einschränkung durch eine Reduktion auf bestimmte Prüfgebiete findet.[19] Neben Zertifizierungen oder Auditierungen, bei denen Organisationen und deren Datenverarbeitungen im Fokus stehen, haben sich auch Zertifizierungen oder Gütesiegelverfahren auf Personenebene, so insbesondere beim Datenschutzbeauftragten hervorgetan, die jedoch weitestgehend durch Initiativen der Datenschutzverbände getragen werden.[20] **12**

Die auf europäischer Ebene bestehende uneinheitliche Zertifizierungsstruktur, deren Gründe auch in einer unterschiedlichen Konkretisierung der DSRL 95/46/EG durch die Mitgliedstaaten zu suchen sind, hat die EU-Kommission im Rahmen der Vorarbeiten und einem hierzu gehörenden Konsultationsverfahren für einen Entwurf für eine Datenschutz-Grundverordnung dazu bewogen, den Nutzen von Gütesiegeln zum Datenschutz zu prüfen.[21] **13**

---

15 Art. 27 Abs. 1 der Richtlinie 95/46/EG.

16 https://www.european-privacy-seal.eu (zuletzt abgerufen am 9.3.2018).

17 https://ico.org.uk/for-organisations/improve-your-practices/privacy-seals/ (zuletzt abgerufen am 9.3.2018).

18 https://ico.org.uk/media/about-the-ico/consultations/2030/framework-criteria-for-an-ico-endorsed-privacy-seal-scheme.pdf (zuletzt abgerufen am 9.3.2018).

19 CNIL: http://www.cnil.fr/linstitution/labels-cnil/procedures-daudit/; ICO: https://ico.org.uk/for-organisations/improve-your-practices/self-assessments/ (zuletzt abgerufen am 9.3.2018).

20 So beispielsweise die Zertifizierung „DPO" der Asociación Profesional Española de Privacidad (APEP), das „ICS Data Protection Practitioner Certificate" der Irish Computer Society oder das "GDDcert." Der Gesellschaft für Datenschutz und Datensicherheit e.V.

21 http://europa.eu/rapid/press-release_MEMO-10-542_en.htm (zuletzt abgerufen am 9.3.2018).

14 **3. Datenschutz-Zertifizierungen in der Grundverordnung.** Die Grundverordnung sieht – im Gegensatz zur DSRL 95/46/EG – eine gesetzliche Regelung für Zertifizierungsverfahren sowie Datenschutzsiegel und -prüfzeichen vor. Die Eingruppierung der Zertifizierung findet sich im fünften Kap. der Grundverordnung, das sich mit den Mechanismen der Selbstregulierung befasst. In Art. 42 sind einige, wenige Informationen zu Rahmenbedingungen und zur Durchführung einer Zertifizierung beschrieben.[22] Ergänzt wird Art. 42 durch die in Art. 43 geregelten Vorgaben für Zertifizierungsstellen und deren Akkreditierung. Die gesetzliche Regelung soll Verfahren außerhalb des über die Art. 42 und 43 gesetzten Rahmens jedoch nicht ausschließen.[23] Die Zertifizierungsregeln der Grundverordnung beziehen sich auf Zertifizierungen durch Dritte in Abgrenzung von eigenen Auditierungen eines Verantwortlichen oder Auftragsverarbeiters.[24] Eine Zertifizierung soll zum einen die Transparenz der Verarbeitung personenbezogener Daten erhöhen, zum anderen die Einhaltung der Grundverordnung verbessern. Ferner soll es dem Betroffenen ermöglicht werden, einen raschen Überblick über das Datenschutzniveau vorhandener Produkte und Dienstleistungen zu erhalten (vgl. ErwG 100). Zertifizierungen werden allgemein als Vorgriff auf eine Prüfung einer Aufsichtsbehörde verstanden, die z.B. bei einer Beschwerde des Betroffenen tätig wird.[25] Eine Zertifizierung kann sowohl durch eine öffentliche wie auch eine nicht-öffentliche Stelle vorgenommen werden (vgl. Art. 2 Abs. 2 und 42 Abs. 5).[26]

15 Die Grundverordnung berücksichtigt Zertifizierungen an einer Vielzahl von Stellen, um die Erfüllung von Datenschutzpflichten nachweisen zu können. Zertifizierungen sollen dabei als „Gesichtspunkt“ oder als „Faktor“ herangezogen werden können, um einen Nachweis zu erbringen. Dies spiegelt den Fördergedanken der Grundverordnung wider.[27] Im Rahmen der Maßnahmen des Verantwortlichen im Kontext eines Datenschutzmanagements verweist Art. 24 Abs. 3 auf Zertifizierungen, um einen Nachweis für geeignete technisch-organisatorische Maßnahmen für eine Verarbeitung im Sinne der Grundverordnung erbringen zu können. Im Rahmen der Auftragsverarbeitung kann eine Zertifizierung als Faktor herangezogen werden, um hinreichende Garantien für eine konforme Verarbeitung nach der Grundverordnung nachzuweisen (vgl. Art. 28 Abs. 5). Mit gleichem Wortlaut möchte Art. 32 Abs. 3 genehmigte Zertifizierungen im Rahmen der Sicherheit der Verarbeitung berücksichtigen, die ein mit Blick auf das Risiko der Verarbeitung angemessenes Schutzniveau durch geeignete technisch-organisatorische Maßnahmen gewährleisten. Letztlich sieht Art. 25 Abs. 3 vor, dass die Erfüllung der gesetzlichen Anforderungen an den Datenschutz durch Technikgestaltung durch ein genehmigtes Zertifizierungsverfahren nachgewiesen werden kann.

---

22 *Stoll/Rost* RDV 2017, 53 (58).

23 Bezugnehmend auf Personenzertifizierungen außerhalb der Grundverordnung, vgl. *Centre for Information Policy Leadership* GDPR Implementation Project, Certifications, Seals and Marks under the GDPR and Their Roles as Accountability Tools and Cross-Border Data Transfer Mechanisms (April 2017), S. 7.

24 Vgl. *Lachaud* The General Data Protection Regulation Contributes to the Rise of Certification as Regulatory Instrument (March 25, 2017), S. 9, abrufbar unter https://ssrn.com/abstract=2940805 (zuletzt abgerufen am 9.3.2018).

25 *Stoll/Rost* RDV 2017, 53 (59).

26 Ebenso *Richter* RDV 2017, 63 (64).

27 Vgl. Rn. 1.

Im Gegensatz zu den Verhaltensregeln nach Art. 40[28] werden Zertifizierungsverfahren im Rahmen einer Datenschutz-Folgenabschätzung nicht ausdrücklich berücksichtigt (vgl. Art. 35 Abs. 8). Hintergrund ist, dass Zertifizierungsverfahren in der Regel nicht vorab einer Datenverarbeitung durchgeführt werden, sondern einen Status Quo dokumentieren. Es ist jedoch nicht ausgeschlossen, dass bereits zertifizierte technisch-organisatorische Maßnahmen beispielsweise in eine Risikoabschätzung einer Datenschutz-Folgenabschätzung einfließen, um dem Verantwortlichen bei der Beurteilung der Maßnahmen zur Minimierung des „hohen Risikos" zu unterstützen. 16

Bei Übermittlungen personenbezogener Daten an Empfänger außerhalb der EU können Zertifizierungsverfahren zusammen mit rechtsverbindlichen und durchsetzbaren Verpflichtungen des Verantwortlichen oder des Auftragsverarbeiters im Drittland geeignete Garantien beinhalten, um den jeweiligen Datenexport zu ermöglichen (vgl. Art. 46 Abs. 2 lit. f.). 17

Als freiwilliges Instrument zur Überprüfung der Gesetzeskonformität konkreter Datenverarbeitungen kann eine Zertifizierung eine solche Konformität sichtbar machen[29]. Ferner trägt sie dem in der Grundverordnung verankerten Prinzip der Rechenschaftspflicht bzw. der Accountability Rechnung (vgl. Art. 24 Abs. 3). Nach Meinung der Art.-29-Datenschutzgruppe bedingen sich die Rechenschaftspflicht sowie Zertifizierungsprogramme, indem eine gesetzliche Regelung zur Rechenschaftspflicht – wie in der Grundverordnung erfolgt – die Entwicklung solcher Programme unterstützt.[30] 18

II. Sinn und Zweck der Regelung

Die Norm regelt die Anforderungen an Zertifizierungsverfahren und deren Ausgestaltung. Zertifizierungen, Siegel und Prüfzeichen sollen insgesamt als Nachweis dienen, dass eine Verarbeitung von personenbezogenen Daten gesetzeskonform erfolgt. Hierbei wird ein Modell der Ko-Regulierung zugrunde gelegt, das private und öffentliche Stellen adressiert. Hierzu legen private oder öffentliche Stellen ihre Zertifizierungskriterien einer Aufsichtsbehörde zur Genehmigung vor. Ziel soll eine Förderung der Legitimität dieses Verfahrens sein.[31] Das Ergebnis einer Zertifizierung ist ein Zertifikat, ein Siegel oder Prüfzeichen, das von einer akkreditierten Zertifizierungsstelle ausgegeben wird.[32] Zertifizierungsverfahren können auch gewährleisten, dass Verantwortliche oder Auftragsverarbeiter in Drittstaaten datenschutzkonform arbeiten. Durch den Verweis verschiedener Regelungen der Grundverordnung auf Zertifizierungen wird deutlich, dass Art. 42 nicht eine bestimmte Zertifizierung regeln möchte, sondern vielmehr verschiedene Ausprägungen berücksichtigt und diesbezüglich die gesetzlichen Rahmenbedingungen schafft. 19

28 Zur Abgrenzung vgl. *Schwartmann/Weiß* RDV 2016, 240 (242f.).
29 Vgl. *Schwartmann/Weiß* RDV 2/2016, 68 (69).
30 WP 29, Stellungnahme 3/2010 zum Grundsatz der Rechenschaftspflicht, S. 19.
31 Vgl. *Lachaud* The General Data Protection Regulation Contributes to the Rise of Certification as Regulatory Instrument (March 25, 2017), S. 11.
32 Zu den Voraussetzungen einer Akkreditierung siehe Art. 43 Rn. 10ff.

III. Norminhalt

20 **1. Förderauftrag.** Art. 42 Abs. 1 S. 1 appelliert an die Mitgliedstaaten, die Aufsichtsbehörden, den Europäischen Datenschutzausschuss und die Kommission, die Einführung von datenschutzspezifischen Zertifizierungsverfahren sowie von Datenschutzsiegeln und -prüfzeichen zu fördern. Eine Definition oder Abgrenzung der verwendeten Begrifflichkeiten sieht die Grundverordnung nicht vor. Mangels entgegenstehender Hinweise des Gesetzgebers ist es sinnig, einheitlich von Zertifizierungsverfahren zu sprechen[33].

21 Spiegelbildlich zum gesetzgeberischen Appell erhalten die Aufsichtsbehörden in ihrem Aufgabenkatalog des Art. 57 Abs. 1 lit. n den Auftrag, Datenschutzzertifizierungsmechanismen sowie Datenschutzsiegel und -prüfzeichen anzuregen sowie Kriterien solcher Verfahren zu billigen. D.h. hier wird den Behörden eine mitgestaltende Rolle im Rahmen der Zertifizierungsverfahren zugewiesen. Der Europäische Datenschutzausschuss soll solche Verfahren „einrichten" (Art. 70 Abs. 1 lit. n), ohne dass der Gesetzgeber die inhaltliche Ausgestaltung der Einrichtungsaufgabe weiter konkretisiert. Der Förderauftrag an die Kommission wird zunächst durch Art. 43 Abs. 8 konkretisiert, indem sie über den Erlass delegierter Rechtsakte Anforderungen festlegen kann, die für die in Art. 42 Abs. 1 genannten datenschutzspezifischen Zertifizierungsverfahren zu berücksichtigen sind.[34] Die Kommission kann dem Förderauftrag auch administrativ[35] oder finanziell nachkommen, was gleichermaßen für die Mitgliedstaaten gilt.

22 **2. Datenexporte in Drittländer.** Hinsichtlich der Verfahren nach Art. 42 ist zwischen Zertifizierungen im EU-Raum und Zertifizierungen für Datenexporte in Drittländer gem. des Abs. 2 zu unterscheiden, die ausschließlich Verantwortliche oder Auftragsverarbeiter adressieren, die gem. Art. 3 nicht unter den räumlichen Anwendungsbereich der Grundverordnung fallen.

23 Datenexporte in Drittländer bedürfen grundsätzlich geeigneter Garantien, damit das durch die Grundverordnung geschaffene Schutzniveau durch den Datenexport nicht untergraben wird (vgl. Art. 44). Ein Zertifizierungsmechanismus, zusammen mit rechtsverbindlichen und durchsetzbaren Verpflichtungen des Verantwortlichen oder Auftragsverarbeiters im Drittland, kann eine solche „geeignete Garantie" darstellen (vgl. Art. 46 Abs. 2 lit. f), wobei die Grundverordnung deren Ausgestaltung nicht näher spezifiziert. Im Fokus stehen die Grundrechte und -freiheiten der Betroffenen (vgl. ErwG 2) und diesbezügliche Schutzmechanismen. Die Ausgestaltung geeigneter Garantien für die Datenübermittlung in ein Drittland wurden bereits im Jahr 1998 durch die Art.-29-Datenschutzgruppe auf Basis der DSRL 95/46/EG formuliert[36],

---

33 So auch *Karper* PiNG 2016, 201 (203); *Centre for Information Policy Leadership* GDPR Implementation Project, Certifications, Seals and Marks under the GDPR and Their Roles as Accountability Tools and Cross-Border Data Transfer Mechanisms (April 2017), S. 8.

34 Siehe hierzu Art. 43 Rn. 32.

35 So beispielsweise über die bereits eingerichtete Expertengruppe zur Identifizierung datenschutzrechtlicher Herausforderungen in der Grundverordnung und deren Behebung, vgl. http://ec.europa.eu/transparency/regexpert/index.cfm?do=groupDetail.groupDetail&groupID=3537&NewSearch=1&NewSearch=1 (zuletzt abgerufen am 9.3.2018).

36 WP 29, Übermittlungen personenbezogener Daten an Drittländer: Anwendung von Art. 25 und 26 der Datenschutzrichtlinie der EU (WP 12).

wobei eine Anpassung des Papiers an die Grundverordnung zu erwarten ist. Das Urteil des EuGH zu Safe Harbor stellt dabei aktuell hohe grundrechtliche Anforderungen an den Drittlandsexport auf.[37]

Verantwortliche oder Auftragsverarbeiter im Drittland verpflichten sich mittels vertraglicher oder sonstiger rechtlich bindender Instrumente die vorgesehenen Garantien der Zertifizierung anzuwenden (Art. 42 Abs. 2 S. 2). Warum der Gesetzgeber neben der Zertifizierung auch vertragliche oder sonstige rechtlich bindende Instrumente fordert, wird weder über die Norm noch über den ErwG erläutert. Ein ähnliches Vorgehensmodell findet sich bei den APEC Cross-Border Privacy Rules, das als Blaupause für den europäischen Gesetzgeber gedient haben könnte.[38] Letztlich geht es um Durchsetzungsmöglichkeiten gegenüber dem Verantwortlichen oder Auftragsverarbeiter im Drittland, was auch den Betroffenen mit einbeziehen sollte.[39] **24**

Die EU-Kommission hat in einem jüngeren Strategiepapier[40] betont, dass neue Transfermechanismen wie genehmigte Verhaltenskodizes und akkreditierte Zertifizierungen der Industrie die Möglichkeit geben, maßgeschneiderte Lösungen für internationale Datentransfers einzuführen und gleichzeitig von den Wettbewerbsvorteilen zu profitieren, die beispielsweise mit einer Zertifizierung verbunden sind. Einige dieser Instrumente könnten als transfer-spezifische Mechanismen oder als Teil allgemeinerer Instrumente entwickelt werden, um die Einhaltung aller Bestimmungen der Grundverordnung nachzuweisen. Hierbei wolle man mit der Industrie, der Zivilgesellschaft und den Datenschutzbehörden zusammenarbeiten, um das Potenzial des Instrumentariums für internationale Datentransfers voll auszuschöpfen. Dies zeigt, dass die Grundverordnung an dieser Stelle lediglich den Rahmen für eine Zertifizierung der Drittlandstransfers schafft und die Kommission federführend die weitere Ausgestaltung geeigneter Garantien vornehmen wird. **25**

3. Zertifizierungsgegenstand. Der Gesetzgeber gibt nicht abschließend vor, was Gegenstand einer Zertifizierung nach Art. 42 sein kann. Ziel einer Solchen muss es jedoch sein, nachzuweisen, dass die Grundverordnung bei Verarbeitungsvorgängen von Verantwortlichen oder Auftragsverarbeitern eingehalten wird (Art. 42 Abs. 1 S. 1). Die Ausarbeitung von Kriterien einer Zertifizierung obliegt der jeweiligen Zertifizierungsstelle oder einer Aufsichtsbehörde selbst.[41] Die Zertifizierungskriterien werden in der Grundverordnung hauptsächlich als ein Anforderungsset beschrieben, das zielgerichtet für eine Zertifizierung entwickelt wird.[42] **26**

Mit Blick auf den offenen Wortlaut der Norm können auch entwickelte Verhaltensregeln gem. Art. 40 als Kriterien für eine Zertifizierung herangezogen werden, da auch sie im Ergebnis die Einhaltung der Grundverordnung im Blick haben. Ebenfalls sieht **27**

---

37 *EuGH* Urt. v. 6.10.2015 – C-362/14.

38 Vgl. *Lachaud* Why the certification process defined in the General Data Protection Regulation cannot be successful, Computer Law & Security Review Volume 32, Issue 6, 814 (817).

39 Vgl. Art. 40 Rn. 54 f.

40 *European Commission* Communication from the Commission to the European Parliament and the Council – Exchanging and Protecting Personal Data in a Globalised World, COM (2017) 7 final.

41 Zur Problematik der Interessenkonflikte siehe Art. 43 Rn. 26.

42 Vgl. Art. 43 Abs. 9, der von „technischen Standards für Zertifizierungsverfahren" spricht.

der Wortlaut keine Einschränkung hinsichtlich öffentlicher oder nicht-öffentlicher Datenverarbeiter vor.

28 Unmittelbare Adressaten einer Zertifizierung sind nicht die klassischen Hersteller von IT-Produkten, sondern Verantwortliche bzw. der Auftragsverarbeiter und deren Verarbeitungsvorgänge. Da ErwG 100 jedoch auf „einschlägige Produkte und Dienstleistungen“ verweist, wird der Anwendungsbereich einer Zertifizierung als weit anzusehen sein.[43] Insofern werden auch Hersteller von IT-Produkten durch Art. 42 dann adressiert, wenn sie in dieser Eigenschaft personenbezogene Daten verarbeiten.[44] Vor dem Hintergrund des veränderten Nutzungsmodells von Software, weg vom physischen Datenträger hin zu einer Online-Lizenzierung mit regelmäßigen Updates und Patches werden Hersteller solcher Software zunehmend vom Anwendungsbereich einer Datenschutz-Zertifizierung nach der Grundverordnung erfasst sein. Nicht umfasst von Art. 42 sind Personenzertifizierungen wie die Fachkunde eines betrieblichen Datenschutzbeauftragten.[45]

29 Unklar ist, ob mehrere Zertifizierungsverfahren mit unterschiedlichen Anwendungsbereichen unter einem Zertifikat vereint werden können.[46] Eine Klarstellung ist durch den Gesetzgeber nicht erfolgt. Mit Blick auf den weiten Anwendungsbereich von Zertifizierungen dürfte eine solche Architektur nicht ausgeschlossen sein.

30 Regelungen zur verpflichtenden Weiterentwicklung und Aktualisierung von Kriterien einer Zertifizierung sieht die Verordnung im Übrigen nicht vor. Indirekt ergibt sich ein Anpassungsbedarf solcher Kriterien an aktuelle Gegebenheiten allerdings aus der Gültigkeit von Zertifikaten.[47]

31 **4. Anforderungen an Zertifizierungsverfahren und deren Charakteristika.** Die Zertifizierung in der Grundverordnung zielt auf die Rechtssicherheit für Verantwortliche und Auftragsverarbeiter ab, indem eine Aussage über eine Vereinbarkeit einer Verarbeitung personenbezogener Daten mit der Grundverordnung getroffen wird (Art. 42 Abs. 1 S. 1). Eine überobligatorische Einhaltung der gesetzlichen Anforderungen wird nicht ausdrücklich ermöglicht, was eine Honorierung durch den Markt verhindert.[48] Ohne eine „Übererfüllung“ der gesetzlichen Anforderungen ist es für den Betroffenen wie für Verantwortliche schwierig, sich einen Überblick über ein Datenschutzniveau von Produkten und Dienstleistungen zu verschaffen.[49] Daher muss auch ein „Plus“ an Datenschutz im Rahmen eines Zertifizierungsverfahrens möglich sein.[50]

---

43 Vgl. *Stoll/Rost* RDV 2017, 53 (58).
44 Roßnagel-*Barlag* Europäische Datenschutz-Grundverordnung, 2016, S. 108 f. sowie 174 f.
45 *Schwartmann/Weiß* RDV 2016, 68 (72).
46 Vgl. *Lachaud* Why the certification process defined in the General Data Protection Regulation cannot be successful, Computer Law & Security Review Volume 32, Issue 6, 814 (817).
47 Vgl. *Krings/Mammen* RDV 2016, 231 (233).
48 Vgl. *Hornung/Hartl* ZD 2014, 219 (223).
49 Vgl. ErwG 100.
50 Vgl. Kühling/Buchner-*Bergt* Datenschutz-Grundverordnung, Art 42 Rn. 15.

Bei der Ausarbeitung von Zertifizierungsverfahren ist den Bedürfnissen von Kleinstunternehmern sowie kleinen und mittelständischen Unternehmen[51] Rechnung zu tragen (Art. 42 Abs. 1 S. 2). Diese Vorgabe ist verpflichtend für die Gestaltung eines Datenschutz-Zertifizierungsverfahrens im Sinne der Norm[52] und Ausdruck eines skalierbaren Verfahrens in Abhängigkeit der zu zertifizierenden Stelle.[53] Wie besagte Skalierung erfolgen kann, lässt die Grundverordnung offen. Mit Blick auf den risikoorientierten Ansatz des Gesetzes kann den Bedürfnissen solcher Unternehmen – mit entsprechend beschränkten Ressourcen für die Implementierung der gesetzlichen Vorgaben – durch ein Verfahren begegnet werden, das nicht übermäßig aufwendig ist.[54] **32**

Die Nachweisführung einer Gesetzeskonformität über eine Zertifizierung ist sowohl für Verantwortliche als auch für Auftragsverarbeiter freiwillig (Art. 42 Abs. 3). Daher wäre es unzulässig, wenn eine Zertifizierung durch eine behördliche Auflage beispielsweise zwingend vorgeschrieben würde. Die Zertifizierung bleibt damit ein Instrument zur freiwilligen Selbstkontrolle. Ferner muss die Zertifizierung über ein transparentes Verfahren zugänglich sein. Diese Transparenz bezieht sich nicht nur auf die Kriterien einer Zertifizierung, sondern auch auf die jeweilige Zertifizierungsstelle und das von ihr betriebene Verfahren. Insofern ist es konsequent, dass Zertifizierungskriterien sowie Kriterien für eine Akkreditierung öffentlich zugänglich gemacht werden.[55] Die Verwendung nicht-öffentlicher Kriterien ist daher ebenso unzulässig wie nicht nachvollziehbare Prüfparameter. Für die Transparenz über bestehende Zertifizierungsverfahren sorgt der Europäische Datenschutzausschuss, der diese in geeigneter Weise veröffentlicht.[56] **33**

5. Genehmigung von Zertifizierungskriterien. Bieten Zertifizierungsstellen eine Zertifizierung an, sind die zugrunde liegenden Kriterien durch die örtlich zuständige Aufsichtsbehörde zu billigen bzw. zu genehmigen (vgl. Art. 42 Abs. 5 i.V.m. Art. 58 Abs. 3 lit. f Alt. 2). Hierbei handelt es sich im einen feststellenden Verwaltungsakt nach § 35 VwVfG. Dieser wirkt zwischen der genehmigenden Aufsichtsbehörde und dem Antragsteller, mithin der jeweiligen Zertifizierungsstelle. Beteiligungsmöglichkeiten von anderen, nicht örtlich zuständigen Aufsichtsbehörden sieht die Norm nicht vor. **34**

---

51 Nach ErwG 13 ist die Definition des Art. 2 des Anhangs zur Empfehlung 2003/361/EG der Kommission für den Begriff „Kleinstunternehmen sowie kleinere und mittlere Unternehmen maßgeblich.

52 Paal/Pauly-*Paal* Art. 42 Rn. 8; Plath-*von Braunmühl* Art. 42 Rn. 8; a.A. *Laue/Nink/Kremer* § 8 Rn. 28, die von einem bloßen Appell ausgehen.

53 *Centre for Information Policy Leadership* GDPR Implementation Project, Certifications, Seals and Marks under the GDPR and Their Roles as Accountability Tools and Cross-Border Data Transfer Mechanisms (April 2017), S. 7.

54 S. auch Art. 39 Abs. 1b der legislativen Entschließung des Europäischen Parlaments vom 12. März 2014 zu dem Vorschlag für eine Verordnung des Europäischen Parlaments und des Rates zum Schutz natürlicher Personen bei der Verarbeitung personenbezogener Daten und zum freien Datenverkehr (allgemeine Datenschutzverordnung) (COM(2012) 0011 – C7-0025/2012 – 2012/0011(COD)).

55 Vgl. Art. 43 Rn. 10 ff.

56 Vgl. Rn. 53.

35 Hinweise auf eine ausschließlich uneingeschränkte Genehmigung von Zertifizierungskriterien durch eine Aufsichtsbehörde enthält Art. 42 Abs. 5 nicht. Daher können in einen entsprechenden Verwaltungsakt auch Nebenbestimmungen aufgenommen werden.

36 Eine Zertifizierung kann jedoch – neben einer Zertifizierungsstelle nach Art. 43 – auch durch die zuständige Aufsichtsbehörde anhand von ihr gem. Art. 58 Abs. 3 lit. f genehmigter Kriterien erteilt werden (Art. 42 Abs. 5 S. 1). Demnach können nationale Aufsichtsbehörden ebenfalls Kriterien für eine Zertifizierung verabschieden. Die Doppelrolle der Aufsichtsbehörde als Zertifizierungsstelle sowie gleichzeitig akkreditierende Stelle[57] wird teilweise gerade bei kostenpflichtigen Zertifizierungen als konfliktträchtig gesehen.[58] Hintergrund sind die seitens des Düsseldorfer Kreises beschlossenen Empfehlungen, die die unterschiedlichen Ebenen in Gestalt der Zertifizierung und Akkreditierung trennen möchten.[59]

37 Eine Genehmigung über das Kohärenzverfahren der Grundverordnung gem. Art. 63 ff. ist bei den Zertifizierungskriterien – im Gegensatz zu den Kriterien für eine Akkreditierung einer Zertifizierungsstelle[60] – nicht zwingend. Sollte einer Angelegenheit eine allgemeine Geltung zukommen oder Auswirkungen in mehr als einem Mitgliedstaat haben, was bei einem Zertifizierungsverfahren mit europäischer Ausrichtung einschlägig sein kann, kann auf Antrag einer Aufsichtsbehörde, der Kommission oder des Vorsitzenden des Europäischen Datenschutzausschusses eine Prüfung durch den Ausschuss eingeleitet werden (vgl. Art. 64 Abs. 2). Dies ist jedoch fakultativ und stellt im Übrigen keine Rechtmäßigkeitsvoraussetzung für beabsichtigte Maßnahmen der Aufsichtsbehörden, so beispielsweise die Genehmigung einer Zertifizierung, dar.[61]

38 Vom Europäischen Datenschutzausschuss genehmigte Kriterien können zu einer europaweit gemeinsamen Zertifizierung in Gestalt des „Europäischen Datenschutzsiegels" führen (Art. 42 Abs. 5 S. 2). Ausweislich des Wortlauts steht es im Ermessen des Europäischen Datenschutzausschusses, ob und ggf. in welcher konkreten Ausgestaltung ihm vorgelegte Zertifizierungskriterien zu besagter europäischer Zertifizierung führen sollen. Wann die Genehmigung von Zertifizierungskriterien durch den Europäischen Datenschutzausschuss zu einem „Europäischen Datenschutzsiegel" führt, wird durch die Grundverordnung damit ebenso wenig konkretisiert, wie die die Frage nach der Möglichkeit der Vereinigung mehrerer Zertifizierungsverfahren unter einem „Europäischen Datenschutzsiegel".

39 Sonstige Zertifizierungen auf dem Markt – auch mit einer Aussage über die Rechtmäßigkeit einer Datenverarbeitung – bleiben weiterhin zulässig und genehmigungsfrei, sind allerdings nicht vom Anwendungsbereich der Art. 42 und 43 umfasst.[62] Ein damit verbundener Wettbewerbsnachteil ist nicht von der Hand zu weisen.

---

57 Vgl. Art. 43 Rn. 42.

58 Gola-*Lepperhoff* Datenschutz-Grundverordnung, Art. 42 Rn. 8.

59 *Düsseldorfer Kreis* Modelle zur Vergabe von Prüfzertifikaten, die im Wege der Selbstregulierung entwickelt und durchgeführt werden, Beschluss vom 25./26.2.2014, S. 2.

60 Vgl. Art. 43 Rn. 20 ff.

61 Vgl. Paal/Pauly-*Körffer* Art. 64 Rn. 4; a.A. Kühling/Buchner-*Caspar* Art. 64 Rn. 10.

62 Vgl. *Centre for Information Policy Leadership* GDPR Implementation Project, Certifications, Seals and Marks under the GDPR and Their Roles as Accountability Tools and Cross-Border Data Transfer Mechanisms (April 2017), S. 7.

6. Mitwirkungspflichten des Verantwortlichen oder Auftragsverarbeiters. Möchte ein Verantwortlicher oder Auftragsverarbeiter eine Zertifizierung beantragen oder verlängern, ist er zur Mitwirkung verpflichtet, in dem er der Zertifizierungsstelle oder ggf. der zuständigen Aufsichtsbehörde alle für die Durchführung des Verfahrens erforderlichen Informationen zur Verfügung stellt und erforderlichen Zugang zu seinen Verarbeitungstätigkeiten gewährt (Art. 42 Abs. 6). **40**

Durch die gesetzliche Mitwirkungspflicht werden gleichzeitig zumindest rudimentäre Vorgaben für ein Zertifizierungsverfahren auf Seiten der Zertifizierungsstelle formuliert. Insofern hat die Zertifizierungsstelle insbesondere Verfahren für eine Bewertung der Zertifizierung vorzusehen.[63] Eine stetige Verpflichtung der Zertifizierungsstelle vor Ort beim Verantwortlichen oder Auftragsverarbeiter zu prüfen wird hieraus nicht abgeleitet, kann aber für eine adäquate Prüftiefe sorgen.[64] Die Mitwirkungspflicht beschränkt sich auf „erforderliche Informationen" und einen „erforderlichen Zugang". Dies wird im Einzelfall anhand des Zertifizierungsgegenstandes zu beurteilen sein. Die Zertifizierung eines Auftragsverarbeiters wird beispielsweise regelmäßig nicht die Pflicht zur Vorlage von Unterlagen zu Datenschutz und Datensicherheit des eigenen Personalinformationssystems des Dienstleisters beinhalten können. **41**

Kommt der Antragsteller seiner Mitwirkungspflicht nicht nach, ist von der Folge der Nichterteilung einer Zertifizierung auszugehen, auch wenn das Gesetz diese Folge nicht ausdrücklich formuliert.[65] Gemäß Art. 83 Abs. 2 lit. a ist eine unzureichende oder unterlassene Mitwirkung ferner bußgeldbewährt. Eine spätere Sanktionierung des Art. 42 Abs. 6 ist insbesondere dann denkbar, wenn eine Zertifizierung auf unvollständiger oder unrichtiger Tatsachengrundlage getroffen wurde. Sollte ein Antragsteller einen oder mehrere Auftragsverarbeiter für eine Verarbeitung einsetzen, die in eine Zertifizierung miteinbezogen werden sollen, sollte er sich deren Unterstützung hinsichtlich der Vorgaben des Art. 42 Abs. 6 vertraglich zusichern lassen. **42**

7. Überprüfung und Widerruf von Zertifikaten. Zertifikate sind zu widerrufen, wenn die Voraussetzungen nicht mehr vorliegen (Art. 42 Abs. 7 S. 2). Der irreführende Hinweis der deutschen Sprachfassung der Grundverordnung „wird gegebenenfalls [...] widerrufen", sieht mit Blick auf die englischsprachige Fassung „shall be withdrawn" eine Verpflichtung vor. Die Zertifizierungsstelle hat die zuständige Aufsichtsbehörde hierüber zu informieren.[66] **43**

Die Frage nach den „Voraussetzungen für eine Zertifizierung" bedingt einen Überwachungsprozess auf Seiten der Zertifizierungsstelle auch während einer bestehenden Gültigkeit einer Zertifizierung. Insofern verpflichtet Art. 57 Abs. 1 lit. o die Aufsichtsbehörde zur Überwachung erteilter Zertifizierungen, die sie als Zertifizierungsstelle erteilt hat. Für andere Zertifizierungsstelle als die Aufsichtsbehörde ergibt sich diese Vorgabe aus Art. 43 Abs. 2 lit. c, der im Rahmen der Akkreditierung Verfahren für die regelmäßige Überprüfung von Zertifizierungen fordert. Die Ausgestaltung des Überwachungsprozesses obliegt der Zertifizierungsstelle, wobei eine dauerhafte Überwachung der zertifizierten Stellen abseits von einem Zertifizierungsaudit als zu weitge- **44**

63 Vgl. Art. 43 Rn. 27.
64 *Schwartmann/Weiß* RDV 2016, 68 (72).
65 Vgl. BeckOK DatenSR-*Eckhardt* Art. 42 Rn. 56.
66 Vgl. Art. 43 Rn. 28.

hend angesehen werden muss. Stichprobenkontrollen oder Kontrollen auf Basis von Eingaben Betroffener müssen hier ausreichend sein.

45 Da ein Zertifikat gem. Art. 42 lediglich bestätigt, dass eine Verarbeitung im Einklang mit der Grundverordnung steht, dürfte ein Widerruf in der Regel auch bedeuten, dass die betroffene Verarbeitung rechtlich unzulässig ist.[67]

46 **8. Rechtsfolge einer Zertifizierung/Selbstbindung der Verwaltung.** Art. 42 Abs. 4 stellt klar, dass der Verantwortliche oder der Auftragsverarbeiter trotz einer bestehenden Zertifizierung weiterhin die Grundverordnung einzuhalten hat. Verantwortliche oder der Auftragsverarbeiter sind entsprechend zu einem rechtskonformen Verhalten verpflichtet. Ebenso bleiben die Aufgaben und Befugnisse der Aufsichtsbehörden durch eine Zertifizierung unangetastet. Abhilfe- oder Sanktionsmaßnahmen einer Aufsichtsbehörde, die sich auf den Gegenstand einer erteilten Zertifizierung beziehen, sind demnach als Ausdruck ihrer unabhängigen Aufgabenwahrnehmung[68] weiterhin möglich. Insofern beinhalt eine Zertifizierung eine Konformitätsvermutung hinsichtlich der Einhaltung der Grundverordnung, ohne hierfür einen Beweis zu erbringen. Eine unmittelbare Rechtsfolge tritt durch die Zertifizierung daher nicht ein.[69]

47 Gleichwohl sollen nach Art. 42 Abs. 1 Hs. 2 Zertifizierungsverfahren den Nachweis erbringen können, dass die Verordnung bei Verarbeitungsvorgängen eingehalten wird. Dies soll jedoch nach Maßgabe der Grundverordnung nicht zu einer uneingeschränkten Selbstbindung der Verwaltung im Falle einer erteilten Zertifizierung führen. Dies unterstreicht auch Art. 58 Abs. 2 lit. h, der es der Aufsichtsbehörde ermöglicht, eine Zertifizierung selbst zu widerrufen oder eine Zertifizierungsstelle hierzu anzuweisen. Folglich kann eine Aufsichtsbehörde eine Zertifizierung jederzeit „anfechten", so wenn beispielsweise Anhaltspunkte vorliegen, dass ein Zertifikat unter falschen Annahmen bzw. Angaben erteilt worden ist oder gleichzeitig Gründe vorliegen, die den Widerruf der Akkreditierung der Zertifizierungsstelle rechtfertigen würden.[70] Dies muss auch für den Fall gelten, dass eine Aufsichtsbehörde selbst als Zertifizierungsstelle auftritt, was in der Architektur der DS-GVO vorgesehen ist.[71] Letzteres wäre jedoch mit einer gesteigerten Darlegungslast der Aufsichtsbehörde verbunden, da die eigene, zuvor positiv ausgefallene Entscheidung bezüglich einer Datenverarbeitung, nunmehr revidiert wird.

48 Eine Zertifizierung auf Ebene eines Mitgliedstaates auf Basis einer Akkreditierung entfaltet keine automatische Wirkung in anderen Mitgliedstaaten, zumal die Akkreditierung national geregelt wird[72] und die Kompetenzen der Aufsichtsbehörde durch eine Zertifizierung nicht berührt werden.[73] Hierzu bedürfe es auf Ebene der Mitgliedstaaten einer gegenseitigen Anerkennung, so beispielsweise über entsprechende Ver-

67 *Laue/Nink/Kremer* S. 266.
68 Vgl. Art. 51 Rn. 65.
69 Vgl. *Lachaud* The General Data Protection Regulation Contributes to the Rise of Certification as Regulatory Instrument, (March 25, 2017), S. 13.
70 Vgl. *Spindler* ZD 2016, 407 (413).
71 Vgl. Rn. 57 ff.
72 Vgl. Art. 43 Rn. 6 ff.
73 Vgl. Art. 43 Abs. 1.

einbarungen.[74] Sollte ein Zertifizierungsverfahren eine Angelegenheit mit allgemeiner Bedeutung darstellen oder Auswirkungen in mehr als einem Mitgliedstaat haben, kann eine territoriale Ausdehnung der Anerkennung lediglich seiner Zertifizierungskriterien erfolgen.[75] Dies führt jedoch zu keiner automatischen Anerkennung einer Zertifizierung in allen Mitgliedstaaten.

Zertifizierungsverfahren können entweder den Nachweis der Gesetzeskonformität vollständig erbringen oder eine Behörde hält zusätzliche Faktoren für notwendig. Dies ist ebenfalls Ausdruck der fehlenden Selbstbindung der Verwaltung.[76] **49**

Zwar bleiben die Kompetenzen und Aufgaben der Aufsichtsbehörde durch eine Zertifizierung unangetastet, allerdings soll eine solche nach Art. 83 Abs. 2 lit. j bei der Frage, ob eine Sanktionierung eines Datenschutzverstoßes über eine Geldbuße erfolgen soll bzw. falls ja in welcher Höhe, gebührend berücksichtigt werden. Haftungsrisiken können durch eine Zertifizierung demnach reduziert werden.[77] **50**

9. Gültigkeit von Zertifikaten. Die Gültigkeit eines Zertifikats ist auf maximal drei Jahre begrenzt, wobei eine Mindestgültigkeit gesetzlich nicht vorgeschrieben ist (Art. 42 Abs. 7 S. 1). Grund für die Festlegung einer maximalen Gültigkeitsdauer ist die technische Weiterentwicklung und eine sich hieraus möglicherweise ergebende Notwendigkeit zur Anpassung technisch-organisatorischer Maßnahmen.[78] Der Wortlaut der Norm erlaubt auch kürzere Laufzeiten. Ein Zertifikat kann unter denselben Bedingungen verlängert werden, wenn die einschlägigen Voraussetzungen weiterhin erfüllt werden (Art. 42 Abs. 7 S. 1). Unter „denselben Bedingungen" ist das Verfahren der erstmaligen Prüfung zu verstehen, das insoweit wiederholt wird. Dies beinhaltet auch die erneute Gültigkeitsdauer z.B. von maximal drei Jahren.[79] **51**

10. Rechtsfolgen von Verstößen. Art. 83 Abs. 4 lit. a sieht für Verstöße gegen die Vorgaben des Art. 42 für Verantwortliche oder Auftragsverarbeiter eine Geldbuße von bis zu 10 Mio. EUR oder zwei Prozent des gesamten weltweit erzielten Jahresumsatzes des vorausgegangenen Geschäftsjahrs – je nachdem welcher Betrag höher ist – vor. In diesem Zusammenhang regelt allein Art. 42 Abs. 6 Pflichten von Verantwortlichen oder Auftragsverarbeitern im Rahmen eines Zertifizierungsverfahrens in Gestalt der Zurverfügungstellung erforderlicher Informationen sowie eines Zugangs zu den Datenverarbeitungen.[80] Nur solche Verstöße können daher über Art. 83 Abs. 4 lit. a geahndet werden. **52**

11. Publizität von Zertifizierungsverfahren. Der Europäische Datenschutzausschuss nimmt alle Zertifizierungsverfahren und Datenschutzsiegel in ein Register auf und macht sie in angemessener Weise öffentlich zugänglich (Art. 42 Abs. 8; Art. 43 Abs. 6). **53**

---

74 *Lachaud* The General Data Protection Regulation Contributes to the Rise of Certification as Regulatory Instrument, (March 25, 2017), S. 15.
75 Zum Europäischen Datenschutzsiegel siehe Rn. 53.
76 Zur Frage der überobligatorischen Einhaltung der Grundverordnung über eine Zertifizierung vgl. Rn. 54.
77 So, auch *Karper* PiNG 2016, 201 (201).
78 *Krings/Mammen* RDV 2015, 231 (233).
79 Vgl. *Lachaud* Why the certification process defined in the General Data Protection Regulation cannot be successful, Computer Law & Security Review Volume 32, Issue 6, 814 (818).
80 Vgl. Kühling/Buchner-*Bergt* Art. 42 Rn. 34.

Diese Transparenzvorgabe bezieht sich auf bestehende Verfahren und nicht auf das Ergebnis einer Zertifizierung. Die Norm ist demnach als Marktübersicht zu werten und verschafft Verantwortlichen, Auftragsverarbeitern, Betroffenen sowie Marktteilnehmern einen Überblick über das Repertoire an Verfahren im Sinne des Art. 42.

C. Praxishinweise

I. Relevanz für öffentliche Stellen

54 Zertifizierungen ermöglichen es sowohl öffentlichen wie nicht-öffentlichen Stellen, einen Nachweis für eine rechtskonforme Verarbeitung personenbezogener Daten im Sinne der Grundverordnung zu erbringen. Auch im öffentlichen Bereich ist das Bedürfnis nach einer rechtskonformen Verarbeitung groß, zumal auch hier zunehmend eine Zentralisierung von Datenverarbeitungsprozessen stattfindet. Die Bündelung der Verarbeitungen bei einem oder mehreren Dienstleistern beispielsweise wirft Fragen hinsichtlich einer Rechtskonformität auf, die es zu beantworten gilt. Zertifikate können das Vertrauen in öffentlich-rechtliche Auftragsverarbeiter und Verantwortliche entsprechend steigern.

II. Relevanz für nichtöffentliche Stellen

55 Selbiges gilt für nichtöffentliche Stellen, auch in diesem Bereich ist das Bedürfnis nach einer sichtbaren Rechtskonformität groß. Hierbei können einheitliche Rahmenbedingungen über die Grundverordnung einen wichtigen Beitrag leisten. Datenverarbeiter, die möglicherweise nicht über die Ressourcen für das Durchlaufen einer Zertifizierung verfügen, können sich die Publizitätsanforderungen der Grundverordnung bezüglich des Zertifizierungsverfahrens und ihrer Kriterien zunutze machen und im Zuge einer Eigenkontrolle die Einhaltung dieser Kriterien überprüfen[81], wenn auch die Aussagekraft dieser Eigenkontrolle im Vergleich zu einer unabhängigen Prüfung durch einen Auditor eingeschränkt ist.

III. Relevanz für betroffene Personen

56 Betroffene können in ihrem Vertrauen in die Verarbeitung personenbezogener Daten durch einen Verantwortlichen oder Auftragsverarbeiter durch standardisierte und transparente Verfahren gestärkt werden.[82] Ferner helfen Zertifizierungsverfahren bei der Qualität der Verarbeitung personenbezogener Daten, wodurch der Betroffene ebenfalls profitieren kann.

IV. Relevanz für Aufsichtsbehörden

57 Aufsichtsbehörden werden umfassend in Zertifizierungsverfahren nach der Grundverordnung mit einbezogen. Dies umfasst u.a. die Verabschiedung von Akkreditierungsvoraussetzungen[83], die Genehmigung von Zertifizierungskriterien sowie den Widerruf einer Zertifizierung. Daneben bestehen auch Mitgestaltungsmöglichkeiten mittels der

81 S. nach der alten Rechtsgrundlage bereits der öffentlich zugängliche Datenschutzstandard DS-BvD-GDD-01 für Auftragsdatenverarbeiter.

82 Vgl. *Schwartmann/Weiß (Hrsg.)* Whitepaper zur Pseudonymisierung der Fokusgruppe Datenschutz der Plattform Sicherheit, Schutz und Vertrauen für Gesellschaft und Wirtschaft im Rahmen des Digital-Gipfels 2017, S. 8.

83 Vgl. hierzu Art. 43 Rn. 10 ff.

Entwicklung eigener Kriterien für eine Zertifizierung. In einem solchen Fall müssen auch Überwachungsprozesse auf Seiten der Behörde bestehen, um eigene Zertifikate zu bewerten und zu widerrufen. Über das Kohärenzverfahren besteht die Möglichkeit, europaweit einheitliche Standards für die Zertifizierung zu setzen. Insofern kann ein Zertifizierungsverfahren nach Genehmigung der zugrunde liegenden Kriterien durch den Europäischen Datenschutzausschuss zu einem „Europäischen Datenschutzsiegel" führen.

V. Relevanz für das Datenschutzmanagement

Aufgrund des weiten Anwendungsbereichs der Zertifizierungen in der Grundverordnung kann auch ein Datenschutzmanagement nach Art. 24 Abs. 1 einer Zertifizierung unterzogen werden, um eine Konformität mit dem Gesetz zum Ausdruck zu bringen. Datenverarbeiter werden desbezüglich von Initiativen durch Zertifizierungsstellen oder Aufsichtsbehörden abhängig sein. Ob beispielsweise der vom Institut für Wirtschaftsprüfer entwickelte Standard IDW PS 980, der Anforderungen an ein Compliance Management System stellt[84], als Zertifizierungsverfahren nach Art. 42 genehmigt werden soll, ist derzeit noch nicht bekannt. **58**

84 https://www.idw.de/idw/verlautbarungen/idw-ps-980/43124 (zuletzt abgerufen am 8.3.2018).

Artikel 43 Zertifizierungsstellen

(1) [1]Unbeschadet der Aufgaben und Befugnisse der zuständigen Aufsichtsbehörde gemäß den Artikeln 57 und 58 erteilen oder verlängern Zertifizierungsstellen, die über das geeignete Fachwissen hinsichtlich des Datenschutzes verfügen, nach Unterrichtung der Aufsichtsbehörde – damit diese erforderlichenfalls von ihren Befugnissen gemäß Artikel 58 Absatz 2 Buchstabe h Gebrauch machen kann – die Zertifizierung. [2]Die Mitgliedstaaten stellen sicher, dass diese Zertifizierungsstellen von einer oder beiden der folgenden Stellen akkreditiert werden:

a) der gemäß Artikel 55 oder 56 zuständigen Aufsichtsbehörde;

b) der nationalen Akkreditierungsstelle, die gemäß der Verordnung (EG) Nr. 765/2008 des Europäischen Parlaments und des Rates[1] im Einklang mit EN-ISO/IEC 17065/2012 und mit den zusätzlichen von der gemäß Artikel 55 oder 56 zuständigen Aufsichtsbehörde festgelegten Anforderungen benannt wurde.

(2) Zertifizierungsstellen nach Absatz 1 dürfen nur dann gemäß dem genannten Absatz akkreditiert werden, wenn sie

a) ihre Unabhängigkeit und ihr Fachwissen hinsichtlich des Gegenstands der Zertifizierung zur Zufriedenheit der zuständigen Aufsichtsbehörde nachgewiesen haben;

b) sich verpflichtet haben, die Kriterien nach Artikel 42 Absatz 5, die von der gemäß Artikel 55 oder 56 zuständigen Aufsichtsbehörde oder – gemäß Artikel 63 – von dem Ausschuss genehmigt wurden, einzuhalten;

1 Verordnung (EG) Nr. 765/2008 des Europäischen Parlaments und des Rates vom 9. Juli 2008 über die Vorschriften für die Akkreditierung und Marktüberwachung im Zusammenhang mit der Vermarktung von Produkten und zur Aufhebung der Verordnung (EWG) Nr. 339/93 des Rates (ABl. L 218 vom 13.8.2008, S. 30).

c) Verfahren für die Erteilung, die regelmäßige Überprüfung und den Widerruf der Datenschutzzertifizierung sowie der Datenschutzsiegel und -prüfzeichen festgelegt haben;

d) Verfahren und Strukturen festgelegt haben, mit denen sie Beschwerden über Verletzungen der Zertifizierung oder die Art und Weise, in der die Zertifizierung von dem Verantwortlichen oder dem Auftragsverarbeiter umgesetzt wird oder wurde, nachgehen und diese Verfahren und Strukturen für betroffene Personen und die Öffentlichkeit transparent machen, und

e) zur Zufriedenheit der zuständigen Aufsichtsbehörde nachgewiesen haben, dass ihre Aufgaben und Pflichten nicht zu einem Interessenkonflikt führen.

(3) [1]Die Akkreditierung von Zertifizierungsstellen nach den Absätzen 1 und 2 erfolgt anhand der Kriterien, die von der gemäß Artikel 55 oder 56 zuständigen Aufsichtsbehörde oder – gemäß Artikel 63 – von dem Ausschuss genehmigt wurden. [2]Im Fall einer Akkreditierung nach Absatz 1 Buchstabe b des vorliegenden Artikels ergänzen diese Anforderungen diejenigen, die in der Verordnung (EG) Nr. 765/2008 und in den technischen Vorschriften, in denen die Methoden und Verfahren der Zertifizierungsstellen beschrieben werden, vorgesehen sind.

(4) [1]Die Zertifizierungsstellen nach Absatz 1 sind unbeschadet der Verantwortung, die der Verantwortliche oder der Auftragsverarbeiter für die Einhaltung dieser Verordnung hat, für die angemessene Bewertung, die der Zertifizierung oder dem Widerruf einer Zertifizierung zugrunde liegt, verantwortlich. [2]Die Akkreditierung wird für eine Höchstdauer von fünf Jahren erteilt und kann unter denselben Bedingungen verlängert werden, sofern die Zertifizierungsstelle die Anforderungen dieses Artikels erfüllt.

(5) Die Zertifizierungsstellen nach Absatz 1 teilen den zuständigen Aufsichtsbehörden die Gründe für die Erteilung oder den Widerruf der beantragten Zertifizierung mit.

(6) [1]Die Anforderungen nach Absatz 3 des vorliegenden Artikels und die Kriterien nach Artikel 42 Absatz 5 werden von der Aufsichtsbehörde in leicht zugänglicher Form veröffentlicht. [2]Die Aufsichtsbehörden übermitteln diese Anforderungen und Kriterien auch dem Ausschuss. [3]Der Ausschuss nimmt alle Zertifizierungsverfahren und Datenschutzsiegel in ein Register auf und veröffentlicht sie in geeigneter Weise.

(7) Unbeschadet des Kapitels VIII widerruft die zuständige Aufsichtsbehörde oder die nationale Akkreditierungsstelle die Akkreditierung einer Zertifizierungsstelle nach Absatz 1, wenn die Voraussetzungen für die Akkreditierung nicht oder nicht mehr erfüllt sind oder wenn eine Zertifizierungsstelle Maßnahmen ergreift, die nicht mit dieser Verordnung vereinbar sind.

(8) Der Kommission wird die Befugnis übertragen, gemäß Artikel 92 delegierte Rechtsakte zu erlassen, um die Anforderungen festzulegen, die für die in Artikel 42 Absatz 1 genannten datenschutzspezifischen Zertifizierungsverfahren zu berücksichtigen sind.

(9) [1]Die Kommission kann Durchführungsrechtsakte erlassen, mit denen technische Standards für Zertifizierungsverfahren und Datenschutzsiegel und -prüfzeichen sowie Mechanismen zur Förderung und Anerkennung dieser Zertifizierungsverfahren und Datenschutzsiegel und -prüfzeichen festgelegt werden. [2]Diese Durchführungsrechtsakte werden gemäß dem in Artikel 93 Absatz 2 genannten Prüfverfahren erlassen.

- *ErwG: 100*
- *BDSG n.F.:§ 39*
- *Verordnung (EG) Nr. 765/2008*
- *EN-ISO/IEC 17065*

Übersicht

Literatur: *Centre for Information Policy Leadership* GDPR Implementation Project, Certifications, Seals and Marks under the GDPR and Their Roles as Accountability Tools and Cross-Border Data Transfer Mechanisms (April 2017); *Dimitropoulos* Zertifizierung und Akkreditierung im Internationalen Verwaltungsverbund (2012); *Ehmann/Selmayr* DS-GVO – Datenschutz-Grundverordnung (2017); *Kühling/Buchner* Datenschutz-Grundverordnung: DS-GVO (2017); Lachaud, Why the certification process defined in the General Data Protection Regulation cannot be successful, Computer Law & Security Review Volume 32, Issue 6, 814; *Laue/Nink/Kremer* Das neue Datenschutzrecht in der betrieblichen Praxis (2016); *Plath* BDSG/DSGVO – Kommentar zum BDSG und zur DSGVO sowie den Datenschutzbestimmungen des TMG und TKG (2016); *Schwartmann/Weiß* Ko-Regulierung vor einer neuen Blüte – Verhaltensregelungen und Zertifizierungsverfahren nach der Datenschutzgrundverordnung (Teil 1), RDV 2016, 68–73; *dies.* Ko-Regulierung vor einer neuen Blüte – Impulse für datenschutzspezifische Zertifizierungsverfahren und Verhaltensregeln (Teil 2) RDV 2016, 240–245; *Spindler* Selbstregulierung und Zertifizierungsverfahren nach der DS-GVO – Reichweite und Rechtsfolgen der genehmigten Verhaltensregeln, ZD 2016, 407; *Wolff/Brink* BeckOK Datenschutzrecht (2017); *WP 29* Draft Guidelines on the accreditation of certification bodies under Regulation (EU) 2016/679.

A. Einordnung und Hintergrund

I. Erwägungsgründe

Für die gesetzliche Regelung der Zertifizierungsstellen über Art. 43 gibt es keine unmittelbaren Hinweise über einen Erwägungsgrund. ErwG 100 enthält einen Fördergedanken für Zertifizierungsverfahren und gibt erste Hinweise bezüglich eines Zertifizierungsgegenstands. 1

II. BDSG n.F.

2 Das BDSG n.F. regelt über § 39 die nationale Umsetzung der zuständigen Akkreditierungsstelle für Zertifizierungsanbieter und die dabei zu beachtenden Anforderungen aus dem Akkreditierungsstellengesetz.

III. Normengenese und -umfeld

3 **1. DSRL.** Die DSRL 95/46/EG befasste sich nicht ausdrücklich mit Zertifizierungsverfahren im Datenschutz, sondern lediglich mit bereichsspezifischen Verhaltensregeln.[2]

4 **2. BDSG a.F.** In § 9a BDSG a.F. fand sich eine Programmnorm des Gesetzgebers für ein Datenschutzaudit, wobei die nähere Ausgestaltung einem gesonderten Gesetz überlassen wurde.[3]

5 **3. WP der Art.-29-Datenschutzgruppe.** Ein dediziertes WP der Art.-29-Datenschutzgruppe wurde für gesetzliche Anforderungen an Zertifizierungsstellen bzw. deren Konkretisierung in der Grundverordnung bis dato nicht veröffentlicht. Ausführungen zum Zusammenspiel zwischen der Rechenschaftspflicht und Zertifizierungsverfahren finden sich in der Stellungnahme 3/2010 zum Grundsatz der Rechenschaftspflicht.[4] Hinweise zur Akkreditierung von Zertifizierungsstellen finden sich im WP 261.[5]

B. Kommentierung

I. Überblick

6 Art. 43 regelt die Akkreditierung von Zertifizierungsstellen, die Zertifikate nach Art. 42 erteilen oder verlängern können sowie den Widerruf einer solchen. Dies beinhaltet die Kompetenzzuweisung für das Formulieren von Akkreditierungskriterien auf nationaler Ebene. Den Mitgliedstaaten wird hinsichtlich der für die Akkreditierung zuständigen Stelle ein Wahlrecht eingeräumt.[6] Ein harmonisiertes Vorgehen besteht wiederum bei der Frage der Höchstdauer einer Akkreditierung, die fünf Jahren betragen soll. Transparenzvorgaben sorgen dafür, dass Akkreditierungskriterien nach diesem Artikel und Kriterien einer Zertifizierung nach Art. 42 in leicht zugänglicher Form veröffentlicht werden.

7 Zertifizierungsstellen dürfen nur unter den in Art. 43 Abs. 2 genannten Voraussetzungen akkreditiert werden, was die Schaffung von Verfahrensstrukturen bedingt. Anhaltspunkte für eine fehlende Unabhängigkeit oder Fachkunde einer Zertifizierungsstelle dürfen nicht bestehen.[7] Darüber hinaus werden die Erteilung und der Widerruf von Zertifikaten sowie die hierbei bestehende Verantwortlichkeit der Zertifizierungsstelle geregelt.

---

2 Vgl. BeckOK DatenschutzR-*Schantz* BDSG, § 9a Rn. 8.

3 Vgl. hierzu Art. 42 Rn. 4.

4 WP 29, Stellungnahme 3/2010 zum Grundsatz der Rechenschaftspflicht (WP 173); vgl. auch Art. 42 Rn. 18.

5 *WP 29* Draft Guidelines on the accreditation of certification bodies under Regulation (EU) 2016/679.

6 Siehe hierzu Rn. 10 ff.

7 Siehe hierzu Rn. 22 ff.

Konkretisierungen hinsichtlich der Anforderungen, die in Zertifizierungsverfahren zu berücksichtigen sind, können von der Europäischen Kommission formuliert werden, was auch mittels technischer Standards erfolgen kann. Diese Konkretisierungsmöglichkeiten beziehen sich nicht auf Regelungsinhalte des Art. 43 sondern auf Zertifizierungsverfahren nach Art. 42. Der Europäische Datenschutzausschuss wiederum kann für einen einheitlichen europäischen Rahmen für Akkreditierungskriterien sorgen. Diesbezüglich besteht seitens der Aufsichtsbehörden gem. Art. 64 Abs. 1 S. 2 lit. c eine Vorlagepflicht, an die sich eine Stellungahme des Ausschusses anschließt. **8**

II. Sinn und Zweck der Regelung

Die Norm möchte ein einheitliches Verfahren für eine Akkreditierung von Zertifizierungsstellen schaffen und sorgt für gesetzliche Rahmenbedingungen auf Seiten der Zertifizierungsstellen. Die bei einer Zertifizierungsstelle betriebenen Verfahren sollen für die Öffentlichkeit möglichst transparent sein. Die Norm gibt ein Zusammenspiel zwischen aufsichtsbehördlicher Überwachung und einer Selbstregulierung wieder. **9**

III. Norminhalt

1. Akkreditierung. Die Grundverordnung verlangt die Akkreditierung einer Zertifizierungsstelle entweder durch die zuständige Aufsichtsbehörde (Art. 43 Abs. 1 S. 2 lit. a) oder durch eine nationale Akkreditierungsstelle (Art. 43 Abs. 1 S. 2 lit. b) und sorgt für eine verpflichtende Umsetzung des Fördergedankens aus Art. 42 Abs. 1 durch Schaffung einer Akkreditierungsstelle. **10**

Der deutsche Gesetzgeber hat sich für die Übertragung der Akkreditierungszuständigkeit auf die Deutsche Akkreditierungsstelle (DAkkS) entschieden und das hierbei zu beachtende Verfahren in § 39 BDSG n.F. geregelt.[8] Die noch unklare Auslegungsfrage der Grundverordnung, ob im Falle der Akkreditierung durch eine nationale Aufsichtsbehörde gem. Art. 43 Abs. 1 S. 2 lit. a die zusätzlichen Anforderungen des Art. 43 Abs. 1 S. 2 lit. b ebenso gelten sollen, stellt sich in Deutschland damit nicht. Art 43 Abs. 1 S. 2 lit. b verlangt eine Benennung der nationalen Akkreditierungsstelle gemäß der bereits bestehenden Akkreditierungsvorschrift in Gestalt der Verordnung (EG) Nr. 765/2008 im Einklang mit der Norm EN-ISO/IEC 17065:2012. Die Verordnung (EG) Nr. 765/2008 beinhaltet Vorschriften für die Akkreditierung und Marktüberwachung im Zusammenhang mit der Vermarktung von Produkten.[9] Sie zielt darauf ab, einen EU-weiten Rechtsrahmen für die Akkreditierung vorzusehen und verpflichtet die Mitgliedstaaten zur Etablierung einer einzigen nationalen Akkreditierungsstelle.[10] In Deutschland wurde hierzu die besagte DAkkS weit vor Verabschiedung der Grundverordnung etabliert. Die internationale Norm EN-ISO/IEC 17065:2012 legt Anforderungen fest, die sicherstellen sollen, dass Zertifizierungspro- **11**

---

8 Siehe hierzu Rn. 14 ff.

9 Verordnung (EG) Nr. 765/2008 des Europäischen Parlaments und des Rates vom 9. Juli 2008 über die Vorschriften für die Akkreditierung und Marktüberwachung im Zusammenhang mit der Vermarktung von Produkten und zur Aufhebung der Verordnung (EWG) Nr. 339/93 des Rates, ABL. OJ L 218, 13.8.2008, S. 30–47.

10 Vgl. Verordnung (EG) Nr. 765/2008 des Europäischen Parlaments und des Rates vom 9. Juli 2008 über die Vorschriften für die Akkreditierung und Marktüberwachung im Zusammenhang mit der Vermarktung von Produkten und zur Aufhebung der Verordnung (EWG) Nr. 339/93 des Rates, ABL. OJ L 218, 13.8.2008, Art. 4.

gramme durch Zertifizierungsstellen kompetent, konsequent und unparteiisch betrieben werden. Dadurch soll die Anerkennung solcher Stellen sowie die Akzeptanz zertifizierter Produkte, Prozesse und Dienstleistungen auf nationaler und internationaler Ebene erleichtert und der internationale Handel gefördert werden.[11]

12 Art. 43 Abs. 1 S. 2 lit. b verweist, neben den oben angeführten Vorgaben, auf „zusätzliche, von der zuständigen Aufsichtsbehörde festgelegte Anforderungen". Das Abfassen von Kriterien einer Akkreditierung ist zunächst eine der Aufsichtsbehörde unmittelbar zugewiesene Aufgabe (vgl. Art. 57 Abs. 1 lit. p). Dies ist nachzuvollziehen, zumal die Sachnähe zum Datenschutz im Falle einer universalen nationalen Akkreditierungsstelle nicht per se angenommen werden kann.[12]. Welche „zusätzlichen Anforderungen" gestellt werden können, wird über die Grundverordnung selbst nicht spezifiziert, sondern liegt in der Kompetenz der Aufsichtsbehörden, wobei eine Umsetzung hierzu bis dato nicht erfolgt ist. Damit bleibt es derzeit noch bei den rudimentären Anforderungen des Art. 43 Abs. 3. Darüber hinaus bestehen zusätzliche Akkreditierungsvorgaben seitens der DAkkS, so insbesondere Festlegungen für die Anwendung der EN-ISO/IEC 17065.[13]

13 Kriterienkataloge der Aufsichtsbehörde sind dem Europäischen Datenschutzausschuss zur Prüfung vorzulegen, um das Kohärenzverfahren nach Art. 63 ff. zu gewährleisten (Art. 64 Abs. 1 S. 2 lit. c). Die Vorlage hat vorab der Billigung der nationalen Behörde zu erfolgen. Hintergrund ist das Ziel einer kohärenten Anwendung der Akkreditierungsanforderungen durch generelle Leitlinien des Ausschusses. Bestehen zwischen Aufsichtsbehörde und Ausschuss unterschiedliche Standpunkte hinsichtlich der Akkreditierungskriterien, ist nach Art. 64 Abs. 7, Abs. 8, 65 das Streitbeilegungsverfahren durchzuführen, das in der Regel mit einem verbindlichen Entschluss des Ausschusses endet (vgl. Art. 65 Abs. 1). Akkreditierungskriterien, die nicht dem Ausschuss vorgelegt wurden, sind unwirksam.[14]

14 **§ 39 BDSG n.F.** regelt die Akkreditierung von Zertifizierungsstellen in Deutschland und folgt dem Regelungsauftrag des Art. 43 Abs. 1 S. 1. Hierbei wird sprachlich zwischen der Erteilung einer Befugnis, als Zertifizierungsstelle tätig werden zu dürfen und der Akkreditierung unterschieden. Zuständig für die Akkreditierung einer Zertifizierungsstelle soll die DAkkS sein, während die Erteilung der Befugnis durch die für die Zertifizierungsstelle zuständige Aufsichtsbehörde erfolgt. Der Gesetzgeber hat sich demnach für ein Hybridverfahren bei der Akkreditierung entschieden, das die Genehmigung der Aufsichtsbehörde sowie die Akkreditierung durch die DAkkS voraussetzt. Dies dürfte sich im Rahmen der Ermächtigung aus Art. 43 Abs. 1 S. 2 lit. b bewegen, auch wenn eine zusätzliche Genehmigung durch eine Aufsichtsbehörde vom Wortlaut der Norm nicht unmittelbar erfasst ist. Der Normtext sieht im Falle einer Akkreditierung durch eine nationale Akkreditierungsstelle die Festlegung zusätzlicher Anforderungen durch eine Aufsichtsbehörde vor. Insoweit werden Mitwirkungsrechte durch die Aufsichtsbehörde begründet, die in Deutschland durch den Genehmigungsakt und die zugrunde liegenden zusätzlichen Anforderungen formali-

---

11 Vgl. EN-ISO/IEC 17065:2012, S. 6.
12 Vgl. *Schwartmann/Weiß* RDV 2/2016, 68 (70).
13 Vgl. https://www.dakks.de/sites/default/files/71_sd_0_013_anwendung_17065_20141204_v1.1.pdf (zuletzt abgerufen am 9.3.2018).
14 Vgl. Ehmann/Selmayr-*Will* Datenschutz-Grundverordnung Art. 43 Rn. 9.

siert werden. § 39 S. 2 BDSG n.F. verweist auf das bestehende Akkreditierungsstellengesetz (AkkStelleG), das den Datenschutz bis dato nicht expressis verbis in seinen Regelungen berücksichtigt hat.

Die Akkreditierung wird in § 1 Abs. 1 S. 1 AkkStelleG als hoheitliche Tätigkeit definiert, die durch die DAkkS durchgeführt wird. § 3 AkkStelleG regelt die Befugnisse dieser Stelle, die mit hoheitlichen Befugnissen ausgestattet ist und die erforderlichen Maßnahmen zur Sicherstellung der Kompetenz der Konformitätsbewertungsstellen treffen kann.[15] Die Begrifflichkeit der „Konformitätsbewertungsstelle“ kann im Übrigen mit der einer „Zertifizierungsstelle“ gleichgesetzt werden.[16] D.h. die Regelung des § 3 AkkStelleG enthält entsprechend Befugnisse der DAkkS zur Sicherstellung der Kompetenzen einer Zertifizierungsstelle nach Art. 43. **15**

Die in „anderen Rechtsvorschriften“ geregelte Zuständigkeit von Behörden, die Befugnis zu erteilen, um als Konformitätsstelle bzw. im Wortlaut der Grundverordnung als Zertifizierungsstelle tätig zu werden, wird explizit auf die Aufsichtsbehörden im Datenschutz übertragen (vgl. § 1 Abs. 2 S. 2 AkkStelleG). Hierbei kann sich die DAkkS im Zuge der Überwachung der akkreditierten Konformitätsbewertungsstellen der Aufsichtsbehörden im Datenschutz als „Genehmiger“ bedienen (§ 2 Abs. 3 S. 2 AkkStelleG). § 4 Abs. 3 AkkStelleG stellt klar, dass die Akkreditierungsentscheidung der DAkkS im Einvernehmen mit der „begutachtenden“, sprich der zuständigen Aufsichtsbehörde im Datenschutz hinsichtlich der Genehmigung für das Operieren als Konformitätsbewertungsstelle, erfolgen soll. Hierzu ist geplant, Vertreter der Aufsichtsbehörden in den Akkreditierungsausschuss der DAkkS zu berufen, um über die Akkreditierung zu entscheiden. Im Falle einer positiven Entscheidung über eine Akkreditierung kann bei der zuständigen Aufsichtsbehörde der Antrag auf Erteilung der Befugnis als Zertifizierungsstelle gem. Art. 43 Abs. 1 S. 1 tätig zu werden, gestellt werden. **16**

Gemäß § 8 Abs. 1 AkkStelleG können auch juristische Personen des Privatrechts mit Aufgaben und Befugnissen einer Akkreditierungsstelle beliehen werden. **17**

§ 10 AkkStelleG stellt Vorgaben an die zu beleihende Stelle. Diese Vorgaben soll auch im Falle einer Beleihung einer privatrechtlich organisierten Stelle mit Aufgaben und Befugnissen der DAkkS im Bereich des Datenschutzes möglich sein, was die Einbeziehung des § 39 S. 2 BDSG n.F. an dieser Stelle bezweckt. **18**

2. Anforderungen an Zertifizierungsstellen. Für Zertifizierungsstellen gelten strukturelle sowie fachliche Anforderungen, die in Art. 43 formuliert werden. Werden diese Anforderungen nicht mehr erfüllt, ist eine Akkreditierung zu widerrufen. **19**

Art. 43 Abs. 2 enthält zunächst Mindestanforderungen für Zertifizierungsstellen.[17] Dies ergibt sich aus Art. 43 Abs. 3 S. 1, der von einer Akkreditierung nach den Abs. 1 und 2 anhand von „Kriterien“ ausgeht, die von der zuständigen Aufsichtsbehörde bzw. durch den Europäischen Datenschutzausschuss genehmigt wurden. Der fehlende Verweis auf „Kriterien nach Absatz 2“ lässt den Rückschluss zu, dass die dortigen Anfor- **20**

---

15 Ausführlich hierzu *Dimitropoulos* Zertifizierung und Akkreditierung im Internationalen Verwaltungsverbund, S. 72 ff.

16 Vgl. EN-ISO/IEC 17065:2012, S. 16.

17 A.A. BeckOK DatenSR-*Eckhardt* DS-GVO, Art. 43 Rn. 16, durch den fehlenden Verweis auf „Mindestanforderungen“ in der Norm von einem abschließenden Charakter ausgeht.

derungen hiermit nicht gemeint sind. Demnach sind weitere Anforderungen seitens der Aufsichtsbehörden bezüglich der Akkreditierung einer Zertifizierungsstelle möglich.

21 Im Falle einer nationalen Akkreditierungsstelle nach Verordnung (EG) Nr. 765/2008 gelten, neben den Kriterien des Abs. 3 S. 1, die weiteren Vorgaben der Verordnung (EG) Nr. 765/2008 und die technischen Vorschriften, in denen die Methoden und Verfahren der Zertifizierungsstelle beschrieben werden. Mit den „technischen Vorschriften" wird in erster Linie auf die Norm EN-ISO/IEC 17065:2012 zu verweisen sein. Immerhin befasst diese sich mit den Anforderungen an Stellen, die Produkte, Prozesse und Dienstleistungen zertifizieren.[18] Die DAkkS hat in ihrem nationalen Kompetenzbereich Festlegungen für die Anwendung der EN-ISO/IEC 17065 getroffen.[19]

22 Zertifizierungsstellen des Abs. 1 dürfen nur dann akkreditiert werden, wenn sie über das geeignete Fachwissen hinsichtlich des Datenschutzes verfügen (Art. 43 Abs. 1 S. 1). Art. 43 Abs. 2 lit. a konkretisiert die allgemeine Vorgabe des Absatzes 1 auf ein Fachwissen bezogen „auf den Gegenstand der Zertifizierung". D.h. je komplexer der Zertifizierungsgegenstand ist, desto umfangreicher muss das Fachwissen der Zertifizierungsstelle sein, wobei eine Übertragung der geforderten Fachkunde auf eingeschaltete Auditoren möglich sein muss. Ein diesbezüglicher Nachweis wird über die Vorlage von Zeugnissen oder anderer Fachkundenachweise erbracht werden können. Durch den Verweis des Art. 43 Abs. 1 S. 1 auf ein „geeignetes Fachwissen hinsichtlich des Datenschutzes" stellt sich im Rahmen der Regeln für Zertifizierungsstellen die Frage nicht, ob ein Fachwissen auch über sonstige Regelungsinhalte der Grundverordnung vorhanden sein muss.[20]

23 Neben dem Fachwissen muss die Zertifizierungsstelle ihre Unabhängigkeit nachgewiesen haben (Art. 43 Abs. 2 lit. a). Diese Unabhängigkeit steht im engen Zusammenhang mit dem Ausschluss von Interessenskonflikten gem. Art 43 Abs. 2 lit. e.[21]

24 Ferner müssen sich Zertifizierungsstellen dazu verpflichten, die festgelegten und genehmigten Kriterien einer Zertifizierung nach Art. 42 Abs. 5 einzuhalten (Art. 43 Abs. 2 lit. b). Mit Blick auf die Erwartungshaltung des Art. 42 Abs. 5 sowie der Gesamtheit der Anforderungen an Zertifizierungsstelen nach Art. 43 ist dieser Vorgabe lediglich ein Appellcharakter zuzumessen. Sie enthält damit keine für Zertifizierungsstellen auszufüllende Bedingung.

25 Verfahren für die Erteilung, die regelmäßige Überprüfung und den Widerruf einer Zertifizierung müssen ebenfalls festgelegt werden (Art. 43 Abs. 2 lit. c). Dies bedingt verschiedene Prozesse auf Seiten der Zertifizierungsstelle. Zum einen müssen Anträge auf Zertifizierung anhand eigener Vorgaben geprüft werden, so beispielsweise, ob der Zertifizierungsgegenstand hinreichend abgegrenzt ist. Zum anderen ist eine sich hieran anschließende Überprüfung der Einhaltung der Prüf- bzw. Zertifizierungskriterien (Audit) ebenso vorzusehen, wie ein Verfahren für die Zertifikatserteilung. Beispielsweise können Ergebnisse eines Audits durch einen Zertifizierungsausschuss nach dem 4-Augen-Prinzip gesichtet werden. Letztlich muss ein Verfahren für

18 Vgl. EN-ISO/IEC 17065:2012, S. 6.
19 https://www.dakks.de/sites/default/files/71_sd_0_013_anwendung_17065_20141204_v1.1.pdf (zuletzt abgerufen am 9.3.2018).
20 Vgl. Art. 41 Rn. 19 ff.
21 Vgl. nachstehend Rn. 26.

den verpflichtenden Widerruf etabliert sein.[22] Die Möglichkeit der Aufsichtsbehörde zum Widerrufs eines Zertifikats oder der Anordnung des Widerrufs bzw. der Nichterteilung[23] ist hiervon unabhängig zu sehen, da diese Befugnis über Verfahren auf Seiten der Behörde ausgefüllt wird, Verfahren und Strukturen bezüglich Beschwerden zu einer Zertifizierung müssen festgelegt werden (Art. 43 Abs. 2 lit. d). Das jeweilige Verfahren muss Beschwerden hinsichtlich der Verletzung einer Zertifizierung oder die Art und Weise, wie eine Zertifizierung von einem Verantwortlichen oder Auftragsverarbeiter umgesetzt wird, nachgehen. D.h. es bedarf entsprechender Prozesse bei der Zertifizierungsstelle, die dem Betroffenen eine einfache Beschwerde ermöglichen und eine sich anschließende sorgfältige Prüfung und Behandlung gewährleisten. Hierzu gehört eine entsprechende Publizität von Beschwerdekanälen ebenso, wie ein sich hieran anschließender Prozess zur Prüfung. Der Verweis des lit. d. auf „Strukturen" zielt auf eine konstante und planmäßige Aufgabenverteilung und eine stabile Organisation ab, um Verstößen nachzugehen.[24] Eine Frist zur Beantwortung von Beschwerden von Betroffenen sieht die Norm nicht vor. Eine Beantwortung innerhalb angemessener Zeit ist somit als grundlegendes Kriterium anzulegen.

Auch ohne dass die Grundverordnung hierzu nähere Vorgaben treffen würde, ist nachzuweisen, dass die Aufgaben und Pflichten der Zertifizierungsstelle nicht zu einem Interessenskonflikt führen (Art. 43 Abs. 2 lit. e). Hierbei werden insbesondere Regelungen zur Vermeidung von Interessenkollisionen der an einem Zertifizierungsprozess Beteiligten zu treffen sein.[25] Dabei ist eine organisatorische Unabhängigkeit von der zu zertifizierenden Stelle ebenso nachzuweisen wie eine kommerzielle oder finanzielle.[26] Eine wirtschaftliche Verbindung eines Prüfers einer Zertifizierungsstelle zum zu auditierenden Verantwortlichen oder Auftragsverarbeiter stünde einer unabhängigen Aufgabenwahrnehmung damit im Wege.[27] Der Ausschluss von Interessenskonflikten gilt auch für die Aufsicht, sollte sie als Akkreditierungs- und Zertifizierungsstelle auftreten.[28] **26**

Art. 43 Abs. 4 S. 1 normiert die Verantwortlichkeit der Zertifizierungsstelle für die angemessene Bewertung einer Zertifizierung oder deren Widerruf. In Abgrenzung zur Verpflichtung zur bloßen Einhaltung der Prüfkriterien einer Zertifizierung gem. Art. 43 Abs. 2 lit. b ist damit ein „Mehr" verbunden, das zu einer eigenständigen Kontrollverpflichtung der Zertifizierungsstelle für erteilte Zertifikate führt. Wie die Bewertung durch die jeweilige Stelle zu erfolgen hat, spezifiziert die Grundverordnung nicht. Definierte Bewertungskriterien einer Zertifizierungsstelle wären ebenso zu erwarten wie Rahmenbedingungen für darauf basierende Kontrollhandlungen, seien diese stichprobenhaft oder auf Basis der Beschwerde eines Betroffenen. **27**

Nach Art. 43 Abs. 5 haben Zertifizierungsstellen der zuständigen Aufsichtsbehörde die Gründe für die Erteilung oder den Widerruf einer Zertifizierung mitzuteilen. Hier- **28**

22 Vgl. Art. 42 Rn. 43 ff.
23 Siehe hierzu Art. 58 Abs. 2 lit. h.
24 Vgl. Art. 41 Rn. 13 ff.
25 Vgl. *Düsseldorfer Kreis* Modelle zur Vergabe von Prüfzertifikaten, S. 2.
26 Vgl. ISO/IEC 17065:2012, Ziff. 4.2.
27 Vgl. *Schwartmann/Weiß* RDV 2/2016, 68 (71).
28 *WP 29* Draft Guidelines on the accreditation of certification bodies under Regulation (EU) 2016/679, S. 11.

durch werden aufsichtsbehördliche Entscheidungsbefugnisse in Gestalt der Untersagung einer Zertifizierung oder des Widerrufs einer solchen (vgl. Art. 58 Abs. 2 lit. h) gewahrt. Trotz des nicht eindeutigen Wortlauts der Norm ist von einer vorherigen Mitteilungspflicht auszugehen. Dies bedeutet für eine erstmalige Zertifizierung, dass die Unterrichtung der Aufsichtsbehörde vorab einer solchen zu erfolgen hat, wobei konkrete Fristen im Gesetz nicht spezifiziert sind. Die Verlängerung einer Zertifizierung ist vom Wortlaut der Norm nicht adressiert, hat aber, ebenso wie bei der Ersterteilung, die Gründe zu beinhalten, da die Aufsichtsbehörde ansonsten nicht adäquat von ihren Weisungsbefugnissen Gebrauch machen könnte. Sollten sich bei der Zertifikatsverlängerung keine für die jeweilige Zertifizierung relevanten Änderungen bei den zu zertifizierenden Unternehmen ergeben, kann sich die Information der Aufsicht auf diesen Umstand beschränken.[29]

29 **3. Befristung einer Akkreditierung.** Im Gegensatz zu den Verhaltensregeln nach Art. 40 und 41 unterliegen Akkreditierungen einer Befristung von fünf Jahren mit einer Verlängerungsmöglichkeit unter „denselben „Bedingungen" (Art. 43 Abs. 4 S. 2). Unter „denselben Bedingungen" ist das Verfahren der erstmaligen Akkreditierung zu verstehen, das insoweit wiederholt wird.[30] Die Befristung berücksichtigt insbesondere Veränderungen auf Seiten der Zertifizierungsstelle, so beispielsweise mit Blick auf organisatorische oder technologische Veränderungen sowie des dort vorhandenen Fachwissens. Die unterschiedliche Befristung von Zertifikat und Akkreditierung führt zur Frage, ob mit dem Wegfall einer Akkreditierung automatisch ein Zertifikat der Zertifizierungsstelle ungültig wird. Mit Blick auf Art. 43 Abs. 4 S. 1 muss eine gleichzeitige Ungültigkeit angenommen werden, da eine „Bewertung" des Zertifikats nicht mehr stattfindet. Eine Ausnahme hiervon könnte gemacht werden, wenn eine „Bewertung" von einer anderen Stelle wahrgenommen wird, die dieselben Kriterien der ursprünglichen Zertifizierung als Grundlage ihrer Bewertung hat genehmigen lassen bzw. akkreditiert ist.[31]

30 **4. Widerruf einer Akkreditierung.** Gemäß Art. 43 Abs. 7 widerruft die zuständige Aufsichtsbehörde oder die nationale Akkreditierungsstelle die Akkreditierung unter zwei gesetzlich genannten Voraussetzungen, die abschließend sind. Ein Ermessen steht der Behörde hierbei nicht zu.[32] Zum einen, wenn die Voraussetzungen für eine Akkreditierung nach den festgelegten Kriterien des Art. 43 Abs. 3 zu keiner Zeit bestanden und fälschlicherweise eine Akkreditierung dennoch erfolgte oder diese Voraussetzungen im Laufe einer Akkreditierung entfallen sind. Darüber hinaus soll der Widerruf einer Akkreditierung möglich sein, wenn eine Zertifizierungsstelle Maßnahmen ergreift, die mit der Grundverordnung nicht vereinbar sind. Dies kann beispielsweise die eigenmächtige Abschwächung der genehmigten Zertifizierungskriterien durch eine Zertifizierungsstelle umfassen. Aber auch ein Unterlassen kann eine solche „Maßnahme" darstellen[33], so beispielsweise das Unterlassen eines Widerrufs eines Zertifikats trotz Nichteinhaltung der Kriterien durch einen Verantwortlichen oder Auftragsverarbeiter. Das Verfahren für einen „Widerruf" orientiert

---

29 Vgl. Kühling/Buchner-*Bergt* Datenschutz-Grundverordnung Art. 43 Rn. 18.
30 Vgl. Rn. 10 ff.
31 Vgl. Ehmann/Selmayr-*Will* Datenschutz-Grundverordnung Art. 43 Rn. 11.
32 Vgl. Kühling/Buchner-*Bergt* Art. 43 Rn. 15; Gola-*Lepperhoff* Art. 43 Rn. 24.
33 Siehe hierzu bereits Art. 41 Rn. 26.

sich im Übrigen an den §§ 48 ff. VwVfG, was auch in eine Rücknahme einer Akkreditierung münden kann.

5. Widerruf einer Zertifizierung. Die jeweilige Zertifizierungsstelle muss der zuständigen Aufsichtsbehörde die Gründe für die Erteilung oder den Widerruf einer Zertifizierung mitteilen, Art. 43 Abs. 5. Dass damit keine Verdrängung der Befugnisse der Aufsichtsbehörden verbunden ist, zeigt Art. 58 Abs. 2 lit. h, der der Behörde die Kompetenz verleiht, die Zertifizierungsstelle zum Widerruf der Zertifizierung anzuweisen oder erst gar keine Zertifizierung zu erteilen.[34] Die Streitfrage, ob hinsichtlich des Widerrufs einer Zertifizierung ebenso wie vorab einer Erteilung eine Vorabinformation zu erfolgen habe, wird unterschiedlich beurteilt.[35] Unabhängig vom Zeitpunkt der Information kann die Aufsichtsbehörde gem. Art. 58 Abs. 2 lit. h jederzeit eine Zertifizierung widerrufen bzw. einen Widerruf anweisen. Die jeweilige Zertifizierungsstelle ist zum Widerruf verpflichtet, wenn die Voraussetzungen für die Zertifizierung nicht mehr erfüllt werden.[36] 31

6. Transparenz. Der Transparenzgedanke des Art. 42 Abs. 3 hinsichtlich des Zertifizierungsverfahrens wird über die Anforderungen des Art. 43 Abs. 6 S. 1 fortgesetzt, der die Aufsichtsbehörden zur Veröffentlichung der Akkreditierungsvoraussetzungen und Zertifizierungskriterien in leicht zugänglicher Form verpflichtet. Diese Transparenz bezieht sich damit nicht nur auf die Kriterien einer Zertifizierung sondern auch auf die jeweiligen Akkreditierungsvoraussetzungen für eine Zertifizierungsstelle. Die Verwendung nicht-öffentlicher Akkreditierungskriterien ist daher ebenso unzulässig, wie nicht nachvollziehbare Prüfparameter einer Zertifizierung. Dies wirft die Frage auf, inwieweit die ISO/IEC 17065:2012, die Teil der hiesigen Akkreditierungskriterien darstellt, in leicht zugänglicher Form veröffentlicht werden kann, immerhin ist sie kostenpflichtig. 32

Dem Europäischen Datenschutzausschuss sind die Anforderungen an eine Akkreditierung sowie Zertifizierungskriterien zu übermitteln (Art. 43 Abs. 6 S. 2). Diese Vorgabe unterstreicht nochmals die gesetzlich bestehende Vorlagepflicht für Akkreditierungskriterien beim Ausschuss gem. Art. 64 Abs. 1 S. 2 lit. c. Hinsichtlich der Zertifizierungskriterien besteht eine solche Vorlagepflicht abseits der Vorgabe des Art. 43 Abs. 6 S. 2 allerdings nicht, entbindet die Aufsichtsbehörden jedoch nicht von der in Art. 43 normierten Verpflichtung zur Übermittlung. 33

Der Europäische Datenschutzausschuss hat Transparenzvorgaben der Grundverordnung ebenfalls zu erfüllen, indem er alle Zertifizierungsverfahren in ein Register aufnimmt und diese „in geeigneter Weise" veröffentlicht (Art. 43 Abs. 6 S. 3). Diese Vorgabe wird durch Art. 70 Abs. 1 lit. o konkretisiert, der vom Ausschuss das Führen eines öffentlichen Registers der akkreditierten Stellen, sprich der Zertifizierungsanbieter, verlangt. Zur Veröffentlichung von Akkreditierungskriterien oder Zertifizierungskriterien ist der Ausschuss nach dem Wortlaut der Norm nicht verpflichtet. 34

---

34 Vgl. *Spindler* ZD 2016 407 (409).

35 Für eine Vorabinformation: *Laue/Nink/Kremer* § 8 Rn. 35 sowie Plath-*von Braunmühl* Art. 42 Rn. 6; für eine nachträgliche Information: Kühling/Buchner-*Bergt* Datenschutz-Grundverordnung Art. 43 Rn. 18.

36 Vgl. Art. 42 Rn. 43.

35 Ebenso hat der Ausschuss gem. Art. 70 Abs. 1 lit. o die „akkreditierten Verantwortlichen oder Auftragsverarbeiter" gem. Art. 42 Abs. 7 im Drittland zu veröffentlichen, wobei es sich hierbei – entgegen des ausdrücklichen Wortlauts – um zertifizierte Einrichtungen für den Empfang personenbezogener Daten im Drittland handeln muss.

36 **7. Konkretisierungen durch die Europäische Kommission.** Die Grundverordnung befähigt die Kommission, Anforderungen für Zertifizierungsverfahren im Rahmen von delegierten Rechtsakten festzulegen (Art. 43 Abs. 8). Nach Art. 290 des Vertrags über die Arbeitsweise der Europäischen Union (AEUV) kann der Kommission eine solche Befugnis übertragen werden, vorausgesetzt der „nachgeschobene" Rechtsakt hat allgemeine Geltung, was eine Einzelfallregelung ausschließt.[37] Der Entwurf eines solchen delegierten Rechtsakts wird dem Europäischen Datenschutzausschuss zur Stellungnahme vorgelegt (vgl. Art. 70 Abs. 1 lit. q). Die Konkretisierungsmöglichkeit der Kommission bezieht sich dabei nicht nur auf den Fördergedanken des Art. 42 Abs. 1, sondern kann inhaltliche Anforderungen an Zertifizierungsverfahren umfassen.[38]

37 Die Kommission soll auch mittels Durchführungsrechtsakten technische Standards für Zertifizierungsverfahren sowie Mechanismen zur Förderung und Anerkennung solcher Verfahren festlegen können (Art. 43 Abs. 9). Diese Durchführungsrechtsakte sind gem. dem in Art. 93 Abs. 2 genannten Prüfverfahren zu erlassen. Denkbar, und durch den Wortlaut der Norm nicht ausgeschlossen, wäre auch die Anerkennung bestehender Standards, beispielsweise aus dem Bereich Informationssicherheitsmanagement oder im Rahmen der Kommunikation von erhobenen Nutzerdaten durch Webseitenanbieter.[39] Wie besagte „Anforderungen für Zertifizierungsverfahren" oder die Formulierung technischer Standards durch die Kommission konkret interpretiert werden wird, bleibt offen. Konkretisierungen sind hierzu durch die „Multistakeholder Expert Group" der Kommission zu erwarten, die sich mit Anwendungsfragen zur DS-GVO befassen soll.[40]

38 Die Kompetenzen aus Art. 43 Abs. 8 und 9 werden teilweise als Ermächtigung für die Kommission gesehen, Vorgaben für ein EU-weites Zertifizierungsverfahren formulieren zu können, wobei sich dann die Abgrenzungsfrage zur Rolle des Europäischen Datenschutzausschusses stellt. Unabhängig hiervon sollen beide Institutionen für eine einheitliche Anwendung von Zertifizierungsverfahren sorgen.[41]

39 **8. Sanktionen.** Verletzt die Zertifizierungsstelle ihr Pflichten gem. Art. 43, ist die Verhängung einer Geldbuße von bis zu 10 Mio. EUR oder im Falle eines Unternehmens zwei Prozent des gesamten weltweit erzielten Jahresumsatzes, je nachdem welcher Betrag höher ist, möglich (Art. 83 Abs. 4 lit. b). Art. 43 Abs. 2 regelt dabei keine Pflicht

---

37 Zu den delegierten Rechtsakten siehe Art. 92 Rn. 1 ff.

38 Vgl. *Lachaud* Why the certification process defined in the General Data Protection Regulation cannot be successful, 814 (818); a.A. BeckOK DatenSR-*Eckhardt* DS-GVO, Art. 43 Rn. 39, der der Kommission lediglich die Ausgestaltung des Fördergedankens belässt.

39 https://www.w3.org/P3P/ (zuletzt abrufen am 9.3.2018).

40 http://ec.europa.eu/newsroom/just/item-detail.cfm?item_id=59372 (zuletzt abgerufen am 9.3.2018).

41 *Centre for Information Policy Leadership* GDPR Implementation Project, Certifications, Seals and Marks under the GDPR and Their Roles as Accountability Tools and Cross-Border Data Transfer Mechanisms (April 2017), S. 15.

der Zertifizierungsstelle, die sanktionsfähig wäre, sondern lediglich die Voraussetzungen, unter denen eine Akkreditierung überhaupt erfolgen darf. Ferner ist der Widerruf einer Akkreditierung möglich[42], wobei dies neben einer Nichterfüllung der Akkreditierungsvoraussetzungen gem. Art. 43 Abs. 7 auch bei Maßnahmen der Zertifizierungsstelle gelten soll, die mit der Verordnung nicht vereinbar sind. Die offene Formulierung der „Maßnahmen“ bezieht dabei nicht nur Verstöße gegen Art. 42 und 43 mit ein.

C. Praxishinweise

I. Relevanz für öffentliche und nichtöffentliche Stellen

Die Regeln für Zertifizierungsstellen des Art. 43 gelten für den öffentlichen wie für den nichtöffentlichen Bereich. Zertifizierungsstellen aus beiden Bereichen haben sich den gesetzlichen Regeln unterzuordnen. **40**

II. Relevanz für betroffene Personen

Eine unmittelbare Relevanz für betroffene Personen ergibt sich aus den Regeln für die Zertifizierungsstellen nicht. Indirekt profitieren Betroffene durch die gesetzlich normierten Rahmenbedingungen für Zertifizierungsstellen. Dies beinhaltet auch Kontrollmechanismen über Zertifikate ebenso wie Vorgaben für eine Akkreditierung von Zertifizierungsstellen und deren Widerruf. Hierdurch wird insgesamt die Qualität von Zertifizierungsverfahren gesteigert und das Vertrauen hierin auf Seiten der Betroffenen gestärkt. **41**

III. Relevanz für Aufsichtsbehörden

Auch Aufsichtsbehörden haben sich bei eigens betriebenen Zertifizierungsverfahren an die gesetzlichen Vorgaben für Zertifizierungsstellen zu halten. Ferner spielen sie eine aktive Rolle abseits eigener möglicher Zertifizierungsverfahren, u.a. im Rahmen der Erarbeitung von Akkreditierungskriterien sowie bei der Erteilung zur Befugnis, als Zertifizierungsstelle tätig sein dürfen. **42**

IV. Relevanz für das Datenschutzmanagement

Die gesetzlichen Vorgaben an eine Zertifizierungsstelle haben keine Relevanz für das Datenschutzmanagement, sondern vielmehr hinsichtlich der Gestaltung der Prozesse für eine Zertifizierung und den hierbei zu beachtenden Standards. Eine Einbettung in ein Managementsystem ist sinnvoll, um ein systematisches Vorgehen im Sinne des PDCA Cycles zu erreichen. **43**

---

42 Vgl. Art. 43 Rn. 30.

Kapitel V
Übermittlungen personenbezogener Daten an Drittländer oder an internationale Organisationen

Artikel 44 Allgemeine Grundsätze der Datenübermittlung

[1]Jedwede Übermittlung personenbezogener Daten, die bereits verarbeitet werden oder nach ihrer Übermittlung an ein Drittland oder eine internationale Organisation verarbeitet werden sollen, ist nur zulässig, wenn der Verantwortliche und der Auftragsverarbeiter die in diesem Kapitel niedergelegten Bedingungen einhalten und auch die sonstigen Bestimmungen dieser Verordnung eingehalten werden; dies gilt auch für die etwaige Weiterübermittlung personenbezogener Daten durch das betreffende Drittland oder die betreffende internationale Organisation an ein anderes Drittland oder eine andere internationale Organisation. [2]Alle Bestimmungen dieses Kapitels sind anzuwenden, um sicherzustellen, dass das durch diese Verordnung gewährleistete Schutzniveau für natürliche Personen nicht untergraben wird.

Übersicht

Literatur: *Albrecht* Das neue EU-Datenschutzrecht – von der Richtlinie zur Verordnung CR 2016, 88 ff.; *Ehmann/Selmayr* Datenschutz-Grundverordnung 2017; *Gola* Datenschutz-Grundverordnung VO (EU) 2016, 2017; *Grabitz/Hilf/Nettesheim* Das Recht der Europäischen Union, 62. EL Juli 2017; *Kühling/Buchner* Datenschutz-Grundverordnung; *Paal/Pauly* Datenschutz-Grundverordnung, 2017; *Sydow* Europäische Datenschutzgrundverordnung, 2017; *Wolf/Brink* BeckOK Datenschutzrecht, 22. Edition; *Wybitul/Ströbel/Ruess* Übermittlung personenbezogener Daten in Drittländer, Überblick und Checkliste für die Prüfung nach der DS-GVO, ZD 2017, 503.

I. Allgemeines

1. Zweck und Bedeutung der Vorschrift. Die Flut an personenbezogenen Daten, die 1
in Drittländer und internationale Organisationen oder aus Drittländern oder von internationalen Organisationen fließen, hat einen kaum überschaubaren Umfang angenommen. In internationalen Konzernen fließen die Daten rund um den Globus und durch eine Vielzahl von Jurisdiktionen. Weltweit tätige Datendienstleister versenden und empfangen Daten, etwa bei der Verwendung von Clouds, ungeachtet jedweder jurisdiktionaler Grenzen.[1] Prägnant lässt sich formulieren, dass globale Kontakte

1 Kühling/Buchner-*Schröder* DS-GVO, Art. 44 Rn. 1.

und Verbindungen die Welt zu einem „Dorf" machen.[2] Auch wenn die Geschwindigkeit der Entwicklung für den einen oder anderen bedrohlich erscheinen mag, ist sie jedoch insgesamt angesichts der Globalisierung des Handels sowie der sich stetig ausweitenden Vernetzung internationaler Zusammenarbeit essentiell – unter Umständen sogar alternativlos.[3] Nehmen wir beispielsweise einen Whistleblower, der aus einem Mitgliedsland der EU über einen erheblichen Compliance-Verstoß (Korruption, Steuerverkürzungen, Datenmissbrauch, Kartellrecht etc.) in einer außerhalb der EU befindlichen Gesellschaft berichtet. In einem solchen Fall könnte es passieren, dass Aufsichtsbehörden entsprechenden Beschwerden nicht nachgehen oder Untersuchungen nicht vornehmen können, die einen Bezug zu Tätigkeiten außerhalb der Grenzen ihres Mitgliedsstaats haben.[4]

2 Vor dem Hintergrund der vorstehend beschriebenen Herausforderungen und Anforderungen im Hinblick auf den Schutz personenbezogener Daten, herrschte zwischen Kommission[5], Europäischem Parlament[6] und Rat[7] Einigkeit darüber, dass eine Überarbeitung des bisherigen Regelwerks der Datenübermittlung in Drittländer in der DSRL geboten war. Gleichwohl stellt man bei genauerer Analyse fest, dass die Eckpfeiler der DSRL erhalten geblieben sind. Internationale Datenübermittlungen beruhen weiterhin vornehmlich auf einem **Angemessenheitsbeschluss, geeigneten** bzw. **angemessenen Garantien** (darunter **Standardvertragsklauseln** und **verbindliche unternehmensinterne Datenschutzvorschriften**) sowie auf **bestimmten Ausnahmen vom allgemeinen Verbot** der Übermittlung personenbezogener Daten in Länder außerhalb des EWR.[8] Eine erleichterte Rechtsanwendung verspricht die DS-GVO allerdings im Hinblick auf die Beurteilung der Zulässigkeit von Datenübermittlungen an Drittländer; der Verordnungstext ist hier erheblich präziser als die Regelungen der DSRL. Wie vorstehend bereits dargestellt, wird hier der Rechtswirklichkeit – nämlich der außerordentlichen Wichtigkeit des internationalen Handels sowie auch den Interessen von internationalen Organisationen (einschließlich nachrichtendienstlicher Tätigkeiten) – Rechnung getragen. Durch Art. 44 wird die Durchsetzung eines effektiven Datenschutzrechtes im internationalen Rechtsverkehr erheblich gestärkt.[9]

3 Regelungsgegenstand des Art. 44 sind drei Definitionen: S. 1 1. Fall normiert die **Zulässigkeit einer Übermittlung** an ein **Drittland** sowie einer Übermittlung an eine **internationale Organisation**. Es sind neben den sonstigen Bestimmungen der Verord-

2 So Sydow-*Towfigh/Ulrich* Art. 44 Rn. 1.

3 ErwG 101.

4 ErwG 116.

5 Mitteilung der Kommission „Gesamtkonzept für den Datenschutz in der Europäischen Union" KOM (2010) 609; Mitteilung der Kommission „Der Schutz der Privatsphäre in einer vernetzten Welt – Ein europäischer Datenschutzrahmen für das 21. Jahrhundert", KOM (2012) 09.

6 Entschließung des Europäischen Parlaments v. 6.7.2011 zur Mitteilung der Kommission an das Europäische Parlament und den Rat „Gesamtkonzept für den Datenschutz", 2011/2025 (INI).

7 Schlussfolgerungen des Rates vom 15.2.2011 zur Mitteilung der Kommission an das Europäische Parlament und den Rat "Gesamtkonzept für den Datenschutz", Ratsdok. 5980/4/11 REV 4.

8 *Ehmann/Selmayr/Zerdick* EU-DSGVO, Art. 44 Rn. 3; Gola-*Klug* Art. 44 Rn. 2; *Wybitul/Ströbel/Lukas* ZD 2017, 503.

9 So auch *Albrecht* CR 2016, 88 (94 ff.).

nung auch die besonderen Bedingungen des Kapitel V einzuhalten. In S. 1 2. Fall ist darüber hinaus die Konstellation geregelt, dass auch etwaige **Weiterübermittlungen** innerhalb eines Drittlandes bzw. an andere Drittländer oder andere internationale Organisationen gelten. Abschließend regelt S. 2 – eher deklaratorisch –, dass die Regeln des Kapitel V so angewendet und ausgelegt werden müssen, dass das **Schutzniveau** für die Betroffenen nicht untergraben wird.

4 **2. Verhältnis zu anderen Vorschriften.** Art. 44 ist als Eingangs- und Grundnorm konzipiert: Die Datenverarbeitungen gemäß Kapitel V, d.h. einerseits Übermittlungen personenbezogener Daten an Drittländer oder an internationale Organisationen und andererseits die Datenverarbeitungen im Drittland (Nicht-EU/EWR Länder), Bereichen bzw. Sektoren in einem Drittland und/oder internationalen Organisationen, finden ihren allgemeinen rechtlichen Rahmen in Art. 44.

5 **3. Begrifflichkeiten. – a) Übermittlung (S. 1 1. Fall).** Der Begriff der Übermittlung wird ebenso wie bereits in der DSRL bewusst nicht, etwa in Form einer Legaldefinition, konkretisiert. Herkömmlich wird unter Übermittlung im Sinne der Art. 44 ff. jeglicher Verarbeitungsvorgang verstanden, bei dem personenbezogene Daten außerhalb des Geltungsbereichs der DS-GVO gebraucht werden und sich die Endbestimmung der Daten außerhalb des Gebiets der Europäischen Union befindet oder ein Zugriff auf die Daten außerhalb der Union möglich ist.[10] Ein typischer und seit langem diskutierter Fall ist daher die Bereitstellung von Informationen zum Abruf ins Internet.[11]

6 **b) Weiterübermittlung/„Onward Transfer" (S. 1 2. Fall).** Die Regelung der Weiterübermittlung (bzw. dem sogenannten Onward Transfer) stellt hingegen eine wesentliche Neuerung dar. Eine vergleichbare Regelung existierte in der DSRL nicht. Durch die explizite Aufnahme in den Normtext steht nunmehr fest, dass für die Weiterübermittlung dieselben Zulässigkeitsvoraussetzungen vorliegen müssen wie im Fall einer (Erst-)Übermittlung. Das Schutzniveau für Daten, die ihren Ursprung in der Europäischen Union haben oder solche, für deren Verarbeitung die DS-GVO direkte Anwendung gefunden hat, bleibt aufrechterhalten.[12] Genau hieraus folgt eine erhebliche Stärkung der internationalen Durchsetzung datenschutzrechtlicher Vorgaben durch die DSRL. Denn das Schutzniveau bleibt an den Daten praktisch haften und kann nicht abbedungen werden.[13] Unbeachtlich ist in diesem Zusammenhang, ob die weiter übermittelten Daten wiederum weiter übermittelt werden. Sinn und Zweck dieser Regelung ist es, dass die Zulässigkeitsvoraussetzungen stets bei jedem individuellen Transfer der Daten erfüllt sein müssen. Das Schutzniveau darf in einer Übermittlungskette niemals unterbrochen sein.[14] Eine abweichende Sichtweise trüge die Gefahr in sich, dass das bezweckte konstante Schutzniveau unterlaufen würde; gerade dies ist ausweislich Art. 44 S. 2 jedoch nicht gewollt.[15]

---

10 *Ehmann/Selmayr* Datenschutz-Grundverordnung, Art. 44 Rn. 7 mit zahlreichen Nachweisen.

11 *Ehmann/Selmayr* Datenschutz-Grundverordnung Art. 44 Rn. 7; a.A. Grabitz/Hilf-*Brühann* Das Recht der Europäischen Union, 40. Aufl. 2009, A 30.

12 BeckOK DatenSR-*Kamp* Art. 44 Rn. 33.

13 *Paal/Pauly* Datenschutz-Grundverordnung, Art. 44 Rn. 4.

14 In diesem Sinne siehe ErwG 101 S. 4.

15 Einen eigenen Regelungsgehalt von Art. 44 S. 2 zweifelt Kühling/Buchner-*Schröder* DS-GVO, Art. 44 Rn. 23 an.

7 **c) Drittland.** Die DS-GVO verzichtet auf eine Legaldefinition des Begriffs Drittland. Drittland im datenschutzrechtlichen Sinne sind alle Mitgliedsländer der Europäischen Union sowie des EWR. Das Begriffsverständnis ist insofern identisch mit dem der DSRL.

8 **d) Internationale Organisation.** Art. 4 Nr. 26 enthält eine Legaldefinition des Begriffs internationale Organisation. Hiernach ist unter einer internationalen Organisation „eine völkerrechtliche Organisation und ihre nachgeordneten Stellen oder jede sonstige Einrichtung, die durch eine zwischen zwei oder mehr Ländern geschlossene Übereinkunft oder auf der Grundlage einer solchen Übereinkunft geschaffen wurde" zu verstehen.

9 **e) Organe, Einrichtungen, Ämter und Agenturen der Union.** Die Regelungen des Kapitel V sind nicht anwendbar auf Datenverarbeitungen deren Empfänger die Europäische Union selbst sowie ihre Organe, Einrichtungen, Ämter und Agenturen sind. Weder können diese unter den Begriff Drittland subsumiert werden noch handelt es sich um internationale Organisationen im Sinne von Art. 4 Nr. 26. Es gilt, dass zuletzt genannte Institutionen gemäß Art. 8 GRCh und Art. 16 AEUV das gleiche Schutzniveau im Hinblick auf personenbezogene Daten zu erfüllen haben wie die Mitgliedstaaten selbst. Die relevanten Regelungen folgen aus der Verordnung (EG) Nr. 45/2001. Diese Verordnung und sonstige Rechtsakte der EU sind gemäß Art. 2 Abs. 3 in Verbindung mit Art. 98 an die Grundsätze und Vorschriften der DS-GVO anzupassen.

II. Einzelheiten der Übermittlung in Drittländer

10 Für weitere Einzelheiten bezüglich der Anforderungen an die Datenübermittlung in Drittländer und internationale Organisationen wird auf die Kommentierungen zu den Art. 45–49 sowie zu den übrigen relevanten Normen verwiesen.

Artikel 45 Datenübermittlung auf der Grundlage eines Angemessenheitsbeschlusses

(1) [1]Eine Übermittlung personenbezogener Daten an ein Drittland oder eine internationale Organisation darf vorgenommen werden, wenn die Kommission beschlossen hat, dass das betreffende Drittland, ein Gebiet oder ein oder mehrere spezifische Sektoren in diesem Drittland oder die betreffende internationale Organisation ein angemessenes Schutzniveau bietet. [2]Eine solche Datenübermittlung bedarf keiner besonderen Genehmigung.

(2) Bei der Prüfung der Angemessenheit des gebotenen Schutzniveaus berücksichtigt die Kommission insbesondere das Folgende:

a) die Rechtsstaatlichkeit, die Achtung der Menschenrechte und Grundfreiheiten, die in dem betreffenden Land bzw. bei der betreffenden internationalen Organisation geltenden einschlägigen Rechtsvorschriften sowohl allgemeiner als auch sektoraler Art – auch in Bezug auf öffentliche Sicherheit, Verteidigung, nationale Sicherheit und Strafrecht sowie Zugang der Behörden zu personenbezogenen Daten – sowie die Anwendung dieser Rechtsvorschriften, Datenschutzvorschriften, Berufsregeln und Sicherheitsvorschriften einschließlich der Vorschriften für die Weiterübermittlung personenbezogener Daten an ein anderes Drittland bzw. eine andere internationale Organisation, die Rechtsprechung sowie wirksame und durchsetzbare Rechte

der betroffenen Person und wirksame verwaltungsrechtliche und gerichtliche Rechtsbehelfe für betroffene Personen, deren personenbezogene Daten übermittelt werden,

b) die Existenz und die wirksame Funktionsweise einer oder mehrerer unabhängiger Aufsichtsbehörden in dem betreffenden Drittland oder denen eine internationale Organisation untersteht und die für die Einhaltung und Durchsetzung der Datenschutzvorschriften, einschließlich angemessener Durchsetzungsbefugnisse, für die Unterstützung und Beratung der betroffenen Personen bei der Ausübung ihrer Rechte und für die Zusammenarbeit mit den Aufsichtsbehörden der Mitgliedstaaten zuständig sind, und

c) die von dem betreffenden Drittland bzw. der betreffenden internationalen Organisation eingegangenen internationalen Verpflichtungen oder andere Verpflichtungen, die sich aus rechtsverbindlichen Übereinkünften oder Instrumenten sowie aus der Teilnahme des Drittlands oder der internationalen Organisation an multilateralen oder regionalen Systemen insbesondere in Bezug auf den Schutz personenbezogener Daten ergeben.

(3) [1]Nach der Beurteilung der Angemessenheit des Schutzniveaus kann die Kommission im Wege eines Durchführungsrechtsaktes beschließen, dass ein Drittland, ein Gebiet oder ein oder mehrere spezifische Sektoren in einem Drittland oder eine internationale Organisation ein angemessenes Schutzniveau im Sinne des Absatzes 2 des vorliegenden Artikels bieten. [2]In dem Durchführungsrechtsakt ist ein Mechanismus für eine regelmäßige Überprüfung, die mindestens alle vier Jahre erfolgt, vorzusehen, bei der allen maßgeblichen Entwicklungen in dem Drittland oder bei der internationalen Organisation Rechnung getragen wird. [3]Im Durchführungsrechtsakt werden der territoriale und der sektorale Anwendungsbereich sowie gegebenenfalls die in Absatz 2 Buchstabe b des vorliegenden Artikels genannte Aufsichtsbehörde bzw. genannten Aufsichtsbehörden angegeben. [4]Der Durchführungsrechtsakt wird gemäß dem in Artikel 93 Absatz 2 genannten Prüfverfahren erlassen.

(4) Die Kommission überwacht fortlaufend die Entwicklungen in Drittländern und bei internationalen Organisationen, die die Wirkungsweise der nach Absatz 3 des vorliegenden Artikels erlassenen Beschlüsse und der nach Artikel 25 Absatz 6 der Richtlinie 95/46/EG erlassenen Feststellungen beeinträchtigen könnten.

(5) [1]Die Kommission widerruft, ändert oder setzt die in Absatz 3 des vorliegenden Artikels genannten Beschlüsse im Wege von Durchführungsrechtsakten aus, soweit dies nötig ist und ohne rückwirkende Kraft, soweit entsprechende Informationen – insbesondere im Anschluss an die in Absatz 3 des vorliegenden Artikels genannte Überprüfung – dahingehend vorliegen, dass ein Drittland, ein Gebiet oder ein oder mehrere spezifischer Sektor in einem Drittland oder eine internationale Organisation kein angemessenes Schutzniveau im Sinne des Absatzes 2 des vorliegenden Artikels mehr gewährleistet. [2]Diese Durchführungsrechtsakte werden gemäß dem Prüfverfahren nach Artikel 93 Absatz 2 erlassen.

[3]In hinreichend begründeten Fällen äußerster Dringlichkeit erlässt die Kommission gemäß dem in Artikel 93 Absatz 3 genannten Verfahren sofort geltende Durchführungsrechtsakte.

(6) Die Kommission nimmt Beratungen mit dem betreffenden Drittland bzw. der betreffenden internationalen Organisation auf, um Abhilfe für die Situation zu schaffen, die zu dem gemäß Absatz 5 erlassenen Beschluss geführt hat.

(7) Übermittlungen personenbezogener Daten an das betreffende Drittland, das Gebiet oder einen oder mehrere spezifische Sektoren in diesem Drittland oder an die betreffende internationale Organisation gemäß den Artikeln 46 bis 49 werden durch einen Beschluss nach Absatz 5 des vorliegenden Artikels nicht berührt.

(8) Die Kommission veröffentlicht im *Amtsblatt der Europäischen Union* und auf ihrer Website eine Liste aller Drittländer beziehungsweise Gebiete und spezifischen Sektoren in einem Drittland und aller internationalen Organisationen, für die sie durch Beschluss festgestellt hat, dass sie ein angemessenes Schutzniveau gewährleisten bzw. nicht mehr gewährleisten.

(9) Von der Kommission auf der Grundlage von Artikel 25 Absatz 6 der Richtlinie 95/46/EG erlassene Feststellungen bleiben so lange in Kraft, bis sie durch einen nach dem Prüfverfahren gemäß den Absätzen 3 oder 5 des vorliegenden Artikels erlassenen Beschluss der Kommission geändert, ersetzt oder aufgehoben werden.

Übersicht

Literatur: *Albrecht* Das neue EU-Datenschutzrecht – von der Richtlinie zur Verordnung CR 2016, 88 ff.; *Comans* Ein modernes europäisches Datenschutzrecht; *Ehmann/Selmayr* Datenschutz-Grundverordnung, 2017; *Gola* Datenschutz-Grundverordnung VO (EU) 2016, 2017; *Grabitz/Hilf/Nettesheim* Das Recht der Europäischen Union, 62. EL Juli 2017; *von der Groeben/Schwarze/Hatje* Europäisches Unionsrecht 7. Aufl. 2015; *Härting* EuGH: „Safe Harbor"-Entscheidung ungültig CR 2015, 633; *Kühling/Buchner* Datenschutz-Grundverordnung, 2017; *Maunz/Dürig* Grundgesetz, 81. Aufl. 2017; *Molnár-Gábor/Kaffenberger* EU-US-Privacy-Shield – ein Schutzschild mit Löchern? ZD 2017, 18 ff.; *Paal/Pauly* Datenschutz-Grundverordnung 2017; *Piltz* K&R 2016, 777; *Simitis* Die EU-Datenschutzrichtlinie NJW 1997, 281; *Sydow* Europäische Datenschutzgrundverordnung 2017; *Wolf/Brink* BeckOK Datenschutzrecht, 22. Edition; *ZD-Aktuell* Pressemitteilung 2016, 05212.

I. Allgemeines

Art. 45 trifft Regelungen in Bezug auf die Übermittlung personenbezogener Daten an ein Drittland oder sonstigen qualifizierten Adressaten auf der Grundlage eines Angemessenheitsbeschlusses der Kommission. **1**

Art. 45 dient der Sicherung des Fortbestands eines hohen Schutzniveaus hinsichtlich personenbezogener Daten, wie von Art. 8 Abs. 1 GRCh vorgesehen. Außerdem werden einheitliche Rechtsanwendung und Rechtssicherheit dadurch sichergestellt, dass die Kommission entsprechende Beschlüsse mit Wirkung für die gesamte Europäische Union fasst. Ein Angemessenheitsbeschluss kann ergehen, wenn der Adressat ein angemessenes Schutzniveau i.S.v. Abs. 1 bietet. Abs. 2 bestimmt die Kriterien für die Beurteilung eines in diesem Zusammenhang angemessenen Schutzniveaus. Weiterhin werden die Form des Erlasses als Durchführungsrechtsakt[1] sowie der Veröffentlichung geregelt und die Folgen der Feststellung des Wegfalls eines angemessenen Schutzniveaus normiert. Letztlich enthält Art. 45 Abs. 9 noch eine Regelung hinsichtlich des Umgangs mit Angemessenheitsentscheidungen auf Grundlage der DSRL. **2**

Sofern ein Angemessenheitsbeschluss der Kommission nach Art. 45 vorliegt, sind die Bedingungen des Abs. 5 in Übereinstimmung mit Art. 44 erfüllt. Ob die weiteren Bestimmungen der DS-GVO, insbesondere für die Zulässigkeit der jeweiligen Übermittlung von Daten zu berücksichtigen und gegebenenfalls daraus resultierende weitere Voraussetzungen vorliegen, ist unabhängig von einem Angemessenheitsbeschluss einzelfallabhängig nach den speziellen Vorschriften der DS-GVO zu bewerten, da Art. 45 nur die Frage des angemessenen Schutzniveaus und nicht die Einhaltung der sonstigen Bestimmungen, wie von Art. 44 für die Zulässigkeit der Datenübertragung im Übrigen verlangt, betrifft. Eine Übermittlung von Daten in Drittländer und an **3**

1 Grabitz/Hilf/Nettesheim-*Nettesheim* Art. 291 Rn. 1 ff. mit Hinweisen zu Durchführungsrechtsakten im Allgemeinen.

andere qualifizierte Adressaten ist nach einem entsprechenden Kommissionsbeschluss nach Abs. 1 erlaubt.

4 Die Regelung des Art. 45 basiert zwar auf Art. 25 Abs. 6 DSRL, legt jedoch erstmals umfangreiche Kriterien fest, die bei der Prüfung der Angemessenheit zwingend zu berücksichtigen sind.[2] Anders als noch Art. 25 Abs. 5 DSRL, sieht die DS-GVO keine Verhandlungen mehr vor, die auf die Herstellung eines angemessenen Datenschutzniveaus und einer dadurch ermöglichten Angemessenheitsentscheidung gerichtet sind.

5 Weiterhin enthält die Regelung nunmehr Ausführungen hinsichtlich der Änderung und Rücknahme von Beschlüssen und begründet eine Überwachungspflicht der Kommission hinsichtlich der festgestellten Angemessenheit. Ebenfalls wurde mit Art. 45 erstmals die Möglichkeit eingeführt einen Angemessenheitsbeschluss nicht ausschließlich zugunsten eines Drittstaates zu erlassen, sondern nunmehr auch zugunsten von Gebieten oder Sektoren in einem Drittland sowie zugunsten von internationalen Organisationen.[3]

II. Angemessenheitsentscheidung

6 **1. Kommissionsbeschluss, Abs. 1 und 2.** Die Kommission kann durch einen Angemessenheitsbeschluss feststellen, dass ein Drittland, ein Gebiet oder Sektoren eines Drittlands oder eine internationale Organisation das vorausgesetzte, angemessene Schutzniveau bietet.[4]

7 **2. Prüfung durch die Kommission.** Lediglich die Kommission hat die Hoheit, das Vorhandensein des angemessenen Schutzniveaus in einem Drittland, Gebiet oder einem oder mehrerer Sektoren eines Drittlands bzw. einer internationalen Organisation zu prüfen und verfügt bei ihrer Entscheidung, ob sie das Drittland, das Gebiet oder den Sektor bzw. die internationale Organisation einer Prüfung unterzieht, über einen weiten Ermessensspielraum.[5] Vor dem Erlass eines Angemessenheitsbeschlusses hat die Kommission nach Art. 45 Abs. 3 zu prüfen, ob das Drittland, das Gebiet, oder die internationale Organisation ein angemessenes Schutzniveau gemäß Art. 45 Abs. 2 bietet. Dabei unterliegt die Entwicklung der Drittländer und der internationalen Organisationen einer fortlaufenden Überwachung durch die Kommission. Besonderes Augenmerk wird auf die Entwicklungen gelegt, welche die Wirkungsweise der nach Art. 45 Abs. 3 erlassenen oder zu erlassenden Beschlüsse und der Feststellungen die nach Art. 25 Abs. 6 der DSRL erlassen wurden, beeinträchtigen könnten.[6] Soweit entsprechende Informationen vorliegen, stellt die Kommission durch Beschluss fest, dass ein Drittland bzw. ein Gebiet oder ein spezifischer Sektor eines Drittlands oder einer internationalen Organisation ein angemessenes Schutzniveau im Sinne des Abs. 2 gewährleistet. Selbiges gilt, sollten Informationen zu der Feststellung führen, dass der jeweilige Adressat kein angemessenes Schutzniveau gewährleisten kann. Die gemäß

2 Siehe dazu Rn. 9.
3 Paal/Pauly-*Pauly* Art. 45 Rn. 3.
4 BeckOK DatenSR-*Kamp* Art. 45 Rn. 3.
5 Ehmann/Selmayr-*Zerdick* Art. 45 Rn. 4.
6 Vgl. Rat der Europäischen Union Nr. 5455/16, Vorschlag für eine Verordnung des Europäischen Parlaments und des Rates zum Schutz natürlicher Personen bei der Verarbeitung personenbezogener Daten und zum freien Datenverkehr (Datenschutz-Grundverordnung), S. 144.

den Art. 42 bis 44 an das betreffende Drittland bzw. an das Gebiet, dem spezifischen Sektor des Drittlands oder die betreffende internationale Organisation übermittelten personenbezogenen Daten werden durch einen Beschluss nach Abs. 5 nicht berührt.

a) Rechtslage der Drittstaaten, Gebiete oder Sektoren. Während der Prüfung der Voraussetzungen für das Vorliegen eines angemessenen Schutzniveaus hat die Kommission auch die Rechtslage der Adressaten zu berücksichtigen. Innerhalb dieser Prüfung sind alle einschlägigen Rechtsvorschriften zu überprüfen. Hierzu zählen sowohl die Rechtsvorschriften sektoraler als auch allgemeiner Art bezüglich der öffentlichen und nationalen Sicherheit und Verteidigung als auch alle Vorschriften im Zusammenhang mit dem Zugang der Behörden zu personenbezogenen Daten.[7] 8

b) Prüfmaßstab „Berücksichtigen". Gemäß Art. 45 Abs. 2 sind die in lit. a bis c aufgeführten Kriterien bei der Beurteilung der Angemessenheit des Schutzniveaus zu berücksichtigen. Fraglich ist in diesem Zusammenhang, welche Reichweite dem Begriff der „Berücksichtigung" zukommt. In diesem Sinne sind vor allem zwei Auslegungsvarianten naheliegend: Während man den Begriff „berücksichtigen" einerseits als unbedingt erachten könnte, d.h. eine Nichtbeachtung der Kriterien eine Unmöglichkeit der Angemessenheitsbeschlussfassung zur Folge hätte,[8] könnte man dem Begriff der „Berücksichtigung" andererseits auch einen Spielraum zuerkennen, welcher der Kommission in Zweifelsfällen die Möglichkeit lässt, auch weitere Aspekte zu berücksichtigen.[9] 9

Fremdsprachige Fassungen der DS-GVO können in diesem Zusammenhang als Auslegungshilfe nicht herangezogen werden, da auch diese für das Normmerkmal „berücksichtigen" vergleichbar unbestimmte Ausdrücke der jeweiligen Sprache verwenden.[10] Für die strenge Auslegung des Begriffs als unbedingt spricht die besondere Grundrechtsrelevanz des Datenschutzes.[11] In diesem Sinne stellt auch Art. 44 S. 2 explizit fest, dass die Rechtsanwendung des Art. 44 in einer Weise zu erfolgen habe, dass das durch die Verordnung gewährleistete Schutzniveau für natürliche Personen nicht unterläuft. Für eine strengere Auslegung spricht außerdem, dass in ErwG 104 der Schutz der Menschenrechte, zu dem auch der Schutz personenbezogener Daten gehört, als Grundwert der Union bezeichnet wird. Auch der EuGH stellte in seiner „Schrems-Entscheidung" (sog. Safe-Harbor Entscheidung) fest, dass die DS-GVO im Lichte der Grundrechtscharta auszulegen sei, um einen umfangreichen Schutz der Rechte Betroffener sicherstellen zu können.[12] Um ihrer Pflicht aus Art. 8 GRCh angemessen gerecht werden zu können, müsse die Kommission also zwingend die Kriterien des Art. 45 Abs. 2 beachten und könne einen Angemessenheitsbeschluss ohne Vorliegen dieser Kriterien nicht erlassen.[13] 10

---

7 Vgl. hierzu BeckOK DatenSR-*Kamp* Art. 45 Rn. 10–14.

8 Vgl. hierzu auch *Simitis* NJW 1997, 281, 284.

9 So Sydow-*Sydow* Art. 45 Rn. 7 f.

10 Zum Vergleich der Sprachfassungen als Ausgangspunkt der Auslegung von Normen im Europarecht vgl. *EuGH* – C-449/93, Slg 1995, I-4291 Rn. 28.

11 Vgl. zum europäischen Recht von der Groeben/Schwarze/Hatje-*Augsberg* Art. 8 GRCh Rn. 1 ff.; zum deutschen Recht vgl. Maunz/Dürig-*Di Fabio* Art. 2 Rn. 173–178.

12 Vgl. *EuGH* EuZW 2015, 881, Rn. 66, 73, 78 – Schrems.

13 Ähnlich im Zusammenhang mit der DSRL *EuGH* EuZW 2015, 881, Rn. 70–72, 78 – Schrems; *Piltz* K&R 2016, 777.

11 **3. Tatbestandsmerkmale des angemessenen Schutzniveaus.** Für eine materiell rechtmäßige Kommissionsentscheidung bedarf es zwingend der Einhaltung eines angemessenen Schutzniveaus für Datentransfers in ein Drittland, ein Gebiet oder ein oder mehrere Sektoren eines Drittlands bzw. an eine internationale Organisation.[14]

12 **a) Begriff des angemessenen Schutzniveaus.** Der Beurteilungsmaßstab für ein angemessenes Schutzniveau ist durch die DS-GVO konkretisiert worden und ergibt sich aus den ErwG 102 bis 104 sowie aus Art. 45 Abs. 2.[15] Auch die Schrems-Entscheidung des EuGH spielt eine bedeutende Rolle für die Beurteilung des Vorliegens eines angemessenen Schutzniveaus.[16] Weiterhin hat die Art.-29-Datenschutzgruppe diesbezgl. weitere Vorgaben diesbezüglich gemacht. Diese Kriterien werden auch nach Inkrafttreten der DS-GVO das europäische Datenschutzrecht prägen,[17] da sie geeignet sind ein angemessenes Schutzniveau zu beurteilen.[18]

13 **b) Vorgaben der Art.-29-Datenschutzgruppe aus WP 12.** Grundsätzlich ist das Schutzniveau eines Drittlands, Gebiets oder Sektors eines Drittlands oder einer internationalen Organisation als angemessen zu erachten, wenn es im Verhältnis zum europäischen Schutz der Sache nach gleichwertig ist.[19]

14 Die folgenden Grundsätze stellen dabei nach Ansicht der Art.-29-Datenschutzgruppe[20] zwingend zu berücksichtigende Kriterien des europäischen Datenschutzes dar:[21]

15 **aa) Der Grundsatz der Beschränkung der Zweckbestimmung.** Daten müssen für einen bestimmten Zweck verarbeitet werden und können in diesem Sinne nur in dem Umfang verwendet oder übermittelt werden, als dies mit der Zweckbestimmung der Übermittlung vereinbar ist.[22]

16 **bb) Der Grundsatz der Datenqualität und -verhältnismäßigkeit.** Daten müssen sachlich richtig und auf dem neuesten Stand sein. Die Datenerhebung soll angemessen, relevanzorientiert und in Anbetracht des Zwecks, zu dem sie übertragen oder verarbeitet werden, nicht exzessiv sein.

17 **cc) Der Grundsatz der Transparenz.** Natürliche Personen müssen Informationen über die Zweckbestimmung der Verarbeitung und die Identität des Verantwortlichen, der in einem Drittland die Daten verarbeitet, sowie weitere im Einzelfall ggf. aus Billigkeitsgründen erforderliche Informationen, erhalten.[23]

---

14 *Molnár-Gábor/Kaffenberger* ZD 2017, 18, 19. Towfigh/Ulrich-*Sydow* Art. 45 Rn. 10 m.w.N.

15 Towfigh/Ulrich/*Sydow* Art. 45 Rn. 10; *Molnár-Gábor/Kaffenberger* ZD 2017, 18, 19; zum Problem des unkonkreten Begriffs der "Angemessenheit" in der DSRL siehe: *Comans* S. 90 ff.

16 *EuGH* CR 2015, 633 m. Anm. *Härting*; *Albrecht* CR 2016, 88, 95; *Molnár-Gábor/Kaffenberger* ZD 2017, 18, 19.

17 So auch Towfigh/Ulrich-*Sydow* Art. 45 Rn. 10.

18 Towfigh/Ulrich-*Sydow* Art. 45 Rn. 10; *Molnár-Gábor/Kaffenberger* ZD 2017, 18, 19.

19 So ErwG 104; *Albrecht* CR 2016, 88, 95; Towfigh/Ulrich-*Sydow* Art. 45 Rn. 10; *Albrecht* CR 2016, 88, 95; *Molnár-Gábor/Kaffenberger* ZD 2017, 18, 19.

20 Die Art.-29-Datenschutzgruppe wurde gem. Art. 29 DSRL eingesetzt. Nach Art. 68 ff. wird sie durch den Europäischen Datenschutzausschuss ersetzt.

21 Näheres zu den einzelnen Punkten: *Art.-29-Datenschutzgruppe* Übermittlung personenbezogener Daten an Drittländer: Anwendung von Artikel 25 und 26 der Datenschutzrichtlinie der EU, WP 12, 5 ff.; siehe auch Towfigh/Ulrich-*Sydow* Art. 45 Rn. 10 m.w.N.

22 Ausgenommen sind die aufgeführten Gründe in Art. 13 DSRL.

23 Ausnahmen sind lediglich in Übereinstimmung mit Art. 11 Abs. 2 und 13 der DSRL möglich.

dd) Der Grundsatz der Sicherheit. Die für die Verarbeitung verantwortliche Person muss geeignete technische und organisatorische Sicherheitsmaßnahmen in Bezug auf die Risiken der Verarbeitung treffen. Alle Personen, die unter der Verantwortung der für die Verarbeitung verantwortlichen Person stehen, dürfen Daten nur auf deren Anweisung verarbeiten. **18**

ee) Das Recht auf Zugriff, Berichtigung und Widerspruch. Den betroffenen Personen muss das Recht eingeräumt werden, eine Kopie aller Daten zu erhalten, die verarbeitet werden. Auch müssen sie die Daten berichtigen dürfen, sofern die Daten unrichtig sind. Ebenfalls muss in bestimmten Situationen ein Widerspruchsrecht gegen die Verarbeitung der die Personen betreffenden Daten gewährt werden.[24] **19**

ff) Beschränkungen der Weiterübermittlung in andere Drittländer. Eine Weiterübermittlung der Daten von dem ursprünglichen Bestimmungsdrittland in ein weiteres Drittland ist nur unter der Voraussetzung zulässig, dass das empfangende Drittland ebenfalls ein angemessenes Schutzniveau aufweist.[25] **20**

gg) Gewährleistung einer guten Befolgungsrate der Vorschriften. Es ist erforderlich, ein geeignetes System einzusetzen, das sich dadurch auszeichnet, dass sich die für die Verarbeitung Verantwortlichen ihrer Pflichten sowie die betroffenen Personen ihrer Rechte klar bewusst sind. Auch müssen wirksame Sanktionen existieren, um die Einhaltung der Bestimmungen sowie die Möglichkeit der direkten Überprüfung einer Einhaltung durch Behörden, Buchprüfer oder unabhängige Datenschutzbeauftragte sicherzustellen. **21**

hh) Unterstützung und Hilfe für einzelne Personen. Einzelne Personen müssen bei der Wahrnehmung ihrer Rechte adäquat unterstützt werden. Dabei ist zu beachten, dass der Einzelne seine Rechte rasch und wirksam, ohne eine Beschränkung wie durch überhöhte Kosten etwa durchsetzen können muss. Um dies sicherzustellen, ist ein Mechanismus einzusetzen, der eine unabhängige Prüfung von Beschwerden ermöglicht. **22**

ii) Gewährleistung angemessener Entschädigung. Eine in ihren Rechten verletzte Person/Partei muss bei einem Verstoß gegen die Bestimmungen angemessen entschädigt werden. Zu diesem Zweck ist ein System zu implementieren, das unabhängig schlichtet und die Zahlung von Entschädigungen oder die Auferlegung von Sanktionen ermöglicht. **23**

c) Vorgaben der Art.-29-Datenschutzgruppe aus WP 237. In einer weiteren Stellungnahme hat die Art.-29-Datenschutzgruppe vier wesentliche Garantien aufgesetzt, die einen interpretationsoffenen Maßstab für den zulässigen Datenzugriff staatlicher Stellen in einem demokratischen Rechtstaat vorgeben.[26] **24**

---

24 Ausgenommen sind die aufgeführten Gründe in Art. 13 DSRL.

25 Ausnahmen sind lediglich in Übereinstimmung mit Art. 26 Abs. 1 DSRL möglich.

26 *Art.-29-Datenschutzgruppe* Working Document 01/2016 on the justification of interferences with the fundamental rights to privacy and data protection through surveillance measures when transferring personal data (European Essential Guarantees), WP 237, 12; siehe dazu auch Kühling/Buchner-*Schröder* Art. 45 Rn. 23.

25 **aa) Garantie A – Die Datenverarbeitung muss auf klaren, genauen und verständlichen Regeln basieren.** Die rechtliche Grundlage der Datenverarbeitung soll gesetzlich verankert sein und dabei Straftaten benennen, die zu einer Überwachung führen können. Auch sollen Kategorien definiert werden, die Personen benennen, die von einer Überwachung betroffen sein können und eine zeitliche Begrenzung der Maßnahme sowie das Verfahren, das für die Untersuchung, Nutzung und Aufbewahrung der Daten verwendet wird, beschreiben. Darüber hinaus sollen Vorsichtsmaßnahmen für den Fall definiert werden, dass Daten an Dritte kommuniziert werden.[27]

26 **bb) Garantie B – Notwendigkeit und Verhältnismäßigkeit in Bezug auf die legitim verfolgten Ziele müssen nachgewiesen werden.** In Garantie B gibt die Art.-29-Datenschutzgruppe lediglich relativ vage Vorgaben und geht zudem auf einige Urteile des EuGH und EGMR ein. Im Grundsatz wird festgestellt, dass jegliche Datenverarbeitung durch die Regierung per definitionem eine Beeinträchtigung der Rechte auf Privatsphäre und Datenschutz ist.[28] Dies trifft nach Auffassung der Art.-29-Datenschutzgruppe ebenso für die Datenverarbeitung der Regierungsbehörden mit zweckmäßigen Informationen zu. Eine solche kann nur dann rechtmäßig sein, wenn sie notwendig und verhältnismäßig in Relation zu dem legitimen Ziel steht.[29]

27 **cc) Garantie C – Ein unabhängiger Aufsichtsmechanismus sollte existieren.** Bereits seit den 1970er Jahren hat der EGMR die Auffassung vertreten, dass jegliche Einwirkung auf die Rechte der Privatsphäre oder des Datenschutzes einem wirksamen, unabhängigen und unparteiischen Aufsichtssystem unterliegen soll, das entweder von einem Richter oder einer anderen unabhängigen Stelle bereitgestellt werden muss. Unabhängig von der Form der Aufsicht ist die Existenz von Aufsichtsbehörden ein wesentlicher Bestandteil des Schutzes von Einzelpersonen in Bezug auf die Verarbeitung personenbezogener Daten.[30]

28 **dd) Garantie D – Der einzelnen Person müssen wirksame Rechtsmittel zur Verfügung stehen.** Jeder Person muss ein wirksames Rechtsmittel zur Verfügung stehen, um sich gegen eine etwaige Rechtsverletzung zur Wehr zu setzen. Jedoch ist die Meldung einer Überwachungsmaßnahme stets zwingende Voraussetzung für eine Ausübung. Fehlt eine solche Meldung, kann eine Maßnahme gleichwohl zulässig sein, wenn sie durch

---

27 *Art.-29-Datenschutzgruppe* Working Document 01/2016 on the justification of interferences with the fundamental rights to privacy and data protection through surveillance measures when transferring personal data (European Essential Guarantees), WP 237, 7 unter Verweis auf *EGMR* EuGRZ 85, 20, §§ 65 ff. – Malone; *EGMR* NJW 2007, 1433, 1436, Rn. 95 – Weber und Saravia; *EuGH* EuZW 2014, 459, 46,3 Rn. 61 – Digital Rights Ireland; *EGMR* Urt. V. 1.7.2008 – 58243/00, Rn. 63 – Liberty; *EGMR* Urt. V. 4.12.2015 – 47143/06, Rn. 229 – Zakharov.

28 *Art.-29-Datenschutzgruppe* Working Document 01/2016 on the justification of interferences with the fundamental rights to privacy and data protection through surveillance measures when transferring personal data (European Essential Guarantees), WP 237, 7 unter Verweis auf *EuGH* EuZW 2014, 459, 463, Rn. 36 – Digital Rights Ireland.

29 A.a.O.

30 *Art.-29-Datenschutzgruppe* Working Document 01/2016 on the justification of interferences with the fundamental rights to privacy and data protection through surveillance measures when transferring personal data (European Essential Guarantees), WP 237, 9 unter Verweis auf EGMR Urteil vom 6.9.1978 – 5029/71, Rn. 17 und 51 – Klass; EuGH, Urteil vom 9.3.2010 – C-518/07, Rn. 23 – Commission.

ein Gericht überprüft werden kann.[31] Die Art.-29-Datenschutzgruppe geht dabei auch auf die Frage ein, ob eine wirksame Durchsetzung nur von einem Gericht oder auch durch eine andere unabhängige Einrichtung durchgeführt werden kann. Der EGMR hat im sog. Kennedy-Urteil ausgeführt, dass nicht zwingend ein Gericht die Rechte durchsetzen muss sondern vielmehr auch andere Einrichtungen dafür geeignet sein können.[32] Eindeutig positioniert sich die Art.-29-Datenschutzgruppe diesbezüglich jedoch nicht.

d) Rechtsstaatlichkeitskriterien, Abs. 2 lit. a. Zunächst stellt Abs. 2 lit. a auf die Rechtssituation des betreffenden Drittlands bzw. der internationalen Organisation ab. Grundvoraussetzung für ein angemessenes Schutzniveau sind Rechtsstaatlichkeit sowie die Achtung der Menschenrechte und der Grundfreiheiten.[33] Die einschlägigen Rechtsvorschriften des Drittlands oder der betreffenden internationalen Organisation sind dabei sowohl allgemein als auch sektoral zu betrachten.[34] Neu ist, dass sich die DS-GVO – im Gegensatz zur DSRL – auf Bereiche wie die nationale und öffentliche Sicherheit, Verteidigung und Strafrecht sowie explizit den Zugang von Behörden zu personenbezogenen Daten bezieht. In den Kriterienkatalog wurden nunmehr die von der Art.-29-Datenschutzgruppe geforderten effektiven Rechtsmittel aufgenommen, die betroffenen Personen im jeweiligen Drittland bzw. der internationalen Organisation zustehen müssen. Dies kann als Reaktion auf die Veröffentlichungen durch Edward Snowden gedeutet werden.[35] Doch auch die Vorgaben des EuGH aus der Schrems-Entscheidung werden die Aufnahme der Zugriffsbefugnisse staatlicher Behörden in die DS-GVO beeinflusst haben.[36] 29

e) Existenz und wirksame Funktionsweise unabhängiger Aufsichtsbehörden, Abs. 2 lit. b. Gemäß Art. 45 Abs. 2 lit. b muss mindestens eine Aufsichtsbehörde mit wirksamen Befugnissen im betreffenden Drittland bestehen bzw. der internationalen Organisation übergeordnet sein. Diese überwacht die Einhaltung und wirksame Durchsetzung der Datenschutzvorschriften des Drittlandes bzw. der internationalen Organisation und steht den betroffenen Personen unterstützend und beratend bei der Ausübung ihrer Rechte bei. An dieser Stelle wurde die von der Art.-29-Datenschutzgruppe geforderte Garantie, dass den einzelnen Personen effektive Rechtsmittel zustehen müssen, unmittelbar in die DS-GVO aufgenommen. 30

---

31 *Art.-29-Datenschutzgruppe* Working Document 01/2016 on the justification of interferences with the fundamental rights to privacy and data protection through surveillance measures when transferring personal data (European Essential Guarantees), WP 237, 11 unter Verweis auf EGMR Urteil vom 4.12.2015 – 47143/06, Rn. 229 Zakharov; *EuGH* Urteil vom 18.2.1991 – 26083/94, Rn. 167 – Kennedy.

32 *Art.-29-Datenschutzgruppe* Working Document 01/2016 on the justification of interferences with the fundamental rights to privacy and data protection through surveillance measures when transferring personal data (European Essential Guarantees), WP 237, 7 unter Verweis auf *EuGH* EuZW 2014, 459, 463, Rn. 36 – Digital Rights Ireland.

33 So auch ErwG 104; Gola-*Klug* Art. 45 Rn 6.

34 Vgl. Towfigh/Ulrich-*Sydow* Art. 45 Rn. 11 der eine Vergleichbarkeit der Rechtsstaatlichkeit der EU fordert.

35 So auch Towfigh/Ulrich-*Sydow* Art. 45 Rn. 11; Paal/Pauly-*Pauly* Art. 45 Rn. 5.

36 *EuGH* NJW 2015, 3151, 3157, Rn. 93; Paal/Pauly-*Pauly* Art. 45 Rn. 5.

31 **f) Internationale Verpflichtungen des Drittlands bzw. der betreffenden internationalen Organisation, Abs. 2 lit. c.** Die von dem betreffenden Drittland bzw. der internationalen Organisation eingegangenen völkerrechtlichen Verträge und andere Verpflichtungen, insbesondere in Bezug auf den Datenschutz, sind bei jeder Bewertung zu beachten und dürfen mit den vorhergehenden Kriterien nicht konfligieren.[37] Insbesondere einen Beitritt des zu prüfenden Drittlands zur Datenschutzkonvention des Europarats vom 28. Januar 1981 wird die Kommission vor diesem Hintergrund prüfen.[38]

32 **g) Rechtsfolge.** Im Vergleich zu Art. 25 Abs. 2 DSRL führt Art. 45 Abs. 2 wesentlich mehr Kriterien auf, die – wie die Formulierung „insbesondere" verdeutlicht – jedoch nicht abschließend sind. Die aufgeführten Kriterien sind von der Kommission bei der Beurteilung eines angemessenen Schutzniveaus jedoch stets zu berücksichtigen.

33 Sind indes alle Voraussetzungen für den Beschluss über ein angemessenes Datenschutzniveau erfüllt, steht der Übermittlung personenbezogener Daten in ein Drittland, ein Gebiet oder ein oder mehrere Verarbeitungssektoren eines Drittlands oder an eine internationale Organisation nichts weiter im Wege.

34 Mit Blick auf den internationalen Datenverkehr und die Globalisierung im Allgemeinen, dürfte dies für die Parteien einen willkommenen Bürokratieabbau darstellen, wobei gleichwohl ein angemessener Datenschutz dadurch gewährleistet ist, dass die Kommission gemäß Art. 45 im Durchführungsrechtsakt einen Mechanismus für eine regelmäßige, mindestens alle vier Jahre erfolgende Überprüfung des angemessen Schutzniveaus, vorzusehen hat.[39]

III. Durchführungsrechtsakt, Abs. 3

35 Liegt bei einem Drittland, einem Gebiet bzw. Sektor eines Drittlands oder einer internationalen Organisation nach Prüfung der in Art. 45 Abs. 2 genannten Kriterien durch die Kommission ein angemessenes Schutzniveau vor, wird dies mittels eines Durchführungsakts durch die Kommission im Sinne des Art. 291 AEUV festgestellt und ein entsprechender Angemessenheitsbeschlusses gefasst.

36 **1. Durchführung.** Der Erlass eines solchen Durchführungsrechtsakts basiert dabei auf einem Prüfverfahren i.S.d. Art. 93 Abs. 2 i.V.m. Art. 5 VO (EU) 182/2011[40] (sog. „Komitologieverfahren"). Dabei wird die Kommission nach Art. 3 der VO (EU) 182/2011 von einem Ausschuss unterstützt, der aus Vertretern der Mitgliedstaaten besteht. Diesem legt die Kommission zunächst einen Entwurf des Durchführungsrechtsakts vor. Nur bei zustimmender Stellungnahme des Ausschusses erlässt die Kommission den Durchführungsrechtsakt.[41] Nach Bekanntmachung gegenüber der Kommission tritt der Angemessenheitsbeschluss in Kraft.

37 Gleichzeitig sind bestimmte inhaltliche Mindestanforderungen bei Erlass eines solchen Rechtsakts einzuhalten. Diese bestehen in der Festlegung der territorialen und

---

37 Siehe Towfigh/Ulrich-*Sydow* Art. 45 Rn. 13.
38 Vgl. ErwG 105; Towfigh/Ulrich-*Sydow* Art. 45 Rn. 13.
39 So auch Towfigh/Ulrich-*Sydow* Art. 45 Rn. 14.
40 Verordnung des Europäischen Parlaments und des Rates vom 16.2.2011 zur Festlegung der allgemeinen Regeln und Grundsätze, nach denen die Mitgliedstaaten die Wahrnehmung der Durchführungsbefugnisse durch die Kommission kontrollieren (Komitologie-VO).
41 Vgl. Art. 5 Abs. 3 VO (EU) 182/2011.

sektoralen Reichweite der Angemessenheitsentscheidung sowie der Angabe gegebenenfalls vorhandener zuständiger Datenaufsichtsbehörden. Unmittelbarer Bestandteil des Durchführungsrechtsakts muss auch ein mindestens alle vier Jahre zu wiederholendes Überprüfungsverfahren sein.[42] Dieser 4-Jahres-Intervall berechnet sich ab dem Zeitpunkt der Fassung des Angemessenheitsbeschlusses durch die Kommission.[43] Letztere Voraussetzung folgt aus einer unmittelbaren Umsetzung der Schrems-Entscheidung durch den EuGH. Insgesamt zeigt sich so ein gegenüber den Vorgaben der früheren DSRL verschärftes Anforderungsprofil.[44]

Ungeachtet der vorigen Ausführungen darf der erlassene Durchführungsakt keine Klauseln enthalten, die unstatthafte Einschränkungen zum Inhalt hätten. Angemessenheitsentscheidungen auf Grundlage der DSRL beinhalteten demgegenüber Beschränkungen der Eingriffsmöglichkeiten der nationalen Kontrollstellen, übereinstimmend mit Art. 3 der Safe Harbor-Entscheidung der Kommission[45]. Diese Einschränkung ist mit dem in der Schrems-Entscheidung durch den EuGH festgelegten Maßstab des EuGH nicht vereinbar und folglich nunmehr unzulässig.[46] Der EuGH setzt die vollständige Unabhängigkeit der Aufsichtsbehörden voraus. Als Folge dessen kündigte die Kommission die Ersetzung der ungültigen Klauseln im Wege eines im Ausschussverfahren zu erlassenden Beschlusses an.[47] 38

2. Widerrufs- oder Abänderungsbeschluss, Abs. 5. Sofern die Kommission im Rahmen der Prüfung der Kriterien eines angemessenen Schutzniveaus zur Feststellung gelangt, dass ein Drittland die Voraussetzungen für den Erlass eines Angemessenheitsbeschlusses nicht oder nicht mehr erfüllt, muss die Kommission die Angemessenheitsentscheidung widerrufen, aussetzen oder ändern. Eine Änderung kann beispielsweise in Form einer Beschränkung des Beschlusses auf bestimmte Gebiete erfolgen. Änderungsbedarf kann sich zudem infolge aktualisierter Informationen hinsichtlich einer unveränderten Rechtslage ergeben. Um dem Umstand, der zu einem Widerrufs- oder Änderungsbeschluss gemäß Abs. 5 geführt hat, Abhilfe zu schaffen, führt die Kommission gemäß Abs. 6 Gespräche mit dem betroffenen Adressaten. 39

3. Veröffentlichung, Abs. 8. Sämtliche Entscheidungen der Kommission über die Angemessenheit des Schutzniveaus in einem Drittland bzw. einer internationalen Organisation, gleich ob positiver oder negativer Art, sind im Amtsblatt der Europäischen Union zu veröffentlichen. 40

IV. Wirksamkeit früherer Entscheidungen

1. Art. 25 Abs. 6 DSRL. Feststellungen der Kommission, die diese nach Art. 25 Abs. 6 DSRL getroffen hat, bleiben auch nach Inkrafttreten der DS-GVO weiterhin bestandskräftig. Gemäß Art. 45 Abs. 9 bleiben die Entscheidungen nach Art. 25 Abs. 6 41

42 Siehe auch ErwG 106.
43 Vgl. hierzu auch Ehmann/Selmayr-*Zerdick* Art. 45 Rn. 13.
44 Vgl. *EuGH* NJW 2015, 3151, Rn. 76.
45 Vgl. Entscheidung der Kommission 2000/520/EG, ABl. 2000 L 215, 7.
46 Vgl. *EuGH* NJW 2015, 3151, Rn. 99 ff.
47 *Europäische Kommission* Mitteilung der Kommission an das Europäische Parlament und den Rat zu der Übermittlung personenbezogener Daten aus der EU in die Vereinigten Staaten von Amerika auf der Grundlage der Richtlinie 95/46/EG nach dem Urteil des Gerichtshofs in der Rechtssache C-362/14 (Schrems) vom 6.11.2015, S. 15.

DSRL so lange in Kraft, bis sie durch einen nach dem Prüfverfahren gemäß Art. 45 Abs. 3 oder 5 erlassenen Beschluss der Kommission geändert, ersetzt oder aufgehoben werden.

42 Die folgenden Angemessenheitsentscheidungen wurden bisher von der Kommission nach Art. 25 Abs. 6 DSRL beschlossen:

- **Andorra;**[48]
- **Argentinien;**[49]
- **Faröer Inseln;**[50]
- **Guernsey;**[51]
- **Isle of Man;**[52]
- **Israel**[53] mit der Begrenzung des Anwendungsbereiches des Beschlusses auf automatisierte Verarbeitungen;
- **Jersey;**[54]
- **Kanada**[55] mit der Begrenzung des Anwendungsbereichs des Beschlusses auf kanadische Organisationen, die personenbezogene Daten im Rahmen ihrer kommerziellen Tätigkeit verarbeiten (dies durch den sog. Personal Information Protection and Electronic Documents Act);
- **Neuseeland;**[56]
- **Uruguay;**[57]
- **Schweiz;**[58]
- **USA**[59] mit der Begrenzung des Anwendungsbereiches des Beschlusses auf Übermittlungen aus der EU an US-Organisationen die in der sog. Datenschutzschild-Liste des US-Handelsministeriums geführt werden (EU-US-Datenschutzschild). Ausweislich an dieser Entscheidung ist, dass bereits im Beschluss eine Bewertung der Kommission nach Inkrafttreten der DS-GVO vorgesehen ist.[60]

43 Entsprechend ErwG 106 müssen jedoch auch Angemessenheitsbeschlüsse nach Art. 25 Abs. 4 DSRL fortlaufend gemäß Art. 45 Abs. 4 dahingehend überwacht werden, ob Gründe für eine Überprüfung des erforderlichen Schutzniveaus vorliegen. Sollte ein solcher Grund existieren, wird auch dann das Prüfverfahren gemäß Art. 45 Abs. 5 eingeleitet, um die Entscheidung zu ändern, zu ersetzen oder dieselbe aufzuheben.

44 **2. Safe Harbor.** Durch Entscheidung vom 26. Juli 2000 gestattete die Europäische Kommission Datenübermittlungen an Unternehmen, die am sog. Safe-Harbor-Pro-

48 Beschluss der Kommission (EU) 2010/625, ABl. 2010 L 277, 27.
49 Entscheidung der Kommission 2003/490/EG, ABl. 2003 L 168, 19.
50 Beschluss der Kommission (EU) 2010/146, ABl. 2010 L 58, 17.
51 Entscheidung der Kommission 2003/821/EG, ABl. 2003 L 308, 28.
52 Entscheidung der Kommission 2004/411/EG, ABl. 2004 L 141, 51.
53 Beschluss der Kommission (EU) 2011/61, ABl. 2011 L 27, 39.
54 Entscheidung der Kommission 2008/393/EG, ABl. 2008 L 138, 21.
55 Entscheidung der Kommission 2002/2/EG, ABl. 2002 L 2, 13.
56 Durchführungsbeschluss der Kommission (EU) 2013/65, ABl. 2013 L 28, 12.
57 Durchführungsbeschluss der Kommission (EU) 2012/484, ABl. 2012 L 227, 11.
58 Entscheidung der Kommission 2002/518/EG, ABl. 2002 L 215, 1.
59 Durchführungsbeschluss der Kommission (EU) 2016/1250, ABl. 2016 L 207, 1.
60 Durchführungsbeschluss der Kommission (EU) 2016/1250, ABl. 2016 L 207, 1 Rn. 146; vgl. auch BeckOK DatenSR-*Kamp* Art. 45 Rn. 43; dazu ausführlich Kühling/Buchner-*Schröder* Art. 45 Rn. 40 ff.

gramm teilnahmen und die infolgedessen so behandelt werden dürfen, als seien sie in der EU ansässig.[61] Schon früh wurde Kritik an der unzureichenden Sanktionierung von Verstößen durch die US Federal Trade Commission geübt, im Nachgang zu den Datenveröffentlichungen durch Edward Snowden und angesichts der dadurch bekannt gewordenen Informationen sowie diesbezüglicher Untersuchungen kritisierten deutsche Aufsichtsbehörden insbesondere den umfassenden und anlasslosen Zugriff der US-Geheimdienste auf personenbezogene Daten.[62] Im Folgenden wurde das Safe-Harbor Abkommen durch das Schrems-Entscheidung des EuGH gestürzt. Zuvor hatte der Irish High Court dem EuGH die Frage vorgelegt, ob eine nationale Behörde an die Entscheidung der Kommission, dass die USA ein angemessenes Schutzniveau gewährleisteten nach Art. 25 Abs. 6 DSRL per se gebunden sei oder ob die nationale Behörde im Fall einer Beschwerde die tatsächlichen Entwicklungen im jeweiligen Drittland trotzdem prüfen müsse und sich somit gegebenenfalls über die Entscheidung der Kommission hinwegsetzen könne.[63]

Die daraufhin durch den EuGH getroffene Entscheidung enthält insbesondere die folgenden drei wesentlichen Aussagen: **45**

„a) Die Safe-Harbor Entscheidung der Kommission ist unwirksam und stellt keine rechtliche Grundlage mehr für eine Datenübermittlung aus der EU in die USA dar, da sich die Kommission bei Erlass der Safe-Harbor Entscheidung nicht an die Vorgaben der DSRL gehalten hat.

Somit konnte der EuGH ohne Prüfung des Inhalts der Grundsätze feststellen, dass die Safe-Harbor Entscheidung der Kommission ungültig ist.[64]

Die Angemessenheit des Datenschutzniveaus war gemäß Artikel 25 Abs. 6 DSRL u.a. danach beurteilt worden, ob ein Drittland angemessene innerstaatliche Rechtsvorschriften oder internationale Verpflichtungen eingegangen war. Der EuGH stellt nun fest, dass zwar ein Rückgriff eines Drittlands auf ein System der Selbstzertifizierung nicht grundsätzlich gegen das Erfordernis in Art. 25 Abs. 6 DSRL verstößt, dass die Zuverlässigkeit eines solchen Systems jedoch regelmäßig im Wesentlichen auf der Schaffung wirksamer Überwachungs- und Kontrollmechanismen, die eine Ermittlung und Ahndung etwaiger Verstöße erlauben, beruht. Im Fall des Safe-Harbor sind die selbstauferlegten Grundsätze jedoch ausschließlich auf die teilnehmenden US-Organisationen beschränkt, ohne dass von den amerikanischen Behörden die Einhaltung ebenjener Grundsätze verlangt wird. [65]

b) Nationale Datenschutzbehörden der Europäischen Union sind vollständig unabhängig.[66]

---

61 Entscheidung der Kommission 2000/520/EG, ABl. 2000 L 215, 7; Kühling/Buchner-*Schröder* Art. 45 Rn. 36.

62 Vgl. Pressemitteilung der Konferenz der Datenschutzbeauftragten des Bundes und der Länder vom 24.7.2013, https://www.datenschutz.bremen.de/sixcms/detail.php?gsid=bremen236.c.9283.de; Kühling/Buchner-*Schröder* Art. 45 Rn. 37.

63 Vgl. *EuGH* EuZW 2015, 881, 882 – Schrems.

64 Vgl. *EuGH* EuZW 2015, 881, 887, Rn. 97 f. – Schrems.

65 *EuGH* EuZW 2015, 881, 886, Rn. 81 f. – Schrems. vgl. auch Paal/Pauly-*Pauly* DS-GVO, Art. 45 Rn. 13.

66 *EuGH* EuZW 2015, 881, 882, Rn. 40 ff. – Schrems.

c) Angemessenheitsentscheidungen der Kommission sind in regelmäßigen Abständen zu kontrollieren und daraufhin zu prüfen, ob Gründe vorliegen, die eine Rechtfertigung des angemessenen Schutzniveaus inzwischen konterkarieren. Eine solche Prüfung ist jedenfalls stets dann geboten, wenn Anhaltspunkte vorliegen, die Zweifel an einem angemessenen Schutzniveau wecken."[67]

V. Verhältnis zu anderen Vorschriften; Europarecht und nationales Recht

46 Ein Widerruf der Angemessenheitsentscheidungen nach Art. 45 Abs. 5 lässt die Übermittlung von personenbezogenen Daten nach Art. 46, 47 oder 49 unberührt.[68] Eine nationale Ratifikation ist nicht erforderlich, vielmehr werden § 4b Abs. 2 S. 2 und Abs. 3 BDSG a.F. durch Art. 44 und 45 ersetzt.[69]

VI. Brexit

47 Nach derzeitigem Stand soll der Austritt des Vereinigten Königreichs aus der EU mit Wirkung zum 29. März 2019 stattfinden. Im Rahmen der andauernden Austrittsverhandlungen wird auch die Thematik des Datenschutzes eine nicht unerhebliche Rolle spielen. Bis zum Zeitpunkt eines offiziellen Austritts bleibt die DS-GVO auch für das Vereinigte Königreich als EU-Mitgliedsstaat bindend. Sollte das Vereinigte Königreich nach einem Austritt aus der EU Teil der Europäischen Freihandelsassoziation (EFTA) und des Europäischen Wirtschaftsraums (EWR) werden, so wird es infolge der bestehenden Bindung an die Pflichten aus dem EWR-Abkommen ebenfalls verpflichtet sein den Inhalt der DS-GVO zu beachten, da die DS-GVO nach aktuellem Kenntnisstand mit Inkrafttreten auch für die EWR-Mitgliedstaaten gilt.[70] Für den Fall, dass das Vereinigte Königreich nicht dem EWR beitreten wird und es auch zu keiner bilateralen Einigung kommen sollte, wird es nach den Grundsätzen der DS-GVO als Drittland anzusehen sein. In diesem Fall fänden die Mechanismen der Art. 44 ff. Anwendung.[71] Dann hätte die Kommission eine entsprechend Art. 45 durchzuführende Angemessenheitsentscheidung zu treffen oder die Datenübertragung durch bestimmte Vertragsklauseln oder unabdingbare Regelungen abzusichern.

Artikel 46 Datenübermittlung vorbehaltlich geeigneter Garantien

(1) Falls kein Beschluss nach Artikel 45 Absatz 3 vorliegt, darf ein Verantwortlicher oder ein Auftragsverarbeiter personenbezogene Daten an ein Drittland oder eine internationale Organisation nur übermitteln, sofern der Verantwortliche oder der Auftragsverarbeiter geeignete Garantien vorgesehen hat und sofern den betroffenen Personen durchsetzbare Rechte und wirksame Rechtsbehelfe zur Verfügung stehen.

(2) Die in Absatz 1 genannten geeigneten Garantien können, ohne dass hierzu eine besondere Genehmigung einer Aufsichtsbehörde erforderlich wäre, bestehen in

a) einem rechtlich bindenden und durchsetzbaren Dokument zwischen den Behörden oder öffentlichen Stellen,

---

67 *EuGH* EuZW 2015, 881, 885, Rn. 76 – Schrems.

68 Vgl. Towfigh/Ulrich-*Sydow* Art. 45 Rn. 25.

69 Vgl. Kühling/Buchner-*Schröder* Art. 45 Rn. 48.

70 Vgl. Hinweis „Text von Bedeutung für den EWR" im Verkündungsblatt der DS-GVO.

71 Vgl. ZD-Aktuell 2016, 05212.

b) verbindlichen internen Datenschutzvorschriften gemäß Artikel 47,
c) Standarddatenschutzklauseln, die von der Kommission gemäß dem Prüfverfahren nach Artikel 93 Absatz 2 erlassen werden,
d) von einer Aufsichtsbehörde angenommenen Standarddatenschutzklauseln, die von der Kommission gemäß dem Prüfverfahren nach Artikel 93 Absatz 2 genehmigt wurden,
e) genehmigten Verhaltensregeln gemäß Artikel 40 zusammen mit rechtsverbindlichen und durchsetzbaren Verpflichtungen des Verantwortlichen oder des Auftragsverarbeiters in dem Drittland zur Anwendung der geeigneten Garantien, einschließlich in Bezug auf die Rechte der betroffenen Personen, oder
f) einem genehmigten Zertifizierungsmechanismus gemäß Artikel 42 zusammen mit rechtsverbindlichen und durchsetzbaren Verpflichtungen des Verantwortlichen oder des Auftragsverarbeiters in dem Drittland zur Anwendung der geeigneten Garantien, einschließlich in Bezug auf die Rechte der betroffenen Personen.

(3) Vorbehaltlich der Genehmigung durch die zuständige Aufsichtsbehörde können die geeigneten Garantien gemäß Absatz 1 auch insbesondere bestehen in
a) Vertragsklauseln, die zwischen dem Verantwortlichen oder dem Auftragsverarbeiter und dem Verantwortlichen, dem Auftragsverarbeiter oder dem Empfänger der personenbezogenen Daten im Drittland oder der internationalen Organisation vereinbart wurden, oder
b) Bestimmungen, die in Verwaltungsvereinbarungen zwischen Behörden oder öffentlichen Stellen aufzunehmen sind und durchsetzbare und wirksame Rechte für die betroffenen Personen einschließen.

(4) Die Aufsichtsbehörde wendet das Kohärenzverfahren nach Artikel 63 an, wenn ein Fall gemäß Absatz 3 des vorliegenden Artikels vorliegt.

(5) [1]Von einem Mitgliedstaat oder einer Aufsichtsbehörde auf der Grundlage von Artikel 26 Absatz 2 der Richtlinie 95/46/EG erteilte Genehmigungen bleiben so lange gültig, bis sie erforderlichenfalls von dieser Aufsichtsbehörde geändert, ersetzt oder aufgehoben werden. [2]Von der Kommission auf der Grundlage von Artikel 26 Absatz 4 der Richtlinie 95/46/EG erlassene Feststellungen bleiben so lange in Kraft, bis sie erforderlichenfalls mit einem nach Absatz 2 des vorliegenden Artikels erlassenen Beschluss der Kommission geändert, ersetzt oder aufgehoben werden.

– *ErwG: 108, 109*

Übersicht

Literatur: *Piltz* Die Datenschutz-Grundverordnung, Teil 4: Internationale Datentransfers und Aufsichtsbehörden, K&R 2016, 777.

A. Einordnung und Hintergrund

1 Bereits die Datenschutzrichtlinie 95/46/EG sah für die Übermittlung personenbezogener Daten in Drittländer ohne angemessenes Datenschutzniveau eine Rechtfertigung vor, die sich auf einen Katalog einzelner Ausnahmetatbestände stützte (Art. 26 RL 95/46/EG). Im Einzelnen waren dies die Einwilligung des Betroffenen; ein Vertrag zwischen Verantwortlichem und Betroffenen; ein Vertrag zwischen Verantwortlichem und einem Dritten, sofern dies im Interesse des Betroffenen lag; die Wahrung eines wichtigen öffentlichen Interesses oder die Geltendmachung, Ausübung oder Verteidigung von Rechtsansprüchen vor Gericht; die Wahrung lebenswichtiger Interessen der betroffenen Person; die Übermittlung aus einem öffentlichen Register. Diese Struktur wurde in der DS-GVO nur teilweise beibehalten. Es kamen neue Instrumente hinzu und einige der hier genannten wurden nicht mit aufgenommen.

B. Kommentierung

2 Im Rahmen der DS-GVO stellt Art. 46 die zentrale Norm für die Rechtmäßigkeit der Übermittlungen personenbezogener Daten an Drittländer oder an internationale Organisationen dar. Nach dem Wortlaut in Abs. 1 ist Art. 46 eine Ergänzung zu Art. 45.

I. Anwendungsbereich

3 Transfers an ein Drittland oder eine internationale Organisation erfolgen nach der Datenschutzgrundverordnung nunmehr in einem gestuften Verhältnis.

4 Liegt ein Angemessenheitsbeschluss nach Art. 45 Abs. 3 vor, bedarf es keiner weiteren Rechtfertigungstatbestände für die Übermittlung in ein Drittland.

5 Liegt kein Beschluss der EU-Kommission vor, dass das betreffende Drittland, ein Gebiet oder ein oder mehrere spezifische Sektoren in diesem Drittland oder die betreffende internationale Organisation ein angemessenes Schutzniveau bieten, darf ein Verantwortlicher oder ein Auftragsverarbeiter personenbezogene Daten an ein Drittland oder eine internationale Organisation nur übermitteln, sofern der Verantwortliche oder der Auftragsverarbeiter geeignete Garantien vorgesehen haben und sofern den betroffenen Personen durchsetzbare Rechte und wirksame Rechtsbehelfe zur Verfügung stehen. Art. 46 regelt, welche geeigneten Garantien in Frage kommen und stellt weitere Anforderungen auf.

6 Das Fehlen eines Angemessenheitsbeschlusses für die gewünschte Datenübermittlung wird häufig eher die Regel als die Ausnahme sein. Bisher wurde für folgende Länder ein solcher Angemessenheitsbeschluss gefasst: Andorra, Argentinien, Kanada, Schweiz, Färöer Inseln, Israel, Isle of Man, die Kanalinsel Jersey, Neuseeland und Uruguay sowie die USA mittels des Privacy Shields (s. Kommentierung zu Art. 45 Rn. 42, 44 f.). Für die überwiegende Anzahl der Drittländer existiert demgegenüber kein Angemessenheitsbeschluss. In Hinblick auf Datenübermittlungen unter Beteiligung dieser Länder sind daher die in Art. 46 geregelten geeigneten Garantien von besonderer Bedeutung und ist ein Transfer in ein Drittland oder eine internationale Organisation nach Art. 46 Abs. 1 zu prüfen.

II. Geeignete Garantien

Gemäß Art. 46 Abs. 1 ist eine Übermittlung an eine Stelle im Drittland oder an eine internationale Organisation zulässig, wenn geeignete Garantien beim Verantwortlichen oder Auftragsverarbeiter im Drittland vorgesehen sind und den betroffenen Personen durchsetzbare Rechte und wirksame Rechtsbehelfe zur Verfügung stehen. Damit sind die Voraussetzungen für einen Drittlandtransfer abseits des Angemessenheitsbeschlusses nach Art. 45 Abs. 3 deutlich strikter als noch in Art. 26 Abs. 2 Datenschutzrichtlinie.[1] 7

Insbesondere die Sicherstellung der durchsetzbaren Rechte der betroffenen Personen und das Zur-Verfügung-Stehen von wirksamen Rechtsbehelfen erhalten in Art. 46 einen besonderen Stellenwert. Die Garantien müssen insbesondere sicherstellen, dass das fehlende Schutzniveau für die betroffenen Personen im Drittland durch die Garantien ausgeglichen wird.[2] Das heißt, dass die Betroffenen im Vergleich zu einer entsprechenden Verarbeitung innerhalb der Europäischen Union entsprechende, geeignete Absicherungen erfahren und ihre Rechte ebenso effektiv durchsetzbar sein müssen.[3] 8

Die effektive Durchsetzung von Betroffenenrechten kann in der vertraglichen Abrede zwischen Betroffenen und Datenexporteur bzw. Datenimporteur Schwierigkeiten bereiten, da verbraucherschützende Regelungen unter Umständen die Wahl eines Gerichtsstandes außerhalb der europäischen Union auch für bestimmte Verfahren, etwa eine Geltendmachung von Schadenersatz wegen Datenschutzverstößen, erschweren. Aus der Formulierung des ErwG 108 ergibt sich allerdings, dass ein Rechtsbehelf, der nur im Drittland geltend gemacht werden kann, wohl dennoch zulässig sein wird. 9

Darüber hinaus kann das Rechtssystem im Drittland beispielsweise keinen Verwaltungsrechtsweg vorsehen, wie dies unter der DS-GVO vorausgesetzt wird. Insofern ist dann ErwG 108 S. 3 so zu verstehen, dass vergleichbare gerichtliche Rechtsbehelfe zur Verfügung stehen müssen, ohne dass der Wortlaut aus Art. 46 Abs. 1 zu eng auszulegen ist.[4] 10

Die Garantien müssen als Konsequenz auf die Einhaltung der allgemeinen Grundsätze für die Verarbeitung personenbezogener Daten aus der DS-GVO gerichtet sein, einschließlich der Umsetzung der Grundsätze des Datenschutzes durch Technik (**Privacy by Design**) und durch datenschutzfreundliche Voreinstellung (**Privacy by Default**).[5] Im Ergebnis bedeutet dies, dass die materiellen Schutzvorschriften der DS-GVO entsprechend in den Garantien aufzunehmen sind.[6] 11

Im Übrigen können zur näheren Bestimmung der inhaltlichen Anforderungen an geeignete Garantien die Anforderungen an die verbindlichen internen Datenschutzvorschriften nach Art. 47 entsprechend herangezogen werden, da ausdrückliche Regelungen hierzu in Art. 46 Abs. 1 fehlen.[7] Für das Einhalten der Garantien sowie für 12

1 Vgl. *Spindler* DB 2016, 937, 945.
2 Siehe ErwG 108 S. 1.
3 Ehmann/Selmayr/*Zerdick* Art. 46 Rn. 6; BeckOK-DatenSR-*Lange/Filip* Art. 46 Rn. 8.
4 So auch BeckOK-DatenSR-*Lange/Filip* Art. 46 Rn. 10.
5 Kühling/Buchner-*Schröder* Art. 46 Rn. 10.
6 Vgl. BeckOK-DatenSR-*Lange/Filip* Art. 46 Rn. 13.
7 Ehmann/Selmayr-*Zerdick* Art. 46 Rn. 6; Kühling/Buchner-*Schröder* Art. 46 Rn. 10.

deren Geeignetheit sind grundsätzlich der Verantwortliche und – je nach inhaltlicher Ausgestaltung – der Auftragsverarbeiter verantwortlich. Aus der Formulierung aus Art. 46 Abs. 1 in Bezug auf die geeigneten Garantien beim Verantwortlichen oder Auftragsverarbeiter lässt sich indes keine Änderung in Bezug auf die Verantwortlichkeiten nach den Standardvertragsklauseln ableiten. Insofern sind diese mit ihren Regelungen vorrangig zu behandeln (s. Kommentierung zu Art. 46 Abs. 2 lit. c Rn. 20 ff.).

13 Abweichend von der Formulierung der Datenschutzrichtlinie ist nunmehr nicht mehr darauf abzustellen, ob die Garantien „ausreichend" sind, sondern auf ihre Geeignetheit. Dies bedeutet nicht, dass zwingend höhere inhaltliche Anforderungen an die Garantien gestellt werden müssen, sondern, dass sie im Einzelfall für die jeweilige beabsichtigte Verarbeitung, insbesondere die betroffenen personenbezogenen Daten und das Schutzniveau im Drittland, zu überprüfen sind. Ferner muss der für den Drittland-Transfer Verantwortliche (d.h., u.U. auch der Auftragsverarbeiter) Sorge dafür tragen, dass diese geeigneten Garantien während der Gesamtzeit der Verarbeitung aufrechterhalten werden.

III. Regelbeispiele

14 Art. 46 Abs. 2 führt Regelbeispiele für geeignete Garantien auf bzw. Maßnahmen, die geeignete Garantien darstellen können. Im Einklang mit der Systematik der DS-GVO ist diese Liste weder abschließend noch allgemein verbindlich, sondern muss auf ihre Geeignetheit für die jeweilige Verarbeitung geprüft werden.

15 **1. Keine Genehmigung erforderlich.** Eine der wesentlichen Erleichterungen im Rahmen der Neuregelung von Drittlandtransfers ohne entsprechenden Angemessenheitsbeschluss ist der Umstand, dass eine gesonderte Genehmigung einer Aufsichtsbehörde nicht erforderlich ist, sollte auf eine der geeigneten Garantien nach Art. 46 Abs. 2 zurückgegriffen werden. Eine wie auch immer geartete Vorabgenehmigung einer Aufsichtsbehörde ist demnach nicht mehr zulässig.[8]

16 Damit dürfte die unter der Datenschutzrichtlinie bestehende Praxis einiger Mitgliedstaaten, solche Drittlandtransfers etwa aufgrund der Standardvertragsklauseln mit der Bedingung zu versehen, diese Übermittlung vorab an die jeweilige Aufsichtsbehörde zu melden, nun unzulässig sein.[9] Zwar hatte die Meldepflicht im Gegensatz zu einer Vorabprüfung auch den Sinn und Zweck, den Aufsichtsbehörden ein effizientes Mittel an die Hand zu geben, Drittlandtransfers zu auditieren, allerdings dürfte eine generelle Meldepflicht nicht mit der Ratio des Art. 46 Abs. 2 zu vereinbaren sein.[10]

17 **2. Rechtlich bindendes Dokument.** Findet ein Transfer zwischen Behörden oder öffentlichen Stellen statt, können diese ein rechtlich bindendes und durchsetzbares Dokument vereinbaren, das die entsprechenden geeigneten Garantien vorsieht. Eine reine behördeninterne Abstimmung genügt damit den Anforderungen aus Art. 46 Abs. 2 lit. a ebenso wenig wie bloße Absichtserklärungen.[11]

---

8 Paal/Pauly-*Pauly* Art. 46 Rn. 14; BeckOK-DatenSR-*Lange/Filip* Art. 46 Rn. 18.
9 Kühling/Buchner-*Schröder* Art. 46 Rn. 22.
10 So auch Ehmann/Selmayr-*Zerdick* Art. 46 Rn. 7.
11 Plath-*von dem Bussche* Art. 46 Rn. 4.

3. Binding Corporate Rules. Die in Art. 46 Abs. 2 lit. b genannten „verbindlichen interne Datenschutzvorschriften" sind gemäß Art. 4 Nr. 20 Maßnahmen zum Schutz personenbezogener Daten, zu deren Einhaltung sich ein im Hoheitsgebiet eines Mitgliedstaats niedergelassener Verantwortlicher oder Auftragsverarbeiter im Hinblick auf Datenübermittlungen oder eine Kategorie von Datenübermittlungen personenbezogener Daten an einen Verantwortlichen oder Auftragsverarbeiter derselben Unternehmensgruppe oder derselben Gruppe von Unternehmen, die eine gemeinsame Wirtschaftstätigkeit ausüben, in einem oder mehreren Drittländern, verpflichtet (siehe hierzu im Detail die Kommentierung zu Art. 47). 18

Die Regelung zu den sog. verbindlichen internen Datenschutzvorschriften gemäß Art. 47 ist etwas missverständlich. Entgegen der Formulierung in Art. 46 Abs. 2 lit. b bedürfen sog. **Binding Corporate Rules** nach Art. 47 Abs. 1 der Genehmigung im Kohärenzverfahren zwischen den Aufsichtsbehörden (vgl. hierzu Kommentierung zu Art. 47 Rn. 8, 30, 63). Lediglich die dann folgenden Übermittlungen auch in Drittländer bedürfen künftig keiner weiteren Genehmigung mehr.[12] Auch insoweit ist die Klarstellung durch die Aufsichtsbehörden in der künftigen Praxis zu beachten. 19

4. Standarddatenschutzklauseln. Nach Art. 46 Abs. 2 lit. c und d können sogenannte Standarddatenschutzklauseln einen Drittlandtransfer rechtfertigen. Standarddatenschutzklauseln, insbesondere die sogenannten Standardvertragsklauseln,[13] waren insbesondere nach der Invalidierung des Safe-Harbor-Abkommens durch den EuGH[14] eines der wesentlichen Mittel für die Übermittlung von personenbezogenen Daten in Drittländer. 20

Neu sind die gemäß Art. 46 Abs. 2 lit. d von den Aufsichtsbehörden selbst verabschiedeten und von der Kommission genehmigten Standarddatenschutzklauseln. Diese Verlagerung der Initiative hin zu den nationalen Behörden wird einen gewissen Wettbewerb unter den Aufsichtsbehörden auslösen, für bestimmte, datensparsame Verarbeitungsvorgänge besser geeignete Standarddatenschutzklauseln zu entwerfen als beispielsweise die sehr umfangreichen Standardvertragsklauseln. 21

Gemäß ErwG 109 ist die Verwendung von Standarddatenschutzklauseln künftig nicht davon abhängig, dass diese unverändert übernommen werden. Vielmehr können künftig auch ohne weiteres Genehmigungserfordernis modifizierte Standarddatenschutzklauseln verwendet werden, soweit und sofern die Ergänzungen der Standarddatenschutzklauseln nicht die jeweils genehmigten Klauseln in Hinblick auf ihren Schutzgedanken verkürzen.[15] Dies schließt insbesondere auch die Einbeziehung der Standarddatenschutzklauseln etwa in Rahmenverträge mit ein.[16] 22

Im Gegensatz dazu steht der „ad-hoc"-Vertrag gemäß Art. 46 Abs. 3 lit. a, der jedoch nur dann einschlägig ist, wenn von den Standarddatenschutzklauseln zum Nachteil der betroffenen Personen abgewichen wird. 23

---

12 Plath-*von dem Bussche* Art. 46 Rn. 2; Kühling/Buchner-*Schröder* Art. 46 Rn. 24.

13 Vgl. Kommissionsentscheidung 2001/497/EG, 2005/915/EG und (EU) 2010/87; siehe auch Gola-*Klug* Art. 46 Rn. 8 ff.

14 *EuGH* Urt. v. 6.10.2015 – C-362/14, ECLI:EU:C:2015:650.

15 Paal/Pauly-*Pauly* Art. 46 Rn. 21; BeckOK-DatenSR-*Lange/Filip* Art. 46 Rn. 32; *Piltz* K&R 2016, 777, 779.

16 Ehmann/Selmayr-*Zerdick* Art. 46 Rn. 10.

24 **5. Genehmigte Verhaltensregeln.** Verhaltensregeln nach Art. 40 können ebenfalls als geeignete Garantien angesehen werden, wenn sie um Verpflichtungen des Verantwortlichen oder des Auftragsverarbeiters in dem Drittland zu deren Anwendung ergänzt werden, insbesondere auch in Hinblick auf die Rechte der Betroffenen (s. Kommentierung zu Art. 40 Rn. 57).

25 Beim Entwurf solcher Verhaltensregeln ist vor allem zu beachten, dass diese keine Vereinbarung zulasten der Betroffenen als Dritte darstellt. Ihre Rechte müssen vollumfänglich gewährt werden.

26 **6. Zertifizierung.** Anstelle der genehmigten Verhaltensregeln gemäß Art. 40 kann auch ein genehmigter Zertifizierungsmechanismus gemäß Art. 42 in gleicher Art und Weise genutzt werden (s. Kommentierung zu Art. 42 Rn. 23 ff.).

IV. Genehmigte geeignete Garantien

27 Im Gegensatz zu den geeigneten Garantien, die ohne weitere Genehmigung einer Aufsichtsbehörde von dem Verantwortlichen oder Auftragsverarbeiter verwendet werden können, bedürfen die in Art. 46 Abs. 3 genannten geeigneten Garantien einer vorherigen Genehmigung durch die zuständige Aufsichtsbehörde.

28 **1. Vertragsklauseln.** Art. 46 Abs. 3 lit. a beschreibt die bereits unter der Datenschutzrichtlinie bekannten individuellen Vertragsklauseln zwischen dem Verantwortlichen oder Auftragsverarbeiter als Exporteur und dem Verantwortlichen oder Auftragsverarbeiter im Drittland als Importeur von personenbezogenen Daten.

29 Diese Regelungen enthalten im Unterschied zu den Standarddatenschutzklauseln nach Art. 46 Abs. 2 lit. c und d individuelle Regelungen und zeichnen sich insbesondere dadurch aus, dass sie entweder inhaltlich erheblich von den Datenschutzklauseln abweichen oder unter Umständen aufgrund der Art der verarbeiteten personenbezogenen Daten, die z.B. einem deutlich geringeren Risiko unterliegen, auf bestimmte Schutzmechanismen der Standarddatenschutzklauseln verzichten.[17]

30 Durch erhebliche Abweichungen genügen Vertragsklauseln nicht den Anforderungen an eine genehmigungsfreie Garantie nach Art. 46 Abs. 2 lit. c und d i.V.m. ErwG 109, selbst wenn sie auf Standarddatenschutzklauseln aufbauen. Insoweit tritt keine Rechtsänderung zum Stand unter der Datenschutzrichtlinie ein.

31 **2. Verwaltungsvereinbarung.** Findet die Übermittlung in ein Drittland oder eine internationale Organisation zwischen Behörden oder öffentlichen Stellen statt, gilt statt Art. 46 Abs. 3 lit. a die Regelung in Art. 46 Abs. 3 lit. b. Anstelle der zu genehmigenden Vertragsklauseln treten Bestimmungen und Verwaltungsvereinbarungen zwischen den Behörden, die aus sich heraus im Gegensatz zu Art. 46 Abs. 2 lit. a nicht rechtsverbindlich sind und die insbesondere durchsetzbare und wirksame Rechte für die betroffenen Personen einschließen müssen.[18]

32 Art. 46 Abs. 4 verweist im Hinblick auf das anzuwendende Verfahren im Falle von „ad-hoc"-Klauseln bzw. -Bestimmungen in Verwaltungsvereinbarungen auf Art. 63 auf das Kohärenzverfahren (s. Kommentierung zu Art. 63 Rn. 8 ff.).

---

17 Vgl. Paal/Pauly-*Pauly* Art. 46 Rn. 47; BeckOK-DatenSR-*Lange/Filip* Art. 46 Rn. 47.
18 Ehmann/Selmayr-*Zerdick* Art. 46 Rn. 17.

V. Übergangsregelungen

Art. 46 Abs. 5 enthält eine Übergangsregelung sowohl für Einzelgenehmigungen einer zuständigen Aufsichtsbehörde als auch unter der Datenschutzrichtlinie erlassenen Kommissionsentscheidungen. Nicht nur die jeweils im Einzelfall erteilten Genehmigungen, sondern auch die Kommissionsentscheidungen gelten demnach fort, sofern keine neue Entscheidung erlassen wird. 33

Eine Klarstellung besteht nunmehr in Hinblick auf die Verwendung der Standardvertragsklauseln im Auftragsverarbeitungsverhältnis. Unter der Datenschutzrichtlinie war unklar, ob neben den Regelungen der Standardvertragsklauseln zusätzlich die fehlenden Regelungen nach § 11 BDSG zu ergänzen sind.[19] Zum Teil haben die deutschen Aufsichtsbehörden eine solche Ergänzung gefordert, womit zwingend eine Ergänzung der Standardvertragsklauseln einherging, die bei strenger Auslegung von Klausel 10 als Änderung der Standardvertragsklauseln gewertet werden konnte.[20] Unter der DS-GVO bestehen neben Art. 28 keine weiteren, nationalen Regelungen, die die Auftragsverarbeitung zum Gegenstand haben und abweichende oder ergänzende Anforderungen aufstellen. Im Rahmen der Regelung des Art. 46 Abs. 5 wird der europäische **status quo** festgeschrieben, der die Verwendung der Standardvertragsklauseln ohne weitere Ergänzung erlaubt.[21] Damit ist nun klargestellt, dass für den nationalen Sonderweg der deutschen Aufsichtsbehörden künftig kein Raum ist. Eine Ergänzung um die Vorgaben nach Art. 28 ist aber zulässig. 34

Artikel 47 Verbindliche interne Datenschutzvorschriften

(1) Die zuständige Aufsichtsbehörde genehmigt gemäß dem Kohärenzverfahren nach Artikel 63 verbindliche interne Datenschutzvorschriften, sofern diese

a) rechtlich bindend sind, für alle betreffenden Mitglieder der Unternehmensgruppe oder einer Gruppe von Unternehmen, die eine gemeinsame Wirtschaftstätigkeit ausüben, gelten und von diesen Mitgliedern durchgesetzt werden, und dies auch für ihre Beschäftigten gilt,

b) den betroffenen Personen ausdrücklich durchsetzbare Rechte in Bezug auf die Verarbeitung ihrer personenbezogenen Daten übertragen und

c) die in Absatz 2 festgelegten Anforderungen erfüllen.

(2) Die verbindlichen internen Datenschutzvorschriften nach Absatz 1 enthalten mindestens folgende Angaben:

a) Struktur und Kontaktdaten der Unternehmensgruppe oder Gruppe von Unternehmen, die eine gemeinsame Wirtschaftstätigkeit ausüben, und jedes ihrer Mitglieder;

b) die betreffenden Datenübermittlungen oder Reihen von Datenübermittlungen einschließlich der betreffenden Arten personenbezogener Daten, Art und Zweck der Datenverarbeitung, Art der betroffenen Personen und das betreffende Drittland beziehungsweise die betreffenden Drittländer;

---

19 Vgl. Kühling/Buchner-*Schröder* Art. 46 Rn. 33.

20 Vgl. Beschl. des Düsseldorfer Kreises vom 11./12.9.2013; Simits-*Dannemann* § 3 BDSG Rn. 246; Taeger/Gabel-*Gabel* § 11 BDSG Rn. 25.

21 Vgl. Kühling/Buchner-*Schröder* Art. 46 Rn. 12; a.A. BeckOK DatenSR-*Lange/Filip* Art. 46, Rn. 43.

c) interne und externe Rechtsverbindlichkeit der betreffenden internen Datenschutzvorschriften;
d) die Anwendung der allgemeinen Datenschutzgrundsätze, insbesondere Zweckbindung, Datenminimierung, begrenzte Speicherfristen, Datenqualität, Datenschutz durch Technikgestaltung und durch datenschutzfreundliche Voreinstellungen, Rechtsgrundlage für die Verarbeitung, Verarbeitung besonderer Kategorien von personenbezogenen Daten, Maßnahmen zur Sicherstellung der Datensicherheit und Anforderungen für die Weiterübermittlung an nicht an diese internen Datenschutzvorschriften gebundene Stellen;
e) die Rechte der betroffenen Personen in Bezug auf die Verarbeitung und die diesen offenstehenden Mittel zur Wahrnehmung dieser Rechte einschließlich des Rechts, nicht einer ausschließlich auf einer automatisierten Verarbeitung – einschließlich Profiling – beruhenden Entscheidung nach Artikel 22 unterworfen zu werden sowie des in Artikel 79 niedergelegten Rechts auf Beschwerde bei der zuständigen Aufsichtsbehörde beziehungsweise auf Einlegung eines Rechtsbehelfs bei den zuständigen Gerichten der Mitgliedstaaten und im Falle einer Verletzung der verbindlichen internen Datenschutzvorschriften Wiedergutmachung und gegebenenfalls Schadenersatz zu erhalten;
f) die von dem in einem Mitgliedstaat niedergelassenen Verantwortlichen oder Auftragsverarbeiter übernommene Haftung für etwaige Verstöße eines nicht in der Union niedergelassenen betreffenden Mitglieds der Unternehmensgruppe gegen die verbindlichen internen Datenschutzvorschriften; der Verantwortliche oder der Auftragsverarbeiter ist nur dann teilweise oder vollständig von dieser Haftung befreit, wenn er nachweist, dass der Umstand, durch den der Schaden eingetreten ist, dem betreffenden Mitglied nicht zur Last gelegt werden kann;
g) die Art und Weise, wie die betroffenen Personen über die Bestimmungen der Artikel 13 und 14 hinaus über die verbindlichen internen Datenschutzvorschriften und insbesondere über die unter den Buchstaben d, e und f dieses Absatzes genannten Aspekte informiert werden;
h) die Aufgaben jedes gemäß Artikel 37 benannten Datenschutzbeauftragten oder jeder anderen Person oder Einrichtung, die mit der Überwachung der Einhaltung der verbindlichen internen Datenschutzvorschriften in der Unternehmensgruppe oder Gruppe von Unternehmen, die eine gemeinsame Wirtschaftstätigkeit ausüben, sowie mit der Überwachung der Schulungsmaßnahmen und dem Umgang mit Beschwerden befasst ist;
i) die Beschwerdeverfahren;
j) die innerhalb der Unternehmensgruppe oder Gruppe von Unternehmen, die eine gemeinsame Wirtschaftstätigkeit ausüben, bestehenden Verfahren zur Überprüfung der Einhaltung der verbindlichen internen Datenschutzvorschriften. Derartige Verfahren beinhalten Datenschutzüberprüfungen und Verfahren zur Gewährleistung von Abhilfemaßnahmen zum Schutz der Rechte der betroffenen Person. Die Ergebnisse derartiger Überprüfungen sollten der in Buchstabe h genannten Person oder Einrichtung sowie dem Verwaltungsrat des herrschenden Unternehmens einer Unternehmensgruppe oder der Gruppe von Unternehmen, die eine gemeinsame Wirtschaftstätigkeit ausüben, mitgeteilt werden und sollten der zuständigen Aufsichtsbehörde auf Anfrage zur Verfügung gestellt werden;
k) die Verfahren für die Meldung und Erfassung von Änderungen der Vorschriften und ihre Meldung an die Aufsichtsbehörde;

l) die Verfahren für die Zusammenarbeit mit der Aufsichtsbehörde, die die Befolgung der Vorschriften durch sämtliche Mitglieder der Unternehmensgruppe oder Gruppe von Unternehmen, die eine gemeinsame Wirtschaftstätigkeit ausüben, gewährleisten, insbesondere durch Offenlegung der Ergebnisse von Überprüfungen der unter Buchstabe j genannten Maßnahmen gegenüber der Aufsichtsbehörde;

m) die Meldeverfahren zur Unterrichtung der zuständigen Aufsichtsbehörde über jegliche für ein Mitglied der Unternehmensgruppe oder Gruppe von Unternehmen, die eine gemeinsame Wirtschaftstätigkeit ausüben, in einem Drittland geltenden rechtlichen Bestimmungen, die sich nachteilig auf die Garantien auswirken könnten, die die verbindlichen internen Datenschutzvorschriften bieten, und

n) geeignete Datenschutzschulungen für Personal mit ständigem oder regelmäßigem Zugang zu personenbezogenen Daten.

(3) [1]Die Kommission kann das Format und die Verfahren für den Informationsaustausch über verbindliche interne Datenschutzvorschriften im Sinne des vorliegenden Artikels zwischen Verantwortlichen, Auftragsverarbeitern und Aufsichtsbehörden festlegen. [2]Diese Durchführungsrechtsakte werden gemäß dem Prüfverfahren nach Artikel 93 Absatz 2 erlassen.

Übersicht

Literatur: *Ambrock* Nach Safe Harbor: Schiffbruch des transatlantischen Datenverkehrs?, NZA 2015, 1493; *Büllesbach* Transnationalität und Datenschutz, 2008; *Filip* Binding Corporate Rules (BCR) aus der Sicht einer Datenschutzaufsichtsbehörde – Praxiserfahrungen mit der europaweiten Anerkennung von BCR, ZD 2013, 51; *Fuchs* Personenbezogene Daten zwischen der EU und den USA, BB 2015, 3074; *Gliss* Internationaler Datenverkehr: Bindung Corporate Rules setzten sich durch, DSB 2015, 128; *Grau/Granetzny* EU-US-Privacy Shield – Wie sieht die Zukunft des transatlantischen Datenverkehrs aus?, NZA 2016, 405; *Hladjk* Checkliste für Binding Corporate Rules, DSB 2014, 85; *ders.* Binding Corporate Rules für Auftragsverarbeiter, DSB 2013, 42; *Rudgard/Jackson* BCRs under the Regulation – reasons to be cheerful?, Privacy & Data Protection 2012, 7; *Schröder* Die Haftung für Verstöße gegen Privacy Policies und Codes of Conduct nach US-amerikanischem und deutschem Recht, 2007; *Thüsing* Beschäftigtendatenschutz, 2. Aufl. 2014.

A. Einordnung und Hintergrund

I. Genese und Bezüge

1 Art. 47 regelt Anforderungen an und die Genehmigung von verbindlichen internen Datenschutzvorschriften, häufig auch mit dem englischen Begriff als „**Bindung Corporate Rules**" (im Folgenden: BCR) bezeichnet. Sie stellen ein adäquates Datenschutzniveau bei der Übermittlung von und dem weiteren Umgang[1] mit den übermittelten Daten durch Mitglieder der Unternehmensgruppe bzw. Gruppe von Unternehmen im Drittstaat sicher. Damit sind sie eine adäquate Garantie gem. Art. 46 Abs. 2 lit. b.

2 BCR waren als Grundlage für den Datentransfer in Drittstaaten bereits unter der **Datenschutzrichtlinie 95/46/EG** (DSRL) anerkannt, wenn auch nicht ausdrücklich in dieser geregelt. Nach Art. 26 der DSRL konnten Mitgliedstaaten eine Übermittlung oder eine Kategorie von Übermittlungen personenbezogener Daten in ein Drittland, das kein angemessenes Schutzniveau im Sinne des Art. 25 Abs. 2 DSRL gewährleistete, genehmigen, wenn der für die Verarbeitung Verantwortliche ausreichende Garantien hinsichtlich des Schutzes der Privatsphäre, der Grundrechte und Grundfreiheiten der Personen sowie hinsichtlich der Ausübung der damit verbundenen Rechte sicherstellte. Mit dem **Working Paper** (WP)[2] 74 vom 3.6.2003 der Art.-29-Datenschutzgruppe wurden BCR als mögliches Instrument anerkannt, um in diesem Sinne ausreichende Garantien für einen Datentransfer in ein Drittland zu schaffen. In den weiteren WP 102, 107, 108, 133, 153, 154, 155, 174, 195, 195a, 204 wurden die Anforderungen bzw. Verfahrensfragen näher konkretisiert und praktische Handreichungen gegeben.

1 Und nicht etwa nur die Übermittlung als solche, BeckOK DatenSR-*Lange/Filip* Art. 47 Rn. 17.

2 Alle WP sind abrufbar unter http://ec.europa.eu/justice, zuletzt eingesehen am 19.3.2018.

Diese WP sind **weiterhin von hoher Relevanz** für die Auslegung des Art. 47, der sie in weiten Teilen kodifiziert.[3] Wesentliche Neuerung gegenüber der Praxis nach der DSRL ist, dass nun klargestellt ist, dass lediglich die BCR als solche einmalig genehmigt werden müssen, nicht aber die einzelnen Datenübermittlungen auf ihrer Grundlage (vgl. Art. 46 Abs. 2 lit. b). Dies wurde bislang zwischen den Aufsichtsbehörden unterschiedlich gehandhabt.[4] **3**

II. Rechtsnatur von BCR, Begriffsbestimmungen

Verbindliche interne Datenschutzvorschrift sind in Art. 4 Nr. 20 definiert als „Maßnahmen zum Schutz personenbezogener Daten, zu deren Einhaltung sich ein im Hoheitsgebiet eines Mitgliedstaats niedergelassener Verantwortlicher oder Auftragsverarbeiter verpflichtet im Hinblick auf Datenübermittlungen oder eine Kategorie von Datenübermittlungen personenbezogener Daten an einen Verantwortlichen oder Auftragsverarbeiter derselben Unternehmensgruppe oder derselben Gruppe von Unternehmen, die eine gemeinsame Wirtschaftstätigkeit ausüben, in einem oder mehreren Drittländern". **4**

Die DS-GVO gibt damit **keine bestimmte Rechtsnatur oder Rechtsqualität** von BCR vor. Sie beschränkt sich vielmehr darauf, ein Ergebnis vorzugeben. Dieses Ergebnis kann durch ein Bündel von unterschiedlichen Maßnahmen und Rechtsakten und Rechtsbeziehungen ausgefüllt werden. Diese Maßnahmen sind insbesondere die unabhängig von der DS-GVO zur Verfügung stehenden Mittel des mitgliedsstaatlichen Zivil-, Gesellschafts- und Arbeitsrechts. Bei der Gestaltung von BCR besteht damit erhebliche Gestaltungsfreiheit nicht nur hinsichtlich der inhaltlichen (näher Rn. 68), sondern auch der rechtstechnischen Gestaltung, insbesondere der Verpflichtungsbeziehungen innerhalb der Unternehmensgruppe. Ferner ist nicht zwingend erforderlich, sämtliche Inhalte der BCR in einem Dokument niederzulegen. Es ist zwar üblich, jedenfalls die im Ergebnis geltenden Regelungen in einem solchen zusammenzufassen, aber eben nicht rechtlich zwingend vorgeschrieben (vgl. auch Rn. 25 und zu praxisnaher Gestaltung Rn. 67 ff.). **5**

Neben dem Begriff der „verbindlichen internen Datenschutzvorschriften" selbst (Art. 4 Nr. 20) definiert die DS-GVO auch die Begriffe des „**Unternehmens**" (Art. 4 Nr. 18) sowie der „**Unternehmensgruppe**" (Art. 4 Nr. 19). Nicht legal definiert ist die **Gruppe von Unternehmen, die eine gemeinsame Wirtschaftstätigkeit** (im Folgenden aus Vereinfachungsgründen ebenfalls „Unternehmensgruppe") ausüben. In Abgrenzung zur Unternehmensgruppe i.S.d. Art. 4 Nr. 19 können darunter insbesondere solche Formen der Unternehmenskooperation zwischen zwei oder mehr Unternehmen verstanden werden, die nicht in einem Abhängigkeitsverhältnis zueinander stehen,[5] etwa Gemeinschaftsunternehmen („joint ventures").[6] Die Kommission hat erklärt, **6**

---

3 Paal/Pauly-*Pauly* Art. 47 Rn. 2.

4 Nachweise bei BeckOK DatenSR-*Lange/Filip* Art. 47 Rn. 17 ff.; Wybitul-*Schuppert/Pflüger* Art. 47 Rn. 18; *Filip* ZD 2013, 51, 53.

5 Ehmann/Selmayr-*Zerdick* Art. 47 Rn. 8; Kühling/Buchner-*Schröder* Art. 47 Rn. 13; BeckOK DatenSR-*Lange/Filip* Art. 47 Rn. 4.

6 Ehmann/Selmayr-*Zerdick* Art. 47 Rn. 8.

dass es sich etwa um Unternehmen aus dem „Reisegewerbe“ handeln könne.[7] Jedenfalls spricht der Wortlaut des Gesetzes für ein weites Verständnis.[8] Von einem solchen ist gerade deshalb auszugehen, weil der Gesetzgeber die eher weitergehenden Anforderungen, die die Aufsichtsbehörden nach der DSRL an die gemeinsame Wirtschaftstätigkeit gestellt hatten,[9] nicht übernommen hat.[10] Auch sachlich besteht keine Notwendigkeit, qualifizierte Anforderungen zu stellen. BCR können – und müssen, um die Anforderungen des Art. 47 zu erfüllen – eine ausreichende Koordination zwischen den Mitgliedern auch lose zusammenarbeitender Unternehmen im Hinblick auf die Verarbeitung von Daten in Drittländern sicherstellen.

III. BCR im System der DS-GVO, Umgang mit Daten auf Grundlage von BCR

7 Nach Art. 44 S. 1 unterliegen Datentransfers in Drittstaaten oder – was für Art. 47 keine Rolle spielt – in internationale Organisationen einer **zweistufigen Rechtfertigung.**[11] Auf der **ersten Stufe** muss der Datentransfer – als Transfer innerhalb des Binnenmarktes gedacht – nach den allgemeinen Regelungen der DS-GVO zulässig sein, insbesondere gemäß Art. 6 gerechtfertigt sein. Darüber hinaus muss auf **der zweiten Stufe** sichergestellt werden, dass für die übermittelten Daten ein angemessenes Datenschutzniveau im Drittland besteht. Soweit ein solches nicht durch einen Angemessenheitsbeschluss der Kommission gemäß Art. 45 festgestellt ist, wird regelmäßig das angemessene Datenschutzniveau durch angemessene Garantien gem. Art. 46 abgesichert werden. BCR sind insofern eine mögliche Form der geeigneten Garantie (Art. 46 Abs. 2 lit. b) und erfüllen somit die Anforderungen der zweiten Stufe der Rechtfertigung.[12]

8 BCR treten damit als Instrument insbesondere neben **Standardvertragsklauseln**, mit denen sie einige Gemeinsamkeiten wie etwa die rechtliche Verbindlichkeit teilen. Wesentlicher Vorteil gegenüber diesen ist jedoch die Möglichkeit der Anpassung an die Gegebenheiten der konkreten Gruppe und das im Verhältnis deutlich einfachere Management der rechtlichen Beziehungen.[13] Anders als diese sind BCR selbst jedoch vor der ersten Übermittlung einmalig durch die Aufsichtsbehörde zu genehmigen (Art. 47 Abs. 1). Die einzelnen auf die BCR gestützten Übermittlungsvorgänge sind genehmigungsfrei (Art. 46 Abs. 2 lit. b). Dies ist eine wesentliche Verbesserung gegenüber der insofern fragmentierten Handhabung der Aufsichtsbehörden zuvor (Rn. 3).

9 Mit verbindlichen unternehmensinternen Datenschutzvorschriften ist – vorbehaltlich der Einhaltung der übrigen Bestimmungen der DS-GVO – ein **freier Fluss personenbezogener Daten** zwischen den verschiedenen Unternehmen einer Unternehmensgruppe weltweit möglich. Die Unternehmen brauchen untereinander keine zusätzli-

7 Mitteilung v. 10.1.2017, COM(2017) 7 final; vgl. auch Ehmann/Selmayr-*Zerdick* Art. 47 Rn. 8: Unternehmensallianzen etwa im Flugverkehr.

8 BeckOK DatenSR-*Lange/Filip* Art. 47 Rn. 4.

9 Bereits WP 74 S. 8 (für „lose Zusammenschlüsse“ höchstwahrscheinlich kein geeignetes Instrument).

10 A.A. Kühling/Buchner-*Schröder* Art. 47 Rn. 14; Paal/Pauly-*Pauly* Art. 47 Rn. 4.

11 Allg. M siehe nur Art. 44 Rn. 2; Ehmann/Selmayr-*Zerdick* Art. 44 Rn. 13; Kühling/Buchner-*Schröder* Art. 47 Rn. 20; vgl. auch BeckOK DatenSR-*Lange/Filip* Art. 47 Rn. 17.

12 Art. 44 Rn. 2; BeckOK DatenSR-*Lange/Filip* Art. 47 Rn. 18; Kühling/Buchner- *Schröder* Art. 47 Rn. 12; Paal/Pauly-*Pauly* Art. 44 Rn. 16.

13 Thüsing-*Forst* Beschäftigtendatenschutz § 17 Rn. 57; Paal/Pauly-*Pauly* Art. 47 Rn. 1.

chen diesbezüglichen Vereinbarungen zur Erfüllung der „2. Stufe der Rechtfertigung“ bei Drittstaatentransfers mehr zu treffen.[14] Diese „Erweiterung“ des Binnenmarktes und des freien Datenverkehrs auf die Unternehmensgruppe bzw. der von den BCR erfassten Teilen dieser[15] auch im Drittstaat ist der wesentliche Vorteil von BCR. Beschränkungen ergeben sich insofern jedoch aus **zwingenden Vorschriften der Drittstaaten** (zu Regelungen zulässiger Abweichungen in BCR Rn. 61).

Bei der Gestaltung der BCR haben die Unternehmen einen erheblichen **Gestaltungsspielraum**. Dieser betrifft insbesondere die Entscheidung, für welche Mitglieder der Unternehmensgruppe bzw. Gruppe von Unternehmen die BCR gelten sollen und welche Übermittlungen ihr unterstellt werden sollen. So ist z.B. möglich, lediglich die Übermittlungen personenbezogener Daten von Beschäftigten den BCR zu unterstellen, während etwa die Übermittlung von Kunden- und Lieferantendaten auf anderer Grundlage erfolgt.[16] Ebenso können BCR sowohl für die Rolle als Verantwortlicher wie auch als Auftragsverarbeiter festgelegt werden.[17] **10**

B. Kommentierung

I. Inhaltliche Anforderungen an BCR (Art. 47 Abs. 1 und 2)

Art. 47 Abs. 1 listet die **Genehmigungsvoraussetzungen abschließend** auf. Auch das Wort „mindestens“ in Art. 47 Abs. 2 ermöglicht nicht, weitere Anforderungen zu stellen (Rn. 26). **11**

1. Rechtliche Bindungswirkung. Zentrale Anforderung an BCR ist ihre rechtliche Verbindlichkeit. Insofern ist zwischen den Dimensionen der **interner und externer Verbindlichkeit** (vgl. Art. 47 Abs. 2 lit. c)[18] zu unterscheiden. **12**

a) Interne rechtliche Verbindlichkeit (Art. 47 Abs. 1 lit. a). Die interne rechtliche Verbindlichkeit muss sich auf alle Mitglieder der Unternehmensgruppe in Drittländern erstrecken, an die Daten übermittelt werden („**gruppeninterne Verbindlichkeit**“).[19] Von diesen Mitgliedern muss jeweils wiederum die Verbindlichkeit auch für ihre jeweiligen Beschäftigten sichergestellt werden („**unternehmensinterne Verbindlichkeit**“).[20] **13**

Die DS-GVO legt die Mittel und Methoden, mit denen gruppeninterne Verbindlichkeit hergestellt wird, nicht fest[21]. Gruppeninterne Verbindlichkeit wird typischerweise mit den Mitteln des jeweils anwendbaren **Zivil- und Gesellschaftsrechts** hergestellt **14**

---

14 Ehmann/Selmayr-*Zerdick* Art. 47 Rn. 3.
15 Kühling/Buchner- *Schröder* Art. 47 Rn. 16.
16 BeckOK DatenSR-*Lange/Filip* Art. 47 Rn. 34.
17 Ehmann/Selmayr-*Zerdick* Art. 47 Rn. 9; Kühling/Buchner-*Schröder* Art. 47 Rn. 14; BeckOK DatenSR-*Lange/Filip* Art. 47 Rn. 11 ff.; Paal/Pauly-*Pauly* Art. 47 Rn. 7.
18 Die *Art.-29-Datenschutzgruppe* bezeichnete bisher die rechtliche Verbindlichkeit von BCR für die Unternehmen, die Mitglieder der Gruppe sind, und deren Mitarbeiter als „interne“ Verbindlichkeit. Die nun in Art. 47 Abs. 1 lit. b geregelte Einräumung durchsetzbarer Rechte an Dritte wird als „externe“ Verbindlichkeit bezeichnet; vgl. nur Thüsing-*Forst* Beschäftigtendatenschutz § 17 Rn. 41 ff.
19 Paal/Pauly-*Pauly* Art. 47 Rn. 16.
20 Paal/Pauly-*Pauly* Art. 47 Rn. 17.
21 Ehmann/Selmayr-*Zerdick* Art. 47 Rn. 11.

werden, unternehmensinterne Verbindlichkeit mit **arbeitsrechtlichen Mitteln.**[22] Neben der Wahl der rechtlichen Mittel ist auch die genauere Gestaltung der gruppeninternen Verpflichtungsbeziehungen innerhalb der Unternehmensgruppe, insbesondere wem gegenüber die Mitglieder der Unternehmensgruppe eine Verpflichtung eingehen, im Rahmen der bestehenden Strukturen gestaltbar.

15 In jedem Fall ausreichend ist der wechselseitige **Abschluss von Verträgen** zwischen den Mitgliedern der Unternehmensgruppe, in denen sie sich gegenseitig verpflichten, die BCR einzuhalten.[23] Derartige Verträge sind nach deutschem Recht formfrei möglich und unterliegen als allgemeine zivilrechtliche Verträge grundsätzlich der freien Rechtswahl (vgl. Art. 3 Rom-I-VO). Weiterer Vorteil einer wechselseitigen Verpflichtung ist, dass damit gleichzeitig die Einräumung durchsetzbarer Rechte für Betroffene sichergestellt werden kann (Rn. 20). Ebenfalls zur wechselseitigen Verpflichtung, auch unter Einbeziehung der Konzernspitze, führt theoretisch die Verpflichtung zur Einhaltung der BCR in einer (Konzern-)Betriebsvereinbarung. Diese können mit ihrem nach dem Territorialitätsprinzip auf Deutschland beschränkten Anwendungsbereich jedoch nur für einen Teil der Unternehmen im Anwendungsbereich der BCR für Verbindlichkeit sorgen.[24]

16 Darüber hinaus genügt zur Herstellung gruppeninterner Verbindlichkeit in hierarchischen Unternehmensgruppen auch, dass das herrschende Unternehmen die Einhaltung der BCR durch **verbindliche einseitige Weisung** sicherstellt, ohne selbst gegenüber den abhängigen Unternehmen gebunden zu sein. Dies ergibt sich bereits unmittelbar aus der Definition der BCR als vom Verantwortlichen ergriffene Maßnahmen. Hierfür spricht insbesondere, dass die Art.-29-Datenschutzgruppe auch einseitige, verbindliche Weisungen für ausreichend hielt.[25] Eine Schutzlücke entsteht ohnehin nicht, da auch das herrschende Unternehmen unternehmensinterne Verbindlichkeit herstellen (Rn. 17) und den Betroffenen unmittelbare durchsetzbare Rechte eingeräumt werden müssen (Rn. 19 ff.). Entsprechend genügt etwa ein Beschluss der Gesellschafterversammlung zur Sicherstellung der Verbindlichkeit gegenüber einer abhängigen GmbH. Gegenüber abhängigen Aktiengesellschaft kommen jedoch nur Weisungen im Vertragskonzern nach § 308 AktG in Betracht.

17 **Unternehmensinterne Verbindlichkeit** kann regelmäßig unproblematisch durch arbeitsrechtliche Mittel hergestellt werden. In Betracht kommen insbesondere entsprechende arbeitsrechtliche Weisungen (für das deutsche Recht: § 106 GewO). Letztere decken z.B. auch die Einführung von BCR als Teil interner Unternehmensgrundsätze ab. Entsprechende Weisungen sollten durch einen förmlichen Beschluss der Geschäftsführung und entsprechende Kommunikation dokumentiert werden. Rechtlich möglich, aber wegen der geringen Flexibilität für die Praxis nicht zu empfehlen ist

---

22 Vgl. auch Kühling/Buchner-*Schröder* Art. 47 Rn. 18 ff.

23 Kühling/Buchner-*Schröder* Art. 47 Rn. 18; Paal/Pauly-*Pauly* Art. 47 Rn. 16; Wybitul-*Schuppert/Pflüger* Art. 47 Rn. 23; Thüsing-*Forst* Beschäftigtendatenschutz § 17 Rn. 41.

24 Vgl. Kühling/Buchner-*Schröder* Art. 47 Rn. 18; Thüsing-*Forst* Beschäftigtendatenschutz § 17 Rn. 41.

25 WP 108, Nr. 5.6.; anderes folgt auch nicht aus der unpräzisen Verwendung der Wendung „sich verpflichten" in der deutschen Fassung von Art. 4 Nr. 20. Z.B. die englische Fassung legt mit der Verwendung des Begriffs „adhere to" offen, dass auch eine auf einseitige Weisung beruhende Einhaltung der BCR genügt.

selbstverständlich auch die Vereinbarung der Einhaltung in Arbeitsverträgen oder separaten Vereinbarungen.[26] Die Art.-29-Datenschutzgruppe nennt darüber hinaus die ebenfalls wenig flexible Vereinbarung in Tarifverträgen.[27] Ebenfalls möglich ist die Verpflichtung der Mitarbeiter in einer (Konzern-, Gesamt-)Betriebsvereinbarung, wobei dies jedoch wegen des Territorialitätsprinzips nur begrenzte Wirkungen haben kann (Rn. 15).

b) Sanktionen. Von der Art.-29-Datenschutzgruppe wird betont, dass die Einhaltung der BCR durch Androhung von Sanktionen sichergestellt werden müsste.[28] Praktisch bereitet dies keine Schwierigkeiten. Die gruppeninterne Verbindlichkeit kann bei Verwendung von Verträgen durch die entsprechenden zivilrechtlichen Sanktionen (z.B. Erfüllungsanspruch, Schadensersatz) und zusätzlich ggf. entsprechende Vertragsgestaltung (z.B. Vertragsstrafen) sichergestellt werden. Die Einhaltung gesellschaftsrechtlicher Weisungen ist durch das Arsenal der gesellschaftsrechtlichen Sanktionen (z.B. Organhaftung) abgesichert. Die unternehmensinterne Verbindlichkeit ist durch arbeitsrechtliche Sanktionen (z.B. Abmahnung, Kündigung, Schadensersatz) sichergestellt. **18**

2. Durchsetzbare Rechte für Betroffene (Art. 47 Abs. 1 lit. b). Neben die gruppen- und unternehmensinterne Verbindlichkeit tritt die sog. **externe Verbindlichkeit** gegenüber den Betroffenen. Die BCR selbst oder parallel dazu geschlossene Verträge müssen betroffenen Personen ausdrücklich durchsetzbare Rechte in Bezug auf die Verarbeitung ihrer personenbezogenen Daten übertragen (zu den einzelnen Inhalten näher Rn. 36 ff. sowie Rn. 40 ff.). Die DS-GVO legt die Mittel und Methoden, wie diese Rechte einräumt werden, nicht fest.[29]. Dies ist wiederum – abhängig von den Gruppen von Betroffenen – eine Frage des jeweils anwendbaren Zivil- bzw. Arbeitsrechts. Nach deutschem Recht ist insofern regelmäßig eine **vertragliche Vereinbarung** erforderlich.[30] **19**

Naheliegend und in der Praxis üblich ist die Kombination mit der wechselseitigen vertraglichen Verpflichtung der Mitglieder der Unternehmensgruppe bzw. Gruppe von Unternehmen zur Einhaltung von BCR.[31] In diesen können den jeweiligen Betroffenen im Wege eines **Vertrages zugunsten Dritter gem. § 328 ff. BGB** die nach Art. 47 Abs. 1 lit. b erforderlichen Rechte eingeräumt werden.[32] Vergleichbare Instrumente bestehen in anderen wichtigen Rechtsordnungen.[33] **20**

Nach deutschem Zivilrecht letztlich einziges weiteres in Betracht kommendes Mittel zur Einräumung entsprechender Rechte ist allenfalls das Angebot auf Abschluss eines **21**

---

26 Wybitul-*Schupper/Pflüger* Art. 47 Rn. 23.
27 WP 108 Ziff. 1.2.
28 Z.B. WP 108 Ziff. 1.2.
29 Ehmann/Selmayr-*Zerdick* Art. 47 Rn. 12; Kühling/Buchner-*Schröder* Art. 47 Rn. 21.
30 Thüsing-*Forst* Beschäftigtendatenschutz Rn. 44; im Ergebnis auch Kühling/Buchner-*Schröder* Art. 47 Rn. 21.
31 Thüsing-*Forst* Beschäftigtendatenschutz Rn. 44; Paal/Pauly-*Pauly* Art. 47 Rn. 18; Kühling/Buchner-*Schröder* Art. 47 Rn. 21; *ders.* Haftung für Verstöße, 2007, S. 221; *Filip* ZD 2013, 51 (58).
32 Thüsing-*Forst* Beschäftigtendatenschutz Rn. 44; Kühling/Buchner-*Schröder* Art. 47 Rn. 21.
33 Übersicht bei Thüsing-*Forst* Beschäftigtendatenschutz Rn. 44; vgl. auch WP 74 Fn. 12.

selbstständigen **Garantievertrages**.[34] Dogmatisch lässt sich dies dadurch konstruieren, dass ein Angebot auf Abschluss eines solches Vertrages **ad incertas personas**[35] abgeben wird, welches die betroffenen Unternehmen, für die die BCR gelten sollen, gem. § 145 BGB bindet. Dieses Angebot wird ggf. mit der Übermittlung von Daten durch den Betroffenen angenommen, wobei auf den Zugang der Annahmeerklärung verzichtet werden kann (§ 151 BGB). Spätestens erfolgt die Annahme im Fall der Geltendmachung entsprechender Rechte durch den jeweiligen Betroffenen.

22 Von Art. 47 Abs. 1 lit. b nicht vorgeben wird, **welche Mitglieder der Unternehmensgruppe durchsetzbare Rechte einräumen** müssen.[36] Insofern bestehen erhebliche Gestaltungsspielräume. Es muss lediglich sichergestellt sein, dass die Betroffenen die Einhaltung der BCR und ihre weiteren Rechte (Rn. 36 ff. und 40 ff.) effektiv geltend machen können. In einer hierarchischen Unternehmensgruppe dürfte hierfür bereits ausreichen, dass nur das in der Union niedergelassene herrschende Unternehmen den Betroffenen durchsetzbare Rechte einräumt. Dies entspricht der Praxis der Aufsichtsbehörden hinsichtlich der Haftung für Verstöße gegen BCR außerhalb der Union.[37] Das herrschende Unternehmen kann die Erfüllung dieser Rechte dann mittels der Maßnahmen zur Herstellung gruppeninterner Verbindlichkeit in- und außerhalb des Geltungsbereichs der DS-GVO sicherstellen. Für den Betroffenen stellt diese **Zuständigkeitskonzentration** keine wesentliche Hürde dar, da er seine Rechte auch bei einem in einem anderen Mitgliedsstaat ansässigen herrschenden Unternehmen gegenüber den Aufsichtsbehörden und Gerichten seines Aufenthaltsstaates geltend machen kann (Art. 77 Abs. 1, Art. 79 Abs. 2 S. 2).[38] Unberührt bleiben in einem solchen Fall selbstverständlich die sich unmittelbar aus der DS-GVO ergebende Verantwortung der weiteren in der Union ansässigen Gruppenmitglieder für ihre Verarbeitungsprozesse und die im Hinblick auf diese bestehenden Rechte.

23 Unter Praktikabilitätsgesichtspunkten kann es jedoch auch sinnvoll sein, dass die Einräumung durchsetzbarer Rechte unmittelbar durch die jeweiligen **Datenexporteure** erfolgt. Dies hat für die Gruppenmitglieder den Vorteil, dass der Verwaltungsaufwand verringert und eine unmittelbare Erfüllung einfacher sichergestellt werden kann. Damit ist dies auch betroffenenfreundlicher. Noch weiter geht es, wenn auch die Gruppenmitglieder außerhalb der Union (**Datenimporteure**) den Betroffenen unmittelbar durchsetzbare Rechte einräumen. Dies entspräche dann der Drittbegünstigungsklausel in einigen Standardvertragsklauseln,[39] die von der WP 74 auch als Vorlage für die Drittbegünstigungsklausel in BCR in Bezug genommen wurden.[40]

24 Sowohl bei einem Vertrag zugunsten Dritter wie auch bei dem Angebot auf Abschluss eines selbstständigen Garantievertrages sollten **Änderungsvorbehalte** oder Bedingun-

---

34 Paal/Pauly-*Pauly* Rn. 18; Kühling/Buchner-*Schröder* Art. 47 Rn. 21; *Filip* ZD 2013, 51, 58.
35 Vgl. dazu MüKo BGB-*Busche* § 145 Rn. 13.
36 Eine solche Festlegung erfolgt, insbesondere auch nicht durch die Definition in Art. 4 Nr. 20, da sich diese auf die interne Verbindlichkeit bezieht.
37 Vgl. nur WP 154 Ziff. 18 (S. 9f).
38 Weshalb auch die Anforderung der Aufsichtsbehörden, auch im Staat des Mitglieds der Unternehmensgruppe, das die Daten exportiert, soweit von dem herrschenden Unternehmen verschieden, klagen zu können (vgl. z.B. WP 154 Ziff. 18 (S. 9 f.), überholt sein dürften.
39 Kommissionsentscheidung (EU) 2010/87, Anlage Klausel 3; Kommissionsentscheidung 2004/915/EG Anlage III.
40 WP 74 Ziff. 3.3.2 (S. 11 ff.).

gen aufgenommen werden. Da einmal vorbehaltlos in einem Vertrag zugunsten Dritter Dritten eingeräumte Rechte nach deutschem Recht nicht mehr einseitig aufgehoben werden können,[41] sollte insbesondere für etwaige Änderungen der BCR oder auch die Beendigung der Anwendung der BCR ausdrücklich Vorsorge getroffen werden. Um datenschutzrechtlichen Belangen Rechnung zu tragen, sollte sichergestellt werden, dass entweder vor der Beendigung der eingeräumten Rechte die auf Grundlage der BCR übermittelten Daten gelöscht wurden oder die weitere Speicherung und Nutzung auf anderer datenschutzkonformer Basis erfolgt.

3. Anforderungen nach Art. 47 Abs. 1 lit. c i.V.m. Art. 47 Abs. 2. Die Anforderungen an BCR im Einzelnen sind in Art. 47 Abs. 2 aufgeführt. Hierbei handelt es sich um materiell rechtliche Vorgaben notwendiger Inhalte. In der deutschen Fassung ist der Einleitungssatz, wonach bestimmte „Angaben" zu machen sind, insofern missverständlich, weil er eine eher beschreibende Funktion nahelegt. Dass dies nicht gemeint ist, zeigt z.B. der Blick in die englische Fassung, wonach die BCR die genannten Regelungsinhalte „festlegen" müssen[42]. Gleichzeitig darf die Regelung nicht dahingehend missverstanden werden, dass alle diese Anforderungen bzw. Inhalte in einem Dokument erfüllt werden müssten. Es ist rechtlich auch möglich, die Erfüllung der Anforderungen ggf. in verschiedenen separaten rechtlichen Dokumenten sicherzustellen (Rn. 5). **25**

Die Auflistung der Anforderungen in Art. 47 Abs. 2 ist **abschließend**. Der Hinweis in Art. 47 Abs. 2, dass „mindestens folgenden Angaben" enthalten sein müssen, stellt lediglich klar, dass freiwillig weitere Inhalte aufgenommen werden können.[43] **26**

a) Notwendiger Konkretisierungsgrad. BCR dürfen sich nicht in einer bloßen Wiedergabe des Gesetzestextes erschöpfen. [44] Erforderlich ist die **Anpassung an die konkreten Umstände** der Datenverarbeitung in der Unternehmensgruppe.[45] Sinnvoll ist z.B. das Weglassen von konkret nicht erforderlichen Inhalten. Gleichzeitig bedeutet die Notwendigkeit der Anpassung an die konkreten Umstände nicht, dass in BCR sämtliche Verarbeitungsoperationen im Einzelnen beschrieben werden müssen. So müssen z.B. BCR nur „eine allgemeine Beschreibung der wichtigsten Verarbeitungszwecke und Arten der Datenübermittlung" enthalten.[46] Ebenfalls ist es zulässig, **abstrakte Regelungen** vorzusehen. Dies ist schon deshalb erforderlich, um gerade bei umfassenden BCR Flexibilität, praktische Handhabbarkeit und Transparenz zu wahren. Bestätigt wird dies z.B. auch durch den von der Art.-29-Datenschutzgruppe veröffentlichte „Rahmen für verbindliche unternehmensinterne Datenschutzregelungen (BCR)". Dieser sieht an zahlreichen Stellen abstrakte Regelungen vor, mit denen eine Vielzahl von Fallgestaltungen geregelt wird (näher auch Rn. 35).[47] **27**

b) Struktur und Kontaktangaben (Abs. 2 lit. a). Praktisch abgebildet werden kann dies z.B. durch eine graphische Darstellung der Struktur der Gruppe in Form eines **Organigramms** und die Auflistung tabellarischer Kontaktangaben. Sinnvoll ist die **28**

---

41 Vgl. nur BeckOK BGB-*Janoscheck* § 328 Rn. 19 m.w.N.
42 „The binding corporate rules referred to in paragraph 1 shall specify at least".
43 A.A. Ehmann/Selmayr-*Zerdick* Art. 47 Rn. 13.
44 Kühling/Buchner-*Schröder* Art. 47 Rn. 27; vgl. auch z.B. WP 154 Einleitung (S. 2).
45 Kühling/Buchner-*Schröder* Art. 47 Rn. 27.
46 WP 153 Ziff. 4.1 (S. 10 f.) m.w.N.; WP 155 Ziff. 6 (S. 5); näher Rn. 29 ff.
47 Z.B. hinsichtlich der Rechtsgrundlagen der Verarbeitung, WP 154 Ziff. 5 (S. 4 f.).

Bezeichnung, welches Unternehmen herrschend ist und welche Unternehmen abhängig sind. Nicht zwingend erforderlich sind weitergehende Angaben zu den Details der Beziehung der Unternehmen untereinander (etwa Beteiligungsquote, Bestehen von Unternehmensverträgen usw.). Dies kann ggf. den bestehenden öffentlichen Registern entnommen werden.

29 **c) Datenübermittlungen und verarbeitete Daten (Abs. 2 lit. b).** Nach lit. b sind die betreffenden Datenübermittlungen oder Reihen von Datenübermittlungen einschließlich der betreffenden Arten personenbezogener Daten, Art und Zweck der Datenverarbeitung, Art der betroffenen Personen und das betreffende Drittland beziehungsweise die betreffenden Drittländer anzugeben. Während diese Vorgaben in Bezug auf z.B. die betreffenden Drittländer leicht umzusetzen sind, wird man bei der Beschreibung der einzelnen Datenübermittlungen und ihrer Zwecke eher generische Beschreibungen wählen müssen, um der gebotenen Flexibilität und Überschaubarkeit von Datenverarbeitungen innerhalb von größeren Unternehmensgruppen Rechnung tragen zu können.[48]

30 *Schröder*[49] ist zuzustimmen, dass nicht mehr erforderlich sein kann, der Aufsichtsbehörde im Genehmigungsverfahren zusätzlich so hinreichend detaillierte Informationen über die geplanten Datenübermittlungen bereitzustellen, dass sie die Zulässigkeit jeder einzelnen möglicherweise in Zukunft erfolgenden Übermittlungen im Voraus prüfen kann. Denn Gegenstand der Genehmigung nach Art. 47 Abs. 1 sind nur noch die BCR als solche, nicht aber die einzelnen Übertragungsvorgänge.[49]

31 Eine weiterhin hilfreiche Orientierung bieten insofern die Ausführungen in dem WP 155 zu den allgemeinen Anforderungen. Als Beispiel wird dort genannt:

„Beispielsweise kann in den BCR angegeben werden, dass im Zusammenhang mit der Mobilität des Personals Daten an alle Unternehmen der Gruppe übermittelt werden, dass Personaldaten an die Hauptdatenzentren in Deutschland, den USA und Singapur zur Speicherung und Archivierung übermittelt werden oder dass diese Daten der Konzernspitze mitgeteilt werden, um eine allgemeine Strategie für Löhne und Gehälter und für sonstige Leistungen innerhalb der Unternehmensgruppe festlegen zu können."[50]

32 **d) Interne und externe Verbindlichkeit (Abs. 2 lit. c).** Nach lit. c müssen die BCR Angaben zur internen wie externen Verbindlichkeit enthalten. Hinsichtlich des Umfangs der jeweiligen Angaben ist zutreffender Weise in Anlehnung an die bisherige WP der Art.-29-Datenschutzgruppe zu unterscheiden:[51]

– Hinsichtlich der **internen Verbindlichkeit** genügt die klare Feststellung derselben insbesondere für die Beschäftigten der betroffenen Unternehmen.[52] Es reicht letztlich der einfache Satz „Diese BCR sind für alle Unternehmen und Mitarbeiter der ...-Gruppe verbindlich und jederzeit einzuhalten." Weitere Angaben, etwa wie diese Verbindlichkeit herbeigeführt wird, sind nicht erforderlich[53] und wären bei

48 Kühling/Buchner-*Schröder* Art. 47 Rn. 31; vgl. auch WP 153 Ziff. 4.1 (S. 10 f.).
49 Kühling/Buchner-*Schröder* Art. 47 Rn. 32.
50 WP 155 Ziff. 6 (S. 5).
51 Kühling/Buchner-*Schröder* Art. 47 Rn. 33.
52 A.A. Paal/Pauly-*Pauly* Art. 47 Rn. 16.
53 S. WP 153 Ziff. 1.2 (S. 3) m.w.N.; a.A. BeckOK DatenSR-*Lange/Filip* Art. 47 Rn. 35; Paal/Pauly-*Pauly* Art. 47 Rn. 21.

größeren Unternehmensgruppen der Transparenz auch abträglich.[54] Nicht überzeugend ist insbesondere das Argument, diese weiteren Angaben wären erforderlich, um der Behörde die Prüfung der Wirkungsweise der BCR zu ermöglichen.[55] Dies kann – wie auch schon bisher Praxis – ergänzend im Verfahren mitgeteilt werden.

– Die Angaben zur **externen Verbindlichkeit** erfordern die genaue Angabe, welche Rechte der Betroffene gegenüber welchem Mitglied der Gruppe hat.[56] Nicht erforderlich sind wiederum Hinweise, wie diese Rechte rechtstechnisch eingeräumt werden oder die Einräumung dieser Rechte in den BCR selbst.

e) Anwendung der allgemeinen Datenschutzgrundsätze (Abs. 2 lit. d). Zentraler Inhalt von BCR ist die nach Art. 47 Abs. 2 lit. d geforderte Angabe der Anwendung der allgemeinen Datenschutzgrundsätze. Diese umfassen nach dem Wortlaut des Gesetzes „insbesondere" Zweckbindung, Datenminimierung, begrenzte Speicherfristen, Datenqualität, Datenschutz durch Technikgestaltung und durch datenschutzfreundliche Voreinstellungen, Rechtsgrundlage für die Verarbeitung, Verarbeitung besonderer Kategorien von personenbezogenen Daten, Maßnahmen zur Sicherstellung der Datensicherheit und Anforderungen für die Weiterübermittlung an nicht an diese internen Datenschutzvorschriften gebundene Stellen. **33**

Diese Anforderung läuft darauf hinaus, dass – wie es auch dem Zweck der BCR entspricht – letztlich die wesentlichen datenschutzrechtlichen Vorgaben der DS-GVO in die BCR aufgenommen werden und über diese bzw. die jeweils dahinterstehenden rechtlichen Regelungen in die Drittstaaten transportiert werden. Dies betrifft insbesondere für die materiell-rechtlichen Vorgaben der DS-GVO – die Daten sollen im Drittland im Wesentlichen ebenso restriktiv verarbeitet werden wie unter der Geltung der DS-GVO.[57] **34**

Die Darstellung dieser Grundsätze kann insofern unter Berücksichtigung des konkreten Verarbeitungszusammenhangs und auf diesen zugeschnitten erfolgen. Bei entsprechenden beschränkten Verarbeitungsvorgängen kann diese daher sehr knapp ausfallen. Erforderlich ist dies jedoch nicht. Insbesondere geht es deutlich zu weit, eine jeweilige Konkretisierung für jedes übermittelte Datum zu fordern. Vielmehr kann bei umfassenden BCR, die eine Vielzahl von Verarbeitungsvorgängen und Daten im Drittland erfassen, kein Konkretisierungsgrad (dazu auch Rn. 27) gefordert werden, der wesentlich über den der DS-GVO selbst hinausgeht. Denn diese liefe darauf hinaus, für die Verarbeitung im Drittland strengere Anforderungen zu stellen als im digitalen Binnenmarkt. Hierfür spricht auch, dass auch die bisherigen und auch weiterhin als „ausreichende Garantien" anerkannte Standardvertragsklauseln (Art. 46 Abs. 2 lit. d) die Grundsätze lediglich abstrakt auflisten.[58] **35**

f) Rechte der betroffenen Person (Abs. 2 lit. e). Anzugeben sind die Rechte der betroffenen Personen in Bezug auf die Verarbeitung. Die BCR müssen der betroffe- **36**

---

54 Kühling/Buchner-*Schröder* Art. 47 Rn. 33.

55 So aber BeckOK DatenSR-*Lange/Filip* Art. 47 Rn. 35.

56 S. WP 153 Ziff. 1.3 (S. 3) m.w.N.; wiederum a.A. BeckOK DatenSR-*Lange/Filip* Art. 47 Rn. 36; Wybitul-*Schnuppert/Pflüger* Art. 47 Rn. 25.

57 Vgl. auch BeckOK DatenSR-*Lange/Filip* Art. 47 Rn. 37; Ehmann/Selmayr-*Zerdick* Art. 47 Rn. 13; Paal/Pauly-*Pauly* Art. 47 Rn. 22.

58 Vgl. Entscheidungen der Kommission 2001/497/EG, 2004/915/EG und 2010/87/EU, dort jeweils im Anhang.

nen Person im Wesentlichen[59] dieselben Rechte gewähren, die sie im Geltungsbereich der DS-GVO hätten. Dies umfasst zunächst einen **Anspruch auf Einhaltung der drittschützenden Inhalte der BCR** wie insbesondere der wesentlichen Datenschutzgrundsätze die den Umfang der Verarbeitungstätigkeiten begrenzen.[60]

37 Hinzu kommen die **Betroffenenrechte** auf Auskunft (Art. 15), Berichtigung (Art. 16), Löschung (Art. 17), auf Einschränkung der Datenverarbeitung (Art. 18), zum Widerspruch gegen bestimmte Datenverarbeitungen (Art. 21) oder für das Recht, nicht einer ausschließlich auf einer automatisierten Verarbeitung beruhenden Entscheidung nach Art. 22 unterworfen zu werden.[61]

38 Ebenfalls müssen **Rechte auf Beschwerde** bei der zuständigen Aufsichtsbehörde in den Mitgliedstaaten (Art. 77) sowie auf **gerichtlichen Rechtsschutz** in den Mitgliedstaaten (Art. 78) eingeräumt werden. Ferner ist das Recht auf Wiedergutmachung und gegebenenfalls Schadenersatz im Falle der Verletzung der verbindlichen internen Datenschutzvorschriften zu gewähren (dazu auch näher Rn. 41 ff.).[62]

39 Gestaltungsspielräume bestehen hinsichtlich der Frage, durch welches bzw. welche Mitglieder der Gruppe diese Rechte eingeräumt werden müssen. **Anspruchsgegner** kann in hierarchischen Unternehmensgruppen nur das in der Union niedergelassene herrschende Unternehmen sein. Ebenso ist jedoch möglich einige oder alle in der Union ansässigen Datenexporteure und ggf. zusätzlich auch die Datenimporteure als Anspruchsgegner vorzusehen (näher Rn. 22 f.). Eine Einschränkung ergibt sich insofern jedoch im Hinblick auf das Recht auf Beschwerde bei einer Aufsichtsbehörde aus dem Territorialprinzip (vgl. Rn. 59).

40 **g) Haftung eines Gruppenmitgliedes in der Union (Abs. 2 lit. f).** Die Übernahme einer Haftung für außerhalb der Union erfolgende Verstöße gegen die BCR durch ein Gruppenmitglied innerhalb der Union steht in unmittelbarem Zusammenhang mit der Einräumung durchsetzbarer Rechte.[63] Sie muss durch die BCR bzw. in ihrer Umsetzung durch vertragliche Mittel begründet werden (dazu näher Rn. 29 ff.).[64] Diese Haftung tritt neben eine etwaige Haftung des Datenimporteurs außerhalb der Union.

41 Die Unternehmensgruppe kann grundsätzlich frei entscheiden, welches in der Union ansässige Gruppenmitglied die Haftung übernehmen soll.[65] Die Aufsichtsbehörden dürfen die BCR jedoch nur dann genehmigen, wenn nachgewiesen ist, dass das ausge-

---

59 BeckOK DatenSR-*Lange/Filip* Art. 47 Rn. 39; WP 155 Ziff. 9 (S. 6).

60 Vgl. die bisherige Praxis WP 154 Ziff. 18 (S. 9f.); WP 155 Ziff. 9 (S. 6 f.); Ehmann/Selmayr-*Zerdick* Art. 47 Rn. 13; nicht erwähnt bei Kühling/Buchner-*Schröder* Art. 47 Rn. 38.

61 WP 155 Ziff. 9 (S. 6); BeckOK DatenSR-*Lange/Filip* Art. 47 Rn. 39; Kühling/Buchner-*Schröder* Art. 47 Rn. 38; Ehmann/Selmayr-*Zerdick* Art. 47 Rn. 13; Paal/Pauly-*Pauly* Art. 47 Rn. 23.

62 WP 155 Ziff. 9 (S. 6); BeckOK DatenSR-*Lange/Filip* Art. 47, Rn. 39; Kühling/Buchner-*Schröder* Art. 47 Rn. 38; Ehmann/Selmayr-*Zerdick* Art. 47 Rn. 13; Paal/Pauly-*Pauly* Art. 47 Rn. 23.

63 Kühling/Buchner-*Schröder* Art. 47 Rn. 42; BeckOK DatenSR-*Lange/Filip* Art. 47 Rn. 46; Thüsing-*Forst* Beschäftigtendatenschutz § 17 Rn. 46.

64 Kühling/Buchner-*Schröder* Art. 47 Rn. 42; BeckOK DatenSR-*Lange/Filip* Art. 47 Rn. 46; Thüsing-*Forst* Beschäftigtendatenschutz § 17 Rn. 49.

65 Kühling/Buchner-*Schröder* Art. 47 Rn. 42; BeckOK DatenSR-*Lange/Filip* Art. 47 Rn. 44.

wählte Gruppenmitglied über ausreichende finanzielle Mittel verfügt.[66] In einer hierarchischen Gruppe spricht für die Auswahl des herrschenden Unternehmens, da dieses durch seine Einflussmöglichkeiten am ehesten etwaige Verstöße verhindern kann.[67]

Ausdrücklich aufgenommen werden sollte in die BCR die von Abs. 2 lit. f vorgesehene Möglichkeit der **Exkulpation**. Danach ist das Gruppenmitglied in der Union dann teilweise oder vollständig von dieser Haftung befreit, wenn er nachweist, dass der Umstand, durch den der Schaden eingetreten ist, dem betreffenden Mitglied nicht zur Last gelegt werden kann.[68] **42**

h) Information der Betroffenen (Abs. 2 lit. g). BCR müssen auch festlegen, wie Betroffene über die ohnehin einzuhaltenden allgemeinen Informationspflichten nach Art. 13 f. hinaus über die BCR selbst, die nach lit. d einzuhaltenden Datenschutzgrundsätze und weiteren Maßnahmen, die nach lit. e zu gewährenden Rechte und über die Verantwortung der europäischen Unternehmensteile nach lit. f **informiert** werden.[68] **43**

Die Verwendung des Begriffs der „Information" und dass es sich um eine über Art. 13 f. hinausgehende Verpflichtung handeln soll, spricht dafür, dass diese benannten Informationen dem Betroffenen vergleichbar den Informationen nach Art. 13 f. **aktiv mitgeteilt** werden müssen. Es reicht dementsprechend nicht aus, wenn diese lediglich z.B. auf der Website des Verantwortlichen verfügbar sind.[69] Auch wenn der Zeitpunkt der Mitteilung dieser Informationen nicht festgelegt wurde, dürfte es naheliegend sein, in der BCR festzulegen, dass diese Informationen in die Informationserklärungen nach Art. 13 f. aufgenommen und entsprechend mit dieser mitgeteilt werden.[70] **44**

Die Information über die BCR selbst erfordert nicht die Mitteilung des Textes der BCR (die ggf. aus einer Vielzahl von Dokumenten bestehen könne, vgl. Rn. 5, 25), sondern lediglich den Hinweis auf deren Existenz und wie der Betroffene in diese **Einsicht nehmen** kann. Hierfür kann z.B. auf der Website des Verantwortlichen verwiesen werden.[71] Auch die weiteren Informationen über die Angaben nach lit. d–f sind im Sinne der Transparenz eher knapp zu halten. Eine vollständige, aber **knappe Zusammenfassung** dürfte hier ausreichen. Ggf. kann auf zusätzliche Erläuterungen an anderer Stelle verwiesen werden. **45**

Über **weitere Inhalte der BCR** ist – mit Ausnahme des internen Beschwerderechts (vgl. Rn. 53) – im Umkehrschluss aus lit. g nicht gesondert zu informieren.[72] Dem weitergehenden Informationsinteresse des Betroffenen genügt es, wenn er sich diese Informationen durch die nach lit. g sowie nach Art. 13, 14 mitgeteilten Informationen und die Einsichtnahme in die BCR selbst verschaffen kann. **46**

66 Kühling/Buchner-*Schröder* Art. 47 Rn. 43; Paal/Pauly-*Pauly* Art. 47 Rn. 24.
67 Paal/Pauly-*Pauly* Art. 47 Rn. 24, 13.
68 Wybitul-*Schuppert/Pflüger* Art. 47 Rn. 31.
69 A.A. Paal/Pauly-*Pauly* Art. 47 Rn. 25.
70 Wohl weitergehend BeckOK DatenSR-*Lange/Filip* Art. 47 Rn. 50: Erweiterung der Pflichten nach Art. 13, 14 DSGVO. Für eine eigenständige Regelung, insbesondere auch hinsichtlich des Zeitpunkts und des Mittels spricht jedoch die Formulierung „Art und Weise" sowie die Wendung „über die Bestimmungen der Art. 13 und 14 hinaus".
71 Kühling/Buchner-*Schröder* Art. 47 Rn. 44.
72 BeckOK DatenSR-*Lange/Filip* Art. 47 Rn. 49.

47 **i) Compliance-Organisation (Abs. 2 lit. h und j).** Nach Abs. 2 lit. h müssen in BCR die **Aufgaben eines Datenschutzbeauftragten** oder anderer Personen oder Einrichtungen, die mit der Überwachung der Einhaltung der verbindlichen internen Datenschutzvorschriften sowie mit der Überwachung der Schulungsmaßnahmen und dem Umgang mit Beschwerden befasst sind, festgehalten werden. Hiermit in Zusammenhang steht die Verpflichtung gemäß Abs. 2 lit. j, das ein **Verfahren zur Überprüfung der Einhaltung der verbindlichen internen Datenschutzvorschriften** vorzusehen ist. Dieses Verfahren muss insbesondere Datenschutzüberprüfungen und Verfahren zur Gewährleistung von Abhilfemaßnahmen zum Schutz der Rechte der betroffenen Person umfassen.

48 Mit diesen Regelungen implizit vorausgesetzt wird[73] eine vorausgeschaltete **Pflicht zur Einrichtung einer Compliance-Organisation**, die die Einhaltung der BCR in angemessenem Umfang überwacht. Insofern wird auf die entsprechenden Anforderungen der Art.-29-Datenschutzgruppe verwiesen, die vom Gesetzgeber in Abs. 2 lit. h und j kodifiziert wurden.

49 Abs. 2 lit. h nimmt hierbei die Forderung der Art.-29-Datenschutzgruppe auf, dass sich das Unternehmen in BCR selbst verpflichten sollte, einen Mitarbeiterstab zu bilden, der mit Unterstützung der Unternehmensspitze die Einhaltung der BCR überwacht und gewährleistet. In den BCR sollten die Struktur, Aufgaben und Zuständigkeiten der Stelle beschrieben werden.[74] Eine namentliche Benennung einzelner Personen ist nicht erforderlich[75] – dies wäre auch datenschutzrechtlich eher nicht sinnvoll. Abs. 2 lit. j nimmt Bezug auf das auch bisher schon von der Art.-29-Datenschutzgruppe geforderte[76] Überprüfung der Einhaltung der BCR durch regelmäßige Auditierungen.[77]

50 Als vorgeschriebene Gegenstände der Compliance-Organisation werden von Abs. 2 lit. h und j genannt die Überwachung der Einhaltung der BCR als solcher (z.B. durch Stichproben), die Überwachung der Schulungsmaßnahmen und eine Bearbeitung von Beschwerden. Im Übrigen kommt der Unternehmensgruppe ein erheblicher **Gestaltungsspielraum** zu. Dies betrifft insbesondere die Frage, ob in erster Linie der oder die etwaig bestellte Datenschutzbeauftragte oder auch – ggf. in Ergänzung zu der gesetzlichen Zuständigkeit der Datenschutzbeauftragten – sonstige Mitarbeiter oder externe Stellen mit der Sicherstellung der Compliance beauftragt werden.[78] Eine Verpflichtung, getrennte Zuständigkeiten für Überwachung „im Alltag" nach lit. h und für die gesonderte Auditierung nach lit. j vorzusehen, besteht nicht.[79] Dennoch kann es zweckmäßig sein, mit Aufgaben nach lit. h den Datenschutzbeauftragten und mit der Auditierung nach lit. j etwa die Konzernrevision zu beauftragen. [80]

51 Das Ergebnis der Überprüfungen nach lit. j sollte der in lit. h genannten Person oder Einrichtung sowie dem Verwaltungsrat des herrschenden Unternehmens der Unter-

73 Kühling/Buchner-*Schröder* Art. 47 Rn. 45; BeckOK DatenSR-*Lange/Filip* Art. 47 Rn. 52.
74 WP 154 Ziff. 15 (S. 9).
75 Kühling/Buchner-*Schröder* Art. 47 Rn. 46.
76 Bereits WP 74 Ziff. 5.2 (S. 16 f.); WP 153 Ziff. 2.3 (S. 8 f.).
77 BeckOK DatenSR-*Lange/Filip* Art. 47 Rn. 57.
78 Kühling/Buchner-*Schröder* Art. 47 Rn. 45; BeckOK DatenSR-*Lange/Filip* Art. 47 Rn. 53 f.
79 A.A. BeckOK DatenSR-*Lange/Filip* Art. 47 Rn. 58.
80 Vorschlag von BeckOK DatenSR-*Lange/Filip* Art. 47 Rn. 58.

nehmensgruppe mitgeteilt werden. Zudem sollte es der zuständigen Aufsichtsbehörde auf Anfrage zur Verfügung gestellt werden.[81]

j) Gruppeninternes Beschwerdeverfahren (Abs. 2 lit. i). Diese Anforderung wurde vom Rat eingefügt und bezieht sich auf die bereits von der Art.-29-Datenschutzgruppe geforderte[82] Einrichtung eines (Unternehmensgruppen-)**internen Beschwerdeverfahrens.**[83] Dieses soll dem Betroffenen eine einfache Möglichkeit geben, sich gegenüber einer Stelle über Verstöße gegen BCR durch die verschiedenen Gruppenunternehmen zu beschweren.[84] 52

Notwendig hierfür ist die Einräumung eines durchsetzbaren Beschwerderechts gegenüber dem Betroffenen. Insofern ist misslich, dass dieses durchsetzbare Recht in Abs. 2 lit. e keine Erwähnung gefunden hat. Dies ist wohl wegen der Aufnahme erst im Gesetzgebungsverfahren versehentlich unterblieben. Wegen der Einordnung als durchsetzbares Recht spricht alles dafür, dass im Rahmen der Angaben nach Abs. 2 lit. g (Rn. 46) auch eine **aktive Information** über das Bestehen des internen Beschwerderechts vorgesehen werden muss.[85] 53

Die Beschwerden sollen von einer ausdrücklich **hierfür bestimmten Stelle** bearbeitet werden, die zudem innerhalb der Unternehmensgruppe über die notwendige Unabhängigkeit zur Untersuchung solcher Beschwerden verfügt.[86] In der Praxis wird dies meist durch die Einrichtung einer zentralen Beschwerdestelle etwa bei dem Datenschutzbeauftragten des in der Union niedergelassenen herrschenden Unternehmens umgesetzt. 54

k) Meldung und Erfassung von Änderungen der BCR (Abs. 2 lit. k). Verbindliche interne Datenschutzvorschriften sind angesichts der ständigen Veränderungen von Unternehmensgruppen und ihren Datenverarbeitungen **keine statischen Objekte.**[87] Deshalb besteht die Verpflichtung, ein Verfahren für die Meldung und Erfassung von Änderungen der BCR einzurichten. 55

Umgesetzt werden kann dies z.B. durch **Benennung einer Stelle** in der Unternehmensgruppe, die eine stets aktualisierte Liste der an die BCR gebundenen Unternehmen führt und alle Änderungen der BCR erfasst.[88] In Anlehnung an das WP 154[89] der Art.-29-Datenschutzgruppe soll es ausreichen, wenn Änderungen der BCR, die sich auf die Datenverarbeitungsbedingungen auswirken sowie Änderungen der Liste der an die 56

---

81 Kühling/Buchner-*Schröder* Art. 47 Rn. 49 kritisiert die darin liegende „Beweisführung gegen sich selbst".

82 Vgl. nur WP 74 Ziff. 5.3 (S. 17); WP 153 Ziff. 2.3 (S. 7) m.w.N.

83 Kühling/Buchner-*Schröder* Art. 47 Rn. 47; vgl. auch WP 74 Ziff. 5.3 (S. 17); WP 153 Ziff. 2.3 (S. 7) m.w.N.

84 Kühling/Buchner-*Schröder* Art. 47 Rn. 47; BeckOK DatenSR-*Lange/Filip* Art. 47 Rn. 55 f; vgl. auch WP 74 Ziff. 5.3 (S. 17); WP 153 Ziff. 2.3 (S. 7) m.w.N.

85 Für eine solche aktive Informationspflicht im Ergebnis auch Kühling/Buchner-*Schröder* Art. 47 Rn. 47; BeckOK DatenSR-*Lange/Filip* Art. 47 Rn. 55; vgl. auch WP 153 Ziff. 2.3 (S. 7); WP 74 Ziff.

86 Kühling/Buchner-*Schröder* Art. 47 Rn. 47; BeckOK DatenSR-*Lange/Filip* Art. 47 Rn. 55 f.

87 Kühling/Buchner-*Schröder* Art. 47 Rn. 50; Paal/Pauly-*Pauly* Art. 47 Rn. 29.

88 BeckOK DatenSR-*Lange/Filip* Art. 47 Rn. 59; Kühling/Buchner-*Schröder* Art. 47 Rn. 51 f.; Paal/Pauly-*Pauly* Rn. 29; ebenso bereits WP 154 Ziff. 21 (S. 9).

89 WP 154 Ziff. 21 (S. 9).

BCR gebundenen Unternehmen **mindestens einmal im Jahr** an die Aufsichtsbehörden mit einer kurzen Erläuterung gemeldet werden.[90] Dies trifft in jedem Fall bei bloßen Änderungen der Zusammensetzung der Gruppe zu, für die es in aller Regel keiner vorherigen Genehmigung bedarf.[91] Hinsichtlich größerer Änderungen bietet es sich ggf. an, eine vorherige Klärung mit der zuständigen Aufsichtsbehörde zu suchen, ob die Schwelle zur erneuten Genehmigung überschritten ist.[92] Für die Praxis bietet es sich an, die Fälle, in denen eine vorherige Genehmigung erforderlich ist, in den BCR selbst zu regeln. Dann erstreckt sich die ursprüngliche Genehmigung auch auf alle Änderungen, die unterhalb dieser Schwelle liegen. Zu pauschal sein dürfte es, immer eine erneute Genehmigung zu fordern, wenn sich Verarbeitungsziele, die verarbeiteten Datenkategorien oder die Kategorien betroffener Personen ändern.[93]

57 Nach bisheriger Praxis sind über wesentliche Änderungen der BCR auch die Betroffenen zu informieren.[94] Bei der Verwendung von BCR durch Auftragsverarbeiter sollte es auch erforderlich sein, die Auftraggeber zu benachrichtigen, um ihnen die Möglichkeit zum Widerspruch zu eröffnen.[95] An beiden Anforderungen kann jedoch nicht ohne weiteres festgehalten werden. Art. 47 lit. g regelt die **Informationspflichten gegenüber Betroffenen** abschließend. Soweit nicht die dort genannten Gegenstände betroffen sind, besteht bei Änderungen der BCR keine Notwendigkeit zur erneuten aktiven Information von Betroffenen.[96] Die Inhalte nach Abs. 2 lit. k genügen insofern, um sie in die Lage zu versetzen, ggf. durch Einsichtnahme Kenntnis von Änderungen zu erlangen. Gleiches gilt für Auftraggeber, die zudem eine Informationspflicht in den Auftragsverarbeitungsvertrag aufnehmen lassen können.

58 **l) Zusammenarbeit mit der zuständigen Aufsichtsbehörde (Abs. 2 lit. l).** Neben der bereits in Abs. 2 lit. j geregelten Pflicht zur Offenlegung der Ergebnisse von Audits an die Aufsichtsbehörden soll eine ausdrückliche Selbstverpflichtung dahingehend erforderlich sein, dass die Gruppenmitglieder bei **Untersuchungen** mit den Aufsichtsbehörden zusammenarbeiten. Dies wird in der Literatur teilweise auch dahinverstanden, dass sich die Verantwortlichen verpflichten müssten, Anweisungen der Aufsichtsbehörden zur **Auslegung der BCR** nachzukommen.[97] Andere gehen davon aus, dass jedenfalls eine Selbstverpflichtung aufgenommen werden muss, Untersuchungen zu dulden.[98]

59 Es bleibt abzuwarten, inwiefern bei weiterer Verbreitung von BCR „extraterritoriale" Prüfungen durch die Drittstaaten hingenommen werden.[99] Zu weit gehen dürfte es

90 BeckOK DatenSR-*Lange/Filip* Art. 47 Rn. 59; Paal/Pauly-*Pauly* Rn. 29; eher strenger Kühling/Buchner-*Schröder* Art. 47 Rn. 51 f.

91 Kühling/Buchner-*Schröder* Art. 47 Rn. 51 f.; BeckOK DatenSR-*Lange/Filip* Art. 47 Rn. 59; Paal/Pauly-*Pauly* Art. 47 Rn. 29.

92 Kühling/Buchner-*Schröder* Art. 47 Rn. 52.

93 So aber Paal/Pauly-*Pauly* Rn. 29.

94 WP 154 Ziff. 21 (S. 9).

95 WP 204 Ziff. 3.2 (S. 15 f.).

96 A.A. BeckOK DatenSR-*Lange/Filip* Art. 47 Rn. 59 f.; Kühling/Buchner-*Schröder* Art. 47 Rn. 50.

97 BeckOK DatenSR-*Lange/Filip* Art. 47 Rn. 61 unter Verweis auf WP 154 Nr. 20 (S. 10).

98 Kühling/Buchner-*Schröder* Art. 47 Rn. 53.

99 Vgl. auch Kühling/Buchner-*Schröder* Art. 47 Rn. 53: „spannende Fragen über die Ausübung hoheitlicher Funktionen in fremden Jurisdiktionen".

jedenfalls, eine Selbstverpflichtung zur Umsetzung von Auslegungshinweisen aufzunehmen. Dies würde zu einer unzumutbaren **Verkürzung des Rechtsschutzes** der Verantwortlichen bzw. Auftragsverarbeiter führen. Insbesondere würden auch die Anforderungen für eine Anordnung der sofortigen Vollziehung einer aufsichtsbehördlichen Maßnahme (für deutsche Verwaltungsakte z.B. Art. 58 Abs. 4 i.V.m. § 80 Abs. 2 VwGO) umgangen. Umgekehrt bedarf es einer solchen Selbstverpflichtung aber auch nicht, da die zuständigen Aufsichtsbehörden erforderlichenfalls entsprechende Maßnahmen, dann aber eben gemäß dem Verfahrensrecht, jedenfalls gegenüber den Teilen der Unternehmensgruppe in der Union einseitig anordnen könnten.[100]

m) Meldung von beeinträchtigenden Drittlandbestimmungen (Abs. 2 lit. m). Das Meldeverfahren soll sicherstellen, dass die zuständige Aufsichtshörde in der EU informiert wird, falls nationale Bestimmungen die Datenimporteure davon abhalten, ihren nach den BCR auferlegten Pflichten teilweise oder ganz nachzukommen. Dies erfordert die Einrichtung entsprechender **Prüfungs- und Meldeprozesse**. Diese können ggf. mit der Überwachung nach lit. g verbunden werden. **60**

Maßstab der Meldepflicht als solche sind die BCR. Entsprechend sollte in diesen geregelt werden, in welchem Umfang im Hinblick auf zwingende Anforderungen des Drittlandes Abweichungen von diesen möglich sind, allein schon um die Zahl möglicher Kollisionen bestmöglich zu verringern. Inhaltlich ist die Hinnahme derartiger Abweichungen nur beschränkt möglich (dazu näher Art. 46 Rn. 22).[101] **61**

n) Schulung von Mitarbeitern (Abs. 2 lit. n). Die Beschränkung auf Mitarbeiter der Mitglieder der Unternehmensgruppe, die ständig oder regelmäßig Zugang zu personenbezogenen Daten haben, dürfte nur eine beschränkte Rolle spielen. Regelmäßig Zugang zu personenbezogenen Daten hat jedenfalls jeder Mitarbeiter, der einen dienstlichen E-Mail Account hat. Ausgenommen sind von dem Schulungserfordernis damit im Wesentlichen **Hilfskräfte** z.B. in der Produktion oder Reinigungskräfte. Inhaltliche Leitlinien für die Schulungsmaßnahmen können zahlreiche Stellungnahmen der Art.-29-Datenschutzgruppe geben.[102] **62**

II. Genehmigungsverfahren, Anspruch auf Erteilung der Genehmigung, gerichtliche Überprüfung (Art. 47 Abs. 1)

Gegenstand der Genehmigung nach Art. 47 Abs. 1 ist die Feststellung, dass das Bündel an Maßnahmen, die vom Verantwortlichen bzw. Auftragsverarbeiter ergriffen wurden, die Anforderungen des Art. 47 erfüllt. Mit Vorliegen der Genehmigung kann die Verarbeitung bzw. Übermittlung von Daten auf Grundlage der BCR erfolgen. Vieles spricht dafür, dass die Erteilung dieser Genehmigung damit **Legalisierungswirkung** hat. Datenübermittlung und -verarbeitung auf der Grundlage genehmigter BCR sind deshalb – solange die Genehmigung besteht – auch dann rechtmäßig im Sinne der Verordnung, wenn die Genehmigungsvoraussetzungen nicht erfüllt waren bzw. sind. **63**

---

100 Vgl. nur *EuGH* v. 6.10.2015 – C-362/14 (Rs. Schrems), RDV 2015, 313 (Rn. 43, 58); BeckOK DatenSR-*Lange/Filip* Art. 47 Rn. 67.

101 Dazu auch Kühling/Buchner-*Schröder* Art. 47 Rn. 55; BeckOK DatenSR-*Lange/Filip* Art. 47 Rn. 62; Paal/Pauly-*Pauly* Art. 47 Rn. 31.

102 Vgl. nur WP 153 Ziff. 2.1. (S. 5 f.) m.w.N.

64 Es besteht ein **subjektiv-rechtlicher Anspruch des Antragsstellers** auf Erteilung der Genehmigung, wenn die in Art. 47 Abs. 1 – abschließend – aufgezählten Genehmigungsvoraussetzungen erfüllt sind.[103] Es handelt sich insofern um eine gebundene Entscheidung. Es besteht kein Ermessen der Aufsichtsbehörde. Soweit unbestimmte Rechtsbegriffe verwandt werden, ist deren Auslegung und Anwendung vollständig gerichtlich überprüfbar.

65 Die **Zuständigkeit** der Aufsichtsbehörde richtet sich nach Art. 55, 56,[104] wobei es für die Feststellung der Zuständigkeit richtigerweise auf die Hauptverwaltung des antragsstellenden Mitgliedes der Unternehmensgruppe in der Union ankommt.[105] Dies wird meist, aber nicht notwendigerweise das herrschende Unternehmen sein. Einer analogen Anwendung von Art. 56 bedarf es jedenfalls nicht. Erlassen wird die Genehmigung dann im **Kohärenzverfahren** nach Art. 63. Verbreitet wird vertreten, dass dies dann nicht gelten soll, wenn die Unternehmensgruppe Niederlassungen nur in einem Mitgliedsstaat hat.[106] In dem Verfahren haben die Aufsichtsbehörden nach Art. 58 Abs. 3 lit. i die erforderlichen Genehmigungs- und beratenden Befugnisse.

66 Gegen Entscheidungen der Aufsichtsbehörden steht der **Rechtsweg** offen (Art. 78 Abs. 1). Für Klagen gegen Entscheidungen der deutschen Aufsichtsbehörden ist das Verwaltungsgericht zuständig, in dessen Bezirk die Aufsichtsbehörde ihren Sitz hat (Art. 78 Abs. 1 i.V.m. § 21 BDSG). Kommt es innerhalb des Kohärenzverfahrens zu einem verbindlichen **Beschluss des Datenschutzausschusses** (Art. 65), kann der Rechtsweg nach Art. 263 AEUV eröffnet sein. Voraussetzung ist, dass Beschlüsse des Ausschusses einen Verantwortlichen, einen Auftragsverarbeiter oder den Beschwerdeführer unmittelbar und individuell betreffen. Dies wird bei einem Unternehmen, dessen verbindliche interne Datenschutzvorschriften vom Datenschutzausschuss für nicht genehmigungsfähig erklärt wurden, regelmäßig der Fall sein.[107] Eine solche Klage müsste binnen zwei Monaten nach Veröffentlichung der betreffenden Beschlüsse erhoben werden.

C. Praxishinweise

I. Relevanz für Verantwortliche und Auftragsverarbeiter/Gestaltungshinweise

67 BCR stehen als Instrument nur einem Teil der Verantwortlichen und Auftragsverarbeitern zur Verfügung, nämlich nur denen, die **Teil einer Unternehmensgruppe** oder Gruppe von Unternehmen mit gemeinsamer Wirtschaftstätigkeit sind (Rn. 6). Kein geeignetes Mittel sind sie daher, um Datentransfers innerhalb internationaler Organisationen zu rechtfertigen.

68 Auch wenn hinsichtlich der **Gestaltung von BCR** unterschiedlichste Ansätze möglich sind, hat sich in der Praxis jedenfalls bei hierarchischen Unternehmensgruppen

---

103 In diese Richtung wohl auch Ehmann/Selmayr-*Zerdick* Art. 47 Rn. 15.
104 Ehmann/Selmayr-*Zerdick* Art. 47 Rn. 14; Gola/*Klug* Art. 47 Rn. 7.
105 A.A. Kühling/Buchner-Schröder Art. 47 Rn. 25; BeckOK DatenSR-*Lange/Filip* Art. 47 Rn. 16: in entsprechender Anwendung des Art. 56 Aufsichtsbehörde am Hauptsitz der **Unternehmensgruppe**.
106 Paal/Pauly-*Pauly* Art. 47 Rn. 12; Kühling/Buchner-Schröder Art. 47 Rn. 25; BeckOK DatenSR-*Lange/Filip* Art. 47 Rn. 15.
107 Ehmann/Selmayr-*Zerdick* Art. 47 Rn. 18.

bewährt, die eigentlichen Inhalte der BCR in einer **Konzernrichtlinie** (meist selbst verkürzend „BCR“ genannt) niederzulegen. Diesem Ansatz folgt insbesondere auch der von der Art.-29-Datenschutzgruppe veröffentliche Rahmen für die Gestaltung von BCR.[108]

Von diesen eigentlichen Inhalten getrennt erfolgt die Herstellung gruppen- und unternehmensinterner Verbindlichkeit dann durch separate Rechtsakte (z.B. Vereinbarungen oder Weisungen), mit denen die Mitglieder der Unternehmensgruppe und ihre Mitarbeiter auf die Einhaltung der BCR verpflichtet werden. Dies hat den Vorteil, dass insbesondere eine Änderung der Mitgliedschaft in der Unternehmensgruppe wesentlich vereinfacht wird. **69**

Bei der Entwicklung eigener BCR empfiehlt es sich für Verantwortliche im Übrigen, sich an den umfangreichen **Hinweisen** der **Aufsichtsbehörden** zu orientieren. Von besonderer Bedeutung ist neben dem bereits erwähnten WP 154 das WP 153. Dieses enthält eine Übersicht über die Bestandteile und Grundsätze verbindlicher unternehmensinterner Datenschutzregelungen. Besonders hilfreich ist hier die Unterscheidung zwischen Inhalten der BCR als solcher und weiteren Informationen, die dem Antrag beigefügt werden. Für Auftragsverarbeiter sind die WP 195, 195a und 204 heranzuziehen. **70**

II. Relevanz für betroffene Personen

Vgl. oben Rn. 36 ff. **71**

III. Relevanz für Aufsichtsbehörden

Vgl. oben Rn. 63 ff. **72**

IV. Relevanz für das Datenschutzmanagement

Im Hinblick auf BCR bestehen insbesondere folgende **wesentliche Anforderungen** an das Datenschutzmanagement: **73**

- Errichtung einer internen Compliance-Organisation, die die Einhaltung der BCR überwacht und auditiert (Rn. 47 ff.),
- Einrichtung eines gruppeninternen Beschwerdeverfahrens (Rn. 52 ff.),
- Meldung und Erfassung von Änderungen der BCR (Rn. 55 f.),
- Einrichtung eines Verfahrens zum Auffinden und zur Meldung von beeinträchtigenden Drittlandbestimmungen (Rn. 56 f.),
- Schulung von Mitarbeitern (Rn. 62).

V. Sanktionen

Vom **Betroffenen** können bei Verstößen gegen genehmigte BCR, insbesondere **74**

- das gruppeninterne Beschwerdeverfahren genutzt werden
- die in den BCR eingeräumten Ansprüche geltend gemacht werden (Rn. 39), insb.:
  - Recht auf Beschwerde bei einer Aufsichtsbehörde,
  - Gerichtliche Geltendmachung der Betroffenenrechte,

108 WP 154.

– Ansprüche auf Schadensersatz und Widergutmachung – insbesondere auch für Verstöße von außerhalb der Union niedergelassenen Mitgliedern der Gruppe (Rn. 41 ff.),
– Anspruchsgegner können verschiedene Mitglieder der Gruppe sein (Rn. 22).

75 **Aufsichtsbehörden** können bei Verstößen gegen genehmigte BCR insbesondere folgende Sanktionen ergreifen:
– Aussetzung der Übermittlung nach Art. 58 Abs. 2 lit. j,
– Verhängung von Geldbußen wegen Verstoßes gegen Art. 46 Abs. 1 gemäß Art. 83 Abs. 5 lit. c (bis zu 20 000 000 EUR oder 4 % des erzielten weltweiten Jahresumsatzes).

76 Der Verstoß gegen die Anforderungen im Genehmigungsprozess als solcher zieht nur die Folge nach sich, dass die BCR nicht genehmigt werden. Soweit **BCR zu Unrecht genehmigt** wurden, weil die Genehmigungsvoraussetzungen nicht vorlagen, kommt wegen der Legalisierungswirkung der Genehmigung (Rn. 63) als einzige „Sanktion" die Rücknahme der Genehmigung in Betracht.

Artikel 48 Nach dem Unionsrecht nicht zulässige Übermittlung oder Offenlegung

Jegliches Urteil eines Gerichts eines Drittlands und jegliche Entscheidung einer Verwaltungsbehörde eines Drittlands, mit denen von einem Verantwortlichen oder einem Auftragsverarbeiter die Übermittlung oder Offenlegung personenbezogener Daten verlangt wird, dürfen unbeschadet anderer Gründe für die Übermittlung gemäß diesem Kapitel jedenfalls nur dann anerkannt oder vollstreckbar werden, wenn sie auf eine in Kraft befindliche internationale Übereinkunft wie etwa ein Rechtshilfeabkommen zwischen dem ersuchenden Drittland und der Union oder einem Mitgliedstaat gestützt sind.

– *ErwG: 115*

Übersicht

Literatur: *Piltz* Die Datenschutz-Grundverordnung, Teil 4: Internationale Datentransfers und Aufsichtsbehörden, K&R 2016, 777; *Voigt/Klein* Deutsches Datenschutzrecht als „blokking statute"? – Auftragsdatenverarbeitung unter dem USA PATRIOT Act, ZD 2013, 16.

A. Einordnung und Hintergrund

1 Art. 48 stellt eine besondere Form des grundsätzlichen Verbots der Datenübermittlung ohne entsprechende Rechtfertigung dar und ist eine gesetzgeberische Reaktion auf die Vorbehalte gegenüber den Aktivitäten außereuropäischer Dienste, die eine ungehinderte Exposition von personenbezogenen Daten europäischer Bürger

gegenüber Drittstaaten zur Folge hatte.[1] Somit ist Art. 48 quasi als die **lex Snowden** zu verstehen.

B. Kommentierung

Ein ausländisches Urteil oder eine Verwaltungsentscheidung, die auf den Zugriff auf personenbezogene Daten in der EU aus einem Drittland bzw. das Übermittlungsverlangen an ein Drittland gerichtet sind, stellten an sich bereits nach der unter der Datenschutzrichtlinie vorherrschenden Auffassung keine ausreichende Rechtfertigung für die Übermittlung oder Offenlegung durch Verantwortliche oder Auftragsverarbeiter dar.[2] Mit Art. 48 erhält diese Auffassung eine Stärkung und Klarstellung, die zumindest als deutliches Signal an Drittländer zu verstehen ist, die für europäische Bürger bzw. ihre personenbezogenen Daten keinen ausreichenden Schutz vorsehen.[3] **2**

I. Anwendungsbereich

Art. 48 erfasst nicht nur Urteile und Verwaltungsentscheidungen, sondern wohl sämtliche hoheitliche Akte.[4] Nicht erfasst sind hingegen Herausgabeansprüche Dritter im Rahmen eines Gerichtsverfahrens.[5] Nur im Falle einer gerichtlichen Entscheidung, die die Herausgabe der Daten zum Gegenstand hat, kann auch ein solches Verlangen Dritter Gegenstand von Art. 48 werden.[6] Die im Rahmen eines sogenannten „Discovery-Verfahrens" gestellten Gesuche der anderen Prozesspartei, bestimmte Daten zu übermitteln, stellt hingegen keinen Fall einer gerichtlichen Entscheidung oder Verwaltungsanordnung im Sinne des Art. 48 dar.[7] **3**

Dabei verbietet Art. 48 nicht schlichtweg jede Übermittlung oder Offenlegung von personenbezogenen Daten an ein Drittland aufgrund eines Urteils oder einer Verwaltungsentscheidung: Eine solche Übermittlung durch Verantwortliche und Auftragsverarbeiter bleibt möglich und ist erlaubt. Voraussetzung hierfür ist, dass die betreffende Entscheidung in der Europäischen Union anerkannt und vollstreckbar ist, indem sie sich auf ein Rechtshilfeabkommen oder eine andere, sich in Kraft befindliche internationale Übereinkunft oder aber andere in Kapitel V genannten Rechtfertigungstatbestände stützen kann.[8] Diese anderen Erlaubnistatbestände treten neben den Erlaubnistatbestand des Art. 48.[9] **4**

Unklar ist die extraterritoriale Anwendung von Art. 48 in Bezug auf Verantwortliche oder Auftragsverarbeiter, die die Verarbeitungstätigkeit nicht innerhalb der EU durchführen. Verarbeiten sie personenbezogene Daten europäischer Bürger, unterliegen sie der DS-GVO. Werden diese Unternehmen mit einem Herausgabeverlangen eines lokalen Gerichts oder einer lokalen Behörde konfrontiert, müssten sie dem Herausgabeverlangen das Verbot des Art. 48 entgegenhalten, ohne dass dies im Zwei- **5**

---

1 Vgl. *Albrecht/Jotzo* Das neue Datenschutzrecht der EU, S. 111.
2 So schon *Voigt/Klein* ZD 2013, 16, 19.
3 Ehmann/Selmayr-*Zerdick* Art. 48 Rn. 1.
4 Kühling/Buchner-*Schröder* Art. 48 Rn. 13.
5 Plath-*von dem Bussche* Art. 48 Rn. 1.
6 Paal/Pauly-*Pauly* Art. 48 Rn. 6.
7 Paal/Pauly-*Pauly* Art. 48 Rn. 6.
8 Kühling/Buchner-*Schröder* Art. 48 Rn. 12.
9 Kühling/Buchner-*Schröder* Art. 48 Rn. 12; Plath-*von dem Bussche* Art. 48 Rn. 1.

fel von der jeweiligen lokalen Rechtsordnung als rechtmäßige Einwendung angesehen wird.[10] Eine solche extraterritoriale Anwendbarkeit verwaltungsrechtlicher Vorschriften dürfte damit systemwidrig sein und sich Art. 48 tatsächlich nur auf Verantwortliche oder Auftragsverarbeiter innerhalb der EU beziehen bzw. solche, die die Datenverarbeitung in der EU durchführen.[11]

II. Internationale Übereinkommen

6 Die nach Art. 48 erforderliche internationale Übereinkunft zwischen dem ersuchenden Drittland oder der Union bzw. einem Mitgliedsstaat muss sich ausdrücklich auf die Übermittlung personenbezogener Daten beziehen. Übereinkommen wie etwa das EU/US-Privacy-Shield-Abkommen stellen eine solche Übereinkunft nicht dar, da sie nicht die Übermittlung von Daten an ein Drittland regeln, sondern nur den Schutz der personenbezogenen Daten der Betroffenen im Drittland bezwecken.[12]

III. Andere Ermächtigungen

7 In Bezug auf die einzelnen weiteren Rechtfertigungen für eine Übermittlung nach Kapitel V siehe Kommentierung Art. 45, 46 und 49, insbes. 49 Abs. 1 lit. e Rn. 15.

IV. Konflikt für Unternehmen

8 Für Unternehmen ergibt sich aus der Regelung des Art. 48 gleich in mehrfacher Hinsicht ein erhebliches Anwendungsrisiko. Ein Unternehmen, das Adressat eines ausländischen Urteils oder einer Verwaltungsentscheidung wird, ist in der Regel innerhalb kurzer Frist gezwungen, eine Entscheidung zu treffen, ob das Herausgabeverlangen rechtmäßig ist oder nicht. Dies kann bei komplexeren Anfragen dazu führen, dass ein Unternehmen gar nicht vollumfänglich prüfen kann, ob das Herausgabeverlangen an sich auf eine entsprechende, nach Art. 48 genügende Grundlage gestützt werden kann. In diesem Fall ist das Unternehmen gezwungen, die Risiken, die dem Unternehmen bei Nichteinhaltung des Urteils oder der Verwaltungsentscheidung drohen, mit der entsprechenden Sanktion durch die europäischen Behörden und die Betroffenen abzuwägen. In diesem Falle ist dem betroffenen Unternehmen dringend anzuraten, die Aufsichtsbehörde zu konsultieren und hier eine Klarstellung zu erreichen.

V. Vereinigtes Königreich und Irland

9 Das Vereinigte Königreich und Nordirland haben erklärt, nicht an die Bestimmungen des Art. 48 gebunden zu sein.[13] Demnach ist eine Zersplitterung der Rechtslage in Europa zu befürchten, was die Herausgabe von Daten im Rahmen des Art. 48 betrifft. Derzeit ist noch ungeklärt, ob das Vereinigte Königreich und Nordirland sich tatsächlich auf eine Nichtanwendbarkeit des Art. 48 berufen können oder nicht.[14]

---

10 Vgl. Kühling/Buchner-*Schröder* Art. 48 Rn. 12.
11 Vgl. Kühling/Buchner-*Schröder* Art. 48 Rn. 14; wohl auch Ehmann/Selmayr-*Zerdick* Art. 48 Rn. 5.
12 Kühling/Buchner-*Schröder* Art. 48 Rn. 16.
13 Ratsdokument 7920/16 vom 14. April 2016, S. 4.
14 Vgl. Ehmann/Selmayr-*Zerdick* Art. 48 Rn. 8.

Artikel 49 Ausnahmen für bestimmte Fälle

(1) [1]Falls weder ein Angemessenheitsbeschluss nach Artikel 45 Absatz 3 vorliegt noch geeignete Garantien nach Artikel 46, einschließlich verbindlicher interner Datenschutzvorschriften, bestehen, ist eine Übermittlung oder eine Reihe von Übermittlungen personenbezogener Daten an ein Drittland oder an eine internationale Organisation nur unter einer der folgenden Bedingungen zulässig:

a) die betroffene Person hat in die vorgeschlagene Datenübermittlung ausdrücklich eingewilligt, nachdem sie über die für sie bestehenden möglichen Risiken derartiger Datenübermittlungen ohne Vorliegen eines Angemessenheitsbeschlusses und ohne geeignete Garantien unterrichtet wurde,

b) die Übermittlung ist für die Erfüllung eines Vertrags zwischen der betroffenen Person und dem Verantwortlichen oder zur Durchführung von vorvertraglichen Maßnahmen auf Antrag der betroffenen Person erforderlich,

c) die Übermittlung ist zum Abschluss oder zur Erfüllung eines im Interesse der betroffenen Person von dem Verantwortlichen mit einer anderen natürlichen oder juristischen Person geschlossenen Vertrags erforderlich,

d) die Übermittlung ist aus wichtigen Gründen des öffentlichen Interesses notwendig,

e) die Übermittlung ist zur Geltendmachung, Ausübung oder Verteidigung von Rechtsansprüchen erforderlich,

f) die Übermittlung ist zum Schutz lebenswichtiger Interessen der betroffenen Person oder anderer Personen erforderlich, sofern die betroffene Person aus physischen oder rechtlichen Gründen außerstande ist, ihre Einwilligung zu geben,

g) die Übermittlung erfolgt aus einem Register, das gemäß dem Recht der Union oder der Mitgliedstaaten zur Information der Öffentlichkeit bestimmt ist und entweder der gesamten Öffentlichkeit oder allen Personen, die ein berechtigtes Interesse nachweisen können, zur Einsichtnahme offensteht, aber nur soweit die im Recht der Union oder der Mitgliedstaaten festgelegten Voraussetzungen für die Einsichtnahme im Einzelfall gegeben sind.

[2]Falls die Übermittlung nicht auf eine Bestimmung der Artikel 45 oder 46 – einschließlich der verbindlichen internen Datenschutzvorschriften – gestützt werden könnte und keine der Ausnahmen für einen bestimmten Fall gemäß dem ersten Unterabsatz anwendbar ist, darf eine Übermittlung an ein Drittland oder eine internationale Organisation nur dann erfolgen, wenn die Übermittlung nicht wiederholt erfolgt, nur eine begrenzte Zahl von betroffenen Personen betrifft, für die Wahrung der zwingenden berechtigten Interessen des Verantwortlichen erforderlich ist, sofern die Interessen oder die Rechte und Freiheiten der betroffenen Person nicht überwiegen, und der Verantwortliche alle Umstände der Datenübermittlung beurteilt und auf der Grundlage dieser Beurteilung geeignete Garantien in Bezug auf den Schutz personenbezogener Daten vorgesehen hat. [3]Der Verantwortliche setzt die Aufsichtsbehörde von der Übermittlung in Kenntnis. [4]Der Verantwortliche unterrichtet die betroffene Person über die Übermittlung und seine zwingenden berechtigten Interessen; dies erfolgt zusätzlich zu den der betroffenen Person nach den Artikeln 13 und 14 mitgeteilten Informationen.

(2) [1]Datenübermittlungen gemäß Absatz 1 Unterabsatz 1 Buchstabe g dürfen nicht die Gesamtheit oder ganze Kategorien der im Register enthaltenen personenbezogenen Daten umfassen. [2]Wenn das Register der Einsichtnahme durch Personen mit

berechtigtem Interesse dient, darf die Übermittlung nur auf Anfrage dieser Personen oder nur dann erfolgen, wenn diese Personen die Adressaten der Übermittlung sind.

(3) Absatz 1 Unterabsatz 1 Buchstaben a, b und c und sowie Absatz 1 Unterabsatz 2 gelten nicht für Tätigkeiten, die Behörden in Ausübung ihrer hoheitlichen Befugnisse durchführen.

(4) Das öffentliche Interesse im Sinne des Absatzes 1 Unterabsatz 1 Buchstabe d muss im Unionsrecht oder im Recht des Mitgliedstaats, dem der Verantwortliche unterliegt, anerkannt sein.

(5) [1]Liegt kein Angemessenheitsbeschluss vor, so können im Unionsrecht oder im Recht der Mitgliedstaaten aus wichtigen Gründen des öffentlichen Interesses ausdrücklich Beschränkungen der Übermittlung bestimmter Kategorien von personenbezogenen Daten an Drittländer oder internationale Organisationen vorgesehen werden. [2]Die Mitgliedstaaten teilen der Kommission derartige Bestimmungen mit.

(6) Der Verantwortliche oder der Auftragsverarbeiter erfasst die von ihm vorgenommene Beurteilung sowie die angemessenen Garantien im Sinne des Absatzes 1 Unterabsatz 2 des vorliegenden Artikels in der Dokumentation gemäß Artikel 30.
– *ErwG: 111, 112, 113, 114*

Übersicht

A. Einordnung und Hintergrund

1 Über Art. 46 ff. hinaus verbleiben Anwendungsfälle, in denen weder der Empfängerstaat noch die empfangende Stelle ein angemessenes Datenschutzniveau gewährleisten, weil weder ein Angemessenheitsbeschluss nach Art. 45 Abs. 3 vorliegt noch geeignete Garantien nach Art. 46, einschließlich verbindlicher interner Datenschutzvorschriften, bestehen. Für diese Situationen sieht Art. 49 „Ausnahmen für bestimmte Fälle" vor, nach denen eine Übermittlung oder eine Reihe von Übermittlungen personenbezogener Daten an ein Drittland oder an eine internationale Organisation unter einer der sodann beschriebenen Bedingungen zulässig ist.

Abs. 1 ähnelt stark Art. 26 Abs. 1 der Datenschutzrichtlinie. Dort war bereits ein Katalog von Ausnahmen vorgesehen. Dieser Katalog wurde wiederum weitgehend unverändert in § 4c BDSG a.F. übernommen. Insoweit können die hierzu ergangenen Auslegungen grundsätzlich auch bei der Interpretation der DS-GVO angewendet werden.[1] Andererseits darf auch in diesem Zusammenhang nicht übersehen werden, dass die Regelungen der DS-GVO primär autonom nach europäischem Recht auszulegen sind. Das bedeutet, dass bisherige deutsche Interpretationen von Konzepten zukünftig einer europäischen Sichtweise unterliegen und insoweit ggf. noch Anpassungen erfahren können. Über die bekannten Ausnahmetatbestände hinaus wurde ein neuer Auffangtatbestand eingeführt, der eine Übermittlung personenbezogener Daten auch dann gestattet, wenn die übrigen Ausnahmetatbestände nicht eingreifen (Abs. 1 UAbs. 2). 2

B. Kommentierung

I. Allgemeines

Die in Art. 49 aufgeführten Tatbestände sind abschließend.[2] Das ist nachvollziehbar, weil es sich hierbei um Ausnahmen handelt, die eine Datenübermittlung in Länder ermöglichen, in denen Bedenken hinsichtlich des Datenschutzniveaus bestehen. Insofern kann durchaus von einem Numerus Clausus gesprochen werden. Da es sich um restriktive Erweiterungen der explizit erlaubten Drittlandtransfers nach Art. 44 ff. handelt, sind die hierin enthaltenen Ausnahmen eng auszulegen. 3

II. Abs. 1

1. Einwilligung. Es ist möglich, dass die betroffene Person in die „vorgeschlagene“ Datenübermittlung ausdrücklich einwilligt. Hierfür muss sie zuvor über die für sie bestehenden möglichen Risiken derartiger Datenübermittlungen ohne Vorliegen eines Angemessenheitsbeschlusses und ohne geeignete Garantien unterrichtet werden.[3] Dies kann freilich (wie üblicherweise) auch in einem einheitlichen Einwilligungsdokument erfolgen, solange gewährleistet ist, dass die Information der Einwilligungserklärung vorgeschaltet ist. Der Verantwortliche muss also zweierlei sicherstellen: die rechtskonforme Information und das Einholen einer rechtswirksamen Einwilligung. Letztere muss nach dem eindeutigen Wortlaut ausdrücklich erfolgen. Das ist mehr als Art. 4 Nr. 11 und in diesem Zusammenhang ErwG 32 verlangen: Sie fordern eine unmissverständliche Bekundung oder eine eindeutige Signalisierung. Hier wird gerade das Wort „ausdrücklich“ nicht genutzt. Demgegenüber erwähnen dies Nr. 1 sowie der zugehörige ErwG 111 unmissverständlich. Hier kommt also lediglich ein „Opt-in“ in Betracht. 4

Die Einwilligung muss darüber hinaus freilich auch die allgemein für Einwilligungen bestehenden Voraussetzungen erfüllen.[4] Insbesondere sind hier die Erfordernisse der Informiertheit und Bestimmtheit zu beachten. Diese sind mit den verarbeitungsspezifischen Besonderheiten im Drittland auszufüllen. Dies kann sich im Hinblick auf die Aufklärung über das tatsächliche Schutzniveau in einem Empfängerstaat durchaus als 5

1 Siehe insbesondere *Art.-29-Datenschutzgruppe* WP 114.
2 Kühling/Buchner-*Schröder* Art. 49, Rn. 1.
3 Ehmann/Selmayr-*Zerdick* Art. 49 Rn. 6.
4 Siehe hierzu detailliert die Kommentierung zu Art. 4 Nr. 11 sowie Art. 7.

schwierig erweisen. Denn dem Betroffenen muss Aufklärung darüber geleistet werden, welche datenschutzrechtlichen Rahmenbedingungen vor Ort herrschen und welche datenschutzrechtlichen Risiken (im Vergleich zum europäischen Datenschutzniveau) bestehen, um sich darüber klar zu werden, ob er in eine entsprechende Übermittlung wirklich einwilligen will.[5] Fraglich ist dann letztlich, wie umfangreich dies geschehen muss und wie zielführend es der Verantwortliche überhaupt leisten kann. Dies stellt den Verantwortlichen in der Praxis vor die Herausforderung, den Umfang der Aufklärung ordnungsgemäß zu bestimmen und abzuwägen, welcher Umfang einerseits ausreichend und noch angemessen ist, andererseits aber auch den Betroffenen nicht überfordert. Zwar sollten hier die Anforderungen nicht überspannt werden. Der internationale Kontext ist aber angemessen zu berücksichtigen. Jedenfalls werden allzu generalisierte und unspezifische Erläuterungen regelmäßig nicht ausreichen. Das betroffene Land und der betroffene Empfänger dürften regelmäßig notwendige Angaben sein.

6 Aufgrund des besonderen Fokus auf die Informiertheit ist es fraglich, inwieweit sich die Änderung maßgeblicher Umstände gegenüber dem Zeitpunkt der Erteilung der Einwilligung auf die kontinuierliche Wirksamkeit auswirkt, beispielsweise, wenn Subunternehmer, die ebenfalls mit der Datenverarbeitung betraut sind im Drittland wechseln oder sich erweitern. Pragmatischerweise wird man es hier als vertretbar erachten können, wenn bei nur geringfügigen Änderungen, nach denen sich der wesentliche Rahmen der Einwilligungserklärung nicht ändert, keine gesonderte Information oder erneute Einholung der Einwilligung erfolgt.

7 **2. Für Vertragsdurchführung mit Betroffenem erforderlich.** Eine weitere Möglichkeit ist, dass die Übermittlung für die Erfüllung eines Vertrags zwischen der betroffenen Person und dem Verantwortlichen oder zur Durchführung von vorvertraglichen Maßnahmen auf Antrag der betroffenen Person erforderlich ist. Für den Betroffenen wird insoweit das Interesse an der Vertragserfüllung von größerer Bedeutung sein als die Einhaltung eines möglichst hohen datenschutzrechtlichen Niveaus.[6]

8 Es muss sich demnach um einen Vertrag zwischen Betroffenem und Verantwortlichen handeln. Im Rahmen dieses Vertrags muss eine Übermittlung in ein Drittland vorgesehen sein. Diese Übermittlung muss zudem für die Vertragsdurchführung erforderlich sein. Das Kriterium der Erforderlichkeit dürfte hier wie sonst auch insoweit verstanden werden, dass die Übermittlung zur Durchführung das mildeste von mehreren gleich effektiven Mitteln ist.[7] Das bedeutet regelmäßig, dass eine Übermittlung in das Drittland für die Vertragserfüllung notwendig sein muss, beispielsweise weil der Verantwortliche ausschließlich in dem Drittland ansässig ist und von dort beispielsweise sämtliche Erfüllungsvorgänge steuert (wie beispielsweise das Fulfillment bei einem Kauf in einem Online-Shop). Das Gleiche gilt, sofern es sich lediglich um vorvertragliche Maßnahmen handelt. Dies ist insoweit denklogisch notwendig, als natürlich auch bereits für die Vorbereitung des Vertragsschlusses die Notwendigkeit bestehen kann, Daten vom Betroffenen zu erheben.[8]

---

5 Gola-*Klug* Art. 49 Rn. 5.
6 So auch Taeger/Gabel-*Gabel* § 4c BDSG Rn. 7.
7 Kühling/Buchner-*Schröder* Art. 49 Rn. 19.
8 Kühling/Buchner-*Schröder* Art. 49 Rn. 20.

Gleichzeitig ist zu beachten, dass insoweit auch die Anzahl der übermittelten Daten aufgrund der Erforderlichkeit beschränkt ist. Denn es dürfen regelmäßig nur solche Daten verarbeitet werden, die für die Erfüllung des Vertrags benötigt werden.[9] Der Verantwortliche muss in Grenzfällen sauber abwägen, ob die Übermittlung wirklich die einzige Möglichkeit zur Vertragserfüllung darstellt. Teilweise können hierbei auch Fragen auftreten, die primär die Anwendbarkeit der DS-GVO betreffen, beispielsweise wenn ein internationales Unternehmen in einem Drittland Tochterunternehmen im EWR hat und diese gegebenenfalls nur am Rande (also nicht konstitutiv) in die Datenverarbeitung involviert sind (weil sie beispielsweise nur Serverkapazität bereitstellen). 9

3. Für Vertragsdurchführung im Interesse des Betroffenen erforderlich. Ferner ist eine Ausnahme einschlägig, sofern die Übermittlung zum Abschluss oder zur Erfüllung eines im Interesse der betroffenen Person von dem Verantwortlichen mit einer anderen natürlichen oder juristischen Person geschlossenen Vertrags erforderlich ist. Der Unterschied zu lit. b ist demnach, dass hier der Betroffene nicht Vertragspartner ist, sondern der Verantwortliche und ein Dritter einen Vertrag im Interesse des Betroffenen schließen und im Rahmen von dessen Durchführung eine Übermittlung in einen unsicheren Drittstaat erforderlich ist. Hier kommt es gerade nicht darauf an, dass der Betroffene selbst Vertragspartner ist, sondern er „nur" von dem Vertragsschluss zwischen Verantwortlichem und Dritten profitiert. 10

Um diesen Vorteil greifbar zu machen, sollte festgestellt werden, ob eine enge und substanzielle Verbindung zwischen den Interessen des Betroffenen und dem Vertragszweck vorliegt.[10] Dazu wird vertreten, dass dies nicht einschlägig ist bei Übertragungen von Mitarbeiterdaten durch Unternehmen an Anbieter, die außerhalb der EU ansässig sind, beispielsweise beim Lohnabrechnungs-Management.[10] Es ist davon auszugehen, dass das Erforderlichkeitskriterium ein gewisses „Weniger" an erlaubten Datenübermittlungen bedeutet, weil nach lit. b der Betroffene selbst am Vertragsschluss beteiligt ist und mehr Einfluss auf die Übermittlung hat als nach lit. c, wo für ihn jeweils fremde Parteien letztlich über die Zulässigkeit der Übermittlung entscheiden. Der Verantwortliche ist daher angehalten, hier sorgfältig abzuwägen, wann er eine Übermittlung auf diese Rechtsgrundlage stützen will und vor allem eine ausreichende Dokumentation der Entscheidungsfindung vorzunehmen hat. 11

4. Übermittlung aus wichtigen Gründen des öffentlichen Interesses notwendig. Ferner greift eine Ausnahme, wenn die Übermittlung aus wichtigen Gründen des öffentlichen Interesses notwendig ist. Wichtige Gründe des öffentlichen Interesses sind beispielsweise der internationale Datenaustausch zwischen Wettbewerbs-, Steuer- oder Zollbehörden, zwischen Finanzaufsichtsbehörden oder zwischen für Angelegenheiten der sozialen Sicherheit oder für die öffentliche Gesundheit zuständigen Diensten, beispielsweise im Falle der Umgebungsuntersuchung bei ansteckenden Krankheiten oder zur Verringerung und/oder Beseitigung des Dopings im Sport, vgl. ErwG 112.[11] 12

Als wichtigen Grund des öffentlichen Interesses bestimmt ErwG 112 ferner beispielsweise die Übermittlung an eine internationale humanitäre Organisation, die erfolgt, 13

9 Paal/Pauly-*Pauly* Art. 49 Rn. 13.
10 *Art.-29-Datenschutzgruppe* WP 114, S. 14.
11 Kühling/Buchner-*Schröder* Art. 49, Rn. 24.

um eine nach den Genfer Konventionen obliegende Aufgabe auszuführen (also beispielsweise die Verbesserung des Loses der Verwundeten und Kranken der bewaffneten Kräfte im Felde oder zur See oder zur Behandlung der Kriegsgefangenen sowie zum Schutz von Zivilpersonen in Kriegszeiten) oder um dem in bewaffneten Konflikten anwendbaren humanitären Völkerrecht nachzukommen. Umgekehrt lässt sich daraus schließen, dass ein solches öffentliches Interesse wohl kaum durch private Stellen je verfolgt oder verwirklicht werden dürfte. Der Ausnahmecharakter der Vorschrift legt jedenfalls nahe, dass hier eher internationale humanitäre Sachverhalte erfasst sein sollten. Dementsprechend wird hierzu vertreten, dass die Übermittlung im Interesse der Behörden eines EU-Mitgliedstaats liegen muss. Allein im Interesse einer im Drittland ansässigen Behörde liegende Gründe erfüllen den Ausnahmetatbestand mithin nicht.[12] Jedenfalls muss das öffentliche Interesse des Drittlands auch im Unionsrecht oder in dem betroffenen Mitgliedstaat anerkannt sein (so Abs. 4, siehe Rn. 28).

14 Interessanterweise fordert lit. d im Gegensatz zu den umliegenden Regelungen nicht, dass eine Übermittlung zum entsprechenden Grund „erforderlich" ist, sondern, dass eine Übermittlung aus wichtigen Gründen des öffentlichen Interesses „notwendig" ist. Hierdurch ist keine andere Auslegung seitens des EU-Gesetzgebers gewünscht, welcher in der englischen Fassung nicht differenziert („is necessary"). Folglich handelt es sich um eine Ungenauigkeit der deutschen Übersetzung.

15 **5. Übermittlung zur Geltendmachung, Ausübung oder Verteidigung von Rechtsansprüchen erforderlich.** Ferner geregelt ist der Tatbestand, dass die Übermittlung zur Geltendmachung, Ausübung oder Verteidigung von Rechtsansprüchen erforderlich ist. Die Geltendmachung von Rechtsansprüchen kann dabei ausweislich des ErwG 111 sowohl vor Gericht oder auf dem Verwaltungswege als auch in außergerichtlichen Verfahren stattfinden. Zu letzteren zählen auch Verfahren vor Regulierungsbehörden. Im Zentrum der Beurteilung steht hier das Kriterium der Erforderlichkeit.[13] Allerdings dürfte vor dem Hintergrund des restlichen Wortlauts diese eher weit zu verstehen sein, da bei vielen zumindest nicht von vornherein ausgeschlossen werden kann, dass Datenübermittlungen für ein wie auch immer geartetes Verfahren gegebenenfalls erforderlich sein können. Zumindest eine nachweisbare Verbindung muss aber vorliegen und ein Bedürfnis, die Daten zwecks Geltendmachung der Ansprüche zu übermitteln, muss nachweislich gegeben sein, andernfalls würde man dem Ausnahmecharakter der Vorschrift nicht gerecht. Auf Basis dieses insgesamt weiten Verständnisses dürfte die Ausnahme auch im Falle von US-amerikanischen Pre-Trial-Discovery-Anfragen anwendbar sein.[14]

16 **6. Übermittlung zum Schutz lebenswichtiger Interessen.** Eine weitere Ausnahme besteht darin, die Übermittlung als zum Schutz lebenswichtiger Interessen der betroffenen Person oder anderer Personen erforderlich anzusehen, sofern die betroffene Person aus physischen oder rechtlichen Gründen außerstande ist, ihre Einwilligung zu geben. Die Art.-29-Datenschutzgruppe stellt dazu fest, dass der Ausnahmetatbestand „offensichtlich" erfüllt ist, sofern eine Übermittlung im Falle eines medizinischen Not-

12 Gola/*Klug* Art. 49 Rn. 8.
13 Ehmann/Selmayr-*Zerdick* Art. 49 Rn. 15.
14 So auch BeckOK DatenSR-*Lange/Filip* Art. 49 Rn. 30; Kühling/Buchner-*Schröder* Art. 49 Rn. 27 ff.

falls angezeigt ist, weil sie als unmittelbar notwendig erachtet wird, um dem Betroffenen die erforderliche medizinische Versorgung bereit zu stellen.[15]

7. Übermittlung aus einem Register. Schließlich gestattet lit. g eine Übermittlung, sofern diese aus einem Register erfolgt, das gemäß dem Recht der Union oder der Mitgliedstaaten zur Information der Öffentlichkeit bestimmt ist und entweder der gesamten Öffentlichkeit oder allen Personen, die ein berechtigtes Interesse nachweisen können, zur Einsichtnahme offensteht. Erfasst sind demnach alle Register sowohl auf europäischer wie auch nationaler Ebene. Es kann sich auch um private Register handeln, sofern diese „zur Information der Öffentlichkeit bestimmt" sind.[16] In der Regel wird es sich aber um öffentliche Register handeln. Beachtet werden sollte, dass in der Regel „durch Rechtsvorschriften vorgesehene" Register gemeint sind, vgl. ErwG 111. Beispiele solcher Register in Deutschland sind das Handelsregister, das Vereinsregister oder das Bundeszentralregister. Aufgrund dieser Systematik dürfte auch das Grundbuch hierunter fallen, auch, wenn grundsätzlich ein spezifisches Interesse für dessen Einsicht vorgetragen werden muss. Lit. g stellt insoweit sicher, dass eine Übermittlung nur zulässig ist, soweit die im Recht der Union oder der Mitgliedstaaten festgelegten Voraussetzungen für die Einsichtnahme im Einzelfall gegeben sind.[17] **17**

Insbesondere sollte die Übermittlung nur auf Anfrage einer Person, die ein berechtigtes Interesse an der Übermittlung geltend macht bzw. oder nur dann erfolgen, wenn diese Person Adressat der eben genannten Vorschriften der Übermittlung ist, wobei den Interessen und Grundrechten der betroffenen Person in vollem Umfang Rechnung zu tragen ist, vgl. ErwG 111. Damit ist prinzipiell eine Prüfung des berechtigten Interesses sowohl an den Registerdaten an sich als auch der Übermittlung notwendig. **18**

8. Neue Ausnahme: Interessenabwägung und Sicherungsmaßnahmen. Eine komplette Neuerung sieht Art. 49 Abs. 1 UAbs. 2 vor. Hierin ist eine weitere Ausnahmevorschrift statuiert, die jegliche anderen Ausnahmen „ausstechen" kann, also sowohl solche nach Art. 45 oder 46 als auch die soeben beschriebenen des Art. 49 Abs. 1 UAbs. 1 lit. a bis g. Selbst wenn die hier genannten Ausnahmen nicht vorliegen, besteht also ein Auffangtatbestand, der eine Übermittlung dennoch rechtfertigen kann.[18] Hiernach darf eine Übermittlung an ein Drittland oder eine internationale Organisation nur dann erfolgen, wenn die Übermittlung nicht wiederholt erfolgt, nur eine begrenzte Zahl von betroffenen Personen betrifft, für die Wahrung der zwingenden berechtigten Interessen des Verantwortlichen erforderlich ist, sofern die Interessen oder die Rechte und Freiheiten der betroffenen Person nicht überwiegen, und der Verantwortliche alle Umstände der Datenübermittlung beurteilt und auf der Grundlage dieser Beurteilung geeignete Garantien in Bezug auf den Schutz personenbezogener Daten vorgesehen hat. Aufgrund des speziellen Ausnahmecharakters der Vorschrift ist von der Gebrauchmachung die Datenschutzbehörde zu unterrichten. Außerdem sind seitens des Verantwortlichen die Voraussetzungen der **19**

---

15 *Art.-29-Datenschutzgruppe* WP 114, S. 15.

16 Nicht erfasst ist nach einer Ansicht daher beispielsweise ein Schufa-Register, vgl. Kühling/Buchner-*Schröder* Art. 49 Rn. 36.

17 Ehmann/Selmayr-*Zerdick* Art. 49 Rn. 17.

18 BeckOK DatenSR-*Lange/Filip* Art. 49, Rn. 47.

Art. 13 und 14 zu erfüllen und darüber hinaus hat er zu seinen „zwingenden berechtigten Interessen" Stellung zu nehmen. Diese Ausnahme gilt nur für private Verantwortliche, nicht für die öffentliche Hand (vgl. Abs. 3 und Kommentierung in Rn. 26 f.).

20 Die Voraussetzungen müssen nebeneinander vorliegen und allesamt erfüllt sein.[19] Der Anwendungsbereich der Vorschrift dürfte in der Praxis, zumal zahlreiche etablierte Verfahren bei einem Drittlandtransfer existieren, nur untergeordnete Bedeutung haben. Es ist zwar nicht ausgeschlossen, dass sie sich vermehrt durchsetzen könnte. Allerdings gilt für sie der erhöhte Bußgeldrahmen des Art. 83 Abs. 5, mithin die Möglichkeit der Aufsichtsbehörde, ein Bußgeld von bis zu 20 000 000 EUR oder im Fall eines Unternehmens von bis zu 4 % seines gesamten weltweit erzielten Jahresumsatzes des vorangegangenen Geschäftsjahres aufzuerlegen. Die Prüfung der einzelnen Voraussetzungen, deren Vorliegen und die notwendige Dokumentation beinhalten daher ein erhebliches Momentum des Prüfungs- und Erfüllungsaufwands zulasten eines Verantwortlichen, dessen lohnenswertes Potential sich erst beweisen muss.[20] ErwG 113 nimmt auf das Vorliegen der Voraussetzungen keinen, nämlich im Ergebnis lediglich wiederholend Bezug und bietet kaum greifbare Anhaltspunkte für die Auslegung. Einzig festgehalten wird, dass der Verantwortliche insbesondere die Art der personenbezogenen Daten, den Zweck und die Dauer der vorgesehenen Verarbeitung, die Situation im Herkunftsland, in dem betreffenden Drittland und im Endbestimmungsland berücksichtigen und angemessene Garantien zum Schutz der Grundrechte und Grundfreiheiten natürlicher Personen in Bezug auf die Verarbeitung ihrer personenbezogener Daten vorsehen sollte.

21 Zunächst darf es sich nicht um eine wiederholte Übermittlung handeln. Vom reinen Wortlaut kann daher argumentiert werden, dass bereits eine zweite Übermittlung eine Wiederholung der ersten wäre.[21] Demnach sollte jedenfalls sichergestellt werden, dass es sich um absolute Ausnahmefälle handelt und die Berufung auf UAbs. 2 von Abs. 1 aufgrund der besonderen Situation ausnahmsweise erfolgt.

22 Ferner darf nur eine begrenzte Anzahl von Personen betroffen sein. Es existieren in der DS-GVO keine Anhaltspunkte, wann dies der Fall ist. Das Kriterium der „Zahl" der Personen ist zwar an einigen Stellen der DS-GVO vorgesehen, aber nur in anderen Zusammenhängen.[22] Vor diesem Hindernis stehen Verantwortliche wie auch prüfende Datenschutzbehörden gleichermaßen. Ein Verantwortlicher sollte daher den Entscheidungsprozess, der bei ihm zur Einschätzung geführt hat, dass nur eine geringe Zahl Betroffener vorliegt, ordnungsgemäß und nachvollziehbar treffen und ausreichend dokumentieren. In einem solchen Fall kann zumindest nachgewiesen werden, warum nur eine geringe Anzahl angenommen wurde.[23]

23 Außerdem müssten zwingende berechtigte Interessen des Verantwortlichen vorliegen und die Übermittlung für deren Wahrung erforderlich sein. In diesem Zusammenhang

---

19 Gola-*Klug* Art. 49 Rn. 12.

20 Kühling/Buchner-*Schröder* Art. 49 Rn. 43.

21 Ebenso BeckOK DatenSR-*Lange/Filip* Art. 49, Rn. 51.

22 Beispielsweise ErwG 58, 75 oder 91, wobei hier regelmäßig nur auf eine große und gerade nicht geringe Anzahl von Personen rekurriert wird.

23 BeckOK DatenSR-*Lange/Filip* Art. 49 Rn. 52.

ist außerdem eine Abwägung mit den Interessen des Betroffenen zu treffen.[24] Das Wort „zwingend" stellt eine gesteigerte Voraussetzung gegenüber den „normalen" berechtigten Interessen – insbesondere gemäß Art. 6 Abs. 1 S. 1 lit. f – dar. Insoweit muss ein Mehr zu jeglichen allgemein anerkannten Interessen der Rechtsordnung existieren. Das Interesse muss für die Übermittlung unumstößlich sein. Die weiteren Voraussetzungen gleichen denen der Interessenabwägung nach Art. 6.[25] Insbesondere muss die Übermittlung erforderlich sein, das heißt das mildeste von mehreren gleich effektiven Mitteln zur Erreichung des Verarbeitungszwecks darstellen, und die Betroffeneninteressen dürfen nicht überwiegen.

Der Verantwortliche muss ferner alle Umstände der Datenübermittlung beurteilen **24**
und darauf basierend geeignete Garantien bei der Übermittlung vorsehen. Es wird nicht weiter konkretisiert, welche Garantien dies sein können. Insgesamt dürften dies solche sein, die auch sonst unter das Wording fallen, insbesondere technische und organisatorische Maßnahmen, Pseudonymisierung oder sonstige „privacy enhancing technologies".

III. Abs. 2

Abs. 2 sieht in Ergänzung zu Abs. 1 UAbs. 1 lit. g ferner vor, dass Datenübermittlun- **25**
gen gemäß Abs. 1 UAbs. 1 lit. g nicht die Gesamtheit oder ganze Kategorien der im Register enthaltenen personenbezogenen Daten umfassen dürfen. Die Systematik überrascht hier etwas. Wurde im Sinne von lit. g gerade erst statuiert, dass nationale Register, die im europäischen Kontext ihren spezifischen Zweck erfüllen und sich über Jahre etabliert haben (bspw. Handelsregister, Vereinsregister), plötzlich weltweit verfügbar gemacht werden können, sieht Abs. 2 nunmehr vor, dass Übermittlungen „nicht die Gesamtheit oder ganze Kategorien der im Register enthaltenen personenbezogenen Daten umfassen" dürfen. Die Register enthalten natürlich die Daten, die notwendig sind, um die Register ordnungsgemäß zu führen. Mit anderen Worten: Sie enthalten, was sie enthalten. Abs. 2 versucht dies nun aber zu begrenzen, mit holprigem Wortlaut, dahingehend, dass offenbar die Register jedenfalls nicht in ihrer Gänze übermittelt werden, oder ganze (zusammengehörige) Kategorien enthalten dürfen.[26] Was dann also im Ergebnis noch „übermittlungsfähig" ist, sagt die DS-GVO allerdings nicht. Erkennbar ist lediglich der Versuch, den Umfang der zu übermittelnden Register zu beschränken. Dies gelingt aber nur eingeschränkt, da die Anknüpfungspunkte für eine Bewertung des (noch) zulässigen Umfangs nicht näher konkretisiert werden. Im Hinblick auf den (noch in der Ratsversion vorhandenen) Wortlaut „aber nur" wird vertreten, dass die Daten eben auch nur in dem Umfang übermittelt werden dürfen, in dem nach anwendbarem Recht eine Einsehbarkeit zulässig wäre".[26]

24 Die Art.-29-Datenschutzgruppe hat zur Auslegung des Begriffs berechtigte Interessen ein Working Paper herausgebracht, WP 217, „Opinion 06/2014 on the notion of legitimate interests of the data controller under Article 7 of Directive 95/46/EC", das auch hier hilfreich sein kann.

25 Siehe hierzu die Kommentierung dort in Rn. 126 ff.

26 Kühling/Buchner-*Schröder* Art. 49, Rn. 37.

IV. Abs. 3

26 Abs. 3 legt fest, dass bestimmte Ausnahmetatbestände nicht gelten für Tätigkeiten, die Behörden in Ausübung ihrer hoheitlichen Befugnisse durchführen. Konkret kann sich eine Behörde nicht auf die Einwilligung eines Betroffenen berufen (Abs. 1 UAbs. 1 lit. a) oder geltend machen, die Übermittlung sei für die Erfüllung eines Vertrags oder vorvertraglicher Maßnahmen zwischen der betroffenen Person und dem Verantwortlichen (Abs. 1 UAbs. 1 lit. b) bzw. zum Abschluss oder zur Erfüllung eines im Interesse der betroffenen Person von dem Verantwortlichen mit einer anderen natürlichen oder juristischen Person geschlossenen Vertrags (Abs. 1 UAbs. 1 lit. c) erforderlich. Ferner nimmt Abs. 3 auch auf Abs. 1 UAbs. 2 Bezug und nimmt Behörden damit die Möglichkeit, einen Drittlandtransfer auf Basis der neu geschaffenen Ausnahme der zwingenden berechtigten Interessen des Verantwortlichen durchzuführen.[27] Damit können auch Behörden zwar einen Auslandstransfer auf Basis des Art. 49 durchführen, sind aber in der Wahl der rechtfertigenden Tatbestände eingeschränkt.

27 Die Gründe hierfür sind unterschiedlich. Die ausdrückliche Einwilligung nach Abs. 1 UAbs. 1 lit. a dürfte aus Gründen eines abstrakten Schutzes vor letztlich nicht freiwillig erteilten Zustimmungen aufgrund staatlicher Übermacht ausgeschlossen sein.[28] Mit dem Ausschluss der Übermittlung aufgrund besonderer Interessen im Einzelfall nach Abs. 1 UAbs. 2 sowie aufgrund vertraglicher Notwendigkeiten nach Abs. 1 UAbs. 1 lit. b und c soll eine Umgehung der für die Behörden üblicherweise einschlägigen Rechtfertigung aufgrund wichtiger öffentlicher Interessen nach Abs. 1 UAbs. 1 lit. d verhindert werden, der gerade dann relevant und passgenau ist, wenn Behörden in Ausübung der öffentlichen Gewalt tätig werden.[28]

V. Abs. 4

28 Wie bereits gezeigt muss die Übermittlung im Interesse der Behörden eines EU-Mitgliedstaats liegen. Allein im Interesse einer im Drittland ansässigen Behörde liegende Gründe erfüllen den Ausnahmetatbestand mithin nicht. Abs. 4 konkretisiert insoweit, dass das öffentliche Interesse im Sinne des Abs. 1 UAbs. 1 lit. d im Unionsrecht oder im Recht des Mitgliedstaats, dem der Verantwortliche unterliegt, anerkannt sein muss. Dies ist im Sinne der Art.-29-Datenschutzgruppe zu verstehen, wonach es sich um ein autonomes europäisches Interesse handeln muss.[29] Hierunter dürften zumindest solche Interessen fallen, die aufgrund einer Auseinandersetzung eines Mitgliedsstaats mit diesen aufgrund der Umsetzung europäischer Vorgaben in Richtlinien mit datenschutzrechtlichem Bezug (z.B. Datenschutzrichtlinie, SWIFT Abkommen) schon einmal „perpetuiert" wurden.

VI. Abs. 5

29 Art. 49 sieht in dessen Abs. 5 weiter vor, dass im Unionsrecht oder im Recht der Mitgliedstaaten aus wichtigen Gründen des öffentlichen Interesses ausdrücklich Beschränkungen der Übermittlung bestimmter Kategorien von personenbezogenen Daten an Drittländer oder internationale Organisationen vorgesehen werden können, für die kein Angemessenheitsbeschluss vorliegt. Hierzu existierte keine entsprechende Rege-

---

27 Kühling/Buchner-*Schröder* Art. 49, Rn. 44.
28 Plath-*von dem Bussche* Art. 49 Rn. 11.
29 *Art.-29-Datenschutzgruppe* WP 114, Ziff. 2.4, S. 18.

lung in der Datenschutzrichtlinie. Gleichwohl kann der Regelung einschneidendes Potential zukommen. Denn im Umkehrschluss bedeutet sie, dass seitens eines Mitgliedsstaats allein beim Fehlen eines Angemessenheitsbeschlusses (trotz Vorliegens sonstiger Garantien der Art. 46 f. eine Übermittlung ausgeschlossen werden kann.[30] Der Wortlaut spricht zwar nur von „Beschränkungen". Da aber Abs. 1 UAbs. 2 bereits die Möglichkeit vorsieht, Übermittlungen mit geeigneten Garantien als zulässig zu erachten, bleibt hier nur noch Raum für die Auslegung, dass durch Abs. 5 ein kompletter Ausschluss der Übermittlung möglich gemacht wird. Hierfür bedarf es lediglich des Vorliegens eines wichtigen Grundes des öffentlichen Rechts.[31] Gleichfalls ist die Einschränkung auf „*bestimmte* Kategorien von personenbezogenen Daten" beschränkt, was allerdings leider nicht weiter konkretisiert wird. Dieser Terminus findet sich auch an keiner anderen Stelle in der DS-GVO.[32] Vermutlich sollte hiermit eine gewisse Einschränkung erreicht werden, dass eine Beschränkung nur für eine abgrenzbare „kritische Masse" an personenbezogenen Daten gilt, die in einem nachvollziehbaren Zusammenhang zueinander stehen. Ob dieses Korrektiv allein durch den Wortlaut der Vorschrift allerdings erreicht wird, erscheint fraglich und dies wird erst die Rechtsanwendung von Behörden oder Gerichten zeigen, sofern es hierzu überhaupt einmal kommt. Denn das Anwendungspotential der Vorschrift ist angesichts der sonstigen umfassenden Maßnahmen und Ausnahmemöglichkeiten doch zumindest begrenzt, zumal sich hier immer eine gesamteuropäische Auswirkungsanalyse seitens des betroffenen Mitgliedstaats empfiehlt. Denn ein Vorgehen in diesem Bereich kann durchaus als „Vorstoß" mit Symbolcharakter verstanden werden, der sowohl rechtlich wie auch politisch einiges an Begründungsaufwand mit sich bringen wird, sodass es interessant zu sehen sein wird, inwieweit hiervon tatsächlich Gebrauch gemacht wird.

VII. Abs. 6

Abs. 6 bestimmt schließlich, dass der Verantwortliche oder der Auftragsverarbeiter die vorgenommene Beurteilung sowie die angemessenen Garantien im Sinne des Abs. 1 UAbs. 2 in der Dokumentation gemäß Art. 30 zu erfassen haben. Dies stellt im Grunde eine deklaratorische Anforderung dar, da gemäß Art. 30 Abs. 2 lit. c auch Übermittlungen von personenbezogenen Daten an ein Drittland oder an eine internationale Organisation, einschließlich der Angabe des betreffenden Drittlands oder der betreffenden internationalen Organisation, im Verzeichnis von Verarbeitungstätigkeiten aufgeführt sein muss.[33] **30**

Artikel 50 Internationale Zusammenarbeit zum Schutz personenbezogener Daten

In Bezug auf Drittländer und internationale Organisationen treffen die Kommission und die Aufsichtsbehörden geeignete Maßnahmen zur

a) Entwicklung von Mechanismen der internationalen Zusammenarbeit, durch die die wirksame Durchsetzung von Rechtsvorschriften zum Schutz personenbezogener Daten erleichtert wird,

30 Ebenso Ehmann/Selmayr-*Zerdick* Art. 49 Rn. 19.
31 Siehe hierzu bereits unter Rn. 12 f.
32 Außer in ErwG 112, der allerdings den Wortlaut nur gleichlautend wiedergibt.
33 Siehe hierzu die Kommentierung von Art. 30.

b) gegenseitigen Leistung internationaler Amtshilfe bei der Durchsetzung von Rechtsvorschriften zum Schutz personenbezogener Daten, unter anderem durch Meldungen, Beschwerdeverweisungen, Amtshilfe bei Untersuchungen und Informationsaustausch, sofern geeignete Garantien für den Schutz personenbezogener Daten und anderer Grundrechte und Grundfreiheiten bestehen,

c) Einbindung maßgeblicher Interessenträger in Diskussionen und Tätigkeiten, die zum Ausbau der internationalen Zusammenarbeit bei der Durchsetzung von Rechtsvorschriften zum Schutz personenbezogener Daten dienen,

d) Förderung des Austauschs und der Dokumentation von Rechtsvorschriften und Praktiken zum Schutz personenbezogener Daten einschließlich Zuständigkeitskonflikten mit Drittländern.

– *ErwG: 116*

Übersicht

A. Einordnung und Hintergrund

1 Art. 50 betrifft die internationale Zusammenarbeit zum Schutz personenbezogener Daten. Regelungsadressaten sind sowohl die Kommission als auch die nationalen Aufsichtsbehörden im Sinne von Art. 4 Nr. 21. Beide werden verpflichtet, bestimmte Maßnahmen zu ergreifen, um den internationalen Austausch und die internationale Rechtsdurchsetzung beim Umgang mit personenbezogenen Daten zu stärken. Insbesondere will die Vorschrift erreichen, dass die Kommission und die Aufsichtsbehörden Informationen austauschen und bei Tätigkeiten, die mit der Ausübung ihrer Befugnisse in Zusammenhang stehen, mit den zuständigen Behörden der Drittländer nach dem Grundsatz der Gegenseitigkeit und gemäß dieser Verordnung zusammenarbeiten. Die Vorschrift steht im fünften Kapitel systematisch etwas verloren, da Vorschriften zur Zusammenarbeit und Kohärenz zwischen und mit den Datenschutzbehörden, der Kommission und dem Europäischen Datenschutzausschuss in den Art. 60 ff. in Kap. VII umfassend vorhanden sind. Auch diese sehen beispielsweise Regelungen zur Zusammenarbeit, zum Informationsaustausch oder zur Amtshilfe vor. Art. 50 ist insoweit als Ergänzung zu verstehen, die sich flankierend zu der Zusammenarbeit „in Bezug auf Drittländer und internationale Organisationen" stellt.

B. Kommentierung

2 Nach Art. 50 lit. a sollen Maßnahmen zur Entwicklung von Mechanismen der internationalen Zusammenarbeit getroffen werden, durch die die wirksame Durchsetzung von Rechtsvorschriften zum Schutz personenbezogener Daten erleichtert wird. Die Maßnahmen sollen in „Bezug auf Drittländer und internationale Organisationen" getroffen werden. Drittländer sind in der DS-GVO nicht definiert. Gemeint sind solche Länder, die nicht in der EU oder dem EWR gelegen und damit nicht dem Regelungsregime der DS-GVO unterworfen sind bzw. die kein vergleichbares Datenschutzniveau vorweisen.[1] Internationale Organisationen sind gemäß Art. 4 Nr. 26 völkerrechtliche Organisationen und ihre nachgeordneten Stellen oder jede sonstige Ein-

1 Vgl. auch ErwG 101 („zwischen der Union und Drittländern").

richtung, die durch eine zwischen zwei oder mehr Ländern geschlossene Übereinkunft oder auf der Grundlage einer solchen Übereinkunft geschaffen wurde.

Die Vorschrift betrifft daher flankierend zum intraeuropäischen Regelungsregime die internationale Komponente der Zusammenarbeit zum Schutz personenbezogener Daten. Dies ist insofern sinnvoll, als die Verarbeitung personenbezogener Daten immer mehr auch im internationalen Kontext an Bedeutung gewinnt und flankierende Schutzmaßnahmen hier einen wichtigen Beitrag leisten können, um deren Schutz auch über Landesgrenzen hinaus sicherzustellen.[2] Insoweit verwundert es nicht, dass es sich bei der Vorschrift um ein Novum gegenüber der Datenschutzrichtlinie handelt. Die Vorschrift war dementsprechend (in leicht abgewandelter Form) auch bereits im Kommissionsentwurf 2012/11/DE final vorhanden. **3**

Die Maßnahmen werden nicht weiter konkretisiert. Eine Orientierung bietet die Empfehlung der Organisation für wirtschaftliche Zusammenarbeit und Entwicklung (OECD) vom 12. Juni 2007 zur grenzübergreifenden Zusammenarbeit bei der Durchsetzung des Datenschutzrechts und den darin niedergelegten Grundsätzen der Verfahren für die internationale Zusammenarbeit zwischen Aufsichtsbehörden.[3] **4**

Es sollen gemäß lit. a Mechanismen der internationalen Zusammenarbeit entwickelt werden, durch die die wirksame Durchsetzung von Rechtsvorschriften zum Schutz personenbezogener Daten erleichtert wird. Das bedeutet, dass in Drittländern oder internationalen Organisationen solche Mechanismen unter Mitwirkung von Kommission und Aufsichtsbehörden etabliert werden sollten, um den Vollzug der DS-GVO auch in diesem Kontext zu stärken. **5**

Weiterhin soll gemäß lit. b) eine gegenseitige Leistung internationaler Amtshilfe bei der Durchsetzung von Rechtsvorschriften zum Schutz personenbezogener Daten gewährleistet werden, unter anderem durch Meldungen, Beschwerdeverweisungen, Amtshilfe bei Untersuchungen und Informationsaustausch, sofern geeignete Garantien für den Schutz personenbezogener Daten und anderer Grundrechte und Grundfreiheiten bestehen. Hier sind klare und präzise Regeln für Maßnahmen der Amtshilfe vorzusehen.[4] **6**

Ferner sollen maßgebliche Interessenträger in Diskussionen und Tätigkeiten, die zum Ausbau der internationalen Zusammenarbeit bei der Durchsetzung von Rechtsvorschriften zum Schutz personenbezogener Daten dienen eingebunden werden. Die Mitgliedstaaten können hierzu beispielsweise die Einrichtung eines informellen Netzes von Datenschutzbehörden und anderer geeigneter Akteure fördern, um die praktischen Aspekte bei der Zusammenarbeit im Bereich der Durchsetzung des Datenschutzrechts zu erörtern, bewährte Verfahren zur Bewältigung grenzübergreifender Herausforderungen auszutauschen, gemeinsame Durchsetzungsprioritäten zu entwickeln und Unterstützung zu leisten im Hinblick auf gemeinsame Durchsetzungsinitia- **7**

---

2 Zum Zweck internationaler Regelungen vgl. auch Sydow-*Towfigh/Ulrich* Europäische Datenschutzgrundverordnung, 2017, Art. 50 Rn. 2.

3 OECD Recommendation on Cross-border Cooperation in the Enforcement of Laws Protecting Privacy, abrufbar unter http://www.oecd.org/sti/ieconomy/38770483.pdf.

4 Vgl. insoweit *EuGH* Urt. v. 6.10.2015 – C-362/14 (Schrems/Digital Rights Ireland) = NJW 2015, 3151, Rn. 91.

tiven und Sensibilisierungskampagnen.[5] Auch wird hierunter die Dokumentation der Zuständigkeitskonflikte mit Drittländern gezählt.

8 Schließlich soll der Austausch gefördert und die Dokumentation von Rechtsvorschriften und Praktiken zum Schutz personenbezogener Daten einschließlich Zuständigkeitskonflikten mit Drittländern gefördert werden. Hierbei kommen insbesondere folgende Maßnahmen in Betracht:[6] die Zusammenarbeit mit Strafverfolgungsbehörden, um zu ermitteln, wie im Hinblick auf den Schutz der Privatsphäre in strafrechtlicher Hinsicht am besten zusammenzuarbeiten ist, um die Privatsphäre über Grenzen hinweg möglichst wirksam zu schützen, die Zusammenarbeit mit Datenschutzbeauftragten in öffentlichen und privaten Organisationen und in Aufsichtsgremien des privaten Sektors, um zu determinieren, wie sie dazu beitragen könnten, Beschwerden im Zusammenhang mit dem Datenschutz in einem frühen Stadium möglichst einfach und effektiv zu lösen sowie die Zusammenarbeit mit der Zivilgesellschaft und Unternehmen in ihren jeweiligen Rollen bei der Erleichterung der grenzüberschreitenden Durchsetzung der Gesetze zum Schutz der Privatsphäre und insbesondere bei der Sensibilisierung von Einzelpersonen für die Einreichung von Beschwerden und die Einholung von Rechtsbehelfen unter besonderer Berücksichtigung des grenzüberschreitenden Kontexts.

5 Siehe dazu Ziff. 21 der OECD Recommendation on Cross-border Cooperation in the Enforcement of Laws Protecting Privacy.

6 Angelehnt an Ziff. 22 der OECD Recommendation on Cross-border Cooperation in the Enforcement of Laws Protecting Privacy, s. OECD Recommendation on Cross-border Cooperation in the Enforcement of Laws Protecting Privacy, abrufbar unter http://www.oecd.org/sti/ieconomy/38770483.pdf.

Kapitel VI
Unabhängige Aufsichtsbehörden

Abschnitt 1
Unabhängigkeit

Artikel 51 Aufsichtsbehörde

(1) Jeder Mitgliedstaat sieht vor, dass eine oder mehrere unabhängige Behörden für die Überwachung der Anwendung dieser Verordnung zuständig sind, damit die Grundrechte und Grundfreiheiten natürlicher Personen bei der Verarbeitung geschützt werden und der freie Verkehr personenbezogener Daten in der Union erleichtert wird (im Folgenden „Aufsichtsbehörde").

(2) [1]Jede Aufsichtsbehörde leistet einen Beitrag zur einheitlichen Anwendung dieser Verordnung in der gesamten Union. [2]Zu diesem Zweck arbeiten die Aufsichtsbehörden untereinander sowie mit der Kommission gemäß Kapitel VII zusammen.

(3) Gibt es in einem Mitgliedstaat mehr als eine Aufsichtsbehörde, so bestimmt dieser Mitgliedstaat die Aufsichtsbehörde, die diese Behörden im Ausschuss vertritt, und führt ein Verfahren ein, mit dem sichergestellt wird, dass die anderen Behörden die Regeln für das Kohärenzverfahren nach Artikel 63 einhalten.

(4) Jeder Mitgliedstaat teilt der Kommission bis spätestens 25. Mai 2018 die Rechtsvorschriften, die er aufgrund dieses Kapitels erlässt, sowie unverzüglich alle folgenden Änderungen dieser Vorschriften mit.

- *ErwG: 117, 119, 122, 123*
- *BDSG n.F.: §§ 17, 18, 19*

Übersicht

Literatur: *Albrecht/Nils* Datenschutz und Meinungsfreiheit nach der Datenschutzgrundverordnung, CR 2016, 500; *Bäcker/Hornung* EU-Richtlinie für die Datenverarbeitung bei Polizei und Justiz in Europa, ZD 2012, 147; *Benecke/Wagner* Öffnungsklauseln in der Datenschutz-Grundverordnung und das deutsche BDSG – Grenzen und Gestaltungsspielräume für ein nationales Datenschutzrecht, DVBl. 2016, 600; *Bergt* Sanktionierung von Verstößen gegen die Datenschutz-Grundverordnung, DuD 2017, 555; *Calliess/Ruffert (Hrsg.)* EUV/AEUV, 5. Aufl. 2016; *Dix* Unabhängige Datenschutzkontrolle als vorgezogener Grundrechtschutz, in: Kröger/Pilniok (Hrsg.), Unabhängiges Verwalten in der Europäischen Union, 2016; *Glauben* „Politische Immunität" des Bundesbeauftragten und der Landesbeauftragten für den Datenschutz gegenüber dem Parlament?, DVBl. 2017, 485; *Globig* in: Arndt/Knemeyer/Kugelmann/Meng Schweitzer (Hrsg.), Völkerrecht und deutsches Recht, 2001, S. 441; *Gusy* Gefahraufklärung zum Schutz der öffentlichen Sicherheit und Ordnung, JA 2011, 641; *Hoffmann-Riem* Verhaltenssteuerung durch Algorithmen – eine Herausforderung für das Recht, AöR 142 (2017), 1; *Klement* Öffentliches Interesse an Privatheit, JZ 2017, 161; *Kröger* Unabhängiges Verwalten in der Europäischen Union – Eine Einführung, in: Kröger/Pilniok (Hrsg.), Unabhängiges Verwalten in der Europäischen Union, 2016, S. 1; *Kühling/Martini* Die Datenschutz-Grundverordnung: Revolution oder Evolution im europäischen und deutschen Datenschutzrecht?, EuZW 2016, 448; *Kugelmann* Wirkungen des EU-Rechts auf die Verwaltungsorganisation der Mitgliedstaaten, Verwaltungsarchiv 98 (2007), 78; *ders.* Datenschutz bei Polizei und Justiz, DuD 2012, 581; *ders.* Grundrechte, in: Niedobitek (Hrsg.), Europarecht – Grundlagen der Union, Bd. 1, 2012, § 4; *ders.* Datenschutzfinanzierte Internetangebote, DuD 2016, 566; *ders.* Datenschutz im Mehrebenensystem, in: Hill/Kugelmann/Martini (Hrsg.), Digitalisierung in Recht, Politik und Verwaltung, 2018, S. 27; *ders.* Anwendungsbereich und Spielräume der Landesdatenschutzgesetze, in: Seckelmann (Hrsg.), Digitalisierte Verwaltung – Vernetztes E-Government, IV.4.c., 2018; *Lejeune* Datenschutz in den Vereinigten Staaten von Amerika, CR 2013, 755; *von Lewinski* Unabhängigkeit der Bundesbeauftragten für den Datenschutz und die Informationsfreiheit, ZG 2015, 228; *Michl* Das Verhältnis zwischen Art. 7 und Art. 8 GRCh – zur Bestimmung der Grundlage des Datenschutzrechts im EU-Recht, DuD 2017, 349; *Nguyen* Die zukünftige Datenschutzaufsicht in Europa, ZD 2015, 262; *Niedobitek (Hrsg.)* Europarecht I, Grundlagen der Union, 2014; *Petri/Tinnefeld* Völlige Unabhängigkeit der Datenschutzkontrolle – Demokratische Legitimation und unabhängige Kontrolle als moderne Konzeption der Gewaltenteilung, MMR 2010, 157; *Roßnagel* Gesetzgebung im Rahmen der Datenschutz-Grundverordnung, DuD 2017, 277; *ders.* Datenschutzgesetzgebung für öffentliche Interessen und den Beschäftigungskontext, DuD 2017, 290; *ders.* Datenschutzaufsicht nach der EU-Datenschutz-Grundverordnung, 2017; *Rudolf* in: Merten/Papier (Hrsg.), Handbuch der Grundrechte, Band IV, 2011, § 90; *Schaar* Datenschutz und Föderalismus. Schöpferische Vielfalt oder Chaos?, in: Härtel (Hrsg.), Handbuch Föderalismus, Band III, 2012, § 55; *Schantz* Die Datenschutz-Grundverordnung – Beginn einer neuen Zeitrechnung im Datenschutzrecht, NJW 2016, 1841; *Schroeder* Nationale Maßnahmen zur Durchführung von EG-Recht und das Gebot der einheitlichen Wirkung, AöR 2004, 3; *Skouris* Leitlinien der Rechtsprechung des EuGH zum Datenschutz, NVwZ 2016, 1359; *Spiecker gen. Döhmann*

Unabhängigkeit von Datenschutzbehörden als Voraussetzung von Effektivität, in: Kröger/Pilniok (Hrsg.), Unabhängiges Verwalten in der Europäischen Union, 2016, S. 97; *Streinz (Hrsg.)* EUV/AEUV, 2. Aufl. 2012; *Thomé* Reform der Datenschutzaufsicht, 2015; *Weichert* Harmonisierte Instrumente und Standards für Datenschutzkontrollen und Ermittlungsmaßnahmen – Die Situation im föderalen Deutschland, in: Härtel (Hrsg.), Handbuch Föderalismus, Band III, 2012, § 56; *Weinhold/Paul* Europäischer Datenschutz in Strafverfolgung und Gefahrenabwehr – Die neue Datenschutz-Richtlinie im Bereich Polizei und Justiz sowie deren Konsequenzen für deutsche Gesetzgebung und Praxis, DVBl. 2016, 1501; *Wolff* Der EU-Richtlinienentwurf zum Datenschutz in Polizei und Justiz – Gehalt und Auswirkungen auf das Strafprozess- und Polizeirecht, in: Kugelmann/Rackow (Hrsg.), Prävention und Repression im Raum der Freiheit, der Sicherheit und des Rechts, Baden-Baden 2014; *ders.* Die Grenzen des Untersuchungsrechts parlamentarischer Untersuchungsausschüsse über die Tätigkeit der unabhängigen Datenschutzbeauftragten am Beispiel des Freistaats Thüringen, ThürVBl. 2015, 205; *Zöllner* Der Datenschutzbeauftragte im Verfassungssystem – Grundfragen der Datenschutzkontrolle, 1995.

A. Einordnung und Kontext

I. Erwägungsgründe

Die **Grundlagen** werden in ErwG 123 zusammengefasst. Die Datenschutzaufsichtsbehörden überwachen die Anwendung der DS-GVO und tragen zu ihrer einheitlichen Anwendung bei. Grundrechtsschutz und freier Datenverkehr sollen gesichert werden. Die Kooperation der Datenschutzaufsichtsbehörden ist zu diesen Zwecken in der DS-GVO geregelt, ohne dass es weiterer Vorschriften über Amtshilfe bedürfte. 1

In den ErwG sind die allgemeinen Fragen der Stellung und Aufgaben der Datenschutzaufsichtsbehörden deutlich angesprochen. Aus Sicht des Unionsrechts geht es um das **effektive Funktionieren der europäischen Behördenkooperation.**[1] Die Aufsichtsbehörden sind Bestandteil der Erreichung des Gesamtziels (ErwG 117). Die ErwG bestätigen den Grundsatz der Unabhängigkeit, erläutern allerdings dessen Gehalte nicht. 2

Ein Schwerpunkt liegt auf der **Errichtung mehrerer Aufsichtsbehörden** in einem Mitgliedstaat (Art. 51 Abs. 3), also insbesondere auf der Situation in der Bundesrepublik Deutschland (ErwG 119). Eine wirksame Beteiligung aller unabhängigen Datenschutzaufsichtsbehörden im Mitgliedstaat wird ausdrücklich gefordert. Die zentrale Anlaufstelle wird besonders genannt, weil sie eine reibungslose Durchführung des Kohärenzverfahrens ermöglichen und begleiten soll. 3

Im Hinblick auf die Zuständigkeiten und Aufgaben stellen die ErwG das **umfassende Aufgabenspektrum** der Datenschutzaufsichtsbehörden fest (ErwG 122). Die Aufgaben und Befugnisse werden nicht abschließend genannt, aber in ihrer Grundausrichtung benannt. Eine Priorisierung lässt sich dem ErwG nicht entnehmen. 4

II. BDSG

Im neuen BDSG wird die **innerstaatliche Koordination und Kooperation** der Datenschutzaufsichtsbehörden in den §§ 17–19 BDSG erläutert und mit Blick auf die DS-GVO auch teilweise geregelt. Die Regelungen sind nicht abschließend, soweit die innerstaatliche Zusammenarbeit im Einzelnen betroffen ist. Hier besteht Raum für 5

---

1 Ehmann/Selmayr-*Selmayr* Art. 51 Rn. 5; Kröger/Pilniok-*Spiecker gen. Döhmann* S. 104 f.

weitere Mechanismen, die in Kooperation der deutschen Aufsichtsbehörden unterhalb der gesetzlichen Ebene eingerichtet werden können. Einschlägige Bestimmungen kann etwa die Geschäftsordnung der unabhängigen Datenschutzaufsichtsbehörden des Bundes und der Länder treffen.

6 **1. Vertretung im Europäischen Datenschutzausschuss.** Die Vertretung im Europäischen Datenschutzausschuss und deren Einzelheiten regelt § 17 BDSG. **Gemeinsamer Vertreter** der Bundesrepublik Deutschland ist die oder der Bundesbeauftragte (§ 17 Abs. 1 S. 1 BDSG). Die Stellvertretung übernimmt die Leiterin oder der Leiter der Aufsichtsbehörde eines Landes (§ 17 Abs. 1 S. 2 BDSG).

7 Die **sachlichen Aufgaben** übernimmt der Gemeinsame Vertreter, der allerdings aufgrund der Kompetenzordnung des Grundgesetzes einengenden Rahmenbedingungen unterliegt und mit den Aufsichtsbehörden der Länder zusammenarbeitet. Der Stellvertreter kann verlangen, die Verhandlungsführung und das Stimmrecht wahrzunehmen, falls es um eine Angelegenheit geht, für welche die Länder das alleinige Recht zur Gesetzgebung haben (§ 17 Abs. 2 BDSG).

8 **2. Zusammenarbeit der Aufsichtsbehörden des Bundes und der Länder.** Die Zusammenarbeit der Aufsichtsbehörden des Bundes und der Länder nach § 18 BDSG verfolgt das Ziel, ein **angemessenes Verfahren** zu finden, um auf der Ebene der EU mit einer kraftvollen Stimme zu sprechen (Rn. 49).

9 **3. Zuständigkeiten.** Die Aufgaben und Zuständigkeiten der Aufsichtsbehörden folgen weit überwiegend unmittelbar aus Art. 57. Die Vorschrift des § 19 BDSG trifft ergänzende Regelungen. Eine vor dem Hintergrund von Art. 56 wiederholende Normierung zu der **Zuständigkeit als federführende Aufsichtsbehörde**, die den föderalen Kontext berücksichtigt enthält § 19 Abs. 1 BDSG.[2] Die Auslegungsbefugnis liegt auch insoweit auf der Ebene der Union.[3]

10 Die **Zuständigkeit für Beschwerden betroffener Personen** nach Art. 77 wird in § 19 Abs. 2 BDSG geregelt. Nach Art. 77 Abs. 2 trifft die Behörde, bei der die Beschwerde eingelegt wurde, eine Unterrichtungspflicht gegenüber dem Beschwerdeführer. Sie prüft ihre Zuständigkeit und gibt im Fall der Unzuständigkeit die Beschwerde an die federführende Behörde ab. Es kann also mehrere zuständige, aber nur eine federführende Aufsichtsbehörde geben.[4] Die Behörden am Ort der Niederlassung des Verantwortlichen oder am Wohnsitz des Beschwerdeführers kommen gem. § 19 BDSG ersatzweise in Betracht. In jedem Fall ist die Bearbeitung der Beschwerde durch eine Aufsichtsbehörde zu gewährleisten.

III. Normgenese und Materialien

11 **1. Datenschutz-Richtlinie 95/46/EG (DSRL).** Bereits nach Art. 28 Abs. 1 DSRL war eine unabhängige Kontrollstelle vorgesehen. Diese Regelung bildete die Grundlage für die Rechtsprechung des EuGH zur Unabhängigkeit gerade auch – aber nicht nur – der deutschen Datenschutzaufsichtsbehörden.[5]

---

2 Allgemein Härtel-*Schaar* § 55 Rn. 32 ff.
3 *Kühling/Martini u.a.* Die Datenschutz-Grundverordnung und das nationale Recht, S. 122.
4 *Nguyen* ZD 2015, 266.
5 *EuGH* v. 9.3.2010 – C-518/07, ECLI:EU:C:2010:125, Kommission/Deutschland; *EuGH* v. 16.10.2012 – C-614/10, ECLI:EU:C:2012:63, Kommission/Österreich; *EuGH* v. 8.4.2014 – C-288/12, ECLI:EU:C:2014:237, Kommission/Ungarn.

2. BDSG a.F. Die §§ 22 bis 26 BDSG a.F. legen die Stellung des oder der Bundesbeauftragten für den Datenschutz und die Informationsfreiheit fest. Die Unabhängigkeit ist in § 22 Abs. 4 BDSG a.F. festgeschrieben. Allerdings sicherte erst eine **Rechtsänderung mit Wirkung zum 1.1.2016** das Entfallen der Rechtsaufsicht, die Stellung als oberste Bundesbehörde und die organisatorische Unabhängigkeit vom Bundesministerium des Innern.[6] 12

Zur **Rechtsstellung** des oder der Bundesbeauftragten trifft § 23 BDSG a.F. Festlegungen, die sich auf das Amtsverhältnis und dessen Ausgestaltung beziehen. Im Zusammenhang der Aufgaben und Befugnisse der Aufsichtsbehörde ist die Übermittlung von Informationen an andere Aufsichtsbehörden und die Pflicht zur Amtshilfe geregelt (§ 38 Abs. 1 S. 4 und 5 BDSG a.F.). 13

3. Europäischer Datenschutzausschuss (EDSA)/WP 29. Im Hinblick auf die Stellung der unabhängigen Datenschutzaufsichtsbehörden verfügt der Europäische Datenschutzausschuss (European Data Protection Board – EDPB) nur über begrenzte Befugnisse. Denn **die Unabhängigkeit besteht auch gegenüber dem EDSA**, der wiederum selbst bei der Erfüllung seiner Aufgaben oder in Ausübung seiner Befugnisse unabhängig ist (Art. 69). 14

Im Hinblick auf Aufgaben und Zuständigkeiten der Datenschutzaufsichtsbehörden der Mitgliedstaaten kann der EDSA die **effektive und einheitliche Anwendung der Regeln der DS-GVO fördern**. Im Kohärenzverfahren kann der EDSA in den Fällen des Art. 65 Abs. 1 verbindliche Beschlüsse fassen, die gegenüber den Datenschutzaufsichtsbehörden rechtliche Bindungswirkung entfalten. Ansonsten kann der EDSA im Hinblick auf eine Reihe von Anwendungsfragen Leitlinien, Empfehlungen und bewährte Verfahren erarbeiten und zur Verfügung stellen (Art. 70 Abs. 1). Er hat die Funktion einer zentralen Koordinierungsinstanz.[7] 15

Zu den grundlegenden Festlegungen über Funktion und Unabhängigkeit der Datenschutzaufsichtsbehörden der Mitgliedstaaten sind direkte Aussagen durch den EDSA kaum zu erwarten. **Tertiäres Unionsrecht zu Art. 51** wäre angesichts der Unabhängigkeit und der grundsätzlichen Zuständigkeit der Mitgliedstaaten für die Verwaltungsorganisation eingehend auf seine Zulässigkeit zu prüfen. 16

Dem EDSA kommt die Aufgabe zu, die einheitliche Anwendung der Verordnung sicherzustellen (Art. 70 Abs. 1 S. 1). Eine Vielzahl von Arbeitsdokumenten werden daher zu dem **Verständnis und der Durchführung der Vorschriften der DS-GVO** vorgelegt werden. Diese sollen und werden die konkreten Tätigkeiten der Datenschutzaufsichtsbehörden in Erfüllung ihrer Aufgaben und in Wahrnehmung ihrer Befugnisse anleiten. 17

Die WP29 hat im Kontext des Art. 56 ein **Arbeitspapier zu der Frage der federführenden Aufsichtsbehörde** erarbeitet. Bei der Auslegung und Anwendung des Art. 56 i.V.m. § 19 Abs. 1 BDSG kann dies Berücksichtigung finden. 18

---

6 Zweites Gesetz zur Änderung des Bundesdatenschutzgesetzes – Stärkung der Unabhängigkeit der Datenschutzaufsicht im Bund durch Errichtung einer obersten Bundesbehörde v. 5.2.2015, BGBl. I 2015, S. 162.

7 *Kühling/Martini* EuZW 2016, 448, 453.

B. Kommentierung

I. Funktionen unabhängiger Aufsichtsbehörden (Abs. 1)

19 **1. Grundzüge.** Die Aufsichtsbehörden haben die **Funktion der effektiven Durchsetzung der DS-GVO**. Dies steht im Zusammenhang des Leitbegriffs des effet utile, der in der Rechtsprechung des EuGH zur Sicherung der einheitlichen Anwendung und Geltung des Unionsrechts in den Mitgliedstaaten entwickelt und genutzt wird.[8] Grundlage ist die Pflicht zur loyalen Zusammenarbeit von Union und Mitgliedstaaten des Art. 4 Abs. 3 EUV. Durch die sekundärrechtlichen Festlegungen der DS-GVO wird dies für ihren Anwendungsbereich konkretisiert. Die Regelungen der DS-GVO sind dahin auszulegen, dass den Aufsichtsbehörden effektive Mittel und Instrumente zur Verfügung stehen müssen, um ihre Aufgaben zu erfüllen.

20 Nach Art. 51 Abs. 1 sind die Datenschutzaufsichtsbehörden für die Überwachung der Anwendung der Verordnung zuständig. Angesichts der vielfältigen Regelungen bedeutet dies eine **umfassende Funktionszuschreibung**, die über die Kontrolle der Datenverarbeitung hinausreicht (s. ErwG 122, 123). Die Pflichtaufgaben des Art. 57 betreffen Aufklärung und Öffentlichkeitsarbeit ebenso wie die Bearbeitung von Beschwerden oder das Erteilen von Genehmigungen (Art. 57 Rn. 23 ff.). Eine Beschränkung auf den Verwaltungsvollzug ist damit nicht vereinbar. Die Anwendung der Verordnung reicht darüber hinaus und beinhaltet auch die Beratung oder rechtspolitische Aspekte. Dergestalt werden die Aufsichtsbehörden den Zielen der Verordnung auch dann gerecht, wenn sie rechtspolitisch oder informierend tätig werden. Dies bestätigt ErwG 122, der keinerlei Priorisierung von Aufgaben enthält.

21 Jede Aufsichtsbehörde trägt zur einheitlichen Anwendung der Verordnung bei (Art. 51 Abs. 2). Das Datenschutzrecht bedarf der Durchsetzung gegenüber den Verantwortlichen und Auftragsverarbeitern, um das **Ziel der Schaffung eines einheitlichen Datenschutzniveaus in der EU** zu erreichen (ErwG 13) und damit einheitliche Bedingungen für Anbieter im Binnenmarkt.[9] Dieses Ziel leitet die Datenschutzaufsichtsbehörden bei ihrem Tätigwerden. Sie leisten dazu einen Beitrag (ErwG 123).

22 Da der Kreis der Verantwortlichen sehr vielgestaltig ist, müssen die mit der Durchsetzung der DS-GVO betrauten Behörden **gegenüber allen Verantwortlichen unabhängig** sein. Daher wird die völlige Unabhängigkeit in Art. 51 bereits festgelegt, dann aber in Art. 52 nicht nur erneut festgeschrieben, sondern in ihren Ausprägungen eingehend bestimmt. Die normativen Garantien folgen der Rechtsprechung des EuGH.[10] Die völlige Unabhängigkeit als Kern der Rollenfestlegung prägt die Stellung der Datenschutzaufsichtsbehörden und die Art und Weise der Aufgabenerfüllung.

23 **2. Die Ziele des Grundrechtsschutzes und des freien Datenverkehrs.** Die DS-GVO wurde auf der Grundlage der **Kompetenzvorschrift des Art. 16 Abs. 2 AEUV** erlassen. Dementsprechend verfolgt sie zwei Ziele. Nach Art. 1 Abs. 1 DS-GVO bezweckt sie den Schutz natürlicher Personen bei der Verarbeitung personenbezogener Daten und zugleich den freien Verkehr solcher Daten. Dies bestätigen die Festlegungen in Art. 1

---

8 Streinz/*Streinz* Art. 4 EUV Rn. 33.

9 *Schantz* NJW 2016, 1841, 1842.

10 EuGH v. 9.3.2010 – C-518/07, ECLI:EU:C:2010:125, Kommission/Deutschland; *EuGH* v. 16.10.2012 – C-614/10, ECLI:EU:C:2012:631, Kommission/Österreich; *EuGH* v. 8.4.2014 – C-288/12, ECLI:EU:C:2014:237, Kommission/Ungarn.

Abs. 2 und 3 (s. auch ErwG 123).

24 Dem Grunde nach stehen **beide Ziele gleichrangig** nebeneinander,[11] allerdings entfaltet der Grundrechtsschutz bei der Setzung von Prioritäten sein besonderes Gewicht (Art. 57 Rn. 21). Dieses **besondere Gewicht des Grundrechtschutzes** betrifft Abwägungen insbesondere im Rahmen der Verhältnismäßigkeit. Es kommt dann für das Ergebnis der Abwägung darauf an, ob und inwieweit der freie Datenverkehr ebenfalls grundrechtlich oder doch zumindest durch Grundfreiheiten unterlegt ist. Die Herstellung praktischer Konkordanz ist eine stete Aufgabe auch der Datenschutzaufsichtsbehörden.

25 Der Schutz der Grundrechte, insbesondere der Art. 7, 8 GRCh,[12] sichert die Rechtspositionen des Einzelnen im digitalen Binnenmarkt. Die Verordnung zielt auf den **Schutz der Grundrechte und Grundfreiheiten natürlicher Personen** (Art. 1 Abs. 2 DS-GVO). Das Recht auf Datenschutz steht dabei im Vordergrund, aber auch weitere Grundrechte wie z.B. die Meinungsfreiheit (Art. 11 GRCh) oder die unternehmerische Freiheit (Art. 16 GRCh) können bei der Anwendung der Verordnung eine Rolle spielen. Im digitalen Binnenmarkt gilt dies zudem für die Grundfreiheiten, insbesondere die Dienstleistungsfreiheit des Art. 56 AEUV.

26 Da die Datenschutzaufsichtsbehörden gem. Art. 51 Abs. 1 die Anwendung der DS-GVO überwachen, findet die Europäische Grundrechte-Charta Anwendung, wenn und soweit die **Durchführung des Unionsrechts** betroffen ist (Art. 51 Abs. 1 GRCh).[13] Dies umfasst die Umsetzung und den Vollzug ebenso wie die Ausfüllung von Ermessens- und Handlungsspielräumen.[14] Der Vollzug von Verordnungen ist als administrative Durchführung einzuordnen.[15] Soweit die Datenschutzaufsichtsbehörden die DS-GVO anwenden, greift die Grundrechte-Charta mit der Folge, dass der EuGH zuständig ist.[16] Unabhängige Aufsichtsbehörden im Sinne des Art. 8 Abs. 3 GRCh sind dann die Datenschutzaufsichtsbehörden der Mitgliedstaaten.

27 Komplizierte Fragestellungen werfen insoweit die **Öffnungsklauseln** auf, da sie innerstaatliches Recht zulassen. Aufgrund der parallelen Situation zur Umsetzung von Richtlinien kommen die einschlägigen Grundlagen für den Grundrechtsschutz zum Zug. Wenn in der Anwendung dieses innerstaatlichen Rechts eine Grundfreiheit, insbesondere die Dienstleistungsfreiheit beschränkt wird, findet die GRCh Anwendung.[17] Wenn und soweit aber das Handeln der Behörden nicht vom Unionsrecht gesteuert wird, sondern die Handlungen auf innerstaatlichem Recht beruhen, sind die Grundrechte des Grundgesetzes anwendbar und das BVerfG zuständig.[18] Dies dürfte zu schwierigen Abgrenzungsfragen auch im Datenschutzrecht führen.

---

11 *Klement* JZ 2017, 161, 164.

12 Zu deren Verhältnis zueinander *Michl* DuD 2017, 349.

13 Roßnagel-*Johannes* Europäische Datenschutz-Grundverordnung, S. 78.

14 Niedobitek-*Kugelmann* § 4 Rn. 66 ff.

15 Streinz-*Streinz/Michl* Art. 51 GRCh Rn. 7.

16 Zum Agrarrecht *EuGH* v. 13.7.1989 – C-5/88, ECLI:EU:C:1989:321, Wachauf Rn. 19; s. auch Roßnagel-*Hoidn* Europäische Datenschutz-Grundverordnung S. 86.

17 St. Rspr. seit *EuGH* v. 18.6.1991 – C-260/89, ECLI:EU:C:1991:254, ERT, Rn. 43 ff.

18 *BVerfG* v. 24.4.2013 – 1 BvR 1215/07 (ATDG), Rn. 91, BVerfGE 133, 277.

28 Die wirtschaftliche Zielrichtung der DS-GVO findet darin Niederschlag, dass der freie Verkehr personenbezogener Daten aus Gründen des Schutzes natürlicher Personen bei der Datenverarbeitung grundsätzlich nicht beschränkt oder verboten werden darf (Art. 1 Abs. 3).[19] Der **freie Datenverkehr ist Teil der Rahmenbedingungen für die Wirtschaft im Binnenmarkt**. Die Herstellung einheitlicher Bedingungen war ein wesentlicher Grund für die Wahl der Verordnung als Rechtsform (ErwG 13). Mit der Verwendung der Begriffe der Beschränkung und des Verbots enthüllt die Regelung ihre Herkunft aus der Logik des Binnenmarktes.[20] Eine wesentliche Konsequenz dieser Zielrichtung ist das Marktortprinzip (Art. 3 Abs. 2), denn auf dem Binnenmarkt können sich auch Marktteilnehmer bewegen, die über keine Niederlassung in der EU verfügen. Auch für sie müssen die Regeln gelten, um einheitliche Bedingungen herzustellen. Dies betrifft in besonderem Maße die digitale Wirtschaft.

29 **3. Die Rolle der Datenschutzaufsichtsbehörden.** Unabhängige Datenschutzaufsichtsbehörden sind unabdingbar für einen effektiven Schutz des Rechts auf informationelle Selbstbestimmung.[21] Die Datenschutzaufsichtsbehörden sind die **institutionelle Absicherung des Grundrechtsschutzes**. Dies bestätigt ErwG 119, der den Aufsichtsbehörden eine Schutzfunktion für natürliche Personen bei der Datenverarbeitung zuweist.

30 Aufgrund der doppelten Zielrichtung der Verordnung sind die Datenschutzaufsichtsbehörden nicht nur für den Grundrechtsschutz, sondern **auch für den freien Datenverkehr zuständig**. Die umfassende Funktionszuschreibung des Art. 51 Abs. 1 betrifft die Anwendung der Verordnung in allen ihren Zielen. Im Rahmen der Erfüllung der Aufgaben nach Art. 57 können durch die Datenschutzaufsichtsbehörden Schwerpunkte und Prioritäten gesetzt werden (Art. 57 Rn. 24).

31 Funktional ist dabei zu berücksichtigen, dass im Zusammenhang der wirtschaftlichen Verkehrsfreiheiten auch **andere Behörden** auf nationaler und europäischer Ebene über Zuständigkeiten verfügen. Die Kartell- und Wettbewerbsbehörden sollen für den fairen und freien Wettbewerb auch dann sorgen, wenn dabei der freie Datenverkehr eine Rolle spielt. Die in den Mitgliedstaaten unterschiedlich organisierten Stellen des Verbraucherschutzes greifen auch dann ein, wenn im Zuge des freien Datenverkehrs die Verbraucherinnen und Verbraucher unzulässig benachteiligt werden. Weitere Behörden und Einrichtungen treffen in Erfüllung ihrer Aufgaben in einer digitalisierten Informationsgesellschaft Maßnahmen, die auch den freien Datenverkehr berühren können.

32 Die Datenschutzaufsichtsbehörden verfügen über das **Alleinstellungsmerkmal der Grundrechtsverwirklichung** als Aufgabe. Dies unterscheidet sie von anderen Behörden. Die Rechte des Einzelnen auf Privatheit oder informationelle Selbstbestimmung haben erhebliches Gewicht. Daher liegt für die Datenschutzaufsichtsbehörden eine Priorität in der Anwendung der Verordnung nach Art. 51 Abs. 1 auf der Wahrung der Grundrechte. Das Ziel des freien Datenverkehrs im Binnenmarkt ist daneben zu erreichen und auch insoweit können die Datenschutzaufsichtsbehörden Aktivitäten entfalten.

---

19 *Schantz* NJW 2016, 1861.
20 Vgl. *Klement* JZ 2017, 161, 163 f.
21 Merten/Papier-*Rudolf* § 90 Rn. 57.

Im Fall der **Datenverarbeitung durch öffentliche Stellen** wirken die Grundrechte zuvörderst als Abwehrrechte und die Datenschutzaufsichtsbehörden unterstützen die Bürgerinnen und Bürger. Innerstaatliche Regelungen, die in Ausfüllung von Öffnungsklauseln wie Art. 6 Abs. 2 i.V.m Abs. 1 UAbs. 1 lit. e erlassen werden, stellen regelmäßig für die Abwägung und die Entscheidung im Einzelfall besondere Maßstäbe auf. 33

Im Fall der **Datenverarbeitung durch private Stellen** zielt die Tätigkeit der Datenschutzaufsichtsbehörden verstärkt auf objektive Rechtsverwirklichung, wobei der freie Datenverkehr eine wichtige Rolle spielt. Grundlage des Handelns sind regelmäßig die Regelungen der DS-GVO. Ausgangspunkt ist die weitest mögliche Verwirklichung des Grundrechtsschutzes, das Wirtschaftsrecht kann rechtfertigungsbedürftige Beschränkungen enthalten. Die Maßstäbe der Erforderlichkeit der Datenverarbeitung und der Verhältnismäßigkeit in ihren Ausprägungen erlauben die Abwägung und die Entscheidung im Einzelfall. 34

4. Einrichtung und Ausrichtung der Behörden. Die Datenschutzaufsichtsbehörden in der Bundesrepublik Deutschland werden durch Art. 51 in ihrer Existenz und ihrer Unabhängigkeit gesichert. Damit besteht wie bereits nach Art. 28 DSRL eine **europarechtliche Fundierung der deutschen Aufsichtsbehörden**. Sie können nicht abgeschafft werden und sie müssen in einer Weise ausgestaltet sein, die ihrer völligen Unabhängigkeit Rechnung trägt. 35

Das Bestehen einer unabhängigen Datenschutzaufsichtsbehörde ist **keine Selbstverständlichkeit**. Dies gilt auf der universellen Ebene, auf der eine große Vielfalt an unterschiedlichen Ausgestaltungen festzustellen ist. Spezialbehörden, die lediglich den Datenschutz in einem bestimmten rechtlichen Teilbereich durchsetzen, stehen neben Behörden mit einer Vielzahl von Zuständigkeiten, in denen der Datenschutz nur ein Aspekt unter mehreren ist. Dementsprechend ist etwa die Federal Trade Commission (FTC) in den USA übergreifend für die Marktaufsicht und damit auch für Verbraucher- und Datenschutz zuständig und arbeitet in einem anderen Rechtsrahmen, während es daneben weitere bereichsspezifische Datenschutzaufsichtsbehörden gibt.[22] Das Bestehen unabhängiger Datenschutzaufsichtsbehörden steht regelmäßig in Zusammenhang mit der Wahrung eines individuell verstandenen Rechts des Einzelnen. Auf der Grundlage des Art. 28 DSRL sind allerdings auch in der EU durchaus unterschiedliche Organisationsstrukturen vorhanden.[23] In einigen Mitgliedstaaten dürfte die DS-GVO zu Umstellungen in der Struktur und Organisation der Datenschutzaufsicht führen. 36

Die Europäisierung der Aufsicht stellt **die deutschen Datenschutzaufsichtsbehörden vor neue Herausforderungen**. Neue Aufgaben generieren neuen Personalbedarf und erfordern organisatorische Umstellungen.[24] Dies betrifft etwa die Durchführung oder Unterstützung von Akkreditierungen, Datenschutzaufsicht, Zertifizierungen oder Datenschutz-Folgenabschätzungen. 37

Die Behörden bedürfen zudem der **Ausrichtung an dem europäisierten Vollzug des Datenschutzrechts**. Die Mitwirkung an den Verfahren auf europäischer Ebene muss 38

22 Härtel-*Schaar* § 55 Rn. 31; zum Rechtsrahmen *Lejeune* CR 2013, 755, 756 ff.
23 Vgl. *Thomé*, S. 134.
24 Eingehend *Roßnagel* Arbeitsaufwand passim.

intern abgebildet werden. Dies betrifft das Kohärenzverfahren ebenso wie die Mitwirkung an anderen Verfahren des Europäischen Datenschutzausschusses. Hinzu tritt die Verschmelzung wesentlicher Teile des Datenschutzes im Hinblick auf öffentliche und nicht-öffentliche Stellen.

II. Europäische Verwaltungskooperation und die Stellung der Datenschutzaufsichtsbehörden

39 **1. Durchsetzung des Datenschutzes als europäische Verwaltungskooperation.** Die Datenschutzaufsichtsbehörden bilden ein **Netzwerk europäischer Verwaltungskooperation**. Das Datenschutzrecht nach der DS-GVO ist ein Anschauungsfall der europäisierten Durchführung und Durchsetzung von Unionsrecht.[25] In Verbindung mit der Datenschutz-Richtlinie 2016/680 für Polizei und Justiz besteht damit ein wenn auch nicht restlos konsistentes, so doch weitreichendes Regelwerk für den Datenschutz in der Europäischen Union. Besonderheiten ergeben sich aus der Unabhängigkeit der Datenschutzaufsichtsbehörden.

40 In föderalen oder prä-föderalen Gebilden ist es nicht ungewöhnlich, dass **Rechtsetzungskompetenz und Verwaltungskompetenz** unterschiedlichen Rechtsträgern zugewiesen sind. Aufgrund der Gesetzgebungskompetenz des Art. 16 AEUV hat die Union die DS-GVO geschaffen, deren Durchsetzung nunmehr vorrangig von den zuständigen Datenschutzaufsichtsbehörden der Mitgliedstaaten vollzogen wird. Diese wiederum bilden den Europäischen Datenschutzausschuss, der eine konsistente und grundsätzlich einheitliche Verwirklichung der Standards gewährleisten soll.

41 Ausgehend von diesem Ansatz stellen sich dann allerdings viele **Einzelfragen in der Verwirklichung**. Die unterschiedliche Wahrnehmung von Öffnungsklauseln durch die innerstaatlichen Gesetzgeber widerstrebt bereits dem Gedanken der Einheitlichkeit und führt zu rechtlichen Unterschieden. Die Möglichkeiten für die Datenschutzaufsichtsbehörden, Ermessen auszuüben und Prioritäten zu setzen, kann ebenfalls zu differenzierender Anwendung der DS-GVO in den Mitgliedstaaten führen. Für die Bundesrepublik Deutschland gilt dies auch für die Anwendung in den Ländern durch die jeweiligen Landesbehörden. Das Bemühen, Unterschiede zu minimieren, spiegelt sich in den Verfahrensregelungen auf den Ebenen der DS-GVO, des BDSG und der untergesetzlichen Regelungen.

42 Die europarechtliche Fundierung und Ausgestaltung der Datenschutzaufsichtsbehörden stellt eine erhebliche **Einwirkung auf die innerstaatliche Verwaltungsorganisation** dar. Die Kompetenz zur Regelung der Verwaltungsorganisation steht grundsätzlich den Mitgliedstaaten zu. Das Unionsrecht kann aber zur Erreichung seiner Ziele derartige Einwirkungen vornehmen.[26]

43 **2. Stellung der Datenschutzaufsichtsbehörden.** Die Datenschutzaufsichtsbehörden nehmen eine besondere Rolle im Mehrebenensystem der EU ein. Sie setzen Unionsrecht ebenso durch wie nationales Recht. Sie sind keine dezentralen europäischen Behörden.[27]

25 Ehmann/Selmayr-*Selmayr* Art. 51 Rn. 6 verweist zutreffend auf die Parallelen, verdeutlicht aber nicht hinreichend die Folgen der auch von ihm genannten Besonderheiten.

26 *Kugelmann* Verwaltungsarchiv 98 (2007), S. 78; *Schroeder* AöR 2004, S. 3.

27 Zu weit gehend Ehmann/Selmayr-*Selmayr* Art. 51 Rn. 6, der von dezentralen Unionsbehörden spricht.

Sie erfüllen ihre Aufgaben in völliger Unabhängigkeit und Weisungsfreiheit und stehen in keiner Behördenhierarchie. Die Datenschutzaufsichtsbehörden verwirklichen das Vollzugsprogramm des Unionsrechts und sind insoweit **funktional teileuropäisierte Behörden**, die nicht nur europäisch gesetzte Aufgaben wahrnehmen (Art. 57), sondern zudem ihre Stellung auf das Unionsrecht zurückführen können (Art. 51, 52). Diese Stellung können sie gegenüber den innerstaatlichen Gesetzgebern geltend machen.

In der Bundesrepublik Deutschland stehen die Datenschutzbeauftragten und die Bediensteten der Behörden im öffentlichen Dienst des Bundes oder eines Landes. Die Beauftragten selbst sind vom jeweiligen Parlament gewählt und verfügen damit über **eigene abgeleitete demokratische Legitimation**. Dies ist untrennbar mit ihrer Unabhängigkeit verbunden und unterscheidet sie von anderen Behörden. Daraus erwachsen eine starke Stellung und eine starke Verantwortung. **44**

Die Datenschutzaufsichtsbehörden erfüllen unterschiedliche Funktionen und Aufgaben auf der **Grundlage von Unionsrecht, Bundesrecht und Landesrecht**. Konsequenz der besonderen Rolle ist, dass die Datenschutzaufsichtsbehörden über spezifische Befugnisse auch gegenüber anderen Behörden und öffentlichen Stellen verfügen. Denn die Durchsetzung des Datenschutzrechts betrifft alle Verantwortlichen, sie erfolgt lediglich nach unterschiedlichen rechtlichen Maßgaben, soweit die Öffnungsklauseln insbesondere des Art. 6 Abs. 2 i.V.m. Abs. 1 UAbs. 1 lit. c und e andere rechtliche Maßgaben ermöglichen. **45**

Kennzeichen der Datenschutzaufsichtsbehörden ist insbesondere ihre völlige Unabhängigkeit (Art. 52), die ihnen weitreichende Handlungsmöglichkeiten eröffnet. Sie **kooperieren eigenständig miteinander und mit anderen Behörden** auf nationaler wie internationaler Ebene (s. auch Art. 50). Im Vordergrund steht die Zusammenarbeit mit anderen Aufsichtsbehörden (Art. 60 ff.), die auf die gemeinsame Verwirklichung der Ziele gerichtet ist. Die Kooperation mit der Europäischen Kommission erfolgt auf gleicher Ebene wie mit den anderen Aufsichtsbehörden (vgl. Art. 63). Die Datenschutzaufsichtsbehörden bewegen sich in der Zusammenarbeit mit Behörden und Einrichtungen auf Augenhöhe. **46**

III. Einheitliche Anwendung der DS-GVO (Abs. 2)

Den Datenschutzaufsichtsbehörden kommt eine wichtige **Gewährleistungsfunktion für die einheitliche Anwendung der DS-GVO** zu. Aus dieser Funktion folgen die Pflichten zur Kooperation im europäischen Rahmen, insbesondere im Kohärenzverfahren. Diesen Pflichten zur Mitwirkung können sich die Datenschutzaufsichtsbehörden nicht entziehen. In einigen Verfahren bestehen Fristen, innerhalb derer eine Stellungnahme abgegeben werden muss. Untätigkeit bedeutet den Verlust der Einwirkungsmöglichkeiten im Verfahren. **47**

Als zentrale Einrichtung der Koordinierung und Unterstützung fungiert der EDSA.[28] Konsequenz der Funktion der Datenschutzaufsichtsbehörden, die einheitliche Anwendung der DS-GVO zu gewährleisten, ist die **Bindungswirkung von Beschlüssen des EDSA**. Sie betrifft lediglich die Fälle des Art. 65 Abs. 1 im Kohärenzverfahren. Als Ergebnis des Verfahrens, in dem die Behörde beteiligt war, kann gegenüber einer Datenschutzaufsichtsbehörde ein Beschluss gefasst werden. Nicht bindende Maßnah- **48**

28 *Kühling/Martini* EuZW 2016, 448, 453.

men sind Leitlinien, Empfehlungen und bewährte Verfahren, die der EDSA im Hinblick auf eine Reihe von Anwendungsfragen erarbeiten und zur Verfügung stellen kann (Art. 70 Abs. 1). Sie dienen der Anleitung des Handelns der Datenschutzaufsichtsbehörden und unterstützen sie dabei, ihren Beitrag zu einer einheitlichen Anwendung des DS-GVO zu leisten (vgl. ErwG 123).

IV. Mehrzahl von Aufsichtsbehörden im Mitgliedstaat (Abs. 3)

49 **1. Einheitliches Auftreten im EDSA.** Das grundlegende **Ziel der Regelung des § 17 BDSG** ist, dass die Bundesrepublik Deutschland mit einer kraftvollen Stimme im Europäischen Datenschutzausschuss vertreten ist. Damit erfüllt die Vorschrift den Auftrag des Art. 51 Abs. 3 und regelt die Vertretung der Bundesrepublik Deutschland im Europäischen Datenschutzausschuss.

50 Das Ziel einer effektiven Vertretung der Bundesrepublik Deutschland schließt die **Einbindung der Datenschutzaufsichtsbehörden der Länder** nicht aus, sondern erfordert sie. Denn nach der innerstaatlichen Kompetenzverteilung sind die Landesbeauftragten weit überwiegend für die Aufsicht über die privaten Wirtschaftsunternehmen zuständig,[29] die gerade im Fokus der Tätigkeiten des Europäischen Datenschutzausschusses stehen. Eine wirksame Beteiligung aller Datenschutzaufsichtsbehörden, also gerade auch der Landesbehörden, wird in ErwG 119 ausdrücklich gefordert. Denn dies dient dem Zweck der einheitlichen Anwendung und Durchsetzung der DS-GVO.

51 Der oder die Bundesbeauftragte ist gemeinsamer Vertreter und aufgrund der gesetzlichen Festlegung in § 17 Abs. 1 S. 1 BDSG **zentrale Anlaufstelle** i.S.d. ErwG 119. Die zentrale Anlaufstelle hat die Aufgabe, die wirksame Beteiligung an dem Kohärenzverfahren sicherzustellen. Dieser Zusammenhang wird deutlich zum Ausdruck gebracht, weil die Beteiligung in Satz 2 des Erwägungsgrundes sich dezidiert auf das in Satz 1 genannte Kohärenzverfahren bezieht.

52 Der zentralen Anlaufstelle können darüber hinaus weitere Aufgaben zugewiesen werden, die allerdings nicht unmittelbar aus ErwG 119 abgeleitet werden können. In Betracht kommen etwa die Vertretung der deutschen Datenschutzaufsichtsbehörden in Brüssel oder die administrative Begleitung der effektiven Zusammenarbeit nach § 18 BDSG. Die nationale Anlaufstelle hat **unterstützende Funktion** und soll die Kommunikation zwischen dem Europäischen Datenschutzausschuss und den Datenschutzaufsichtsbehörden des Bundes und der Länder erleichtern.[30]

53 **2. Zusammenarbeit beim Kohärenzverfahren.** Die oder der Bundesbeauftragte und die Aufsichtsbehörden der Länder wirken auf der **Grundlage der Kompetenzordnung des Grundgesetzes** zusammen. Dem trägt § 18 BDSG Rechnung. Die Effektivität des Zusammenwirkens der Aufsichtsbehörden ist mit ihren verfassungsrechtlich verankerten Aufgaben in Einklang zu bringen.

54 Die Regelung des § 18 BDSG legt das Verfahren fest, mit dem gem. Art. 51 Abs. 3 sichergestellt wird, dass alle Aufsichtsbehörden die Regeln für das **Kohärenzverfahren** nach Art. 63 einhalten. Soweit reicht der Regelungsauftrag.

29 Härtel-*Schaar* § 55 Rn. 31 ff.
30 Kühling/Buchner-*Boehm* Art. 51 Rn. 24.

V. Pflicht der Mitteilung an die Kommission (Abs. 4)

Die Pflicht, die innerstaatlichen Regelungen der Kommission mitzuteilen, dient der **Transparenz der Zuständigkeitsverteilungen**. Sie betrifft Neuregelungen ebenso wie Änderungen. 55

Eine **Verletzung der Mitteilungspflicht** kann zu europarechtlichen Konsequenzen führen. Allerdings ist nicht von vornherein ein Charakter der Mitteilungspflicht als individualschützend zu bejahen.[31] Denn die Gewährleistung der individuellen Rechtsstellung des Einzelnen folgt unmittelbar aus den einschlägigen Regelungen der DS-GVO selbst und nicht erst aus dem innerstaatlichen Recht. Immerhin erlaubt die Mitteilung eine Prüfung durch die Kommission, ob die Rechte des Einzelnen unzulässig verkürzt wurden. In diesem Fall kommt ein Vertragsverletzungsverfahren nach Art. 258 AEUV in Betracht. 56

C. Praxishinweise

I. Relevanz für öffentliche Stellen

Im Verhältnis zu öffentlichen Stellen als Verantwortlichen regelt Art. 51 den **Hintergrund** des Tätigwerdens der Aufsichtsbehörden, indem er ihre Struktur festlegt. Änderungen in den Rahmenbedingungen können zu Änderungen in der Wahrnehmung und im Auftreten der Aufsichtsbehörden führen. 57

II. Relevanz für nichtöffentliche Stellen

Da Art. 51 als Grundlagenvorschrift die Stellung und Kooperation der Datenschutzaufsichtsbehörden betrifft, hat er **nur mittelbare Auswirkungen** auf nichtöffentliche Stellen. Er klärt aber immerhin den Ausgangspunkt für Abwägungen im Einzelfall. Jedoch wird für das private Unternehmen die unmittelbare Rechtsvorschrift maßgebend sein, auf der eine Entscheidung beruht. 58

III. Relevanz für betroffene Personen

Bürgerinnen und Bürger können sicher sein, dass sie sich an eine unabhängige Datenschutzbehörde wenden können. Ihnen steht damit eine Ansprechpartnerin zur Verfügung, die eine **wirksame Bearbeitung von Anliegen und Beschwerden** gewährleistet. 59

IV. Relevanz für Aufsichtsbehörden

Die Datenschutzaufsichtsbehörden in der Bundesrepublik Deutschland werden mit Art. 51, 52 in ihrer Existenz und ihrer Unabhängigkeit gesichert. Damit besteht eine **europarechtliche Fundierung der Aufsichtsbehörden**. Aus dem Europarecht folgen unmittelbare Konsequenzen für die Funktion und die Stellung der Aufsichtsbehörden. Diese Konsequenzen haben auch die Gesetzgeber in Bund und Ländern zu beachten. 60

Im Rahmen ihrer Selbstorganisation müssen sich die Datenschutzaufsichtsbehörden auf Änderungen in den Rahmenbedingungen einstellen. Die **Konferenz der unabhängigen Datenschutzaufsichtsbehörden des Bundes und der Länder (DSK)**[32] verfügt über Autonomie hinsichtlich der internen Organisation zur Koordination der Aufgabenerfüllung. 61

---

31 So Ehmann/Selmayr-*Selmayr* Art. 51 Rn. 21.

32 Zur DSK Härtel-*Weichert* § 56 Rn. 12.

62 Die **Aufsichtsbehörden selbst** verfügen nur über wenige Möglichkeiten, Rechtsschutz anzustoßen oder in Anspruch zu nehmen. Nach Art. 58 Abs. 5 muss das innerstaatliche Recht aber vorsehen, dass den Datenschutzaufsichtsbehörden Rechtsbehelfe zur Verfügung stehen, um Verstöße gegen die DS-GVO zu beseitigen. Die Regelung schließt nicht aus, dass Datenschutzaufsichtsbehörden sich auch gegen eine mit der DS-GVO unvereinbare Beschränkung ihrer Stellung oder Handlungsbefugnisse wenden können.

63 Nach § 20 BDSG ist für Streitigkeiten über Rechte gemäß Art. 58 Abs. 1 und 2 der Verwaltungsrechtsweg eröffnet. Die Aufsichtsbehörden verfügen über eine **prozessuale Stellung**, können aber nur Beklagte oder Antragsgegnerin sein. Sonderregeln gelten für das Bußgeldverfahren. Eine Aufsichtsbehörde kann gem. § 21 BDSG einen Antrag bei dem Bundesverwaltungsgericht auf gerichtliche Entscheidung gegen bestimmte Beschlüsse der Europäischen Kommission stellen.

V. Datenschutzmanagement

64 Die generellen Aussagen des Art. 51 werden **in anderen Bestimmungen konkretisiert**. Für das Management von Datenverarbeitungen finden sich dort auch die konkreteren Vorgaben.

VI. Sanktionen

65 **Verstöße der Mitgliedstaaten** gegen Art. 51 können auf der gesetzlichen Ebene oder der Anwendungsebene vorkommen. Sanktionen gegenüber Verantwortlichen bis hin zu Geldbußen sollen Verstöße präventiv verhindern und repressiv bekämpfen.[33] Die Kommission kann das Vertragsverletzungsverfahren nach Art. 258 AEUV einleiten. Letztlich ist der EuGH dazu berufen über die Frage zu entscheiden, ob die Struktur und Gestaltung der Aufsichtsbehörden den Vorgaben der DS-GVO entsprechen. Seine Rechtsprechung setzt gerade im Datenschutz einen Schwerpunkt.[34] Der Einzelne kann in einem gerichtlichen Verfahren gegen eine ihn belastende Entscheidung rügen, dass diese formal rechtswidrig sei. Dies umfasst auch die Regelung der Zuständigkeit.

Artikel 52 Unabhängigkeit

(1) Jede Aufsichtsbehörde handelt bei der Erfüllung ihrer Aufgaben und bei der Ausübung ihrer Befugnisse gemäß dieser Verordnung völlig unabhängig.

(2) Das Mitglied oder die Mitglieder jeder Aufsichtsbehörde unterliegen bei der Erfüllung ihrer Aufgaben und der Ausübung ihrer Befugnisse gemäß dieser Verordnung weder direkter noch indirekter Beeinflussung von außen und ersuchen weder um Weisung noch nehmen sie Weisungen entgegen.

(3) Das Mitglied oder die Mitglieder der Aufsichtsbehörde sehen von allen mit den Aufgaben ihres Amtes nicht zu vereinbarenden Handlungen ab und üben während ihrer Amtszeit keine andere mit ihrem Amt nicht zu vereinbarende entgeltliche oder unentgeltliche Tätigkeit aus.

---

33 Vgl. Art.-29 Datenschutzgruppe, WP 253, Guidelines on the application and setting of administrative fines for the purposes of the Regulation 2016/679, 3.10.2017; s. auch *Bergt* DuD 2017, 555.

34 *Skouris* NVwZ 2016, 1363 f.

(4) Jeder Mitgliedstaat stellt sicher, dass jede Aufsichtsbehörde mit den personellen, technischen und finanziellen Ressourcen, Räumlichkeiten und Infrastrukturen ausgestattet wird, die sie benötigt, um ihre Aufgaben und Befugnisse auch im Rahmen der Amtshilfe, Zusammenarbeit und Mitwirkung im Ausschuss effektiv wahrnehmen zu können.

(5) Jeder Mitgliedstaat stellt sicher, dass jede Aufsichtsbehörde ihr eigenes Personal auswählt und hat, das ausschließlich der Leitung des Mitglieds oder der Mitglieder der betreffenden Aufsichtsbehörde untersteht.

(6) Jeder Mitgliedstaat stellt sicher, dass jede Aufsichtsbehörde einer Finanzkontrolle unterliegt, die ihre Unabhängigkeit nicht beeinträchtigt und dass sie über eigene, öffentliche, jährliche Haushaltspläne verfügt, die Teil des gesamten Staatshaushalts oder nationalen Haushalts sein können.

- *ErwG: 118, 120, 121*
- *BDSG n.F.: §§ 8 bis 13*

Übersicht

Literatur: s. Literatur zu Art. 51 und 53.

A. Einordnung und Kontext

I. Erwägungsgründe

Anzahl und Umfang der Erwägungsgründe, die sich auf die Sicherung der Unabhängigkeit richten, verdeutlichen deren zentrale Bedeutung für die Datenschutzaufsichtsbehörden und damit für die effektive Verwirklichung der Ziele der DS-GVO. Zunächst stellt ErwG 118 klar, dass die Unabhängigkeit der Datenschutzaufsichtsbehörden keineswegs bedeutet, dass sie hinsichtlich ihrer Ausgaben keinem **Kontroll- oder Überwachungsmechanismus** unterworfen werden bzw. sie keiner gerichtlichen Überprüfung unterzogen werden können. Die finanzielle Kontrolle bestätigt Art. 52 1

Abs. 6 dem Grunde nach. Die Kontrolle durch die Gerichte wird insbesondere für den Betroffenen sichergestellt, der über wirksame Rechtsbehelfe gegen Entscheidungen der Datenschutzaufsichtsbehörde verfügen muss (Art. 78).

2 Besonderes Gewicht wird der **angemessenen Ausstattung** der Datenschutzaufsichtsbehörden zugemessen. Die Grundlage bildet Art. 52 Abs. 4. Nach ErwG 119 sollen jeder Aufsichtsbehörde die notwendigen Ressourcen zur Verfügung gestellt werden. Dies betrifft Finanzmittel, Personal, Räumlichkeiten und Infrastruktur. Deutlich wird hervorgehoben, dass jede Aufsichtsbehörde über einen eigenen, öffentlichen, jährlichen Haushaltsplan verfügen sollte.

3 Die allgemeinen **Anforderungen an das Mitglied oder die Mitglieder der Aufsichtsbehörde** sollten nach ErwG 121 durch Rechtsvorschriften von jedem Mitgliedstaat geregelt werden. Das Verfahren der Ernennung soll transparent sein. Die Ernennung selbst soll dem Parlament, der Regierung oder dem Staatsoberhaupt oder einer unabhängigen Stelle obliegen. Hier ist das Bemühen erkennbar, den unterschiedlichen rechtlichen Rahmenbedingungen in den Mitgliedstaaten Rechnung zu tragen. Der ErwG 121 sieht weiter vor, dass die Mitglieder ihr Amt integer ausüben und Regeln der Inkompatibilität unterliegen. Damit soll ebenso wie mit der eigenständigen Auswahl des Personals die Unabhängigkeit gesichert werden.

II. BDSG

4 Im Hinblick auf den oder die Bundesbeauftragte(n) gestalten die §§ 8–13 BDSG die Unabhängigkeit aus. Die 2016 eingeführte Rechtsstellung als oberste Bundesbehörde wird festgeschrieben (§ 8 Abs. 1 BDSG), aus der die Personalhoheit folgt.[1] Damit wird die institutionelle Eigenständigkeit gesichert, die nach der Rechtsprechung ein wesentliches Element der Unabhängigkeit ist.[2] Der oder die Bundesbeauftragte ist zuständig für die öffentlichen Stellen des Bundes (§ 9 Abs. 1). In Anlehnung an Art. 52 Abs. 1, 2 bestätigt **§ 10 BDSG mit deklaratorischer Wirkung** die völlige Unabhängigkeit und Weisungsfreiheit.

5 Umfangreiche Bestimmungen betreffen **die persönliche Stellung**. Der oder die Bundesbeauftragte wird vom Deutschen Bundestag mit mehr als der Hälfte der gesetzlichen Zahl seiner Mitglieder für fünf Jahre gewählt (§ 11 BDSG). Regelungen zum Amtsverhältnis, zur Vertretung und zu den Amtsbezügen trifft § 12 BDSG. Rechte und Pflichten werden nach Maßgabe des Art. 52 Abs. 3 in § 13 BDSG insbesondere hinsichtlich Inkompatibilitäten und Verschwiegenheitspflichten festgelegt.

6 Das BDSG schweigt zu Einzelheiten der Ausstattung und Ressourcen des oder der Bundesbeauftragten sowie zum Haushaltsplan. Die **Pflicht des Bundes zu angemessener Ausstattung** der Aufsichtsbehörde folgt bereits aus Art. 52 Abs. 4, 6.[3] Ihre Konkretisierung obliegt damit zuvörderst dem Haushaltsgesetzgeber.

---

1 Kühling/Buchner-*Boehm* Art. 52 Rn. 27; Sydow-*Ziebarth* Art. 52 Rn. 56.

2 *EuGH* v.9.3.2010 – C-518/07, ECLI:EU:C:2010:125, Kommission/Deutschland Rn. 23; *EuGH* v.16.10.2012 – C-614/10, ECLI:EU:C:2012:631, Kommission/Österreich, Rn. 37; wortgleich bereits ErwG 62 der DSRL.

3 Ehmann/Selmayr-*Selmayr* Art. 52 Rn. 21.

III. Normgenese und Materialien

7 **1. Datenschutz-Richtlinie 95/46/EG (DSRL).** Die Unabhängigkeit war europarechtlich schon durch Art. 28 Abs. 1 DSRL gewährleistet, der eine unabhängige Kontrollstelle vorsieht. Die ErwG 62 und 63 enthalten weit reichende Aussagen zu Rolle, Rechten und Ausstattung. Auf dieser Grundlage hat der EuGH seine **Rechtsprechung zur Unabhängigkeit** der Datenschutzaufsichtsbehörden entwickelt.[4]

8 **2. BDSG a.F.** Die §§ 22–26 BDSG a.F. legen die Stellung des oder der Bundesbeauftragten für den Datenschutz und die Informationsfreiheit fest. Die Unabhängigkeit ist in § 22 Abs. 4 BDSG a.F. festgeschrieben. Allerdings sicherte erst eine **Rechtsänderung mit Wirkung zum 1.1.2016** das Entfallen der Rechtsaufsicht, die Stellung als oberste Bundesbehörde und die organisatorische Unabhängigkeit vom Bundesministerium des Innern.[5]

9 **3. Europäischer Datenschutzausschuss/WP 29.** Im Zusammenhang der Unabhängigkeit sind **kaum weit reichende Äußerungen** des EDSA zu erwarten, denn sie gilt auch ihm gegenüber. Er ist an Eingriffen in die Unabhängigkeit durch Art. 52 gehindert. Immerhin mögen aufgrund der dem EDPB selbst zustehenden Unabhängigkeit Hilfestellungen in Frage kommen, die Datenschutzaufsichtsbehörden in ihrer Unabhängigkeit stärken.

B. Kommentierung

I. Grundlagen und Sicherstellung der Unabhängigkeit (Abs. 1)

10 **1. Sinn und Zweck.** Kern der **Stellung der unabhängigen Datenschutzaufsichtsbehörde** ist ihre Unabhängigkeit. Sie wird daher ausdrücklich in ihren Entfaltungen durch Art. 52 gewährleistet. Die Funktionen und Aufgaben der Datenschutzaufsichtsbehörden sind untrennbar mit ihrer Unabhängigkeit verbunden.

11 Die Unabhängigkeit ist weder Fetisch noch Monstranz. Sie ist **zur Aufgabenerfüllung unabdingbar**, weil der Datenschutz gegenüber natürlichen Personen und juristischen Personen des Privatrechts ebenso durchgesetzt werden muss wie gegenüber Behörden, Kommunen oder sonstigen öffentlichen Stellen.[6] Die Unabhängigkeit gilt auch gegenüber den Organen und Einrichtungen der EU einschließlich der Kommission und des Europäischen Datenschutzausschusses.

12 Die Datenschutzaufsichtsbehörden arbeiten unabhängig, aber nicht im rechtsfreien Raum. Sie verfügen regelmäßig über **demokratische Legitimation und unterliegen gerichtlicher Kontrolle**. Mitglieder werden vom Parlament ernannt oder von staatlichen Organen, die selbst zumindest über abgeleitete Legitimation verfügen (Art. 53 Abs. 1). Der gerichtlichen Überprüfung von den Einzelnen betreffenden Entscheidungen steht die Unabhängigkeit selbstverständlich nicht entgegen (vgl. ErwG 118).

---

4 *EuGH* v. 9.3.2010 – C-518/07, ECLI:EU:C:2010:125, Kommission/Deutschland; *EuGH* v. 16.10.2012 – C-614/10, ECLI:EU:C:2012:631, Kommission/Österreich; *EuGH* v. 8.4.2014 – C-288/12, ECLI:EU:C:2014:237, Kommission/Ungarn.

5 Zweites Gesetz zur Änderung des Bundesdatenschutzgesetzes – Stärkung der Unabhängigkeit der Datenschutzaufsicht im Bund durch Errichtung einer obersten Bundesbehörde v. 5.2.2015, BGBl. I 2015, 162.

6 *Skouris* NVwZ 2016, 1363.

13 **2. Rechtliche Grundlagen.** Die Kontrolle der Einhaltung der Europäischen Grundrechte-Charta durch eine **unabhängige Datenschutzbehörde** regelt Art. 8 Abs. 3 GRCh. Die unabhängige Stelle i.S.d. Unionsrechts ist zunächst der Europäische Datenschutzbeauftragte.[7] Wenn und soweit die Datenschutzaufsichtsbehörden der Mitgliedstaaten im Rahmen der Durchführung des Unionsrechts gem. Art. 51 GRCh zuständig sind,[8] nehmen sie diese Funktion ein.

14 Die Regelung verdeutlicht durch ihre systematische Anbindung an die materiellen Vorschriften die Notwendigkeit des Bestehens unabhängiger Behörden zur effektiven Wahrung des Grundrechts auf Datenschutz. Der **Grundrechtsschutz durch Organisation und Verfahren** hat in Art. 8 Abs. 3 GRCh seinen spezifischen normativen Niederschlag gefunden.[9] Da damit die Rechtsprechung des EuGH aufgegriffen und normiert wurde, ist mit Art. 8 Abs. 3 GRCh die Unabhängigkeit in vollem Umfang primärrechtlich garantiert.[10]

15 Dieser Ansatz entspricht der Rechtsprechung des BVerfG zum Recht auf informationelle Selbstbestimmung, das der Beteiligung unabhängiger Datenschutzbeauftragter eine erhebliche Bedeutung zuerkennt.[11] Daraus kann eine **verfassungsrechtliche Verankerung** der Unabhängigkeit in Art. 2 Abs. 1 i.V.m. Art. 1 Abs. 1 GG abgeleitet werden.[12]

16 Die Überwachung des Datenschutzrechts durch unabhängige Behörden ist durch die **primärrechtliche Festlegung** des Art. 16 Abs. 2 S. 2 AEUV vorgeschrieben, wenn einschlägiges Sekundärrecht erlassen wird.[13] Da Art. 16 AEUV die Ermächtigung für den Erlass der DS-GVO und der Richtlinie für Polizei und Justiz bildet, ist die Unabhängigkeit der Datenschutzaufsicht auch aufgrund des AEUV zwingend.

17 Die Regelung des Art. 52 verbrieft das Prinzip der Unabhängigkeit und gestaltet es aus, indem **wesentliche Elemente festgeschrieben** werden. Sie hat persönliche, sachliche und finanzielle Entfaltungen. Der Art. 52 knüpft an Art. 28 DSRL an. Damit besteht auch der vom EuGH angenommen enge Zusammenhang zu Art. 8 Abs. 3 GRCh fort.[14]

18 Die **Rechtsprechung des EuGH** bereits zu Art. 28 DSRL ist eindeutig.[15] Die völlige Unabhängigkeit der Datenschutzaufsicht ist zu gewährleisten („with complete independence", „en toute indépendance"). Der EuGH versteht darunter eine umfassende

7 Calliess/Ruffert-*Kingreen* Art. 8 GRCh Rn. 18.
8 Dazu Niedobitek-*Kugelmann* § 4 Rn. 41 ff.
9 Allgemein *Thomé* S. 74 ff.
10 Ehmann/Selmayr-*Selmayr* Art. 52 Rn. 13.
11 *BVerfGE* 65, 1, 46.
12 Für eine verfassungsrechtliche Qualität auch des datenschutzrechtlichen Auskunftsanspruches *Globig* in: FS Rudolf S. 446.
13 Calliess/Ruffert-*Kingreen* Art. 16 Rn. 8.
14 *EuGH* v.6.10.2015 – C-362/14, ECLI:EU:C:2015:650, Schrems / Digital Rights Ireland, Rn. 69.
15 *EuGH* v.9.3.2010 – C-518/07, ECLI:EU:C:2010:125, Kommission/Deutschland = EuGRZ 2010, 58 = K&R 2010, 326 m. Anm. *Taeger* = EuZW 2010, 296 m. Anm. *Roßnagel*; JZ 2010, 784 m. Anm. *Spiecker*; dazu *Bull*, EuZW 2010, 488; zusammenfassend zur Rechtsprechung *Skouris* NVwZ 2016, 1361 ff.

und nicht lediglich funktionale Unabhängigkeit gegenüber jeglicher äußeren unmittelbaren oder mittelbaren Einflussnahme.[16]

Für die Ausgestaltung der unabhängigen Stellung der Datenschutzaufsicht bestehen im Rahmen der Vorgaben des Art. 52 **Spielräume**, die der innerstaatliche Gesetzgeber nutzen kann.[17] Die sachliche, persönliche und organisatorische Unabhängigkeit kann in das Rechtssystem des jeweiligen Mitgliedstaates eingepasst werden. [18] Maßgebend bleibt aber die europarechtlich abgesicherte Stellung der Datenschutzaufsichtsbehörde, die sich im Verhältnis zu innerstaatlichen Regelungen durchsetzt. Sie hat Teil am Anwendungsvorrang des Unionsrechts.[19] **19**

3. Ausprägungen. Die Unabhängigkeit ist **funktional**.[20] Sie dient der Erreichung der Ziele der DS-GVO und damit dem Schutz der Grundrechte des Einzelnen (Art. 1 Abs. 2) und dem freien Datenverkehr (Art. 1 Abs. 3). Die Reichweite und Ausgestaltung der Unabhängigkeit ist auf dieser Grundlage zu konkretisieren.[21] **20**

Die Unabhängigkeit ist im Hinblick auf die Adressaten **absolut**. Sie wirkt gegenüber allen Stellen des Mitgliedstaates und der EU, auch gegenüber dem Europäischen Datenschutzausschuss und der Europäischen Kommission.[22] **21**

Zur effektiven Erfüllung ihrer Aufgaben hat die Unabhängigkeit der Datenschutzaufsichtsbehörden eine **verfahrensrechtliche Ausprägung**. Sie können daher in Verfahren eigenständig auftreten. In Verwaltungsverfahren gilt dies ohnehin, weil sie Maßnahmen gegenüber dem Einzelnen treffen, insbesondere auch Verwaltungsakte erlassen können. Im Verhältnis zu Behörden schließt § 20 Abs. 7 BDSG die sofortige Vollziehung nach § 80 Abs. 2 S. 1 Nr. 4 VwGO aus. Dieser Ausschluss ist aber nicht zwingend, da die effektive Anwendung der DS-GVO auch Zwangsmittel umfasst. Auch die Möglichkeit der Durchführung der Verwaltungsvollstreckung kann gesetzlich eröffnet werden, etwa in Landesdatenschutzgesetzen. **22**

Die Datenschutzaufsichtsbehörden nehmen eine eigenständige Stellung in bestimmten gerichtlichen Verfahren ein. Aufgrund ihrer Unabhängigkeit verfügen sie über eine **eigenständige Rechtsposition**, die durch die Gesetze und Verfahrensordnungen näher ausgestaltet wird. Der Betroffene hat gegen ihre Entscheidungen das Recht, einen gerichtlichen Rechtsbehelf zu erheben (Art. 78). Der Verwaltungsrechtsweg ist für sämtliche Streitigkeiten über die Ausübung der Befugnisse nach Art. 58 Abs. 1, 2 eröffnet (§ 20 Abs. 1 BDSG), Sonderregeln gelten für das Bußgeldverfahren. In gerichtlichen Verfahren kommt ihnen zumindest die Stellung als Antragsgegnerin oder Beklagte zu (§ 20 Abs. 5 Nr. 2 BDSG). **23**

Die Rechtsstellung, die aus der unabhängigen Wahrnehmung ihrer Aufgabe des Grundrechtsschutzes folgt, trägt auch im **Verhältnis zur europäischen Gerichtsbarkeit**. Zumeist dürfte die Klärung von Streitigkeiten um die DS-GVO im Vorabentschei- **24**

16 Eingehend *Thomé* S. 97 ff.; zur älteren Diskussion *Zöllner* passim; zu den Grundlagen auch Kröger/Pilniok-*Kröger* Unabhängiges Verwalten in der Europäischen Union, S. 7 ff.
17 Paal/Pauly-*Körffer* Art. 51 Rn. 3.
18 *Thomé* S. 137 ff.
19 Zum Anwendungsvorrang der DS-GVO *Kugelmann* in Hill/Kugelmann/Martini S. 35 f.
20 *EuGH* v.9.3.2010 – C-518/07, ECLI:EU:C:2010:125, Kommission/Deutschland, Rn. 25.
21 Ehmann/Selmayr-*Selmayr* Art. 52 Rn. 12
22 Vgl. *von Lewinski/Herrmann* PinG 2017, 214.

dungsverfahren des Art. 267 AEUV erfolgen. Vor dem EuGH kann die Datenschutzaufsichtsbehörde in diesem Verfahren Schriftsätze oder schriftliche Erklärungen einreichen, wenn sich ein Einzelner gegen ihre Entscheidungen wendet (Art. 23 Abs. 2 Satzung des EuGH). Darüber hinaus kommen Möglichkeiten des Rechtsschutzes gegen Beschlüsse des EDSA in Betracht (Rn. 29).

25 **4. Verhältnis zum Europäischen Datenschutzausschuss.** Die Unabhängigkeit der Datenschutzaufsichtsbehörden **wirkt auch gegenüber dem Europäischen Datenschutzausschuss**. Der EDSA selbst ist ebenfalls unabhängig (Art. 69), da er sich aus Vertretern unabhängiger Behörden zusammensetzt. Er verfügt über abgeleitete Unabhängigkeit.

26 Der Europäische Datenschutzausschuss hat die Aufgabe, für die einheitliche Anwendung der DS-GVO zu sorgen. Dieses normative Ziel soll auch in der Durchführung verwirklicht werden. Ihm kommt insoweit eine **unterstützende Funktion** zu. Die Überwachung und Sicherstellung der ordnungsgemäßen Anwendung der Verordnung obliegt ihm unbeschadet der Aufgaben der nationalen Aufsichtsbehörden (Art. 70 Abs. 1), die in Art. 51 niedergelegt sind.

27 Der EDSA kann **unverbindliche Vorgaben** ausarbeiten, die als Handlungsanleitung zu einer europaweit angeglichenen Handhabung der DS-GVO beitragen sollen. Der EDSA erarbeitet Leitlinien, Empfehlungen und bewährte Verfahren und stellt sie den Datenschutzaufsichtsbehörden zur Verfügung (Art. 70 Abs. 1).

28 **Verbindliche Beschlüsse** betreffen Einzelfälle, insbesondere wenn mehrere unabhängige Datenschutzaufsichtsbehörden involviert sind. Im Kohärenzverfahren kann der EDSA in den Fällen des Art. 65 Abs. 1 verbindliche Beschlüsse fassen, die dann auch gegenüber den Datenschutzaufsichtsbehörden rechtliche Bindungswirkung entfalten.

29 Gegen verbindliche Beschlüsse des EDSA muss **Rechtsschutz** gewährleistet sein (Art. 47 GRCh). Sie können den Einzelnen, aber auch die Aufsichtsbehörde in eigenen Rechten betreffen. Der Betroffene kann eine Nichtigkeitsklage gem. Art. 263 AEUV erheben.[23] In Betracht kommt eine eigenständige Klagebefugnis der Datenschutzaufsichtsbehörde gemäß Art. 263 AEUV analog,[24] da sie in die Lage versetzt werden sollte, sich aufgrund ihrer Unabhängigkeit gegen einen ihrer Meinung nach rechtswidrigen Beschluss des EDSA zu wehren. Ansonsten würde das Prozessrisiko dem Betroffenen aufgebürdet, dessen grundrechtlich fundierte Interessen hier die Aufsichtsbehörde vertritt.

30 **5. Verhältnis zur Kommission.** Die institutionelle Unabhängigkeit der Aufsichtsbehörden kommt **auch gegenüber der Kommission** zur Geltung.[25] Das Verhältnis zur Kommission ist dem Grunde nach auf Zusammenarbeit angelegt. Im Konfliktfall überspielt aber die Unabhängigkeit der Aufsichtsbehörden die Befugnisse der Kommission. Denn die Kommission sorgt zwar für die Anwendung des Unionsrechts (Art. 17 Abs. 1 S. 3 EUV), ihre Tätigkeiten tragen aber funktionalen Charakter.[26] Die Funktion, die Anwendung der DS-GVO zu überwachen, nehmen jedoch vorrangig die

23 Ehmann-Selmayr-*Klabunde* Art. 65 Rn. 19.
24 Im Ergebnis ebenso Ehmann/Selmayr-*Selmayr* Art. 52 Rn. 14, der allerdings von einer zu engen Einbindung in einen europäischen Verwaltungsverbund ausgeht.
25 Kühling/Buchner-*Boehm* Art. 52 Rn. 17.
26 Streinz-*Kugelmann* Art. 17 Rn. 13.

Datenschutzaufsichtsbehörden wahr (Art. 51 Abs. 1). Sie sind funktional teileuropäisiert, aber keine dezentralen Unionsbehörden (Art. 51 Rn. 43). Deren Unabhängigkeit ist in ihren Entfaltungen vorrangig.

Die Kommission darf nach der **Rechtsprechung des EuGH** keine Entscheidungen erlassen, welche die Befugnisse der Aufsichtsbehörden beschränken.[27] Die grundlegende Funktion der Aufsichtsbehörden, die Rechte des Einzelnen zu schützen und zu diesem Zweck Beschwerden in völliger Unabhängigkeit zu prüfen, darf nicht beschnitten werden.[28] **31**

Den Datenschutzaufsichtsbehörden können **Rechtsbehelfe gegen Entscheidungen der Kommission** zustehen. Im Fall der Entscheidungen über die Angemessenheit des Datenschutzniveaus in Drittstaaten, hat der EuGH deutlich gemacht, dass der nationale Gesetzgeber eine solche Möglichkeit eröffnen sollte.[29] **32**

Eine Aufsichtsbehörde kann gem. **§ 21 BDSG** einen Antrag bei dem Bundesverwaltungsgericht auf gerichtliche Entscheidung gegen bestimmte Beschlüsse der Europäischen Kommission stellen. Der Streitgegenstand ist auf Angemessenheitsbeschlüsse, einen Beschluss über die Anerkennung von Standardschutzklauseln und Beschlüsse über die Allgemeingültigkeit von genehmigten Verhaltensregeln beschränkt. Voraussetzung ist, dass es für eine Entscheidung der Aufsichtsbehörde auf die Gültigkeit des Beschlusses ankommt. Die Regelung des § 21 BDSG setzt also eine Betroffenheit der Aufsichtsbehörde in eigenen Rechten voraus, weil sie eine konkrete Entscheidung gegenüber einem Verantwortlichen treffen will, an der sie durch einen Beschluss der Kommission gehindert wird. **33**

II. Persönliche Unabhängigkeit (Abs. 2)

Zur objektiven Erfüllung ihrer Aufgaben zu Gunsten des Einzelnen müssen die Datenschutzaufsichtsbehörden **vor jeder Einflussnahme von außen** geschützt sein und nicht nur vor der Einflussnahme der kontrollierten Einrichtungen.[30] Dies umfasst nicht nur unmittelbare Beeinflussungen, sondern auch mittelbare Einflussnahmen, die zur Steuerung der Entscheidungen geeignet wären.[31] **34**

Die Freiheit von Einflussnahme betrifft **das Mitglied oder die Mitglieder** der Aufsichtsbehörde. Damit ist die Leitungsebene gemeint wie sich aus den persönlichen Anforderungen und dem Ernennungsverfahren des Art. 53 ergibt. In der Bundesrepublik Deutschland sind der oder die Bundesbeauftragte sowie die oder der jeweilige Landesbeauftragte gemeint. In Mitgliedstaaten, in denen es eine kollegiale Leitung gibt wie etwa in Luxemburg, sind alle Mitglieder der Leitungsebene gemeint, die das Verfahren des Art. 53 durchlaufen haben. Für die Bediensteten sieht Art. 52 Abs. 5 eine unabhängige Personalauswahl durch das Mitglied vor. Dessen Stellung schützt auch das Personal, weil nur das Mitglied oder die Mitglieder ihre Bediensteten anweisen können. **35**

27 *EuGH* v. 6.10.2015 – C-362/14, ECLI:EU:C:2015:650, Schrems / Digital Rights Ireland, Rn. 104.

28 *EuGH* v. 6.10.2015 – C-362/14, ECLI:EU:C:2015:650, Schrems / Digital Rights Ireland, Rn. 99.

29 *EuGH* v. 6.10.2015 – C-362/14, ECLI:EU:C:2015:650, Schrems / Digital Rights Ireland, Rn. 65.

30 *EuGH* v. 9.3.2010 – C-518/07, ECLI:EU:C:2010:125, Kommission/Deutschland, Rn. 25.

31 *EuGH* v. 16.10.2012 – C-614/10, ECLI:EU:C:2012:631, Kommission/Österreich, Rn. 47.

36 Organisatorische und hierarchische Unterordnungen des Mitglieds in ein bürokratisches Gefüge erweisen sich als unzulässig, wenn und soweit dies Möglichkeiten der Beeinflussung mit sich bringt. Ausgeschlossen sind **direkte Einflussnahmen** wie Weisungen. Eine Fachaufsicht, die Zweckmäßigkeitserwägungen umfasst, scheidet aus, da sie die inhaltliche Seite betrifft. Eine Rechtsaufsicht kommt ebenfalls nicht in Betracht, denn die Tätigkeiten der Datenschutzaufsichtsbehörden sind stark durch rechtliche Beurteilungen und Rechtsauslegungen geprägt.[32] Die Beaufsichtigung und die Bewertung der rechtlichen Auffassungen der Datenschutzaufsichtsbehörde durch eine andere Behörde oder Dritte würden in den Kern der Aufgabenwahrnehmung eingreifen.

37 Unzulässig sind auch **indirekte Einflussnahmen**. Die Einräumung einer **Dienstaufsicht** ist kritisch zu sehen.[33] Die Möglichkeit einer Dienstaufsicht wird teils im Vergleich zur eingeschränkten richterlichen Dienstaufsicht für zulässig erachtet.[34] Eine Dienstaufsicht über Mitglieder und Bedienstete der Aufsichtsbehörde ist jedoch regelmäßig unzulässig.[35] Sie erweckt zumindest den Anschein, dass eine Beeinflussung möglich ist und Wohlverhalten erwartet werden könnte. Die Heranziehung externen Sachverstandes durch eine Datenschutzaufsichtsbehörde ist möglich, wenn die abschließende Meinungsbildung und Entscheidung der Behörde selbst vorbehalten bleiben. Dabei können Gutachten, Stellungnahmen oder Erkenntnisse aus wissenschaftlichen und praktischen Konferenzen eine Rolle spielen. Die Datenschutzaufsichtsbehörden nehmen am öffentlichen Diskurs über rechtliche, politische und gesellschaftliche Fragen des Datenschutzes und der Entwicklung der Informationsgesellschaft aktiv teil (Art. 57 lit. b und lit. i).

III. Integrität und Inkompatibilität (Abs. 3)

38 Die Vorschrift stellt Anforderungen an die persönliche Integrität. Unvereinbar mit der Unabhängigkeit sind alle **Handlungen**, die den Eindruck erwecken könnten, dass das Mitglied oder die Mitglieder der Aufsichtsbehörde ihre Aufgaben nicht unbeeinflusst und in völliger Unabhängigkeit erfüllen.

39 Jede entgeltliche oder unentgeltliche **Tätigkeit**, die mit dem Amt nicht zu vereinbaren ist, ist unzulässig. Inkompatibilität besteht zu anderen Amtsverhältnissen, die mit eigenen Dienstpflichten verbunden sind. Das Mitglied darf demnach kein anderes öffentlich-rechtliches Dienstverhältnis begründen. Vertragliche Vereinbarungen mit privaten Dritten sind jedenfalls unzulässig, wenn der Dritte als von Kontrollen Betroffene in den Zuständigkeitsbereich der Behörde fällt. Dem Grunde nach dürften auf Dauer angelegte Vereinbarungen mit Privaten insgesamt kaum zu rechtfertigen sein, zumal angesichts des europäischen Netzwerkes der Aufsichtsbehörden vielfältige Querverbindungen und Einflussmöglichkeiten zu anderen Behörden bestehen.

32 Sydow-*Ziebarth* Art. 52 Rn. 27.

33 Zur Unzulässigkeit der spezifischen Regelung im österreichischen Recht *EuGH* v.16.10.2012 – C-614/10, ECLI:EU:C:2012:63,1, Kommission/Österreich, Rn. 50.

34 *Glauben* DVBl. 2017, 488; Sydow-*Ziebarth* Art. 52 Rn. 29.

35 *Albrecht/Jotzo* Das neue Datenschutzrecht, S. 114 (Teil 7 Rn. 5); Ehmann/Selmayr-*Selmayr* Art. 52 Rn. 17; Kühling/Buchner-*Boehm* Art. 52 Rn. 25; Paal/Pauly-Körffer Art. 52 Rn. 3; eine spezifische Ausgestaltung angesichts einer besonderen Ausprägung der innerstaatlichen verfassungsrechtlichen Systematik mag eine differenzierende Beurteilung zulassen.

Zulässig sind **Ehrenämter und angemessene Nebentätigkeiten**. Unentgeltliche ehrenamtliche Tätigkeiten können etwa in Vereinen oder Einrichtungen, die keinen Bezug zu den Aufgaben nach Art. 51, 57 aufweisen, möglich sein. Dies kann z.B. auf Sportvereine oder caritative Einrichtungen zutreffen. Vortragstätigkeiten, auch zum Datenschutz, sind als Teil der Aufgabe, die Öffentlichkeit zu informieren und aufzuklären (vgl. Art. 57 Abs. 1 lit. b), zulässig. Dies umfasst auch Mitgliedschaften in Gremien oder sonstigen Gruppen, die das Ziel des Schutzes personenbezogener Daten betreffen (vgl. Art. 57 Abs. 1 lit. v). In Frage kommen beispielsweise Beiräte zu Forschungsvorhaben, während bei Gruppierungen mit Nähe zur Privatwirtschaft die Schwelle der Angemessenheit der Tätigkeit schnell überschritten sein kann, zumal wenn es sich um entgeltliche Tätigkeiten handelt. Dagegen sind institutionalisierte Tätigkeiten, mit denen die Beratungsfunktion gegenüber Parlament, Regierung oder sonstigen Gremien im Sinne des Art. 57 Abs. 1 lit. c konkretisiert wird, mit den Aufgaben vereinbar. **40**

IV. Ressourcen (Abs. 4)

Eine angemessene Ausstattung der Datenschutzaufsichtsbehörden ist die **Voraussetzung für eine angemessene und effektive Aufgabenerfüllung**. Darauf hat der Gesetzgeber in Art. 52 Abs. 4 Wert gelegt, weil die Wirksamkeit der DS-GVO von ihrer praktischen Verwirklichung abhängt.[36] Dies betrifft auch die Ertüchtigung der Behörden zur Kooperation nach den Maßgaben der DS-GVO (Art. 52 Abs. 4 a.E.). **41**

Das Verständnis von **Ressourcen** ist weit und umfasst insbesondere Finanzmittel, Personal, Räumlichkeiten und Infrastruktur. Teils treffen Art. 52 Abs. 5 und 6 weitere Regelungen, die darauf fußen, dass die Ressourcen zur Verfügung stehen. **42**

Die von Art. 52 Abs. 4 vorgesehene Sicherung einer angemessenen Ausstattung der Datenschutzaufsichtsbehörden ist auch deshalb von erheblicher Bedeutung für die Wahrung der Unabhängigkeit, weil sie die **Grundlage für die Nutzung von Spielräumen** und der Setzung von Schwerpunkten bei der Aufgabenerfüllung darstellt. Zwar gibt es gem. Art. 58 eine Reihe von zu erfüllenden Aufgaben, diese stehen aber nicht in einer Rangfolge, so dass jede Datenschutzaufsichtsbehörde die Möglichkeit hat, eigene Akzente und Prioritäten zu setzen. **43**

V. Personal (Abs. 5)

Die Ausgestaltung der Datenschutzaufsichtsbehörden als organisatorisch eigenständige Einrichtungen und ihre **Personalhoheit** stärken die Unabhängigkeit und sind von ihr geschützt.[36] In der Bundesrepublik Deutschland sind der oder die Bundesbeauftragte oberste Bundesbehörde und viele Landesbeauftragte oberste Behörden des jeweiligen Landes. Im Hinblick auf die Eingliederung in die staatliche Ordnung bestehen Spielräume, um den Gegebenheiten des Bundes oder Landes Rechnung tragen zu können. **44**

Die **Personalauswahl** obliegt dem Mitglied bzw. den Mitgliedern. Im Rahmen der geltenden Regelungen für die Beschäftigten im öffentlichen Dienst sind die Auswahl und das Auswahlverfahren durchzuführen. Versuche von Einflussnahmen können aufgrund der Unabhängigkeit unberücksichtigt bleiben. **45**

---

36 *Albrecht/Jotzo* Das neue Datenschutzrecht, S. 114 (Teil 7 Rn. 5).

46 Grundlegende **Entscheidungen der Personalverwaltung** trifft das Mitglied der Aufsichtsbehörde, also der oder die Beauftragte. Nur dann „hat“ die Behörde eigenes Personal i.S.d. Art. 52 Abs. 5). Die von der Vorschrift angesprochene Leitung umfasst die Dienstaufsicht und die Fachaufsicht über das Personal der Datenschutzaufsichtsbehörde. Beamtenrechtliche Statusentscheidungen oder vertragliche Ausgestaltungen des Verhältnisses zu Tarifbeschäftigten obliegen der eigenständigen Grundentscheidung der Datenschutzaufsichtsbehörde. Dies steht der Mitbestimmung durch die Personalvertretung nicht entgegen.

47 Die **Verwaltungsorganisation** kann Prioritäten oder Schwerpunkte widerspiegeln, deren Festlegung das Mitglied der Datenschutzaufsichtsbehörde selbst vornimmt. Als Folge dieser Querbezüge kann sich die Datenschutzaufsichtsbehörde autonom organisieren. Die innere Organisation der Behörde bestimmt das Mitglied.

48 Die **administrative Durchführung** des Personalmanagements kann mit der Unterstützung anderer öffentlicher Stellen verwirklicht werden. Dabei geht es um die verwaltungstechnische Erleichterung der Abläufe. Dem Mitglied der Aufsichtsbehörde steht allerdings ein Zugriffs- und Rückholrecht zu, falls einzelne Maßnahmen den Rahmen der Unterstützung überschreiten sollten.

VI. Haushalt und Finanzen (Abs. 6)

49 Die **Finanzkontrolle** darf die Unabhängigkeit nicht beeinträchtigen. Prüfungen etwa durch den Rechnungshof sind dem Grunde nach zulässig. Sie haben aber spezifische Grenzen, die den Prüfungsumfang und die Prüfungstiefe betreffen können. Auch bei der Veröffentlichung der Ergebnisse muss auf die Unabhängigkeit Rücksicht genommen werden.

50 Jede Aufsichtsbehörde muss über einen **eigenen, öffentlichen, jährlichen Haushaltsplan** verfügen, der Teil des gesamten Staatshaushalts oder nationalen Haushalts sein kann (s. auch ErwG 119). Den Mitgliedstaat trifft die Verpflichtung, dies sicherzustellen. Aus Gründen der Transparenz des Handelns der Datenschutzaufsichtsbehörde ist es sinnvoll, auch ihre finanzielle Grundlage der Öffentlichkeit zur Verfügung zu stellen. Damit kann die Situation der Ressourcen eingeschätzt werden.

51 Zweifel daran, dass die Datenschutzaufsichtsbehörde über einen **eigenen** Haushaltsplan verfügt, können dann bestehen, wenn er Teil des Haushaltsplans einer anderen öffentlichen Stelle des Bundes oder des Landes ist, etwa des Landtages. Eine funktionale Auslegung führt dazu, dass dies zulässig ist, wenn die Unabhängigkeit nicht beeinträchtigt wird.[37]

52 Für die **Aufstellung** des Haushalts gelten grundsätzlich die allgemeinen Regeln, wenn sie nicht als Möglichkeit unbotmäßiger Einflussnahme genutzt werden können. Da der Haushaltsplan der Behörde in der Bundesrepublik Deutschland regelmäßig Teil des Haushalts des Bundes oder des Landes sein wird, ist er Teil des allgemeinen Verfahrens.

37 Sydow-*Ziebarth* Art. 52 Rn. 52.

C. Praxishinweise

I. Relevanz für öffentliche Stellen

Die Eingliederung der Datenschutzaufsichtsbehörde in den Staatsaufbau sollte nicht den Blick darauf verstellen, dass ihr **Entscheidungsbefugnisse auch gegenüber öffentlichen Stellen** zustehen. Diese beruhen auf der Unabhängigkeit und finden ihre Konkretisierung in Art. 58. **53**

II. Relevanz für nichtöffentliche Stellen

Durch die Unabhängigkeit soll sichergestellt werden, dass die Maßnahmen der Datenschutzaufsichtsbehörden den Zielen des Art. 1 verpflichtet sind. Sie werden nicht ergriffen, um vorrangig wirtschaftliche Ziele zu verfolgen. Dem Grunde nach führt dies **nicht zu Verzerrungen des Wettbewerbs**. Zwar können aufsichtsbehördliche Maßnahmen gegen Unternehmen deren wirtschaftliche Situation beeinflussen. Dies ist aber die Folge von Verletzungen des Datenschutzrechts durch den Verantwortlichen. **54**

III. Relevanz für betroffene Personen

Die Unabhängigkeit sichert das **Vertrauen** der betroffenen Personen darauf, dass ihre Grundrechte und Grundfreiheiten, insbesondere die Grundrechte auf Datenschutz und Privatheit nach Art. 7, 8 GRCh effektiv und angemessen geschützt werden. **55**

IV. Relevanz für Aufsichtsbehörden

Die Sicherung der Unabhängigkeit durch Art. 52 ist die **Magna Charta** für die Aufsichtsbehörden. Auf dieser grundlegenden Weichenstellung beruhen ihre Stellung, ihre weit reichenden Aufgaben (Art. 57) und ihre starken Befugnisse (Art. 58). **56**

V. Datenschutzmanagement

Als Partner für die unabhängige Aufsichtsbehörde steht von Seiten der Verantwortlichen der **Datenschutzbeauftragte** zur Verfügung (s. insbesondere Art. 39 Abs. 1 lit. d). Dieser Position sollte daher in der internen Organisation des Verantwortlichen hinreichendes Gewicht beigemessen werden. **57**

VI. Sanktionen

Die **Praxis** der Verhängung von Geldbußen und anderen Sanktionen kann sich zwischen den Datenschutzaufsichtsbehörden in gewissem Maße unterscheiden, da sie auch insoweit unabhängig sind. Allerdings bildet die DS-GVO einen ausgefeilten Rahmen, der vom Europäischen Datenschutzausschuss noch präzisiert werden kann. Immerhin ist ergänzend innerstaatliches Recht anzuwenden. **58**

Artikel 53 Allgemeine Bedingungen für die Mitglieder der Aufsichtsbehörde

(1) Die Mitgliedstaaten sehen vor, dass jedes Mitglied ihrer Aufsichtsbehörden im Wege eines transparenten Verfahrens ernannt wird, und zwar

- **vom Parlament,**
- **von der Regierung,**
- **vom Staatsoberhaupt oder**

- **von einer unabhängigen Stelle, die nach dem Recht des Mitgliedstaats mit der Ernennung betraut wird.**

(2) Jedes Mitglied muss über die für die Erfüllung seiner Aufgaben und Ausübung seiner Befugnisse erforderliche Qualifikation, Erfahrung und Sachkunde insbesondere im Bereich des Schutzes personenbezogener Daten verfügen.

(3) Das Amt eines Mitglieds endet mit Ablauf der Amtszeit, mit seinem Rücktritt oder verpflichtender Versetzung in den Ruhestand gemäß dem Recht des betroffenen Mitgliedstaats.

(4) Ein Mitglied wird seines Amtes nur enthoben, wenn es eine schwere Verfehlung begangen hat oder die Voraussetzungen für die Wahrnehmung seiner Aufgaben nicht mehr erfüllt.

- *ErwG: 121*
- *BDSG n.F.: §§ 11, 12*

Übersicht

Literatur: siehe auch Hinweise zu Art. 51; *Bull* Die „völlig unabhängige" Aufsichtsbehörde, Zum Urteil des EuGH vom 9.3.2010 in Sachen Datenschutzaufsicht, EuZW 2010, 488 ff.; *Petri/Tinnefeld* Völlige Unabhängigkeit der Datenschutzkontrolle, Demokratische Legitimation und unabhängige parlamentarische Kontrolle als moderne Konzeption der Gewaltenteilung, MMR 2010, 157 ff.; *Roßnagel* Unabhängigkeit der Datenschutzaufsicht, Zweites Gesetz zur Änderung des BDSG ZD 2015, 106 ff.; *Thomé* Die Unabhängigkeit der Bundesdatenschutzaufsicht, VuR 2015, 130 ff.; *Ziebarth* Demokratische Legitimation und Unabhängigkeit der deutschen Datenschutzbehörden, CR 2013, 60 ff.

A. Einordnung und Kontext

I. Erwägungsgründe

ErwG 121 wiederholt in Satz 1 den Inhalt des Art. 53 Abs. 1 und enthält Bestimmungen 1
zum **Vorschlagsrecht** zur Ernennung eines Mitglieds. Dieses können die Mitgliedstaaten durch Rechtsvorschriften der Regierung, einem Mitglied der Regierung, dem Parlament oder der Parlamentskammer einräumen. Zudem nimmt dieser ErwG auf Art. 53 Abs. 2 Bezug und sieht insoweit vor, dass die **allgemeinen Anforderungen an das Mitglied** durch Rechtsvorschriften von jedem Mitgliedstaat geregelt werden sollten.

II. BDSG n.F.

Die Ernennung, die Amtszeit und das Amtsverhältnis als „allgemeine Bedingungen" 2
i.S.d. Art. 53 für die **Bundesbeauftragte** oder den Bundesbeauftragten als Mitglied der Datenschutzaufsichtsbehörde des Bundes regeln die §§ 11 und 12 BDSG. Hinsichtlich der Ernennung und des Amtsverhältnisses der **Landesbeauftragten** als Aufsichtsbehörden der Länder in der Bundesrepublik Deutschland finden sich mangels Gesetzgebungskompetenz des Bundesgesetzgebers insoweit keinerlei Regelungen im BDSG.

1. Ernennung der oder des Bundesbeauftragten. Der Regelungsauftrag des Art. 53 3
Abs. 1 wird in § 11 Abs. 1 und § 12 Abs. 1 und 2 BDSG umgesetzt. Danach wählt der deutsche Bundestag auf Vorschlag der Bundesregierung die Bundesbeauftragte oder den Bundesbeauftragten mit mehr als der Hälfte der gesetzlichen Zahl seiner Mitglieder (§ 11 Abs. 1 S. 1 BDSG). Die **Ernennung** erfolgt durch die Bundespräsidentin oder den Bundespräsidenten (§ 11 Abs. 1 S. 2 BDSG). Dabei ist eine in § 11 Abs. 2 BDSG näher geregelte Eidesleistung vor der Bundespräsidentin oder dem Bundespräsidenten vorgesehen. Bei Ernennung wird eine Ernennungsurkunde ausgehändigt, mit der das zum Bund bestehende öffentlich-rechtliche Amtsverhältnis beginnt (§ 12 Abs. 1 und 2 S. 1 BDSG).

2. Voraussetzungen für die Ernennung der oder des Bundesbeauftragten. Welche 4
Voraussetzungen die oder der Bundesbeauftragte erfüllen muss, regelt § 11 Abs. 1 S. 3–5 BDSG. Die oder der Bundesbeauftragte muss bei der o.g. Wahl durch den Bundestag das 35. Lebensjahr vollendet haben (§ 11 Abs. 1 S. 3 BDSG). Auch muss die für die Erfüllung der Aufgaben und Ausübung der Befugnisse erforderliche Qualifikation, Erfahrung und Sachkunde insb. im Bereich des Schutzes personenbezogener Daten vorliegen (§ 11 Abs. 1 S. 4 BDSG). Insbesondere müssen die Befähigung zum Richteramt oder höheren Verwaltungsdienst sowie durch einschlägige Berufserfahrung erworbene Kenntnisse des Datenschutzrechts vorhanden sein (§ 11 Abs. 1 S. 5 BDSG).

3. Ende der Amtszeit der oder des Bundesbeauftragten. Nähere Regelungen zur 5
Amtszeit bzw. **zum Ende der Amtszeit** der bzw. des Bundesbeauftragten treffen die §§ 11 Abs. 3 und 12 Abs. 2 BDSG. Die Amtszeit und damit auch das öffentlich-rechtliche Amtsverhältnis enden mit dem Ablauf der Amtszeit – die grundsätzlich fünf Jahre mit der Möglichkeit zur einmaligen Wiederwahl beträgt (§ 11 Abs. 3 BDSG) –, dem Rücktritt oder der Amtsenthebung (§ 12 Abs. 2 S. 2 und 3 BDSG). Die Enthebung erfolgt durch die Bundespräsidentin oder den Bundespräsidenten auf Vorschlag der Präsidentin oder des Präsidenten des Bundestages, wenn die oder der Bundesbeauftragte eine schwere Verfehlung begangen hat oder die Voraussetzungen für die Wahrnehmung der Aufgaben nicht mehr erfüllt (§ 12 Abs. 2 S. 3 BDSG).

6 § 12 Abs. 2 BDSG enthält noch weitere Regelungen zum **Amtsverhältnis** in diesem Zusammenhang, wie die Übergabe einer Vollzugsurkunde durch die Bundespräsidentin oder den Bundespräsidenten bei Beendigung des Amtsverhältnisses oder der Amtsenthebung (§ 12 Abs. 2 S. 4 BDSG), wobei die Amtsenthebung erst mit der Aushändigung der Urkunde wirksam wird (§ 12 Abs. 2 S. 5 BDSG).

7 Die **Amtszeit der oder des Bundesbeauftragten** kann sich verlängern, wenn das Amtsverhältnis mit Ablauf der Amtszeit endet. Dann ist die oder der Bundesbeauftragte zum Führen der Geschäfte bis zur Ernennung einer Nachfolgerin oder eines Nachfolgers verpflichtet, wenn die Präsidentin oder der Präsident des Bundestages dazu ersucht; allerdings höchstens für die Dauer von 6 Monaten (§ 12 Abs. 2 S. 6 BDSG).

8 Darüber hinaus enthält § 12 Abs. 3 BDSG Regelungen zur **Stellvertretung** durch die leitende Beamtin oder den leitenden Beamten bei Verhinderung der oder des Bundesbeauftragten an der Ausübung des Amtes, Beendigung des Amtsverhältnisses oder fehlender Verpflichtung zur Weiterführung der Geschäfte.

III. Normgenese und Materialien

9 **1. Datenschutz-Richtlinie 95/46/EG (DSRL).** Bereits Art. 28 Abs. 1 DSRL sah die Errichtung einer **Kontrollstelle** für den Datenschutz vor, vor dem Hintergrund, dass ErwG 62 der DSRL die Einrichtung unabhängiger Kontrollstellen schon als ein wesentliches Element des Schutzes der Personen bei der Verarbeitung personenbezogener Daten bezeichnete. Allerdings waren dort keine weiteren Vorgaben bezüglich der Ernennung deren Mitglieder oder sonstiger Bedingungen enthalten.

10 **2. BDSG a.F.** Schon § 22 BDSG a.F. enthielt Vorschriften zur **Ernennung der oder des Bundesbeauftragten**, deren Voraussetzungen und zur Amtszeit. Das Vorschlagsrecht der Bundesregierung mit der anschließenden Wahl ohne Aussprache durch den Bundestag mit mehr als der Hälfte der gesetzlichen Mitglieder und der Ernennung durch den Bundespräsidenten bestand bereits (§ 22 Abs. 1 a.F.). Auch die **Ernennungsvoraussetzung** in Form der Vollendung des 35. Lebensjahres galt schon bislang (§ 22 Abs. 1 S. 2 BDSG a.F.). Nähere Anforderungen hinsichtlich Qualifikation, Erfahrung und Sachkunde der oder des Bundesbeauftragten waren allerdings bislang nicht geregelt.

11 Die **Amtszeit** betrug auch bislang fünf Jahre mit der Möglichkeit der **einmaligen Wiederwahl** (§ 22 Abs. 3 BDSG a.F.). Die Amtszeit endete mit Ablauf der Amtszeit oder mit der Entlassung, die entweder auf Verlangen der oder des Bundesbeauftragten erfolgte oder auf Vorschlag der Bundesregierung, wenn Gründe vorlagen, die bei einem Richter auf Lebenszeit die Entlassung aus dem Dienst rechtfertigen (§ 23 Abs. 1 S. 2 und 3 BDSG a.F.).

12 **3. Europäischer Datenschutzausschuss/WP 29.** Hinsichtlich der Stellung der unabhängigen Datenschutzaufsichtsbehörden verfügt der EDSA nur über begrenzte Befugnisse, da die Unabhängigkeit auch gegenüber dem EDSA besteht (s.o. Art. 51 Rn. 14 ff.). Zudem handelt es sich bei den Regelungen des Art. 53 (z.T. i.V.m. Art. 54) überwiegend um Regelungsaufträge an die Mitgliedstaaten, bei deren Erfüllung den Mitgliedstaaten gewisse Spielräume bleiben, die diese ohne weitere Vorgaben durch die europäische Ebene ausnutzen können. Aufgrund dessen ist keine große Einflussnahme durch den EDSA diesbezüglich zu erwarten.

B. Kommentierung

I. Regelungsinhalt und Hintergrund

Art. 53 enthält unter der Überschrift „**Allgemeine Bedingungen für die Mitglieder der Aufsichtsbehörde**“ Regelungen zum Ernennungsverfahren der Mitglieder, zu deren erforderlicher Qualifikation, Erfahrung und Sachkunde als Voraussetzungen der Ernennung, sowie zum Ende deren Amtszeit. Ergänzende Regelungen diesbzgl. bzw. diesbezügliche Regelungsaufträge an die Mitgliedstaaten finden sich in Art. 54. 13

Letztlich dienen diese Regelungen der Sicherstellung der **Unabhängigkeit der Aufsichtsbehörden**.[1] Zwar trifft Art. 53 nur Regelungen hinsichtlich der Mitglieder als Leitungsorgane der Aufsichtsbehörden. Aber die Unabhängigkeit der Aufsichtsbehörde hängt auch maßgeblich von der Unabhängigkeit ihres Mitglieds als Leitungsorgan ab.[2] 14

Mitglieder der Aufsichtsbehörde in diesem Sinne sind lediglich die **Leitungsorgane**, d.h. die Behördenspitzen.[3] Zwar wird dieser Begriff weder in der DS-GVO selbst, noch in den Erwägungsgründen definiert. Allerdings kann nach dem Sinn und Zweck lediglich die Behördenspitze gemeint sein und nicht das gesamte Personal der Aufsichtsbehörde. Denn dem Leitungsorgan obliegt letztlich die Sicherstellung der Erfüllung der Aufgaben und Ausübung der Befugnisse der Aufsichtsbehörde, so dass dessen Unabhängigkeit – die Art. 53 (i.V.m. Art. 54) sicherstellen soll – primär entscheidend ist für die Unabhängigkeit der Aufsichtsbehörde. Aus Art. 54 Abs. 2 ergibt sich zudem, dass die DS-GVO zwischen den Mitgliedern und den „Bediensteten“ unterscheidet. Auch die englische Fassung der DS-GVO unterscheidet zwischen „member“ und „staff“, sodass insoweit auch ein Übersetzungsfehler in Art. 54 Abs. 2 ausgeschlossen sein sollte.[4] Ferner bestätigt dies auch ErwG 121, der das Personal der Leitung des Mitglieds bzw. der Mitglieder der Aufsichtsbehörde unterstellt. 15

Der **Stellvertreter** eines Leitungorgans einer monokratisch organisierten Aufsichtsbehörde ist kein Mitglied in diesem Sinne (s. auch Art. 54 Rn. 30).[5] Der Stellvertreter muss daher nicht ein mit Art. 53 konformes Ernennungsverfahren durchlaufen und nicht zwingend die in Art. 53 Abs. 2 genannten Voraussetzungen erfüllen. Anders ist dies bei kollegial organisierten Leitungsorganen der Aufsichtsbehörden mit mehreren gleichrangig nebeneinander stehenden Leitungsorganen; diese sind jeweils Mitglieder i.S.d. Art. 53. Im deutschen Gefüge der Datenschutzaufsichtsbehörden, die allesamt monokratisch organisiert sind, ist folglich immer nur ein Mitglied i.S.d. Art. 53 vorhanden. Eine ggf. erforderliche demokratische Legitimation (Rn. 22) der Stellvertreter aufgrund der Tatsache, dass er im Vertretungsfalle ebenso großen Einfluss hat wie das Mitglied selbst, wird durch eine Ernennung vom Mitglied selbst infolge einer Legitimationskette ausreichend vermitelt.[6] 16

---

1 Zur Unabhängigkeit siehe Art. 51 u. 52.

2 So auch *Ziebarth* CR 2013, 60, 63.

3 So auch *Kühling/Martini* u.a. Die Datenschutz-Grundverordnung und das nationale Recht, S. 124.

4 So auch i.Erg. BeckOK DatenSR-*Schneider* Art. 53 Rn. 2.

5 A.A. Paal/Pauly-*Körffer* Art. 54 Rn. 3; zu der Möglichkeit einer Stellvertreterregelung im nationalen Recht siehe Art. 54 Rn. 33.

6 *Ziebarth* CR 2016, 60, 65; Sydow-*Ziebarth* Art. 54 Rn. 32.

II. Ernennung der Mitglieder der Aufsichtsbehörden (Abs. 1)

17 **1. Grundzüge.** Art. 53 Abs. 1 steht in engem Zusammenhang mit Art. 54 Abs. 1 lit. c, der den Mitgliedstaaten auferlegt Vorschriften und Verfahren für die Ernennung des Mitglieds oder der Mitglieder jeder Aufsichtsbehörde zu erlassen bzw. zu regeln. Art. 53 Abs. 1 i.V.m. Art. 54 Abs. 1 lit. c enthält den **obligatorischen Regelungsauftrag**[7] an die Mitgliedstaaten, durch Rechtsvorschriften die Ernennung der Mitglieder der Aufsichtsbehörden – insb. auch das Verfahren der Ernennung – zu regeln. Die Mitgliedstaaten sind hinsichtlich der Ausgestaltung ihrer Regelungen nicht völlig frei – wie es bei alleiniger Betrachtung des Art. 54 Abs. 1 lit. c zunächst scheint –, vielmehr haben sie nur einen gewissen Regelungsspielraum, den Art. 53 Abs. 1 vorgibt. Sie haben insb. ein transparentes Verfahren sicherzustellen und die Ernennung muss durch eine der vier in Art. 53 Abs. 1 genannten Stellen (Parlament, Regierung, Staatsoberhaupt oder unabhängige Stelle) erfolgen.

18 **2. Transparenz.** Art. 53 Abs. 1 gibt den Mitgliedstaaten vor, dass die **Ernennung** in einem **transparenten Verfahren** zu erfolgen hat. Doch was unter einem transparenten Verfahren zu verstehen ist, ergibt sich weder aus Art. 53 noch aus sonstigen Vorschriften der DS-GVO oder den Erwägungsgründen. Transparenz bedeutet Durchsichtigkeit, Nachvollziehbarkeit.[8] Erforderlich ist also ein durchsichtiges, nachvollziehbares Verfahren. Daraus ergibt sich, dass sich zumindest die interessierte Öffentlichkeit über wesentliche Schritte des Verfahrens informieren können muss.[9] Zudem muss die Auswahl anhand objektiver Kriterien vorgenommen werden.[10]

19 **Transparenzfördernd** sind z.B. eine öffentliche Ausschreibung des Amtes, eine öffentliche Bewerberliste, aber auch öffentliche Anhörungen der Kandidaten im Rahmen des Ernennungsverfahrens.[11] Insbesondere bei öffentlichen Anhörungen besteht allerdings die Gefahr, dass die zukünftigen Mitglieder bereits vor Amtsantritt durch eine öffentliche Personaldiskussion Schaden nehmen können.[12] Auch die in Art. 53 Abs. 2 festgelegten Ernennungsvoraussetzungen fördern die Nachvollziehbarkeit einer getroffenen Entscheidung und damit die Transparenz des Verfahrens. Ein Bsp. für ein transparentes Verfahren ist das Ernennungsverfahren des Europäischen Datenschutzbeauftragten, das eine Entscheidung auf Grundlage einer im Anschluss an eine öffentliche Aufforderung zur Einreichung von Bewerbungen erstellten Liste vorsieht (Art. 42 Abs. 1 VO Nr. 45/2001).[13]

---

7 *Kühling/Martini* u.a. Die Datenschutz-Grundverordnung und das nationale Recht S. 166.

8 https://www.duden.de/rechtschreibung/transparent, zuletzt abgerufen am 19.10.2017, 07:33.

9 *Kühling/Martini* u.a. Die Datenschutz-Grundverordnung und das nationale Recht, S. 165 meint, dass Transparenz in diesem Sinne vor allem Nachvollziehbarkeit für den Bürger bedeute.

10 Näher dazu Ehmann/Selmayr-*Selmayr* Art. 53 Rn. 5 und Gola-*Nguyen* Art. 53 Rn. 2.

11 Ehmann/Selmayr-*Selmayr* Art. 53 Rn. 5 hält zumindest eine öffentlich zugängliche Stellenausschreibung für erforderlich, a.A. Sydow-*Ziebarth* Art. 55 Rn. 8.

12 Siehe *Kühling/Martini u.a.* Die Datenschutz-Grundverordnung und das nationale Recht, S. 168, 169.

13 Laut Ehmann/Selmayr-*Selmayr* Art. 53 Rn. 5 hat das Ernennungsverfahren des Europäischen Datenschutzbeauftragten „Maßstabsfunktion".

3. Ernennungsstelle. Die **Ernennung** der Mitglieder ist explizit nur hochrangigen Stellen der Mitgliedstaaten vorbehalten. Dabei meint Ernennung sowohl den formalen Akt als solchen als auch die dahinterstehende materielle Auswahlentscheidung.[14] Doch welche Stelle in den einzelnen Staaten konkret damit betraut wird, wird den Mitgliedstaaten überlassen. Sie haben die **Wahl zwischen den vier aufgeführten Stellen** – haben dieses Wahlrecht infolge des obligatorischen Regelungsauftrages aber auch auszuüben. Möglich ist auch das Zusammenwirken mehrerer genannter Stellen zur Ernennung des Mitglieds (Rn. 23).[15] **20**

Möglich ist daher die Ernennung sowohl durch die **Legislative** als auch durch die **Exekutive**. Zwar wird teilweise eine Bestellung alleine durch die Exekutive als möglicherweise nicht zulässig erachtet.[16] Allerdings lässt die DS-GVO dies ausdrücklich zu, so wie auch schon der EuGH[17] zuvor unter Geltung der DSRL. **21**

Dass es ein **Vorschlagsrecht** geben und wem ein solches zustehen sollte, ergibt sich aus dem ErwG 121. Auch dieses sollte grundsätzlich hochrangigen Stellen vorbehalten sein, nämlich der Regierung, einem Mitglied der Regierung, dem Parlament oder einer Parlamentskammer. **22**

4. Im BDSG geregeltes Ernennungsverfahren der oder des Bundesbeauftragten.

Das BDSG involviert, wie auch bereits bislang, **mehrere Stellen** in das **Ernennungsverfahren** der oder des Bundesbeauftragten – Vorschlagsrecht der Regierung mit anschließender Wahl durch den Bundestag und förmlicher Ernennung durch die Bundespräsidentin oder den Bundespräsidenten. Dies lässt die DS-GVO auch zu.[18] Zwar könnte man aufgrund des Wortlautes des Art. 53 Abs. 1 annehmen (insb. aufgrund des Wortes „oder"), dass nur eine der genannten Stellen mit der Ernennung betraut werden kann. Diese Auslegung wäre allerdings zu streng. Die DS-GVO zielt primär darauf ab, ein transparentes Verfahren sicherzustellen und dabei die Ernennung hochrangigen Stellen vorzubehalten. Dies wird jedenfalls auch bei einer Ernennung unter Involvierung des Bundestages in Form einer Wahl mit der anschließenden Ernennung durch die Bundespräsidentin oder den Bundespräsidenten als rechtsförmlichen Akt sichergestellt. **23**

Hinsichtlich der oder des Bundesbeauftragten wurde das **Vorschlagsrecht** – wie auch bislang – der Bundesregierung übertragen und damit einer der in ErwG 121 genannten Stellen. **24**

Nach einem Vorschlag durch die Bundesregierung erfolgt die Wahl durch den Bundestag (§ 11 Abs. 1 S. 1 BDSG), der als das Parlament insoweit als (ein) in Art. 53 Abs. 1 genanntes Ernennungsorgan fungieren kann. Diese Wahl erfolgt in Deutschland aufgrund der infolge des Art. 20 Abs. 2 GG erforderlichen **demokratischen Legi-** **25**

---

14 Siehe zu dieser Unterscheidung näher Sydow-*Ziebarth* Art. 53 Rn. 5 ff.

15 So auch *Kühling/Martini* u.a. Die Datenschutz-Grundverordnung und das nationale Recht, S. 168 u. Sydow-*Ziebarth* Art. 55 Rn. 9.

16 So z.B. *Petri/Tinnefeld* MMR 2010, 157, 160, da insoweit die kontrollierende von der kontrollierten Stelle abhängig sei.

17 *EuGH* v. 9.3.2010 – C-518/07, ECLI:EU:C:2010:125, Kommission/Deutschland Rn. 44.

18 So auch *Kühling/Martini* u.a. Die Datenschutz-Grundverordnung und das nationale Recht, S. 168 und Sydow-*Ziebarth* Art. 55 Rn. 9.

timation der Aufsichtsbehörde.[19] Denn staatliche Gewalt bedarf der demokratischen Legitimation, wobei sich die personelle Legitimation durch Direktwahl durch das Volk oder aus einer Legitimationskette, z.B. durch Wahl durch das durch Direktwahl zuständige kommunale Parlament, ergeben kann.[20] Auch bei einer Ernennung durch die Regierung wäre die erforderliche personelle Legitimation (infolge einer Legitimationskette) noch hergestellt.[21] Aufgrund dieser erforderlichen Legitimation würde sich allerdings in Deutschland die durch die DS-GVO ebenfalls als möglich vorgesehene Ernennung durch eine unabhängige Stelle schwierig gestalten.[22]

26 Die Ernennung als der **rechtsförmliche Akt** erfolgt nach dem BDSG – wie auch schon bislang – durch die Bundespräsidentin oder den Bundespräsidenten (§ 11 Abs. 1 S. 2 BDSG) und damit auch durch eine in Art. 53 Abs. 1 ausdrücklich aufgeführte Stelle. Bei den Regelungen zur Ablegung des **Amtseids** vor der Bundespräsidentin oder dem Bundespräsidenten (§ 11 Abs. 2 BDSG) und Aushändigung der Ernennungsurkunde (§ 12 Abs. 2 S. 1 BDSG) handelt es sich um weitere zulässige Konkretisierungen des Ernennungsvorgangs[23] bzw. um Vorschriften zum Verfahren der Ernennung im Sinne des Art. 54 Abs. 1 lit. c i.V.m. Art. 53 Abs. 1).

27 Das Verfahren der Ernennung der oder des Bundesbeauftragten ist durch die Wahl durch den Bundestag (§ 11 Abs. 1 S. 1 BDSG) und der bestehenden **Parlamentsöffentlichkeit** zumindest zum Teil durchsichtig. Das Verfahren könnte allerdings durch eine öffentliche Aussprache oder auch öffentliche Anhörung vor der Wahl transparenter gestaltet werden, allerdings bestünde dabei die Gefahr, dass die oder der zukünftige Bundesbeauftragte bereits vor Amtsantritt durch eine öffentliche Personaldiskussion Schaden nehmen könnte.[24] Transparenzfördernd wäre allerdings zumindest die Regelung einer zwingenden öffentlichen Ausschreibung gewesen. Trotz dieser letztlich eingeschränkten, aber dennoch vorhandenen **Transparenz** der Ernennung der oder des Bundesbeauftragten liegt eine zulässige Verfahrenskonkretisierung durch den Bundesgesetzgeber vor.[25]

28 Aus diesen Regelungen auf Bundesebene folgt nicht, dass die **Landesgesetzgeber** der Bundesrepublik das Vorschlagsrecht für die Datenschutzbeauftragten der Länder auch zwingend auf die Landesregierungen zu übertragen hätten und auch das übrige Verfahren entsprechend dem Wahlverfahren der oder den Bundesbeauftragten zu

19 Paal/Pauly-*Körffer* Art. 53 Rn. 2; *Roßnagel* ZD 2015, 106, 108; *Bull* EuZW 2010, 488, 489 sieht dadurch nur die institutionelle Legitimation gewährleistet, hat aber Zweifel an der sachlich-inhaltlichen Legitimation des Handelns der Aufsichtsbehörden; a.A. *Ziebarth* CR 2013, 60, 62, der explizit auch die sachlich-inhaltliche Legitimation für gegeben hält aufgrund der Möglichkeit des Beschreitens des Rechtsweges und der Kontrollfunktion des Parlaments.

20 Siehe dazu näher *Ziebarth* CR 2013, 60, 61.

21 A.A. *Ziebarth* CR 2013, 60, 63 und Sydow-*Ziebarth* Art. 53 Rn. 11.

22 Siehe dazu Sydow-*Ziebarth* Art. 53 Rn. 9 und auch Gola-*Nguyen* Art. 53 Rn. 2, der eine Ernennung durch eine unabhängige Stelle nur dann für zulässig hält, wenn diese Stelle ihrerseits über ausreichende demokratische Legitimation verfügt.

23 *Kühling/Martini* u.a. Die Datenschutz-Grundverordnung und das nationale Recht, S. 411.

24 So auch *Kühling/Martini* u.a. Die Datenschutz-Grundverordnung und das nationale Recht, S. 168, 169 mit detaillierteren Ausführungen.

25 So auch *Kühling/Martini* u.a. Die Datenschutz-Grundverordnung und das nationale Recht, S. 411.

regeln hätten. Vielmehr sind die Landesgesetzgeber aufgrund des **Föderalismus** im Rahmen der durch die DS-GVO eröffneten Regelungsspielräume frei in der Festlegung.[26]

III. Voraussetzungen für die Ernennung (Abs. 2)

29 Art. 53 Abs. 2 enthält dem Wortlaut zufolge keinen Regelungsauftrag an die Mitgliedstaaten (ein solcher ergibt sich allerdings aus Art. 54 Abs. 1 lit. b, was ErwG 121 nochmals bestätigt, Rn. 32), sondern regelt direkt und zunächst scheinbar abschließend die **Voraussetzungen, die die Mitglieder der Aufsichtsbehörden zu erfüllen haben**; nämlich das Verfügen über die für die Erfüllung der Aufgaben und Ausübung der Befugnisse erforderliche Qualifikation, Erfahrung und Sachkunde insb. im Bereich des Schutzes personenbezogener Daten. Eindeutig ist, dass diese Voraussetzungen **kumulativ** und nicht lediglich alternativ vorliegen müssen. Dies ergibt sich bereits aus dem Wortlaut („und"). Dass das Mitglied Gewähr für seine Unabhängigkeit zu bieten hat, ist eine ungeschriebene Voraussetzung, die sich jedoch aus dem allgemeinen Erfordernis der Unabhängigkeit der Aufsichtsbehörden ableiten lässt.[27] Denn die Unabhängigkeit der Aufsichtsbehörde hängt auch maßgeblich von der Unabhängigkeit des Mitglieds ab (Rn. 14).

30 Durch diese Vorgabe soll sichergestellt werden, dass die Mitglieder auch **geeignet** sind, den aufsichtsbehördlichen Aufgaben nachzukommen und die Befugnisse auszuüben.[28] Damit dient sie der Sicherung der Qualität der Arbeit und letztlich der Effektivität des Grundrechtsschutzes, trägt aber auch insoweit zur **Unabhängigkeit** bei, als dass nicht nur politisch genehme, sondern nur (auch) fachlich geeignete Personen ernannt werden dürfen.[29] Aufgrund dieser Voraussetzungen sollte es zukünftig jedenfalls nicht mehr möglich sein, Personen ohne explizite datenschutzrechtliche Kenntnisse und ohne einschlägige Vorerfahrung zum Leiter einer Aufsichtsbehörde zu ernennen. Dies war bisweilen anders, da weder die DSRL noch das BDSG a.F. eine derartige Fachkunde erforderten.[30]

31 Unter **Sachkunde** versteht man das Vorhandensein von Kenntnissen im relevanten Bereich; dies heißt hier Kenntnisse des Datenschutzrechts und der Datensicherheit. **Qualifikation** in diesem Sinne geht darüber noch hinaus und erfordert eine vorhandene Befähigung zur Ausübung des Amtes als Leitungsperson der Aufsichtsbehörde aufgrund einer entsprechenden Ausbildung. Führungsqualitäten sind auch erforderlich. **Erfahrung** ist die vorhandene Kenntnis aufgrund vorangegangener Tätigkeiten im datenschutzrechtlichen Bereich.[31]

32 Indem Art. 54 Abs. 1 lit. b den Mitgliedstaaten auferlegt, durch Rechtsvorschriften die erforderlichen Qualifikationen und sonstigen Voraussetzungen für die Ernennung zum Mitglied zu regeln, ergibt sich jedoch – trotz der zunächst scheinbar abschließen-

---

26 Vgl. Ehmann/Selmayr-*Selmayr* Art. 53 Rn. 7, der eine „optionale Pluralität der Ernennungsverfahren" für möglich hält.
27 So i.Erg. auch Ehmann/Selmayr-*Selmayr* Art. 53 Rn. 9.
28 So auch *Kühling/Martini* u.a. Die Datenschutz-Grundverordnung und das nationale Recht, S. 165.
29 Sydow-*Ziebarth* Art. 53 Rn. 18 mwN.
30 Näheres dazu Ehmann/Selmayr-*Selmayr* Art. 53 Rn. 8.
31 Siehe näher zu diesen Begriffen auch Ehmann/Selmayr-*Selmayr* Art. 53 Rn. 8.

den Regelung des Art. 53 Abs. 2 – ein expliziter **Regelungsauftrag** an die Mitgliedstaaten in diesem Zusammenhang. Dies bestätigt auch ErwG 121, der vorsieht, dass die allgemeinen Anforderungen an das Mitglied durch Rechtsvorschriften von jedem Mitgliedstaat geregelt werden sollten. Dies ist auch sinnvoll, da es sich bei den genannten Voraussetzungen um unbestimmte Rechtsbegriffe handelt, deren Konkretisierung der Sicherung eines nachvollziehbaren Verfahrens dient.[32] Von den Mitgliedstaaten können aber auch aufgrund Art. 54 Abs. 1 lit. b noch **weitere Ernennungsvoraussetzungen**, die nicht die Sachkunde, Qualifikation und Erfahrung betreffen, geregelt werden.[33]

33 Mögliche **Konkretisierungen der Begriffe** Qualifikation, Erfahrung und Sachkunde könnten z.B. durch Regelungen der notwendigen Ausbildung(en) erfolgen. Es kommt auch eine Regelung dahingehend in Betracht, dass als Mitglied nur ernannt werden darf, wer zuvor zumindest Leiter eines Bereichs einer Datenschutzaufsichtsbehörde oder Stellvertreter eines Mitglieds war.[34] Auch Art. 42 Abs. 2 VO Nr. 45/2001 sieht hinsichtlich des Europäischen Datenschutzbeauftragten vor, dass dieser über eine herausragende Erfahrung und Sachkunde für die Erfüllung der Aufgaben des **Europäischen Datenschutzbeauftragten** zu verfügen hat, „wie beispielsweise die gegenwärtige oder frühere Tätigkeit in einer Kontrollstelle nach Artikel 28 der Richtlinie 95/46/EG". Gerade aufgrund der Tatsache, dass die DSRL – deren Nachfolger die DS-GVO ist – das Gegenstück der VO Nr. 45/2001 ist, und den beiden dasselbe Konzept zugrunde liegt, was dazu führt, dass die Bestimmungen grundsätzlich homogen auszulegen sind[35], sollte eine Konkretisierung durch die Mitgliedstaaten in Anlehnung an Art. 42 Abs. 2 VO Nr. 45/2001 in Betracht gezogen werden.

34 Die Regelung sonstiger Voraussetzungen – neben der Qualifikation, Erfahrung und Sachkunde – darf nicht grenzenlos erfolgen. Insbesondere bildet das Erfordernis der Unabhängigkeit der Aufsichtsbehörde eine Grenze.[36] Zudem darf auch **keine unzulässige Diskriminierung** erfolgen. Deshalb dürfte jedenfalls das Innehaben einer bestimmten Staatsangehörigkeit nicht zu einer Ernennungsvoraussetzung gemacht werden.[37]

35 Der Bundesgesetzgeber ist dem Regelungsauftrag des Art. 54 Abs. 1 lit. b i.V.m. Art. 53 Abs. 2 für die Bundesbeauftragte oder den Bundesbeauftragten mit § 11 Abs. 1 S. 3 bis 5 BDSG teilweise nachgekommen. Er hat dabei allerdings die unbestimmten Rechtsbegriffe Qualifikation, Erfahrung und Sachkunde nicht erheblich konkretisiert, sondern diese zunächst lediglich wiederholt, was angesichts des **Wiederholungsverbo-**

---

32 Auch *Kühling/Martini* u.a. Die Datenschutz-Grundverordnung und das nationale Recht, S. 166 verlangt eine Konkretisierung und operable Gestaltung des Art. 53 Abs. 2.

33 So auch Sydow-*Ziebarth* Art. 53 Rn. 21 u. Ehmann/Selmayr-*Selmayr* Art. 53 Rn. 10.

34 Zu der Frage, welche Konkretisierungen insoweit möglich sind, näher Ehmann/Selmayr-*Selmayr* Art. 53 Rn. 10 und Art. 54 Rn. 9; *Thomé* VuR 2015, 130, 133 schlägt z.B. vor regelbeispielhaft zu regeln, dass eine Person aus dem Kreis derer gewählt werden sollte, die bereits eine Kontrollstelle auf Landesebene zumindest stellvertretend geleitet haben. Kühling/Buchner-*Boehm* Art. 54 Rn. 9 dagegen meint, dass eine genaue Festlegung des Anforderungsprofils wohl nicht möglich sein wird aufgrund der unterschiedlichen Aufgaben der Mitglieder.

35 *EuGH* v. 9.3.2010 – C-518/07, ECLI:EU:C:2010:125, Kommission/Deutschland Rn. 26 u. 28.

36 Ehmann/Selmayr-*Selmayr* Art. 53 Rn. 10.

37 Siehe dazu näher Ehmann/Selmayr-*Selmayr* Art. 53 Rn. 10.

tes[38] problematisch ist. Zulässige Konkretisierungen sind lediglich dahingehend erfolgt, dass die Befähigung zum Richteramt oder höheren Verwaltungsdienst sowie durch einschlägige Berufserfahrung erworbene Kenntnisse des Datenschutzrechts vorhanden sein müssen.

Außerdem wurde die schon nach dem BDSG a.F. bestehende **Altersgrenze** beibehalten, obwohl dies weder ein Qualifikations-, Erfahrungs- oder Sachkundemerkmal ist. Die Altersgrenze ist gerade keine Gewähr für Erfahrung. Zwar können grundsätzlich solche weiteren Voraussetzungen, die nicht die Sachkunde, Qualifikation und Erfahrung betreffen, geregelt werden (s.o. Rn. 32). Allerdings handelt es sich bei der Altersgrenze um eine **unzulässige Altersdiskriminierung**, da keine sachliche Rechtfertigung für eine solche Regelung ersichtlich ist.[39] **36**

Diese Regelungen zu den Ernennungsvoraussetzungen der oder des Bundesbeauftragten sind mangels hinreichender Konkretisierungen insgesamt wohl nicht ausreichend, gerade unter dem Gesichtspunkt, dass eine klare Regelung der Voraussetzungen Bedingung dafür ist, dass der Kreis der möglichen Kandidaten feststeht und nicht willkürlich politisch gestaltet wird.[40] **37**

IV. Ende der Amtszeit (Abs. 3 und 4)

1. Regelungsinhalt und Hintergrund. Art. 53 Abs. 3 und 4 enthalten Regelungen zum **Ende der Amtszeit** der Mitglieder. Hintergrund dieser Regelungen ist, dass es zur Sicherung der **Unabhängigkeit eines Mitglieds** erforderlich ist, genau zu bestimmen, in welchen konkreten Fällen es zur Beendigung der Amtszeit kommt.[41] Unabhängig ist ein Mitglied nämlich dann nicht, wenn es jederzeit gegen seinen Willen abberufen werden kann, da es möglicherweise sodann – um eine Abberufung zu verhindern – dem Willen Anderer ggf. Folge leistet.[42] **38**

2. Reguläre Beendigung der Amtszeit (Abs. 3). Die Gründe der **regulären Beendigung der Amtszeit** sind in Art. 53 Abs. 3 abschließend geregelt: Ablauf der Amtszeit, Rücktritt des Mitglieds oder verpflichtende Versetzung in den Ruhestand gemäß dem Recht des betroffenen Mitgliedstaats. Weitere Gründe zur regulären Beendigung der Amtszeit können die Mitgliedstaaten aufgrund dessen nicht eigenständig regeln. Ein ungeschriebener Grund der regulären Amtsbeendigung dürfte aber der Tod des Mitglieds sein.[43] **39**

Das diesbezügliche Verfahren ist in der DS-GVO allerdings nicht geregelt, insoweit ist eine Spezifizierung zulässig und geboten.[44] Teilweise wird vertreten Art. 53 Abs. 3 ent- **40**

38 *EuGH* v. 28.3.1985 – C-272/83, ECLI:EU:C:1985:147, Kommission/Italien Rn. 27.

39 A.A. *Kühling/Martini* u.a. Die Datenschutz-Grundverordnung und das nationale Recht, S. 169 Fn. 263, der das Mindestlebensalter als Teil der Lebenserfahrung sieht, die Voraussetzung für eine fachliche Bewältigung der Aufgabe sei. Zweifel an der Zulässigkeit der Altersgrenze haben auch Kühling/Buchner-*Boehm* Art. 53 Rn. 15 u. Sydow-*Ziebarth* Art. 53 Rn. 39.

40 Siehe Sydow-*Ziebarth* Art. 54 Rn. 15.

41 Siehe *Petri/Tinnefeld* MMR 2010, 157, 160.

42 *EuGH* v. 8.4.2014 – C-288/12, ECLI:EU:C:2014:237, Kommission/Ungarn Rn. 54; *Ziebarth* CR 2013, 60, 64 m.w.N.

43 Ehmann/Selmayr-*Selmayr* Art. 53 Rn. 11.

44 Ehmann/Selmayr-*Selmayr* Art. 53 Rn. 2.

halte aufgrund des Zusatzes am Ende „gemäß dem Recht des betroffenen Mitgliedstaats“ eine Öffnungsklausel zur weiteren Konkretisierung des **Verfahrens der Beendigung**.[45] Allerdings bezieht sich dieser Zusatz lediglich auf den letztgenannten Grund der Versetzung in den Ruhestand. Denn eine **Öffnungsklausel** zur Regelung des Verfahrens ergibt sich insoweit aus Art. 54 Abs. 1 lit. f letzter Hs., der den Mitgliedstaaten auferlegt Regelungen zur Beendigung des Beschäftigungsverhältnisses zu treffen[46] – sowohl für den Fall der regulären als auch der außerordentlichen Beendigung. Dabei meint Beschäftigungsverhältnis in diesem Sinne nicht lediglich das Verhältnis der Bediensteten zu der Aufsichtsbehörde, sondern auch das des Mitglieds als Leitungsorgan (Art. 54 Rn. 55).

41 Der Grund der Beendigung des Amtes infolge des **Ablaufs der Amtszeit** steht eng im Zusammenhang mit dem Regelungsauftrag des Art. 54 Abs. 1 lit. d an die Mitgliedstaaten, die Amtszeit zu regeln, die mindestens vier Jahre zu betragen hat (Art. 54 Rn. 42 ff.). **Rücktritt** des Mitglieds i.d.S. kann aufgrund des Erfordernisses der Unabhängigkeit nur den freiwilligen Rücktritt meinen.

42 Aufgrund der abschließenden Regelung in Art. 53 Abs. 3 enthält das BDSG keine zusätzlichen Gründe zur **regulären Beendigung des Amtes der oder des Bundesbeauftragten**. Es wiederholt in § 12 Abs. 2 S. 1 BDSG lediglich, dass das Amtsverhältnis mit Ablauf der Amtszeit oder mit dem Rücktritt endet, was angesichts des grundsätzlich geltenden **Wiederholungsverbotes**[47] zunächst bedenklich erscheint. Letztlich dürfte diese Wiederholung allerdings zulässig sein, um die im Rahmen der Öffnungsklausel des Art. 54 Abs. 1 lit. f getroffenen Regelungen zum Verfahren der Beendigung und des in Deutschland nicht bestehenden Beendigungsgrundes der verpflichtenden Versetzung in den Ruhestand verständlich zu halten (ErwG 8). Die **verpflichtende Versetzung in den Ruhestand** wurde vom Bundesgesetzgeber bewusst nicht in das nationale Gesetz übernommen, da eine solche Versetzung wegen der Ausgestaltung der oder des Bundesbeauftragten als öffentlich-rechtliches Amtsverhältnis eigener Art nicht in Betracht kommt.[48]

43 Zulässige **Verfahrensregelungen zur regulären Beendigung des Amtes** enthält § 12 Abs. 2 S. 4 BDSG, dem zufolge die oder der Bundesbeauftragte bei Beendigung des Amtsverhältnisses von der Bundespräsidentin oder dem Bundespräsidenten die vollzogene Urkunde erhält. Auch insoweit als § 12 Abs. 2 S. 6 BDSG vorsieht, dass die oder der Bundesbeauftragte bei Beendigung des Amtsverhältnisses mit Ablauf der Amtszeit auf Ersuchen der Präsidentin oder des Präsidenten des Bundestags verpflichtet ist, die Geschäfte bis zur Ernennung einer Nachfolgerin oder eines Nachfolgers für die Dauer von höchstens sechs Monaten weiterzuführen ist, dürfte es sich um eine zulässige Verfahrensregelung im Rahmen der Öffnungsklauseln von Art. 54 Abs. 1 lit. d und f handeln (Art. 54 Rn. 44). Auch wenn die **demokratische Legitimation** eines gewählten Mitglieds mit Zeitablauf abnimmt, dürfte diese mögliche **faktische Verlängerung** von sechs Monaten einer fünfjährigen **Amtszeit** noch ausreichend legitimiert sein. Problematisch ist allerdings, dass keine Regelung für den Fall vorgese-

---

45 So wohl BeckOK DatenSR-*Schneider* Art. 53 Rn. 8.

46 So auch *Kühling/Martini* u.a. Die Datenschutz-Grundverordnung und das nationale Recht, S. 167.

47 *EuGH* v. 28.3.1985 – C-272/83, ECLI:EU:C:1985:147, Kommission/Italien Rn. 27.

48 BT-Drucks. 18/11325, S. 85.

hen ist, dass nach Ablauf der sechs Monate noch keine Nachfolgerin bzw. kein Nachfolger im Amt ist.

44 **3. Außerordentliche Beendigung der Amtszeit durch Enthebung (Abs. 4).** Art. 53 Abs. 4 regelt die Gründe für eine **außerordentliche Beendigung der Amtszeit** durch Enthebung abschließend. Möglich ist eine **Enthebung** nur, wenn das Mitglied eine schwere Verfehlung begangen hat oder die Voraussetzungen für die Wahrnehmung seiner Aufgaben nicht mehr erfüllt. Die Gründe sind damit dieselben, die für die Enthebung des Europäischen Bürgerbeauftragten nach Art. 228 Abs. 2 AEUV bzw. für die Enthebung der Mitglieder der Europäischen Kommission nach Art. 247 AEUV erforderlich sind. Angesichts der erheblichen Folgen einer derartigen Amtsenthebung, sind die Gründe restriktiv auszulegen.[49] Eine rein politische Abwahl – auch durch eine (qualifizierte) Parlamentsmehrheit ist damit jedenfalls nicht (mehr) möglich.[50]

45 Auch diese Regelung ist lediglich bezüglich der Gründe abschließend, es finden sich allerdings keine **Verfahrensregeln** in der DS-GVO, sodass auch insoweit eine Spezifizierung zulässig und geboten ist. Zumindest ist zu regeln, wer über die Amtsenthebung zu entscheiden hat. Im Kommissionsentwurf war zur Amtsenthebung noch ein Gerichtsbeschluss vorgesehen, was in der Folge der Verhandlungen über den Text der DS-GVO allerdings gestrichen wurde.[51] Eine **Öffnungsklausel** zur Regelung des Verfahrens ergibt sich auch bezüglich der außerordentlichen Beendigung des Amtes aus Art. 54 Abs. 1 lit. f letzter Hs., der den Mitgliedstaaten auferlegt, Regelungen zur Beendigung des Beschäftigungsverhältnisses zu treffen.[52] Dabei meint Beschäftigungsverhältnis in diesem Sinne nicht lediglich das Verhältnis der Bediensteten zu der Aufsichtsbehörde, sondern auch das des Mitglieds als Leitungsorgan (Art. 54 Rn. 55).

46 Es genügt keine einfache Verletzung von Pflichten des Mitglieds um eine **schwere Verfehlung** i.d.S. anzunehmen, sondern es bedarf einer erheblichen Pflichtverletzung. Ansonsten könnten die Mitgliedstaaten durch erhebliche Konkretisierungen der Pflichten der Mitglieder im Rahmen der Öffnungsklausel des Art. 54 Abs. 1 lit. f eine Amtsenthebung erleichtern.[53] Allerdings muss es sich nicht zwingend um eine schwere Dienstverfehlung handeln, sondern es können auch besonders schwere Verfehlungen im privaten Bereich, die (auch) Einfluss auf die Amtsstellung des Mitglieds haben, im Einzelfall eine Amtsenthebung begründen.[54] Letztlich bedarf es immer einer Betrachtung im Einzelfall, weshalb sich eine weitere Konkretisierung der Gründe auf nationaler Ebene allenfalls durch Nennung von (Regel-)Beispielen anbietet.

47 Hinsichtlich des Grundes der nicht mehr erfüllten Voraussetzungen für die Wahrnehmung der Aufgaben kommen besonders schwere **gesundheitliche Beeinträchtigungen**

---

49 Kühling/Buchner-*Boehm* Art. 53 Rn. 12; BeckOK DatenSR-*Schneider* Art. 53 Rn. 9.

50 Dies wäre nämlich mit der völligen Unabhängigkeit des Mitglieds nicht vereinbar, Sydow-*Ziebarth* Art. 53 Rn. 30.

51 Art. 48 Abs. 4 des Kommissionsentwurfs, KOM(2012) 11 endgültig, 2012/0011 (COD).

52 So auch Ehmann/Selmayr-*Selmayr* Art. 53 Rn. 17 u. i.Erg. auch BeckOK DatenSR-*Schneider* Art. 53 Rn. 9, der von einer erweiternden Auslegung des Art. 54 Abs. 1 lit. f spricht; *Kühling/Martini u.a.* Die Datenschutz-Grundverordnung und das nationale Recht, S. 167 meint aufgrund des engen thematischen Zusammenhangs zu Art. 53 Abs. 2 und 3 sowie der ErwG 8 und 121 sei eine gesetzliche Ausgestaltung durch nationales Recht geboten.

53 Siehe Gola-*Nguyen* Art. 53 Rn. 6.

54 So im Ergebnis auch Ehmann/Selmayr-*Selmayr* Art. 53 Rn. 14 mit näheren Ausführungen.

in Betracht. Allerdings fallen darunter auch nicht auflösbare Interessenkollisionen, da diese nicht notwendig mit einer schweren Verfehlung einhergehen müssen.[55]

48 Kein ausreichender Grund für eine Amtsenthebung kann die Verschärfung der Ernennungsvoraussetzungen für die Mitglieder mit Geltung für den amtierenden Amtsinhaber sein.[56] Auch die Änderung bzw. Umstrukturierung des institutionellen Modells der Aufsichtsbehörde bzw. die **Auflösung der Aufsichtsbehörde** und Gründung einer neuen Aufsichtsbehörde (mit anderen Aufgaben und Befugnissen) kann keine außerordentliche Beendigung des Amtes des amtierenden Amtsinhabers rechtfertigen.[57]

49 § 12 Abs. 2 S. 3 BDSG enthält zulässige Regelungen zur **Amtsenthebung** im Rahmen der Öffnungsklausel des Art. 54 Abs. 1 lit. f letzter Hs. Die oder der Bundesbeauftragte wird von der Bundespräsidentin oder dem Bundespräsidenten auf Vorschlag der Präsidentin oder des Präsidenten des Bundestages dann ihres bzw. seines Amtes enthoben, wenn die oder der Bundesbeauftragte eine schwere Verfehlung begangen hat oder die Voraussetzungen für die Wahrnehmung ihrer oder seiner Aufgaben nicht mehr erfüllt (§ 12 Abs. 2 S. 3 BDSG). Soweit es damit zu einer Wiederholung der Gründe der außerordentlichen Beendigung des Amtes kommt, ist kein Verstoß gegen das grundsätzlich geltende **Wiederholungsverbot**[58] anzunehmen, da im Rahmen der Ausfüllung der Öffnungsklausel eine Wiederholung erforderlich ist, um Kohärenz zu wahren und die nationalen Vorschriften zum Verfahren in diesem Zusammenhang verständlich zu halten (ErwG 8).

50 Zulässige Verfahrensregelungen im Rahmen der Öffnungsklausel des Art. 54 Abs. 1 lit. f letzter Hs. enthalten auch § 12 Abs. 2 S. 4 und 5 BDSG, denen zufolge die oder der Bundesbeauftragte bei Beendigung des Amtsverhältnisses von der Bundespräsidentin oder dem Bundespräsidenten die vollzogene Urkunde erhält, mit deren Aushändigung die Amtsenthebung wirksam wird.

C. Praxishinweise

I. Relevanz für öffentliche und nichtöffentliche Stellen sowie betroffene Personen

51 Für öffentliche und nichtöffentliche Stellen sowie betroffene Personen hat die Vorschrift nur indirekt eine Relevanz, als dadurch die Schaffung einer unabhängigen und gleichzeitig qualitativ sowie effektiv arbeitenden Aufsichtsbehörde sichergestellt wird.

II. Relevanz für Aufsichtsbehörden

52 Für die Aufsichtsbehörden hat die Vorschrift in ihrer Gänze eine große Relevanz, da diese festlegt, wie und unter welchen Voraussetzungen das Leitungsorgan ernannt und abberufen wird.

III. Datenschutzmanagement

53 Es ist derzeit keine direkte Relevanz für das Datenschutzmanagement ersichtlich.

---

55 So auch Paal/Pauly-*Körffer* Art. 53 Rn. 5; anders Ehmann/Selmayr-*Selmayr* Art. 53 Fn. 25.
56 So auch Sydow-*Ziebarth* Art. 54 Rn. 15.
57 Siehe *EuGH* v. 8.4.2014 – C-288/12, ECLI:EU:C:2014:237, Kommission/Ungarn und Ehmann/Selmayr-*Selmayr* Art. 53 Rn. 12.
58 *EuGH* v. 28.3.1985 – C-272/83, ECLI:EU:C:1985:147, Kommission/Italien Rn. 27.

IV. Sanktionen

Es existieren insoweit keine Sanktionsmöglichkeiten, aber das Mitglied einer Aufsichtsbehörde hat die Möglichkeit, z.B. bei Amtsenthebung, Rechtsschutz bei den nationalen Gerichten zu suchen. Allerdings besteht keine Möglichkeit zur Klage direkt beim EuGH.[59] 54

Artikel 54 Errichtung der Aufsichtsbehörde

(1) Jeder Mitgliedstaat sieht durch Rechtsvorschriften Folgendes vor:

a) die Errichtung jeder Aufsichtsbehörde;

b) die erforderlichen Qualifikationen und sonstigen Voraussetzungen für die Ernennung zum Mitglied jeder Aufsichtsbehörde;

c) die Vorschriften und Verfahren für die Ernennung des Mitglieds oder der Mitglieder jeder Aufsichtsbehörde;

d) die Amtszeit des Mitglieds oder der Mitglieder jeder Aufsichtsbehörde von mindestens vier Jahren; dies gilt nicht für die erste Amtszeit nach 24. Mai 2016, die für einen Teil der Mitglieder kürzer sein kann, wenn eine zeitlich versetzte Ernennung zur Wahrung der Unabhängigkeit der Aufsichtsbehörde notwendig ist;

e) die Frage, ob und – wenn ja – wie oft das Mitglied oder die Mitglieder jeder Aufsichtsbehörde wiederernannt werden können;

f) die Bedingungen im Hinblick auf die Pflichten des Mitglieds oder der Mitglieder und der Bediensteten jeder Aufsichtsbehörde, die Verbote von Handlungen, beruflichen Tätigkeiten und Vergütungen während und nach der Amtszeit, die mit diesen Pflichten unvereinbar sind, und die Regeln für die Beendigung des Beschäftigungsverhältnisses.

(2) [1]Das Mitglied oder die Mitglieder und die Bediensteten jeder Aufsichtsbehörde sind gemäß dem Unionsrecht oder dem Recht der Mitgliedstaaten sowohl während ihrer Amts- beziehungsweise Dienstzeit als auch nach deren Beendigung verpflichtet, über alle vertraulichen Informationen, die ihnen bei der Wahrnehmung ihrer Aufgaben oder der Ausübung ihrer Befugnisse bekannt geworden sind, Verschwiegenheit zu wahren. [2]Während dieser Amts- beziehungsweise Dienstzeit gilt diese Verschwiegenheitspflicht insbesondere für die von natürlichen Personen gemeldeten Verstößen gegen diese Verordnung.

– *ErwG: 117, 121*
– *BDSG n.F.: §§ 8, 9, 11, 12, 13, 17, 18, 19, 40*

Übersicht

59 Siehe dazu näher Ehmann/Selmayr-*Selmayr* Art. 53 Rn. 18.

Literatur: siehe auch Hinweise zu Art. 51; *Roßnagel* Unabhängigkeit der Datenschutzaufsicht, Zweites Gesetz zur Änderung des BDSG, ZD 2015, 106 ff.; *Ziebarth* Demokratische Legitimation und Unabhängigkeit der deutschen Datenschutzbehörden, CR 2013, 60 ff.

A. Einordnung und Kontext

I. Erwägungsgründe

1 Im Zusammenhang mit der Errichtung einer Aufsichtsbehörde weist ErwG 117 darauf hin, dass deren Befugnis, die Aufgaben und Befugnisse völlig **unabhängig** wahrzunehmen, ein wesentlicher Bestandteil des Schutzes natürlicher Personen bei der Verarbeitung personenbezogener Daten ist und dass in einem Mitgliedstaat mehrere Aufsichtsbehörden errichtet werden sollten, wenn dies dessen verfassungsmäßiger, organisatorischer und administrativer Struktur entspricht.

2 ErwG 121 wiederholt in Satz 1 den Inhalt des Art. 53 Abs. 1 und enthält Bestimmungen zum **Vorschlagsrecht zur Ernennung** eines Mitglieds, was relevant ist im Rahmen der Ausgestaltung des Ernennungsverfahrens aufgrund des Regelungsauftrages des Art. 54 Abs. 1 lit. c. Zudem nimmt dieser ErwG auf Art. 53 Abs. 2 bzw. Art. 54 Abs. 1

lit. b Bezug und sieht insoweit vor, dass die **allgemeinen Anforderungen an das Mitglied** durch Rechtsvorschriften von jedem Mitgliedstaat geregelt werden sollten. Ferner wird dort in Bezug auf Art. 54 Abs. 1 lit. f nochmals ausgeführt, dass die Mitglieder ihr **Amt integer auszuüben haben**, von allen mit den Aufgaben ihres Amtes nicht zu vereinbarenden Handlungen abzusehen und während der Amtszeit keine andere mit dem Amt nicht zu vereinbarende entgeltliche oder unentgeltliche Tätigkeit auszuüben haben, um die Unabhängigkeit zu gewährleisten.

II. BDSG n.F.

Die §§ 8, 11–13 BDSG regeln die Errichtung der oder des **Bundesbeauftragten**, die Ernennung und Abberufung von deren Leitungsorgan, die Ausgestaltung dessen Amtsverhältnisses sowie die Rechte und Pflichten sowohl der Bediensteten als auch des Leitungsorgans der oder des Bundesbeauftragten. Die §§ 9, 17–19 und 40 Abs. 1 und 2 BDSG enthalten zudem Regelungen zur **Zuständigkeit und Kooperation der Aufsichtsbehörden des Bundes und der Länder** infolge der Errichtung mehrerer Aufsichtsbehörden in der föderalen Bundesrepublik Deutschland. 3

1. Errichtung der oder des Bundesbeauftragten mit Zuständigkeitsregelungen. Die oder der Bundesbeauftragte ist eine **oberste Bundesbehörde** mit Dienstsitz in Bonn (§ 8 Abs. 1 BDSG). In diesem Zusammenhang wird auch zugleich geregelt, dass es sich bei deren Beamten um solche des Bundes handelt (§ 8 Abs. 2 BDSG). Nach § 12 Abs. 1 BDSG steht die oder der Bundesbeauftragte zum Bund in einem öffentlich-rechtlichen Amtsverhältnis. 4

Mit der Errichtung der oder des Bundesbeauftragten in engem Zusammenhang stehen auch die **Zuständigkeitsregelungen** des § 9 und des § 40 Abs. 2 BDSG; ferner auch die Regelungen der §§ 17–19 BDSG, die die innerstaatliche Koordination und Kooperation der Aufsichtsbehörden der Bundesrepublik Deutschland regeln. 5

Darüber hinaus enthält § 12 Abs. 3 BDSG Regelungen zur **Stellvertretung** durch die leitende Beamtin oder den leitenden Beamten bei Verhinderung der oder des Bundesbeauftragten an der Ausübung des Amtes, Beendigung des Amtsverhältnisses oder fehlender Verpflichtung zur Weiterführung der Geschäfte. 6

§ 12 Abs. 4 BDSG trifft Regelungen zur **Besoldung** bzw. sonstigen Versorgung der oder des Bundesbeauftragten. 7

2. Voraussetzungen für die Ernennung der oder des Bundesbeauftragten. Welche **Voraussetzungen** die oder der Bundesbeauftragte für deren oder dessen Ernennung erfüllen muss, regelt § 11 Abs. 1 S. 3 bis 5 BDSG. Die oder der Bundesbeauftragte muss bei der Wahl durch den Bundestag das 35. Lebensjahr vollendet haben (§ 11 Abs. 1 S. 3 BDSG). Auch muss die für die Erfüllung der Aufgaben und Ausübung der Befugnisse erforderliche **Qualifikation**, Erfahrung und Sachkunde insb. im Bereich des Schutzes personenbezogener Daten vorliegen (§ 11 Abs. 1 S. 4 BDSG). Insb. müssen die Befähigung zum Richteramt oder höheren Verwaltungsdienst sowie durch einschlägige Berufserfahrung erworbene Kenntnisse des Datenschutzrechts vorhanden sein (§ 11 Abs. 1 S. 5 BDSG). 8

3. Verfahren der Ernennung der oder des Bundesbeauftragten. Der deutsche Bundestag wählt auf Vorschlag der Bundesregierung die Bundesbeauftragte oder den Bundesbeauftragten mit mehr als der Hälfte der gesetzlichen Zahl seiner Mitglieder 9

(§ 11 Abs. 1 S. 1 BDSG). Die **Ernennung** erfolgt durch die Bundespräsidentin oder den Bundespräsidenten (§ 11 Abs. 1 S. 2 BDSG). Dabei ist eine in § 11 Abs. 2 BDSG näher geregelte Eidesleistung vor der Bundespräsidentin oder dem Bundespräsidenten vorgesehen. Bei Ernennung wird eine Ernennungsurkunde ausgehändigt, mit der das zum Bund bestehende öffentlich-rechtliche Amtsverhältnis beginnt (§ 12 Abs. 1 und 2 S. 1 BDSG).

10 **4. Amtszeit der oder des Bundesbeauftragten.** Die **Amtszeit** der oder des Bundesbeauftragten beträgt fünf Jahre (§ 11 Abs. 3 S. 1 BDSG). Zu einer faktischen Verlängerung der Amtszeit kann es aufgrund der Regelung des § 12 Abs. 2 S. 6 BDSG kommen, der zufolge die oder der Bundesbeauftragte bei Beendigung des Amtsverhältnisses mit Ablauf der Amtszeit auf Ersuchen der Präsidentin oder des Präsidenten des Bundestags verpflichtet ist, die Geschäfte bis zur Ernennung einer Nachfolgerin oder eines Nachfolgers für die Dauer von höchstens sechs Monaten weiterzuführen.

11 **5. Möglichkeit der Wiederwahl der oder des Bundesbeauftragten.** Die **Wiederwahl** ist einmalig möglich (§ 11 Abs. 3 S. 2 BDSG).

12 **6. Pflichten der oder des Bundesbeauftragten bzw. der Bediensteten sowie Beendigung des Beschäftigungsverhältnisses/Ende der Amtszeit.** § 13 BDSG regelt die **Rechte und Pflichten** der oder des Bundesbeauftragten bzw. auch partiell die ihrer oder seiner Bediensteten. Die oder der Bundesbeauftragte darf keine mit dem Amt nicht zu vereinbarenden Handlungen ausführen und während der Amtszeit keine mit dem Amt nicht zu vereinbarende entgeltliche oder unentgeltliche Tätigkeit ausüben, wobei insb. untersagt ist neben dem Amt ein anderes besoldetes Amt, ein Gewerbe oder einen Beruf auszuüben, der Leitung oder dem Aufsichts- bzw. Verwaltungsrat eines auf Erwerb gerichteten Unternehmens, einer Regierung oder einer gesetzgebenden Körperschaft anzugehören und außergerichtliche Gutachten gegen Entgelt abzugeben (§ 13 Abs. 1 BDSG).

13 Bezüglich der Pflicht der oder des Bundesbeauftragten im Hinblick auf das Erhalten von Geschenken, die sie oder er in Bezug auf das Amt erhält, trifft § 13 Abs. 2 BDSG eine Regelung.

14 Nähere Regelungen zum Ende der **Amtszeit der oder des Bundesbeauftragten** trifft § 12 Abs. 2 BDSG. Die Amtszeit und damit auch das öffentlich-rechtliche Amtsverhältnis enden mit dem Ablauf der Amtszeit, dem Rücktritt oder der Amtsenthebung (§ 12 Abs. 2 S. 2 und 3 BDSG). Die Enthebung erfolgt durch die Bundespräsidentin oder den Bundespräsidenten auf Vorschlag der Präsidentin oder des Präsidenten des Bundestages, wenn die oder der Bundesbeauftragte eine schwere Verfehlung begangen hat oder die Voraussetzungen für die Wahrnehmung der Aufgaben nicht mehr erfüllt (§ 12 Abs. 2 S. 3 BDSG). Daneben existieren weitere Regelungen zum Amtsverhältnis in diesem Zusammenhang, wie die Übergabe einer Vollzugsurkunde durch die Bundespräsidentin oder den Bundespräsidenten bei Beendigung des Amtsverhältnisses oder der Amtsenthebung (§ 12 Abs. 2 S. 4 BDSG), wobei die Amtsenthebung erst mit der Aushändigung wirksam wird (§ 12 Abs. 2 S. 5 BDSG).

15 Für die **Beendigung des Beschäftigungsverhältnisses** der Bediensteten finden sich keine Regelungen im BDSG.

16 **7. Verschwiegenheitspflicht.** § 13 Abs. 4 BDSG regelt die **Verschwiegenheitspflicht** der oder des Bundesbeauftragten. Sowohl während als auch nach Beendigung des

Amtsverhältnisses besteht die Verpflichtung über amtlich bekanntgewordene Angelegenheiten Verschwiegenheit zu bewahren, es sei denn es handelt sich um Mitteilungen im dienstlichen Verkehr oder Tatsachen, die offenkundig sind bzw. ihrer Bedeutung nach keiner Geheimhaltung bedürfen, wobei die gesetzliche Pflicht zur Anzeige von Straftaten und zur Erhaltung der freiheitlichen demokratischen Grundordnung unberührt bleibt. Während der Amtszeit steht es im pflichtgemäßen Ermessen der oder des Bundesbeauftragten ob sie oder er über solche Angelegenheiten aussagt oder Erklärungen abgibt; nach Ablauf der Amtszeit bedarf es der Genehmigung der oder des amtierenden Bundesbeauftragten.

§ 13 Abs. 4 BDSG erklärt zudem einige Vorschriften der **Abgabenordnung** für die Bundesbeauftragte oder den Bundesbeauftragten sowie die Bediensteten für nicht anwendbar. 17

In § 13 Abs. 3 BDSG findet sich eine Regelung zum **Zeugnisverweigerungsrecht** der oder des Bundesbeauftragten und der Bediensteten, während § 13 Abs. 5 BDSG Regelungen zur **Zeugenaussageberechtigung** für die Bundesbeauftragte oder den Bundesbeauftragten trifft. 18

III. Normgenese und Materialien

1. Datenschutz-Richtlinie 95/46/EG (DSRL). Bereits Art. 28 Abs. 1 DSRL sah die Errichtung einer **Kontrollstelle** für den Datenschutz vor, vor dem Hintergrund, dass ErwG 62 der DSRL die Einrichtung unabhängiger Kontrollstellen schon als ein wesentliches Element des Schutzes der Personen bei der Verarbeitung personenbezogener Daten bezeichnete. Allerdings waren dort keine weiteren Vorgaben bezüglich der Errichtung enthalten. 19

Art. 28 Abs. 7 DSRL verpflichtete die Mitgliedstaaten bereits zu Regelungen dahingehend, dass die Mitglieder und Bediensteten der Aufsichtsbehörden hinsichtlich der vertraulichen Informationen, die sie erhalten, dem **Berufsgeheimnis** unterliegen – auch nach deren Ausscheiden. 20

2. BDSG a.F. Die oder der Bundesbeauftragte war bereits bislang eine **oberste Bundesbehörde** mit Dienstsitz in Bonn und deren oder dessen Beamte waren solche des Bundes (§ 22 Abs. 5 a.F.). Auch das öffentlich-rechtliche Amtsverhältnis zum Bund bestand schon (§ 22 Abs. 4 BDSG a.F.). Zuständigkeitsregelungen fanden sich in § 24 BDSG a.F. Auch eine Stellvertreterreglung existierte (§ 22 Abs. 6 BDSG a.F.). Die Besoldung bzw. Versorgung der oder des Bundesbeauftragten war in § 23 Abs. 7 BDSG a.F. geregelt. 21

Bereits § 22 BDSG a.F. enthielt Vorschriften zur **Ernennung der oder des Bundesbeauftragten**, deren Voraussetzungen und zur Amtszeit. Das Vorschlagsrecht der Bundesregierung mit der anschließenden Wahl durch den Bundestag mit mehr als der Hälfte der gesetzlichen Mitglieder und der Ernennung durch die Bundespräsidentin oder den Bundespräsidenten bestand bereits (§ 22 Abs. 1 BDSG a.F.). Auch die Ernennungsvoraussetzung in Form der Vollendung des 35. Lebensjahres galt schon bislang (§ 22 Abs. 1 S. 2 BDSG a.F.). Nähere Anforderungen hinsichtlich Qualifikation, Erfahrung und Sachkunde der oder des Bundesbeauftragten waren allerdings bislang nicht geregelt. 22

23 Die **Amtszeit** betrug auch bislang fünf Jahre mit der Möglichkeit der einmaligen Wiederwahl (§ 22 Abs. 3 BDSG a.F.). Die Amtszeit endete mit Ablauf der Amtszeit oder mit der Entlassung, die entweder auf Verlangen der oder des Bundesbeauftragten erfolgte oder auf Vorschlag der Bundesregierung, wenn Gründe vorlagen, die bei einem Richter auf Lebenszeit die Entlassung aus dem Dienst rechtfertigen (§ 23 Abs. 1 S. 2 und 3 BDSG a.F.).

24 Die Regelungen zur **Verschwiegenheit**, zur Zeugnisverweigerung, zum Umgang mit Geschenken und zum Verbot der Ausübung eines mit der Unabhängigkeit nicht zu vereinbarendes Amtes, bestanden ebenfalls schon nahezu inhaltsgleich.

25 **3. Europäischer Datenschutzausschuss/WP 29.** Hinsichtlich der Stellung der unabhängigen Datenschutzaufsichtsbehörden verfügt der EDSA nur über begrenzte Befugnisse, da die Unabhängigkeit auch gegenüber dem EDSA besteht (Art. 51 Rn. 14 ff.). Zudem handelt es sich bei den Regelungen des Art. 54 um Regelungsaufträge an die Mitgliedstaaten bzw. um Öffnungsklauseln, bei deren Erfüllung den Mitgliedstaaten gewisse Spielräume bleiben, die diese ohne weitere Vorgaben durch die europäische Ebene ausnutzen können. Aufgrund dessen ist keine große Einflussnahme durch den EDSA diesbezüglich zu erwarten.

B. Kommentierung

I. Regelungsinhalt und Hintergrund

26 Art. 54 enthält in dessen Abs. 1 **zwingende bzw. obligatorische Regelungsaufträge**[1] an die Mitgliedstaaten im Zusammenhang mit der Errichtung der Aufsichtsbehörde, die zum Teil an die Art. 51–53 anknüpfen. Dabei enthalten die lit. a–c des Art. 54 Abs. 1 reine Regelungsaufträge ohne eigene materiell-rechtliche Vorgaben, während die lit. d–f des Art. 54 Abs. 1 neben dem bloßen Regelungsauftrag auch eigene materielle Regelungen enthalten.[2] Dies ist dem geschuldet, dass sich materielle Vorgaben bezüglich der Regelungsaufträge des Art. 54 Abs. 1 lit. a–c bereits aus den Art. 51–53 ergeben, während dies bei den Regelungsaufträgen des Art. 54 Abs. 1 lit. d–f nicht der Fall ist. Trotz einzelner materieller Vorgaben – in Art. 54 selbst oder den vorangehenden Art. 51–53 – wurde den Mitgliedstaaten zur Regelung dieser Punkte ein großer Regelungsspielraum eingeräumt, damit die Mitgliedstaaten ihrer jeweiligen **verfassungsmäßigen, organisatorischen und administrativen Struktur** gerecht werden können.[3] Die Regelungsaufträge sind durch „Rechtsvorschriften" zu erfüllen; damit sind sowohl formelle als auch materielle Gesetze gemeint.[4]

27 Art. 54 Abs. 2 enthält dagegen keinen direkten ausdrücklichen Regelungsauftrag, sondern regelt selbst teilweise unmittelbar die **Verschwiegenheitspflicht**, verweist aber auch auf sonstige Regelungen des Unionsrechts oder mitgliedstaatliche Regelungen.

28 Im Wesentlichen soll auch Art. 54 die **Unabhängigkeit** der Mitglieder sicherstellen und damit auch gleichzeitig die nach Art. 52 erforderliche vollständige Unabhängigkeit der

---

1 Paal/Pauly-*Körffer* Art. 54 Rn. 1, *Kühling/Martini* EuZW 2016, 448, 449.

2 Siehe *Kühling/Martini* u.a. Die Datenschutz-Grundverordnung und das nationale Recht, S. 171.

3 *Kühling/Martini* u.a. Die Datenschutz-Grundverordnung und das nationale Recht, S. 108.

4 Siehe dazu näher Ehmann/Selmayr-*Selmayr* Art. 54 Rn. 5 u. *Kühling/Martini* u.a. Die Datenschutz-Grundverordnung und das nationale Recht, S. 125.

Aufsichtsbehörde (Art. 53 Rn. 14). Denn insb. das Ernennungsverfahren, die Dauer der Amtszeit, die Möglichkeit der Wiederwahl und auch die Voraussetzungen zur Abberufung sind wesentliche Faktoren in diesem Zusammenhang.[5]

II. Regelungsaufträge des Abs. 1

1. Errichtung der Aufsichtsbehörde (lit. a). Art. 54 Abs. 1 lit. a schreibt den Mitgliedstaaten die **Errichtung** (mindestens) **einer Aufsichtsbehörde**, d.h. einer unabhängigen staatlichen Stelle (Art. 4 Nr. 21) vor. Vorgaben dahingehend, wie eine Errichtung konkret zu erfolgen hat bzw. was in diesem Zusammenhang zu regeln ist, ergeben sich dagegen aus Art. 54 nicht. Art. 54 Abs. 1 lit. a steht allerdings in engem Zusammenhang mit Art. 51 Abs. 1. Die alleinige Errichtung einer i.S.d. Art. 52 unabhängigen Aufsichtsbehörde genügt jedenfalls nicht zur Erfüllung des Regelungsauftrages. Vielmehr ist auch zumindest festzulegen, ob die Leitung der Behörde durch ein **pluralistisch oder monokratisch organisiertes Organ** erfolgt. Zudem sind die Organisationsform und der Sitz[6] der Aufsichtsbehörde zu regeln. Im Falle der Errichtung mehrerer Aufsichtsbehörden sind zudem Regelungen zur innerstaatlichen Zuständigkeitsverteilung und Kooperation zu treffen. Dabei haben sämtliche Regelungen in Erfüllung dieses Regelungsauftrages mit der nach Art. 52 erforderlichen Unabhängigkeit der Aufsichtsbehörde in Einklang zu stehen. 29

Die DS-GVO lässt sowohl monokratisch als auch kollegial strukturierte **Leitungsorgane** der Aufsichtsbehörden zu. Indem sowohl Art. 52 Abs. 3 und 3 als auch Art. 54 Abs. 1 lit. c–f und Abs. 2 S. 1 jeweils von „Mitglied“ oder „Mitglieder(n)“ sprechen, wird dies deutlich. Von einer kollegialen Struktur spricht man allerdings nicht schon dann, wenn neben der Leitungsperson einer Behörde ein **Stellvertreter** für diese bestellt wird (Art. 53 Rn. 16). Im Falle einer pluralistischen Struktur bedarf es weiterer Regelungen zum Verhältnis der Mitglieder zueinander.[7] Insbesondere in Fällen von monokratisch organisierten Leitungsorganen sollten Stellvertreterregelungen vorgesehen werden, um die Funktionsfähigkeit der Aufsichtsbehörde auch im Falle der Abwesenheit der Leitungsperson zu gewährleisten (Rn. 33). 30

Den Mitgliedstaaten steht es frei, ob sie eine oder **mehrere Aufsichtsbehörden** errichten. Dies ergibt sich aus Art. 51 Abs. 3. Nach ErwG 117 sollte sogar mehr als eine Aufsichtsbehörde errichtet werden, wenn dies der verfassungsmäßigen, organisatorischen und administrativen Struktur des Mitgliedstaats entspricht. In diesem Fall der Errichtung mehrerer Aufsichtsbehörden ist im Rahmen der Rechtsvorschriften zur Errichtung der Aufsichtsbehörde(n) auch eine **Zuständigkeitsregelung** zu treffen (Art. 55 Rn. 36 ff.). Ferner ist dann eine Aufsichtsbehörde zu bestimmen, die die übrigen Aufsichtsbehörden im Europäischen Datenschutzausschuss vertritt und ein Verfahren einzuführen, das sicherstellt, dass die anderen Aufsichtsbehörden die Regeln für das Kohärenzverfahren nach Art. 63 einhalten (Art. 51 Abs. 3); auch im Übrigen ist die Koordination und Kooperation der Aufsichtsbehörden untereinander zu regeln (Art. 51 Rn. 49 ff.). 31

---

5 So auch *Ziebarth* CR 2016, 60, 63.

6 Zum Ort bzw. einem möglichen Umzug und dessen Zusammenhang mit der Unabhängigkeit siehe Sydow-*Ziebarth* Art. 54 Rn. 11 und 12.

7 Siehe Sydow-*Ziebarth* Art. 54 Rn. 9.

32 Aufgrund der **föderalen Struktur** der Bundesrepublik Deutschland existieren mehrere Aufsichtsbehörden nebeneinander auf Bundes- und Landesebene. Der Regelungsauftrag ist sowohl an den Bund als auch an die Länder gerichtet. Auf Bundesebene wird daher die oder der Bundesbeauftragte als oberste Bundesbehörde errichtet (§ 8 Abs. 1 S. 2 BDSG). Die Ausgestaltung als **oberste Bundesbehörde** im Gefüge der Exekutive erfolgt aufgrund der unionsrechtlich geforderten Unabhängigkeit (Art. 52).[8] Die Regelungen zum Dienstsitz in Bonn (§ 8 Abs. 1 S. 2 BDSG) und die körperschaftliche Zuweisung der bei der oder dem Bundesbeauftragten beschäftigten Beamtinnen und Beamten als solche des Bundes (§ 8 Abs. 2 BDSG) stehen in unmittelbarem Zusammenhang mit der Errichtung der Aufsichtsbehörden[9] und sind deshalb vom Regelungsauftrag des Art. 54 Abs. 1 lit. a umfasst. Gleiches gilt für die Regelung des § 12 Abs. 1 BDSG, der zufolge die oder der Bundesbeauftragte zum Bund in einem öffentlich-rechtlichen Amtsverhältnis steht sowie für die in § 12 Abs. 4 BDSG geregelte Besoldung, Versorgung bzw. die sonstigen Bezüge der oder des Bundesbeauftragten.

33 Bei der **Stellvertreterregelung** des § 12 Abs. 3 BDSG handelt es sich um eine sinnvolle Konkretisierung im Rahmen der Ausgestaltung der Aufsichtsbehörde.[10] Sie dient der Gewährleistung der Funktionsfähigkeit und Aufgabenerfüllung bei Abwesenheit der oder des Bundesbeauftragten.[11] Gerade in Aufsichtsbehörden mit monokratisch organisierten Leitungsorganen – wie den deutschen – ist eine Vertretungsregelung zwingend, da es bei Abwesenheit des ernannten Mitglieds ansonsten keine Person mit den entsprechenden Befugnissen gäbe. Die erforderliche demokratische Legitimation (Art. 53 Rn. 22) des Stellvertreters aufgrund der Tatsache, dass er im Vertretungsfalle ebenso großen Einfluss hat wie die oder der Bundesbeauftragte selbst, wird durch die Ernennung von der oder dem Bundesbeauftragten selbst infolge einer Legitimationskette ausreichend vermittelt.[12]

34 Mit der Errichtung der oder des Bundesbeauftragten in engem Zusammenhang stehen auch die **Zuständigkeitsregelungen** der §§ 9, 19 und des § 40 Abs. 1 und 2 BDSG (Art. 55 Rn. 4 ff., 37 ff.). Gibt es in einem Mitgliedstaat mehrere Aufsichtsbehörden, gehört es zur Errichtung der Aufsichtsbehörden dazu, deren Zuständigkeiten innerstaatlich zu regeln, um deren Funktionsfähigkeit sicherzustellen. Die Öffnungsklausel zu den mitgliedstaatlichen Regelungen ergibt sich insoweit aus Art. 54 Abs. 1 lit. a i.V.m. Art. 51 Abs. 1 und 3 (Art. 55 Rn. 36).[13]

35 Ferner sind im Falle der Errichtung mehrerer Aufsichtsbehörden auch Regelungen zur **innerstaatlichen Koordination und Kooperation** zu treffen. Dem ist der Bundesgesetzgeber mit den §§ 17–18 BDSG nachgekommen (Art. 51 Rn. 49 ff. und Art. 56 Rn. 8 ff., 51 ff.). Auch insoweit ergibt sich die Öffnungsklausel aus Art. 54 Abs. 1 lit. a i.V.m. Art. 51 Abs. 1 und 3. Ob der Bundesgesetzgeber insoweit vollständig unionsrechts- und verfassungskonforme Regelungen getroffen hat, ist zumindest zweifelhaft (Art. 55 Rn. 45, Art. 56 Rn. 51 ff.).

---

8 Siehe BT-Drucks. 18/2848, S. 13.
9 BT-Drucks. 18/11325, S. 83.
10 *Kühling/Martini* u.a. Die Datenschutz-Grundverordnung und das nationale Recht, S. 412 f.
11 BT-Drucks. 18/11325, S. 86.
12 Siehe *Ziebarth* CR 2016, 60, 65; Sydow-*Ziebarth* Art. 54 Rn. 32 ff.
13 So auch Ehmann/Selmayr-*Selmayr* Art. 55 Rn. 9.

2. Voraussetzungen für die Ernennung der Mitglieder der Aufsichtsbehörde (lit. b).
Art. 54 Abs. 1 lit. b erlegt den Mitgliedstaaten auf, Regelungen zu den erforderlichen Qualifikationen und sonstigen **Voraussetzungen für die Ernennung** zum Mitglied der Aufsichtsbehörde zu treffen. ErwG 121 wiederholt den Regelungsauftrag nochmal sinngemäß. Dabei meint Mitglied das Leitungsorgan der Aufsichtsbehörde (Art. 53 Rn. 15 f.). 36

In diesem Kontext ist Art. 53 Abs. 2 zu beachten, der insoweit konkretisierende Regelungen enthält (Art. 53 Rn. 29 ff.). 37

Der Bundesgesetzgeber ist diesem Regelungsauftrag des Art. 54 Abs. 1 lit. b i.V.m. Art. 53 Abs. 2 für die Bundesbeauftragte oder den Bundesbeauftragten mit § 11 Abs. 1 S. 3 bis 5 BDSG nicht ausreichend nachgekommen (Art. 53 Rn. 35 ff.). 38

3. Verfahren der Ernennung der Mitglieder der Aufsichtsbehörde (lit. c). Auch Art. 54 Abs. 1 lit. c) fordert von den Mitgliedstaaten Regelungen für die **Ernennung** des Mitglieds oder der Mitglieder der Aufsichtsbehörden, insbesondere des Verfahrens, ohne diesbezüglich nähere Regelungen zu treffen. Dabei meint **Mitglied** lediglich das Leitungsorgan der Aufsichtsbehörde (Art. 53 Rn. 15 f.). 39

Aus Art. 53 Abs. 1 ergibt sich, wie dieses Verfahren auszugestalten ist, nämlich transparent mit dem Vorbehalt des Ernennens des Mitglieds durch **hochrangige staatliche Stellen** (Art. 53 Rn. 17 ff.). 40

Die Verfahrenskonkretisierung hinsichtlich der Ernennung der oder des **Bundesbeauftragten** ist im BDSG in zulässiger Weise erfolgt (Art. 53 Rn. 23 ff.). 41

4. Amtszeit der Mitglieder der Aufsichtsbehörde (lit. d). Die Mitgliedstaaten haben auch bezüglich der **Amtszeit** der Mitglieder der Aufsichtsbehörde Regelungen zu treffen (Art. 54 Abs. 1 lit. d). Dabei muss diese Amtszeit mindestens 4 Jahre betragen; dies ergibt sich aus Art. 54 Abs. 1 lit. d. Eine Ausnahme von diesem Grundsatz sieht Art. 54 Abs. 1 lit. d selbst vor für den Fall der ersten Amtszeit nach dem 24.5.2016, wenn eine zeitlich versetzte Ernennung zur Wahrung der Unabhängigkeit der Aufsichtsbehörde notwendig ist. Diese Ausnahmeregelung ist allerdings nur für kollegial organisierte Leitungsorgane von Bedeutung, um als Mitgliedstaat verhindern zu können, dass infolge der sodann Anwendung findenden DS-GVO möglicherweise alle Amtszeiten aller Mitglieder gleichzeitig auslaufen.[14] 42

Auch die Festlegung einer Mindestdauer der Amtszeit soll zur Sicherstellung der **Unabhängigkeit** von Mitglied und Aufsichtsbehörde beitragen[15]. Je länger die Amtszeit, desto unabhängiger sind Mitglied und Aufsichtsbehörde.[16] Da die nach Art. 20 Abs. 2 GG in der Bundesrepublik Deutschland erforderliche **demokratische Legitimation** (Art. 53 Rn. 25) mit zunehmendem Zeitablauf verblasst, sollte die Amtsdauer sich bei einer Wahl durch das Parlament an der Dauer der Legislaturperiode orientieren.[16] 43

Die in § 11 Abs. 3 S. 1 BDSG geregelte **Amtszeit** von fünf Jahren hat die Mindestamtszeit von vier Jahren minimal überschritten. Basierend auf den bisherigen Erfahrungen 44

---

14 Siehe dazu nähere Ausführungen bei Ehmann/Selmayr-*Selmayr* Art. 54 Rn. 9 und Sydow-*Ziebarth* Art. 54 Rn. 29 ff.
15 Kühling/Buchner-*Boehm* Art. 54 Rn. 11.
16 Sydow-*Ziebarth* Art. 54 Rn. 25.

in der Bundesrepublik Deutschland ist diese Amtszeit durchaus angemessen.[17] Von der Möglichkeit der Regelung einer Ausnahme wurde aufgrund der bzw. des monokratisch organisierten **Bundesbeauftragten** kein Gebrauch gemacht. Die aufgrund § 12 Abs. 2 S. 6 BDSG mögliche faktische Verlängerung der Amtszeit um maximal sechs Monate ist zulässig (Art. 53 Rn. 43), insb. auch unter dem Aspekt, dass Art. 54 Abs. 1 lit. d nur eine Mindestdauer, aber keine maximale Dauer einer Amtszeit festschreibt.

45 **5. Möglichkeit der Wiederwahl der Mitglieder der Aufsichtsbehörde (lit. e).** Art. 54 Abs. 1 lit. e lässt es ausdrücklich zu, dass die Mitgliedstaaten eine Möglichkeit der Wiederwahl vorsehen. Die Mitgliedstaaten haben aufgrund dieses Regelungsauftrages zwingend eine Regelung in Bezug auf die Wiederwahl zu treffen. Wenn eine Wiederwahl vorgesehen wird, so haben die Mitgliedstaaten allerdings auch zu regeln, wie oft eine solche Wiederwahl möglich sein soll. Möglich ist in diesem Zusammenhang auch die Festlegung, ob die Amtszeiten unmittelbar aufeinander folgen dürfen oder müssen.

46 Dabei könnte bei Bestehen der Möglichkeit einer Wiederwahl die **Unabhängigkeit** des Mitglieds **gefährdet sein**; denn wer wiedergewählt werden will, könnte dafür zu Zugeständnissen bereit sein.[18] Aber ein Mitglied könnte genauso zu Zugeständnissen bereit sein, wenn eine Wiederwahl nicht möglich ist und es daher auf die Zuweisung einer neuen Aufgabe angewiesen ist.[19] Aus Art. 54 Abs. 1 lit. e ergibt sich jedenfalls, dass nach Auffassung des europäischen Verordnungsgebers eine Möglichkeit der Wiederwahl der Mitglieder mit der nach Art. 52 erforderlichen Unabhängigkeit in Einklang steht. Jedenfalls ist bei Vorsehen einer Möglichkeit zur Wiederwahl eine entsprechend kürzere Amtszeit als bei Ausschluss der Wiederwahl vorzusehen, um letztlich keine unangemessen langen Amtsperioden zu ermöglichen, die ebenfalls wieder eine Gefahr für die Unabhängigkeit darstellen könnten.

47 In § 11 Abs. 3 S. 2 BDSG ist die Möglichkeit der **Wiederwahl der oder des Bundesbeauftragten** ausdrücklich vorgesehen, allerdings auf eine einmalige Wiederwahl beschränkt. Die Möglichkeit der einmaligen Wiederwahl steht mit der fünfjährigen Amtszeit in einem angemessenen Verhältnis. Denn mit der Aussicht auf ein mögliches zehnjähriges Amtsverhältnis erreicht man in der Regel auch besonders qualifizierte Personen.[20] Mangels ausdrücklicher anderweitiger Regelung müssen die Amtszeiten nicht zwingend aufeinanderfolgen, können es aber.

48 **6. Pflichten der Mitglieder und der Bediensteten der Aufsichtsbehörde und zur Beendigung des Beschäftigungsverhältnisses (lit. f).** Art. 54 Abs. 1 lit. f enthält Regelungsaufträge zu verschiedenen Aspekten. Es sind Regelungen zu den Pflichten der Mitglieder der Aufsichtsbehörden als auch deren Bediensteten zu treffen. Darüber hinaus sind Vorschriften zu den verbotenen Tätigkeiten und Vergütungen der Mitglieder sowohl während als auch nach deren Amtszeit zu erlassen. Letztlich ist auch die „Beendigung des Beschäftigungsverhältnisses" zu regeln.

17 Zur demokratischen Legitimation und Amtszeit siehe näher *Ziebarth* CR 2013, 60, 64.
18 Siehe *Ziebarth* CR 2013, 60, 64 m.w.N.; auch Ehmann/Selmayr-*Selmayr* Art. 54 Rn. 10 hält das Verbot der Wiederernennung als ein besonders wirksames Mittel zur Absicherung der persönlichen Unabhängigkeit der Mitglieder.
19 Siehe Sydow-*Ziebarth* Art. 54 Rn. 35.
20 Ehmann/Selmayr-*Selmayr* Art. 54 Rn. 10.

a) Pflichten der Mitglieder und der Bediensteten der Aufsichtsbehörde. Art. 54 Abs. 1 lit. f erlegt den Mitgliedstaaten u.a. auf Regelungen zu den **Pflichten der Mitglieder** der Aufsichtsbehörden und deren Bediensteten zu treffen. Dabei ergibt sich eine allgemeine Pflicht der Mitglieder und der Bediensteten der Aufsichtsbehörden letztlich schon aus der **Aufgabe der Aufsichtsbehörden**. Dies ist die Überwachung und Anwendung der DS-GVO mit dem Ziel die Grundrechte und Grundfreiheiten natürlicher Personen bei der Verarbeitung zu schützen und den freien Verkehr personenbezogener Daten in der Europäischen Union zu erleichtern (Art. 51 Abs. 1). Die Mitglieder und Bediensteten haben die Pflicht in Erfüllung dieser Aufgabe zu handeln. **49**

Das BDSG trifft unter der Überschrift „**Rechte und Pflichten**" in § 13 primär Regelungen für die oder den **Bundesbeauftragten**, lediglich partielle Regelungen zu den Bediensteten. Hauptsächlich stehen diese Regelungen im Zusammenhang mit der in Art. 54 Abs. 2 geregelten Verschwiegenheitspflicht (Rn. 59 ff.) bzw. konkretisieren die verbotenen Tätigkeiten und Vergütungen der Mitglieder (Rn. 51 ff.). Hinsichtlich der Bediensteten ergeben sich allgemeine Pflichten im Hinblick auf die Ausübung der Tätigkeit insb. aus dem Bundesbeamtengesetz und dem Bundesdisziplinargesetz.[21] Ob sich weitere konkretere Regelungen zu Pflichten der Mitglieder und der Bediensteten zur Sicherstellung der Unabhängigkeit unter Anwendung der DS-GVO noch als erforderlich erweisen werden, und falls ja welche, wird sich noch zeigen. **50**

b) Vorschriften zu verbotenen Tätigkeiten und Vergütungen. Bezüglich des Regelungsauftrages zu **verbotenen Tätigkeiten und Vergütungen** der Mitglieder steht Art 54 Abs. 1 lit. f in engem Kontext zu Art. 52 Abs. 3. Dieser regelt, von welchen Tätigkeiten die Mitglieder der Aufsichtsbehörden während ihrer Amtszeit abzusehen haben (Art. 52, Rn. 38 ff.). Infolge des Regelungsauftrages des Art. 54 Abs. 1 lit. f wird den Mitgliedstaaten aber auferlegt, noch konkretere Regelungen diesbezüglich – insbesondere auch Regelungen zu verbotenen Tätigkeiten und Vergütungen nach der Amtszeit – zu treffen. ErwG 121 wiederholt die Regelung des Art. 52 Abs. 3 und bringt zum Ausdruck, dass die Mitglieder ihr Amt integer auszuüben haben, um die Unabhängigkeit der Aufsichtsbehörde zu gewahrleisten. **51**

Nebentätigkeiten sollten dadurch nicht generell untersagt sein, sondern in dem Umfang zugelassen, wie sie die Unabhängigkeit nicht beeinträchtigen.[22] Denn nicht jede Art von anderweitiger Tätigkeit steht der ordnungsgemäßen Ausübung des Amtes entgegen; vielmehr kann eine Nebentätigkeit auch gewinnbringend für das Hauptamt sein. Auch eine sog. cooling-off-Periode könnte im Rahmen dieses Regelungsauftrags mitgliedstaatlich geregelt werden.[23] **52**

§ 13 Abs. 1 BDSG wiederholt zunächst Art. 52 Abs. 3, konkretisiert im Folgenden dann aber das Verbot. Aufgrund der sich anschließenden Konkretisierung ist auch kein Verstoß gegen das **Wiederholungsverbot** anzunehmen, da die Wiederholung zur Wahrung der Kohärenz und der Verständlichkeit erforderlich ist (ErwG 8). Diese im Anschluss an die Wiederholung folgende Konkretisierung ist auch zulässig. Die Untersagung neben dem Amt ein anderes besoldetes Amt, ein Gewerbe oder einen Beruf auszuüben soll insb. sicherstellen, dass die oder der Bundesbeauftragte der Aufsichtstätig- **53**

---

21 Ob dies dem Regelungsauftrag genügt bezweifelt Kühling/Buchner-*Boehm* Art. 54 Rn. 21.
22 Sydow-*Ziebarth* Art. 54 Rn. 44.
23 Siehe Ehmann/Selmayr-*Selmayr* Art. 54 Rn. 11.

keit hauptamtlich nachkommt. Einer Leitung oder dem Aufsichts- bzw. Verwaltungsrat eines auf Erwerb gerichteten Unternehmens, einer Regierung oder einer gesetzgebenden Körperschaft anzugehören könnte zu Interessenkollisionen und damit zu einer **Gefährdung der Unabhängigkeit** führen. Gleiches gilt für die Abgabe von außergerichtlichen Gutachten gegen Entgelt.

54 Auch die **Geschenkeregelung** in § 13 Abs. 2 BDSG ist eine zulässige Regelung zur Erfüllung des Regelungsauftrags des Art. 54 Abs. 1 lit. f hinsichtlich des Verbotes von Tätigkeiten und Vergütungen. Letztlich soll durch diese Regelung die allgemeine Ordnung der übertragenen Dienstaufgaben gewährleistet werden sowie kein Verdacht der Korruption entstehen.[24] Diese Regelung dürfte die Unabhängigkeit der oder des Bundesbeauftragten nicht beeinträchtigen; im Gegenteil dürfte sie die **Unabhängigkeit** fördern, denn das Erhalten von Geschenken könnte ein verdecktes Entgelt für eine Tätigkeit sein bzw. durch Geschenke könnte versucht werden Einfluss auf die Tätigkeit der oder des Bundesbeauftragten zu nehmen.

55 **c) Regelungen zur Beendigung des Beschäftigungsverhältnisses.** Die Mitgliedstaaten sollen zudem Regelungen zur Beendigung des Beschäftigungsverhältnisses schaffen. **Beschäftigungsverhältnis** in diesem Sinne meint dabei nicht lediglich das Verhältnis des Personals bzw. der Bediensteten der Aufsichtsbehörde zum Dienstherrn, sondern auch das des Mitglieds als **Leitungsorgan** zur Aufsichtsbehörde.[25] Zwar unterscheidet die DS-GVO an einigen Stellen zwischen den Mitgliedern als Leitungspersonen und den Bediensteten als Personal. Allerdings soll Art. 54 Abs. 1 lit. f insgesamt sowohl für die Mitglieder als auch die Bediensteten gelten, was aus dem Wortlaut des ersten Teil dieser Regelung („des Mitglieds oder der Mitglieder und der Bediensteten jeder Aufsichtsbehörde") eindeutig hervorgeht.

56 Zur **Beendigung des Amtsverhältnisses** der Mitglieder finden sich Regelungen in Art. 53 Abs. 3 und 4, die aufgrund des Regelungsauftrages in Art. 54 Abs. 1 lit. f von den Mitgliedstaaten eine Konkretisierung erfahren müssen (Art. 53 Rn. 38 ff.).

57 Der Bundesgesetzgeber ist dem Regelungsauftrag insoweit im Hinblick auf die **Bundesbeauftragte** oder den Bundesbeauftragen auch nachgekommen (§ 12 Abs. 2 BDSG), (Art. 53 Rn. 5 ff., 42 f. und 49 f.).

58 Bezüglich der Regelungen zur Beendigung des Beschäftigungsverhältnisses der Bediensteten sind die Mitgliedstaaten gänzlich frei; Art. 53 Abs. 3 und 4 finden keine Anwendung. Im BDSG selbst finden sich diesbezüglich keine Regelungen, da diese nicht für erforderlich gehalten wurden wegen der vorhandenen allgemeinen beamten- und arbeitsrechtlichen Grundsätze.[26] Allerdings existieren solche Regelungen in den §§ 30 ff. BBG zumindest für die Beamten der oder des Bundesbeauftragten. Inwieweit diesbezüglich konkretere Regelungen auf nationaler Ebene ggf. erforderlich werden sollten wird sich zeigen.

24 *Roßnagel* ZD 2015, 106, 108.

25 So auch Sydow-*Ziebarth* Art. 54 Rn. 47; Ehmann/Selmayr-*Selmayr* Art. 54 Rn. 11; zum Begriff des „Mitglieds" siehe Art. 53 Rn. 15.

26 BT-Drucks. 18/11325, S. 86.

III. Verschwiegenheitspflicht (Abs. 2)

Art. 54 Abs. 2 enthält Regelungen zur **Verschwiegenheitspflicht**. Sowohl die Mitglieder der Aufsichtsbehörden als auch die Bediensteten sind zur Verschwiegenheit gemäß dem Unionsrecht oder dem Recht der Mitgliedstaaten verpflichtet; dies auch über ihre Amts- bzw. Dienstzeit hinaus. Soweit das Unionsrecht keine entsprechende Regelung enthält, muss der Mitgliedstaat Regelungen diesbezüglich treffen.[27] Trotz des materiellen Inhalts des Art. 54 Abs. 2 ist nämlich eine Konkretisierung in einem anderen Gesetz – sei es auf Unionsebene oder nationaler Ebene – erforderlich. **59**

In Satz 2 des Art. 54 Abs. 2 wird nunmehr ausdrücklich hervorgehoben, dass die Verschwiegenheitspflicht während der Amts- bzw. Dienstzeit insb. für die **von natürlichen Personen gemeldeten Datenschutzverstöße** gilt. Dies ergibt sich zwar bereits aus Satz 1 des Art. 54 Abs. 2. Allerdings macht die zusätzliche Erwähnung deutlich, welch hohen Stellenwert die Verschwiegenheitspflicht bezüglich dieser Tatsache hat. Denn nur wenn betroffene Personen davon ausgehen können, dass absolute Verschwiegenheit herrscht, werden sie sich an die Aufsichtsbehörde wenden.[28] **60**

Hinsichtlich der Regelung der Verschwiegenheitspflicht im Abs. 2 des Art. 54 und nicht in einem eigenen Artikel – insb. weil auch die Überschrift von Art. 54 nicht auf eine solche Regelung zur Verschwiegenheit hindeutet – wird vielfach Kritik geübt.[29] Es kann bei näherem Hinsehen allerdings ein innerer Zusammenhang zur Regelung des Art. 54 Abs. 1 lit f festgestellt werden. Denn letztlich ist die Verschwiegenheitspflicht eine besondere Pflicht der Mitglieder und Bediensteten der Aufsichtsbehörden, sodass die Kritik nicht gänzlich berechtigt erscheint. **61**

Die Verschwiegenheitspflicht gilt nur für **vertrauliche Informationen**. Vertrauliche Informationen sind letztlich alles was nicht offenkundig oder geheimhaltungsbedürftig ist.[30] **62**

§ 13 Abs. 4 BDSG konkretisiert Art. 54 Abs. 2 im Hinblick auf die Verschwiegenheitspflicht der oder des **Bundesbeauftragten**. Soweit es während der Amtszeit im pflichtgemäßen Ermessen der oder des Bundesbeauftragten steht zu entscheiden, ob sie oder er über eine Angelegenheit aussagt oder Erklärungen abgibt, steht dies mit der erforderlichen Unabhängigkeit im Einklang. Nach Ablauf der Amtszeit bedarf es allerdings einer Genehmigung der oder des amtierenden Bundesbeauftragten, was kritisch zu sehen ist im Hinblick auf die **Unabhängigkeit** wegen der Möglichkeit anderer Beurteilung durch den Nachfolger.[31] **63**

Die Regelungen zum **Zeugnisverweigerungsrecht** und zur **Zeugenaussageberechtigung** gehören ebenfalls in den Kontext der Verschwiegenheitsverpflichtung.[32] Die Regelung zum Zeugnisaussagerecht in § 13 Abs. 5 S. 1 Nr. 1 BDSG ist insoweit im Hinblick auf die Unabhängigkeit bedenklich, als ein Zeugnisrecht u.a. nicht bestehen soll, wenn die Aussage dem Wohl des Bundes oder Landes Nachteile – insb. für die Sicherheit oder **64**

27 *Kühling/Martini* u.a. Die Datenschutz-Grundverordnung und das nationale Recht, S. 173.
28 Kühling/Buchner-*Boehm* Art. 54 Rn. 17.
29 BeckOK DatenSR-*Schneider* Art. 54 Rn. 1.
30 Kühling/Buchner-*Boehm* Art. 54 Rn. 18 und Gola-*Nguyen* Art. 54 Rn. 6 u. 7.
31 *Roßnagel* ZD 2015, 106, 109; Sydow-*Ziebarth* Art. 54 Rn. 50.
32 So auch *Kühling/Martini* u.a. Die Datenschutz-Grundverordnung und das nationale Recht, S. 416.

die Beziehung zu anderen Staaten – bereiten würde.[33] Gleiches gilt für die Regelung, dass die oder der Bundesbeauftragte über laufende oder abgeschlossene Vorgänge, die dem Kernbereich exekutiver Eigenverantwortung der Bundesregierung zuzurechnen sind oder sein könnten, nur im Benehmen mit der Bundesregierung aussagen darf.[34]

65 Es fehlt allerdings im BDSG eine Regelung zur Verschwiegenheitsverpflichtung für die Bediensteten. Sie sind lediglich in der Regelung betreffend die Zeugnisverweigerung mit erfasst. Eine Regelung für die beamteten Bediensteten ergibt sich aus § 67 BBG. Gerade für nicht verbeamtete Mitarbeiter ist unklar, ob einzig auf arbeitsvertragliche Regelungen zurückgegriffen werden kann.[35]

C. Praxishinweise

I. Relevanz für öffentliche Stellen

66 Für öffentliche Stellen hat die Vorschrift nur indirekt eine Relevanz, als dadurch die Schaffung einer unabhängigen und gleichzeitig qualitativ sowie effektiv arbeitenden Aufsichtsbehörde sichergestellt wird.

II. Relevanz für nichtöffentliche Stellen

67 Auch für nichtöffentliche Stellen hat Art. 54 Abs. 1 nur indirekt eine Relevanz, als dadurch die Schaffung einer unabhängigen und gleichzeitig qualitativ sowie effektiv arbeitenden Aufsichtsbehörde sichergestellt wird. Aufgrund der Regelung des Art. 54 Abs. 2 können sich nichtöffentliche Stellen auf die Verschwiegenheit der Mitglieder und Bediensteten der Aufsichtsbehörde verlassen, was insb. im Hinblick auf **Geschäftsgeheimnisse** von Bedeutung ist.

III. Relevanz für betroffene Personen

68 Auch für betroffene Personen hat Art. 54 Abs. 1 nur indirekt eine Relevanz, als dadurch die Schaffung einer unabhängigen und gleichzeitig qualitativ sowie effektiv arbeitenden Aufsichtsbehörde sichergestellt wird. Aufgrund der Regelung des Art. 54 Abs. 2, insb. des Satzes 1, können sich betroffene Personen mit der Gewissheit der absoluten Verschwiegenheit an die Aufsichtsbehörden wenden.

IV. Relevanz für Aufsichtsbehörden

69 Für die Aufsichtsbehörden hat die Vorschrift eine große Relevanz, da diese zahlreiche Vorgaben und Regelungsaufträge hinsichtlich der Ausgestaltung der Aufsichtsbehörden enthält.

V. Datenschutzmanagement

70 Es ist derzeit keine direkte Relevanz für das Datenschutzmanagement ersichtlich.

---

33 Siehe dazu näher *Roßnagel* ZD 2015, 106, 109.
34 Siehe auch dazu näher *Roßnagel* ZD 2015, 106, 109.
35 Kühling/Buchner-*Boehm* Art. 54 Rn. 23.

VI. Sanktionen

Verstoßen Mitglieder oder Beschäftigte der Aufsichtsbehörde gegen ihre Verschwiegenheitspflicht hinsichtlich der vertraulichen Informationen betroffener Personen, so haben die betroffenen Personen Möglichkeit **Klage auf Schadensersatz** einzureichen. **71**

Abschnitt 2
Zuständigkeit, Aufgaben und Befugnisse

Artikel 55 Zuständigkeit

(1) Jede Aufsichtsbehörde ist für die Erfüllung der Aufgaben und die Ausübung der Befugnisse, die ihr mit dieser Verordnung übertragen wurden, im Hoheitsgebiet ihres eigenen Mitgliedstaats zuständig.

(2) [1]Erfolgt die Verarbeitung durch Behörden oder private Stellen auf der Grundlage von Artikel 6 Absatz 1 Buchstabe c oder e, so ist die Aufsichtsbehörde des betroffenen Mitgliedstaats zuständig. [2]In diesem Fall findet Artikel 56 keine Anwendung.

(3) Die Aufsichtsbehörden sind nicht zuständig für die Aufsicht über die von Gerichten im Rahmen ihrer justiziellen Tätigkeit vorgenommenen Verarbeitungen.

– *ErwG: 20, 122, 128*
– *BDSG n.F.: §§ 9, 19, 40*

Übersicht

Literatur: siehe auch Hinweise zu Art. 51; *Greve* Das neue Bundesdatenschutzgesetz, NVwZ 2017, 737 ff.; *Kranig* Zuständigkeit der Datenschutzaufsichtsbehörden – Feststellung des Status quo mit Ausblick auf die DS-GVO, ZD 2013, 550 ff.; *von Lewinski* Datenschutzaufsicht in Europa als Netzwerk, NVwZ 2017, 1483 ff.; *Roßnagel/Kroschwald* Was wird aus der Datenschutzgrundverordnung? Die Entschließung des Europäischen Parlaments über ein Verhandlungsdokument, ZD 2014, 495 ff.

A. Einordnung und Kontext

I. Erwägungsgründe

1 ErwG 122 wiederholt zunächst Art. 55 Abs. 1 inhaltlich und führt sodann auf, für welche Verarbeitungen Art. 55 Abs. 1 insbesondere gelten soll. Letztlich werden **vier Verarbeitungssituationen** genannt: die Verarbeitung im Rahmen der Tätigkeiten einer Niederlassung des Verantwortlichen oder Auftragsverarbeiters im Hoheitsgebiet des Mitgliedstaats (1), die Verarbeitung personenbezogener Daten durch Behörden oder private Stellen, die im öffentlichen Interesse handeln (2), Verarbeitungstätigkeiten, die Auswirkungen auf betroffene Personen im Hoheitsgebiet haben (3) oder Verarbeitungstätigkeiten eines Verantwortlichen oder Auftragsverarbeiters ohne Niederlassung in der Union, sofern sie auf betroffene Personen mit Wohnsitz im Hoheitsgebiet ausgerichtet sind (4). Eingeschlossen sollen dabei sein die Bearbeitung von Beschwerden einer betroffenen Person, die Durchführung von Untersuchungen über die Anwendung der DS-GVO sowie die Förderung der Information der Öffentlichkeit über Risiken, Vorschriften, Garantien und Rechte im Zusammenhang mit der Verarbeitung personenbezogener Daten. Damit erfolgt letztlich ein partieller Hinweis auf die Aufgaben und Befugnisse der zuständigen Aufsichtsbehörde.

2 ErwG 128 nimmt Bezug auf Art. 55 Abs. 2. Es sollen weder die Vorschriften über die federführende Behörde noch die über das Verfahren der Zusammenarbeit und Kohärenz Anwendung finden, wenn die **Verarbeitung im öffentlichen Interesse** erfolgt – sei es durch Behörden oder nichtöffentliche Stellen –, sondern es soll einzig und allein die Aufsichtsbehörde des Mitgliedstaats, in dem der Verantwortliche seinen Sitz hat, zuständig sein.

3 Aus ErwG 20 ergibt sich der Hintergrund der Regelung des Art. 55 Abs. 3. Die **Unabhängigkeit der Justiz** bei Ausübung ihrer gerichtlichen Aufgaben einschließlich ihrer Beschlussfassung soll unangetastet bleiben. Deshalb sollten die Aufsichtsbehörden nicht für die Verarbeitung personenbezogener Daten durch Gerichte im Rahmen ihrer **justiziellen Tätigkeit** zuständig sein. Um dennoch die Einhaltung der DS-GVO sicherzustellen, sollten besondere Stellen im Justizsystem des jeweiligen Mitgliedstaats geschaffen werden, die mit der Aufsicht betraut werden sollen.

II. BDSG n.F.

Aufgrund der föderalen Struktur der Bundesrepublik Deutschland mit Datenschutzaufsichtsbehörden auf Landes- und Bundesebene, ist die Zuständigkeit der Aufsichtsbehörden auf nationaler Ebene zu regeln. **Zuständigkeitsregelungen** finden sich in §§ 9, 19 und 40 Abs. 1 und 2 BDSG. 4

Die sachliche Zuständigkeit der oder des Bundesbeauftragten für den öffentlichen Bereich ist in § 9 BDSG geregelt. Die Zuständigkeit besteht für die **öffentlichen Stellen des Bundes**, auch soweit sie als öffentlich-rechtliche Unternehmen am Wettbewerb teilnehmen, und für Auftragsverarbeiter, soweit sie nichtöffentliche Stellen sind, bei denen dem Bund die Mehrheit der Anteile gehört oder die Mehrheit der Stimmen zusteht und der Auftraggeber eine öffentliche Stelle des Bundes ist. Spezialgesetzliche Regelungen zur sachlichen Zuständigkeit der oder des Bundesbeauftragten bestehen daneben. § 40 Abs. 1 BDSG stellt klar, dass die nach Landesrecht zuständigen Behörden im Anwendungsbereich der DS-GVO bei nichtöffentlichen Stellen die Anwendung der Vorschriften über den Datenschutz überwachen. 5

§ 9 Abs. 2 BDSG wiederholt Art. 55 Abs. 3 in Bezug auf **Bundesgerichte**. In der Gesetzesbegründung wird insoweit klargestellt, dass Art. 55 Abs. 3 unmittelbar gilt und mit § 9 Abs. 2 BDSG lediglich die Umsetzung des Art. 45 Abs. 2 S. 1 der Datenschutz-Richtlinie 2016/680 für Polizei und Justiz erfolgt.[1] 6

Erstmals enthält das BDSG nunmehr Regelungen zur **örtlichen Zuständigkeit der Aufsichtsbehörden**. Der § 40 Abs. 2 BDSG enthält eine Regelung zur innerstaatlichen Zuständigkeitsverteilung für den Fall, dass Verantwortlicher oder Auftragsverarbeiter mehrere inländische Niederlassungen haben und erklärt insoweit Art. 4 Nr. 16 für anwendbar. Bei Unstimmigkeiten bzw. Zweifelsfragen bezüglich der Zuständigkeit soll das Verfahren nach § 18 Abs. 2 BDSG Anwendung finden. Abschließend wird § 3 Abs. 3 und 4 des Verwaltungsverfahrensgesetzes für entsprechend anwendbar erklärt. Aus § 19 Abs. 1 BDSG ergibt sich die Bestimmung der federführenden Behörde im innerstaatlichen Kontext für die unionsweiten Verfahren der Zusammenarbeit und Kohärenz nach der DS-GVO (Art. 51 Rn. 9 f.; Art. 56 Rn. 8 ff.; 51 ff.). § 19 Abs. 2 BDSG enthält besondere Regelungen zur innerstaatlichen Zuständigkeitsverteilung im Zusammenhang mit dem Eingang einer Beschwerde. Beschwerden sind demzufolge grundsätzlich an die federführende Behörde im Sinne des § 19 Abs. 1 BDSG abzugeben, in Ermangelung einer solchen an die Aufsichtsbehörde eines Landes, in dem der Verantwortliche oder Auftragsverarbeiter eine Niederlassung hat (§ 19 Abs. 2 S. 1 BDSG). Eine Sonderregelung ist für den Fall vorgesehen, bei dem eine Beschwerde an eine sachlich unzuständige Behörde gerichtet wird (§ 19 Abs. 2 S. 2 BDSG). Die empfangende Aufsichtsbehörde gilt dann gemäß § 19 Abs. 2 S. 3 BDSG als die Aufsichtsbehörde nach Maßgabe des Kapitels VII der DS-GVO bei der die Beschwerde eingereicht worden ist und kommt den Verpflichtungen aus Art. 60 Abs. 7 bis 9 und Art. 65 Abs. 6 nach. 7

III. Normgenese und Materialien

1. Datenschutz-Richtlinie 95/46/EG (DSRL). Bereits die DSRL enthielt eine **Zuständigkeitsregelung**. Danach war jede Kontrollstelle bzw. Aufsichtsbehörde im Hoheits- 8

1 BT-Drucks. 18/11325, S. 84.

gebiet ihres Mitgliedstaats für die Ausübung ihrer Befugnisse zuständig und zwar unabhängig vom auf die jeweilige Verarbeitung anwendbaren einzelstaatlichen Recht (Art. 28 Abs. 6 DSRL).

9 Aufgrund der Tatsache, dass es keine Regelungen zur **federführenden Aufsichtsbehörde** gab (Art. 56), war auch keine Ausnahmeregelung entsprechend Art. 55 Abs. 2 für die Aufsicht über die Verarbeitung von Daten im öffentlichen Interesse vorhanden.

10 Die DSRL enthielt auch keine Regelung zur Ausnahme der von Gerichten im Rahmen von **justiziellen Tätigkeiten** vorgenommenen Datenverarbeitung von der Aufsicht, nahm aber die polizeiliche und justizielle Zusammenarbeit und die Tätigkeiten des Staates im strafrechtlichen Bereich von der Anwendung der DSRL aus (Art. 3 Abs. 2 Spiegelstrich 1 a.E. DSRL).

11 **2. BDSG a.F.** Bereits das BDSG a.F. enthielt eine Regelung zur **sachlichen Zuständigkeit** der oder des Bundesbeauftragten (§ 24 Abs. 1 BDSG a.F.).

12 Nach § 24 Abs. 3 BDSG a.F. unterlagen **Bundesgerichte** der Kontrolle nur, soweit sie in **Verwaltungsangelegenheiten** tätig werden. Die Zuständigkeit war also positiv abzugrenzen – im Gegensatz zur jetzigen Regelung in Art. 55 Abs. 3.

13 Regelungen zur **örtlichen Zuständigkeit der verschiedenen Aufsichtsbehörden** des Bundes und der Länder waren im BDSG a.F. nicht enthalten. Die Bestimmung der Zuständigkeit bzw. Abgrenzung bereitete daher vielfach Schwierigkeiten, insbesondere für die Datenschutzaufsichtsbehörden der Länder untereinander – kaum im Verhältnis zur oder zum Bundesbeauftragten, da es auf der Ebene der sachlichen Zuständigkeit in der Regel keine Überschneidungen mit den Datenschutzaufsichtsbehörden der Länder gibt.[2]

14 **3. Europäischer Datenschutzausschuss/WP 29.** Hinsichtlich der Stellung der unabhängigen Datenschutzaufsichtsbehörden verfügt der EDSA nur über begrenzte Befugnisse, da die Unabhängigkeit auch gegenüber dem EDSA besteht (Art. 51 Rn. 14 ff.). Aufgrund dessen wird es diesbezüglich keine erhebliche Konkretisierung des Regelungsgehalts der DS-GVO in Form von Leitlinien, Empfehlungen und bewährten Verfahren des EDSA geben.

15 Die WP 29 hat im Kontext des Art. 56 ein Arbeitspapier zu der Frage der **federführenden Aufsichtsbehörde** erarbeitet (Art. 56 Rn. 13). Zu Art. 55 ist derzeit kein Arbeitspapier in Bearbeitung.

B. Kommentierung

I. Regelungsinhalt und Ziel der Regelung

16 Der Art. 55 enthält Regelungen zur **Bestimmung der zuständigen Datenschutzaufsichtsbehörden**. Der Grundsatz des Territorialprinzips (Art. 55 Abs. 1), dessen alleinige Anwendung ggf. zu parallelen Zuständigkeiten mehrere Aufsichtsbehörden führt – insbesondere im Falle von grenzüberschreitenden Verarbeitungen –, wird ergänzt durch Regelungen zur ausschließlichen Zuständigkeit der Aufsichtsbehörde am Sitz der öffentlichen oder nichtöffentlichen Stelle im Falle von Verarbeitungen im

2 Siehe dazu *Kranig* ZD 2013, 550 ff.

öffentlichen Interesse (Art. 55 Abs. 2) und zur Ausnahme im Hinblick auf Verarbeitungen der Gerichte im Rahmen von justiziellen Tätigkeiten von der Aufsicht der Datenschutzaufsichtsbehörden (Art. 55 Abs. 3).

Art. 55 steht in engem Zusammenhang mit Art. 3, der das **Marktortprinzip** festschreibt[3] und verfolgt das **Ziel, eine lückenlose Zuständigkeitsordnung zu begründen**, um die Überwachung der Anwendung der DS-GVO gem. Art. 51 Abs. 1 und 2 sicherzustellen. Zur Erreichung dieses Ziels sind insbesondere die Erwägungsgründe weit formuliert. Dies führt zu Überlappungen in den Aussagen und ist auf der Grundlage der Systematik der Art. 55, 56 zu klären. Diese Bestimmungen wählen einen räumlichen Ansatz, indem sie auf das Hoheitsgebiet als Bezugspunkt der Zuständigkeit abheben. 17

Letztlich geht es im Kern bei Art. 55 auch darum, einheitliche Maßstäbe bei der Anwendung und Durchsetzung des Datenschutzrechts zu schaffen und dennoch nationale Besonderheiten insbesondere bei Verarbeitungen im öffentlichen Interesse zu berücksichtigen. 18

II. Grundsatz der territorialen Zuständigkeit (Abs. 1)

Art. 55 Abs. 1 regelt die grundsätzliche Zuständigkeit der Datenschutzaufsichtsbehörden. Diese bestimmt sich nach dem **Territorialprinzip** – wie auch bislang in der DSRL vorgesehen (Rn. 8). Demzufolge haben die Aufsichtsbehörden ihre Aufgaben und Befugnisse im Hoheitsgebiet ihres Mitgliedstaates auszuüben bzw. zu erfüllen. 19

1. Anknüpfungspunkt zur Bestimmung der Zuständigkeit. Der Anknüpfungspunkt für die Zuständigkeit ergibt sich aus Art. 55 Abs. 1 nicht eindeutig. Zunächst wird lediglich vom **Hoheitsgebiet** des Mitgliedstaates ausgegangen, womit ein örtlicher Ansatz zum Tragen kommt. Davon ausgehend kommt in Betracht, an den Verantwortlichen bzw. Auftragsverarbeiter, die betroffenen Personen oder die Datenverarbeitung an sich anzuknüpfen.[4] Alle diese Anknüpfungspunkte können eine Zuständigkeit begründen. Je nach Wahl des Anknüpfungspunktes können sich unterschiedliche Zuständigkeiten ergeben. 20

ErwG 122 führt beispielhaft – „insbesondere" – auf, in welchen Fällen eine Zuständigkeit bestehen soll: die Verarbeitung im Rahmen der Tätigkeiten einer Niederlassung des Verantwortlichen oder Auftragsverarbeiters im Hoheitsgebiet des Mitgliedstaats (1), die Verarbeitung personenbezogener Daten durch Behörden oder private Stellen, die im öffentlichen Interesse handeln (2), Verarbeitungstätigkeiten, die Auswirkungen auf betroffene Personen im Hoheitsgebiet haben (3) oder Verarbeitungstätigkeiten eines Verantwortlichen oder Auftragsverarbeiters ohne Niederlassung in der Union, sofern sie auf betroffene Personen mit Wohnsitz im Hoheitsgebiet ausgerichtet sind (4). 21

Die Zuständigkeit der Datenschutzaufsichtsbehörde kann sich folglich aus dem **Sitz des Verantwortlichen oder Auftragsverarbeiters** ergeben. In Frage kommt die Verarbeitung im Rahmen der Tätigkeit einer Niederlassung des Verantwortlichen oder Auftragsverarbeiters im jeweiligen Hoheitsgebiet (1). Entscheidend ist also insoweit, ob eine Niederlassung im Hoheitsgebiet des Mitgliedstaats vorhanden ist. Dabei wird 22

---

3 Dieses war vom *EuGH* v.13.5.2014 – C-131/12, ECLI:EU:C:2014:317, Google v. Spain bereits angedeutet worden; siehe näher hierzu Art. 3.

4 Paal/Pauly-*Körffer* Art. 55 Rn. 2; Ehmann/Selmayr-*Selmayr* Art. 55 Rn. 6.

Niederlassung in der DS-GVO im Gegensatz zur Hauptniederlassung (Art. 4 Nr. 16) nicht legaldefiniert, allerdings ergibt sich aus ErwG 22, dass eine effektive und tatsächliche Ausübung einer Tätigkeit durch eine feste Einrichtung erforderlich ist.[5] Ein Verantwortlicher oder Auftragsverarbeiter mit mehreren Niederlassungen in verschiedenen Mitgliedstaaten kann letztlich nach Art. 55 Abs. 1 dem Grunde nach mehrere zuständige Aufsichtsbehörden haben.[6]

23 Einen räumlichen Ansatz betrifft auch die Zuständigkeit aufgrund der Verarbeitung personenbezogener Daten durch **Behörden oder private Stellen**, die im **öffentlichen Interesse** handeln ((2), Art. 55 Abs. 2). Die Aufsichtsbehörde des betroffenen Mitgliedstaats ist diejenige, die durch eine Verarbeitung aufgrund regelmäßig öffentlich-rechtlicher Vorschriften oder durch funktional öffentliches Handeln betroffen ist. Anknüpfungspunkt sind der Verantwortliche bzw. Auftragsverarbeiter und die Datenverarbeitung. Auch in den Fällen der Verarbeitung im öffentlichen Interesse bestimmt sich die Zuständigkeit zunächst nach Art. 55 Abs. 1; Art. 55 Abs. 2 enthält insoweit lediglich ergänzende Regelungen, insbesondere den Ausschluss der Anwendung des Art. 56.

24 Eine Zuständigkeit der Aufsichtsbehörde besteht nunmehr auch für alle Verarbeitungstätigkeiten, die **Auswirkungen auf betroffene Personen** im Hoheitsgebiet des eigenen Mitgliedstaats haben (3), d.h. unabhängig davon, wo der Verantwortliche oder Auftragsverarbeiter seine Niederlassung hat. In diesem Fall kann die Datenschutzaufsichtsbehörde auch gleichzeitig betroffene Behörde im Sinne des Art. 4 Nr. 22 lit. b sein.

25 Schlichte, aber nicht erhebliche **Auswirkungen** sollen dem Wortlaut des ErwG 122 zufolge genügen, um eine Zuständigkeit zu begründen. Diese liegen jedenfalls vor, wenn Daten von im Hoheitsgebiet ansässigen Personen verarbeitet werden oder diese Rechte aus der DS-GVO ableiten können.[7]

26 Ausreichend zur Begründung der Zuständigkeit sind auch Verarbeitungstätigkeiten eines Verantwortlichen oder Auftragsverarbeiters ohne Niederlassung in der Union, d.h. von rein außereuropäischen Unternehmen, sofern diese Tätigkeiten auf betroffene Personen mit Wohnsitz in ihrem Hoheitsgebiet **ausgerichtet** sind (4), unabhängig von vorhandenen tatsächlichen Auswirkungen.

27 Eine **Ausrichtung** in o.g. Sinn ist in den in Art. 3 Abs. 2 genannten Fällen anzunehmen (**Marktortprinzip**), d.h. wenn die Datenverarbeitung dazu dient, betroffenen Personen in dem Mitgliedstaat Waren oder Dienstleistungen anzubieten oder die betroffenen Personen zu beobachten.[8] Denn mit „ausrichten" ist letztlich gemeint, etwas auf jemanden einzustellen, einzurichten oder abzustellen[9] und genau diese Fälle sind von Art. 3 Abs. 2 erfasst, indem es dort um ein gezieltes Angebot an betroffene Personen oder deren Beobachtung durch Verantwortliche geht.

5 Zum Begriff der Niederlassung s. Art. 56 Rn. 28 f. und *EuGH* v.1.10.2015 – C-230/14, ECLI:EU:C:2015:639, Weltimmo.

6 Ehmann/Selmayr-*Selmayr* Art. 55 Rn. 7 geht insoweit davon aus, dass der Fall, dass ein Verantwortlicher oder ein Auftragsverarbeiter Niederlassungen in mehreren Mitgliedstaaten unterhält gar nicht von Art. 55 Abs. 1 erfasst sei.

7 Gola-*Nguyen* Art. 55 Rn. 5.

8 Gola-*Nguyen* Art. 55 Rn. 5; BeckOK DatenSR-*Eichler* Art. 55 Rn. 7.

9 https://www.duden.de/rechtschreibung/ausrichten, zuletzt abgerufen am 13.11.2017, 10:35 Uhr.

Anknüpfungspunkt des Art. 55 Abs. 1 kann in diesen beiden letztgenannten Fällen ((3) und (4)) zur Begründung der Zuständigkeit **nur die betroffene Person** und ggf. die Verarbeitungsfähigkeit sein. Eine Zuständigkeitsbegründung einer Aufsichtsbehörde in diesen Fällen alleine aufgrund der Auswirkung bzw. Ausrichtung ist auch von großer Bedeutung, da es ansonsten in Fällen, in denen es keine Niederlassung des Verantwortlichen oder Auftragsverarbeiters in der Europäischen Union gibt (und ggf. trotz der grundsätzlich bestehenden Pflicht auch kein Vertreter nach Art. 27 benannt wurde), möglicherweise keine zuständige Aufsichtsbehörde gäbe, die ihre Aufgaben ausüben und Befugnisse wahrnehmen könnte. Dann würde das Ziel, eine flächendeckende Zuständigkeitsordnung zu begründen, nicht erreicht. 28

In dem Kontext der Zuständigkeitsbegründung infolge der Anknüpfung an die betroffenen Personen steht auch die Regelung des **Art. 77 Abs. 1**. Der zufolge haben die betroffenen Personen immer die Möglichkeit sich mit einer Beschwerde an jede Aufsichtsbehörde – insbesondere an die in dem Mitgliedstaat ihres Aufenthaltsortes, ihres Arbeitsplatzes oder des Orts des mutmaßlichen Verstoßes – zu wenden, wenn sie einen Verstoß gegen die DS-GVO hinsichtlich der Verarbeitung ihrer personenbezogenen Daten vermuten, unabhängig davon durch wen die Datenverarbeitung erfolgt (**Recht auf Beschwerde**). Diese Aufsichtsbehörde, bei der eine Beschwerde eingereicht wurde, ist sodann jedenfalls eine betroffene Aufsichtsbehörde im Sinne des Art. 4 Nr. 22 lit. c. Sie ist in der Regel auch schon eine zuständige Behörde im Sinne des Art. 55 Abs. 1 aufgrund des Vorliegens einer der oben genannten vier Fälle, denn häufig werden sich die betroffenen Personen an die Aufsichtsbehörde ihres Wohnsitzes wenden, und dann sind jedenfalls regelmäßig Auswirkungen im obigen Sinne zu bejahen oder an die Aufsichtsbehörde, in deren Mitgliedstaat eine Niederlassung des Verantwortlichen oder Auftragsverarbeiters vorhanden ist. Aber auch im Übrigen sollte sie eine zuständige Aufsichtsbehörde im Sinne des Art. 55 Abs. 1 sein wegen des Zieles einer **flächendeckenden Zuständigkeitsbegründung** und da sie für die Unterrichtung der betroffenen Personen über den Stand und die Ergebnisse der Beschwerde alleinig zuständig bleibt (Art. 77 Abs. 2). Sie involviert allerdings ggf. andere zuständige Behörden (falls solche vorhanden sind) bzw. die möglicherweise vorhandene federführende Aufsichtsbehörde in ihre Aufsichtstätigkeit. 29

2. Rechtsfolge der begründeten Zuständigkeit. – a) Erfüllung der Aufgaben unter Wahrnehmung der Befugnisse im Hoheitsgebiet. Folge der begründeten Zuständigkeit ist die Verpflichtung der Aufsichtsbehörde zur Erfüllung ihrer **Aufgaben** (Art. 57) unter Wahrnehmung ihrer **Befugnisse** (Art. 58). ErwG 122 erwähnt diesbezüglich explizit die Bearbeitung von Beschwerden betroffener Personen, die Durchführung von Untersuchungen über die Anwendung der DS-GVO und die Förderung der Information der Öffentlichkeit über Risiken, Vorschriften, Garantien und Rechte im Zusammenhang mit der Verarbeitung personenbezogener Daten. 30

Dabei haben die Aufsichtsbehörden ihre Aufgaben und Befugnisse grundsätzlich nur im Hoheitsgebiet ihres Mitgliedstaates auszuüben bzw. zu erfüllen. Denn eine Ausübung der Befugnisse durch eine Aufsichtsbehörde im Hoheitsgebiet eines anderen Mitgliedstaates ist mit dessen **territorialer Souveränität** grundsätzlich nicht zu vereinbaren.[10] Dies schließt eine kooperative Wahrnehmung bestimmter Aufgaben durch 31

10 *EuGH* v. 1.10.2015 – C-230/14, ECLI:EU:C:2015:639, Weltimmo Rn. 56; so auch Sydow-*Ziebarth* Art. 55 Rn. 3 und Kühling/Buchner-*Boehm* Art. 55 Rn. 9.

Behörden unterschiedlicher Mitgliedstaaten, die auf der Grundlage des Unionsrechts vorgehen, allerdings nicht aus. Voraussetzung ist eine Regelungskompetenz der Europäischen Union und ihre Ausübung durch den Erlass einschlägiger Regelungen. Die DS-GVO gestaltet allerdings **keinen Verwaltungsverbund** im Sinne eines hierarchischen Korsetts,[11] sondern errichtet eine Kooperation unabhängiger Behörden zur Erreichung der Ziele des Art. 1 (Art. 51 Rn. 43).

32 Die Frage der **Reichweite des Prinzips der territorialen Souveränität** stellt sich insbesondere in den Fällen, bei denen Anknüpfungspunkt für die Zuständigkeit lediglich die betroffenen Personen sind ((3) und (4)). Befassen können und ggf. müssen sich die Aufsichtsbehörden mit den Datenverarbeitungen, die Auswirkungen auf betroffene Personen in ihrem Hoheitsgebiet haben oder mit solchen, die von einem Verantwortlichen oder Auftragsverarbeiter ohne Niederlassung in der Europäischen Union auf betroffene Personen mit Wohnsitz in ihrem Hoheitsgebiet ausgerichtet sind.[12] Voraussetzung ist, dass der Verantwortliche oder Auftragsverarbeiter in ihrem Zuständigkeitsbereich auf dem Markt auftritt. Die Ausübung der Aufgaben und Befugnisse durch die Aufsichtsbehörde kommt aber grundsätzlich nur in ihrem eigenen Hoheitsgebiet in Betracht. Gegenüber den betroffenen Personen mit Wohnsitz im Hoheitsgebiet des Mitgliedstaats der Aufsichtsbehörde handelt die Aufsichtsbehörde sodann rechtserheblich.[13] Im Übrigen bedarf es der Amtshilfe bzw. der Verfahren der Zusammenarbeit und Kohärenz (Art. 60 ff.). Auf internationaler Ebene kann eine Zusammenarbeit mit Stellen und Behörden außerhalb der EU erforderlich sein, insbesondere mit solchen in dem Staat, in dem der Verantwortliche oder Auftragsverarbeiter Sitz oder Niederlassung hat.

33 **b) Parallele Zuständigkeiten verschiedener Aufsichtsbehörden.** Eine nach Art. 55 Abs. 1 begründete Zuständigkeit einer Aufsichtsbehörde bedeutet nicht notwendig deren alleinige Zuständigkeit. Wie bereits erwähnt, kann ein Verantwortlicher oder Auftragsverarbeiter mit mehreren Niederlassungen in unterschiedlichen Mitgliedstaaten letztlich nach Art. 55 Abs. 1 dem Grunde nach mehrere zuständige Aufsichtsbehörden haben (Rn. 22). Auch kann es ggf. zu einer **parallelen Zuständigkeit** verschiedener Aufsichtsbehörde kommen, wenn betroffene Personen, auf die die Verarbeitung Auswirkungen hat, in unterschiedlichen Mitgliedstaaten wohnen. Ferner kann es aufgrund des **Marktortprinzips** unter Anwendung des Art. 55 Abs. 1 zu parallelen Zuständigkeiten verschiedener Aufsichtsbehörden kommen, wenn die Tätigkeiten des außereuropäischen Unternehmens auf betroffene Personen mit Wohnsitz in verschiedenen Mitgliedstaaten ausgerichtet sind.

34 Um **divergierende Entscheidungen** in den Fällen von parallelen Zuständigkeiten **zu vermeiden**, sieht die DS-GVO für einige Fälle bestimmte Mechanismen vor. Unterhält ein Verantwortlicher mehrere Niederlassungen in unterschiedlichen Mitgliedstaaten, so liegt häufig eine grenzüberschreitende Verarbeitung vor, so dass Art. 56 – ggf. in Verbindung mit Art. 60 – Anwendung findet. Insoweit wird Art. 55 Abs. 1 durch speziellere Regelungen überlagert.[14] Ausgenommen sind die Verarbeitungen im

11 Vgl. aber Ehmann/Selmayr-*Selmayr* Art. 51 Rn. 6.
12 Gola-*Nguyen* Art. 55 Rn. 1.
13 Ehmann/Selmayr-*Selmayr* Art. 55 Rn. 4.
14 Ehmann/Selmayr-*Selmayr* Art. 55 Rn. 7.

öffentlichen Interesse oder die von Gerichten vorgenommenen Verarbeitungen im Rahmen der justiziellen Tätigkeit, Art. 55 Abs. 2 und 3.

Letztlich zeigt sich, dass in der Regel jede **betroffene Aufsichtsbehörde** im Sinne des Art. 4 Nr. 22 auch eine nach Art. 55 Abs. 1 zuständige Behörde ist. Umgekehrt ist aber eine zuständige Aufsichtsbehörde nach Art. 55 Abs. 1 nicht zwingend eine betroffene Aufsichtsbehörde im Sinne des Art. 4 Nr. 22 (z.B. wenn von Verarbeitungstätigkeiten eines Verantwortlichen ohne Niederlassung im Mitgliedstaat lediglich nicht erhebliche Auswirkungen auf betroffene Personen im Hoheitsgebiet des Mitgliedstaats ausgehen und keine Beschwerde bei der Aufsichtsbehörde dieses Mitgliedstaats eingereicht wurde). 35

3. Innerstaatliche Regelung im BDSG. Zwar enthält Art. 55 Abs. 1 keine Öffnungsklausel, allerdings regelt die DS-GVO insoweit nur die Zuständigkeit der Aufsichtsbehörden eines Mitgliedstaats an sich, weshalb die Bundesrepublik Deutschland ihre insgesamt bestehende Zuständigkeit aufgrund ihrer föderalen Struktur **innerstaatlich durch Rechtsnormen verteilen** muss.[15] Die **Öffnungsklausel** ergibt sich insoweit aus Art. 54 Abs. 1 lit. a, der den Mitgliedstaaten die Errichtung der Aufsichtsbehörden durch Rechtsvorschriften auferlegt, i.V.m. Art. 51 Abs. 1 und 3, der ausdrücklich die Möglichkeit vorsieht mehrere Aufsichtsbehörde in einem Mitgliedstaat zu errichten.[16] Gibt es mehrere Aufsichtsbehörden, gehört es zur Errichtung der Aufsichtsbehörden dazu, deren Zuständigkeiten innerstaatlich zu regeln, um deren Funktionsfähigkeit sicherzustellen (Art. 54 Rn. 34). 36

a) Sachliche Zuständigkeit der Datenschutzaufsichtsbehörden. Eine Regelung zur **sachlichen Zuständigkeit** der oder des **Bundesbeauftragten** befand sich schon bislang im BDSG bzw. in sonstigen bereichsspezifischen bundesgesetzlichen Regelungen (PostG, TKG). Der oder die Bundesbeauftragte war und ist für die Überwachung der öffentlichen Stellen des Bundes zuständig (§ 9 Abs. 1 BDSG). § 9 Abs. 1 BDSG übernahm den bisherigen § 24 Abs. 1 BDSG a.F. ohne inhaltliche Änderungen. Spezialgesetzliche Zuweisungen der Datenschutzaufsicht über nichtöffentliche Stellen an die Bundesbeauftragte oder den Bundesbeauftragten bleiben von der Regelung des § 9 Abs. 1 BDSG unberührt.[17] 37

Die **Aufsichtsbehörden der Länder** waren (§ 38 BDSG a.F.) und sind verantwortlich für die Überwachung der nichtöffentlichen Stellen (§ 40 Abs. 1 BDSG) – vorbehaltlich der spezialgesetzlichen Zuweisungen an die Bundesbeauftragte oder den Bundesbeauftragten – sowie für die Überwachung der jeweiligen öffentlichen Stellen der Länder nach den Landesdatenschutzgesetzen. 38

b) Örtliche Zuständigkeit der Datenschutzaufsichtsbehörden bzw. Regelung der Verbandskompetenz. Regelungen zur **örtlichen Zuständigkeit der unterschiedlichen Aufsichtsbehörden** des Bundes und der Länder waren im BDSG a.F. nicht enthalten. Auch finden sich diesbezügliche Regelungen für die nichtöffentlichen Stellen nicht in den Landesdatenschutzgesetzen oder den Durchführungs- und Zuständigkeitsverordnungen der Länder, sondern es wird nur die Behörde des Landes bestimmt, die für die 39

15 So auch *Kühling/Martini u.a.* Die Datenschutz-Grundverordnung und das nationale Recht, S. 123.

16 So auch Ehmann/Selmayr-*Selmayr* Art. 55 Rn. 9.

17 BT-Drucks. 18/11325, S. 83.

Überwachung in Bezug auf den Datenschutz zuständig ist. Angesichts des Vorliegens einer Verbandskompetenz bereitete dies in der Vergangenheit Schwierigkeiten.[18] Aufgrund der Anwendung des § 3 Abs. 1 Nr. 2 VwVfG bei mehreren Niederlassungen eines Unternehmens in verschiedenen Bundesländern kam es zu einer parallelen Zuständigkeit mehrerer Datenschutzaufsichtsbehörden der Länder.[19] Die Zuständigkeitsabgrenzung hat man sodann häufig pragmatisch nach dem Unternehmenssitz vorgenommen.[20]

40 § 40 Abs. 2 BDSG enthält nun – neben § 19 BDSG – eine partielle Regelung der örtlichen Zuständigkeit für den Fall, dass mehrere inländische Niederlassungen vorhanden sind und erklärt insoweit Art. 4 Nr. 16 für anwendbar. Diese Zuständigkeitsabgrenzung findet nur Anwendung auf die Datenschutzaufsichtsbehörden der Länder.[21] Es handelt sich um eine vermittelnde Lösung mit konsensualen Elementen.[20] Damit wird das **One-Stop-Shop-System** auf die innerstaatliche Ebene übertragen;[22] sowohl für Verarbeitungen mit grenzüberschreitendem Bezug als auch für rein innerstaatliche, während die DS-GVO das One-Stop-Shop-Prinzip nur bei grenzüberschreitenden Verarbeitungen vorsieht.

41 Maßgeblich ist infolge dessen der **Sitz der inländischen Hauptverwaltung** des Verantwortlichen, es sei denn, dass die Entscheidungen über die Zwecke und Mittel der Verarbeitung in einer anderen inländischen Niederlassung des Verantwortlichen getroffen werden und diese Niederlassung befugt ist, diese Entscheidungen umsetzen zu lassen (Art. 56 Rn. 30 ff.).

42 Beim **Auftragsverarbeiter** ist grundsätzlich immer der **Ort der Hauptverwaltung** entscheidend und nicht der Ort der Niederlassung, in der Entscheidungen im Zusammenhang mit der Verarbeitung personenbezogener Daten getroffen werden. Sofern der Auftragsverarbeiter keine Hauptverwaltung in der Bundesrepublik Deutschland hat, ist die Aufsichtsbehörde des Landes zuständig, in welcher die Verarbeitungstätigkeiten hauptsächlich stattfinden.

43 Die Regelung führt dazu, dass es – sofern eine inländische Hauptniederlassung i.S.d. Art. 4 Nr. 16 vorhanden ist – im innerstaatlichen Rahmen nur noch **eine zuständige Aufsichtsbehörde** gibt; es gibt nicht eine federführende Behörde und daneben eine oder ggf. mehrere betroffene Aufsichtsbehörden (wie nach der DS-GVO, Art. 56). Nach der Gesetzesbegründung soll diese Zuständigkeitskonzentration bislang mögliche Mehrfachzuständigkeiten vermeiden und damit sowohl Aufsichtsbehörden als auch Wirtschaft entlasten.[23] Bei mehreren Niederlassungen, aber keiner Hauptnieder-

---

18 Siehe dazu näher *Kranig* ZD 2013, 550 ff.

19 Die Abgrenzungsschwierigkeiten bestanden dabei insbesondere für die Datenschutzaufsichtsbehörden der Länder untereinander. Im Verhältnis zu der oder dem Bundesbeauftragten gibt es auf Ebene der sachlichen Zuständigkeit in der Regel kaum Überschneidungen mit den Datenschutzaufsichtsbehörden der Länder, *Kranig* ZD 2013, 550, 551.

20 *von Lewinski* NVwZ 2017, 1483, 1488.

21 „Im sachlichen Zuständigkeitsbereich der oder des Bundesbeauftragten für den Datenschutz und die Informationsfreiheit stellen sich vergleichbare Fragestellungen nicht, so dass lediglich eine Zuständigkeitsabgrenzung bei sachlicher Zuständigkeit der Aufsichtsbehörden der Länder erforderlich ist." BT-Drucks. 18/12144, S. 6.

22 BT-Drucks. 18/12144, S. 6; siehe auch *Greve* NVwZ 2017, 737, 741.

23 BT-Drucks. 18/12144, S. 6.

lassung entsprechend Art. 4 Nr. 16 in der Bundesrepublik Deutschland, hilft § 40 Abs. 2 BDSG nur bedingt. Zwar soll dann das Verfahren nach § 18 Abs. 2 BDSG Anwendung finden, aber nach welchen Kriterien dann eine zuständige Aufsichtsbehörde vorgeschlagen werden soll, ist fraglich. Ob diese Regelung des § 40 Abs. 2 BDSG gänzlich unionsrechtskonform ist, ist zumindest zweifelhaft.

Bei Streitigkeiten bzw. Zweifelsfragen bezüglich der Zuständigkeit nach § 40 Abs. 2 BDSG soll das Verfahren nach § 18 Abs. 2 BDSG Anwendung finden (Art. 51 Rn. 53 ff.). Bei Änderung der die Zuständigkeit begründenden Umstände während des Verwaltungsverfahrens oder beim Treffen unaufschiebbarer Maßnahmen wegen Gefahr im Verzug, gelten die § 3 Abs. 3 und 4 VwVfG entsprechend.[24] **44**

In § 19 Abs. 1 ist lediglich die Zuständigkeit insoweit geregelt, als festgelegt wird, wer federführende Behörde in einem Verfahren der Zusammenarbeit und Kohärenz nach Kapitel VII der DS-GVO ist. Dies ist die Aufsichtsbehörde des Landes, in dem der Verantwortliche oder Auftragsverarbeiter seine Hauptniederlassung im Sinne des Art. 4 Nr. 16 oder seine einzige Niederlassung in der Europäischen Union hat (§ 19 Abs. 1 S. 1 BDSG; Art. 56 Rn. 51 ff.). Dies wird wahrscheinlich regelmäßig die nach § 40 Abs. 2 BDSG zuständige Behörde sein. Die Regelungen zur Zuständigkeit im Zusammenhang mit dem Eingang einer Beschwerde des § 19 Abs. 2 BDSG führen dazu, dass Beschwerden in bestimmten Fällen innerstaatlich abgegeben werden Nach § 19 Abs. 2 S. 1 BDSG sollen Beschwerden von der die Beschwerde empfangenden Aufsichtsbehörde grundsätzlich an die federführende Behörde nach § 19 Abs. 1 BDSG abgegeben werden, d.h. an die Aufsichtsbehörde des Landes, in dem der Verantwortliche oder Auftragsverarbeiter seine Hauptniederlassung oder seine einzige Niederlassung in der Europäischen Union hat. Existiert eine solche Hauptniederlassung oder einzige Niederlassung nicht in der Bundesrepublik Deutschland, so soll eine Abgabe an die Aufsichtsbehörde des Landes erfolgen, in dem der Verantwortliche oder Auftragsverarbeiter eine Niederlassung hat. Wie mit dem Fall umzugehen ist, dass mehrere Niederlassungen in unterschiedlichen Ländern vorhanden sind, ist nicht geregelt. Wenn eine Beschwerde an eine sachlich unzuständige Behörde gerichtet wird, und weder eine inländische Hauptniederlassung noch eine anderweitige Niederlassung in der Bundesrepublik Deutschland besteht, so erfolgt eine Abgabe an die sachlich zuständige Aufsichtsbehörde am Wohnsitz des Beschwerdeführers (§ 19 Abs. 2 S. 2 BDSG). Die empfangende Aufsichtsbehörde gilt dann als die Aufsichtsbehörde nach Maßgabe des Kapitels VII der DS-GVO bei der die Beschwerde eingereicht worden ist und kommt den Verpflichtungen aus Art. 60 Abs. 7 bis 9 und Art. 65 Abs. 6 nach. Die Aufsichtsbehörde, bei der die Beschwerde aber ursprünglich eingereicht wurde, scheint sodann folglich nicht als eine solche zu gelten und an dem weiteren Verfahren (Art. 60 ff.) nicht beteiligt zu sein. Dies sieht die DS-GVO selbst eigentlich nicht derart vor, sondern nach der DS-GVO sind Aufsichtsbehörden, die eine Beschwerde erhalten haben, immer betroffene Aufsichtsbehörden (Art. 4 Nr. 22) und als solche auch zuständig gemäß Art. 55 Abs. 1, auch wenn der Verantwortliche oder Auftragsverarbeiter keine Niederlassung im Hoheitsgebiet dieser Aufsichtsbehörde hat. Betroffene Aufsichtsbehörden sind an dem weiteren Verfahren, das sich an eine Beschwerde anschließt, in gewissem Maße beteiligt (Art. 60 ff.). Inwiefern die Regelung des § 19 Abs. 2 BDSG Auswirkungen auf die Pflicht der die Beschwerde empfangenden Auf- **45**

24 BT-Drucks. 18/12144, S. 6.

sichtsbehörde aus Art. 77 Abs. 2 bzw. sonstigen Rechte und Pflichten hat, die der Aufsichtsbehörde eigentlich infolge des Erhaltens einer Beschwerde und der damit einhergehenden Stellung als „betroffene Aufsichtsbehörde" zustehen bzw. obliegen – unabhängig von den explizit genannten des Kapitels VII der DS-GVO –, geht weder aus dem Wortlaut des § 19 Abs. 2 BDSG eindeutig hervor, noch liefert die Gesetzesbegründung insoweit stichhaltige Anhaltspunkte. In europarechtskonformer Auslegung ist die Ursprungsbehörde als betroffene Behörde anzusehen. Sie verfügt über die entsprechenden Rechte, während die Pflichten teils von der empfangenden Behörde ausgeübt werden. § 19 Abs. 2 BDSG enthält allerdings keine ausdrückliche Regelung zum Umgang mit einer Beschwerde, die bei einer sachlich zuständigen Aufsichtsbehörde eingereicht wird und mangels Hauptniederlassung oder Niederlassung in einem Bundesland nicht nach § 19 Abs. 2 S. 1 BDSG abgegeben werden kann. Aus der Gesetzesbegründung ergibt sich aber, dass die Aufsichtsbehörde, bei der die Beschwerde eingereicht wurde, dann für die Bearbeitung der Beschwerde zuständig ist, unabhängig davon, wo der Beschwerdeführer seinen Wohnsitz hat[25]. Dies entspricht wohl der Rechtslage, die sich ohne Modifikation durch das BDSG schon aus der DS-GVO ergibt. Letztlich scheint der Bundesgesetzgeber durch die Regelungen des § 19 Abs. 2 BDSG versucht zu haben, das ausdifferenzierte System der DS-GVO mit der Bestimmung von federführender Behörde und betroffenen Behörden und den sich daran anschließenden Zusammenarbeitsmechanismen aus Vereinfachungsgründen teilweise zu modifizieren. Ob dies von der DS-GVO im Rahmen der Öffnungsklauseln in derartigem Umfang zugelassen ist, ist zumindest zweifelhaft, jedenfalls ist eine europarechtskonforme Auslegung erforderlich.

III. Spezifische Zuständigkeiten bei Verarbeitung im öffentlichen Interesse (Abs. 2)

46 Art. 55 Abs. 2 enthält ergänzende Regelungen hinsichtlich der Zuständigkeit für den Sonderfall der Verarbeitung auf Grundlage von Art. 6 Abs. 1 UAbs. 1 lit. c oder lit. e. Denn letztlich bestimmt sich auch in den von Art. 55 Abs. 2 erfassten Fällen die Zuständigkeit zunächst nach Art. 55 Abs. 1; Art. 55 Abs. 2 enthält insoweit lediglich ergänzende Regelungen, insbesondere den Ausschluss der Anwendung des Art. 56.

47 Art. 6 regelt die Zulässigkeit der Verarbeitung personenbezogener Daten. Um eine rechtmäßige Verarbeitung vornehmen zu können, muss mindestens eine der Voraussetzungen des Art. 6 Abs. 1 UAbs. 1 erfüllt sein. Art. 6 Abs. 1 UAbs. 1 lit. c lässt die Verarbeitung zu, die zur Erfüllung einer kraft objektiven Rechts bestehenden Verpflichtung des Verantwortlichen erforderlich ist, eine vertraglich begründete Pflicht genügt insoweit nicht (siehe Art. 6 Rn. 1). Nach Art. 6 Abs. 1 UAbs. 1 lit. e ist die Verarbeitung rechtmäßig, wenn sie zur Erfüllung einer öffentlichen Aufgabe erfolgt, d.h. für die Wahrnehmung einer Aufgabe erforderlich ist, die im **öffentlichen Interesse** oder in **Ausübung öffentlicher Gewalt** erfolgt (siehe Art. 6 Rn. 1).

48 Sowohl Art. 6 Abs. 1 UAbs. 1 lit. c als auch Art. 6 Abs. 1 UAbs. 1 lit. e sind keine eigenen Erlaubnistatbestände, sondern setzen entsprechende Grundlagen im Unionsrecht oder nationalen Recht voraus (ErwG 45). In Deutschland existieren insoweit zahlreiche bereichsspezifische Regelungen des Bundes- als auch Landesrechts, die entsprechende Pflichten begründen bzw. Verarbeitungen zur Erfüllung einer **öffentlichen Aufgabe** vorsehen.

---

25 BT-Drucks. 18/11325, S. 93.

Für die Anwendung des Art. 55 Abs. 2 ist es irrelevant, ob die Verarbeitung durch eine private oder öffentliche Stelle erfolgt.[26] **49**

In diesen Fällen der Verarbeitung auf Grundlage von Art. 6 Abs. 1 UAbs. 1 lit. c oder lit. e ist immer alleine die Aufsichtsbehörde des betroffenen Mitgliedstaats zuständig und das **One-Stop-Shop-Verfahren** des Art. 56 findet keine Anwendung, selbst wenn ein Fall der grenzüberschreitenden Datenverarbeitung vorliegt. Demzufolge kann es in diesen Fällen weder zur Anwendung der Verfahren der Zusammenarbeit (Art. 60 ff.) noch zum Kohärenzverfahren (Art. 63) kommen. Innerhalb Deutschlands ist alleine das Bundesland regelungsbefugt und betroffen, dessen öffentliche Stelle betroffen ist.[27] Letztlich ist Art. 55 Abs. 2 keine Ausnahmeregelung von Art. 55 Abs. 1, sondern lediglich von Art. 56. Die Pflicht aus Art. 77 Abs. 2 für die die Beschwerde erhaltende Aufsichtsbehörde besteht dennoch unabhängig davon. **50**

Hintergrund dieser Regelung sind die zahlreichen nationalen ausdifferenzierten Regelungen, die in Deutschland im **bereichsspezifischen Recht** bereits bestehen[28] und infolge der Öffnungsklauseln des Art. 6 Abs. 1 UAbs. 1 lit. c und e aufrechterhalten bzw. geschaffen werden können. Für die Bewertung des Sachverhalts primär entscheidend sind dann mitgliedstaatliche Normen, worüber nur die Aufsichtsbehörde des entsprechenden Mitgliedstaats befinden kann.[29] Sie ist insoweit die sachnächste Aufsichtsbehörde, die die innerstaatlichen Verhältnisse und Erwägungen sachgerecht in ihre Prüfung mit einbeziehen kann. Soweit es um rein mitgliedstaatliches Recht geht, kann auch kein Harmonisierungsbedarf bestehen, der die Zusammenarbeit und Kohärenz erforderlich machen könnte.[29] Sofern es um die Aufsicht über die hoheitliche Tätigkeit durch öffentliche Stellen geht, ist das Handeln nur der Aufsichtsbehörde des betroffenen Mitgliedstaates auch schon aus Souveränitätsaspekten nötig.[30] **51**

IV. Zuständigkeit für die Justiz (Abs. 3)

Art. 55 Abs. 3 enthält eine Ausnahmeregelung für Gerichte: Die von Gerichten im Rahmen ihrer **justiziellen Tätigkeit** vorgenommenen Verarbeitungen unterliegen nicht der Aufsicht der Aufsichtsbehörden. **52**

1. Grundsätzliches und Hintergrund der Regelung. Die DS-GVO nimmt diesen Bereich selbst aus der Aufsicht der Datenschutzaufsichtsbehörden aus; es handelt sich insoweit **nicht** um eine **Öffnungsklausel**. Allerdings handelt es sich auch **nicht** um eine **Bereichsausnahme** insoweit, als die DS-GVO ihren Regelungsanspruch für die Gerichte gänzlich zurücknimmt.[31] Dies ergibt sich bereits aus ErwG 20, der ausdrück- **53**

---

26 Ursprünglich sollte die Ausnahme auf öffentliche Stellen beschränkt werden, siehe dazu näher Kühling/Buchner-*Boehm* Art. 55 Rn. 13.

27 *Kühling/Martini u.a.* Die Datenschutz-Grundverordnung und das nationale Recht, S. 207.

28 Diese besonderen bereichsspezifischen Vorschriften waren auch vielfach Grund für die Kritik an dem Rechtsinstrument der Verordnung zur Vereinheitlichung des Datenschutzrechts statt einer Richtlinie; siehe zu dieser Problematik näher *Roßnagel/Kroschwald* ZD 2014, 495, 495 f.

29 *Kühling/Martini u.a.* Die Datenschutz-Grundverordnung und das nationale Recht, S. 175.

30 Sydow-*Ziebarth* Art. 55 Rn. 7.

31 So auch Ehmann/Selmayr-*Selmayr* Art. 55 Rn. 13; *Schantz/Wolff* Das neue Datenschutzrecht Rn. 1374, a.A. *Kühling/Martini u.a.* Die Datenschutz-Grundverordnung und das nationale Recht, S. 175.

lich darauf hinweist, dass die DS-GVO für die Tätigkeiten der Gerichte und anderer Justizbehörden gilt und insoweit vorschlägt, im jeweiligen Justizsystem besondere Stellen zu schaffen, die damit betraut werden können insbesondere die Einhaltung der Vorschriften der DS-GVO sicherzustellen.

54 Soweit die Gerichte zum Zwecke der Verhütung, Ermittlung, Aufdeckung oder **Verfolgung von Straftaten** oder der Strafvollstreckung tätig werden, ist ohnehin der Anwendungsbereich der DS-GVO nicht eröffnet (Art. 2 Abs. 2 lit. c), sondern die Datenschutz-Richtlinie 2016/680 für Polizei und Justiz bzw. deren Umsetzungsgesetze finden Anwendung (Art. 2 Rn. 2).

55 **Staatsanwaltschaften** sind von dieser Ausnahme nicht erfasst, auch wenn nach ErwG 20 die besonderen Stellen im Justizsystem, die die Einhaltung der Vorschriften der DS-GVO sicherstellen sollen, sowohl Richter als auch Staatsanwälte hinsichtlich ihrer Pflichten sensibilisieren sollen. Der Wortlaut der DS-GVO ist in Art. 55 Abs. 3 eindeutig. Staatsanwälte genießen zudem in Deutschland keine Unabhängigkeit wie die Richter, die die derartige Ausnahmeregelung begründet. Im Übrigen unterfällt die Tätigkeit der Staatsanwaltschaften zu großen Teilen ohnehin gar nicht dem sachlichen Anwendungsbereich der DS-GVO (Art. 2 Abs. 2 lit. c).

56 Selbst wenn die **polizeilichen** und **staatsanwaltschaftlichen Maßnahmen** der Datenverarbeitung auf Grundlage einer **richterlichen Anordnung** erfolgen, besteht eine Aufsichtsbefugnis der Aufsichtsbehörden.[32]

57 Teilweise wird eine Ausnahme der **Rechnungshöfe** von der Kontrolle der Aufsichtsbehörde unter Anwendung des Art. 55 Abs. 3 für zulässig erachtet, da diese ihre Aufgaben in richterlicher Unabhängigkeit wahrnähmen.[33] Allerdings ist die Sonderregelung des Art. 55 Abs. 3 ausweislich des Wortlautes ausdrücklich auf die justizielle Tätigkeit der Gerichte beschränkt und lässt sich dadurch nicht auf andere Gebilde, selbst wenn diese mit einer Unabhängigkeit ähnlich der richterlichen ausgestattet sind, übertragen.[34] Zudem enthält Art. 55 Abs. 3 selbst keine Öffnungsklausel, die den Mitgliedstaaten insoweit Regelungsspielraum einräumen könnte.

58 ErwG 20 enthält zugleich Ansätze der **Begründung für die Regelung des Art. 55 Abs. 3**, nämlich die Unabhängigkeit der Justiz bei der Ausübung ihrer gerichtlichen Aufgaben einschließlich ihrer Beschlussfassung unangetastet zu lassen. Damit wird die durch Art. 47 Abs. 2 Satz 1 GRCh und Art. 6 Abs. 1 Satz 1 EMRK gewährleistete Unabhängigkeit der Justiz gewahrt.[35] Die richterliche Unabhängigkeit richtet sich gegen jegliche Einflussnahme von außen, die den Richter zu einer bestimmten Entscheidung veranlassen könnte. Eine solche Einflussnahme könnte auch mit einer datenschutzrechtlichen Kontrolle und der damit verbundenen Bewertung von Sachverhalten einhergehen.

59 **2. Justizielle Tätigkeiten.** Nur die im Rahmen der **justiziellen Tätigkeit** vorgenommenen Verarbeitungen unterfallen Art. 55 Abs. 3. Die DS-GVO enthält keine Definition

---

32 Entschließung der Datenschutzkonferenz München, 28./29.9.2011.

33 Paal/Pauly-*Körffer* Art. 55 Rn. 8.

34 So auch Ehmann/Selmayr-*Selmayr* Art. 55 Rn. 15.

35 Sydow-*Ziebarth* Art. 55 Rn. 18 sieht als weiteren Grund für diese Regelung die Tatsache, dass ansonsten der Kontrollierende der Kontrolle des Kontrollierten unterliegen würde, da die Tätigkeit der Aufsichtsbehörden der gerichtlichen Kontrolle zugänglich sind.

von justiziellen Tätigkeiten. ErwG 20 liefert Hinweise was unter justizieller Tätigkeit zu verstehen ist: die **Unabhängigkeit der Justiz** soll gerade bei der „Ausübung ihrer gerichtlichen Aufgaben einschließlich ihrer Beschlussfassung" unangetastet bleiben. Letztlich geht es darum, den **Kernbereich der verfassungsrechtlich** (Art. 97 GG) **und unions- bzw. europarechtlich** (Art. 47 Abs. 2 Satz 1 GRCh, Art. 6 Abs. 1 Satz 1 EMRK) **gesicherten richterlichen Unabhängigkeit** zu wahren. Justizielle Tätigkeiten sind damit nur solche, die von der richterlichen Unabhängigkeit erfasst sind.

Eine weitere Fassung des Begriffs der justiziellen Tätigkeiten ist nicht haltbar, da die Aufsicht durch die Datenschutzaufsichtsbehörden ein wesentliches Element der Gewährleistung des Rechts auf informationelle Selbstbestimmung ist, die nicht weiter eingeschränkt werden darf, als dies unbedingt geboten ist. **60**

Nicht den justiziellen Tätigkeiten unterfallen jedenfalls die **Verwaltungstätigkeiten** der Gerichte.[36] Zu den Verwaltungstätigkeiten zählen z.B. die Verarbeitung personenbezogener Daten der Mitarbeiter der Gerichte (Personalverwaltung), die Datenverarbeitung bei der Mittelbeschaffung sowie Fragen der Rechtspflege.[37] **61**

Die Aufsichtsbehörden sind auch befugt zu prüfen, ob die Gerichte die erforderlichen technischen und organisatorischen Maßnahmen zur Datensicherung treffen und einhalten, insbesondere bei automatisierter Datenverarbeitung.[38] Dies gilt auch für die technischen und organisatorischen Maßnahmen im Zusammenhang mit der Aktenführung, insbesondere auch bei der **Elektronischen Akte**. **62**

Die Ausnahme des Art. 55 Abs. 3 erfasst auch nicht jegliche Tätigkeiten eines Richters. Insb. **Hilfstätigkeiten**, die vom Richter zwar selbst vorgenommen werden, die aber letztlich bloße praktische Bürotätigkeiten darstellen und auch von technischem Personal ausgeführt werden könnten, unterfallen nicht der Ausnahme von der Aufsicht.[39] **63**

Erfasst von der Ausnahme des Art. 55 Abs. 3 ist dagegen die **rechtsprechende Tätigkeit**.[40] Dem Begriff der rechtsprechenden Tätigkeit unterfallen allerdings nicht sämtliche Tätigkeiten, die mit der gerichtlichen Entscheidungsfindung im Zusammenhang stehen.[41] Zu den wesentlichen Begriffsmerkmalen der Rechtsprechung in diesem Sinne gehört das Element der Entscheidung, der letztverbindlichen, der Rechtskraft fähigen Feststellung und des Ausspruchs dessen, was im konkreten Fall rechtens ist.[42] Unter den Begriff der rechtsprechenden Tätigkeit fallen damit jedenfalls die Verarbeitungen durch den Richter selbst im Rahmen der (mündlichen) Verhandlung sowie im Urteil bzw. in sonstigen Schlussentscheidungen. **64**

Auch alle der Rechtsfindung nur mittelbar dienenden **Sach- und Verfahrensentscheidungen**, einschließlich nicht ausdrücklich vorgeschriebener, dem Interesse der Rechtsuchenden dienender richterlicher Handlungen, die in einem konkreten Verfahren mit der Aufgabe des Richters, Recht zu finden und den Rechtsfrieden zu sichern, in **65**

36 So auch Ehmann/Selmayr-*Selmayr* Art. 55 Rn. 14.
37 Ehmann/Selmayr-*Selmayr* Art. 55 Rn. 14.
38 Entschließung der Datzenschutzkonferenz vom 6.10.1998.
39 So auch Wolff/Brink-*Schiedermair* BDSG § 24 Rn. 19 für die Regelung im BDSG a.F.
40 *Albrecht/Jotzo* Das neue Datenschutzrecht der EU, Teil 7 D. Rn. 10.
41 So aber Ehmann/Selmayr-*Selmayr* Art. 55 Rn. 12.
42 *BVerfG* v. 8.2.2001 – 2 BvF 1/00 m.w.N., BVerfGE 103, 111.

Zusammenhang stehen, zählen grundsätzlich zu den rechtsprechenden Tätigkeiten.[43] Die Übersendung von Akten zur Vorbereitung einer von einem Richter in richterlicher Unabhängigkeit zu treffenden Entscheidung durch prozessleitende Verfügung an das Ministerium mit der Bitte um Stellungnahme, ist Teil der rechtsprechenden Tätigkeit in diesem Sinne.[44] Dies betrifft allerdings nicht die Erteilung von Auskünften aus der Gerichtsakte an Dritte zu Forschungszwecken oder in Versicherungsangelegenheiten.[45]

66 **3. Besondere Kontrollstellen im Justizsystem und BDSG.** Nach ErwG 20 sollen aufgrund der Ausnahme der justiziellen Tätigkeiten von der Aufsicht durch die Datenschutzaufsichtsbehörden im jeweiligen Justizsystem **besondere Stellen** geschaffen werden, die damit betraut werden können insbesondere die Einhaltung der Vorschriften sicherzustellen, Richter sowie Staatsanwälte auf ihre Pflichten zu sensibilisieren und Beschwerden in Bezug auf derartige Datenverarbeitungsvorgänge zu bearbeiten. Insoweit enthält die DS-GVO an dieser Stelle eine fakultative Öffnungsklausel.[46] Für die Bundesgerichte liegt die Regelungskompetenz diesbezüglich beim Bundesgesetzgeber, für Landesgerichte beim Landesgesetzgeber. Die Beauftragung bestimmter Richterinnen und Richter mit der Wahrnehmung von Aufgaben des Datenschutzes in Ausübung der autonomen Organisationsgewalt der Gerichte, die vielfach bereits erfolgt ist, kann ein Erfolg versprechender Schritt sein.

67 Im BDSG findet sich keine einschlägige Regelung. Zwar können die Erwägungsgründe die Mitgliedstaaten zur Einrichtung einer solchen Stelle nicht verpflichten. Doch im Hinblick auf die Sicherstellung des Datenschutzes im eigenen Hoheitsgebiet in einem Bereich, der von der Kontrolle der Aufsichtsbehörde ausgenommen ist, erscheint die Einrichtung einer solchen Stelle angebracht.

68 Die Wiederholung des Art. 55 Abs. 3 in § 9 Abs. 2 BDSG in Bezug auf die Bundesgerichte ist angesichts der Gesetzesbegründung, die insoweit klarstellt, dass Art. 55 Abs. 3 unmittelbar gilt und mit § 9 Abs. 2 BDSG lediglich Art. 45 Abs. 2 S. 1 der Datenschutz-Richtlinie 2016/680 für Polizei und Justiz umsetzt[47] trotz des grundsätzlich bestehenden Wiederholungsverbotes aufgrund der Struktur des BDSG hinzunehmen.

C. Praxishinweise

I. Relevanz für öffentliche Stellen

69 Da öffentliche Stellen zumeist im öffentlichen Interesse oder in Ausübung öffentlicher Gewalt tätig werden, bestimmt sich die Zuständigkeit deren Aufsichtsbehörde in der Regel nach Art. 55 Abs. 1 i.V.m. Abs. 2. In diesen Fällen findet Art. 56 auch keine Anwendung. Nur im Übrigen bestimmt sich die Zuständigkeit für öffentliche Stellen nach Art. 55 Abs. 1 allein. Gerichte unterliegen hinsichtlich der Datenverarbeitung im Rahmen ihrer justiziellen Tätigkeit keiner Aufsicht. Innerstaatlich ist für öffentliche Stellen des Bundes die oder der Bundesbeauftragte zuständig (§ 9 BDSG); für öffentliche Stellen der Länder die jeweiligen Länderbeauftragten.

---

43 Vgl. *BGH* NJW 2006, 1674 im Verfahren zur Dienstaufsicht eines Richters.
44 Vgl. *BGH* NJW-RR 2008, 1660 im Verfahren zur Dienstaufsicht eines Richters.
45 Wolff/Brink-*Schiedermair* BDSG § 24 Rn. 18 für die Regelung im BDSG a.F.
46 So auch Ehmann/Selmayr-*Selmayr* Art. 55 Rn. 13.
47 BT-Drucks. 18/11325, S. 84.

II. Relevanz für nichtöffentliche Stellen

Die zuständige Aufsicht für die nichtöffentlichen Stellen bestimmt sich in der Regel nach Art. 55 Abs. 1 (ggf. i.V.m. Art. 56) bzw. auf innerstaatlicher Ebene nach dem § 40 Abs. 1 und 2 BDSG bzw. spezialgesetzlichen Regelungen, es sei denn, diese nehmen die Verarbeitung aufgrund einer Rechtsnorm, die auf Grundlage von Art. 6 Abs. 1 UAbs. 1 lit. c oder lit. e erlassen wurde, vor. Dann findet ergänzend Art. 55 Abs. 2 Anwendung. **70**

III. Relevanz für betroffene Personen

Die Zuständigkeit einer Aufsichtsbehörde besteht auch schon dann, wenn lediglich Auswirkungen auf betroffene Personen in deren Hoheitsgebiet des Mitgliedstaats vorliegen oder Tätigkeiten von rein außereuropäischen Unternehmen auf betroffene Personen mit Wohnsitz in ihrem Hoheitsgebiet ausgerichtet sind. Besteht eine Zuständigkeit, so besteht grundsätzlich eine Pflicht der jeweiligen Aufsichtsbehörde ihre Aufgaben gem. Art. 57 zu erfüllen, d.h. insbesondere auch Beschwerden zu bearbeiten. Rechtmäßige Entscheidungen setzen die Zuständigkeit der Behörde voraus, welche die Entscheidung trifft. **71**

IV. Relevanz für Aufsichtsbehörden

Aus Art. 55 ergibt sich die grundsätzliche Zuständigkeitsverteilung für die Aufsichtsbehörden. An die begründete Zuständigkeit knüpft die Verpflichtung zur Aufgabenerfüllung durch Inanspruchnahme der Befugnisse an. **72**

V. Datenschutzmanagement

Im Rahmen des Datenschutzmanagements sollte überprüft werden, auf welchen rechtlichen Grundlagen die Verarbeitungstätigkeiten erfolgen und ob demzufolge Art. 55 Abs. 1 allein oder zusätzlich Abs. 2 einschlägig ist. **73**

VI. Sanktionen

Der Einzelne kann in einem gerichtlichen Verfahren gegen eine ihn belastende Entscheidung rügen, dass diese formal rechtswidrig sei. Dies umfasst auch die Regelung der Zuständigkeit. **74**

Artikel 56 Zuständigkeit der federführenden Aufsichtsbehörde

(1) Unbeschadet des Artikels 55 ist die Aufsichtsbehörde der Hauptniederlassung oder der einzigen Niederlassung des Verantwortlichen oder des Auftragsverarbeiters gemäß dem Verfahren nach Artikel 60 die zuständige federführende Aufsichtsbehörde für die von diesem Verantwortlichen oder diesem Auftragsverarbeiter durchgeführte grenzüberschreitende Verarbeitung.

(2) Abweichend von Absatz 1 ist jede Aufsichtsbehörde dafür zuständig, sich mit einer bei ihr eingereichten Beschwerde oder einem etwaigen Verstoß gegen diese Verordnung zu befassen, wenn der Gegenstand nur mit einer Niederlassung in ihrem Mitgliedstaat zusammenhängt oder betroffene Personen nur ihres Mitgliedstaats erheblich beeinträchtigt.

(3) [1]In den in Absatz 2 des vorliegenden Artikels genannten Fällen unterrichtet die Aufsichtsbehörde unverzüglich die federführende Aufsichtsbehörde über diese Angelegenheit. [2]Innerhalb einer Frist von drei Wochen nach der Unterrichtung entscheidet die federführende Aufsichtsbehörde, ob sie sich mit dem Fall gemäß dem Verfahren nach Artikel 60 befasst oder nicht, wobei sie berücksichtigt, ob der Verantwortliche oder der Auftragsverarbeiter in dem Mitgliedstaat, dessen Aufsichtsbehörde sie unterrichtet hat, eine Niederlassung hat oder nicht.

(4) [1]Entscheidet die federführende Aufsichtsbehörde, sich mit dem Fall zu befassen, so findet das Verfahren nach Artikel 60 Anwendung. [2]Die Aufsichtsbehörde, die die federführende Aufsichtsbehörde unterrichtet hat, kann dieser einen Beschlussentwurf vorlegen. [3]Die federführende Aufsichtsbehörde trägt diesem Entwurf bei der Ausarbeitung des Beschlussentwurfs nach Artikel 60 Absatz 3 weitestgehend Rechnung.

(5) Entscheidet die federführende Aufsichtsbehörde, sich mit dem Fall nicht selbst zu befassen, so befasst die Aufsichtsbehörde, die die federführende Aufsichtsbehörde unterrichtet hat, sich mit dem Fall gemäß den Artikeln 61 und 62.

(6) Die federführende Aufsichtsbehörde ist der einzige Ansprechpartner der Verantwortlichen oder der Auftragsverarbeiter für Fragen der von diesem Verantwortlichen oder diesem Auftragsverarbeiter durchgeführten grenzüberschreitenden Verarbeitung.

– *ErwG: 22, 36, 37, 124, 125, 126, 127, 128, 131*
– *BDSG n.F.: § 19*

Übersicht

Literatur: siehe auch Hinweise zu Art. 51; *Caspar* Das aufsichtsbehördliche Verfahren nach der EU-Datenschutz-Grundverordnung, Defizite und Alternativregelungen, ZD 2012, 555 ff.; *Hornung* Eine Datenschutz-Grundverordnung für Europa? Licht und Schatten im Kommissionsentwurf vom 25.1.2012 ZD 2012, 99 ff.; *Kranig* Zuständigkeit der Datenschutzaufsichtsbehörden – Feststellung des Status quo mit Ausblick auf die DS-GVO, ZD 2013, 550 ff.; *Laue/Nink/Kremer* Das neue Datenschutzrecht in der betrieblichen Praxis, 2016; *Nguyen* Die Verhandlungen um die EU-Datenschutz-Grundverordnung unter litauischer Ratspräsidentschaft, RDV 2014, 26 ff.; *Roßnagel/Kroschwald* Was wird aus der Datenschutzgrundverordnung? Die Entschließung des Europäischen Parlaments über ein Verhandlungsdokument, ZD 2014, 495 ff.; *Schultze-Melling* Keine Aufsichtsbehörde ist eine Insel ..., ZD 2015, 397 ff.

A. Einordnung und Kontext

I. Erwägungsgründe

ErwG 124 konkretisiert Art. 56 Abs. 1 unter Berücksichtigung der in Art. 4 Nr. 23 enthaltenen Definition von „**grenzüberschreitender Verarbeitung**". Zudem soll die federführende Behörde mit gewissen anderen Behörden – den betroffenen Aufsichtsbehörden (Art. 4 Nr. 22), die ErwG 124 näher beschreibt – zusammenarbeiten. Aus ErwG 124 ergibt sich ferner, dass der EDSA im Rahmen seiner Aufgaben in Bezug auf die Herausgabe von **Leitlinien** insbesondere Leitlinien zu den folgenden zwei Punkten herausgeben sollte: 1. wann eine Verarbeitung erhebliche Auswirkungen auf betroffene Personen in mehr als einem Mitgliedstaat hat und 2. was einen maßgeblichen und begründeten Einspruch darstellt. 1

Eine entscheidende Rolle im Zusammenhang mit der Bestimmung der federführenden Behörde spielen die Begriffe „**Niederlassung**", „**Hauptniederlassung**" und „**Unternehmensgruppe**". Der in Art. 4 Nr. 16 legaldefinierte Begriff „Hauptniederlassung" wird in ErwG 36 konkretisiert; ErwG 37 konkretisiert den in Art. 4 Nr. 19 legaldefinierten Begriff „Unternehmensgruppe". „Niederlassung" wird in der DS-GVO selbst nicht definiert, allerdings enthält ErwG 22 eine Konkretisierung des Begriffs. 2

An die Eigenschaft federführende Behörde zu sein, knüpfen sich verschiedene **Wirkungen**. Diese formulieren die ErwG 125 und 126 zu wesentlichen Teilen aus. Insb. soll die federführende Behörde berechtigt sein, verbindliche Beschlüsse über Maßnahmen zu erlassen, aber auch für eine enge Einbindung und Koordinierung der betroffenen Aufsichtsbehörden im Entscheidungsprozess sorgen (ErwG 125). Dabei sollten die Beschlüsse gemeinsam mit den betroffenen Aufsichtsbehörden vereinbart 3 werden (ErwG 126). Wenn mit einem Beschluss die Beschwerde einer betroffenen Person abgewiesen werden sollte, so sollte dieser Beschluss von der Aufsichtsbehörde angenommen werden, bei der die Beschwerde eingelegt wurde (ErwG 125).

4 Die **Beschlüsse der federführenden Behörde** sind an die Hauptniederlassung oder die einzige Niederlassung des Verantwortlichen oder Auftragsverarbeiters zu richten (ErwG 126). Aufgrund der Verbindlichkeit des Beschlusses sollten der Verantwortliche oder der Auftragsverarbeiter die erforderlichen Maßnahmen treffen, um die Einhaltung der DS-GVO und die Umsetzung des Beschlusses zu gewährleisten (ErwG 126).

5 ErwG 127 nimmt inhaltlich Bezug auf die Abs. 2–5 des Art. 56 und konkretisiert diese partiell. Insbesondere nennt es ein Beispiel für einen Fall mit **begrenzter Wirkung**. Zudem wird das Verfahren in Fällen mit begrenzter Wirkung näher beschrieben.

6 ErwG 128 nimmt Bezug auf Art. 55 Abs. 2. Wenn eine **Verarbeitung im öffentlichen Interesse** erfolgt – sei es durch Behörden oder nichtöffentliche Stellen – so sollen insbesondere Art. 56 als Vorschrift über die federführende Behörde sowie die Vorschriften über das Verfahren der Zusammenarbeit und Kohärenz keine Anwendung finden, sondern es soll einzig und allein die Aufsichtsbehörde des Mitgliedstaats, in dem der Verantwortliche seinen Sitz hat, zuständig sein (Art. 55 Rn. 23, 46 ff.).

7 ErwG 131 enthält Ausführungen zum Tätigwerden der federführenden Aufsichtsbehörde für den Fall, dass der konkrete Gegenstand einer Beschwerde oder der mögliche Verstoß nur solche Verarbeitungstätigkeiten in dem Mitgliedstaat betrifft, in dem die Beschwerde eingereicht wurde bzw. der mögliche Verstoß aufgedeckt wurde, und die Angelegenheit gerade **keine erheblichen Auswirkungen** auf betroffene Personen in anderen Mitgliedstaaten hat oder haben dürfte. Zunächst sollte die federführende Behörde in diesen Fällen nicht tätig werden, sondern die Aufsichtsbehörde, bei der eine Beschwerde eingereicht wurde oder die Situationen, die mögliche Verstöße gegen die DS-GVO darstellen, aufgedeckt hat bzw. auf andere Weise darüber informiert wurde. ErwG 131 konkretisiert insoweit, welche Maßnahmen diese Aufsichtsbehörde ergreifen sollte.

II. BDSG

8 Der § 19 Abs. 1 BDSG regelt, wer innerstaatlich, d.h. im **Verhältnis zwischen Bund und den einzelnen Ländern**, für das Verfahren der Zusammenarbeit und Kohärenz (Art. 60 ff.) die federführende Behörde ist. Entscheidend ist grundsätzlich, wo der Verantwortliche oder der Auftragsverarbeiter seine Hauptniederlassung (Art. 4 Nr. 16) oder seine einzige Niederlassung in der Europäischen Union hat (§ 19 Abs. 1 S. 1 BDSG).

9 § 19 Abs. 1 S. 2 BDSG enthält eine Sonderregelung im Hinblick auf die **Bundesbeauftragte** oder den Bundesbeauftragten. Im sachlichen Zuständigkeitsbereich der oder des Bundesbeauftragten ist diese oder dieser immer federführende Aufsichtsbehörde, wenn sich die Hauptniederlassung oder die einzige Niederlassung in der Europäischen Union im Hoheitsgebiet der Bundesrepublik Deutschland befindet. Für den Fall, dass über die Federführung kein Einvernehmen besteht, soll das Verfahren des § 18 Abs. 2 BDSG entsprechende Anwendung finden (§ 19 Abs. 1 S. 2 BDSG).

10 § 19 Abs. 2 BDSG regelt das Vorgehen der deutschen Aufsichtsbehörden bei Erhalt einer Beschwerde. Grundsätzlich ist die **Beschwerde** an die federführende Behörde nach § 19 Abs. 1 BDSG abzugeben (Art. 55 Rn. 7, 45).

III. Normgenese und Materialien

1. Datenschutz-Richtlinie 95/46/EG (DSRL). Die DSRL enthält keine dem Art. 56 vergleichbaren Regelungen. Die Zuständigkeitsverteilung richtete sich nach dem innerstaatlichen Recht. Grenzüberschreitende Datenverarbeitungsvorgänge waren bei Ausarbeitung der DSRL auch nicht derart häufig, dass eine Regelung für diese Fälle angezeigt gewesen wäre. Art. 28 Abs. 6 UAbs. 1 DSRL sah lediglich vor, dass jede Datenschutzaufsichtsbehörde in ihrem Hoheitsgebiet für die Ausübung der ihr übertragenen Befugnisse zuständig ist, unabhängig vom auf die jeweilige Verarbeitung anwendbaren einzelstaatlichen Recht. 11

2. BDSG a.F. Das Bestimmen einer federführenden Aufsichtsbehörde zur Behandlung von grenzüberschreitenden Verarbeitungen ist ein gänzlich neues Vorgehen, das bislang auch auf nationaler Ebene nicht praktiziert wurde. Deshalb enthielt das BDSG a.F. auch keine diesbezüglichen Regelungen. 12

3. Europäischer Datenschutzausschuss/WP 29. Die WP 29 hat im Kontext des Art. 56 ein Arbeitspapier zur **Identifizierung der federführenden Aufsichtsbehörde** erarbeitet (WP 244).[1] 13

B. Kommentierung

I. Regelungsinhalt und Hintergrund

Der Art. 56 knüpft an Art. 55 an und enthält Regelungen zur **Verteilung der Zuständigkeit der Aufsichtsbehörden** bei grenzüberschreitenden Verarbeitungen (Abs. 1) bzw. solchen mit begrenzter Wirkung (Abs. 2–5). Damit soll eigentlich sichergestellt werden, dass ein Unternehmen mit Niederlassungen in mehreren Mitgliedstaaten im Wesentlichen nur eine Aufsichtsbehörde als Ansprechpartner hat (**Sole interlocutor**). Im Sinne des digitalen Binnenmarktes soll sich ein Unternehmen, das Datenverarbeitungen mit grenzüberschreitendem Bezug vornimmt, in der Regel nicht mit mehreren Aufsichtsbehörden und dadurch ggf. abweichenden rechtlichen Bewertungen gleicher Sachverhalte auseinandersetzen mussen Dies bringt Art. 56 Abs. 6 deutlich zum Ausdruck. Dennoch wird dieser Ansatz in der DS-GVO häufig durchbrochen, sodass es in vielen Fällen doch zu parallelen Zuständigkeiten verschiedener Aufsichtsbehörden kommt bzw. ggf. zu mehr als einer federführenden Behörde für ein Unternehmen. 14

Zuständigkeitsfragen erweisen sich als mitentscheidend für die effektive Durchsetzung der DS-GVO.

Die Aufsichtsbehörde am Sitz der Hauptniederlassung bzw. der einzigen Niederlassung ist nun nicht die einzig zuständige Behörde – wie in den Entwürfen ursprünglich vorgesehen –, sondern die federführende Behörde (sog. **lead authority**) unter Beteiligung der anderen betroffenen Aufsichtsbehörden (Art. 4 Nr. 22). Daher führt Art. 56 das Konzept aus, erläutert die Zuständigkeiten der federführenden Aufsichtsbehörde und die Mechanismen der Zusammenarbeit mit anderen Aufsichtsbehörden. 15

Diese Modifikation der ursprünglich vorgesehenen strengen One-Stop-Shop-Regelung mit einer einzigen zuständigen Aufsichtsbehörde für den Verantwortlichen bzw. Auftragsverarbeiter hin zu einer Regelung der pluralistischen Zuständigkeit mit 16

1 Guidelines for identifying a controller or processor‘s lead supervisory authority, abrufbar unter: http://ec.europa.eu/newsroom/document.cfm?doc_id=44102.

Bestimmung einer federführenden Behörde und einer bzw. ggf. weiterer betroffener Aufsichtsbehörde(n)[2], war im Hinblick auf das Gebot des **effektiven Rechtsschutzes** und zur Vermeidung des sog. Forum Shopping[3] zwingend erforderlich.[4] Denn dieses Gebot erfordert eine **Beschwerdestelle** in einer gewissen Nähe zu den betroffenen Personen, der ebenfalls Befugnisse zur Durchsetzung der Betroffenenrechte in gewissem Umfang zustehen müssen.[5] Denn nur so kann der effektive Schutz des informationellen Selbstbestimmungsrechts letztlich erreicht werden. Dies war auch der Grund zur Schaffung der Regelung des Art. 77 (siehe Art. 77 Rn. 1).

17 Zudem wird dadurch die Möglichkeit des sog. **Forum Shopping** in gewissem Maße eingedämmt, bei dem internationale Konzerne ihre aufsichtspflichtigen Tätigkeiten in das Hoheitsgebiet derjenigen Aufsichtsbehörde legen, deren Aufsichtstätigkeit mutmaßlich als am moderatesten eingeschätzt wird. Denn nicht in allen Fällen entscheidet eine Aufsichtsbehörde allein, sondern oftmals unter Beteiligung anderer betroffener Aufsichtsbehörden.[6] Dennoch ist nicht in allen Fällen eine Abstimmung der federführenden Aufsichtsbehörde mit anderen Aufsichtsbehörden erforderlich, weshalb die Möglichkeit des Forum Shopping immer noch besteht.[7] Erheblichen Einfluss dürfte insoweit die Praxis bei der Verhängung von Geldbußen haben.

18 Die grenzüberschreitende Datenverarbeitung hat in den letzten Jahren zunehmend an Bedeutung gewonnen und damit auch das Erfordernis eines einheitlichen datenschutzrechtlichen Standards über die Grenzen der Staaten hinweg. Dies berücksichtigt die DS-GVO dem Grunde nach. Aufgrund der Rechtsform der DS-GVO und dem Ziel der Setzung eines einheitlichen Datenschutzstandards in der Europäischen Union kommt der **Verteilung von Zuständigkeiten zwischen den Datenschutzaufsichtsbehörden** eine zentrale Rolle für die Harmonisierung der datenschutzrechtlichen Rahmenbedingungen zu. Denn die Ausgestaltung der Vollzugsebene ist für ein einheitliches Datenschutzniveau ebenso bedeutsam wie die materielle Ausgestaltung des Datenschutzrechts.[8]

---

2 Siehe zu dieser Entwicklung näher *Nguyen* RDV 2014, 26, 27f.; Ehmann/Selmayr-*Selmayr* Art. 55 Rn. 1 ff., insbesondere Rn. 3 u. Kühling/Buchner-*Dix* Art. 56 Rn. 3.

3 Der Vermeidung des Forum Shopping im internationalen Kontext dient schon das Marktortprinzip.

4 Diese zwei Nachteile sieht auch *Schantz* NJW 2016, 1841,1847 bei dem One-Stop-Shop-Prinzip in seiner Reinform.

5 Siehe dazu näher *Nguyen* ZD 2015, 265, 266 und Gola-*Nguyen*, Art. 56 Rn. 1; Entschließung der DSK, Hamburg, 28. März 2014; fehlende Bürgernähe sieht *Schantz* NJW 2016, 1841, 1847, wenn sich eine betroffene Person an eine Datenschutzaufsichtsbehörde in einem anderen Mitgliedstaat wenden muss, möglicherweise sogar in einer fremden Sprache; *Schultze-Melling* ZD 2015, 397, 398 dagegen sieht diese Verwandlung von dem einfachen One-Stop-Shop in „ein hochkompliziertes Durcheinander europäischer Zuständigkeiten und paralleler Handlungsmöglichkeiten“ sehr kritisch.

6 So auch *Schantz* NJW 2016, 1841, 1847. Die Befürchtung des sog. Forum Shopping bestand zunächst *Caspar* ZD 2012, 556; *Hornung* ZD 2012, 101, 105, wenn man nicht ohnehin davon ausging, dass unter Anwendung der DS-GVO in der gesamten EU dasselbe Datenschutzrecht gelten werde und deshalb eine Gefahr nicht bestehe, siehe dazu *Kranig* ZD 2013, 550, 556.

7 So auch Sydow-*Peuker* Art. 56 Rn. 22.

8 *Nguyen* ZD 2015, 265.

Es hängt auch von der effektiven und funktionierenden **Zusammenarbeit der Aufsichtsbehörden** ab, ob letztlich auf europäischer Ebene ein einheitliches Schutzniveau geschaffen wird, wie mit der DS-GVO erstrebt.[9] Allerdings darf dadurch die **Unabhängigkeit** jeder einzelnen Aufsichtsbehörde nicht in Frage gestellt werden; es muss jeder Aufsichtsbehörde weiterhin überlassen bleiben zu entscheiden, wie sie arbeitet – in dem von der DS-GVO gesteckten Rahmen.[10]

Ziel der Regelungen über Zuständigkeit und Federführung ist die **einheitliche Rechtsauslegung und -anwendung** durch die Aufsichtsbehörden, insbesondere gegenüber großen international tätigen Konzernen.[11] Letztlich soll die Vereinheitlichung des Datenschutzrechts im Binnenmarkt zu einer erheblichen finanziellen Entlastung der europäischen Wirtschaft führen[12] und zu einer effektiveren Aufsicht[13], die ressourcenschonend ist.[14] Gleichzeitig wird teils allerdings infolge der Zentralisierung auch eine Bürokratisierung mit der Folge einer Schwächung der aufsichtsbehördlichen Aufgabenerfüllung befürchtet. 19

II. Federführende Aufsichtsbehörde (Abs. 1)

1. Regelungsinhalt. Der Art. 56 Abs. 1 regelt die Zusammenarbeit der Aufsichtsbehörden durch Schaffung einer federführenden Aufsichtsbehörde im Falle einer grenzüberschreitenden Verarbeitung. Gleichzeitig enthält Art. 56 Abs. 1 eine **Legaldefinition der federführenden Aufsichtsbehörde**. Liegt eine grenzüberschreitende Verarbeitung vor, so ist die Aufsichtsbehörde der Hauptniederlassung oder der einzigen Niederlassung des Verantwortlichen oder des Auftragsverarbeiters die zuständige federführende Aufsichtsbehörde für die von dem Verantwortlichen oder dem Auftragsverarbeiter durchgeführte grenzüberschreitende Verarbeitung. 20

Für die Fälle, in denen der Verantwortliche oder Auftragsverarbeiter **keine Niederlassung in der Europäischen Union** hat, die Verordnung aber aufgrund des **Marktortprinzips** (Art. 3 Abs. 2) Anwendung findet, existiert keine Regelung zur Bestimmung einer federführenden Behörde, auch wenn mehrere europäische Aufsichtsbehörden nach Art. 55 Abs. 1 zuständig sind. Art. 56 Abs. 1 findet keine Anwendung. Die Zuständigkeit richtet sich dann allein nach Art. 55 Abs. 1 (Art. 55 Rn. 19 ff.). Insb. kann nicht der gemäß Art. 27 Abs. 1 verpflichtend zu benennende Vertreter als Hauptverwaltung angesehen werden.[15] Dies kann dazu führen, dass sich diese Unternehmen weiterhin mit unterschiedlichen nach Art. 55 Abs. 1 zuständigen Aufsichtsbehörden 21

9 So auch *Nguyen* ZD 2015, 265.

10 *Schultze-Melling* ZD 2015, 397, 398 meint dagegen, dass es den Aufsichtsbehörden unter der DS-GVO nicht selbst überlassen werden dürfe, wie sie arbeiten. Extreme Unterschiede in verwaltungsbehördlichem Handeln würden eine Gefährdung der Glaubwürdigkeit europäischen Verwaltungshandelns und der Existenzfähigkeit des europäischen digitalen Binnenmarkts bedeuten.

11 Kühling/Buchner-*Boehm* Art. 55 Rn. 3; dazu *Schultze-Melling* ZD 2015, 397, 398, der ansonsten eine Gefährdung der Glaubwürdigkeit europäischen Verwaltungshandelns und der Existenzfähigkeit des europäischen digitalen Binnenmarkts befürchtet.

12 Mitteilung der Kommission vom 25.01.2012, KOM(2012) 9, Ziff. 3.

13 *Roßnagel/Kroschwald* ZD 2014, 495, 499.

14 *Kühling/Martini* u.a. Die Datenschutz-Grundverordnung und das nationale Recht, S. 109.

15 Ehmann/Selmayr-*Selmayr* Art. 55 Rn. 11.

auseinandersetzen müssen[16], was wieder zu divergierenden Entscheidungen führen kann.[17] Nach Auffassung der WP 29 sollten sich die betroffenen Aufsichtsbehörden anhand von Kriterien – wie hauptsächlich betroffene Mitgliedstaaten, Ort der Einreichung von Beschwerden – abstimmen, wer die Federführung übernimmt.[18] In Zweifels- oder Streitfällen sollte nach teils vertretener Auffassung der EDSA eine verbindliche Entscheidung treffen,[19] wobei sich die Frage stellt, aufgrund welcher Befugnis er diese Entscheidung treffen soll.

22 **2. Verhältnis zu Art. 55.** Die Regelung des Art. 56 Abs. 1 gilt unbeschadet des Art. 55. Die Regelung des Art. 56 Abs. 1 kann nur zur Anwendung gelangen, wenn Art. 55 Abs. 1 die Zuständigkeit der Aufsichtsbehörde begründet hat. Art. 55 wird also insoweit nicht verdrängt, wie die Formulierung „**unbeschadet des Art. 55**" schon zum Ausdruck bringt. Unter sämtlichen nach Art. 55 Abs. 1 zuständigen Behörden übernimmt im Falle der grenzüberschreitenden Verarbeitung eine Behörde die Federführung.[20]

23 Art. 55 bleibt auch insofern unberührt als es um eine **grenzüberschreitende Verarbeitung** zur Erfüllung einer rechtlichen Verpflichtung oder im öffentlichen Interesse bzw. in Ausübung öffentlicher Gewalt (Art. 6 Abs. 1 UAbs. 1 lit. c und e) geht. Dann findet Art. 56 nämlich gem. Art. 55 Abs. 2 keine Anwendung (Art. 55 Rn. 46 ff.).

24 **3. Grenzüberschreitende Verarbeitung.** Der Art. 56 Abs. 1 setzt das Bestehen einer grenzüberschreitenden Verarbeitung innerhalb der Europäischen Union voraus. Eine **grenzüberschreitende Verarbeitung** liegt nach der Legaldefinition in Art. 4 Nr. 23 zum einen vor, wenn die Datenverarbeitung im Rahmen der Tätigkeiten von Niederlassungen eines Verantwortlichen oder Auftragsverarbeiters in mehr als einem Mitgliedstaat erfolgt und der Verantwortliche oder Auftragsverarbeiter in mehr als einem Mitgliedstaat niedergelassen ist (Art. 4 Nr. 23 lit. a). Die konkreten Daten müssen dabei nicht von mehreren Niederlassungen verarbeitet werden, sondern es genügt, wenn die verschiedenen Niederlassungen eine ähnliche Tätigkeit ausführen bei der ein vergleichbares Verarbeitungsverfahren eingesetzt wird.[21]

25 Eine grenzüberschreitende Verarbeitung ist zudem anzunehmen, wenn eine Verarbeitung im Rahmen der **Tätigkeiten einer einzelnen Niederlassung** eines Verantwortlichen oder Auftragsverarbeiters erfolgt, diese jedoch erhebliche Auswirkungen auf betroffene Personen in mehr als einem Mitgliedstaat hat oder haben kann (Art. 4 Nr. 23 lit. b). Wann derartige **erhebliche Auswirkungen** anzunehmen sind, ergibt sich nicht aus der DS-GVO. Vielmehr soll der EDSA diesbezügliche Kriterien in **Leitlinien** festlegen (ErwG 124), was bislang noch nicht erfolgt ist. Eindeutig muss aber jedenfalls ein qualifizierendes Element vorliegen.[22] Nach dem WP 244 der WP 29 zur Identifizierung der

---

16 BeckOK DatenSR-*Eichler* Art. 56 Rn. 3; Ehmann/Selmayr-*Selmayr* Art. 56 Rn. 11.

17 Die Befürchtung hat auch Sydow-*Peuker* Art. 56 Rn. 23.

18 Stellungnahme 01/2012 zu den Reformvorschlägen im Bereich des Datenschutzes vom 23.3.2012, WP 191, 20 f.; näher dazu Paal/Pauly-*Körffer* Art. 56 Rn. 3; Kühling/Buchner-*Dix* Art. 56 Rn. 6.

19 Paal/Pauly-*Körffer* Art. 56 Rn. 3; Kühling/Buchner-*Dix* Art. 56 Rn. 6.

20 Siehe dazu auch Ehmann/Selmayr-*Selmayr* Art. 56 Rn. 3.

21 Gola-*Nguyen* Art. 56 Rn. 5; siehe zur Auslegung des Begriffs näher *Schantz/Wolff* Das neue Datenschutzrecht Rn. 1026 ff.

22 Siehe ausführlich zur Auslegung von erheblichen Auswirkungen Gola-*Nguyen* Art. 56 Rn. 6.

federführenden Behörde[23] ist der Begriff der erheblichen Auswirkungen wie folgt zu verstehen: Es reicht nicht irgendeine Auswirkung, d.h. jegliche Folge einer Verarbeitung. Erforderlich ist eine Einwirkung auf die betroffene Person bzw. eine Beeinflussung derselben. Diese muss auch umfangreich bzw. beträchtlich sein. Die Einwirkung muss noch nicht stattgefunden haben; es genügt deren höchstwahrscheinlicher Eintritt. Selbst wenn eine erhebliche Anzahl von betroffenen Personen involviert ist, liegt nicht zwingend eine erhebliche Auswirkung vor. Es ist immer eine Bestimmung im Einzelfall vorzunehmen unter Berücksichtigung verschiedener Aspekte (wie z.B. vorliegende Schäden oder sonstige Beeinträchtigungen bestimmter Rechtsgüter).[24]

4. Bestimmung der Federführung. Der ausschlaggebende Anknüpfungspunkt für die Bestimmung der federführenden Aufsichtsbehörde ist der **Ort einer (Haupt-)Niederlassung**. Dies ergibt sich aus Art. 56 Abs. 1 selbst. Existiert nur eine einzige Niederlassung in der Europäischen Union, so ist die Aufsichtsbehörde des Mitgliedstaats der einzigen Niederlassung federführende Aufsichtsbehörde. Ansonsten obliegt der Aufsichtsbehörde der Hauptniederlassung des Verantwortlichen oder Auftragsverarbeiters die Federführung. 26

Bei **Unstimmigkeiten** zwischen den einzelnen Aufsichtsbehörden über die Bestimmung der Federführung, d.h. über die Bestimmung der Hauptniederlassung im o.g. Sinne, kann das Kohärenzverfahren eingeleitet werden (Art. 65 Abs. 1 lit. b). 27

a) Niederlassung. Der Begriff der **Niederlassung** setzt eine effektive und tatsächliche Ausübung einer Tätigkeit durch eine feste Einrichtung voraus, wobei die Rechtsform irrelevant ist; d.h. sowohl eine Zweigstelle als auch eine Tochtergesellschaft mit eigener Rechtspersönlichkeit sind Niederlassungen in diesem Sinne (ErwG 22). Diesem Verständnis von Niederlassung liegt die Rechtsprechung des EuGH zugrunde.[25] 28

Bei der Bestimmung, ob eine Niederlassung vorliegt, ist keine rein formalistische Sichtweise zugrunde zu legen, nach der ein Unternehmen ausschließlich an dem Ort niedergelassen sein kann, an dem es eingetragen ist. Vielmehr ist neben dem Grad an Beständigkeit der Einrichtung auch die **effektive Ausübung der wirtschaftlichen Tätigkeiten** unter Beachtung des besonderen Charakters der Tätigkeiten und Dienstleistungen zu berücksichtigen; insbesondere bei Unternehmen, die Leistungen ausschließlich über das Internet anbieten. Die Tätigkeit kann auch nur geringfügig sein. Es kann somit auch das Vorhandensein eines einzigen Vertreters unter Umständen ausreichen, um eine feste Einrichtung zu begründen, wenn dieser mit einem ausreichenden Grad an Beständigkeit mit den für die Erbringung der betreffenden konkreten Dienstleistungen erforderlichen Mitteln in einem Mitgliedstaat tätig ist.[26] 29

b) Hauptniederlassung. Was eine Hauptniederlassung i.S.d. DS-GVO ist, ergibt sich aus Art. 4 Nr. 16. Dabei wird grundsätzlich unterschieden zwischen dem Verantwortlichen und dem Auftragsverarbeiter. 30

23 Guidelines for identifying a controller or processor‘s lead supervisory authority, abrufbar unter: http://ec.europa.eu/newsroom/document.cfm?doc_id=44102.

24 Guidelines for identifying a controller or processor‘s lead supervisory authority, abrufbar unter: http://ec.europa.eu/newsroom/document.cfm?doc_id=44102, WP 244 S. 3, 4.

25 *EuGH* v. 1.10.2015 – C-230/14, ECLI:EU:C:2015:639, Weltimmo, Rn. 28 ff.

26 Siehe zum gesamten Absatz *EuGH* v. 1.10.2015 – C-230/14, ECLI:EU:C:2015:639, Weltimmo Rn. 28 ff.

31 **aa) Hauptniederlassung des Verantwortlichen.** Bezüglich der Bestimmung der **Hauptniederlassung** des Verantwortlichen wird deutlich, dass entscheidend ist, welche Niederlassung die **Entscheidungen im Zusammenhang mit der Verarbeitung von personenbezogenen Daten** trifft. Zwar sollte grundsätzlich der Ort der Hauptverwaltung in der Europäischen Union die Hauptniederlassung sein; werden dort alle Entscheidungen hinsichtlich der Verarbeitungstätigkeiten zentralisiert getroffen, so gibt es nur eine federführende Aufsichtsbehörde, nämlich die des Mitgliedstaats der Hauptverwaltung. Ausnahmsweise sollte allerdings eine andere Niederlassung in der Europäischen Union als Hauptniederlassung betrachtet werden, wenn dort – und nicht in der Hauptverwaltung – Entscheidungen über Zwecke und Mittel der Verarbeitung personenbezogener Daten getroffen werden und diese Niederlassung befugt ist, diese Entscheidungen umsetzen zu lassen. Werden in einer anderen Niederlassung als der der Hauptverwaltung alle Entscheidungen hinsichtlich der Verarbeitungstätigkeiten zentralisiert getroffen, so gibt es auch nur eine federführende Aufsichtsbehörde, nämlich die des Mitgliedstaats dieser Niederlassung. Wenn allerdings die Entscheidungen bezüglich unterschiedlicher Verarbeitungstätigkeiten bzw. der Verarbeitung verschiedener Kategorien personenbezogener Daten in unterschiedlichen Niederlassungen getroffen werden, so könnte die federführende Behörde je nach Verarbeitungstätigkeit bzw. Kategorie entsprechend variieren und ein Unternehmen könnte damit grundsätzlich mehrere federführende Aufsichtsbehörden haben.[27] Da dies nicht mit dem Grundgedanken der Schaffung eines einzigen Ansprechpartners für ein Unternehmen in Einklang steht, sollten die Unternehmen präzise festlegen, wo die Entscheidungen über die Zwecke und Mittel der Verarbeitung getroffen werden und diesbezüglich bestenfalls eine Niederlassung bestimmen.

32 Zur Bestimmung der Hauptniederlassung sind **objektive Kriterien** zugrunde zu legen, wie unter anderem die effektive und tatsächliche Ausübung von Managementtätigkeiten durch eine feste Einrichtung mit Treffen der Grundsatzentscheidungen im Zusammenhang mit der Verarbeitung von personenbezogenen Daten, wobei nicht ausschlaggebend ist, ob die Verarbeitung selbst an diesem Ort stattfindet, sodass auch das Vorhandensein und die Verwendung technischer Mittel und Verfahren zur Verarbeitung personenbezogener Daten oder die Verarbeitungstätigkeit keine entscheidenden Faktoren sind (ErwG 36).[28]

33 Ausschlaggebend kann insbesondere sein, wo die **finale Entscheidung über die Zwecke und Mittel der Datenverarbeitung** getroffen wird, wo Entscheidungen über Geschäftstätigkeiten, die die Verarbeitung personenbezogener Daten beinhalten, getroffen werden, wo die Entscheidungsbefugnis tatsächlich liegt, wo die Leitungsperson für die grenzüberschreitende Datenverarbeitung sitzt bzw. wo der rechtliche Sitz des Unternehmens ist.[29] Damit kann es nicht reichen, in einem Mitgliedstaat eine **Briefkastenfirma** zu errichten, die im Organigramm als Hauptverwaltung bezeichnet wird.[30]

---

27 BeckOK DatenSR-*Eichler* Art. 56 Rn. 7; Guidelines for identifying a controller or processor‘s lead supervisory authority, abrufbar unter: http://ec.europa.eu/newsroom/document.cfm?doc_id=44102, WP 244 S. 5; siehe zu diesem Problem näher Ehmann/Selmayr-*Selmayr* Art. 56 Rn. 8 u. Gola-*Nguyen* Art. 56 Rn. 18.

28 Zu möglicherweise auftretenden Problemen bei der Bestimmung der Hauptniederlassung siehe *Nguyen* ZD 2015, 265, 267.

29 Guidelines for identifying a controller or processor‘s lead supervisory authority, abrufbar unter: http://ec.europa.eu/newsroom/document.cfm?doc_id=44102, WP 244 S. 7.

30 Ehmann/Selmayr-*Selmayr* Art. 56 Rn. 7.

Grundsätzlich gibt der Verantwortliche zunächst einmal selbst an, wo seine Hauptniederlassung im obigen Sinne ist. Die **eigenständige Festlegung durch den Verantwortlichen** selbst ist Grundlage und Ausgangpunkt der Bewertung. Hat die Aufsichtsbehörde allerdings diesbezügliche Zweifel, kann sie von dem Verantwortlichen Informationen zur eigenständigen Prüfung bzw. Beweise verlangen, wobei dies aktive Ermittlungen und die Zusammenarbeit mit anderen Aufsichtsbehörden erforderlich machen kann. Letztlich liegt die Beweislast beim Verantwortlichen.[31] **34**

Eine einfachere Bestimmung wäre sicherlich z.B. allein anhand des eingetragenen Sitzes möglich gewesen.[32] Allerdings soll durch die o.g. Anknüpfungspunkte sichergestellt werden, dass die federführende Behörde bei Untersuchungen vor Ort die auskunftsfähigen Personen antrifft und die Unterlagen vorfindet, die Aufschluss hinsichtlich der Entscheidungen über die Datenverarbeitung geben.[33] Zudem würde durch eine Anknüpfung an den eingetragenen Sitz die Gefahr des **Forum Shopping** größer, da es leichter wäre die federführende Behörde „auszuwählen". **35**

Der Kritik an der Bestimmung der Hauptniederlassung anhand der vorgenannten Kriterien dahingehend, dass **für die betroffenen Personen** schwer ersichtlich sei, wer federführende Behörde ist, kann mit dem Hinweis auf Art. 77 begegnet werden; denn da sich die betroffenen Personen immer an die Aufsichtsbehörde ihrer Wahl wenden können, ist deren Bedürfnis nach effektivem **Rechtsschutz** insoweit Genüge getan.[34] **36**

Für den Fall, dass zwar **mehrere Niederlassungen** in der Europäischen Union vorhanden sind, aber weder die Hauptverwaltung in der Europäischen Union ist, noch eine Niederlassung, die die Entscheidungen hinsichtlich der Datenverarbeitungen trifft, sieht die DS-GVO keine Regelung vor. Das Unternehmen sollte dann die als seine Hauptniederlassung fungierende Niederlassung in der Europäischen Union bestimmen, welche befugt ist, Entscheidungen über die Verarbeitungstätigkeit umzusetzen und für die Verarbeitung zu haften, was auch das Vorhandensein ausreichender Mittel für die Tätigkeit als Hauptniederlassung einschließt. Unterbleibt diese Festlegung, kann keine federführende Aufsichtsbehörde ermittelt werden.[35] **37**

bb) Hauptniederlassung von gemeinsam für die Verarbeitung Verantwortlichen. Im Falle von **gemeinsam für die Verarbeitung Verantwortlichen** (Art. 26) sollten die gemeinsam Verantwortlichen festlegen, welche entscheidungsbefugte Niederlassung eines gemeinsam Verantwortlichen die Befugnis haben soll, für alle gemeinsam Verantwortlichen Entscheidungen über die Datenverarbeitung umzusetzen. Diese gilt dann als Hauptniederlassung.[36] Letztlich kann die Aufsichtsbehörde bei Zweifeln insoweit ebenfalls eigenständig prüfen (Rn. 34). **38**

---

31 Siehe zu dem gesamten Absatz Guidelines for identifying a controller or processor's lead supervisory authority, abrufbar unter: http://ec.europa.eu/newsroom/document.cfm?doc_id=44102, WP 244 S. 7.

32 So auch *Nguyen* ZD 2015, 265, 270.

33 Gola-*Nguyen* Art. 56 Rn. 14.

34 So auch Sydow-*Peuker* Art. 56 Rn. 21.

35 Siehe zu dem gesamten Absatz Guidelines for identifying a controller or processor's lead supervisory authority, abrufbar unter: http://ec.europa.eu/newsroom/document.cfm?doc_id=44102, WP 244 S. 8.

36 Guidelines for identifying a controller or processor's lead supervisory authority, abrufbar unter: http://ec.europa.eu/newsroom/document.cfm?doc_id=44102, WP 244 S. 8.

39 **cc) Hauptniederlassung des Auftragsverarbeiters.** Beim **Auftragsverarbeiter** ist grundsätzlich immer der Ort der Hauptverwaltung entscheidend und nicht der Ort der Niederlassung, in der Entscheidungen im Zusammenhang mit der Verarbeitung personenbezogener Daten getroffen werden. Nur, wenn der Auftragsverarbeiter keine Hauptverwaltung in der Europäischen Union hat, ist entscheidend an welchem Ort in der Europäischen Union die wesentlichen Verarbeitungstätigkeiten vorgenommen werden. Hintergrund dieser anders gearteten Regelung im Vergleich zum Verantwortlichen ist, dass Auftragsverarbeiter in der Regel aufgrund ihrer Weisungsgebundenheit keine Entscheidungen über Art und Zwecke der Datenverarbeitung treffen.[37]

40 **dd) Hauptniederlassung bei Betroffenheit des Verantwortlichen und des Auftragsverarbeiters. Sind sowohl Verantwortlicher als auch Auftragsverarbeiter** betroffen, so sollte die Federführung bei der Aufsichtsbehörde des Mitgliedstaats bleiben, in dem der Verantwortliche seine Hauptniederlassung oder seine einzige Niederlassung hat, während die Aufsichtsbehörde des Auftragsverarbeiters betroffene Aufsichtsbehörde sein sollte (vgl. ErwG 36). Dies entspricht einer Bewertung nach dem Schwerpunkt der Entscheidungen über die Datenverarbeitung.

41 **ee) Hauptniederlassung der Unternehmensgruppe. Unternehmensgruppe** ist nach der Legaldefinition des Art. 4 Nr. 19 eine Gruppe, die aus einem herrschenden Unternehmen und den von diesem abhängigen Unternehmen besteht. Dabei sollte das **herrschende Unternehmen** dasjenige sein, das z.B. aufgrund der Eigentumsverhältnisse, der finanziellen Beteiligung oder der für das Unternehmen geltenden Vorschriften oder der Befugnis, Datenschutzvorschriften umsetzen zu lassen, einen beherrschenden Einfluss auf die übrigen Unternehmen ausüben kann (ErwG 37).

42 Auch auf eine Unternehmensgruppe sind die Regeln des One-Stop-Shop-Prinzips anwendbar, wenn die **Verarbeitung durch die Unternehmensgruppe** erfolgt.[38] Dies ergibt sich aus dem ErwG 36, der in diesem Kontext konkretisiert, welches Unternehmen der Gruppe als Hauptniederlassung gilt, an die dann die Federführung anknüpft. Bei der Verarbeitung durch eine Unternehmensgruppe bzw. einen Konzern richtet sich die Zuständigkeit der federführenden Aufsichtsbehörde grundsätzlich nach der Hauptverwaltung des herrschenden Unternehmens, es sei denn, die Zwecke und Mittel der Verarbeitung werden von einem anderen Unternehmen in der Unternehmensgruppe festgelegt (ErwG 36). Auch wenn die Tochtergesellschaften als juristische Personen mit eigener Rechtspersönlichkeit letztlich selbst auch Verantwortliche bzw. Auftragsverarbeiter sind, so ist für die konkrete Verarbeitung durch die Unternehmensgruppe die Hauptniederlassung für die Unternehmensgruppe zu bestimmen.

43 Die DS-GVO knüpft an den **funktionellen Unternehmensbegriff** an. Die konkrete Ausgestaltung des Konzerns soll gerade keine Auswirkungen auf die Zuständigkeit der Aufsichtsbehörden haben. Ziel ist eine eindeutige Zuordnung der Zuständigkeiten unabhängig von gesellschaftsrechtlichen Konstruktionen, die wegen des zu Grunde liegenden innerstaatlichen Rechts zudem variieren können.

---

37 Gola-*Nguyen* Art. 56 Rn. 15.

38 Ähnlich *Schantz* NJW 2016, 1841, 1846 ff.; a.A. Gola-*Nguyen* Art. 56 Rn. 8 und 9; siehe zu diesem Aspekt auch *Schantz/Wolff* Das neue Datenschutzrecht Rn. 1024 und *Laue/Nink/Kremer* Das neue Datenschutzrecht in der betrieblichen Praxis, § 10 Rn. 31 und 37.

Voraussetzung ist allerdings eine **Verarbeitung „durch" die Unternehmensgruppe**, nicht die alleinige Verarbeitung durch einzelne selbstständige Unternehmen als eigene Verantwortliche. Wie genau insoweit zukünftig die Abgrenzung vorzunehmen sein wird, wird sich in der Praxis zeigen. **44**

5. Rechtsfolge und Bedeutung der Federführung. Der federführenden Aufsichtsbehörde kommt eine maßgebliche Rolle zu, da sie berechtigt ist, **verbindliche Beschlüsse** über Maßnahmen zu erlassen, mit denen sie ihre Befugnisse ausübt (ErwG 125) und zwar mit Wirkung für die Verarbeitung in der gesamten Europäischen Union.[39] Sie hat in sämtlichen Verfahren die Verantwortlichen und Auftragsverarbeiter betreffend eine starke Stellung, da sie verbindliche Maßnahmen treffen und Geldbußen verhängen kann, sowie für Genehmigungen, Beratungs- und sonstige Ersuchen zuständig ist. Überstimmt werden von anderen Behörden kann sie allenfalls im Kohärenzverfahren.[40] Zwar können sich betroffene Personen auch an die Aufsichtsbehörde ihres Aufenthaltsstaates wenden (Art. 77). Verbindliche Entscheidungen gegenüber den insoweit Verantwortlichen kann diese Aufsichtsbehörde aber nicht immer treffen, vielmehr regelmäßig nur in den Fällen, wenn sie entweder allein bzw. mit anderen nicht federführenden Behörden zuständig (z.B. wenn keine grenzüberschreitende Verarbeitung vorliegt), infolge Art. 56 Abs. 2 (Zuständigkeit bei begrenzter Wirkung und Nichtbefassung durch die federführende Behörde, Rn. 54 ff.) oder federführende Behörde ist. **45**

Die federführende Behörde soll mit anderen betroffenen Behörden zusammenarbeiten (Art. 60, ErwG 124). Sie soll für eine enge Einbindung und Koordinierung der betroffenen Aufsichtsbehörden im Entscheidungsprozess sorgen (ErwG 125). **Betroffene Behörde** wird in Art. 4 Nr. 22 legal definiert. Demzufolge ist eine Aufsichtsbehörde betroffen, wenn der Verantwortliche oder Auftragsverarbeiter im Hoheitsgebiet des Mitgliedstaats dieser Aufsichtsbehörde niedergelassen ist, die Verarbeitung erhebliche Auswirkungen (s.o. Rn. 25) auf betroffene Personen mit Wohnsitz im Mitgliedstaat dieser Aufsichtsbehörde hat oder haben kann oder eine Beschwerde bei dieser Aufsichtsbehörde eingereicht wurde. **46**

Die **verbindlichen Beschlüsse** sollten bestenfalls von der federführenden Aufsichtsbehörde und den betroffenen Aufsichtsbehörden[41] gemeinsam vereinbart werden (ErwG 126) nach dem in Art. 60 beschriebenen Abstimmungsverfahren. Der Art. 60 Abs. 1 und 3 eröffnet Spielräume für eine Abstimmung der behördlichen Positionen. Wird beschlossen, die Beschwerde der betroffenen Person vollständig oder teilweise abzuweisen, so sollte dieser Beschluss von der Aufsichtsbehörde angenommen werden, bei der die Beschwerde eingelegt wurde (ErwG 125). **47**

Ist eine solche **gemeinsame Entscheidungsfindung** im Verfahren nach Art. 60 nicht möglich – insbesondere wenn betroffene Aufsichtsbehörden gegen den von der federführenden Behörde vorgeschlagenen Beschluss fristgerecht Einspruch eingelegt haben –, kommt es zur Durchführung des Kohärenzverfahrens nach Art. 63 ff., in dessen Rahmen der EDSA verbindliche Beschlüsse fasst (Art. 60 ff.). **48**

---

39 Ehmann/Selmayr-*Selmayr* Art. 55 Rn. 5.

40 Siehe dazu näher in Gola-*Nguyen* Art. 56 Rn. 17.

41 Aber auch die federführende Behörde ist gleichzeitig auch eine betroffene Behörde im Sinne des Art. 4 Nr. 22, wie sich aus Art. 60 Abs. 1 S. 1 ergibt.

49 Der verbindliche Beschluss soll an die Hauptniederlassung oder die einzige Niederlassung des Verantwortlichen oder Auftragsverarbeiters gerichtet sein. **Adressat** ist der im Schwerpunkt Verantwortliche. Aufgrund der Verbindlichkeit sollten Verantwortliche oder Auftragsverarbeiter dann die erforderlichen Maßnahmen treffen, um die Einhaltung der DS-GVO und die Umsetzung des Beschlusses zu gewährleisten (ErwG 126). Die federführende Aufsichtsbehörde hat insoweit nicht die Pflicht über eine Involvierung der betroffenen Aufsichtsbehörden auch die Umsetzung des Beschlusses in den Niederlassungen des Verantwortlichen oder des Auftragsverarbeiters in den übrigen Mitgliedstaaten zu veranlassen, sondern dafür haben Verantwortliche und Auftragsverarbeiter selbst Sorge zu tragen.

50 Eine Ausnahme hinsichtlich des Treffens der verbindlichen Entscheidung durch die federführende Aufsichtsbehörde sieht ErwG 131 vor. Er nimmt auf den Fall Bezug, dass zwar eine grenzüberschreitende Verarbeitung vorliegt, aber der konkrete Gegenstand einer Beschwerde oder der mögliche Verstoß nur solche Verarbeitungstätigkeiten in dem Mitgliedstaat betrifft, in dem die Beschwerde eingereicht wurde bzw. der mögliche Verstoß aufgedeckt wurde, und die Angelegenheit gerade **keine erheblichen Auswirkungen** auf betroffene Personen in anderen Mitgliedstaaten hat oder haben dürfte. Dies könnte etwa die einmalig fehlerhafte Erhebung von Beschäftigtendaten betreffen, die dann grenzüberschreitend verarbeitet werden. Dann sollte die Aufsichtsbehörde, bei der eine Beschwerde einreicht wurde oder die Situationen, die mögliche Verstöße gegen die DS-GVO darstellen, aufgedeckt hat bzw. auf andere Weise darüber informiert wurde, versuchen, eine gütliche Einigung mit dem Verantwortlichen zu erzielen. Falls eine gütliche Einigung nicht möglich sein sollte, sollte die Aufsichtsbehörde umfassend ihre Befugnisse wahrnehmen.

51 **6. Übertragung des Prinzips der federführenden Behörde in nationales Recht (BDSG).** Zwar enthält Art. 56 Abs. 1 keine Öffnungsklausel, sondern eine abschließende Regelung hinsichtlich der Bestimmung der federführenden Behörde. Wegen des Föderalismus und der aufgrund dessen bestehenden Mehrzahl von Aufsichtsbehörden in der Bundesrepublik Deutschland, ist jedoch eine innerstaatliche Regelung zur Bestimmung der federführenden Behörde in Verfahren der Zusammenarbeit und Kohärenz nach Kapitel VII der DS-GVO zu treffen. Die **Öffnungsklausel** ergibt sich aus Art. 54 Abs. 1 lit. a, der den Mitgliedstaaten die Errichtung der Aufsichtsbehörden durch Rechtsvorschriften auferlegt, i.V.m. Art. 51 Abs. 1 und 3, der ausdrücklich die Möglichkeit vorsieht mehrere Aufsichtsbehörden in einem Mitgliedstaat zu errichten. Nach Art. 51 Abs. 3 ist jedenfalls ein Verfahren einzuführen, mit dem sichergestellt wird, dass die anderen Behörden des Mitgliedstaats die Regeln für das Kohärenzverfahren nach Art. 69 einhalten. § 19 Abs. 1 BDSG legt in diesem Zusammenhang fest, welche deutsche Aufsichtsbehörde den aus der DS-GVO folgenden Verpflichtungen der federführenden Behörde nachzukommen hat. Inwieweit der deutsche Gesetzgeber bei den innerstaatlichen Regelungen an die Regeln der DS-GVO zur Zusammenarbeit von federführender Behörde mit den betroffenen Behörden gebunden ist, ist fraglich.[42]

42 Nach Auffassung von *Kühling/Martini u.a.* Die Datenschutz-Grundverordnung und das nationale Recht, S. 219 besteht keine Bindung, sondern der nationale Gesetzgeber sei grundsätzlich frei.

Dennoch erscheint es grundsätzlich sinnvoll, das Prinzip zu übertragen, wie **§ 19 Abs. 1 BDSG** es auch getan hat. Der „Gleichlauf" zwischen DS-GVO und innerstaatlichem Recht wird dadurch hergestellt.[43] § 19 Abs. 1 S. 2 BDSG enthält eine folgerichtige Sonderregelung für die Bundesbeauftragte oder den Bundesbeauftragten, die oder der auch künftig in einigen Fällen eine spezielle sachliche Zuständigkeit für bestimmte Bereiche hat. **52**

§ 19 Abs. 1 BDSG enthält nun sinnvolle Regelungen zur Bestimmung der federführenden Behörde in einem Verfahren der Zusammenarbeit und Kohärenz nach Kapitel VII der DS-GVO im innerstaatlichen Kontext. **53**

III. Zuständigkeit bei begrenzter Wirkung (Abs. 2)

Der Art. 56 Abs. 2 regelt die Zuständigkeit bei grenzüberschreitenden Fällen im Sinne von Art. 4 Nr. 23 mit begrenzter Wirkung. Es geht um Fälle, in denen Verantwortlicher oder Auftragsverbeiter Niederlassungen in mehr als einem Mitgliedstaat haben (ErwG 127), die Wirkung auf den Datenverkehr allerdings begrenzt ist. Es soll dadurch eine schnelle und unbürokratische Bearbeitung sog. lokaler Fälle erfolgen können.[44] Die Zuständigkeit für die Tätigkeit einer Niederlassung fällt zunächst der örtlich zuständigen Datenschutzaufsichtsbehörde zu. **54**

Eine **begrenzte Wirkung** liegt vor, wenn der Gegenstand nur mit einer Niederlassung in einem Mitgliedstaat zusammenhängt (räumliche Begrenzung) oder nur betroffene Personen des Mitgliedstaats erheblich beeinträchtigt sind (persönliche Begrenzung). **55**

Eine solche begrenzte Wirkung mit der Folge, dass die Aufsichtsbehörde, die nicht federführende Aufsichtsbehörde ist, deren Mitgliedstaat aber einzig betroffen ist, zuständig ist, soll darüber hinaus vorliegen, wenn es um die Verarbeitung von personenbezogenen Daten von Arbeitnehmer im spezifischen **Beschäftigungskontext** eines Mitgliedstaats geht (ErwG 127). Ein anderes Beispiel ist die **Videoüberwachung**, bei der Art und Weise der Überwachung von der lokalen Zweigniederlassung eigenständig bestimmt wird.[45] **56**

Es bedarf dieser Regelung zur Begründung der Zuständigkeit einer Aufsichtsbehörde am Ort des Sitzes des Verantwortlichen oder einer betroffenen Person aufgrund der bestehenden Regelung des Art. 55 Abs. 1 eigentlich nicht. Sie begründet aber immerhin eine Ausnahme von Art. 56 Abs. 1. **57**

IV. Besonderes Abstimmungsverfahren bei begrenzter Wirkung (Abs. 3–5)

Art. 56 Abs. 3–5 regelt das Verfahren in den Fällen der Zuständigkeit bei begrenzter Wirkung nach Abs. 2. **58**

Gegenstand sind die Kooperation, die Information, aber auch die Sicherstellung einer entscheidungsfähigen Behörde. **59**

43 BT-Drucks. 18/11325, S. 92; so schon *Kühling/Martini* u.a. Die Datenschutz-Grundverordnung und das nationale Recht, S. 220.

44 *Nguyen* ZD 2015, 265, 267.

45 Siehe zu den Beispielen näher *Nguyen* ZD 2015, 265, 267; Gola-*Nguyen* Art. 56 Rn. 20 f.; *Schantz* NJW 2016, 1841, 1847; zu weiteren Beispielen siehe Kühling/Buchner-*Dix* Art. 56 Rn. 10.

60 **1. Information und Entscheidung der federführenden Aufsichtsbehörde (Abs. 3).** Die nach Art. 56 Abs. 2 zuständige Aufsichtsbehörde hat die federführende Aufsichtsbehörde unverzüglich über die eingereichte Beschwerde bzw. den Verstoß gegen die DS-GVO zu unterrichten. Dabei hat die Aufsichtsbehörde die federführende Behörde über jede **Beschwerde** zu unterrichten – sei diese auch offensichtlich unzulässig, unbegründet oder rechtsmissbräuchlich. Diesbezüglich ist der Wortlaut eindeutig. Es kann zudem auch von Relevanz sein, von solchen Beschwerden Kenntnis zu erlangen, um auch insoweit ein einheitliches Vorgehen zu gewährleisten.[46]

61 Nach dieser Unterrichtung entscheidet dann die federführende Aufsichtsbehörde, ob sie sich im Rahmen eines Verfahrens nach Art. 60 mit dieser Angelegenheit befasst oder nicht. Sie übt ihr **Befassungsrecht** aus. Damit entscheidet sie auch, ob sie den Fall nach den Bestimmungen zur Zusammenarbeit zwischen der federführenden Aufsichtsbehörde und anderen betroffenen Aufsichtsbehörden regelt oder ob die nach Art. 56 Abs. 2 zuständige Aufsichtsbehörde den Fall auf örtlicher Ebene regeln sollte (vgl. ErwG 127). Diese Entscheidung hat sie binnen 3 Wochen nach Unterrichtung zu treffen.[47] Je nachdem wie die federführende Aufsichtsbehörde sich entscheidet, bestimmt sich dann das weitere Verfahren.

62 Bei der Entscheidung zu berücksichtigen hat sie, ob der Verantwortliche oder Auftragsverarbeiter in dem Mitgliedstaat, dessen Aufsichtsbehörde nach Art. 56 Abs. 2 zuständig ist, eine Niederlassung hat oder nicht. Diese **Berücksichtigung** hat zu erfolgen, da es letztlich darauf ankommt, dass Beschlüsse gegenüber dem Verantwortlichen oder dem Auftragsverarbeiter wirksam durchgesetzt werden können (ErwG 127). Hat die nach Art. 56 Abs. 2 zuständige Behörde ausreichende Befugnisse, so sollte die federführende Behörde von einer Befassung mit dem Fall absehen.[48] Darin zeigt sich, dass in den Fällen des Art. 56 Abs. 2 der Bezug zu einem einzigen Mitgliedstaat im Vordergrund steht.

63 **2. Anwendbarkeit des Verfahrens der Zusammenarbeit (Abs. 4).** Art. 56 Abs. 4 regelt das weitere Verfahren für den Fall, dass die federführende Behörde sich dazu entscheidet, sich mit dem Fall zu befassen. Dann findet das Verfahren nach Art. 60 Anwendung.

64 Die nach Art. 56 Abs. 2 zuständige Aufsichtsbehörde verfügt dann über die Möglichkeit, der federführenden Behörde einen **Beschlussentwurf** vorzulegen. Macht die Aufsichtsbehörde von dieser Möglichkeit Gebrauch, so trägt die federführende Aufsichtsbehörde diesem Entwurf bei der Ausarbeitung des Beschlussentwurfs nach Art. 60 Abs. 3 weitestgehend Rechnung (nicht lediglich gebührend Rechnung, wie ansonsten im Verfahren der Zusammenarbeit und Kohärenz). Sie muss diesem zwar nicht gänzlich folgen[49], allerdings ist eine Abweichung nur mit expliziter und eingehender

46 A.A. Paal/Pauly-*Körffer* Art. 56 Rn. 5 und Kühling/Buchner-*Dix* Art. 56 Rn. 11.

47 Zu der Frage, ob diese Frist in Eilfällen kürzer sein sollte, siehe Paal/Pauly-*Körffer* Art. 56 Rn. 5; ob diese in Einzelfällen verlängert werden sollte BeckOK DatenSR-*Eichler* Art. 56 Rn. 19.

48 So auch Ehmann/Selmayr-*Selmayr* Art. 56 Rn. 18; für eine zurückhaltende Anwendung der Sonderregelung aufgrund der bedeutenden Rolle der örtlichen Aufsichtsbehörde auch BeckOK DatenSR-*Eichler* Art. 56 Rn. 17 und Kühling/Buchner-*Dix* Art. 56 Rn. 12 f.

49 Kühling/Buchner-*Dix* Art. 56 Rn. 14.

Begründung möglich.[50] Auch dies liegt wieder in dem besonderen örtlichen Bezug des Falles begründet.[51]

65 Weicht die federführende Behörde von dem Beschlussentwurf ab, kann die nach Art. 56 Abs. 2 zuständige Aufsichtsbehörde **Einspruch** einlegen (Art. 60 Abs. 4); sofern die federführende Aufsichtsbehörde sich dem Einspruch nicht anschließt, wird das Kohärenzverfahren nach Art. 63 eingeleitet.

66 **3. Reservezuständigkeit (Abs. 5).** Art. 56 Abs. 5 regelt das weitere Verfahren, wenn die federführende Behörde sich nicht mit Fall selbst befassen möchte. Sie hat also ihr Befassungsrecht ausgeübt, sich aber dazu entschlossen, den **Fall nicht weiter zu verfolgen.** Dann hat die nach Art. 56 Abs. 2 zuständige Aufsichtsbehörde die Angelegenheit nach den Art. 61 und 62 zu behandeln.

67 Angesichts des Wortlautes ist von einer insoweit bestehenden **Verpflichtung** der Aufsichtsbehörde zur Behandlung der Angelegenheit nach den Art. 61 und 62 und nicht lediglich von der Eröffnung einer Möglichkeit auszugehen. Denn trotz begrenzter Wirkung handelt es sich dem Kern nach um eine grenzüberschreitende Verarbeitung, die die Behandlung der Angelegenheit nach den Art. 61 bis 62 – wenn schon nicht nach Art. 60 – rechtfertigt.[52]

V. Ansprechpartner bei grenzüberschreitenden Fragen (Abs. 6)

68 Der Art. 56 Abs. 6 trifft eine Regelung dazu, wer in Fragen zu grenzüberschreitenden Verarbeitungen für Verantwortliche und Auftragsverarbeiter der richtige Ansprechpartner ist. Dies ist ausschließlich die federführende Aufsichtsbehörde. Damit wird nochmals der Grundgedanke des **One-Stop-Shop-Prinzips als zentrales Anliegen des Unionsgesetzgebers**[53] aufgegriffen. Denn letztlich sollen Verantwortliche und Auftragsverarbeiter soweit möglich nur **einen Ansprechpartner** haben. Die DS-GVO enthält allerdings selbst einige Abweichungen von diesem Grundsatz (Rn. 21 und 37; Art. 60 Rn. 35 und 37).

69 Gerade diese Regelung schafft einen Anreiz für die Verantwortlichen und die Auftragsverarbeiter, die Möglichkeiten des Forum Shopping auszuloten (Rn. 15 ff).[54]

70 Aber auch Art. 56 Abs. 6 begründet die alleinige Zuständigkeit nur für die Fälle der grenzüberschreitenden Verarbeitung im Sinne des Art. 4 Nr. 23 und wenn eine Hauptniederlassung oder nur eine einzige Niederlassung in der Europäischen Union vorhanden ist. In den übrigen Fällen hat der Verantwortliche bzw. Auftragsverarbeiter also weiterhin ggf. mehrere Ansprechpartner.

---

50 Ehmann/Selmayr-*Selmayr* Art. 56 Rn. 19; im Ergebnis auch Sydow-*Peuker* Art. 56 Rn. 32.
51 So auch Sydow-*Peuker* Art. 56 Rn. 32.
52 Siehe auch Paal/Pauly-*Körffer* Art. 56 Rn. 7, die jedoch zur gegenteiligen Auffassung zu neigen scheint, wie auch BeckOK DatenSR-*Eichler* in Art. 56 Rn. 22.
53 Kühling/Buchner-*Dix* Art. 56 Rn. 17.
54 Diese Gefahr sieht auch Sydow-*Peuker* Art. 56 Rn. 35.

C. Praxishinweise

I. Relevanz für öffentliche Stellen

71 Die Relevanz für öffentliche Stellen ist begrenzt, da diese hauptsächlich **Verarbeitungen im öffentlichen Interesse** bzw. in Ausübung öffentlicher Gewalt (Art. 6 Abs. 1 UAbs. 1 lit. c) vornehmen und in diesen Fällen Art. 56 gem. Art. 55 Abs. 2 keine Anwendung findet.

II. Relevanz für nichtöffentliche Stellen

72 Für die nichtöffentlichen Stellen ist Art. 56 **eine der zentralen Vorschriften** der DS-GVO. In Fällen der grenzüberschreitenden Verarbeitung haben diese grundsätzlich nur noch einen Ansprechpartner – die federführende Aufsichtsbehörde. Im Kern müssen sie sich nur noch mit dieser und nicht mehr mit mehreren Aufsichtsbehörden (und dadurch ggf. abweichenden rechtlichen Bewertungen gleicher Sachverhalte) auseinandersetzen, von Ausnahmen abgesehen. Dadurch soll es auch zu einer erheblichen finanziellen Entlastung der nichtöffentlichen Stellen in Europa kommen.

III. Relevanz für betroffene Personen

73 Für die betroffenen Personen selbst hat Art. 56 insofern keine allzu große Relevanz, als diese sich in sämtlichen Angelegenheiten an die **Aufsichtsbehörde ihrer Wahl** wenden können (Art. 77), die sich ihrer Angelegenheit sodann annehmen muss – ggf. in Zusammenarbeit mit den anderen Aufsichtsbehörden. Letztlich sollten aber auch die betroffenen Personen von einer Verfahrensvereinfachung und -beschleunigung sowie einer einheitlichen Anwendung infolge der Bestimmung einer federführenden Behörde und der sich anschließenden Verfahren nach Art. 60 ff. profitieren.

IV. Relevanz für Aufsichtsbehörden

74 Für die Aufsichtsbehörden erübrigt sich künftig die **teilweise komplizierte Zusammenarbeit** in grenzüberschreitenden Fällen außerhalb geregelter Verfahren. Nunmehr ist geregelt wer in diesen Fällen die Federführung übernimmt und wie das Verfahren zu gestalten ist (Art. 60 ff.). Künftig ist eine enge Koordinierung und ein Abstimmungsaufwand erforderlich, um eine einheitliche Rechtsauslegung und -anwendung sicherzustellen. Art. 56 kann insoweit zu einer effektiveren, ressourcenschonenderen Aufsicht führen.

75 Im Falle von Streitigkeiten zwischen Aufsichtsbehörden – deren Entscheidung nicht ausdrücklich dem EDSA zugewiesen ist – können die Aufsichtsbehörden, die sich in den ihnen zustehenden Rechten verletzt sehen, gem. Art. 78 Klage erheben.[55]

V. Datenschutzmanagement

76 Im Rahmen des Datenschutzmanagements sollte insbesondere den Umständen Beachtung geschenkt werden, an denen die Hauptniederlassung im Sinne der DS-GVO festgemacht werden kann (Rn. 30 ff.).

55 Siehe dazu ausführlich Ehmann/Selmayr-*Selmayr* Art. 56 Rn. 22.

VI. Sanktionen

Der Einzelne kann in einem gerichtlichen Verfahren gegen eine ihn belastende Entscheidung rügen, dass diese formal rechtswidrig sei. Dies umfasst auch die Regelung der Zuständigkeit. **77**

Artikel 57 Aufgaben

(1) Unbeschadet anderer in dieser Verordnung dargelegter Aufgaben muss jede Aufsichtsbehörde in ihrem Hoheitsgebiet

a) die Anwendung dieser Verordnung überwachen und durchsetzen;

b) die Öffentlichkeit für die Risiken, Vorschriften, Garantien und Rechte im Zusammenhang mit der Verarbeitung sensibilisieren und sie darüber aufklären. Besondere Beachtung finden dabei spezifische Maßnahmen für Kinder;

c) im Einklang mit dem Recht des Mitgliedsstaats das nationale Parlament, die Regierung und andere Einrichtungen und Gremien über legislative und administrative Maßnahmen zum Schutz der Rechte und Freiheiten natürlicher Personen in Bezug auf die Verarbeitung beraten;

d) die Verantwortlichen und die Auftragsverarbeiter für die ihnen aus dieser Verordnung entstehenden Pflichten sensibilisieren;

e) auf Anfrage jeder betroffenen Person Informationen über die Ausübung ihrer Rechte aufgrund dieser Verordnung zur Verfügung stellen und gegebenenfalls zu diesem Zweck mit den Aufsichtsbehörden in anderen Mitgliedstaaten zusammenarbeiten;

f) sich mit Beschwerden einer betroffenen Person oder Beschwerden einer Stelle, einer Organisation oder eines Verbandes gemäß Artikel 80 befassen, den Gegenstand der Beschwerde in angemessenem Umfang untersuchen und den Beschwerdeführer innerhalb einer angemessenen Frist über den Fortgang und das Ergebnis der Untersuchung unterrichten, insbesondere, wenn eine weitere Untersuchung oder Koordinierung mit einer anderen Aufsichtsbehörde notwendig ist;

g) mit anderen Aufsichtsbehörden zusammenarbeiten, auch durch Informationsaustausch, und ihnen Amtshilfe leisten, um die einheitliche Anwendung und Durchsetzung dieser Verordnung zu gewährleisten;

h) Untersuchungen über die Anwendung dieser Verordnung durchführen, auch auf der Grundlage von Informationen einer anderen Aufsichtsbehörde oder einer anderen Behörde;

i) maßgebliche Entwicklungen verfolgen, soweit sie sich auf den Schutz personenbezogener Daten auswirken, insbesondere die Entwicklung der Informations- und Kommunikationstechnologie und der Geschäftspraktiken;

j) Standardvertragsklauseln im Sinne des Artikels 28 Absatz 8 und des Artikels 46 Absatz 2 Buchstabe d festlegen;

k) eine Liste der Verarbeitungsarten erstellen und führen, für die gemäß Artikel 35 Absatz 4 eine Datenschutz-Folgenabschätzung durchzuführen ist;

l) Beratung in Bezug auf die in Artikel 36 Absatz 2 genannten Verarbeitungsvorgänge leisten;

m) die Ausarbeitung von Verhaltensregeln gemäß Artikel 40 Absatz 1 fördern und zu diesen Verhaltensregeln, die ausreichende Garantien im Sinne des Artikels 40 Absatz 5 bieten müssen, Stellungnahmen abgeben und sie billigen;

n) die Einführung von Datenschutzzertifizierungsmechanismen und von Datenschutzsiegeln und -prüfzeichen nach Artikel 42 Absatz 1 anregen und Zertifizierungskriterien nach Artikel 42 Absatz 5 billigen;
o) gegebenenfalls die nach Artikel 42 Absatz 7 erteilten Zertifizierungen regelmäßig überprüfen;
p) die Kriterien für die Akkreditierung einer Stelle für die Überwachung der Einhaltung der Verhaltensregeln gemäß Artikel 41 und einer Zertifizierungsstelle gemäß Artikel 43 abfassen und veröffentlichen;
q) die Akkreditierung einer Stelle für die Überwachung der Einhaltung der Verhaltensregeln gemäß Artikel 41 und einer Zertifizierungsstelle gemäß Artikel 43 vornehmen;
r) Vertragsklauseln und Bestimmungen im Sinne des Artikels 46 Absatz 3 genehmigen;
s) verbindliche interne Vorschriften gemäß Artikel 47 genehmigen;
t) Beiträge zur Tätigkeit des Ausschusses leisten;
u) interne Verzeichnisse über Verstöße gegen diese Verordnung und gemäß Artikel 58 Absatz 2 ergriffene Maßnahmen und
v) jede sonstige Aufgabe im Zusammenhang mit dem Schutz personenbezogener Daten erfüllen.

(2) Jede Aufsichtsbehörde erleichtert das Einreichen von in Absatz 1 Buchstabe f genannten Beschwerden durch Maßnahmen wie etwa die Bereitstellung eines Beschwerdeformulars, das auch elektronisch ausgefüllt werden kann, ohne dass andere Kommunikationsmittel ausgeschlossen werden.

(3) Die Erfüllung der Aufgaben jeder Aufsichtsbehörde ist für die betroffene Person und gegebenenfalls für den Datenschutzbeauftragten unentgeltlich.

(4) [1]Bei offenkundig unbegründeten oder – insbesondere im Fall von häufiger Wiederholung – exzessiven Anfragen kann die Aufsichtsbehörde eine angemessene Gebühr auf der Grundlage der Verwaltungskosten verlangen oder sich weigern, aufgrund der Anfrage tätig zu werden. [2]In diesem Fall trägt die Aufsichtsbehörde die Beweislast für den offenkundig unbegründeten oder exzessiven Charakter der Anfrage.

– *ErwG: 122, 123, 129*
– *BDSG n.F.: § 14*

Übersicht

Literatur: Zur allgemeinen Literatur wird auf Art. 51 verwiesen. *Dammann* Erfolge und Defizite der EU-Datenschutzgrundverordnung – Erwarteter Fortschritt, Schwächen und überraschende Innovationen, ZD 2016, 307; *Greve* Das neue Bundesdatenschutzgesetz, NVwZ 2017, 737; *Hofmann* Zertifizierungen nach der DS-GVO, ZD-Aktuell 2016, 05324;

Kort Was ändert sich für die Datenschutzbeauftragte, Aufsichtsbehörden und Betriebsrat mit der DS-GVO ?, ZD 2017, 3; *Laue/Nink/Kremer* Das neue Datenschutzrecht in der betrieblichen Praxis, 2017; *Martini* Do it yourself im Datenschutzrecht – Der „Geo Business Code of Conduct" als Anwendungsfall regulierter Selbstregulierung, NVwZ-Extra 3/2016, 7; *Nguyen* Die zukünftige Datenschutzaufsicht in Europa, ZD 2015, 262; *Pohl* Durchsetzungsdefizite der DSGVO? Der schmale Grat zwischen Flexibilität und Unbestimmtheit, PinG 03.17, 85; *Roßnagel* Gesetzgebung im Rahmen der Datenschutz-Grundverordnung, DuD 2017, 277; *Schmitz/von Dall'Armi* Datenschutz-Folgenabschätzung – verstehen und anwenden, ZD 2017, 57; *Thomé* Die Unabhängigkeit der Bundesdatenschutzaufsicht, VuR 2015, 130; *Weiß* Die Bußgeldpraxis der Aufsichtsbehörden in ausgewählten EU-Staaten – ein aktueller Überblick, PinG 03.17, 97.

A. Einordnung und Hintergrund

I. Erwägungsgründe

1 Der ErwG 122 betont, dass die Datenschutzaufsichtsbehörden von den Mitgliedstaaten auch dazu befähigt werden müssen, die **Aufgaben** und **Befugnisse,** die die DS-GVO ihnen überträgt, wahrnehmen und ausüben zu können. Dabei werden Schwerpunkte herausgestellt und in Kontext zu den Zuständigkeitsbestimmungen gesetzt. Die Datenschutzaufsichtsbehörden sind zuständig für die Überwachung der Verantwortlichen und Auftragsverarbeiter, deren Niederlassungen sich in ihrem Hoheitsgebiet befinden (Niederlassungsprinzip). Sie sollen die Verarbeitung personenbezogener Daten durch Behörden oder private Stellen überwachen, die im öffentlichen Interesse handeln. Auch Datenverarbeitungstätigkeiten in Bezug auf betroffene Personen, die ihren Wohnsitz in dem örtlichen Zuständigkeitsbereich der Datenschutzaufsichtsbehörden haben, sind Gegenstand derer Überwachung und Aufsicht. Dies gilt auch dann, wenn der Verantwortliche oder der Auftragsverarbeiter seine Niederlassung nicht in der Europäischen Union hat (Marktortprinzip). Diese Prinzipen wirken sich auch auf sonstige Aufgaben der Datenschutzaufsichtsbehörden aus, die sich auf den gesamten Zuständigkeitsbereich erstrecken, wie die Bearbeitung von Beschwerden, Untersuchungen, Öffentlichkeitsarbeit und Aufklärung in Bezug auf die Verarbeitung personenbezogener Daten.

2 In dem ErwG 123 wird die **Funktion der Datenschutzaufsichtsbehörden** in Bezug auf die Durchsetzung der DS-GVO geschärft. Sie sollen die Anwendung der Regelungen der DS-GVO überwachen und dadurch ihren Zielen zum Erfolg verhelfen: Ein einheitlicher Grundrechtsschutz für personenbezogene Daten in der Europäischen Union und die Förderung des freien Verkehrs personenbezogener Daten im Europäischen Binnenmarkt. Wie bereits an anderen Stellen wird auch Kooperation – sowohl zu anderen Datenschutzaufsichtsbehörden als auch mit der Europäischen Kommission – als Mittel zur Erreichung dieser Ziele genannt.

3 ErwG 129 betrifft die **einheitliche Überwachung und Durchsetzung** der DS-GVO im Einklang mit geeigneten Verfahrensgarantien. Um die Harmonisierung des Datenschutzes in der Europäischen Union zu gewährleisten, sollen auch die Aufgaben der Datenschutzaufsichtsbehörden in der Europäischen Union vereinheitlicht werden. Über die Mindestanforderungen an die Aufsichtsbehörden hinaus, können die Mitgliedstaaten weitere Aufgaben im Zusammenhang mit dem Schutz personenbezogener Daten für die Aufsichtsbehörden festlegen. Im Übrigen trägt der ErwG 129 eine stärkere Bedeutung für die Befugnisse der Aufsichtsbehörden gem. Art. 58.

II. BDSG

1. Aufgaben im Rahmen der Richtlinienumsetzung. Im Anwendungsbereich der DS-GVO kommt die umfassende Regelung des Art. 57 zur Anwendung. **Aufgaben der oder des Bundesbeauftragte(n)** werden darüber hinaus detailliert in § 14 BDSG geregelt. Zweck dieser Regelung ist zuvörderst die Umsetzung der Richtlinie (EU) 2016/680. Die Aufgaben bestehen nach dem Wortlaut „neben" den in Art. 57 genannten Aufgaben. 4

2. Konkretisierung der Aufgaben in Bezug auf den Bundestag (§ 14 Abs. 2 BDSG). Korrespondierend zu der Aufgabe der oder des Bundesbeauftragten, den Bundestag, 5 den Bundesrat, die Bundesregierung und andere Gremien über **legislative und administrative Maßnahmen** zum Schutz der Rechte und Freiheiten natürlicher Personen in Bezug auf die Verarbeitung personenbezogener Daten zu **beraten** (§ 14 Abs. 1 Nr. 3 BDSG), wird in dem folgenden Absatz das Recht der Stellungnahme in diesen Gremien statuiert, sowohl proaktiv als auch auf Anfrage. Der Adressatenkreis wird dahingehend konkretisiert, dass die Beratungsbefugnisse auch gegenüber allen sonstigen Einrichtungen und Stellen sowie den Ausschüssen des Deutschen Bundestages und dem Bundesrat als Teil des nationalen Parlaments bestehen.

3. Beschwerdeformular und Unentgeltlichkeit der Aufgabenerfüllung. Die Regelungen, die die Zurverfügungstellung eines **Beschwerdeformulars** und die Grundsätze zur Gebührenfreiheit der Bearbeitung von Petitionen betreffen, entsprechen dem Wortlaut der DS-GVO und dienen der Umsetzung der Richtlinie (EU) 2016/280, in Übereinstimmung mit der Regelung des Art. 57 Abs. 2 bis 4. 6

III. Normengenese, Historie

1. Datenschutz-Richtlinie 95/46/EG (DSRL): Art. 28 Kontrollstelle. Die DSRL sah für die Kontrollstellen vorrangig die Aufgabe der **Überwachung** der Anwendung der Vorschriften des Datenschutzes durch die datenverarbeitenden Stellen vor, insbesondere in ihrer Funktion bzgl. der Sicherung der Rechtsstellung der Betroffenen (Art. 28 Abs. 1 DSRL). Auch die Aufgabe der Beratung der Mitgliedstaaten bei dem Erlass von Gesetzen, Rechtsverordnungen und Verwaltungsvorschriften wurde bereits in der DSRL angelegt, da den Kontrollstellen in Art. 28 Abs. 2 DSRL ein Anhörungsrecht eingeräumt wurde, mit dem die Beratungsaufgabe der Datenschutzaufsichtsbehörde bezüglich dieser Gesetzgebungsverfahren korrespondierte. Hinsichtlich der betroffenen Personen hatte die Kontrollstelle die Aufgabe, deren Eingaben zu bearbeiten und die diesen zugrunde liegenden Datenverarbeitungsvorgänge auf ihre Rechtmäßigkeit zu untersuchen (Art. 28 Abs. 4 DSRL). Auch das **Kooperationsprinzip** zwischen den Datenschutzaufsichtsbehörden wurde bereits in der DSRL als Aufgabe der Aufsichtsbehörden besonders hervorgehoben, ohne einen festen Rahmen festzulegen (Art. 28 Abs. 6 S. 2 DSRL). 7

2. BDSG a.F. In dem BDSG a.F. waren für die oder den Bundesbeauftragte(n) die Aufgaben und Befugnisse in den Vorschriften des § 21 BDSG a.F. und §§ 24–26 BDSG a.F. geregelt. Daneben regelte § 38 BDSG a.F. die **Aufgaben** der Aufsichtsbehörden für den nichtöffentlichen Bereich. 8

a) Bearbeitung von Eingaben (§ 21 BDSG a.F.). Mit dem in § 21 BDSG a.F. geregelten Recht zur **Anrufung** der oder des Bundesbeauftragten für den Fall, dass eine 9 betroffene Person befürchtet, durch Erhebung, Verarbeitung oder Nutzung ihrer personenbezogenen Daten durch öffentliche Stellen des Bundes in ihren Rechten verletzt worden zu sein, korrespondierte die Aufgabe der oder des Bundesbeauftragten, diese Eingaben zu bearbeiten und die notwendigen Schritte zu unternehmen.

10 **b) Kontrolle (§ 24 Abs. 1, Abs. 2 BDSG a.F.).** Die oder der Bundesbeauftragte hatte bereits nach der vorherigen Rechtslage die Aufgabe, die **öffentlichen Stellen des Bundes** hinsichtlich der Einhaltung der Vorschriften des BDSG a.F. und hinsichtlich anderer Vorschriften über den Datenschutz zu kontrollieren. Bereichsausnahmen bestanden hinsichtlich personenbezogener Daten, die der Aufsicht und Kontrolle der G-10 Kommission unterliegen und bezüglich der Bundesgerichte, soweit diese nicht in Verwaltungstätigkeiten tätig sind.

11 **c) Beratungen gegenüber dem Deutschen Bundestag, der Bundesregierung und den Ausschüssen (§ 26 Abs. 2 BDSG a.F.).** Die Aufgabe bzw. Pflicht der oder des Bundesbeauftragten für den Datenschutz und die Informationsfreiheit für den Bundestag, die Bundesregierung und die genannten Ausschüsse **Gutachten und Berichte** zu erstellen, bestand nicht proaktiv, sondern nur auf deren Ersuchen hin. Die Regelung legte außerdem fest, dass die oder der Bundesbeauftragte zur Kontrolle der öffentlichen Stellen auch durch den Bundestag, die Bundesregierung oder den Ausschüssen ersucht werden konnte. Eine Beratungsaufgabe wurde dergestalt in § 26 Abs. 3 BDSG a.F. geregelt, dass die oder der Bundesbeauftragte diesen Stellen Empfehlungen zur Verbesserung des Datenschutzes aussprechen konnte und Berichtspflichten hinsichtlich der Fachaufsichten dieser Stellen wahrnehmen sollte.

12 **d) Kooperationsprinzip.** Des Weiteren kam der oder dem Bundesbeauftragten die Aufgabe zu, auf die **Zusammenarbeit** mit den öffentlichen Stellen, die für die Kontrolle der Einhaltung der Vorschriften über den Datenschutz in den Ländern zuständig waren sowie mit den Aufsichtsbehörden nach § 38 BDSG a.F. hinzuwirken.

13 **e) Aufsicht über die nichtöffentlichen Stellen (§ 38 Abs. 1 BDSG a.F.).** Die Aufsichtsbehörden hatten die Aufgabe, die **nichtöffentlichen Stellen** hinsichtlich der Ausführung des BDSG a.F. sowie hinsichtlich anderer Vorschriften über den Datenschutz zu kontrollieren. Daneben hatte die Aufsichtsbehörde gegenüber den Datenschutzbeauftragten und den verantwortlichen Stellen eine Beratungsaufgabe „mit Rücksicht auf deren typischen Bedürfnisse." Das Anrufungsrecht der betroffenen Personen nach § 21 S. 1 BDSG a.F. galt entsprechend auch gegenüber den Aufsichtsbehörden (§ 38 Abs. 1 S. 8 BDSG a.F.).

14 **3. WP 29/Europäischer Datenschutzausschuss.** In der Stellungnahme der Art.-29-Datenschutzgruppe (WP 168 02356/09/DE) „Die Zukunft des Datenschutzes" aus dem Jahr 2009 wurde die **ineffektive und heterogene Durchsetzung der DSRL** durch die Datenschutzaufsichtsbehörden als ein Symptom identifiziert, an dem der Datenschutz in der Europäischen Union leidet. Als Grund wurden historische und kulturelle Unterschiede der Mitgliedstaaten sowie unterschiedliche Rechtsrahmen für die Aufsichtsbehörden aufgeführt, die auch zur Folge hatten, dass die Datenschutzaufsichtsbehörden unterschiedlich aufgestellt waren, sowohl was ihre Ausrichtung, Ressourcen und Befugnisse betraf als auch die Stellung im Staats- und Verwaltungsgefüge. Dazu trug auch die unterschiedliche Umsetzung der DSRL bei, was nicht zuletzt ihrer man-

gelnden Präzision zuzuschreiben ist.[1] Dies ist mit der Grund dafür, dass die Aufgaben in der DS-GVO unmittelbar gelten und den Mitgliedstaaten wenig Spielraum für eigene Regelungen verbleibt.

Daneben stellte die Art.-29-Datenschutzgruppe heraus, dass den neuen Herausforderungen des Datenschutzes, die durch die **Globalisierung** und durch **technologischen Neuerungen** bedingt sind, durch eine harmonisierte, striktere und effektivere Überwachung Rechnung zu tragen ist. Dazu sollte das Profil der Aufsichtsbehörden um Beratungsaufgaben und Befugnisse erweitert werden und deren Unabhängigkeit gewährleistet werden.[2] 15

B. Kommentierung

I. Grundlagen und Zweck

Die **Ziele** der DS-GVO, Grundrechte zu schützen und ein einheitliches Datenschutzniveau im Europäischen Binnenmarkt herzustellen (Art. 1), können nur dann erreicht werden, wenn auch die Aufsicht und die Kontrolle über den Datenschutz in der Europäischen Union vereinheitlicht werden (ErwG 129). Die bisher heterogene Datenschutzpraxis ist maßgeblich auf unterschiedliche Rechtstraditionen und die unterschiedliche Umsetzung der DSRL zurückzuführen.[3] 16

Die Aufgaben und Befugnisse der Datenschutzaufsichtsbehörden folgen nunmehr weit überwiegend **unmittelbar aus der DS-GVO**. Damit ist sichergestellt, dass der Ausgangspunkt für die Datenschutzaufsichtsbehörden in der Europäischen Union gleich ist und die Verantwortlichen mit einer deutlich einheitlicheren Anwendung der datenschutzrechtlichen Vorgaben rechnen können. Dies dient der Rechtssicherheit. Aus den Aufgaben des Art. 57 selbst ergeben sich für die Aufsichtsbehörden keine Eingriffsrechte. Eingriffe in Rechtspositionen sind nur auf Grundlage konkreter Befugnisse möglich. Mit der Unterscheidung zwischen Aufgaben und Befugnissen hat die deutsche und österreichische Rechtstradition Einzug in das europäische Datenschutzrecht genommen.[4] 17

Zur **Vereinheitlichung der Datenschutzpraxis** gehört ein unmittelbar wirksames und damit allen Datenschutzaufsichtsbehörden in der Europäischen Union übertragenes gleiches Bündel an Aufgaben.[5] Dies dient einem einheitlichen Verständnis der Funktion der Datenschutzaufsichtsbehörden und trägt neben den maßgeblichen Art. 52 ff., zur Sicherung der Stellung im Verwaltungsgefüge der Mitgliedstaaten bei. Von maßgeblicher Bedeutung auf dem Weg zu einer praktischen Angleichung der Aufsichtspraxis ist die dem Grunde nach einheitliche Durchsetzung der DS-GVO unter Nutzung der unmittelbar europarechtlich geregelten Befugnisse (Art. 58 Rn. 23). 18

Die Aufgaben der Datenschutzaufsichtsbehörden umfassen ein weites Spektrum, das zu Teilen aufgezählt wird (ErwG 122). Soweit diese Aufgaben reichen, reicht auch die anleitende Wirkung von Leitlinien und Empfehlungen des Europäischen Datenschutzausschusses. Der innerstaatliche Gesetzgeber kann diese **Aufgaben nicht antas-** 19

1 WP 168 (02356/09/DE), Rn. 87.
2 WP 168 (02356/09/DE), Rn. 88, 89.
3 *Albrecht/Jotzo* Das neue Datenschutzrecht der EU, Teil 1 Rn. 6 ff.
4 Ausf. Ehmann/Selmayr-*Selmayr* Art. 57 Rn. 2.
5 Ehmann/Selmayr-*Selmayr* Art. 57 Rn. 1.

ten oder beschränken. In ihrer Erfüllung sind die Datenschutzaufsichtsbehörden an das Recht gebunden und unterliegen der gerichtlichen Kontrolle, die letztlich dem EuGH zusteht.

20 Diese Aufgaben können durch **weitere Aufgaben** ergänzt werden, die auf dem innerstaatlichen Recht beruhen. Dazu gehören auch die Aufgaben, die den Datenschutzaufsichtsbehörden aufgrund der Umsetzung der Richtlinie (EU) 2016/680 zur Polizei und Justiz obliegen. Sie werden richtlinienkonform durch die Umsetzungsgesetze der Mitgliedstaaten festgelegt, insbesondere durch die Polizeigesetze und die Landesdatenschutzgesetze, wenn und soweit sie die Richtlinie umsetzen. Auf dem Gebiet der Gewährleistung von Sicherheit kommen zudem die Aufgaben hinzu, die aus der **Notwendigkeit kompensatorischen Grundrechtsschutzes** folgen und die das Bundesverfassungsgericht im Hinblick auf Prüfpflichten der Datenschutzaufsichtsbehörden und regelmäßige Kontrollen konkretisiert hat.[6]

21 Die Erfüllung der Aufgaben verfolgt die beiden **grundlegenden Ziele des Grundrechtsschutzes und des freien Datenverkehrs** (Art. 1 Abs. 2, 3, ErwG 123). Bereits die DSRL umfasste diese beiden Zwecke. Das Verhältnis dieser Ziele zueinander ist im Ansatz von Gleichrangigkeit geprägt.[7] Konsequenz ist das Erfordernis der Abwägung der beiden Ziele bei der Ausübung und Wahrnehmung der Aufgaben und Befugnisse der Datenschutzaufsichtsbehörden. Ziel der Abwägung im Rahmen der Prüfung der Verhältnismäßigkeit ist es, ein ausgewogenes Verhältnis zwischen dem Grundrechtsschutz der einzelnen Person und der Gewährleistung des freien Binnenmarkts zu erzielen.[8] Im Ergebnis entfaltet der Grundrechtsschutz in Abwägungen allerdings erhebliche Durchschlagskraft (Art. 51 Rn. 23 ff.).

22 Es besteht ein **Verhältnis wechselseitiger Beeinflussung der beiden Ziele**. So kann die Gewährleistung und Förderung des freien Datenverkehrs durch die Datenschutzaufsichtsbehörden eine **mittelbare Folge** des Grundrechtsschutzes sein. Wird durch die flächendeckende und einheitlich effektive Überwachung und Durchsetzung der DS-GVO gewährleistet, dass in der Europäischen Union ein einheitlicher Grundrechtsschutz im Hinblick auf personenbezogene Daten besteht, führt dies vielfach auch zum Abbau von Hürden für den freien Datenverkehr.[9]

II. Verständnis der Aufgabenerfüllung und Prioritäten

23 Die Datenschutzaufsichtsbehörden legen **ihre Rolle und ihr Selbstverständnis** in Ausübung ihrer Unabhängigkeit selbst in dem Rahmen fest, den die DS-GVO vorgibt (Art. 51 Rn. 29 ff.). Die Aufgabenzuweisungen bilden dabei Grenzen. Anleitung geben die unverbindlichen Leitlinien des Europäischen Datenschutzausschusses. Aufgrund der völligen Unabhängigkeit steht es jeder Datenschutzaufsichtsbehörde frei, den gesetzlich vorgegebenen Rahmen eigenständig auszufüllen.

---

6 *BVerfG* v. 24.4.2013 – 1 BvR 1215/07 (ATDG), BVerfGE 133, 277; *BverfG* v. 20.4.2016 – 1 BvR 966/09, 1 BvR 1140/09 (BKA-Gesetz), BVerfGE 141, 220.

7 *Laue/Nink/Kremer* Das neue Datenschutzrecht in der betrieblichen Praxis, § 10 Rn. 2.

8 *EuGH* v. 8.4.2014 – C–288/12, ECLI:EU:C:2014:237, Kommission/Ungarn, Rn. 51.

9 Zur wirtschaftlichen Bedeutung der Harmonisierung des Datenschutzes in der Europäischen Union *Albrecht/Jotzo* Das neue Datenschutzrecht der EU, Teil 1, Rn. 7 mit Verweis auf die Mitteilung vom 6.5.2015 zur Strategie für einen digitalen Binnenmarkt für Europa, S. 17.

Die DS-GVO misst den Datenschutzaufsichtsbehörden nicht nur eine große Bedeutung zu, sondern überträgt ihnen auch eine **Vielzahl von Aufgaben**. Solange und soweit die Datenschutzaufsichtsbehörde das gesetzlich vorgeschriebene Mindestmaß erfüllt, bleibt es ihr jedoch unbenommen, im Rahmen ihrer Unabhängigkeit eigene **Schwerpunkte** zu setzen.[10] Die Möglichkeit der Priorisierung von Aufgaben kann an die Grenze der vorhandenen Ressourcen stoßen. **24**

Prävention und Repression von Verletzungen des Datenschutzrechts sind grundsätzlich gleichrangige Entfaltungen der Aufgabenerfüllung durch die Datenschutzaufsichtsbehörden.[11] Die präventive Beratung der Verantwortlichen nimmt eine große Rolle ein. Angesichts der Verschränkung technischer Bezüge mit rechtlichen Gegebenheiten und der Schwierigkeit, Rechte in digital geprägten Beziehungen zwischen Vertragspartnern oder Behörden auch durchzusetzen, erweist sich die Beratung durch die Datenschutzaufsichtsbehörden als überaus wichtig. Die repressiv ausgerichtete behördliche Kontrolle wird von der DS-GVO als zentral für die Durchsetzung eingeschätzt. Dies schlägt sich in den erweiterten Befugnissen der Datenschutzaufsichtsbehörden nieder, mit denen einem möglichen Kontrolldefizit begegnet werden soll. **25**

Die vielfältigen Aufgaben des Art. 57 betreffen Aufklärung und Öffentlichkeitsarbeit ebenso, wie die Bearbeitung von Beschwerden oder das Erteilen von Genehmigungen (vgl. ErwG 122, 123). Die DS-GVO selbst bestimmt **keine Rangfolge der Aufgaben**, dem Grunde nach sind alle gleichrangig. Eine Beschränkung der Datenschutzaufsichtsbehörden auf den Verwaltungsvollzug ist daher mit Art. 57 nicht vereinbar. Die Anwendung der Verordnung reicht darüber hinaus und beinhaltet auch die Beratung oder rechtspolitische Aspekte (Rn. 50). Demnach werden die Aufsichtsbehörden den Zielen der Verordnung auch dann gerecht, wenn sie rechtspolitisch oder informierend tätig werden (Rn. 46). Die Annahme einer abstrakten Abstufung derartiger Aufgaben entspricht weder Art. 57 noch den Funktionen der Aufsichtsbehörden.[12] Dies bestätigen die Erwägungsgründe, die nicht priorisieren (ErwG 122). **26**

Einige Aufgaben der Datenschutzaufsichtsbehörden sind mit **Verpflichtungen** verbunden. Dies betrifft insbesondere die **Sicherung der Rechtspositionen des Einzelnen**. Beschwerden sind innerhalb gewisser Fristen zu bearbeiten (Art. 77). Sie sind ggfs. an die zuständige Datenschutzaufsichtsbehörde weiterzuleiten. Hinzu treten Verpflichtungen zur Kooperation mit anderen Datenschutzaufsichtsbehörden etwa im Rahmen der Amtshilfe (Art. 61) oder des Kohärenzverfahrens (Art. 63 ff.). Angesichts der vorhandenen begrenzten behördlichen Ressourcen verengen diese Pflichten die Spielräume in nicht unerheblichem Maße. Die von Art. 52 Abs. 4 vorgesehene Sicherung einer angemessenen Ausstattung ist daher wichtig für die Wahrung der Unabhängigkeit, weil dazu auch die Möglichkeit eigener Schwerpunktsetzung gehört (Art. 52 Rn. 41 ff.). **27**

---

10 Diese Empfehlung sprach ebenfalls die Art.-29-Datenschutzgruppe aus, WP 168 (02356/09/DE), Rn. 92.

11 Vgl. Härtel-*Weichert* Handbuch Föderalismus, Band III, § 56 Rn. 25 ff.

12 Andere Tendenz bei *Nguyen* ZD 2015, 269.

III. Anpassungs-/Umsetzungssystemantik im BDSG

28 **1. Regelungssystematik: Hybrid aus Verordnungsanpassung und Richtlinienumsetzung.** Die Aufgaben der oder des Bundesbeauftragte(n) werden in § 14 BDSG geregelt. Diese Regelungen geben teilweise nahezu **identisch den Wortlaut des Verordnungstextes** wieder. Der Grund liegt in der Systematik des BDSG. Die Vorschriften zur oder zum Bundesbeauftragten für den Datenschutz und die Informationsfreiheit befinden sich in dem „Allgemeinen Teil" (Teil 1 – Gemeinsame Bestimmungen) des BDSG, in dem die Regelungen enthalten sind, die sowohl der **Anpassung** des BDSG an die **DS-GVO** dienen, als auch der **Umsetzung der Richtlinie (EU) 2016/680.**

29 Zweck dieser Regelungssystematik ist das Schaffen einer homogenen Regelung, die sowohl einer angeblich drohenden „Rechtszersplitterung" als auch einer „Verkomplizierung" entgegenwirken soll.[13] Kritik daran wurde insbesondere aufgrund des europarechtlichen **Wiederholungsverbots** geäußert.[14] Auch die grundsätzlich unmittelbar bestehende Geltung und der Anspruch auf Gesamtverbindlichkeit der DS-GVO werden dadurch kompromittiert. Abweichungen von dem Wiederholungsverbot sind gem. ErwG 8 im Rahmen von Öffnungsklauseln zulässig, wenn dadurch Kohärenz gewahrt wird und sie der Verständlichkeit dienen. Es ist jeweils bei der Regelung des innerstaatlichen Rechts zu prüfen, ob sie diese Ziele verfolgt, ohne durch die Wiederholung Klarheit und Geltungsanspruch der DS-GVO übermäßig zu berühren.

30 Diese Systematik des BDSG und derjenigen Landesdatenschutzgesetze, die ihm insoweit folgen, stellt die Praxis jedoch vor Herausforderungen. Die **Abgrenzung der Anwendungsbereiche** von DS-GVO und Richtlinie (EU) 2016/680 muss möglichst trennscharf erfolgen. Klarstellend nehmen einzelne Aufgabenregelungen konkret auf die Richtlinie (EU) 2016/680 Bezug. Dies ist im Hinblick auf die abschließende Regelung in der DS-GVO geboten. Dennoch ist nicht ausgeschlossen, dass abhängig von dem Ziel und Zweck der Datenverarbeitung für die Aufgabenerfüllung etwa einer Ordnungs- oder Gefahrenabwehrbehörde unterschiedliche Regelungen des Datenschutzes greifen. Auch für die betroffenen Personen wird die Rechtsunsicherheit, die mit der Datenschutzreform einhergeht, durch die Systematik des BDSG nicht minimiert.[15]

31 **2. Konkretisierung der Aufgaben (§ 14 Abs. 2 BDSG).** Näher ausgestaltet wird das Verhältnis der oder des Bundesbeauftragten zu den **Verfassungsorganen**. So werden das Recht und die Aufgabe der oder des Bundesbeauftragten geregelt, zu Fragen, die im Zusammenhang mit dem Schutz personenbezogener Daten stehen, gegenüber den Organen selbst oder der Öffentlichkeit Stellung zu nehmen. Das Kontrollrecht gegenüber den öffentlichen Stellen des Bundes besteht weiterhin auch auf Ersuchen der Verfassungsorgane. Der Adressatenkreis wird dahingehend konkretisiert, dass die Beratungsbefugnisse ebenfalls gegenüber allen sonstigen Einrichtungen und Stellen sowie den Ausschüssen des Deutschen Bundestages und dem Bundesrat als Teil des nationalen Parlaments bestehen.

13 Gesetzesbegründung, BT-Drucks.18/11325, S. 73; *Greve* NVwZ 2017, 737.

14 Krit. BR-Drucks. 110/1/17, S. 5.

15 Damit ist die Erwartung bzw. Forderung, die *Roßnagel* an die Gesetzgebung gestellt hatte, die Rechtsunsicherheit durch gesetzgeberische Maßnahmen zu reduzieren, nicht erfüllt worden, vgl. *Roßnagel* DuD 2017, 277.

IV. Einordnung der Aufgaben

1. Überblick. Durch die Aufzählung von einundzwanzig Aufgaben und einer Auffangklausel werden die **Rolle der Datenschutzaufsichtsbehörden** und ihr Verhältnis zu den Akteuren des Datenschutzes, also den betroffenen Personen, den Verantwortlichen, den Auftragsverarbeitern, den Mitgliedstaaten und der Öffentlichkeit, festgelegt. Damit soll den unterschiedlichen Standards entgegengewirkt werden, nach denen in der Europäischen Union die Datenschutzaufsichtsbehörden agierten.[16] **32**

Die Aufgaben entsprechen in weiten Teilen der aufsichtsbehördlichen Praxis in der Bundesrepublik Deutschland. Ihre Ausgestaltung durch Art. 57 erweist sich als eher allgemein.[17] **33**

Die Aufgaben umfassen nicht nur den **Grundrechtsschutz** durch die Unterstützung der betroffenen Personen bei ihrer Rechtsdurchsetzung im Rahmen der Behandlung von Beschwerden und durch Kontrollen der Verantwortlichen. Sie betreffen auch **Maßnahmen, die mittelbaren Einfluss auf den Grundrechtsschutz** nehmen, wie die Stärkung des Datenschutzbewusstseins durch Aufklärung, die Unterstützung der Verantwortlichen durch Beratung und die Beratung der Mitgliedstaaten bei ihrer Rechtssetzung. Damit wird keine Wertung vorgenommen und der unmittelbare Grundrechtsschutz auch nicht geringer priorisiert[18], sondern dem Umstand Rechnung getragen, dass die **proaktive Gewährleistung des Datenschutzes** verstärkt in den Fokus genommen wird. Der Ansatz des präventiven Datenschutzes der DS-GVO, der an vielen Stellen, z.B. in Art. 25 (Datenschutz durch Technikgestaltung und durch datenschutzfreundliche Voreinstellung) deutlich wird, bildet sich damit auch in den Aufgaben der Datenschutzaufsicht ab. **34**

Der **Katalog** der Aufgaben ist **nicht abschließend**. Die DS-GVO enthält keine explizite Öffnungsklausel, abgesehen von dem Gestaltungsspielraum hinsichtlich des Art. 57 Abs. 1 lit. c (s.u.). Der gestalterische Freiraum folgt jedoch bereits aus der Unabhängigkeit der Aufsichtsbehörde. Aus dem ErwG 129 geht insoweit hervor, dass die Mitgliedstaaten auch andere Aufgaben im Zusammenhang mit dem Schutz personenbezogener Daten im Rahmen dieser Verordnung festlegen können. **35**

2. Systematisierung der Aufgaben. Die selbstständigen Kernaufgaben werden durch Art. 57 fortgeschrieben. Die Aufsichtsbehörden sind Kontrollinstanz. Auch vorsorgende Aufgaben wie die Aufklärung der betroffenen Personen und Verantwortlichen werden weitergeführt. **36**

Hinzu treten ab Art. 57 lit. j **kontextbezogene Aufgaben**, die in Verbindung mit bestimmten Vorgaben und Instrumenten der DS-GVO bestehen. Teilweise werden die Aufgaben der Aufsichtsbehörde bereits in den speziellen Regelungen festgelegt, z.B. die Konsultation der Datenschutzaufsichtsbehörde bei der Datenschutz-Folgenabschätzung gem. Art. 36 Abs. 1. Diese Regelungen sind gegenüber den Aufgaben in Art. 57 Abs. 1 insoweit speziell, als sie die Anforderungen an die Aufsichtsbehörden zur Wahrnehmung ihrer Aufgaben detaillierter regeln. Die umfassende Nennung dieser Aufgaben auch in Art. 57 erfolgte auf Initiative des Rates im Gesetzgebungsverfahren.[19] **37**

---

16 Beispiele bei *Weiß* PinG 03.17, 97.

17 Krit. dazu *Kort* ZD 2017, 3, 4, der diese Regelungssystematik als zu „vage“ bewertet.

18 So befürchtend *Nguyen* ZD 2015, 265, 269.

19 Rats-Dok. Nr. 68335 v. 9.3.2015.

38 Die Aufzählung der kontextbezogenen Aufgaben in Art. 57 ist nicht abschließend. Einige Aufgaben finden sich **nur in besonderen Regelungen**. Die Aufgabe der Aufsichtsbehörde, Meldungen von Datenpannen nach Art. 33 Abs. 1 und Abs. 5 entgegenzunehmen, oder die Aufgabe der Kooperation mit dem Datenschutzbeauftragten gem. Art. 39 Abs. 1 lit. d und lit. e ist in Art. 57 nicht erneut aufgeführt. Die deklaratorische Aufzählung ist dadurch nicht vollständig, sodass sie an klarstellender Wirkung einbüßt.

39 Aufgrund der Weite der Aufgaben kann es zu **Überschneidungen** kommen. So sind Aufklärung und Sensibilisierung (lit. b) regelmäßig eng verknüpft mit dem Verfolgen aktueller Entwicklungen (lit. i). Eine konkrete Maßnahme oder Tätigkeit der Datenschutzaufsichtsbehörde kann zur Erfüllung zweier oder mehrere Aufgaben beitragen. Die Handlung muss auf der Grundlage einer konkreten Befugnisnorm erfolgen und sie muss im Aufgabenspektrum der DS-GVO liegen.

40 **3. Die Aufgaben im Einzelnen (Abs. 1). – a) Überwachung und Durchsetzung der Anwendung der DS-GVO. Die Aufgaben der Überwachung** und **Durchsetzung** der DS-GVO werden als Kernaufgaben der Datenschutzaufsichtsbehörde und Funktionsbeschreibung im Regelungsgefüge der DS-GVO vorangestellt. Dies schließt an Art. 51 Abs. 1 und 2 an (Art. 51 Rn. 20). Die folgend aufgezählten Aufgaben und die weiteren Aufgaben in der DS-GVO stellen Ausprägungen, Entfaltungen und Konkretisierungen dieser grundlegenden Aufgaben dar und umreißen damit genauer das Tätigkeitsfeld der Datenschutzaufsichtsbehörden.[20]

41 Die Aufgabe der **Überwachung** bzw. Kontrolle wurde den Datenschutzaufsichtsbehörden bereits durch Art. 28 Abs. 1 DSRL als Hauptaufgabe übertragen. Auch § 38 BDSG a.F. und § 24 Abs. 1 und Abs. 3 BDSG a.F. hatten die Kontrolle der Einhaltung datenschutzrechtlicher Vorschriften als Aufgabe der Aufsichtsbehörden zum Gegenstand. Die Überwachung und Kontrolle im Sinne einer Aufgabenumschreibung betrifft nicht nur die konkrete Kontrolle von Datenverarbeitungsvorgängen, sondern die Anwendung und Einhaltung der datenschutzrechtlichen Vorschriften im Allgemeinen.

42 Die **Durchsetzung** der Anwendung der DS-GVO wird gleichrangig neben der Überwachung als Aufgabe der Datenschutzaufsichtsbehörden statuiert. Dies ist eine Neuerung und soll dem Durchsetzungsdefizit entgegenwirken, das für die DSRL festgestellt wurde.[21] Zur effektiven und flächendeckenden Durchsetzung werden die Datenschutzaufsichtsbehörden durch zahlreiche Befugnisse befähigt. Dies trägt dem Prinzip der effektiven Rechtsdurchsetzung Rechnung.

43 **b) Sensibilisierung und Aufklärung der Öffentlichkeit.** Die Sensibilisierung und die Aufklärung durch die Datenschutzaufsichtsbehörden sollen die Öffentlichkeit zu einem selbstbestimmten und informierten **Selbstdatenschutz** befähigen. Bereits in § 26 Abs. 3 S. 2 BDSG a.F. wurde der oder dem Bundesbeauftragten die Aufgabe zugewiesen, durch den Tätigkeitsbericht den Deutschen Bundestag und die Öffentlichkeit über wesentliche Entwicklungen des Datenschutzes zu unterrichten. Diese Pflicht sollte auch abseits des Tätigkeitsberichts erfolgen.[22] Dies gilt für die Landesbeauftragten und die Aufsichtsbehörden im Sinne von § 38 BDSG a.F. ebenso.

---

20 Vgl. Paal/Pauly-*Körffer* Art. 57 Rn. 2.
21 WP 168 (02356/09/DE), Rn. 88.
22 Vgl. Gola/Schomerus-*Gola/Klug/Körffer* BDSG § 26 Rn. 3.

44 Eine wirksame und aktive **Öffentlichkeitsarbeit** stellt das maßgebliche Instrument der Sensibilisierung und Aufklärung der Öffentlichkeit dar. Durch Internetpräsenzen und Veranstaltungen werden aktuelle Entwicklungen des Datenschutzes oder auch gesellschaftliche und technische Entwicklungen, die sich auf den Datenschutz auswirken, der Öffentlichkeit berichtet, erläutert und diskutiert.

45 Die Verantwortlichen können durch die Datenschutzaufsichtsbehörden kontrolliert werden, die betroffenen Personen nicht. Mechanismen des Datenschutzes wie die Wahrnehmung von Betroffenenrechten oder die Erteilung einer Einwilligung als Datenverarbeitungsgrundlage liegen in der Entscheidung der **betroffenen Personen** selbst. Das Recht auf informationelle Selbstbestimmung zielt auch darauf ab, den Einzelnen in die Lage zu versetzen, selbstbestimmt zu entscheiden, ob seine Daten verarbeitet werden dürfen.[23] Jedoch ist die Verletzung von Datenschutzrechten für die betroffenen Personen oft nicht erkennbar. Es fehlt vielfach an Kenntnissen und Bewusstsein darüber, dass die betroffene Person selbst im Rahmen ihrer Auskunftsrechte und Löschungsansprüche Einfluss auf die Datenverarbeitungen nehmen kann.[24] Rechte können nur dann wahrgenommen werden, wenn man diese auch kennt. Es ist Aufgabe der Datenschutzaufsichtsbehörden, die Eigenverantwortung und Handlungsfähigkeit in diesem Bereich **proaktiv** zu stärken.

46 Die **Konferenz der unabhängigen Datenschutzaufsichtsbehörden des Bundes und der Länder (DSK)** nimmt durch Entschließungen politisch Einfluss auf Entscheidungsträger im Datenschutz, wie die Bundes- und Landesregierungen oder die gesetzgebenden Körperschaften. Mit der europäischen Datenschutzreform sollte der Adressatenkreis dieser Entschließungen gegebenenfalls erweitert werden und Entschließungen den europäischen Rechtsrahmen und dessen Auslegung durch den Europäischen Datenschutzausschuss und den EuGH verstärkt in den Blick nehmen. Im Rahmen der DSK entstehen auch Anwendungshinweise im Hinblick auf bestimmte Fragen und Felder des Datenschutzes.

47 Die Öffentlichkeitsarbeit durch die Datenschutzaufsichtsbehörde sollte den unterschiedlichen Beratungs- oder Aufklärungsbedürfnissen der betroffenen Personen bzw. Verantwortlichen Rechnung tragen. Dabei sollten die speziellen Probleme bzw. **Aufklärungsbedürfnisse von Kleinstunternehmen** und kleiner und mittlerer Unternehmen berücksichtigt werden.[25]

48 Aufklärung umfasst die Stärkung und Steigerung der **Medienkompetenz** der Anwender durch angepasste Informationsangebote, die technisch unerfahrenen Anwendern die Möglichkeit geben, informiert sich dem Stand der Technik zu öffnen, um Teilhabe an der Informationsgesellschaft zu erlangen.[26]

23 Statt vieler *Simitis* § 4a BDSG Rn. 2.

24 Ähnlich *Pohl*, der aufgrund dieser „rationalen Apathie“ der Durchsetzung durch die betroffene Person geringe Erfolgschancen beimisst, dabei jedoch den Verantwortlichen und seine Informationspflicht als Schlüssel zur Auflösung dieses Konflikts sieht. *Pohl* PinG 03.17, 85, 87.

25 ErwG 132.

26 Anwender und Nutzer fortgeschrittenen Alters können sich auf www.silvertipps.de informieren.

49 Besonderes Augenmerk ist auf **Kinder** zu legen (Art. 57 Abs. 1 lit. b S. 2). Jugendliche sind insoweit eine wichtige Zielgruppe, weil sie in den Schulen erreicht werden können und damit eine frühzeitige Sensibilisierung möglich ist.[27]

50 **c) Beratung von Legislative und Exekutive. Durch Art. 57 lit. c wird die Funktion** der Datenschutzaufsichtsbehörden als **Beratungsinstanz** für die Legislative und Exekutive geregelt. Darin kommt die politische Aufgabenstellung für die Datenschutzaufsichtsbehörde zum Ausdruck. Gegenstand der Beratung können rechtliche, technische oder gesellschaftliche Aspekte sein. Bereits nach Art. 28 Abs. 2 DSRL sollten die Datenschutzaufsichtsbehörden bei der Gesetzgebung mittels eines Anhörungsrechts beteiligt werden Diesem Anhörungsrecht ist eine Beratung im Rahmen der Anhörung immanent. Entsprechend wurden bereits in § 26 BDSG a.F. und in den Landesdatenschutzgesetzen die Beratungsfunktion der Datenschutzaufsichtsbehörde geregelt.[28]

51 Der **Zweck** der Beratung liegt in der Unterstützung einer datenschutzkonformen Gesetzgebung, Rechtsetzung und Rechtsanwendung. Dies erfordert die Expertise der Datenschutzaufsichtsbehörden. Denn die Gesetzgebung zum Datenschutz und die Durchführung des Datenschutzrechts müssen Schritt halten mit den Neuerungen und Herausforderungen, mit denen die Datenverarbeitung konfrontiert ist. Deswegen ist die Beratung durch die Datenschutzaufsicht und damit die Einbindung ihrer praktischen Erfahrungen wichtig, um adäquate und praktisch umsetzbare rechtliche Rahmenbedingungen für den Datenschutz zu schaffen und in die Tat umzusetzen.[29]

52 Der Wortlaut des Art. 57 Abs. 1 lit. c macht deutlich, dass diese Beratungsaufgabe und das Beratungsrecht für die Datenschutzaufsicht **verpflichtend** ausgestaltet ist („shall" und die Form des Indikativ in der französischen Fassung).[30] Die Unabhängigkeit der Datenschutzaufsichtsbehörde gewährleistet dabei, dass sie im Rahmen der Beratungsaufgabe die gebotene Neutralität innehat, da sie frei von jeglichem Einfluss anderer staatlicher Stellen ist.[31] Auch wenn die Beratungspflicht besteht, lässt sich dadurch kein Anspruch der von der Beratungspflicht Begünstigten ableiten. Denn die Vorschriften des Art. 57 Abs. 1 sind als Pflichtenkatalog konzipiert; dadurch soll die Funktion der Datenschutzaufsichtsbehörden festgelegt werden. Damit geht aber kein im Einzelfall durchsetzbarer Anspruch der Legislative auf Beratung einher.[30]

53 Der Beratungsbedarf der Administration bzw. der Verwaltung im Hinblick auf **administrative Maßnahmen** zum Schutz der Rechte und Freiheiten natürlicher Personen in Bezug auf die Verarbeitung personenbezogener Daten betrifft Strategien und Positionen, die die Ausführungen der Gesetze zum Datenschutz betreffen. Auch Verwaltungsvorschriften und andere handlungsleitende Instrumente kommen als Gegenstand der Beratung in Betracht. Fraglich ist, ob ebenfalls die eigene Datenverarbeitung der

27 Zur Aufklärung von Kindern trägt bereits maßgeblich die Plattform www.youngdata.de bei, in der die Datenschutzaufsichtsbehörden wesentliche Informationen für den Bereich des Datenschutzes altersgerecht aufbereiten und verbreiten.

28 Das Beratungsrecht bestand dabei jedoch eher in einer „willkürlichen Konsultation", vgl. Kühling/Buchner-*Boehm* Art. 57 Rn. 16.

29 WP 168 (02356/09/DE), Rn. 91.

30 So auch *Kühling/Martini* u.a. die Datenschutz-Grundverordnung und das nationale Recht, S. 178.

31 Vgl. *Thomé* Die Unabhängigkeit der Bundesdatenschutzaufsicht im Bundesstaat, S. 130 (132); *Roßnagel* ZD 2015, 106, 110.

Verwaltung – in ihrer Rolle als Verantwortliche – als Beratungsgegenstand von Art. 57 lit. c umfasst ist[32] oder unter den Art. 57 lit. d fällt, der generell auf Verantwortliche Bezug nimmt.[33] Ersteres widerspräche der flächendeckenden Durchsetzung durch weitgehende Gleichbehandlung der öffentlichen und nicht öffentlichen Stellen, wie die DS-GVO sie im Grundsatz vorsieht (Art. 58 Rn. 27 ff.). In der ursprünglichen Textfassung der Europäischen Kommission wurde der Ausdruck „Rechts- und Verwaltungsmaßnahmen" in der entsprechenden Regelung des Art. 52 Abs. 1 lit. f KOM-E-DS-GVO genutzt. Auch dadurch wird deutlich, dass mit administrativen Maßnahmen nach außen gerichtete Maßnahmen der Exekutive, und nicht deren Datenverarbeitung im Rahmen ihrer Verwaltungstätigkeit gemeint ist. Diese ist Beratungs- bzw. Sensibilisierungsgegenstand nach Art. 57 Abs. 1 lit. d.

Der Art. 57 lit. c stellt die einzige Vorschrift des Aufgabenkatalogs dar, die dem mitgliedstaatlichen Gesetzgeber ausdrücklich die Möglichkeit eröffnet, eine Aufgabe weiter auszugestalten. In dem Fall der Beratungsaufgabe betrifft dies das „Wie" der Beratung, bzw. den Beratungsadressaten. Auf dieser Grundlage nennt § 14 Abs. 2 BDSG die Beratungsbefugnisse der oder des Bundesbeauftragten und konkretisiert den Adressatenkreis der Beratung, indem die Vorschrift der oder dem Bundesbeauftragten das Beratungsrecht in Form von Stellungnahmen gegenüber dem Deutschen Bundestag oder einem seiner Ausschüsse, dem Bundesrat, der Bundesregierung, sonstigen Einrichtungen und Stellen sowie gegenüber der Öffentlichkeit einräumt. **54**

d) Sensibilisierung der Verantwortlichen. Die DS-GVO macht an vielen Stellen deutlich, dass zuvörderst der Verantwortliche selbst für die Datenschutzkonformität seiner Verarbeitung zuständig ist.[34] Diese Verantwortung kann nicht durch eine Beratungspflicht auf die Datenschutzaufsichtsbehörden abgewälzt werden. Eine Vielzahl von Datenschutzverstößen könnte dadurch vermieden werden, dass durch **Aufklärung und proaktive Hinweise** das Bewusstsein des Verantwortlichen für die Grundzüge seiner Verantwortung hinsichtlich der Verarbeitungspraxis gestärkt wird. Diese Hinweise können rechtliche Rahmenbedingungen betreffen und neue Anforderungen, die durch technische oder gesetzliche Änderungen bedingt werden. **55**

Teil des **präventiven** und auch des **risikobasierten Ansatzes** der DS-GVO ist es, die Verantwortlichen frühzeitig aufzuklären und auf eine datenschutzkonforme Verarbeitungsweise hinzuwirken, bevor ein Datenschutzverstoß begangen wurde und damit die Rechtsverletzung einer betroffenen Person eingetreten ist. Ziel ist die Stärkung der Eigenverantwortung der Verantwortlichen.[35] **56**

Der DSRL war die Beratungsaufgabe gegenüber Verantwortlichen fremd. In der **bisherigen Aufsichtspraxis** der Datenschutzaufsichtsbehörden gehörte die Beratung von Unternehmen dennoch zu dem Aufgabenspektrum, insbesondere aufgrund des § 38 Abs. 1 S. 1 BDSG a.F., der den Aufsichtsbehörden auftrug, die nichtöffentlichen Stellen zu beraten und zu unterstützen. **57**

---

32 Im Umkehrschluss *Nguyen*, der bezüglich der Aufgabe nach Art. 57 Abs. 1 lit. d zur Sensibilisierung der Verantwortlichen die nichtöffentlichen Stellen als Adressat benennt, Gola-*Nguyen* Art. 57 Rn. 11.

33 Sydow-*Ziebarth* Art. 57 Rn. 24.

34 Allgemein deutlich in Art. 5 Abs. 2 „accountability".

35 Ehmann/Selmayr-*Selmayr* Art. 57 Rn. 14.

58 Die Beratung der Verantwortlichen insbesondere aus dem privaten Sektor kann den **freien Datenverkehr** fördern, ohne den Schutz der Grundrechte zu vernachlässigen. Die Beratung von Unternehmen erfolgt vor dem Hintergrund des Verhältnisses der beiden Ziele (Art. 57 Rn. 21, Art. 51 Rn. 23 ff.).

59 Die Aufgabe der Sensibilisierung gerinnt jedoch nicht zu einer Beratungspflicht, auf die das Beratungssubjekt einen Anspruch haben könnte.[36] Der Umfang und die Intensität der Beratung liegen im pflichtgemäßen Ermessen der Datenschutzaufsichtsbehörde und diese muss die ausgeglichene Verteilung der behördlichen **Ressourcen** berücksichtigen.[37].

60 **e) Information von Betroffenen.** Diese Aufgabe betrifft die Information **auf Anfrage** der betroffenen Person hinsichtlich der Ausübung ihrer Rechte. In Abgrenzung zu der allgemeinen Öffentlichkeitsarbeit gem. Art. 57 lit. b und der Aufgabe nach Art. 57 lit. f, Beschwerden von betroffenen Personen nachzugehen, betrifft diese Aufgabe eine generelle Beratung und Informierung von betroffenen Personen, ohne dass eine Verletzung der Datenschutzrechte eingetreten sein oder bevorstehen muss. Daran wird erneut der präventive Ansatz der Verordnung deutlich.

61 Die **Information in Kooperation** mit den Datenschutzaufsichtsbehörden anderer Mitgliedstaaten zielt auf das Sicherstellen einer angemessenen Information ab. Dabei können aufgrund der rechtlichen Verflechtungen die rechtlichen und sachlichen Gegebenheiten in anderen Mitgliedstaaten eine Rolle spielen. Abhängig vom Einzelfall kann die Aufgabenerfüllung die Abgabe einer Anfrage zuständigkeitshalber an eine andere Datenschutzaufsichtsbehörde nach sich ziehen. Welche zuständigen Stellen zu beteiligen sind, richtet sich nach der Anfrage.

62 Die Information kann ganz oder teilweise auch durch den **Verweis auf vorhandene Informationsmaterialien** erfolgen. Dies betrifft Leitlinien und Empfehlungen des Europäischen Datenschutzausschusses ebenso wie Hilfestellungen der nationalen Datenschutzaufsichtsbehörden.

63 **f) Bearbeitung von Beschwerden.** Die Bearbeitungen von Beschwerden, bzw. Eingaben oder Petitionen von betroffenen Personen kann als **Kernaufgabe** der Datenschutzaufsichtsbehörden verstanden werden. Der Grundrechtsschutz erfordert, eine mögliche Rechtsverletzung zu untersuchen und sie ggf. abzustellen. Sowohl in § 21 BDSG a.F. als auch in den Landesdatenschutzgesetzen wurde die Wahrnehmung dieser Aufgabe gewährleistet. Dadurch wurde dem Umsetzungsauftrag aus Art. 28 DSRL Rechnung getragen. Da das Beschwerderecht in Art. 77 unionsunmittelbar geregelt ist, wird diese Aufgabe in § 14 BDSG nur für den Anwendungsbereich der Richtlinie (EU) 2016/680 oder außerhalb des Anwendungsbereichs der DS-GVO geregelt. Der § 19 Abs. 2 BDSG regelt die Zuständigkeiten der Aufsichtsbehörden bezüglich der Beschwerden.[38] Der Aufgabe der Bearbeitung von Eingaben und Beschwerden wird auch unter der DS-GVO keine geringere Bedeutung beigemessen,[37] sondern sie gehört weiterhin zum festen Aufgabenspektrum der Aufsichtsbehörden.

---

36 Es sei denn, die Beratung ist Teil oder Mechanismus eines Datenschutzinstruments, wie z.B. bei der Konsultationspflicht gem. Art. 36.

37 *Nguyen* ZD 2015, 265, 270.

38 Nach Ansicht *Wolffs* wurden dabei die Vorgaben der Datenschutz–Grundverordnung überschritten, vgl. Schantz/Wolff-*Wolff* Rn. 1008.

Die Bearbeitung von Beschwerden dient zwar vorrangig, aber nicht ausschließlich dem Grundrechtsschutz der betroffenen Person. Trotz Melde- und Rechenschaftspflichten ggü. der Datenschutzaufsichtsbehörde, die durch die DS-GVO z.B. mit Instrumenten wie der Konsultation bei der Datenschutz-Folgenabschätzung eingeführt wurden, fungieren die Beschwerden von betroffenen Personen immer noch als **maßgeblicher Hinweis** auf **unzulässige Datenverarbeitungen**. Sie bieten Anlass dafür, dass Verantwortliche kontrolliert werden, dass Sachverhalte von den Datenschutzaufsichtsbehörden im Rahmen der Untersuchungsbefugnisse nach Art. 58 Abs. 1 untersucht werden und dass unzulässige Datenverarbeitungen ggfs. beanstandet oder anderweitig sanktioniert werden. **64**

Um diesen Beschwerden und den sich darin befindlichen Hinweisen effektiv nachgehen zu können, wurden die Datenschutzaufsichtsbehörden in Art. 58 Abs. 1 und Abs. 2 mit zahlreichen **Untersuchungs- und Abhilfebefugnissen** ausgestattet. **65**

Das **Recht auf Beschwerde** des Einzelnen, Datenschutzverstöße gegenüber einer Aufsichtsbehörde anzuzeigen, folgt unmittelbar aus Art. 77. Diese Vorschrift begründet einklagbare Pflichten gegenüber der Aufsichtsbehörde (Art. 78). Der Betroffene kann einen Rechtsanspruch auf Tätigwerden der Datenschutzaufsichtsbehörde aus Art. 77 i.V.m. Art. 78 Abs. 2 geltend machen. **66**

Die Anforderung, die Beschwerde führenden Personen oder Stellen innerhalb einer angemessenen Frist über den Fortgang und das Ergebnis der Untersuchung zu **unterrichten,** ist für die Datenschutzaufsichtsbehörden neu. **67**

Die Angemessenheit der Frist lässt sich nicht eindeutig bestimmen. Aus der Klagefrist in Art. 78 Abs. 2 wird eine Bearbeitungsfrist bzw. eine Frist zur Rückmeldung oder Zwischennachricht vor Ablauf von 3 Monaten hergeleitet.[39] Der Zeitpunkt, an dem der Fristablauf beginnt, ist vom **Einzelfall** abhängig. Vielfach erfordert die Bewertung der rechtlichen Zulässigkeit einer Datenverarbeitung **viele Untersuchungsschritte**, deren Erfolge von externen Faktoren abhängen, die die Bearbeitung verzögern können. Deswegen sollte die Frist erst dann beginnen, wenn der Sachverhalt ausermittelt ist und eine Bewertung und die Entscheidung über die Art und das Maß des Vorgehens der Aufsichtsbehörde getroffen werden kann.[40] Darüber ist die betroffene Person in angemessenem Abstand zu unterrichten, um **Transparenz** über das aufsichtsbehördliche Verfahren der Beschwerde führenden Person gegenüber zu gewährleisten.[41] **68**

g) Zusammenarbeit mit anderen Aufsichtsbehörden. Sowohl das Ziel der DS-GVO, ein einheitliches Datenschutzniveau in der Europäischen Union herzustellen als auch die Funktion der Datenschutzaufsichtsbehörden, zu diesem Ziel durch eine konsequente, flächendeckende und einheitliche Durchsetzung und Aufsicht beizutragen, machen die unionsweite Zusammenarbeit der Datenschutzaufsichtsbehörden erforderlich (sog. Pflicht zur **horizontalen Verwaltungskooperation**).[42] Aber auch die **69**

---

39 Ehmann/Selmayr-*Nemitz* Art. 77 Rn. 13; Kühling/Buchner-*Bergt* Art. 78 Rn. 19. Diese Frist sieht auch die Untätigkeitsklage gem. § 75 S. 2 VwGO vor.

40 Vgl. auch Paal/Pauly-*Körffer* Art. 77 Rn. 11.

41 Auch der ErwG 141 sieht vor, dass die betroffene Person über den Zwischenstand zu informieren ist, sofern weitere Untersuchungen oder die Abstimmung mit anderen Aufsichtsbehörden zur Behandlung der Beschwerde erforderlich sind.

42 Ehmann/Selmayr-*Selmayr* Art. 57 Rn. 11.

Zuständigkeiten der Datenschutzaufsichtsbehörden, insbesondere im Kohärenzverfahren, erfordern eine kontinuierliche Kooperation und gegenseitige Information.

70 Die unionsweite Zusammenarbeit der Datenschutzaufsichtsbehörden wird durch die **Verfahren des Kap. VII** institutionalisiert (Art. 60, 61, 62) und findet besondere Erwähnung in Art. 51 Abs. 2.

71 Im Unterschied zu anderen Mitgliedstaaten erfordert das föderale System der Bundesrepublik Deutschland auch innerstaatlich einen **regelmäßigen Informationsaustausch** zwischen den Datenschutzaufsichtsbehörden. Dieser wurde bzw. wird insbesondere fachspezifisch in Arbeitskreisen und Arbeitsgruppen und letztlich auf der Ebene der **Konferenz der unabhängigen Datenschutzaufsichtsbehörden des Bundes und der Länder** organisiert. Dabei handelt es sich um eine freiwillige Koordination der Aufsichtsbehörden. Sobald im Rahmen des Kohärenzverfahrens oder an anderer Stelle ein gemeinsamer Standpunkt der Länder und des Bundes konsolidiert werden muss, werden die Datenschutzaufsichtsbehörden zukünftig gem. § 18 BDSG Abs. 1 das sog. „kleine Kohärenzverfahren" durchführen.

72 Erweiterte Anforderungen an die mitgliedsstaatliche Kooperation stellt künftig der Beitrag zu den Arbeiten des Europäischen Datenschutzausschusses. Die DS-GVO sieht vor, dass in dem Fall, dass ein Mitgliedsstaat mehrere Aufsichtsbehörden hat, ein **„gemeinsamer Vertreter"** bestimmt werden muss, der den Mitgliedsstaat im Europäischen Datenschutzausschuss vertritt. Durch das BDSG wurde in § 17 Abs. 1 BDSG bestimmt, dass die oder der Bundesbeauftragte diese Stellung des gemeinsamen Vertreters hat. Als **Stellvertreter** wählt der Bundesrat eine Leiterin oder einen Leiter der Aufsichtsbehörde eines Landes.

73 § 17 Abs. 1 S. 1 BDSG bestimmt die oder den Bundesbeauftragte(n) zur **zentralen Anlaufstelle**. Funktion der zentralen Anlaufstelle ist es laut ErwG 119, eine wirksame Beteiligung aller Aufsichtsbehörden am Kohärenzverfahren und eine rasche und reibungslose Zusammenarbeit mit den Aufsichtsbehörden der anderen Mitgliedstaaten, dem Europäischen Datenschutzausschuss und der Europäischen Kommission zu gewährleisten. Um die mitgliedsstaatlichen Zuständigkeitsordnungen nicht zu verletzen und die Unabhängigkeit der Datenschutzaufsichtsbehörden der Länder nicht zu gefährden, sollte die Funktion der zentralen Anlaufstelle eine rein koordinierende und unterstützende sein. Materielle Entscheidungen müssen weiterhin von den zuständigen Aufsichtsbehörden getroffen werden. Dies betrifft auch die Entscheidung über die Zuständigkeit selbst. Hauptzweck der zentralen Anlaufstelle ist die Sicherstellung der kontinuierlichen Kommunikation und die Gewährleistung eines effektiven Informationsaustausches zwischen den Datenschutzaufsichtsbehörden und der europäischen Ebene im Kohärenzverfahren. Eine darüber hinausgehende Funktion ist rechtlich zwingend weder in der DS-GVO noch in dem Gesetzestext des BDSG angelegt. Die Erwägungen der Gesetzesbegründung gehen insoweit über das gebotene Maß hinaus.[43] Die Zuordnung weiterer koordinierender Aufgaben zu der zentralen Anlaufstelle ist allerdings durchaus sinnvoll und angebracht.

43 „Die Unterstutzungsfunktion der zentralen Anlaufstelle besteht über das in ErwG 119 genannte Kohärenzverfahren hinaus für alle Angelegenheiten der Europäischen Union, insbesondere für das Verfahren der Zusammenarbeit der Art. 60–62 der Verordnung (EU) 2016/679", vgl. BT-Drucks. 18/11325, S. 89.

74 **h) Untersuchungen über die Anwendung dieser Verordnung.** Mit Untersuchungen sind in diesem Kontext Kontrollen und Überprüfungen der Verantwortlichen hinsichtlich der Anwendung der DS-GVO gemeint. Diese Untersuchungen sind nicht **einzelfall- oder anlassbezogen**, sondern umfassen neben der repressiven Kontrolle auch die **präventive** Kontrolle. Dies entspricht der Praxis der Datenschutzaufsichtsbehörden im Rahmen der Kontrollen nach dem BDSG a.F.[44] Die DSRL ließ bislang offen, ob Kontrollen auch unangekündigt stattfinden können oder ob diese nur bei angezeigten Verstößen durchgeführt werden dürfen.

75 Der ursprüngliche Entwurf der Kommission stellte einen Rückschritt bezüglich der bisherigen deutschen Aufsichtspraxis dar und sah lediglich Untersuchungen **aufgrund einer Beschwerde** oder der Information von anderen Aufsichtsbehörden vor.[45] Der Entwurf des Parlaments wollte dies stärker konkretisieren. Der Rat setzte durch, dass diese Anlässe von Untersuchungen nicht als Voraussetzungen geregelt werden, so dass **eigeninitiative Kontrollen von Amtswegen** über die Durchführung der Verordnung möglich sein sollten.[46]

76 In §14 Abs. 2 BDSG wird geregelt, dass die oder der Bundesbeauftragte **auf Ersuchen** des Deutschen Bundestages, einer seiner Ausschüsse oder der Bundesregierung Hinweisen zu Angelegenheiten und Vorgängen des Datenschutzes bei den öffentlichen Stellen des Bundes nachgeht. Da diese Regelung unbeschadet der Aufgaben nach Art. 57 besteht und explizit „ferner" eingefügt wurde, begründet diese Vorschrift eher ein „Anrufungsrecht" als eine Limitierung der Aufgabe der Untersuchung dahingehend, dass sie nur auf Ersuchen dieser genannten Stellen erfolgen darf.

77 **i) Verfolgung maßgeblicher Entwicklungen.** Bereits im Rahmen der Evaluation der DSRL wurde als eine der Herausforderungen des Datenschutzes das **Schritthalten mit dem technischen Fortschritt und der Globalisierung und Vernetzung** identifiziert.[47] Dies betrifft nicht nur die Gesetzgebung, die bei ihrem Regelungsspielraum das Maß zwischen Bestimmtheit und Technikoffenheit finden muss, sondern auch die Datenschutzaufsichtsbehörden, die ihre zahlreichen Aufgaben nur dann pflichtgemäß erfüllen können, wenn sie die aktuellen Entwicklungen verfolgen und sie in ihre Beratungspraxis und Öffentlichkeitsarbeit einfließen lassen.

78 Im Vordergrund stehen die technischen Entwicklungen, weil sich die weitestgehend automatisierte Datenverarbeitung insoweit in einem steten Wandel befindet, der auch von dem Rechtsrahmen und der Aufsicht darüber abgebildet werden muss. Aber auch gesellschaftliche, politische und gesetzgeberische Entwicklungen sollten durch die Datenschutzaufsichtsbehörden verfolgt werden, um ihre Beratungspraxis **aktuell** und **zeitgemäß** zu halten. Gesondert erwähnt werden die Geschäftspraktiken.

79 Davon betroffen sind nicht nur Entwicklungen auf nationaler Ebene, sondern auch derartige **Entwicklungen auf europäischer Ebene**. Besonderes Augenmerk sollte auf Entwicklungen in anderen Mitgliedstaaten oder bei anderen Datenschutzaufsichtsbehörden gerichtet werden, um Änderungen absehen zu können und präventiv betroffene Verantwortliche und betroffene Personen sensibilisieren zu können (Art. 57 lit. d). Auch hier

44 Wolff/Brink-*Brink* BDSG §38 Rn. 14.
45 Vgl. Paal/Pauly-*Körffer* Art. 58 Rn. 15.
46 Ehmann/Selmayr-*Selmayr* Art. 57 Rn. 9.
47 WP 168 (02356/09/DE), Rn. 88.

leistet der Europäische Datenschutzausschuss durch Leitlinien, Empfehlungen und Stellungnahmen Unterstützung. Diese Erweiterung zählt zu der neuen internationalen Ausprägung, die den Datenschutzaufsichtsbehörden durch die DS-GVO auferlegt wird.[48] Letztlich sind die Entwicklungen der Digitalisierung globale Erscheinungen.

80 **j) Festlegung von Standardvertragsklauseln.** Es ist Aufgabe der Datenschutzaufsichtsbehörden, Standardvertragsklauseln i.S.d. Art. 28 Abs. 8, 46 Abs. 2 lit. d festzulegen. Die Vorschrift des Art. 57 Abs. 1 lit. j steht nicht in Einklang mit Art. 28 Abs. 8. Während die Aufgabenbeschreibung eine **Pflicht** zur Festlegung von Standardvertragsklauseln vorsieht, räumt Art. 28 Abs. 8 im Verhältnis zum Auftragsverarbeiter den Aufsichtsbehörden ein Ermessen ein. Die Aufgabe beschränkt sich auf die Festlegung; demgegenüber verbleibt die Konkretisierung und Anpassung dieser Standardverträge im Verantwortungsbereich der Verantwortlichen.[49]

81 Jedenfalls zu beachten ist, dass bei der Festlegung von Standardvertragsklauseln nach Art. 28 Abs. 8 das **Kohärenzverfahren** gem. Art. 64 Abs. 1 lit. d durchzuführen ist.

82 **k) Liste der Verarbeitungsarten für Datenschutz-Folgenabschätzungen.** Das Instrument der Datenschutz-Folgenabschätzung soll in seiner Handhabung dadurch erleichtert werden, dass die Datenschutzaufsichtsbehörden gem. Art. 35 Abs. 4 in einer sog. **Blacklist** oder Muss-Liste feststellen, für welche Datenverarbeitungsvorgänge sie eine Datenschutz-Folgenabschätzung zwingend vorsehen. Dies erspart den Verantwortlichen für die aufgeführten Datenverarbeitungsarten die sog. Schwellwertanalyse (Art. 35 Abs. 1) und sichert gleichermaßen bei besonders risikoreichen Datenverarbeitungsvorgängen die Berücksichtigung und Eindämmung des hohen Risikos für die Rechte und Freiheiten natürlicher Personen.

83 Daneben wird den Datenschutzaufsichtsbehörden nach Art. 35 Abs. 5 optional ermöglicht, eine **Whitelist** zu erstellen, die Datenverarbeitungsvorgänge nennt, die keine Datenschutz-Folgenabschätzung erfordern. Problematisch an einer solchen Whitelist ist, dass die Bewertung des Risikos, das ein bestimmter Verarbeitungsvorgang zur Folge haben könnte, grundsätzlich einzelfallbezogen zu treffen ist und maßgeblich von dem Verarbeitungszweck abhängt. Eine Liste für Datenverarbeitungsvorgänge zu erstellen, bei denen keine Risiken bestehen, erscheint systemfremd und es ist fraglich, ob eine solche Garantie für die Verantwortlichen möglich ist, ohne die Rechte und Freiheiten der betroffenen Personen zu gefährden.[50]

84 Sobald die Datenschutzaufsichtsbehörden in diesen Listen Verarbeitungsvorgänge aufführen, die mitgliedstaatsübergreifend Personen betreffen, könnte **Abstimmungsbedarf** nach Art. 63 bestehen.[51] Jedenfalls sind derartige Listen dem Europäischen Datenschutzausschuss zu übermitteln gem. Art. 64 Abs. 1 lit. a.

85 **l) Beratung bei der Datenschutz-Folgenabschätzung.** Die vorherige Konsultation der Datenschutzaufsichtsbehörden ist speziell in Art. 36 geregelt. Gegenstand der Konsultation nach Art. 36 Abs. 1 ist die **Prüfung des gegenständlichen Verarbeitungsvorgangs**

---

48 *Dammann* ZD 2016, 307, 309.
49 Gola-*Nguyen* Art. 57 Rn. 15.
50 So auch Paal/Pauly-*Körffer* Art. 57 Rn. 14.
51 *Schmitz/von Dall'Armi* ZD 2017, 57, 61.

hinsichtlich der Vereinbarkeit mit der DS-GVO. Dies bedeutet nicht zwangsläufig eine Überprüfung der Schritte der Datenschutz-Folgenabschätzung.[52]

Für den Fall, dass nach Auffassung der Datenschutzaufsichtsbehörde die vorgesehene Verarbeitung nicht den Vorgaben der DS-GVO entsprechen würde, zieht dies die in Art. 36 Abs. 2 aufgeführten Konsequenzen nach sich. Die Datenschutzaufsichtsbehörde ist dazu verpflichtet, ihrerseits binnen **acht Wochen schriftliche Empfehlungen** zum gegenständlichen Datenverarbeitungsvorgang zu geben und sie kann dann die ihr gem. Art. 58 zustehenden Befugnisse ausüben. Diese Beratungspflicht geht inhaltlich weiter als die in Art. 57 Abs. 1 lit. d genannte Aufgabe, die Verantwortlichen zu sensibilisieren. **86**

Die Beratungspflicht gem. Art. 36 Abs. 2 für sich genommen kann **nicht** durch eine **Untätigkeitsklage** durchgesetzt werden.[53] **87**

m) Verhaltensregeln. Eine weitere kontextbezogene Aufgabe betrifft die Förderung der Ausarbeitung von Verhaltensregeln gem. Art. 40 Abs. 1, insbesondere die bereits in Art. 40 Abs. 5 statuierte Aufgabe, Verhaltensregeln, die von Verbänden vorgelegt wurden, zu prüfen und zu billigen, bzw. zu genehmigen. Das Mindestmaß der **Förderung** durch die Datenschutzaufsichtsbehörde wird in Art. 40 Abs. 5 und Abs. 6 ausführlich geregelt. Über diese Leistungen im Rahmen des Genehmigungsverfahrens kann die Beratung und Förderung der Datenschutzaufsichtsbehörde hinausgehen, muss sie aber nicht. **88**

Da solche Verfahren mit einem hohen Arbeitsaufwand verbunden sein können, kommt diese Aufgabe als **Gebührentatbestand** in Betracht (Art. 57 Abs. 4, Rn. 118 ff.). **89**

n) Datenschutzzertifizierungsmechanismen und Datenschutzsiegel. Die DS-GVO sieht bestimmte Instrumente vor, mit denen Datenschutzkonformität durch den Verantwortlichen oder Auftragsverarbeiter dokumentiert und nachgewiesen werden kann. Insofern tragen diese Instrumente zum Nachweis im Rahmen der **Rechenschaftspflicht** bei. Auch diese Mechanismen sind letztlich Ausdruck der Eigenverantwortung der Verantwortlichen.[54] Verhaltensregeln (s.o.) und Zertifizierungen zählen zu diesen Instrumenten. Bereits vor Geltung der DS-GVO wurden Datenschutzgarantien und Gütesiegel angeboten, auch durch Datenschutzaufsichtsbehörden.[55] Diesen Siegeln und Zertifikaten wurde nach der DSRL bislang keine Rechtswirkung zugesprochen.[56] Die Datenschutzaufsichtsbehörden werden durch Art. 57 Abs. 1 lit. n nunmehr dazu angehalten, diese Zertifizierungen zu fördern und anzuregen. **90**

---

52 *Schmitz/von Dall'Armi* ZD 2017, 57, 63, die noch weitere Fragestellung zur Konsultation der Aufsichtsbehörden anstellen, z.B. hinsichtlich der Reichweite der Bindungswirkung der Stellungnahme der konsultierten Aufsichtsbehörde. Eine die Aufsichtsbehörde bindende Genehmigungsfiktion würde einen Widerspruch zu der Regelungssystematik des Gesetzgebers darstellen, der Genehmigungsvorbehalte der Datenschutzaufsichtsbehörden z.B. hinsichtlich Verhaltensregeln explizit normiert hat, im Zusammenhang mit der Datenschutz-Folgenabschätzung dagegen davon Abstand nahm.

53 Gola-*Nolte/Werkmeister* Art. 36 Rn. 15, die der Beratung im Rahmen der Beratungspflicht im Sinne des Art. 36 Abs. 2 dazu einen nicht ausreichend rechtsverbindlichen Charakter beimessen.

54 Dadurch soll eine Alternative zum tradierten „command and control"-Ansatzes geschaffen werden vgl. Sydow-*Raschauer* Art. 42 Rn. 2.

55 Z.B. dem Unabhängigen Landeszentrum für Datenschutz vgl. Gola-*Nguyen* Art. 57 Rn. 14.

56 *Hofmann* ZD-Aktuell 2016, 05324.

91 Diese Zertifizierungen können die Aufsichtsbehörden selbst vornehmen – allerdings mit dem Problem, sich ggfs. damit einem **Interessenkonflikt** auszusetzen, wenn diese Zertifizierungen entsprechend lit. o überprüft werden müssen.[57] Gegebenenfalls könnte man in diesem Zusammenhang mit Auditing arbeiten, wie es bereits bei anderen Behörden vorgenommen wird.[58]

92 Die **Billigung von Zertifizierungskriterien** nach Art. 42 Abs. 5 erfolgt durch die Aufsichtsbehörden gem. Art. 58 Abs. 3 lit. f. Auf der Grundlage dieser Kriterien kann dann die Zertifizierungsstelle arbeiten.

93 **o) Prüfung von Zertifizierungen.** Für die Aufsichtsbehörden würde die regelmäßige **Überprüfung** sämtlicher ihrer Zuständigkeit nach Art. 55 oder Art. 56 unterliegenden Zertifizierungen einen unverhältnismäßigen Aufwand bedeuten, der im Widerspruch zu dem Sinn und Zweck dieser Selbstregulierungsinstrumente steht, Vollzugsdefizite selbst zu verhindern.[59] Dies würde außerdem den Zertifizierungen die selbstverpflichtende bzw. selbstregulierende Natur absprechen. Zur Erfüllung dieser Aufgabe reichen Stichproben oder anlassbezogene Überprüfungen aus.[60] Dies wird daraus deutlich, dass die Zertifizierungen „gegebenenfalls" überprüft werden müssen.[61] Auch die Zertifizierungsstelle trifft eine regelmäßige Überprüfungspflicht.[62]

94 Sollten dagegen durch Beschwerden oder auf anderem Wege **Datenschutzverstöße des zertifizierten Verantwortlichen** festgestellt worden sein, sollte die Datenschutzaufsichtsbehörde auch die Zertifizierung überprüfen und gegebenenfalls von ihrer Befugnis gem. Art. 58 Abs. 2 lit. h i.V.m. Art. 42 Abs. 7 Gebrauch machen, die Zertifizierung zu widerrufen oder den Widerruf anzuweisen.

95 **p) Kriterien für die Akkreditierung.** Für die Akkreditierung von Stellen, die nach Art. 43 Zertifizierungen ausstellen können und für die Akkreditierung von Stellen, die gem. Art. 41 Verhaltensregeln überwachen sollen, müssen die Datenschutzaufsichtsbehörden **Kriterien** aufstellen.

96 Die Kriterien werden von der gem. Art. 55 oder Art. 56 zuständigen Datenschutzaufsichtsbehörde festgelegt. Dies kann für die deutsche Rechtslage eine Abstimmung der Datenschutzaufsichtsbehörden erfordern.[63] Gegebenenfalls muss der Entwurf der Kriterien dem Europäischen Datenschutzausschuss vorgelegt werden (vgl. Art. 64 Abs. 1 lit. c).

97 Durch diese Akkreditierungen sollen **Prüfungskompetenzen** von den Datenschutzaufsichtsbehörden auf andere Stellen **übertragen** werden. Davon bleiben die Aufgaben und Befugnisse der Datenschutzaufsichtsbehörden jedoch unberührt. Trotzdem werden durch die Kriterien Standards gesetzt, die erhebliche Auswirkungen auf den Datenschutz durch die Verantwortlichen und damit Auswirkungen auf den Grundrechtsschutz der betroffenen Personen haben können.[64] Diese Aufgabe genauso wie

---

57 Gola-*Nguyen* Art. 57 Rn. 14.
58 Z.B. gem. § 41a Abs. 3 Polizei- und Ordnungsbehördengesetz Rheinland-Pfalz.
59 *Martini* NVwZ–Extra 3/2016, 7, 8.
60 Kühling/Buchner-*Bergt* Art. 42 Rn. 22.
61 In der englischen Fassung „where applicable".
62 Paal/Pauly-*Paal* Art. 42 Rn. 22.
63 *Roßnagel* Datenschutzaufsicht nach der EU-Datenschutz-Grundverordnung, 2017, 5.4.1.
64 *Roßnagel* bezeichnet diese Aufgabe sogar als „quasi gesetzgeberische Tätigkeit", vgl. *Roßnagel* Datenschutzaufsicht nach der EU-Datenschutz-Grundverordnung, 2017, 5.4.3.

die Erteilung von Akkreditierungen (Rn. 99) erfordern einen erhöhten Personalaufwand und eine breite Expertise der Datenschutzaufsichtsbehörden.

98 Die Kriterien für die Akkreditierung müssen gem. Art. 43 Abs. 6 in leicht zugänglicher Form veröffentlicht werden. Dem **Europäischen Datenschutzausschuss** sollen die Anforderungen und Kriterien der Akkreditierung ebenfalls übermittelt werden.

99 **q) Vornahme von Akkreditierungen.** Neben der Nationalen Akkreditierungsstelle, die entsprechend der Maßstäbe des Art. 43 Abs. 1 lit. b einbezogen wird, ist es vorrangig **Aufgabe der Datenschutzaufsichtsbehörden**, Akkreditierungen vorzunehmen. Dazu können strukturierte Kooperationsmechanismen errichtet werden.

100 **r) Genehmigung von Vertragsklauseln und Bestimmungen.** Geeignete Garantien für die Datenübermittlung in Drittstaaten können neben den Möglichkeiten in Art. 46 Abs. 2 auch in zivilrechtlichen oder öffentlich-rechtlichen Vereinbarungen bestehen (Art. 46 Abs. 3). Diese Vereinbarungen müssen der jeweiligen Datenschutzaufsichtsbehörde zur **Prüfung und Genehmigung** vorgelegt werden. Nach Art. 46 Abs. 4 ist dabei das Kohärenzverfahren gem. Art. 63 durchzuführen.

101 Bereits die DSRL sah in Art. 26 Abs. 2 die Genehmigung der Datenschutzaufsichtsbehörden von Datenübermittlungen in Drittstaaten bei **individual-rechtlichen Garantien** vor. Mit dieser Aufgabenausprägung der sog. Kontrollstelle wurde die eigentlich repressive Funktion hin in einen präventiven und beratenden Bereich des Datenschutzes ausgeweitet.[65] Das BDSG a.F. setzte die DSRL in § 4c BDSG a.F. entsprechend um. Da die Vorschriften nunmehr unmittelbar in der DS-GVO geregelt sind, bestand in dem BDSG kein Regelungsbedarf mehr.

102 **s) Genehmigung interner Vorschriften.** Auch verbindliche interne Datenschutzvorschriften, die **Binding Corporate Rules** für Gruppen von Unternehmen oder Unternehmensgruppen, sind von der zuständigen Datenschutzaufsichtsbehörde vorab und nach Durchführung eines Kohärenzverfahrens zu genehmigen. Der Europäische Datenschutzausschuss gibt nach Art. 64 Abs. 1 lit. f eine Stellungnahme im Kohärenzverfahren ab. Dadurch kann die Mehrheit der Datenschutzaufsichtsbehörden die betreffende Entscheidung der zuständigen Datenschutzaufsichtsbehörde maßgeblich beeinflussen, sie insbesondere gegebenenfalls ändern, erzwingen oder verhindern.[66] Die unionsweise Bedeutung sowohl der Binding Corporate Rules als auch der Vertragsklauseln wird insoweit durch die DS-GVO fingiert.[67] Sofern die Unternehmensgruppe Niederlassungen nur in einem Mitgliedsstaat hat, wird vertreten, dass kein Kohärenzverfahren durchzuführen ist.[68]

103 Im Gegensatz zur DSRL, die die verbindlichen internen Vorschriften als einen Unterfall der Garantien gem. Art. 26 Abs. 2 DSRL vorsah, werden sie in der DS-GVO nunmehr explizit in Art. 47 geregelt. Dies trägt der **Bedeutung** Rechnung, die Binding

65 Simitis-*Simitis* BDSG § 4c Rn. 2.

66 *Albrecht/Jotzo* Das neue Datenschutzrecht in der EU, Teil 6 Rn. 14–15.

67 WP 107 legte für die bisherige Rechtslage ein Kooperationsverfahren fest, das die Art.-29-Datenschutzgruppe für den Fall beschlossen hat, dass Unternehmensgruppenbestandteile unterschiedlichen Aufsichtsbehörden unterstehen. Siehe „Working Document Setting Forth a Co–Operation Procedure for Issuing Common Opinions on Adequate Safeguards Resulting From "Binding Corporate Rules".

68 Vgl. mit weiteren Nachweisen Art. 47 Rn. 65.

Corporate Rules für den **Unternehmensdatenschutz** haben. Bestätigt wird diese Bedeutung durch die zahlreichen Arbeitspapiere,[69] die von der Art.-29-Datenschutzgruppe verabschiedet wurden und deren Inhalt Art. 47 maßgeblich prägen.[70]

104 Das Erfordernis einer Genehmigung durch die Datenschutzaufsichtsbehörde sah bereits § 4c Abs. 2 S. 1 BDSG a.F. vor. In diesem Zusammenhang herrschte jedoch Uneinigkeit dahingehend, ob die Binding Corporate Rules selbst oder die Datenübermittlungen der Genehmigungsbedürftigkeit der Datenschutzaufsicht unterlagen.[71] Insoweit ist der Wortlaut der DS-GVO dahingehend klar, dass es Aufgabe der Datenschutzaufsichtsbehörde ist, die Binding Corporate Rules selbst zu genehmigen.[72]

105 **t) Unterstützung des Ausschusses.** Der Europäische Datenschutzausschuss kann seine Aufgaben aus Art. 70 ff. ohne die Unterstützung der Datenschutzaufsichtsbehörden schwerlich erbringen. Dies betrifft nicht nur die Beiträge der Datenschutzaufsichtsbehörden, die sie aufgrund von **Beteiligungs- und Vorlagepflichten** leisten müssen. Diese Aufgaben sind an den entsprechenden Stellen bereits dezidiert den Aufsichtsbehörden aufgetragen. Es entspricht darüber hinaus auch der grundsätzlichen Aufgabe und Funktion zum Zweck einer einheitlichen Überwachung, an der Arbeit des Europäischen Datenschutzausschusses mitzuwirken, im Sinne der vertikalen Verwaltungskooperation.[73] Komplementär trifft auch den Europäischen Datenschutzausschuss gem. Art. 70 Abs. 1 lit. u die Aufgabe, die Zusammenarbeit der Datenschutzaufsichtsbehörden und sowohl den multilateralen als auch den bilateralen Austausch dazu zu fördern.

106 Da sich in Bezug zur Art.-29-Datenschutzgruppe, der „Vorgängerin" des Europäischen Datenschutzausschusses, die Arbeitsweise durchgesetzt hat, dass zu bestimmten Themen Untergruppen, sogenannte „Subgroups" zukünftig „Expertgroups" gebildet werden, die **Leitlinien, Empfehlungen und bewährte Verfahren** in Zusammenarbeit mit den Datenschutzaufsichtsbehörden der Mitgliedstaaten ausarbeiten, ist zu erwarten, dass diese Struktur fortgeführt wird.[74] Da diese Verfahren nicht nur unter Zeitdruck stehen, sondern auch ein hohes Maß an **Abstimmungen** erfordern, ist die **Bereitschaft** der Datenschutzaufsichtsbehörden, sich **zeitnah** und trotzdem fundiert zu beteiligen, gefordert.

107 **u) Führen interner Verzeichnisse über Verstöße.** In einem internen Verzeichnis sollen die Verstöße gegen die DS-GVO und die dagegen unternommenen Abhilfemaßnahmen durch die Datenschutzaufsichtsbehörden nach Art. 58 Abs. 2 aufgeführt werden. Damit trifft die Datenschutzaufsichtsbehörden eine **Pflicht zur Führung solcher Verzeichnisse**.

---

69 Z.B. WP 133, Recommendation 1/2007 on the Standard Application for Approval of Binding Corporate Rules for the Transfer of Personal Data, angenommen am 10.1.2007; WP 195a, Recommendation 1/2012 on the Standard Application form for Approval of Binding Corporate Rules for the Transfer of Personal Data for Processing Activities, angenommen am 7.9.2012; WP 204 Rev. 01, Explanatory Document on the Processor Binding Corporate Rules, angenommen am 19.4.2013, zuletzt überarbeitet und angenommen am 22.5.2015, 00658/13/EN.

70 *Albrecht/Jotzo* Das neue Datenschutzrecht in der EU, Teil 6 Rn. 15.

71 Gola/Schomerus-*Körffer/Gola/Klug* BDSG § 4c Rn. 16.

72 Kühling/Buchner-*Schröder* Art. 47 Rn. 8.

73 Ehmann/Selmayr-*Selmayr* Art. 57 Rn. 11.

74 Diese Erwartung hat auch Paal/Pauly-*Körffer* Art. 57 Rn. 24.

Diese Dokumentation dient der Entwicklung und Förderung einer **einheitlichen** und **ausgeglichenen** Aufsichtspraxis – sowohl für die Datenschutzaufsichtsbehörde selbst als auch im Austausch mit anderen Datenschutzaufsichtsbehörden national und in der Europäischen Union. Insbesondere die Abstimmung im Rahmen der Behördenkooperation, um europaweit die Durchsetzung und Überwachung der DS-GVO zu vereinheitlichen (ErwG 129), wird durch das Führen und durch den Austausch solcher Verzeichnisse vereinfacht.[75] **108**

Das Verzeichnis kann auch der **Selbstkontrolle** dienen, insbesondere dem Nachhalten von Fristen. Damit trägt es zur Effektivität der aufsichtsbehördlichen Arbeit bei, die bei der steigenden Anzahl von Aufgaben unter der DS-GVO geboten ist. Diese Dokumentation erleichtert zudem das Führen von Statistiken und die Vorbereitung des jährlichen Tätigkeitsberichts (siehe Art. 59), der ebenfalls eine Liste der Arten der gemeldeten Verstöße und der Arten der getroffenen Abhilfemaßnahmen der Datenschutzaufsichtsbehörde enthalten soll (Art. 59 S. 1). **109**

Das Merkmal intern stellt klar, dass es sich nicht um ein öffentliches Verzeichnis handelt. Eine Vertraulichkeit, die etwa **Informationsfreiheitsansprüche** zwingend ausschließen könnte, wird dadurch nicht indiziert. **110**

v) Sonstige Aufgaben. Die DS-GVO gibt nicht den Mitgliedstaaten mittels einer Öffnungsklausel die Möglichkeit, weitere Aufgaben für die Datenschutzaufsichtsbehörden zu regeln.[76] Mit der Auffangregelung des Art. 57 Abs. 1 lit. v obliegt jedoch **jede Aufgabe**, die dem Schutz personenbezogener Daten zugute kommt, den Datenschutzaufsichtsbehörden. **111**

Diese Auffangregelung soll den **unterschiedlichen Ausgestaltungen der Datenschutzaufsichtsregimes** in den **Mitgliedstaaten** Rechnung tragen und sicherstellen, dass weitere über diesen Katalog hinausgehende Aufgaben weiterhin geleistet werden können. **112**

Zudem werden dergestalt weitere Aufgaben der Datenschutzaufsichtsbehörden berücksichtigt, die zwar in der DS-GVO angelegt sind, jedoch im Gegensatz zu den zahlreichen aufgezählten „kontextbezogenen Aufgaben" nicht in den Katalog klarstellend aufgenommen wurden. Dies betrifft beispielsweise die Pflicht der Aufsichtsbehörde nach Art. 34 Abs. 4, die Benachrichtigung einer betroffenen Person, die von einer Verletzung des Schutzes personenbezogener Daten betroffen ist, zu überprüfen und durchzusetzen. **113**

Des Weiteren trägt auch diese Aufgabe dem **technologieoffenen Ansatz** der DS-GVO Rechnung. Der stete Wandel, dem der Datenschutz aufgrund des technischen Fortschritts ausgesetzt wird, wirkt sich auch auf die Arbeit der Datenschutzaufsichtsbehörden aus. Dies betrifft nicht nur ihre in lit. i verbürgte Pflicht, mit dem technischen Fortschritt Schritt zu halten, sondern auch die daran anknüpfende Aufgabe, die Aufsichtspraxis so auszurichten, dass der Schutz personenbezogener Daten unter jedweder Entwicklung gewährleistet bleibt im Rahmen der Förderung des freien Datenverkehrs. **114**

75 Auf freiwilliger Basis führt der Düsseldorfer Kreis sog. Fallsammlungen über Ordnungswidrigkeitenverfahren.

76 A.A. Kühling/Buchner-*Boehm* Art. 57 Rn. 24.

V. Beschwerdeformular (Abs. 2)

115 Das Bereitstellen von Beschwerdeformularen, die sowohl **per Hand** als auch **elektronisch** von den betroffenen Personen ausgefüllt werden können, um Eingaben zu tätigen bzw. Beschwerden einreichen zu können, gehört bereits regelmäßig zu dem Internetangebot der Datenschutzaufsichtsbehörden der Bundesrepublik Deutschland. Diese werden vor dem Hintergrund des DS-GVO angepasst.

116 Die Formulare sollten so ausgestaltet sein, dass das Einreichen der Eingabe auch tatsächlich **erleichtert** wird. Dazu eignen sich speziell benannte Eingabefelder, die die Beschwerde führende Person bereits dazu anleiten, die für die Bearbeitung der Beschwerde erforderlichen Informationen bereitzustellen, oder Hinweise zur Ausfüllung des Formulars.

117 Sowohl die Einreichung der Beschwerde als auch die Bearbeitung durch die Datenschutzaufsichtsbehörde würden **themenspezifische Formulare** erleichtern. Besonders Bereiche, wie der technische Datenschutz oder der Bereich der Videoüberwachung würden sich dafür eignen.

118 Damit das Beschwerderecht nicht nur für die innerstaatlichen Beschwerdeführer erleichtert wird, sondern auch den gegebenenfalls **unionsweit bestehenden Zuständigkeiten** der Datenschutzaufsichtsbehörde Rechnung getragen wird, sollte das Beschwerdeformular zumindest auch in **englischer Sprache** bereitgestellt werden.

VI. Kosten (Abs. 3)

119 Die **Unentgeltlichkeit** der Aufgabenerfüllung durch die Datenschutzaufsichtsbehörden besteht in jedem Fall für die betroffene Person. Dies ist notwendige Konsequenz der Funktion der Datenschutzaufsichtsbehörde, den Grundrechtsschutz der betroffenen Personen im Bereich des Datenschutzes aktiv zu gewährleisten. Auf Initiative des Rates wurde ergänzt, dass diese Gebührenfreiheit für Beschwerden an jede Datenschutzaufsichtsbehörde gilt. Damit ist die Kooperation der Behörden in der Europäischen Union angesprochen, die nicht zu Lasten des Betroffenen gehen darf.

120 Anfallende **Gebühren und Geldbußen** fallen in der Bundesrepublik Deutschland in den Haushalt des Rechtsträgers der Behörde. Sie kommen also grundsätzlich nicht dem Haushalt der Datenschutzaufsichtsbehörde, sondern regelmäßig Bund oder Land zugute. In anderen Mitgliedsstaaten der Europäischen Union ist die rechtliche Situation bisher anders. Der Anschein, dass Kosten erhoben werden, um die Ressourcen der Behörde selbst zu stärken, muss vermieden werden.

121 Im Wege eines Regel-Ausnahmeprinzips legt Art. 57 Abs. 3 neben der Unentgeltlichkeit fest, dass **bestimmte Aufgaben** der Datenschutzaufsichtsbehörden **entgeltlich** erfolgen können. Diese betreffen sicherlich unterstützende Beratungsleistungen gegenüber Verantwortlichen und Auftragsverarbeitern auf deren Ersuchen hin, aber auch Pflichtaufgaben, aus denen andere Stellen einen wirtschaftlichen Nutzen haben, so wie Beratungsleistungen gegenüber Verantwortlichen oder die Akkreditierung von Zertifizierungsstellen durch die Datenschutzaufsichtsbehörde. Bei anderen Aufgaben, insbesondere solchen, die die Genehmigung von Verhaltensregeln und verbindliche interne Regelungen betreffen, sollte der Aufwand, der mit der Aufgabe zusammenhängt, entscheidend für die Gebührenpflichtigkeit sein.

Der behördliche oder betriebliche **Datenschutzbeauftragte** wird eingeschränkt – „gegebenenfalls" – durch die Unentgeltlichkeit ihm gegenüber vorgenommener Handlungen der Datenschutzaufsichtsbehörde **privilegiert**. Die Ergänzung um den Datenschutzbeauftragten wurde durch den Rat im Gesetzgebungsverfahren eingebracht und hat sich durchgesetzt.[77] Dies stärkt die Unabhängigkeit seiner Stellung gegenüber dem Verantwortlichen, der für die Kosten aufkommen müsste. **122**

Unentgeltlich sind die in der DS-GVO vorgesehenen Formen der Zusammenarbeit des Datenschutzbeauftragten mit der Datenschutzaufsichtsbehörde, wenn sie zwingend sind. Dies ist z.B. der Fall bei der vorherigen Konsultation im Rahmen der Datenschutz-Folgenabschätzung (vgl. Art. 39 Abs. 1 lit. e). Außerdem unentgeltlich sollten die Leistungen der Aufsichtsbehörden in Bezug auf Anfragen sein, die der Datenschutzbeauftragte zur Gewährleistung des Grundrechtsschutzes betroffener Personen tätigt, als Zwischeninstanz zur Datenschutzaufsichtsbehörde. Bei vielen Verantwortlichen umfasst der Aufgabenbereich der Datenschutzbeauftragten auch die Beantwortung von Anfragen und Anträge betroffener Personen, die die Geltendmachung ihrer Betroffenenrechte betreffen. **123**

Allgemeine Beratung des Datenschutzbeauftragten kann dagegen **entgeltlich** sein, weil es nicht Aufgabe der Datenschutzaufsichtsbehörde sein kann, einen staatlichen Beitrag zu einer Dienstleistung zu leisten, die der Datenschutzbeauftragte seinem Auftraggeber in Rechnung stellt. Beratungsanfragen oder Prüfungsersuchen von Datenschutzbeauftragten an die Datenschutzaufsichtsbehörden, durch die ihnen originär eigene oder dem Verantwortlichen obliegende Arbeit aufgetragen werden oder Erkenntnisse gewonnen werden sollen, die kommerziell genutzt werden, sind daher nicht im Rahmen der Unentgeltlichkeit privilegiert, sondern gegebenenfalls gebührenpflichtig.[78] Dies sollte im Rahmen von Katalogen oder expliziten Gebührentatbeständen durch die Datenschutzaufsichtsbehörden festgelegt und veröffentlicht werden.[79] **124**

Kleinstunternehmen, die nicht zu der Bestellung eines Datenschutzbeauftragten verpflichtet sind, dürfen durch die Privilegierung nicht schlechter gestellt werden.[80] Dies ist auch nicht zu befürchten, denn die Erhebung von Kosten und Gebühren steht grundsätzlich im Ermessen der Datenschutzaufsichtsbehörde, die an das Prinzip der Verhältnismäßigkeit gebunden ist, das im Kostenrecht von dem Prinzip der Äquivalenz ergänzt wird. **125**

VII. Gebühr bei exzessivem Antrag (Abs. 4)

Die Datenschutzaufsichtsbehörde kann dann eine Gebühr für ihr Tätigwerden verlangen, wenn sie durch offenkundig unbegründete oder quantitativ exzessive Anfragen **126**

77 Dieser Zusatz wurde auf Initiative der Bundesrepublik Deutschland in die Fassung der DS–GVO aufgenommen, siehe mit weiteren Nachweisen Kühling/Buchner-*Boehm* Art. 57 Rn. 26.

78 Ähnliche Tendenzen Gola-*Nguyen* Art. 57 Rn. 17.

79 Bereits nach alter Rechtslage bestanden Gebührentatbestände in folgende Bundesländern: BaWü (§ 32a LDSG BW), Bayern (Art. 35 Abs. 3 BayDSG), Hamburg (§ 34 HmbDSG), Schleswig-Holstein (§ 43 Abs. 4 LDSG SH) und Thüringen (§ 42 ThürDSG).

80 So befürchtend *Ziebarth*, der daraus jedoch den fragwürdigen Schluss zieht, dass auch Auftragsverarbeitern und Verantwortlichen gegenüber jede Tätigkeit der Datenschutzaufsichtsbehörden unentgeltlich erfolgen soll, vgl. Sydow-*Ziebarth* Art. 57 Rn. 71.

initiiert wurden. Da dies eine Ausnahmeregelung zu der in Abs. 3 geregelten Unentgeltlichkeit darstellt, betrifft die Regelung das gleiche Regelungssubjekt: **die betroffene Person.**[81]

127 Die Vorschrift trägt dem Umstand Rechnung, dass die Datenschutzaufsichtsbehörden nur bezüglich der Beschwerden gem. Art. 77 verpflichtend tätig werden müssen, zumindest ist diesbzgl. die Untätigkeitsklage in Art. 78 Abs. 2 explizit vorgesehen.[82] Um dem unverhältnismäßigen Gebrauch dieses Rechtes vorzubeugen, wird geregelt, dass die Datenschutzaufsichtsbehörden bezüglich des übermäßigen **Arbeitsaufwands** durch Verwaltungsgebühren entschädigt werden.[83] Der Abschreckungseffekt einer Gebühr ist dabei eher als ein vorteilhafter Nebeneffekt und weniger als Ziel der Gebühr zu verstehen.

128 **Offenkundig unbegründet** ist eine Anfrage dann, wenn der Sachverhalt sich so darstellt, dass durch keinen Anhaltspunkt von einer Betroffenheit der Beschwerde führenden Person ausgegangen werden kann. Des Weiteren offenkundig unbegründet kann eine Anfrage dann sein, wenn die Anfrage bzw. der Lebenssachverhalt bereits beschieden oder beurteilt wurde und Gegenstand der Anfrage lediglich die Nachprüfung der gleichen Rechtsfrage umfasst.[84] Ein weiterer Anwendungsfall betrifft Anfragen, die sachlich nicht dem Datenschutzrecht zuzuordnen sind. Wenn diese Nachprüfung wiederholt erfolgt, kann die Gebühr auch aufgrund der Exzessivität der Anfrage erhoben werden.

129 **Exzessive Anfragen** müssen nicht zwangsläufig unbegründet sein. Aber auch begründete Anfragen – also Anfragen mit dem plausiblen Anfangsverdacht einer Grundrechtsbetroffenheit – führen dann zu einem unverhältnismäßigen Arbeitsaufwand für die Datenschutzaufsichtsbehörden, wenn sie Arbeitskraft dauerhaft binden.[85] Dies rechtfertigt die Bearbeitungsgebühr, mit der die betroffene Person in diesen Situationen beschwert wird.

130 Im zweiten Schritt können die Beantwortungen solcher „offenkundig unbegründeten" oder exzessiven Anfragen verweigert werden.[86] Die Möglichkeit, rechtsmissbräuchliche Eingaben abweisen zu können, wurde bereits nach vorheriger Rechtslage eingeräumt.[87] Diese **stufenweise Handhabung** ist nicht in dem Wortlaut angelegt („oder"), ergibt sich jedoch aus der Anwendung des Verhältnismäßigkeitsprinzips.[88] Die Ableh-

81 Andere Ansicht *Nguyen*, der auch Anfragen nach Art. 57 Abs. 1 lit. e und die Konsultation der Datenschutzaufsichtsbehörde bei risikobehafteten Datenverarbeitungsvorgängen als Anträge im Sinne des Art. 57 Abs. 4 auffasst, vgl. Gola-*Nguyen* Art. 57 Rn. 18.

82 Zwar werden den Aufsichtsbehörden auch andere Aufgaben verpflichtend aufgetragen, da diesbezüglich jedoch der Rechtsbehelf nicht explizit in der DS-GVO geregelt wurde, ist es fraglich, ob insoweit eine Untätigkeitsklage ebenfalls statthaft ist, vgl. Ehmann/Selmayr-*Will* Art. 42 Rn. 31.

83 Richtigerweise durch eine Bearbeitungsgebühr und nicht durch eine Missbrauchsgebühr, vgl. Gola-*Nguyen* Art. 57 Rn. 17, a.A. Schantz/Wolff-*Wolff* Rn. 1006.

84 Ggfs. könnte in diesem Fall die Beschwerde führende Person auch auf den Rechtsweg gem. Art. 78 Abs. 1 verwiesen werden.

85 Ehmann/Selmayr-*Selmayr* Art. 57 Rn. 23.

86 Einbringung in die Verordnung auf Vorschlag der Bundesrepublik Deutschland, RatsDok. v. 21.6.2013, Dok-Nr. 11013/13, 177 Fn. 421, vgl. Kühling/Buchner-*Boehm* Art. 57 Rn. 27.

87 Simitis-*Dammann* BDSG § 21 Rn. 27.

88 Dieses gestufte Verhältnis nehmen auch *Selmayr* in Ehmann/Selmayr-*Selmayr* Art. 57 Rn. 23 an.

nung eines Antrags ist etwa in den Fällen angezeigt, in denen die unbegründeten oder exzessiven Anfragen missbräuchlich gestellt werden, also darauf abzielen, Ressourcen der Datenschutzaufsichtsbehörde zu binden, bzw. ihre Funktionsfähigkeit zu beeinträchtigen. Dann können die Datenschutzaufsichtsbehörden die Bearbeitung der Anfragen verweigern. Ein solcher Missbrauch kann z.B. in dem Umstand liegen, dass die Anfragen vorsätzlich, also wissend ob des Umstands der offenkundigen Unbegründetheit oder Exzessivität, gestellt werden.

131 Dass die Datenschutzaufsichtsbehörden nicht selbst missbräuchlich diesen Tatbestand zum Anlass nehmen, Anfragen nicht zu bearbeiten, wird dadurch verhindert, dass sie die **Beweislast** für den offenkundig unbegründeten oder exzessiven Charakter der Anfrage tragen müssen. Da in dem Fall eines ablehnenden Bescheids mit einem Widerspruch bzw. einer Verpflichtungsklage zu rechnen ist, ist diese Beweislast sinnvoll.

C. Praxishinweise

I. Relevanz für öffentliche Stellen

132 Aufgrund der auch für öffentliche Stellen geltenden unmittelbaren Verpflichtungen der DS-GVO besteht nicht nur hoher Beratungsbedarf, sondern auch ein **Bedarf an Modifikationen** der Datenverarbeitungen. Gewachsene Arbeitsbeziehungen haben sicherlich Bestand.

II. Relevanz für nichtöffentliche Stellen

133 Die zahlreichen Beratungsaufgaben der Datenschutzaufsichtsbehörden kommen insbesondere den nichtöffentlichen Stellen, die Daten **geschäftsmäßig** und **kommerziell** verarbeiten, zu Gute. Der freie Datenverkehr wird insoweit durch die Datenschutzaufsichtsbehörden gefördert.

III. Relevanz für betroffene Personen

134 Neben dem Beschwerdewesen der DS-GVO, das auch in Art. 57 Abs. 1 lit. f explizit aufgegriffen wird, ist besonders die Aufgabe der Sensibilisierung der Öffentlichkeit und der Information der betroffenen Person nach Art. 57 Abs. 1 lit. e für diese bedeutsam und trägt zu deren **Selbstdatenschutz** bei. Befürchtungen, dass Beschwerden aufgrund der Fülle der Aufgaben nachrangig bearbeitet werden sind unbegründet.

IV. Relevanz für Aufsichtsbehörden

135 Die **Aufgabenvielfalt** erfordert eine Neuausrichtung und teilweise Umorganisation der Datenschutzaufsichtsbehörden, insbesondere auch durch die globale Ausprägung des Datenschutzes und die unionsweite Vereinheitlichung.

V. Datenschutzmanagement

136 Die **Funktionen** der Datenschutzaufsichtsbehörden in Bezug auf die kontextbezogenen Aufgaben bilden Gegenstände des Kooperationsverhältnisses, das gem. Art. 39 Abs. 1 lit. d besteht.

137 Für die Arbeit und Kooperation des Datenschutzbeauftragten mit den Datenschutzaufsichtsbehörden sind die Entwicklungen und gesetzlichen Umsetzungen etwaiger Gebührentatbestände, die diesen betreffen können, bedeutsam.

VI. Geldbußen

138 Die Aufgabe und Befugnis der Verhängung von Geldbußen werden speziell in Art. 83 geregelt. Sie kann als ein Unterfall der Aufgabe der Durchsetzung der DS-GVO nach Art. 57 Abs. 1 lit. a aufgefasst werden.

Artikel 58 Befugnisse

(1) Jede Aufsichtsbehörde verfügt über sämtliche folgenden Untersuchungsbefugnisse, die es ihr gestatten,

a) den Verantwortlichen, den Auftragsverarbeiter und gegebenenfalls den Vertreter des Verantwortlichen oder des Auftragsverarbeiters anzuweisen, alle Informationen bereitzustellen, die für die Erfüllung ihrer Aufgaben erforderlich sind,

b) Untersuchungen in Form von Datenschutzüberprüfungen durchzuführen,

c) eine Überprüfung der nach Artikel 42 Absatz 7 erteilten Zertifizierungen durchzuführen,

d) den Verantwortlichen oder den Auftragsverarbeiter auf einen vermeintlichen Verstoß gegen diese Verordnung hinzuweisen,

e) von dem Verantwortlichen und dem Auftragsverarbeiter Zugang zu allen personenbezogenen Daten und Informationen, die zur Erfüllung ihrer Aufgaben notwendig sind, zu erhalten,

f) gemäß dem Verfahrensrecht der Union oder dem Verfahrensrecht des Mitgliedstaats Zugang zu den Geschäftsräumen, einschließlich aller Datenverarbeitungsanlagen und -geräte, des Verantwortlichen und des Auftragsverarbeiters zu erhalten.

(2) Jede Aufsichtsbehörde verfügt über sämtliche folgenden Abhilfebefugnisse, die es ihr gestatten,

a) einen Verantwortlichen oder einen Auftragsverarbeiter zu warnen, dass beabsichtigte Verarbeitungsvorgänge voraussichtlich gegen diese Verordnung verstoßen,

b) einen Verantwortlichen oder einen Auftragsverarbeiter zu verwarnen, wenn er mit Verarbeitungsvorgängen gegen diese Verordnung verstoßen hat,

c) den Verantwortlichen oder den Auftragsverarbeiter anzuweisen, den Anträgen der betroffenen Person auf Ausübung der ihr nach dieser Verordnung zustehenden Rechte zu entsprechen,

d) den Verantwortlichen oder den Auftragsverarbeiter anzuweisen, Verarbeitungsvorgänge gegebenenfalls auf bestimmte Weise und innerhalb eines bestimmten Zeitraums in Einklang mit dieser Verordnung zu bringen,

e) den Verantwortlichen anzuweisen, die von einer Verletzung des Schutzes personenbezogener Daten betroffenen Person entsprechend zu benachrichtigen,

f) eine vorübergehende oder endgültige Beschränkung der Verarbeitung, einschließlich eines Verbots, zu verhängen,

g) die Berichtigung oder Löschung von personenbezogenen Daten oder die Einschränkung der Verarbeitung gemäß den Artikeln 16, 17 und 18 und die Unterrichtung der Empfänger, an die diese personenbezogenen Daten gemäß Artikel 17 Absatz 2 und Artikel 19 offengelegt wurden, über solche Maßnahmen anzuordnen,

h) eine Zertifizierung zu widerrufen oder die Zertifizierungsstelle anzuweisen, eine gemäß den Artikel 42 und 43 erteilte Zertifizierung zu widerrufen, oder die Zertifi-

zierungsstelle anzuweisen, keine Zertifizierung zu erteilen, wenn die Voraussetzungen für die Zertifizierung nicht oder nicht mehr erfüllt werden,
i) eine Geldbuße gemäß Artikel 83 zu verhängen, zusätzlich zu oder anstelle von in diesem Absatz genannten Maßnahmen, je nach den Umständen des Einzelfalls,
j) die Aussetzung der Übermittlung von Daten an einen Empfänger in einem Drittland oder an eine internationale Organisation anzuordnen.

(3) Jede Aufsichtsbehörde verfügt über sämtliche folgenden Genehmigungsbefugnisse und beratenden Befugnisse, die es ihr gestatten,

a) gemäß dem Verfahren der vorherigen Konsultation nach Artikel 36 den Verantwortlichen zu beraten,
b) zu allen Fragen, die im Zusammenhang mit dem Schutz personenbezogener Daten stehen, von sich aus oder auf Anfrage Stellungnahmen an das nationale Parlament, die Regierung des Mitgliedstaats oder im Einklang mit dem Recht des Mitgliedstaats an sonstige Einrichtungen und Stellen sowie an die Öffentlichkeit zu richten,
c) die Verarbeitung gemäß Artikel 36 Absatz 5 zu genehmigen, falls im Recht des Mitgliedstaats eine derartige vorherige Genehmigung verlangt wird,
d) eine Stellungnahme abzugeben und Entwürfe von Verhaltensregeln gemäß Artikel 40 Absatz 5 zu billigen,
e) Zertifizierungsstellen gemäß Artikel 43 zu akkreditieren,
f) im Einklang mit Artikel 42 Absatz 5 Zertifizierungen zu erteilen und Kriterien für die Zertifizierung zu billigen,
g) Standarddatenschutzklauseln nach Artikel 28 Absatz 8 und Artikel 46 Absatz 2 Buchstabe d festzulegen,
h) Vertragsklauseln gemäß Artikel 46 Absatz 3 Buchstabe a zu genehmigen,
i) Verwaltungsvereinbarungen gemäß Artikel 46 Absatz 3 Buchstabe b zu genehmigen,
j) verbindliche interne Vorschriften gemäß Artikel 47 zu genehmigen.

(4) Die Ausübung der der Aufsichtsbehörde gemäß diesem Artikel übertragenen Befugnisse erfolgt vorbehaltlich geeigneter Garantien einschließlich wirksamer gerichtlicher Rechtsbehelfe und ordnungsgemäßer Verfahren gemäß dem Unionsrecht und dem Recht des Mitgliedstaats im Einklang mit der Charta.

(5) Jeder Mitgliedstaat sieht durch Rechtsvorschriften vor, dass seine Aufsichtsbehörde befugt ist, Verstöße gegen diese Verordnung den Justizbehörden zur Kenntnis zu bringen und gegebenenfalls die Einleitung eines gerichtlichen Verfahrens zu betreiben oder sich sonst daran zu beteiligen, um die Bestimmungen dieser Verordnung durchzusetzen.

(6) [1]Jeder Mitgliedstaat kann durch Rechtsvorschriften vorsehen, dass seine Aufsichtsbehörde neben den in den Absätzen 1, 2 und 3 aufgeführten Befugnissen über zusätzliche Befugnisse verfügt. [2]Die Ausübung dieser Befugnisse darf nicht die effektive Durchführung des Kapitels VII beeinträchtigen.

- *ErwG: 11, 122, 129*
- *BDSG n.F.: §§ 16, 21, 29, 40, 41*

Übersicht

Literatur: Zur allgemeinen Literatur wird auf Art. 51 verwiesen. *Albrecht* Das neue EU-Datenschutzrecht – von der Richtlinie zur Verordnung, CR 2016, 88; *Britz* Abschied vom Grundsatz fehlender Polizeipflicht von Hoheitsträgern?, DÖV 2002, 891; *Bull* Die „völlig" unabhängige" Aufsichtsbehörde, EuZW 2010, 488; *Dammann* Erfolge und Defizite der EU-Datenschutzgrundverordnung – Erwarteter Fortschritt, Schwächen und überraschende Innovationen, ZD 2016, 307; *Dieterich* Rechtsdurchsetzungsmöglichkeiten der DS-GVO,

ZD 2016, 260; *Franz* Die Staatsaufsicht über die Kommunen, JuS 2004, 937; *Golla* Säbelrasseln in der DS-GVO: Drohende Sanktionen bei Verstößen gegen die Vorgaben zum Werbedatenschutz, RDV 2017, 123; *Jensen* Kritik von Sachverständigen zum derzeitigen Entwurf des DSAnpUG-EU, ZD-Aktuell 2017, 05596; *Kranig* Zuständigkeit der Datenschutzaufsichtsbehörden, ZD 2013, 550; *Kugelmann* Polizei- und Ordnungsrecht, 2012; *Lüdemann/Wenzel* Zur Funktionsfähigkeit der Datenschutzaufsicht in Deutschland RDV 2015, 285; *Martini/Wenzel* „Gelbe Karte" von der Aufsichtsbehörde: die Verwarnung als datenschutzrechtliches Sanktionshybrid PinG 03.17, 92; *Nguyen* Die zukünftige Datenschutzaufsicht in Europa, ZD 2015, 262; *Pohl* Durchsetzungsdefizite der DSGVO? Der schmale Grat zwischen Flexibilität und Unbestimmtheit, PinG 03.17, 85; *Ronellenfitsch* Fortentwicklung des Datenschutzes – Die Pläne der Europäischen Kommission, DuD 2012, 561; *ders.* Kohärenz und Vielfalt, DuD 2016, 357; *Roßnagel* Unabhängigkeit der Datenschutzaufsicht, ZD 2015, 106; *ders.* Gesetzgebung im Rahmen der Datenschutz-Grundverordnung, DuD 2017, 277; *Roßnagel/Nebel/Richter* Was bleibt vom Europäischen Datenschutzrecht? Überlegungen zum Ratsentwurf der DS-GVO, ZD 2015, 455; *Rost* Bußgeld im digitalen Zeitalter – was bringt die DS-GVO? RDV 2017, 13; *Schantz/Wolff* Das neue Datenschutzrecht, 2017; *Schild* Die völlige Unabhängigkeit der Aufsichtsbehörden aus europarechtlicher Sicht, DuD 2010, 549; *Schönefeld/Thomé* Auswirkungen der Datenschutz-Grundverordnung auf die Sanktionierungspraxis der Aufsichtsbehörden, PinG 03.17, 126; *Spindler* Selbstregulierung und Zertifizierungsverfahren nach der DS-GVO – Reichweite und Rechtsfolgen der genehmigten Verhaltensregeln, ZD 2016.

A. Einordung und Hintergrund

I. Erwägungsgründe

1 Als **Kernelemente** eines unionsweit wirksamen Schutzes personenbezogener Daten identifiziert ErwG 11 die Stärkung und präzise Festlegung der Rechte der betroffenen Personen sowie die Verschärfung der Verpflichtungen für diejenigen, die personenbezogene Daten verarbeiten und darüber entscheiden. Korrespondierend dazu treten in allen Mitgliedstaaten gleiche Befugnisse bei der Überwachung und Gewährleistung der Einhaltung der Vorschriften zum Schutz personenbezogener Daten sowie gleiche Sanktionen im Falle ihrer Verletzung als Gewährleistungselemente des Schutzes personenbezogener Daten hinzu.

2 ErwG 122 betrifft die **Zuständigkeiten**, im Rahmen derer die Aufsichtsbehörden ihre **Befugnisse** ausüben können. Diese werden aufgezählt nach Adressaten und Anlass des Tätigwerdens. Neben der Zuständigkeit für Verarbeitungen in ihrem Hoheitsgebiet, sind sie auch für die Bearbeitung und Untersuchung von Beschwerden zuständig, die in ihrem Hoheitsgebiet wohnende betroffene Personen betreffen, auch dann, wenn der Verantwortliche oder Auftragsverarbeiter keine Niederlassung in der Union hat. Diese Zuständigkeiten betreffen neben der Bearbeitung von Beschwerden betroffener Personen auch Untersuchungen und die Sensibilisierung der Öffentlichkeit über Gefahren, Risiken, Garantien und Rechte im Zusammenhang mit dem Schutz personenbezogener Daten.

3 In ErwG 129 wird die **Bedeutung unionsweit einheitlicher Aufgaben und Befugnisse** der Datenschutzaufsichtsbehörden betont, insbesondere im Fall von Beschwerden natürlicher Personen. Darunter fallen Untersuchungs-, Abhilfe-, Sanktions-, Beratungs- und Genehmigungsbefugnisse. Dazu zählt es auch, neben den Strafverfolgungsbehörden eigenständig Verstöße gegen die DS-GVO den Justizbehörden zur Kenntnis zu bringen und Gerichtsverfahren anzustrengen. Die Befugnis, eine Verar-

beitung vorübergehend oder endgültig zu beschränken (Art. 58 Abs. 2 lit. f) wird gesondert erwähnt.

Bei der Ausübung der Befugnisse sind von den Datenschutzaufsichtsbehörden die **Verfahrensgarantien** nach dem Unionsrecht und dem Recht der Mitgliedstaaten wie Anhörungsrechte zu beachten sowie unparteiisch, gerecht und innerhalb einer angemessenen Frist und unter Wahrung des Verhältnismäßigkeitsprinzips zu handeln. Außerdem sollten die Befugnisse so ausgeübt werden, dass überflüssige Kosten und Nachteile für die betroffenen Verantwortlichen vermieden werden. Daneben werden verschiedene Formerfordernisse der Maßnahmen der Aufsichtsbehörden aufgezählt, wie die Schriftform, die Bestimmtheit, die Notwendigkeit einer Begründung und einer Rechtsbehelfserklärung. Gesonderte Verfahrensvoraussetzungen der Mitgliedstaaten, die den Zugang zu Räumlichkeiten bei der Ausübung von Untersuchungsbefugnissen betreffen, sind zu achten. Es muss nach dem Recht des Mitgliedsstaats möglich sein, den verbindlichen Beschluss der Datenschutzaufsichtsbehörde gerichtlich überprüfen zu lassen. 4

II. BDSG n.F.

1. § 16 BDSG – Stufenweise Ausübung der Befugnisse durch die Verordnung. Die Befugnisse der oder des Bundesbeauftragten sind an unterschiedlichen Stellen geregelt. **Kern** bildet § 16 BDSG, der zunächst klarstellt, dass die oder der Bundesbeauftragte die Befugnisse nach der DS-GVO wahrnimmt. Teilweise dient die Vorschrift der Umsetzung der Richtlinie (EU) 2016/680.[1] 5

a) § 16 Abs. 1 BDSG. In Abs. 1 S. 2 wird die Ausübung der Befugnisse verfahrensmäßig so modifiziert, dass unter Bezugnahme auf die DS-GVO für bestimmte Befugnisse ein **Verfahren vorgeschaltet** ist, in dem Datenschutzverstöße der zuständigen Fach- oder Rechtsaufsichtsbehörde gemeldet werden und ihr Gelegenheit zur Stellungnahme gegenüber dem Verantwortlichen gegeben wird. Von diesem Verfahren kann abgesehen werden, wenn Gefahr in Verzug oder ein besonderes öffentliches Interesse eine sofortige Entscheidung erfordern. In der Stellungnahme sind auch die Abhilfemaßnahmen zu nennen, die aufgrund der Meldung der oder des Bundesbeauftragten ergangen sind. 6

b) § 16 Abs. 4 BDSG. In Abs. 4 wird die Befugnis der oder des Bundesbeauftragten geregelt, bei öffentlichen Stellen des Bundes jederzeit Zugang zu den Grundstücken und Diensträumen und zu den Datenverarbeitungsanlagen und -geräten verlangen zu können sowie zu allen personenbezogenen Daten und Informationen, deren Kenntnis zur ordnungsgemäßen Aufgabenerfüllung erforderlich ist. Im Spielraum der Öffnungsklausel des Art. 58 Abs. 1 lit. f hat der Gesetzgeber damit **Zugangs- und Betretungsrechte** von Grundstücken und Diensträumen geschaffen. Die Regelung der Informations- und Zugangsrechte zu den Datenverarbeitungsanlagen und Daten dient der Umsetzung der Richtlinie (EU) 2016/680.[2] 7

c) § 16 Abs. 5 BDSG. Die besondere aufsichtsbehördliche Struktur Deutschlands wird in Abs. 5 aufgegriffen, der die Kooperationsaufgabe und die **Kooperationsbefugnis** der oder des Bundesbeauftragten hinsichtlich der öffentlichen Stellen, die für die 8

1 Zu dieser Regelungssystematik Art. 57 Rn. 28 f.

2 BT-Drucks. 18/11325, S. 94.

Kontrolle der Einhaltung der Vorschriften über den Datenschutz in den Ländern zuständig sind, sowie hinsichtlich der Aufsichtsbehörden nach § 40 BDSG. Diese Hinwirkungsfunktion der oder das Bundesbeauftragten bestand bereits nach § 26 Abs. 4 BDSG a.F.

9 **2. § 21 BDSG: Antrag der Aufsichtsbehörde auf gerichtliche Entscheidung bei angenommener Rechtswidrigkeit eines Beschlusses der Europäischen Kommission.** Mit § 21 BDSG wird ein **Klagerecht** der Datenschutzaufsichtsbehörden gegen Angemessenheitsbeschlüsse der Europäischen Kommission nach Art. 45, gegen Beschlüsse über die Anerkennung einer Standarddatenschutzschutzklausel oder einer Verhaltensregeln nach Art. 46 Abs. 2 lit. c–e sowie gegen Beschlüsse über die Allgemeingültigkeit von Verhaltensregeln nach Art. 40 Abs. 9 statuiert, soweit sie betroffen ist, es ihr also auf die Gültigkeit dieser Instrumente ankommt.

10 **3. § 29 Abs. 3 BDSG.** Durch § 29 Abs. 3 BDSG werden die **Untersuchungsbefugnisse** gemäß Art. 58 Abs. 1 lit. e und lit. f gegenüber den in § 203 Abs. 1, Abs. 2a und Abs. 3 StGB genannten Berufsgeheimnisträgern und deren Auftragsverarbeitern eingeschränkt, soweit deren Ausübung zu einem Verstoß gegen die Geheimhaltungspflichten dieser Personen führen würde. Erlangt die Datenschutzaufsichtsbehörde im Rahmen einer Untersuchung Kenntnis von Daten, die einer Geheimhaltungspflicht i.S.d. § 29 Abs. 3 S. 1 BDSG unterliegen, überträgt sich diese auf sie.

11 **4. § 40 BDSG.** In § 40 BDSG wird die Zuständigkeit der nach Landesrecht zuständigen Aufsichtsbehörden für die Überwachung der Verordnung der nichtöffentlichen Stellen geregelt. Bestehen mehrere inländische Niederlassungen des Verantwortlichen oder des Auftragsverarbeiters in unterschiedlichen Bundesländern, wird die zuständige Aufsichtsbehörde nach Art. 4 Nr. 16 bestimmt.[3] Außerdem regelt § 40 Abs. 4–6 BDSG Modifikationen der nach Art. 58 bestehenden Befugnisse und schafft neue nach Maßgabe der Art. 58 Abs. 6.

III. Europäischer Datenschutzausschuss/Art.-29-Datenschutzgruppe

12 **1. WP 168 02356/09/DE Die Zukunft des Datenschutzes.** In ihrer Empfehlung an die Europäische Kommission stellte die Art.-29-Datenschutzgruppe bereits stark auf das Erfordernis einer einheitlichen Durchsetzung und einer **strikteren** und **effektiveren Überwachung** der Verantwortlichen ab. Dazu sollen die Datenschutzaufsichtsbehörden mit effektiven Befugnissen ausgestattet werden.

13 **2. WP 253 Guidelines on the application and setting of administrative fines for the purpose of the Regulation 2016/679.** In den Leitlinien werden Empfehlungen für eine konsistente Aufsichtspraxis in Bezug auf die Verhängung von Geldbußen nach Art. 83 und die Ausübung von Befugnissen nach Art. 58 zur Verfügung gestellt. Diese Befugnisse sowohl anordnender als auch sanktionierender Art werden als Bestandteile einer **„Toolbox“** aufgefasst, mit der die DS-GVO effektiv durchgesetzt werden kann.

3 Diese Zuständigkeitsregelungen wurden zur Konkretisierung des Art. 58 Abs. 6 aufgenommen, so konnte der bislang geltende § 38 BDSG a.F. – soweit er nicht durch die unmittelbare Geltung der DS-GVO verdrängt wurde – teilweise beibehalten werden.

3. WP 248 Guidelines on Data Protection Impact Assessment (DPIA) and determining whether processing is "likely to result in a high risk" for the purposes of Regulation 2016/679WP Data Protection Impact Assessment. Die Datenschutzaufsichtsbehörden und deren Befugnisse betreffen diese Leitlinien dadurch, dass sie auch Grundsätze und Empfehlungen zur **Konsultation** der **Datenschutzaufsicht** im Rahmen der Datenschutz-Folgenabschätzung nach Art. 36 aufstellt. 14

IV. Normengenese, Historie

1. Art. 28 Abs. 3 Datenschutz-Richtlinie 95/46/EG (DSRL). Die DSRL sah in Art. 28 Abs. 3 **Untersuchungsbefugnisse** vor, wie das Recht auf Zugang zu Daten, die Gegenstand von Verarbeitungen sind und das Recht auf Einholung aller für ihre Untersuchung bzw. Kontrolle erforderlichen Informationen. Außerdem sah die DSRL Einwirkungsbefugnisse vor. Dazu zählten die Befugnisse zur Abgabe einer Stellungnahme, die Befugnis zur Sperrung, Löschung oder Vernichtung von Daten, die Befugnis, ein Verarbeitungsverbot anzuordnen, oder die Befugnis, den Verantwortlichen zu verwarnen oder zu ermahnen. Auch Parlamente oder andere politische Institutionen konnten durch die Datenschutzaufsichtsbehörde mit Fragen und Themen des Datenschutzes befasst werden. 15

Ein Klagerecht der Datenschutzaufsichtsbehörden bestand nach Art. 28 Abs. 3 DSRL in Bezug auf Verstöße der Mitgliedstaaten bei der Umsetzung der DSRL. Gegen beschwerende Entscheidungen der Kontrollstelle stand der **Rechtsweg** offen. 16

2. BDSG a.F. § 24 Abs. 1 und Abs. 2 BDSG a.F. regelten die **Kontrollbefugnis** der oder des Bundesbeauftragten für den Datenschutz und die Informationsfreiheit gegenüber den öffentlichen Stellen des Bundes. Nach § 24 Abs. 3 BDSG a.F. beschränkt sich diese Kontrollbefugnis bei Bundesgerichten auf deren Verwaltungstätigkeit. Im Anschluss an die Kontrolle konnte die oder der Bundesbeauftragte Empfehlungen zur Beseitigung von festgestellten datenschutzrechtlichen Mängeln aussprechen. 17

Bei der Feststellung datenschutzrechtlicher Verstöße war die oder der Bundesbeauftragte dazu befugt, nach § 25 BDSG a.F. **Beanstandungen** gegenüber der jeweiligen obersten Bundesbehörde bzw. dem obersten weisungsberechtigten Organ auszusprechen und diese zur Stellungnahme aufzufordern. 18

Nach § 26 Abs. 3 BDSG a.F. konnte die oder der Bundesbeauftragte die Bundesregierung und die öffentlichen Stellen des Bundes beraten und **Empfehlungen** aussprechen. 19

Die Befugnisse der Aufsichtsbehörden gegenüber **nichtöffentlichen Stellen** waren dezidiert in § 38 BDSG a.F. geregelt. Danach waren sie sowohl zu Untersuchungen befugt (Abs. 4) als auch zu Anordnungs- und Beseitigungsverfügungen (Abs. 5). 20

B. Kommentierung

I. Zweck

1. Effektive Durchsetzung. Der zentralen Rolle der Datenschutzaufsichtsbehörden für die Verwirklichung der DS-GVO entspricht die Ausstattung mit weitreichenden 21

Befugnissen. Ziel ist die **effektive Durchsetzung** der Vorschriften der DS-GVO.[4] Dem viel beklagten Vollzugsdefizit im Datenschutzrecht soll entgegengewirkt werden.[5] Zum Erreichen dieses Ziels steht den Datenschutzaufsichtsbehörden eine Vielzahl von Befugnissen zur Verfügung, die dem Grunde nach gleichrangig sind. Bereits auf der Grundlage der DSRL wurde für die Effektivität der Datenschutzaufsichtsbehörden festgestellt, dass sie über die für die Aufgabenerfüllung erforderlichen personellen und sachlichen Mittel sowie die notwendigen Befugnisse verfügen müssen.[6]

22 Wesentliche Maßstäbe sind die **Effektivität der Aufgabenerfüllung** und die Wahrung des Prinzips der **Verhältnismäßigkeit**. Sie leiten die Auswahl der Befugnis, die ausgeübt werden soll und ihre Anwendung im Einzelfall. Die Datenschutzaufsichtsbehörde kann in ein und demselben Fall auch mehrere Befugnisse nacheinander oder nebeneinander wahrnehmen. Dies ist von der Ausübung ihres Ermessens umfasst.

23 Die Befugnisse der Datenschutzaufsichtsbehörden werden **unmittelbar** in der DS-GVO geregelt. Einer Umsetzung durch die nationalen Gesetze bedarf es nicht. Die Möglichkeit für die Mitgliedstaaten gem. Art. 58 Abs. 6, den Aufsichtsbehörden zusätzliche Befugnisse einzuräumen, verdeutlicht, dass der starken Ausstattung mit Befugnissen hohe Bedeutung zugemessen wird. Denn die Datenschutzaufsichtsbehörden müssen in der Lage sein, die DS-GVO effektiv durchzusetzen. Dieser Ansatz erklärt, warum den Mitgliedstaaten nur wenig eigener Ausgestaltungsspielraum der nach der DS-GVO bestehenden Befugnisse durch Öffnungsklauseln gewährt wird.[7]

24 Die **Entstehungsgeschichte** der Norm zeigt die Bedeutung auf, die der Gesetzgeber der Frage des mitgliedsstaatlichen Ausgestaltungsspielraums zugemessen hat. Im Hinblick auf den Entwurf der Kommission hat der Rat Forderungen erhoben, die auf die Begrenzung der unionsunmittelbaren Anwendung zielten. Im Gegensatz zum Verordnungsentwurf, der bereits die Befugnisse der Datenschutzaufsichtsbehörden unmittelbar in der DS-GVO geregelt hatte, forderte der Rat, dass es den nationalen Gesetzgebern überlassen sein solle, die Befugnisse im mitgliedschaftlichen Recht zu regeln. Damit könne unterschiedlichen prozessualen Gegebenheiten der Mitgliedstaaten Rechnung getragen werden (Art. 53 Abs. 1 DS-GVO-Rat).[8] Durchgesetzt hat sich dieser Vorstoß nicht.[9]

25 Die Ausgestaltung erneut den nationalen Gesetzgebern zu überlassen, hätte der **Problematik der uneinheitlichen Rechtsdurchsetzung** nicht abgeholfen, sondern im Gegenteil einen gesetzlichen Rahmen geschaffen, der bereits unter Geltung der DSRL bestand und die zersplitterte Aufsichtspraxis maßgeblich bedingte.[10] Neben des dadurch bestehenden unterschiedlichen Datenschutzniveaus und der Schaffung von

---

4 *Albrecht/Jotzo* Das neue Datenschutzrecht der EU, Teil 7 Rn. 1; Ehmann/Selmayr-*Selmayr* Art. 51 Rn. 5.

5 Kröger/Pilniok-*Spiecker gen. Döhmann* Unabhängiges Verwalten in der Europäischen Union, S. 104 f.; vgl. WP 168 (02356/09/DE), Rn. 87.

6 *EuGH* v. 16.10.2012 – C-614/10, ECLI:EU:C:2012:631, Rn. 58; BVerfGE 133, 277 370.

7 Kühling/Buchner-*Boehm* Art 58 Rn. 9.

8 Krit. *Nguyen* ZD 2015, 265, 269, vgl. Rats-Dok. Nr. 68335 v. 9.3.2015.

9 Krit. *Roßnagel/Nebel/Richter* ZD 2015, 455, 469, die befürchten, dass die unmittelbare Geltung der Befugnisse (als „Fremdkörper im Gesetzesvollzug") die Effektivität der Ausübung der Befugnisse stärker beeinträchtigt.

10 Vgl. WP 168 (02356/09/DE), Rn. 87.

„Datenschutzinseln“[11] wäre auch eine erhebliche Rechtsunsicherheit für Unternehmen damit einher gegangen.[12] Für die unmittelbare und einheitliche Geltung streitet auch der ErwG 129, der klarstellt, dass durch die unmittelbare Geltung sowohl die einheitliche Überwachung als auch die einheitliche Durchsetzung gewährleistet werden soll.

Die in ihrer Reichweite starken Befugnisse der Datenschutzaufsichtsbehörden sind Bestandteil eines durchdachten und mit unterschiedlichen Mechanismen und Instrumenten ausgestatteten **Regimes der Datenschutzkontrolle**. Dokumentationspflichten der Verantwortlichen und Instrumente der Selbstkontrolle, wie die Datenschutz-Folgenabschätzung und die weitreichenden technisch-organisatorischen Verpflichtungen der Verantwortlichen stellen wichtige Elemente des Schutzsystems dar. Eine durchsetzungsstarke und effektive Datenschutzaufsicht bildet einen zentralen Ankerpunkt des Gesamtsystems. Selbstkontrolle wird durch Abhilfebefugnisse und die Möglichkeit von Sanktionen aktiviert und flankiert: Denn bei einem Zuwiderhandeln gegen Pflichten der Selbstkontrolle drohen Maßnahmen der Aufsichtsbehörden, wodurch der Verantwortliche in seiner grundlegenden Eigenverantwortung diszipliniert wird.[13] **26**

2. Flächendeckende und einheitliche Durchsetzung. – a) Auflösung der Trennung zwischen der Datenschutzaufsicht öffentlicher und privater Verantwortlicher. Die Befugnisse können gegenüber öffentlichen und nichtöffentlichen Verantwortlichen **gleichermaßen** ausgeübt werden. Eine Unterscheidung wird auch auf Aufsichtsebene nicht mehr getroffen.[14] Die flächendeckende Vereinheitlichung der Durchsetzung der DS-GVO betrifft damit nicht nur die Vereinheitlichung auf Ebene der Europäischen Union, sondern auch die Vereinheitlichung der Datenverarbeitungsvoraussetzungen und Rahmenbedingungen, insb. die Aufsichtsmechanismen in allen Bereichen und Sektoren (ErwG 129). Die einheitliche Geltung der DS-GVO bedingt auch einen einheitlichen Vollzug derselben.[15] Dies gilt als einer ihrer Erfolge.[16] Soweit Spielräume vorhanden sind, können diese durch Gesetze des Bundes oder des Landes genutzt werden, um gerade auch die Funktionsfähigkeit der öffentlichen Verwaltung zu gewährleisten. **27**

Hinsichtlich der Verhängung von **Geldbußen** obliegt es den Mitgliedstaaten im Rahmen der Öffnungsklausel des Art. 83 Abs. 7 zu regeln, ob sie die Datenschutzaufsichtsbehörden dazu befähigen, diese Sanktionen auch gegenüber Behörden und anderen öffentlichen Stellen ausüben zu können.[17] Diese Unterscheidung wird hinsichtlich der weiteren Durchsetzungsbefugnisse von dem Verordnungsgeber bewusst nicht getrof- **28**

11 *Nguyen* ZD 2015, 265, 269.

12 *Kühling/Martini u.a.* Die Datenschutz-Grundverordnung und das nationale Recht, S. 185.

13 So drohen entgegen der Bedenken *Pohls* nicht zwangsläufig mit der stärkeren Selbstkontrolle einhergehende Datenschutzverstöße, vgl. *Pohl* PinG 03.17, 85, 88.

14 Vgl. auch Gola-*Nguyen* Art. 58 Rn. 21; sehr kritisch steht der Auflösung *Bull* gegenüber, *Bull* EuZW 2010, 488, 493 und *Ronellenfitsch* DuD 2012, 561, 563, *Ronellenfitsch* DuD 2016, 357, 359.

15 *Dieterich* ZD 2016, 260, 266.

16 So z.B. *Dammann* ZD 2016, 307, 308.

17 Der Bundesgesetzgeber hat von diesem Regelungsspielraum keinen Gebrauch gemacht, vgl. § 43 Abs. 3 BDSG.

fen und auch nicht zur Disposition der mitgliedsstaatlichen Gesetzgeber gestellt.[18] Wenn und soweit ein Einpassen in innerstaatliche Strukturen möglich ist, steht dies dem innerstaatlichen Gesetzgeber frei.

29 Bislang hatten die Datenschutzaufsichtsbehörden gegenüber öffentlichen Stellen und Behörden keine Abhilfebefugnisse, wie sie gegenüber nichtöffentlichen Stellen im § 38 BDSG a.F. bestanden. Das „schärfste Schwert" gegenüber den öffentlichen Stellen stellte bislang die Beanstandung dar, die jedoch keine verbindliche Rechtsfolge für die beanstandete Stelle enthielt und der damit regelmäßig keine Verwaltungsaktqualität beigemessen wurde.[19] Der nationale Gesetzgeber hat bislang für den öffentlichen Bereich Zurückhaltung geübt und hat dem Umsetzungsbedarf gem. Art. 28 DSRL, „wirksame Einwirkungsbefugnisse" zu schaffen, nur bedingt bei der Ausgestaltung des BDSG a.F. und der Landesdatenschutzgesetze Rechnung getragen.[20]

30 Die oder der Bundesbeauftragte und die Landesbeauftragten übten gegenüber den öffentlichen Stellen vermittelnde Funktionen aus. Da die öffentliche Verwaltung an Gesetz und Recht gebunden ist (Art. 20 Abs. 3 GG), kann grundsätzlich davon ausgegangen werden, dass Hinweisen und Beanstandungen Rechnung getragen wird.

31 **b) Neuorientierung und Anpassung der Aufsicht.** Nach dem hergebrachten Verständnis des Verfassungsrechts, des nationalen Verwaltungs- und Verwaltungsverfahrensrechts sowie dem überkommenen Selbstverständnis der öffentlichen Verwaltung stellt die Möglichkeit der Datenschutzaufsichtsbehörden, Anordnungen bzw. Anweisungen in Form von Verwaltungsakten gegenüber Behörden und öffentliche Stellen zu erlassen und diese durchzusetzen, einen **unüberwindbaren Widerspruch** zu dem verfassungsrechtlich verankerten **Verwaltungsvorbehalt** dar.[21] Danach dürfen Ordnungsbehörden ohne besondere gesetzliche Ermächtigung nicht mit obrigkeitlichen Mitteln in den hoheitlichen Zuständigkeitsbereich einer anderen Verwaltungsbehörde eingreifen.[22] Denn nach der staatlichen Kompetenzordnung ist jeder Hoheitsträger bereits durch die Bindung an Recht und Gesetz verpflichtet, bei der Wahrnehmung seiner Aufgaben die ordnungsrechtlichen Vorschriften zu beachten.[23] Auch im innerstaatlichen Recht der Bundesrepublik Deutschland wird aber zunehmend ein **funktionaler Ansatz** vertreten.[24] Dies gilt auch für das Ordnungsrecht.[25] Anordnungen und Zwangsmaßnahmen gegenüber Behörden und öffentlichen Stellen sind dem Recht und Handlungsspektrum von Aufsichtsbehörden nicht fremd. So ist die Kommunalaufsicht in der Regel dazu befugt, Zwangsmaßnahmen anzuordnen und/oder Anord-

18 Die Art.-29-Datenschutzgruppe stärkte diese Interpretation des Entwurfs in ihrer Stellungnahme v. 17.6.2015 „The Working Party recalls that the whole range of DPAs powers, including fines should apply wherever the controller is a public or a private entity.", WP Appendix „Core topics in the view of trilogue" S. 21, vgl. auch Ehmann/Selmayr-*Selmayr* Art. 58 Rn. 4 Fn. 6.

19 Grundlegend *BVerwG* v. 5.2.1992 – 7 B 15/92, NVwZ-RR 1992, 371.

20 Krit. *Schirm* DuD 2010, 549, 552.

21 Z.B. *HessVGH* v. 29.8.2001 2 UE 1491/01 Rn. 14; vehement z.B. *Ronellenfitsch* DuD 2012, 561, 563.

22 BVerwGE 29, 52, 59 f.

23 *HessVGH* v. 29.8.2001 – 2 UE 1491/01 Rn. 14; *Kühling/Martini u.a.* Die Datenschutz-Grundverordnung und das nationale Recht, S. 276 f.

24 *Britz* DÖV 2002, 891.

25 *Kugelmann* Polizei- und Ordnungsrecht, 8. Kap. Rn. 17 f.

nungen im Wege der Ersatzvornahme durchzusetzen, wenn die nachgeordneten Behörden mit ihrer Tätigkeit gegen Rechtsvorschriften verstoßen.[26]

Diese Ausgangssituation, insbesondere das sie begründende funktionale Verständnis ist auf die **Datenschutzaufsicht** übertragbar. Nach europäischem Verständnis, das nunmehr mit den Regelungen der DS-GVO unmittelbare innerstaatliche Geltung erlangt, sind Datenschutzaufsichtsbehörden Institutionen der besonderen Rechtsaufsicht.[27] Darin kommt eine wichtige Konsequenz der Unabhängigkeit der Aufsichtsbehörden nach Art. 52 zum Ausdruck. Die Datenschutzaufsichtsbehörden sind trotz einer etwaigen Angliederung an den Staatsapparat kein Teil der allgemeinen Staatsverwaltung, sondern funktional eingegliedert in das europäische Verwaltungsnetzwerk zum einheitlichen Vollzug der DS-GVO. Darin liegt eine Überlagerung des deutschen Verwaltungsrechts durch das Unionsrecht.[28] Daraus kann sich eine Verantwortungsteilung zwischen Fachaufsicht und Datenschutzaufsicht als besonderer Rechtsaufsicht ergeben. Dies stellt aber kein Hindernis für den Erlass oder den Vollzug von Verwaltungsakten durch die Datenschutzaufsichtsbehörden dar. 32

Sollte die rechtliche Bewertung des Datenschutzverstoßes des Verantwortlichen von der der Aufsicht abweichen, steht der **Rechtsweg offen**. Dazu wird den Mitgliedstaaten durch die obligatorische Öffnungsklausel des Art. 58 Abs. 4 aufgetragen, geeignete Garantien, insbesondere wirksame Rechtsbehelfe und ordnungsgemäße Verfahren vorzusehen (Art. 58 Rn. 151 ff.).[29] Auch Art. 78 Abs. 1 statuiert das Recht des betroffenen Verantwortlichen auf einen wirksamen Rechtsbehelf gegen ihn betreffende rechtsverbindliche Beschlüsse. Trotz des abweichenden Wortlauts („natürliche oder juristische Personen") betrifft dieses Recht auch durch Maßnahmen der Datenschutzaufsichtsbehörden beschwerte öffentliche Stellen und Behörden.[30] Deren Gleichbehandlung auf der Ebene der Datenschutzaufsicht hinsichtlich des Rechtsschutzes nicht fortzuführen, stünde mit dem Prinzip der einheitlichen Rechtsdurchsetzung nicht in Einklang. 33

Unterschiede zu der Aufsicht über nichtöffentliche Verantwortliche bestehen hinsichtlich der Durchsetzung bzw. Vollstreckung von Verwaltungsakten gegenüber öffentlichen Stellen. Dies führt zu dem Erfordernis der Anpassung des **Verwaltungsvollstreckungsrechts.** Nach den Verwaltungsvollstreckungsgesetzen des Bundes und der Länder, kann gegen juristische Personen des öffentlichen Rechts nur dann vollstreckt werden, soweit dies aufgrund von Rechtsvorschriften ausdrücklich zugelassen ist.[31] Dieser explizite Regelungsvorbehalt eröffnet konsequent auch die Möglichkeit der Schaffung einer Regelung für den Bundes- oder Landesgesetzgeber. 34

Der Grundsatz des „effet utile" weist eindeutig in die Richtung, dass die Mitgliedstaaten ihr **nationales Verfahrensrecht** umfassend hinsichtlich der ebenso wirksamen wie einheitlichen Anwendung und Durchsetzung der DS-GVO an europäisches Recht 35

26 Ausf. zu den Befugnissen der Staatsaufsicht über Kommunen *Franz* JuS 2004, S. 937 f.
27 Sydow-*Ziebarth* Art. 58 Rn. 2.
28 Ehmann/Selmayr-*Selmayr* Art. 58 Rn. 4, Fn. 4.
29 Ausf. zu der Öffnungsklausel des Art. 58 Abs. 4 *Kühling/Martini u.a.* Die Datenschutz-Grundverordnung und das nationale Recht, S. 196 ff.
30 Paal/Pauly-*Körffer* Art. 78 Rn. 2.
31 Z.B. § 17 VwVG, *vgl. Ronellenfitsch* DuD 2012, 561, 563.

anpassen oder bestehende Regelungen entsprechend auslegen.[32] Würde von dem Regelungsspielraum hinsichtlich der Verwaltungsvollstreckung kein Gebrauch gemacht und davon Abstand genommen, insoweit ein gleich wirksames Verfahren gegenüber nichtöffentlichen wie öffentlichen Verantwortlichen zu schaffen, kann eine unionswidrige Beeinträchtigung der wirksamen Wahrnehmung der Befugnisse der nationalen Datenschutzaufsichtsbehörden bestehen.[33] Vorbild für eine Regelung könnte zum Beispiel die Regelung nach § 17 Abs. 1 FinDAG sein. Für die Bewertung kommt es auf die Effektivität des Gesamtsystems der Rechtsdurchsetzung an.

36 Die Abkehr von einer umfassenden Polizeifestigkeit der öffentlichen Verwaltung führt zu einer Wandlung des Verständnisses der Datenschutzaufsichtsbehörden und der öffentlichen Stellen bezüglich ihrer Funktionen. Die DS-GVO hat daher Auswirkungen auf das **Selbstverständnis** der Datenschutzaufsichtsbehörden und deren Verhältnis zu den öffentlichen Stellen. Die praktischen Konsequenzen hängen auch von den Regelungen des innerstaatlichen Rechts ab. Die Bindung der Verwaltung an Recht und Gesetz sollte nahelegen, dass von den Datenschutzaufsichtsbehörden erlassenen Verwaltungsakten nachgekommen wird. Bereits das aufsichtsbehördliche Mittel der Beanstandung führt in der Regel dazu, dass Datenschutzverstöße ausgeräumt werden. Das Ergreifen verbindlicher Maßnahmen durch die Datenschutzaufsichtsbehörde kann sich dann als nicht mehr notwendig erweisen.

II. Grundlagen zur Ausübung der Befugnisse

37 **1. Auswahlermessen.** Nach Art. 58 verfügen die Aufsichtsbehörden über **neue und stärker eingreifende Befugnisse**.[34] Neben den Verwarnungen sind die Anordnungen bzw. Anweisungen hervorzuheben, die gegenüber allen Verantwortlichen erlassen werden können. Die Stärkung der Rolle der Datenschutzaufsichtsbehörden findet in dem deutlich strengeren Rahmen für Geldbußen nach Art. 83 seinen offensichtlichsten Ausdruck.

38 Die **Wahl der Befugnis steht im Ermessen** der zuständigen Datenschutzaufsichtsbehörde. Eine Stufenfolge, wonach zunächst zwingend die eine Maßnahme zu treffen ist, bevor die stärker eingreifende Maßnahme getroffen werden kann, besteht nicht. Es besteht demnach ein Auswahlermessen. Jedenfalls im Fall einer Beschwerde nach Art. 77 besteht kein Entschließungsermessen.

39 Im Rahmen des **Verhältnismäßigkeitsprinzips** ist die Datenschutzaufsichtsbehörde dazu verpflichtet, bei der Wahl ihrer Mittel das bei gleicher Effektivität am geringsten eingreifende Mittel auszuwählen.[35] Orientierung bieten die nach Eingriffsintensität gestaffelte Reihenfolge bzw. die „Eskalationsstufen“[36].

---

32 Ehmann/Selmayr-*Selmayr* Art. 58 Rn. 5, Einführung Rn. 81; Gola-*Nguyen* Art. 58 Rn. 5.

33 Generell und nicht (nur) in Bezug auf die Zwangsvollstreckung Ehmann/Selmayr-*Selmayr* Art. 58 Rn. 5. Zu der Alternative der Klagebefugnis der Datenschutzaufsichtsbehörden gegenüber öffentlichen Stellen Rn. 168. Man könnte die Zwangsbefugnis des Zwangsgeldes aufgrund ihres sanktionierenden Charakters auch im Rahmen des Art. 84 regeln, vgl. Kühling/Buchner-*Bergt* Art. 84 Rn. 8.

34 Kröger/Pilniok-*Spiecker gen. Döhmann* Unabhängiges Verwalten in der Europäischen Union, S. 107.

35 Dieses Prinzip greift der ErwG 129 explizit auf.

36 *Dieterich* ZD 2016, 260, 262.

2. Kohärenz und Konsistenz. Die DS-GVO verlangt als Bestandteil der flächendeckenden Vereinheitlichung **Konsistenz** bei der Ausübung der Durchsetzungsbefugnisse. Trotz ihrer Unabhängigkeit und ihres Ermessensspielraums sollen die Datenschutzaufsichtsbehörden in ihrer Aufsichtspraxis konsistent sein, insbesondere sollen gleiche Datenschutzverstöße nicht unterschiedlich sanktioniert und ihnen nicht unterschiedlich abgeholfen werden.[37] Im Rahmen der Kooperation gem. Art. 57 Abs. 1 lit. g und Art. 63 soll eine weitgehend parallele oder gar einheitliche Aufsichtspraxis abgestimmt werden, die gleichwohl „effektiv, verhältnismäßig und abschreckend" ist.[38] Einen maßgeblichen Beitrag dazu erfüllt der Europäische Datenschutzausschuss im Rahmen seiner Aufgabenerfüllung gem. Art. 70. 40

3. Territoriale Grenzen der Befugnisse. Grundsätzlich sind die Datenschutzaufsichtsbehörden gem. Art. 55 Abs. 1 **in ihrem Hoheitsgebiet** für die Ausübung ihrer Befugnisse zuständig. Die Zuständigkeit als federführende Behörde richtet sich nach Art. 56 Abs. 1. Innenstaatlich tritt § 40 Abs. 2 BDSG hinzu. Die Zuständigkeitsordnung soll lückenlos sein, um einen lückenlosen Schutz der Grundrechte und des freien Datenverkehrs zu gewährleisten. 41

Im Rahmen der Befassung mit einer Beschwerde nach Art. 77 können die Datenschutzaufsichtsbehörden einzelne **Untersuchungsbefugnisse** auch **außerhalb ihres Hoheitsgebiets** auszuüben. Dies hat der EuGH in seinem Urteil „Weltimmo" klargestellt.[39] Danach gilt das Territorialprinzip ausdrücklich für Einwirkungsbefugnisse, aber nicht in gleichem Maße für Untersuchungsbefugnisse. Ziel ist dabei insbesondere das Sammeln von Informationen zur Klärung der Zuständigkeiten und des weiteren Vorgehens. Wenn eine Beschwerde bei einer Datenschutzaufsichtsbehörde erhoben wird, kann diese ihre unmittelbar auf der DS-GVO beruhenden informatorischen Untersuchungsbefugnisse etwa dadurch ausüben, dass sie sich an den möglichen Verantwortlichen wendet.[40] Ansonsten würde die fristgerechte Behandlung von Beschwerden nach Art. 77 Abs. 1 zu Lasten des Beschwerdeführers unangemessen erschwert. Bereits für die Bestimmung der zuständigen bzw. federführenden Behörde muss es den Datenschutzaufsichtsbehörden möglich sein, Informationen einzuholen (Art. 57 Abs. 1 lit. a). Erst recht gilt dies für die Inanspruchnahme der Amtshilfe nach Art. 61 und gemeinsamer Maßnahmen nach Art. 62. 42

III. Adressaten der Befugnisse

1. Verantwortliche und Auftragsverarbeiter. Die Befugnisse können sowohl gegen Auftragsverarbeiter als auch gegen Verantwortliche ausgeübt werden. Dies ist eine Konsequenz daraus, dass die **Verantwortung für die Verarbeitung** im Rahmen der Auftragsverarbeitung nicht mehr allein und nicht vorrangig bei dem Verantwortlichen 43

37 WP 253/17/EN, S. 5. Aus dieser Überlegung heraus kam auch der Vorschlag der Europäischen Kommission zur Institutionalisierung des Europäischen Datenschutzausschusses als Harmonisierungsinstanz, vgl. *Albrecht* CR 2/2016, 88, 96.

38 WP 253/17/EN, S. 6 setzt diese Aussage des ErwG 129 in Kontext. Zum Tragen kommt dieses Prinzip besonders bei der Verhängung von Geldbußen als verwaltungsrechtliche Sanktion.

39 *EuGH* v. 1.10.2015 – C-230/14, ECLI:EU:C:2015:639, Weltimmo, Rn. 54.

40 Lediglich die Verhängung von Sanktionen soll ihr verwehrt sein, vgl. *EuGH* v. 1.10.2015 – C-230/14, ECLI:EU:C:2015:639, Weltimmo, Rn. 57.

liegt, sondern der Auftragsverarbeiter durch die DS-GVO verstärkt in die Verantwortung genommen wird (Art. 28 Abs. 3). Er hat eigene unmittelbare datenschutzrechtliche Pflichten (z.B. Art. 27 Abs. 1, Art. 30 Abs. 2, Art. 32 Abs. 1).[41]

44 Für den Fall, dass der Auftragsverarbeiter im Rahmen eines **Exzesses** nach Art. 28 Abs. 10 die Zwecke und Mittel der Verarbeitung eigenständig bestimmt, wird er selbst zum Verantwortlichen und als solcher Adressat der Befugnisse. Geteilte Verantwortlichkeiten zwischen gemeinsamen Verantwortlichen und im Verhältnis von Verantwortlichen und Auftragsverarbeitern müssen klar festgelegt werden, insbesondere in Hinblick auf Überwachungs- und sonstige Maßnahmen der Aufsichtsbehörden (ErwG 79).

45 Werden Auftragsverarbeiter und Verantwortlicher wegen **desselben Datenverarbeitungsvorgangs** in die Pflicht genommen, fällt jedoch die Datenschutzaufsicht auseinander, besteht erhöhter Koordinations- und Kooperationsbedarf zwischen den beteiligten Behörden. Dies müsste sich aus Verhältnismäßigkeitsgesichtspunkten auf der Ebene der Sanktionen fortsetzen.

46 **2. Vertreter von nicht in der Union niedergelassenen Verantwortlichen oder Auftragsverarbeitern.** Die Befugnisse der Datenschutzaufsichtsbehörden richten sich nur dann gegen **Vertreter i.S.d. Art. 27**, wenn der Adressatenkreis der Befugnisse nicht eindeutig im Wortlaut begrenzt ist.[42] Dies dient der Geltung der DS-GVO i.S.d. Marktortprinzips (Art. 3 Abs. 2).

47 Die in ErwG 80 angesprochene Funktion des Vertreters als „**Anlaufstelle** der Aufsichtsbehörden" bietet keine klare Hilfestellung. Eine Anlaufstelle ist jedenfalls ein Ansprechpartner und ein Adressat für Informationsersuchen. Für die Möglichkeit auch gegenüber dem Vertreter Befugnisse ausüben zu können, spricht ErwG 81. Danach ist der Vertreter zur Zusammenarbeit mit den Datenschutzaufsichtsbehörden bezüglich Maßnahmen angehalten, die der Sicherstellung der Verordnung entsprechen. Insbesondere soll der Vertreter bei Verstößen des Verantwortlichen oder Auftragsverarbeiters einem **Durchsetzungsverfahren**[43] unterworfen werden können.

48 Diese Formulierung macht deutlich, dass die Aufsichtsbehörden bei Verstößen von Verantwortlichen, die außerhalb des territorialen Geltungsbereichs der DS-GVO ihre Niederlassung haben, **Befugnisse gegenüber dem Vertreter** geltend machen können, sonst würde der Schutzgehalt des Marktortprinzips in Bezug auf die Aufsichtstätigkeit ins Leere gehen. Hinsichtlich der Durchsetzung der Maßnahmen sind dagegen ggfs. Amts- bzw. Rechtshilfeverfahren anzustrengen, da insoweit das Territorialprinzip einer Durchsetzung von Befugnissen auf fremdem Hoheitsgebiet außerhalb der Europäischen Union entgegen steht.

IV. Systematisierung

49 Die Datenschutzaufsichtsbehörden werden mit 26 Befugnissen ausgestattet, um die zahlreichen Aufgaben und Funktionen, die ihr nach der DS-GVO zukommen, erfüllen zu können. Diese **Vielzahl von Befugnissen** weisen aber teils Überschneidungen und Überlappungen in ihrem Gehalt und ihrer Reichweite auf.

41 Paal/Pauly-*Martini* Art. 28 Rn. 17.
42 Ausdrücklicher Adressat ist der Vertreter in Art. 58 Abs. 1 lit. a.
43 „enforcement proceedings" – ErwG 80.

Wie bereits in der DSRL vorgesehen, verfügen die Aufsichtsbehörde über Untersuchungs- (Abs. 1) und Abhilfebefugnisse (Abs. 2).[44] Zusätzlich werden Beratungs- und Genehmigungsbefugnisse (Abs. 3) in Entsprechung zu den speziellen Genehmigungsvorbehalten der DS-GVO geregelt. **50**

1. Untersuchungsbefugnisse (Abs. 1). Die regelmäßig geringere Eingriffstiefe in die Rechte Verantwortlicher zieht eine niedrigere Eingriffsschwelle nach sich. Korrespondierend zu den Aufgaben der Datenschutzaufsichtsbehörden, insbesondere der Kontrolle gem. Art. 57 Abs. 1 lit. h, die **anlasslos** bestehen, sind die Aufsichtsbehörden bei der Ausübung ihrer Untersuchungsbefugnisse nicht daran gebunden, dass ein Datenschutzverstoß vermutet wird, bzw. eine Beschwerde einer betroffenen Person einging. Auch wenn die Untersuchungsbefugnisse getrennt aufgeführt werden, können sie kollektive Bestandteile einer Untersuchung sein und werden (abgesehen von der Überprüfung der Zertifizierung nach Art. 58 Abs. 1 lit. c, vielfach gemeinsam wahrgenommen, z.B. im Rahmen einer Vor-Ort-Kontrolle. **51**

a) Anweisung zur Herausgabe von Informationen. Maßgebliche Voraussetzung für weiter gehende Maßnahmen der Datenschutzaufsicht ist zunächst die Zusammenstellung eines vollständigen Sachverhalts. Dazu ist sie befugt, den Auftragsverarbeiter oder Verantwortlichen und ggfs. den Vertreter anzuweisen, ihr die erforderlichen Informationen zur Verfügung zu stellen. Die Informationen müssen **vollständig, aktuell und richtig** sein. Bei der Ausübung dieser Befugnis sind die Datenschutzaufsichtsbehörden dazu angehalten, so konkret wie möglich gegenüber dem Adressaten zu äußern, welche Informationen zu welchen Datenverarbeitungsvorgängen benötigt werden. So kann vermieden werden, dass es zu Zeitverlusten bei der Bearbeitung kommt, die zu einem sich vertiefenden Datenschutzverstoß führen können. **52**

Die Ergebnisse der zahlreichen Dokumentationspflichten, die in der DS-GVO den Verantwortlichen auferlegt werden, sollten den Aufsichtsbehörden zur Verfügung gestellt werden, um bei einer Prüfung alle bereits für den Datenschutz getätigte Schritte nachvollziehen zu können. Diese **Nachvollziehbarkeit** bezieht sich sowohl auf die technisch-organisatorischen Maßnahmen als auch auf die Grundlagen der Datenverarbeitung, insbesondere auf das Verzeichnis von Verarbeitungstätigkeiten.[45] **53**

Die Befugnis, alle für die Kontrolle erforderlichen Informationen einzuholen, war bereits in der DSRL vorgesehen und wurde z.B. durch § 38 Abs. 3 BDSG a.F. geregelt. Gleichwohl wurde darin lediglich eine **Auskunftspflicht** manifestiert. Dagegen impliziert die weite Formulierung „Einholung von Information", dass die Datenschutzaufsichtsbehörden nicht an eine Form gebunden sind, sondern die erforderlichen Informationen z.B. auch in Form einer Kopie von Originalunterlagen und Dateien verlangen können.[46] Auch im öffentlichen Bereich der oder des Bundesbeauftragten waren die öffentlichen Stellen des Bundes dazu verpflichtet, gem. § 24 Abs. 4 Nr. 1 BDSG a.F. die erforderlichen Unterlagen bereitzustellen. Diese Regelung wurde durch § 16 Abs. 4 Nr. 2 BDSG beibehalten. **54**

---

44 In der Terminologie der DSRL wurden die Abhilfebefugnisse noch Einwirkungsbefugnisse genannt.

45 Dieses ist nach Art. 30 Abs. 4 auf Anfrage der Datenschutzaufsichtsbehörde zur Verfügung zu stellen.

46 Ehmann/Selmayr-*Selmayr* Art. 58 Rn. 15.

55 Nach dem Wortlaut der DS-GVO wird diese Befugnis nicht durch ein Auskunftsverweigerungsrecht, wie es § 38 Abs. 3 BDSG a.F. vorsah, eingeschränkt. Gleichwohl kann rechtsstaatlich von dem Verantwortlichen keine Information oder Auskunft verlangt werden, durch die er sich einer Straftat bezichtigen würde.[47] Dieses rechtsstaatliche Prinzip ist bereits in Art. 58 Abs. 4 verbürgt und im Rahmen des BDSG in § 40 Abs. 4 BDSG für die Verantwortlichen im nichtöffentlichen Bereich explizit geregelt.

56 **b) Untersuchungen zur Durchführung von Datenschutzüberprüfungen.** Mit der Durchführung von Untersuchungen ist hier die **datenschutzrechtliche Kontrolle** gemeint, die präventiv und anlasslos erfolgen kann.[48] Diese Befugnis ist von grundlegender Bedeutung, um die Überwachungsaufgabe der Datenschutzaufsichtsbehörden effektiv verwirklichen zu können. Als Gegenstand der Untersuchung kommen in Betracht die Überprüfung der rechtlichen Vorgaben, die dem Datenverarbeitungsvorgang zugrunde liegen, die Einhaltung der Transparenzpflichten gegenüber den betroffenen Personen und die Maßgaben, die in technisch-organisatorischer Hinsicht und hinsichtlich der Datensicherheit bestehen.

57 Die vereinheitlichte und flächendeckende Durchsetzung der DS-GVO durch die Datenschutzaufsichtsbehörden würde die Durchführung **gemeinsamer Datenschutzüberprüfungen** nahe legen, z.B. für den Fall, dass sich Niederlassungen eines Verantwortlichen in unterschiedlichen Mitgliedstaaten befinden. In der deutschen Aufsichtspraxis sind solche gemeinsamen Prüfungen insbesondere im Sicherheitsbereich bereits vorgenommen worden. Nunmehr steht den Datenschutzaufsichtsbehörden unionsweit im Rahmen der Vorschriften über die Zusammenarbeit die Möglichkeit zur Verfügung, gem. Art. 62 Abs. 1 **gemeinsame Maßnahmen** einschließlich gemeinsamer Untersuchung durchzuführen.

58 **c) Überprüfung von Zertifizierungen.** Die von Zertifizierungen herbei geführte Rechtssicherheit reicht nicht soweit, dass der zertifizierte Verantwortliche deswegen keine Kontrollen der Datenschutzaufsicht befürchten müsste. Diese können sowohl durch die Datenschutzaufsichtsbehörden erteilte Zertifizierungen als auch die von Zertifizierungsstellen erteilten Zertifizierungen betreffen.

59 Die Überprüfung der Zertifizierung stellt dabei die notwendige **Vorprüfung** vor einem eventuellen **Widerruf** gem. Art. 42 Abs. 7 S. 2 dar und ist deswegen im Zusammenhang zu der Abhilfebefugnis gem. Art. 58 Abs. 2 lit. h zu sehen, bzw. für den Fall, dass die Datenschutzaufsichtsbehörde selbst die Zertifizierung erteilt hat, im Zusammenhang mit der Verlängerung der Maßnahme nach Art. 42.

60 **d) Hinweis auf einen vermeintlichen Verstoß.** Der Hinweis auf einen vermeintlichen Verstoß gegen die Vorgaben der DS-GVO entfaltet dem Verantwortlichen oder Auftragsverarbeiter gegenüber noch **keine Rechtsfolge**, dies erklärt den Regelungsstandort abseits der Abhilfebefugnisse. Der Hinweis ist damit kein Verwaltungsakt.[49]

---

47 Ausf. Gola-*Nguyen* Art. 58 Rn. 5.

48 Im Englischen wird der Ausdruck „audit" verwendet, dies bekräftigt den präventiven Charakter der Kontrolle bzw. Untersuchung.

49 Deswegen hätte es einer Befugnis grds. nicht bedurft, vgl. Paal/Pauly-*Körffer* Art. 58 Rn. 12; ein solcher Hinweis kann bereits im Rahmen der Aufgabenerfüllung nach Art. 57 Abs. 1 lit. d ergehen.

Der Hinweis kann vielmehr Bestandteil der **Selbstkontrolle** des Verantwortlichen aufgefasst werden, der durch den Hinweis zunächst zur Selbstvornahme befähigt wird. Ein solcher Hinweis auf einen vermeintlichen Verstoß kommt etwa in Betracht, wenn bei einer vergleichbaren Datenverarbeitung eines anderen Verantwortlichen Verstöße festgestellt wurden oder Hinweise anderer Datenschutzaufsichtsbehörden nachgegangen wird. 61

Es stellen sich **Abgrenzungsfragen** zu den Befugnissen der **Warnung** und der **Verwarnung** aus der Kategorie der Abhilfebefugnisse (Art. 58 Abs. 2 lit. a und lit. b). Ein Unterschied liegt in der Natur des Verstoßes. Während es sich bei dem Hinweis um einen Verstoß gegen die Verordnung handelt, ist die Warnung und Verwarnung spezifischer. Dort betrifft der drohende (Warnung) oder festgestellte Verstoß (Verwarnung) einen Datenverarbeitungsprozess. Ein Verstoß gegen die DS-GVO, wie er Gegenstand eines Hinweises sein kann, kann dagegen auch die fehlende Bestellung eines Datenschutzbeauftragten betreffen oder den Verdacht, dass der Pflicht zum Führen eines Verzeichnissen von Verarbeitungstätigkeiten nicht nachgekommen wurde. 62

Der Zusatz „vermeintlich“[50] macht deutlich, dass dieser Hinweis auch dann ergehen kann, wenn der Sachverhalt **nicht ausermittelt** ist. Dies ist ebenfalls ein Unterschied zu der Warnung und Verwarnung nach Art. 58 Abs. 2 lit. a und lit. b. Da der Hinweis keine Rechtsfolge setzt und damit auch keinen Eingriff in Grundrechte bedeutet, kann er auch ergehen, wenn nur ein Verdacht besteht. Diese Befugnis ist damit in ihrer Wirkung präventiver Natur.[51] Sollte einem solchen Hinweis nicht durch den Verantwortlichen nachgegangen werden und die Überprüfung dagegen feststellen, dass tatsächlich ein Verstoß vorlag, könnte sich dies auf die folgende Sanktion auswirken.[52] Im Grunde wird der Verantwortliche dadurch bösgläubig. 63

e) Zugang zu Informationen. Besonders bei Kontrollen ist es erforderlich, dass der Datenschutzaufsichtsbehörde Zugang zu den Informationen, die entweder Gegenstand der Datenschutzkontrolle sind oder für sie benötigt werden, ermöglicht wird. Darin kann ein eigenständiger Eingriff in Rechte liegen. 64

Die Klassifizierung von Informationen durch den Verantwortlichen als **geheimhaltungsbedürftig** oder als **Betriebs- und Geschäftsgeheimnisse** schließt die datenschutzrechtliche Kontrolle nicht aus.[53] Sie kann auf die Verwertung der Ergebnisse z.B. im Tätigkeitsbericht oder die Akteneinsicht Auswirkungen haben. Dies gilt auch für als Verschlusssache qualifizierte Daten, mit dem Unterschied, dass bestimmte Geheimhaltungsgrade Sicherheitsüberprüfungen in der Person des oder der Überprüfenden voraussetzen.[54] 65

---

50 Der in der englischen Fassung genutzte Ausdruck „alleged infringement“ (präziser übersetzt durch „angeblicher Verstoß“) macht dies noch deutlicher.

51 Ehmann/Selmayr-*Selmayr* Art. 58 Rn. 15.

52 Vgl. ErwG 148 stellt klar, dass bei der Ausübung sanktionierender Befugnisse u.a. auch dem vorsätzlichen Charakter des Verstoßes und dem Grad der Verantwortlichkeit Rechnung getragen wird. Zu den Wechselwirkungen macht die Art.-29-Datenschutzgruppe in den „Guidelines on the application and setting of administrative fines for the purposes of the Regulation 2016/679“ Empfehlungen, vgl. WP 253/17/EN, S. 12 f.

53 So auch BeckOK DatenSR-*Eichler* Art. 58 Rn. 13.

54 Die Kontrolle von Daten, die etwa nach § 4 des Sicherheitsüberprüfungsgesetzes geschützt sind, dürfte eher im Rahmen der Richtlinie (EU) 680/2016 oder in Bereichen, die außerhalb des Unionsrecht liegen, wie der nachrichtendienstliche Bereich auf die Datenschutzaufsichtsbehörden zukommen.

66 Hinsichtlich **Berufsgeheimnisträgern** hat das BDSG in seiner neuen Fassung gem. § 29 Abs. 3 BDSG **Einschränkungen** des Rechts auf Zugang zu Informationen, die einem Berufsgeheimnis unterfallen könnten, vorgenommen.[55] Danach sind die Untersuchungsbefugnisse der Datenschutzaufsichtsbehörden gem. Art. 58 Abs. 1 lit. f und lit. e insoweit beschränkt, als der Zugang zu einem Verstoß gegen § 203 Abs. 1, Abs. 2a und Abs. 3 StGB führen würde.[56] Sollten trotzdem derartig geheimhaltungsbedürftige Informationen zur Kenntnis der Datenschutzaufsicht gelangen, sind sie gleichermaßen zur Geheimhaltung verpflichtet.[57]

67 Laut Gesetzesbegründung sei diese Einschränkung der Befugnisse (im Geltungsbereich Öffnungsklausel des Art. 90) erforderlich, um das **geschützte Vertrauen** insbesondere von Mandanten und Patienten gegenüber Anwälten und Ärzten nicht zu beeinträchtigen.[58] Diese Bereichsausnahme bezieht sich auch auf Auftragsverarbeiter, die so vor der Gefahr des zwingenden Vertragsbruchs bewahrt werden sollen.[59] Die Einschränkung entzieht die Datenverarbeitung dieser Berufsgeheimnisträger pauschal der Kontrolle der Datenschutzaufsicht. Da diese aber besonders geheimhaltungsbedürftige Informationen verarbeiten, ist die Einhaltung der vorgegebenen Datenschutzstandards bedeutsam und sollte beaufsichtigt werden.

68 Zumal bei der Verarbeitung von **besonderen Kategorien personenbezogener Daten** im Sinne des Art. 9, die nach der DS-GVO nur sehr restriktiv verarbeitet werden dürfen, ist diese Beschränkung problematisch.[60] Das Zusammenspiel von Ausnahmen im Rahmen von Öffnungsklauseln oder Erwägungsgründen offenbart erhebliche Lücken der datenschutzrechtlichen Kontrolle. So werden bereits hinsichtlich der Datenschutz-Folgenabschätzung (Art. 35) in Entsprechung des ErwG 91 die **Einzelarztpraxen** und **Einzelanwaltskanzleien privilegiert** dahingehend, dass auch bei der Verarbeitung von Daten i.S.d. Art. 9 oder Art. 10 nicht zwingend eine Datenschutz-Folgenabschätzung vorgenommen werden muss, wie eigentlich durch Art. 35 Abs. 3 lit. b vorgegeben wird. Diese Privilegierung in Kombination mit den eingeschränkten Untersuchungsbefugnissen der Datenschutzaufsichtsbehörden stellen hohe Risiken für die Rechte und Freiheiten der betroffenen Personen dar. Weiter verstärkt werden diese Risiken dadurch, dass in Anwendung des ErwG 91 die Benennungspflicht eines Datenschutzbeauftragten für Einzelarztpraxen und Einzelanwaltskanzleien aus nachvollziehbaren Gründen der Praktikabilität entfallen soll.[61]

69 Diesem Entstehen einer **Kontrolllücke** sollte im Gesetzgebungsverfahren zum BDSG im Rahmen eines Änderungsantrags des Bundesrats Einhalt geboten werden.[62] Es

---

55 Bereits in § 1 Abs. 2 S. 2 BDSG stellt das BDSG die gesonderte Stellung und Privilegierung der Berufsgeheimnisträger heraus.

56 Zum geschützten Personenkreis Schantz/Wolff-*Schantz* Das neue Datenschutzrecht Rn. 1364.

57 Die Informationen dürfen damit nicht an andere Stellen oder Private herausgegeben werden. Auch das Akteneinsichtsrecht und Ansprüche nach dem Transparenz–/Informationsfreiheitsgesetz dürften nicht oder nur eingeschränkt bestehen.

58 BT-Drucks. 18/11325, S. 101, 102.

59 BT-Drucks. 18/11325, S. 101.

60 Krit. auch *Schaar* im Rahmen Anhörung des Innenausschusses am 27.3.2017; siehe auch den Bericht von *Jensen* Gliederungspunkt 2. ZD-Aktuell 2017, 05596.

61 Krit. Kühling/Buchner-*Bergt* Art. 37 Rn. 24.

62 Siehe BR-Drucks. 18/11655, S. 17.

wurde eingebracht, dass diese Regelung zurückgestellt werden soll „zugunsten einer zeitnahen, rechtssicheren und umfassenderen Gesamtregelung auf Grundlage der Anforderungen des Art. 90“.[63] Die in Art. 90 geforderte **Interessenabwägung** zwischen dem Recht auf Schutz der personenbezogener Daten und der Pflicht zur Geheimhaltung geht aus der Ausgestaltung der Ausnahmeregelung des § 29 BDSG nicht hervor. Schutzmechanismen, die die durch die Regelung entstandene „aufsichtsfreie Zone“ kompensieren, sind nicht ersichtlich.[64] Dieser Änderungsantrag hatte keinen Erfolg.[65] Damit werden die Befugnisse der Datenschutzaufsichtsbehörden im Vergleich zur vorherigen Rechtslage erheblich eingeschränkt und eine echte **Absenkung des Datenschutzniveaus** in diesen Sektoren steht zu befürchten.

Die Vorschrift schränkt die Aufsichtsbefugnisse der Datenschutzaufsichtsbehörden unionsrechtswidrig ein.[66] Damit kann sie ein Fall für den Anwendungsvorrang des Unionsrechts sein. Sollte keine europarechtskonforme Auslegung möglich sein, wäre also im Einzelfall zu prüfen, ob die Einschränkung des § 29 Abs. 3 BDSG unanwendbar ist.[67] **70**

f) Zugang zu Geschäftsräumen. Der Zugang zu den Geschäftsräumen und den Datenverarbeitungsanlagen und -geräten soll „gemäß dem Verfahrensrecht der Union und dem Verfahrensrecht des Mitgliedsstaats“ erfolgen, z.B. hinsichtlich verfahrenssichernder Voraussetzungen wie Richtervorbehalten.[68] Dies stellt eine fakultative Öffnungsklausel dar, die in ihrer Reichweite jedoch auf die **mitgliedstaatliche Ausgestaltung des Verfahrensrechts** begrenzt ist und nicht den Mitgliedstaaten die Möglichkeit eröffnet, auch eigene materielle Regelungen zu treffen.[69] Abgesehen von den Geschäftsräumen von Berufsgeheimnisträgern (s.o.) gelten die bisherigen Zutrittsrechte der Datenschutzaufsichtsbehörden weiter fort. **71**

Nach dem BDSG a.F. bestand sowohl die Verpflichtung der öffentlichen Stellen des Bundes, gem. § 24 Abs. 1 und Abs. 4 S. 2 Nr. 1, 2 BDSG a.F. der oder dem Bundesbeauftragten Zutritt zu allen Diensträumen, Auskunft über und Einsicht in alle Unterlagen zu gewähren. Nichtöffentliche Stellen waren demgegenüber nach § 38 Abs. 4 BDSG a.F. verpflichtet, den Datenschutzaufsichtsbehörden während der Betriebs- und Geschäftszeiten Zugang zu den Geschäftsräumen einzuräumen. **72**

Der ursprüngliche **Entwurf der DS-GVO der Europäischen Kommission** sah den Zugang zu den Geschäftsräumen nur dann vor, wenn ein Anlass dazu bestand z.B. in Form einer Beschwerde gem. Art. 77.[70] Dieser repressive Ansatz hätte einen Rückschritt bedeutet und wäre der Funktion der Datenschutzaufsichtsbehörde als Überwachungsinstanz nicht gerecht geworden.[71] Gerade die Möglichkeit der **anlasslosen** **73**

63 Vgl. BR-Drucks. 18/11655, S. 17.
64 Siehe die Begründung BR-Drucks. 18/11655, S. 17.
65 BR-Drucks. 18/11655 S. 33.
66 *Roßnagel* DuD 5/2017, 277, 281 m.w.N.
67 Vgl. allgemein in Hill/Kugelmann/Martini-*Kugelmann* Digitalisierung im Recht, Politik und Verwaltung, S. 33 ff.
68 So z.B. in Großbritannien, vgl. *Nguyen* ZD 2015, 265, 269.
69 Vgl. *Kühling/Martini* u.a. Die Datenschutz-Grundverordnung und das nationale Recht, S. 187 f., der in der Gesamtschau von einem materiellen Regelungsspielraum ausgeht.
70 *Nguyen* ZD 2015, 265, 268.
71 Vgl. Paal/Pauly- *Körffer* Art. 58 Rn. 15.

Überprüfung stellt einen wichtigen Anstoß für den Verantwortlichen dahingehend dar, dass seine Datenverarbeitungsvorgänge und in dem Zusammenhang vorgesehenen Pflichten zu jedem Zeitpunkt im Einklang mit der DS-GVO stehen und nicht nur dann, wenn Kontrollen angekündigt wurden.[72] Dieser latente Druck übt eine präventive Wirkung auf den Verantwortlichen aus.

74 Bei Kontrollen in den Geschäftsräumen sollen die Möglichkeit der Einsichtnahme in Dateien und Datenverarbeitungssysteme und der Zugriff auf diese ermöglicht werden. Dies betrifft insbesondere die Protokollierungen der Datenverarbeitungsvorgänge, z.B. von Löschungen.[73]

75 Die bereits unter lit. e dargestellten Regelungen des § 29 Abs. 3 BDSG, die den Zugang zu Informationen und Geschäftsräumen von Berufsgeheimnisträgern betreffen, fußen auf der Öffnungsklausel des Art. 90 (Rn. 66).[74]

76 **2. Abhilfebefugnisse (Abs. 2).** Zur Durchsetzung der DS-GVO stehen den Datenschutzaufsichtsbehörden **zehn Abhilfebefugnisse** zur Verfügung, die unterschiedliche Eingriffsintensität haben. Während die Warnbefugnisse (Art. 58 Abs. 2 lit. a und lit. b) und die Anweisungsbefugnisse (Art. 58 Abs. 2 lit. c–e) weniger intensiv in die Rechtspositionen der Verantwortlichen eingreifen, kommt den direkten Anordnungsbefugnissen (Art. 58 Abs. 2 lit. f–j) eine erhebliche Eingriffsintensität zu.[75] Die Datenschutzaufsichtsbehörden sind jedoch nicht daran gebunden, Eskalationsstufen einzuhalten. Vielmehr hängt es von dem Verstoß ab, mittels welcher Maßnahme am **effektivsten** ein datenschutzkonformer Zustand hergestellt werden kann. Auch das Bemühen um eine möglichst schnelle Abhilfe kann eine Rolle spielen.

77 Bereits die DSRL sah **Einwirkungsbefugnisse** vor, die auch nach nationalem Recht gegenüber den privaten Stellen in § 38 Abs. 5 BDSG a.F. durch das Gesetz zur Änderung datenschutzrechtlicher Vorschriften vom 3.7.2009 geregelt wurden. Durch dieses wurden die Aufsichtsbehörden befugt, gegen materielle Rechtsverstöße bzgl. Vorschriften zum Schutz personenbezogener Daten im Wege des Verwaltungsverfahrens vorzugehen.[76] Vorher konnten lediglich bzgl. technisch organisatorischer Verstöße der Datensicherheit Verwaltungsakte erlassen werden.[77]

78 Der oder dem Bundesbeauftragten standen dagegen **keine Abhilfebefugnisse** gegen nichtöffentliche Stellen zur Verfügung. Selbst im Bereich der Telekommunikations- und Postdienstleistung unterstanden zwar wohl 3 000 TK- und 1 500 Postdienstleister ihrer bzw. seiner Aufsicht, als einzige Einwirkungsmöglichkeit i.S.d. Art. 28 Abs. 3 DSRL stand dem oder der Bundesbeauftragten jedoch lediglich die Beanstandung gegenüber der Bundesnetzagentur als Befugnis zur Verfügung.[78]

---

72 Vgl. *Nguyen* ZD 2015, 265, 269.

73 Das *BVerfG* hat in seiner Entscheidung v. 20.4.2016 deutlich gemacht, dass Protokolldaten so geführt und aufbewahrt werden sollen, sodass eine aufsichtliche Kontrolle gewährleistet werden kann, NJW 2016, 1781, 1789 Rn. 141.

74 Zu der Kritik, die ebenfalls für die Beschränkungen der Befugnis nach Art. 58 Abs. 1 lit. f besteht, wird auf Rn. 66 f. verwiesen.

75 *Dieterich* ZD 2016, 260, 263.

76 Gola/Schomerus-*Körffer/Klug/Gola* BDSG § 38 Rn. 2.

77 *Bull* EuZW 2010, 488, 493.

78 *Roßnagel* ZD 2015, 106, 111 mit Verweis auf BT-Drucks. 18/2848, S. 19 zu den genannten Zahlen.

Besondere Relevanz äußern die unmittelbar geltenden Abhilfebefugnisse für die **öffentlichen Verantwortlichen**, denen gegenüber die Datenschutzaufsichtsbehörden in ihrer (alten) Funktion (Rn. 30) bislang keine Anordnungs- oder Anweisungsbefugnisse hatten. **79**

a) Warnung. Die Warnung wird gegenüber dem Verantwortlichen oder Auftragsverarbeiter dann ausgesprochen, wenn eine beabsichtigte Datenverarbeitung voraussichtlich gegen die DS-GVO verstoßen werde. Es steht insoweit noch kein Verstoß fest; durch die Warnung soll der Eintritt verhindert werden. Die Maßnahme trägt damit keinen sanktionierenden Charakter und entfaltet keine feststellende Wirkung.[79] Ihr ist keine Verwaltungsaktqualität beizumessen, gleichwohl ist sie ähnlich zum Hinweis mittelbar eine **Aufforderung zur Selbstvornahme**. Wird die Warnung missachtet, kann sich dies strafschärfend bei der Verhängung von Sanktionen auswirken.[80] Sie ergeht gegenüber dem Verantwortlichen. Wenn und soweit mit ihr eine beschwerende Wirkung einhergeht, ist gegen sie ein Rechtsbehelf im Sinne des Art. 78 Abs. 1 statthaft. Wenn sie veröffentlicht wird, können ihr weiter gehende Rechtwirkungen zukommen.[81] **80**

Die Warnung kommt etwa in Betracht, wenn die Konsultation der Datenschutzaufsichtsbehörde nach Art. 36 ergibt, dass die beabsichtigte Datenverarbeitung nicht im Einklang mit der Datenschutz-Grundverordnung steht. In diesem Zusammenhang wird sie in der Regel im **Zusammenhang mit der Beratung** nach Art. 58 Abs. 3 lit. a ausgesprochen werden. **81**

b) Verwarnung. Die Verwarnung geht von einem **vollendeten objektiven Datenschutzverstoß** durch eine Datenverarbeitung aus und verwarnt den Verantwortlichen oder Auftragsverarbeiter mit dem Ziel, dass er zukünftig eine datenschutzkonforme Ausgestaltung der gegenständlichen Datenverarbeitung vornimmt. **82**

Die missbilligende Feststellung der Datenschutzaufsichtsbehörde, dass ein datenschutzrechtlicher Verstoß vorliegt, wird als feststellender Verwaltungsakt erlassen.[82] Eine solche **feststellende Wirkung** wurde hinsichtlich der Beanstandung mangels Regelungswirkung bislang verneint.[83] Trotzdem werden Parallelitäten zwischen Beanstandung und Verwarnung gezogen. Die Annahme, dass von der Verwarnung keine rechtverbindliche Wirkung ausgehe, bzw. mit ihr keine Rechtsfolge bzw. Handlungsanweisung an den Adressaten der Maßnahme gesetzt werde und sie insoweit der Beanstandung vergleichbar sei,[84] überzeugt insoweit nicht, als sie verhaltenslenkende Wirkung entfalten soll und damit eine verbindliche Nachfolge ggü. dem Verantwortlichen gesetzt wird. **83**

---

79 Es soll sich um eine Maßnahme der Spezial-Prävention handeln vgl. *Martini/Wenzel* Ping 03.2017, 92.

80 Vgl. ErwG 148.

81 Vgl. *BVerfG* v. 26.6.2002 – 1 BvR 558/91, 1 BvR 1428/91, Rn. 49 ff. Siehe Rn. 129 ff.

82 *Golla* RDV 2017, 123, 124; *Martini/Wenzel* PinG 03.2017, 92, 96.

83 Z.B. Urteil des *OVG Bautzen* v. 21.6.2011 – 3 A 224/10, NVwZ–RR 2011, 980. Demgegenüber wird der Beanstandung einer Landesmedienanstalt die Rechtsnatur eines feststellenden Verwaltungsakts mit Eingriffscharakter beigemessen, durch den ein Rechtsverstoß förmlich festgestellt und missbilligt wird. *OVG Nordrhein-Westfalen* v. 17.6.2015 – 13 A 1215/12, ZUM 2015, 910.

84 Paal/Pauly-*Körffer* Art. 58 Rn. 18.

84 Das Instrument der Beanstandung soll gegenüber öffentlichen Stellen des Bundes bzw. im Anwendungsbereich des BDSG nach dem Willen des nationalen Gesetzgebers als zusätzliches Instrument weiter bestehen bleiben. Deswegen sieht er hinsichtlich der Ausübung der Befugnisse gem. § 16 Abs. 1 BDSG für die Befugnisse nach Art. 58 Abs. 2 lit. b–g, lit. i und lit. j vor, dass vor Ausübung der Befugnisse die zuständige Rechts- oder Fachaufsichtsbehörde informiert wird und ihr die Gelegenheit zur Stellungnahme gegenüber dem Verantwortlichen innerhalb einer angemessenen Frist erteilt wird, soweit keine Gefahr in Verzug besteht oder ein zwingend entgegen stehendes öffentliches Interesse.[85] In § 16 Abs. 2 BDSG wird die Beanstandung für Datenverarbeitungen außerhalb des Anwendungsbereichs der DS-GVO aufrechterhalten.

85 Nach der Neuregelung des BDSG sind die **Adressaten** des beanstandungsähnlichen Vorverfahrens und der Verwarnung **unterschiedlich**. Die Verwarnung ergeht gegenüber dem Verantwortlichen und nicht wie das Vorverfahren gem. § 16 Abs. 1 BDSG gegenüber dessen Fachaufsicht. Dies stellt im öffentlichen Sektor einen Unterschied dar.[86] Eine Beanstandung kann aufgrund des Landesrechts gegenüber der öffentlichen Stelle selbst ergehen, zumindest wenn sie eine gewisse Eigenständigkeit aufweist wie die Kommunen.

86 Da die Verwarnung keine unmittelbare Rechtsfolge setzt, mit der die Beseitigung des datenschutzwidrigen Zustands herbeigeführt wird, kommt sie lediglich bei **geringfügigen Verstößen** in Betracht und dann, wenn **keine Wiederholungsgefahr** unmittelbar bevorsteht. Sie kann dann statt der Verhängung von Geldbußen ausgesprochen werden, wenn diese eine unverhältnismäßige Belastung für die verantwortliche natürliche Person bewirken würde.[87] Die Geringfügigkeit bemisst sich nach den Kriterien des Art. 83 Abs. 2 S. 2.[88]

87 In § 41 Abs. 2 S. 2 BDSG schließt der Bundesgesetzgeber die Anwendbarkeit der Vorschriften der **Verwarnung** nach den §§ 56–58 OWiG aus, da insoweit die DS-GVO in Art. 58 Abs. 2 lit. b **abschließende Regelungen** trifft.[89] Die sanktionierende Regelungswirkung ist insoweit gleich, im Regelfall ist die Verwarnung im OWiG jedoch mit der Verhängung eines Verwarnungsgeldes verbunden.[90] Dies ist nach der DS-GVO dagegen nicht vorgesehen; im Gegenteil ist das Aussprechen der Verwarnung als eine Geldbuße ersetzendes Mittel – wie bereits ausgeführt – ausdrücklich vorgesehen.

88 **c) Anweisung zur Rechtsdurchsetzung der Betroffenen.** Die Datenschutzaufsichtsbehörden sind befugt, die Verantwortlichen anzuweisen, den Anträgen betroffener Personen zu entsprechen. Klassischer Anwendungsfall ist der, dass die betroffene Person Anträge im Rahmen ihrer Betroffenenrechte gestellt hat, denen der Verantwortliche nicht Rechnung getragen hat. Davon umfasst sind z.B. das **Auskunftsrecht** gem. Art. 15, das **Recht auf Berichtigung** gem. Art. 16, das **Recht auf Löschung** der personenbezogenen Daten gem. Art. 17, **das Recht auf Beschränkung der Verarbeitung** gem. Art. 18 sowie das **Recht auf Datenübertragbarkeit** gem. Art. 20. Kommt die

---

85 Kritisch dazu Rn. 130 ff.
86 Ebenso *Martini/Wenzel* PinG 03.2017, 92, 93 Fn. 12.
87 Siehe ErwG 148.
88 *Golla* RDV 2017, 123, 124; *Martini/Wenzel* PinG 03.2017, 92, 94.
89 BT-Drucks. 18/11325, S. 108.
90 *Martini/Wenzel* PinG 03.2017, 92, 93.

Datenschutzaufsichtsbehörde im Rahmen ihrer Untersuchung nach Art. 58 Abs. 1 zu dem Ergebnis, dass den Anträgen zu entsprechen ist und die Verweigerung rechtswidrig war, kann sie dies gegenüber dem Verantwortlichen anweisen. Die Anweisung hat Regelungswirkung und ergeht damit als Verwaltungsakt.

Durch die Inanspruchnahme dieser Befugnis nimmt die Datenschutzaufsichtsbehörde ihre klassische Funktion als Verteidigerin des Rechts zwischen der betroffenen Person und dem Verantwortlichen ein, um den Grundrechtsschutz, den die Betroffenenrechte für die betroffenen Personen vorsehen, durchsetzen zu können. Sie vermittelt allerdings nicht wie dies grundsätzlich nach vorheriger Rechtslage der Fall war, sondern sie trifft Entscheidungen. Für den nichtöffentlichen Bereich war diese Befugnis zumindest mittelbar in § 38 Abs. 5 BDSG a.F. vorgesehen.[91] Im öffentlichen Bereich leitete sich eine abgeschwächte, nicht zwingende Form der Anweisung aus der allgemeinen Kontrollaufgabe und aus dem Anrufungsrecht der betroffenen Person her, etwa aus § 21 BDSG a.F. Wurde einer derartigen „Empfehlung“ nicht entsprochen, konnte der Verantwortliche beanstandet werden. Bei der Verfassung mit Beschwerden im Sinne des Art. 77 hat diese Anweisungsbefugnis eine hohe Relevanz für die effektive Durchsetzung des Datenschutzrechts. **89**

Kommt der Verantwortliche oder der Auftragsverarbeiter der Anweisung nicht nach, kann auch die Berichtigung und Löschung unmittelbar angeordnet werden nach Art. 58 Abs. 2 lit. g. Daneben drohen dem Verantwortlichen die Verhängung einer Geldbuße gem. Art. 83 Abs. 5 lit. e. **90**

d) Anweisung zur Datenverarbeitung. Stellt die Datenschutzaufsichtsbehörde im Rahmen der Untersuchung aufgrund einer Beschwerde nach Art. 77 oder im Rahmen einer anlasslosen Untersuchung bzw. Kontrolle nach Art. 58 Abs. 1 lit. c fest, dass von einer bestimmten Datenverarbeitung Datenschutzverstöße ausgehen bzw. dass die Datenverarbeitung nicht im Einklang mit der DS-GVO unternommen wird, kann sie die **datenschutzkonforme Ausgestaltung** bzw. **Anpassung** anweisen. Eine solche Befugnis sah bereits § 38 Abs. 5 S. 1 BDSG a.F. vor. Der Vollzug dieser Befugnis blieb in der Aufsichtspraxis Einzelfällen vorbehalten.[92] Im Sinne einer effektiven Rechtsdurchsetzung bedarf es einer konsistenten Befugnisausübung. **91**

Die Anweisung muss hinreichend bestimmt sowohl die festgestellten Verstöße benennen als auch die Maßnahmen, die vorzunehmen sind, damit die Datenverarbeitung im Einklang mit der DS-GVO steht.[93] **92**

Im Rahmen der **Verhältnismäßigkeitsprüfung** sollte die Datenschutzaufsichtsbehörde die **Realisierbarkeit** der Maßnahmen miteinbeziehen – sowohl faktisch, technisch als auch von den Kosten her –, die sie dem Verantwortlichen auferlegt. Kommt sie dabei zum Ergebnis, dass keine Realisierbarkeit besteht, kann sie im Sinne einer **effektiven Durchsetzung** von der eingriffsintensiveren Befugnis der Beschränkung bzw. des Verbots der Verarbeitung gem. Art. 58 Abs. 2 lit. f Gebrauch machen. Voraussetzungen und Rahmenbedingungen, die diese Realisierbarkeit bedingen, sind im Rahmen der **93**

91 Vgl. Paal/Pauly-*Körffer* Art. 58 Rn. 19.
92 Vermutet *Golla* RDV 2017, 123, 124.
93 Zu den Anforderungen an die Bestimmtheit von datenschutzrechtlichen Anordnungen mit weiteren Nachweisen Gola-*Nguyen* Art. 58 Rn. 13.

verwaltungsverfahrensrechtlichen Anhörung oder der vorangegangenen Untersuchung gem. Art. 58 Abs. 1 zu erheben.[94]

94 Zur effektiven Durchsetzung sollte dem Verantwortlichen oder dem Auftragsverarbeiter eine **angemessene Frist** zur Umsetzung der Maßnahme gesetzt werden. Dies sollte durch die Datenschutzaufsichtsbehörde im Rahmen ihrer Untersuchungsbefugnisse überprüft werden.

95 Diese Befugnis verlangt den Datenschutzaufsichtsbehörden eine **breite Expertise** ab[95] und steht damit im direkten Zusammenhang zu der Aufgabe nach Art. 57 Abs. 1 lit. i, die **maßgeblichen Entwicklungen** zu verfolgen. Für den Fall, dass mit der Gestaltung des Verwaltungsaktes ein erhöhter Beratungsbedarf einhergeht, können die Datenschutzaufsichtsbehörden **ggfs. entsprechende Gebühren** erheben (Art. 57 Rn. 118 ff.).

96 **e) Anweisung der Benachrichtigung.** Diese Befugnis betrifft die **aufsichtsbehördliche Durchsetzung der Benachrichtigungspflicht** gegenüber einer betroffenen Person, die den Verantwortlichen gem. Art. 34 Abs. 1 trifft, wenn durch die von ihm verantwortete Datenverarbeitung eine Datenschutzverletzung für die Person ausging.

97 Die Anweisung sollte im Einklang mit Art. 34 Abs. 3 und Abs. 4 erfolgen, die als spezielle Befugnis der Datenschutzaufsichtsbehörde vorsehen, die **Benachrichtigung** anzuweisen oder durch Beschluss festzustellen, dass aufgrund des Art. 34 Abs. 3 von einer Benachrichtigung abgesehen werden kann. Dort wird eine **Interessenabwägung** vorgenommen, bei der die Tragweite und die Konsequenzen Berücksichtigung finden, die vom Aufwand und Kosten her auf den Verantwortlichen zukommen.[96] Dafür streitet auch der deutsche Wortlaut („entsprechend").

98 Besteht die Benachrichtigungspflicht des Verantwortlichen, ist diese **unverzüglich** durch die Datenschutzaufsichtsbehörde anzuweisen. Die Fristsetzung zur Vornahme sollte entsprechend kurz sein. Die Wertung des ErwG 86 hinsichtlich des Zeitmoments sollte gleichfalls für die Anweisung der Benachrichtigung durch die Datenschutzaufsichtsbehörde gelten, diese sollte ebenfalls zeitnah erfolgen, um den Zweck der Vorschrift zu erfüllen.

99 Die Pflicht zur Benachrichtigung trifft nur den Verantwortlichen, der deswegen auch nur Adressat der Befugnis sein kann. Begeht der Auftragsverarbeiter eine Datenschutzverletzung, ist er nach Art. 33 Abs. 2 nur zu einer Mitteilung an den Verantwortlichen verpflichtet, den daraufhin die Mitteilungspflichten nach Art. 33 und Art. 34 treffen.

100 **f) Beschränkung oder Verbot der Verarbeitung.** Übersteigt die Datenverarbeitung das für ihren Zweck erforderliche Maß, gebieten das Prinzip der **Datensparsamkeit** und das **Erforderlichkeitsprinzip** als Ausfluss des Verhältnismäßigkeitsprinzips, dass die Datenverarbeitung entsprechend eingeschränkt wird. Dieses aus dem deutschen Datenschutzrecht bekannte und explizit z.B. in § 3a BDSG a.F. geregelte Prinzip wurde in der DS-GVO in Art. 5 Abs. 1 lit. c als Grundsatz der Datenminimierung nor-

94 Dies ergibt sich bereits aus dem ErwG 129, der anträgt, bei der Entscheidung über die Wahl der Befugnis auch die nachteiligen Auswirkungen für den Verantwortlichen, wie Kosten und „übermäßige Unannehmlichkeiten" mit einbeziehen und ggf. zu vermeiden.

95 Die Vielfalt der möglichen Anweisung zeigt Paal/Pauly-*Körffer* Art. 58 Rn. 20 auf.

96 Vgl. auch Sydow-*Ziebarth* Art. 58 Rn. 51.

miert.[97] Entsprechend werden die Datenschutzaufsichtsbehörden durch Art. 58 Abs. 2 lit. f dazu befähigt, Beschränkungen – sowohl temporäre als auch finale – anzuordnen.

Ein **vollständiges Verarbeitungsverbot** kommt in Frage, wenn die Datenverarbeitung nicht im Einklang mit der DS-GVO vorgenommen werden kann oder Anordnungen bzw. Anweisungen, die dies erreichen wollten, von dem Verantwortlichen oder Auftragsverarbeiter missachtet wurden.[98] **101**

Nach § 38 Abs. 5 BDSG a.F. kam ein Verarbeitungsverbot nur dann in Betracht, wenn gravierende Verstöße vorliegen und bestimmte Verfahrensschritte vergeblich waren.[99] Diese Qualifizierung als **ultima ratio** nimmt die Anordnungsbefugnis in Art. 58 Abs. 2 lit. f nicht explizit auf. Sie ergibt sich jedoch aus der Wahrung des **Verhältnismäßigkeitsprinzips** durch die Datenschutzaufsichtsbehörde bei der Ausübung ihrer Befugnisse.[100] Insbesondere stellt der ErwG 129 klar, dass die Ausübung „im Hinblick auf die Gewährleistung der Einhaltung der Verordnung geeignet, erforderlich und verhältnismäßig sein soll". Diese einzelfallbezogene Einschätzung soll nach einer Anhörung des Verantwortlichen erfolgen, wie es in Deutschland bereits das Verwaltungsverfahrensrecht gem. § 28 VwVfG vor Erlass eines Verwaltungsaktes vorsieht. **102**

Sowohl die Beschränkung als auch das Verbot der Datenverarbeitung können im Einklang mit dem umfassenden Verarbeitungsbegriff nach Art. 4 Nr. 2 **alle Verarbeitungsformen** betreffen. **103**

g) Anordnung der Berichtigung oder Löschung oder Einschränkung. Die Verwirklichung der **Betroffenenrechte** auf Berichtigung gem. Art. 16 und Löschung gem. Art. 17 der personenbezogenen Daten der betroffenen Person sowie die Einschränkung der Datenverarbeitung gem. Art. 18 können die Datenschutzaufsichtsbehörden anordnen, sofern die Voraussetzung für die Geltendmachung dieser Rechte vorliegen (Art. 16, Art. 17 Abs. 1 unter Berücksichtigung von Abs. 3 und Art. 18 Abs. 1). **104**

In der Konsequenz ist die Datenschutzaufsichtsbehörde auch befugt, die **Unterrichtung der Empfänger** anzuordnen, an die diese personenbezogenen Daten gem. Art. 17 Abs. 2 und Art. 19 offengelegt wurden. Die Wertung des Art. 19 S. 1, 1. Hs. muss dabei berücksichtigt werden, so dass keine Mitteilungspflichten angeordnet werden können, die unmöglich oder mit einem unverhältnismäßigen Aufwand verbunden sind. **105**

In Abgrenzung zu der Befugnis nach Art. 58 Abs. 2 lit. c, dem Verantwortlichen gegenüber anzuweisen, entsprechenden Anträgen nachzukommen, ist diese Befugnis einschlägig, wenn kein Antrag auf Löschung, Berichtigung oder Einschränkung zuvor durch die betroffene Person gestellt wurde und dieser grds. vorgesehene Verfahrensgang, der mit zeitlichen Verzögerungen verbunden ist, den **Datenschutzverstoß intensivieren** würde. **106**

Außerdem kommt die Anordnung in Betracht, wenn die Verwaltungsakte nach Art. 58 Abs. 2 lit. c und lit. f – als mildere Mittel – nicht erfolgreich waren.[101] **107**

97 *Albrecht/Jotzo* Das neue Datenschutzrecht der EU, Teil 2 Rn. 6.
98 Darüber hinaus kann wegen einer solchen Missachtung einer Anweisung eine Geldbuße gem. Art. 83 Abs. 5 lit. e verhängt werden.
99 Dazu ausführlich Simitis-*Petri* BDSG § 38 Rn. 73.
100 So auch Gola-*Nguyen* Art. 58 Rn. 14.
101 Ehmann/Selmayr-*Selmayr* Art. 58 Rn. 25.

108 Damit kann die Datenschutzaufsichtsbehörde diese Rechte auch von **Amts wegen** durchsetzen.[102] Abhängig davon, welche Gründe die Löschung (z.B. Art. 17 Abs. 1 lit. b, lit c). oder Einschränkung (z.B. Art. 18 Abs. 1) bedingen, muss die betroffene Person gegebenenfalls einbezogen werden, bevor die Anordnung ergeht. Dies betrifft etwa den Fall, dass die Daten einwilligungsbasiert verarbeitet werden und festgestellt wird, dass die Verarbeitung in unzulässiger Weise erfolgt. Dann ist die betroffene Person vor der Löschung zu unterrichten.

109 **h) Widerruf einer Zertifizierung.** Liegen die Voraussetzung für eine erteilte Zertifizierung nicht mehr vor, kann nach Art. 42 Abs. 7 i.V.m. Art. 58 Abs. 2 lit. h die zuständige Aufsichtsbehörde die Zertifizierung **widerrufen** oder die Zertifizierungsstelle nach Art. 43 dazu anweisen, die Zertifizierung zu widerrufen.[103]

110 Fraglich ist, ob die Datenschutzaufsichtsbehörde auch Zertifizierungen widerrufen kann, die sie nicht selbst erteilt hat.[104] Dafür spricht, dass die Erteilung einer Zertifizierung durch die Zertifizierungsstellen nach Art. 43 Abs. 1 unbeschadet der Aufgaben und Befugnisse erteilt oder verlängert werden kann. Dies wird jedoch nach dem Wortlaut der DS-GVO dahingehend konkretisiert, dass die Datenschutzaufsichtsbehörde nach ihrer Unterrichtung die Gelegenheit bekommen, unter anderem von ihrer Befugnis nach Art. 58 Abs. 2 lit. h Gebrauch machen zu können, die Erteilung oder Verlängerung einer Zertifizierung zu untersagen. Der Widerruf der Zertifizierung wird dagegen nicht explizit aufgezählt, sondern bleibt der Zertifizierungsstelle vorbehalten.[105] Dann sind die Datenschutzaufsichtsbehörden gem. Art. 58 Abs. 2 lit. h befugt, die Zertifizierungsstelle anzuweisen, die Zertifizierung zu widerrufen. Diese Anweisung des Widerrufs ergeht in Gestalt eines belastenden Verwaltungsakts mit Drittwirkung.[106]

111 **i) Verhängung einer Geldbuße.** Die Verhängung von Geldbußen dient einer **konsequenten Durchsetzung** der Vorschriften dieser Verordnung (ErwG 148).

112 Genauso wie Art. 58 Abs. 2 lit. i regelt Art. 83 Abs. 2 S. 1, dass Geldbußen je nach Umständen zusätzlich zu Abhilfemaßnahmen verhängt werden können, aber auch stattdessen. Dies ist auf die **unterschiedlichen Zwecke** zurückzuführen. Abhilfemaßnahmen können zwar faktisch eine sanktionierende Wirkung gegenüber dem Verantwortlichen entfalten, z.B. durch finanzielle Einbußen als Folge des Verarbeitungsverbotes, zuvörderst sind sie jedoch darauf gerichtet, einen datenschutzkonformen Zustand herzustellen. Geldbußen haben dagegen einen rein sanktionierenden Zweck.

113 Zwischen den Anweisungen und Anordnungen gem. Art. 58 Abs. 2 und der Verhängung der Geldbuße besteht eine **bedeutende Wechselwirkung**.[107] Denn bei der Entscheidung über die Verhängung einer Geldbuße haben die Datenschutzaufsichtsbehörden vielen Gesichtspunkten Rechnung zu tragen, die auch etwaige vorherige

---

102 Paal/Pauly-*Körffer* Art. 58 Rn. 24.
103 Zur Verbindlichkeit einer solchen Anweisung Paal/Pauly-*Paal* Art. 42 Rn. 21
104 Verneinend Ehmann/Selmayr-*Selmayr* Art. 58 Rn. 26, bejahend *Albrecht/Jotzo* Das neue Datenschutzrecht der EU, Teil 5 Rn. 30.
105 Dies entspricht dem verwaltungsrechtlich tradierten Rechtsgedanken des actus contrarius, der in Bezug auf die Zertifizierungsstellen entsprechend Anwendung finden dürfte.
106 Sydow-*Ziebarth* Art. 58 Rn. 63.
107 WP 253/17/EN, S. 7.

Anordnungen gegenüber dem Verantwortlichen oder Auftragsverarbeiter betreffen. So soll die Entscheidung über die Verhängung von Geldbußen nach ErwG 148 der Art, Schwere und Dauer des Verstoßes, der Vorsätzlichkeit des Verstoßes, den Maßnahmen zur Minderung des entstandenen Schadens, dem Grad der Verantwortlichkeit bzw. die vorherige Begehung von Verstößen, der Art und Weise, wie der Verstoß der Datenschutzaufsichtsbehörde zur Kenntnis gelangt ist, der Einhaltung der von ihr angeordneten Maßnahmen, der Einhaltung von Verhaltensregeln und jedem anderen erschwerenden oder mildernden Umstand Rechnung tragen.[108]

Die Verfolgung von Ordnungswidrigkeiten wird zu **Anpassungsbedarf** bei der Ausrichtung der Datenschutzaufsichtsbehörden führen.[109] Zwar war es bereits nach § 38 BDSG a.F. möglich, im Rahmen von Ordnungswidrigkeitsverfahren nach § 47 OWiG Bußgelder zu verhängen. Von dieser Befugnis wurde jedoch nur zurückhaltend Gebrauch gemacht.[110] Sowohl die zu sanktionierenden Verstöße als auch deren Verfolgung sind im Vergleich zur vorherigen Rechtslage jedoch strenger.[111] **114**

Nach Art. 83 Abs. 7 ist es Aufgabe der Mitgliedstaaten festzulegen, ob Geldbußen auch gegenüber öffentlichen Stellen und Behörden verhängt werden können. Das BDSG hat von dieser Möglichkeit keinen Gebrauch gemacht (§ 43 Abs. 3 BDSG). Die Landesgesetzgeber folgen diesem Beispiel weitestgehend. **115**

j) Anordnung der Aussetzung der Übermittlung von Daten in Drittländer. Die Datenschutzaufsichtsbehörden verfügen über die Befugnis, die Aussetzung der Datenübermittlung in Drittländer oder an internationale Organisationen anzuordnen, sofern die Datenübermittlung rechtswidrig ist im Sinne des Kapitels V der DS-GVO. **116**

Durch diese Befugnis wird maßgeblich dem „Safe Harbor"-Urteil des EuGH Rechnung getragen, das u.a. konstatierte, dass die Aufgaben und Befugnisse unbeschadet einer Angemessenheitsentscheidung der Europäischen Kommission weiter bestehen und nicht beseitigt oder beschränkt werden können.[112] Die **Kompetenz** zur **Aufhebung** einer Entscheidung der Europäischen Kommission verbleibe ausschließlich beim **EuGH**.[113] **117**

Es besteht bisher Uneinigkeit dahingehend, welchen Charakter entsprechende Maßnahmen der Datenschutzaufsichtsbehörden in Bezug auf Datenübermittlungen in Drittstaaten haben, die angegriffenen Angemessenheitsentscheidungen der Europäischen Kommission unterliegen. Dies betrifft insbesondere die Frage, ob entsprechende Maßnahmen **nur vorläufig** bis zur Aufhebung der Entscheidung der Kommission vorhalten oder ob **alle Abhilfebefugnisse ausgeschöpft** werden können – bis hin zu einem endgültigen Verarbeitungsverbot.[114] **118**

Dieser Streit wird durch den eindeutigen Wortlaut des Art. 58 Abs. 2 lit. j beigelegt. Der Ausdruck „Aussetzung" bzw. im englischen „suspension" impliziert die **Vorläufig-** **119**

108 Zu dem Verhältnis Paal/Pauly-*Frenzel* Art. 83 Rn. 9.

109 Zu der bisherigen Ausgestaltung und Praxis der Datenschutzaufsichtsbehörden in Deutschland und dem Anpassungsbedarf Paal/Pauly-*Körffer* Art. 58 Rn. 26.

110 Einen Überblick bietet *Lüdemann/Wenzel* RDV 2015, 285, 290.

111 *Golla* RDV 2017, 123, 125.

112 *EuGH* v. 6.10.2015 – C-362/14, ECLI:EU:C:2015:650, Rn. 53.

113 *EuGH* v. 6.10.2015 – C-362/14, ECLI:EU:C:2015:650, Rn. 61.

114 Ausf. *Dieterich* ZD 2016 260, 264.

keit der Maßnahme, die so lange andauern kann bis die entsprechende Entscheidung der Europäischen Kommission aufgehoben wird. Diese zeitliche Dimension wird nicht ausdrücklich in der Befugnis angelegt, ergibt sich aber aus dem Verhältnis der Befugnisse der Europäischen Kommission zu den Befugnissen der Datenschutzaufsichtsbehörden.[115]

120 Jenseits dieses Falls, dass Datenübermittlungen in Drittländer auf nach Art. 45 geeignete Garantien gestützt werden, können mittels der Befugnis die Aussetzung von Datentransfers angeordnet werden, die aufgrund der Instrumente nach Art. 46 oder Art. 47 erfolgen.[116]

121 **3. Genehmigungsbefugnisse (Abs. 3).** Korrespondierend zu den zahlreichen zu bestimmten Datenschutzinstrumenten kontextbezogenen Aufgaben der Datenschutzaufsichtsbehörden, die Beratungen und Genehmigungen betreffen, werden diese in Art. 58 Abs. 3 mit den entsprechenden Befugnissen im Bereich der **Beratung, Genehmigung bzw. Billigung** ausgestattet, um diese Aufgaben erfüllen zu können.

122 Die Ausübung der Genehmigungsbefugnis erfolgt grds. als **feststellender Verwaltungsakt**. Beratungen entfalten demgegenüber nur den verbindlichen Charakter eines Verwaltungsaktes, wenn verbindliche Rechtsfolgen dadurch gesetzt werden, bzw. Anweisungen im Sinne des Art. 58 Abs. 2 in der Folge der Beratung ergehen.

123 **a) Beratung des Verantwortlichen bei der Konsultation im Rahmen der Datenschutz-Folgenabschätzung.** Die Datenschutzaufsichtsbehörden sind nach Art. 58 Abs. 3 lit. a befugt, den Verantwortlichen im Rahmen der Datenschutz-Folgenabschätzung zu beraten. Die Pflicht der Verantwortlichen, die Datenschutzaufsichtsbehörden zu konsultieren, wird in Art. 36 speziell geregelt.

124 Sollte die Datenschutz-Folgenabschätzung ergeben, dass von der gegenständlichen Verarbeitung ein **hohes Risiko** ausgeht, wenn keine eindämmenden Maßnahmen durch den Verantwortlichen getroffen werden, muss dieser die **Datenschutzaufsichtsbehörde konsultieren** (Art. 36 Abs. 1). Der Wortlaut ist nicht eindeutig. So besteht das Konsultationserfordernis erst dann, wenn **weitere** Maßnahmen zur Eindämmung des Risikos notwendig sind, um das im Rahmen des Datenschutz-Folgenabschätzung identifizierte Restrisiko einzudämmen.[117] Bei anderer Auslegung würde die Konsultationspflicht bereits dann vorliegen, wenn nach der **Schwellwertanalyse** gem. Art. 35 Abs. 1 ein voraussichtlich **hohes Risiko** festgestellt wurde. Dies widerspräche dem selbstregulierenden Zweck der Datenschutz-Folgenabschätzung. Von Konsultationen, unterhalb der Schwelle des hohen, nicht eingedämmten Risikos sollte seitens des Verantwortlichen abgesehen werden. Gegebenenfalls können die so erzielten Beratungen der Datenschutzaufsichtsbehörde gebührenpflichtig sein.

---

115 Ausf. Ehmann/Selmayr-*Selmayr* Art. 58 Rn. 28, a.A. *Dieterich*, der dem Ausdruck „Aussetzung“ nicht zwangsläufig einen vorläufigen Charakter beimisst, vgl. *Dieterich* ZD 2016, 260, 264.

116 Vgl. auch Paal/Pauly-*Körffer* Art. 58 Rn. 27; BeckOK DatenSR-*Eichler* Art. 58 Rn. 33.

117 Insofern hilft der ErwG 84, der die Konsultation der Datenschutzaufsichtsbehörden dann für erforderlich erachtet, wenn es dem Verantwortlichen nicht nach seinen technischen Möglichkeiten oder Ressourcen möglich ist, das Risiko einzudämmen. Vgl. Gola-*Nolte/Werkmeister* Art. 36 Rn. 4. Vgl. auch WP 248/17/EN „Guidelines on Data Protection Impact Assessment (DPIA) and determining whether processing is „likely to result in a high risk“ for the purposes of Regulation 2016/679“, S. 18.

Da diese Konsultationspflicht verschiedene Kooperationsmechanismen begründet, betrifft die Befugnis die **gesamte Konsultation** im Sinne des Art. 36. Beratungen weisen erst dann Eingriffswirkung auf, wenn mit ihnen bestimmte Rechtsfolgen auferlegt werden. Deswegen müssen zumindest verbindliche Beratungen, die z.B. Auswirkungen auf die Kosten oder auf den Umfang der Datenverarbeitung haben, von einer Befugnis gedeckt sein. **125**

Aus Art. 36 Abs. 4 folgt, dass die Datenschutzaufsichtsbehörden auch während der Ausarbeitung von Gesetzes- oder Regelungsvorschriften, in denen die Verarbeitung personenbezogener Daten vorgesehen sind, zu konsultieren sind, um die Vereinbarkeit dieser Datenverarbeitung mit der DS-GVO zu gewährleisten. Die Beratungsbefugnis sollte entsprechend auch bzgl. dieser Befugnis bestehen. Insoweit besteht ein sich **überschneidender Anwendungsbereich** hinsichtlich der Beratungsbefugnis der Datenschutzaufsichtsbehörden nach Art. 58 Abs. 3 lit. b. **126**

Der **Zeitpunkt** der Konsultation ist **vor** der Durchführung des geplanten Datenverarbeitungsvorgangs. Damit betreffen auch die Befugnisse, die gem. Art. 36 Abs. 2 S. 1 a.E. den Datenschutzaufsichtsbehörden vorbehalten bleiben, nur Befugnisse, die auf die Untersuchung von Datenschutzverstößen gerichtet werden (Art. 58 Abs. 1) oder Befugnisse, die bei **drohenden Verstößen** ausgeübt werden können (z.B. das Aussprechen einer Warnung gem. Art. 58 Abs. 2 lit. a). **127**

b) Abgeben von Stellungnahmen. Die Datenschutzaufsichtsbehörden sind dazu befugt, zu **allen im Zusammenhang mit dem Schutz personenbezogener Daten stehenden Fragen** von sich aus oder auf Anfrage Stellungnahmen an das nationale Parlament, die Regierung des Mitgliedstaats oder im Einklang mit dem Recht des Mitgliedstaats an sonstige Einrichtungen und Stellen sowie an die Öffentlichkeit zu richten. Diese Aufgaben wurden ihnen in Art. 57 Abs. 1 lit. b, lit. c und lit. d zugewiesen. Die Befugnis bezieht sich damit auf einen breiten Adressatenkreis und betrifft alle für den Datenschutz relevante Materien, eine hinreichende **Bestimmtheit** lässt sie dagegen vermissen. **128**

Hinsichtlich der beratenden Stellungnahmen gegenüber Parlamenten und der Regierung stellt diese Befugnis eine Verbesserung zur vorherigen Rechtslage dar, so sind die Datenschutzaufsichtsbehörden nicht davon abhängig, auf eine entsprechende „Konsultation" in Form von Anhörungen zu warten, sondern können von sich aus **proaktiv** Stellungnahmen abgeben. Dadurch gelingt es den Datenschutzaufsichtsbehörden sich effektiver im Rahmen von Gesetzgebungsverfahren einzubringen (Art. 57 Rn. 49 ff.) und ihre **Überwachungsfunktion** frühzeitig auszuüben.[118] **129**

Durch die explizite Ausgestaltung als Befugnis, ist es den Datenschutzaufsichtsbehörden künftig möglich, auch grundrechtsintensive **Warnungen** bzgl. bestimmter datenverarbeitender Geschäftspraktiken der Öffentlichkeit gegenüber auszusprechen. Nach vorheriger Rechtslage bestand diese Befugnis nicht explizit, sondern wurde aus der Aufgabe der Datenschutzaufsichtsbehörden i.V.m. Schutzpflichten hergeleitet.[119] **130**

118 Eine „willkürliche Konsultation" sollte damit nicht mehr befürchtet werden müssen, vgl. Kühling/Buchner-*Boehm* Art. 57 Rn. 16.

119 St. Rspr. *BVerfG* NJW 1989, 3269, 3270 – Transzendentale Meditation; *BVerfG* v. 26.6.2002 – 1 BvR 558/91, 1 BvR 1428/91, BVerfGE 105, 252, 49 ff.

131 Aufgrund der Befugnis dürfte die Begrenzung bestehen, diese Empfehlungen nur im Rahmen der Zuständigkeit nach Art. 55, Art. 56 auszusprechen.[120] Die durch Rechtsprechung tradierten Grenzen sollten beachtet werden und Warnungen im Rahmen von Stellungnahmen an die Öffentlichkeit erst dann ausgesprochen werden, wenn ein hinreichend gewichtiger Datenschutzverstoß besteht und die mit der Warnung einhergehenden Werturteile in den **Grenzen der Sachlichkeit** verbleiben und auf einem ausreichend untersuchten und gewürdigten Tatsachenkern beruhen.[121] Für dieses Gebot der Sachlichkeit streitet auch der ErwG 129 S. 5.[122]

132 Grundsätzlich ist es für die Aufsichtspraxis in der Bundesrepublik Deutschland sicher begrüßenswert, dass nunmehr in Hinblick auf Warnungen der Öffentlichkeit eine Befugnis besteht.[123] Aufgrund der unbestimmten und **generalklauselartigen** Ausgestaltung der Befugnis sollten diese bereits in der Rechtsprechung ausgebildeten Grundsätze weiterhin in die Aufsichtspraxis einfließen, damit die Befugnis „im Einklang mit dem Recht des Mitgliedsstaats" (letzter Hs.) ausgeübt wird.

133 Dass den Datenschutzaufsichtsbehörden nach der DS-GVO vielfältige Befugnisse zur Verfügung stehen, um Datenschutzverstöße zu untersuchen und mittels Abhilfebefugnissen zu unterbinden, muss im Rahmen der Verhältnismäßigkeit berücksichtigt werden. Ein **öffentliches Anprangern**, das sich intensiv auf den eingerichteten und ausgeübten Gewerbebetrieb nach Art. 12 und Art. 14 GG auswirkt,[124] sollte erst dann Mittel der Datenschutzaufsichtsbehörden sein, wenn andere Maßnahmen oder Einwirkungen **fruchtlos** blieben.

134 **c) Genehmigung der Verarbeitung durch öffentliche Stellen.** Durch die Öffnungsklausel aus Art. 36 Abs. 5 besteht für die Mitgliedstaaten die Möglichkeit für bestimmte Verarbeitungsvorgänge, von denen ein voraussichtlich hohes Risiko für die Rechte und Freiheiten natürlicher Personen ausgeht, zur Erfüllung einer im öffentlichen Interesse liegenden Aufgabe, Verarbeitungen zum Zwecke der **sozialen Sicherheit und öffentlichen Gesundheit** eine Genehmigungspflicht vorzusehen.

135 Im BDSG hat der Bundesgesetzgeber von dieser Öffnungsklausel keinen Gebrauch gemacht. Es bleibt abzuwarten, ob eine derartige Entscheidung im Rahmen von bereichsspezifischen Anpassungen im Bereich des **Gesundheits- oder Sozialdatenschutzes** getroffen wird, z.B. in den SGB.

136 **d) Verhaltensregeln.** Nach Art. 58 Abs. 3 lit. d sind die Datenschutzaufsichtsbehörden befugt, zu Entwürfen von Verhaltensregeln Stellungnahmen abzugeben und sie gemäß Art. 40 Abs. 5 zu billigen.

---

120 A.A. Sydow-*Ziebarth* Art. 58 Rn. 88. Dies hätte in dem streitgegenständlichen Fall des *OVG Schleswig–Holstein* dazu geführt, dass die Warnung mangels Zuständigkeit rechtwidrig gewesen wäre, vgl. *OVG Schleswig-Holstein* v. 28.2.2014 – 4 MB 82/13 (*VG Schleswig*), ZD 2014, 536. Zu den Zuständigkeiten der Aufsichtsbehörden nach der vorherigen Rechtslage grundlegend *Kranig* ZD 2013, 550.

121 Vgl. zu den Grundsätzen *VG Schleswig* Beschluss v. 5.11.2013 – 8 B 50/13, ZD 2014, 102 mit Anm. *Dr. Abel.*

122 Ehmann/Selmayr-*Selmayr* Art. 58 Rn. 32.

123 So zumindest Paal/Pauly-*Körffer* Art. 58 Rn. 29.

124 Gola-*Nguyen* Art. 58 Rn. 17.

Art. 40 Abs. 5 S. 2 regelt die Ausgestaltung der Stellungnahme. Von ihr umfasst ist die Entscheidung, ob der Entwurf der Verhaltensregeln bzw. der Entwurf zu deren Änderung oder Erweiterung mit den Vorgaben der DS-GVO im Einklang steht und ausreichend geeignete Garantien bietet. Dass die Datenschutzaufsichtsbehörden in Art. 58 Abs. 3 lit. d die Verhaltensregeln „billigen" statt sie wie in Art. 40 Abs. 5 zu „genehmigen" stellt einen Übersetzungsfehler dar, die Wertung ist damit dieselbe.[125] **137**

Betreffen die Verhaltensregeln Datenverarbeitungsvorgänge in mehreren Mitgliedstaaten, muss gemäß Art. 64 Abs. 1 S. 2 lit. b ein Kohärenzverfahren durchgeführt werden. Dann müsste im Rahmen des Kohärenzverfahrens ein einheitlicher Standpunkt im Rahmen des § 18 Abs. 1 BDSG konsolidiert werden. **138**

Betreffen die Verhaltensregeln mehrere Zuständigkeitsbereiche von Datenschutzaufsichtsbehörden in einem Mitgliedsstaat, erlässt die nach Art. 55, 56 für den Verband zuständige Aufsichtsbehörde den feststellenden Verwaltungsakt.[126] Dessen Bindungswirkung gegenüber den anderen Aufsichtsbehörden ist nicht geklärt. Ein **„kleines Kohärenzverfahren"** im Sinne des § 18 BDSG könnte angezeigt sein. Je nachdem, wie weitreichend die Verhaltensregeln sind, kann sich eine Abstimmungsbedürftigkeit aus dem Gebot der Kooperation (ErwG 123) ergeben. Diesem könnte z.B. im Rahmen der erforderlichen Stellungnahme Rechnung getragen werden, die den weiteren Datenschutzaufsichtsbehörden eines Mitgliedsstaats zur Kenntnis gegeben werden. **139**

Die Genehmigung der Verhaltensregeln durch die Datenschutzaufsichtsbehörde soll zur Rechtssicherheit beitragen. Dies setzt das Einhalten der Verhaltensregeln voraus. Die Feststellung eines Datenschutzverstoßes ist grundsätzlich nur dann möglich, wenn ein Sachverhalt besteht, der überholt oder der von ihnen nicht erfasst ist.[127] Dann ist die Datenschutzaufsichtsbehörde befugt, die **Genehmigung zu widerrufen** und sollte deswegen regelmäßig Überprüfungen anstellen. **140**

e) Akkreditierung von Zertifizierungsstellen. Die Datenschutzaufsichtsbehörden sind befugt, die in Art. 43 genannten Stellen zu akkreditieren, sofern die Mitgliedstaaten dies vorsehen. § 39 BDSG regelt insoweit, dass die für die datenschutzrechtliche Aufsicht über die Zertifizierungsstelle zuständige Aufsichtsbehörde des Bundes oder der Länder die Befugnis zur Zertifizierung erteilt. Dies soll auf der Grundlage einer Akkreditierung durch die Deutsche Akkreditierungsstelle erfolgen. Laut der Gesetzesbegründung wird so gewährleistet, dass bundesweit nach **einheitlichen Kriterien** akkreditiert wird.[128] **141**

Die Anwendbarkeit von § 4 Abs. 3 AKKStelleG soll sicherstellen, dass die zuständige Datenschutzaufsichtsbehörde in den Akkreditierungsprozess involviert wird und eine Akkreditierung nur im **Einvernehmen** mit ihr und nach Maßgabe ihrer Kriterien erfolgt. **142**

f) Erteilung von Zertifizierungen. Grundsätzlich sind die Datenschutzaufsichtsbehörden auch befugt, selbst Verantwortliche zu zertifizieren gem. Art. 42 Abs. 5. Daneben erhalten sie die explizite Befugnis, gem. Art. 42 Abs. 5, Art. 57 Abs. 1 lit. n die Krite- **143**

125 In der englischen Fassung nutzen beide Vorschriften „approve".

126 Dabei ist nicht eindeutig, inwieweit eine gebundene Entscheidung der Aufsichtsbehörde besteht oder sie ein Ermessen hat, vgl. *Spindler* ZD 2016, 407, 408.

127 *Spindler* ZD 2016, 407, 412.

128 BT-Drucks. 18/11325, S. 106.

rien zu genehmigen, die für eine Zertifizierung von der Zertifizierungsstelle erfüllt werden müssen.

144 Dazu kann ein Kohärenzverfahren gem. Art. 63, Art. 64 Abs. 1 S. 2 lit. c zur Anwendung kommen.

145 **g) Festlegen von Standarddatenschutzklauseln.** Die Standarddatenschutzklauseln, die Datenschutzaufsichtsbehörden sowohl nach Art. 28 Abs. 8 als auch nach Art. 46 Abs. 2 lit. d festlegen können, werden ebenfalls verbindlich genehmigt.

146 Die Aufgabe und Befugnis betrifft damit nicht nur die Festlegung und Gestaltung dieser Klauseln, sondern auch die Feststellung der Verbindlichkeit der Entscheidung gegenüber dem Verantwortlichen.

147 **h) Genehmigung von Vertragsklauseln.** Entsprechend der Aufgabe der Datenschutzaufsichtsbehörden nach Art. 57 Abs. 1 lit. r, die Vertragsklauseln gem. Art. 46 Abs. 3 zu genehmigen, ist sie auch befugt dies zu tun.

148 **i) Genehmigung von Verwaltungsvereinbarungen.** Die Datenschutzaufsichtsbehörden sind befugt, **Verwaltungsvereinbarungen** im Sinne von Art. 46 Abs. 3 lit. b zu genehmigen. Diese Vereinbarungen binden nicht die beteiligten Behörden und sie können nicht gegeneinander durchgesetzt werden. Vielmehr handelt es sich dabei um Selbstbindungen im Sinne eines „Memorandum of Understanding".[129] Zu beachten ist, dass die Rechte der betroffenen Personen berücksichtigt werden und durch **Rechtsbehelfe** bzw. durch einen **Rechtsweg** garantiert werden. Dies wird einen bedeutsamen Teil der aufsichtsbehördlichen Beratungen im Vorfeld der Genehmigung der Verwaltungsvereinbarungen darstellen.[130]

149 **j) Genehmigung verbindlicher interner Vorschriften.** Der Genehmigungsvorbehalt bei verbindlichen internen Vorschriften wird bereits dezidiert in Art. 47 geregelt. Bedeutsam ist, dass die Genehmigung sich lediglich auf die **Feststellung** bezieht, dass die **Binding Corporate Rules** im Einklang mit den Vorgaben der DS-GVO geeignete Garantien für die Datenübermittlung in Drittländer darstellen. Die Datenübermittlung an sich wird dadurch nicht legitimiert.

150 Die feststellende Wirkung des Verwaltungsaktes bezieht sich nur auf die internen verbindlichen Vorschriften an sich.[131]

V. Der Rechtsrahmen der Befugnisausübung (Abs. 4)

151 **1. Zweck.** Im Rahmen der Ratsverhandlungen wurde Abs. 4 in die Vorschrift eingefügt, der teils als Rechtsstaatlichkeitsklausel bezeichnet wird.[132] Die Befugnisse sollen demnach vorbehaltlich geeigneter Garantien und wirksamer Rechtsbehelfe und ordnungsgemäßer Verfahren gemäß dem Unionsrecht und dem Recht des Mitgliedsstaats im Einklang mit der Charta ausgeübt werden. Für die Organe der EU gelten diese Grundzüge bereits aufgrund u.a. Art. 5 Abs. 4 und Art. 6 EUV. Jedoch wendet sich Art. 58 Abs. 4 an die **Datenschutzaufsichtsbehörden der Mitgliedstaaten**. Der Europäi-

129 Ehmann/Selmayr-*Zerdick* Art. 46 Rn. 16–17.

130 BeckOK DatenSR-*Lange/Filip* Art. 46 Rn. 67, die Präzisierungsbedarf durch die Datenschutzaufsichtsbehörden sehen.

131 Kühling/Buchner-*Schroeder* Art. 47 Rn. 7.

132 Kühling/Buchner-*Boehm* Art. 58 Rn. 10, Rat-Dok. Nr. 68335 v. 9.3.2015.

sche Datenschutzausschuss ist an rechtsstaatliche Grundsätze ebenfalls gebunden, die insoweit aus dem Unionsrecht folgen.

Zweck der Regelung ist es insbesondere sicherzustellen, dass die in den Mitgliedstaaten bestehenden **Verfahrenssicherungen** Anwendung finden.[133] Der Vorbehalt betrifft in der Bundesrepublik Deutschland das deutsche Verwaltungsverfahrensrecht und das Verwaltungsvollstreckungsrecht, wenn und soweit es die Datenschutzaufsichtsbehörden bei dem Erlass von Verwaltungsakten zu beachten haben. **152**

2. Verfahrensgarantien. Das Recht auf Anhörung, das Recht auf ein transparentes Verfahren (insb. schriftliche Verwaltungsakte) und die Wahrung des Verhältnismäßigkeitsprinzips werden gesondert in ErwG 129 und ErwG 148 erwähnt. Sie sind bereits in dem VwVfG für die nationalen Datenschutzaufsichtsbehörden der Bundesrepublik Deutschland vorgesehen. **153**

Die Garantie eines rechtsstaatlichen Verfahrens gebietet es auch, keine Auskünfte zu verlangen, durch die der Auskunftsgegebene sich einer Straftat bezichtigt (**„nemo tenetur se ipsum accusare“**).[134] Dieser Grundsatz wurde in § 40 Abs. 3 S. 2 BDSG im Rahmen des Auskunftsrechts der Aufsichtsbehörden gegenüber nichtöffentliche Stellen ausdrücklich geregelt. Damit wurde die Regelung aus § 38 Abs. 3 BDSG a.F. beibehalten. **154**

Bei der Ausübung der Befugnis nach Art. 58 Abs. 2 lit. g – Verhängung von Geldbußen – ist insbesondere der Grundsatz **„ne bis in idem“** zu beachten, indem kein Verstoß doppelt sanktioniert wird. Fraglich ist, ob sich dieser Grundsatz auch bei gemeinsamen Verantwortlichen oder im Verhältnis von Auftragsverarbeiter und Auftraggeber auswirkt. Stärkere Berücksichtigung wird der Grundsatz bei der Verhängung von Geldbußen gem. Art. 83 finden. **155**

3. Vorverfahren im Sinne des § 16 Abs. 1 S. 2 bis 4 BDSG. Bezüglich des beanstandungsähnlichem Vorverfahrens im Sinne des § 16 Abs. 1 S. 2 bis 4 BDSG (siehe oben Rn. 84 f.) hat der Bundesgesetzgeber von der Öffnungsklausel gem. Art. 58 Abs. 4 Gebrauch gemacht.[135] Das in der Gesetzesbegründung angeführte Argument, dass dadurch sich **widersprechende Maßnahmen** der Fachaufsicht und der Datenschutzaufsicht vermieden werden können,[135] liegt zunächst aus praktischer Sicht nahe. **156**

Fraglich ist, ob die **Grenze der Öffnungsklausel** unzumutbar überschritten wurde. Die Befugnisse der Datenschutzaufsichtsbehörden dürfen durch die Regelung von Verfahrensrechten und Rechtsbehelfen nicht ausgehöhlt werden.[136] Zweifelhaft ist insbesondere, ob die Regelung überhaupt in den Anwendungsbereich des Art. 58 Abs. 4 fällt. Dann müsste durch die unmittelbare Ausübung von Befugnissen der/dem Bundesbeauftragten gegenüber den öffentlichen Stellen des Bundes ohne die Mitteilung an die Fachaufsicht verfahrensrechtliche Garantien missachtet werden. Aufgrund der Stellung der Datenschutzaufsichtsbehörden als **besondere Rechtsaufsicht** und deren Unabhängigkeit, sind sie nicht an Weisungen der Fachaufsicht oder deren Rechtsauffassungen gebunden und es sind keine derartige Rücksichtnahmen oder Absprachen **157**

133 Maßgeblich dazu *EuGH* Urt. v. 1.10.2015 – C-230/14, ECLI:EU:C:2015:639; ZD 2015, 580 mit Anm. *Karg* – Weltimmo, Rn. 50.
134 Ehmann/Selmayr-*Selmayr* Art. 58 Rn. 6.
135 BT-Drucks. 18/11325, S. 88.
136 *Kühling/Martini* Die Datenschutz-Grundverordnung und das nationale Recht, S. 197.

geboten. Es besteht kein rechtsstaatlicher Grundsatz, insbesondere keine Kollision von Hoheitsbereichen, die eine nacheinander geschaltete Befugnisausübung oder Koordinierung der Maßnahmen erfordern.

158 Zwar wird bzgl. der Ausübung der Befugnisse maßgeblich **verfahrenstechnisch interveniert**, jedoch wird durch die Rückausnahmen der Gefahr in Verzug oder des überwiegenden bzw. zwingenden öffentlichen Interesses gewährleistet, dass die Datenschutzaufsichtsbehörden ausreichend ihre Funktion der effektiven Rechtsdurchsetzung ausüben können.

159 **4. Rechtsschutz der Verantwortlichen. – a) Klagebefugnis der Verantwortlichen.** Die Regelung des Art. 78 Abs. 1 und Abs. 2 garantiert den Verantwortlichen **ausreichende Rechtsschutzmöglichkeiten** gegen sie belastende Maßnahmen i.S.d. Art. 58 Abs. 1 bis Abs. 3. Der ErwG 143 stellt dazu klar, dass dieses Recht nur rechtlich bindende Maßnahmen der Aufsichtsbehörden umfasst und nicht z.B. von ihr abgegebene Stellungnahmen oder Empfehlungen. Örtlich zuständig für Klagen sind die Gerichte des Mitgliedstaats, in dem die Aufsichtsbehörde ihren Sitz hat. Auch sie sollen im Einklang mit dem Verfahrensrecht dieses Mitgliedstaats durchgeführt werden.

160 Das Recht auf wirksamen Rechtsbehelf gegen eine Aufsichtsbehörde gem. Art. 78 Abs. 1 gilt nach dem Wortlaut nicht für öffentliche Stellen, da der Wortlaut nur natürliche und juristische Personen als Klagegegner aufführt. Auch Behörden können aber Adressaten belastender Verwaltungsakte sein. Diesen muss ebenfalls ein Rechtsweg eröffnet werden zur Überprüfung der in ihre Rechte eingreifenden Verwaltungsakte.[137] Die flächendeckende Durchsetzung der Datenschutz-Grundverordnung sollte sich in **flächendeckenden Rechtschutzmöglichkeiten** der Verantwortlichen fortsetzen.

161 **b) Anordnung der sofortigen Vollziehung.** Der Bundesgesetzgeber hat durch eine weitere Regelung von der Öffnungsklausel des Art. 58 Abs. 4 regelungstechnisch Gebrauch gemacht. Die Befugnisse, bzw. deren Durchsetzung und Vollzug werden durch § 20 Abs. 7 BDSG dahingehend eingeschränkt, dass die Aufsichtsbehörde, sofern sie gegenüber einer anderen Behörde tätig wird, keine sofortige Vollziehung anordnen kann.

162 Begründet wird dies mit der Gleichrangigkeit der Verwaltungsbehörden und dem **Fehlen eines Über-/Unterordnungsverhältnisses**.[138] Nach den Grundsätzen der effektiven Rechtsdurchsetzung und dem Verständnis der Datenschutzaufsichtsbehörden als besondere Rechtsaufsicht (Rn. 32) überzeugt die Annahme einer derartigen Gleichartigkeit nicht. Vielmehr sind die Datenschutzaufsichtsbehörden im Verhältnis zu verantwortlichen öffentlichen Stellen als übergeordnete Aufsichtsbehörden anzusehen. Durch die Ausschließung der Befugnis, die sofortige Vollziehung anzuordnen, werden die Datenschutzaufsichtsbehörden in ihrer Funktion durch nationales Recht in unionsrechtswidrigerweise beschnitten.[139] Ein Vollzugsdefizit ist zu befürchten.

---

137 Ebenfalls Kühling/Buchner-*Bergt* Art. 78 Rn. 8; Paal/Pauly-*Körffer* Art. 78 Rn. 2.

138 Gesetzesbegründung BT-Drucks. 18/11325, S. 93.

139 A.A. Schantz/Wolff-*Wolff* Das neue Datenschutzrecht, Rn. 1098, 1099, die keine verfassungsrechtlichen oder europarechtlichen Bedenken gegen die gesamte Vorschrift des § 20 BDSG haben.

VI. Rechtsschutz (Abs. 5)

1. Hintergrund. Bereits im Kommissionsentwurf war der Abs. 5 vorgesehen. Er wurde im Rahmen der Ratsverhandlungen dahingehend ergänzt, dass das Recht, Verstöße den Justizbehörden zur Kenntnis zu bringen, nicht unmittelbar aus Unionsrecht folgt, sondern durch die Mitgliedstaaten mittels Rechtsvorschriften geregelt werden muss.[140] **163**

Durch diese obligatorische Öffnungsklausel müssen die Mitgliedstaaten Regelungen treffen, die die Datenschutzaufsichtsbehörden dazu befähigen, **Verstöße gegen die DS-GVO den Justizbehörden** anzuzeigen und „ggf." **gerichtlich** geltend machen zu können. Je nach Interpretation des Worts „ggf." soll damit den Datenschutzaufsichtsbehörden ein Klagerecht gegeben werden.[141] Nach anderer Ansicht sind die Datenschutzaufsichtsbehörden bei gerichtlichen Verfahren zu beteiligen (i.S.d. Art. 58 Abs. 4), z.B. als Beklagte, wenn der Verantwortliche sich gegen einen gegen ihn gerichteten Beschluss zur Wehr setzt.[142] **164**

2. Ansatz der Öffnungsklausel und Gestaltungsmöglichkeiten. – a) Rügemöglichkeit der Angemessenheitsentscheidungen der Europäischen Kommission. Ein solches Klagerecht der Datenschutzaufsichtsbehörden sieht der EuGH bereits in seiner „Safe Harbor"-Entscheidung für zwingend erforderlich an. Dieses Klagerecht betrifft die Überprüfung von Entscheidungen der Kommission. Diese sind nur dann einer Rechtmäßigkeitskontrolle zugänglich, wenn ein nationales Gericht dem EuGH diese Überprüfung zur Entscheidung vorlegt.[143] **165**

Nunmehr sieht § 21 Abs. 1 BDSG für die Datenschutzaufsichtsbehörden im Hinblick auf die Rechtswidrigkeit von „Angemessenheitsbeschluss der Europäischen Kommission, einen Beschluss über die Anerkennung von Standardschutzklauseln oder über die Allgemeingültigkeit von genehmigten Verhaltensregeln, auf dessen Gültigkeit es für eine Entscheidung der Aufsichtsbehörde ankommt" ein Klagerecht vor dem BVerwG vor.[144] **166**

Die Öffnungsklausel des Art. 58 Abs. 5 betrifft allerdings darüber hinaus auch Möglichkeiten, Rechtsbehelfe gegen jeden Datenschutzverstoß zu ergreifen.[145] Auch in diesem Zusammenhang kann die Einleitung eines gerichtlichen Verfahrens vorgesehen werden. **167**

b) Feststellungsklage gegen öffentliche Stellen und Behörden. Für den Fall, dass keine Regelungen von dem Mitgliedsstaat getroffen werden, die die Durchsetzung der Befugnisse auch gegenüber öffentlichen Verantwortlichen gewährleisten (siehe oben **168**

---

140 Kühling/Buchner-*Boehm* Art. 58 Rn. 10; Rats-Dok. Nr. 68335 v. 9.3.2015.

141 Dazu *Kühling/Martini u.a.* Die Datenschutz-Grundverordnung und das nationale Recht, S. 199, die in § 17 AGVWGO Rlp eine vergleichbare Klagebefugnis einer Aufsichtsbehörde sehen.

142 Gola-*Nguyen* Art. 58 Rn. 22.

143 *EuGH* v. 6.10.2015 – C-362/14, ECLI:EU:C:2015:650, Rn. 60 ff.

144 Ausf. zu den unterschiedlichen Rechtsschutzkonstellationen bzgl. rechtswidriger Angemessenheitsentscheidungen Schantz/Wolff-*Wolff* Das neue Datenschutzrecht, Rn. 1014.

145 Dazu *Kühling/Martini u.a.* Die Datenschutz-Grundverordnung und das nationale Recht, S. 199.

Rn. 34), müssen die Datenschutzaufsichtsbehörden zumindest andere rechtliche Instrumente zur Durchsetzung von Maßnahmen erhalten.

169 **c) Beteiligung der Datenschutzaufsichtsbehörden im Ordnungswidrigkeitenverfahren zur Verhängung von Geldbußen.** Bezüglich der Verfahren zur Verhängung von Geldbußen müssen mitgliedstaatliche Regelungen geschaffen werden, die die **Beteiligung** der Datenschutzaufsichtsbehörden im Ordnungswidrigkeitenverfahren sichern, sobald dieses in ein Gerichtsverfahren mündet.[146] Auf Bundesebene ist insoweit eine formelle Beteiligung im Fall der Einstellung durch die Staatsanwaltschaft vorgesehen, allerdings nur dahingehend, dass die Einstellung mit Zustimmung der den Bußgeldbescheid erlassenden Aufsichtsbehörde ergehen kann (§ 41 Abs. 2 S. 3 BDSG). Im gerichtlichen Verfahren wird ein solcher Einstellungsvorbehalt der Datenschutzaufsichtsbehörden hingegen nicht geregelt.

170 Art. 58 Abs. 5 soll die Durchsetzung der DS-GVO unter Wahrung der geeigneten Garantien erreichen; diesen Vorgaben wird durch die bislang geregelte Beteiligungsform im BDSG nicht ausreichend entsprochen. Denn es wird insbesondere der uneingeschränkten exekutiven Eigenständigkeit der Aufsichtsbehörde nicht ausreichend Rechnung getragen. Sie sollte direkte Beteiligte in den Gerichtsverfahren bzgl. der Ahndung von Datenschutzverstößen durch Geldbußen sein.[147]

171 Nach dem Verständnis der DS-GVO entspricht die Funktion der Datenschutzaufsichtsbehörde bei der Ahndung von Datenschutzverstößen der einer Verfolgungsbehörde. Sie trotzdem nicht als diese im Gerichtsverfahren zu beteiligen, steht nicht im Einklang mit der DS-GVO. Des Weiteren wird die Effektivität des Verfahrens dadurch beeinträchtigt, dass das Fachwissen und die Expertise der Datenschutzaufsicht auf diese Weise im gerichtlichen Verfahren nicht ausreichend eingebracht werden, obwohl dies die Qualität des gerichtlichen Verfahrens jedoch steigern würde.[147]

VII. Zusätzliche Befugnisse (Abs. 6)

172 **1. Zweck.** Die Öffnungsklausel des Abs. 6 ist erst im Rahmen der Trilog-Verhandlungen hinzugekommen und eröffnet den Mitgliedstaaten die Möglichkeit, die Aufsichtsbehörden mit zusätzlichen Befugnissen auszustatten.[148] Damit kann den **Rechtstraditionen in den Mitgliedstaaten** Rechnung getragen werden, die angesichts bisher unterschiedlich ausgestalteter Rollen der Datenschutzaufsichtsbehörden auch unterschiedliche Befugnisse mit sich brachten. In der Bundesrepublik Deutschland betrifft dies etwa die Beanstandung.[149]

173 Diese Gestaltungsmöglichkeiten der Mitgliedstaaten findet ihre **Grenzen** zum einen in den Aufgaben der Datenschutzaufsichtsbehörden, die detailliert in Art. 57 Abs. 1 aufgeführt sind. In Entsprechung des Art. 57 Abs. 1 lit. v sollten sie dem Schutz personenbezogener Daten dienen. Davon sind keine Befugnisse bzw. die Ausweitung von

146 Gola-*Ngyen* Art. 58 Rn. 22, a.A. *Dieterich* ZD 2016, 260, 265.
147 *Schönefeld/Thomé* PinG 03.17, 126, 128.
148 Kühling/Buchner-*Boehm* Art. 58 Rn. 11.
149 Anstatt als Verfahrensvoraussetzung i.S.d. § 16 Abs. 1 BDSG, hätte diese auch als für sich stehende Befugnis im Rahmen der Öffnungsklausel des Art. 58 Abs. 6 geregelt werden können, wie es vereinzelte Landesdatenschutzgesetze vorsehen.

Befugnissen zugunsten anderweitigen Grundrechtsschutzes umfasst.[150] Dabei dürfen diese zusätzlichen Befugnisse nicht die „effektive Durchführung des Kapitels VII beeinträchtigen."[151] Dies betrifft die Ausweitung von Abhilfebefugnissen auf andere Hoheitsgebiete, die den Verfahren nach Art. 60 ff. vorbehalten bleiben.

2. Weitere Befugnisse nach dem BDSG. – a) Auskunftsverpflichtung und Auskunftsverweigerung. In dem BDSG wurde von dem Bundesgesetzgeber die Öffnungsklausel dahingehend genutzt, dass die anders akzentuierten bzw. ausgestalteten Befugnisse, wie die Auskunftsverpflichtung, dem Grunde nach beibehalten werden. So bestehen die Auskunftsverpflichtung und der Auskunftsverweigerungsanspruch fort (vgl. § 38 Abs. 3 BDSG a.F.). 174

b) Abberufung des Datenschutzbeauftragten durch die Datenschutzaufsichtsbehörden. Eine weitere ausdrücklich geregelte Befugnis betrifft das „Verlangen" der **Abberufung** von Datenschutzbeauftragten (§ 40 Abs. 5 BDSG). Eine solche Befugnis bestand bereits nach der vorherigen Rechtslage (vgl. § 38 Abs. 5 S. 3 BDSG a.F.).[152] Diese Befugnis besteht nur im nichtöffentlichen Bereich und betrifft damit eher die Aufsichtsbehörden der Länder. Sie steht nach dem BDSG der oder dem Bundesbeauftragten nicht gegenüber den öffentlichen Stellen zur Verfügung.[153] 175

Der **Zweck** der Regelung liegt in der Vermeidung von Schutzdefiziten für die Rechtmäßigkeit der Datenverarbeitung, die entstehen können, wenn ein Datenschutzbeauftragter seine Funktion nicht erfüllt. Gegenüber dem Verantwortlichen ist der Datenschutzbeauftragte vor einer Abberufung grundsätzlich geschützt (Art. 38 Abs. 3 S. 2). Dadurch wird die Unabhängigkeit des Datenschutzbeauftragten gesichert, die er benötigt, um die Aufgaben des Art. 38 effektiv wahrnehmen zu können. Gerade wegen dieser Verantwortung für die Überwachung der Datenverarbeitung und damit über die personenbezogenen Daten vieler betroffener Personen, sollen Mechanismen vorgesehen werden, die es ermöglichen, den Datenschutzbeauftragten im Falle nachweislich fehlender Sachkunde oder im Falle eines schwerwiegenden Interessenkonflikts abzuberufen. 176

C. Praxishinweise

I. Relevanz für öffentliche Stellen

Aufgrund der auch für öffentliche Stellen geltenden unmittelbaren Verpflichtungen der DS-GVO besteht nicht nur hoher Beratungsbedarf, sondern auch ein **Bedarf an Modifikationen** der Datenverarbeitungen. 177

150 Vereinzelte Landesdatenschutzgesetze fassen z.B. Kameraattrappen unter den Schutzgehalt der Regelungen zur Videoüberwachung durch öffentliche Stellen. Diese verarbeiten jedoch keine personenbezogenen Daten. Eine Regelung zur Zulässigkeit des Verwendens von Kameraattrappen würde damit nicht im Einklang mit der Öffnungsklausel des Art. 58 Abs. 6 stehen.

151 Kühling/Buchner-*Boehm* Art. 58 Rn. 12.

152 BeckOK DatenSR-*Eichler* Art. 58 Rn. 46.

153 Eine Abberufung würde sich in diesem Zusammenhang gegenüber öffentlich-rechtlich Angestellten oder Bediensteten sich jedoch auch dienstrechtlich problematisch darstellen.

178 Nach Art. 58 verfügen die Datenschutzaufsichtsbehörden über neue und stärker **eingreifende Befugnisse** auch gegenüber öffentlichen Stellen.[154] Sie können nicht nur als Berater und Partner auftreten, sondern verstärkt auch als Aufsicht. Dies dürfte den öffentlichen Verantwortlichen nach und nach deutlicher bewusst werden.

II. Relevanz für nichtöffentliche Stellen

179 Eine Reihe von Untersuchungs- und Abhilfebefugnissen gegenüber nichtöffentlichen Stellen haben sich gegenüber der vorherigen Rechtslage nicht grundlegend geändert. Allerdings gibt es auch Änderungen, deren wesentlichste die weitreichendere Befugnis darstellt, Geldbußen zu verhängen. Der Art. 58 führt aber zu einer geänderten Systematik, die auf die Ausübung der Befugnisse ausstrahlen wird. Neuerungen beinhalten die Beratungs- und Genehmigungsbefugnisse des Art. 58 Abs. 3.

180 Neuerungen können die **Verfahren und den Rechtsschutz** betreffen. Wenn und soweit Verwaltungsakte vorliegen, ist das einschlägige Verfahrensrecht anwendbar. Die Möglichkeiten, Rechtsbehelfe geltend zu machen, stellen den Ausgleich für den individuellen Rechtsschutz dar (Art. 47 GRCh).

III. Relevanz für betroffene Personen

181 Mit den durchsetzungsfähigeren Befugnissen wird der Grundrechtsschutz für die betroffenen Personen verbessert. Bedeutsam ist, dass die betroffene Person zwar einen Anspruch auf ein Tätigwerden der Behörde hat, dieses Recht jedoch nicht so weit reicht, dass die betroffene Person die **Ausübung einer bestimmten Befugnis** verlangen kann. Dieses Ermessen verbleibt bei der Datenschutzaufsichtsbehörde. Die Klage gem. Art. 78 Abs. 2 bezieht sich darauf, dass die Datenschutzaufsichtsbehörden auf die Beschwerde einer betroffenen Person nach Art. 77 hin nicht tätig werden oder nicht ausreichend unterrichten.

IV. Relevanz für Aufsichtsbehörden

182 Mit den neuen Befugnissen erhalten die Aufsichtsbehörden ein Handlungsinstrumentarium wie es zuvor nicht bestand. Sie werden **erheblich gestärkt**. Der Grundrechtsschutz ist damit effektiver möglich; bei der Ausübung ist jedoch der freie Datenverkehr als zusätzliches Gewährleistungsziel der Datenschutzaufsichtsbehörden im Rahmen der Verhältnismäßigkeit zu beachten und die beiden Ziele sind in einen angemessenen Ausgleich zu bringen (Art. 57 Rn. 21).

183 Der Beratungsauftrag wird zuvörderst bei der neuen Ausrichtung der Datenschutzaufsichtsbehörden deutlich. Zahlreiche Befugnisse betreffen die Beratung der Verantwortlichen. Die Beratung betrifft regelmäßig **unverbindliche Empfehlungen**. Verbindliche Maßnahmen erfolgen auf der Grundlage des Art. 58 Abs. 2 oder Abs. 3.

184 Im Rahmen einer **Neuausrichtung** ist der Ausübung der Befugnisse durch die Datenschutzaufsichtsbehörden Rechnung zu tragen. Sie können und müssen ihre Rolle neu finden. Deutlicher Anpassungsbedarf kommt hinsichtlich der Verhängung von Geldbußen und der Begleitung und Beratung der Akkreditierungs- und Zertifizierungsverfahren auf die Datenschutzaufsichtsbehörden zu.

---

154 Kröger/Pilniok-*Spiecker gen. Döhmann* Unabhängiges Verwalten in der Europäischen Union, S. 107.

V. Datenschutzmanagement

185 Die Befugnisse richten sich ausschließlich gegen den Verantwortlichen oder gegen den Auftragsverarbeiter, sofern dieser verantwortlich ist. Durch eine **angemessene interne Organisation** und die Einrichtung entsprechender Mechanismen der Datenverarbeitung können Datenschutzverstöße und damit Abhilfemaßnahmen der Aufsicht **vermieden** werden.

186 Die Kooperation der **Datenschutzbeauftragten** mit den Datenschutzaufsichtsbehörden und die effektive Wahrnehmung der Überwachungs- und Beratungsaufgabe der Datenschutzbeauftragten spielt eine wichtige Rolle. Diesen Mehrwert sollten die Verantwortlichen erkennen und den Datenschutzbeauftragten entsprechend durch Stellung und Ressourcen befähigen und seine Weisungen umsetzen. Als Bindeglied zwischen der Datenschutzaufsichtsbehörde und dem Verantwortlichen kommt dem Datenschutzbeauftragten im Rahmen der Untersuchungen nach Art. 57 Abs. 1 die maßgebliche Rolle zu, den Informationsfluss zu gewährleisten.

VI. Geldbußen

187 Das Zuwiderhandeln gegen bestimmte Anweisungen der Datenschutzaufsichtsbehörden kann durch eine Geldbuße sanktioniert werden (Art. 83 Abs. 5 lit. e). Der Begriff der „Anweisung" ist dabei **weit auszulegen** und betrifft nicht nur die „Anweisungen", die explizit im Wortlaut enthalten sind, sondern alle verbindlichen Weisungen der Aufsichtsbehörde gem. Art. 58 Abs. 2 und Abs. 1.[155] Dabei handelt es sich – mit Ausnahme der Geldbuße nach Art. 58 Abs. 2 lit. i – um vollstreckbare Verwaltungsakte, die eine handlungsanweisende Rechtsfolge setzen.

188 Zu beachten ist, dass die Verhängung von Geldbußen bzgl. bestimmter Datenschutzverstöße anstelle aber auch zusätzlich zu den Anweisungs- und Anordnungsbefugnissen nach Art. 58 Abs. 2 erfolgen kann. Bei der Verhängung spielen Gesichtspunkte, die die Kooperation des Verantwortlichen bei der Untersuchung des Datenschutzverstoßes betreffen, eine Rolle (ErwG 148).

189 Bei den **Untersuchungsbefugnissen** betrifft dies gem. Art. 83 Abs. 5 lit. e Var. 5 die Verweigerung des Zugangs der Aufsichtsbehörde zu Daten und Informationen sowie zu Geschäftsräumen und EDV-Anlagen (Art. 58 Abs. 1 lit. e und f). Die Verweigerung kann Geldbußen bis zu 20 000 000 EUR bzw. vier Prozent des gesamten weltweit erzielten Jahresumsatzes des vorangegangenen Geschäftsjahrs begründen, je nachdem, welcher der Beträge höher ist.[156]

190 Bei den **Abhilfebefugnissen** nach Art. 83 Abs. 5 lit. e Var. 1–4 sind folgende Abhilfebefugnisse nach Art. 58 Abs. 2 mit einer Geldbuße bewehrt: die Missachtung oder das Zuwiderhandeln von Anweisungen der Aufsichtsbehörde zur Erfüllung von Betroffenenrechten (lit. c), zur datenschutzkonformer Anpassung von Verarbeitungsvorgängen (lit. d), zur Benachrichtigung der Betroffenen bei Datenschutzverstößen (lit. e), zur Beschränkung oder zum Verbot von Verarbeitungen (lit. f), zur Berichtigung, Löschung oder Sperrung und Unterrichtung der Empfänger (lit. g), zum Widerruf oder zur Nichterteilung von Zertifizierungen (lit. h), zur Aussetzung von Übermittlun-

155 Vgl. auch Kühling/Buchner-*Bergt* Art. 83 Rn. 108–109.
156 Ausf. dazu *Rost* RDV 2017, 13, 16.

gen in Drittländer (lit. j).[157] Bei den Verstößen kann die Datenschutzaufsichtsbehörde Geldbußen bis 20 000 000 EUR bzw. vier Prozent des gesamten weltweit erzielten Jahresumsatzes des vorangegangenen Geschäftsjahrs verhängen.

Artikel 59 Tätigkeitsbericht

[1]Jede Aufsichtsbehörde erstellt einen Jahresbericht über ihre Tätigkeit, der eine Liste der Arten der gemeldeten Verstöße und der Arten der getroffenen Maßnahmen nach Artikel 58 Absatz 2 enthalten kann. [2]Diese Berichte werden dem nationalen Parlament, der Regierung und anderen nach dem Recht der Mitgliedstaaten bestimmten Behörden übermittelt. [3]Sie werden der Öffentlichkeit, der Kommission und dem Ausschuss zugänglich gemacht.

– *ErwG: keine*
– *BDSG n.F.: § 15*

Übersicht

Literatur: *von Lewinski* Tätigkeitsberichte im Datenschutz, RDV 2004, 163.

A. Einordnung und Kontext

I. Erwägungsgründe

1 Einschlägige Erläuterungen in den Erwägungsgründen sind nicht ersichtlich.

II. § 15 BDSG n.F.

2 § 15 BDSG regelt die Pflicht der oder des Bundesbeauftragten, einen Jahresbericht über ihre oder seine Tätigkeit zu erstellen. Dieser kann eine Liste der Arten der

157 Vgl. dazu auch die "Guidelines on the application and setting of administrative fines for the purposes of the Regulation 2016/679", vgl. WP 253/17/EN, S. 10 Fn. 8.

gemeldeten Verstöße und der Arten der getroffenen Maßnahmen, einschließlich der verhängten Sanktionen und der Maßnahmen nach Art. 58 Abs. 2 enthalten. Der Bericht wird dem Deutschen Bundestag, dem Bundesrat und der Bundesregierung übermittelt und der Öffentlichkeit, der Europäischen Kommission und dem Europäischen Datenschutzausschuss zugänglich gemacht.

III. Genese, Historie

1. Datenschutz-Richtlinie 95/46/EG (DSRL). Art. 28 Abs. 5 DSRL regelte, dass jede Kontrollstelle regelmäßig einen Tätigkeitsbericht vorlegt, der auch veröffentlicht wird. 3

2. BDSG a.F. Die Verpflichtung zur Vorlage eines Tätigkeitsberichts traf auch den oder die Bundesbeauftragte. § 26 Abs. 1 BDSG a.F. regelte, dass die oder der Bundesbeauftragte dem Deutschen Bundestag alle zwei Jahre einen Tätigkeitsbericht erstattet, mit dem sie den Bundestag und auch die Öffentlichkeit über die wesentlichen Entwicklungen des Datenschutzes unterrichtet. Auch die Aufsichtsbehörden mussten gem. § 38 Abs. 1 S. 7 BDSG a.F. spätestens alle zwei Jahre einen Tätigkeitsbericht veröffentlichen. 4

3. Europäischer Datenschutzausschuss. Dem Europäischen Datenschutzausschuss kommt nach Art. 71 Abs. 1 die Pflicht zur jährlichen Berichterstattung zu. Deren Inhalt ist dahingehend konkreter, dass sie den Schutz natürlicher Personen bei der Verarbeitung in der Union und ggf. in Drittländern und internationalen Organisationen beinhalten soll. Wie bereits die Art.-29-Datenschutzgruppe erstattet der Europäische Datenschutzausschuss den Bericht gegenüber der Europäischen Kommission, dem Europäischen Rat und dem Europäischen Parlament. 5

B. Kommentierung

I. Regelungsinhalt und Entstehungsgeschichte

Die Datenschutzaufsichtsbehörden müssen nach Art. 59 jährlich einen **Tätigkeitsbericht** erstellen, der insbesondere eine Liste von Arten der gemeldeten Verstöße und der Arten der getroffenen Maßnahmen im Rahmen der Abhilfebefugnisse nach Art. 58 Abs. 2 enthalten kann (S. 1). Der Bericht muss dem nationalen Parlament, der Regierung und anderen nach dem Recht des Mitgliedsstaats bestimmten Behörden ebenfalls übermittelt werden (S. 2). Außerdem muss er der Öffentlichkeit, der Europäischen Kommission und dem Europäischen Datenschutzausschuss zugänglich gemacht werden (S. 3). 6

Das Erstellen eines Tätigkeitsberichts gehörte bereits nach der **DSRL** zu dem festen Aufgabenbereich der Datenschutzaufsichtsbehörden. Die dortige Regelung in Art. 28 Abs. 5 DSRL war weit gefasst und enthielt weder bestimmte inhaltliche Anforderungen noch einen bestimmten Zeitraum, den der Bericht betreffen soll. Auch ein fester Adressatenkreis wurde nicht benannt, sondern es wurde lediglich aufgetragen, den Bericht „vorzulegen" und zu veröffentlichen. 7

Umgesetzt wurde die DSRL in § 26 und § 38 Abs. 1 S. 7 BDSG a.F. Während § 26 BDSG a.F. den Gegenstand des Tätigkeitsberichts auf die wesentlichen Entwicklungen des Datenschutzes konkretisierte, bezog sich der Tätigkeitsbericht der Aufsichtsbehörden auf die Wahrnehmung der Aufgaben und Ausübung der Befugnisse i.S.d. § 38 BDSG a.F. Dies war zwar nicht explizit in dem Wortlaut angelegt, legt der Rege- 8 lungsstandort in diesem Paragraphen jedoch nahe. Die Tätigkeitsberichte der unabhängigen Datenschutzaufsichtsbehörde des Landes betrafen in der Regel beide Ausrichtungen.

9 Die DS-GVO konkretisiert diese Parameter. Diese Konkretisierung erfolgte maßgeblich im Trilogverfahren, dort wurde entschieden, dass der explizite Verweis auf die Tätigkeiten in Bezug auf Art. 58 Abs. 2 erfolgte.[1] Der ursprüngliche Entwurf der Kommission legte keinen Maßstab an den Inhalt des Berichts. Der Entwurf des europäischen Parlaments sah dagegen eine Erweiterung des Berichtszeitraums auf zwei Jahre vor, was sich nicht durchsetzte.

II. Funktion des Tätigkeitsberichts

10 **1. Rechenschaft und Transparenz.** Der Tätigkeitsbericht dient der **Dokumentation** des behördlichen Handelns der Datenschutzaufsichtsbehörde. Diese Dokumentation dient ihrer Transparenz und dem Ablegen von Rechenschaft.[2] Die Funktion der Rechenschaftspflicht steht in einem engen Zusammenhang zur **Unabhängigkeit** der Datenschutzaufsichtsbehörde. Das von der Unabhängigkeit gebotene Fehlen einer Fach- oder Dienstaufsicht über die Tätigkeit der Datenschutzaufsichtsbehörde (Art. 52 Rn. 37), wird durch die Rechenschaftspflicht gegenüber der Öffentlichkeit und im Rahmen der **parlamentarischen Kontrolle** kompensiert.[3] Dies erfordert das auch unionsrechtlich anerkannte Demokratieprinzip.[4]

11 Die Dokumentation und **Rechenschaft** betreffen auch die Auseinandersetzung der Datenschutzaufsichtsbehörde mit ihrer Schwerpunktsetzung, ihrer Ausstattung und der Verteilung der vorhandenen **Ressourcen**.[5] Anhand dieser Dokumentation können Kapazitätsgrenzen der Datenschutzaufsichtsbehörde aufgezeigt werden, um diese zukünftig im Haushalt besser auszustatten und sicherzustellen, dass den Vorgaben des Art. 52 Abs. 4 (Art. 52 Rn. 41 ff.) entsprochen wird.

12 **2. Aufklärung.** Die Unterrichtung über die **maßgeblichen Entwicklungen des Datenschutzes** und die Aufsichtspraxis der Datenschutzaufsichtsbehörde tragen im erheblichen Maße zur Sensibilisierung und Aufklärung der Öffentlichkeit, den betroffenen Personen und Verantwortlichen bei.[6] Der Tätigkeitsbericht ist dazu ein Instrument, um die entsprechenden Aufgaben der Datenschutzaufsichtsbehörden, die mit Sensibilisierung und Informierung der Öffentlichkeit, der Verantwortlichen und der betroffenen Personen verbunden sind (Art. 57 Abs. 1 lit. b, lit. c, lit. d und lit. e), zu erfüllen.

13 Die Aufklärung der Öffentlichkeit im Rahmen des Tätigkeitsberichts dient zudem der **demokratischen Meinungsbildung**. Werden die Grundrechte auf Datenschutz und Privatheit z.B. aufgrund von Sicherheitserwägungen oder Wirtschaftsbestrebungen beeinträchtigt, sollte die Öffentlichkeit über die damit zusammenhängenden Risiken informiert werden, um derartige Fragen dem öffentlichen, gesellschaftlichen und nicht

1 Kühling/Buchner-*Boehm* Art. 59 Rn. 3.
2 Gola-*Nygen* Art. 59 Rn. 2.
3 Vgl. *EuGH* v. 9.3.2010 – C- 516/07, ECLI:EU:C2010:125, Kommission/Deutschland, Rn. 44, 45.
4 Ausf. Ehmann/Selmayr-*Selmayr* Art. 59 Rn. 1.
5 Ebenfalls Ehmann/Selmayr-*Selmayr* Art. 59 Rn. 3.
6 *von Lewinski* RDV 2004, 163, 164.

zuletzt dem demokratischen **Diskurs** zuzuführen. Die Tätigkeitsberichte dienen neben den anderen Instrumenten der Öffentlichkeitsarbeit der Datenschutzaufsichtsbehörden auch diesem Zweck.[7]

3. Kohärenz der Aufsichtspraxis. Das Ziel der einheitlichen und flächendeckenden Überwachung und Durchsetzung der DS-GVO in der Europäischen Union erfordert ein gewisses Maß an Selbstdisziplinierung der Datenschutzaufsichtsbehörden. Diese sollten in ihrer Aufsichtspraxis in Bezug auf die Ausübung ihrer Abhilfebefugnisse gem. Art. 58 Abs. 2, insb. der Verhängung von Geldbußen konsistent sein.[8] Dies betrifft zum einen die eigene Tätigkeit, aber auch die Einheitlichkeit der Datenschutzaufsichtspraxis insgesamt in der Europäischen Union. Durch den Tätigkeitsbericht lässt sich die **Konsistenz** der Aufsichtspraxis darstellen und von der Öffentlichkeit nachzuvollziehen. **14**

Durch das Kohärenzverfahren und den Kooperationsmechanismen des Kapitel VII werden die Aufgaben in Zukunft vermehrt kooperativ ausgeübt werden. Gerade diese **Kooperationen** verdienen eine besondere Herausstellung im Tätigkeitsbericht. Insbesondere in Bezug auf die Verantwortlichen ist diese Komponente der Transparenz bedeutsam, damit diese sich auf bestimmte Positionen der Datenschutzaufsichtsbehörden einstellen können. **15**

III. Inhalt

1. Tätigkeit der Aufsichtsbehörde. Nach dem Wortlaut soll der jährliche Tätigkeitsbericht die Tätigkeit der Datenschutzaufsichtsbehörde darstellen. In der Darstellung und der **Schwerpunktsetzung** ist sie dabei entsprechend ihrer Unabhängigkeit weitgehend frei. Um die Funktion der Aufklärung und Rechenschaftspflicht zu erfüllen, sollte der Tätigkeitsbericht jedoch anhand der Arbeitsbereiche der Datenschutzaufsichtsbehörde ein authentisches Bild ihrer **Aufstellung** und **Ausprägung** umfassen. **16**

Maßgeblicher Inhalt des Tätigkeitsberichts ist die **Darstellung datenschutzrechtlicher Verstöße** und die Tätigkeit der Datenschutzaufsichtsbehörden in Bezug auf diese. Fraglich ist, ob der jeweilige Verantwortliche dabei genannt werden darf. Grundsätzlich würde die Verschwiegenheitspflicht der Datenschutzaufsichtsbehörden nicht kompromittiert werden.[9] Aufgrund der mit einer Nennung einhergehenden Prangerwirkung, sollte die Nennung jedoch auf Fälle besonders gravierender Datenschutzverstöße beschränkt bleiben. Dabei können die Wertungen der Benachrichtigungspflicht des Verantwortlichen nach Art. 34 Abs. 3 berücksichtigt werden.[10] Auch die Wertungen und Grundsätze hinsichtlich sensibilisierender Warnungen der Datenschutzaufsichtsbehör- **17**

---

7 Derartige Berichtspflichten als Mittel der Transparenz sind von dem Bundesverfassungsgericht in seinem Urteil zum Bundeskriminalamtsgesetz vom 20.4.2016 hervorgehoben worden, insbesondere die Funktion, eine öffentliche Diskussion über die Tätigkeiten (in dem besonderen Fall des Bundeskriminalamts) zu ermöglichen und diese einer demokratischen Kontrolle und Überprüfung zu unterwerfen, vgl. *BVerfG* v. 20.4.2016 – 1 BvR 966/09, 1 BvR 1140/09, NJW 2016, 1781, 1789 Rn. 143.

8 Vgl. Guidelines on the application and setting of administrative fines for the purposes oft the Regulation 2016/679, WP253/17/EN, S. 5 und S. 7.

9 Hinsichtlich der Verschwiegenheitspflicht aus § 23 Abs. 5 BDSG a.F. vgl. *BGH* v. 9.12.2002 – 5 StR 276/02 (LG Dresden), NJW 2003, 979.

10 Vgl. Kühling/Buchner-*Boehm* Art 59 Rn. 6.

den finden Anwendung.[11] Für die Aufklärung anderer Verantwortlicher ist es hilfreich, ebenfalls die Abhilfemaßnahmen der in dem Bericht betroffenen Verantwortlichen darzustellen. Dadurch kann außerdem die durch die Nennung im Tätigkeitsbericht evtl. beeinträchtige Reputation wiederhergestellt werden.

18 Auch die **Tätigkeiten in Gesetzgebungsverfahren** und die Positionen der Datenschutzaufsichtsbehörden sollten in dem Tätigkeitsbericht dokumentiert werden. Nicht zuletzt wird dadurch die rechtspolitische Ausrichtung der Datenschutzaufsichtsbehörde publik und sie nimmt ihre Aufgabe wahr, als neutrale und unabhängige Instanz die Gesetzgebung zu verfolgen und zu bewerten und damit zur demokratischen Meinungsbildung der Öffentlichkeit beizutragen (vgl. Art. 57 Abs. 1 lit. b und Art. 57 Rn. 50 ff.). Außerdem eignet sich die Darstellung im Tätigkeitsbericht dazu, im Rahmen der Auseinandersetzung Anregungen für erneute gesetzgeberische Tätigkeiten zu geben.

19 Der Tätigkeitsbericht kann aus dem **gesamten Aufgabenbereich** der Datenschutzaufsichtsbehörde berichten. Entsprechend der unterschiedlichen Ansatzpunkte für Zuständigkeiten der Datenschutzaufsichtsbehörde kann er damit grundsätzlich auch wesentliche Entwicklungen oder Tätigkeiten der Datenschutzaufsichtsbehörde **über ihr Hoheitsgebiet hinaus** betreffen, z.B. wenn sie als betroffene Datenschutzaufsichtsbehörde zuständig war. Berühren diese Berichte Tätigkeiten anderer Datenschutzaufsichtsbehörden, ist ggf. auf deren Berichte Bezug zu nehmen, insbesondere der federführenden Datenschutzaufsichtsbehörden.[12] Deren Deutungshoheit hinsichtlich der Datenverarbeitung der in ihrem Hoheitsgebiet ansässigen Verantwortlichen bleibt so unberührt.

20 Bestehen jedoch differenzierende Auffassungen zwischen betroffener und federführender Behörde, die zu einem **Kohärenzverfahren** geführt haben, sollte in diesem Kontext Transparenz hergestellt werden.

21 **2. Liste der Arten der gemeldeten Verstöße und der Arten der getroffenen Maßnahmen.** Der **Zusatz**, dass der Tätigkeitsbericht insbesondere eine Liste der Arten der gemeldeten Verstöße und der entsprechenden getroffenen Maßnahmen im Rahmen der Abhilfebefugnisse enthalten kann, wurde auf Initiative des Rats im Trilogverfahren eingefügt.[13] Diese Liste ist nicht gleichzusetzen mit der Liste bzw. Verzeichnisse, die die Datenschutzaufsichtsbehörden nach Art. 57 Abs. 1 lit. u führen müssen, da diese nach dem Wortlaut explizit intern geführt werden müssen und weitaus expliziter in Bezug auf die Nennung der Verantwortlichen und der betroffenen Personen sind.[14]

22 Das BDSG konkretisiert den Inhalt dieser optionalen Liste dahingehend, dass sie neben den Maßnahmen nach Art. 58 Abs. 2 auch **verhängte Sanktionen** enthalten kann. Diese Klarstellung ist in Bezug auf die Kohärenz, die im Rahmen der Sanktionierungspraxis in der europäischen Union hergestellt werden soll begrüßenswert.

---

11 Vgl. Art. 58 Rn. 130 ff.

12 Vgl. *OVG Schleswig-Holstein* v. 28.2.2014 – 4 MB 82/13, ZD 2014, 536.

13 Kühling/Buchner-*Boehm* Art. 59 Rn. 3.

14 *Ziebarth* sieht dagegen in der Liste einen Ausschnitt des Verzeichnisses nach Art. 57 Abs. 1 lit. u, vgl. Sydow-*Ziebarth* Art. 59 Rn. 8.

23 Die Veröffentlichung einer solchen Liste ist nicht zwingend durch die DS-GVO vorgegeben, was der Unabhängigkeit der Datenschutzaufsichtsbehörde Rechnung trägt.[15] Kritisiert an dieser optionalen Vorgabe wird, dass eine solche Liste nur einen punktuellen Einblick in die Aufsichtspraxis geben kann und der **Sinn und Zweck** deswegen fraglich ist.[16] Beizupflichten ist dem dahingehend, dass die Maßnahmen gem. Art. 58 Abs. 2 nur einen Teilbereich der Aufsichtspraxis der Datenschutzaufsichtsbehörden betreffen. Durch die Liste allein lässt sich bspw. der Einsatz der Ressourcen nicht dokumentieren.[17] Trotzdem zeigt die Liste Tendenzen und Positionen der Datenschutzaufsicht auf und stellt sie in Bezug zu der daraus folgenden abhelfenden Aufsichtspraxis. Die etwaig damit einhergehende Abschreckungswirkung ist in Bezug der Durchsetzung der DS-GVO hilfreich. Zum anderen dient die Veröffentlichung der Kohärenz der Datenschutzaufsicht in der Europäischen Union (Rn. 14 f.).

IV. Adressaten des Berichts

24 Der Bericht ist entsprechend seiner Funktion im Rahmen der **parlamentarischen Kontrolle an das nationale Parlament und die nationale Regierung** zu richten bzw. dieser vorzulegen. In Ausprägung dessen wurde und wird der Tätigkeitsbericht dort beraten. In § 15 BDSG wird dieser Adressatenkreis neben dem Deutschen Bundestag und der Bundesregierung auf den Deutschen Bundesrat erweitert. Daneben besteht im Rahmen der Öffnungsklausel des Art. 59 S. 2 noch die Möglichkeit, den Bericht an weitere Behörden zu richten. Davon wurde im BDSG keinen Gebrauch gemacht.

25 Die jährlichen Tätigkeitsberichte der Landesdatenschutzaufsichtsbehörden sind ebenfalls der nationalen Regierung und dem nationalen Parlament vorzulegen; sie können – wenn dies in den jeweiligen Landesdatenschutzgesetzen ergänzend geregelt ist – entsprechend der **Landesregierung** und dem Landtag vorgelegt werden.[18] Im Unterschied zu der Zugänglichmachung i.S.d. Art. 59 S. 3, ist die Übermittlung als willentliche und explizit adressierte Übersendung des Berichts aufzufassen.

26 Der Tätigkeitsbericht ist außerdem der Öffentlichkeit, der Europäischen Kommission und dem Europäischen Datenschutzausschuss zugänglich zu machen. Fur eine Zugänglichmachung ist die Veröffentlichung im Internet ausreichend.[19] Die **Öffentlichkeit** ist hinsichtlich der Funktion der Transparenz behördlichen Handelns und auch der **Aufklärung** ein bedeutsamer Adressat des Tätigkeitsberichts. Entsprechend sind die Entwicklungen des Datenschutzes und die Risiken der Datenverarbeitungen adressatengerecht, also verständlich aufzubereiten.

27 Der **Europäische Datenschutzausschuss** kann sich deswegen mit den Tätigkeitsberichten befassen, da er die Aufgabe hat, auf **Kohärenz** der Aufsichtspraxis hinzuwirken (Art. 70 Abs. 1 S. 1). Dazu muss er sich über deren jeweilige Tätigkeiten informieren. Des Weiteren kann dadurch auch die Umsetzung bzw. Anwendung der Leitlinien und Empfehlungen und bewährte Verfahren (vgl. Art. 70 Abs. 1) – kursorisch – überprüft werden. Auch die **Europäische Kommission** hat im Rezipientenkreis des Tätigkeitsbe-

15 So auch Kühling/Buchner-*Boehm* Art. 59 Rn. 5.
16 Paal/Pauly-*Körffer* Art. 59 Rn. 3.
17 Diese Funktion misst *Selmayr* der Liste dagegen maßbeglich bei, vgl. Ehmann/Selmayr-*Selmayr* Art. 59 Rn. 7.
18 Vgl. Ehmann/Selmayr-*Selmayr* Art. 59 Rn. 11.
19 So auch z.B. Kühling/Buchner-*Boehm* Art. 59 Rn. 8.

richts ein bedeutende Rolle, da sie die Ausfüllung der unionsrechtlich durch die DS-GVO begründeten Funktion der Datenschutzaufsicht zu überwachen hat.[20]

V. Berichtszeitraum

28 Während sich in der Bundesrepublik Deutschland nahezu flächendeckend ein Berichtszeitraum von zwei Jahren eingebürgert hatte, ist dieser nunmehr auf **ein Jahr** festgelegt. Dieser Turnus bestand für die oder den Bundesbeauftragte(n) bereits zuvor, wurde jedoch auf Jahr minimiert, da der deutsche Bundestag die Beratung der Tätigkeitsberichte nicht in dem Zeitraum schaffte.[21] Der Zwei-Jahresrhytmus wurde grundlegend als ausreichend angesehen, insbesondere angesichts der sonstigen Öffentlichkeitsarbeit der Bundesbeauftragten.[22] Auch die Landesbeauftragten berichteten durchgängig in diesem Turnus.[23]

29 Der Zeitraum von einem Jahr ist demgegenüber **üblicher.** So umfasste der Berichtszeitraum der Art.-29-Datenschutzgruppe (Art. 30 Abs. 6 DSRL) und anderer datenschutzrechtlicher Kontrollgremien ebenfalls ein Jahr.[24] Auch der Europäische Datenschutzbeauftragte berichtet gem. Art. 48 Abs. 1 VO (EG) Nr. 45/2001 jährlich an das Europäische Parlament, den Rat und die Europäische Kommission und an die Öffentlichkeit.[25]

30 Angesichts des kürzeren Zeitraums werden die Datenschutzaufsichtsbehörden **Anpassungen** vornehmen müssen, die die Struktur und Fertigung des Tätigkeitsberichts betreffen, insbesondere hinsichtlich der laufenden Dokumentation ihrer Tätigkeit und der Beschwerdebearbeitung sowie hinsichtlich des Führens von Statistiken. Diese Prozesse sind **arbeitsökonomisch** zu optimieren, um die größere Arbeitsbelastung zu kompensieren.

31 Der **Beginn** des Berichtszeitraums ist nicht eindeutig geregelt. Da die DS-GVO zur Mitte des Jahres 2018 gelten wird, könnte man dieses Datum als Zeitpunkt des Beginns des Berichtszeitraums interpretieren. Dies würde sich so auswirken, dass der Bericht zwei unterschiedliche Jahre betrifft. Die Eigenschaft eines Jahresbericht bestimmt sich jedoch nicht nur daran, dass er 12 Monate umfasst, sondern auch daran, dass der Bericht **einem bestimmten Jahr** zuzuordnen ist. Deswegen sollte der Bericht zum Ende eines jeden Jahres, bzw. eine angemessen kurze Zeit danach veröffentlicht werden. Damit korrespondiert auch die bereits dargestellte Interdependenz zwischen dem Tätigkeitsbericht und dem Haushaltsjahr (siehe oben Rn. 11). Nicht zuletzt ist zu berücksichtigen, dass die Festlegung des Berichtszeitraums nicht in die Disposition der Mitgliedstaaten fällt. Dass der Zeitraum verordnungsunmittelbar geregelt wird, zeigt auf, dass der Tätigkeitsbericht auch einer Vergleichbarkeit der Aufsichtspraxis der Datenschutzaufsichtsbehörden dienen soll. Dazu sollte entsprechend über den gleichen Zeitraum berichtet werden.

---

20 Ausf. Ehmann/Selmayr-*Selmayr* Art. 59 Rn. 11.
21 BT-Drucks. 10/4737, 41; vgl. Wolff/Brink-*Schiedermair* § 26 BDSG Rn. 1, 21. Ed.
22 Wolff/Brink-*Schiedermair* § 26 BDSG Rn. 1, 21. Ed. 2017.
23 Siehe z.B. § 29 Abs. 2 LDSG RP a.F.; § 27 Abs. 1 S. 1 LDSG NRW a.F.
24 Z.B. der EDPS in Bezug auf Eurodac (gem. Art. 31 Abs. 2 Verordnung (EU) Nr. 604/2013) und Europol, (gem. Art. 41 Abs. 6 lit. f Verordnung (EU) 2016/794).
25 Ehmann/Selmayr-*Selmayr* Art. 59 Rn. 2.

C. Praxishinweise

I. Relevanz für öffentliche Stellen

Die Sensibilisierungs- und Aufklärungsfunktion des Tätigkeitsberichts insbesondere in Bezug auf die Ausübung der Abhilfebefugnisse sind für öffentliche Verantwortliche beachtenswert. Da sie bislang nicht Adressat von Abhilfebefugnissen (abseits der Beanstandung) waren, müssen sie sich auf eine neue Aufsichtspraxis einstellen. Vergleichswerte, wie sie durch den Tätigkeitsbericht generiert werden, sind dazu hilfreich. **32**

II. Relevanz für nichtöffentliche Stellen

Die Tätigkeitsberichte können insbesondere bei grenzüberschreitenden Datenverarbeitungen den nichtöffentlichen Verantwortlichen die Möglichkeit bieten, sich auf die Aufsichtspraxis der federführenden Aufsichtsbehörde einzustellen. **33**

III. Relevanz für betroffene Personen

Die Tätigkeitsberichte sind eine spezielle Ausprägung der Aufgabe der Datenschutzaufsichtsbehörden nach Art. 57 Abs. 1 lit. b, die Öffentlichkeit über Belange des Datenschutzes zu sensibilisieren. Auch wenn diese Ausprägung erst durch die DS-GVO explizit benannt wurde, wurde sie bereits zuvor durch die deutsche Datenschutzaufsicht erfüllt, in dem die Tätigkeitsberichte im Internet veröffentlicht wurden. **34**

IV. Relevanz für Aufsichtsbehörden

Die Erstellung des jährlichen Tätigkeitsberichts ist aufwendig und bindet die Ressourcen der Datenschutzaufsichtsbehörden in einem nicht unerheblichen Maße. Der jahresmäßige Turnus führt jedoch auch dazu, dass die Tätigkeitsberichte nicht so umfangreich sind wie zuvor. Trotzdem sind mit dieser Aufgabe Anpassungen in der Behördenorganisation verbunden, um das Berichtswesen arbeitsökonomisch zu gestalten, z.B. im Rahmen einer einheitlichen Dokumentationspraxis und dem Führen von aussagekräftigen Statistiken. **35**

V. Datenschutzmanagement

Wie auch die Verantwortlichen werden die Datenschutzbeauftragten durch die Tätigkeitsberichte über die Aufsichtspraxis der Datenschutzaufsichtsbehörden informiert und können sich entsprechend darauf einstellen. **36**

VI. Geldbußen

Im Rahmen der fakultativen Liste von Datenschutzverstößen und Abhilfebefugnissen könnte darüber berichtet werden, ob und in welcher Höhe die Datenschutzverstöße zu Geldbußen führten. **37**

Kapitel VII
Zusammenarbeit und Kohärenz

Abschnitt 1
Zusammenarbeit

Artikel 60 Zusammenarbeit zwischen der federführenden Aufsichtsbehörde und den anderen betroffenen Aufsichtsbehörden

(1) [1]Die federführende Aufsichtsbehörde arbeitet mit den anderen betroffenen Aufsichtsbehörden im Einklang mit diesem Artikel zusammen und bemüht sich dabei, einen Konsens zu erzielen. [2]Die federführende Aufsichtsbehörde und die betroffenen Aufsichtsbehörden tauschen untereinander alle zweckdienlichen Informationen aus.

(2) Die federführende Aufsichtsbehörde kann jederzeit andere betroffene Aufsichtsbehörden um Amtshilfe gemäß Artikel 61 ersuchen und gemeinsame Maßnahmen gemäß Artikel 62 durchführen, insbesondere zur Durchführung von Untersuchungen oder zur Überwachung der Umsetzung einer Maßnahme in Bezug auf einen Verantwortlichen oder einen Auftragsverarbeiter, der in einem anderen Mitgliedstaat niedergelassen ist.

(3) [1]Die federführende Aufsichtsbehörde übermittelt den anderen betroffenen Aufsichtsbehörden unverzüglich die zweckdienlichen Informationen zu der Angelegenheit. [2]Sie legt den anderen betroffenen Aufsichtsbehörden unverzüglich einen Beschlussentwurf zur Stellungnahme vor und trägt deren Standpunkten gebührend Rechnung.

(4) Legt eine der anderen betroffenen Aufsichtsbehörden innerhalb von vier Wochen, nachdem sie gemäß Absatz 3 des vorliegenden Artikels konsultiert wurde, gegen diesen Beschlussentwurf einen maßgeblichen und begründeten Einspruch ein und schließt sich die federführende Aufsichtsbehörde dem maßgeblichen und begründeten Einspruch nicht an oder ist der Ansicht, dass der Einspruch nicht maßgeblich oder nicht begründet ist, so leitet die federführende Aufsichtsbehörde das Kohärenzverfahren gemäß Artikel 63 für die Angelegenheit ein.

(5) [1]Beabsichtigt die federführende Aufsichtsbehörde, sich dem maßgeblichen und begründeten Einspruch anzuschließen, so legt sie den anderen betroffenen Aufsichtsbehörden einen überarbeiteten Beschlussentwurf zur Stellungnahme vor. [2]Der überarbeitete Beschlussentwurf wird innerhalb von zwei Wochen dem Verfahren nach Absatz 4 unterzogen.

(6) Legt keine der anderen betroffenen Aufsichtsbehörden Einspruch gegen den Beschlussentwurf ein, der von der federführenden Aufsichtsbehörde innerhalb der in den Absätzen 4 und 5 festgelegten Frist vorgelegt wurde, so gelten die federführende Aufsichtsbehörde und die betroffenen Aufsichtsbehörden als mit dem Beschlussentwurf einverstanden und sind an ihn gebunden.

(7) [1]Die federführende Aufsichtsbehörde erlässt den Beschluss und teilt ihn der Hauptniederlassung oder der einzigen Niederlassung des Verantwortlichen oder gegebenenfalls des Auftragsverarbeiters mit und setzt die anderen betroffenen Aufsichtsbehörden und den Ausschuss von dem betreffenden Beschluss einschließlich einer

Zusammenfassung der maßgeblichen Fakten und Gründe in Kenntnis. [2]Die Aufsichtsbehörde, bei der eine Beschwerde eingereicht worden ist, unterrichtet den Beschwerdeführer über den Beschluss.

(8) Wird eine Beschwerde abgelehnt oder abgewiesen, so erlässt die Aufsichtsbehörde, bei der die Beschwerde eingereicht wurde, abweichend von Absatz 7 den Beschluss, teilt ihn dem Beschwerdeführer mit und setzt den Verantwortlichen in Kenntnis.

(9) [1]Sind sich die federführende Aufsichtsbehörde und die betreffenden Aufsichtsbehörden darüber einig, Teile der Beschwerde abzulehnen oder abzuweisen und bezüglich anderer Teile dieser Beschwerde tätig zu werden, so wird in dieser Angelegenheit für jeden dieser Teile ein eigener Beschluss erlassen. [2]Die federführende Aufsichtsbehörde erlässt den Beschluss für den Teil, der das Tätigwerden in Bezug auf den Verantwortlichen betrifft, teilt ihn der Hauptniederlassung oder einzigen Niederlassung des Verantwortlichen oder des Auftragsverarbeiters im Hoheitsgebiet ihres Mitgliedstaats mit und setzt den Beschwerdeführer hiervon in Kenntnis, während die für den Beschwerdeführer zuständige Aufsichtsbehörde den Beschluss für den Teil erlässt, der die Ablehnung oder Abweisung dieser Beschwerde betrifft, und ihn diesem Beschwerdeführer mitteilt und den Verantwortlichen oder den Auftragsverarbeiter hiervon in Kenntnis setzt.

(10) [1]Nach der Unterrichtung über den Beschluss der federführenden Aufsichtsbehörde gemäß den Absätzen 7 und 9 ergreift der Verantwortliche oder der Auftragsverarbeiter die erforderlichen Maßnahmen, um die Verarbeitungstätigkeiten all seiner Niederlassungen in der Union mit dem Beschluss in Einklang zu bringen. [2]Der Verantwortliche oder der Auftragsverarbeiter teilt der federführenden Aufsichtsbehörde die Maßnahmen mit, die zur Einhaltung des Beschlusses ergriffen wurden; diese wiederum unterrichtet die anderen betroffenen Aufsichtsbehörden.

(11) Hat – in Ausnahmefällen – eine betroffene Aufsichtsbehörde Grund zu der Annahme, dass zum Schutz der Interessen betroffener Personen dringender Handlungsbedarf besteht, so kommt das Dringlichkeitsverfahren nach Artikel 66 zur Anwendung.

(12) Die federführende Aufsichtsbehörde und die anderen betroffenen Aufsichtsbehörden übermitteln einander die nach diesem Artikel geforderten Informationen auf elektronischem Wege unter Verwendung eines standardisierten Formats.

– *ErwG: 123–128, 130*
– *BDSG n.F.: §§ 17, 18, 19, 40*

Übersicht

Literatur: *Albrecht* Das neue EU-Datenschutzrecht – Von der Richtlinie zur Verordnung, CR 2016, 88; *Art.-29-Datenschutzgruppe* Advice paper on the practical implementation of the Article 28(6) of the Directive 95/46/EC; *Caspar* Das aufsichtsbehördliche Verfahren nach der EU-Datenschutz-Grundverordnung, ZD 2012, 555; *Dammann* Erfolge und Defizite der EU-Datenschutzgrundverordnung, ZD 2016, 307; *Greve* Das neue Bundesdatenschutzgesetz, NVwZ 2017, 737; *Hornung* Eine Datenschutz-Grundverordnung für Europa?, ZD 2012, 99; *Kranig* Zuständigkeit der Datenschutzaufsichtsbehörden – Feststellung des Status quo mit Ausblick auf die DS-GVO, ZD 2013, 550; *Kühling/Martini* Die neue Datenschutz-Grundverordnung: Revolution oder Evolution im europäischen und deutschen Datenschutzrecht?, EuZW 2016, 448; *Nguyen* Die zukünftige Datenschutzaufsicht in Europa, ZD 2015, 265; *Reding* Sieben Grundbausteine der europäischen Datenschutzreform, ZD 2012, 195; *Roßnagel* Europäische Datenschutz-Grundverordnung. Vorrang des Unionsrechts – Anwendbarkeit des nationalen Rechts, 2017; *Roßnagel/Kroschwald* Was wird aus der Datenschutzgrundverordnung?, ZD 2014, 495; *Schantz* Die Datenschutz-Grundverordnung – Beginn einer neuen Zeitrechnung im Datenschutzrecht, NJW 2016, 1841; *Unabhängige Datenschutzbehörden der Länder* Kühlungsborner Erklärung, 10. November 2016.

A. Einordnung und Kontext[1]

Art. 60 enthält im Vergleich zur Vorgängernorm der Richtlinie 95/46/EG die neue Verfahrensart der Zusammenarbeit der Aufsichtsbehörden der Mitgliedstaaten der Europäischen Union.[2] Die Regelung dient dem Ziel, dass im Sinne eines **„One-Stop-Shop“** sowohl Verantwortliche und Auftragsverarbeiter als auch betroffene Bürger sich in Fragen der Datenschutzaufsicht nur an eine zuständige Behörde wenden müssen. Für 1

1 Der Verfasser vertritt seine persönliche Auffassung, die nicht notwendigerweise der Auffassung des Dienstherrn entspricht.
2 Paal/Pauly-*Körffer* Vorb. zu Art. 60 ff. Rn. 1.

den Verantwortlichen bzw. Auftragsverarbeiter ist dies die federführende Behörde am Sitz seiner einzigen oder seiner Haupt-Niederlassung (Art. 56 Abs. 6). Für den Bürger ist dies die betroffene Aufsichtsbehörde (Art. 4 Nr. 22, Art. 77; ErwG 141), die in der Regel aufgrund seiner eingereichten Beschwerde tätig wird. Zugleich gewährleisten die Bestimmungen des Verfahrens, dass Stellen ohne Niederlassung in der EU, die jedoch aufgrund des Marktortprinzips gemäß Art. 3 Abs. 2 europäischem Datenschutzrecht unterliegen, der Maßnahme einer jeden Aufsichtsbehörde eines jeden Mitgliedstaats unterliegen können.[3]

2 Die Regelung zur Zusammenarbeit zählt wie das Verfahren der Kohärenz zu den wichtigsten Neuerungen der DS-GVO.[4] Sie soll neben der Vereinheitlichung des materiellen Rechts ebenso der **einheitlichen Rechtsanwendung in der Union** dienen und somit nicht zuletzt Rechtssicherheit für die wirtschaftliche Betätigung der Unternehmen im Binnenmarkt der Europäischen Union leisten.[5] Während vor Anwendbarkeit der DS-GVO Unternehmen bei grenzüberschreitenden Datenverarbeitungen aufgrund der Zersplitterung der Aufsichtszuständigkeiten die gegebenenfalls voneinander abweichenden Auffassungen der Aufsichtsbehörden am Ort jeder einzelnen Niederlassung zu beachten hatten und ihre Datenverarbeitung zwischen den Niederlassungen daraufhin abstimmen mussten, verlagert das Zusammenarbeitsverfahren das Erfordernis, sich untereinander abzustimmen, auf die am Zusammenarbeitsverfahren beteiligten Aufsichtsbehörden der Mitgliedstaaten, die nunmehr mit einer Stimme nach außen auftreten und lediglich deren einheitliche Auffassung die Unternehmen nun zu beachten haben. Zugleich wirkt das Zusammenarbeitsverfahren der Gefahr des „forum shopping" entgegen, demzufolge Unternehmen einzelne Aufsichtsbehörden gegeneinander ausspielen und ihren Geschäftssitz nach dem Gesichtspunkt einer möglichst geringen Datenschutzkontrolle wählen können.[6]

3 Die Vorschriften der Zusammenarbeit enthalten in Fällen grenzüberschreitender Verarbeitung insbesondere Maßgaben zur Aufgabenverteilung zwischen federführender und beteiligter Aufsichtsbehörde, zu Fristen und zu Mitteilungserfordernissen. Grundprinzip des Zusammenarbeitsverfahrens ist die Erzielung eines **Konsenses** zwischen den am Verfahren beteiligen Aufsichtsbehörden (Art. 60 Abs. 1). Kommt trotz Bemühens kein Konsens zustande, wird der Beschlussentwurf dem Ausschuss zur Entscheidung im Kohärenzverfahren vorgelegt (Art. 60 Abs. 4). Im Ausschuss sind über federführende und betroffene Aufsichtsbehörden hinaus weitere Aufsichtsbehörden der Mitgliedstaaten stimmberechtigt. Zudem besteht im Rahmen der Beratungen des Ausschusses nicht das Erfordernis der Einstimmigkeit. Vielmehr werden im Ausschuss Mehrheitsentscheidungen getroffen (Art. 65 Abs. 2, 3).

I. Erwägungsgründe

4 Den **Grundsatz der Zusammenarbeitsverpflichtung** zwischen federführender und einer oder mehreren betroffenen Aufsichtsbehörden enthält der ErwG 124. Darüber

---

3 Ehmann/Selmayr-*Klabunde* Art. 60 Rn. 2.

4 *Albrecht* CR 2016, 88, 96; *Reding* ZD 2012, 195, 196; *Schantz* NJW 2016, 1841, 1847; Kühling/Buchner-*Dix* Art. 60 Rn. 1.

5 *Reding* ZD 2012, 195, 196.

6 *Albrecht* CR 2016, 88, 96; *Hornung* ZD 2012, 99, 105; *Caspar* ZD 2012, 555, 556; *Roßnagel/Kroschwald* ZD 2014, 496, 499.

hinaus soll im Rahmen der Zusammenarbeit die federführende Behörde für die enge Einbindung und Koordinierung der betroffenen Aufsichtsbehörden im Entscheidungsprozess sorgen (ErwG 125). Beschlüsse der federführenden und betroffenen Aufsichtsbehörden sollen „gemeinsam vereinbart" werden (ErwG 126). Bei Maßnahmen, die rechtliche Wirkungen entfalten, unter anderem bei der Verhängung von Geldbußen, sollte die federführende Aufsichtsbehörde den Standpunkt der Aufsichtsbehörde weitestgehend berücksichtigen (ErwG 131).

Ausnahmen vom Zusammenarbeitserfordernis sind hingegen in den ErwG 127 **5** und 128 beschrieben. Danach soll kein Zusammenarbeitsverfahren in Fällen mit lediglich örtlichem Bezug (ErwG 127) sowie in Fällen, in denen die Verarbeitung durch Behörden oder private Stellen im öffentlichen Interesse erfolgt (ErwG 128), stattfinden.

II. Richtlinie 95/46/EG

Die Richtlinie 95/46/EG enthielt lediglich rudimentäre Vorgaben zur Zusammenarbeit **6** der Aufsichtsbehörden. Demnach hatten die Aufsichtsbehörden gemäß Art. 28 Abs. 6 UAbs. 2 für die zur Erfüllung ihrer Kontrollaufgaben notwendige **gegenseitige Zusammenarbeit**, insbesondere durch den Austausch sachdienlicher Informationen, zu sorgen. In der Vergangenheit arbeiteten die Aufsichtsbehörden im Rahmen der Art.-29-Datenschutzgruppe daher lediglich im Einzelfall, auf freiwilliger Grundlage und ohne gesetzliche Fristen zusammen.[7]

III. BDSG

Der Unionsgesetzgeber erkennt in Art. 51 Abs. 3 die Existenz von Mitgliedstaaten mit **7** mehr als einer Aufsichtsbehörde an und überlässt es der nationalen Rechtsordnung des Mitgliedstaats, die innerstaatliche Verteilung der Zuständigkeiten und die Befugnis zur Beteiligung an europäischen Verfahren festzulegen. Art. 51 Abs. 3 und ErwG 119 nennen als europäisches Verfahren, hinsichtlich dessen der Mitgliedstaat **Regelungen für die Beteiligung mehrerer Aufsichtsbehörden** schaffen kann, lediglich das Kohärenzverfahren gemäß Art. 63. Jedoch ist der nationale Gesetzgeber im Rahmen seiner innerstaatlichen Kompetenz nicht daran gehindert, auch bezüglich des Zusammenarbeitsverfahrens Regelungen zur Beteiligung zu schaffen. Dies hat der Bundesgesetzgeber mit Erlass der §§ 17 ff. BDSG in der Fassung des DSAnpUG-EU[8] getan. Die Regelung im BDSG war dem Inhalt und der Form nach im Gesetzgebungsverfahren umstritten.[9]

1. Federführende Behörde. In Anlehnung an Art. 56 ist in § 19 Abs. 1 S. 1 BDSG zur **8** federführenden Behörde eines Landes im Verfahren der Zusammenarbeit grundsätzlich die Aufsichtsbehörde des Landes bestimmt, in dem der Verantwortliche oder der Auftragsverarbeiter seine **Hauptniederlassung** i.S.d. Art. 4 Nr. 16 oder seine einzige

7 Ehmann/Selmayr-*Klabunde* Art. 60 Rn. 1; zur Evaluation s. *Art.-29-Datenschutzgruppe* Advice paper on the practical implementation of the Article 28(6) of the Directive 95/46/EC, vom 4.4.2011, Ref. Ares(2011)444105 – 20/04/2011.

8 BGBl. I 2017 S. 2097.

9 Vgl. *Unabhängige Datenschutzbehörden der Länder* Kühlungsborner Erklärung, 10. November 2016; zur Frage der Gesetzgebungszuständigkeit kritisch Kühling/Buchner-*Dix* Art. 60 Rn. 32, der für einen Bund-Länder-Staatsvertrag plädiert.

Niederlassung hat. Im Zuständigkeitsbereich der oder des Bundesbeauftragten für den Datenschutz gilt Entsprechendes (§ 19 Abs. 1 S. 2 BDSG), wobei unklar ist, ob es diesbezüglich einer innerstaatlichen Anknüpfung an den Sitz der Hauptniederlassung bzw. der Niederlassung bedarf. Besteht über die Federführung kein Einvernehmen, wird sie entsprechend dem Verfahren des § 18 Abs. 2 BDSG festgelegt. Hiernach legen der gemeinsame Vertreter (§ 17 Abs. 1 S. 1 BDSG) und sein Stellvertreter (§ 17 Abs. 1 S. 2 BDSG) einen Vorschlag für einen gemeinsamen Standpunkt vor. Einigen sie sich nicht auf einen Vorschlag, legt der den Ländern zuzuordnende Stellvertreter anhand des Kriteriums des alleinigen Rechts der Länder zur Gesetzgebung[10] oder der Betroffenheit der Einrichtung oder des Verfahrens von Landesbehörden den Standpunkt zur Federführung fest, andernfalls der dem Bund zuzuordnende gemeinsame Vertreter. Die auf diese Weise bestimmte federführende Behörde stimmt mit den anderen innerstaatlichen Behörden nach Maßgabe des § 18 BDSG einen gemeinsamen Standpunkt ab und vertritt diesen im Verfahren der Zusammenarbeit gegenüber den anderen Mitgliedstaaten.

9 **2. Betroffene Behörde.** Hinsichtlich der betroffenen Behörde enthält § 19 Abs. 2 BDSG von Art. 4 Nr. 22 abweichende innerstaatliche Bestimmungen. Anders als hinsichtlich der federführenden Behörde enthält das BDSG **keine Bestimmung zur Teilnahme am Zusammenarbeitsverfahren einer betroffenen Behörde.** Vielmehr geht der Gesetzgeber davon aus, dass es einer solchen Bestimmung nicht bedarf, da die Aufsichtsbehörden des Bundes und der Länder in ihrer Gesamtheit betroffen und an die Einhaltung der aus dem Verfahren der Zusammenarbeit erwachsenden Pflichten gebunden seien.[11]

10 Dementsprechend bestimmt der nationale Gesetzgeber hinsichtlich der betroffenen Behörde lediglich im Sinne einer Zuständigkeitskonzentration, dass die Aufsichtsbehörde, bei der eine betroffene Person Beschwerde eingereicht hat, die Beschwerde an die federführende Aufsichtsbehörde nach § 19 Abs. 1 BDSG **abgibt,** in Ermangelung einer solchen an die Aufsichtsbehörde eines Landes, in dem der Verantwortliche oder der Auftragsverarbeiter eine Niederlassung hat (§ 19 Abs. 2 S. 1 BDSG). Des Weiteren gibt eine sachlich unzuständige Aufsichtsbehörde eine bei ihr eingereichte Beschwerde, sofern eine Abgabe an die Aufsichtsbehörde nach § 19 Abs. 2 S. 1 BDSG nicht in Betracht kommt, an die Aufsichtsbehörde am Wohnsitz des Beschwerdeführers ab (§ 19 Abs. 2 S. 2 BDSG). Die auf diese Weise bestimmte Aufsichtsbehörde gilt als die Behörde, bei der die Beschwerde eingereicht worden ist. Sie nimmt jedoch nicht am gesamten Verfahren der Zusammenarbeit auf europäischer Ebene teil, sondern lediglich an der Beschlussfassung sowie der Benachrichtigung von Beschwerdeführer, Verantwortlichem und Auftragsverwalter gemäß Art. 60 Abs. 7–9 (§ 19 Abs. 2 S. 3 BDSG).

11 **3. Zentrale Anlaufstelle.** Unabhängig von der Frage der Zuständigkeit für die Beteiligung am europäischen Verfahren der Zusammenarbeit ist die Frage zu beantworten, ob eine Behörde als zentrale Anlaufstelle für weitere am Verfahren beteiligte Behörden aus dem europäischen Ausland sowie für den Ausschuss benannt

10 Zur Kritik am Kriterium der alleinigen Gesetzgebungszuständigkeit s. Empfehlungen der Ausschüsse zu Punkt 36 der 954. Sitzung des Bundesrates am 10.3.2017, BR-Drucks. 110/1/17, S. 11.

11 BT-Drucks. 18/11325, S. 93.

werden soll. In ErwG 119 ist eine solche zentrale Anlaufstelle für die Beteiligung am Kohärenzverfahren vorgesehen. Gemäß § 17 Abs. 1 S. 1 BDSG ist dies die oder der Bundesbeauftragte für den Datenschutz. Entgegen dem Wortlaut des ErwG 119 geht der Bundesgesetzgeber davon aus, dass die zentrale Anlaufstelle ihre Aufgaben über die Zuständigkeit im Rahmen des Kohärenzverfahrens hinaus ebenso im Verfahren der Zusammenarbeit gemäß Art. 60 wahrnimmt. Zu den Aufgaben der zentralen Anlaufstelle zählt der Gesetzgeber Unterstützungsleistungen ohne hoheitliche Verwaltungsaufgaben. Hierzu gehören u. a. die Koordinierung der gemeinsamen Willensbildung unter den Aufsichtsbehörden des Bundes und der Länder sowie das Hinwirken auf die Einhaltung der von der DS-GVO vorgesehenen Fristen und Verfahren des Informationsaustauschs.[12]

IV. Normgenese

1. Kommissionsentwurf. Der Kommissionsentwurf[13] aus dem Jahr 2012 sah noch **kein Zusammenarbeitsverfahren** i.S.d. Art. 60 vor. Der Entwurf enthielt lediglich Vorschläge zur Amtshilfe, zu gemeinsamen Maßnahmen und zum Kohärenzverfahren. Anstelle eines auf Konsens abzielenden Verfahrens der sachnäheren federführenden und betroffenen Aufsichtsbehörden sah der Entwurf im Fall grenzüberschreitender Datenverarbeitung die alsbaldige Befassung des Europäischen Datenschutzausschusses mit dem Verfahren im Wege der Mehrheitsentscheidung vor. 12

2. Entwurf des Europäischen Parlaments. Die in der ersten Lesung vom Plenum des Europäischen Parlaments am 12.3.2014 verabschiedete Fassung[14] enthielt in Art. 54a erstmals eine **Bestimmung zu den Aufgaben einer federführenden Behörde** bei grenzüberschreitender Datenverarbeitung. Darin war die örtliche Zuständigkeit der federführenden Behörde als zentrale Anlaufstelle für Datenverarbeitungen des Verantwortlichen oder des Auftragsverarbeiters in allen Mitgliedstaaten festgeschrieben. Zu ihren Aufgaben gehörte es, im Wege der Konsultation mit anderen zuständigen Aufsichtsbehörden einen Konsens zu erzielen. Hierzu war vorgesehen, dass sie „den Stellungnahmen der beteiligten Behörden größtmögliche Beachtung schenkt". Gemäß Art. 58a Abs. 4–6 sollte der Ausschuss im Fall von Meinungsverschiedenheiten der zuständigen Aufsichtsbehörden zunächst eine Stellungnahme abgeben, welcher die federführende Behörde größtmögliche Rechnung zu tragen hatte. Erst für den Fall, dass die federführende Behörde beabsichtigte, der Stellungnahme des Europäischen Datenschutzausschusses nicht Folge zu leisten, sah der Entwurf die Möglichkeit des bindenden Beschlusses durch den Ausschuss vor (Art. 58a Abs. 7). 13

3. Entwurf des Europäischen Rats. Seinen im wesentlichen endgültigen Inhalt erhielt Art. 60 infolge der Verhandlungen im Europäischen Rat, die mit der am 8.4.2016 verabschiedeten Position endeten.[15] Vorausgegangen waren Diskussionen unter den Mitgliedstaaten insbesondere um die **Anforderungen an Einsprüche** der betroffenen Aufsichtsbehörden gegen Beschlussentwürfe der federführenden Aufsichtsbehörde. Zeitweilig wurde ein Quorum von 1/3 der Mitgliedstaaten für die 14

12 BT-Drucks. 18/11325, S. 89.
13 KOM(2012) 11 endgültig.
14 P7_TC1-COD(2012)0011.
15 5419/1/16 REV1.

Geltendmachung eines Einspruchs diskutiert.[16] Am Ende einigte man sich auf die inhaltliche Anforderung, derzufolge ein Einspruch „maßgeblich und begründet" sein muss.

B. Kommentierung

I. Grundsatz der Zusammenarbeit (Abs. 1)

15 Art. 60 Abs. 1 S. 1 enthält den Grundsatz des Verfahrens der Zusammenarbeit der Aufsichtsbehörden. Danach arbeitet die federführende Aufsichtsbehörde mit den betroffenen Aufsichtsbehörden zusammen und bemüht sich dabei, einen **Konsens** zu erzielen. Die Einzelheiten des Verfahrens sind in den Folgeabsätzen des Art. 60 festgelegt. Sie erreichen einen Detailgrad, der zusätzliche Vereinbarungen der Aufsichtsbehörden über die Zusammenarbeit unnötig machen machen soll (ErwG 123).

16 Das Verfahren der Zusammenarbeit kommt grundsätzlich hinsichtlich der Ausübung jeder **Befugnis** der federführenden Aufsichtsbehörde gemäß Art. 58 in Betracht.[17] Ausnahmsweise ist eine Zusammenarbeit nicht erforderlich, wenn die DS-GVO für die Ausübung einer Befugnis die Befassung aller Aufsichtsbehörden im Kohärenzverfahren verbindlich vorsieht (ErwG 138).[17] Dies sind z.B. die Festlegung der Listen von Verarbeitungsvorgängen, für die eine Datenschutz-Folgenabschätzung jeweils durchzuführen bzw. nicht durchzuführen ist (Art. 35 Abs. 6), die Billigung von Verhaltensregeln (Art. 58 Abs. 3 lit. d) gemäß Art. 40 Abs. 7, die Genehmigung von Vertragsklauseln (Art. 58 Abs. 3 lit. h) gemäß Art. 46 Abs. 4 oder die Prüfung verbindlicher interner Datenschutzvorschriften (Art. 58 Abs. 3 lit. j) gemäß Art. 47 Abs. 1. Ebenso ist die Zusammenarbeit nicht zweckmäßig, wenn nicht der Erlass eines verbindlichen Beschlusses (ErwG 125) Gegenstand der Verwaltungskooperation ist, sondern z.B. die Sensibilisierung oder Aufklärung der Öffentlichkeit zu datenschutzrelevanten Themen.[18] Bezüglich letzterer kommen allerdings gemeinsame Maßnahmen nach Art. 62 in Betracht.

17 Die den Behörden im Rahmen der Zusammenarbeit auferlegten Pflichten und Einschränkungen stellen keine Verletzung ihrer **Unabhängigkeit** (Art. 8 Abs. 3 GRCh, Art. 16 Abs. 2 S. 2 AEUV) dar. Zwar sind federführende Behörden nunmehr verpflichtet, ihre Beschlüsse mit anderen Behörden abzustimmen. Ebenso werden Einsprüche betroffener Behörden möglicherweise nicht im Beschlussergebnis berücksichtigt. Die Unabhängigkeit der Aufsichtsbehörden schließt jedoch europarechtliche Vorgaben zur Zusammenarbeit nicht aus.[19]

18 **1. Federführende Behörde.** Die federführende Aufsichtsbehörde nach Art. 56 leitet das Verfahren der Zusammenarbeit ein. Die Federführung kann eine Behörde auf zwei Arten erlangen. Erstens ist eine Behörde gemäß Art. 56 Abs. 1 (ErwG 124) federführend für grenzüberschreitende Datenverarbeitungen (Art. 4 Nr. 23) aufgrund des **Sitzes der Hauptniederlassung** (Art. 4 Nr. 16) **oder der einzigen Niederlassung eines Verantwortlichen** (Art. 4 Nr. 7) **oder eines Auftragsverarbeiters** (Art. 4 Nr. 8) im Gebiet ihrer örtlichen Zuständigkeit. Zweitens kann eine Datenverarbeitung mit

---

16 *Nguyen* ZD 2015, 265, 267.
17 Paal/Pauly-*Körffer* Art. 60 Rn. 3.
18 Auernhammer-*Lachmeyer* Art. 60 Rn. 7.
19 Kühling/Buchner-*Dix* Art. 60 Rn. 4 m.w.N.

ursprünglich rein lokaler Bedeutung gemäß Art. 56 Abs. 2 in die Zuständigkeit einer federführenden Behörde fallen, wenn eine ursprünglich zuständige Behörde die federführende Behörde über den Fall unterrichtet (Art. 56 Abs. 3) und die federführende Behörde **entscheidet, sich mit dem Fall zu befassen** (Art. 56 Abs. 4).

19 Nicht in Art. 56 geregelt ist der Fall, dass der Verantwortliche/Auftragsverarbeiter über **keine Niederlassung** in der Europäischen Union verfügt. Dann kann jede aufgrund des Marktortprinzips (Art. 3 Abs. 2) zuständige Aufsichtsbehörde gegenüber der Stelle Maßnahmen ergreifen und sich hierzu an den Vertreter (Art. 4 Nr. 17) wenden.[20]

20 Der Wortlaut des Art. 60 Abs. 1 lässt es zu, dass eine Behörde aufgrund ihrer Zuständigkeit für den Verantwortlichen und eine andere Behörde aufgrund ihrer Zuständigkeit für den Auftragsverarbeiter die Federführung jeweils für sich reklamiert. In diesem Fall sollte die Aufsichtsbehörde des Mitgliedstaats, in dem der **Verantwortliche seine Haupt- oder seine einzige Niederlassung** hat, die zuständige federführende Aufsichtsbehörde sein und die Aufsichtsbehörde des Auftragsverarbeiters als betroffene Aufsichtsbehörde gelten (ErwG 36).

21 **2. Betroffene Behörde.** Die zu beteiligende betroffene Behörde ist in Art. 4 Nr. 22 definiert. Die **Betroffenheit** kann sich ergeben aus dem Umstand, dass der Verantwortliche oder der Auftragsverarbeiter im Hoheitsgebiet des Mitgliedstaats dieser Aufsichtsbehörde niedergelassen ist (Art. 4 Nr. 22 lit. a), eine Verarbeitung erhebliche Auswirkungen auf betroffene Personen mit Wohnsitz im Mitgliedstaat der Aufsichtsbehörde hat oder haben kann (Art. 4 Nr. 22 lit. b) oder dass eine Beschwerde bei der Aufsichtsbehörde eingereicht worden ist (Art. 4 Nr. 22 lit. c).

22 **3. Informationsaustausch.** Art. 60 Abs. 1 S. 2 enthält darüber hinaus die Verpflichtung der federführenden und betroffenen Behörden, bereits vor der Vorlage eines Beschlussentwurfs gemäß Art. 60 Abs. 3 **alle zweckdienlichen Informationen** auszutauschen.[21] Soweit personenbezogene Daten übermittelt werden sollen, bedarf es über die Aufgabenzuweisung des Art. 60 Abs. 1 S. 2 hinaus einer Befugnisnorm. Die Befugnisnorm enthält regelmäßig Art. 6 Abs. 1 lit. e, demzufolge die Übermittlung personenbezogener Daten u.a. zulässig ist, wenn sie für die Wahrnehmung einer öffentlichen Aufgabe erforderlich ist.[22] Darüber hinaus haben die Aufsichtsbehörden bei der Übermittlung technisch-organisatorische Maßnahmen nach Art. 32 zur Sicherheit der Informationen zu ergreifen.[23]

II. Amtshilfe/gemeinsame Maßnahmen (Abs. 2)

23 Gemäß Art. 60 Abs. 2 kann die federführende Behörde jederzeit betroffene Behörden um Amtshilfe (Art. 61) ersuchen oder mit ihnen gemeinsame Maßnahmen (Art. 62) durchführen. Die Norm hat lediglich klarstellende Bedeutung.[24] Praktische Bedeu-

---

20 Gola-*Eichler* Art. 60 Rn. 4.
21 Kühling/Buchner-*Dix* Art. 60 Rn. 8.
22 Kühling/Buchner-*Dix* Art. 60 Rn. 9; a.A. Sydow-*Peuker*, Art. 60 Rn. 11, der bereits die Pflicht aus Art. 60 Abs. 1 S. 2 genügen lässt.
23 Kühling/Buchner-*Dix* Art. 60 Rn. 9.
24 Paal/Pauly-*Körffer* Art. 60 Rn. 6; Sydow-*Peuker* Art. 60 Rn. 12; BeckOK DatenSR-*Nguyen* Art. 60 Rn. 7.

tung, über die in der Norm genannten Befugnisse der Durchführung von Untersuchungen oder der Überwachung der Umsetzung einer Maßnahme hinaus, erlangt die Amtshilfe zur **Ermittlung, ob eine grenzüberschreitende Datenverarbeitung** i.S.d. Art. 56 Abs. 1 vorliegt.[25]

III. Verfahren der Beschlussfassung (Abs. 3–6)

24 **1. Informationspflicht.** Art. 60 Abs. 3 S. 1 enthält eine erneute Informationspflicht der federführenden Behörde. Der Vorschrift zufolge hat sie den betroffenen Aufsichtsbehörden unverzüglich die zweckdienlichen Informationen zu der Angelegenheit zu übermitteln. Dem Kooperationsgedanken des europäischen Verwaltungsrechts folgend hat die federführende Behörde die Informationen unverzüglich **nach Kenntniserlangung** zu übermitteln.[26] Im Hinblick auf die Übermittlung personenbezogener Daten ist wiederum regelmäßig der Erlaubnistatbestand des Art. 6 Abs. 1 lit. e einschlägig.[27]

25 **2. Beschlussentwurf.** Die federführende Behörde legt den betroffenen Behörden unverzüglich einen Beschlussentwurf zur Stellungnahme vor (Art. 60 Abs. 3 S. 2) . Den Stellungnahmen der betroffenen Behörden trägt sie **gebührend Rechnung**. ErwG 126 spricht in diesem Zusammenhang davon, dass der Beschluss „gemeinsam vereinbart" wird. Das Erfordernis der gebührenden Berücksichtigung bedeutet, dass die federführende Behörde sich inhaltlich mit den Argumenten der betroffenen Behörden auseinanderzusetzen hat und nur aus sachgerechten Gründen von diesen abweichen darf.[28]

26 Bei Maßnahmen, die rechtliche Wirkungen entfalten sollen, unter anderem bei der Verhängung von Geldbußen, sollte die federführende Behörde den Standpunkt der Aufsichtsbehörde, bei der die Beschwerde eingereicht worden ist, darüber hinaus sogar **weitestgehend berücksichtigen** (ErwG 130). Hinsichtlich solcher Maßnahmen erfordert ein Abweichen von dem Standpunkt einer betroffenen Aufsichtsbehörde einen höheren Rechtfertigungsaufwand.[29] Gleiches gilt in Fällen von lediglich örtlicher Bedeutung (Art. 56 Abs. 2), wenn die federführende Behörde nach Art. 56 Abs. 4 S. 3 über den Fall entscheidet. Auch dann hat sie Standpunkte der unterrichtenden Behörde weitestgehend zu berücksichtigen. Ein solcher Fall von lediglich lokaler Bedeutung ist z.B. die Verarbeitung personenbezogener Daten von Arbeitnehmern im spezifischen Beschäftigungskontext eines Mitgliedstaats (ErwG 127).

27 **3. Einspruch.** Innerhalb von vier Wochen nach der Konsultation durch die federführende Behörde kann eine betroffene Behörde Einspruch gegen den Beschlussentwurf nach Art. 60 Abs. 3 S. 2 einlegen (Art. 60 Abs. 4). Der Einspruch muss **maßgeblich und begründet** sein (Art. 4 Nr. 24). Um den Begriff des maßgeblichen und begründeten Einspruchs näher zu bestimmen, ist der Ausschuss aufgerufen, Leitlinien gemäß Art. 70 Abs. 1 lit. e zu erlassen (ErwG 124). Die Frist zur Einlegung des Einspruchs beginnt mit Eingang des Beschlussentwurfs bei der betroffenen Behörde.[30]

---

25 Kühling/Buchner-*Dix* Art. 60 Rn. 10.
26 Paal/Pauly-*Körffer* Art. 60 Rn. 7.
27 S. hierzu oben Rn. 22.
28 Kühling/Buchner-*Dix* Art. 60 Rn. 12; Gola-*Eichler* Art. 60 Rn. 9; Sydow-*Peuker* Art. 60 Rn. 20.
29 Sydow-*Peuker* Art. 60 Rn. 20.
30 Gola-*Eichler* Art. 60 Rn. 13.

Hinsichtlich der Dauer der Prüfung des Einspruchs durch die federführende Behörde ist keine Frist festgelegt.[31] Um keine Verzögerung des auf Beschleunigung angelegten Verfahrens eintreten zu lassen, soll die federführende Behörde die Einsprüche zügig prüfen.[32] Zudem ist bei Verzögerung die Möglichkeit der Beschwerde/Untätigkeitsklage des Betroffenen nach Art. 77, Art. 78 Abs. 2 gegeben. **28**

a) Übergang in das Kohärenzverfahren. In den Fällen, in denen die federführende Behörde sich einem maßgeblichen und begründeten Einspruch einer betroffenen Behörde nicht anschließt oder den Einspruch für nicht maßgeblich und begründet hält, ist sie verpflichtet, das **Kohärenzverfahrens** nach Art. 63, Art. 65 Abs. 1 lit. a einzuleiten. Unabhängig vom Einspruch im Rahmen des Zusammenarbeitsverfahrens ist ebenfalls die Einholung einer Stellungnahme des Ausschusses nach Art. 64 Abs. 2 möglich.[33] **29**

b) Überarbeitung des Beschlussentwurfs. Schließt sich die federführende Behörde dem Einspruch einer betroffenen Behörde an, so ist sie verpflichtet, innerhalb der Frist von zwei Wochen einen **überarbeiteten Beschlussentwurf** vorzulegen (Art. 60 Abs. 5). Es wird hierfür ein neues Verfahren wie zur Vorlage des ersten Beschlussentwurfs nach Art. 60 Abs. 4 in Gang gesetzt. Der Beschlussentwurf ist allen betroffenen Aufsichtsbehörden, nicht nur denjenigen, die sich zuvor am Verfahren beteiligt haben oder die Einspruch eingelegt haben, vorzulegen.[34] **30**

Der Wortlaut des Art. 60 Abs. 5 lässt unbeschadet der allgemeinen Regeln zur Präklusion wiederholten Vorbringens[35] unbeschränkt **viele Abstimmungsrunden** zu.[36] In der Praxis ist jedoch davon auszugehen, dass bei fortbestehenden Meinungsverschiedenheiten die federführende Behörde von sich aus das Kohärenzverfahren einleiten wird.[37] Darüber hinaus können die Leitlinien des Ausschusses (ErwG 124) Vorgaben dazu enthalten, wie in Fällen mehrerer Abstimmungsrunden zu verfahren ist.[38] **31**

4. Schweigen. Nach der Vorschrift des Art. 60 Abs. 6 gilt Schweigen der betroffenen Behörden im Zusammenarbeitsverfahren als **Zustimmung**. Demgemäß gelten federführende und betroffene Behörden als mit dem Beschlussentwurf einverstanden und sind an ihn gebunden. **32**

IV. Bekanntgabe und Unterrichtung (Abs. 7–9)

Art. 60 Abs. 7–9 enthält **detaillierte Vorschriften** zur Bekanntgabe von Maßnahmen an Verantwortliche/Auftragsverarbeiter oder Beschwerdeführer sowie zur Unterrichtung weiterer Betroffener. Die Vorschriften sind von dem Leitbild geprägt, dass ein Beschluss, der negative Rechtsfolgen für den Adressaten hat, von der federführenden Behörde gegenüber dem Verantwortlichen/Auftragsverarbeiter und von der betroffenen Behörde gegenüber dem Beschwerdeführer erlassen werden soll. Zugleich soll die **33**

31 Ehmann/Selmayr-*Klabunde* Art. 60 Rn. 10.
32 BeckOK DatenSR-*Nguyen* Art. 60 Rn. 11.
33 Ehmann/Selmayr-*Klabunde* Art. 60 Rn. 13.
34 Kühling/Buchner-*Dix* Art. 60 Rn. 16.
35 BeckOK DatenSR-*Nguyen* Art. 60 Rn. 12.
36 Paal/Pauly-*Körffer*, Art. 60 Rn. 8.
37 Ehmann/Selmayr-*Klabunde* Art. 60 Rn. 10; a.A. Kühling/Buchner-*Dix* Art. 60 Rn. 17, der von einer Verpflichtung zur Einleitung des Kohärenzverfahrens ausgeht.
38 Gola-*Eichler* Art. 60 Rn. 17.

jeweils andere Behörde den jeweils anderen begünstigten Verfahrensbeteiligten über den Beschluss unterrichten.

34 **1. Beschluss gegenüber Verantwortlichem/Auftragsverarbeiter.** Hat der Beschluss für den Verantwortlichen bzw. Auftragsverarbeiter nachteilige Folgen, so erlässt die **federführende Aufsichtsbehörde** diesem gegenüber den Beschluss und unterrichtet hiervon die betroffenen Behörden sowie den Ausschuss einschließlich einer Zusammenfassung der maßgeblichen Fakten und Gründe (Art. 60 Abs. 7 S. 1). Die Aufsichtsbehörde, bei der eine Beschwerde eingereicht worden ist, unterrichtet hingegen den Beschwerdeführer über den für ihn günstigen Beschluss (Art. 60 Abs. 7 S. 2). Bei Einreichung der Beschwerde an eine unzuständige Behörde unterrichtet den Beschwerdeführer davon abweichend die zuständige Behörde, an welche die Beschwerde abgegeben worden ist.[39] Dies ist vor dem Hintergrund sachgerecht, dass der Beschwerdeführer ihr gegenüber gemäß Art. 78 Rechtsbehelf einlegen kann.[40] Ebenfalls ist dem Beschwerdeführer über den Wortlaut des Art. 60 Abs. 7 hinaus eine Zusammenfassung der maßgeblichen Fakten und Gründe des Beschlusses mitzuteilen.[41] Hierbei hat die unterrichtende Behörde dafür Sorge zu tragen, dass keine Betriebs- und Geschäftsgeheimnisse offenbart werden.[40]

35 **2. Beschluss gegenüber Beschwerdeführer.** Umgekehrt erlässt die **betroffene Aufsichtsbehörde** gegenüber dem Beschwerdeführer den für ihn nachteiligen Beschluss (Ablehnung oder Abweisung) gemäß Art. 60 Abs. 8. Anders als in Art. 60 Abs. 7 unterrichtet jedoch nicht die federführende Behörde den Verantwortlichen über den für ihn vorteilhaften Beschluss, sondern die betroffene Behörde. Hierdurch wird zugleich von Art. 56 Abs. 6 abgewichen, demzufolge die federführende Aufsichtsbehörde der einzige Ansprechpartner der Verantwortlichen oder der Auftragsverarbeiter für Fragen der von ihnen durchgeführten grenzüberschreitenden Verarbeitung ist. Zwar ist die Unterrichtung des Ausschusses und der anderen betroffenen Behörden nicht in Art. 60 Abs. 8 ausdrücklich erwähnt. Da sie jedoch von dem abweichenden Bezug auf Art. 60 Abs. 7 nicht umfasst ist, verbleibt es diesbezüglich bei der Unterrichtungspflicht durch die betroffene Behörde.[42] Neben den Verantwortlichen hat die betroffene Behörde ebenfalls die vom Wortlaut des Art. 60 Abs. 8 nicht umfassten Auftragsverarbeiter zu informieren.[43]

36 **3. Teilbeschlüsse.** Schließlich enthält Art. 60 Abs. 9 die Verteilung der Pflichten für **ablehnende und stattgebende Teilbeschlüsse**. In diesem Fall wird für jeden dieser Teile ein eigener Beschluss erlassen. Die federführende Aufsichtsbehörde erlässt den Beschluss für den Teil, der das Tätigwerden in Bezug auf den Verantwortlichen betrifft, teilt ihn der Hauptniederlassung oder einzigen Niederlassung des Verantwortlichen oder des Auftragsverarbeiters im Hoheitsgebiet ihres Mitgliedstaats mit und unterrichtet den Beschwerdeführer hiervon. Die für den Beschwerdeführer zuständige Aufsichtsbehörde hingegen erlässt den Beschluss für den Teil, der die Ablehnung oder

39 Kühling/Buchner-*Dix* Art. 60 Rn. 22.
40 Paal/Pauly-*Körffer* Art. 60 Rn. 10.
41 Paal/Pauly-*Körffer* Art. 60 Rn. 10; Kühling/Buchner-*Dix* Art. 60 Rn. 22.
42 Kühling/Buchner-*Dix* Art. 60 Rn. 24; a.A. Paal/Pauly-*Körffer* Art. 60 Rn. 10, der keine Pflicht zur Unterrichtung annimmt.
43 Sydow-*Peuker* Art. 60 Rn. 12; i.E. ebenso Gola-*Eichler* Art. 60 Rn. 21; von Redaktionsversehen geht Kühling/Buchner-*Dix* Art. 60 Rn. 23 aus.

Abweisung seiner Beschwerde betrifft, teilt ihn dem Beschwerdeführer mit und unterrichtet den Verantwortlichen oder den Auftragsverarbeiter hiervon.

Im Hinblick auf die Unterrichtung des Beschwerdeführers durch die federführende Behörde enthält die Norm eine **Abweichung** von der Regelung des Art. 60 Abs. 7. Die Pflicht zur Unterrichtung des Verantwortlichen/Auftragsverarbeiters durch die betroffene Behörde ist zwar in gleicher Weise geregelt wie in Art. 60 Abs. 8, weicht jedoch wie diese von der Regelung des Art. 56 Abs. 6 ab. Auch ohne Erwähnung in Art. 60 Abs. 9 haben federführende und betroffene Behörde weitere betroffene Aufsichtsbehörden sowie den Ausschuss über die Beschlüsse einschließlich einer Zusammenfassung der maßgeblichen Fakten und Gründe zu unterrichten.[44] 37

V. Umsetzung durch Verantwortlichen/Auftragsverarbeiter (Abs. 10)

Gemäß Art. 60 Abs. 10 ergreift der Verantwortliche oder der Auftragsverarbeiter nach der Unterrichtung über den Beschluss der federführenden Aufsichtsbehörde gemäß Art. 60 Abs. 7, 9 die erforderlichen Maßnahmen, um die Verarbeitungstätigkeiten all seiner Niederlassungen in der Union **mit dem Beschluss in Einklang** zu bringen. Der Verantwortliche oder der Auftragsverarbeiter teilt der federführenden Aufsichtsbehörde die Maßnahmen mit, die zur Einhaltung des Beschlusses ergriffen wurden. Diese wiederum unterrichtet die betroffenen Aufsichtsbehörden. Die Norm hat lediglich deklaratorische Wirkung, da die Verpflichtung zur Umsetzung sich bereits aus der Anordnung der Maßnahme ergibt.[45] Eine Frist zur Umsetzung der angeordneten Maßnahme ist in Art. 60 Abs. 10 nicht festgelegt. Es ist davon auszugehen, dass der Verpflichtete die Maßnahme unverzüglich oder innerhalb einer durch die Aufsichtsbehörden in der Anordnung eingeräumten Übergangsfrist umzusetzen hat.[46] 38

VI. Dringlichkeitsverfahren (Abs. 11)

Art. 60 Abs. 11 legt fest, dass in Ausnahmefällen das Dringlichkeitsverfahren nach Art. 66 zur Anwendung kommt, wenn eine betroffene Aufsichtsbehörde Grund zu der Annahme hat, dass zum Schutz der Interessen betroffener Personen **dringender Handlungsbedarf** besteht. Von Dringlichkeitsmaßnahmen ist nur in Ausnahmefällen Gebrauch zu machen, da sie grundsätzlich der durch das Verfahren der Zusammenarbeit bezweckten Vereinheitlichung der Aufsichtsmaßnahmen widersprechen.[47] Mit den in der Norm bezeichneten zu schützenden Interessen sind die Rechte und Freiheiten der betroffenen Person gemeint.[48] Alternativ hat die betroffene Aufsichtsbehörde gemäß Art. 64 Abs. 2 die Möglichkeit, eine Befassung des Ausschusses mit dem Ziel einer Stellungnahme herbeizuführen. 39

VII. Elektronische Übermittlung (Abs. 12)

Art. 60 Abs. 12 enthält Vorgaben für die Übermittlung von Informationen im Verfahren der Zusammenarbeit durch beteiligte Aufsichtsbehörden. Danach übermitteln die 40

44 Kühling/Buchner-*Dix* Art. 60 Rn. 26.
45 BeckOK DatenSR-*Nguyen* Art. 60 Rn. 12; Paal/Pauly-*Körffer* Art. 60 Rn. 11 aus Anwendungsbefehl der Anordnung; Sydow-*Peuker* Art. 60 Rn. 33 aus Art. 288 AEUV.
46 Kühling/Buchner-*Dix* Art. 60 Rn. 28.
47 Gola-*Eichler* Art. 60 Rn. 23.
48 Auernhammer-*Lachmeyer* Art. 60 Fn. 29.

federführende Aufsichtsbehörde und die betroffenen Aufsichtsbehörden einander die geforderten Informationen auf **elektronischem Wege unter Verwendung eines standardisierten Formats**. Auch wenn der Wortlaut der Norm nur die elektronische Form der Übermittlung erwähnt, ist dennoch die Verwendung einer anderen Form nicht ausgeschlossen.[49] Dies wird zum Beispiel dann erforderlich, wenn eine elektronische Kommunikation aufgrund des Ausfalls der Technik nicht möglich ist oder nicht sicher durchgeführt werden kann. Können zwei Behörden nicht verschlüsselt miteinander elektronisch kommunizieren, ist z.B. auf postalische Kommunikation zurückzugreifen.[49]

41 Anders als hinsichtlich der Amtshilfe (Art. 61 Abs. 9) enthalten die Vorschriften zum Verfahren der Zusammenarbeit keine Ermächtigung der Kommission, in Durchführungsrechtsakten Form und Verfahren der Zusammenarbeit sowie die Ausgestaltung des elektronischen Informationsaustauschs festzulegen. Die Festlegung obliegt als Konsequenz den Aufsichtsbehörden[50], z.B. durch Beschluss von Leitlinien des Ausschusses gemäß Art. 70 Abs. 1 lit. e. Die Art.-29-Datenschutzgruppe erarbeitet im Hinblick auf den Zeitpunkt der Anwendbarkeit der DS-GVO am 25.5.2018 Vorgaben für die technischen Grundlagen zur Durchführung des Zusammenarbeitsverfahrens.[51] Angesichts des gleichen Bedarfs an Vorgaben zum **Informationsaustausch der Aufsichtsbehörden** und des Ausschusses spricht vieles dafür, bezüglich aller in Frage kommenden Verfahren (Zusammenarbeit, Amtshilfe, gemeinsame Maßnahmen, Kohärenz, einschließlich Dringlichkeitsverfahren) einheitliche Vorgaben festzulegen, die entweder von der Kommission im Wege von Durchführungsrechtsakten oder vom Ausschuss im Wege von Leitlinien verabschiedet werden. Die Vorgaben sollten insbesondere die elektronische Kommunikation ermöglichen, die Vertraulichkeit sowie eindeutige Zurechenbarkeit der Daten sicherstellen und den Aufsichtsbehörden des Bundes und der Länder im Rahmen ihrer Zuständigkeiten Beteiligungsmöglichkeiten gewähren. Beispiel für eine solche Plattform zum Informationsaustausch ist das Binnenmarktinformationssystem der Europäischen Kommission IMI.

C. Praxishinweise

I. Relevanz für öffentliche Stellen

42 Im Hinblick auf öffentliche Stellen ist keine Relevanz des Zusammenarbeitsverfahrens zu erwarten. Gemäß Art. 55 Abs. 2 (ErwG 128) wird bei einer Datenverarbeitung zur Erfüllung einer rechtlichen Verpflichtung oder für die Wahrnehmung einer Aufgabe, die im öffentlichen Interesse liegt oder in Ausübung einer öffentlichen Gewalt erfolgt, die dem Verantwortlichen übertragen wurde (Art. 6 Abs. 1 lit. e), **keine federführende Behörde bestimmt** (Art. 56), sondern es bleibt gemäß Art. 55 Abs. 1 die Aufsichtsbehörde im Hoheitsgebiet des jeweiligen Mitgliedstaats örtlich zuständig. Mangels federführender Aufsichtsbehörde findet folglich kein Beteiligungsverfahren weiterer betroffener Behörden im Sinne des Zusammenarbeitsverfahrens statt.

---

49 Kühling/Buchner-*Dix* Art. 60 Rn. 30.

50 Kühling/Buchner-*Dix* Art. 60 Rn. 22; a.A. für direkte Anwendung des Art. 61 Abs. 9 Paal/Pauly-*Körffer* Art. 60 Rn. 14; für analoge Anwendung Sydow-*Peuker* Art. 60 Rn. 39.

51 *Art.-29-Datenschutzgruppe* Pressemitteilung „Plenary Meeting October 2017“.

II. Relevanz für nichtöffentliche Stellen

Die Vorschriften der DS-GVO zum „One-Stop-Shop“ zielen für nichtöffentliche Stellen, die grenzüberschreitend Daten verarbeiten, insb. für kleine und mittlere Unternehmen, auf eine erhebliche **Verfahrensvereinfachung** ab.[52] Die Kommission schätzte bei Veröffentlichung ihres Entwurfs der DS-GVO die Nettoeinsparungen für Unternehmen auf EU-weit insgesamt rund 2,3 Mrd. EUR jährlich.[53] Das genaue Einsparpotential der DS-GVO bleibt abzuwarten. Hierbei ist zu berücksichtigen, dass im Laufe des weiteren Gesetzgebungsverfahrens zahlreiche Öffnungsklauseln für nationale Gesetzgeber geschaffen worden sind, mittels derer vom einheitlichen materiellen Schutzniveau abgewichen werden kann. **43**

III. Relevanz für betroffene Personen

Die Vorschrift zur Zusammenarbeit gemäß Art. 60 ermöglicht eine **bessere Durchsetzung** der Rechte der Bürgerinnen und Bürger auf Schutz ihrer personenbezogenen Daten über das Hoheitsgebiet des einzelnen Mitgliedstaats hinaus. Zugleich verringern die Vorschriften der DS-GVO den Aufwand zur Geltendmachung der eigenen Rechte, indem eine betroffene Person gemäß Art. 77 Beschwerde bei einer Aufsichtsbehörde insbesondere in dem Mitgliedstaat ihres Aufenthaltsorts oder ihres Arbeitsplatzes einlegen kann. **44**

IV. Relevanz für Aufsichtsbehörden

Für die Aufsichtsbehörden bedeuten die Vorschriften zum Zusammenarbeitsverfahren eine gewichtige Neuerung und einen bislang noch nicht absehbaren **Mehraufwand**.[54] Angesichts der zunehmenden grenzüberschreitenden Datenverarbeitung ist mit einer großen Zahl an Anwendungsfällen des Zusammenarbeitsverfahrens zu rechnen.[55] Besondere Bedeutung kommt daher der Ausgestaltung des Verfahrens durch die Aufsichtsbehörden zu. Klärungsbedürftige Fragen sind neben der sicheren elektronischen Kommunikation und den verwendeten Formaten insbesondere die Frage der zu verwendenden Amtssprache. Die Gesetzgeber der Mitgliedstaaten sind aufgefordert, die Aufsichtsbehörden mit ausreichend Finanzmitteln, Personal, Räumlichkeiten und einer Infrastruktur auszustatten, wie sie für die wirksame Wahrnehmung ihrer Aufgaben im Zusammenarbeitsverfahren notwendig sind (ErwG 120). **45**

Gegenüber den Aufsichtsbehörden der Mitgliedstaaten können die von einer Maßnahme Betroffenen Beschwerde einlegen (Art. 77) und Klage vor den nationalen Gerichten erheben (Art. 78). Zur Klärung von Meinungsverschiedenheiten der Aufsichtsbehörden über eine Angelegenheit mit allgemeiner Geltung oder mit Auswirkungen in mehr als einem Mitgliedstaat kann jede Aufsichtsbehörde gemäß Art. 64 Abs. 2 den Europäischen Datenschutzausschuss anrufen. Entscheidungen des Ausschusses wiederum können von jeder natürlichen oder juristischen Person, einschließlich einer betroffenen Aufsichtsbehörde, unter den Voraussetzungen des Art. 263 AEUV im Rahmen einer Nichtigkeitsklage vor dem Gerichtshof überprüft werden (ErwG 143). **46**

52 Ehmann/Selmayr-*Klabunde* Art. 60 Rn. 17.
53 KOM(2012), 9 endgültig.
54 Paal/Pauly-*Körffer* Art. 60 Rn. 1.
55 Auernhammer-*Lachmeyer* Art. 60 Rn. 25.

V. Relevanz für das Datenschutzmanagement

47 Das Datenschutzmanagement der Verantwortlichen bzw. der Auftragsverarbeiter ist daraufhin einzustellen, dass grundsätzlich nach den Vorgaben des **„One-Stop-Shop"** nur die Behörde an der Hauptniederlassung bzw. einzigen Niederlassung für sie zuständig ist (Art. 56). Dies schließt nicht aus, dass betroffene Behörden sie über einen abweisenden oder ablehnenden Bescheid gegenüber einem Beschwerdeführer nach den Vorschriften der Zusammenarbeit unterrichten (Art. 60 Abs. 8, 9).

Artikel 61 Gegenseitige Amtshilfe

(1) [1]Die Aufsichtsbehörden übermitteln einander maßgebliche Informationen und gewähren einander Amtshilfe, um diese Verordnung einheitlich durchzuführen und anzuwenden, und treffen Vorkehrungen für eine wirksame Zusammenarbeit. [2]Die Amtshilfe bezieht sich insbesondere auf Auskunftsersuchen und aufsichtsbezogene Maßnahmen, beispielsweise Ersuchen um vorherige Genehmigungen und eine vorherige Konsultation, um Vornahme von Nachprüfungen und Untersuchungen.

(2) [1]Jede Aufsichtsbehörde ergreift alle geeigneten Maßnahmen, um einem Ersuchen einer anderen Aufsichtsbehörde unverzüglich und spätestens innerhalb eines Monats nach Eingang des Ersuchens nachzukommen. [2]Dazu kann insbesondere auch die Übermittlung maßgeblicher Informationen über die Durchführung einer Untersuchung gehören.

(3) [1]Amtshilfeersuchen enthalten alle erforderlichen Informationen, einschließlich Zweck und Begründung des Ersuchens. [2]Die übermittelten Informationen werden ausschließlich für den Zweck verwendet, für den sie angefordert wurden.

(4) Die ersuchte Aufsichtsbehörde lehnt das Ersuchen nur ab, wenn

a) sie für den Gegenstand des Ersuchens oder für die Maßnahmen, die sie durchführen soll, nicht zuständig ist oder

b) ein Eingehen auf das Ersuchen gegen diese Verordnung verstoßen würde oder gegen das Unionsrecht oder das Recht der Mitgliedstaaten, dem die Aufsichtsbehörde, bei der das Ersuchen eingeht, unterliegt.

(5) [1]Die ersuchte Aufsichtsbehörde informiert die ersuchende Aufsichtsbehörde über die Ergebnisse oder gegebenenfalls über den Fortgang der Maßnahmen, die getroffen wurden, um dem Ersuchen nachzukommen. [2]Die ersuchte Aufsichtsbehörde erläutert gemäß Absatz 4 die Gründe für die Ablehnung des Ersuchens.

(6) Die ersuchten Aufsichtsbehörden übermitteln die Informationen, um die von einer anderen Aufsichtsbehörde ersucht wurde, in der Regel auf elektronischem Wege unter Verwendung eines standardisierten Formats.

(7) [1]Ersuchte Aufsichtsbehörden verlangen für Maßnahmen, die sie aufgrund eines Amtshilfeersuchens getroffen haben, keine Gebühren. [2]Die Aufsichtsbehörden können untereinander Regeln vereinbaren, um einander in Ausnahmefällen besondere aufgrund der Amtshilfe entstandene Ausgaben zu erstatten.

(8) [1]Erteilt eine ersuchte Aufsichtsbehörde nicht binnen eines Monats nach Eingang des Ersuchens einer anderen Aufsichtsbehörde die Informationen gemäß Absatz 5, so kann die ersuchende Aufsichtsbehörde eine einstweilige Maßnahme im Hoheitsgebiet

ihres Mitgliedstaats gemäß Artikel 55 Absatz 1 ergreifen. [2]In diesem Fall wird von einem dringenden Handlungsbedarf gemäß Artikel 66 Absatz 1 ausgegangen, der einen im Dringlichkeitsverfahren angenommenen verbindlichen Beschluss des Ausschusses gemäß Artikel 66 Absatz 2 erforderlich macht.

(9) [1]Die Kommission kann im Wege von Durchführungsrechtsakten Form und Verfahren der Amtshilfe nach diesem Artikel und die Ausgestaltung des elektronischen Informationsaustauschs zwischen den Aufsichtsbehörden sowie zwischen den Aufsichtsbehörden und dem Ausschuss, insbesondere das in Absatz 6 des vorliegenden Artikels genannte standardisierte Format, festlegen. [2]Diese Durchführungsrechtsakte werden gemäß dem in Artikel 93 Absatz 2 genannten Prüfverfahren erlassen.

– *ErwG: 120, 123, 133, 138, 168*

Übersicht

Literatur: *Art.-29-Datenschutzgruppe* Stellungnahme 01/2012 zu den Reformvorschlägen im Bereich des Datenschutzes, WP 191, S. 22; *Dietrich* Rechtsdurchsetzungsmöglichkeiten in der DSGVO, ZD 2016, 260; *Konferenz der unabhängigen Datenschutzbehörden des Bundes und der Länder* Entschließung vom 25. Mai 2016 „EU-Datenschutz-Grundverordnung erfordert zusätzliche Ressourcen für Datenschutzbehörden"; *Roßnagel* Europäische Datenschutz-Grundverordnung, Vorrang des Unionsrechts – Anwendbarkeit des nationalen Rechts, 2016; *Schneider/Hofmann/Ziller* ReNEUAL – Musterentwurf für ein EU-Verwaltungsverfahrensrecht, 2015.

A. Einordnung und Kontext[1]

1 Art. 61 enthält im Vergleich zur Vorgängernorm in der Richtlinie 95/46/EG detaillierte, wenn auch nicht abschließende[2], Vorgaben zum **Informationsaustausch** und zur **gegenseitigen Amtshilfe** der Aufsichtsbehörden der Mitgliedstaaten der Europäischen Union. Aufsichtsbehörden können sich somit gegenseitig bei ihren Tätigkeiten unterstützen, ohne dass eine Vereinbarung zwischen den Mitgliedstaaten über die Leistung von Amtshilfe erforderlich wäre (ErwG 123).

2 In Art. 61 trägt der Gesetzgeber dem Anliegen Rechnung, neben der einheitlichen materiellen Grundlage für die Verarbeitung personenbezogener Daten ebenso Vorkehrungen zur **einheitlichen Durchführung und Anwendung** der Vorschriften zu schaffen. Zugleich ist Art. 61 Ausdruck des primärrechtlich in Art. 4 Abs. 3 EUV verankerten Grundsatzes der loyalen Zusammenarbeit, nach dem sich die Union und die Mitgliedstaaten gegenseitig bei der Erfüllung der Aufgaben unterstützen, die sich aus den EU-Verträgen ergeben.

I. Erwägungsgründe

3 ErwG 133 enthält neben einzelnen Vorgaben zum Verfahren die **Beschreibung des Zwecks** der Amtshilfe, eine einheitliche Anwendung und Durchsetzung der DS-GVO im Binnenmarkt zu gewährleisten. Weitere Erläuterungen sind den Erwägungsgründen zur Mittelausstattung der Aufsichtsbehörden (ErwG 120), zur Amtshilfe im Rahmen der Kohärenz (ErwG 138) sowie zur Befugnis der Kommission zum Erlass von Durchführungsrechtsakten (ErwG 168) zu entnehmen.

II. Richtlinie 95/46/EG; BDSG a.F.

4 Vorschriften zu Amtshilfe und Informationsaustausch waren in der Vorgängernorm der Richtlinie 95/46/EG lediglich rudimentär enthalten. Art. 28 Abs. 6 UAbs. 1 S. 2 sah lediglich vor, dass jede Aufsichtsbehörde von einer Aufsichtsbehörde eines anderen Mitgliedstaats um die Ausübung ihrer Befugnisse ersucht werden kann. Art. 28 Abs. 6 UAbs. 2 fügte hinzu, dass die Kontrollstellen für die zur Erfüllung ihrer Kontrollaufgaben notwendige gegenseitige Zusammenarbeit sorgen, insbesondere durch den Austausch sachdienlicher Informationen.

5 Ebenso gering im Umfang war die nationale Umsetzung der Richtlinie 95/46/EG in § 38 Abs. 1 S. 5 BDSG a.F. Ohne weitere Festlegung der formellen und materiellen Anforderungen an die Amtshilfe hieß es dort lediglich: „Sie (gemeint ist: die Aufsichtsbehörde) leistet den Aufsichtsbehörden anderer Mitgliedstaaten der Europäischen Union auf Ersuchen ergänzende Hilfe (Amtshilfe).“

III. BDSG

6 Die zur Umsetzung der und zur Anpassung an die Datenschutz-Grundverordnung erlassenen Vorschriften des BDSG in der Fassung des DSAnpUG-EU[3] enthalten **keine Regelungen** zur gegenseitigen Amtshilfe im Sinne des Art. 61.

1 Der Verfasser vertritt seine persönliche Auffassung, die nicht notwendigerweise der Auffassung des Dienstherrn entspricht.
2 *Sydow-Peuker* Art. 61 Rn. 1.
3 BGBl. I 2017 S. 2097.

IV. Normgenese

1. Kommissionsentwurf. Der Kommissionsentwurf[4] aus dem Jahr 2012 sah in Art. 55 zum einen genauere Festlegungen für die gegenseitige Amtshilfe und zum anderen weniger Befugnisse für die Mitgliedstaaten vor. So enthielt Art. 55 Abs. 1 die Verpflichtungen der ersuchten Behörde zur Unterrichtung der ersuchenden Behörde über die Befassung mit einer Angelegenheit und darüber hinaus über weitere Entwicklungen in Fällen, in denen Personen in mehreren Mitgliedstaaten voraussichtlich von Verarbeitungsvorgängen betroffen sind. Der Entwurf sah jedoch in Abs. 4 nicht die Befugnis der ersuchten Behörde vor, ein Amtshilfeersuchen wegen **Verstoßes gegen das Recht des Mitgliedstaats**, dem sie unterliegt, abzulehnen. 7

2. Entwurf des Europäischen Parlaments. Der in erster Lesung vom Plenum des Europäischen Parlaments am 12.3.2014 verabschiedete Entwurf[5] sah im Sinne der **Unabhängigkeit der Datenschutzaufsicht** insbesondere hinsichtlich der in Art. 55 Abs. 10 des Entwurfs geregelten Durchführungsrechtsakte vor, dass diese vom Europäischen Datenschutzausschuss anstelle von der Kommission festgelegt werden. 8

3. Entwurf des Europäischen Rats. Der am 8.3.2016 vom Rat der Europäischen Union verabschiedete Entwurf[6] fügte im Interesse der Mitgliedstaaten insbesondere in Art. 61 Abs. 4 lit. b den **Ablehnungsgrund nach dem Recht der Mitgliedstaaten** ein und sah in Art. 61 Abs. 7 vor, dass Aufsichtsbehörden ausnahmsweise im Falle einer Vereinbarung zur Erstattung der durch die Amtshilfe entstandenen Kosten verpflichtet sind. 9

B. Kommentierung

I. Systematik der Vorschriften zu Zusammenarbeit und Kohärenz

Zunächst ist die EU-weite Amtshilfe im Sinne des Art. 61 von der internationalen Amtshilfe gemäß Art. 50 lit. b in Bezug auf Drittstaaten und internationale Organisationen zu unterscheiden. Darüber hinaus werden neben der Amtshilfe in der DS-GVO weitere mitgliedstaatenübergreifende Verfahren geregelt. Dies sind die Zusammenarbeit gemäß Art. 60, gemeinsame Maßnahmen gemäß Art. 62 und die Kohärenz gemäß Art. 63. Die Amtshilfe kann zum einen **unabhängig von den genannten anderen Verfahren** durchgeführt werden. Jede Aufsichtsbehörde eines Mitgliedstaats kann jede andere um Amtshilfe ersuchen.[7] Die Einleitung eines Verfahrens liegt im Ermessen der ersuchenden Aufsichtsbehörde.[8] Ein ausdrücklich im Gesetz geregelter eigenständiger Fall der Amtshilfe ist der Fall mit lediglich örtlicher Bedeutung gemäß Art. 56 Abs. 2. Entscheidet die federführende Aufsichtsbehörde, sich nicht mit dem genannten Fall zu befassen (Art. 56 Abs. 4), so entscheidet ihn die Aufsichtsbehörde, welche die federführende Aufsichtsbehörde unterrichtet hat, und wendet hierbei u.a. die Vorschriften der gegenseitigen Amtshilfe an (Art. 56 Abs. 5). Eine nicht durchgeführte Amtshilfe kann schließlich gemäß Art. 64 Abs. 2 im Rahmen eines Kohärenzverfahrens zum Gegenstand der Befassung des Europäischen Datenschutzausschusses werden. 10

4 KOM(2012)11 endgültig.
5 P7_TC1-COD(2012)0011.
6 5419/1/16 REV1.
7 Ehmann/Selmayr-*Klabunde* Art. 61 Rn. 3.
8 BeckOK DatenSR-*Nguyen* Art. 61 Rn. 1.

11 Amtshilfeverfahren können zum anderen **zusätzlich zu Verfahren der Zusammenarbeit und der Kohärenz** durchgeführt werden. So kann im Rahmen der Zusammenarbeit die federführende Aufsichtsbehörde jederzeit eine betroffene Aufsichtsbehörde um Amtshilfe ersuchen (Art. 60 Abs. 2). Des Weiteren enthält ErwG 138 den Hinweis, dass um Amtshilfe vor Einleitung eines Kohärenzverfahrens gemäß Art. 63 ersucht werden kann, wenn die Durchführung eines Kohärenzverfahrens nicht verbindlich vorgeschrieben ist.

II. Hauptverpflichtungen (Abs. 1)

12 Art. 61 Abs. 1 enthält **drei unterschiedliche Verpflichtungen**, die mit der gesetzlichen Überschrift „Gegenseitige Amtshilfe" nur unzureichend umschrieben sind. Die Verpflichtungen umfassen die Übermittlung maßgeblicher Informationen, die gegenseitige Amtshilfe und die Pflicht, Vorkehrungen für eine wirksame Zusammenarbeit zu treffen.

13 **1. Übermittlung maßgeblicher Informationen.** Die erste in Art. 61 Abs. 1 enthaltene Verpflichtung ist die **Informationsgewährung**. Gemäß Art. 61 Abs. 1 S. 1, 1. Alt übermitteln die Aufsichtsbehörden einander maßgebliche Informationen, um die DS-GVO einheitlich durchzuführen und anzuwenden.

14 Der Begriff der **maßgeblichen Information** ist in der DS-GVO nicht definiert. Zudem wird der Begriff der auszutauschenden Informationen in der DS-GVO uneinheitlich verwendet. Im Rahmen des Zusammenarbeitsverfahrens haben Aufsichtsbehörden gemäß Art. 60 Abs. 1 S. 2 „zweckdienliche Informationen" auszutauschen. Es ist davon auszugehen, dass die Begriffe synonym verwendet werden. Hierfür spricht zudem die englische Sprachfassung der DS-GVO, in der einheitlich der Begriff „relevant information" gebraucht wird.

15 Besondere Anforderungen an die Übermittlung sind zu beachten, wenn es sich bei den zu übermittelnden Informationen um **personenbezogene Daten** handelt. Art. 61 Abs. 1 genügt im Hinblick auf Bestimmtheit und Verhältnismäßigkeit nicht den Anforderungen an eine Befugnisnorm zur Verarbeitung personenbezogener Daten. Sollen im Rahmen der Amtshilfe personenbezogene Daten übermittelt werden, ist deswegen mangels Einwilligung der Betroffenen auf einen gesetzlichen Erlaubnistatbestand abzustellen. Dies ist in der Regel Art. 6 Abs. 1 lit. e[9], der die Verarbeitung personenbezogener Daten u.a. gestattet, sofern sie für die Wahrnehmung einer Aufgabe erforderlich ist, die im öffentlichen Interesse liegt. Ebenso sind gemäß Art. 32 geeignete technische und organisatorische Maßnahmen zu treffen, um die Daten während des Übermittlungsvorgangs vor unbefugter Kenntnisnahme zu schützen. Dies kann z.B. durch Verschlüsselung der elektronischen Kommunikation sichergestellt werden.[10]

16 **2. Amtshilfe.** Gemäß Art. 61 Abs. 1 S. 1, 2. Alt. gewähren die Aufsichtsbehörden einander Amtshilfe, um die DS-GVO einheitlich durchführen und anzuwenden. Zu den unterstützenden Hilfeleistungen gehören gemäß Art. 61 Abs. 1 S. 2 insbesondere Auskunftsersuchen (Art. 58 Abs. 1 lit. a) und aufsichtsbezogene Maßnahmen, zu denen wiederum insbesondere vorherige Genehmigungen (z.B. Art. 46 Abs. 3), die vorherige Konsultation (Art. 36) sowie die Vornahme von Nachprüfungen und Untersuchungen

---

9 Paal/Pauly-*Körffer* Art. 61 Rn. 2; Kühling/Buchner-*Dix* Art. 61 Rn. 8.
10 Kühling/Buchner-*Dix* Art. 61 Rn. 8.

(Art. 58 Abs. 1) zählen. Die Norm betrifft **sämtliche Untersuchungs-, Abhilfe- und Genehmigungsbefugnisse** nach Art. 58.[11] In Betracht kommt eine Amtshilfe z.B. auch für den Fall, den Ort einer Hauptniederlassung gemäß Art. 4 Nr. 16 zur Bestimmung der federführenden Aufsichtsbehörde gemäß Art. 56 zu ermitteln, um daran anschließend aufsichtsbehördlich tätig zu werden.[12]

3. Vorkehrungen für wirksame Zusammenarbeit. Art. 61 Abs. 1 S. 1, 3. Alt. enthält die allgemeine Pflicht der Aufsichtsbehörden, Vorkehrungen für eine wirksame Zusammenarbeit zu treffen. Hierzu gehören insbesondere die **Bereitstellung von Ressourcen, die Einrichtung einer Kontaktstelle für Amtshilfeersuchen sowie die Schulung des Personals** im Hinblick auf die Anforderungen der Zusammenarbeit.[13] Die Vorkehrungen haben den Anforderungen zu genügen, denen zufolge Behörden sich innerhalb maximal eines Monats mit dem Amtshilfeersuchen befassen (Art. 61 Abs. 2). Des Weiteren sind technische und organisatorische Maßnahmen zu treffen, um das in der Regel zu verwendende elektronische Format zur Beantwortung der Ersuchen einzusetzen (Art. 61 Abs. 6). 17

Um diese Verpflichtungen umzusetzen, hat jeder Mitgliedstaat gemäß Art. 52 Abs. 4 (ebenso ErwG 120) sicherzustellen, dass jede Aufsichtsbehörde mit den **personellen, technischen und finanziellen Ressourcen, Räumlichkeiten und Infrastrukturen** ausgestattet wird, die sie benötigt, um ihre Aufgaben und Befugnisse u.a. im Rahmen der Amtshilfe effektiv wahrnehmen zu können. Bereits im Vorfeld des Inkrafttretens der DS-GVO gehörte die angemessene Ausstattung der Aufsichtsbehörden daher zu den Forderungen der Art.-29-Datenschutzgruppe[14] sowie der Konferenz der unabhängigen Datenschutzbehörden des Bundes und der Länder.[15] 18

III. Verpflichtete und Berechtigte (Abs. 1)

Berechtigte und Verpflichtete der Norm sind die **Aufsichtsbehörden** der Mitgliedstaaten im Sinne des Art. 51, denen gemäß Art. 57 Abs. 1 lit. g die Aufgabe der Amtshilfe zugewiesen ist. Nicht vom Wortlaut umfasst sind hingegen spezifische Aufsichtsbehörden für besondere Verarbeitungssituationen nach Art. 85, Art. 91, der Europäische Datenschutzausschuss gemäß Art. 68 sowie der Europäische Datenschutzbeauftragte gemäß Art. 41 Verordnung (EG) Nr. 45/2001. Nicht erforderlich ist, dass ersuchende oder ersuchte Behörde zugleich federführende (Art. 56) oder betroffene (Art. 4 Nr. 22) Behörde ist. 19

IV. Frist (Abs. 2)

Gemäß Art. 61 Abs. 2 ergreift jede Aufsichtsbehörde alle geeigneten Maßnahmen, um einem Ersuchen einer anderen Aufsichtsbehörde unverzüglich und **spätestens innerhalb eines Monats** nach Eingang des Ersuchens nachzukommen. Als ungeschriebene Neben- 20

---

11 BeckOK DatenSR-*Nguyen* Art. 61 Rn. 6.

12 Gola-*Eichler* Art. 61 Rn. 4.

13 Gola-*Eichler* Art. 61 Rn. 3.

14 *Art.-29-Datenschutzgruppe* Stellungnahme 01/2012 zu den Reformvorschlägen im Bereich des Datenschutzes WP 191, S. 22.

15 *Konferenz der unabhängigen Datenschutzbehörden des Bundes und der Länder* Entschließung „EU-Datenschutz-Grundverordnung erfordert zusätzliche Ressourcen für Datenschutzbehörden", 25. Mai 2016.

pflicht hat die ersuchte Behörde zunächst den Erhalt des Ersuchens zu bestätigen.[16] Anschließend hat sie Maßnahmen zur Bearbeitung des Ersuchens zu ergreifen. Geeignete Maßnahmen im Sinne des Art. 61 Abs. 2 können nur solche innerhalb des Kompetenzrahmens, der Zuständigkeit und einer Befugnisnorm der ersuchten Behörde sein.[17] Gemäß Art. 61 Abs. 2 S. 2 hat die ersuchte Behörde insbesondere maßgebliche Informationen über die Durchführung einer Untersuchung an die ersuchende Behörde zu übermitteln. Darüber hinaus ist als weitere ungeschriebene Nebenpflicht bei auftretenden Schwierigkeiten die ersuchende Behörde zu konsultieren und Einvernehmen herstellen, z.B. durch frühzeitigen Hinweis auf Ablehnungsgründe gemäß Art. 61 Abs. 4.[18]

21 Bei der Frist des Art. 61 Abs. 2 handelt es sich um eine Höchstfrist. Die ersuchte Behörde ist grundsätzlich verpflichtet, dem Ersuchen **unverzüglich** nachzukommen. Gerade die im Vergleich zur Rechtslage vor Anwendbarkeit des Art. 61 Abs. 2 neu geregelte Frist soll der Verfahrensbeschleunigung dienen. Jedoch genügt es zur Fristwahrung, wenn eine Maßnahme innerhalb der Frist ergriffen worden ist, jedoch noch nicht abgeschlossen ist.[19] Trotzdem dürfte fraglich sein, ob die Frist in der Praxis in jedem Einzelfall wird eingehalten werden können.[20]

V. Zweck/Begründung (Abs. 3)

22 Gemäß Art. 61 Abs. 3 S. 1 enthalten Amtshilfeersuchen **alle erforderlichen Informationen**, einschließlich des Zwecks und der Begründung des Ersuchens. Dies betrifft zum einen die Informationen, die zur Durchführung des Amtshilfeverfahrens erforderlich sind. Zum anderen sind hiervon auch Informationen umfasst, die dazu dienen, eine doppelte Sachverhaltsermittlung bzw. Informationserhebung zu vermeiden.[21] Erforderlich sind zudem die Informationen zur Begründung, weshalb die ersuchende Behörde die ersuchte Aufgabe nicht selbst erfüllen kann.[21] Die Informationen sollen zudem Angaben enthalten, die es der ersuchten Aufsichtsbehörde ermöglichen, Ablehnungsgründe im Sinne des Art. 61 Abs. 4 zu prüfen.[22] Die ersuchende Behörde hat die Pflicht zur vollständigen Übermittlung der erforderlichen Informationen. Erst wenn das Ersuchen vollständig gestellt worden ist, beginnt die Frist zur Beantwortung von höchstens einem Monat nach Art. 61 Abs. 2.[23]

23 Gemäß Art. 61 Abs. 3 S. 2 darf die ersuchende Behörde die übermittelten Informationen ausschließlich für den Zweck verwenden, für den sie angefordert worden sind. Uneinigkeit besteht darüber, ob über den Wortlaut hinaus die **Zweckbindung** auch für die ersuchte Behörde gilt.[24] Jedoch besteht über die allgemeine Verpflichtung der datenverarbeitenden Stelle zur Zweckbindung in Art. 5 Abs. 1 lit. b hinaus hinsichtlich der ersuchten Behörde kein Bedarf an einer besonderen Festschreibung der Zweck-

16 Kühling/Buchner-*Dix* Art. 61 Rn. 16; Sydow-*Peuker* Art. 61 Rn. 20.
17 Sydow-*Peuker* Art. 61 Rn. 19.
18 Sydow-*Peuker* Art. 61 Rn. 20, 28.
19 Paal/Pauly-*Körffer* Art. 61 Rn. 4.
20 BeckOK DatenSR-*Nguyen* Art. 61 Rn. 7; Sydow-*Peuker* Art. 61 Rn. 1 bewertet Frist als „knapp bemessen"; Paal/Pauly-*Körffer* Art. 61 Rn. 4.
21 Sydow-*Peuker* Art. 61 Rn. 24.
22 Gola-*Eichler* Art. 61 Rn. 9.
23 Gola-*Eichler* Art. 61 Rn. 6; Paal/Pauly-*Körffer* Art. 61 Rn. 5.
24 Bejahend: Kühling/Buchner-*Dix* Art. 61 Rn. 12; verneinend BeckOK DatenSR-*Nguyen* Art. 61 Rn. 10; Gola-*Eichler* Art. 61 Rn. 8.

bindung in Art. 61. Dies hat zur Folge, dass übermittelte personenbezogene Daten von der ersuchten Aufsichtsbehörde unter Beachtung der allgemeinen Anforderungen für weitere Ermittlungen oder Maßnahmen herangezogen werden können.

VI. Ablehnungsgründe (Abs. 4)

Art. 61 Abs. 4 enthält die Gründe, aufgrund derer eine ersuchte Behörde die Gewährung von Amtshilfe **ablehnen** kann. Die Gründe sind als Ausnahmetatbestände grundsätzlich eng auszulegen.[25] Die Regelung des Art. 61 Abs. 4 ist zudem abschließend (Wortlaut: „lehnt das Ersuchen nur ab, wenn")[26], enthält jedoch mit dem Verweis auf nationales Recht in Art. 61 Abs. 4 lit. b eine Öffnungsklausel. Unabhängig davon, welcher Ablehnungsgrund geltend gemacht wird, ist die Ablehnung gegenüber der ersuchenden Aufsichtsbehörde jedenfalls zu begründen (Art. 61 Abs. 5 S. 2). 24

1. Unzuständigkeit. Gemäß Art. 61 Abs. 4 lit. a ist eine ersuchte Aufsichtsbehörde befugt, das Ersuchen abzulehnen, wenn sie für den Gegenstand des Ersuchens oder für die Maßnahme, die sie durchführen soll, **nicht zuständig** ist. Dies betrifft zum einen Fälle, die nicht dem Datenschutzrecht unterliegen, z.B. weil die verarbeiteten Daten keinen Personenbezug aufweisen. Zum anderen sind von der Ausnahmevorschrift Fälle erfasst, in denen die ersuchte Aufsichtsbehörde örtlich oder sachlich nicht zuständig für die ersuchte Maßnahme ist. 25

2. Verstoß gegen DS-GVO, Unionsrecht oder Recht der Mitgliedstaaten. Gemäß Art. 61 Abs. 4 lit. b kann ein Amtshilfeersuchen zurückgewiesen werden, wenn ein Eingehen auf das Ersuchen gegen die DS-GVO, gegen das Unionsrecht oder gegen das Recht der Mitgliedstaaten, dem die ersuchte Aufsichtsbehörde unterliegt, verstoßen würde. 26

a) DS-GVO. Ein Verstoß gegen die DS-GVO im Sinne des Art. 61 Abs. 4 lit. b, 1. Alt liegt zum Beispiel dann vor, wenn die ersuchte Aufsichtsbehörde **keine Befugnis zur Vornahme der ersuchten Maßnahme** hat.[27] Dieser Fall kann zum Beispiel dann auftreten, wenn das nationale Recht des ersuchenden Staats gemäß Art. 58 Abs. 6 über zusätzliche, in der Grundverordnung nicht aufgeführte Befugnisse verfügt, die Rechtsordnung des ersuchten Staats hingegen nicht. 27

b) Sonstiges Unionsrecht. Umstritten ist, ob ein Ersuchen wegen Verstoßes gegen den Verhältnismäßigkeitsgrundsatz als allgemeinen Grundsatz des Unionsrechts abgelehnt werden kann, wenn die Bearbeitung des Ersuchens einen **unverhältnismäßigen Verwaltungsaufwand** für die ersuchte Behörde in personeller, zeitlicher oder finanzieller Hinsicht darstellt.[28] Jedoch kann auch ein unverhältnismäßiger Verwaltungsaufwand nicht die Ablehnung des Amtshilfeersuchens rechtfertigen. Zum einen hätte dann eine ersuchte Behörde durch Zuweisung/Abzug von eigenen Ressourcen die Möglichkeit, das Vorliegen des Ablehnungsgrunds herbeizuführen. Zum anderen sind die Mitgliedstaaten gemäß Art. 52 Abs. 4 gerade im Hinblick auf die in der Norm ausdrücklich erwähnte Amtshilfe verpflichtet sicherzustellen, dass die Aufsichtsbehörden mit ausreichenden Ressourcen ausgestattet sind. 28

25 Sydow-*Peuker* Art. 61 Rn. 27.
26 Gola-*Eichler* Art. 61 Rn. 11; Sydow-*Peuker*Art. 61 Rn. 27.
27 Sydow-*Peuker* Art. 61 Rn. 31 f.
28 Bejahend: Sydow-*Peuker* Art. 61 Rn. 33; verneinend: Gola-*Eichler* Art. 61 Rn. 11.

29 **c) Verstoß gegen nationales Recht.** Im Zuge der Ratsbefassung neu in den Text der DS-GVO aufgenommen wurde der Ablehnungsgrund des Verstoßes gegen nationales Recht des Mitgliedstaats. Das Recht der Bundesrepublik Deutschland sieht an verschiedenen Stellen Geheimhaltungspflichten oder Gründe zur Ablehnung von Amtshilfe vor. Zu nennen sind diesbezüglich **erhebliche Nachteile für das Wohl des Bundes oder eines Landes** gemäß § 5 Abs. 2 Nr. 2 VwVfG[29]. Demnach berechtigt die Berufung auf das Staatswohl die Ablehnung der Amtshilfe.[30] Zu berücksichtigen ist in diesem Zusammenhang, dass auch europäisches Primärrecht wesentliche Sicherheitsinteressen eines Mitgliedstaats im Verwaltungsverfahren anerkennt.[31] Gemäß Art. 346 Abs. 1 lit. a AEUV ist ein Mitgliedstaat nicht verpflichtet, Auskünfte zu erteilen, deren Preisgabe seines Erachtens nach seinen wesentlichen Sicherheitsinteressen widerspricht.

30 Des Weiteren ist fraglich, inwieweit Vorschriften zum Schutz von **Berufsgeheimnissen** zur Ablehnung eines Amtshilfeersuchens berechtigen.[32] Jedoch kann dem Interesse an der Geheimhaltung durch Schwärzung in den Unterlagen Rechnung getragen werden, falls durch die Übermittlung an die Aufsichtsbehörde eines anderen Mitgliedstaats die Preisgabe an Dritte zu befürchten ist.

31 Unklar ist, wie mit Amtshilfeersuchen in einer **fremden Sprache** umzugehen ist. Gemäß § 8b Abs. 2 VwVfG dürfen Ersuchen von Behörden anderer Mitgliedstaaten der Europäischen Union nur erledigt werden, wenn sich ihr Inhalt in deutscher Sprache aus den Akten ergibt. Soweit erforderlich soll bei Ersuchen in einer anderen Sprache von der ersuchenden Behörde eine Übersetzung verlangt werden. Einerseits ist fraglich ob diese Norm mit den Vorgaben des Rechts der Europäischen Union und der Tatsache ihrer 24 anerkannten Amts- und Arbeitssprachen vereinbar ist. Andererseits besteht in der Praxis der Bedarf an zumindest der Beschränkung auf eine Sprache, in der sich ersuchende und ersuchte Behörde verständigen können. Die Lösung dieses Problems könnten künftig die durch die Kommission festzulegenden Bestimmungen zu Form und Verfahren der Amtshilfe gemäß Art. 61 Abs. 9 enthalten. Bis dahin ist eine Klärung auf bilateralem Weg zwischen ersuchender und ersuchter Aufsichtsbehörde anzustreben.[33]

32 Nicht zur Ablehnung eines Amtshilfeersuchens berechtigen die lediglich **fakultativ** in § 5 Abs. 3 VwVfG aufgezählten Gründe.[34] Danach bräuchte die ersuchte Behörde Hilfe nicht zu leisten, wenn eine andere Behörde die Hilfe wesentlich einfacher oder mit wesentlich geringerem Aufwand leisten könnte, sie die Hilfe nur mit unverhältnismäßig großem Aufwand leisten könnte oder sie unter Berücksichtigung der Aufgaben der ersuchenden Behörde durch die Hilfeleistung die Erfüllung ihrer eigenen Aufgaben ernstlich gefährde.

---

29 Sowie jeweils entsprechende Norm in den Verwaltungsverfahrensgesetzen der Länder.

30 Nach europarechtskonformer Abwägung: Kühling/Buchner-*Dix* Art. 61 Rn. 13; ohne Abwägungserfordernis: Roßnagel-*Hofmann* Europäische Datenschutz-Grundverordnung, § 3 Rn. 314.

31 Sydow-*Peuker* Art. 61 Rn. 35 m.w.N.

32 Bejahend Sydow-*Peuker* Art. 61 Rn. 34; ablehnend Kühling/Buchner-*Dix* Art. 61 Rn. 14.

33 Kühling/Buchner-*Dix* Art. 61 Rn. 15.

34 BeckOK DatenSR-*Nguyen* Art. 61 Rn. 14; a.A. Roßnagel-*Hofmann* Europäische Datenschutz-Grundverordnung, § 3 Rn. 314.

VII. Informationspflichten (Abs. 5)

Gemäß Art. 61 Abs. 5 S. 1 **informiert** die ersuchte Aufsichtsbehörde die ersuchende Aufsichtsbehörde über die Ergebnisse oder gegebenenfalls über den Fortgang der Maßnahmen, die getroffen wurden, um dem Ersuchen nachzukommen. Ebenso sind die Gründe für die Ablehnung des Ersuchens nach Art. 61 Abs. 4 zu erläutern (Art. 61 Abs. 5 S. 2). Genauere Vorgaben zur Informationspflicht enthält die DS-GVO nicht. Jedoch ist gemäß dem Grundsatz der loyalen Zusammenarbeit zu fordern, dass die ersuchte Aufsichtsbehörde ihre Aussagen substantiiert darlegt.[35] **33**

VIII. Form (Abs. 6)

Gemäß Art. 61 Abs. 6 übermitteln die ersuchten Aufsichtsbehörden die Informationen, um die von einer anderen Aufsichtsbehörde ersucht wurde, **in der Regel auf elektronischem Wege** unter Verwendung eines standardisierten Formats. Die Vorschrift sieht lediglich die regelmäßige elektronische Kommunikation vor, wohingegen der Wortlaut des Art. 60 Abs. 12 für das Verfahren der Zusammenarbeit ohne Ausnahme die elektronische Kommunikation vorsieht. Zur näheren Bestimmung des elektronischen Kommunikationsmittels sowie des standardisierten Formats ist die Kommission gemäß Art. 61 Abs. 9 befugt, Durchführungsrechtsakte zu erlassen. Über den Wortlaut des Art. 61 Abs. 6 hinaus ist nicht nur die Kommunikation der ersuchten an die ersuchende Behörde auf elektronischem Wege zu ermöglichen, sondern ebenso die Kommunikation der ersuchenden an die ersuchte Behörde.[36] Jedenfalls ist bei der elektronischen Kommunikation durch Verschlüsselung der Schutz vor unberechtigter Kenntnisnahme durch Dritte sicherzustellen. Andernfalls hat die Kommunikation auf dem Postweg zu erfolgen.[36] **34**

IX. Gebühren (Abs. 7)

Gemäß Art. 61 Abs. 7 S. 1 verlangen ersuchte Aufsichtsbehörden für Maßnahmen, die sie aufgrund eines Amtshilfeersuchens getroffen haben, **grundsätzlich keine Gebühren**. Lediglich gemäß Art. 61 Abs. 7 S. 2 können die Aufsichtsbehörden untereinander Regeln vereinbaren, um einander in Ausnahmefällen besondere, aufgrund der Amtshilfe entstandene Ausgaben zu erstatten. S. 2 ist aufgrund der Initiative des Rats der Europäischen Union in den Text der DS-GVO aufgenommen worden. Hiermit sollen unbillige finanzielle Härten für die Mitgliedstaaten im Einzelfall abgefangen werden. Besondere Ausgaben im Sinn des S. 2 sind z.B. Auslagen für Sachverständige oder Dolmetscher.[37] **35**

X. Einstweilige Maßnahmen (Abs. 8)

Erteilt eine ersuchte Aufsichtsbehörde nicht binnen eines Monats nach Eingang des Ersuchens einer anderen Aufsichtsbehörde die Informationen gemäß Art. 61 Abs. 5, so kann die ersuchende Aufsichtsbehörde gemäß Art. 61 Abs. 8 S. 1 einstweilige Maßnahmen im Hoheitsgebiet ihres Mitgliedstaats ergreifen. Die Vorschrift dient der **Verfahrensbeschleunigung** und soll verhindern, dass eine Aufsichtsmaßnahme durch die ersuchte Behörde einseitig verzögert wird. Die einstweilige Maßnahme ist auf die Gel- **36**

35 Gola-*Eichler* Art. 61 Rn. 11; Sydow-*Peuker* Art. 61 Rn. 38.
36 Kühling/Buchner-*Dix* Art. 61 Rn. 17.
37 Sydow-*Peuker* Art. 61 Rn. 44.

tungsdauer von höchstens drei Monaten zu befristen.[38] Zudem wird gemäß Art. 61 Abs. 8 S. 2 in diesem Fall von einem dringenden Handlungsbedarf gemäß Art. 66 Abs. 1 ausgegangen, der nach dem Wortlaut der Vorschrift einen im Dringlichkeitsverfahren angenommenen verbindlichen Beschluss des Ausschusses gemäß Art. 66 Abs. 2 erfordert. Inhalt des Beschlusses ist die Verpflichtung der ersuchten Behörde zur Amtshilfe, damit die ersuchende Behörde eine endgültige Maßnahme treffen kann.[39]

37 Darüber hinaus kann nach Art. 64 Abs. 2 jede Aufsichtsbehörde, der Vorsitz des Ausschusses oder die Kommission beantragen, dass der Ausschuss um eine **Stellungnahme** ersucht wird, wenn eine zuständige Aufsichtsbehörde den Verpflichtungen zur Amtshilfe gemäß Art. 61 nicht nachkommt. Gegenstand der Stellungnahme ist die Feststellung, dass die ersuchte Behörde die Pflicht zur Amtshilfe verletzt hat.[40]

XI. Durchsetzungsrechtsakte (Abs. 9)

38 Gemäß Art. 61 Abs. 9 S. 1 kann die Kommission im Wege von Durchführungsrechtsakten **Form und Verfahren der Amtshilfe und die Ausgestaltung des elektronischen Informationsaustauschs** zwischen den Aufsichtsbehörden sowie zwischen den Aufsichtsbehörden und dem Ausschuss, insbesondere das in Art. 61 Abs. 6 genannte standardisierte Format, festlegen. Diese Durchführungsrechtsakte werden gemäß dem in Art. 93 Abs. 2 bezeichneten Prüfverfahren erlassen (Art. 61 Abs. 9 S. 2).

39 Bedarf für weitere Festlegungen besteht insbesondere hinsichtlich des **elektronischen Formats** gemäß Art. 61 Abs. 6 sowie der zu verwendenden **Amtssprache**. Anhaltspunkte für im Wege des Durchführungsrechtsakts zu bestimmende Vorgaben können wissenschaftliche Veröffentlichungen zur EU-weiten Amtshilfeverpflichtung wie der Musterentwurf des Research Network on EU Administrative Law (ReNEUAL) enthalten.[41] Das in Art. 61 Abs. 9 S. 2 genannte Prüfverfahren nach Art. 93 Abs. 2 ist in Art. 5 der Verordnung (EU) Nr. 182/2011 zur Festlegung der allgemeinen Regeln und Grundsätze, nach denen die Mitgliedstaaten die Wahrnehmung der Durchführungsbefugnisse durch die Kommission kontrollieren, geregelt.

40 Angesichts des gleichen Bedarfs an Vorgaben zum **Informationsaustausch der Aufsichtsbehörden** und des Ausschusses spricht vieles dafür, bzgl. aller in Frage kommenden Verfahren (Zusammenarbeit, Amtshilfe, gemeinsame Maßnahmen, Kohärenz, einschließlich Dringlichkeitsverfahren) einheitliche Vorgaben festzulegen, die entweder von der Kommission im Wege von Durchführungsrechtsakten oder vom Ausschuss im Wege von Leitlinien verabschiedet werden. Gegebenenfalls ist vor der Festlegung durch die Kommission zu prüfen, ob notwendige Vorgaben nicht zeit- und sachnäher vom Ausschuss erlassen werden können.[42] Die Vorgaben sollten insbesondere die elektronische Kommunikation ermöglichen, die Vertraulichkeit sowie eindeutige Zurechenbarkeit der Daten sicherstellen und den Aufsichtsbehörden des Bundes und der Länder im Rahmen ihrer Zuständigkeiten Beteiligungsmöglichkeiten

38 Kühling/Buchner-*Dix* Art. 61 Rn. 20.
39 Sydow-*Peuker* Art. 61 Rn. 48.
40 Sydow-*Peuker* Art. 61 Rn. 45.
41 *Schneider/Hofmann/Ziller* ReNEUAL Model Rules on EU Administrative Procedure, Book V – Mutual Assistance.
42 Gola-*Eichler* Art. 61 Rn. 14; im Ergebnis ebenso Kühling/Buchner-*Dix* Art. 61 Rn. 22.

gewähren. Beispiel für eine solche Plattform zum Informationsaustausch ist das Binnenmarktinformationssystem der Europäischen Kommission IMI.

C. Praxishinweise

I. Relevanz für öffentliche Stellen

Amtshilfeersuchen nach Art. 61 Abs. 1 betreffen Datenverarbeitungen nichtöffentlicher wie öffentlicher Stellen. Erstmals enthalten europarechtliche datenschutzrechtliche Vorgaben somit die ausdrückliche Befugnis zur Amtshilfe in Bezug auf Datenverarbeitungen durch öffentliche Stellen. Da aufgrund der **Öffnungsklauseln der DS-GVO** in Art. 6 Abs. 2 und Abs. 3 S. 1 lit. b Datenverarbeitungen für öffentliche Zwecke durch Behörden der Mitgliedstaaten voraussichtlich weiterhin vielfach auf der Grundlage nationalen Rechts erfolgen werden und es deswegen oft an grenzüberschreitenden Datenverarbeitungen fehlen wird, bleibt jedoch abzuwarten, ob Amtshilfeersuchen gegenüber öffentlichen Stellen in der Praxis häufig vorkommen werden. **41**

II. Relevanz für nichtöffentliche Stellen

Hauptanwendungsfall der Amtshilfe werden künftig voraussichtlich Datenverarbeitungen durch nichtöffentliche Stellen werden. Insbesondere auf **internationale Unternehmen mit Niederlassungen in mehreren Mitgliedstaaten** können sich Amtshilfeersuchen erstrecken. Möglicherweise erhöht sich für die Unternehmen die Eintrittswahrscheinlichkeit der Aufdeckung eines Datenschutzverstoßes durch das Zusammenwirken der Aufsichtsbehörden. Dem steht gegenüber, dass nach der Konzeption der DS-GVO, mit der Ausnahme der Öffnungsklauseln für die nationalen Gesetzgeber, die verschiedenen Aufsichtsbehörden europaweit einheitliches materielles Recht durchsetzen sollen. Die verpflichteten nichtöffentlichen Stellen haben somit vielfach nicht mehr jeweils unterschiedliche nationale Rechtsordnungen in der EU zu beachten. Somit erfordert die EU-weite Einhaltung des einheitlich geltenden Rechts bei den nichtöffentlichen Stellen weniger Umsetzungsaufwand und fördert auf diese Weise den Binnenmarkt. **42**

III. Relevanz für betroffene Personen

Die Vorschriften zur Amtshilfe dienen der einheitlichen Anwendung der Vorschriften zum Schutz personenbezogener Daten in der Europäischen Union und ermöglichen eine **bessere Durchsetzung** der Rechte der Bürgerinnen und Bürger auf Schutz ihrer personenbezogenen Daten über das Hoheitsgebiet des einzelnen Mitgliedstaats hinaus. **43**

IV. Relevanz für Aufsichtsbehörden

Für die Aufsichtsbehörden bedeuten die Vorschriften zur Amtshilfe einen bislang noch nicht absehbaren **Mehraufwand**. Besondere Bedeutung kommt der Umsetzung der Vorschriften z.B. im Wege von Durchführungsrechtsakten der Kommission zu. Klärungsbedürftige Fragen sind neben der sicheren elektronischen Kommunikation und den verwendeten Formaten insbesondere die Frage der verwendeten Amtssprache. Die Gesetzgeber der Mitgliedstaaten sind zudem aufgefordert, die Aufsichtsbehörden mit Finanzmitteln, Personal, Räumlichkeiten und einer Infrastruktur auszustatten, wie sie für die wirksame Wahrnehmung ihrer Aufgaben, einschließlich derer im Zusammenhang mit der Amtshilfe, notwendig sind (ErwG 120). **44**

45 Gegenüber den Aufsichtsbehörden der Mitgliedstaaten können die von einer Maßnahme Betroffenen Beschwerde einlegen (Art. 77) und Klage vor den nationalen Gerichten erheben (Art. 78). Zur Klärung von Meinungsverschiedenheiten der Aufsichtsbehörden über eine Angelegenheit mit allgemeiner Geltung oder mit Auswirkungen in mehr als einem Mitgliedstaat kann jede Aufsichtsbehörde gemäß Art. 64 Abs. 2 den Europäischen Datenschutzausschuss anrufen. Entscheidungen des Ausschusses wiederum können von jeder natürlichen oder juristischen Person, einschließlich einer betroffenen Aufsichtsbehörde, unter den Voraussetzungen des Art. 263 AEUV im Rahmen einer Nichtigkeitsklage vor dem Gerichtshof überprüft werden (ErwG 143).

V. Relevanz für das Datenschutzmanagement

46 Die Verantwortlichen sowie die Auftragsverarbeiter sind nach der allgemeinen Norm des Art. 31 zur **Zusammenarbeit mit den Aufsichtsbehörden** verpflichtet. Diese Pflicht besteht gegenüber der am Sitz der Niederlassung der Verantwortlichen/Auftragsverarbeiter zuständigen Aufsichtsbehörde sowohl in Bezug auf eigene Maßnahmen der Behörde als auch in Bezug auf solche Maßnahmen, um welche die Behörde im Rahmen der Amtshilfevorschriften ersucht worden ist. Das Datenschutzmanagement hat dem Rechnung zu tragen und ist im Bedarfsfall entsprechend anzupassen.

Artikel 62 Gemeinsame Maßnahmen der Aufsichtsbehörden

(1) Die Aufsichtsbehörden führen gegebenenfalls gemeinsame Maßnahmen einschließlich gemeinsamer Untersuchungen und gemeinsamer Durchsetzungsmaßnahmen durch, an denen Mitglieder oder Bedienstete der Aufsichtsbehörden anderer Mitgliedstaaten teilnehmen.

(2) [1]Verfügt der Verantwortliche oder der Auftragsverarbeiter über Niederlassungen in mehreren Mitgliedstaaten oder werden die Verarbeitungsvorgänge voraussichtlich auf eine bedeutende Zahl betroffener Personen in mehr als einem Mitgliedstaat erhebliche Auswirkungen haben, ist die Aufsichtsbehörde jedes dieser Mitgliedstaaten berechtigt, an den gemeinsamen Maßnahmen teilzunehmen. [2]Die gemäß Artikel 56 Absatz 1 oder Absatz 4 zuständige Aufsichtsbehörde lädt die Aufsichtsbehörde jedes dieser Mitgliedstaaten zur Teilnahme an den gemeinsamen Maßnahmen ein und antwortet unverzüglich auf das Ersuchen einer Aufsichtsbehörde um Teilnahme.

(3) [1]Eine Aufsichtsbehörde kann gemäß dem Recht des Mitgliedstaats und mit Genehmigung der unterstützenden Aufsichtsbehörde den an den gemeinsamen Maßnahmen beteiligten Mitgliedern oder Bediensteten der unterstützenden Aufsichtsbehörde Befugnisse einschließlich Untersuchungsbefugnisse übertragen oder, soweit dies nach dem Recht des Mitgliedstaats der einladenden Aufsichtsbehörde zulässig ist, den Mitgliedern oder Bediensteten der unterstützenden Aufsichtsbehörde gestatten, ihre Untersuchungsbefugnisse nach dem Recht des Mitgliedstaats der unterstützenden Aufsichtsbehörde auszuüben. [2]Diese Untersuchungsbefugnisse können nur unter der Leitung und in Gegenwart der Mitglieder oder Bediensteten der einladenden Aufsichtsbehörde ausgeübt werden. [3]Die Mitglieder oder Bediensteten der unterstützenden Aufsichtsbehörde unterliegen dem Recht des Mitgliedstaats der einladenden Aufsichtsbehörde.

(4) Sind gemäß Absatz 1 Bedienstete einer unterstützenden Aufsichtsbehörde in einem anderen Mitgliedstaat im Einsatz, so übernimmt der Mitgliedstaat der einladenden Aufsichtsbehörde nach Maßgabe des Rechts des Mitgliedstaats, in dessen Hoheitsgebiet der Einsatz erfolgt, die Verantwortung für ihr Handeln, einschließlich der Haftung für alle von ihnen bei ihrem Einsatz verursachten Schäden.

(5) [1]Der Mitgliedstaat, in dessen Hoheitsgebiet der Schaden verursacht wurde, ersetzt diesen Schaden so, wie er ihn ersetzen müsste, wenn seine eigenen Bediensteten ihn verursacht hätten. [2]Der Mitgliedstaat der unterstützenden Aufsichtsbehörde, deren Bedienstete im Hoheitsgebiet eines anderen Mitgliedstaats einer Person Schaden zugefügt haben, erstattet diesem anderen Mitgliedstaat den Gesamtbetrag des Schadenersatzes, den dieser an die Berechtigten geleistet hat.

(6) Unbeschadet der Ausübung seiner Rechte gegenüber Dritten und mit Ausnahme des Absatzes 5 verzichtet jeder Mitgliedstaat in dem Fall des Absatzes 1 darauf, den in Absatz 4 genannten Betrag des erlittenen Schadens anderen Mitgliedstaaten gegenüber geltend zu machen.

(7) [1]Ist eine gemeinsame Maßnahme geplant und kommt eine Aufsichtsbehörde binnen eines Monats nicht der Verpflichtung nach Absatz 2 Satz 2 des vorliegenden Artikels nach, so können die anderen Aufsichtsbehörden eine einstweilige Maßnahme im Hoheitsgebiet ihres Mitgliedstaats gemäß Artikel 55 ergreifen. [2]In diesem Fall wird von einem dringenden Handlungsbedarf gemäß Artikel 66 Absatz 1 ausgegangen, der eine im Dringlichkeitsverfahren angenommene Stellungnahme oder einen im Dringlichkeitsverfahren angenommenen verbindlichen Beschluss des Ausschusses gemäß Artikel 66 Absatz 2 erforderlich macht.

– *ErwG: 134, 138*

Übersicht

Literatur: *Albrecht* Das neue EU-Datenschutzrecht – Von der Richtlinie zur Verordnung, CR 2016, 88; *Art.-29-Datenschutzgruppe* Entschließung zum Thema Rechtsdurchsetzung, WP 101, 2004; *dies.* Bericht 1/2007 über die erste gemeinsame Durchsetzungsmaßnahme: Bewertung und zukünftige Schritte, WP 137, 2007; *dies.* Bericht 01/2010 über die zweite gemeinsame Durchsetzungsmaßnahme: Erfüllung der nach den innerstaatlichen Rechtsvorschriften über die Vorratsspeicherung von Verkehrsdaten aufgrund der Artikel 6 und 9 der

Richtlinie 2002/58/EG (Datenschutzrichtlinie für elektronische Kommunikation) und der Richtlinie 2006/24/EG (über die Vorratsspeicherung von Daten und zur Änderung der Datenschutzrichtlinie für elektronische Kommunikation) bestehenden Pflichten durch die Telekommunikations-Diensteanbieter und die Internet-Diensteanbieter auf nationaler Ebene, WP 172, 2010; *dies.* Cookie sweep combined analysis, WP 229, 2014.

A. Einordnung und Kontext[1]

1 Die Norm zur Zusammenarbeit der Aufsichtsbehörden dient der **einheitlichen Anwendung und Durchsetzung** der Vorschriften der DS-GVO. Indem die Norm die Durchführung gleichgerichteter Aufsichtsmaßnahmen durch mehrere Aufsichtsbehörden in mehreren Mitgliedstaaten ermöglicht, wird hierdurch die grundsätzliche territoriale Beschränkung der Befugnis einer Aufsichtsbehörde eines jeweiligen Mitgliedstaats überwunden. Vorbild für die Befugnisse der Datenschutzaufsicht waren im Gesetzgebungsverfahren entsprechende europarechtliche Befugnisse zur polizeilichen Zusammenarbeit.[2]

2 Die Vorschrift des Art. 61 tritt neben **weitere Regelungen** zur Koordinierung von aufsichtsrechtlichen Maßnahmen zum Schutz personenbezogener Daten. Im Anwendungsbereich der DS-GVO sind die Zusammenarbeit (Art. 60), die Amtshilfe (Art. 61) und die Kohärenz (Art. 63) zu nennen. Von der Zusammenarbeit und der Kohärenz unterscheiden sich gemeinsame Maßnahmen vor allem dadurch, dass erstere auf Fassung eines gemeinsamen Beschlusses und letztere insbesondere auf die gemeinsame Untersuchung und Durchsetzung gerichtet sind.[3] Von der Amtshilfe wiederum unterscheiden sich gemeinsame Maßnahmen insbesondere dadurch, dass um Amtshilfe ersucht wird, wenn die ersuchende Behörde nicht örtlich zuständig und somit auf Unterstützung der ersuchten Behörde angewiesen ist, wohingegen bei gemeinsamen Maßnahmen jede der beteiligten Behörden örtlich zuständig ist.

I. Erwägungsgründe

3 Nähere Angaben zu gemeinsamen Maßnahmen gemäß Art. 62 enthalten die ErwG 134 und 138, ohne jedoch den Begriff der gemeinsamen Maßnahme zu definieren. ErwG 134 weist lediglich auf die den Aufsichtsbehörden in Art. 62 eingeräumte Befugnis zur Teilnahme an gemeinsamen Maßnahmen hin sowie auf die Verfahrenspflicht einer ersuchten Aufsichtsbehörde, auf das Ersuchen binnen einer bestimmten Frist zu antworten. ErwG 138 verweist in Fällen grenzüberschreitender Datenverarbeitungen auf die Möglichkeit u.a. gemeinsamer Maßnahmen anstelle des Kohärenzverfahrens, wenn die Einleitung eines Kohärenzverfahrens nicht verbindlich vorgeschrieben ist.

II. Richtlinie 95/46/EG; BDSG a.F.

4 Die Vorgängerregelung der Richtlinie 95/46/EG enthielt ebenso wie das zu ihrer Umsetzung beschlossene Bundesdatenschutzgesetz **keine Vorschrift** zu gemeinsamen Maßnahmen i.S.d. Art. 62.

---

1 Der Verfasser vertritt seine persönliche Auffassung, die nicht notwendigerweise der Auffassung des Dienstherrn entspricht.

2 *Albrecht* CR 2016, 88, 96.

3 Auernhammer-*Lachmeyer* Art. 62 Rn. 8.

III. BDSG

Das BDSG i.d.F. des DSAnpUG-EU[4] enthält ebenfalls **keine Vorschriften** zu gemeinsamen Maßnahmen i.S.d. Art. 62, sei es innerstaatlich zwischen den Datenschutzaufsichtsbehörden des Bundes und der Länder, sei es im Verbund mit den Aufsichtsbehörden anderer Mitgliedstaaten der Europäischen Union. 5

IV. Normgenese

Im **Gesetzgebungsverfahren** zur DS-GVO waren die wesentlichen Inhalte der endgültigen Regelung zu gemeinsamen Maßnahmen bereits in Art. 56 des Kommissionsentwurfs aus dem Jahr 2012[5] enthalten. Der Verordnungsentwurf in der Fassung, die vom Europäischen Parlament in erster Lesung im Jahr 2014[6] verabschiedet worden ist, erweiterte den Anwendungsbereich auf Stellen mit Niederlassungen in mehreren Mitgliedstaaten und enthielt lediglich die sprachliche Präzisierung der Befugnis zur Einladung zu gemeinsamen Maßnahmen durch die federführende Behörde. Im Ratsentwurf aus dem Jahr 2016[7] schließlich wurde der Anwendungsbereich auf Auswirkungen auf eine „bedeutende Zahl betroffener Personen" beschränkt. Neu eingefügt wurden zudem Haftungsregelungen der beteiligten Aufsichtsbehörden untereinander. 6

B. Kommentierung

I. Grundzüge (Abs. 1)

Art. 63 enthält die Grundzüge des Verfahrens gemeinsamer Maßnahmen der Aufsichtsbehörden. Demnach führen die Aufsichtsbehörden **gegebenenfalls gemeinsame Maßnahmen einschließlich gemeinsamer Untersuchungen und gemeinsamer Durchsetzungsmaßnahmen** durch, an denen Mitglieder oder Bedienstete der Aufsichtsbehörden anderer Mitgliedstaaten teilnehmen. 7

Dies betrifft zum einen zwischen den Aufsichtsbehörden abgestimmte gemeinsame Vorgehen **in ihren jeweiligen Mitgliedstaaten**. Beispielsweise haben in der Vergangenheit bereits Aufsichtsbehörden der Mitgliedstaaten im Rahmen der Art.-29-Datenschutzgruppe in ihren jeweiligen Zuständigkeitsbereichen Auskünfte von dort ansässigen Stellen eingeholt, Prüfaktionen durchgeführt, die Ergebnisse gemeinsam ausgewertet und diese veröffentlicht.[8] Darüber hinaus ermöglicht Art. 62 auf diese Weise konzertierte Untersuchungen mehrerer beteiligter Aufsichtsbehörden in verschiedenen, EU-weit verstreuten Niederlassungen eines Verantwortlichen oder eines Auftragsverarbeiters.[9] 8

---

4 BGBl. I 2017 S. 2097.
5 KOM(2012) 11 endgültig.
6 P7_TC1-COD(2012)0011.
7 5419/1/16 REV1.
8 Vgl. die Entschließung der *Art.-29-Datenschutzgruppe* zum Thema Rechtsdurchsetzung (WP 101), zu den Durchsetzungsmaßnahmen gegenüber privaten Krankenversicherungsunternehmen (WP 137), zur Umsetzung der Vorratsdatenspeicherung von Telekommunikations-Verkehrsdaten (WP 172) und zur Verwendung von Cookies durch Telemedienanbieter (WP 229).
9 Gola-*Eichler* Art. 62 Rn. 2.

9 Zum anderen sind von der Vorschrift zwischen den Aufsichtsbehörden koordinierte Maßnahmen gegenüber Verantwortlichen oder Auftragsverarbeitern **im örtlichen Zuständigkeitsbereich der einladenden Aufsichtsbehörde** umfasst.[10] Grund für die gemeinsame Maßnahme können einerseits Fälle grenzüberschreitender Datenverarbeitung i.S.d. Art. 4 Nr. 23 sein.[11] Dementsprechend bestimmt Art. 60 Abs. 2, dass insbesondere im Zusammenarbeitsverfahren die federführende Aufsichtsbehörde jederzeit mit betroffenen Aufsichtsbehörden gemeinsame Maßnahmen durchführen kann.

10 Andererseits können gemeinsame Maßnahmen auch **ohne grenzüberschreitende Datenverarbeitung** lediglich der Unterstützung der einladenden Aufsichtsbehörde dienen, z.B. wenn diese nicht über ausreichend Personal oder genügend sonstige Kapazitäten verfügt.[12] Nicht vom Anwendungsbereich des Art. 62 umfasst sind hingegen rein nationale Maßnahmen der Datenschutzaufsichtsbehörden des Bundes und der Länder.

11 Gemäß Art. 62 Abs. 1 führen die Aufsichtsbehörden gegebenenfalls gemeinsame Maßnahmen durch. Der **Begriff der gemeinsamen Maßnahmen** umfasst grundsätzlich alle den Aufsichtsbehörden gemäß Art. 58 eingeräumten Befugnisse.[13]

12 Der Gesetzgeber nennt beispielhaft gemeinsame Untersuchungen gemäß Art. 58 Abs. 1 und gemeinsame Durchsetzungsmaßnahmen i.S.d. Art. 58 Abs. 2[14]. **Beispiele** für gemeinsame Untersuchungen sind die Befugnisse, die Bereitstellung von Informationen zu fordern (Art. 58 Abs. 1 lit. a) sowie Zugang zu allen personenbezogenen Daten und Informationen, die zur Erfüllung ihrer Aufgaben notwendig sind (Art. 58 Abs. 1 lit. e), und zu den Geschäftsräumen, einschließlich aller Datenverarbeitungsanlagen und -geräte, des Verantwortlichen und des Auftragsverarbeiters zu erhalten (Art. 58 Abs. 1 lit. f).

13 Das Tatbestandsmerkmal „**gegebenenfalls**" in Art. 62 Abs. 1 (in der englischen Sprachfassung „where appropriate") ist im Sinne von „wenn angemessen"[15] sowie „im Einzelfall"[16] zu verstehen. Darüber hinaus ist das Merkmal Ausdruck des den beteiligten Aufsichtsbehörden eingeräumten Ermessens, an gemeinsamen Maßnahmen teilzunehmen.

14 **Berechtigte** im Sinn des Art. 61 Abs. 1 sind Aufsichtsbehörden. Der Begriff der Aufsichtsbehörde ist in Art. 4 Nr. 21 definiert. Nicht zu gemeinsamen Maßnahmen berechtigt sind spezifische Aufsichtsbehörden für besondere Verarbeitungssituationen nach Art. 85, Art. 91, der Europäische Datenschutzausschuss gemäß Art. 68 sowie der Europäische Datenschutzbeauftragte gemäß Art. 41 Verordnung (EG) Nr. 45/2001. Zur Teilnahme an der konkreten Maßnahme sind Mitglieder oder Bedienstete der Aufsichtsbehörden anderer Mitgliedstaaten berechtigt. Der Begriff der Mitglieder

---

10 Sydow-*Peuker* Art. 62 Rn. 9.

11 Kühling/Buchner-*Dix* Art. 62 Rn. 5.

12 Zu diesem Anwendungsfall s. auch Kühling/Buchner-*Dix* Art. 62 Rn. 13, 14, der ihn aber der Amtshilfe nach Abs. 2 zuordnet; a.A. Ehmann/Selmayr-*Klabunde* Art. 62 Rn. 9.

13 Ehmann/Selmayr-*Klabunde* Art. 62 Rn. 15.

14 A.A. Ehmann/Selmayr-*Klabunde* Art. 62 Rn. 17, wonach Abhilfebefugnisse stets die Entscheidung der geographisch zuständigen Aufsichtsbehörde erfordern.

15 Paal/Pauly-*Körffer* Art. 62 Rn. 1.

16 Sydow-*Peuker* Art. 62 Rn. 1.

bezeichnet i.S.d. Art. 53 die Behördenleitung und der Begriff der Bediensteten das behördliche Personal.[17]

II. Gemeinsame Maßnahmen bei grenzüberschreitender Datenverarbeitung (Abs. 2)

Art. 62 Abs. 2 enthält im Vergleich zu Abs. 1 **Sonderregelungen für Fälle grenzüberschreitender Datenverarbeitung**. Demnach ist die Aufsichtsbehörde eines Mitgliedstaats berechtigt, an gemeinsamen Maßnahmen teilzunehmen, wenn der Verantwortliche oder der Auftragsverarbeiter im Gebiet ihrer örtlichen Zuständigkeit über eine oder mehrere Niederlassung(en) verfügt oder wenn die Verarbeitungsvorgänge voraussichtlich auf eine bedeutende Zahl betroffener Personen in dem Mitgliedstaat erhebliche Auswirkungen haben. **15**

Die Voraussetzungen für eine Beteiligung der Aufsichtsbehörden an gemeinsamen Maßnahmen knüpfen weitgehend an die Definition der betroffenen Aufsichtsbehörde in Art. 4 Nr. 22 an. Nicht in der Teilnahmeberechtigung enthalten ist der Fall des Art. 4 Nr. 22 lit. c. Somit berechtigt der Eingang einer Beschwerde bei der Aufsichtsbehörde nicht zur Teilnahme an gemeinsamen Maßnahmen.[18] Erhöhte Anforderungen stellt Art. 62 Abs. 2 an die Anzahl der von den Auswirkungen der Datenverarbeitung betroffenen Personen. Wohingegen Art. 4 Nr. 22 lit. b keine Aussage zur Anzahl der betroffenen Personen trifft, fordert der Gesetzgeber in Art. 62 Abs. 2 S. 1, dass eine **bedeutende Zahl** von Personen im Mitgliedstaat von der Datenverarbeitung erheblich betroffen wird. Doch sind in der praktischen Anwendung keine überhöhten Anforderungen an die Bewertung einer bedeutenden Zahl betroffener Personen zu stellen. Die Norm ist unter Berücksichtigung des Primärrechts auszulegen, demzufolge gemäß Art. 197 Abs. 1 AEUV die effektive Durchführung des Unionsrechts durch die Mitgliedstaaten als Frage von gemeinsamem Interesse zu berücksichtigen ist.[19] **16**

Die Bestimmung der unterstützenden Behörde aufgrund einer Niederlassung im Zuständigkeitsgebiet bedarf im **föderalen System** der Bundesrepublik Deutschland besonderer Regelungen. Aus diesem Grund sieht § 40 Abs. 2 BDSG bei unterschiedlichen Auffassungen der Aufsichtsbehörden der Länder über die örtliche Zuständigkeit aufgrund mehrerer inländischer Niederlassungen ein Verfahren zur Bestimmung der Zuständigkeit vor. Hinsichtlich des Verfahrens wird auf die Vorschriften für die Bestimmung des gemeinsamen Standpunkts für Verfahren gemäß § 18 Abs. 2 BDSG verwiesen. Hiernach legen der gemeinsame Vertreter (§ 17 Abs. 1 S. 1 BDSG) und sein Stellvertreter (§ 17 Abs. 1 S. 2 BDSG) einen Vorschlag für einen gemeinsamen Standpunkt vor. Einigen sie sich nicht auf einen Vorschlag, legt der den Ländern zuzuordnende Stellvertreter anhand des Kriteriums des alleinigen Rechts der Länder zur Gesetzgebung[20] oder der Betroffenheit der Einrichtung oder des Verfahrens von Landesbehörden den Standpunkt zur Zuständigkeit fest, andernfalls der dem Bund zuzuordnende gemeinsame Vertreter. Von der Regelung des § 40 Abs. 2 BDSG unberührt **17**

---

17 A.A. Sydow-*Peuker* Art. 62 Rn. 12, der Beamte der Aufsichtsbehörde zu den Mitgliedern und Tarifbeschäftigte zu den Bediensteten zählt.

18 Kritisch hierzu: Auernhammer-*Lachmeyer* Art. 62 Rn. 7.

19 Sydow-*Peuker* Art. 62 Rn. 14.

20 Zur Kritik am Kriterium der alleinigen Gesetzgebungszuständigkeit s. Empfehlungen der Ausschüsse zu Punkt 36 der 954. Sitzung des Bundesrates am 10.3.2017, BR-Drucks. 110/1/17, S. 11.

bleibt die örtliche Zuständigkeit des oder der Bundesbeauftragten für den Datenschutz kraft Spezialzuweisung (vgl. § 115 Abs. 4 S. 1 TKG, § 42 Abs. 3 S. 1 PostG).

18 Hinsichtlich der **Einleitung des Verfahrens** ist in Art. 62 Abs. 2 S. 2 die Behörde bestimmt, welche die unterstützenden Aufsichtsbehörden zur Teilnahme an den gemeinsamen Maßnahmen einlädt. Dies ist entweder gemäß Art. 56 Abs. 1 die federführende Behörde am Sitz der Haupt- oder einzigen Niederlassung des Verantwortlichen bzw. des Auftragsverarbeiters oder gemäß Art. 56 Abs. 5 die Aufsichtsbehörde, welche die federführende Aufsichtsbehörde über den Vorgang informiert hat, wenn die federführende Behörde entscheidet, sich nicht mit dem Fall zu befassen. Letzteres betrifft die in Art. 56 Abs. 2 genannten Fälle lediglich lokaler Bedeutung. Der Verweis auf Art. 56 Abs. 4 anstelle von Abs. 5 in Art. 62 Abs. 2 S. 2 ist als Redaktionsversehen zu werten.[21] Darüber hinaus steht es der einladenden Behörde frei, weitere Einladungen zur Teilnahme an gemeinsamen Maßnahmen auszusprechen. Dies betrifft z.B. Fälle, in denen Behörden i.S.d. Art. 4 Nr. 22 lit. c Beschwerden von Betroffenen erhalten haben oder in denen eine Behörde über besondere Ressourcen oder Expertise verfügt.[22] Schließlich trifft die einladende Behörde gemäß Art. 62 Abs. 2 S. 2 a.E. zusätzlich die Pflicht, unverzüglich auf das Ersuchen einer Aufsichtsbehörde um Teilnahme zu antworten.

19 Zur Bestimmung der einzuladenden Aufsichtsbehörden muss die einladende Behörde **ermitteln**, über welche anderen Niederlassungen in anderen Mitgliedstaaten der Verantwortliche bzw. der Auftragsverarbeiter verfügt oder welche Auswirkungen die Datenverarbeitungen auf Betroffene in anderen Mitgliedstaaten haben.[23] Die Einladung ist gemäß Art. 62 Abs. 2 für die einladende Behörde verpflichtend. Die eingeladene Aufsichtsbehörde hingegen hat, anders als in den Vorschriften zur Amtshilfe hinsichtlich der ersuchten Aufsichtsbehörde (Art. 61 Abs. 4), im Rahmen von gemeinsamen Maßnahmen einen umfassenden Ermessensspielraum, die Einladung zur Teilnahme an gemeinsamen Maßnahmen anzunehmen oder abzulehnen. Ebenfalls anders als in den Vorschriften zur Amtshilfe (Art. 61 Abs. 6) ist hinsichtlich der Einladung zu gemeinsamen Maßnahmen keine Form, auch nicht die elektronische Form[24], vorgesehen. Aus der Sicht der beteiligten Behörden ist es jedoch zweckmäßig, für den Austausch von Informationen im Rahmen der verschiedenen Beteiligungsverfahren einheitliche Formvorgaben und einheitliche Standards zu verwenden (vgl. Art. 60 Abs. 12, 61 Abs. 6, 67). Ohne gesetzliche Ermächtigungsvorschrift der Kommission zur Ausgestaltung des Verfahrens in Art. 62 hat der Ausschuss die Möglichkeit zur Regelung durch Leitlinien gemäß Art. 70 Abs. 1 lit. e.[25]

20 Unabhängig davon bedarf die Übermittlung personenbezogener Daten im Rahmen gemeinsamer Maßnahmen über die Befugnisnorm des Art. 62 hinaus einer **gesonderten materiellen Rechtsgrundlage**. In Betracht kommt gemäß Art. 6 Abs. 1 lit. e insbe-

---

21 Paal/Pauly-*Körffer* Art. 62 Rn. 3; Ehmann/Selmayr-*Klabunde* Art. 62 Fn. 1; Gola-*Eichler* Art. 62 Rn. 4.

22 BeckOK DatenSR-*Nguyen* Art. 62 Rn. 8.

23 Kühling/Buchner-*Dix* Art. 62 Rn. 7.

24 I.E. anders Sydow-*Peuker* Art. 62 Rn. 17, wonach die Einladung in Anlehnung an Art. 60 Abs. 12 elektronisch zu übermitteln ist.

25 Gola-*Eichler* Art. 62 Rn. 5.

sondere die Erforderlichkeit zur Wahrnehmung einer Aufgabe, die im öffentlichen Interesse liegt oder in Ausübung öffentlicher Gewalt erfolgt.[26]

III. Übertragung eigener/Gestattung fremder Hoheitsbefugnisse (Abs. 3)

Art. 62 Abs. 3 enthält in zweierlei Hinsicht Vorgaben zur **exterritorialen Wirkung von Aufsichtsbefugnissen**. Zum einen kann die einladende Aufsichtsbehörde nach Art. 62 Abs. 3 S. 1, 1. Alt gemäß dem Recht des eigenen Mitgliedstaats und mit Genehmigung der unterstützenden Aufsichtsbehörde den Mitgliedern oder Bediensteten der unterstützenden Aufsichtsbehörde, die an den gemeinsamen Maßnahmen beteiligt sind, eigene Befugnisse einschließlich Untersuchungsbefugnisse übertragen. Zum anderen kann die einladende Aufsichtsbehörde nach Art. 62 Abs. 3 S. 1, 2. Alt, soweit dies nach ihrem nationalen Recht zulässig ist, den Mitgliedern oder Bediensteten der unterstützenden Aufsichtsbehörde gestatten, ihre fremden Untersuchungsbefugnisse nach dem Recht des Mitgliedstaats der unterstützenden Aufsichtsbehörde auszuüben. 21

Voraussetzung für die exterritoriale Wirkung der Aufsichtsmaßnahme ist jeweils, dass die **eigene Rechtsordnung die Übertragung von eigenen Hoheitsbefugnissen bzw. die Ausübung fremder Hoheitsbefugnisse ausdrücklich gestattet**.[27] Dies ist in der Bundesrepublik Deutschland aufgrund des Fehlens entsprechender Regeln im Bundesdatenschutzgesetz nicht der Fall. 22

Besonderen Bedenken begegnet die Vorschrift zur Ausübung fremder Hoheitsbefugnisse auf eigenem Staatsgebiet gemäß Art. 62 Abs. 3 S. 1, 2. Alt insbesondere deswegen, da sie es ermöglicht, dass Aufsichtsbehörden des europäischen Auslands gemäß Art. 58 Abs. 6 nach ihrer nationaler Rechtsordnung eingeräumte Befugnisse ausüben[28], die sowohl **über die in der Verordnung enthaltenen Befugnisse** als auch über die Befugnisse der Aufsichtsbehörden der Bundesrepublik Deutschland nach deutschem Recht hinausgehen.[29] 23

Einschränkende verfahrensrechtliche Vorkehrungen enthalten die Vorschriften, denen zufolge zum einen Untersuchungsbefugnisse (über den Wortlaut hinaus auch andere Befugnisse[30]) nur unter der Leitung (insbesondere unter der Weisungsbefugnis[31]) und in Gegenwart der Mitglieder oder Bediensteten der einladenden Aufsichtsbehörde ausgeübt werden können (Art. 62 Abs. 3 S. 2) und zum anderen die Mitglieder oder Bediensteten der unterstützenden Aufsichtsbehörde bei der Ausübung der Befugnisse dem Recht des Mitgliedstaats der einladenden Aufsichtsbehörde unterliegen (Art. 62 Abs. 3 S. 3). Letztere Einschränkung gilt auch, wenn die unterstützende Aufsichtsbehörde nach Art. 62 Abs. 3 S. 1, 2. Alt Hoheitsbefugnisse der Rechtsordnung ihres eigenen Mitgliedstaats ausübt.[32] 24

---

26 BeckOK DatenSR-*Nguyen* Art. 62 Rn. 8.

27 Auernhammer-*Lachmeyer* Art. 62 Rn. 13; a.A. Kühling/Buchner-*Dix* Art. 62 Rn. 8, 21, der genügen lässt, dass die Rechtsordnung der beteiligten Mitgliedstaaten die Übertragung von Hoheitsbefugnissen nicht verbietet.

28 Sydow-*Peuker* Art. 62 Rn. 23 bezeichnet die Maßnahme nur dann als „sinnvoll".

29 Von „Befugnis-Shopping" spricht Auernhammer-*Lachmeyer* Art. 62 Rn. 11.

30 BeckOK DatenSR-*Nguyen* Art. 62 Rn. 12.

31 Sydow-*Peuker* Art. 62 Rn. 25; Ehmann/Selmayr-*Klabunde* Art. 62 Rn. 23; Auernhammer-*Lachmeyer* Art. 62 Rn. 17.

32 Kühling/Buchner-*Dix* Art. 62 Rn. 12.

IV. Haftung (Abs. 4–6)

25 Art. 62 Abs. 4–6 enthalten umfangreiche Regelungen zur **Haftung der an einer gemeinsamen Maßnahme beteiligten Aufsichtsbehörden** im Innen- sowie im Außenverhältnis. Die Regelung ist auf Initiative der im Rat der Europäischen Union vertretenen Mitgliedstaaten in die DS-GVO aufgenommen worden und dient der teilweisen Beschränkung haftungsrechtlicher Risiken.

26 Die Grundregel zur Haftung enthält Art. 62 Abs. 4. Sind demnach Bedienstete einer unterstützenden Aufsichtsbehörde in einem anderen Mitgliedstaat im Einsatz, so **übernimmt der Mitgliedstaat der einladenden Aufsichtsbehörde nach Maßgabe des Rechts des Mitgliedstaats, in dessen Hoheitsgebiet der Einsatz erfolgt, die Verantwortung für deren Handeln**, einschließlich der Haftung für alle von ihnen bei ihrem Einsatz verursachten Schäden. Da Art. 78 nur den Rechtsschutz gegen den Beschluss einer Aufsichtsbehörde vorsieht[33], gewährt die Norm keinen Anspruch auf Schadensersatz für Amtspflichtverletzungen. Amtshaftung wird daher nach den Vorschriften des nationalen Rechts vor nationalen Gerichten gewährt.[34] Gemäß Art. 62 Abs. 5 S. 1 ersetzt der Mitgliedstaat, in dessen Hoheitsgebiet der Schaden verursacht wurde, im Außenverhältnis diesen Schaden so, wie er ihn ersetzen müsste, wenn seine eigenen Bediensteten ihn verursacht hätten.

27 Art. 62 Abs. 4 gewährt den Geschädigten **keine Wahl der anwendbaren Rechtsordnung** und somit keine Möglichkeit zur Günstigkeitsprüfung der Rechtsansprüche nach unterschiedlichen Rechtsordnungen. Gewährt z.B. die Rechtsordnung des Mitgliedstaats der unterstützenden Behörde einen höheren Anspruch als die Rechtsordnung des Staats der einladenden Behörde, ist dem Geschädigten die Berufung auf das Recht der unterstützenden Behörde verwehrt.

28 Art. 62 Abs. 5 S. 2 regelt den **Ausgleichsanspruch im Innenverhältnis** zwischen den an der gemeinsamen Maßnahme beteiligten Aufsichtsbehörden. Demnach erstattet der Mitgliedstaat der unterstützenden Aufsichtsbehörde, deren Bedienstete im Hoheitsgebiet eines anderen Mitgliedstaats einer Person Schaden zugefügt haben, diesem anderen Mitgliedstaat den Gesamtbetrag des Schadenersatzes, den dieser an die Berechtigten geleistet hat.

29 Gemäß Art. 62 Abs. 6 schließlich **verzichten** die an der gemeinsamen Maßnahme beteiligten Aufsichtsbehörden, mit Ausnahme des Anspruchs auf Ausgleich des Schadensersatzes nach Art. 62 Abs. 5 und möglicher Rechte gegenüber Dritten (z.B. Bedienstete des unterstützenden Aufsichtsbehörde[35]) gegenüber anderen Mitgliedstaaten auf Ansprüche wegen Ersatzes des eingetretenen Schadens. Dies betrifft zum Beispiel eingetretene Schäden am Eigentum der einladenden Aufsichtsbehörde.[36]

---

33 Kühling/Buchner-*Dix* Art. 62 Rn. 15; a.A. Sydow-*Peuker* Art. 62 Rn. 28; Ehmann/Selmayr-*Klabunde* Art. 62 Rn. 26.

34 Kühling/Buchner-*Dix* Art. 62 Rn. 15; a.A. Sydow-*Peuker* Art. 62 Rn. 29, der auf unionsrechtlichen Staatshaftungsanspruch gemäß Art. 340 AEUV abstellt.

35 Sydow-*Peuker* Art. 62 Rn. 33.

36 Auernhammer-*Lachmeyer* Art. 62 Rn. 22.

V. Einstweilige Maßnahmen (Abs. 7)

Nach der Vorschrift des Art. 62 Abs. 7 sind Aufsichtsbehörden befugt, innerhalb ihres Hoheitsgebiets einstweilige Maßnahmen zu ergreifen, wenn eine Aufsichtsbehörde entgegen Art. 62 Abs. 2 S. 2 innerhalb eines Monats ihrer **Pflicht zur Einladung nicht nachkommt**. Da der Termin zur Einladung abhängig ist von der Sachverhaltsaufklärung durch die einladende Behörde und sie diesbezüglich einen Ermessensspielraum hat, ist im Einzelfall unklar, zu welchem Zeitpunkt sie zur Einladung verpflichtet ist. Die Frist beginnt z.B. dann, wenn sie nach außen die Absicht bekundet hat, gemeinsame Maßnahmen zu ergreifen.[37] **30**

Die Vorschrift des Art. 62 Abs. 7 ist an die Befugnis zu einstweiligen Maßnahmen bei Nichtbefolgung der Amtshilfe gemäß Art. 61 Abs. 8 angelehnt.[38] In beiden Fällen wird ein dringender Handlungsbedarf gemäß den Vorschriften zum Kohärenzverfahren nach Art. 66 Abs. 1 vermutet. Im Fall der gemeinsamen Maßnahmen erfordert dies gemäß Art. 66 Abs. 2 eine im Dringlichkeitsverfahren angenommene Stellungnahme oder einen im Dringlichkeitsverfahren angenommenen verbindlichen Beschluss des **Ausschusses** mit dem Inhalt, die Verpflichtung zur Einladung der teilnahmeberechtigten Behörden auszusprechen. Unabhängig vom Dringlichkeitsverfahren kann gemäß Art. 64 Abs. 2 jede Aufsichtsbehörde, der Vorsitz des Ausschusses oder die Kommission beantragen, dass eine Angelegenheit mit allgemeiner Geltung oder mit Auswirkungen in mehr als einem Mitgliedstaat vom Ausschuss geprüft wird, um eine Stellungnahme zu erhalten, insbesondere wenn eine zuständige Aufsichtsbehörde den Verpflichtungen zu gemeinsamen Maßnahmen gemäß Art. 62 nicht nachkommt. **31**

VI. Durchführungsrechtsakte

Anders als hinsichtlich der Amtshilfe gemäß Art. 61 Abs. 9 und des Kohärenzverfahrens gemäß Art. 67 enthält die Vorschrift zu gemeinsamen Maßnahmen keine Ermächtigung der Kommission, in Durchführungsrechtsakten Form und Verfahren gemeinsamer Maßnahmen sowie die Ausgestaltung des elektronischen Informationsaustauschs festzulegen. Angesichts des gleichen Bedarfs an Vorgaben zum **Informationsaustausch der Aufsichtsbehörden** und des Ausschusses spricht vieles dafür, bezüglich aller in Frage kommenden Verfahren (Zusammenarbeit, Amtshilfe, gemeinsame Maßnahmen, Kohärenz, einschließlich Dringlichkeitsverfahren) einheitliche Vorgaben festzulegen, die auch vom Ausschuss im Wege von Leitlinien gemäß Art. 70 Abs. 1 lit. e verabschiedet werden können. Die Vorgaben sollten insbesondere die elektronische Kommunikation ermöglichen, die Vertraulichkeit sowie eindeutige Zurechenbarkeit der Daten sicherstellen und den Aufsichtsbehörden des Bundes und der Länder im Rahmen ihrer Zuständigkeiten Beteiligungsmöglichkeiten gewähren. Beispiel für eine solche Plattform zum Informationsaustausch ist das Binnenmarktinformationssystem der Europäischen Kommission IMI. **32**

37 Kühling/Buchner-*Dix* Art. 62 Rn. 18.
38 Kühling/Buchner-*Dix* Art. 62. Rn. 18.

C. Praxishinweise

I. Relevanz für öffentliche Stellen

33 Gemeinsame Maßnahmen nach Art. 62 Abs. 1 betreffen Datenverarbeitungen nichtöffentlicher wie öffentlicher Stellen. Erstmals enthalten europäische datenschutzrechtliche Vorgaben die ausdrückliche Befugnis zu gemeinsamen Maßnahmen in Bezug auf Datenverarbeitungen durch öffentliche Stellen. Die Aufsichtsbehörden können hierbei auf Erfahrungen der Art.-29-Datenschutzgruppe zurückgreifen. Da aufgrund der **Öffnungsklauseln der DS-GVO** in Art. 6 Abs. 2 und Abs. 3 S. 1 lit. b Datenverarbeitungen für öffentliche Zwecke durch Behörden der Mitgliedstaaten voraussichtlich weiterhin vielfach auf der Grundlage nationalen Rechts erfolgen werden und es deswegen oft an grenzüberschreitenden Datenverarbeitungen fehlen wird, bleibt jedoch abzuwarten, ob gemeinsame Maßnahmen gegenüber öffentlichen Stellen in der Praxis häufig vorkommen werden.

II. Relevanz für nichtöffentliche Stellen

34 Hauptanwendungsfall gemeinsamer Maßnahmen werden künftig voraussichtlich Datenverarbeitungen durch nichtöffentliche Stellen werden. Insbesondere **internationale Unternehmen mit Niederlassungen in mehreren Mitgliedstaaten** sind gemäß Art. 62 Abs. 2 im Fokus der Vorschriften. Möglicherweise erhöht sich für die Unternehmen die Eintrittswahrscheinlichkeit der Aufdeckung eines Datenschutzverstoßes durch das Zusammenwirken der Aufsichtsbehörden. Dem steht gegenüber, dass nach der Konzeption der DS-GVO, mit der Ausnahme der Öffnungsklauseln für die nationalen Gesetzgeber, die verschiedenen Aufsichtsbehörden EU-weit einheitliches materielles Recht durchsetzen sollen. Die verpflichteten nichtöffentlichen Stellen haben somit nicht mehr jeweils unterschiedliche nationale Rechtsordnungen in der EU zu beachten. Somit erfordert die europaweite Einhaltung des einheitlich geltenden Rechts bei den nichtöffentlichen Stellen weniger Umsetzungsaufwand und fördert auf diese Weise den Binnenmarkt.

III. Relevanz für betroffene Personen

35 Die Vorschriften zu gemeinsamen Maßnahmen dienen der einheitlichen Anwendung der Vorschriften zum Schutz personenbezogener Daten in der Europäischen Union und ermöglichen eine **bessere Durchsetzung** der Rechte der Bürgerinnen und Bürger auf Schutz ihrer personenbezogenen Daten über das Hoheitsgebiet des einzelnen Mitgliedstaats hinaus.

IV. Relevanz für Aufsichtsbehörden

36 Für die Aufsichtsbehörden bedeuten die Vorschriften zu gemeinsamen Maßnahmen einen bislang noch nicht absehbaren **Mehraufwand**. Besondere Bedeutung wird der Umsetzung der Vorschriften z.B. durch Leitlinien des Ausschusses zukommen. Klärungsbedürftige Fragen sind neben der sicheren elektronischen Kommunikation und den verwendeten Formaten insbesondere die Frage der verwendeten Amtssprache. Die Gesetzgeber der Mitgliedstaaten sind daher aufgefordert, hierzu die Aufsichtsbehörden mit Finanzmitteln, Personal, Räumlichkeiten und einer Infrastruktur auszustatten, wie sie für die wirksame Wahrnehmung ihrer Aufgaben, einschließlich der Durchführung gemeinsamer Maßnahmen in der gesamten Union, notwendig sind (ErwG 120).

Gegenüber den Aufsichtsbehörden der Mitgliedstaaten können die von einer Maßnahme Betroffenen Beschwerde einlegen (Art. 77) und Klage vor den nationalen Gerichten erheben (Art. 78). Zur Klärung von Meinungsverschiedenheiten der Aufsichtsbehörden über eine Angelegenheit mit allgemeiner Geltung oder mit Auswirkungen in mehr als einem Mitgliedstaat kann jede Aufsichtsbehörde gemäß Art. 64 Abs. 2 den Europäischen Datenschutzausschuss anrufen. Entscheidungen des Ausschusses wiederum können von jeder natürlichen oder juristischen Person, einschließlich einer betroffenen Aufsichtsbehörde, unter den Voraussetzungen des Art. 263 AEUV im Rahmen einer Nichtigkeitsklage vor dem Gerichtshof überprüft werden (ErwG 143). **37**

V. Relevanz für das Datenschutzmanagement

Die Verantwortlichen sowie die Auftragverarbeiter sind nach der allgemeinen Norm des Art. 31 zur **Zusammenarbeit mit den Aufsichtsbehörden** verpflichtet. Diese Aufgabe besteht sowohl gegenüber den am Sitz der Niederlassung der Verantwortlichen/ Auftragsverarbeiter zuständigen Aufsichtsbehörden als auch im Rahmen von gemeinsamen Maßnahmen gegenüber unterstützenden Aufsichtsbehörden. Das Datenschutzmanagement hat dem Rechnung zu tragen und ist im Bedarfsfall entsprechend anzupassen. **38**

Abschnitt 2
Kohärenz

Artikel 63 Kohärenzverfahren

Um zur einheitlichen Anwendung dieser Verordnung in der gesamten Union beizutragen, arbeiten die Aufsichtsbehörden im Rahmen des in diesem Abschnitt beschriebenen Kohärenzverfahrens untereinander und gegebenenfalls mit der Kommission zusammen.

- *ErwG: 119, 135, 138 S. 1, 150 S. 5*
- *BDSG n.F.*[1]*: §§ 17, 18, 19*

Übersicht

Literatur: *Caspar* Das aufsichtsbehördliche Verfahren nach der EU-Datenschutz-Grundverordnung Defizite und Alternativregelungen, ZD 2012, 555; *Eickelpasch* Die zweite Stufe der Anpassung des Datenschutzrechts des Bundes an die EU-Datenschutz-Grundverord-

1 BT-Drucks. 18/11325 S. 24–25, 89–93.

nung, RDV 2017, 219; *Gola* Neues Recht – neue Fragen: Einige aktuelle Interpretationsfragen zur DSGVO, K&R 2017, 145; *Greve* Das neue Bundesdatenschutzgesetz, NVwZ 2017, 737; *Helfrich* DSAnpUG-EU: Ist der sperrige Name hier schon Programm?, ZD 2017, 97; *Hornung* Einen Datenschutz-Grundverordnung für Europa? Licht und Schatten im Kommissionsentwurf vom 25.1.2012, ZD 2012, 99; *Hustnix* Ein klares Signal für stärkeren EU-Datenschutz; ZD 2013, 301; *Kahler* Die Europarechtswidrigkeit der Kommissionsbefugnisse in der Grundverordnung, RDV 2013, 69; *Kremer* Wer braucht warum das neue BDSG? CR 2017, 367; *von Lewinski* Datenschutzaufsicht in Europa als Netzwerk, NVwZ 2017, 1483; *von Lewinski/Hermann* Cloud vs. Cloud – Datenschutz im Binnenmarkt, ZD 2016, 467; *Nguyen* Die zukünftige Datenschutzaufsicht in Europa, ZD 2015, 265; *Paal/Pauly* Datenschutz-Grundverordnung, 2017; *Piltz* Die Datenschutz-Grundverordnung Teil 5: Internationale Zusammenarbeit, Rechtsbehelfe und Sanktionen, K & R 2017, 85; *Pohl* Durchsetzungsdefizit der DSGVO?, PinG 2017, 85; *Reding* Sieben Grundbausteine der europäischen Datenschutzreform, ZD 2012, 195; *Schaar* Datenschutz-Grundverordnung: Arbeitsauftrag für den deutschen Gesetzgeber, PinG 2016, 62; *Schultze-Melling* Keine Aufsichtsbehörde ist eine Insel…, ZD 2015, 397; *Tinnefeld* ZD 2012, 301; *Voßhoff/Hermerschmidt* Endlich!-Was bringt uns die Datenschutz-Grundverordnung?, PinG 2016, 56; *Ziebarth* Demokratische Legitimation und Unabhängigkeit der deutschen Datenschutzbehörden: warum das durch die Rechtsprechung des EuGH (Rs. C-518/07, CR 2010, 339 und Rs. C-614/10) Erreichte durch den Entwurf für eine Datenschutz-Grundverordnung gefährdet wird, CR 2013, 60.

A. Einordnung und Kontext[2]

I. Genese

1 Die Ausgestaltung des Kohärenzverfahrens hat in den Fassungen des EP und des ER wesentliche Änderungen erfahren. Im Trilog ist hauptsächlich die Fassung des ER übernommen worden. Stark umstritten war vor allem die Rolle der Kommission, die gegenüber dem Entwurf der Kommission nunmehr eng begrenzt ist.[3]

II. Erwägungsgründe[4]

2 ErwG 135 beschreibt, wie man die einheitliche Anwendung der DS-GVO in der gesamten Union sicherstellen sollte[5]. Er fordert die Einführung eines Verfahrens zur Gewährleistung einer einheitlichen Rechtsanwendung für die Zusammenarbeit zwischen den Aufsichtsbehörden, das sogenannte **Kohärenzverfahren**[6]. Es soll insbesondere dann angewendet werden, wenn eine Aufsichtsbehörde beabsichtigt, eine Maßnahme zu erlassen, die rechtliche Wirkungen in Bezug auf Verarbeitungsvorgänge entfalten soll, die für eine bedeutende Zahl betroffener Personen in mehreren Mitgliedstaaten erhebliche Auswirkungen haben. Ferner sollte es zur Anwendung kommen, wenn eine betroffene Aufsichtsbehörde oder die Kommission beantragt, dass die Angelegenheit im Rahmen des Kohärenzverfahrens behandelt wird. Diese Forderung wurde in Art. 64 umgesetzt.

2 Die Verfasserin vertritt hier ihre persönliche Auffassung, die nicht notwendig der Auffassung des Hessischen Datenschutzbeauftragten entspricht.

3 Vgl. Paal/Pauly-*Körffer* Art. 63 Rn. 2; *v. Lewinski* NVwZ 2017, 1486 f.; *Tinnefeld* ZD 2012, 302.

4 *Gola* K&R 2017, 145.

5 Dazu ErwG 135 S. 1.

6 S. *Schaar* PinG 2016, 64; *Hustnix* ZD 2013, 301.

ErwG 135 weist ausdrücklich darauf hin, dass das Kohärenzverfahren andere Maßnahmen, die die Kommission möglicherweise in Ausübung ihrer Befugnisse nach den Verträgen trifft, davon unberührt lässt. Damit wird eine Abgrenzung der Verfahren nach Art. 63 zu den Maßnahmen der Kommission vorgenommen. **3**

ErwG 138 S. 1 geht davon aus, dass die Anwendung des Kohärenzverfahrens in den Fällen, in denen sie verbindlich vorgeschrieben ist, eine Bedingung für die Rechtmäßigkeit einer Maßnahme der Aufsichtsbehörde sein soll, die rechtliche Wirkung entfalten soll.[7] **4**

Nach ErwG 150 S. 5 kann das Kohärenzverfahren außerdem auch genutzt werden, um eine kohärente Anwendung von Geldbußen zu fördern. **5**

Die DS-GVO hat darüber hinaus in Art. 51 Abs. 3 berücksichtigt, dass es EU-Mitgliedstaaten mit mehreren Aufsichtsbehörden gibt, wie z.B. Deutschland. Die Mitgliedstaaten, die mehrere Aufsichtsbehörden errichten, sollen nach ErwG 119 mittels Rechtsvorschriften sicherstellen, dass diese Aufsichtsbehörden am Kohärenzverfahren wirksam beteiligt werden. Insbesondere sollte dieser Mitgliedstaat eine Aufsichtsbehörde bestimmen, die als zentrale Anlaufstelle für eine wirksame Beteiligung dieser Behörden an dem Verfahren fungiert und eine rasche und reibungslose Zusammenarbeit mit anderen Aufsichtsbehörden, dem Ausschuss und der Kommission gewährleistet. In Deutschland wurde in § 17 BDSG eine Regelung hierzu getroffen.[8] **6**

III. Aufsicht, Ausschuss, Leitlinien

Zum Stand 1.11.2017 liegen noch keine endgültigen Papiere der Art.-29-Datenschutzgruppe vor. **7**

B. Kommentierung

I. DS-GVO

Art. 63 eröffnet den „Abschnitt 2 Kohärenz" der mit Art. 67 schließt. Art. 63 beschreibt den Auftrag und das Ziel des Kohärenzverfahrens. Dem **Kohärenzverfahren** liegt das Ziel zugrunde, zu einer einheitlichen Anwendung der DS-GVO in der gesamten Union beizutragen[9]. Mit dem Kohärenzverfahren soll das mit der DS-GVO verfolgte Ziel der Vollharmonisierung des Datenschutzes und der Schaffung von Rechtssicherheit umgesetzt werden. Das sog. **Forum Shopping**[10] soll verhindert oder zumindest eingedämmt werden. **8**

Um dieses Ziel zu erreichen, arbeiten die Aufsichtsbehörden im Rahmen des „Abschnitts 2 Kohärenz", also im Rahmen der Art. 63–67, untereinander und ggf. mit der Kommission zusammen.[11] Art. 63 gibt die Grundsätze zum Kohärenzverfahren vor. Art. 64 (**Stellungnahme Ausschusses**) und 65 (**Streitbeilegung durch den Ausschuss**) regeln zwei mögliche Varianten des Kohärenzverfahrens. An die Art. 64 **9**

7 So auch *Piltz* K&R 2017, 86.

8 Näheres hierzu siehe Kommentierung zu Art. 51; zum neuen BDSG: *Greve* NVwZ 2017, 737 ff.; *Kremer* CR 2017, 367 ff.; *Eickelpasch* RDV 2017, 219 ff.

9 Art. 63 Hs. 1; s.a. *v. Lewinski* NVwZ 2017, 1486; *Piltz* K&R 2017, 86; *Reding* ZD 2012, 197; *Helfrich* ZD 2017, 97.

10 Engl., wörtl. = Auswahl des günstigsten Gerichtstandes.

11 Informativ dazu *Nguyen* 2015, 267 f.

und 65 knüpft Art. 66 mit der Regelung des **Dringlichkeitsverfahrens** an. Zum einen wird der Aufsicht die Freiheit eingeräumt im Eilfall Interimsmaßnahmen zu treffen und zum anderen können die Verfahren nach Art. 64 und 65 im Eilverfahren, mit verkürzten Fristen und von Art. 64, 65 abweichenden Entscheidungsmodi durchgeführt werden.

10 Die im „Abschnitt 2. Kohärenz" geregelten Verfahren sind also:

- Art. 64: Stellungnahme des Ausschusses,
- Art. 65: Streitbeilegung durch den Ausschuss und
- Art. 66: Dringlichkeitsverfahren.

Art. 67 rundet diesen Abschnitt um die Befugnis der Kommission zum Erlass von Durchführungsrechtsakten von allgemeiner Tragweite zur Festlegung der Ausgestaltung des elektronischen Austausches zwischen den Aufsichtsbehörden sowie zwischen den Aufsichtsbehörden und dem Ausschuss, insbesondere des standardisierten Formats nach Art. 64 ab.

11 **Kohärenz**[12] bedeutet begrifflich zum einen Zusammenhang und beschreibt zum anderen im physikalischen Sinn die Eigenschaft von Lichtbündeln, die die gleiche Wellenlänge und Schwingungsart haben. Letzteres beschreibt am ehesten, welches Ziel das Kohärenzverfahren gem. Art. 64–66 verfolgt. Das Kohärenzverfahren ist das Bindemittel „Harmonisierung der Rechtsanwendung[13]", welches den europäischen Verbund zusammenhält und das Tor nach Brüssel ist. Der englische Schriftsteller *John Done* (1572–1631) wird mit dem berühmten Ausspruch überliefert, dass niemand eine Insel sei, sondern immer als Teil eines größeren Ganzen gesehen werden müsse „No man is an island, entire of itself; every man is a piece of the continent"[14].

12 **Beteiligte** an dem Kohärenzverfahren nach Art. 63 ff. sind die Aufsichtsbehörden, der EDSA und die Kommission. Es entsteht der Eindruck, dass die Beteiligten in einer Hierarchie zueinanderstehen. Über den Aufsichtsbehörden steht der Ausschuss und als Nebenspieler ist die Kommission mit auf dem Spielfeld. Das ist insofern nicht ganz richtig, da sich ja der Ausschuss aus den Aufsichtsbehörden zusammensetzt und seine Verfahren ein faires Abstimmungsverfahren und eine Beteiligung Aufsichtsbehörden sicherstellen soll[15]. Auf der anderen Seite ist der EDSA nach Art. 68 Abs. 1 als eine Einrichtung der Union mit einer eigenen Rechtspersönlichkeit eingerichtet worden.

13 Die **betroffene und die federführende Aufsichtsbehörde**[16] sind diejenigen in dem Kohärenzverfahren, die den Verfahrensinhalt bestimmen.

14 Der **Europäische Datenschutzausschuss** (Art. 68 ff.) soll künftig generell für eine engere Abstimmung der Aufsichtsbehörden sorgen. Dafür gibt es Abstimmungsmechanismen und eine Infrastruktur. Diese Grundlagen nutzt der Verordnungsgeber für das Kohärenzverfahren nach Art. 63 ff. Der EDSA nimmt im Kohärenzverfahren nach

---

12 Kohärent (lat.) = zusammenhängend.
Kohärenz: 1. Zusammenhang, 2. Eigenschaft von Lichtbündeln, die die gleiche Wellenlänge und Schwingungsart haben (Phys.).

13 S. *von Lewinski/Hermann* ZD 2016, 470 f.; *Voßhoff/Hermerschmidt* PinG 2016, 57; *Pohl* PinG 2017, 85.

14 Vgl. *Schultze-Melling* ZD 2015, 397.

15 Anders Paal/Pauly-*Körffer* DS-GVO Art. 63 Rn. 3.

16 Zum Verhältnis der nationalen Aufsichtsbehörden §§ 17, 18, 19, 40 Abs. 2 BDSG.

den Art. 64–66 eine zentrale sowie vermittelnde Rolle ein. Nach Art. 70 Abs. 1 lit. a hat der Ausschuss die Aufgabe, die Überwachung und Sicherstellung der ordnungsgemäßen Anwendung dieser Verordnung (DSGVO) in den in Art. 64 und 65 genannten Fällen unbeschadet der Aufgaben der nationalen Aufsichtsbehörden zu übernehmen. Ausweislich Art. 70 Abs. 1 lit. t ist der EDSA zur Abgabe von Stellungnahmen im Kohärenzverfahren gem. Art. 64 Abs. 1 zu Beschlussentwürfen von Aufsichtsbehörden, zu Angelegenheiten, die nach Art. 64 Abs. 2 vorgelegt werden und zum Erlass verbindlicher Beschlüsse gemäß Art. 65, einschließlich der in Art. 66 genannten Fälle beauftragt.

Nach Art. 70 Abs. 3 leitet der Ausschuss seine Stellungnahmen, Leitlinien, Empfehlungen und bewährten Verfahren an die Kommission und an den in Art. 93 genannten Ausschuss weiter und veröffentlicht sie. Daraus ergibt sich eine Informationspflicht, die auch durch die Veröffentlichung externe europaweite Wirkung entfaltet und damit der Kohärenz dient. **15**

Ein weiterer Hinweis auf das Kohärenzverfahren findet sich in Art. 74 Abs. 1. Der Vorsitz[17] ruft die Sitzungen des Ausschusses ein und kümmert sich um die Erstellung der Tagesordnung. Er übermittelt die Beschlüsse des Ausschusses nach Art. 65 an die federführende Aufsichtsbehörde und die betroffenen Aufsichtsbehörden[18] und stellt sicher, dass die Aufgaben des Ausschusses, insbesondere die Aufgaben im Zusammenhang mit dem Kohärenzverfahren nach Art. 64 rechtzeitig ausgeführt werden[19]. **16**

Die Beteiligung der Kommission im Kohärenzverfahren war eine der umstrittensten Fragen[20]. Im Gegensatz zum Entwurf der Kommission ist die Rolle der Kommission stark reduziert worden. Die **Kommission** ist ohne ein eigenes Stimmrecht im Kohärenzverfahren vor dem Europäischen Datenschutzausschuss. Nach Art. 64 Abs. 2 hat sie lediglich ein Antragsrecht. Dazu kommt nach Art. 67 die Befugnis der Kommission zum Erlass von Durchführungsrechtsakten im Kontext mit dem das Kohärenzverfahren ermöglichenden Informationsaustausch zwischen den Aufsichtsbehörden, dem EDSA als Einrichtung der Union mit eigener Rechtspersönlichkeit und ggf. der Kommission.[21] **17**

Das Kohärenzverfahren funktioniert nur, wenn der Austausch der Beteiligten untereinander gewährt ist. Die DS-GVO legt dazu fest, dass der Austausch auf **elektronischem Wege**, im Falle des Art. 64 unter **Verwendung standardisierten Formats**, erfolgen soll[22] und festigt dies durch die in Art. 67 getroffene Regelung. Unklar ist nach dem Verordnungswortlaut, ob der Austausch im elektronischen Wege auch die Verfahren nach Art. 65 und 66 erfasst. Für eine umfassende Nutzung eines elektronischen Weges spricht, dass in Art. 67 insbesondere des standardisierten Formats nach Art. 64 hervorgehoben wird. Im Rückschluss ist davon auszugehen, dass die Festlegung der Ausgestaltung des elektronischen Austauschformats auch das Verfahren für die Art. 65 und 66 umfasst. Alles andere wäre zudem nicht praktikabel. Der Austausch in den in Art. 64–66 geregelten Verfahren erfolgt also auf **elektronischem Wege**. **18**

17 Art. 73.
18 Art. 74 Abs. 1 lit. b.
19 Art. 74 Abs. 1 lit. c.
20 Dazu *Kahler* RDV 2013, 70; *Caspar* ZD 2012, 556; *Hornung* ZD 2012, 105; *Ziebarth* CR 2013, 68; *von Lewinski* NVWZ 2017, 1486 f.
21 S. dazu ErwG 168.
22 Art. 64 Abs. 4.

19 Es zeichnet sich ab, dass das zugrundliegende elektronische Verfahren das **Binnenmarktinformationssystem**[23] (IMI) sein wird.[24] Geregelt ist das IMI in der Verordnung (EU) 1024/2012 v. 25.10.2012[25]. Das IMI wurde von der Europäischen Kommission in Zusammenarbeit mit den Mitgliedstaaten entwickelt, um die grenzüberschreitende europäische Verwaltungszusammenarbeit zu erleichtern und zu verbessern.

20 Das Binnenmarkt-Informationssystem („IMI") ist eine über das Internet zugängliche Software-Anwendung, die von der Kommission in Zusammenarbeit mit den Mitgliedstaaten entwickelt wurde, um diese dabei zu unterstützen, die in Rechtsakten der Union festgelegten Anforderungen an den Informationsaustausch praktisch zu erfüllen; dies erfolgt durch einen zentralisierten Kommunikationsmechanismus, der einen grenzüberschreitenden Informationsaustausch sowie die Amtshilfe erleichtert. Insbesondere ist das IMI den zuständigen Behörden dabei behilflich, die zuständige Behörde in einem anderen Mitgliedstaat ausfindig zu machen, auf der Grundlage einfacher und vereinheitlichter Verfahren den Austausch von Informationen, einschließlich personenbezogener Daten, abzuwickeln und dank vordefinierter und vorübersetzter Arbeitsabläufe Sprachbarrieren zu überwinden. Soweit verfügbar, sollte die Kommission den IMI-Nutzern etwaig vorhandene zusätzliche Übersetzungsfunktionen zur Verfügung stellen, die den Bedürfnissen der Nutzer entsprechen, mit den Sicherheits- und Vertraulichkeitsanforderungen für den Informationsaustausch im Rahmen des IMI vereinbar sind und zu angemessenen Kosten angeboten werden können[26]. Um Sprachbarrieren zu überwinden, sollte das IMI grundsätzlich in allen Amtssprachen der Union verfügbar sein[27]. Zweck des IMI ist es, durch Bereitstellung eines effektiven, benutzerfreundlichen Instruments zur Implementierung der Verwaltungszusammenarbeit zwischen den Mitgliedstaaten und zwischen den Mitgliedstaaten und der Kommission für ein besseres Funktionieren des Binnenmarkts zu sorgen und damit die Anwendung der im Anhang dieser Verordnung aufgeführten Rechtsakte der Union zu erleichtern[28]. Die Kommission liefert und wartet die Software und die IT-Infrastruktur für das IMI, gewährleistet die Sicherheit des IMI, verwaltet das Netz der nationalen Koordinatoren und ist in die Schulung und technische Unterstützung der IMI-Nutzer eingebunden[29] Die IT-Sicherheit gilt als gewährleistet. Ein entsprechender Auftrag findet sich im Beschluss der Kommission vom 11.1.2017[30].

---

23 Englisch: Internal Market Information System = IMI; http://www.bva.bund.de/DE/Organisation/Abteilungen/Abteilung_VMA/IMI_neu/binnenmarktinformationssystem_imi/binnenmarktinformationssystem_imi_node.html; http://ec.europa.eu/internal_market/imi-net/index_de.htm.

24 S. Kommentierung zu Art. 67 DS-GVO.

25 VERORDNUNG (EU) Nr. 1024/2012 DES EUROPÄISCHEN PARLAMENTS UND DES RATES vom 25. Oktober 2012 über die Verwaltungszusammenarbeit mit Hilfe des Binnenmarkt-Informationssystems und zur Aufhebung der Entscheidung 2008/49/EG der Kommission („IMI-Verordnung").

26 VO (EU) Nr. 1024/2012, ErwG 2.

27 VO (EU) Nr. 1024/2012, ErwG 3.

28 VO (EU) Nr. 1024/2012, ErwG 4.

29 VO (EU) Nr. 1023, 2012, ErwG 9.

30 Beschluss (EU, Euratom) 2017/46 Der Kommission v. 10. Januar 2017 über die Sicherheit von Kommunikations- und Informationssystem in der Europäischen Kommission; Berichtigt durch C 2017/4924 Berichtigung des Beschlusses (EU, Euratom) 2017/46 der Kommission v. 10. Januar 2017 über die Sicherheit von Kommunikations- und Informationssystemen in der Europäischen Kommission.

II. BDSG

Nach Art. 51 Abs. 3 und ErwG 119 soll der Mitgliedsstaat, der mehrere Aufsichtsbehörden hat, mittels einer Rechtsvorschrift sicherstellen, dass diese Aufsichtsbehörden am Kohärenzverfahren wirksam beteiligt werden. Der Mitgliedsstaat muss eine Aufsichtsbehörde bestimmen, die diese Behörden im Europäischen Datenschutzausschuss vertritt und die als zentrale Anlaufstelle für eine wirksame Beteiligung dieser Behörden an dem Verfahren fungiert und eine rasche und reibungslose Zusammenarbeit mit anderen Aufsichtsbehörden, dem Ausschuss und der Kommission gewährleistet. Dazu soll ein Verfahren eingeführt werden, mit dem sichergestellt wird, dass die anderen Behörden die Regeln für das Kohärenzverfahren nach Art. 63 einhalten[31]. **21**

Der deutsche Gesetzgeber hat diesen Auftrag aus der DS-GVO Kapitel 5 „Vertretung im Europäischen Datenschutzausschuss, zentrale Anlaufstelle, Zusammenarbeit der Aufsichtsbehörden des Bundes und der Länder in Angelegenheiten der Europäischen Union" in den §§ **17–19 BDSG**[32] umgesetzt. Mit § 17 Abs. 1 S. 1 BDSG wird die Bundesbeauftragte für den Datenschutz zum gemeinsamen Vertreter der Aufsichtsbehörden des Bundes und der Länder im Europäischen Datenschutzausschuss bestimmt. Zugleich regelt § 17 Abs. 1 S. 2–5 BDSG die Stellvertretung der Bundesbeauftragten für den Datenschutz im Europäischen Datenschutzausschuss. Die **zentrale Anlaufstelle** weist § 17 Abs. 1 S. 1 BDSG organisatorisch der Bundesbeauftragten zu. In § 18 BDSG wird das Verfahren der Zusammenarbeit er Aufsichtsbehörden in Deutschland geregelt. Darüber hinaus regelt § 19 BDSG die Zuständigkeiten sowohl für das Verfahrend der Zusammenarbeit aber auch für das Kohärenzverfahren nach Art. 63–65. **22**

C. Praxishinweise

I. Relevanz für betroffene Personen

Für die betroffenen Personen ist das Kohärenzverfahren nach Art. 63 bis 66 nur von sekundärer Relevanz. Das Kohärenzverfahren ist primär ein Verfahren für die Aufsichtsbehörden und die harmonische Umsetzung der Datenschutzgrundverordnung in allen Mitgliedstaaten. Betroffene Personen haben keinen direkten Einfluss auf die Verfahrensabläufe. **23**

II. Relevanz für nichtöffentliche Stellen

Für nichtöffentliche Stellen ist es von Vorteil, das Kohärenzverfahren in ihren Grundzügen zu kennen, um auch und gerade in den verpflichtenden Fällen nach Art 64 Abs. 1 die Fristen zu kennen. Hinzu kommt, dass in diesen Fällen die Rechtsmäßigkeit der Maßnahme von einer Durchführung des Kohärenzverfahrens nach DS-GVO abhängig gemacht wird. **24**

III. Relevanz für öffentliche Stellen

Für öffentliche Stellen ist nach heutigem Stand derzeit keine Relevanz erkennbar. **25**

---

31 Art. 51 Abs. 3.

32 Dazu näher BT-Drucks. 18/11325 S. 24–25, 89–93.

IV. Relevanz für die Aufsicht

26 Die Aufsichtsbehörden haben in dem Kohärenzverfahren eine ihrer größten Herausforderungen die die Neuerungen der DS-GVO mit sich bringen. Das Verfahren im EDSA bedeutet für die Aufsichtsbehörden einen erheblichen Aufgabenzuwachs. Es gibt weder für das Kohärenzverfahren nach Art. 63 ff. noch für die Abstimmung nach §§ 17–19 BDSG eine Blaupause. In Vorbereitung auf den 25.5.2018 ist die Geschäftsordnung für den Europäischen Datenschutzausschuss ergänzend und auslegend zu den Regelungen des Kohärenzverfahrens zu verfassen. Das elektronische Verfahren zur Sicherung des Austausches der Aufsichtsbehörden im Kohärenzverfahren ist auszuarbeiten. In Deutschland müssen die Aufsichtsbehörden des Bundes und der Länder §§ 17–19 BDSG umsetzen und ebenfalls an einer Geschäftsordnung der Konferenz arbeiten sowie die Ausgestaltung des Verfahrens der Aufsichtsbehörden untereinander sowie die Ausgestaltung der zentralen Anlaufstelle erarbeiten.

Artikel 64 Stellungnahme Ausschusses

(1) [1]Der Ausschuss gibt eine Stellungnahme ab, wenn die zuständige Aufsichtsbehörde beabsichtigt, eine der nachstehenden Maßnahmen zu erlassen. [2]Zu diesem Zweck übermittelt die zuständige Aufsichtsbehörde dem Ausschuss den Entwurf des Beschlusses, wenn dieser

a) der Annahme einer Liste der Verarbeitungsvorgänge dient, die der Anforderung einer Datenschutz-Folgenabschätzung gemäß Artikel 35 Absatz 4 unterliegen,

b) eine Angelegenheit gemäß Artikel 40 Absatz 7 und damit die Frage betrifft, ob ein Entwurf von Verhaltensregeln oder eine Änderung oder Ergänzung von Verhaltensregeln mit dieser Verordnung in Einklang steht,

c) der Billigung der Kriterien für die Akkreditierung einer Stelle nach Artikel 41 Absatz 3 oder einer Zertifizierungsstelle nach Artikel 43 Absatz 3 dient,

d) der Festlegung von Standard-Datenschutzklauseln gemäß Artikel 46 Absatz 2 Buchstabe d und Artikel 28 Absatz 8 dient,

e) der Genehmigung von Vertragsklauseln gemäß Artikels 46 Absatz 3 Buchstabe a dient, oder

f) der Annahme verbindlicher interner Vorschriften im Sinne von Artikel 47 dient.

(2) Jede Aufsichtsbehörde, der Vorsitz des Ausschuss oder die Kommission können beantragen, dass eine Angelegenheit mit allgemeiner Geltung oder mit Auswirkungen in mehr als einem Mitgliedstaat vom Ausschuss geprüft wird, um eine Stellungnahme zu erhalten, insbesondere wenn eine zuständige Aufsichtsbehörde den Verpflichtungen zur Amtshilfe gemäß Artikel 61 oder zu gemeinsamen Maßnahmen gemäß Artikel 62 nicht nachkommt.

(3) [1]In den in den Absätzen 1 und 2 genannten Fällen gibt der Ausschuss eine Stellungnahme zu der Angelegenheit ab, die ihm vorgelegt wurde, sofern er nicht bereits eine Stellungnahme zu derselben Angelegenheit abgegeben hat. [2]Diese Stellungnahme wird binnen acht Wochen mit der einfachen Mehrheit der Mitglieder des Ausschusses angenommen. [3]Diese Frist kann unter Berücksichtigung der Komplexität der Angelegenheit um weitere sechs Wochen verlängert werden. [4]Was den in Absatz 1 genannten Beschlussentwurf angeht, der gemäß Absatz 5 den Mitgliedern des Ausschusses übermittelt wird, so wird angenommen, dass ein Mitglied, das innerhalb einer

vom Vorsitz angegebenen angemessenen Frist keine Einwände erhoben hat, dem Beschlussentwurf zustimmt.

(4) Die Aufsichtsbehörden und die Kommission übermitteln unverzüglich dem Ausschuss auf elektronischem Wege unter Verwendung eines standardisierten Formats alle zweckdienlichen Informationen, einschließlich – je nach Fall – einer kurzen Darstellung des Sachverhalts, des Beschlussentwurfs, der Gründe, warum eine solche Maßnahme ergriffen werden muss, und der Standpunkte anderer betroffener Aufsichtsbehörden.

(5) Der Vorsitz des Ausschusses unterrichtet unverzüglich auf elektronischem Wege

a) unter Verwendung eines standardisierten Formats die Mitglieder des Ausschusses und die Kommission über alle zweckdienlichen Informationen, die ihm zugegangen sind. Soweit erforderlich stellt das Sekretariat des Ausschusses Übersetzungen der zweckdienlichen Informationen zur Verfügung und

b) je nach Fall die in den Absätzen 1 und 2 genannte Aufsichtsbehörde und die Kommission über die Stellungnahme und veröffentlicht sie.

(6) Die zuständige Aufsichtsbehörde nimmt den in Absatz 1 genannten Beschlussentwurf nicht vor Ablauf der in Absatz 3 genannten Frist an.

(7) Die in Absatz 1 genannte Aufsichtsbehörde trägt der Stellungnahme des Ausschusses weitestgehend Rechnung und teilt dessen Vorsitz binnen zwei Wochen nach Eingang der Stellungnahme auf elektronischem Wege unter Verwendung eines standardisierten Formats mit, ob sie den Beschlussentwurf beibehalten oder ändern wird; gegebenenfalls übermittelt sie den geänderten Beschlussentwurf.

(8) Teilt die betroffene Aufsichtsbehörde dem Vorsitz des Ausschusses innerhalb der Frist nach Absatz 7 des vorliegenden Artikels unter Angabe der maßgeblichen Gründe mit, dass sie beabsichtigt, der Stellungnahme des Ausschusses insgesamt oder teilweise nicht zu folgen, so gilt Artikel 65 Absatz 1.

– *ErwG: 135, 136, 138*
– *BDSG n.F.: §§ 18, 19*

Übersicht

Literatur: *Müller/Christensen* Juristische Methodik, Bd. 2, Europarecht, 3. Aufl. 2012; *Piltz* Die Datenschutz-Grundverordnung Teil 5: Internationale Zusammenarbeit, Rechtsbehelfe und Sanktionen, K&R 2017, 85; *Plath* BDSG/DSGVO, 2. Aufl. 2016; *Schulze/Zulegg/Kadelbach* Europarecht, 3. Aufl. 2015; *Sydow* Europäische Datenschutzgrundverordnung 2017; *ders.* Kohärenz des datenschutzrechtlichen Rechtsschutzes auf nationaler und europäischer Ebene, ZG 2016, 237.

A. Einordnung und Kontext[1]

I. Erwägungsgründe

1 Um die einheitliche Anwendung dieser Verordnung in der gesamten Union sicherzustellen, sollte ein Verfahren zur Gewährleistung einer einheitlichen Rechtsanwendung (Kohärenzverfahren) für die Zusammenarbeit zwischen den Aufsichtsbehörden eingeführt werden.[2] Eines der Verfahren ist das Stellungnahmeverfahren nach Art. 64. Dieses Verfahren sollte insbesondere dann angewendet werden, wenn eine Aufsichtsbehörde beabsichtigt, eine Maßnahme zu erlassen, die rechtliche Wirkungen in Bezug auf Verarbeitungsvorgänge entfalten soll, die für eine bedeutende Zahl betroffener Personen in mehreren Mitgliedstaaten erhebliche Auswirkungen haben[3]. Ferner sollte es zur Anwendung kommen, wenn eine betroffene Aufsichtsbehörde oder die Kommission beantragt, dass die Angelegenheit im Rahmen des Kohärenzverfahrens behandelt wird[4]. Das ist in Art. 64 Abs. 2 geregelt. Dieses Verfahren sollte andere Maßnahmen, die die Kommission möglicherweise in Ausübung ihrer Befugnisse nach den Verträgen trifft, unberührt lassen[5].

2 Nach ErwG 136 soll bei der Anwendung des Kohärenzverfahrens der Ausschuss, falls von der Mehrheit seiner Mitglieder so entschieden wird oder falls eine andere betroffene Aufsichtsbehörde oder die Kommission darum ersuchen, binnen einer festgelegten Frist eine Stellungnahme abgeben. Dem Ausschuss sollte auch die Befugnis übertragen werden, bei Streitigkeiten zwischen Aufsichtsbehörden rechtsverbindliche Beschlüsse zu erlassen. Zu diesem Zweck sollte er in klar bestimmten Fällen, in denen die Aufsichtsbehörden insbesondere im Rahmen des Verfahrens der Zusammenarbeit zwischen der federführenden Aufsichtsbehörde und den betroffenen Aufsichtsbehörden widersprüchliche Standpunkte zu dem Sachverhalt, vor allem in der Frage, ob ein Verstoß gegen diese Verordnung vorliegt, vertreten, grundsätzlich mit einer Mehrheit von zwei Dritteln seiner Mitglieder rechtsverbindliche Beschlüsse erlassen.

3 Die Anwendung dieses Verfahrens sollte nach ErwG 138 in den Fällen, in denen sie verbindlich vorgeschrieben ist, eine Bedingung für die Rechtmäßigkeit einer Maßnahme einer Aufsichtsbehörde sein, die rechtliche Wirkungen entfalten soll.[6] Verbindlich vorgeschrieben ist das Verfahren in Art. 64 Abs. 1. In anderen Fällen von grenzüberschreitender Relevanz sollte das Verfahren der Zusammenarbeit zwischen der federführenden und den betroffenen Aufsichtsbehörden zur Anwendung gelangen,

---

1 Die Verfasserin vertritt hier ihre persönliche Auffassung, die nicht notwendig der Auffassung des Hessischen Datenschutzbeauftragten entspricht.

2 ErwG 135 S. 1.

3 ErwG 135 S. 2.

4 ErwG 135 S. 3.

5 ErwG 135 S. 4.

6 ErwG 138 S. 1.

und die betroffenen Aufsichtsbehörden können auf bilateraler oder multilateraler Ebene Amtshilfe leisten und gemeinsame Maßnahmen durchführen, ohne auf das Kohärenzverfahren zurück zu greifen.[7] Hiermit wird deutlich, dass das Verfahren der Zusammenarbeit nach Art. 60 grundsätzlich vorgezogen werden sollte. Demnach ist das Kohärenzverfahren nach Art. 64 Abs. 2 erst dann in Betracht zu ziehen, wenn die Möglichkeiten der Zusammenarbeit nicht zum Erfolg geführt haben. Außer es findet sich eine abweichende Regelung.

II. BDSG

Explizite Regelungen zum Stellungnahmeverfahren vor dem EDSA im Rahmen des Kohärenzverfahren finden sich in den §§ 17–19 BDSG nicht. Aber relevante Anschlussvorschriften wie die Begründung in der Bundestagsdrucksache zum DSApUG-EU zeigt. Dort heißt es: „Die in Kapitel VII der Verordnung(EU) Nr. 2016/679) geregelten Verfahren der Zusammenarbeit und Kohärenz enthalten Zuständigkeitsverteilungen und Verfahrensregelungen zwischen den Aufsichtsbehörden verschiedener Mitgliedstaaten. Sie regeln aber nicht die Einzelheiten der innerstaatlichen Koordination und Willensbildung in Mitgliedstaaten mit mehr als einer Aufsichtsbehörde. Mitgliedstaaten, die wie die Bundesrepublik Deutschland über mehrere für die Überwachung der Anwendung der Verordnung (EU) Nr. 2016/679 zuständigen Aufsichtsbehörden verfügen, haben gemäß ErwG 119 und Art. 51 Abs. 3 der Verordnung (EU) Nr. 2016/679, die wirksame Beteiligung aller nationalen Aufsichtsbehörden und die Einhaltung der Regeln für das Kohärenzverfahren durch alle nationalen Aufsichtsbehörden innerstaatlich sicherzustellen."[8] 4

III. Normengenese

Die Kommission hatte in ihrem eigenen Entwurf[9] zur DS-GVO eine stärkere eigene Einbindung der Kommission vorgesehen. Ursprünglich sollte die Aufsichtsbehörde den Entwurf einer Maßnahme nicht nur dem Ausschuss, sondern auch unmittelbar der Kommission zuleiten. Der Kommission war dann nach Art. 59 des Entwurfes der Kommission die Möglichkeit eröffnet, ebenfalls eine Stellungnahme abzugeben, der die Behörde, so weit wie möglich hätte Rechnung tragen sollen. Der Vorschlag der Kommission hat sich im Trilogverfahren zur DS-GVO nicht durchgesetzt. 5

IV. Aufsicht, Ausschuss, Leitlinien

Die Art.-29-Datenschutzgruppe arbeitet an einer detaillierten Geschäftsordnung für den EDSA, die offene Verfahrensfragen schließen soll. Auf nationaler deutscher Ebene werden hierzu voraussichtlich zur Koordinierung der nationalen Aufsichtsbehörden Regelungen in der Geschäftsordnung der Konferenz der unabhängigen Datenschutzbehörden des Bundes und der Länder zu treffen sein. 6

---

7 ErwG 138 S. 2.

8 BT-Drucks. 1 8/11325, S. 90.

9 Vorschlag der Kommission für einen Verordnung des Europäischen Parlaments und des Rates zum Schutz natürlicher Personen bei der Verarbeitung personenbezogener Daten und zum freien Datenverkehr (Datenschutz-Grundverordnung) v. 25.1.2012, KOM(2012) 11 endg.

B. Erläuterungen

I. DS-GVO

7 Eine Ausprägung des Kohärenzverfahrens aus Art. 63 ist die Stellungnahme des Ausschusses gemäß Art. 64. Die obligatorischen oder fakultativen Stellungnahmen nach Art. 64 sind ein wesentlicher Bestandteil des Kohärenzmechanismus. Die Stellungnahme des EDSA ist regelmäßig als externes Verfahren in ein nationales Verfahren eingebettet und stellt damit aus Sicht der zuständigen Aufsichtsbehörde ein interadministratives Zwischenverfahren dar[10].

8 Art. 64 wirkt zunächst unübersichtlich, ist aber bei näherem Hinsehen doch klar strukturiert aufgebaut. In den ersten bei Absätzen des Art. 64 werden die Voraussetzungen geregelt, unter denen es zu den beiden Verfahren der Stellungnahme kommt. Das Stellungnahmeverfahren nach Art. 64 ist **obligatorisch**, wenn einer der Gründe aus Art. 64 Abs. 1 S. 2 lit. a–f vorliegt. Es wird **fakultativ** durchgeführt, wenn eine Aufsichtsbehörde, der Vorsitz des EDSA oder die Kommission antragsberechtigt im Sinne des Art. 64 Abs. 2 ist.

In den Absätzen 3–5 werden die wesentlichen Punkte des Verfahrens vor dem Ausschuss geregelt. Die Absätze 6–8 regeln das Verfahren nach Beschluss des EDSA.

9 **1. Art. 64 Abs. 1 DS-GVO: obligatorische Stellungnahme.** Der Ausschuss gibt eine Stellungnahme ab, wenn die zuständige Aufsichtsbehörde beabsichtigt, eine der Maßnahmen nach Art. 64 Abs. 1 Satz 2 lit. a–f zu erlassen. Für diese 6 Fälle ist die Durchführung des Stellungnahmeverfahrens vor dem EDSA obligatorisch. Die Stellungnahmen nach Absatz 1 betreffen im Regelfall allgemeine Fragen, solche Fragen, die mehr als nur einen Anwendungsfall betreffen. Für die Maßnahmen der Aufsichtsbehörde dürfte die Durchführung des Stellungnahmeverfahrens vor dem EDSA in den Fällen des Art. 64 Abs. 1 S. 2 lit. a–f Rechtmäßigkeitsvoraussetzung sein. Hierfür spricht ErwG 138 S. 1.

10 **a) Art. 64 Abs. 1 S. 2 lit. a.** Vor der Annahme einer Liste der Verarbeitungsvorgänge, die den Anforderungen einer **Datenschutzfolgenabschätzung** gem. Art. 35 Abs. 4 unterliegen, ist diese dem EDSA durch die Aufsichtsbehörde zur Stellungnahme nach Art. 64 vorzulegen. Art. 35 Abs. 4 regelt die **„Positivliste“** der Verfahren, für die eine Datenschutzfolgenabschätzung durchzuführen ist. Art. 64 Abs. 1 lit. a unterwirft ausnahmslos alle Positivlisten nach Art. 35 Abs. 4 der obligatorischen Stellungnahme des Ausschusses. In Art. 35 Abs. 6 wird auf den Abs. 4 aber auch auf den Art. 35 Abs. 5 verwiesen. Art. 35 Abs. 6 fordert für beide Absätze die Durchführung des Kohärenzverfahrens nach Art. 63. Art. 35 Abs. 6 dürfte dem Wortlaut[11] nach in dem Sinne zu verstehen sein, dass direkt das Kohärenzverfahren nach Art. 63 anzuwenden ist und damit das Erfordernis der Durchführung des Verfahrens der Zusammenarbeit nach Art. 60 entfällt. Art. 35 Abs. 6 führt zudem aus, dass die zuständige Aufsichtsbehörde vor Festlegung der in Abs. 4 und 5 (Art. 35) genannten Listen das Kohärenzverfahren gem. Art. 63 anwendet, wenn solche Listen Verarbeitungstätigkeiten umfassen, die mit dem Angebot von Waren oder Dienstleistungen für betroffene Personen oder der

---

10 Vgl. Sydow/Schöndorf-*Haubold* Europäische Datenschutzgrundverordnung Art. 64 Rn. 1.
11 Zur Auslegungstechnik im Europarecht: z.B. *Müller/Christensen* 49; Schulze/Zuleeg/Kadelbach-*Borchardt* § 15, Rn. 23 ff.

Beobachtung des Verhaltens dieser Personen in mehreren Mitgliedstaaten im Zusammenhang stehen oder die den freien Verkehr von personenbezogenen Daten innerhalb der Union erheblich beeinträchtigen könnten. Danach ist das Kohärenzverfahren im Falle des Art. 35 Abs. 4 und 5 durchzuführen und letzteres Kriterium muss zudem erfüllt sein.

Im Fall der „Positivliste“ nach Art. 35 Abs. 4 wird man zunächst die Einschränkung nach Art. 35 Abs. 6 zu prüfen haben. Liegt ein Fall nach Art. 35 Abs. 6 vor, so kommt Art. 64 Abs. 1 lit. a zum Tragen. Der EDSA hat vor Festlegung verbindlich eine Stellungnahme abzugeben. **11**

Für die **„Negativlisten“** nach Art. 35 Abs. 5 gibt es keine korrespondierende Regelung in Art. 64. Das führt zu Unklarheiten in der Anwendung. Bei den „Negativlisten“ nach Art. 35 Abs. 5 handelt es sich um fakultative Listen. Nach Art. 35 Abs. 4 erstellt die Aufsicht eine Liste, nach Art. 35 Abs. 5 **kann** sie eine Liste erstellen. Die Listen haben eine unterschiedliche „Qualität“. Die eine Liste ist zu erstellen und die andere ist in ihrer Erstellung fakultativ. Die „Positivliste“ ist zu erstellen und sie belastet die Dritten in einem erhöhten Maße, denn diese werden verpflichtet, eine Datenschutzfolgenabschätzung durchzuführen. Die fakultative „Negativliste“ ist ein quasi eine Serviceleistung der Aufsichtsbehörde. Sie ist sicherlich im Kohärenzverfahren zum Zwecke der Harmonisierung mit den anderen Aufsichtsbehörden abzustimmen. Durch den Hinweis in Art. 35 Abs. 6 ist auch das Kohärenzverfahren nach Art. 63 direkt anzuwenden. Das Verfahren dürfte mangels verpflichtender Regelung in Art. 64 Abs. 1 nach Art. 64 Abs. 2 zu führen sein. **12**

Die Auffassung, dass es sich bei der Nichtnennung in Art. 64 Abs. 1 S. 2 lit. a um ein Redaktionsversehen handelt, ist nicht tragfähig, da es sich um keinen Einzelfall handelt. Der gleichgelagerte Fall taucht auch im Kontext mit Art. 64 Abs. 1 S. 2 lit. e DS-GVO auf. **13**

b) Art. 64 Abs. 1 S. 2 lit. b. Die Stellungnahme des Ausschusses hat die zuständige Aufsichtsbehörde auch vor Genehmigung von bei ihr eingereichten Verhaltensregeln einzuholen, wenn sich der Entwurf der Verhaltensregeln i.S.d. Art. 40 Abs. 7 auf Verarbeitungstätigkeiten in mehreren Mitgliedstaaten bezieht. Gleiches gilt für eine Änderung oder Ergänzung von Verhaltensregeln. Die Verhaltensregeln werden darauf zu prüfen sein, ob sie mit der DS-GVO in Einklang stehen. Das Verfahren der Zusammenarbeit entfällt durch den Hinweis in Art. 40 Abs. 7 auf Art. 63. **14**

c) Art. 64 Abs. 1 S. 2 lit. c. Die Billigung der Kriterien zur Akkreditierung einer Stelle nach Art. 41 Abs. 3 macht die Einholung der Stellungnahme des EDSA erforderlich. Dabei handelt es sich um Kriterien für die Akkreditierung von Stellen i.S.d. Art. 40 Abs. 1, die die Überwachung von Verhaltensregeln gemäß Art. 40 übernehmen sollen. Die zuständige Aufsichtsbehörde übermittelt hierzu den Entwurf der Kriterien für die Akkreditierung der Stelle nach Art. 41 Abs. 1 an den Ausschuss. Auch die Kriterien für die Akkreditierung einer Zertifizierungsstelle nach Art. 43 Abs. 3 sind im Entwurf an den EDSA zu übermitteln. An den Ausschuss übermittelt werden können gem. Art. 42 Abs. 5 auch Kriterien, die nicht die Akkreditierung aber eine Zertifizierung i.S.d. Art. 42 zum Ziel haben. Werden die Kriterien vom Ausschuss genehmigt, kann es zu einer gemeinsamen Zertifizierung, dem Europäischen Datenschutzsiegel, füh- **15**

ren[12]. Diese Kriterien sind jedoch nicht obligatorisch im Sinne von Art. 64 Abs. 1 S. 2 zu übermitteln, sondern ein Fall des Art. 64 Abs. 2. Das erklärt sich vor allem dadurch, dass die Akkreditierung von Stellen, die die Zertifizierungsstellen akkreditieren sollen in jedem Fall in allen Mitgliedstaaten auf gleichem Niveau akkreditieren sollen. Zur Sicherung einer gewissen Gleichförmigkeit der Prüfung hat der deutsche Gesetzgeber die Akkreditierung der Zertifizierungsstellen der nationalen Akkreditierungsstelle DAkkS überantwortet. Die nationalen Akkreditierungsstellen sind gem. der VO (EG) Nr. 765/2008[13] benannt.

16 **d) Art. 64 Abs. 1 S. 2 lit. d.** Nach Art. 64 Abs. 1 S. 2 lit. d muss die zuständige Aufsichtsbehörde im Kohärenzverfahren die verbindliche Stellungnahme des EDSA vor Festlegung von Standarddatenschutzklauseln gem. Art. 46 Abs. 2 lit. b und Standardvertragsklauseln gem. Art. 28 Abs. 8 einholen.

17 Die Aufsichtsbehörde muss eine verbindliche Stellungnahme des EDSA im Kohärenzverfahren nach Art. 64 Abs. 1 S. 2 lit. d einholen, wenn sie Standarddatenschutzklauseln gem. Art. 46 Abs. 2 lit. d als geeignete Garantie nach Art. 46 Abs. 1 annehmen möchte. Nach Art. 46 Abs. 2 lit. d sind dies Standarddatenschutzklauseln, die von der Kommission gemäß dem Prüfverfahren nach Art. 93 Abs. 2 genehmigt wurden. Bevor die Aufsichtsbehörde diese Standarddatenschutzklauseln annimmt, hat sie das Kohärenzverfahren durchzuführen, um eine verpflichtende Stellungnahme des Ausschusses zu erhalten.

18 Art. 28 Abs. 8 legt fest, dass die zuständige Aufsichtsbehörde gem. Art. 28 Abs. 3 und Standardvertragsklauseln zur Regelung der in Art. 28 Abs. 3 und 4 genannten Fragen festlegen kann. Wenn die Behörde von diesem Recht gebraucht macht, dann hat sie ihre Entscheidung im Einklang mit dem Kohärenzverfahren nach Art. 63 festzulegen. In diesen Fällen ist die Einholung der Stellungahme des Ausschusses vor Genehmigung obligatorisch.

19 **e) Art. 64 Abs. 1 S. 2 lit. e.** Die verbindliche Stellungnahme des EDSA ist nach Art. 64 Abs. 1 S. 2 lit. e, Art. 46 Abs. 3 lit. a und Art. 46 Abs. 4 von der zuständigen Aufsichtsbehörde vor der Genehmigung von Vertragsklauseln gemäß Art. 46 Abs. 3 lit. a einzuholen. Das sind Vertragsklauseln, die zwischen dem Verantwortlichen oder dem Auftragsverarbeiter und dem Verantwortlichen, dem Auftragsverarbeiter oder dem Empfänger der personenbezogenen Daten im Drittland oder der internationalen Organisation vereinbart wurden.

20 In Art. 46 Abs. 4 wird darüber hinaus für den Fall des Art. 46 Abs. 3 lit. b das Kohärenzverfahren nach Art. 63 für verbindlich erklärt. Unter Art. 46 Abs. 3 lit. b fallen Bestimmungen, die in Vereinbarungen zwischen Behörden oder öffentlichen Stellen aufzunehmen sind und durchsetzbare und wirksame Rechte für die betroffenen Personen einschließen. Wie auch schon in Art. 35 Abs. 6 findet sich in Art. 64 Abs. 1 keine verpflichtende Anordnung zur Einholung einer verbindlichen Stellungnahme durch den EDSA. Insofern wäre auch in diesem Fall eine Anwendung des Art. 64 Abs. 2

12 Art. 42 Abs 5 S. 2.

13 Verordnung (EG) Nr. 765/2008 des Europäischen Parlaments und des Rates vom 9. Juli 208 über die Vorschriften für die Akkreditierung und Marktüberwachung im Zusammenhang mit der Vermarktung von Produkten und zur Aufhebung der Verordnung (EG) Nr. 33/93 des Rates (Abl. L 218 vom 13.8.2008, S. 30); **AkkreditierungsstellenG.**

naheliegend. Durch die Verpflichtung zur Anwendung des Kohärenzverfahrens entfällt auch hier die Pflicht zur vorherigen Durchführung eines Verfahrens der Zusammenarbeit nach Art. 60.

f) Art. 64 Abs. 1 S. 2 lit. f. Maßnahmen, die der Annahme von verbindlichen internen Vorschriften i.S.d. Art. 47 dienen, sind ebenfalls obligatorisch dem EDSA gem. Art. 64 Abs. 1 S. 2 lit. f i.V.m. Art. 47 Abs. 1, Hs. 1 zur Stellungnahme vorzulegen. 21

2. Art. 64 Abs. 2: fakultative Stellungnahme. In Art. 64 Abs. 2 hat sind die Voraussetzungen für die Beantragung des fakultativen Stellungnahmeverfahren vor dem EDSA im Rahmen des Kohärenzmechanismus geregelt. Aufsichtsbehörden, der Vorsitz des EDSA[14] und die Kommission sind gem. Art. 64 Abs. 2 berechtigt, eine Prüfung durch den EDSA zu beantragen, um eine Stellungnahme zu erhalten. Voraussetzung ist, dass es sich bei dem zu prüfenden Sachverhalt um eine Angelegenheit mit allgemeiner Geltung oder mit Auswirkungen in mehr als einem Mitgliedstaat handelt. Beispielsweise kann es um einen Fall gehen, in dem die Verpflichtung zur Amtshilfe nach Art. 61 verletzt wird oder Probleme bei gemeinsamen Maßnahmen nach Art. 62 durch die zuständige Aufsichtsbehörde. Rein innerstaatliche Einzelfälle fallen nicht in den Zuständigkeitsbereich des EDSA. 22

3. Verfahren der Stellungnahme (Art. 64 Abs. 3–5). Die **Zweitbefassung des EDSA** mit einem Fall ist nach Art. 64 Abs. 3 S. 1 ausgeschlossen und ein formeller Ausschlussgrund. Wegen Art. 64 Abs. 3 S. 1 sollte bereits die Aufsicht, bzw. der Vorsitz des EDSA oder die Kommission vor Beantragung des Kohärenzverfahrens nach Art. 64 Abs. 1 oder 2 in einem ersten Schritt prüfen, ob der EDSA in derselben Angelegenheit bereits eine Stellungnahme abgegeben hat. Das wäre ein Verfahrenshindernis und könnte zur Nichtbefassung durch den EDSA führen. 23

Im nächsten Schritt sind die nach Art. 64 Abs. 1 S. 2, 64 Abs. 4 **erforderlichen Unterlagen** einzureichen. Einzureichen sind 24

- der Entwurf des Beschlusses (Art. 64 Abs. 1 S. 2)

sowie nach Art. 64 Abs. 4 alle **zweckdienlichen Informationen**, einschließlich (je nach Fall):

- einer kurzen Darstellung des Sachverhalts,
- des Beschlussentwurfs,
- der Gründe, warum eine solche Maßnahme ergriffen werden muss und
- des Standpunkts anderer betroffener Aufsichtsbehörden.

Diese Unterlagen sind auf dem „**elektronischen Wege**“ unter Verwendung des **standardisierten Formats** einzureichen. Sowohl der elektronische Weg als auch das standardisierte Format sind noch bis zum 25.5.2018 auszuarbeiten.[15] 25

Nach Eingang der Unterlagen beim Ausschuss, unterrichtet der Vorsitzende des Ausschusses **unverzüglich**, ohne schuldhaftes Zögern, auf elektronischem Wege unter Verwendung eines standardisierten Formats die Mitglieder des Ausschusses und die Kommission über alle zweckdienlichen Informationen, die ihm zugegangen sind. Soweit erforderlich, stellt das Sekretariat des EDSA gemäß Art. 64 Abs. 5 lit. a Übersetzungen der zweckdienlichen Informationen zur Verfügung. 26

14 S. Art. 73–74.
15 Art. 64 Abs. 4.

27 Der Vorsitzende unterrichtet unverzüglich auf elektronischem Wege je nach Fall die in den Absätzen 1 und 2 genannte Aufsichtsbehörde sowie die Kommission über die Stellungnahme und veröffentlicht sie (Art. 64 Abs. 5 lit. b).

28 Das Verfahren ist an kurze **Fristen** gebunden. Die Stellungnahme des Ausschusses wird binnen **acht Wochen** mit der **einfachen Mehrheit** der Mitglieder des Ausschusses angenommen. Diese Frist kann unter Berücksichtigung der Komplexität der Angelegenheit um weitere sechs Wochen verlängert werden.[16] Die Fristen dienen dazu, dass sich die Entscheidungen der nationalen Aufsichtsbehörden nicht über Gebühr verzögern.

29 Zu klären wird sein, wer über die Fristverlängerung zu entscheiden hat und was unter dem Begriff „Komplexität" zu verstehen ist. Letztere Frage wird voraussichtlich in der Geschäftsordnung des EDSA zu regeln sein. Da der Ausschussvorsitzende gem. Art. 74 Abs. 1 lit. c die rechtzeitige Ausführung der Aufgaben des Ausschusses, insbesondere der Aufgaben im Zusammenhang mit dem Kohärenzverfahren nach Art. 63 zu entscheiden hat, und gem. Art. 64 Abs. 3 S. 4 eine angemessene Frist zu bestimmen hat, kommt voraussichtlich ihm diese Aufgabe zu.

30 Nach Art. 64 Abs. 3 S. 4 erfolgt das Verfahren der Stellungnahme nach Art. 64 Abs. 1 im Umlaufverfahren auf dem elektronischen Wege unter Verwendung eines standardisierten Formats. Es wird angenommen, dass ein Mitglied, das innerhalb einer vom Vorsitz angegebenen angemessenen Frist keine Einwände erhoben hat, dem Beschlussverfahren zustimmt. Die Pflicht zur unverzüglichen Mitteilung an die in den Abs. 1 und 2 genannten Aufsichtsbehörde und die Kommission über die Stellungnahme sowie zur Veröffentlichung der Stellungnahme ergibt sich aus Art. 64 Abs. 5 lit. b.

31 Die zuständige Aufsichtsbehörde nimmt den in Abs. 1 genannten Beschlussentwurf nicht vor Ablauf der in Absatz 3 genannten Frist an. Das bedeutet aber auch, wenn die Frist verstrichen ist und noch keine Stellungnahme vorliegt, dann kann die Aufsichtsbehörde wie im Beschlussentwurf vorgelegt entscheiden.

32 Es wird bisweilen angeregt, die Datenverarbeiter und Interessenvereinigungen im Rahmen des Konsultationsverfahren nach Art. 70 Abs. 4 zu beteiligen. Nur dadurch könne sichergestellt werden, dass alle wesentlichen Belange, insbesondere praktischer und technischer Natur im Rahmen der Stellungahme berücksichtigt würden.[17] Gegen eine solche Form der Beteiligung spricht, dass die Gremien ja bereits im Verfahren der Beantragung bei der zuständigen nationalen Aufsichtsbehörde mit Blick auf das europäischen Stellungnahmeverfahren, alle wesentlichen Aspekte vortragen. Die Aufsichtsbehörde hat die wesentlichen Informationen dem EDSA vorzulegen.

33 **4. Verfahren nach Stellungnahme im Fall des Art. 64 Abs. 1.** Für die verpflichtende Stellungnahme des Ausschusses wurde eine der Unabhängigkeit der Aufsichtsbehörde Rechnung tragende Regelung getroffen. Die in Absatz 1 genannte Aufsichtsbehörde trägt der Stellungnahme des Ausschusses weitestgehend Rechnung (Art. 64 Abs. 7).

34 Die Aufsichtsbehörde teilt dem Vorsitz des EDSA binnen zwei Wochen nach Eingang der Stellungnahme auf elektronischem Weg unter Verwendung eines standardisierten

16 Art. 64 Abs. 3 S. 2, 3.
17 Plath-*Hullen* DS-GVO Art. 62, Rn 2.

Formats mit, ob sie den Beschlussentwurf beibehalten oder ändern wird. Gegebenenfalls übermittelt sie einen geänderten Beschlussentwurf.

Setzt die Aufsicht die Stellungnahme weitestgehend um, kommt Art. 70 Abs. 1 S. 2 lit. y zum Tragen. Dann wird der Beschluss der Aufsichtsbehörde in einem öffentlich zugänglichen elektronischen Register der Beschlüsse der Aufsichtsbehörden und der Gerichte in Bezug auf Fragen die im Rahmen des Kohärenzverfahrens behandelt wurden, veröffentlicht. **35**

Teilt die betroffene Aufsichtsbehörde dem Vorsitz des Ausschusses innerhalb der Frist nach Abs. 7 unter Angabe der maßgeblichen Gründe mit, dass sie beabsichtigt, der Stellungnahme des Ausschusses insgesamt oder teilweise nicht zu folgen, dann findet das **Streitbeilegungsverfahren** gem. Art. 65 Abs. 1 statt. **36**

II. BDSG

Korrespondierend zu diesem Verfahren sind auf nationaler Ebene die Vorschriften §§ 17 und 18 BDSG zu berücksichtigen. Auf nationaler deutscher Ebene ist sicherzustellen, dass die Verfahren vor dem Ausschuss keine Verzögerung aus möglichen Abstimmungsschwierigkeiten zwischen den Aufsichtsbehörden erfahren. Aus § 17 BDSG ergibt sich wer der deutsche Vertreter im EDSA ist und wie das Stimmrecht ausgestaltet ist. Aus § 18 BDSG ergibt sich das Verfahren der Zusammenarbeit. **37**

C. Praxishinweise

Aufgrund des derzeitigen Umsetzungsstadiums können nur wenige Praxishinweise erteilt werden. **38**

I. Betroffene Personen

Betroffene Personen können das Verfahren vor dem EDSA nicht führen. **39**

II. Unternehmen/Verantwortlicher

Unternehmen und Verantwortliche können das Verfahren vor dem EDSA nicht führen. **40**

III. Öffentliche Stellen

Öffentliche Stellen können das Verfahren vor dem EDSA nicht führen. **41**

IV. Aufsicht

Ein Hinwirken der Zentralen Anlaufstelle auf eine Korrektur der Verordnung, um die Bezüge für die verbindliche Durchführung des Kohärenzverfahrens herzustellen, wäre zur Vermeidung von Rechtsunsicherheiten zu überlegen. Die Aufsichtsbehörden sollten sich über die Gremien der Art.-29-Datenschutzgruppe an der Erstellung der Geschäftsordnung des Ausschusses beteiligen. Auf der nationalen Ebene müssen die Aufsichtsbehörden sich der Umsetzung eines sogenannten nationalen kleinen Kohärenzverfahrens zur Absicherung der ordnungsgemäßen Durchführung des Kohärenzverfahrens nach Art. 63 widmen. **42**

Artikel 65 Streitbeilegung durch den Ausschuss

(1) Um die ordnungsgemäße und einheitliche Anwendung dieser Verordnung in Einzelfällen sicherzustellen, erlässt der Ausschuss in den folgenden Fällen einen verbindlichen Beschluss:

a) wenn eine betroffene Aufsichtsbehörde in einem Fall nach Artikel 60 Absatz 4 einen maßgeblichen und begründeten Einspruch gegen einen Beschlussentwurf der federführenden Behörde eingelegt hat oder die federführende Behörde einen solchen Einspruch als nicht maßgeblich oder nicht begründet abgelehnt hat. Der verbindliche Beschluss betrifft alle Angelegenheiten, die Gegenstand des maßgeblichen und begründeten Einspruchs sind, insbesondere die Frage, ob ein Verstoß gegen diese Verordnung vorliegt;

b) wenn es widersprüchliche Standpunkte dazu gibt, welche der betroffenen Aufsichtsbehörden für die Hauptniederlassung zuständig ist;

c) wenn eine zuständige Aufsichtsbehörde in den in Artikel 64 Absatz 1 genannten Fällen keine Stellungnahme des Ausschusses einholt oder der Stellungnahme des Ausschusses gemäß Artikel 64 nicht folgt. In diesem Fall kann jede betroffene Aufsichtsbehörde oder die Kommission die Angelegenheit dem Ausschuss vorlegen.

(2) [1]Der in Absatz 1 genannte Beschluss wird innerhalb eines Monats nach der Befassung mit der Angelegenheit mit einer Mehrheit von zwei Dritteln der Mitglieder des Ausschusses angenommen. [2]Diese Frist kann wegen der Komplexität der Angelegenheit um einen weiteren Monat verlängert werden. [3]Der in Absatz 1 genannte Beschluss wird begründet und an die federführende Aufsichtsbehörde und alle betroffenen Aufsichtsbehörden übermittelt und ist für diese verbindlich.

(3) [1]War der Ausschuss nicht in der Lage, innerhalb der in Absatz 2 genannten Fristen einen Beschluss anzunehmen, so nimmt er seinen Beschluss innerhalb von zwei Wochen nach Ablauf des in Absatz 2 genannten zweiten Monats mit einfacher Mehrheit der Mitglieder des Ausschusses an. [2]Bei Stimmengleichheit zwischen den Mitgliedern des Ausschusses gibt die Stimme des Vorsitzes den Ausschlag.

(4) Die betroffenen Aufsichtsbehörden nehmen vor Ablauf der in den Absätzen 2 und 3 genannten Fristen keinen Beschluss über die dem Ausschuss vorgelegte Angelegenheit an.

(5) [1]Der Vorsitz des Ausschusses unterrichtet die betroffenen Aufsichtsbehörden unverzüglich über den in Absatz 1 genannten Beschluss. [2]Er setzt die Kommission hiervon in Kenntnis. [3]Der Beschluss wird unverzüglich auf der Website des Ausschusses veröffentlicht, nachdem die Aufsichtsbehörde den in Absatz 6 genannten endgültigen Beschluss mitgeteilt hat.

(6) [1]Die federführende Aufsichtsbehörde oder gegebenenfalls die Aufsichtsbehörde, bei der die Beschwerde eingereicht wurde, trifft den endgültigen Beschluss auf der Grundlage des in Absatz 1 des vorliegenden Artikels genannten Beschlusses unverzüglich und spätestens einen Monat, nachdem der Europäische Datenschutzausschuss seinen Beschluss mitgeteilt hat. [2]Die federführende Aufsichtsbehörde oder gegebenenfalls die Aufsichtsbehörde, bei der die Beschwerde eingereicht wurde, setzt den Ausschuss von dem Zeitpunkt, zu dem ihr endgültiger Beschluss dem Verantwortlichen oder dem Auftragsverarbeiter bzw. der betroffenen Person mitgeteilt wird, in Kenntnis. [3]Der endgültige Beschluss der betroffenen Aufsichtsbehörden wird gemäß

Artikel 60 Absätze 7, 8 und 9 angenommen. [4]Im endgültigen Beschluss wird auf den in Absatz 1 genannten Beschluss verwiesen und festgelegt, dass der in Absatz 1 des vorliegenden Artikels genannte Beschluss gemäß Absatz 5 auf der Website des Ausschusses veröffentlicht wird. [5]Dem endgültigen Beschluss wird der in Absatz 1 des vorliegenden Artikels genannte Beschluss beigefügt.

- *ErwG: 136, 138*
- *BDSG n.F.: §§ 17, 18, 19*

Übersicht

Literatur: *Dehmel/Hullen* Auf dem Weg zu einem zukunftsfähigen Datenschutz in Europa?, ZD 2013, 147; *Nguyen* Die zukünftige Datenschutzaufsicht in Europa; ZD 2015, 265; *Paal/Pauly* Datenschutz-Grundverordnung, 2017; *Piltz* Die Datenschutz-Grundverordnung Teil 5: Internationale Zusammenarbeit, Rechtsbehelfe und Sanktionen K&R 2017, 85.

A. Einordnung und Kontext[1]

I. Erwägungsgründe

ErwG 136 macht Vorgaben für ein zügiges und reibungsloses Verfahren vor dem EDSA. Gefordert werden Fristen, innerhalb derer Stellungnahmen abgegeben werden sollten. Nach ErwG 136 S. 1 sollte bei Anwendung des Kohärenzverfahrens der Ausschuss, falls von der Mehrheit seiner Mitglieder so entschieden wird oder falls eine andere betroffene Aufsichtsbehörde oder die Kommission darum ersuchen, binnen einer festgelegten Frist eine Stellungnahme abgeben. Das ist nachvollziehbar, denn das Verfahren vor dem EDSA verzögert das Verfahren vor der Aufsichtsbehörde bis eine Stellungnahme vorliegt. Im Interesse der auf nationaler Ebene am Verwaltungsverfahren Beteiligten, sollte es zu keinen unnötigen Verzögerungen kommen. 1

1 Die Verfasserin vertritt hier ihre persönliche Auffassung, die nicht notwendig der Auffassung des Hessischen Datenschutzbeauftragten entspricht.

ErwG 136 S. 2 fordert für den Fall der Streitigkeiten den Erlass rechtsverbindlicher Beschlüsse durch den Ausschuss. Nach Satz 3 sollte er zu diesem Zweck in klar bestimmten Fällen, in denen die Aufsichtsbehörden insb. im Rahmen des Verfahrens der Zusammenarbeit zwischen der federführenden Aufsichtsbehörde und den betroffenen Aufsichtsbehörden widersprüchliche Standpunkte zu dem Sachverhalt, vor allem in der Frage, ob ein Verstoß gegen diese Verordnung vorliegt, vertreten, grundsätzlich mit einer Mehrheit von zwei Dritteln seiner Mitglieder rechtsverbindliche Beschlüsse erlassen.

2 Die Anwendung des Kohärenzverfahrens sollte nach **ErwG 138 S. 1** in den Fällen, in denen es verbindlich vorgeschrieben ist, eine Bedingung für die Rechtmäßigkeit einer Maßnahme einer Aufsichtsbehörde sein, die rechtliche Wirkungen entfalten soll. Nach **ErwG 138 S. 2** sollte in Fällen von grenzüberschreitender Relevanz das Verfahren der Zusammenarbeit zwischen der federführenden Aufsichtsbehörde und den betroffenen Aufsichtsbehörden zur Anwendung gelangen, und die betroffenen Aufsichtsbehörden können auf bilateraler oder multilateraler Ebene Amtshilfe leisten und gemeinsame Maßnahmen durchführen, ohne auf das Kohärenzverfahren zurückzugreifen. Im Fall von Streitigkeiten kommen die Aufsichtsbehörden aber unter Umständen ohne die Streitbeilegung durch den Ausschuss nicht mehr aus.

II. Genese

3 Aufgrund der Vorschläge von Europäischem Rat und Europäischem Parlament ist Art. 65 in der heutigen Fassung in die DS-GVO aufgenommen worden. Die Art.-29-Datenschutzgruppe hatte sich hierfür in ihrer Erklärung vom 16.4.2014, Ziff. 5 ausgesprochen.[2]

III. Aufsicht, Ausschuss, Leitlinien

4 Bislang fehlt es noch an verbindlichen relevanten Informationen für diese Rubrik.

B. Kommentierung

I. DS-GVO

5 **1. Allgemeines.** Neben den Stellungnahmen nach Art. 64 kann der EDSA in Fallgestaltungen nach Art. 65 streitbeilegende Beschlüsse fassen. Art. 65 behandelt die Streitbeilegung in Einzelfällen.[3] Auch das dient der Sicherstellung der ordnungsgemäßen und einheitlichen Anwendung der DS-GVO durch die europäischen Mitgliedstaaten. Dem EDSA wurde durch die DS-GVO die Befugnis übertragen, bei Streitigkeiten zwischen den Aufsichtsbehörden rechtsverbindliche Beschlüsse zu erlassen[4].

6 **2. Fallgruppen.** Nach Art. 65 Abs. 1 gibt es **drei Fallgruppen,** in denen der EDSA verbindliche Beschlüsse erlassen kann.

7 **a) Fallgruppe 1 (Art. 65 Abs. 1 lit. a).** Die erste Fallgruppe bezieht sich auf Streit, der im Rahmen des Verfahrens der Zusammenarbeit nach Art. 60 ff. entstehen kann. Nach Art. 60 Abs. 3 S. 1 hat die federführende Behörde im Rahmen der Zusammenarbeit

2 Paal/Pauly-*Körffer* Art. 65, Rn. 1; s.a. *Dehmel/Hullen* ZD 2013, 151; *Nguyen* ZD 2015, 265 ff.
3 S. dazu *Piltz* K&R 2017, 87.
4 ErwG 136, S. 2.

zwischen federführender und betroffener Behörde bzw. betroffenen Behörden, unverzüglich die zweckdienlichen Informationen zu der Angelegenheit zu übermitteln. Nach Art. 60 Abs. 3 S. 2 legt die federführende Aufsichtsbehörde den anderen betroffenen Aufsichtsbehörden unverzüglich einen Beschlussentwurf zur Stellungnahme vor und trägt deren Standpunkten gebührend Rechnung. Wenn nun die betroffene Aufsichtsbehörde in einem Fall nach Art. 60 Abs. 4 einen maßgeblichen und begründeten Einspruch gegen den Beschlussentwurf der federführenden Behörde eingelegt hat oder die federführende Behörde einen solchen Einspruch als nicht maßgeblich oder nicht begründet abgelehnt[5] hat, dann kann der EDSA um einen verbindlichen Beschluss zwecks Streitbeilegung im Sinne der **ersten Fallgruppe** gem. Art. 65 Abs. 1 lit. a angerufen werden. Art. 65 Abs. 1 lit. a gibt den Umfang des rechtsverbindlichen Beschlusses vor. Der verbindliche Beschluss umfasst alle Angelegenheiten, die Gegenstand des maßgeblichen und begründeten Einspruchs sind, insbesondere die Frage, ob ein Verstoß gegen diese Verordnung vorliegt[6]. Vorlageberechtigt vor dem Ausschuss ist die betroffene oder die federführende Behörde.

b) Fallgruppe 2 (Art. 65 Abs. 1 lit. b). Der EDSA ist außerdem nach Art. 65 Abs. 1 lit. b mit Streitigkeiten über die **Zuständigkeit einer betroffenen Aufsichtsbehörde** zu befassen **(zweite Fallgruppe).** Das ist nach lit. b dann der Fall, wenn es zwischen betroffenen Aufsichtsbehörden streitig ist, welche der betroffenen Aufsichtsbehörden in der Union für die Hauptniederlassung[7] eines Verantwortlichen oder Auftragsverarbeiters i.S.d. Art. 4 Nr. 16 zuständig ist. Vorlageberechtigt sind die betroffenen Aufsichtsbehörden. **8**

c) Fallgruppe 3 (Art. 65 Abs. 1 lit. c). Die **dritte Fallgruppe** bezieht sich auf die Fälle, in denen eine zuständige Aufsichtsbehörde keine Stellungnahme i.S.d. Art. 64 Abs. 1 einholt oder der Stellungnahme des Ausschusses gem. Art. 64 nicht folgt. Vorlageberechtigt ist in dieser Fallgruppe jede betroffene Aufsichtsbehörde oder die Kommission. **9**

3. Verfahren vor dem Ausschuss (Art. 65 Abs. 2–4). Das Verfahren vor dem Ausschuss ist in seinen wesentlichen Bestandteilen in Art. 65 geregelt. Darüber hinaus werden Einzelheiten in der Geschäftsordnung des EDSA zu regeln sein. Geregelt ist in Art. 65 das Verfahren bei Annahme des Beschlusses und zudem der Fall, dass der Beschluss nicht rechtzeitig angenommen wird. **10**

a) Bei Annahme des Beschlusses (Fristen/Inhalt). Zu der Frage wie die Befassung des Ausschusses in einer Angelegenheit nach Art. 65 Abs. 1 lit. a–c eingeleitet wird, enthält die DSGVO keine Hinweise. Es werden nur wesentliche Bestandteile des Verfahrens ausdrücklich festgeschrieben. Gemäß Art. 65 Abs. 2 S. 1 wird der Beschluss i.S.v. Art. 65 Abs. 1 **innerhalb eines Monats** nach Befassung des EDSA mit der Angelegenheit angenommen. Für die Annahme des verbindlichen Beschlusses ist eine **2/3 Mehrheit der Mitglieder** des Ausschusses erforderlich. Wegen der Komplexität der Angelegenheit kann die Frist von einem um **einen weiteren Monat** verlängert werden (Art. 65 Abs. 2 S. 2). **11**

---

5 Art. 65 Abs. 1 lit. a S. 1.
6 Art. 65 Abs. 1 lit. a S. 2.
7 S. auch ErwG 36.

12 Gemäß Art. 65 Abs. 2 S. 3 ist der Beschluss zu begründen und nach Art. 74 i.V.m. Art. 65 Abs. 2 S. 3 von dem oder der Vorsitzenden des EDSA an die federführende und alle betroffenen Aufsichtsbehörden zu übermitteln. Der Beschluss ist für diese Beteiligten verbindlich.

13 **b) Nicht rechtzeitige Annahme des Beschlusses i.S.d. Art. 65 Abs. 3.** Vorkehrungen trifft die Regelung auch für ganz besonders streitige Fälle. Wenn der EDSA nicht in der Lage war, innerhalb der zwei Monate nach Abs. 2 den Beschluss anzunehmen, dann kommt eine **Nachfrist von 2 Wochen** zum Tragen. Diese beginnt mit Ablauf des in Abs. 2 genannten zweiten Monats. Für die Annahme des verbindlichen Beschlusses ist nun nur noch statt der zweidrittel Mehrheit aller Mitglieder die **einfache Mehrheit der Mitglieder** des EDSA erforderlich.

14 Sollte es bei der Abstimmung zu **Stimmgleichheit** kommen, dann gibt gem. Art. 65 Abs. 3 S. 2 die Stimme des oder der Vorsitzenden den Ausschlag.

15 **4. Entscheidung der Aufsichtsbehörde.** Nach Art. 65 Abs. 4 nehmen die vom Streit betroffenen Aufsichtsbehörden vor Ablauf der in den Absätzen 2 und 3 genannten Fristen über die dem Ausschuss vorgelegte Angelegenheit keinen Beschluss an. Solang ruht das nationale Verfahren. Das ist für die am nationalen Verfahren Beteiligten unter Umständen unbefriedigend. Aber durch die klaren Fristenvorgaben halten sich die Phasen in Grenzen und sind vor allem bis zu einem gewissen Grad vorhersehbar.

16 **5. Der Europäische Datenschutzbeauftragte.** Nach Art. 68 Abs. 6 gilt für den Europäischen Datenschutzbeauftragten in diesem Verfahren nach Art. 65 eine Einschränkung. Der Europäische Datenschutzbeauftragte ist in Fällen des Art. 65 nur bei verbindlichen Beschlüssen stimmberechtigt, die Grundsätze und Vorschriften betreffen, die für die Organe, Einrichtungen, Ämter und Agenturen der Union gelten und inhaltlich den Grundätzen und Vorschriften dieser Verordnung entsprechen[8].

17 **6. Verfahren des Vorsitzes nach Beschlussfassung (Art. 65 Abs. 5).** Nach Art. 65 Abs. 5 S. 1 hat der Vorsitz des EDSA die betroffenen Aufsichtsbehörden unverzüglich über den in Abs. 1 genannten Beschluss zu unterrichten. Der Vorsitz hat gem. Art. 65 Abs. 5 S. 2 die Kommission davon in Kenntnis zu setzen. Der begründete Beschluss ist für die federführende Aufsichtsbehörde und alle betroffenen Aufsichtsbehörden **verbindlich** (Art. 65 Abs. 2 S. 3).

18 **7. Annahme des endgültigen Beschlusses (Art. 65 Abs. 6).** Das Verfahren zur Annahme des endgültigen Beschlusses ist in Art. 65 Abs. 6 S. 1, 3, 4, 5 und Art. 60 Abs. 7–9 beschrieben.

19 Die federführende Behörde oder ggf. die Aufsichtsbehörde, bei der die Beschwerde eingelegt wurde (one-stop-shop), trifft den **endgültigen Beschluss** auf der Grundlage des übermittelten verbindlichen Beschlusses des EDSA. Sie trifft den endgültigen Beschluss unverzüglich. Nach Art. 65 Abs. 6 S. 1 trifft sie den endgültigen Beschluss unverzüglich und spätestens in einer Frist von **einem Monat**, nachdem der EDSA seinen Beschluss mitgeteilt hat.

8 Vgl. Art. 68 Abs. 6.

Die federführende Aufsichtsbehörde erlässt gem. Art. 60 Abs. 7 S. 1 den Beschluss und teilt ihn der Hauptniederlassung oder der einzigen Niederlassung des Verantwortlichen oder ggf. des Auftragsverarbeiters mit und setzt die anderen betroffenen Aufsichtsbehörden und den Ausschuss von dem betreffenden Beschluss einschließlich einer Zusammenfassung der maßgeblichen Fakten und Gründe in Kenntnis. Die Aufsichtsbehörde, bei der eine Beschwerde eingereicht worden ist, unterrichtet den Beschwerdeführer über den Beschluss (one-stop-shop). **20**

Wird eine Beschwerde abgelehnt oder abgewiesen, so erlässt nach Art. 60 Abs. 8 die Aufsichtsbehörde, bei der die Beschwerde eingereicht wurde, abweichend von Art. 60 Abs. 7 den Beschluss, teilt ihn dem Beschwerdeführer mit und setzt den Verantwortlichen in Kenntnis. **21**

Sind sich nach Art. 60 Abs. 9 die federführende Aufsichtsbehörde und die betreffenden Aufsichtsbehörden darüber einig, Teile der Beschwerde abzulehnen oder abzuweisen und bzgl. anderer Teile dieser Beschwerde tätig zu werden, so wird in dieser Angelegenheit für jeden dieser Teile ein eigener Beschluss erlassen. Die federführende Aufsichtsbehörde erlässt den Beschluss für den Teil, der das Tätigwerden in Bezug auf den Verantwortlichen betrifft, teilt ihn der Hauptniederlassung oder einzigen Niederlassung des Verantwortlichen oder des Auftragsverarbeiters im Hoheitsgebiet ihres Mitgliedstaats mit und setzt den Beschwerdeführer hiervon in Kenntnis, während die für den Beschwerdeführer zuständige Aufsichtsbehörde den Beschluss für den Teil erlässt, der die Ablehnung oder Abweisung dieser Beschwerde betrifft, und ihn diesem Beschwerdeführer mitteilt und den Verantwortlichen oder den Auftragsverarbeiter hiervon in Kenntnis setzt. **22**

Die Aufsichtsbehörde muss bei der Ausführung der Beschlüsse nach Art. 60 Abs. 7–9 darauf achten, dass im endgültigen Beschluss gemäß Art. 65 Abs. 6 S. 4 auf den in Abs. 1 genannten Beschluss zu verweisen und festzulegen bzw. hinzuweisen[9] ist, dass der in Abs. 1 des vorliegenden Artikels genannte Beschluss gemäß Art. 65 Abs. 5 auf der Webseite des Ausschusses veröffentlicht wird. Dem endgültigen Beschluss ist gemäß Art. 65 Abs. 6 S. 5 der in Abs. 1 des vorliegenden Artikels genannte Beschluss beizufügen. **23**

8. Veröffentlichung durch den EDSA (Abs. 5 S. 2). Der endgültige Beschluss wird unverzüglich auf der Webseite des Ausschusses veröffentlicht, nachdem die Aufsichtsbehörde den in Art. 65 Abs. 6 genannten endgültigen Beschluss nach Art. 65 Abs. 6 S. 2 mitgeteilt hat. **24**

9. Rechtsschutz. Jede natürliche oder juristische Person hat das Recht, unter den in **Art. 263 AEUV** genannten Voraussetzungen beim EuGH eine **Klage auf Nichtigerklärung** eines Beschlusses des Ausschusses zu erheben. Als Adressaten solcher Beschlüsse müssen die betroffenen Aufsichtsbehörden, die diese Beschlüsse anfechten möchten, binnen **zwei Monaten** nach deren Übermittlung gemäß Art. 263 AEUV Klage erheben. Sofern Beschlüsse des Ausschusses einen Verantwortlichen, einen Auftragsverarbeiter oder den Beschwerdeführer unmittelbar und individuell betref- **25**

9 Im englischen Text der DS-GVO heißt es „shall specify that". Das „festlegen" ist unglücklich übersetzt worden. Es ist wohl eher in dem Sinne gemeint, dass der Beschluss diesen Hinweis enthalten sollte engl. shall = werden, soll, und engl. specify = aufführen, etwas angeben, beachsichtigen, genau angeben.

fen, so können diese Personen binnen zwei Monaten nach Veröffentlichung der Betreffenden Beschlüsse auf der Webseite des Ausschusses im Einklang mit Art. 263 AEUV eine Klage auf Nichtigerklärung erheben.[10]

26 Wird ein Beschluss einer Aufsichtsbehörde zur Umsetzung eines Beschlusses des Ausschusses in Frage gestellt, so hat das einzelstaatliche Gericht nicht die Befugnis, den Beschluss des Ausschusses für nichtig zu erklären, sondern es muss im Einklang mit Art. 267 AEUV in der Auslegung des Gerichtshofs den Gerichtshof mit der Frage der Gültigkeit befassen, wenn es den Beschluss für nichtig hält.[11]

27 Ein einzelstaatliches Gericht darf den EuGH nicht auf Anfrage einer natürlichen oder juristischen Person mit Fragen der Gültigkeit des Beschlusses des Ausschusses befassen, wenn diese Person Gelegenheit hatte, eine Klage auf Nichtigerklärung dieses Beschlusses zu erheben – insbesondere, wenn sie unmittelbar und individuell von dem Beschluss betroffen war-, diese Gelegenheit jedoch nicht innerhalb der Frist gemäß Art. 263 AEUV genutzt hat.[12]

II. BDSG n.F.

28 Einzelheiten zur Gestaltung der Verfahren und Struktur auf nationaler Ebene orientiert sich in Deutschland nach §§ 17–19 BDSG. Auf dieser Basis werden Überlegungen für das Verfahren vor der zentralen Anlaufstelle zu machen sein und für die Geschäftsordnung der Konferenz der unabhängigen Datenschutzaufsichtsbehörden des Bundes und der Länder.

C. Praxishinweise

I. Betroffene Personen

29 Betroffene Personen sind am Verfahren vor dem Ausschuss nicht beteiligt.

II. Unternehmen/Verantwortlicher

30 Unternehmen/Verantwortliche sind am Verfahren vor dem Ausschuss nicht beteiligt.

III. Öffentliche Stellen

31 Eine Betroffenheit der öffentlichen Stellen ist derzeit nicht ersichtlich.

IV. Aufsicht

32 In der Geschäftsordnung des EDSA werden hierzu Regelungen zu treffen sein. Dieses Verfahren können die Aufsichtsbehörden über ihre Beteiligung an der Art. 29-Gruppe erreichen. Mit der Erstellung der Geschäftsordnung und Leitlinien ist die Art. 29-Datenschutzgruppe noch befasst. Zu klären sind in der Geschäftsordnung des EDSA unter anderem noch Fragen wie die Form der Eingabe, die Befassung in der Sitzung oder im Umlaufverfahren. Die Art.-29-Datenschutzgruppe kennt beispielsweise das schriftliche Umlaufverfahren. Zu klären ist auch die Frage wer sich wann und wie auf die Komplexität einer Sache berufen kann und damit eine Verlängerung der Frist erwirken kann.

---

10 S. ErwG 143; s.a. *Piltz* K&R 2017, 87, 89.
11 ErwG 143 S. 10; *Piltz* K&R 2017, 88.
12 ErwG 143 S. 11.

Artikel 66 Dringlichkeitsverfahren

(1) [1]Unter außergewöhnlichen Umständen kann eine betroffene Aufsichtsbehörde abweichend vom Kohärenzverfahren nach Artikel 63, 64 und 65 oder dem Verfahren nach Artikel 60 sofort einstweilige Maßnahmen mit festgelegter Geltungsdauer von höchstens drei Monaten treffen, die in ihrem Hoheitsgebiet rechtliche Wirkung entfalten sollen, wenn sie zu der Auffassung gelangt, dass dringender Handlungsbedarf besteht, um Rechte und Freiheiten von betroffenen Personen zu schützen. [2]Die Aufsichtsbehörde setzt die anderen betroffenen Aufsichtsbehörden, den Ausschuss und die Kommission unverzüglich von diesen Maßnahmen und den Gründen für deren Erlass in Kenntnis.

(2) Hat eine Aufsichtsbehörde eine Maßnahme nach Absatz 1 ergriffen und ist sie der Auffassung, dass dringend endgültige Maßnahmen erlassen werden müssen, kann sie unter Angabe von Gründen im Dringlichkeitsverfahren um eine Stellungnahme oder einen verbindlichen Beschluss des Ausschusses ersuchen.

(3) Jede Aufsichtsbehörde kann unter Angabe von Gründen, auch für den dringenden Handlungsbedarf, im Dringlichkeitsverfahren um eine Stellungnahme oder gegebenenfalls einen verbindlichen Beschluss des Ausschusses ersuchen, wenn eine zuständige Aufsichtsbehörde trotz dringenden Handlungsbedarfs keine geeignete Maßnahme getroffen hat, um die Rechte und Freiheiten von betroffenen Personen zu schützen.

(4) Abweichend von Artikel 64 Absatz 3 und Artikel 65 Absatz 2 wird eine Stellungnahme oder ein verbindlicher Beschluss im Dringlichkeitsverfahren nach den Absätzen 2 und 3 binnen zwei Wochen mit einfacher Mehrheit der Mitglieder des Ausschusses angenommen.

- *ErwG: 137, 138*
- *BDSG n.F.: §§ 17, 18, 19*

Übersicht

Literatur: *Albrecht/Jotzo* Das neue Datenschutzrecht der EU, 2017; *Vedder/Heintschel von Heinegg* Europäisches Unionsrecht, 2012.

A. Einordnung und Kontext[1]

I. Erwägungsgründe

1 Nach **ErwG 137** sind in der DS-GVO Vorkehrungen für Eilfälle zu treffen. Es kann dringender Handlungsbedarf zum Schutz der Rechte und Freiheiten von betroffenen Personen bestehen, insbesondere wenn eine erhebliche Behinderung der Durchsetzung des Rechts einer betroffenen Person droht. Eine Aufsichtsbehörde sollte daher hinreichend begründete einstweilige Maßnahmen in ihrem Hoheitsgebiet mit einer festgelegten Geltungsdauer von **höchstens drei Monaten** erlassen können.

2 Die Anwendung dieses Verfahrens sollte in den Fällen, in denen sie verbindlich vorgeschrieben ist, eine **Bedingung für die Rechtmäßigkeit** einer Maßnahme einer Aufsichtsbehörde sein, die rechtliche Wirkungen entfalten soll. In anderen Fällen von grenzüberschreitender Relevanz sollte das Verfahren der Zusammenarbeit zwischen der federführenden Aufsichtsbehörde und den betroffenen Aufsichtsbehörden zur Anwendung gelangen, und die betroffenen Aufsichtsbehörden können auf bilateraler oder multilateraler Ebene Amtshilfe leisten und gemeinsame Maßnahmen durchführen, ohne auf das Kohärenzverfahren zurückzugreifen.

II. BDSG

3 Die Anforderungen an eine nationale Koordinierung und adäquate Beteiligung am Verfahren vor dem EDSA ergibt sich aus den §§ 17, 18 und 19 BDSG.

III. Genese

4 Das Dringlichkeitsverfahren entspricht weitestgehend dem Vorschlag der Kommission. Im Trilogverfahren wurden kaum Änderungen vorgenommen.

IV. Aufsicht, Ausschuss, Leitlinien

5 Die Art.-29-Datenschutzgruppe arbeitet an einem Papier und Leitlinien zum Verfahren nach Art. 66.

B. Kommentierung

I. DS-GVO

6 **1. Allgemeines.** Eine Folge des Kohärenzverfahrens nach Art. 64 und 65 ist, dass die federführende oder die betroffene Aufsichtsbehörde solange keinen verbindlichen Beschluss fassen dürfen, solange der Ausschuss keine Stellungnahme und keinen verbindlichen Beschluss gefasst hat. Die Abstimmung im Kohärenzverfahren nach Art. 64 und 65 erfordert ausweislich der dort festgelegten Fristen Zeit. Die in Fällen grenzüberschreitender Datenverarbeitung nach Art. 63 ff. erforderliche Abstimmung soll nicht zu schweren und unzumutbaren Nachteilen bei den Betroffenen führen. Daher werden in Art. 66 Regelungen für sog. Eilfälle, Fälle von Dringlichkeit, getroffen. Art. 66 erlaubt einstweilige Maßnahmen und ein beschleunigtes Eilverfahren vor dem EDSA. Das interadministrative Kohärenzverfahren muss sicherstellen, dass auch während des Verfahrens bei der Ausübung von Abhilfebefugnissen oder in Bezug auf Beschwerden effektiver Individualrechtsschutz gewährleistet werden kann.

---

1 Die Verfasserin vertritt hier ihre persönliche Auffassung, die nicht notwendig der Auffassung des Hessischen Datenschutzbeauftragten entspricht.

Der Schutz natürlicher Personen bei der Verarbeitung personenbezogener Daten ist ein Grundrecht. Gemäß Art. 8 Abs. 1 GRCh sowie Art. 16 Abs. 1 AEUV hat jede Person das Recht auf Schutz der sie betreffenden personenbezogenen Daten.[2] Diese Verordnung soll zur Vollendung eines Raums der Freiheit, der Sicherheit und des Rechts und einer Wirtschaftsunion, zum wirtschaftlichen und sozialen Fortschritt, zur Stärkung und zum Zusammenwachsen der Volkswirtschaften innerhalb des Binnenmarktes sowie zum Wohlergehen natürlicher Personen beitragen.[3] Die Verarbeitung personenbezogener Daten sollte im Dienste der Menschheit stehen. Das Recht auf Schutz personenbezogener Daten ist kein uneingeschränktes Recht; es muss im Hinblick auf seine gesellschaftliche Funktion gesehen und unter Wahrung des Verhältnismäßigkeitsprinzips gegen andere Grundrechte abgewogen werden.[4] 7

Diese Verordnung steht im Einklang mit allen Grundrechten und achtet alle Freiheiten und Grundsätze, die mit der GRCh anerkannt wurden und in den Europäischen Verträgen verankert sind, insbesondere Achtung des Privat- und Familienlebens, der Wohnung und der Kommunikation, Schutz personenbezogener Daten, Gedanken-, Gewissen- und Religionsfreiheit, Recht auf einen wirksamen Rechtsbehelf und ein faires Verfahren und Vielfalt der Kulturen, Religionen und Sprachen.[5] Das Dringlichkeitsverfahren steht in diesem Kontext. Art. 66 setzt dringenden Handlungsbedarf zum Schutz der Rechte und Freiheiten von betroffenen Personen, insbesondere wenn eine erhebliche Behinderung der Durchsetzung des Rechts einer betroffenen Person droht[6]. 8

Das Dringlichkeitsverfahren nach Art. 66 ist in **drei Fallgestaltungen** aufgeteilt. Fall 1 und 2 sind voneinander abhängig. Nach Art. 66 Abs. 1 kann die betroffene Aufsichtsbehörde auf ihrem Territorium eine zeitlich begrenzte, vorläufige Maßnahme erlassen. Nach Art. 66 Abs. 2 kann sie eine endgültige **Eil-Stellungnahme** oder einen verbindlichen **Eil-Beschluss** im verkürzten Verfahren nach Art. 64, bzw. Art. 65 beantragen, wenn sie bereits eine Maßnahme nach Art. 66 Abs. 1 erlassen hat. Im dritten Fall kann jede Aufsichtsbehörde unter den Voraussetzungen des Art. 66 Abs. 3 einen Dringlichkeitsantrag um eine Eil-Stellungnahme[7] i.S.d. Art. 64 oder einen Eil-Beschluss[8] i.S.d. Art 65 beantragen. Die Bedeutung im Einzelnen werden in den Rn. 10 ff. aufgezeigt. 9

2. Dringlichkeitsverfahren nach Art. 66 Abs. 1. Das Dringlichkeitsverfahren nach Art. 66 Abs. 1 S. 1 ermächtigt unter bestimmten Voraussetzungen jede betroffene Aufsichtsbehörde in Ergänzung zu Art. 58, eine sofortige einstweilige Maßnahme mit festgelegter Geltungsdauer von höchstens drei Monaten zu treffen. Die rechtliche Wirkung der Maßnahme ist auf das Hoheitsgebiet der zuständigen Aufsichtsbehörde beschränkt. 10

---

2 ErwG 1; s.a. *Albrecht/Jotzo* 2017, 36, 38; Vedder/Heintschel von Heidegg-*Folz* Europäisches Unionsrecht, 283 ff.
3 ErwG 2, S. 2.
4 ErwG 4 S. 1.
5 ErwG 4 S. 2.
6 ErwG 136, S. 1.
7 Urgent-opinion (engl.).
8 Urgent-binding (engl.).

11 **a) Dringender Handlungsbedarf.** Voraussetzung für ein Dringlichkeitsverfahren nach Art. 66 Abs. 1 sind außergewöhnliche, außerordentliche Umstände[9]. Die Aufsichtsbehörde muss zu der Auffassung gelangen, dass dringender Handlungsbedarf besteht. Dringender Handlungsbedarf ist gem. Art. 66 Abs. 1 S. 1 gegeben, wenn es um den Schutz von Rechten und Freiheiten von betroffenen Personen geht, insbesondere wenn eine erhebliche Behinderung der Durchsetzung des Rechts einer betroffenen Person droht.[10]

12 **b) Abwägung.** Die Aufsichtsbehörde muss in ihrer Entscheidung verschiedene Punkte gegeneinander abwägen. Unter anderem ist Folgendes zu berücksichtigen:

- Ist die Eilmaßnahme wirklich notwendig?
- Warum kann das Verfahren nach Art. 64 bzw. 65 nicht abgewartet werden? Es muss eine erhebliche Behinderung der Durchsetzung des Rechts der betroffenen Person drohen.
- Ist die Maßnahme geeignet, die Lage interimsweise zu sichern?
- Kann die Maßnahme im Zweifelsfall rückgängig gemacht werden? Wenn z.B. Daten gelöscht würden, wären sie im Regelfall unwiederbringlich, also wäre eine Sperre die mildere, aber noch geeignete Maßnahme.

Die Aufsichtsbehörde muss drauf achten, dass die Maßnahme aus ihrer Sicht unionsrechtskonform ist und die Verwirklichung von Unionsrecht nicht praktisch unmöglich gemacht wird.[11] Außerdem muss eine einheitliche Anwendung des Unionsrechts in allen Mitgliedstaaten gewährleistet sein.[12]

13 **c) Mitteilungspflicht.** Nach Art. 66 Abs. 1 S. 2 hat die Aufsichtsbehörde die anderen betroffenen Aufsichtsbehörden, den Ausschuss und die Kommission **unverzüglich** von diesen Maßnahmen und den Gründen für deren Erlass in Kenntnis zu setzen. Auch hier liegt unverzügliches Handeln vor, wenn „ohne schuldhaftes Zögern" gehandelt wird. Dennoch bleibt abzuwarten, wie die endgültigen elektronischen Wege für die Übermittlung im europäischen Verbund ausgestaltet sind. Art. 66 Abs. 1 S. 2 stellt für die Unverzüglichkeit der Mitteilung auf den Erlass der Maßnahme ab. Also hat die Mitteilung nach dem Erlass, mithin gleichzeitig mit oder nach Mitteilung an den Betroffenen zu erfolgen.

14 Die Darstellung der Maßnahme und die Gründe müssen den Ausnahmetatbestand nachvollziehbar darlegen. Es muss für den Empfänger der Mitteilung deutlich nachvollziehbar sein, dass in diesem konkreten Einzelfall im Zeitpunkt der Entscheidung Handlungsbedarf bestand und dass ein Abwarten auf den Ausgang der Verfahren nach Art. 60, 63–65 durch die zeitliche Verzögerung eine erhebliche Behinderung der Durchsetzung des Rechts einer betroffenen Person drohe. Diese Anforderung dürfte Rechtsmäßigkeitsvoraussetzung für diese Eilmaßnahme nach Art. 66 Abs. 1 sein.

15 **d) Maßnahmen – Anwendungspraxis.** Mangels Anwendungspraxis fehlt es noch an Praxisbeispielen, aber denkbar wäre ein vorübergehender Entzug einer Zertifizierung, die Anordnung an eine akkreditierte Stelle, vorübergehend eine Zertifizierung zu entziehen, oder auch die vorübergehende Beschränkung, inklusive kurzzeitigem Verbot,

9 Exceptional circumstances (engl.).
10 S. ErwG 136, S. 1.
11 *EuGH* v. 20.3.1997 – Rs. C-24/95 (Alcan II), Slg. 1997, I-1591.
12 *EuGH* v. 21.9.1983 – Rs C-205/82 (Deutsches Milchkontor), Slg 1983, 2633, Rn. 17.

einer Datenverarbeitung sowie das vorübergehendende Aussetzen von Datenströmen an einen Empfänger in einem Drittland oder an eine internationale Organisation

3. Dringlichkeitsverfahren nach Art. 66 Abs. 2. Mit Art. 66 Abs. 2 trifft die Verordnung eine weitere Vorkehrung zu Sicherung von Rechten zum Ausgleich des zeitlichen Abstimmungsbedarfs zwischen den Aufsichtsbehörden im Rahmen des Kohärenzverfahrens. Nach Art. 66 Abs. 2 kann die zuständige Aufsichtsbehörde auch um eine endgültige Entscheidung im Eilverfahren vor dem EDSA ersuchen und eine Stellungnahme oder einen verbindlichen Beschluss beantragen. Das Eilverfahren nach Art. 66 Abs. 4 verkürzt die Fristen nach Art. 64 Abs. 3 und Art. 65 Abs. 2. Im Dringlichkeitsverfahren nach Art. 66 Abs. 4 i.V.m. Art. 64 oder 65 beträgt die Frist zur Beschlussfassung **zwei Wochen** und der Beschluss kann mit **einfacher Mehrheit** der Mitglieder des Ausschusses angenommen werden. **16**

Das Eilverfahren setzt voraus, dass die Aufsichtsbehörde bereits nach Art. 66 Abs. 1 eine vorläufige Maßnahme erlassen hat. **17**

In dem Antrag muss der Hinweis auf das bereits erfolgte Vorgehen derselben Aufsichtsbehörde nach Art. 66 Abs. 1 enthalten sein und eine Begründung dafür beigefügt werden, dass das Zuwarten auf ein Verfahren nach Art. 64 oder Art. 65 mit dem normalen Lauf der vorgesehenen Fristen nicht zumutbar ist und eine erhebliche Behinderung der Durchsetzung des Rechts einer betroffenen Person droht. Die Eilbedürftigkeit muss nachvollziehbar sein. Ob darunter beispielweise die Frage zu erörtern ist, dass in diesem Einzelfall diese konkrete Maßnahme im normalen Verfahren mit hoher Wahrscheinlichkeit getroffen werden wird, ist noch zu klären. In jedem Fall muss aus dem Antrag hervorgehen, dass in diesem Fall dringend eine endgültige Maßnahme erlassen werden muss. In dem gemäß Art. 66 Abs. 4 gekürzten Verfahren kann die Eil-Stellungnahme oder der verbindlichen Eil-Beschluss innerhalb von **2 Wochen** erwirkt werden. Dadurch, dass es nur eine **einfache Mehrheit** der Mitglieder des Ausschusses braucht, sind umso höhere inhaltliche Anforderungen an das Verfahren zu stellen. **18**

4. Dringlichkeitsverfahren nach Art. 66 Abs. 3. Darüber hinaus kann jede betroffene Aufsichtsbehörde (in den EU-Mitgliedstaaten) im Dringlichkeitsverfahren nach Art. 66 Abs. 3 den EDSA um eine Stellungnahme oder einen verbindlichen Beschluss im Eilverfahren ersuchen. Betroffene Aufsichtsbehörde ist i.S.d. Art. 4 Nr. 22 die Aufsichtsbehörde, die von der der Verarbeitung personenbezogener Daten betroffen ist, weil der Verantwortliche oder der Auftragsverarbeiter im Hoheitsgebiet des Mitgliedsstaates dieser Aufsichtsbehörde niedergelassen ist, diese Verarbeitung erhebliche Auswirkungen auf betroffenen Personen mit Wohnsitz im Mitgliedsstaat dieser Aufsichtsbehörde hat oder haben kann oder eine Beschwerde bei dieser Behörde eingereicht wurde. **19**

Ein Verfahren nach Art. 66 Abs. 3 kann eine betroffene Aufsichtsbehörde beantragen, wenn eine zuständige Behörde trotz dringendem Handlungsbedarf **keine geeignete Maßnahme** getroffen hat, um die Rechte und Freiheiten von betroffenen Personen zu beschützen. Unter der Angabe von Gründen für diesen Antrag hat sie hierzu vorzutragen aber auch Gründe für den **dringenden Handlungsbedarf**. Auch für dieses Dringlichkeitsverfahren gilt die kurze Frist und die einfache Mehrheit nach Art. 66 Abs. 4. Nach Art. 66 Abs. 4 beträgt die Frist für die Beschlussfassung abweichend von Art. 64 Abs. 3 bzw. 65 Abs. 2 zwei Wochen. Erforderlich ist eine einfache Mehrheit der Mitglieder des Ausschusses. **20**

II. BDSG

21 Siehe Kommentierung zu Art. 65 Rn. 28.

C. Praxishinweise

22 Im Zusammenhang mit diesem Verfahren liegen noch keine verbindlichen Praxishinweise vor.

Artikel 67 Informationsaustausch

Die Kommission kann Durchführungsrechtsakte von allgemeiner Tragweite zur Festlegung der Ausgestaltung des elektronischen Informationsaustauschs zwischen den Aufsichtsbehörden sowie zwischen den Aufsichtsbehörden und dem Ausschuss, insbesondere des standardisierten Formats nach Artikel 64, erlassen.

Diese Durchführungsrechtsakte werden gemäß dem Prüfverfahren nach Artikel 93 Absatz 2 erlassen.

– *ErwG: 167, 168*

Übersicht

Literatur: *Caspar* Das aufsichtsbehördliche Verfahren nach der EU-Datenschutz-Grundverordnung; ZD 2012, 555; *Dehmel/Hullen* Auf dem Weg zu einem zukunftsfähigen Datenschutz in Europa?, 147; *Hornung* Eine Datenschutz-Grundverordnung für Europa?, ZD 2012, 99; *Kahler* Die Europarechtswidrigkeit der Kommissionsbefugnisse in der Grundverordnung, RDV 2013, 69; *Vedder/Heintschel von Heinegg* Europäisches Unionsrecht, 2012.

A. Einordnung und Kontext

I. Erwägungsgründe

1 Die ErwG 167 und 168 erklären die Aufgabe des Art. 67. Zur Gewährleistung einheitlicher Bedingungen für die Durchführung dieser DS-GVO sollen der Kommission Durchsetzungsbefugnisse übertragen werden, wenn dies in dieser Verordnung vorgesehen ist. Diese Befugnisse sollen nach Maßgabe der Verordnung (EU) Nr. 182/2011 des Europäischen Parlaments und des Rates ausgeübt werden. In diesem Zusammenhang sollte die Kommission besondere Maßnahmen für Kleinunternehmen sowie kleine und mittlere Unternehmen erwägen.[1]

2 Für den Erlass von Durchführungsrechtsakten bzgl. Vorkehrungen für den elektronischen Informationsaustausch zwischen Aufsichtsbehörden und zwischen Aufsichtsbehörden und dem Ausschuss sollte das Prüfverfahren angewandt werden.[2]

1 ErwG 167.
2 ErwG 168.

II. BDSG

3 Im neuen BDSG gibt es keine mit Art. 67 zusammenhängenden Regelungen.

III. Normengenese und Materialien

4 Der Entwurf der KOM[3] hatte eine ganze Reihe von Ermächtigungen für den Erlass von Durchführungsrechtsakten der KOM in Angelegenheiten vorgesehen, die im Kohärenzverfahren behandelt werden. Darunter waren auch Ermächtigungen für Durchführungsakte zur Anwendung der DS-GVO. Verblieben ist in Art. 67 allein die Befugnis zum Erlass eines Durchführungsrechtsaktes von allgemeiner Tragweite, in dem die Festlegung der Ausgestaltung des elektronischen Informationsaustausches zwischen den Aufsichtsbehörden sowie zwischen den Aufsichtsbehörden und dem Ausschuss geregelt ist.

B. Kommentierung

I. DS-GVO

5 Der Kommission wurde mit Art. 67 die Befugnis übertragen, Durchführungsrechtsakte von allgemeiner Tragweite zur Festlegung der Ausgestaltung des elektronischen Informationsaustausches zwischen den Aufsichtsbehörden sowie zwischen den Aufsichtsbehörden und dem EDSA, insbesondere des standardisierten Formats nach Art. 64, zu erlassen.

6 Diese Befugnisübertragung findet Anwendung, da zuweilen eine Überarbeitung bereits verabschiedeter Rechtsakte notwendig ist, um sie an aktuelle Entwicklungen in einem bestimmten Wirtschaftszweig anzupassen oder ihre wirksame Umsetzung sicherzustellen. Parlament und Rat können der Kommission zu diesem Zweck die Befugnis übertragen, einen delegierten oder einen Durchführungsrechtsakt zu erlassen.

7 Die Hauptzuständigkeit für die Umsetzung von EU-Rechtsvorschriften liegt bei den EU-Mitgliedstaaten. In den Bereichen, in denen einheitliche Bedingungen für die Umsetzung notwendig sind, wie z.B. Besteuerung, Landwirtschaft, Binnenmarkt, Gesundheit und Lebensmittelsicherheit und Datenschutz, verabschieden die Kommission – und in Ausnahmefällen auch der Rat – Durchführungsrechtsakte.

8 Bevor die Kommission einen Durchführungsrechtsakt annehmen kann, muss sie grundsätzlich einen Ausschuss konsultieren, in dem alle EU-Länder vertreten sind. Im vorliegenden Fall verweist Art. 93 Abs. 2 auf das Prüfverfahren in Art. 5 VO (EU) Nr. 182/2011 zur Festlegung der allgemeinen Regeln und Grundsätzen, nach denen die Mitgliedstaaten die Wahrnehmung der Durchführungsbefugnisse durch die Kommission kontrollieren. Hierin ist das Prüfverfahren festgelegt, durch das die Mitgliedstaaten den Durchführungsrechtsakt zum Informationsaustausch der Kommission kontrollieren können. Die Verordnung (EU) Nr. 182/2011 setzt Art. 291 AEUV über Durchführungsrechtsakte um.

3 KOM (2012) 11 endg. v. 25.1.2012; s.a. *Hornung* ZD 2013, 105 f.; *Caspar* ZD 2012, 556; *Kahler* RDV 2013, 69 ff.; *Dehmel/Hullen* ZD 2013, 151.

9 Der Ausschuss ermöglicht es den EU-Ländern, die Arbeit der Kommission bis zur Annahme eines Durchführungsrechtsakts zu beaufsichtigen. Dieses Vorgehen wird im EU-Jargon als „Komitologieverfahren"[4] (Ausschussverfahren) bezeichnet.

10 Art. 63 fordert eine effektive Zusammenarbeit der Aufsichtsbehörden im Kohärenzverfahren. Die effektive Zusammenarbeit bedarf eines funktionierenden Informationsaustausches zwischen den Aufsichtsbehörden und dem EDSA. Der in Art. 64 Abs. 4, 5 und 7, Art. 65 Abs. 5, 6 und Art. 66 Abs. 1 geforderte intensive Informationsaustausch kann bei den relativ kurzen Fristen in den Verfahren nach Art. 64, 65 und 66 vor allem mittels eines funktionierenden elektronischen Informationsaustausches gewährleistet werden.

11 Zwar wird nur in Art. 64 Abs. 4 der elektronische Übermittlungsweg unter Verwendung eines standardisierten Formates ausdrücklich genannt, aber mit dem Wortlaut in Art. 67 wird deutlich, dass die Digitalisierung der Kommunikations- und Verwaltungsvorgänge sich auch auf die Art. 65 und 66 des Kohärenzverfahrens bezieht. Art. 67 regelt die Befugnis der Kommission zum Erlass von Durchführungsrechtsakten von allgemeiner Tragweite zur Festlegung der Ausgestaltung des elektronischen Informationsaustausches zwischen den Aufsichtsbehörden sowie zwischen den Aufsichtsbehörden und dem Ausschuss, **insbesondere** des standardisierten Formats nach Art. 64. Das „insbesondere" lässt darauf schließen, dass die anderen Verfahren nach Art. 65 und 66 auch auf dem elektronischen Wege abgewickelt werden können.

12 Der Weg des elektronischen Informationsaustausches wird über **Binnenmarktinformationssystem**[5] **(IMI)** sichergestellt werden[6]. Geregelt ist das IMI in der IMI-Verordnung Verordnung (EU) Nr. 1024/2012[7]. Das IMI wurde von der Europäischen Kommission in Zusammenarbeit mit den Mitgliedstaaten entwickelt, um die grenzüberschreitende europäische Verwaltungszusammenarbeit zu erleichtern und zu verbessern.

13 Die Kommission liefert und wartet die Software und die IT-Infrastruktur für das IMI, gewährleistet die Sicherheit des IMI, verwaltet das Netz der nationalen Koordinatoren und ist in die Schulung und technische Unterstützung der IMI-Nutzer eingebunden[8] Die IT-Sicherheit gilt als gewährleistet. Ein entsprechender Auftrag findet sich im Beschluss der Kommission vom 11.1.2017[9]. Die IMI-Verordnung ist ggf. um aus der

---

4 Weitere Informationen zu diesem Verfahren findet man im Strategiepapier „Instrumentarium für eine bessere Rechtsetzung" (Better regulation „Toolbox"). Dieses Papier ergänzt die Better Regulation Guideline (SWD (2017) 350).

5 Englisch: Internal Market Information System = IMI; http://www.bva.bund.de/DE/Organisation/Abteilungen/Abteilung_VMA/IMI_neu/binnenmarktinformationssystem_imi/binnenmarktinformationssystem_imi_node.html; http://ec.europa.eu/internal_market/imi-net/index_de.htm.

6 S. Kommentierung Art. 63.

7 Verordnung (EU) Nr. 1024/2012 v. 25.10.2012 (des Europäischen Parlaments und des Rates vom 25.10.2012 über die Verwaltungszusammenarbeit mit Hilfe des Binnenmarkt-Informationssystems und zur Aufhebung der Entscheidung 2008/49/EG der Kommission – „IMI-Verordnung").

8 VO (EU) Nr. 1023, 2012, ErwG 9.

9 Beschluss (EU, Euratom) 2017/46 der Kommission v. 10.1.2017 über die Sicherheit von Kommunikations- und Informationssystem in der Europäischen Kommission; Berichtigt durch C-2017/4924 Berichtigung des Beschlusses (EU, Euratom) 2017/46 der Kommission v. 10.1.2017 über die Sicherheit von Kommunikations- und Informationssystemen in der Europäischen Kommission.

DS-GVO erwachsende Bedarfe mittels Durchführungsrechtsakt der Kommission zu ergänzen. DG GROW (Generaldirektion Binnenmarkt, Industrie, Unternehmertum und KMU) ist ebenso wie die Art.-29-Datenschutzgruppe mit ihren Subgroups Cooperation und Enforcement sowie der IT Taskforce mit den Umsetzungsfragen befasst.

Kritik

Auf den ersten Blick scheint sich die Befugnis der Kommission aus Art. 67 nicht mit der Unabhängigkeit der Aufsichtsbehörden i.S.d. Art. 52 zu vertragen. Art. 70 Abs. 1 S. 2 lit. u eröffnet dem EDSA die Möglichkeit, sich entweder von sich aus oder auf Ersuchen der Kommission um die Förderung der Zusammenarbeit und eines wirksamen bilateralen und multilateralen Austauschs von Informationen sowie bewährten Verfahrens zwischen den Aufsichtsbehörden zu kümmern. Inwieweit das mit dem Auftrag an die Kommission im Einklang steht, wird noch zu klären sein. **14**

II. BDSG

Um den Informationsaustausch auf der nationalen Ebene in Deutschland sicher zu stellen, sind noch verschiedene offene Fragen zu klären. Werden die einzelnen Aufsichtsbehörden direkt an den europäischen elektronischen Informationsaustausch angebunden oder soll die zentrale Anlaufstelle aus § 17 BDSG hier eine zentrale Rolle übernehmen. Muss das nationale sog. „kleine Kohärenzverfahren" mit dem elektronischen Informationsaustausch auf EU-Ebene kompatibel sein? Man darf an dieser Stelle nicht vergessen, dass das Kohärenzverfahren auf EU-Ebene souveräne Mitgliedstaaten zur Harmonisierung der Rechtsanwendung führt. Dahingehend müssen sich auf nationaler Ebene in Deutschland föderal strukturierte Bundesländer mit dem Bund koordinieren. Diese Bundesländer sind keine souveränen Staaten. Sie kennen Abstimmungsmechanismen, seitdem es den Bundesstaat gibt. Es muss also ein geeignetes Verfahren gefunden werden, dass ein Abstimmungsverfahren im föderalen Sinne ist, welches aber auch der Entscheidungsfindung im Sinne der Harmonisierung dient. **15**

C. Praxishinweise

I. Relevanz für öffentliche Stellen

Bislang sind keine Anknüpfungspunkte für öffentliche Stellen ersichtlich. Es handelt sich um ein innerorganisatorisches Verfahren. **16**

II. Relevanz für nichtöffentliche Stellen

Für nichtöffentliche Stellen ist ebenfalls im Moment kein Anknüpfungspunkt erkennbar. Es handelt sich um ein innerorganisatorisches Verfahren. **17**

III. Relevanz für betroffene Personen

Für die betroffenen Personen ergibt sich ebenfalls keine Relevanz. Es handelt sich um ein innerorganisatorisches Verfahren. **18**

IV. Relevanz für die Aufsicht

19 Die Aufsichtsbehörden sollten vor dem 25.5.2018 ihr Augenmerk auf die Entwicklung der Verfahren richten und diese beobachten. Ebenso möglich Durchführungsrechtsakte der Kommission im Auge behalten. Die Entwicklungen auf der EU-Ebene haben auch Einfluss auf das Verfahren zum elektronischen Informationsaustausch auf der nationalen Ebene. Die Anpassung der lokalen Systeme ist sicherstellen. Gemäß Art. 263 AEUV[10] können Durchführungsrechtsakte der Kommission im Wege der Nichtigkeitsklage vor dem EuGH angefochten werden. Klageberechtigt sind die Mitgliedstaaten, das Parlament und der Rat. Darüber hinaus sind auch die Aufsichtsbehörden oder der EDSA sind als direkt Betroffene ebenfalls klagebefugt.

Abschnitt 3
Europäischer Datenschutzausschuss

Artikel 68 Europäischer Datenschutzausschuss

(1) Der Europäische Datenschutzausschuss (im Folgenden „Ausschuss") wird als Einrichtung der Union mit eigener Rechtspersönlichkeit eingerichtet.

(2) Der Ausschuss wird von seinem Vorsitz vertreten.

(3) Der Ausschuss besteht aus dem Leiter einer Aufsichtsbehörde jedes Mitgliedstaats und dem Europäischen Datenschutzbeauftragten oder ihren jeweiligen Vertretern.

(4) Ist in einem Mitgliedstaat mehr als eine Aufsichtsbehörde für die Überwachung der Anwendung der nach Maßgabe dieser Verordnung erlassenen Vorschriften zuständig, so wird im Einklang mit den Rechtsvorschriften dieses Mitgliedstaats ein gemeinsamer Vertreter benannt.

(5) [1]Die Kommission ist berechtigt, ohne Stimmrecht an den Tätigkeiten und Sitzungen des Ausschusses teilzunehmen. [2]Die Kommission benennt einen Vertreter. [3]Der Vorsitz des Ausschusses unterrichtet die Kommission über die Tätigkeiten des Ausschusses.

(6) In den in Artikel 65 genannten Fällen ist der Europäische Datenschutzbeauftragte nur bei Beschlüssen stimmberechtigt, die Grundsätze und Vorschriften betreffen, die für die Organe, Einrichtungen, Ämter und Agenturen der Union gelten und inhaltlich den Grundsätzen und Vorschriften dieser Verordnung entsprechen.

– *ErwG: 139, speziell zu Art. 68 Abs. 4: ErwG 119*
– *BDSG n.F. speziell zu Art. 68 Abs. 4: § 17 BDSG*

Übersicht

10 Vedder/Heintschel von Heinegg-*Pache* Art. 263 AEUV Rn. 1 ff.

Literatur: *Härting* Starke Behörden, schwaches Recht – der neue EU-Datenschutzentwurf, BB 2012, 459–466; *Hoffmann* EU-Datenschutzrecht – Ein Überblick über die bestehenden Vorschriften auf EU-Ebene und die aktuellen Reformbestrebungen der Kommission, cepStudie, Freiburg 2017; *Kühling/Martini* Die Datenschutz-Grundverordnung: Revolution oder Evolution im europäischen und deutschen Datenschutzrecht?, EuZW 2016, 448–454; *Kühling/Martini u.a.* Die Datenschutzgrundverordnung und das nationale Recht, Erste Überlegungen zum Regelungsbedarf, Münster 2016, S. 107 ff.; *Schantz* Die Datenschutz-Grundverordnung – Beginn einer neuen Zeitrechnung im Datenschutzrecht, NJW 2016, 1841–1847; *Wolff* Rechtsvorgaben für die Besetzung der Artikel-29-Datenschutzgruppe. Kurzgutachten im Auftrag der BfDI, Juni 2015; *Wolff/Brink* Beck'scher Online-Kommentar Datenschutzrecht, 20. Ed. (Stand: 1.5.2017).

1 Art. 68 nimmt zentrale Weichenstellungen für die Vorschriften des dritten Abschnitts der DS-GVO vor: Er konstituiert den Europäischen Datenschutzausschuss als **unionale Einrichtung der Datenschutzaufsicht** mit **eigener Rechtspersönlichkeit** (Abs. 1). Der EDSA spannt ein gemeinsames Dach über die Aufsichtsbehörden der Mitgliedstaaten, das ihre Tätigkeit überwölbt. Seine Mission ist es, eine **unionsweit einheitliche Anwendung der DS-GVO** sicherzustellen (vgl. Art. 70 Abs. 1 S. 1). Die organisatorische Struktur und insbesondere die Zusammensetzung des EDSA zeichnen die Abs. 2 bis 7 in ihren wesentlichen Grundzügen vor.

A. Einordnung und Hintergrund der Vorschrift

I. Erwägungsgründe

2 In einem inhaltlichen Zusammenhang mit Art. 68 stehen vor allem die ErwG 119 (1.) und 139 (2.).

3 **1. ErwG 139.** Anders als andere ErwG erschöpft sich ErwG 139 weitgehend in der **Paraphrasierung des Normwortlauts** der DS-GVO. Er präzisiert die Zielsetzungen des EDSA: Der Ausschuss soll dazu beitragen, die einheitliche Anwendung der VO in der gesamten Union zu fördern (S. 1 und S. 7), die Kommission zu beraten (insbesondere im Hinblick auf das Schutzniveau in Drittländern oder internationalen Organisationen) und die Zusammenarbeit der Aufsichtsbehörden in der Union zu optimieren. Eigenständigen normativen Aussagegehalt zeichnet lediglich den **S. 4 des ErwG** aus: Er besiegelt das Schicksal der bisherigen sog. **Art.-29-Datenschutzgruppe**: Sie geht in ihrer Funktion und Institutionalisierung vollständig in dem neuen EDSA auf.

4 **2. ErwG 119.** In engem **Konnex zu Abs. 4** sowie **Art. 51 Abs. 3** steht **ErwG 119**. Er illustriert die Zielsetzungen, welche die Union mit der Figur des gemeinsamen Vertreters bzw. der zentralen Anlaufstelle für solche Mitgliedstaaten verfolgt, die – wie die Bundesrepublik Deutschland – **mehrere unabhängige Aufsichtsbehörden** errichtet haben: Sie sollen eine wirksame Beteiligung der Aufsichtsbehörden am Kohärenzverfahren sicherstellen sowie „eine **rasche und reibungslose Zusammenarbeit** mit anderen Aufsichtsbehörden, dem Ausschuss und der Kommission gewährleisten".

II. Normgenese und -umfeld

5 **1. DSRL.** Der EDSA ist ein Novum der DS-GVO. Gänzlich ohne Vorläufer ist er jedoch nicht: Die DSRL hatte bereits die Bildung einer „Gruppe für den Schutz von Personen bei der Verarbeitung personenbezogener Daten" etabliert (Art. 29 Abs. 1

DSRL). Unter Geltung der DS-GVO tritt der EDSA an die Stelle der **Art.-29-Datenschutzgruppe** und übernimmt deren Funktion (vgl. ErwG 139 S. 4).

Das regulatorische Ziel, das der EDSA und die Gruppe verfolgen, ist identisch: Beide sollen eine **„einheitliche Anwendung"** der unionsrechtlichen Datenschutzregeln sicherstellen (vgl. Art. 70 Abs. 1 S. 1 bzw. Art. 30 Abs. 1 lit. a DSRL). Auch in seiner inneren Verfasstheit bewegt sich der EDSA in der Kontinuität der Art.-29-Datenschutzgruppe: Auch sie hatte einen **Vorsitzenden** (Art. 29 Abs. 4 S. 1 DSRL), der sie nach außen vertrat. Zudem rekrutierte sie sich – wie heute der EDSA – aus den Vertretern der mitgliedstaatlichen Aufsichtsbehörden sowie dem Europäischen Datenschutzbeauftragten; im Unterschied zum EDSA (Rn. 59) entsandte aber auch die **Kommission** einen eigenen Vertreter in die Gruppe (Art. 29 Abs. 2 UAbs. 1 DSRL), der den anderen Teilnehmern gleichgestellt war. 6

Das neue unionale Koordinierungsgremium versieht die DS-GVO aber nicht nur mit einem anderen Namensetikett. Der EDSA hebt sich auch in seiner inhaltlichen und organisatorischen Schlagkraft von seiner historischen Vorgängerin ab: Anders als die Gruppe verfügt der EDSA zum einen über **eigene Rechtspersönlichkeit** (vgl. Abs. 1).[1] Beide Gremien unterscheiden sich zum anderen in ihren rechtlichen Befugnissen: Die Gruppe hatte nur „beratende Funktion" (Art. 29 Abs. 1 UAbs. 2 DSRL). Der EDSA hingegen kann durch seine Beschlüsse **rechtsverbindliche Entscheidungen** treffen (vgl. **Art. 65 Abs. 1**).[2] 7

Soweit ein Mitgliedstaat (wie etwa die Bundesrepublik) nicht nur *eine,* sondern *mehrere* Aufsichtsbehörden errichtet hatte, oblag es unter dem Regime der DSRL allein *den Behörden selbst*, sich auf einen **gemeinsamen Vertreter** in der Gruppe zu einigen (Art. 29 Abs. 2 UAbs. 2 S. 2 DSRL). Demgegenüber legt **Art. 68 Abs. 4** (sowie Art. 51 Abs. 3) das Recht, einen Vertreter zu bestimmen, nunmehr explizit in die Hände des nationalen Gesetzgebers. 8

2. BDSG a.F. Das BDSG a.F. enthielt keine spezifischen Regelungen zur **Art.-29-Datenschutzgruppe**. Ihr weitgehend informeller Charakter und ihr niederschwelliger Organisationsgrad erforderten das auch nicht. Das nationale Pendant zur Gruppe, die Konferenz der unabhängigen Datenschutzbehörden des Bundes und der Länder (sog. „**Datenschutzkonferenz**"),[3] traf in ihrer Geschäftsordnung **Regelungen zur Entsendung eines deutschen Vertreters** in die Gruppe. Gliederungspunkt A. IV. 3. Abs. 5 der Geschäftsordnung schrieb für die Besetzung europäischer Gremien das Einstimmigkeitsprinzip fest. In ihrer Anlage 2[4] stellte sie eine „Übersicht über die von der Datenschutzkonferenz in europäische und sonstige Gremien Entsandte" zusammen. Diese legte unter anderem die Vertretung der deutschen Aufsichtsbehörden in der Art.-29-Datenschutzgruppe und ihren Untergliederungen sowie im IT-Planungsrat fest. 9

3. Regelungsvorschläge der Art.-29-Datenschutzgruppe. Die Art.-29-Datenschutzgruppe hat in der Vergangenheit durch zahlreiche Arbeitspapiere und Stellungnah- 10

1 BeckOK DatenSR-*Brink* Art. 68 Rn. 2 f.

2 *Kühling/Martini* EuZW 2016, 448 (452).

3 Innerhalb der Datenschutzkonferenz hat sich als besondere Kommunikationsgruppe der Aufsichtsbehörden für den nicht-öffentlichen Bereich die Düsseldorfer Gruppe herausgebildet (siehe B. II. 3. der Geschäftsordnung der Datenschutzkonferenz).

4 Online abrufbar unter: https://www.datenschutz.hessen.de/protokolledsk.htmentry4591.

men im Datenschutzrecht ein **unionales „soft law"** hervorgebracht, das auf die einheitliche Anwendung der DSRL zielte.[5] Auch zur Ausgestaltung ihres Nachfolgers hat sie konkrete Vorschläge unterbreitet. Insbesondere die Ausstattung des EDSA mit eigener Rechtspersönlichkeit geht auf ihre Empfehlung zurück.[6]

11 Die Gruppe regte auch an, die materiellen Vorschriften der DS-GVO organisatorisch durch ein **dezentrales Netzwerk** der Aufsichtsbehörden zu flankieren; deren unionsweite Koordination solle dann der EDSA übernehmen.[7] Die Idee, eine **„top down"-Struktur** im künftigen Aufsichtsregime zu **vermeiden**, also den EDSA gerade nicht als „zentrale Rechtsdurchsetzungsinstanz"[8] zu konzipieren, hat in der DS-GVO insoweit Niederschlag gefunden, als ihm neben seiner Streitbeilegungsfunktion (Art. 65) vor allem die Aufgabe aufsichtsbehördlicher Koordinierung zufällt (vgl. insbesondere Art. 64).

12 **4. Gesetzgebungsverfahren.** In dem formellen Gesetzgebungsprozess, den der AEUV für den Erlass von Verordnungen vorzeichnet, waren zwei Regelungsaspekte des EDSA Gegenstand kontroverser Debatte: das Verhältnis des neuen EDSA zur Kommission (a) und die Rolle des Europäischen Datenschutzbeauftragten (b).

13 **a) Verhältnis des Ausschusses zur Kommission.** In ihrem Entwurf für die DS-GVO hatte sich die Kommission **weitreichende Konkretisierungsbefugnisse** vorbehalten. Dem EDSA sollte (wie schon der Gruppe unter der DSRL) nur eine **beratende Funktion** zukommen:[9] Die Kompetenz für bindende Entscheidungen im Kohärenzverfahren wies die Kommission in ihrem Entwurf (Art. 65 DSGVO-E-KOM) noch sich selbst zu.[10] Ebenso sollte ihr das Recht zuwachsen, Durchführungsrechtsakte zu erlassen; hinzu kam ein „suspensives Vetorecht gegenüber nationalen Aufsichtsbehörden".[11]

14 Der Regulierungsansatz der Kommission für die aufsichtsrechtlichen Rahmenbedingungen stieß jedoch auf breite Kritik. Der Rat pochte (ebenso wie die Art.-29-Datenschutzgruppe) auf eine **stärkere Stellung des EDSA** als unabhängiger Instanz mit eigener Rechtspersönlichkeit. Ihm gelang es schließlich auch, seine Vorstellung im Trilog durchzusetzen. Die Befugnis, die Tätigkeit der nationalen Aufsichtsbehörden zu koordinieren, liegt nun vollumfänglich beim EDSA.[9] Der Kommission verbleibt nur geringer Einwirkungsspielraum: Er beschränkt sich im Wesentlichen auf ein Informationsrecht sowie ein Recht auf Teilnahme an den Ausschusssitzungen.[12]

15 **b) Rolle des Europäischen Datenschutzbeauftragten.** Mit welchen Rechten der **Europäische Datenschutzbeauftragte** konkret ausgestattet sein und welche Rolle er im EDSA spielen sollte, war zwischen dem Europäischen Parlament und dem Rat

5 Kühling/Buchner-*Dix* Art. 68 Rn. 2.

6 BeckOK DatenSR-*Brink* Art. 68 Rn. 11.

7 *Artikel-29-Datenschutzgruppe* Propositions regarding the European Data Protection Board Internal Structure, 25.9.2015, S. 1.

8 Kühling/Buchner-*Dix* Art. 68 Rn. 1; so wohl auch BeckOK DatenSR-*Brink* Art. 68 Rn. 5: Der EDSA soll insbesondere zur „Förderung der Zusammenarbeit der Aufsichtsbehörden in der Union beitragen".

9 Kühling/Buchner-*Dix* Art. 68 Rn. 3.

10 *Albrecht/Jotzo* Das neue Datenschutzrecht der EU, Teil 7, Rn. 18; differenzierend dagegen *Härting* BB 2012, 459 (461).

11 Vgl. Vorschlag der Kommission vom 25.1.2012, Art. 59 ff.

12 Kühling/Buchner-*Dix* Art. 68 Rn. 1.

umstritten. Das Europäische Parlament forderte für den Europäischen Datenschutzbeauftragten ein volles Stimmrecht ein. Der Rat erklärte sich damit nicht einverstanden.[13] Die finale Fassung findet einen Kompromiss zwischen den konfligierenden Positionen: Sie weist dem Europäischen Datenschutzbeauftragten ein **eingeschränktes Stimmrecht** zu (vgl. **Art. 68 Abs. 6**, dazu Rn. 93 f.).

III. Ausfüllung des unionsrechtlichen Regelungsrahmens durch das BDSG n.F.

Den Spielraum, den Abs. 4 (i.V.m. ErwG 119) den föderal verfassten Mitgliedstaaten der Union belässt, füllt das BDSG n.F. in seinem Kapitel 5 aus: Es zeichnet die **Koordinierung der deutschen Aufsichtsbehörden** in der neuen – **unionsweit organisierten** – Datenschutzaufsicht normativ vor. 16

Der deutsche Gesetzgeber löst sich damit von den Forderungen, welche die deutschen Datenschutzaufsichtsbehörden in ihrer „**Kühlungsborner Erklärung**" vom 10.11.2016 zur normativen Ausgestaltung des nationalen Rechtsrahmens gebündelt hatten.[14] So hat er die Entsendung eines Vertreters in den Ausschuss nicht, wie gefordert, (entsprechend der alten Rechtslage) der Datenschutzkonferenz zur autonomen Dekretierung übertragen. Vielmehr hat der Gesetzgeber selbst die **BfDI gesetzlich** zur gemeinsamen Vertreterin bestimmt (**§ 17 Abs. 1 S. 1 BDSG**) und die Auswahl des Stellvertreters in die Hände des Bundesrates gelegt (§ 17 Abs. 1 S. 2 BDSG). 17

Dem Wunsch der Aufsichtsbehörden, die **nationale Zuständigkeitsverteilung** bei der Vertretung im EDSA zu berücksichtigen, entsprach der Gesetzgeber mit **§ 17 Abs. 2 BDSG** aber vollständig: Haben die Länder die alleinige Gesetzgebungskompetenz für eine Aufgabe, über die der EDSA berät, oder ist die Einrichtung oder das Verfahren der Landesbehörden betroffen, überträgt die BfDI die Verhandlungsführung und das Stimmrecht im EDSA dem Stellvertreter. Wie sich die deutschen Aufsichtsbehörden vorab koordinieren, um eine gemeinsame Position zu finden, regelt der Gesetzgeber in § 18 BDSG n.F. 18

B. Der Ausschuss als zentrale Koordinierungsinstanz der unionalen Datenschutzaufsicht

I. Rechtsnatur des Ausschusses (Abs. 1)

In Art. 68 Abs. 1 fällt die DS-GVO für den EDSA zwei zentrale Grundentscheidungen: Sie konstituiert ihn als eine Einrichtung der Union (1.), die über eigene Rechtspersönlichkeit verfügt (2.). 19

1. Einrichtung der Union. Als Einrichtung der Union übt der EDSA keine mitgliedstaatliche, sondern **unionale Gewalt** aus.[15] Er ist nicht etwa an nationale Grundrechte, sondern unmittelbar an die Europäische Grundrechtecharta gebunden (Art. 51 Abs. 1 S. 1 GRCh). Von seiner Vorgängerin, der Art.-29-Datenschutzgruppe, die sich ebenfalls aus den Vertretern der Datenschutzbehörden aller Mitgliedstaaten 20

---

13 *Council of the European Union*, 14818/15, 20.11.2015, Rn. 15; vgl. auch Kühling/Buchner-*Dix* Art. 68 Rn. 16.

14 Abrufbar unter: https://www.ldi.nrw.de/mainmenu_Service/submenu_Newsarchiv/Inhalt/Datenschutzreform__Datenschutzbeh__rden_der_L__nder_m__ssen_in_Europa_eine_effektive_Rolle_spielen/Kuehlungsborner_Erklaerung.pdf.

15 So auch BT-Drucks. 18/11325, S. 72.

rekrutierte, hebt sich der EDSA nicht zuletzt durch seinen erweiterten Kompetenzradius ab. Das bedeutendste Novum ist seine Kompetenz, **rechtsverbindliche Entscheidungen** zu treffen.[16]

21 **2. Eigene Rechtspersönlichkeit.** Anders als noch die Art.-29-Datenschutzgruppe tritt der EDSA nicht nur als Beratungsgremium in Erscheinung, sondern reiht sich künftig als selbstständiger Baustein in die unionale Datenschutzarchitektur ein:[17] Art. 68 Abs. 1 trägt dem quantitativ und vor allem qualitativ **ausgeweiteten Befugniskanon** des EDSA dadurch Rechnung, dass er dem Ausschuss eigene **Rechtspersönlichkeit** verleiht.[18] Sie stärkt seine **Unabhängigkeit** – und unterfüttert insoweit die allgemeine Regelung des Art. 69 mit einer organisationsrechtlichen Grundierung.

22 Konzeptionell ist der EDSA sowohl **Gegenspieler als auch Kooperationspartner** anderer Akteure, insbesondere der Aufsichtsbehörden der Mitgliedstaaten und der Kommission. Er wirkt mit ihnen im Interesse eines unionsweit einheitlichen Vollzugs der DS-GVO zusammen, hat aber auch die Aufgabe, sie auf eine einheitliche Marschrichtung einzuschwören. Nach außen tritt er insbesondere durch den Erlass verbindlicher Beschlüsse in Erscheinung (Art. 65 Abs. 1). Diese Rolle verlangt nach einer passgenauen rechtlichen Umhegung in Gestalt einer eigenen Rechtspersönlichkeit.[19]

23 Ob der Unionsgesetzgeber dem EDSA mit der Verleihung der Rechtspersönlichkeit auch eine bestimmte unionsrechtliche **Organisationsform** zuordnen wollte, ist unklar. Die DS-GVO beschränkt sich darauf, dem EDSA eine rechtliche Verselbständigung zuzusprechen – in welcher konkreten (Rechts-)Form sich diese aber konstituiert, sagt sie indes nicht.

24 Zwar verfügt der Ausschuss für die Zwecke seiner Arbeit über ein eigenes Sekretariat, das (anders als das Sekretariat der Art.-29-Datenschutzgruppe nicht bei der Kommission [Art. 29 Abs. 5 DSRL], sondern) dem Europäischen Datenschutzbeauftragten angegliedert ist (Art. 75 Abs. 1).[20] Dennoch ist der EDSA **keine europäische Agentur oder Behörde im klassischen Sinne**.[21] Agenturen verfügen typischerweise über eine eigene Verwaltungsstruktur, insbesondere einen (als kollegiales Leitungsorgan operierenden) Verwaltungsrat, der sich aus mitgliedstaatlichen Vertretern zusammensetzt. Sie nehmen regelmäßig Verwaltungsaufgaben wahr, die an sich originär der Kommission zugewiesen sind. Auf den Ausschuss als Verbundsaufsichtsorgan trifft diese Voraussetzung gerade nicht zu:[22] Ebenso wie die nationalen Aufsichtsbehörden ist der EDSA nicht in die europäische Verwaltungsstruktur und ihre Hierarchieebenen eingegliedert – aus gutem Grund, denn diese könnten seine Unabhängigkeit

---

16 Vgl. Auernhammer-*Hermerschmidt* Art. 68 Rn. 7 f.; Gola-*Nguyen* Art. 68 Rn. 3 m.w.N.; Sydow-*Schöndorf-Haubold* Art. 68 Rn. 15. Siehe auch bereits Rn. 7.

17 *Albrecht/Jotzo* Das neue Datenschutzrecht der EU, Teil 7, Rn. 16.

18 Siehe auch Auernahmmer-*Hermerschmidt* Art. 68, Rn. 8.

19 Vgl. auch Gola-*Nguyen* Art. 68, Rn. 3; Ehmann/Selmayr-*Albrecht* Art. 68, Rn. 5; siehe auch ErwG 139 S. 2.

20 Seine Aufgabe besteht darin, dem Ausschuss „analytische, administrative und logistische Unterstützung" zu leisten (Art. 75 Abs. 5).

21 So auch Ehmann/Selmayr-*Albrecht* Art. 68, Rn. 4; Gola-*Nguyen* Art. 68, Rn. 3; Sydow-*Schöndorf-Haubold* Art. 68, Rn. 6.

22 Sydow-*Schöndorf-Haubold* Art. 68, Rn. 7.

antasten.[23] Der apokryphen Natur des EDSA wird am ehesten eine Einordnung als **Agentur „im weiteren Sinne"**[24] bzw. eine **„Rechtspersönlichkeit *sui generis*"**[25] gerecht. Die exakte Verortung zwischen diesen beiden Kategorien ist aber letztlich ein rein terminologisches Glasperlenspiel. Denn eine Zuordnung zu einer der beiden Typoligien zeitigt für sich genommen keine praktischen Konsequenzen – sie ist allenfalls von akademischem Interesse. Aus unionsrechtlicher Sicht ist maßgeblich, dass die organisationsrechtliche Einstufung und Ausgestaltung die Eigenschaften der **Unabhängigkeit** und der durchschlagskräftigen **Entscheidungskompetenz**, die der Unionsgesetzgeber dem EDSA zugesprochen hat, nicht antasten.

Kraft seiner eigenen Rechtspersönlichkeit ist der EDSA vor dem EuGH **aktiv und passiv parteifähig**. Er kann selbst Verfahren anstrengen; umgekehrt können nationale Datenschutzbehörden, die von Entscheidungen des EDSA nach Art. 65 Abs. 1 betroffen sind, den EDSA selbst verklagen.[26] 25

Sonstige **natürliche** und **juristische Personen** können gegen den EDSA auf der Grundlage des **Art. 263 Abs. 4 AEUV** nur vorgehen, wenn die *verbindliche* Entscheidung des Ausschusses sie *unmittelbar* betrifft.[27] Adressaten eines Beschlusses des EDSA sind zwar zunächst die Aufsichtsbehörden.[28] Er betrifft Dritte aber schon dann unmit- 26

23 So auch Ehmann/Selmayr-*Albrecht* Art. 68 Rn. 4; Kühling/Buchner-*Dix* Art. 68 Rn. 5; Paal/Pauly-*Körffer* Art. 68, Rn. 2; BeckOK SatenSR-*Brink* Art. 68 Rn. 11. Vgl. auch für die nationalen Aufsichtsbehörden *EuGH* v. 9.3.2010, C-518/07, NJW 2010, 1265 (1266, Rn. 31 ff.).

24 Sydow-*Schöndorf-Haubold* Art. 68 Rn. 14.

25 Ehmann/Selmayer-*Albrecht* Art. 68 Rn. 4; so auch Auernhammer-*Hermerschmidt* Art. 68 Rn. 10.

26 Kühling/Buchner-*Dix* Art. 68 Rn. 6; Ehmann/Selmayer-*Albrecht* Art. 68 Rn. 5. Ein besonderes Klagerecht gesteht § 21 BDSG n.F. den Aufsichtsbehörden zu: Sie dürfen gegen einen Angemessenheitsbeschluss der Kommission (Art. 45 Abs. 3 S. 1), einen Beschluss über die Anerkennung von Standardschutzklauseln (Art. 46 Abs. 2 lit. c) und über die Allgemeingültigkeit genehmigter Verhaltensregeln (Art. 40 Abs. 1 und 9 S. 1) vor dem BVerwG Klage erheben, soweit die Gültigkeit des Beschlusses für ihre Entscheidung entscheidungserheblich ist. Die Regelung versucht den Konflikt zwischen der primärrechtlich verbürgten Unabhängigkeit der Aufsichtsbehörden (Art. 16 Abs. 2 UAbs. 1 S. 2 AEUV) auf der einen Seite und den Kompetenzen der Kommission sowie der Postulate der Rechtssicherheit und der Einheitlichkeit des Unionsrechts auf der anderen Seite aufzulösen. Für solche Konstellationen hat der *EuGH* in seinem Safe-Harbor-Beschluss als Konsequenz der anerkannten Bindungswirkung der Kommissionsbeschlüsse eine Handlungsmacht der Aufsichtsbehörden angemahnt, gegen solche Beschlüsse vorzugehen, vgl. *EuGH* v. 6.10.2015, C-362/14, NJW 2016, 43 ff., Rn. 65. Siehe dazu auch *Kröger* NVwZ 2017, 1730 (1731 f.). Art. 58 Abs. 5 erteilt den Mitgliedstaaten dessen eingedenk den Regelungsauftrag, Aufsichtsbehörden einen Weg zu ebnen, „Verstöße gegen diese Verordnung den Justizbehörden zur Kenntnis zu bringen". Um dies zu operationalisieren, nimmt der deutsche Gesetzgeber eine gedankliche Anleihe bei dem (aufgrund der Zuordnung der Aufsichtsbehörde zur Exekutive allerdings strukturell nur schwer vergleichbaren) Verfahren konkreter Normenkontrolle i.S.d. Art. 100 Abs. 1 GG.

27 Auch ErwG 143 bekräftigt diese Möglichkeit ausdrücklich unter Verweis auf die Anforderungen des Art. 263 Abs. 4 AEUV; vgl. auch Kühling/Buchner-*Dix* Art. 68 Rn. 6; *Schantz* NJW 2016, 1841 (1847); Sydow-*Schöndorf-Haubold* Art. 65 Rn. 52.

28 Fälle, in denen der Kläger nicht selbst Adressat der Handlung ist, regelt Art. 263 Abs. 4 Var. 2, vgl. Calliess/Ruffert-*Cremer* EUV/AEUV Art. 263 AEUV Rn. 33; zur Adressatenstellung der Aufsichtsbehörden siehe Sydow-*Schöndorf-Haubold* Art. 65 Rn. 48.

telbar i.S.d. Art. 263 Abs. 4 AEUV, wenn er selbst die belastende Wirkung des Rechtsaktes enthält und den nationalen Aufsichtsbehörden keinen Umsetzungsspielraum belässt.[29] Denn die Aufsichtsbehörden sind an die Vorgaben des Beschlusses gebunden (Art. 65 Abs. 1).[30] Die belastende Wirkung des Rechtsakts löst in solchen Fällen bereits der Beschluss des EDSA aus, nicht erst die darauf basierende Entscheidung der nationalen Aufsichtsbehörde.[31] Unabhängig davon verbürgt die DS-GVO natürlichen und jurisitischen Personen gegen die nationalen Umsetzungsakte Rechtsschutz vor den **nationalen Gerichten** (Art. 78 Abs. 1 und 2).[32]

27 **3. Korrespondierende Norm im BDSG.** Art. 68 Abs. 1 setzt weder Mitwirkungs- oder Umsetzungsmaßnahmen der Mitgliedstaaten voraus noch lässt er solche im Wege einer Öffnungsklausel zu. Das BDSG trifft daher folgerichtig insoweit auch keine ergänzenden Regelungen.

II. (Außen-)Vertretung des Ausschusses (Abs. 2)

28 **1. Inhalt und Aufgabenspektrum.** Als logische Folge seiner Rechtspersönlichkeit bedarf der EDSA eines organschaftlichen Vertreters. Denn als juristische Person (s. Rn. 21 ff.) ist der EDSA im Rechtsverkehr nicht als solcher handlungsfähig. Das normative Fundament für die **organschaftliche Vertretung** legt Abs. 2: Der Vorsitz vertritt die Rechtsperson „EDSA" im Rechtsverkehr nach außen. Das gilt unabhängig davon, ob ein zivilrechtliches Handeln für den EDSA, dessen Vertretung in gerichtlichen Verfahren[33] oder die Vornahme konkreter Prozesshandlungen in Rede steht.

29 Die Vertretungsbefugnis erfasst aber auch die **Außenzuständigkeit** gegenüber anderen Akteuren im datenschutzrechtlichen Handlungskonzert. Das deuten auch die zahlreichen an den EDSA gerichteten Aufgabenzuweisungen an, welche die DS-GVO an unterschiedlichen Stellen etabliert (siehe etwa Art. 65 Abs. 5 S. 1; Art. 68 Abs. 5).

30 Der Vorsitz ist auch ganz allg. für die **Repräsentation** des EDSA zuständig (Abs. 2) – nicht nur hinsichtlich rechtlich folgewirksamer Handlungen.[34] Dem Vorsitz obliegt es daher etwa auch, inhaltliche Positionen des EDSA nach außen zu kommunizieren[35] und die unionsweit koordinierte Datenschutzaufsicht auf dem internationalen Tableau zu vertreten. Er tritt als zweites unionales Gesicht des institutionellen Datenschutzes neben den Europäischen Datenschutzbeauftragten.

31 Die **weiteren Aufgaben des Vorsitzes** formulieren Art. 74 sowie zusätzliche, in der DS-GVO verstreute Einzelregelungen (z.B. Art. 65 Abs. 3 S. 2, Art. 68 Abs. 5 S. 3, Art. 75 Abs. 2): Der Vorsitz lädt zu den Sitzungen ein, übermittelt die Beschlüsse, stellt sicher,

29 Vgl. dem Grunde nach Calliess/Ruffert-*Cremer* EUV/AEUV Art. 263 AEUV Rn. 36; Grabitz/Hilf/Nettesheim-*Dörr* Das Recht der Europäischen Union Art. 263 AEUV Rn. 62.

30 Kühling/Buchner-*Dix* Art. 68, Rn 2.

31 Grabitz/Hilf/Nettesheim-*Dörr* Das Recht der Europäischen Union Art. 263 AEUV Rn. 62. Im Ergebnis anders Gierschmann-*Gramlich* Art. 68 Rn. 18, der davon ausgeht, dass der Bürger gegen die Beschlüsse des Ausschusses grundsätzlich nicht selbst mit einem Rechtsbehelf vorgehen kann.

32 Ehmann/Selmayr-*Albrecht* Art. 68 Rn. 5.

33 Kühling/Buchner-*Dix* Art. 68 Rn. 7.

34 So auch Gola-*Nguyen* Art. 68 Rn. 4.

35 Vgl. Gola-*Nguyen* Art. 68 Rn. 4.

dass sie umgesetzt werden, unterrichtet die Kommission über die Tätigkeit des Ausschusses und gibt bei Stimmengleichheit mit seiner Stimme den Ausschlag.

Über eigene **Personalhoheit** verfügt der Vorsitz jedoch nicht: Er kann das Sekretariat nicht selbst anstellen. Dies ist dem Europäischen Datenschutzbeauftragten vorbehalten. So verfügt es Art. 75 Abs. 1. Der Vorsitz ist aber – im Interesse der Beeinflussungsfreiheit – die einzige Instanz, die das Sekretariat des Ausschusses **anweisen** darf (Art. 75 Abs. 2) **32**

2. Wahrnehmung der Vertretungsaufgabe: Aufgabenverteilung zwischen Vorsitzendem und Stellvertretern. Die Aufgabe der Außenvertretung weist **Art. 68 Abs. 2** „seinem Vorsitz", nicht ausdrücklich „dem Vorsitzenden" in persona zu. Wie der Vorsitz zu bestimmen ist und aus welchen Personen er sich zusammensetzt, regelt Art. 68 nicht selbst, sondern Art. 73 Abs. 1: Der EDSA wählt sowohl einen Vorsitzenden als auch **zwei stellvertretende Vorsitzende** mit einfacher Mehrheit aus dem Kreis seiner Mitglieder (Art. 73 Abs. 1). **33**

Die Formulierung des Art. 68 Abs. 2 i.V.m. 73 Abs. 1 insinuiert, dass der Vorsitzende und seine Stellvertreter zur **gemeinsamen Außenvertretung** befugt sind. Die **anderen Sprachfassungen** deuten jedoch in eine andere Richtung: Sie sprechen nicht von dem „Vorsitz", sondern erwähnen nur den „Chair" (engl.), „président" (franz.), „presidente" (ital.) bzw. „presidente" (span.) als Vertreter des EDSA.[36] Versteht man diese Wendungen als Bezeichnung des zuständigen Amtsinhabers, haben die stellvertretenden Vorsitzenden keinen Anteil am „Vorsitz" i. S. d. Art. 69 Abs. 2. Dann ist *„der Vorsitz"* **kein Kollegial-, sondern ein monokratisches Organ**. **34**

Eine solche Lesart wird dem *systematischen* Begriffsverständnis dieser Sprachfassungen aber nicht ohne Weiteres gerecht. Denn sie verwenden die Terminologie „chair", „président", „presidente" bzw. „presidente" des Art. 68 Abs. 2 – ebenso wie die deutsche Sprachfassung – auch als **Überschrift des Art. 73**: Sie scheinen also mit der Wendung jeweils ein Kollegialorgan, nicht nur den Vorsitzenden selbst zu adressieren. **35**

Zumindest die englische Sprachfassung verwendet den Begriff „chair" aber auch an anderen Stellen synonym mit demjenigen des Vorsitzenden und trennt ihn feinsäuberlich von dem Gesamtgremium, insbesondere den Stellvertretern, so etwa in Art. 73 Abs. 1 („a chair and two deputy chairs" [Abs. 1]) und Art. 73 Abs. 2 („of the Chair and of the deputy chairs" [Abs. 2]) und Art. 74 Abs. 2 („the Chair and the deputy chairs"). **36**

Die abweichende Begriffsverwendung in Art. 68 Abs. 2 lässt sich einerseits *e contrario* als bewusste Entscheidung des Unionsgesetzgebers deuten, in diesem Fall das Kollegialorgan als solches zu adressieren. Mehr spricht aber wohl dafür, dass die DS-GVO die Außenvertretung gezielt ausschließlich in die Hände des Vorsitzenden legen wollte und die deutsche Sprachfassung („seinen Vorsitz") insoweit schlicht die gebotene Präzision vermissen lässt.[37] **37**

Eine solche strikte, auf Subsidiarität angelegte Aufgabenteilung zwischen dem Vorsitzenden und den Stellvertretern, welche die Aufgabe der Außenvertretung einer Einzelperson zuweist, entspricht auch der **Rationalität wirksamer Außenvertretung**: Diese ist auf eine klare Aufgabenzuweisung und durchgehende Handlungsfähigkeit angewie- **38**

---

36 Einzig die spanische Fassung spricht an wenigen Stellen noch von der „La Presidencia".
37 So auch Gierschmann-*Gramlich* Art. 68 Rn. 8.

sen. Fällt die Vertretung einem Kollegialgremium zu, schränkt das die mitunter auf Schnelligkeit angelegten Reaktionsmöglichkeiten nachhaltig ein, wären doch dann alle Mitglieder des Gremiums „Vorsitz" **nur gemeinsam** zur Außenvertretung berufen und handlungsbefugt. Die Einzelvertretung entspricht auch der **bisherigen Rechtslage** hinsichtlich der Art.-29-Datenschutzgruppe: Sie wählte nur einen Vorsitzenden (Art. 29 Abs. 4 S. 1 DSRL). Obgleich Art. 29 DSRL dessen Aufgaben nicht im Einzelnen dekretierte, fiel hierunter doch jedenfalls die allgemeine Vertretung der Gruppe und ihre Repräsentation nach außen.

39 Der Ausschuss kann zwar mit Zweidrittelmehrheit in seiner Geschäftsordnung (Art. 72 Abs. 2) bestimmen, wie die Mitglieder des Vorsitz-Gremiums die **Aufgaben** zwischen dem Vorsitzenden und den Stellvertretern verteilen (**Art. 74 Abs. 2**). Das impliziert aber nicht zwingend, dass es ihm freisteht, die Außenvertretung entweder in die Hände des gesamten Gremiums, des Vorsitzenden allein oder gar ausschließlich eines bzw. beider stellvertretenden Vorsitzenden zu legen. Vielmehr trifft Art. 68 Abs. 2 – jenseits der Geschäftsordnungsbefugnis des Ausschusses – bereits eine abschließende normative Entscheidung über die Außenvertretung: Um die Handlungsfähigkeit des Ausschusses in jedem Fall wirksam zu sichern, legt der Gesetzgeber sie in die Hände des Vorsitzenden. Die beiden Stellvertreter können nur dann mit Außenwirkung für den EDSA handeln, wenn der Vorsitzende an der Wahrnehmung seiner Aufgaben gehindert ist.

III. Ausschussmitglieder (Abs. 3 und 4)

40 Der EDSA setzt sich aus dem **Europäischen Datenschutzbeauftragten** (1.) sowie jeweils dem **Leiter einer Aufsichtsbehörde** eines jeden Mitgliedstaates (2.) zusammen. Da jeder Mitgliedstaat stets einen einzigen Vertreter in den EDSA entsendet,[38] wird der EDSA somit (bis zum EU-Austritt Großbritanniens) aus 29 Mitgliedern bestehen: 28 mitgliedstaatlichen Vertretern und dem Europäischen Datenschutzbeauftragten.

41 An die Mitgliedschaft im EDSA knüpft sich nicht nur ein Teilnahme-, sondern auch ein **Stimmrecht**. Dies folgt im Umkehrschluss aus Art. 68 Abs. 5 S. 1: Er billigt der Kommission nur ein Teilnahme-, aber kein Stimmrecht zu. In die gleiche Kerbe schlägt Art. 68 Abs. 6: Er beschneidet das Stimmrecht des Europäischen Datenschutzbeauftragten gegenständlich und setzt damit voraus, dass den Mitgliedern grundsätzlich ein Stimmrecht zukommt.

42 Jedes Ausschussmitglied verfügt bei der Beschlussfassung über eine **einzige Stimme**; eine Gewichtung nach Stimmanteilen proportional zur Einwohnerzahl findet – anders als nach Art. 16 Abs. 4 EUV – nicht statt. Für Mitgliedstaaten, die **mehrere Aufsichtsbehörden** errichtet haben, verbindet sich damit zugleich die Notwendigkeit, eine inhaltliche **Vorkoordination** ihrer Positionen und der Wahrnehmung des Stimmrechts vorzunehmen.[39]

---

38 So auch Sydow-*Schöndorf-Haubold* Art. 68 Rn. 30. A.A. wohl Paal/Pauly-*Körffer* Art. 68 Rn. 5.

39 Zur entsprechenden Regelung des BDSG n.F. für die deutschen Aufsichtsbehörden siehe Rn. 83 ff.

Bei der Beschlussfassung entscheidet der EDSA (ebenso wie bereits die Art.-29-Datenschutzgruppe – Art. 29 Abs. 3 DSRL) grundsätzlich mit **einfacher Mehrheit** (**Art. 72 Abs. 1**). 43

1. Europäischer Datenschutzbeauftragter. Das EDSA-Mitglied „Europäischer Datenschutzbeauftragter" verdankt seine rechtliche Konstituierung und Ausgestaltung der Vorschrift des **Art. 16 Abs. 2 UAbs. 1 S. 2 AEUV** sowie den **Art. 41 ff. VO (EG) Nr. 45/2001**. Das Europäische Parlament und der Rat ernennen ihn „im gegenseitigen Einvernehmen" (vgl. Art. 42 Abs. 1 VO (EG) Nr. 45). Zuständig ist er vor allem für den Schutz der Persönlichkeitsrechte natürlicher Personen bei der Verarbeitung personenbezogener Daten durch unionale Stellen (Art. 41 Abs. 2 VO (EG) Nr. 45/2001). 44

Während die mitgliedstaatlichen Vertreter bei *jedem* Beschluss des EDSA stimmberechtigt mitwirken, verfügt der **Europäische Datenschutzbeauftragte** nur über **„spezifische Stimmrechte"** (ErwG 139 S. 6). Seine Beteiligung an der Abstimmung konkretisiert Abs. 6: Sie ist inhaltlich „auf dessen Wirkungskreis" beschränkt (dazu Rn. 93 f.).[40] Dieser normative Zuschnitt der Beteiligung des Europäischen Datenschutzbeauftragten ist das Ergebnis eines Kompromisses zwischen den divergierenden Vorstellungen der am Gesetzgebungsprozess beteiligten Akteure.[41] 45

2. „Leiter einer Aufsichtsbehörde jedes Mitgliedstaats". Ebenso wie der Europäische Datenschutzbeauftragte die Datenschutzaufsicht der Union im EDSA repräsentiert, vertritt jeweils ein mitgliedstaatlicher Vertreter der Aufsichtsbehörde die Perspektive des Nationalstaats. Art. 68 Abs. 3 spricht von dem „Leiter *einer* Aufsichtsbehörde"[42]. Diese (kontraintuitive) Wendung hat der europäische Gesetzgeber nicht zufällig gewählt. Sie nimmt Rücksicht auf die Tatsache, dass die Mitgliedstaaten auch **mehrere Aufsichtsbehörden** installieren können (vgl. **Art. 51 Abs. 1**). Macht ein Mitgliedstaat von dieser Möglichkeit Gebrauch, so muss er einen **gemeinsamen Vertreter** bestimmen (Abs. 4, Rn. 65 ff.). Nach welchen Regeln dies zu geschehen hat und welche Qualifikationen der Vertreter erfüllen muss, lässt die DS-GVO weitgehend offen. 46

Bei dem mitgliedstaatlichen Vertreter muss es sich jedenfalls um den Leiter einer nationalen Datenschutzaufsichtsbehörde handeln.[43] Die Vertreterstellung im EDSA knüpft der Unionsgesetzgeber damit an ein **nationales Amt**: Nur wenn (und solange) die betreffende Person Leiter einer mitgliedstaatlichen Aufsichtsbehörde ist, kann sie als aufsichtsrechtliches Sprachrohr des Mitgliedstaates im EDSA fungieren. 47

Art. 68 Abs. 3 ist zwar so offen formuliert, dass als „Leiter einer Aufsichtsbehörde" auch eine andere Person als der gemeinsame Vertreter i. S. d. Art. 68 Abs. 4 in Frage kommt. Das widerspräche aber der Ratio der Norm: Aufgabe des gemeinsamen Vertreters ist es gerade, die Positionen der nationalen Aufsichtsbehörden für den EDSA zu koordinieren und diese dort zu vertreten. Deshalb **nimmt Art. 68 Abs. 3** letztlich nicht auf einen beliebigen Leiter einer Aufsichtsbehörde, sondern auf den **(gemeinsamen) nationalen Vertreter** Bezug: In Deutschland ist das die BfDI (§ 17 Abs. 1 S. 1 BDSG). 48

40 BeckOK DatenSR-*Brink* Art. 68 Rn. 16.

41 Dazu bereits oben Rn. 15; BeckOK DatenSR-*Brink* Art. 68 Rn. 16; Kühling/Buchner-*Dix* Art. 68 Rn. 12; Paal/Pauly-*Körffer* Art. 68 Rn. 4.

42 Hervorhebung d. Verf.

43 Die DS-GVO bezeichnet diesen teilweise auch als „Mitglied(er)", vgl. dazu *Kühling/Martini* u.a. Die Datenschutz-Grundverordnung und das nationale Recht, S. 123 f.

49 **3. Stellvertreter („oder ihren jeweiligen Vertretern").** Anstelle des gemeinsamen Vertreters kann eine nationale Aufsichtsbehörde bzw. der Europäische Datenschutzbeauftragte auch einen Stellvertreter in den Ausschuss entsenden. Das bringt **Art. 68 Abs. 3** mit der Wendung **„oder durch ihren jeweiligen Vertreter"** zum Ausdruck. Der Stellvertreter ist aber nicht automatisch vollwertiger Teil des EDSA. Er wird vielmehr erst dann zum Ausschussmitglied, wenn der eigentliche Vertreter ihn mit der Aufgabenwahrnehmung im EDSA dauerhaft oder im Einzelfall beauftragt.[44] An eine bestimmte Form ist der Übertragungsakt nicht gebunden.

50 **a) Rechtsstatus.** Dass der Stellvertreter des nationalen Vertreters im EDSA grundsätzlich nicht selbst Mitglied des EDSA ist, heißt nicht, dass es ihm verwehrt wäre, auch sonst den Sitzungen des EDSA in persona beizuwohnen.[45] In den Normtext hat ein solches Recht zwar keinen Eingang gefunden. Der EDSA kann und sollte jedoch den nationalen Stellvertretern – wie auch anderen Institutionen – sinnvollerweise einen **Beobachterstatus** einräumen.[46] Seine Geschäftsordnungsautonomie (Art. 72 Abs. 2, Rn. 12) lässt ihm dafür ausreichend Spielraum.

51 **b) Bestimmung des Stellvertreters. – aa) Stellvertreter des Leiters der nationalen Aufsichtsbehörde.** Über die **persönlichen Anforderungen,** denen ein Stellvertreter genügen muss, trifft die DS-GVO keine eindeutige Aussage. Art. 68 Abs. 3 kann prinzipiell einerseits den **Stellvertreter des gemeinsamen Vertreters** meinen (in Deutschland: § 17 Abs. 1 S. 2 BDSG), andererseits aber auch diejenige Person, die in der organisatorischen Struktur der nationalen Aufsichtsbehörde kraft Amtes zur **Vertretung des Behördenleiters** berufen ist – oder gar eine dritte Person, die der Behördenleiter kraft eigener Handlungsmacht oder der Mitgliedstaat durch Gesetz zum Stellvertreter erklärt (gewillkürte Stellvertretung).

52 Dem Unionsgesetzgeber schwebte zwar im Zweifel als Regelfall diejenige Person vor Augen, die den Leiter der Aufsichtsbehörden nach den allgemeinen Regeln vertritt. Er wollte diese implizite Erwartung aber gleichsam nicht in Stein meißeln. In ihrer unspezifischen Formulierung und Offenheit **verzichtet** die DS-GVO vielmehr bewusst auf eine **Engführung** auf die **behördeninterne Zuständigkeitsverteilung** im Mitgliedstaat; einer solchen Lesart verleiht der Normtext jedenfalls nicht klar Ausdruck. Die DS-GVO überlässt es grundsätzlich den **Mitgliedstaaten**, über die Stellvertretung im EDSA selbst zu entscheiden. Ein anderes Verständnis ginge überdies mit einem wesentlichen Eingriff in die mitgliedstaatliche Organisationsgewalt einher, für den kein hinreichend einleuchtender Sachgrund besteht.[47]

53 Der Stellvertreter muss auch **nicht notwendig selbst Leiter einer Aufsichtsbehörde** sein. Das ergibt sich bereits aus dem allgemeinen organisatorischen Rahmen, den der europäische Gesetzgeber normativ vorzeichnet: Er lässt es – als Regelfall – zu, dass ein Mitgliedstaat nur eine einzige Aufsichtsbehörde errichtet, die ihrerseits lediglich aus einem Mitglied besteht (vgl. Art. 52 Abs. 2 und 3). Sofern sich ein Mitgliedstaat dieser Möglichkeit bedient, existiert nur ein einziger nationaler Leiter einer Aufsichts-

44 Vgl. insoweit auch schon *Kühling/Martini u.a.* Die Datenschutz-Grundverordnung und das nationale Recht, S. 145. Zustimmend Kühling/Buchner-*Dix* Art. 68 Rn. 8.

45 Hiervon geht im Übrigen auch der deutsche Gesetzgeber aus (BT-Drucks. 18/11325, S. 90): Der Stellvertreter besitzt „ein permanentes Anwesenheitsrecht".

46 Kühling/Buchner-*Dix* Art. 68 Rn. 8.

47 In der Argumentation ähnlich i. Erg. ebenso Gola-*Nguyen* Art. 68 Rn. 5.

behörde – seine Stellvertretung im EDSA muss dann notwendig ein Nicht-Behördenleiter übernehmen.

Allerdings darf der Mitgliedstaat **nicht eine beliebige Person** zum Vertreter berufen: Die Repräsentation der mitgliedstaatlichen Aufsichtsbehörde(n) und ihrer inhaltlichen Positionen im EDSA muss in hinreichendem Maße gewährleistet sein.[48] Deshalb muss der Stellvertreter zumindest **bei einer Aufsichtsbehörde des Mitgliedstaats beschäftigt** sein. **54**

Die Bestimmung eines Stellvertreters, die Art. 68 Abs. 3 den Mitgliedstaaten eröffnet, steht nicht zuletzt in engem Zusammenhang mit dem **Gebot wirksamer Außenvertretung des Art. 68 Abs. 4** (Rn. 65 ff.). Das zeitigt auch interpretatorische Implikationen: Die Wendung „ihren jeweiligen Vertreter" knüpft aufgrund dieses systematischen Zusammenhangs eher an die **Funktion des gemeinsamen Vertreters** als an sein Amt als Leiter einer nationalen Aufsichtsbehörde an. Art. 68 Abs. 3 meint mit dem „Leiter einer Aufsichtsbehörde" in föderal strukturierten Staaten folglich denjenigen Leiter der Aufsichtsbehörde, der als gemeinsamer Vertreter die nationalen Aufsichtsbehörden repräsentiert. Abs. 3 adressiert dann konsequenterweise als Stellvertreter (nur) diejenige Person, die den gemeinsamen Vertreter in seiner Funktion als Repräsentant der nationalen Aufsichtsbehörden im EDSA vertritt.[49] **55**

Die Mitgliedstaaten sind zwar grundsätzlich frei darin, wen sie als Stellvertreter bestimmen. Wenn sie aber (wie Deutschland in **§ 17 Abs. 1 S. 2 BDSG**) allgemein einen Stellvertreter bestimmt haben, ist diese Person auch Vertreter des Leiters der Aufsichtsbehörde i. S. d. Art. 68 Abs. 3. **„Vertreter"** in diesem Sinne ist in der Bundesrepublik Deutschland daher nicht derjenige, der die BfDI in ihrem Amt als Leiterin der bundesrechtlichen Behörde vertritt, sondern diejenige Person, die das **nationale Recht zum Stellvertreter des gemeinsamen Vertreters erklärt**. **56**

Diesen Stellvertreter wählt der Bundesrat unter den **Landesdatenschutzbeauftragten** aus (**§ 17 Abs. 1 S. 2 BDSG**). Seine Amtszeit beträgt grundsätzlich fünf Jahre; es besteht die Möglichkeit **einmaliger Wiederwahl** (§ 17 Abs. 1 S. 3 5 BDSG). Scheidet er nach seiner Wahl aus dem Amt aus oder endet seine Funktion als Leiter der Aufsichtsbehörde, endet auch seine Funktion als Stellvertreter (§ 17 Abs. 1 S. 3 und 4 BDSG). **57**

bb) Stellvertreter des Europäischen Datenschutzbeauftragten. Stellvertreter des Europäischen Datenschutzbeauftragten ist der im gegenseitigen Einvernehmen zwischen Europäischem Parlament und Rat ernannte stellvertretende Datenschutzbeauftragte (Art. 42 Abs. 1 UAbs. 2 S. 1 VO (EG) Nr. 45/2001). Er erfährt seine Ernennung auf der Grundlage einer Liste, welche die Kommission „im Anschluss an eine öffentliche Aufforderung zur Einreichung von Bewerbungen" erstellt (Art. 42 Abs. 1 UAbs. 2 S. 1 i.V. m UAbs. 1) und vertritt den Europäischen Datenschutzbeauftragten „im Falle seiner Abwesenheit oder Verhinderung" (Art. 42 Abs. 1 UAbs. 2 S. 2 VO (EG) Nr. 45/2001). **58**

4. Rolle der Kommission. Anders als in der Art.-29-Datenschutzgruppe (Art. 29 Abs. 2 UAbs. 1 DSRL) ist die Kommission **nicht Mitglied** des EDSA; die Aufzählung **59**

48 Vgl. in diesem Kontext auch Gola-*Nguyen* Art. 68 Rn. 5.
49 A. A. wohl Auernhammer-*Hermerschmidt* Art. 68 Rn. 19.

des Abs. 3 ist insoweit abschließend. Eine vollwertige EDSA-Mitgliedschaft der Kommission wäre auch nicht sachgerecht. Sie liefe Gefahr, das Unabhängigkeitsversprechen des Art. 69 zu beeinträchtigen.[50]

60 Gänzlich außen vor bleibt die Kommission im EDSA aber nicht: Genießt sie auch kein Stimmrecht, so doch – vermittelt durch einen eigenen Vertreter – einen **Teilnehmerstatus**. Ihr öffnet sich dadurch ein Weg, an der inhaltlichen Diskussion teilzuhaben und auf sie einzuwirken. Das befähigt sie, **gesamteuropäische Interessen** wirksam in das neue europäische Vollzugsorgan hineinzutragen. Dieses **hybride Beteiligungsmodell** sucht bewusst einen tragfähigen Kompromiss zwischen den konkurrierenden institutionellen Interessen, indem es der Stimme der Union als solcher bei der Arbeit des EDSA besonderes Gewicht sowie Gehör verleiht, ohne andererseits die Unabhängigkeit des EDSA übermäßig zu beschneiden.[51]

61 An den Vertreter der Kommission (Abs. 5 S. 2) stellt die DS-GVO keine spezifischen Anforderungen: Sie ist grundsätzlich frei in ihrer Entscheidung, wen sie in den EDSA entsendet.

62 Um die Kommunikation zwischen EDSA und Kommission – auch unabhängig von den Berichten des Kommissionsvertreters – zu verfestigen, muss der Ausschussvorsitz die Kommission „über die Tätigkeiten des Ausschusses" **unterrichten** (Abs. 5 S. 3). Seine Unterrichtungspflicht erschöpft sich aber nicht darin, die Kommission nur über getroffene Beschlüsse zu informieren. Sie umfasst etwa auch den Inhalt der informellen Kommunikation im EDSA und Diskussionen des Ausschusses zu aktuellen Themen. Abs. 5 S. 3 ergänzt dadurch als **themenbezogene Informationspflicht** die allg. Berichtspflicht des Art. 71.[52]

63 Der Wortlaut der Norm („unterrichtet"; „shall communicate […] the activities"; „informe") deutet an, dass es sich um eine **proaktive Informationspflicht** des Vorsitzes handelt. Die Kommission muss also nicht etwa zuerst ein spezielles Auskunftsbegehren an den EDSA richten. Vielmehr verpflichtet Art. 68 Abs. 5 S. 3 den Vorsitz, über Themen von Belang ungefragt und regelmäßig zu unterrichten.

64 Einen Verstoß des Vorsitzes gegen die Unterrichtungspflicht **sanktioniert** die DS-GVO jedoch nicht.

IV. Innerstaatliche Vertretung in föderalen Staaten (Abs. 4)

65 Für den Fall, dass ein Mitgliedstaat **mehrere nationale Aufsichtsbehörden** errichtet hat, sehen sich die Union und der Mitgliedstaat der Herausforderung ausgesetzt, die Einheitlichkeit der nationalstaatlichen Interessenrepräsentation sicherzustellen. Zu diesem Zweck verpflichtet **Abs. 4** die Mitgliedstaaten, dafür zu sorgen, dass die unterschiedlichen Behörden auf Unionsebene mit einer Stimme sprechen (s. Art. 51 Rn. 49). Da die Bundesrepublik aus föderalen Gründen durch ein System unabhängiger Aufsichtsbehörden des Bundes und der Länder geprägt ist, entfaltet die Vorschrift hierzulande besondere Relevanz: Deutschland muss einen gemeinsamen Vertreter der Aufsichtsbehörden in den EDSA entsenden.

---

50 So auch Gierschmann-*Gramlich* Art. 68 Rn. 14.

51 Sydow-*Schöndorf-Haubold* Art. 68 Rn. 32.

52 Auernhammer-*Hermerschmidt* Art. 68 Rn. 25.

1. Regelungskompetenz: Bestimmungsrecht in der Bundesrepublik Deutschland. *Wen* der Mitgliedstaat entsendet, bestimmt er autonom **„im Einklang mit"** seinen 66
„Rechtsvorschriften". Das bekräftigt auch die Parallelregelung des **Art. 51 Abs. 3** („bestimmt dieser Mitgliedstaat die Aufsichtsbehörde"). Die Union übt sich insofern in Zurückhaltung. Sie maßt sich nicht die Kompetenz an, in das mitgliedstaatliche Kompetenzgeflecht hineinzuwirken.

Auf eine wichtige unionsrechtliche Vorgabe muss der nationale Gesetzgeber jedoch 67
Rücksicht nehmen: Seine **Aufsichtsbehörden** müssen auch bei ihrer Vertretung im EDSA **„völlig unabhängig"** sein (**Art. 52**). Nähme der Mitgliedstaat inhaltlichen Einfluss auf die datenschutzrechtliche Politik seiner Aufsichtsbehörden, verstieße er gegen diese **Unabhängigkeitsverbürgung**.[53]

Diese Gefahr kann er bannen, indem er die **Befugnis**, den Vertreter zu bestimmen, 68
durch Gesetz an die **Aufsichtsbehörden** weiterreicht.[54] Von dieser Option hat der deutsche Gesetzgeber indes keinen Gebrauch gemacht – vielmehr bestimmt er die **BfDI** in **§ 17 Abs. 1 S. 1 BDSG** kraft eigener Regelung zum gemeinsamen Vertreter. Möglich ist dies nur, weil die DS-GVO insoweit ausdrücklich **von der DSRL abweicht**: Art. 29 Abs. 2 UAbs. 2 S. 2 DSRL hatte das Bestimmungsrecht noch unmittelbar den Aufsichtsbehörden zugestanden („hat ein Mitgliedstaat mehrere Kontrollstellen bestimmt, so ernennen *diese*...")[55].

Das Modell, die BfDI als gemeinsamen Vertreter zu installieren (§ 17 Abs. 1 S. 1 69
BDSG), eignet sich aus Sicht des Bundesgesetzgebers am besten, um eine **kontinuierliche Aufgabenwahrnehmung** im EDSA zu garantieren und um sicherzustellen, dass die Stimme der deutschen Aufsichtsbehörden dort hinreichende Durchschlagskraft erhält.[56] Die BfDI hat er insbesondere deshalb auserkoren, weil sie aufgrund ihrer Zugehörigkeit zur Art.-29-Datenschutzgruppe bereits „jahrelange Erfahrungen und organisatorisch verfestigte Strukturen zur Wahrnehmung der Aufgabe" besitzt.[56]

Dass die **Gesetzgebungskompetenz**, den nationalen Vertreter im föderalen daten- 70
schutzrechtlichen Orchester zu bestimmen, tatsächlich beim **Bund** liegt, ist keineswegs gesichert. Denn die Kompetenz, das Datenschutzrecht und seinen Vollzug zu regeln, ist zwischen Bund und Ländern geteilt.

Eine Regelungsmacht des Bundes kann sich aus zwei Anknüpfungspunkten ergeben: 71
der Gesetzgebungskompetenz für die inhaltliche Ausgestaltung und den Vollzug des Datenschutzrechts (a) oder der Kompetenz zur Außenvertretung (b).[57]

a) Gesetzgebungskompetenz für den Vollzug des Datenschutzrechts. Im Bereich des 72
Datenschutzrechts sind Bund und Länder für jeweils unterschiedliche Teilmaterien

---

53 So auch Kühling/Buchner-*Dix* Art. 68 Rn. 10, der aus diesem Grund das gesamte Verfahren der Bestimmung des Vertreters allein den Aufsichtsbehörden überlassen will.

54 Das Gesetz könnte sich namentlich darauf beschränken, nur die Modalitäten der Bestimmung zu regeln, den eigentlichen Entscheidungsakt aber den Datenschutzbehörden überlassen, vgl. *Kühling/Martini* u.a. Die Datenschutz-Grundverordnung und das nationale Recht, S. 142 f.; Kühling/Buchner-*Dix* Art. 68 Rn. 10.

55 Hervorhebung d. Verfasser.

56 BT-Drucks. 18/11325, S. 89.

57 Ausführlich zum Folgenden *Kühling/Martini* u.a. Die Datenschutz-Grundverordnung und das nationale Recht, S. 136 ff.

gesetzgebungsbefugt: Der Bund darf aufgrund seiner Kompetenz für das „Recht der Wirtschaft" (**Art. 74 Abs. 1 Nr. 11 GG**) Regelungen zu datenschutzrechtlichen Anforderungen für nichtöffentliche Stellen treffen. Die Länder hingegen sind kraft **Art. 30, 70 Abs. 1 GG** befugt, die Datenschutzaufsicht über ihre eigenen Behörden und ihre sonstigen öffentlichen Stellen selbst zu regeln. Der Bund darf insoweit auf der Grundlage des **Art. 86 GG bzw. kraft Annex zur jeweiligen Sachmaterie** lediglich die Datenschutzaufsicht über seine eigenen Behörden selbst regeln. Gleiches gilt nach Maßgabe des **Art. 84 Abs. 1 S. 2** bzw. **Art. 85 Abs. 1 S. 1 Hs. 2 GG** für den Vollzug von Bundesgesetzen durch die Länder.

73 In diese bundesrepublikanische Struktur mitgliedstaatlicher Vollzugskompetenzwahrnehmung fügt sich der EDSA nicht bruchlos ein. Denn er übt gerade **keine mitgliedstaatliche Verwaltungstätigkeit** aus.[58] Vielmehr konstituiert die DS-GVO den EDSA in Art. 68 Abs. 1 als Organ der Union. Der gemeinsame Vertreter und sein Stellvertreter sind in eine unionale Einrichtung eingegliedert: Sie wirken an einer **originär unionalen Maßnahme,** nicht lediglich am mitgliedstaatlichen Vollzug von Maßnahmen mit. Auf die Verteilung der Regelungskompetenzen zwischen Bund und Länder im nationalen Datenschutzrecht, inkl. der Aufsicht, kommt es bei der Entscheidung über die Entsendung eines gemeinsamen Vertreters in den EDSA also nicht entscheidend an.

74 **b) Kompetenz zur Außenvertretung.** Zeichnet sich die Aufgabe des Vertreters der Bundesrepublik dadurch aus, die Interessen des Bundes und der Länder im unionalen Konzert des Datenschutzvollzugs mit einer einheitlichen Stimme auf der europäischen Bühne vernehmbar zu machen, steht die Entsendekompetenz in enger Verbindung mit der Wahrnehmung der Außenvertretungsbefugnis.

75 Für die Repräsentation der Bundesrepublik nach außen ist grundsätzlich allein der Bund zuständig. Das bekräftigen mehrere Kompetenznormen des Grundgesetzes, insbesondere **Art. 32 Abs. 1,**[59] Art. 23 und Art. 73 Abs. 1 Nr. 1 Alt. 1 GG.

76 Der gemeinsame Vertreter im EDSA repräsentiert unmittelbar zwar nicht die Bundesrepublik als solche, sondern primär den Verbund der unabhängigen deutschen Aufsichtsbehörden. Jedoch vertritt er zugleich auch die aufsichtsbehördlichen Belange Deutschlands gegenüber den Aufsichtsbehörden anderer Staaten – und damit mittelbar auch die Bundesrepublik als solche. Die Regelung der Vertreterentsendung lässt sich insofern als **Annex zur Außenvertretungskompetenz des Bundes** lesen:[60] Der deutsche Vertreter wirkt beim Vollzug unionsrechtlicher Kompetenzen mit, die der EDSA ausübt. Das kann sich prima facie als eine Konkretisierung der **Übertragung von Hoheitsrechten** an eine EU-Einrichtung darstellen, die auf der Grundlage des **Art. 23 Abs. 1 S. 2 GG** beruht und in **Art. 16 Abs. 2 AEUV** Gestalt annimmt.[61]

---

58 BT-Drucks. 18/11325, S. 72.

59 Art. 32 Abs. 1 tritt hinter Art. 23 und Art. 24 Abs. 1 GG als Leges speziales zurück. Dazu v. Mangoldt/Klein/Starck-*Kempen* Art. 32 GG Rn. 14.

60 Siehe *Kühling/Martini* EuZW 2016, 448 (453); *Wolff* Rechtsvorgaben für die Besetzung der Art. 29-Gruppe, S. 19 f.

61 Der Bund berief sich auf eine „Annexkompetenz aus Artikel 23 Absatz 1 S. 2 GG" und die „Kompetenz des Bundes für auswärtige Angelegenheiten", BT-Drucks. 18/11325, S. 71 f.

Allerdings überträgt Art. 16 Abs. 2 AEUV der Union neben der *materiellen* Regelungskompetenz für den Datenschutz und den freien Datenverkehr nicht ohne Weiteres auch eine Kompetenz, im Namen der unionsrechtlichen Datenschutzaufsicht in das **organisationsrechtliche Gefüge der** (föderal strukturierten) **Mitgliedstaaten** hineinzuwirken. Insoweit nimmt sich die Union selbst bereits in Art. 51 Abs. 3 und Art. 68 Abs. 4 zurück: Sie überlässt es den Mitgliedstaaten, wem sie die Rolle des gemeinsamen Vertreters anvertrauen. Für die Belange der Union ist letztlich nur von Relevanz (und darf es letztlich nur sein), dass sich föderal strukturierte Mitgliedstaaten auf eine Koordinierung verständigen – nicht aber, wer sie herstellt und wie der Mitgliedstaat sie kompetenziell abbildet. Reklamiert die Union für sich also keine Kompetenz, die Entsendung des mitgliedstaatlichen Vertreters näher zu konturieren, kann der Bund sich dann auch nicht auf seine unionsrechtlich unterfütterte, durch Art. 23 Abs. 1 S. 2 GG legitimierte Außenvertretungskompetenz berufen. Als Instanz zur Koordinierung des mitgliedstaatlichen Aufsichtsvollzugs ist der EDSA von der mitgliedstaatlichen Kompetenz zur Wahrnehmung der Datenschutzaufsicht mithin nicht entkoppelt. Da diese Kompetenz zwischen Bund und Ländern geteilt ist, ist der Bund nicht allein regelungsbefugt. **77**

Allenfalls lässt sich die Vertretung der Aufsichtsbehörden der Bundesrepublik durch einen gemeinsamen Vertreter als **Wahrnehmung der äußeren Angelegenheiten der Bundesrepublik**, namentlich als **Vertretung Deutschlands bei der EU**, verstehen (**Art. 73 Abs. 1 Nr. 1 Alt. 1 GG**). Unter diesen Kompetenztitel fallen nicht nur die Beziehungen zu anderen Staaten, sondern auch zu anderen Völkerrechtssubjekten – auch der Europäischen Union.[62] Versteht man den Vertreter im Ausschuss als gesamtstaatlichen **Vertreter der Bundesrepublik** in Fragen der Datenschutzaufsicht, nimmt der Bund bei seiner Bestimmung seine Außenvertretungskompetenz aus Art. 73 Abs. 1 Nr. 1 GG wahr. Daran, dass der Vertreter nach dem Wortlaut der DS-GVO nicht primär die Bundesrepublik Deutschland als Völkerrechtssubjekt, sondern die Aufsichtsbehörden des Mitgliedstaats selbst vertritt („diese Behörden" – Art. 51 Abs. 3),[63] ändert das allerdings nichts. **78**

Vor diesem Hintergrund steht § 17 Abs. 1 S. 1 BDSG auf nicht vollständig kompetenziell gesichertem Fundament. Die Sensibilität seiner Regelung war dem Bund bewusst. Bei der inhaltlichen Ausgestaltung der Koordination der Aufsichtsbehörden und Vertretung im EDSA war es ihm auch aus diesem Grund besonders angelegen, die **föderale Kompetenzverteilung** vor einer zu dominanten Stellung des Bundes abzuschirmen. Deutlich macht das insbesondere die Regelung des **§ 17 Abs. 1 S. 2 BDSG**: Sie legt die Befugnis, den Stellvertreter des gemeinsamen Vertreters zu bestimmen, ausschließlich in die Hände des Bundesrats und begrenzt die Auswahl auf die Leiter der Landesdatenschutzbehörden (§ 17 Abs. 1 S. 2 BDSG). Der Bund erkennt damit das legitime Bedürfnis der Länder an einer im Grundsatz gleichberechtigten Teilhabe im EDSA durchaus an. So sehr der Bund in § 17 Abs. 1 S. 2 BDSG auch auf die Länder zugeht: Bund und Länder **79**

62 Maunz/Dürig-*Uhle* Art. 73 GG Rn. 41.

63 *Kühling/Martini* u.a. Die Datenschutz-Grundverordnung und das nationale Recht, S. 137.

hätten die Regelungsbefugnis des Abs. 4 durch ein koordiniertes Zusammenwirken, namentlich in Gestalt eines **Staatsvertrags**, wahrnehmen sollen.[64]

80 **2. Inhaltliche Ausgestaltung (Wahrnehmungskompetenz).** Die Vertretung und der inhaltliche Verständigungsprozess unter den nationalen Aufsichtsbehörden lassen sich – insbesondere in Fällen, in denen den Ländern das alleinige Recht zur Gesetzgebung zusteht – in unterschiedlichen Modellen normativ ausformen.[65] Die DS-GVO gibt den Mitgliedstaaten lediglich vor, die Vertretung so auszugestalten, dass eine **effektive Aufgabenwahrnehmung** im EDSA gewährleistet ist.

81 **a) Aufgabenübertragung an den Stellvertreter (§ 17 Abs. 2 BDSG n.F.).** Um den legitimen Interessen der Länder Rechnung zu tragen, übernimmt die BfDI nicht pauschal und vorbehaltlos die Aufgabe, die Interessen der nationalen Aufsichtsbehörden im EDSA als gemeinsame Vertreterin (§ 17 Abs. 1 S. 1 BDSG) wahrzunehmen. Vielmehr muss sie die Verhandlungsführung und das Stimmrecht auf **Verlangen des Stellvertreters** in solchen Konstellationen an diesen übertragen, in denen originäre Länderinteressen zentral berührt sind (vgl. § 17 Abs. 2 BDSG).

82 Der Gesetzgeber orientiert sich dabei inhaltlich an dem Modell des Gesetzes über die Zusammenarbeit von Bund und Ländern in Angelegenheiten der Europäischen Union (**EUZBLG**): Der Aufgabenübertragungsvorbehalt greift, wenn die Wahrnehmung der Aufgabe entweder solche Angelegenheiten, für welche **ausschließlich die Länder gesetzgebungsbefugt** sind, oder die **Einrichtung bzw. das Verfahren von Landesbehörden** betrifft (§ 17 Abs. 2 BDSG; vgl. § 5 Abs. 2 S. 1, § 6 Abs. 2 EUZBLG).

83 **b) Vorabkoordination im Verfahren der Zusammenarbeit (§ 18 BDSG n.F.).** In Bereichen, welche sowohl die Gesetzgebungskompetenz des Bundes als auch der Länder berühren, ist in besonderer Weise eine **wirksame Interessenkoordination** aller Beteiligten Rechtsträger angezeigt. Der Gesetzgeber etabliert dafür in § 18 BDSG ein **Verfahren der Vorabkoordination**. Es soll sicherstellen, dass sowohl die BfDI als auch die Landesdatenschutzbeauftragten an der Entscheidungsfindung inhaltlich mitwirken und ihre Interessen adäquat einbringen können.

84 **aa) Recht zur Stellungnahme und Verständigung auf einen gemeinsamen Standpunkt (§ 18 Abs. 1 S. 1 und 2 BDSG n.F.).** Bevor der deutsche Vertreter eine Position in den Ausschuss trägt, ist allen Aufsichtsbehörden frühzeitig **Gelegenheit zur Stellungnahme** zu geben (§ 18 Abs. 1 S. 2 BDSG). Sie sollen sich auf einen **gemeinsamen Standpunkt** einigen, den der gemeinsame Vertreter oder sein Stellvertreter als **einheitliche deutsche Stimme** auf der europäischen Bühne des EDSA präsentiert. Auf dieses Ziel schwört der Bundesgesetzgeber alle Aufsichtsbehörden ein: Sie unterliegen einer Mitwirkungspflicht, tauschen nach dem Willen des Gesetzgebers insbesondere untereinander „alle zweckdienlichen Informationen aus" (§ 18 Abs. 1 S. 3 BDSG).

---

64 Ebenso einen Staatsvertrag – allerdings mit Verweis auf die Verwaltungskompetenzen der Länder – favorisierend Kühling/Buchner-*Dix* Art. 68 Rn. 6; Ehmann/Selmayr-*Albrecht* Art. 68 Rn. 15.

65 Ausführlich hierzu *Kühling/Martini* u.a. Die Datenschutz-Grundverordnung und das nationale Recht, S. 141 ff.; Auernhammer-*Hermerschmidt* Art. 68 Rn. 39; vgl. auch Gola-*Nguyen* Art. 51 Rn. 8.

bb) Beteiligung der medienrechtlichen Aufsichtsbehörden sowie der Aufsichtsbehörden der Kirchen (§ 18 Abs. 1 S. 4 BDSG n.F.). Neben den Aufsichtsbehörden des Bundes und der Länder nehmen **medienrechtliche Aufsichtsbehörden** (Art. 85 Abs. 2 i.V.m. Kap. VI), insbesondere die Landesmedienanstalten, sowie Aufsichtsbehörden der **Kirchen** (Art. 91 Abs. 2) Aufsichtsbefugnisse wahr. Der Bundesgesetzgeber erlegt den datenschutzrechtlichen Aufsichtsbehörden des Bundes und der Länder daher die Verpflichtung auf, auch diese Einrichtungen am Abstimmungsprozess zu **beteiligen**, sofern eine Angelegenheit deren Aufgabenwahrnehmung betrifft (§ 18 Abs. 1 S. 4 BDSG). 85

cc) Verfahren in Konstellationen fehlenden Einvernehmens über einen gemeinsamen Standpunkt (§ 18 Abs. 2 BDSG n.F.). Nicht immer wird es gelingen, zwischen den Aufsichtsbehörden des Bundes und der Länder Einvernehmen über den gemeinsamen Standpunkt zu erzielen. Für diesen Fall etabliert **§ 18 Abs. 2 BDSG** einen Konfliktregelungsmechanismus. Die Vorschrift weist der **federführenden Behörde**, also der Aufsichtsbehörde des Landes, in der sich die aufsichtspflichtige Person mit ihrer Hauptniederlassung angesiedelt hat (§ 19 Abs. 1 S. 1 BDSG),[66] in diesem Prozess eine **zentrale Steuerungsfunktion** zu: Ihr kommt das Privileg zu, einen Vorschlag für einen gemeinsamen Standpunkt zu entwerfen (§ 18 Abs. 2 S. 1 BDSG). In Fällen, in denen **keine federführende Behörde** besteht, die aufsichtspflichtige Person also keine (Haupt-)Niederlassung in der Bundesrepublik hat, sind der gemeinsame Vertreter und sein Stellvertreter zusammen berufen, einen Vorschlag für einen gemeinsamen Standpunkt zu erarbeiten. 86

Können sich diese beiden Akteure nicht inhaltlich einigen, bestimmt sich das Vorschlagsrecht danach, ob im Einzelfall überwiegend die Interessen des Bundes oder der Länder berührt sind (**§ 18 Abs. 2 S. 2** und **3 BDSG**). Betrifft die Angelegenheit einen Gegenstand **ausschließlicher Landesgesetzgebungskompetenz** oder „die Einrichtung oder das Verfahren von Landesbehörden", gesteht das Gesetz konsequenterweise dem **Stellvertreter** i. S. d. § 17 Abs. 1 S. 2 BDSG, den der Bundesrat gewählt hat, eine **Letztentscheidungsbefugnis** zu: Der Stellvertreter legt in diesen Konstellationen „den Vorschlag für einen gemeinsamen Standpunkt fest" (**§ 18 Abs. 2 S. 2 BDSG**). In allen anderen Fällen ist die **BfDI** als gemeinsame Vertreterin mit einer Festlegungsbefugnis betraut (§ 18 Abs. 2 S. 3 BDSG). 87

Der so ermittelte Vorschlag für einen gemeinsamen Standpunkt bildet dann grundsätzlich die **Grundlage** für die **Verhandlungen** im EDSA (**§ 18 Abs. 2 S. 4 BDSG**). Den Aufsichtsbehörden des Bundes und der Länder steht jedoch die Möglichkeit offen, (mit einfacher Mehrheit) einen abweichenden Standpunkt als Verhandlungsgrundlage festzulegen, also den Vorschlag zu modifizieren, den die federführende Behörde oder der gemeinsame Vertreter bzw. sein Stellvertreter festgelegt haben (§ 18 Abs. 2 S. 4 Hs. 2 BDSG). 88

Für das Abstimmungsprozedere verankert der Gesetzgeber eine strikte Gleichbehandlung: Bund und Länder haben jeweils eine Stimme (§ 18 Abs. 2 S. 5 BDSG). Enthalten sich die BfDI und/oder die Aufsichtsbehörden der Länder bei der Abstimmung, werden ihre Stimmen „nicht mitgezählt" (§ 18 Abs. 2 S. 6 BDSG). Der 89

66 Für den Zuständigkeitsbereich der BfDI (vgl. § 9 BDSG) verweist § 19 Abs. 1 S. 2 BDSG ebenso wie § 19 Abs. 1 S. 1 BDSG auf Art. 56 Abs. 1 i.V.m. Art. 4 Nr. 16 DS-GVO.

Gesetzgeber will dadurch verhindern, dass es zu einer **Non-liquet-Situation** kommt, die kein klares Entscheidungsergebnis hervorbringt, wenn sich viele Aufsichtsbehörden der Stimme enthalten. Entscheidend ist also, ob das Ja- oder das Nein-Lager in der Mehrheit ist.

90 Selbst wenn sich der gemeinsame Vertreter und/oder sein Stellvertreter mit ihrer eigenen Vorstellung nicht durchsetzen konnten, ist das Ergebnis für sie bindend (§ 18 Abs. 3 S. 1 BDSG): Sie unterliegen im EDSA einem **imperativen Mandat**.

91

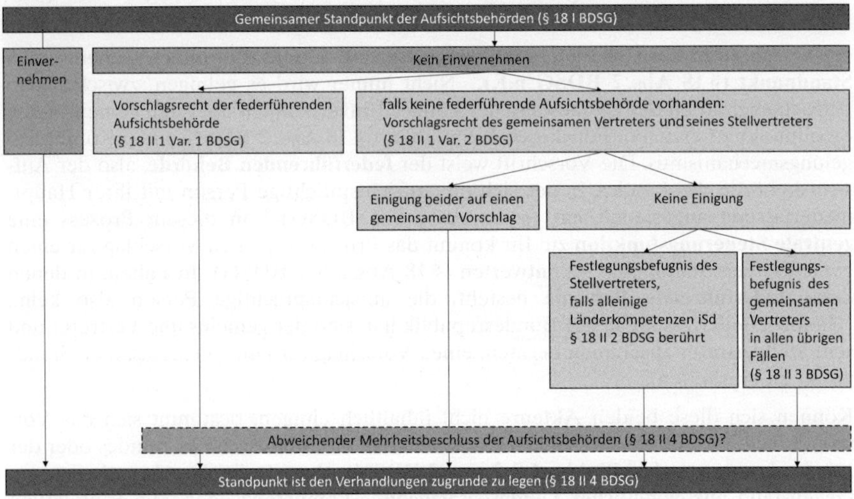

92 **dd) Verständigung auf eine Verhandlungsführung auf der Grundlage des gemeinsamen Standpunkts.** Da sich der Verhandlungsprozess im EDSA nicht in jeder Hinsicht ex ante vorhersehen lässt, sondern sich dynamisch entwickeln kann, müssen sich der gemeinsame Vertreter und sein Stellvertreter zusätzlich zum gemeinsamen Standpunkt auf eine **Strategie der Verhandlungsführung** verständigen (§ 18 Abs. 3 S. 1 BDSG). Gelingt es ihnen nicht, insoweit Einvernehmen herzustellen, liegt das letzte Wort beim Stellvertreter, sofern Belange im Raum stehen, welche exklusiv die Länder, namentlich ihre **ausschließliche Gesetzgebungskompetenz oder die Einrichtung oder das Verfahren von Landesbehörden**, berühren (§ 18 Abs. 3 S. 2 i.V.m. Abs. 2 S. 2 BDSG). In **allen anderen Fällen** gesteht der Gesetzgeber der BfDI die Präponderanz zu: Ihre Stimme gibt im Falle eines Dissenses mit ihrem Stellvertreter dann den Ausschlag (§ 18 Abs. 3 S. 3 BDSG).

V. Stimmrecht des Europäischen Datenschutzbeauftragten (Abs. 6)

93 Der Europäische Datenschutzbeauftragte genießt im EDSA kein uneingeschränktes Stimmrecht. Er darf über verbindliche Beschlüsse, die der EDSA auf der Grundlage des Art. 65 im Streitbeilegungsverfahren mit Bindungswirkung erlässt, nur abstimmen, wenn sie „die Grundsätze und Vorschriften betreffen, die für die **Organe, Einrichtungen, Ämter und Agenturen der Union**[67] gelten und inhaltlich den Grundsätzen und

67 Hervorhebung d. Verf.

Vorschriften dieser VO entsprechen" (Abs. 6). Die datenschutzrechtlichen Vorgaben für Stellen der Union trifft die VO (EG) 45/2001.[68] Nur wenn ein Beschluss des EDSA i. S. d. Art. 65 Implikationen für diesen Bereich zeitigt, ist der Europäische Datenschutzbeauftragte stimmberechtigt.[69]

Abs. 6 soll sicherstellen, dass der Europäische Datenschutzbeauftragte nicht an Ent- **94**
scheidungsgegenständen mitwirkt, welche ausschließlich die Belange der mitgliedstaatlichen Aufsichtsbehörden betreffen. Denn er ist allein als **Datenschutzaufsicht über die Organe und Einrichtungen der Union** konzipiert (vgl. **Art. 41 Abs. 2 VO (EG) Nr. 45/2001**). Ihm soll keine Zuständigkeit für die Aufsicht über die mitgliedstaatlichen Aufsichtsbehörden zuwachsen.[70] Ist sein Aufgabenradius nicht berührt, obliegt es folglich allein den nationalen Aufsichtsbehörden, Entscheidungen des EDSA zu treffen.

C. Zusammenfassung und Ausblick

Die DS-GVO konzipiert den EDSA als **zentrales datenschutzrechtliches Koordinie- 95**
rungsgremium der Union. Er wirkt unmittelbar und nachhaltig auf die Präzisierung der – vielfach konkretisierungsbedürftigen – normativen Grundregeln der DS-GVO ein. Allerdings ist es weniger die Grundnorm des Art. 68, der für die unterschiedlichen Beteiligten unmittelbar zentrale Bedeutung erlangt, als die spezifischen Vorschriften der Art. 69 ff. Gerade die Aufgaben, die Art. 70 dem EDSA überträgt, etwa die Bereitstellung von **Leitlinien, Empfehlungen und bewährten Verfahren**, entfalten perspektivisch eine nachhaltige Ausstrahlungswirkung auf nahezu jede Verordnungsbestimmung. In der Rechtsanwendung wird diesen daher künftig eine zentrale Rolle zukommen.

Berührt eine Maßnahme des EDSA eine natürliche oder juristische Person in ihrer **96**
Rechtssphäre, so hängen die einschlägigen **Rechtsschutzmöglichkeiten** entscheidend davon ab, ob die Maßnahme eine *unmittelbare* oder (kraft mitgliedstaatlichem Umsetzungsspielraum) bloß *mittelbare* Wirkung entfaltet (siehe dazu Rn. 26).

I. Relevanz für Aufsichtsbehörden

Der EDSA und die Verfahren, welche die DS-GVO für das Zusammenwirken seiner **97**
Mitglieder etabliert, binden die nationalen Aufsichtsbehörden in ein übergeordnetes Bezugssystem ein. Durch gemeinsame Anstrengung sollen sie nach dem Willen des Unionsgesetzgebers einen entscheidenden Beitrag dazu leisten, dass die DS-GVO unionsweit eine **einheitliche Anwendung** erfährt.

---

68 Die wichtigsten Prinzipien der VO (EG) Nr. 45/2001 entsprechen denjenigen der DSRL, vgl. *Hoffmann* EU-Datenschutzrecht, S. 25. Auf der Grundlage des Art. 98 hat die Kommission zwischenzeitlich einen Vorschlag erarbeitet, um die VO (EG) Nr. 45/2001 an die „Grundsätze und Vorschriften" der DS-GVO anzugleichen, siehe Vorschlag für eine Verordnung des Europäischen Parlaments und des Rates zum Schutz natürlicher Personen bei der Verarbeitung personenbezogener Daten durch die Organe, Einrichtungen und sonstigen Stellen der Union, zum freien Datenverkehr und zur Aufhebung der Verordnung (EG) Nr. 45/2001 und des Beschlusses Nr. 1247/2002/EG, COM (2017), 8 final (10.1.2017), S. 3.

69 Ehmann/Selmayr-*Albrecht* Art. 68 Rn. 7; Kühling/Buchner-*Dix* Art. 68 Rn. 12; Gierschmann-*Gramlich* Art. 68 Rn. 13.

70 Vgl. auch Sydow-*Schöndorf-Haubold* Art. 68 Rn. 36.

98 Bedeutsame Vorgaben für die nationalen Aufsichtsbehörden trifft Art. 68 auch im Hinblick auf ihre Vertretung im EDSA und ihre **interne (Vorab-)Koordinierung**. Denn der EDSA rekrutiert sich – neben dem Europäischen Datenschutzbeauftragten – aus dem Leiter einer mitgliedstaatlichen Aufsichtsbehörde bzw. dessen Vertreter (**Abs. 3**). Da Deutschland seiner föderalen Struktur entsprechend mehrere Aufsichtsbehörden errichtet hat, entfaltet hierzulande neben Abs. 3 auch **Abs. 4** Bedeutung: Zusammen mit Art. 51 Abs. 3 verpflichtet er den Mitgliedstaat, einen Vertreter im EDSA zu bestimmen. Der deutsche Gesetzgeber ist dieser Vorgabe in **§ 17 BDSG** (auf kompetenziell unsicherem Grund) nachgekommen.

II. Sanktionen und Bußgeldkompetenz

99 Der EDSA ist nicht befugt, Geldbußen zu verhängen. Dazu ermächtigt die DS-GVO allein die jeweils zuständige nationale Aufsichtsbehörde (Art. 83 Abs. 1 i.V.m. Art. 4 Nr. 21 und Art. 51 Abs. 1).

Artikel 69 Unabhängigkeit

(1) Der Ausschuss handelt bei der Erfüllung seiner Aufgaben oder in Ausübung seiner Befugnisse gemäß den Artikeln 70 und 71 unabhängig.

(2) Unbeschadet der Ersuchen der Kommission gemäß Artikel 70 Absatz 1 Buchstabe b und Absatz 2 ersucht der Ausschuss bei der Erfüllung seiner Aufgaben oder in Ausübung seiner Befugnisse weder um Weisung noch nimmt er Weisungen entgegen.

– *ErwG: 139*

Übersicht

Literatur: *Bull* Die „völlig unabhängige“ Aufsichtsbehörde – Zum Urteil des EuGH vom 9.3.2010 in Sachen Datenschutzaufsicht, EuZW 2010, 488–494; *Kröger* Verwaltungsprozessualer Rechtsbehelf der Aufsichtsbehörden zur Kontrolle des internationalen Datentransfers, NVwZ 2017, 1730–1735; *Roßnagel* Unabhängigkeit der Datenschutzaufsicht – Zweites Gesetz zur Änderung des BDSG, ZD 2015, 106–111; *Skouris* Leitlinien der Rechtsprechung des EuGH zum Datenschutz, NVwZ 2016, 1359; *Thomé* Die Unabhängigkeit der Bundesdatenschutzaufsicht, VuR 2015, 130–133; siehe ergänzend die Literaturangaben zu Art. 52 und 68.

A. Einordnung und Hintergrund

Art. 69 verbürgt dem Europäischen Datenschutzausschuss (EDSA) als unionaler Einrichtung mit eigener Rechtspersönlichkeit (Art. 68 Abs. 1) institutionelle Unabhängigkeit. Die DS-GVO meint damit vor allem **Weisungsfreiheit**: Der Ausschuss ersucht weder um Weisungen noch nimmt er solche entgegen (Abs. 2). Seine Aufgaben und Befugnisse (Art. 70 und 71) nimmt er inhaltlich unbeeinflusst und insbesondere **ohne Vorgaben der Kommission** wahr. 1

Seine Unabhängigkeit versetzt den Ausschuss in die Lage, seine Kernaufgabe möglichst objektiv und ohne die Einflussnahme Dritter wahrzunehmen. Seine Aufgabe, die **einheitliche Anwendung der DS-GVO** zu sichern (Art. 70 Abs. 1 S. 1), kann er namentlich nur dann vollständig erfüllen, wenn er sein Wirken beeinträchtigungsfrei ganz in den Dienst des einheitlichen Schutzes informationeller Selbstbestimmung der Unionsbürger (Art. 1 Abs. 1 und 2) stellen kann. Die DS-GVO bewegt sich damit in gesetzgeberischer **Kontinuität mit der DSRL**: Schon die Art.-29-Datenschutzgruppe („Gruppe“) war unabhängig (Art. 29 Abs. 1 UAbs. 2 DSRL). 2

Die Weisungsfreiheit als Teil der Unabhängigkeitsverbürgung löst eine Spannungslage zum Anspruch der Union aus, ihre Herrschaftsgewalt an eine demokratische Legitimationskette rückzubinden (vgl. Art. 2 S. 1 EUV).[1] Sie ist aber Teil einer bewussten normativen Entscheidung des Unionsrechts, welche die demokratische Rückkopplung insoweit bewusst zugunsten wirksamen Privatsphärenschutzes einschränkt: Die Unabhängigkeit des EDSA folgt unmittelbar aus dem europäischen **Primärrecht** (Art. 16 Abs. 2 UAbs. 1 S. 2 AEUV). Diese Gewährleistung erstreckt sich nicht nur auf die nationalen Aufsichtsbehörden und den Europäischen Datenschutzbeauftragten (denen Art. 52 Abs. 1 bzw. Art. 44 VO (EG) Nr. 45/2001 sekundärrechtlich die Unabhängigkeit verbürgt), sondern auch auf das **Zusammenwirken der Aufsichtsbehörden im EDSA** als Einrichtung der Union, die der wirksamen Durchsetzung dieser Regeln verschrieben ist (Art. 16 Abs. 2 UAbs. 1 S. 2 AEUV). 3

I. Erwägungsgründe

Einen zusätzlichen Erkenntnisgewinn für das Verständnis der Norm vermitteln die ErwG nur bedingt. **ErwG 139 S. 8** wiederholt in der Sache lediglich den Wortlaut des Verordnungstextes. 4

Eine Aussage mit Ausstrahlungswirkung auf die Unabhängigkeit des Ausschusses enthalten jedoch **ErwG 140 S. 1** und **Art. 75 Abs. 1:** Der **Europäische Datenschutzbeauf-** 5

1 Dazu ausführlich Sydow-*Schöndorf-Haubold* Art. 69 Rn. 12 ff.

tragte stellt das **Sekretariat** des Ausschusses, das ihm „analytische, administrative und logistische Unterstützung" (Art. 75 Abs. 5) leisten soll. Die DS-GVO versagt dem Ausschuss damit, seine eigene Personalauswahl zu treffen. Die Zuordnung des Sekretariats zum Europäischen Datenschutzbeauftragten verschafft diesem bei der Durchsetzung seiner eigenen Gestaltungsvorstellungen im Ausschuss eine **faktische Präponderanz** (näher hierzu Rn. 41 ff.).

6 Die Rückbindung des Sekretariats an die Weisungsbefugnis des Vorsitzes und dessen starke Stellung sowie Legitimation dämpfen die faktische Einflussmacht des Europäischen Datenschutzbeauftragten im Interesse des institutionellen Gleichgewichts im Ausschuss jedoch wieder ab: Das Sekretariat soll seine Aufgaben nach dem Willen des europäischen Gesetzgebers ausschließlich auf **Anweisung des Vorsitzes des Ausschusses** erfüllen (**Art. 75 Abs. 2** und **ErwG 140 S. 2**). Der Vorsitz vertritt und verteidigt die Interessen des Ausschusses, genießt insbesondere dessen Vertrauen: Der Ausschuss wählt den Vorsitz aus seinen eigenen Reihen (Art. 73 Abs. 1) mit einfacher Mehrheit (Art. 73 Abs. 2). Im Interesse des Integritätsschutzes – und um Interessenkollisionen zu vermeiden – unterliegt das Sekretariat zudem anderen Berichtspflichten als das sonstige Personal des Europäischen Datenschutzbeauftragten (Art. 75 Abs. 3).

II. Systematische Stellung

7 Art. 69 schließt als Teil des siebten Kapitels („Zusammenarbeit und Kohärenz") an die Bestimmungen über die mitgliedstaatlichen Aufsichtsbehörden an. Er stellt die **Weichen für das reibungslose Funktionieren des EDSA** im Interesse unionsweit einheitlichen Datenschutzvollzugs.

8 **Art. 70 und 71** kreisen den Bereich der Aufgaben und Befugnisse ein, in dem die DS-GVO dem Ausschuss Unabhängigkeit verleiht – nur auf diese erstreckt sich die Unabhängigkeitsgarantie.

9 Für die **mitgliedstaatliche Ebene** der Datenschutzaufsicht hält **Art. 52** eine **Parallelnorm** vor. Sie gewährt den nationalen Aufsichtsbehörden „völlig[e]" Unabhängigkeit. Auf den ersten Blick geht die Unabhängigkeitsgarantie des Art. 69 in Art. 52 also weiter als diejenige des Ausschusses (näher hierzu Rn. 34 ff.).

10 Die **Kommission** hat an der Unabhängigkeitsverbürgung keinen Anteil. Sie nimmt zwar an den **Sitzungen** des Ausschusses **teil**, genießt aber kein eigenes Stimmrecht; sie ist **kein Mitglied des Ausschusses** (Art. 68 Rn. 59). Vielmehr stehen Ausschuss und Kommission lediglich in einem fachlichen Dialog (vgl. etwa die **Informationspflichten** in Art. 68 Abs. 5 S. 3 und Art. 71). Dem Ausschuss fällt zudem die Aufgabe zu, die Kommission zu **beraten** (vgl. Art. 70 Abs. 1 S. 2 lit. b und c).

11 Die innere Verflechtung auf der einen Seite und die natürliche Interessenantagonie des Ausschusses und der Kommission auf der anderen Seite lösen eine **Spannungslage** aus, die auf die Unabhängigkeit des Ausschusses ausstrahlt. Dem europäischen Gesetzgeber war es daher ein besonderes Anliegen, zu betonen, dass der Ausschuss auch bei seiner Zusammenarbeit mit der Kommission nicht um Weisung ersucht oder Weisungen entgegennimmt (**Abs. 2**); die Unabhängigkeitsverbürgung richtet sich insofern insbesondere an die Adresse der Kommission.

12 Die **Bußgeldvorschriften** der Art. 83 ff. nehmen auf Art. 69 keinen Bezug: Eingriffe in die Unabhängigkeit des EDSA (etwa durch rechtswidrige Weisung der Kommission) sind daher nicht bußgeldbewehrt.

III. Normgenese

13 **1. DSRL.** Historische **Vorläuferin** des Ausschusses ist die Art.-29-Datenschutzgruppe. Ihren Namen verdankt sie ihrem normativen Ursprung: dem **Art. 29 DSRL**. Auch die Gruppe genoss für ihre Aufgabenwahrnehmung Unabhängigkeit (Art. 29 Abs. 1 UAbs. 2 DSRL).

14 Der Wandel von der Formulierung „ist unabhängig" zu „handelt unabhängig" ist Ausdruck des **quantitativen und qualitativen Aufgabenzuwachses**, den der Ausschuss im Vergleich zur Gruppe erfahren hat.[2] Während die Gruppe vorwiegend deshalb unabhängig war, weil es auch ihre Mitglieder waren (vgl. Art. 28 Abs. 1 UAbs. 1 DSRL),[3] vermittelt Art. 69 einen funktionellen Selbststand. Die Unabhängigkeitsgarantie, die er verbürgt, korrespondiert mit der gewandelten Rolle und der rechtlichen Verselbstständigung des Ausschusses als unionaler Einrichtung mit eigener Rechtspersönlichkeit (Art. 68 Abs. 1; siehe hierzu Art. 68 Rn. 20 ff.): Nur eine Einrichtung, die über einen eigenen Kernbereich an Kompetenzen verfügt sowie kraft ihrer Eigenständigkeit einen wirksamen Schutz gegen kompetenzielle Übergriffe aus dem Reigen der sonstigen Unionseinrichtungen genießt, kann nach der Vorstellung des europäischen Gesetzgebers das erwünschte hohe, unionsweit einheitliche Datenschutzniveau herstellen.

15 Unter der DSRL waren die Gruppe und die Kommission noch sehr eng miteinander verflochten. So verfügte die Kommission etwa in der Gruppe über ein **eigenes Stimmrecht** (Art. 29 Abs. 2 UAbs. 1 DSRL). Der starke Einfluss der Kommission auf die inhaltliche Arbeit der Gruppe schränkte deren Unabhängigkeit (Art. 29 Abs. 1 UAbs. 2 DSRL) im Ergebnis aber substanziell ein. Der **Ausschuss** ist nunmehr weitaus **weniger** anfällig für inhaltliche **Einflussnahmen durch Dritte,** als es noch die Gruppe war.[4]

16 **2. Normgenese.** Dass die DS-GVO eine Regelung zur Unabhängigkeit des Ausschusses enthalten sollte, hat keiner der am Gesetzgebungsverfahren beteiligten Akteure angezweifelt. Soweit der Wortlaut Veränderungen erfahren hat, sind sie rein sprachlicher Natur.[5] Auf Vorschlag des Rates fand insbesondere der Zusatz „oder in Ausübung seiner Befugnisse" Eingang in den Text der DS-GVO. Er betont die vollständige Synchronisierung der Unabhängigkeitsverbürgung mit den Handlungsbefugnissen des Ausschusses.

---

2 Ähnlich wohl auch Kühling/Buchner-*Dix* Art. 69 Rn. 4.

3 Grabitz/Hilf/Nettesheim-*Brühann* Das Recht der Europäischen Union, Art. 29 RL 95/46/EG Rn. 5.

4 Vgl. auch Kühling/Buchner-*Dix* Art. 69 Rn. 2.

5 Siehe Vorschlag für Verordnung des Europäischen Parlaments und des Rates zum Schutz natürlicher Personen bei der Verarbeitung personenbezogener Daten und zum freien Datenverkehr (Datenschutz-Grundverordnung), KOM(2012) 11 endg (25.1.2012), S. 98; *Rat der Europäischen Union*, Vorschlag für eine Verordnung des Europäischen Parlaments und des Rates zum Schutz natürlicher Personen bei der Verarbeitung personenbezogener Daten und zum freien Datenverkehr (Datenschutz-Grundverordnung), 11.6.2015, S. 175, vgl. auch Kühling/Buchner-*Dix* Art. 69 Rn. 3.

17 In ihren Vorschlägen für die Ausgestaltung des Ausschusses unterstrich die Gruppe die Bedeutung, die einer möglichst weitgehenden Unabhängigkeit des Ausschusses zukommt.[6] Sie hielt es insbesondere für erforderlich, dass er über einen **eigenen Finanzhaushalt** verfügt, für den er auch **rechenschaftspflichtig** ist („should be accountable [...] for it's own budget").[7] Um dem Vorsitz des Ausschusses eine hohe Schlagkraft zu verleihen, plädierte die Gruppe dafür, ihm eine **Vollzeitstelle** auf unionaler Ebene zuzuweisen.[8] Um größtmögliche Unabhängigkeit zu gewährleisten, insbesondere mögliche Interessenkollisionen zu vermeiden, sollte der Vorsitzende auch **keine weitere** datenschutzrechtliche **Funktion** auf nationaler oder unionaler Ebene wahrnehmen dürfen.[7] Beide Forderungen der Gruppe hat der Unionsgesetzgeber aber letztlich **nicht berücksichtigt**.[9]

18 Die Gruppe wies zu Recht darauf hin, dass mit der Mitarbeit im Ausschuss auch eine höhere **Arbeitsbelastung** einhergeht sowie mehr **Kompetenzen** und **Ressourcen** erforderlich sind als noch zuvor. Diesen gestiegenen Anforderungen müsse auch das Sekretariat des Ausschusses gewachsen sein.[7] Dass es allein in der Hand des Europäischen Datenschutzbeauftragten liegt, das Sekretariat zu stellen (Art. 75 Abs. 1), kritisierte die Gruppe (zumindest ausdrücklich) nicht. Sie forderte eine sorgfältige Abgrenzung nach Verantwortungsbereichen durch ein **„Memorandum of Understanding"** ein.[7] In Art. 75 Abs. 4 hat der Unionsgesetzgeber diesem Verlangen der Gruppe Rechnung getragen.

IV. Ausfüllung des unionsrechtlichen Handlungsrahmens

19 **1. BDSG a.F.** Die Unabhängigkeit der **Bundesbeauftragten** für Datenschutz als Aufsichtsbehörde über die öffentlichen Stellen des Bundes hatte bereits das BDSG in seiner überkommenen Fassung verankert (vgl. § 22 Abs. 4 S. 2 BDSG a.F.); die Landesdatenschutzgesetze hielten äquivalente Normen für die **Landesdatenschutzaufsicht** bereit (vgl. etwa § 22 HessDSG; § 23 Abs. 1 LDSG Rh-Pf). Bis zum Jahr 2016 waren diese Behörden in den allgemeinen Behördenaufbau integriert, namentlich den (Innen-)Ministerien angegliedert und damit „staatlicher Aufsicht unterstellt".[10]

20 Daran nahm der **EuGH** in seinen Entscheidungen vom März 2010[11] und Oktober 2012[12] Anstoß. Er erkannte in der Eingliederung einen Verstoß gegen das Erfordernis völliger Unabhängigkeit (vgl. Art. 28 Abs. 1 UAbs. 2 DSRL). Unter *völliger Unabhän-*

6 *Artikel-29-Datenschutzgruppe* Propositions regarding the European Data Protection Board Internal Structure, 25.9.2015, S. 1.

7 *Artikel-29-Datenschutzgruppe* Propositions regarding the European Data Protection Board Internal Structure, 25.9.2015, S. 2.

8 Die Forderung findet sich auch im Entwurf des Europäischen Parlaments (Art. 69 Abs. 2a), vgl. *Albrecht* Bericht über den Vorschlag für eine Verordnung des Europäischen Parlaments und des Rates zum Schutz natürlicher Personen bei der Verarbeitung personenbezogener Daten und zum freien Datenverkehr (allgemeine Datenschutzverordnung), Plenarsitzungsdokument v. 21.11.2013, A7-0402/2013, S. 198 f., abrufbar unter https://www.datenschutz-grundverordnung.eu/wp-content/uploads/2016/01/EU-DSGVO-Entwurf-nach-EU-Parlament-22.11.2013-.pdf.

9 BeckOK DatenSR-*Brink* Art. 73 Rn. 10.

10 *EuGH* v. 9.3.2010 – C-518/07, NJW 2010, 1265 ff., Rn. 56.

11 *EuGH* v. 9.3.2010 – C-518/07, NJW 2010, 1265 ff.

12 *EuGH* v. 16.10.2012 – C-614/10, ZD 2012, 563 ff.

gigkeit versteht der EuGH „in der Regel eine Stellung, in der gewährleistet ist, dass die betreffende Stelle völlig frei von Weisungen und Druck handeln kann".[13] Daraus las der EuGH auch das Verbot ab, die Aufsichtsbehörden einer **Dienstaufsicht** zu unterwerfen:[14] Der Gesetzgeber muss sie aus den Fängen nationaler Weisungsstrukturen befreien.

Auf diese Entscheidungen hat der Bundesgesetzgeber mit einer Novellierung des BDSG reagiert.[15] Kern der Neuerungen war die Einrichtung der BfDI als **eigenständige, oberste Bundesbehörde** (vgl. § 22 Abs. 5 BDSG a.F.).[16] Auch die Landesgesetzgeber haben die Regelungen zur Unabhängigkeit ihrer Landesdatenschutzbehörden an das nationale Recht angepasst.[17] **21**

Auf die **Unabhängigkeit der Gruppe** nahmen weder das BDSG noch die Landesdatenschutzgesetze explizit Bezug.[18] Welche Person als nationaler Vertreter an den Sitzungen der Gruppe teilnehmen soll, hat der nationale Gesetzgeber vielmehr in Übereinstimmung mit Art. 29 Abs. 2 UAbs. 2 S. 2 DSRL bislang der autonomen Regelung der nationalen Aufsichtsbehörden überlassen. Den deutschen Vertreter in der Gruppe hat die Konferenz der unabhängigen Datenschutzbehörden des Bundes und der Länder (Datenschutzkonferenz) entsandt: bislang die BfDI und den Hamburgischen Beauftragten für Datenschutz und Informationsfreiheit (mit einer gemeinsamen Stimme). Für die Besetzung galt das Einstimmigkeitsprinzip (A. IV. 3. Abs. 5 Geschäftsordnung).[19] **22**

2. BDSG n.F. Zur Unabhängigkeit des Ausschusses äußert sich das BDSG n.F. nicht. Es regelt in seinem **§ 10** vielmehr lediglich die Unabhängigkeit und die Funktion der Bundesbeauftragten für den Datenschutz („BfDI"). Sie tritt im Ausschuss als Vertreterin der deutschen Aufsichtsbehörden in Erscheinung (vgl. § 17 Abs. 1 S. 1 BDSG n.F.; ausführlich hierzu Art. 68 Rn. 68 f.). Zur Unabhängigkeit der **Mitglieder des EDSA** (bzw. des deutschen Mitglieds) schweigt das BDSG n.F. aus gutem Grund. Mit einer eigenen Regelung schösse es über den Kompetenzrahmen des nationalen Gesetzgebers hinaus: Da es sich bei dem Ausschuss um eine **Einrichtung der Union** handelt, ist insoweit allein der Unionsgesetzgeber regelungsbefugt. Art. 69 entfaltet in den Mitgliedstaaten kraft Art. 288 UAbs. 2 AEUV unmittelbare Wirkung. Eine Öffnungsklausel zugunsten der Mitgliedstaaten enthält die DS-GVO in Art. 69 – anders als Art. 52 Abs. 4, 5 und 6[20] – (konsequenterweise) nicht: Allein Art. 69 formt die Stellung des Ausschusses im Gesamtgefüge der neuen unionalen Datenschutzarchitektur, insbesondere sein Verhältnis zur Kommission (siehe Abs. 2), näher aus. **23**

---

13 *EuGH* v. 9.3.2010 – C-518/07, NJW 2010, 1265 ff.

14 *EuGH* v. 9.3.2010 – C-518/07, NJW 2010, 1265, 1266; *EuGH* ZD 2012, 563, 565.

15 *Thomé* VuR 2015, 130, 130, f.

16 BT-Drucks. 18/2848, S. 11; *Roßnagel* ZD 2015, 106, 108.

17 Vgl. dazu *Roßnagel* ZD 2015, 106, 107.

18 Das entsprach auch der limitierten Regelungskompetenz der Mitgliedstaaten: Regelungen zur Unabhängigkeit der Gruppe übersteigen deren nationale Handlungsmacht. Vgl. auch BeckOK DatenSR-*Brink* Art. 69 Rn. 7.

19 Vgl. *Datenschutzkonferenz* Protokoll der 90. Konferenz am 30.09 und 01.10.2015 in Darmstadt, 2015, abrufbar unter https://www.datenschutz.hessen.de/protokolledsk.htm#entry4587.

20 Zu den Öffnungsklauseln des Art. 52 siehe *Kühling/Martini u.a.* Die Datenschutz-Grundverordnung und das nationale Recht, S. 159.

B. Inhalt der Norm

24 Art. 69 verleiht einem primärrechtlich verankerten Kernelement unionaler Datenschutzaufsicht Ausdruck: Der EDSA als Verbund der nationalen Aufsichtsbehörden, die über die Einhaltung datenschutzrechtlicher Vorgaben wachen, ist nicht in den allgemeinen Verwaltungsaufbau integriert, sondern zeichnet sich durch ein besonderes Maß an **Unabhängigkeit** (1., Abs. 1), insbesondere **Weisungsfreiheit** (2., Abs. 2), aus, das ihm eine (insbesondere von politischen Einwirkungen) unbeeinflusste, den Bedürfnissen sachgerechten Privatheitsschutzes gerecht werdende Entscheidungsfindung und Datenschutzkontrolle ermöglicht, um eine kritische Distanz zwischen Entscheidern und Entscheidungsgegenstand zu sichern.

I. Unabhängigkeitsgarantie (Abs. 1)

25 Die Mitglieder des Ausschusses handeln zwar bereits kraft **Art. 52** bzw. (im Falle des Europäischen Datenschutzbeauftragten) kraft Art. 44 VO (EG) Nr. 45/2001 völlig unabhängig: Sie genießen Unabhängigkeit „bei der Erfüllung ihrer Aufgaben und bei der Ausübung ihrer Befugnisse gemäß dieser Verordnung". Das schließt grundsätzlich auch die Mitwirkung im Ausschuss ein (Art. 68 Abs. 3).

26 Diese normativen Fundamente der Unabhängigkeit machen Art. 69 aber keineswegs zu einem überflüssigen Baustein im Normengefüge der DS-GVO. Die Bestimmung entfaltet ihren **eigenständigen Aussagegehalt** dadurch, dass sie nicht nur den **nationalen Aufsichtsbehörden** Unabhängigkeit zusichert, sondern auch das Handeln des **Ausschusses** selbst mit einem eigenständigen Schutz umhegt: Art. 69 verbürgt den Ausschussmitgliedern und dem Vorsitz sowie der Einrichtung in ihrem kollektiven Handeln auf der unionalen Kooperationsebene Unabhängigkeit.

27 Bereits der **personale Anwendungsbereich** des Art. 69 Abs. 1 unterstreicht diese Zielrichtung: Adressat der Unabhängigkeitsgarantie des Art. 69 ist **„der Ausschuss"**. Bezugssubjekt ist somit nicht jede einzelne nationale Aufsichtsbehörde, sondern kraft klaren Bekenntnisses des unionalen Gesetzgebers der Ausschuss als solcher.[21] Das eigenständige Regelungsanliegen der Vorschrift besteht insoweit vorrangig darin, den Ausschuss auf institutioneller Ebene gegen einen bestimmenden **Einfluss** – insbesondere der **Kommission – abzuschirmen**.

28 Während der europäische Gesetzgeber die Unabhängigkeit der mitgliedstaatlichen Aufsichtsbehörden mit großer Liebe zum Detail ausformt, fallen seine Aussagen zur Unabhängigkeit des EDSA deutlich wortkarger aus. Art. 69 lässt **offen**, welchen **konkreten Inhalt** die **Unabhängigkeitsgarantie** aufweist. Insbesondere im terminologischen und systematischen Quervergleich mit Art. 52 wirft die Reichweite des Art. 69 Fragen auf (Rn. 34 ff.).

29 **1. Vergleich zum Primärrecht und primärrechtliche Vorprägungen.** Das normative Versprechen der Unabhängigkeit kann prinzipiell mehrere **Schutzdimensionen** umschließen: **sachliche, persönliche** und **institutionelle** Unabhängigkeit. Richtern verheißt die Rechtsordnung bspw. alle drei Schutzdimensionen (vgl. Art. 97 GG, Art. 19

---

21 Anders aber Gierschmann-*Gramlich* Art. 69 Rn. 2, der auch die einzelnen Mitglieder adressiert sieht.

Abs. 2 UAbs. 3 S. 1 i.V.m. Art. 253 UAbs. 1; Art. 254 UAbs. 2 S. 1 AEUV), der Verwaltung demgegenüber typischerweise allenfalls sachliche Unabhängigkeit.

a) Art. 8 GRCh und Art. 16 Abs. 2 S. 2 AEUV. Wie weit der normative Gehalt der Unabhängigkeitsverbürgung in Art. 69 DS-GVO reicht, erhellt ein Stück weit der primärrechtliche Hintergrund der Norm: Die Unabhängigkeit des Ausschusses ist institutioneller Ausfluss der grundrechtlich verbrieften Privatsphäre des Einzelnen:[22] Art. 8 Abs. 3 GRCh und Art. 16 Abs. 2 UAbs. 1 S. 2 AEUV verankern auf höchster unionsrechtlicher Ebene, dass unabhängige Stellen überwachen müssen, ob alle Normadressaten die Datenschutzvorschriften einhalten. **30**

Die Reichweite der Unabhängigkeit ist auch ein Abbild der Bandbreite der Ausschussaufgaben. Diese sind mannigfaltig. So überwacht der EDSA die ordnungsgemäße Anwendung der DS-GVO in den Fällen der Art. 64 und 65. Hierzu gehören auch verbindliche Beschlüsse im Konfliktfall. Die Fülle der Aufgaben des EDSA, insbesondere die Aufgabe, für bestimmte Sachverhalte „Leitlinien, Empfehlungen und bewährten [...] Verfahren" bereitzustellen (vgl. Art. 70 Abs. 1 S. 2 lit. d, lit. f–j), zeigt auch, dass der Gesetzgeber ein Gremium schaffen wollte, das bei der Entwicklung des unionalen Datenschutzes eine zentrale Rolle als Herzkammer unionsweiter Koordinierung und Impulsgebung spielt. Das impliziert Weisungsfreiheit in allen Aufgaben sowie ein Mindestmaß organisatorischer Freiheit und Ausstattung, zumal die Mitglieder als Leiter einer nationalen Aufsichtsbehörde (vgl. Art. 68 Abs. 3) ohnehin bereits stark gefordert sind.[23] **31**

b) Art. 298 Abs. 1 AEUV. Ergänzenden Aufschluss über die Reichweite, welche Art. 69 seinem Verständnis der Unabhängigkeit des Ausschusses unterlegt, liefert ein Blick auf Art. 298 Abs. 1 AEUV. Die Vorschrift stipuliert eine „offene, effiziente und unabhängige europäische Verwaltung". Als „Einrichtung" (Art. 68 Abs. 1) exekutiven Handelns fällt der Ausschuss auch in den Anwendungsbereich der Norm.[24] **32**

Unabhängigkeit i.S.d. Art. 298 Abs. 1 AEUV meint nicht die persönliche Unabhängigkeit, sondern ausschließlich die **sachliche Unabhängigkeit** in Gestalt einer von sachfremden Erwägungen unbeeinflussten, ausschließlich an Sachkriterien orientierten, unparteiischen Entscheidungsfindung, die zwar politischen Vorgaben der Gubernative Rechnung trägt, aber dem Gebot der Gesetzmäßigkeit der Verwaltung verpflichtet bleibt.[25] Anders als Art. 69 Abs. 1 zielt Art. 298 Abs. 1 AEUV vorrangig[26] auf eine Unabhängigkeit gegenüber den Interessen der Mitgliedstaaten und **33**

22 Zumindest mit Hinweis auf Art. 8 GRCh und Art. 16 AEUV auch Ehmann/Selmayr-*Albrecht* Art. 69 Rn. 1; vgl. ferner Sydow-*Schöndorf-Haubold* Art. 69 Rn. 4.

23 Auf die Doppelbelastung angesichts der Leitung einer nationalen Aufsichtsbehörde, die selbst eine Vollzeitstelle einfordert, weist in Bezug auf den Vorsitz auch BeckOK DatenSR-*Brink* Art. 73 Rn. 10, hin.

24 Gola-*Nguyen* Art. 69 Rn. 1; Callies/Ruffert-*Ruffert* Art. 298 AEUV Rn. 5, der auch der Kommission unterworfene Agenturen von Art. 298 AEUV erfasst sieht.

25 Streinz-*Streinz* EUV/AEUV Art. 298 AEUV Rn. 8.

26 Die Norm verbietet jedermann eine unzulässige Einwirkung auf den Ausschuss, auch den Mitgliedstaaten und ihren Einrichtungen. Siehe auch Gierschmann-*Gramlich* Art. 69 Rn. 3 ff.

deren Exekutive, weniger gegenüber anderen Verwaltungsorganen der EU.[27] In seiner Unbestimmtheit gibt Art. 298 Abs. 1 AEUV über Inhalt und Reichweite der Unabhängigkeitsgarantie jenseits eines Einschwörens auf ausschließlich sachliche, dem Unionsrecht verpflichtete Entscheidungskriterien sachlich im Ergebnis nur wenig Orientierung.[28]

34 **2. Systematischer Vergleich zu Art. 52.** Art. 52 spricht den nationalen Aufsichtsbehörden eine **sachliche Unabhängigkeit** in Gestalt einer Weisungsfreiheit zu (Abs. 2) – ebenso **personelle** und **organisatorische Unabhängigkeit**: Die DS-GVO gewährleistet ihnen alle notwendigen „personellen, technischen und finanziellen Ressourcen, Räumlichkeiten und Infrastrukturen" (Art. 52 Abs. 4), um ihre Aufgaben angemessen erfüllen zu können – ebenso Personalhoheit (Art. 52 Abs. 5).

35 Im Unterschied dazu lässt **Art. 69** – mit Ausnahme des Abs. 2 zur Weisungsfreiheit – nähere Aussagen zum konkreten Inhalt der Unabhängigkeitsgarantie nach Abs. 1 vermissen.

a) Unabhängigkeit (Art. 69 Abs. 1) versus „völlig[e] Unabhängigkeit (Art. 52 Abs. 1).

36 Art. 52 Abs. 1 und Art. 69 unterscheiden sich nicht nur in ihrem Konkretisierungsgrad, sondern auch in der Vollmundigkeit des Unabhängigkeitsversprechens: Während Art. 52 Abs. 1 die Aufsichtsbehörden für „*völlig* unabhängig"[29] erklärt, garantiert Art. 69 Abs. 1 ihnen als Mitgliedern des Ausschusses und diesem selbst ausdrücklich nur die Unabhängigkeit. Ob es sich bei der begrifflichen Divergenz zwischen Abs. 1 und Art. 52 Abs. 1 um eine sprachliche **Ungenauigkeit** des Gesetzgebers oder um eine **bewusste Differenzierung** im Gewährleistungsgehalt der Unabhängigkeitsgarantie handelt, ist unklar. Aufgrund des unterschiedlichen Normwortlauts darf ein inhaltlicher Gleichklang des Abs. 1 und des Art. 52 Abs. 1 jedenfalls nicht ohne Weiteres unterstellt werden.[30]

37 Die verschiedene Wortwahl in Art. 52 und 69 kann ihre Ursache darin haben, dass sich der Verordnungsgeber bei der Abfassung des Art. 69 – wie auch sonst insgesamt bei der Konzeption der Vorschrift – vorwiegend am **Wortlaut der Vorgängerregelung in Art. 29 Abs. 1 UAbs. 2 DSRL** orientiert hat – und weniger an der Parallelnorm des Art. 52. Denn auch die DSRL sprach der Gruppe „nur" die Unabhängigkeit zu, während sie die Aufsichtsbehörden in Art. 28 Abs. 1 UAbs. 2 DSRL als *völlig* unabhängig

27 Grabitz/Hilf/Nettesheim-*Krajewski/Rösslein* EU-Recht, Art. 298 AEUV Rn. 24; Gola-*Nguyen* Art. 69 Rn. 1; von der Groeben/Schwarze/Hatje-*Reithmann* Art. 298 AEUV Rn. 16. Indem sie allgemeine Grundsätze einer guten Verwaltung aufzählt, ist der Norm aber andererseits auch eine subjektive Schutzdimension eigen, die zugleich mittelbar eine Unabhängigkeit gegenüber der Exekutive der Mitgliedstaaten, aber auch den EU-Organen selbst verbrieft; vgl. von der Groeben/Schwarze/Hatje-*Reithmann* Art. 298 AEUV, Rn. 2, 15, der auf die Nähe zu 41 GRCh hinweist, sich aber hinsichtlich der Reichweite der Unabhängigkeit im „Verhältnis von Administrative und Exekutive" nicht festlegen will; eine solche Erstreckung befürwortend aber wohl Geiger/Khan/Kotzur-*Kotzur* EUV/AEUV, Art. 298 AEUV Rn. 3; von der Groeben/Schwarze/Hatje-*Reithmann* Art. 298 AEUV Rn. 24.

28 Vgl. auch Streinz-*Streinz* EUV/AEUV Art. 298 AEUV Rn. 1.

29 Hervorhebung d. Verf.

30 So aber die überwiegende Ansicht: Ehmann/Selmayr-*Albrecht* Art. 69 Rn. 3; BeckOK DatenSR-*Brink* Art. 69 Rn. 4; Paal/Pauly-*Körffer* Art. 69 Rn. 1. Mit Begründung hingegen Kühling/Buchner-*Dix* Art. 69 Rn. 4.

bezeichnete. Einer ausreichenden sachlichen und finanziellen Ausstattung bedurfte die Gruppe – im Unterschied zum EDSA – gerade nicht: Weil sie lediglich beratend aktiv wurde, nahm sie keine substanziell Ressourcen bindenden Tätigkeiten wahr. Erst mit dem gewachsenen Aufgabenportfolio des EDSA und seiner rechtlichen Verfasstheit stellt sich die Frage nach einer hinreichenden Mittelzuweisung.

Der Verzicht auf das adverbiale Adjektiv „völlig" ist womöglich auch Ausdruck der institutionellen Stellung des Ausschusses im Gefüge der EU-Einrichtungen, insbesondere seines Verhältnisses zur **Kommission**: Sie genießt im Ausschuss immerhin einen **Teilnehmerstatus**.[31] Zudem verfügt sie über die Möglichkeit, den Ausschuss **in Dienst** zu nehmen (s. Rn. 54 ff.). Damit geht jedenfalls ein gewisser inhaltlicher Einfluss auf die Arbeit des Ausschusses und mithin eine normativ gewollte Einschränkung der Unabhängigkeit des Ausschusses einher.[32] **38**

b) Persönliche Unabhängigkeit? Unterstellt man Art. 69 und Art. 52 aufgrund ihres ähnlichen Regelungsgehalts die gleiche systematische Grundstruktur, enthält Art. 69 Abs. 1 die allgemeine Kernaussage, welche Abs. 2 dann in Gestalt der Weisungsfreiheit konkretisiert. Dann bliebe die Unabhängigkeitsgarantie des Art. 69 in ihrem Umfang erheblich hinter derjenigen des Art. 52 zurück, fehlt doch insbesondere das Versprechen, „weder direkter noch indirekter Beeinflussung" ausgesetzt zu sein. Dieser Schluss lässt jedoch unberücksichtigt, dass der Ausschuss und die Aufsichtsbehörden sich **in ihrer Struktur und Aufgabenstellung deutlich unterscheiden** und daher nicht sämtliche Teilgewährleistungen ihrer Unabhängigkeit in jeder Hinsicht übertragbar sind. **39**

Paradigmatisch dafür stehen die personenbezogenen Gewährleistungen des Art. 52 Abs. 2 und 3: Da sich der Ausschuss ohnehin aus den nach Art. 52 Abs. 2 und 3 unabhängigen aufsichtsbehördlichen Vertretern rekrutiert, sah es der Unionsgesetzgeber nicht als notwendig an, vergleichbare Regelungen spiegelbildlich aufzugreifen: Er hielt es für entbehrlich, separat festzuschreiben, dass nicht nur der Ausschuss als solcher, sondern auch seine Mitglieder **persönliche Unabhängigkeit** genießen. Die **vertreterbezogenen Gewährleistungen** spricht **Art. 69 Abs. 1** also nicht explizit aus, sondern die Norm **setzt** sie sachlogisch **voraus**. **40**

c) Sachliche Unabhängigkeit, Ausstattung. Anders als Art. 52 Abs. 4 und 5 trifft Art. 69 keine Aussage, ob und inwieweit die DS-GVO dem Ausschuss eine **angemessene Ausstattung** zusichert – weder in personeller Hinsicht (aa) noch sonst in organisatorischer Hinsicht (bb). **41**

aa) Personalhoheit. Die DS-GVO verbürgt dem Ausschuss **keine Personalhoheit**. Im Gegenteil: Sie trifft zur Personalauswahl des Ausschusses sogar eine von Art. 52 Abs. 5 abweichende Regelung: Er stellt sein Sekretariat nicht selbst bereit, sondern der Europäische Datenschutzbeauftragte (**Art. 75 Abs. 1**). Der Ausschuss hat also selbst keinen Einfluss auf die **Auswahl seines Büropersonals.**[33] Damit geht notwendig eine **Schwächung** der **institutionellen Unabhängigkeit** des EDSA einher.[34] **42**

Die terminologische Differenzierung in Art. 69 Abs. 1 und Art. 52 Abs. 1 (Rn. 36) ist Ausdruck einer **bewussten Entscheidung** des europäischen Gesetzgebers. Er wollte **43**

---

31 Vgl. Auernhammer-*Hermerschmidt* Art. 68 Rn. 26.
32 Auernhammer-*Hermerschmidt* Art. 69 Rn. 5.
33 So auch etwa BeckOK DatenSR-*Brink* Art. 69 Rn. 16; Paal/Pauly-*Körffer* Art. 69 Rn. 2.
34 BeckOK DatenSR-*Brink* Art. 69 Rn. 16.

aufzeigen, dass den Aufsichtsbehörden im Vergleich zum Ausschuss ein „Mehr" an Unabhängigkeit in Gestalt einer zusätzlichen Komponente zukommt: Da der Ausschuss über seine Personalverantwortung nicht selbst entscheiden darf, verfügt er – gerade im Vergleich zu den Aufsichtsbehörden – über keine *völlige* Unabhängigkeit.[35]

44 **bb) Ausstattung mit sächlichen und organisatorischen Mitteln.** Der Quervergleich des Art. 69 Abs. 1 zu Art. 52 insinuiert mit Blick auf den unterschiedlichen Wortlaut und die Systematik, dass der Ausschuss keine **Ausstattung** verlangen kann, die der Gewährleistung des **Art. 52 Abs. 4** entspricht (s. hierzu Art. 52 Rn. 41 ff.).

45 Dem Ausschuss eine angemessene Ressourcenausstattung zu verwehren, hat der Verordnungsgeber umgekehrt jedoch nicht beabsichtigt.[36] Denn ohne angemessene Personal- und Sachmittel, die zumindest die Wahrnehmung der Kernaufgaben des Ausschusses sichern, kann er die ihm zugedachte Rolle als unabhängiges unionales Koordinierungs- und Beschlussgremium nicht sachgerecht erfüllen:[37] Die Ausstattung des Ausschusses muss seiner Funktion Rechnung tragen.

46 Hinzu kommt, dass der Verordnungsgeber den Ausschuss – im Vergleich zur Gruppe – mit **zusätzlichen wichtigen Aufgaben** betraut hat (vgl. Art. 65 Abs. 2; Art. 70, 71). Schon diese gesetzliche Aufgabenzuweisung als solche gibt vor, dass der Ausschuss **handlungsfähig** sein muss. Dem Europäischen Datenschutzbeauftragten ist es also versagt, den Ausschuss durch eine unzureichende Mittelzuweisung hinsichtlich des Sekretariats in die **faktische Ineffizienz** oder **Arbeitsunfähigkeit** zu treiben. Wiewohl Art. 69 Abs. 1 nicht ausdrücklich über eine dem Art. 52 Abs. 4 äquivalente Regelung verfügt, setzt die Vorschrift einer zu geringen Ressourcenausstattung daher im Ergebnis sachimmanente normative Grenzen.

47 Ab dem Zeitpunkt, ab dem sich die Mittelzuweisung in erheblicher Weise nachteilig auf die Art und Weise der Arbeit des Ausschusses auswirkt, beginnt eine **mittelbare Einflussnahme** auf seine inhaltliche Arbeit – und damit ein **Verstoß** gegen **Art. 69** (siehe hierzu im Einzelnen Rn. 50). Ein solcher Fall tritt etwa ein, wenn der Ausschuss aufgrund struktureller Ressourcenengpässe nicht mehr selbstbestimmt wählen könnte, welchen seiner Aufgaben er sich wie ausführlich zuwendet.[38] Einen Zugangsanspruch zu einem budgetären Eldorado eröffnet die DS-GVO dem Ausschuss aber nicht – die Angemessenheit der Ausstattung ist insofern sowohl Unter- als auch Obergrenze des normativen Versprechens.

48 **3. Ergebnis.** Art. 69 verbürgt dem Ausschuss eine **hybride Unabhängigkeitsverfassung**, die mit seiner besonderen Rolle als institutionellem Dach unionaler Koordinierung der Datenschutzaufsicht korreliert: Der Ausschuss ist in seiner inneren Architek-

---

35 Vgl. auch Gola-*Nguyen* Art. 69 Rn. 2.

36 Vgl. aber hierzu Sydow-*Schöndorf-Haubold* Art. 69, Rn. 5 und 7. Sie stellt die Hypothese auf, der Gesetzgeber gehe gerade davon aus, dass dem Ausschuss jenseits des Sekretariats keinerlei Kosten anfallen werden.

37 So auch *Europarat* Explanatory Report to the Additional Protocol to the Convention for the Protection of Individuals with regard to Automatic Processing of Personal Data, regarding supervisory authorities and transborder data flows, 2001, Rn. 17, abrufbar unter https://rm.coe.int/16800cce56; vgl. auch von der Groeben/Schwarze/Hatje-*Brühann* Art. 16 AEUV, Rn. 77.

38 Weniger restriktiv BeckOK DatenSR-*Brink* Art. 69 Rn. 15, der Art. 52 Abs. 4 mehr oder weniger vollständig in Art. 69 Abs. 1 hineinlesen will.

tur von derjenigen seiner Mitglieder nicht vollständig entkoppelt; Art. 69 gesteht ihm daher – anders als Art. 52 den nationalen Aufsichtsbehörden – nicht ausdrücklich **persönliche Unabhängigkeit** zu, sondern setzt diese voraus. Die sachliche Unabhängigkeit des Ausschusses (vgl. insbesondere Abs. 2) schränkt die DS-GVO im Verhältnis zu Art. 52 ein, indem sie dem Ausschuss **keine eigene Personalhoheit** zugesteht, sondern ihn grundsätzlich auf Mittel seiner Mitglieder, insbesondere des Europäischen Datenschutzbeauftragten, verweist; er hat aber Anspruch auf eine **hinreichende Ausstattung mit sachlichen und organisatorischen Mitteln**.

II. Weisungsfreiheit (Abs. 2)

Abs. 2 **konkretisiert** die allgemeine Unabhängigkeitsgarantie des **Abs. 1**:[39] Er verbürgt dem Ausschuss **Weisungsfreiheit** und macht ihn dadurch **sachlich unabhängig**. Weisungen anderer staatlicher wie auch privater Stellen nimmt der Ausschuss nicht entgegen; sie können den Ausschuss weder binden noch zur Befolgung bestimmter Vorgaben zwingen. Diese Absicherung der Weisungsfreiheit verbietet Dritten (ebenso wie Art. 97 Abs. 1 GG im Falle des Richters im nationalen [Verfassungs-]Recht)[40], sowohl in abstrakt-genereller Weise als auch im konkreten Einzelfall inhaltlichen Einfluss zu nehmen. 49

1. „Weisung“. „Weisung“ i.S.d. Art. 69 Abs. 2 ist nicht nur die dienstrechtliche Weisung. Aufgrund seines engen Zusammenhangs mit der allgemeinen Vorgabe des Abs. 1 ist der Begriff vielmehr weit zu verstehen: Ihm unterfällt **jedwede Einflussnahme** eines **Dritten** auf den Inhalt einer Entscheidung. In dieser Botschaft liegt der eigentliche Kern des Art. 69. Relevant ist also nicht, wer auf welche Weise auf den Ausschuss konkret einwirkt oder einwirken darf. Vielmehr darf dies niemand – egal auf welche Weise. Die **Kommission,** die Mitgliedstaaten oder sonstige Dritte dürfen insbesondere auch nicht **mittelbar** Einfluss auf die **Entscheidungsfindung** des Ausschusses nehmen (zur Mittelzuweisung siehe bereits Rn. 47).[41] 50

2. „ersucht“ […] weder“. Die gesetzliche Anordnung, dass der Ausschuss nicht um Weisungen „ersucht“, schließt aus, dass er seine eigene Entscheidungsverantwortung auf eine andere Stelle auslagert: Niemand darf die zu treffende **Entscheidung** (auch nicht mit Zustimmung des EDSA) inhaltlich **vorzeichnen**.[42] Der Ausschuss ist also nicht nur berechtigt, sondern auch **verpflichtet**, eine eigene Entscheidung zu treffen. Die Unabhängigkeit unterliegt nicht seiner Dispositionsbefugnis. 51

3. „noch nimmt er […] entgegen“. Als Ausdruck seiner Unabhängigkeit ist es dem Ausschuss nicht nur versagt, um Weisungen zu **ersuchen**, sondern auch, sich **Handlungsbefehlen** zu **unterwerfen**, die Dritte von außen an ihn herantragen. 52

---

39 So auch Kühling/Buchner-*Dix* Art. 69 Rn. 4; Gola-*Nguyen* Art. 69 Rn. 2.

40 Siehe zur richterlichen Unabhängigkeit etwa BeckOK Grundgesetz-*Morgenthaler* Art. 97 Rn. 4.

41 Vgl. insofern die Rechtsprechung des EuGH zur Unabhängigkeit der mitgliedstaatlichen Aufsichtsbehörden gemäß Art. 28 DSRL, *EuGH* v. 9.3.2010 – C-518/07, NJW 2010, 1265, Rn. 18: „Unabhängigkeit ist in der Regel eine Stellung, in der gewährleistet ist, dass die betreffende Stelle völlig frei von Weisungen und Druck handeln kann“. In diesem Sinne wohl auch BeckOK DatenSR-*Brink* Art. 69 Rn. 13.

42 Sydow-*Schöndorf-Haubold* Art. 69 Rn. 9.

53 Dass der EDSA keinen externen Weisungen Folge leisten muss, heißt aber noch nicht, dass er seine Entscheidungen gänzlich ungebunden treffen darf. Er agiert nicht im rechtsfreien Raum: An unionsrechtliche Vorgaben, insbesondere des Primärrechts und der DS-GVO, ist der Ausschuss gebunden.[43] Bei der **Gesetzesbindung** des EDSA handelt es sich um das „das notwendige Korrelat" seiner sachlichen Unabhängigkeit.[44] Denn die sachliche Unabhängigkeit steht im Dienste des Gebots der Gesetzmäßigkeit. Nur dann kann sie das normativ intendierte Niveau des Privatheitsschutzes i.S.d. DS-GVO sicherstellen.

54 **4. „unbeschadet der Ersuchen der Kommission gemäß Artikel 70 Absatz 1 Buchstabe b und Absatz 2".** Die Weisungsfreiheit des Ausschusses besteht „unbeschadet der Ersuchen der Kommission gemäß Art. 70 **Abs. 1 lit. b und Abs. 2**"[45]. Dieser Zusatz des Abs. 2 stellt klar, dass die sachliche Unabhängigkeit des Ausschusses mit den Aufgaben zu vereinbaren ist, die ihm kraft ausdrücklicher Anordnung übertragen sind. Die Kommission darf den Ausschuss also in seiner Arbeitsweise binden, indem sie ihn um Beratung bittet und um Rat ersucht (**Art. 70 Abs. 1 S. 2 lit. b und Abs. 2**), ohne dadurch in Konflikt mit der Unabhängigkeitsverbürgung zu geraten.[46]

55 Die Kommission verfügt aber nur über die Befugnis, den Ausschuss zum **Tätigwerden** zu zwingen (ohne dass der Ausschuss dies zurückweisen dürfte; „Ob").[47] Sie darf ihm indes weder vorschreiben, **wie** er seinen Pflichten konkret nachzukommen hat, noch darf sie ihm ein bestimmtes Ergebnis vorgeben.[48]

56 Zugleich bleibt die Befugnis der Kommission unberührt, dem Ausschuss eine **Frist** „an[zu]geben", innerhalb derer er auf das Ersuchen antworten soll (Art. 69 Abs. 2 i.V.m. **Art. 70 Abs. 2**). Auf diese Weise eröffnet sich der Kommission jedenfalls ein Stück weit die Möglichkeit, auf die Arbeitsweise des Ausschusses Einfluss zu nehmen: Sie kann ihn zu einer **zeitlichen Priorisierung** bestimmter Aufgaben veranlassen. Die Fristbestimmung wirkt insoweit wie eine **Zielvorgabe**, die – wenn auch mittelbar – auf die Arbeitsweise des Ausschusses einwirkt. Die Einschränkung der Unabhängigkeit des Ausschusses, die damit einhergeht, hat der Unionsgesetzgeber – wie der Wortlaut deutlich macht – mit Bedacht vorgenommen.[49] Fristbestimmungen stellt der Normgeber jedoch ebenfalls ausdrücklich unter den Vorbehalt, die „Dringlichkeit des Sachverhalts" angemessen zu berücksichtigen (Art. 70 Abs. 2).

---

43 BeckOK DatenSR-*Brink* Art. 69 Rn. 14.

44 So zu Art. 97 Abs. 1 GG BeckOK Grundgesetz-*Morgenthaler* Art. 97 Rn. 7.

45 Hervorhebung d. Verf.

46 Vgl. Kühling/Buchner-*Dix* Art. 69 Rn. 6; Paal/Pauly-*Körffer* Art. 69 Rn. 3.

47 Kühling/Buchner-*Dix* Art. 69 Rn. 6; Paal/Pauly-*Körffer* Art. 69 Rn. 3; Sydow-*Schöndorf-Haubold* Art. 69 Rn. 10.

48 Kühling/Buchner-*Dix* Art. 69 Rn. 6; Gola-*Nguyen* Art. 69 Rn. 2.

49 Nach a.A. soll die Frist aufgrund des Prinzips der Unabhängigkeit des Ausschusses gerade nicht als verbindlich gelten; so etwa BeckOK DatenSR-*Brink* Art. 69 Rn. 19, für den die Fristsetzungen „nicht mehr [sind] als eine unverbindliche Einschätzung der KOM"; Kühling/Buchner-*Dix* Art. 70 Rn. 16; so wohl auch Plath-*Roggenkamp* Art. 68–76 DS-GVO Rn. 20, der unterstreicht, dass „Sanktionen an ein Verstreichenlassen der Frist nicht geknüpft" sind. An dem normativ verbürgten Recht der Kommission, eine Frist „an[zu]geben", ändert das jedoch nichts.

57 Der Zugriff der Kommission auf den Ausschuss überschreitet jedenfalls dort eine normative rote Linie, wo sie ihn in **rechtsmissbräuchlicher Weise** in Anspruch nimmt. Das ist etwa der Fall, wenn sie ihn nur deshalb in einer bestimmten Angelegenheit konsultiert, um ihn bewusst **von der Befassung mit anderen Gegenständen abzuhalten** oder seine **Ressourcen** für spezielle Sachverhalte **übermäßig bindet**. Vor diesem Hintergrund ist es sachgerecht, dem Ausschuss die Möglichkeit zu eröffnen, eine möglicherweise unangemessene Fristsetzung bzw. missbräuchliche Weisung der Kommission **nach Art. 263 Abs. 4 AEUV durch den EuGH überprüfen** zu lassen.

58 Aufgrund seiner normativen Ausstattung mit eigener Rechtspersönlichkeit (Art. 68 Abs. 1) ist der EDSA nicht in die europäische Verwaltungsarchitektur eingebunden, sondern **Träger eigener Rechte**. Er ist **aktiv parteifähig** i.S.d. Art. 263 Abs. 4 AEUV. Diese Parteifähigkeit ist nicht nur Ausdruck der eigenen Rechtspersönlichkeit, sondern auch der Unabhängigkeit, über die der Ausschuss verfügt: Die Wehrhaftigkeit des Ausschusses gegen äußere Einflüsse erwächst erst durch die Garantie effektiven Rechtsschutzes zu voller Stärke.[50]

59 Warum mit der Unabhängigkeit des Ausschusses nur die Beratung der Kommission i.S.d. **Art. 70 Abs. 1 lit. b** vereinbar sein soll, nicht aber die Tätigkeit des Ausschusses in den anderen Fällen des **Art. 70 Abs. 1** sowie nach **Art. 64 Abs. 2,** erschließt sich nicht auf den ersten Blick. Da bereits die Entwurfsfassungen der Kommission, des Parlaments und des Rates zu Abs. 2 ausschließlich auf Art. 70 Abs. 1 lit. b i.V.m. Abs. 2 rekurrierten, liegt der Schluss fern, dass es sich um ein gesetzgeberisches Redaktionsversehen handelt; vielmehr liegt der normativen Ausgestaltung wohl eine bewusste politische Entscheidung zugrunde:[51] Der Unionsgesetzgeber wollte klarstellen, dass die Weisungsfreiheit des Ausschusses Ersuchen der Kommission um Beratung in allen Fragen des Schutzes personenbezogener Daten sowie fristgebundene Ersuchen nicht infrage stellt. Die Verbürgung der Unabhängigkeit erfährt insoweit eine Einschränkung.[52] Auf die inhaltliche Ergebnisfindung des Ausschusses darf die Kommission im Übrigen aber zu keiner Zeit Einfluss nehmen.

Artikel 70 Aufgaben des Ausschusses

(1) [1]Der Ausschuss stellt die einheitliche Anwendung dieser Verordnung sicher. [2]Hierzu nimmt der Ausschuss von sich aus oder gegebenenfalls auf Ersuchen der Kommission insbesondere folgende Tätigkeiten wahr:

a) Überwachung und Sicherstellung der ordnungsgemäßen Anwendung dieser Verordnung in den in den Artikeln 64 und 65 genannten Fällen unbeschadet der Aufgaben der nationalen Aufsichtsbehörden;

b) Beratung der Kommission in allen Fragen, die im Zusammenhang mit dem Schutz personenbezogener Daten in der Union stehen, einschließlich etwaiger Vorschläge zur Änderung dieser Verordnung;

c) Beratung der Kommission über das Format und die Verfahren für den Austausch von Informationen zwischen den Verantwortlichen, den Auftragsverarbeitern und den Aufsichtsbehörden in Bezug auf verbindliche interne Datenschutzvorschriften;

---

50 Vgl. dazu auch bspw. Art. 58 Abs. 5 und § 21 BDSG für das Verhältnis zwischen der Kommission und den nationalen Aufsichtsbehörden. Dazu auch Rn. 26 f.

51 Anders aber Sydow-*Schöndorf-Haubold* Art. 69 Rn. 10.

52 Vgl. auch Kühling/Buchner-*Dix* Art. 69 Rn. 6; Sydow-*Schöndorf-Haubold* Art. 69 Rn. 10.

d) Bereitstellung von Leitlinien, Empfehlungen und bewährten Verfahren zu Verfahren für die Löschung gemäß Artikel 17 Absatz 2 von Links zu personenbezogenen Daten oder Kopien oder Replikationen dieser Daten aus öffentlich zugänglichen Kommunikationsdiensten;

e) Prüfung – von sich aus, auf Antrag eines seiner Mitglieder oder auf Ersuchen der Kommission – von die Anwendung dieser Verordnung betreffenden Fragen und Bereitstellung von Leitlinien, Empfehlungen und bewährten Verfahren zwecks Sicherstellung einer einheitlichen Anwendung dieser Verordnung;

f) Bereitstellung von Leitlinien, Empfehlungen und bewährten Verfahren gemäß Buchstabe e des vorliegenden Absatzes zur näheren Bestimmung der Kriterien und Bedingungen für die auf Profiling beruhenden Entscheidungen gemäß Artikel 22 Absatz 2;

g) Bereitstellung von Leitlinien, Empfehlungen und bewährten Verfahren gemäß Buchstabe e des vorliegenden Absatzes für die Feststellung von Verletzungen des Schutzes personenbezogener Daten und die Festlegung der Unverzüglichkeit im Sinne des Artikels 33 Absätze 1 und 2, und zu den spezifischen Umständen, unter denen der Verantwortliche oder der Auftragsverarbeiter die Verletzung des Schutzes personenbezogener Daten zu melden hat;

h) Bereitstellung von Leitlinien, Empfehlungen und bewährten Verfahren gemäß Buchstabe e des vorliegenden Absatzes zu den Umständen, unter denen eine Verletzung des Schutzes personenbezogener Daten voraussichtlich ein hohes Risiko für die Rechte und Freiheiten natürlicher Personen im Sinne des Artikels 34 Absatz 1 zur Folge hat;

i) Bereitstellung von Leitlinien, Empfehlungen und bewährten Verfahren gemäß Buchstabe e des vorliegenden Absatzes zur näheren Bestimmung der in Artikel 47 aufgeführten Kriterien und Anforderungen für die Übermittlungen personenbezogener Daten, die auf verbindlichen internen Datenschutzvorschriften von Verantwortlichen oder Auftragsverarbeitern beruhen, und der dort aufgeführten weiteren erforderlichen Anforderungen zum Schutz personenbezogener Daten der betroffenen Personen;

j) Bereitstellung von Leitlinien, Empfehlungen und bewährten Verfahren gemäß Buchstabe e des vorliegenden Absatzes zur näheren Bestimmung der Kriterien und Bedingungen für die Übermittlungen personenbezogener Daten gemäß Artikel 49 Absatz 1;

k) Ausarbeitung von Leitlinien für die Aufsichtsbehörden in Bezug auf die Anwendung von Maßnahmen nach Artikel 58 Absätze 1, 2 und 3 und die Festsetzung von Geldbußen gemäß Artikel 83;

l) Überprüfung der praktischen Anwendung der unter den Buchstaben e und f genannten Leitlinien, Empfehlungen und bewährten Verfahren;

m) Bereitstellung von Leitlinien, Empfehlungen und bewährten Verfahren gemäß Buchstabe e des vorliegenden Absatzes zur Festlegung gemeinsamer Verfahren für die von natürlichen Personen vorgenommene Meldung von Verstößen gegen diese Verordnung gemäß Artikel 54 Absatz 2;

n) Förderung der Ausarbeitung von Verhaltensregeln und der Einrichtung von datenschutzspezifischen Zertifizierungsverfahren sowie Datenschutzsiegeln und -prüfzeichen gemäß den Artikeln 40 und 42;

o) Akkreditierung von Zertifizierungsstellen und deren regelmäßige Überprüfung gemäß Artikel 43 und Führung eines öffentlichen Registers der akkreditierten Ein-

richtungen gemäß Artikel 43 Absatz 6 und der in Drittländern niedergelassenen akkreditierten Verantwortlichen oder Auftragsverarbeiter gemäß Artikel 42 Absatz 7;

p) Präzisierung der in Artikel 43 Absatz 3 genannten Anforderungen im Hinblick auf die Akkreditierung von Zertifizierungsstellen gemäß Artikel 42;

q) Abgabe einer Stellungnahme für die Kommission zu den Zertifizierungsanforderungen gemäß Artikel 43 Absatz 8;

r) Abgabe einer Stellungnahme für die Kommission zu den Bildsymbolen gemäß Artikel 12 Absatz 7;

s) Abgabe einer Stellungnahme für die Kommission zur Beurteilung der Angemessenheit des in einem Drittland oder einer internationalen Organisation gebotenen Schutzniveaus einschließlich zur Beurteilung der Frage, ob das Drittland, das Gebiet, ein oder mehrere spezifische Sektoren in diesem Drittland oder eine internationale Organisation kein angemessenes Schutzniveau mehr gewährleistet. Zu diesem Zweck gibt die Kommission dem Ausschuss alle erforderlichen Unterlagen, darunter den Schriftwechsel mit der Regierung des Drittlands, dem Gebiet oder spezifischen Sektor oder der internationalen Organisation;

t) Abgabe von Stellungnahmen im Kohärenzverfahren gemäß Artikel 64 Absatz 1 zu Beschlussentwürfen von Aufsichtsbehörden, zu Angelegenheiten, die nach Artikel 64 Absatz 2 vorgelegt wurden und um Erlass verbindlicher Beschlüsse gemäß Artikel 65, einschließlich der in Artikel 66 genannten Fälle;

u) Förderung der Zusammenarbeit und eines wirksamen bilateralen und multilateralen Austauschs von Informationen und bewährten Verfahren zwischen den Aufsichtsbehörden;

v) Förderung von Schulungsprogrammen und Erleichterung des Personalaustausches zwischen Aufsichtsbehörden sowie gegebenenfalls mit Aufsichtsbehörden von Drittländern oder mit internationalen Organisationen;

w) Förderung des Austausches von Fachwissen und von Dokumentationen über Datenschutzvorschriften und -praxis mit Datenschutzaufsichtsbehörden in aller Welt;

x) Abgabe von Stellungnahmen zu den auf Unionsebene erarbeiteten Verhaltensregeln gemäß Artikel 40 Absatz 9 und

y) Führung eines öffentlich zugänglichen elektronischen Registers der Beschlüsse der Aufsichtsbehörden und Gerichte in Bezug auf Fragen, die im Rahmen des Kohärenzverfahrens behandelt wurden.

(2) Die Kommission kann, wenn sie den Ausschuss um Rat ersucht, unter Berücksichtigung der Dringlichkeit des Sachverhalts eine Frist angeben.

(3) Der Ausschuss leitet seine Stellungnahmen, Leitlinien, Empfehlungen und bewährten Verfahren an die Kommission und an den in Artikel 93 genannten Ausschuss weiter und veröffentlicht sie.

(4) [1]Der Ausschuss konsultiert gegebenenfalls interessierte Kreise und gibt ihnen Gelegenheit, innerhalb einer angemessenen Frist Stellung zu nehmen. [2]Unbeschadet des Artikels 76 macht der Ausschuss die Ergebnisse der Konsultation der Öffentlichkeit zugänglich.

Übersicht

Literatur: *Caspar* Das aufsichtsbehördliche Verfahren nach der EU-Datenschutzgrundverordnung – Defizite und Alternativregelungen, ZD 2012, 555; *Dammann* Erfolge und Defizite der EU-Datenschutzgrundverordnung – Erwarteter Fortschritt, Schwächen und überraschende Innovationen, ZD 2016, 307; *Hofmann* Zertifizierungen nach der DS-GVO, ZD-Aktuell 2016, 05324; *Hornung/Hartl* Datenschutz durch Marktanreize – auch in Europa? – Stand der Diskussion zu Datenschutzzertifizierung und Datenschutzaudit, ZD 2014, 219; *Kraska* Datenschutz-Zertifizierungen in der EU-Datenschutzgrundverordnung, ZD 2016, 153; *Kühling/Martini* Die Datenschutz-Grundverordnung: Revolution oder Evolution im europäischen und deutschen Datenschutzrecht?, EuZW 2016, 448; *Masing* Herausforderungen des Datenschutzes, NJW 2012, 2305; *Nguyen* Die zukünftige Datenschutzaufsicht in Europa, ZD 2015, 265; *Spindler* Selbstregulierung und Zertifizierungsverfahren nach der DS-GVO – Reichweite und Rechtsfolgen der genehmigten Verhaltensregeln, ZD 2016, 407; *Wybitul* DS-GVO veröffentlicht – Was sind die neuen Anforderungen an die Unternehmen?, ZD 2015, 253.

A. Einordnung und Kontext

1 Im Laufe des Normsetzungsverfahrens hat die Norm zahlreiche Erweiterungen erfahren, die teilweise auf Kosten ihrer Systematik und Verständlichkeit gingen. Sie knüpft an die Kompetenzen der Art.-29-Datenschutzgruppe an (Art. 30 DSRL), über die sie aber weit hinausgeht.

2 Die Fälle der genannten Aufgaben geht vor allem darauf zurück, dass man im Laufe des Trilog-Verfahrens die innere Systematik des relativ schlanken Kommissions-Vorschlags verlassen hat,[1] und sich für eine materielle Erweiterung entschied, die dann wieder zahlreiche Rückausnahmen erforderten, so dass sich kaum noch ein ‚roter Faden' erkennen lässt.[2]

B. Kommentierung

I. Die Aufgaben und Zuständigkeiten des Ausschusses (Abs. 1)

1. Grundsätzliches (S. 1). Art. 70 Abs. 1 S. 1 weist dem (Datenschutz-)Ausschuss die Funktion als eine Art ‚Hüter der DS-GVO' zu: „Der Ausschuss stellt die einheitliche Anwendung dieser Verordnung sicher". Zu dieser generalklauselartigen[3] Formulierung in S. 1 gibt S. 2 zahlreiche Beispiele, die aber nicht abschließend sind („insbesondere"), wenngleich sie in der Praxis die meisten Fälle abdecken dürften.[3] Der Verordnungsgeber verfolgte ersichtlich das Ziel, alle denkbaren Fälle zu regeln[2] und zugleich die Norm offen für weitere Entwicklungen zu lassen. Da er (wohl aus Klarstellungsgründen) auch sämtliche an anderen Stellen der DS-GVO geregelten Kompetenzen des (Datenschutz-)Ausschusses in Art. 70 Abs. 1 S. 2 aufgenommen hat, kommt es zu **zahlreichen Redundanzen** und teilweise auch Inkohärenzen.[4] Insgesamt macht der Katalog des Art. 70 Abs. 1 S. 2 einen wenig systematischen Eindruck, da ein Ordnungsprinzip kaum erkennbar ist (weder wird konsequent von ‚allgemein' zu ‚besonders' geordnet noch nach Sachzusammenhängen).[5] Das ist Folge des Normsetzungsverfahrens, in dessen Verlauf dem vorgeschlagenen Katalog weitere Kompetenzen hinzugefügt wurden, um zu einem möglichst vollständigen Bild der Aufgaben des (Datenschutz-)Ausschusses zu kommen.[6] 3

Inwieweit es dem Ausschuss, der ‚nur, von einem **Sekretariat** (Art. 75) unterstützt wird und **dessen Vorsitzender und Stellvertretende Vorsitzende** (Art. 73 und 74) **ehrenamtlich tätig** sind, gelingen wird, diese **Fülle an Aufgaben zu bewältigen**, bleibt abzuwarten.[7] *Bettina Schöndorf-Haubold* hat zu Recht darauf hingewiesen, dass eine gewisse **Diskrepanz** zwischen Art. 52 Abs. 4, der **hohe Anforderungen an die nationalen Aufsichtsbehörden** stellt, und den recht **weiten Formulierungen der Art. 70–76** besteht.[8] 4

2. Die Konkretisierung von Abs. 1: einzelne Aufgaben (S. 2). Der Kompetenzkatalog in Abs. 1 S. 2 ist sehr umfangreich, daher wird nachfolgend versucht, einige der über den ganzen Absatz verstreuten Kompetenzen zu bündeln.[9] 5

a) Beteiligung im Kohärenzverfahren (lit. a, t, y). **Lit. a, t** und **y** betreffen die Kompetenzen des Ausschusses im Kohärenzverfahren. Auch hier ist **lit. a** eher **generalklausel-** 6

1 Näheres dazu bei Sydow-*Schöndorf-Haubold* Art. 70 Rn. 4 ff.
2 Auernhammer-*Hermerschmidt* Art. 70 Rn. 2.
3 Sydow-*Schöndorf-Haubold* Art. 70 Rn. 9.
4 Auernhammer-*Hermerschmidt* Art. 70 Rn. 7; zu Redundanzen innerhalb der DS-GVO allgemein vgl. *Caspar* ZD 2012, 555 (556).
5 So auch Auernhammer-*Hermerschmidt* Art. 70 Rn. 7; vgl. auch Sydow-*Schöndorf-Haubold* Art. 70 Rn. 1.
6 So auch Auernhammer-*Hermerschmidt* Art. 70 Rn. 8; zu den Hintergründen vgl. auch *Kühling/Martini* EuZW 2016, 448.
7 Zu den Hintergründen *Nguyen* ZD 2015, 265.
8 Sydow-*Schöndorf-Haubold* Art. 70 Rn. 26.
9 So schon Sydow-*Schöndorf-Haubold* Art. 70 Rn. 10 ff.

artig zu verstehen, während die **deklaratorische**[10] **lit. t** die Beteiligungsregeln in den Art. 64–66 wiederholt und zusammenfasst. **Lit. y** enthält sowohl Deklaratorisches wie Konstitutives: Bezüglich der **Mitteilungspflichten von Aufsichtsbehörden** wiederholt sie die Bestimmungen der Art. 64 Abs. 7 und Art. 65 Abs. 6 i.V.m. Art. 60 Abs. 7. Demgegenüber ist die Mitteilungspflicht der Gerichte an keiner anderen Stelle der DS-GVO geregelt.[11]

7 **b) Beratung der Kommission bezüglich des Schutzes personenbezogener Daten (lit. b und c). Lit. b** knüpft an die Vorläuferregelung der Art.-29-Datenschutzgruppe an (Art. 30 DS-RL): Der (Datenschutz-)Ausschuss berät in **allen Fragen, die im Zusammenhang mit dem Schutz personenbezogener Daten** in der Union stehen und macht Vorschläge zur Änderung dieser Verordnung. Letztere **darf** der Ausschuss von sich aus einbringen und **muss** es tun, wenn ihn die Kommission darum ersucht.[12] Bezüglich der Möglichkeit der Fristsetzung für den letztgenannten Fall vgl. nachfolgend Abs. 2.

8 Einen **speziellen Fall**[13] der Beratung von lit. b stellt der in **lit. c** geregelte **Informationsaustausch** zwischen den Datenverarbeitern und den Aufsichtsbehörden bezüglich **verbindlicher interner Datenschutzvorschriften** (Art. 47 Abs. 3) dar.

9 **c) Bereitstellung von Leitlinien, Empfehlungen und bewährten Verfahren (lit. d–j, k und m) sowie Implementationskontrolle (lit. l).** Bei den in **lit. d–j, k** und **m** geregelten Kompetenzen handelt es sich um solche zur Setzung von *soft law*, also **Leitlinien, Empfehlungen** und **bewährten Verfahren**. Dabei geht es zum einen um die Festlegung von Anforderungen an ‚riskante' Tätigkeiten wie **Profiling**[14] **(lit. f)**, die **Festlegung verbindlicher innerer Datenschutzvorschriften (lit. h)**, die **ausnahmsweise Übermittlung in Drittstaaten (lit. j)** oder andere **„hochriskante" Vorgänge (lit. h)**. Letztere generalklauselartige Bestimmung soll dabei die Verantwortlichen bei der Beantwortung der Frage unterstützen, wann eine **Benachrichtigung der Betroffenen nach Art. 34** zu erfolgen hat.

10 **aa) Riskante Vorgänge (lit. d–h).** Dabei sollte der Begriff des *soft law* nicht darüber hinwegtäuschen, dass es sich um sehr weitreichende Regelungen gehen kann, wie **lit. d** veranschaulicht, wo es um die Konkretisierung der technischen und praktischen Anforderungen zur *Sicherstellung des* **„Rechts auf Vergessenwerden"** nach Art. 17 geht.

11 **Lit. f** regelt Entsprechendes für die Anwendung der auf **Profiling** beruhenden Entscheidungen gemäß Art. 22 Abs. 2. Einschlägig sein dürften vor allem die Fälle des Art. 22 Abs. 2 lit. a und c (**Einwilligung** oder andere Form der Wahrung der Betroffenenrechte) sein.[15]

12 **bb) Verfahrensmäßige Anforderungen (lit. j, k, m).** Anders als die vorgenannten Bestimmungen, die eher auf den Inhalt der möglichen Rechtsgutsverletzung abstellen,

10 Sydow-*Schöndorf-Haubold* Art. 70 Rn. 10.
11 So auch Sydow-*Schöndorf-Haubold* Art. 70 Rn. 10 mit dem zutreffenden Hinweis darauf, dass in Art. 78 Abs. 4 die Vorlagepflicht des Ausschusses gegenüber den Gerichten geregelt ist.
12 Auernhammer-*Hermerschmidt* Art. 70 Rn. 12.
13 Sydow-*Schöndorf-Haubold* Art. 70 Rn. 26.
14 Dazu Näheres bei *Dammann* ZD 2016, 307 (312 f.).
15 Auernhammer-*Hermerschmidt* Art. 70 Rn. 22.

regeln die **lit. g** und **k und m kompetenzielle bzw. verfahrensbezogene Aspekte**. Nach **lit. g** kann der (Datenschutz-)Ausschuss die konkreten Anforderungen an die Art und Weise der **Meldungen von Datenschutzverletzungen** im Sinne des Art. 33 näher konkretisieren. Dabei geht es natürlich nicht nur um das Verfahren, sondern auch um die Inhalte, nämlich um die Frage, „wann ein Risiko für die Rechte und Freiheiten der Betroffenen nicht gegeben ist", was der Ausschuss ggf. anhand von Fallbeispielen verdeutlichen kann.[16] **Lit. k** betrifft demgegenüber die Kompetenz des Ausschusses, **Leitlinien für die Ausübung der Untersuchungs-, Abhilfe- und Genehmigungsbefugnisse** des Art. 58 und für die **Festsetzung der Geldbuße nach Art. 83** auszuarbeiten. Auch hier kann der Ausschuss mit Fallbeispielen (und den dafür vorgesehenen Bußgeldrahmen) arbeiten.[17]

Nach **lit. m** kann der Ausschuss einheitliche Verfahren festlegen, die der Sicherstellung 13 der **Verschwiegenheitspflicht der Aufsichtsbehörden** bezüglich der diesen gem. Art. 54 Abs. 2 gemeldeten Verstöße dienen sollen. Vorstellbar sind hier Empfehlungen bzw. Standardisierungen bezogen auf **Verschlüsselungsverfahren**.[18]

cc) Überprüfung der praktischen Anwendung (lit. l). **Lit. l** betrifft demgegenüber 14 einen **generellen Aspekt**, nämlich die „Überprüfung der praktischen Anwendung der unter den Buchstaben e und f genannten Leitlinien, Empfehlungen und bewährten Verfahren". Er ist auf einer „Metaebene"[19] angesiedelt und bezieht sich – seinem Wortlaut zum Trotz – nicht nur auf die lit. e und f im engeren Sinne, sondern auf die generalklauselartige Formulierung in lit. e und deren Konkretisierungen in den lit. f–j; es handelt sich hierbei wohl um ein Redaktionsversehen.[20]

d) Förderung von Verhaltensregeln, Bereitstellung von Zertifizierungsverfahren 15 **(lit. n–q).** In **lit. n–q** greift Art. 70 die Bestimmungen der Art. 40 Abs. 1 und 42 Abs. 1 über die **Kompetenzen des (Datenschutz-)ausschusses** auf, **die Verhaltensregeln** sowie das **Verfahren der Akkreditierung von Zertifizierungsstellen** zu regeln (lit. n).[21] Möglich ist die Standardfestsetzung zum einen im Rahmen des **Kohärenzverfahrens** (vgl. Art. 42 Abs. 5) und zum anderen im Wege **delegierter Rechtsakte** (vgl. die Art. 42 Abs. 1 und 92) **durch die Kommission**,[22] bezüglich derer der **Ausschuss nach Art. 70 Abs. 1 S. 2 lit. q** eine **Stellungnahme** abgibt.

Die Bezugnahme in **lit. o** betrifft die Regelung der Kriterien, nicht hingegen die 16 Akkreditierung selbst, die Formulierung „Akkreditierung von Zertifizierungsstellen" ist insoweit missverständlich.[23] Der Verweis auf Art. 43 bringt zum Ausdruck, dass die Akkreditierung selbst in der Kompetenz der Aufsichtsbehörden und nationalen

---

16 Auernhammer-*Hermerschmidt* Art. 70 Rn. 24.
17 Auernhammer-*Hermerschmidt* Art. 70 Rn. 29.
18 Auernhammer-*Hermerschmidt* Art. 70 Rn. 32.
19 Auernhammer-*Hermerschmidt* Art. 70 Rn. 30.
20 Sydow-*Schöndorf-Haubold* Art. 70 Rn. 13.
21 Dazu auch *Hornung/Hartl* ZD 2014, 219.
22 Kritisch zur Ansammlung immer weiterer Befugnisse bei der Union *Masing* NJW 2012, 2305 (2314).
23 Auernahmmer-*Hermerschmidt* Art. 70 Rn. 35 f.

Akkreditierungsstellen liegt.[24] Dieses ist jedoch umstritten.[25] Angesichts der Bedeutung der Akkreditierung und Zertifizierung sollte dieser Ungewissheit dringend redaktionell entgegengewirkt werden.

17 Versteht man **lit. o** auf diese Weise, ist er allerdings seiner ersten Aussage nach redundant zu **lit. p**, der die **Kompetenz zur Präzisierung der Akkreditierungskriterien** deutlicher beschreibt. Für **lit. o** bleibt dann ‚nur' noch der Anwendungsfall seiner zweiten Aussage, die die **Registerführung** betrifft (dazu Näheres unter Rn. 22).

18 **e) Stellungnahmen gegenüber der Kommission (lit. q, r, s und x).** Über **Festlegungskompetenzen im Wege delegierter Rechtsakte** verfügt die Kommission für die **Festlegung der datenschutzspezifischen Zertifizierungsverfahren nach lit. q** sowie gemäß **lit. r der Geeignetheit von Bildsymbolen (Icons)** und schließlich **bezüglich der Angemessenheit des Schutzniveaus in einem Drittland** (vgl. Art. 45 Abs. 3). In beiden Fällen kann der **Ausschuss** dazu eine Stellungnahme abgeben.

19 Eine zentrale Kompetenz des Ausschusses besteht in der Stellungnahme **bezüglich der Angemessenheit des Schutzniveaus in einem Drittland** (vgl. Art. 45 Abs. 3). Für diesen speziellen Fall ist (anders als für die anderen Fälle von Art. 70 Abs. 1 S. 2[26]), ausdrücklich geregelt, dass die Kommission dem Ausschuss alle zur Beurteilung der Situation notwendigen Unterlagen überlassen muss.

20 **Lit. x** betrifft die **Allgemeinverbindlichkeitserklärung** durch die Kommission **von genehmigten Stellungnahmen** zu den auf Unionsebene erarbeiteten Verhaltensregeln (*Codes of Conduct*, vgl. Art. 40 Abs. 9).[27] Auch hierzu kann der Ausschuss eine Stellungnahme abgeben.

21 **f) Unterstützung der Zusammenarbeit der Aufsichtsbehörden (lit. u–w).** Zur Kohärenzsteigerung trägt auch der **Austausch von Informationen, Erfahrungen, Fachwissen** und sogar **Personen** bei, der in den **lit. u** und **v** näher geregelt ist. Es ist zu vermuten, dass der (Datenschutz-)Ausschuss insoweit die Praxis der Art. 29-Datenschutzgruppe fortsetzen wird, sich in Arbeitsgremien (derzeit: *subgroups*) zu treffen.[28] Auch **Schulungsprogramme** sind möglich, die der Ausschuss materiell unterstützen darf (lit. v). Die Förderung des Personalaustauschs ist keineswegs auf die nationalen Aufsichtsbehörden beschränkt: Einzelmaßnahmen können beispielsweise auch denjenigen mit Internationalen Organisationen betreffen.[29] Dafür spricht auch die in lit. w geregelte **Förderung des Austausches von Fachwissen und von Dokumentationen** über Datenschutzvorschriften und -praxis mit **„Datenschutzaufsichtsbehörden in aller Welt"**.

22 **g) Registerführung (Art. 70 Abs. 1 S. 2 lit. o und y).** Verstreut über **Art. 70 Abs. 1 S. 2** finden sich schließlich Kompetenzregelungen bezüglich der **Führung von Registern,** nämlich einmal des **öffentlichen Registers über alle Zertifizierungsverfahren, Gütesie-**

---

24 Auernhammer-*Hermerschmidt* Art. 70 Rn. 35; so auch *Hofmann* ZD-Aktuell 2016, 05324; *Spindler* ZD 2016, 407 (409).

25 Vgl. Sydow-*Schöndorf-Haubold* Art. 70 Rn. 15 („überträgt … dem Datenschutzausschuss … die Akkreditierung von Zertifizierungsstellen").

26 Vgl. Sydow-*Schöndorf-Haubold* Art. 70 Rn. 16.

27 Zum Verfahren im Einzelnen vgl. Auernhammer-*Hermerschmidt* Art. 70 Rn. 56; zu den *Codes of Conduct* vgl. auch *Kraska* ZD 2016, 153 (154).

28 Auernhammer-*Hermerschmidt* Art. 70 Rn. 51.

29 So auch Auernhammer-*Hermerschmidt* Art. 70 Rn. 53.

gel und Prüfzeichen (lit. o), wobei auf die Art. 42 Abs. 8 und 43 Abs. 6 verwiesen wird, und zum anderen des **Registers der Beschlüsse sämtlicher Aufsichtsbehörden (lit. y)**. Entgegen den Bestrebungen des Verordnungsgebers, alle Kompetenzen des (Datenschutz-)Ausschusses aus der DSG-VO in Art. 70 Abs. 1 S. 2 zu spiegeln, findet sich in der VO ergänzend eine weitere Bestimmungen zur Registerführung durch den Ausschuss, nämlich in Art. 40 Abs. 11.

II. Dringlichkeitsbefugnisse der Kommission bezogen auf Fristen (Abs. 2)

Die Kommission kann gemäß Art. 70 Abs. 2 dann, wenn sie den Ausschuss um Rat ersucht, unter Berücksichtigung der Dringlichkeit des Sachverhalts eine **Frist** angeben. Diese „Angabe" ist rechtlich unverbindlich.[30] Gleichwohl wird der Ausschuss nach Fristablauf „damit leben müssen", dass seine Stellungnahme keine Berücksichtigung in der Sache findet.[31] 23

III. Transparenz und Publizität (Abs. 3)

Abs. 3 von Art. 70 trifft **zwei Aussagen**:[32] Die erste betrifft die Pflicht des (Datenschutz-)Ausschusses, sämtliche seiner Stellungnahmen, Leitlinien, Empfehlungen und bewährten Verfahren nach deren Beschluss an die Kommission und den (Komitologie-)Ausschuss (Art. 93) weiterzuleiten. Die zweite betrifft die Publizitätspflicht, also die Pflicht des Ausschusses, die entsprechenden Dokumente auch zu veröffentlichen. 24

Erneut handelt es sich bei den Stellungnahmen, Leitlinien, Empfehlungen und bewährten Verfahren um *soft law*, das aber eine nicht zu unterschätzende „Steuerungsfunktion und -wirkung"[33] entfalten kann. Anders als zuvor in der Datenschutz-Richtlinie 95/46 (Art. 30 Abs. 5 DSRL) und anders als in Art. 51 der Datenschutz-Richtlinie für Polizei und Justiz (RL 2016/680) fehlt eine Norm, die ausdrücklich die Kommission verpflichtet, über das Ergebnis bzw. die aus den Stellungnahmen etc. gezogenen Konsequenzen zu berichten.[34] 25

Die **Veröffentlichung** wird wohl – in Anlehnung an die Praxis der Art. 29-Datenschutzgruppe zumeist **im Internet** stattfinden. 26

IV. Konsultation interessierter Kreise (Abs. 4)

Auch Abs. 4 von Art. 70 trifft **zwei Aussagen**: die **Konsultation interessierter Kreise** (S. 1) und die **Veröffentlichung der Ergebnisse** (S. 2). 27

Gemäß Art. 70 Abs. 4 S. 1 kann der Ausschuss interessierte Kreise konsultieren, wenn er es für zielführend erachtet, ihnen die Gelegenheit geben, innerhalb einer angemessenen Frist Stellung zu nehmen. Der Ausschuss hat insoweit **Ermessen** („kann") in den Grenzen des Willkürverbots.[35] In konkreten Einzelfällen (im Kohärenzverfahren) sollte er aber von einer Konsultation absehen, um den bösen Schein der Einflussnahme potentiell rechtlich Begünstigter zu vermeiden.[36] 28

30 Auernhammer-*Hermerschmidt* Art. 70 Rn. 62; Sydow-*Schöndorf-Haubold* Art. 70 Rn. 19.
31 Auernhammer-*Hermerschmidt* Art. 70 Art. 70 Rn. 62.
32 Auernhammer-*Hermerschmidt* Art. 70 Art. 70 Rn. 63.
33 Sydow-*Schöndorf-Haubold* Art. 70 Rn. 20.
34 Sydow-*Schöndorf-Haubold* Art. 70 Rn. 21.
35 Auernhammer-*Hermerschmidt* Art. 70 Rn. 66.
36 Sydow-*Schöndorf-Haubold* Art. 70 Rn. 22.

29 Als **interessierte Kreise** im Sinne der Vorschrift kommen vor allem europäische Verbände und Vereinigungen in Betracht, die Verantwortliche oder aber potentiell Betroffene repräsentieren oder sich gleichsam abstrakt dem Datenschutz widmen.[37]

30 Der Ausschuss macht die **Ergebnisse der Konsultation der Öffentlichkeit zugänglich**, wobei die Vertraulichkeitsbestimmungen nach Art. 76 zu berücksichtigen sind. Es kann im Sinne der Effektivierung der Transparenz geboten sein, über die geschuldete Mitteilung der „Ergebnisse“ hinaus (und unter Wahrung der Anforderungen des Art. 76) auch mitzuteilen, welche Verbände und Vereinigungen im konkreten Fall angehört wurden und inwieweit ihre Stellungnahmen Eingang in das Ergebnis gefunden haben.[38]

C. Praxishinweise

31 Die nachfolgenden Praxishinweise betreffen vor allem **nichtöffentliche Stellen.**

32 Für die Praxis bedeutsam sind zunächst die vom Ausschuss zu erlassenden **Vorschriften über die Akkreditierung in Zertifizierungsstellen (Art. 70 Abs. 1 S. 2 lit. n–q**, vgl. auch Art. 40 Abs. 1 und 42 Abs. 1).

33 Interessant dürfte es auch sein, sich als **Teil der ‚interessierten Kreise‘ im Sinne von Art. 70 Abs. 4** zu etablieren. Wie dieses genau vonstatten geht, ist nicht geregelt. Hier dürfte die in Art. 74 Abs. 2 erwähnte und zu erwartende **Geschäftsordnung** des (Datenschutz-)Ausschusses nähere Aufschlüsse geben.

34 Ebenso wichtig dürften die nach **Art. 70 Abs. 1 S. 2 lit. d)** durch den Ausschuss festzulegenden näheren Bestimmungen für die Sicherstellung des in Art. 17 gewährleisteten **„Recht auf Vergessenwerdens“** sein.

35 Von Bedeutung dürften die nach **Art. 70 Abs. 1 S. 2 lit. m** zu erwartenden Empfehlungen bzw. Standardisierungen bezogen auf **Verschlüsselungsverfahren** sein.

36 Und schließlich dürften die **Leitlinien in Art. 70 Abs. 1 S. 2 lit. k für die Festsetzung der Geldbuße nach Art. 83**[39] von besonderem Interesse sein.

Artikel 71 Berichterstattung

(1) ¹Der Ausschuss erstellt einen Jahresbericht über den Schutz natürlicher Personen bei der Verarbeitung in der Union und gegebenenfalls in Drittländern und internationalen Organisationen. ²Der Bericht wird veröffentlicht und dem Europäischen Parlament, dem Rat und der Kommission übermittelt.

(2) Der Jahresbericht enthält eine Überprüfung der praktischen Anwendung der in Artikel 70 Absatz 1 Buchstabe l genannten Leitlinien, Empfehlungen und bewährten Verfahren sowie der in Artikel 65 genannten verbindlichen Beschlüsse.

– *ErwG: 106*

---

37 Auernhammer-*Hermerschmidt* Art. 70 Rn. 66.
38 Auernhammer-*Hermerschmidt* Art. 70 Rn. 68.
39 Zu dieser auch *Wybitul* DS-GVO veröffentlicht – Was sind die neuen Anforderungen an die Unternehmen?, ZD 2015, 253 (254).

Übersicht

Literatur: Siehe auch die Hinweise zu Art. 70 sowie *Goldmann* Internationale öffentliche Gewalt 2015; *Goldmann/von Bogdandy* The Exercise of International Public Authority through National Policy Assessment. The OECD's PISA Policy as a Paradigm for a New International Standard Instrument, in: International Organizations Law Review 5 (2008), S. 241 ff.; *Seckelmann* Evaluation und Recht. Strukturen, Prozesse und Legitimationsfragen staatlicher Wissensgewinnung durch (Wissenschafts-)Evaluationen, 2018; *dies.* Informationen durch performance measurement – die Leistungsvergleiche nach Art. 91d GG, 2012.

A. Einordnung und Kontext

I. ErwG

Art. 71 korrespondiert mit der in ErwG 106 enthaltenen **Pflicht der Kommission, die Wirkungsweise von Feststellungen zum Schutzniveau in einem Drittland, einem Gebiet oder einem bestimmten Sektor eines Drittlands oder einer internationalen Organisation zu überwachen**. Zur Wahrnehmung dieser Pflicht ist die Kommission auf eine entsprechende **Berichterstattung des Ausschusses** angewiesen (dazu die Rn. 7–9). Zugleich ergänzt Art. 71 die Regelung in Art. 61 zum Informationsaustausch der Datenschutzbehörden untereinander, ist jedoch nicht mit dieser Bestimmung zu verwechseln. 1

Die Berichterstattung nach Art. 71 kann über eine ‚bloße' Darlegung der Fakten hinausgehen und einerseits Auslegungs- und praktische Anwendungshilfen für Verantwortliche und Betroffene geben und andererseits Anregungen an die Legislative formulieren.[1] Derartiges *„soft law"* ist keinesfalls so weich, wie es klingt, sondern kann enormen Konformitätsdruck entfalten, genau das ist mit einem solchen Instrument zur ‚Harmonisierung' der Rechtsetzung in den Mitgliedstaaten auch beabsichtigt.[2] Denn derartige Steuerungsinstrumente – wie namentlich die Offene Methode der Koordinierung der EU sowie die PISA-Politik der OECD – vermögen es kraft des von ihnen ausgehenden Konvergenz- oder zumindest Rechtfertigungsdrucks – durchaus starke *faktische* Wirkungen zu entfalten.[3] So hat es auch das BVerfG in seiner Entscheidung vom 19.6.2012 zum Europäischen Stabilitätsmechanismus ausgedrückt, in der es prognostiziert hat, dass auch der mit Selbstverpflichtungen der teilnehmenden Mitgliedstaaten operierende und nicht unmittelbar sanktionsbewerte Mechanismus von Ver- 2

1 Auernhammer-*Hermerschmidt* Art. 71 Rn. 2.

2 Zu Berichten, Benchmarkings, Evaluationen und den damit verbundenen Steuerungswirkungen vgl. *Seckelmann* Evaluation und Recht. Strukturen, Prozesse und Legitimationsfragen staatlicher Wissensgewinnung durch (Wissenschafts-)Evaluationen, 2018.

3 *Goldmann* Internationale öffentliche Gewalt, 2015; *Goldmann/von Bogdandy* International Organizations Law Review 5/2008, 241 ff.; *Seckelmann* Informationen durch performance measurement – die Leistungsvergleiche nach Art. 91d GG, 2012, S. 16.

gleichen „durchaus eine gewisse Bindungswirkung“ mit sich bringe und dass das in diesem Zusammenhang jährlich durchzuführende Benchmarking unter Einbindung der Europäischen Kommission ein „Durchsetzungsinstrument“ enthalte.[4]

3 Ob man daher der Prognose von *Hermerschmidt* zustimmen sollte, dass sich der jährliche Bericht des Ausschusses künftig weniger auf das Recht der Mitgliedstaaten beziehen werde als derjenige der Artikel-29-Gruppe, kann eher bezweifelt werden, gibt doch Art. 72 dem Datenschutzausschuss ein Instrument zu einer Steuerung per *„naming and shaming“* an die Hand. Insoweit ist wohl eher damit zu rechnen, dass die Berichte sogar noch gegenüber den derzeit ca. 150 Seiten umfassenden, entsprechenden Dokumenten der Art.-29-Datenschutzgruppe[5] an Umfang, zumindest aber an Steuerungsintention, zunehmen werden.

II. Normgenese und Materialien

4 **1. Datenschutz-Richtlinie 95/46/EG (DSRL).** Aufgrund von Art. 28 Abs. 5 DSRL (DSRL) waren auch bisher schon Berichte der Aufsichtsbehörden zu erstellen; konkreter ist Art. 30 Abs. 6 DSRL, der eine **jährliche Berichterstattung** durch die Art. 29-Datenschutzgruppe vorsieht. Dieser Bericht wird seit 1971 jährlich im Internet veröffentlicht (Art. 29-Ausschuss).[6]

5 Anders als Art. 30 Abs. 6 DSRL ist jedoch in Art. 71, der an diesen anknüpft,[6] **nicht ausdrücklich von personenbezogenen Daten** die Rede, sie sind eher im Begriff „Schutz natürlicher Personen“ versteckt, was Art. 71 zu Recht Kritik eingetragen hat.[7]

6 Mit dem Inkrafttreten der DSGVO am 25.5.2018 wird die Art.-29-Datenschutzgruppe in den Europäischen Datenschutzausschuss (EDSA) übergehen.

7 **2. Normgenese.** Ursprünglich sahen sowohl der Kommissionsentwurf (KOM (2012 endg.) als auch der Vorschlag des Europäischen Parlaments in Art. 67 Abs. 1 (jetzt Art. 71) weitere Informationspflichten neben der jährlichen Berichterstattung vor. Diese Vorschläge konnten sich jedoch nicht durchsetzen.[8]

B. Kommentierung

I. Erstellung und Veröffentlichung des Berichts (Abs. 1)

8 **1. Erstellung.** Nach Art. 71 Abs. 1 S. 1 hat der (Datenschutz-)Ausschuss jährlich einen Bericht zu erstellen, der sich **Schutz natürlicher Personen** (dazu Rn. 11) bei der **Verarbeitung in der Union und gegebenenfalls in Drittländern und internationalen Organisationen** bezieht. Die Bezugnahme auf Drittländer und internationale Organisationen rührt daher, dass die Verordnung selbst in ihren Art. 44 ff. Regelungen zur extra-unionalen Verarbeitung trifft.[9]

---

4 BVerfGE 131, 152 (224 f.).

5 Vgl. etwa http://ec.europa.eu/information_society/newsroom/image/document/2016-51/wp242_en_40852.pdf; http://ec.europa.eu/information_society/newsroom/image/document/2016-51/wp243_en_40855.pdf; http://ec.europa.eu/information_society/newsroom/image/document/2016-51/wp244_en_40857.pdf [30.10.2017].

6 Auernhammer-*Hermerschmidt* Art. 71 Rn. 3.

7 Sydow-*Schöndorf-Haubold* Art. 71 Rn. 1.

8 Näheres dazu bei Sydow-*Schöndorf-Haubold* Art. 71 Rn. 2.

9 Sydow-*Schöndorf-Haubold* Art. 71 Rn. 3.

Laut ErwG 106 „sollte“ die Kommission diesbezüglich die Wirkungsweise von Feststellungen zum Schutzniveau in einem Drittland, einem Gebiet oder einem bestimmten Sektor eines Drittlands oder einer internationalen Organisation überwachen; sie „sollte“ auch die Wirkungsweise der Feststellungen, die auf der Grundlage des Art. 25 Abs. 6 oder des Art. 26 Abs. 4 DSRL erlassen werden, überwachen. Inwieweit dieses „sollte“ hier und in den beiden nachfolgenden Abschnitten als ein „muss“ zu verstehen ist, wird die weitere Praxis zeigen. **9**

In ihren **Angemessenheitsbeschlüssen** gem. Art. 45 (Art. 45 Rn. 6 ff.) „sollte“, so heißt es in ErwG 106 weiter, die Kommission einen Mechanismus für die regelmäßige Überprüfung von deren Wirkungsweise vorsehen. Diese regelmäßige Überprüfung „sollte“ in Konsultation mit dem betreffenden Drittland oder der betreffenden internationalen Organisation erfolgen und allen maßgeblichen Entwicklungen in dem Drittland oder der internationalen Organisation Rechnung tragen. **10**

Für die Zwecke der Überwachung und der Durchführung der regelmäßigen Überprüfungen „sollte“, so ErwG 106, die Kommission die Standpunkte und Feststellungen des Europäischen Parlaments und des Rates sowie der anderen einschlägigen Stellen und Quellen berücksichtigen. Die Kommission „sollte“ innerhalb einer angemessenen Frist die Wirkungsweise der letztgenannten Beschlüsse bewerten und dem durch diese Verordnung eingesetzten Ausschuss im Sinne der Verordnung (EU) Nr. 182/2011 des Europäischen Parlaments und des Rates (1) sowie dem Europäischen Parlament und dem Rat über alle maßgeblichen Feststellungen Bericht erstatten. **11**

Art. 71 Abs. 1 S. 1 sieht einen **einjährigen Berichtszyklus** vor. Zu genauen Veröffentlichungszeitpunkten schweigt er hingegen. Man könnte dieses in der Geschäftsordnung nach Art. 72 Abs. 2 regeln, deren Erlass zu erwarten steht. Möglich wäre es, dass sich der Ausschuss an der **Praxis der Art.-29-Datenschutzgruppe** orientiert und als Berichtszeitraum das Kalenderjahr vorsieht, so dass der Bericht immer im Frühjahr eines Jahres zurückblickend für das vergangene Kalenderjahr erscheint.[10] **12**

Vorgaben hinsichtlich der **Sprache** enthält Art. 71 Abs. 1 nicht. Auch diese bleiben insoweit der Geschäftsordnung nach Art. 72 Abs. 2 vorbehalten. Möglich ist es, dass der Ausschuss die Praxis der Art.-29-Datenschutzgruppe übernimmt, diese ausschließlich in englischer Sprache vorzusehen, möglich ist aber auch, dass er sich für eine andere Lösung entscheidet (etwa das Voranstellen eines *executive summary* in allen Amtssprachen der Union[11]). **13**

2. Veröffentlichung. Der Bericht ist gem. Art. 71 Abs. 1 S. 2 dem Europäischen Parlament, dem Rat und der Kommission zuzuleiten auch zu **veröffentlichen**. Letzteres dient der **Transparenzschaffung** und entspricht zudem der schon unter der DSRL eingeübten Praxis (dort Art. 30).[12] Aus der Reihenfolge „wird veröffentlicht und […] übermittelt“ ist abzuleiten, dass der Bericht in der Version zu veröffentlichen ist, in der er den drei Organen zugegangen ist. Eine Veröffentlichung im Internet an gut auffindender Stelle dürfte genügen. **14**

10 Auernhammer-*Hermerschmidt* Art. 71 Rn. 5 und 6.
11 So sinnvollerweise vorgeschlagen von Auernhammer-*Hermerschmidt* Art. 71 Rn. 7.
12 Auernhammer-*Hermerschmidt* Art. 71 Rn. 4.

II. Zu den Inhalten (Abs. 1 und Abs. 2)

15 Nach **Art. 71 Abs. 2** hat der Jahresbericht eine Überprüfung **der praktischen Anwendung der in Art. 70 Abs. 1 genannten Leitlinien, Empfehlungen und bewährten Verfahren** sowie der **in Art. 65 genannten verbindlichen Beschlüsse** zu enthalten (dass dort zugleich noch „Buchstabe l" genannt ist, ist wohl ein Redaktionsversehen, da hier auf eine frühere Fassung von Art. 70 Bezug genommen wird).[13]

16 In **Art. 71 Abs. 1** ist etwas lakonisch davon die Rechte, dass sich der Bericht auf den „Schutz natürlicher Personen bei der Verarbeitung in der Union und ggf. in Drittländern und internationalen Organisationen" zu beziehen hat. In diese Formulierung wird zu Recht hineingelesen, dass es dabei um den Schutz **personenbezogener Daten** geht[14] (vgl. auch Rn. 3).

17 So knapp die Formulierung in Art. 71 Abs. 1 auch anmutet, so wenig darf man unterschätzen, wie viel sie umfasst, nämlich zum einen eine weitgehende **‚Harmonisierungskompetenz, des EDSA** (vgl. Rn. 2) und zum anderen eine **Bezugnahme auf Nicht-EU-Staaten und Internationale Organisationen** (zu Letzterem die Art. 44–50).

18 Sie gibt dem Ausschuss durch ihre recht knappen Vorgaben **weitgehende Gestaltungsmöglichkeiten** bezüglich des Berichtsinhalts an die Hand, die er ggf. in der Geschäftsordnung nach Art. 72 Abs. 2 selbst weiter einengen kann.

C. Praxishinweise

19 Wie in Rn. 2 erwähnt, kann die Berichterstattung des Ausschusses durchaus auch **Auslegungs- und praktische Anwendungshilfen** für öffentliche Stellen, nicht-öffentliche Stellen und Betroffene enthalten. Diese Entwicklung ist ebenso im Auge zu behalten wie die zu erwartende Geschäftsordnung des Ausschusses, die aufgrund von Art. 72 Abs. 2 ergehen wird.[15]

20 Auch die **Dokumente**, die der in Rn. 3 erwähnte **Art.-29-Ausschuss** begleitend zum Normsetzungsprozess der DS-GVO und zu deren Auslegung erstellt hat, sind äußerst aufschluss- und hilfreich für das Verständnis der Normgenese der DS-GVO und für deren Auslegung.[16]

Artikel 72 Verfahrensweise

(1) Sofern in dieser Verordnung nichts anderes bestimmt ist, fasst der Ausschuss seine Beschlüsse mit einfacher Mehrheit seiner Mitglieder.

(2) Der Ausschuss gibt sich mit einer Mehrheit von zwei Dritteln seiner Mitglieder eine Geschäftsordnung und legt seine Arbeitsweise fest.

---

13 Sydow-*Schöndorf-Haubold* Art. 71 Rn. 5.
14 Sydow-*Schöndorf-Haubold* Art. 71 Rn. 3.
15 So auch Auernhammer-*Hermerschmidt* Art. 71 Rn. 17.
16 Vgl. insbesondere: https://dsgvo.expert/materialien/dokumente-der-artikel-29-gruppe-kuenftig-eu-ds-ausschuss-zur-dsgvo/ [30.10.2017].

Übersicht

Literatur: *Caspar* Das aufsichtsbehördliche Verfahren nach der EU-Datenschutzgrundverordnung – Defizite und Alternativregelungen, ZD 2012, 555; *Dammann* Erfolge und Defizite der EU-Datenschutzgrundverordnung – Erwarteter Fortschritt, Schwächen und überraschende Innovationen, ZD 2016, 307; *Hofmann* Zertifizierungen nach der DS-GVO, ZD-Aktuell 2016, 05324; *Hornung/Hartl* Datenschutz durch Marktanreize – auch in Europa? – Stand der Diskussion zu Datenschutzzertifizierung und Datenschutzaudit, ZD 2014, 219; *Kraska* Datenschutz-Zertifizierungen in der EU-Datenschutzgrundverordnung, ZD 2016, 153; *Kühling/Martini* Die Datenschutz-Grundverordnung: Revolution oder Evolution im europäischen und deutschen Datenschutzrecht?, EuZW 2016, 448; *Masing* Herausforderungen des Datenschutzes, NJW 2012, 2305; *Nguyen* Die zukünftige Datenschutzaufsicht in Europa, ZD 2015, 265; *Spindler* Selbstregulierung und Zertifizierungsverfahren nach der DS-GVO – Reichweite und Rechtsfolgen der genehmigten Verhaltensregeln, ZD 2016, 407; *Wybitul* DS-GVO veröffentlicht – Was sind die neuen Anforderungen an die Unternehmen?, ZD 2015, 253.

A. Einordnung und Kontext

1 In den beiden Absätzen von Art. 72 wurden zwei unterschiedliche Aspekte zusammengefasst:[1] einerseits Quoren und Abstimmungsregeln in Abs. 1, andererseits eine Geschäftsordnungsautonomie[2] und die darauf bezogenen Quoren in Abs. 2. Die Bestimmungen des Abs. 1 treten zu den spezifischeren Verfahrensregeln für das Kohärenzverfahren (Art. 64 und 65) ergänzend hinzu.[3]

I. Datenschutz-Richtlinie 95/46/EG (DSRL)

2 Die Mehrheitsanforderungen entsprechen weitgehend denjenigen, die Art. 29 Abs. 2 und 3 DSRL für die Art.-29-Datenschutzgruppe vorsah.[1]

II. Normgenese

3 Die Norm entspricht im Wesentlichen dem Ratsentwurf (zu seinerzeit Art. 68). Quoren sind von zentraler Bedeutung für die Beschlussfassung. Daher entschied man sich gegen den Vorschlag von Parlament und Rat, grundsätzlich nur die einfache Mehrheit vorzusehen und Abweichungen aufgrund einer Geschäftsordnung zuzulassen.[1] Man regelte vielmehr die möglichen Abweichungen richtigerweise direkt in der DS-GVO.

4 Angesichts der enormen Bedeutung, die dem (Datenschutz-)Ausschuss in seinem Charakter „zwischen transnationalem Netzwerk und supranationaler Verwaltungsbe-

1 Auernhammer-*Hermerschmidt* Art. 72 Rn. 1.
2 Sydow-*Schöndorf-Haubold* Art. 72 Rn. 9.
3 Sydow-*Schöndorf-Haubold* Art. 72 Rn. 1.

hörde“[4] zukommt, ist die Knappheit der Regelungen in Art. 72 erstaunlich. Denn seine Legitimation bezieht der Ausschuss weder daraus, dass es sich um eine von der Kommission eingesetzte Agentur handelt, noch aus einen ihn spezifisch betreffenden Rechtsakt jenseits der DS-GVO. Er wird gleichsam ‚mitgeregelt‘ und beruht so auf der DS-GVO als Sekundärrechtsakt plus „datenschutzrechtliche[r] Tradition“ durch die Art.-29-Datenschutzgruppe nach der DSRL.[5] Insofern ist die demokratische Legitimation des Ausschusses eher dünn, es handelt sich eher um eine *Legitimitäts*begründung durch technische Expertise.[6]

5 Es handelt sich allerdings bei den Mitgliedern des (Datenschutz-)Ausschusses mit Ausnahme des Europäischen Datenschutzbeauftragten (oder seines Stellvertreters) um „nationale Verwaltungsbeamte“, die insoweit ein neues Gremium bilden, dessen **Verhältnis zu dem (Komitologie-)Ausschuss nach Art. 93**, der ebenfalls „Ausschuss“ genannt wird, wohl bislang eher opak ist (Art. 93 Rn. 1).

B. Kommentierung

I. Abstimmungsverfahren und -quoren (Abs. 1)

6 **1. Einfache Mitgliedermehrheit.** Im **Regelfall** bedarf es nach Abs. 1 zur Beschlussfassung weiterhin (nur) der **einfachen Mehrheit der Ausschussmitglieder**, sofern **die VO selbst nicht etwas anderes vorschreibt**. Dieser Regelfall betrifft die Stellungnahmen des Ausschusses im Rahmen des **Kohärenzverfahrens** nach Art. 64 Abs. 1 und 2 (vgl. Art. 64 Abs. 3). Nur einer einfachen Mehrheit bedarf es auch bei Dringlichkeitsbeschlüssen nach Art. 66 Abs. 4 (als **Rückausnahme** zu Art. 65).[7]

7 Nach **Art. 68 Abs. 3** (Art. 68 Rn. 40 ff.) besteht der (Datenschutz-)Ausschuss aus dem Leiter einer Aufsichtsbehörde jedes Mitgliedstaats und dem Europäischen Datenschutzbeauftragten bzw. ihren jeweiligen Vertretern. Ist in einem Mitgliedstaat mehr als eine Aufsichtsbehörde für die Überwachung der Anwendung der nach Maßgabe dieser Verordnung erlassenen Vorschriften zuständig, so wird, so **Art. 68 Abs. 3**, im Einklang mit den Rechtsvorschriften dieses Mitgliedstaats ein gemeinsamer Vertreter benannt. Da der Ausschuss nach der aktuellen Gestaltung mit 29 Mitgliedern beginnen wird, sind also **15 Stimmen** für eine Beschlussmehrheit notwendig.[8]

8 Grundsätzlich verfügt **jedes Mitglied über eine Stimme**. Eine Ausnahme von diesem Grundsatz bildet die Anforderung des **Art. 68 Abs. 6**, nach der der **Europäische Datenschutzbeauftragte in den in Art. 65 genannten Fällen** (Art. 65 Rn. 16) nur bei Beschlüssen stimmberechtigt ist, die Grundsätze und Vorschriften betreffen, die für die Organe, Einrichtungen, Ämter und Agenturen der Union gelten und inhaltlich den Grundsätzen und Vorschriften dieser Verordnung entsprechen.[9] Unklar bleibt, ob der **Europäische Datenschutzbeauftragte**, der ja Vollmitglied des Ausschusses ist, insofern ein Mitglied mit abgestuften Rechten ist, oder nicht.[10]

4 Sydow-*Schöndorf-Haubold* Art. 72 Rn. 13.
5 So zu Recht kritisch Sydow-*Schöndorf-Haubold* Art. 72 Rn. 13.
6 In diesem Sinne auch Sydow-*Schöndorf-Haubold* Art. 72 Rn. 13.
7 Kühling/Buchner-*Dix* Art. 72 Rn. 5; Sydow-*Schöndorf-Haubold* Art. 72 Rn. 4.
8 Auernhammer-*Hermerschmidt* Art. 72 Rn. 6.
9 Vgl. auch Sydow-*Schöndorf-Haubold* Art. 72 Rn. 3.
10 Dazu Näheres bei Auernhammer-*Hermerschmidt* Art. 72 Rn. 6.

Bei der **Kommission** hingegen ist es eindeutig: Sie darf nach Art. 68 Abs. 5 S. 1 an den Tätigkeiten und Sitzungen des Ausschusses teilnehmen, ist jedoch **kein Ausschussmitglied** und hat auch **kein Stimmrecht**.[11] 9

2. Ausnahmsweise erforderliche Zwei-Drittel-Mehrheit, wenn „etwas anderes" bestimmt ist. Eine Ausnahme von der Regelvermutung besteht aber für die Fälle, in denen die DS-GVO selbst etwas anderes bestimmt. Das gilt für die **Streitentscheidung im Kohärenzverfahren** (Art. 65 Abs. 2 S. 1). Hier ist ebenso eine **Zwei-Drittel-Mehrheit** erforderlich wie grundsätzlich **im Dringlichkeitsverfahren** (Art. 66), sofern nicht die in Rn. 6 erwähnte **Rückausnahme nach** Art. 66 Abs. 4 greift. 10

II. Geschäftsordnungsfragen (Abs. 2)

Darüber hinaus sieht **Art. 72 Abs. 2 selbst** eine **Zwei-Drittel**-Mehrheit der Ausschussmitglieder **bei der Beschlussfassung über die Geschäftsordnung** vor. 11

Von besonderer Wichtigkeit ist die Geschäftsordnung selbst. Hierzu gewährt Art. 72 Abs. 2 dem (Datenschutz-)Ausschuss **Geschäftsautonomie**. Damit der Ausschuss aber nicht gleichsam ‚bei Null' beginnen muss, sondern Ende Mai 2018 gleich arbeits- und beschlussfähig ist, bereitet die **Art.-29-Datenschutzgruppe** derzeit einen Beschlussvorschlag vor. 12

Zu den **Mindestanforderungen** gehören u.a. folgende Aspekte, die in der **Geschäftsordnung der Art.-29-Datenschutzgruppe** geregelt sind bzw. waren: 13

- die Aufgabenverteilung zwischen dem Vorsitzenden und seinen Stellvertretern,
- der/die Sitzungsort(e),
- die Art und Weise der Einberufung,
- die Herstellung der Beschlussfähigkeit,
- die Amtssprache(n),
- die Frage, ob und unter welchen Anforderungen im schriftlichen Verfahren (Umlaufverfahren) zu entscheiden ist,
- die Frage der Einsetzung von Unterausschüssen und das Verhältnis des Ausschusses zu diesen,
- die Frage, ob und unter welchen Umständen Dritte (wie Sachverständige) eingeladen werden oder auf eigenen Wunsch teilnehmen dürfen,
- die Protokollführung,
- die Veröffentlichung von Tagesordnungen und ggf. Protokollen (bzw. Vertraulichkeitsregeln, vgl. Art. 76),
- das Verfahren der Erstellung des Jahresberichts und
- die Änderung der Geschäftsordnung selbst.[12]

C. Praxishinweise

Wie zu Art. 71 bemerkt, wird der Erlass der **Geschäftsordnung** nach Art. 72 Abs. 2 weitere wichtige Erkenntnisse bringen. Die Entwicklung ist daher im Auge zu behalten. 14

---

11 So auch Auernhammer-*Hermerschmidt* Art. 72 Rn. 7.

12 So bzw. mit geringfügigen Variationen auch genannt bei Auernhammer-*Hermerschmidt* Art. 72 Rn. 10; Sydow-*Schöndorf-Haubold* Art. 72 Rn. 11.

Artikel 73 Vorsitz

(1) Der Ausschuss wählt aus dem Kreis seiner Mitglieder mit einfacher Mehrheit einen Vorsitzenden und zwei stellvertretende Vorsitzende.

(2) Die Amtszeit des Vorsitzenden und seiner beiden Stellvertreter beträgt fünf Jahre; ihre einmalige Wiederwahl ist zulässig.

– *ErwG: 139*

Übersicht

Literatur: *Caspar* Das aufsichtsbehördliche Verfahren nach der EU-Datenschutzgrundverordnung – Defizite und Alternativregelungen, ZD 2012, 555; *Dammann* Erfolge und Defizite der EU-Datenschutzgrundverordnung – Erwarteter Fortschritt, Schwächen und überraschende Innovationen, ZD 2016, 307; *Hofmann* Zertifizierungen nach der DS-GVO, ZD-Aktuell 2016, 05324; *Hornung/Hartl* Datenschutz durch Marktanreize – auch in Europa? – Stand der Diskussion zu Datenschutzzertifizierung und Datenschutzaudit, ZD 2014, 219; *Kraska* Datenschutz-Zertifizierungen in der EU-Datenschutzgrundverordnung, ZD 2016, 153; *Kühling/Martini* Die Datenschutz-Grundverordnung: Revolution oder Evolution im europäischen und deutschen Datenschutzrecht?, EuZW 2016, 448; *Masing* Herausforderungen des Datenschutzes, NJW 2012, 2305; *Nguyen* Die zukünftige Datenschutzaufsicht in Europa, ZD 2015, 265; *Spindler* Selbstregulierung und Zertifizierungsverfahren nach der DS-GVO – Reichweite und Rechtsfolgen der genehmigten Verhaltensregeln, ZD 2016, 407; *Wybitul* DS-GVO veröffentlicht – Was sind die neuen Anforderungen an die Unternehmen?, ZD 2015, 253.

A. Einordnung und Kontext

I. Erwägungsgründe

1 ErwG 139 zufolge soll zur Förderung der einheitlichen Anwendung der DS-GVO ein (Datenschutz-)Ausschuss als unabhängige Einrichtung der Union eingesetzt und von seinem Vorsitz vertreten werden.

2 Das ruft in erster Linie die Frage hervor, ob der Vorsitzende des (Datenschutz-)Ausschusses und der Europäische Datenschutzbeauftragte personenidentisch sind, ob also Letzterer **kraft Amtes des Ausschussvorsitz** innehat. Diese Frage ist vom Verordnungsgeber mit **„nein“** beantwortet worden.

II. Normgenese und Materialien

3 Die Trennung vom Amt des Europäischen Datenschutzbeauftragten und von Vorsitz (bzw. Stellvertretendem Vorsitz) erfolgte im Trilogverfahren.[1] Den Vorschlag zu einer **organisatorischen Kopplung beider Ämter** hatte die Kommission (in seinerzeit Art. 69 Abs. 1 S. 2 des Kommissionsentwurfs) gemacht.[2] Die damit einhergehende Aufwertung des Europäischen Datenschutzbeauftragten wurde jedoch u.a. von der Art.-29-Daten-

1 Sydow-*Regenhardt* Art. 73 Rn. 2f.
2 Kühling/Buchner-*Dix* Art. 73 Rn. 3; Sydow-*Regenhardt* Art. 73 Rn. 2.

schutzgruppe heftig kritisiert.[3] Parlament und Rat schlossen sich den geäußerten Bedenken an, so dass man insgesamt sagen kann, dass der Europäische Datenschutzbeauftragte schon vor seiner Einsetzung kompetenziell wieder geschwächt wurde.[4] Hierzu trägt auch bei, dass sich das Parlament nicht dazu durchringen konnte, den Vorsitz als Vollzeitfunktion auszugestalten (wie es das Parlament ja vorgeschlagen hatte), denn dann hätte der Vorsitzende ja gerade nicht mehr bei einer nationalen Aufsichtsbehörde beschäftigt sein können (was dann wiederum für den Europäischen Datenschutzbeauftragten als Vorsitzenden gesprochen hätte).[5]

Vorbild für die Regelung waren insoweit die Bestimmungen in Art. 29 Abs. 4 DSRL sowie die Bestimmungen der auf dieser Grundlage ergangenen Geschäftsordnung der Art.-29-Datenschutzgruppe,[6] die ebenfalls ein **primus inter pares-System** vorsahen. **4**

B. Kommentierung

I. Wahl von Vorsitz und dessen Stellvertretung (Abs. 1)

Die Bestimmungen über die Wahl des Vorsitzenden und seiner beiden Stellvertreter in Art. 73 Abs. 1 sind denkbar knapp und lassen insoweit Raum für eine nähere Regelung in der **Geschäftsordnung** (Art. 72 Abs. 2). **5**

Die Regelung besagt erstens, **dass ein Vorsitzender** und **zwei Stellvertreter** gewählt werden, zweitens, dass sie **aus der Mitte des Ausschusses** gewählt werden und drittens, dass hierfür eine **„einfache Mehrheit"** genügt. Es fehlt allerdings für Letztere die Bezugsgröße bzw. das **Quorum**; gemeint ist die **Mehrheit der Ausschussmitglieder** (und nicht nur die Mehrheit der abgegebenen Stimmen).[7] Das hat allerdings Kritik in der Literatur nach sich gezogen, da die Wahl des Vorsitzenden der Art.-29-Datenschutzgruppe laut Geschäftsordnung der absoluten Mehrheit bedurfte.[8] Die Kombination aus der von diesem Gremium übernommenen **Ehrenamtlichkeit** des Ausschussvorsitzes[9] und dem **Kompetenzzuwachs**, den der Vorsitzende des (Datenschutz-)Ausschusses gegenüber demjenigen der Art.-29-Datenschutzgruppe erfahren hat, wird von *Regenhardt* mit Recht als unglücklich angesehen: Zwar sorge diese möglicherweise für eine gewisse Verstärkung der operativen Handlungsfähigkeit, mache die Entscheidungen des Vorsitzenden mangels Rückhalt in den EU-Mitgliedstaaten möglicherweise weniger nachhaltig.[10] **6**

Das **aktive und passive Wahlrecht** haben nur die Mitglieder des Ausschusses, also die **Leiter einer nationalen Datenschutzbehörde** oder deren **Stellvertreter**.[11] Auch der **Europäische Datenschutzbeauftragte** oder seine **Stellvertreter** ist bzw. sind wählbar, denn sie sind Ausschussmitglied(er), aber nicht kraft Amtes Vorsitzende(r).[12] **7**

---

3 Vgl. die Nachweise bei Auernahmmer-*Hermerschmidt* Art. 73 Rn. 2.
4 Sydow-*Regenhardt* Art. 73 Rn. 2.
5 Auernhammer-*Hermerschmidt* Art. 73 Rn. 3 ff.
6 Auernhammer-*Hermerschmidt* Art. 73 Rn. 1.
7 Auernhammer-*Hermerschmidt* Art. 73 Rn. 6.
8 Sydow-*Regenhardt* Art. 73 Rn. 6.
9 Auernhammer-*Hermerschmidt* Art. 73 Rn. 5.
10 Sydow-*Regenhardt* Art. 73 Rn. 11.
11 Sydow-*Regenhardt* Art. 73 Rn. 5.
12 Wie hier auch *Feiler/Forgó* EU-DSGVO Art. 73 Rn. 1 sowie Sydow-*Regenhardt* Art. 73 Rn. 5 m.w.N.

8 Angesichts des **Kompetenzzuwachses**, den der Vorsitzende des (Datenschutz-)Ausschusses gegenüber demjenigen der Art. 29-Datenschutzgruppe erfahren hat, ist es unglücklich, dass sich keine Ausführungen zum Budget desselben finden[13] und dass vieles der Geschäftsordnung[14] (Art. 72 Abs. 2) vorbehalten bleibt.

II. Periodizität (Abs. 2)

9 Laut Art. 73 Abs. 2 beträgt die **Amtszeit** des Vorsitzenden und seiner Stellvertreter **fünf Jahre**, eine **einmalige Wiederwahl** ist zulässig. Auch dieses verschafft dem Vorsitz deutlich mehr operative Handlungsfähigkeit gegenüber demjenigen der Art.-29-Datenschutzgruppe, der gem. Art. 29 Abs. 4 DSRL auf zwei Jahre begrenzt war. Die jetzige Gestaltung geht über den Vorschlag der Art.-29-Datenschutzgruppe hinaus, die eine Amtszeit von drei bis vier Jahren für sachgemäß erklärt hatte.[15]

10 Die zeitliche Begrenzung der Amtszeit von Vorsitz und Stellvertretung auf maximal zehn Jahre soll eine **Rotation dieser Ämter unter den Mitgliedstaaten** sicherstellen.[16]

11 Mit dem Ende der Amtszeit als Vorsitzender bzw. Stellvertreter einer nationalen Aufsichtsbehörde endet laut Art. 68 Abs. 3 auch die Mitgliedschaft im Ausschuss (vgl. Art. 68 Rn. 47). Damit findet zugleich auch die Amtszeit als Vorsitzender oder Stellvertreter des Ausschusses ihr Ende, da aufgrund von Art 73 Abs. 1 nur Mitglieder dieses Amt ausüben können. Diese Konstruktion wird dazu führen, dass der Vorsitz faktisch oftmals kürzer als fünf Jahre ausgeübt wird (deswegen hatte die der Art.-29-Datenschutzgruppe auch eine kürzere Amtszeit gefordert[17]). Für den Fall, dass eine Amtszeit in einer nationalen Datenschutzbehörde verlängerbar ist, gilt eine Ausnahme: Wenn jemand, dessen Amtsperiode im Ausschuss noch nicht zu Ende ist, in seinem mitgliedstaatlichen Amt wiedergewählt wird, bleibt er auch im Ausschuss im Amt, ohne dass es einer erneuten Wahl oder Bestätigung bedürfte. Weiteres hat die Geschäftsordnung (Art. 72 Abs. 2) zu regeln.

12 Regelungen zur **Abwahl** des Vorsitzenden bzw. seiner Stellvertreter enthält Art. 73 Abs. 2 – anders, als von der Art.-29-Datenschutzgruppe gefordert, nicht.[16] Sie werden der Geschäftsordnung (Art. 72 Abs. 2) vorbehalten bleiben.

C. Praxishinweise

13 Wie zu Art. 71 und 72 bemerkt, wird der Erlass der **Geschäftsordnung** nach Art. 72 Abs. 2 weitere wichtige Erkenntnisse bringen. Die Entwicklung ist daher im Auge zu behalten.

---

13 Ebenso kritisch wie hier Sydow-*Regenhardt* Art. 73 Rn. 10.

14 Auernhammer-*Hermerschmidt* Art. 73 Rn. 15.

15 http://ec.europa.eu/justice/data-protection/article-29/documentation/other-document/files/2015/20150925_edpb_internal_structure.pdf (30.10.2017); vgl. auch Kühling/Buchner-*Dix* Art. 73 Rn. 6.

16 Sydow-*Regenhardt* Art. 73 Rn. 8.

17 http://ec.europa.eu/justice/data-protection/article-29/documentation/other-document/files/2015/20150925_edpb_internal_structure.pdf (30.10.2017).

Artikel 74 Aufgaben des Vorsitzes

(1) Der Vorsitz hat folgende Aufgaben:

a) Einberufung der Sitzungen des Ausschusses und Erstellung der Tagesordnungen,
b) Übermittlung der Beschlüsse des Ausschusses nach Artikel 65 an die federführende Aufsichtsbehörde und die betroffenen Aufsichtsbehörden,
c) Sicherstellung einer rechtzeitigen Ausführung der Aufgaben des Ausschusses, insbesondere der Aufgaben im Zusammenhang mit dem Kohärenzverfahren nach Artikel 63.

(2) Der Ausschuss legt die Aufteilung der Aufgaben zwischen dem Vorsitzenden und dessen Stellvertretern in seiner Geschäftsordnung fest.

Übersicht

Literatur: *Caspar* Das aufsichtsbehördliche Verfahren nach der EU-Datenschutzgrundverordnung – Defizite und Alternativregelungen, ZD 2012, 555; *Dammann* Erfolge und Defizite der EU-Datenschutzgrundverordnung – Erwarteter Fortschritt, Schwächen und überraschende Innovationen, ZD 2016, 307; *Hofmann* Zertifizierungen nach der DS-GVO, ZD-Aktuell 2016, 05324; *Hornung/Hartl* Datenschutz durch Marktanreize – auch in Europa? – Stand der Diskussion zu Datenschutzzertifizierung und Datenschutzaudit, ZD 2014, 219; *Kraska* Datenschutz-Zertifizierungen in der EU-Datenschutzgrundverordnung, ZD 2016, 153; *Kühling/Martini* Die Datenschutz-Grundverordnung: Revolution oder Evolution im europäischen und deutschen Datenschutzrecht?, EuZW 2016, 448; *Masing* Herausforderungen des Datenschutzes, NJW 2012, 2305; *Nguyen* Die zukünftige Datenschutzaufsicht in Europa, ZD 2015, 265; *Spindler* Selbstregulierung und Zertifizierungsverfahren nach der DS-GVO – Reichweite und Rechtsfolgen der genehmigten Verhaltensregeln, ZD 2016, 407; *Wybitul* DS-GVO veröffentlicht – Was sind die neuen Anforderungen an die Unternehmen?, ZD 2015, 253.

A. Einordnung und Kontext

I. Mögliche Vorbilder

Die Norm ist als solche ohne Vorbild: Die Datenschutz-Richtlinie 95/46 sowie die Geschäftsordnung der Art.-29-Datenschutzgruppe enthielten keine solchen Bestimmungen. Es ist aber sinnvoll und sogar geboten, derartige wesentliche Bestimmungen in der VO selbst zu regeln und sie nicht der Geschäftsordnung nach Art. 72 Abs. 2 zu überlassen,[1] denn sie betrifft auch eine Regelung hinsichtlich der **Kompetenzverteilung** zwischen zwei **Organen**: dem **(Datenschutz-)Ausschuss** und dem **Europäischen** 1

1 Wie hier Auernhammer-*Hermerschmidt* Art. 74 Rn. 1; wohl **a.M.** bzgl. der Erforderlichkeit einer Regelung auf VO-Ebene: Sydow-*Regenhardt* Art. 74 Rn. 8.

Datenschutzbeauftragten.[2] Bezüglich der Aufgabenverteilung zwischen dem Vorsitzenden und seinen beiden Stellvertretern wird indes in europarechtskonformer Weise auf die Geschäftsordnung verwiesen (Abs. 2).

II. Normgenese

2 Seine jetzige Fassung erhielt Art. 74 im Trilogverfahren. Dort wurde Abs. 1 lit b aufgrund eines Vorschlags des Rats in den Kommissionsentwurf (seinerzeit Art. 70 Abs. 1 KOM [2012 endgültig]) eingefügt, da auch Art. 65 als solcher neu war.[3]

B. Kommentierung

I. Aufgaben des Vorsitzes (Abs. 1)

3 Mit den Begriff des „Vorsitzes" in Art. 74 Abs. 1 ist das **Dreiergremium** aus dem Vorsitzenden und seinen beiden Stellvertretern gemeint. Die **interne Geschäftsverteilung** ist Gegenstand von Art. 74 Abs. 2 bzw. der Geschäftsordnung.[3]

4 Die zentralen Kompetenzen des Vorsitzes, **den Ausschuss nach außen zu vertreten** (Art. 68 Abs. 2), im **Kohärenzverfahren** nach Art. 65 Abs. 3 S. 2 den **Stichentscheid** vorzunehmen (vgl. Art. 65 Rn. 14), wird in Art. 74 Abs. 1 nicht erwähnt; hier geht es nur um eher **technische Fragen** (vgl. aber auch Rn. 13).

5 **1. Einberufung von Sitzungen und Erstellung der Tagesordnung (lit. a).** Der Vorsitz beruft die Sitzungen ein und erstellt deren Tagesordnung. Gemeint sind die **Sitzungen des (Datenschutz-)Ausschusses selbst**, nicht diejenigen etwaiger Unterausschüsse, deren Einberufung auf Geschäftsordnungsebene geregelt werden kann.

6 Tagesordnungspunkte können wohl **von allen Mitgliedern des Ausschusses angemeldet** werden, so sah es auch die Geschäftsordnung der Art.-29-Datenschutzgruppe in ihrem Art. 5 Abs. 1 GO vor; eine entsprechende Regelung ist auf Geschäftsordnungsebene zu treffen.[4] Im Hinblick auf die in Abs. 1 lit c genannte „Rechtzeitigkeit" soll die Geschäftsordnung ferner Regelungen bezüglich der Anmeldungsfrist von Tagesordnungspunkten, der Form und Frist der Einladungen und zur Art und Weise der Mitteilung bzw. Veröffentlichung des Protokolls enthalten.[5]

7 Der Vorsitzende sammelt die angemeldeten Tagesordnungspunkte und bestimmt deren Reihenfolge in der Tagesordnung; er kann selbstverständlich auch eigene Tagesordnungspunkte (als Vorsitz oder als Ausschussmitglied, vgl. Rn. 6) aufnehmen.

8 Gemäß Art. 75 wird der Vorsitz bei den entsprechenden Tätigkeiten durch ein Sekretariat unterstützt. Dieses wird vom Europäischen Datenschutzbeauftragten bereitgestellt und bildet dadurch ein wichtiges Scharnier im Rahmen der **Europäischen Datenschutzgovernance** (vgl. Art. 75 Rn. 1 ff.).

9 Der Vorsitzende und seine Stellvertreter haben, sofern nichts anderes bestimmt ist, keine stärker gewichtete Stimme im Ausschuss; eine andere Bestimmung trifft jedoch Art. 65 Abs. 3 S. 2 zum **Stichentscheid** (vgl. Rn. 12).

10 **2. Übermittlung von Beschlüssen (lit. b).** Art. 74 Abs. 1 lit. b bezieht sich auf Art. 65 Abs. 5, also das Verfahren der verbindlichen Streitbelegung. Über die letztgenannte

---

2 Sydow-*Regenhardt* Art. 74 Rn. 1.
3 Auernhammer-*Hermerschmidt* Art. 74 Rn. 1.
4 Sydow-*Regenhardt* Art. 74 Rn. 5.
5 Weitere Vorschläge zum Inhalt finden sich bei Auernhammer-*Hermerschmidt* Art. 74 Rn. 5.

Bestimmung hinausgehend bezieht er in seine Pflicht zu einer unverzüglichen Übermittlung auch die Unterrichtung der zuständigen nationalen Aufsichtsbehörden und der Kommission mit ein.[6] Die „Unverzüglichkeit" ist wohl wie im BGB zu verstehen, also die Abwesenheit schuldhaften Zögerns.[7] Es müsste also ein entschuldigender Grund dafür vorliegen, warum der Vorsitzende bzw. das ihn gem. Art. 75 unterstützende Sekretariat den entsprechenden Adressaten nicht unmittelbar nach der Sitzung informiert.

3. Garantie der Rechtzeitigkeit (lit. c). Nach Art. 74 Abs. 1 lit c ist es ebenso Funktion wie Pflicht des Vorsitzes, für eine schnellstmögliche Kommunikation zu sorgen (dazu auch lit. b) und für eine rechtzeitige Ausführung der Aufgaben des Ausschusses zu sorgen. Ihm kommt die Verantwortung für die Wahrung der in der DS-GVO (und der Geschäftsordnung) festgelegten Fristen zu. 11

Aus der **DS-GVO** ergeben sich folgende **Fristen**: 12

- **Art. 64 Abs. 3 S. 2**: Abgabe der Stellungnahme; Frist: acht Wochen mit einer in S. 3 geregelten Verlängerungsmöglichkeit um weitere sechs Wochen;
- **Art. 64 Abs. 5 i.V.m. Art. 64 Abs. 3 S. 4**: Übermittlung des Beschlussentwurfs für Stellungnahmen; Übermittlung weiterer Informationen; Zeitpunkt: unverzüglich und auf elektronischem Wege (vgl. dazu Art. 64 Rn. 23 ff.);
- **Art. 64 Abs. 6 i.V.m. Art. 64 Abs. 1**: unverzügliche Übermittlung von Beschlüssen (vgl. auch Art. 74 Abs. 1 lit. b)
- **Art. 64 Abs. 7**: (Rück-)Äußerungsfrist für nationale Aufsichtsbehörden zu einer Stellungnahme als Element des Kohärenzverfahrens (hier kommt dem Ausschussvorsitzenden eine Art Garantenstellung für die Fristwahrung zu). Kommt es nicht zu einer Einigung, kommt sodann das Streitbeilegungsverfahren nach Art. 65 Abs. 1 zum Tragen (vgl. Art. 64 Rn. 36);
- **Art. 65 Abs. 2 S. 1 und 2**: Verfahren der verbindlichen Streitbeilegung durch den Ausschuss; Frist: ein Monat (Abs. 2 S. 1) mit der Möglichkeit der Verlängerung um einen weiteren Monat (Abs. 2 S. 2);
- **Art. 65 Abs. 3**: weitere Verlängerung um zwei Wochen, danach gilt für die Annahme des Beschlusses die einfache Mehrheit (S. 1); zudem kommt dem Vorsitz dann der **Stichentscheid** zu (S. 2, vgl. dazu Art. 64 Rn. 14)
- **Art. 65 Abs. 4**: Sperrfrist für Entscheidungen in der vorgenannten Zeit; dem Ausschussvorsitzenden kommt insoweit eine Art Garantenstellung dafür zu, dass **keine** Beschlüsse innerhalb dieser Sperrfrist getroffen werden;
- **Art. 65 Abs. 5**: Unverzügliche Kenntnisgabe und ebensolche Veröffentlichung von Beschlüssen des Ausschusses.[8]

4. Weitere Aufgaben. Über die hier genannten Kompetenzen hinaus hat der Vorsitz des (Datenschutz-)Ausschusses weitere Kompetenzen, Art. 74 Abs. 1 ist insoweit **nicht abschließend**.[9] Neben dem in Rn. 4 erwähnten **Stichentscheid im Kohärenzverfahren** (Art. 65 Abs. 3 S. 2) und der dort ebenfalls erwähnten **Vertretung des Ausschusses nach außen** (Art. 68 Abs. 2) betrifft dieses die mit Letzterer zusammenhängende **Unterrichtung der Kommission über die Tätigkeiten des Ausschusses** (Art. 68 Abs. 5 S. 3) und die **Weisungsbefugnis** gegenüber dem ihm unterstellten Personal des Sekretariats (Art. 75 Abs. 2). 13

---

6 Auernhammer-*Hermerschmidt* Art. 74 Rn. 8 f.
7 Auernhammer-*Hermerschmidt* Art. 74 Rn. 10.
8 Vgl. zu allem auch Auernhammer-*Hermerschmidt* Art. 74 Rn. 16 ff.
9 Auernhammer-*Hermerschmidt* Art. 74 Rn. 20.

14 Weitere Aufgaben können dem Vorsitz **durch Geschäftsordnung zugewiesen** werden, sofern **nicht zwingend die Kompetenzen anderer Organe betroffen** sind. Dieses kann beispielsweise die Frage der Sitzungsleitung betreffen.[10]

II. Interne Aufgabenverteilung (Abs. 2)

15 Die konkrete Aufgabenverteilung zwischen dem **Vorsitzenden und seinen beiden Stellvertretern** ist laut Art. 74 Abs. 2 in der Geschäftsordnung (Art. 72 Abs. 2) vorzunehmen. Art. 74 Abs. 2 betrifft seinem Wortlaut nach **nicht das Verhältnis zum Europäischen Datenschutzbeauftragten und seinen Stellvertretern** (vgl. Rn. 1). Da sich die Funktionsfähigkeit des europäischen Datenschutzregimes aber genau in der Abstimmung der Aufgaben und der Zusammenarbeit dieser Organe erweisen wird, ist es zweckmäßig, die zur **Förderung dieser Governancestruktur notwendigen ‚unterverordnungsrechtlichen' Bestimmungen** in der Geschäftsordnung beider Organe für deren jeweiligen Kompetenzbereich zu treffen.[11]

C. Praxishinweise

16 Für **öffentliche Stellen** besteht mithin die Möglichkeit, über den deutschen Vertreter im Ausschuss Tagesordnungspunkte anzumelden.

17 Auch hier wird der Erlass der **Geschäftsordnung** weitere Erkenntnisse bringen. Die Entwicklung ist daher im Auge zu behalten.

Artikel 75 Sekretariat

(1) Der Ausschuss wird von einem Sekretariat unterstützt, das von dem Europäischen Datenschutzbeauftragten bereitgestellt wird.

(2) Das Sekretariat führt seine Aufgaben ausschließlich auf Anweisung des Vorsitzes des Ausschusses aus.

(3) Das Personal des Europäischen Datenschutzbeauftragten, das an der Wahrnehmung der dem Ausschuss gemäß dieser Verordnung übertragenen Aufgaben beteiligt ist, unterliegt anderen Berichtspflichten als das Personal, das an der Wahrnehmung der dem Europäischen Datenschutzbeauftragten übertragenen Aufgaben beteiligt ist.

(4) Soweit angebracht, erstellen und veröffentlichen der Ausschuss und der Europäische Datenschutzbeauftragte eine Vereinbarung zur Anwendung des vorliegenden Artikels, in der die Bedingungen ihrer Zusammenarbeit festgelegt sind und die für das Personal des Europäischen Datenschutzbeauftragten gilt, das an der Wahrnehmung der dem Ausschuss gemäß dieser Verordnung übertragenen Aufgaben beteiligt ist.

(5) Das Sekretariat leistet dem Ausschuss analytische, administrative und logistische Unterstützung.

(6) Das Sekretariat ist insbesondere verantwortlich für

a) das Tagesgeschäft des Ausschusses,
b) die Kommunikation zwischen den Mitgliedern des Ausschusses, seinem Vorsitz und der Kommission,
c) die Kommunikation mit anderen Organen und mit der Öffentlichkeit,

10 Auernhammer-*Hermerschmidt* Art. 74 Rn. 20.
11 Kühling/Buchner-*Dix* Art. 74 Rn. 9; Sydow-*Regenhardt* Art. 74 Rn. 7 m.w.N.

d) den Rückgriff auf elektronische Mittel für die interne und die externe Kommunikation,
e) die Übersetzung sachdienlicher Informationen,
f) die Vor- und Nachbereitung der Sitzungen des Ausschusses,
g) die Vorbereitung, Abfassung und Veröffentlichung von Stellungnahmen, von Beschlüssen über die Beilegung von Streitigkeiten zwischen Aufsichtsbehörden und von sonstigen vom Ausschuss angenommenen Dokumenten.

– *ErwG: 140*

Übersicht

Literatur: *Nguyen* Die zukünftige Datenschutzaufsicht in Europa, ZD 2015, 265–270.

A. Einordnung und Kontext

1 Die rechtliche Konstruktion der Governancestruktur zwischen dem (Datenschutz-) Ausschuss und dem Europäischen Datenschutzbeauftragten war in den Ratsverhandlungen eines der umstrittensten Themen.[1] Es war abzusehen und auch durchaus gewünscht, dass der (Datenschutz-)Ausschuss zur „**zentralen Europäischen Datenschutzbehörde**“[2] werden oder zumindest eine „nicht zu unterschätzende **strategische Rolle** im Gefüge der Zusammenarbeit zwischen den Aufsichtsbehörden“[3] etc. spielen wird. Gleichzeitig wollte man aber weder eine neue EU-Agentur schaffen[4] (obwohl dieses dogmatisch wie legitimatorisch die sauberste Lösung gewesen wäre[5]) noch dieses länger bei der Kommission ansiedeln (wo sich das Sekretariat der Art.-29-Datenschutzgruppe befand[6]). Da die Art. 29 Datenschutzgruppe aber ihrerseits Bedenken dagegen geltend machte,[7] wurde das Sekretariat nicht dem Europäischen Datenschutzbeauftragten *unter*stellt, sondern wird von ihm „*bereit*gestellt“ (dazu Rn. 2).

B. Kommentierung

I. Einrichtung und Governance des Sekretariats (Abs. 1 und 2)

2 Unter „Bereitstellung“ des Sekretariats durch den Europäischen Datenschutzbeauftragten (Abs. 1) ist zum einen die **Einrichtung einer solchen Stelle** zu verstehen.[8] Zum

1 *Nguyen* ZD 2015, 265–270, 265; vgl. auch Kühling/Buchner-*Dix* Art. 75 Rn. 3.
2 Sydow-*Regenhardt* Art. 75 Rn. 1, Hervorhebung i.O.
3 Auernhammer-*Hermerschmidt* Art. 75 Rn. 26, Hervorhebung i.O.
4 Auernhammer-*Hermerschmidt* Art. 75 Rn. 2; Sydow-*Regenhardt* Art. 74 Rn. 5 m.w.N.
5 *Nguyen* ZD 2015, 265f.; Sydow-*Regenhardt* Art. 74 Rn. 4.
6 Auernhammer-*Hermerschmidt* Art. 75 Rn. 2.
7 http://ec.europa.eu/justice/data-protection/article-29/documentation/other-document/files/2015/20150925_edpb_internal_structure.pdf. [30.10.2017].
8 Auernhammer-*Hermerschmidt* Art. 75 Rn. 3.

anderen soll das Wort „bereitgestellt" die in Rn. 1 angesprochene, gewisse **Unabhängigkeit gegenüber dem Europäischen Datenschutzbeauftragten** und die in Abs. 2 näher beschriebenen Weisungsstränge zum Ausdruck bringen: Es ist von den Weisungen des Europäischen Datenschutzbeauftragten unabhängig und nur dem Ausschuss unterstellt.[9] Zugleich ist aber jetzt schon abzusehen, dass es Überschneidungen zwischen dem Personal, das dem Europäischen Datenschutzbeauftragten zuarbeitet, und demjenigen, das den (Datenschutz-)Ausschuss unterstützt, geben wird.[10]

3 Diese komplexe Governancestruktur hat ihre Vor- wie Nachteile: Zum einen beugt sie Informationsverlusten vor, zum anderen aber ist intensiv darauf zu achten, dass in der in Abs. 4 genannten Vereinbarung die Weisungsstränge (und damit verbunden auch die Fragen der Haftung) klar herausgearbeitet werden.

4 Nach Abs. 2 gehen die Weisungen für die **Aufgabenerfüllung des (Datenschutz-)Ausschusses** ausschließlich auf Anweisung des Vorsitzes (also des Vorsitzenden oder dessen Stellvertretern (Art. 74 Abs. 1) aus. Sofern es sich allerdings um Aufgaben des **Europäischen Datenschutzbeauftragten** handelt, dürfen die ihm zuarbeitenden Mitarbeiter (die im Einzelfall durchaus personenidentisch mit denjenigen des Ausschusses sein können), natürlich (nur) seine Weisungen ausführen. Insofern ist Abs. 2 missverständlich, weil zu umfassend, formuliert und das Wort „ausschließlich" in dem hier skizzierten Sinne zu interpretieren.[11]

II. Berichterstattung (Abs. 3)

5 Ähnliches wie soeben geschrieben gilt auch für Art. 75 Abs. 3: Das Personal des Sekretariats unterliegt dann, wenn es dem **(Datenschutz-)Ausschuss** zuarbeitet, anderen Berichtspflichten, als wenn es Selbiges für den **Europäischen Datenschutzbeauftragten** tut.

III. Abschluss einer Anwendungsvereinbarung (Abs. 4)

6 Die organisatorische Trennung der in den Rn. 4 und 5 beschriebenen Aufgaben, die für die Unabhängigkeit des Sekretariats wichtig ist, wird dadurch sichergestellt, dass eine **Vereinbarung** abgeschlossen wird (da es sich bei dem Ausschuss und dem **Europäischen Datenschutzbeauftragten um zwei unterschiedliche Organe** handelt, reicht eine Geschäftsordnung nicht aus, diese kann gem. Art. 72 Abs. 2 und 74 Abs. 2 nur den Geschäftsbereich des Datenschutzausschusses selbst regeln).

7 Die Entscheidung darüber, ob eine solche Vereinbarung abgeschlossen wird, treffen beide Organe, „soweit angebracht" (Abs. 4). Es ist angesichts der Wesentlichkeit der Materie (dazu Rn. 1) bereits jetzt davon auszugehen, dass das der Fall ist.

8 Vermutlich wird die Vereinbarung die Form eines **Memorandums of Understanding** annehmen,[12] dem insoweit dann doch eine Art ‚Geschäftsordnungscharakter, (unter den in Rn. 6 und 7 beschriebenen Kautelen) zukommt, indem es die „Weisungsstränge und Berichtslinien"[12] aufgabenspezifisch näher beschreibt. Die ‚wesentlichen' Fragen

9 Auernhammer-*Hermerschmidt* Art. 75 Rn. 9; Kühling/Buchner-*Dix* Art. 75 Rn. 6.
10 Auernhammer-*Hermerschmidt* Art. 75 Rn. 6.
11 Sydow-*Regenhardt* Art. 74 Rn. 6.
12 Auernhammer-*Hermerschmidt* Art. 75 Rn. 17.

gehören indes in die VO selbst und sind demzufolge in den Abs. 5 und vor allem 6 näher beschrieben.

IV. Aufgaben (Abs. 5 und 6)

In Art. 75 Abs. 5 findet sich eine Art ‚Generalklausel' („Das Sekretariat leistet dem Ausschuss analytische, administrative und logistische Unterstützung"), die in Abs. 6 in Form von Regelbeispielen[13] („insbesondere") näher spezifiziert wird. Dabei kommt dem Sekretariat über das „Tagesgeschäft" (lit. a) hinaus eine **zentrale Scharnierfunktion** zu: Es wickelt die die Kommunikation zwischen den Mitgliedern des Ausschusses, seinem Vorsitz und der Kommission ab (lit. b) sowie die Kommunikation mit anderen Organen und mit der Öffentlichkeit (lit. c). Darüber hinaus sorgt es für die Übersetzung sachdienlicher Informationen oder nimmt diese selbst vor (lit. e)[14] und bereitet sowohl die Sitzungen des Ausschusses vor und nach (lit. f) wie die Stellungnahmen und Beschlüsse über die Beilegung von Streitigkeiten zwischen Aufsichtsbehörden und von sonstigen vom Ausschuss angenommenen Dokumenten (lit. g). **9**

Es bedient sich dabei „elektronische[r] Mittel für die interne und die externe Kommunikation" (lit. d). Darunter ist nicht nur zu verstehen, dass es selbst nach Art eines „One-Stop-Shop[s]"[15] Informationen entgegennimmt und verteilt (vgl. auch § 71c VwVfG des Bundes), sondern auch, dass es die notwendigen Formate für eine standardisierte Kommunikation im Kohärenzverfahren nach Art. 64 Abs. 7 festlegt.[16] **10**

C. Praxishinweise

Das Sekretariat hat – wie beschrieben – eine zentrale Scharnierfunktion. Der Abschluss der in Art. 75 Abs. 4 genannten Vereinbarung ist daher von entscheidender Bedeutung für die Governancestruktur der Union. Die weitere Entwicklung wird daher im Auge zu behalten sein. **11**

---

13 Auernhammer-*Hermerschmidt* Art. 75 Rn. 19.
14 In welchem Umfang, wird noch festzulegen sein, vgl. Auernhammer-*Hermerschmidt* Art. 75 Rn. 23.
15 *Nguyen* ZD 2015, 265f.
16 Auernhammer-*Hermerschmidt* Art. 75 Rn. 22.

Artikel 76 Vertraulichkeit

(1) Die Beratungen des Ausschusses sind gemäß seiner Geschäftsordnung vertraulich, wenn der Ausschuss dies für erforderlich hält.

(2) Der Zugang zu Dokumenten, die Mitgliedern des Ausschusses, Sachverständigen und Vertretern von Dritten vorgelegt werden, wird durch die Verordnung (EG) Nr. 1049/2001 des Europäischen Parlaments und des Rates[1] geregelt.

---

1 Verordnung (EG) Nr. 1049/2001 des Europäischen Parlaments und des Rates vom 30. Mai 2001 über den Zugang der Öffentlichkeit zu Dokumenten des Europäischen Parlaments, des Rates und der Kommission (ABl. L 145 vom 31.5.2001, S. 43).

Übersicht

Literatur: *Albrecht/Janson* Datenschutz und Meinungsfreiheit nach der Datenschutzgrundverordnung, CR 2016, 500; *Brauneck* Kein Zugang zu Dokumenten: Politische Handlungsspielräume der EU-Kommission in Gefahr?, NVwZ 2016, 489; *Härting* Starke Behörden, schwaches Recht – der neue EU-Datenschutzentwurf, BB 2012, 459; *Seckelmann* Transparenz als Legitimationsinstrument: das Beispiel der Liquid Democracy, in: *Mehde/Seckelmann* (Hrsg.), Zukunft der repräsentativen Demokratie, 2017, 163–175.

A. Einordnung und Kontext

I. Einordnung

1 In den beiden Absätzen der Norm spiegeln sich das Spannungsverhältnis, dem das Europäische Datenschutzrecht ausgesetzt ist: größtmögliche Transparenz auf der einen Seite (Abs. 2), größtmögliche Vertraulichkeit auf der anderen (Abs. 1).

II. Normgenese und Materialien

2 Von diesem **Spannungsverhältnis** war auch das Normsetzungsverfahren geprägt: Zum einen ist es funktionsnotwenig, dass nicht alles, was die Mitglieder des (Datenschutz-)-Ausschusses äußern, vollständig den Mitgliedstaaten bekannt wird, deren Datenschutzbehörden sie zugleich vorgehen[2] – denn sonst sind Kompromisse kaum noch möglich und es wird gleichsam nur noch ‚für's Protokoll' gesprochen.[3] Daher waren die Debatten Art. 29-Gruppe vertraulich[4].[5]

3 Zum anderen aber stünde eine vollständige Abschirmung der Dokumente im Widerspruch zu der in Art. 76 Abs. 2 zitierten **Verordnung (EG) Nr. 1049/2001** des Europäischen Parlaments und des Rates vom 30. Mai 2001 über den Zugang der Öffentlichkeit zu Dokumenten des Europäischen Parlaments, des Rates und der Kommission (**Transparenzverordnung**).[6] Denn diese sieht – ebenso wie Art. 15 AEUV – grundsätzlich ein Recht auf Zugang zu den Dokumenten der EU vor (Näheres dazu in Rn. 7).

4 Beide Positionen hatten ihre Befürworter: Die Kommission setzte auf ein größeres Maß an **Vertraulichkeit**, das Parlament eher auf **Transparenz**.[7] Man einigte sich letztlich auf den in den beiden Absätzen des Art. 76 gefundenen Kompromiss, der ebenso pragmatisch ist wie niemanden so recht befriedigt.[8] Letztlich wird erneut – wie auch in

2 Auernhammer-*Hermerschmidt* Art. 76 Rn. 7.
3 *Seckelmann* Transparenz als Legitimationsinstrument: das Beispiel der Liquid Democracy, in: Mehde/Seckelmann (Hrsg.), Zukunft der repräsentativen Demokratie, S. 163.
4 Art. 11 der Geschäftsordnung der Gruppe für den Schutz von Personen bei der Verarbeitung personenbezogener Daten vom 15.2.2010.
5 Sydow-*Regenhardt* Art. 75 Rn. 3.
6 ABl. L 145 vom 31.5.2001, S. 43
7 Auernhammer-*Hermerschmidt* Art. 76 Rn. 3; der Kommissionsentwurf findet sich eingehend gewürdigt bei Sydow-*Regenhardt* Art. 75 Rn. 4.
8 „[Z]wiespältig", vgl. *Härting* BB 2012, 459 (460).

anderen Bestimmungen der Art. 70 ff – die endgültige Regelung der Geschäftsordnung nach Art. 72 Abs. 2 überlassen.

B. Kommentierung

I. Vertraulichkeitsanforderungen (Abs. 1)

Daher enthält Abs. 1 auch keine unmittelbare Aussage über die Vertraulichkeit der Beratungen, sondern eine **Delegationsermächtigung**[9] an den **Ausschuss**, der dieses in seiner **Geschäftsordnung** (Art. 72 Abs. 2) zu regeln habe. Er ist dabei nicht ganz so frei, wie es der Wortlaut nahelegt: zumindest die **Beschäftigten des Sekretariats** unterliegen gem. Art 339 AEUV i.V.m. Art. 43 Abs. 5 der VO (EG) 45/2001 der Verschwiegenheitspflicht als Amtspflicht, da das Sekretariat gem. Art. 75 Abs. 3 durch den Europäischen Datenschutzbeauftragten gestellt wird.[9] 5

Was die Mitglieder des Datenschutzausschusses und die von ihnen anzuhörenden Sachverständigen angeht sowie weitere Personen, die (wie Verbandsvertreter) an Ausschusssitzungen teilnehmen können, so wird eine nähere Regelung der Geschäftsordnung überlassen; weitergehende Vorschläge der Kommission hatten sich (wie in Rn. 4 angesprochen) nicht durchsetzen können.[10] 6

II. Informationszugang

Die in Rn. 3 angesprochene, ausdrückliche Verweisung von Art. 75 Abs. 2 auf die **Verordnung (EG) Nr. 1049/2001** des Europäischen Parlaments und des Rates vom 30. Mai 2001 über den Zugang der Öffentlichkeit zu Dokumenten des Europäischen Parlaments, des Rates und der Kommission ist insoweit wichtig, als dass die **Transparenzverordnung** ihrem **Wortlaut nach auf Zugang zu den Dokumenten der EU-Organe beschränkt** ist.[11] Die Geltung für nachgeordnete oder besondere Einrichtungen der Union (wie das Sekretariat des Datenschutzausschusses) muss hingegen ausdrücklich angeordnet werden.[12] 7

Ausnahmen von der Transparenzpflicht sind nach Art. 4 der VO (EG) Nr. 1049/2001 dann anzunehmen, wenn dieses die Privatsphäre des Einzelnen oder der Schutz von Geschäftsgeheimnissen bzw. des Geistigen Eigentums gebieten.[13] 8

Die DS-GVO sieht auch an anderen Stellen ausdrückliche **Informationspflichten vor** (**Transparenzgebote**), etwa in ihrem Art 64 Abs. 5 lit. b und Art. 65 Abs. 5, Art. 70 Abs. 3 und 4 und schließlich in ihrem Art. 71. Die Transparenzgebote sehen dabei nicht nur den in Art. 76 Abs. 2 vorgesehenen Informationszugang vor, sondern auch **eine aktive Information der Öffentlichkeit** durch Einstellen von Dokumenten in das Internet.[14] Subsidiär ist jedoch weiterhin die Geltendmachung des Informationsinteresses nach Art. 76 Abs. 2 möglich; sollte das Dokument jedoch schon eingestellt sein, entfällt jedoch das Rechtsschutzinteresse bzw. der Anspruch wandelt sich in einen solchen auf Benennung des Publikationsorts um. 9

---

9 Auernhammer-*Hermerschmidt* Art. 76 Rn. 4.
10 Weiteres dazu bei Sydow-*Regenhardt* Art. 75 Rn. 5.
11 Auernhammer-*Hermerschmidt* Art. 76 Rn. 9; Kühling/Buchner-*Dix* Art. 76 Rn. 9.
12 So auch Auernhammer-*Hermerschmidt* Art. 76 Rn. 9.
13 Vgl. auch Sydow-*Regenhardt* Art. 75 Rn. 510.
14 Auernhammer-*Hermerschmidt* Art. 76 Rn. 10; Sydow-*Regenhardt* Art. 75 Rn. 8 ff.

C. Praxishinweise

10 Erneut ist vieles vom Inkrafttreten der **Geschäftsordnung** des Datenschutzausschusses nach Art. 72 Abs. 2 abhängig. Was sich aber schon erkennen lässt, ist der Einzug einer **neuen ‚Transparenzkultur'**, die in der Literatur als schon recht weitgehend[15] betrachtet wird; andere melden Bedenken hinsichtlich des Bestimmtheitsgrundsatzes in Abs. 1 („wenn der Ausschuss dies für erforderlich hält") an.[16] Die weitere Entwicklung wird insoweit abzuwarten sein.

15 Auernhammer-*Hermerschmidt* Art. 76 Rn. 12.
16 Sydow-*Regenhardt* Art. 75 Rn. 12 („Leerformel").

Kapitel VIII
Rechtsbehelfe, Haftung und Sanktionen

Artikel 77 Recht auf Beschwerde bei einer Aufsichtsbehörde

(1) Jede betroffene Person hat unbeschadet eines anderweitigen verwaltungsrechtlichen oder gerichtlichen Rechtsbehelfs das Recht auf Beschwerde bei einer Aufsichtsbehörde, insbesondere in dem Mitgliedstaat ihres Aufenthaltsorts, ihres Arbeitsplatzes oder des Orts des mutmaßlichen Verstoßes, wenn die betroffene Person der Ansicht ist, dass die Verarbeitung der sie betreffenden personenbezogenen Daten gegen diese Verordnung verstößt.

(2) Die Aufsichtsbehörde, bei der die Beschwerde eingereicht wurde, unterrichtet den Beschwerdeführer über den Stand und die Ergebnisse der Beschwerde einschließlich der Möglichkeit eines gerichtlichen Rechtsbehelfs nach Artikel 78.

Übersicht

A. Einordnung und Hintergrund

Art. 77 eröffnet jedem Betroffenen das Recht, sich bei einer Aufsichtsbehörde über eine (mutmaßliche) Verletzung der DS-GVO zu beschweren. Der Kategorie nach liegt 1 damit ein Petitionsrecht des Betroffenen vor.[1] Der Regelungsgehalt von Art. 77 i.V.m. Art. 78 Abs. 2 geht aber deutlich über das allgemeine Petitionsrecht aus Art. 17 GG bzw. aus Art. 8 Abs. 1 i.V.m. Abs. 3 GRCh hinaus.[2] Insbesondere erklärt Art. 77 Abs. 1 nahezu jede Behörde für die Bearbeitung einer Beschwerde zuständig (siehe Rn. 4), wenngleich daraus keine originäre Zuständigkeit zum Erlass von Maßnahmen folgt (siehe Rn. 8). Zudem wird die Behörde in Art. 77 Abs. 2 zu Mitteilungen gegenüber dem Betroffenen verpflichtet. Ferner sperrt das Beschwerderecht keine anderen Rechtsmittel (siehe Rn. 17). Art. 78 Abs. 2 stellt dem Betroffenen darüber hinaus einen Rechtsbehelf gegen die Untätigkeit von Behörden zur Verfügung (vgl. dazu die Kommentierung zu Art. 78).

I. DSRL und BDSG a.F.

2 Sowohl die DSRL (hier Art. 28 Abs. 4) als auch das BDSG a.F. (hier § 21) enthielten bereits spezialgesetzlich normierte Beschwerderechte, wobei sich § 21 BDSG a.F. nur auf Beschwerden über die Verarbeitung von personenbezogenen Daten durch öffentliche Stellen des Bundes bezog. Dennoch war in der Praxis schon bislang eine Vielzahl der Beschwerden auf die Datenverarbeitung bei nichtöffentlichen Stellen bezogen.[3] Inhaltlich gingen diese Normen kaum über das allgemeine Petitionsrecht nach Art. 17 GG hinaus.[4] Sämtliche Landesdatenschutzgesetze enthalten zudem ein Recht zur Beschwerde, das teilweise weiter als § 21 BDSG a.F. formuliert war.[5] Mit einem teilweise höheren Schutzumfang gilt Gleiches für die Landesdatenschutzgesetze.[6] Gerade in der jüngsten Praxis der Aufsichtsbehörden ist zu beobachten, dass die Anzahl an Beschwerden deutlich zugenommen hat (siehe Rn. 28), wobei sowohl Beschwerden gegenüber öffentlichen Stellen als auch Beschwerden gegenüber nichtöffentlichen Stellen gleichermaßen bearbeitet werden.

II. Artikel-29-Datenschutzgruppe/Beschlüsse des Düsseldorfer-Kreises und der DSK

3 Weder die Art.-29-Datenschutzgruppe noch der Düsseldorfer Kreis oder die DSK haben relevante Papiere über das Beschwerderecht veröffentlicht.

B. Kommentierung

I. Art. 77 Abs. 1

4 **1. Beschwerde bei einer „beliebigen" Aufsichtsbehörde.** Der Betroffene kann sich an eine beliebige Aufsichtsbehörde wenden, wobei nach ganz h.M. nicht erforderlich ist, dass die Behörde gemäß den allgemeinen Regeln für die Aufsicht des Betroffenen,

---

1 Siehe zum System der Betroffenenrechte *Franck* RDV 2016, 111 ff.

2 *EuGH* v. 6.10.2015 – C-362/14, MMR 2015, 753 (755) Rn. 58 – Safe Harbor; Kühling/Buchner-*Bergt* Art. 77 Rn. 4. Die GRCh ist gemäß Art. 6 Abs. 1 EUV mit den Verträgen rechtlich gleichrangig und damit Bestandteil des Primärrechts der EU; vgl. Callies/Ruffert-*Kingreen* EUV Rn. 12.

3 Siehe zur bisherigen Praxis Rn. 29.

4 Es war zudem umstritten, inwieweit Art. 21 als Ausfluss von Art. 17 GG gedeutet werden konnte. Siehe hierzu BeckOK DatenSR-*Worms* § 21 BDSG Rn. 1 m.w.N.

5 Siehe zu Details BeckOK DatenSR-*Worms* § 21 BDSG Rn. 33.

6 Vgl. dazu Kommentierung zu § 21 BDSG.

Verantwortlichen oder des Auftragsverarbeiters zuständig ist.[7] Dies ergibt sich schon aus dem klaren Wortlaut von Art. 77 (Beschwerde bei „einer" Aufsichtsbehörde). Im Vergleich dazu wird im allgemeinen Petitionsrecht typischerweise formuliert, dass eine Beschwerde gegenüber der „zuständigen Stelle" möglich ist (vgl. Art. 17 GG). Dafür spricht zudem Art. 4 Nr. 22 lit. c nach dem eine Aufsichtsbehörde, bei der eine Beschwerde eingereicht wurde, zu einer betroffenen Aufsichtsbehörde wird (vgl. Kommentierung dazu Art. 4). Dem entspricht auch die beispielhafte Aufzählung möglicher Adressaten einer Beschwerde in Art. 77 Abs. 1, nämlich die Aufsichtsbehörde des Aufenthaltsortes oder des Arbeitsplatzes des Betroffenen sowie den Ort des Datenschutzverstoßes. Dies zeigt deutlich, dass jegliche Behörde, deren örtliche Zuständigkeit zumindest eine sachliche Beziehung zu einer Beschwerde aufweist – und sei es lediglich der Wohnort des Beschwerdeführers –, die Beschwerde entgegenzunehmen und zu bearbeiten hat. Dies gilt selbst dann, wenn es sich um eine Aufsichtsbehörde in einem anderen EU-Land handelt, in dem ein Verantwortlicher nicht tätig ist.[8]

Daraus lässt sich im Einklang mit ErwG 141 folgende Regel ableiten: Die Behörde, die eine Beschwerde erhält (welche allenfalls irgendeinen sachlichen Bezug zum Zuständigkeitsbereich der Behörde aufweist), muss die Bearbeitung der Beschwerde beginnen. Sollte die Behörde, obgleich sie zuständig für die Beschwerde gemäß Art. 77 Abs. 1 ist, nach Art. 55, 56 für den Erlass einer Maßnahme gemäß Art. 58 gegenüber einem bestimmten Verantwortlichen unzuständig sein (siehe hierzu Rn. 8), so muss die Behörde den Vorgang an die zuständige(n) Behörde(n) für den (oder die gemeinsam) Verantwortlichen weiterleiten (siehe § 21 Abs. 2 BDSG n.F.) und dies dem Petenten mitteilen (Art. 77 Abs. 2). 5

2. Zuständigkeitsdiffusion im föderalen Aufsichtssystem aus Sicht des Betroffenen. Während auf der einen Seite für Verantwortliche oder Auftragsverarbeiter, die grenzüberschreitend personenbezogene Daten verarbeiten, unter dem Stichwort „One-Stop-Shop" eine zentral zuständige Aufsichtsbehörde innerhalb von Europa geschaffen wurde (vgl. dazu Kommentierung von Art. 56 Abs. 1), steht dem Betroffenen – jedenfalls im föderalen Deutschland[9] – auf der anderen Seite eine Vielzahl an „möglicherweise" zuständigen Aufsichtsbehörden gegenüber. Dem betroffenen Bürger, der im Datenschutzrecht unkundig ist, kann nicht zugemutet werden, herauszufinden, ob die Behörde an seinem Wohnsitz, an dem Sitz seines Arbeitgebers (oder der deutschen oder internationalen Muttergesellschaft des Arbeitgebers) oder dem Sitz eines Serverdienstleisters oder sonstigen Auftragsverarbeiters für seine Beschwerde zuständig ist. Neben den Kenntnissen über die Zuständigkeitsregeln wäre hierfür eine Analyse der möglichen gemeinsamen Verantwortlichkeit gemäß Art. 26 und der Auftragsverhältnisse gemäß Art. 28 erforderlich (vgl. dazu die Kommentierung von 6

7 Kühling/Buchner-*Bergt* Art. 77 Rn. 9; Paal/Pauly-*Körffer* Art. 77 Rn. 4; Gola-*Pötters/Werkmeister* Art. 77 Rn. 11; A.A. Plath-*Becker* Art. 77 Rn. 2, der meint, dass eine innerstaatlich unzuständige Behörde eine Beschwerde mit Verweis auf ihre Unzuständigkeit abweisen kann.

8 So überzeugend Gola-*Pötters/Werkmeister* Art. 77 Rn. 11, die ebenfalls auf einen „irgendwie gearteten" Bezug zu einem Mitgliedstaat abstellen.

9 Die meisten anderen EU Länder verfügen über eine zentrale Datenschutzaufsichtsbehörde. Derzeit existieren nur in Spanien neben der zentralen Aufsichtsbehörde noch regional zuständige Datenschutzbehörden für Katalonien und für das Baskenland.

Art. 55 zu Zuständigkeit bei Auftragsverarbeitung). Damit muss – vor diesem Hintergrund – aus Betroffenensicht eher von einer Zuständigkeitsdiffusion gesprochen werden. Aus dieser Perspektive ist es zu begrüßen und zu verstehen, dass eine Beschwerde bei jeder Aufsichtsbehörde eingelegt werden kann.

7 **3. Auseinanderfallen von Zuständigkeit für eine Beschwerde und Zuständigkeit für eine Maßnahme.** Art. 77 begründet keine originäre Zuständigkeit zum Erlass von Maßnahmen. Vielmehr kann nur diejenige Behörde, die nach Art. 55 und 56 zuständig für die Befugnisse gemäß Art. 58 im Hinblick auf einen Verantwortlichen/Auftragsverarbeiter ist, diesem gegenüber Maßnahmen erlassen. Nur die sachlich nach den allgemeinen Regeln zuständige Aufsichtsbehörde kann einer Beschwerde nachgehen, indem sie etwa Untersuchungen in Form von Datenschutzüberprüfungen durchführt (Art. 58 Abs. 1 lit. c). Daher ist es im Sinne einer praktischen Bearbeitung einer Beschwerde auch zwingend notwendig, dass Beschwerden an die nach Art. 55, 56 zuständigen Behörden weitergeleitet werden. Der nationale Gesetzgeber hat dies berücksichtigt und eine Verpflichtung zur Weiterleitung in § 21 Abs. 2 BDSG eingefügt.

8 **4. Originäre Befugnisse und Aufgaben der Behörde, bei der eine Beschwerde eingelegt wurde.** Auch nach der Abgabe der Beschwerde verbleiben bei der Behörde, bei der die Beschwerde ursprünglich eingelegt wurde, gewisse Befugnisse. Denn es handelt sich bei Art. 4 Nr. 22 lit. c um eine „betroffene" Aufsichtsbehörde, der im Rahmen des Kohärenzverfahrens (also der Zusammenarbeit zwischen der federführenden Aufsichtsbehörde und den anderen betroffenen Aufsichtsbehörden nach Art. 60) gewisse Aufgaben übertragen werden. Hier werden etwa Beschlussentwürfe zur Stellungnahme vorgelegt (Art. 60 Abs. 3 S. 2). Es obliegt zudem der Aufsichtsbehörde, bei der eine Beschwerde eingereicht worden ist, dem Beschwerdeführer über den Beschluss einer federführenden Aufsichtsbehörde zu informieren (Art. 60 Abs. 7 S. 2). Abweichend von den üblichen Regelungen im Kohärenzverfahren erlässt die Aufsichtsbehörde, bei der eine Beschwerde eingereicht wurde, den Beschluss über die Ablehnung oder Abweisung der Beschwerde (Art. 60 Abs. 8). Auch für den Fall einer teilweisen Ablehnung sind Spezialvorschriften in Art. 60 Abs. 9 vorgesehen (vgl. dazu die Kommentierung von Art. 60). In Abweichung von den Grundregeln des One-Stop-Shop-Prinzips aus Art. 56 ist eine Aufsichtsbehörde, bei der eine Beschwerde eingereicht wurde (trotz einer Hauptniederlassung des Verantwortlichen in einem anderen EU-Staat) zuständig, wenn der Gegenstand nur mit einer Niederlassung in dem jeweiligen Mitgliedsstaat zusammenhängt oder wenn ausschließlich betroffene Personen des jeweiligen Mitgliedsstaats erheblich beeinträchtigt werden (Art. 56 Abs. 2).

9 Das oben Gesagte gilt jedenfalls ausdrücklich in einem internationalen Kontext. Teilweise wird vertreten, dass in einem rein nationalen Kontext im Rahmen der Abgabe des Verfahrens an eine andere nationale Behörde das Verfahren vollständig auf die zuständige Behörde übergeht und dass die abgebende Behörde das geführte Verfahren mit der Abgabenachricht an den Betroffenen endgültig schließen könne.[10] Hierfür gibt es jedoch keine gesetzliche Grundlage. Auch das BDSG n.F. enthält keine explizite Ausnahme für die Eigenschaft als betroffene Aufsichtsbehörde. Bei Uneinigkeiten der Aufsichtsbehörden innerhalb Deutschlands über die Zuständigkeit verfahren

10 Sydow-*Sydow* Art. 77 Rn. 23.

die Aufsichtsbehörden nach § 18 Abs. 2 und § 3 Abs. 3 und 4 des VwVfG.[11] Auch Regelungen zur Feststellung der federführenden Aufsichtsbehörde wurde getroffen.[12] Es verbleibt aber bei der Kompetenz der Aufsichtsbehörde, bei der Beschwerde eingelegt wurde, eine endgültige Entscheidung im Rahmen des Kohärenzverfahrens zu treffen (Art. 65 Abs. 6). Es liegt zudem nahe, dass die Beschwerde-Behörde auch durchgehend den Betroffenen nach Art. 60 Abs. 6–9 unterrichtet. Schließlich soll es gerade eine Erleichterung für den Bürger darstellen, sich eine Behörde für seine Beschwerde auszusuchen (z.B. die Wohnortnächste), um darauf zu vertrauen, dass diese Behörde bis zum Ende der Bearbeitung der Hauptansprechpartner des Bürgers bleibt.

5. Rechtsbehelf nur gegen die nach Art. 55 und 56 zuständige Behörde. Bislang waren im nationalen Datenschutzrecht keine Rechtsschutzmöglichkeiten gegen die Untätigkeit einer Datenschutzaufsichtsbehörde im Rahmen einer Beschwerde gegeben. Zwar gab es bislang auch spezialgesetzlich ausformulierte Beschwerderechte,[13] aber insbesondere im Fall der Untätigkeit der Datenschutzaufsichtsbehörde standen dem Petenten, auf Basis der Grundsatzrechtsprechung, dass ein Petitionsbescheid mangels Regelungswirkung kein Verwaltungsakt darstelle, keine Rechtsbehelfe zu.[14] Eine Untätigkeitsklage nach § 75 VwGO gegen das Unterlassen der Bearbeitung einer Petition an eine Datenschutzaufsichtsbehörde wurde daher – mangels Vorliegen eines Verwaltungsaktes – als unzulässig abgewiesen.[15] Grundsätzlich war es immerhin mit einer Leistungsklage möglich, einen informatorischen Bescheid über die Art und Weise der Erledigung einer Petition zu erhalten.[16] **10**

Art. 78 Abs. 2 legt nun fest, dass es in drei Fällen einen Rechtsbehelf geben muss: Falls die zuständige Behörde sich nicht mit der Beschwerde befasst (Alt. 1), den Petenten nicht innerhalb von drei Monaten über den Stand (Alt. 2) oder das Ergebnis (Alt. 3) unterrichtet (siehe zu den wirksamen Rechtsbehelfen Art. 78 Abs. 2 Rn. 46 ff.). **11**

Ein Rechtsbehelf kann nach dem klaren Wortlaut von Art. 78 Abs. 2 aber nur bei der nach den Art. 55 und 56 zuständigen Behörde eingelegt werden. Strenggenommen besteht damit gegenüber einer Aufsichtsbehörde, bei der eine Beschwerde eingereicht wurde, die aber nicht nach Art. 55 und 56 für zumindest einen in der Beschwerde genannten Verantwortlichen zuständig ist, keine Rechtsschutzmöglichkeit bei verzögerter Bearbeitung der Beschwerde. Freilich wirkt dies wie ein Versehen, da doch selbst unzuständigen Behörden bei Einreichen einer Beschwerde als betroffene Behörden besondere Aufgaben im Rahmen des Kohärenzverfahrens zukommen. Gegen eine analoge Anwendung von Art. 78 Abs. 2 spricht jedoch der klare Wortlaut, der mit seinem Verweis auf Art. 55 und 56 keinen Zweifel daran lässt, dass keine unbewusste Regelungslücke besteht. **12**

6. Kein Recht auf ein bestimmtes Tätigwerden der Aufsichtsbehörde. Der Betroffene hat zwar ein Recht zur Beschwerde, jedoch keinen Anspruch darauf, dass die Behörde **13**

---

11 So ausdrücklich § 40 Abs. 2 BDSG n.F.

12 §§ 18 Abs. 2, 19 Abs. 1 S. 3, 40 Abs. 2 BDSG n.F.

13 Siehe etwa § 21 BDSG, § 29 Abs. 1 DSG Rheinland-Pfalz.

14 *BVerwG* NJW 1977, 118.

15 *VG Neustadt (Weinstraße)* ZD 2016, 150, Rn. 13 und 14.

16 So *VG Neustadt (Weinstraße)* ZD 2016, 150, Rn. 16 unter Berufung auf *OVG NRW* NVwZ-RR 2015, 544 und *Hess. VGH* LKRZ 2013, 284.

bei der Bearbeitung des Anspruchs zu einem bestimmten Ergebnis gelangt.[17] Der Behörde steht ein Entschließungs- und Auswahlermessen zu. Dies gilt insbesondere auch für den Erlass von Bußgeldern (vgl. dazu die Kommentierung von Art. 83 zum Ermessen).

14 **7. Beschwerdeberechtigung und -befugnis.** Jeder Betroffene ist beschwerdebefugt, soweit er „der Ansicht ist", dass in Bezug auf seine personenbezogenen Daten ein Verstoß gegen die DS-GVO vorliegt. Das notwendige Maß an Substantiierung des Rechtsverstoßes dürfte nach dieser Formulierung sehr niedrig anzusetzen sein.[18] Dies ist wiederum im Rahmen von Art. 57 Abs. 4 zu beachten, nach dem für die Bearbeitung von „offenkundig unbegründeten" Beschwerden eine Gebühr verlangt werden kann. Die Bearbeitung einer Beschwerde dürfte damit nur in äußerst seltenen Fällen von vornherein durch den Verweis auf eine Unzulässigkeit möglich sein. Als Bespiele werden Beschwerden genannt, die ersichtlich wider besseren Wissens oder beleidigender Absicht abgegeben werden oder wenn eine Verarbeitung personenbezogener Daten durch den Beschwerdegegner völlig ausgeschlossen ist.[19] Rechtsverletzungen müssen auch nicht etwa erst beendet sein, bevor eine Beschwerde möglich ist.[20] Dies ist vor allem im Hinblick auf den Charakter als Dauerdelikt einiger Verstöße gegen die DS-GVO wichtig.[21]

15 Der Beschwerdeführer muss seine Identität in dem Umfang nachweisen, der den Behörden eine Kontrolle seiner Berechtigung erlaubt.[22] Eine anonyme Beschwerde richtet sich demnach nicht nach Art 77. Gleichwohl ist die Möglichkeit einer anonymen Beschwerde an keiner Stelle ausgeschlossen. Es obliegt dann jeweils der Behörde, ob und inwieweit (und in welchem Zeitraum) einer anonymen Beschwerde nachgegangen wird.

16 Art. 80 Abs. 1 erweitert das Beschwerderecht auf Verbände und Organisationen, die im Namen von Betroffenen aus eigenem Recht (Abs. 2) Beschwerde einreichen können.

17 **8. Unbeschadet weiterer Rechtbehelfe.** Das Recht zur Beschwerde aus Art. 77 Abs. 1 gilt „unbeschadet eines anderweitigen verwaltungsrechtlichen oder gerichtlichen Rechtsbehelfs". Das Beschwerderecht des Betroffenen wird dadurch systematisch von sämtlichen anderen Rechtsbehelfen entkoppelt. Ein Betroffener kann demnach parallel zu einer Beschwerde auf verwaltungsrechtlichem Weg vorgehen (etwa einen Drittwiderspruch einlegen) oder durch Klagen im gerichtlichen Weg seine Rechte verfol-

17 Gola-*Pötters/Werkmeister* Art. 77 Rn. 6; Ehmann/Selmayr-*Nemitz* Art. 77 Rn. 17.

18 So im Ergebnis auch Kühling/Buchner-*Bergt* Art. 77 Rn. 5, der aber allein entlang einer strengen Wortlautauslegung folgert, dass der Beschwerdeführer die tatsächliche Verarbeitung seiner personenbezogenen Daten durch den Beschwerdegegner darlegen muss. Ehmann/Selmayr-*Nemitz* Art. 77 Rn. 7 f.

19 Gola-*Pötters/Werkmeister* Art. 77, Rn. 14.

20 Kühling/Buchner-*Bergt* Art. 77 Rn. 12.

21 So etwa bezüglich des Dauerdeliktes „Nicht-Löschen" nach Art. 17, siehe *Keppeler/Berning* ZD, 2017, 314, 319.

22 Kühling/Buchner-*Bergt* Art. 77 Rn. 13; Plath-*Becker* Art. 77 Rn. 3 weitet die Nachweispflicht des Beschwerdeführers bzgl. seiner Identität auch darauf aus, dass die Behörde die Möglichkeit haben muss, zu prüfen, ob die Beschwerde durch den Beschwerdeführer willentlich auf den Weg gebracht wurde.

gen, ohne dass die Rechtsbehelfe durch eine parallel eingereichte Beschwerde bei einer Aufsichtsbehörde unzulässig werden könnten. Umgekehrt kann eine Behörde eine Beschwerde nicht mit dem Hinweis darauf abweisen, dass der Betroffene bereits einen anderen Rechtsbehelf in dieser Sache eingelegt hat oder einlegen könnte. Ob eine Behörde die weitere Bearbeitung einer Beschwerde ruhen lassen kann, bis durch ein gerichtliches Urteil in der gleichen Sache eine eindeutige Rechtslage geschaffen wurde, kann nur im Einzelfall beurteilt werden. Wenn eine klärende Entscheidung in zeitlicher Nähe konkret in Aussicht steht, dürfte es für die Behörde legitim sein, diese abzuwarten.

9. Unentgeltliche, formlose und fristlose Beschwerde. Aus Art. 57 Abs. 3 ergibt sich, **18** dass die Datenschutzaufsichtsbehörden für die Bearbeitung von Beschwerden grundsätzlich keine Verwaltungsgebühr erheben dürfen. Das Erheben einer Gebühr ist allenfalls bei „offenkundig unbegründeten" oder „exzessiven Anfragen" gemäß Art. 57 Abs. 4 möglich (siehe Kommentierung zu Art. 57 Abs. 4).

Eine Form ist für die Beschwerde nicht vorgesehen. Auch mündliche Beschwerden **19** sind demnach möglich, wenn diese bei einer Behörde zu Protokoll genommen werden.[23] Im Übrigen wird nur gefordert, dass die Beschwerde als solche erkennbar ist; fehlende Sachverhaltsangaben muss die Behörde erfragen. Zur Erleichterung der Einreichung von Beschwerden sind die Datenschutzaufsichtsbehörden angehalten, ein Beschwerdeformular bereitzustellen, das auch auf elektronischem Weg ausgefüllt werden kann.[24] Bislang haben einzelne Datenschutzbehörden online ein Formular zur Verfügung gestellt, durch das direkt bei der Behörde eine Beschwerde eingereicht werden kann.[25] Nach dem Stand vom 14.8.2017 boten bereits die BDSB, das BayLDA, der Berliner Datenschutzbeauftragter und das LDI RLP ein Beschwerdeformular an. Auf der Internetseite des Datenschutzbeauftragten der EU gibt es zudem ein in drei Sprachen vorliegendes Online-Beschwerdeformular.[26] An eine Frist ist die Beschwerde nicht gebunden.

II. Art. 77 Abs. 2

1. Benachrichtigungspflicht der Behörde. Abs. 2 verpflichtet die Behörde, den **20** Beschwerdeführer über den Stand und die Ergebnisse der Beschwerde sowie über die Möglichkeit eines gerichtlichen Rechtsbehelfs nach Art. 78 zu unterrichten. Diese Unterrichtung muss nach Art. 57 Abs. 1 lit. f und ErwG 141 S. 2 in einem angemessenen Zeitraum geschehen.[27] Zur Bestimmung dieses Zeitraums kann Art. 78 Abs. 2 herangezogen werden, nachdem der Betroffene nach drei Monaten Klage erheben kann, wenn keine Unterrichtung über den Stand oder das Ergebnis der Beschwerde durch die Behörde erfolgt ist. Unabhängig davon, ob der zugrundeliegende Sachverhalt durchschnittlich komplex ist oder eine insgesamt längere Bearbeitungszeit benö-

23 Gola-*Pötters/Werkmeister* Art. 57, Rn. 16.

24 ErwG 141; Kühling/Buchner-*Bergt* Art. 77 Rn. 11.

25 Stand 14.8.2017: BDSB, BayLDA, Berliner Datenschutzbeauftragter, LDI RLP

26 Siehe https://edps.europa.eu/data-protection/our-role-supervisor/complaints/complaint-form_de (abgerufen am 19.3.2018).

27 Vgl. dazu auch den entsprechenden Wortlaut des Art. 41 Abs. 1 der GRCh, der ebenfalls von einem „Recht darauf, dass [die] Angelegenheiten [...] innerhalb einer angemessenen Frist behandelt werden [...]" spricht.

tigt, kann jedenfalls verlangt werden, dass innerhalb von drei Monaten eine Benachrichtigung erfolgt.[28] Der Gesetzgeber ging offenbar davon aus, dass eine Beschwerde grundsätzlich innerhalb von drei Monaten zu bearbeiten ist. Im Fall einer längeren Bearbeitung muss die Behörde in der oder den Zwischennachrichten auch den Grund für die verlängerte Bearbeitungsdauer angegeben.[29]

21 **2. Zeitpunkt der Rechtsbehelfsbelehrung.** Zu welchem Zeitpunkt die Behörde den Beschwerdeführer über die Möglichkeit eines gerichtlichen Rechtsbehelfs nach Art. 78 unterrichten muss, geht aus der Vorschrift nicht eindeutig hervor. Zu denken wäre einerseits an eine Unterrichtung erst bei Abschluss des Beschwerdeverfahrens, also bei Mitteilung des Ergebnisses. Andererseits könnte dies auch schon bei jeder Information über den aktuellen Stand möglich sein. Unter dem Gesichtspunkt einer effektiven und wirksamen Rechtsdurchsetzung ist diese Variante vorzugswürdig.[30] Eine Unterrichtung über die Möglichkeit einer Untätigkeitsklage muss innerhalb von drei Monaten erfolgen.

22 **3. Rechtsbehelfsbelehrung bezüglich der zuständigen Behörde(n).** Rechtschutz ist möglich gegenüber der zuständigen Aufsichtsbehörde. Eine Behörde, bei der Beschwerde eingelegt wird, die aber nicht zum Erlass von Maßnahmen zuständig ist, muss demnach auf den Rechtschutz gegen die zuständige(n) Aufsichtsbehörde(n) hinweisen.

III. Pflicht zur Information über das Beschwerderecht

23 Aufgrund der Zuständigkeit nahezu jeder Aufsichtsbehörde ist die Informationspflicht nach Art. 13 Abs. 2 lit. d wörtlich zu nehmen: Es muss über das Bestehen eines Beschwerderechts bei „einer Aufsichtsbehörde" informiert werden. Nach der Konzeption von Art. 77 wäre es bereits falsch, darauf hinzuweisen, dass sich der Betroffene bei der „zuständigen" Behörde beschweren kann. Die Nennung einer spezifischen Behörde verlangt der Wortlaut von Art. 13 ebenso wenig wie den Hinweis auf die elektronischen Beschwerdeformulare. Zusätzliche Erläuterungen sind gleichwohl gestattet, solange sie keine Irreführung in Bezug auf die Kernaussage (der Beschwerdemöglichkeit bei (irgend)einer Aufsichtsbehörde) bewirken. Gestattet ist es etwa auch, den Hinweis auf das Beschwerderecht dahingehend zu ergänzen, dass eine Beschwerde jederzeit auch gerne von dem entsprechenden Verantwortlichen entgegengenommen und zügig bearbeitet wird. Ein solcher Hinweis kann aus Sicht einer verantwortlichen Stelle hilfreich sein, um ggf. selbst auf Beschwerden zu reagieren, bevor diese zu einer Aufsichtsbehörde gelangen. (Zur Frage, in welchen Fällen die Hinweise nach Art. 13 Abs. 2 notwendig sind, siehe Kommentierung zu Art. 13.)

IV. Regelungen im BDSG n.F.

24 § 60 BDSG regelt ein Beschwerderecht bezüglich der Datenverarbeitung von öffentlichen Stellen im Bereich der Richtlinie 2016/680 bzw. deren nationalen Umsetzung in

---

28 Siehe zur Einteilung nach Komplexität Sydow-*Sydow* Art. 77 Rn. 33.
29 Sydow-*Sydow* Art. 77 Rn. 35.
30 A.A. Gola-*Pötters/Werkmeister* Art. 77 Rn. 18 mit dem Hinweis auf Art. 47 GRCh, der das Recht auf einen wirksamen Rechtsbehelf statuiert.

§§ 45 ff. BDSG[31]. Das Beschwerderecht, welches die Vorgaben aus Art. 52 RL 2016/680 umsetzet, ist sehr ähnlich wie Art. 77 ausgestaltet, inklusive der Verpflichtung zur Unterrichtung über den Bearbeitungsstand (§ 60 Abs. 1 S. 2 BDSG), die Regelung zur Abgabe an die zuständige Aufsichtsbehörde (§ 60 Abs. 2) und die Rechtschutzmöglichkeit (§ 61 BDSG). Über Art. 77 geht das Beschwerderecht aus § 60 BDSG nur in einer Aufforderung an die Behörden hinaus: Gem. Art. 52 Abs. 3 RL 2016/680 bzw. § 60 Abs. 2 S. 2 hat die Behörde, bei der Beschwerde eingelegt wird, selbst wenn sie das Verfahren an eine zuständige Behörde abgibt, den Beschwerdeführer weiter zu unterstützen.

C. Praxishinweise

I. Relevanz für öffentliche Stellen

Hierzu bestehen keine Angaben. **25**

II. Relevanz für nichtöffentliche Stellen

Hierzu bestehen keine Angaben. **26**

III. Relevanz für betroffene Personen

Die Möglichkeit für eine Beschwerde wird für den Betroffenen durch Onlineformulare, die Hinweispflicht aus Art. 13 Abs. 2 lit. d sowie die Möglichkeit einer Untätigkeitsklage gegen die zuständige Behörde erheblich erleichtert. Zudem kann keine Behörde die Bearbeitung einer Beschwerde ablehnen. Die Anzahl und die Bedeutung der Beschwerden bei Datenschutzaufsichtsbehörden dürften in der Zukunft steigen. **27**

IV. Relevanz für Aufsichtsbehörden

Es stellt sich die Frage, ob die Ressourcen der Datenschutzaufsichtsbehörden ausreichen, um sämtliche künftige Beschwerden bearbeiten zu können. Erinnert sei an den Bericht des Hamburger Datenschutzbeauftragten Johannes Caspar vom 25.2.2016, der in der Presse aufgrund des Hinweises auf mangelnde Kapazitäten unterlassener Tätigkeiten auch als „Nicht-Tätigkeitsbericht" bezeichnet wurde.[32] Angesicht der Vielzahl neuer Aufgaben, nicht zuletzt in der Abstimmung mit anderen Datenschutzaufsichtsbehörden, erscheinen auch die von Roßnagel errechneten notwendigen Neueinstellungen wie ein Tropfen auf dem heißen Stein.[33] **28**

Dies gilt vor allem vor dem Hintergrund, dass alle Datenschutzbehörden in ihren Tätigkeitsberichten auf den erhöhten Arbeitsaufwand aufgrund von allgemeinen Aufgaben und insbesondere aufgrund von Beschwerden hinweisen. Zudem wurde über die letzten Jahre insgesamt ein konstantes Wachstum an zu bearbeitenden Beschwer- **29**

---

31 BT-Drucks. 8/11325, S. 115.

32 25. Tätigkeitsbericht Hamburg von 2014–2015; https://www.heise.de/newsticker/meldung/Hamburger-Datenschutzbeauftragter-listet-eigene-Defizite-auf-3028853.html (abgerufen am 9.3.2018).

33 Gutachten *Roßnagel*, online abrufbar unter: http://suche.transparenz.hamburg.de/dataset/gutachten-zum-zusaetzlichen-arbeitsaufwand-fuer-die-aufsichtsbehoerden-der-laender-durch-d-2017 (abgerufen am 9.3.2018).

den und Beratungen festgestellt.[34] Ausnahmen sind der Bundesbeauftragte für Datenschutz (BfDI) und das Land Baden-Württemberg, hier ist ein leichter Rückgang zu erkennen.[35] Zudem wird auf den erhöhten Prüfungsaufwand der aktuelleren Beschwerden hingewiesen.[36]

30 Auch für die Behörden wird es eine der größten Aufgaben sein, die DS-GVO und die JI-Richtlinie (Datenschutzrichtlinie für den Bereich von Polizei und Justiz in der EU) in die praktische Anwendung des Datenschutzes in den einzelnen Ländern umzusetzen. Hier wird oft beschrieben, dass die zu bewältigenden Aufgaben in keinem Verhältnis zu den personellen Ressourcen stehen.[37] Vor allem die Dauer der Bearbeitung ist ein gutes Indiz hierfür.[38] Teilweise wurde schon eine Erhöhung von Personalstellen (um ca. fünf Stellen) umgesetzt.[39] Hinzu kommt, dass erst nach dem Inkrafttreten der DS-GVO, ein spezialgesetzliches Recht zur Beschwerde über die Datenverarbeitung einer nichtöffentliche Stellen besteht (§ 21 BDSG a.F. regelte nur Beschwerden gegen öffentliche Stellen des Bundes). Damit besteht insgesamt die Möglichkeit eines stärkeren Anstiegs von dieser Art von Beschwerden, obwohl bereits unter der Geltung des BDSG a.F. eine Vielzahl an Beschwerden gegenüber nichtöffentlichen Stellen bearbeitet wurde.[40]

V. Relevanz für das Datenschutzmanagement

31 Grundsätzlich gilt es in der Zukunft noch stärker als bisher, dass Beschwerden vermieden werden sollten. Hierbei ist an Beschwerden eines Betroffenen außerhalb und innerhalb einer Organisation zu denken. Gerade ein interner Beschwerdeführer, der seiner Beschwerde Insiderwissen zugrunde legt, kann für ein Unternehmen gefährlich werden. Vor diesem Hintergrund sollte genau erwogen werden, in welchen Fällen eine Information nach Art. 13 Abs. 2 lit. d gerügt wird. In der Praxis könnte es hilfreich sein, die Informationen über das Bestehen eines Beschwerderechts dahingehend zu ergänzen, dass auch der jeweils Verantwortliche jederzeit bereit ist, umgehend auf sämtliche Beschwerden einzugehen und zeitnah darauf zu reagieren.

---

34 26. Tätigkeitsbericht des Bundesbeauftragten von 2015–2016, S. 23; 32. Tätigkeitsbericht Baden-Württemberg von 2014–2015, S. 30; 7. Tätigkeitsbericht Bayern von 2015–2016, S. 13; Jahresbericht aus Berlin von 2016, S. 150; 18. Tätigkeitsbericht Brandenburg von 2014–2015, S. 183; 39. Jahresbericht Bremen von 2016, bspw. S. 46; 25. Tätigkeitsbericht Hamburg von 2014–2015, S. 256 und Informationsschrift „Zahlen – Fakten – Defizite – Lösungen", S. 268 (Anhang); 45. Tätigkeitsbericht Hessen von 2016, S. 39 (1.4); 12. Tätigkeitsbericht Mecklenburg-Vorpommern von 2014–2015, bspw. S. 94; 22. Tätigkeitsbericht Niedersachsen von 2013–2014, bspw. S. 72; 23. Tätigkeitsbericht Nordrhein-Westfalen von 2015–2016, S. 13; 25. Tätigkeitsbericht Reinland-Pfalz von 2014–2015, S. 43; 26. Tätigkeitsbericht Saarland von 2015–2016, S. 27; 17. Tätigkeitsbericht Sachsen von 2013–2015, S. 166; 12. Tätigkeitsbericht Sachsen-Anhalt von 2013–2015, S. 12; 36. Tätigkeitsbericht Schleswig-Holstein von 2015–2016, S. 13; 11. Tätigkeitsbericht Thüringen von 2014–2015, S. 22.

35 26. Tätigkeitsbericht des Bundesbeauftragten von 2015–2016, S. 23.

36 32. Tätigkeitsbericht Baden-Württemberg von 2014–2015, S. 30.

37 36. Tätigkeitsbericht Schleswig-Holstein von 2015–2016, S. 14 m.w.N.; 23. Tätigkeitsbericht Nordrhein-Westfalen von 2015–2016, S. 12; 11. Tätigkeitsbericht Thüringen von 2014–2015, S. 22.

38 7. Tätigkeitsbericht Bayern von 2015–2016, S. 12; 18. Tätigkeitsbericht Brandenburg von 2014–2015, S. 184.

39 32. Tätigkeitsbericht Baden-Württemberg von 2014–2015, S. 28; 36. Tätigkeitsbericht Schleswig-Holstein von 2015–2016, S. 13 m.w.N.

40 Exemplarisch 26. Tätigkeitsbericht Saarland von 2015–2016, S. 129.

Artikel 78 Recht auf wirksamen gerichtlichen Rechtsbehelf gegen eine Aufsichtsbehörde

(1) Jede natürliche oder juristische Person hat unbeschadet eines anderweitigen verwaltungsrechtlichen oder außergerichtlichen Rechtsbehelfs das Recht auf einen wirksamen gerichtlichen Rechtsbehelf gegen einen sie betreffenden rechtsverbindlichen Beschluss einer Aufsichtsbehörde.

(2) Jede betroffene Person hat unbeschadet eines anderweitigen verwaltungsrechtlichen oder außergerichtlichen Rechtbehelfs das Recht auf einen wirksamen gerichtlichen Rechtsbehelf, wenn die nach den Artikeln 55 und 56 zuständige Aufsichtsbehörde sich nicht mit einer Beschwerde befasst oder die betroffene Person nicht innerhalb von drei Monaten über den Stand oder das Ergebnis der gemäß Artikel 77 erhobenen Beschwerde in Kenntnis gesetzt hat.

(3) Für Verfahren gegen eine Aufsichtsbehörde sind die Gerichte des Mitgliedstaats zuständig, in dem die Aufsichtsbehörde ihren Sitz hat.

(4) Kommt es zu einem Verfahren gegen den Beschluss einer Aufsichtsbehörde, dem eine Stellungnahme oder ein Beschluss des Ausschusses im Rahmen des Kohärenzverfahrens vorangegangen ist, so leitet die Aufsichtsbehörde diese Stellungnahme oder diesen Beschluss dem Gericht zu.

– *ErwG: 141, 142, 143, 147*
– *BDSG n.F.: § 20*

Übersicht

Literatur: *Schroeder/Streinz* EUV/AEUV, 2. Aufl. 2012; *Wybitul* EU-Datenschutz-Grundverordnung in der Praxis – Was ändert sich durch das neue Datenschutzrecht, BB 2016, 1077.

A. Einordnung und Hintergrund

I. Erwägungsgründe

1 **1. Erwägungsgrund 141 (S. 1, 3 und 4).** Der ErwG 141 legt fest, dass und in welchen Fällen den Betroffenen ein gerichtlicher Rechtsbehelf zustehen sollte. Ein Rechtsbehelf soll danach jeder betroffenen Person zustehen, die ihre Rechte verletzt sieht oder deren Beschwerde unbearbeitet bleibt. Der ErwG spiegelt sich in Art. 78 Abs. 1 und 2 wieder, wobei dessen Abs. 1 noch darüber hinausgeht, indem nicht nur betroffene Personen i.S.v. Art. 4 Nr. 1 einen Rechtsbehelf einlegen können, sondern unter bestimmten Voraussetzungen auch juristische Personen. Die S. 3 und 4 sehen eine Unterrichtung des Betroffenen über Stand und (Zwischen-)Ergebnis seiner Beschwerde vor und bilden somit eine Vorstufe zu dem in Art. 78 Abs. 2 vorgesehenen Rechtsbehelf bei Untätigkeit der Aufsichtsbehörde, der (mit seiner 2. Alt.) in Ermangelung ebendieser Unterrichtung eingreift. Zudem enthält der ErwG in S. 1 auch Aussagen zur Zuständigkeit der Aufsichtsbehörde im Fall einer Beschwerde, was wiederum beeinflusst, welches Gericht für einen (nachfolgenden) gerichtlichen Rechtsbehelf zuständig ist[1].

2 **2. Erwägungsgrund 142.** Der ErwG 142 korrespondiert mit der Frage nach der Aktivlegitimation zur Einlegung gerichtlicher Rechtsbehelfe. Diese ist nach Art. 78 grundsätzlich den Betroffenen vorbehalten. Darüber hinaus wird hier eine Verbandsklagemöglichkeit vorgesehen, die in Art. 80 aufgegriffen wird und somit die Rechtsbehelfe des Art. 78 erweitert.

3 **3. Erwägungsgrund 143.** Der ErwG 143 geht näher auf die verschiedenen gerichtlichen Rechtsbehelfe im Zusammenhang mit aufsichtsbehördlichen Beschlüssen ein und betrifft daher nur Art. 78 Abs. 1.

4 Der ErwG ist in zwei Absätze aufgeteilt, wobei der erste sich mit den Rechtsschutzmöglichkeiten der Betroffenen und der zweite mit den Möglichkeiten des Gerichts befasst.

5 S. 1 bis 3 betreffen den Fall, dass ein Kohärenzverfahren vor dem Europäischen Datenschutzausschuss (EDSA – Gemeinsames Gremium der mitgliedstaatlichen Auf-

---

1 Denn die gerichtliche Zuständigkeit richtet sich nach dem Sitz der Aufsichtsbehörde, vgl. Art. 78 Abs. 3.

sichtsbehörden und des Europäischen Datenschutzbeauftragten und Nachfolgegremium der Art.-29-Datenschutzgruppe) angestrengt wurde und dieser einen Beschluss gefasst hat, an den die Aufsichtsbehörde im Rahmen ihrer eigenen Beschlussfassung gebunden ist. Als Akt eines Unionsorgans kann dieser Ausschussbeschluss durch den Betroffenen unmittelbar vor dem EuGH mit der Nichtigkeitsklage gem. Art. 263 AEUV angefochten werden.

S. 4 bis 9 betreffen dagegen die Rechtsschutzmöglichkeiten vor nationalen Gerichten. **6** Diese bestehen gegen jegliche rechtlich bindenden aufsichtsbehördlichen Beschlüsse, unabhängig davon, ob ihnen ein Kohärenzverfahren vorausgegangen ist oder nicht.

S. 5 des ErwG kann als Auslegungshilfe herangezogen werden, um im Einzelfall fest- **7** zustellen, ob eine aufsichtsbehördliche Maßnahme einen rechtsverbindlichen Beschluss darstellt und folglich mit dem Rechtsbehelf nach Art. 78 Abs. 1 angefochten werden kann.

S. 7–9 beschäftigen sich mit der Zuständigkeit der Gerichte im Falle des Rechtsschut- **8** zes gegen Beschlüsse der Aufsichtsbehörden. Die Zuständigkeitsregelung findet sich in Art. 78 Abs. 3 wieder, der auf eine Aufspaltung nach Beschlüssen über die Ablehnung einer Beschwerde (S. 9) und sonstigen Beschlüssen (S. 7) verzichtet und die Zuständigkeit einheitlich regelt. Der ErwG enthält darüber hinaus Aussagen zur Reichweite der Zuständigkeit, insbesondere den Grundsatz der umfassenden Prüfung aller Sach- und Rechtsfragen, sowie zur grundsätzlichen Anwendbarkeit des nationalen Prozessrechts. [2]

Das erkennende nationale Gericht hat die Möglichkeit, eine Frage über die Auslegung **9** der DS-GVO sowie die Frage der Gültigkeit oder Nichtigkeit eines Beschlusses des Ausschusses dem EuGH zur Vorabentscheidung gemäß Art. 267 AEUV vorzulegen, umgesetzt in Art. 80.

4. Erwägungsgrund 147. Der ErwG 147 behandelt das Verhältnis der Rechtsbehelfe **10** der DS-GVO bzw. der darin enthaltenen Vorschriften zur Gerichtsbarkeit zu den allgemeinen Vorschriften des EU-Rechts zur Gerichtsbarkeit, insbesondere zur EuGVVO (VO (EU) Nr. 1215/2012). Danach sollen die allgemeinen Vorschriften der Anwendung der in der DS-GVO enthaltenen Spezialvorschriften nicht entgegenstehen. Daraus folgt, dass der Unionsgesetzgeber davon ausging, dass die Vorschriften der DS-GVO insoweit vorrangig sind und die allgemeinen Vorschriften verdrängen.

II. BDSG n.F.

§ **20** konkretisiert die durch Art. 79 bereits unmittelbar geltenden Vorgaben hinsicht- **11** lich der Gewährleistung gerichtlichen Rechtsschutzes und füllt die den Mitgliedstaaten überlassenen Regelungsbereiche aus.

III. Normgenese und Umfeld

In der DSRL sind vergleichbar detaillierte Regelungen nicht vorgesehen. Art. 28 **12** Abs. 3 DSRL beschränkt sich insoweit auf einen allgemeinen Verweis, dass gegen „beschwerende Entscheidungen der Kontrollstelle" der Rechtsweg offenstehe. Insoweit macht Art. 78 weit umfänglichere Ausführungen zu den Voraussetzungen für und die Anforderungen an einen solchen Rechtsweg.

2 Ausführlich unten Rn. 83 ff.

13 Art. 78 stellt dabei ein Bindeglied zwischen dem Beschwerderecht bei der Aufsichtsbehörde nach Art. 77 und den Rechtsbehelfen gegen die für die Verarbeitung Verantwortlichen nach Art. 79 dar.[3]

14 Dabei bedient sich Art. 78 der etwas ungewöhnlichen Methodik, einer **umsetzungsbedürftigen Verordnungsbestimmung**[4], die zwar unmittelbar in den Mitgliedstaaten gilt, aber einen eher allgemeinen prozessualen Rahmen schafft, der in das nationale Recht der Mitgliedstaaten einzugliedern ist. Diese Funktion erfüllt im deutschen Recht § 20 BDSG, der insgesamt auf die Regelungen der VwGO verweist, jedoch hiervon einzelne Abweichungen vorsieht.

15 Art. 78 Abs. 1 lässt anderweitige Rechtsbehelfe unbeschadet und begründet damit **keinen Exklusivitätsanspruch**. In Art. 74 Abs. 1 des Kommissionsentwurfes war diese Öffnung für Sonderwege der Mitgliedstaaten noch nicht vorgesehen.

16 Art. 74 Abs. 4 und 5 des Kommissionsentwurfes sah Regelungen zur Zuständigkeit der Aufsichtsbehörde sowie zur Vollstreckung aufsichtsbehördlicher Entscheidungen bei grenzüberschreitenden Sachverhalten vor. Auch diese Regelungen wurden in die DS-GVO nicht übernommen.

17 Im Vergleich zum Rechtsschutzsystem des aktuellen BDSG a.F. (1990) ergeben sich durch die DS-GVO im Ergebnis **keine weitreichenden Änderungen**.[5] Die DS-GVO sieht vor, dass und in welchen Fällen in den Mitgliedstaaten gerichtliche Rechtsbehelfe bestehen müssen. Damit stehen dem Betroffenen letztlich die – ggf. durch die DS-GVO modifizierten – Rechtsbehelfe des Mitgliedstaates zur Verfügung, in dem er seinen Rechtsbehelf erhebt. Daher stimmen die Rechtsbehelfe in Deutschland grundsätzlich mit denen überein, die dem Betroffenen auch schon bei Verletzungen des BDSG a.F. zustanden.

B. Kommentierung

I. Allgemeines

18 Die Vorschrift verpflichtet die Mitgliedstaaten zur **Schaffung von Rechtsschutzmöglichkeiten gegen aufsichtsbehördliche Entscheidungen** und stellt im Verhältnis zu den Aufsichtsbehörden eine Ausprägung des Rechts auf einen wirksamen Rechtsbehelf dar[6]. Dieses ist primärrechtlich für den grundrechtsrelevanten Bereich in Art. 47 GRCh verankert. Art. 78 konkretisiert hierzu die Mindeststandards, die durch die Mitgliedstaaten zu erfüllen sind.

19 Die Norm enthält **zwei separate Rechtsbehelfe**. Eine allgemeine Rechtsschutzmöglichkeit bei Selbstbetroffenheit in Abs. 1 sowie, in Abs. 2, Rechtsschutz bei Untätigkeit der Aufsichtsbehörde nach einer Beschwerde gem. Art. 77.

II. Anwendungsbereich

20 Die Vorschrift verleiht dem Betroffenen gegen Entscheidungen (Abs. 1) oder Untätigkeit (Abs. 2) der Aufsichtsbehörde einen Anspruch auf Zugang zu Gericht.

---

3 Ehmann/Selmayr-*Nemitz* Art. 78 Rn. 4.
4 Sydow-*Sydow* Art. 78 Rn. 8.
5 So auch Gola-*Pötters/Werkmeister* Art. 78 Rn. 2.
6 Gola-*Pötters/Werkmeister* Art. 78 Rn. 2.

III. Abs. 1 Rechtsbehelfe gegen aufsichtsbehördliche Beschlüsse

1. DS-GVO. Abs. 1 enthält das Recht auf einen gerichtlichen Rechtsbehelf gegen rechtsverbindliche Beschlüsse der Aufsichtsbehörden, der durch die Mitgliedstaaten nach Maßgabe von Art. 78 näher auszugestalten ist. 21

a) Aktivlegitimation. Der Rechtsbehelf nach Abs. 1 steht jeder natürlichen oder juristischen Person zu, die von einem rechtsverbindlichen Beschluss der Aufsichtsbehörde betroffen ist. Damit ist der Rechtsbehelf in persönlicher Hinsicht **weiter** als die Rechte des Abs. 2 sowie der Art. 77 und 79, die jeweils nur der „betroffenen Person" im Sinne von Art. 4 Nr. 1 ein Beschwerde- bzw. Klagerecht einräumen. 22

Der Rechtsbehelf nach Abs. 1 kann sowohl dem von der Datenverarbeitung Betroffenen, als auch dem Verantwortlichen oder Auftragsverarbeiter zustehen. Beide Begriffe sind in Art. 4 Nr. 7 und Nr. 8 legaldefiniert und erfassen private wie auch öffentliche Stellen. 23

Von einem Beschluss **betroffen** ist jede Person, der gegenüber der Beschluss Rechtswirkungen entfaltet (vgl. ErwG 143). Betroffenheit setzt voraus, dass der Beschluss eine belastende Wirkung hat, mithin Rechte des Klägers einschränkt oder sich in sonstiger Weise negativ auf diese sowie ihre Durchsetzbarkeit auswirkt. Der Begriff entspricht weitgehend dem Begriff der Klagebefugnis aus § 42 Abs. 2 VwGO[7], der nach § 20 Abs. 2 BDSG insoweit auch unmittelbare Anwendung im Verfahren findet. 24

Betroffen ist einerseits der Adressat eines Beschlusses, kann aber – da das Europarecht eine belastende **Drittwirkung** grundsätzlich kennt[8] – auch ein Dritter sein, auf den der Beschluss (mittelbar) rechtliche Auswirkungen hat[9]. 25

b) Rechtsverbindlicher Beschluss einer Aufsichtsbehörde. Art. 78 Abs. 1 ermöglicht ein gerichtliches Vorgehen des in seinen Rechten Betroffenen gegen belastende, rechtsverbindliche Beschlüsse der Aufsichtsbehörden. Klagegegner ist auch bei Beteiligung mehrerer Aufsichtsbehörden daher stets diejenige, die den streitgegenständlichen Beschluss erlassen hat[10]. 26

aa) Beschluss. Der Begriff des **Beschlusses** wird in der DS-GVO nicht definiert und ist daher **autonom auszulegen**. Das Europarecht verwendet ihn insbesondere in Art. 288 AEUV. Der „Beschluss" im Sinne der DS-GVO ist indes mit dem primärrechtlichen Begriff nicht identisch, da dieser eine Entscheidung eines EU-Organs voraussetzt, während es im Rahmen von Art. 78 um Entscheidungen (in der englischen Fassung „*decisions*") der mitgliedstaatlichen Aufsichtsbehörden geht. 27

Diese Entscheidungen werden in Deutschland zwar häufig in Form eines Verwaltungsaktes ergehen, jedoch setzt dies die DS-GVO nicht zwingend voraus. Die Auslegung des europarechtlichen Begriffs darf daher nicht zu eng an der Auslegung nationaler Rechtsbegriffe ausgerichtet werden, da sonst das Ziel der DS-GVO untergraben würde, das Datenschutzrecht zu vereinheitlichen und einen einheitlichen Rechtsschutz zu etablieren. 28

---

7 Plath-*Becker* Art. 78 Rn. 2; Gola-*Pötters/Werkmeister* Art. 78 Rn. 6.
8 *EuGH* v. 7.1.2004 – C-201/02, NVwZ 2004, 593, 596.
9 BeckOK DatenSR-*Mundil* Art. 78 Rn. 10.
10 Siehe unten Rn. 38 f.

29 Eine Auslegung nach Art. 288 AEUV in der Form eines individualgerichteten Beschlusses liegt daher näher. Ein Beschluss i.S.d. DS-GVO ist somit jede verbindliche Maßnahme einer Aufsichtsbehörde gegenüber einem bestimmten oder bestimmbaren Adressaten bzw. Adressatenkreis[11].

30 Aufgrund der Nähe dieser Definition zu der des Verwaltungsakts[12] wird eine Maßnahme, die nach deutschem Recht einen Verwaltungsakt darstellt in aller Regel auch als Beschluss i.S.v. Art. 78 Abs. 1 zu qualifizieren sein. Daher kann sich bei der Rechtsanwendung zunächst an diesem bekannten Begriff orientiert werden. Umgekehrt ergeht jedoch nicht jeder Beschluss in Deutschland zwingend auch als Verwaltungsakt.

31 **bb) Rechtsverbindlichkeit.** Das Klageverfahren nach Abs. 1 setzt das Vorliegen einer **rechtsverbindlichen Maßnahme einer Aufsichtsbehörde** voraus. Das Erfordernis der Rechtsverbindlichkeit lässt sich zudem klarstellend bereits dem Wortlaut der Norm entnehmen. Damit knüpft der europäische Gesetzgeber den Rechtsschutz gegen eine Maßnahme ausdrücklich an deren Rechtsverbindlichkeit[13]. Gegen rechtsunverbindliche Maßnahmen muss es nicht zwingend Rechtsschutz geben.

32 Den Ausgangspunkt für die Auslegung des Begriffes der Rechtsverbindlichkeit bildet ErwG 143, der einen Rechtsbehelf gegen solche Beschlüsse der Aufsichtsbehörde fordert, die gegenüber einer Person Rechtswirkungen entfalten. Beispielhaft werden die Ausübung von Untersuchungs-, Abhilfe- und Genehmigungsbefugnissen sowie die Ablehnung oder Abweisung von Beschwerden aufgezählt. Auch wenn die DS-GVO insoweit nur von einer Klage auf Nichtigkeit – also einer Anfechtungssituation – ausgeht, ist auch eine Verpflichtungsklage auf Grundlage von Art. 78 Abs. 1 möglich, wenn ein aufsichtsbehördlicher Genehmigungsvorbehalt besteht[14].

33 Für die Frage der Rechtsverbindlichkeit ist grundsätzlich ohne Belang, ob es sich um eine abschließende Entscheidung handelt[15]. Es kommt nach den in ErwG 143 durch den europäischen Gesetzgeber gemachten Aussagen vielmehr allein darauf an, ob die Maßnahme geeignet ist, (nachteilige) Auswirkungen auf die Rechte des Betroffenen zu haben[16].

34 **c) Klagegegner.** Aus dem BDSG n.F. ergibt sich, dass der Rechtsbehelf **unmittelbar gegen die Behörde** und nicht ihren Rechtsträger zu richten ist[17]. Gegen welche Aufsichtsbehörde der Betroffene vorgehen kann oder muss, ergibt sich daraus indes nicht.

35 Der Rechtsbehelf nach Abs. 1 ist stets gegen die Aufsichtsbehörde zu richten, die den angegriffenen Beschluss erlassen hat, da dies die Aufsichtsbehörde ist, die (möglicherweise) die Rechte des Klägers beeinträchtigt bzw. verletzt hat. Dies gilt auch, wenn an dem Verfahren mehrere Aufsichtsbehörden beteiligt sind[18]. Welche unter mehreren beteiligten Aufsichtsbehörden einen Beschluss erlässt, ergibt sich in diesen Fällen aus Art. 60 Abs. 7 und 8.

---

11 Streinz-*Schröder* Art. 288 Rn. 132.
12 Plath-*Becker* Art. 78 Rn. 2.
13 BeckOK DatenSR-*Mundil* Art. 78 Rn. 5.
14 Sydow-*Sydow* Art. 78 Rn. 24.
15 Paal/Pauly-*Körffer* Art. 78 Rn. 3; vgl. bereits oben die Ausführungen zu ErwG 143.
16 BeckOK DatenST-*Mundil* Art. 78 Rn. 5; Paal/Pauly-*Körffer* Art. 78 Rn. 3.
17 Siehe dazu unten Rn. 47 ff.
18 vgl. BeckOK DatenSR-*Mundil* Art. 78 Rn. 25; Paal/Pauly-*Körffer* Art. 78 Rn. 14.

d) Verhältnis zu anderen Rechtsbehelfen. Das Recht nach Abs. 1 auf einen wirksamen Rechtsbehelf gegen Beschlüsse besteht nach dem Wortlaut der Vorschrift „unbeschadet eines anderweitigen verwaltungsrechtlichen oder außergerichtlichen Rechtsbehelfs“. Folglich steht der gerichtliche **neben eventuellen anderweitigen Rechtsbehelfen** und nicht etwa zu diesen in einem Stufenverhältnis. Betroffenen dürfen folglich keine negativen Rechtsfolgen daraus erwachsen, dass sie direkt den Rechtsbehelf des Art. 78 Abs. 1 gewählt haben. Allerdings wird eine Beschwerde bei der Aufsichtsbehörde nach Art. 77 denklogisch nicht zeitgleich mit einem Rechtsbehelf nach Art. 78 stattfinden können. 36

Angesichts des Wortlauts „verwaltungsrechtlich oder außergerichtlich“ liegt es nahe, dass verwaltungsrechtliche Rechtsbehelfe sowohl gerichtliche als auch außergerichtliche Rechtsbehelfe umfassen. Darunter fallen sowohl Rechtsbehelfe nach dem nationalen Recht der Mitgliedstaaten, wie beispielsweise im deutschen Recht – soweit statthaft – der Widerspruch oder eine Dienstaufsichtsbeschwerde, als auch andere Rechtsbehelfe der DS-GVO, insbesondere das Beschwerderecht des Art. 77. 37

Diese Parallelität der Rechtsbehelfe ermöglicht es, eventuelle **Lücken des Art. 78 durch das nationale Recht zu schließen**[19], indem das Rechtsschutzniveau in den Mitgliedstaaten das von Art. 78 vorgesehene überschreiten kann. 38

In Abgrenzung zu den Rechtsbehelfen des Abs. 2 setzt Abs. 1 das **Vorliegen eines aufsichtsbehördlichen Beschlusses** voraus. Liegt ein solcher vor, so ist Abs. 1 **vorrangig**. Daher ist Abs. 1 insbesondere dann einschlägig, wenn eine Beschwerde nach Art. 77 per Beschluss abgelehnt wurde[20]. Ob eine Verständigung zwischen der Aufsichtsbehörde und dem Betroffenen über die Ablehnung der Beschwerde einen rechtsverbindlichen Beschluss darstellt, ist im Einzelfall durch Auslegung zu ermitteln. Ein Beschluss wird in der Regel vorliegen, wenn die Behörde in ihrer – ggf. auch nichtförmlichen – Mitteilung die Beschwerde aus inhaltlichen Gründen zurückweist, da sie sich dann mit dieser befasst hat und somit gerade keine Untätigkeit im Sinne von Abs. 2 vorliegt. 39

Liegt **kein rechtsverbindlicher Beschluss einer Aufsichtsbehörde** vor, ist Abs. 1 **nicht anwendbar**. Da die DS-GVO insoweit keine Regelung trifft, bleiben die nationalstaatlichen Rechtsschutzmöglichkeiten bestehen, wie beispielsweise die Feststellungsklage. 40

2. BDSG n.F. Der gerichtliche Rechtsschutz gegenüber einer Aufsichtsbehörde ist im BDSG n.F. in § 20 geregelt. Gemäß § 20 Abs. 1 S. 1 ist für Streitigkeiten, die unter Art. 78 Abs. 1 und 2 fallen, der Verwaltungsrechtsweg eröffnet. Die Norm beinhaltet somit eine **aufdrängende Sonderzuweisung** bezüglich solcher Streitigkeiten mit den Aufsichtsbehörden zu den Verwaltungsgerichten. Entsprechend erklärt § 20 Abs. 2 sodann die VwGO für grundsätzlich anwendbar, wobei die Abs. 3 bis 7 Spezialvorschriften enthalten, die die Vorgaben der VwGO modifizieren. § 20 Abs. 2 stellt hierbei klar, dass der von der DS-GVO geforderte Rechtsbehelf in den Katalog der Klagearten der VwGO einzuordnen ist. Es besteht demnach kein Rechtsbehelf sui generis, sondern es verbleibt bei dem bekannten Klagesystem im deutschen Verwaltungsrecht. 41

---

19 BeckOK DatenSR-*Mundil* Art. 78 Rn. 2.

20 Vgl. auch ErwG 143 S. 5 sowie S. 9, der dies voraussetzt.

42 **a) Klagegegner und Verfahrensbeteiligte.** Abweichend von § 78 Abs. 1 Nr. 1 VwGO ist bei Verfahren nach Art. 78 Abs. 1 und 2 gemäß § 20 Abs. 4 und 5 BDSG nicht der Rechtsträger der **Aufsichtsbehörde**, sondern diese **selbst** der richtige **Klagegegner**. Zudem ist die Aufsichtsbehörde selbst **beteiligungsfähig** und als Beklagte oder Antragsgegnerin auch **Verfahrensbeteiligte**. Beides ergibt sich bereits unmittelbar aus § 20 Abs. 4 und 5 BDSG, sodass die §§ 61 und 63 Nr. 1 und 2 VwGO verdrängt werden.

43 Die Norm regelt indes nicht, gegen welche Aufsichtsbehörde der Betroffene vorgehen kann, sondern nur, dass er sich gegen die Behörde selbst und nicht ihren Rechtsträger wenden muss.

44 **b) Entbehrlichkeit des Vorverfahrens.** § 20 Abs. 6 BDSG stellt eine bundesgesetzliche Anordnung der **Entbehrlichkeit des Vorverfahrens** i.S.v. § 68 Abs. 1 S. 2 VwGO dar. Dies liegt nahe, um den von Art. 78 Abs. 1 geforderten effektiven Rechtsschutz zu gewährleisten und keine Verzögerung durch ein vorgelagertes Widerspruchsverfahren zu bewirken[21].

45 **c) Unanwendbarkeit von § 80 Abs. 2 S. 1 Nr. 4 VwGO.** Gemäß § 20 Abs. 7 BDSG darf die Aufsichtsbehörde gegenüber einer anderen Behörde oder deren Rechtsträger **nicht** gemäß § 80 Abs. 2 S. 1 Nr. 4 VwGO die **sofortige Vollziehung anordnen**. Dies trägt der Besonderheit Rechnung, dass in diesen Fällen das Verhältnis staatlicher Stellen zueinander betroffen ist, während die VwGO grundsätzlich auf das Staat-Bürger-Verhältnis zugeschnitten ist.

IV. Abs. 2 Rechtsbehelfe bei Untätigkeit der Aufsichtsbehörde

46 **1. DS-GVO.** Abs. 2 sieht eine **besondere Variante der Untätigkeitsklage** für die Fälle vor, in denen eine Beschwerde gemäß Art. 77 erhoben wurde. Diese ähnelt der im deutschen Recht bekannten Untätigkeitsklage (§ 42 VwGO).

47 **a) Aktivlegitimation.** Das Klagerecht nach Art. 78 Abs. 2 steht nur betroffenen Personen i.S.v. Art. 4 Nr. 1 zu, die eine Beschwerde gemäß Art. 77 bei einer Aufsichtsbehörde erhoben haben. Nur der **Beschwerdeführer nach Art. 77** selbst kann daher die Untätigkeitsklage erheben. Anders als im Rahmen von Abs. 1 muss daher stets nur natürlichen Personen der in Abs. 2 vorgesehene Rechtsbehelf garantiert und somit der Rechtsweg eröffnet werden.

48 Die DS-GVO fordert keine Rechtsschutzmöglichkeit zu Gunsten von Verantwortlichen oder Auftragsverarbeitern bei Untätigkeit der Aufsichtsbehörde[22]. Daher haben sie auch kein Recht zur Beschwerde. Insoweit ist der Rechtsschutz in der DS-GVO für diese nur lückenhaft geregelt[23] und besteht nur, soweit er im jeweiligen nationalen Recht (über die Vorgaben DS-GVO hinaus) vorgesehen ist[24]. Durch die Anwendbarkeit der VwGO nach § 20 Abs. 2 BDSG und den ausdrücklichen Bezug auf juristische Personen in § 20 Abs. 1 BDSG hat der deutsche Gesetzgeber den Rechtsbehelf jedoch **auch juristischen Personen** und damit Verantwortlichen und Auftragsdatenverarbei-

21 Sydow-*Sydow*, Art. 78 Rn. 44, der die Möglichkeit eines Vorverfahrens jedoch nicht ausschließt.

22 Vgl. dazu auch Paal/Pauly-*Körffer* Art. 78 Rn. 3.

23 Paal/Pauly-*Körffer* Art. 78 Rn. 4.

24 Diese Möglichkeit bestünde, da die DS-GVO nur prozessuale Mindestvorgaben enthält.

tern gegenüber zuerkannt. Da Art. 78 insoweit nur Mindeststandards fordert, ist dies auch mit der DS-GVO vereinbar.

b) Untätigkeit der Aufsichtsbehörde. Erforderlich ist die **Untätigkeit** der Aufsichtsbehörde auf eine Beschwerde der betroffenen Person. Voraussetzung ist daher stets, dass die betroffene Person zuvor eine Beschwerde gemäß Art. 77 bei der Aufsichtsbehörde eingereicht hat. Die Vorschrift enthält ein Klagerecht in den folgenden zwei Fällen: **49**

aa) Alt. 1: Nichtbefassen. Die betroffene Person kann gerichtlich gegen die zuständige Aufsichtsbehörde vorgehen, wenn diese sich nicht mit der Beschwerde der betroffenen Person befasst und ihr dies auch mitgeteilt hat. Ein solches **Nichtbefassen** liegt vor, wenn die Bearbeitung grundsätzlich (und) in unzulässiger Weise ausgeschlossen wird[25]. **50**

Ein Nichtbefassen liegt nur vor, wenn die Verweigerung ohne vorangehende inhaltliche Prüfung erfolgt (beispielsweise bei Zurückweisung aufgrund missbräuchlicher Inanspruchnahme des Beschwerderechts). Andernfalls liegt keine „Untätigkeit" vor, sondern ein inhaltlich ablehnender Beschluss, dessen Anfechtbarkeit sich nach Abs. 1 richtet[26]. Fehlt eine Mitteilung über die Verweigerung der inhaltlichen Prüfung oder enthält diese Mitteilung keinerlei Begründung[27], so liegt ein Fall der 2. Alt. vor[28]. **51**

bb) Alt. 2: Fehlende Unterrichtung. Die 2. Alt. umfasst Fälle der **Untätigkeit im engeren Sinne**. Sie ist einschlägig, wenn die Aufsichtsbehörde ihrer Pflicht zur Mitteilung aus Art. 77 Abs. 2 bzgl. Stand und (Zwischen-)Ergebnis des Beschwerdeverfahrens nicht nachkommt. **52**

Hierunter fällt auch die fehlende Mitteilung darüber, dass eine inhaltliche Befassung mit der Beschwerde verweigert wird. Der Betroffene kann ohne eine solche Mitteilung nicht erkennen, ob seine Beschwerde bearbeitet wird oder, falls nicht, warum dies nicht geschieht. Mangels Beschluss oder Mitteilung stehen ihm die Rechtsschutzmöglichkeiten nach Abs. 1 sowie Abs. 2 1. Alt. nicht offen, sodass zur Gewährleistung effektiven Rechtsschutzes allein die 2. Alt. bleibt. **53**

Die 2. Alt. ist **fristgebunden**, d.h. es besteht eine **Pflicht zur Unterrichtung über den Verfahrensstand in dreimonatigen Abständen**. Abs. 2 enthält damit in Verbindung mit Art. 57 Abs. 4 die Wertung, dass es der Aufsichtsbehörde stets zumutbar ist, binnen drei Monaten auf eine Beschwerde zu reagieren und sei es durch Zurückweisung bei missbräuchlicher Inanspruchnahme[29]. Ferner wird dadurch das Klagerecht wegen Untätigkeit vor Ablauf von drei Monaten ausgeschlossen, da der Aufsichtsbehörde eine angemessene Bearbeitungsdauer eingeräumt werden soll. Dabei handelt es sich um eine **starre Frist**, deren Dauer auch nicht verlängert oder verkürzt sein kann, beispielsweise bei außergewöhnlich komplexen Sachverhalten. Weder kann daher der Betroffene vor Ablauf der drei Monate Klage erheben, noch kann die Behörde die **54**

---

25 Gola-*Pötters/Werkmeister* Art. 78 Rn. 8.

26 Vgl. ErwG 143, der das Spezialitätsverhältnis und die Vorrangigkeit von Abs. 1 bei Vorliegen eines Beschlusses zum Ausdruck bringt; so auch BeckOK DatenSR-*Mundil* Art. 78 Rn. 11, 15.

27 Vgl. Art. 57 Abs. 4 S. 2.

28 Paal/Pauly-*Körffer* Art. 78 Rn. 8.

29 BeckOK DatenSR-*Mundil* Art. 78 Rn. 16.

Unterrichtung unter Berufung auf sachliche Erwägungen über die drei Monate hinaus verzögern. Dies dürfte auch als Mittel vorgesehen sein, die Mitgliedstaaten zur Disziplin hinsichtlich der angemessenen Ausstattung der Aufsichtsbehörden anzuhalten.

55 Eine **Frist**, binnen derer eine **endgültige Entscheidung** zu treffen ist, ist indes **nicht vorgesehen**. Die endgültige Entscheidung kann daher wesentlich längere Zeit in Anspruch nehmen, ohne dass der Betroffene eine Möglichkeit hat oder haben muss hiergegen vorzugehen. Anders ist dies dagegen in **§ 75 VwGO** vorgesehen. Danach hat der Betroffene das Recht, einen Rechtsbehelf einzulegen, wenn nicht innerhalb einer angemessenen Zeit von mindestens drei Monaten eine Entscheidung gefallen ist. Im Einzelfall kann daher durchaus auch bereits nach drei Monaten eine Entscheidung zu fordern sein. Durch den pauschalen Verweis auf die VwGO in § 20 Abs. 2 BDSG geht der deutsche Gesetzgeber also auch hier **über die Mindestanforderungen** der DS-GVO hinaus. Da Abs. 2 insbesondere den Betroffenen vor einer Untätigkeit der Aufsichtsbehörde schützen soll, wird dies mit dem Schutzgedanken des Abs. 2 auch vereinbar sein.

56 **c) Klagegegner.** Der Rechtsbehelf ist grundsätzlich gegen diejenige Aufsichtsbehörde zu richten, die die verlangte Handlung vorzunehmen hat[30]. Denn eine inhaltliche Befassung mit der Beschwerde kann nur von der zuständigen Behörde verlangt werden. Hierfür spricht auch der Wortlaut von Art. 78 Abs. 2, der auf die *zuständige* Aufsichtsbehörde abstellt. Bei fehlender Unterrichtung ist Klagegegner die Aufsichtsbehörde, bei der die Beschwerde eingereicht wurde, denn diese trifft gemäß Art. 77 Abs. 2 und Art. 60 Abs. 8 die Unterrichtungspflicht und diese ist folglich untätig.

57 **d) Klageziel.** Der Rechtsschutz nach Abs. 2 zielt darauf ab, dass die zuständige Aufsichtsbehörde sich mit der **Beschwerde inhaltlich befasst** bzw. über den **Stand und Ausgang des Verfahrens** innerhalb der gesetzlichen Frist **unterrichtet**. Dies ergibt sich bereits daraus, dass der Betroffene von der Aufsichtsbehörde nicht mehr verlangen kann als die Erfüllung der ihr obliegenden Pflichten, mithin die Unterrichtung bzw. Befassung mit der Beschwerde, nicht jedoch ein bestimmtes Ergebnis[31]. Daher ist der Anspruch auf eine fehlerfreie Ermessensausübung beschränkt.

58 **e) Verhältnis zu anderen Rechtsbehelfen.** Das Recht nach Abs. 2 auf einen wirksamen Rechtsbehelf gegen die Untätigkeit der Aufsichtsbehörde stellt ein **besonderes Klageverfahren** dar, das das **Beschwerderecht des Art. 77 ergänzt**. Es besteht nach dem Wortlaut der Vorschrift „unbeschadet eines anderweitigen verwaltungsrechtlichen oder außergerichtlichen Rechtsbehelfs". Somit steht der gerichtliche neben eventuellen anderweitigen Rechtsbehelfen und nicht etwa zu diesen in einem Stufenverhältnis. Dem Betroffenen dürfen folglich keine negativen Rechtsfolgen daraus erwachsen, dass er direkt den Rechtsbehelf nach Art. 78 Abs. 2 gewählt hat.

59 Unter die anderweitigen Rechtsbehelfe fallen sowohl Rechtsbehelfe nach dem nationalen Recht der Mitgliedstaaten, wie beispielsweise im deutschen Recht der Widerspruch, als auch andere Rechtsbehelfe der DS-GVO und des Unionsrechts.

---

30 So auch Paal/Pauly-*Körffer* Art. 78 Rn. 16; a.A. BeckOK DatenSR-*Mundil* Art. 78 Rn. 26.
31 BeckOK DatenSR-*Mundil* Art. 78 Rn. 20.

Dies ermöglicht es, eventuelle **Lücken des Art. 78 durch das nationale Recht zu schließen**[32], indem das Rechtsschutzniveau in den Mitgliedstaaten das von Art. 78 vorgesehene überschreiten kann. 60

Ein Beschluss der Aufsichtsbehörde i.S.v. Abs. 1 (und damit denklogisch keine Untätigkeit im Sinne von Abs. 2) liegt auch vor, wenn die Aufsichtsbehörde eine Beschwerde nach inhaltlicher Prüfung zurückweist. Abs. 2 1. Alt. ist dagegen einschlägig, wenn die Beschwerde ohne inhaltliche Prüfung zurückgewiesen wird[33]. Also stehen Abs. 1 und Abs. 2 faktisch in einem Alternativverhältnis. 61

2. BDSG n.F. Die Ausführungen zu Abs. 1 gelten entsprechend, denn § 20 gilt für die Rechtsbehelfe des Art. 78 insgesamt. 62

Eine Besonderheit besteht jedoch hinsichtlich des Rechtsschutzziels: Abs. 2 Alt. 2 sieht einen Rechtsbehelf wegen Untätigkeit vor, wenn die Behörde nicht innerhalb von drei Monaten über den Stand der Bearbeitung unterrichtet. § 75 VwGO, auf den § 20 Abs. 2 BDSG insoweit verweist, fordert hingegen eine **Entscheidung innerhalb angemessener Frist** von mindestens drei Monaten. Insoweit steht der Rechtsbehelf nach deutschem Recht nicht nur hinsichtlich einer Versäumung der starren dreimonatigen Mitteilungsfrist zu, sondern auch hinsichtlich eines finalen Endergebnisses, wobei die Frist diesbezüglich variabel gestaltet ist. 63

V. Abs. 3 Zuständigkeit

1. DS-GVO. Die Vorschrift regelt die **gerichtliche Zuständigkeit** für Verfahren nach den Abs. 1 und 2 einheitlich. 64

a) Grundsatz. Abs. 3 regelt die **internationale Zuständigkeit** für Verfahren gegen eine Aufsichtsbehörde nach den Abs. 1 und 2. Danach sind die Gerichte des Mitgliedstaates zuständig, in dem die Aufsichtsbehörde ihren Sitz hat. So wird gewährleistet, dass nur nationale Gerichte über die ordnungsgemäße Aufgabenerfüllung durch die nationalen Aufsichtsbehörden entscheiden, der Staat sich mithin nicht vor den Gerichten eines anderen Mitgliedstaates für die Art und Weise seiner Aufgabenerfüllung verantworten muss. 65

Die örtliche und sachliche Zuständigkeit richten sich dagegen nach nationalem Recht[34]. § 52 VwGO wird insoweit verdrängt[35].

b) Vorlagepflicht. Ist dem gerichtlichen Verfahren ein Kohärenzverfahren vorangegangen, so kann das Gericht den daraus resultierenden Beschluss des EDSA nicht verwerfen, sondern muss bei Bedenken gegen diesen ein **Vorabentscheidungsverfahren gemäß Art. 267 AEUV** vor dem EuGH anstrengen. Ist dem Verfahren kein Beschluss des EDSA vorangegangen, so besteht keine Vorlagepflicht, dem zuständigen Gericht bleibt es indes unbenommen, andere Fragen zur Auslegung der DS-GVO dem EuGH zur Entscheidung vorzulegen. 66

---

32 BeckOK DatenSR-*Mundil* Art. 78 Rn. 2.

33 In diesem Sinne auch: Paal/Pauly-*Körffer* Art. 78 Rn. 5; BeckOK DatenSR-*Mundil* Art. 78 Rn. 7, 15.

34 So auch BeckOK DatenSR-*Mundil* Art. 78 Rn. 23.

35 A.A. zum Verhältnis zu § 52 VwGO Gola-*Pötters/Werkmeister* Art. 78 Rn. 10 (allerdings vor Bekanntwerden des BDSG-E, der eine Spezialnorm für die örtliche Zuständigkeit enthält).

67 **2. BDSG n.F.** § 20 Abs. 3 sieht eine von der VwGO **abweichende Zuständigkeitsregelung** vor. Danach sind die Gerichte des Ortes zuständig, an dem die Aufsichtsbehörde ihren Sitz hat. Die Regelung stimmt zwar nicht im Wortlaut, aber grundsätzlich ihrem Inhalt nach mit Art. 78 Abs. 3 überein. Indes stellt die Norm keine überflüssige Wiederholung des Verordnungswortlauts dar. Art. 78 Abs. 3 erklärt vielmehr die Gerichte des Staates, in dem die Aufsichtsbehörde ihren Sitz hat für zuständig und regelt somit die internationale Zuständigkeit. § 20 Abs. 3 knüpft daran an und regelt in Parallele zu der europarechtlichen Regelung die örtliche Zuständigkeit, sodass der Regelungsbereich beider Normen verschieden ist. Für beides ist aber der Sitz der Aufsichtsbehörde maßgeblich.

VI. Abs. 4 Kohärenzverfahren

68 Das **Kohärenzverfahren** ist in **Art. 63 ff.** geregelt. Liegt einem angegriffenen aufsichtsbehördlichen Beschluss ein Beschluss oder eine Stellungnahme des EDSA zu Grunde, ist die Aufsichtsbehörde als mitgliedstaatliche Stelle daran gebunden.

69 **1. DS-GVO.** Art. 78 Abs. 4 führt den **zweistufigen Rechtsschutz** gegen den Ausschussbeschluss, der aus dem Kohärenzverfahren hervorgeht, **zusammen**[36]. Dieser kann zunächst unmittelbar durch den Betroffenen vor dem EuGH, aber auch mittelbar im Rahmen eines Verfahrens gegen den nachfolgenden aufsichtsbehördlichen Beschluss angefochten werden.

70 Durch die Weiterleitungspflicht der zugrundeliegenden Beschlüsse oder Stellungnahmen des EDSA an das Gericht wird zunächst sichergestellt, dass das zuständige Gericht Kenntnis von dem Kohärenzverfahren und seinem Ergebnis und damit den Stellungnahmen und Einschätzungen anderer involvierter Stellen erhält[37].

71 Der Beschluss des EDSA kann von dem zuständigen Gericht zwar geprüft aber nicht verworfen werden[38]. Das Gericht kann jedoch die Frage dem EuGH zur Entscheidung nach Art. 267 AEUV vorlegen[39], wenn es einen solchen Ausschussbeschluss für nichtig hält, denn diesem steht insoweit die Verwerfungskompetenz zu.

72 **2. BDSG n.F.** Das BDSG neu greift die Weiterleitungspflicht aus Art. 78 Abs. 4 nicht ausdrücklich auf. Die DS-GVO gilt insoweit **unmittelbar**.

VII. Verhältnis zum nationalen Prozessrecht

73 Einen unionsrechtlichen gerichtlichen Rechtsbehelf – insbesondere in Gestalt einer direkten Klagemöglichkeit vor dem EuGH – gibt es (soweit kein Beschluss des EDSA ergangen ist) gegen Beschlüsse und Untätigkeit der Aufsichtsbehörden nicht. Die von Art. 78 geforderten Rechtsbehelfe müssen daher – wie auch der ErwG 143 klarstellt – über das **nationale Prozessrecht umgesetzt** werden[40].

74 Dieser sieht vor, dass die Rechtsbehelfe im Einklang mit dem nationalen Prozessrecht gewährt und durchgeführt werden. Art. 78 beinhaltet somit einen Handlungsauftrag

36 BeckOK DatenSR-*Mundil* Art. 78 Rn. 28.
37 Gola-*Pötters/Werkmeister* Art. 78 Rn. 13.
38 Vgl ErwG 143, sowie BeckOK DatenSR-*Mundil* Art. 78 Rn. 27.
39 Vgl. auch ErwG 143 Abs. 2.
40 Gola-*Pötters/Werkmeister* Art. 78 Rn. 3.

an den nationalen Gesetzgeber, die entsprechenden Rechtsbehelfe vorzusehen und normiert insoweit einen verfahrensrechtlichen Mindeststandard.

Dadurch werden die Anforderungen des Art. 78 einerseits in das nationale Prozessrecht integriert und modifizieren dieses teilweise, andererseits besteht aber im Bereich der verwaltungsrechtlichen und außergerichtlichen Rechtsbehelfe eine Parallelität zum nationalen Prozessrecht, da diese unberührt bleiben. **75**

Häufig sind die in der DS-GVO vorgesehenen Mindestgarantien ohnehin schon vom Rechtsschutzsystem der VwGO umfasst, denn die VwGO gewährt zur Wahrung der Rechtsschutzgarantie des Art. 19 Abs. 4 GG Rechtsschutz gegen jegliche Akte öffentlicher Gewalt. Daher bleibt es **grundsätzlich** bei den **Vorgaben des nationalen Prozessrechts**. Wo die DS-GVO von diesen dergestalt abweicht, dass sie ein Mehr an Rechtsschutz vorsieht, ist das nationale Prozessrecht **europarechtskonform auszulegen** bzw. wird insoweit von der DS-GVO verdrängt. Daher kann es im nationalen Recht zu einer Absenkung der prozessualen Anforderungen kommen, wenn dies zur Wahrung der europarechtlichen Vorgaben erforderlich ist. **76**

Die Auslegung des nationalen Rechts ist im Anwendungsbereich der DS-GVO an den Grundsätzen der **Effektivität** (effet utile) und **Äquivalenz** (Gleichbehandlung mit vergleichbaren nationalen Sachverhalten) auszurichten[41]. **77**

C. Praxishinweise

I. Relevanz für öffentliche Stellen

Da die Aufsichtsbehörden die Befugnis haben, rechtsverbindliche Beschlüsse auch gegenüber öffentlichen Stellen zu erlassen, können insbesondere auch juristische Personen des öffentlichen Rechts für **Rechtsbehelfe nach Art. 78 Abs. 1 aktivlegitimiert** sein. Dies stellt auch § 20 Abs. 7 BDSG indirekt klar. Voraussetzung ist allein die Betroffenheit durch einen Beschluss einer Aufsichtsbehörde. Art. 78 Abs. 2 ist für öffentliche Stellen hingegen nicht anwendbar. **78**

II. Relevanz für nichtöffentliche Stellen

Mit Art. 78 Abs. 1 wird für nichtöffentliche Stellen ein dezidiertes Verfahren normiert, um sich gegen Beschlüsse von Aufsichtsbehörden zur Wehr zu setzen. Dabei erkennt die DS-GVO an, dass nicht nur betroffene Personen, sondern **auch verarbeitende Stellen** eines Rechtsschutzes gegen behördliche Maßnahmen bedürfen. **79**

Allerdings beziehen sich Art. 78 Abs. 1 und § 20 Abs. 1 BDSG nur auf rechtsverbindliche Maßnahmen von Aufsichtsbehörden. Öffentliche Stellungnahmen von Aufsichtsbehörden zu Datenverarbeitungsvorgängen, die zwar keinen Regelungscharakter aufweisen, aber praktisch ganz erhebliche Auswirkungen für nichtöffentliche Stellen haben können, unterfallen diesen beispielsweise nicht. Da insoweit jedoch bereits der Anwendungsbereich von Art. 78 Abs. 1 nicht eröffnet ist, bleiben die nationalstaatlichen Rechtsschutzwege unberührt. **80**

In der praktischen Rechtsanwendung sind insbesondere die **Abweichungen im deutschen Prozessrecht** zu berücksichtigen. Hier ergeben sich jedoch für nichtöffentliche Stellen wohl eher graduelle Unterschiede. **81**

---

41 Vgl. BeckOK DatenSR-*Mundil* Art. 78 Rn. 13.

82 Der **Rechtsbehelf bei Untätigkeit** der Aufsichtsbehörde steht nach Art. 78 Abs. 2 nur betroffenen Personen zu. Allerdings geht § 20 Abs. 2 BDSG i.V.m. § 75 VwGO über diesen Mindeststandard hinaus, sodass jedenfalls nach nationalem Recht auch nichtöffentlichen Stellen die Untätigkeitsklage gegen Aufsichtsbehörden offensteht. Allerdings werden sich hier die Anforderungen in den einzelnen Mitgliedstaaten im Detail unterscheiden.

III. Relevanz für betroffene Personen

83 Für betroffene Personen sehen sowohl Art. 78 Abs. 1 als auch Abs. 2 **Mindestgarantien** für einen unionsweit einheitlichen effektiven Rechtsschutz vor. Insbesondere für grenzüberschreitende Sachverhalte können sich dadurch Erleichterungen ergeben, wobei eine konkretere Regelung in Anbetracht der erheblichen praktischen Relevanz wünschenswert gewesen wäre. Die Rechtslage in Deutschland wird jedoch nicht grundlegend zu Gunsten betroffener Personen verändert.

IV. Relevanz für Aufsichtsbehörden

84 Art. 78 Abs. 1 sieht für Aufsichtsbehörden lediglich **Klarstellungen** vor. Der Umstand, dass die DS-GVO keine Rechtsschutzgarantie gegen nicht-rechtsverbindliche Maßnahmen der Behörden vorsieht, kann zugleich als Auftrag verstanden werden, das behördliche Handeln vermehrt auf rechtsverbindliche Maßnahmen zu beschränken. Nicht-rechtsverbindliche Maßnahmen, die dennoch negative Auswirkungen auf natürliche oder juristische Personen haben können, sieht Art. 78 Abs. 1 nicht vor. Auch wenn nationale Rechtsschutzwege hierdurch unberührt bleiben, wird mangels unionsweiter Rechtsschutzmöglichkeiten bei informellen Äußerungen durch Aufsichtsbehörden mit potenziell negativen Auswirkungen für die hiervon Betroffenen besondere Zurückhaltung geboten sein.

85 Art. 78 Abs. 2 unterstreicht zudem die Bedeutung der **Unterrichtungspflicht** an betroffene Personen. Aufsichtsbehörden werden daher Maßnahmen und Prozesse etablieren müssen, um eine regelmäßige Kommunikation des Verfahrensstandes sicherzustellen.

86 Prozessual ist für die Aufsichtsbehörden zudem die **Weiterleitungspflicht** nach Art. 78 Abs. 4 relevant. Hier wird sicherzustellen sein, dass im Falle gerichtlicher Auseinandersetzungen dem Gericht die entsprechenden zugrundeliegenden Beschlüsse und Stellungnahmen des EDSA zugeleitet werden.

V. Relevanz für das Datenschutzmanagement

87 Für das Datenschutzmanagement ergeben sich keine relevanten Änderungen.

Artikel 79 Recht auf wirksamen gerichtlichen Rechtsbehelf gegen Verantwortliche oder Auftragsverarbeiter

(1) Jede betroffene Person hat unbeschadet eines verfügbaren verwaltungsrechtlichen oder außergerichtlichen Rechtsbehelfs einschließlich des Rechts auf Beschwerde bei einer Aufsichtsbehörde gemäß Artikel 77 das Recht auf einen wirksamen gerichtlichen Rechtsbehelf, wenn sie der Ansicht ist, dass die ihr aufgrund dieser Verordnung zustehenden Rechte infolge einer nicht im Einklang mit dieser Verordnung stehenden Verarbeitung ihrer personenbezogenen Daten verletzt wurden.

(2) [1]Für Klagen gegen einen Verantwortlichen oder gegen einen Auftragsverarbeiter sind die Gerichte des Mitgliedstaats zuständig, in dem der Verantwortliche oder der Auftragsverarbeiter eine Niederlassung hat. [2]Wahlweise können solche Klagen auch bei den Gerichten des Mitgliedstaats erhoben werden, in dem die betroffene Person ihren Aufenthaltsort hat, es sei denn, es handelt sich bei dem Verantwortlichen oder dem Auftragsverarbeiter um eine Behörde eines Mitgliedstaats, die in Ausübung ihrer hoheitlichen Befugnisse tätig geworden ist.

– *ErwG: 141, 142, 145, 147*
– *BDSG n.F.: § 44*

Übersicht

Literatur: *Calliess/Ruffert* EUV/AEUV, 5. Aufl. 2016; *Faust/Spittka/Wybitul* Milliardenbußgelder nach der DS-GVO? – Ein Überblick über die neuen Sanktionen bei Verstößen gegen den Datenschutz, ZD 2016, 120; *Sydow* Kohärenz des datenschutzrechtlichen Rechtsschutzes auf nationaler und europäischer Ebene, ZG 2016, 237–252.

A. Einordnung und Hintergrund

I. Erwägungsgründe

1 **1. Erwägungsgrund 141 (S. 1 2. Fall).** Der ErwG 141 legt fest, dass und in welchen Fällen den Betroffenen ein gerichtlicher Rechtsbehelf zustehen sollte. Ein Rechtsbehelf soll jeder betroffenen Person zustehen, die ihre Rechte verletzt sieht oder deren Beschwerde unbearbeitet bleibt. Der ErwG findet seine Umsetzung in Art. 79 Abs. 1.

2 **2. Erwägungsgrund 142.** Der ErwG 142 korrespondiert mit der Frage nach der Aktivlegitimation zur Einlegung gerichtlicher Rechtsbehelfe. Diese ist nach Art. 79

grundsätzlich den Betroffenen vorbehalten. Darüber hinaus wird hier eine Verbandsklagemöglichkeit vorgesehen, die die DS-GVO in Art. 80 aufgreift.

3 **3. Erwägungsgrund 145.** ErwG 145 enthält Regelungen zum Gerichtsstand bei Klagen gegen Verantwortliche und Auftragsverarbeiter. Wie in Art. 79 Abs. 2 geht der Unionsgesetzgeber auch hier von einem Wahlrecht des Betroffenen aus, ob er an seinem Aufenthaltsort oder an der Niederlassung des Verantwortlichen gerichtlich vorgehen möchte. Dieses Wahlrecht soll indes nicht gegenüber Behörden bestehen. Diese sind grundsätzlich an ihrem Sitz zu verklagen. Der Erwägungsgrund steht daher vollständig mit der Regelung in Art. 79 Abs. 2 in Einklang.

II. BDSG n.F.

4 **§ 44 Abs. 1 BDSG** setzt Art. 79 Abs. 2 als örtliche Zuständigkeitsverweisung um. Dabei gilt die Verweisung nach § 44 Abs. 2 gegenüber Behörden jedoch nicht, wenn diese in Ausübung ihrer hoheitlichen Befugnisse tätig werden. Diese Einschränkung entspricht Art. 79 Abs. 2 2. Hs. sowie ErwG 145. Die Zuständigkeit ergibt sich in diesem Fall aus den nationalstaatlichen Verfahrensordnungen der zuständigen Fachgerichte[1].

5 § 44 Abs. 3 ordnet den nach Art. 27 Abs. 1 zu benennenden inländischen Vertreter für Verantwortliche außerhalb der EU prozessual insoweit ein, dass klargestellt wird, dass diesem gegenüber Zustellungen erfolgen können.

III. Normgenese und Umfeld

6 Art. 22 DSRL sah vor, dass der Betroffene „bei Gericht einen Rechtsbehelf einlegen kann". Zwar war auch hier schon eine effektive Rechtsschutzmöglichkeit gemeint, die DS-GVO präzisiert jedoch diesen allgemeinen Grundsatz und stellt spezifische Anforderungen hierfür auf. Eine **spezifische Umsetzung** von Art. 22 DSRL war im **BDSG nicht vorgesehen**. Es galt das allgemeine Prozessrecht.

B. Kommentierung

I. Allgemeines

7 Die Vorschrift **verpflichtet** die Mitgliedstaaten zur **Schaffung von Rechtsschutzmöglichkeiten** im Verhältnis zwischen den betroffenen Personen und den Verantwortlichen sowie Auftragsverarbeitern und gewährleistet somit die prozessuale Durchsetzung der materiellen Vorgaben der DS-GVO[2]. Das Recht auf einen wirksamen gerichtlichen Rechtsbehelf ist primärrechtlich für den grundrechtsrelevanten Bereich – d.h. gegenüber staatlichen Akteuren – in Art. 47 GRCh verankert und im Rahmen von Art. 79 daher relevant, wenn der Verantwortliche bzw. Auftragsverarbeiter eine Behörde oder sonstige staatliche Stelle ist. Daher knüpft die Norm zwar inhaltlich an Art. 47 GRCh an, geht aber noch darüber hinaus, da auch private Akteure den hier vorgesehenen Rechtsbehelfen ausgesetzt sein können.

8 Nicht selten befähigt das Unionsrecht die Bürger, gegen unionsrechtswidrige Maßnahmen auch ohne Verletzung eigener Rechte zu klagen, um so eine möglichst effektive Durchsetzung des Unionsrechts zu gewährleisten. Demgegenüber gewährt Art. 79

1 BT-Drucks. 18/11325, S. 110.
2 Paal/Pauly-*Martini* Art. 79 Rn. 4.

indes keinen objektiven, sondern einen **rein individuellen Rechtsschutz**, der an die Betroffenheit des Klägers anknüpft und damit einen Bezug zu seinen subjektiven Rechten fordert.

II. Anwendungsbereich: Verhältnis zum Verantwortlichen/Auftragsverarbeiter

Die Rechtsschutzmöglichkeit besteht im Verhältnis der von einer Datenverarbeitung betroffenen Person zu dem Verantwortlichen sowie dem Auftragsverarbeiter. **9**

III. Abs. 1 Das Recht auf einen wirksamen gerichtlichen Rechtsbehelf

1. DS-GVO. Abs. 1 enthält eine **zusätzliche Rechtsschutzgarantie** der von einer Datenverarbeitung betroffenen Person gegenüber Verantwortlichen sowie Auftragsverarbeitern mit Sitz in der Europäischen Union[3]. **10**

a) Aktivlegitimation. Aktivlegitimiert sind **betroffene Personen** wie in Art. 4 Nr. 1 legaldefiniert. Das Klagerecht ist daher in seinem persönlichen Anwendungsbereich im Vergleich zu Art. 78 Abs. 1 wesentlich eingeschränkt und erfasst nur natürliche Personen. Dies deckt sich mit dem in Art. 1 festgelegten Zweck der DS-GVO, nämlich des Schutzes natürlicher Personen gegen Beeinträchtigungen ihrer Rechte und Freiheiten. Juristische Personen sind per se von dem Anwendungsbereich der Vorschrift ausgenommen, sowie im Einzelfall solche natürlichen Personen, die nicht mit der Datenverarbeitung in unmittelbarem Zusammenhang stehen oder nicht gerade durch sie identifizierbar werden[4]. **11**

b) Klagebefugnis. Die Vorschrift gewährt ein Klagerecht nur derjenigen betroffenen Person, die der Ansicht ist, dass ihre Rechte aus dieser Verordnung durch eine verordnungswidrige Verarbeitung ihrer personenbezogenen Daten verletzt wurden. Daher muss **zusätzlich** zu der Betroffenheit **eine Art Klagebefugnis** bestehen, wobei die Grundsätze des deutschen Verständnisses des Begriffs nicht unmittelbar auf die DS-GVO übertragbar sind, inhaltlich aber weitgehend deckungsgleich sein dürften[5]. **12**

aa) Rechtsverletzung des Klägers. Der Kläger muss nach dem Wortlaut der Norm der Ansicht sein, dass seine Rechte verletzt wurden. Damit stellt die DS-GVO auf die **subjektive Sicht des Klägers** ab, wobei die bloße unsubstantiierte Behauptung des Klägers nicht ausreichen kann[6], da das Tatbestandsmerkmal andernfalls praktisch ins Leere liefe. Jedenfalls ein **schlüssiger Vortrag**, aus dem sich die Möglichkeit einer Rechtsverletzung ergibt, wird von dem Kläger verlangt werden müssen. Rechtsausführungen werden hingegen nicht zu fordern sein. **13**

Es liegt nahe, sich an den jeweiligen allgemeinen Beweis- und Substantiierungsregeln der einschlägigen nationalen Rechtsordnung zu orientieren[7]. Eine unmittelbare Anwendung der nationalen prozessualen Anforderungen an eine Klagebefugnis erscheint jedoch problematisch, da dies zu erheblichen Unterschieden in der nationalen Rechtsanwendung führen würde, die die DS-GVO gerade zu vermeiden versucht. **14**

---

3 Gegenüber Verantwortlichen und Auftragsverarbeitern ohne Sitz in der EU gelten die allgemeinen Regeln mit der Besonderheit der Bestellung eines Bevollmächtigten innerhalb der EU nach Art. 27 Abs. 1.

4 BeckOK DatenSR-*Mundil* Art. 79 DS-GVO Rn. 2.

5 Ehmann/Selmayr-*Nemitz* Art. 79 Rn. 5.

6 So auch Sydow-*Kreße* Art. 79 Rn. 20.

7 Gola-*Werkmeister* Art. 79 Rn. 3.

15 **bb) DS-GVO-widrige Datenverarbeitung.** Neben der Rechtsverletzung muss der Kläger zudem vortragen, dass diese auf einer **DS-GVO-widrigen Datenverarbeitung** beruhe. Insoweit genügt grundsätzlich jeder Verstoß gegen materielle Vorgaben der DS-GVO im Rahmen einer Datenverarbeitung im Sinne von Art. 4 Nr. 2. Ein Verstoß gegen die DS-GVO liegt dabei gemäß ErwG 146 S. 5 auch dann vor, wenn gegen delegierte sowie Durchführungsrechtsakte oder präzisierende Vorschriften der Mitgliedstaaten verstoßen wird.

16 **c) Klagegegner.** Die Klage richtet sich gegen den **Verantwortlichen bzw. den Auftragsverarbeiter**, durch den bzw. bei dessen Tätigkeit die Rechte des Klägers verletzt wurden. Beide Begriffe sind in Art. 4 Nr. 7 und 8 legaldefiniert. Erfasst sind sämtliche für die relevante Datenverarbeitung verantwortliche Personen, um einen umfassenden, möglichst lückenlosen Rechtsschutz zu gewährleisten[8]. Die Klage gegen einen inländischen Vertreter gemäß Art. 27 Abs. 1 ist hingegen nicht vorgesehen. Dies stellt § 44 Abs. 3 BDSG ausdrücklich klar.

17 **d) Wirksamer gerichtlicher Rechtsbehelf.** Das Erfordernis des gerichtlichen Rechtsbehelfs setzt voraus, dass dem Betroffenen ein **Recht** eingeräumt wird, dass ein **staatliches Gericht in der Sache entscheidet**.

Mangels genauerer Darlegungen zum Begriff der **Wirksamkeit** in der DS-GVO kann auf die ähnliche Regelung in Art. 47 GRCh und die dazu entwickelten Interpretationsansätze zurückgegriffen werden. Wirksame Rechtsbehelfe zeichnen sich dadurch aus, dass sie den Zugang zu Gericht eröffnen und dieses unter Beachtung zentraler Verfahrensregeln nach geltendem Recht entscheidet[9]. Dies kann auch das Recht auf einstweiligen Rechtsschutz umfassen[10]. Wirksamkeit bedeutet indes nicht, dass der Rechtsbehelf erfolgreich sein muss, solange die Frage des Erfolgs allein vom Gesetz abhängt. Jedoch muss dem Verfahren im Erfolgsfall ein durchsetzbares Urteil folgen.

18 **e) Verhältnis zu anderen Rechtsbehelfen.** Das Recht nach Art. 79 Abs. 1 auf einen wirksamen Rechtsbehelf gegen Rechtsverletzungen durch eine verordnungswidrige Datenverarbeitung besteht nach dem Wortlaut der Vorschrift „unbeschadet eines anderweitigen verwaltungsrechtlichen oder außergerichtlichen Rechtsbehelfs". Dies deutet darauf hin, dass der gerichtliche **neben eventuellen anderweitigen Rechtsbehelfen** steht und nicht etwa zu diesen in einem Stufenverhältnis. Dem Betroffenen dürfen folglich keine negativen Rechtsfolgen daraus erwachsen, dass er direkt den Rechtsbehelf nach Art. 79 gewählt hat.

19 Eine parallele Anwendung von Art. 77 und Art. 79 führt freilich zu dem **Risiko divergierender Entscheidungen**, wenn ein Betroffener eine Beschwerde bei der Aufsichtsbehörde nach Art. 77 einlegt und zugleich den Rechtsweg nach Art. 79 beschreitet. Theoretisch sind sogar sich widersprechende rechtskräftige Entscheidungen von Behörde und Gericht denkbar. Zwar sieht die DS-GVO in Art. 81 die Möglichkeit zur Aussetzung bei mehreren Gerichtsverfahren zum gleichen Klagegegenstand vor, für außergerichtliche Rechtsbehelfe zum gleichen Klagegegenstand fehlt hingegen eine solche Möglichkeit. Denkbar wäre daher eine **analoge Anwendung von Art. 81**, da sich widersprechende Entscheidungen ersichtlich von der DS-GVO nicht gewollt sind

8 BeckOK DatenSR-*Mundil* Art. 79 Rn. 8.
9 Calliess/Ruffert-*Blanke* Art. 47 Rn. 1.
10 *EuGH* v. 19.6.1990 – C 213/89, NJW 1991, 2271 ff.

und für die vergleichbare Konstellation der parallelen Gerichtsentscheidungen eine übertragbare Regelung getroffen wurde. Andernfalls bliebe lediglich eine Auflösung des Konflikts durch das nationale Prozessrecht[11], die im BDSG n.F. allerdings nicht vorgesehen ist.

f) Verhältnis zum nationalen Prozessrecht. Die DS-GVO enthält einen Handlungsauftrag an den nationalen Gesetzgeber, die entsprechenden Rechtsbehelfe vorzusehen. Sie normiert einen **Mindeststandard**, dessen Wahrung durch das nationale Prozessrecht sicherzustellen ist[12]. Daher bleibt das **nationale Prozessrecht grundsätzlich anwendbar**, solange und soweit es den Aussagen und Wertungen der DS-GVO nicht widerspricht[13]. Dies gilt insbesondere für die Möglichkeiten einstweiligen Rechtsschutzes. 20

2. BDSG n.F. Anders als § 20 Abs. 2 BDSG verhält sich § 44 BDSG nicht dazu, welches nationale Prozessrecht Anwendung finden soll. So wird sich das anwendbare Prozessrecht nach den allgemeinen Regeln zur **Eröffnung des jeweiligen Rechtswegs** ergeben, sodass für öffentliche Stellen regelmäßig der Verwaltungsrechtsweg eröffnet sein wird, während Klagen gegen private Stellen dem Zivilrechtsweg unterliegen. 21

§ 44 Abs. 3 BDSG bestimmt, dass nicht nur der Kläger, sondern auch ein nach Art. 27 Abs. 1 benannter Vertreter in der Union Zustellungen in zivilgerichtlichen Verfahren entgegen nehmen darf. § 184 ZPO bleibt hiervon unberührt, d.h. das Gericht kann bei der Zustellung anordnen, dass die beklagte Partei einen Vertreter im *Inland* benennt. § 44 Abs. 3 BDSG erfordert hingegen keine gerichtliche Anordnung und kann daher bereits auf die Zustellung der Klageschrift selbst angewendet werden. 22

IV. Abs. 2 Zuständigkeit

1. DS-GVO. Abs. 2 enthält eine **Regelung zur internationalen Zuständigkeit** in Verfahren gegen Verantwortliche und Auftragsverarbeiter, während sich die örtliche und sachliche Zuständigkeit allein nach nationalem Recht richten. Danach sind grundsätzlich die Gerichte des Mitgliedstaates zuständig, in dem der Klagegegner, also der Verantwortliche oder Auftragsverarbeiter, seine Niederlassung hat. Bei mehreren Niederlassungen besteht ein Wahlrecht. 23

Der Begriff der **Niederlassung** ist in ErwG 22 definiert als "effektive und tatsächliche Ausübung einer Tätigkeit durch ortsfeste Einrichtungen" ohne Rücksicht auf die Rechtsform. Die DS-GVO geht somit – wie auch die Rspr. des EuGH zur Niederlassungsfreiheit[14] – von einem weiten Niederlassungsbegriff aus. Der Wortlaut legt den Gerichtsstand am Ort „einer Niederlassung" fest und stellt damit weder auf die Hauptniederlassung, noch überhaupt auf eine bestimmte Niederlassung (z.B. diejenige, die die konkrete Verarbeitung vorgenommen hat) ab. Da ErwG 22 an eine effektive und tatsächliche Ausübung einer Tätigkeit anknüpft, wird eine Niederlassung ohne jeden Bezug zu der Datenverarbeitung allerdings nicht ausreichen[15]. 24

11 Ehmann/Selmayr-*Nemitz* Art. 79 Rn. 8.
12 Vgl. oben zu Art. 78.
13 BeckOK DatenSR-*Mundil* Art. 79 Rn. 20.
14 *EuGH* v. 30.11.1995 – C-55/94, NJW 1996, 579 ff.; von der Groeben/Schwarze/Hatje-*Tiedje* Art. 49 Rn. 1.
15 BeckOK DatenSR-*Mundil* Art. 79 Rn. 16.

25 Der Betroffene kann grundsätzlich am Ort jeder dieser Niederlassungen des Verantwortlichen bzw. Auftragsverarbeiters gegen diesen vorgehen. Gemäß S. 2 besteht als Ausnahme zu dieser Grundregel jedoch ein **Wahlrecht** der betroffenen Person. Diese soll alternativ auch vor den Gerichten ihres Aufenthaltsstaates klagen können[16].

26 Indes besteht eine **Rückausnahme** für den Fall, dass der Verantwortliche oder Auftragsverarbeiter eine **Behörde** ist und in Ausübung ihrer hoheitlichen Befugnisse tätig geworden ist. In diesem Fall kann die betroffene Person ausschließlich in dem Staat klagen, in dem der Verantwortliche bzw. Auftragsverarbeiter seinen Sitz hat. Dahinter steht wiederum die Überlegung, dass der Staat bzw. staatliche Einrichtungen hinsichtlich der Ausübung ihrer Befugnisse nicht der Gerichtsbarkeit anderer Staaten unterworfen werden sollen.

27 In **Ausübung ihrer hoheitlichen Befugnisse** handelt die Behörde, wenn sie von Befugnissen Gebrauch macht, die ihr in und aufgrund ihrer Eigenschaft als Hoheitsträger zur Wahrnehmung staatlicher Interessen übertragen worden sind. Die Datenverarbeitung muss der Ausübung dieser hoheitlichen Befugnisse dienen. Sie muss jedoch selbst keine Ausübung von Hoheitsgewalt darstellen[17]. Rein wirtschaftliches Handeln von Behörden unterfällt hingegen dem Wahlrecht des Art. 79 Abs. 2.

28 Die Zulässigkeitsregelungen aus Art. 79 Abs. 2 gelten trotz des missverständlichen Begriffs der „Klage" **auch im einstweiligen Rechtsschutz**[18].

29 **2. BDSG n.F.** Das BDSG n.F. sieht in **§ 44 Abs. 1 und 2** eine **spezielle Zuständigkeitsregelung** für Rechtsbehelfe nach Art. 79 vor, die nach allgemeinen Grundsätzen (im Kollisionsfall) den allgemeinen Zuständigkeitsregelungen des deutschen Prozessrechts vorgeht.

30 Während die internationale Zuständigkeit bereits in der DS-GVO selbst geregelt ist, betrifft § 44 BDSG die **örtliche Zuständigkeit** der Gerichte. Zuständig sind danach die Gerichte des Ortes, an dem der Verantwortliche oder Auftragsverarbeiter eine Niederlassung hat. Wahlweise kann der Betroffene jedoch auch bei den Gerichten seines gewöhnlichen Aufenthaltsortes den Rechtsbehelf einlegen. Damit entspricht die Regelung inhaltlich derjenigen zur internationalen Zuständigkeit in der DS-GVO.

31 Die Zuständigkeitsregelung in § 44 Abs. 1 BDSG greift gemäß Abs. 2 indes nur ein, wenn der Verantwortliche oder Auftragsverarbeiter keine Behörde ist, die in Ausübung ihrer hoheitlichen Befugnisse tätig geworden ist. Die Anforderungen sind deckungsgleich mit denen der DS-GVO[19].

32 Die Rechtsfolge dieser Rückausnahme ist jedoch eine andere als im Rahmen der internationalen Zuständigkeit. Dort führt das Eingreifen der Ausnahme bei hoheitlichem Handeln dazu, dass stets die Gerichte am Sitz der Behörde (als Verantwortlicher) zuständig sind und somit die Grundregel eingreift. § 44 Abs. 2 BDSG erklärt dagegen Abs. 1 ausdrücklich für insgesamt unanwendbar. Für diese Fälle enthält das BDSG neu daher **keine Regelung der örtlichen Zuständigkeit**, sodass insoweit das allgemeine Prozessrecht gilt.

---

16 Vgl. hierzu bereits ErwG 145.
17 Paal/Pauly-*Martini* Art. 79 Rn. 30.
18 Sydow-*Kreße* Art. 79 Rn. 35.
19 vgl. oben Rn. 26 f.

Wie auch Art. 79 Abs. 2 wird § 44 BDSG jedenfalls analog für den **einstweiligen** 33 **Rechtsschutz** anwendbar sein.

V. Zulässigkeit von Gerichtsstandsklauseln

Umstritten ist, ob neben Art. 79 Abs. 2 die **Vereinbarung eines Gerichtsstandes** zulässig 34 ist. Dafür spricht, dass nach ErwG 147 die „allgemeinen Vorschriften über die Gerichtsbarkeit" der EuGVVO der Anwendung der spezifischen Vorschriften der DS-GVO nicht entgegenstehen sollen. Dies lässt darauf schließen, dass die EuGVVO – soweit nicht von der DS-GVO verdrängt – parallel anwendbar bleiben soll. Daraus lässt sich schließen, dass damit auch die Regelungen zu Gerichtsstandsvereinbarungen neben der DS-GVO anwendbar bleiben sollen. Dafür spricht auch, dass jedenfalls betroffene Personen, die zugleich Verbraucher sind, durch die strengen Formvorschriften aus Art. 25 EuGVVO und den Verweis auf die Schutzvorschriften der Mitgliedstaaten ohnehin bereits vor einer Übervorteilung geschützt sind und andernfalls die Privatautonomie – auch zu Lasten der betroffenen Person – pauschal eingeschränkt würde[20]:

C. Praxishinweise

I. Relevanz für öffentliche Stellen

Art. 79 Abs. 1 gilt **uneingeschränkt** auch gegenüber öffentlichen Stellen. Die DS-GVO 35 nimmt bei der Gewährleistung effektiven Rechtsschutzes insoweit keine Differenzierung zwischen öffentlichen und privaten Stellen vor.

Demgegenüber gilt **Art. 79 Abs. 2** sowie **§ 44 Abs. 1 BDSG** nur dann gegenüber öffent- 36 lichen Stellen, wenn die angegriffene Datenverarbeitung nicht in Ausübung ihrer hoheitlichen Tätigkeit erfolgt. Insoweit bestehen bei Rechtsbehelfen gegenüber öffentlichen Stellen zwei verschiedene Zuständigkeitsregelungen: Handelt die Behörde in Ausübung ihrer hoheitlichen Tätigkeit, gelten die allgemeinen Verfahrensvorschriften nach nationalem Recht. In allen übrigen Fällen, insbesondere bei privatwirtschaftlichem Handeln öffentlicher Stellen, gilt § 44 Abs. 1 BDSG. Dies beinhaltet insbesondere die gerichtliche Zuständigkeit am Aufenthaltsort der betroffenen Person sowie deren Wahlrecht zwischen den verschiedenen Gerichtsständen.

Bei öffentlichen Stellen wird zudem noch genauer zu bestimmen sein, wie weit der 37 Begriff der „Niederlassung" auf diese anwendbar ist.

II. Relevanz für nichtöffentliche Stellen

Durch **Art. 79 Abs. 1** ergeben sich für nichtöffentliche Stellen soweit bisher ersichtlich 38 **keine wesentlichen praktischen Neuerungen**.

Nach **Art. 79 Abs. 2** sowie **§ 44 Abs. 1 BDSG** besteht eine gerichtliche Zuständigkeit an 39 jedem Ort einer Niederlassung sowie am Aufenthaltsort der betroffenen Person. Für den direkten Rechtsschutz der betroffenen Person gegenüber dem Verantwortlichen ergibt sich insoweit unionsweit einheitlich eine ausgesprochen weite gerichtliche Zuständigkeit, wie sie für behördliche Zuständigkeiten bereits unter der alten Rechtslage seit dem Urteil des Gerichtshofs i.S. Google Spain/AEPD bestand.[21]

---

20 So auch Gola-*Werkmeister* Art. 79 Rn. 8.

21 *EuGH* v. 13.5.2014 – C-131/12, GRUR 2014, 895 ff.

40 Durch § 44 Abs. 3 BDSG erhält auch die Pflicht zur Benennung eines Vertreters innerhalb der EU nach Art. 27 Abs. 1 eine weitere Dimension. Danach ist dieser vor deutschen Gerichten auch als zustellungsbevollmächtigt anzusehen.

41 Für nichtöffentliche Stellen vergrößert sich damit nicht nur geographisch die Angriffsfläche gegenüber Ansprüchen betroffener Personen. Jedenfalls für außereuropäische nichtöffentliche Stellen dürfte sich auch das praktische Risiko einer Inanspruchnahme erheblich vergrößern, da durch die Zustellungsbevollmächtigung des Vertreters auch praktisch die Rechtsdurchsetzung erheblich erleichtert wird. Dies dürfte allerdings kleinere Unternehmen schwerer treffen als große, die ohnehin bereits unter dem BDSG regelmäßig gerichtliche Auseinandersetzungen nach europäischem und deutschem Recht geführt haben. Für kleinere Unternehmen dürfte die leichtere gerichtliche Inanspruchnahme innerhalb der EU insoweit eine größere Risikoverschiebung bedeuten.

III. Relevanz für betroffene Personen

42 Für betroffene Personen ergeben sich insbesondere durch die gerichtliche Zuständigkeit an ihrem Aufenthaltsort und das Wahlrecht hinsichtlich des Gerichtsstandes **Erleichterungen bei der Rechtsdurchsetzung**. Jedenfalls für betroffene Personen, die vor deutschen Gerichten klagen, ergibt sich eine weitere Erleichterung aus § 44 Abs. 3 BDSG, wonach der von dem Verantwortlichen nach Art. 27 Abs. 1 zu benennende Vertreter auch zustellungsbevollmächtigt ist. Insbesondere für das Vorgehen gegen außereuropäische Verantwortliche wird dies voraussichtlich zu einer deutlichen praktischen Erleichterung und erheblichen Beschleunigung des Verfahrens führen.

IV. Relevanz für Aufsichtsbehörden

43 Die Erleichterungen für betroffene Personen bei der Rechtsdurchsetzung spielt für Aufsichtsbehörden bei der **Ermessensausübung** eine Rolle. Dabei wird bei Ermessensentscheidungen durchaus zu berücksichtigen sein, dass betroffenen Personen neben dem verwaltungsrechtlichen Vorgehen der Behörde auch ein erleichterter privater Rechtsweg offensteht. Auch die Frage, ob eine betroffene Person ihre Rechte gegenüber dem Verantwortlichen bereits geltend macht oder gemacht hat, wird bei der Ermessensausübung zu berücksichtigen sein. Ein pauschaler Verweis auf den Privatrechtsweg wird freilich nicht zulässig sein.

44 Da das Beschwerderecht gegenüber der Behörde neben dem gerichtlichen Rechtsschutz gegenüber dem Verantwortlichen oder dem Auftragsdatenverarbeiter steht, ergibt sich für Aufsichtsbehörden zudem das Risiko divergierender Entscheidungen. So sieht die DS-GVO kein Abstimmungserfordernis zwischen Behörde und Gericht vor, sodass sich widersprechende Entscheidungen von Aufsichtsbehörde und Gericht in derselben Sache durchaus denkbar sind.

V. Relevanz für das Datenschutzmanagement

45 Für das Datenschutzmanagement ist zu berücksichtigen, dass sich durch eine erleichterte prozessuale Durchsetzbarkeit von Ansprüchen durch betroffene Personen das **praktische Risiko** im Vergleich zur alten Rechtslage **verschieben** kann. Dies dürfte insbesondere für außereuropäische Verantwortliche gelten, für die durch Art. 27 Abs. 1 und § 44 Abs. 3 BDSG ein deutlich höheres praktisches Risiko der Inanspruchnahme durch betroffene Personen ergibt.

Artikel 80 Vertretung von betroffenen Personen

(1) Die betroffene Person hat das Recht, eine Einrichtung, Organisationen oder Vereinigung ohne Gewinnerzielungsabsicht, die ordnungsgemäß nach dem Recht eines Mitgliedstaats gegründet ist, deren satzungsmäßige Ziele im öffentlichem Interesse liegen und die im Bereich des Schutzes der Rechte und Freiheiten von betroffenen Personen in Bezug auf den Schutz ihrer personenbezogenen Daten tätig ist, zu beauftragen, in ihrem Namen eine Beschwerde einzureichen, in ihrem Namen die in den Artikeln 77, 78 und 79 genannten Rechte wahrzunehmen und das Recht auf Schadensersatz gemäß Artikel 82 in Anspruch zu nehmen, sofern dieses im Recht der Mitgliedstaaten vorgesehen ist.

(2) Die Mitgliedstaaten können vorsehen, dass jede der in Absatz 1 des vorliegenden Artikels genannten Einrichtungen, Organisationen oder Vereinigungen unabhängig von einem Auftrag der betroffenen Person in diesem Mitgliedstaat das Recht hat, bei der gemäß Artikel 77 zuständigen Aufsichtsbehörde eine Beschwerde einzulegen und die in den Artikeln 78 und 79 aufgeführten Rechte in Anspruch zu nehmen, wenn ihres Erachtens die Rechte einer betroffenen Person gemäß dieser Verordnung infolge einer Verarbeitung verletzt worden sind.

– *ErwG: 142*

Übersicht

Literatur: *Dieterich* Rechtsdurchsetzungsmöglichkeiten der DS-GVO – Einheitlicher Rechtsrahmen führt nicht zwangsläufig zu einheitlicher Rechtsanwendung, ZD 2016, 260; *Dönch* Verbandsklagen bei Verstößen gegen das Datenschutzrecht – neue Herausforderungen für die Datenschutz-Compliance, BB 2016, 962; *Gerhard* Vereinbarkeit einer Verbandsklage im Datenschutzrecht mit Unionsrecht, CR 2015, 338; *Gierschmann* Was „bringt" deutschen Unternehmen die DS-GVO? – Mehr Pflichten, aber die Rechtsunsicherheit bleibt, ZD 2016, 51; *Halfmeier* Die neue Datenschutzverbandsklage, NJW 2016, 1126; *Köpernik* Zur Notwendigkeit einer Verbandsklage bei Datenschutzverstößen, VuR 2014, 240; *Pods-*

zun/de Toma Die Durchsetzung des Datenschutzes durch Verbraucherrecht, Lauterkeitsrecht und Kartellrecht, NJW 2016, 2987; *Reif* Bundesrat für Stärkung der Verbraucherrechte im Datenschutz – weitgehende Ablehnung der Vorschläge durch Bundesregierung, RDV 2015, 135; *Weidlich-Flatten* Verbraucherschutzverbände als Heilsbringer für den Datenschutz? ZRP 2014, 196.

A. Einordnung und Hintergrund

I. Normengenese und -umfeld

1 **1. EG DSRL.** Bereits Art. 28 Abs. 4 DSRL sah vor, dass sich ein Betroffener durch einen Verband vertreten lassen kann, wenn er eine Beschwerde gegenüber einer Aufsichtsbehörde einlegen möchte. Weitere Voraussetzungen an die Eigenschaft des „Verbandes“ wurden indes nicht genannt. Die DSRL enthielt jedoch weder ein darüber hinausgehendes Recht der Verbände, Betroffene zu vertreten, noch Regelungen zu einer Popularklage.

2 **2. Popularklagen nach BDSG a.F., UKlaG, UWG.** Die Möglichkeit für Popularklagen durch Verbände wurde in den letzten Jahren im nationalen Recht ausgeweitet. Schon vor der Reform des UKlaG (2016) war es möglich, nach § 1 UKlaG einen Unterlassungsanspruch gegen den Verwender unwirksamer allgemeiner Geschäftsbedingungen, die mit den Vorschriften des BDSG a.F. über die Erhebung, Verarbeitung oder Nutzung von Daten in Widerspruch standen, geltend zu machen.[1] Umstritten war, ob Datenschutzvorschriften als Verbraucherschutzvorschriften gelten und damit die Möglichkeit eines Unterlassungsanspruchs nach § 2 Abs. 1 S. 1 UKlaG oder nach § 8 Abs. 3 Nr. 3 UWG besteht. [2]

3 Ebenfalls umstritten war (und ist), ob Datenschutzverstöße sogenannte Marktverhaltensregeln sind und deshalb ein wettbewerbsrechtlicher Unterlassungsanspruch bei einem Datenschutzverstoß vorliegen kann. Aus § 4 Nr. 11 UWG a.F. bzw. § 3a UWG i.V.m. § 8 Abs. 3 Nr. 2 und Nr. 3 UWG ergibt sich eine Verbandsklagebefugnis gegen wettbewerbliche Handlungen, die gegen eine gesetzliche Vorschrift verstoßen, die auch dazu bestimmt ist, im Interesse der Marktteilnehmer das Marktverhalten zu regeln. Charakteristisch für eine solche Vorschrift ist, dass diese zumindest auch die Regelung des Marktverhaltens bezweckt und damit gleiche Bedingungen für die Wettbewerbsteilnehmer schafft.[3] Ob datenschutzrechtliche Normen eine marktregelnde Funktion haben, wurde in der Rechtsprechung uneinheitlich beantwortet.[4] Dabei stand die Frage nach dem Schutzbereich datenschutzrechtlicher Vorschriften im Mit-

---

1 Es musste also ein Zusammenhang mit einer „Einwilligung“ bestehen; *Spindler* ZD 2016, 114, 115; *Köpernik* VuR 2014, 240.

2 Dagegen etwa *OLG Frankfurt am Main* v. 30.6.2005 – 6 U 168/04 zu §§ 3, 4a BDSG a.F.; *OLG Düsseldorf* v. 20.2.2004 – Az. I-7 u 149/03 zu § 28 BDSG a.F.; *OLG Hamburg* v. 9.6.2004 – 5 U 186/03; befürwortend aber bspw. *OLG Köln* MMR 2009, 845; *OLG Köln* CR 2011, 680, 682; *OLG Stuttgart* MMR 2007, 437; dazu ferner *Köpernik* VuR 2014, 240.

3 *BGH* NVwZ 2006, 1206, 1207.

4 Für eine Einordnung des BDSG a.F. als marktregelnde Vorschrift spricht sich das *OLG Köln* NJW 2010, 90; *OLG Köln* v. 19.11.2010 – 6 U 73/10 aus; dagegen aber das *OLG München* GRUR-RR 2012, 395. Zu § 13 TMG: bejahend *OLG Hamburg* v. 27.6.2013 – 3 U 26/12, Rn. 57 f. – juris; *OLG Köln* v. 11.3.2016 – 6 U 121/15, MMR 2016, 530, 531 f.; verneinend KG Berlin, Beschluss v. 29.04.2011 – 5 W 88/11, Rn. 32 ff. – juris; *LG Berlin* v. 14.3.2011 – 91 O 25/11, BeckRS 2011, 06242.

telpunkt, also ob dem Datenschutzrecht – neben seiner Hauptfunktion als Persönlichkeitsschutz – eine Aufgabe als marktbezogener Verbraucherschutz zukommt.[5] Tendenziell hat die Rechtsprechung indes immer öfter die Einstufung von datenschützenden Normen als vom Schutzbereich des UWG erfasst angesehen, worauf insbesondere die datenschutzrechtlichen Richtlinien sowie die DS-GVO ihren Einfluss ausübten.[6]

Durch den – im Wege der Reform des UKlaG – eingeführten § 2 Abs. 2 Nr. 11 UKlaG[7] ist es nicht mehr erforderlich, dass datenschutzrechtliche Vorschriften eine marktregelnde Funktion haben, damit ein Unterlassungsanspruch im Wege der Popularklage durch Verbraucherverbände geltend gemacht werden kann. 4

B. Kommentierung

I. Abs. 1

1. Vertretungsbefugnis in individuellen Fällen. Abs. 1 regelt die Möglichkeit der individuellen Vertretung des Betroffenen durch Verbände. Die Idee hierbei ist, dem Einzelnen die Durchsetzung der durch die DS-GVO zugebilligten Rechte zu erleichtern. Denn für Verbände ist es aufgrund ihrer gebündelten Kompetenz und Stärke einfacher, Datenverstöße gegenüber größeren Unternehmen – mitunter auch gerichtlich – wirksam durchzusetzen.[8] Neben der Verbesserung der Durchsetzungsmöglichkeiten hinsichtlich der Betroffenenrechte wird auch dem behördlichen Vollzugsdefizit entgegengewirkt, um Datenschutzverstöße wirksam zu sanktionieren.[9] 5

Hierbei spielt das Thema der Vertretungsbefugnis eine wichtige Rolle, da das Recht zur Vertretung rechtlicher Interessen traditionell dem Rechtsanwalt vorbehalten ist (§ 3 Abs. 1 BRAO), der Verbraucher aber wohlmöglich den Gang zu einem spezialisierten und somit möglicherweise teuren Rechtsanwalt scheut. Daher hat der nationale Gesetzgeber Verbraucherschutzverbänden und ähnlichen Vereinigungen gemäß § 7 RDG das Recht gewährt, außergerichtliche Rechtsdienstleistungen zu erbringen und in diesem Rahmen auch datenschutzrechtlich zu beraten. 6

2. Vertretung bei Beschwerden. Art. 80 Abs. 1 ermöglicht, dass der Betroffene das ihm aus Art. 77 Abs. 1 zustehende Recht auf Beschwerde bei einer Aufsichtsbehörde im Wege der Vertretung durch Verbände beanspruchen kann. 7

3. Vertretungsbefugnis für die in Art. 78 und 79 genannten Rechte. Art. 80 Abs. 1 verweist auf die in den Art. 78, 79 genannten Rechte. Art. 78, 79 wiederum enthalten keine konkreten Rechte, sondern vielmehr eine Rechtsschutzgarantie – namentlich das Recht auf wirksamen gerichtlichen Rechtsbehelf gegen eine Aufsichtsbehörde oder gegen Verantwortliche oder Auftragsverarbeiter (siehe Art. 78 Rn. 21 ff. und 79 Rn. 10 ff.). Diese Verweisung kann also nur so verstanden werden, dass die in der DS-GVO normierten und mittels gerichtlichem Rechtsbehelf durchzusetzenden Rechte des Betroffenen auch – über die Möglichkeit des Art. 80 – im Wege der Vertretung 8

5 *Köpernik* VuR 2014, 240 (241).

6 Siehe hierzu *OLG Köln* v. 11.3.2016 – 6 U 121/15 und *KG* v. 29.4.2011 – Az. 5 W 88/11 – *Gefällt-mir-Button* – sowie *Köpernik* VuR 2014, 240, 241 und *Dönch* BB 2016, 962.

7 Gesetz zur Verbesserung der zivilrechtlichen Durchsetzung von verbraucherschützenden Vorschriften des Datenschutzrechts v. 17.2.2016.

8 Ehmann/Selmayr-*Nemitz* Art. 80 Rn. 1; Paal/Pauly-*Frenzel* Art. 80 Rn. 6.

9 *Gierschmann* ZD 2016, 51 (53).

geltend gemacht werden können. Die Geltendmachung der Rechte bezieht sich nur auf solche, die direkt der DS-GVO entspringen, wie etwa die Ansprüche aus Art. 17 Abs. 1 oder Art. 20 Abs. 1.

9 **4. Vertretungsbefugnis für das Recht auf Schadensersatz. – a) Vorgesehene Regelung im Recht der Mitgliedstaaten.** Die betroffene Person kann das in Art. 80 Abs. 1 normierte Recht zur Beauftragung einer qualifizierten Einrichtung zur Einreichung einer Beschwerde, zur Wahrnehmung der Rechte aus Art. 77, 78 und 79 und zur Inanspruchnahme des Rechts auf Schadensersatz nur dann ausüben, „sofern dieses im Recht der Mitgliedstaaten vorgesehen ist." Dieser letzte Halbsatz des Abs. 1 („sofern dieses im Recht der Mitgliedstaaten vorgesehen ist") bezieht sich ausschließlich auf die Vertretungsbefugnis bei Schadensersatzansprüchen gemäß Art. 82.[10] Schon die Tatsache, dass ansonsten eine übersichtlichere und verständlichere Satzstellung (nämlich eine schlichte Aufzählung) hätte verwendet werden können, macht dies deutlich. Auch unter Berücksichtigung der englischen Sprachfassung des Art. 80 sowie dem ErwG 142 kann ein sinnvoller Bezug nur mit dem Recht auf Schadensersatz hergestellt werden.[11]

10 **b) Keine Umsetzung einer Schadensersatz-Verbandsklage.** Eine ausschließliche Umsetzung eines Rechts zur Vertretung der Interessen in Schadensersatzangelegenheiten ist nicht ersichtlich. Insbesondere enthält das BDSG n.F. keine entsprechende Regelung. Es ist fraglich, ob § 7 Abs. 1 Nr. 1 RDG als eine Umsetzung von Art. 80 Abs. 1 letzter Hs. gelten kann. Das Sachgebiet der Interessenvertretung wird hier jedenfalls nur durch den „satzungsmäßigen Aufgabenbereich" eingegrenzt. Soweit die Geltendmachung von Schadensersatzansprüchen zum Aufgabenbereich eines entsprechenden Verbandes gehört, können die entsprechenden Rechte vor und nach dem 25.5.2018 von Verbänden geltend gemacht werden. Der letzte Halbsatz des Art. 80 Abs. 1 erfordert nicht, dass es eine mitgliedstaatliche Schadensersatzregelung für Datenschutzverstöße geben muss. Eine solche Auslegung widerspräche dem Art. 82 und damit ferner dem Charakter der DS-GVO als Verordnung nach Art. 288 Abs. 2 AEUV.[12]

11 **5. Gerichtliche Vertretung.** Das nationale Recht gestattet es Verbänden bislang jedoch nicht, einen Betroffenen vor Gericht zu vertreten. Zwar kann ein Verband jederzeit einen externen Anwalt damit beauftragen, einen Fall vor Gericht zu bringen und es gibt einzelne Ausnahmevorschriften, die eine gerichtliche Aktivität von Verbänden gestatten. So vor allem § 79 Abs. 2 Nr. 3 ZPO, der es Verbraucherzentralen und anderen mit öffentlichen Mitteln geförderten Verbraucherverbänden ermöglicht, Verbraucher im Rahmen der Einziehung von Forderungen zu vertreten.

---

10 A.A. Ehmann/Selmayr-*Nemitz* Art. 80 Rn. 11.

11 Der englische Text des ErwG 142 S. 1 lautet: „[…] exercise the right to a judicial remedy on behalf of data subjects or, if provided for in Member State law, exercise the right to receive compensation on behalf of data subjects,", vgl. Plath-*Becker* Art. 80 Rn. 3 und im Ergebnis auch Gola-*Werkmeister* Art. 80 Rn. 9 und Paal/Pauly-*Frenzel* Art. 80 Rn. 9.

12 Nach Art. 288 Abs. 2 AEUV gilt eine Verordnung unmittelbar in jedem Mitgliedstaat. Siehe auch Gola-*Werkmeister* Art. 80 Rn. 9.

Art. 80 Abs. 1 geht in seinem Anwendungsbereich jedoch weit über das bisherige nationale Recht hinaus, [13] wie sich insbesondere aus dem Verweis aus Art. 78 und 79 ergibt. Denn diese Artikel enthalten keine einzelnen Ansprüche der Betroffenen, sondern das Prinzip der Rechtschutzgarantie, also das Recht auf effektiven gerichtlichen Rechtschutz gegen staatliches und privates Handeln, welches gegen die DS-GVO verstößt. Eine gerichtliche Geltendmachung der in Art. 77, 78 und 79 statuierten Rechte ist demnach durch Verbände möglich, wozu eine formlose Beauftragung genügt.[14] Nur bezüglich Schadensersatzansprüchen können Verbände nicht per se vor Gericht Betroffene vertreten, da der nationale Gesetzgeber diesbezüglich keine Regelung geschaffen hat. **12**

Da die Beauftragung der Wahrnehmung der Rechte aus Art. 77, 78 und 79 es ferner erfordert, dass eine solche „in ihrem Namen", also im Namen des Betroffenen, stattfindet, liegt die Annahme einer Bevollmächtigung näher als die einer Prozessstandschaft.[15] Bei letzterer wird ein fremdes Recht im eigenen Namen geltend gemacht, was nach Abs. 1 ausdrücklich ausgeschlossen ist. **13**

6. Vertretung in einem anderen Land. Eine Beschränkung außergerichtlicher Vertretung innerhalb des Mitgliedstaates, in dem der Verband gegründet wurde, lässt sich nicht aus der Vorschrift entnehmen. Vielmehr ergibt sich aus systematischer Sicht aufgrund der Verweisung auf Rechte aus Art. 77 ff., dass die Vertretung betroffener Personen durch qualifizierte Verbände auch in einem anderen Mitgliedstaat möglich sein muss.[16] **14**

8. Einrichtungen, Organisationen oder Vereinigungen ohne Gewinnerzielungsabsicht.
Eine betroffene Person kann einen nach mitgliedstaatlichem Recht gegründeten Verband, dessen Ziele im Bereich des Datenschutzes liegen und der ohne Gewinnerzielungsabsicht handelt, beauftragen, sein Beschwerderecht und ferner die Rechte aus Art. 77, 78 und 79 sowie das Recht auf Schadensersatz nach Art. 80 in seinem Namen geltend zu machen. Die in Art. 80 Abs. 1 genannten Institutionen müssen – ausweislich des Wortlautes „satzungsmäßige Ziele" – Träger von Rechten sein; indes ist die Rechtsform nicht vorgeschrieben.[17] Anknüpfend an die satzungsmäßigen Ziele müssen diese öffentlichen Interessen entsprechen und damit dem Allgemeinwohl und nicht nur Individualinteressen dienen.[18] § 7 RDG und § 3 Abs. 1 Nr. 1 UKlaG stellen ebenfalls Anforderungen an die qualifizierte Einrichtung, die die Interessen der Betroffenen vertreten darf. Auch wenn der Wortlaut mit dem der DS-GVO nicht identisch ist – so fordert § 7 RDG beispielsweise eine Vereinigung zur Wahrung **15**

13 So auch Sydow-*Kreße* Art. 80 Rn. 10 und Kühling/Buchner-*Bergt* Art. 80 Rn. 10; a.A. Ehmann/Selmayr-*Nemitz* Art. 80 Rn. 10, der auf die Vertretung durch einen bei der Organisation beschäftigten Rechtsanwalt verweist.

14 Kühling/Buchner-*Bergt* Art. 80 Rn. 10; a.A. Paal/Pauly-*Frenzel* Art. 80 Rn. 9, der allein schon aus Gründen der Rechtssicherheit eine schriftliche Erklärung der Beauftragung fordert.

15 Für eine „(modifizierte) Prozessstandschaft" aber Kühling/Buchner-*Bergt* Art. 80 Rn. 10; ebenso die „eigenständige Art" der Prozessstandschaft hervorhebend Schantz/Wolff-*Schantz* Das neue Datenschutzrecht, F. IV. 2. Rn. 1271. Eine Vertretung befürwortend aber Sydow-*Kreße* Art. 80 Rn. 10.

16 Gola-*Werkmeister* Art. 80 Rn. 6.

17 Kühling/Buchner-*Bergt* Art. 80 Rn. 5.

18 Gola-*Werkmeister* Art. 80 Rn. 5.

„gemeinschaftlicher Interessen" –, kann es aufgrund der eindeutigen Vorgaben der DS-GVO zu keinem anderen Ergebnis führen. Als Orientierungshilfe könnte die Liste qualifizierter Einrichtungen gemäß § 4 des UKlaG dienen, die das Bundesamt für Justiz und Verbraucherschutz herausgibt.

16 Ob auch der Betriebsrat ein qualifizierter Verband i.S.d. Art. 80 Abs. 1 ist, wird aufgrund des Schutzes der Interessen der Arbeitnehmer hinsichtlich datenschutzrechtlicher Belange im arbeitsrechtlichen Umfeld bisweilen diskutiert.[19] Angesichts der mangelnden Rechtsfähigkeit sowie fehlender auf datenschutzrechtliche Belange gerichtete satzungsmäßige Verpflichtungen ist eine Einordnung des Betriebsrats als qualifizierter Verband i.S.d. Art. 80 Abs. 1 abzulehnen.[20]

II. Abs. 2

17 **1. Öffnungsklausel für die Mitgliedstaaten für Popularklagen.** Art. 80 Abs. 2 eröffnet den Mitgliedstaaten die Möglichkeit, dass die genannten Institutionen auch unabhängig von einer Beauftragung durch den Betroffenen tätig werden und dessen Rechte aus Art. 78 und 79 geltend machen können. Das Recht auf Schadensersatz gemäß Art. 82 Abs. 1 bleibt davon ausgenommen. Art. 80 Abs. 2 ist somit – im Unterschied zu Abs. 1 – als echte Popularklage einzustufen.[21] Indes besteht immer noch das Erfordernis der Betroffenheit einer Person, womit eine Verletzung von rein objektivem Recht ein Verbandsklagerecht nach Abs. 2 ausschließt.[22] Entsprechende nationale Vorschriften finden sich in § 3 UKlaG und § 8 UWG.

18 **2. Nationale Verbandsklagemöglichkeiten. – a) Abschließende Regelung zur Verbandsklage.** Art. 80 könnte unter dem Gesichtspunkt der „Vollharmonisierung" der DS-GVO einen abschließenden Charakter für Verbandsklagen haben und damit andere nationale Möglichkeiten, Datenschutzverstöße durch Verbandsklagen zu verfolgen, ausschließen.[23] Da die DS-GVO den Datenschutz EU-weit effektiv durchsetzen möchte, erscheint die Annahme einer abschließenden Regelung der Durchsetzungsmöglichkeiten von Datenschutzrechten in der DS-GVO begründet.[24]

19 **b) Umsetzung im nationalen Recht.** Durch § 2 Abs. 2 Nr. 11 UKlaG wird dem Verbraucher auch außerhalb von datenschutzrechtlichen Verstößen in allgemeinen Geschäftsbedingungen die Möglichkeit gegeben, sein Recht im Wege der Verbandsklage zu verfolgen. [25] § 2 Abs. 2 Nr. 11 UKlaG erlaubt Verbänden, Unterlassungs- und Beseitigungsansprüche geltend zu machen, wenn ein Verstoß gegen datenschutzrechtliche Vorschriften, die die Zulässigkeit der Erhebung von personenbezogenen Daten eines Verbrauchers durch einen Unternehmer oder die Verarbeitung oder die Nutzung personenbezogener Daten, die über einen Verbraucher erhoben wurden, durch

19 BeckOK DatenSR-*Karg* Art. 80 Rn. 12; *Schuler/Weichert* Die EU-DS-GVO und die Zukunft des Beschäftigtendatenschutzes – Gutachten, http://www.netzwerk-datenschutzexpertise.de/sites/default/files/gut_2016_dsgvo_beschds.pdf S. 21, Abruf vom 19.10.2017.

20 So auch *Karg* ZD 2017, 3, 7.

21 Ehmann/Selmayr-*Nemitz* Art. 80 Rn. 12.

22 Kühling/Buchner-*Bergt* Art. 80 Rn. 14.

23 Zu den anderen Möglichkeiten zählen die AGB-Kontrolle und das Wettbewerbsrecht; siehe dazu oben Rn. 2 ff.

24 So auch Gola-*Werkmeister* Art. 80 Rn. 17.

25 Dazu auch ausführlich der Gesetzentwurf der Bundesregierung BT-Drucks. 18/4631, S. 12 f.

einen Unternehmer regeln, vorliegt. Eine Einschränkung der Rechtschutzmöglichkeit über die Verbandsklage ergibt sich indes aus dem Erfordernis der Zweckbindung der Daten gemäß § 2 Abs. 2 Nr. 11 UKlaG, nämlich dass die Datenerhebung, -verarbeitung oder -nutzung im Zusammenhang mit kommerziellen Zwecken steht.[26]

Ob § 2 Abs. 2 Nr. 11 UKlaG eine unionsrechtskonforme Ausformung des Art. 80 darstellt, ist fragwürdig. Anzuerkennen ist, dass § 2 Abs. 2 Nr. 11 UKlaG nicht jeden datenschutzrechtlichen Verstoß sanktioniert und den Anwendungsbereich ferner auch in Bezug auf den Kreis der anspruchsberechtigten Verbände einschränkt.[27] Gegen die Annahme einer (wenn auch nur teilweisen) Umsetzung spricht zum einen, dass durch die Zweckbindung der Datenverarbeitung die Durchsetzungsmöglichkeit aller Normen der DS-GVO nicht umfangreich gewährleistet ist.[28] Insoweit wäre den Zielen des Verordnungsgebers an einer „Vollharmonisierung" des Datenschutzrechtes nicht genüge getan. Zum anderen ist die Rechtsfolgenseite des Anspruchs auf § 2 Abs. 2 Nr. 11 UKlaG problematisch, die dem Betroffenen einen Unterlassungs- oder Beseitigungsanspruch zuspricht. Dass auf diese Weise die Rechte der DS-GVO – beispielsweise das Recht auf Datenübertragbarkeit aus Art. 20 – durchgesetzt werden können, scheint nicht möglich. Zudem ist zu bedenken, dass die DS-GVO die Verbandsklage möglichst auf die Vertretung bestimmter Rechte – nämlich der Rechte aus Art. 78 und 79 – beschränken will. Der Tatbestand aus § 2 Abs. 2 Nr. 11 UKlaG ist insoweit zu weit formuliert und muss daher in Zukunft unionsrechtskonform ausgelegt und der Anwendungsbereich damit auf die Rechte aus Art. 78 und 79 begrenzt werden. **20**

Artikel 81 Aussetzung des Verfahrens

(1) Erhält ein zuständiges Gericht in einem Mitgliedstaat Kenntnis von einem Verfahren zu demselben Gegenstand in Bezug auf die Verarbeitung durch denselben Verantwortlichen oder Auftragsverarbeiter, das vor einem Gericht in einem anderen Mitgliedstaat anhängig ist, so nimmt es mit diesem Gericht Kontakt auf, um sich zu vergewissern, dass ein solches Verfahren existiert.

(2) Ist ein Verfahren zu demselben Gegenstand in Bezug auf die Verarbeitung durch denselben Verantwortlichen oder Auftragsverarbeiter vor einem Gericht in einem anderen Mitgliedstaat anhängig, so kann jedes später angerufene zuständige Gericht das bei ihm anhängige Verfahren aussetzen.

(3) Sind diese Verfahren in erster Instanz anhängig, so kann sich jedes später angerufene Gericht auf Antrag einer Partei auch für unzuständig erklären, wenn das zuerst angerufene Gericht für die betreffenden Klagen zuständig ist und die Verbindung der Klagen nach seinem Recht zulässig ist.

– *ErwG: 144*

---

26 Exemplarisch genannt werden etwa die Zwecke der Werbung, Markt- und Meinungsforschung, des Betreibens einer Auskunftei, des Erstellens von Persönlichkeits- und Nutzungsprofilen oder des Adresshandels.

27 Gola-*Werkmeister* Art. 80 Abs. 18.

28 Gola-*Werkmeister* Art. 80 Rn. 16; *Dönch* BB 2016, 962, 964; den eingeschränkten Anwendungsbereich kritisiert auch *Spindler* ZD 2016, 114, 116 f.

Übersicht

Literatur: *Dieterich* Rechtsdurchsetzungsmöglichkeiten nach der DS-GVO – Einheitlicher Rechtsrahmen führt nicht zwangsläufig zu einheitlicher Rechtsanwendung, ZD 2016, 260; *Gärditz* Funktionswandel der Verwaltungsgerichtsbarkeit unter dem Einfluss des Unionsrechts – Umfang des Verwaltungsrechtsschutzes auf dem Prüfstand. Gutachten D zum 71. Deutschen Juristentag, 2016; *Piltz* Die Datenschutz-Grundverordnung – Teil 5: Internationale Zusammenarbeit, Rechtsbehelfe und Sanktionen, K&R 2017, 85; *Voßkuhle* Die Verwaltungsgerichte im Europäischen Gerichtsverbund, SachsVBl. 2013, 77.

A. Einordnung und Hintergrund

I. DSRL

1 Die DSRL hat keine Vorläuferbestimmung.

II. BDSG a.F.

2 Das BDSG a.F. enthielt keine Vorläuferbestimmung.

B. Kommentierung

I. Allgemeines

3 Die DS-GVO als Sekundärrechtsakt enthält mit Art. 81 eine Verfahrensvorschrift, die Vorrang vor dem nationalen Prozessrecht hat. Ziel dieser Regelung ist nach der Normierung eines kohärenten Rechtsrahmens auch Homogenität in der Rechtsprechung herzustellen. Ein unionsweiter wirksamer Schutz personenbezogener Daten erfordert gleiche Rechtsfolgen im Falle ihrer Verletzung.[1] Die Problematik, dass ein einheitlicher Rechtsrahmen nicht zwangsläufig zu einer einheitlichen Rechtsanwendung führt, versucht die Regelung aufzulösen. Grundsätzlich hält das Unionsrecht mit Vorabentscheidungsverfahren gem. Art. 267 AEUV bereits ein Instrument zur Wahrung der Rechtseinheit bereit. Art. 81 geht darüber aber weit hinaus und erweitert den bereits in Art. 30 EuGVVO angelegten dezentralen Mechanismus der Rechtsangleichung für Fälle, in denen gerichtliche Verfahren gegen ein internationales Unternehmen als Verantwortliche in mehreren EU-Ländern anhängig sind: So sollen Gerichte aller Instan-

1 Vgl. ErwG 13.

zen direkt mit anderen Gerichten in der EU-Kontakt aufnehmen (Abs. 1) und ggf. Verfahren aussetzen (Abs. 2) oder Verfahren verbinden (Abs. 3). Diese Form der dezentralen Rechtsvereinheitlichung kann deutlich vor einer möglichen Entscheidung des EuGH greifen, verdrängt die Möglichkeit eines Vorabentscheidungsverfahrens jedoch nicht. Freilich besteht die Gefahr, dass der (auch sprachlich nicht immer einfache) Kommunikationszwang zwischen den Gerichten der unteren Instanzen auch faktisch zu einer deutlichen Verzögerung von Verfahren führen könnte.[2]

II. Anwendungsbereich

1. Derselbe Verantwortliche oder Auftragsverarbeiter. Die Anwendbarkeit von Art. 81 setzt voraus, dass das Verfahren denselben Verantwortlichen bzw. Auftragsverarbeiter betreffen muss. Genauer gesagt, muss es sich aber weder beim Kläger noch beim Beklagten um dieselbe Person handeln, sondern die für das Verfahren entscheidende Verarbeitung muss durch dieselbe verantwortliche Stelle bzw. denselben Auftragsverarbeiter erfolgen.[3] Die Übereinstimmung bezieht sich dem Wortlaut nach auch nur auf die Person des Verantwortlichen oder Auftragsverarbeiters und nicht auf die von der Verarbeitung betroffene Person. Somit bedarf es zwischen den Datensubjekten keiner Übereinstimmung für ein Parallelverfahren i.S.d. Art. 81.[4] 4

2. Verfahrensgegenstand. Eine Pflicht zur Zusammenarbeit der Gerichte begründet die Regelung nur für Parallelverfahren mit demselben Verfahrensgegenstand in Bezug auf die Verarbeitung personenbezogener Daten i.S.d. Art. 4 Nr. 2. In ErwG 144 S. 3 ist die inhaltliche Parallelität wie folgt definiert: „Verfahren gelten als miteinander verwandt, wenn zwischen ihnen eine so enge Beziehung gegeben ist, dass eine gemeinsame Verhandlung und Entscheidung geboten erscheint, um zu vermeiden, dass in getrennten Verfahren einander widersprechende Entscheidungen ergehen." 5

Damit schafft der ErwG eine verständliche Erklärung für parallele Verfahrensgegenstände. Eine Legaldefinition, wie sie etwa Art. 30 Abs. 3 EuGVVO[5] vorhält, sieht die DS-GVO indes weder in Art. 81 noch an anderer Stelle vor. Gleichwohl ist die Begrifflichkeit autonom nach Unionsrecht und nicht nach nationalem Prozessrecht auszulegen.[6] Als unionsrechtliche Konkretisierungskriterien können die im Abschnitt „Anhängigkeit und im Zusammenhang stehende Verfahren" befindlichen Art. 29 f. EuGVVO dienen, wobei der Art. 30 hier einschlägig ist.[7] In Art. 30 Abs. 3 EuGVVO findet sich ErwG 144 S. 3 wieder, was allerdings aufgrund der Zugehörigkeit zum Normtext von Bedeutung ist. Im Interesse einer geordneten Rechtspflege ist diese Begrifflichkeit des Zusammenhangs weit auszulegen und sollte alle Fälle erfassen, in denen die Gefahr einander widersprechender Entscheidungen besteht, selbst wenn die Entscheidungen getrennt vollstreckt werden können und sich ihre Rechtsfolgen nicht gegenseitig ausschließen.[8] Es ist daher nicht notwendig, dass in den Verfahren gleiche Ansprüche gestellt werden.[9] 6

---

2 Ähnlich BeckOK DatenSR-*Mundil* Art. 81 Rn. 1; Kühling/Buchner-*Bergt* Art. 81 Rn. 17.
3 Vgl. Sydow-*Kreße* Art. 81 Rn. 11; vgl. auch Kühling/Buchner-*Bergt* Art. 81 Rn. 8.
4 Vgl. Kühling/Buchner-*Bergt* Art. 81 Rn. 9.
5 VO (EU) 2012/1215.
6 So auch Kühling/Buchner-*Bergt* Art. 81 Rn. 7.
7 Vgl. Sydow-*Kreße* Art. 81 Rn. 9; vgl. auch Kühling/Buchner-*Bergt* Art. 81 Rn. 7.
8 *EuGH* v. 6.12.1994 – C-406/92, Tatry/Maciej Rataj, Rn. 53.
9 Gola-*Nolte/Werkmeister* Art. 81 Rn. 7.

7 Der ErwG 144 S. 1 stellt allein auf Verfahren gegen die Entscheidung einer Aufsichtsbehörde ab. Demnach wären parallele Verfahren von Betroffenen gegen den Verantwortlichen nach Art. 78 und 79 vom Anwendungsbereich des Art. 81 ausgeschlossen, was einen sehr begrenzten Anwendungsbereich zu Folge hätte. Die Vorschrift zur Aussetzung des Verfahrens verlangt diese Schlussfolgerung hingegen nicht. Der Anwendungsbereich ist weiter zu fassen, weil enge Beziehungen i.S.d. Vorschrift nicht nur bei parallelen Verfahren gegen Aufsichtsbehörden bestehen. Der ErwG kann keinen sachlichen Grund für die Beschränkung des Anwendungsbereichs darstellen.[10] Dafür spricht auch Art. 81 Abs. 3, wonach die Abweisung einer später erhobenen Klage zulässig ist, wenn das zuerst angerufene Gericht auch für die spätere Klage zuständig ist. Wenn nur Klagen gegen Aufsichtsbehörden in den Anwendungsbereich von Art. 81 fielen, dann wäre Abs. 3 ohne Anwendungsbereich, denn das zuerst angerufene Gericht kann nicht zuständig sein, wenn eine Aufsichtsbehörde eines anderen Mitgliedstaates verklagt wird (Art. 78 Abs. 3).[11] Zusammengefasst sind nicht ausschließlich parallele Verfahren gegen Aufsichtsbehörden in unterschiedlichen Mitgliedstaaten von Art. 81 umfasst, sondern auch gleichlaufende Verfahren von betroffenen Personen gegen den Verantwortlichen bzw. den Auftragsverarbeiter.[12]

8 **3. Betroffene Gerichte.** Art. 81 verpflichtet sämtliche Instanzgerichte der Mitgliedstaaten unter den dort genannten Voraussetzungen zur Zusammenarbeit. Eine solche Verpflichtung primärrechtlich garantierter unabhängiger Gerichte[13] ist nicht unbedenklich, da die Judikative nicht ohne Weiteres zur Zusammenarbeit mit anderen Gerichten gezwungen werden kann.[14] Der innerstaatliche Richter als ordentlicher Richter soll nach Auffassung der DS-GVO dazu beitragen, die Gefahr divergierender Entscheidungen zu mindern und eine einheitliche Interpretation des Unionsrechts zu gewährleisten.

9 ErwG 144 S. 1 spricht von „mit einem Verfahren gegen die Entscheidung einer Aufsichtsbehörde befasstes Gericht". Das legt nahe, dass sich die Vorschrift nur auf die Verwaltungsgerichtsbarkeit bezieht. Ein verwaltungsgerichtliches Verfahren des Verantwortlichen gegen eine ihm gegenüber erlassene aufsichtsbehördliche Maßnahme kann sich auf dieselbe Datenverarbeitung wie ein zivilgerichtliches Verfahren beziehen.[15] Art. 81 knüpft den etwaigen Gleichlauf nicht an denselben „Anspruch", sondern an denselben Verfahrensgegenstand und gilt mithin sowohl für Zivil- als auch für Verwaltungsprozesse.[16]

10 **4. Grenzüberschreitende Dimension.** Wie so oft im Unionsrecht ist die grenzüberschreitende Dimension, in diesem Fall hinsichtlich der anhängigen Rechtssache, ausschlaggebend für die Anwendbarkeit der Vorschrift. Für parallel verlaufende Verfahren innerhalb desselben Mitgliedstaats ist Art. 81 nicht einschlägig.[17]

---

10 Sydow-*Kreße* Art. 81 Rn. 1.
11 Siehe Kühling/Buchner-*Bergt*Art. 81 Rn. 10.
12 Vgl. BeckOK DatenSR-*Mundil* Art. 81 Rn. 7 f.; a.A. Paal/Pauly-*Frenzel* Art. 81 Rn. 7 f.
13 Art. 47 Abs. 2 GRCh.
14 Vgl. BeckOK DatenSR-*Mundil* Art. 81 Rn. 1.
15 Vgl. Paal/Pauly-*Frenzel* Art. 81 Rn. 5.
16 Vgl. *Albrecht/Jotzo*, Das neue Datenschutzrecht der EU, 2017, 124; vgl. ferner Kühling/Buchner-*Bergt* Art. 81 Rn. 12.
17 So auch Sydow-*Kreße* Art. 81 Rn. 16.

III. Kontaktaufnahme zwischen den Gerichten (Abs. 1)

In einem ersten Schritt obliegt dem mit einem entsprechenden Streitfall befassten Gericht zunächst eine Pflicht zur Kontaktaufnahme mit dem potenziell ebenfalls befassten Gericht in einem anderen Mitgliedstaat. Die DS-GVO schafft hier eine neue und zusätzliche Pflicht für die Instanzgerichte der Mitgliedstaaten. **11**

Damit besteht aber keine Amtsermittlungspflicht, sondern das Gericht muss das Vorliegen eines verwandten Verfahrens erst nach Kenntnis solcher gleichlaufenden Verfahren prüfen.[18] Der Formulierung nach stellt die Vorschrift daher auf reine Zufallserkenntnisse ab, weswegen sie in der Praxis weitgehend wirkungslos bleiben dürfte.[19] Für die tatsächliche Anwendung dieser Bestimmung muss die Kenntniserlangung wohl durch die Streitparteien erfolgen.[20] **12**

Die Voraussetzung der Anhängigkeit bestimmt sich aufgrund mangelnder Anhaltspunkte innerhalb der DS-GVO durch weiteres Unionsrecht. Hierfür kann erneut die EuGVVO Konkretisierung leisten. Art. 32 EuGVVO legt den Zeitpunkt der Rechtshängigkeit autonom fest. Die Rechtshängigkeit tritt je nach der geltenden Verfahrensordnung zu einem unterschiedlichen, aber möglichst frühen Zeitpunkt ein: wenn das verfahrenseinleitende Schriftstück vor dessen Zustellung an den Beklagten bei Gericht einzureichen ist, ist das Verfahren ab dem Zeitpunkt der Einreichung dieses Schriftstücks bei Gericht anhängig; wenn die Zustellung vor Einreichung des verfahrenseinleitenden Schriftstücks erfolgt, wird das Verfahren mit Übergabe des Schriftstücks an die für die Zustellung zuständige Behörde anhängig.[21] **13**

Letztlich handelt es sich bei der Pflicht zur Kontaktaufnahme um einen gerichtsinternen Vorgang, der nicht mit Rechtsmitteln erzwungen bzw. angegriffen werden kann. Eine unterbliebene Kontaktaufnahme hat daher keine Konsequenzen für den weiteren Verfahrensgang.[22] **14**

IV. Möglichkeit zur Aussetzung (Abs. 2)

Die Möglichkeit zur Aussetzung knüpft unmittelbar an die Voraussetzungen des Abs. 1 an. Das später angerufene zuständige Gericht kann das bei ihm anhängige Verfahren aussetzen. An dieser Stelle wird deutlich, dass der Zeitpunkt der Anhängigkeit von Relevanz ist, da nur das zeitlich nachgelagert mit demselben Gegenstand befasste Gericht ebendieses Recht zur Aussetzung erhält. Eine Pflicht zur Aussetzung besteht jedenfalls nicht. **15**

Über die Wahrnehmung der in Abs. 2 normierten Möglichkeit besteht richterliches Ermessen, wobei gleichwohl rechtliches Gehör vor einer entsprechenden gerichtlichen Entscheidung gewährt werden muss.[23] Zum Zwecke der einheitlichen Rechtsanwendung des kohärenten Datenschutzrechts kann das Gericht die Entscheidung in dem anderen Mitgliedstaat zunächst abwarten. Vielmehr als Orientierung bieten kann der Urteilsspruch aber praktisch wohl nicht, da die Streitgegenstände in der Regel nicht **16**

---

18 Vgl. Auernhammer-*Lewinski* Art. 81 Rn. 3.
19 Vgl. BeckOK DatenSR-*Mundil* Art. 81 Rn. 5.
20 Vgl. *Piltz* K&R 2017, 85, 90.
21 Musielak/Voit- *Stadler* ZPO Art. 32 EuGVVO Rn. 1.
22 Gola-*Nemitz/Werkmeister* Art. 81 Rn. 17.
23 Gola-*Nolte/Werkmeister* Art. 81 Rn. 12; Ehman/Selmayr-*Nemitz* Art. 81 Rn. 7.

identisch sind.[24] Gleichwohl schützt die Aussetzung des Verfahrens vor sich diametral widersprechenden Urteilen.

17 Die Ermessensbetätigung erfolgt unter Würdigung der Prozessökonomie sowie der Interessen der Prozessparteien. Einer von Gericht und allen Parteien gewünschten Aussetzung steht in der Konsequenz wohl nichts entgegen. Anders liegt der Fall jedoch, wenn eine oder mehrere Parteien einer Aussetzung ausdrücklich widersprechen und das Gericht die betroffenen Rechte gegen die Prozessökonomie abwägen muss.[25] Besonderheiten des Falles, in dem z.B. eine betroffene Person Kläger ist, können durch das Recht auf einen wirksamen Rechtsbehelf (Art. 47 Abs. 1 GRCh) Grundrechtsrelevanz erhalten und sind in Bezug auf eine mögliche Aussetzung umfangreich zu würdigen, sodass in diesen Fällen von Abs. 2 nur in Ausnahmen Gebrauch gemacht werden kann.[26]

18 Entscheidet sich das später befasste Gericht für die Aussetzung, so ist es später nicht an die Entscheidung des anderen Gerichts gebunden. Die Rechtsprechung kann in den nicht identischen Streitfällen allenfalls einfließen. Anders als dies bei den Aufsichtsbehörden der Fall ist, sieht die DS-GVO für die Gerichte kein Kohärenzverfahren vor.[27]

19 Nur die Unionsgerichtsbarkeit kann mittels Vorabentscheidungsverfahren die letztverbindliche Klärung in Form autonomer Rechtsauslegung von supranationalem Recht leisten.

Rechtschutz gegen einen Aussetzungsbeschluss eines deutschen Gerichts ist im Wege der sofortigen Beschwerde möglich (§§ 567 ff. ZPO ggf. i.V.m. § 173 VwGO).[28]

V. Unzuständigkeit (Abs. 3)

20 Damit das später angerufene Gericht das Verfahren gem. Abs. 3 aussetzen kann, müssen eine Reihe von Voraussetzungen erfüllt sein. So müssen beide gleichlaufende Verfahren noch in erster Instanz anhängig sein. Damit entspricht die Voraussetzung der Bestimmung in Art. 30 Abs. 2 EuGVVO.[29] Überdies muss das zuerst angerufene Gericht auch für das Parallelverfahren zuständig sein. Die nächste Hürde liegt in der Zulässigkeit nach nationalem Recht die Verfahren miteinander zu verbinden. Im Hinblick auf deutsches Recht scheitert die Anwendbarkeit nach Abs. 3 daran, dass §§ 147 ZPO, 93 VwGO nur die Verbindung verschiedener, aber beim selben Gericht anhängiger Verfahren erlauben. Die nationalen Einzelregelungen des Prozessrechts vermögen den Anwendungsbereich von Abs. 3 erheblich zu beeinträchtigen. Diese prozessualen Regelungen können aber von den Mitgliedstaaten angepasst werden, damit Abs. 3 Wirksamkeit entfalten kann.

21 Schließlich ist noch ein „Antrag einer Partei" des vor dem später angerufenen Gerichts notwendig, um die Entscheidung über die Unzuständigkeit treffen zu dürfen. Im Rahmen eines solchen Antrages gilt es auch die Kostenfolgen zu bedenken: Eine

---

24 Vgl. Paal/Pauly-*Frenzel* Art. 81 Rn. 10.
25 Vgl. Paal/Pauly-*Frenzel* Art. 81 Rn. 11.
26 Vgl. Kühling/Buchner-*Bergt* Art. 81 Rn. 17.
27 BeckOK DatenSR-*Mundil* Art. 81 Rn. 9.
28 Gola-*Nolte/Werkmeister* Art. 81 Rn. 18.
29 MüKoZPO-*Gottwald* VO (EU) 1215/2012 Art. 30 Rn. 4; Sydow-*Kreße* Art. 81 Rn. 21.

Unzuständigkeitserklärung des Gerichts führt zu einem klageabweisenden Prozessurteil, das für den Kläger grundsätzlich kostenpflichtig ist. Ggfs. ist es möglich, dass ein Betroffener als unterlegener Kläger diese Kosten im Wege des Schadensersatzes geltend machen kann.[30] Die Entscheidung durch jedes später angerufene Gericht unterliegt demselben Ermessen wie bei der Entscheidung über die Aussetzung des Verfahrens gem. Abs. 2.

Die Entscheidung, dass sich ein Gericht für unzuständig erklärt, kann mit der Berufung oder Revision angegriffen werden.[31] **22**

C. Praxishinweise

Anders als die EuGVVO ist die Bestimmung wenig geeignet, in der Praxis wirksam zu werden.[32] **23**

I. Relevanz für öffentliche Stellen

Die Norm hat hier keine Relevanz. **24**

II. Relevanz für nichtöffentliche Stellen

Mit Art. 81 schafft die DS-GVO ein neuartiges prozessuales Gestaltungsmittel. Dieses vermag Verfahrensdauern von zwei gleichlaufenden Verfahrensgegenständen in zwei Mitgliedstaaten zu strecken und Entscheidungen hinaus zu zögern. **25**

III. Relevanz für betroffene Personen

Die Norm hat hier keine Relevanz. **26**

IV. Relevanz für Aufsichtsbehörden

Der Rechtsweg gegen einzelne Entscheidungen von Aufsichtsbehörden kann mitunter länger dauern, die Entscheidung fällt aber weiterhin einzelfallbezogen aus. **27**

V. Relevanz für das Datenschutzmanagement

Die Norm hat hier keine Relevanz. **28**

30 Kühling/Buchner-*Bergt* Art. 81 Rn. 12.
31 Gola-*Nolte/Werkmeister* Art. 81 Rn. 19.
32 Paal/Pauly-*Frenzel* Art. 81 Rn. 14.

Artikel 82 Haftung und Recht auf Schadenersatz

(1) Jede Person, der wegen eines Verstoßes gegen diese Verordnung ein materieller oder immaterieller Schaden entstanden ist, hat Anspruch auf Schadenersatz gegen den Verantwortlichen oder gegen den Auftragsverarbeiter.

(2) [1]Jeder an einer Verarbeitung beteiligte Verantwortliche haftet für den Schaden, der durch eine nicht dieser Verordnung entsprechende Verarbeitung verursacht wurde. [2]Ein Auftragsverarbeiter haftet für den durch eine Verarbeitung verursachten Schaden nur dann, wenn er seinen speziell den Auftragsverarbeitern auferlegten Pflichten aus dieser Verordnung nicht nachgekommen ist oder unter Nichtbeachtung der rechtmäßig erteilten Anweisungen des für die Datenverarbeitung Verantwortlichen oder gegen diese Anweisungen gehandelt hat.

(3) Der Verantwortliche oder der Auftragsverarbeiter wird von der Haftung gemäß Absatz 2 befreit, wenn er nachweist, dass er in keinerlei Hinsicht für den Umstand, durch den der Schaden eingetreten ist, verantwortlich ist.

(4) Ist mehr als ein Verantwortlicher oder mehr als ein Auftragsverarbeiter bzw. sowohl ein Verantwortlicher als auch ein Auftragsverarbeiter an derselben Verarbeitung beteiligt und sind sie gemäß den Absätzen 2 und 3 für einen durch die Verarbeitung verursachten Schaden verantwortlich, so haftet jeder Verantwortliche oder jeder Auftragsverarbeiter für den gesamten Schaden, damit ein wirksamer Schadensersatz für die betroffene Person sichergestellt ist.

(5) Hat ein Verantwortlicher oder Auftragsverarbeiter gemäß Absatz 4 vollständigen Schadenersatz für den erlittenen Schaden gezahlt, so ist dieser Verantwortliche oder Auftragsverarbeiter berechtigt, von den übrigen an derselben Verarbeitung beteiligten für die Datenverarbeitung Verantwortlichen oder Auftragsverarbeitern den Teil des Schadenersatzes zurückzufordern, der unter den in Absatz 2 festgelegten Bedingungen ihrem Anteil an der Verantwortung für den Schaden entspricht.

(6) Mit Gerichtsverfahren zur Inanspruchnahme des Rechts auf Schadenersatz sind die Gerichte zu befassen, die nach den in Artikel 79 Absatz 2 genannten Rechtsvorschriften des Mitgliedstaats zuständig sind.

– *ErwG: 146, 147*
– *BDSG n.F. : § 83*

Übersicht

Literatur: *Brüggemeier* Haftungsrecht, 2006; *Giesen* Das Grundrecht auf Datenverarbeitung, JZ 2007, 918; *Gola/Piltz,* Die Datenschutz-Haftung nach geltendem und zukünftigem Recht – ein vergleichender Ausblick auf Art. 77 DS-GVO, RDV 2015, 279; *Jacquemain* Der deliktische Schadensersatz im europäischen Datenschutzprivatrecht, 2017*; ders.* Haftung privater Stellen bei Datenschutzverstößen, RDV 2017, 227; *Kautz* Schadensersatz im europäischen Datenschutzrecht: Die Umsetzung von Art. 23 der EG-Datenschutzrichtlinie in Großbritannien und Deutschland, Frankfurt/Main u.a. 2006; *Kosmides* Haftung für Datenschutzverstöße nach BDSG – Probleme des § 7 und europarechtliche Vorgaben, in: Conrad; Grützmacher (Hrsg.), Recht der Daten und Datenbanken im Unternehmen, 2014, S. 534; *ders.* Zivilrechtliche Haftung für Datenschutzverstöße: Eine Studie zu Art. 23 EG-Datenschutzrichtlinie und Art. 23 griechisches Datenschutzgesetz unter Berücksichtigung des deutschen Rechts, 2010; *Meister* Datenschutz im Zivilrecht, 1977; *Neun/Lubitzsch* Die neue EU-Datenschutz-Grundverordnung – Rechtsschutz und Schadensersatz, BB 2017, 2563; *Oberwetter* Überwachung und Ausspähung von Arbeitnehmern am Arbeitsplatz – alles ohne Entschädigung, NZA 2009, 1120; *Schwartmann/Hentsch* Eigentum an Daten – Das Urheberrecht als Pate für ein Datenverwertungsrecht, RDV 2015, 221; *Wybitul* DS-GVO veröffentlicht – Was sind die neuen Anforderungen an die Unternehmen?, ZD 2016, 253.

A. Einordnung und Hintergrund

Mit der DS-GVO hat sich der europäische Gesetzgeber nicht nur der Gestaltung des öffentlichen Verwaltungs- sowie des Ordnungswidrigkeiten- und Strafrechts im Rahmen des Datenschutzes angenommen, sondern darüber hinaus auch unmittelbar geltende zivilrechtliche Anspruchsgrundlagen geformt.[1] Art. 82 gewährt dem Betroffenen einen eigenen zivilrechtlichen deliktischen Schadenersatzanspruch gegen Verantwortliche und Auftragsverarbeiter.[2] Dieser geht über die gesetzliche Delikts- und Vertragshaftung sowie ferner die Vorläuferregelungen, nämlich die auf Art. 23 DSRL[3] basierenden §§ 7, 8 BDSG a.F. hinaus. § 7 BDSG a.F. bleibt insoweit hinter Art. 82 zurück, als er wohl nur Vermögensschäden ausgleicht und einen engeren Kreis hinsichtlich des Anspruchsverpflichteten statuiert.[4] Schadenersatz über Art. 82 kann nicht nur für **1**

1 Siehe zu weiteren zivilrechtlichen Ansprüchen Rn. 37.

2 Siehe zur Abgrenzung von Verantwortlichem und Auftragsverarbeiter die Kommentierung von Art. 4 Rn. 97 ff., 124 ff. und 28 Rn. 26 ff.

3 RL 95/46/EG des Europäischen Parlaments und des Rates v. 24.10.1995 zum Schutz natürlicher Personen bei der Verarbeitung personenbezogener Daten und zum freien Datenverkehr.

4 BeckOK DatenSR-*Quaas* § 7 BDSG Rn. 8. Gola/Schomerus-*Gola/Klug/Körfer* § 7 BDSG Rn. 12

materielle, sondern auch für immaterielle Schäden verlangt werden.[5] Die Norm ist Ausdruck des primärrechtlichen Effektivitätsgebots aus Art. 4 Abs. 3 EUV, indem die Geltendmachung des Schadenersatzanspruches wirksam ausgestaltet wird und so dem Datenschutz zur Entfaltung verhilft.[6]

I. DSRL

2 Aus Art. 23 Abs. 1 DSRL ergab sich für die Mitgliedstaaten der EU eine Verpflichtung zur Statuierung einer nationalen Rechtsgrundlage für einen Schadensersatzanspruch für Schäden, die dem Betroffenen durch eine rechtswidrige Datenverarbeitung entstanden. Schon Art. 23 Abs. 1 DSRL verlangte nach dem Wortlaut nicht das Verschulden des Anspruchsverpflichteten, gewährte aber gleichwohl in Art. 23 Abs. 2 DSRL eine Exkulpationsmöglichkeit des Schädigers, sofern dieser sein fehlendes Verschulden nachwies.

II. BDSG a.F.

3 Die Anforderungen der DSRL zum Schadenersatz wurden 2001 in den §§ 7, 8 BDSG a.F. umgesetzt.[7] Nach § 7 S. 1 BDSG a.F. stand dem Betroffenen ein Anspruch auf Ausgleich des Vermögensschadens gegen die verantwortliche Stelle zu, wenn eine nach dem BDSG oder nach anderen Vorschriften über den Datenschutz unzulässige oder unrichtige Erhebung, Verarbeitung oder Nutzung der personenbezogenen Daten zu einem entsprechenden Schaden geführt hat. § 7 S. 2 BDSG a.F. eröffnete dem Anspruchsverpflichteten die Möglichkeit, sich von der Ersatzpflicht zu befreien, soweit die nach den Umständen des Falles gebotene Sorgfalt bei der Erhebung, Verarbeitung oder Nutzung der Daten beachtet wurde. Aufgrund der Anspruchskonkurrenz mit Ansprüchen aus allgemeinem Schuld- sowie aus Deliktsrecht wies § 7 BDSG a.F. einen geringen praktischen Anwendungsbereich auf.[8] Dies auch deshalb, da nach § 7 BDSG a.F. nur materielle Schäden ersetzt wurden, aber es vor allem immaterielle Schäden sind, die infolge von Datenschutzverstößen entstehen.[9] Das soll nicht heißen, dass immaterielle Schäden des informationellen Selbstbestimmungsrechts grundsätzlich nicht auszugleichen sind, aber jedenfalls nicht aufgrund von § 7 BDSG a.F.[10] § 8

---

5 Dies hatte die Rechtsprechung bislang abgelehnt: *BGH* ZD 2017, 187–190; *LG Oldenburg (Oldenburg)* v. 7.3.2017 – 5 O 1595/15 ; in der Literatur gab es hingegen vor allem in den 1990iger Jahren Stimmen, die auf Basis einer richtlinienkonformen Auslegung einen immateriellen Schadensersatz auf Basis von § 7 BDSG a.F. angenommen hatten. *Kopp* RDV 1993, 1, 8; *Wuermeling* DB 1996, 663, 670; *Brühmann/Zerdick* CR 1996, 429, 434 f.; *Niedermeier/Schröcker* RDV 2002, 217, 222.

6 Paal/Pauly-*Frenzel* Art. 82 Rn. 1; vgl. auch den ErwG 146 der DS-GVO, der die Effektivität des Schadenersatzanspruchs auf jeder Ebene der Norm hervorhebt.

7 Gesetz zur Änderung des Bundesdatenschutzgesetzes und anderer Gesetze vom 18.5.2001.

8 Zur Anspruchskonkurrenz: Simitis-*Simitis* § 7 BDSG Rn. 52 ff. und aus der Rechtsprechung *BAG* ZD 2015, 484, 485. Zum geringen Anwendungsbereich: BeckOK DatenSR-*Quaas* § 7 BDSG Rn. 3 ff., aber aus der Rechtsprechung *OLG Zweibrücken* v. 21.2.2013 – 6 U 21/12 zu Rechtsanwaltskosten, die auf der Grundlage von § 7 BDSG grundsätzlich erstattungsfähig sind.

9 So die h.M. im Hinblick auf die Regelung des § 253 Abs. 1 BGB; BeckOK DatenSR-*Quaas* § 7 BDSG Rn. 55.

10 *Giesen* JZ 2007, 918, 924; *Oberwetter* NZA 2009, 1120, 1121; *Schaffland/Wiltfang* § 7 BDSG a.F., Rn. 7; *Brüggemeier* Haftungsrecht, 2006, 327.

Abs. 1 BDSG a.F. regelte einen verschuldensunabhängigen Schadenersatzanspruch bei automatisierter Datenverarbeitung durch öffentliche Stellen des Bundes. Die meisten Landesdatenschutzgesetze haben ähnliche Schadensersatzansprüche vorgesehen.[11]

B. Kommentierung

I. Art. 82 Abs. 1 „Verstoß gegen die Verordnung"

Der Schadenersatzanspruch fordert auf Tatbestandsseite einen Verstoß gegen die DS-GVO. Gemäß dem Wortlaut kann also jeder Verstoß gegen eine Vorschrift der DS-GVO zu einer Schadenersatzpflicht führen, inklusive der Grundsätze aus Art. 5, der Betroffenenrechte aus Art. 12 ff. und insbesondere der Verpflichtung zur Schaffung einer angemessenen IT-Sicherheit gemäß Art. 32. Aus systematischer Sicht wird das Tatbestandsmerkmal durch Abs. 2 konkretisiert, indem auf „eine nicht dieser Verordnung entsprechende Verarbeitung" hingewiesen wird.[12] Demnach genügt ein Verstoß im Rahmen eines Verarbeitungsvorgangs i.S. v Art. 4 Nr. 2. Ein solches Verständnis ergibt sich ferner aus der Zusammenschau mit Art. 79 Abs. 1, der ebenfalls auf die „Verarbeitung personenbezogener Daten" im Zusammenhang mit einem Verordnungsverstoß abstellt.[13] 4

Gemäß ErwG 146 werden auch Verstöße gegen Verarbeitungen umfasst, die nicht mit denen aufgrund der DS-GVO erlassenen delegierten Rechtsakten und Durchführungsrechtsakten sowie mitgliedstaatlicher Rechtsvorschriften, die der Präzisierung der DS-GVO dienen, konform sind. ErwG 146 ordnet damit eine Auslegung der Norm weit über den Wortlaut hinaus an.[14] Folglich können auch Verstöße gegen das BDSG n.F. zu einer Schadensersatzpflicht nach Art. 82 führen, soweit es sich bei den entsprechenden Regelungen aus dem BDSG n.F. um Normen handelt, welche der „Präzisierung der DSGVO" dienen (so ErwG 146). Die Formulierung „Präzisierung" deutet auf das Verständnis der Umsetzung einer Richtlinie hin. Präziser muss wohl darauf hingewiesen werden, dass nur diejenigen Normen aus dem BDSG n.F. im Rahmen des Tatbestandes von Art. 82 relevant sind, die eine Öffnungsklausel umsetzen.[15] 5

Haftungsauslösend können nicht nur Verstöße gegen Verarbeitungen sein. Außen vor blieben in diesem Fall nämlich etwa Vergehen bei der etwaigen Benennung eines Datenschutzbeauftragten (Art. 37) oder bei der Notifikation bei Datenschutzverstößen (Art. 33 f.), die nicht als Datenverarbeitung im Sinne der Verordnung zu qualifizieren sind. Die deliktische Haftung wäre in diesem Szenario als lückenhaft zu charakterisieren, wenn die unerlaubte Handlung ausschließlich in Verbindung mit einer Datenverarbeitung eine Ersatzpflicht auslöst. Doch im ersten Absatz der zukünftigen Haftungsregel wird deutlich, dass die Haftungsbegründung nicht derart begrenzt normiert ist. Der Ersatzanspruch nach Art. 82 besteht danach für jeden Schaden infolge eines „Verstoßes gegen diese Verordnung".[16] 6

---

11 Siehe eine Zusammenstellung bei BeckOK DatenSR-*Quaas* § 8 BDSG Rn. 10 f.

12 Sydow-*Kreße* Art. 82 Rn. 7.

13 Sydow-*Kreße* Art. 82 Rn. 7; so auch Gola-*Gola/Piltz* Art. 82 Rn. 4.

14 Hierzu kritisch Paal/Pauly-*Frenzel* Art. 82 Rn. 9.

15 Siehe allgemein zu Öffnungsklauseln in der DS-GVO *Kühling/Martini u.a.* Die Datenschutzgrundverordnung und das nationale Recht.

16 *Jacquemain* Der deliktische Schadensersatz im europäischen Datenschutzprivatrecht, S. 154.

7 **1. „Schaden“.** Für einen Anspruch auf Schadensersatz ist das Vorliegen eines Schadens zwingend vorausgesetzt.[17] Gemäß dem Wortlaut werden materielle sowie immaterielle Schäden, die dem Anspruchsberechtigten erwachsen, ersetzt. ErwG 146 verlangt, dass der Begriff des Schadens vor dem Hintergrund der Rechtsprechung des EuGHs weit auszulegen ist.[18] Hintergrund dieses Verständnisses sind nicht etwa konkrete Urteile des EuGH zum Schadensersatz aufgrund von Datenschutzverstößen, sondern der Umstand, dass der Schadensbegriff auslegungsfähig und -bedürftig ist. Um die einheitliche Anwendung und Wirksamkeit des Unionsrechts zu gewährleisten, soll der dem Unionsrecht zugrundeliegende Gedanke des „effet utile“, der eine effektive Rechtsdurchsetzung erfordert, dem sekundärrechtlichen Datenschutz zur Geltung verhelfen.[19] In diesem Sinne werden ErwG 75 und 85 deutlicher, die erwähnen dass materielle wie immaterielle Schäden infolge einer Verletzung der DS-GVO entstehen können.[20] Dementsprechend sind über Art. 82 sowohl materielle als auch immaterielle Schäden ersatzfähig.

8 **a) Materielle und immaterielle Schäden nach deutschem oder abweichendem nationalen Recht.** Die Schadensberechnung erfolgt bei unterstellter Anwendung des deutschen Rechts gemäß §§ 249 ff. BGB. Ein Mitverschulden des Betroffenen muss gemäß § 254 BGB analog berücksichtigt werden.[21] Freilich ist die Anwendung deutschen Rechts in internationalen Kontexten nicht zwingend: Hier sind die allgemeinen Regeln des IPR, insbesondere Art. 4 ROM II-VO anzuwenden. Für die internationale Anknüpfung für Schadensersatzfälle bestehen keine spezialgesetzlichen Ausformungen, die allgemeine deliktsrechtliche Kollisionsnorm heranzuziehen.[22]

9 Die Höhe eines Schadens bei Verletzung immaterieller Rechte ist naturgemäß durch das allgemeine nationale Schadenersatzrecht geprägt.

10 **b) Immaterielle Schäden nach der bisherigen deutschen Rechtsprechung.** Traditionell ist die deutsche Rechtsprechung im Bereich des immateriellen Schadenersatzes eher restriktiv, wenngleich auch bislang in Einzelfällen auf Basis der Verletzung des Rechts auf informationelle Selbstbestimmung ein Schadensersatzanspruch zugesprochen wurde.[23] So wird ein immaterieller Schadenersatzanspruch nur – ausnahmsweise und

17 Rat, Ratsdokument Nr. 9083/15 v. 27.5.2015, 18, Fn. 44.

18 ErwG 146 S. 3 spricht davon, dass der Schaden „[…] im Lichte der Rechtsprechung des Gerichtshofs weit auf eine Art und Weise ausgelegt werden [muss], die den Zielen dieser Verordnung in vollem Umfang entspricht.“

19 Paal/Pauly-*Frenzel* Art. 82 Rn. 10; anlehnend an den Effektivitätsgedanken auch *Wybitul* ZD 2016, 253. Fernerer Gedanke ist auch eine effektive Sanktionierung des Verstoßes, was in präventiver und repressiver Weise abschreckend wirkt, siehe Kühling/Buchner-*Bergt* Art. 82 Rn. 17.

20 Beispielhaft genannt werden für immaterielle Schäden u.a.: Rufschädigung, Diskriminierung, Identitätsdiebstahl.

21 BeckOK DatenSR-*Quaas* Art. 82 Rn. 28 ff.; Ehmann/Selmayr-*Nemitz* Art. 82 Rn. 15 spricht von einer Anrechnung des Mitverschuldens nach den allgemeinen Grundsätzen des Schadensrechts.

22 Dazu ausführlich *Jacquemain* Der deliktische Schadensersatz im europäischen Datenschutzprivatrecht, S. 230 ff.

23 *OLG Frankfurt* NJW 1987, 1087 zu § 823 Abs. 1 BGB. Grundlegend *Meister* Datenschutz im Zivilrecht, S. 124, 190.

als ultima ratio – gewährt, wenn „es sich um einen schwerwiegenden Eingriff handelt und die Beeinträchtigung nicht in anderer Weise befriedigend ausgeglichen werden kann"[24]. In der Praxis werden nur in seltenen Fällen Ansprüche jenseits der 100 000 EUR gewährt.[25] Nur in solchen Ausnahmefällen verlangt der notwendige Schutz des allgemeinen Persönlichkeitsrechts nach ständiger Rechtsprechung einen immateriellen Schadensersatzanspruch.[26] Mit dieser Argumentation wurden im Übrigen bislang immaterielle Schäden aufgrund einer Verletzung von § 7 BDSG a.F. abgelehnt.[27] Im Bereich des Datenschutzes muss es sich um mehr als einen „kleineren, sozialadäquaten Eingriff"[28] handeln, um die Haftungsvoraussetzung zu erfüllen.

Hinzu tritt die Problematik der Ermittlung der Schadenshöhe von immateriellen Schäden, die – mangels einheitlich geltender unionsrechtlicher Regelung – Sache eines jeden Mitgliedstaates und dessen Gerichtsbarkeit bleibt. Um immateriellen Schäden indes zur effektiven Rechtsdurchsetzung zu verhelfen, wäre eine unionsweite Präzisierung zu immateriellen Schäden und der Schadenshöhe notwendig.[29] Ein weiterer denkbarer Ansatz wäre die Umwandlung von immateriellen Schäden in Vermögensschäden, indem der Datenschutzverstoß als eine unerlaubte Kommerzialisierung personenbezogener Daten angesehen wird und so eine genaue Präzisierung der Schadenshöhe vorgenommen werden kann.[30] **11**

c) Übertragbarkeit der bisherigen Rechtsprechung. Die bisherige Rechtsprechung kann jedoch nicht auf Art. 82 übertragen werden. Weder der Wortlaut von Art. 82 noch die relevanten ErwG verlangen, dass es sich um einen schwerwiegenden Verstoß handelt und dass eine anderweitige Kompensation des Betroffenen ausgeschlossen sein muss. Zudem dürfte nach der Wertung des Gesetzgebers jeder Verstoß gegen die DS-GVO als „schwerwiegend" angesehen werden können – anders wäre der Bußgeldrahmen nicht zu erklären. In dieser Hinsicht sei auf den Schutzzweck der DS-GVO entsprechend Art. 1 Abs. 2 verwiesen, nach dem nämlich „die Grundrechte und Grundfreiheiten natürlicher Personen und insbesondere deren Recht auf Schutz personenbezogener Daten" gewährleistet werden sollen. Dennoch wäre es – und insoweit ist der Grundgedanke der bisherigen Rechtsprechung übertragbar – verfehlt, bei jedem noch so geringen Verstoß gegen die DS-GVO einen immateriellen Schaden als tatsächliche Rechtsfolge anzunehmen. Vielmehr liegt es nahe, nach den Kriterien der Bußgeldzumessung aus Art. 83 Abs. 2 zu prüfen, ob insgesamt der Schutz des Individuums durch einen immateriellen Schadensersatz gewährleistet werden kann. Bei einem Bagatellverstoß gegen die DS-GVO, welcher das Recht auf informationelle Selbstbestimmung nur geringfügig beeinträchtigt, ist eine immaterielle Kompensation schlicht- **12**

---

24 *BGH* NJW 2005, 215, 217; Palandt-*Sprau* 76. Aufl., § 823 BGB Rn. 130; Götting/Schertz/Seitz-*Müller* Handbuch des Persönlichkeitsrechts, § 51 Rn. 11.

25 Siehe den Überblick bei *Hofmann/Fries* NJW 2017, 2369, 2370 f.

26 Siehe grundlegend *BGH* NJW 1995, 861.

27 Siehe oben Rn. 3.

28 *Fechner* Medienrecht, S. 123.

29 *Jacquemain* RDV 2017, 227, 233.

30 Diesen Ansatz verfolgt *Jacquemain* RDV 2017, 227, 233, der erklärt, dass der Kommerzialisierungsgedanke aus dem Schutzbereich der informationellen Selbstbestimmung entspringt, die – neben dem Schutz vor Preisgabe und Verwendung von personenbezogenen Daten – auch vor der Kommerzialisierung der Daten durch Dritte schützt.

weg unangemessen. Die bloße Verletzung einer Norm der DS-GVO genügt also nicht für einen Schadensersatzanspruch.[31]

13 Liegen jedoch ernsthafte immaterielle Einbußen vor – was insbesondere der Fall ist, wenn sich die immateriellen in ErwG 75 genannten Risiken realisieren – wird auch eine immaterielle Entschädigung auf Basis von Art. 82 gewährt werden müssen. Insgesamt spricht auch die fortschreitende Diskussion zur Kommerzialisierung von Daten, insbesondere von personenbezogenen Daten, dafür,[32] dass in Zukunft häufiger ein immaterieller Schadensersatz als Kompensation für die Verletzung einer Norm der DS-GVO verhängt wird. Indes könnte der praktischen Durchsetzbarkeit der immateriellen Schadensersatzansprüche ein Hinweis der Kommission in den Ratsverhandlungen entgegenstehen.

14 **d) Unterlassungs- und Beseitigungsansprüche.** Anknüpfend an dieses Verständnis des Schadensbegriffs besteht auch die Möglichkeit, dem Verordnungsverstoß im Wege eines Unterlassungs- und Beseitigungsanspruchs zu begegnen, um die rechtlich geschützten Interessen gemäß dem Effektivitätsgedanken auch präventiv zu schützen.[33] Spezialgesetzliche Beseitigungsansprüche gibt es in Einzelfällen bspw. in Art. 17 Abs. 1. Darüber hinaus gilt § 1004 Abs. 1 BGB in Verbindung mit dem allgemeinen Persönlichkeitsrecht.[34]

15 **2. „Anspruchsverpflichteter".** Der Schadensersatzanspruch besteht gegenüber dem Verantwortlichen (Art. 4 Nr. 7) oder dem Auftragsverarbeiter (Art. 4 Nr. 8). Verantwortlicher ist nicht gleichzusetzen mit dem technischen Verschuldensbegriff, sondern es kommt vielmehr darauf an, wer gemäß der DS-GVO verpflichtet war und wer durch ein Unterlassen der Erfüllung der Verpflichtung einen Schaden verursacht hat.[35] Also muss dem Anspruchsverpflichteten zwar die jeweilige Verarbeitung, nicht notwendigerweise aber die schädigende Handlung zugerechnet werden.[36]

16 **3. „Anspruchsberechtigter".** Ausweislich des Wortlautes ist jede Person, der durch einen Verstoß gegen die DS-GVO ein Schaden entstanden ist, berechtigt, Schadenersatz zu verlangen. Als Personen kommen nur natürliche Personen in Betracht, die von der Datenverarbeitung betroffen sein müssen.[37] Teilweise wird vertreten, auch Dritte in den Kreis der Anspruchsberechtigten aufzunehmen.[38]

---

31 So auch Ratsdokument 9083/15, S. 18, Fn. 44. Entsprechende Bedenken äußern *Jacquemain* RDV 2017, 227, 231 und *Gola/Piltz* RDV 2015, 279, 284.

32 Siehe für die Diskussion etwa *Schwartman/Hentsch* RDV 2015, 221 ff.; *Berberich/Golla* PinG 2016, 165 ff.

33 Paal/Pauly-*Frenzel* Art. 82 Rn. 10.

34 BeckOK DatenSR-*Quaas* Art. 82 Rn. 12.

35 Anders qualifiziert BeckOK DatenSR-*Quaas* Art. 82 Rn. 17 den Begriff der Verantwortlichkeit.

36 Paal/Pauly-*Frenzel* Art. 82 Rn. 12; differenzierend nach Verantwortlichkeit für den entstandenen Schaden Gola-*Gola/Piltz* Art. 82 Rn. 7, 18.

37 BeckOK DatenSR-*Quaas* Art. 82 Rn. 37; Paal/Pauly-*Frenzel* Art. 82 Rn. 7, Gola-*Gola/Piltz* Art. 82 Rn. 10.7.

38 Kühling/Buchner-*Bergt* Art. 82 Rn. 13 ff.

4. „Kausalität“. Art. 82 Abs. 1 fordert, dass der Schaden „wegen“ eines Verstoßes gegen die Verordnung entstanden ist. Damit muss eine kausale Verbindung zwischen der Verletzungshandlung und dem Schaden bestehen.[39] Grundsätzlich sind wiederum die allgemeinen, zumeist im Rahmen von § 823 BGB entwickelten Grundsätze heranzuziehen, wonach eine adäquat kausale Verursachung zu fordern ist. **17**

Zu Recht wird die kausale Verknüpfung angezweifelt, wenn ein Schaden lediglich durch eine Verarbeitung entstanden ist, in deren Rahmen es zu einem datenschutzrechtlichen Verstoß kam, der aber auf den eigentlichen Schaden als solchen keinen Einfluss hat.[40] Beachtenswert ist der unterschiedliche Kausalitätsbegriff beim Auftragsverarbeiter, dessen Datenschutzverstoß – im Gegensatz zu einem solchen des Verantwortlichen – nicht kausal zu einem Schaden führen muss. Ausreichend ist eine Haftung, die sich dem Grunde nach ergibt; demnach kommt es lediglich auf die Beteiligung an dem Datenverarbeitungsvorgang an.[41] **18**

Teilweise wird unter dem Kausalitätsbegriff diskutiert, ob der sehr weit formulierte Anspruch aus Art. 82 nicht nur dem „Betroffenen“, sondern jedermann offen stehen soll. [42] Dies ist freilich nicht notwendig, schon deshalb, weil der Begriff des Betroffenen sehr weit ist und nahezu jeden, dem ein kausaler Schaden aufgrund einer Verletzung gegen die DS-GVO entsteht, erfassen dürfte. Die wenigen möglicherweise bestehen Ausnahmefälle sind angesichts des klaren Wortlautes hinzunehmen. **19**

Der Betroffene muss die Kausalität zwischen dem Datenschutzrechtsverstoß und dem Schaden beweisen; die Beweislastumkehr gilt hierfür nicht.[43] **20**

5. Beweislast. Art. 82 gibt keine Auskunft darüber, wie die Darlegungs- und Beweislast hinsichtlich des Verordnungsverstoßes verteilt ist. Grundsätzlich ist es Sache des Betroffenen – mit Ausnahme des vermuteten Verschuldens –, dies vorzutragen und zu beweisen.[44] Ausnahmsweise kann dies, dem Effektivitätsgebot folgend, nicht gelten, wenn es für den Betroffenen schwer oder gar unmöglich ist, die verordnungswidrige Verarbeitung nachzuweisen, etwa weil Beweismöglichkeiten aufgrund interner Datenverarbeitungen quasi nicht existieren.[45] **21**

II. Art. 82 Abs. 2

Art. 82 Abs. 2 S. 1 stellt klar, dass jeder, der an einem Verarbeitungsvorgang i.S.v. Art. 4 Nr. 2 beteiligt ist, der Haftung aus Art. 82 Abs. 1 unterfallen kann. Art. 82 Abs. 2 S. 2 statuiert für den Auftragsverarbeiter eine Haftung für den Fall, dass dieser speziell **22**

39 BeckOK DatenSR-*Quaas* Art. 82 Rn. 26.

40 Kühling/Buchner-*Bergt* Art. 82 Rn. 42.

41 Kühling/Buchner-*Bergt* Art. 82 Rn. 43.

42 Paal/Pauly-*Frenzel* Art. 82 Rn. 11; a.A. Kühling/Buchner-*Bergt* Art. 82 Rn. 41, der die Betroffenheit nicht derart einschränken will und in diesem Zusammenhang auf die Rechtsprechung zur Kausalität bei Kartellschäden verweist.

43 So auch *Jacquemain* RDV 2017, 227, 230. Mit Argumenten dafür aber Kühling/Buchner-*Bergt* Art. 82 Rn. 47.

44 Gola-*Gola/Piltz* Art. 82 Rn. 15.

45 Das vermutete Verschulden kompensiert damit die mangels transparenter Datenverarbeitung gegebene schwere Beweismöglichkeit: *Jacquemain* RDV 2017, 227, 230. Ferner Gola-*Gola/Piltz* Art. 82 Rn. 15; Ehmann/Selmayr-*Nemitz* Art. 82 Rn. 21.

ihm zugewiesene Pflichten,[46] die aus der DS-GVO entspringen, vernachlässigt oder die Weisungen des Verantwortlichen missachtet bzw. gegen diese gehandelt hat. Der Auftragsverarbeiter agiert als „verlängerter Arm" des für die Datenverarbeitung Verantwortlichen und hat keine Kompetenz, selbstständig Entscheidungen zu treffen.[47] Diese Stellung im Rahmen der Datenverarbeitung rechtfertigt die gegenüber dem Verantwortlichen bestehende Privilegierung in Bezug auf die Haftungsfrage.[48]

III. Art. 82 Abs. 3

23 Art. 82 Abs. 3 erlaubt es dem Verantwortlichen oder dem Auftragsverarbeiter sich von der Haftung zu befreien. Voraussetzung dafür ist, dass er nachweist, dass er für den Verstoß gegen die Verordnung nicht verantwortlich ist. Da die DS-GVO den Verantwortlichen und den Auftragsverarbeiter zu umfangreicher Dokumentation verpflichten (siehe insbesondere die Rechenschaftspflicht aus Art. 5 Abs. 2, und die allgemeine TOMs aus Art. 24, 25 und 32) müssen diese demnach die Rechtmäßigkeit der von ihnen durchgeführten Datenverarbeitung nachweisen. Der von der Verordnungswidrigkeit Betroffene bleibt aufgrund dieser Beweislastumkehr geschützt und muss nicht schwer aufdeckbare und ggfs. interne Vorgänge nachweisen, die die Verantwortlichkeit belegen.[49]

24 Der Nachweis der Nichtverantwortlichkeit bezieht sich auf die vollkommene Pflichtenerfüllung im Rahmen eines Datenverarbeitungsvorgangs durch den Verantwortlichen oder den Auftragsverarbeiter. Die Verantwortlichkeit bezieht sich nicht auf die Beteiligung an der Datenverarbeitung, da ansonsten auch eine ausufernde Nachweispflicht für die negative Tatsache einer „Nicht-Beteiligung" am Datenverarbeitungsvorgang bestünde.[50]

25 Was zu einer Nichtverantwortlichkeit führen kann, ist davon abhängig, wie der Begriff der Verantwortlichkeit im Sinne des Schadensersatzanspruchs verstanden wird. Mit Verantwortlichkeit ist ein Verschulden im Sinne einer subjektiven Vorwerfbarkeit gemeint.[51]

26 Letztlich werden damit nach deutschem Recht die Kategorien Vorsatz und Fahrlässigkeit angesprochen. Eine Haftungsbefreiung kommt nur dann in Betracht, wenn der Verantwortliche „in keiner Weise" Verantwortlichkeit für den Schaden hat und damit auch keine Fahrlässigkeit gegeben ist.[52]

27 Der Nachweis der Nichtverantwortlichkeit kann z.B. gelingen, wenn die betroffene Person vollumfänglich für die Schadensentstehung verantwortlich ist oder wenn trotz

---

46 Einen umfangreichen Überblick über die Pflichten des Auftragsverarbeiters bietet Kühling/Buchner-*Bergt* Art. 82 Rn. 27 ff.

47 Siehe hierzu die Kommentierung zu Art. 28 Rn. 33.

48 Paal/Pauly-*Frenzel* Art. 82 Rn. 14. A.A. Ehmann/Selmyr-*Nemitz* Art. 82 Rn. 26.

49 BeckOK DatenSR-*Quaas* Art. 82 Rn. 18.

50 Paal/Pauly-*Frenzel* Art. 82 Rn. 15.

51 BeckOK DatenSR-*Quaas* Art. 82 Rn. 17; *Wybitul* ZD 2016, 253 f.; Gola-*Gola/Piltz* Art. 82 Rn. 18 fordern eine subjektive Vorwerfbarkeit, also ein vorsätzliches oder fahrlässiges Verhalten iSd § 276 BGB für den entstandenen Schaden; anders Sydow-*Kreße* Art. 82 Rn. 18 und wohl auch Paal/Pauly-*Frenzel* Art. 82 Rn. 6.

52 Vgl. Sydow-*Kreße* Art. 82 Rn. 19; Ehmann/Selmayr-*Nemitz* Art. 82 Rn. 19.; *Jacquemain* RDV 2017, 227, 229 f.

aller erforderlichen Sicherungsmaßnahmen Dritte unbefugt auf die Daten zugreifen.[53] Ferner soll es für eine Exkulpation genügen, dass die TOMs für das entsprechende Verfahren der DS-GVO angemessen sind, was insbesondere dann der Fall ist, wenn ein wirksames Datenschutz-Compliance-Management-System umgesetzt wurde. Damit scheidet etwa eine Haftung für „Ausreißermängel" innerhalb eines angemessenen Compliance-Systems aus (etwa ein Vertriebsmitarbeiter der trotz eindeutiger Weisung und engmaschiger Überwachung im Rahmen der Ansprache neuer Kunden Verstöße gegen die DS-GVO begeht, um seinen eigenen Bonus zu steigern). Eine Exkulpation kann hingegen nicht glücken, wenn den Betroffenen nur ein anteiliges Mitverschulden trifft oder wenn eine unbefugte Datennutzung durch unzulängliches Verhalten des Personals oder durch bereits bekannte oder jedenfalls erkennbare Defekte entstanden ist.[54]

IV. Art. 82 Abs. 4

Wenn mehr als ein Verantwortlicher oder Auftragsverarbeiter an dem Datenverarbeitungsvorgang beteiligt und ferner auch für den Verordnungsverstoß verantwortlich sind, haften sie im Außenverhältnis gegenüber dem Betroffenen gemeinsam als Gesamtschuldner.[55] Dafür spricht vor allem ErwG 146 S. 6, nach dem jeder an einem Verfahren Beteiligte für den gesamten Schaden haftbar gemacht werden können soll. § 840 BGB ist insoweit nicht mehr relevant.[56] Rechtsfolge ist, dass jeder für den Ersatz des gesamten Schadens nach Wahl des Anspruchsberechtigten beansprucht werden kann. Dies entspricht dem Effektivitätsgrundsatz des Europarechts.[57] Auf eine Ausnahme von dem Konzept der Gesamtschuld weist ErwG 146 S. 8 jedoch hin: Demnach kann ein Anspruch gegen mehrere Verantwortliche – die sämtliche nach den prozessualen Regeln des Mitgliedslandes an einem einzigen Prozess beteiligt sind – direkt anteilig zugesprochen werden.[58] **28**

Beteiligung an der Verarbeitung und Verantwortlichkeit für den daraus verursachten Schaden sind kumulative Voraussetzungen für die Haftung.[59] **29**

---

53 Simitis-*Simitis* § 7 BDSG Rn. 24 f.

54 Paal/Pauly-*Frenzel* Art. 82 Rn. 15; Simitis-*Simitis* § 7 BDSG Rn. 25; Sydow-*Kreße* Art. 82 Rn. 20; zum Fehler von Personal auch Gola-*Gola/Piltz* Art. 82 Rn. 19 und *Spindler* DB 2016, 937, 947, die § 831 BGB im Rahmen von Art 82 nicht gelten lassen wollen.

55 Siehe zur berechtigten Kritik an den Regelungen zur Schuldnermehrheit Ehmann/Selmayr-*Nemitz* Art. 82 Rn. 22.

56 Paal/Pauly-*Frenzel* Art. 82 Rn. 16; BeckOK DatenSR-*Quaas* Art. 82 Rn. 44 spricht von „Gesamtschuldnern" i.S.d. § 840 BGB.

57 Sydow-*Kreße* Art. 82 Rn. 21.

58 Ehmann/Selmayr-*Nemitz* Art. 28 Rn. 29 f.; Kühling/Buchner-*Bergt* Art. 82 Rn. 58 erwägt, daher nachvollziehbar, ob der ErwG 146 S. 8 nur als eine Option für die Mitgliedstaaten zu lesen sei, ihr Prozessrecht so zu gestalten, dass die interne Haftung mehrerer im selben Verfahren verklagter Gesamtschuldner bereits im Erstprozess verbindlich festgestellt wird.

59 Gola-*Gola/Piltz* Art. 82 Rn. 7. A. A. Paal/Pauly-*Frenzel* Art. 82 Rn. 13, der eine Beteiligung an einem Verarbeitungsvorgang als ausreichend für die Haftung ansieht, womit es auf eine schädigende Handlung ankäme.

V. Art. 82 Abs. 5

30 Art. 82 Abs. 5 ermöglicht einen Innenausgleich zwischen den Gesamtschuldnern. Im Innenverhältnis werden die einzelnen Verursachungsbeiträge berücksichtigt. Als Maßstab für die Berechnung des Verantwortungsanteils gilt Art. 82 Abs. 2.[60] In prozessrechtlicher Hinsicht ist eine Streitverkündung sinnvoll.[61] In der Praxis werden insbesondere in den Fällen einer gemeinschaftlichen Verantwortung die nach Art. 26 abzuschließenden Verträge und die darin vorgenommene Aufteilung der Verantwortung eine Rolle spielen.[62]

VI. Art. 82 Abs. 6

31 Um die Einheitlichkeit der Gerichte, die über den Verordnungsverstoß und den Schadensersatz entscheiden, zu wahren, wird der Gerichtsstand für Schadensersatzklagen nicht nach der EuGVVO oder dem mitgliedstaatlichen Recht, sondern nach Art. 79 Abs. 2 bestimmt.[63]

32 Art. 79 Abs. 2 sieht vor, dass diejenigen Gerichte eines Mitgliedstaates zuständig sind, in dem der Verantwortliche oder der Auftragsverarbeiter niedergelassen ist. Auf den Hauptsitz kommt es nicht an.[64] Nach Art. 79 Abs. 2 S. 2 kann der Betroffene wahlweise auch Klage in dem Mitgliedstaat erheben, in dem er seinen Aufenthaltsort hat. Dennoch verbleibt in Einzelfällen die Möglichkeit der Wahl eines Gerichtsstandes, wenn mehrere Verantwortliche und/oder Auftragsverarbeiter in Betracht kommen. Ferner besteht auch die Möglichkeit einer Verbandsklage nach Art. 80 Abs. 1, wonach die betroffene Person eine Organisation, die sich dem Schutz personenbezogener Daten gewidmet hat, beauftragen kann, in ihrem Namen den Anspruch aus Art. 82 Abs. 1 gerichtlich geltend zu machen.[65] Neben der Wahl des Gerichts spielt die Bestimmung des für den Anspruch anzunehmenden Zivilrechts eine wichtige Rolle.

33 Denn Art. 82 regelt zahlreiche Fragen nicht, die – mangels europäischer Vorgaben – nur auf Basis des nationalen Deliktsrechts entschieden werden können. Hierzu zählen etwa Fragen der Verjährung, der Kausalität und der Bestimmung der Schadenshöhe bei immateriellen Schäden.

34 Nach der allgemeinen Regel aus Art. 4 Rom-II-VO dürfte grundsätzlich das Recht des Staates Anwendung finden, in welchem der Schaden eintritt, mit all den bekannten Schwierigkeiten, die dies bei immateriellen Schäden nach sich zieht. Zu beachten ist aber auch, dass die Anrufung eines Gerichtes in einem bestimmten Mitgliedstaat durch den EuGH als „indirekte Schadensfolge" angesehen und dadurch das Recht des Landes, in dem die Klage erhoben wurde, gewissermaßen akzessorisch als anwendbar erklärt wurde.[66]

---

60 Sydow-*Kreße* Art. 82 Rn. 23.
61 BeckOK DatenSR-*Quaas* Art. 82 Rn. 45; Kühling/Buchner-*Bergt*Art. 82 Rn. 62.
62 Siehe hierzu auch die Kommentierung zu Art. 26.
63 Paal/Pauly-*Frenzel* Art. 82 Rn. 18; *Gola/Piltz* RDV 2015, 279, 285; ferner auch ErwG 147 der DS-GVO, der die effektive Durchsetzung des Schadenersatzanspruches aus prozessualer Sicht bezweckt.
64 Gola-*Gola/Piltz* Art. 82 Rn. 29.
65 Dazu auch *Wybitul* ZD 2016, 253, 254; siehe auch die Kommentierung zu Art. 80.
66 *EuGH* NJW 2016, 466, 467.

VII. Verjährung, Übertragbarkeit, Vererblichkeit

Die Verjährung richtet sich nach nationalem Recht und muss – um europarechtlichen Anforderungen zu genügen – effektiv ausgestaltet sein. Eine zu lange Frist steht danach dem freien Datenverkehr entgegen, eine zu kurze Frist würde die Rechtsstellung des Geschädigten beeinträchtigen.[67] Das beinhaltet vor allem, dass eine kenntnisunabhängige Verjährung aufgrund der häufigen Situation, dass ein Datenschutzverstoß länger unerkannt bleibt, nicht effektiv wäre.[68] Eine Parallele zu § 83 Abs. 4 BDSG n.F. müsste zur Anwendung der deliktischen Verjährungsvorschriften führen. Der Schadenersatzanspruch ist vererbbar und übertragbar.[69] **35**

VIII. Konkurrenzen und parallele Ansprüche

Zwar verfügt die DS-GVO – soweit keine Öffnungsklausel vorliegt – über einen abschließenden Charakter und verdrängt daher die Anwendbarkeit von nationalem Recht.[70] Da der Anspruch aus Art. 82 jedoch gemäß ErwG 146 S. 4 unbeschadet anderer Ansprüche auf Schadensersatz besteht, können parallele Ansprüche auf sämtliche nationale Anspruchsgrundlagen gestützt werden.[71] **36**

In Betracht kommen vertragliche oder vertragsähnliche Ansprüche, sofern eine Sonderverbindung zwischen dem Anspruchsberechtigten und dem -verpflichteten bereits vor dem Verordnungsverstoß bestanden hat sowie deliktische Normen.[72] Jedenfalls im Falle einer Verletzung von Betroffenenrechten der DS-GVO kommt auch ein Anspruch aus § 823 Abs. 2 BGB in Betracht.[73] Der Anspruch auf Geldentschädigung bei Persönlichkeitsverletzungen nach § 823 Abs. 1 BGB i.V.m. Art. 2 Abs. 1 und 1 Abs. 1 GG wird auch weiterhin anwendbar sein.[74] § 1004 BGB kann neben Art. 82 entsprechend angewendet werden, wenn Beseitigung oder Unterlassung begehrt wird.[75] **37**

---

67 *Kosmides* Zivilrechtliche Haftung für Datenschutzverstoße, 2010, 123.

68 Kühling/Buchner-*Bergt* Art. 82 Rn. 66.

69 Kühling/Buchner-*Bergt* Art. 82 Rn. 65 spricht in diesem Zusammenhang die Rechtsprechung des BGH zu presserechtlichen Geldentschädigungsansprüchen an, die nicht vererbbar sind. Er kommt aber zu dem Ergebnis, dass der dahinter stehende Genugtuungsgedanke auf den datenschutzrechtlichen Schadensersatzanspruch mit seiner Abschreckungsfunktion nicht übertragbar ist.

70 Sydow-*Kreße* Art. 82 Rn. 27; den Vorrang der DS-GVO vor mitgliedstaatlichem Recht betont auch *Wybitul* ZD 2016, 253.

71 Gola-*Gola/Piltz* Art. 82 Rn. 20; *Jacquemain* RDV 2017, 227, 232.

72 Sydow-*Kreße* Art. 82 Rn. 27; Gola-*Gola/Piltz* Art. 82 Rn. 20 ff.

73 Weiter gehen Gola-*Gola/Piltz* Art. 82 Rn. 26 die unter dem Hinweis auf den Schutzzweck aus Art. 1 Abs. 1 und Abs. 2 jegliche Normen der DS-GVO als Schutzgesetze einordnen. Dies ist jedoch zu weitgehend. Die meisten Vorschriften der DS-GVO haben abstrakten Ordnungscharakter und schützen den Einzelnen nur mittelbar. Gerade die dogmatische Differenzierung zwischen Betroffenenrechten und anderen Vorschriften zeigt diese Grenze deutlich auf. Vollständig gegen die Anwendbarkeit von § 823 Abs. 2 BGB Sydow-*Kreße* Art. 82 Rn. 27.

74 *Jacquemain* Der deliktische Schadensersatz im europäischen Datenschutzprivatrecht, S. 212 f.

75 Paal/Pauly-*Frenzel* Art. 82 Rn. 20.

IX. Anspruch aus § 83 BDSG n.F.

38 § 83 BDSG gewährt einen dem Wortlaut nach parallelen Anspruch zu Art. 82. Aus den ErwG und aus der vorrangigen Anwendbarkeit der DS-GVO vor entgegenstehendem oder gleichlautendem nationalen Recht ergibt sich, dass dieser Anspruch nur auf Fälle des Verstoßes gegen die Richtlinie (EU) 2016/680 Anwendung findet.[76] Vor diesem Hintergrund ist es auch plausibel, dass § 83 BDSG keine Haftung des Auftragsverarbeiters regelt. Im Übrigen haften aber gemäß § 83 Abs. 3 BDSG mehrere Verantwortliche als Gesamtschuldner.

39 Gemäß § 83 Abs. 4 BDSG ist ein etwaiges Verschulden des Betroffenen nach § 254 BGB zu berücksichtigen. Hinsichtlich der Verjährung gelten die Vorschriften des BGB für deliktische Handlungen (§ 83 Abs. 5 BDSG). Beide Wertungen wird man – ohne jede analoge Anwendung – auch parallel für den Schadensersatzanspruch nach Art. 82 treffen müssen.

C. Praxishinweise

I. Relevanz für öffentliche Stellen

40 Der Schadensersatzanspruch kann auch gegen öffentliche Stellen geltend gemacht werden. Dies kann einer der wichtigsten Gründe in der Zukunft dafür sein, dass öffentliche Stellen auf die Einhaltung des Datenschutzrechts achten müssen, gerade wenn in Zukunft häufiger auch niedrigschwellige Schadensersatzansprüche ersatzfähig sind. In der Regel wird der Haftungsanspruch der einzige wirksame finanzielle Regulierungsmechanismus bleiben, da die Bußgelder gegen öffentliche Stellen vom deutschen Gesetzgeber ausgeschlossen worden sind.

II. Relevanz für nichtöffentliche Stellen

41 Sollte sich die stärkere Praxisrelevanz von Art. 82 durchsetzen, entsteht für Unternehmen ein weiteres erhebliches Risiko, insbesondere wenn in Zukunft in weitem Umfang immaterielle Entschädigungen zugesprochen werden.

III. Relevanz für betroffene Personen

42 Aus der Sicht betroffener Personen ist der erweiterte Anspruch aus Art. 82 zu begrüßen. Insbesondere die Möglichkeit, immateriellen Schadensersatz zu verlangen, stellt in Zeiten der Kommerzialisierung personenbezogener Daten einen zeitgemäßen Vorteil dar. Ob Art. 82 in Zukunft eher ein Nischendasein fristen wird (wie § 7 BDSG a.F.) oder ob Art. 82 zu einer maßgeblichen Veränderung führt, bleibt abzuwarten.

43 Art. 80, nach dem der Betroffene seinen Schadensersatzanspruch durch einen Verband geltend machen kann, erleichtert die Rechtsverfolgung aus Sicht des Betroffenen, weil die kollektive Rechtsdurchsetzung keinen Aufwand und vor allem kein relevantes Prozesskostenrisiko für den Einzelnen zur Folge hat.

---

76 Siehe BT-Drucks. 18/11325 S. 121, wonach die Vorschrift der Umsetzung des Art. 56 RL (EU) 2016/680 dient.

IV. Relevanz für Aufsichtsbehörden

Da es sich bei dem Anspruch nach Art. 82 um ein rein privatrechtliches Instrument handelt, bleibt die Aufsichtsbehörde bei dieser Form der Rechtsdurchsetzung außen vor. **44**

V. Relevanz für das Datenschutzmanagement

Eine Exkulpation nach Art. 82 Abs. 3 ist nur möglich, wenn ein gutes Datenschutzmanagement vorhanden ist. Aufgrund der gesamtschuldnerischen Haftung muss auch die Überprüfung der Datenschutz-Compliance sämtlicher Auftragsverarbeiter und der übrigen gemeinsamen Verantwortlichen ernst genommen werden. **45**

Artikel 83 Allgemeine Bedingungen für die Verhängung von Geldbußen

(1) Jede Aufsichtsbehörde stellt sicher, dass die Verhängung von Geldbußen gemäß diesem Artikel für Verstöße gegen diese Verordnung gemäß den Absätzen 5 und 6 in jedem Einzelfall wirksam, verhältnismäßig und abschreckend ist.

(2) [1]Geldbußen werden je nach den Umständen des Einzelfalls zusätzlich zu oder anstelle von Maßnahmen nach Artikel 58 Absatz 2 Buchstaben a bis h und i verhängt. [2]Bei der Entscheidung über die Verhängung einer Geldbuße und über deren Betrag wird in jedem Einzelfall Folgendes gebührend berücksichtigt:

a) Art, Schwere und Dauer des Verstoßes unter Berücksichtigung der Art, des Umfangs oder des Zwecks der betreffenden Verarbeitung sowie der Zahl der von der Verarbeitung betroffenen Personen und des Ausmaßes des von ihnen erlittenen Schadens;

b) Vorsätzlichkeit oder Fahrlässigkeit des Verstoßes;

c) jegliche von dem Verantwortlichen oder dem Auftragsverarbeiter getroffenen Maßnahmen zur Minderung des den betroffenen Personen entstandenen Schadens;

d) Grad der Verantwortung des Verantwortlichen oder des Auftragsverarbeiters unter Berücksichtigung der von ihnen gemäß den Artikeln 25 und 32 getroffenen technischen und organisatorischen Maßnahmen;

e) etwaige einschlägige frühere Verstöße des Verantwortlichen oder des Auftragsverarbeiters;

f) Umfang der Zusammenarbeit mit der Aufsichtsbehörde, um dem Verstoß abzuhelfen und seine möglichen nachteiligen Auswirkungen zu mindern;

g) Kategorien personenbezogener Daten, die von dem Verstoß betroffen sind;

h) Art und Weise, wie der Verstoß der Aufsichtsbehörde bekannt wurde, insbesondere ob und gegebenenfalls in welchem Umfang der Verantwortliche oder der Auftragsverarbeiter den Verstoß mitgeteilt hat;

i) Einhaltung der nach Artikel 58 Absatz 2 früher gegen den für den betreffenden Verantwortlichen oder Auftragsverarbeiter in Bezug auf denselben Gegenstand angeordneten Maßnahmen, wenn solche Maßnahmen angeordnet wurden;

j) Einhaltung von genehmigten Verhaltensregeln nach Artikel 40 oder genehmigten Zertifizierungsverfahren nach Artikel 42 und

k) jegliche anderen erschwerenden oder mildernden Umstände im jeweiligen Fall, wie unmittelbar oder mittelbar durch den Verstoß erlangte finanzielle Vorteile oder vermiedene Verluste.

(3) Verstößt ein Verantwortlicher oder ein Auftragsverarbeiter bei gleichen oder miteinander verbundenen Verarbeitungsvorgängen vorsätzlich oder fahrlässig gegen mehrere Bestimmungen dieser Verordnung, so übersteigt der Gesamtbetrag der Geldbuße nicht den Betrag für den schwerwiegendsten Verstoß.

(4) Bei Verstößen gegen die folgenden Bestimmungen werden im Einklang mit Absatz 2 Geldbußen von bis zu 10 000 000 EUR oder im Fall eines Unternehmens von bis zu 2 % seines gesamten weltweit erzielten Jahresumsatzes des vorangegangenen Geschäftsjahrs verhängt, je nachdem, welcher der Beträge höher ist:

a) die Pflichten der Verantwortlichen und der Auftragsverarbeiter gemäß den Artikeln 8, 11, 25 bis 39, 42 und 43;

b) die Pflichten der Zertifizierungsstelle gemäß den Artikeln 42 und 43;

c) die Pflichten der Überwachungsstelle gemäß Artikel 41 Absatz 4.

(5) Bei Verstößen gegen die folgenden Bestimmungen werden im Einklang mit Absatz 2 Geldbußen von bis zu 20 000 000 EUR oder im Fall eines Unternehmens von bis zu 4 % seines gesamten weltweit erzielten Jahresumsatzes des vorangegangenen Geschäftsjahrs verhängt, je nachdem, welcher der Beträge höher ist:

a) die Grundsätze für die Verarbeitung, einschließlich der Bedingungen für die Einwilligung, gemäß den Artikeln 5, 6, 7 und 9;

b) die Rechte der betroffenen Person gemäß den Artikeln 12 bis 22;

c) die Übermittlung personenbezogener Daten an einen Empfänger in einem Drittland oder an eine internationale Organisation gemäß den Artikeln 44 bis 49;

d) alle Pflichten gemäß den Rechtsvorschriften der Mitgliedstaaten, die im Rahmen des Kapitels IX erlassen wurden;

e) Nichtbefolgung einer Anweisung oder einer vorübergehenden oder endgültigen Beschränkung oder Aussetzung der Datenübermittlung durch die Aufsichtsbehörde gemäß Artikel 58 Absatz 2 oder Nichtgewährung des Zugangs unter Verstoß gegen Artikel 58 Absatz 1.

(6) Bei Nichtbefolgung einer Anweisung der Aufsichtsbehörde gemäß Artikel 58 Absatz 2 werden im Einklang mit Absatz 2 des vorliegenden Artikels Geldbußen von bis zu 20 000 000 EUR oder im Fall eines Unternehmens von bis zu 4 % seines gesamten weltweit erzielten Jahresumsatzes des vorangegangenen Geschäftsjahrs verhängt, je nachdem, welcher der Beträge höher ist.

(7) Unbeschadet der Abhilfebefugnisse der Aufsichtsbehörden gemäß Artikel 58 Absatz 2 kann jeder Mitgliedstaat Vorschriften dafür festlegen, ob und in welchem Umfang gegen Behörden und öffentliche Stellen, die in dem betreffenden Mitgliedstaat niedergelassen sind, Geldbußen verhängt werden können.

(8) Die Ausübung der eigenen Befugnisse durch eine Aufsichtsbehörde gemäß diesem Artikel muss angemessenen Verfahrensgarantien gemäß dem Unionsrecht und dem Recht der Mitgliedstaaten, einschließlich wirksamer gerichtlicher Rechtsbehelfe und ordnungsgemäßer Verfahren, unterliegen.

(9) [1]Sieht die Rechtsordnung eines Mitgliedstaats keine Geldbußen vor, kann dieser Artikel so angewandt werden, dass die Geldbuße von der zuständigen Aufsichtsbehörde in die Wege geleitet und von den zuständigen nationalen Gerichten verhängt wird, wobei sicherzustellen ist, dass diese Rechtsbehelfe wirksam sind und die gleiche Wirkung wie die von Aufsichtsbehörden verhängten Geldbußen haben. [2]In jeden

Fall müssen die verhängten Geldbußen wirksam, verhältnismäßig und abschreckend sein. [3]Die betreffenden Mitgliedstaaten teilen der Kommission bis zum 25. Mai 2018 die Rechtsvorschriften mit, die sie aufgrund dieses Absatzes erlassen, sowie unverzüglich alle späteren Änderungsgesetze oder Änderungen dieser Vorschriften.

- *ErwG: 148, 150, 151*
- *BDSG n.F.: §§ 41, 43*

Übersicht

Literatur: *Albrecht* Das neue EU-Datenschutzrecht – von der Richtlinie zur Verordnung, CR 2016, 88; *Ashkar* Durchsetzung und Sanktionierung des Datenschutzrechts nach den Entwürfen der Datenschutz-Grundverordnung, DuD 2015, 796; *Bülte* Das Datenschutzbußgeldrecht als originäres Strafrecht der Europäischen Union?, StV 2017, 460; *Cornelius* Die „datenschutzrechtliche Einheit“ als Grundlage des bußgeldrechtlichen Unternehmensbegriffs nach der EU-DS-GVO, NZWiSt 2016, 421; *Dieterich* Rechtsdurchsetzungsmöglichkeiten nach der DS-GVO – Einheitlicher Rechtsrahmen führt nicht zwangsläufig zu einheitlicher Rechtsanwendung, ZD 2016, 260; *Faust/Spittka/Wybitul* Milliardenbußgelder nach der DS-GVO? Ein Überblick über die neuen Sanktionen bei Verstößen gegen den Datenschutz, ZD 2016, 120; *FRA* Datenschutz in der Europäischen Union: Die Rolle der nationalen Datenschutzbehörden, 2010; *Golla* Säbelrassel in der DS-GVO: Drohende Sanktionen bei Verstößen gegen die Vorgaben zum Werbedatenschutz, RDV 2017, 123; *ders.* Die Straf- und Bußgeldtatbestände der Datenschutzgesetze, 2015; *Härting* Datenschutzreform in Europa: Einigung im EU-Parlament, CR 2013, 715; *Hartung/Reintzsch* Die datenschutzrechtliche Haftung nach der EU-Datenschutzreform, ZWH 2013, 129; *Hochmayr* Eine echte Kriminalstrafe gegen Unternehmen und das Schuldprinzip, ZIS 2016, 226; *Jacquemain*, Der deliktische Schadensersatz im europäischen Datenschutzprivatrecht, 2017; *Kehr* EU-Datenschutz-Grundverordnung-Überblick über die wesentlichen Modifizierungen für Unternehmen, CB 2016, 421; *Keßler* Der Unternehmensbegriff im deutschen und europäischen Wettbewerbs- und Lauterkeitsrecht – Irrungen und Wirrungen, WRP 2014, 765; *Lang* Reform des EU-Datenschutzrechts: Einheitliche Regelungen mit hohem Datenschutzniveau geplant, K&R 2012, 145; *Lüdemann/Wenzel* Zur Funktionsfähigkeit der Datenschutzaufsicht in Deutschland, RDV 2015, 285; *Mansdörfer/Timmerbeil* Das Modell der Verbandshaftung im europäischen Kartellbußgeldrecht, EuZW 2011, 214; *Neun/Lubitzsch* EU-Datenschutz-Grundverordnung – Behördenvollzug und Sanktionen, BB 2016, 1538; *Nguyen* Die zukünftige Datenschutzaufsicht in Europa – Anregungen für den Trilog zu Kap. VI bis VII der DS-GVO, ZD 2015, 265; *Piltz* Die Datenschutz-Grundverordnung – Teil 5: Internationale Zusammenarbeit, Rechtsbehelfe und Sanktionen, K&R 2017, 85; *Rost* Bußgeld im digitalen Zeitalter – was bringt die DS-GVO?, RDV 2017, 13; *Schwartmann/Weiß* Ko-Regulierung vor einer neuen Blüte – Verhaltensregelungen und Zertifizierungsverfahren nach der Datenschutzgrundverordnung (Teil 1), RDV 2016, 68; *Spindler* Die neue EU-Datenschutz-Grundverordnung, DB 2016, 937; *Thode* Die neuen Compliance-Pflichten nach der Datenschutz-Grundverordnung, CR 2016, 714; *Thüsing/Traut* The Reform of the European Data Protection Law: Harmonisation at Last?, Intereconomics 2013, 271; *Wybitul* Welche Folgen hat die EU-Datenschutz-Grundverordnung für Compliance? CCZ 2016, 194; *ders.* DS-GVO veröffentlicht – Was sind die neuen Anforderungen an die Unternehmen?, ZD 2016, 253; *ders.* Die DS-GVO – ein Compliance-Thema?, ZD 2016, 105.

A. Einordnung und Hintergrund

I. DSRL

Bereits durch Art. 24 DSRL waren die Mitgliedstaaten verpflichtet, Sanktionen bei Verstößen gegen die Bestimmungen dieser Richtlinie einzuführen, um die Einhaltung von Datenschutzbestimmungen zu gewährleisten. Dabei hat die Richtlinie jedoch keine zwingenden Vorgaben dahingehend gemacht, dass die Sanktionen in Form von Ordnungswidrigkeiten erfolgen müssen. Damit besaßen die Mitgliedstaaten einen Umsetzungsspielraum, der zu signifikanten Unterschieden in der Umsetzung in den verschiedenen Mitgliedstaaten führte.[1] 1

II. BDSG a.F.

Der deutsche Gesetzgeber hat in Umsetzung des Art. 24 DSRL mit § 43 BDSG a.F. eine Bußgeldvorschrift geschaffen. Diese Regelung war sehr detailliert und umfasste zahlreiche Tatbestände. 2

III. WP d. Art.-29-Datenschutzgruppe

In dem WP 253 werden von der Art.-29-Datenschutzgruppe Kriterien geprüft, wie die Höhe einer Geldbuße nach Art. 83, ermittelt werden soll. Für die Bußgeldhöhe trifft sie insbesondere eine Aussage, von welchem Unternehmensbegriff die DS-GVO ausgeht. 3

B. Kommentierung

I. Art. 83 Allgemein

Art. 81 regelt nicht nur die allgemeinen Bedingungen für die Verhängung von Geldbußen, wie es in der Überschrift der amtlichen Fassung heißt, sondern normiert darin die Möglichkeit für Aufsichtsbehörden eine öffentlich-rechtliche Sanktion für Datenschutzverstöße zu verhängen. Die Regelung ist innerhalb des Regelungssystems der DS-GVO, also mit den geringen Abweichungsmöglichkeiten der Öffnungsklauseln, abschließend. Im Interesse einer Effektivierung des Datenschutzrechts bedarf es mit Blick auf das unter Geltung der Datenschutzrichtlinie bestehende Sanktionsdefizit, 4

1 Vgl. *FRA* Datenschutz in der Europäischen Union: Die Rolle der nationalen Datenschutzbehörden, S. 33.

einer konsequenteren Rechtsdurchsetzung im Falle von Verstößen gegen die DS-GVO.[2] Dazu sieht das Sekundärrecht insbesondere Geldbußen, die spürbare wirtschaftliche Höhen annehmen können, vor. Wegen des spürbar erhöhten Bußgeldrahmens ist die Vorschrift wohl auch die prominenteste innerhalb der DS-GVO und blieb in keiner Berichterstattung über das neu geregelte EU-Datenschutzrecht unerwähnt.[3] Die Regelung innerhalb der Verordnung stellt die Grundlage für gleiche Sanktionen als Rechtsfolge für Missachtungen des Datenschutzrechts dar.[4] Damit folgt die DS-GVO dem Bestreben das kohärente Recht auch einheitlich anzuwenden.[5] Mithilfe des umfassenden Katalogs an Verstößen in den Abs. 4–6 sind Ordnungswidrigkeiten zu erkennen. Die DS-GVO ermächtigt die nationalen Ordnungsbehörden, Bußgelder in Höhe von bis zu 20 Millionen EUR zu verhängen, was gegenüber der bisherigen Obergrenze im deutschen Datenschutzrecht von 300 000 EUR eine drastische Erhöhung darstellt.[6]

5 Harte Sanktionen in Form drakonischer Bußgelder sollen Unternehmen von Verstößen abhalten und ein Bewusstsein für Datenschutz schaffen. Die Millionengrenze kann sogar überschritten werden, weil Unternehmen auch mit „abschreckenden" (Abs. 1) Bußgeldern bis zu einer Höhe von 4 Prozent des globalen Umsatzes *per annum* bestraft werden können.

II. Kompetenzgrundlage

6 Zur Effektivierung des Schutzes personenbezogener Daten bedarf es wirksamer Rechtsfolgen, damit der Grundrechtsschutz nicht leerläuft. Die Kompetenznorm der DS-GVO ist Art. 16 Abs. 2 AEUV.[7] Als Ausfluss dieser Regelungskompetenz können Vorgaben zum Erlass von Ordnungswidrigkeitssanktionen wie Geldbußen normiert werden, die Aufsichtsbehörden ermächtigen, Bußgelder auszusprechen.[8]

III. Allgemeine Bedingungen

7 **1. Abhilfebefugnis.** Neben Untersuchungs- und Genehmigungsbefugnissen verfügen die Aufsichtsbehörden über eine Reihe von Abhilfebefugnissen. Bei der Geldbuße handelt es sich um eine Abhilfebefugnis (Art. 58 Abs. 2 lit. i.). Diese öffentlich-rechtliche Sanktion stellt eine gleichrangige Möglichkeit zur Rechtsdurchsetzung dar, die – vorbehaltlich ihrer Verhältnismäßigkeit – sowohl zusätzlich, als auch anstelle der sonstigen Befugnisse des Art. 58 Abs. 2 verwendet werden kann.[9]

8 **2. Zuständige Aufsichtsbehörde. – a) Unionsrechtliche Vorgaben.** Die Bußgelder sind von jeder Aufsichtsbehörde i.S.d. Art. 4 Nr. 21 i.V.m. Art. 51 zu verhängen. Damit verfügen die nationalen Behörden über eine Abhilfebefugnis nach Art. 58 Abs. 2 lit. i. Welche Aufsichtsbehörde jeweils zuständig ist, richtet sich nach den allgemeinen

2 Vgl. ErwG 148.
3 Vgl. *Dieterich* ZD 2016, 260, 264.
4 Vgl. ErwG 11 und 13 S. 1.
5 Vgl. ErwG 10 S. 2.
6 Art. 83 Abs. 5 und 6. *Lang* K & R 2012, 145, 150.
7 Vgl. ErwG 1.
8 Vgl. BeckOK-*Holländer* Art. 83 Rn. 4; vgl. auch Grabitz/Hilf/Nettesheim-*Sobotta* Art. 16 AEUV Rn. 55.
9 Vgl. *Dieterich* ZD 2016, 260, 265.

Zuständigkeitsregeln der Aufsichtsbehörden.[10] Die Rechtsdurchsetzung mittels behördlicher Aufsicht ist über das „one-stop-shop"-System und die verpflichtende Zusammenarbeit zwischen den Aufsichtsbehörden harmonisiert worden. Was für einen lediglich national agierenden Unternehmer leicht nachvollziehbar ist, führt für international bzw. multinational tätige Unternehmen zu dem Ergebnis, dass die Aufsichtsbehörde aus dem Mitgliedstaat der Hauptniederlassung auch für sämtliche Niederlassungen im EU-Ausland zuständig sein wird, um dem Unternehmer eine einheitliche Rechtsvollziehung zu gewährleisten. Wenn der Gegenstand nur mit einer Niederlassung in ihrem Mitgliedstaat zusammenhängt oder nur Personen ihres Mitgliedstaats erheblich beeinträchtigt sind, ist gemäß der Ausnahmeregelung in Art. 56 Abs. 2 jede damit konsultierte Aufsichtsbehörde zuständig. Daraus folgt, dass bei Verstößen in mehreren Mitgliedstaaten allein die federführende Behörde zuständig ist.[11]

b) Kollision mit deutschem Recht. Zur Vereinheitlichung der Rechtsanwendung hat der Verordnungsgeber umfassend und hinreichend konkrete Regelungen zur Zuständigkeit der Aufsichtsbehörden innerhalb der DS-GVO getroffen. Um eine Kollision mit deutschem Recht auszuschließen regelt § 41 Abs. 1 S. 2 BDSG n.F., dass §§ 35 und 36 OWiG keine Anwendung finden. **9**

3. Einzelfallprüfung. Die Entscheidung der Aufsichtsbehörde, ein Bußgeld zu verhängen, erfolgt einzelfallbezogen. Darauf verweist sowohl der Abs. 1, dass die Verhängung von Geldbußen auf den jeweiligen Einzelfall hin bezogen sein muss, als auch Abs. 2, wonach die individuellen Umstände jedes Einzelfalls zu berücksichtigen sind. Daraus ergibt sich praktisch, dass jeweils die konkreten Umstände und die Verarbeitungssituation gebührend zu berücksichtigen sind.[12] Aus Abs. 1 folgt hingegen nicht, dass in jedem Einzelfall, in dem ein Tatbestand erfüllt ist, eine Geldbuße die zwingende Konsequenz ist. Vielmehr kann auch eine Verwarnung die Rechtsfolge eines Verstoßes anstelle einer Geldbuße darstellen.[13] Entsprechend dem Opportunitätsprinzip verfügen die Aufsichtsbehörden über einen Entscheidungsspielraum, in dem sie nach pflichtgemäßem Ermessen Verstöße öffentlich-rechtlich sanktionieren.[14] **10**

Ferner stellt die Bestimmung der Höhe von Bußgeldern durch die zuständige Aufsichtsbehörde eine Einzelfallentscheidung dar. Art. 83 enthält Maßgaben, welche Umstände in der Abwägung Gewicht finden. Die Verordnung enthält jedoch keinen universell anwendbaren und verbindlichen Katalog von Bußgeldern für einzelne Gruppen oder Arten von Verstößen. Das Verhängen von Bußgeldern durch die Aufsichtsbehörden innerhalb der EU ist ein sich entwickelndes Verfahren. **11**

4. Adressaten der Bußgelder. – a) Allgemein. Potenziell nach Art. 83 zu verhängende Bußgelder richten sich grundsätzlich an den Verantwortlichen oder den Auftragsdatenverarbeiter.[15] D.h. Bußgeldempfänger kann ein Unternehmen oder eine natürliche Person sein.[16] Im Umkehrschluss kann sich die öffentlich-rechtliche Sanktion entgegen § 43 BDSG a.F. nicht gegen den tatsächlich den Verstoß verantwortenden, einzel- **12**

10 Vgl. Kühling/Buchner-*Bergt* Art. 83 Rn. 29.
11 Vgl. *Dieterich* ZD 2016, 260, 264.
12 Vgl. Plath-*Becker* Art. 83 Rn. 8.
13 Vgl. ErwG 148 S. 2.
14 Vgl. Paal/Pauly-*Frenzel* Art. 83 Rn. 11 f.; vgl. ferner Sydow-*Popp* Art. 83 Rn. 11.
15 Vgl. *Golla* RDV 2017, 123, 125; Kühling/Buchner-*Bergt* Art. 83 Rn. 21.
16 Vgl. ErwG 150. Vgl. *Albrecht/Jotzo* Das neue Datenschutzrecht der EU, S. 130.

nen Mitarbeiter, der dem Verantwortlichen oder dem Auftragsdatenverarbeiter unterstellt ist, richten.[17]

13 **b) Ausnahmen.** Ausnahmen von dem Grundsatz können lediglich darin bestehen, dass andere Adressaten ausdrücklich benannt sind.[18] Dabei kann es sich zusätzlich um die Zertifizierungsstelle (Abs. 4 lit. b) und die Überwachungsstelle (Abs. 4 lit. c) handeln.

14 **c) Bußgelder gegen Behörden und öffentliche Stellen (Abs. 7).** Die Abs. 4 bis 6 gelten nur für Unternehmen, Auftragsverarbeiter und sonstige nichtöffentliche Stellen.[19] Abs. 7 bezieht sich hingegen ausschließlich auf Bußgelder gegen Behörden und öffentliche Stellen.

15 **aa) Öffnungsklausel.** Jeder Mitgliedstaat ist frei, Vorschriften dafür festzulegen, ob und in welchem Umfang gegen Behörden und öffentliche Stellen im selben Staat Geldbußen verhängt werden können. Damit trägt die DS-GVO dem Umstand Rechnung, dass sie das Datenschutzrecht sowohl für nicht-öffentliche, als auch für öffentliche Stellen regelt. Bedenken einzelner Mitgliedstaaten hinsichtlich der Möglichkeit Bußgelder gegen öffentliche Stellen[20] zu verhängen, wurde mit der Normierung einer Öffnungsklausel begegnet. Außerhalb der mit Art. 83 Abs. 7 bestehenden Öffnungsklauseln dürfen die Unionsmitglieder grundsätzlich keine weiteren Bußgeldtatbestände schaffen.[21]

16 Im Interesse einer konsequenten Durchsetzung der DS-GVO können bei Verstößen gegen diese Verordnung verglichen mit dem bisherigen Rechtsrahmen deutlich höhere Geldbußen verhängt werden. Im Sinne eines effektiven Rechtsschutzes erscheint es nur konsequent, dass auch die Missachtung des Datenschutzrechts durch öffentliche Stellen spürbare Folgen nach sich zieht.[22] Wenn die DS-GVO, welche die Verarbeitung personenbezogener Daten durch öffentliche und nicht-öffentliche Stellen regelt, die verwaltungsrechtliche Sanktion als zentrale Rechtsfolge vorsieht, kann sie auch in beiden Bereichen Anwendung finden. Gleichwohl lässt sich dagegenhalten, dass es in der Logik der Gesetzmäßigkeit der Verwaltung, von Aufsicht und Weisung und des effektiven Rechtsschutzes mit der Möglichkeit der Amtshaftung (Art. 34 GG) keiner Ahndung von Verstößen durch öffentliche Stellen desselben Rechtsträgers bedarf.[23] Überdies unterliegen Behörden und andere öffentliche Stellen bei der Ausübung ihrer Tätigkeiten der Grundrechtsbindung.

17 Der nationale Regelungsspielraum der Mitgliedstaaten erstreckt sich auf die Aspekte, ob und inwieweit gegen Behörden Geldbußen verhängt werden können.[24] Demnach kann ein Mitgliedstaat gänzlich von der Möglichkeit Bußgelder gegen Behörden und öffentliche Stellen zu verhängen absehen oder sie grundsätzlich erlauben. Im Falle

17 Vgl. *Kühling/Martini u.a.* Die Datenschutz-Grundverordnung und das nationale Recht, S. 275; Auernhammer-*Golla* Art. 83 Rn. 3.

18 Vgl. Auernhammer-*Golla* Art. 83 Rn. 3.

19 Auernhammer-*Golla* Art. 83 Rn. 29.

20 *Nguyen* RDV 2014, 26, 29.

21 *Kühling/Martini u.a.* Die Datenschutz-Grundverordnung und das nationale Recht, S. 480.

22 So auch Kühling/Buchner-*Bergt* Art. 83 Rn. 26.

23 Vgl. Paal/Pauly-*Frenzel* Art. 83 Rn. 27 f; vgl. auch BeckOK DatenSR-*Holländer* Art. 83 Rn. 79.1.

24 Vgl. auch ErwG 150 S. 6.

einer entsprechenden Zulässigkeit kann das Unionsmitglied den Umfang der Implementierung von Geldbußen bestimmen.[25] Als Bsp. ist die gesetzliche Limitierung der Bußgeldhöhe gegen Behörden und andere öffentliche Stellen vorstellbar.

bb) Bußgelder gegen Mitarbeiter. Die Öffnungsklausel umfasst nicht die Normierung **18**
von Bußgeldtatbeständen gegenüber Mitarbeitern von Behörden oder sonstigen öffentlichen Stellen.[26] Auch die Nutzung der Öffnungsklausel in Abs. 7 erlaubt dem Mitgliedstaat nicht die Schaffung eines Bußgeldtatbestands gegen den Verursacher des Datenschutzverstoßes. Für die Sanktionierung der handelnden Person in anderer Form als Bußgeldern kann hingegen Art. 84 hinzugezogen werden.[27]

In Deutschland besteht etwa mit der Möglichkeit der Amtshaftung (Art. 34 GG) **19**
bereits eine Rechtsfolge für etwaige Verstöße.

cc) Anwendung der Öffnungsklausel in Deutschland. Die nationalen Aufsichtsbehör- **20**
den haben sich im Jahr 2016 explizit für die Anwendung der Öffnungsklausel ausgesprochen.[28] Der Gesetzgeber wird von der Möglichkeit einer für die öffentlichen Stellen abweichenden Regelung im BDSG n.F. jedoch keinen Gebrauch machen.[29] In § 43 Abs. 3 BDSG n.F. ist geregelt: „Gegen Behörden und sonstige öffentliche Stellen im Sinne des § 2 Absatz 1 werden keine Geldbußen verhängt." Damit ist die Öffnungsklausel insoweit angewendet worden, dass für die in der Vorschrift genannten Behörden keine Bußgelder verhängt werden dürfen.[30] Nicht ausgeschlossen ist die Möglichkeit gegenüber sonstigen öffentlichen Stellen, die als öffentlich-rechtliche Unternehmen im Wettbewerb mit anderen Verarbeitern stehen, weil sie bei der Verhängung von Geldbußen gegenüber ihren Wettbewerbern nicht bessergestellt werden sollen.[31]

Im Fachrecht – möglicherweise bei Anpassungen im SGB – wird diese Regelungsbefugnis im Einzelfall voraussichtlich in Anspruch genommen.[32]

dd) Verweis auf Abhilfebefugnis gem. Art. 58 Abs. 2. Art. 83 Abs. 7 bestätigt, dass den **21**
Aufsichtsbehörden die Abhilfebefugnisse des Art. 58 Abs. 2 auch gegenüber öffentlichen Stellen zustehen.[33] Den Mitgliedstaaten steht es nicht zu, Befugnisse nach Art. 58 Abs. 2 zu beschränken.[34]

5. Verhältnis zum nationalen Recht. – a) Anwendbarkeit des Ordnungswidrigkeiten- 22
rechts. Da es auf Unionsebene kein allgemeines Ordnungswidrigkeitenrecht gibt, was konkretisierend zur Verhängung von Bußgeldern bei Datenschutzverstößen nach Art. 83 hinzugezogen werden könnte, ist es konsequent, das deutsche Gesetz über

---

25 Vgl. *Kühling/Martini* u.a. Die Datenschutz-Grundverordnung und das nationale Recht, S. 274.

26 *Kühling/Martini* u.a. Die Datenschutz-Grundverordnung und das nationale Recht, S. 275.

27 Vgl. Kühling/Buchner-*Bergt* Art. 83 Rn. 21.

28 Entschließung der 91. Konferenz der unabhängigen Datenschutzbehörden des Bundes und der Länder v. 7.4.2016, Stärkung des Datenschutzes in Europa – nationale Spielräume nutzen.

29 Vgl. § 43 Abs. 3 BDSG n.F.

30 Vgl. BT-Drucks. 18/11325, S. 109.

31 BT-Drucks. 18/11325, S. 109.

32 Vgl. BeckOK DatenSR-*Holländer* Art. 83 Rn. 81.

33 Paal/Pauly-*Frenzel* Art. 83 Rn. 27.

34 Kühling/Buchner-*Bergt* Art. 83 Rn. 26.

Ordnungswidrigkeiten für anwendbar zu erklären (§ 41 Abs. 1 S. 1 BDSG n.F.). § 41 BDSG n.F. geht davon aus, dass von den in den Abs. 4 und 5 genannten „Verstößen gegen die folgenden Bestimmungen" auch dann gesprochen werden kann, wenn die Mitgliedstaaten bezüglich der in den Abs. 4 und 5 genannten Bestimmungen nationale Regelungen aufgrund von Öffnungsklauseln erlassen haben.[35]

23 **b) Verfahrensrecht.** Die Anwendbarkeit des nationalen Ordnungswidrigkeitenrechts ist auch für die Regelung des Sanktionsverfahrens von Bedeutung. Die DS-GVO selbst regelt das Bußgeld- und Strafverfahren nicht, weswegen aufgrund der Abwesenheit von allgemeinen unionsrechtlichen Grundsätzen nationales Recht hinzu zu ziehen ist. § 41 Abs. 2 S. 1 BDSG n.F. erlaubt aufgrund der Öffnungsklausel in Abs. 8, an den bisherigen Grundzügen des datenschutzrechtlichen Bußgeld- und Strafverfahrens festzuhalten.[36] Gleichwohl strahlt auch das Primärrecht weiter in die nationale Ausgestaltung hinein. Um der dort verankerten Unabhängigkeit der Aufsicht Rechnung zu tragen bestimmt § 41 Abs. 2 S. 3 BDSG n.F., dass die Staatsanwaltschaft im Zwischenverfahren das Verfahren nur mit Zustimmung der zuständigen Aufsichtsbehörde einstellen darf.

IV. Allgemeine Anforderungen an die Verhängung von Bußgeldern

24 **1. Wirksamkeit, Verhältnismäßigkeit und Abschreckung.** Die Vorgaben des Abs. 1 verlangen, dass die Verhängung von Geldbußen „wirksam, verhältnismäßig und abschreckend" ist. Damit folgt der Verordnungsgeber allgemeinen unionsrechtlichen Grundsätzen.[37] Zumindest der Grundsatz der Verhältnismäßigkeit hat zudem auch im spezifischen Unionsrecht zum Datenschutz Niederschlag gefunden.[38] Die Anforderungen projizieren sich auf Verhängung von Geldbußen gemäß den einzelnen Tatbeständen in den Abs. 4–6.[39]

25 Die Verhältnismäßigkeit stellt insbesondere eine Anforderung an die Handhabung der öffentlich-rechtlichen Sanktion dar, die aber auch bei der Bemessung etwaiger Bußgelder Berücksichtigung finden muss. Dieses Erfordernis hat zur Folge, dass im Falle eines geringfügigeren Verstoßes oder falls die voraussichtlich zu verhängende Geldbuße eine unverhältnismäßige Belastung für eine natürliche Person bewirken würde, anstelle einer Geldbuße eine Verwarnung erteilt werden kann.[40]

26 Die einzelnen Anforderungen der Trias erscheinen nicht ganz leicht miteinander vereinbar. Sie sind weder gleichartig noch gleichgewichtig und sind in der Auslegung entsprechend ihres innerlichen sachlichen Gehalts miteinander ins Verhältnis zu bringen.[41] Das Erfordernis, dass die Ahndung zusätzlich abschreckend wirkt, ist aus deut-

---

35 BT-Drucks. 18/11325, S. 108.

36 Vgl. BT-Drucks. 18/11325, S. 108.

37 Art. 5 Abs. 4 EUV. Ständige Rspr. seit: *EuGH* v. 21.9.1989 – C-68/88, Slg. 1989, 2965, Kommission/Griechenland, Rn. 24. Die Verhältnismäßigkeit findet sich mit Art. 49 Abs. 3 und 52 Abs. 1 S. 2 GRCh auch im Primärrecht wieder.

38 *EuGH* v. 6.11.2003 – C-101/01, Slg. 2003, I-12971, Lindqvist, Rn. 88.

39 Der fehlende Verweis auf Abs. 4 in der Aufzählung des Abs. 1 ist nur der deutschen Übersetzung geschuldet, die nicht mit der englischen Fassung übereinstimmt („...referred to in paragraphs 4, 5 and 6..."); a.A. Sydow-*Popp* Art. 83 Rn. 10.

40 Vgl. ErwG 148 S. 2.

41 Vgl. Plath-*Becker* Art. 83 Rn. 8.

scher Sicht auf die Rechtsanwendung keine Selbstverständlichkeit. Die Zielsetzung des Verordnungsgebers ist dabei nachvollziehbar. Die Durchsetzung des europäischen Datenschutzrechts muss effektiv sein. Das europarechtliche Effektivitätsgebot („effet utile") sieht deswegen wirksame und hinreichend abschreckende Sanktionen vor. Denn Abschreckung ist nicht nur spezialpräventiv auf den betroffenen Verantwortlichen bezogen, sondern wirkt überdies generalpräventiv.[42] Das formulierte Ziel der Abschreckung wird nämlich potentiell sehr hohe Geldbußen zur Folge haben. Damit soll der verwaltungsrechtlichen Sanktion mehr Wirkung verliehen werden.[43] Gleichwohl wird der abschreckende Effekt durch die gleichwertig zu wahrende Verhältnismäßigkeit bei der Verhängung von Geldbußen begrenzt.

2. Vereinbarkeit mit deutschem Verfassungsrecht. Die Anforderung, dass die Ver- 27
hängung der öffentlich-rechtlichen Sanktion, abschreckend sein muss, erscheint aus verfassungsrechtlicher Sicht nicht naheliegend. Ausgehend von der Normierung im Unionsrecht sind nationale Behörden mit der Verhängung von Bußgeldern betraut. Die nationalen Aufsichtsbehörden sind beim Vollzug des Unionsrechts auch an deutsches Grundrecht gebunden.

Nach der Rechtsprechung der Verfassungsgerichtsbarkeit ist dem Strafrahmen das 28
Mindestmaß einer Strafe ebenso wie eine Sanktionsobergrenze zu entnehmen.[44] Eine entsprechende Bußgeld-Obergrenze ist im Art. 83 jedoch berücksichtigt, womit den verfassungsrechtlichen Anforderungen grundsätzlich Rechnung getragen wird. Für die weitergehende verfassungsrechtliche Überprüfung des punitiven Aspekts bei der öffentlich-rechtlichen Sanktion besitzt das BVerfG keine Befugnis mehr. Da der EuGH einen dem GG im Wesentlichen vergleichbaren Grundrechtsstandard sichert, kann das BVerfG keine eigene Kontrolle von Sekundärrecht am Maßstab des Grundgesetzes mehr ausüben.[45] Lediglich bei Kompetenzüberschreitungen der Union erfolgt die Überprüfung wieder durch das nationale Verfassungsgericht.[46]

Bereits vor Gültigwerden der DS-GVO konnten in Deutschland auch nach alter 29
Rechtslage Bußgelder in abschreckender Höhe die Folge eines Datenschutzverstoßes sein.[47] Abschreckende Bußgelder sind soweit also nicht neu.

3. Vereinbarkeit mit dem Unionsrecht. Im Unionsrecht ist eine Tendenz zu erkennen, 30
dass Bußgelder grundsätzlich wirksam, verhältnismäßig und abschreckend sein sollen. So findet sich dieses Erfordernis an die verwaltungsrechtliche Sanktion etwa auch in der Transparenzrichtlinie-Änderungsrichtlinie[48] oder in der Marktmissbrauchsrichtlinie.[49] In allererster Linie orientiert sich die Möglichkeit in ihrer Höhe drastische Geldbußen verhängen zu können am Kartellrecht.[50]

42 Vgl. Paal/Pauly-*Frenzel* Art. 83 Rn. 7.
43 Vgl. ErwG 150 S. 1.
44 *BVerfG* BVerfGE 105, 135.
45 *BVerfG* BVerfGE 73, 339.
46 *BVerfG* BVerfGE 89, 155.
47 Gola/Schumerus-*Gola/Klug/Körffer* § 43 BDSG a.F., Rn. 29: „Die Höhe ist so zu bemessen, dass sie hinlänglich abschreckend ist."
48 Art. 28 Abs. 1 RL EU 2013/50.
49 Art. 9 RL EU 2014/57.
50 Vgl. Plath-*Becker* Art. 83 Rn. 1; Auernhammer-*Golla* Art. 83 Rn. 7.

31 Die unionale Rechtssetzung von abschreckenden Bußgeldern im Kartellrecht stellt zwar keinen Beleg für eine entsprechende Befugnis dar, impliziert jedoch die Annahme ihrer Existenz. Als administrative Durchsetzung von Primärrecht handelt es sich bei der verwaltungsrechtlichen Ahndung mit Bußgeldern um ein unverzichtbares Instrument zur Lenkung und Durchsetzung der EU-Wettbewerbspolitik.[51] Gem. Art. 23 Abs. 2 lit. a VO (EG) Nr. 1/2003 kann die Kommission gegen Unternehmen und Unternehmensvereinigungen Geldbußen verhängen, wenn sie vorsätzlich oder fahrlässig gegen Art. 101 oder 102 AEUV verstoßen. Dazu muss die Kommission entsprechend ihrer Leitlinien[52] und unter Bezugnahme auf EuGH-Rechtsprechung[53] sicherstellen, dass ihre Maßnahmen die notwendige Abschreckungswirkung entfalten.

32 Das primärrechtlich verankerte Datenschutzrecht bedarf ebenfalls effektiver Rechtsfolgen und erlaubt entsprechend die Sanktionierung von Verstößen. Die abschreckende Geldbuße ist im Ergebnis mit dem Unionsrecht vereinbar.

33 **4. Grundrechtliche Verfahrensgarantien (Abs. 8). – a) Vorgaben zu Verfahrensgarantien.** Sowohl das Unionsrecht, als auch das Recht der Mitgliedstaaten müssen angemessene Verfahrensgarantien zugunsten des Betroffenen, wirksame gerichtliche Rechtsbehelfe und ordnungsgemäße Verfahren bei der Verhängung von Geldbußen vorsehen. Es sind ausschließlich die Verfahrensgarantien, die im Rahmen der allgemeinen Bedingungen für die Verhängung von Geldbußen Niederschlag gefunden haben, nicht aber das Verfahren der öffentlich-rechtlichen Sanktion selbst.[54] Dieses ist weder im Primär- noch im Sekundärrechtsakt selbst geregelt und muss daher nach nationalem Recht erfolgen.

34 Primärrechtlich verbürgt sind hingegen die justiziellen Rechte[55] wie der wirksame Rechtsbehelf und der effektive Rechtsschutz[56] in der GRCh. Da die Rechtsfolge gem. Art. 83 materiell strafrechtlichen Charakter haben kann, sind zudem die Unschuldsvermutung und Verteidigungsrechte (Art. 48 GRCh), das Gesetzlichkeits- und Verhältnismäßigkeitsprinzip (Art. 49 GRCh) sowie das Doppelbestrafungsverbot (Art. 50 GRCh) von Bedeutung.[57] In der Konsequenz kann bei Art. 83 Abs. 8 tatsächlich von einer Konstitutionalisierung des Sekundärrechts gesprochen werden.[58]

35 **b) Umsetzung im nationalen Recht.** Die Verfahrensgarantien für die Verhängung von Bußgeldern sind aufgrund fehlender unionsrechtlicher Konkretisierungen im nationalen Recht zu finden. In Deutschland kann an den bisherigen Grundzügen des datenschutzrechtlichen Bußgeld- und Strafverfahrens festgehalten werden. § 41 Abs. 2 S. 1 BDSG n.F. regelt, dass die Vorschriften des Gesetzes über Ordnungswidrigkeiten

---

51 Vgl. von der Groeben/Schwarze-*Kienapfel* VO (EG) 1/2003 Art. 23 Rn. 3; Loewenheim/Meessen/Riesenkampff-*Nowak* VerfVO Art. 23 Rn. 1 ff.

52 *Kommission* Leitlinien für das Verfahren zur Festsetzung von Geldbußen gem. Art. 23 Abs. 2 lit. a der VO 1/2003, Nr. 4.

53 *EuGH* v. 7.8.1983, Rs. 100/80 bis 103/80, Musique Diffusion francaise u.a./Kommission, Slg. 1983, 1825, Rn. 106.

54 BT-Drucks. 18/11325, S. 108.

55 Art. 47–50 GRCh.

56 Vgl. Art. 47 GRCh.

57 Vgl. Kühling/Buchner-*Bergt* Art. 83 Rn. 19; vgl. ebenfalls BeckOK DatenSR-*Holländer* Art. 83 Rn. 82.

58 So Paal/Pauly-*Frenzel* Art. 83 Rn. 29.

und der allgemeinen Gesetze über das Strafverfahren in Einklang mit Art. 83 Abs. 8 grundsätzlich Anwendung finden.[59] Art. 83 Abs. 8 erlaubt den Mitgliedstaaten nicht, auf dieser Grundlage weitere Bußgeldtatbestände zu erlassen.[60] Zur Wahrung des verfassungsrechtlichen Verbots einer Selbstbezichtigung, wonach angemessene Verfahrensgarantien geschaffen werden müssen, dient ferner § 43 Abs. 4 BDSG n.F.[61]

V. Kriterienkatalog des Abs. 2

1. Verstoß. – a) Art, Schwere und Dauer des Verstoßes (lit. a). Äußerst entscheidungserheblich sind die Art, die Schwere und die Dauer des Verstoßes. Für die Verhängung sind die Umstände der Datenverarbeitung gebührend zu berücksichtigen. Dazu zählt insbesondere der Zweck der betreffenden Verarbeitung, der kommerzieller Natur sein oder zur Aufgabenerfüllung öffentlicher Interessen beitragen kann, aber ebenso auch die Kategorien hierbei verarbeiteter personenbezogener Daten. Die Sensibilität der Daten korrespondiert gleichzeitig mit dem Aspekt der Schwere eines Verstoßes, weil das Ausmaß des erlittenen Schadens bei Vergehen mit besonderen Kategorien personenbezogener Daten offenkundig größer ist, sodass die allgemeinen Kriterien in ein Verhältnis zueinander gebracht werden müssen. Die Parameter Dauer des Verstoßes und Umfang davon betroffener Daten sind überdies Bemessungskriterien für die Schwere des Verstoßes. Verstöße gegen die DS-GVO sind nicht zwingend als schwer zu qualifizieren, sondern können auch geringfügiger Art sein.[62] **36**

b) Verschulden (lit. b). Für die Entscheidung über die Verhängung eines Bußgelds sowie bei der darin etwaigen anschließenden Bestimmung ist das Verschuldensmoment zu würdigen (Abs. 2 lit. b). Dieser Umstand ist für beide Dimensionen von Bedeutung. **37**

Schuld ist in jedem Fall eins von mehreren bußgeldbegründenden Merkmalen. Soweit einer der Tatbestände von Abs. 4–6 erfüllt ist, wird die Rechtswidrigkeit grds. indiziert.[63] Ausnahmen können in von der Rechtsordnung anerkannten Rechtfertigungsgründen vorliegen wie zum Bsp. bei Notwehr oder Notstand, wobei praktisch kaum Fälle denkbar sein dürften.[63] Damit kann die Frage dahinstehen, ob eine Suspendierung auch ohne vorsätzliches oder fahrlässiges Handeln zulässig ist.[64] **38**

Mit der Konzeption des Datenschutzes als Vorfeldschutz trifft die verantwortliche Stelle vor dem Vergehen zumindest indirekt die Entscheidung, ob sie Beeinträchtigungen des Betroffenen billigend in Kauf nimmt oder geltendes Recht ernst nimmt und den Umgang mit personenbezogenen Daten mit der gebotenen Sorgfalt betreibt. Sobald ein Organisationsverschulden konstatiert werden kann, ist das Verschuldensmoment in Form Fahrlässigkeit erfüllt.[65] Letzteres ließe sich in Form von Zertifikaten **39**

---

59 Vgl. BT-Drucks. 18/11325, S. 108. Vgl. BeckOK DatenSR-*Holländer* Art. 83 Rn. 82.

60 *Kühling/Martini* u.a. Die Datenschutz-Grundverordnung und das nationale Recht, S. 480.

61 Vgl. BT-Drucks. 18/11325, 109. Die Bestimmung ist angelehnt an § 42a S. 6 BDSG a.F. und gründet auf Art. 83 Abs. 8.

62 Vgl. ErwG 148 S. 2.

63 Vgl. BeckOK DatenSR-*Holländer* Art. 83 Rn. 18.

64 Dafür *Härting* Rn. 253 sowie Kühling/Buchner-*Bergt* Art. 83 Rn. 35; a.A. *Schantz/Wolff* Rn. 1130; Paal/Pauly-*Frenzel* Art. 83 Rn. 14; Plath-*Becker* Art. 83 Rn. 11; Auernhammer-*Golla* Art. 83 Rn. 9; BeckOK DatenSR-*Holländer* Art. 83 Rn. 28.

65 Vgl. Paal/Pauly-*Frenzel* Art. 83 Rn. 14.

oder Auditierungen sogar belegbar betreiben, was im Prozessfall eine begünstigende Wirkung für die nicht-öffentliche Stelle haben könnte.[66]

40 **c) Kategorien personenbezogener Daten (lit. g).** Zu den konkreten Umständen der einzelnen, mit dem Verstoß einhergehenden Verarbeitungssituation gehören die Kategorien personenbezogener Daten, die von dem Verstoß betroffen sind. Dieser Aspekt ließe sich auch unter den in lit. a genannten Kriterien subsummieren, da die Kategorien personenbezogener Daten maßgeblich die Schwere sowie die Art des Verstoßes bedingen. Zu würdigen ist demnach jedenfalls, ob von dem Verstoß besondere Kategorien personenbezogener Daten i.S.d. Art. 9 Abs. 1 berührt sind. Die höhere Schutzbedürftigkeit ebendieser Daten hat eine schwerwiegendere Beeinträchtigung des Betroffenen bei entsprechenden Verstößen gegen das Recht auf informationelle Selbstbestimmung.

41 **2. Vortatverhalten. – a) Berücksichtigung der getroffenen technischen und organisatorischen Maßnahmen (lit. d).** Gebührend zu berücksichtigen ist, ob der potenzielle Bußgeldadressat vor dem Datenschutzverstoß nach Art. 25 oder Art. 32 geeignete technische und organisatorische Maßnahmen nach dem Stand der Technik vorgenommen hat. Im positiven Fall kann dies eine entlastende Wirkung zugunsten des Verantwortlichen oder des Auftragsverarbeiters entfalten und vor der Verhängung eines Bußgelds ggf. schützen. Compliance-Programme sollten bei der Suspendierung gewürdigt werden, wenn sie bei einer *ex ante* Betrachtung als ausreichend angesehen werden konnten.[67]

42 **b) Vorheriger Vergehen und aufsichtsbehördliche Maßnahmen (lit. e und i).** Um Wiederholungstäter schärfer zu sanktionieren, ist zu würdigen, ob der Täter bereits zuvor gegen Datenschutzrecht verstoßen hat (lit. e) oder Maßnahmen nach Art. 58 Abs. 2 in Bezug auf denselben Gegenstand nicht befolgt hat. Beide Kriterien unterliegen Einschränkungen. Die etwaigen früheren Verstöße müssen „einschlägig" sein, um zur Verhängung einer Geldbuße beizutragen. D.h. es müssen kleine gleichartigen Vergehen in der Vergangenheit begangen worden sein, sondern eine Ähnlichkeit bei den Rechtsverstößen reicht dafür aus.[68]

43 Enger gefasst ist das Kriterium, wonach die Einhaltung von Maßnahmen nach Art. 58 Abs. 2 gebührend zu berücksichtigen ist. Dies ist logisch konsequent im Bewusstsein darüber, dass die Sanktionierung mit einer Geldbuße zusätzlich der sonstigen Befugnisse des Art. 58 Abs. 2 erfolgen kann. Bezogen auf denselben Gegenstand kann die Aufsichtsbehörde zeitlich vorgelagert alternative Maßnahmen im Rahmen der aufsichtsbehördlichen Befugnisse angeordnet haben. Das Befolgen ebendieser Maßnahmen kann positiv zugunsten des potenziellen Bußgeldempfängers berücksichtigt werden, wohingegen die Missachtung zur Verhängung eines Bußgelds beitragen kann.

44 **c) Einhaltung genehmigter Verhaltensregeln und Zertifizierungsverfahren (lit. j).** So wie in lit. i ist gleichermaßen die Einhaltung der von Aufsichtsbehörden genehmigten Verhaltensregeln nach Art. 40 zu berücksichtigen bei der Verhängung von Bußgel-

66 *Jacquemain* Der deliktische Schadensersatz im europäischen Datenschutzprivatrecht, S. 339.

67 *Schwartmann/Weiß* Ko-Regulierung vor einer neuen Blüte – Verhaltensregelungen und Zertifizierungsverfahren nach der Datenschutzgrundverordnung (Teil 1), RDV 2016, 72.

68 Vgl. Kühling/Buchner-*Bergt* Art. 83 Rn. 56.

dern. Analog ist die Einhaltung von Zertifizierungsverfahren nach Art. 42 zu würdigen, die auch durch die zuständige Aufsichtsbehörde genehmigt wurde oder alternativ von Seiten einer Zertifizierungsstelle nach Art. 43. Bei letztgenannter Stelle handelt es sich anders als bei einer Aufsichtsbehörde nicht um eine exekutive Einrichtung, gleichwohl siedelt sie auf unmittelbar anwendbarem Sekundärrecht. Diesem Umstand muss die Behörde bei Aussprache einer Geldbuße Rechnung tragen.

An den Kriterien lit. i und j zeigt sich, dass das Verhältnis von Aufsichtsbehörde und Verantwortlichem nicht zwingend aus einem Konflikt bestehen muss, sondern auch im Sinne eines – auch freiwilligen – Miteinanders stattfinden kann.[69] Der Verordnungsgeber setzt hier einen finanziellen Anreiz, indem die Beachtung von Vorgaben und die Zusammenarbeit vor finanziellen verwaltungsrechtlichen Sanktionen schützen können.[70] **45**

3. Nachtatverhalten. – a) Schadensminderung (lit. c). Ein positives Nachtatverhalten wie die akute Minderung eines bereits eingetretenen Schadens sowie der Schadensausgleich sollen bei der Verhängung eines Bußgelds Berücksichtigung finden. Damit nicht gemeint ist die zivilrechtliche Erfüllung von Ersatzansprüchen nach Art. 82.[71] **46**

b) Umfang der Zusammenarbeit mit den Aufsichtsbehörden (lit. f). Die aktive Zusammenarbeit mit der Aufsichtsbehörde soll bußgeldmindernd berücksichtigt werden, weil hierdurch die Arbeit der Aufsichtsbehörde erleichtert wird. Hierzu gehören z.B. der Hinweis, dass die rechtswidrige Datenverarbeitung länger als von der Aufsichtsbehörde angenommen angedauert hat oder die Lieferung von Beweismaterial.[72] **47**

c) Art und Weise der Kenntniserlangung des Verstoßes (lit. h). Das Kriterium in lit. h ließe sich durchaus unter die Zusammenarbeit mit den Aufsichtsbehörden (lit. f) subsummieren. Kooperation zwischen dem Verantwortlichen und der Aufsichtsbehörde kann auch derart Ausdruck finden, indem die gegen Datenschutzrecht verstoßende Person oder Stelle ihr Vergehen selbst bei der Aufsichtsbehörde notifiziert. Das kann eine entlastende Wirkung zugunsten des Verantwortlichen oder des Auftragsverarbeiters entfalten. **48**

4. Auffangregelung (lit. k). In lit. k des Abs. 2 hat der Verordnungsgeber eine Auffangregelung installiert. Diese erlaubt den bußgeldverhängenden Aufsichtsbehörden „jegliche anderen erschwerenden oder mildernden Umstände im jeweiligen Fall" berücksichtigen zu dürfen. Als Beispiel fügt er den durch den Verstoß erlangten wirtschaftlichen Vorteil. **49**

VI. Zwischenergebnis

Über das Vorliegen eines Verstoßes gegen Datenschutzrecht lässt sich faktisch befinden. Danach stehen der Aufsichtsbehörde Maßnahmen einschließlich Geldbußen offen. Diese unterliegen grundlegend der allgemeinen Anforderungstrias des Abs. 1. Der Verordnungsgeber normiert innerhalb der Bedingungen für die Verhängung eines Bußgelds Umstände vor, beim und nach dem Verstoß, die jeweils einzeln und schließlich in der Gesamtschau für den Vollzug dieser behördlichen Abhilfebefugnis zu wür- **50**

---

69 Vgl. Paal/Pauly-*Frenzel* Art. 83 Rn. 14.
70 Vgl. *Schwartmann/Weiß* RDV 2016, 68, 72.
71 Vgl. Kühling/Buchner-*Bergt* Art. 83 Rn. 55.
72 Vgl. BeckOK DatenSR-*Holländer* Art. 83 Rn. 38.

digen sind. Demnach muss ein konstatiertes Vergehen nicht zwangsläufig zu einer Geldbuße führen. Im jeweiligen Einzelfall eines Verstoßes gegen das Recht auf informationelle Selbstbestimmung, in dem die Ordnungswidrigkeitensanktion mit den Anforderungen des Abs. 1 konformgehen würde, kann die Aufsichtsbehörde dennoch davon absehen. Art. 83 Abs. 2 verdeutlicht, dass keine Pflicht zur Verhängung eines Bußgelds besteht.[73]

51 Für den Verzicht auf ein Bußgeld müssen das Vortatverhalten ebenso wie das Nachtatverhalten von einem Bestreben zur Gewährleistung eines maximalen hohen Datenschutzniveaus gekennzeichnet sein. Dies lässt sich etwa durch die Bestellung eines Datenschutzbeauftragten, einer Zertifizierung, einer hohen IT-Sicherheit und vielem mehr nachweislich belegen. Gleichwohl ist dieses Gebaren im Lichte des eigentlichen Verstoßes zu sehen, der bei mindestens schwerwiegenden Rechtsverletzungen keine vollständige Exkulpation denkbar erscheinen lässt. Sind die einzelnen Kriterien (Abs. 2) dagegen negativ zugunsten des für den Verstoß Verantwortlichen zu werten, wird eine Geldbuße die Rechtsfolge sein und die Kriterien des Abs. 1 und 2 spiegeln sich nach der getroffenen Entscheidung über die Verhängung eines Bußgelds insb. hinsichtlich der Bußgeldhöhe wieder.

VII. Höhe der Bußgelder

52 Die DS-GVO gibt einen konkreten Bußgeldrahmen verbindlich vor. In Abs. 4–6 sind die maximalen Höhe der zu verhängenden Bußgelder normiert.

53 **1. Numerische und relative Höchstbeträge. – a) Numerische Höchstbeträge.** Bei Verstößen gegen die in Abs. 4 normierten Tatbestände können Geldbußen von bis zu 10 Millionen EUR verhängt werden. Verstöße gegen die in Abs. 5 und 6 genannten Regelungen legitimieren Geldbußen von bis zu 20 Millionen EUR.[74]

54 **b) Relative Höchstbeträge.** Nur für den Fall, in dem sich ein Bußgeld gegen ein Unternehmen richtet, kann die numerische Höchstgrenze überschritten werden. So können Ordnungswidrigkeiten i.S.d. Abs. 4 mit einer Buße in Höhe von bis zu 2 % des gesamten weltweit erzielten Jahresumsatzes des vorangegangenen Geschäftsjahrs verhängt werden. Sind Übertretungen gegen die in Abs. 5 und 6 genannten Regelungen zu konstatieren, ist eine maximale Geldbuße in Höhe von bis zu 4 % des Vorjahresumsatzes zulässig. Die Obergrenze für solche Sanktionen gegen Unternehmen bestimmt sich je nachdem, ob der numerische oder der relativ zu bestimmende Maximalbetrag höher ist.

55 **c) Anzuwendender Unternehmensbegriff.** Für die Determinierung eines relativen Höchstbetrags ist die Bezugsgröße von Bedeutung. Konkret stellt sich die Frage, ob der Umsatz des einzelnen ordnungswidrig handelnden Unternehmens maßgebend ist oder vielmehr der in jedem Fall höhere Konzernumsatz, zu dem das entsprechende Unternehmen gehört.[75]

56 Der kartellrechtliche Unternehmensbegriff ist zwar in den Erwägungsgründen[76] genannt, hat aber keinen Einzug in die Verordnung selbst gefunden. Legaldefiniert

73 *Schantz/Wolff* Das neue Datenschutzrecht Rn. 1126.

74 Vgl. *Faust/Spittka/Wybitul* ZD 2016, 120, 123.

75 Dazu ausführlich *Faust/Spittka/Wybitul* ZD 2016, 120; *Wybitul* ZD 2016, 253.

76 ErwG 150 S. 3.

sind die Begriffe Unternehmen[77] und Unternehmensgruppe[78] in den allgemeinen Begriffsbestimmungen in Art. 4. Der Verweis in den Erwägungsgründen auf Art. 101 und 102 AEUV legt nahe, den für die Berechnung der maximalen Bußgeldhöhe anzuwenden Unternehmensbegriff i.S.d. EU-Kartellrechts zu verstehen. Nach ständiger Rechtsprechung ist ein entsprechendes Unternehmen „jede eine wirtschaftliche Tätigkeit ausübende Einheit, unabhängig von ihrer Rechtsform und der Art ihrer Finanzierung"[79]. In diesem Falle bildet der gesamte Konzernumsatz den für die Berechnung eines Bußgelds maßgeblichen Unternehmensumsatz, weil beim Vorliegen einer wirtschaftlichen Einheit ein Konzern als Unternehmen qualifiziert werden kann.[80] Dieses kartellrechtliche Verständnis teilt die Art.-29-Datenschutzgruppe ausdrücklich.[81]

Für die praktische Anwendung der Ordnungswidrigkeitensanktion stellt sich die Frage, welche Folgen der Verweis des Verordnungsgebers auf den kartellrechtlichen Unternehmensbegriff sich für Bußgelder nach der Grundverordnung ergeben. Spricht eine Aufsichtsbehörde ein Bußgeld aus, was sich in der Höhe auf den Konzernumsatz bezieht, kann der Bußgeldadressat Argumente gegen diese Vorgehensweise vortragen. Dieses bußgelderhöhende Verständnis passt tatsächlich nicht in die materiellrechtliche Systematik der DS-GVO, weil sie kein Konzernprivileg vorsieht, aber vor allem weil die Auslegung des Unternehmensbegriff i.S.d. Kartellrechts nicht mit der Definition der Unternehmensgruppe in Art. 4 Nr. 19 konform geht.[82] Es wird überdies vertreten, dies könne mit dem Bestimmtheitsgebot des Art. 103 Abs. 2 GG nicht vereinbar sein.[83] **57**

Es ist zutreffend, dass Erwägungsgründe keinen verbindlichen Charakter aufweisen. Sie sind aber mindestens primäre Auslegungshilfen für die Regelungen im Sekundärrechtsakt. Die systematische und teleologische Auslegung des Unternehmensbegriffs in Art. 83 lässt nur ein weites Verständnis zu. Bußgelder sollen effektiv und abschreckend sein. Hierzu müssen sie die Unternehmen wirtschaftlich treffen. Dies gelingt nicht, wenn Konzerne die mit der risikobehafteten Verarbeitung personenbezogener Daten in eine Gesellschaft auslagern, die als konzerninterner Dienstleister agiert und einen geringen Umsatz generiert. Ebenjene Auslagerung kann nicht bußgeldmindernd privilegiert werden, in dem nur der Umsatz der Gesellschaft für die Bußgeldbemessung zu Grunde gelegt wird. Vielmehr verlangt der dem Unionsrecht immanente „effet utile"-Grundsatz, dass ein Bußgeld zur Rechtsdurchsetzung des grundrechtlich geschützten Rechts auf informationelle Selbstbestimmung wirksam und effektiv sein muss. Dafür muss der kartellrechtliche Unternehmensbegriff in jedem Fall Anwendung finden. **58**

77 Art. 4 Nr. 18.

78 Art. 4 Nr. 19.

79 St. Rspr.: *EuGH* v. 23.4.1991 C-41/90, Höfner und Elser, Slg. 1991, I-1979, Rn. 21; *EuGH* v. 22.1.2002 C-218/00, Cisal, Slg. 2002, I-691, Rn. 22.

80 Vgl. Langen/Bunte-*Sura* Art. 23 VO 1/2003, Rn. 10, 36, 41 ff.

81 WP 253, 3.10.2017, 6.

82 Vgl. *Faust/Spittka/Wybitul* ZD 2016, 120, 124.

83 Gola-*Gola* Art. 83 Rn. 14.

59 **2. Bestimmungen des Bußgelds im jeweiligen Einzelfall. – a) Allgemeine Bedingungen (Abs. 1).** Die Vorgaben des Abs. 1 beziehen sich auf die Verhängung von Geldbußen und dienen gleichermaßen als Maßstab für die Bußgeldhöhe.[84] Die von der Aufsichtsbehörde ausgesprochene Sanktion muss demnach wirksam, verhältnismäßig und abschreckend sein.

60 Der Zielsetzung des Verordnungsgebers folgend, nämlich die Rechtsdurchsetzung zu verbessern, darf die Geldbuße keine zu geringe Höhe aufweisen, damit es tatsächlich Wirksamkeit entfaltet.

61 Das unionsrechtliche Effektivitätsgebot („effet utile") sieht deswegen wirksame und hinreichend abschreckende Sanktionen vor. Das formulierte Ziel der Abschreckung könnte ggf. sehr hohe Geldbußen zur Folge haben. Deswegen stellt die Verhältnismäßigkeit eine besondere Anforderung an die Bemessung dar. Die Verschärfung der öffentlich-rechtlichen Sanktion in der DS-GVO gegenüber dem vorherigen Regelungsregime der DSRL verschiebt den Maßstab, nach dem sich die Verhältnismäßigkeit zu richten hat. Die Erfüllung der Kriterien in Abs. 1 unterliegt der gerichtlichen Prüfung.[85]

62 **b) Kriterien (Abs. 2).** Die im Vergleich zur restlichen DS-GVO äußerst detailreiche Regelung der bei der Bemessung der Bußgeldhöhe gebührend zu berücksichtigenden Kriterien orientiert sich an der kartellrechtlichen Sanktion durch die Kommission und ist insofern aufschlussreich.[86]

63 Die mannigfaltigen Aspekte innerhalb des unmittelbar anwendbaren Sekundärrechts sind von der Aufsichtsbehörde bei der Determinierung der zu verhängenden Geldbuße verpflichtend zu würdigen. Der Kriterienkatalog des Abs. 2 dienen dabei als eine Art Parameter und verschaffen eine differenzierte Sanktionierung jedes Einzelfalls.

64 Umso höher die Zahl der von der Verarbeitung betroffenen Personen und des Ausmaßes des von ihnen erlittenen Schadens (lit. a), desto höher ist die Ordnungswidrigkeitensanktion festzulegen. Im Umkehrschluss wird ein lokales Ausmaß mit nur wenigen von dem Vergehen Betroffenen nicht das Ausschöpfen der Höchstbeträge erlauben.[87] Insbesondere die Schwere des Verstoßes (lit. a) wird zentraler Ankerpunkt für die Bußgeldhöhe sein.

65 Der Grad des Verschuldens (lit. b) muss sich auch in dem Betrag der Geldbuße widerspiegeln. Vorsatz und Fahrlässigkeit sind vom Verordnungsgeber ausdrücklich als Zumessungskriterien benannt.[88] Vorsätzliche Verstöße müssen zu einem höheren Bußgeld führen als fahrlässige. Anders als im deutschen Ordnungswidrigkeitengesetz[89] besteht bei Geldbußen auf Grundlage von Unionsrecht bei fahrlässigen Vergehen nicht der Automatismus festgelegte Höchstgrenze automatisch zu halbieren.[90]

---

84 Vgl. Kühling/Buchner-*Bergt* Art. 83 Rn. 50.
85 Vgl. Plath-*Becker* Art. 83 6.
86 Vgl. *Golla* RDV 2017, 123, 125.
87 Vgl. Plath-*Becker* Art. 83 Rn. 10.
88 *Härting* Datenschutz-Grundverordnung Rn. 253.
89 § 17 Abs. 2 OWiG.
90 Vgl. Plath-*Becker* Art. 83 Rn. 11.

Bußgelderhöhend wirkt der Umstand, wenn besondere Kategorien personenbezogener Daten (lit. g) von dem Verstoß betroffen sind. So muss etwa der vorsätzliche, rechtswidrige Verkauf von Patientendaten zu schärferen Strafen in Form einer höheren Geldbuße als beim vorsätzlichen Verkauf von Adressdaten führen. **66**

Die Zumessungsmerkmale im Vor- und Nachtatverhalten können bußgeldmindernde Wirkung entfalten, wenn der Adressat nachweist, dass er grundsätzlich fortwährend aktiv an einem hohen Schutzniveau arbeitet und nach dem eigentlichen Verstoß bewusst zur Wiederherstellung des Schutzes personenbezogener Daten beiträgt. Ersteres drückt sich in Form von getroffenen technischen und organisatorischen Maßnahmen (lit. d) oder der Einhaltung genehmigter Verhaltensregeln und Zertifizierungsverfahren (lit. j) aus. Zertifizierte Unternehmen sind bei Bußgeldern privilegiert.[91] Letzteres bemisst sich bußgeldmindernd, sofern der eingetretene Schaden unmittelbar gemindert wird (lit. c) oder Zusammenarbeit mit den Aufsichtsbehörden (lit. f) kooperativ erfolgt, etwa indem der Verstoß der Aufsichtsbehörde freiwillig mitgeteilt wird (lit. h). **67**

Besondere Berücksichtigung wird der bußgelderhöhende Aspekt sein, ob der zu ahndende Verstoß von einem Wiederholungstäter begangen wird.[92]

c) Harmonisierung der Bußgeldhöhe. Sowohl die Frage, ob ein Bußgeld verhängt wird, als auch die Festlegung der entsprechenden Höhe erfolgt unter Würdigung des Einzelfalls. Ein unionsweiter wirksamer Schutz personenbezogener Daten verlangt jedoch gleichzeitig gleiche Sanktionen im Falle ihrer Verletzung.[93] Die Vereinheitlichung der Sanktionen bei Verstößen gegen die DS-GVO gebietet für ähnliche Verstöße ähnlich hohe Bußgelder zu verhängen. Hierzu beauftragt Art. 70 Abs. 1 lit. k den Europäischen Datenschutzausschuss Leitlinien zur Festsetzung von Geldbußen auszuarbeiten.[94] Begrenzt von den in Art. 83 normierten Höchstbeträgen kann der Ausschuss unverbindliche Empfehlungen wie zum Bsp. in Form von Berechnungsmethoden oder der Aufforderung das Bußgeldniveau zu erhöhen aussprechen.[95] **68**

Die angestrebte Vereinheitlichung lässt sich auch über Zusammenarbeits- und Kohärenzverfahren herstellen.[96] **69**

d) Beschränkung bei Mehrfachverstößen (Abs. 3). – aa) Umgang bei Tateinheit und Tatmehrheit. Verstößt ein Verantwortlicher oder ein Auftragsverarbeiter bei gleichen oder miteinander verbundenen Verarbeitungsvorgängen vorsätzlich oder fahrlässig gegen mehrere Bestimmungen der Verordnung, ist bei der Gesamtbemessung der Geldbuße Abs. 3 zu beachten. Die Formulierung des Abs. 3 lässt es in Anlehnung an nationale Regelungen naheliegen, den Fall, in dem eine Handlung mehrere Tatbestände verletzt, als Tateinheit zu bezeichnen.[97] Zudem ist Abs. 3 bei Verstößen bei **70**

91 Vgl. *Schwartmann/Weiß* RDV 2016, 68, 72; Kühling/Buchner-*Bergt* Art. 83 Rn. 57.
92 Vgl. Kühling/Buchner-*Bergt* Art. 83 Rn. 56.
93 Vgl. ErwG 11.
94 Vgl. *Rost* RDV 2017, 13, 19.
95 Vgl. Kühling/Buchner-*Bergt* Art. 83 Rn. 59.
96 ErwG 130 S. 2; Art. 60 Abs. 4; Art. 64 Abs. 2; Art. 65 Abs. 1 lit. a. Vgl. Kühling/Buchner-*Bergt* Art. 83 Rn. 58.
97 So auch Gola-*Gola* § 83, Rn. 20.

mehreren Verarbeitungsvorgängen, also der Fall von Tatmehrheit, einschlägig.[98] Liegen die Voraussetzungen des Abs. 3 vor, ist nur eine Gesamtgeldbuße für sämtliche Tatbestände zu bilden. Nicht unerwähnt bleiben sollte, dass zu den Voraussetzungen des Abs. 3 ausdrücklich ein Verschuldensmoment gehört.[99] Der Betrag der Gesamtgeldbuße als Rechtsfolge darf gem. Abs. 3 nicht den Betrag für den schwerwiegendsten Verstoß überschreiten.

71 **bb) Spezialfall: Fortwährende Tatmehrheit oder Tateinheit („Dauerverstoß").** Wortlaut und Systematik der Vorschrift sehen vor, dass bereits ein Erstverstoß gegen die DS-GVO mit Geldbuße geahndet werden kann. Darin kann keine Unverhältnismäßigkeit festgestellt werden.

72 In Anlehnung an das Strafrecht[100] handelt es sich bei Dauerverstößen um Handlungen, bei denen der Täter den tatbestandsmäßigen Erfolg herbeiführt und sodann über einen längeren Zeitraum aufrechterhält, sodass sich der Rechtswidrigkeit sowohl auf die Herbeiführung als auch auf die Aufrechterhaltung des bußgeldbegründenden Zustands bezieht.[101] Bei fortwährender Tatmehrheit[102] oder Tateinheit[103] erscheint es nicht praktikabel, diese in mehrere selbstständige bußgeldauslösende Verstöße aufzuspalten. Die fortgesetzte Zuwiderhandlung, die aus mehreren selbstständigen Zuwiderhandlungen besteht, lässt sich im EU-Kartellrecht als rechtliche Handlungseinheit zu einer Tat zusammenfassen.[104] Aufgrund der Anlehnung der datenschutzrechtlichen Sanktionierung an das Kartellrecht kann der fortgesetzte Datenschutzverstoß mit einem Bußgeld unter der Beschränkung des Abs. 3 geahndet werden. Das bedeutet, dass die Sanktion für einen „Dauerverstoß" in der Höhe durch die maximale Bußgeldhöhe für den Einzelverstoß gedeckelt ist. Das schafft insofern keine unbillige Bevorzugung, als die Bemessungskriterien nach Abs. 2 sowohl die Schwere als auch die Wiederholung in Bezug nehmen.

73 **3. Konkretisierung durch nationales Recht?** Das deutsche Ordnungswidrigkeitengesetz (OWiG) hält mit § 17 eine Bestimmung zur „Höhe der Geldbuße" vor, welche konkretisierend zur Bußgeldbemessung herangezogen werden könnte. § 41 Abs. 1 S. 2 BDSG n.F. untersagt jedoch ausdrücklich, dass § 17 OWiG als nationales öffentliches Recht hinreichend zur Konkretisierung herangezogen werden könnte, wo die unionsrechtliche Sanktion Lücken bei der Zumessung offenlässt. Vielmehr geht der nationale Gesetzgeber damit davon aus, dass der Verordnungsgeber die Bußgeldhöhe abschließend geregelt hat.[105]

98 Vgl. Kühling/Buchner-*Bergt* Art. 83 Rn. 60.
99 Vgl. zum Verschuldenserfordernis ausführlich Rn. 37 ff.
100 Zum strafrechtlichen Charakter im weiteren Sinne der Geldbuße nach Art. 83 Sydow-*Popp* Art. 83 Rn. 3.
101 Vgl. BeckOK StGB-*Heintschel-Heinegg* StGB, Deliktstypen und ihre spezifischen Eigenheiten, Rn. 9.
102 Vgl. BeckOK StGB-*Heintschel-Heinegg* StGB, § 53 Rn. 2a.
103 Vgl. BeckOK StGB-*Heintschel-Heinegg* StGB, § 52 Rn. 21.
104 Vgl. Immenga/Mestmäcker-*Biermann/Dannecker* VO 1/2003 Art. 23 Rn. 80.
105 Vgl. BT-Drucks. 18/11325, S. 108.

VIII. Tatbestände

Die DS-GVO gibt konkrete Tatbestände für Geldbußen vor. In den Verstoßtatbeständen wird dabei an die verschiedenen Regelungsbereiche der Verordnung angeknüpft. Die Bußgeldtatbestände umfassen eine Vielzahl von Pflichten, welche Verantwortliche ebenso wie Auftragsdatenverarbeiter nach der DS-GVO zu treffen haben. **74**

Differenziert werden die Tatbestände entlang der zwei verschiedenen Höchstbeträge in Abs. 4 bzw. Abs. 5 und 6. Danach sieht Art. 83 zwei Ordnungswidrigkeitengruppen vor, wovon sich eine mehr an den Pflichten des Verantwortlichen orientiert und die bußgeldhöhere an Schutzbestimmungen für den Betroffenen.[106] Der Verstoß ist jeweils anhand der Kriterien der einzelnen Regelung zu prüfen. **75**

1. Tatbestände des Abs. 4. Nach Abs. 4 lit. a sind Verstöße gegen die Pflichten der Verantwortlichen und der Auftragsverarbeiter gem. den Art. 8, 11, 25 bis 39, 42 und 43 bußgeldbewährt. So führt eine fehlerhafte Einwilligung von Minderjährigen i.S.d. Art. 8 oder eine Verletzung der Meldepflicht des Verantwortlichen nach Art. 33 zu einem Bußgeld in der Größenordnung von maximal 10 Millionen EUR bzw. 2 % des weltweiten Vorjahreskonzernumsatzes. **76**

Auch der Verstoß einer Zertifizierungsstelle gegen ihre Pflichten gem. den Art. 42 und 43 eröffnet den Bußgeldrahmen des Abs. 4. Danach sind die Zertifizierungsstellen verpflichtet, die entsprechend Art. 42 Abs. 5 für die Zertifizierung genehmigten Kriterien einzuhalten.[107] Ein Verstoß gegen diese Pflicht dient als Anknüpfungstatbestand. **77**

Lit. c des Absatzes eröffnet den geringeren Bußgeldrahmen des Abs. 4 dann, wenn eine Überwachungsstelle gegen Pflichten gem. Art. 41 Abs. 4 verstößt. Nach dieser Vorschrift ist die Überwachungsstelle beispielsweise verpflichtet, im Falle einer Verletzung der Verhaltensregeln durch einen Verantwortlichen oder einen Auftragsverarbeiter geeignete Sanktionsmaßnahmen zu ergreifen und die zuständige Aufsichtsbehörde über solche Maßnahmen und deren Begründung zu informieren.[108] Eine Verletzung solcher Pflichten der Überwachungsstelle kann in der Konsequenz den Bußgeldrahmen des Abs. 4 eröffnen. **78**

2. Tatbestände des Abs. 5 und Abs. 6. Verstöße gegen die in Abs. 5 lit. a–e normierten Tatbestände legitimieren im Einklang mit Abs. 2 Geldbußen von bis zu 20 Millionen EUR oder im Fall eines Unternehmens von bis zu 4% seines gesamten weltweit erzielten Jahresumsatzes des vorangegangenen Geschäftsjahres, je nachdem, welcher der Beträge höher ist. Diese unterteilen sich in 2 Gruppen von Tatbestände, in denen erstens der Verstoß eine Gefährdung des Persönlichkeitsrechts des Betroffenen auslösen kann (lit. a–d) und in denen zweitens die Zusammenarbeit mit der Aufsichtsbehörde unzureichend erscheint (lit. e und Art. 6). Im Sinne der Effektivierung einer behördlichen dominierten Rechtsdurchsetzung eines primärrechtlich geschützten Rechts ist die Einordnung solcher Tatbestände in den höheren Bußgeldrahmen nur konsequent. **79**

Nach Abs. 5 lit. a löst ein Verstoß gegen die Grundsätze für die Verarbeitung, einschließlich der Bedingungen für die Einwilligung, gem. den Art. 5, 6, 7 und 9 den **80**

---

106 *Schantz/Wolff* Das neue Datenschutzrecht Rn. 1113 ff., 1117.
107 Gola-*Lepperhoff* Art. 43, Rn. 19.
108 Gola-*Lepperhoff* Art. 41, Rn. 26.

erhöhten Bußgeldrahmen aus. So wird der Verstoßtatbestand beispielsweise durch die Verletzung der Rechenschaftspflicht des Verantwortlichen nach Art. 5 Abs. 2 verwirklicht. Ein nach Abs. 5 bußgeldbewährter Verstoß gegen Art. 5 schafft aufgrund der darin normierten allgemeinen Grundsätze für die Verarbeitung personenbezogener Daten einen weiten Tatbestand. Dieser Tatbestand wird wohl die praktisch höchste Relevanz aufweisen.[109] Es lässt sich kritisieren, dass der Bestimmtheitsgrundsatz verletzt ist, wenn jedes Vergehen gleichzeitig zu einer Kollision mit Art. 5 als eine Art Generalklausel verstanden wird.[110] Deswegen ist der Tatbestand insofern eng auszulegen, als dass nur klare Verstöße gegen die Grundsätze eine Ordnungswidrigkeit auslösen.[111] Selbige Problematik besteht insb. auch hinsichtlich Übertretungen gegen Art. 6 Abs. 1 lit. f.[112]

81 Lit. b benennt die Rechte der betroffenen Personen gem. den Art. 12–22 aus Kapitel 3 als Anknüpfungsnormen. So ist die Erfüllung des Verbotstatbestands nach lit. b beispielsweise dann anzunehmen, wenn der Verantwortliche gegen die Transparenzpflichten des Art. 12 verstößt.

Verstöße im Rahmen der Übermittlung personenbezogener Daten an einen Empfänger in einem Drittland oder an eine internationale Organisation gem. den Art. 44–49 sind Anknüpfungstatbestände nach lit. c. Verletzt der Verantwortliche oder der Auftragsverarbeiter also Pflichten, die sich aus Kapitel V ergeben, ist der erhöhte Bußgeldrahmen eröffnet.

82 Auch Rechtsvorschriften der Mitgliedstaaten, die im Rahmen des Kapitels IX erlassen wurden, sind nach lit. d Anknüpfungsregelungen für Bußgeldtatbestände. Ein Verstoß gegen die Pflichten dieser Regelungen eröffnet den größeren Rahmen für Geldbußen nach Abs. 5. Beispielsweise ist in diesem Regelungsbereich an die im mitgliedstaatlichen Recht geschaffenen Regelungen für die Datenverarbeitung für Zwecke des Beschäftigungsverhältnisses (Art. 88). Dem Verantwortlichen werden wie auch bei der Verarbeitung zu journalistischen, wissenschaftlichen, künstlerischen oder literarischen Zwecken (Art. 85) spezifische Pflichten auferlegt, aus denen beim Verstoß gegen das entsprechende nationale Recht ein Bußgeld auf Grundlage einer EU-Verordnung resultiert.

83 Die Nichtbefolgung einer Anweisung oder einer vorübergehenden oder endgültigen Beschränkung oder Aussetzung der Datenübermittlung durch die Aufsichtsbehörde gem. Art. 58 Abs. 2 sowie die Nichtgewährung des Zugangs unter Verstoß gegen Art. 58 Abs. 1 stellen nach lit. e einen Tatbestand dar. Insoweit Abs. 6 auf Art. 58 Abs. 2 Bezug nimmt, überschneidet er sich mit Abs. 5 lit. e.[113] Der Tatbestand des Abs. 6 verlangt, dass eine wegen eines Verstoßes ergangene Abhilfeanordnung nicht befolgt wurde.[114] Im Gegensatz zu den Voraussetzungen der Abs. 4 und 5 ist der Verstoß gegen eine Regelung der Verordnung, und damit ihre tatbestandliche Verwirklichung, im Rahmen des Abs. 6 nicht notwendig. Abs. 6 setzt alleine die Nichtbefolgung einer

109 Vgl. Auernhammer-*Golla* Art. 83 Rn. 20.
110 Vgl. Paal/Pauly-*Frenzel* Art. 83, Rn. 24.
111 Vgl. *Schantz/Wolff* Rn. 1118.
112 Vgl. Auernhammer-*Golla* Art. 83 Rn. 15, 20.
113 Vgl. Auernhammer-*Golla* Art. 83 Rn. 24, wonach der gesamte Abs. 6 ggü. Abs. 5 lit. e als redundant erscheint.
114 Paal/Pauly-*Frenzel*, Art. 83, Rn. 25.

Anweisung der Aufsichtsbehörde gemäß Art. 58 Abs. 2 voraus. Diese Voraussetzung ist dann erfüllt, wenn der Verantwortliche einer vollstreckbaren Abhilfeanordnung nach Art. 58 Abs. 2 nicht Folge leistet.

3. Tatbestände des § 43 BDSG n.F. Der Bundesgesetzgeber hat mit der Schaffung des BDSG n.F. zwei weitere spezifische Tatbestände in § 43 BDSG n.F. normiert. Danach handelt ordnungswidrig, wer vorsätzlich oder fahrlässig ein Auskunftsverlangen von Darlehensgebern aus anderen Mitgliedstaaten nicht genauso wie von inländischen Darlehensgebern behandelt. Damit ist ein grenzüberschreitendes Auskunftsbegehren innerhalb der EU geregelt und zur Effektivierung der Rechtsdurchsetzung mit Geldbuße als Rechtsfolge ausgestattet. Gleiches gilt für die fehlende, verspätete oder unvollständige Unterrichtung über die Ablehnung eines Verbraucherkredits infolge einer entsprechend dafür eingeholten Auskunft über die Bonität.[115] 84

Gem. Abs. 2 kann die Ordnungswidrigkeit mit einer Geldbuße bis zu 50 000 EUR geahndet werden. Damit bleibt der Bußgeldrahmen auf dem Niveau des BDSG a.F.[116] Dieser bewegt sich unterhalb und damit in den Grenzen der Höchstbeträge der DS-GVO. 85

IX. Sonderregelung (Abs. 9)

Die Sonderregelung in Abs. 9 gewährt Unionsmitgliedern, die administrativ verhängte Geldbußen nicht kennen, die Möglichkeit, die Geldbuße gerichtlich auszusprechen. Hintergrund der Regelung ist, dass die in der DS-GVO vorgesehenen Geldbußen nach den Rechtsordnungen Dänemarks und Estlands nicht zulässig sind.[117] 86

Im Sinne der kohärenten Rechtsanwendung ermöglicht die Sonderregelung, dass die Geldbuße auch in Dänemark (durch die zuständigen nationalen Gerichte als Strafe) und in Estland (durch die Aufsichtsbehörde im Rahmen eines Verfahrens bei Vergehen) Anwendung finden kann. Der Sonderweg steht unter der Voraussetzung, dass die verhängten Geldbußen die gleiche Wirkung wie eine nach Art. 83 von einer Aufsichtsbehörde verhängte Geldbuße hat. Die Anforderungen der Abs. 1–6 gelten entsprechend. 87

Der Kommission sind die abweichenden nationalen Rechtsvorschriften gem. Abs. 9 S. 3 bis zum 25.5.2018 mitzuteilen.[118] 88

Für den deutschen Gesetzgeber hat die Sonderregelung keine Bedeutung.[119]

C. Praxishinweise

I. Relevanz für öffentliche Stellen

Behörden, die nicht im Wettbewerb[120] stehen (§ 43 Abs. 3 BDSG n.F.), sind von der Bußgeldandrohung ausgenommen. Da öffentliche Wettbewerbsunternehmen mit privaten Stellen konkurrieren[121], sind diese von der Privilegierung im BDSG n.F. ausge- 89

115 §§ 30 Abs. 2 S. 1 i.V.m. 43 Abs. 1 Nr. 2 BDSG n.F.
116 Vgl. BT-Drucks. 18/11325, S. 109.
117 ErwG 151 S. 1.
118 Vgl. BeckOK DatenSR-*Holländer* Art. 83 Rn. 88.
119 *Kühling/Martini* u.a. Die Datenschutz-Grundverordnung und das nationale Recht, S. 275.
120 Vgl. dazu Calliess/Ruffert-*Weiß*, EUV/AEUV, Art. 101 Rn. 77 ff.
121 Vgl. dazu *OVG Lüneburg* v. 7.9.2017 11 LC 59/16.

nommen.[122] So sollen Wettbewerbsverzerrungen ausgeschlossen werden. Die Abgrenzung vor dem Hintergrund der Zulässigkeit einer Direktvergabe (Verkehrsbetriebe) wird demnach von besonderer wirtschaftlicher Relevanz sein. Hiervon sind in der Kommunalwirtschaft eine Reihe von Bereichen (z.B. Energieversorgung, Entsorgung) betroffen.

90 Die Haftung nach Art. 82 ist unabhängig davon auch für öffentliche Stellen jeder Art eröffnet.[123]

II. Relevanz für nichtöffentliche Stellen

91 Die Relevanz für nichtöffentliche Stellen liegt auf der Hand. Angesichts der drakonischen Bußgeldhöhe, die in den meisten Fällen den Jahresgewinn eines Unternehmens abschöpfen kann, droht Unternehmen bei der rechtswidrigen Verarbeitung personenbezogener Daten existenzielle Risiken. Die Einhaltung des Datenschutzrechts wird unabhängig von der Rechtspflicht durch die Sanktionen zum Gebot der Wirtschaftlichkeit.

92 Bereits nach bisheriger Rechtslage konnten Unternehmen Bußgeldbescheide in empfindlicher Höhe erhalten. Nur in seltenen Fällen, die zuvor auch mediale Aufmerksamkeit verursacht haben, führten Datenschutzverstöße aber zu solch spürbaren Bußgeldern. Über eine Millionen Euro betrugen in Deutschland nur die Bußgelder gegen die Lidl-Gruppe (1,46 Millionen EUR), die Debeka (1,3 Millionen EUR) und die Deutsche Bahn (1,12 Millionen EUR).[124] Die Bestimmung der Bußgeldhöhe zeigt, dass die gesetzlichen Höchstbeträge für Bußgelder in seltenen Fällen tatsächlich ausgeschöpft werden. Es besteht aber keine Regel, dass die Höchstbeträge für jedes mit Geldbuße geahndete Vergehen Anwendung finden.

93 Bei der Wahl der Sanktionen besteht für die Aufsichtsbehörde ein Auswahlermessen. Im Rahmen des Verhältnismäßigkeitsprinzips ist die Datenschutzaufsichtsbehörde dazu verpflichtet, bei der Wahl ihrer Mittel das bei gleicher Effektivität am geringsten eingreifende Mittel auszuwählen.[125] Aus dem Zusammenwirken von Art. 83 Abs. 1 mit dem abgestuften Sanktionskatalog des Art. 58 Abs. 2 folgt, dass eine Geldbuße nur in Extremfällen als erstes Sanktionsmittel zu verhängen ist. Im Rahmen des Verhältnismäßigkeitsprinzips wird die Verhängung einer Geldbuße naturgemäß nur bei schwerwiegenden Rechtsverletzungen durch den Verantwortlichen legitim sein. Häufig wird eine Verwarnung die Rechtsfolge eines Verstoßes darstellen.[126] Sie wird als missbilligende Feststellung der Aufsichtsbehörde, dass ein datenschutzrechtlicher Verstoß vorliegt, als feststellender Verwaltungsakt erlassen.[127] Ebenfalls kommt eine Anweisung in Betracht. Auch sie ergeht als Verwaltungsakt.[128] Gegen derartige Verwaltungsakte kann der Betroffene vorgehen. Da gem. § 20 Abs. 6 BDSG kein Vorverfahren stattfindet, ist die Anfechtungsklage unmittelbar statthaft. Da diese Klage nach § 80 Abs. 1

---

122 Vgl. BT-Drucks. 18/11325, S. 109.
123 Vgl. dazu Art. 82 Rn. 40.
124 *Jacquemain* Der deliktische Schadensersatz im europäischen Datenschutzprivatrecht, S. 353.
125 *Gola* RDV 2017, 123 (124); vgl. Kommentierung zu Art. 58 Rn. 39.
126 Siehe Rn. 10.
127 Vgl. Kommentierung zu Art. 58 Rn. 83.
128 Siehe dazu Art. 58 Rn. 88 ff.

S. 1 i. V. m. S. 2 VwGO aufschiebende Wirkung entfaltet, muss die Aufsichtsbehörde die sofortige Vollziehung anordnen. Allerdings dürfte es in der Mehrzahl der Fälle unabhängig von den Erfolgsaussichten in der Hauptsache bereits am Eilbedürfnis fehlen. Die Frage etwa, auf welche Weise einer Informationspflicht nach Art. 13, 14 genügt wird, dürfte mit Blick auf die Interessenlage in seltenen Fällen unaufschiebbares Handeln der Aufsicht verlangen. Sofern es um die Modalitäten der Informationsgewährung geht, dürfte ein Eilbedürfnis kaum konstruierbar sein. Allenfalls in Fällen, in denen der Betroffene gar nicht über die Datenverarbeitung informiert wird, erscheinen Eilfälle begründbar. Im gerichtlichen Verfahren dürften Detailfragen der DS-GVO dem EuGH vorgelegt werden. Bis zu dessen Entscheidung kann der Schutz des Rechtsmittels in Anspruch genommen und die streitgegenständliche Praxis fortgeführt werden.

In prozessualer Hinsicht ist im Falle eines verhängten Bußgeldes wegen eines Daten- **94**
schutzverstoßes fraglich, ob ein Antrag im Verfahren des einstweiligen Rechtsschutzes auf die Anordnung (entsprechend § 80 Abs. 5 S. 1 Alt. 1 VwGO) oder die Wiederherstellung (entsprechend § 80 Abs. 5 S. 1 Alt. 2 VwGO) der aufschiebenden Wirkung gerichtet sein muss. Dies hängt maßgeblich davon ab, ob Bußgelder unter den Tatbestand des § 80 Abs. 2 S. 1 Nr. 1 VwGO (öffentliche Abgabe) fallen oder ob vielmehr die sofortige Vollziehbarkeit des Bußgeldes nach § 80 Abs. 2 S. 1 Nr. 4 VwGO angeordnet werden muss. Nach der Rechtsprechung und Stimmen in der Literatur[129] muss die Abgabe nicht ausschließlich oder primär der Deckung des Finanzbedarfs eines Hoheitsträgers dienen, sondern es ist auf die Finanzierungsfunktion der Abgabe abzustellen, so dass es auch ausreichend ist, wenn die öffentliche Geldlast neben anderen Funktionen (etwa Straf- oder Zwangsfunktion) zumindest auch der Deckung des öffentlichen Finanzbedarfs dient. Ob auch von der Aufsichtsbehörde verhängte Bußgelder unter § 80 Abs. 2 S. 1 Nr. 1 VwGO fallen, ist unklar. Denn grundsätzlich dienen verhängte Bußgelder einer Behörde nicht der Finanzierung dieser, sondern verfolgen Strafzwecke. Daraus folgt, dass Bußgelder unter § 80 Abs. 2 S. 1 Nr. 4 VwGO fallen, so dass ihr sofortiger Vollzug anzuordnen ist. Im Falle eines Bußgeldes wegen eines Datenschutzverstoßes liegt der Fall aber so, dass sich die Aufsichtsbehörde durch die Bußgelder (zumindest auch) finanziert. Insofern ist fraglich, ob im Falle der Verhängung von Bußgeldern durch eine Aufsichtsbehörde abweichend vom o.g. Grundsatz § 80 Abs. 2 S. 1 Nr. 1 VwGO einschlägig ist. Gegen eine derartige Sichtweise spricht, dass die Aufsichtsbehörde den Verantwortlichen mittels eines Bußgeldes in erster Linie zur Einhaltung der Vorschriften der DS-GVO anhalten will, so dass fraglich erscheint, ob die Finanzierungsfunktion hinreichend in den Vordergrund tritt. Zudem lässt sich oftmals nicht verlässlich ermitteln, ob die Bußgelder nun der Finanzierung der Aufsicht dienen oder nicht. Aus Gründen der Rechtssicherheit sollten daher auch Bußgelder der Aufsicht entsprechend dem o.g. Grundsatz unter § 80 Abs. 2 S. 1 Nr. 4 VwGO fallen.

129 Vgl. dazu *NK-VwGO-Puttler* zu § 80 VwGO Rn. 61; BVerwG DVBl. 1993, 441, 442 ff.; *OVG Berlin* NVwZ 1987, 61; *VGH Kassel* NVwZ-RR 1992, 378; *Finkelnburg/Jank* Rn. 535, 540; *Pietzner/Ronellenfitsch* § 54 Rn. 4 und 7; BeckOK VwGO *Posser/Wolff* zu § 80 VwGO Rn. 47 ff.

III. Relevanz für betroffene Personen

95 Die Norm schafft keinen Ausgleich für von Datenschutzverletzungen betroffene Personen. Allerdings kann durch die Anzeige von Datenschutzverstößen, durch Kunden oder Beschäftigte eine Rechtsdurchsetzung initiiert werden.

IV. Relevanz für Aufsichtsbehörden

96 Aufsichtsbehörden fällt nach der Logik der DS-GVO die besondere Verantwortung zu, das scharfe Schwert der Bußgelder mit Augenmaß zu nutzen. Die Anforderungen des Abs. 1 werden zunächst durch ihre Praxis mit Leben gefüllt werden. Zugleich können die Bußgelder im Falle rechtlicher Auseinandersetzungen mit verantwortlichen Stellen für Aufsichtsbehörden einen Bumerang-Effekt auslösen, der große Risiken bergen kann. Bei verlorenen Prozessen dürfte die Staatskasse angesichts der besonders hohen Streitwerte nennenswert belastet werden. Hinzu kommt der Glaubwürdigkeits- und Integritätsverlust bei gerichtlich verworfenen Bußgeldbescheiden.

V. Relevanz für das Datenschutzmanagement

97 Der Bußgeldrahmen ist der entscheidende Treiber für ein funktionierendes Datenschutzmanagement bei nicht öffentlichen Stellen. Bei öffentlichen Stellen entfällt dieser Antrieb. Die Rechtstreue kann neben der Grundrechtsbindung der Verwaltung und der öffentlichen Kontrolle durch Medien und Gesellschaft insbesondere die Überwachung der Aufsicht erzeugen.

Artikel 84 Sanktionen

(1) [1]Die Mitgliedstaaten legen die Vorschriften über andere Sanktionen für Verstöße gegen diese Verordnung – insbesondere für Verstöße, die keiner Geldbuße gemäß Artikel 83 unterliegen – fest und treffen alle zu deren Anwendung erforderlichen Maßnahmen. [2]Diese Sanktionen müssen wirksam, verhältnismäßig und abschreckend sein.

(2) Jeder Mitgliedstaat teilt der Kommission bis zum 25. Mai 2018 die Rechtsvorschriften, die er aufgrund von Absatz 1 erlässt, sowie unverzüglich alle späteren Änderungen dieser Vorschriften mit.

– *ErwG: 149, 152*
BDSG n.F.: § 42

Übersicht

Literatur: *Albrecht/Jotzo* Das neue Datenschutzrecht der EU, 2017; *Ashkar* Durchsetzung und Sanktionierung des Datenschutzrechts nach den Entwürfen der Datenschutz-Grundverordnung, DuD 2015, 796; *Callies/Ruffert* EUV/AEUV, 5. Aufl. 2016; *Dieterich* Rechtsdurchsetzungsmöglichkeiten der Datenschutz-Grundverordnung, ZD 2016, 260; *Dönch* Verbandsklagen bei Verstößen gegen das Datenschutzrecht – neue Herausforderungen für die Datenschutz-Compliance, BB 2016, 962; *de Hert* The EU data protection reform and the (forgotten) use of criminal sanctions, IDPL 2014, 262; *Ehmann/Selmayr* Datenschutz-Grundverordnung, DS-GVO, 2017; *Epiney* Außenbeziehungen von EU und Mitgliedstaaten: Kompetenzverteilung, Zusammenwirken und wechselseitige Pflichten am Beispiel des Datenschutzes, ZaöRV 2014, 465; *Eßer/Kramer/von Lewinski* DSGVO BDSG: Datenschutz-Grundverordnung, Bundesdatenschutzgesetz und Nebengesetze, 5. Aufl. 2017; *Gnegel* Der kleine Lauschangriff. Überwachungstechnik im privaten Bereich, Das Archiv 2011, 82; *Gola* DS-GVO: Datenschutz-Grundverordnung VO (EU) 2016/679, 2017; *von der Groeben/Schwarze/Hatje* Europäisches Unionsrecht, 7. Aufl. 2015; *Härting* Datenschutz-Grundverordnung – Das neue Datenschutzrecht in der betrieblichen Praxis, 2016; *Kühling/Buchner* Datenschutz-Grundverordnung: DS-GVO, 2017; *Kühling/Martini u.a.* Die Datenschutz-Grundverordnung und das nationale Recht, 2016; *Laue/Nink/Kremer* Das neue Datenschutzrecht in der betrieblichen Praxis, 2016; *Ludemann/Wenzel* Zur Funktionsfähigkeit der Datenschutzaufsicht in Deutschland, RDV 2015, 285; *Paal/Pauly* Datenschutz-Grundverordnung, 2017; *Plath* BSDG/DSGVO – Kommentar zum BDSG und zur DSGVO sowie den Datenschutzbestimmungen des TMG und TKG, 2. Aufl. 2016; *Roßnagel* Europäische Datenschutz-Grundverordnung – Vorrang des Unionsrechts – Anwendbarkeit des nationalen Rechts, 2017; *Schantz/Wolff* Das neue Datenschutzrecht – Datenschutz-Grundverordnung und Bundesdatenschutzgesetz in der Praxis, 2017; *Schulzki-Haddouti* Papiertiger – Kaum Strafen für Verstöße gegen Datenschutzvorschriften, c't 10/2016, 162; *Schwarze* Rechtsstaatliche Grenzen der gesetzlichen und richterlichen Qualifikation von Verwaltungssanktionen im europäischen Gemeinschaftsrecht, EuZW 2003, 261; *Sydow* Europäische Datenschutzgrundverordnung, 2017; *Thüsing/Pötters* Beschäftigtendatenschutz und Compliance, 2. Aufl. 2014; *Weichert* Datenschutzstrafrecht – ein zahnloser Tiger?, NStZ 1999, 490; *Wolff/Brink* Beck'scher Online Kommentar – Datenschutzrecht, 21. Edition, 2017.

A. Einordnung und Hintergrund

I. DSRL

Die DSRL enthielt mit Art. 24 eine ähnliche Vorläuferbestimmung.[1] 1

II. BDSG a.F.

Im deutschen Recht sind die Vorgaben von Art. 24 DSRL in §§ 43, 44 BDSG a.F. umgesetzt. 2

1 Vgl. Auernhammer-*Golla* Art. 84 Rn. 1.

B. Kommentierung

I. Art. 84 Allgemein

3 Straftatbestände, wie sie das BDSG kennt, können laut DS-GVO nicht mehr erfüllt sein, obwohl die Union mit Art. 83 Abs. 2 AEUV auch dafür eine Kompetenz besitzt.[2] Strafrechtliche Sanktionen als Rechtsfolge für Verstöße können laut ErwG 149 von den Mitgliedstaaten erlassen werden. Der kohärente Schutz durch die DS-GVO macht es sich zum Ziel den Rechtsvollzug zu effektivieren.[3] Durch die entsprechende Ausgestaltung der Rechtsfolgen können diese Wirksamkeit entfalten und mithin zur Effektivierung des Rechtsvollzugs beitragen.

II. Systematische Einordnung als Öffnungsklausel

4 **1. Art der Öffnungsklausel.** Art. 84 verpflichtet die Mitgliedstaaten dazu, im nationalen Recht andere „wirksame, verhältnismäßige und abschreckende" Sanktionen zu erlassen.[4] Die Wortwahl macht bereits deutlich, dass es sich bei Art. 84 Abs. 1 nicht um eine fakultative, sondern eine obligatorische Öffnungsklausel handelt.[5]

5 **2. Gestaltungsspielraum der Mitgliedstaaten.** Aufgrund der zwingenden Implementierung von Sanktionen in die nationalen Rechtsordnungen erhalten die Mitgliedstaaten keinen Spielraum hinsichtlich der Frage, ob sie die Öffnungsklausel ausgestalten oder nicht. Die Gestaltungsfreiheit besteht in der Konsequenz nur für die Modalitäten, wie die Umsetzung erfolgen kann.[6] Damit besteht aber die weitreichende Möglichkeit zur Wahl der Mittel, welche Art von Sanktionen von den Mitgliedstaaten in ihren Rechtsordnungen vorgesehen werden. Allein Sanktionstatbestände durch die Mitgliedstaaten zu schaffen, genügt den Anforderungen des Art. 84 nicht. Zur tatsächlichen Effektivierung der Rechtsverstöße muss dem Erfordernis in Art. 84 Abs. 1 S. 2 sowie in ErwG 152 S. 1, wonach Verstöße „wirksam, verhältnismäßig und abschreckend" zu ahnden sind, Rechnung getragen werden.[7]

---

2 Von der Groeben/Schwarze/Hatje-*Meyer* Art. 83 AEUV Rn. 71. Die Union hat dazu auch bereits konkrete Überlegungen angestrengt: Kommission, Mitteilung der Kommission an das Europäische Parlament, den Rat, den Europäischen Wirtschafts- und Sozialausschuss und den Ausschuss der Regionen: Gesamtkonzept für den Datenschutz in der Europäischen Union, KOM (2010) 609 endg., 10; Kommission, Mitteilung „Auf dem Weg zu einer europäischen Strafrechtspolitik: Gewährleistung der wirksamen Durchführung der EU-Politik durch das Strafrecht" v. 20.9.2011, KOM (2011) 573 endg., 3, 12, 14.

3 Vgl. ErwG 11 und 13.

4 Vgl. *Albrecht/Jotzo* Das neue Datenschutzrecht der EU, S. 131.

5 Vgl. *Kühling/Martini u.a.* Die Datenschutz-Grundverordnung und das nationale Recht, S. 278 sowie *Laue/Nink/Kremer* Das neue Datenschutzrecht in der betrieblichen Praxis, S. 310 Rn. 29.

6 Vgl. Ehmann/Selmayr-*Nemitz* Art. 84 Rn. 1 ff.; *Kühling/Martini u.a.* Die Datenschutz-Grundverordnung und das nationale Recht, S. 283 sowie Gola-*Gola* Art. 84 Rn. 4 f.

7 Vgl. zur Begrifflichkeit Schantz/Wolff-*Wolff* Das neue Datenschutzrecht, S. 342 Rn. 1136; *Härting* DS-GVO, S. 67 Rn. 254; Gola-*Gola* Art. 84 Rn. 4; *Albrecht/Jotzo* Das neue Datenschutzrecht der EU, S. 131; *Kühling/Martini u.a.* Die Datenschutz-Grundverordnung und das nationale Recht, S. 283.

III. Vorgaben des Abs. 1

1. Zu regelnde Sanktionen. Der Begriff der Sanktionen (in der englischen Fassung: „penalties") ist in der DS-GVO nicht legaldefiniert. Nach ErwG 148 S. 1 schließen diese auch Geldbußen ein. Ferner lässt sich aus ErwG 150 S. 1 schließen, dass eine Geldbuße zu der Gruppe der „verwaltungsrechtlichen Sanktionen" gehört. Zudem umfasst der Sanktionsbegriff nach ErwG 149 S. 3 neben verwaltungsrechtlichen auch strafrechtliche Sanktionen für Verstöße. Mit Blick auf die Erwägungsgründe umfasst der grundsätzlich innerhalb der DS-GVO verwendete Sanktionsbegriff sowohl verwaltungsrechtliche Sanktionen wie Geldbußen als auch strafrechtliche Sanktionen.[8] 6

Gleichwohl schließt der Regelungsauftrag des Art. 84 Geldbußen nicht ein, da diese abschließend in Art. 83 geregelt sind und der Art. 84 als Auffangtatbestand alle weiteren Fälle einer Ahnung zugänglich machen will, in denen kein Bußgeld die Rechtsfolge ist.[9] 7

a) Strafrechtliche Sanktionen. Im strafrechtlichen Bereich verfügen die Mitgliedstaaten über einen deutlich weiteren Gestaltungsspielraum als bei der öffentlich-rechtlichen Sanktion (Art. 82).[10] Daher sind die Unionsmitglieder entsprechend der allgemeinen Kompetenzverteilung von Seiten der DS-GVO damit betraut etwaige Straftatbestände selbst zu normieren. Das nationale Strafrecht kann die Rechtsfolge von Verstößen gegen die DS-GVO wie auch für Verstöße gegen auf der Grundlage und in den Grenzen dieser Verordnung erlassenen nationalen Vorschriften vorsehen.[11] 8

b) Verwaltungsrechtliche Sanktionen. Verstöße müssen jedoch nicht zwangsläufig strafrechtlich verfolgt werden.[12] ErwG 152 stellt ausdrücklich heraus, dass die Sanktionen gem. Art. 84 auch verwaltungsrechtlicher Art sein können, soweit diese noch nicht durch die DS-GVO harmonisiert wurden. Es bestehen damit Alternativen zur Normierung von Sanktionen, weswegen eine Verpflichtung zur strafrechtlichen Ahndung von Verstößen gegen Datenschutzrecht von Seiten der DS-GVO verneint werden kann.[13] Tatsächlich ist Ansiedlung der Sanktionen im Strafrecht ein sehr spezifischer und weitreichender Vorgang menschliches Handeln zu regulieren, da damit harte Strafen, öffentliche Stigmatisierung und Ähnliches einhergehen kann; das Strafrecht deswegen nur als *ultima ratio* anzusehen, erscheint deswegen nicht unbegründet.[14] 9

---

8 Vgl. dazu Roßnagel-*Hohmann* Europäische Datenschutz-Grundverordnung, S. 205, Rn. 334; Sydow-*Popp* Art. 84 Rn. 3 sowie zum Handlungsrahmen der Mitgliedstaaten vgl. Schantz/Wolff-*Wolff* Das neue Datenschutzrecht, S. 344 Rn. 1141.

9 Vgl. *Kühling/Martini u.a.* Die Datenschutz-Grundverordnung und das nationale Recht, S. 279.

10 Vgl. *Albrecht/Jotzo* Das neue Datenschutzrecht der EU, S. 131 f. sowie zum Gestaltungsspielraum der Mitgliedstaaten Schantz/Wolff-*Wolff* Das neue Datenschutzrecht, S. 343 f. Rn. 1137 ff.

11 Vgl. ErwG 144 S. 1 sowie Ehmann/Selmayr-*Nemitz* Art. 84 Rn. 5 sowie Roßnagel-*Hohmann* Europäische Datenschutz-Grundverordnung, S. 205 Rn. 334.

12 Vgl. dazu insb. Ratsdokument 16542/09, Anhang II; vgl. ferner *Kühling/Martini u.a.* Die Datenschutz-Grundverordnung und das nationale Recht, S. 282.

13 Vgl. Schantz/Wolff-*Wolff* Das neue Datenschutzrecht, S. 344 Rn. 1141; Sydow-*Popp* Art. 84 Rn. 4 sowie Ehmann/Selmayr-*Nemitz*, Art. 84 Rn. 6.

14 Vgl. *de Hert* IDPL 2014, 262, 266.

10 **2. Tatbestand.** Sanktionen sollen als Rechtsfolge für Verstöße gegen die DS-GVO, die jedoch mit einer Geldbuße gem. Art. 83 geahndet werden, Anwendung finden. Aufgrund der umfangreich in Art. 83 normierten Bußgeldtatbestände wird dies in der Konsequenz vor allem Fälle betreffen, in denen die in Art. 83 Abs. 4 aufgezählten Sachnormen Personen verpflichten, die nicht Adressaten der Bußgeldnorm sind.[15] Überdies sind aber eine Reihe von Regelungen im Art. 83 nicht detailliert genug geregelt, sodass auf Grundlage des Art. 84 die Sanktionsregime hinreichend konkretisiert werden könnten.[16]

11 Zusätzlich sind die entsprechenden Sanktionen nach ErwG 149 S. 1 auch für Verstöße gegen auf der Grundlage und in den Grenzen dieser Verordnung erlassene nationale Vorschriften einschlägig.

12 **3. Effektivität der Rechtsdurchsetzung.** Der Abs. 1 S. 2 stellt die Anforderung an die Sanktionen auf, dass diese wirksam, verhältnismäßig und abschreckend sein müssen. Damit folgt der Verordnungsgeber allgemeinen unionsrechtlichen Grundsätzen.[17] Zumindest der Grundsatz der Verhältnismäßigkeit hat auch im spezifischen unionalen Datenschutzrecht Niederschlag gefunden.[18]

13 **4. Verfahrensgarantien.** Nach Art. 51 Abs. 1 S. 1 GRCh sind die Mitgliedstaaten bei der Durchführung des Unionsrechts an die GRCh gebunden. Danach müssen die Mitgliedstaaten angemessene Verfahrensgarantien, wirksame gerichtliche Rechtsbehelfe und ordnungsgemäße Verfahren bei der Sanktionierung vorsehen.

14 Primärrechtlich verbürgt sind hingegen die justiziellen Rechte[19] wie der wirksame Rechtsbehelf und der effektive Rechtsschutz[20] in der GRCh. Da die Rechtsfolge gem. Art. 84 materiell strafrechtlichen Charakter haben kann, sind zudem die Unschuldsvermutung und Verteidigungsrechte (Art. 48 GRCh) sowie das Gesetzlichkeits- und Verhältnismäßigkeitsprinzip (Art. 49 GRCh) zu berücksichtigen.[21] Mit Blick auf Straftaten, die vor Geltung der DS-GVO begangen wurden, ist klarstellend insb. auf Art. 49 Abs. 1 S. 3 GRCh hinzuweisen, wonach dann, wenn nach Begehung einer Straftat durch Gesetz eine mildere Strafe eingeführt wird, diese zu verhängen ist.[22] Auf das Doppelbestrafungsverbot (Art. 50 GRCh) wird im Zusammenhang mit der Sanktion gem. Art. 84 in ErwG 149 S. 3 explizit verwiesen. Bei mehreren rechtswidrigen Handlungen kann selbstverständlich Tatmehrheit vorliegen, wobei sodann die verwaltungsrechtliche Sanktion von der strafrechtlichen konsumiert werden kann.[23]

---

15 Kühling/Buchner-*Bergt* Art. 84 Rn. 11; a.A. *Kühling/Martini u.a.* Die Datenschutz-Grundverordnung und das nationale Recht, S. 284.

16 Vgl. *Kühling/Martini u.a.* Die Datenschutz-Grundverordnung und das nationale Recht, S. 283.

17 Art. 4 Abs. 3 EUV. Ständige Rspr. seit: *EuGH* v. 21.9.1989 – C-68/88, Slg. 1989, 2965, Kommission/Griechenland, Rn. 24.

18 *EuGH* v. 6.11.2003 – C-101/01, Slg. 2003, I-12971, Lindqvist, Rn. 88.

19 Art. 47–50 GRCh.

20 Vgl. Art. 47 GRCh.

21 Vgl. Kühling/Buchner-*Bergt* Art. 83 Rn. 19; vgl. ebenfalls BeckOK DatenSR-*Holländer* Art. 83 Rn. 82.

22 BT-Drucks. 18/11325, S. 109.

23 Vgl. Paal/Pauly-*Frenzel* Art. 84 Rn. 6 sowie zum Doppelbestrafungsverbot Schantz/Wolff-*Wolff* Das neue Datenschutzrecht, S. 343 Rn. 1140; Ehmann/Selmayr-*Nemitz* Art. 84 Rn. 4 und Gola-*Gola* Art. 84 Rn. 6.

5. Maßnahmen zur Rechtsdurchsetzung. Neben der aus Art. 84 erwachsenden Pflicht Vorschriften für Verstöße gegen die DS-GVO festzulegen müssen die Unionsmitglieder überdies „alle zu deren Anwendung erforderlichen Maßnahmen“ treffen. Damit konkretisiert die DS-GVO an dieser Stelle lediglich allgemeines Unionsrecht. Überlässt eine Verordnung die Regelung der Sanktionierung von Verstößen den Mitgliedstaaten, legt das Primärrecht den Unionsmitgliedern eine legislative Loyalitätspflicht auf.[24] Damit soll sichergestellt werden, dass das Sekundärrecht seine volle praktische Wirksamkeit (effet utile) entfalten kann. Der Unionsgerichtsbarkeit zufolge muss ein Verstoß gegen Unionsrecht standardmäßig entweder ein Verwaltungs- oder ein Strafverfahren zur Folge haben, die eine effektive Sanktion nach sich ziehen.[25] **15**

An die legislative Effektivierung des Sekundärrechtsakts schließt eine wirksame Durchsetzung des Rechts an. D.h. die mit der Sanktionierung befassten Behörden bedürfen ausreichender Mittel wie Personal, Infrastruktur und Finanzmittel.[26] Andernfalls ist nicht sichergestellt, dass das Unionsrecht effektiv durchgesetzt wird und seine „praktische Wirksamkeit“ erzielt. **16**

IV. Umsetzung im nationalen Strafrecht

Abs. 1 S. 1 sieht vor, dass die Mitgliedstaaten andere Sanktionen für Verstöße gegen die Verordnung erlassen sollen und bisher nicht unter der Sanktionsandrohung gem. Art. 83 stehen. Art. 84 ist damit insbesondere eine Öffnungsklausel, um neben Geldbußen im Sinne des Art. 83 mitgliedstaatlich strafrechtliche Sanktionen vorzusehen.[27] **17**

Aufgrund der Öffnungsklausel von Art. 84 Abs. 1 besteht bei Verstößen von beschäftigten Personen im Unternehmen keine Regelungskompetenz des nationalen Gesetzgebers.[28] **18**

Der deutsche Gesetzgeber wendet die Öffnungsklausel ausschließlich für Sanktionen des Strafrechts an. Laut Gesetzesbegründung versteht er die Öffnungsklausel als Möglichkeit und Pflicht, „um neben Geldbußen im Sinne des Art. 83 mitgliedstaatlich strafrechtliche Sanktionen vorzusehen“[29]. Straftatbestände als Rechtsfolge für Datenschutzverstöße sind bereits vielfältig im StGB, aber auch im TKG (§ 148 TKG) oder im SGB X (§ 85a SGB X) vorhanden.[30] Das BDSG beinhaltet in Umsetzung der DS-GVO ebenfalls eine Strafrechtsbestimmung. **19**

---

24 Vgl. Calliess/Ruffert-*Calliess/Kahl/Puttler* Art. 4 EUV Rn. 59.

25 Vgl. Kühling/Buchner-*Bergt* Art. 84 Rn. 21; Ehmann/Selmayr-*Nemitz* Art. 84 Rn. 1 sowie in Gola-*Gola* Art. 84 Rn. 4 f.

26 Vgl. *EuGH* Schlussantrag des Generalanwalts *Geelhoed* v. 29.4.2004 – C-304/02, Slg. 2005, I-06263, Kommission/Frankreich, Rn. 29.

27 BT-Drucks. 18/11325, S. 109; Vgl. Dazu auch Sydow-*Popp* Art. 84 Rn. 4 sowie in Ehmann/Selmayr-*Nemitz*, Art. 84 Rn. 1 und 3 f. sowie Schantz/Wolff-*Wolff* Das neue Datenschutzrecht, S. 342 Rn. 1136.

28 Vgl. dazu BeckOK DatenSR-*Holländer* Art. 84 Rn. 12. Zum Unternehmensbegriff des Art. 83 vgl. auch *Albrecht/Jotzo,* Das neue Datenschutzrecht der EU, 2017, 130 sowie Roßnagel-*Hohmann* Europäische Datenschutz-Grundverordnung, S. 204 Rn. 330.

29 BT-Drucks. 18/11325, S. 109.

30 Zu den entsprechenden Tatbeständen im StGB ausführlich Paal/Pauly-*Frenzel* Art. 84 Rn. 5; Kühling/Buchner-*Bergt* Art. 84 Rn. 26, Gola-*Gola* Art. 84 Rn. 3.

20 **1. § 42 BDSG n.F.** Das BDSG beinhaltet nach wie vor eine Strafrechtsbestimmung als Rechtsfolge für Delikte. § 44 BDSG a.F. wird durch § 42 BDSG ersetzt.

21 **a) § 42 Abs. 1 BDSG n.F.** § 42 Abs. 1 BDSG stellt die gewerbsmäßige und wissentliche Weitergabe personenbezogener Daten an Dritte unter Strafe. Gleichermaßen bestraft werden kann laut § 42 Abs. 1 Nr. 2 BDSG das Zugänglichmachen auf andere Art und Weise. Das umschließt in jedem Fall die Veröffentlichung von Daten, die nicht allgemein zugänglich sind. Überdies ist auch bei der bewussten (virtuellen) Hinterlegung der Daten der Tatbestand erfüllt, wenn diese dadurch nicht einer großen Öffentlichkeit zu Teil werden, aber der Weg dahin frei zugänglich ist. Die Strafvorschrift vermag den Individualrechtsschutz nicht zu erhöhen, da § 42 Abs. 1 BDSG nur einschlägig ist, wenn es sich um personenbezogener Daten einer großen Personenmenge handelt. Es ist damit wohl auf Datensätze größeren Umfangs abzustellen. Im Sinne der Effektivierung des supranationalen Datenschutzrechts steigt die Höchststrafe hierfür ggü. § 44 BDSG a.F. von zwei auf drei Jahren; alternativ ist weiterhin die Geldstrafe als Strafmaß vorgesehen.

22 **b) § 42 Abs. 2 BDSG n.F.** Geringer ist das Höchststrafmaß für denjenigen, der in kommerzieller Absicht nicht öffentlich zugängliche Daten ohne Berechtigung verarbeitet. Das Erschleichen von personenbezogenen Daten durch unrichtige Angaben (Abs. 2 Nr. 2) ist bereits vom Tatbestand des Abs. 1 Nr. 1 umfasst. Schließlich handelt es sich um eine unrechtmäßige Verarbeitung personenbezogener Daten, wenn diese nur durch unrichtige Angaben erschlichen werden. Ein solches Vorgehen kann als Erfassen personenbezogener Daten unter den Begriff der Verarbeitung i.S.d. Art. 4 Nr. 2 subsumiert werden.

23 Abzugrenzen ist der Abs. 2 von Abs. 1 in zweierlei Hinsicht. Einerseits ist das Strafmaß geringer und zieht für entsprechende Vergehen eine Freiheitsstrafe bis zu zwei Jahren oder eine Geldstrafe nach sich. Andererseits bedarf es zur Erfüllung des Tatbestands keiner großen Mengen personenbezogener Daten mehr, was wohl das geringere Strafmaß erklärt. Allein der Verstoß gegenüber dem Einzelnen kann unter Erfüllung der weiteren Voraussetzungen des Abs. 2 eine Freiheitsstrafe zur Folge haben.

24 **c) § 42 Abs. 3 BDSG n.F.** § 42 Abs. 3 BDSG entspricht § 44 Abs. 2 BDSG a.F.[31] Damit handelt es sich nach wie vor um ein Antragsdelikt. In § 2 Abs. 3 ist bestimmt, wer antragsberechtigt ist: neben der betroffenen Person i.S.d. Art. 4 Nr. 1, der Verantwortliche als rechtlich gesehener Verursacher (Art. 4 Nr. 7) sowie die BfDI und die Aufsichtsbehörde. Ferner gelten die allgemeinen Bestimmungen des Strafrechts. Als Täter (§ 25 StGB), Anstifter (§ 26 StGB) oder Gehilfe (§ 27 StGB) kann diese Rechtsfolge auch die Unternehmensleitung persönlich treffen.

25 **d) § 42 Abs. 4 BDSG n.F.** Die Art. 33 und 34 normieren eine Meldepflicht für den Fall einer Verletzung des Schutzes personenbezogener Daten. § 42 Abs. 4 BDSG ist § 42a S. 6 BDSG a.F. entlehnt und dient dem verfassungsrechtlichen Gebot der Selbstbezichtigung.

---

31 So auch BT-Drucks. 18/11325, S. 109.

2. Verfahrensgarantien (§ 41 BDSG n.F.). Verfahrensrechtliche Garantien ergeben sich grundsätzlich aus dem nationalen Recht, etwa §§ 1, 46 StGB.[32] In § 41 Abs. 2 S. 1 BDSG ist ausdrücklich geregelt, dass die Gesetze über das Strafverfahren, wie etwa die StPO, auch für die Sanktion mit einer Geldbuße nach Art. 83 Abs. 4–6 Anwendung finden. 26

3. Ausblick. Für die Praxis weist die Rechtsnorm des BDSG a.F. nur wenig Relevanz auf.[33] Es besteht aufgrund der großen Kongruenz zwischen § 44 BDSG a.F. und § 42 BDSG kein Grund zur Annahme, dass sich dies künftig ändern sollte. 27

V. Notifizierung (Abs. 2)

Der Kommission sind die auf Grundlage des Abs. 1 erlassenen nationalen Rechtsvorschriften gem. Abs. 2 bis zum 25.5.2018 mitzuteilen. Dem Wortlaut nach geht es hier nur um die ausgehend von der DS-GVO geschaffenen Sanktionen. Teleologisch erscheint es aber zum Zwecke der Herstellung von Rechtssicherheit und Transparenz geboten überdies die bereits bestehenden Regelungen zu notifizieren, die unverändert bleiben.[34] 28

32 Paal/Pauly-*Frenzel* Art. 84 Rn. 6.
33 Thüsing/Pötters-*Thüsing* § 21 Rn. 27.
34 Vgl. Paal/Pauly-*Frenzel* Art. 84 Rn. 7 sowie *Laue/Nink/Kremer* Das neue Datenschutzrecht in der betrieblichen Praxis, S. 311 Rn. 30.

Kapitel IX
Vorschriften für besondere Verarbeitungssituationen

Artikel 85 Verarbeitung und Freiheit der Meinungsäußerung und Informationsfreiheit

(1) Die Mitgliedstaaten bringen durch Rechtsvorschriften das Recht auf den Schutz personenbezogener Daten gemäß dieser Verordnung mit dem Recht auf freie Meinungsäußerung und Informationsfreiheit, einschließlich der Verarbeitung zu journalistischen Zwecken und zu wissenschaftlichen, künstlerischen oder literarischen Zwecken, in Einklang.

(2) Für die Verarbeitung, die zu journalistischen Zwecken oder zu wissenschaftlichen, künstlerischen oder literarischen Zwecken erfolgt, sehen die Mitgliedstaaten Abweichungen oder Ausnahmen von Kapitel II (Grundsätze), Kapitel III (Rechte der betroffenen Person), Kapitel IV (Verantwortlicher und Auftragsverarbeiter), Kapitel V (Übermittlung personenbezogener Daten an Drittländer oder an internationale Organisationen), Kapitel VI (Unabhängige Aufsichtsbehörden), Kapitel VII (Zusammenarbeit und Kohärenz) und Kapitel IX (Vorschriften für besondere Verarbeitungssituationen) vor, wenn dies erforderlich ist, um das Recht auf Schutz der personenbezogenen Daten mit der Freiheit der Meinungsäußerung und der Informationsfreiheit in Einklang zu bringen.

(3) Jeder Mitgliedstaat teilt der Kommission die Rechtsvorschriften, die er aufgrund von Absatz 2 erlassen hat, sowie unverzüglich alle späteren Änderungsgesetze oder Änderungen dieser Vorschriften mit.

– *ErwG: 153*

Übersicht

Literatur: *Albrecht/Janson* Datenschutz und Meinungsfreiheit nach der Datenschutzgrundverordnung, CR 2016, 500; *Caspar* Datenschutz im Verlagswesen: Zwischen Kommunikationsfreiheit und informationeller Selbstbestimmung, NVwZ 2010, 1451; *Cornils* Das datenschutzrechtliche Medienprivileg unter Behördenaufsicht? – Der unionsrechtliche Rahmen für die Anpassung der medienrechtlichen Bereichsausnahmen (in § 9c, § 57 RStV-E und den Landespressegesetzen) an die EU-Datenschutz-Grundverordnung, Rechtsgutachten, August 2017; *Lauber-Rönsberg/Hartlaub* Personenbildnisse im Spannungsfeld zwischen Äußerungs- und Datenschutzrecht, NJW 2017, 1057; *Martini* Wie neugierig darf der Staat im Cyberspace sein? Social Media Monitoring öffentlicher Stellen – Chancen und Grenzen, VerwArch 2016, 307; *Roßnagel* Europäische Datenschutz-Grundverordnung, Vorrang des Unionsrechts – Anwendbarkeit des nationalen Rechts, 2016; *Schantz/Wolff* Das neue Datenschutzrecht, Datenschutz-Grundverordnung und Bundesdatenschutzgesetz in der Praxis, 2017; *Wichtermann* Einführung eines Datenschutz-Management-Systems im Unternehmen – Pflicht oder Kür? Kurzüberblick über die Erweiterungen durch die DS-GVO, ZD 2016, 421.

A. Einordnung und Hintergrund

1 In Art. 85 wird den besonderen Verarbeitungssituationen im Zusammenhang mit der Freiheit der Meinungsäußerung und Informationsfreiheit Rechnung getragen. Die Vorschrift spezifiziert den im **ErwG 4** der DS-GVO enthaltenen Grundsatz, wonach das Recht auf Schutz der personenbezogenen Daten kein uneingeschränktes Recht ist, sondern im Hinblick auf seine gesellschaftliche Funktion gesehen und unter Wahrung des Verhältnismäßigkeitsprinzips gegen andere Grundrechte abgewogen werden muss. Sie dient einem unionsrechtlichen **Ausgleich** zwischen dem Schutz personenbezogener Daten, der neben der DS-GVO in **Art. 8 GRCh** vorgesehen ist, und der Freiheit der Meinungsäußerung und Informationsfreiheit, **Art. 11 GRCh**.[1] Auf einer nachgelagerten Ebene werden die Wertungen von **Art. 13 GRCh** relevant, wenn es um den persönlichen und sachlichen Anwendungsbereich für den Wissenschafts- sowie Kunstbereich geht.

2 Obwohl es sich bei der DS-GVO um eine Verordnung handelt, die nach Art. 288 AEUV in den Mitgliedstaaten grundsätzlich allgemeine und unmittelbare Geltung hat, enthält sie als sogenannte **Grundverordnung** auch **Öffnungsklauseln**, die Regelungsaufträge an die Mitgliedstaaten erteilen oder Regelungsmöglichkeiten eröffnen.[2] Auch Art. 85 richtet sich an die Mitgliedstaaten und stellt seiner Art nach eine Öffnungsklausel dar, wobei das Verhältnis von Art. 85 Abs. 1 und Abs. 2 zueinander nicht ganz eindeutig ist.[3] Nach verbreiteter Auffassung soll **Art. 85 Abs. 1** lediglich einen **„Anpassungsauftrag"** an die Mitgliedstaaten bzw. ein **„allgemeines Abwägungsgebot"** statuieren.[4] **Art. 85 Abs. 2** stelle sodann die **„eigentliche Öffnungsklausel"** dar, die die Mitgliedstaaten dazu verpflichtet, – wenn erforderlich – **Abweichungen oder Ausnah-**

---

1 Vgl. Eßer/Kramer/von Lewinski-*von Lewinski* Art. 85 Rn. 3; vgl. Sydow-*Specht* Art. 85 Rn. 1; Paal/Pauly-*Pauly* Art. 85 Rn. 1; s. zur Anwendung der Grundrechtecharta Rn. 12.

2 Kühling/Buchner-*Buchner/Tinnefeld* Art. 85 Rn. 1.

3 S. unter Rn. 7 ff.

4 Vgl. *Kühling/Martini u.a.* S. 286 ff.; vgl. Gola-*Pötters* Art. 85 Rn. 5, 14; so wohl i.E. auch Kühling/Buchner-*Buchner/Tinnefeld* Art. 85 Rn. 11 ff.; vgl. Schantz/Wolff-*Schantz* Rn. 1316; a.A. wohl *Lauber-Rönsberg/Hartlaub* NJW 2017, 1057, 1061 f.; a.A. *BDZV, dju, DJV, Deutscher Presserat und VDZ* Stellungnahme zum Entwurf der Bayerischen Staatskanzlei vom 2.6.2017 zu §§ 57, 59 RfTmStV (Stand: 7.7.2017), S. 6 ff.; a.A. *Cornils* S. 46 ff.

men für die Verarbeitung von personenbezogenen Daten zu **journalistischen, wissenschaftlichen, künstlerischen oder literarischen Zwecken** (im Folgenden auch: privilegierte Zwecke) von bestimmten Kapiteln der DS-GVO vorzusehen.[5] Entgegen dieser engen Betrachtung kann **Art. 85 Abs. 2 als Öffnungsklausel in Gestalt einer Vorgabe für einen Mindestschutzstandard** für die privilegierten Zwecke verstanden werden, während **Art. 85 Abs. 1** ebenfalls als Öffnungsklausel den Spielraum für mitgliedstaatliche Abwägungsentscheidungen in **eng auszulegenden Ausnahmefällen** erweitert.[6] **Art. 85 Abs. 3 beinhaltet eine Mitteilungspflicht** der Mitgliedstaaten an die Europäische Kommission.

I. Erwägungsgrund 153

Im Zusammenhang mit Art. 85 ist **ErwG 153** der DS-GVO zu beachten. Ihm lässt sich zum einen entnehmen, dass die Datenverarbeitung nach Art. 85 Abs. 2 **„ausschließlich"** zu den jeweiligen privilegierten Zwecken zu erfolgen hat, sodass bei gleichzeitiger anderweitiger Zweckverfolgung die Privilegierung in Form von Abweichungen und Ausnahmen für die bestimmten Zwecke nicht greift.[7] Ferner nimmt Erwägungsgrund 153 direkt Bezug auf **Art. 11 GRCh**, der bei der Abwägung durch die Mitgliedstaaten maßgeblich ist.[8] Hervorgehoben wird auch, dass die Mitgliedstaaten Abweichungen und Ausnahmen insbesondere für die Verarbeitung personenbezogener Daten im **audiovisuellen Bereich** sowie in **Nachrichten- und Pressearchiven** vornehmen sollten, wobei diese Aufzählung nicht abschließend ist.[9] Dem Erwägungsgrund lässt sich ferner entnehmen, dass etwaige Abweichungen und Ausnahmen **durch Gesetzgebungsmaßnahmen** erfolgen sollten. Des Weiteren gilt nach Erwägungsgrund 153 bei unterschiedlichen mitgliedstaatlichen Abweichungen und Ausnahmen das **Ursprungslandprinzip**.[10] Abschließend wird betont, dass **Begriffe wie Journalismus**, die sich auf die Freiheit der Meinungsäußerung beziehen, **weit ausgelegt werden müssen**, um der Bedeutung des Rechts auf freie Meinungsäußerung in einer demokratischen Gesellschaft Rechnung zu tragen.[11] 3

II. Normgenese und -umfeld

1. Art. 9 DSRL. Die unionsrechtliche **Vorgängerregelung** zu Art. 85 ist **Art. 9 DSRL**. 4
Nach dieser Regelung waren die Mitgliedstaaten bis zum 24.5.2018 angehalten, Abweichungen und Ausnahmen für die Verarbeitung personenbezogener Daten vorzusehen, die zu journalistischen, künstlerischen oder literarischen Zwecken erfolgt. Art. 85 benennt nun zusätzlich die Datenverarbeitung zu **wissenschaftlichen Zwe-**

5 Vgl. Gola-*Pötters* Art. 85 Rn. 5, 14; vgl. *Kühling/Martini u.a.* S. 292 f.
6 S. unter Rn. 8; zur Interpretation der Regelungssystematik des Art. 85 als „generelle Öffnungsklausel mit Mindestgarantie in Abs. 2" s. *Cornils* S. 46 ff.; vgl. auch *BDZV, dju, DJV, Deutscher Presserat und VDZ* Stellungnahme zum Entwurf der Bayerischen Staatskanzlei vom 2.6.2017 zu §§ 57, 59 RfTmStV (Stand: 7.7.2017), S. 6 ff.
7 S. unter Rn. 25 ff.
8 S. unter Rn. 12 ff.
9 Vgl. Sydow-*Specht* Art. 85 Rn. 8.
10 S. unter Rn. 34.
11 So auch schon *EuGH* v. 16.12.2008 – C-73/07, ECLI:EU:C:2008:727, Satamedia, Rn. 56.

cken.[12] Des Weiteren bezieht sich der Wortlaut ausdrücklich auf die **Informationsfreiheit**.[13] Art. 85 geht ferner dergestalt über Art. 9 DSRL hinaus, dass er – nach hier vertretener Auffassung[14] – in eine **Öffnungsklausel** für mitgliedstaatliche Abwägungsentscheidungen in **eng auszulegenden Ausnahmefällen** (Abs. 1) und eine **Öffnungsklausel** in Gestalt einer **Vorgabe für einen Mindestschutzstandard** (Abs. 2) unterteilt ist. **Nicht mehr vorgegeben in Art. 85** Abs. 2 ist, dass die Verarbeitung **„allein"** zu den maßgeblichen Zwecken erfolgt. Zu beachten ist aber, dass **ErwG 153** S. 2 von einer Datenverarbeitung **„ausschließlich"** zu den privilegierten Zwecken spricht.

5 **2. BDSG a.F. und landesrechtliche Vorschriften.** Ausprägung findet der Gedanke des Art. 85 **im deutschen Recht bisher** in Gestalt des **„Medienprivilegs"**.[15] Zum einen machte der bis 24.5.2018 geltende § 41 Abs. 1 BDSG (BDSG a.F.) den Ländern Vorgaben zur Regelung von datenschutzrechtlichen Mindeststandards für Presseunternehmen und deren Hilfsunternehmen (Rahmenvorschrift, vgl. Art. 75 Abs. 1 S. 1 Nr. 2 GG a.F.).[16] In § 41 Abs. 4 BDSG a.F. wird die Deutsche Welle als Rundfunkanstalt des Bundesrechts von einigen datenschutzrechtlichen Pflichten befreit (s. auch die spezifischen Vorgaben in § 41 Abs. 2 und 3 BDSG a.F.).[17] Die nach Landesrecht konstituierten öffentlich-rechtlichen Rundfunkanstalten und private Rundfunkveranstalter sind aus kompetenzrechtlichen Gründen nicht von § 41 BDSG a.F. erfasst.[18] Im neuen BDSG fällt die Regelung des § 41 Abs. 1 BDSG a.F. weg, da für das Pressewesen nunmehr die Länder ausschließlich zuständig sind.[19] § 57 RStV a.F. privilegierte Presseunternehmen und deren Hilfsunternehmen als Anbieter von Telemedien. Für den Rundfunk galten z.B. § 17 ZDF-Staatsvertrag a.F. (ZDF-StV), § 47 Abs. 2 RStV a.F. oder § 49 Abs. 2 LMedienG Baden-Württemberg a.F.[20]

6 Änderungen und Neuerungen des RStV, die auch Auswirkung auf weitere landesrechtliche Regelungen zum Medienprivileg haben, sind vor dem Hintergrund der DS-GVO im 21. Rundfunkänderungsstaatsvertrag (21. RÄStV) geregelt.[21] Die Privilegierung des Rundfunks – ebenso wie die der Presse als Anbieter von Telemedien – ist zentral im RStV geregelt und nicht mehr in einzelnen Landesgesetzen. Dies gilt sowohl für Rundfunkprogramme als auch für On-Demand-Angebote (Telemedien der Rundfunkanbieter).

---

12 Vgl. Paal/Pauly-*Pauly* Art. 85 Rn. 9; vgl. auch Eßer/Kramer/von Lewinski-*von Lewinski* Art. 85 Rn. 7, der auf eine „wissenschaftlich-publizistische Tätigkeit" abstellt.
13 Vgl. Ehmann/Selmayr-*Schiedermair* Art. 85 Rn. 2.
14 S. unter Rn. 8.
15 Bezeichnung stammt aus dem nationalen Recht, vgl. Sydow-*Specht* Art. 85 Rn. 1.
16 S. z.B. § 12 LandespresseG NRW; vgl. zur Vereinbarkeit von § 41 Abs. 1 BDSG mit Art. 9 DSRL Simitis-*Dix* § 41 Rn. 6, 29 m.w.N.
17 Vgl. Spindler/Schuster-*Spindler/Nink* § 41 BDSG Rn. 1, 5; vgl. Gola/Schomerus-*Gola/Klug/Körffer* § 41 Rn. 2, 13.
18 Vgl. Spindler/Schuster-*Spindler/Nink* § 41 BDSG Rn. 1.
19 BT-Drucks. 18/11325, S. 79.
20 S. hierzu Übersicht bei Ehmann/Selmayr-*Schiedermair* Art. 85 Rn. 5 ff.
21 S. unter Rn. 32.

B. Einzelkommentierung

I. Art. 85 Abs. 1 und Abs. 2

1. Verhältnis von Art. 85 Abs. 1 und Abs. 2. Art. 85 Abs. 1 gibt den Mitgliedstaaten auf, **durch Rechtsvorschriften** das Recht auf den Schutz personenbezogener Daten gemäß der DS-GVO mit dem Recht auf freie Meinungsäußerung und Informationsfreiheit, **einschließlich** der Verarbeitung zu journalistischen Zwecken und zu wissenschaftlichen, künstlerischen oder literarischen Zwecken, **in Einklang zu bringen**. Insbesondere losgelöst von Art. 85 Abs. 2 kann Abs. 1 durchaus als eigene **„allgemeine Öffnungs- und Abwägungsklausel"** verstanden werden, nach der seitens der Mitgliedstaaten zwischen den beiden genannten kollidierenden Rechtspositionen durch Rechtsvorschriften Einklang hergestellt werden soll.[22] Vor allem die Aufzählung der bestimmten Zwecke erfolgt aufgrund des Wortes „einschließlich" hier im Gegensatz zu Abs. 2 nicht abschließend.[23] Dies lässt zunächst darauf schließen, dass Art. 85 Abs. 1 auch eine Öffnungs- und Abwägungsklausel für andere Zwecke beinhaltet. Zusammen mit Art. 85 Abs. 2 und 3, ErwG 153 und vor dem Hintergrund des Regelungszwecks der DS-GVO wird jedoch eingewendet, dass Art. 85 Abs. 1 nicht als eigene Öffnungsklausel anzusehen ist.[24] Denn zum einen fordere nur Art. 85 Abs. 2 ausdrücklich das Vorsehen von Abweichungen und Ausnahmen und dies auch nur für privilegierte Zwecke (vgl. ErwG 153 S. 2).[24] Ferner könne aus Art. 85 Abs. 3, der nur hinsichtlich Abs. 2 eine Mitteilungspflicht vorsieht, geschlossen werden, dass auch nur Abs. 2 eine Öffnungsklausel darstellt.[25] Des Weiteren wird angeführt, das Regelungssystem von Art. 6 Abs. 1 bis 3 ließe sich unterwandern, wenn Art. 85 Abs. 1 eine allgemeine Öffnungsklausel ist.[26] Art. 85 Abs. 1 wird daher auch als **„Anpassungsauftrag"** an die Mitgliedstaaten bzw. als **„allgemeines Abwägungsgebot"** verstanden.[27] Art. 85 Abs. 2 enthielte sodann die **„eigentliche Öffnungsklausel"**, nach der die Mitgliedstaaten verpflichtet sind – wenn erforderlich – Abweichungen und Ausnahmen für privilegierte Zwecke vorzusehen.[28] Gegen diese Argumentation lässt sich zum einen anführen, dass sich Art. 85 selbst und ErwG 153 keine eindeutigen Argumente entnehmen lassen, wonach Art. 85 Abs. 1 keine eigenständige Öffnungsklausel ist.[29] Zudem ist es gerade Charakter des Medienprivilegs, dass der datenschutzrechtliche Regelungskomplex – bestehend aus präventivem Verbot und Erlaubnistatbeständen – ausgeschlossen oder eingeschränkt wird, damit der Freiheit der Meinungsäußerung und Informationsfreiheit ausreichend Rechnung getragen wird.[30] Diese Notwendigkeit kann unter Umständen auch auf Grundlage des Art. 85 Abs. 1 für andere als die in Abs. 2 genannten Zwe- 7

---

22 Vgl. *Lauber-Rönsberg/Hartlaub* NJW 2017, 1057, 1061.
23 Vgl. auch *Lauber-Rönsberg/Hartlaub* NJW 2017, 1057, 1061.
24 S. *Kühling/Martini u.a.* S. 287 f.
25 S. *Kühling/Martini u.a.* S. 288.
26 S. *Kühling/Martini u.a.* S. 287.
27 Vgl. *Kühling/Martini u.a.* S. 286 ff.; vgl. Gola-*Pötters* Art. 85 Rn. 5, 14; so wohl i.E. auch Kühling/Buchner-*Buchner/Tinnefeld* Art. 85 Rn. 11 ff.; vgl. Schantz/Wolff-*Schantz* Rn. 1316; a.A. wohl *Lauber-Rönsberg/Hartlaub* NJW 2017, 1057, 1061 f.; a.A. *BDZV, dju, DJV, Deutscher Presserat und VDZ* Stellungnahme zum Entwurf der Bayerischen Staatskanzlei vom 2.6.2017 zu §§ 57, 59 RfTmStV (Stand:7.7.2017), S. 6 ff.; a.A. *Cornils* S. 46 ff.
28 Vgl. Gola-*Pötters* Art. 85 Rn. 5, 14; vgl. *Kühling/Martini u.a.* S. 292 f.
29 S. *Cornils* S. 39 ff.
30 Vgl. *Cornils* S. 41 f.

cke bestehen. Zudem ist denkbar, dass auch andere Kapitel (z.B. Kap. VIII) betroffen sein können, als die in Art. 85 Abs. 2 genannten.

8 Wenn man Art. 85 Abs. 1 nicht als eigene Öffnungsklausel betrachtet, geht er nur insofern über Art. 85 Abs. 2 hinaus, als er eine Regelung „durch Rechtsvorschriften" vorschreibt. Ein solches Erfordernis wird jedoch auch in ErwG 153 hervorgehoben. Es bleibt daher insgesamt fraglich, weshalb Art. 85 mit Abs. 1 und 2 im Gegensatz zu Art. 9 DSRL derart entzerrt wurde, obwohl Art. 85 Abs. 1 im Grundsatz nur den ErwG 4 der DS-GVO „wiederholt".[31] Eine konkrete Anwendungsmöglichkeit verbliebe Art. 85 Abs. 1 hingegen, wenn man ihn als Öffnungsklausel für mitgliedstaatliche Abwägungsentscheidungen in eng auszulegenden Ausnahmefällen betrachtet, um Randkonstellationen interessengerecht zu regeln. Eine solche Konstellation kommt beispielsweise bei Veröffentlichungen durch Unternehmen in Betracht, die keine der Zweckrichtungen des Art. 85 Abs. 2 betreffen, bei denen aber dennoch der Freiheit der Meinungsäußerung gegenüber dem Schutz personenbezogener Daten der Vorzug zu gewähren ist. **Art. 85 Abs. 2** liefe bei dieser Lesart des Abs. 1 nicht leer, sondern verkörpert vielmehr einen gewissen **Mindestschutzstandard**[32], der für die genannten privilegierten Zweckrichtungen durch die Mitgliedstaaten zwingend einzuhalten ist. Nur für diesen Mindestschutzstandard bestünde eine Mitteilungspflicht i.S.v. Art. 85 Abs. 3. In Ausnahmefällen, die keiner interessengerechten Lösung zuzuführen sind, wäre Art. 85 Abs. 1 einschlägig. Art. 85 Abs. 1 darf zwar auf der einen Seite nicht zu einem sogenannten „allgemeinen Meinungsprivileg"[33] führen, auf der anderen Seite muss er aber auch gewährleisten, dass in Ausnahmefällen nicht dem Recht auf personenbezogene Daten gegenüber der Freiheit der Meinungsäußerung und Informationsfreiheit interessenwidrig der Vorzug gewährt wird, da keines dieser beiden Rechte gegenüber dem anderen prinzipiellen Vorrang beanspruchen[34] kann. Der hier vertretenen Auffassung, dass Art. 85 Abs. 1 in Ausnahmefällen als eine über Abs. 2 hinausgehende Öffnungsklausel anzusehen ist, liegt offensichtlich auch die Konzeption für die Neufassung des Medienprivilegs gem. § 57 RStV im 21. RÄStV zugrunde. Nach § 57 Abs. 1 S. 6 RStV findet **Kap. VIII der DS-GVO keine Anwendung** soweit Presseunternehmen bzw. deren Hilfsunternehmen der Selbstregulierung durch den Pressekodex sowie der Beschwerdeordnung des Deutschen Presserates unterliegen. Art. 85 Abs. 2 erwähnt Kap. VIII hinsichtlich der zu erlassenen Abweichungen und Ausnahmen jedoch nicht, sodass die Regelung in § 57 Abs. 1 S. 6 RStV auf Art. 85 Abs. 1 zurückgeführt werden müsste. Selbst Art. 85 Abs. 1 lässt aber nach der hier vertretenen Auffassung keine uneingeschränkte Ausnahme hinsichtlich der Rechte nach dem VIII. Kapitel der DS-GVO zum Schutz des Medienprivilegs zu. Insbesondere eine gerichtliche Rechtsschutzmöglichkeit sollte eröffnet sein, um den gebotenen Ausgleich zwischen dem

31 S. zum Hintergrund Sydow-*Specht* Art. 85 Rn. 6 f.

32 Zur Interpretation der Regelungssystematik des Art. 85 als „generelle Öffnungsklausel mit Mindestgarantie in Abs. 2" s. *Cornils* S. 46 ff.; vgl. auch *BDZV, dju, DJV, Deutscher Presserat und VDZ* Stellungnahme zum Entwurf der Bayerischen Staatskanzlei vom 2.6.2017 zu §§ 57, 59 RfTmStV (Stand: 7.7.2017), S. 6 ff.

33 S. zu § 41 BDSG a.F. und § 57 RStV a.F. *BVerwG* v. 29.10.2015 – 1 B 32.15, ZD 2016, 193 f.; Bei einer bloßen Vervollständigung des Schutzes der Kommunikationsfreiheit durch Art. 85 Abs. 1 bestehe nicht „die Gefahr einer uferlosen Ausweitung der Bereichsausnahme", vgl. *Cornils* S. 48.

34 Vgl. Sydow-*Specht* Art. 85 Rn. 1.

Schutz personenbezogener Daten und dem Recht auf freie Meinungsäußerung und Informationsfreiheit zu gewährleisten.

9 Bei der Anwendung des Art. 85 Abs. 1 muss zudem auch die Rechtsprechung des EuGH zur DSRL berücksichtigt werden, nach der in konkreten Abwägungssituationen das Datenschutzinteresse einer unmittelbar betroffenen Person höher zu gewichten ist als die Informationsfreiheit der Internetnutzer im Allgemeinen.[35]

10 Sollte Art. 85 Abs. 1 entgegen der hier vertretenen Auffassung im Hinblick auf Ausnahmefälle keine Öffnungsklausel für andere als die privilegierten Zwecke enthalten, hätte dies auch Auswirkungen auf die im Äußerungsrecht geltenden Vorschriften des Kunsturhebergesetzes (KUG).[36]

11 **2. Freiheit der Meinungsäußerung und Informationsfreiheit.** Mit Art. 85 soll **besonderen Verarbeitungssituationen** im Zusammenhang mit dem Recht auf Freiheit der Meinungsäußerung und Informationsfreiheit Rechnung getragen werden.

12 Im Rahmen des Art. 85 findet die Grundrechtsebene der GRCh Anwendung, sodass mitgliedstaatliches Recht an den EU-Grundrechtestandard gebunden ist.[37] Die Geltung des EU-Grundrechtestandards ergibt sich aus **Art. 51 Abs. 1 S. 1 Hs. 2 GRCh**, wonach die GRCh für die Mitgliedstaaten ausschließlich **bei der Durchführung des Rechts der Union** gilt. Hierfür reicht wohl bereits der **enge Regelungszusammenhang** zum Unionsrecht aus, den Art. 85 aufweist.[38] Art. 11 GRCh bildet demnach neben Art. 8 GRCh das maßgebliche Abwägungskriterium innerhalb des Art. 85. Bei der Abwägung ist seitens der Mitgliedstaaten die einschlägige Rechtsprechung des **EuGH** zu beachten.[39]

13 Art. 11 GRCh ist unter der Überschrift **Freiheit der Meinungsäußerung und Informationsfreiheit** in **Meinungs- und Informationsfreiheit** (Abs. 1) sowie **Medienfreiheit** (Abs. 2) unterteilt, wobei streitig ist, ob die Medienfreiheit ein eigenständiges Grundrecht gegenüber Art. 11 Abs. 1 GRCh darstellt.[40] Art. 85 bezieht sich indes auf Art. 11 GRCh im Ganzen, was sich schon aus ErwG 153 S. 2 ergibt.[41] Zentral innerhalb des Art. 85 ist die Datenverarbeitung im Rahmen der Massenkommunikation. Dies unterstreicht ErwG 153 S. 3, der die Verarbeitung personenbezogener Daten im **audiovisuellen Bereich** sowie in **Nachrichten- und Pressearchiven** hervorhebt. Für die „Meinungs- und Informationsfreiheit" nach Art. 11 Abs. 1 GRCh ist unerheblich, welches Medium genutzt wird, wobei für Massenkommunikation Abs. 2 vorgehen kann.[42]

---

35 *EuGH* v. 13.5.2014 – C-131/12, ECLI:EU:C:2014:317, Google Spain and Google, Rn. 81.

36 S. hierzu eingehend *Lauber-Rönsberg/Hartlaub* NJW 2017, 1057, 1061 f.; s. unter Rn. 33.

37 S. Kühling/Buchner-*Buchner/Tinnefeld* Art. 85 Rn. 5 ff.; vgl. auch *Kühling/Martini u.a.* S. 288 f.; vgl. auch *Albrecht/Janson* CR 2016, 500, 503 ff.

38 S. nähere Begründung bei Kühling/Buchner-*Buchner/Tinnefeld* Art. 85 Rn. 7 mit Verweis auf *EuGH* v. 21.12.2011 – C-411/10, C-493/10, ECLI:EU:C:2011:865, Rn. 68; s. zur Frage der Grundrechtsebene bei Öffnungsklauseln auch *Kühling/Martini u.a.* S. 289 m.w.N.; s. aber auch BVerfGE 125, 260, 306 f.

39 Insb. *EuGH* v. 13.5.2014 – C-131/12, ECLI:EU:C:2014:317, Google Spain and Google; s. hierzu Ehmann/Selmayr-*Schiedermair* Art. 85 Rn. 8 ff.

40 S. *Jarass* Art. 11 GRCh Rn. 3.

41 S. zur Berücksichtigung der Medienfreiheit im Rahmen des Art. 85 auch Roßnagel-*Hoidn* § 4 Rn. 164.

42 *Jarass* Art. 11 GRCh Rn. 13 m.w.N.

Art. 11 Abs. 1 GRCh schützt neben **Meinungsäußerungen** auch die Abgabe bzw. Weitergabe von **Informationen** v.a. in Form von Tatsachenbehauptungen sowie die Abgabe bzw. Weitergabe von **Ideen.**[43] Geschützt ist zudem der **Empfang von Informationen** und Meinungen, wobei grundsätzlich vorausgesetzt wird, dass die Informationen **allgemein zugänglich** sind.[44]

14 Soweit die GRCh Rechte enthält, die den durch die EMRK garantierten Rechten entsprechen, haben sie die gleiche Bedeutung und Tragweite, wie sie ihnen in der EMRK verliehen wird, vgl. **Art. 52 Abs. 3 S. 1 GRCh**. Insoweit sind daher auch **Art. 10 EMRK** und die einschlägige Rechtsprechung des **EGMR** von Bedeutung.[45] Angesichts der in Art. 11 Abs. 2 GrCh geregelten Medienfreiheit ist umstritten, ob Art. 11 GRCh über Art. 10 EMRK hinausgeht.[46] Geht man davon aus, dass Art. 11 GRCh und Art. 10 EMRK einander entsprechen, ist auch der Grundrechtsschutz der Medien, so wie er durch die Rechtsprechung des EGMR geprägt wurde[47], seitens der Mitgliedstaaten zu berücksichtigen. Die Mitgliedstaaten haben sich sodann an der Rechtsprechung des EGMR zur Abwägung der Rechte aus Art. 8 und Art. 10 EMRK zu orientieren.[48]

15 **3. Verarbeitung zu journalistischen, wissenschaftlichen, künstlerischen oder literarischen Zwecken. – a) Von Art. 85 Abs. 2 privilegierte Zwecke.** Von Art. 85 Abs. 2 in Gestalt eines Mindestschutzstandards privilegiert wird die Verarbeitung von Daten zu **journalistischen, wissenschaftlichen, künstlerischen oder literarischen Zwecken**. ErwG 153 S. 3 nennt im Zusammenhang mit den privilegierten Zwecken beispielhaft die Verarbeitung personenbezogener Daten im **audiovisuellen Bereich** sowie in **Nachrichten- und Pressearchiven**.

16 **aa) Journalistische Zwecke.** ErwG 153 S. 7 besagt, dass Begriffe wie Journalismus, die sich auf das Recht auf freie Meinungsäußerung beziehen, weit ausgelegt werden müssen, um der Bedeutung dieses Rechts in einer demokratischen Gesellschaft Rechnung zu tragen.[49] Es gilt daher eine **weite Auslegung** der journalistischen Zweckrichtung bei der Datenverarbeitung. Zentraler Anknüpfungspunkt für die Einordnung, ob journalistische Zwecke mit der Datenverarbeitung verfolgt werden, ist das **Vorliegen einer journalistischen Tätigkeit**. Nach dem **EuGH** ist für eine journalistische Tätigkeit maßgeblich, dass sie zum Zweck hat, **„Informationen, Meinungen oder Ideen in der Öffentlichkeit zu verbreiten“**.[50] Sobald eine journalistische Tätigkeit zu bejahen ist, gelten insbesondere die damit verbundenen Maßnahmen der Datenverarbeitung im Rahmen der Recherche, Veröffentlichung sowie Archivierung als privilegiert.[51] Dies ist jedenfalls bei Zuordnung zum **funktionalen Aufgabenbereich der Presse bzw. des**

---

43 *Jarass* Art. 11 GRCh Rn. 10, 13.
44 Vgl. *Jarass* Art. 11 GRCh Rn. 15 m.w.N.
45 Vgl. Kühling/Buchner-*Buchner/Tinnefeld* Art. 85 Rn. 9 m.w.N.; vgl. Ehmann/Selmayr-*Schiedermair* Art. 85 Rn. 11.
46 S. BeckOK InfoMedienR-*Cornils* Art. 11 GRCh Rn. 11 ff.
47 Vgl. BeckOK InfoMedienR-*Cornils* Art. 11 GRCh Rn. 13 ff.
48 S. hierzu Ehmann/Selmayr-*Schiedermair* Art. 85 Rn. 11 ff.
49 So auch schon *EuGH* v. 16.12.2008 – C-73/07, ECLI:EU:C:2008:727, Satamedia, Rn. 56.
50 *EuGH* v. 16.12.2008 – C-73/07, ECLI:EU:C:2008:727, Satamedia, Rn. 61 f.
51 Vgl. Schantz/Wolff-*Schantz* Rn. 1324 und ErwG 153 DS-GVO S. 3; vgl. auch *BGH* v. 9.2.2010 – VI ZR 243/08, GRUR 2010, 549, 553 und v. 15.12.2009 – VI ZR 227/08, NJW 2010, 757, 760; zum Erfordernis der Ausschließlichkeit s. Rn. 25 ff.

Rundfunks zu bejahen.[52]

Nach der Rechtsprechung des EuGH zu Art. 9 DSRL ist vor dem Hintergrund der weiten Auslegung des Journalismusbegriffs sogar unerheblich, ob es sich bei den privilegierten Unternehmen um Medienunternehmen handelt, da **journalistische Tätigkeiten nicht nur Medienunternehmen vorbehalten** sind.[53] Ebenfalls **unerheblich ist die Art des Übertragungsmittels**.[54] Von Art. 85 privilegiert ist demnach bereits eine selbstständige journalistische Tätigkeit im Rahmen eines **Internet-Blogs**.[55] Des Weiteren ist es unschädlich, wenn journalistische Tätigkeiten mit der Absicht verbunden sind, Gewinn zu erzielen.[56] 17

Problematisch ist die Beurteilung einer Tätigkeit, die sich überwiegend in einer **Zusammenstellung von Informationen aus verschiedenen (externen) Quellen** erschöpft, beispielsweise bei **Intermediären** wie sozialen Netzwerken oder Bewertungsportalen.[57] Taugliches Abgrenzungskriterium stellt hier auch im Rahmen von Art. 85 Abs. 2 die vom BGH angeführte Voraussetzung dar, wonach die meinungsbildende Wirkung für die Allgemeinheit prägender Bestandteil des Angebots sein muss und nicht bloß schmückendes Beiwerk sein darf.[58] Für den prägenden Bestandteil der meinungsbildenden Wirkung können – je nach Gestaltung – bereits über das Medium zur Verfügung gestellte **Hintergrundinformationen**, wie z.B. historische oder architektonische Informationen, ausreichen.[59] Die Tätigkeit eines **Suchmaschinenbetreibers** wird nach der Rechtsprechung des EuGH zu Art. 9 DSRL nicht privilegiert.[60] Dies dürfte auch im Lichte des Art. 85 Abs. 2 nicht anders zu beurteilen sein.[61] 18

In ErwG 153 S. 3 ist neben Nachrichten- und Pressearchiven der audiovisuelle Bereich hervorgehoben. Insbesondere für den **audiovisuellen Bereich** kommen daher datenschutzrechtliche Privilegierungen seitens der Mitgliedstaaten in Betracht. Auch hierfür ist das Verfolgen einer journalistischen Zweckrichtung (oder der anderen privilegierten Zwecke) maßgeblich. Im audiovisuellen Bereich gibt es im nationalen Recht die Besonderheit, dass bei einer „journalistisch-redaktionellen Gestaltung" eines Angebotes Rundfunk vorliegt, soweit die anderen Anforderungen des § 2 RStV erfüllt 19

---

52 Vgl. hierzu *BGH* v. 9.2.2010 – VI ZR 243/08, GRUR 2010, 549, 553 und v. 15.12.2009 – VI ZR 227/08, NJW 2010, 757, 760; s. auch *Caspar* NVwZ 2010 1451, 1454 f.; vgl. auch Schantz/Wolff-*Schantz* Rn. 1324.

53 *EuGH* v. 16.12.2008 – C-73/07, ECLI:EU:C:2008:727, Satamedia, Rn. 58, 61; s. aber zu § 41 BDSG a.F. und § 57 RStV a. F. *BVerwG* v. 29.10.2015 – 1 B 32.15, ZD 2016, 193 f., das als tauglichen Adressaten des Medienprivilegs nach nationalem Recht nur bestimmte redaktionelle Organisationseinheiten ansieht; s. Schantz/Wolff-*Schantz* Rn. 1322.

54 *EuGH* v. 16.12.2008 – C-73/07, ECLI:EU:C:2008:727, Satamedia, Rn. 60 f.; s. Schantz/Wolff-*Schantz* Rn. 1322.

55 Vgl. Schantz/Wolff-*Schantz* Rn. 1322.

56 *EuGH* v. 16.12.2008 – C-73/07, ECLI:EU:C:2008:727, Satamedia, Rn. 59, 61.

57 Vgl. auch Problemaufriss bei Schantz/Wolff-*Schantz* Rn. 1323 m.w.N.

58 *BGH* v. 23.6.2009 – VI ZR 196/08, NJW 2009, 2888, 2890 – Spickmich; so wohl auch Sydow-*Specht* Art. 85 Rn 8; vgl. auch Kühling/Buchner-*Buchner/Tinnefeld* Art. 85 Rn. 25.

59 Vgl. *LG Köln* v. 13.1.2010 – 28 O 578/09, NJOZ 2010, 1933, 1935 – Stadt-Bilderbuch.

60 S. zu Art. 9 DSRL *EuGH* v. 13.5.2014 – C-131/12, ECLI:EU:C:2014:317, Google Spain and Google, Rn. 85.

61 A.A. wohl Eßer/Kramer/von Lewinski-*von Lewinski* Art. 85 Rn. 9; s. auch Sydow-*Specht* Art. 85 Rn 8 m.w.N.

sind. Da (privater) Rundfunk zulassungspflichtig ist (vgl. § 20 RStV), begründet bereits das Innehaben einer **Rundfunkzulassung** die **Vermutung**, dass die **Datenverarbeitung eines Rundfunkveranstalters im audiovisuellen Bereich journalistischen Zwecken dient, soweit der funktionale Aufgabenbereich betroffen ist**.

20 Im nationalen Recht wurde die bisherige Kumulation von „journalistisch-redaktionellen Zwecken" **im Medienprivileg des RStV** vor dem Hintergrund des Wortlauts des Art. 85 Abs. 2 und des ErwG 153 S. 7 nicht aufrecht erhalten und mit dem Begriff „journalistische Zwecke" ersetzt.[62] Die Voraussetzung redaktionell wurde gestrichen. Hiermit soll der weiten Auslegung des Begriffs Journalismus Rechnung getragen werden und verdeutlicht werden, dass von der nationalen Privilegierung auch Vorarbeiten wie die Informationsbeschaffung sowie -verarbeitung erfasst sind und nicht erst die Gestaltung der Angebote.[63] Aufgrund des Wortlauts des Art. 85 Abs. 2 ist diese Änderung zu begrüßen.

21 **bb) Wissenschaftliche, künstlerische oder literarische Zwecke.** Art. 85 Abs. 2 ist zudem Öffnungsklausel für datenschutzrechtliche Privilegierungen für die Datenverarbeitung zu **wissenschaftlichen, künstlerischen oder literarischen Zwecken**. Auch in Bezug auf diese Zwecke müssen in Gestalt eines Mindestschutzstandards Abweichungen oder Ausnahmen seitens der Mitgliedstaaten vorgesehen werden, wenn dies erforderlich ist, um das Recht auf Schutz der personenbezogenen Daten mit der **Freiheit der Meinungsäußerung und der Informationsfreiheit** in Einklang zu bringen. Insbesondere ErwG 153 S. 2 ist zu entnehmen, dass auch in Bezug auf diese privilegierten Zweckrichtungen **Art. 11 GRCh** das maßgebliche Grundrecht ist. Es geht um einen Ausgleich des Rechts auf Schutz der personenbezogenen Daten mit der **Freiheit der Meinungsäußerung und der Informationsfreiheit**. Auch der EuGH verdeutlichte dies bereits zu Art. 9 DSRL, indem er ausführte, dass bei der Vornahme von Ausnahmen zu künstlerischen oder literarischen Zwecken, auch diese Zwecke unter das Grundrecht der Freiheit der Meinungsäußerung fallen müssen.[64]

22 Auch wenn Art. 11 GRCh neben Art. 8 GRCh das primäre Schutzgut des Art. 85 bildet, sind **wissenschaftliche und künstlerische Zwecke** im Lichte der Freiheit der Wissenschaft und der Kunst, **Art. 13 GRCh,** auszulegen.[65] Diese Auslegung lässt sich auch ErwG 153 S. 7 entnehmen, der festlegt, dass Begriffe wie Journalismus, die sich auf das Recht auf freie Meinungsäußerung beziehen, weit ausgelegt werden müssen. Denn auch die Begriffe Kunst und Wissenschaft beziehen sich auf die Meinungsäußerungsfreiheit und müssen ebenfalls weit ausgelegt werden.[66] In sachlicher Hinsicht umfasst der Schutzbereich der Kunstfreiheit, Art. 13 S. 1 GRCh, den Werk- und Wirkbereich

---

62 Mit Ausnahme des § 59 Abs. 1 S. 2 RStV-E, vgl. *Bayerische Staatskanzlei*, Erläuterungen zu den einzelnen Regelungen und Änderungen in den Staatsverträgen, Stand: 2.6.2017, S. 7; vgl. Begründung zum Einundzwanzigsten Staatsvertrag zur Änderung rundfunkrechtlicher Staatsverträge.

63 *Bayerische Staatskanzlei* Erläuterungen zu den einzelnen Regelungen und Änderungen in den Staatsverträgen, Stand: 2.6.2017, S. 2; vgl. Begründung zum Einundzwanzigsten Staatsvertrag zur Änderung rundfunkrechtlicher Staatsverträge.

64 *EuGH* v. 16.12.2008 – C-73/07, ECLI:EU:C:2008:727, Satamedia, Rn 55.

65 Vgl. ähnlicher Ansatz Gola-*Pötters* Art. 85 Rn. 11.

66 Der EGMR leitet mangels Regelung der Kunst- und Wissenschaftsfreiheit in der EMRK diese sogar teils aus der Freiheit der Meinungsäußerung, Art. 10 EMRK her, s. Meyer-*Bernsdorff* Art. 13 GRCh Rn. 1.

und in persönlicher Hinsicht die Kunstschaffenden sowie die Mittler eines Kunstwerks.[67] Die „Wissenschaftsfreiheit", Art. 13 S. 1 GRCh, ist Oberbegriff für die Freiheit der Forschung sowie die akademische Freiheit.[68] Da Art. 85 Abs. 2 die Vornahme von Abweichungen und Ausnahmen durch die Mitgliedstaaten für Datenverarbeitungssituationen im Zusammenhang mit der Freiheit der Meinungsäußerung und Informationsfreiheit bezweckt, kommt es auch bei der Verfolgung **wissenschaftlicher bzw. künstlerischer Zwecke** primär auf eine Datenverarbeitungssituation an, die Art. 11 GRCh tangiert. Der Umgang mit den Daten muss zwar einer künstlerischen bzw. wissenschaftlichen Tätigkeit unterfallen, um die Zweckrichtung zu erfüllen[69], rein künstlerische bzw. wissenschaftliche Tätigkeiten ohne Bezug zu Art. 11 GRCh sind jedoch nicht privilegiert.[70] Zu berücksichtigen bleibt auch, dass Art. 89 Abs. 2 eine eigene Öffnungsklausel für Datenverarbeitungen zu wissenschaftlichen oder historischen Forschungszwecken enthält, die – losgelöst von Art. 11 GRCh – nur Ausnahmen von Art. 15, 16, 18 und 21 ermöglicht.[71]

Unter Datenverarbeitungen zu **literarischen Zwecken** fallen solche, die bei der Anfer- 23
tigung von belletristischer Literatur oder Sachliteratur vorgenommen werden.[72]

Bei vielen der journalistischen, wissenschaftlichen, künstlerischen oder literarischen 24
Tätigkeiten kommt es untereinander zu Überschneidungen, sodass die Begriffe **nicht trennscharf** sind.[73] Es ist daher nicht auszuschließen, dass – je nach Ausgestaltung der Abweichungen und Ausnahmen i.S.v. Art. 85 Abs. 2 – dieselbe Tätigkeit unter unterschiedliche nationale Privilegierungstatbestände subsumiert werden kann.

b) Datenverarbeitung ausschließlich zu privilegierten Zwecken. Im Gegensatz zu 25
Art. 85 Abs. 2 wurde noch von Art. 9 DSRL für eine Festlegung von Abweichungen und Ausnahmen eine Verarbeitung **„allein"** zu den **privilegierten Zwecken** vorausgesetzt. In Art. 85 fehlt diese Voraussetzung. Hieraus lässt sich zunächst schließen, dass Art. 85 Abs. 2 insoweit vom Wortlaut her weiter ist als seine Vorgängerregelung und die **gleichzeitige Verfolgung sonstiger Zwecke** neben den privilegierten Zwecken danach unerheblich scheint.[74] Der ErwG 153 der DS-GVO sieht in S. 2 jedoch das Erfordernis der **Ausschließlichkeit** ausdrücklich vor: „Für die Verarbeitung personenbezogener Daten ausschließlich zu journalistischen Zwecken oder[75] zu wissenschaftlichen, künstlerischen oder literarischen Zwecken (…)". Dies spricht wiederum dafür, dass Art. 85 Abs. 2 bei der gleichzeitigen Verfolgung sonstiger Zwecke nicht einschlä-

---

67 Meyer-*Bernsdorff* Art. 13 GRCh Rn. 14; vgl. auch Gola-*Pötters* Art. 85 Rn. 11.

68 Meyer-*Bernsdorff* Art. 13 GRCh Rn. 15; *Jarass* Art. 13 GRCh Rn. 6; vgl. auch Gola-*Pötters* Art. 85 Rn. 11.

69 Vgl. Gola-*Pötters* Art. 85 Rn. 11.

70 S. auch Eßer/Kramer/von Lewinski-*von Lewinski* Art. 85 Rn. 7, der von einer „wissenschaftlich-publizistischen" Tätigkeit spricht.

71 S. aber Gola-*Pötters* Art. 85 Rn. 13; Art. 89 Rn. 12, der die Funktion und Reichweite des Art. 89 Abs. 2 vor dem Hintergrund des Art. 85 in Frage stellt.

72 Vgl. Gola-*Pötters* Art. 85 Rn. 10; vgl. BeckOK DatenSR-*Buchner* § 41 BDSG Rn. 32; vgl. Simitis-*Dix* § 41 Rn. 14 m.w.N.

73 Vgl. Gola-*Pötters* Art. 85 Rn. 12; vgl. auch Simitis-*Dix* § 41 Rn. 14.

74 Vgl. Gola-*Pötters* Art. 85 Rn. 2.

75 Fraglich ist jedoch, weshalb die journalistischen und wissenschaftlichen Zwecke durch ein „oder" getrennt werden, hieraus könnte der Schluss gezogen werden, das Erfordernis der Ausschließlichkeit beziehe sich nur auf journalistische Zwecke.

gig ist.[76] Auch ein Vergleich zu Art. 89 Abs. 4 zeigt, dass bei gleichzeitiger Verfolgung anderer als der privilegierten Zwecke Ausnahmen und Abweichungen i.S.v. Art. 85 Abs. 2 gänzlich nicht in Betracht kommen können, da eine Art. 89 Abs. 4 entsprechende Regelung in ErwG 153 fehlt. Nach dem BVerwG kommt es für das Erfordernis der Ausschließlichkeit zur alten deutschen Rechtslage außerdem noch darauf an, dass „organisatorisch in sich geschlossene, gegenüber den sonstigen (betrieblichen) Stellen abgeschottete, in der redaktionellen Tätigkeit autonome Organisationseinheiten"[77] handeln. Zu berücksichtigen bleibt jedoch stets, dass Begriffe wie Journalismus, die sich auf das Recht auf freie Meinungsäußerung beziehen, weit ausgelegt werden müssen, um der Bedeutung dieses Rechts in einer demokratischen Gesellschaft Rechnung zu tragen (ErwG 153 S. 7).

26 Nicht privilegierte **sonstige Zwecke** können z.B. reine **Werbezwecke** sein.[78] Das Vorliegen einer privilegierten Zweckrichtung ist außerdem abzulehnen bei Datenverarbeitungen zu primär administrativen Zwecken oder zum Zweck der Kundengewinnung oder (kommerziellen) Weitergabe von Adressdaten an Dritte.[79]

27 Hinsichtlich einer **kommerziellen Zweckausrichtung** hat der EuGH zu Art. 9 DSRL entschieden, dass eine Datenveröffentlichung verbunden mit einer Gewinnerzielungsabsicht nicht von vornherein eine Verarbeitung „allein zu journalistischen Zwecken" ausschließt.[80] Ein gewisser kommerzieller Erfolg könne sogar **unverzichtbare Voraussetzung für den Fortbestand von professionellem Journalismus** sein.

28 **4. Gesetzliche Regelung erforderlicher Abweichungen und Ausnahmen.** Art. 85 Abs. 2 schreibt für die privilegierten zweckgebundenen Verarbeitungssituationen unter der Voraussetzung der Erforderlichkeit **Abweichungen und Ausnahmen** von einigen Kapiteln der DS-GVO in Form eines **Mindestschutzstandards** seitens der Mitgliedstaaten vor. Konkret sind dies Kapitel II (Grundsätze), Kapitel III (Rechte der betroffenen Person), Kapitel IV (Verantwortlicher und Auftragsverarbeiter), Kapitel V (Übermittlung personenbezogener Daten an Drittländer oder an internationale Organisationen), Kapitel VI (Unabhängige Aufsichtsbehörden), Kapitel VII (Zusammenarbeit und Kohärenz) und Kapitel IX (Vorschriften für besondere Verarbeitungssituationen). Das Vorsehen einer **Ausnahme** führt zur **gänzlichen Unanwendbarkeit** einer Vorschrift eines genannten Kapitels, eine **Abweichung** von der DS-GVO bedeutet die **partielle Unanwendbarkeit** einer Vorschrift eines genannten Kapitels.[81] Sofern, wie hier vertreten, auch **Art. 85 Abs. 1 als Öffnungsklausel** für mitgliedstaatliche Abwägungsentscheidungen in eng auszulegenden Ausnahmefällen dienen kann, sind weitergehende mitgliedstaatliche Freistellungen denkbar.[82] Über Art. 85 Abs. 2 hinaus-

76 Kühling/Buchner-*Buchner/Tinnefeld* Art. 85 Rn. 14; In den englischen Fassungen wird für die Begriffe „allein" (Art. 9 DSRL) und „ausschließlich" (ErwG 153 S. 2) jeweils der Begriff „solely" verwendet.

77 Zu § 41 BDSG a.F. und § 57 RStV a.F. *BVerwG* v. 29.10.2015 – 1 B 32.15, ZD 2016, 193; Gola/Schomerus-*Gola/Klug/Körffer* § 41 Rn. 8.

78 Vgl. *Lauber-Rönsberg/Hartlaub* NJW 2017, 1057, 1061.

79 Vgl. hierzu Kühling/Buchner-*Buchner/Tinnefeld* Art. 85 Rn. 15 f.; vgl. auch *BGH* v. 9.2.2010 – VI ZR 243/08, GRUR 2010, 549, 553 und v. 15.12.2009 – VI ZR 227/08, NJW 2010, 757, 760; vgl. *Caspar* NVwZ 2010 1451, 1455.

80 *EuGH* v. 16.12.2008 – C-73/07, ECLI:EU:C:2008:727, Satamedia, Rn 59, 61.

81 Sydow-*Specht* Art. 85 Rn. 10.

82 Vgl. *Cornils* S. 46 ff.

gehende Maßnahmen sind zur Privilegierung insbesondere der Medien indes unionsrechtlich für die Mitgliedstaaten nicht verpflichtend.

Die Öffnungsklausel des **Art. 85 Abs. 2 verpflichtet** die Mitgliedstaaten, in Gestalt des Vorsehens von **erforderlichen Abweichungen und Ausnahmen** tätig zu werden („Ob"), um der Freiheit der Meinungsäußerung und Informationsfreiheit Rechnung zu tragen.[83] Durch diese Verpflichtung wird für journalistische, wissenschaftliche, künstlerische oder literarische Tätigkeiten der **Mindestschutzstandard gewährleistet**. Aus ErwG 153 S. 4 ergibt sich, dass die Mitgliedstaaten die Abweichungen und Ausnahmen **gesetzlich zu regeln** haben.[84] Die Voraussetzung der **Erforderlichkeit** ist erfüllt, wenn das kollidierende Grundrecht der Meinungs- und Informationsfreiheit überwiegt.[85] Dies ergibt sich bereits aus dem Untermaßverbot.[86] Hinsichtlich der konkreten Ausgestaltung der zu erlassenen Regelungen kommt den Mitgliedstaaten ein **eigener Einschätzungsspielraum** („Wie") zu.[87] **29**

Es ist nicht von einem eng begrenzten **Umfang** der möglichen Abweichungen und Ausnahmen von den maßgeblichen Kapiteln der DS-GVO auszugehen.[88] Dies verdeutlicht auch ein Vergleich des Art. 85 Abs. 2 mit anderen Öffnungsklauseln, die bloß „spezifischere Vorschriften" zulassen (z.B. Art. 6 Abs. 2; Art. 88 Abs. 1).[89] Auf Grundlage des Art. 85 Abs. 2 sind z.B. Befreiungen vom datenschutzrechtlichen Grundsatz des **Verbots mit Erlaubnisvorbehalt** naheliegend.[90] Von erheblicher Bedeutung ist für die **Medien**, dass sie bei zweckgebundener Datenverarbeitung keine **Einwilligung der Betroffenen** einholen müssen, wenn dies ihre von Art. 10 Abs. 1 EMRK, bzw. Art. 11 Abs. 2 GRCh zuerkannten und garantierten Aufgaben erheblich erschweren würde.[91] Zur Gewährleistung z.B. des Informantenschutzes bietet sich für die Medien eine Einschränkung der **Betroffenenrechte** an.[92] **30**

Gemäß Art. 85 Abs. 2 sind auch Abweichungen oder Ausnahmen von Kapitel VI (Unabhängige Aufsichtsbehörden) möglich, um der Meinungs- und Informationsfreiheit gerecht zu werden.[93] Wird die Zuständigkeit der Datenschutzaufsichtsbehörden vor dem Hintergrund des Art. 85 Abs. 2 ausgeschlossen, so wird – jedenfalls zugunsten der Presse – vertreten, dass sich der Ausschluss ebenso auf die „akzessorischen" Regelungen aus dem VIII. Kap. der DS-GVO erstrecke,[94] obwohl es in Art. 85 Abs. 2 **31**

83 Vgl. Gola-*Pötters* Art. 85 Rn. 14; vgl. *Kühling/Martini u.a.* S. 292 f.
84 Vgl. auch Schantz/Wolff-*Schantz* Rn. 1318.
85 Vgl. Sydow-*Specht* Art. 85 Rn. 16.
86 Vgl. Sydow-*Specht* Art. 85 Rn. 16; vgl. auch *Kühling/Martini u.a.* S. 293.
87 Vgl. *Kühling/Martini u.a.* S. 292 f.; vgl. Gola-*Pötters* Art. 85 Rn. 14.
88 Vgl. Gola-*Pötters* Art. 85 Rn. 16; vgl. Schantz/Wolff-*Schantz* Rn. 1318; a.A. Paal/Pauly-*Pauly* Art. 85 Rn. 12; zu den bisherigen nationalen privilegierenden Vorschriften wird vertreten, dass diese wegen ihrer Pauschalität nicht so beibehalten werden können, vgl. hierzu Kühling/Buchner-*Buchner/Tinnefeld* Art. 85 Rn. 31, a.A. *Albrecht/Janson* CR 2016, 500, 508.
89 Vgl. Gola-*Pötters* Art. 85 Rn. 16.
90 Gola-*Pötters* Art. 85 Rn. 16; Kühling/Buchner-*Buchner/Tinnefeld* Art. 85 Rn. 28.
91 Vgl. Kühling/Buchner-*Buchner/Tinnefeld* Art. 85 Rn. 28; vgl. hierzu auch *BGH* v. 23.6.2009 – VI ZR 196/08, NJW 2009, 2888, 2890 – Spickmich.
92 Kühling/Buchner-*Buchner/Tinnefeld* Art. 85 Rn. 28.
93 Vgl. zur Aufsicht Rn. 42 ff.
94 S. *Cornils* S. 61.

nicht genannt ist. Die Befugnis zum Ausschluss des VI. Kapitels der DS-GVO in Art. 85 Abs. 2 ermächtige daher zugleich zu einem Ausschluss der Art. 77, 78, 81, und 83.[95] Eine uneingeschränkte Ausnahme der Rechte nach dem VIII. Kapitel der DS-GVO erscheint indes auch zum Schutz des Medienprivilegs nicht erforderlich. Dies ist entgegen der vorstehend dargestellten Literaturmeinung nach Art. 85 Abs. 2 nicht möglich. Auch die Anwendung des Abs. 1 und die dabei notwendige Abwägungsentscheidung des Mitgliedstaats rechtfertigt insbesondere nicht den Ausschluss einer gerichtlichen Rechtsschutzmöglichkeit.

32 In Deutschland wurde mit dem 21. RÄStV die Regelung des Medienprivilegs vor dem Hintergrund des Art. 85 neu gefasst. Zentral im RStV werden nunmehr die in der ARD zusammengeschlossenen Landesrundfunkanstalten, das ZDF, das Deutschlandradio sowie private Rundfunkveranstalter privilegiert, vgl. § 9c RStV. Ebenfalls privilegiert sind die zu diesen Stellen gehörenden Hilfs- und Beteiligungsunternehmen. Neben den Unternehmen und Hilfsunternehmen der Presse als Anbieter von Telemedien privilegiert nun auch der RStV die in der ARD zusammengeschlossenen Landesrundfunkanstalten, das ZDF, das Deutschlandradio sowie private Rundfunkveranstalter als **Anbieter von Telemedien**, vgl. § 57 RStV, sowie die zu diesen Stellen gehörenden Hilfs- und Beteiligungsunternehmen (auch der Presse). Im Vergleich zu § 57 RStV a.F. lässt sich hier zunächst anmerken, dass seine Struktur in den §§ 9c und 57 RStV im Wesentlichen beibehalten wurde. Denn auch die §§ 9c und 57 RStV sehen eine Verpflichtung der mit der Datenverarbeitung zu journalistischen Zwecken befassten Personen im Hinblick auf das **Datengeheimnis** vor. Das Datengeheimnis soll auch vor dem Hintergrund des Informantenschutzes aufrechterhalten werden.[96] Auch wie bisher werden Regelungen zur **Datensicherheit** im 21. RÄStV für anwendbar erklärt, dies sind Art. 5 Abs. 1 lit. f i.V.m. Abs. 2 sowie Art. 32. In diesem Zusammenhang wird ferner Art. 24 für anwendbar erklärt, der die „Verantwortung des für die Verarbeitung Verantwortlichen" regelt. Ebenfalls geregelt im 21. RÄStV sind weiterhin ein **Auskunftsanspruch** sowie ein **Berichtigungsanspruch** der betroffenen Person. Für anwendbar erklärt werden in den §§ 9c, 57 RStV die Kap. I, VIII, X und XI[97] der DS-GVO, die von der Öffnungsklausel des Art. 85 Abs. 2 nicht erwähnt werden. Nach § 57 Abs. 1 S. 6 RStV findet **Kapitel VIII der DS-GVO** allerdings **keine Anwendung** soweit Presseunternehmen bzw. deren Hilfsunternehmen der Selbstregulierung durch den Pressekodex sowie der Beschwerdeordnung des Deutschen Presserates unterliegen. Dies setzt voraus, dass Art. 85 Abs. 1 eine Öffnungsklausel für Ausnahmefälle darstellt.[98] Sieht man entgegen der hier vertretenen Auffassung in Art. 85 Abs. 1 lediglich einen Anpassungsauftrag bzw. ein allgemeines Abwägungsgebot ohne eigene Rechtsetzungsbefugnis unabhängig von Art. 85 Abs. 2, entspräche § 57 RStV-E nicht den Anforderungen der DS-GVO. Art. 85 Abs. 1 lässt aber auch nach der hier vertretenen Auffassung keine uneingeschränkte Ausnahme hinsichtlich der Rechte nach dem VIII. Kap. der DS-GVO zum Schutz des Medienprivilegs zu. Insbesondere eine gerichtliche Rechtschutzmöglichkeit sollte eröffnet sein, um den nach Art. 85 Abs. 1

95 S. *Cornils* S. 61.
96 *Bayerische Staatskanzlei* Erläuterungen zu den einzelnen Regelungen und Änderungen in den Staatsverträgen, Stand: 2.6.2017, S. 2; s. auch Begründung zum Einundzwanzigsten Staatsvertrag zur Änderung rundfunkrechtlicher Staatsverträge.
97 Problematisch sieht diese Aufzählung *Cornils* S. 67 ff.
98 S. Rn. 8.

gebotenen Ausgleich zwischen dem Schutz personenbezogener Daten und dem Recht auf freie Meinungsäußerung und Informationsfreiheit zu gewährleisten.

Ebenfalls als Abweichung zur DS-GVO kommt neben den klassischen bereits bisher geregelten Medienprivilegien auch die äußerungsrechtliche Regelungssystematik des **KUG** in Betracht, **wenn nur Art. 85 Abs. 2 als Öffnungsklausel angesehen wird.**[99] Dies beruht darauf, dass die DS-GVO im Gegensatz zu § 1 Abs. 3 BDSG a.F. keine Subsidiaritätsklausel enthält.[100] Da Art. 85 Abs. 2 nur Datenverarbeitungen zu bestimmten Zwecken privilegiert, ist problematisch, ob und – wenn ja – inwieweit das KUG einer inhaltlichen Überarbeitung hinsichtlich der Zweckrichtungen bedarf.[101] Dem KUG fehlt außerdem ein spezieller Datenschutzbezug, hierum müsste es dann in Zukunft jedenfalls angereichert werden. Sofern, wie hier vertreten, auch **Art. 85 Abs. 1** als Öffnungsklausel für mitgliedstaatliche Abwägungsentscheidungen in eng auszulegenden Ausnahmefällen dient, kann das KUG in seiner jetzigen Form gerechtfertigt werden. 33

Nach ErwG 153 S. 6 sollte bei unterschiedlichen Abweichungen oder Ausnahmen von Mitgliedstaat zu Mitgliedstaat das **Recht des Mitgliedstaats** angewendet werden, dem der **Verantwortliche unterliegt**. Zur Konkretisierung können Anleihen in der Richtlinie über audiovisuelle Mediendienste (AVMD-RL) genommen werden. Dort wird das der Rechtshoheit eines Mitgliedstaats unterliegende Unternehmen anhand seiner Niederlassung bestimmt. Gemäß Art. 2 Abs. 3 AVMD-RL wird die Niederlassung etwa an der Hauptverwaltung des Unternehmens oder am wesentlichen Teil des mit der Bereitstellung eines audiovisuellen Mediendienstes betrauten Personals festgemacht. 34

II. Art. 85 Abs. 3

Gemäß Art. 85 Abs. 3 hat jeder Mitgliedstaat die Rechtsvorschriften, die er aufgrund von Abs. 2 erlassen hat, der Kommission mitzuteilen. Dies gilt auch unverzüglich für alle späteren Änderungsgesetze oder Änderungen dieser Vorschriften. 35

Sinn und Zweck der Mitteilungspflicht an die Kommission ist, dieser eine Übersicht über die Art. 85 Abs. 2 unterfallenden mitgliedstaatlichen Vorschriften zu geben.[102] Daraus ergibt sich, dass die Mitteilungspflicht auch auf Altvorschriften erstreckt werden kann.[103] Es soll z.B. verhindert werden, dass die Mitgliedstaaten die Pressefreiheit mithilfe des Datenschutzrechts gezielt einschränken.[104] 36

C. Praktische Hinweise

I. Relevanz für öffentliche Stellen

Hinsichtlich der Relevanz des Art. 85 für öffentliche Stellen ist maßgeblich, ob diese als Grundrechtsträger des Art. 11 GRCh oder Art. 13 GRCh in Betracht kommen. Öffentlich-rechtlich organisierte Rundfunkanstalten können sich bei staatlicher Unab- 37

99 Vgl. *Lauber-Rönsberg/Hartlaub* NJW 2017, 1057, 1059 ff.; vgl. auch Sydow-*Specht* Art. 85 Rn. 11; s. Rn. 7 ff.

100 S. Erläuterung bei *Lauber-Rönsberg/Hartlaub* NJW 2017, 1057, 1060.

101 S. *Lauber-Rönsberg/Hartlaub* NJW 2017, 1057, 1061 f.

102 Paal/Pauly-*Pauly* Art. 85 Rn. 14.

103 Vgl. Paal/Pauly-*Pauly* Art. 85 Rn. 14.

104 Schantz/Wolff-*Schantz* Rn. 1318.

hängigkeit auf die Medienfreiheit berufen.[105] Universitäten genießen auch bei öffentlich-rechtlicher Organisation den Schutz des Art. 13 GRCh.[106]

II. Relevanz für nichtöffentliche Stellen

38 Gemäß § 2 Abs. 4 S. 1 BDSG sind nichtöffentliche Stellen natürliche und juristische Personen, Gesellschaften und andere Personenvereinigungen des privaten Rechts. Art. 85 entfaltet danach erhebliche Relevanz für Medienunternehmen wie Presseunternehmen oder Rundfunkveranstalter. Privilegiert sind aber nicht nur Medienunternehmen und das Übertragungsmedium ist nicht ausschlaggebend.[107] Auch für Bewertungsportale und soziale Netzwerke oder andere Anbieter von Online-Inhalten kann Art. 85 von Bedeutung sein, wobei hier darauf abzustellen ist, ob die meinungsbildende Wirkung für die Allgemeinheit nicht nur schmückendes Beiwerk ist.[108] Dies wiederum ist bei Anbietern von Bewertungsportalen und sozialen Netzwerken nicht ohne Weiteres anzunehmen.

39 Hinsichtlich natürlicher Personen entfaltet Art. 85 ebenfalls Relevanz, wenn diese – wie es bei Bloggern der Fall sein kann – beispielsweise journalistisch tätig sind.[109] Für privilegiertes Handeln natürlicher Personen sind „Auffangnormen" der deutschen Länder erforderlich, soweit die speziellen (landesmedienrechtlichen) Vorschriften nicht greifen.[110]

III. Relevanz für betroffene Personen

40 Für betroffene Personen bedeutet die Regelung des Art. 85 eine Beschränkung ihres Rechts auf Schutz personenbezogener Daten, soweit die Freiheit der Meinungsäußerung und Informationsfreiheit vorgeht. Nach Art. 85 Abs. 2 sehen die Mitgliedstaaten – wenn erforderlich – Abweichungen und Ausnahmen von den Rechten der betroffenen Person (Kap. III) vor. Danach ist zu erwarten, dass z.B. Auskunfts- und Berichtigungsansprüche zugunsten der privilegierten Stelle abweichend von Art. 15 und 16 speziell gefasst werden. Dies ist beispielsweise in §§ 9c, 57 RStV angelegt. Auf die Einwilligung der betroffenen Person wird es – wie schon in aktuellen nationalen Privilegierungen – wohl auch in etwaigen neuen nationalen Regelungen nicht ankommen, da sonst die von Art. 10 Abs. 1 EMRK, bzw. Art. 11 Abs. 2 GRCh zuerkannten und garantierten Aufgaben der Medien erheblich erschwert werden.[111]

---

105 Vgl. *Jarass* Art. 11 GRCh Rn. 19 m.w.N.; s. auch zu Art. 10 EMRK: *EGMR* v. 29.3.2011 – Nr. 50084/06 Rn. 5, 94 und zu Art. 16 GRCh: *EuGH* v. 26.4.2012 – C-510/10, ECLI:EU:C:2012:244, DR und TV2, Rn. 57.

106 *Jarass* Art. 13 GRCh Rn. 10 m.w.N.

107 Vgl. *EuGH* v. 16.12.2008 – C-73/07, ECLI:EU:C:2008:727, Satamedia; Rn. 58 ff.; s. aber zu § 41 BDSG a.F. und § 57 RStV a.F. *BVerwG* v. 29.10.2015 – 1 B 32.15, ZD 2016, 193 f., das als tauglichen Adressaten des Medienprivilegs nach nationalem Recht nur bestimmte redaktionelle Organisationseinheiten ansieht.

108 Vgl. Sydow-*Specht* Art. 85 Rn. 8; vgl. auch Kühling/Buchner-*Buchner/Tinnefeld* Art. 85 Rn. 25; vgl. *BGH* v. 23.6.2009 – VI ZR 196/08, NJW 2009, 2888, 2890 – Spickmich; s. Rn. 18.

109 S. vertiefend Sydow-*Specht* Art. 85 Rn. 14; Vgl. *EuGH* v. 16.12.2008 – C-73/07, ECLI:EU:C:2008:727, Satamedia, Rn. 58; vgl. Schantz/Wolff-*Schantz* Rn. 1322.

110 S. Bayerischer Landtag Drucks. 17/19628, S. 30, 52.

111 Vgl. Kühling/Buchner-*Buchner/Tinnefeld* Art. 85 Rn. 28; vgl. hierzu auch *BGH* v. 23.6.2009 – VI ZR 196/08, NJW 2009, 2888, 2890 – Spickmich.

Bei Zuwiderhandlungen steht den Betroffenen z.B. ein Schadensersatzanspruch zu, wobei Art. 82 die maßgebliche Anspruchsgrundlage darstellt. Dies ist aber nur dann der Fall, wenn auch im Lichte des Medienprivilegs ein Verstoß gegen das Datenschutzrecht anzunehmen ist. **41**

IV. Relevanz für Aufsichtsbehörden

Differenziert wird hinsichtlich der Datenschutzkontrolle im **Medienbereich** zwischen Presse, öffentlich-rechtlichem und privatem Rundfunk sowie Presse und öffentlich-rechtlichem oder privatem Rundfunk in ihrer Rolle als Anbieter von Telemedien. Zu beachten sind ferner sonstige Telemedien, bei denen eine Privilegierung in Frage kommt. **42**

Bisher fand für die **Presse** im Printbereich eine Datenschutzkontrolle in zweigeteilter Form statt, soweit die Unternehmen und Hilfsunternehmen der Presse der Selbstregulierung durch den Pressekodex und der Beschwerdeordnung des Deutschen Presserats unterlagen. Über die Einhaltung der Regelungen zum Redaktionsdatenschutz im Pressekodex wachte der Deutsche Presserat anstelle einer Aufsichtsbehörde.[112] Die staatliche Aufsichtsbehörde war jedoch befugt zu ermitteln, ob ggf. eine zweckwidrige Übermittlung von Angaben über eine betroffene Person stattfand, die sodann nicht mehr vom Medienprivileg gedeckt war.[113] Dieselbe Differenzierung bestand auch für die Datenverarbeitung seitens Unternehmen und Hilfsunternehmen der Presse als Anbieter von Telemedien, vgl. § 59 Abs. 1 S. 1, 3 RStV a.F. Auch vor dem Hintergrund der DS-GVO wird die **Sonderkonstellation der Kontrolle** über den Redaktionsdatenschutz **durch den Deutschen Presserat**, der als Einrichtung der freiwilligen Selbstkontrolle agiert, fortgeführt, vgl. § 59 Abs. 1 S. 1, 3 RStV.[114] **43**

Die datenschutzrechtliche Kontrolle des **öffentlich-rechtlichen Rundfunks** erfolgte bisher seitens der eigenen Beauftragten für den Datenschutz[115], wobei es teilweise Besonderheiten im administrativen sowie wirtschaftlichen Bereich gab.[116] Für öffentlich-rechtliche Rundfunkanstalten als Anbieter von Telemedien galt § 59 RStV a.F., wonach im journalistisch-redaktionellen Bereich ebenfalls der Beauftragte für den Datenschutz zuständig war. Der 21. RÄStV führt dieses Kontrollregime im Grundsatz weiter. Gleichwohl sind einige Neuerungen vorgesehen. Der Rundfunkdatenschutzbeauftragte beim ZDF und beim Deutschlandradio ist Aufsichtsbehörde i.S.d. DS-GVO. Gleiches soll für die Anstalten der ARD in landesrechtlichen Regelungen erfolgen. **44**

Die datenschutzrechtliche Kontrolle des **privaten Rundfunks** ist in den einzelnen Bundesländern unterschiedlich geregelt. Beispielsweise gibt es zum einen eine generelle Zuständigkeit des Landesbeauftragten für den Datenschutz (vgl. § 55 NMedienG) zum anderen aber auch eine spezielle Kontrolle für den journalistisch-redaktionellen Bereich (vgl. § 50 LMedienG BW). § 59 Abs. 1 S. 2 RStV regelt nun zentral die Überwachung der Einhaltung der Datenschutzbestimmungen für journalistisch-redaktionell **45**

---

112 S. Bayerischer Landtag Drucks. 17/19628, S. 60 f.

113 Vgl. Simitis-*Dix* § 41 Rn. 30 m.w.N.

114 S. auch Bayerischer Landtag Drucks. 17/19628, S. 61.

115 Vgl. Sydow-*Ziebarth* Art. 51 Rn. 15 m.w.N.; vgl. z.B. § 18 ZDF-StV a.F.

116 S. hierzu *Die Bundesbeauftragte für den Datenschutz und die Informationsfreiheit* https://www.bfdi.bund.de/DE/Datenschutz/Ueberblick/Ausnahmen_vom_Geltungsbereich/PresseRundfunkFernsehenArtikel/Rundfunk_Beitragsservice.html (abgerufen am 10.4.2018).

gestaltete Angebote bei Telemedien des privaten Rundfunks. Die für den Datenschutz im journalistischen Bereich bei den privaten Rundfunkveranstaltern zuständigen Stellen überwachen ebenfalls die journalistisch-redaktionell gestalteten Angebote ihrer Telemedien. Hier kommt es wiederum auf die Zuständigkeit nach Landesrecht an.

46 Für andere **Telemedien** gelten die allgemeinen aufsichtsrechtlichen Bestimmungen, wobei auch hier Einschränkungen vor dem Hintergrund des Medienprivilegs in landesrechtlichen Bestimmungen vorgesehen werden können.

V. Relevanz für das Datenschutzmanagement

47 Im Rahmen des Datenschutzmanagements[117] ist hinsichtlich Art. 85 Abs. 2 und etwaiger hierauf beruhender zweckgebundener nationaler Privilegierungen von herausragender Bedeutung, dass sich die Verantwortlichen in einem Unternehmen der Zweckrichtung der Datenverarbeitung bewusst sind. Es sollten Verfahren geschaffen werden, die die mit einer Datenverarbeitung verfolgten Zwecke festhalten, sodass im Zweifel nachgewiesen werden kann, ob eine privilegierte Datenverarbeitung vorlag. Soweit Art. 85 Abs. 1 eine eigene Öffnungsklausel für Ausnahmefälle zu entnehmen ist, können ausnahmsweise auch andere Zwecke schützenswert sein. Ein solcher Ausnahmefall müsste aber auf einer nationalen Rechtsvorschrift beruhen. Aufgrund der Rechtsunsicherheit, die Art. 85 hinsichtlich des Verhältnisses von Abs. 1 und 2 mitbringt, ist es im Rahmen des Datenschutzmanagements bedeutsam, die rechtliche Entwicklung zu verfolgen.[118]

48 Außerdem ist es erforderlich, die Abwicklung etwaiger Auskunfts- oder Berichtigungsansprüche seitens Betroffener zu regeln.[119]

VI. Sanktionen

49 Kapitel VIII (Rechtsbehelfe, Haftung und Sanktionen) wird im Kontext des vorzusehenden Mindestschutzstandards gem. Art. 85 Abs. 2 nicht genannt. Somit verbleiben für Medienunternehmen und andere Verantwortliche theoretisch erhebliche **Sanktionsrisiken**.[120] Es wird aber zu berücksichtigen sein, dass die Verarbeitung der Daten zu grundrechtlich geschützten Zwecken erfolgt[121] und Datenschutzverstöße aufgrund der gesetzlich vorzusehenden Medienprivilegien in weiten Bereichen ausgeschlossen werden.

Artikel 86 Verarbeitung und Zugang der Öffentlichkeit zu amtlichen Dokumenten

Personenbezogene Daten in amtlichen Dokumenten, die sich im Besitz einer Behörde oder einer öffentlichen Einrichtung oder einer privaten Einrichtung zur Erfüllung einer im öffentlichen Interesse liegenden Aufgabe befinden, können von der Behörde oder der Einrichtung gemäß dem Unionsrecht oder dem Recht des Mitgliedstaats, dem die Behörde oder Einrichtung unterliegt, offengelegt werden, um den Zugang der Öffentlichkeit zu amtlichen Dokumenten mit dem Recht auf Schutz personenbezogener Daten gemäß dieser Verordnung in Einklang zu bringen.

– *ErwG: 154*

---

117 Vgl. im Allgemeinen zum Datenschutzmanagement *Wichtermann* ZD 2016, 421.
118 Vgl. *Wichtermann* ZD 2016, 421, 422.
119 S. Rn. 40; Vgl. *Wichtermann* ZD 2016, 421, 422.
120 Vgl. Gola-*Pötters* Art. 85 Rn. 15.
121 Gola-*Pötters* Art. 85 Rn. 15.

Übersicht

A. Einordnung und Hintergrund

I. Zweck der Vorschrift

Art. 86 gestattet den Mitgliedstaaten, Regelungen zum Zugang der Öffentlichkeit zu öffentlichen Dokumenten zu treffen. Das zugrunde liegende Spannungsverhältnis benennt Art. 86 bereits selbst: Der Zugang zu amtlichen Dokumenten mit personenbezogenen Daten als Informationsanspruch kollidiert mit dem Recht auf informationelle Selbstbestimmung der betroffenen Personen. Die Lösung der Konfliktsituation überantwortet die Verordnung den Mitgliedstaaten, ohne hierbei bestimmte Voraussetzungen vorzugeben. Art. 86 soll hierbei ausweislich des ErwG 154 dafür Sorge tragen, dass der Zugang der Öffentlichkeit zu amtlichen Dokumenten möglich bleibt und nicht bei Anwendung der im Übrigen geltenden Grundsätze der DS-GVO vollständig unmöglich wird. Darüber hinaus benennt ErwG 154 den Zugang der Öffentlichkeit zu amtlichen Dokumenten als anerkennenswertes öffentliches Interesse.[1] 1

Das Recht auf Dokumentenzugang wurzelt im Demokratieprinzip[2] sowie dem hiermit eng verknüpften Transparenzgrundsatz.[3] Entscheidungen in der Union sollen „möglichst offen und möglichst bürgernah getroffen werden“[2]. Diese Einordnung findet ihre primärrechtliche Verankerung in den Grundrechten aus Art. 11 Abs. 1 S. 2 GRCh und Art. 42 GRCh. Der Zugang zu öffentlichen Dokumenten ist als Grundrecht in Art. 11 Abs. 1 S. 2 GRCh benannt, wonach die Freiheit besteht, Informationen und Ideen ohne behördliche Eingriffe und ohne Rücksicht auf Staatsgrenzen zu empfangen und weiterzugeben. Art. 42 GRCh gewährt Unionsbürgerinnen und Unionsbürger sowie jeder natürlichen oder juristischen Person mit Wohnsitz oder satzungsmäßigem Sitz in einem Mitgliedstaat daneben konkret das Recht auf Zugang zu den Dokumenten der Organe, Einrichtungen und sonstigen Stellen der Union. Art. 42 GRCh korrespondiert wiederum mit dem in Art. 15 Abs. 3 AEUV garantierten Informationsfreiheitsrecht und unterstreicht den Charakter dieser Freiheit als Grundrecht. Allerdings gelten diese Grundrechte nicht schrankenlos, sondern können insbesondere durch gegenläufige Grundrechte auf Achtung der Privatsphäre aus Art. 7 und Art. 8 GRCh eingeschränkt werden.[4] 2

---

1 Paal/Pauly-*Pauly* Art. 86 Rn. 1; BeckOK-*Schiedermair* Art. 86 DS-GVO Rn. 3.

2 *EuGH* v. 21.7.2011 – C-506/08, ECLI:EU:C:2011:496, Suède, Rn. 72.

3 BeckOK-*Schiedermair* Art. 86 DS-GVO Rn. 1.

4 *EuGH* v. 6.11.2003 – C 101/01, ECLI:EU:C:2003:596, Lindquist, Rn. 90; s. auch Jarass/Pieroth-*Jarass* Art. 11 Rn. 39, Art. 42 Rn. 13, 15.

II. Genese

3 Der Kommissionsentwurf enthielt noch keine Öffnungsklausel zum Zugang der Öffentlichkeit zu amtlichen Dokumenten. Erst im Parlamentsentwurf wurde ein solcher aufgenommen, samt einer Melde- und Mitteilungsfrist für nationale Regelungen.[5] Diese Mitwirkungspflichten sind in den folgenden Trilogverhandlungen entfallen, im Übrigen wurde der Entwurf mit bloß sprachlichen Veränderungen übernommen.[6]

4 Eine unmittelbare Vorgängervorschrift in der Datenschutz-Richtlinie 95/46/EG gibt es ebenfalls nicht. Die Richtlinie 95/46/EG verzichtete auf eine spezielle Regelung und sprach allein in ErwG 72 den Zugang zu öffentlichen Dokumenten an, wonach die Richtlinie bei der Umsetzung der mit ihr festgelegten Grundsätze die Berücksichtigung des Grundsatzes des öffentlichen Zugangs zu amtlichen Dokumenten erlaube. Folglich konnte der Zugang zu öffentlichen Dokumenten bereits bisher als öffentliches Interesse bei einer Interessenabwägung mit den Persönlichkeitsrechten der Betroffenen berücksichtigt werden. In der RL 2003/98/EG wird festgelegt, unter welchen Voraussetzungen die Weiterverwendung von Informationen des öffentlichen Sektors erfolgen kann. Auf diese Richtlinie kann bei Auslegung des Art. 86 zurückgegriffen werden.[7] Kollidieren die Vorgaben, setzt sich allerdings die DS-GVO durch.[8] Sekundärrechtlich enthält die VO Nr. 1049/2001[9] zudem Regelungen speziell über den Zugang der Öffentlichkeit zu Dokumenten des Europäischen Parlaments, des Rates und der Kommission.[10]

B. Kommentierung

5 Art. 86 geht vom Kreis der Verpflichteten über Art. 42 GRCh sowie die VO Nr. 1048/2001 hinaus. Zwar sind unmittelbar weiterhin nur die Union und deren Organe und Stellen zur Ermöglichung des Dokumentenzugangs auf Grundlage der VO Nr. 1049/2001 verpflichtet. Allerdings gibt Art. 86 sowohl der Union als auch den Mitgliedstaaten die Möglichkeit, der Öffentlichkeit amtliche Dokumente zugänglich zu machen. Damit weitet die Vorschrift den zugrunde liegenden Transparenzgrundsatz auch auf die Mitgliedstaaten aus, auch wenn kein unmittelbarer Regelungsauftrag formuliert wird.

I. Begriff des amtlichen Dokuments

6 Die DS-GVO selbst enthält keine Legaldefinition des Dokumentenbegriffs. Anhaltspunkte zur Auslegung können der in ErwG 154 zu Art. 86 genannten RL 2003/98/EG sowie der VO Nr. 1049/2001 entnommen werden.[11] Art. 2 Nr. 3 RL 2003/98/EG zufolge ist „Dokument“ jeder Inhalt unabhängig von der Form des Datenträgers sowie ein

5 Art. 80a des Parlamentsentwurfs.

6 Synopse DS-GVO, abrufbar unter https://www.gdd.de/downloads/praxishilfen/GDD-Praxishilfe_DS-GVO_6.pdf.

7 Ebenso Paal/Pauly-*Pauly* Art. 87 Rn. 3.

8 *Kühling/Martini u.a.* Die Datenschutz-Grundverordnung und das nationale Recht, S. 297.

9 VO (EG) Nr. 1049/2001 des Europäischen Parlaments und des Rates, ABl. 2001 L 145, 43.

10 Wie problematisch der Ausgleich zwischen Informationszugang und dem Schutz personenbezogener Daten in der Praxis ist, zeigt exemplarisch die Entscheidung des EuGH in der Rs. The Bavarian Lager Co. Ltd., *EuGH* v. 29.6.2010 – C-28/08, ECLI:EU:C:2010:378.

11 Kühling/Buchner-*Herbst* Art. 86 Rn. 11.

beliebiger Teil eines solchen Inhalt. Art. 3 lit. a VO (EG) Nr. 1049/2001 bestimmt sogar die Form des Datenträgers, wonach sowohl Papierform als auch die elektronische Form, Ton-, Bild- oder audiovisuelles Material erfasst ist. Maßgeblich ist also der Inhalt des Dokuments, nicht dessen Form. Im Rahmen von Art. 42 GRCh ist eine entsprechend weite Auslegung ebenfalls anerkannt.[12] Erfasst werden etwa auch Dokumente, die allein für den internen Gebrauch bestimmt sind.[13]

II. Behörde, öffentliche Einrichtung oder private Einrichtung zur Erfüllung von im öffentlichen Interesse liegenden Aufgaben

Art. 86 gilt für alle Behörden und sonstige Stellen, die vom Recht des jeweiligen Mitgliedstaats über den Zugang der Öffentlichkeit zu Dokumenten erfasst werden. Welche Behörden im jeweiligen Mitgliedstaat damit verpflichtet werden, überlässt Art. 86 nationaler Regelung. Dies lässt sich auch auf ErwG 154 stützen, wonach die Bezugnahme auf Behörden und öffentliche Stellen sämtliche Behörden oder sonstige Stellen beinhalten soll, die vom Recht des jeweiligen Mitgliedstaats über den Zugang der Öffentlichkeit zu Dokumenten erfasst werden. Damit besteht insoweit ein großer Gestaltungsspielraum. **7**

Weitere Anhaltspunkte zur Auslegung können wiederum RL 2003/98/EG sowie VO Nr. 1049/2001 entnommen werden. Art. 2 Nr. 2 RL 2003/98/EG definiert als „Einrichtung des öffentlichen Rechts" Einrichtungen, die a) zu dem besonderen Zweck gegründet wurden, im Allgemeininteresse liegende Aufgaben zu erfüllen, die nicht gewerblicher Art sind, und b) Rechtspersönlichkeit besitzen sowie c) überwiegend vom Staat, von Gebietskörperschaften oder von anderen Einrichtungen des öffentlichen Rechts finanziert werden oder hinsichtlich ihrer Leitung der Aufsicht durch letztere unterliegt oder deren Verwaltungs-, Leitungs- oder Aufsichtsorgan mehrheitlich aus Mitgliedern besteht, die vom Staat, von Gebietskörperschaften oder von anderen Einrichtungen des öffentlichen Rechts ernannt worden sind. **8**

Abzugrenzen sind hiervon private Einrichtungen, die grundsätzlich nicht Art. 86 unterfallen. In Abgrenzung zur öffentlichen Einrichtung arbeiten diese in der Regel gewerblich, bieten ihre Waren und Dienstleistungen auf dem Markt an und tragen Gewinne und Verluste ihrer Tätigkeit.[14] Private Einrichtungen erfasst Art. 86 daher nur, wenn diese in Erfüllung einer im öffentlichen Interesse liegenden Aufgabe tätig werden. Maßgeblich ist insoweit, ob der Besitz der amtlichen Dokumente der Erfüllung öffentlicher Aufgaben dient. Der Zugangsanspruch hängt damit nicht von der Organisationsform des Dokumentenbesitzers ab, sondern vom Aufgabenbezug.[15] Dies ist mit Blick auf den Zweck der Vorschrift – Transparenz zur Durchsetzung des Demokratieprinzips – konsequent. Naheliegender Anwendungsfall dürften nach deutschem Recht etwa Beliehene sein, die zwar privatrechtlich organisiert sind, aber öffentlich-rechtliche Aufgaben erfüllen.[16] Die Zugangsmöglichkeit reicht bei diesen **9**

---

12 Vgl. etwa Jarass/Pieroth-*Jarass* Art. 42 Rn. 6; Stern/Sachs-*Schöbener* Art. 42 Rn. 10.

13 *EuGH* v. 21.7.2011 – C-506/08, ECLI:EU:C:2011:496, Schweden / MyTravel und Kommission, Rn. 79 ff.; Jarass/Pieroth-*Jarass* Art. 42 Rn. 6.

14 Vgl. auch Paal/Pauly-*Pauly* Art. 86 Rn. 6.

15 Paal/Pauly-*Pauly* Art. 86 Rn. 6; Sydow-*Specht* Art. 86 Rn. 11.

16 Zur Beleihung bereits *BVerwG* v. 27.10.1978 – 1 C 15/75, BVerwGE 57, 55 ff.; ausführlich Maunz/Dürig-*Ibler* Art. 86 Rn. 75.

privaten Einrichtungen jedoch nur, soweit öffentliche Aufgaben erfüllt werden. Daher werden Dokumente bei privaten Einrichtungen häufig nur teilweise dem Zugangsanspruch unterfallen.

III. Im Besitz

10 Ferner muss sich das Dokument im Besitz einer verpflichteten Stelle befinden. Es kommt somit hinsichtlich des Anwendungsbereichs eines Zugangsanspruchs nicht auf die Urheberschaft des amtlichen Dokuments an, sondern auf dessen Inhalt und seinen Besitz.[17] Dies entspricht der Regelung in Art. 2 Abs. 2 VO (EG) Nr. 1049/2001, wonach die Verordnung für alle Dokumente eines Organs gilt, also für Dokumente aus allen Tätigkeitsbereichen der Union, die von dem Organ erstellt wurden oder bei ihm eingegangen sind und sich in seinem Besitz befinden. Da der Zugang in einem weiteren Schritt ohnehin von einer Interessenabwägung abhängt, ist es zweckmäßig, zunächst einen weiten Anwendungsbereich zu schaffen, der je nach Sachverhalt in der Folge eingeengt werden kann.

IV. Öffnungsklausel

11 Art. 86 stellt eine fakultative Öffnungsklausel dar.[18] Die Mitgliedstaaten können den Zugang zu öffentlichen Dokumenten spezifisch ausgestalten, müssen dies aber nicht. Wenn sie von der Regelungsmöglichkeit Gebrauch machen, gibt Art. 86 keine konkreten Vorgaben hinsichtlich Inhalt und Umfang der nationalen Vorschriften.[19] Beliebige Abweichungen vom Standard der DS-GVO sind hingegen nicht möglich.[20] Sofern Art. 86 dahingehend ausgelegt wird, dass diese Vorschrift vom Schutzniveau der Verordnung und ihren datenschutzrechtlichen Vorgaben dispensiere, widerspricht dies zunächst ihrem Wortlaut: Nationale Regelungen sind *expressis verbis* nur „gemäß dieser Verordnung" möglich; damit stellt der Verordnungsgeber einen klaren Zusammenhang zu den Grundprinzipien der Verordnung her.[21] Auch setzt der korrespondierende ErwG 154 eine Abwägungsentscheidung voraus, wonach die widerstreitenden Interessen miteinander „in Einklang zu bringen" sind. Wäre ein vollständiger Dispens von den Vorgaben der DS-GVO gewollt gewesen und damit ein Bruch im Regelungskonstrukt, hätte der Verordnungsgeber dies deutlich gemacht, etwa im Wege einer Bereichsausnahme.

12 Damit besteht zwar ein weiter Ermessensspielraum für mitgliedstaatliche Regelungen in Ausfüllung des Art. 86, eine Abwägungsklausel wird jedoch zwingend enthalten sein müssen.[22] Unter Geltung der DS-GVO gibt es keine Zwecke, die gegenläufigen Interessen stets und in jedem Fall vorgehen.[23] Auch dürfen weitere Grundprinzipien

17 Ausführlich zur Geschichte der sog. Urheberregel Sydow-*Specht* Art. 86 Rn. 9 ff.

18 *Kühling/Martini u.a.* Die Datenschutz-Grundverordnung und das nationale Recht, S. 297; Sydow-*Specht* Art. 86 Rn. 1.

19 Sydow-*Specht* Art. 86 Rn. 11; Paal/Pauly-*Pauly* Art. 86 Rn. 8.

20 Ebenso Paal/Pauly-*Pauly* Art. 86 Rn. 8; BeckOK-*Schiedermair* Art. 86 Rn. 5; a.A. *Kühling/Martini u.a.* Die Datenschutz-Grundverordnung und das nationale Recht, S. 297; widersprüchlich Sydow-*Specht* Art. 86 Rn. 2, 11.

21 Paal/Pauly-*Pauly* Art. 86 Rn. 8.

22 BeckOK-*Schiedermair* Art. 86 Rn. 5.

23 Vgl. Erwägungsgrund 4 und den hier zum Ausdruck gebrachten Verhältnismäßigkeitsgrundsatz.

der Verordnung nicht angetastet werden, wozu insbesondere das Transparenzgebot zählen wird. Als milderes Mittel sollte in der Regel eine (teilweise) Anonymisierung der amtlichen Dokumente in Betracht gezogen werden.[24]

V. Aktuelle Rechtslage in Deutschland

In Deutschland gibt es keinen grundrechtlich abgesicherten Anspruch auf Zugang zu amtlichen Dokumenten, insbesondere folgt ein solcher nicht aus Art. 5 Abs. 1 S. 1 GG.[25] Allerdings haben der Bund mit dem Informationsfreiheitgesetz[26] sowie zwölf Landesgesetzgeber Regelungen getroffen, die in bestimmten Umfang Zugang zu amtlichen Dokumenten ermöglichen. Daneben regeln bestimmte Gesetze für Spezialbereiche einen Zugang Privater zu öffentlichen Informationen und Dokumenten wie etwas das Umweltinformationsgesetz (UIG) oder das Verbraucherinformationsgesetz.[27] Diese bereits bestehenden Regelungen dienen als Vorgriff auf Art. 86.[28] Eine weitere Regelungsnotwendigkeit besteht nicht.[29] Sie genügen auch den Anforderungen, die die DS-GVO an nationale Vorschriften in Ausfüllung der Öffnungsklausel des Art. 86 stellt. Hervorzuheben ist insoweit, dass die genannten Gesetze eine Abwägung der widerstreitenden Interessen – Informationszugang auf der einen Seite, informationelle Selbstbestimmung auf der anderen Seite – erfordern. Beispielhaft darf nach § 5 IFG Zugang zu personenbezogenen Daten nur gewährt werden, soweit das Informationsinteresse des Antragstellers das schutzwürdige Interesse des Dritten am Ausschluss des Informationszugangs überwiegt oder der Dritte eingewilligt hat. **13**

C. Praxishinweise

Als die Mitgliedstaaten adressierende Öffnungsklausel, von der durch nationale Vorschriften Gebrauch gemacht wird, zeitigt Art. 86 keine unmittelbaren Auswirkungen auf den Rechtsanwender, seien es öffentliche oder nicht-öffentliche Stellen, betroffene Personen oder Aufsichtsbehörden. Es handelt sich um eine Regelungsmöglichkeit für den nationalen Gesetzgeber mit großzügigen Vorgaben zum Regelungsinhalt. **14**

Art. 86 hat keine Relevanz für **15**

- öffentliche Stellen
- nichtöffentliche Stellen
- betroffene Personen
- Aufsichtsbehörden
- Datenschutzmanagement

---

24 BeckOK-*Schiedermair* Art. 86 Rn. 6.

25 Grundlegend *BVerfG* v. 30.1.1986 – 1 BvR 1352/85, NJW 1986, 1243; Jarass/Pieroth-*Jarass* Art. 5 Rn. 24; v. Münch/Kunig-*Wendt* Art. 5 Rn. 25; BeckOK-*Kühling* Art. 5 Rn. 41.

26 Hierzu *Kugelmann* NJW 2005, 3609; *Schmitz/Jastrow* NVwZ 2005, 984.

27 Umfassende Darstellung bei *Kühling/Martini u.a.* Die Datenschutz-Grundverordnung und das nationale Recht, S. 297.

28 Sydow-*Specht* Art. 86 Rn. 15.

29 *Kühling/Martini u.a.* Die Datenschutz-Grundverordnung und das nationale Recht, S. 297.

Artikel 87 Verarbeitung der nationalen Kennziffer

[1]Die Mitgliedstaaten können näher bestimmen, unter welchen spezifischen Bedingungen eine nationale Kennziffer oder andere Kennzeichen von allgemeiner Bedeutung Gegenstand einer Verarbeitung sein dürfen. [2]In diesem Fall darf die nationale Kennziffer oder das andere Kennzeichen von allgemeiner Bedeutung nur unter Wahrung geeigneter Garantien für die Rechte und Freiheiten der betroffenen Person gemäß dieser Verordnung verwendet werden.

Übersicht

Literatur: *Roßnagel/Schnabel* Die Authentisierungsfunktion des elektronischen Personalausweises aus datenschutzrechtlicher Sicht, DuD 2008, 168–172; *Weichert* Die Wiederbelebung des Personenkennzeichens – insbesondere am Beispiel der Einführung einer einheitlichen Wirtschaftsnummer, RDV 2002, 170–177.

A. Einordnung und Hintergrund

I. Zweck der Vorschrift

1 Art. 87 erlaubt die Einführung nationaler Kennziffern.[1] In Fortführung des Art. 8 Abs. 7 RL 95/46/EG sollen die Mitgliedstaaten entscheiden, ob und wie nationale Kennziffern eingeführt werden. Eine Pflicht zur Schaffung nationaler Kennziffern besteht nicht.[2] Allerdings wurden die datenschutzrechtlichen Standards durch Art. 87 S. 2 deutlich enger gezogen als bisher, wonach nationale Kennziffern nur unter Wahrung geeigneter Garantien für die Rechte und Freiheiten der betroffenen Person gemäß der Verordnung verwendet werden dürfen.

2 Nationale Kennziffern dienen dem Zweck, automatisierte Datenverarbeitungen durch den Staat zu erleichtern, die Verwaltung somit effizienter zu gestalten und überdies Verwechslungen durch die eindeutige Identifizierbarkeit einer Person zu verhindern.[1] Diesen Vorteilen stehen jedoch nicht unerhebliche datenschutzrechtliche Bedenken gegenüber.[3] Der Zweckbindungsgrundsatz droht aufgeweicht zu werden, wenn unter einer zentralen Ordnungsnummer verschiedene Daten unterschiedlicher Behörden zusammengefasst und jederzeit ausgewertet werden können – die Erstellung umfassender Persönlichkeitsprofile durch den Staat könnte hierdurch ermöglicht werden.[4] Die in Deutschland besonders vorsichtige Haltung gegenüber nationalen Kennzeichen beruht im Wesentlichen auf zwei Umständen: Zum einen auf dem Volkszählungsurteil

1 Gola-*Gola* Art. 87 Rn. 1.
2 BeckOK DatenSR-*von Lewinski* Art. 87 Rn. 39.
3 Ausführlich Kühling/Weichert-*Weichert* Art. 87 Rn. 21 ff; *Weichert* RDV 2002, 170 ff.
4 BeckOK DatenSR-*von Lewinski* Art. 87 Rn. 3 ff.

des BVerfG, in dem das Gericht klarstellte, dass die Zuordnung erhobener Daten durch eine Ordnungsnummer verboten sein soll;[5] zum anderen auf der Tatsache, dass durch die in der DDR bereits 1970 eingeführte Personenkennzahl nationale Ordnungsnummern historisch belastet sind.

II. Genese

Unmittelbarer Vorgänger des Art. 87 ist Art. 8 Abs. 7 RL 95/46/EG. Danach bestimmten die Mitgliedstaaten, unter welchen Bedingungen eine nationale Kennziffer oder andere Kennzeichen allgemeiner Bedeutung Gegenstand einer Verarbeitung sein durften. Nationale Kennziffern waren als besondere Kategorie personenbezogener Daten einzuordnen, also als besonders sensible Information.[6] Eine Begrenzung der Verarbeitungsmöglichkeiten wurde in Art. 8 Abs. 7 RL 95/46/EG aufgenommen, weswegen insoweit ein beträchtlicher Umsetzungsspielraum bestand. 3

B. Kommentierung

I. Art. 87 S. 1

1. Begriff der nationalen Kennziffer/Kennzeichen von allgemeiner Bedeutung. Art. 87 verwendet nebeneinander die beiden Begriffe „nationale Kennziffer" und „Kennzeichen von allgemeiner Bedeutung", wobei unklar bleibt, in welchem Verhältnis diese zueinander stehen. Im Ergebnis wird man davon ausgehen können, dass „nationale Kennziffer" ein Sonderfall des „Kennzeichens von allgemeiner Bedeutung" ist, letzterer also den Oberbegriff bildet. In jedem Fall ist zunächst ein Personenbezug der Kennziffer erforderlich.[7] Eine anonymisierte Erfassung unter bestimmten Ordnungsnummern unterfällt somit nicht dem Anwendungsbereich des Art. 87. 4

Der Begriff der nationalen Kennziffer ist in der DS-GVO nicht definiert. Abzugrenzen die nationale Kennziffer von bloß einfachen Personenkennzeichen, die lediglich eine bestimmte Nummer einer bestimmten Person zuordnen, ohne weitergehende Verwendungszusammenhänge. Was genau mit nationaler Kennziffer gemeint ist, lässt sich anhand ihrer drei wesentlichen Zwecke bestimmen: Identifizierungsfunktion, Repräsentationsfunktion und Ordnungsfunktion.[8] Daher kann nicht jedes Personen-Nummerierungssystem als Kennziffer qualifiziert werden.[9] Auch durch die Formulierung der Überschrift im Singular („Verarbeitung *der* nationale Kennziffer") wird deutlich, dass mehrere Verwendungszusammenhänge vorliegen müssen und es sich letztlich um eine umfassende „Bürgernummer", die zur Identifikation, Repräsentation und Ordnung durch den Staat verwendet wird, handeln muss.[10] Gleiches gilt für das „Kennzeichen von allgemeiner Bedeutung", das ebenfalls mehr ist, als die Nutzung einer Ordnungsnummer in nur einem Verwendungszusammenhang.[11] Insoweit beste- 5

5 1 BvR 209/83.
6 Paal/Pauly-*Pauly* Art. 87 Rn. 1; vgl. Simitis-*Damann* Art. 8 DSRL Rn. 32.
7 Paal/Pauly-*Pauly* Art. 87 Rn. 2.
8 BeckOK DatenSR-*von Lewinski* Art. 87 Rn. 3 ff.
9 Sydow-*Hense* Art. 87 Rn. 2; Paal/Pauly-*Pauly* Art. 87 Rn. 2; zur RL 95/46/EG bereits Simitis-*Dammann* Art. 8 DSRL Rn. 32.
10 BeckOK DatenSR-*von Lewinski* Art. 87 Rn. 26.
11 A.A. Gola-*Gola* Art. 87 Rn. 2.

hen keine besonderen Verarbeitungschancen- und Risiken, die nicht über die allgemeinen Tatbestände der DS-GVO aufgefangen werden könnten.

6 Anders als in Art. 8 Abs. 7 RL 95/46/EG sind Personenkennzeichen nicht mehr ausdrücklich als besonders sensibles Datum eingeordnet. Eine Aufzählung in Art. 9 ist nicht erfolgt. Hieraus wird man aber keine Veränderung der Bewertung dergestalt schließen können, dass nationale Kennziffern künftig als datenschutzrechtlich weniger problematisch einzuordnen sind.[12] Vielmehr ist dies der Regelungstechnik im Rahmen einer Öffnungsklausel geschuldet. Dass der Verordnungsgeber die besonderen Gefahren nationaler Personenkennziffern anerkennt, zeigt nicht zuletzt Art. 87 S. 2, der die Mitgliedstaaten tendenziell weiter einschränkt als bisher Art. 8 Abs. 7 RL 95/46/EG.

7 **2. Anwendungsbereich der Vorschrift.** Die Einschränkungen des Art. 87 S. 2 gelten aber nur innerhalb des sachlichen Anwendungsbereichs der DS-GVO, der durch Art. 2 bestimmt wird. Die wichtigste Ausnahme für den Bereich nationaler Kennziffern bildet insoweit Art. 2 Abs. 2 lit. d, wonach die Verarbeitung personenbezogener Daten durch zuständige Behörden zum Zwecke der Verhütung, Ermittlung, Aufdeckung oder Verfolgung von Straftaten oder der Strafvollstreckung, einschließlich des Schutzes vor und der Abwehr von Gefahren für die öffentliche Sicherheit, nicht den Vorschriften der DS-GVO unterfallen. Demnach fallen etwa Fahndungskennzeichen nicht unter die DS-GVO und unterliegen somit auch nicht den Einschränkungen des Art. 87 S. 2.[13]

II. Art. 87 S. 2

8 Art. 87 S. 2 verlangt, dass nationale Kennziffern nur unter Wahrung geeigneter Garantien für die Rechte und Freiheiten der betroffenen Person gemäß der Verordnung verwendet werden. Hierdurch werden die Anforderungen an nationale Regelungen enger gezogen als bisher nach Art. 8 Abs. 7 RL 95/46/EG. Erstmals werden mit Art. 87 S. 2 inhaltliche Anforderungen an nationale Regelungen von Personenkennziffern gestellt.[14] Mit Blick auf die tragenden Prinzipien der DS-GVO und den typischen Gefahren Kennziffern allgemeiner Bedeutung dürften der Zweckbindungsgrundsatz, der Grundsatz der Datensparsamkeit sowie das Transparenzprinzip die wichtigsten Maßstäbe sein.[15] Soweit nationale Kennziffern verwendet werden, muss diese Verarbeitung auf das datenschutzrechtlich Erforderliche begrenzt werden und der Betroffene über Art und Umfang der Verarbeitung informiert werden.

III. Rechtliche Situation in Deutschland

9 In Deutschland gibt es bisher keine allgemeine nationale Kennziffer i.S.d. Art. 87. Weder gibt es eine von der Verwaltung umfassend verwendbare Bürgernummer noch eine für alle Sozialversicherungssysteme gültige Sozialversicherungsnummer.[16] Vielmehr gibt es eine Vielzahl verschiedener Personenkennziffern wie die Personalausweisnummer (§ 4 Abs. 1 PassG) oder die Steuer-Identifikationsnummer (§ 139a AO). Dieser Zustand lässt sich wesentlich auf das Volkszählungsurteil des BVerfG zurück-

12 BeckOK DatenSR-*von Lewinski* Art. 87 Rn. 20.
13 BeckOK DatenSR-*von Lewinski* Art. 87 Rn. 35.
14 Kühling/Buchner-*Weichert* Art. 87 Rn. 15 ff.
15 Vgl. Kühling/Buchner-*Weichert* Art. 87 Rn. 15 ff.
16 Gola-*Gola* Art. 87 Rn. 2.

führen, wonach die Zuordnung erhobener Daten durch eine Ordnungsnummer verboten sein soll.[17] Diese unterfallen jedoch mangels allgemeiner Gültigkeit nicht dem Begriff der nationalen Kennziffer.[18]

Teilweise wird jedoch für die Krankenversicherungsnummer zumindest angedacht, dass diese ein „Kennzeichen von allgemeiner Bedeutung" sein könnte.[19] Ebenso wird dies für die Steueridentifikationsnummer angedacht.[20] Dagegen spricht jedoch, dass diese Nummern nicht – zumindest nicht bestimmungsgemäß – für mehrere Verwendungszwecke eingesetzt werden, sondern nur für einen bestimmten Bereich. Soweit Erwägungsgrund 35 für eine Einordnung der Krankenversicherungsnummer als Kennziffer i.S.d. Art. 87 angeführt wird[21], verfehlt dies den Erläuterungszusammenhang: ErwG 35 beschreibt allein den Begriff des personenbezogenen Gesundheitsdatums, nicht den der Kennziffer. Zu den Gesundheitsdaten zählen demnach „Nummern, Symbole oder Kennzeichen, die einer natürlichen Person zugeteilt wurden, um diese natürliche Person für gesundheitliche Zwecke eindeutig zu identifizieren" – ob diese Nummern und Kennzeichen zwangsläufig Kennziffern i.S.d. Art. 87 sind, ist hiermit nicht gesagt. **10**

C. Praxishinweise

Als die Mitgliedstaaten adressierende Öffnungsklausel, von der durch nationale Vorschriften Gebrauch gemacht wird, zeitigt Art. 86 keine unmittelbaren Auswirkungen auf den Rechtsanwender, seien es öffentliche oder nicht-öffentliche Stellen, betroffene Personen oder Aufsichtsbehörden. Es handelt sich um eine Regelungsmöglichkeit für den nationalen Gesetzgeber mit großzügigen Vorgaben zum Regelungsinhalt. **11**

Art. 87 hat keine Relevanz für **12**

- öffentliche Stellen
- nichtöffentliche Stellen
- betroffene Personen
- Aufsichtsbehörden
- Datenschutzmanagement

Artikel 88 Datenverarbeitung im Beschäftigungskontext

(1) Die Mitgliedstaaten können durch Rechtsvorschriften oder durch Kollektivvereinbarungen spezifischere Vorschriften zur Gewährleistung des Schutzes der Rechte und Freiheiten hinsichtlich der Verarbeitung personenbezogener Beschäftigtendaten im Beschäftigungskontext, insbesondere für Zwecke der Einstellung, der Erfüllung des Arbeitsvertrags einschließlich der Erfüllung von durch Rechtsvorschriften oder durch Kollektivvereinbarungen festgelegten Pflichten, des Managements, der Planung und der Organisation der Arbeit, der Gleichheit und Diversität am Arbeitsplatz, der Gesundheit und Sicherheit am Arbeitsplatz, des Schutzes des Eigentums der Arbeitgeber oder der Kunden sowie für Zwecke der Inanspruchnahme der mit der Beschäf-

---

17 1 BvR 209/83.
18 Ebenso BeckOK DatenSR-*von Lewinski* Art. 87 Rn. 54, Art. 87 Rn. 53.
19 Plath-*Grages* Art. 87 Rn. 2.
20 Sydow-*Hense* Art. 87 Rn. 2.
21 Sydow-*Hense* Art. 87 Rn. 2.

tigung zusammenhängenden individuellen oder kollektiven Rechte und Leistungen und für Zwecke der Beendigung des Beschäftigungsverhältnisses vorsehen.

(2) Diese Vorschriften umfassen angemessene und besondere Maßnahmen zur Wahrung der menschlichen Würde, der berechtigten Interessen und der Grundrechte der betroffenen Person, insbesondere im Hinblick auf die Transparenz der Verarbeitung, die Übermittlung personenbezogener Daten innerhalb einer Unternehmensgruppe oder einer Gruppe von Unternehmen, die eine gemeinsame Wirtschaftstätigkeit ausüben, und die Überwachungssysteme am Arbeitsplatz.

(3) Jeder Mitgliedstaat teilt der Kommission bis zum 25. Mai 2018 die Rechtsvorschriften, die er aufgrund von Absatz 1 erlässt, sowie unverzüglich alle späteren Änderungen dieser Vorschriften mit.

Übersicht

Literatur: *Bauer* Beschäftigtendaten bleiben ein heißes Eisen, PersF 6/2017, 70; *Benkert* Neuer Anlauf des Gesetzgebers beim Beschäftigtendatenschutz, NJW 2017, 242; *Buntenbach* Eine kritische Bilanz mit Ausblick, AiB 9/2017, 40–42; *Düwell/Brink* Beschäftigtendatenschutz nach der Umsetzung der Datenschutz-Grundverordnung: Viele Änderungen und wenig Neues, NZA 2017, 1081; *dies.* Die EU-Datenschutz-Grundverordnung und der Beschäftigtendatenschutz, NZA 2016, 665; *Fladung* Datenschutz-Grundverordnung – neue Compliance-Risiken im Beschäftigtendatenschutz, CB 2015, 364; *Forgó/Helfrich/Schneider* Betrieblicher Datenschutz, 2014; *Franzen* Datenschutz-Grundverordnung und Arbeitsrecht, EuZA 2017, 313; *Finken* Die Verwendung von Daten aus vernetzten Fahrzeugen unter besonderer Berücksichtigung des Umgangs mit solchen Daten durch den Arbeitgeber; *Gola/Pötters/Thüsing* Art. 82 DS-GVO: Öffnungsklausel für nationale Regelungen zum Beschäftigtendatenschutz – Warum der deutsche Gesetzgeber jetzt handeln muss, RDV 2016, 57; *Jerchel/Schubert* Neustart im Datenschutz für Beschäftigte, DuD 2016, 782; *Kloos/Schramm* Der neue Beschäftigtendatenschutz, AuA 2017, 212; *Körner* Die Datenschutz-Grundverordnung und nationale Regelungsmöglichkeiten für Beschäftigtendatenschutz, NZA 2016, 1385; *Kort* Arbeitnehmerdatenschutz gemäß der EU-Datenschutz-Grundverordnung, DB 2016, 711; *ders.* Der Beschäftigungsdatenschutz gem. § 26 BDSG-neu, ZD 2017, 319; *ders.* Die Zukunft des deutschen Beschäftigtendatenschutzes, ZD 2016, 555; *ders.* Eignungsdiagnose von Bewerbern unter der Datenschutz-Grundverordnung (DS-GVO), NZA Beilage 2016, Nr. 2, 62; *Kühling/Martini* Die Datenschutz-Grundverordnung: Revolution oder Evolution im europäischen und deutschen Datenschutzrecht?, EuZW 2016, 448; *Kutzki* Die EU-Datenschutzgrundverordnung (DS-GVO) und Auswirkungen auf den öffentlichen Dienst, öAT 2016, 115; *Maier* Der Beschäftigtendatenschutz nach der Datenschutz-Grundverordnung, DuD 2017, 169; *Marquardt/Sörup* Auswirkungen der EU-Datenschutzgrundverordnung auf die Datenverarbeitung im Beschäftigungskontext, ArbRAktuell 2016, 103; *Maschmann* Datenschutzgrundverordnung: Quo vadis Beschäftigtendatenschutz?, DB 2016, 2480; *Rolf/Siewert* Überlegungen zu den Rechtsgrundlagen des künftigen Beschäftigtendatenschutzes, RDV 2017, 236; *Rose/Taeger* Zum Stand des deutschen und europäischen Beschäftigtendatenschutzes, BB 2016, 819; *Schmidt, M.* Datenschutz für Beschäftigte – Grund und Grenzen bereichsspezifischer Regelung, im Erscheinen; *Schulz* Die Europäische Datenschutz-Grundverordnung, ZESAR 2017, 270; *Spelge* Der Beschäftigtendatenschutz nach Wirksamwerden der Datenschutz-Grundverordnung (DS-GVO), DuD 2016, 775; *Stelljes* Stärkung des Beschäftigtendatenschutzes durch die Datenschutz-Grundverordnung?, DuD 2016, 787; *Thomas/Thurn* Arbeitswelt 4.0 – Big Data im Betrieb, BB 2017, 1589; *Thüsing* Beschäftigtendatenschutz und Compliance, 2. Aufl. 2014; *Tiedemann* Auswirkungen von Art. 88 DGSVO auf den Beschäftigtendatenschutz, ArbRB 2016, 334; *Wedde* Zeit zu handeln, AiB 7-8/2017, 24; *Weichert* Die Verarbeitung von Wearable-Sensordaten bei Beschäftigten, NZA 2017, 565; *Wybitul* Der neue Beschäftigtendatenschutz nach § 26 BDSG und Art. 88 DS-GVO, NZA 2017, 413; *ders.* Was ändert sich mit dem neuen EU-Datenschutzrecht für Arbeitgeber und Betriebsräte? – Anpassungsbedarf bei Beschäftigtendatenschutz und Betriebsvereinbarungen, ZD 2016, 203; *Wybitul/Sörup/Pötters* Betriebsvereinbarungen und § 32 BDSG: Wie geht es nach der DS-GVO weiter?, ZD 2015, 559.

A. Einordnung und Hintergrund

I. Genese

Mit der DS-GVO enthält das unionsrechtliche Datenschutzrecht erstmals eine Regelung mit ausdrücklichem Bezug zum Beschäftigtendatenschutz. Die **Datenschutzrichtlinie 94/46/EG (DSRL)** unterschied nicht grundsätzlich zwischen der Verarbeitung im Beschäftigungskontext und anderen Verarbeitungsvorgängen. Auch sie erlaubte jedoch wegen des bestehenden Umsetzungsspielraums der Mitgliedstaaten bereits sektorspezifische Regelungen zumindest für die Rechtmäßigkeit der Verarbeitung.[1] Die Mitgliedstaaten durften namentlich auch Leitlinien für die Abwägung aufstellen.[2] Die von der Richtlinie vorgegebenen abwägungsoffenen Rechtfertigungstatbestände 1

1 Vgl. nur ErwG 22 der Richtlinie und *EuGH* v. 6.11.2003 – C-101/01, Slg 2003, I-12971 Rn. 83 (Lindqvist); *EuGH* v. 24.11.2011 – C-468/10 u.a., Slg 2011, I-12181 Rn. 35 (ASNEF).

2 *EuGH* v. 24.11.2011 – C-468/10 u.a., Slg 2011, I-12181 Rn. 35 (ASNEF), Rn. 46.

durften allerdings nicht pauschalierend ausgeschlossen werden.[3] Ebenfalls vollharmonisiert und deshalb einer eigenständigen Regelung durch die Mitgliedstaaten (jenseits der von der Richtlinie selbst vorgegebenen Abweichungsmöglichkeiten) entzogen waren Rechte der Betroffenen und Verfahren.[4] Art. 88 geht insofern wesentlich weiter, da er für den beschränkten Bereich des Datenschutzrechtes eigenständige mitgliedstaatliche Regelungen erlaubt (näher unter Rn. 14).

2 Art. 88 hat vom Kommissionsentwurf bis zur bis zur letztlich Gesetz gewordenen Fassung im **Gesetzgebungsverfahren** verschiedene Änderungen erfahren.[5] Die wichtigsten Schritte waren:

– Der Kommissionentwurf[6] sah in Art. 82 vor, dass die Mitgliedstaaten die Verarbeitung personenbezogener Arbeitnehmerdaten im Beschäftigungskontext in den Grenzen dieser Verordnung per Gesetz (ohne Erwähnung von Kollektivvereinbarung) regeln können sollten.
– Das Parlament hat den Entwurf grundlegend überarbeitet, in eine Mindestvorgabe umgewandelt, wesentlich erweitert und erstmalig die Regelung durch Kollektivvereinbarung ausdrücklich aufgenommen.[7]
– Im Rat wurden die Änderungen des Parlaments größtenteils verworfen und der Text im Wesentlichen auf den Kommissionsvorschlag zurückgeführt. Die Wendung „in den Grenzen dieser Verordnung“ wurde jedoch durch die letztlich Gesetz gewordene Formulierung der spezifischeren Vorschriften zur Gewährleistung des Schutzes der Rechte und Freiheiten ersetzt.[8] Im Trilog wurden dann die Gestaltungsvorgaben in Art. 88 Abs. 2 erweitert.[9]

3 Zentral für den Beschäftigtendatenschutz ist auch der **ErwG 155**. Weitere relevante ErwG sind ErwG 48 (betr. Übermittlung von Beschäftigtendaten im Konzern), 127 (betr. Zuständigkeit von Aufsichtsbehörden bei Verarbeitung im Beschäftigungskontext) sowie 44 (betr. Voraussetzungen einer Einwilligung im Beschäftigungskontext).

4 Von wesentlicher Bedeutung für die Praxis wird voraussichtlich das am 8.6.2017 verabschiedete **WP 249** der Art.-29-Datenschutzgruppe über Datenverarbeitung bei der Arbeit sein.[10]

---

3 *EuGH* v. 24.11.2011 – C-468/10 u.a., Slg 2011, I-12181 Rn. 35 ff., insb. 47 (ASNEF) m.w.N.
4 Näher *Traut* in: Arbeitsrecht und Arbeitswelt im europäischen Wandel, S. 217 ff.; *Pötters/Traut* RDV 2013, 132, 135.
5 Umfassender Überblick über das Gesetzgebungsverfahren unter der Ziffer 2012/0011/COD bei http://eur-lex.europa.eu/procedure/EN/2012_11, zuletzt eingesehen am 30.10.2017.
6 KOM (2012) 11 endg.
7 European Parliament legislative resolution of 12 March 2014 on the proposal for a regulation of the European Parliament and of the Council on the protection of individuals with regard to the processing of personal data and on the free movement of such data (General Data Protection Regulation) (COM(2012)0011 – C7 – 0025/2012 – 2012/0011(COD)).
8 2012/0011 (COD) 9565/15.
9 Dokument des Rates 15039/15.
10 Englische Version des WP249 – Opinion 2/2017 on data processing at work abrufbar unter ec.europa.eu/newsroom/document.cfm?doc_id=45631, zuletzt aufgerufen am 30.10.2017.

II. Bezüge

Von wesentlicher Bedeutung für Deutschland wird der durch das DSAnpUG-EU im neu gefassten BDSG eingeführte **§ 26 BDSG** sein (dazu näher Rn. 46 ff.). Hinzu treten – soweit Kollektivvereinbarungen betroffen sind – Bezüge zum BetrVG, Personalvertretungsrecht und TVG (näher Rn. 46 ff.). 5

B. Kommentierung

I. Funktionen des Art. 88

1. Öffnung für spezifischere Vorschriften (Art. 88 Abs. 1). Zentrale Frage für das Verständnis von Art. 88 ist der Begriff der **spezifischeren Vorschriften**. Dessen Interpretation entscheidet insbesondere darüber, ob man – wie hier vertreten – von einer umfassenden Öffnungsklausel ausgeht oder nur die Möglichkeit der weiteren Detaillierung der Regelungen der DS-GVO annimmt. Nähert man sich der Auslegungsfrage unbefangen vom Wortlaut des Art. 88 Abs. 1, erlaubt der Begriff der spezifischeren Vorschriften[11] zwei Auslegungsvarianten[12]: 6

- Spezifischer können Vorschriften sein, weil ihr Anwendungsbereich enger definiert ist als der der DS-GVO[13] und sie damit den besonderen Sachgesetzlichkeiten und Anforderungen des zu regelnden Lebenssachverhalts Rechnung tragen[14]. Spezifischere Vorschriften wären dann **eigenständige, sektorspezifische Regelungen** des Datenschutzes, die in ihrem Anwendungsbereich den Regelungen der DS-GVO vorgehen.[15]
- Spezifischer können die Vorschriften auch vom Konkretisierungsgrad her sein. Legt man dieses Verständnis zu Grunde, wäre Gegenstand der spezifischeren Vorschriften die **Konkretisierung der DS-GVO** im Sinne der Ausfüllung des von der Verordnung gespannten Rahmens. Dabei dürften die von den einzelnen Vorschriften gespannten Grenzen jedoch nicht überschritten werden. Sie würden die DS-GVO auch nicht verdrängen, da sie auf die Konkretisierung unbestimmter Rechtsbegriffe des DS-GVO (z.B. Erforderlichkeit in Art. 6 Abs. 1 lit. b) und ggf. die Nutzung von ausdrücklich vorgesehenen Abweichungsmöglichkeiten beschränkt wäre.[16]

Die Verwendung der **Steigerungsform** von spezifisch spricht nur auf den ersten Blick für die zweitgenannte Auslegungsvariante. Die Steigerungsform legt zwar nahe, dass 7

11 Jedenfalls die französische und englische Sprachfassung ergeben keine weiteren Erkenntnisse: des règles plus spécifiques/more specific rules.

12 Vgl. bereits *Traut* RDV 2016, 312, 314.

13 *Traut* RDV 2016, 312, 314.

14 In diesem Sinne BeckOK DatenSR-*Riesenhuber* Art. 88 Rn. 66; ähnlich *Düwell/Brink* NZA 2016, 665, 666.

15 BeckOK DatenSR-*Riesenhuber* Art. 88 Rn. 66 ff.; bereits auch *Traut* RDV 2016, 312, 314; ähnlich *Taeger/Rose* BB 2016, 819, 830.

16 Ehmann/Selmayr-*Selk* Art. 88 Rn. 52 ff.; Gola-*Pötters* Art. 88 Rn. 20; *Wybitul/Pötters* RDV 2016, 10, 14; *Spelge* DuD 2016, 775, 776; wohl auch Sydow-*Tiedemann* Art. 88 Rn. 7: Datenschutz im Beschäftigungskontext kann hiernach durch die Mitgliedstaaten soweit selbst geregelt werden, wie er nicht bereits durch allgemeingültige der DS-GVO [...] determiniert ist; wohl auch Kühling/Buchner-*Maschmann* Art. 88 Rn. 30 ff., insb. 40 (Abweichungen nur dort, wo von der DS-GVO ausdrücklich erlaubt).

es neben den mitgliedstaatlichen bereits auch im Beschäftigungsdatenschutz anwendbare europäische Regelungen der DS-GVO gibt. Dies ist jedoch auch nach der ersten Variante der Fall, da bis zur Schaffung von spezifischeren Vorschriften der Mitgliedstaaten die DS-GVO auch für den Bereich des Beschäftigtendatenschutzes gilt.

8 **Systematisch** spricht gerade die Verwendung des Begriffs spezifischere Vorschriften für die erste Auslegungsvariante. In **ErwG 10** bezeichnet die DS-GVO allgemein sektorspezifische Regelungen, die für ihren beschränkten Anwendungsbereich Regelungsbereiche der DS-GVO eigenständig regeln, ebenfalls als „spezifischere Bestimmungen“[17]. Auch die Überschrift des Kapitels IX „**Vorschriften für besondere Verarbeitungssituationen**“ spricht für ein Verständnis als Öffnungsklausel für sektorspezifische Regelungen. Bestätigt – und nicht etwa in Frage gestellt[18] – wird dies durch den **systematischen Vergleich mit Art. 85**. Nach diesem bringen die Mitgliedstaaten durch Rechtsvorschriften das Recht auf den Schutz personenbezogener Daten gemäß dieser Verordnung mit dem Recht auf freie Meinungsäußerung und Informationsfreiheit in Einklang. Hierfür können sie bestimmte Ausnahmen und Abweichungen von der DS-GVO vorsehen. Den Mitgliedstaaten wird damit die Herstellung praktischer Konkordanz zwischen **zwei** konkreten Grundrechtspositionen überantwortet. Nach Art. 88 Abs. 1 können die Mitgliedstaaten Vorschriften zur Gewährleistung des Schutzes der Rechte und Freiheiten hinsichtlich der Verarbeitung personenbezogener Daten im Beschäftigungskontext schaffen. Ihnen wird damit mindestens die Herstellung praktischer Konkordanz in Bezug auf **alle** Grundfreiheiten und Grundrechte von Betroffenen und Verantwortlichen[19] im Bereich des Beschäftigtendatenschutzes überantwortet.[20]

9 Die damit durch Art. 88 Abs. 1 verwandte Formulierung des Regelungsgegenstands möglicher mitgliedstaatlicher Spezifizierungsrechtsakte (Vorschriften zur Gewährleistung des Schutzes der Rechte und Freiheiten hinsichtlich der Verarbeitung) ist zudem praktisch identisch mit der Formel, die an verschiedenen Stellen zur **Bezeichnung der Gesamtheit des unionsrechtlichen Datenschutzrechts**[21] verwandt wird. Auch dies bestätigt, dass entsprechend die Gesamtheit dieser Regelungen innerhalb des Beschäftigungskontexts durch den mitgliedstaatlichen Spezifizierungsrechtsakt ersetzt werden kann.

10 Weitere Argumente für die Auslegung im Sinne eigenständiger, die DS-GVO in ihrem Anwendungsbereich verdrängender Regelungen liefern **teleologische Erwägungen**. Nach dem **ErwG 155** können die Mitgliedstaaten spezifische Vorschriften für die Verarbeitung personenbezogener Beschäftigtendaten im Beschäftigungskontext schaffen. Dies spricht eher für ein Verständnis von spezifischer i.S.v. sektorspezifisch, also im Sinne der ersten Auslegungsvariante. Zudem führt auch nur dieses Ergebnis zu praktisch brauchbaren Ergebnissen. Die zweite Auslegungsvariante würde eine Abgrenzung

---

17 ErwG 10.

18 So aber Gola-*Pötters* Art. 88 Rn. 20; *Paal/Pauly* Art. 88 Rn. 4.

19 *Traut* RDV 2016, 312, 314 ff.

20 *Traut* RDV 2016, 312, 315 f.; vgl. auch BeckOK DatenSR-*Riesenhuber* Art. 88 Rn. 74.

21 Insb. ErwG 3: Zweck der Richtlinie 95/46/EG des Europäischen Parlaments und des Rates ist die Harmonisierung der Vorschriften zum Schutz der Grundrechte und Grundfreiheiten natürlicher Personen bei der Datenverarbeitung sowie die Gewährleistung des freien Verkehrs personenbezogener Daten zwischen den Mitgliedstaaten. ErwG 10: Die Vorschriften zum Schutz der Grundrechte und Grundfreiheiten von natürlichen Personen bei der Verarbeitung personenbezogener Daten sollten unionsweit gleichmäßig und einheitlich angewandt werden.

zwischen Konkretisierung und weitergehender Abweichung von den Vorschriften der DS-GVO erfordern. Diese ist kaum möglich und würde zu erheblicher Rechtsunsicherheit führen. Gleichzeitig würde das Ziel verfehlt, passgenaue Lösungen für die Besonderheiten des Beschäftigtendatenschutzes mit spezifisch arbeitsrechtlichen Mitteln und Ansätzen zu erzielen.[22] Diese können sich gerade auch auf formale Fragen wie z.B. Herstellung von Transparenz durch Regelung in Kollektivvereinbarungen beziehen.

Bestätigt wird die Auslegung im Sinne der ersten Varianten zudem durch **Art. 88 Abs. 2**. Die Vorgabe, dass Spezifizierungsrechtsakte die berechtigten Interessen und Grundrechte der betroffenen Person wahren müssen, wäre nicht erforderlich, wenn sie die Regelungen der DS-GVO nur näher ausfüllen würden (oder gar den Datenschutz nur verstärken könnten).[23] Eher ein unterstützendes Argument ist die Verwendung des Begriffs der Vorschrift[24] durch Art. 88 Abs. 1. Dieser Begriff wird von der DS-GVO für die DS-GVO selbst und sektorspezifische unionale Regelungen des Datenschutzes verwandt. Das spricht für die Einordnung der Spezifizierungsrechtsakte als Rechtsakte mit eigenständigem Anwendungsbereich.[25] **11**

Ebenfalls für eine weite Auslegung spricht die **Genese**. Denn im Laufe dieser ist die im Kommissionsentwurf[26] noch vorgesehene Beschränkung, dass Regelungen im Beschäftigtendatenschutz nur in den Grenzen der DS-GVO möglich seien, entfallen.[27] Dies gewinnt insofern zusätzliches Gewicht, weil es in der Erläuterung des Kommissionsentwurfs bereits hieß, die damals noch enger formulierte Norm biete den Mitgliedstaaten die Möglichkeit, die Verarbeitung personenbezogener Daten im Beschäftigungskontext gesetzlich zu regeln[28] – was schon für die damalige Fassung eher in die Richtung eigenständiger sektorspezifischer Regelungen deutete. **12**

2. Drei Funktionen: Abgrenzung, Gestaltungsvorgabe, Einschränkung des Geltungsbereichs der DS-GVO. Art. 88 hat damit nach hiesigem Verständnis als Öffnungsklausel insgesamt **drei Funktionen**: **13**

- Er grenzt den sektorspezifischen Bereich ab, in dem die Mitgliedstaaten eigene Regelungen des Beschäftigtendatenschutzes schaffen können (näher Rn. 14 ff.).
- Er enthält Gestaltungsvorgaben und ist Prüfungsmaßstab für die in diesem Bereich von den Mitgliedstaaten geschaffenen Regelungen (näher Rn. 38 ff.)
- Er schränkt den Geltungsbereich der DS-GVO für den Geltungsbereich der mitgliedstaatlichen Regelungen ein, die sich sowohl innerhalb des von Art. 88 Abs. 1 abgegrenzten sektorspezifischen Bereiches halten und den inhaltlichen Maßstäben des Art. 88 Abs. 2 genügen. Da damit der unionsrechtliche Anwendungsvorrang der DS-GVO[29] entfällt, finden die mitgliedstaatlichen Regelungen Anwendung.[30]

---

22 Vgl. auch BeckOK DatenSR-*Riesenhuber* Art. 88 Rn. 68 ff.
23 So nun auch BeckOK DatenSR-*Riesenhuber* Art. 88 Rn. 71.
24 Jedenfalls die französische und englische Sprachfassung ist ebenso konsequent die Rede von règles/rules.
25 Vgl. ErwG 10 und ErwG 19; Umsetzungsakte der DSRL werden demgegenüber als Bestimmungen (provisions bzw. dispositions) bezeichnet.
26 KOM (2012) 11 endg.
27 *Wybitul/Sörup/Pötters* ZD 2015, 559, 561.
28 KOM (2012) 11 endg., S. 17.
29 Grundlegend seit *EuGH* v. 15.7.1964 C-6/64, Slg. 1964, 1251 (1269 f. Costa/ENEL).
30 Ähnlich BeckOK DatenSR-*Riesenhuber* Art. 88 Rn. 16.

II. Reichweite der sektorspezifischen Öffnungsklausel

1. Verarbeitung von Beschäftigtendaten im Beschäftigungskontext (Art. 88 Abs. 1).

14 Nach Art. 88 Abs. 1 können Vorschriften hinsichtlich der Verarbeitung personenbezogener Beschäftigtendaten im Beschäftigungskontext geschaffen werden. Zentral ist damit der Begriff der **Beschäftigung**. Dieser markiert über den Beschäftigungskontext und die Beschäftigtendaten die äußere Grenze möglicher Regelungsgegenstände. Der Begriff der Beschäftigung ist **autonom auf Grundlage der Verordnung** zu bestimmen.[31] Hierbei ist von einem sehr weiten Verständnis auszugehen, da nur so sichergestellt werden kann, den Zweck des Art. 88, den Besonderheiten des mitgliedstaatlichen Arbeits- und ggf. auch Sozialrechts[32] weitgehend Rechnung zu tragen, zu erfüllen. Jedenfalls erfasst sind damit alle Fälle der **weisungsgebundenen Leistung von Diensten**,[33] die – im Falle von Bewerbern – zumindest angestrebt werden muss. Teleologische Überlegungen sprechen dafür, den Kreis noch weiter zu ziehen und insbesondere auch arbeitnehmerähnliche Personen zu erfassen.[34] Andererseits sind **mitgliedstaatliche Regelungen des Beschäftigtenbegriffs**[35] durchaus zulässig und sinnvoll,[36] denn selbstverständlich bleibt es den Mitgliedstaaten unbenommen, nur für Teile der vom unionsrechtlichen Beschäftigtenbegriff erfassten Personengruppen überhaupt sektorspezifische Regelungen vorzusehen.

15 Insofern sind nicht nur Arbeitnehmer, sondern auch Leiharbeitnehmer[37], Beamte[38], Richter[39], Soldaten[40], Praktikanten[40], GmbH-Geschäftsführer oder sogar ehrenamtlich Tätige[41] **Beschäftigte** i.S.d. Art. 88. Gleiches gilt richtigerweise auch für arbeitnehmerähnliche Personen.[42] Nicht vom unionsrechtlichen Beschäftigtenbegriff erfasst sind freie Mitarbeiter, soweit nicht arbeitnehmerähnlich[43].

16 Ebenfalls weit auszulegen ist der Begriff des **Beschäftigungskontextes**. Vorzunehmen ist insofern eine **funktionale Betrachtung**: Von den Mitgliedstaaten näher geregelt werden können die Fragen, die sich bei der Anbahnung, Abwicklung und Beendigung des Beschäftigungsverhältnisses stellen. Dies ist nicht nur eine etwaige Verarbeitung

---

31 BeckOK DatenSR-*Riesenhuber* Art. 88 Rn. 29; Ehmann/Selmayr-*Selk* Art. 88 Rn. 36; Gola-*Pötters* Art. 88 Rn. 10; Kühling/Buchner-*Maschmann* Art. 88 Rn. 8.

32 Schief insofern BeckOK DatenSR-*Riesenhuber* Art. 88 Rn. 31, der vom Vereinheitlichungszweck spricht.

33 BeckOK DatenSR-*Riesenhuber* Art. 88 Rn. 32.

34 Kühling/Buchner-*Maschmann* Art. 88 Rn. 14; offen zumindest Ehmann/Selmayr-*Selk* Art. 88 Rn. 31; *Syndow/Tiedemann* Art. 88 Rn. 4; *Däubler* AiB 2016, 26, 31.

35 Vgl. nur § 26 Abs. 8 BDSG; Gola-*Pötters* Art. 88 Rn. 10; Sydow-*Tiedemann* Art. 88 Rn. 4.

36 A.A. Ehmann/Selmayr-*Selk* Art. 88 Rn. 36.

37 Kühling/Buchner-*Maschmann* Art. 88 Rn. 24.

38 BeckOK DatenSR-*Riesenhuber* Art. 88 Rn. 31; Ehmann/Selmayr-*Selk* Art. 88 Rn. 34; Sydow-*Tiedemann* Art. 88 Rn. 4; Gola-*Pötters* Art. 88 Rn. 10; *Gola/Pötters/Thüsing* RDV 2016, 57, 58; a.A. Kühling/Buchner-*Maschmann* Art. 88 Rn. 13.

39 BeckOK DatenSR-*Riesenhuber* Art. 88 Rn. 31; Sydow-*Tiedemann* Art. 88 Rn. 4; a.A. Kühling/Buchner-*Maschmann* Art. 88 Rn. 13.

40 BeckOK DatenSR-*Riesenhuber* Art. 88 Rn. 31; Sydow-*Tiedemann* Art. 88 Rn. 4.

41 BeckOK DatenSR-*Riesenhuber* Art. 88 Rn. 31; a.A. Kühling/Buchner-*Maschmann* Art. 88 Rn. 13.

42 Kühling/Buchner-*Maschmann* Art. 88 Rn. 14; a.A. Ehmann/Selmayr-*Selk* Art. 88 Rn. 34.

43 A.A. Ehmann/Selmayr-*Selk* Art. 88 Rn. 34.

im Beschäftigungsverhältnis als solchem[44]. Ebenfalls im Beschäftigungskontext erfolgt die Verarbeitung von Daten durch andere **Konzerngesellschaften**, die mit der Beschäftigung in Zusammenhang steht (z.B. im Wege des konzernweiten eMail-Systems). Für die Durchführung des Beschäftigungsverhältnisses kann zudem auch die Weitergabe an **konzernexterne Dritte** erforderlich sein – z.B. an Träger der betrieblichen Altersversorgung. Auch dies dürfte noch im Beschäftigungskontext erfolgen. Von Art. 88 Abs. 1 werden folgende weitere Bereiche als im Beschäftigungskontext liegend identifiziert:

- Einstellung,
- Erfüllung des Arbeitsvertrags einschließlich der Erfüllung der durch Rechtsvorschriften oder durch Kollektivvereinbarungen festgelegten Pflichten,
- Management,
- Planung und Organisation der Arbeit,
- Gleichheit und Diversität am Arbeitsplatz,
- Gesundheit und Sicherheit am Arbeitsplatz,
- Schutz des Eigentums der Arbeitgeber oder der Kunden sowie für
- Zwecke der Inanspruchnahme der mit der Beschäftigung zusammenhängenden individuellen oder kollektiven Rechte und Leistungen und
- Zwecke der Beendigung des Beschäftigungsverhältnisses.

Nicht von der Öffnungsklausel abgedeckt wäre dagegen die Regelung der Nutzung **17** von als Beschäftigtendaten erlangten Daten zu grundsätzlich anderen Zwecken als der Durchführung des Beschäftigungsverhältnisses. Die nach bisherigem Stand umstrittene Frage, ob und auf welcher Grundlage im **Verlauf eines Unternehmenskaufs** Beschäftigtendaten offengelegt werden können (und wenn ja, wann und in welchem Umfang), wird damit immer noch nicht eindeutig zu lösen sein. Es spricht einiges dafür, dass die Weitergabe dieser Daten nicht im Beschäftigungskontext erfolgt[45] und daher den allgemeinen Regeln der DS-VGO unterliegt.[46]

Bislang nicht geklärt ist die Frage, inwieweit im Rahmen einer sektorspezifischen **18** Regelung nach Art. 88 Abs. 1 auch die **Verarbeitung personenbezogener Daten anderer Personen** mitgeregelt werden kann. Dies kann relevant werden, wenn z.B. freie Mitarbeiter oder etwa die selbstständige Fachkraft für Arbeitssicherheit Systeme, die hauptsächlich von Beschäftigten genutzt werden, mitnutzen. Teleologische Überlegungen sprechen für die Möglichkeit, auch derartige Randbereiche mitregeln zu können. Der Wortlaut, der die Öffnungsklausel auf die Verarbeitung personenbezogener Beschäftigtendaten im Beschäftigungskontext beschränkt, spricht deutlich dagegen. Praktisch bedeutsam dürfte die Frage allerdings meist deshalb nicht werden, weil auch Regelungen für Beschäftigte sich inhaltlich weitgehend an den Vorgaben der

---

44 Wie schon die nach Art. 88 Abs. 2 mögliche Übermittlung von Beschäftigtendaten innerhalb der Unternehmensgruppe oder einer Gruppe von Unternehmen, die eine gemeinsame Wirtschaftstätigkeit ausüben, zeigt.

45 Vgl. auch für das deutsche Recht schon bislang *Göpfert/Meyer* NZA 2011, 486, 488, m.w.N.; vgl. auch BeckOK DatenSR-*Riesenhuber* § 32 BDSG Rn. 22 ff.

46 Insbesondere die offene Interessenabwägung gem. Art. 6 Abs. 1 UAbs. 1 lit. f dürfte eine taugliche Grundlage für die – maßvolle Weitergabe – bieten an Erwerbsinteressenten. Auch eine etwaige Zweckänderung ist nicht ausgeschlossen, lediglich in der Abwägung ist Art. 6 Abs. 4 zu berücksichtigen. Allerdings wären die Beschäftigten gem. Art. 13 Abs. 3 zu informieren.

DS-GVO orientieren werden. Es wird deshalb meist kein entscheidender Unterschied sein, ob die Datenverarbeitung auf Grund eines mitgliedstaatlichen Spezifizierungsrechtsaktes oder auf Grundlage der DS-GVO selbst erfolgt.

19 **2. Mögliche Regelungsgegenstände von mitgliedstaatlichen Spezifizierungsrechtsakten.** Nach hiesigem Verständnis des Art. 88 können die Mitgliedstaaten den Beschäftigtendatenschutz **umfassend regeln**. Dies beinhaltet nicht nur die Regelung der Rechtmäßigkeit einzelner Verarbeitungsvorgänge, sondern auch sämtliche weitere Bereiche der DS-GVO inklusive der Kernbereiche wie z.B. der Betroffenenrechte. Der Blick auf Art. 88 Abs. 2 bestätigt das Ergebnis. Die dortige Gestaltungsdirektive, Transparenz der Verarbeitung (Art. 88 Abs. 2) zu sichern, wäre nicht erforderlich, wenn die Art. 12 ff. ohnehin gälten (näher Rn. 6 ff.). Wegen der Notwendigkeit der Einhaltung der Grundrechte und -freiheiten sowie der Gestaltungsvorgaben nach Art. 88 Abs. 2 werden sich jedoch die wesentlichen Grundgedanken der DS-GVO, die ohnehin letztlich Ergebnis der Herstellung praktischer Konkordanz sind, auch in mitgliedstaatlichen Spezifizierungsrechtsakten wiederfinden müssen (näher Rn. 21).

20 **3. Partielle Regelung durch Spezifizierungsrechtsakte, subsidiäre Geltung der DS-GVO.** Soweit der nationale Gesetzgeber bzw. die Tarifvertrags- oder Betriebsparteien im vom nationalen Gesetzgeber dafür eröffneten Rahmen nur **Teilbereiche des Datenschutzes im Beschäftigungskontext** regeln, bleibt es bei der Anwendung entweder nationaler Spezifizierungsakte oder – soweit diese nicht bestehen – der DS-GVO.[47] Wird in einer Betriebsvereinbarung z.B. nur die Anwendung einer bestimmten Softwareanwendung geregelt, gilt für alle anderen Punkte (z.B. Rechte der Betroffenen) ohnehin die DS-GVO (bzw. der gesetzliche Spezifizierungsakt des Mitgliedstaates). Da dies der Regelfall sein wird, hat die DS-GVO auch für diesen Fall Vorsorge getroffen und z.B. für die Sanktionierung von Verstößen gegen Spezifizierungsrechtsakte in Art. 83 Abs. 5 lit. d Vorsorge getroffen. Wenn ein Spezifizierungsrechtsakt pauschal die Geltung der DS-GVO ausschließen sollte, wäre dies im Regelfall deshalb unbeachtlich, weil diese Regelung dann nicht den Gestaltungsanforderungen nach Art. 88 Abs. 2 genügt (Rn. 22 ff.).

21 Aus Gründen der Rechtssicherheit und -klarheit sollte daher in allen nationalen Spezifizierungsrechtsakten **klar benannt** werden, welche Punkte – z.B. die Rechtmäßigkeit der Verarbeitung als Spezifizierung von Art. 6 – geregelt werden und inwiefern es im Übrigen bei der Geltung der DS-GVO oder allgemeinerer mitgliedstaatlicher Spezifizierungsrechtsaktes bleiben soll. Es ist bedauerlich, dass der deutsche Gesetzgeber diese Frage bei § 26 BDSG nur unzureichend beachtet hat (näher Rn. 46 ff.).

III. Gestaltungsvorgaben für mitgliedstaatliche Spezifizierungsrechtsakte (Art. 88 Abs. 2)

22 Nach hiesigem Verständnis gelten die Regelungen der DS-GVO für Spezifizierungsrechtsakte **nicht unmittelbar**. Maßstäbe für die Spezifizierungsrechtsakte, bei deren Einhaltung dann nur die Spezifizierungsrechtsakte gelten, sind vielmehr:
- Art. 88 Abs. 2,
- im Übrigen die europäischen Grundrechte der Grundrechtscharta und die Grundfreiheiten.

47 Näher *Traut* RDV 2016, 312, 317.

1. Gestaltungsvorgaben nach Art. 88 Abs. 2. Nach Art. 88 Abs. 2 umfassen die mitgliedstaatlichen Spezifizierungsrechtsakte **angemessene und besondere Maßnahmen** zur Wahrung der menschlichen Würde und der berechtigten Interessen. Unter diesen sind besonders die Grundrechte der betroffenen Person im Hinblick auf die Transparenz der Verarbeitung, die Übermittlung personenbezogener Daten innerhalb einer Unternehmensgruppe oder einer Gruppe von Unternehmen, die eine gemeinsame Wirtschaftstätigkeit ausüben, und Überwachungssysteme am Arbeitsplatz relevant. 23

Derzeit ist weitgehend ungeklärt, was der Gesetzgeber unter angemessenen und besonderen Maßnahmen versteht und insbesondere, ob solche stets oder nur soweit im Einzelfall erforderlich ergriffen werden müssen.[48] Maßnahmen sind nach hiesigem Verständnis sowohl rechtliche als auch tatsächliche Schutzmaßnahmen, die besonderen Gefährdungen des Betroffenen Rechnung tragen sollen.[49] Rechtliche Maßnahmen können etwa besondere Transparenzanforderungen oder prozedurale Absicherungen wie z.B. die Einbindung des Betriebsrates bei Ermittlungsmaßnahmen sein. Tatsächliche Maßnahme ist etwa eine technische Beschränkung von Zugriffsmöglichkeiten oder anderen Maßnahmen des **privacy by design/by default**.[50] 24

Besonders sind die Maßnahmen, wenn sie – gemäß dem Abstraktionsgrad des jeweiligen Spezifizierungsrechtsaktes – auf die konkreten Gefährdungen aus der jeweiligen Verarbeitungssituation eingehen.[51] Angemessen sind sie, wenn die Verarbeitungssituation eine entsprechende Gefährdung darstellt. Insofern findet ein risikobasierter Ansatz Anwendung Maßnahmen sind demnach nur zu ergreifen, wenn die Verarbeitungssituation erhöhte Gefährdungen beinhaltet. Das wird der Fall sein, wenn eines der aufgezählten Beispiele vorliegt, also wenn etwa die Verarbeitung intransparent ist (z.B. Big-Data-Analysen), Daten konzernintern übermittelt werden oder Überwachungssysteme am Arbeitsplatz betrieben werden. Gleiches gilt in anderen Fällen mit entsprechender Gefährdung. 25

Bei der wichtigen Fallgruppe der konzerninternen Datentransfers[52] ist die Wertentscheidung aus ErwG 48 zu beachten. Dieser stellt klar, dass konzernangehörige Verantwortliche ein berechtigtes Interesse haben können, personenbezogene Daten innerhalb der Unternehmensgruppe für interne Verwaltungszwecke, einschließlich der Verarbeitung personenbezogener Daten von Kunden und Beschäftigten, zu übermitteln. Dies lässt sich als Wertentscheidung der DS-GVO für ein **kleines Konzernprivileg** im Sinne einer Anerkennung des Interesses an der Weitergabe z.B. im Rahmen der Gehaltsabrechnung oder von IT-Systemen lesen.[53] 26

Aus ErwG 155 ergibt sich wiederum, dass die Mitgliedstaaten die **Einwilligung** als Rechtsgrundlage der Datenverarbeitung im Beschäftigungsverhältnis nicht pauschal ausschließen können.[54] 27

---

48 Vgl. BeckOK DatenSR-*Riesenhuber* Art. 88 Rn. 78 ff.; Ehmann/Selmayr-*Selk* Art. 88 Rn. 106 ff.; eher knapp Gola-*Pötters* Art. 88 Rn. 12.

49 Ehmann/Selmayr-*Selk* Art. 88 Rn. 106 ff.: Nur tatsächliche Maßnahmen; tendenziell weiter BeckOK DatenSR-*Riesenhuber* Art. 88 Rn. 78 ff.

50 Vgl. insofern Ehmann/Selmayr-*Selk* Art. 88 Rn. 111.

51 BeckOK DatenSR-*Riesenhuber* Art. 88 Rn. 78 ff.

52 Umfassend dazu auch Ehmann/Selmayr-*Selk* Art. 88 Rn. 138 ff.

53 Ähnlich Paal/Pauly-*Pauly* Art. 88 Rn. 8.

54 BeckOK DatenSR-*Riesenhuber* Art. 88 Rn. 77; a.A. *Kort* ZD 2016, 555, 557.

28 **2. Herstellung praktischer Konkordanz europäischer Grundrechte und Grundfreiheiten.** Im Übrigen sind die Mitgliedstaaten frei unter Berücksichtigung der Grundrechte und Grundfreiheiten, eigenständige Regelungen des Beschäftigtendatenschutzes zu schaffen. Hierbei haben sie innerhalb des Geltungsbereiches nationalen Rechts einen **erheblichen Gestaltungsspielraum**. Dieser wird allerdings insofern eingeschränkt als im Beschäftigungskontext regelmäßig gegenläufige Interessen in Einklang zu bringen sind. Wesentliche Aufgabe der Mitgliedstaaten ist, diese durch Gewichtung und Abwägung von Grundrechten und -freiheiten im Wege der praktischen Konkordanz auszugleichen. Da auch die DS-GVO dieses Ziel verfolgt und der Gestaltungsspielraum durch das **Erfordernis praktischer Konkordanz** beschränkt ist, werden die Inhalte mitgliedstaatlicher Konkretisierungsrechte kaum weit von sich nach der DS-GVO ergebenden Ergebnissen und Leitlinien entfernen können. Gewisse Unterschiede können sich jedoch ergeben, weil die Mitgliedstaaten den bestehenden Einschätzungs- und Gestaltungsspielraum anders als der Unionsgesetzgeber ausüben können (Rn. 28 ff. sowie Rn. 40).

29 **a) Insbesondere: Rechtmäßigkeit der Verarbeitung.** Dies betrifft insbesondere Regelungen, die hinsichtlich der **Rechtmäßigkeit der Verarbeitung** (vgl. Art. 6) getroffen werden. Denn deren Rechtmäßigkeit bestimmt sich unmittelbar durch die Abwägung der gegenläufigen Interessen.[55] Hierbei kommt den Mitgliedstaaten, wie der EuGH schon für die DSRL betonte, ein weiter Einschätzungsspielraum zu. Mitgliedstaaten müssen lediglich ein Ergebnis (von mehreren möglichen) wählen, das mit der Grundrechtscharta in Einklang steht.[56]

30 Die Freiheit der Mitgliedstaaten nach Art. 88 Abs. 1 geht insofern **über die Umsetzungsspielräume nach Art. 5 DSRL** hinaus: Art. 5 DSRL erlaubte lediglich die Bestimmung der Voraussetzung der Rechtmäßigkeit der Verarbeitung und dies nur **innerhalb der Grenzen** der Art. 6 ff. DSRL. Der Wortlaut von Art. 88 Abs. 1 enthält diese Einschränkung nicht. Deshalb dürfte auch die Rechtsprechung des EuGH, wonach Umsetzungsrechtsakte der Datenschutzrichtlinie im Rahmen der Regelung der materiellen Rechtmäßigkeit der Verarbeitung lediglich Leitlinien für die Abwägung vorgeben, aber die von der Datenschutzrichtlinie vorgegebenen abwägungsoffener Tatbestände nicht pauschalierend ausschließen durften, [57] keine Anwendung mehr finden. Im Extremfall kann es daher – anders als noch gemäß Art. 5 DSRL – zulässig sein, durch Spezifizierungsrechtsakt pauschal bestimmte Einsatzzwecke zuzulassen oder auszuschließen. Dies darf indes nicht darüber hinwegtäuschen, dass der pauschale Ausschluss (oder auch die pauschale Erlaubnis) bestimmter Verarbeitungsvorgänge nicht dazu führen darf, dass Grundrechte nicht verwirklicht werden. Er wird also bei abstrakt-generellen Regelungen nur in Betracht kommen, wenn das weichende Grundrecht in allen denkbaren Fällen dem Gegeninteresse weichen muss, etwa weil es nur am Rande tangiert ist oder aber stets zumutbare Ausweichmöglichkeiten bestehen. Dies dürfte in der Praxis ein absoluter Ausnahmefall sein.

---

55 Vgl. nur *Thüsing* § 3 Rn. 36 ff.

56 *EuGH* v. 6.11.2003 – C-101/01, Slg 2003, I-12971 Rn. 90 (Lindqvist); *EuGH* v. 24.11.2011 – C-468/10 u.a., Slg 2011, I-12181 Rn. 35 (ASNEF), Rn. 43; vgl. auch *EuGH* v. 29.1.2008 – C-275/06, Slg 2008, I-271 (Promusicae) Rn. 67f.

57 *EuGH* v. 24.11.2011 – C-468/10 u.a., Slg 2011, I-12181 Rn. 35 ff., insb. 47 (ASNEF) m.w.N.

Eine **Pauschalierung** ist daher eher zulässig, je konkreter der Regelungsgegenstand ist, weil die Auswirkungen einfacher überblickt werden können. Schließlich spielt es eine wesentliche Rolle, ob der konkret beeinträchtigte Grundrechtsträger der Regelung zugestimmt hat (wie etwa der Arbeitgeber einer nicht durch die Einigungsstelle beschlossenen Betriebsvereinbarung zur Videoüberwachung). Anlässlich z.B. der Einführung einer Videoüberwachungsanlage zur Überwachung bestimmter Maschinen dürfte es mit Zustimmung des Arbeitgebers möglich sein, diese pauschal auf diesen Zweck zu beschränken. 31

Gestaltungshinweis:

In der Praxis sollten klare Regelungen geschaffen werden. Diese sollten mit einer Öffnungsklausel für eine offene Abwägung in besonderen Situationen versehen werden. Damit wird auch für den Fall vorgesorgt, dass der EuGH im Gegensatz zur hier vertretenen Rechtsansicht Pauschalierungen nicht für zulässig hält. 32

b) Insbesondere: Betroffenenrechte. Die Art. 12 ff. sind die **Magna Charta des Datenschutzes** und als solche letztlich Ausprägungen grundrechtlicher Wertungen. Daher sind die Anliegen dieser Regelungen und ihre weitgehende Verwirklichung auch von den Mitgliedstaaten bei der Schaffung von Spezifizierungsrechtskaten zu berücksichtigen sein.[58] Auch diese Berücksichtigung muss aber nicht 1:1 erfolgen.[59] Für die Praxis dürften die einschlägigen Regelungen der DS-GVO – obwohl sie gerade keine unmittelbare Anwendung finden – dennoch als **Maßstab und Orientierungspunkt** dienen. 33

Insbesondere die Verwirklichung namentlich der in Art. 13 f. (Recht auf Information), Art. 15 (Recht auf Auskunft), Art. 16 (Recht auf Berichtigung) und Art. 17 (Recht auf Löschung) genannten Rechte – aber eben nicht in allen Details in ihrer Ausprägung gem. der DS-GVO[60] – muss auch in Spezifizierungsrechtsakten effektiv sichergestellt sein. Dies dürfte aus Art. 88 Abs. 2 ebenso folgen wie unmittelbar aus Art. 8 GRCh. 34

Die **Beschränkung** dieser grundlegenden Rechte kann daher lediglich **in Randbereichen** zulässig sein. So dürfte z.B. die Aufbewahrung von Unterlagen in der Personalakte oder Löschfristen[61] pauschal geregelt werden können. Ebenfalls zulässig sein dürfte z.B. der Ausschluss des Berichtigungsrechts, wenn es um für das Persönlichkeitsrecht des Betroffenen völlig irrelevante Fehler (etwa ein falsch geschriebener Name in einer internen Mitteilung) geht. Beschränkungen sind ferner denkbar, wenn z.B. der Aufwand des Auffindens von Daten in keinem Verhältnis zum bewirkten Grundrechtsschutz steht – etwa wenn ein umfangreiches Archiv zum Auffinden v.g. Schreibfehlers oder etwaig zu löschender Restdaten durchsehen werden müsste. 35

Gestaltungshinweis:

Angesichts der bestehenden Rechtsunsicherheit wird es in vielen Fällen sinnvoll sein, es bei der Anwendbarkeit der Art. 12 ff. zu belassen, aber konkrete, auf den Fall bezogene **Auslegungshinweise für die unbestimmten Rechtsbegriffe** zu regeln. Im Arbeitsverhältnis wird beispielsweise geregelt werden können, wann nach Art. 17 Abs. 1 lit. c vorrangige 36

58 Vgl. auch *Wybitul* ZD 2016, 203, 207 und Paal/Pauly-*Pauly* Art. 88 Rn. 11: Inbezugnahme oder Wiedergabe dieser Regelungen eine Minimalanforderung.
59 Denn wiederum wäre sonst Art. 88 Abs. 2 z.B. in Hinblick auf die Transparenz unnötig.
60 So wohl auch *Wybitul* ZD 2016, 203, 207.
61 *Wybitul* ZD 2016, 203, 207.

berechtigte Interessen vorliegen – z.B. weil der Arbeitgeber Daten über viele Jahre noch für einen etwaigen späteren Kündigungsrechtsstreit benötigt (vgl. auch Art. 17 Abs. 3 lit. e.[62] Ebenso wird z.B. geregelt werden können, dass **Informationspflichten durch betriebsübliche Mittel** (z.B. Aushang am schwarzen Brett oder im Intranet) erfüllt werden können. Auch ein **gestuftes Informationsverfahren** (z.B. grundlegende Information jedes Mitarbeiters, detaillierte Information des Betriebsrates, bei dem die Betroffenen ggf. weiteren Informationen einholen können) ist denkbar.

37 **3. Keine Bindung an Schutzniveau der DS-GVO.** Vor dem Hintergrund der obigen Ausführungen beantwortet sich aus hiesiger Sicht auch die Frage, ob Spezifizierungsrechtsakte vom Schutzniveau der DS-GVO nach oben oder unten abweichen dürfen.[63] Nach hiesigem Verständnis erlaubt Art. 88 Abs. 1 den Mitgliedstaaten, für den Bereich des Beschäftigtendatenschutzes **eigenständige, sektorspezifische Datenschutzregelungen** zu schaffen, welche die (europäischen) Grundrechte und -freiheiten von Betroffenen und Verantwortlichen für alle Regelungsbereiche der DS-GVO eigenständig zum Ausgleich bringen (Rn. 8 ff.). Diese Spezifizierungsrechtsakte können daher unter Ausnutzung des bestehenden Einschätzungs- bzw. Abwägungsspielraums insbesondere **sowohl restriktiver als auch großzügiger Verarbeitungsoperationen zulassen** als die DS-GVO. Dies bedeutet jedoch gerade kein Mehr oder Weniger an Grundrechtsschutz. Im nicht-öffentlichen Bereich ergibt sich Datenschutz in praktischer Konkordanz der Grundrechte von dem Betroffenen und Verantwortlichen.[64] Was dem einen genommen wird, erhält der andere als zusätzliche Freiheitsgrade. Gerade deshalb ist aber auch die Sorge vor einem Ausverkauf des Datenschutzes im Beschäftigungskontext unbegründet. Dem steht die Anforderung der Wahrung auch der Rechte der Betroffenen in praktischer Konkordanz entgegen. Schon deshalb werden sich die Inhalte mitgliedstaatlicher Spezifizierungsrechtsakte nicht wesentlich von der DS-GVO entfernen können (Rn. 27 ff.).

IV. Mitgliedstaatliche Spezifizierungsrechtsakte

38 Spezifischere Vorschriften können Mitgliedstaaten durch Rechtsvorschriften oder durch Kollektivvereinbarungen vorsehen. Der Begriff der **Rechtsvorschriften** umfasst hierbei die Gesamtheit der Regelungen der mitgliedstaatlichen Rechtsordnung, insbesondere gesetzliche und untergesetzliche Regelungen.[65] Allerdings muss die nationale

---

62 Vgl. nur *BAG* AP BGB § 626 Nr. 229 Rn. 47, wonach für eine Kündigung eine Rolle spielt, ob ein Arbeitsverhältnis über viele Jahre ungestört war; vgl. auch differenzierend *BAG* BAGE 142, 331: Der Arbeitnehmer kann die Entfernung einer zu Recht erteilten Abmahnung aus seiner Personalakte nur dann verlangen, wenn das gerügte Verhalten für das Arbeitsverhältnis in jeder Hinsicht bedeutungslos geworden ist.

63 Keine Abweichung nach unten: Paal/Pauly-*Pauly* Art. 88 Rn. 4; Ehmann/Selmayr-*Selk* Art. 88 Rn. 62; Syndow/*Tiedemann* Art. 88 Rn. 7; *Düwell/Brink* NZA 2016, 665, 666 f.; *Gola/Pötters/Thüsing* RDV 2016, 57, 59 f.; *Körner* NZA 2016, 1383 f.; *Wybitul/Sörup/Pötters* ZD 2015, 559, 561; *Kort* DB 2016, 711, 714f.; wohl auch *Wybitul* ZD 2016, 203, 206. Keine Abweichung nach unten oder oben: Kühling/Buchner-*Maschmann* Art. 88 Rn. 40; *Franzen* EuZA 2017, 313, 345. Wie hier: BeckOK DatenSR-*Riesenhuber* Art. 88 Rn. 67; *Jerchel/Schubert* DuD 2016, 782, 783; *Traut* RDV 2016, 312, 314; offener nunmehr auch Gola/*Pötters* Art. 88 Rn. 18 ff.

64 Vgl. nur *Pötters/Traut* RDV 2013, 132 ff.

65 BeckOK DatenSR-*Riesenhuber* Art. 88 Rn. 50; Kühling/Buchner-*Maschmann* Art. 88 Rn. 23; ggf. enger Gola/*Pötters* Art. 88 Rn. 11 (Gesetzgebung).

Rechtsgrundlage klar und präzise sein, d.h. in ihrer Anwendung für den Rechtsunterworfenen vorhersehbar sein (vgl. ErwG 41). Dem wird eine bloße höchstrichterliche Rechtsprechung oder richterliche Rechtsfortbildung jedenfalls im Regelfall nicht genügen.[66]

Kollektivvereinbarungen sind nur dann Spezifizierungsrechtsakte, wenn sie den Anforderungen des Unions- und des mitgliedstaatlichen Rechts genügen:[67] **39**

- Erstens muss es sich um eine Kollektivvereinbarung im Sinne des Art. 88 Abs. 1 handeln. Dieser Begriff ist **autonom unionsrechtlich** und – ebenso wie der Begriff der Beschäftigung (Rn. 13) – weit auszulegen. Er umfasst nicht nur Tarifverträge, sondern auch Betriebsvereinbarungen wie in ErwG 155 ausdrücklich klargestellt wird. Ebenso erfasst sind jedoch z.B. auch Dienstvereinbarungen des Personalvertretungsrechts.[68] Auch Einigungsstellensprüche unterfallen dem unionsrechtlichen Begriff der Kollektivvereinbarung, soweit sie nach nationalem Recht eine solche ersetzen.[69]
- Zweitens muss das **mitgliedstaatliche Recht** eine Rechtsgrundlage für die Spezifizierung des Beschäftigtendatenschutzes durch eine solche Kollektivvereinbarungen schaffen. Die DS-GVO schafft keine eigenständige Grundlage für Kollektivvereinbarungen,[70] sondern erlaubt lediglich den Mitgliedstaaten, Kollektivvereinbarungen als Rechtsakte anzuerkennen und ihnen die Wirkung eines Spezifizierungsrechtsaktes nach Art. 88 Abs. 1 zuzuweisen. Das mitgliedstaatliche Recht muss also im Ergebnis die in Art. 88 Abs. 1 dem Mitgliedstaat insgesamt eröffnete Regelung des Beschäftigtendatenschutzes für Kollektivvereinbarung öffnen. Diese Öffnung kann dabei aus der Warte des Unionsrechts vollständig oder teilweise erfolgen.

Kollektivvereinbarungen müssen damit als Spezifizierungsrechtsakte gemäß Art. 88 Abs. 1 also im Ergebnis zwei Schranken einhalten[71]: Die des Art. 88 und die Regelungen des nationalen Rechts, welche den Kollektivvereinbarungen Rechtskraft verleihen und eine Konkretisierung von Datenschutzregelungen erlauben. Der mögliche Regelungsinhalt von Kollektivvereinbarungen als Spezifizierungsrechtsakte nach Art. 88 Abs. 1 kann damit durch das mitgliedstaatliche Recht weiter begrenzt werden (näher zum deutschen Recht Rn. 52). **40**

Bei der Schaffung von Spezifizierungsrechtsakten kommt den Mitgliedstaaten ein **Gestaltungs- und Einschätzungsspielraum** zu. Die Mitgliedstaaten sind insbesondere befugt, den Einschätzungsspielraum des Gesetzgebers bei der Gewichtung und Abwä- **41**

---

66 Kühling/Buchner-*Maschmann* Art. 88 Rn. 23; a.A. BeckOK DatenSR-*Riesenhuber* Art. 88 Rn. 50; *Franzen* EuZA 2017, 313, 347.

67 Näher *Traut* RDV 2016, 312, 312 f.

68 So auch das Verständnis des deutschen Gesetzgebers: BT-Drucks. 18/11325, S. 97.

69 Ehmann/Selmayr-*Selk* Art. 88 Rn. 82 ff.

70 Wegen der begrenzten Kompetenzen im Koalitionsrecht (Art. 153 Abs. 4 AEUV) könnte die DS-GVO auch keine eigenständige Rechtsgrundlage für Kollektivvereinbarungen darstellen, auch nicht, soweit es sich um Durchführungsakte für Unionsrecht handelt, *Thüsing/Traut* RdA 2012, 65, insb. 66 f. Dies dürfte im Ergebnis auch für Betriebsvereinbarungen gelten.

71 Womit das Arbeitsrecht um eine weitere 2-Schranken-Theorie reicher ist, vgl. zur betriebsverfassungsrechtlichen nur GK/*Kreutz* BetrVG, 10. Aufl. 2014, § 77 Rn. 118 ff.; *Waltermann* Rechtsetzung durch Betriebsvereinbarung zwischen Privatautonomie und Tarifautonomie, 1996, S. 285 ff.; beide m.w.N.

gung der widerstreitenden Grundrechts- und Grundfreiheitspositionen eigenständig auszuüben.[72]

42 Nach der Rechtsprechung des EuGH haben auch die Tarifvertragsparteien als Sozialpartner einen **weiten Gestaltungsspielraum**.[73] Entsprechend nimmt der EuGH seine Kontrolldichte auch für Vereinbarungen der Sozialpartner (namentlich Tarifverträge) zurück. Beides wird für Tarifverträge nach deutschem nationalem Recht ähnlich gesehen. Hinsichtlich Vereinbarungen der Betriebsparteien sind jedoch jedenfalls die nationale deutsche Rechtsprechung und die deutsche Literatur wesentlich zurückhaltender. Betriebsvereinbarungen haben nach nationalem Verständnis nicht dieselbe Richtigkeitsgewähr wie Tarifverträge.[74] Entsprechend ist auch die gerichtliche Kontrolldichte nicht in demselben Umfang zurückgenommen.

43 Der EuGH hat, soweit ersichtlich, etwaige Unterschiede zwischen Tarifverträgen und Betriebsvereinbarungen in seiner Rechtsprechung noch nicht umfangreich geprüft oder untersucht. Jedenfalls in der Rechtssache Odar hat er jedoch einen zwischen Arbeitgeber und Betriebsrat vereinbarten Sozialplan, also eine Betriebsvereinbarung, als Sozialpartnervereinbarung angesehen. Entsprechend hat er auch den Betriebsparteien einen weiten Ermessensspielraum vergleichbar den Tarifvertragsparteien zugebilligt.[75] Dies spricht dafür, dass europarechtlich Tarifverträge und Betriebsvereinbarungen als Spezifizierungsrechtsakte nach Art. 88 Abs. 1 gleich zu behandeln sind.[76]

Praxishinweis:

44 Gerade angesichts der Scharnierfunktion von Art. 88 Abs. 2 und angesichts fehlender anderweitiger Anhaltspunkte ist zu erwarten, dass die Regelungen der DS-GVO dennoch in der Praxis als **Maßstab für Spezifizierungsrechtsakte** dienen werden. Die Testfrage wird sein: Ist diese vorgenommene Abweichung von der DS-GVO noch mit den Grundrechten und -freiheiten und Art. 88 Abs. 2 vereinbar? Bei eigenen Gestaltungen sollte man von der DS-GVO als sicherer Basis ausgehen. Im Zweifel sollten nur die notwendigen und überschaubaren Abweichungen geregelt werden.

45 Nach Art. 88 Abs. 3 besteht eine **Mitteilungspflicht der Mitgliedstaaten** hinsichtlich erlassener Spezifizierungsrechtsakte. Die bis zum Inkrafttreten der DS-GVO erlassenen Spezifizierungsrechtsakte sind der Kommission spätestens mit dem Inkrafttreten mitzuteilen. Spätere Änderungen bzw. der Erlass neuer Spezifizierungsrechtsakte sind unverzüglich mitzuteilen. Diese Verpflichtung bezieht sich nicht auf Kollektivvereinbarungen.[77]

---

72 Vgl. zum bereits weiten Gestaltungsspielraum bei dem Ausgleich der Grundrechte im Rahmen von Art. 5 der Datenschutzrichtlinie 95/46/EG: *EuGH* v. 6.11.2003 – C-101/01, Slg 2003, I-12971 Rn. 83 (Lindqvist); *EuGH* v. 24.11.2011 – C-468/10 u.a., Slg 2011, I-12181 Rn. 35 (ASNEF); allgemein zum Einschätzungsspielraum bei der Gesetzgebung der Mitgliedstaaten insb. *EuGH* v. C-40/02, Slg. 2003, I-12647 Rn. 48 (Scherndl); *Jarass* Charta der Grundrechte der EU, Art. 52 Rn. 46 f.; vgl. auch oben Rn. 28 ff.

73 Anerkannt insbesondere im Bereich der Diskriminierungsrichtlinie 2000/78/EG bei der Rechtfertigung altersdiskriminierender tariflicher Regelungen vgl. nur *EuGH* v. 12.10.2010 – C-45/09, Slg 2010, I-9391 Rn. 41 (Rosenbladt); *EuGH* v. 5.10.2012 – C-141/11, ECLI:EU:C:2012:421, Hörnfeldt, Rn. 32; *EuGH* v. 8.9.2011 – C-297/10 u.a. (Hennigs und Mai), Rn. 98.

74 Umfassende Darstellung bei *Preis/Ulber* RdA 2013, 211, 212.

75 *EuGH* v. 6.12.2012 – C-152/11, ECLI:EU:C:2012:772, Odar, Rn. 96.

76 *Traut* RDV 2016, 312, 317 f.

77 *Gola/Pötters* Art. 88 Rn. 13.

V. System des deutschen Beschäftigtendatenschutzes: Zusammenspiel von insb. BDSG, TVG, BetrVG und Personalvertretungsrecht

Das System des deutschen Beschäftigtendatenschutzes ergibt sich aus einem Zusammenspiel von BDSG und – soweit Kollektivvereinbarungen in Rede stehen – TVG, BetrVG und Personalvertretungsrecht (Rn. 40). Zentrale Regelung ist der durch das DSAnpUG-EU im neu gefassten BDSG eingeführte **§ 26 BDSG**. Dieser schreibt im Grund die Vorgängerregelung § 32 BDSG a.F. fort.[78] **46**

Entsprechend beschränkt sich der Regelungsgehalt im Wesentlichen – wie schon die Einordnung in das Kapitel Rechtsgrundlagen der Verarbeitung nahelegt – auf eine Spezifizierung der **Rechtmäßigkeit der Verarbeitung** und damit des Art. 6 (§ 26 BDSG Rn. 5 ff.). Inhaltlich sollten damit die bereits geltenden Rechtfertigungstatbestände und die dazu ergangene Rechtsprechung bestätigt werden.[79] Wegen des weiten Gestaltungsspielraums der Mitgliedstaaten wird man sich damit für den Bereich der Rechtmäßigkeit der Verarbeitung weitestgehend an der bisherigen Praxis orientieren können.[80] Für die **Rechtmäßigkeit einzelner Verarbeitungsoperationen** siehe die Kommentierung von Thüsing/Schmidt in § 26 BDSG Rn. 5 ff. **47**

Hinzu treten, soweit Kollektivvereinbarungen nicht in Rede stehen, lediglich eine Regelung zum Umgang mit besonderen Kategorien personenbezogener Daten (§ 26 Abs. 3 BDSG), deklaratorische Feststellungen in § 26 Abs. 5–7 BDSG, die aus § 32 Abs. 3 BDSG a.F. bereits bekannte Ausweitung auf nicht-automatisierte Verarbeitung (§ 26 Abs. 6 BDSG) sowie eine Regelung des persönlichen Anwendungsbereichs (§ 26 Abs. 8 BDSG). Im Ergebnis hat sich damit der deutsche Gesetzgeber auf den Erlass von Spezifizierungsrechtsakten für den Bereich der Rechtmäßigkeit der Verarbeitung beschränkt. **Außerhalb des Bereichs der Rechtmäßigkeit der Verarbeitung gilt** damit auch im deutschen Beschäftigtendatenschutz jedenfalls nach der gesetzlichen Lage grundsätzlich die **DS-GVO pur**. Dies betrifft insbesondere die wichtigen Bereiche der Betroffenenrechte, des Datentransfers in Drittstaaten und der formalen Vorgaben. Insofern sind nur noch die im allgemeinen Teil des BDSG enthaltenen Abweichungen zu berücksichtigen. **48**

Derzeit nicht geklärt ist, ob sich auch **Kollektivvereinbarungen** ausschließlich auf eine Regelung der Rechtmäßigkeit der Verarbeitung beschränken müssen. Nach dem Wortlaut von § 26 Abs. 4 S. 1 BDSG ist die Verarbeitung personenbezogener Daten, einschließlich besonderer Kategorien personenbezogener Daten, von Beschäftigten für Zwecke des Beschäftigungsverhältnisses auf der Grundlage von Kollektivvereinbarungen zulässig. Diese Formulierung spricht zunächst dafür, dass sich das Gesetz auch hier auf eine Regelung der Rechtmäßigkeit der Verarbeitung beschränkt. Dies entspräche auch der bisherigen Funktion von Kollektivvereinbarungen als andere Vorschrift i.S.d. § 4 Abs. 1 BDSG a.F.[81] In der amtlichen Begründung des Gesetzes geht der Gesetzgeber jedoch von einem wesentlich weiteren Regelungsbereich aus: Danach solle die Regelung in § 26 Abs. 4 BDSG klarstellen, dass „Tarifverträge, **49**

---

78 BeckOK DatenSR-*Riesenhuber* Art. 88 Rn. 100; *Thüsing* BB 2016, 2165.

79 BT-Drucks. 18/11325, S. 96 f.; vgl. auch *Thüsing/Schmidt* § 26 BDSG Rn. 1 ff.

80 Vgl. auch die Kommentierung von *Thüsing/Schmidt* § 26 BDSG Rn. 4; vgl. auch *Gola/Thüsing/Schmidt* DuD 2017, 244.

81 Dazu näher nur Thüsing-*Thüsing/Granetzny* Beschäftigtendatenschutz, 2. Aufl. 2014, § 4 Rn. 4 ff.

Betriebsvereinbarungen oder Dienstvereinbarungen weiterhin die Rechtsgrundlage für Regelungen zum Beschäftigtendatenschutz bilden können. Sie sollen den Verhandlungsparteien der Kollektivvereinbarungen die Ausgestaltung eines auf die betrieblichen Bedürfnisse zugeschnittenen Beschäftigtendatenschutzes ermöglichen".[82]

50 Ein solch weitgehendes Verständnis des Gesetzgebers spricht dafür, dass durch **Kollektivvereinbarung umfassende Regelungen des Datenschutzes** ohne Beschränkung nur auf den Gegenstand Rechtmäßigkeit der Verarbeitung möglich sind. Einen Ansatz auch für dieses weitergehende Verständnis bietet bereits § 26 Abs. 4 BDSG selbst. Dessen S. 2 verweist auf Art. 88 Abs. 2. Gegenstand dieser Verweisung ist damit auch der Auftrag, insb. Grundrechte und Transparenz der Verarbeitung sicherzustellen. Dies gibt auch im Wortlaut von § 26 Abs. 4 BDSG einen Anhalt dafür, dass er – entsprechend der Begründung – die Regelung des Beschäftigtendatenschutzes für Kollektivvereinbarung umfassend öffnet.

51 Zusätzlich oder auch alternativ könnte man derartige Regelungen weiterer Gegenstände des Beschäftigtendatenschutzes möglicherweise auch auf das **allgemeine Betriebsverfassungs- bzw. Tarifrecht** stützen.[83] Es ist jedenfalls anerkannt, dass grundsätzlich alle materiellen oder formellen Arbeitsbedingungen, soweit sie nicht dem Tarifvorbehalt bzw. -vorrang unterliegen, Gegenstand einer Betriebsvereinbarung sein können.[84] Ebenfalls lassen sich Fragen des Beschäftigtendatenschutzes auch jenseits der Rechtmäßigkeit der Verarbeitung als der Tarifmacht unterfallende betriebliche Fragen i.S.d. § 1 Abs. 1 TVG begreifen. Auch dieses Verständnis würde – soweit man nicht in § 26 Abs. 4 BDSG die entsprechende Rechtsgrundlage sehen möchte – jedenfalls durch dessen gesetzgeberische Begründung gestützt.

52 Regelungen in Kollektivvereinbarungen müssen neben den **Vorgaben der DS-GVO** (oben Rn. 14 ff. und 22 ff.) auch die **Schranken des nationalen Rechts** einhalten (Rn. 40).[85] Dies sind für Tarifverträge insbesondere die Grenzen der Tarifmacht und der Grundrechte. Für Betriebsvereinbarung sind insb. die inhaltlichen Schranken des BetrVG, vor allem § 75 Abs. 2 BetrVG, einzuhalten.[86] Es wird überwiegend erwartet, dass die Rechtsprechung die dort bisher entwickelten Anforderungen weiterhin beibehalten wird.[87] Würde man entgegen der hier vertretenen Ansicht davon ausgehen, dass § 26 Abs. 4 BDSG datenschutzrechtliche Regelungen in Kollektivvereinbarungen auf Regelungen der Rechtmäßigkeit der Verarbeitung beschränkt, wäre auch diese Schranke zu berücksichtigen.

---

82 BT-Drucks. 18/11325, S. 98.

83 Zum Personalvertretungsrecht vgl. Thüsing-*Thüsing/Granetzny* Beschäftigtendatenschutz, § 4 Rn. 18.

84 *BAG* NZA 2006, 393, Rn. 16 unter Verweis auf *BAG* BAGE 63, 211; zustimmend ErfK-*Kania* § 77 Rn. 36.

85 2-Schranken, vgl. *Traut* RDV 2016, 312, 312 f.

86 Damit scheidet etwa die Regelung der Verarbeitung von Daten arbeitnehmerähnliche Personen aus.

87 *Taeger/Rose* BB 2016, 819, 828; *Wybitul* ZD 2016, 203, 207; differenzierend *Thüsing/Schmidt* § 26 BDSG Rn. 18 ff.

C. Praxishinweise

I. Relevanz für (nicht)öffentliche Stellen

Relevanz für öffentliche und nichtöffentliche Stellen ergibt sich in ihrer Funktion als Arbeitgeber. Verarbeitungstätigkeiten, die bisher (zu Recht) auf Grundlage von § 32 Abs. 1 BDSG a.F. erfolgten, dürften im Regelfall auch nach § 26 Abs. 1 BDSG zulässig bleiben. **Spezifischer Anpassungsbedarf** wird jedoch insbesondere hinsichtlich folgender Punkte bestehen: **53**

- Überprüfung und ggf. Anpassung von Verarbeitungsprozessen, bei denen **besondere Kategorien personenbezogenener Daten** nach Art. 9 verarbeitet wurde, auch im Hinblick auf Anforderungen nach § 26 Abs. 3 BDSG
- Überprüfung von bisher auf die **Einwilligung** der Beschäftigten gestützte Verarbeitungstätigkeiten und ggf. Ersetzung der Rechtsgrundlage oder Einführung eines Einwilligungsmanagements (z.B. im Hinblick auf Widerruflichkeit der Einwilligung)
- Überprüfung und Anpassung von Prozessen an **Betroffenenrechte** der Beschäftigten nach DS-GVO
- Überprüfung von **Kollektivvereinbarungen** auf Vereinbarkeit mit den Vorgaben der DS-GVO; ggf. vorsorgliche Beschränkung vorhandener Regelungen auf Rechtmäßigkeit der Verarbeitung (Rn. 49 ff.)

Bei dem **Neuabschluss von Kollektivvereinbarungen** bietet sich unter dem Gesichtspunkt von Art. 88 insb. die Beachtung folgender Punkte an: **54**

1. Klare Definition des Regelungsumfangs
   - Entscheidung: Beschränkung auf materielle Rechtmäßigkeit der Verarbeitung oder umfassende Regelung (Rn. 49 ff.)
   - Inhalt: Herausarbeitung des genauen Regelungsumfangs und wo eine Ersetzung von Regelungen der DS-GVO erfolgen soll.
2. Einhaltung Vorgaben DS-GVO
   - Art. 88 Abs. 2 – angemessene und besondere Maßnahmen erforderlich (Rn. 23 ff.)?
   - Herstellung praktischer Konkordanz der gegenläufigen Interessen – ggf. Aufnahme vorsorgliche Öffnungsklausel für offene Abwägung (Rn. 32).
   - Bei der Gestaltung sollte man von der DS-GVO als sicherer Basis ausgehen. Etwaige Abweichungen sollten bewusst nach entsprechender Prüfung erfolgen (Rn. 44).
3. Einhaltung Vorgaben nationales Recht (insb. BetrVG, TVG)
   - Orientierung an der bisherigen Rechtsprechung und Literatur nach h.M. weiterhin möglich (Rn. 52).

II. Relevanz für betroffene Personen

Soweit nicht in Spezifizierungsrechtsakten konkret abweichende Regelungen getroffen werden, haben betroffene Personen **alle Rechte nach der weiter anwendbaren DS-GVO** (Rn. 20). Dies wird der Regelfall sein, da derzeit nach deutschem Recht nur in sehr eingeschränktem Umfang gesetzliche Spezifizierungsrechtsakte für den Beschäftigtendatenschutz bestehen und diese zudem die Betroffenenrechte unangetastet lassen. Auch bei Kollektivvereinbarungen wird eine Abweichung von Vorgaben der DS-GVO, auch wenn nach hiesiger Ansicht möglich, die Ausnahme sein. **55**

III. Relevanz für Aufsichtsbehörden

56 Hinsichtlich Zuständigkeit, Aufgaben und Befugnissen der Aufsichtsbehörden gelten jedenfalls nach heutigem Stand die allgemeinen Vorschriften der DS-GVO und des BDSG. Im Beschäftigungskontext ist zu berücksichtigen, dass häufig statt einer federführenden Aufsichtsbehörde nach Art. 56 Abs. 2 die Zuständigkeit einer **lokalen Aufsichtsbehörde** gegeben sein wird. Nach ErwG 127 ist eine lokale Zuständigkeit im Regelfall gegeben, wenn es um die Verarbeitung von personenbezogenen Daten von Arbeitnehmern im spezifischen Beschäftigungskontext eines Mitgliedstaats geht.

IV. Relevanz für das Datenschutzmanagement

57 Siehe die Kommentierung zu Rn. 53.

V. Sanktionen

58 Verstöße gegen Art. 88 als solche sind nicht unmittelbar sanktioniert. Soweit mitgliedstaatliche Spezifizierungsrechtsakte (einschließlich Kollektivvereinbarungen) nicht den Anforderungen von Art. 88 genügen, greift vielmehr schlicht der Anwendungsvorrang gegenüber den allgemeinen Vorschriften der DS-GVO nicht ein. Damit bleiben die allgemeinen Vorschriften der DS-GVO anwendbar. Verstöße gegen diese werden dann nach den allgemeinen Regeln sanktioniert (vgl. Kommentierung zu Kapitel VIII.). Zu berücksichtigen ist jedoch, dass Verantwortliche und Auftragsverarbeiter kein Verschulden für Verstöße gegen die DS-GVO trifft, soweit sie sich berechtigterweise auf die vorrangige Anwendung des Spezifizierungsrechtaktes verlassen durften und diesen eingehalten haben.

59 Auch soweit Spezifizierungsrechtsakte den Anforderungen der DS-GVO genügen, gelten solange die allgemeinen Sanktionsmechanismen, wie die Spezifizierungsrechtsakte selbst keine eigenständigen, angemessenen Sanktionsregelungen vorsehen. Dies ist nach derzeitigem Stand nicht erfolgt, so dass es jedenfalls einstweilen bei der Geltung der allgemeinen Sanktionsregelungen bleibt. Von besonderer Bedeutung ist insofern **Art. 83 Abs. 5 lit. d**, der für einen Verstoß gegen Rechtsvorschriften, die von den Mitgliedstaaten nach Art. 88 Abs. 1 erlassen wurden, Geldbußen von bis zu 20 000 000 EUR bzw. von bis zu 4 % des weltweit erzielten Jahresumsatzes vorsieht. Dieser Tatbestand **gilt jedoch nicht für Verstöße gegen Pflichten aus Kollektivvereinbarungen**. Nach dem Wortlaut muss es sich nämlich um erlassene Rechtsvorschriften handeln. Insofern kann auf die Argumentation zur Meldepflicht nach Art. 88 Abs. 3 verwiesen werden (Rn. 45).

Anhang

§ 26 BDSG Datenverarbeitung für Zwecke des Beschäftigungsverhältnisses

(1) Personenbezogene Daten von Beschäftigten dürfen für Zwecke des Beschäftigungsverhältnisses verarbeitet werden, wenn dies für die Entscheidung über die Begründung eines Beschäftigungsverhältnisses oder nach Begründung des Beschäftigungsverhältnisses für dessen Durchführung oder Beendigung oder zur Ausübung oder Erfüllung der sich aus einem Gesetz oder einem Tarifvertrag, einer Betriebs- oder Dienstvereinbarung (Kollektivvereinbarung) ergebenden Rechte und Pflichten der Interessenvertretung der Beschäftigten erforderlich ist. Zur Aufdeckung von Straftaten dürfen personenbezogene Daten von Beschäftigten nur dann verarbeitet werden, wenn zu dokumentierende tatsächliche Anhaltspunkte den Verdacht begründen, dass die betroffene Person im Beschäftigungsverhältnis eine Straftat begangen hat, die Verarbeitung zur Aufdeckung erforderlich ist und das schutzwürdige Interesse der oder des Beschäftigten an dem Ausschluss der Verarbeitung nicht überwiegt, insbesondere Art und Ausmaß im Hinblick auf den Anlass nicht unverhältnismäßig sind.

(2) Erfolgt die Verarbeitung personenbezogener Daten von Beschäftigten auf der Grundlage einer Einwilligung, so sind für die Beurteilung der Freiwilligkeit der Einwilligung insbesondere die im Beschäftigungsverhältnis bestehende Abhängigkeit der beschäftigten Person sowie die Umstände, unter denen die Einwilligung erteilt worden ist, zu berücksichtigen. Freiwilligkeit kann insbesondere vorliegen, wenn für die beschäftigte Person ein rechtlicher oder wirtschaftlicher Vorteil erreicht wird oder Arbeitgeber und beschäftigte Person gleichgelagerte Interessen verfolgen. Die Einwilligung bedarf der Schriftform, soweit nicht wegen besonderer Umstände eine andere Form angemessen ist. Der Arbeitgeber hat die beschäftigte Person über den Zweck der Datenverarbeitung und über ihr Widerrufsrecht nach Artikel 7 Absatz 3 der Verordnung (EU) 2016/679 in Textform aufzuklären.

(3) Abweichend von Artikel 9 Absatz 1 der Verordnung (EU) 2016/679 ist die Verarbeitung besonderer Kategorien personenbezogener Daten im Sinne des Artikels 9 Absatz 1 der Verordnung (EU) 2016/679 für Zwecke des Beschäftigungsverhältnisses zulässig, wenn sie zur Ausübung von Rechten oder zur Erfüllung rechtlicher Pflichten aus dem Arbeitsrecht, dem Recht der sozialen Sicherheit und des Sozialschutzes erforderlich ist und kein Grund zu der Annahme besteht, dass das schutzwürdige Interesse der betroffenen Person an dem Ausschluss der Verarbeitung überwiegt. Absatz 2 gilt auch für die Einwilligung in die Verarbeitung besonderer Kategorien personenbezogener Daten; die Einwilligung muss sich dabei ausdrücklich auf diese Daten beziehen. § 22 Absatz 2 gilt entsprechend.

(4) Die Verarbeitung personenbezogener Daten, einschließlich besonderer Kategorien personenbezogener Daten von Beschäftigten für Zwecke des Beschäftigungsverhältnisses, ist auf der Grundlage von Kollektivvereinbarungen zulässig. Dabei haben die Verhandlungspartner Artikel 88 Absatz 2 der Verordnung (EU) 2016/679 zu beachten.

(5) Der Verantwortliche muss geeignete Maßnahmen ergreifen, um sicherzustellen, dass insbesondere die in Artikel 5 der Verordnung (EU) 2016/679 dargelegten Grundsätze für die Verarbeitung personenbezogener Daten eingehalten werden.

(6) Die Beteiligungsrechte der Interessenvertretungen der Beschäftigten bleiben unberührt.

(7) Die Absätze 1 bis 6 sind auch anzuwenden, wenn personenbezogene Daten, einschließlich besonderer Kategorien personenbezogener Daten, von Beschäftigten verarbeitet werden, ohne dass sie in einem Dateisystem gespeichert sind oder gespeichert werden sollen.

(8) Beschäftigte im Sinne dieses Gesetzes sind:

1. Arbeitnehmerinnen und Arbeitnehmer, einschließlich der Leiharbeitnehmerinnen und Leiharbeitnehmer im Verhältnis zum Entleiher,
2. zu ihrer Berufsbildung Beschäftigte,
3. Teilnehmerinnen und Teilnehmer an Leistungen zur Teilhabe am Arbeitsleben sowie an Abklärungen der beruflichen Eignung oder Arbeitserprobung (Rehabilitandinnen und Rehabilitanden),
4. in anerkannten Werkstätten für behinderte Menschen Beschäftigte,
5. Freiwillige, die einen Dienst nach dem Jugendfreiwilligendienstegesetz oder dem Bundesfreiwilligendienstgesetz leisten,
6. Personen, die wegen ihrer wirtschaftlichen Unselbstständigkeit als arbeitnehmerähnliche Personen anzusehen sind; zu diesen gehören auch die in Heimarbeit Beschäftigten und die ihnen Gleichgestellten,
7. Beamtinnen und Beamte des Bundes, Richterinnen und Richter des Bundes, Soldatinnen und Soldaten sowie Zivildienstleistende.

Bewerberinnen und Bewerber für ein Beschäftigungsverhältnis sowie Personen, deren Beschäftigungsverhältnis beendet ist, gelten als Beschäftigte.

Übersicht

Literatur: *Benkert* Neuer Anlauf des Gesetzgebers beim Beschäftigtendatenschutz, NJW 2017, 242; *Byers* Die Zulässigkeit heimlicher Mitarbeiterkontrollen nach dem neuen Datenschutzrecht, NZA 2017, 1086; *Düwell/Brink* Die EU-Datenschutz-Grundverordnung und der Beschäftigtendatenschutz, NZA 2016, 665; *Franzen* Datenschutz-Grundverordnung und Arbeitsrecht, EuZA 2017, 313; *Forst* Wer ist „Beschäftigter" i.S.d. § 3 Abs. 11 BDSG?, RDV 2014, 128; *Franzen* Arbeitnehmerdatenschutz – rechtspolitische Perspektiven, RdA 2010, 257; *Gola* Der „neue" Beschäftigtendatenschutz nach § 26 BDSG n.F., BB 2017, 1462; *Gola/Jaspers* § 32 Abs. 1 BDSG – eine abschließende Regelung?, RDV 2009, 212; *Gola/Klug* Die Entwicklung des Datenschutzrechts im ersten Halbjahr 2017, NJW 2017, 2593; *Gola/Pötters* Die Verarbeitung von Beschäftigtendaten im Rahmen betriebsverfassungsrechtlicher Aufgaben nach § 26 Abs. 1 S. 1 BDSG-n.F., RDV 2017, 111; *Gola/Pötters/Thüsing* Art. 82 DSGVO: Öffnungsklausel für nationale Regelungen zum Beschäftigtendatenschutz – Warum der deutsche Gesetzgeber jetzt handeln muss, RDV 2016, 55; *Gola/Thüsing/Schmidt* Was wird aus dem Beschäftigtendatenschutz?, DuD 2017, 244; *Grimm* Überwachung im Arbeitsverhältnis: Von Befragung bis zur GPS-Ortung – wie viel Kontrolle ist erlaubt?, JM 2016, 17; *Heinson* Compliance durch Datenabgleiche, BB 2010, 3084; *Jerchel/Schubert* Neustart im Datenschutz für Beschäftigte, DuD 2016, 782; *Kempter/Steinat* Arbeitnehmerüberwachung: Grundlagen und Folgen, DB 2016, 2415; *Kock/Franke* Mitarbeiterkontrolle durch systematischen Datenabgleich zur Korruptionsbekämpfung, NZA 2009, 646; *Körner* Die Datenschutz-Grundverordnung und nationale Regelungsmöglichkeiten für Beschäftigtendatenschutz, NZA 2016, 1383; *Körner* Wirksamer Beschäftigtendatenschutz im Lichte der Europäischen Datenschutz-Grundverordnung, 2017; *Kort* Was ändert sich für Datenschutzbeauftragte, Aufsichtsbehörden und Betriebsrat mit der DS-GVO? – Die zukünftige Rolle der Institutionen rund um den Beschäftigtendatenschutz, ZD 2017, 3; *ders.* Eignungsdiagnose von Bewerbern unter der Datenschutz-Grundverordnung (DS-GVO), NZA 2016 Beil. 2, 62, 66; *ders.* Die Stellung des Betriebsrats im System des Beschäftigtendatenschutzes, RDV 2012, 8; *ders.* Schranken des Anspruchs des Betriebsrats auf Information gem. § 80 BetrVG über Personaldaten der Arbeitnehmer, NZA 2010, 1267; *Kraft* Der Informationsanspruch des Betriebsrats – Grundlagen, Grenzen und Übertragbarkeit, ZfA 1983, 171; *Kühling* Neues Bundesdatenschutzgesetz –Anpassungsbedarf bei Unternehmen, NJW 2017, 1985; *Müller/Christensen* Juristische Methodik, Band II – Europarecht, 3. Aufl. 2012; *Pötters* Grundrechte und Beschäftigtendatenschutz, 2013; *Schmidt* Datenschutz für „Beschäftigte", 2016; *Sörup/Marquardt* Auswirkungen der EU-Datenschutzgrundverordnung auf die Datenverarbeitung im Beschäftigungskontext, ArbRAktuell 2016, 103; *Spelge* Der Beschäftigtendatenschutz nach Wirksamwerden der Datenschutz-Grundverordnung (DS-GVO) – Viel Lärm um Nichts?, DuD 2016, 775; *Taeger/Rose* Zum Stand des deutschen und europäischen

Beschäftigtendatenschutzes, BB 2016, 819; *Thüsing* Beschäftigtendatenschutz und Compliance, 2. Aufl. 2014; *ders.* Umsetzung der Datenschutz-Grundverordnung im Beschäftigungsverhältnis: Mehr Mut zur Rechtssicherheit!, BB 2016, 2165; *ders.* Datenschutz im Arbeitsverhältnis – Kritische Gedanken zum neuen § 32 BDSG, NZA 2009, 865; *Thüsing/Forst/Schmidt* Das Schriftformerfordernis der Einwilligung nach § 4a BDSG im Pendelblick zu Art. 7 DS-GVO, RDV 2017, 116; *Thüsing/Schmidt* Zulässige Pauschalierung bei der Rechtfertigung präventiver Überwachungsmaßnahmen des Arbeitgebers, NZA 2017, 1027; *Traut* Maßgeschneiderte Lösungen durch Kollektivvereinbarungen? Möglichkeiten und Risiken des Art. 88 Abs. 1, RDV 2016, 312; *Wurzberger* Anforderungen an Betriebsvereinbarungen nach der DS-GVO, ZD 2017, 258; *Wybitul* Der neue Beschäftigtendatenschutz nach § 26 BDSG und Art. 88 DSGVO, NZA 2017, 413; *ders.* EU-Datenschutz-Grundverordnung in der Praxis – Was ändert sich durch das neue Datenschutzrecht?, BB 2016, 1077; *ders.* Was ändert sich mit dem neuen EU-Datenschutzrecht für Arbeitgeber und Betriebsräte?, ZD 2016, 203; *Wybitul/Sörup/Pötters* Betriebsvereinbarungen und § 32 BDSG: Wie geht es nach der DS-GVO weiter?, ZD 2015, 559.

I. § 26 BDSG n.F. als Fortführung des § 32 BDSG a.F.

1 In Ausformung des neuen „Grundgesetzes des Datenschutzrechts"[1] enthält das BDSG n.F. auch Vorschriften zum Beschäftigtendatenschutz. Die bisherige Zentralvorschrift des Beschäftigtendatenschutzes – § 32 BDSG – wurde nahezu vollständig in § 26 BDSG übernommen, an die Terminologie der DS-GVO angepasst und zudem inhaltlich ergänzt.[2]

2 Im Ausgangspunkt hat sich der Gesetzgeber darauf konzentriert, die bisher durch § 32 BDSG a.F. hergestellte Rechtslage aufrecht zu erhalten[3] – Evolution statt Revolution.[4] Hierzu wurden § 32 Abs. 1 und Abs. 2 BDSG wortgleich in die neue Vorschrift überführt: Zunächst regelt § 26 Abs. 1 S. 1 BDSG die Verarbeitung personenbezogener Daten von Beschäftigten für Beschäftigungszwecke. Maßgeblich ist damit wie insgesamt im Rahmen der DS-GVO der Zweck einer Verarbeitung; dieser entscheidet über die Anwendbarkeit dieses oder jenes Erlaubnistatbestandes.

3 § 26 Abs. 1 S. 1 BDSG benennt als Beschäftigungszwecke weiterhin die Entscheidung über die Begründung eines Beschäftigungsverhältnisses, dessen Durchführung und deren Beendigung. Hinzu gekommen ist die Klarstellung, dass eine Verarbeitung auch zulässig ist, wenn sie zur Ausübung oder Erfüllung der sich aus einem Gesetz oder einem Tarifvertrag, einer Betriebs- oder Dienstvereinbarung (Kollektivvereinbarung) ergebenden Rechte und Pflichten der Interessenvertretung der Beschäftigten erforderlich ist. Für die besondere Verarbeitungssituation zur Aufdeckung von Straftaten gilt mit § 26 Abs. 1 S. 2 BDSG weiterhin ein besonders strenger Maßstab. Die Verarbeitung besonderer Kategorien personenbezogener Daten im Beschäftigungskontext wurde in § 26 Abs. 3 BDSG einer gesetzlichen Regelung zugeführt. Diese ist zulässig zur Ausübung von Rechten oder zur Erfüllung rechtlicher Pflichten aus dem Arbeitsrecht, dem Recht der sozialen Sicherheit und des Sozialschutzes, wenn kein Grund zu der Annahme besteht, dass das schutzwürdige Interesse der betroffenen Person an dem Ausschluss der Verarbeitung überwiegt.

---

1 *Gola* BB 2017, 1462.
2 *Kühling* NJW 2017, 1985, 1988 spricht von Anpassungen „homöopathischer Natur".
3 BT-Drucks. 16/13657, S. 35.
4 *Thüsing* BB 2016, 2165 zum Referentenentwurf.

Materiell sollen durch die Erlaubnistatbestände die bisherige Regelung und die dazu ergangene Rechtsprechung nicht verändert, sondern noch einmal bestätigt werden.[5] Der Gesetzgeber möchte also im Beschäftigungsverhältnis das Datenschutzniveau beibehalten, nicht verbessern oder verschlechtern. 4

II. Gesetzliche Erlaubnistatbestände

1. § 26 Abs. 1 S. 1 BDSG n.F. – Erforderlichkeit für Zwecke des Beschäftigungsverhältnisses. Im Zentrum der gesetzlichen Erlaubnistatbestände steht weiterhin der schillernde Begriff der datenschutzrechtlichen Erforderlichkeit. Die Gesetzesbegründung führt hierzu aus, dass praktische Konkordanz zwischen den Interessen des Arbeitgebers und denen des Beschäftigten hergestellt werden müsse.[5] Hiermit wird auf die bisherige Rechtsprechung in Ausformung des Begriffs der Erforderlichkeit in § 32 BDSG a.F. Bezug genommen, weswegen diese bei Auslegung des neuen Rechts weiterhin zu berücksichtigen sein wird.[6] Insoweit kann auf die umfangreiche Literatur zu Einzelfragen des Beschäftigtendatenschutzes verwiesen werden.[7] Daneben wird, wie ErwG 47 und 48 zeigen, die berechtigte Erwartung des Betroffenen einen wesentlichen Abwägungsposten bilden.[8] 5

Nicht möglich ist also eine abstrakte Abwägung einzelner Grundrechte. Dies scheitert an der Heterogenität der kollidierenden Interessen und ihrer jeweiligen Kontexte. Die Abwägung ist letztlich nur als ein Begründungsvorgang gemeint, bei dem erörtert wird, warum in einer spezifischen Situation dem Recht eines spezifischen Grundrechtsträgers Vorrang gegenüber der Ausübung eines anderen Rechts gegeben werden soll oder nicht. Es geht also um das Verarbeiten von Argumenten, nicht das Gewichten von Rechtspositionen.[9] Es gibt kein Rangverhältnis zwischen den Grundrechten, entscheidend für das Ergebnis der Abwägung ist vielmehr ein Vergleich der Eingriffsintensität[10]; hierbei sind alle Umstände des Einzelfalls zu berücksichtigen.[11] 6

Beispielhaft für eine präventive Datenverarbeitung im Rahmen des § 26 Abs. 1 S. 1 BDSG ist das Screening von Beschäftigtendaten. Diese Art des Datenabgleichs stellt eine wichtige Compliance-Maßnahme zur Bekampfung von Wirtschaftskriminalitat dar.[12] Die weiterhin vom Gesetzgeber nicht entschiedene Frage, ob der Arbeitgeber Diensteanbeiter i.S.d. TKG bzw. TMG ist[13], beiseite lassend, gilt für Screening-Maßnahmen insgesamt: Da § 26 Abs. 1 BDSG die Vorschrift des § 32 Abs. 1 BDSG a.F. fortschreibt und den allgemeinen Erlaubnistatbestand des S. 1 übernommen hat, ist 7

5 BT-Drucks. 16/13657, S. 35.
6 Vgl. bei *Gola/Thüsing/Schmidt* DuD 2017, 244.
7 S. die beiden Standardwerke Gola/Schomerus-*Gola/Klug/Körffer* § 32 Rn. 12 ff.; Simitis-*Seifert* § 32 Rn. 20 ff.; nach typischen Themengebieten sortiert *Thüsing* Beschäftigtendatenschutz und Compliance.
8 *Wybitul* NZA 2017, 413, 415; bereits nach jetzigem Recht stellte das BAG hohe Anforderungen an die Transparenz der Verarbeitung, s. *BAG* v. 20.6.2013 – 2 AZR 546/12, BAGE 145, 278.
9 *Pötters* Grundrechte und Beschäftigtendatenschutz, S. 75 ff.
10 Vgl. *Müller/Christensen* Juristische Methodik, Band II – Europarecht, Rn. 591u.
11 *BVerfG* v. 24.2.1971 – 1 BvR 435/68, BVerfGE 30, 173, 195.
12 S. bereits *Heinson* BB 2010, 3084.
13 Hierzu ausführlich Thüsing-*Thüsing* Beschäftigtendatenschutz und Compliance, § 3 Rn. 55 ff.

auch künftig präventives Vorgehen des Arbeitgebers möglich. Der Zweck der Maßnahme bestimmt den Erlaubnistatbestand: Handelt der Arbeitgeber präventiv, ist künftig § 26 Abs. 1 S. 1 BDSG einschlägig, wechselt er zu repressiven Maßnahmen bei Straftatverdacht, ist § 26 Abs. 1 S. 2 BDSG die richtige Rechtfertigungsvorschrift.

8 Allerdings dürfen derartige präventive Screenings **nicht heimlich durchgeführt** werden. Was bisher schon galt[14], dürfte aufgrund neuer umfangreicher Informationspflichten des Arbeitgebers sowie des der DS-GVO zugrunde liegenden Transparenzgrundsatzes auch künftig richtig sein: Grundsätzlich sieht die DS-GVO in Art. 13 und Art. 14 nunmehr eine umfangreiche Informationspflicht bei Datenerhebungen vor. Ausnahmen können jedoch in Ausfüllung der Öffnungsklausel in Art. 14 Abs. 5 lit. c durch nationale Rechtsvorschriften zugelassen werden. Der Gesetzgeber hat mit § 33 Abs. 1 Nr. 2 lit. a BDSG n.F. für Datenverarbeitungen, die nicht beim Betroffenen erfolgen, entsprechende Regelungen getroffen. Demnach entfällt die Informationspflicht aus Art. 14, wenn

– die Mitteilung die Geltendmachung, Ausübung oder Verteidigung zivilrechtlicher Ansprüche beeinträchtigen würde *oder*
– die Verarbeitung Daten aus zivilrechtlichen Verträgen beinhaltet und der Verhütung von Schäden durch Straftaten dient

und das berechtigte Interesse der betroffenen Person an der Informationserteilung nicht überwiegt.

9 Dahinter steht der Gedanke, dass eine umfangreiche Informationspflicht etwa bei Durchführung eines zivilgerichtlichen Verfahrens zu einer Umkehrung der Beibringungslast führte. Schließlich ist im Zivilprozess grundsätzlich jede Partei zur Beibringung der ihr günstigen Beweismittel verantwortlich. Wer jedoch präventiv handelt, möchte Schäden vermeiden, nicht Schäden liquidieren. Anders als Nachforschungen bei konkretem Straftat- oder Pflichtverletzungsverdacht ist die Heimlichkeit Fällen präventiven Vorgehens daher nicht immanent.[15] Es sollen gerade keine zivilrechtlichen Ansprüche geltend gemacht werden, sondern deren Entstehen bereits verhindert werden. Nur für letzteren Fall hat der Gesetzgeber von der Öffnungsklausel des Art. 14 Abs. 5 lit. c Gebrauch gemacht. Dies dürfte jedoch in der Praxis unproblematisch sein, da präventive Maßnahmen gerade auf die Verhinderung von Straftaten und allgemeinem Fehlverhalten gerichtet sind – damit können sie nur erfolgreich sein, wenn die Überwachten auch von der Überwachung wissen. Ansonsten werden sie ihr Verhalten nicht anpassen.[16] Überdies liegt in aller Regel ein Fall des § 87 Abs. 1 Nr. 6 BetrVG vor, so dass ohnehin eine betriebliche Bekanntmachung des Verfahrens notwendig ist. Demgegenüber muss eine Information konkret Verdächtiger, gegen die nach § 26 Abs. 1 S. 2 BDSG ermittelt wird, erst erfolgen, wenn hierdurch der Zweck der Maßnahme nicht gefährdet wird. Bei repressiven Maßnahmen ist daher heimliches Vorgehen weiterhin möglich.[17]

---

14 *Gola/Pötters/Wronka* Handbuch Arbeitnehmerdatenschutz, S. 383.
15 *Gola* BB 2017, 1462, 1467.
16 S. ausführlich zum Maßstab präventiver Kontrollen *Thüsing/Schmidt* NZA 2017, 1027.
17 Ausführlich unter III. 2.

2. § 26 Abs. 1 S. 1 F. 2 BDSG n.F. – betriebsverfassungsrechtliche Zwecke. Neu aufgenommen wurde in § 26 Abs. 1 S. 1 F. 2 BDSG ein eigener Erlaubnistatbestand für Verarbeitungen, die *„zur Ausübung oder Erfüllung der sich aus einem Gesetz oder einem Tarifvertrag, einer Betriebs- oder Dienstvereinbarung (Kollektivvereinbarung) ergebenden Rechte und Pflichten der Interessenvertretung der Beschäftigten"* erforderlich sind. Der Gesetzgeber selbst geht wiederum davon aus, dass die Ergänzung am Ende des S. 1 gegenüber der bisherigen Fassung des § 32 Abs. 1 BDSG a.F. lediglich eine Klarstellung ist.[18] ErwG 155 stellt ausdrücklich fest, dass Vorschriften im nationalen Recht vorgesehen werden können, die die Erfüllung von durch Kollektivvereinbarungen festgelegten Pflichten ermöglichen. § 26 Abs. 1 S. 1 F.2 BDSG ist eine solche nationale Vorschrift. 10

a) Verhältnis des § 26 Abs. 1 S. 1 BDSG n.F. zu allgemeinen Informationspflichten des BetrVG. Allerdings ist das BDSG n.F., wie auch das BDSG in seiner alten Fassung, ein Auffanggesetz, was sich unmittelbar aus § 1 Abs. 2 S. 1 BDSG ergibt. Danach gehen andere Rechtsvorschriften des Bundes über den Datenschutz dem BDSG vor. Daher muss auf die Erlaubnistatbestände des BDSG nur zurückgegriffen werden, wenn sich die Zulässigkeit einer Verarbeitung nicht bereits aus einem spezialgesetzlich geregelten Tatbestand ergibt, § 1 Abs. 2 S. 2 BDSG. Insoweit kommen insbesondere die Informationsrechte des Betriebsrates aus dem BetrVG als vorrangige Rechtsvorschriften in Betracht. Ein solcher Vorrang kommt jedoch nur bei den Vorschriften des BetrVG in Frage, die unmittelbar einen Informationsfluss regeln und nicht nur eine allgemeine Aufgabenbeschreibung (sog. Tatbestandskongruenz).[19] Mit anderen Worten muss der Gesetzgeber auch außerhalb des BDSG eine Datenverarbeitung unmittelbar vorsehen, damit diese nicht mehr am BDSG zu messen ist, sondern gleichsam aus sich heraus erforderlich und damit zulässig ist. Dies hat das BAG etwa für die Pflicht des Betriebsrates nach § 89 Abs. 1 S. 2 BetrVG, die für den Arbeitsschutz zuständigen Behörden zu unterstützen, abgelehnt.[20] Diese Vorschrift regelt lediglich generalklauselartig die Unterstützung der zuständigen Behörden durch den Betriebsrat, nicht aber, unter welchen Voraussetzungen eine Übermittlung in Anbetracht der Persönlichkeitsrechte der Beschäftigten zulässig ist. Demgegenüber ist § 102 Abs. 1 BetrVG, wonach der Arbeitgeber den Betriebsrat vor einer Kündigung anhören muss und ihm die Gründe der Kündigung mitteilen muss, eine dem BDSG vorgehende Sondervorschrift. 11

Hinsichtlich der Verdrängungswirkung des § 80 Abs. 2 BetrVG muss zwischen den verschiedenen Varianten dieser Vorschrift unterschieden werden. 12

- Eindeutig zu den dem BDSG vorgehenden Bestimmungen gehört die Unterrichtungspflichten aus § 80 Abs. 2 S. 2 Hs. 2 BetrVG, da diese Vorschrift dem Betriebsrat konkret ein Recht auf Einsicht in Bruttolohn- und Gehaltlisten gewährt.[21] Damit liegt eine Tatbestandskongruenz i.S.d. § 1 Abs. 2 S. 2 BDSG vor.

---

18 BT-Drucks. 18/11325, S. 97.

19 Vgl. Simitis-*Dix* § 1 Rn. 170; Gola/Schomerus-*Gola/Klug/Körffer* § 1 Rn. 24; BeckOK-*Gusy* § 1 BDSG Rn. 80.

20 *BAG* v. 3.6.2003 – 1 ABR 19/02, BAGE 106, 188, Rn. 37: „Auch § 89 Abs. 1 Satz 2 BetrVG stellt für seinen Anwendungsbereich keine das Bundesdatenschutzgesetz verdrängende Regelung dar."

21 So auch *Gola* BB 2017, 1462, 1465.

- § 80 Abs. 2 S. 1, 2 Hs. 1 BetrVG hat insgesamt keine verdrängende Wirkung gegenüber dem BDSG, da nicht die Weitergabe bzw. Offenlegung konkreter Daten vorgegeben wird.[22] Es handelt sich bloß um eine allgemeine Aufgabenbeschreibung bzw. Informationspflicht.[23] Welche personenbezogenen Daten in welchem Umfang an den Betriebsrat weiterzuleiten sind, wird nicht unmittelbar geregelt.

Soweit nicht bereits ein Tatbestand im BetrVG zu finden ist, muss eine Datenweitergabe an den Betriebsrat an § 26 Abs. 1 S. 1 F. 2 BDSG gemessen werden.

b) Maßstab: Erforderlichkeit zur Pflichtverfüllung, § 26 Abs. 1 S. 1 F. 2 BDSG n.F.

13 Wann eine Verarbeitung unter Maßgabe dieser Vorschrift zulässig ist, hängt zunächst vom Aufgabenbezug ab. § 26 Abs. 1 S. 1 F. 2 BDSG formuliert selbst, dass die Erfüllung von Rechten und Pflichten der Interessenvertretung der Beschäftigten inmitten stehen muss. Dementsprechend muss sich aus dem BetrVG selbst eine Aufgabenzuweisung an den Betriebsrat ergeben. Der Aufgabenbezug, der den Informationsanspruch begründet, bildet somit die immanente Schranke für den Inhalt und Umfang der Unterrichtungspflicht.[24] Verlangt der Betriebsrat also eine Weitergabe personenbezogener Daten, die aber außerhalb seines örtlichen oder sachlichen Zuständigkeitsbereichs oder grundsätzlich seiner Aufgabenzuständigkeit liegt, scheidet diese mangels Erforderlichkeit zur Erfüllung von Rechten und Pflichten der Interessenvertretung aus.[25]

14 Liegt ein Aufgabenbezug hingegen vor, ist in einem zweiten Schritt zu fragen, ob die datenschutzrechtliche Erforderlichkeit gewahrt ist. § 80 Abs. 2 BetrVG ist ebenso unionsrechtskonform und verfassungskonform auszulegen wie die Tatbestände des BDSG. Daher sind zum einen das Grundrecht aus Art. 8 GRCh und seine Konkretisierung durch die DS-GVO, zum anderen das allgemeine Persönlichkeitsrecht aus Art. 2 Abs. 1 i. V. m. 1 Abs. 1 GG zu berücksichtigen. Wie in § 26 Abs. 1 BDSG insgesamt, beinhaltet dieser Begriff eine umfassende Verhältnismäßigkeitsprüfung.[26] Zunächst gilt auch hier der Vorrang der Anonymisierung und Pseudonymisierung.[25] Grundrechtsschonend ist etwa eine anonymisierte Arbeitszeitauflistung gegenüber einer konkreten Aufzählung geleisteter Arbeitsstunden einzelner Arbeitnehmer.[27]

15 Ob folglich eine Datenverarbeitung unzulässig sein kann, obwohl eine Aufgabe des Betriebsrats vorliegt, ist streitig. *Gola* geht etwa davon aus, dass die bisherige Auffassung, der Arbeitgeber sei nicht berechtigt oder verpflichtet, sich gegenüber dem Überwachungsrecht des Betriebsrats auf sich aus den Grundrechten der Beschäftigten – hier: dem informationellen Selbstbestimmungsrecht – zu berufen, nicht mehr haltbar

---

22 *Gola* BB 2017, 1462, 1465; *Gola/Pötters* RDV 2017, 111, 114; Gola/Schomerus-*Gola/Klug/Körffer* § 4 Rn. 8; unklar insoweit ErfK-*Kania* § 80 BetrVG Rn. 22, wonach die Unterrichtungspflicht des AG durch das BDSG nicht eingeschränkt wird.

23 So auch nunmehr das *BAG* v. 7.2.2012 – 1 ABR 46/10, BB 2012, 2310, in der das Gericht § 28 Abs. 6 Nr. 1 BDSG prüft, obwohl es sich um eine Aufgabe nach § 80 Abs. 2 BetrVG handelte.

24 Ebenso *Kraft* ZFA 1983, 171, 184 ff.; *Kort* NZA 2010, 1267, 1267; *ders.* ZD 2017, 3, 5.

25 *Gola/Pötters* RDV 2017, 111, 114.

26 Zu den allgemeinen Maßstäben s. Thüsing-*Thüsing* Beschäftigtendatenschutz und Compliance, § 3 Rn. 36 ff.; *Wybitul* NZA 2017, 413, 415.

27 So auch *BVerwG* v. 19.3.2014 – 6 P.1.13, RDV 2014, 212 ff.; anders hingegen noch *BAG* v. 6.5.2003 – 1 ABR 13/02, BAGE 106,111 ff.

sei.[28] Dem Beschäftigten stehe auch in diesem Verhältnis das Recht zu, dass seine gegenläufigen Interessen berücksichtigt werden.[29] Das Widerspruchsrecht aus Art. 21 Abs. 1 S. 1 gelte auch hier.

Ein Blick zurück mag die bisherigen Grenzen verdeutlichen: Bereits in der Vergangenheit hat die Rechtsprechung in Einzelfällen zwar eine Beschränkung des Unterrichtungsrechts durch das Persönlichkeitsrecht der betroffenen Arbeitnehmer anerkannt. Eine Schwangerschaft muss dem Betriebsrat nicht mitgeteilt werden, wenn die Arbeitnehmerin dies ausdrücklich nicht wünscht.[30] Diese Entscheidung hat jedoch keinen Zuspruch beim BAG gefunden und ist mit den bisher vom BAG aufgestellten Grundsätzen der Unterrichtungspflicht gegenüber dem Betriebsrat nicht vereinbar:[31] Das BAG geht davon aus, dass die Rechte des Betriebsrats nicht zur Disposition des Arbeitnehmers stehen. Es besteht ein Schutz der Betriebsverfassung vor den durch die Betriebsverfassung Geschützen. Dieser Schutz setzt eine Information in den vom Gesetz genannten Aufgaben des Betriebsrates zwingend voraus.[32] **16**

Ebenso entschieden auch das LAG Hessen[33] zur Frage der Erhebung und Verarbeitung von Daten einzelner Mitarbeiter durch den Betriebsrat i.R.v. individuellen Zielvereinbarungen sowie das LAG Schleswig-Holstein[34] noch im Jahr 2016 zur Frage des Einblicks des Betriebsrats in Bruttolohn- und Bruttogehaltslisten auch von solchen Arbeitnehmern, die nicht in dem Betrieb beschäftigt sind, für den der Betriebsrat zuständig ist. Jeweils genügte der Aufgabenbezug zur Rechtfertigung der Datenverarbeitung. **17**

Mit der klarstellenden Vorschrift des § 26 Abs. 1 S. 1 F. 2 BDSG hat der Gesetzgeber deutlich gemacht, dass er an diesen Grundsätzen nicht rütteln möchte. In der Gesetzesbegründung findet sich jedoch eine einschränkende Anmerkung, wonach „die Interessen des Arbeitgebers – und auch der Mitarbeitervertretung – an der Datenverarbeitung und das Persönlichkeitsrecht des Beschäftigten zu einem schonenden Ausgleich zu bringen“ sind, der beide Interessen möglichst weitgehend berücksichtigt.[35] **18**

Ob das BAG in künftigen Entscheidungen bei Anwendbarkeit des § 26 Abs. 1 S. 1 F. 2 BDSG und der zugrunde liegenden DS-GVO entsprechend eine umfassende Verhältnismäßigkeitsprüfung verlangt, ist offen. Der in § 26 Abs. 1 S. 1 BDSG verwendete Begriff der Erforderlichkeit könnte Einfallstor für Grundrechte der Betroffenen sein und diese Prüfung ermöglichen. Es ist jedoch kaum ein Fall denkbar, in dem das Persönlichkeitsrecht eines Beschäftigten der Weitergabe an den Betriebsrat entgegenstehen kann, wenn die Information zur Ausübung der Aufgaben des Betriebsrats tatsächlich notwendig ist. Dem Arbeitgeber, der zwischen der Erfüllung seiner Pflichten **19**

---

28 *Gola* BB 2017, 1462, 1466; ebenfalls *Gola/Pötters* RDV 2017, 111, 114; vorsichtiger *Kort* ZD 2017, 3, 5; ablehnend *Fitting* § 80 Rn. 61.

29 *Gola* BB 2017, 1462, 1466.

30 *ArbG Berlin* v. 19.12.2007 – 76 BV 13504/07, DB 2008, 536.

31 *BAG* v. 27.2.1968 – 1 ABR 6/67, DB 1968, 1224; *LAG Niedersachsen* v. 22.1.2007 – 11 Sa 614/06, NZA-RR 2007, 585.

32 *BAG* v. 7.2.2012 – 1 ABR 46/10, BAGE 140, 350.

33 *LAG Hessen* v. 24.11.2015 – 16 TaBV 106/15, BeckRS 2016, 66350.

34 *LAG Schleswig-Holstein* v. 9.2.2016 – 1 TaBV 43/15, NZA-RR 2016, 356.

35 BT-Drucks. 16/13657, S. 35.

gegenüber dem Betriebsrat und dem Schutz des Persönlichkeitsrechts seiner Arbeitnehmer navigieren muss, wird es möglich sein, eine grundsätzliche Entscheidung zu treffen: Liegt eine konkreter Aufgabenbezug vor und wird somit die Unterrichtungspflicht aus § 80 Abs. 2 S. 1, S. 2 Hs. 1 BetrVG ausgelöst, muss er personenbezogene Daten weitergeben. Nur wenn ihm ein besonders gelagerter Fall zur Kenntnis gelangt, etwa durch einen Widerspruch eines betroffenen Beschäftigten (Art. 21), muss er konkret prüfen, ob hinsichtlich dieser Einzelperson die datenschutzrechtliche Erforderlichkeit gewahrt ist.[36] Dieses abgestufte Vorgehen dürfte am besten den Anforderungen der DS-GVO und des BDSG einerseits sowie den Vorgaben des BetrVG andererseits gerecht werden.

20 Mangels höchstrichterlicher Entscheidung verbleibt allerdings ein gewisses Maß an Rechtsunsicherheit. Besonders problematisch dürfte die Weitergabe sensibler Daten wie die Schwangerschaft, Krankheiten oder Behinderung sein. Sollen derartige Daten dem Betriebsrat offengelegt werden, sollte präventiv eine sorgfältige datenschutzrechtliche Erforderlichkeitsprüfung vorgenommen werden. Hierzu ruft § 26 Abs. 3 BDSG n.F. explizit auf, wonach sensible Daten i.S.d. Art. 9 nur offengelegt werden dürfen, wenn dies zur Ausübung von Rechten oder zur Erfüllung rechtlicher Pflichten erforderlich ist *und* Interessen des Beschäftigten nicht entgegenstehen. Der Maßstab ist insoweit strenger als für sonstige personenbezogene Daten. Für diese, tendenziell eher weniger sensiblen Datenverarbeitungen wie etwa personenbezogenen Arbeitszeitkonten dürfte typischerweise das Informationsrecht aus § 80 Abs. 2 S. 1 BetrVG überwiegen und einer Datenweitergabe keine datenschutzrechtlichen Bedenken entgegenstehen.

21 Einen Sonderfall stellen konzerndimensionale Datenverarbeitungen dar. Mangels gesetzlich geregelten Konzernprivilegs handelt es sich bei der Weitergabe von Daten zwischen zwei Konzernunternehmen um rechtfertigungsbedürftige Verarbeitungen unter Dritten. Die DS-GVO, speziell Art. 88 Abs. 2, deuten an, dass konzerndimensionale Verarbeitungen grundsätzlich einem berechtigten Interesse des Verarbeiters entsprechen können und daher nicht *per se* unzulässig sein können. Wie weit das Informationsrecht des Betriebsrats bzw. die Unterrichtungspflicht des Arbeitgebers reicht, hängt maßgeblich vom Aufgabenbezug ab: Ist die Einsichtnahme in konzerndimensionale Verarbeitungen etwa zur Ausübung des Kontrollrechts hinsichtlich des Gleichbehandlungsgrundsatzes aus § 75 Abs. 2 BetrVG notwendig, dürfte diese Verarbeitung auch datenschutzrechtlich zulässig sein.[37] Letztlich muss eine Kongruenz zwischen Überwachungsauftrag und Überwachungsmöglichkeit anhand Einsichtnahme in einschlägige Datensätze hergestellt werden. Durch die konzerninterne Weitergabe dürfen Überwachungsrechte des Betriebsrates nicht faktisch ausgehöhlt werden. Im Gegenteil: Das, was der Arbeitgeber sieht, muss auch dem Betriebsrat im Rahmen seiner Aufgaben offengelegt werden. Ausnahmen mögen im Einzelfall bei besonderer Schutzbedürftigkeit einzelner Beschäftigter denkbar sein, wiederum etwa bei besonders sensiblen Daten.

---

36 So bereits Richardi-*Thüsing* § 80 BetrVG Rn. 65.

37 Ähnlich bereits *LAG Schleswig-Holstein* v. 9.2.2016 – 1 TaBV 43/15, NZA-RR 2016, 356 zum Einblick des Betriebsrats in Bruttolohn- und Bruttogehaltslisten auch von solchen Arbeitnehmern, die nicht in dem Betrieb beschäftigt sind, für den der Betriebsrat zuständig ist.

Jedenfalls wird man die Deckungsgleichheit von arbeitgeberseitigen Verarbeitungen und der Weitergabe an den Betriebsrat durch eine Betriebsvereinbarung herstellen können. Die DS-GVO erkennt die rechtfertigende Wirkung von Kollektivvereinbarungen an, ferner liegt in der Weitergabe an den Betriebsrat keine Schwächung des Persönlichkeitsschutzes, sondern eine Stärkung im Wege kollektiven Schutzes.[38] Soweit man also Konzerndatenverarbeitungen vorsieht und eine Einbeziehung des Betriebsrats wünscht, sollte zur Schaffung letztverbindlicher Rechtssicherheit eine entsprechende Betriebsvereinbarung abgeschlossen werden, die auch eine Weitergabe bzw. Einsichtnahme durch den Betriebsrat legitimiert. **22**

3. § 26 Abs. 1 S. 2 BDSG n.F. – repressive Zwecke. Neben die Möglichkeit präventiven Vorgehens tritt mit § 26 Abs. 1 S. 2 BDSG, der § 32 Abs. 1 S. 2 BDSG a.F. wörtlich in das neue Recht überführt, weiterhin eine Spezialvorschrift für den Fall repressiver Maßnahmen hinzu. Demnach sind repressive Überwachungen zunächst nur bei konkretem Straftatverdacht zulässig. Ob daraus im Umkehrschluss ein Verbot der repressiven Überwachung bei bloßem Verdacht schwerwiegender Pflichtverletzungen herzuleiten ist, war lange Zeit umstritten.[39] Das BAG hat nun Rechtsklarheit geschaffen[40]: § 32 Abs. 1 S. 2 BDSG a.F. entfaltet keine Sperrwirkung gegenüber § 32 Abs. 1 S. 1 BDSG a.F., wenn der Arbeitgeber wegen des Verdachts schwerwiegender, im Beschäftigungsverhältnis begangener Pflichtverletzungen, die nicht zugleich einen Straftatbestand erfüllen, personenbezogene Daten verarbeitet. Mit anderen Worten: Eine Datenerhebung zur Verfolgung des Verdachts einer schwerwiegenden Pflichtverletzung ist nach § 32 Abs. 1 S. 1 BDSG a.F. möglich. Ob die Maßnahme im Einzelfall gemessen an den Vorgaben dieser Vorschrift rechtmäßig ist, hängt dann wiederum maßgeblich von Anlass und Eingriffsintensität ab. **23**

Dies gilt auch bei Anwendung des § 26 BDSG. Eine andere Auslegung – wie sie noch von der Vorinstanz, dem LAG Baden-Württemberg, vorgenommen wurde – verstieße gegen die Grundsätze der DS-GVO.[41] Schließlich würde für einen bestimmten, an sich legitimen Zweck qua Gesetz eine Datenverarbeitung unabhängig von einer Verhältnismäßigkeitsprüfung ausgeschlossen. Dies kann nicht in Einklang mit dem in Art. 6 kodifizierten sowie in Erwägungsgrund 4 konkretisierten Grundsatz der Verhältnismäßigkeit gebracht werden. Wieder einmal hat somit nicht der Gesetzgeber Klarheit geschaffen, sondern die Erfurter Richter. Die Systematik der Erlaubnistatbestände des BDSG war so heftig umstritten, dass sich eine Klarstellung im Rahmen des Datenschutzanpassungsgesetzes geradezu aufdrängte. Da sich der Gesetzgeber im Verfahren zu § 26 BDSG eindeutig darauf beschränkt, die Rechtsprechung wiederzugeben, ist die Entscheidung des BAG zur Systematik der Erlaubnistatbestände vollständig auf die künftige Rechtslage zu übertragen. **24**

---

38 BeckOK-*Riesenhuber* Art. 88 Rn. 68; s. auch *Schmidt* Datenschutz für „Beschäftigte", S. 266 ff.

39 So etwa *Brink* juris-PR-ArbR 36/2016 Anm. 2.; dagegen bereits *Thüsing* NZA 2009, 865, 868; *Gola/Thüsing/Schmidt* DuD 2017, 244, 246; *Gola/Klug* NJW 2017, 2593, 2595; ErfK-*Franzen* § 32 BDSG Rn. 31, der allerdings § 32 Abs. 1 Satz 2 BDSG für anwendbar hält; s. auch *Kempter/Steinat* DB 2016, 2415, 2416 f. und *Grimm* JM 2016, 17, 19.

40 *BAG* v. 27.7.2017 – 2 AZR 681/16, NZA 2017, 1327 sowie v. 29.6.2017 – 2 AZR 597/16, NZA 2017, 1179 Rn. 34 ff.

41 So auch das BAG parallel zur noch anwendbaren DSRL 95/46/EG, s. *BAG* v. 29.6.2017 – 2 AZR 597/16, NZA 2017, 1179 Rn. 34 ff.

25 Da der Gesetzgeber mit § 33 Abs. 1 Nr. 2 lit. a BDSG zulässig Ausnahmen von den strengen Informationspflichten aus Art. 14 zulässt, können Nachforschungen zu repressiven Zwecken künftig auch heimlich erfolgen. Voraussetzung hierfür ist, dass (a) die Mitteilung die Geltendmachung, Ausübung oder Verteidigung zivilrechtlicher Ansprüche beeinträchtigen würde oder (b) die Verarbeitung Daten aus zivilrechtlichen Verträgen beinhaltet und der Verhütung von Schäden durch Straftaten dient und das berechtigte Interesse der betroffenen Person an der Informationserteilung nicht überwiegt. Diese Voraussetzungen werden bei konkretem Verdacht schwerwiegender Pflichtverletzungen in aller Regel vorliegen, da eine Mitteilung über die Datenverarbeitung (sprich: Überwachung) häufig den Zweck der Maßnahme konterkarierte. Zudem dürfte das berechtige Interesse der betroffenen Person kaum einmal überwiegen, da bei einem fundierten Verdacht einer schweren Pflichtverletzung das arbeitgeberseitige Aufklärungsinteresse aus dem vom Betroffenen selbst gesetzten Risiko folgt. Insoweit hat der Gesetzgeber durch § 33 Abs. 1 Nr. 2 lit. a BDSG die bisherige Rechtslage aufrechterhalten, nach der eine Information des Beschäftigten ebenfalls nicht notwendig war, solange der Geschäftszweck gefährdet würde.[42]

26 **4. Praxishinweise für repressives Vorgehen.** Erstens ist eine frühzeitige und möglichst umfangreiche Einbindung eines bestehenden Betriebsrates sinnvoll. Ein solcher Einbezug des Konzern- bzw. örtlichen Betriebsrats entspricht dem von Art. 88 vorgezeichneten Weg des Schutzes durch kollektive Instrumente. Kollektive Regelung kann in geeigneten Fällen ausreichenden Schutz bieten.[43] Gerade die Unterstützung bzw. Kontrolle durch einen Arbeitnehmervertreter ist als geeigneter Schutzmechanismus anerkannt.[44]

27 Zweitens sieht Art. 38 Abs. 1 vor, dass der Verantwortliche sicherstellt, dass der Datenschutzbeauftragte ordnungsgemäß und frühzeitig in alle mit dem Schutz personenbezogener Daten zusammenhängenden Fragen eingebunden wird. Zudem gehört es nach Art. 39 Abs. 1 lit. b zu den Kernaufgaben eines Datenschutzbeauftragten, die Einhaltung der Verordnung und ihrer Grundlagen zu überwachen. Hierbei agiert der Konzerndatenschutzbeauftragte als weisungsfreie und neutrale Stelle,[45] die mit den Grenzen erlaubter Datenverarbeitungen besonders gut vertraut ist. Sein Wort wird daher Gewicht haben. Auch hierdurch werden rechtswidrige Ermittlungsmaßnahmen bestmöglich verhindert.

28 Drittens muss das Prinzip der Vertraulichkeit als ein wesentlicher Grundsatz des Datenschutzrechtes, wie es in Art. 5 Abs. 1 lit. f zum Ausdruck kommt, bestmöglich beachtet werden. Gerade im Bereich repressiver Ermittlungen gewinnt dieses Prinzip noch an Bedeutung: Stellt sich ein Verdacht als unzutreffend heraus, ist die Rehabilitation häufig schwierig – es könnte „etwas hängen" bleiben. Daher ist zu vermeiden, dass Verdachtsmomente überhaupt betriebsbekannt werden. Dies kann durch die Zugriffsbeschränkungen auf den zwingend erforderlichen Personenkreis (Need-to-Know Prinzip) und die Anonymisierung des Berichtswesens sichergestellt werden. Ferner kann ein Vier-Augen-Prinzip dafür sorgen, dass nicht einzelne Mitarbeiter unberechtigte Ermittlungen anstellen.

---

42 *Gola/Pötters/Wronka* Handbuch Arbeitnehmerdatenschutz, S. 383.

43 Vgl. BeckOK-*Riesenhuber* Art. 88 Rn. 68; instruktiv *Schmidt* Datenschutz für „Beschäftigte", S. 266 ff.

44 BeckOK-*Riesenhuber* Art. 88 Rn. 68.

45 S. ausführlich BeckOK-*Moos* § 4f Rn. 69.

Viertens ist die Dokumentation der Ermittlungen und des Ergebnisses der Aufklärungsmaßnahmen zwingend. Dies sieht bereits § 26 Abs. 1 S. 2 BDSG für repressive Maßnahmen vor, der von „zu dokumentierenden“ Anhaltspunkten spricht. Hierfür müssen muss der konkrete Tatverdacht aktenkundig gemacht werden, wozu entstandene Schäden, der Verdächtigenkreis und die Verdachtsgrundlage schriftlich zu fixieren sind.[46] Darüber hinaus erweitert die DS-GVO für Verantwortliche die Sanktionierung missachteter Nachweispflichten. So schreibt Art. 5 Abs. 2 vor, dass der für die Verarbeitung Verantwortliche nachweisen können muss, dass er die in Art. 5 Abs. 1 geregelten Datenschutzgrundsätze einhält. Nach Art. 24 Abs. 1 muss der für die Verarbeitung Verantwortliche nachweisen können, dass er personenbezogene Daten in Übereinstimmung mit der Verordnung verarbeitet. Verstöße gegen diese Nachweispflicht können mit Bußgeldern von bis zu vier Prozent des Umsatzes geahndet werden. **29**

§ 33 BDSG a.F., die bisherige Zentralvorschrift für Inhalt und Umfang der Betroffeneninformation, ist durch die weitreichenderen Betroffenenrechte der Art. 12 ff. abgelöst worden. Grundsätzlich muss der Verantwortliche betroffene Personen von der Verarbeitung ihrer personenbezogenen Daten „in präziser, transparenter, verständlicher und leicht zugänglicher Form in einer einfachen und klaren Sprache" unterrichten, Art. 12 Abs. 1.[47] Heimliches Vorgehen ist im Rahmen repressiver Maßnahmen gegen einzelne Beschäftigte zwar weiterhin zulässig.[48] Dies wird durch § 33 Abs. 1 Nr. 2 BDSG sichergestellt. Allerdings muss in der Regel spätestens eine Information erfolgen, wenn die Ermittlungen abgeschlossen sind – sei es, weil sich ein Verdacht vollständig bestätigt hat oder entkräftet wurde. Entscheidend ist in Anwendung des § 33 Abs. 1 Nr. 2 BDSG letztlich, ab welchem Zeitpunkt der Zweck der Maßnahme durch eine Information des Beschäftigten nicht mehr gefährdet ist. **30**

5. Rückgriffsmöglichkeit auf allgemeine Erlaubnistatbestände der DS-GVO. Im Rahmen des bisher geltenden BDSG war umstritten, inwiefern § 32 Abs. 1 BDSG gegenüber den Erlaubnistatbeständen des § 28 BDSG Sperrwirkung entfaltet.[49] Der Gesetzgeber hatte im Zuge verschiedener Nachbesserungen an §§ 28, 32 BDSG keine Klarstellung hinsichtlich des Verhältnisses der allgemeinen Erlaubnistatbeständen des § 28 BDSG a.F. und den besonderen des § 32 Abs. 1 BDSG vorgenommen. Diese Streitfrage dürfte nunmehr einer einfachen Antwort zuführbar sein: Da Art. 88 eine nationale Ausgestaltungsbefugnis nur für den Beschäftigungskontext gewährt, finden für beschäftigungsfremde Zwecke die allgemeinen Vorschriften der DS-GVO Anwendung.[50] Dies sind insbesondere Art. 6 Abs. 1 sowie Art. 9 Abs. 2. Für beschäftigungsfremde Zwecke enthält die DS-GVO keine Öffnungsklausel für den nationalen Gesetzgeber. Die Abgrenzung findet somit über den Begriff des Beschäftigungszwecks statt. Zutreffender Ansicht zufolge dient eine Datenverarbeitung dann **31**

46 ErfK-*Franzen* § 32 BDSG Rn. 32.

47 *Wybitul* BB 2016, 1077-1080.

48 S. oben III. 2. a).

49 S. zum Streitstand Gola/Schomerus-*Gola/Klug/Körffer* § 28b Rn. 7; Simitis-*Ehmann* § 28b Rn. 2 ff.

50 So auch *Wybitul* NZA 2017, 413, 416; BeckOK-*Riesenhuber* § 26 Rn. 8.

Beschäftigungszwecken, soweit Pflichten aus dem Beschäftigungsverhältnis betroffen sind, d.h. sowohl Haupt- als auch Nebenpflichten.[51] Dies ist auch künftig richtig.

III. § 26 Abs. 2: Einwilligung

32 Die Einwilligung ist als originärer Ausdruck informationeller Selbstbestimmung wesentliches Instrument des Datenschutzrechts.[52] Mit § 26 Abs. 2 BDSG wird erstmalig vom Gesetzgeber ausdrücklich festgehalten, dass eine Einwilligung auch im Beschäftigungsverhältnis rechtfertigend wirken kann. Lange Zeit war diese Frage in der Literatur höchst umstritten.[53] Zwischenzeitlich hatte das BAG zwar Klarheit geschaffen[54], doch ist eine gesetzliche Klarstellung für die Rechtslage unter Geltung der DS-GVO zu begrüßen. Dass der deutsche Gesetzgeber mit seiner Einschätzung auf einer Linie mit den Wertungen der DS-GVO liegt, zeigt nicht zuletzt ErwG 155.

33 Inhaltlich hat der Gesetzgeber Anregungen der Literatur aufgegriffen und sich auf die Regelung der Umstände einer wirksamen Einwilligungserklärung durch Beschäftigte fokussiert. Dreh- und Angelpunkt der Bewertung ist die im Beschäftigungskontext regelmäßig problematische Freiwilligkeit der Erklärung. Als nicht abschließende Beispiele[55] nennt § 26 Abs. 2 BDSG die Erreichung eines rechtlichen oder wirtschaftlichen Vorteils für die beschäftigte Person oder die Verfolgung gleichgelagerter Interessen des Arbeitgebers und der beschäftigten Person. Diese beiden Fallgruppen können als gesetzliches Leitbild verstanden werden. Jedenfalls wenn Vorteile erlangt werden oder Arbeitgeber und Beschäftigter ähnliche Interessen verfolgen, ist die Einwilligung freiwillig.

34 Der Umkehrschluss, dass eine Einwilligung in aller Regel unfreiwillig und damit unzulässig sein soll, wenn die damit zu rechtfertigende Datenverarbeitung für den betroffenen Beschäftigten insgesamt als nachteilig zu bewerten ist, überzeugt in dieser Absolutheit nicht.[56] In Ausübung seiner grundrechtlichen Freiheiten muss es dem Beschäftigten möglich sein, für ihn objektiv nachteilige Datenverarbeitungen zu erlauben. Andernfalls höhlte man das Institut der Einwilligung gänzlich aus, da eine vorteilhafte Datenverarbeitung im Zweifel ohnehin bereits nach § 26 Abs. 1 S. 1 BDSG als erforderlich und damit zulässig einzustufen ist – wo dem Betroffenen kein Nachteil entsteht, ist die Eingriffstiefe gering und somit eine Datenverarbeitung eher zulässig. Daher bleibt es für Fälle, in denen objektiv kein Nutzen der Datenverarbeitung für den Beschäftigten erkennbar ist, bei der Notwendigkeit einer umfassenden Prüfung der Freiwilligkeit. So dürfte die entgeltfreie Teilnahme an einem auf der Internetplattform des Arbeitgebers präsentierten Werbevideos dem Beschäftigten weder einen rechtlichen oder wirtschaftlichen Vorteil bringen noch verfolgen beide gleichgelagerte Interessen. Möchte der Beschäftigte aber aus ideellen Gründen teilnehmen – und sei

---

51 ErfK-Franzen § 32 BDSG Rn. 4; Auernhammer-*Forst* § 32 Rn. 37; *Gola/Jaspers* RDV 2009, 212, 214; *Franzen* RdA 2010, 257, 260; wohl auch Simitis-*Seifert* § 32 Rn. 17 („im Zusammenhang mit […] Beschäftigungsverhältnis").

52 Zur Einwilligung und ihrer Form *Thüsing/Forst/Schmidt* RDV 2017, 116.

53 S. den Streitstand bei Thüsing-*Thüsing/Traut* Beschäftigtendatenschutz und Compliance, § 5 Rn. 10 ff.

54 *BAG* v. 11.12.2014 – 8 AZR 1011/13, AP BGB § 611 Persönlichkeitsrecht Nr. 42.

55 So auch *Wybitul* NZA 2017, 413, 416.

56 Zu eng daher *Wybitul* NZA 2017, 413, 416.

es aus einem öffentlichen Geltungsbedürfnis –, kann § 26 Abs. 2 BDSG im Wege einer umgekehrten Vermutung ihm dies nicht unmöglich machen.

Der Begriff der Freiwilligkeit sollte daher – soweit keine der gesetzlich aufgeführten Fallgruppen einschlägig ist – wie bisher anhand einer umfassenden Abwägung der Umstände vorgenommen werden. Freiwilligkeit ist mehr als das bloße Fehlen von Willensmängeln. Die Art. 29 Arbeitsgruppe ist der Ansicht, dass eine Einwilligung nur freiwillig sei, wenn sie verweigert oder zurückgenommen werden könnte, ohne dass der Beschäftigte Nachteile befürchten müsse. Maßgeblich ist insoweit ein verständiger Beschäftigter im konkreten Fall.[57] Differenzieren wird man insoweit nach dem Stadium des Vertragsverhältnisses: Während vor Vertragsschluss eine freiwillige Offenbarung in aller Regel aufgrund des faktischen Zwangs zur Auskunftserteilung ausgeschlossen scheint, dürfte eine freiwillige Entscheidung im laufenden Arbeitsverhältnis eher möglich sein.[58] **35**

In Abweichung von Art. 7 DS-GVO, der nunmehr den Weg einer Nachweispflicht statt einer strikten Schriftlichkeit wählt[59], bedarf die Einwilligung eines Beschäftigten nach § 26 Abs. 2 S. 3 BDSG der Schriftform, soweit nicht wegen besonderer Umstände eine andere Form angemessen ist. Bisher bestimmte dies § 4a Abs. 1 S. 3 BDSG a.F. für jede Einwilligung. Schriftlichkeit im datenschutzrechtlichen Sinne ist nicht mit der Schriftform des § 126 Abs. 1 BGB gleichzusetzen, auch wenn der Gesetzgeber diese Klarstellung bedauerlicherweise nicht vorgenommen hat.[60] Das Einholen von Einwilligungen in elektronischer oder in Textform dürfte in der betrieblichen Praxis eher den Regelfall darstellen.[61] Jedenfalls erlaubt § 26 Abs. 2 S. 3 BDSG-E wiederum ein Abweichen von der Schriftlichkeit im Falle des Vorliegens besonderer Umstände. Besonderheiten im Sinne dieser Vorschrift könnten sich insofern gegenüber der allgemeinen Regelung in Art. 7 auch aus den für Beschäftigungsverhältnisse insgesamt spezifischen Umständen ergeben.[62] Es kommt also auf eine Gesamtbetrachtung des Vertragsverhältnisses an.[63] Arbeitet ein Beschäftigter vollständig von zuhause aus am PC und pflegt keinerlei Schriftverkehr mit seinem Arbeitgeber, wird eine Einwilligung via E-Mail sicherlich dem Gebot des § 26 Abs. 2 S. 3 BDSG genügen. **36**

In jedem Fall, unabhängig von der Form der Erklärung, hat der Arbeitgeber die beschäftigte Person über den Zweck der Datenverarbeitung und über ihr Widerrufsrecht nach Art. 7 Abs. 3 in Textform aufzuklären. **37**

57 Thüsing-*Thüsing/Traut* Beschäftigtendatenschutz und Compliance, § 5 Rn. 14.
58 In diese Richtung auch die Gesetzesbegründung BT-Drucks. 18/11325, S. 97; ausführlich *Schmidt* Datenschutz für „Beschäftigte", S. 235 ff.
59 Hierzu Art. 7 Kommentierung.
60 S. ausführlich zur Schriftform der Einwilligung *Thüsing/Forst/Schmidt* RDV 2017, 116.
61 *Wybitul* NZA 2017, 413, 417; *Thüsing/Forst/Schmidt* RDV 2017, 116.
62 *Wybitul* NZA 2017, 413, 417.
63 *Thüsing/Forst/Schmidt* RDV 2017, 116.

IV. § 26 Abs. 3 BDSG n.F.: Personenbezogene Daten und besondere Kategorien personenbezogener Daten

38 Eine Sonderregelung für die Verarbeitung sensibler Daten[64] wurde in § 26 Abs. 3 BDSG aufgenommen. Bisher enthielt das BDSG a.F. in § 28 Abs. 6 einen allgemeinen Erlaubnistatbestand zur Verarbeitung besonderer Kategorien personenbezogener Daten. Art. 9 Abs. 1 wertet insoweit tendenziell strenger. Um die Möglichkeiten der Verarbeitung für Arbeitgeber nicht zu stark einzuschränken, dürfen nach § 26 Abs. 3 BDSG in Abweichung von Art. 9 Abs. 1 besondere Kategorien personenbezogener Daten für Zwecke des Beschäftigungsverhältnisses verarbeiten werden, wenn dies zur Ausübung von Rechten oder zur Erfüllung rechtlicher Pflichten aus dem Arbeitsrecht, dem Recht der sozialen Sicherheit und des Sozialschutzes erforderlich ist und kein Grund zu der Annahme besteht, dass das schutzwürdige Interesse der betroffenen Person an dem Ausschluss der Verarbeitung überwiegt.

39 Durch die Bezugnahme auf § 26 Abs. 2 BDSG gelten die dort getroffenen prozeduralen Vorkehrungen zur Sicherung der Freiwilligkeit einer Einwilligung auch für die Einwilligung in die Verarbeitung besonderer Kategorien personenbezogener Daten. Hiermit macht der Gesetzgeber deutlich, dass er Art. 9 Abs. 2 lit. a ausgestaltet, wonach eine qualifizierte Einwilligung bei der Verarbeitung sensibler Daten notwendig ist.[65]

40 Die angeordnete entsprechende Geltung von § 22 Abs. 2 BDSG soll die im Rahmen von Art. 88 Abs. 2 sowie Art. 9 Abs. 2 notwendigen besonderen Schutzmaßnahmen für die Betroffenen darstellen.

V. § 26 Abs. 4 BDSG n.F.: Betriebsvereinbarungen als eigenständiger Rechtfertigungsmaßstab

41 **1. Die Klarstellung durch Art. 88 Abs. 1 und § 26 Abs. 4 BDSG.** Im Erlassverfahren der Datenschutz-Grundverordnung war lange Zeit unklar, ob künftig Kollektivvereinbarungen und insbesondere Betriebsvereinbarungen weiterhin als Rechtfertigungsinstrument in der betrieblichen Praxis eingesetzt werden könnten.[66] Dies entsprach seit einer grundlegenden Entscheidung des BAG der Rechtslage in Deutschland.[67] Dies wird sich künftig nicht ändern: Die rechtfertigende Wirkung von Betriebsvereinbarungen ergibt sich nun aus Art. 9 und Art. 88, wonach die Mitgliedstaaten nicht nur durch Rechtsvorschriften, sondern auch durch Kollektivvereinbarungen spezifischere Regelungen im Beschäftigungskontext schaffen können. Der Begriff der Kollektivvereinbarung im Unionsrecht ist hierbei weit auszulegen.[68] Er umfasst Tarifverträge und Betriebsvereinbarungen[69], einschließlich ihrer verschiedenen Erscheinungsformen wie

---

64 Zum Begriff s. Kommentierung Art. 9 DS-GVO.

65 Vgl. BeckOK-*Riesenhuber* § 26 BDSG Rn. 13.

66 Zur Diskussion ausführlich Thüsing-*Thüsing/Granetzny* Beschäftigtendatenschutz und Compliance, § 4 Rn. 4.

67 *BAG* v. 27.5.1986 – 1 ABR 48/84, BAGE 52, 88; bestätigt in *BAG* v. 30.8.1995 – 1 ABR 4/95, BAGE 80, 366; v. 20.12.1995 – 7 ABR 8/95, BAGE 82, 36; im Anschluss Gola/Schomerus-*Gola/Klug/Körffer* § 4 Rn. 7; Simitis-*Sokol* § 4 Rn. 11; *Kort* RDV 2012, 8, 15.

68 BeckOK-*Riesenhuber* Art. 88 Rn. 51.

69 Hinsichtlich der Rechtfertigung durch Betriebsvereinbarung enthält Erwägungsgrund 155 nun eine ausdrückliche Einbeziehung.

Haus- oder Verbandstarifverträgen sowie Konzernbetriebsvereinbarungen. Der deutsche Gesetzgeber hat es mit dem Rechtsanwender gut gemeint und nunmehr gleich zwei Klarstellungen hinsichtlich der Rechtfertigungswirkung von Kollektivvereinbarungen in § 26 BDSG aufgenommen: Bereits der Hinweis in § 26 Abs. 6 BDSG, wonach die Beteiligungsrechte der Interessenvertretungen der Beschäftigten unberührt bleiben, hätte genügt, um die Möglichkeit der Ausgestaltung der betrieblichen Datenschutzpraxis durch Kollektivvereinbarungen sicherzustellen. Doch doppelt hält besser: Zusätzlich hat sich der Gesetzgeber zu einer klarstellenden Regelung in § 26 Abs. 4 BDSG entschieden, wonach die Verarbeitung personenbezogener Daten, einschließlich besonderer Kategorien personenbezogener Daten von Beschäftigten für Zwecke des Beschäftigungsverhältnisses, auf der Grundlage von Kollektivvereinbarungen zulässig ist.

2. Grenzen der Regelungsautonomie. So richtig der Hinweis auf die rechtfertigende Wirkung von Kollektivvereinbarungen ist, so offen bleibt mit der gewählten Formulierung, welchen Regelungsspielraum die Verhandlungspartner haben. Unbeantwortet ist somit die bereits unter Anwendung der Datenschutz-Richtlinie 95/46/RG streitige Frage, ob und inwiefern Betriebsvereinbarungen vom unionsrechtlich vorgegebenen Datenschutzstandard abweichen dürfen.[70] Da diese vollharmonisierend wirkt[71], spricht viel dafür, dass diese jedenfalls den äußeren Rahmen einer Abweichung vorgibt. 42

a) Bisher § 75 Abs. 2 S. 1 BetrVG. Nach bisherigem Recht gibt § 75 Abs. 2 S. 1 BetrVG den konkreten Rahmen der Verschiebung der Grenzlinien zulässiger Verarbeitung vor – sowohl was eine Verbesserung als auch eine Verschlechterung des Persönlichkeitsschutzes anbetrifft.[72] Demnach müssen Arbeitgeber und Betriebsrat die freie Entfaltung der Persönlichkeit der im Betrieb beschäftigten Arbeitnehmer schützen und fördern. Im Ergebnis läuft dies auf eine Kontrolle vergleichbar der Kontrolle am BDSG hinaus, wenn auch mit einem um einige Pegelstriche großzügigeren Maßstab.[73] Die Betriebsvereinbarung darf um die Schutzgrenze des BDSG herum oszillieren, sie im Einzelfall unterschreiten, wenn sie sie in anderen Fällen überschreitet. Mit anderen Worten: Die Wertungen der Betriebsparteien sind grundsätzlich zu respektieren. Wo aber keine Rechtfertigung der Regelung ersichtlich oder vorgetragen ist, schlägt das Persönlichkeitsrecht durch. 43

b) Ergänzend: Art. 88 Abs. 2. In der Normenhierarchie oberhalb des § 75 Abs. 2 S. 2 BetrVG tritt nun mit der unmittelbar wirkenden Datenschutz-Grundverordnung ein eigenständiger Maßstab hinzu. Nach Art. 88 Abs. 2 müssen nationale Vorschriften und Kollektivvereinbarungen angemessene und besondere Maßnahmen zur Wahrung der menschlichen Würde, der berechtigten Interessen und der Grundrechte der betroffenen Person umfassen. Verstoßen nationale Vorschriften oder Kollektivvereinbarungen gegen den durch Art. 88 Abs. 2 festgelegten Standard, sind diese unanwendbar.[74] 44

70 Vgl. auch Art. 88 Rn. 23 ff.

71 *EuGH* v. 24.11.2011 – C-468/10, ECLI:EU:C:2011:777, ASNEF.

72 *BAG* v. 27.5.1986 – 1 ABR 48/84, BAGE 52, 88; bestätigt in *BAG* v. 30.8.1995 – 1 ABR 4/95, BAGE 80, 366; v. 20.12.1995 – 7 ABR 8/95, BAGE 82, 36; *Fitting* § 77 Rn. 52; *Franzen* RdA 2010, 257, 20.

73 *Kock/Franke* NZA 2009, 646, 647 bezeichnen diese Fälle als „kaum […] denkbar".

74 *Gola/Pötters/Wronka* Handbuch Arbeitnehmerdatenschutz, S. 169.

45 **aa) Abweichungsmöglichkeit vom Standard der DS-GVO?** Inwiefern Abweichungen vom Schutzstandard zulässig sind, wird in der Literatur nicht einheitlich beantwortet. Die h.M. erachtet ein Unterschreiten als unzulässig[75], teils wird differenzierend davon ausgegangen, dass es nicht auf eine „Mehr" oder „Weniger", sondern auf eine andere Art der Regelung hinauslaufe.[76] Vielfach lasse sich eine spezifischere Regelung mit der „allgemeinen" nicht vergleichen.[77] Eine Verbesserung des Schutzniveaus soll hingegen nach zutreffender, ganz überwiegender Ansicht zulässig sein.[78]

46 Richtig dürfte folgende Wertung sein: Art. 88 Abs. 2 regelt Rechtsfolgen für den Fall, dass in Anwendung von Art. 88 Abs. 1 spezifischere nationale Vorschriften und Regelungen vom Schutzstandard der DS-GVO zunächst *zulasten der Betroffenen* abweichen, da nur dann angemessene und besondere Maßnahmen zu deren Gunsten denkbar sind. Wer das Datenschutzniveau im Betrieb verbessert, kann und muss nicht zugleich Maßnahmen zum Schutz der menschlichen Würde oder der Grundrechte der betroffenen Personen ergreifen. Daher folgt bereits aus der Existenz von Art. 88 Abs. 2, dass in einzelnen Punkten das Niveau der DS-GVO unterschritten werden darf, wenn zugleich durch ausgleichende Maßnahmen die Grundrechte der von der Datenverarbeitung betroffenen Personen geschützt werden. Andernfalls bedürfte es der Bestimmung des Art. 88 Abs. 2 nicht, wenn im Rahmen des Abs. 1 ohnehin nur Verbesserungen möglich wären. Ein generelles Abweichen „nach unten" ist hingegen unzulässig. Insoweit ist der h.M. zuzustimmen.[79] Werden also etwa Betroffenenrechte in einer Betriebsvereinbarung ohne sachlichen Grund und ohne ausgleichenden Mechanismus eingeschränkt, dürfte dies der Klausel des Art. 88 Abs. 2 widersprechen.[80]

47 Folglich ist nicht jedes partielle Abweichen „nach unten" vom Schutzstandard der DS-GVO unzulässig; vielmehr ist eine Gesamtbetrachtung der Regelung vorzunehmen und zu prüfen, ob die von Art. 88 Abs. 2 geforderten Maßnahmen zum Schutz der Betroffenen enthalten sind.[81] Es verbleibt also ein Regelungsspielraum in Ausgestaltung des Art. 88 Abs. 1, der es den Mitgliedstaaten und den kollektiven Interessenvertretungen ermöglichen soll, passgenaue und eben spezifischere Vorschriften zu schaffen. Spezifisch i.S. von „eigentümlich"[82] meint, dass häufig kein Abweichen in einzelnen Punkten festzustellen ist, sondern eine verschiedenartige Regelung insgesamt vorliegt. Diese ist dann nicht an einzelnen Vorgaben der DS-GVO zu messen, sondern im Wege einer Gesamtbetrachtung anhand des Art. 88 Abs. 2 zu prüfen.

---

75 *Gola/Thüsing/Pötters* RDV 2016, 55; *Gola/Thüsing/Schmidt* DuD 2017, 244; *Düwell/Brink* NZA 2016, 665, 666 f.; *Franzen* EuZA 2017, 313, 345; *Körner* NZA 2016, 1383 f.; *Kort* NZA 2016 Beil. 2, 62, 66; *Gola/Pötters/Wronka* Handbuch Arbeitnehmerdatenschutz, S. 169; Paal/Pauly-*Pauly* Art. 88 Rn. 4: präzisieren, ergänzen, anheben.

76 BeckOK-*Riesenhuber* Art. 88 Rn. 67; ähnlich *Jerchel/Schubert* DuD 2016, 782, 783; *Traut* RDV 2016, 312, 314; *Taeger/Rose* BB 2016, 819, 830.

77 BeckOK-*Riesenhuber* Art. 88 Rn. 67.

78 Paal/Pauly-*Pauly* Art. 88 Rn. 4; BeckOK-*Riesenhuber* Art. 88 Rn. 72; *Wybitul/Sörup/Pötters* ZD 2015, 559, 561; aA *Franzen* EuZA 2017, 313, 345; *Spelge*, DuD 2016, 775, 778.

79 Vgl. *Gola/Thüsing/Pötters* RDV 2016, 55; *Gola/Thüsing/Schmidt* DuD 2017, 244.

80 Vgl. Paal/Pauly-*Pauly* Art. 88 Rn. 9.

81 So wohl auch BeckOK-*Riesenhuber* Art. 88 Rn. 69; *Wybitul* ZD 2016, 203, 207.

82 So bereits *Düwell/Brink* NZA 2016, 665, 666.

§ 75 Abs. 2 S. 2 BetrVG ist demzufolge weiter zurückgedrängt als nach bisheriger Rechtslage.[83] Zwar kann die zu dieser Vorschrift ergangene Rechtsprechung[84] weiter berücksichtigt werden, doch werden Anpassungen im Hinblick auf die Vorgaben der DS-GVO und insbesondere Art. 88 Abs. 2 notwendig sein. Während nämlich § 75 Abs. 2 S. 2 BetrVG den Schutz des Persönlichkeitsrechts eher abstrakt umschreibt, benennt Art. 88 Abs. 2 a.E. das Erfordernis konkreter Maßnahmen, etwa bei der Einführung konzernweiter Datenweitergaben oder hinsichtlich der Transparenz einer Verarbeitung. Diesen Anforderungen müssen Betriebsvereinbarungen künftig genügen. Für Kollektivvereinbarungen ist Art. 88 Abs. 2 jedoch einschränkend auszulegen im Hinblick auf die zu ergreifenden besonderen Maßnahmen.[85] Angesichts des eingeschränkten Geltungsbereichs und auch wegen der häufig beschränkten inhaltlichen Regelung – kaum eine Betriebsvereinbarung regelt umfassend datenschutzrechtliche Fragen im Betrieb – sind besondere Maßnahmen nur hinsichtlich der durch die Kollektivvereinbarung eröffneten Datenverarbeitung notwendig.[86] Eine allgemeine Pflicht zur Aufnahme der als „insbesondere" in Art. 88 Abs. 2 genannten Fallgruppen gibt es hingegen nicht. **48**

bb) Orientierungshilfen in Art. 88 Abs. 2 – Transparenz, Konzerndatenverarbeitung, Überwachungssysteme. Somit sind die zu ergreifenden Maßnahmen je nach Eingriffsintensität der einzelnen Datenverarbeitung zu bestimmen. Dennoch lassen sich die Anforderungen, welche Art. 88 Abs. 2 an Betriebsvereinbarungen und hierin zu ergreifende konkrete Maßnahmen stellt, exemplarisch anhand der explizit aufgeführten Fallbeispiele herausarbeiten. **49**

Betriebsvereinbarungen müssen dem Transparenzgrundsatz genügen. Dieser wird in der DS-GVO zu einem der Eckpfeiler eines modernen Datenschutzrechts erhoben: Letztlich beruht das gesamte Konzept der Betroffenenrechte auf diesem Grundsatz.[87] So formuliert Art. 13 Abs. 2 ausdrücklich, dass die Informationen zur Verfügung zu stellen sind, die eine „faire und transparente Verarbeitung" gewährleisten. Der in Art. 5 Abs. 1 lit. a aufgeführte Grundsatz der Transparenz setzt voraus, dass alle Informationen und Mitteilungen zur Verarbeitung personenbezogener Daten leicht zugänglich und verständlich sowie in klarer und einfacher Sprache abgefasst sind.[88] Sollen demnach durch Betriebsvereinbarungen bestimmte Arten von Datenverarbeitungen legitimiert werden, muss sichergestellt sein, dass die betroffenen Beschäftigten erfahren, welche Daten zu welchen Zwecken verarbeitet werden. *In praxi* wird dies bedeuten, dass Betriebsvereinbarungen zumindest die Transparenzvorschriften der Art. 12–15 wiedergeben oder in Bezug nehmen müssen.[89] **50**

Als weitere Fallgruppe benennt Art. 88 Abs. 2 den gesamten Bereich der Konzerndatenverarbeitungen. Offenbar hat der Grundverordnungsgeber erkannt, dass im Konzernbereich etwa zur Rationalisierung von Abrechnungssystemen ein Datenfluss von **51**

83 Ebenso *Wybitul* ZD 2016, 203, 207; *Wurzberger* ZD 2017, 258.
84 S. insbesondere *BAG* v. 26.8.2008 – 1 ABR 16/07, BAGE 127, 276, Rn. 15.
85 Ebenso, wenn auch im Ausgangspunkt weiter Paal/Pauly-*Pauly* Art. 88 Rn. 9.
86 Paal/Pauly-*Pauly* Art. 88 Rn. 9; vgl. auch *Wybitul* ZD 2016, 203, 207.
87 S. Paal/Pauly-*Paal* Art. 14 Rn. 4; zum Transparenzgrundsatz im Beschäftigungskontext *Byers* NZA 2017, 1086, 1087 ff.
88 Vgl. ErwG 39; ausführlich Paal/Pauly-*Pauly* Art. 88 Rn. 11.
89 *Wybitul* ZD 2016, 203, 204.

praktischem Interesse sein kann. Auch wenn das deutsche Datenschutzrecht sowie die zugrunde liegende DSRL 95/46/EG kein Konzernprivileg kannten[90], könnten Mitgliedstaaten in Ausfüllung der Öffnungsklausel des Art. 88 einen entsprechenden Erlaubnistatbestand schaffen. Der Verordnungsgeber macht deutlich, dass er ein legitimes Interesse an konzern- bzw. gruppenweiten Datenübermittlungen zu bestimmten Zwecken grundsätzlich anerkennt.[91] Zugleich stellt er klar, dass ein entsprechender, durch nationale Vorschriften auf Grundlage des Art. 88 zugelassener Datenfluss wiederum durch Maßnahmen zum Schutz der betroffenen Personen abgesichert sein muss. Wenn also Betriebsvereinbarungen die Weitergabe von Daten an eine Konzernzentrale regeln, muss darauf geachtet werden, dass Grundrechte und Interessen der Beschäftigten gewahrt bleiben. Hier dürfte wiederum der Transparenzgrundsatz von besonderer Bedeutung sein sowie die Sicherung eines einheitlich hohen Schutzniveaus auch beim Empfänger der Daten.

52 Auch den Problemkreis der arbeitgeberseitigen Überwachungssysteme spricht Art. 88 Abs. 2 an. In diesem Bereich werden durch Betriebsvereinbarungen in der Praxis prozedurale Voraussetzungen zur Überwachung zu präventiven und repressiven Zwecken geschaffen, die die allgemeinen Erlaubnistatbestände und Vorgaben der Rechtsprechung für den jeweiligen Betrieb ausgestalten. Hierbei handelt es sich nach § 87 Abs. 1 Nr. 6 BetrVG um einen Fall der erzwingbaren Mitbestimmung. Künftig wird wegen Art. 88 Abs. 2 noch genauer zu prüfen sein, inwiefern eine Betriebsvereinbarung zur Mitarbeiterüberwachung die Rechte und Interessen der betroffenen Beschäftigten berücksichtigt. Was konkret möglich ist – und was nicht –, lässt sich nur anhand der Umstände des Einzelfalls wie Anlass und Eingriffstiefe sowie der Einhaltung der Vorgaben in der Umsetzung durch prozedurale Absicherungen beantworten. In sachlicher Hinsicht gilt Art. 88 Abs. 2 allerdings nicht für den Bereich der vollständig nicht automatisierten Verarbeitung, die erst durch die nationale Vorschrift des § 26 Abs. 2 BDSG in das Datenschutzrecht einbezogen wird.[92] Soweit also Torkontrollen oder mündliche Befragungen zur Überwachung durchgeführt werden, ist der Maßstab nicht Art. 88 Abs. 2, sondern nationale Vorschriften wie etwa § 75 Abs. 2 S. 1 BetrVG.

cc) Praxishinweise. – (1) Benennung der Betriebsvereinbarung als Erlaubnisnorm.

53 Diskutiert wird in der Literatur die Frage, ob eine Betriebsvereinbarung nur dann als Erlaubnisnorm wirken könne, wenn dies ausdrücklich festgestellt wird.[93] Hierfür wird angeführt, dass wegen des Verbots mit Erlaubnisvorbehalt nur eine ausdrückliche Erlaubnisnorm rechtfertigend wirken könne.[94] Da Betriebsvereinbarungen wie andere Rechtsvorschriften zur Rechtfertigung einer Datenverarbeitung herangezogen werden können, sollten sie zur Schaffung von Rechtssicherheit auch entsprechend eindeutig formuliert werden. So sollten bestehende Betriebsvereinbarungen daraufhin kontrolliert werden, ob konkrete Datenströme ausdrücklich legitimiert werden und ggf. Anpassungen vorgenommen werden. Für noch abzuschließende Kollektivvereinbarungen sollte der Maßstab ebenfalls Beachtung finden.

---

90 Zur bisherigen Rechtslage s. Thüsing-*Thüsing* Beschäftigtendatenschutz und Compliance, § 17 Rn. 3.

91 Paal/Pauly-*Pauly* Art. 88 Rn. 12.

92 BeckOK-*Riesenhuber* Art. 88 Rn. 91.

93 So *Wurzberger* ZD 2017, 258; *Sörup/Marquardt* ArbRAktuell 2016, 103, 106.

94 *Wurzberger* ZD 2017, 258, 260.

(2) Keine Notwendigkeit umfassender Regelung datenschutzrechtlicher Fragen. Die Anforderungen, die Art. 88 Abs. 2 an Betriebsvereinbarungen stellt, sind auch umstritten im Hinblick auf die zu ergreifenden Maßnahmen („diese Vorschriften umfassen Maßnahmen"). Teilweise wird daher davon ausgegangen, dass jede mitgliedstaatliche Regelung des Datenschutzrechts, sei sie gesetzlich, sei sie kollektivvertraglich, zumindest die genannten Einzelbereiche regeln müsse.[95] Dagegen sprechen jedoch bereits praktische Gesichtspunkte: Kollektivvereinbarungen regeln häufig datenschutzrechtliche Fragen im Betrieb nicht vollumfänglich, sondern bereichsspezifisch. Auch haben bestimmte Sachverhalte, etwa die in Art. 88 Abs. 2 genannte Konzerndatenverarbeitung, für viele Unternehmen und Betriebe gar keine Relevanz – dann können und werden diese hierzu auch keine Regelungen treffen.[96] Wer durch Kollektivvereinbarung nicht abweicht, kann auch keine schützenden Maßnahmen ergreifen.[97] *Impossibilium nulla est obligatio.* Zudem würde der Optionscharakter des Art. 88 Abs. 2 verfehlt:[98] Es bleibt Mitgliedstaaten und Kollektivvertragsparteien unbenommen, nur einzelne Bereiche zu regeln, in denen ein besonderes Regelungsbedürfnis erkannt wird. Letztlich könnten inhaltsleere Wiederholungen dessen, was aufgrund der DS-GVO ohnehin gilt – etwa die besonderen Transparenzvorschriften und Betroffenenrechte –, zu Verwirrung und somit einer faktischen Verschlechterung des Datenschutzniveaus führen. 54

VI. § 26 Abs. 5 BDSG n.F.

§ 26 Abs. 5 BDSG stellt wohl eine Angstklausel des Gesetzgebers dar. Art. 88 Abs. 2 nennt Anforderungen an nationale Vorschriften in Ausgestaltung des Beschäftigtendatenschutzes. Danach umfassen diese Vorschriften angemessene und besondere Maßnahmen. Offenbar sind dem Gesetzgeber keine eigenen konkreten Maßnahmen in diesem Sinne eingefallen – wie auch bei einer abstrakten Abwägungsklausel wie § 26 Abs. 1 S. 1 BDSG oder der Verbesserung des Datenschutzniveaus durch besondere Anforderungen an eine Einwilligung. Daher hat sich der Gesetzgeber darauf zurückgezogen, die Verantwortung an den Datenverarbeiter weiterzugeben. Dieser muss geeignete Maßnahmen ergreifen, um sicherzustellen, dass insbesondere die in Artikel 5 der Verordnung (EU) 2016/679 dargelegten Grundsätze für die Verarbeitung personenbezogener Daten eingehalten werden. So oder so: Da Art. 88 Abs. 1 ohnehin nur spezifischere Vorschriften erlaubt, kann von den Grundsätzen des Art. 5 der Verordnung ohnehin nicht abgewichen werden. Daher ist § 26 Abs. 5 BDSG ein bloß deklaratorisches Hinweisschild für Arbeitgeber. 55

VII. § 26 Abs. 6 BDSG n.F.: Beteiligungsrechte der Interessenvertretung

Eine weitere deklaratorische Feststellung[99] wurde in den folgenden Absatz 6 aufgenommen. Dass die Beteiligungsrechte der Interessenvertretungen der Beschäftigten unberührt bleiben, wurde wortgleich § 32 Abs. 3 BDSG entnommen. Mitbestimmungsrechte des Betriebsrats, etwa nach § 87 Abs. 1 Nr. 6 BetrVG, werden durch das 56

95 *Körner* Wirksamer Beschäftigtendatenschutz im Lichte der Europäischen Datenschutz-Grundverordnung, S. 68.
96 Paal/Pauly-*Pauly* Art. 88 Rn. 10; *Wybitul* ZD 2016, 203, 207.
97 So auch BeckOK-*Riesenhuber* Art. 88 Rn. 51.
98 BeckOK-*Riesenhuber* Art. 88 Rn. 51.
99 BeckOK-*Riesenhuber* § 32 BDSG a.F. Rn. 173.

BDSG n.F. nicht eingeschränkt. Nunmehr korrespondiert dies mit dem Erlaubnistatbestand des § 26 Abs. 1 S. 1 F. 2 BDSG, wonach eine Verarbeitung zur Ausübung oder Erfüllung der sich aus einem Gesetz ergebenden Rechte und Pflichten der Interessenvertretung der Beschäftigten zulässig sein kann. Während § 26 Abs. 6 BDSG darauf hinweist, dass die Beteiligungsrecht bestehen bleiben, sichert § 26 Abs. 1 S. 1 F. 2 BDSG dies mit einem eigenen Erlaubnistatbestand ab. Soweit jedoch eine Datenverarbeitung erfolgen soll, sind die dargelegten Maßstäbe im Rahmen des § 26 Abs. 1 S. 1 F. 2 BDSG zu berücksichtigen.[100]

VIII. § 26 Abs. 7 und 8 BDSG n.F. – sachlicher und persönlicher Anwendungsbereich

57 In sich systematisch schlüssig hat der Gesetzgeber nun am Ende des § 26 BDSG den Anwendungsbereich des Beschäftigtendatenschutzes festgelegt, soweit dieser von den Vorgaben der DS-GVO abweicht.

58 Wie bisher, ist dies im Hinblick auf den sachlichen Anwendungsbereich der Fall. Nach Art. 2 Abs. 1 gilt diese nur für die ganz oder teilweise automatisierte Verarbeitung personenbezogener Daten sowie für die nichtautomatisierte Verarbeitung personenbezogener Daten, die in einem Dateisystem gespeichert sind oder gespeichert werden sollen.[101] Vollständig manuelle Informationserhebungen, etwa mündlicher Art, die nicht in einer Datei gespeichert werden sollen, unterfallen daher nicht dem sachlichen Anwendungsbereich der Verordnung. Gleiches gilt nach § 1 Abs. 1 S. 1 BDSG[101] Für den Beschäftigtendatenschutz war dies bislang mit § 32 Abs. 2 BDSG a.F. anders und auch unter Geltung des § 26 BDSG ist der sachliche Anwendungsbereich deutlich erweitert. Nach § 26 Abs. 7 BDSG sind nämlich auch solche Informationserhebungen des Arbeitgebers datenschutzrechtlich zu rechtfertigen, bei denen personenbezogene Daten, einschließlich besonderer Kategorien personenbezogener Daten, von Beschäftigten verarbeitet werden, ohne dass sie in einem Dateisystem gespeichert sind oder gespeichert werden sollen. Grundsätzlich unterfällt damit jede Informationserhebung hinsichtlich personenbezogener Daten Beschäftigter durch den Arbeitgeber dem Datenschutzrecht – seien es stichprobenweise Torkontrollen, handschriftliche Notizen des Arbeitgebers über ein Bewerbungsgespräch oder insgesamt das arbeitgeberseitige Fragerecht.[102] Ein Verstoß gegen die Vorgaben der Verordnung im Rahmen der Öffnungsklausel des Art. 88 kann denklogisch nicht vorliegen, da die Verordnung für diese Art der Informationserhebung überhaupt nicht gilt, vgl. Art. 2 Abs. 1.[103]

59 In personeller Hinsicht wurde der Beschäftigtenbegriff des § 3 Abs. 11 BDSG a.F. vollständig in das neue Recht überführt. Inhaltlich ergeben sich also keine Änderungen.[104] Nachdem der Beschäftigtenbegriff bisher im Allgemeinen Teil des BDSG in § 3 Abs. 11 BDSG a.F. etwas versteckt war, ist die jetzige Regelung innerhalb der Zentralvorschrift des Beschäftigtendatenschutzes zu begrüßen. Die lange herrschende Rechtsunsicherheit, ob und inwiefern Leiharbeitnehmer dem Beschäftigtendatenschutz beim Entleiher unterfallen, wird durch § 26 Abs. 8 BDSG nunmehr beseitigt.

100 S. oben Rn. 10.
101 S. hierzu Art. 2 Kommentierung.
102 Vgl. *Gola* BB 2017, 1462, 1472.
103 Ebenso Paal/Pauly-*Pauly* Art. 88 Rn. 14.
104 S. zum Beschäftigtenbegriff ausführlich Simitis-*Seifert* § 3 Rn. 279 ff; *Forst* RDV 2014, 128.

Abs. 8 Nr. 1 bezieht Leiharbeitnehmer auch im Verhältnis zum Entleiher in den persönlichen Anwendungsbereich des § 26 BDSG ein. Unter teleologischen Gesichtspunkten entspricht dieses Ergebnis der bisher ganz h.M.;[105] bisher wurde eine Einbeziehung vorwiegend mit Blick auf das Fehlen der Analogievoraussetzungen abgelehnt.[106]

Artikel 89 Garantien und Ausnahmen in Bezug auf die Verarbeitung zu im öffentlichen Interesse liegenden Archivzwecken, zu wissenschaftlichen oder historischen Forschungszwecken und zu statistischen Zwecken

(1) [1]Die Verarbeitung zu im öffentlichen Interesse liegenden Archivzwecken, zu wissenschaftlichen oder historischen Forschungszwecken oder zu statistischen Zwecken unterliegt geeigneten Garantien für die Rechte und Freiheiten der betroffenen Person gemäß dieser Verordnung. [2]Mit diesen Garantien wird sichergestellt, dass technische und organisatorische Maßnahmen bestehen, mit denen insbesondere die Achtung des Grundsatzes der Datenminimierung gewährleistet wird. [3]Zu diesen Maßnahmen kann die Pseudonymisierung gehören, sofern es möglich ist, diese Zwecke auf diese Weise zu erfüllen. [4]In allen Fällen, in denen diese Zwecke durch die Weiterverarbeitung, bei der die Identifizierung von betroffenen Personen nicht oder nicht mehr möglich ist, erfüllt werden können, werden diese Zwecke auf diese Weise erfüllt.

(2) Werden personenbezogene Daten zu wissenschaftlichen oder historischen Forschungszwecken oder zu statistischen Zwecken verarbeitet, können vorbehaltlich der Bedingungen und Garantien gemäß Absatz 1 des vorliegenden Artikels im Unionsrecht oder im Recht der Mitgliedstaaten insoweit Ausnahmen von den Rechten gemäß der Artikel 15, 16, 18 und 21 vorgesehen werden, als diese Rechte voraussichtlich die Verwirklichung der spezifischen Zwecke unmöglich machen oder ernsthaft beeinträchtigen und solche Ausnahmen für die Erfüllung dieser Zwecke notwendig sind.

(3) Werden personenbezogene Daten für im öffentlichen Interesse liegende Archivzwecke verarbeitet, können vorbehaltlich der Bedingungen und Garantien gemäß Absatz 1 des vorliegenden Artikels im Unionsrecht oder im Recht der Mitgliedstaaten insoweit Ausnahmen von den Rechten gemäß der Artikel 15, 16, 18, 19, 20 und 21 vorgesehen werden, als diese Rechte voraussichtlich die Verwirklichung der spezifischen Zwecke unmöglich machen oder ernsthaft beeinträchtigen und solche Ausnahmen für die Erfüllung dieser Zwecke notwendig sind.

(4) Dient die in den Absätzen 2 und 3 genannte Verarbeitung gleichzeitig einem anderen Zweck, gelten die Ausnahmen nur für die Verarbeitung zu den in diesen Absätzen genannten Zwecken.

- *ErwG: 156–163*
- *BDSG: §§ 27, 28 BDSG*

---

105 S. nur Simitis-*Seifert* § 3 Rn. 283; jetzt auch Henssler/Willemsen/Kalb-*Lembke* Vorb. BDSG a.F. Rn. 17; differenzierend *Schmidt* Datenschutz für „Beschäftigte“, S. 258 ff.

106 So etwa *Forst* RdA 2014, 128, 129; ebenso *Schmidt* Datenschutz für „Beschäftigte“, S. 83.

Übersicht

A. Einordnung und Hintergrund

1 Art. 89 soll die Verarbeitung personenbezogener Daten zu Forschungs-, Archiv- und Statistikzwecken erleichtern. Er ergänzt hierzu die Erlaubnisnormen aus Art. 6 und 9.[1] Die Vorschrift selbst enthält jedoch keinen eigenständigen Erlaubnistatbestand zur Datenverarbeitung.[2] Vielmehr setzt Art. 89 die Zulässigkeit der Verarbeitung nach Art. 6, 9 oder nach anderen datenschutzrechtlichen Erlaubnistatbeständen voraus und stellt zusätzlich den Vorbehalt weiterer geeigneter Garantien auf. Eine auf die in Art. 89 genannten Zwecke gerichtete Weiterverarbeitung gilt grundsätzlich gem. Art. 5 Abs. 1 lit. b nicht als unvereinbar mit den ursprünglichen Zwecken der Verarbeitung der fraglichen personenbezogenen Daten.[3] Diese in Art. 89 vorgesehenen Privilegierungen gelten jedoch gem. Abs. 4 nur dann, wenn der Verantwortliche ausschließlich die in Art. 89 genannten Zwecke verfolgt.[4] In der Praxis muss der Verantwortliche, sofern er die entsprechenden Regeln zur Datenminimierung, insbesondere die Pseudonymisierung einhält, keine weiteren Abwägungen zur Sicherstellung ausreichender Garantien in Bezug auf Freiheiten und Rechte der Betroffenen mehr treffen.[5]

I. Erwägungsgründe

2 Der europäische Gesetzgeber hat in den nachstehend genannten acht Erwägungsgründen Hintergrundinformationen und Auslegungshilfen zu Art. 89 bereitgestellt. Größtenteils rechtfertigen diese Erwägungsgründe die privilegierte Behandlung von Datenverarbeitungen in Art. 89. Dabei betont der Verordnungsgeber die Bedeutung der Möglichkeit der Verknüpfung verschiedener Register für medizinische Forschungen,

1 Wybitul-*Steinhaus* Art. 89 Rn. 3.
2 Kühling/Buchner-*Buchner/Tinnefeld* Art. 89 Rn. 1; Wybitul-*Steinhaus* Art. 89 Rn. 1; Ehmann/Selmayr-*Raum* Art. 89 Rn. 22.
3 S. Kommentierung Art. 5 Rn. 37 ff.; ErwG 50 S. 4; Wybitul-*Steinhaus* Art. 89 Rn. 4.
4 Kühling/Buchner-*Buchner/Tinnefeld* Art. 89 Rn. 1, 27; Wybitul-*Steinhaus* Art. 89 Rn. 1.
5 Vgl. Wybitul-*Steinhaus* Art. 89 Rn. 1, 7.

für Forschungen in den Sozialwissenschaften und als Basis für politische Maßnahmen zur Verbesserung der Lebensqualität (ErwG 157). Weiterhin betont er die gesellschaftliche Bedeutung von Archiven (ErwG 158) und stellt klar, dass auch historische und genealogische Forschung privilegiert sein sollen (ErwG 160). Die Privilegierung soll somit insgesamt betrachtet dem in Art. 179 Abs. 1 AEUV festgeschriebenen Ziel eines europäischen Raumes für Forschung dienen.

Gleich mehrfach betont der Verordnungsgeber in den Erwägungsgründen, dass die Regelungen der DS-GVO nicht für verstorbene Personen gelten.[6] Damit wiederholt er die Klarstellung aus ErwG 27 zu Art. 4 Nr. 1. Jedoch sollten Verantwortliche vor der Verarbeitung der Daten Verstorbener prüfen, ob sich diese womöglich auch gegebenenfalls mittelbar auf noch lebende natürliche Personen beziehen.[7] Weiterhin können die Mitgliedstaaten Regelungen zu den personenbezogenen Daten Verstorbener erlassen. Hierunter fallen in Deutschland etwa das Bundesarchivgesetz sowie die einzelnen Landesarchivgesetze.[8] **3**

ErwG 161 betont, dass für Einwilligungen zur Teilnahme an klinischen Forschungen auch die hier maßgebliche EU Verordnung aus dem Jahr 2014 beachtet werden muss.[9] Möchten Verantwortliche die Verarbeitung personenbezogener Daten zur wissenschaftlichen Forschung auf Einwilligungen stützen, sollten sie zudem gegebenenfalls die entsprechenden Ethikrichtlinien der jeweiligen Fachrichtung beachten.[10] **4**

Die Verarbeitung personenbezogener Daten zu statistischen Zwecken erläutert der europäische Gesetzgeber in den ErwG 162 und 163. Dabei definiert er statistische Zwecke als jeden für die Durchführung statistischer Untersuchungen und die Erstellung statistischer Ergebnisse erforderlichen Vorgang der Erhebung und Verarbeitung personenbezogener Daten.[11] Statistische Ergebnisse, welche keine personenbezogenen Daten mehr enthalten, können dabei für verschiedene Zwecke verwendet werden, beispielsweise für wissenschaftliche Forschungszwecke. Damit schließt ErwG 162 die Verwendung der statistischen Ergebnisse zu gewerblichen Zwecken, beispielsweise der Marktforschung, nicht aus. ErwG 163 gibt zudem Hinweise zu europäischen Statistiken und verweist auf VO (EU) Nr. 2009/223, welche zur Vertraulichkeit solcher Statistiken weitere Anforderungen aufstellt. **5**

6 ErwG 158 und 160; Ehmann/Selmayr-*Raum* Art. 89 Rn. 16; Gola-*Pötters* Art. 89 Rn. 18.

7 Siehe auch *Art.-29-Datenschutzgruppe* Stellungnahme 4/2007 zum Begriff „personenbezogene Daten“ 01248/DE, WP 136, S. 26.

8 Weitere Regelungen, die über den Tode des betroffenen hinaus Bestand haben, finden sich in ärztlichen Berufsordnungen, § 16 BStatG, § 30 AO und § 35 Abs. 5 SGB I.

9 VO (EU) Nr. 2014/536 des europäischen Parlaments und des Rates vom 16. April 2014 über klinische Prüfungen mit Humanarzneimitteln. Diese Verordnung setzt in den Art. 29 ff. zusätzliche Anforderungen, insbesondere in Bezug auf die Informiertheit, an Einwilligungen von Prüfungsteilnehmern klinischer Untersuchungen.

10 Vgl. zur Einwilligung für wissenschaftliche Forschungsprojekte insgesamt *Schaar* ZD 2017, 213 ff.

11 ErwG 162 S. 3.

II. BDSG

6 Art. 89 enthält zwei Öffnungsklauseln. Zunächst können die Mitgliedstaaten die Verarbeitung personenbezogener Daten zu wissenschaftlichen oder historischen Forschungszwecken oder zu statistischen Zwecken privilegieren. Dabei können Sie Ausnahmen von den Rechten der Art. 15, 16, 18 und 21 vorsehen (Art. 89 Abs. 2). Darüber hinaus können die Mitgliedstaaten für die Verarbeitung personenbezogener Daten für im öffentlichen Interesse liegende Archivzwecke Ausnahmen von den Rechten gemäß Art. 15, 16, 18, 19, 20 und 21 regeln (Art. 89 Abs. 3).

7 **1. § 27 Abs. 2 BDSG.** Der deutsche Gesetzgeber hat von der Öffnungsklausel des Art. 89 Abs. 2 in § 27 Abs. 2 S. 1 BDSG Gebrauch gemacht.[12] Dabei schränkt er die Rechte der betroffenen Personen aus den Art. 15, 16, 18 und 21 zunächst grundsätzlich ein, soweit diese die Verwirklichung der Forschungs- oder Statistikzwecke unmöglich macht oder ernsthaft beeinträchtigt und die Beschränkung für die Zweckerfüllung notwendig ist. Diese Einschränkung ist recht unspezifisch gehalten. Die Erfüllung der aufgezählten Betroffenenrechte ist im Regelfall vor allem eine Kostenfrage. Eine Verarbeitung, die diese Rechte berücksichtigt, erfordert in der Regel ein umfassendes (und dementsprechend teures) Datenschutz-Management System. Ein unverhältnismäßiger Aufwand soll jedoch von dieser Ausnahme nicht umfasst sein.[13] Entsprechend dürfte der Anwendungsbereich dieser Privilegierung wohl eher gering sein und sich vor allem auf solche Fälle beschränken, bei denen die Forschungsarbeit an sich durch die entsprechenden Betroffenenrechte beeinträchtigt ist.[14]

8 Umfangreicher sind hingegen die in § 27 Abs. 2 S. 2 BDSG erteilten Ausnahmen zu den Rechten aus Art. 15. Danach besteht das Auskunftsrecht dann nicht, wenn die Daten für Zwecke der wissenschaftlichen Forschung erforderlich sind und die Auskunftserteilung einen unverhältnismäßigen Aufwand erfordern würde. Das ist beispielsweise bei Forschungsvorhaben der Fall, die mit besonders großen Datenmengen arbeiten.[15] Es ist fraglich, ob diese weitergehende Privilegierung mit dem Wortlaut des Art. 89 Abs. 2 vereinbar ist. Die Öffnungsklausel gilt einerseits lediglich für Beschränkungen, die für Forschungszwecke „notwendig" sind, anstatt bereits bei „erforderlichen" Beschränkungen. Auch fordert die Öffnungsklausel zumindest eine „ernsthafte Beeinträchtigung" und lässt gerade nicht bereits einen „unverhältnismäßigen Aufwand" genügen. Bis die Frage einer eventuellen Europarechtswidrigkeit geklärt ist, bleibt die deutsche Ausnahmeregelung in § 27 Abs. 2 S. 2 BDSG jedoch anwendbar.

9 In § 27 Abs. 4 BDSG schränkt der deutsche Gesetzgeber die Veröffentlichung personenbezogener Daten zu wissenschaftlichen oder historischen Forschungszwecken oder zu statistischen Zwecken ein. Diese Veröffentlichung ist nur erlaubt, wenn die betroffene Person eingewilligt hat oder wenn die Veröffentlichung für die Darstellung von Forschungsergebnissen über Ereignisse der Zeitgeschichte unerlässlich ist. Die Rege-

12 Vgl. BT-Drucks. 18/11325, S. 99.

13 Das ergibt sich eindeutig aus dem Umkehrschluss zu § 27 Abs. 2 S. 2 BDSG, welcher für Ausnahmen zu Art. 15 ausdrücklich unverhältnismäßigen Aufwand ausreichen lässt.

14 So wird die Privilegierung beispielsweise im Bereich der Marktforschung aus diesem Grund nicht greifen. Für die Durchführung von Markt- und Meinungsumfragen sind Ausnahmen von den Betroffenenrechten nicht unbedingt notwendig. Vgl. *Hornung/Hofmann* ZD-Beil. 2017, 1, 11.

15 Vgl. BT-Drucks. 18/11325, S. 99 f.

lung ähnelt weitgehend dem § 40 Abs. 3 BDSG a.F.[16] Damit nimmt das BDSG eine Einschränkung auf, die in verschiedenen Entwürfen im Laufe des Gesetzgebungsprozesses vorhanden war, jedoch in der endgültigen Norm nach Protesten aus der Wissenschaft gestrichen wurde.[17] Es ist allerdings fraglich, ob eine solche Einschränkung von den Öffnungsklauseln des Art. 89 tatsächlich gedeckt ist. Diese umfassen ihrem Wortlaut nach lediglich Privilegierungen der Datenverarbeitung zu wissenschaftlichen und historischen Forschungszwecken.

2. § 28 Abs. 2, 3 und 4 BDSG. Der deutsche Gesetzgeber hat die Öffnungsklausel für Datenverarbeitungen zu im öffentlichen Interesse liegenden Archivzwecken in § 28 Abs. 2, 3 und 4 BDSG für eine eigene Regelung genutzt.[18] **10**

§ 28 Abs. 2 BDSG schränkt das Auskunftsrecht gegenüber Betreibern von Archiven ein, wenn das Archivgut nicht durch den Namen der Person erschlossen ist oder die Angaben im Rahmen der Auskunftsanfrage kein Auffinden des betreffenden Archivguts mit vertretbarem Aufwand ermöglicht. Gut geführte Archive sind meistens so aufgebaut, dass sie durch entsprechende Register das Auffinden von Archivgütern anhand von vergleichsweise wenigen Informationen ermöglichen. Aus diesem Grund könnte dieser Ausnahmetatbestand in der Praxis gegebenenfalls eine eher geringere Rolle spielen. **11**

Das Recht auf Berichtigung schränkt § 28 Abs. 3 BDSG für solche personenbezogenen Daten ein, die zu Archivzwecken im öffentlichen Interesse verarbeitet werden. Jedoch räumt das BDSG den betroffenen Personen in diesen Fällen ein Recht auf Gegendarstellung ein. Die Gegendarstellung muss vom Archiv den Unterlagen beigefügt werden. Für ein Archiv kann es gegebenenfalls auch notwendig sein, fehlerhafte Informationen zu archivieren. Nur so können Forscher nachvollziehen, wie die originale Informationslage handelnder Personen aussah. Mit dem Recht auf Gegendarstellung bringt der deutsche Gesetzgeber diese Interessen des Archivs an originalen historischen Dokumenten mit dem Recht auf informationelle Selbstbestimmung der betroffenen Personen in Einklang. **12**

Eine weitere Ausnahme sieht § 28 Abs. 4 BDSG für die Rechte aus Art. 18 Abs. 1 lit. a, b und d sowie aus den Art. 20 und 21 vor. Diese Rechte bestehen nicht, soweit sie voraussichtlich die Verwirklichung der im öffentlichen Interesse liegenden Archivzwecke unmöglich machen oder ernsthaft beeinträchtigen und die Ausnahmen für die Erfüllung der öffentlichen Archivzwecke erforderlich sind. Bei dem nicht von der Ausnahmeregelung erfassten Art. 18 Abs. 1 lit. c handelt es sich um das Recht auf Einschränkung der Verarbeitung in Fällen, in denen der Verantwortliche die personenbezogenen Daten für die Zwecke der Verarbeitung nicht mehr benötigt, die betroffene Person sie jedoch zur Geltendmachung, Ausübung oder Verteidigung von Rechtsansprüchen benötigt. **13**

---

16 Vgl. BT-Drucks 18/11325, S. 100.
17 Vgl. Gola-*Pötters* Art. 89 Rn. 1.
18 BT-Drucks. 18/11325, S. 100.

III. Normgenese und Umfeld

14 Die jetzige Form des Art. 89 ist Ergebnis eines langen und wechselhaften Gesetzgebungsprozesses.[19] Die endgültige Fassung der Norm ist deutlich weniger restriktiv als frühere Kommissions- und Parlamentsentwürfe. Diese Entwürfe enthielten insbesondere weitgehende Pflichten, personenbezogene Daten zu anonymisieren und zu pseudonymisieren. Diese Anforderungen stießen insbesondere in der Fachliteratur und der Wissenschaft auf Kritik.[20] Die Kritiker der damaligen Entwurfsfassungen beanstandeten unter anderem, dass einzelne Studienreihen durch die Regelung deutlich erschwert würden. Auf diese Kritik hin wandelte der europäische Gesetzgeber die Norm in ihrer jetzigen Form so ab, dass sie explizit Abweichungen vom Schutzstandard der DS-GVO und von bestimmten Betroffenenrechten ermöglicht.[21]

15 **1. RL 95/46/EG.** Bereits die Datenschutzrichtlinie beinhaltete mehrere Regelungen zur Privilegierung der Datenverarbeitungen für historische, statistische und wissenschaftliche Zwecke. So erleichterte Art. 6 Abs. 1 lit. b die Datenverarbeitung für andere als die ursprünglichen Zwecke, Art. 6 Abs. 1 lit. e erleichterte eine längere Speicherung, Art. 11 Abs. 2 entschärfte die Informationspflichten und Art. 13 Abs. 2 reduzierte die Auskunftspflichten. Eine ähnlich konzipierte Regelung wie in Art. 89 kannte die Datenschutzrichtlinie jedoch nicht.

16 **2. BDSG a.F.** Das BDSG a.F. setzte die Anforderungen der Datenschutzrichtlinie um. Für öffentliche Stellen regelte es in § 14 Abs. 2 Nr. 9, Abs. 5 Nr. 2 BDSG a.F. zwei Zulässigkeitstatbestände für die Verarbeitung zur Durchführung wissenschaftlicher Forschung. In § 28 Abs. 2 Nr. 3 und Abs. 6 Nr. 4 BDSG a.F. fanden sich ähnliche Regelungen für nicht-öffentliche Stellen.

B. Kommentierung

I. Definitionen

17 **1. Im öffentlichen Interesse liegende Archivzwecke.** Archive sind nach der DS-GVO Datensammlungen von Behörden oder öffentlichen oder privaten Stellen, „die Aufzeichnungen von öffentlichem Interesse führen".[22] Von der Privilegierung sind also nicht nur öffentliche Stellen, sondern auch private Stellen, etwa auch Unternehmensarchive, erfasst, soweit die Archivierung im öffentlichen Interesse liegt. Ebenso macht es für die Privilegierung nach der DS-GVO keinen Unterschied, ob die Archive digital oder analog betrieben werden. Entscheidend ist, dass die Archivierung im öffentlichen Interesse liegt. Das ist etwa dann der Fall, wenn es um „Aufzeichnungen von bleibendem Wert" geht.[22] Fraglich ist ein öffentliches Interesse beispielsweise bei Familienarchiven, auch wenn diese im Rahmen von Depositalverträgen in staatliche Archive übergegangen sind.[23] Zu den Aufgaben eines Archivs gehört es, dass die gesammelten Daten durch Erhaltung, Bewertung, Aufbereitung, Beschreibung und Verbreitung nutzbar gemacht werden.[24] Die bloße Aufbewahrung, die lediglich dazu

19 Kühling/Buchner-*Buchner/Tinnefeld* Art. 89 Rn. 4 ff.; Wybitul-*Steinhaus* Art. 89 Rn. 5.
20 Vgl. *Taupitz* MedR 2012, 423.
21 Vgl. zum Ganzen etwa: Gola-*Pötters* Art. 89 Rn. 1, 2.
22 Vgl. ErwG 158 S. 2.
23 Vgl. *OVG Lüneburg* Urt. v. 17.9.2002 – 11LB 123/02.
24 ErwG 158; Plath-*Grages* Art. 89 Rn. 10; Wybitul-*Steinhaus* Art. 89 Rn. 10.

dient, gesetzlichen Vorhaltepflichten nachzukommen, ist hingegen kein Archivzweck im Sinne von Art. 89.[25]

2. Wissenschaftliche Forschungszwecke. Anders als nach der Datenschutzrichtlinie privilegiert Art. 89 nicht sämtliche wissenschaftliche Zwecke, sondern nur wissenschaftliche Forschungszwecke. Mit dieser restriktiveren Formulierung möchte der europäische Gesetzgeber klarstellen, dass nicht jede reine Analyse größerer Datenmengen privilegiert sein soll.[26] Ob durch die Hinzufügung der Forschungszwecke die wissenschaftliche Lehre ausgenommen werden soll, bleibt nach dem Wortlaut fraglich. Angesichts dessen, dass die wissenschaftliche Lehre auch unter den Schutzbereich der Wissenschaftsfreiheit aus Art. 13 GRCh fällt,[27] ist wohl davon auszugehen, dass die Lehre von der Privilegierung des Art. 89 mit umfasst sein soll. Der Begriff der Forschung nach der DS-GVO ist hingegen weit zu verstehen. Er umfasst neben Grundlagenforschung beispielsweise auch technologische Entwicklungen, sowie angewandte und privat finanzierte Forschung.[28] Entscheidend ist bei privat finanzierter Forschung, dass der Auftraggeber keinen Einfluss auf die Forschungsarbeit und die Ergebnisse nimmt.[29] **18**

3. Historische Forschungszwecke. Der europäische Gesetzgeber gibt keine Erklärung, warum Art. 89 die historischen Forschungszwecke explizit neben den wissenschaftlichen Forschungszwecken nennt. Es ist nicht davon auszugehen, dass der Gesetzgeber der historischen Forschung damit den Status als Wissenschaft absprechen möchte.[30] Eine mögliche Erklärung hierfür ist, dass historische Forschung meist Quellen auswertet, die zunächst nicht zu Forschungszwecken angelegt wurden. Entsprechend liegt datenschutzrechtlich die Problematik weniger in der Datenerhebung als in einer möglichen Zweckänderung bereits archivierter Daten. **19**

4. Statistische Zwecke. Statistische Zwecke sind nach der DS-GVO alle „für die Durchführung statistischer Untersuchungen und die Erstellung statistischer Ergebnisse" erforderlichen Vorgänge „der Erhebung und Verarbeitung personenbezogener Daten".[31] Während die Weiterverwendung der Ergebnisse für die Einordnung als statistischer Zweck zunächst nicht relevant ist, setzt die Verordnung jedoch voraus, dass die Ergebnisse keine personenbezogenen Daten (mehr) beinhalten und nicht für Entscheidungen gegenüber einzelnen natürlichen Personen verwendet werden.[32] **20**

II. Geeignete Garantien (Abs. 1)

Art. 89 Abs. 1 stellt klar, dass insbesondere das Prinzip der Datenminimierung aus Art. 5 Abs. 1 lit. c sowie die Anforderungen des Art. 25 Abs. 1 auch für Datenverarbeitung zu den genannten Zwecken gelten. Weiterhin muss der Verantwortliche auch Maßnahmen umsetzen, die die Vertraulichkeit und Integrität von Daten gem. Art. 5 **21**

25 Vgl. Roßnagel-*Johannes* Europäische Datenschutz-Grundverordnung § 4 Rn. 134; Kühling/Buchner-*Buchner/Tinnefeld* Art. 89 Rn. 10.
26 Vgl. Kühling/Buchner-*Buchner/Tinnefeld* Art. 89 Rn. 12.
27 Vgl. Meyer-*Bernsdorff* Charta der Grundrechte der Europäischen Union Art. 13 Rn. 15.
28 ErwG 159.
29 Vgl. *Hornung/Hofmann* ZD-Beil. 2017, 1, 5.
30 So auch Gola-*Pötters* Art. 89 Rn. 14.
31 ErwG 162 S. 3.
32 Vgl. ErwG 162 S. 4 und 5.

Abs. 1 lit. f[33] und die Zweckbindung gem. Art. 5 Abs. 1 lit. b[34] schützen.[35] Der Verantwortliche muss also auch für nach Art. 89 privilegierte Verarbeitungen geeignete technische und organisatorische Maßnahmen zur Datenminimierung treffen. Dadurch möchte der europäische Gesetzgeber eine ungeregelte Datenvorratshaltung zu Forschungszwecken verhindern.[36] Zusätzlich bedarf die Verarbeitung weiterhin eines Rechtfertigungsgrundes nach der DS-GVO, beispielsweise aus Art. 6 oder 9. Art. 89 Abs. 1 ist kein eigenständiger Erlaubnistatbestand.

22 Die in Art. 89 Abs. 1 beschriebenen technischen und organisatorischen Maßnahmen umfassen explizit die Pseudonymisierung[37] personenbezogener Daten. Grundsätzlich muss der Verantwortliche jedoch zunächst prüfen, ob die Zwecke auch durch die Verarbeitung anonymisierter Daten erreicht werden können. Gemäß dem Grundsatz der Datenminimierung darf der Verantwortliche in diesem Fall lediglich die anonymisierten Daten verarbeiten.[38] Eine möglichst frühzeitige Pseudonymisierung dürfte jedenfalls in allen verbleibenden Fällen geboten sein, in denen eine Anonymisierung nicht umsetzbar ist.

23 Die zu treffenden Maßnahmen müssen im Unterschied zu § 9 S. 2 BDSG a.F. nicht an dem vom Betroffenen gewünschten Schutzniveau ausgerichtet werden, sondern gem. Art. 32 Abs. 1 an einem objektiven Maßstab. Damit soll auch die Möglichkeit ausgeschlossen sein, Studienteilnehmer von Forschungsprojekten in ein niedrigeres, dem Risiko nicht angemessenes Schutzniveau einwilligen zu lassen.[39]

III. Öffnungsklauseln zu Betroffenenrechten (Abs. 2, 3 und 4)

24 **1. Ausnahmen nach Abs. 2.** Gemäß Art. 89 Abs. 2 dürfen Mitgliedstaaten unter gewissen Voraussetzungen Ausnahmen von den dort genannten Betroffenenrechten vorsehen. Davon umfasst sind das Auskunftsrecht (Art. 15), das Berichtigungsrecht (Art. 16), das Recht auf Einschränkung der Verarbeitung (Art. 18) und das Widerspruchsrecht (Art. 21). Solche Ausnahmen dürfen die Mitgliedstaaten jedoch nur dann vorsehen, soweit sie die Garantien des Art. 89 Abs. 1 umsetzen und die entsprechenden Rechte voraussichtlich (das heißt, im vom Mitgliedstaat erwarteten Regelfall) die Verwirklichung der Zwecke unmöglich machen oder ernsthaft beeinträchtigen. Die Ausnahmen müssen für die Erfüllung der Zwecke notwendig sein.[40]

25 Die DS-GVO lässt das Verhältnis dieser Öffnungsklausel zu der Privilegierung des Art. 85 Abs. 2 für Datenverarbeitungen zu den dort ebenfalls genannten wissenschaftlichen Zwecken weitgehend offen. Die Öffnungsklausel des Art. 85 Abs. 2 geht über die in Art. 89 Abs. 2 normierte hinaus.[41] Diese Doppelung ist wohl dem politischen Druck der Interessenvertretungen der Wirtschaft geschuldet.[42]

---

33 Vgl. auch Art. 32.
34 Vgl. Art. 6 Abs. 4.
35 Kühling/Buchner-*Buchner/Tinnefeld* Art. 89 Rn. 19.
36 Ehmann/Selmayr-*Raum* Art. 89 Rn. 34.
37 Vgl. Art. 4 Nr. 5.
38 Vgl. auch ErwG 156 S. 3.
39 Ehmann/Selmayr-*Raum* Art. 89 Rn. 36.
40 Art. 89 Abs. 2.
41 Vgl. zum Verhältnis der Öffnungsklauseln auch Kommentierung zu Art. 85 Rn. 22.
42 Vgl. Gola-*Pötters* Art. 89 Rn. 12.

2. Ausnahmen nach Abs. 3. Etwas weiter gehen die Möglichkeiten der Mitgliedstaaten zur Einschränkung der Betroffenenrechte für im öffentlichen Interesse liegende Archivzwecke. Für diese können die Mitgliedstaaten zusätzlich die Mitteilungspflicht bei Berichtigung, Löschung oder Einschränkung der Verarbeitung (Art. 19) sowie das Recht auf Datenübertragbarkeit (Art. 20) einschränken. Die Voraussetzungen entsprechen ansonsten denen des Art. 89 Abs. 2. **26**

3. Schranken des Abs. 4. Mit Art. 89 Abs. 4 stellt der europäische Gesetzgeber klar, dass die Privilegierungen nicht mehr gelten, soweit die personenbezogenen Daten über die in der Vorschrift genannten Zwecke hinausgehend auch für andere Zwecke verarbeitet werden sollen. **27**

C. Praktische Hinweise

I. Relevanz für öffentliche Stellen

Die Regelungen und Privilegierungen des Art. 89 haben beispielsweise für Universitäten, öffentliche Bibliotheken, öffentliche Archive und auch die öffentliche Verwaltung eine nicht zu unterschätzende Relevanz. Die Privilegierungen in Bezug auf bestimmte Betroffenenrechte ermöglichen erst eine finanzierbare Arbeit vieler dieser Stellen. **28**

II. Relevanz für nichtöffentliche Stellen

Art. 89 differenziert nicht zwischen öffentlichen Stellen und nichtöffentlichen Stellen. Auch von nicht-öffentlichen Stellen betriebene Forschungseinrichtungen oder Archive können von den Privilegierungen profitieren. Nichtöffentliche Stellen sollten daher insbesondere beachten, dass die Studienteilnehmer auch nicht durch Einwilligungserklärungen auf ein nach Art. 32 Abs. 1 angemessenes Schutzniveau verzichten können.[43] **29**

III. Relevanz für betroffene Personen

Betroffene Personen können durch Art. 89 gegebenenfalls in einigen ihrer durch die Verordnung ansonsten vorgesehenen Rechte gegenüber Verantwortlichen eingeschränkt werden. **30**

IV. Relevanz für Aufsichtsbehörden

Aufsichtsbehörden müssen sich mit Art. 89 und den entsprechenden Umsetzungen im nationalen Recht auseinandersetzen, um prüfen zu können, welche Verantwortlichen sich in welchem Umfang auf die entsprechenden Privilegierungen berufen dürfen. **31**

V. Relevanz für das Datenschutzmanagement

Verantwortliche, die von den Privilegierungen des Art. 89 Gebrauch machen wollen, müssen genau darauf achten, dass sie die privilegierten Daten strikt von anderen personenbezogenen Daten trennen und sonstige angemessene Maßnahmen zum Schutz betroffener Personen und ihrer Daten ergreifen. **32**

43 Vgl. Ehmann/Selmayr-*Raum* Art. 89 Rn. 36.

VI. Sanktionen

33 Art. 89 selbst ist nicht sanktionsbewehrt. Jedoch müssen Verantwortliche mit Sanktionen rechnen, wenn sie die Privilegierungen des Art. 89 in Anspruch nehmen, ohne die Voraussetzungen zu erfüllen. In diesem Fall wäre das ein Verstoß gegen die entsprechenden Betroffenenrechte und kann nach Art. 83 Abs. 5 lit. b mit Geldbußen von 20 000 000 EUR oder 4 % des gesamten weltweiten Jahresumsatzes geahndet werden, je nachdem, was höher ist.

Artikel 90 Geheimhaltungspflichten

(1) [1]Die Mitgliedstaaten können die Befugnisse der Aufsichtsbehörden im Sinne des Artikels 58 Absatz 1 Buchstaben e und f gegenüber den Verantwortlichen oder den Auftragsverarbeitern, die nach Unionsrecht oder dem Recht der Mitgliedstaaten oder nach einer von den zuständigen nationalen Stellen erlassenen Verpflichtung dem Berufsgeheimnis oder einer gleichwertigen Geheimhaltungspflicht unterliegen, regeln, soweit dies notwendig und verhältnismäßig ist, um das Recht auf Schutz der personenbezogenen Daten mit der Pflicht zur Geheimhaltung in Einklang zu bringen. [2]Diese Vorschriften gelten nur in Bezug auf personenbezogene Daten, die der Verantwortliche oder der Auftragsverarbeiter bei einer Tätigkeit erlangt oder erhoben hat, die einer solchen Geheimhaltungspflicht unterliegt.

(2) Jeder Mitgliedstaat teilt der Kommission bis zum 25. Mai 2018 die Vorschriften mit, die er aufgrund von Absatz 1 erlässt, und setzt sie unverzüglich von allen weiteren Änderungen dieser Vorschriften in Kenntnis.

– *ErwG: 164*
– *BDSG n.F.: § 29*

Übersicht

A. Einordnung und Hintergrund

1 Art. 90 enthält eine Öffnungsklausel, die es den Mitgliedstaaten ermöglicht, eigene Rechtsvorschriften zu den Befugnissen der Aufsichtsbehörde gegenüber Geheimnisträgern zu erlassen. Beschränken können die Mitgliedstaaten das Recht der Aufsichtsbehörde auf Zugang zu allen personenbezogenen Daten und Informationen (Art. 58 Abs. 1 lit. e) sowie das Zugangsrecht zu den Geschäftsräumen der Verantwortlichen

(Art. 58 Abs. 1 lit. f). Damit ermöglicht es die DS-GVO den Mitgliedstaaten, den Konflikt zwischen Berufsgeheimnis und Datenschutz teilweise zu entschärfen.[1] Dies ist auch deshalb relevant, weil die Regelungen der DS-GVO ansonsten auch auf Berufsgeheimnisträger uneingeschränkt anwendbar wären.[2] Die Öffnungsklausel in Art. 90 ist dabei fakultativ ausgestaltet. Sie muss also nicht von den Mitgliedstaaten verwendet, beziehungsweise durch mitgliedstaatliche Regelungen ausgeformt werden. Der deutsche Gesetzgeber hat von der Öffnungsklausel in § 29 BDSG Gebrauch gemacht. Diese Vorschrift soll Berufsgeheimnisträger vor allgemeinen datenschutzrechtlichen Verpflichtungen nach der Verordnung schützen, welche ihre Berufspflichten übermäßig beeinträchtigen könnten.

I. Erwägungsgründe

ErwG 164 präzisiert die Zielrichtung der Öffnungsklausel des Art. 90 Abs. 1. Zudem stellt dieser Erwägungsgrund klar, dass die Vorschrift die Verpflichtung der Mitgliedstaaten zum Erlass von Vorschriften über das Berufsgeheimnis nicht beeinträchtigt, wenn die Verabschiedung derartiger Regelungen aufgrund des Unionsrechts erforderlich ist. **2**

II. BDSG

Der deutsche Gesetzgeber macht in § 29 Abs. 3 BDSG von der Öffnungsklausel des Art. 90 Abs. 1 für solche Personen[3] beziehungsweise Normadressaten Gebrauch, die in § 203 Abs. 1, 2a und 3 StGB genannt sind. Gegenüber diesen Personen und ihren Auftragsverarbeitern[4] stehen den Aufsichtsbehörden die Rechte aus Art. 58 Abs. 1 lit. e und f nicht zu, soweit die entsprechende Untersuchung der Aufsichtsbehörden zu einem Verstoß gegen die Geheimhaltungspflicht führen würde.[5] Diese Regelung wird voraussichtlich zu praxisrelevanten Unklarheiten führen, da eine Aufsichtsbehörde ohne entsprechende Untersuchungsmaßnahmen regelmäßig nicht überprüfen kann, inwiefern die Untersuchung überhaupt zu einer Verletzung entsprechender Geheimhaltungspflichten führen würde. Entsprechend werden Berufsgeheimnisträger künftig **3**

1 Auch an anderer Stelle befasst die DS-GVO sich mit dem Spannungsfeld zwischen dem Recht betroffener Personen auf Schutz ihrer personenbezogenen Daten und Berufsgeheimnispflichten. Beispielsweise entfällt nach Art. 14 Abs. 5 lit. d die Informationspflicht der Abs. 1 bis 4 des Art. 14, wenn die personenbezogenen Daten dem Berufsgeheimnis unterliegen. Teilweise wird die Regelung in Art. 90 als verfehlt angesehen, da gerade die hier relevanten Daten mit besonderer Sensibilität einer Aufsicht bedürften, vgl. *Dammann* ZD 2016, 307, 308. Diese Ansicht ist insofern nicht unproblematisch, als dass sie die Mitarbeiter der Aufsichtsbehörden als unfehlbar und nicht als potentielles (wenn auch geringes) Risiko für sensible Informationen ansieht. Berufsgeheimnisse schützen die Informationen der Bürger unter anderem auch vor einer Einsichtnahme durch staatliche Stellen.

2 Vgl. hierzu etwa *Zikesch/Kramer* ZD 2015, 565, 565 f.

3 § 29 Abs. 3 S. 1 BDSG meint mit „Personen“ nicht „betroffene Personen“ im Sinne von Art. 4 Nr. 1, sondern Verantwortliche und Auftragsverarbeiter im Sinne von Normadressaten der Verordnung.

4 Die Einbeziehung von Auftragsverarbeitern ist nach der Gesetzesbegründung dem vermehrten Einsatz von externen IT-Dienstleistern geschuldet, die von Berufsgeheimnisträgern zur Verschwiegenheit verpflichtet wurden und andernfalls vertragsbrüchig werden müssten, vgl. BT-Drucks. 18/11325, S. 101.

5 § 29 Abs. 3 S. 1 BDSG.

voraussichtlich weitgehend von den Kontrollen nach Art. 58 Abs. 1 lit. e und f ausgenommen sein, sobald sie gegenüber einer Aufsichtsbehörde darlegen, dass von einer Untersuchungsmaßnahme nach Art. 58 Abs. 1 lit. e oder lit. f auch geheimhaltungspflichtige Daten betroffen wären.[6]

4 Durch die Beschränkung auf die genannten Absätze des § 203 StGB fasst § 27 Abs. 3 BDSG andere, dem Berufsgeheimnis ähnliche Geheimhaltungspflichten nicht unter den besonderen Schutz vor den Untersuchungsbefugnissen der Aufsichtsbehörden. Von den Beschränkungen nach § 27 Abs. 3 BDSG sind beispielsweise das Statistikgeheimnis (§ 16 Abs. 1 BStatG) oder das Meldegeheimnis (§ 7 BMG) nicht betroffen. Als weitere gem. Art. 90 Abs. 1 S. 1 schutzwürdige Geheimhaltungspflichten kämen insbesondere spezielle Amtsgeheimnisse in Betracht, etwa das Steuergeheimnis (§ 30 AO).[7] Bei diesen Amtsgeheimnissen gilt die Geheimhaltungspflicht für die Institution und nicht für einzelne Personen. Die Mitarbeiter dieser Institutionen sind dann mittelbar über Arbeits- oder Dienstrecht verpflichtet,[8] was aber keine entsprechenden Einschränkungen der Untersuchungsbefugnisse der Aufsichtsbehörden nach sich zieht. Auch das Bankgeheimnis ist von den Einschränkungen der behördlichen Untersuchungsbefugnisse nach § 27 Abs. 3 BDSG nicht umfasst.

5 Ergänzend stellt § 1 Abs. 2 Satz 3 BDSG klar, dass unter anderem die Verpflichtung zur Wahrung gesetzlicher Geheimhaltungspflichten von den Vorgaben des BSDG unberührt bleibt.

III. Normgenese und Umfeld

6 Art. 90 wurde im Laufe des Gesetzgebungsprozesses kaum verändert und war kein Gegenstand größerer Diskussionen.[9]

7 **1. RL 95/46/EG.** Die Datenschutzrichtlinie erwähnt zwar das Berufsgeheimnis in Art. 8 Abs. 3, beinhaltet jedoch keine spezifische Regelung zu den Befugnissen von Aufsichtsbehörden gegenüber Geheimnisträgern.

8 **2. BDSG a.F.** Das BDSG a.F. schloss in § 1 Abs. 3 BDSG a.F. spezifischere bundesgesetzliche Geheimhaltungspflichten vom Anwendungsbereich des BDSG a.F. aus, die nicht auf dem BDSG a.F. beruhten.[10] Anders als die DS-GVO war das BDSG a.F. als Auffanggesetz ausgestaltet,[11] so dass etwa Geheimhaltungspflichten nach § 43a BRAO den Regelungen des BDSG a.F. vorgingen.

---

6 Kritisch hierzu auch *Jensen* ZD-Aktuell 2017, 05596.

7 Weitere besondere Amtsgeheimnisse sind etwa das Sozialgeheimnis (§ 35 SGB I), das Postgeheimnis (§ 39 PostG) oder das Fernmeldegeheimnis (§ 88 TKG).

8 Paal/Pauly-*Pauly* Art. 90 Rn. 6.

9 Kühling/Buchner-*Herbst* Art. 90 Rn. 5.

10 Vgl. auch Wybitul-*Steinhaus* Art. 90 Rn. 7.

11 Vgl. zur neuen Gesetzeslage auch § 1 Abs. 2 BDSG.

B. Kommentierung

Die Regelung des Art. 90 bezieht sich ausschließlich auf solche personenbezogenen Daten, die der Verantwortliche oder sein Auftragsverarbeiter bei einer Tätigkeit erhoben oder erlangt haben, die einer Geheimhaltungspflicht unterliegt.[12] So gilt es etwa bei Ärzten als Geheimnisträgern zu unterscheiden, ob es um patientenbezogene Daten oder nicht patientenbezogene Daten geht, da letztere nicht unter die Regelungen des Art. 90 fallen. Gleiches gilt beispielsweise für personenbezogene Daten von Bewerbern oder Mitarbeitern, die ein Anwalt verarbeitet.[13] In derartigen Fällen würde es an dem in § 29 Abs. 3 BDSG bestimmten Erfordernis fehlen, dass die Inanspruchnahme der Untersuchungsbefugnisse der Aufsichtsbehörde zu einem Verstoß gegen Geheimhaltungspflichten führen würde. **9**

I. Untersuchungsbefugnisse der Aufsichtsbehörde

Art. 90 umfasst lediglich die Befugnisse der Aufsichtsbehörden aus Art. 58 Abs. 1 lit. e und f, also die Befugnis der Aufsichtsbehörde, Zugang zu allen relevanten Daten sowie den Geschäftsräumen zu erhalten. Nicht umfasst ist bspw. Art. 58 Abs. 1 lit. a, nach dem die Aufsichtsbehörde vom Verantwortlichen die Bereitstellung aller relevanten Daten verlangen kann. Sinnvoller Weise kann Art. 58 Abs. 1 lit. a indes nicht dahingehend ausgelegt werden, dass nationale Vorschriften zum Berufsgeheimnis oder andere Geheimhaltungspflichten umgangen werden. Entsprechend dürfen Aufsichtsbehörden richtigerweise nicht durch ein Auskunftsverlangen das Verbot des direkten Zugangs zu bestimmten Daten umgehen.[14] Das Anfordern abstrakter Angaben dürfte hingegen in der Regel nicht zu einem Verstoß gegen Geheimhaltungspflichten führen und somit nicht gegen § 29 Abs. 3 BDSG verstoßen. **10**

II. Berufsgeheimnis oder gleichwertige Geheimhaltungspflicht

Geheimhaltungspflichten im Sinne von Art. 90 können aus dem Unionsrecht, dem nationalen Recht oder von entsprechenden nationalen zuständigen Stellen, wie beispielsweise einer Berufskammer,[15] erlassen werden. Sie können als Berufsgeheimnis oder als ähnliche Verschwiegenheitspflicht ausgeformt sein. **11**

In Deutschland können sich Geheimhaltungspflichten aus der Zugehörigkeit zu einer bestimmten Berufsgruppe ergeben. Dies betrifft beispielsweise Anwälte (§ 43a Abs. 2 BRAO), Notare (§ 18 BNotO), Sozialarbeiter oder auch Angehörige eines Unternehmens der privaten Kranken-, Lebens- oder Unfallversicherung. Deren Geheimhaltungspflichten sind gemäß § 203 StGB strafbewehrt. § 203 StGB statuiert zudem andere gleichwertige Verschwiegenheitspflichten, etwa solche für Berufspsychologen oder Eheberater.[16] Weitere ähnlich ausgestaltete Geheimhaltungspflichten können sich aus speziellen Amtsgeheimnissen ergeben.[17] **12**

---

12 Dazu welche Unterschiede sich hier je nach Tätigkeitsfeld bei einem Geheimnisträger ergeben können vgl. *Conrad* ZD 2014, 165 ff.
13 Kühling/Buchner-*Herbst* Art. 90 Rn. 20 ff.
14 So auch Kühling/Buchner-*Herbst* Art. 90 Rn. 7.
15 Vgl Plath-*Grages* Art. 90 Rn. 4.
16 Kühling/Buchner-*Herbst* Art. 90 Rn. 16.
17 Siehe oben unter A. II. Rn. 4.

13 Keine Geheimhaltungspflichten im Sinne des Art. 90 sind hingegen vertragliche Geheimhaltungspflichten.[18] Darunter fällt in Deutschland beispielsweise auch das Bankgeheimnis, welches als schuldrechtliche Pflicht ausgestaltet ist.[19] Gleiches gilt auch für berufsethische Verhaltenskodizes, die weder „Recht" noch von einer zuständigen Stelle erlassene Regeln sind.[20]

III. Umfang des Regelungsumfangs der Mitgliedstaaten

14 Die Mitgliedstaaten können gemäß Art. 90 Abs. 1 die entsprechenden Rechte der Aufsichtsbehörden lediglich insoweit einschränken, als dies notwendig und verhältnismäßig ist, um das Recht zum Schutz der personenbezogenen Daten mit der Pflicht zur Geheimhaltung in Einklang zu bringen. Damit stellt der europäische Gesetzgeber klar, dass die Öffnungsklausel lediglich dazu dient, die widerstreitenden Interessen von Berufsgeheimnisträgern, sich rechtskonform zu verhalten, mit der Aufgabenerfüllung der Aufsichtsbehörden in Einklang zu bringen. Wie genau die Mitgliedstaaten die Notwendigkeit und Verhältnismäßigkeit im Einzelnen sicherstellen, bleibt weitgehend ihnen überlassen. Das Erfordernis der Verhältnismäßigkeit schließt jedoch Regelungen der Mitgliedstaaten aus, den Aufsichtsbehörden grundsätzlich gegenüber Berufsgeheimnisträgern die entsprechenden Rechte zu entziehen. Dies würde die Aufgaben der Datenschutzaufsicht in ihrem Wesensgehalt angreifen und wäre somit wohl unverhältnismäßig.[21] Der Regelungsumfang der Mitgliedstaaten wird somit im Rahmen von Art. 288 UAbs. 2 AEUV durch den Wortlaut des Art. 90 Abs. 1 bestimmt.

IV. Mitteilungspflicht (Abs. 2)

15 Die Mitgliedstaaten müssen der Kommission bis zum 25. Mai 2018 mitteilen, welche Vorschriften sie auf Grundlage von Art. 90 Abs. 1 erlassen. Der Wortlaut des Art. 90 Abs. 2 lässt offen, ob die Mitteilungspflicht nur für neu geschaffene Normen oder auch für bereits bestehende Regelungen der Mitgliedstaaten gelten soll, die bereits die Anforderungen von Art. 90 Abs. 1 erfüllen. Angesichts des in beiden Fällen vergleichbaren Interesses der Kommission an einer Mitteilung ist hier wohl davon auszugehen, dass auch Altregelungen der Mitteilungspflicht unterliegen.[22] Zudem sind nach richtiger Ansicht auch nach dem Stichtag noch Änderungen der Gesetze oder Neuregelungen durch die Mitgliedstaaten möglich.[23] Solche Änderungen sind dann unverzüglich mitzuteilen.

C. Praktische Hinweise

I. Relevanz für öffentliche Stellen

16 Art. 90 kann nur dort für öffentliche Stellen Relevanz entfalten, wo diese Personen im Sinne von § 203 Abs. 1, Abs. 2a und Abs. 3 StGB beschäftigen oder als deren Auftragsverarbeiter tätig werden.

---

18 Kühling/Buchner-*Herbst* Art. 90 Rn. 13.
19 Vgl. *BGH* NJW 2007, 2106, 2107; Paal/Pauly-*Pauly* Art. 90 Rn. 6; Kühling/Buchner-*Herbst* Art. 90 Rn. 18.
20 Kühling/Buchner-*Herbst* Art. 90 Rn. 19.
21 So auch Ehmann/Selmayr-*Ehmann/Kranig* Art. 90 Rn. 8.
22 So auch Kühling/Buchner-*Herbst* Art. 90 Rn. 24.
23 Wybitul-*Steinhaus* Art. 90 Rn. 6; a.A. *Gola/Pötters/Thüsing* RDV 2016, 57, 59.

II. Relevanz für nichtöffentliche Stellen

Die Regelung ist für Berufsgeheimnisträger relevant. **17**

III. Relevanz für betroffene Personen

In der Praxis dürften Art. 90 und § 29 Abs. 3 BDSG die effektive Durchsetzung von **18** Betroffenenrechten im Rahmen von Beschwerden bei den Aufsichtsbehörden erschweren. In diesem Zusammenhang sind auch die in § 29 Abs. 1 und Abs. 2 BDSG vorgesehenen Einschränkungen der Betroffenenrechte zu berücksichtigen.

IV. Relevanz für Aufsichtsbehörden

Die Datenschutzaufsichtsbehörden müssen bei Kontrollen von Geheimnisträgern **19** genau prüfen, ob gegebenenfalls ihre Rechte nach Art. 58 Abs. 1 lit. e und f gegenüber dem Geheimnisträger eingeschränkt sind. Entsprechend ist es wichtig für die Aufsichtsbehörde, bereits im Vorfeld einer geplanten Untersuchung zu prüfen, welche personenbezogenen Daten möglicherweise von einschlägigen Berufsgeheimnissen umfasst sein können.

V. Relevanz für das Datenschutzmanagement

Geheimnisträger, die in ihrem Mitgliedstaat von der Regelung entsprechend Art. 90 **20** erfasst sind müssen sicherstellen, dass sie personenbezogene Daten, welche sie im Rahmen der Tätigkeit erlangt haben, die ihrer Geheimhaltungspflicht unterliegt, von anderen personenbezogenen Daten trennen. Das Datenschutzmanagement solcher Berufsgeheimnisträger sollte dabei im besten Fall ermöglichen, dass die Aufsichtsbehörde Zugang zu den im Unternehmen verarbeiteten personenbezogenen Daten erhält, ohne dabei Daten, die der Geheimhaltungspflicht unterliegen, einsehen zu können. Dies kann etwa durch eine logisch und gegebenenfalls auch physisch klar getrennte Speicherung beziehungsweise Aufbewahrung von Patienten- oder Mandantenakten und anderen durch Berufsgeheimnisse geschützten Informationen erreicht werden.

VI. Sanktionen

Art. 83 sieht keine direkten Sanktionen bei Verstößen gegen Art. 90 vor. Allerdings **21** stellt das Nichtgewähren des Zugangs einer Aufsichtsbehörde unter Verstoß gegen Art. 58 Abs. 1 eine Ordnungswidrigkeit im Sinne von Art. 83 Abs. 5 lit. e dar. Insofern sollten Berufsgeheimnisträger gründlich prüfen, ob und in welchem Umfang sie Aufsichtsbehörden den Zugang zu Daten, Informationen und Geschäftsräumen verweigern. In der Praxis dürfte in Zweifelsfällen ein Hinweis auf eine nach der Auffassung des Berufsgeheimnisträgers (möglicherweise) vorliegende Einschränkung der Untersuchungsbefugnisse der Aufsichtsbehörde zweckmäßig sein.

Artikel 91 Bestehende Datenschutzvorschriften von Kirchen und religiösen Vereinigungen oder Gemeinschaften

(1) Wendet eine Kirche oder eine religiöse Vereinigung oder Gemeinschaft in einem Mitgliedstaat zum Zeitpunkt des Inkrafttretens dieser Verordnung umfassende Regeln zum Schutz natürlicher Personen bei der Verarbeitung an, so dürfen diese Regeln weiter angewandt werden, sofern sie mit dieser Verordnung in Einklang gebracht werden.

(2) Kirchen und religiöse Vereinigungen oder Gemeinschaften, die gemäß Absatz 1 umfassende Datenschutzregeln anwenden, unterliegen der Aufsicht durch eine unabhängige Aufsichtsbehörde, die spezifischer Art sein kann, sofern sie die in Kapitel VI niedergelegten Bedingungen erfüllt.

Übersicht

Literatur: *Dammann* Erfolge und Defizite der EU-Datenschutzgrundverordnung – Erwarteter Fortschritt, Schwächen und überraschende Innovationen, ZD 2016, 307; *Germann* Das kirchliche Datenschutzrecht als Ausdruck kirchlicher Selbstbestimmung, ZevKR 2003, 446; *Gola* Beschäftigtendatenschutz und EU-Datenschutzgrundverordnung, EuZW 2012, 332; *Hoeren* Kirchlicher Datenschutz nach der Datenschutzgrundverordnung – Eine Vergleichsstudie zum Datenschutzrecht der evangelischen und katholischen Kirche, NVwZ 2018, 373; *Losem* Arbeitnehmerdatenschutz in der Kirche im Spannungsfeld zwischen europäischem und nationalem Recht, KuR 2013, 231; *Preuß* Das Datenschutzrecht der Religionsgemeinschaften – Eine Untersuchung de lege lata und de lege ferenda nach Inkrafttreten der DS-GVO, ZD 2015, 217; *Wuermeling* Beschäftigtendatenschutz auf der europäischen Achterbahn, NZA 2012, 368; *Ziegenhorn/von Aswege* Kirchlicher Datenschutz nach staatlichen Grenzen? Zur Auffangfunktion des staatlichen und den Spielräumen des innerkirchlichen Datenschutzrechts, KuR 2015, 198; *Ziegenhorn/Drossel* Die Anwendung kirchlicher Regeln zum Datenschutz unter der EU-Datenschutz-Grundverordnung am Beispiel des § 2 Abs. 8 KDO, KuR 2016, 230; *Ziekow* Datenschutz und evangelisches Kirchenrecht: Eigenartigkeit und Eigengeartetheit des Datenschutzgesetzes der EKD, 2002.

I. Europarechtliche Grundlage

Art. 91 enthält nach Maßgabe des Art. 17 AEUV und ErwG 165 eine Sonderregelung für die bestehenden Datenschutzvorschriften der Kirchen. Gemäß Art. 91 Abs. 1 dürfen die Kirchen und Religionsgemeinschaften ihre eigenen Datenschutzregelungen weiter anwenden, wenn sie mit der DS-GVO „in Einklang" gebracht werden. Damit statuiert Art. 91 Abs. 1 eine in europäischen Vorgaben in dieser Klarheit noch nie dagewesene Bezugnahme auf ein besonderes Datenschutzrecht – die zuvor aus europarechtlichen Gesichtspunkten maßgebliche Datenschutzrichtlinie 95/46/EG äußerte sich gar nicht dazu. Überdies macht Art. 91 Abs. 2 es zur Voraussetzung für die Errichtung einer kircheneigenen Datenschutzaufsicht, dass die Bedingungen des Kap. VI der DS-GVO erfüllt werden. 1

Diese spezifisch für religiöse Vereinigungen geschaffene Sonderregelung trägt der besonderen Stellung der Kirchen auch im Europarecht Rechnung. Nach Art. 17 Abs. 1 AEUV achtet die Union den Status, den Kirchen und religiöse Vereinigungen oder Gemeinschaften in den Mitgliedstaaten nach deren Rechtsvorschriften genießen, und beeinträchtigt ihn nicht. Damit sichert Art. 17 Abs. 1 AEUV den Status der Kirchen und religiösen Vereinigungen oder Gemeinschaften mit einer Garantie im Rang des Primärrechts.[1] Und auch auf Ebene des Sekundärrechts formuliert ErwG 165, dass „diese Verordnung den Status, den Kirchen und religiöse Vereinigungen oder Gemeinschaften in den Mitgliedstaaten nach deren bestehenden verfassungsrechtlichen Vorschriften genießen" achtet oder anders formuliert nicht beeinträchtigt. Aus der „Nicht-Beeinträchtigung" des Status der Kirchen in den mitgliedsstaatlichen Rechtsordnungen nach Maßgabe der europäischen Vorgaben folgt, dass das Unionsrecht keine Eingriffe in den Status der Kirchen vornimmt. Dabei gilt nach der Rechtsprechung des Gerichtshofs, dass eine bloße Achtung auch umfasst, dass Grundfreiheiten eine Einschränkung erfahren können, wenn diese Einschränkungen zum Schutz der Belange, die sie gewährleisten sollen, erforderlich sind und soweit sie nicht mit weniger einschränkenden Maßnahmen erreicht werden können.[2] Geht es nach Art. 17 AEUV gerade darum, den durch die nationale Verfassungsordnung bestimmten Status der Kirchen zu achten, so kann dies allein bereits Einschränkungen der Grundfreiheiten rechtfertigen, wenn dies zum Schutz des zu achtenden Status der Kirchen in Deutschland erforderlich ist. 2

II. Pendelblick zum deutschen Verfassungsrecht

Der Status der Kirchen und religiösen Vereinigungen wird in Deutschland maßgeblich durch Art. 140 GG i.V.m. Art. 137 WRV bestimmt.[3] Danach ordnet und verwaltet jede Religionsgesellschaft ihre Angelegenheiten selbstständig innerhalb der Schranken des für alle geltenden Gesetzes. Dieses institutionelle kirchliche Selbstbestimmungsrecht 3

---

1 Vgl. zu Art. 17 AEUV ausführlich Calliess/Ruffert-*Waldhoff* EUV/AEUV, 5. Aufl. 2016, Art. 17 AEUV Rn. 1 ff.; Grabitz/Hilf/Nettesheim-*Classen* EUV/AEUV, 62. EGL 2017, Art. 17 AEUV Rn. 1 ff.

2 Zur ähnlich gelagerten Achtung der nationalen Identität gem. Art. 21 AEUV vgl. *EuGH* v. 12.5.2011 – C-391/09, BeckRS 2011, 80519 – Runevic-Vardyn und Wardyn; *EuGH* v. 22.12.2010 – C-208/09, BeckRS 2010, 91487 – Sayn-Wittgenstein.

3 Vgl. zum kirchlichen Selbstbestimmungsrecht *De Wall/Muckel* Kirchenrecht, 5. Aufl. 2017; § 11 Rn. 1 ff.; Hömig/Wolff-*Wolff* GG, 11. Aufl. 2016, Art. 140 Rn. 14 f.

als **lex regia** folgt letztlich aus historischen Entwicklungen, wird jedoch auch aus der Religionsfreiheit nach Art. 4 Abs. 1, 2 GG sowie als Entsprechung des Neutralitätsprinzips aus Art. 33 Abs. 3 GG hergeleitet.[4]

4 Für das Bundesverfassungsgericht gehört der Status der Kirchen, Religions- und Weltanschauungsgemeinschaften zum nationalen Kulturraum, der zur Verwirklichung demokratischer Selbstbestimmung einer übermäßigen unionsrechtlichen Überformung entzogen sein muss, um eine Verletzung von Art. 79 Abs. 3 GG in Verbindung mit dem Demokratieprinzip des Art. 20 Abs. 1 GG zu vermeiden. Die im Bereich der Einbeziehung des Transzendenten in das öffentliche Leben gewachsenen Überzeugungen und Wertvorstellungen beruhen nach seiner Sicht auf spezifischen historischen Traditionen und Erfahrungen und sind daher identitätsbildend.[5] Art. 17 Abs. 1 AEUV ermöglicht mit seinem Verweis auf die mitgliedstaatlichen Rechtsordnungen, diese Ausformung der nationalen Identität (Art. 4 Abs. 2 EUV) mit dem Unionsrecht in Einklang zu bringen. Indem Art. 17 Abs. 1 AEUV auf den Status abstellt, den Kirchen und religiöse Vereinigungen oder Gemeinschaften in den Mitgliedstaaten nach deren Rechtsvorschriften genießen, nimmt er für den Mitgliedstaat Deutschland auf die genannte grundlegende verfassungsrechtliche Regelung des Art. 140 GG i.V.m. Art. 137 WRV Bezug.

III. Bisherige Rechtslage unter Geltung der Datenschutzrichtlinie 95/46/EG

5 Die Datenschutzrichtlinie 95/46/EG sah keine Ausnahmeregelung für Religionsgemeinschaften vor. Ebenso wenig war es den Mitgliedstaaten möglich, auf nationaler Ebene Sonderregelungen vorzusehen. Ferner differenzierte die RL 95/46/EG nicht zwischen öffentlichen und nicht-öffentlichen Stellen. Dies führte zu der Frage, ob die Bundesrepublik Deutschland die sekundärrechtlichen Vorgaben derart hätte umsetzen müssen, dass das BDSG auch auf öffentlich-rechtliche Religionsgemeinschaften Anwendung findet.[6] Hätte man dies bejaht, hätte die Anwendbarkeit des BDSG auf öffentlich-rechtliche Religionsgemeinschaften insoweit über eine richtlinienkonforme Auslegung hergestellt werden müssen.[7] Die Subsumtionslösung setzte sich jedoch nicht durch. Vielmehr wurde für öffentlich-rechtliche Religionsgemeinschaften herrschend die Exemtionslösung favorisiert, wonach das BDSG für nicht anwendbar gehalten wurde.[8] Zur Begründung wurde überwiegend auf § 15 Abs. 4 BDSG a.F. rekurriert.[9] Über den Umweg des Art. 9 Abs. 2 lit. d sowie ErwG 35 wurde eine Europarechtswidrigkeit der kircheneigenen Datenverarbeitung vermieden.[10] Auf privatrechtlich organisierte Religionsgesellschaften war das BDSG dagegen unstreitig anwendbar (nicht-öffentliche Stellen). Streit herrschte jedoch im Hinblick auf selbst-

---

4 Dazu ausführlich Maunz/Dürig-*Korioth* GG, 81. EGL 2017, Art. 137 WRV Rn. 17 m.w.N.

5 *BVerfG* v. 30.6.2009 – 2 BvE 2, 5/08, 2 BvR 1010, 1022, 1259/08, 182/09, BVerfGE 123, 267, 363 (zum Vertrag von Lissabon).

6 Zu dieser und weiteren vielschichtigen Fragen vgl. die Monographie von *Ziekow* Datenschutz und evangelisches Kirchenrecht, 2002.

7 Simitis-*Dammann* BDSG, 8. Aufl. 2014, § 2 Rn. 106; Paal/Pauly-*Pauly* DS-GVO, 2. Aufl. 2018, Art. 91 Rn. 17.

8 Näher Paal/Pauly-*Pauly* DS-GVO, 2. Aufl. 2018, Art. 91 Rn. 7 ff.

9 Vertiefend *Preuß* ZD 2015, 217, 220.

10 Sydow-*Hense* DS-GVO, 2017, Art. 91 Rn. 3; Zum Streitstand ausführlich *Preuß* ZD 2015, 217, 220 f.

ständige, privatrechtlich organisierten Einrichtungen der öffentlich-rechtlichen Religionsgemeinschaften. Vielfach wurde das BDSG hier als für alle geltendes Gesetz i.S.d. Art. 140 GG i.V.m. Art. 137 Abs. 3 WRV qualifiziert; die Religionsgemeinschaften seien hier nicht stärker beeinträchtigt als andere privatrechtliche Organisationen, weshalb aufgrund der geringeren Intensität der kirchlichen Beeinträchtigung im privatrechtlich organisierten Bereich eine Abwägung zwischen Kirchenautonomie und informationellem Selbstbestimmungsrecht gefordert wurde.[11] Manche hielten hingegen das BDSG für überhaupt nicht anwendbar, indem bestritten wurde, dass es sich um ein für alle geltendes Gesetz gemäß Art. 140 GG i.V.m. Art. 137 Abs. 3 WRV handelt.[12] Indes wurde auch hier – den Gedanken der Subsumtionslösung folgend – die konträre Auffassung vertreten, das BDSG komme uneingeschränkt zum Zuge; eine Anwendung des kirchlichen Datenschutzrechts sei allein bei Kerntätigkeiten der religiösen Betätigung sachgemäß.[13]

Diese undurchsichtige Unterscheidung zwischen der jeweiligen Organisationsform der Religionsgemeinschaft führte – so verbreitete Kritik – im Ergebnis dazu, dass das Verhältnis der staatlichen und kirchlichen Bestimmungen im Einzelfall schwer zu ermitteln war.[14] 6

IV. Genese der Vorschrift

Die Entstehung einer Sonderregelung für Religionsgemeinschaften war von Beginn an bereits in Art. 85 DS-GVO-E vorgesehen.[15] Gleichwohl herrschte im Laufe der Beratungen im EU-Parlament die Auffassung vor, der Begriff der „umfassenden" Regelungen sollte durch „angemessene" Regelungen ersetzt werden, wobei diese angestrebte Angemessenheitsschwelle anhand einer Vereinbarkeitsbescheinigung festgestellt werden sollte, Art. 38 i.V.m. Art. 85 Nr. 2 DS-GVO-E.[16] Erst im Jahre 2014 gewann die Auffassung des Rates der EU wieder Oberhand, wonach zur ursprünglichen Fassung des Art. 85 DS-GVO-E zurückgekehrt werden sollte.[17] Diese Fassung entsprach im Wesentlichen dem heutigen Wortlaut des Art. 91. Insgesamt wurde damit eine Sonderbestimmung geschaffen, die die europarechtlichen Vorgaben hinsichtlich des notwendigen Datenschutzstandards auf das Notwendigste beschränkt.[18] 7

V. Kommentierung

1. Zweck der Vorschrift. Abs. 1 der Norm verfolgt eine doppelte Zwecksetzung: Zum einen wird die Harmonisierung des innerhalb Religionsgemeinschaften geltenden Datenschutzniveaus mit der DS-GVO intendiert. Zum anderen soll aber auch der primär- und verfassungsrechtlich gewährleistete Status der Kirchen geachtet werden.[19] Beides in Ausgleich zu bringen, stellt einen Balanceakt dar. Um diesen zu meistern, wurde eine Bereichsausnahme geschaffen, die zwar einer Öffnungsklausel gleich- 8

11 *Germann* ZevKR 2003, 446, 472.
12 Dazu *Preuß* ZD 2015, 217, die die Gemengelage als „wirr" bezeichnet.
13 Simitis-*Dammann* BDSG, 8. Aufl. 2014, § 2 Rn. 109.
14 *Preuß* ZD 2015, 217, 223.
15 Kommissionsvorschlag v. 25.1.2012, KOM (2012) 11 endgültig.
16 *Preuß* ZD 2015, 217, 224.
17 Sydow-*Hense* DS-GVO, 2017, Art. 91 Rn. 12.
18 Instruktiv *Ziegenhorn/von Aswege* KuR 2015, 198, 210.
19 Sydow-*Hense* DS-GVO, 2017, Art. 91 Rn. 1.

kommt, jedoch explizite konditionelle Vorgaben für die datenschutzrechtlichen Sonderregeln der Religionsgemeinschaften statuiert. Abs. 2 verfolgt die Zielsetzung, die Einhaltung dieser Vorgaben sicherzustellen, indem sich diejenigen Religionsgemeinschaften, die eigene Datenschutzregeln anwenden, einer unabhängigen Aufsicht zu unterwerfen haben.[20]

9 **2. Abs. 1.** Soweit eine Kirche, religiöse Vereinigung oder Gemeinschaft zum Zeitpunkt des Inkrafttretens der DS-GVO umfassende Regeln zum Schutz der von der Datenverarbeitung betroffenen Personen anwendet, können diese Regeln, sofern sie mit der DS-GVO in Einklang gebracht werden, weiter angewandt werden. Damit schafft die DS-GVO ein völliges Novum des Datenschutzrechts, indem erstmalig ein paralleles Bestehen staatlicher und kirchlicher Datenschutzrechte normiert wird.[21]

10 **a) Anwendungsbereich.** Die Norm erfasst Kirchen, religiöse Vereinigungen sowie Gemeinschaften und differenziert damit nicht zwischen öffentlich-rechtlichen und privaten Organisationsformen. Insoweit ist der Streit hinsichtlich der Unterscheidung nach der jeweiligen Organisationsform der Religionsgemeinschaft hinfällig geworden.[22] Die DS-GVO findet somit sowohl auf privatrechtlich als auch auf öffentlich-rechtlich organisierte Religionsgemeinschaften Anwendung. Trotz dieser Erkenntnis ist unklar, wie es sich mit den selbstständigen, privatrechtlich organisierten Einrichtungen der öffentlich-rechtlichen Religionsgemeinschaften verhält. Grund dessen ist ein Blick auf Art. 17 Abs. 1 AEUV, der letztlich allein Organisationen mit religiösen und weltanschaulichen Eigenschaften adressiert[23] – mit anderen Worten also die Achtung der Religionsgemeinschaften selbst.[24] Deren Betätigungen im privatrechtlich organisierten Bereich indessen, sei es aus karitativen, sei es aus eigenwirtschaftlichen Zwecken, werden jedoch nicht notwendigerweise erfasst.[25] Tariert man den Anwendungsbereich des Art. 91 Abs. 1 nämlich am Schutzbereich des Art. 17 Abs. 1 AEUV aus, fielen vielschichtige Betätigungsformen, die nicht zum religiösen Kernbereich gehören, aus dem Geltungsbereich der Norm heraus. Zu Recht weisen jedoch Stimmen aus dem Schrifttum darauf hin, dass die eigentlich von Art. 91 Abs. 1 angestrebte Erweiterung des Anwendungsbereichs dann ins Gegenteil verkehrt würde, zumal es in diesem Fall von der schwerlich trennscharf zu ziehenden Grenzlinie zwischen Rand- und Kernbereich abhinge, ob der Anwendungsbereich eröffnet ist.[26] Ferner würde es den Religionsgemeinschaften wenig helfen, wenn zwar ihr Status geachtet würde, ihre Tätigkeiten jedoch nur in begrenztem Umfang geschützt wären. Insoweit wird zu Recht auf den Ansatz des Bundesverfassungsgerichts verwiesen, der hier fruchtbar gemacht werden kann. Nach dessen Judikatur unterfallen karitative Betätigungen ebenfalls dem Schutzbereich der Religionsfreiheit.[27] Somit ist eine Anwendbarkeit des Art. 91 Abs. 1 auch auf selbstständige, zivilrechtlich organisierte Einrichtungen öffent-

20 Plath-*Grages* BDSG/DS-GVO, 2. Aufl. 2018, Art. 91 Rn. 5.
21 Vgl. BeckOK DatenSR-*Mundil* 22. Ed. 2017, Art. 91 Rn. 1.
22 Paal/Pauly-*Pauly* DS-GVO, 2. Aufl. 2018, Art. 91 Rn. 18; der frühere Streit wird angedeutet in Rn. 5.
23 Calliess/Ruffert-*Waldhoff* EUV/AEUV, 5. Aufl. 2016, Art. 17 AEUV Rn. 12.
24 Zutreffend Paal/Pauly-*Pauly* DS-GVO, 2. Aufl. 2018, Art. 91 Rn. 10.
25 So zutreffend Paal/Pauly-*Pauly* DS-GVO, 2. Aufl. 2018, Art. 91 Rn. 10.
26 So etwa BeckOK DatenSR-*Mundil* 22. Ed. 2017, Art. 91 Rn. 15; vgl. dort auch das Beispiel zu den Abgrenzungsschwierigkeiten zwischen Rand- und Kernbereich.
27 *BVerfG* v. 15.1.2002 – 1 BvR 1783/99, BVerfGE 104, 337.

lich-rechtlicher Religionsgemeinschaften zu bejahen, letztlich um den Bereich eigener Rechtssetzung zu gewährleisten.[28]

b) Reine Weitergeltung bisheriger Regeln? Eine streng am Wortlaut der Norm orientierte Auslegung führt zu dem Ergebnis, dass die Norm reinen Bestandsschutz gewährt – denn nur zum Zeitpunkt des Inkrafttretens der DS-GVO bereits angewendete Regeln können danach mit der DS-GVO in Einklang gebracht und in Folge dessen auch weiter angewandt werden.[29] Andersherum gewendet bliebe es Religionsgemeinschaften, die zum Zeitpunkt des Inkrafttretens (noch) keine eigenen Datenschutzregeln anwenden, verwehrt, solche in Zukunft zu schaffen. Ein derart nah am Wortlaut haftendes Verständnis vermag jedoch nicht zu überzeugen. Vielmehr gebietet die Ratio der Norm eine andere Lesart. Art. 91 Abs. 1 bezweckt es gerade, das Nebeneinander von staatlichen und kirchlichen Datenschutzregeln zu ermöglichen.[30] Bestehende Vorschriften sollen zwar fraglos an das Niveau der DS-GVO angeglichen werden. Religionsgemeinschaften, die bislang keine eigenen Datenschutzregeln anwenden, sollen dadurch jedoch nicht dauerhaft an der Schaffung eigener Regelungen gehindert werden.[31] Anderenfalls müsste man auch zu dem Ergebnis kommen, dass die Norm mit dem verfassungsrechtlich gewährleisteten Selbstbestimmungsrecht der Kirchen aus Art. 140 GG i.V.m. Art. 137 Abs. 3 WRV kollidiert.[32] Ebenso stünde dieses Ergebnis in eklatantem Widerspruch zu ErwG 165, der in Übereinstimmung mit dem Primärrechtsgrundsatz des Art. 17 AEUV gerade die Achtung des Status der Kirchen verspricht. Es wäre widersprüchlich, den Religionsgemeinschaften mit der einen Hand ein eigenes Datenschutzregime zu geben, um es ihnen anschließend mit der anderen Hand für die Zukunft wieder zu nehmen.[33] Auch kann die Vielfalt der Religionen gemäß Art. 22 GRCh sowie der Gleichheitsgrundsatz aus Art. 20 GRCh für eine extensive Auslegung ins Feld geführt werden.[34] Deshalb ist davon auszugehen, dass Art. 91 Abs. 1 keine bloße Bestandsschutzvorschrift darstellt, mit der Folge, dass der Norm kein Verbot zum Erlass neuer Datenschutzregeln zu entnehmen ist.[35] Religionsgemeinschaften, die bislang keine eigenen Datenschutzvorschriften anwenden, werden also durch die Norm nicht am Neuerlass solcher Regeln gehindert – nur, dass etwaige Neuregelungen bei ihrer Implementierung denklogisch bereits dem Datenschutzstandard der DS-GVO entsprechen müssen, und nicht erst anschließend damit in Einklang zu bringen sind. 11

c) „Umfassende Regeln zum Schutz natürlicher Personen bei der Verarbeitung“. Die Formulierung der „umfassenden“ Regeln, die zum Schutz natürlicher Personen bei der Verarbeitung durch die Religionsgemeinschaften angewendet werden müssen, stellt einen unbestimmten Rechtsbegriff dar, der der Konkretisierung bedarf. Das grammatikalische Verständnis der Norm legt es nahe, dass die Religionsgemeinschaf- 12

28 BeckOK DatenschutzR-*Mundil* 22. Ed. 2017, Art. 91 Rn. 15.
29 In diese Richtung Kühling/Buchner-*Herbst* DS-GVO, 2017, Art. 91 Rn. 13; Gola-*Gola* DS-GVO, 2017, Art. 91 Rn. 17.
30 Sydow-*Hense* DS-GVO, 2017, Art. 91 Rn. 1; s. auch Rn. 8.
31 So auch Paal/Pauly-*Pauly* DS-GVO, 2. Aufl. 2018, Art. 91 Rn. 19.
32 Überzeugend *Preuß* ZD 2015, 217, 224.
33 Plath-*Grages* BDSG/DS-GVO, 2. Aufl. 2018, Art. 91 Rn. 3.
34 BeckOK DatenSR-*Mundil* 22. Edition 2017, Art. 91 Rn. 18.
35 Paal/Pauly-*Pauly* DS-GVO, 2. Aufl. 2018, Art. 91 Rn. 19; Sydow-*Hense* DS-GVO, 2017, Art. 91 Rn. 14; Plath-*Grages* BDSG/DS-GVO, 2. Aufl. 2018, Art. 91 Rn. 3.

ten innerhalb ihrer eigenen Regeln eine umfassende Rechtsangleichung durchführen und zu allen in der DS-GVO geregelten Punkten Stellung beziehen müssen. Bliebe es bei diesem Ergebnis, käme es denknotwendig zu einem Exklusivitätsverhältnis zwischen kirchlicher Regelung und DS-GVO. Da die Norm aber eine Parallelität beider Regelungssysteme bezweckt, scheint dieses Ergebnis nicht zwingend.[36] Es ist überzeugender, keine übertriebenen Anforderungen an den Umfang der Regeln zu stellen, sondern vielmehr in Fällen, in denen die kircheneigene Regel keinerlei Vorgaben macht, subsidiär auf die Anwendung der DS-GVO zurückzugreifen – gerade, da es in der Folge nicht zu einer Aushöhlung des Datenschutzniveaus kommen kann, findet doch die DS-GVO subsidiäre Anwendung. Anderenfalls würde die religionsgesellschaftliche Sonderregelung untergraben.[37] Es ist deshalb als bewusste Gestaltung des europäischen Verordnungsgebers zu begreifen, dass dieser den Begriff „Regeln" und nicht etwa „Kirchengesetz" oder „Ordnung" aufgenommen hat.[38] Mithin sind die Regelungen der Religionsgemeinschaften weiterhin anwendbar, selbst dann, wenn sie nicht allumfassend sind, so dass es in solchen Fällen zu einem Rückgriff auf die DS-GVO kommt. Bei den Vorgaben der DS-GVO zuwiderlaufenden Regeln dagegen käme eine europarechtskonforme Auslegung zum Zuge, als **ultima ratio** eine Substitution der betreffenden Regelung durch die entsprechende Bestimmung der DS-GVO. Um dem Wortlaut der „umfassenden" Regeln dennoch genügend Geltung zu verschaffen, ist jedoch einschränkend zu fordern, dass es sich bei den kircheneigenen Datenschutzregeln nicht um bloße Teilmaterien handeln darf.[39] Allerdings zeichnen sich derartige Entwicklungen aktuell nicht ab – **prima facie** scheinen sowohl das KDG als auch das DSG-EKD größtenteils mit der DS-GVO in Einklang zu stehen.[40]

13 **d) „In-Einklang-bringen" mit der DS-GVO.** Auch hier stellt sich die Frage, auf welche Weise die umfassenden Regeln der Religionsgemeinschaften mit der DS-GVO in Einklang gebracht werden müssen. Zunächst einmal ist festzustellen, dass der Verordnungsgeber mit den „umfassenden Regeln" das quantitative, mit dem „In-Einklang-Bringen" das qualitative Schutzniveau der kircheneigenen Regeln sicherstellen will. Da es gerade das erklärte Ziel der Norm ist, eine Harmonisierung der staatlichen und kircheneigenen Datenschutzregeln herbeizuführen, ist fraglich, ob für eine Abweichung vom Datenschutzstandard der DS-GVO Raum bleibt. Dies wird teilweise verneint,[41] vor allem indem im Rahmen des Art. 91 Abs. 1 das „In-Einklang-Bringen" mit einer völligen Übereinstimmung mit dem Standard der DS-GVO gleichgesetzt wird.[42] Der Gestaltungsspielraum der Religionsgemeinschaften wäre unter Anlegung dieses engen Begriffsverständnisses auf eine reine Konkretisierung der Bestimmungen der DS-GVO begrenzt.[43] Gleichwohl gilt, dass die Gleichsetzung von „In-Einklang-Bringen" und völliger Übereinstimmung letztlich den Sinn des Art. 91 völlig in Frage stellen würde.[44] Denn warum sollte man den

36 Darauf zu Recht hinweisend Paal/Pauly-*Pauly* DS-GVO, 2. Aufl. 2018, Art. 91 Rn. 12.
37 Ausführlich Sydow-*Hense* DS-GVO, 2017, Art. 91 Rn. 18.
38 Paal/Pauly-*Pauly* DS-GVO, 2. Aufl. 2018, Art. 91 Rn. 14.
39 Sydow-*Hense* DS-GVO, 2017, Art. 91 Rn. 18.
40 S. dazu Rn. 17 ff.
41 *Gola* EuZW 2012, 332, 336; *Wuermeling* NZA 2012, 368, 369.
42 Paal/Pauly-*Pauly* DS-GVO, 2. Aufl. 2018, Art. 91 Rn. 16.
43 S. Paal/Pauly-*Pauly* DS-GVO, 2. Aufl. 2018, Art. 91 Rn. 16.
44 Etwa *Ziegenhorn/Drossel* KuR 2016, 230, 231 f.; *Losem* KuR 2013, 231, 242.

Religionsgemeinschaften überhaupt eine eigene Sonderregelung widmen, wenn diese doch ohnehin gehalten wären, ihre eigenen Datenschutzbestimmungen vollständig auf das europäisch vorgegebene Datenschutzniveau anzupassen.[45] Das wäre überdies auch nicht mit den erwähnten primär- und verfassungsrechtlichen Gewährleistungen hinsichtlich der Achtung des Status der Kirchen zu vereinbaren. Gestützt wird diese Sichtweise ferner durch eine systematische Gegenüberstellung mit Abs. 2, dessen Vorgaben im Hinblick auf die allgemeinen Aufsichtsbehörden deutlich strikter sind, so dass es letztlich im Rahmen des Abs. 1 einen gewissen Gestaltungsspielraum des Rechtssetzers geben muss.[46] Indes ist dieser Regelungsspielrum dergestalt einzuschränken, dass die Leitgedanken der DS-GVO ein gewisses Datenschutzniveau zur Orientierung vordefinieren.[47] Man mag Art. 88 Abs. 2 entsprechend heranziehen. Selbst wenn mithin alles in allem eine weitgehende Kongruenz der staatlichen und religiösen Regelungssysteme zu erwarten ist, dürften im Zuge des „In-Einklang-Bringens" Abweichungen nach oben unproblematisch und auch Abweichungen nach unten jedenfalls im Einzelfall zulässig sein.[48]

3. Abs. 2. Wie bereits beschrieben, war es noch unter Geltung der RL 95/46/EG **14**
unklar, ob die allgemeinen Aufsichtsbehörden auch für die öffentlich-rechtlichen Religionsgemeinschaften zuständig waren, was überwiegend mangels Anwendbarkeit des BDSG auf eben diese verneint wurde.[49] Zwar ordneten die §§ 15 ff. KDO und §§ 17 ff. DSG-EKD in ihren vorherigen Fassungen die Bestellung eines kirchlichen Datenschutzbeauftragten an, dem eine Aufsichtsfunktion zukam – eine von dem Datenschutzbeauftragten getrennte und von der Kirchenleitung vollkommen unabhängige Aufsicht existierte hingegen nicht.[50] Auch wenn sich dies nach der Novellierung der kircheigenen Datenschutzvorschriften zum 24.5.2018 ändern wird – die bestehenden Durchsetzungsmöglichkeiten entsprachen zuvor nicht den Vorgaben der Art. 51–59[51] – ordnet Art. 91 Abs. 2 nun an, dass auch Kirchen, religiöse Vereinigungen oder Gemeinschaften, die eigene Datenschutzregeln im Sinne des Art. 91 Abs. 1 anwenden, der Aufsicht durch unabhängige Aufsichtsbehörden unterliegen.

Es gilt jedoch zu klären, was mit der Formulierung gemeint ist, dass diese Aufsichtsbe **15**
hörden auch „spezifischer Art" sein können, sofern sie den Bedingungen des Kap. VI (Art. 51 ff.) nachkommen.[52] Damit kann letztlich nur die Schaffung einer unabhängigen kircheneigenen Aufsicht gemeint sein. Zwar könnte man mit Blick auf die Verwendung des Begriffes „Behörde" annehmen, es müsse sich um eine öffentlich-rechtli-

45 *Dammann* ZD 2016, 307, 311.
46 Kühling/Buchner-*Herbst* DS-GVO, 2017, Art. 91 Rn. 20.
47 In eine ähnliche Richtung Auernhammer-*Jacob* DS-GVO/BDSG, 5. Aufl. 2017, Art. 91 Rn. 13, der jedoch unglücklich auf den schwer fassbaren Begriff des „Wesensgehalts" der DS-GVO abstellt.
48 Ähnlich Sydow-*Hense* DS-GVO, 2017, Art. 91 Rn. 23.
49 Vgl. Rn. 5.
50 So die Kritik von Paal/Pauly-*Pauly* DS-GVO, 2. Aufl. 2018, Art. 91 Rn. 20; s. aber Auernhammer-*Jacob* DS-GVO/BDSG, 5. Aufl. 2017, Art. 91 Rn. 16, der darauf hinweist, dass die katholische und evangelische Kirche bereits „im Vorgriff auf die gesetzliche Umsetzung in der EU-DatSchGrVO die eigenen gesetzlichen Grundlagen angepasst und angefangen [haben], die kirchlichen Aufsichtsbehörden entsprechend unabhängig aufzustellen".
51 S. dazu Rn. 18, 23.
52 Vertiefend BeckOK DatenSR-*Mundil* 22. Ed. 2017, Art. 91 Rn. 21 f.

che Einrichtung im engeren Sinne handeln – aus dem Kontext der Norm folgt jedoch zweifelsohne, dass auch selbstverwaltende kircheneigene Aufsichtsbehörden zulässig sein müssen, soweit diese nur die Voraussetzungen erfüllen, die die DS-GVO an die unabhängigen Aufsichtsbehörden stellt.[53] Dieses Ergebnis ist im Einklang mit Erwägungsgrund 165 über eine primärrechtskonforme Auslegung zu erreichen.[54]

16 **4. Fehlende Verfahrensregelungen.** Erstaunlich ist, dass der europäische Verordnungsgeber keinerlei Vorgaben hinsichtlich eines Überprüfungsverfahrens in Art. 91 aufgenommen hat. So wird also nicht festgestellt, ob umfassende Regeln der Religionsgemeinschaften bestehen, die in Einklang mit der DS-GVO gebracht wurden sowie, ob etwaige kircheneigene Aufsichtsbehörden spezifischer Art sind und die Vorgaben des Kap. VI der DS-GVO erfüllt wurden.[55] Die etwaige Feststellung einer möglichen Verletzung der Verordnungsvorgaben wird deshalb im Rahmen eines – von der Kommission angestrengten – Vertragsverletzungsverfahrens dem EuGH obliegen.

VI. Umsetzung der Sonderregelung durch die beiden Amtskirchen

17 Von der Möglichkeit, kircheneigenes Recht zu schaffen, haben sowohl die katholische als auch die evangelische Kirche Gebrauch gemacht. Dies ist zu begrüßen, gehören doch die beiden Amtskirchen, auch was sensible Daten anbelangt – man denke etwa an kirchliche Krankenhäuser – zu den größten Datenverarbeitern. Am 20.11.2017 hat die Vollversammlung des Verbandes der Diözesen Deutschlands das Kirchliche Datenschutzgesetz verabschiedet, das am 24.5.2018 in Kraft gesetzt wird.[56] Auf evangelischer Seite ist die umfassende Novellierung des EKD-Datenschutzgesetzes (DSG-EKD) bereits am 15.11.2017 auf der 4. Tagung der 12. Synode der EKD beschlossen worden. Am 7.12.2017 hat die Kirchenkonferenz der EKD ihre Zustimmung zu diesem Kirchengesetz erteilt, so dass es ebenfalls am 24.5.2018 in Kraft treten und damit zugleich das bisherige DSG-EKD ablöst.[57] Sowohl KDG als auch DSG-EKD entsprechen der Struktur nach der DS-GVO, besonders in Bezug auf die Kapitelüberschriften.[58]

18 **1. Wesentlicher Inhalt der katholischen Regelung (Kirchliches Datenschutzgesetz – KDG).** Die Begründung des KDG fasst dessen wesentlichen Inhalt prägnant zusammen: Die DS-GVO beabsichtigt eine deutliche Erhöhung des Niveaus des Daten-

53 Auernhammer-*Jacob* DS-GVO/BDSG, 5. Aufl. 2017, Art. 91 Rn, 18; Plath-*Grages* BDSG/DS-GVO, 2. Aufl. 2018, Art. 91 Rn. 6; überdies ist darauf hinzuweisen, dass die Vorgaben des Kapitels VI der DS-GVO nach Art. 91 Abs. 2 strikt umgesetzt werden müssen. Dies ergibt sich aus einem systematischen Vergleich mit Art. 91 Abs. 1; der dort nach überzeugender Sichtweise bestehende Spielraum des kirchlichen Rechtssetzers im Rahmen des „In-Einklang-Bringens" besteht hier nämlich gerade nicht; vgl. dazu Rn. 13.

54 Instruktiv Sydow-*Hense* DS-GVO, 2017, Art. 91 Rn. 27 f., der zu Recht darauf hinweist, dass eine kirchliche Aufsichtsbehörde, die den Vorgaben des Kap. VI der DS-GVO entsprechen muss, „nicht minderer Qualität als eine staatliche Behörde" ist.

55 Auernhammer-*Jacob* DS-GVO/BDSG, 5. Aufl. 2017, Art. 91 Rn. 19.

56 Abrufbar unter https://www-datenschutz-kirche.de/node/297, Abruf v. 2.2.2018.

57 Abrufbar unter https://www.ekd.de/ekd_de/ds_doc/s17_03_Beschluss_Datenschutzgesetz.pdf, Abruf v. 2.2.2018; hilfreiche Hinweise zum Verständnis des kirchlichen Rechts finden sich auf der Seite der EKD: https://datenschutz.ekd.de/portfolio_category/handreichung, Abruf. v. 2.2.2018.

58 *Hoeren* NVwZ 2018, 373, 374.

schutzes, eine Stärkung der Datenschutzaufsicht und deren Unabhängigkeit sowie eine größere Datensicherheit.[59] Diese Anliegen greift das KDG auf. Insbesondere wird sichergestellt, dass kirchliche Stellen einer kircheneigenen unabhängigen Datenschutzaufsicht unterliegen, welche die Vorgaben des Kap. VI der DS-GVO über die unabhängigen Aufsichtsbehörden erfüllt. Zu diesem Zweck werden die Datenschutzaufsichten mit der notwendigen Unabhängigkeit versehen und mit den nach den Vorgaben der EU erforderlichen Kompetenzen, Rechten und Möglichkeiten zur Durchsetzung ausgestattet. Hierzu gehört beispielsweise die Möglichkeit der Verhängung von Bußgeldern, § 51 KDG. Allerdings sind derartige Bußgelder nach § 51 Abs. 5 KDG auf 500 000 € gedeckelt; die DS-GVO dagegen sieht in Art. 83 eine Beschränkung auf 20 Mio. € vor. Ebenso wird nach Maßgabe des § 51 Abs. 6 der Kreis sanktionsfähiger Stellen dergestalt eingeschränkt, dass kirchliche Stellen regelmäßig ausgenommen sind.[60] Im Übrigen schreiben die DS-GVO und ihr nachfolgend das KDG im Wesentlichen die bereits bisher geltenden datenschutzrechtlichen Grundprinzipien (Verbot mit Erlaubnisvorbehalt, Datenvermeidung und Datensparsamkeit, Zweckbindung, Transparenz) fort und entwickeln sie weiter. Dabei wird den gesteigerten Ansprüchen an die Informationspflichten gegenüber den betroffenen Personen und an die Rechte der Betroffenen auf Benachrichtigung, Berichtigung, Löschung, Datenübertragbarkeit, Widerspruch, etc. Rechnung getragen (Kap. 3). Beachtenswert ist, dass gemäß § 19 Abs. 4 KDG im Fall der Unmöglichkeit oder Unverhältnismäßigkeit des Rechts auf Löschung wegen der besonderen Art der Speicherung an die Stelle der Löschung ein Recht auf Einschränkung der Verarbeitung tritt, soweit die Verarbeitung zuvor nicht unrechtmäßig war. Ausführlich geregelt werden auch die Pflichten des sog. Verantwortlichen, d.h. der Stelle, die über die Zwecke und Mittel der Verarbeitung personenbezogener Daten entscheidet (§§ 31 ff. KDG). Bzgl. der Auftragsdatenverarbeitung stellt § 29 Abs. 9 KDG ein Schriftformerfordernis auf. Zur Benennung von betrieblichen Datenschutzbeauftragten, ihrer Rechtsstellung und ihren Aufgaben finden sich ebenfalls detaillierte Regelungen im KDG (§§ 36 ff. KDG). Gleiches gilt für die Datenübermittlung in Länder außerhalb der Europäischen Union und des Europäischen Wirtschaftsraums (§§ 39 ff. KDG). Kapitel 7 des KDG ist der Beschwerde der betroffenen Person bei der Datenschutzaufsicht, den gerichtlichen Rechtsbehelfen, der Haftung und den Sanktionen gewidmet. Mit seinen insgesamt 58 Paragraphen regelt das KDG den Schutz personenbezogener Daten bei deren Verarbeitung sehr viel ausführlicher als zuvor die KDO (23 Paragraphen).

Die bisher geltende KDO sah keinen gerichtlichen Rechtsbehelf vor. Das KDG hat **19** dagegen nunmehr einem entsprechenden Erfordernis der DS-GVO Rechnung getragen: § 49 Abs. 1 KDG zufolge hat jede natürliche oder juristische Person (…) das Recht auf einen gerichtlichen Rechtsbehelf gegen einen sie betreffenden rechtsverbindlichen Bescheid der Datenschutzaufsicht. Darüber hinaus hat gemäß § 49 Abs. 2 KDG jede betroffene Person (…) das Recht auf einen gerichtlichen Rechtsbehelf, wenn sie der Ansicht ist, dass ihre Rechte infolge einer nicht im Einklang mit dem KDG stehenden Verarbeitung ihrer personenbezogenen Daten verletzt wurden. § 49 Abs. 3 KDG sieht vor, dass für gerichtliche Rechtsbehelfe das „kirchliche Gericht in

59 S. dazu Rn. 8. Im Folgenden teilweise wörtlich zitiert.

60 Dieser Sonderbehandlung kritisch gegenüberstehend *Hoeren* NVwZ 2018, 373, 374, der darauf verweist, dass auf diese Weise das Handeln der beiden Amtskirchen datenschutzrechtlich privilegiert wird.

Datenschutzangelegenheiten“ zuständig ist, welches in Ermangelung einer kirchlichen Verwaltungsgerichtsbarkeit neu zu errichten ist.

20 Damit war ebenfalls bis zum 24.5.2018 ein Rechtsweg zu schaffen, um sicherzustellen, dass sich von der Verarbeitung personenbezogener Daten betroffene Personen wirksam gegen Maßnahmen der datenverarbeitenden Stelle oder gegen einen sie betreffenden Beschluss der Datenschutzaufsicht (des Diözesandatenschutzbeauftragten) wehren können.

21 Die KDSGO gibt vor, auf der Ebene des VDD ein gemeinsames Gericht erster Instanz für alle (Erz-)Diözesen (sog. kleine Datenschutzkammer), bestehend aus einem Vorsitzenden und zwei beisitzenden Richtern, zu errichten. Darüber hinaus wird ein ebenfalls gemeinsames Gericht zweiter Instanz für alle (Erz-)Diözesen (sog. große Datenschutzkammer), bestehend aus einem Vorsitzenden und vier beisitzenden Richtern, installiert. Gegen die Entscheidung der kleinen Datenschutzkammer soll der betroffenen Person das Recht der Beschwerde zur großen Datenschutzkammer zustehen. Die KDSGO ist in Abweichung zur Kirchlichen Arbeitsgerichtsordnung (KAGO) bewusst knapp und einfach gehalten. Es bleibt abzuwarten, ob sich dieser allein aus zwei Instanzen bestehende Rechtsweg innerhalb der kirchlichen Gerichtsbarkeit mit dem staatlichen Rechtsweg vereinbaren lässt.[61]

22 **2. Wesentlicher Inhalt der evangelischen Regelung (EKD-Datenschutzgesetz – DSG-EKD).** Im Zuge der Anpassung an die Vorgaben der DS-GVO ist das DSG-EKD novelliert und an die Begrifflichkeiten der DS-GVO angepasst worden. Dabei wächst der Umfang des DSG-EKD von vormals 27 Paragraphen auf nun 56 Paragraphen an, wodurch das Kirchengesetz deutlich umfassendere Regeln i.S.v. Art. 91 Abs. 1 enthält.

23 Inhaltlich erfahren im Zuge des „In-Einklang-Bringens“ mit dem Datenschutzstandard der DS-GVO nach Art. 91 Abs. 1 die von der Datenverarbeitung Betroffenen eine Stärkung ihrer Datenschutzrechte. Nach den allgemein geltenden Bestimmungen (Kap. 1) und den Grundsätzen zur Verarbeitung personenbezogener Daten, insbesondere der Statuierung des präventiven Verbots mit Erlaubnisvorbehalt (Kap. 2), werden in den §§ 16–25 DSG-EKD die aus dem Transparenzprinzip folgenden Rechte – parallel zu den verstärkten Betroffenenrechten unter Geltung der DS-GVO – angehoben (Kap. 3). Wie bereits die katholische trägt auch die evangelische Kirche gesteigerten Ansprüchen an die Informationspflichten gegenüber den betroffenen Personen und an die Rechte der Betroffenen auf Benachrichtigung, Berichtigung, Löschung, Datenübertragbarkeit, Widerspruch, usw. Rechnung. Auch hier kann es wie schon bei der katholischen Regelung zu einem Recht auf Einschränkung der Verarbeitung nach § 21 Abs. 4 DSG-EKD kommen, soweit die Löschung wegen der besonderen Speicherart nicht oder nur mit unverhältnismäßigen Kosten möglich ist.[62] Neben der Fixierung der Pflichten der verantwortlichen Stellen und Auftragsverarbeiter (Kap. 4) und den grundsätzlichen Vorgaben für den örtlichen Datenschutzbeauftragen (Kap. 5) erhalten jedoch vor allem die kircheneigenen Aufsichtsbehörden spezifischer Art in Überein-

61 *Hoeren* NVwZ 2018, 373, 375, nimmt an, dass der Rechtsweg zu den staatlichen Gerichten dennoch gegeben sein müsse und die kirchliche Gerichtsbarkeit insoweit mit Schiedsgerichten vergleichbar sei.

62 Diese Sonderregelung auf Grund der fehlenden Rückausnahme für unrechtmäßige Verarbeitungen ablehnend *Hoeren* NVwZ 2018, 374, 375.

stimmung mit Art. 91 Abs. 2 ein Mehr an Kontrollmöglichkeiten. So widmen sich die §§ 39–45 DSG-EKD ausweislich der Überschrift des 6. Kap. der vor der Reform in diesem Maße nicht verwirklichten Unabhängigkeit der Aufsichtsbehörden.[63] Auch werden die Aufsichtsbehörden gemäß § 45 DSG-EKD mit der Möglichkeit zur Verhängung von Bußgeldern versehen. Im Gegensatz zur DS-GVO, die eine Höchstsanktion von 20 Mio. € vorsieht, Art. 83, enthält die Regelung – ebenso wie auch das katholische Pendant – eine Beschränkung auf 500 000 €.

24 Zusätzlich werden in Kap. 7 die Rechtsbehelfe des von der Verarbeitung Betroffenen durch ein Recht auf Beschwerde in § 46 DSG-EKD und einen Anspruch auf Schadensersatz nach § 48 DSG-EKD verbessert. Zusätzlich kennt auch die Neufassung weiterhin eine kirchliche Verwaltungsgerichtsbarkeit, § 45 DSG-EKD, so dass eine solche – anders als bei beim KDG – nicht erst neu installiert werden muss.[64] Nach einigen Vorschriften über besondere Verarbeitungssituationen – z.B. bei Dienst- und Arbeitsverhältnissen oder Gottesdiensten und sonstigen kirchlichen Veranstaltungen – (Kap. 8) schließt das DSG-EKD mit den Schlussbestimmungen (Kap. 9).

VII. Praktische Relevanz

25 Die Sonderregel des Art. 91 Abs. 1 bringt zum Ausdruck, dass es eine Parallelität europäischer – respektive auf Öffnungsklauseln beruhender staatlicher – und umfassender kirchlicher Datenschutzrechte geben kann, soweit die Regelungsmaterien in Einklang miteinander stehen. Insoweit befasst sich das europäische Datenschutzrecht erstmals mit Fragen des kirchlichen Datenschutzrechts – und klärt zugleich bislang kontrovers diskutierte Fragen. Allerdings entfachen sich auch neue Diskussionen, die vor allem um die Fragestellung kreisen, ob die Tatbestandsmerkmale streng am Wortlaut orientiert auszulegen sind oder nicht eher dem Zweck der Vorschrift Vorzug zu geben ist. Unklar bleibt auch, ob selbstständige privatrechtliche Einrichtungen öffentlich-rechtlicher Religionsgemeinschaften ebenfalls von Art. 91 Abs. 1 erfasst werden. Weiterhin von praktischer Relevanz ist die in Art. 91 Abs. 2 vorgegebene Zuständigkeit einer unabhängigen Aufsichtsbehörde auch für Kirchen, religiöse Vereinigungen oder Gemeinschaften. Hier ist fraglich, wie genau die Wendung, die unabhängige Aufsichtsbehörde könne auch „spezifischer Art“ sein, zu verstehen ist.

26 Festzuhalten bleibt, dass es den Religionsgemeinschaften nach der DS-GVO – unter Beachtung fest vorgegebener konditioneller Kriterien – weiterhin möglich bleibt, eigene Regelungssysteme zum Datenschutz zu unterhalten. In der Gesamtbewertung lässt sich feststellen: Während die Norm alte Rechtsunsicherheiten beseitigt, wirft sie zugleich eine Vielzahl neuer Fragen auf.

VIII. Übersicht

27
1. Relevanz für öffentliche Stellen: Ja, im Hinblick auf die Umsetzung der Sonderreglung des Art. 91 Abs. 1 durch die beiden Amtskirchen.
2. Relevanz für nicht öffentliche Stellen: Ja, im Hinblick auf die Umsetzung der Sonderreglung des Art. 91 Abs. 1 durch die beiden Amtskirchen.

---

63 Zur vor der Novellierung nicht verwirklichten Errichtung einer völlig unabhängigen Aufsichtsbehörde – abgesehen vom Datenschutzbeauftragten – vgl. Rn. 14.

64 Hinsichtlich Art. 77 ff. und der Implementierung innerkirchlichen Rechtsschutzes vgl. Sydow-*Hense* DS-GVO, 2017, Art. 91 Rn. 30 f.

3. Relevanz für betroffene Personen: Ja, im Hinblick auf die Umsetzung der Sonderregelung durch die beiden Amtskirchen nach Maßgabe des Art. 91 Abs. 1. Da jedoch höchstens eine minimale Absenkung der europäischen Datenschutzvorgaben durch die Religionsgemeinschaften denkbar ist, sollten die Auswirkungen im Ergebnis gering sein.
4. Relevanz für Aufsichtsbehörden: Ja, insoweit ist Art. 91 Abs. 2 zu beachten
5. Relevanz für das Datenschutzmanagement: Ja, für das Datenschutzmanagement der betreffenden Religionsgemeinschaften, insbesondere hinsichtlich des „In-Einklang-Bringens" der eigenen, umfassenden Datenschutzregeln mit dem Datenschutzstandard der DS-GVO gemäß Art. 91 Abs. 1.

Kapitel X
Delegierte Rechtsakte und Durchführungsrechtsakte

Artikel 92 Ausübung der Befugnisübertragung

(1) Die Befugnis zum Erlass delegierter Rechtsakte wird der Kommission unter den in diesem Artikel festgelegten Bedingungen übertragen.

(2) Die Befugnis zum Erlass delegierter Rechtsakte gemäß Artikel 12 Absatz 8 und Artikel 43 Absatz 8 wird der Kommission auf unbestimmte Zeit ab dem 24. Mai 2016 übertragen.

(3) [1]Die Befugnisübertragung gemäß Artikel 12 Absatz 8 und Artikel 43 Absatz 8 kann vom Europäischen Parlament oder vom Rat jederzeit widerrufen werden. [2]Der Beschluss über den Widerruf beendet die Übertragung der in diesem Beschluss angegebenen Befugnis. [3]Er wird am Tag nach seiner Veröffentlichung im Amtsblatt der Europäischen Union oder zu einem im Beschluss über den Widerruf angegebenen späteren Zeitpunkt wirksam. [4]Die Gültigkeit von delegierten Rechtsakten, die bereits in Kraft sind, wird von dem Beschluss über den Widerruf nicht berührt.

(4) Sobald die Kommission einen delegierten Rechtsakt erlässt, übermittelt sie ihn gleichzeitig dem Europäischen Parlament und dem Rat.

(5) [1]Ein delegierter Rechtsakt, der gemäß Artikel 12 Absatz 8 und Artikel 43 Absatz 8 erlassen wurde, tritt nur in Kraft, wenn weder das Europäische Parlament noch der Rat innerhalb einer Frist von drei Monaten nach Übermittlung dieses Rechtsakts an das Europäische Parlament und den Rat Einwände erhoben haben oder wenn vor Ablauf dieser Frist das Europäische Parlament und der Rat beide der Kommission mitgeteilt haben, dass sie keine Einwände erheben werden. [2]Auf Veranlassung des Europäischen Parlaments oder des Rates wird diese Frist um drei Monate verlängert.

– *ErwG: 166, 167, 168, 169, 170*

Übersicht

Literatur: *Craig* Delegated Acts, Implementing Acts and the New Comitology Regulation, European Law Review 36/2011, 671; *Groß* Exekutive Vollzugsprogrammierung durch tertiäres Gemeinschaftsrecht?, DÖV 2004, 20; *Gaitzsch* Tertiärnormsetzung in der Europäischen Union: eine Untersuchung der Normsetzungsbefugnisse der Europäischen Kommission nach Art. 290 und Art. 291 Abs. 24 AEUV, 2015; *Kühling/Martini* Die Datenschutz-Grundverordnung: Revolution oder Evolution im europäischen und deutschen Datenschutzrecht?, EuZW 2016, 448; *Weiß* Der Europäische Verwaltungsverbund: Grundfragen, Kennzeichen, Herausforderungen, 2010.

A. Einordnung und Kontext

I. Erwägungsgründe

1 Gegenstand der Vorschrift sind die Regelungen zur Befugnis der Kommission bezüglich des Erlasses von delegierten Rechtsakten nach Art. 290 AEUV im Anwendungsbereich der DS-GVO.[1] Diese Befugnis soll laut ErwG 166 dazu dienen, die Zielvorgaben dieser Verordnung zu erfüllen, d.h. die Grundrechte und Grundfreiheiten natürlicher Personen und insbesondere ihr Recht auf Schutz ihrer personenbezogenen Daten zu wahren und den freien Verkehr personenbezogener Daten innerhalb der Union zu gewährleisten. Unter **delegierten Rechtsakten** versteht Art. 290 Abs. 1 AEUV Rechtsakte ohne Gesetzescharakter mit allgemeiner Geltung zur Ergänzung oder Änderung bestimmter, nicht wesentlicher Vorschriften eines Gesetzgebungsaktes.

2 Laut ErwG 166 sollen derartige delegierte Rechtsakte (erster Anwendungsfall) insbesondere in Bezug auf (a) die für Zertifizierungsverfahren geltenden Kriterien und Anforderungen, (b) die durch standardisierte **Bildsymbole** darzustellenden Informationen und (c) die Verfahren für die Bereitstellung dieser Bildsymbole erlassen werden (siehe **Art. 12 Abs. 8**). Der zweite Anwendungsfall sind die **Anforderungen an Zertifizierungsverfahren** (siehe **Art. 43 Abs. 8**).[2] Dadurch ist der Anwendungsbereich von Art. 92 (anders als derjenige von Art. 93, dazu Art. 93 Rn. 6) äußerst begrenzt.[3]

II. Normgenese

3 Von den zahlreichen Vorschlägen, die im Normsetzungsverfahren gemacht wurden,[4] sind nur noch diese beiden übriggeblieben, da man sich aufgrund der Kritik am Kommissionsentwurf[5] dafür entschied, den Begriff der **„nicht wesentlichen Vorschriften“ in Art. 290 Abs. 1 AEUV**, der (nur) zu einer gewissen Handlungsfreiheit im operativen Geschäft dienen soll, eng auszulegen und alle wesentlichen Bestimmungen dem regulären Normsetzungsverfahren zu unterwerfen.[6] So enthielt der Vorschlag der Kommission allein 26 derartige Ermächtigungsnormen, derjenige des Parlaments immerhin noch zehn. Im Ratsentwurf wurde dadurch einzig die Bestimmung hinsichtlich der Anforderungen an Zertifizierungsverfahren, die sich heute in Art. 43 Abs. 8 findet (bzw. in Art. 39a Abs. 7 in der damaligen Zählung).[6] Im **Trilogkompromiss** wurde noch die Befugnis im Zusammenhang mit Bildsymbolen hinzugefügt (Art. 12 Abs. 8, seinerzeit Art. 12 Abs. 4c des Entwurfs).[6] In diesem Zusammenhang wurde auch die **Einwendungsfrist** für Rat und Parlament in Abs. 5 S. 1 von zwei auf drei Monate verlängert und deren **Verlängerungsmöglichkeit** in Abs. 5 S. 2 auf drei Monate festgelegt.[6]

1 ErwG 166.
2 Kühling/Buchner-*Herbst* Art. 92 Rn. 1.
3 Sydow-*Sydow* Art. 92 Rn. 14.
4 Dazu Näheres bei Sydow-*Sydow* Art. 92 Rn. 14; vgl. auch Plath-*Jenny* Art. 92 Rn. 3 m.w.N.
5 Nachweise bei Sydow-*Sydow* Art. 92 Rn. 14 (dort Fn. 17).
6 Kühling/Buchner-*Herbst* Art. 92 Rn. 4.

B. Kommentierung

Zentral zum Gesamtverständnis der Norm ist die **Differenzierung zwischen delegierten Rechtsakten** im Sinne von Art. 290 AEUV (sog. „Tertiärrecht"[7]) **und Durchführungsrechtsakten** im Sinne von Art. 291 AEUV, wie sie der Vertrag von Lissabon eingeführt hat.[8] 4

In einer gewissen Analogie zu Art. 80 Abs. 1 GG betrifft Art. 92 nicht nur (1.) den **Adressaten** der Befugnisübertragung (die Kommission), sondern (2.) auch die **Bedingungen**, unter denen eine derartige **Befugnisübertragung** möglich ist und (3.) die **Anforderungen an den Erlass delegierter Rechtsakte** durch die zuvor mit entsprechenden Kompetenzen verliehene Kommission (Abs. 3).[9] 5

I. Einführende Bestimmungen (Abs. 1)

Abs. 1 enthält einleitende Bestimmungen, die in den nachfolgenden Absätzen weiter konkretisiert werden.[10] In Zusammenschau mit Abs. 2 wird in Abs. 1 zudem klargestellt, dass die Befugnisübertragungen nach Art. 12 Abs. 8 und Art. 43 Abs. 8 den Anforderungen des Art. 92 unterliegen.[11] 6

II. Dauer der Befugnisübertragung (Abs. 2)

Nach Abs. 2 erfolgt die Befugnisübertragung prinzipiell auf **unbestimmte Zeit**, sie ist jedoch unter den Bedingungen von Abs. 3 **widerruflich**. Mit dieser Festlegung wird dem in Art. 290 Abs. 2 AEUV normierten Gebot entsprochen, dass im Basisrechtsakt selbst die Dauer der Befugnisübertragung geregelt sein muss.[12] 7

III. Widerrufsmöglichkeiten (Abs. 3)

Nach Abs. 3 können Rat und Parlament die Übertragung von Rechtsetzungsbefugnissen an die Kommission **jederzeit widerrufen** (vgl. Art 290 Abs. 2 UAbs. 1 lit. a AEUV[13]). Der Widerruf wird gem. Art. 290 Abs. 2 UAbs. 2 AEUV vom Europäischen Parlament mit der Mehrheit seiner Mitglieder und vom Rat mit qualifizierter Mehrheit beschlossen.[14] Die **qualifizierte Mehrheit** des Rates ist, weil seinem Beschluss keine Initiative der Kommission vorausgeht, nach Art. 238 Abs. 2 AEUV zu berechnen: Abweichend von Art. 16 Abs. 4 EUV ist also eine Mehrheit von mindestens 72 % der Mitglieder des Rats erforderlich, sofern die von ihnen vertretenen Mitgliedstaaten zusammen mindestens 65 % der Bevölkerung der Union ausmachen.[15] 8

---

7 Zum Begriff *Groß* DÖV 2004, 20; *Gaitzsch* Tertiärnormsetzung in der Europäischen Union: eine Untersuchung der Normsetzungsbefugnisse der Europäischen Kommission nach Art. 290 und Art. 291 Abs. 2–4 AEUV; *Weiß* Der Europäische Verwaltungsverbund: Grundfragen, Kennzeichen, Herausforderungen. Näheres und weitere Differenzierungen dazu bei Sydow-*Sydow* Art. 92 Rn. 6.

8 *Craig* European Law Review 36 (2011), 671; Sydow-*Sydow* Art. 92 Rn. 5.

9 Sydow-*Sydow* Art. 92 Rn. 4.

10 *Craig* European Law Review 36 (2011), 671; Sydow-*Sydow* Art. 92 Rn. 24.

11 Auernhammer-*Witzleb* Art. 92 Rn. 6.

12 Auernhammer-*Witzleb* Art. 92 Rn. 8.

13 Kühling/Buchner-*Herbst* Art. 92 Rn. 7 f.; Auernhammer-*Witzleb* Art. 92 Rn. 8.

14 Auernhammer-*Witzleb* Art. 92 Rn. 9.

15 Kühling/Buchner-*Herbst* Art. 92 Rn. 9 m.w.N.

9 Die Übersetzung der DS-GVO springt zwischen den Begriffen „Einspruch", „Widerruf" und Erhebung von „Einwänden" hin und her. Diese Wörter dürfen nicht streng im Sinne des deutschen Verwaltungsprozessrechts verstanden werden. Sie sind eher anschaulich gemeint.

10 Gründe für den Widerruf (eigentlich: Einspruch) müssen nicht angegeben werden.[16] Jedoch bedarf der Widerruf/Einspruch laut Abs. 3 S. 3 der **Publikation im Amtsblatt**, die nach Ablauf der Widerrufsfrist erfolgt, sofern kein Einspruch erfolgte. Weitere Formerfordernisse bestehen nicht.[17]

11 Abs. 3 S. 4 legt aus Gründen der Rechtssicherheit fest, dass der Widerruf/Einspruch **nicht die Wirksamkeit bereits auf dieser Grundlage in Kraft getretener delegierter Rechtsakte berührt** (trotz des Entfallens der Rechtsgrundlage ex tunc).[18]

IV. Übermittlung delegierter Rechtsakte (Abs. 4)

12 Um Parlament und Rat die Erhebung von Einwänden (siehe Abs. 5) zu ermöglichen, sind ihnen nach Abs. 4 delegierte Rechtsakte zu übermitteln. Diese Übermittlung hat nach Abs. 4 **gleichzeitig** an beide zu erfolgen. Weitere Verfahrens- oder Formvorgaben Art. 92 nicht vor (und ebenso wenig Art. 290 AEUV).[19] Laut Erwägungsgrund 166 hat die Kommission indes bei der Vorbereitung des Rechtsakterlasses **angemessene Konsultationen** durchzuführen, zu denen auch **Sachverständigenanhörungen** gehören.[19] Zudem soll (laut demselben Erwägungsgrund) die Kommission bei der Vorbereitung und Ausarbeitung delegierter Rechtsakte gewährleisten, dass die einschlägigen Dokumente dem Europäischen Parlament und dem Rat **gleichzeitig, rechtzeitig und auf angemessene Weise** übermittelt werden.

13 Erst nach einer dergestalt vollzogenen Übermittlung beginnt die **Dreimonatsfrist** nach Abs. 5 zu laufen. (Erst) Nach **Ablauf dieser Frist**, tritt der delegierte Rechtsakt **in Kraft**, es sei denn, dass er selbst einen späteren Inkrafttretenstermin vorsieht.[18] Die Kommission soll mithin durch Abs. 4 dazu angehalten werden, im eigenen Interesse die delegierten Rechtsakte möglichst frühzeitig an Parlament und Rat zu übermitteln.[20]

V. Mögliche Einwände (Abs. 5)

14 Die Frist für die Erhebung von Einwänden durch Parlament und Rat gegen den delegierten Rechtsakt beträgt gem. Abs. 5 S. 1 drei Monate ab Erlass des delegierten Rechtsakts durch die Kommission. Sie kann auf Initiative des Europäischen Parlaments bzw. des Rats laut S. 2 um drei Monate **verlängert** werden.

15 Parlament und Rat haben bei der Entscheidung über die Erhebung von Einwänden **Ermessen**.[21] Für sie gelten nach Art. 290 Abs. 2 AEUV dieselben Mehrheitserfordernisse wie beim Widerruf der Befugnisübertragung nach Abs. 4.[22] Sie nehmen ihre Kon-

16 „[F]rei widerruflich", Sydow-*Sydow* Art. 92 Rn. 28.
17 Sydow-*Sydow* Art. 92 Rn. 28.
18 Auernhammer-*Witzleb* Art. 92 Rn. 9.
19 Kühling/Buchner-*Herbst* Art. 92 Rn. 14.
20 Kühling/Buchner-*Herbst* Art. 92 Rn. 13.
21 Auernhammer-*Witzleb* Art. 92 Rn. 11.
22 Kühling/Buchner-*Herbst* Art. 92 Rn. 16.

trollbefugnisse **unabhängig voneinander** wahr. Allerdings ist – auch wenn Abs. 3 nicht die Angabe von Gründen fordert – hier zum Zwecke der gegenseitigen Information eine **Begründung ratsam**, so sieht es auch die Kommission.[23]

C. Praxishinweise

Die Vorschrift regelt die Befugnis zum Erlass delegierter Rechtsakte. Wenn solche Rechtsakte erlassen werden, werden dann können diese abhängig von ihren Gehalten erhebliche praktisch Wirkungen entfalten. **16**

Artikel 93 Ausschussverfahren

(1) [1]Die Kommission wird von einem Ausschuss unterstützt. [2]Dieser Ausschuss ist ein Ausschuss im Sinne der Verordnung (EU) Nr. 182/2011.

(2) Wird auf diesen Absatz Bezug genommen, so gilt Artikel 5 der Verordnung (EU) Nr. 182/2011.

(3) Wird auf diesen Absatz Bezug genommen, so gilt Artikel 8 der Verordnung (EU) Nr. 182/2011 in Verbindung mit deren Artikel 5.

– *ErwG: 167, 168, 169, 170*

Übersicht

Literatur: *Gaitzsch* Tertiärnormsetzung in der Europäischen Union: eine Untersuchung der Normsetzungsbefugnisse der Europäischen Kommission nach Art. 290 und Art. 291 Abs. 2–4 AEUV, 2015; *Hornung* Eine Datenschutz-Grundverordnung für Europa? – Licht und Schatten im Kommissionsentwurf vom 25.1.2012, ZD 2012, 99; *Sydow* Europäische Exekutive Rechtsakte zwischen Kommission, Komitologieausschüssen, Parlament und Rat, JZ 2012, 157.

23 Näheres dazu bei Auernhammer-*Witzleb* Art. 92 Rn. 11 m.w.N.

A. Einordnung und Kontext

I. Erwägungsgründe

1 Der Ausschuss, der keinesfalls mit dem Datenschutzausschuss nach Art. 68 ff. zu verwechseln ist[1] (insoweit ist der Wortlaut der Norm unglücklich gewählt) ist der Sache nach ein **Komitologieausschuss**.[2] Derartige Ausschüsse aus **Vertretern der Mitgliedstaaten** werden zu verschiedenen Themen eingesetzt. Nach der **Verordnung (EU) Nr. 182/2011 des Europäischen Parlaments und des Rates vom 16. Februar 2011 zur Festlegung der allgemeinen Regeln und Grundsätze**, nach denen die Mitgliedstaaten die Wahrnehmung der Durchführungsbefugnisse durch die Kommission kontrollieren,[3] verfügen derartige Ausschüsse über **zwei Handlungsformen/Verfahrensarten**: das **Beratungsverfahren** und das **Prüfverfahren** (auf diese beiden wurden die im **Beschluss 1999/468/EG** vorgesehenen Verfahren durch die **Komitologie-VO** reduziert[4]).

2 Die Einsetzung von Komitologieausschüssen dient der Koordination der Umsetzung von EU-Rechtsakten in den Mitgliedstaaten, **Art. 291 Abs. 1 AEUV**. Diese stellt eine spezielle Ausprägung des Grundsatzes der loyalen Zusammenarbeit nach **Art. 4 Abs. 2 AEUV** dar.[5] Dieser erfordert wiederum ein Verfahren, bei dem die Mitgliedstaaten, deren Souveränität ja insoweit betroffen ist, an der EU-Normsetzung beteiligt werden.[6] Ein solches Verfahren ist gem. **Art. 291 Abs. 1, 289 Abs. 1 AEUV das Komitologieverfahren**, das in einer Art Gegenstromverfahren (bzw. einem System wechselseitiger Kompensation[7]) aufgebaut ist.

3 Direkt in den Erwägungsgründen erwähnt wird der Komitologieausschuss nicht. Dass es eines solchen bedarf, ergibt sich aber insbesondere aus ErwG 168, in dem vom Erlass von Durchführungsrechtsakten sowie von Standardvertragsklauseln die Rede ist.

II. Normgenese und Materialien

4 **1. Datenschutz-Richtlinie 95/46/EG (DSRL). Art. 31 der Datenschutz-Richtlinie 95/46** (DSRL) verwies beim Erlass von Durchführungsrechtsakten auf den **Beschlusses 1999/468/EG**.[8] Dieser enthielt bis zu seiner Aufhebung durch Art. 12 VO (EU) Nr. 182/2011 die wesentlichen Verfahrensvorschriften zum Erlass von Durchführungsrechtsakten. Seither betraf die Verweisung die **VO (EU) Nr. 182/2011**.[9] Die DS-GVO hat diese Verweisung übernommen.

5 In der Tradition der Befugnisübertragungen zum Erlass von Durchführungsrechtsakten für Feststellungen zum angemessenen Schutzniveau in einem Drittland **(Art. 25 Abs. 4 und 6 DSRL)** stehen auch die Instrumente des **Angemessenheitsbeschlusses**

---

1 Kühling/Buchner-*Herbst* Art. 93 Rn. 9; Plath-*Jenny* Art. 93 Rn. 2.
2 Zu diesen *Sydow* JZ 2012, 157.
3 ABl. Nr. L v. 28.2.2011, S. 13; sog. „Komitologie-VO", vgl. Auernhammer-*Witzleb* Art. 93 DS-GVO, Rn. 2 ff.
4 Kühling/Buchner-*Herbst* Art. 93 Rn. 8.
5 Sydow-*Sydow* Art. 93 Rn. 3.
6 Sydow-*Sydow* Art. 93 Rn. 4.
7 Sydow-*Sydow* Art. 93 Rn. 5.
8 Kühling/Buchner-*Herbst* Art. 93 Rn. 3.
9 Kühling/Buchner-*Herbst* Art. 93 Rn. 4.

nach Art. 45 Abs. 3 und 5 und der **Standarddatenschutzklauseln** Art. 46 Abs. 2 lit. c und d DSRL.

Demgegenüber tritt in Gestalt des **Kohärenzverfahrens nach Art. 63** ein in dieser Weise neues Instrument (vgl. Art. 63 Rn. 8 ff.) an die Stelle der Maßnahmen im Zusammenhang mit Ausnahmegenehmigungen von Mitgliedstaaten für Datenübermittlungen in Drittstaaten mit nicht angemessenem Schutzniveau **(Art. 26 Abs. 3 DSRL)**, vgl. Art. 46 Abs. 4.[10] 6

2. Entwürfe zur DS-GVO. Die jetzige Gestaltung von Art. 93 entspricht weitgehend dem Kommissionsvorschlag und dem Ratsentwurf. Ein Vorschlag des Parlaments zur Streichung des Abs. 3 (sofort geltende Durchführungsrechtsakte) fand letztlich keine Berücksichtigung.[11] 7

Gegenüber dem Kommissionsvorschlag wurden die Anwendungsspielräume nach entsprechender Kritik[12] zwar deutlich reduziert (‚nur' noch zehn Ermächtigungen statt über 20[13]). Gleichwohl verfügt Art. 93 damit über einen größeren Anwendungsbereich als Art. 92 (Art. 93 Rn. 2). 8

B. Kommentierung

I. Ausschuss aus Vertretern der Mitgliedstaaten (Abs. 1)

Der Ausschuss aus Vertretern der Mitgliedstaaten arbeitet dergestalt mit dem **Datenschutzausschuss** nach Art. 68 ff. zusammen, dass Letzterer dem Komitologieausschuss seine **Stellungnahmen weiterleitet** (Art. 70 Abs. 3). Hieraus ergibt sich, dass der Komitologieausschuss nicht ‚nur' bei der Durchführung europäischen Sekundärrechts in den Mitgliedstaaten mitarbeitet, sondern auch über **gewisse Kontrollfunktionen** verfügt.[14] 9

Vorsitzender des Ausschusses ist ein nicht-stimmberechtigter Vertreter der Kommission, vgl. Art. 3 Abs. 2 VO (EU) Nr. 182/2011.[15] 10

II. Verweisung auf Art. 5 VO (EU) Nr. 182/2011 (Abs. 2)

1. Verfahrensarten. Art. 93 Abs. 2 nennt zwei Handlungsformen bzw. Verfahrensarten, in deren Form die Kommission bei der Anwendung der DS-GVO handeln kann: (a) die Festlegung bzw. den Erlass und die Genehmigung von **Standardvertragsklauseln/Standarddatenschutzklauseln** als eine Art **‚Durchführungsrecht i.w.S.'**[16] und (b) den **Erlass von Durchführungsrecht i.e.S.** Zu beidem muss die Kommission ausdrücklich ermächtigt sein. 11

2. Von der Verweisung erfasste Befugnisübertragungen. Für das erstgenannte Verfahren (a) finden sich folgende Einzelermächtigungen, die den Erlass von **Standardvertragsklauseln/Standarddatenschutzklauseln betreffen:** 12

10 Kühling/Buchner-*Herbst* Art. 93 Rn. 5.
11 Dazu Kühling/Buchner-*Herbst* Art. 93 Rn. 6.
12 Vgl. etwa *Hornung* ZD 2012, 99 (105).
13 Kühling/Buchner-*Herbst* Art. 93 Rn. 7.
14 Sydow-*Sydow* Art. 93 Rn. 5.
15 Kühling/Buchner-*Herbst* Art. 93 Rn. 8.
16 Sydow-*Sydow* Art. 93 Rn. 15.

- **Art. 43 Abs. 9** (Festlegung/Förderung/Anerkennung von technischen Standards für Zertifizierungsverfahren und Datenschutzsiegel und -prüfzeichen);
- **Art. 45 Abs. 3** (Datenübermittlung an ein Drittland oder eine internationale Organisation aufgrund eines Angemessenheitsbeschlusses);
- **Art. 45 Abs. 5 UAbs. 1** (Widerruf, Änderung oder Aussetzung eines Angemessenheitsbeschlusses nach Art. 45 Abs. 3 in Fällen **ohne äußerste Dringlichkeit**) Achtung: Fälle mit **äußerster Dringlichkeit werden von Abs. Art. 47 Abs. 3 erfasst (Format** und der Verfahren für den Informationsaustausch über verbindliche **interne Datenschutzvorschriften)**;
- **Art. 61 Abs. 9 (Gegenseitige Amtshilfe** und der Ausgestaltung des elektronischen Informationsaustausches);
- **Art. 67** (Durchführungsrechtsakte von allgemeiner Tragweite bezüglich des elektronischen Informationsaustauschs).

13 Diese Fälle sind aber weniger an die Mitgliedstaaten selbst adressiert als an die dortigen Datenverarbeiter. Dabei betreffen die Verhaltensregeln jedermann; die **Standarddatenschutzklauseln** sind hingegen nach der zutreffenden Formulierung von Gernot Sydow „lediglich ein **Angebot an den Datenverarbeiter**, dessen Nutzung rechtliche Vorteile und Erleichterungen nach sich zieht".[17]

14 **Ermächtigungsklauseln zum Erlass von Durchführungsrecht i.e.S.** (b) finden sich hingegen in folgenden Bestimmungen der DS-GVO:

- **Art. 28 Abs. 7** (Festlegung von Standardvertragsklauseln für die Auftragsverarbeitung);
- **Art. 40 Abs. 9** (Allgemeingültigkeitsbeschluss bezogen auf genehmigte Verhaltensregeln);
- **Art. 46 Abs. 2 lit. c** (Erlass von Standarddatenschutzklauseln für Übermittlungen an ein Drittland oder eine internationale Organisation);
- **Art. 46 Abs. 2 lit. d** (Genehmigung von Standarddatenschutzklauseln von Aufsichtsbehörden für dieselben Fälle).

15 **3. Verfahren beim Erlass von Durchführungsrecht zur DS-GVO.** Der Erlass von Durchführungsrecht ist dreistufig aufgebaut:[18]

1. **Ermächtigung** der Kommission zum Erlass desselben (vgl. die Verweise in der Rn. zuvor),
2. **Festlegung** des Komitologieverfahrens (hier durch die jeweiligen Verweise in den Absätzen 2 und 3 auf die ‚Komitologie-VO')
3. **Erlass** des Durchführungsrechts durch die Kommission unter Beteiligung des für die DS-GVO gem. Abs. 1 eingesetzten Komitologieausschusses.[19]

16 Nach der Komitologie-VO stehen (‚nur noch' vgl. Rn. 1) zwei Verfahrensarten zur Verfügung: (a) das **Beratungsverfahren** und (b) das **Prüfverfahren**.

17 Im (a) **Beratungsverfahren** gibt der Komitologieausschuss ein **konsultatives Votum** zu von der Kommission geplanten Durchführungsrechtsakten ab. Der Ausschuss entscheidet in derartigen Fällen gem. Art. 4 Komitologie-VO mit **einfacher Mehrheit**.[20]

17 Sydow-*Sydow* Art. 93 Rn. 16.
18 Sydow-*Sydow* Art. 93 Rn. 18 f.
19 Sydow-*Sydow* Art. 93 Rn. 19.
20 Sydow-*Sydow* Art. 93 Rn. 21.

Im (b) **Prüfverfahren** kann der Komitologieausschuss bezogen auf von der Kommission geplante Durchführungsrechtsakte ein **Veto** abgeben. Hierbei sind die **Quorumsregelungen** deutlich komplexer. Sie richten sich nach Art. 5 Abs. 1 Komitologie-VO i.V.m. Art. 16 Abs. 4 und 5 EUV sowie Art. 238 AEUV nach den Anforderungen, die das Primärrecht für **Ratsentscheidungen** vorsieht.[21] **18**

Das **Prüfverfahren ist gleichsam das Standardverfahren bei der Beteiligung des Komitologieausschusses nach der DS-GVO**, denn bezüglich des Erlasses von Durchführungsrechtsakte verweisen die in Art. 93 Abs. 2 enumerativ aufgelisteten Klauseln (vorliegend unter Rn. 12 zu finden) alle auf das Prüfverfahren. Dieses steht in einem gewissen Widerspruch dazu, dass sonst die Komitologie-VO das **Beratungsverfahren** als das Regelverfahren vorsieht.[22] Diese Umkehr des Regel-Ausnahme-Verhältnisses hat der DS-GVO namentlich von Gernot Sydow triftige Kritik eingetragen,[23] mag aber auch mit der besonderen ‚Sensibilität' des Datenschutzrechts zu rechtfertigen sein. **19**

III. Verweisung auf Art. 8 i.V.m. Art. 5 VO (EU) Nr. 182/2011 (Abs. 3) für Fälle äußerster Dringlichkeit

Art. 8 Abs. 1 VO (EU) Nr. 182/2011 eröffnet die Möglichkeit der Befugnisübertragung an die Kommission zum Erlass **sofort geltender Durchführungsrechtsakte** für **hinreichend begründete Fälle äußerster Dringlichkeit**.[24] Art. 8 VO (EU) Nr. 182/2011 sieht für solche Fälle vor, dass die Kommission zunächst den Durchführungsrechtsakt ohne Beteiligung des Ausschusses erlässt. Dabei bleibt der Durchführungsrechtsakt für einen Zeitraum von höchstens 6 Monaten in Kraft; in dieser Zeit ist er (spätestens 14 Tage nach seinem Erlass) dem Ausschuss zur Stellungnahme vorzulegen.[25] **20**

Die Verweisung in Art. 93 Abs. 3 auf **Art. 5 i.V.m. Art. 8** der VO (EU) Nr. 182/2011 sorgt dafür, dass die Kommission bei einer ablehnenden Stellungnahme des Ausschusses den Durchführungsrechtsakt unverzüglich aufzuheben hat. **21**

C. Praxishinweise

Durchführungsakte sind im Wege der **Nichtigkeitsklage** nach Art. 263 Abs. 1 AEUV angreifbar.[23] **22**

Standarddatenschutzklauseln bieten – wie in Rn. 12 dargestellt – eine „Angebot an den Datenverarbeiter", das man dringend annehmen sollte, da „dessen Nutzung rechtliche Vorteile und Erleichterungen nach sich zieht".[26] **23**

---

21 *Gaitzsch* Tertiärnormsetzung in der Europäischen Union,: eine Untersuchung der Normsetzungsbefugnisse der Europäischen Kommission nach Art. 290 und Art. 291 Abs. 2–4 AEUV, 2015, S. 174 ff.; Sydow-*Sydow* Art. 93 Rn. 22 m.w.N.

22 Sydow-*Sydow* Art. 93 Rn. 25 f.

23 Sydow-*Sydow* Art. 93 Rn. 38.

24 Kühling/Buchner-*Herbst* Art. 93 Rn. 22; Plath-*Jenny* Art. 93 Rn. 9.

25 Kühling/Buchner-*Herbst* Art. 93 Rn. 22.

26 Sydow-*Sydow* Art. 93 Rn. 16.

Kapitel XI
Schlussbestimmungen

Artikel 94 Aufhebung der Richtlinie 95/46/EG

(1) Die Richtlinie 95/46/EG wird mit Wirkung vom 25. Mai 2018 aufgehoben.

(2) [1]Verweise auf die aufgehobene Richtlinie gelten als Verweise auf die vorliegende Verordnung. [2]Verweise auf die durch Artikel 29 der Richtlinie 95/46/EG eingesetzte Gruppe für den Schutz von Personen bei der Verarbeitung personenbezogener Daten gelten als Verweise auf den kraft dieser Verordnung errichteten Europäischen Datenschutzausschuss.

– *ErwG: 171*
– *Bezüge zum BDSG n.F. oder anderen Vorschriften: Art. 8 Abs. 1 DSAnpUG-EU*

Übersicht

Literatur: *Bader/Ronellenfitsch* BeckOK VwVfG, 2017; *Maier/Schaller* ePrivacy-VO – alle Risiken der elektronischen Kommunikation gebannt?, ZD 2017, 373; *Maunz/Dürig* Grundgesetz-Kommentar, 80. Aufl. 2017; *Moos* Unmittelbare Anwendbarkeit der Cookie-Richtlinie – Mythos oder Wirklichkeit?, K&R 2012, 635; *Nebel/Richter* Datenschutz bei Internetdiensten nach der DS-GVO – Vergleich der deutschen Rechtslage mit dem Kommissionsentwurf, ZD 2012, 407; *Neumann* Der Kommissionsvorschlag für einen europäischen Kodex für die elektronische Kommunikation – Geplante Änderungen im Bereich der Marktregulierung, N&R 2016, 262; *Roßnagel* Das neue Datenschutzrecht – Europäische Datenschutz-Grundverordnung und deutsche Datenschutzgesetze, 2018; *ders.* Handbuch Datenschutzrecht, 2003; *Stelkens/Bonk/Sachs* Verwaltungsverfahrensgesetz, Kommentar, 8. Aufl. 2014.

A. Einordnung und Hintergrund

I. Erwägungsgründe

ErwG 171 enthält Hinweise dazu, in welchem zeitlichen Rahmen der Übergang von der Richtlinie zur Verordnung in der Praxis vollzogen werden soll. Bereits laufende Verarbeitungen sollen innerhalb von zwei Jahren nach dem Inkrafttreten der Verordnung mit dieser in Einklang gebracht werden. Eine weitergehende Übergangsfrist wird nicht eingeräumt. Mit Geltung der DS-GVO müssen die Verantwortlichen ihre **1**

Datenverarbeitungen an die neue Rechtslage angepasst haben. Da bis zu diesem Zeitpunkt sowohl die Richtlinie als auch das derzeitige BDSG noch gelten, kann eine frühere Anpassung aber von den Verantwortlichen nicht verlangt werden, ihre Vorbereitungen müssen allerdings bereits weit vorher begonnen haben, um zum Stichtag die neue Rechtslage einhalten zu können.

2 Der ErwG stellt außerdem klar, dass datenschutzrechtliche Einwilligungen, die gemäß der Richtlinie abgegeben wurden, nicht automatisch mit ihr außer Kraft treten, sondern wirksam bleiben, wenn die Art der Einwilligung den Bedingungen der Verordnung entspricht. Nicht den Bedingungen der Verordnung entsprechend sind gemäß Art. 8 Abs. 1 S. 1 zum Beispiel Einwilligungen von Jugendlichen unter sechzehn Jahren, wenn nicht der jeweilige Mitgliedstaat eine niedrigere Altersgrenze festlegt. Das neue BDSG bleibt bei sechzehn Jahren.

3 Entscheidungen und Beschlüsse der Kommission sowie Genehmigungen der Aufsichtsbehörden, die auf der Richtlinie beruhen, bleiben in Kraft bis sie geändert, ersetzt oder aufgehoben werden.

II. BDSG n.F.

4 Gemäß Art. 8 Abs. 1 DSAnpUG-EU tritt das neue an die Verordnung angepasste BDSG am 25.5.2018 in Kraft und das zuvor geltende alte BDSG außer Kraft. Zwischen der DS-GVO und dem neuen BDSG besteht damit zeitliche Synchronität.

III. Normengenese und -umfeld

5 **Art. 32 Abs. 1 S. 1 DSRL** ließ den Mitgliedstaaten drei Jahre nach Annahme der Richtlinie Zeit, um sie im nationalstaatlichen Recht umzusetzen. Gemäß Art. 32 Abs. 2 DSRL hatten die Mitgliedstaaten dafür Sorge zu tragen, dass Verarbeitungen, die bei Inkrafttreten der innerstaatlichen Umsetzungen bereits begonnen hatten, drei Jahre nach dem Inkrafttreten der innerstaatlichen Umsetzungsakte mit diesen in Einklang gebracht wurden. Der Übergangszeitraum von der Annahme der Richtlinie bis zur Verbindlichkeit der neuen Rechtslage für alle verantwortlichen Stellen konnte also bis zu sechs Jahre betragen. Allerdings konnten die verantwortlichen Stellen sich erst ab Inkrafttreten der innerstaatlichen Umsetzung an die konkrete neue Rechtslage anpassen, so dass von einem Übergangszeitraum von drei Jahren für bereits begonnene Datenverarbeitungen gesprochen werden muss.

6 Im Kommissionsentwurf stand die Norm noch in Art. 88 und enthielt in Abs. 1 keine Datumsangabe. Parlaments- und Ratsentwurf enthielten keine Änderungen zur Vorschrift.

7 **ErwG 171** war im Kommissionsentwurf ErwG 134 und enthielt ebenfalls keine Zeitangaben und auch keine Hinweise auf die Fortgeltung von Einwilligungen. Der Parlamentsentwurf wollte die Fortgeltung von Beschlüssen und Genehmigungen, die in dem ErwG enthalten ist, auf fünf Jahre nach Inkrafttreten der Verordnung begrenzen, hat sich hiermit aber nicht durchgesetzt. Im Ratsentwurf findet sich dann der Übergangszeitraum und, wenn auch mit anderem Wortlaut, die weitere Wirksamkeit von Einwilligungen. Außerdem sollten laut dem Ratsentwurf die Regelungen über Datenschutzfolgenabschätzungen und die vorherige Konsultation nicht auf bereits begonnene Verarbeitungen angewendet werden, da beide vor der Verarbeitung zu erfolgen hätten. Dies findet sich im finalen ErwG 171 nicht wieder.

B. Kommentierung

I. Regelungsinhalt

Die Norm regelt in Abs. 1 das Außerkrafttreten der Datenschutzrichtlinie 95/46/EG und in Abs. 2 den Umgang mit Verweisen in Gesetzen auf die aufgehobene Richtlinie und auf die Art.-29-Datenschutzgruppe. **8**

II. Abs. 1

1. Aufhebung der Richtlinie. Die **DSRL** wird mit Wirkung vom 25.2.2018, dem ersten Tag der Anwendbarkeit der DS-GVO (s. Art. 99), **aufgehoben**. Die DSRL wird damit das Datenschutzrecht in der EU über mehr als zwanzig Jahre hinweg geprägt haben. **9**

Nicht außer Kraft treten damit die **nationalen Regelungen**, die die Richtlinie umsetzen. Sie unterliegen allerdings ab diesem Datum dem **Anwendungsvorrang** der Verordnung.[1] Um die Rechtsanwendung zu erleichtern und für Rechtssicherheit zu sorgen, sollten solche Regelungen in nationalen Gesetzen gestrichen oder angepasst werden, die ansonsten von der DS-GVO verdrängt würden. Das Bundesdatenschutzgesetz ist in dieser Hinsicht bereits umfassend überarbeitet worden und tritt in seiner neuen Fassung am 25.5.2018 in Kraft. Die Gesetzgebungsverfahren zur Anpassung der Landesdatenschutzgesetze sind angelaufen. Neben den ausdrücklich so genannten „Datenschutz"-gesetzen existiert aber auch noch eine Fülle von spezielleren Gesetzen auf Bundes- und Landesebene, die datenschutzrechtliche Regelungen enthalten, die (unter anderem) auf der Datenschutzrichtlinie beruhen und angepasst werden müssen. **10**

Die Verantwortlichen müssen ihre **Verarbeitungstätigkeiten** bis zu diesem Zeitpunkt der neuen Rechtslage nach der DS-GVO **angepasst** haben, denn ab dem 25.5.2018 können sie sich auf die alte Rechtslage nicht mehr berufen. **11**

2. Fortgeltung auf der Richtlinie beruhender Rechtsakte. ErwG 171 konkretisiert das Außerkrafttreten der Datenschutzrichtlinie bezüglich auf der Richtlinie beruhender Rechtsakte. So sollen datenschutzrechtliche **Einwilligungen**, die vor dem 25.5.2018 gemäß der Richtlinie abgegeben wurden, wirksam bleiben und müssen nicht neu erteilt werden, wenn die Art der Einwilligung der Verordnung entspricht. Entsprechen Einwilligungen aus der Zeit vor Anwendung der Verordnung also den Art. 7 und 8, können sie auch über den 25.5.2018 hinaus als wirksame Rechtsgrundlage gemäß Art. 6 Abs. 1 UAbs. 1 lit. a genutzt werden, bis sie widerrufen wird. Der Düsseldorfer Kreis hat daraufhin im September 2016 beschlossen, dass für die Fortgeltung von Einwilligungen nicht entscheidend sein soll, ob hinsichtlich einer Einwilligung Informationspflichten nach Art. 13 eingehalten wurden.[2] Dies ist kritisch im Hinblick auf (nicht nur aber insbesondere) die Informationspflicht gemäß Art. 13 Abs. 2 lit. c, die hinsichtlich des Widerrufsrechts aus Art. 7 Abs. 3 S. 1 gilt. Allerdings ist die Pflicht, die betroffene Person von dem Widerrufsrecht in Kenntnis zu setzen nicht nur in Art. 13, sondern auch in Art. 7 Abs. 2 S. 2 selbst enthalten, so dass der Beschluss zumindest diese Informationspflicht nicht betrifft. Je nachdem, welche weiteren Informationspflichten nicht eingehalten wurden, können außerdem die Einwilligungen schon nach alter Rechtslage unwirksam sein und somit ebenso nicht **fort**gelten kön- **12**

1 Zum Anwendungsvorrang Roßnagel-*Roßnagel* Das neue Datenschutzrecht, 2017 § 2, I.
2 *Düsseldorfer Kreis* Fortgeltung bisher erteilter Einwilligungen unter der DS-GVO, Beschluss v. 13./14.9.2016.

nen. Der fragliche Beschluss des Düsseldorfer Kreises ist daher mit äußerster Vorsicht zu genießen. Den Verantwortlichen ist zu empfehlen, wenn möglich, Einwilligungen nach der neuen Rechtslage einzuholen.

13 Ebenfalls in Kraft bleiben sollen gemäß ErwG 171 **Entscheidungen und Beschlüsse der Kommission** und **Genehmigungen der Aufsichtsbehörden**, die auf der Datenschutzrichtlinie beruhen, bis sie geändert, ersetzt oder aufgehoben werden. Für die Fortgeltung von Angemessenheitsbeschlüssen der Kommission nach Art. 25 Abs. 6 DSRL zum Schutzniveau eines Drittlands etwa aufgrund innerstaatlicher Rechtsvorschriften oder internationaler Verpflichtungen (z.B. zum „Privacy-Shield“[3]), besteht diesbezüglich aber eine Sonderregelung in Art. 45 Abs. 9. Auch hinsichtlich der Fortgeltung von Genehmigungen der Aufsichtsbehörden nach Art. 26 Abs. 2 und Feststellungen der Kommission nach Art. 26 Abs. 4 DSRL enthält die DS-GVO Spezialregelungen in Art. 46 Abs. 5 S. 1 bzw. S. 2.

14 Die **Fortgeltung** von Behördenentscheidungen ist relevant für den Bereich **verbindlicher Unternehmensregelungen (Binding Corporate Rules/BCR)**. Gegenstand der Genehmigung nach § 4c Abs. 2 S. 1 BDSG a.F. sollen, trotz des Wortlauts, wie im neuen Art. 47 Abs. 1, die verbindlichen Unternehmensregelungen selbst sein.[4] Genehmigungen nach § 4c Abs. 2 BDSG a.F. beruhen mittelbar auf Art. 26 Abs. 2 DSRL und bleiben daher in Kraft, bis sie geändert ersetzt oder aufgehoben werden.

15 Fraglich ist, ob unter Genehmigungen der Aufsichtsbehörden auch die (wenigen) bisher **anerkannten Verhaltensregeln**[5] zu verstehen sind, so dass auch diese zunächst **weitergelten** könnten, bis sie geändert, ersetzt oder aufgehoben werden. Dagegen scheint zunächst zu sprechen, dass im Gegensatz zu den Verarbeitungen nach § 4c Abs. 2 BDSG a.F. Verhaltensregeln nach § 38a Abs. 2 BDSG a.F. nicht „genehmigt“ wurden, sondern nur ihre Überprüfung vorgeschrieben war. Das Ergebnis dieser Prüfung wird von der Literatur als feststellender Verwaltungsakt eingeordnet.[6] Auch der Begriff der Genehmigung in Art. 40 Abs. 5 S. 2 wird allerdings als feststellender Verwaltungsakt, nicht als Erlaubnis, verstanden.[7] Die DS-GVO versteht demnach unter Genehmigungen mehr als nur die förmliche Erlaubnis im Sinne des deutschen Verwaltungsrechts. Die Rechtsnatur der behördlichen Entscheidung über Verhaltensregeln nach altem und neuen Recht ist identisch, so dass der Wortlaut von § 38a Abs. 2 BDSG a.F. nicht gegen eine Anwendung des in ErwG 171 S. 3 etablierten Grundsatzes spricht.

---

3 „Durchführungsbeschluss (EU) 2016/1250 der Kommission vom 12. Juli 2016 gemäß der Richtlinie 95/46/EG des Europäischen Parlaments und des Rates über die Angemessenheit des vom EU-US-Datenschutzschild gebotenen Schutzes“, ABL. EU 2016 L 207/1.

4 Simitis-*Petri* § 4c Rn. 67.

5 Unionsweit gibt es bisher den „Ehrenkodex der Federation of European Direct Marketing“, in Deutschland außerdem die „Verhaltensregeln des Gesamtverbands der Deutschen Versicherungswirtschaft“ und den „Geo-Business Code of Conduct“ des Selbstregulierung Informationswirtschaft (SRIW) e.V. und der Kommission für Geoinformationswirtschaft (GIW) vom 13.1.2015.

6 Simitis-*Petri* § 38a Rn. 25; Roßnagel-*Roßnagel* Handbuch Datenschutzrecht, 2003, Kap. 3.6, Rn. 137.

7 Kühling/Buchner-*Bergt* Art. 40 Rn. 40.

Ebenfalls nicht gegen eine Fortgeltung spricht eine eventuelle Bindung der Aufsichtsbehörden. Die Aufsichtsbehörden, die Verhaltensregeln genehmigt haben, wären gerade nicht unauflösbar an bereits anerkannte Verhaltensregeln gebunden, sondern können die Anerkennungsentscheidung aufgrund der geänderten Rechtslage nach § 49 Abs. 2 S. 1 Nr. 4 VwVfG widerrufen. Der Widerrufstatbestand ist zwar dann nicht erfüllt, wenn der Begünstigte von der Vergünstigung bereits Gebrauch gemacht hat. Dies könnte bei Verhaltensregeln der Fall sein, da die verantwortlichen Stellen die Verhaltensregeln bereits seit einiger Zeit nutzen. Allerdings ist das Tatbestandsmerkmal für feststellende Verwaltungsakte, wenn überhaupt, nur dann anwendbar, wenn die Aufnahme einer Tätigkeit nur aufgrund der Feststellung möglich ist.[8] Dies ist bei Verhaltensregeln nicht der Fall. Diese konkretisieren nur die Anwendung abstrakterer Normen, die aber in Bereichen, in denen keine Verhaltensregeln existieren, ständig angewendet werden und die Verarbeitung personenbezogener Daten in dem jeweils festgelegten Ausmaß ermöglichen. Die Aufsichtsbehörden werden daher anerkannte Verhaltensregeln in der Regel widerrufen können, da sich mit der DS-GVO und dem neuen BDSG die Rechtslage geändert hat. Angesichts der geringen Anzahl anerkannter Verhaltensregeln erscheint es auch nicht unangemessen, die Verantwortung der Überprüfung der Verhaltensregeln den Aufsichtsbehörden aufzuerlegen und ansonsten grundsätzlich von einer Fortgeltung der Verhaltensregeln über den 25.5.2018 hinaus auszugehen. Allerdings wären die Verantwortlichen sicher gut beraten, den Kontakt zu den Aufsichtsbehörden aufzunehmen und mit ihnen gemeinsam an der Überarbeitung der Verhaltensregeln zu arbeiten. In der Praxis ist es ohnehin wahrscheinlicher, dass Aufsichtsbehörden und Verantwortliche in Austausch über Verhaltensregeln treten, als dass die Verantwortlichen auf einer Bindung genehmigter Verhaltensregeln bestehen und die Aufsichtsbehörde daher ein förmliches Widerrufsverfahren einleitet. **16**

III. Abs. 2

1. Verweise auf die Datenschutzrichtlinie. Gemäß Abs. 2 S. 1 der Norm gelten **Verweise** auf die aufgehobene Richtlinie als Verweise **auf die DS-GVO**. Verweise können sowohl im Unionsrecht[9] als auch im Recht der Mitgliedstaaten, etwa § 13 Abs. 1 S. 1 TMG, enthalten sein. Dies bedeutet für den Rechtsanwender, dass er zunächst prüfen muss, ob die verweisende Norm noch anwendbar ist oder von der DS-GVO verdrängt wird. Ist die verweisende Norm noch anwendbar, muss ermittelt werden, auf welche einschlägigen Normen der DS-GVO verwiesen wird. **17**

Im Fall von § 13 Abs. 1 S. 1 TMG bedeutet Art. 94 Abs. 2 S. 1 etwa Folgendes: § 13 Abs. 1 S. 1 TMG wird von den Art. 12, 13 und 14 verdrängt und ist grundsätzlich nicht weiter anzuwenden.[10] Der Verweis wäre also gegenstandslos. Allerdings kann § 13 Abs. 1 S. 1 TMG über die Öffnungsklausel in Art. 6 Abs. 2 i.V.m. Abs. 1 UAbs. 1 lit. c für öffentliche Stellen weiter angewendet werden. In diesem Fall muss ermittelt werden, auf welche Normen der DS-GVO sie verweisen soll. § 13 Abs. 1 S. 1 TMG wird der Diensteanbieter verpflichtet, die Nutzer über die Verarbeitung ihrer personenbe- **18**

---

8 *OVG Berlin* NVwZ-RR 1988, 6 (9); Stelkens/Bonk/Sachs-*Sachs* § 49 Rn. 77; Bader/Ronellenfitsch-*Abel* § 49 VwVfG, Rn. 62.1.
9 Einige Beispiele bei BeckOK DatenSR-*Schild* Art. 94 Rn. 6 ff.
10 Roßnagel-*Geminn/Richter* Das neue Datenschutzrecht, 2018, § 4 Rn. 276 f.

zogenen Daten in Staaten außerhalb des Anwendungsbereichs der Richtlinie 95/46/EG zu informieren. Die Norm verweist also auf den räumlichen Anwendungsbereich der Richtlinie, der in deren Art. 4 Nr. 1 geregelt ist. Der räumliche Anwendungsbereich der Verordnung ist in Art. 3 geregelt. Der Verweis § 13 Abs. 1 S. 1 TMG ist also als Verweis auf Art. 3 zu verstehen.

19 Weiterhin ist zu fragen, ob der Verweis darauf abstellt, dass die Verarbeitung in Staaten stattfindet, die selbst die Richtlinie/Verordnung nicht anzuwenden haben oder darauf, dass auf Verarbeitungen in einem Staat die Richtlinie/Verordnung nicht anwendbar ist. Aufgrund des Marktortprinzips[11] in Art. 3 Abs. 2 gibt es eigentlich keine Staaten, auf die die Verordnung nicht anwendbar sein kann. Allerdings galt Vergleichbares, wenn auch nicht so klar, auch schon nach Art. 4 Abs. 1 lit. c DSRL. Eine Auslegung des Verweises im zweiten Sinn würde die Informationspflicht daher entwerten. Der Verweis knüpft nicht an die Verarbeitungstätigkeit, sondern an die Bindungswirkung der Verordnung gegenüber den Mitgliedstaaten und stellt, sowohl bisher als auch in Zukunft, auf Verarbeitungen außerhalb der Union und des EWR ab.

20 Für den Fall, dass sich tatsächlich Unterschiede ergeben zwischen der alten und neuen Rechtslage auf die verwiesen wird, wird man wohl grundsätzlich davon ausgehen müssen, dass der EU-Gesetzgeber die Geltung der neuen Rechtslage erreichen wollte und die Verweise nicht auf den Inhalt der Richtlinie zu reduzieren sind.[12] Allerdings wird an diesem Problem deutlich, dass es sich bei Art. 94 Abs. 2 S. 1 nur um eine **Übergangsregelung handelt**. Die weiter anwendbaren Verweise sollten im Sinn der Rechtssicherheit baldmöglichst angepasst werden.

21 **Zu weitgehend** erscheint es, über den Begriff „Verweis" eine Fortgeltung der **Auslegung** von Normen der Datenschutzrichtlinie durch den EuGH oder die Art.-29-Datenschutzgruppe für entsprechende Normen in der DS-GVO zu erstrecken.[13] Unter einem Verweis im Sinne der Norm sind Verweise auf die Datenschutzrichtlinie in Gesetzen zu verstehen, wie z.B. in § 13 Abs. 1 S. 1 TMG. Nicht als solcher Verweis zu verstehen ist es, wenn Gerichte oder auch die Art.-29-Datenschutzgruppe Normen der Richtlinie ausgelegt haben. Dies führt daher auch nicht dazu, dass dieses Normverständnis automatisch auf „inhaltsgleiche" Normen der DS-GVO übertragen werden kann.

22 Die Auslegung entsprechender Normen der Richtlinie kann zwar ein Ausgangspunkt für die Auslegung von Normen der Verordnung sein und wird häufig ein fruchtbarer Ausgangspunkt sein. Die **Verordnung** muss aber **autonom ausgelegt** werden, dies schon deshalb, weil es sich um eine Verordnung handelt und nicht um eine Richtlinie. Auch wenn der Verordnungsgeber sich bei der Formulierung stark am Richtlinientext orientiert hat, können Normen der DS-GVO eine andere Funktion haben als wortgleiche oder entsprechende Normen in der Richtlinie. Die Normen der DS-GVO müssen in ihrer jeweils spezifischen Schutzfunktion für die Grundrechte der betroffenen Personen und unter Berücksichtigung ihres jeweiligen Adressaten (Verantwortlicher, betroffene Person, Aufsichtsbehörde, Datenschutzausschuss, Kommission, Mitgliedstaat) ausgelegt werden. In diesen Punkten unterscheiden sie sich auch von wortglei-

---

11 Roßnagel-*Husemann* Das neue Datenschutzrecht, 2018, § 3 Rn. 15 ff.

12 Vgl. auch *Gola* Art. 94 Rn. 13.

13 So aber BeckOK DatenSR-*Schild* Art. 94 Rn. 12.

chen Regelungen der Richtlinie. Die Auslegung einzelner Normen der DS-GVO durch den EuGH oder auch die Art.-29-Datenschutzgruppe kann zu gleichen oder ähnlichen Ergebnissen führen wie unter der Richtlinie. Zwingend oder verlässlich ist dies aber nicht.

2. Verweise auf die Art.-29-Datenschutzgruppe. Verweise auf die Art.-29-Datenschutzgruppe gelten gemäß Abs. 2 S. 2 der Norm ab dem 25.5.2018 als Verweise auf den gemäß Art. 68 Abs. 1 eingerichteten Europäischen Datenschutzausschuss, der die Art.-29-Datenschutzgruppe ersetzt.[14] **23**

C. Praxishinweise

I. Relevanz für öffentliche Stellen

Öffentliche Stellen, die personenbezogene Daten verarbeiten, unterliegen, wie auch private Verarbeiter, der Regelungsarchitektur der DSRL nur noch bis zum 24.5.2018. Gerade für die öffentlichen Stellen können aber nationale Datenschutzregeln, die auf der Richtlinie beruhen, insbesondere durch die Öffnungsklausel in Art. 6 Abs. 2 i.V.m. Art. 6 Abs. 1 UAbs. 1 lit. c weitergelten. **24**

II. Relevanz für nichtöffentliche Stellen

Datenschutzrechtliche Einwilligungen, die vor der Geltung der Verordnung gemäß der Datenschutzrichtlinie abgegeben wurden, können weiter als wirksame Rechtsgrundlage angesehen werden, wenn sie auch den Vorgaben der Verordnung entsprechen. Sie müssen dann nicht neu eingeholt werden. **25**

III. Relevanz für betroffene Personen

Betroffene Personen müssen ab Außerkrafttreten der DSRL nicht mehr darauf warten, dass der nationale Gesetzgeber die europäischen Vorgaben umsetzt. Die ihnen in Zukunft von der Verordnung zugesprochenen Rechte gelten unmittelbar. **26**

IV. Relevanz für Aufsichtsbehörden

Die Aufsichtsbehörden in Bund und Ländern sind noch bis zum 24.5.2018 an die alte Rechtslage gebunden und üben ihre Aufgaben und Befugnisse entsprechend dem bis zu diesem Datum geltenden Bundesdatenschutzgesetz und den Landesgesetzen aus. Die sie betreffenden Regelungen im deutschen Recht treten nicht automatisch am 25.5.2018 außer Kraft. Im Fall des BDSG hat der Gesetzgeber aber schon dafür gesorgt, dass das bisherige Gesetz ebenfalls nur bis zum 24.5.2018 gilt. Die Landesgesetzgeber haben ihre Anpassungsprozesse ebenfalls eingeleitet. Diejenigen Landesdatenschutzgesetze, die bis zum 25.5.2018 noch nicht überarbeitet wurden, gelten weiter, unterliegen ab dann aber dem Anwendungsvorrang der DS-GVO. **27**

V. Relevanz für das Datenschutzmanagement

Sollen Datenverarbeitungen aufgrund von bestehenden Einwilligungen nach dem 24.5.2018 fortgeführt werden, müssen die Einwilligungen auf ihre Übereinstimmung mit der DS-GVO überprüft werden. **28**

---

14 Vgl. ErwG 139.

Artikel 95 Verhältnis zur Richtlinie 2002/58/EG

Diese Verordnung erlegt natürlichen oder juristischen Personen in Bezug auf die Verarbeitung in Verbindung mit der Bereitstellung öffentlich zugänglicher elektronischer Kommunikationsdienste in öffentlichen Kommunikationsnetzen in der Union keine zusätzlichen Pflichten auf, soweit sie besonderen in der Richtlinie 2002/58/EG festgelegten Pflichten unterliegen, die dasselbe Ziel verfolgen.

– *ErwG: 173*
– *Bezüge zum BDSG n.F. oder anderen Vorschriften: §§ 88 ff. TKG*

Übersicht

A. Einordnung und Hintergrund

I. Erwägungsgründe

1 Gemäß ErwG 173 S. 1 sollte die DS-GVO „auf alle Fragen des Schutzes der Grundrechte und Grundfreiheiten bei der Verarbeitung personenbezogener Daten Anwendung finden, die nicht den in der Richtlinie 2002/58/EG des Europäischen Parlaments und des Rates bestimmten Pflichten, die dasselbe Ziel verfolgen, unterliegen, einschließlich der Pflichten des Verantwortlichen und der Rechte natürlicher Personen." Der ErwG erklärt damit die unklare Formulierung in Art. 95 („Diese Verordnung erlegt … keine zusätzlichen Pflichten auf …") dahingehend, dass die Verordnung nicht angewendet wird, soweit der Anwendungsbereich der RL 2002/58/EG (ePrivacy-RL) eröffnet ist und sie Spezialregelungen enthält.

2 Der ErwG enthält weiterhin die Absicht, die ePrivacy-RL anzupassen, um das Verhältnis zwischen ihr und der DS-GVO klarzustellen. Zuletzt verlangt der ErwG, die ePrivacy-RL insbesondere auf ihre Kohärenz mit der DS-GVO hin zu überprüfen.

II. TKG und TMG

3 Die ePrivacy-RL wurde in Deutschland hauptsächlich durch die Datenschutzregelungen in §§ 88 ff. TKG umgesetzt. Viele, aber nicht alle, der dortigen Regelungen beruhen auf der Richtlinie. Die Datenschutzregeln des TMG beruhen hingegen nicht auf der Richtlinie. Die ePrivacy-RL gilt gemäß ihrem Art. 3 „… für die Verarbeitung personenbezogener Daten in Verbindung mit der Bereitstellung öffentlich zugänglicher elektronischer Kommunikationsdienste in öffentlichen Kommunikationsnetzen …"

Elektronische Kommunikationsdienste sind gem. Art. 2 lit. c der RL 2002/21/EG Dienste, die „ganz oder überwiegend in der Übertragung von Signalen" bestehen. Elektronische Kommunikationsdienste, die **ganz** in der Signalübertragung bestehen sind gem. § 1 Abs. 1 S. 1 TMG keine Telemediendienste, sondern reine Telekommunikationsdienste. Elektronische Kommunikationsdienste, die nur **überwiegend** aber nicht ganz in der Signalübertragung bestehen (z.B. Web-Mailer), unterfallen aber grundsätzlich sowohl dem Telekommunikations- als auch dem Telemediengesetz. Die ePrivacy-RL kann daher grundsätzlich auf solche Telemediendienste anwendbar sein, die überwiegend in der Signalübertragung bestehen. Für diese Dienste gelten aber gem. § 11 Abs. 3 TMG aus den Datenschutzregeln der §§ 11 ff. TMG nur § 15 Abs. 8 und § 16 Abs. 2 Nr. 4 TMG, die nicht auf der ePrivacy-RL beruhen. Alle Telemediendienste, die **nicht** überwiegend in der Signalübertragung bestehen, sondern in relevantem Umfang Inhalte anbieten (z.B. Webseiten, Video-Plattformen, Soziale Netzwerke u.a.) unterfallen der ePrivacy-RL gar nicht.

III. Normengenese und -umfeld

Eine Vorgängernorm in der Datenschutzrichtlinie war nicht notwendig, da die beiden Richtlinien 95/46/EG und 2002/58/EG bisher auf einer Normhierarchiestufe standen und ihr Konkurrenzverhältnis im Wege der Spezialität zu lösen war. Beide Richtlinien wurden durch nationale Gesetze umgesetzt, die Datenschutzrichtlinie maßgeblich durch die Bundes- und Landesdatenschutzgesetze, die ePrivacy-RL maßgeblich durch die Datenschutzregelungen des Telekommunikationsgesetzes. **4**

Art. 95 war bereits im Kommissionsentwurf als Art. 89 enthalten und hat sich seitdem wenig verändert. Die finale Norm besteht mit Ausnahme einer redaktionellen Änderung aus dem ersten Absatz der Norm im Kommissionsentwurf. Im Kommissionsentwurf war noch ein zweiter Absatz enthalten, der die Streichung von Art. 1 Abs. 2 der Richtlinie 2002/58/EG vorsah. Dieser enthält erstens den Hinweis darauf, dass es sich bei der ePrivacy-RL um eine Detaillierung und Ergänzung der Datenschutzrichtlinie handelt und zweitens den Hinweis darauf, dass die Richtlinie auch den Schutz von Teilnehmern regelt, bei denen es sich um juristische Personen handelt. Der Ratsentwurf schlug vor, den zweiten Absatz zu streichen und setzte sich hiermit durch. Die Anpassung des Verweises an die DS-GVO bleibt daher eine Aufgabe, die auch in ErwG 173 S. 2 angesprochen ist. ErwG 173 war ebenfalls bereits im Kommissionsentwurf vorhanden als ErwG 135. Satz 3 fehlte, die Sätze 1 und 2 waren bis auf redaktionelle Veränderungen identisch mit der finalen Version. Der Parlamentsentwurf hatte keine Vorschläge für den ErwG, der Ratsentwurf führte Satz 3 ein. **5**

B. Kommentierung

I. Regelungsinhalt

Die Norm regelt das Verhältnis der DS-GVO zur sogenannten ePrivacy-RL. Da die DS-GVO grundsätzlich auf Datenverarbeitungen aus allen Bereichen anwendbar ist, würden ohne diese Regelung auch alle Umsetzungsnormen der ePrivacy-RL im Telekommunikationsgesetz, dem Anwendungsvorrang der DS-GVO unterliegen. Dies war vom Verordnungsgeber aber nicht gewollt. Viele Regelungen der §§ 88 ff. TKG unterliegen durch Art. 95 nicht dem Anwendungsvorrang der Verordnung. Die Norm wird **6** aber voraussichtlich nur für kurze Zeit relevant sein, da die ePrivacy-RL ihrerseits bald durch eine ePrivacy-Verordnung[1] (ePrivacy-VO) abgelöst werden soll.

II. Verhältnis zur Richtlinie 2002/58/EG

7 Gemäß Art. 95 erlegt die DS-GVO „natürlichen oder juristischen Personen in Bezug auf die Verarbeitung in Verbindung mit der Bereitstellung öffentlich zugänglicher elektronischer Kommunikationsdienste in öffentlichen Kommunikationsnetzen in der Union keine zusätzlichen Pflichten auf, soweit sie besonderen in der Richtlinie 2002/58/EG festgelegten Pflichten unterliegen, die dasselbe Ziel verfolgen". Diese umständliche und wenig eindeutige Formulierung wurde schon seit dem Kommissionsentwurf dahingehend ausgelegt, dass die DS-GVO nicht zur Anwendung kommt soweit der Anwendungsbereich der ePrivacy-RL eröffnet ist und diese Spezialregelungen enthält.[2] Im Hinblick auf ErwG 173 kommt auch keine andere Auslegung in Betracht.

III. Folgen für die Anwendbarkeit des TKG und des TMG

8 Da die DS-GVO nicht anwendbar ist, soweit die ePrivacy-RL anwendbar ist, unterliegen solche Regelungen im nationalen Recht nicht dem Anwendungsvorrang der DS-GVO, die auf der Richtlinie beruhen. Dies sind viele aber nicht alle der Regelungen der §§ 88 ff. TKG. Überdies kommen noch weitere Gründe – insbesondere mehrere Öffnungsklauseln – in Betracht, aus denen Regelungen der §§ 88 ff. TKG anwendbar bleiben können. Im Bereich des Telekommunikationsdatenschutzes entsteht dadurch zunächst ein komplexes und schwer zu durchschauendes Geflecht von Normen. **Anwendbar bleiben** z.B. teilweise **§ 88 TKG** (Vertraulichkeit der Kommunikation), weitgehend §§ **96 und 98 TKG** (Verarbeitung von Verkehrsdaten und Standortdaten) und viele weitere mit unterschiedlichem Maß und Adressatenkreis.[3]

9 **Nicht** auf der ePrivacy-RL beruht beispielsweise § 115 Abs. 4 S. 1 TKG, der die **Kontrolle** der Einhaltung der Datenschutzregelungen des Telekommunikationsgesetzes der **Bundesbeauftragten für den Datenschutz** überträgt. Da die Einrichtung von Aufsichtsbehörden und die Aufgabenverteilung unter ihnen aber gemäß Art. 51 Abs. 1 Sache der Mitgliedstaaten ist, kann die Zuständigkeit der Bundesbeauftragten für den Telekommunikationsbereich nach § 115 Abs. 4 TKG weiter angewendet werden.

10 Die Datenschutzregeln des **Telemediengesetzes** fallen **nicht** unter **Art. 95**, da sie nicht auf der ePrivacy-RL beruhen. Sie unterliegen grundsätzlich dem Anwendungsvorrang der DS-GVO, es sei denn es bestehen z.B. Öffnungsklauseln, etwa für öffentliche Stellen.[4]

1 *EU-Kommission* Vorschlag für eine Verordnung des Europäischen Parlaments und des Rates über die Achtung des Privatlebens und den Schutz personenbezogener Daten in der elektronischen Kommunikation und zur Aufhebung der Richtlinie 2002/58/EG (Verordnung über Privatsphäre und elektronische Kommunikation), Brüssel, 10.1.2017, COM(2017) 10 final; *EU-Parlament* Report on the proposal for a regulation of the European Parliament and of the Council concerning the respect for private life and the protection of personal data in electronic communications and repealing Directive 2002/58/EC (Regulation on Privacy and Electronic Communications), 20.10.2017, A8-0324/2017.

2 *Nebel/Richter* ZD 2012, 408.

3 Ausführlich und im Einzelnen Roßnagel-*Geminn/Richter* Das neue Datenschutzrecht, 2018, § 4, VIII.

4 Ausführlich und im Einzelnen Roßnagel-*Geminn/Richter* Das neue Datenschutzrecht, 2018, § 4, IX.

IV. Anpassung und Überprüfung der Richtlinie

Gemäß ErwG 173 S. 2 soll die ePrivacy-RL angepasst werden, um das Verhältnis zur DS-GVO klar zu stellen. Da das Konkurrenzverhältnis durch Art. 95 selbst geregelt wird, kann sich dies nur auf die Anpassung von Verweisen beziehen. Viele Erwägungsgründe und Artikel der ePrivacy-RL verweisen derzeit auf die Datenschutzrichtlinie und müssten auf die DS-GVO umgestellt werden. Art. 94 nimmt dies zwar eigentlich schon vor, aus Gründen der Rechtssicherheit wäre eine Anpassung aber geboten. Allerdings wird die ePrivacy-RL ohnehin voraussichtlich bald durch die geplante ePrivacy-VO abgelöst, so dass davon ausgegangen werden kann, dass die Verweise der Richtlinie nicht mehr angepasst werden. Dringender für die Rechtsanwendung erscheint grundsätzlich die Anpassung der Umsetzungsnormen im Telekommunikationsgesetz. Auch diese wird aber sinnvollerweise das Inkrafttreten der ePrivacy-VO abwarten, da sich hierdurch erhebliche Änderungen ergeben werden. **11**

Eine Überprüfung der ePrivacy-RL auf ihre Kohärenz mit der DS-GVO, wie sie in ErwG 173 S. 3 gefordert wird, wird durch den voraussichtlichen Erlass der ePrivacy-VO erledigt. **12**

V. Ausblick

1. Art. 95. Mit Inkrafttreten der ePrivacy-VO und der gleichzeitigen Aufhebung der ePrivacy-RL (Art. 27 ePrivacy-VO-KOM) würde Art. 95 gegenstandslos. Die Norm könnte dahingehend geändert werden, dass sie das Verhältnis von ePrivacy-VO und DS-GVO ausdrücklich regelt. **13**

2. Telekommunikationsdatenschutz nach der ePrivacy-VO. Durch die ePrivacy-VO in ihrer bisherigen Entwurfsform wird daran festgehalten, den Telekommunikationsdatenschutz als Spezialgebiet im Datenschutz zu erhalten und er soll eigene Regelungen erhalten, die der DS-GVO vorgehen. Gleichzeitig werden allgemeiner Datenschutz und Telekommunikationsdatenschutz aufeinander abgestimmt. Gemäß Art. 1 Abs. 3 des Kommissionsentwurfs zur ePrivacy-VO (ePrivacy-VO-KOM) soll die ePrivacy-VO die DS-GVO präzisieren und ergänzen. Die DS-GVO wird also als subsidiäres Auffanggesetz zur spezielleren ePrivacy-VO gelten und in einem vergleichbaren Verhältnis stehen, wie bisher das Telekommunikations- zum Bundesdatenschutzgesetz und wie die ePrivacy-RL zur DSRL. **14**

Im Gegensatz zur ePrivacy-RL wird die ePrivacy-VO direkt anwendbares Recht darstellen, dass mit ihm kollidierendes Recht der Mitgliedstaaten im Rahmen seines Anwendungsvorrangs verdrängt. Der Anwendungsvorrang der ePrivacy-VO würde weite Teile der Datenschutzregeln in §§ 88 ff. TKG betreffen.[5] Da die ePrivacy-VO konzeptionell auf der ePrivacy-RL beruht, werden damit grundsätzlich genau jene Normen verdrängt, die durch Art. 95 vom Anwendungsvorrang der DS-GVO ausgenommen wären. Die ePrivacy-VO wird grundsätzlich auf solche Dienste anwendbar sein, auf die bisher auch die ePrivacy-RL anwendbar ist, nämlich insbesondere auf elektronische Kommunikationsdienste, die ganz oder überwiegend in der Signalübertragung bestehen. Umfasst sein sollen auch sogenannte „interpersonelle Kommunika- **15**

---

5 Hierzu ausführlich Roßnagel-*Geminn/Richter* Das neue Datenschutzrecht, 2018, § 8, II.

tionsdienste“ aber keine inhaltlichen Angebote.[6] Die DS-GVO kommt einerseits außerhalb dieses Anwendungsbereichs zur Anwendung, andererseits auch dann, wenn der Anwendungsbereich eröffnet ist, aber die ePrivacy-VO keine Regelung enthält oder selbst auf die DS-GVO verweist. Der räumliche Anwendungsbereich der ePrivacy-VO folgt gem. Art. 3 Abs. 1 lit. a ePrivacy-VO-KOM dem Marktortprinzip der DS-GVO.[7]

16 Inhaltlich neu gegenüber der ePrivacy-RL ist, dass der sachliche Anwendungsbereich auch sogenannte Over-the-Top-Kommunikationsdienste (OTT) erfassen soll. Diese sollen mit den klassischen TK-Diensten gleichgestellt werden.[8] Der Entwurf der Kommission regelt insbesondere die Verarbeitung von Kommunikationsdaten. Kommunikationsdaten sind nach Art. 4 Abs. 3 lit. a ePrivacy-VO-KOM die Inhalte der Kommunikation sowie Kommunikationsmetadaten. Der Begriff der Metadaten umfasst die bisherigen Verkehrs- und Standortdaten. Der Entwurf enthält diesbezüglich Vorschriften über die Verarbeitung, Regelungen zur Einwilligung und über Betroffenenrechte. Wie schon in der ePrivacy-RL wird aber die Verarbeitung von Bestandsdaten nicht geregelt. Sie wird nach der DS-GVO zu beurteilen sein.

17 Neues enthalten außerdem Art. 8 und 9 ePrivacy-VO-KOM. Art. 8 Abs. 1 ePrivacy-VO-KOM erlaubt die Nutzung der Speicherfunktion eines Endgeräts (PC, Smartphone, etc.) sowohl zum Speichern von Informationen als auch zum Auslesen gespeicherter Informationen durch andere Personen als den Nutzer nur unter bestimmten Voraussetzungen, insbesondere im Fall einer Einwilligung des Nutzers. Diese Regelung ist nicht auf elektronische Kommunikationsdienste beschränkt und erfasst damit teilweise auch die Verarbeitung von Nutzungsdaten durch Telemediendiensteanbieter, die in Zukunft ansonsten (zumindest für private Diensteanbieter) gemäß der DS-GVO zu verarbeiten sind. Die Regelung ist unter anderem auf die Verarbeitung von Cookies anwendbar und etabliert mit dem Einwilligungserfordernis eine direkt anwendbare Opt-in-Regelung für Cookies. Hierdurch würde sich der bisherige Streit um die Umsetzung der Cookie-Richtlinie[9] in Deutschland erledigen.[10] Nach Art. 9 Abs. 1 ePrivacy-VO-KOM sollen für die Einwilligung grundsätzlich die Regelungen der Datenschutz-Grundverordnung gelten. Abs. 2 präzisiert aber, dass die Einwilligung nach Art. 8 Abs. 1 lit. b ePrivacy-VO-KOM, also insbesondere für Cookies, durch die Einstellungen des Internet-Browsers erklärt werden kann.

18 Soweit § 115 Abs. 4 S. 1 TKG aufrechterhalten bliebe, wäre auch nach dem 15.5.2018 die Bundesbeauftragte für den Datenschutz zuständig für die Kontrolle der Datenschutzregelungen des Telekommunikationsgesetzes. Da Art. 18 Abs. 1 ePrivacy-VO-KOM hinsichtlich der Aufsichtsbehörden auf die DS-GVO verweist, würde dies

6 Für den Begriff der elektronischen Kommunikationsdienste soll nach dem Kommissionsentwurf die Definition der „Richtlinie über den europäischen Kodex für die elektronische Kommunikation“ gelten, einem weiteren Entwurf der Kommission; s. hierzu *Neumann* N&R 2016, 262 ff.; der Bericht des Parlaments schlägt hingegen vor, entsprechende Definitionen in die Verordnung selbst aufzunehmen.

7 Zum Anwendungsbereich der ePrivacy-VO s. Roßnagel-*Husemann* Das neue Datenschutzrecht, 2018, § 3, I. Rn. 19 ff.

8 S. hierzu *Maier/Schaller* ZD 2017, 373.

9 RL 2009/136/EG.

10 Zum Streitstand s. z.B. *Moos* K&R 2012, 635.

voraussichtlich auch unter der ePrivacy-VO weitergelten. Allerdings ist § 115 Abs. 4 S. 1 TKG auf Telekommunikationsdienste beschränkt und wäre nicht anwendbar, soweit in Art. 8 ePrivacy-VO-KOM auch Dienste betroffen sind, die nicht ganz oder überwiegend in der Signalübertragung bestehen. Für diese Dienste wären nach § 40 Abs. 1 BDSG die Landesbeauftragten zuständig.

C. Praxishinweise

I. Relevanz für öffentliche Stellen und nichtöffentliche Stellen

Durch Art. 95 bleiben einige Datenschutzregelungen der §§ 88 ff. TKG auch nach dem 25.5.2018 anwendbar. Sollte bis dahin allerdings die ePrivacy-VO in Kraft getreten sein, wird sie genau diese Regelungen verdrängen und selbst direkt anwendbar sein. **19**

II. Relevanz für betroffene Personen

Für die betroffenen Personen bedeutet Art. 95, dass einige der Telekommunikationsspezifischen Datenschutzregeln der §§ 88 ff. TKG erhalten bleiben, bis die ePrivacy-VO in Kraft tritt und den Telekommunikationsdatenschutz neu regelt. **20**

III. Relevanz für Aufsichtsbehörden

Wie die Zuständigkeit für den Datenschutz bei elektronischen Kommunikationsdiensten in Zukunft geregelt sein wird, ist noch unklar. Werden die derzeitigen nationalen Regelungen in § 115 Abs. 4 S. 1 TKG und § 40 Abs. 1 BDSG nicht geändert, bleibt es dabei, dass die Bundesbeauftragte für Telekommunikationsdienste und die Landesbeauftragten für Telemediendienste zuständig bleiben. **21**

IV. Relevanz für das Datenschutzmanagement

Die zum Zeitpunkt der Veröffentlichung voraussichtlich kurz bevorstehende oder bereits geschehene Verabschiedung der ePrivacy-VO und die aus ihr folgenden Regelungen sind zu beachten (Rn. 14 ff.). **22**

Artikel 96 Verhältnis zu bereits geschlossenen Übereinkünften

Internationale Übereinkünfte, die die Übermittlung personenbezogener Daten an Drittländer oder internationale Organisationen mit sich bringen, die von den Mitgliedstaaten vor dem 24. Mai 2016 abgeschlossen wurden und die im Einklang mit dem vor diesem Tag geltenden Unionsrecht stehen, bleiben in Kraft, bis sie geändert, ersetzt oder gekündigt werden.

– *ErwG: 102*

Übersicht

A. Einordnung und Hintergrund

I. Erwägungsgründe

1 Gemäß S. 1 des ErwG 102 werden internationale Abkommen zwischen der **Union** und Drittländern über die Übermittlung von personenbezogenen Daten von der Verordnung nicht berührt. Dies schließt auch die darin enthaltenen „geeigneten Garantien" für die betroffenen Personen ein. S. 1 des ErwG ist für Art. 96 nicht relevant, da dieser sich auf Abkommen der **Mitgliedstaaten** bezieht. Gemäß ErwG 102 S. 2 können Mitgliedstaaten Übereinkünfte hinsichtlich der Übermittlung personenbezogener Daten schließen, „sofern sich diese Übereinkünfte weder auf diese Verordnung noch auf andere Bestimmungen des Unionsrechts auswirken und ein angemessenes Schutzniveau für die Grundrechte der betroffenen Personen umfassen." Der Grundsatz aus S. 1, dass Abkommen der Union von der Verordnung nicht berührt werden, gilt für die Übereinkünfte der Mitgliedstaaten mit Drittländern also gerade nicht.

II. BDSG n.F.

2 Das BDSG enthält hierzu keine Angaben.

III. Normengenese und -umfeld

3 Die Norm war im Kommissionsentwurf noch nicht vorhanden. Sie wurde erst im Ratsentwurf als Art. 89a eingeführt und wurde seitdem nur redaktionell verändert. Das Datum des Inkrafttretens wurde im finalen Text ausdrücklich genannt und anstatt wie zu Beginn ausdrücklich auf die DSRL wird auf die vor dem Inkrafttreten der Verordnung geltende Rechtsordnung verwiesen.

4 ErwG 102 war im Kommissionsentwurf noch ErwG 79 und bestand nur aus dem ersten Satz der finalen Fassung, bezog sich also nur auf Abkommen der **Union**. Der Parlamentsentwurf wollte anfügen, dass dadurch, dass solche Abkommen durch die Verordnung nicht berührt würden, ein angemessenes Schutzniveau für die betroffenen Personen gewährt würde. Dieser Vorschlag setzte sich aber nicht durch. Der Vorschlag des Rates entspricht fast der finalen Version. Er fügt den zweiten Satz an, spricht aber noch von enthaltenen Schutzklauseln, anstatt von einem angemessenen Schutzniveau.

B. Kommentierung

I. Regelungsinhalt

5 Die Norm regelt die **Fortgeltung von internationalen Übereinkünften**, die die Übermittlung personenbezogener Daten an Drittländer oder internationale Organisationen mit sich bringen.

II. Internationale Übereinkünfte

Internationale Übereinkünfte im Sinne der Vorschrift sind vor allem völkerrechtliche Verträge, wie zum Beispiel die **Datenschutzkonvention des Europarats** von 1981.[1] Überdies kommen **Rechtshilfeabkommen** in Betracht, die auch in Art. 48 genannt werden. Als Beispiel wird hier teilweise der Vertrag vom 14.10.2003 zwischen Deutschland und den USA über die Rechtshilfe in Strafsachen[2] genannt. Der Vertrag enthält z.B. in Art. 6 eine Regelung über grenzüberschreitende Vernehmungen per Video-Konferenz und Regeln über die Verwendung personenbezogener Daten durch den ersuchenden Staat in Art. 9. Allerdings ist die Datenschutzgrundverordnung gemäß Art. 2 Abs. 2 lit. auf den Bereich der Strafverfolgung und Strafvollstreckung gar nicht anwendbar, so dass dieses Rechtshilfeabkommen gerade kein Anwendungsfall von Art. 97 ist. Ein einschlägiges Beispiel ist hingegen das **Haager Übereinkommen über die Beweisaufnahme im Ausland in Zivil- und Handelssachen** vom 18.3.1970.[3] 6

Die Norm betrifft nur Übereinkünfte der Mitgliedstaaten, nicht solche der Union. Allerdings sind solche Übereinkünfte erfasst, die die Union abschließt ohne hierfür die Kompetenz zu haben, so dass alle Mitgliedstaaten zustimmen müssen.[4] 7

Die Übermittlung personenbezogener Daten in die USA im Rahmen des „EU-US **Privacy Shield**“ fällt **nicht** unter die Regelung. Ihre Zulässigkeit beruht auf einem Angemessenheitsbeschluss der Kommission gem. Art. 45, der auf die Regelungen zum Privacy-Shield verweist. Die Fortgeltung dieses Beschlusses bemisst sich aber nach Art. 45 Abs. 9 und nicht nach Art. 96. 8

III. Fortgeltung

Übereinkünfte, die vor dem 24.5.2016 abgeschlossen wurden, **bleiben** auch nach dem Geltungsbeginn der DS-GVO ab dem 25.5.2018 **in Kraft**, wenn sie mit dem Unionsrecht vor dem 24.5.2018, also insbesondere der Datenschutzrichtlinie, in Einklang stehen. Abkommen, die nach dem 24.5.2016 abgeschlossen wurden, bleiben nicht in Kraft, wenn sie nur der alten Rechtslage entsprachen. Sie müssen also schon ab dem 24.5.2016 der DS-GVO entsprechen. Dies ist nachvollziehbar, da die finale DS-GVO zu diesem Datum bereits in Kraft war. 9

1. Einklang mit dem vor dem 24.5.2016 geltenden Unionsrecht. Übereinkünfte, die vor dem 24.5.2016 abgeschlossen wurden, gelten nur dann fort, wenn sie mit dem vor diesem Datum geltenden Unionsrecht in Einklang stehen. Hiermit ist insbesondere **Einklang mit der Datenschutzrichtlinie** gemeint. 10

Gemäß ErwG 11 DSRL ist die Richtlinie als Erweiterung und Konkretisierung der **Datenschutzkonvention** des Europarats zu verstehen, so dass von einer Vereinbarkeit der Konvention mit der Richtlinie auszugehen ist. 11

---

1 Convention for the Protection of Individuals with regard to Automatic Processing of Personal Data, Treaty No. 108, 28.1.1981; hierzu ausführlicher Sydow-*Towfigh/Ulrich* Art. 96 Rn. 5.

2 BGBl. II 2007, 1652.

3 BGBl. II 1977, 1472.

4 Kühling/Buchner-*Kühling/Raab* Art. 96 Rn. 3; Paal/Pauly-*Pauly* Art. 96 Rn. 9.

12 Das **Haager Übereinkommen über die Beweisaufnahme im Ausland in Zivil- und Handelssachen**[5] enthält in seinem Art. 13 die Erlaubnis zur Übermittlung von Beweisergebnissen an die anfordernden Behörden aus Drittländern. Die Beweisergebnisse werden in vielen Fällen personenbezogene Daten enthalten. Diese Übermittlungserlaubnis ist durch das Zustimmungsgesetz nach Art. 59 Abs. 2 S. 1 GG eine Erlaubnisvorschrift im Rang einfachen Bundesrechts. Die Befugnis der Mitgliedstaaten, solche Erlaubnisnormen zu schaffen folgt aus Art. 7 lit. e oder f DSRL. Die innerstaatlichen Vorschriften müssen aber auch die weiteren Vorgaben der Richtlinie umsetzen, wie z.B. die Datenschutzprinzipien aus Art. 6 DSRL und die Betroffenenrechte gem. Art. 10 ff. DSRL. Das Haager Übereinkommen enthält diese Vorgaben nicht. Es muss daher bis zum 25.5.2018 mit den Maßgaben des Bundesdatenschutzgesetzes angewendet werden, das die Vorgaben der Datenschutzrichtlinie umsetzt. Hierdurch kann Einklang mit dem vor dem 24.5.2016 geltenden Unionsrecht angenommen werden.

13 **2. Zeitpunkt des Abschlusses.** Da die Norm zwischen solchen Übereinkünften unterscheidet, die vor und nach dem 24.5.2016 abgeschlossen wurden, kommt es darauf an, zu bestimmen, wann Übereinkünfte als abgeschlossen gelten. Dabei ist zu unterscheiden:

14 **Völkerrechtliche Verträge**, die einer gesetzlichen Zustimmung bedürfen, werden im Anschluss an das Gesetz ratifiziert. Erst wenn alle Staaten den Vertrag ratifiziert haben, gilt es als abgeschlossen,[6] es sei denn, in dem Abkommen ist etwas anderes geregelt. So trat die Datenschutzkonvention des Europarats schon nach der Ratifikation durch fünf Staaten in Kraft, da dies in Art. 22 Abs. 2 der Konvention so festgelegt war. Der Zeitpunkt des Abschlusses liegt damit aber **häufig Jahre nach der ursprünglichen Unterzeichnung** des Abkommens.

15 **Verwaltungsabkommen** nach Art. 59 Abs. 2 S. 2 GG bedürfen nicht der Zustimmung durch Gesetz. Sie können aber je nach Inhalt der vorherigen Zustimmung des Bundesrats gem. Art. 80 Abs. 2 GG analog bedürfen.[7] Liegt diese Voraussetzung vor, sind sie mit dem Zeitpunkt der Unterzeichnung durch die jeweils notwendige Anzahl von Unterzeichnerstaaten abgeschlossen i.S.v. Art. 96.

IV. Anwendbarkeit

16 Die Fortgeltung von Übereinkommen nach Art. 96 wirft die Frage nach ihrer **Anwendbarkeit** auf. Völkerrechtliche Verträge werden gemäß Art. 59 Abs. 2 S. 1 GG per „Transformationsgesetz" oder „Rechtsanwendungsbefehl" im innerstaatlichen Recht im Rang eines **Bundesgesetzes** verankert.[8] Sie unterliegen als solche aber grundsätzlich dem Anwendungsvorrang der DS-GVO. Auch **Verwaltungsabkommen** unterliegen dem Anwendungsvorrang der DS-GVO, da sie durch **Rechtsverordnungen** umgesetzt werden. Dies kann dazu führen, dass internationale Übereinkünfte gem. Art. 96 zwar fortgelten, aber in weiten Teilen nicht anwendbar wären. Es ist fraglich, ob dies dem Sinn und Zweck der Vorschrift entsprechen würde. Andererseits wäre eine generelle weitere Anwendbarkeit kaum mit der Verordnung zu vereinbaren. Die Datenschutzkonvention des Europarats etwa enthält so grundlegende und

5 S. auch Rn. 17.
6 Paal/Pauly-*Pauly* Art. 96 Rn. 8; Kühling/Buchner-*Kühling/Raab* Art. 96 Rn. 3.
7 Maunz/Dürig-*Nettesheim* Art. 59 Rn. 156 ff.
8 Maunz/Dürig-*Nettesheim* Art. 59 Rn. 97.

allgemeine Datenschutzregeln, dass ihre Anwendung wiederum zentrale Regelungen der DS-GVO verdrängen würde. Dies spricht dafür, die Verordnung an dieser Stelle beim Wort zu nehmen und nur die **Fortgeltung** der Übereinkünfte anzunehmen. Sie unterliegen dem Anwendungsvorrang der DS-GVO und werden teilweise weitgehend von ihr verdrängt oder modifiziert. Es ist im Einzelnen zu prüfen, welche Teile von Abkommen nicht von der Verordnung verdrängt werden und in welcher Form sie anwendbar bleiben. Dies wird z.B. für die **Datenschutzkonvention** des Europarats bedeuten, dass sie in weiten Teilen von der DS-GVO verdrängt wird.

Im **Haager Übereinkommen über die Beweisaufnahme im Ausland in Zivil- und Handelssachen**[9] ist in Art. 13 geregelt, dass die Schriftstücke aus denen sich die Erledigung des Ersuchens ergibt, an die ersuchende Behörde weiterzuleiten sind. Dies wird regelmäßig die Übermittlung personenbezogener Daten in Drittstaaten beinhalten. Die DS-GVO gilt grundsätzlich auch für die Datenverarbeitung durch Gerichte[10] und Justizbehörden, so dass insbesondere die Vorschriften der Art. 6 und 44 ff. anzuwenden sind. Gemäß **Art. 48** kann die Übermittlung personenbezogener Daten auf Verlangen eines Gerichts oder einer Behörde eines Drittlands auf ein Rechtshilfeabkommen wie das Haager Übereinkommen gestützt werden.[11] Aufgrund dieser Regelung kommt es nicht darauf an, dass das deutsche Umsetzungsgesetz des Haager Übereinkommens in der Anwendung durch die DS-GVO verdrängt wird. Das Abkommen gilt fort und kann damit selbst die Übermittlung gem. Art. 48 rechtfertigen. Die Übermittlung findet dann nach Art. 6 Abs. 1 UAbs. 1 lit. e oder f i.V.m. Art. 48 statt. Da das Übereinkommen damit aber nur über die DS-GVO anwendbar ist, **gelten für die Übermittlung auch alle anderen relevanten Regelungen der Verordnung**. Dies bedeutet insbesondere, dass eine Ermächtigungsgrundlage nach Art. 6 erfüllt sein muss, und dass die Datenschutzgrundsätze aus Art. 5, die Betroffenenrechte in den Art. 12 ff. und die Regelungen zum Datenschutz durch Technik und zur Sicherheit der Verarbeitung aus Art. 24, 25 und 32 einzuhalten sind. 17

Es unterfällt auch der **Zuständigkeit der Aufsichtsbehörden**, zu kontrollieren, ob die Vorgaben der DS-GVO bei der Übermittlung von Beweiserhebungsergebnissen nach dem Haager Übereinkommen eingehalten werden. Die Übermittlung fällt nicht unter die Ausnahme in Art. 55 Abs. 3. Dort sind justizielle Tätigkeiten der Gerichte aus der Zuständigkeit der Aufsichtsbehörden ausgenommen. Art. 55 Abs. 3 soll laut ErwG 20 verhindern, dass durch die Datenschutzaufsicht die Unabhängigkeit der Justiz beeinträchtigt wird. Allerdings handelt es sich zwar bei der Beweiserhebung, nicht aber bei der Übermittlung der Beweisergebnisse um eine justizielle Tätigkeit. 18

Justizielle Tätigkeiten sind alle Tätigkeiten, die mit einer gerichtlichen Entscheidung im Zusammenhang stehen (Art. 55 Abs. 3). Beweisaufnahmen sind klassische justizielle Tätigkeiten, die die Entscheidungsfindung des Gerichts maßgeblich beeinflussen. Die Beweisaufnahme in Erledigung von Anfragen nach dem Haager Übereinkommen steht zwar gerade nicht im Zusammenhang mit einer eigenen Entscheidung des Gerichts, sondern stellt lediglich eine Hilfe zu einer fremden Entscheidung dar. Allerdings kann sich das Gericht in der Beweisaufnahme durchaus eingeschränkt sehen, 19

---

9 BGBl. II 1977, 1472.

10 Diese sind allerdings gem. Art. 55 Abs. 3 im Rahmen ihrer justiziellen Tätigkeit nicht der Aufsicht durch die Aufsichtsbehörden unterstellt, s. Rn. 18 f.

11 Kühling/Buchner-*Schröder* Art. 48 Rn. 16.

wenn es datenschutzrechtliche Sanktionen zu befürchten hat. Diese Befürchtung könnte auf Beweisaufnahmen in eigenen Rechtssachen des Gerichts ausstrahlen, auch wenn hier keine Zuständigkeit der Aufsichtsbehörden besteht. Eine Zuständigkeit der Aufsichtsbehörden für die Datenverarbeitung für Beweis**erhebungen** auch in Fällen von Anfragen nach dem Haager Abkommen ist daher abzulehnen. Die Zusammenfassung und **Übermittlung** der Beweiserhebungsergebnisse an die anfragende Stelle steht hingegen in keinem Zusammenhang mit der Unabhängigkeit des Gerichts in seiner Entscheidungsfindung und untersteht daher der Zuständigkeit der Aufsichtsbehörden.

V. Fazit

20 Im Ergebnis ist damit der Unterschied zwischen Übereinkünften vor und nach dem 24.5.2016 nicht so groß, wie die Norm zunächst vermuten lässt. Die vor dem Datum geschlossenen Übereinkünfte gelten (wenn sie im Einklang mit dem zuvor geltenden Unionsrecht stehen) fort, werden aber im Anwendungsbereich der DS-GVO nur über die DS-GVO und mit ihren Maßgaben anwendbar. Die nach dem Datum geschlossenen Übereinkünfte müssen schon selbst mit der DS-GVO übereinstimmen, um überhaupt fort zu gelten und Rechtsgrundlage für eine Übermittlung in Drittländer nach Art. 48 sein können.

C. Praxishinweise

I. Relevanz für öffentliche Stellen und nichtöffentliche Stellen

21 Internationale Übereinkünfte, die die Übermittlung personenbezogener Daten in ein Drittland beinhalten, können zwar nach Art. 96 fortgelten, ihre Anwendbarkeit ergibt sich aber erst über Art. 48. Auch alle übrigen Regelungen der DS-GVO sind für die Übermittlung zu beachten.

II. Relevanz für betroffene Personen

22 Betroffene Personen können sich hinsichtlich der Übermittlung personenbezogener Daten an Drittländer aufgrund internationaler Übereinkünfte auf ihre Rechte nach der DS-GVO berufen und sich an die Aufsichtsbehörden wenden.

III. Relevanz für Aufsichtsbehörden

23 Zu überprüfen, ob die Vorgaben der Verordnung bei der Übermittlung personenbezogener Daten aufgrund von Rechtshilfeabkommen eingehalten werden, liegt in der Zuständigkeit der Aufsichtsbehörden, auch wenn es sich bei der übermittelnden Stelle um ein Gericht handelt.

IV. Relevanz für das Datenschutzmanagement

24 Eine besondere Relevanz ist derzeit nicht erkennbar.

Artikel 97 Berichte der Kommission

(1) [1]Bis zum 25. Mai 2020 und danach alle vier Jahre legt die Kommission dem Europäischen Parlament und dem Rat einen Bericht über die Bewertung und Überprüfung dieser Verordnung vor. [2]Die Berichte werden öffentlich gemacht.

(2) Im Rahmen der Bewertungen und Überprüfungen nach Absatz 1 prüft die Kommission insbesondere die Anwendung und die Wirkungsweise

a) des Kapitels V über die Übermittlung personenbezogener Daten an Drittländer oder an internationale Organisationen insbesondere im Hinblick auf die gemäß Artikel 45 Absatz 3 der vorliegenden Verordnung erlassenen Beschlüsse sowie die gemäß Artikel 25 Absatz 6 der Richtlinie 95/46/EG erlassenen Feststellungen,

b) des Kapitels VII über Zusammenarbeit und Kohärenz.

(3) Für den in Absatz 1 genannten Zweck kann die Kommission Informationen von den Mitgliedstaaten und den Aufsichtsbehörden anfordern.

(4) Bei den in den Absätzen 1 und 2 genannten Bewertungen und Überprüfungen berücksichtigt die Kommission die Standpunkte und Feststellungen des Europäischen Parlaments, des Rates und anderer einschlägiger Stellen oder Quellen.

(5) Die Kommission legt erforderlichenfalls geeignete Vorschläge zur Änderung dieser Verordnung vor und berücksichtigt dabei insbesondere die Entwicklungen in der Informationstechnologie und die Fortschritte in der Informationsgesellschaft.

– *ErwG: 106*

Übersicht

A. Einordnung und Hintergrund

I. Erwägungsgründe

1 ErwG 106 verlangt, dass die Kommission die Wirkungsweise von bestimmten Feststellungen zum Schutzniveau in Drittländern überwacht. Auch die Wirkungsweise von Feststellungen nach Art. 26 Abs. 6 und Abs. 4 DSRL soll überwacht werden. In ihren Angemessenheitsbeschlüssen soll die Kommission Mechanismen zur Überprüfung vorsehen, die in Konsultationen mit dem jeweiligen Drittland bestehen sollten. Die Wirkungsweise der Beschlüsse soll von der Kommission bewertet und hierüber dem Datenschutzausschuss, dem Parlament und dem Rat Bericht erstattet werden. Die

fortwährende Überwachung der angesprochenen Beschlüsse selbst ist in Art. 45 Abs. 4 geregelt, der geforderte Überprüfungsmechanismus in Art. 45 Abs. 3 S. 2. Die Berichtspflicht hingegen ist in Art. 97 Abs. 2 lit. a geregelt.

II. BDSG oder andere Vorschriften

2 Hierzu gibt es keine Angaben.

III. Normengenese und -umfeld

3 Art. 33 DSRL sah bisher vor, dass die Kommission dem Parlament und dem Rat regelmäßig über die Durchführung der Richtlinie berichtet, und dem Bericht ggf. Änderungsvorschläge beifügt. Die Berichte waren zu veröffentlichen. Der erste Bericht war sechs Jahre nach der Annahme der Richtlinie fällig. Der erste Durchführungsbericht erschien 2003.[1] Weitere Berichte in dieser Reihe erschienen nicht. Am 4.11.2010 veröffentlichte die Kommission stattdessen eine Mitteilung in der sie darüber berichtete, inwiefern die DSRL den aktuellen Herausforderungen des Datenschutzes noch gewachsen sei, und in der sie ein neues Gesamtkonzept für den Datenschutz in der EU ankündigte und umrisshaft vorstellte.[2] Am 25.1.2012 folgte dann der Kommissionsentwurf der DS-GVO.[3]

4 Der Kommissionsentwurf enthielt eine erste Version der Vorschrift in Art. 90. Sie war mit „Bewertung" überschrieben und entsprach inhaltlich in etwa den heutigen Abs. 1 und 5. Der Parlamentsentwurf enthielt keine Änderungsvorschläge. Der Ratsentwurf enthielt neben Vorschlägen für die Aufteilung in verschiedene Absätze den Vorschlag, in Abs. 2 das Kapitel VII über Zusammenarbeit und Kohärenz zum inhaltlichen Schwerpunkt der Berichte zu machen. Die finale Version entstand erst in den Trilog-Verhandlungen.

5 Die erste, kürzere, Version von ErwG 106 findet sich in Art. 81b des Ratsentwurfs. Hinzu kamen im Trilog die S. 2 bis 4 der finalen Version und die Erweiterung der Adressaten des Berichts im letzten Satz, der laut dem Ratsentwurf nur an den Datenschutzausschuss gerichtet werden sollte.

B. Kommentierung

I. Regelungsinhalt

6 Die Norm enthält die Pflicht der Kommission, in festen Abständen einen Bericht über die Bewertung und Überprüfung der DS-GVO vorzulegen. Die Norm enthält neben den zeitlichen auch inhaltliche und formelle Vorgaben für den Bericht.

---

1 *EU-Kommission* Bericht der Kommission, Erster Bericht über die Durchführung der Datenschutzrichtlinie (EG 95/46), Brüssel, 15.5.2003, KOM(2003) 265 endgültig.

2 *EU-Kommission* Gesamtkonzept für den Datenschutz in der Europäischen Union, Brüssel, 4.11.2010, KOM(2010) 609 endgültig.

3 *EU-Kommission* Vorschlag für Verordnung des Europäischen Parlaments und des Rates zum Schutz natürlicher Personen bei der Verarbeitung personenbezogener Daten und zum freien Datenverkehr (Datenschutz-Grundverordnung), Brüssel, 25.1.2012, KOM(2012) 11 endgültig.

II. Frist

Der erste Bericht ist am 25.5.2020 fällig, also nach zwei Jahren Anwendung der DS-GVO. Damit ist der erste Bericht vier Jahre früher fällig als nach der Datenschutzrichtlinie. Dies liegt daran, dass die DS-GVO nicht erst durch nationales Recht der Mitgliedstaaten umgesetzt werden muss. **7**

Danach sind die Berichte alle vier Jahre fällig, also zum 25.5.2024, 2028, etc. Art. 33 DSRL hatte nach dem ersten Bericht lediglich „regelmäßige" Berichte verlangt, mit dem Ergebnis, dass nach dem ersten Bericht 2003 kein weiterer Bericht folgte. Dies ist nach Art. 97 Abs. 1 S. 1 nicht möglich. **8**

III. Form der Berichte

Die Norm enthält nur wenige formale Vorgaben. Die Berichte sind gemäß Art. 97 Abs. 1 S. 1 dem Europäischen **Parlament** und dem **Rat** der Europäischen Union vorzulegen. Gemäß S. 2 sind sie auch zu **veröffentlichen**. Es ist davon auszugehen, dass dies auf der Internetpräsenz der EU erfolgen wird. Auch eine Veröffentlichung oder ein Hinweis im Amtsblatt der Europäischen Union kommt in Betracht.[4] Die Berichte sind in alle vierundzwanzig[5] Amtssprachen der EU zu übersetzen. **9**

IV. Inhalt der Berichte

Abs. 2 setzt zwei inhaltliche Schwerpunkte für die Berichte, legt die Inhalte damit aber keineswegs abschließend fest. Inhalt der Berichte ist grundsätzlich gem. Abs. 1 – auf den Abs. 2 diesbezüglich auch verweist – die Überprüfung und Bewertung der gesamten Verordnung. Die Berichte haben sich sowohl auf die Umsetzung der DS-GVO in den Mitgliedstaaten als auch auf die Bewertung der Regelungen der DS-GVO selbst im Hinblick auf ihre in Art. 1 niedergelegten Ziele zu beziehen. **10**

Erster inhaltlicher Schwerpunkt ist die Bewertung und Überprüfung der Anwendung und Wirkungsweise des Kapitels V über die Übermittlung personenbezogener Daten an Drittländer. Hierzu gehört ausdrücklich insbesondere die Überprüfung von Angemessenheitsbeschlüssen nach Art. 45 Abs. 3 und Art. 25 Abs. 6 DSRL. Zum Beispiel ist damit die Überprüfung und Bewertung des Privacy-Shield-Beschlusses[6] erfasst. Die Fragestellung der Überprüfung und Bewertung muss dabei einerseits lauten, ob einzelne Angemessenheitsbeschlüsse (noch) der tatsächlichen Situation entsprechen und andererseits, ob die Instrumente des Kapitels V insgesamt in der Lage sind, personenbezogene Daten, die in Drittländer übermittelt werden im Hinblick auf die Ziele der DS-GVO ausreichend zu schützen. **11**

Der zweite inhaltliche Schwerpunkt der Überprüfung und Bewertung der Verordnung soll in der Anwendung und Wirkungsweise des Kapitels VII über Zusammenarbeit und Kohärenz bestehen. Im Blick des Berichts wird hierbei insbesondere stehen müssen, ob und wie die Regelungen des Kapitels angewendet werden und ob die Anwen- **12**

---

4 So auch Kühling/Buchner-*Kühling/Raab* Art. 97 Rn. 7.

5 Für das Irische gilt derzeit noch eine voraussichtlich Ende 2021 auslaufende Ausnahmeregelung im Hinblick auf das Amtsblatt der EU.

6 „Durchführungsbeschluss (EU) 2016/1250 der Kommission vom 12. Juli 2016 gemäß der Richtlinie 95/46/EG des Europäischen Parlaments und des Rates über die Angemessenheit des vom EU-US-Datenschutzschild gebotenen Schutzes", ABl. EU L 207/1 v. 1.8.2016.

dung die Ziele einer wirksamen Zusammenarbeit und einer möglichst einheitlichen Anwendung der Verordnung (Art. 61 Abs. 1 S. 1, 70 Abs. 1) fördern. Dabei dürfte der Bericht sich etwa darauf beziehen, wie oft zu welchen Themen und mit welchem Ergebnis eine Streitbeilegung oder ein Dringlichkeitsverfahren durchgeführt wurden, wie der Informationsaustausch funktioniert und wie sich allgemein die Zusammenarbeit zwischen den Aufsichtsbehörden, dem Datenschutzausschuss und der Kommission, inklusive der zentralen Anlaufstellen entwickelt. Außerdem wird die Arbeit des Datenschutzausschusses ein wichtiges Berichtsthema darstellen.

13 Über diese beiden Schwerpunkte hinaus ist aber nach Abs. 1 S. 1 die Bewertung und Überprüfung der gesamten Verordnung Aufgabe der Kommission. Die Überprüfung und Bewertung selbst hat sich also auf alle Bereiche der Verordnung, auch angrenzende Regelungen und ihr Zusammenspiel mit der Verordnung, zu erstrecken. Die Berichte müssen sich zumindest auf alle Bereiche erstrecken, zu denen es relevante Ergebnisse gibt. Diese sollten sowohl beinhalten, welche Bereiche reibungslos funktioniere als auch, an welchen Stellen es Defizite oder Fehlentwicklungen gibt oder auch, welche Instrumente den gewünschten Effekt erzielen oder nicht. Insbesondere neue oder stark ausgebaute Instrumente wie die Datenschutzfolgenabschätzung, die Zertifizierung oder Privacy by Design, genehmigte Verhaltensregeln, Auftragsverarbeitung u.v.a. können hier weitere Berichtsthemen bilden, außerdem natürlich grundlegende Themen wie die Rolle der Einwilligung, das neue Konzept der Zweckbindung usw.

V. Einholen von Informationen

14 Gemäß Abs. 3 kann die Kommission Informationen von Mitgliedstaaten und Aufsichtsbehörden einholen. Dies muss nicht immer in Form konkreter Anfragen bestehen. Die Kommission kann auch auf Informationen zugreifen, die die Aufsichtsbehörden und Mitgliedstaaten ihr ohnehin bereitstellen müssen. Dies können z.B. die jährlichen **Tätigkeitsberichte** der Aufsichtsbehörden nach Art. 59 sein. Die Mitgliedstaaten müssen in den Bereichen, in denen ihnen Öffnungsklauseln zur Verfügung stehen, über ihre Rechtssetzungsaktivitäten berichten, etwa gemäß Art. 85 Abs. 3 oder Art. 88 Abs. 3.

15 Neben den kondensierten Tätigkeitsberichten bestehen aber selbstverständlich noch viel konkretere und umfassendere Informationen bei den Aufsichtsbehörden. Diese können nach Art. 58 Informationen einholen, **Untersuchungen** durchführen, gem. Art. 57 Abs. 1 lit. g untereinander Informationen austauschen, sie bekommen **Bürgeranfragen**, sie können gemäß Art. 36 an **Datenschutzfolgenabschätzungen** beteiligt werden und sie können gem. Art. 30 Abs. 4 die **Verzeichnisse der Verarbeitungstätigkeiten** abfragen. Die Aufsichtsbehörden dürften daher eine sehr wichtige Informationsquelle hinsichtlich der Berichtspflichten der Kommission darstellen.

VI. Beachtung der Standpunkte anderer Stellen

16 Nach Abs. 4 sind Standpunkte und Feststellungen des Parlaments, des Rates und anderer einschlägiger Stellen oder Quellen bei den Überprüfungen und Bewertungen nach Abs. 1 zu beachten. Eine andere relevante Stelle ist zum Beispiel der **Datenschutzausschuss**, der gem. Art. 71 ebenfalls jährlich an die Kommission berichtet. Sein Bericht hat sich gem. Art. 71 Abs. 2 insbesondere auf bestimmte Aspekte des Kapitels VII zu beziehen und ist damit für die Inhalte nach Art. 97 Abs. 2 lit. b von besonderer Rele-

vanz. Als weitere relevante Stellen kommen zum Beispiel auch **Verbraucherschutzverbände**,[7] Industrieverbände oder wissenschaftliche Gutachten in Betracht. Einzelne Verantwortliche oder betroffene Personen kommen zwar grundsätzlich auch in Betracht. Ob sie als relevante Stellen eingeordnet werden oder inwiefern ihre Stellungnahmen beachtet werden, wird aber vom Einzelfall abhängen. Stellungnahmen von Verbänden beider Seiten dürften deutlich erfolgversprechender sein. Es besteht zwar eine Pflicht der Kommission, diese Stellungnahmen zu beachten. Da sie nur zu beachten sind, besteht aber keine Pflicht, ihnen auch zu folgen.

VII. Vorschläge zur Änderung der Verordnung

Gemäß Abs. 5 der Vorschrift hat die Kommission, falls sie zu dem Ergebnis kommt, 17
dass dies erforderlich ist, Vorschläge für Veränderungen an der Verordnung vorzulegen. Hierbei hat sie insbesondere die Entwicklungen der Informationstechnologie und die Fortschritte der Informationsgesellschaft zu berücksichtigen. Der Absatz enthält keinen ausdrücklichen Hinweis darauf, wem die Kommission diese Vorschläge vorzulegen hat. Es kommen aber nur **Parlament und Rat** in Frage, da diese die Änderungen beschließen müssen. Zusätzlich sollten die Vorschläge, wie üblich, der Öffentlichkeit übermittelt werden.

Die Vorschrift scheint vom Wortlaut her auf **Veränderungen an der Verordnung selbst** 18
beschränkt zu sein. Es dürfte aber kein Zweifel darüber bestehen, dass Änderungen auch in einer Aufhebung der Verordnung und einer völlig neuen Regelung bestehen können. Dennoch darf vermutet werden, dass die DS-GVO auf absehbare Zeit erhalten bleiben wird und eher durch interne Änderungen oder zusätzliche Regelungen (wie z.B. die ePrivacy-VO) ergänzt wird. Die Änderung oder Einführung anderer Datenschutzregelwerke als der Verordnung selbst ist in Art. 98 geregelt.

Änderungsbedarf besteht von Beginn an, da die DS-GVO gerade auf die angespro- 19
chenen Fragen der Fortschritte bei der Informationstechnologie und der Informationsgesellschaft nur wenige konkrete Antworten bereithält und daher schon für den aktuellen Entwicklungsstand nicht auf der Höhe der Zeit ist. Dringend nötig gewesen wären, nur als Beispiel, etwa spezifische Erlaubnistatbestände und Betroffenenrechte für Big Data, Ubiquitous Computing und Smart Everything. Spezifische Problemlagen auch selbst spezifisch zu regeln, entspricht aber nicht dem Regelungsansatz der DS-GVO. Wahrscheinlicher ist es daher, dass diese konkreten Fragestellungen nun unterhalb der Verordnung, etwa durch Verhaltensregeln, Datenschutzfolgenabschätzungen, Zertifizierungen und im Rahmen von Öffnungsklauseln angegangen werden, als dass tatsächlich bald Änderungen am Verordnungstext vorgenommen werden. Wichtige Weichenstellungen zur Konkretisierung und Änderung der DS-GVO werden also, nicht immer aber häufig, auf Anwendungs- und Aufsichtsebene getroffen werden, anstatt im Rahmen von Art. 97 Abs. 5.

7 BeckOK DatenSR-*Brink* Art. 97 Rn. 18.

C. Praxishinweise

I. Relevanz für öffentliche Stellen und nichtöffentliche Stellen

20 Datenverarbeitende Stellen oder besser ihre Verbände können Stellungnahmen an die Kommission einreichen, die diese für ihre Berichte zu beachten hat.

II. Relevanz für betroffene Personen

21 Betroffene Personen können ihre Standpunkte hinsichtlich der DS-GVO grundsätzlich auch an die Kommission senden. Ihre Anliegen können aber effektiver von Verbraucherschutzverbänden und Datenschutzorganisationen eingebracht werden.

III. Relevanz für Aufsichtsbehörden

22 Aufsichtsbehörden können von der Kommission als Informationsquelle für die Berichte in Anspruch genommen werden, können sich aber auch proaktiv einbringen. Ihre Stellungnahmen sind von der Kommission in jedem Fall zu beachten.

IV. Relevanz für das Datenschutzmanagement

23 Eine besondere Relevanz ist derzeit nicht erkennbar.

Artikel 98 Überprüfung anderer Rechtsakte der Union zum Datenschutz

[1]Die Kommission legt gegebenenfalls Gesetzgebungsvorschläge zur Änderung anderer Rechtsakte der Union zum Schutz personenbezogener Daten vor, damit ein einheitlicher und kohärenter Schutz natürlicher Personen bei der Verarbeitung sichergestellt wird. [2]Dies betrifft insbesondere die Vorschriften zum Schutz natürlicher Personen bei der Verarbeitung solcher Daten durch die Organe, Einrichtungen, Ämter und Agenturen der Union und zum freien Verkehr solcher Daten.

– *ErwG: 17, 173*
– *BDSG n.F. oder anderen Vorschriften: Art. 2 Abs. 3 DS-GVO*

Übersicht

A. Einordnung und Hintergrund

I. Erwägungsgründe

1 In ErwG 17 wird gefordert: „Die Verordnung (EG) Nr. 45/2001 und sonstige Rechtsakte der Union, die diese Verarbeitung personenbezogener Daten regeln, sollten an die Grundsätze und Vorschriften der vorliegenden Verordnung angepasst und im

Lichte der vorliegenden Verordnung angewandt werden." Dies muss im Zusammenhang damit gesehen werden, dass die DS-GVO gemäß Art. 2 Abs. 3 S. 2 nicht für die Verarbeitung personenbezogener Daten durch die Organe, Einrichtungen, Ämter und Agenturen der Union gilt. ErwG 173 S. 3 fordert zudem die Überprüfung der RL 2002/58/EG.[1]

II. BDSG n.F.

Hierzu gibt es keine Entsprechung. 2

III. Normengenese und -umfeld

Art. 98 kam in seiner finalen Form erst in den Trilog-Verhandlungen neu hinzu. Allerdings war bereits im Parlamentsentwurf, damals in Art. 89a, vorgesehen, dass der Rechtsrahmen zur Verarbeitung durch Organe Einrichtungen, Dienststellen und Agenturen der Union, überarbeitet werden solle – sogar mit festem Datum. Dies findet sich nun in abgeschwächter Form in Art. 98 S. 2 und Art. 2 Abs. 3 S. 2. 3

In Art. 89a Abs. 2 enthielt der Parlamentsentwurf eine Regelung, die die DS-GVO auf die Verarbeitung durch die Organe, Einrichtungen, Ämter und Agenturen der Union für anwendbar erklären sollte, soweit sie nicht der VO (EG) Nr. 45/2001 unterliege. Die finale Entscheidung, dass nur die VO (EG) Nr. 45/2001 auf solche Verarbeitungen anwendbar sein soll, findet sich seit dem Trilog in Art. 2 Abs. 3 S. 1. 4

ErwG 17 war bereits im Kommissionsentwurf als ErwG 14 angelegt. Allerdings war die Anpassung der VO (EG) Nr. 45/2001 noch nicht vorgesehen. Diese Passage kam im Parlamentsentwurf hinzu. Der Ratsentwurf fügte dann noch die Formulierung „und sonstige Rechtsinstrumente der Union, die diese Verarbeitung personenbezogener Daten regeln" ein. 5

B. Kommentierung

I. Regelungsinhalt

Die Norm enthält die Aufforderung an die Kommission, „gegebenenfalls", also wenn nötig und zweckmäßig, Änderungsvorschläge für andere Datenschutzrechtsakte der Union zu unterbreiten, insbesondere für solche Rechtsakte, die Verarbeitungen von Organen, Einrichtungen, Ämtern und Agenturen der Union betreffen. Das Ziel solcher Aktivitäten ist die Herstellung eines einheitlichen und kohärenten Grundrechtsschutzes im Einklang mit der DS-GVO. Die Norm ist nicht mehr als ein Appell, denn selbstverständlich kann die Kommission ohnehin derartige Gesetzgebungsvorschläge unterbreiten. Sie wird durch die Vorschrift auch nicht dazu gezwungen. 6

II. Satz 1

Gemäß S. 1 soll die Kommission Gesetzgebungsvorschläge zur Änderung „anderer Rechtsakte" der Union zum Datenschutz vorlegen. „Andere Rechtsakte" meint andere als die DS-GVO. Änderungen der DS-GVO selbst sind in Art. 97 Abs. 5 geregelt. Nicht nur die Änderung, sondern auch die Aufhebung solcher Rechtsakte ist selbstverständlich im Rahmen der Unionsgesetzgebung möglich. Ziel der Änderungen 7

1 Zu ErwG 173 s. Art. 95.

an anderen Rechtsakten ist es, einen in der Union einheitlichen und mit der DS-GVO (vgl. Art. 2 Abs. 3 S. 2) kohärenten Datenschutz herzustellen. Die DS-GVO wird damit auch im Hinblick auf die weitere Rechtsentwicklung als Herzstück, Fundament und Maßstab des EU-Datenschutzes angesehen. Ein solcher anderer Rechtsakt wird z.B. die geplante ePrivacy-VO sein.

III. Satz 2

8 S. 2 stellt klar, dass diese Gesetzgebungsaktivitäten insbesondere Vorschriften für die **Verarbeitung durch Organe, Einrichtungen, Ämter und Agenturen der Union** betreffen soll, also insbesondere die VO (EG) Nr. 45/2001. S. 2 war praktisch unnötig, da sein Regelungsinhalt durch Art. 2 Abs. 3 S. 2 eigentlich schon abgedeckt ist, noch dazu in verbindlicherer Form.

C. Praxishinweise

I. Relevanz für öffentliche Stellen und nichtöffentliche Stellen

9 In der Zukunft könnten (und werden) sich weitere Neuerungen im Datenschutzrecht der Union ergeben. Mit dem Entwurf der ePrivacy-VO[2] kündigt sich auch schon das erste derartige Projekt an.

II. Relevanz für betroffene Personen

10 Für betroffene Personen hat die Norm selbst keine direkte Relevanz.

III. Relevanz für Aufsichtsbehörden

11 Die Aufsichtsbehörden können sich in weitere Gesetzgebungsprojekte mit ihren Standpunkten und Erfahrungen einbringen.

IV. Relevanz für das Datenschutzmanagement

12 Eine besondere Relevanz ist derzeit nicht erkennbar.

2 S. hierzu Art. 95.

Artikel 99 Inkrafttreten und Anwendung

(1) Diese Verordnung tritt am zwanzigsten Tag nach ihrer Veröffentlichung[1] im Amtsblatt der Europäischen Union in Kraft.

(2) Sie gilt ab dem 25. Mai 2018.

Diese Verordnung ist in allen ihren Teilen verbindlich und gilt unmittelbar in jedem Mitgliedstaat.

– *BDSG n.F. oder andere Vorschriften: Art. 8 Abs. 1 DSAnpUG-EU*

1 **Anm. d. Verlages:**
Veröffentlicht am 4.5.2016.

Übersicht

A. Einordnung und Hintergrund

I. Erwägungsgründe

Hierzu gibt es keine Angaben. 1

II. BDSG n.F.

Gemäß Art. 8 Abs. 1 DSAnpUG-EU tritt das neue an die Verordnung angepasste Bundesdatenschutzgesetz am 25.5.2018 in Kraft und das zuvor geltende alte Bundesdatenschutzgesetz außer Kraft. Zwischen der Datenschutz-Grundverordnung und dem neuen Bundesdatenschutzgesetz besteht damit zeitliche Synchronität. 2

III. Normengenese und -umfeld

Art. 99 war bis zum Ratsentwurf noch Art. 91. Seit dem Kommissionsentwurf ist nur das konkrete Datum des Geltungsbeginns in Abs. 2 hinzugekommen. Ansonsten haben sich keine Änderungen ergeben. 3

B. Kommentierung

I. Regelungsinhalt

Die Norm regelt den Zeitpunkt des **Inkrafttretens** und den **Geltungsbeginn** der DS-GVO. Zwischen den beiden Zeitpunkten besteht ein zweijähriger Übergangszeitraum, in dem sich insbesondere die Verantwortlichen und die Aufsichtsbehörden auf die neue Rechtslage einstellen können und müssen (s. Art. 94). 4

II. Abs. 1: Inkrafttreten

Gemäß Abs. 1 der Norm tritt die DS-GVO am zwanzigsten Tag nach ihrer Veröffentlichung im Amtsblatt der Europäischen Union in Kraft. Sie wurde am 4.5.2016 im Amtsblatt veröffentlicht und ist daher seit dem **24.5.2016** in Kraft. Auch wenn die DS-GVO erst zwei Jahre später gilt (s. Abs. 2), entfaltet auch das Inkrafttreten bereits Wirkungen. So müssen internationale Übereinkünfte, die Übermittlung personenbezogener Daten in Drittländer mit sich bringen und die nach dem 24.5.2016 geschlossen wurden, bereits der DS-GVO entsprechen, um nach Geltungsbeginn der Verordnung in Kraft zu bleiben. Solche Übereinkünfte, die **vor** dem 24.5.2016 geschlossen wurden bleiben auch dann anwendbar, wenn sie lediglich der zuvor geltenden Rechtslage entsprechen (s. Art. 96). 5

6 Hingegen dürfen Datenschutzregeln der Kirchen, die zum Zeitpunkt des Inkrafttretens der Verordnung angewendet werden, gemäß Art. 91 Abs. 1 nur dann weiter angewandt werden, wenn sie mit der Verordnung in Einklang gebracht werden. Trotz des insofern unklaren Wortlauts in Art. 96 und Art. 91 Abs. 1 ist davon auszugehen, dass solche Übereinkommen und Regelwerke nicht nur über das Inkrafttreten, sondern auch über den Geltungsbeginn hinaus in Kraft bleiben, bzw. weiter angewandt werden können und im Fall von Art. 91 Abs. 1 bis zum Geltungsbeginn mit der DS-GVO in Einklang gebracht werden müssen.

III. Abs. 2: Geltungsbeginn

7 Geltungsbeginn der DS-GVO ist gemäß Abs. 2 der Norm der **25.5.2018**. Ab diesem Zeitraum ist sie für alle Adressaten **direkt verbindliches Recht** und entfaltet ihren **Anwendungsvorrang**[2] gegenüber den Rechtsvorschriften der Mitgliedstaaten. Ab diesem Zeitpunkt werden alle Verarbeitungen personenbezogener Daten im Anwendungsbereich an der DS-GVO gemessen und müssen ihr entsprechen.

8 Die **Aufsichtsbehörden** können und sollen diese Umstellung durch Beratung und Hinweise fördern. Sie können allerdings **nicht vor Geltungsbeginn** am 25.5.2018 **präventive Verfügungen** erlassen, die die Verantwortlichen im konkreten Einzelfall zur Durchführung dieser Umstellung verpflichten und diese Verpflichtung mit Zwangsgeldern durchsetzen. Die Ermächtigungsgrundlagen der Aufsichtsbehörden nach Art. 58 gelten erst ab dem 25.5.2018. Mit den Ermächtigungsgrundlagen der Aufsichtsbehörden aus dem bis zum 24.5.2018 geltenden Bundesdatenschutzgesetz können ebenfalls vor dem 25.5.2018 keine Vorschriften der DS-GVO durchgesetzt werden, da diese Vorschriften erst dann anwendbar werden.[3]

C. Praxishinweise

I. Relevanz für öffentliche Stellen und nichtöffentliche Stellen

9 Öffentliche und nichtöffentliche Stellen, die personenbezogene Daten verarbeiten müssen ab dem 25.4.2018 die neue Rechtslage einhalten und ihre Verarbeitungssysteme bis zu diesem Datum hierauf eingerichtet haben.

II. Relevanz für betroffene Personen

10 Betroffene Personen können sich ab dem 25.5.2018 unmittelbar auf ihre Rechte aus der DS-GVO berufen, ohne einen Umsetzungsakt abwarten zu müssen.

III. Relevanz für Aufsichtsbehörden

11 Aufsichtsbehörden können mit der Durchsetzung der DS-GVO erst ab deren Geltung am 25.5.2018 beginnen.

IV. Relevanz für das Datenschutzmanagement

12 Bis zum 25.5.2018 muss die Verarbeitung personenbezogener Daten bei den Verantwortlichen und Auftragsverarbeitern an die neue Rechtslage angepasst sein.

---

2 Zum Anwendungsvorrang Roßnagel-*Roßnagel* Das neue Datenschutzrecht, 2018, § 2 I.
3 *VG Karlsruhe* Urteil v. 6.7.2017 – 10 K 7698/16, ZD 2017, 543.

Anhänge

Anhang 1
Erwägungsgründe der DS-GVO

DAS EUROPÄISCHE PARLAMENT UND DER RAT DER EUROPÄISCHEN UNION –

gestützt auf den Vertrag über die Arbeitsweise der Europäischen Union, insbesondere auf Artikel 16,

auf Vorschlag der Europäischen Kommission,

nach Zuleitung des Entwurfs des Gesetzgebungsakts an die nationalen Parlamente,

nach Stellungnahme des Europäischen Wirtschafts- und Sozialausschusses[1],

nach Stellungnahme des Ausschusses der Regionen[2],

gemäß dem ordentlichen Gesetzgebungsverfahren[3],

in Erwägung nachstehender Gründe:

(1) Der Schutz natürlicher Personen bei der Verarbeitung personenbezogener Daten ist ein Grundrecht. Gemäß Artikel 8 Absatz 1 der Charta der Grundrechte der Europäischen Union (im Folgenden „Charta“) sowie Artikel 16 Absatz 1 des Vertrags über die Arbeitsweise der Europäischen Union (AEUV) hat jede Person das Recht auf Schutz der sie betreffenden personenbezogenen Daten.

(2) Die Grundsätze und Vorschriften zum Schutz natürlicher Personen bei der Verarbeitung ihrer personenbezogenen Daten sollten gewährleisten, dass ihre Grundrechte und Grundfreiheiten und insbesondere ihr Recht auf Schutz personenbezogener Daten ungeachtet ihrer Staatsangehörigkeit oder ihres Aufenthaltsorts gewahrt bleiben. Diese Verordnung soll zur Vollendung eines Raums der Freiheit, der Sicherheit und des Rechts und einer Wirtschaftsunion, zum wirtschaftlichen und sozialen Fortschritt, zur Stärkung und zum Zusammenwachsen der Volkswirtschaften innerhalb des Binnenmarkts sowie zum Wohlergehen natürlicher Personen beitragen.

(3) Zweck der Richtlinie 95/46/EG des Europäischen Parlaments und des Rates[4] ist die Harmonisierung der Vorschriften zum Schutz der Grundrechte und Grundfreiheiten natürlicher Personen bei der Datenverarbeitung sowie die Gewährleistung des freien Verkehrs personenbezogener Daten zwischen den Mitgliedstaaten.

(4) Die Verarbeitung personenbezogener Daten sollte im Dienste der Menschheit stehen. Das Recht auf Schutz der personenbezogenen Daten ist kein uneingeschränk-

1 ABl. C 229 vom 31.7.2012, S. 90.

2 ABl. C 391 vom 18.12.2012, S. 127.

3 Standpunkt des Europäischen Parlaments vom 12. März 2014 (noch nicht im Amtsblatt veröffentlicht) und Standpunkt des Rates in erster Lesung vom 8. April 2016 (noch nicht im Amtsblatt veröffentlicht). Standpunkt des Europäischen Parlaments vom 14. April 2016.

4 Richtlinie 95/46/EG des Europäischen Parlaments und des Rates vom 24. Oktober 1995 zum Schutz natürlicher Personen bei der Verarbeitung personenbezogener Daten und zum freien Datenverkehr (ABl. L 281 vom 23.11.1995, S. 31).

tes Recht; es muss im Hinblick auf seine gesellschaftliche Funktion gesehen und unter Wahrung des Verhältnismäßigkeitsprinzips gegen andere Grundrechte abgewogen werden. Diese Verordnung steht im Einklang mit allen Grundrechten und achtet alle Freiheiten und Grundsätze, die mit der Charta anerkannt wurden und in den Europäischen Verträgen verankert sind, insbesondere Achtung des Privat- und Familienlebens, der Wohnung und der Kommunikation, Schutz personenbezogener Daten, Gedanken-, Gewissens- und Religionsfreiheit, Freiheit der Meinungsäußerung und Informationsfreiheit, unternehmerische Freiheit, Recht auf einen wirksamen Rechtsbehelf und ein faires Verfahren und Vielfalt der Kulturen, Religionen und Sprachen.

(5) Die wirtschaftliche und soziale Integration als Folge eines funktionierenden Binnenmarkts hat zu einem deutlichen Anstieg des grenzüberschreitenden Verkehrs personenbezogener Daten geführt. Der unionsweite Austausch personenbezogener Daten zwischen öffentlichen und privaten Akteuren einschließlich natürlichen Personen, Vereinigungen und Unternehmen hat zugenommen. Das Unionsrecht verpflichtet die Verwaltungen der Mitgliedstaaten, zusammenzuarbeiten und personenbezogene Daten auszutauschen, damit sie ihren Pflichten nachkommen oder für eine Behörde eines anderen Mitgliedstaats Aufgaben durchführen können.

(6) Rasche technologische Entwicklungen und die Globalisierung haben den Datenschutz vor neue Herausforderungen gestellt. Das Ausmaß der Erhebung und des Austauschs personenbezogener Daten hat eindrucksvoll zugenommen. Die Technik macht es möglich, dass private Unternehmen und Behörden im Rahmen ihrer Tätigkeiten in einem noch nie dagewesenen Umfang auf personenbezogene Daten zurückgreifen. Zunehmend machen auch natürliche Personen Informationen öffentlich weltweit zugänglich. Die Technik hat das wirtschaftliche und gesellschaftliche Leben verändert und dürfte den Verkehr personenbezogener Daten innerhalb der Union sowie die Datenübermittlung an Drittländer und internationale Organisationen noch weiter erleichtern, wobei ein hohes Datenschutzniveau zu gewährleisten ist.

(7) Diese Entwicklungen erfordern einen soliden, kohärenteren und klar durchsetzbaren Rechtsrahmen im Bereich des Datenschutzes in der Union, da es von großer Wichtigkeit ist, eine Vertrauensbasis zu schaffen, die die digitale Wirtschaft dringend benötigt, um im Binnenmarkt weiter wachsen zu können. Natürliche Personen sollten die Kontrolle über ihre eigenen Daten besitzen. Natürliche Personen, Wirtschaft und Staat sollten in rechtlicher und praktischer Hinsicht über mehr Sicherheit verfügen.

(8) Wenn in dieser Verordnung Präzisierungen oder Einschränkungen ihrer Vorschriften durch das Recht der Mitgliedstaaten vorgesehen sind, können die Mitgliedstaaten Teile dieser Verordnung in ihr nationales Recht aufnehmen, soweit dies erforderlich ist, um die Kohärenz zu wahren und die nationalen Rechtsvorschriften für die Personen, für die sie gelten, verständlicher zu machen.

(9) Die Ziele und Grundsätze der Richtlinie 95/46/EG besitzen nach wie vor Gültigkeit, doch hat die Richtlinie nicht verhindern können, dass der Datenschutz in der Union unterschiedlich gehandhabt wird, Rechtsunsicherheit besteht oder in der Öffentlichkeit die Meinung weit verbreitet ist, dass erhebliche Risiken für den Schutz natürlicher Personen bestehen, insbesondere im Zusammenhang mit der Benutzung des Internets. Unterschiede beim Schutzniveau für die Rechte und Freiheiten von natürlichen Personen im Zusammenhang mit der Verarbeitung personenbezogener Daten in den Mitgliedstaaten, vor allem beim Recht auf Schutz dieser Daten, können

den unionsweiten freien Verkehr solcher Daten behindern. Diese Unterschiede im Schutzniveau können daher ein Hemmnis für die unionsweite Ausübung von Wirtschaftstätigkeiten darstellen, den Wettbewerb verzerren und die Behörden an der Erfüllung der ihnen nach dem Unionsrecht obliegenden Pflichten hindern. Sie erklären sich aus den Unterschieden bei der Umsetzung und Anwendung der Richtlinie 95/46/EG.

(10) Um ein gleichmäßiges und hohes Datenschutzniveau für natürliche Personen zu gewährleisten und die Hemmnisse für den Verkehr personenbezogener Daten in der Union zu beseitigen, sollte das Schutzniveau für die Rechte und Freiheiten von natürlichen Personen bei der Verarbeitung dieser Daten in allen Mitgliedstaaten gleichwertig sein. Die Vorschriften zum Schutz der Grundrechte und Grundfreiheiten von natürlichen Personen bei der Verarbeitung personenbezogener Daten sollten unionsweit gleichmäßig und einheitlich angewandt werden. Hinsichtlich der Verarbeitung personenbezogener Daten zur Erfüllung einer rechtlichen Verpflichtung oder zur Wahrnehmung einer Aufgabe, die im öffentlichen Interesse liegt oder in Ausübung öffentlicher Gewalt erfolgt, die dem Verantwortlichen übertragen wurde, sollten die Mitgliedstaaten die Möglichkeit haben, nationale Bestimmungen, mit denen die Anwendung der Vorschriften dieser Verordnung genauer festgelegt wird, beizubehalten oder einzuführen. In Verbindung mit den allgemeinen und horizontalen Rechtsvorschriften über den Datenschutz zur Umsetzung der Richtlinie 95/46/EG gibt es in den Mitgliedstaaten mehrere sektorspezifische Rechtsvorschriften in Bereichen, die spezifischere Bestimmungen erfordern. Diese Verordnung bietet den Mitgliedstaaten zudem einen Spielraum für die Spezifizierung ihrer Vorschriften, auch für die Verarbeitung besonderer Kategorien von personenbezogenen Daten (im Folgenden „sensible Daten“). Diesbezüglich schließt diese Verordnung nicht Rechtsvorschriften der Mitgliedstaaten aus, in denen die Umstände besonderer Verarbeitungssituationen festgelegt werden, einschließlich einer genaueren Bestimmung der Voraussetzungen, unter denen die Verarbeitung personenbezogener Daten rechtmäßig ist.

(11) Ein unionsweiter wirksamer Schutz personenbezogener Daten erfordert die Stärkung und präzise Festlegung der Rechte der betroffenen Personen sowie eine Verschärfung der Verpflichtungen für diejenigen, die personenbezogene Daten verarbeiten und darüber entscheiden, ebenso wie – in den Mitgliedstaaten – gleiche Befugnisse bei der Überwachung und Gewährleistung der Einhaltung der Vorschriften zum Schutz personenbezogener Daten sowie gleiche Sanktionen im Falle ihrer Verletzung.

(12) Artikel 16 Absatz 2 AEUV ermächtigt das Europäische Parlament und den Rat, Vorschriften über den Schutz natürlicher Personen bei der Verarbeitung personenbezogener Daten und zum freien Verkehr solcher Daten zu erlassen.

(13) Damit in der Union ein gleichmäßiges Datenschutzniveau für natürliche Personen gewährleistet ist und Unterschiede, die den freien Verkehr personenbezogener Daten im Binnenmarkt behindern könnten, beseitigt werden, ist eine Verordnung erforderlich, die für die Wirtschaftsteilnehmer einschließlich Kleinstunternehmen sowie kleiner und mittlerer Unternehmen Rechtssicherheit und Transparenz schafft, natürliche Personen in allen Mitgliedstaaten mit demselben Niveau an durchsetzbaren Rechten ausstattet, dieselben Pflichten und Zuständigkeiten für die Verantwortlichen und Auftragsverarbeiter vorsieht und eine gleichmäßige Kontrolle der Verarbeitung personenbezogener Daten und gleichwertige Sanktionen in allen Mitgliedstaaten

sowie eine wirksame Zusammenarbeit zwischen den Aufsichtsbehörden der einzelnen Mitgliedstaaten gewährleistet. Das reibungslose Funktionieren des Binnenmarkts erfordert, dass der freie Verkehr personenbezogener Daten in der Union nicht aus Gründen des Schutzes natürlicher Personen bei der Verarbeitung personenbezogener Daten eingeschränkt oder verboten wird. Um der besonderen Situation der Kleinstunternehmen sowie der kleinen und mittleren Unternehmen Rechnung zu tragen, enthält diese Verordnung eine abweichende Regelung hinsichtlich des Führens eines Verzeichnisses für Einrichtungen, die weniger als 250 Mitarbeiter beschäftigen. Außerdem werden die Organe und Einrichtungen der Union sowie die Mitgliedstaaten und deren Aufsichtsbehörden dazu angehalten, bei der Anwendung dieser Verordnung die besonderen Bedürfnisse von Kleinstunternehmen sowie von kleinen und mittleren Unternehmen zu berücksichtigen. Für die Definition des Begriffs „Kleinstunternehmen sowie kleine und mittlere Unternehmen" sollte Artikel 2 des Anhangs zur Empfehlung 2003/361/EG der Kommission[5] maßgebend sein.

(14) Der durch diese Verordnung gewährte Schutz sollte für die Verarbeitung der personenbezogenen Daten natürlicher Personen ungeachtet ihrer Staatsangehörigkeit oder ihres Aufenthaltsorts gelten. Diese Verordnung gilt nicht für die Verarbeitung personenbezogener Daten juristischer Personen und insbesondere als juristische Person gegründeter Unternehmen, einschließlich Name, Rechtsform oder Kontaktdaten der juristischen Person.

(15) Um ein ernsthaftes Risiko einer Umgehung der Vorschriften zu vermeiden, sollte der Schutz natürlicher Personen technologieneutral sein und nicht von den verwendeten Techniken abhängen. Der Schutz natürlicher Personen sollte für die automatisierte Verarbeitung personenbezogener Daten ebenso gelten wie für die manuelle Verarbeitung von personenbezogenen Daten, wenn die personenbezogenen Daten in einem Dateisystem gespeichert sind oder gespeichert werden sollen. Akten oder Aktensammlungen sowie ihre Deckblätter, die nicht nach bestimmten Kriterien geordnet sind, sollten nicht in den Anwendungsbereich dieser Verordnung fallen.

(16) Diese Verordnung gilt nicht für Fragen des Schutzes von Grundrechten und Grundfreiheiten und des freien Verkehrs personenbezogener Daten im Zusammenhang mit Tätigkeiten, die nicht in den Anwendungsbereich des Unionsrechts fallen, wie etwa die nationale Sicherheit betreffende Tätigkeiten. Diese Verordnung gilt nicht für die von den Mitgliedstaaten im Rahmen der Gemeinsamen Außen- und Sicherheitspolitik der Union durchgeführte Verarbeitung personenbezogener Daten.

(17) Die Verordnung (EG) Nr. 45/2001 des Europäischen Parlaments und des Rates[6] gilt für die Verarbeitung personenbezogener Daten durch die Organe, Einrichtungen, Ämter und Agenturen der Union. Die Verordnung (EG) Nr. 45/2001 und sonstige Rechtsakte der Union, die diese Verarbeitung personenbezogener Daten regeln, sollten an die Grundsätze und Vorschriften der vorliegenden Verordnung

---

5 Empfehlung der Kommission vom 6. Mai 2003 betreffend die Definition der Kleinstunternehmen sowie der kleinen und mittleren Unternehmen (C (2003) 1422) (ABl. L 124 vom 20.5.2003, S. 36).

6 Verordnung (EG) Nr. 45/2001 des Europäischen Parlaments und des Rates vom 18. Dezember 2000 zum Schutz natürlicher Personen bei der Verarbeitung personenbezogener Daten durch die Organe und Einrichtungen der Gemeinschaft und zum freien Datenverkehr (ABl. L 8 vom 12.1.2001, S. 1).

angepasst und im Lichte der vorliegenden Verordnung angewandt werden. Um einen soliden und kohärenten Rechtsrahmen im Bereich des Datenschutzes in der Union zu gewährleisten, sollten die erforderlichen Anpassungen der Verordnung (EG) Nr. 45/2001 im Anschluss an den Erlass der vorliegenden Verordnung vorgenommen werden, damit sie gleichzeitig mit der vorliegenden Verordnung angewandt werden können.

(18) Diese Verordnung gilt nicht für die Verarbeitung von personenbezogenen Daten, die von einer natürlichen Person zur Ausübung ausschließlich persönlicher oder familiärer Tätigkeiten und somit ohne Bezug zu einer beruflichen oder wirtschaftlichen Tätigkeit vorgenommen wird. Als persönliche oder familiäre Tätigkeiten könnte auch das Führen eines Schriftverkehrs oder von Anschriftenverzeichnissen oder die Nutzung sozialer Netze und Online-Tätigkeiten im Rahmen solcher Tätigkeiten gelten. Diese Verordnung gilt jedoch für die Verantwortlichen oder Auftragsverarbeiter, die die Instrumente für die Verarbeitung personenbezogener Daten für solche persönlichen oder familiären Tätigkeiten bereitstellen.

(19) Der Schutz natürlicher Personen bei der Verarbeitung personenbezogener Daten durch die zuständigen Behörden zum Zwecke der Verhütung, Ermittlung, Aufdeckung oder Verfolgung von Straftaten oder der Strafvollstreckung, einschließlich des Schutzes vor und der Abwehr von Gefahren für die öffentliche Sicherheit, sowie der freie Verkehr dieser Daten sind in einem eigenen Unionsrechtsakt geregelt. Deshalb sollte diese Verordnung auf Verarbeitungstätigkeiten dieser Art keine Anwendung finden. Personenbezogene Daten, die von Behörden nach dieser Verordnung verarbeitet werden, sollten jedoch, wenn sie zu den vorstehenden Zwecken verwendet werden, einem spezifischeren Unionsrechtsakt, nämlich der Richtlinie (EU) 2016/680 des Europäischen Parlaments und des Rates[7] unterliegen. Die Mitgliedstaaten können die zuständigen Behörden im Sinne der Richtlinie (EU) 2016/680 mit Aufgaben betrauen, die nicht zwangsläufig für die Zwecke der Verhütung, Ermittlung, Aufdeckung oder Verfolgung von Straftaten oder der Strafvollstreckung, einschließlich des Schutzes vor und der Abwehr von Gefahren für die öffentliche Sicherheit, ausgeführt werden, so dass die Verarbeitung von personenbezogenen Daten für diese anderen Zwecke insoweit in den Anwendungsbereich dieser Verordnung fällt, als sie in den Anwendungsbereich des Unionsrechts fällt. In Bezug auf die Verarbeitung personenbezogener Daten durch diese Behörden für Zwecke, die in den Anwendungsbereich dieser Verordnung fallen, sollten die Mitgliedstaaten spezifischere Bestimmungen beibehalten oder einführen können, um die Anwendung der Vorschriften dieser Verordnung anzupassen. In den betreffenden Bestimmungen können die Auflagen für die Verarbeitung personenbezogener Daten durch diese zuständigen Behörden für jene anderen Zwecke präziser festgelegt werden, wobei der verfassungsmäßigen, organisatorischen und administrativen Struktur des betreffenden Mitgliedstaats Rechnung zu tragen ist. Soweit diese Verordnung für die Verarbeitung personenbezogener Daten durch private Stellen gilt, sollte sie vorsehen, dass die Mitgliedstaaten einige Pflichten

7 Richtlinie (EU) 2016/680 des Europäischen Parlaments und des Rates vom 27. April 2016 zum Schutz natürlicher Personen bei der Verarbeitung personenbezogener Daten durch die zuständigen Behörden zum Zwecke der Verhütung, Aufdeckung, Untersuchung oder Verfolgung von Straftaten oder der Strafvollstreckung sowie zum freien Datenverkehr und zur Aufhebung des Rahmenbeschlusses 2000/383/JI des Rates (siehe Seite 89 dieses Amtsblatts).

und Rechte unter bestimmten Voraussetzungen mittels Rechtsvorschriften beschränken können, wenn diese Beschränkung in einer demokratischen Gesellschaft eine notwendige und verhältnismäßige Maßnahme zum Schutz bestimmter wichtiger Interessen darstellt, wozu auch die öffentliche Sicherheit und die Verhütung, Ermittlung, Aufdeckung und Verfolgung von Straftaten oder die Strafvollstreckung zählen, einschließlich des Schutzes vor und der Abwehr von Gefahren für die öffentliche Sicherheit. Dies ist beispielsweise im Rahmen der Bekämpfung der Geldwäsche oder der Arbeit kriminaltechnischer Labors von Bedeutung.

(20) Diese Verordnung gilt zwar unter anderem für die Tätigkeiten der Gerichte und anderer Justizbehörden, doch könnte im Unionsrecht oder im Recht der Mitgliedstaaten festgelegt werden, wie die Verarbeitungsvorgänge und Verarbeitungsverfahren bei der Verarbeitung personenbezogener Daten durch Gerichte und andere Justizbehörden im Einzelnen auszusehen haben. Damit die Unabhängigkeit der Justiz bei der Ausübung ihrer gerichtlichen Aufgaben einschließlich ihrer Beschlussfassung unangetastet bleibt, sollten die Aufsichtsbehörden nicht für die Verarbeitung personenbezogener Daten durch Gerichte im Rahmen ihrer justiziellen Tätigkeit zuständig sein. Mit der Aufsicht über diese Datenverarbeitungsvorgänge sollten besondere Stellen im Justizsystem des Mitgliedstaats betraut werden können, die insbesondere die Einhaltung der Vorschriften dieser Verordnung sicherstellen, Richter und Staatsanwälte besser für ihre Pflichten aus dieser Verordnung sensibilisieren und Beschwerden in Bezug auf derartige Datenverarbeitungsvorgänge bearbeiten sollten.

(21) Die vorliegende Verordnung berührt nicht die Anwendung der Richtlinie 2000/31/EG des Europäischen Parlaments und des Rates[8] und insbesondere die der Vorschriften der Artikel 12 bis 15 jener Richtlinie zur Verantwortlichkeit von Anbietern reiner Vermittlungsdienste. Die genannte Richtlinie soll dazu beitragen, dass der Binnenmarkt einwandfrei funktioniert, indem sie den freien Verkehr von Diensten der Informationsgesellschaft zwischen den Mitgliedstaaten sicherstellt.

(22) Jede Verarbeitung personenbezogener Daten im Rahmen der Tätigkeiten einer Niederlassung eines Verantwortlichen oder eines Auftragsverarbeiters in der Union sollte gemäß dieser Verordnung erfolgen, gleich, ob die Verarbeitung in oder außerhalb der Union stattfindet. Eine Niederlassung setzt die effektive und tatsächliche Ausübung einer Tätigkeit durch eine feste Einrichtung voraus. Die Rechtsform einer solchen Einrichtung, gleich, ob es sich um eine Zweigstelle oder eine Tochtergesellschaft mit eigener Rechtspersönlichkeit handelt, ist dabei nicht ausschlaggebend.

(23) Damit einer natürlichen Person der gemäß dieser Verordnung gewährleistete Schutz nicht vorenthalten wird, sollte die Verarbeitung personenbezogener Daten von betroffenen Personen, die sich in der Union befinden, durch einen nicht in der Union niedergelassenen Verantwortlichen oder Auftragsverarbeiter dieser Verordnung unterliegen, wenn die Verarbeitung dazu dient, diesen betroffenen Personen gegen Entgelt oder unentgeltlich Waren oder Dienstleistungen anzubieten. Um festzustellen, ob dieser Verantwortliche oder Auftragsverarbeiter betroffenen Personen, die sich in

8 Richtlinie 2000/31/EG des Europäischen Parlaments und des Rates vom 8. Juni 2000 über bestimmte rechtliche Aspekte der Dienste der Informationsgesellschaft, insbesondere des elektronischen Geschäftsverkehrs, im Binnenmarkt („Richtlinie über den elektronischen Geschäftsverkehr“) (ABl. L 178 vom 17.7.2000, S. 1).

der Union befinden, Waren oder Dienstleistungen anbietet, sollte festgestellt werden, ob der Verantwortliche oder Auftragsverarbeiter offensichtlich beabsichtigt, betroffenen Personen in einem oder mehreren Mitgliedstaaten der Union Dienstleistungen anzubieten. Während die bloße Zugänglichkeit der Website des Verantwortlichen, des Auftragsverarbeiters oder eines Vermittlers in der Union, einer E-Mail-Adresse oder anderer Kontaktdaten oder die Verwendung einer Sprache, die in dem Drittland, in dem der Verantwortliche niedergelassen ist, allgemein gebräuchlich ist, hierfür kein ausreichender Anhaltspunkt ist, können andere Faktoren wie die Verwendung einer Sprache oder Währung, die in einem oder mehreren Mitgliedstaaten gebräuchlich ist, in Verbindung mit der Möglichkeit, Waren und Dienstleistungen in dieser anderen Sprache zu bestellen, oder die Erwähnung von Kunden oder Nutzern, die sich in der Union befinden, darauf hindeuten, dass der Verantwortliche beabsichtigt, den Personen in der Union Waren oder Dienstleistungen anzubieten.

(24) Die Verarbeitung personenbezogener Daten von betroffenen Personen, die sich in der Union befinden, durch einen nicht in der Union niedergelassenen Verantwortlichen oder Auftragsverarbeiter sollte auch dann dieser Verordnung unterliegen, wenn sie dazu dient, das Verhalten dieser betroffenen Personen zu beobachten, soweit ihr Verhalten in der Union erfolgt. Ob eine Verarbeitungstätigkeit der Beobachtung des Verhaltens von betroffenen Personen gilt, sollte daran festgemacht werden, ob ihre Internetaktivitäten nachvollzogen werden, einschließlich der möglichen nachfolgenden Verwendung von Techniken zur Verarbeitung personenbezogener Daten, durch die von einer natürlichen Person ein Profil erstellt wird, das insbesondere die Grundlage für sie betreffende Entscheidungen bildet oder anhand dessen ihre persönlichen Vorlieben, Verhaltensweisen oder Gepflogenheiten analysiert oder vorausgesagt werden sollen.

(25) Ist nach Völkerrecht das Recht eines Mitgliedstaats anwendbar, z. B. in einer diplomatischen oder konsularischen Vertretung eines Mitgliedstaats, so sollte die Verordnung auch auf einen nicht in der Union niedergelassenen Verantwortlichen Anwendung finden.

(26) Die Grundsätze des Datenschutzes sollten für alle Informationen gelten, die sich auf eine identifizierte oder identifizierbare natürliche Person beziehen. Einer Pseudonymisierung unterzogene personenbezogene Daten, die durch Heranziehung zusätzlicher Informationen einer natürlichen Person zugeordnet werden könnten, sollten als Informationen über eine identifizierbare natürliche Person betrachtet werden. Um festzustellen, ob eine natürliche Person identifizierbar ist, sollten alle Mittel berücksichtigt werden, die von dem Verantwortlichen oder einer anderen Person nach allgemeinem Ermessen wahrscheinlich genutzt werden, um die natürliche Person direkt oder indirekt zu identifizieren, wie beispielsweise das Aussondern. Bei der Feststellung, ob Mittel nach allgemeinem Ermessen wahrscheinlich zur Identifizierung der natürlichen Person genutzt werden, sollten alle objektiven Faktoren, wie die Kosten der Identifizierung und der dafür erforderliche Zeitaufwand, herangezogen werden, wobei die zum Zeitpunkt der Verarbeitung verfügbare Technologie und technologische Entwicklungen zu berücksichtigen sind. Die Grundsätze des Datenschutzes sollten daher nicht für anonyme Informationen gelten, d. h. für Informationen, die sich nicht auf eine identifizierte oder identifizierbare natürliche Person beziehen, oder personenbezogene Daten, die in einer Weise anonymisiert worden sind, dass die betrof-

fene Person nicht oder nicht mehr identifiziert werden kann. Diese Verordnung betrifft somit nicht die Verarbeitung solcher anonymer Daten, auch für statistische oder für Forschungszwecke.

(27) Diese Verordnung gilt nicht für die personenbezogenen Daten Verstorbener. Die Mitgliedstaaten können Vorschriften für die Verarbeitung der personenbezogenen Daten Verstorbener vorsehen.

(28) Die Anwendung der Pseudonymisierung auf personenbezogene Daten kann die Risiken für die betroffenen Personen senken und die Verantwortlichen und die Auftragsverarbeiter bei der Einhaltung ihrer Datenschutzpflichten unterstützen. Durch die ausdrückliche Einführung der „Pseudonymisierung" in dieser Verordnung ist nicht beabsichtigt, andere Datenschutzmaßnahmen auszuschließen.

(29) Um Anreize für die Anwendung der Pseudonymisierung bei der Verarbeitung personenbezogener Daten zu schaffen, sollten Pseudonymisierungsmaßnahmen, die jedoch eine allgemeine Analyse zulassen, bei demselben Verantwortlichen möglich sein, wenn dieser die erforderlichen technischen und organisatorischen Maßnahmen getroffen hat, um – für die jeweilige Verarbeitung – die Umsetzung dieser Verordnung zu gewährleisten, wobei sicherzustellen ist, dass zusätzliche Informationen, mit denen die personenbezogenen Daten einer speziellen betroffenen Person zugeordnet werden können, gesondert aufbewahrt werden. Der für die Verarbeitung der personenbezogenen Daten Verantwortliche, sollte die befugten Personen bei diesem Verantwortlichen angeben.

(30) Natürlichen Personen werden unter Umständen Online-Kennungen wie IP-Adressen und Cookie-Kennungen, die sein Gerät oder Software-Anwendungen und -Tools oder Protokolle liefern, oder sonstige Kennungen wie Funkfrequenzkennzeichnungen zugeordnet. Dies kann Spuren hinterlassen, die insbesondere in Kombination mit eindeutigen Kennungen und anderen beim Server eingehenden Informationen dazu benutzt werden können, um Profile der natürlichen Personen zu erstellen und sie zu identifizieren.

(31) Behörden, gegenüber denen personenbezogene Daten aufgrund einer rechtlichen Verpflichtung für die Ausübung ihres offiziellen Auftrags offengelegt werden, wie Steuer- und Zollbehörden, Finanzermittlungsstellen, unabhängige Verwaltungsbehörden oder Finanzmarktbehörden, die für die Regulierung und Aufsicht von Wertpapiermärkten zuständig sind, sollten nicht als Empfänger gelten, wenn sie personenbezogene Daten erhalten, die für die Durchführung – gemäß dem Unionsrecht oder dem Recht der Mitgliedstaaten – eines einzelnen Untersuchungsauftrags im Interesse der Allgemeinheit erforderlich sind. Anträge auf Offenlegung, die von Behörden ausgehen, sollten immer schriftlich erfolgen, mit Gründen versehen sein und gelegentlichen Charakter haben, und sie sollten nicht vollständige Dateisysteme betreffen oder zur Verknüpfung von Dateisystemen führen. Die Verarbeitung personenbezogener Daten durch die genannten Behörden sollte den für die Zwecke der Verarbeitung geltenden Datenschutzvorschriften entsprechen.

(32) Die Einwilligung sollte durch eine eindeutige bestätigende Handlung erfolgen, mit der freiwillig, für den konkreten Fall, in informierter Weise und unmissverständlich bekundet wird, dass die betroffene Person mit der Verarbeitung der sie betreffenden personenbezogenen Daten einverstanden ist, etwa in Form einer schriftlichen

Erklärung, die auch elektronisch erfolgen kann, oder einer mündlichen Erklärung. Dies könnte etwa durch Anklicken eines Kästchens beim Besuch einer Internetseite, durch die Auswahl technischer Einstellungen für Dienste der Informationsgesellschaft oder durch eine andere Erklärung oder Verhaltensweise geschehen, mit der die betroffene Person in dem jeweiligen Kontext eindeutig ihr Einverständnis mit der beabsichtigten Verarbeitung ihrer personenbezogenen Daten signalisiert. Stillschweigen, bereits angekreuzte Kästchen oder Untätigkeit der betroffenen Person sollten daher keine Einwilligung darstellen. Die Einwilligung sollte sich auf alle zu demselben Zweck oder denselben Zwecken vorgenommenen Verarbeitungsvorgänge beziehen. Wenn die Verarbeitung mehreren Zwecken dient, sollte für alle diese Verarbeitungszwecke eine Einwilligung gegeben werden. Wird die betroffene Person auf elektronischem Weg zur Einwilligung aufgefordert, so muss die Aufforderung in klarer und knapper Form und ohne unnötige Unterbrechung des Dienstes, für den die Einwilligung gegeben wird, erfolgen.

(33) Oftmals kann der Zweck der Verarbeitung personenbezogener Daten für Zwecke der wissenschaftlichen Forschung zum Zeitpunkt der Erhebung der personenbezogenen Daten nicht vollständig angegeben werden. Daher sollte es betroffenen Personen erlaubt sein, ihre Einwilligung für bestimmte Bereiche wissenschaftlicher Forschung zu geben, wenn dies unter Einhaltung der anerkannten ethischen Standards der wissenschaftlichen Forschung geschieht. Die betroffenen Personen sollten Gelegenheit erhalten, ihre Einwilligung nur für bestimme Forschungsbereiche oder Teile von Forschungsprojekten in dem vom verfolgten Zweck zugelassenen Maße zu erteilen.

(34) Genetische Daten sollten als personenbezogene Daten über die ererbten oder erworbenen genetischen Eigenschaften einer natürlichen Person definiert werden, die aus der Analyse einer biologischen Probe der betreffenden natürlichen Person, insbesondere durch eine Chromosomen, Desoxyribonukleinsäure (DNS)- oder Ribonukleinsäure (RNS)-Analyse oder der Analyse eines anderen Elements, durch die gleichwertige Informationen erlangt werden können, gewonnen werden.

(35) Zu den personenbezogenen Gesundheitsdaten sollten alle Daten zählen, die sich auf den Gesundheitszustand einer betroffenen Person beziehen und aus denen Informationen über den früheren, gegenwärtigen und künftigen körperlichen oder geistigen Gesundheitszustand der betroffenen Person hervorgehen. Dazu gehören auch Informationen über die natürliche Person, die im Zuge der Anmeldung für sowie der Erbringung von Gesundheitsdienstleistungen im Sinne der Richtlinie 2011/24/EU des Europäischen Parlaments und des Rates[9] für die natürliche Person erhoben werden, Nummern, Symbole oder Kennzeichen, die einer natürlichen Person zugeteilt wurden, um diese natürliche Person für gesundheitliche Zwecke eindeutig zu identifizieren, Informationen, die von der Prüfung oder Untersuchung eines Körperteils oder einer körpereigenen Substanz, auch aus genetischen Daten und biologischen Proben, abgeleitet wurden, und Informationen etwa über Krankheiten, Behinderungen, Krankheitsrisiken, Vorerkrankungen, klinische Behandlungen oder den physiologischen oder biomedizinischen Zustand der betroffenen Person unabhängig von der

9 Richtlinie 2011/24/EU des Europäischen Parlaments und des Rates vom 9. März 2011 über die Ausübung der Patientenrechte in der grenzüberschreitenden Gesundheitsversorgung (ABl. L 88 vom 4.4.2011, S. 45).

Herkunft der Daten, ob sie nun von einem Arzt oder sonstigem Angehörigen eines Gesundheitsberufes, einem Krankenhaus, einem Medizinprodukt oder einem In-Vitro-Diagnostikum stammen.

(36) Die Hauptniederlassung des Verantwortlichen in der Union sollte der Ort seiner Hauptverwaltung in der Union sein, es sei denn, dass Entscheidungen über die Zwecke und Mittel der Verarbeitung personenbezogener Daten in einer anderen Niederlassung des Verantwortlichen in der Union getroffen werden; in diesem Fall sollte die letztgenannte als Hauptniederlassung gelten. Zur Bestimmung der Hauptniederlassung eines Verantwortlichen in der Union sollten objektive Kriterien herangezogen werden; ein Kriterium sollte dabei die effektive und tatsächliche Ausübung von Managementtätigkeiten durch eine feste Einrichtung sein, in deren Rahmen die Grundsatzentscheidungen zur Festlegung der Zwecke und Mittel der Verarbeitung getroffen werden. Dabei sollte nicht ausschlaggebend sein, ob die Verarbeitung der personenbezogenen Daten tatsächlich an diesem Ort ausgeführt wird. Das Vorhandensein und die Verwendung technischer Mittel und Verfahren zur Verarbeitung personenbezogener Daten oder Verarbeitungstätigkeiten begründen an sich noch keine Hauptniederlassung und sind daher kein ausschlaggebender Faktor für das Bestehen einer Hauptniederlassung. Die Hauptniederlassung des Auftragsverarbeiters sollte der Ort sein, an dem der Auftragsverarbeiter seine Hauptverwaltung in der Union hat, oder – wenn er keine Hauptverwaltung in der Union hat – der Ort, an dem die wesentlichen Verarbeitungstätigkeiten in der Union stattfinden. Sind sowohl der Verantwortliche als auch der Auftragsverarbeiter betroffen, so sollte die Aufsichtsbehörde des Mitgliedstaats, in dem der Verantwortliche seine Hauptniederlassung hat, die zuständige federführende Aufsichtsbehörde bleiben, doch sollte die Aufsichtsbehörde des Auftragsverarbeiters als betroffene Aufsichtsbehörde betrachtet werden und diese Aufsichtsbehörde sollte sich an dem in dieser Verordnung vorgesehenen Verfahren der Zusammenarbeit beteiligen. Auf jeden Fall sollten die Aufsichtsbehörden des Mitgliedstaats oder der Mitgliedstaaten, in dem bzw. denen der Auftragsverarbeiter eine oder mehrere Niederlassungen hat, nicht als betroffene Aufsichtsbehörden betrachtet werden, wenn sich der Beschlussentwurf nur auf den Verantwortlichen bezieht. Wird die Verarbeitung durch eine Unternehmensgruppe vorgenommen, so sollte die Hauptniederlassung des herrschenden Unternehmens als Hauptniederlassung der Unternehmensgruppe gelten, es sei denn, die Zwecke und Mittel der Verarbeitung werden von einem anderen Unternehmen festgelegt.

(37) Eine Unternehmensgruppe sollte aus einem herrschenden Unternehmen und den von diesem abhängigen Unternehmen bestehen, wobei das herrschende Unternehmen dasjenige sein sollte, das zum Beispiel aufgrund der Eigentumsverhältnisse, der finanziellen Beteiligung oder der für das Unternehmen geltenden Vorschriften oder der Befugnis, Datenschutzvorschriften umsetzen zu lassen, einen beherrschenden Einfluss auf die übrigen Unternehmen ausüben kann. Ein Unternehmen, das die Verarbeitung personenbezogener Daten in ihm angeschlossenen Unternehmen kontrolliert, sollte zusammen mit diesen als eine „Unternehmensgruppe" betrachtet werden.

(38) Kinder verdienen bei ihren personenbezogenen Daten besonderen Schutz, da Kinder sich der betreffenden Risiken, Folgen und Garantien und ihrer Rechte bei der Verarbeitung personenbezogener Daten möglicherweise weniger bewusst sind. Ein solcher besonderer Schutz sollte insbesondere die Verwendung personenbezogener

Daten von Kindern für Werbezwecke oder für die Erstellung von Persönlichkeits- oder Nutzerprofilen und die Erhebung von personenbezogenen Daten von Kindern bei der Nutzung von Diensten, die Kindern direkt angeboten werden, betreffen. Die Einwilligung des Trägers der elterlichen Verantwortung sollte im Zusammenhang mit Präventions- oder Beratungsdiensten, die unmittelbar einem Kind angeboten werden, nicht erforderlich sein.

(39) Jede Verarbeitung personenbezogener Daten sollte rechtmäßig und nach Treu und Glauben erfolgen. Für natürliche Personen sollte Transparenz dahingehend bestehen, dass sie betreffende personenbezogene Daten erhoben, verwendet, eingesehen oder anderweitig verarbeitet werden und in welchem Umfang die personenbezogenen Daten verarbeitet werden und künftig noch verarbeitet werden. Der Grundsatz der Transparenz setzt voraus, dass alle Informationen und Mitteilungen zur Verarbeitung dieser personenbezogenen Daten leicht zugänglich und verständlich und in klarer und einfacher Sprache abgefasst sind. Dieser Grundsatz betrifft insbesondere die Informationen über die Identität des Verantwortlichen und die Zwecke der Verarbeitung und sonstige Informationen, die eine faire und transparente Verarbeitung im Hinblick auf die betroffenen natürlichen Personen gewährleisten, sowie deren Recht, eine Bestätigung und Auskunft darüber zu erhalten, welche sie betreffende personenbezogene Daten verarbeitet werden. Natürliche Personen sollten über die Risiken, Vorschriften, Garantien und Rechte im Zusammenhang mit der Verarbeitung personenbezogener Daten informiert und darüber aufgeklärt werden, wie sie ihre diesbezüglichen Rechte geltend machen können. Insbesondere sollten die bestimmten Zwecke, zu denen die personenbezogenen Daten verarbeitet werden, eindeutig und rechtmäßig sein und zum Zeitpunkt der Erhebung der personenbezogenen Daten feststehen. Die personenbezogenen Daten sollten für die Zwecke, zu denen sie verarbeitet werden, angemessen und erheblich sowie auf das für die Zwecke ihrer Verarbeitung notwendige Maß beschränkt sein. Dies erfordert insbesondere, dass die Speicherfrist für personenbezogene Daten auf das unbedingt erforderliche Mindestmaß beschränkt bleibt. Personenbezogene Daten sollten nur verarbeitet werden dürfen, wenn der Zweck der Verarbeitung nicht in zumutbarer Weise durch andere Mittel erreicht werden kann. Um sicherzustellen, dass die personenbezogenen Daten nicht länger als nötig gespeichert werden, sollte der Verantwortliche Fristen für ihre Löschung oder regelmäßige Überprüfung vorsehen. Es sollten alle vertretbaren Schritte unternommen werden, damit unrichtige personenbezogene Daten gelöscht oder berichtigt werden. Personenbezogene Daten sollten so verarbeitet werden, dass ihre Sicherheit und Vertraulichkeit hinreichend gewährleistet ist, wozu auch gehört, dass Unbefugte keinen Zugang zu den Daten haben und weder die Daten noch die Geräte, mit denen diese verarbeitet werden, benutzen können.

(40) Damit die Verarbeitung rechtmäßig ist, müssen personenbezogene Daten mit Einwilligung der betroffenen Person oder auf einer sonstigen zulässigen Rechtsgrundlage verarbeitet werden, die sich aus dieser Verordnung oder – wann immer in dieser Verordnung darauf Bezug genommen wird – aus dem sonstigen Unionsrecht oder dem Recht der Mitgliedstaaten ergibt, so unter anderem auf der Grundlage, dass sie zur Erfüllung der rechtlichen Verpflichtung, der der Verantwortliche unterliegt, oder zur Erfüllung eines Vertrags, dessen Vertragspartei die betroffene Person ist, oder für die Durchführung vorvertraglicher Maßnahmen, die auf Anfrage der betroffenen Person erfolgen, erforderlich ist.

(41) Wenn in dieser Verordnung auf eine Rechtsgrundlage oder eine Gesetzgebungsmaßnahme Bezug genommen wird, erfordert dies nicht notwendigerweise einen von einem Parlament angenommenen Gesetzgebungsakt; davon unberührt bleiben Anforderungen gemäß der Verfassungsordnung des betreffenden Mitgliedstaats. Die entsprechende Rechtsgrundlage oder Gesetzgebungsmaßnahme sollte jedoch klar und präzise sein und ihre Anwendung sollte für die Rechtsunterworfenen gemäß der Rechtsprechung des Gerichtshofs der Europäischen Union (im Folgenden „Gerichtshof") und des Europäischen Gerichtshofs für Menschenrechte vorhersehbar sein.

(42) Erfolgt die Verarbeitung mit Einwilligung der betroffenen Person, sollte der Verantwortliche nachweisen können, dass die betroffene Person ihre Einwilligung zu dem Verarbeitungsvorgang gegeben hat. Insbesondere bei Abgabe einer schriftlichen Erklärung in anderer Sache sollten Garantien sicherstellen, dass die betroffene Person weiß, dass und in welchem Umfang sie ihre Einwilligung erteilt. Gemäß der Richtlinie 93/13/EWG des Rates[10] sollte eine vom Verantwortlichen vorformulierte Einwilligungserklärung in verständlicher und leicht zugänglicher Form in einer klaren und einfachen Sprache zur Verfügung gestellt werden, und sie sollte keine missbräuchlichen Klauseln beinhalten. Damit sie in Kenntnis der Sachlage ihre Einwilligung geben kann, sollte die betroffene Person mindestens wissen, wer der Verantwortliche ist und für welche Zwecke ihre personenbezogenen Daten verarbeitet werden sollen. Es sollte nur dann davon ausgegangen werden, dass sie ihre Einwilligung freiwillig gegeben hat, wenn sie eine echte oder freie Wahl hat und somit in der Lage ist, die Einwilligung zu verweigern oder zurückzuziehen, ohne Nachteile zu erleiden.

(43) Um sicherzustellen, dass die Einwilligung freiwillig erfolgt ist, sollte diese in besonderen Fällen, wenn zwischen der betroffenen Person und dem Verantwortlichen ein klares Ungleichgewicht besteht, insbesondere wenn es sich bei dem Verantwortlichen um eine Behörde handelt, und es deshalb in Anbetracht aller Umstände in dem speziellen Fall unwahrscheinlich ist, dass die Einwilligung freiwillig gegeben wurde, keine gültige Rechtsgrundlage liefern. Die Einwilligung gilt nicht als freiwillig erteilt, wenn zu verschiedenen Verarbeitungsvorgängen von personenbezogenen Daten nicht gesondert eine Einwilligung erteilt werden kann, obwohl dies im Einzelfall angebracht ist, oder wenn die Erfüllung eines Vertrags, einschließlich der Erbringung einer Dienstleistung, von der Einwilligung abhängig ist, obwohl diese Einwilligung für die Erfüllung nicht erforderlich ist.

(44) Die Verarbeitung von Daten sollte als rechtmäßig gelten, wenn sie für die Erfüllung oder den geplanten Abschluss eines Vertrags erforderlich ist.

(45) Erfolgt die Verarbeitung durch den Verantwortlichen aufgrund einer ihm obliegenden rechtlichen Verpflichtung oder ist die Verarbeitung zur Wahrnehmung einer Aufgabe im öffentlichen Interesse oder in Ausübung öffentlicher Gewalt erforderlich, muss hierfür eine Grundlage im Unionsrecht oder im Recht eines Mitgliedstaats bestehen. Mit dieser Verordnung wird nicht für jede einzelne Verarbeitung ein spezifisches Gesetz verlangt. Ein Gesetz als Grundlage für mehrere Verarbeitungsvorgänge kann ausreichend sein, wenn die Verarbeitung aufgrund einer dem Verantwortlichen obliegenden rechtlichen Verpflichtung erfolgt oder wenn die Verarbeitung zur

---

10 Richtlinie 93/13/EWG des Rates vom 5. April 1993 über missbräuchliche Klauseln in Verbraucherverträgen (ABl. L 95 vom 21.4.1993, S. 29).

Wahrnehmung einer Aufgabe im öffentlichen Interesse oder in Ausübung öffentlicher Gewalt erforderlich ist. Desgleichen sollte im Unionsrecht oder im Recht der Mitgliedstaaten geregelt werden, für welche Zwecke die Daten verarbeitet werden dürfen. Ferner könnten in diesem Recht die allgemeinen Bedingungen dieser Verordnung zur Regelung der Rechtmäßigkeit der Verarbeitung personenbezogener Daten präzisiert und es könnte darin festgelegt werden, wie der Verantwortliche zu bestimmen ist, welche Art von personenbezogenen Daten verarbeitet werden, welche Personen betroffen sind, welchen Einrichtungen die personenbezogenen Daten offengelegt, für welche Zwecke und wie lange sie gespeichert werden dürfen und welche anderen Maßnahmen ergriffen werden, um zu gewährleisten, dass die Verarbeitung rechtmäßig und nach Treu und Glauben erfolgt. Desgleichen sollte im Unionsrecht oder im Recht der Mitgliedstaaten geregelt werden, ob es sich bei dem Verantwortlichen, der eine Aufgabe wahrnimmt, die im öffentlichen Interesse liegt oder in Ausübung öffentlicher Gewalt erfolgt, um eine Behörde oder um eine andere unter das öffentliche Recht fallende natürliche oder juristische Person oder, sofern dies durch das öffentliche Interesse einschließlich gesundheitlicher Zwecke, wie die öffentliche Gesundheit oder die soziale Sicherheit oder die Verwaltung von Leistungen der Gesundheitsfürsorge, gerechtfertigt ist, eine natürliche oder juristische Person des Privatrechts, wie beispielsweise eine Berufsvereinigung, handeln sollte.

(46) Die Verarbeitung personenbezogener Daten sollte ebenfalls als rechtmäßig angesehen werden, wenn sie erforderlich ist, um ein lebenswichtiges Interesse der betroffenen Person oder einer anderen natürlichen Person zu schützen. Personenbezogene Daten sollten grundsätzlich nur dann aufgrund eines lebenswichtigen Interesses einer anderen natürlichen Person verarbeitet werden, wenn die Verarbeitung offensichtlich nicht auf eine andere Rechtsgrundlage gestützt werden kann. Einige Arten der Verarbeitung können sowohl wichtigen Gründen des öffentlichen Interesses als auch lebenswichtigen Interessen der betroffenen Person dienen; so kann beispielsweise die Verarbeitung für humanitäre Zwecke einschließlich der Überwachung von Epidemien und deren Ausbreitung oder in humanitären Notfällen insbesondere bei Naturkatastrophen oder vom Menschen verursachten Katastrophen erforderlich sein.

(47) Die Rechtmäßigkeit der Verarbeitung kann durch die berechtigten Interessen eines Verantwortlichen, auch eines Verantwortlichen, dem die personenbezogenen Daten offengelegt werden dürfen, oder eines Dritten begründet sein, sofern die Interessen oder die Grundrechte und Grundfreiheiten der betroffenen Person nicht überwiegen; dabei sind die vernünftigen Erwartungen der betroffenen Person, die auf ihrer Beziehung zu dem Verantwortlichen beruhen, zu berücksichtigen. Ein berechtigtes Interesse könnte beispielsweise vorliegen, wenn eine maßgebliche und angemessene Beziehung zwischen der betroffenen Person und dem Verantwortlichen besteht, z. B. wenn die betroffene Person ein Kunde des Verantwortlichen ist oder in seinen Diensten steht. Auf jeden Fall wäre das Bestehen eines berechtigten Interesses besonders sorgfältig abzuwägen, wobei auch zu prüfen ist, ob eine betroffene Person zum Zeitpunkt der Erhebung der personenbezogenen Daten und angesichts der Umstände, unter denen sie erfolgt, vernünftigerweise absehen kann, dass möglicherweise eine Verarbeitung für diesen Zweck erfolgen wird. Insbesondere dann, wenn personenbezogene Daten in Situationen verarbeitet werden, in denen eine betroffene Person vernünftigerweise nicht mit einer weiteren Verarbeitung rechnen muss, könn-

ten die Interessen und Grundrechte der betroffenen Person das Interesse des Verantwortlichen überwiegen. Da es dem Gesetzgeber obliegt, per Rechtsvorschrift die Rechtsgrundlage für die Verarbeitung personenbezogener Daten durch die Behörden zu schaffen, sollte diese Rechtsgrundlage nicht für Verarbeitungen durch Behörden gelten, die diese in Erfüllung ihrer Aufgaben vornehmen. Die Verarbeitung personenbezogener Daten im für die Verhinderung von Betrug unbedingt erforderlichen Umfang stellt ebenfalls ein berechtigtes Interesse des jeweiligen Verantwortlichen dar. Die Verarbeitung personenbezogener Daten zum Zwecke der Direktwerbung kann als eine einem berechtigten Interesse dienende Verarbeitung betrachtet werden.

(48) Verantwortliche, die Teil einer Unternehmensgruppe oder einer Gruppe von Einrichtungen sind, die einer zentralen Stelle zugeordnet sind können ein berechtigtes Interesse haben, personenbezogene Daten innerhalb der Unternehmensgruppe für interne Verwaltungszwecke, einschließlich der Verarbeitung personenbezogener Daten von Kunden und Beschäftigten, zu übermitteln. Die Grundprinzipien für die Übermittlung personenbezogener Daten innerhalb von Unternehmensgruppen an ein Unternehmen in einem Drittland bleiben unberührt.

(49) Die Verarbeitung von personenbezogenen Daten durch Behörden, Computer-Notdienste (Computer Emergency Response Teams – CERT, beziehungsweise Computer Security Incident Response Teams – CSIRT), Betreiber von elektronischen Kommunikationsnetzen und -diensten sowie durch Anbieter von Sicherheitstechnologien und -diensten stellt in dem Maße ein berechtigtes Interesse des jeweiligen Verantwortlichen dar, wie dies für die Gewährleistung der Netz- und Informationssicherheit unbedingt notwendig und verhältnismäßig ist, d. h. soweit dadurch die Fähigkeit eines Netzes oder Informationssystems gewährleistet wird, mit einem vorgegebenen Grad der Zuverlässigkeit Störungen oder widerrechtliche oder mutwillige Eingriffe abzuwehren, die die Verfügbarkeit, Authentizität, Vollständigkeit und Vertraulichkeit von gespeicherten oder übermittelten personenbezogenen Daten sowie die Sicherheit damit zusammenhängender Dienste, die über diese Netze oder Informationssysteme angeboten werden bzw. zugänglich sind, beeinträchtigen. Ein solches berechtigtes Interesse könnte beispielsweise darin bestehen, den Zugang Unbefugter zu elektronischen Kommunikationsnetzen und die Verbreitung schädlicher Programmcodes zu verhindern sowie Angriffe in Form der gezielten Überlastung von Servern („Denial of service"-Angriffe) und Schädigungen von Computer- und elektronischen Kommunikationssystemen abzuwehren.

(50) Die Verarbeitung personenbezogener Daten für andere Zwecke als die, für die die personenbezogenen Daten ursprünglich erhoben wurden, sollte nur zulässig sein, wenn die Verarbeitung mit den Zwecken, für die die personenbezogenen Daten ursprünglich erhoben wurden, vereinbar ist. In diesem Fall ist keine andere gesonderte Rechtsgrundlage erforderlich als diejenige für die Erhebung der personenbezogenen Daten. Ist die Verarbeitung für die Wahrnehmung einer Aufgabe erforderlich, die im öffentlichen Interesse liegt oder in Ausübung öffentlicher Gewalt erfolgt, die dem Verantwortlichen übertragen wurde, so können im Unionsrecht oder im Recht der Mitgliedstaaten die Aufgaben und Zwecke bestimmt und konkretisiert werden, für die eine Weiterverarbeitung als vereinbar und rechtmäßig erachtet wird. Die Weiterverarbeitung für im öffentlichen Interesse liegende Archivzwecke, für wissenschaftliche oder historische Forschungszwecke oder für statistische Zwecke sollte als verein-

barer und rechtmäßiger Verarbeitungsvorgang gelten. Die im Unionsrecht oder im Recht der Mitgliedstaaten vorgesehene Rechtsgrundlage für die Verarbeitung personenbezogener Daten kann auch als Rechtsgrundlage für eine Weiterverarbeitung dienen. Um festzustellen, ob ein Zweck der Weiterverarbeitung mit dem Zweck, für den die personenbezogenen Daten ursprünglich erhoben wurden, vereinbar ist, sollte der Verantwortliche nach Einhaltung aller Anforderungen für die Rechtmäßigkeit der ursprünglichen Verarbeitung unter anderem prüfen, ob ein Zusammenhang zwischen den Zwecken, für die die personenbezogenen Daten erhoben wurden, und den Zwecken der beabsichtigten Weiterverarbeitung besteht, in welchem Kontext die Daten erhoben wurden, insbesondere die vernünftigen Erwartungen der betroffenen Person, die auf ihrer Beziehung zu dem Verantwortlichen beruhen, in Bezug auf die weitere Verwendung dieser Daten, um welche Art von personenbezogenen Daten es sich handelt, welche Folgen die beabsichtigte Weiterverarbeitung für die betroffenen Personen hat und ob sowohl beim ursprünglichen als auch beim beabsichtigten Weiterverarbeitungsvorgang geeignete Garantien bestehen.

Hat die betroffene Person ihre Einwilligung erteilt oder beruht die Verarbeitung auf Unionsrecht oder dem Recht der Mitgliedstaaten, was in einer demokratischen Gesellschaft eine notwendige und verhältnismäßige Maßnahme zum Schutz insbesondere wichtiger Ziele des allgemeinen öffentlichen Interesses darstellt, so sollte der Verantwortliche die personenbezogenen Daten ungeachtet der Vereinbarkeit der Zwecke weiterverarbeiten dürfen. In jedem Fall sollte gewährleistet sein, dass die in dieser Verordnung niedergelegten Grundsätze angewandt werden und insbesondere die betroffene Person über diese anderen Zwecke und über ihre Rechte einschließlich des Widerspruchsrechts unterrichtet wird. Der Hinweis des Verantwortlichen auf mögliche Straftaten oder Bedrohungen der öffentlichen Sicherheit und die Übermittlung der maßgeblichen personenbezogenen Daten in Einzelfällen oder in mehreren Fällen, die im Zusammenhang mit derselben Straftat oder derselben Bedrohung der öffentlichen Sicherheit stehen, an eine zuständige Behörde sollten als berechtigtes Interesse des Verantwortlichen gelten. Eine derartige Übermittlung personenbezogener Daten im berechtigten Interesse des Verantwortlichen oder deren Weiterverarbeitung sollte jedoch unzulässig sein, wenn die Verarbeitung mit einer rechtlichen, beruflichen oder sonstigen verbindlichen Pflicht zur Geheimhaltung unvereinbar ist.

(51) Personenbezogene Daten, die ihrem Wesen nach hinsichtlich der Grundrechte und Grundfreiheiten besonders sensibel sind, verdienen einen besonderen Schutz, da im Zusammenhang mit ihrer Verarbeitung erhebliche Risiken für die Grundrechte und Grundfreiheiten auftreten können. Diese personenbezogenen Daten sollten personenbezogene Daten umfassen, aus denen die rassische oder ethnische Herkunft hervorgeht, wobei die Verwendung des Begriffs „rassische Herkunft“ in dieser Verordnung nicht bedeutet, dass die Union Theorien, mit denen versucht wird, die Existenz verschiedener menschlicher Rassen zu belegen, gutheißt. Die Verarbeitung von Lichtbildern sollte nicht grundsätzlich als Verarbeitung besonderer Kategorien von personenbezogenen Daten angesehen werden, da Lichtbilder nur dann von der Definition des Begriffs „biometrische Daten“ erfasst werden, wenn sie mit speziellen technischen Mitteln verarbeitet werden, die die eindeutige Identifizierung oder Authentifizierung einer natürlichen Person ermöglichen. Derartige personenbezogene Daten sollten nicht verarbeitet werden, es sei denn, die Verarbeitung ist in den in dieser Verordnung dargelegten besonderen Fällen zulässig, wobei zu berücksichtigen ist, dass im Recht

der Mitgliedstaaten besondere Datenschutzbestimmungen festgelegt sein können, um die Anwendung der Bestimmungen dieser Verordnung anzupassen, damit die Einhaltung einer rechtlichen Verpflichtung oder die Wahrnehmung einer Aufgabe im öffentlichen Interesse oder die Ausübung öffentlicher Gewalt, die dem Verantwortlichen übertragen wurde, möglich ist. Zusätzlich zu den speziellen Anforderungen an eine derartige Verarbeitung sollten die allgemeinen Grundsätze und andere Bestimmungen dieser Verordnung, insbesondere hinsichtlich der Bedingungen für eine rechtmäßige Verarbeitung, gelten. Ausnahmen von dem allgemeinen Verbot der Verarbeitung dieser besonderen Kategorien personenbezogener Daten sollten ausdrücklich vorgesehen werden, unter anderem bei ausdrücklicher Einwilligung der betroffenen Person oder bei bestimmten Notwendigkeiten, insbesondere wenn die Verarbeitung im Rahmen rechtmäßiger Tätigkeiten bestimmter Vereinigungen oder Stiftungen vorgenommen wird, die sich für die Ausübung von Grundfreiheiten einsetzen.

(52) Ausnahmen vom Verbot der Verarbeitung besonderer Kategorien von personenbezogenen Daten sollten auch erlaubt sein, wenn sie im Unionsrecht oder dem Recht der Mitgliedstaaten vorgesehen sind, und – vorbehaltlich angemessener Garantien zum Schutz der personenbezogenen Daten und anderer Grundrechte – wenn dies durch das öffentliche Interesse gerechtfertigt ist, insbesondere für die Verarbeitung von personenbezogenen Daten auf dem Gebiet des Arbeitsrechts und des Rechts der sozialen Sicherheit einschließlich Renten und zwecks Sicherstellung und Überwachung der Gesundheit und Gesundheitswarnungen, Prävention oder Kontrolle ansteckender Krankheiten und anderer schwerwiegender Gesundheitsgefahren. Eine solche Ausnahme kann zu gesundheitlichen Zwecken gemacht werden, wie der Gewährleistung der öffentlichen Gesundheit und der Verwaltung von Leistungen der Gesundheitsversorgung, insbesondere wenn dadurch die Qualität und Wirtschaftlichkeit der Verfahren zur Abrechnung von Leistungen in den sozialen Krankenversicherungssystemen sichergestellt werden soll, oder wenn die Verarbeitung im öffentlichen Interesse liegenden Archivzwecken, wissenschaftlichen oder historischen Forschungszwecken oder statistischen Zwecken dient. Die Verarbeitung solcher personenbezogener Daten sollte zudem ausnahmsweise erlaubt sein, wenn sie erforderlich ist, um rechtliche Ansprüche, sei es in einem Gerichtsverfahren oder in einem Verwaltungsverfahren oder einem außergerichtlichen Verfahren, geltend zu machen, auszuüben oder zu verteidigen.

(53) Besondere Kategorien personenbezogener Daten, die eines höheren Schutzes verdienen, sollten nur dann für gesundheitsbezogene Zwecke verarbeitet werden, wenn dies für das Erreichen dieser Zwecke im Interesse einzelner natürlicher Personen und der Gesellschaft insgesamt erforderlich ist, insbesondere im Zusammenhang mit der Verwaltung der Dienste und Systeme des Gesundheits- oder Sozialbereichs, einschließlich der Verarbeitung dieser Daten durch die Verwaltung und die zentralen nationalen Gesundheitsbehörden zwecks Qualitätskontrolle, Verwaltungsinformationen und der allgemeinen nationalen und lokalen Überwachung des Gesundheitssystems oder des Sozialsystems und zwecks Gewährleistung der Kontinuität der Gesundheits- und Sozialfürsorge und der grenzüberschreitenden Gesundheitsversorgung oder Sicherstellung und Überwachung der Gesundheit und Gesundheitswarnungen oder für im öffentlichen Interesse liegende Archivzwecke, zu wissenschaftlichen oder historischen Forschungszwecken oder statistischen Zwecken, die auf Rechtsvorschriften der Union oder der Mitgliedstaaten beruhen, die einem im öffentlichen Interesse lie-

genden Ziel dienen müssen, sowie für Studien, die im öffentlichen Interesse im Bereich der öffentlichen Gesundheit durchgeführt werden. Diese Verordnung sollte daher harmonisierte Bedingungen für die Verarbeitung besonderer Kategorien personenbezogener Gesundheitsdaten im Hinblick auf bestimmte Erfordernisse harmonisieren, insbesondere wenn die Verarbeitung dieser Daten für gesundheitsbezogene Zwecke von Personen durchgeführt wird, die gemäß einer rechtlichen Verpflichtung dem Berufsgeheimnis unterliegen. Im Recht der Union oder der Mitgliedstaaten sollten besondere und angemessene Maßnahmen zum Schutz der Grundrechte und der personenbezogenen Daten natürlicher Personen vorgesehen werden. Den Mitgliedstaaten sollte gestattet werden, weitere Bedingungen – einschließlich Beschränkungen – in Bezug auf die Verarbeitung von genetischen Daten, biometrischen Daten oder Gesundheitsdaten beizubehalten oder einzuführen. Dies sollte jedoch den freien Verkehr personenbezogener Daten innerhalb der Union nicht beeinträchtigen, falls die betreffenden Bedingungen für die grenzüberschreitende Verarbeitung solcher Daten gelten.

(54) Aus Gründen des öffentlichen Interesses in Bereichen der öffentlichen Gesundheit kann es notwendig sein, besondere Kategorien personenbezogener Daten auch ohne Einwilligung der betroffenen Person zu verarbeiten. Diese Verarbeitung sollte angemessenen und besonderen Maßnahmen zum Schutz der Rechte und Freiheiten natürlicher Personen unterliegen. In diesem Zusammenhang sollte der Begriff „öffentliche Gesundheit“ im Sinne der Verordnung (EG) Nr. 1338/2008 des Europäischen Parlaments und des Rates[11] ausgelegt werden und alle Elemente im Zusammenhang mit der Gesundheit wie den Gesundheitszustand einschließlich Morbidität und Behinderung, die sich auf diesen Gesundheitszustand auswirkenden Determinanten, den Bedarf an Gesundheitsversorgung, die der Gesundheitsversorgung zugewiesenen Mittel, die Bereitstellung von Gesundheitsversorgungsleistungen und den allgemeinen Zugang zu diesen Leistungen sowie die entsprechenden Ausgaben und die Finanzierung und schließlich die Ursachen der Mortalität einschließen. Eine solche Verarbeitung von Gesundheitsdaten aus Gründen des öffentlichen Interesses darf nicht dazu führen, dass Dritte, unter anderem Arbeitgeber oder Versicherungs- und Finanzunternehmen, solche personenbezogene Daten zu anderen Zwecken verarbeiten.

(55) Auch die Verarbeitung personenbezogener Daten durch staatliche Stellen zu verfassungsrechtlich oder völkerrechtlich verankerten Zielen von staatlich anerkannten Religionsgemeinschaften erfolgt aus Gründen des öffentlichen Interesses.

(56) Wenn es in einem Mitgliedstaat das Funktionieren des demokratischen Systems erfordert, dass die politischen Parteien im Zusammenhang mit Wahlen personenbezogene Daten über die politische Einstellung von Personen sammeln, kann die Verarbeitung derartiger Daten aus Gründen des öffentlichen Interesses zugelassen werden, sofern geeignete Garantien vorgesehen werden.

(57) Kann der Verantwortliche anhand der von ihm verarbeiteten personenbezogenen Daten eine natürliche Person nicht identifizieren, so sollte er nicht verpflichtet sein, zur bloßen Einhaltung einer Vorschrift dieser Verordnung zusätzliche Daten ein-

---

11 Verordnung (EG) Nr. 1338/2008 des Europäischen Parlaments und des Rates vom 16. Dezember 2008 zu Gemeinschaftsstatistiken über öffentliche Gesundheit und über Gesundheitsschutz und Sicherheit am Arbeitsplatz (ABl. L 354 vom 31.12.2008, S. 70).

zuholen, um die betroffene Person zu identifizieren. Allerdings sollte er sich nicht weigern, zusätzliche Informationen entgegenzunehmen, die von der betroffenen Person beigebracht werden, um ihre Rechte geltend zu machen. Die Identifizierung sollte die digitale Identifizierung einer betroffenen Person – beispielsweise durch Authentifizierungsverfahren etwa mit denselben Berechtigungsnachweisen, wie sie die betroffene Person verwendet, um sich bei dem von dem Verantwortlichen bereitgestellten Online-Dienst anzumelden – einschließen.

(58) Der Grundsatz der Transparenz setzt voraus, dass eine für die Öffentlichkeit oder die betroffene Person bestimmte Information präzise, leicht zugänglich und verständlich sowie in klarer und einfacher Sprache abgefasst ist und gegebenenfalls zusätzlich visuelle Elemente verwendet werden. Diese Information könnte in elektronischer Form bereitgestellt werden, beispielsweise auf einer Website, wenn sie für die Öffentlichkeit bestimmt ist. Dies gilt insbesondere für Situationen, wo die große Zahl der Beteiligten und die Komplexität der dazu benötigten Technik es der betroffenen Person schwer machen, zu erkennen und nachzuvollziehen, ob, von wem und zu welchem Zweck sie betreffende personenbezogene Daten erfasst werden, wie etwa bei der Werbung im Internet. Wenn sich die Verarbeitung an Kinder richtet, sollten aufgrund der besonderen Schutzwürdigkeit von Kindern Informationen und Hinweise in einer dergestalt klaren und einfachen Sprache erfolgen, dass ein Kind sie verstehen kann.

(59) Es sollten Modalitäten festgelegt werden, die einer betroffenen Person die Ausübung der Rechte, die ihr nach dieser Verordnung zustehen, erleichtern, darunter auch Mechanismen, die dafür sorgen, dass sie unentgeltlich insbesondere Zugang zu personenbezogenen Daten und deren Berichtigung oder Löschung beantragen und gegebenenfalls erhalten oder von ihrem Widerspruchsrecht Gebrauch machen kann. So sollte der Verantwortliche auch dafür sorgen, dass Anträge elektronisch gestellt werden können, insbesondere wenn die personenbezogenen Daten elektronisch verarbeitet werden. Der Verantwortliche sollte verpflichtet werden, den Antrag der betroffenen Person unverzüglich, spätestens aber innerhalb eines Monats zu beantworten und gegebenenfalls zu begründen, warum er den Antrag ablehnt.

(60) Die Grundsätze einer fairen und transparenten Verarbeitung machen es erforderlich, dass die betroffene Person über die Existenz des Verarbeitungsvorgangs und seine Zwecke unterrichtet wird. Der Verantwortliche sollte der betroffenen Person alle weiteren Informationen zur Verfügung stellen, die unter Berücksichtigung der besonderen Umstände und Rahmenbedingungen, unter denen die personenbezogenen Daten verarbeitet werden, notwendig sind, um eine faire und transparente Verarbeitung zu gewährleisten. Darüber hinaus sollte er die betroffene Person darauf hinweisen, dass Profiling stattfindet und welche Folgen dies hat. Werden die personenbezogenen Daten bei der betroffenen Person erhoben, so sollte dieser darüber hinaus mitgeteilt werden, ob sie verpflichtet ist, die personenbezogenen Daten bereitzustellen, und welche Folgen eine Zurückhaltung der Daten nach sich ziehen würde. Die betreffenden Informationen können in Kombination mit standardisierten Bildsymbolen bereitgestellt werden, um in leicht wahrnehmbarer, verständlicher und klar nachvollziehbarer Form einen aussagekräftigen Überblick über die beabsichtigte Verarbeitung zu vermitteln. Werden die Bildsymbole in elektronischer Form dargestellt, so sollten sie maschinenlesbar sein.

(61) Dass sie betreffende personenbezogene Daten verarbeitet werden, sollte der betroffenen Person zum Zeitpunkt der Erhebung mitgeteilt werden oder, falls die Daten nicht von ihr, sondern aus einer anderen Quelle erlangt werden, innerhalb einer angemessenen Frist, die sich nach dem konkreten Einzelfall richtet. Wenn die personenbezogenen Daten rechtmäßig einem anderen Empfänger offengelegt werden dürfen, sollte die betroffene Person bei der erstmaligen Offenlegung der personenbezogenen Daten für diesen Empfänger darüber aufgeklärt werden. Beabsichtigt der Verantwortliche, die personenbezogenen Daten für einen anderen Zweck zu verarbeiten als den, für den die Daten erhoben wurden, so sollte er der betroffenen Person vor dieser Weiterverarbeitung Informationen über diesen anderen Zweck und andere erforderliche Informationen zur Verfügung stellen. Konnte der betroffenen Person nicht mitgeteilt werden, woher die personenbezogenen Daten stammen, weil verschiedene Quellen benutzt wurden, so sollte die Unterrichtung allgemein gehalten werden.

(62) Die Pflicht, Informationen zur Verfügung zu stellen, erübrigt sich jedoch, wenn die betroffene Person die Information bereits hat, wenn die Speicherung oder Offenlegung der personenbezogenen Daten ausdrücklich durch Rechtsvorschriften geregelt ist oder wenn sich die Unterrichtung der betroffenen Person als unmöglich erweist oder mit unverhältnismäßig hohem Aufwand verbunden ist. Letzteres könnte insbesondere bei Verarbeitungen für im öffentlichen Interesse liegende Archivzwecke, zu wissenschaftlichen oder historischen Forschungszwecken oder zu statistischen Zwecken der Fall sein. Als Anhaltspunkte sollten dabei die Zahl der betroffenen Personen, das Alter der Daten oder etwaige geeignete Garantien in Betracht gezogen werden.

(63) Eine betroffene Person sollte ein Auskunftsrecht hinsichtlich der sie betreffenden personenbezogenen Daten, die erhoben worden sind, besitzen und dieses Recht problemlos und in angemessenen Abständen wahrnehmen können, um sich der Verarbeitung bewusst zu sein und deren Rechtmäßigkeit überprüfen zu können. Dies schließt das Recht betroffener Personen auf Auskunft über ihre eigenen gesundheitsbezogenen Daten ein, etwa Daten in ihren Patientenakten, die Informationen wie beispielsweise Diagnosen, Untersuchungsergebnisse, Befunde der behandelnden Ärzte und Angaben zu Behandlungen oder Eingriffen enthalten. Jede betroffene Person sollte daher ein Anrecht darauf haben zu wissen und zu erfahren, insbesondere zu welchen Zwecken die personenbezogenen Daten verarbeitet werden und, wenn möglich, wie lange sie gespeichert werden, wer die Empfänger der personenbezogenen Daten sind, nach welcher Logik die automatische Verarbeitung personenbezogener Daten erfolgt und welche Folgen eine solche Verarbeitung haben kann, zumindest in Fällen, in denen die Verarbeitung auf Profiling beruht. Nach Möglichkeit sollte der Verantwortliche den Fernzugang zu einem sicheren System bereitstellen können, der der betroffenen Person direkten Zugang zu ihren personenbezogenen Daten ermöglichen würde. Dieses Recht sollte die Rechte und Freiheiten anderer Personen, etwa Geschäftsgeheimnisse oder Rechte des geistigen Eigentums und insbesondere das Urheberrecht an Software, nicht beeinträchtigen. Dies darf jedoch nicht dazu führen, dass der betroffenen Person jegliche Auskunft verweigert wird. Verarbeitet der Verantwortliche eine große Menge von Informationen über die betroffene Person, so sollte er verlangen können, dass die betroffene Person präzisiert, auf welche Information oder welche Verarbeitungsvorgänge sich ihr Auskunftsersuchen bezieht, bevor er ihr Auskunft erteilt.

(64) Der Verantwortliche sollte alle vertretbaren Mittel nutzen, um die Identität einer Auskunft suchenden betroffenen Person zu überprüfen, insbesondere im Rahmen von Online-Diensten und im Fall von Online-Kennungen. Ein Verantwortlicher sollte personenbezogene Daten nicht allein zu dem Zweck speichern, auf mögliche Auskunftsersuchen reagieren zu können.

(65) Eine betroffene Person sollte ein Recht auf Berichtigung der sie betreffenden personenbezogenen Daten besitzen sowie ein „Recht auf Vergessenwerden", wenn die Speicherung ihrer Daten gegen diese Verordnung oder gegen das Unionsrecht oder das Recht der Mitgliedstaaten, dem der Verantwortliche unterliegt, verstößt. Insbesondere sollten betroffene Personen Anspruch darauf haben, dass ihre personenbezogenen Daten gelöscht und nicht mehr verarbeitet werden, wenn die personenbezogenen Daten hinsichtlich der Zwecke, für die sie erhoben bzw. anderweitig verarbeitet wurden, nicht mehr benötigt werden, wenn die betroffenen Personen ihre Einwilligung in die Verarbeitung widerrufen oder Widerspruch gegen die Verarbeitung der sie betreffenden personenbezogenen Daten eingelegt haben oder wenn die Verarbeitung ihrer personenbezogenen Daten aus anderen Gründen gegen diese Verordnung verstößt. Dieses Recht ist insbesondere wichtig in Fällen, in denen die betroffene Person ihre Einwilligung noch im Kindesalter gegeben hat und insofern die mit der Verarbeitung verbundenen Gefahren nicht in vollem Umfang absehen konnte und die personenbezogenen Daten – insbesondere die im Internet gespeicherten – später löschen möchte. Die betroffene Person sollte dieses Recht auch dann ausüben können, wenn sie kein Kind mehr ist. Die weitere Speicherung der personenbezogenen Daten sollte jedoch rechtmäßig sein, wenn dies für die Ausübung des Rechts auf freie Meinungsäußerung und Information, zur Erfüllung einer rechtlichen Verpflichtung, für die Wahrnehmung einer Aufgabe, die im öffentlichen Interesse liegt oder in Ausübung öffentlicher Gewalt erfolgt, die dem Verantwortlichen übertragen wurde, aus Gründen des öffentlichen Interesses im Bereich der öffentlichen Gesundheit, für im öffentlichen Interesse liegende Archivzwecke, zu wissenschaftlichen oder historischen Forschungszwecken oder zu statistischen Zwecken oder zur Geltendmachung, Ausübung oder Verteidigung von Rechtsansprüchen erforderlich ist.

(66) Um dem „Recht auf Vergessenwerden" im Netz mehr Geltung zu verschaffen, sollte das Recht auf Löschung ausgeweitet werden, indem ein Verantwortlicher, der die personenbezogenen Daten öffentlich gemacht hat, verpflichtet wird, den Verantwortlichen, die diese personenbezogenen Daten verarbeiten, mitzuteilen, alle Links zu diesen personenbezogenen Daten oder Kopien oder Replikationen der personenbezogenen Daten zu löschen. Dabei sollte der Verantwortliche, unter Berücksichtigung der verfügbaren Technologien und der ihm zur Verfügung stehenden Mittel, angemessene Maßnahmen – auch technischer Art – treffen, um die Verantwortlichen, die diese personenbezogenen Daten verarbeiten, über den Antrag der betroffenen Person zu informieren.

(67) Methoden zur Beschränkung der Verarbeitung personenbezogener Daten könnten unter anderem darin bestehen, dass ausgewählte personenbezogenen Daten vorübergehend auf ein anderes Verarbeitungssystem übertragen werden, dass sie für Nutzer gesperrt werden oder dass veröffentliche Daten vorübergehend von einer Website entfernt werden. In automatisierten Dateisystemen sollte die Einschränkung der Verarbeitung grundsätzlich durch technische Mittel so erfolgen, dass die perso-

nenbezogenen Daten in keiner Weise weiterverarbeitet werden und nicht verändert werden können. Auf die Tatsache, dass die Verarbeitung der personenbezogenen Daten beschränkt wurde, sollte in dem System unmissverständlich hingewiesen werden.

(68) Um im Fall der Verarbeitung personenbezogener Daten mit automatischen Mitteln eine bessere Kontrolle über die eigenen Daten zu haben, sollte die betroffene Person außerdem berechtigt sein, die sie betreffenden personenbezogenen Daten, die sie einem Verantwortlichen bereitgestellt hat, in einem strukturierten, gängigen, maschinenlesbaren und interoperablen Format zu erhalten und sie einem anderen Verantwortlichen zu übermitteln. Die Verantwortlichen sollten dazu aufgefordert werden, interoperable Formate zu entwickeln, die die Datenübertragbarkeit ermöglichen. Dieses Recht sollte dann gelten, wenn die betroffene Person die personenbezogenen Daten mit ihrer Einwilligung zur Verfügung gestellt hat oder die Verarbeitung zur Erfüllung eines Vertrags erforderlich ist. Es sollte nicht gelten, wenn die Verarbeitung auf einer anderen Rechtsgrundlage als ihrer Einwilligung oder eines Vertrags erfolgt. Dieses Recht sollte naturgemäß nicht gegen Verantwortliche ausgeübt werden, die personenbezogenen Daten in Erfüllung ihrer öffentlichen Aufgaben verarbeiten. Es sollte daher nicht gelten, wenn die Verarbeitung der personenbezogenen Daten zur Erfüllung einer rechtlichen Verpflichtung, der der Verantwortliche unterliegt, oder für die Wahrnehmung einer ihm übertragenen Aufgabe, die im öffentlichen Interesse liegt oder in Ausübung einer ihm übertragenen öffentlichen Gewalt erfolgt, erforderlich ist. Das Recht der betroffenen Person, sie betreffende personenbezogene Daten zu übermitteln oder zu empfangen, sollte für den Verantwortlichen nicht die Pflicht begründen, technisch kompatible Datenverarbeitungssysteme zu übernehmen oder beizubehalten. Ist im Fall eines bestimmten Satzes personenbezogener Daten mehr als eine betroffene Person tangiert, so sollte das Recht auf Empfang der Daten die Grundrechte und Grundfreiheiten anderer betroffener Personen nach dieser Verordnung unberührt lassen. Dieses Recht sollte zudem das Recht der betroffenen Person auf Löschung ihrer personenbezogenen Daten und die Beschränkungen dieses Rechts gemäß dieser Verordnung nicht berühren und insbesondere nicht bedeuten, dass die Daten, die sich auf die betroffene Person beziehen und von ihr zur Erfüllung eines Vertrags zur Verfügung gestellt worden sind, gelöscht werden, soweit und solange diese personenbezogenen Daten für die Erfüllung des Vertrags notwendig sind. Soweit technisch machbar, sollte die betroffene Person das Recht haben, zu erwirken, dass die personenbezogenen Daten direkt von einem Verantwortlichen einem anderen Verantwortlichen übermittelt werden.

(69) Dürfen die personenbezogenen Daten möglicherweise rechtmäßig verarbeitet werden, weil die Verarbeitung für die Wahrnehmung einer Aufgabe, die im öffentlichen Interesse liegt oder in Ausübung öffentlicher Gewalt – die dem Verantwortlichen übertragen wurde, – oder aufgrund des berechtigten Interesses des Verantwortlichen oder eines Dritten erforderlich ist, sollte jede betroffene Person trotzdem das Recht haben, Widerspruch gegen die Verarbeitung der sich aus ihrer besonderen Situation ergebenden personenbezogenen Daten einzulegen. Der für die Verarbeitung Verantwortliche sollte darlegen müssen, dass seine zwingenden berechtigten Interessen Vorrang vor den Interessen oder Grundrechten und Grundfreiheiten der betroffenen Person haben.

(70) Werden personenbezogene Daten verarbeitet, um Direktwerbung zu betreiben, so sollte die betroffene Person jederzeit unentgeltlich insoweit Widerspruch gegen eine solche – ursprüngliche oder spätere – Verarbeitung einschließlich des Profilings einlegen können, als sie mit dieser Direktwerbung zusammenhängt. Die betroffene Person sollte ausdrücklich auf dieses Recht hingewiesen werden; dieser Hinweis sollte in einer verständlichen und von anderen Informationen getrennten Form erfolgen.

(71) Die betroffene Person sollte das Recht haben, keiner Entscheidung – was eine Maßnahme einschließen kann – zur Bewertung von sie betreffenden persönlichen Aspekten unterworfen zu werden, die ausschließlich auf einer automatisierten Verarbeitung beruht und die rechtliche Wirkung für die betroffene Person entfaltet oder sie in ähnlicher Weise erheblich beeinträchtigt, wie die automatische Ablehnung eines Online-Kreditantrags oder Online-Einstellungsverfahren ohne jegliches menschliche Eingreifen. Zu einer derartigen Verarbeitung zählt auch das „Profiling“, das in jeglicher Form automatisierter Verarbeitung personenbezogener Daten unter Bewertung der persönlichen Aspekte in Bezug auf eine natürliche Person besteht, insbesondere zur Analyse oder Prognose von Aspekten bezüglich Arbeitsleistung, wirtschaftliche Lage, Gesundheit, persönliche Vorlieben oder Interessen, Zuverlässigkeit oder Verhalten, Aufenthaltsort oder Ortswechsel der betroffenen Person, soweit dies rechtliche Wirkung für die betroffene Person entfaltet oder sie in ähnlicher Weise erheblich beeinträchtigt. Eine auf einer derartigen Verarbeitung, einschließlich des Profilings, beruhende Entscheidungsfindung sollte allerdings erlaubt sein, wenn dies nach dem Unionsrecht oder dem Recht der Mitgliedstaaten, dem der für die Verarbeitung Verantwortliche unterliegt, ausdrücklich zulässig ist, auch um im Einklang mit den Vorschriften, Standards und Empfehlungen der Institutionen der Union oder der nationalen Aufsichtsgremien Betrug und Steuerhinterziehung zu überwachen und zu verhindern und die Sicherheit und Zuverlässigkeit eines von dem Verantwortlichen bereitgestellten Dienstes zu gewährleisten, oder wenn dies für den Abschluss oder die Erfüllung eines Vertrags zwischen der betroffenen Person und einem Verantwortlichen erforderlich ist oder wenn die betroffene Person ihre ausdrückliche Einwilligung hierzu erteilt hat. In jedem Fall sollte eine solche Verarbeitung mit angemessenen Garantien verbunden sein, einschließlich der spezifischen Unterrichtung der betroffenen Person und des Anspruchs auf direktes Eingreifen einer Person, auf Darlegung des eigenen Standpunkts, auf Erläuterung der nach einer entsprechenden Bewertung getroffenen Entscheidung sowie des Rechts auf Anfechtung der Entscheidung. Diese Maßnahme sollte kein Kind betreffen.

Um unter Berücksichtigung der besonderen Umstände und Rahmenbedingungen, unter denen die personenbezogenen Daten verarbeitet werden, der betroffenen Person gegenüber eine faire und transparente Verarbeitung zu gewährleisten, sollte der für die Verarbeitung Verantwortliche geeignete mathematische oder statistische Verfahren für das Profiling verwenden, technische und organisatorische Maßnahmen treffen, mit denen in geeigneter Weise insbesondere sichergestellt wird, dass Faktoren, die zu unrichtigen personenbezogenen Daten führen, korrigiert werden und das Risiko von Fehlern minimiert wird, und personenbezogene Daten in einer Weise sichern, dass den potenziellen Bedrohungen für die Interessen und Rechte der betroffenen Person Rechnung getragen wird und mit denen verhindert wird, dass es gegenüber natürlichen Personen aufgrund von Rasse, ethnischer Herkunft, politischer Meinung,

Religion oder Weltanschauung, Gewerkschaftszugehörigkeit, genetischer Anlagen oder Gesundheitszustand sowie sexueller Orientierung zu diskriminierenden Wirkungen oder zu Maßnahmen kommt, die eine solche Wirkung haben. Automatisierte Entscheidungsfindung und Profiling auf der Grundlage besonderer Kategorien von personenbezogenen Daten sollten nur unter bestimmten Bedingungen erlaubt sein.

(72) Das Profiling unterliegt den Vorschriften dieser Verordnung für die Verarbeitung personenbezogener Daten, wie etwa die Rechtsgrundlage für die Verarbeitung oder die Datenschutzgrundsätze. Der durch diese Verordnung eingerichtete Europäische Datenschutzausschuss (im Folgenden „Ausschuss") sollte, diesbezüglich Leitlinien herausgeben können.

(73) Im Recht der Union oder der Mitgliedstaaten können Beschränkungen hinsichtlich bestimmter Grundsätze und hinsichtlich des Rechts auf Unterrichtung, Auskunft zu und Berichtigung oder Löschung personenbezogener Daten, des Rechts auf Datenübertragbarkeit und Widerspruch, Entscheidungen, die auf der Erstellung von Profilen beruhen, sowie Mitteilungen über eine Verletzung des Schutzes personenbezogener Daten an eine betroffene Person und bestimmten damit zusammenhängenden Pflichten der Verantwortlichen vorgesehen werden, soweit dies in einer demokratischen Gesellschaft notwendig und verhältnismäßig ist, um die öffentliche Sicherheit aufrechtzuerhalten, wozu unter anderem der Schutz von Menschenleben insbesondere bei Naturkatastrophen oder vom Menschen verursachten Katastrophen, die Verhütung, Aufdeckung und Verfolgung von Straftaten oder die Strafvollstreckung – was auch den Schutz vor und die Abwehr von Gefahren für die öffentliche Sicherheit einschließt – oder die Verhütung, Aufdeckung und Verfolgung von Verstößen gegen Berufsstandsregeln bei reglementierten Berufen, das Führen öffentlicher Register aus Gründen des allgemeinen öffentlichen Interesses sowie die Weiterverarbeitung von archivierten personenbezogenen Daten zur Bereitstellung spezifischer Informationen im Zusammenhang mit dem politischen Verhalten unter ehemaligen totalitären Regimen gehört, und zum Schutz sonstiger wichtiger Ziele des allgemeinen öffentlichen Interesses der Union oder eines Mitgliedstaats, etwa wichtige wirtschaftliche oder finanzielle Interessen, oder die betroffene Person und die Rechte und Freiheiten anderer Personen, einschließlich in den Bereichen soziale Sicherheit, öffentliche Gesundheit und humanitäre Hilfe, zu schützen. Diese Beschränkungen sollten mit der Charta und mit der Europäischen Konvention zum Schutz der Menschenrechte und Grundfreiheiten im Einklang stehen.

(74) Die Verantwortung und Haftung des Verantwortlichen für jedwede Verarbeitung personenbezogener Daten, die durch ihn oder in seinem Namen erfolgt, sollte geregelt werden. Insbesondere sollte der Verantwortliche geeignete und wirksame Maßnahmen treffen müssen und nachweisen können, dass die Verarbeitungstätigkeiten im Einklang mit dieser Verordnung stehen und die Maßnahmen auch wirksam sind. Dabei sollte er die Art, den Umfang, die Umstände und die Zwecke der Verarbeitung und das Risiko für die Rechte und Freiheiten natürlicher Personen berücksichtigen.

(75) Die Risiken für die Rechte und Freiheiten natürlicher Personen – mit unterschiedlicher Eintrittswahrscheinlichkeit und Schwere – können aus einer Verarbeitung personenbezogener Daten hervorgehen, die zu einem physischen, materiellen oder immateriellen Schaden führen könnte, insbesondere wenn die Verarbeitung zu einer

Diskriminierung, einem Identitätsdiebstahl oder -betrug, einem finanziellen Verlust, einer Rufschädigung, einem Verlust der Vertraulichkeit von dem Berufsgeheimnis unterliegenden personenbezogenen Daten, der unbefugten Aufhebung der Pseudonymisierung oder anderen erheblichen wirtschaftlichen oder gesellschaftlichen Nachteilen führen kann, wenn die betroffenen Personen um ihre Rechte und Freiheiten gebracht oder daran gehindert werden, die sie betreffenden personenbezogenen Daten zu kontrollieren, wenn personenbezogene Daten, aus denen die rassische oder ethnische Herkunft, politische Meinungen, religiöse oder weltanschauliche Überzeugungen oder die Zugehörigkeit zu einer Gewerkschaft hervorgehen, und genetische Daten, Gesundheitsdaten oder das Sexualleben oder strafrechtliche Verurteilungen und Straftaten oder damit zusammenhängende Sicherungsmaßregeln betreffende Daten verarbeitet werden, wenn persönliche Aspekte bewertet werden, insbesondere wenn Aspekte, die die Arbeitsleistung, wirtschaftliche Lage, Gesundheit, persönliche Vorlieben oder Interessen, die Zuverlässigkeit oder das Verhalten, den Aufenthaltsort oder Ortswechsel betreffen, analysiert oder prognostiziert werden, um persönliche Profile zu erstellen oder zu nutzen, wenn personenbezogene Daten schutzbedürftiger natürlicher Personen, insbesondere Daten von Kindern, verarbeitet werden oder wenn die Verarbeitung eine große Menge personenbezogener Daten und eine große Anzahl von betroffenen Personen betrifft.

(76) Eintrittswahrscheinlichkeit und Schwere des Risikos für die Rechte und Freiheiten der betroffenen Person sollten in Bezug auf die Art, den Umfang, die Umstände und die Zwecke der Verarbeitung bestimmt werden. Das Risiko sollte anhand einer objektiven Bewertung beurteilt werden, bei der festgestellt wird, ob die Datenverarbeitung ein Risiko oder ein hohes Risiko birgt.

(77) Anleitungen, wie der Verantwortliche oder Auftragsverarbeiter geeignete Maßnahmen durchzuführen hat und wie die Einhaltung der Anforderungen nachzuweisen ist, insbesondere was die Ermittlung des mit der Verarbeitung verbundenen Risikos, dessen Abschätzung in Bezug auf Ursache, Art, Eintrittswahrscheinlichkeit und Schwere und die Festlegung bewährter Verfahren für dessen Eindämmung betrifft, könnten insbesondere in Form von genehmigten Verhaltensregeln, genehmigten Zertifizierungsverfahren, Leitlinien des Ausschusses oder Hinweisen eines Datenschutzbeauftragten gegeben werden. Der Ausschuss kann ferner Leitlinien für Verarbeitungsvorgänge ausgeben, bei denen davon auszugehen ist, dass sie kein hohes Risiko für die Rechte und Freiheiten natürlicher Personen mit sich bringen, und angeben, welche Abhilfemaßnahmen in diesen Fällen ausreichend sein können.

(78) Zum Schutz der in Bezug auf die Verarbeitung personenbezogener Daten bestehenden Rechte und Freiheiten natürlicher Personen ist es erforderlich, dass geeignete technische und organisatorische Maßnahmen getroffen werden, damit die Anforderungen dieser Verordnung erfüllt werden. Um die Einhaltung dieser Verordnung nachweisen zu können, sollte der Verantwortliche interne Strategien festlegen und Maßnahmen ergreifen, die insbesondere den Grundsätzen des Datenschutzes durch Technik (data protection by design) und durch datenschutzfreundliche Voreinstellungen (data protection by default) Genüge tun. Solche Maßnahmen könnten unter anderem darin bestehen, dass die Verarbeitung personenbezogener Daten minimiert wird, personenbezogene Daten so schnell wie möglich pseudonymisiert werden, Transparenz in Bezug auf die Funktionen und die Verarbeitung personenbezogener

Daten hergestellt wird, der betroffenen Person ermöglicht wird, die Verarbeitung personenbezogener Daten zu überwachen, und der Verantwortliche in die Lage versetzt wird, Sicherheitsfunktionen zu schaffen und zu verbessern. In Bezug auf Entwicklung, Gestaltung, Auswahl und Nutzung von Anwendungen, Diensten und Produkten, die entweder auf der Verarbeitung von personenbezogenen Daten beruhen oder zur Erfüllung ihrer Aufgaben personenbezogene Daten verarbeiten, sollten die Hersteller der Produkte, Dienste und Anwendungen ermutigt werden, das Recht auf Datenschutz bei der Entwicklung und Gestaltung der Produkte, Dienste und Anwendungen zu berücksichtigen und unter gebührender Berücksichtigung des Stands der Technik sicherzustellen, dass die Verantwortlichen und die Verarbeiter in der Lage sind, ihren Datenschutzpflichten nachzukommen. Den Grundsätzen des Datenschutzes durch Technik und durch datenschutzfreundliche Voreinstellungen sollte auch bei öffentlichen Ausschreibungen Rechnung getragen werden.

(79) Zum Schutz der Rechte und Freiheiten der betroffenen Personen sowie bezüglich der Verantwortung und Haftung der Verantwortlichen und der Auftragsverarbeiter bedarf es – auch mit Blick auf die Überwachungs- und sonstigen Maßnahmen von Aufsichtsbehörden – einer klaren Zuteilung der Verantwortlichkeiten durch diese Verordnung, einschließlich der Fälle, in denen ein Verantwortlicher die Verarbeitungszwecke und -mittel gemeinsam mit anderen Verantwortlichen festlegt oder ein Verarbeitungsvorgang im Auftrag eines Verantwortlichen durchgeführt wird.

(80) Jeder Verantwortliche oder Auftragsverarbeiter ohne Niederlassung in der Union, dessen Verarbeitungstätigkeiten sich auf betroffene Personen beziehen, die sich in der Union aufhalten, und dazu dienen, diesen Personen in der Union Waren oder Dienstleistungen anzubieten – unabhängig davon, ob von der betroffenen Person eine Zahlung verlangt wird – oder deren Verhalten, soweit dieses innerhalb der Union erfolgt, zu beobachten, sollte einen Vertreter benennen müssen, es sei denn, die Verarbeitung erfolgt gelegentlich, schließt nicht die umfangreiche Verarbeitung besonderer Kategorien personenbezogener Daten oder die Verarbeitung von personenbezogenen Daten über strafrechtliche Verurteilungen und Straftaten ein und bringt unter Berücksichtigung ihrer Art, ihrer Umstände, ihres Umfangs und ihrer Zwecke wahrscheinlich kein Risiko für die Rechte und Freiheiten natürlicher Personen mit sich oder bei dem Verantwortlichen handelt es sich um eine Behörde oder öffentliche Stelle. Der Vertreter sollte im Namen des Verantwortlichen oder des Auftragsverarbeiters tätig werden und den Aufsichtsbehörden als Anlaufstelle dienen. Der Verantwortliche oder der Auftragsverarbeiter sollte den Vertreter ausdrücklich bestellen und schriftlich beauftragen, in Bezug auf die ihm nach dieser Verordnung obliegenden Verpflichtungen an seiner Stelle zu handeln. Die Benennung eines solchen Vertreters berührt nicht die Verantwortung oder Haftung des Verantwortlichen oder des Auftragsverarbeiters nach Maßgabe dieser Verordnung. Ein solcher Vertreter sollte seine Aufgaben entsprechend dem Mandat des Verantwortlichen oder Auftragsverarbeiters ausführen und insbesondere mit den zuständigen Aufsichtsbehörden in Bezug auf Maßnahmen, die die Einhaltung dieser Verordnung sicherstellen sollen, zusammenarbeiten. Bei Verstößen des Verantwortlichen oder Auftragsverarbeiters sollte der bestellte Vertreter Durchsetzungsverfahren unterworfen werden.

(81) Damit die Anforderungen dieser Verordnung in Bezug auf die vom Auftragsverarbeiter im Namen des Verantwortlichen vorzunehmende Verarbeitung eingehal-

ten werden, sollte ein Verantwortlicher, der einen Auftragsverarbeiter mit Verarbeitungstätigkeiten betrauen will, nur Auftragsverarbeiter heranziehen, die – insbesondere im Hinblick auf Fachwissen, Zuverlässigkeit und Ressourcen – hinreichende Garantien dafür bieten, dass technische und organisatorische Maßnahmen – auch für die Sicherheit der Verarbeitung – getroffen werden, die den Anforderungen dieser Verordnung genügen. Die Einhaltung genehmigter Verhaltensregeln oder eines genehmigten Zertifizierungsverfahrens durch einen Auftragsverarbeiter kann als Faktor herangezogen werden, um die Erfüllung der Pflichten des Verantwortlichen nachzuweisen. Die Durchführung einer Verarbeitung durch einen Auftragsverarbeiter sollte auf Grundlage eines Vertrags oder eines anderen Rechtsinstruments nach dem Recht der Union oder der Mitgliedstaaten erfolgen, der bzw. das den Auftragsverarbeiter an den Verantwortlichen bindet und in dem Gegenstand und Dauer der Verarbeitung, Art und Zwecke der Verarbeitung, die Art der personenbezogenen Daten und die Kategorien von betroffenen Personen festgelegt sind, wobei die besonderen Aufgaben und Pflichten des Auftragsverarbeiters bei der geplanten Verarbeitung und das Risiko für die Rechte und Freiheiten der betroffenen Person zu berücksichtigen sind. Der Verantwortliche und der Auftragsverarbeiter können entscheiden, ob sie einen individuellen Vertrag oder Standardvertragsklauseln verwenden, die entweder unmittelbar von der Kommission erlassen oder aber nach dem Kohärenzverfahren von einer Aufsichtsbehörde angenommen und dann von der Kommission erlassen wurden. Nach Beendigung der Verarbeitung im Namen des Verantwortlichen sollte der Auftragsverarbeiter die personenbezogenen Daten nach Wahl des Verantwortlichen entweder zurückgeben oder löschen, sofern nicht nach dem Recht der Union oder der Mitgliedstaaten, dem der Auftragsverarbeiter unterliegt, eine Verpflichtung zur Speicherung der personenbezogenen Daten besteht.

(82) Zum Nachweis der Einhaltung dieser Verordnung sollte der Verantwortliche oder der Auftragsverarbeiter ein Verzeichnis der Verarbeitungstätigkeiten, die seiner Zuständigkeit unterliegen, führen. Jeder Verantwortliche und jeder Auftragsverarbeiter sollte verpflichtet sein, mit der Aufsichtsbehörde zusammenzuarbeiten und dieser auf Anfrage das entsprechende Verzeichnis vorzulegen, damit die betreffenden Verarbeitungsvorgänge anhand dieser Verzeichnisse kontrolliert werden können.

(83) Zur Aufrechterhaltung der Sicherheit und zur Vorbeugung gegen eine gegen diese Verordnung verstoßende Verarbeitung sollte der Verantwortliche oder der Auftragsverarbeiter die mit der Verarbeitung verbundenen Risiken ermitteln und Maßnahmen zu ihrer Eindämmung, wie etwa eine Verschlüsselung, treffen. Diese Maßnahmen sollten unter Berücksichtigung des Stands der Technik und der Implementierungskosten ein Schutzniveau – auch hinsichtlich der Vertraulichkeit – gewährleisten, das den von der Verarbeitung ausgehenden Risiken und der Art der zu schützenden personenbezogenen Daten angemessen ist. Bei der Bewertung der Datensicherheitsrisiken sollten die mit der Verarbeitung personenbezogener Daten verbundenen Risiken berücksichtigt werden, wie etwa – ob unbeabsichtigt oder unrechtmäßig – Vernichtung, Verlust, Veränderung oder unbefugte Offenlegung von oder unbefugter Zugang zu personenbezogenen Daten, die übermittelt, gespeichert oder auf sonstige Weise verarbeitet wurden, insbesondere wenn dies zu einem physischen, materiellen oder immateriellen Schaden führen könnte.

(84) Damit diese Verordnung in Fällen, in denen die Verarbeitungsvorgänge wahrscheinlich ein hohes Risiko für die Rechte und Freiheiten natürlicher Personen mit sich bringen, besser eingehalten wird, sollte der Verantwortliche für die Durchführung einer Datenschutz-Folgenabschätzung, mit der insbesondere die Ursache, Art, Besonderheit und Schwere dieses Risikos evaluiert werden, verantwortlich sein. Die Ergebnisse der Abschätzung sollten berücksichtigt werden, wenn darüber entschieden wird, welche geeigneten Maßnahmen ergriffen werden müssen, um nachzuweisen, dass die Verarbeitung der personenbezogenen Daten mit dieser Verordnung in Einklang steht. Geht aus einer Datenschutz-Folgenabschätzung hervor, dass Verarbeitungsvorgänge ein hohes Risiko bergen, das der Verantwortliche nicht durch geeignete Maßnahmen in Bezug auf verfügbare Technik und Implementierungskosten eindämmen kann, so sollte die Aufsichtsbehörde vor der Verarbeitung konsultiert werden.

(85) Eine Verletzung des Schutzes personenbezogener Daten kann – wenn nicht rechtzeitig und angemessen reagiert wird – einen physischen, materiellen oder immateriellen Schaden für natürliche Personen nach sich ziehen, wie etwa Verlust der Kontrolle über ihre personenbezogenen Daten oder Einschränkung ihrer Rechte, Diskriminierung, Identitätsdiebstahl oder -betrug, finanzielle Verluste, unbefugte Aufhebung der Pseudonymisierung, Rufschädigung, Verlust der Vertraulichkeit von dem Berufsgeheimnis unterliegenden Daten oder andere erhebliche wirtschaftliche oder gesellschaftliche Nachteile für die betroffene natürliche Person. Deshalb sollte der Verantwortliche, sobald ihm eine Verletzung des Schutzes personenbezogener Daten bekannt wird, die Aufsichtsbehörde von der Verletzung des Schutzes personenbezogener Daten unverzüglich und, falls möglich, binnen höchstens 72 Stunden, nachdem ihm die Verletzung bekannt wurde, unterrichten, es sei denn, der Verantwortliche kann im Einklang mit dem Grundsatz der Rechenschaftspflicht nachweisen, dass die Verletzung des Schutzes personenbezogener Daten voraussichtlich nicht zu einem Risiko für die persönlichen Rechte und Freiheiten natürlicher Personen führt. Falls diese Benachrichtigung nicht binnen 72 Stunden erfolgen kann, sollten in ihr die Gründe für die Verzögerung angegeben werden müssen, und die Informationen können schrittweise ohne unangemessene weitere Verzögerung bereitgestellt werden.

(86) Der für die Verarbeitung Verantwortliche sollte die betroffene Person unverzüglich von der Verletzung des Schutzes personenbezogener Daten benachrichtigen, wenn diese Verletzung des Schutzes personenbezogener Daten voraussichtlich zu einem hohen Risiko für die persönlichen Rechte und Freiheiten natürlicher Personen führt, damit diese die erforderlichen Vorkehrungen treffen können. Die Benachrichtigung sollte eine Beschreibung der Art der Verletzung des Schutzes personenbezogener Daten sowie an die betroffene natürliche Person gerichtete Empfehlungen zur Minderung etwaiger nachteiliger Auswirkungen dieser Verletzung enthalten. Solche Benachrichtigungen der betroffenen Person sollten stets so rasch wie nach allgemeinem Ermessen möglich, in enger Absprache mit der Aufsichtsbehörde und nach Maßgabe der von dieser oder von anderen zuständigen Behörden wie beispielsweise Strafverfolgungsbehörden erteilten Weisungen erfolgen. Um beispielsweise das Risiko eines unmittelbaren Schadens mindern zu können, müssten betroffene Personen sofort benachrichtigt werden, wohingegen eine längere Benachrichtigungsfrist gerechtfertigt sein kann, wenn es darum geht, geeignete Maßnahmen gegen fortlaufende oder vergleichbare Verletzungen des Schutzes personenbezogener Daten zu treffen.

(87) Es sollte festgestellt werden, ob alle geeigneten technischen Schutz- sowie organisatorischen Maßnahmen getroffen wurden, um sofort feststellen zu können, ob eine Verletzung des Schutzes personenbezogener Daten aufgetreten ist, und um die Aufsichtsbehörde und die betroffene Person umgehend unterrichten zu können. Bei der Feststellung, ob die Meldung unverzüglich erfolgt ist, sollten die Art und Schwere der Verletzung des Schutzes personenbezogener Daten sowie deren Folgen und nachteilige Auswirkungen für die betroffene Person berücksichtigt werden. Die entsprechende Meldung kann zu einem Tätigwerden der Aufsichtsbehörde im Einklang mit ihren in dieser Verordnung festgelegten Aufgaben und Befugnissen führen.

(88) Bei der detaillierten Regelung des Formats und der Verfahren für die Meldung von Verletzungen des Schutzes personenbezogener Daten sollten die Umstände der Verletzung hinreichend berücksichtigt werden, beispielsweise ob personenbezogene Daten durch geeignete technische Sicherheitsvorkehrungen geschützt waren, die die Wahrscheinlichkeit eines Identitätsbetrugs oder anderer Formen des Datenmissbrauchs wirksam verringern. Überdies sollten solche Regeln und Verfahren den berechtigten Interessen der Strafverfolgungsbehörden in Fällen Rechnung tragen, in denen die Untersuchung der Umstände einer Verletzung des Schutzes personenbezogener Daten durch eine frühzeitige Offenlegung in unnötiger Weise behindert würde.

(89) Gemäß der Richtlinie 95/46/EG waren Verarbeitungen personenbezogener Daten bei den Aufsichtsbehörden generell meldepflichtig. Diese Meldepflicht ist mit einem bürokratischen und finanziellen Aufwand verbunden und hat dennoch nicht in allen Fällen zu einem besseren Schutz personenbezogener Daten geführt. Diese unterschiedslosen allgemeinen Meldepflichten sollten daher abgeschafft und durch wirksame Verfahren und Mechanismen ersetzt werden, die sich stattdessen vorrangig mit denjenigen Arten von Verarbeitungsvorgängen befassen, die aufgrund ihrer Art, ihres Umfangs, ihrer Umstände und ihrer Zwecke wahrscheinlich ein hohes Risiko für die Rechte und Freiheiten natürlicher Personen mit sich bringen. Zu solchen Arten von Verarbeitungsvorgängen gehören insbesondere solche, bei denen neue Technologien eingesetzt werden oder die neuartig sind und bei denen der Verantwortliche noch keine Datenschutz-Folgenabschätzung durchgeführt hat bzw. bei denen aufgrund der seit der ursprünglichen Verarbeitung vergangenen Zeit eine Datenschutz-Folgenabschätzung notwendig geworden ist.

(90) In derartigen Fällen sollte der Verantwortliche vor der Verarbeitung eine Datenschutz-Folgenabschätzung durchführen, mit der die spezifische Eintrittswahrscheinlichkeit und die Schwere dieses hohen Risikos unter Berücksichtigung der Art, des Umfangs, der Umstände und der Zwecke der Verarbeitung und der Ursachen des Risikos bewertet werden. Diese Folgenabschätzung sollte sich insbesondere mit den Maßnahmen, Garantien und Verfahren befassen, durch die dieses Risiko eingedämmt, der Schutz personenbezogener Daten sichergestellt und die Einhaltung der Bestimmungen dieser Verordnung nachgewiesen werden soll.

(91) Dies sollte insbesondere für umfangreiche Verarbeitungsvorgänge gelten, die dazu dienen, große Mengen personenbezogener Daten auf regionaler, nationaler oder supranationaler Ebene zu verarbeiten, eine große Zahl von Personen betreffen könnten und – beispielsweise aufgrund ihrer Sensibilität – wahrscheinlich ein hohes Risiko mit sich bringen und bei denen entsprechend dem jeweils aktuellen Stand der Technik in großem Umfang eine neue Technologie eingesetzt wird, sowie für andere Verarbei-

tungsvorgänge, die ein hohes Risiko für die Rechte und Freiheiten der betroffenen Personen mit sich bringen, insbesondere dann, wenn diese Verarbeitungsvorgänge den betroffenen Personen die Ausübung ihrer Rechte erschweren. Eine Datenschutz-Folgenabschätzung sollte auch durchgeführt werden, wenn die personenbezogenen Daten für das Treffen von Entscheidungen in Bezug auf bestimmte natürliche Personen im Anschluss an eine systematische und eingehende Bewertung persönlicher Aspekte natürlicher Personen auf der Grundlage eines Profilings dieser Daten oder im Anschluss an die Verarbeitung besonderer Kategorien von personenbezogenen Daten, biometrischen Daten oder von Daten über strafrechtliche Verurteilungen und Straftaten sowie damit zusammenhängende Sicherungsmaßregeln verarbeitet werden. Gleichermaßen erforderlich ist eine Datenschutz-Folgenabschätzung für die weiträumige Überwachung öffentlich zugänglicher Bereiche, insbesondere mittels optoelektronischer Vorrichtungen, oder für alle anderen Vorgänge, bei denen nach Auffassung der zuständigen Aufsichtsbehörde die Verarbeitung wahrscheinlich ein hohes Risiko für die Rechte und Freiheiten der betroffenen Personen mit sich bringt, insbesondere weil sie die betroffenen Personen an der Ausübung eines Rechts oder der Nutzung einer Dienstleistung bzw. Durchführung eines Vertrags hindern oder weil sie systematisch in großem Umfang erfolgen. Die Verarbeitung personenbezogener Daten sollte nicht als umfangreich gelten, wenn die Verarbeitung personenbezogene Daten von Patienten oder von Mandanten betrifft und durch einen einzelnen Arzt, sonstigen Angehörigen eines Gesundheitsberufes oder Rechtsanwalt erfolgt. In diesen Fällen sollte eine Datenschutz-Folgenabschätzung nicht zwingend vorgeschrieben sein.

(92) Unter bestimmten Umständen kann es vernünftig und unter ökonomischen Gesichtspunkten zweckmäßig sein, eine Datenschutz-Folgenabschätzung nicht lediglich auf ein bestimmtes Projekt zu beziehen, sondern sie thematisch breiter anzulegen – beispielsweise wenn Behörden oder öffentliche Stellen eine gemeinsame Anwendung oder Verarbeitungsplattform schaffen möchten oder wenn mehrere Verantwortliche eine gemeinsame Anwendung oder Verarbeitungsumgebung für einen gesamten Wirtschaftssektor, für ein bestimmtes Marktsegment oder für eine weit verbreitete horizontale Tätigkeit einführen möchten.

(93) Anlässlich des Erlasses des Gesetzes des Mitgliedstaats, auf dessen Grundlage die Behörde oder öffentliche Stelle ihre Aufgaben wahrnimmt und das den fraglichen Verarbeitungsvorgang oder die fraglichen Arten von Verarbeitungsvorgängen regelt, können die Mitgliedstaaten es für erforderlich erachten, solche Folgeabschätzungen vor den Verarbeitungsvorgängen durchzuführen.

(94) Geht aus einer Datenschutz-Folgenabschätzung hervor, dass die Verarbeitung bei Fehlen von Garantien, Sicherheitsvorkehrungen und Mechanismen zur Minderung des Risikos ein hohes Risiko für die Rechte und Freiheiten natürlicher Personen mit sich bringen würde, und ist der Verantwortliche der Auffassung, dass das Risiko nicht durch in Bezug auf verfügbare Technologien und Implementierungskosten vertretbare Mittel eingedämmt werden kann, so sollte die Aufsichtsbehörde vor Beginn der Verarbeitungstätigkeiten konsultiert werden. Ein solches hohes Risiko ist wahrscheinlich mit bestimmten Arten der Verarbeitung und dem Umfang und der Häufigkeit der Verarbeitung verbunden, die für natürliche Personen auch eine Schädigung oder eine Beeinträchtigung der persönlichen Rechte und Freiheiten mit sich bringen können. Die Aufsichtsbehörde sollte das Beratungsersuchen innerhalb einer bestimmten Frist

beantworten. Allerdings kann sie, auch wenn sie nicht innerhalb dieser Frist reagiert hat, entsprechend ihren in dieser Verordnung festgelegten Aufgaben und Befugnissen eingreifen, was die Befugnis einschließt, Verarbeitungsvorgänge zu untersagen. Im Rahmen dieses Konsultationsprozesses kann das Ergebnis einer im Hinblick auf die betreffende Verarbeitung personenbezogener Daten durchgeführten Datenschutz-Folgenabschätzung der Aufsichtsbehörde unterbreitet werden; dies gilt insbesondere für die zur Eindämmung des Risikos für die Rechte und Freiheiten natürlicher Personen geplanten Maßnahmen.

(95) Der Auftragsverarbeiter sollte erforderlichenfalls den Verantwortlichen auf Anfrage bei der Gewährleistung der Einhaltung der sich aus der Durchführung der Datenschutz-Folgenabschätzung und der vorherigen Konsultation der Aufsichtsbehörde ergebenden Auflagen unterstützen.

(96) Eine Konsultation der Aufsichtsbehörde sollte auch während der Ausarbeitung von Gesetzes- oder Regelungsvorschriften, in denen eine Verarbeitung personenbezogener Daten vorgesehen ist, erfolgen, um die Vereinbarkeit der geplanten Verarbeitung mit dieser Verordnung sicherzustellen und insbesondere das mit ihr für die betroffene Person verbundene Risiko einzudämmen.

(97) In Fällen, in denen die Verarbeitung durch eine Behörde – mit Ausnahmen von Gerichten oder unabhängigen Justizbehörden, die im Rahmen ihrer justiziellen Tätigkeit handeln –, im privaten Sektor durch einen Verantwortlichen erfolgt, dessen Kerntätigkeit in Verarbeitungsvorgängen besteht, die eine regelmäßige und systematische Überwachung der betroffenen Personen in großem Umfang erfordern, oder wenn die Kerntätigkeit des Verantwortlichen oder des Auftragsverarbeiters in der umfangreichen Verarbeitung besonderer Kategorien von personenbezogenen Daten oder von Daten über strafrechtliche Verurteilungen und Straftaten besteht, sollte der Verantwortliche oder der Auftragsverarbeiter bei der Überwachung der internen Einhaltung der Bestimmungen dieser Verordnung von einer weiteren Person, die über Fachwissen auf dem Gebiet des Datenschutzrechts und der Datenschutzverfahren verfügt, unterstützt werden Im privaten Sektor bezieht sich die Kerntätigkeit eines Verantwortlichen auf seine Haupttätigkeiten und nicht auf die Verarbeitung personenbezogener Daten als Nebentätigkeit. Das erforderliche Niveau des Fachwissens sollte sich insbesondere nach den durchgeführten Datenverarbeitungsvorgängen und dem erforderlichen Schutz für die von dem Verantwortlichen oder dem Auftragsverarbeiter verarbeiteten personenbezogenen Daten richten. Derartige Datenschutzbeauftragte sollten unabhängig davon, ob es sich bei ihnen um Beschäftigte des Verantwortlichen handelt oder nicht, ihre Pflichten und Aufgaben in vollständiger Unabhängigkeit ausüben können.

(98) Verbände oder andere Vereinigungen, die bestimmte Kategorien von Verantwortlichen oder Auftragsverarbeitern vertreten, sollten ermutigt werden, in den Grenzen dieser Verordnung Verhaltensregeln auszuarbeiten, um eine wirksame Anwendung dieser Verordnung zu erleichtern, wobei den Besonderheiten der in bestimmten Sektoren erfolgenden Verarbeitungen und den besonderen Bedürfnissen der Kleinstunternehmen sowie der kleinen und mittleren Unternehmen Rechnung zu tragen ist. Insbesondere könnten in diesen Verhaltensregeln – unter Berücksichtigung des mit der Verarbeitung wahrscheinlich einhergehenden Risikos für die Rechte und Freiheiten natürlicher Personen – die Pflichten der Verantwortlichen und der Auftragsverarbeiter bestimmt werden.

(99) Bei der Ausarbeitung oder bei der Änderung oder Erweiterung solcher Verhaltensregeln sollten Verbände und oder andere Vereinigungen, die bestimmte Kategorien von Verantwortlichen oder Auftragsverarbeitern vertreten, die maßgeblichen Interessenträger, möglichst auch die betroffenen Personen, konsultieren und die Eingaben und Stellungnahmen, die sie dabei erhalten, berücksichtigen.

(100) Um die Transparenz zu erhöhen und die Einhaltung dieser Verordnung zu verbessern, sollte angeregt werden, dass Zertifizierungsverfahren sowie Datenschutzsiegel und -prüfzeichen eingeführt werden, die den betroffenen Personen einen raschen Überblick über das Datenschutzniveau einschlägiger Produkte und Dienstleistungen ermöglichen.

(101) Der Fluss personenbezogener Daten aus Drittländern und internationalen Organisationen und in Drittländer und internationale Organisationen ist für die Ausweitung des internationalen Handels und der internationalen Zusammenarbeit notwendig. Durch die Zunahme dieser Datenströme sind neue Herausforderungen und Anforderungen in Bezug auf den Schutz personenbezogener Daten entstanden. Das durch diese Verordnung unionsweit gewährleistete Schutzniveau für natürliche Personen sollte jedoch bei der Übermittlung personenbezogener Daten aus der Union an Verantwortliche, Auftragsverarbeiter oder andere Empfänger in Drittländern oder an internationale Organisationen nicht untergraben werden, und zwar auch dann nicht, wenn aus einem Drittland oder von einer internationalen Organisation personenbezogene Daten an Verantwortliche oder Auftragsverarbeiter in demselben oder einem anderen Drittland oder an dieselbe oder eine andere internationale Organisation weiterübermittelt werden. In jedem Fall sind derartige Datenübermittlungen an Drittländer und internationale Organisationen nur unter strikter Einhaltung dieser Verordnung zulässig. Eine Datenübermittlung könnte nur stattfinden, wenn die in dieser Verordnung festgelegten Bedingungen zur Übermittlung personenbezogener Daten an Drittländer oder internationale Organisationen vorbehaltlich der übrigen Bestimmungen dieser Verordnung von dem Verantwortlichen oder dem Auftragsverarbeiter erfüllt werden.

(102) Internationale Abkommen zwischen der Union und Drittländern über die Übermittlung von personenbezogenen Daten einschließlich geeigneter Garantien für die betroffenen Personen werden von dieser Verordnung nicht berührt. Die Mitgliedstaaten können völkerrechtliche Übereinkünfte schließen, die die Übermittlung personenbezogener Daten an Drittländer oder internationale Organisationen beinhalten, sofern sich diese Übereinkünfte weder auf diese Verordnung noch auf andere Bestimmungen des Unionsrechts auswirken und ein angemessenes Schutzniveau für die Grundrechte der betroffenen Personen umfassen.

(103) Die Kommission darf mit Wirkung für die gesamte Union beschließen, dass ein bestimmtes Drittland, ein Gebiet oder ein bestimmter Sektor eines Drittlands oder eine internationale Organisation ein angemessenes Datenschutzniveau bietet, und auf diese Weise in Bezug auf das Drittland oder die internationale Organisation, das bzw. die für fähig gehalten wird, ein solches Schutzniveau zu bieten, in der gesamten Union Rechtssicherheit schaffen und eine einheitliche Rechtsanwendung sicherstellen. In derartigen Fällen dürfen personenbezogene Daten ohne weitere Genehmigung an dieses Land oder diese internationale Organisation übermittelt werden. Die Kommission kann, nach Abgabe einer ausführlichen Erklärung, in der dem Drittland

oder der internationalen Organisation eine Begründung gegeben wird, auch entscheiden, eine solche Feststellung zu widerrufen.

(104) In Übereinstimmung mit den Grundwerten der Union, zu denen insbesondere der Schutz der Menschenrechte zählt, sollte die Kommission bei der Bewertung des Drittlands oder eines Gebiets oder eines bestimmten Sektors eines Drittlands berücksichtigen, inwieweit dort die Rechtsstaatlichkeit gewahrt ist, der Rechtsweg gewährleistet ist und die internationalen Menschenrechtsnormen und -standards eingehalten werden und welche allgemeinen und sektorspezifischen Vorschriften, wozu auch die Vorschriften über die öffentliche Sicherheit, die Landesverteidigung und die nationale Sicherheit sowie die öffentliche Ordnung und das Strafrecht zählen, dort gelten. Die Annahme eines Angemessenheitsbeschlusses in Bezug auf ein Gebiet oder einen bestimmten Sektor eines Drittlands sollte unter Berücksichtigung eindeutiger und objektiver Kriterien wie bestimmter Verarbeitungsvorgänge und des Anwendungsbereichs anwendbarer Rechtsnormen und geltender Rechtsvorschriften in dem Drittland erfolgen. Das Drittland sollte Garantien für ein angemessenes Schutzniveau bieten, das dem innerhalb der Union gewährleisteten Schutzniveau der Sache nach gleichwertig ist, insbesondere in Fällen, in denen personenbezogene Daten in einem oder mehreren spezifischen Sektoren verarbeitet werden. Das Drittland sollte insbesondere eine wirksame unabhängige Überwachung des Datenschutzes gewährleisten und Mechanismen für eine Zusammenarbeit mit den Datenschutzbehörden der Mitgliedstaaten vorsehen, und den betroffenen Personen sollten wirksame und durchsetzbare Rechte sowie wirksame verwaltungsrechtliche und gerichtliche Rechtsbehelfe eingeräumt werden.

(105) Die Kommission sollte neben den internationalen Verpflichtungen, die das Drittland oder die internationale Organisation eingegangen ist, die Verpflichtungen, die sich aus der Teilnahme des Drittlands oder der internationalen Organisation an multilateralen oder regionalen Systemen insbesondere im Hinblick auf den Schutz personenbezogener Daten ergeben, sowie die Umsetzung dieser Verpflichtungen berücksichtigen. Insbesondere sollte der Beitritt des Drittlands zum Übereinkommen des Europarates vom 28. Januar 1981 zum Schutz des Menschen bei der automatischen Verarbeitung personenbezogener Daten und dem dazugehörigen Zusatzprotokoll berücksichtigt werden. Die Kommission sollte den Ausschuss konsultieren, wenn sie das Schutzniveau in Drittländern oder internationalen Organisationen bewertet.

(106) Die Kommission sollte die Wirkungsweise von Feststellungen zum Schutzniveau in einem Drittland, einem Gebiet oder einem bestimmten Sektor eines Drittlands oder einer internationalen Organisation überwachen; sie sollte auch die Wirkungsweise der Feststellungen, die auf der Grundlage des Artikels 25 Absatz 6 oder des Artikels 26 Absatz 4 der Richtlinie 95/46/EG erlassen werden, überwachen. In ihren Angemessenheitsbeschlüssen sollte die Kommission einen Mechanismus für die regelmäßige Überprüfung von deren Wirkungsweise vorsehen. Diese regelmäßige Überprüfung sollte in Konsultation mit dem betreffenden Drittland oder der betreffenden internationalen Organisation erfolgen und allen maßgeblichen Entwicklungen in dem Drittland oder der internationalen Organisation Rechnung tragen. Für die Zwecke der Überwachung und der Durchführung der regelmäßigen Überprüfungen sollte die Kommission die Standpunkte und Feststellungen des Europäischen Parlaments und des Rates sowie der anderen einschlägigen Stellen und Quellen berücksich-

tigen. Die Kommission sollte innerhalb einer angemessenen Frist die Wirkungsweise der letztgenannten Beschlüsse bewerten und dem durch diese Verordnung eingesetzten Ausschuss im Sinne der Verordnung (EU) Nr. 182/2011 des Europäischen Parlaments und des Rates[12] sowie dem Europäischen Parlament und dem Rat über alle maßgeblichen Feststellungen Bericht erstatten.

(107) Die Kommission kann feststellen, dass ein Drittland, ein Gebiet oder ein bestimmter Sektor eines Drittlands oder eine internationale Organisation kein angemessenes Datenschutzniveau mehr bietet. Die Übermittlung personenbezogener Daten an dieses Drittland oder an diese internationale Organisation sollte daraufhin verboten werden, es sei denn, die Anforderungen dieser Verordnung in Bezug auf die Datenübermittlung vorbehaltlich geeigneter Garantien, einschließlich verbindlicher interner Datenschutzvorschriften und auf Ausnahmen für bestimmte Fälle werden erfüllt. In diesem Falle sollten Konsultationen zwischen der Kommission und den betreffenden Drittländern oder internationalen Organisationen vorgesehen werden. Die Kommission sollte dem Drittland oder der internationalen Organisation frühzeitig die Gründe mitteilen und Konsultationen aufnehmen, um Abhilfe für die Situation zu schaffen.

(108) Bei Fehlen eines Angemessenheitsbeschlusses sollte der Verantwortliche oder der Auftragsverarbeiter als Ausgleich für den in einem Drittland bestehenden Mangel an Datenschutz geeignete Garantien für den Schutz der betroffenen Person vorsehen. Diese geeigneten Garantien können darin bestehen, dass auf verbindliche interne Datenschutzvorschriften, von der Kommission oder von einer Aufsichtsbehörde angenommene Standarddatenschutzklauseln oder von einer Aufsichtsbehörde genehmigte Vertragsklauseln zurückgegriffen wird. Diese Garantien sollten sicherstellen, dass die Datenschutzvorschriften und die Rechte der betroffenen Personen auf eine der Verarbeitung innerhalb der Union angemessene Art und Weise beachtet werden; dies gilt auch hinsichtlich der Verfügbarkeit von durchsetzbaren Rechten der betroffenen Person und von wirksamen Rechtsbehelfen einschließlich des Rechts auf wirksame verwaltungsrechtliche oder gerichtliche Rechtsbehelfe sowie des Rechts auf Geltendmachung von Schadenersatzansprüchen in der Union oder in einem Drittland. Sie sollten sich insbesondere auf die Einhaltung der allgemeinen Grundsätze für die Verarbeitung personenbezogener Daten, die Grundsätze des Datenschutzes durch Technik und durch datenschutzfreundliche Voreinstellungen beziehen. Datenübermittlungen dürfen auch von Behörden oder öffentlichen Stellen an Behörden oder öffentliche Stellen in Drittländern oder an internationale Organisationen mit entsprechenden Pflichten oder Aufgaben vorgenommen werden, auch auf der Grundlage von Bestimmungen, die in Verwaltungsvereinbarungen – wie beispielsweise einer gemeinsamen Absichtserklärung –, mit denen den betroffenen Personen durchsetzbare und wirksame Rechte eingeräumt werden, aufzunehmen sind. Die Genehmigung der zuständigen Aufsichtsbehörde sollte erlangt werden, wenn die Garantien in nicht rechtsverbindlichen Verwaltungsvereinbarungen vorgesehen sind.

12 Verordnung (EU) Nr. 182/2011 des Europäischen Parlaments und des Rates vom 16. Februar 2011 zur Festlegung der allgemeinen Regeln und Grundsätze, nach denen die Mitgliedstaaten die Wahrnehmung der Durchführungsbefugnisse durch die Kommission kontrollieren (ABl. L 55 vom 28.2.2011, S. 13).

(109) Die dem Verantwortlichen oder dem Auftragsverarbeiter offenstehende Möglichkeit, auf die von der Kommission oder einer Aufsichtsbehörde festgelegten Standard-Datenschutzklauseln zurückzugreifen, sollte den Verantwortlichen oder den Auftragsverarbeiter weder daran hindern, die Standard-Datenschutzklauseln auch in umfangreicheren Verträgen, wie zum Beispiel Verträgen zwischen dem Auftragsverarbeiter und einem anderen Auftragsverarbeiter, zu verwenden, noch ihn daran hindern, ihnen weitere Klauseln oder zusätzliche Garantien hinzuzufügen, solange diese weder mittelbar noch unmittelbar im Widerspruch zu den von der Kommission oder einer Aufsichtsbehörde erlassenen Standard-Datenschutzklauseln stehen oder die Grundrechte und Grundfreiheiten der betroffenen Personen beschneiden. Die Verantwortlichen und die Auftragsverarbeiter sollten ermutigt werden, mit vertraglichen Verpflichtungen, die die Standard-Schutzklauseln ergänzen, zusätzliche Garantien zu bieten.

(110) Jede Unternehmensgruppe oder jede Gruppe von Unternehmen, die eine gemeinsame Wirtschaftstätigkeit ausüben, sollte für ihre internationalen Datenübermittlungen aus der Union an Organisationen derselben Unternehmensgruppe oder derselben Gruppe von Unternehmen, die eine gemeinsame Wirtschaftstätigkeit ausüben, genehmigte verbindliche interne Datenschutzvorschriften anwenden dürfen, sofern diese sämtliche Grundprinzipien und durchsetzbaren Rechte enthalten, die geeignete Garantien für die Übermittlungen beziehungsweise Kategorien von Übermittlungen personenbezogener Daten bieten.

(111) Datenübermittlungen sollten unter bestimmten Voraussetzungen zulässig sein, nämlich wenn die betroffene Person ihre ausdrückliche Einwilligung erteilt hat, wenn die Übermittlung gelegentlich erfolgt und im Rahmen eines Vertrags oder zur Geltendmachung von Rechtsansprüchen, sei es vor Gericht oder auf dem Verwaltungswege oder in außergerichtlichen Verfahren, wozu auch Verfahren vor Regulierungsbehörden zählen, erforderlich ist. Die Übermittlung sollte zudem möglich sein, wenn sie zur Wahrung eines im Unionsrecht oder im Recht eines Mitgliedstaats festgelegten wichtigen öffentlichen Interesses erforderlich ist oder wenn sie aus einem durch Rechtsvorschriften vorgesehenen Register erfolgt, das von der Öffentlichkeit oder Personen mit berechtigtem Interesse eingesehen werden kann. In letzterem Fall sollte sich eine solche Übermittlung nicht auf die Gesamtheit oder ganze Kategorien der im Register enthaltenen personenbezogenen Daten erstrecken dürfen. Ist das betreffende Register zur Einsichtnahme durch Personen mit berechtigtem Interesse bestimmt, sollte die Übermittlung nur auf Anfrage dieser Personen oder nur dann erfolgen, wenn diese Personen die Adressaten der Übermittlung sind, wobei den Interessen und Grundrechten der betroffenen Person in vollem Umfang Rechnung zu tragen ist.

(112) Diese Ausnahmen sollten insbesondere für Datenübermittlungen gelten, die aus wichtigen Gründen des öffentlichen Interesses erforderlich sind, beispielsweise für den internationalen Datenaustausch zwischen Wettbewerbs-, Steuer- oder Zollbehörden, zwischen Finanzaufsichtsbehörden oder zwischen für Angelegenheiten der sozialen Sicherheit oder für die öffentliche Gesundheit zuständigen Diensten, beispielsweise im Falle der Umgebungsuntersuchung bei ansteckenden Krankheiten oder zur Verringerung und/oder Beseitigung des Dopings im Sport. Die Übermittlung personenbezogener Daten sollte ebenfalls als rechtmäßig angesehen werden, wenn sie

erforderlich ist, um ein Interesse, das für die lebenswichtigen Interessen – einschließlich der körperlichen Unversehrtheit oder des Lebens – der betroffenen Person oder einer anderen Person wesentlich ist, zu schützen und die betroffene Person außerstande ist, ihre Einwilligung zu geben. Liegt kein Angemessenheitsbeschluss vor, so können im Unionsrecht oder im Recht der Mitgliedstaaten aus wichtigen Gründen des öffentlichen Interesses ausdrücklich Beschränkungen der Übermittlung bestimmter Kategorien von Daten an Drittländer oder internationale Organisationen vorgesehen werden. Die Mitgliedstaaten sollten solche Bestimmungen der Kommission mitteilen. Jede Übermittlung personenbezogener Daten einer betroffenen Person, die aus physischen oder rechtlichen Gründen außerstande ist, ihre Einwilligung zu erteilen, an eine internationale humanitäre Organisation, die erfolgt, um eine nach den Genfer Konventionen obliegende Aufgabe auszuführen oder um dem in bewaffneten Konflikten anwendbaren humanitären Völkerrecht nachzukommen, könnte als aus einem wichtigen Grund im öffentlichen Interesse notwendig oder als im lebenswichtigen Interesse der betroffenen Person liegend erachtet werden.

(113) Übermittlungen, die als nicht wiederholt erfolgend gelten können und nur eine begrenzte Zahl von betroffenen Personen betreffen, könnten auch zur Wahrung der zwingenden berechtigten Interessen des Verantwortlichen möglich sein, sofern die Interessen oder Rechte und Freiheiten der betroffenen Person nicht überwiegen und der Verantwortliche sämtliche Umstände der Datenübermittlung geprüft hat. Der Verantwortliche sollte insbesondere die Art der personenbezogenen Daten, den Zweck und die Dauer der vorgesehenen Verarbeitung, die Situation im Herkunftsland, in dem betreffenden Drittland und im Endbestimmungsland berücksichtigen und angemessene Garantien zum Schutz der Grundrechte und Grundfreiheiten natürlicher Personen in Bezug auf die Verarbeitung ihrer personenbezogener Daten vorsehen. Diese Übermittlungen sollten nur in den verbleibenden Fällen möglich sein, in denen keiner der anderen Gründe für die Übermittlung anwendbar ist. Bei wissenschaftlichen oder historischen Forschungszwecken oder bei statistischen Zwecken sollten die legitimen gesellschaftlichen Erwartungen in Bezug auf einen Wissenszuwachs berücksichtigt werden. Der Verantwortliche sollte die Aufsichtsbehörde und die betroffene Person von der Übermittlung in Kenntnis setzen.

(114) In allen Fällen, in denen kein Kommissionsbeschluss zur Angemessenheit des in einem Drittland bestehenden Datenschutzniveaus vorliegt, sollte der Verantwortliche oder der Auftragsverarbeiter auf Lösungen zurückgreifen, mit denen den betroffenen Personen durchsetzbare und wirksame Rechte in Bezug auf die Verarbeitung ihrer personenbezogenen Daten in der Union nach der Übermittlung dieser Daten eingeräumt werden, damit sie weiterhin die Grundrechte und Garantien genießen können.

(115) Manche Drittländer erlassen Gesetze, Vorschriften und sonstige Rechtsakte, die vorgeben, die Verarbeitungstätigkeiten natürlicher und juristischer Personen, die der Rechtsprechung der Mitgliedstaaten unterliegen, unmittelbar zu regeln. Dies kann Urteile von Gerichten und Entscheidungen von Verwaltungsbehörden in Drittländern umfassen, mit denen von einem Verantwortlichen oder einem Auftragsverarbeiter die Übermittlung oder Offenlegung personenbezogener Daten verlangt wird und die nicht auf eine in Kraft befindliche internationale Übereinkunft wie etwa ein Rechtshilfeabkommen zwischen dem ersuchenden Drittland und der Union oder einem Mit-

gliedstaat gestützt sind. Die Anwendung dieser Gesetze, Verordnungen und sonstigen Rechtsakte außerhalb des Hoheitsgebiets der betreffenden Drittländer kann gegen internationales Recht verstoßen und dem durch diese Verordnung in der Union gewährleisteten Schutz natürlicher Personen zuwiderlaufen. Datenübermittlungen sollten daher nur zulässig sein, wenn die Bedingungen dieser Verordnung für Datenübermittlungen an Drittländer eingehalten werden. Dies kann unter anderem der Fall sein, wenn die Offenlegung aus einem wichtigen öffentlichen Interesse erforderlich ist, das im Unionsrecht oder im Recht des Mitgliedstaats, dem der Verantwortliche unterliegt, anerkannt ist.

(116) Wenn personenbezogene Daten in ein anderes Land außerhalb der Union übermittelt werden, besteht eine erhöhte Gefahr, dass natürliche Personen ihre Datenschutzrechte nicht wahrnehmen können und sich insbesondere gegen die unrechtmäßige Nutzung oder Offenlegung dieser Informationen zu schützen. Ebenso kann es vorkommen, dass Aufsichtsbehörden Beschwerden nicht nachgehen oder Untersuchungen nicht durchführen können, die einen Bezug zu Tätigkeiten außerhalb der Grenzen ihres Mitgliedstaats haben. Ihre Bemühungen um grenzüberschreitende Zusammenarbeit können auch durch unzureichende Präventiv- und Abhilfebefugnisse, widersprüchliche Rechtsordnungen und praktische Hindernisse wie Ressourcenknappheit behindert werden. Die Zusammenarbeit zwischen den Datenschutzaufsichtsbehörden muss daher gefördert werden, damit sie Informationen austauschen und mit den Aufsichtsbehörden in anderen Ländern Untersuchungen durchführen können. Um Mechanismen der internationalen Zusammenarbeit zu entwickeln, die die internationale Amtshilfe bei der Durchsetzung von Rechtsvorschriften zum Schutz personenbezogener Daten erleichtern und sicherstellen, sollten die Kommission und die Aufsichtsbehörden Informationen austauschen und bei Tätigkeiten, die mit der Ausübung ihrer Befugnisse in Zusammenhang stehen, mit den zuständigen Behörden der Drittländer nach dem Grundsatz der Gegenseitigkeit und gemäß dieser Verordnung zusammenarbeiten.

(117) Die Errichtung von Aufsichtsbehörden in den Mitgliedstaaten, die befugt sind, ihre Aufgaben und Befugnisse völlig unabhängig wahrzunehmen, ist ein wesentlicher Bestandteil des Schutzes natürlicher Personen bei der Verarbeitung personenbezogener Daten. Die Mitgliedstaaten sollten mehr als eine Aufsichtsbehörde errichten können, wenn dies ihrer verfassungsmäßigen, organisatorischen und administrativen Struktur entspricht.

(118) Die Tatsache, dass die Aufsichtsbehörden unabhängig sind, sollte nicht bedeuten, dass sie hinsichtlich ihrer Ausgaben keinem Kontroll- oder Überwachungsmechanismus unterworfen werden bzw. sie keiner gerichtlichen Überprüfung unterzogen werden können.

(119) Errichtet ein Mitgliedstaat mehrere Aufsichtsbehörden, so sollte er mittels Rechtsvorschriften sicherstellen, dass diese Aufsichtsbehörden am Kohärenzverfahren wirksam beteiligt werden. Insbesondere sollte dieser Mitgliedstaat eine Aufsichtsbehörde bestimmen, die als zentrale Anlaufstelle für eine wirksame Beteiligung dieser Behörden an dem Verfahren fungiert und eine rasche und reibungslose Zusammenarbeit mit anderen Aufsichtsbehörden, dem Ausschuss und der Kommission gewährleistet.

(120) Jede Aufsichtsbehörde sollte mit Finanzmitteln, Personal, Räumlichkeiten und einer Infrastruktur ausgestattet werden, wie sie für die wirksame Wahrnehmung ihrer Aufgaben, einschließlich derer im Zusammenhang mit der Amtshilfe und Zusammenarbeit mit anderen Aufsichtsbehörden in der gesamten Union, notwendig sind. Jede Aufsichtsbehörde sollte über einen eigenen, öffentlichen, jährlichen Haushaltsplan verfügen, der Teil des gesamten Staatshaushalts oder nationalen Haushalts sein kann.

(121) Die allgemeinen Anforderungen an das Mitglied oder die Mitglieder der Aufsichtsbehörde sollten durch Rechtsvorschriften von jedem Mitgliedstaat geregelt werden und insbesondere vorsehen, dass diese Mitglieder im Wege eines transparenten Verfahrens entweder – auf Vorschlag der Regierung, eines Mitglieds der Regierung, des Parlaments oder einer Parlamentskammer – vom Parlament, der Regierung oder dem Staatsoberhaupt des Mitgliedstaats oder von einer unabhängigen Stelle ernannt werden, die nach dem Recht des Mitgliedstaats mit der Ernennung betraut wird. Um die Unabhängigkeit der Aufsichtsbehörde zu gewährleisten, sollten ihre Mitglieder ihr Amt integer ausüben, von allen mit den Aufgaben ihres Amts nicht zu vereinbarenden Handlungen absehen und während ihrer Amtszeit keine andere mit ihrem Amt nicht zu vereinbarende entgeltliche oder unentgeltliche Tätigkeit ausüben. Die Aufsichtsbehörde sollte über eigenes Personal verfügen, das sie selbst oder eine nach dem Recht des Mitgliedstaats eingerichtete unabhängige Stelle auswählt und das ausschließlich der Leitung des Mitglieds oder der Mitglieder der Aufsichtsbehörde unterstehen sollte.

(122) Jede Aufsichtsbehörde sollte dafür zuständig sein, im Hoheitsgebiet ihres Mitgliedstaats die Befugnisse auszuüben und die Aufgaben zu erfüllen, die ihr mit dieser Verordnung übertragen wurden. Dies sollte insbesondere für Folgendes gelten: die Verarbeitung im Rahmen der Tätigkeiten einer Niederlassung des Verantwortlichen oder Auftragsverarbeiters im Hoheitsgebiet ihres Mitgliedstaats, die Verarbeitung personenbezogener Daten durch Behörden oder private Stellen, die im öffentlichen Interesse handeln, Verarbeitungstätigkeiten, die Auswirkungen auf betroffene Personen in ihrem Hoheitsgebiet haben, oder Verarbeitungstätigkeiten eines Verantwortlichen oder Auftragsverarbeiters ohne Niederlassung in der Union, sofern sie auf betroffene Personen mit Wohnsitz in ihrem Hoheitsgebiet ausgerichtet sind. Dies sollte auch die Bearbeitung von Beschwerden einer betroffenen Person, die Durchführung von Untersuchungen über die Anwendung dieser Verordnung sowie die Förderung der Information der Öffentlichkeit über Risiken, Vorschriften, Garantien und Rechte im Zusammenhang mit der Verarbeitung personenbezogener Daten einschließen.

(123) Die Aufsichtsbehörden sollten die Anwendung der Bestimmungen dieser Verordnung überwachen und zu ihrer einheitlichen Anwendung in der gesamten Union beitragen, um natürliche Personen im Hinblick auf die Verarbeitung ihrer Daten zu schützen und den freien Verkehr personenbezogener Daten im Binnenmarkt zu erleichtern. Zu diesem Zweck sollten die Aufsichtsbehörden untereinander und mit der Kommission zusammenarbeiten, ohne dass eine Vereinbarung zwischen den Mitgliedstaaten über die Leistung von Amtshilfe oder über eine derartige Zusammenarbeit erforderlich wäre.

(124) Findet die Verarbeitung personenbezogener Daten im Zusammenhang mit der Tätigkeit einer Niederlassung eines Verantwortlichen oder eines Auftragsverar-

beiters in der Union statt und hat der Verantwortliche oder der Auftragsverarbeiter Niederlassungen in mehr als einem Mitgliedstaat oder hat die Verarbeitungstätigkeit im Zusammenhang mit der Tätigkeit einer einzigen Niederlassung eines Verantwortlichen oder Auftragsverarbeiters in der Union erhebliche Auswirkungen auf betroffene Personen in mehr als einem Mitgliedstaat bzw. wird sie voraussichtlich solche Auswirkungen haben, so sollte die Aufsichtsbehörde für die Hauptniederlassung des Verantwortlichen oder Auftragsverarbeiters oder für die einzige Niederlassung des Verantwortlichen oder Auftragsverarbeiters als federführende Behörde fungieren. Sie sollte mit den anderen Behörden zusammenarbeiten, die betroffen sind, weil der Verantwortliche oder Auftragsverarbeiter eine Niederlassung im Hoheitsgebiet ihres Mitgliedstaats hat, weil die Verarbeitung erhebliche Auswirkungen auf betroffene Personen mit Wohnsitz in ihrem Hoheitsgebiet hat oder weil bei ihnen eine Beschwerde eingelegt wurde. Auch wenn eine betroffene Person ohne Wohnsitz in dem betreffenden Mitgliedstaat eine Beschwerde eingelegt hat, sollte die Aufsichtsbehörde, bei der Beschwerde eingelegt wurde, auch eine betroffene Aufsichtsbehörde sein. Der Ausschuss sollte – im Rahmen seiner Aufgaben in Bezug auf die Herausgabe von Leitlinien zu allen Fragen im Zusammenhang mit der Anwendung dieser Verordnung – insbesondere Leitlinien zu den Kriterien ausgeben können, die bei der Feststellung zu berücksichtigen sind, ob die fragliche Verarbeitung erhebliche Auswirkungen auf betroffene Personen in mehr als einem Mitgliedstaat hat und was einen maßgeblichen und begründeten Einspruch darstellt.

(125) Die federführende Behörde sollte berechtigt sein, verbindliche Beschlüsse über Maßnahmen zu erlassen, mit denen die ihr gemäß dieser Verordnung übertragenen Befugnisse ausgeübt werden. In ihrer Eigenschaft als federführende Behörde sollte diese Aufsichtsbehörde für die enge Einbindung und Koordinierung der betroffenen Aufsichtsbehörden im Entscheidungsprozess sorgen. Wird beschlossen, die Beschwerde der betroffenen Person vollständig oder teilweise abzuweisen, so sollte dieser Beschluss von der Aufsichtsbehörde angenommen werden, bei der die Beschwerde eingelegt wurde.

(126) Der Beschluss sollte von der federführenden Aufsichtsbehörde und den betroffenen Aufsichtsbehörden gemeinsam vereinbart werden und an die Hauptniederlassung oder die einzige Niederlassung des Verantwortlichen oder Auftragsverarbeiters gerichtet sein und für den Verantwortlichen und den Auftragsverarbeiter verbindlich sein. Der Verantwortliche oder Auftragsverarbeiter sollte die erforderlichen Maßnahmen treffen, um die Einhaltung dieser Verordnung und die Umsetzung des Beschlusses zu gewährleisten, der der Hauptniederlassung des Verantwortlichen oder Auftragsverarbeiters im Hinblick auf die Verarbeitungstätigkeiten in der Union von der federführenden Aufsichtsbehörde mitgeteilt wurde.

(127) Jede Aufsichtsbehörde, die nicht als federführende Aufsichtsbehörde fungiert, sollte in örtlichen Fällen zuständig sein, wenn der Verantwortliche oder Auftragsverarbeiter Niederlassungen in mehr als einem Mitgliedstaat hat, der Gegenstand der spezifischen Verarbeitung aber nur die Verarbeitungstätigkeiten in einem einzigen Mitgliedstaat und nur betroffene Personen in diesem einen Mitgliedstaat betrifft, beispielsweise wenn es um die Verarbeitung von personenbezogenen Daten von Arbeitnehmern im spezifischen Beschäftigungskontext eines Mitgliedstaats geht. In solchen Fällen sollte die Aufsichtsbehörde unverzüglich die federführende Aufsichtsbehörde

über diese Angelegenheit unterrichten. Nach ihrer Unterrichtung sollte die federführende Aufsichtsbehörde entscheiden, ob sie den Fall nach den Bestimmungen zur Zusammenarbeit zwischen der federführenden Aufsichtsbehörde und anderen betroffenen Aufsichtsbehörden gemäß der Vorschrift zur Zusammenarbeit zwischen der federführenden Aufsichtsbehörde und anderen betroffenen Aufsichtsbehörden (im Folgenden „Verfahren der Zusammenarbeit und Kohärenz") regelt oder ob die Aufsichtsbehörde, die sie unterrichtet hat, den Fall auf örtlicher Ebene regeln sollte. Dabei sollte die federführende Aufsichtsbehörde berücksichtigen, ob der Verantwortliche oder der Auftragsverarbeiter in dem Mitgliedstaat, dessen Aufsichtsbehörde sie unterrichtet hat, eine Niederlassung hat, damit Beschlüsse gegenüber dem Verantwortlichen oder dem Auftragsverarbeiter wirksam durchgesetzt werden. Entscheidet die federführende Aufsichtsbehörde, den Fall selbst zu regeln, sollte die Aufsichtsbehörde, die sie unterrichtet hat, die Möglichkeit haben, einen Beschlussentwurf vorzulegen, dem die federführende Aufsichtsbehörde bei der Ausarbeitung ihres Beschlussentwurfs im Rahmen dieses Verfahrens der Zusammenarbeit und Kohärenz weitestgehend Rechnung tragen sollte.

(128) Die Vorschriften über die federführende Behörde und das Verfahren der Zusammenarbeit und Kohärenz sollten keine Anwendung finden, wenn die Verarbeitung durch Behörden oder private Stellen im öffentlichen Interesse erfolgt. In diesen Fällen sollte die Aufsichtsbehörde des Mitgliedstaats, in dem die Behörde oder private Einrichtung ihren Sitz hat, die einzige Aufsichtsbehörde sein, die dafür zuständig ist, die Befugnisse auszuüben, die ihr mit dieser Verordnung übertragen wurden.

(129) Um die einheitliche Überwachung und Durchsetzung dieser Verordnung in der gesamten Union sicherzustellen, sollten die Aufsichtsbehörden in jedem Mitgliedstaat dieselben Aufgaben und wirksamen Befugnisse haben, darunter, insbesondere im Fall von Beschwerden natürlicher Personen, Untersuchungsbefugnisse, Abhilfebefugnisse und Sanktionsbefugnisse und Genehmigungsbefugnisse und beratende Befugnisse, sowie – unbeschadet der Befugnisse der Strafverfolgungsbehörden nach dem Recht der Mitgliedstaaten – die Befugnis, Verstöße gegen diese Verordnung den Justizbehörden zur Kenntnis zu bringen und Gerichtsverfahren anzustrengen. Dazu sollte auch die Befugnis zählen, eine vorübergehende oder endgültige Beschränkung der Verarbeitung, einschließlich eines Verbots, zu verhängen. Die Mitgliedstaaten können andere Aufgaben im Zusammenhang mit dem Schutz personenbezogener Daten im Rahmen dieser Verordnung festlegen. Die Befugnisse der Aufsichtsbehörden sollten in Übereinstimmung mit den geeigneten Verfahrensgarantien nach dem Unionsrecht und dem Recht der Mitgliedstaaten unparteiisch, gerecht und innerhalb einer angemessenen Frist ausgeübt werden. Insbesondere sollte jede Maßnahme im Hinblick auf die Gewährleistung der Einhaltung dieser Verordnung geeignet, erforderlich und verhältnismäßig sein, wobei die Umstände des jeweiligen Einzelfalls zu berücksichtigen sind, das Recht einer jeden Person, gehört zu werden, bevor eine individuelle Maßnahme getroffen wird, die nachteilige Auswirkungen auf diese Person hätte, zu achten ist und überflüssige Kosten und übermäßige Unannehmlichkeiten für die Betroffenen zu vermeiden sind. Untersuchungsbefugnisse im Hinblick auf den Zugang zu Räumlichkeiten sollten im Einklang mit besonderen Anforderungen im Verfahrensrecht der Mitgliedstaaten ausgeübt werden, wie etwa dem Erfordernis einer vorherigen richterlichen Genehmigung. Jede rechtsverbindliche Maßnahme der Aufsichtsbehörde sollte schriftlich erlassen werden und sie sollte klar und eindeutig

sein; die Aufsichtsbehörde, die die Maßnahme erlassen hat, und das Datum, an dem die Maßnahme erlassen wurde, sollten angegeben werden und die Maßnahme sollte vom Leiter oder von einem von ihm bevollmächtigen Mitglied der Aufsichtsbehörde unterschrieben sein und eine Begründung für die Maßnahme sowie einen Hinweis auf das Recht auf einen wirksamen Rechtsbehelf enthalten. Dies sollte zusätzliche Anforderungen nach dem Verfahrensrecht der Mitgliedstaaten nicht ausschließen. Der Erlass eines rechtsverbindlichen Beschlusses setzt voraus, dass er in dem Mitgliedstaat der Aufsichtsbehörde, die den Beschluss erlassen hat, gerichtlich überprüft werden kann.

(130) Ist die Aufsichtsbehörde, bei der die Beschwerde eingereicht wurde, nicht die federführende Aufsichtsbehörde, so sollte die federführende Aufsichtsbehörde gemäß den Bestimmungen dieser Verordnung über Zusammenarbeit und Kohärenz eng mit der Aufsichtsbehörde zusammenarbeiten, bei der die Beschwerde eingereicht wurde. In solchen Fällen sollte die federführende Aufsichtsbehörde bei Maßnahmen, die rechtliche Wirkungen entfalten sollen, unter anderem bei der Verhängung von Geldbußen, den Standpunkt der Aufsichtsbehörde, bei der die Beschwerde eingereicht wurde und die weiterhin befugt sein sollte, in Abstimmung mit der zuständigen Aufsichtsbehörde Untersuchungen im Hoheitsgebiet ihres eigenen Mitgliedstaats durchzuführen, weitestgehend berücksichtigen.

(131) Wenn eine andere Aufsichtsbehörde als federführende Aufsichtsbehörde für die Verarbeitungstätigkeiten des Verantwortlichen oder des Auftragsverarbeiters fungieren sollte, der konkrete Gegenstand einer Beschwerde oder der mögliche Verstoß jedoch nur die Verarbeitungstätigkeiten des Verantwortlichen oder des Auftragsverarbeiters in dem Mitgliedstaat betrifft, in dem die Beschwerde eingereicht wurde oder der mögliche Verstoß aufgedeckt wurde, und die Angelegenheit keine erheblichen Auswirkungen auf betroffene Personen in anderen Mitgliedstaaten hat oder haben dürfte, sollte die Aufsichtsbehörde, bei der eine Beschwerde eingereicht wurde oder die Situationen, die mögliche Verstöße gegen diese Verordnung darstellen, aufgedeckt hat bzw. auf andere Weise darüber informiert wurde, versuchen, eine gütliche Einigung mit dem Verantwortlichen zu erzielen; falls sich dies als nicht erfolgreich erweist, sollte sie die gesamte Bandbreite ihrer Befugnisse wahrnehmen. Dies sollte auch Folgendes umfassen: die spezifische Verarbeitung im Hoheitsgebiet des Mitgliedstaats der Aufsichtsbehörde oder im Hinblick auf betroffene Personen im Hoheitsgebiet dieses Mitgliedstaats; die Verarbeitung im Rahmen eines Angebots von Waren oder Dienstleistungen, das speziell auf betroffene Personen im Hoheitsgebiet des Mitgliedstaats der Aufsichtsbehörde ausgerichtet ist; oder eine Verarbeitung, die unter Berücksichtigung der einschlägigen rechtlichen Verpflichtungen nach dem Recht der Mitgliedstaaten bewertet werden muss.

(132) Auf die Öffentlichkeit ausgerichtete Sensibilisierungsmaßnahmen der Aufsichtsbehörden sollten spezifische Maßnahmen einschließen, die sich an die Verantwortlichen und die Auftragsverarbeiter, einschließlich Kleinstunternehmen sowie kleiner und mittlerer Unternehmen, und an natürliche Personen, insbesondere im Bildungsbereich, richten.

(133) Die Aufsichtsbehörden sollten sich gegenseitig bei der Erfüllung ihrer Aufgaben unterstützen und Amtshilfe leisten, damit eine einheitliche Anwendung und Durchsetzung dieser Verordnung im Binnenmarkt gewährleistet ist. Eine Aufsichtsbe-

hörde, die um Amtshilfe ersucht hat, kann eine einstweilige Maßnahme erlassen, wenn sie nicht binnen eines Monats nach Eingang des Amtshilfeersuchens bei der ersuchten Aufsichtsbehörde eine Antwort von dieser erhalten hat.

(134) Jede Aufsichtsbehörde sollte gegebenenfalls an gemeinsamen Maßnahmen von anderen Aufsichtsbehörden teilnehmen. Die ersuchte Aufsichtsbehörde sollte auf das Ersuchen binnen einer bestimmten Frist antworten müssen.

(135) Um die einheitliche Anwendung dieser Verordnung in der gesamten Union sicherzustellen, sollte ein Verfahren zur Gewährleistung einer einheitlichen Rechtsanwendung (Kohärenzverfahren) für die Zusammenarbeit zwischen den Aufsichtsbehörden eingeführt werden. Dieses Verfahren sollte insbesondere dann angewendet werden, wenn eine Aufsichtsbehörde beabsichtigt, eine Maßnahme zu erlassen, die rechtliche Wirkungen in Bezug auf Verarbeitungsvorgänge entfalten soll, die für eine bedeutende Zahl betroffener Personen in mehreren Mitgliedstaaten erhebliche Auswirkungen haben. Ferner sollte es zur Anwendung kommen, wenn eine betroffene Aufsichtsbehörde oder die Kommission beantragt, dass die Angelegenheit im Rahmen des Kohärenzverfahrens behandelt wird. Dieses Verfahren sollte andere Maßnahmen, die die Kommission möglicherweise in Ausübung ihrer Befugnisse nach den Verträgen trifft, unberührt lassen.

(136) Bei Anwendung des Kohärenzverfahrens sollte der Ausschuss, falls von der Mehrheit seiner Mitglieder so entschieden wird oder falls eine andere betroffene Aufsichtsbehörde oder die Kommission darum ersuchen, binnen einer festgelegten Frist eine Stellungnahme abgeben. Dem Ausschuss sollte auch die Befugnis übertragen werden, bei Streitigkeiten zwischen Aufsichtsbehörden rechtsverbindliche Beschlüsse zu erlassen. Zu diesem Zweck sollte er in klar bestimmten Fällen, in denen die Aufsichtsbehörden insbesondere im Rahmen des Verfahrens der Zusammenarbeit zwischen der federführenden Aufsichtsbehörde und den betroffenen Aufsichtsbehörden widersprüchliche Standpunkte zu dem Sachverhalt, vor allem in der Frage, ob ein Verstoß gegen diese Verordnung vorliegt, vertreten, grundsätzlich mit einer Mehrheit von zwei Dritteln seiner Mitglieder rechtsverbindliche Beschlüsse erlassen.

(137) Es kann dringender Handlungsbedarf zum Schutz der Rechte und Freiheiten von betroffenen Personen bestehen, insbesondere wenn eine erhebliche Behinderung der Durchsetzung des Rechts einer betroffenen Person droht. Eine Aufsichtsbehörde sollte daher hinreichend begründete einstweilige Maßnahmen in ihrem Hoheitsgebiet mit einer festgelegten Geltungsdauer von höchstens drei Monaten erlassen können.

(138) Die Anwendung dieses Verfahrens sollte in den Fällen, in denen sie verbindlich vorgeschrieben ist, eine Bedingung für die Rechtmäßigkeit einer Maßnahme einer Aufsichtsbehörde sein, die rechtliche Wirkungen entfalten soll. In anderen Fällen von grenzüberschreitender Relevanz sollte das Verfahren der Zusammenarbeit zwischen der federführenden Aufsichtsbehörde und den betroffenen Aufsichtsbehörden zur Anwendung gelangen, und die betroffenen Aufsichtsbehörden können auf bilateraler oder multilateraler Ebene Amtshilfe leisten und gemeinsame Maßnahmen durchführen, ohne auf das Kohärenzverfahren zurückzugreifen.

(139) Zur Förderung der einheitlichen Anwendung dieser Verordnung sollte der Ausschuss als unabhängige Einrichtung der Union eingesetzt werden. Damit der Ausschuss seine Ziele erreichen kann, sollte er Rechtspersönlichkeit besitzen. Der Aus-

schuss sollte von seinem Vorsitz vertreten werden. Er sollte die mit der Richtlinie 95/46/EG eingesetzte Arbeitsgruppe für den Schutz der Rechte von Personen bei der Verarbeitung personenbezogener Daten ersetzen. Er sollte aus dem Leiter einer Aufsichtsbehörde jedes Mitgliedstaats und dem Europäischen Datenschutzbeauftragten oder deren jeweiligen Vertretern gebildet werden. An den Beratungen des Ausschusses sollte die Kommission ohne Stimmrecht teilnehmen und der Europäische Datenschutzbeauftragte sollte spezifische Stimmrechte haben. Der Ausschuss sollte zur einheitlichen Anwendung der Verordnung in der gesamten Union beitragen, die Kommission insbesondere im Hinblick auf das Schutzniveau in Drittländern oder internationalen Organisationen beraten und die Zusammenarbeit der Aufsichtsbehörden in der Union fördern. Der Ausschuss sollte bei der Erfüllung seiner Aufgaben unabhängig handeln.

(140) Der Ausschuss sollte von einem Sekretariat unterstützt werden, das von dem Europäischen Datenschutzbeauftragten bereitgestellt wird. Das Personal des Europäischen Datenschutzbeauftragten, das an der Wahrnehmung der dem Ausschuss gemäß dieser Verordnung übertragenen Aufgaben beteiligt ist, sollte diese Aufgaben ausschließlich gemäß den Anweisungen des Vorsitzes des Ausschusses durchführen und diesem Bericht erstatten.

(141) Jede betroffene Person sollte das Recht haben, bei einer einzigen Aufsichtsbehörde insbesondere in dem Mitgliedstaat ihres gewöhnlichen Aufenthalts eine Beschwerde einzureichen und gemäß Artikel 47 der Charta einen wirksamen gerichtlichen Rechtsbehelf einzulegen, wenn sie sich in ihren Rechten gemäß dieser Verordnung verletzt sieht oder wenn die Aufsichtsbehörde auf eine Beschwerde hin nicht tätig wird, eine Beschwerde teilweise oder ganz abweist oder ablehnt oder nicht tätig wird, obwohl dies zum Schutz der Rechte der betroffenen Person notwendig ist. Die auf eine Beschwerde folgende Untersuchung sollte vorbehaltlich gerichtlicher Überprüfung so weit gehen, wie dies im Einzelfall angemessen ist. Die Aufsichtsbehörde sollte die betroffene Person innerhalb eines angemessenen Zeitraums über den Fortgang und die Ergebnisse der Beschwerde unterrichten. Sollten weitere Untersuchungen oder die Abstimmung mit einer anderen Aufsichtsbehörde erforderlich sein, sollte die betroffene Person über den Zwischenstand informiert werden. Jede Aufsichtsbehörde sollte Maßnahmen zur Erleichterung der Einreichung von Beschwerden treffen, wie etwa die Bereitstellung eines Beschwerdeformulars, das auch elektronisch ausgefüllt werden kann, ohne dass andere Kommunikationsmittel ausgeschlossen werden.

(142) Betroffene Personen, die sich in ihren Rechten gemäß dieser Verordnung verletzt sehen, sollten das Recht haben, nach dem Recht eines Mitgliedstaats gegründete Einrichtungen, Organisationen oder Verbände ohne Gewinnerzielungsabsicht, deren satzungsmäßige Ziele im öffentlichem Interesse liegen und die im Bereich des Schutzes personenbezogener Daten tätig sind, zu beauftragen, in ihrem Namen Beschwerde bei einer Aufsichtsbehörde oder einen gerichtlichen Rechtsbehelf einzulegen oder das Recht auf Schadensersatz in Anspruch zu nehmen, sofern dieses im Recht der Mitgliedstaaten vorgesehen ist. Die Mitgliedstaaten können vorsehen, dass diese Einrichtungen, Organisationen oder Verbände das Recht haben, unabhängig vom Auftrag einer betroffenen Person in dem betreffenden Mitgliedstaat eine eigene Beschwerde einzulegen, und das Recht auf einen wirksamen gerichtlichen Rechtsbehelf haben sollten, wenn sie Grund zu der Annahme haben, dass die Rechte der betroffenen Person

infolge einer nicht im Einklang mit dieser Verordnung stehenden Verarbeitung verletzt worden sind. Diesen Einrichtungen, Organisationen oder Verbänden kann unabhängig vom Auftrag einer betroffenen Person nicht gestattet werden, im Namen einer betroffenen Person Schadenersatz zu verlangen.

(143) Jede natürliche oder juristische Person hat das Recht, unter den in Artikel 263 AEUV genannten Voraussetzungen beim Gerichtshof eine Klage auf Nichtigerklärung eines Beschlusses des Ausschusses zu erheben. Als Adressaten solcher Beschlüsse müssen die betroffenen Aufsichtsbehörden, die diese Beschlüsse anfechten möchten, binnen zwei Monaten nach deren Übermittlung gemäß Artikel 263 AEUV Klage erheben. Sofern Beschlüsse des Ausschusses einen Verantwortlichen, einen Auftragsverarbeiter oder den Beschwerdeführer unmittelbar und individuell betreffen, so können diese Personen binnen zwei Monaten nach Veröffentlichung der betreffenden Beschlüsse auf der Website des Ausschusses im Einklang mit Artikel 263 AEUV eine Klage auf Nichtigerklärung erheben. Unbeschadet dieses Rechts nach Artikel 263 AEUV sollte jede natürliche oder juristische Person das Recht auf einen wirksamen gerichtlichen Rechtsbehelf bei dem zuständigen einzelstaatlichen Gericht gegen einen Beschluss einer Aufsichtsbehörde haben, der gegenüber dieser Person Rechtswirkungen entfaltet. Ein derartiger Beschluss betrifft insbesondere die Ausübung von Untersuchungs-, Abhilfe- und Genehmigungsbefugnissen durch die Aufsichtsbehörde oder die Ablehnung oder Abweisung von Beschwerden. Das Recht auf einen wirksamen gerichtlichen Rechtsbehelf umfasst jedoch nicht rechtlich nicht bindende Maßnahmen der Aufsichtsbehörden wie von ihr abgegebene Stellungnahmen oder Empfehlungen. Verfahren gegen eine Aufsichtsbehörde sollten bei den Gerichten des Mitgliedstaats angestrengt werden, in dem die Aufsichtsbehörde ihren Sitz hat, und sollten im Einklang mit dem Verfahrensrecht dieses Mitgliedstaats durchgeführt werden. Diese Gerichte sollten eine uneingeschränkte Zuständigkeit besitzen, was die Zuständigkeit, sämtliche für den bei ihnen anhängigen Rechtsstreit maßgebliche Sach- und Rechtsfragen zu prüfen, einschließt. Wurde eine Beschwerde von einer Aufsichtsbehörde abgelehnt oder abgewiesen, kann der Beschwerdeführer Klage bei den Gerichten desselben Mitgliedstaats erheben.

Im Zusammenhang mit gerichtlichen Rechtsbehelfen in Bezug auf die Anwendung dieser Verordnung können einzelstaatliche Gerichte, die eine Entscheidung über diese Frage für erforderlich halten, um ihr Urteil erlassen zu können, bzw. müssen einzelstaatliche Gerichte in den Fällen nach Artikel 267 AEUV den Gerichtshof um eine Vorabentscheidung zur Auslegung des Unionsrechts – das auch diese Verordnung einschließt – ersuchen. Wird darüber hinaus der Beschluss einer Aufsichtsbehörde zur Umsetzung eines Beschlusses des Ausschusses vor einem einzelstaatlichen Gericht angefochten und wird die Gültigkeit des Beschlusses des Ausschusses in Frage gestellt, so hat dieses einzelstaatliche Gericht nicht die Befugnis, den Beschluss des Ausschusses für nichtig zu erklären, sondern es muss im Einklang mit Artikel 267 AEUV in der Auslegung des Gerichtshofs den Gerichtshof mit der Frage der Gültigkeit befassen, wenn es den Beschluss für nichtig hält. Allerdings darf ein einzelstaatliches Gericht den Gerichtshof nicht auf Anfrage einer natürlichen oder juristischen Person mit Fragen der Gültigkeit des Beschlusses des Ausschusses befassen, wenn diese Person Gelegenheit hatte, eine Klage auf Nichtigerklärung dieses Beschlusses zu erheben – insbesondere wenn sie unmittelbar und individuell von dem Beschluss betroffen war –, diese Gelegenheit jedoch nicht innerhalb der Frist gemäß Artikel 263 AEUV genutzt hat.

(144) Hat ein mit einem Verfahren gegen die Entscheidung einer Aufsichtsbehörde befasstes Gericht Anlass zu der Vermutung, dass ein dieselbe Verarbeitung betreffendes Verfahren – etwa zu demselben Gegenstand in Bezug auf die Verarbeitung durch denselben Verantwortlichen oder Auftragsverarbeiter oder wegen desselben Anspruchs – vor einem zuständigen Gericht in einem anderen Mitgliedstaat anhängig ist, so sollte es mit diesem Gericht Kontakt aufnehmen, um sich zu vergewissern, dass ein solches verwandtes Verfahren existiert. Sind verwandte Verfahren vor einem Gericht in einem anderen Mitgliedstaat anhängig, so kann jedes später angerufene Gericht das Verfahren aussetzen oder sich auf Anfrage einer Partei auch zugunsten des zuerst angerufenen Gerichts für unzuständig erklären, wenn dieses später angerufene Gericht für die betreffenden Verfahren zuständig ist und die Verbindung von solchen verwandten Verfahren nach seinem Recht zulässig ist. Verfahren gelten als miteinander verwandt, wenn zwischen ihnen eine so enge Beziehung gegeben ist, dass eine gemeinsame Verhandlung und Entscheidung geboten erscheint, um zu vermeiden, dass in getrennten Verfahren einander widersprechende Entscheidungen ergehen.

(145) Bei Verfahren gegen Verantwortliche oder Auftragsverarbeiter sollte es dem Kläger überlassen bleiben, ob er die Gerichte des Mitgliedstaats anruft, in dem der Verantwortliche oder der Auftragsverarbeiter eine Niederlassung hat, oder des Mitgliedstaats, in dem die betroffene Person ihren Aufenthaltsort hat; dies gilt nicht, wenn es sich bei dem Verantwortlichen um eine Behörde eines Mitgliedstaats handelt, die in Ausübung ihrer hoheitlichen Befugnisse tätig geworden ist.

(146) Der Verantwortliche oder der Auftragsverarbeiter sollte Schäden, die einer Person aufgrund einer Verarbeitung entstehen, die mit dieser Verordnung nicht im Einklang steht, ersetzen. Der Verantwortliche oder der Auftragsverarbeiter sollte von seiner Haftung befreit werden, wenn er nachweist, dass er in keiner Weise für den Schaden verantwortlich ist. Der Begriff des Schadens sollte im Lichte der Rechtsprechung des Gerichtshofs weit auf eine Art und Weise ausgelegt werden, die den Zielen dieser Verordnung in vollem Umfang entspricht. Dies gilt unbeschadet von Schadenersatzforderungen aufgrund von Verstößen gegen andere Vorschriften des Unionsrechts oder des Rechts der Mitgliedstaaten. Zu einer Verarbeitung, die mit der vorliegenden Verordnung nicht im Einklang steht, zählt auch eine Verarbeitung, die nicht mit den nach Maßgabe der vorliegenden Verordnung erlassenen delegierten Rechtsakten und Durchführungsrechtsakten und Rechtsvorschriften der Mitgliedstaaten zur Präzisierung von Bestimmungen der vorliegenden Verordnung im Einklang steht. Die betroffenen Personen sollten einen vollständigen und wirksamen Schadenersatz für den erlittenen Schaden erhalten. Sind Verantwortliche oder Auftragsverarbeiter an derselben Verarbeitung beteiligt, so sollte jeder Verantwortliche oder Auftragsverarbeiter für den gesamten Schaden haftbar gemacht werden. Werden sie jedoch nach Maßgabe des Rechts der Mitgliedstaaten zu demselben Verfahren hinzugezogen, so können sie im Verhältnis zu der Verantwortung anteilmäßig haftbar gemacht werden, die jeder Verantwortliche oder Auftragsverarbeiter für den durch die Verarbeitung entstandenen Schaden zu tragen hat, sofern sichergestellt ist, dass die betroffene Person einen vollständigen und wirksamen Schadenersatz für den erlittenen Schaden erhält. Jeder Verantwortliche oder Auftragsverarbeiter, der den vollen Schadenersatz geleistet hat, kann anschließend ein Rückgriffsverfahren gegen andere an derselben Verarbeitung beteiligte Verantwortliche oder Auftragsverarbeiter anstrengen.

(147) Soweit in dieser Verordnung spezifische Vorschriften über die Gerichtsbarkeit – insbesondere in Bezug auf Verfahren im Hinblick auf einen gerichtlichen Rechtsbehelf einschließlich Schadenersatz gegen einen Verantwortlichen oder Auftragsverarbeiter – enthalten sind, sollten die allgemeinen Vorschriften über die Gerichtsbarkeit, wie sie etwa in der Verordnung (EU) Nr. 1215/2012 des Europäischen Parlaments und des Rates[13] enthalten sind, der Anwendung dieser spezifischen Vorschriften nicht entgegenstehen.

(148) Im Interesse einer konsequenteren Durchsetzung der Vorschriften dieser Verordnung sollten bei Verstößen gegen diese Verordnung zusätzlich zu den geeigneten Maßnahmen, die die Aufsichtsbehörde gemäß dieser Verordnung verhängt, oder an Stelle solcher Maßnahmen Sanktionen einschließlich Geldbußen verhängt werden. Im Falle eines geringfügigeren Verstoßes oder falls voraussichtlich zu verhängende Geldbuße eine unverhältnismäßige Belastung für eine natürliche Person bewirken würde, kann anstelle einer Geldbuße eine Verwarnung erteilt werden. Folgendem sollte jedoch gebührend Rechnung getragen werden: der Art, Schwere und Dauer des Verstoßes, dem vorsätzlichen Charakter des Verstoßes, den Maßnahmen zur Minderung des entstandenen Schadens, dem Grad der Verantwortlichkeit oder jeglichem früheren Verstoß, der Art und Weise, wie der Verstoß der Aufsichtsbehörde bekannt wurde, der Einhaltung der gegen den Verantwortlichen oder Auftragsverarbeiter angeordneten Maßnahmen, der Einhaltung von Verhaltensregeln und jedem anderen erschwerenden oder mildernden Umstand. Für die Verhängung von Sanktionen einschließlich Geldbußen sollte es angemessene Verfahrensgarantien geben, die den allgemeinen Grundsätzen des Unionsrechts und der Charta, einschließlich des Rechts auf wirksamen Rechtsschutz und ein faires Verfahren, entsprechen.

(149) Die Mitgliedstaaten sollten die strafrechtlichen Sanktionen für Verstöße gegen diese Verordnung, auch für Verstöße gegen auf der Grundlage und in den Grenzen dieser Verordnung erlassene nationale Vorschriften, festlegen können. Diese strafrechtlichen Sanktionen können auch die Einziehung der durch die Verstöße gegen diese Verordnung erzielten Gewinne ermöglichen. Die Verhängung von strafrechtlichen Sanktionen für Verstöße gegen solche nationalen Vorschriften und von verwaltungsrechtlichen Sanktionen sollte jedoch nicht zu einer Verletzung des Grundsatzes „ne bis in idem", wie er vom Gerichtshof ausgelegt worden ist, führen.

(150) Um die verwaltungsrechtlichen Sanktionen bei Verstößen gegen diese Verordnung zu vereinheitlichen und ihnen mehr Wirkung zu verleihen, sollte jede Aufsichtsbehörde befugt sein, Geldbußen zu verhängen. In dieser Verordnung sollten die Verstöße sowie die Obergrenze der entsprechenden Geldbußen und die Kriterien für ihre Festsetzung genannt werden, wobei diese Geldbußen von der zuständigen Aufsichtsbehörde in jedem Einzelfall unter Berücksichtigung aller besonderen Umstände und insbesondere der Art, Schwere und Dauer des Verstoßes und seiner Folgen sowie der Maßnahmen, die ergriffen worden sind, um die Einhaltung der aus dieser Verordnung erwachsenden Verpflichtungen zu gewährleisten und die Folgen des Verstoßes abzuwenden oder abzumildern, festzusetzen sind. Werden Geldbußen Unternehmen auferlegt, sollte zu diesem Zweck der Begriff „Unternehmen" im Sinne der Arti-

---

13 Verordnung (EU) Nr. 1215/2012 des Europäischen Parlaments und des Rates vom 12. Dezember 2012 über die gerichtliche Zuständigkeit und die Anerkennung und Vollstreckung von Entscheidungen in Zivil- und Handelssachen (ABl. L 351 vom 20.12.2012, S. 1).

kel 101 und 102 AEUV verstanden werden. Werden Geldbußen Personen auferlegt, bei denen es sich nicht um Unternehmen handelt, so sollte die Aufsichtsbehörde bei der Erwägung des angemessenen Betrags für die Geldbuße dem allgemeinen Einkommensniveau in dem betreffenden Mitgliedstaat und der wirtschaftlichen Lage der Personen Rechnung tragen. Das Kohärenzverfahren kann auch genutzt werden, um eine kohärente Anwendung von Geldbußen zu fördern. Die Mitgliedstaaten sollten bestimmen können, ob und inwieweit gegen Behörden Geldbußen verhängt werden können. Auch wenn die Aufsichtsbehörden bereits Geldbußen verhängt oder eine Verwarnung erteilt haben, können sie ihre anderen Befugnisse ausüben oder andere Sanktionen nach Maßgabe dieser Verordnung verhängen.

(151) Nach den Rechtsordnungen Dänemarks und Estlands sind die in dieser Verordnung vorgesehenen Geldbußen nicht zulässig. Die Vorschriften über die Geldbußen können so angewandt werden, dass die Geldbuße in Dänemark durch die zuständigen nationalen Gerichte als Strafe und in Estland durch die Aufsichtsbehörde im Rahmen eines Verfahrens bei Vergehen verhängt wird, sofern eine solche Anwendung der Vorschriften in diesen Mitgliedstaaten die gleiche Wirkung wie die von den Aufsichtsbehörden verhängten Geldbußen hat. Daher sollten die zuständigen nationalen Gerichte die Empfehlung der Aufsichtsbehörde, die die Geldbuße in die Wege geleitet hat, berücksichtigen. In jeden Fall sollten die verhängten Geldbußen wirksam, verhältnismäßig und abschreckend sein.

(152) Soweit diese Verordnung verwaltungsrechtliche Sanktionen nicht harmonisiert oder wenn es in anderen Fällen – beispielsweise bei schweren Verstößen gegen diese Verordnung – erforderlich ist, sollten die Mitgliedstaaten eine Regelung anwenden, die wirksame, verhältnismäßige und abschreckende Sanktionen vorsieht. Es sollte im Recht der Mitgliedstaaten geregelt werden, ob diese Sanktionen strafrechtlicher oder verwaltungsrechtlicher Art sind.

(153) Im Recht der Mitgliedstaaten sollten die Vorschriften über die freie Meinungsäußerung und Informationsfreiheit, auch von Journalisten, Wissenschaftlern, Künstlern und/oder Schriftstellern, mit dem Recht auf Schutz der personenbezogenen Daten gemäß dieser Verordnung in Einklang gebracht werden. Für die Verarbeitung personenbezogener Daten ausschließlich zu journalistischen Zwecken oder zu wissenschaftlichen, künstlerischen oder literarischen Zwecken sollten Abweichungen und Ausnahmen von bestimmten Vorschriften dieser Verordnung gelten, wenn dies erforderlich ist, um das Recht auf Schutz der personenbezogenen Daten mit dem Recht auf Freiheit der Meinungsäußerung und Informationsfreiheit, wie es in Artikel 11 der Charta garantiert ist, in Einklang zu bringen. Dies sollte insbesondere für die Verarbeitung personenbezogener Daten im audiovisuellen Bereich sowie in Nachrichten- und Pressearchiven gelten. Die Mitgliedstaaten sollten daher Gesetzgebungsmaßnahmen zur Regelung der Abweichungen und Ausnahmen erlassen, die zum Zwecke der Abwägung zwischen diesen Grundrechten notwendig sind. Die Mitgliedstaaten sollten solche Abweichungen und Ausnahmen in Bezug auf die allgemeinen Grundsätze, die Rechte der betroffenen Person, den Verantwortlichen und den Auftragsverarbeiter, die Übermittlung von personenbezogenen Daten an Drittländer oder an internationale Organisationen, die unabhängigen Aufsichtsbehörden, die Zusammenarbeit und Kohärenz und besondere Datenverarbeitungssituationen erlassen. Sollten diese Abweichungen oder Ausnahmen von Mitgliedstaat zu Mitgliedstaat unterschiedlich

sein, sollte das Recht des Mitgliedstaats angewendet werden, dem der Verantwortliche unterliegt. Um der Bedeutung des Rechts auf freie Meinungsäußerung in einer demokratischen Gesellschaft Rechnung zu tragen, müssen Begriffe wie Journalismus, die sich auf diese Freiheit beziehen, weit ausgelegt werden.

(154) Diese Verordnung ermöglicht es, dass bei ihrer Anwendung der Grundsatz des Zugangs der Öffentlichkeit zu amtlichen Dokumenten berücksichtigt wird. Der Zugang der Öffentlichkeit zu amtlichen Dokumenten kann als öffentliches Interesse betrachtet werden. Personenbezogene Daten in Dokumenten, die sich im Besitz einer Behörde oder einer öffentlichen Stelle befinden, sollten von dieser Behörde oder Stelle öffentlich offengelegt werden können, sofern dies im Unionsrecht oder im Recht der Mitgliedstaaten, denen sie unterliegt, vorgesehen ist. Diese Rechtsvorschriften sollten den Zugang der Öffentlichkeit zu amtlichen Dokumenten und die Weiterverwendung von Informationen des öffentlichen Sektors mit dem Recht auf Schutz personenbezogener Daten in Einklang bringen und können daher die notwendige Übereinstimmung mit dem Recht auf Schutz personenbezogener Daten gemäß dieser Verordnung regeln. Die Bezugnahme auf Behörden und öffentliche Stellen sollte in diesem Kontext sämtliche Behörden oder sonstigen Stellen beinhalten, die vom Recht des jeweiligen Mitgliedstaats über den Zugang der Öffentlichkeit zu Dokumenten erfasst werden. Die Richtlinie 2003/98/EG des Europäischen Parlaments und des Rates[14] lässt das Schutzniveau für natürliche Personen in Bezug auf die Verarbeitung personenbezogener Daten gemäß den Bestimmungen des Unionsrechts und des Rechts der Mitgliedstaaten unberührt und beeinträchtigt diesen in keiner Weise, und sie bewirkt insbesondere keine Änderung der in dieser Verordnung dargelegten Rechte und Pflichten. Insbesondere sollte die genannte Richtlinie nicht für Dokumente gelten, die nach den Zugangsregelungen der Mitgliedstaaten aus Gründen des Schutzes personenbezogener Daten nicht oder nur eingeschränkt zugänglich sind, oder für Teile von Dokumenten, die nach diesen Regelungen zugänglich sind, wenn sie personenbezogene Daten enthalten, bei denen Rechtsvorschriften vorsehen, dass ihre Weiterverwendung nicht mit dem Recht über den Schutz natürlicher Personen in Bezug auf die Verarbeitung personenbezogener Daten vereinbar ist.

(155) Im Recht der Mitgliedstaaten oder in Kollektivvereinbarungen (einschließlich „Betriebsvereinbarungen“) können spezifische Vorschriften für die Verarbeitung personenbezogener Beschäftigtendaten im Beschäftigungskontext vorgesehen werden, und zwar insbesondere Vorschriften über die Bedingungen, unter denen personenbezogene Daten im Beschäftigungskontext auf der Grundlage der Einwilligung des Beschäftigten verarbeitet werden dürfen, über die Verarbeitung dieser Daten für Zwecke der Einstellung, der Erfüllung des Arbeitsvertrags einschließlich der Erfüllung von durch Rechtsvorschriften oder durch Kollektivvereinbarungen festgelegten Pflichten, des Managements, der Planung und der Organisation der Arbeit, der Gleichheit und Diversität am Arbeitsplatz, der Gesundheit und Sicherheit am Arbeitsplatz sowie für Zwecke der Inanspruchnahme der mit der Beschäftigung zusammenhängenden individuellen oder kollektiven Rechte und Leistungen und für Zwecke der Beendigung des Beschäftigungsverhältnisses.

---

14 Richtlinie 2003/98/EG des Europäischen Parlaments und des Rates vom 17. November 2003 über die Weiterverwendung von Informationen des öffentlichen Sektors (ABl. L 345 vom 31.12.2003, S. 90).

(156) Die Verarbeitung personenbezogener Daten für im öffentlichen Interesse liegende Archivzwecke, zu wissenschaftlichen oder historischen Forschungszwecken oder zu statistischen Zwecken sollte geeigneten Garantien für die Rechte und Freiheiten der betroffenen Person gemäß dieser Verordnung unterliegen. Mit diesen Garantien sollte sichergestellt werden, dass technische und organisatorische Maßnahmen bestehen, mit denen insbesondere der Grundsatz der Datenminimierung gewährleistet wird. Die Weiterverarbeitung personenbezogener Daten zu im öffentlichen Interesse liegende Archivzwecken, zu wissenschaftlichen oder historischen Forschungszwecken oder zu statistischen Zwecken erfolgt erst dann, wenn der Verantwortliche geprüft hat, ob es möglich ist, diese Zwecke durch die Verarbeitung von personenbezogenen Daten, bei der die Identifizierung von betroffenen Personen nicht oder nicht mehr möglich ist, zu erfüllen, sofern geeignete Garantien bestehen (wie z. B. die Pseudonymisierung von personenbezogenen Daten). Die Mitgliedstaaten sollten geeignete Garantien in Bezug auf die Verarbeitung personenbezogener Daten für im öffentlichen Interesse liegende Archivzwecke, zu wissenschaftlichen oder historischen Forschungszwecken oder zu statistischen Zwecken vorsehen. Es sollte den Mitgliedstaaten erlaubt sein, unter bestimmten Bedingungen und vorbehaltlich geeigneter Garantien für die betroffenen Personen Präzisierungen und Ausnahmen in Bezug auf die Informationsanforderungen sowie der Rechte auf Berichtigung, Löschung, Vergessenwerden, zur Einschränkung der Verarbeitung, auf Datenübertragbarkeit sowie auf Widerspruch bei der Verarbeitung personenbezogener Daten zu im öffentlichen Interesse liegende Archivzwecken, zu wissenschaftlichen oder historischen Forschungszwecken oder zu statistischen Zwecken vorzusehen. Im Rahmen der betreffenden Bedingungen und Garantien können spezifische Verfahren für die Ausübung dieser Rechte durch die betroffenen Personen vorgesehen sein – sofern dies angesichts der mit der spezifischen Verarbeitung verfolgten Zwecke angemessen ist – sowie technische und organisatorische Maßnahmen zur Minimierung der Verarbeitung personenbezogener Daten im Hinblick auf die Grundsätze der Verhältnismäßigkeit und der Notwendigkeit. Die Verarbeitung personenbezogener Daten zu wissenschaftlichen Zwecken sollte auch anderen einschlägigen Rechtsvorschriften, beispielsweise für klinische Prüfungen, genügen.

(157) Durch die Verknüpfung von Informationen aus Registern können Forscher neue Erkenntnisse von großem Wert in Bezug auf weit verbreiteten Krankheiten wie Herz-Kreislauferkrankungen, Krebs und Depression erhalten. Durch die Verwendung von Registern können bessere Forschungsergebnisse erzielt werden, da sie auf einen größeren Bevölkerungsanteil gestützt sind. Im Bereich der Sozialwissenschaften ermöglicht die Forschung anhand von Registern es den Forschern, entscheidende Erkenntnisse über den langfristigen Zusammenhang einer Reihe sozialer Umstände zu erlangen, wie Arbeitslosigkeit und Bildung mit anderen Lebensumständen. Durch Register erhaltene Forschungsergebnisse bieten solide, hochwertige Erkenntnisse, die die Basis für die Erarbeitung und Umsetzung wissensgestützter politischer Maßnahmen darstellen, die Lebensqualität zahlreicher Menschen verbessern und die Effizienz der Sozialdienste verbessern können. Zur Erleichterung der wissenschaftlichen Forschung können daher personenbezogene Daten zu wissenschaftlichen Forschungszwecken verarbeitet werden, wobei sie angemessenen Bedingungen und Garantien unterliegen, die im Unionsrecht oder im Recht der Mitgliedstaaten festgelegt sind.

(158) Diese Verordnung sollte auch für die Verarbeitung personenbezogener Daten zu Archivzwecken gelten, wobei darauf hinzuweisen ist, dass die Verordnung nicht für verstorbene Personen gelten sollte. Behörden oder öffentliche oder private Stellen, die Aufzeichnungen von öffentlichem Interesse führen, sollten gemäß dem Unionsrecht oder dem Recht der Mitgliedstaaten rechtlich verpflichtet sein, Aufzeichnungen von bleibendem Wert für das allgemeine öffentliche Interesse zu erwerben, zu erhalten, zu bewerten, aufzubereiten, zu beschreiben, mitzuteilen, zu fördern, zu verbreiten sowie Zugang dazu bereitzustellen. Es sollte den Mitgliedstaaten ferner erlaubt sein vorzusehen, dass personenbezogene Daten zu Archivzwecken weiterverarbeitet werden, beispielsweise im Hinblick auf die Bereitstellung spezifischer Informationen im Zusammenhang mit dem politischen Verhalten unter ehemaligen totalitären Regimen, Völkermord, Verbrechen gegen die Menschlichkeit, insbesondere dem Holocaust, und Kriegsverbrechen.

(159) Diese Verordnung sollte auch für die Verarbeitung personenbezogener Daten zu wissenschaftlichen Forschungszwecken gelten. Die Verarbeitung personenbezogener Daten zu wissenschaftlichen Forschungszwecken im Sinne dieser Verordnung sollte weit ausgelegt werden und die Verarbeitung für beispielsweise die technologische Entwicklung und die Demonstration, die Grundlagenforschung, die angewandte Forschung und die privat finanzierte Forschung einschließen. Darüber hinaus sollte sie dem in Artikel 179 Absatz 1 AEUV festgeschriebenen Ziel, einen europäischen Raum der Forschung zu schaffen, Rechnung tragen. Die wissenschaftlichen Forschungszwecke sollten auch Studien umfassen, die im öffentlichen Interesse im Bereich der öffentlichen Gesundheit durchgeführt werden. Um den Besonderheiten der Verarbeitung personenbezogener Daten zu wissenschaftlichen Forschungszwecken zu genügen, sollten spezifische Bedingungen insbesondere hinsichtlich der Veröffentlichung oder sonstigen Offenlegung personenbezogener Daten im Kontext wissenschaftlicher Zwecke gelten. Geben die Ergebnisse wissenschaftlicher Forschung insbesondere im Gesundheitsbereich Anlass zu weiteren Maßnahmen im Interesse der betroffenen Person, sollten die allgemeinen Vorschriften dieser Verordnung für diese Maßnahmen gelten.

(160) Diese Verordnung sollte auch für die Verarbeitung personenbezogener Daten zu historischen Forschungszwecken gelten. Dazu sollte auch historische Forschung und Forschung im Bereich der Genealogie zählen, wobei darauf hinzuweisen ist, dass diese Verordnung nicht für verstorbene Personen gelten sollte.

(161) Für die Zwecke der Einwilligung in die Teilnahme an wissenschaftlichen Forschungstätigkeiten im Rahmen klinischer Prüfungen sollten die einschlägigen Bestimmungen der Verordnung (EU) Nr. 536/2014 des Europäischen Parlaments und des Rates[15] gelten.

(162) Diese Verordnung sollte auch für die Verarbeitung personenbezogener Daten zu statistischen Zwecken gelten. Das Unionsrecht oder das Recht der Mitgliedstaaten sollte in den Grenzen dieser Verordnung den statistischen Inhalt, die Zugangskontrolle, die Spezifikationen für die Verarbeitung personenbezogener Daten zu statistischen Zwecken und geeignete Maßnahmen zur Sicherung der Rechte und Freiheiten

15 Verordnung (EU) Nr. 536/2014 des Europäischen Parlaments und des Rates vom 16. April 2014 über klinische Prüfungen mit Humanarzneimitteln und zur Aufhebung der Richtlinie 2001/20/EG Text von Bedeutung für den EWR (ABl. L 158 vom 27.5.2014, S. 1).

der betroffenen Personen und zur Sicherstellung der statistischen Geheimhaltung bestimmen. Unter dem Begriff „statistische Zwecke“ ist jeder für die Durchführung statistischer Untersuchungen und die Erstellung statistischer Ergebnisse erforderliche Vorgang der Erhebung und Verarbeitung personenbezogener Daten zu verstehen. Diese statistischen Ergebnisse können für verschiedene Zwecke, so auch für wissenschaftliche Forschungszwecke, weiterverwendet werden. Im Zusammenhang mit den statistischen Zwecken wird vorausgesetzt, dass die Ergebnisse der Verarbeitung zu statistischen Zwecken keine personenbezogenen Daten, sondern aggregierte Daten sind und diese Ergebnisse oder personenbezogenen Daten nicht für Maßnahmen oder Entscheidungen gegenüber einzelnen natürlichen Personen verwendet werden.

(163) Die vertraulichen Informationen, die die statistischen Behörden der Union und der Mitgliedstaaten zur Erstellung der amtlichen europäischen und der amtlichen nationalen Statistiken erheben, sollten geschützt werden. Die europäischen Statistiken sollten im Einklang mit den in Artikel 338 Absatz 2 AEUV dargelegten statistischen Grundsätzen entwickelt, erstellt und verbreitet werden, wobei die nationalen Statistiken auch mit dem Recht der Mitgliedstaaten übereinstimmen müssen. Die Verordnung (EG) Nr. 223/2009 des Europäischen Parlaments und des Rates[16] enthält genauere Bestimmungen zur Vertraulichkeit europäischer Statistiken.

(164) Hinsichtlich der Befugnisse der Aufsichtsbehörden, von dem Verantwortlichen oder vom Auftragsverarbeiter Zugang zu personenbezogenen Daten oder zu seinen Räumlichkeiten zu erlangen, können die Mitgliedstaaten in den Grenzen dieser Verordnung den Schutz des Berufsgeheimnisses oder anderer gleichwertiger Geheimhaltungspflichten durch Rechtsvorschriften regeln, soweit dies notwendig ist, um das Recht auf Schutz der personenbezogenen Daten mit einer Pflicht zur Wahrung des Berufsgeheimnisses in Einklang zu bringen. Dies berührt nicht die bestehenden Verpflichtungen der Mitgliedstaaten zum Erlass von Vorschriften über das Berufsgeheimnis, wenn dies aufgrund des Unionsrechts erforderlich ist.

(165) Im Einklang mit Artikel 17 AEUV achtet diese Verordnung den Status, den Kirchen und religiöse Vereinigungen oder Gemeinschaften in den Mitgliedstaaten nach deren bestehenden verfassungsrechtlichen Vorschriften genießen, und beeinträchtigt ihn nicht.

(166) Um die Zielvorgaben dieser Verordnung zu erfüllen, d. h. die Grundrechte und Grundfreiheiten natürlicher Personen und insbesondere ihr Recht auf Schutz ihrer personenbezogenen Daten zu schützen und den freien Verkehr personenbezogener Daten innerhalb der Union zu gewährleisten, sollte der Kommission die Befugnis übertragen werden, gemäß Artikel 290 AEUV Rechtsakte zu erlassen. Delegierte Rechtsakte sollten insbesondere in Bezug auf die für Zertifizierungsverfahren geltenden Kriterien und Anforderungen, die durch standardisierte Bildsymbole darzustel-

---

16 Verordnung (EG) Nr. 223/2009 des Europäischen Parlaments und des Rates vom 11. März 2009 über europäische Statistiken und zur Aufhebung der Verordnung (EG, Euratom) Nr. 1101/2008 des Europäischen Parlaments und des Rates über die Übermittlung von unter die Geheimhaltungspflicht fallenden Informationen an das Statistische Amt der Europäischen Gemeinschaften, der Verordnung (EG) Nr. 322/97 des Rates über die Gemeinschaftsstatistiken und des Beschlusses 89/382/EWG, Euratom des Rates zur Einsetzung eines Ausschusses für das Statistische Programm der Europäischen Gemeinschaften (ABl. L 87 vom 31.3.2009, S. 164).

lenden Informationen und die Verfahren für die Bereitstellung dieser Bildsymbole erlassen werden. Es ist von besonderer Bedeutung, dass die Kommission im Zuge ihrer Vorbereitungsarbeit angemessene Konsultationen, auch auf der Ebene von Sachverständigen, durchführt. Bei der Vorbereitung und Ausarbeitung delegierter Rechtsakte sollte die Kommission gewährleisten, dass die einschlägigen Dokumente dem Europäischen Parlament und dem Rat gleichzeitig, rechtzeitig und auf angemessene Weise übermittelt werden.

(167) Zur Gewährleistung einheitlicher Bedingungen für die Durchführung dieser Verordnung sollten der Kommission Durchführungsbefugnisse übertragen werden, wenn dies in dieser Verordnung vorgesehen ist. Diese Befugnisse sollten nach Maßgabe der Verordnung (EU) Nr. 182/2011 des Europäischen Parlaments und des Rates ausgeübt werden. In diesem Zusammenhang sollte die Kommission besondere Maßnahmen für Kleinstunternehmen sowie kleine und mittlere Unternehmen erwägen.

(168) Für den Erlass von Durchführungsrechtsakten bezüglich Standardvertragsklauseln für Verträge zwischen Verantwortlichen und Auftragsverarbeitern sowie zwischen Auftragsverarbeitern; Verhaltensregeln; technische Standards und Verfahren für die Zertifizierung; Anforderungen an die Angemessenheit des Datenschutzniveaus in einem Drittland, einem Gebiet oder bestimmten Sektor dieses Drittlands oder in einer internationalen Organisation; Standardschutzklauseln; Formate und Verfahren für den Informationsaustausch zwischen Verantwortlichen, Auftragsverarbeitern und Aufsichtsbehörden im Hinblick auf verbindliche interne Datenschutzvorschriften; Amtshilfe; sowie Vorkehrungen für den elektronischen Informationsaustausch zwischen Aufsichtsbehörden und zwischen Aufsichtsbehörden und dem Ausschuss sollte das Prüfverfahren angewandt werden.

(169) Die Kommission sollte sofort geltende Durchführungsrechtsakte erlassen, wenn anhand vorliegender Beweise festgestellt wird, dass ein Drittland, ein Gebiet oder ein bestimmter Sektor in diesem Drittland oder eine internationale Organisation kein angemessenes Schutzniveau gewährleistet, und dies aus Gründen äußerster Dringlichkeit erforderlich ist.

(170) Da das Ziel dieser Verordnung, nämlich die Gewährleistung eines gleichwertigen Datenschutzniveaus für natürliche Personen und des freien Verkehrs personenbezogener Daten in der Union, von den Mitgliedstaaten nicht ausreichend verwirklicht werden kann, sondern vielmehr wegen des Umfangs oder der Wirkungen der Maßnahme auf Unionsebene besser zu verwirklichen ist, kann die Union im Einklang mit dem in Artikel 5 des Vertrags über die Europäische Union (EUV) verankerten Subsidiaritätsprinzip tätig werden. Entsprechend dem in demselben Artikel genannten Grundsatz der Verhältnismäßigkeit geht diese Verordnung nicht über das für die Verwirklichung dieses Ziels erforderliche Maß hinaus.

(171) Die Richtlinie 95/46/EG sollte durch diese Verordnung aufgehoben werden. Verarbeitungen, die zum Zeitpunkt der Anwendung dieser Verordnung bereits begonnen haben, sollten innerhalb von zwei Jahren nach dem Inkrafttreten dieser Verordnung mit ihr in Einklang gebracht werden. Beruhen die Verarbeitungen auf einer Einwilligung gemäß der Richtlinie 95/46/EG, so ist es nicht erforderlich, dass die betroffene Person erneut ihre Einwilligung dazu erteilt, wenn die Art der bereits erteilten Einwilligung den Bedingungen dieser Verordnung entspricht, so dass der Verantwortliche die Verarbeitung nach dem Zeitpunkt der Anwendung der vorliegen-

den Verordnung fortsetzen kann. Auf der Richtlinie 95/46/EG beruhende Entscheidungen bzw. Beschlüsse der Kommission und Genehmigungen der Aufsichtsbehörden bleiben in Kraft, bis sie geändert, ersetzt oder aufgehoben werden.

(172) Der Europäische Datenschutzbeauftragte wurde gemäß Artikel 28 Absatz 2 der Verordnung (EG) Nr. 45/2001 konsultiert und hat am 7. März 2012[17] eine Stellungnahme abgegeben.

(173) Diese Verordnung sollte auf alle Fragen des Schutzes der Grundrechte und Grundfreiheiten bei der Verarbeitung personenbezogener Daten Anwendung finden, die nicht den in der Richtlinie 2002/58/EG des Europäischen Parlaments und des Rates[18] bestimmte Pflichten, die dasselbe Ziel verfolgen, unterliegen, einschließlich der Pflichten des Verantwortlichen und der Rechte natürlicher Personen. Um das Verhältnis zwischen der vorliegenden Verordnung und der Richtlinie 2002/58/EG klarzustellen, sollte die Richtlinie entsprechend geändert werden. Sobald diese Verordnung angenommen ist, sollte die Richtlinie 2002/58/EG einer Überprüfung unterzogen werden, um insbesondere die Kohärenz mit dieser Verordnung zu gewährleisten –

17 ABl. C 192 vom 30.6.2012, S. 7.

18 Richtlinie 2002/58/EG des Europäischen Parlaments und des Rates vom 12. Juli 2002 über die Verarbeitung personenbezogener Daten und den Schutz der Privatsphäre in der elektronischen Kommunikation (Datenschutzrichtlinie für elektronische Kommunikation) (ABl. L 201 vom 31.7.2002, S. 37).

Anhang 2
BDSG n.F.

Bundesdatenschutzgesetz (BDSG)[1]

vom 30.6.2017 (BGBl. I S. 2097)

Teil 1
Gemeinsame Bestimmungen

Kapitel 1
Anwendungsbereich und Begriffsbestimmungen

§ 1 Anwendungsbereich des Gesetzes

(1) Dieses Gesetz gilt für die Verarbeitung personenbezogener Daten durch
1. öffentliche Stellen des Bundes,
2. öffentliche Stellen der Länder, soweit der Datenschutz nicht durch Landesgesetz geregelt ist und soweit sie
   a) Bundesrecht ausführen oder
   b) als Organe der Rechtspflege tätig werden und es sich nicht um Verwaltungsangelegenheiten handelt.

Für nichtöffentliche Stellen gilt dieses Gesetz für die ganz oder teilweise automatisierte Verarbeitung personenbezogener Daten sowie die nicht automatisierte Verarbeitung personenbezogener Daten, die in einem Dateisystem gespeichert sind oder gespeichert werden sollen, es sei denn, die Verarbeitung durch natürliche Personen erfolgt zur Ausübung ausschließlich persönlicher oder familiärer Tätigkeiten.

(2) Andere Rechtsvorschriften des Bundes über den Datenschutz gehen den Vorschriften dieses Gesetzes vor. Regeln sie einen Sachverhalt, für den dieses Gesetz gilt, nicht oder nicht abschließend, finden die Vorschriften dieses Gesetzes Anwendung. Die Verpflichtung zur Wahrung gesetzlicher Geheimhaltungspflichten oder von Berufs- oder besonderen Amtsgeheimnissen, die nicht auf gesetzlichen Vorschriften beruhen, bleibt unberührt.

(3) Die Vorschriften dieses Gesetzes gehen denen des Verwaltungsverfahrensgesetzes vor, soweit bei der Ermittlung des Sachverhalts personenbezogene Daten verarbeitet werden.

---

1 **Anm. d. Verlages:**
Dieses Gesetz wurde verkündet als Artikel 1 des Datenschutz-Anpassungs- und -Umsetzungsgesetzes EU und wird am 25.5.2018 in Kraft treten.

(4) Dieses Gesetz findet Anwendung auf öffentliche Stellen. Auf nichtöffentliche Stellen findet es Anwendung, sofern

1. der Verantwortliche oder Auftragsverarbeiter personenbezogene Daten im Inland verarbeitet,
2. die Verarbeitung personenbezogener Daten im Rahmen der Tätigkeiten einer inländischen Niederlassung des Verantwortlichen oder Auftragsverarbeiters erfolgt oder
3. der Verantwortliche oder Auftragsverarbeiter zwar keine Niederlassung in einem Mitgliedstaat der Europäischen Union oder in einem anderen Vertragsstaat des Abkommens über den Europäischen Wirtschaftsraum hat, er aber in den Anwendungsbereich der Verordnung (EU) 2016/679 des Europäischen Parlaments und des Rates vom 27. April 2016 zum Schutz natürlicher Personen bei der Verarbeitung personenbezogener Daten, zum freien Datenverkehr und zur Aufhebung der Richtlinie 95/46/EG (Datenschutz-Grundverordnung) (ABl. L 119 vom 4.5.2016, S. 1; L 314 vom 22.11.2016, S. 72) fällt.

Sofern dieses Gesetz nicht gemäß Satz 2 Anwendung findet, gelten für den Verantwortlichen oder Auftragsverarbeiter nur die §§ 8 bis 21, 39 bis 44.

(5) Die Vorschriften dieses Gesetzes finden keine Anwendung, soweit das Recht der Europäischen Union, im Besonderen die Verordnung (EU) 2016/679 in der jeweils geltenden Fassung, unmittelbar gilt.

(6) Bei Verarbeitungen zu Zwecken gemäß Artikel 2 der Verordnung (EU) 2016/679 stehen die Vertragsstaaten des Abkommens über den Europäischen Wirtschaftsraum und die Schweiz den Mitgliedstaaten der Europäischen Union gleich. Andere Staaten gelten insoweit als Drittstaaten.

(7) Bei Verarbeitungen zu Zwecken gemäß Artikel 1 Absatz 1 der Richtlinie (EU) 2016/680 des Europäischen Parlaments und des Rates vom 27. April 2016 zum Schutz natürlicher Personen bei der Verarbeitung personenbezogener Daten durch die zuständigen Behörden zum Zwecke der Verhütung, Ermittlung, Aufdeckung oder Verfolgung von Straftaten oder der Strafvollstreckung sowie zum freien Datenverkehr und zur Aufhebung des Rahmenbeschlusses 2008/977/JI des Rates (ABl. L 119 vom 4.5.2016, S. 89) stehen die bei der Umsetzung, Anwendung und Entwicklung des Schengen-Besitzstands assoziierten Staaten den Mitgliedstaaten der Europäischen Union gleich. Andere Staaten gelten insoweit als Drittstaaten.

(8) Für Verarbeitungen personenbezogener Daten durch öffentliche Stellen im Rahmen von nicht in die Anwendungsbereiche der Verordnung (EU) 2016/679 und der Richtlinie (EU) 2016/680 fallenden Tätigkeiten finden die Verordnung (EU) 2016/679 und die Teile 1 und 2 dieses Gesetzes entsprechend Anwendung, soweit nicht in diesem Gesetz oder einem anderen Gesetz Abweichendes geregelt ist.

§ 2 Begriffsbestimmungen

(1) Öffentliche Stellen des Bundes sind die Behörden, die Organe der Rechtspflege und andere öffentlich-rechtlich organisierte Einrichtungen des Bundes, der bundesunmittelbaren Körperschaften, der Anstalten und Stiftungen des öffentlichen Rechts sowie deren Vereinigungen ungeachtet ihrer Rechtsform.

(2) Öffentliche Stellen der Länder sind die Behörden, die Organe der Rechtspflege und andere öffentlich-rechtlich organisierte Einrichtungen eines Landes, einer Gemeinde, eines Gemeindeverbandes oder sonstiger der Aufsicht des Landes unterstehender juristischer Personen des öffentlichen Rechts sowie deren Vereinigungen ungeachtet ihrer Rechtsform.

(3) Vereinigungen des privaten Rechts von öffentlichen Stellen des Bundes und der Länder, die Aufgaben der öffentlichen Verwaltung wahrnehmen, gelten ungeachtet der Beteiligung nichtöffentlicher Stellen als öffentliche Stellen des Bundes, wenn

1. sie über den Bereich eines Landes hinaus tätig werden oder
2. dem Bund die absolute Mehrheit der Anteile gehört oder die absolute Mehrheit der Stimmen zusteht.

Andernfalls gelten sie als öffentliche Stellen der Länder.

(4) Nichtöffentliche Stellen sind natürliche und juristische Personen, Gesellschaften und andere Personenvereinigungen des privaten Rechts, soweit sie nicht unter die Absätze 1 bis 3 fallen. Nimmt eine nichtöffentliche Stelle hoheitliche Aufgaben der öffentlichen Verwaltung wahr, ist sie insoweit öffentliche Stelle im Sinne dieses Gesetzes.

(5) Öffentliche Stellen des Bundes gelten als nichtöffentliche Stellen im Sinne dieses Gesetzes, soweit sie als öffentlich-rechtliche Unternehmen am Wettbewerb teilnehmen. Als nichtöffentliche Stellen im Sinne dieses Gesetzes gelten auch öffentliche Stellen der Länder, soweit sie als öffentlich-rechtliche Unternehmen am Wettbewerb teilnehmen, Bundesrecht ausführen und der Datenschutz nicht durch Landesgesetz geregelt ist.

Kapitel 2
Rechtsgrundlagen der Verarbeitung personenbezogener Daten

§ 3 Verarbeitung personenbezogener Daten durch öffentliche Stellen

Die Verarbeitung personenbezogener Daten durch eine öffentliche Stelle ist zulässig, wenn sie zur Erfüllung der in der Zuständigkeit des Verantwortlichen liegenden Aufgabe oder in Ausübung öffentlicher Gewalt, die dem Verantwortlichen übertragen wurde, erforderlich ist.

§ 4 Videoüberwachung öffentlich zugänglicher Räume

(1) Die Beobachtung öffentlich zugänglicher Räume mit optisch-elektronischen Einrichtungen (Videoüberwachung) ist nur zulässig, soweit sie

1. zur Aufgabenerfüllung öffentlicher Stellen,
2. zur Wahrnehmung des Hausrechts oder
3. zur Wahrnehmung berechtigter Interessen für konkret festgelegte Zwecke

erforderlich ist und keine Anhaltspunkte bestehen, dass schutzwürdige Interessen der Betroffenen überwiegen. Bei der Videoüberwachung von

1. öffentlich zugänglichen großflächigen Anlagen, wie insbesondere Sport-, Versammlungs- und Vergnügungsstätten, Einkaufszentren oder Parkplätzen, oder

2. Fahrzeugen und öffentlich zugänglichen großflächigen Einrichtungen des öffentlichen Schienen-, Schiffs- und Busverkehrs

gilt der Schutz von Leben, Gesundheit oder Freiheit von dort aufhältigen Personen als ein besonders wichtiges Interesse.

(2) Der Umstand der Beobachtung und der Name und die Kontaktdaten des Verantwortlichen sind durch geeignete Maßnahmen zum frühestmöglichen Zeitpunkt erkennbar zu machen.

(3) Die Speicherung oder Verwendung von nach Absatz 1 erhobenen Daten ist zulässig, wenn sie zum Erreichen des verfolgten Zwecks erforderlich ist und keine Anhaltspunkte bestehen, dass schutzwürdige Interessen der Betroffenen überwiegen. Absatz 1 Satz 2 gilt entsprechend. Für einen anderen Zweck dürfen sie nur weiterverarbeitet werden, soweit dies zur Abwehr von Gefahren für die staatliche und öffentliche Sicherheit sowie zur Verfolgung von Straftaten erforderlich ist.

(4) Werden durch Videoüberwachung erhobene Daten einer bestimmten Person zugeordnet, so besteht die Pflicht zur Information der betroffenen Person über die Verarbeitung gemäß den Artikeln 13 und 14 der Verordnung (EU) 2016/679. § 32 gilt entsprechend.

(5) Die Daten sind unverzüglich zu löschen, wenn sie zur Erreichung des Zwecks nicht mehr erforderlich sind oder schutzwürdige Interessen der Betroffenen einer weiteren Speicherung entgegenstehen.

Kapitel 3
Datenschutzbeauftragte öffentlicher Stellen

§ 5 Benennung

(1) Öffentliche Stellen benennen eine Datenschutzbeauftragte oder einen Datenschutzbeauftragten. Dies gilt auch für öffentliche Stellen nach § 2 Absatz 5, die am Wettbewerb teilnehmen.

(2) Für mehrere öffentliche Stellen kann unter Berücksichtigung ihrer Organisationsstruktur und ihrer Größe eine gemeinsame Datenschutzbeauftragte oder ein gemeinsamer Datenschutzbeauftragter benannt werden.

(3) Die oder der Datenschutzbeauftragte wird auf der Grundlage ihrer oder seiner beruflichen Qualifikation und insbesondere ihres oder seines Fachwissens benannt, das sie oder er auf dem Gebiet des Datenschutzrechts und der Datenschutzpraxis besitzt, sowie auf der Grundlage ihrer oder seiner Fähigkeit zur Erfüllung der in § 7 genannten Aufgaben.

(4) Die oder der Datenschutzbeauftragte kann Beschäftigte oder Beschäftigter der öffentlichen Stelle sein oder ihre oder seine Aufgaben auf der Grundlage eines Dienstleistungsvertrags erfüllen.

(5) Die öffentliche Stelle veröffentlicht die Kontaktdaten der oder des Datenschutzbeauftragten und teilt diese Daten der oder dem Bundesbeauftragten für den Datenschutz und die Informationsfreiheit mit.

§ 6 Stellung

(1) Die öffentliche Stelle stellt sicher, dass die oder der Datenschutzbeauftragte ordnungsgemäß und frühzeitig in alle mit dem Schutz personenbezogener Daten zusammenhängenden Fragen eingebunden wird.

(2) Die öffentliche Stelle unterstützt die Datenschutzbeauftragte oder den Datenschutzbeauftragten bei der Erfüllung ihrer oder seiner Aufgaben gemäß § 7, indem sie die für die Erfüllung dieser Aufgaben erforderlichen Ressourcen und den Zugang zu personenbezogenen Daten und Verarbeitungsvorgängen sowie die zur Erhaltung ihres oder seines Fachwissens erforderlichen Ressourcen zur Verfügung stellt.

(3) Die öffentliche Stelle stellt sicher, dass die oder der Datenschutzbeauftragte bei der Erfüllung ihrer oder seiner Aufgaben keine Anweisungen bezüglich der Ausübung dieser Aufgaben erhält. Die oder der Datenschutzbeauftragte berichtet unmittelbar der höchsten Leitungsebene der öffentlichen Stelle. Die oder der Datenschutzbeauftragte darf von der öffentlichen Stelle wegen der Erfüllung ihrer oder seiner Aufgaben nicht abberufen oder benachteiligt werden.

(4) Die Abberufung der oder des Datenschutzbeauftragten ist nur in entsprechender Anwendung des § 626 des Bürgerlichen Gesetzbuchs zulässig. Die Kündigung des Arbeitsverhältnisses ist unzulässig, es sei denn, dass Tatsachen vorliegen, welche die öffentliche Stelle zur Kündigung aus wichtigem Grund ohne Einhaltung einer Kündigungsfrist berechtigen. Nach dem Ende der Tätigkeit als Datenschutzbeauftragte oder als Datenschutzbeauftragter ist die Kündigung des Arbeitsverhältnisses innerhalb eines Jahres unzulässig, es sei denn, dass die öffentliche Stelle zur Kündigung aus wichtigem Grund ohne Einhaltung einer Kündigungsfrist berechtigt ist.

(5) Betroffene Personen können die Datenschutzbeauftragte oder den Datenschutzbeauftragten zu allen mit der Verarbeitung ihrer personenbezogenen Daten und mit der Wahrnehmung ihrer Rechte gemäß der Verordnung (EU) 2016/679, diesem Gesetz sowie anderen Rechtsvorschriften über den Datenschutz im Zusammenhang stehenden Fragen zu Rate ziehen. Die oder der Datenschutzbeauftragte ist zur Verschwiegenheit über die Identität der betroffenen Person sowie über Umstände, die Rückschlüsse auf die betroffene Person zulassen, verpflichtet, soweit sie oder er nicht davon durch die betroffene Person befreit wird.

(6) Wenn die oder der Datenschutzbeauftragte bei ihrer oder seiner Tätigkeit Kenntnis von Daten erhält, für die der Leitung oder einer bei der öffentlichen Stelle beschäftigten Person aus beruflichen Gründen ein Zeugnisverweigerungsrecht zusteht, steht dieses Recht auch der oder dem Datenschutzbeauftragten und den ihr oder ihm unterstellten Beschäftigten zu. Über die Ausübung dieses Rechts entscheidet die Person, der das Zeugnisverweigerungsrecht aus beruflichen Gründen zusteht, es sei denn, dass diese Entscheidung in absehbarer Zeit nicht herbeigeführt werden kann. Soweit das Zeugnisverweigerungsrecht der oder des Datenschutzbeauftragten reicht, unterliegen ihre oder seine Akten und andere Dokumente einem Beschlagnahmeverbot.

§ 7 Aufgaben

(1) Der oder dem Datenschutzbeauftragten obliegen neben den in der Verordnung (EU) 2016/679 genannten Aufgaben zumindest folgende Aufgaben:

1. Unterrichtung und Beratung der öffentlichen Stelle und der Beschäftigten, die Verarbeitungen durchführen, hinsichtlich ihrer Pflichten nach diesem Gesetz und sonstigen Vorschriften über den Datenschutz, einschließlich der zur Umsetzung der Richtlinie (EU) 2016/680 erlassenen Rechtsvorschriften;
2. Überwachung der Einhaltung dieses Gesetzes und sonstiger Vorschriften über den Datenschutz, einschließlich der zur Umsetzung der Richtlinie (EU) 2016/680 erlassenen Rechtsvorschriften, sowie der Strategien der öffentlichen Stelle für den Schutz personenbezogener Daten, einschließlich der Zuweisung von Zuständigkeiten, der Sensibilisierung und der Schulung der an den Verarbeitungsvorgängen beteiligten Beschäftigten und der diesbezüglichen Überprüfungen;
3. Beratung im Zusammenhang mit der Datenschutz-Folgenabschätzung und Überwachung ihrer Durchführung gemäß § 67 dieses Gesetzes;
4. Zusammenarbeit mit der Aufsichtsbehörde;
5. Tätigkeit als Anlaufstelle für die Aufsichtsbehörde in mit der Verarbeitung zusammenhängenden Fragen, einschließlich der vorherigen Konsultation gemäß § 69 dieses Gesetzes, und gegebenenfalls Beratung zu allen sonstigen Fragen.

Im Fall einer oder eines bei einem Gericht bestellten Datenschutzbeauftragten beziehen sich diese Aufgaben nicht auf das Handeln des Gerichts im Rahmen seiner justiziellen Tätigkeit.

(2) Die oder der Datenschutzbeauftragte kann andere Aufgaben und Pflichten wahrnehmen. Die öffentliche Stelle stellt sicher, dass derartige Aufgaben und Pflichten nicht zu einem Interessenkonflikt führen.

(3) Die oder der Datenschutzbeauftragte trägt bei der Erfüllung ihrer oder seiner Aufgaben dem mit den Verarbeitungsvorgängen verbundenen Risiko gebührend Rechnung, wobei sie oder er die Art, den Umfang, die Umstände und die Zwecke der Verarbeitung berücksichtigt.

Kapitel 4
Die oder der Bundesbeauftragte für den Datenschutz und die Informationsfreiheit

§ 8 Errichtung

(1) Die oder der Bundesbeauftragte für den Datenschutz und die Informationsfreiheit (Bundesbeauftragte) ist eine oberste Bundesbehörde. Der Dienstsitz ist Bonn.

(2) Die Beamtinnen und Beamten der oder des Bundesbeauftragten sind Beamtinnen und Beamte des Bundes.

(3) Die oder der Bundesbeauftragte kann Aufgaben der Personalverwaltung und Personalwirtschaft auf andere Stellen des Bundes übertragen, soweit hierdurch die Unabhängigkeit der oder des Bundesbeauftragten nicht beeinträchtigt wird. Diesen Stellen dürfen personenbezogene Daten der Beschäftigten übermittelt werden, soweit deren Kenntnis zur Erfüllung der übertragenen Aufgaben erforderlich ist.

§ 9 Zuständigkeit

(1) Die oder der Bundesbeauftragte ist zuständig für die Aufsicht über die öffentlichen Stellen des Bundes, auch soweit sie als öffentlich-rechtliche Unternehmen am Wettbewerb teilnehmen. Die Vorschriften dieses Kapitels gelten auch für Auftragsverarbeiter, soweit sie nichtöffentliche Stellen sind, bei denen dem Bund die Mehrheit der Anteile gehört oder die Mehrheit der Stimmen zusteht und der Auftraggeber eine öffentliche Stelle des Bundes ist.

(2) Die oder der Bundesbeauftragte ist nicht zuständig für die Aufsicht über die von den Bundesgerichten im Rahmen ihrer justiziellen Tätigkeit vorgenommenen Verarbeitungen.

§ 10 Unabhängigkeit

(1) Die oder der Bundesbeauftragte handelt bei der Erfüllung ihrer oder seiner Aufgaben und bei der Ausübung ihrer oder seiner Befugnisse völlig unabhängig. Sie oder er unterliegt weder direkter noch indirekter Beeinflussung von außen und ersucht weder um Weisung noch nimmt sie oder er Weisungen entgegen.

(2) Die oder der Bundesbeauftragte unterliegt der Rechnungsprüfung durch den Bundesrechnungshof, soweit hierdurch ihre oder seine Unabhängigkeit nicht beeinträchtigt wird.

§ 11 Ernennung und Amtszeit

(1) Der Deutsche Bundestag wählt ohne Aussprache auf Vorschlag der Bundesregierung die Bundesbeauftragte oder den Bundesbeauftragten mit mehr als der Hälfte der gesetzlichen Zahl seiner Mitglieder. Die oder der Gewählte ist von der Bundespräsidentin oder dem Bundespräsidenten zu ernennen. Die oder der Bundesbeauftragte muss bei ihrer oder seiner Wahl das 35. Lebensjahr vollendet haben. Sie oder er muss über die für die Erfüllung ihrer oder seiner Aufgaben und Ausübung ihrer oder seiner Befugnisse erforderliche Qualifikation, Erfahrung und Sachkunde insbesondere im Bereich des Schutzes personenbezogener Daten verfügen. Insbesondere muss die oder der Bundesbeauftragte über durch einschlägige Berufserfahrung erworbene Kenntnisse des Datenschutzrechts verfügen und die Befähigung zum Richteramt oder höheren Verwaltungsdienst haben.

(2) Die oder der Bundesbeauftragte leistet vor der Bundespräsidentin oder dem Bundespräsidenten folgenden Eid: „Ich schwöre, dass ich meine Kraft dem Wohle des deutschen Volkes widmen, seinen Nutzen mehren, Schaden von ihm wenden, das Grundgesetz und die Gesetze des Bundes wahren und verteidigen, meine Pflichten gewissenhaft erfüllen und Gerechtigkeit gegen jedermann üben werde. So wahr mir Gott helfe." Der Eid kann auch ohne religiöse Beteuerung geleistet werden.

(3) Die Amtszeit der oder des Bundesbeauftragten beträgt fünf Jahre. Einmalige Wiederwahl ist zulässig.

§ 12 Amtsverhältnis

(1) Die oder der Bundesbeauftragte steht nach Maßgabe dieses Gesetzes zum Bund in einem öffentlich-rechtlichen Amtsverhältnis.

(2) Das Amtsverhältnis beginnt mit der Aushändigung der Ernennungsurkunde. Es endet mit dem Ablauf der Amtszeit oder mit dem Rücktritt. Die Bundespräsidentin oder der Bundespräsident enthebt auf Vorschlag der Präsidentin oder des Präsidenten des Bundestages die Bundesbeauftragte ihres oder den Bundesbeauftragten seines Amtes, wenn die oder der Bundesbeauftragte eine schwere Verfehlung begangen hat oder die Voraussetzungen für die Wahrnehmung ihrer oder seiner Aufgaben nicht mehr erfüllt. Im Fall der Beendigung des Amtsverhältnisses oder der Amtsenthebung erhält die oder der Bundesbeauftragte eine von der Bundespräsidentin oder dem Bundespräsidenten vollzogene Urkunde. Eine Amtsenthebung wird mit der Aushändigung der Urkunde wirksam. Endet das Amtsverhältnis mit Ablauf der Amtszeit, ist die oder der Bundesbeauftragte verpflichtet, auf Ersuchen der Präsidentin oder des Präsidenten des Bundestages die Geschäfte bis zur Ernennung einer Nachfolgerin oder eines Nachfolgers für die Dauer von höchstens sechs Monaten weiterzuführen.

(3) Die Leitende Beamtin oder der Leitende Beamte nimmt die Rechte der oder des Bundesbeauftragten wahr, wenn die oder der Bundesbeauftragte an der Ausübung ihres oder seines Amtes verhindert ist oder wenn ihr oder sein Amtsverhältnis endet und sie oder er nicht zur Weiterführung der Geschäfte verpflichtet ist. § 10 Absatz 1 ist entsprechend anzuwenden.

(4) Die oder der Bundesbeauftragte erhält vom Beginn des Kalendermonats an, in dem das Amtsverhältnis beginnt, bis zum Schluss des Kalendermonats, in dem das Amtsverhältnis endet, im Fall des Absatzes 2 Satz 6 bis zum Ende des Monats, in dem die Geschäftsführung endet, Amtsbezüge in Höhe der Besoldungsgruppe B 11 sowie den Familienzuschlag entsprechend Anlage V des Bundesbesoldungsgesetzes. Das Bundesreisekostengesetz und das Bundesumzugskostengesetz sind entsprechend anzuwenden. Im Übrigen sind § 12 Absatz 6 sowie die §§ 13 bis 20 und 21a Absatz 5 des Bundesministergesetzes mit den Maßgaben anzuwenden, dass an die Stelle der vierjährigen Amtszeit in § 15 Absatz 1 des Bundesministergesetzes eine Amtszeit von fünf Jahren tritt. Abweichend von Satz 3 in Verbindung mit den §§ 15 bis 17 und 21a Absatz 5 des Bundesministergesetzes berechnet sich das Ruhegehalt der oder des Bundesbeauftragten unter Hinzurechnung der Amtszeit als ruhegehaltsfähige Dienstzeit in entsprechender Anwendung des Beamtenversorgungsgesetzes, wenn dies günstiger ist und die oder der Bundesbeauftragte sich unmittelbar vor ihrer oder seiner Wahl zur oder zum Bundesbeauftragten als Beamtin oder Beamter oder als Richterin oder Richter mindestens in dem letzten gewöhnlich vor Erreichen der Besoldungsgruppe B 11 zu durchlaufenden Amt befunden hat.

§ 13 Rechte und Pflichten

(1) Die oder der Bundesbeauftragte sieht von allen mit den Aufgaben ihres oder seines Amtes nicht zu vereinbarenden Handlungen ab und übt während ihrer oder seiner Amtszeit keine andere mit ihrem oder seinem Amt nicht zu vereinbarende entgeltliche oder unentgeltliche Tätigkeit aus. Insbesondere darf die oder der Bundesbeauftragte neben ihrem oder seinem Amt kein anderes besoldetes Amt, kein Gewerbe

und keinen Beruf ausüben und weder der Leitung oder dem Aufsichtsrat oder Verwaltungsrat eines auf Erwerb gerichteten Unternehmens noch einer Regierung oder einer gesetzgebenden Körperschaft des Bundes oder eines Landes angehören. Sie oder er darf nicht gegen Entgelt außergerichtliche Gutachten abgeben.

(2) Die oder der Bundesbeauftragte hat der Präsidentin oder dem Präsidenten des Bundestages Mitteilung über Geschenke zu machen, die sie oder er in Bezug auf das Amt erhält. Die Präsidentin oder der Präsident des Bundestages entscheidet über die Verwendung der Geschenke. Sie oder er kann Verfahrensvorschriften erlassen.

(3) Die oder der Bundesbeauftragte ist berechtigt, über Personen, die ihr oder ihm in ihrer oder seiner Eigenschaft als Bundesbeauftragte oder Bundesbeauftragter Tatsachen anvertraut haben, sowie über diese Tatsachen selbst das Zeugnis zu verweigern. Dies gilt auch für die Mitarbeiterinnen und Mitarbeiter der oder des Bundesbeauftragten mit der Maßgabe, dass über die Ausübung dieses Rechts die oder der Bundesbeauftragte entscheidet. Soweit das Zeugnisverweigerungsrecht der oder des Bundesbeauftragten reicht, darf die Vorlegung oder Auslieferung von Akten oder anderen Dokumenten von ihr oder ihm nicht gefordert werden.

(4) Die oder der Bundesbeauftragte ist, auch nach Beendigung ihres oder seines Amtsverhältnisses, verpflichtet, über die ihr oder ihm amtlich bekanntgewordenen Angelegenheiten Verschwiegenheit zu bewahren. Dies gilt nicht für Mitteilungen im dienstlichen Verkehr oder über Tatsachen, die offenkundig sind oder ihrer Bedeutung nach keiner Geheimhaltung bedürfen. Die oder der Bundesbeauftragte entscheidet nach pflichtgemäßem Ermessen, ob und inwieweit sie oder er über solche Angelegenheiten vor Gericht oder außergerichtlich aussagt oder Erklärungen abgibt; wenn sie oder er nicht mehr im Amt ist, ist die Genehmigung der oder des amtierenden Bundesbeauftragten erforderlich. Unberührt bleibt die gesetzlich begründete Pflicht, Straftaten anzuzeigen und bei einer Gefährdung der freiheitlichen demokratischen Grundordnung für deren Erhaltung einzutreten. Für die Bundesbeauftragte oder den Bundesbeauftragten und ihre oder seine Mitarbeiterinnen und Mitarbeiter gelten die §§ 93, 97 und 105 Absatz 1, § 111 Absatz 5 in Verbindung mit § 105 Absatz 1 sowie § 116 Absatz 1 der Abgabenordnung nicht. Satz 5 findet keine Anwendung, soweit die Finanzbehörden die Kenntnis für die Durchführung eines Verfahrens wegen einer Steuerstraftat sowie eines damit zusammenhängenden Steuerverfahrens benötigen, an deren Verfolgung ein zwingendes öffentliches Interesse besteht, oder soweit es sich um vorsätzlich falsche Angaben der oder des Auskunftspflichtigen oder der für sie oder ihn tätigen Personen handelt. Stellt die oder der Bundesbeauftragte einen Datenschutzverstoß fest, ist sie oder er befugt, diesen anzuzeigen und die betroffene Person hierüber zu informieren.

(5) Die oder der Bundesbeauftragte darf als Zeugin oder Zeuge aussagen, es sei denn, die Aussage würde

1. dem Wohl des Bundes oder eines Landes Nachteile bereiten, insbesondere Nachteile für die Sicherheit der Bundesrepublik Deutschland oder ihre Beziehungen zu anderen Staaten, oder
2. Grundrechte verletzen.

Betrifft die Aussage laufende oder abgeschlossene Vorgänge, die dem Kernbereich exekutiver Eigenverantwortung der Bundesregierung zuzurechnen sind oder sein könnten, darf die oder der Bundesbeauftragte nur im Benehmen mit der Bundesregierung aussagen. § 28 des Bundesverfassungsgerichtsgesetzes bleibt unberührt.

(6) Die Absätze 3 und 4 Satz 5 bis 7 gelten entsprechend für die öffentlichen Stellen, die für die Kontrolle der Einhaltung der Vorschriften über den Datenschutz in den Ländern zuständig sind.

§ 14 Aufgaben

(1) Die oder der Bundesbeauftragte hat neben den in der Verordnung (EU) 2016/679 genannten Aufgaben die Aufgaben,

1. die Anwendung dieses Gesetzes und sonstiger Vorschriften über den Datenschutz, einschließlich der zur Umsetzung der Richtlinie (EU) 2016/680 erlassenen Rechtsvorschriften, zu überwachen und durchzusetzen,
2. die Öffentlichkeit für die Risiken, Vorschriften, Garantien und Rechte im Zusammenhang mit der Verarbeitung personenbezogener Daten zu sensibilisieren und sie darüber aufzuklären, wobei spezifische Maßnahmen für Kinder besondere Beachtung finden,
3. den Deutschen Bundestag und den Bundesrat, die Bundesregierung und andere Einrichtungen und Gremien über legislative und administrative Maßnahmen zum Schutz der Rechte und Freiheiten natürlicher Personen in Bezug auf die Verarbeitung personenbezogener Daten zu beraten,
4. die Verantwortlichen und die Auftragsverarbeiter für die ihnen aus diesem Gesetz und sonstigen Vorschriften über den Datenschutz, einschließlich den zur Umsetzung der Richtlinie (EU) 2016/680 erlassenen Rechtsvorschriften, entstehenden Pflichten zu sensibilisieren,
5. auf Anfrage jeder betroffenen Person Informationen über die Ausübung ihrer Rechte aufgrund dieses Gesetzes und sonstiger Vorschriften über den Datenschutz, einschließlich der zur Umsetzung der Richtlinie (EU) 2016/680 erlassenen Rechtsvorschriften, zur Verfügung zu stellen und gegebenenfalls zu diesem Zweck mit den Aufsichtsbehörden in anderen Mitgliedstaaten zusammenzuarbeiten,
6. sich mit Beschwerden einer betroffenen Person oder Beschwerden einer Stelle, einer Organisation oder eines Verbandes gemäß Artikel 55 der Richtlinie (EU) 2016/680 zu befassen, den Gegenstand der Beschwerde in angemessenem Umfang zu untersuchen und den Beschwerdeführer innerhalb einer angemessenen Frist über den Fortgang und das Ergebnis der Untersuchung zu unterrichten, insbesondere, wenn eine weitere Untersuchung oder Koordinierung mit einer anderen Aufsichtsbehörde notwendig ist,
7. mit anderen Aufsichtsbehörden zusammenzuarbeiten, auch durch Informationsaustausch, und ihnen Amtshilfe zu leisten, um die einheitliche Anwendung und Durchsetzung dieses Gesetzes und sonstiger Vorschriften über den Datenschutz, einschließlich der zur Umsetzung der Richtlinie (EU) 2016/680 erlassenen Rechtsvorschriften, zu gewährleisten,
8. Untersuchungen über die Anwendung dieses Gesetzes und sonstiger Vorschriften über den Datenschutz, einschließlich der zur Umsetzung der Richtlinie (EU) 2016/680 erlassenen Rechtsvorschriften, durchzuführen, auch auf der Grundlage von Informationen einer anderen Aufsichtsbehörde oder einer anderen Behörde,

9. maßgebliche Entwicklungen zu verfolgen, soweit sie sich auf den Schutz personenbezogener Daten auswirken, insbesondere die Entwicklung der Informations- und Kommunikationstechnologie und der Geschäftspraktiken,
10. Beratung in Bezug auf die in § 69 genannten Verarbeitungsvorgänge zu leisten und
11. Beiträge zur Tätigkeit des Europäischen Datenschutzausschusses zu leisten.

Im Anwendungsbereich der Richtlinie (EU) 2016/680 nimmt die oder der Bundesbeauftragte zudem die Aufgabe nach § 60 wahr.

(2) Zur Erfüllung der in Absatz 1 Satz 1 Nummer 3 genannten Aufgabe kann die oder der Bundesbeauftragte zu allen Fragen, die im Zusammenhang mit dem Schutz personenbezogener Daten stehen, von sich aus oder auf Anfrage Stellungnahmen an den Deutschen Bundestag oder einen seiner Ausschüsse, den Bundesrat, die Bundesregierung, sonstige Einrichtungen und Stellen sowie an die Öffentlichkeit richten. Auf Ersuchen des Deutschen Bundestages, eines seiner Ausschüsse oder der Bundesregierung geht die oder der Bundesbeauftragte ferner Hinweisen auf Angelegenheiten und Vorgänge des Datenschutzes bei den öffentlichen Stellen des Bundes nach.

(3) Die oder der Bundesbeauftragte erleichtert das Einreichen der in Absatz 1 Satz 1 Nummer 6 genannten Beschwerden durch Maßnahmen wie etwa die Bereitstellung eines Beschwerdeformulars, das auch elektronisch ausgefüllt werden kann, ohne dass andere Kommunikationsmittel ausgeschlossen werden.

(4) Die Erfüllung der Aufgaben der oder des Bundesbeauftragten ist für die betroffene Person unentgeltlich. Bei offenkundig unbegründeten oder, insbesondere im Fall von häufiger Wiederholung, exzessiven Anfragen kann die oder der Bundesbeauftragte eine angemessene Gebühr auf der Grundlage der Verwaltungskosten verlangen oder sich weigern, aufgrund der Anfrage tätig zu werden. In diesem Fall trägt die oder der Bundesbeauftragte die Beweislast für den offenkundig unbegründeten oder exzessiven Charakter der Anfrage.

§ 15 Tätigkeitsbericht

Die oder der Bundesbeauftragte erstellt einen Jahresbericht über ihre oder seine Tätigkeit, der eine Liste der Arten der gemeldeten Verstöße und der Arten der getroffenen Maßnahmen, einschließlich der verhängten Sanktionen und der Maßnahmen nach Artikel 58 Absatz 2 der Verordnung (EU) 2016/679, enthalten kann. Die oder der Bundesbeauftragte übermittelt den Bericht dem Deutschen Bundestag, dem Bundesrat und der Bundesregierung und macht ihn der Öffentlichkeit, der Europäischen Kommission und dem Europäischen Datenschutzausschuss zugänglich.

§ 16 Befugnisse

(1) Die oder der Bundesbeauftragte nimmt im Anwendungsbereich der Verordnung (EU) 2016/679 die Befugnisse gemäß Artikel 58 der Verordnung (EU) 2016/679 wahr. Kommt die oder der Bundesbeauftragte zu dem Ergebnis, dass Verstöße gegen die Vorschriften über den Datenschutz oder sonstige Mängel bei der Verarbeitung personenbezogener Daten vorliegen, teilt sie oder er dies der zuständigen Rechts- oder Fachaufsichtsbehörde mit und gibt dieser vor der Ausübung der Befugnisse des Artikels 58 Absatz 2 Buchstabe b bis g, i und j der Verordnung (EU) 2016/679 gegenüber

dem Verantwortlichen Gelegenheit zur Stellungnahme innerhalb einer angemessenen Frist. Von der Einräumung der Gelegenheit zur Stellungnahme kann abgesehen werden, wenn eine sofortige Entscheidung wegen Gefahr im Verzug oder im öffentlichen Interesse notwendig erscheint oder ihr ein zwingendes öffentliches Interesse entgegensteht. Die Stellungnahme soll auch eine Darstellung der Maßnahmen enthalten, die aufgrund der Mitteilung der oder des Bundesbeauftragten getroffen worden sind.

(2) Stellt die oder der Bundesbeauftragte bei Datenverarbeitungen durch öffentliche Stellen des Bundes zu Zwecken außerhalb des Anwendungsbereichs der Verordnung (EU) 2016/679 Verstöße gegen die Vorschriften dieses Gesetzes oder gegen andere Vorschriften über den Datenschutz oder sonstige Mängel bei der Verarbeitung oder Nutzung personenbezogener Daten fest, so beanstandet sie oder er dies gegenüber der zuständigen obersten Bundesbehörde und fordert diese zur Stellungnahme innerhalb einer von ihr oder ihm zu bestimmenden Frist auf. Die oder der Bundesbeauftragte kann von einer Beanstandung absehen oder auf eine Stellungnahme verzichten, insbesondere wenn es sich um unerhebliche oder inzwischen beseitigte Mängel handelt. Die Stellungnahme soll auch eine Darstellung der Maßnahmen enthalten, die aufgrund der Beanstandung der oder des Bundesbeauftragten getroffen worden sind. Die oder der Bundesbeauftragte kann den Verantwortlichen auch davor warnen, dass beabsichtigte Verarbeitungsvorgänge voraussichtlich gegen in diesem Gesetz enthaltene und andere auf die jeweilige Datenverarbeitung anzuwendende Vorschriften über den Datenschutz verstoßen.

(3) Die Befugnisse der oder des Bundesbeauftragten erstrecken sich auch auf

1. von öffentlichen Stellen des Bundes erlangte personenbezogene Daten über den Inhalt und die näheren Umstände des Brief-, Post- und Fernmeldeverkehrs und
2. personenbezogene Daten, die einem besonderen Amtsgeheimnis, insbesondere dem Steuergeheimnis nach § 30 der Abgabenordnung, unterliegen.

Das Grundrecht des Brief-, Post- und Fernmeldegeheimnisses des Artikels 10 des Grundgesetzes wird insoweit eingeschränkt.

(4) Die öffentlichen Stellen des Bundes sind verpflichtet, der oder dem Bundesbeauftragten und ihren oder seinen Beauftragten

1. jederzeit Zugang zu den Grundstücken und Diensträumen, einschließlich aller Datenverarbeitungsanlagen und -geräte, sowie zu allen personenbezogenen Daten und Informationen, die zur Erfüllung ihrer oder seiner Aufgaben notwendig sind, zu gewähren und
2. alle Informationen, die für die Erfüllung ihrer oder seiner Aufgaben erforderlich sind, bereitzustellen.

(5) Die oder der Bundesbeauftragte wirkt auf die Zusammenarbeit mit den öffentlichen Stellen, die für die Kontrolle der Einhaltung der Vorschriften über den Datenschutz in den Ländern zuständig sind, sowie mit den Aufsichtsbehörden nach § 40 hin. § 40 Absatz 3 Satz 1 zweiter Halbsatz gilt entsprechend.

Kapitel 5
Vertretung im Europäischen Datenschutzausschuss, zentrale Anlaufstelle, Zusammenarbeit der Aufsichtsbehörden des Bundes und der Länder in Angelegenheiten der Europäischen Union

§ 17 Vertretung im Europäischen Datenschutzausschuss, zentrale Anlaufstelle

(1) Gemeinsamer Vertreter im Europäischen Datenschutzausschuss und zentrale Anlaufstelle ist die oder der Bundesbeauftragte (gemeinsamer Vertreter). Als Stellvertreterin oder Stellvertreter des gemeinsamen Vertreters wählt der Bundesrat eine Leiterin oder einen Leiter der Aufsichtsbehörde eines Landes (Stellvertreter). Die Wahl erfolgt für fünf Jahre. Mit dem Ausscheiden aus dem Amt als Leiterin oder Leiter der Aufsichtsbehörde eines Landes endet zugleich die Funktion als Stellvertreter. Wiederwahl ist zulässig.

(2) Der gemeinsame Vertreter überträgt in Angelegenheiten, die die Wahrnehmung einer Aufgabe betreffen, für welche die Länder allein das Recht zur Gesetzgebung haben, oder welche die Einrichtung oder das Verfahren von Landesbehörden betreffen, dem Stellvertreter auf dessen Verlangen die Verhandlungsführung und das Stimmrecht im Europäischen Datenschutzausschuss.

§ 18 Verfahren der Zusammenarbeit der Aufsichtsbehörden des Bundes und der Länder

(1) Die oder der Bundesbeauftragte und die Aufsichtsbehörden der Länder (Aufsichtsbehörden des Bundes und der Länder) arbeiten in Angelegenheiten der Europäischen Union mit dem Ziel einer einheitlichen Anwendung der Verordnung (EU) 2016/679 und der Richtlinie (EU) 2016/680 zusammen. Vor der Übermittlung eines gemeinsamen Standpunktes an die Aufsichtsbehörden der anderen Mitgliedstaaten, die Europäische Kommission oder den Europäischen Datenschutzausschuss geben sich die Aufsichtsbehörden des Bundes und der Länder frühzeitig Gelegenheit zur Stellungnahme. Zu diesem Zweck tauschen sie untereinander alle zweckdienlichen Informationen aus. Die Aufsichtsbehörden des Bundes und der Länder beteiligen die nach den Artikeln 85 und 91 der Verordnung (EU) 2016/679 eingerichteten spezifischen Aufsichtsbehörden, sofern diese von der Angelegenheit betroffen sind.

(2) Soweit die Aufsichtsbehörden des Bundes und der Länder kein Einvernehmen über den gemeinsamen Standpunkt erzielen, legen die federführende Behörde oder in Ermangelung einer solchen der gemeinsame Vertreter und sein Stellvertreter einen Vorschlag für einen gemeinsamen Standpunkt vor. Einigen sich der gemeinsame Vertreter und sein Stellvertreter nicht auf einen Vorschlag für einen gemeinsamen Standpunkt, legt in Angelegenheiten, die die Wahrnehmung von Aufgaben betreffen, für welche die Länder allein das Recht der Gesetzgebung haben, oder welche die Einrichtung oder das Verfahren von Landesbehörden betreffen, der Stellvertreter den Vorschlag für einen gemeinsamen Standpunkt fest. In den übrigen Fällen fehlenden Einvernehmens nach Satz 2 legt der gemeinsame Vertreter den Standpunkt fest. Der nach den Sätzen 1 bis 3 vorgeschlagene Standpunkt ist den Verhandlungen zu Grunde zu legen, wenn nicht die Aufsichtsbehörden von Bund und Ländern einen anderen Standpunkt mit einfacher Mehrheit beschließen. Der Bund und jedes Land haben jeweils eine Stimme. Enthaltungen werden nicht gezählt.

(3) Der gemeinsame Vertreter und dessen Stellvertreter sind an den gemeinsamen Standpunkt nach den Absätzen 1 und 2 gebunden und legen unter Beachtung dieses Standpunktes einvernehmlich die jeweilige Verhandlungsführung fest. Sollte ein Einvernehmen nicht erreicht werden, entscheidet in den in § 18 Absatz 2 Satz 2 genannten Angelegenheiten der Stellvertreter über die weitere Verhandlungsführung. In den übrigen Fällen gibt die Stimme des gemeinsamen Vertreters den Ausschlag.

§ 19 Zuständigkeiten

(1) Federführende Aufsichtsbehörde eines Landes im Verfahren der Zusammenarbeit und Kohärenz nach Kapitel VII der Verordnung (EU) 2016/679 ist die Aufsichtsbehörde des Landes, in dem der Verantwortliche oder der Auftragsverarbeiter seine Hauptniederlassung im Sinne des Artikels 4 Nummer 16 der Verordnung (EU) 2016/679 oder seine einzige Niederlassung in der Europäischen Union im Sinne des Artikels 56 Absatz 1 der Verordnung (EU) 2016/679 hat. Im Zuständigkeitsbereich der oder des Bundesbeauftragten gilt Artikel 56 Absatz 1 in Verbindung mit Artikel 4 Nummer 16 der Verordnung (EU) 2016/679 entsprechend. Besteht über die Federführung kein Einvernehmen, findet für die Festlegung der federführenden Aufsichtsbehörde das Verfahren des § 18 Absatz 2 entsprechende Anwendung.

(2) Die Aufsichtsbehörde, bei der eine betroffene Person Beschwerde eingereicht hat, gibt die Beschwerde an die federführende Aufsichtsbehörde nach Absatz 1, in Ermangelung einer solchen an die Aufsichtsbehörde eines Landes ab, in dem der Verantwortliche oder der Auftragsverarbeiter eine Niederlassung hat. Wird eine Beschwerde bei einer sachlich unzuständigen Aufsichtsbehörde eingereicht, gibt diese, sofern eine Abgabe nach Satz 1 nicht in Betracht kommt, die Beschwerde an die Aufsichtsbehörde am Wohnsitz des Beschwerdeführers ab. Die empfangende Aufsichtsbehörde gilt als die Aufsichtsbehörde nach Maßgabe des Kapitels VII der Verordnung (EU) 2016/679, bei der die Beschwerde eingereicht worden ist, und kommt den Verpflichtungen aus Artikel 60 Absatz 7 bis 9 und Artikel 65 Absatz 6 der Verordnung (EU) 2016/679 nach.

Kapitel 6
Rechtsbehelfe

§ 20 Gerichtlicher Rechtsschutz

(1) Für Streitigkeiten zwischen einer natürlichen oder einer juristischen Person und einer Aufsichtsbehörde des Bundes oder eines Landes über Rechte gemäß Artikel 78 Absatz 1 und 2 der Verordnung (EU) 2016/679 sowie § 61 ist der Verwaltungsrechtsweg gegeben. Satz 1 gilt nicht für Bußgeldverfahren.

(2) Die Verwaltungsgerichtsordnung ist nach Maßgabe der Absätze 3 bis 7 anzuwenden.

(3) Für Verfahren nach Absatz 1 Satz 1 ist das Verwaltungsgericht örtlich zuständig, in dessen Bezirk die Aufsichtsbehörde ihren Sitz hat.

(4) In Verfahren nach Absatz 1 Satz 1 ist die Aufsichtsbehörde beteiligungsfähig.

(5) Beteiligte eines Verfahrens nach Absatz 1 Satz 1 sind

1. die natürliche oder juristische Person als Klägerin oder Antragstellerin und
2. die Aufsichtsbehörde als Beklagte oder Antragsgegnerin.

§ 63 Nummer 3 und 4 der Verwaltungsgerichtsordnung bleibt unberührt.

(6) Ein Vorverfahren findet nicht statt.

(7) Die Aufsichtsbehörde darf gegenüber einer Behörde oder deren Rechtsträger nicht die sofortige Vollziehung gemäß § 80 Absatz 2 Satz 1 Nummer 4 der Verwaltungsgerichtsordnung anordnen.

§ 21 Antrag der Aufsichtsbehörde auf gerichtliche Entscheidung bei angenommener Rechtswidrigkeit eines Beschlusses der Europäischen Kommission

(1) Hält eine Aufsichtsbehörde einen Angemessenheitsbeschluss der Europäischen Kommission, einen Beschluss über die Anerkennung von Standardschutzklauseln oder über die Allgemeingültigkeit von genehmigten Verhaltensregeln, auf dessen Gültigkeit es für eine Entscheidung der Aufsichtsbehörde ankommt, für rechtswidrig, so hat die Aufsichtsbehörde ihr Verfahren auszusetzen und einen Antrag auf gerichtliche Entscheidung zu stellen.

(2) Für Verfahren nach Absatz 1 ist der Verwaltungsrechtsweg gegeben. Die Verwaltungsgerichtsordnung ist nach Maßgabe der Absätze 3 bis 6 anzuwenden.

(3) Über einen Antrag der Aufsichtsbehörde nach Absatz 1 entscheidet im ersten und letzten Rechtszug das Bundesverwaltungsgericht.

(4) In Verfahren nach Absatz 1 ist die Aufsichtsbehörde beteiligungsfähig. An einem Verfahren nach Absatz 1 ist die Aufsichtsbehörde als Antragstellerin beteiligt; § 63 Nummer 3 und 4 der Verwaltungsgerichtsordnung bleibt unberührt. Das Bundesverwaltungsgericht kann der Europäischen Kommission Gelegenheit zur Äußerung binnen einer zu bestimmenden Frist geben.

(5) Ist ein Verfahren zur Überprüfung der Gültigkeit eines Beschlusses der Europäischen Kommission nach Absatz 1 bei dem Gerichtshof der Europäischen Union anhängig, so kann das Bundesverwaltungsgericht anordnen, dass die Verhandlung bis zur Erledigung des Verfahrens vor dem Gerichtshof der Europäischen Union auszusetzen sei.

(6) In Verfahren nach Absatz 1 ist § 47 Absatz 5 Satz 1 und Absatz 6 der Verwaltungsgerichtsordnung entsprechend anzuwenden. Kommt das Bundesverwaltungsgericht zu der Überzeugung, dass der Beschluss der Europäischen Kommission nach Absatz 1 gültig ist, so stellt es dies in seiner Entscheidung fest. Andernfalls legt es die Frage nach der Gültigkeit des Beschlusses gemäß Artikel 267 des Vertrags über die Arbeitsweise der Europäischen Union dem Gerichtshof der Europäischen Union zur Entscheidung vor.

Teil 2
Durchführungsbestimmungen für Verarbeitungen zu Zwecken gemäß Artikel 2 der Verordnung (EU) 2016/679

Kapitel 1
Rechtsgrundlagen der Verarbeitung personenbezogener Daten

Abschnitt 1
Verarbeitung besonderer Kategorien personenbezogener Daten und Verarbeitung zu anderen Zwecken

§ 22 Verarbeitung besonderer Kategorien personenbezogener Daten

(1) Abweichend von Artikel 9 Absatz 1 der Verordnung (EU) 2016/679 ist die Verarbeitung besonderer Kategorien personenbezogener Daten im Sinne des Artikels 9 Absatz 1 der Verordnung (EU) 2016/679 zulässig

1. durch öffentliche und nichtöffentliche Stellen, wenn sie
   a) erforderlich ist, um die aus dem Recht der sozialen Sicherheit und des Sozialschutzes erwachsenden Rechte auszuüben und den diesbezüglichen Pflichten nachzukommen,
   b) zum Zweck der Gesundheitsvorsorge, für die Beurteilung der Arbeitsfähigkeit des Beschäftigten, für die medizinische Diagnostik, die Versorgung oder Behandlung im Gesundheits- oder Sozialbereich oder für die Verwaltung von Systemen und Diensten im Gesundheits- und Sozialbereich oder aufgrund eines Vertrags der betroffenen Person mit einem Angehörigen eines Gesundheitsberufs erforderlich ist und diese Daten von ärztlichem Personal oder durch sonstige Personen, die einer entsprechenden Geheimhaltungspflicht unterliegen, oder unter deren Verantwortung verarbeitet werden, oder
   c) aus Gründen des öffentlichen Interesses im Bereich der öffentlichen Gesundheit, wie des Schutzes vor schwerwiegenden grenzüberschreitenden Gesundheitsgefahren oder zur Gewährleistung hoher Qualitäts- und Sicherheitsstandards bei der Gesundheitsversorgung und bei Arzneimitteln und Medizinprodukten erforderlich ist; ergänzend zu den in Absatz 2 genannten Maßnahmen sind insbesondere die berufsrechtlichen und strafrechtlichen Vorgaben zur Wahrung des Berufsgeheimnisses einzuhalten,
2. durch öffentliche Stellen, wenn sie
   a) aus Gründen eines erheblichen öffentlichen Interesses zwingend erforderlich ist,
   b) zur Abwehr einer erheblichen Gefahr für die öffentliche Sicherheit erforderlich ist,
   c) zur Abwehr erheblicher Nachteile für das Gemeinwohl oder zur Wahrung erheblicher Belange des Gemeinwohls zwingend erforderlich ist oder
   d) aus zwingenden Gründen der Verteidigung oder der Erfüllung über- oder zwischenstaatlicher Verpflichtungen einer öffentlichen Stelle des Bundes auf dem Gebiet der Krisenbewältigung oder Konfliktverhinderung oder für humanitäre Maßnahmen erforderlich ist

und soweit die Interessen des Verantwortlichen an der Datenverarbeitung in den Fällen der Nummer 2 die Interessen der betroffenen Person überwiegen.

(2) In den Fällen des Absatzes 1 sind angemessene und spezifische Maßnahmen zur Wahrung der Interessen der betroffenen Person vorzusehen. Unter Berücksichtigung des Stands der Technik, der Implementierungskosten und der Art, des Umfangs, der Umstände und der Zwecke der Verarbeitung sowie der unterschiedlichen Eintrittswahrscheinlichkeit und Schwere der mit der Verarbeitung verbundenen Risiken für die Rechte und Freiheiten natürlicher Personen können dazu insbesondere gehören:

1. technisch organisatorische Maßnahmen, um sicherzustellen, dass die Verarbeitung gemäß der Verordnung (EU) 2016/679 erfolgt,
2. Maßnahmen, die gewährleisten, dass nachträglich überprüft und festgestellt werden kann, ob und von wem personenbezogene Daten eingegeben, verändert oder entfernt worden sind,
3. Sensibilisierung der an Verarbeitungsvorgängen Beteiligten,
4. Benennung einer oder eines Datenschutzbeauftragten,
5. Beschränkung des Zugangs zu den personenbezogenen Daten innerhalb der verantwortlichen Stelle und von Auftragsverarbeitern,
6. Pseudonymisierung personenbezogener Daten,
7. Verschlüsselung personenbezogener Daten,
8. Sicherstellung der Fähigkeit, Vertraulichkeit, Integrität, Verfügbarkeit und Belastbarkeit der Systeme und Dienste im Zusammenhang mit der Verarbeitung personenbezogener Daten, einschließlich der Fähigkeit, die Verfügbarkeit und den Zugang bei einem physischen oder technischen Zwischenfall rasch wiederherzustellen,
9. zur Gewährleistung der Sicherheit der Verarbeitung die Einrichtung eines Verfahrens zur regelmäßigen Überprüfung, Bewertung und Evaluierung der Wirksamkeit der technischen und organisatorischen Maßnahmen oder
10. spezifische Verfahrensregelungen, die im Fall einer Übermittlung oder Verarbeitung für andere Zwecke die Einhaltung der Vorgaben dieses Gesetzes sowie der Verordnung (EU) 2016/679 sicherstellen.

§ 23 Verarbeitung zu anderen Zwecken durch öffentliche Stellen

(1) Die Verarbeitung personenbezogener Daten zu einem anderen Zweck als zu demjenigen, zu dem die Daten erhoben wurden, durch öffentliche Stellen im Rahmen ihrer Aufgabenerfüllung ist zulässig, wenn

1. offensichtlich ist, dass sie im Interesse der betroffenen Person liegt und kein Grund zu der Annahme besteht, dass sie in Kenntnis des anderen Zwecks ihre Einwilligung verweigern würde,
2. Angaben der betroffenen Person überprüft werden müssen, weil tatsächliche Anhaltspunkte für deren Unrichtigkeit bestehen,
3. sie zur Abwehr erheblicher Nachteile für das Gemeinwohl oder einer Gefahr für die öffentliche Sicherheit, die Verteidigung oder die nationale Sicherheit, zur Wahrung erheblicher Belange des Gemeinwohls oder zur Sicherung des Steuer- und Zollaufkommens erforderlich ist,
4. sie zur Verfolgung von Straftaten oder Ordnungswidrigkeiten, zur Vollstreckung oder zum Vollzug von Strafen oder Maßnahmen im Sinne des § 11 Absatz 1 Nummer 8 des Strafgesetzbuchs oder von Erziehungsmaßregeln oder Zuchtmitteln im Sinne des Jugendgerichtsgesetzes oder zur Vollstreckung von Geldbußen erforderlich ist,

5. sie zur Abwehr einer schwerwiegenden Beeinträchtigung der Rechte einer anderen Person erforderlich ist oder
6. sie der Wahrnehmung von Aufsichts- und Kontrollbefugnissen, der Rechnungsprüfung oder der Durchführung von Organisationsuntersuchungen des Verantwortlichen dient; dies gilt auch für die Verarbeitung zu Ausbildungs- und Prüfungszwecken durch den Verantwortlichen, soweit schutzwürdige Interessen der betroffenen Person dem nicht entgegenstehen.

(2) Die Verarbeitung besonderer Kategorien personenbezogener Daten im Sinne des Artikels 9 Absatz 1 der Verordnung (EU) 2016/679 zu einem anderen Zweck als zu demjenigen, zu dem die Daten erhoben wurden, ist zulässig, wenn die Voraussetzungen des Absatzes 1 und ein Ausnahmetatbestand nach Artikel 9 Absatz 2 der Verordnung (EU) 2016/679 oder nach § 22 vorliegen.

§ 24 Verarbeitung zu anderen Zwecken durch nichtöffentliche Stellen

(1) Die Verarbeitung personenbezogener Daten zu einem anderen Zweck als zu demjenigen, zu dem die Daten erhoben wurden, durch nichtöffentliche Stellen ist zulässig, wenn

1. sie zur Abwehr von Gefahren für die staatliche oder öffentliche Sicherheit oder zur Verfolgung von Straftaten erforderlich ist oder
2. sie zur Geltendmachung, Ausübung oder Verteidigung zivilrechtlicher Ansprüche erforderlich ist,

sofern nicht die Interessen der betroffenen Person an dem Ausschluss der Verarbeitung überwiegen.

(2) Die Verarbeitung besonderer Kategorien personenbezogener Daten im Sinne des Artikels 9 Absatz 1 der Verordnung (EU) 2016/679 zu einem anderen Zweck als zu demjenigen, zu dem die Daten erhoben wurden, ist zulässig, wenn die Voraussetzungen des Absatzes 1 und ein Ausnahmetatbestand nach Artikel 9 Absatz 2 der Verordnung (EU) 2016/679 oder nach § 22 vorliegen.

§ 25 Datenübermittlungen durch öffentliche Stellen

(1) Die Übermittlung personenbezogener Daten durch öffentliche Stellen an öffentliche Stellen ist zulässig, wenn sie zur Erfüllung der in der Zuständigkeit der übermittelnden Stelle oder des Dritten, an den die Daten übermittelt werden, liegenden Aufgaben erforderlich ist und die Voraussetzungen vorliegen, die eine Verarbeitung nach § 23 zulassen würden. Der Dritte, an den die Daten übermittelt werden, darf diese nur für den Zweck verarbeiten, zu dessen Erfüllung sie ihm übermittelt werden. Eine Verarbeitung für andere Zwecke ist unter den Voraussetzungen des § 23 zulässig.

(2) Die Übermittlung personenbezogener Daten durch öffentliche Stellen an nichtöffentliche Stellen ist zulässig, wenn

1. sie zur Erfüllung der in der Zuständigkeit der übermittelnden Stelle liegenden Aufgaben erforderlich ist und die Voraussetzungen vorliegen, die eine Verarbeitung nach § 23 zulassen würden,
2. der Dritte, an den die Daten übermittelt werden, ein berechtigtes Interesse an der Kenntnis der zu übermittelnden Daten glaubhaft darlegt und die betroffene Person kein schutzwürdiges Interesse an dem Ausschluss der Übermittlung hat oder

3. es zur Geltendmachung, Ausübung oder Verteidigung rechtlicher Ansprüche erforderlich ist

und der Dritte sich gegenüber der übermittelnden öffentlichen Stelle verpflichtet hat, die Daten nur für den Zweck zu verarbeiten, zu dessen Erfüllung sie ihm übermittelt werden. Eine Verarbeitung für andere Zwecke ist zulässig, wenn eine Übermittlung nach Satz 1 zulässig wäre und die übermittelnde Stelle zugestimmt hat.

(3) Die Übermittlung besonderer Kategorien personenbezogener Daten im Sinne des Artikels 9 Absatz 1 der Verordnung (EU) 2016/679 ist zulässig, wenn die Voraussetzungen des Absatzes 1 oder 2 und ein Ausnahmetatbestand nach Artikel 9 Absatz 2 der Verordnung (EU) 2016/679 oder nach § 22 vorliegen.

Abschnitt 2
Besondere Verarbeitungssituationen

§ 26 Datenverarbeitung für Zwecke des Beschäftigungsverhältnisses

(1) Personenbezogene Daten von Beschäftigten dürfen für Zwecke des Beschäftigungsverhältnisses verarbeitet werden, wenn dies für die Entscheidung über die Begründung eines Beschäftigungsverhältnisses oder nach Begründung des Beschäftigungsverhältnisses für dessen Durchführung oder Beendigung oder zur Ausübung oder Erfüllung der sich aus einem Gesetz oder einem Tarifvertrag, einer Betriebs- oder Dienstvereinbarung (Kollektivvereinbarung) ergebenden Rechte und Pflichten der Interessenvertretung der Beschäftigten erforderlich ist. Zur Aufdeckung von Straftaten dürfen personenbezogene Daten von Beschäftigten nur dann verarbeitet werden, wenn zu dokumentierende tatsächliche Anhaltspunkte den Verdacht begründen, dass die betroffene Person im Beschäftigungsverhältnis eine Straftat begangen hat, die Verarbeitung zur Aufdeckung erforderlich ist und das schutzwürdige Interesse der oder des Beschäftigten an dem Ausschluss der Verarbeitung nicht überwiegt, insbesondere Art und Ausmaß im Hinblick auf den Anlass nicht unverhältnismäßig sind.

(2) Erfolgt die Verarbeitung personenbezogener Daten von Beschäftigten auf der Grundlage einer Einwilligung, so sind für die Beurteilung der Freiwilligkeit der Einwilligung insbesondere die im Beschäftigungsverhältnis bestehende Abhängigkeit der beschäftigten Person sowie die Umstände, unter denen die Einwilligung erteilt worden ist, zu berücksichtigen. Freiwilligkeit kann insbesondere vorliegen, wenn für die beschäftigte Person ein rechtlicher oder wirtschaftlicher Vorteil erreicht wird oder Arbeitgeber und beschäftigte Person gleichgelagerte Interessen verfolgen. Die Einwilligung bedarf der Schriftform, soweit nicht wegen besonderer Umstände eine andere Form angemessen ist. Der Arbeitgeber hat die beschäftigte Person über den Zweck der Datenverarbeitung und über ihr Widerrufsrecht nach Artikel 7 Absatz 3 der Verordnung (EU) 2016/679 in Textform aufzuklären.

(3) Abweichend von Artikel 9 Absatz 1 der Verordnung (EU) 2016/679 ist die Verarbeitung besonderer Kategorien personenbezogener Daten im Sinne des Artikels 9 Absatz 1 der Verordnung (EU) 2016/679 für Zwecke des Beschäftigungsverhältnisses zulässig, wenn sie zur Ausübung von Rechten oder zur Erfüllung rechtlicher Pflichten aus dem Arbeitsrecht, dem Recht der sozialen Sicherheit und des Sozialschutzes erforderlich ist und kein Grund zu der Annahme besteht, dass das schutzwürdige Interesse der betroffenen Person an dem Ausschluss der Verarbeitung überwiegt. Absatz 2 gilt

auch für die Einwilligung in die Verarbeitung besonderer Kategorien personenbezogener Daten; die Einwilligung muss sich dabei ausdrücklich auf diese Daten beziehen. § 22 Absatz 2 gilt entsprechend.

(4) Die Verarbeitung personenbezogener Daten, einschließlich besonderer Kategorien personenbezogener Daten von Beschäftigten für Zwecke des Beschäftigungsverhältnisses, ist auf der Grundlage von Kollektivvereinbarungen zulässig. Dabei haben die Verhandlungspartner Artikel 88 Absatz 2 der Verordnung (EU) 2016/679 zu beachten.

(5) Der Verantwortliche muss geeignete Maßnahmen ergreifen, um sicherzustellen, dass insbesondere die in Artikel 5 der Verordnung (EU) 2016/679 dargelegten Grundsätze für die Verarbeitung personenbezogener Daten eingehalten werden.

(6) Die Beteiligungsrechte der Interessenvertretungen der Beschäftigten bleiben unberührt.

(7) Die Absätze 1 bis 6 sind auch anzuwenden, wenn personenbezogene Daten, einschließlich besonderer Kategorien personenbezogener Daten, von Beschäftigten verarbeitet werden, ohne dass sie in einem Dateisystem gespeichert sind oder gespeichert werden sollen.

(8) Beschäftigte im Sinne dieses Gesetzes sind:

1. Arbeitnehmerinnen und Arbeitnehmer, einschließlich der Leiharbeitnehmerinnen und Leiharbeitnehmer im Verhältnis zum Entleiher,
2. zu ihrer Berufsbildung Beschäftigte,
3. Teilnehmerinnen und Teilnehmer an Leistungen zur Teilhabe am Arbeitsleben sowie an Abklärungen der beruflichen Eignung oder Arbeitserprobung (Rehabilitandinnen und Rehabilitanden),
4. in anerkannten Werkstätten für behinderte Menschen Beschäftigte,
5. Freiwillige, die einen Dienst nach dem Jugendfreiwilligendienstegesetz oder dem Bundesfreiwilligendienstgesetz leisten,
6. Personen, die wegen ihrer wirtschaftlichen Unselbstständigkeit als arbeitnehmerähnliche Personen anzusehen sind; zu diesen gehören auch die in Heimarbeit Beschäftigten und die ihnen Gleichgestellten,
7. Beamtinnen und Beamte des Bundes, Richterinnen und Richter des Bundes, Soldatinnen und Soldaten sowie Zivildienstleistende.

Bewerberinnen und Bewerber für ein Beschäftigungsverhältnis sowie Personen, deren Beschäftigungsverhältnis beendet ist, gelten als Beschäftigte.

§ 27 Datenverarbeitung zu wissenschaftlichen oder historischen Forschungszwecken und zu statistischen Zwecken

(1) Abweichend von Artikel 9 Absatz 1 der Verordnung (EU) 2016/679 ist die Verarbeitung besonderer Kategorien personenbezogener Daten im Sinne des Artikels 9 Absatz 1 der Verordnung (EU) 2016/679 auch ohne Einwilligung für wissenschaftliche oder historische Forschungszwecke oder für statistische Zwecke zulässig, wenn die Verarbeitung zu diesen Zwecken erforderlich ist und die Interessen des Verantwortlichen an der Verarbeitung die Interessen der betroffenen Person an einem Ausschluss der Verarbeitung erheblich überwiegen. Der Verantwortliche sieht angemessene und

spezifische Maßnahmen zur Wahrung der Interessen der betroffenen Person gemäß § 22 Absatz 2 Satz 2 vor.

(2) Die in den Artikeln 15, 16, 18 und 21 der Verordnung (EU) 2016/679 vorgesehenen Rechte der betroffenen Person sind insoweit beschränkt, als diese Rechte voraussichtlich die Verwirklichung der Forschungs- oder Statistikzwecke unmöglich machen oder ernsthaft beeinträchtigen und die Beschränkung für die Erfüllung der Forschungs- oder Statistikzwecke notwendig ist. Das Recht auf Auskunft gemäß Artikel 15 der Verordnung (EU) 2016/679 besteht darüber hinaus nicht, wenn die Daten für Zwecke der wissenschaftlichen Forschung erforderlich sind und die Auskunftserteilung einen unverhältnismäßigen Aufwand erfordern würde.

(3) Ergänzend zu den in § 22 Absatz 2 genannten Maßnahmen sind zu wissenschaftlichen oder historischen Forschungszwecken oder zu statistischen Zwecken verarbeitete besondere Kategorien personenbezogener Daten im Sinne des Artikels 9 Absatz 1 der Verordnung (EU) 2016/679 zu anonymisieren, sobald dies nach dem Forschungs- oder Statistikzweck möglich ist, es sei denn, berechtigte Interessen der betroffenen Person stehen dem entgegen. Bis dahin sind die Merkmale gesondert zu speichern, mit denen Einzelangaben über persönliche oder sachliche Verhältnisse einer bestimmten oder bestimmbaren Person zugeordnet werden können. Sie dürfen mit den Einzelangaben nur zusammengeführt werden, soweit der Forschungs- oder Statistikzweck dies erfordert.

(4) Der Verantwortliche darf personenbezogene Daten nur veröffentlichen, wenn die betroffene Person eingewilligt hat oder dies für die Darstellung von Forschungsergebnissen über Ereignisse der Zeitgeschichte unerlässlich ist.

§ 28 Datenverarbeitung zu im öffentlichen Interesse liegenden Archivzwecken

(1) Abweichend von Artikel 9 Absatz 1 der Verordnung (EU) 2016/679 ist die Verarbeitung besonderer Kategorien personenbezogener Daten im Sinne des Artikels 9 Absatz 1 der Verordnung (EU) 2016/679 zulässig, wenn sie für im öffentlichen Interesse liegende Archivzwecke erforderlich ist. Der Verantwortliche sieht angemessene und spezifische Maßnahmen zur Wahrung der Interessen der betroffenen Person gemäß § 22 Absatz 2 Satz 2 vor.

(2) Das Recht auf Auskunft der betroffenen Person gemäß Artikel 15 der Verordnung (EU) 2016/679 besteht nicht, wenn das Archivgut nicht durch den Namen der Person erschlossen ist oder keine Angaben gemacht werden, die das Auffinden des betreffenden Archivguts mit vertretbarem Verwaltungsaufwand ermöglichen.

(3) Das Recht auf Berichtigung der betroffenen Person gemäß Artikel 16 der Verordnung (EU) 2016/679 besteht nicht, wenn die personenbezogenen Daten zu Archivzwecken im öffentlichen Interesse verarbeitet werden. Bestreitet die betroffene Person die Richtigkeit der personenbezogenen Daten, ist ihr die Möglichkeit einer Gegendarstellung einzuräumen. Das zuständige Archiv ist verpflichtet, die Gegendarstellung den Unterlagen hinzuzufügen.

(4) Die in Artikel 18 Absatz 1 Buchstabe a, b und d, den Artikeln 20 und 21 der Verordnung (EU) 2016/679 vorgesehenen Rechte bestehen nicht, soweit diese Rechte voraussichtlich die Verwirklichung der im öffentlichen Interesse liegenden Archivzwe-

cke unmöglich machen oder ernsthaft beeinträchtigen und die Ausnahmen für die Erfüllung dieser Zwecke erforderlich sind.

§ 29 Rechte der betroffenen Person und aufsichtsbehördliche Befugnisse im Fall von Geheimhaltungspflichten

(1) Die Pflicht zur Information der betroffenen Person gemäß Artikel 14 Absatz 1 bis 4 der Verordnung (EU) 2016/679 besteht ergänzend zu den in Artikel 14 Absatz 5 der Verordnung (EU) 2016/679 genannten Ausnahmen nicht, soweit durch ihre Erfüllung Informationen offenbart würden, die ihrem Wesen nach, insbesondere wegen der überwiegenden berechtigten Interessen eines Dritten, geheim gehalten werden müssen. Das Recht auf Auskunft der betroffenen Person gemäß Artikel 15 der Verordnung (EU) 2016/679 besteht nicht, soweit durch die Auskunft Informationen offenbart würden, die nach einer Rechtsvorschrift oder ihrem Wesen nach, insbesondere wegen der überwiegenden berechtigten Interessen eines Dritten, geheim gehalten werden müssen. Die Pflicht zur Benachrichtigung gemäß Artikel 34 der Verordnung (EU) 2016/679 besteht ergänzend zu der in Artikel 34 Absatz 3 der Verordnung (EU) 2016/679 genannten Ausnahme nicht, soweit durch die Benachrichtigung Informationen offenbart würden, die nach einer Rechtsvorschrift oder ihrem Wesen nach, insbesondere wegen der überwiegenden berechtigten Interessen eines Dritten, geheim gehalten werden müssen. Abweichend von der Ausnahme nach Satz 3 ist die betroffene Person nach Artikel 34 der Verordnung (EU) 2016/679 zu benachrichtigen, wenn die Interessen der betroffenen Person, insbesondere unter Berücksichtigung drohender Schäden, gegenüber dem Geheimhaltungsinteresse überwiegen.

(2) Werden Daten Dritter im Zuge der Aufnahme oder im Rahmen eines Mandatsverhältnisses an einen Berufsgeheimnisträger übermittelt, so besteht die Pflicht der übermittelnden Stelle zur Information der betroffenen Person gemäß Artikel 13 Absatz 3 der Verordnung (EU) 2016/679 nicht, sofern nicht das Interesse der betroffenen Person an der Informationserteilung überwiegt.

(3) Gegenüber den in § 203 Absatz 1, 2a und 3 des Strafgesetzbuchs genannten Personen oder deren Auftragsverarbeitern bestehen die Untersuchungsbefugnisse der Aufsichtsbehörden gemäß Artikel 58 Absatz 1 Buchstabe e und f der Verordnung (EU) 2016/679 nicht, soweit die Inanspruchnahme der Befugnisse zu einem Verstoß gegen die Geheimhaltungspflichten dieser Personen führen würde. Erlangt eine Aufsichtsbehörde im Rahmen einer Untersuchung Kenntnis von Daten, die einer Geheimhaltungspflicht im Sinne des Satzes 1 unterliegen, gilt die Geheimhaltungspflicht auch für die Aufsichtsbehörde.

§ 30 Verbraucherkredite

(1) Eine Stelle, die geschäftsmäßig personenbezogene Daten, die zur Bewertung der Kreditwürdigkeit von Verbrauchern genutzt werden dürfen, zum Zweck der Übermittlung erhebt, speichert oder verändert, hat Auskunftsverlangen von Darlehensgebern aus anderen Mitgliedstaaten der Europäischen Union genauso zu behandeln wie Auskunftsverlangen inländischer Darlehensgeber.

(2) Wer den Abschluss eines Verbraucherdarlehensvertrags oder eines Vertrags über eine entgeltliche Finanzierungshilfe mit einem Verbraucher infolge einer Auskunft einer Stelle im Sinne des Absatzes 1 ablehnt, hat den Verbraucher unverzüglich hierüber sowie über die erhaltene Auskunft zu unterrichten. Die Unterrichtung unterbleibt, soweit hierdurch die öffentliche Sicherheit oder Ordnung gefährdet würde. § 37 bleibt unberührt.

§ 31 Schutz des Wirtschaftsverkehrs bei Scoring und Bonitätsauskünften

(1) Die Verwendung eines Wahrscheinlichkeitswerts über ein bestimmtes zukünftiges Verhalten einer natürlichen Person zum Zweck der Entscheidung über die Begründung, Durchführung oder Beendigung eines Vertragsverhältnisses mit dieser Person (Scoring) ist nur zulässig, wenn

1. die Vorschriften des Datenschutzrechts eingehalten wurden,
2. die zur Berechnung des Wahrscheinlichkeitswerts genutzten Daten unter Zugrundelegung eines wissenschaftlich anerkannten mathematisch-statistischen Verfahrens nachweisbar für die Berechnung der Wahrscheinlichkeit des bestimmten Verhaltens erheblich sind,
3. für die Berechnung des Wahrscheinlichkeitswerts nicht ausschließlich Anschriftendaten genutzt wurden und
4. im Fall der Nutzung von Anschriftendaten die betroffene Person vor Berechnung des Wahrscheinlichkeitswerts über die vorgesehene Nutzung dieser Daten unterrichtet worden ist; die Unterrichtung ist zu dokumentieren.

(2) Die Verwendung eines von Auskunfteien ermittelten Wahrscheinlichkeitswerts über die Zahlungsfähig- und Zahlungswilligkeit einer natürlichen Person ist im Fall der Einbeziehung von Informationen über Forderungen nur zulässig, soweit die Voraussetzungen nach Absatz 1 vorliegen und nur solche Forderungen über eine geschuldete Leistung, die trotz Fälligkeit nicht erbracht worden ist, berücksichtigt werden,

1. die durch ein rechtskräftiges oder für vorläufig vollstreckbar erklärtes Urteil festgestellt worden sind oder für die ein Schuldtitel nach § 794 der Zivilprozessordnung vorliegt,
2. die nach § 178 der Insolvenzordnung festgestellt und nicht vom Schuldner im Prüfungstermin bestritten worden sind,
3. die der Schuldner ausdrücklich anerkannt hat,
4. bei denen
   a) der Schuldner nach Eintritt der Fälligkeit der Forderung mindestens zweimal schriftlich gemahnt worden ist,
   b) die erste Mahnung mindestens vier Wochen zurückliegt,
   c) der Schuldner zuvor, jedoch frühestens bei der ersten Mahnung, über eine mögliche Berücksichtigung durch eine Auskunftei unterrichtet worden ist und
   d) der Schuldner die Forderung nicht bestritten hat oder
5. deren zugrunde liegendes Vertragsverhältnis aufgrund von Zahlungsrückständen fristlos gekündigt werden kann und bei denen der Schuldner zuvor über eine mögliche Berücksichtigung durch eine Auskunftei unterrichtet worden ist.

Die Zulässigkeit der Verarbeitung, einschließlich der Ermittlung von Wahrscheinlichkeitswerten, von anderen bonitätsrelevanten Daten nach allgemeinem Datenschutzrecht bleibt unberührt.

Kapitel 2

Rechte der betroffenen Person

§ 32 Informationspflicht bei Erhebung von personenbezogenen Daten bei der betroffenen Person

(1) Die Pflicht zur Information der betroffenen Person gemäß Artikel 13 Absatz 3 der Verordnung (EU) 2016/679 besteht ergänzend zu der in Artikel 13 Absatz 4 der Verordnung (EU) 2016/679 genannten Ausnahme dann nicht, wenn die Erteilung der Information über die beabsichtigte Weiterverarbeitung

1. eine Weiterverarbeitung analog gespeicherter Daten betrifft, bei der sich der Verantwortliche durch die Weiterverarbeitung unmittelbar an die betroffene Person wendet, der Zweck mit dem ursprünglichen Erhebungszweck gemäß der Verordnung (EU) 2016/679 vereinbar ist, die Kommunikation mit der betroffenen Person nicht in digitaler Form erfolgt und das Interesse der betroffenen Person an der Informationserteilung nach den Umständen des Einzelfalls, insbesondere mit Blick auf den Zusammenhang, in dem die Daten erhoben wurden, als gering anzusehen ist,
2. im Fall einer öffentlichen Stelle die ordnungsgemäße Erfüllung der in der Zuständigkeit des Verantwortlichen liegenden Aufgaben im Sinne des Artikels 23 Absatz 1 Buchstabe a bis e der Verordnung (EU) 2016/679 gefährden würde und die Interessen des Verantwortlichen an der Nichterteilung der Information die Interessen der betroffenen Person überwiegen,
3. die öffentliche Sicherheit oder Ordnung gefährden oder sonst dem Wohl des Bundes oder eines Landes Nachteile bereiten würde und die Interessen des Verantwortlichen an der Nichterteilung der Information die Interessen der betroffenen Person überwiegen,
4. die Geltendmachung, Ausübung oder Verteidigung rechtlicher Ansprüche beeinträchtigen würde und die Interessen des Verantwortlichen an der Nichterteilung der Information die Interessen der betroffenen Person überwiegen oder
5. eine vertrauliche Übermittlung von Daten an öffentliche Stellen gefährden würde.

(2) Unterbleibt eine Information der betroffenen Person nach Maßgabe des Absatzes 1, ergreift der Verantwortliche geeignete Maßnahmen zum Schutz der berechtigten Interessen der betroffenen Person, einschließlich der Bereitstellung der in Artikel 13 Absatz 1 und 2 der Verordnung (EU) 2016/679 genannten Informationen für die Öffentlichkeit in präziser, transparenter, verständlicher und leicht zugänglicher Form in einer klaren und einfachen Sprache. Der Verantwortliche hält schriftlich fest, aus welchen Gründen er von einer Information abgesehen hat. Die Sätze 1 und 2 finden in den Fällen des Absatzes 1 Nummer 4 und 5 keine Anwendung.

(3) Unterbleibt die Benachrichtigung in den Fällen des Absatzes 1 wegen eines vorübergehenden Hinderungsgrundes, kommt der Verantwortliche der Informationspflicht unter Berücksichtigung der spezifischen Umstände der Verarbeitung innerhalb einer angemessenen Frist nach Fortfall des Hinderungsgrundes, spätestens jedoch innerhalb von zwei Wochen, nach.

§ 33 Informationspflicht, wenn die personenbezogenen Daten nicht bei der betroffenen Person erhoben wurden

(1) Die Pflicht zur Information der betroffenen Person gemäß Artikel 14 Absatz 1, 2 und 4 der Verordnung (EU) 2016/679 besteht ergänzend zu den in Artikel 14 Absatz 5 der Verordnung (EU) 2016/679 und der in § 29 Absatz 1 Satz 1 genannten Ausnahme nicht, wenn die Erteilung der Information

1. im Fall einer öffentlichen Stelle
   a) die ordnungsgemäße Erfüllung der in der Zuständigkeit des Verantwortlichen liegenden Aufgaben im Sinne des Artikels 23 Absatz 1 Buchstabe a bis e der Verordnung (EU) 2016/679 gefährden würde oder
   b) die öffentliche Sicherheit oder Ordnung gefährden oder sonst dem Wohl des Bundes oder eines Landes Nachteile bereiten würde

und deswegen das Interesse der betroffenen Person an der Informationserteilung zurücktreten muss,

2. im Fall einer nichtöffentlichen Stelle
   a) die Geltendmachung, Ausübung oder Verteidigung zivilrechtlicher Ansprüche beeinträchtigen würde oder die Verarbeitung Daten aus zivilrechtlichen Verträgen beinhaltet und der Verhütung von Schäden durch Straftaten dient, sofern nicht das berechtigte Interesse der betroffenen Person an der Informationserteilung überwiegt, oder
   b) die zuständige öffentliche Stelle gegenüber dem Verantwortlichen festgestellt hat, dass das Bekanntwerden der Daten die öffentliche Sicherheit oder Ordnung gefährden oder sonst dem Wohl des Bundes oder eines Landes Nachteile bereiten würde; im Fall der Datenverarbeitung für Zwecke der Strafverfolgung bedarf es keiner Feststellung nach dem ersten Halbsatz.

(2) Unterbleibt eine Information der betroffenen Person nach Maßgabe des Absatzes 1, ergreift der Verantwortliche geeignete Maßnahmen zum Schutz der berechtigten Interessen der betroffenen Person, einschließlich der Bereitstellung der in Artikel 14 Absatz 1 und 2 der Verordnung (EU) 2016/679 genannten Informationen für die Öffentlichkeit in präziser, transparenter, verständlicher und leicht zugänglicher Form in einer klaren und einfachen Sprache. Der Verantwortliche hält schriftlich fest, aus welchen Gründen er von einer Information abgesehen hat.

(3) Bezieht sich die Informationserteilung auf die Übermittlung personenbezogener Daten durch öffentliche Stellen an Verfassungsschutzbehörden, den Bundesnachrichtendienst, den Militärischen Abschirmdienst und, soweit die Sicherheit des Bundes berührt wird, andere Behörden des Bundesministeriums der Verteidigung, ist sie nur mit Zustimmung dieser Stellen zulässig.

§ 34 Auskunftsrecht der betroffenen Person

(1) Das Recht auf Auskunft der betroffenen Person gemäß Artikel 15 der Verordnung (EU) 2016/679 besteht ergänzend zu den in § 27 Absatz 2, § 28 Absatz 2 und § 29 Absatz 1 Satz 2 genannten Ausnahmen nicht, wenn

1. die betroffene Person nach § 33 Absatz 1 Nummer 1, 2 Buchstabe b oder Absatz 3 nicht zu informieren ist, oder

2. die Daten
   a) nur deshalb gespeichert sind, weil sie aufgrund gesetzlicher oder satzungsmäßiger Aufbewahrungsvorschriften nicht gelöscht werden dürfen, oder
   b) ausschließlich Zwecken der Datensicherung oder der Datenschutzkontrolle dienen

   und die Auskunftserteilung einen unverhältnismäßigen Aufwand erfordern würde sowie eine Verarbeitung zu anderen Zwecken durch geeignete technische und organisatorische Maßnahmen ausgeschlossen ist.

(2) Die Gründe der Auskunftsverweigerung sind zu dokumentieren. Die Ablehnung der Auskunftserteilung ist gegenüber der betroffenen Person zu begründen, soweit nicht durch die Mitteilung der tatsächlichen und rechtlichen Gründe, auf die die Entscheidung gestützt wird, der mit der Auskunftsverweigerung verfolgte Zweck gefährdet würde. Die zum Zweck der Auskunftserteilung an die betroffene Person und zu deren Vorbereitung gespeicherten Daten dürfen nur für diesen Zweck sowie für Zwecke der Datenschutzkontrolle verarbeitet werden; für andere Zwecke ist die Verarbeitung nach Maßgabe des Artikels 18 der Verordnung (EU) 2016/679 einzuschränken.

(3) Wird der betroffenen Person durch eine öffentliche Stelle des Bundes keine Auskunft erteilt, so ist sie auf ihr Verlangen der oder dem Bundesbeauftragten zu erteilen, soweit nicht die jeweils zuständige oberste Bundesbehörde im Einzelfall feststellt, dass dadurch die Sicherheit des Bundes oder eines Landes gefährdet würde. Die Mitteilung der oder des Bundesbeauftragten an die betroffene Person über das Ergebnis der datenschutzrechtlichen Prüfung darf keine Rückschlüsse auf den Erkenntnisstand des Verantwortlichen zulassen, sofern dieser nicht einer weitergehenden Auskunft zustimmt.

(4) Das Recht der betroffenen Person auf Auskunft über personenbezogene Daten, die durch eine öffentliche Stelle weder automatisiert verarbeitet noch nicht automatisiert verarbeitet und in einem Dateisystem gespeichert werden, besteht nur, soweit die betroffene Person Angaben macht, die das Auffinden der Daten ermöglichen, und der für die Erteilung der Auskunft erforderliche Aufwand nicht außer Verhältnis zu dem von der betroffenen Person geltend gemachten Informationsinteresse steht.

§ 35 Recht auf Löschung

(1) Ist eine Löschung im Fall nicht automatisierter Datenverarbeitung wegen der besonderen Art der Speicherung nicht oder nur mit unverhältnismäßig hohem Aufwand möglich und ist das Interesse der betroffenen Person an der Löschung als gering anzusehen, besteht das Recht der betroffenen Person auf und die Pflicht des Verantwortlichen zur Löschung personenbezogener Daten gemäß Artikel 17 Absatz 1 der Verordnung (EU) 2016/679 ergänzend zu den in Artikel 17 Absatz 3 der Verordnung (EU) 2016/679 genannten Ausnahmen nicht. In diesem Fall tritt an die Stelle einer Löschung die Einschränkung der Verarbeitung gemäß Artikel 18 der Verordnung (EU) 2016/679. Die Sätze 1 und 2 finden keine Anwendung, wenn die personenbezogenen Daten unrechtmäßig verarbeitet wurden.

(2) Ergänzend zu Artikel 18 Absatz 1 Buchstabe b und c der Verordnung (EU) 2016/679 gilt Absatz 1 Satz 1 und 2 entsprechend im Fall des Artikels 17 Absatz 1

Buchstabe a und d der Verordnung (EU) 2016/679, solange und soweit der Verantwortliche Grund zu der Annahme hat, dass durch eine Löschung schutzwürdige Interessen der betroffenen Person beeinträchtigt würden. Der Verantwortliche unterrichtet die betroffene Person über die Einschränkung der Verarbeitung, sofern sich die Unterrichtung nicht als unmöglich erweist oder einen unverhältnismäßigen Aufwand erfordern würde.

(3) Ergänzend zu Artikel 17 Absatz 3 Buchstabe b der Verordnung (EU) 2016/679 gilt Absatz 1 entsprechend im Fall des Artikels 17 Absatz 1 Buchstabe a der Verordnung (EU) 2016/679, wenn einer Löschung satzungsgemäße oder vertragliche Aufbewahrungsfristen entgegenstehen.

§ 36 Widerspruchsrecht

Das Recht auf Widerspruch gemäß Artikel 21 Absatz 1 der Verordnung (EU) 2016/679 gegenüber einer öffentlichen Stelle besteht nicht, soweit an der Verarbeitung ein zwingendes öffentliches Interesse besteht, das die Interessen der betroffenen Person überwiegt, oder eine Rechtsvorschrift zur Verarbeitung verpflichtet.

§ 37 Automatisierte Entscheidungen im Einzelfall einschließlich Profiling

(1) Das Recht gemäß Artikel 22 Absatz 1 der Verordnung (EU) 2016/679, keiner ausschließlich auf einer automatisierten Verarbeitung beruhenden Entscheidung unterworfen zu werden, besteht über die in Artikel 22 Absatz 2 Buchstabe a und c der Verordnung (EU) 2016/679 genannten Ausnahmen hinaus nicht, wenn die Entscheidung im Rahmen der Leistungserbringung nach einem Versicherungsvertrag ergeht und

1. dem Begehren der betroffenen Person stattgegeben wurde oder
2. die Entscheidung auf der Anwendung verbindlicher Entgeltregelungen für Heilbehandlungen beruht und der Verantwortliche für den Fall, dass dem Antrag nicht vollumfänglich stattgegeben wird, angemessene Maßnahmen zur Wahrung der berechtigten Interessen der betroffenen Person trifft, wozu mindestens das Recht auf Erwirkung des Eingreifens einer Person seitens des Verantwortlichen, auf Darlegung des eigenen Standpunktes und auf Anfechtung der Entscheidung zählt; der Verantwortliche informiert die betroffene Person über diese Rechte spätestens zum Zeitpunkt der Mitteilung, aus der sich ergibt, dass dem Antrag der betroffenen Person nicht vollumfänglich stattgegeben wird.

(2) Entscheidungen nach Absatz 1 dürfen auf der Verarbeitung von Gesundheitsdaten im Sinne des Artikels 4 Nummer 15 der Verordnung (EU) 2016/679 beruhen. Der Verantwortliche sieht angemessene und spezifische Maßnahmen zur Wahrung der Interessen der betroffenen Person gemäß § 22 Absatz 2 Satz 2 vor.

Kapitel 3
Pflichten der Verantwortlichen und Auftragsverarbeiter

§ 38 Datenschutzbeauftragte nichtöffentlicher Stellen

(1) Ergänzend zu Artikel 37 Absatz 1 Buchstabe b und c der Verordnung (EU) 2016/679 benennen der Verantwortliche und der Auftragsverarbeiter eine Datenschutzbeauftragte oder einen Datenschutzbeauftragten, soweit sie in der Regel mindestens zehn Personen ständig mit der automatisierten Verarbeitung personenbezogener Daten beschäftigen. Nehmen der Verantwortliche oder der Auftragsverarbeiter Verarbeitungen vor, die einer Datenschutz-Folgenabschätzung nach Artikel 35 der Verordnung (EU) 2016/679 unterliegen, oder verarbeiten sie personenbezogene Daten geschäftsmäßig zum Zweck der Übermittlung, der anonymisierten Übermittlung oder für Zwecke der Markt- oder Meinungsforschung, haben sie unabhängig von der Anzahl der mit der Verarbeitung beschäftigten Personen eine Datenschutzbeauftragte oder einen Datenschutzbeauftragten zu benennen.

(2) § 6 Absatz 4, 5 Satz 2 und Absatz 6 finden Anwendung, § 6 Absatz 4 jedoch nur, wenn die Benennung einer oder eines Datenschutzbeauftragten verpflichtend ist.

§ 39 Akkreditierung

Die Erteilung der Befugnis, als Zertifizierungsstelle gemäß Artikel 43 Absatz 1 Satz 1 der Verordnung (EU) 2016/679 tätig zu werden, erfolgt durch die für die datenschutzrechtliche Aufsicht über die Zertifizierungsstelle zuständige Aufsichtsbehörde des Bundes oder der Länder auf der Grundlage einer Akkreditierung durch die Deutsche Akkreditierungsstelle. § 2 Absatz 3 Satz 2, § 4 Absatz 3 und § 10 Absatz 1 Satz 1 Nummer 3 des Akkreditierungsstellengesetzes finden mit der Maßgabe Anwendung, dass der Datenschutz als ein dem Anwendungsbereich des § 1 Absatz 2 Satz 2 unterfallender Bereich gilt.

Kapitel 4
Aufsichtsbehörde für die Datenverarbeitung durch nichtöffentliche Stellen

§ 40 Aufsichtsbehörden der Länder

(1) Die nach Landesrecht zuständigen Behörden überwachen im Anwendungsbereich der Verordnung (EU) 2016/679 bei den nichtöffentlichen Stellen die Anwendung der Vorschriften über den Datenschutz.

(2) Hat der Verantwortliche oder Auftragsverarbeiter mehrere inländische Niederlassungen, findet für die Bestimmung der zuständigen Aufsichtsbehörde Artikel 4 Nummer 16 der Verordnung (EU) 2016/679 entsprechende Anwendung. Wenn sich mehrere Behörden für zuständig oder für unzuständig halten oder wenn die Zuständigkeit aus anderen Gründen zweifelhaft ist, treffen die Aufsichtsbehörden die Entscheidung gemeinsam nach Maßgabe des § 18 Absatz 2. § 3 Absatz 3 und 4 des Verwaltungsverfahrensgesetzes findet entsprechende Anwendung.

(3) Die Aufsichtsbehörde darf die von ihr gespeicherten Daten nur für Zwecke der Aufsicht verarbeiten; hierbei darf sie Daten an andere Aufsichtsbehörden übermit-

teln. Eine Verarbeitung zu einem anderen Zweck ist über Artikel 6 Absatz 4 der Verordnung (EU) 2016/679 hinaus zulässig, wenn

1. offensichtlich ist, dass sie im Interesse der betroffenen Person liegt und kein Grund zu der Annahme besteht, dass sie in Kenntnis des anderen Zwecks ihre Einwilligung verweigern würde,
2. sie zur Abwehr erheblicher Nachteile für das Gemeinwohl oder einer Gefahr für die öffentliche Sicherheit oder zur Wahrung erheblicher Belange des Gemeinwohls erforderlich ist oder
3. sie zur Verfolgung von Straftaten oder Ordnungswidrigkeiten, zur Vollstreckung oder zum Vollzug von Strafen oder Maßnahmen im Sinne des § 11 Absatz 1 Nummer 8 des Strafgesetzbuchs oder von Erziehungsmaßregeln oder Zuchtmitteln im Sinne des Jugendgerichtsgesetzes oder zur Vollstreckung von Geldbußen erforderlich ist.

Stellt die Aufsichtsbehörde einen Verstoß gegen die Vorschriften über den Datenschutz fest, so ist sie befugt, die betroffenen Personen hierüber zu unterrichten, den Verstoß anderen für die Verfolgung oder Ahndung zuständigen Stellen anzuzeigen sowie bei schwerwiegenden Verstößen die Gewerbeaufsichtsbehörde zur Durchführung gewerberechtlicher Maßnahmen zu unterrichten. § 13 Absatz 4 Satz 4 bis 7 gilt entsprechend.

(4) Die der Aufsicht unterliegenden Stellen sowie die mit deren Leitung beauftragten Personen haben einer Aufsichtsbehörde auf Verlangen die für die Erfüllung ihrer Aufgaben erforderlichen Auskünfte zu erteilen. Der Auskunftspflichtige kann die Auskunft auf solche Fragen verweigern, deren Beantwortung ihn selbst oder einen der in § 383 Absatz 1 Nummer 1 bis 3 der Zivilprozessordnung bezeichneten Angehörigen der Gefahr strafgerichtlicher Verfolgung oder eines Verfahrens nach dem Gesetz über Ordnungswidrigkeiten aussetzen würde. Der Auskunftspflichtige ist darauf hinzuweisen.

(5) Die von einer Aufsichtsbehörde mit der Überwachung der Einhaltung der Vorschriften über den Datenschutz beauftragten Personen sind befugt, zur Erfüllung ihrer Aufgaben Grundstücke und Geschäftsräume der Stelle zu betreten und Zugang zu allen Datenverarbeitungsanlagen und -geräten zu erhalten. Die Stelle ist insoweit zur Duldung verpflichtet. § 16 Absatz 4 gilt entsprechend.

(6) Die Aufsichtsbehörden beraten und unterstützen die Datenschutzbeauftragten mit Rücksicht auf deren typische Bedürfnisse. Sie können die Abberufung der oder des Datenschutzbeauftragten verlangen, wenn sie oder er die zur Erfüllung ihrer oder seiner Aufgaben erforderliche Fachkunde nicht besitzt oder im Fall des Artikels 38 Absatz 6 der Verordnung (EU) 2016/679 ein schwerwiegender Interessenkonflikt vorliegt.

(7) Die Anwendung der Gewerbeordnung bleibt unberührt.

Kapitel 5
Sanktionen

§ 41 Anwendung der Vorschriften über das Bußgeld- und Strafverfahren

(1) Für Verstöße nach Artikel 83 Absatz 4 bis 6 der Verordnung (EU) 2016/679 gelten, soweit dieses Gesetz nichts anderes bestimmt, die Vorschriften des Gesetzes über Ordnungswidrigkeiten sinngemäß. Die §§ 17, 35 und 36 des Gesetzes über Ordnungswidrigkeiten finden keine Anwendung. § 68 des Gesetzes über Ordnungswidrigkeiten findet mit der Maßgabe Anwendung, dass das Landgericht entscheidet, wenn die festgesetzte Geldbuße den Betrag von einhunderttausend Euro übersteigt.

(2) Für Verfahren wegen eines Verstoßes nach Artikel 83 Absatz 4 bis 6 der Verordnung (EU) 2016/679 gelten, soweit dieses Gesetz nichts anderes bestimmt, die Vorschriften des Gesetzes über Ordnungswidrigkeiten und der allgemeinen Gesetze über das Strafverfahren, namentlich der Strafprozessordnung und des Gerichtsverfassungsgesetzes, entsprechend. Die §§ 56 bis 58, 87, 88, 99 und 100 des Gesetzes über Ordnungswidrigkeiten finden keine Anwendung. § 69 Absatz 4 Satz 2 des Gesetzes über Ordnungswidrigkeiten findet mit der Maßgabe Anwendung, dass die Staatsanwaltschaft das Verfahren nur mit Zustimmung der Aufsichtsbehörde, die den Bußgeldbescheid erlassen hat, einstellen kann.

§ 42 Strafvorschriften

(1) Mit Freiheitsstrafe bis zu drei Jahren oder mit Geldstrafe wird bestraft, wer wissentlich nicht allgemein zugängliche personenbezogene Daten einer großen Zahl von Personen, ohne hierzu berechtigt zu sein,

1. einem Dritten übermittelt oder
2. auf andere Art und Weise zugänglich macht

und hierbei gewerbsmäßig handelt.

(2) Mit Freiheitsstrafe bis zu zwei Jahren oder mit Geldstrafe wird bestraft, wer personenbezogene Daten, die nicht allgemein zugänglich sind,

1. ohne hierzu berechtigt zu sein, verarbeitet oder
2. durch unrichtige Angaben erschleicht

und hierbei gegen Entgelt oder in der Absicht handelt, sich oder einen anderen zu bereichern oder einen anderen zu schädigen.

(3) Die Tat wird nur auf Antrag verfolgt. Antragsberechtigt sind die betroffene Person, der Verantwortliche, die oder der Bundesbeauftragte und die Aufsichtsbehörde.

(4) Eine Meldung nach Artikel 33 der Verordnung (EU) 2016/679 oder eine Benachrichtigung nach Artikel 34 Absatz 1 der Verordnung (EU) 2016/679 darf in einem Strafverfahren gegen den Meldepflichtigen oder Benachrichtigenden oder seine in § 52 Absatz 1 der Strafprozessordnung bezeichneten Angehörigen nur mit Zustimmung des Meldepflichtigen oder Benachrichtigenden verwendet werden.

§ 43 Bußgeldvorschriften

(1) Ordnungswidrig handelt, wer vorsätzlich oder fahrlässig

1. entgegen § 30 Absatz 1 ein Auskunftsverlangen nicht richtig behandelt oder
2. entgegen § 30 Absatz 2 Satz 1 einen Verbraucher nicht, nicht richtig, nicht vollständig oder nicht rechtzeitig unterrichtet.

(2) Die Ordnungswidrigkeit kann mit einer Geldbuße bis zu fünfzigtausend Euro geahndet werden.

(3) Gegen Behörden und sonstige öffentliche Stellen im Sinne des § 2 Absatz 1 werden keine Geldbußen verhängt.

(4) Eine Meldung nach Artikel 33 der Verordnung (EU) 2016/679 oder eine Benachrichtigung nach Artikel 34 Absatz 1 der Verordnung (EU) 2016/679 darf in einem Verfahren nach dem Gesetz über Ordnungswidrigkeiten gegen den Meldepflichtigen oder Benachrichtigenden oder seine in § 52 Absatz 1 der Strafprozessordnung bezeichneten Angehörigen nur mit Zustimmung des Meldepflichtigen oder Benachrichtigenden verwendet werden.

Kapitel 6
Rechtsbehelfe

§ 44 Klagen gegen den Verantwortlichen oder Auftragsverarbeiter

(1) Klagen der betroffenen Person gegen einen Verantwortlichen oder einen Auftragsverarbeiter wegen eines Verstoßes gegen datenschutzrechtliche Bestimmungen im Anwendungsbereich der Verordnung (EU) 2016/679 oder der darin enthaltenen Rechte der betroffenen Person können bei dem Gericht des Ortes erhoben werden, an dem sich eine Niederlassung des Verantwortlichen oder Auftragsverarbeiters befindet. Klagen nach Satz 1 können auch bei dem Gericht des Ortes erhoben werden, an dem die betroffene Person ihren gewöhnlichen Aufenthaltsort hat.

(2) Absatz 1 gilt nicht für Klagen gegen Behörden, die in Ausübung ihrer hoheitlichen Befugnisse tätig geworden sind.

(3) Hat der Verantwortliche oder Auftragsverarbeiter einen Vertreter nach Artikel 27 Absatz 1 der Verordnung (EU) 2016/679 benannt, gilt dieser auch als bevollmächtigt, Zustellungen in zivilgerichtlichen Verfahren nach Absatz 1 entgegenzunehmen. § 184 der Zivilprozessordnung bleibt unberührt.

Teil 3
Bestimmungen für Verarbeitungen zu Zwecken gemäß Artikel 1 Absatz 1 der Richtlinie (EU) 2016/680

Kapitel 1
Anwendungsbereich, Begriffsbestimmungen und allgemeine Grundsätze für die Verarbeitung personenbezogener Daten

§ 45 Anwendungsbereich

Die Vorschriften dieses Teils gelten für die Verarbeitung personenbezogener Daten durch die für die Verhütung, Ermittlung, Aufdeckung, Verfolgung oder Ahndung von Straftaten oder Ordnungswidrigkeiten zuständigen öffentlichen Stellen, soweit sie Daten zum Zweck der Erfüllung dieser Aufgaben verarbeiten. Die öffentlichen Stellen gelten dabei als Verantwortliche. Die Verhütung von Straftaten im Sinne des Satzes 1 umfasst den Schutz vor und die Abwehr von Gefahren für die öffentliche Sicherheit. Die Sätze 1 und 2 finden zudem Anwendung auf diejenigen öffentlichen Stellen, die für die Vollstreckung von Strafen, von Maßnahmen im Sinne des § 11 Absatz 1 Nummer 8 des Strafgesetzbuchs, von Erziehungsmaßregeln oder Zuchtmitteln im Sinne des Jugendgerichtsgesetzes und von Geldbußen zuständig sind. Soweit dieser Teil Vorschriften für Auftragsverarbeiter enthält, gilt er auch für diese.

§ 46 Begriffsbestimmungen

Es bezeichnen die Begriffe:

1. „personenbezogene Daten" alle Informationen, die sich auf eine identifizierte oder identifizierbare natürliche Person (betroffene Person) beziehen; als identifizierbar wird eine natürliche Person angesehen, die direkt oder indirekt, insbesondere mittels Zuordnung zu einer Kennung wie einem Namen, zu einer Kennnummer, zu Standortdaten, zu einer Online-Kennung oder zu einem oder mehreren besonderen Merkmalen, die Ausdruck der physischen, physiologischen, genetischen, psychischen, wirtschaftlichen, kulturellen oder sozialen Identität dieser Person sind, identifiziert werden kann;
2. „Verarbeitung" jeden mit oder ohne Hilfe automatisierter Verfahren ausgeführten Vorgang oder jede solche Vorgangsreihe im Zusammenhang mit personenbezogenen Daten wie das Erheben, das Erfassen, die Organisation, das Ordnen, die Speicherung, die Anpassung, die Veränderung, das Auslesen, das Abfragen, die Verwendung, die Offenlegung durch Übermittlung, Verbreitung oder eine andere Form der Bereitstellung, den Abgleich, die Verknüpfung, die Einschränkung, das Löschen oder die Vernichtung;
3. „Einschränkung der Verarbeitung" die Markierung gespeicherter personenbezogener Daten mit dem Ziel, ihre künftige Verarbeitung einzuschränken;
4. „Profiling" jede Art der automatisierten Verarbeitung personenbezogener Daten, bei der diese Daten verwendet werden, um bestimmte persönliche Aspekte, die sich auf eine natürliche Person beziehen, zu bewerten, insbesondere um Aspekte der Arbeitsleistung, der wirtschaftlichen Lage, der Gesundheit, der persönlichen Vorlieben, der Interessen, der Zuverlässigkeit, des Verhaltens, der Aufenthaltsorte oder der Ortswechsel dieser natürlichen Person zu analysieren oder vorherzusagen;

5. „Pseudonymisierung“ die Verarbeitung personenbezogener Daten in einer Weise, in der die Daten ohne Hinzuziehung zusätzlicher Informationen nicht mehr einer spezifischen betroffenen Person zugeordnet werden können, sofern diese zusätzlichen Informationen gesondert aufbewahrt werden und technischen und organisatorischen Maßnahmen unterliegen, die gewährleisten, dass die Daten keiner betroffenen Person zugewiesen werden können;
6. „Dateisystem“ jede strukturierte Sammlung personenbezogener Daten, die nach bestimmten Kriterien zugänglich sind, unabhängig davon, ob diese Sammlung zentral, dezentral oder nach funktionalen oder geografischen Gesichtspunkten geordnet geführt wird;
7. „Verantwortlicher“ die natürliche oder juristische Person, Behörde, Einrichtung oder andere Stelle, die allein oder gemeinsam mit anderen über die Zwecke und Mittel der Verarbeitung von personenbezogenen Daten entscheidet;
8. „Auftragsverarbeiter“ eine natürliche oder juristische Person, Behörde, Einrichtung oder andere Stelle, die personenbezogene Daten im Auftrag des Verantwortlichen verarbeitet;
9. „Empfänger“ eine natürliche oder juristische Person, Behörde, Einrichtung oder andere Stelle, der personenbezogene Daten offengelegt werden, unabhängig davon, ob es sich bei ihr um einen Dritten handelt oder nicht; Behörden, die im Rahmen eines bestimmten Untersuchungsauftrags nach dem Unionsrecht oder anderen Rechtsvorschriften personenbezogene Daten erhalten, gelten jedoch nicht als Empfänger; die Verarbeitung dieser Daten durch die genannten Behörden erfolgt im Einklang mit den geltenden Datenschutzvorschriften gemäß den Zwecken der Verarbeitung;
10. „Verletzung des Schutzes personenbezogener Daten“ eine Verletzung der Sicherheit, die zur unbeabsichtigten oder unrechtmäßigen Vernichtung, zum Verlust, zur Veränderung oder zur unbefugten Offenlegung von oder zum unbefugten Zugang zu personenbezogenen Daten geführt hat, die verarbeitet wurden;
11. „genetische Daten“ personenbezogene Daten zu den ererbten oder erworbenen genetischen Eigenschaften einer natürlichen Person, die eindeutige Informationen über die Physiologie oder die Gesundheit dieser Person liefern, insbesondere solche, die aus der Analyse einer biologischen Probe der Person gewonnen wurden;
12. „biometrische Daten“ mit speziellen technischen Verfahren gewonnene personenbezogene Daten zu den physischen, physiologischen oder verhaltenstypischen Merkmalen einer natürlichen Person, die die eindeutige Identifizierung dieser natürlichen Person ermöglichen oder bestätigen, insbesondere Gesichtsbilder oder daktyloskopische Daten;
13. „Gesundheitsdaten“ personenbezogene Daten, die sich auf die körperliche oder geistige Gesundheit einer natürlichen Person, einschließlich der Erbringung von Gesundheitsdienstleistungen, beziehen und aus denen Informationen über deren Gesundheitszustand hervorgehen;
14. „besondere Kategorien personenbezogener Daten“
    a) Daten, aus denen die rassische oder ethnische Herkunft, politische Meinungen, religiöse oder weltanschauliche Überzeugungen oder die Gewerkschaftszugehörigkeit hervorgehen,
    b) genetische Daten,
    c) biometrische Daten zur eindeutigen Identifizierung einer natürlichen Person,

d) Gesundheitsdaten und
e) Daten zum Sexualleben oder zur sexuellen Orientierung;
15. „Aufsichtsbehörde" eine von einem Mitgliedstaat gemäß Artikel 41 der Richtlinie (EU) 2016/680 eingerichtete unabhängige staatliche Stelle;
16. „internationale Organisation" eine völkerrechtliche Organisation und ihre nachgeordneten Stellen sowie jede sonstige Einrichtung, die durch eine von zwei oder mehr Staaten geschlossene Übereinkunft oder auf der Grundlage einer solchen Übereinkunft geschaffen wurde;
17. „Einwilligung" jede freiwillig für den bestimmten Fall, in informierter Weise und unmissverständlich abgegebene Willensbekundung in Form einer Erklärung oder einer sonstigen eindeutigen bestätigenden Handlung, mit der die betroffene Person zu verstehen gibt, dass sie mit der Verarbeitung der sie betreffenden personenbezogenen Daten einverstanden ist.

§ 47 Allgemeine Grundsätze für die Verarbeitung personenbezogener Daten

Personenbezogene Daten müssen

1. auf rechtmäßige Weise und nach Treu und Glauben verarbeitet werden,
2. für festgelegte, eindeutige und rechtmäßige Zwecke erhoben und nicht in einer mit diesen Zwecken nicht zu vereinbarenden Weise verarbeitet werden,
3. dem Verarbeitungszweck entsprechen, für das Erreichen des Verarbeitungszwecks erforderlich sein und ihre Verarbeitung nicht außer Verhältnis zu diesem Zweck stehen,
4. sachlich richtig und erforderlichenfalls auf dem neuesten Stand sein; dabei sind alle angemessenen Maßnahmen zu treffen, damit personenbezogene Daten, die im Hinblick auf die Zwecke ihrer Verarbeitung unrichtig sind, unverzüglich gelöscht oder berichtigt werden,
5. nicht länger als es für die Zwecke, für die sie verarbeitet werden, erforderlich ist, in einer Form gespeichert werden, die die Identifizierung der betroffenen Personen ermöglicht, und
6. in einer Weise verarbeitet werden, die eine angemessene Sicherheit der personenbezogenen Daten gewährleistet; hierzu gehört auch ein durch geeignete technische und organisatorische Maßnahmen zu gewährleistender Schutz vor unbefugter oder unrechtmäßiger Verarbeitung, unbeabsichtigtem Verlust, unbeabsichtigter Zerstörung oder unbeabsichtigter Schädigung.

Kapitel 2
Rechtsgrundlagen der Verarbeitung personenbezogener Daten

§ 48 Verarbeitung besonderer Kategorien personenbezogener Daten

(1) Die Verarbeitung besonderer Kategorien personenbezogener Daten ist nur zulässig, wenn sie zur Aufgabenerfüllung unbedingt erforderlich ist.

(2) Werden besondere Kategorien personenbezogener Daten verarbeitet, sind geeignete Garantien für die Rechtsgüter der betroffenen Personen vorzusehen. Geeignete Garantien können insbesondere sein

1. spezifische Anforderungen an die Datensicherheit oder die Datenschutzkontrolle,
2. die Festlegung von besonderen Aussonderungsprüffristen,
3. die Sensibilisierung der an Verarbeitungsvorgängen Beteiligten,
4. die Beschränkung des Zugangs zu den personenbezogenen Daten innerhalb der verantwortlichen Stelle,
5. die von anderen Daten getrennte Verarbeitung,
6. die Pseudonymisierung personenbezogener Daten,
7. die Verschlüsselung personenbezogener Daten oder
8. spezifische Verfahrensregelungen, die im Fall einer Übermittlung oder Verarbeitung für andere Zwecke die Rechtmäßigkeit der Verarbeitung sicherstellen.

§ 49 Verarbeitung zu anderen Zwecken

Eine Verarbeitung personenbezogener Daten zu einem anderen Zweck als zu demjenigen, zu dem sie erhoben wurden, ist zulässig, wenn es sich bei dem anderen Zweck um einen der in § 45 genannten Zwecke handelt, der Verantwortliche befugt ist, Daten zu diesem Zweck zu verarbeiten, und die Verarbeitung zu diesem Zweck erforderlich und verhältnismäßig ist. Die Verarbeitung personenbezogener Daten zu einem anderen, in § 45 nicht genannten Zweck ist zulässig, wenn sie in einer Rechtsvorschrift vorgesehen ist.

§ 50 Verarbeitung zu archivarischen, wissenschaftlichen und statistischen Zwecken

Personenbezogene Daten dürfen im Rahmen der in § 45 genannten Zwecke in archivarischer, wissenschaftlicher oder statistischer Form verarbeitet werden, wenn hieran ein öffentliches Interesse besteht und geeignete Garantien für die Rechtsgüter der betroffenen Personen vorgesehen werden. Solche Garantien können in einer so zeitnah wie möglich erfolgenden Anonymisierung der personenbezogenen Daten, in Vorkehrungen gegen ihre unbefugte Kenntnisnahme durch Dritte oder in ihrer räumlich und organisatorisch von den sonstigen Fachaufgaben getrennten Verarbeitung bestehen.

§ 51 Einwilligung

(1) Soweit die Verarbeitung personenbezogener Daten nach einer Rechtsvorschrift auf der Grundlage einer Einwilligung erfolgen kann, muss der Verantwortliche die Einwilligung der betroffenen Person nachweisen können.

(2) Erfolgt die Einwilligung der betroffenen Person durch eine schriftliche Erklärung, die noch andere Sachverhalte betrifft, muss das Ersuchen um Einwilligung in verständlicher und leicht zugänglicher Form in einer klaren und einfachen Sprache so erfolgen, dass es von den anderen Sachverhalten klar zu unterscheiden ist.

(3) Die betroffene Person hat das Recht, ihre Einwilligung jederzeit zu widerrufen. Durch den Widerruf der Einwilligung wird die Rechtmäßigkeit der aufgrund der Einwilligung bis zum Widerruf erfolgten Verarbeitung nicht berührt. Die betroffene Person ist vor Abgabe der Einwilligung hiervon in Kenntnis zu setzen.

(4) Die Einwilligung ist nur wirksam, wenn sie auf der freien Entscheidung der betroffenen Person beruht. Bei der Beurteilung, ob die Einwilligung freiwillig erteilt wurde, müssen die Umstände der Erteilung berücksichtigt werden. Die betroffene Person ist auf den vorgesehenen Zweck der Verarbeitung hinzuweisen. Ist dies nach den Umständen des Einzelfalles erforderlich oder verlangt die betroffene Person dies, ist sie auch über die Folgen der Verweigerung der Einwilligung zu belehren.

(5) Soweit besondere Kategorien personenbezogener Daten verarbeitet werden, muss sich die Einwilligung ausdrücklich auf diese Daten beziehen.

§ 52 Verarbeitung auf Weisung des Verantwortlichen

Jede einem Verantwortlichen oder einem Auftragsverarbeiter unterstellte Person, die Zugang zu personenbezogenen Daten hat, darf diese Daten ausschließlich auf Weisung des Verantwortlichen verarbeiten, es sei denn, dass sie nach einer Rechtsvorschrift zur Verarbeitung verpflichtet ist.

§ 53 Datengeheimnis

Mit Datenverarbeitung befasste Personen dürfen personenbezogene Daten nicht unbefugt verarbeiten (Datengeheimnis). Sie sind bei der Aufnahme ihrer Tätigkeit auf das Datengeheimnis zu verpflichten. Das Datengeheimnis besteht auch nach der Beendigung ihrer Tätigkeit fort.

§ 54 Automatisierte Einzelentscheidung

(1) Eine ausschließlich auf einer automatischen Verarbeitung beruhende Entscheidung, die mit einer nachteiligen Rechtsfolge für die betroffene Person verbunden ist oder sie erheblich beeinträchtigt, ist nur zulässig, wenn sie in einer Rechtsvorschrift vorgesehen ist.

(2) Entscheidungen nach Absatz 1 dürfen nicht auf besonderen Kategorien personenbezogener Daten beruhen, sofern nicht geeignete Maßnahmen zum Schutz der Rechtsgüter sowie der berechtigten Interessen der betroffenen Personen getroffen wurden.

(3) Profiling, das zur Folge hat, dass betroffene Personen auf der Grundlage von besonderen Kategorien personenbezogener Daten diskriminiert werden, ist verboten.

Kapitel 3
Rechte der betroffenen Person

§ 55 Allgemeine Informationen zu Datenverarbeitungen

Der Verantwortliche hat in allgemeiner Form und für jedermann zugänglich Informationen zur Verfügung zu stellen über

1. die Zwecke der von ihm vorgenommenen Verarbeitungen,
2. die im Hinblick auf die Verarbeitung ihrer personenbezogenen Daten bestehenden Rechte der betroffenen Personen auf Auskunft, Berichtigung, Löschung und Einschränkung der Verarbeitung,

3. den Namen und die Kontaktdaten des Verantwortlichen und der oder des Datenschutzbeauftragten,
4. das Recht, die Bundesbeauftragte oder den Bundesbeauftragten anzurufen, und
5. die Erreichbarkeit der oder des Bundesbeauftragten.

§ 56 Benachrichtigung betroffener Personen

(1) Ist die Benachrichtigung betroffener Personen über die Verarbeitung sie betreffender personenbezogener Daten in speziellen Rechtsvorschriften, insbesondere bei verdeckten Maßnahmen, vorgesehen oder angeordnet, so hat diese Benachrichtigung zumindest die folgenden Angaben zu enthalten:

1. die in § 55 genannten Angaben,
2. die Rechtsgrundlage der Verarbeitung,
3. die für die Daten geltende Speicherdauer oder, falls dies nicht möglich ist, die Kriterien für die Festlegung dieser Dauer,
4. gegebenenfalls die Kategorien von Empfängern der personenbezogenen Daten sowie
5. erforderlichenfalls weitere Informationen, insbesondere, wenn die personenbezogenen Daten ohne Wissen der betroffenen Person erhoben wurden.

(2) In den Fällen des Absatzes 1 kann der Verantwortliche die Benachrichtigung insoweit und solange aufschieben, einschränken oder unterlassen, wie andernfalls

1. die Erfüllung der in § 45 genannten Aufgaben,
2. die öffentliche Sicherheit oder
3. Rechtsgüter Dritter

gefährdet würden, wenn das Interesse an der Vermeidung dieser Gefahren das Informationsinteresse der betroffenen Person überwiegt.

(3) Bezieht sich die Benachrichtigung auf die Übermittlung personenbezogener Daten an Verfassungsschutzbehörden, den Bundesnachrichtendienst, den Militärischen Abschirmdienst und, soweit die Sicherheit des Bundes berührt wird, andere Behörden des Bundesministeriums der Verteidigung, ist sie nur mit Zustimmung dieser Stellen zulässig.

(4) Im Fall der Einschränkung nach Absatz 2 gilt § 57 Absatz 7 entsprechend.

§ 57 Auskunftsrecht

(1) Der Verantwortliche hat betroffenen Personen auf Antrag Auskunft darüber zu erteilen, ob er sie betreffende Daten verarbeitet. Betroffene Personen haben darüber hinaus das Recht, Informationen zu erhalten über

1. die personenbezogenen Daten, die Gegenstand der Verarbeitung sind, und die Kategorie, zu der sie gehören,
2. die verfügbaren Informationen über die Herkunft der Daten,
3. die Zwecke der Verarbeitung und deren Rechtsgrundlage,
4. die Empfänger oder die Kategorien von Empfängern, gegenüber denen die Daten offengelegt worden sind, insbesondere bei Empfängern in Drittstaaten oder bei internationalen Organisationen,

5. die für die Daten geltende Speicherdauer oder, falls dies nicht möglich ist, die Kriterien für die Festlegung dieser Dauer,
6. das Bestehen eines Rechts auf Berichtigung, Löschung oder Einschränkung der Verarbeitung der Daten durch den Verantwortlichen,
7. das Recht nach § 60, die Bundesbeauftragte oder den Bundesbeauftragten anzurufen, sowie
8. Angaben zur Erreichbarkeit der oder des Bundesbeauftragten.

(2) Absatz 1 gilt nicht für personenbezogene Daten, die nur deshalb verarbeitet werden, weil sie aufgrund gesetzlicher Aufbewahrungsvorschriften nicht gelöscht werden dürfen oder die ausschließlich Zwecken der Datensicherung oder der Datenschutzkontrolle dienen, wenn die Auskunftserteilung einen unverhältnismäßigen Aufwand erfordern würde und eine Verarbeitung zu anderen Zwecken durch geeignete technische und organisatorische Maßnahmen ausgeschlossen ist.

(3) Von der Auskunftserteilung ist abzusehen, wenn die betroffene Person keine Angaben macht, die das Auffinden der Daten ermöglichen, und deshalb der für die Erteilung der Auskunft erforderliche Aufwand außer Verhältnis zu dem von der betroffenen Person geltend gemachten Informationsinteresse steht.

(4) Der Verantwortliche kann unter den Voraussetzungen des § 56 Absatz 2 von der Auskunft nach Absatz 1 Satz 1 absehen oder die Auskunftserteilung nach Absatz 1 Satz 2 teilweise oder vollständig einschränken.

(5) Bezieht sich die Auskunftserteilung auf die Übermittlung personenbezogener Daten an Verfassungsschutzbehörden, den Bundesnachrichtendienst, den Militärischen Abschirmdienst und, soweit die Sicherheit des Bundes berührt wird, andere Behörden des Bundesministeriums der Verteidigung, ist sie nur mit Zustimmung dieser Stellen zulässig.

(6) Der Verantwortliche hat die betroffene Person über das Absehen von oder die Einschränkung einer Auskunft unverzüglich schriftlich zu unterrichten. Dies gilt nicht, wenn bereits die Erteilung dieser Informationen eine Gefährdung im Sinne des § 56 Absatz 2 mit sich bringen würde. Die Unterrichtung nach Satz 1 ist zu begründen, es sei denn, dass die Mitteilung der Gründe den mit dem Absehen von oder der Einschränkung der Auskunft verfolgten Zweck gefährden würde.

(7) Wird die betroffene Person nach Absatz 6 über das Absehen von oder die Einschränkung der Auskunft unterrichtet, kann sie ihr Auskunftsrecht auch über die Bundesbeauftragte oder den Bundesbeauftragten ausüben. Der Verantwortliche hat die betroffene Person über diese Möglichkeit sowie darüber zu unterrichten, dass sie gemäß § 60 die Bundesbeauftragte oder den Bundesbeauftragten anrufen oder gerichtlichen Rechtsschutz suchen kann. Macht die betroffene Person von ihrem Recht nach Satz 1 Gebrauch, ist die Auskunft auf ihr Verlangen der oder dem Bundesbeauftragten zu erteilen, soweit nicht die zuständige oberste Bundesbehörde im Einzelfall feststellt, dass dadurch die Sicherheit des Bundes oder eines Landes gefährdet würde. Die oder der Bundesbeauftragte hat die betroffene Person zumindest darüber zu unterrichten, dass alle erforderlichen Prüfungen erfolgt sind oder eine Überprüfung durch sie stattgefunden hat. Diese Mitteilung kann die Information enthalten, ob datenschutzrechtliche Verstöße festgestellt wurden. Die Mitteilung der oder des Bundesbeauftragten an die betroffene Person darf keine Rückschlüsse auf den

Erkenntnisstand des Verantwortlichen zulassen, sofern dieser keiner weitergehenden Auskunft zustimmt. Der Verantwortliche darf die Zustimmung nur insoweit und solange verweigern, wie er nach Absatz 4 von einer Auskunft absehen oder sie einschränken könnte. Die oder der Bundesbeauftragte hat zudem die betroffene Person über ihr Recht auf gerichtlichen Rechtsschutz zu unterrichten.

(8) Der Verantwortliche hat dic sachlichen oder rechtlichen Gründe für die Entscheidung zu dokumentieren.

§ 58 Rechte auf Berichtigung und Löschung sowie Einschränkung der Verarbeitung

(1) Die betroffene Person hat das Recht, von dem Verantwortlichen unverzüglich die Berichtigung sie betreffender unrichtiger Daten zu verlangen. Insbesondere im Fall von Aussagen oder Beurteilungen betrifft die Frage der Richtigkeit nicht den Inhalt der Aussage oder Beurteilung. Wenn die Richtigkeit oder Unrichtigkeit der Daten nicht festgestellt werden kann, tritt an die Stelle der Berichtigung eine Einschränkung der Verarbeitung. In diesem Fall hat der Verantwortliche die betroffene Person zu unterrichten, bevor er die Einschränkung wieder aufhebt. Die betroffene Person kann zudem die Vervollständigung unvollständiger personenbezogener Daten verlangen, wenn dies unter Berücksichtigung der Verarbeitungszwecke angemessen ist.

(2) Die betroffene Person hat das Recht, von dem Verantwortlichen unverzüglich die Löschung sie betreffender Daten zu verlangen, wenn deren Verarbeitung unzulässig ist, deren Kenntnis für die Aufgabenerfüllung nicht mehr erforderlich ist oder diese zur Erfüllung einer rechtlichen Verpflichtung gelöscht werden müssen.

(3) Anstatt die personenbezogenen Daten zu löschen, kann der Verantwortliche deren Verarbeitung einschränken, wenn

1. Grund zu der Annahme besteht, dass eine Löschung schutzwürdige Interessen einer betroffenen Person beeinträchtigen würde,
2. die Daten zu Beweiszwecken in Verfahren, die Zwecken des § 45 dienen, weiter aufbewahrt werden müssen oder
3. eine Löschung wegen der besonderen Art der Speicherung nicht oder nur mit unverhältnismäßigem Aufwand möglich ist.

In ihrer Verarbeitung nach Satz 1 eingeschränkte Daten dürfen nur zu dem Zweck verarbeitet werden, der ihrer Löschung entgegenstand.

(4) Bei automatisierten Dateisystemen ist technisch sicherzustellen, dass eine Einschränkung der Verarbeitung eindeutig erkennbar ist und eine Verarbeitung für andere Zwecke nicht ohne weitere Prüfung möglich ist.

(5) Hat der Verantwortliche eine Berichtigung vorgenommen, hat er einer Stelle, die ihm die personenbezogenen Daten zuvor übermittelt hat, die Berichtigung mitzuteilen. In Fällen der Berichtigung, Löschung oder Einschränkung der Verarbeitung nach den Absätzen 1 bis 3 hat der Verantwortliche Empfängern, denen die Daten übermittelt wurden, diese Maßnahmen mitzuteilen. Der Empfänger hat die Daten zu berichtigen, zu löschen oder ihre Verarbeitung einzuschränken.

(6) Der Verantwortliche hat die betroffene Person über ein Absehen von der Berichtigung oder Löschung personenbezogener Daten oder über die an deren Stelle tretende Einschränkung der Verarbeitung schriftlich zu unterrichten. Dies gilt nicht, wenn bereits die Erteilung dieser Informationen eine Gefährdung im Sinne des § 56 Absatz 2 mit sich bringen würde. Die Unterrichtung nach Satz 1 ist zu begründen, es sei denn, dass die Mitteilung der Gründe den mit dem Absehen von der Unterrichtung verfolgten Zweck gefährden würde.

(7) § 57 Absatz 7 und 8 findet entsprechende Anwendung.

§ 59 Verfahren für die Ausübung der Rechte der betroffenen Person

(1) Der Verantwortliche hat mit betroffenen Personen unter Verwendung einer klaren und einfachen Sprache in präziser, verständlicher und leicht zugänglicher Form zu kommunizieren. Unbeschadet besonderer Formvorschriften soll er bei der Beantwortung von Anträgen grundsätzlich die für den Antrag gewählte Form verwenden.

(2) Bei Anträgen hat der Verantwortliche die betroffene Person unbeschadet des § 57 Absatz 6 und des § 58 Absatz 6 unverzüglich schriftlich darüber in Kenntnis zu setzen, wie verfahren wurde.

(3) Die Erteilung von Informationen nach § 55, die Benachrichtigungen nach den §§ 56 und 66 und die Bearbeitung von Anträgen nach den §§ 57 und 58 erfolgen unentgeltlich. Bei offenkundig unbegründeten oder exzessiven Anträgen nach den §§ 57 und 58 kann der Verantwortliche entweder eine angemessene Gebühr auf der Grundlage der Verwaltungskosten verlangen oder sich weigern, aufgrund des Antrags tätig zu werden. In diesem Fall muss der Verantwortliche den offenkundig unbegründeten oder exzessiven Charakter des Antrags belegen können.

(4) Hat der Verantwortliche begründete Zweifel an der Identität einer betroffenen Person, die einen Antrag nach den §§ 57 oder 58 gestellt hat, kann er von ihr zusätzliche Informationen anfordern, die zur Bestätigung ihrer Identität erforderlich sind.

§ 60 Anrufung der oder des Bundesbeauftragten

(1) Jede betroffene Person kann sich unbeschadet anderweitiger Rechtsbehelfe mit einer Beschwerde an die Bundesbeauftragte oder den Bundesbeauftragten wenden, wenn sie der Auffassung ist, bei der Verarbeitung ihrer personenbezogenen Daten durch öffentliche Stellen zu den in § 45 genannten Zwecken in ihren Rechten verletzt worden zu sein. Dies gilt nicht für die Verarbeitung von personenbezogenen Daten durch Gerichte, soweit diese die Daten im Rahmen ihrer justiziellen Tätigkeit verarbeitet haben. Die oder der Bundesbeauftragte hat die betroffene Person über den Stand und das Ergebnis der Beschwerde zu unterrichten und sie hierbei auf die Möglichkeit gerichtlichen Rechtsschutzes nach § 61 hinzuweisen.

(2) Die oder der Bundesbeauftragte hat eine bei ihr oder ihm eingelegte Beschwerde über eine Verarbeitung, die in die Zuständigkeit einer Aufsichtsbehörde in einem anderen Mitgliedstaat der Europäischen Union fällt, unverzüglich an die zuständige Aufsichtsbehörde des anderen Staates weiterzuleiten. Sie oder er hat in diesem Fall die betroffene Person über die Weiterleitung zu unterrichten und ihr auf deren Ersuchen weitere Unterstützung zu leisten.

§ 61 Rechtsschutz gegen Entscheidungen der oder des Bundesbeauftragten oder bei deren oder dessen Untätigkeit

(1) Jede natürliche oder juristische Person kann unbeschadet anderer Rechtsbehelfe gerichtlich gegen eine verbindliche Entscheidung der oder des Bundesbeauftragten vorgehen.

(2) Absatz 1 gilt entsprechend zugunsten betroffener Personen, wenn sich die oder der Bundesbeauftragte mit einer Beschwerde nach § 60 nicht befasst oder die betroffene Person nicht innerhalb von drei Monaten nach Einlegung der Beschwerde über den Stand oder das Ergebnis der Beschwerde in Kenntnis gesetzt hat.

Kapitel 4
Pflichten der Verantwortlichen und Auftragsverarbeiter

§ 62 Auftragsverarbeitung

(1) Werden personenbezogene Daten im Auftrag eines Verantwortlichen durch andere Personen oder Stellen verarbeitet, hat der Verantwortliche für die Einhaltung der Vorschriften dieses Gesetzes und anderer Vorschriften über den Datenschutz zu sorgen. Die Rechte der betroffenen Personen auf Auskunft, Berichtigung, Löschung, Einschränkung der Verarbeitung und Schadensersatz sind in diesem Fall gegenüber dem Verantwortlichen geltend zu machen.

(2) Ein Verantwortlicher darf nur solche Auftragsverarbeiter mit der Verarbeitung personenbezogener Daten beauftragen, die mit geeigneten technischen und organisatorischen Maßnahmen sicherstellen, dass die Verarbeitung im Einklang mit den gesetzlichen Anforderungen erfolgt und der Schutz der Rechte der betroffenen Personen gewährleistet wird.

(3) Auftragsverarbeiter dürfen ohne vorherige schriftliche Genehmigung des Verantwortlichen keine weiteren Auftragsverarbeiter hinzuziehen. Hat der Verantwortliche dem Auftragsverarbeiter eine allgemeine Genehmigung zur Hinzuziehung weiterer Auftragsverarbeiter erteilt, hat der Auftragsverarbeiter den Verantwortlichen über jede beabsichtigte Hinzuziehung oder Ersetzung zu informieren. Der Verantwortliche kann in diesem Fall die Hinzuziehung oder Ersetzung untersagen.

(4) Zieht ein Auftragsverarbeiter einen weiteren Auftragsverarbeiter hinzu, so hat er diesem dieselben Verpflichtungen aus seinem Vertrag mit dem Verantwortlichen nach Absatz 5 aufzuerlegen, die auch für ihn gelten, soweit diese Pflichten für den weiteren Auftragsverarbeiter nicht schon aufgrund anderer Vorschriften verbindlich sind. Erfüllt ein weiterer Auftragsverarbeiter diese Verpflichtungen nicht, so haftet der ihn beauftragende Auftragsverarbeiter gegenüber dem Verantwortlichen für die Einhaltung der Pflichten des weiteren Auftragsverarbeiters.

(5) Die Verarbeitung durch einen Auftragsverarbeiter hat auf der Grundlage eines Vertrags oder eines anderen Rechtsinstruments zu erfolgen, der oder das den Auftragsverarbeiter an den Verantwortlichen bindet und der oder das den Gegenstand, die Dauer, die Art und den Zweck der Verarbeitung, die Art der personenbezogenen Daten, die Kategorien betroffener Personen und die Rechte und Pflichten des Verantwortlichen festlegt. Der Vertrag oder das andere Rechtsinstrument haben insbesondere vorzusehen, dass der Auftragsverarbeiter

1. nur auf dokumentierte Weisung des Verantwortlichen handelt; ist der Auftragsverarbeiter der Auffassung, dass eine Weisung rechtswidrig ist, hat er den Verantwortlichen unverzüglich zu informieren;
2. gewährleistet, dass die zur Verarbeitung der personenbezogenen Daten befugten Personen zur Vertraulichkeit verpflichtet werden, soweit sie keiner angemessenen gesetzlichen Verschwiegenheitspflicht unterliegen;
3. den Verantwortlichen mit geeigneten Mitteln dabei unterstützt, die Einhaltung der Bestimmungen über die Rechte der betroffenen Person zu gewährleisten;
4. alle personenbezogenen Daten nach Abschluss der Erbringung der Verarbeitungsleistungen nach Wahl des Verantwortlichen zurückgibt oder löscht und bestehende Kopien vernichtet, wenn nicht nach einer Rechtsvorschrift eine Verpflichtung zur Speicherung der Daten besteht;
5. dem Verantwortlichen alle erforderlichen Informationen, insbesondere die gemäß § 76 erstellten Protokolle, zum Nachweis der Einhaltung seiner Pflichten zur Verfügung stellt;
6. Überprüfungen, die von dem Verantwortlichen oder einem von diesem beauftragten Prüfer durchgeführt werden, ermöglicht und dazu beiträgt;
7. die in den Absätzen 3 und 4 aufgeführten Bedingungen für die Inanspruchnahme der Dienste eines weiteren Auftragsverarbeiters einhält;
8. alle gemäß § 64 erforderlichen Maßnahmen ergreift und
9. unter Berücksichtigung der Art der Verarbeitung und der ihm zur Verfügung stehenden Informationen den Verantwortlichen bei der Einhaltung der in den §§ 64 bis 67 und § 69 genannten Pflichten unterstützt.

(6) Der Vertrag im Sinne des Absatzes 5 ist schriftlich oder elektronisch abzufassen.

(7) Ein Auftragsverarbeiter, der die Zwecke und Mittel der Verarbeitung unter Verstoß gegen diese Vorschrift bestimmt, gilt in Bezug auf diese Verarbeitung als Verantwortlicher.

§ 63 Gemeinsam Verantwortliche

Legen zwei oder mehr Verantwortliche gemeinsam die Zwecke und die Mittel der Verarbeitung fest, gelten sie als gemeinsam Verantwortliche. Gemeinsam Verantwortliche haben ihre jeweiligen Aufgaben und datenschutzrechtlichen Verantwortlichkeiten in transparenter Form in einer Vereinbarung festzulegen, soweit diese nicht bereits in Rechtsvorschriften festgelegt sind. Aus der Vereinbarung muss insbesondere hervorgehen, wer welchen Informationspflichten nachzukommen hat und wie und gegenüber wem betroffene Personen ihre Rechte wahrnehmen können. Eine entsprechende Vereinbarung hindert die betroffene Person nicht, ihre Rechte gegenüber jedem der gemeinsam Verantwortlichen geltend zu machen.

§ 64 Anforderungen an die Sicherheit der Datenverarbeitung

(1) Der Verantwortliche und der Auftragsverarbeiter haben unter Berücksichtigung des Stands der Technik, der Implementierungskosten, der Art, des Umfangs, der Umstände und der Zwecke der Verarbeitung sowie der Eintrittswahrscheinlichkeit und der Schwere der mit der Verarbeitung verbundenen Gefahren für die Rechtsgüter der betroffenen Personen die erforderlichen technischen und organisatorischen Maß-

nahmen zu treffen, um bei der Verarbeitung personenbezogener Daten ein dem Risiko angemessenes Schutzniveau zu gewährleisten, insbesondere im Hinblick auf die Verarbeitung besonderer Kategorien personenbezogener Daten. Der Verantwortliche hat hierbei die einschlägigen Technischen Richtlinien und Empfehlungen des Bundesamtes für Sicherheit in der Informationstechnik zu berücksichtigen.

(2) Die in Absatz 1 genannten Maßnahmen können unter anderem die Pseudonymisierung und Verschlüsselung personenbezogener Daten umfassen, soweit solche Mittel in Anbetracht der Verarbeitungszwecke möglich sind. Die Maßnahmen nach Absatz 1 sollen dazu führen, dass

1. die Vertraulichkeit, Integrität, Verfügbarkeit und Belastbarkeit der Systeme und Dienste im Zusammenhang mit der Verarbeitung auf Dauer sichergestellt werden und
2. die Verfügbarkeit der personenbezogenen Daten und der Zugang zu ihnen bei einem physischen oder technischen Zwischenfall rasch wiederhergestellt werden können.

(3) Im Fall einer automatisierten Verarbeitung haben der Verantwortliche und der Auftragsverarbeiter nach einer Risikobewertung Maßnahmen zu ergreifen, die Folgendes bezwecken:

1. Verwehrung des Zugangs zu Verarbeitungsanlagen, mit denen die Verarbeitung durchgeführt wird, für Unbefugte (Zugangskontrolle),
2. Verhinderung des unbefugten Lesens, Kopierens, Veränderns oder Löschens von Datenträgern (Datenträgerkontrolle),
3. Verhinderung der unbefugten Eingabe von personenbezogenen Daten sowie der unbefugten Kenntnisnahme, Veränderung und Löschung von gespeicherten personenbezogenen Daten (Speicherkontrolle),
4. Verhinderung der Nutzung automatisierter Verarbeitungssysteme mit Hilfe von Einrichtungen zur Datenübertragung durch Unbefugte (Benutzerkontrolle),
5. Gewährleistung, dass die zur Benutzung eines automatisierten Verarbeitungssystems Berechtigten ausschließlich zu den von ihrer Zugangsberechtigung umfassten personenbezogenen Daten Zugang haben (Zugriffskontrolle),
6. Gewährleistung, dass überprüft und festgestellt werden kann, an welche Stellen personenbezogene Daten mit Hilfe von Einrichtungen zur Datenübertragung übermittelt oder zur Verfügung gestellt wurden oder werden können (Übertragungskontrolle),
7. Gewährleistung, dass nachträglich überprüft und festgestellt werden kann, welche personenbezogenen Daten zu welcher Zeit und von wem in automatisierte Verarbeitungssysteme eingegeben oder verändert worden sind (Eingabekontrolle),
8. Gewährleistung, dass bei der Übermittlung personenbezogener Daten sowie beim Transport von Datenträgern die Vertraulichkeit und Integrität der Daten geschützt werden (Transportkontrolle),
9. Gewährleistung, dass eingesetzte Systeme im Störungsfall wiederhergestellt werden können (Wiederherstellbarkeit),
10. Gewährleistung, dass alle Funktionen des Systems zur Verfügung stehen und auftretende Fehlfunktionen gemeldet werden (Zuverlässigkeit),
11. Gewährleistung, dass gespeicherte personenbezogene Daten nicht durch Fehlfunktionen des Systems beschädigt werden können (Datenintegrität),

12. Gewährleistung, dass personenbezogene Daten, die im Auftrag verarbeitet werden, nur entsprechend den Weisungen des Auftraggebers verarbeitet werden können (Auftragskontrolle),
13. Gewährleistung, dass personenbezogene Daten gegen Zerstörung oder Verlust geschützt sind (Verfügbarkeitskontrolle),
14. Gewährleistung, dass zu unterschiedlichen Zwecken erhobene personenbezogene Daten getrennt verarbeitet werden können (Trennbarkeit).

Ein Zweck nach Satz 1 Nummer 2 bis 5 kann insbesondere durch die Verwendung von dem Stand der Technik entsprechenden Verschlüsselungsverfahren erreicht werden.

§ 65 Meldung von Verletzungen des Schutzes personenbezogener Daten an die oder den Bundesbeauftragten

(1) Der Verantwortliche hat eine Verletzung des Schutzes personenbezogener Daten unverzüglich und möglichst innerhalb von 72 Stunden, nachdem sie ihm bekannt geworden ist, der oder dem Bundesbeauftragten zu melden, es sei denn, dass die Verletzung voraussichtlich keine Gefahr für die Rechtsgüter natürlicher Personen mit sich gebracht hat. Erfolgt die Meldung an die Bundesbeauftragte oder den Bundesbeauftragten nicht innerhalb von 72 Stunden, so ist die Verzögerung zu begründen.

(2) Ein Auftragsverarbeiter hat eine Verletzung des Schutzes personenbezogener Daten unverzüglich dem Verantwortlichen zu melden.

(3) Die Meldung nach Absatz 1 hat zumindest folgende Informationen zu enthalten:

1. eine Beschreibung der Art der Verletzung des Schutzes personenbezogener Daten, die, soweit möglich, Angaben zu den Kategorien und der ungefähren Anzahl der betroffenen Personen, zu den betroffenen Kategorien personenbezogener Daten und zu der ungefähren Anzahl der betroffenen personenbezogenen Datensätze zu enthalten hat,
2. den Namen und die Kontaktdaten der oder des Datenschutzbeauftragten oder einer sonstigen Person oder Stelle, die weitere Informationen erteilen kann,
3. eine Beschreibung der wahrscheinlichen Folgen der Verletzung und
4. eine Beschreibung der von dem Verantwortlichen ergriffenen oder vorgeschlagenen Maßnahmen zur Behandlung der Verletzung und der getroffenen Maßnahmen zur Abmilderung ihrer möglichen nachteiligen Auswirkungen.

(4) Wenn die Informationen nach Absatz 3 nicht zusammen mit der Meldung übermittelt werden können, hat der Verantwortliche sie unverzüglich nachzureichen, sobald sie ihm vorliegen.

(5) Der Verantwortliche hat Verletzungen des Schutzes personenbezogener Daten zu dokumentieren. Die Dokumentation hat alle mit den Vorfällen zusammenhängenden Tatsachen, deren Auswirkungen und die ergriffenen Abhilfemaßnahmen zu umfassen.

(6) Soweit von einer Verletzung des Schutzes personenbezogener Daten personenbezogene Daten betroffen sind, die von einem oder an einen Verantwortlichen in einem anderen Mitgliedstaat der Europäischen Union übermittelt wurden, sind die in Absatz 3 genannten Informationen dem dortigen Verantwortlichen unverzüglich zu übermitteln.

(7) § 42 Absatz 4 findet entsprechende Anwendung.

(8) Weitere Pflichten des Verantwortlichen zu Benachrichtigungen über Verletzungen des Schutzes personenbezogener Daten bleiben unberührt.

§ 66 Benachrichtigung betroffener Personen bei Verletzungen des Schutzes personenbezogener Daten

(1) Hat eine Verletzung des Schutzes personenbezogener Daten voraussichtlich eine erhebliche Gefahr für Rechtsgüter betroffener Personen zur Folge, so hat der Verantwortliche die betroffenen Personen unverzüglich über den Vorfall zu benachrichtigen.

(2) Die Benachrichtigung nach Absatz 1 hat in klarer und einfacher Sprache die Art der Verletzung des Schutzes personenbezogener Daten zu beschreiben und zumindest die in § 65 Absatz 3 Nummer 2 bis 4 genannten Informationen und Maßnahmen zu enthalten.

(3) Von der Benachrichtigung nach Absatz 1 kann abgesehen werden, wenn

1. der Verantwortliche geeignete technische und organisatorische Sicherheitsvorkehrungen getroffen hat und diese Vorkehrungen auf die von der Verletzung des Schutzes personenbezogener Daten betroffenen Daten angewandt wurden; dies gilt insbesondere für Vorkehrungen wie Verschlüsselungen, durch die die Daten für unbefugte Personen unzugänglich gemacht wurden;
2. der Verantwortliche durch im Anschluss an die Verletzung getroffene Maßnahmen sichergestellt hat, dass aller Wahrscheinlichkeit nach keine erhebliche Gefahr im Sinne des Absatzes 1 mehr besteht, oder
3. dies mit einem unverhältnismäßigen Aufwand verbunden wäre; in diesem Fall hat stattdessen eine öffentliche Bekanntmachung oder eine ähnliche Maßnahme zu erfolgen, durch die die betroffenen Personen vergleichbar wirksam informiert werden.

(4) Wenn der Verantwortliche die betroffenen Personen über eine Verletzung des Schutzes personenbezogener Daten nicht benachrichtigt hat, kann die oder der Bundesbeauftragte förmlich feststellen, dass ihrer oder seiner Auffassung nach die in Absatz 3 genannten Voraussetzungen nicht erfüllt sind. Hierbei hat sie oder er die Wahrscheinlichkeit zu berücksichtigen, dass die Verletzung eine erhebliche Gefahr im Sinne des Absatzes 1 zur Folge hat.

(5) Die Benachrichtigung der betroffenen Personen nach Absatz 1 kann unter den in § 56 Absatz 2 genannten Voraussetzungen aufgeschoben, eingeschränkt oder unterlassen werden, soweit nicht die Interessen der betroffenen Person aufgrund der von der Verletzung ausgehenden erheblichen Gefahr im Sinne des Absatzes 1 überwiegen.

(6) § 42 Absatz 4 findet entsprechende Anwendung.

§ 67 Durchführung einer Datenschutz-Folgenabschätzung

(1) Hat eine Form der Verarbeitung, insbesondere bei Verwendung neuer Technologien, aufgrund der Art, des Umfangs, der Umstände und der Zwecke der Verarbeitung voraussichtlich eine erhebliche Gefahr für die Rechtsgüter betroffener Personen

zur Folge, so hat der Verantwortliche vorab eine Abschätzung der Folgen der vorgesehenen Verarbeitungsvorgänge für die betroffenen Personen durchzuführen.

(2) Für die Untersuchung mehrerer ähnlicher Verarbeitungsvorgänge mit ähnlich hohem Gefahrenpotential kann eine gemeinsame Datenschutz-Folgenabschätzung vorgenommen werden.

(3) Der Verantwortliche hat die Datenschutzbeauftragte oder den Datenschutzbeauftragten an der Durchführung der Folgenabschätzung zu beteiligen.

(4) Die Folgenabschätzung hat den Rechten der von der Verarbeitung betroffenen Personen Rechnung zu tragen und zumindest Folgendes zu enthalten:
1. eine systematische Beschreibung der geplanten Verarbeitungsvorgänge und der Zwecke der Verarbeitung,
2. eine Bewertung der Notwendigkeit und Verhältnismäßigkeit der Verarbeitungsvorgänge in Bezug auf deren Zweck,
3. eine Bewertung der Gefahren für die Rechtsgüter der betroffenen Personen und
4. die Maßnahmen, mit denen bestehenden Gefahren abgeholfen werden soll, einschließlich der Garantien, der Sicherheitsvorkehrungen und der Verfahren, durch die der Schutz personenbezogener Daten sichergestellt und die Einhaltung der gesetzlichen Vorgaben nachgewiesen werden sollen.

(5) Soweit erforderlich, hat der Verantwortliche eine Überprüfung durchzuführen, ob die Verarbeitung den Maßgaben folgt, die sich aus der Folgenabschätzung ergeben haben.

§ 68 Zusammenarbeit mit der oder dem Bundesbeauftragten

Der Verantwortliche hat mit der oder dem Bundesbeauftragten bei der Erfüllung ihrer oder seiner Aufgaben zusammenzuarbeiten.

§ 69 Anhörung der oder des Bundesbeauftragten

(1) Der Verantwortliche hat vor der Inbetriebnahme von neu anzulegenden Dateisystemen die Bundesbeauftragte oder den Bundesbeauftragten anzuhören, wenn
1. aus einer Datenschutz-Folgenabschätzung nach § 67 hervorgeht, dass die Verarbeitung eine erhebliche Gefahr für die Rechtsgüter der betroffenen Personen zur Folge hätte, wenn der Verantwortliche keine Abhilfemaßnahmen treffen würde, oder
2. die Form der Verarbeitung, insbesondere bei der Verwendung neuer Technologien, Mechanismen oder Verfahren, eine erhebliche Gefahr für die Rechtsgüter der betroffenen Personen zur Folge hat.

Die oder der Bundesbeauftragte kann eine Liste der Verarbeitungsvorgänge erstellen, die der Pflicht zur Anhörung nach Satz 1 unterliegen.

(2) Der oder dem Bundesbeauftragten sind im Fall des Absatzes 1 vorzulegen:
1. die nach § 67 durchgeführte Datenschutz-Folgenabschätzung,
2. gegebenenfalls Angaben zu den jeweiligen Zuständigkeiten des Verantwortlichen, der gemeinsam Verantwortlichen und der an der Verarbeitung beteiligten Auftragsverarbeiter,

3. Angaben zu den Zwecken und Mitteln der beabsichtigten Verarbeitung,
4. Angaben zu den zum Schutz der Rechtsgüter der betroffenen Personen vorgesehenen Maßnahmen und Garantien und
5. Name und Kontaktdaten der oder des Datenschutzbeauftragten.

Auf Anforderung sind ihr oder ihm zudem alle sonstigen Informationen zu übermitteln, die sie oder er benötigt, um die Rechtmäßigkeit der Verarbeitung sowie insbesondere die in Bezug auf den Schutz der personenbezogenen Daten der betroffenen Personen bestehenden Gefahren und die diesbezüglichen Garantien bewerten zu können.

(3) Falls die oder der Bundesbeauftragte der Auffassung ist, dass die geplante Verarbeitung gegen gesetzliche Vorgaben verstoßen würde, insbesondere weil der Verantwortliche das Risiko nicht ausreichend ermittelt oder keine ausreichenden Abhilfemaßnahmen getroffen hat, kann sie oder er dem Verantwortlichen und gegebenenfalls dem Auftragsverarbeiter innerhalb eines Zeitraums von sechs Wochen nach Einleitung der Anhörung schriftliche Empfehlungen unterbreiten, welche Maßnahmen noch ergriffen werden sollten. Die oder der Bundesbeauftragte kann diese Frist um einen Monat verlängern, wenn die geplante Verarbeitung besonders komplex ist. Sie oder er hat in diesem Fall innerhalb eines Monats nach Einleitung der Anhörung den Verantwortlichen und gegebenenfalls den Auftragsverarbeiter über die Fristverlängerung zu informieren.

(4) Hat die beabsichtigte Verarbeitung erhebliche Bedeutung für die Aufgabenerfüllung des Verantwortlichen und ist sie daher besonders dringlich, kann er mit der Verarbeitung nach Beginn der Anhörung, aber vor Ablauf der in Absatz 3 Satz 1 genannten Frist beginnen. In diesem Fall sind die Empfehlungen der oder des Bundesbeauftragten im Nachhinein zu berücksichtigen und sind die Art und Weise der Verarbeitung daraufhin gegebenenfalls anzupassen.

§ 70 Verzeichnis von Verarbeitungstätigkeiten

(1) Der Verantwortliche hat ein Verzeichnis aller Kategorien von Verarbeitungstätigkeiten zu führen, die in seine Zuständigkeit fallen. Dieses Verzeichnis hat die folgenden Angaben zu enthalten:

1. den Namen und die Kontaktdaten des Verantwortlichen und gegebenenfalls des gemeinsam mit ihm Verantwortlichen sowie den Namen und die Kontaktdaten der oder des Datenschutzbeauftragten,
2. die Zwecke der Verarbeitung,
3. die Kategorien von Empfängern, gegenüber denen die personenbezogenen Daten offengelegt worden sind oder noch offengelegt werden sollen,
4. eine Beschreibung der Kategorien betroffener Personen und der Kategorien personenbezogener Daten,
5. gegebenenfalls die Verwendung von Profiling,
6. gegebenenfalls die Kategorien von Übermittlungen personenbezogener Daten an Stellen in einem Drittstaat oder an eine internationale Organisation,
7. Angaben über die Rechtsgrundlage der Verarbeitung,
8. die vorgesehenen Fristen für die Löschung oder die Überprüfung der Erforderlichkeit der Speicherung der verschiedenen Kategorien personenbezogener Daten und

9. eine allgemeine Beschreibung der technischen und organisatorischen Maßnahmen gemäß § 64.

(2) Der Auftragsverarbeiter hat ein Verzeichnis aller Kategorien von Verarbeitungen zu führen, die er im Auftrag eines Verantwortlichen durchführt, das Folgendes zu enthalten hat:

1. den Namen und die Kontaktdaten des Auftragsverarbeiters, jedes Verantwortlichen, in dessen Auftrag der Auftragsverarbeiter tätig ist, sowie gegebenenfalls der oder des Datenschutzbeauftragten,
2. gegebenenfalls Übermittlungen von personenbezogenen Daten an Stellen in einem Drittstaat oder an eine internationale Organisation unter Angabe des Staates oder der Organisation und
3. eine allgemeine Beschreibung der technischen und organisatorischen Maßnahmen gemäß § 64.

(3) Die in den Absätzen 1 und 2 genannten Verzeichnisse sind schriftlich oder elektronisch zu führen.

(4) Verantwortliche und Auftragsverarbeiter haben auf Anforderung ihre Verzeichnisse der oder dem Bundesbeauftragten zur Verfügung zu stellen.

§ 71 Datenschutz durch Technikgestaltung und datenschutzfreundliche Voreinstellungen

(1) Der Verantwortliche hat sowohl zum Zeitpunkt der Festlegung der Mittel für die Verarbeitung als auch zum Zeitpunkt der Verarbeitung selbst angemessene Vorkehrungen zu treffen, die geeignet sind, die Datenschutzgrundsätze wie etwa die Datensparsamkeit wirksam umzusetzen, und die sicherstellen, dass die gesetzlichen Anforderungen eingehalten und die Rechte der betroffenen Personen geschützt werden. Er hat hierbei den Stand der Technik, die Implementierungskosten und die Art, den Umfang, die Umstände und die Zwecke der Verarbeitung sowie die unterschiedliche Eintrittswahrscheinlichkeit und Schwere der mit der Verarbeitung verbundenen Gefahren für die Rechtsgüter der betroffenen Personen zu berücksichtigen. Insbesondere sind die Verarbeitung personenbezogener Daten und die Auswahl und Gestaltung von Datenverarbeitungssystemen an dem Ziel auszurichten, so wenig personenbezogene Daten wie möglich zu verarbeiten. Personenbezogene Daten sind zum frühestmöglichen Zeitpunkt zu anonymisieren oder zu pseudonymisieren, soweit dies nach dem Verarbeitungszweck möglich ist.

(2) Der Verantwortliche hat geeignete technische und organisatorische Maßnahmen zu treffen, die sicherstellen, dass durch Voreinstellungen grundsätzlich nur solche personenbezogenen Daten verarbeitet werden können, deren Verarbeitung für den jeweiligen bestimmten Verarbeitungszweck erforderlich ist. Dies betrifft die Menge der erhobenen Daten, den Umfang ihrer Verarbeitung, ihre Speicherfrist und ihre Zugänglichkeit. Die Maßnahmen müssen insbesondere gewährleisten, dass die Daten durch Voreinstellungen nicht automatisiert einer unbestimmten Anzahl von Personen zugänglich gemacht werden können.

§ 72 Unterscheidung zwischen verschiedenen Kategorien betroffener Personen

Der Verantwortliche hat bei der Verarbeitung personenbezogener Daten so weit wie möglich zwischen den verschiedenen Kategorien betroffener Personen zu unterscheiden. Dies betrifft insbesondere folgende Kategorien:

1. Personen, gegen die ein begründeter Verdacht besteht, dass sie eine Straftat begangen haben,
2. Personen, gegen die ein begründeter Verdacht besteht, dass sie in naher Zukunft eine Straftat begehen werden,
3. verurteilte Straftäter,
4. Opfer einer Straftat oder Personen, bei denen bestimmte Tatsachen darauf hindeuten, dass sie Opfer einer Straftat sein könnten, und
5. andere Personen wie insbesondere Zeugen, Hinweisgeber oder Personen, die mit den in den Nummern 1 bis 4 genannten Personen in Kontakt oder Verbindung stehen.

§ 73 Unterscheidung zwischen Tatsachen und persönlichen Einschätzungen

Der Verantwortliche hat bei der Verarbeitung so weit wie möglich danach zu unterscheiden, ob personenbezogene Daten auf Tatsachen oder auf persönlichen Einschätzungen beruhen. Zu diesem Zweck soll er, soweit dies im Rahmen der jeweiligen Verarbeitung möglich und angemessen ist, Beurteilungen, die auf persönlichen Einschätzungen beruhen, als solche kenntlich machen. Es muss außerdem feststellbar sein, welche Stelle die Unterlagen führt, die der auf einer persönlichen Einschätzung beruhenden Beurteilung zugrunde liegen.

§ 74 Verfahren bei Übermittlungen

(1) Der Verantwortliche hat angemessene Maßnahmen zu ergreifen, um zu gewährleisten, dass personenbezogene Daten, die unrichtig oder nicht mehr aktuell sind, nicht übermittelt oder sonst zur Verfügung gestellt werden. Zu diesem Zweck hat er, soweit dies mit angemessenem Aufwand möglich ist, die Qualität der Daten vor ihrer Übermittlung oder Bereitstellung zu überprüfen. Bei jeder Übermittlung personenbezogener Daten hat er zudem, soweit dies möglich und angemessen ist, Informationen beizufügen, die es dem Empfänger gestatten, die Richtigkeit, die Vollständigkeit und die Zuverlässigkeit der Daten sowie deren Aktualität zu beurteilen.

(2) Gelten für die Verarbeitung von personenbezogenen Daten besondere Bedingungen, so hat bei Datenübermittlungen die übermittelnde Stelle den Empfänger auf diese Bedingungen und die Pflicht zu ihrer Beachtung hinzuweisen. Die Hinweispflicht kann dadurch erfüllt werden, dass die Daten entsprechend markiert werden.

(3) Die übermittelnde Stelle darf auf Empfänger in anderen Mitgliedstaaten der Europäischen Union und auf Einrichtungen und sonstige Stellen, die nach den Kapiteln 4 und 5 des Titels V des Dritten Teils des Vertrags über die Arbeitsweise der Europäischen Union errichtet wurden, keine Bedingungen anwenden, die nicht auch für entsprechende innerstaatliche Datenübermittlungen gelten.

§ 75 Berichtigung und Löschung personenbezogener Daten sowie Einschränkung der Verarbeitung

(1) Der Verantwortliche hat personenbezogene Daten zu berichtigen, wenn sie unrichtig sind.

(2) Der Verantwortliche hat personenbezogene Daten unverzüglich zu löschen, wenn ihre Verarbeitung unzulässig ist, sie zur Erfüllung einer rechtlichen Verpflichtung gelöscht werden müssen oder ihre Kenntnis für seine Aufgabenerfüllung nicht mehr erforderlich ist.

(3) §58 Absatz 3 bis 5 ist entsprechend anzuwenden. Sind unrichtige personenbezogene Daten oder personenbezogene Daten unrechtmäßig übermittelt worden, ist auch dies dem Empfänger mitzuteilen.

(4) Unbeschadet in Rechtsvorschriften festgesetzter Höchstspeicher- oder Löschfristen hat der Verantwortliche für die Löschung von personenbezogenen Daten oder eine regelmäßige Überprüfung der Notwendigkeit ihrer Speicherung angemessene Fristen vorzusehen und durch verfahrensrechtliche Vorkehrungen sicherzustellen, dass diese Fristen eingehalten werden.

§ 76 Protokollierung

(1) In automatisierten Verarbeitungssystemen haben Verantwortliche und Auftragsverarbeiter mindestens die folgenden Verarbeitungsvorgänge zu protokollieren:

1. Erhebung,
2. Veränderung,
3. Abfrage,
4. Offenlegung einschließlich Übermittlung,
5. Kombination und
6. Löschung.

(2) Die Protokolle über Abfragen und Offenlegungen müssen es ermöglichen, die Begründung, das Datum und die Uhrzeit dieser Vorgänge und so weit wie möglich die Identität der Person, die die personenbezogenen Daten abgefragt oder offengelegt hat, und die Identität des Empfängers der Daten festzustellen.

(3) Die Protokolle dürfen ausschließlich für die Überprüfung der Rechtmäßigkeit der Datenverarbeitung durch die Datenschutzbeauftragte oder den Datenschutzbeauftragten, die Bundesbeauftragte oder den Bundesbeauftragten und die betroffene Person sowie für die Eigenüberwachung, für die Gewährleistung der Integrität und Sicherheit der personenbezogenen Daten und für Strafverfahren verwendet werden.

(4) Die Protokolldaten sind am Ende des auf deren Generierung folgenden Jahres zu löschen.

(5) Der Verantwortliche und der Auftragsverarbeiter haben die Protokolle der oder dem Bundesbeauftragten auf Anforderung zur Verfügung zu stellen.

§ 77 Vertrauliche Meldung von Verstößen

Der Verantwortliche hat zu ermöglichen, dass ihm vertrauliche Meldungen über in seinem Verantwortungsbereich erfolgende Verstöße gegen Datenschutzvorschriften zugeleitet werden können.

Kapitel 5
Datenübermittlungen an Drittstaaten und an internationale Organisationen

§ 78 Allgemeine Voraussetzungen

(1) Die Übermittlung personenbezogener Daten an Stellen in Drittstaaten oder an internationale Organisationen ist bei Vorliegen der übrigen für Datenübermittlungen geltenden Voraussetzungen zulässig, wenn

1. die Stelle oder internationale Organisation für die in § 45 genannten Zwecke zuständig ist und
2. die Europäische Kommission gemäß Artikel 36 Absatz 3 der Richtlinie (EU) 2016/680 einen Angemessenheitsbeschluss gefasst hat.

(2) Die Übermittlung personenbezogener Daten hat trotz des Vorliegens eines Angemessenheitsbeschlusses im Sinne des Absatzes 1 Nummer 2 und des zu berücksichtigenden öffentlichen Interesses an der Datenübermittlung zu unterbleiben, wenn im Einzelfall ein datenschutzrechtlich angemessener und die elementaren Menschenrechte wahrender Umgang mit den Daten beim Empfänger nicht hinreichend gesichert ist oder sonst überwiegende schutzwürdige Interessen einer betroffenen Person entgegenstehen. Bei seiner Beurteilung hat der Verantwortliche maßgeblich zu berücksichtigen, ob der Empfänger im Einzelfall einen angemessenen Schutz der übermittelten Daten garantiert.

(3) Wenn personenbezogene Daten, die aus einem anderen Mitgliedstaat der Europäischen Union übermittelt oder zur Verfügung gestellt wurden, nach Absatz 1 übermittelt werden sollen, muss diese Übermittlung zuvor von der zuständigen Stelle des anderen Mitgliedstaats genehmigt werden. Übermittlungen ohne vorherige Genehmigung sind nur dann zulässig, wenn die Übermittlung erforderlich ist, um eine unmittelbare und ernsthafte Gefahr für die öffentliche Sicherheit eines Staates oder für die wesentlichen Interessen eines Mitgliedstaats abzuwehren, und die vorherige Genehmigung nicht rechtzeitig eingeholt werden kann. Im Fall des Satzes 2 ist die Stelle des anderen Mitgliedstaats, die für die Erteilung der Genehmigung zuständig gewesen wäre, unverzüglich über die Übermittlung zu unterrichten.

(4) Der Verantwortliche, der Daten nach Absatz 1 übermittelt, hat durch geeignete Maßnahmen sicherzustellen, dass der Empfänger die übermittelten Daten nur dann an andere Drittstaaten oder andere internationale Organisationen weiterübermittelt, wenn der Verantwortliche diese Übermittlung zuvor genehmigt hat. Bei der Entscheidung über die Erteilung der Genehmigung hat der Verantwortliche alle maßgeblichen Faktoren zu berücksichtigen, insbesondere die Schwere der Straftat, den Zweck der ursprünglichen Übermittlung und das in dem Drittstaat oder der internationalen Organisation, an das oder an die die Daten weiterübermittelt werden sollen, bestehende Schutzniveau für personenbezogene Daten. Eine Genehmigung darf nur dann erfolgen, wenn auch eine direkte Übermittlung an den anderen Drittstaat oder die

andere internationale Organisation zulässig wäre. Die Zuständigkeit für die Erteilung der Genehmigung kann auch abweichend geregelt werden.

§ 79 Datenübermittlung bei geeigneten Garantien

(1) Liegt entgegen § 78 Absatz 1 Nummer 2 kein Beschluss nach Artikel 36 Absatz 3 der Richtlinie (EU) 2016/680 vor, ist eine Übermittlung bei Vorliegen der übrigen Voraussetzungen des § 78 auch dann zulässig, wenn

1. in einem rechtsverbindlichen Instrument geeignete Garantien für den Schutz personenbezogener Daten vorgesehen sind oder
2. der Verantwortliche nach Beurteilung aller Umstände, die bei der Übermittlung eine Rolle spielen, zu der Auffassung gelangt ist, dass geeignete Garantien für den Schutz personenbezogener Daten bestehen.

(2) Der Verantwortliche hat Übermittlungen nach Absatz 1 Nummer 2 zu dokumentieren. Die Dokumentation hat den Zeitpunkt der Übermittlung, die Identität des Empfängers, den Grund der Übermittlung und die übermittelten personenbezogenen Daten zu enthalten. Sie ist der oder dem Bundesbeauftragten auf Anforderung zur Verfügung zu stellen.

(3) Der Verantwortliche hat die Bundesbeauftragte oder den Bundesbeauftragten zumindest jährlich über Übermittlungen zu unterrichten, die aufgrund einer Beurteilung nach Absatz 1 Nummer 2 erfolgt sind. In der Unterrichtung kann er die Empfänger und die Übermittlungszwecke angemessen kategorisieren.

§ 80 Datenübermittlung ohne geeignete Garantien

(1) Liegt entgegen § 78 Absatz 1 Nummer 2 kein Beschluss nach Artikel 36 Absatz 3 der Richtlinie (EU) 2016/680 vor und liegen auch keine geeigneten Garantien im Sinne des § 79 Absatz 1 vor, ist eine Übermittlung bei Vorliegen der übrigen Voraussetzungen des § 78 auch dann zulässig, wenn die Übermittlung erforderlich ist

1. zum Schutz lebenswichtiger Interessen einer natürlichen Person,
2. zur Wahrung berechtigter Interessen der betroffenen Person,
3. zur Abwehr einer gegenwärtigen und erheblichen Gefahr für die öffentliche Sicherheit eines Staates,
4. im Einzelfall für die in § 45 genannten Zwecke oder
5. im Einzelfall zur Geltendmachung, Ausübung oder Verteidigung von Rechtsansprüchen im Zusammenhang mit den in § 45 genannten Zwecken.

(2) Der Verantwortliche hat von einer Übermittlung nach Absatz 1 abzusehen, wenn die Grundrechte der betroffenen Person das öffentliche Interesse an der Übermittlung überwiegen.

(3) Für Übermittlungen nach Absatz 1 gilt § 79 Absatz 2 entsprechend.

§ 81 Sonstige Datenübermittlung an Empfänger in Drittstaaten

(1) Verantwortliche können bei Vorliegen der übrigen für die Datenübermittlung in Drittstaaten geltenden Voraussetzungen im besonderen Einzelfall personenbezogene

Daten unmittelbar an nicht in § 78 Absatz 1 Nummer 1 genannte Stellen in Drittstaaten übermitteln, wenn die Übermittlung für die Erfüllung ihrer Aufgaben unbedingt erforderlich ist und

1. im konkreten Fall keine Grundrechte der betroffenen Person das öffentliche Interesse an einer Übermittlung überwiegen,
2. die Übermittlung an die in § 78 Absatz 1 Nummer 1 genannten Stellen wirkungslos oder ungeeignet wäre, insbesondere weil sie nicht rechtzeitig durchgeführt werden kann, und
3. der Verantwortliche dem Empfänger die Zwecke der Verarbeitung mitteilt und ihn darauf hinweist, dass die übermittelten Daten nur in dem Umfang verarbeitet werden dürfen, in dem ihre Verarbeitung für diese Zwecke erforderlich ist.

(2) Im Fall des Absatzes 1 hat der Verantwortliche die in § 78 Absatz 1 Nummer 1 genannten Stellen unverzüglich über die Übermittlung zu unterrichten, sofern dies nicht wirkungslos oder ungeeignet ist.

(3) Für Übermittlungen nach Absatz 1 gilt § 79 Absatz 2 und 3 entsprechend.

(4) Bei Übermittlungen nach Absatz 1 hat der Verantwortliche den Empfänger zu verpflichten, die übermittelten personenbezogenen Daten ohne seine Zustimmung nur für den Zweck zu verarbeiten, für den sie übermittelt worden sind.

(5) Abkommen im Bereich der justiziellen Zusammenarbeit in Strafsachen und der polizeilichen Zusammenarbeit bleiben unberührt.

Kapitel 6
Zusammenarbeit der Aufsichtsbehörden

§ 82 Gegenseitige Amtshilfe

(1) Die oder der Bundesbeauftragte hat den Datenschutzaufsichtsbehörden in anderen Mitgliedstaaten der Europäischen Union Informationen zu übermitteln und Amtshilfe zu leisten, soweit dies für eine einheitliche Umsetzung und Anwendung der Richtlinie (EU) 2016/680 erforderlich ist. Die Amtshilfe betrifft insbesondere Auskunftsersuchen und aufsichtsbezogene Maßnahmen, beispielsweise Ersuchen um Konsultation oder um Vornahme von Nachprüfungen und Untersuchungen.

(2) Die oder der Bundesbeauftragte hat alle geeigneten Maßnahmen zu ergreifen, um Amtshilfeersuchen unverzüglich und spätestens innerhalb eines Monats nach deren Eingang nachzukommen.

(3) Die oder der Bundesbeauftragte darf Amtshilfeersuchen nur ablehnen, wenn

1. sie oder er für den Gegenstand des Ersuchens oder für die Maßnahmen, die sie oder er durchführen soll, nicht zuständig ist oder
2. ein Eingehen auf das Ersuchen gegen Rechtsvorschriften verstoßen würde.

(4) Die oder der Bundesbeauftragte hat die ersuchende Aufsichtsbehörde des anderen Staates über die Ergebnisse oder gegebenenfalls über den Fortgang der Maßnahmen zu informieren, die getroffen wurden, um dem Amtshilfeersuchen nachzukommen. Sie oder er hat im Fall des Absatzes 3 die Gründe für die Ablehnung des Ersuchens zu erläutern.

(5) Die oder der Bundesbeauftragte hat die Informationen, um die sie oder er von der Aufsichtsbehörde des anderen Staates ersucht wurde, in der Regel elektronisch und in einem standardisierten Format zu übermitteln.

(6) Die oder der Bundesbeauftragte hat Amtshilfeersuchen kostenfrei zu erledigen, soweit sie oder er nicht im Einzelfall mit der Aufsichtsbehörde des anderen Staates die Erstattung entstandener Ausgaben vereinbart hat.

(7) Ein Amtshilfeersuchen der oder des Bundesbeauftragten hat alle erforderlichen Informationen zu enthalten; hierzu gehören insbesondere der Zweck und die Begründung des Ersuchens. Die auf das Ersuchen übermittelten Informationen dürfen ausschließlich zu dem Zweck verwendet werden, zu dem sie angefordert wurden.

Kapitel 7
Haftung und Sanktionen

§ 83 Schadensersatz und Entschädigung

(1) Hat ein Verantwortlicher einer betroffenen Person durch eine Verarbeitung personenbezogener Daten, die nach diesem Gesetz oder nach anderen auf ihre Verarbeitung anwendbaren Vorschriften rechtswidrig war, einen Schaden zugefügt, ist er oder sein Rechtsträger der betroffenen Person zum Schadensersatz verpflichtet. Die Ersatzpflicht entfällt, soweit bei einer nicht automatisierten Verarbeitung der Schaden nicht auf ein Verschulden des Verantwortlichen zurückzuführen ist.

(2) Wegen eines Schadens, der nicht Vermögensschaden ist, kann die betroffene Person eine angemessene Entschädigung in Geld verlangen.

(3) Lässt sich bei einer automatisierten Verarbeitung personenbezogener Daten nicht ermitteln, welche von mehreren beteiligten Verantwortlichen den Schaden verursacht hat, so haftet jeder Verantwortliche beziehungsweise sein Rechtsträger.

(4) Hat bei der Entstehung des Schadens ein Verschulden der betroffenen Person mitgewirkt, ist § 254 des Bürgerlichen Gesetzbuchs entsprechend anzuwenden.

(5) Auf die Verjährung finden die für unerlaubte Handlungen geltenden Verjährungsvorschriften des Bürgerlichen Gesetzbuchs entsprechende Anwendung.

§ 84 Strafvorschriften

Für Verarbeitungen personenbezogener Daten durch öffentliche Stellen im Rahmen von Tätigkeiten nach § 45 Satz 1, 3 oder 4 findet § 42 entsprechende Anwendung.

Teil 4

Besondere Bestimmungen für Verarbeitungen im Rahmen von nicht in die Anwendungsbereiche der Verordnung (EU) 2016/679 und der Richtlinie (EU) 2016/680 fallenden Tätigkeiten

§ 85 Verarbeitung personenbezogener Daten im Rahmen von nicht in die Anwendungsbereiche der Verordnung (EU) 2016/679 und der Richtlinie (EU) 2016/680 fallenden Tätigkeiten

(1) Die Übermittlung personenbezogener Daten an einen Drittstaat oder an über- oder zwischenstaatliche Stellen oder internationale Organisationen im Rahmen von nicht in die Anwendungsbereiche der Verordnung (EU) 2016/679 und der Richtlinie (EU) 2016/680 fallenden Tätigkeiten ist über die bereits gemäß der Verordnung (EU) 2016/679 zulässigen Fälle hinaus auch dann zulässig, wenn sie zur Erfüllung eigener Aufgaben aus zwingenden Gründen der Verteidigung oder zur Erfüllung über- oder zwischenstaatlicher Verpflichtungen einer öffentlichen Stelle des Bundes auf dem Gebiet der Krisenbewältigung oder Konfliktverhinderung oder für humanitäre Maßnahmen erforderlich ist. Der Empfänger ist darauf hinzuweisen, dass die übermittelten Daten nur zu dem Zweck verwendet werden dürfen, zu dem sie übermittelt wurden.

(2) Für Verarbeitungen im Rahmen von nicht in die Anwendungsbereiche der Verordnung (EU) 2016/679 und der Richtlinie (EU) 2016/680 fallenden Tätigkeiten durch Dienststellen im Geschäftsbereich des Bundesministeriums der Verteidigung gilt § 16 Absatz 4 nicht, soweit das Bundesministerium der Verteidigung im Einzelfall feststellt, dass die Erfüllung der dort genannten Pflichten die Sicherheit des Bundes gefährden würde.

(3) Für Verarbeitungen im Rahmen von nicht in die Anwendungsbereiche der Verordnung (EU) 2016/679 und der Richtlinie (EU) 2016/680 fallenden Tätigkeiten durch öffentliche Stellen des Bundes besteht keine Informationspflicht gemäß Artikel 13 Absatz 1 und 2 der Verordnung (EU) 2016/679, wenn

1. es sich um Fälle des § 32 Absatz 1 Nummer 1 bis 3 handelt oder
2. durch ihre Erfüllung Informationen offenbart würden, die nach einer Rechtsvorschrift oder ihrem Wesen nach, insbesondere wegen der überwiegenden berechtigten Interessen eines Dritten, geheim gehalten werden müssen, und deswegen das Interesse der betroffenen Person an der Erteilung der Information zurücktreten muss.

Ist die betroffene Person in den Fällen des Satzes 1 nicht zu informieren, besteht auch kein Recht auf Auskunft. § 32 Absatz 2 und § 33 Absatz 2 finden keine Anwendung.

Stichwortverzeichnis

Fettgedruckte Zahlen bezeichnen die Artikel der DS-GVO, Anh = Anhang.